D1691715

Christian Schoof

Betriebsratspraxis
von A bis Z
Das Lexikon für die betriebliche Interessenvertretung

Christian Schoof

Betriebsratspraxis von A bis Z

Das Lexikon für die
betriebliche
Interessenvertretung

12., überarbeitete und aktualisierte Auflage

Bibliografische Information Der Deutschen Nationalbibliothek
Die Deutsche Nationalbibliothek verzeichnet diese Publikation in der
Deutschen Nationalbibliografie; detaillierte bibliografische Daten sind im
Internet über http://dnb.d-nb.de abrufbar.

12., überarbeitete und aktualisierte Auflage 2016
© 1991 by Bund-Verlag GmbH, Frankfurt am Main
Umschlag: Neil McBeath, Stuttgart
Satz: pagina GmbH, Tübingen
Druck: CPI books GmbH, Leck
Printed in Germany 2016
ISBN 978-3-7663-6496-8

Alle Rechte vorbehalten,
insbesondere die des öffentlichen Vortrags,
der Rundfunksendung
und der Fernsehausstrahlung,
der fotomechanischen Wiedergabe,
auch einzelner Teile.

www.bund-verlag.de

Vorwort

Betriebsratspraxis von A bis Z liegt nunmehr in **12., vollständig überarbeiteter und aktualisierter Auflage** vor.

Das Lexikon ist als **Einstieg und Orientierungshilfe** konzipiert. Es richtet sich vor allem an Betriebsräte, Jugend- und Auszubildendenvertretungen, Schwerbehindertenvertretungen und Beschäftigte.

In über **200 Stichworten** (von Abfindung bis Zurückbehaltungsrecht) werden die wichtigsten Themen des betrieblichen Alltags beleuchtet. Das Lexikon erläutert die rechtlichen Grundlagen zum jeweiligen Thema und informiert über Aufgaben, Rechte und Handlungsmöglichkeiten des Betriebsrats sowie über die Rechte der Beschäftigten. Viele Beispiele erleichtern das Verständnis.

Die **alphabetische Ordnung** der Stichworte und ein ausführliches **Stichwortverzeichnis** helfen, rasch die »richtigen Stellen« zu finden.

Mit mehr als **300 Übersichten, Checklisten und Musterschreiben** bietet das Lexikon eine Fülle von praktischen Arbeitshilfen.

Besonders hervorzuheben ist die mit dem Lexikon verbundene **Rechtsprechungsdatenbank**. Jedem Stichwort werden wichtige Urteile und Beschlüsse übersichtlich zugeordnet. Die Leitsätze der Entscheidungen können online unter www.bund-online.com/betriebsratspraxis abgerufen werden. Mit Hilfe des angegebenen Datums und Aktenzeichens findet man im Internet Volltexte der Gerichtsentscheidungen: Etwa in der für jedermann zugänglichen Datenbank des Bundesarbeitsgerichts, in der alle Entscheidungen der letzten vier Jahre im Volltext abbildet sind (www.bundesarbeitsgericht.de).

Viele Stichwörter – u. a. Arbeitgeberverband, Arbeitnehmerüberlassung/Leiharbeit, Betriebliches Bündnis für Arbeit, Personalplanung, Werkvertrag – befassen sich mit den immer dreister werdenden Profitstrategien von Unternehmen. Das Buch zeigt auf, was Betriebsräte und Gewerkschaften zur Sicherung der Belange und Interessen der Beschäftigten tun können.

Um den Umfang des Buches zu begrenzen, wurde ein Teil der Arbeitshilfen (Übersichten, Checklisten und Musterschreiben) auf das integrierte online-Angebot ausgelagert. Alle Arbeitshilfen können online unter www.bund-online.com/betriebsratspraxis kostenfrei abgerufen werden.

Im Übrigen sind sämtliche Inhalte des vorliegenden Lexikons auch online abrufbar unter www.bund-online.com/betriebsratspraxis.

Das Lexikon berücksichtigt den Rechtsstand bis Januar 2016. Eingearbeitet wurden u. a. folgende Neuerungen:
- Tarifautonomiestärkungsgesetz vom 11.8.2014 (u. a. Mindestlohngesetz, Änderungen beim Arbeitnehmerentsendegesetz und bei der Allgemeinverbindlicherklärung von Tarifverträgen)
- Tarifeinheitsgesetz vom 3.7.2015
- Gesetz zur besseren Vereinbarkeit von Familie, Pflege und Beruf vom 23.12.2014 (u. a. Weiterentwicklung des Pflegezeitgesetzes und Familienpflegezeitgesetzes)
- Gesetz zur gleichberechtigten Teilhabe von Frauen und Männern in Führungspositionen vom 24.4.2015

Vorwort

- Pflegestärkungsgesetze vom 17.12.2014 und vom 21.12.2015
- Elterngeld plus
- Verlängerung der Regelbezugsdauer des Kurzarbeitergeldes auf 12 Monate
- Bildungsurlaubsgesetze in Baden-Württemberg und Thüringen

Die Bearbeitung des Lexikons erfolgte sorgfältig und nach bestem Wissen. Eine Haftung für etwaige Fehler kann nicht übernommen werden. Hinweise und Verbesserungsvorschläge werden gerne entgegengenommen.

Groß Niendorf, im Januar 2016   Christian Schoof

Inhaltsverzeichnis

Hinweis:
Alle Stichwörter des vorliegenden Lexikons sind nach Registrierung online aufrufbar unter:
www.bund-online.com/betriebsratspraxis.

Vorwort	5
Abkürzungsverzeichnis	14
Literaturverzeichnis	19
Abfindung	23
Abmahnung	35
Abwicklungsvertrag	47
Ältere Arbeitnehmer	50
Änderungskündigung	63
Alternative Produktion	78
Altersteilzeit	82
Altersvorsorge	110
Angestellte/Arbeiter	115
Annahmeverzug	118
Arbeit/Industrie 4.0 (*siehe* → *Rationalisierung*)	
Arbeit auf Abruf	127
Arbeitgeber	130
Arbeitgeberverband	133
Arbeitnehmer	148
Arbeitnehmerähnliche Person (*siehe* → *Arbeitnehmer und* → *Dienstvertrag*)	
Arbeitnehmerentsendung	154
Arbeitnehmererfindung	165
Arbeitnehmerrechte nach dem BetrVG	168
Arbeitnehmerüberlassung/Leiharbeit	175
Arbeitsbereitschaft	222
Arbeitsentgelt	224
Arbeitsgericht	253
Arbeitsgruppe (§ 28 a BetrVG)	267
Arbeitskampf	269
Arbeitslosengeld II (»Hartz IV«)	320
Arbeitslosenversicherung: Arbeitsförderung	329
Arbeitslosenversicherung: Arbeitslosengeld	337
Arbeitsplatzteilung (»Jobsharing«)	354
Arbeitsschutz	355
Arbeitsunfall	416
Arbeitsvertrag	422

7

Inhaltsverzeichnis

Arbeitsvertrag: Bezugnahme auf Tarifverträge	431
Arbeitsvertrag: Inhaltskontrolle	436
Arbeitsvertrag: Nachweisgesetz	441
Arbeitszeit	444
Arbeitszeitflexibilisierung	478
Aufhebungsvertrag	514
Auflösend bedingter Arbeitsvertrag	520
Ausgleichsquittung	523
Ausgliederung *(siehe → Werkvertrag)*	
Aushilfsarbeitsverhältnis	527
Auskunftsperson *(siehe → Informationsrechte des Betriebsrats)*	
Ausländische Arbeitnehmer	529
Ausschlussfristen/Verfallfristen	537
Ausschreibung von Arbeitsplätzen	553
Außerordentliche Kündigung	559
Außertarifliche Angestellte	579
Auswahlrichtlinien	583
Auszubildende/Berufsausbildungsverhältnis	589
Befristeter Arbeitsvertrag	599
Behinderung der Betriebsratstätigkeit	624
Behinderung der Betriebsratswahl	634
Benachteiligungsverbot (AGG)	638
Berater	655
Bereitschaftsdienst	662
Berufsbildung	665
Berufskrankheit	672
Beschäftigungssicherung und -förderung	682
Beschäftigungssicherungstarifvertrag	687
Beschwerderecht der Arbeitnehmer	690
Beteiligungsrechte des Betriebsrats	696
Betrieb	708
Betriebliche Altersversorgung	711
Betriebliche Übung	727
Betriebliches Bündnis für Arbeit	731
Betriebliches Eingliederungsmanagement (BEM)	741
Betriebliches Vorschlagswesen	748
Betriebsänderung	752
Betriebsbedingte Kündigung	773
Betriebsbuße	786
Betriebsordnung	792
Betriebsräteversammlung	797
Betriebsrat	799
Betriebsratsbüro (Ausstattung, Hausrecht)	829
Betriebsratssitzung (Beschlussfassung)	833
Betriebsratswahl	848
Betriebsspaltung und Zusammenlegung von Betrieben	853
Betriebsteil	859
Betriebsübergang	861
Betriebsvereinbarung	887

Betriebsvereinbarung: Nachwirkung 901
Betriebsversammlung 904
Beurteilungsgrundsätze 918
Bildschirmarbeit 922
Bildungsurlaub 927
Bruttolohn- und -gehaltsliste 937

Datenschutz 942
Dienstliche Verwendung des privaten Pkw 958
Dienstreise 959
Dienstvertrag 962
Dienstwagen zur privaten Nutzung 968

EDV im Betriebsratsbüro – Internet – Intranet 971
Ein-Betriebs-Unternehmen 977
Eingruppierung/Umgruppierung 979
Einigungsstelle 1003
Einstellung 1028
Elterngeld/Elternzeit 1053
Entgeltfortzahlung an Feiertagen 1070
Entgeltfortzahlung im Krankheitsfall und bei Vorsorge/Rehabilitation 1079
Entgeltumwandlung 1092
Ersatzmitglieder des Betriebsrats 1095
Europäischer Betriebsrat 1104
Europäisches Recht 1117

Familienpflegezeit 1124
Feiertagsarbeit (siehe → Arbeitszeit und → Sonn- und Feiertagsarbeit)
Fragerecht des Arbeitgebers (siehe → Personalfragebogen)
Freie Mitarbeiter (siehe → Arbeitnehmer und → Dienstvertrag)
Freistellung von Betriebsratsmitgliedern 1129
Fremdvergabe (siehe → Werkvertrag)
Friedenspflicht 1139
Fristen 1143

Gefahrstoffe 1146
Geheimhaltungspflicht 1163
Gemeinschaftsbetrieb 1169
Geringfügige Beschäftigungsverhältnisse (»Mini-Jobs«) 1173
Gesamtbetriebsrat 1178
Gesamt-Jugend- und Auszubildendenvertretung 1184
Gesamtzusage 1186
Geschäftsordnung des Betriebsrats 1189
Gestaltung von Arbeitsplatz, Arbeitsablauf und Arbeitsumgebung 1190
Gewerkschaft 1191
Gleichbehandlung 1216
Gleichberechtigung/Gleichstellung von Frauen und Männern 1226
Gleitzeit 1239
Gruppenarbeit 1243
Günstigkeitsprinzip 1248

Inhaltsverzeichnis

Haftung des Arbeitgebers 1259
Haftung des Arbeitnehmers 1268
Handelsregister 1275
Heimarbeit 1277
Herausgabeanspruch des Arbeitgebers (*siehe* → *Rückzahlungs– und Herausgabeanspruch des Arbeitgebers*)

Informationsrechte des Betriebsrats 1281
Inhaltskontrolle von Formulararbeitsverträgen (*siehe* → *Arbeitsvertrag: Inhaltskontrolle*)
Insiderrecht 1291
Insolvenzgeld 1293
Insolvenzsicherung von Arbeitszeitguthaben/Wertguthaben (*siehe* → *Altersteilzeit und* → *Arbeitszeitflexibilisierung*)
Insolvenzverfahren 1300
Interessenausgleich 1330
Internet/Intranet (*siehe* → *EDV im Betriebsratsbüro – Internet – Intranet*)
ISO 9000 1341

Jahresabschluss 1347
Jobsharing (*siehe* → *Arbeitsplatzteilung [Jobsharing]*)
Jugend- und Auszubildendenvertretung 1351

Kapazitätsorientierte variable Arbeitszeit (*siehe* → *Arbeit auf Abruf*)
Kleinstbetrieb 1365
Konzern 1368
Konzernbetriebsrat 1373
Konzern-Jugend- und Auszubildendenvertretung 1381
Koppelungsgeschäfte in der Betriebsverfassung 1383
Kosten der Betriebsratstätigkeit 1395
Krankengeld 1402
Krankenversicherung 1404
Krankheit 1410
Kündigung 1419
Kündigung – Anhörung des Betriebsrats (*siehe* → *Kündigung und* → *Ordentliche Kündigung*)
Kündigung – Widerspruch des Betriebsrats (*siehe* → *Kündigung und* → *Ordentliche Kündigung*)
Kündigungsfristen 1445
Kündigungsschutz 1455
Kündigungsschutz (besonderer) 1481
Kündigungsschutz vor Erfüllung der Wartezeit und im Kleinbetrieb 1494
Kurzarbeit, Kurzarbeitergeld 1498

Ladenöffnung/Ladenschluss 1527
Lean Production 1536
Leiharbeit (*siehe* → *Arbeitnehmerüberlassung/Leiharbeit*)
Leitende Angestellte 1544
Literatur für die Betriebsratsarbeit 1548

Inhaltsverzeichnis

Massenentlassung 1554
Mediation (*siehe → Arbeitsgericht*)
Mehr-Betriebs-Unternehmen 1557
Mindestlohn 1559
Mini-Job (*siehe → Geringfügige Beschäftigungsverhältnisse [Mini-Jobs] und → Teilzeitarbeit*)
Mitbestimmung im Betrieb (*siehe → Beteiligungsrechte des Betriebsrats*)
Mitbestimmung im Unternehmen (*siehe → Unternehmensmitbestimmung*)
Mobbing 1578
Mutterschutz 1596

Nachbindung eines Tarifvertrages (*siehe → Tarifvertrag: Nachbindung und Nachwirkung*)
Nachtarbeit 1607
Nachteilsausgleich 1621
Nachweisgesetz (*siehe → Arbeitsvertrag: Nachweisgesetz*)
Nachwirkung einer Betriebsvereinbarung (*siehe → Betriebsvereinbarung: Nachwirkung*)
Nachwirkung eines Tarifvertrages (*siehe → Tarifvertrag: Nachbindung und Nachwirkung*)
Nebentätigkeit 1624

Öko-Audit 1627
Ordentliche Kündigung 1635
Ordnungswidrigkeitenverfahren 1656
Outsourcing (*siehe → Werkvertrag*)

Personalakte 1660
Personalfragebogen 1664
Personalplanung 1668
Personelle Angelegenheiten 1678
Personenbedingte Kündigung 1680
Persönliche Arbeitsverhinderung 1693
Pflegeversicherung 1698
Pflegezeit 1704
Praktikum 1712
Probearbeitsverhältnis 1725

Rationalisierung 1727
Rechtsbegriffe 1736
Regelungsabrede 1739
Rentenversicherung 1741
Rückzahlungs- und Herausgabeanspruch des Arbeitgebers 1761
Rufbereitschaft 1763
Ruhepausen 1766
Ruhezeit 1771

Sachverständiger 1777
Schichtarbeit 1784
Schulungs- und Bildungsveranstaltungen für Betriebsräte 1792

Inhaltsverzeichnis

Schwerbehinderte Menschen	1806
Schwerbehindertenvertretung	1828
Seminarbesuch (siehe → Schulungs- und Bildungsveranstaltungen für Betriebsräte)	
Sexuelle Belästigung	1835
Sondervergütungen (siehe → Weihnachtsgeld und sonstige Sondervergütungen)	
Sonn- und Feiertagsarbeit	1840
Soziale Angelegenheiten	1846
Soziale Auswahl (siehe → Betriebsbedingte Kündigung)	
Soziale Medien	1848
Sozialeinrichtung	1851
Sozialhilfe	1854
Sozialplan	1860
Sozialtarifvertrag (siehe → Arbeitskampf, → Betriebsänderung, → Sozialplan, → Tarifvertrag)	
Sozialversicherung	1875
Stellenausschreibung (siehe → Ausschreibung von Arbeitsplätzen)	
Stellenbeschreibung (siehe → Auswahlrichtlinien und → Personalplanung)	
Strafverfahren	1880
Tarifeinheit (siehe → Gewerkschaft und → Tarifvertrag: Tarifkonkurrenz – Tarifpluralität – Tarifkollision)	
Tarifvertrag	1884
Tarifvertrag: Allgemeinverbindlicherklärung	1922
Tarifvertrag: Differenzierungsklausel – Stichtagsregelung	1926
Tarifvertrag: Nachbindung und Nachwirkung	1931
Tarifvertrag: Tarifbindung	1938
Tarifvertrag: Tarifkonkurrenz – Tarifpluralität – Tarifkollision	1942
Teilzeitarbeit	1948
Telearbeit	1962
Tendenzbetrieb	1967
Transfergesellschaft (siehe → Transferleistungen)	
Transferkurzarbeitergeld (siehe → Transferleistungen)	
Transferleistungen	1972
Überstunden	1979
Übertarifliche Zulagen	1997
Überwachung von Arbeitnehmern	2012
Umgruppierung (siehe → Eingruppierung/Umgruppierung)	
Umwandlung von Unternehmen	2017
Umweltschutz im Betrieb	2026
Unfallversicherung	2034
Unterlassungsanspruch des Betriebsrats	2046
Unternehmen	2058
Unternehmensmitbestimmung	2062
Unternehmensplanung	2077
Unternehmensrechtsformen	2082
Unternehmensregister (siehe → Handelsregister)	
Urlaub	2086
Urlaubsgeld (siehe → Urlaub)	

Inhaltsverzeichnis

Verfallfristen (*siehe* → *Ausschlussfristen/ Verfallfristen*)
Verhaltensbedingte Kündigung 2103
Verjährung 2113
Versetzung 2119
Vertrauensarbeitszeit (*siehe* → *Arbeitszeitflexibilisierung*)
Verweisungsklausel (*siehe* → *Arbeitsvertrag: Bezugnahme auf Tarifverträge*)
Verwirkung 2136
Verzicht 2138
Videoüberwachung (*siehe* → *Überwachung von Arbeitnehmern*)

Weihnachtsgeld und sonstige Sondervergütungen 2140
Werkvertrag 2153
Werkwohnung 2171
Wettbewerbsverbot 2174
Widerspruch des Betriebsrats gegen Kündigung (*siehe* → *Ordentliche Kündigung*)
Wiedereinstellungsanspruch 2176
Wirtschaftliche Angelegenheiten 2180
Wirtschaftsausschuss 2184

Zahlen und ihre Bedeutung 2195
Zeitarbeit (*siehe* → *Arbeitnehmerüberlassung/Leiharbeit*)
Zeugnis 2202
Zielvereinbarung 2210
Zurückbehaltungsrecht des Arbeitnehmers 2221
Zusammenlegung von Betrieben (*siehe* → *Betriebsspaltung und Zusammenlegung von Betrieben*)

Stichwortverzeichnis 2223

Abkürzungsverzeichnis

a. A.	anderer Ansicht
AAG	Aufwendungsausgleichsgesetz
a. a. O.	am angegebenen Ort
ABM	Arbeitsbeschaffungsmaßnahme
Abs.	absatz
AEUV	Vertrag über die Arbeitsweise der Europäischen Union
a. F.	alte Fassung
AFG	Arbeitsförderungsgesetz (abgelöst durch das SGB III)
AG	Aktiengesellschaft
AGBG	Gesetz über allgemeine Geschäftsbedingungen (abgelöst durch §§ 305 ff. BGB)
AGG	Allgemeines Gleichbehandlungsgesetz
AiB	Arbeitsrecht im Betrieb (Zeitschrift)
AktG	Aktiengesetz
Anm.	Anmerkung
AP	Arbeitsrechtliche Praxis (Nachschlagewerk des Bundesarbeitsgerichts)
ArbG	Arbeitsgericht
ArbGG	Arbeitsgerichtsgesetz
AR-Blattei	Arbeitsrechts-Blattei
ArbSchG	Arbeitsschutzgesetz
ArbStVO	Arbeitsstättenverordnung
ArbZG	Arbeitszeitgesetz
Art.	Artikel
ASiG	Arbeitssicherheitsgesetz
AT	Außertariflich
AT-Angestellte	Außertarifliche Angestellte
ATG	Altersteilzeitgesetz
AuA	Arbeit und Arbeitsrecht (Zeitschrift)
Aufl.	Auflage
AÜG	Arbeitnehmerüberlassungsgesetz
AuR	Arbeit und Recht (Zeitschrift)
Az.	Aktenzeichen
AZO	Arbeitszeitordnung (abgelöst durch ArbZG)
BAG	Bundesarbeitsgericht
BAT	Bundes-Angestelltentarifvertrag
BB	Betriebs-Berater (Zeitschrift)

Abkürzungsverzeichnis

BBiG	Berufsbildungsgesetz
BDA	Bundesvereinigung der Deutschen Arbeitgeberverbände
BDI	Bundesverband der Deutschen Industrie
BDSG	Bundesdatenschutzgesetz
BEEG	Bundeselterngeld- und Elternzeitgesetz
BErzGG	Bundeserziehungsgeldgesetz
BeschFG	Beschäftigungsförderungsgesetz (abgelöst durch TzBfG)
BetrAV	Betriebliche Altersversorgung (Zeitschrift)
BetrAVG	Gesetz zur Verbesserung der betrieblichen Altersversorgung (Betriebsrentengesetz)
BetrVG	Betriebsverfassungsgesetz
BetrVG 1952	Betriebsverfassungsgesetz 1952 (abgelöst durch das DrittelbG)
BFH	Bundesfinanzhof
BGB	Bürgerliches Gesetzbuch
BGBl.	Bundesgesetzblatt
BGH	Bundesgerichtshof
BImSchG	Bundes-Immissionsschutzgesetz
Breith.	Sammlung von Entscheidungen aus dem Sozialrecht
BR-Info	Betriebsrats-Info (Zeitschrift)
BSG	Bundessozialgericht
BSHG	Bundessozialhilfegesetz
BT-Drucks.	Bundestags-Drucksache
BUrlG	Bundesurlaubsgesetz
BVerfG	Bundesverfassungsgericht
BVerwG	Bundesverwaltungsgericht
bzw.	beziehungsweise
CF	Computerfachwissen für Betriebs- und Personalräte (Zeitschrift)
CR	Computer und Recht (Zeitschrift)
DB	Der Betrieb (Zeitschrift)
DGB	Deutscher Gewerkschaftsbund
d. h.	das heißt
DKKW	Däubler, Kittner, Klebe, Wedde (Hrsg.), Betriebsverfassungsgesetz, Kommentar für die Praxis; zit: DKKW-*Bearbeiter*
DrittelbG	Gesetz über die Drittelbeteiligung der Arbeitnehmer im Aufsichtsrat
EBRG	Gesetz über den Europäischen Betriebsrat
EFZG	Entgeltfortzahlungsgesetz
EG	Europäische Gemeinschaften
EGMR	Europäischer Gerichtshof für Menschenrechte
Einl.	Einleitung
EMRK	Europäische Menschenrechtskonvention
ErfK	Müller-Glöge, Preis, Schmidt (Hrsg.),

Abkürzungsverzeichnis

	Erfurter Kommentar zum Arbeitsrecht; zit.: ErfK-*Bearbeiter*
EStG	Einkommensteuergesetz
EU	Europäische Union
EuGH	Europäischer Gerichtshof
EuV	Verträge über die Europäische Union
EWG	Europäische Wirtschaftsgemeinschaft
EWG-V	EWG-Vertrag
EWiR	Entscheidungen zum Wirtschaftsrecht (Zeitschrift)
EzA	Entscheidungssammlung zum Arbeitsrecht
f., ff.	folgende, fortfolgende
Fn.	Fußnote
GBR	Gesamtbetriebsrat
GefahrstoffVO	Gefahrstoffverordnung
gem.	gemäß
GesO	Gesamtvollstreckungsordnung (abgelöst durch InsO)
GewO	Gewerbeordnung
GG	Grundgesetz
ggf.	gegebenenfalls
GmbH	Gesellschaft mit beschränkter Haftung
GmbHG	Gesetz betreffend die Gesellschaften mit beschränkter Haftung
grds.	grundsätzlich
Hess LAG	Hessisches Landesarbeitsgericht
HGB	Handelsgesetzbuch
h. M.	herrschende Meinung
Hrsg.	Herausgeber(in)
i. d. R.	in der Regel
IG	Industriegewerkschaft (z. B. IG Metall)
inkl.	inklusive
InsO	Insolvenzordnung
i. S. d.	im Sinne des(r)
i. S. v.	im Sinne von
i. V. m.	in Verbindung mit
JArbSchG	Jugendarbeitsschutzgesetz
JAV	Jugend- und Auszubildendenvertretung
Kapovaz	kapazitätsorientierte variable Arbeitszeit
KBR	Konzernbetriebsrat
KG	Kommanditgesellschaft
KGaA	Kommanditgesellschaft auf Aktien
KO	Konkursordnung (abgelöst durch die InsO)
KrW-/AbfG	Kreislaufwirtschafts- und Abfallgesetz
KSchG	Kündigungsschutzgesetz
KVP	Kontinuierlicher Verbesserungsprozess

Abkürzungsverzeichnis

LAG	Landesarbeitsgericht
Lfg.	Lieferung
LG	Landgericht
Ls.	Leitsatz
LSG	Landessozialgericht
MBR	Mitbestimmungsrecht
MiLoG	Mindestlohngesetz
MitbestEG	Mitbestimmungsergänzungsgesetz
MitbestG	Mitbestimmungsgesetz
Montan-MitbestG	Montanmitbestimmungsgesetz
MTV	Manteltarifvertrag
MuSchG	Mutterschutzgesetz
m. w. N.	mit weiteren Nachweisen
NachwG	Nachweisgesetz
n. F.	neue Fassung
NJW	Neue Juristische Wochenschrift (Zeitschrift)
Nr.	Nummer
n. rk.	nicht rechtskräftig
NZA	Neue Zeitschrift für Arbeitsrecht
NZA-RR	Rechtsprechungsreport der NZA (Zeitschrift)
OHG	Offene Handelsgesellschaft
OLG	Oberlandesgericht
OT	ohne Tarifbindung (z. B. OT-Verband)
OVG	Oberverwaltungsgericht
OWiG	Ordnungswidrigkeitengesetz
RdA	Recht der Arbeit (Zeitschrift)
RDV	Recht der Datenverarbeitung (Zeitschrift)
rk.	rechtskräftig
Rn.	Randnummer(n)
Rspr.	Rechtsprechung
RVO	Reichsversicherungsordnung
S.	Seite(n)
s.	siehe
SAE	Sammlung arbeitsrechtlicher Entscheidungen
SchwbG	Schwerbehindertengesetz (abgelöst durch das SGB IX)
SE	Societas Europaea (Europäische Gesellschaft)
SEBG	Gesetz über die Beteiligung der Arbeitnehmer in einer Europäischen Gesellschaft
SG	Sozialgericht
SGB	Sozialgesetzbuch
SGb	Die Sozialgerichtsbarkeit (Zeitschrift)
sog.	so genannt
Sozpl/KonkG	Gesetz über den Sozialplan im Konkurs- und Vergleichsverfahren (abgelöst durch die InsO)

Abkürzungsverzeichnis

SozR	Sozialgerichtsrechtsprechung (Urteilssammlung)
SozSich	Soziale Sicherheit (Zeitschrift)
SprAuG	Sprecherausschussgesetz
StGB	Strafgesetzbuch
StPO	Strafprozessordnung
str.	strittig
st. Rspr.	ständige Rechtsprechung
TRGS	Technische Regeln für Gefahrstoffe
TVG	Tarifvertragsgesetz
TzBfG	Teilzeit- und Befristungsgesetz
u. a.	unter anderem
usw.	und so weiter
u. U.	unter Umständen
UVV	Unfallverhütungsvorschriften
UWG	Gesetz gegen den unlauteren Wettbewerb
v.	vom
VBG	Vorschriften der Berufsgenossenschaften
Verf.	Verfasser
VermBG	Vermögensbildungsgesetz
VerwG, VG	Verwaltungsgericht
VGH	Verwaltungsgerichtshof
vgl.	vergleiche
VglO	Vergleichsordnung (abgelöst durch die InsO)
VO	Verordnung
Vorbem.	Vorbemerkung
WHG	Wasserhaushaltsgesetz
WO	Wahlordnung zum Betriebsverfassungsgesetz
WpHG	Wertpapierhandelsgesetz
WSI	Wirtschafts- und Sozialwissenschaftliches Institut des Deutschen Gewerkschaftsbundes
z. B.	zum Beispiel
Ziff.	Ziffer
ZIP	Zeitschrift für Wirtschaftsrecht
ZPO	Zivilprozessordnung
ZTR	Zeitschrift für Tarifrecht

Literaturverzeichnis

Achten, Flächentarifvertrag & betriebsnahe Tarifpolitik (2007)
Achten/Zachert, Wir verteidigen den Tarifvertrag (2003)
Anzinger/Koberski, ArbZG – Arbeitszeitgesetz, Kommentar, 4. Aufl. (2014)
Ascheid/Preis/Schmidt (Hrsg.), Kündigungsrecht, Großkommentar, 4. Aufl. (2012)
Bachner/Köstler/Matthießen/Trittin, Arbeitsrecht bei Unternehmensumwandlung und Betriebsübergang, 4. Aufl. (2012)
Backmeister/Trittin/Mayer, Kündigungsschutzgesetz mit Nebengesetzen, Kommentar, 4. Aufl. (2009)
Bader/Dörner/Mikosch/Schleusener/Schütz/Vossen, Gemeinschaftskommentar zum Arbeitsgerichtsgesetz (Loseblatt), 97. Erg.-Lieferung (2015)
Bauer/Krieger/Arnold, Arbeitsrechtliche Aufhebungsverträge, 9. Aufl. (2014)
Baumbach/Hopt, Handelsgesetzbuch, Kommentar, 36. Aufl. (2014)
Baeck/Deutsch, Arbeitszeitgesetz, Kommentar, 3. Aufl. (2014)
Berg/Kocher/Schumann (Hrsg.), Tarifvertragsgesetz und Arbeitskampfrecht, Kompaktkommentar, 5. Aufl. (2015)
Bichlmeier/Wroblewski, Insolvenzhandbuch, 4. Aufl. (2015)
Blanke/Kunz, Europäisches Betriebsräte-Gesetz, Kommentar, 2. Aufl. (2014)
Brand, Sozialgesetzbuch Arbeitsförderung: SGB III, Kommentar, 7. Aufl. (2015)
Buschmann/Ulber, Arbeitszeitgesetz, Basiskommentar, 8. Aufl. (2015)
Däubler (Hrsg.), Arbeitskampfrecht, 3. Aufl. (2011); zitiert: Däubler (AKR)–*Bearbeiter*
Däubler, Gewerkschaftsrechte im Betrieb, 11. Aufl. (2009)
Däubler, Gläserne Belegschaften? Das Handbuch zum Arbeitnehmerdatenschutz, 6. Aufl. (2014)
Däubler (Hrsg.), Tarifvertragsgesetz mit Arbeitnehmer-Entsendegesetz, Kommentar, 3. Aufl. (2012); zitiert: Däubler (TVG)–*Bearbeiter*
Däubler, Das Arbeitsrecht 1, 16. Aufl. (2006)
Däubler, Das Arbeitsrecht 2, 12. Aufl. (2009)
Däubler, Internet und Arbeitsrecht, 5. Aufl. (2015)
Däubler, Tarifvertragsrecht, 3. Aufl. (1993)
Däubler/Bertzbach (Hrsg.), Allgemeines Gleichbehandlungsgesetz, Handkommentar, 3. Aufl. (2013)
Däubler/Bonin/Deinert, AGB-Kontrolle im Arbeitsrecht, 4. Aufl. (2014)
Däubler/Hjort/Schubert/Wolmerath (Hrsg.), Arbeitsrecht, Handkommentar, 3. Aufl. (2013)
Däubler/Kittner/Klebe/Wedde (Hrsg.), Betriebsverfassungsgesetz, Kommentar, 15. Aufl. (2016); zitiert: DKKW-*Bearbeiter*
Däubler/Klebe/Wedde/Weichert, Bundesdatenschutzgesetz, Basiskommentar, 5. Aufl. (2016); zitiert: DKWW
Dütz/Thüsing, Arbeitsrecht, 20. Aufl. (2015)
Düwell/Lipke (Hrsg.), Arbeitsgerichtsgesetz, Kommentar, 3. Aufl. (2012)

Literaturverzeichnis

Erfurter Kommentar zum Arbeitsrecht, *Müller-Glöge/Preis/Schmidt* (Hrsg.), 16. Aufl. (2016); zitiert: ErfK-*Bearbeiter*
Erman, Handkommentar zum BGB, 2 Bde., 14. Aufl. (2014)
Esser/Wolmerath, Mobbing und psychische Gewalt, 9. Aufl. (2015)
Etzel/Bader/Fischermeier/u.a., KR – Gemeinschaftskommentar zum Kündigungsschutzgesetz und zu sonstigen kündigungsschutzrechtlichen Vorschriften, 10. Aufl. (2013); zitiert: KR-*Bearbeiter*
Feldes/Fraunhoffer/Rehwald/Westermann/Witt, Schwerbehindertenrecht, Basiskommentar, 12. Aufl. (2015)
Fitting/Engels/Schmidt/Trebinger/Linsenmaier, Betriebsverfassungsgesetz mit Wahlordnung, Handkommentar, 27. Aufl. (2014), zitiert: *Fitting*
Gagel, SGB II / SGB III, Kommentar (Loseblatt), 60. Aufl. (2016)
Gallner/Mestwerdt/Nägele (Hrsg.), *Kündigungsschutzrecht, Handkommentar, 5. Aufl. (2015)*
Germelmann/Matthes/Prütting, Arbeitsgerichtsgesetz, Kommentar, 8. Aufl. (2013)
Gröninger/Thomas, Schwerbehindertengesetz, Kommentar (Loseblatt)
Großmann/Schimanski/Spiolek, Großkommentar zum SGB IX (Loseblatt); 82. Erg.-Lieferung (2015)
Hanau/Adomeit, Arbeitsrecht, 12. Aufl. (2000)
Hauck/Helml/Biebl, Arbeitsgerichtsgesetz, Kommentar, 4. Aufl. (2011)
Henssler/Willemsen/Kalb (Hrsg.), Arbeitsrecht, Kommentar, 6. Aufl. (2014)
Hess/Worzalla/Glock/Nicolai/Huke, Betriebsverfassungsgesetz, Kommentar, 9. Aufl. (2014); zitiert: HSG
Himmelmann/Leuze/Rother/Kaube/Trimborn, ArbEG – Gesetz über Arbeitnehmererfindungen und deren Vergütungsrichtlinien, Kommentar, 8. Aufl. (2007)
Hüffer, Aktiengesetz, Kommentar, 11. Aufl. (2014)
Jarass, Bundes-Immissionsschutzgesetz, Kommentar, 11. Aufl. (2015)
Kempen/Zachert (Hrsg.), TVG – Tarifvertragsgesetz, Kommentar für die Praxis, 5. Aufl. (2014)
Kerschbaumer/Rothländer, Praxiswissen Altersteilzeit im öffentlichen Dienst, 2. Aufl. (2006)
Kissel, Arbeitskampfrecht, München 2002
Kittner, Arbeits- und Sozialordnung, 41. Aufl. (2016)
Kittner, Arbeitskampf. Geschichte, Recht, Gegenwart (2005)
Kittner/Däubler/Zwanziger (Hrsg.), KSchR – Kündigungsschutzrecht, Kommentar, 9. Aufl. (2014); zitiert: Kittner/Däubler/Zwanziger-*Bearbeiter*
Kittner/Zwanziger/Deinert (Hrsg.), Arbeitsrecht – Handbuch für die Praxis, 8. Aufl. (2015); zitiert: Kittner/Zwanziger/Deinert-*Bearbeiter*
Kollmer, Das Arbeitsschutzgesetz und -verordnungen, 3. Aufl. (2008)
Köstler/Müller/Sick, Aufsichtsratspraxis, 10. Aufl. (2013)
Kübler/Prütting/Bork (Hrsg.), InsO – Kommentar zur Insolvenzordnung (Loseblatt-Kommentar); 66. Erg.-Lieferung (2015)
Küttner, Personalbuch 2014, 22. Aufl. (2015)
Lakies, Vertragsgestaltung und AGB im Arbeitsrecht, 2. Aufl. (2011)
Lakies, Befristete Arbeitsverträge, 3. Aufl. (2012)
Lakies/Malottke, BBiG – Berufsbildungsgesetz, Kommentar, 5. Aufl. (2016)
Lakies/Nehls, Berufsbildungsgesetz, Basiskommentar, 3. Aufl. (2013)
Lakies, Jugendarbeitsschutzgesetz, Basiskommentar, 7. Aufl. (2014)
Leinemann/Taubert, Berufsbildungsgesetz, Kommentar, 2. Aufl. (2008)
Löwisch/Kaiser, Betriebsverfassungsgesetz, Kommentar, 6. Aufl. (2010)
Löwisch, Kommentar zum Sprecherausschussgesetz, 2. Aufl. (1994)
Löwisch/Rieble, Tarifvertragsgesetz, Kommentar, 3. Aufl. (2012)

Literaturverzeichnis

Lutter/Hommelhoff (Hrsg.), GmbH-Gesetz, Kommentar, 18. Aufl. (2012)
Meine/Ohl/Rohnert (Hrsg.), Handbuch Arbeit – Entgelt – Leistung, 6. Aufl. (2014)
Meyer-Ladewig/Keller/Leitherer, Sozialgerichtsgesetz : SGG, Kommentar, 11. Aufl. (2014)
Müller/Preis, Arbeitsrecht im öffentlichen Dienst, 7. Aufl. (2009)
Müller-Glöge/Preis/Schmidt (Hrsg.), Erfurter Kommentar zum Arbeitsrecht, 16. Aufl. (2016); zitiert: ErfK-*Bearbeiter*
Neumann/Biebl, Arbeitszeitgesetz, Kommentar, 16. Aufl. (2012)
Neumann/Pahlen/Majerski-Pahlen, Sozialgesetzbuch IX, Kommentar, 12. Aufl. (2010)
Nollert-Borasio/Perreng, Allgemeines Gleichbehandlungsgesetz, Basiskommentar, 4. Aufl. (2015)
Oetker/Preis/Balze (Hrsg.), Europäisches Arbeits- und Sozialrecht, Loseblatt, 187. Erg.-Lieferung (5
Oppermann/Classen/Nettesheim, Europarecht, 6. Aufl. (2014)
Otto, Arbeitskampf- und Schlichtungsrecht (2006)
Palandt, Bürgerliches Gesetzbuch, Kommentar, 75. Aufl. (2016)
Pieper, Arbeitsschutzrecht, Kommentar, 5. Aufl. (2012)
Preis, Arbeitsrecht, Individualarbeitsrecht, 4. Aufl. (2012)
Preis, Arbeitsrecht, Kollektivarbeitsrecht, 3. Aufl. (2012)
Preis, Der Arbeitsvertrag, Handbuch der Vertragsgestaltung, 5. Aufl. (2015)
Richardi, Betriebsverfassungsgesetz, Kommentar, 14. Aufl. (2014)
Sabel, (EEK), Entscheidungssammlung zur Entgeltfortzahlung im Krankheitsfalle (Loseblatt), (2008)
Sandmann/Marschall, Arbeitnehmerüberlassungsgesetz, Kommentar (Loseblatt), 71. Erg.-Lieferung (2015)
Schaub, Arbeitsrechts-Handbuch, 16. Aufl. (2015)
Schliemann/Meyer, Arbeitszeitrecht, 2. Aufl. (2002)
Schmitt, Entgeltfortzahlungsgesetz und Aufwendungsausgleichgesetz, Kommentar, 7. Aufl. (2012)
Schoof, Rechtsprechung zum Arbeitsrecht von A bis Z, 6. Aufl. (2010)
Schüren/Hamann, Arbeitnehmerüberlassungsgesetz, Kommentar, 5. Aufl. (2016)
Siebert/Becker, Betriebsverfassungsgesetz, Kommentar, 12. Aufl. (2010)
Sievers, TzBfG – Kommentar zum Teilzeit- und Befristungsgesetz, 5. Aufl. (2015)
Stahlhacke/Preis/Vossen, Kündigung und Kündigungsschutz im Arbeitsverhältnis, 11. Aufl. (2015)
Staudinger (Hrsg.), Kommentar zum BGB (1996 ff.); zitiert: Staudinger-*Bearbeiter*
Stoffels, AGB-Recht, 3. Aufl. (2015)
Tinnefeld/Ehmann/Gerling, Einführung in das Datenschutzrecht, 5. Aufl. (2011)
Tschöpe (Hrsg.), Anwalts-Handbuch Arbeitsrecht, 9. Aufl. (2015)
Uhlenbruck, Insolvenzordnung, Kommentar, 14. Aufl. (2014)
Ulber, Arbeitnehmerüberlassungsgesetz, Kommentar, 4. Aufl. (2011)
Waltermann, Sozialrecht, 11. Aufl. (2015)
Wedde, (Hrsg.), Arbeitsrecht, Kompaktkommentar, 4. Aufl. (2014); zitiert: Wedde-*Bearbeiter*
Wedde, Telearbeit, 3. Aufl. (2002)
Wedde/Kunz, Entgeltfortzahlungsrecht, Kommentar, 4. Aufl. (2015)
Widmann/Mayer (Hrsg.), Umwandlungsrecht, Kommentar (Loseblatt), 152. Erg-Lieferung (2015)
Wiedemann, Tarifvertragsgesetz, Kommentar, 7. Aufl. (2007)
Wiese/Kreutz/Oetker/Raab/Weber/Franzen, Gemeinschaftskommentar zum Betriebsverfassungsgesetz, 2 Bde., 10. Aufl. (2014); zitiert: GK-*Bearbeiter*

Literaturverzeichnis

Willemsen/Hohenstatt/Schweibert/Seibt, Umstrukturierung und Übertragung von Unternehmen, Arbeitsrechtliches Handbuch, 4. Aufl. (2011); zitiert: Willemsen-*Bearbeiter*
Wimmer (Hrsg.), Frankfurter Kommentar zur Insolvenzordnung, 8. Aufl. (2015)
WSI (Hrsg.), WSI-Tarifhandbuch 2010, (2010)
Zöllner/Loritz/Hergenröder, Arbeitsrecht, 7. Aufl. (2015)
Zwanziger, Das Arbeitsrecht der Insolvenzordnung, 5. Aufl. (2015)
Zwanziger/Altmann/Schneppendahl, Kündigungsschutzgesetz, Basiskommentar, 4. Aufl. (2015)

Abfindung

Was ist das?

Bei der Beendigung eines Arbeitsverhältnisses (z. B. aufgrund eines Aufhebungsvertrages oder einer Kündigung) stellt sich regelmäßig die Frage nach einer Abfindung. Eine Abfindung ist eine durch den Arbeitgeber gezahlte Entschädigung für den Verlust des Arbeitsplatzes (z. B. aufgrund eines → **Aufhebungsvertrages** oder einer → **Kündigung**).

1

Anspruch auf Abfindung

Ein **Anspruch** des entlassenen Arbeitnehmers auf Zahlung einer Abfindung besteht nicht generell, sondern nur in folgenden Fällen:

2

- wenn das Arbeitsverhältnis durch → **Aufhebungsvertrag** beendet wird und der Arbeitgeber sich »freiwillig« zur Zahlung einer Abfindung verpflichtet;
- wenn der Arbeitgeber sich in einem → **Abwicklungsvertrag** zur Zahlung einer Abfindung verpflichtet;
- wenn die Nichtzahlung einer Abfindung gegen ein gesetzliches Diskriminierungsverbot (z. B. §§ 1, 2 Abs. 1 Nr. 2 AGG; → **Benachteiligungsverbot [AGG]**) oder den arbeitsrechtlichen Gleichbehandlungsgrundsatz (siehe → **Gleichbehandlung**) verstoßen würde;
- wenn der Arbeitnehmer im Falle einer → **betriebsbedingten Kündigung** des Arbeitgebers von seinem (ab dem 1.1.2004 bestehenden) Wahlrecht Gebrauch macht, anstelle der Kündigungsschutzklage die Zahlung einer Abfindung in Höhe eines halben Monatsverdienstes je Beschäftigungsjahr zu verlangen (§ 1 a KSchG);
der Abfindungsanspruch setzt voraus, dass der Arbeitgeber im Kündigungsschreiben die Kündigung auf betriebsbedingte Gründe stützt und den Arbeitnehmer darauf hinweist, dass er die im Gesetz vorgesehene Abfindung beanspruchen kann, wenn er die dreiwöchige Frist für die Erhebung der Kündigungsschutzklage verstreichen lässt (siehe → **Kündigungsschutz** Rn. 19 ff.);
- wenn im Rahmen eines Kündigungsschutzprozesses zwischen den Parteien ein **Vergleich** geschlossen wird, durch den das Arbeitsverhältnis gegen Zahlung einer Abfindung beendet wird;
- wenn trotz Unwirksamkeit einer arbeitgeberseitigen Kündigung das Arbeitsverhältnis auf Antrag des Arbeitnehmers oder Arbeitgebers durch das → **Arbeitsgericht** gemäß §§ 9, 10 KSchG aufgelöst wird (Festsetzung der Abfindung durch Urteil; siehe Rn. 4 und → **Kündigungsschutz** Rn. 37 ff.);
- wenn in einem → **Sozialplan** gemäß § 112 BetrVG Abfindungen zugunsten der von Entlassung betroffenen Arbeitnehmer festgelegt sind;
- wenn aus Anlass einer → **Betriebsänderung** das Arbeitsverhältnis beendet wird, ohne dass der Arbeitgeber einen → **Interessenausgleich** mit dem Betriebsrat versucht hat (sog. → **Nachteilsausgleich**) nach § 113 Abs. 3 BetrVG; vgl. hierzu BAG v. 18.10.2011 – 1 AZR 335/10, NZA 2012, 221);

Abfindung

das Gleiche gilt nach § 113 Abs. 1 BetrVG, wenn der Arbeitgeber von einem mit dem Betriebsrat vereinbarten Interessenausgleich ohne zwingenden Grund abweicht und der Arbeitnehmer infolgedessen entlassen wird.
- wenn ein → **Tarifvertrag** (Verbandstarifvertrag oder Firmentarifvertrag) die Zahlung einer Abfindung vorsieht (zur Erstreikbarkeit eines »**Sozialtarifvertrages**« siehe → **Arbeitskampf** Rn. 7 und BAG v. 24. 4. 2007 – 1 AZR 252/06, AiB 2007, 732).

Abfindungshöhe

3   Macht der Arbeitnehmer im Falle einer → **betriebsbedingten Kündigung** nach Maßgabe des § 1 a KSchG von seinem **Wahlrecht** in der Weise Gebrauch, dass er keine Kündigungsschutzklage erhebt (siehe hierzu Rn. 2), entsteht für ihn ein Abfindungsanspruch in Höhe von einem halben Bruttomonatsentgelt pro Beschäftigungsjahr.

> **Beispiel:**
> Ein Arbeitnehmer hat nach einer Beschäftigungszeit von zehn Jahren zuletzt 3000 Euro brutto im Monat verdient. Er wird betriebsbedingt gekündigt. Im Kündigungsschreiben weist der Arbeitgeber darauf hin, dass die Kündigung auf dringende betriebliche Erfordernisse gestützt ist und der Arbeitnehmer die im Gesetz vorgesehene Abfindung beanspruchen kann, wenn er die dreiwöchige Frist für die Erhebung der Kündigungsschutzklage verstreichen lässt. Erhebt der Arbeitnehmer keine Kündigungsschutzklage, hat er Anspruch auf eine Abfindung in Höhe von 15 000 Euro brutto (10 Beschäftigungsjahre mal 1500 Euro brutto).

Zu weiteren Einzelheiten siehe → **Kündigungsschutz** Rn. 19 ff.

4   Bei Erlass eines **Auflösungsurteils** gemäß §§ 9, 10 KSchG kann vom Arbeitsgericht eine Abfindung von bis zu 12, 15 oder 18 Monatsverdiensten (je nach Lebensalter und Beschäftigungsdauer) festgelegt werden (siehe → **Kündigungsschutz** Rn. 41).

5   Bei Abfindungen, die Gegenstand von Verhandlungen über einen gerichtlichen oder außergerichtlichen **Vergleich** im Falle einer vom Arbeitgeber ausgesprochenen → **Kündigung** sind, richtet sich das »ob« und die Höhe vor allem nach den **Erfolgsaussichten** einer Kündigungsschutzklage.

Je zweifelhafter die Wirksamkeit einer Kündigung eines Arbeitsverhältnisses ist, desto höher ist das **Prozess- und Kostenrisiko** des Arbeitgebers (siehe hierzu Rn. 6) und seine Bereitschaft, eine Abfindung zu zahlen.

Im Rahmen der Vergleichsverhandlungen sind auch von Bedeutung die wirtschaftliche und finanzielle Lage des Unternehmens und die Aussichten des gekündigten Arbeitnehmers auf dem Arbeitsmarkt (dabei spielen z. B. Lebensalter und Gesundheitszustand eine Rolle).

Als »Faustformel« zur Berechnung einer Abfindung bei gerichtlichen oder außergerichtlichen Verhandlungen hat sich die in § 1 a KSchG normierte Regel (siehe Rn. 3) durchgesetzt: ein halbes Bruttomonatsgehalt pro Beschäftigungsjahr.

> **Beispiel:**
> Ein Arbeitnehmer hat nach einer Beschäftigungszeit von zehn Jahren zuletzt 3000 Euro brutto im Monat verdient. Die »Regelabfindung« beläuft sich auf 15 000 Euro brutto.

Die Abfindung kann aber **wesentlich höher** ausfallen (z. B. wenn der gegen eine Kündigung klagende Arbeitnehmer gute Aussichten hat, den Kündigungsschutzprozess zu gewinnen; siehe Rn. 6 und → **Kündigungsschutz** Rn. 25 a).

5a Abfindung bei → **Aufhebungsvertrag** und → **Abwicklungsvertrag**:
Nach einer Arbeitnehmerbefragung im Jahr 2001 wurde nur in ⅓ der Fälle, in denen das Arbeitsverhältnis einvernehmlich durch → **Aufhebungsvertrag** beendet wurde (= 10 % der

Abfindung

Beendigungsfälle), eine Abfindung vereinbart (Quelle: Infratest Sozialforschung, München).

Kein Arbeitnehmer sollte sich vom Arbeitgeber »beschwatzen« lassen, einen → **Aufhebungsvertrag** oder → **Abwicklungsvertrag** ohne Abfindungsregelung zu vereinbaren (zu den weiteren Risiken – z. B. Arbeitslosengeldsperre – siehe Rn. 23).

Vielmehr sollte er es auf eine Kündigung ankommen lassen und beim Arbeitsgericht innerhalb der gesetzlichen Dreiwochenfrist Klage gegen die Kündigung einreichen (siehe hierzu → **Kündigungsschutz** Rn. 25). Die Aussichten, auf diesem Wege eine Abfindung zu erhalten, sind vergleichsweise hoch (siehe Rn. 6 und → **Kündigungsschutz** Rn. 25 a).

Bei einer **Eigenkündigung** des Arbeitnehmers ist die Chance, eine Abfindung zu erhalten, gleich »Null«. Kein Arbeitgeber »wirft« einem ausscheidenswilligen Arbeitnehmer »Geld hinterher«.   **5b**

Deshalb sollte ein Arbeitnehmer, der mit dem Gedanken spielt, das bestehende Arbeitsverhältnis selbst zu kündigen, in jedem Fall zuvor rechtliche Beratung einholen (Gewerkschaft oder Rechtsanwalt).

Nicht zuletzt auch deshalb, weil eine Eigenkündigung im Regelfall eine 12-wöchige Arbeitslosengeldsperre zur Folge hat (siehe hierzu Rn. 23).

Die Chancen auf eine Abfindung sind auch dann gering, wenn der Arbeitnehmer dem Arbeitgeber (etwa im Rahmen der Verhandlungen über einen → **Aufhebungsvertrag** oder einen gerichtlichen oder außergerichtlichen Vergleich) offenbart, bereits einen anderen Job »in der Tasche zu haben«.   **5c**

Das »ob« und die Höhe der auszuhandelnden Abfindung wird maßgeblich von dem oft beträchtlichen **Prozess- und Kostenrisiko** beeinflusst, das der Arbeitgeber im Falle einer Klage des Arbeitnehmers gegen eine arbeitgeberseitige Kündigung trägt.   **6**

Eine Kündigungsschutzklage ist für den Arbeitgeber eine ausgesprochen »lästige« und ggf. kostenträchtige Angelegenheit.

Niemand weiß, wie der Prozess letztlich ausgeht.

Eine Kündigung kann aus verschiedensten Gründen **unwirksam** sein. Viele Arbeitgeber machen bei Ausspruch einer Kündigung **Fehler** (etwa bei der Anhörung des Betriebsrats oder bei der im Falle einer → **betriebsbedingten Kündigung** zu treffenden sozialen Auswahl). Die Unwirksamkeitsgründe herauszuarbeiten ist Aufgabe des Prozessvertreters des Arbeitnehmers (gewerkschaftlicher Rechtsschutzsekretär, Rechtsanwalt). Je mehr Gründe für die Unwirksamkeit der Kündigung sprechen, desto höher wird die im Wege der unvermeidlichen Vergleichsverhandlungen erzielbare Abfindung sein.

Verliert der Arbeitgeber den – ggf. Jahre dauernden – Kündigungsschutzprozess (ggf. drei Instanzen: Arbeitsgericht, Landesarbeitsgericht, Bundesarbeitsgericht), muss er nicht nur die **Prozesskosten** tragen (1. Instanz: Gerichtskosten und eigene Rechtsanwaltskosten; 2. und 3. Instanz: alle Gerichts- und Anwaltskosten; siehe → **Arbeitsgericht**).

Er muss dem gekündigten Arbeitnehmer auch das ausgefallene → **Arbeitsentgelt** unter dem Gesichtspunkt des → **Annahmeverzuges** (unter Abzug des **Arbeitslosengeldes**) **nachzahlen**. Vertragliche oder tarifliche → **Ausschlussfristen/Verfallfristen** stehen der Nachzahlungspflicht des Arbeitgebers nicht entgegen. Das BAG hat – veranlasst durch einen Beschluss des BVerfG v. 1. 12. 2010 – 1 BvR 1682/07 (siehe → **Ausschlussfristen/Verfallfristen** Rn. 7 c) – die zum Nachteil der Arbeitnehmer gehende bisherige Rechtsprechung des 5. und 9. Senats geändert und entschieden, dass ein Arbeitnehmer mit der Erhebung einer Bestandsschutzklage (Kündigungsschutz- oder Befristungskontrollklage nach § 17 KSchG) die von deren Ausgang abhängigen Vergütungsansprüche »gerichtlich geltend« macht und damit auch die **zweite Stufe** einer tariflichen Ausschlussfrist wahrt (BAG v. 19. 9. 2012 – 5 AZR 627/11, NZA 2013, 101). Nach bisheriger Rechtsprechung des 5. und 9. Senats musste der Arbeitnehmer im Falle einer zweistufigen Ausschlussfrist parallel zur Bestandsschutzklage Zahlungsklage erheben,

Abfindung

um die zweite Stufe zu wahren (BAG v. 26. 4. 2006 – 5 AZR 403/05, NZA 2006, 845; 17. 11. 2009 – 9 AZR 745/08, AP Nr. 194 zu § 4 TVG Ausschlussfristen).

Das **Arbeitslosengeld**, das der gekündigte Arbeitnehmer erhalten hat, muss der Arbeitgeber, wenn er den Kündigungsschutzprozess verliert, an die Agentur für Arbeit erstatten (§ 11 Nr. 3 KSchG; § 115 SGB X).

Übrigens: der von einem **Vertreter** des Arbeitgebers gekündigte Arbeitnehmer bzw. sein Prozessvertreter kann das Prozess- und Kostenrisiko des Arbeitgebers dadurch erhöhen, dass er eine ohne Vorlage einer Vollmacht ausgesprochene Kündigung gemäß § 174 BGB »unverzüglich« zurückweist (siehe → **Kündigung** Rn. 5).

6a Besonders teuer wird es für den Arbeitgeber im Falle einer ordentlichen (fristgemäßen) Kündigung, wenn
- der Betriebsrat der → **ordentlichen Kündigung** ordnungsgemäß nach § 102 Abs. 3 BetrVG **widersprochen** hat,
- der gekündigte Arbeitnehmer innerhalb der Klagefrist von drei Wochen (§ 4 KSchG) **Kündigungsschutzklage** erhebt und
- er mit Bezugnahme auf den Widerspruch des Betriebsrats nach § 102 Abs. 5 BetrVG seine **Weiterbeschäftigung** bis zum rechtskräftigen Abschluss des Kündigungsschutzprozesses **verlangt**.

Dann muss nämlich der Arbeitgeber das Arbeitsentgelt über den Ablauf der → **Kündigungsfrist** hinaus bis zum rechtskräftigen Ende des Kündigungsschutzprozesses weiterzahlen – und zwar auch dann, wenn er den Arbeitnehmer nicht weiterbeschäftigt und sogar dann, wenn der Arbeitnehmer den Kündigungsschutzprozess **verliert** (BAG v. 7. 3. 1996 – 2 AZR 432/95, AiB 1996, 616; 10. 3. 1987 – 8 AZR 146/84, NZA 1987, 373; 12. 9. 1985 – 2 AZR 324/84, NZA 1986, 424)! Ausnahme: der Arbeitgeber wird nach § 102 Abs. 5 Satz 2 BetrVG vom Arbeitsgericht von der Weiterbeschäftigungspflicht entbunden.

Zu weiteren Einzelheiten siehe → **Kündigung** Rn. 50 und → **ordentliche Kündigung** Rn. 29 ff, 35.

6b Während eines Kündigungsschutzprozesses laufen also erhebliche, vom Arbeitgeber im Falle des Unterliegens zu tragende Geldbeträge auf.

Weil es sich dabei um »*ungewisse Verbindlichkeiten und für drohende Verluste aus schwebenden Geschäften*« i. S. d. § 249 Abs. 1 HGB handelt, muss das Unternehmen **Rückstellungen** bilden, solange der Rechtsstreit nicht rechtskräftig beendet ist.

Hinzu kommt, dass der Arbeitgeber den Arbeitnehmer, wenn dessen Kündigungsschutzklage erfolgreich ist, zu unveränderten Arbeitsbedingungen weiterbeschäftigen muss. Möglicherweise ist der »freigekündigte« Arbeitsplatz aber inzwischen mit einem anderen Mitarbeiter besetzt, so dass sich für den Arbeitgeber weitere »lästige« Probleme »auftun«.

All das geht einem Arbeitgeber (und vor allem seinem Personalleiter, der die Kündigung »managen« muss) »durch den Kopf«, wenn ihm eine Kündigungsschutzklage zugestellt wird und wenn im »Gütetermin« (siehe → **Arbeitsgericht** Rn. 4) vom Arbeitsrichter die Frage aufgeworfen wird, ob eine einvernehmliche Lösung in Form eines »Abfindungsvergleichs« möglich ist.

Es verwundert deshalb nicht, dass die »Vergleichsbereitschaft« vieler Arbeitgeber vergleichsweise hoch ist. Immerhin werden etwa 50 % der Kündigungsschutzverfahren durch einen – vom Richter oft schon im »Gütetermin« vorgeschlagenen – **Abfindungsvergleich** beendet (Pfarr u. a., BB 2004, 106, 108).

Selbst in scheinbar »aussichtslosen« Fällen gelingt es nicht selten, den Arbeitgeber zur Zahlung einer Abfindung »zu bewegen«.

6c Seltsamerweise wird nur gegen etwa 12 % aller Arbeitgeberkündigungen Kündigungsschutzklage erhoben (Böckler impuls 19/08, 6). Viele gekündigte Arbeitnehmer (fast 90 %!) verzichten auf die mit einer Klageerhebung verbundene Chance, wenigstens eine Abfindung zu be-

Abfindung

kommen. Aus der Sicht der Arbeitgeber ein erfreuliche Quote; aus Sicht der von Kündigung betroffenen Arbeitnehmer »verschenktes Geld« (zumal man mit wenig Aufwand und ohne größeres Kostenrisiko bei der Rechtsantragsstelle des Arbeitsgerichts selbst – also ohne Rechtsanwalt – Kündigungsschutzklage erheben kann).
Vielen Arbeitnehmern sind die vorstehenden Zusammenhänge offenbar nicht bekannt.
Ein hohes Prozess- und Kostenrisiko trägt der Arbeitgeber auch, wenn die Wirksamkeit einer Befristung zweifelhaft ist und der Arbeitnehmer gemäß § 17 TzBfG dagegen klagt (siehe hierzu → **Befristeter Arbeitsvertrag** Rn. 73, 74). **6d**
Zu den **Kosten** eines Arbeitsgerichtsprozesses siehe → **Arbeitsgericht**. **6e**
Arbeitnehmer, die gewerkschaftlich organisiert sind oder eine Rechtsschutzversicherung haben, tragen keinerlei Kostenrisiko. Sie können nur gewinnen.
Soweit eine solche Form des Rechtsschutzes nicht besteht, muss bedacht werden, dass die Kosten eines beauftragten Anwalts in erster Instanz (Anwaltsgebühren) zu Lasten des klagenden Arbeitnehmers gehen – und zwar auch dann, wenn der Prozess gewonnen oder durch Abfindungsvergleich beendet wird (siehe hierzu → **Arbeitsgericht**).
Das ist dann kein Problem, wenn zu erwarten ist, dass die erzielbare Abfindung (abzgl. Lohnsteuer) höher ist als die Gebührenforderung des Anwalts.
Zur Bemessung von Abfindungen, die in einem Sozialplan geregelt werden siehe Rn. 25 und → **Sozialplan** Rn. 27 ff. **6f**
Zu Abfindungsregelungen in einem »**Sozialtarifvertrag**« siehe → **Arbeitskampf** Rn. 7 und → **Sozialplan** Rn. 10 ff. **6g**
Hier gilt: je größer die Streikbereitschaft und -fähigkeit der Beschäftigten, desto höher die Chance auf ein gutes Ergebnis.

Abfindung und Steuern

Durch das »Gesetz zum Einstieg in ein steuerliches Sofortprogramm« vom 22.12.2005 (BGBl. I S. 3682) sind die bisher für Abfindungen wegen Auflösung des Arbeitsverhältnisses nach § 3 Nr. 9 EStG geltenden Steuerfreibeträge mit Wirkung ab 1.1.2006 abgeschafft worden. Der früher geltende § 3 Nr. 9 EStG wurde aufgehoben. **7**
Damit sind Abfindungen voll **steuerpflichtig**.
Bis Ende 2005 waren Abfindungen nach § 3 Nr. 9 EStG (a. F.) im Rahmen nachstehender Steuerfreibeträge **8**
- bis 7200,– Euro
- bis 9000,– Euro nach Vollendung des 50. Lebensjahres und 15-jähriger Beschäftigungsdauer
- bis 11 000,– Euro nach Vollendung des 55. Lebensjahres und 20-jähriger Beschäftigungsdauer

nicht zu versteuern.
Die vorstehenden Steuerfreibeträge galten aufgrund einer Vertrauensschutzregelung (§ 52 Abs. 4 a EStG) für vor dem 1.1.2006 entstandene Ansprüche auf Abfindung weiter, wenn die Abfindungszahlung dem Arbeitnehmer vor dem 1.1.2008 »zugeflossen« ist. **9**
Abfindungen sind weiterhin nach § 24 Nr. 1 a, § 34 Abs. 1 und 2 EStG (außerordentliche Einkünfte) steuerbegünstigt. Bei Vorliegen der Voraussetzungen des § 34 EStG kann ein günstigerer Steuersatz festgesetzt werden (Abmilderung der Steuerprogression durch sog. **Fünftelungsregelung**). Dies geschieht dadurch, dass die Abfindung durch fünf geteilt wird und ein Fünftel dem zu versteuernden Einkommen im Jahr des Zuflusses der Abfindung hinzugerechnet wird. Von der sich hieraus ergebenden Steuer wird die (niedrigere) Steuer abgezogen, die sich aus dem zu versteuernden Einkommen ohne die Abfindung errechnet. Der Differenzbetrag wird dann verfünffacht und ergibt den auf die Abfindung zu zahlen- **10**

Abfindung

den Steuerbetrag (die gesamte – so ermittelte – Steuer ist im Jahr des Zuflusses der Abfindung zu zahlen).

Abfindung und Sozialversicherung

11 Abfindungen sind als Entschädigung für den Verlust des Arbeitsplatzes **nicht beitragspflichtig**. Sie zählen nicht zum Arbeitsentgelt i. S. d. § 14 Abs. 1 Satz 1 SGB IV. Denn es handelt sich nicht um »*laufende oder einmalige Einnahmen aus einer Beschäftigung*«, sondern um eine Zahlung, die mit Rücksicht auf die Beendigung des Beschäftigungsverhältnisses und für die Zeit danach geleistet wird (BSG v. 21. 2. 1990 – 12 RK 20/88, NZA 1990, 751; 25. 10. 1990 – 12 RK 40/89).

Etwas anderes gilt, wenn es sich um so genannte »verdeckte« Abfindungen handelt, mit denen rückständiges Arbeitsentgelt abgegolten wird. Dann besteht Beitragspflicht zur Sozialversicherung (BSG v. 21. 2. 1990 – 12 RK 65/87, a. a. O.; 25. 10. 1990 – 12 RK 40/89; 28. 1. 1999 – B 12 KR 14/98 R).

Abfindung und Arbeitslosengeld

12 Die Abfindung wird nicht auf das Arbeitslosengeld **angerechnet**.

Ruhen des Anspruchs auf Arbeitslosengeld bei Entlassungsentschädigung (§ 158 SGB III 2012)

13 Nach § 158 SGB III 2012 **ruht** der Anspruch auf Arbeitslosengeld für einen gewissen Zeitraum, wenn wegen der Beendigung des Arbeitsverhältnisses eine »Entlassungsentschädigung« (Abfindung, Entschädigung oder eine ähnliche Leistung) gezahlt wurde und das Arbeitsverhältnis vorzeitig, das heißt vor Ablauf der vom Arbeitgeber zu beachtenden → **Kündigungsfrist**, beendet wurde.

Mit anderen Worten: Der Arbeitslose muss zunächst eine Weile von seiner Abfindung leben. Denn während des Ruhenszeitraums wird kein **Arbeitslosengeld** gezahlt.

Die Dauer des Anspruchs auf Arbeitslosengeld (§ 147 SGB III 2012) wird hierdurch allerdings nicht verkürzt.

Vielmehr wird »nur« der **Beginn** des Arbeitslosengeldbezugs um den Ruhenszeitraum (zur Dauer des Ruhenszeitraums: siehe Rn. 15 ff.) **verschoben**.

14 **Beachten:**
Während der Zeit des Ruhens des Arbeitslosengeldes wegen Anrechnung einer Abfindung werden von der Bundesagentur für Arbeit keine Sozialversicherungsbeiträge abgeführt. Krankenversicherungsschutz besteht nur noch einen Monat nach Beendigung des Arbeitsverhältnisses und damit der Mitgliedschaft in der gesetzlichen Krankenversicherung (§ 19 Abs. 2 SGB V)!

15 Der Ruhenszeitraum dauert, je nach Fallgestaltung, längstens bis zum Ablauf der ordentlichen Kündigungsfrist, die einzuhalten gewesen wäre, § 158 Abs. 1 Satz 1 und 2 SGB III 2012.

16 Ist die ordentliche Kündigung ausgeschlossen, gilt nach § 158 Abs. 1 Satz 3 SGB III 2012 Folgendes:
  • bei **zeitlich unbegrenztem Ausschluss** (z. B. tarifliche Unkündbarkeit wegen Alters) kommt eine »fiktive« Kündigungsfrist von 18 Monaten zur Anwendung;
  • bei **zeitlich begrenztem Ausschluss** (z. B. befristeter Arbeitsvertrag, Betriebsratsmitglieder, Schwangere) oder bei Vorliegen der Voraussetzungen einer außerordentlichen Kündigung mit Auslauffrist (z. B. bei Betriebsstilllegung oder bei dauerhafter krankheitsbedingter Ar-

Abfindung

beitsunfähigkeit; siehe → **Außerordentliche Kündigung** Rn. 8 ff.) ist diejenige Kündigungsfrist zugrunde zu legen, die ohne den Kündigungsausschluss maßgeblich gewesen wäre (also die normale ordentliche Kündigungsfrist).
Ist eine ordentliche Kündigung (z. B. aufgrund einer tariflichen Regelung) nur bei Zahlung einer Abfindung zulässig, gilt gemäß § 158 Abs. 1 Satz 4 SGB III 2012 eine »**fiktive**« **Kündigungsfrist** von einem Jahr. 17
Der Anspruch auf Arbeitslosengeld ruht in jedem Fall längstens für die Dauer eines Jahres nach Beendigung des Arbeitsverhältnisses (§ 158 Abs. 2 Satz 1 SGB III 2012). 18
Der Jahreszeitraum verkürzt sich in den in § 158 Abs. 2 Satz 2 bis 5 SGB III 2012 genannten Fallgestaltungen.
Der Anspruch auf Arbeitslosengeld ruht hiernach nicht über den Tag hinaus,
- an dem das Arbeitsverhältnis bei fristgerechter Kündigung durch den Arbeitgeber geendet hätte (§ 158 Abs. 1 Satz 1 und 2 SGB III 2012); die jeweils maßgebliche Kündigungsfrist beginnt mit dem Zugang der Kündigung bzw. dem Abschluss des Aufhebungsvertrages,
- an dem das Arbeitsverhältnis infolge einer Befristung, die schon früher, nicht erst bei der Beendigung des Arbeitsverhältnisses vereinbart wurde, geendet hätte (§ 158 Abs. 2 Satz 2 Nr. 2 SGB III 2012),
- an dem der Arbeitgeber das Arbeitsverhältnis aus wichtigem Grund ohne Einhaltung einer Kündigungsfrist hätte kündigen können (§ 158 Abs. 2 Satz 2 Nr. 3 SGB III 2012),
- bis zu dem der Betroffene bei – angenommener – Weiterzahlung des zuletzt kalendertäglich verdienten Arbeitsentgelts einen Betrag in Höhe von 60 % der Abfindung verdient hätte (§ 158 Abs. 2 Satz 2 Nr. 1 SGB III 2012); der Prozentsatz mindert sich nach § 158 Abs. 2 Satz 3 SGB III 2012 sowohl für je fünf Jahre Betriebs-/Unternehmenszugehörigkeit als auch für je fünf Lebensjahre nach Vollendung des 35. Lebensjahres um je 5 %; der mindestens zu berücksichtigende Anteil der Abfindung beträgt 25 %.

Siehe hierzu die nachstehende **Tabelle**:

Betriebs- oder Unternehmenszugehörigkeit	Zu berücksichtigender Anteil der Abfindung					
	Lebensalter am Ende des Arbeitsverhältnisses					
	unter 40 Jahre	ab 40 Jahre	ab 45 Jahre	ab 50 Jahre	Ab 55 Jahre	ab 60 Jahre
Weniger als 5 Jahre	60 %	55 %	50 %	45 %	40 %	35 %
05 und mehr Jahre	55 %	50 %	45 %	40 %	35 %	30 %
10 und mehr Jahre	50 %	45 %	40 %	35 %	30 %	25 %
15 und mehr Jahre	45 %	40 %	35 %	30 %	25 %	25 %
20 und mehr Jahre	40 %	35 %	30 %	25 %	25 %	25 %
25 und mehr Jahre	35 %	30 %	25 %	25 %	25 %	25 %
30 und mehr Jahre		25 %	25 %	25 %	25 %	25 %

Beispiele:
- Der Anteil beträgt bei einem Arbeitnehmer, der zum Zeitpunkt des Ausscheidens unter 40 Jahre alt und weniger als 5 Jahre im Betrieb beschäftigt ist, 60 % der Abfindung.
- Bei einem 45-jährigen Arbeiter, der 12 Jahre im Betrieb beschäftigt ist, können 40 % der Abfindung berücksichtigt werden.
- Ist ein Arbeitnehmer 50 Jahre alt und 20 und mehr Jahre im Betrieb beschäftigt, dürfen nur noch 25 % der Abfindung herangezogen werden.

Abfindung

Berechnungsbeispiel:
Der Arbeitnehmer ist zum Zeitpunkt des Ausscheidens 50 Jahre alt und 20 Jahre im Betrieb beschäftigt. Sein Bruttomonatsentgelt beträgt zuletzt 3000 Euro (= 100 Euro pro Kalendertag). Die vom Arbeitgeber bei einer ordentlichen Kündigung einzuhaltende Kündigungsfrist beträgt sieben Monate zum Monatsende (vgl. § 622 Abs. 2 BGB; siehe → **Kündigungsfristen**). Das Arbeitsverhältnis wird durch Aufhebungsvertrag »vorzeitig« mit sofortiger Wirkung beendet. Es wird eine Abfindung in Höhe eines Bruttomonatsentgelts pro Beschäftigungsjahr, insgesamt also 60 000 Euro (20 Beschäftigungsjahre mal 3000 Euro) vereinbart.
Folge:
Nach § 158 Abs. 1 SGB III 2012 würde der Anspruch auf Arbeitslosengeld an sich während der gesamten Dauer der im Falle einer ordentlichen Kündigung vom Arbeitgeber einzuhaltenden Kündigungsfrist (= sieben Monate) ruhen.
Der Ruhenszeitraum wird jedoch durch § 158 Abs. 2 Satz 2 Nr. 1 und Satz 3 SGB III 2012 begrenzt:
Der Anspruch auf Arbeitslosengeld ruht »nur« bis zu dem Tag, bis zu dem der Arbeitnehmer bei – angenommener – Weiterzahlung des zuletzt kalendertäglich verdienten Arbeitsentgelts (hier = 100 Euro) einen Betrag in Höhe von 25 % der Abfindung (hier = 15 000 Euro) verdient hätte.
Das heißt: der Anspruch auf Arbeitslosengeld ruht »nur« für 150 Kalendertage (= fünf Monate).

19 Hat der Arbeitslose eine **Urlaubsabgeltung** nach § 157 Abs. 2 SGB III 2012 erhalten oder zu beanspruchen, verlängert sich der Ruhenszeitraum um die Zeit des abgegoltenen Urlaubs (§ 158 Abs. 1 Satz 5 SGB III 2012).

20 Leistungen, die der Arbeitgeber für den Arbeitslosen, dessen Arbeitsverhältnis frühestens mit Vollendung des 55. Lebensjahres beendet wird, unmittelbar für dessen Rentenversicherung gemäß § 187a Abs. 1 SGB VI aufwendet (zwecks Vermeidung bzw. Abmilderung der **Rentenabschläge** im Falle vorzeitiger Inanspruchnahme einer Altersrente; siehe → **Altersteilzeit**, → **Rentenversicherung**), werden nicht berücksichtigt.
Das heißt, diese Leistungen dürfen zur Feststellung der Dauer des Ruhenszeitraumes nicht herangezogen werden (§ 158 Abs. 1 Satz 6 SGB III 2012).

21 Die Ruhensbestimmungen des § 158 Abs. 1 und 2 SGB III 2012 gelten auch dann, wenn das »Arbeitsverhältnis« zwar formal aufrechterhalten wurde, der Arbeitslose aber das »Beschäftigungsverhältnis« **beendet** und deswegen eine Abfindung erhalten oder zu beanspruchen hat (§ 158 Abs. 3 SGB III 2012).

22 Nach § 158 Abs. 4 SGB III 2012 hat die Agentur für Arbeit trotz Vorliegen eines Ruhenstatbestandes nach § 158 Abs. 1 bis 3 SGB III 2012 das Arbeitslosengeld gleichwohl zu zahlen, soweit der Arbeitslose die Entlassungsentschädigung tatsächlich nicht erhalten hat (= sog. **Gleichwohlgewährung**).
Nach § 115 SGB X geht der Anspruch auf Entlassungsentschädigung bis zur Höhe des gezahlten Arbeitslosengeldes auf die Bundesagentur für Arbeit über.
Hat der Arbeitgeber die Entlassungsentschädigung trotz des Rechtsübergangs mit befreiender Wirkung an den Arbeitslosen oder an einen Dritten gezahlt, hat der Bezieher des Arbeitslosengeldes dieses insoweit zu erstatten (§ 158 Abs. 4 SGB III 2012).

Ruhen des Anspruchs auf Arbeitslosengeld bei Sperrzeit (§ 159 SGB III 2012)

23 Bei der Kombination »Aufhebungsvertrag und Abfindung«, »Abwicklungsvertrag und Abfindung« und bei der »Hinnahme einer offensichtlich rechtswidrigen Arbeitgeberkündigung gegen Zahlung einer Abfindung« prüft die Agentur für Arbeit, ob die Voraussetzungen einer **Sperrzeit** nach § 159 SGB III 2012 gegeben sind (siehe → **Abwicklungsvertrag**, → **Arbeitslosenversicherung: Arbeitslosengeld** Rn. 44 ff. und → **Aufhebungsvertrag**).
Hiernach tritt eine bis zu zwölf Wochen dauernde Sperrzeit ein, wenn der Arbeitslose sich

Abfindung

versicherungswidrig verhalten hat, ohne dafür einen wichtigen Grund zu haben (§ 159 Abs. 1 Satz 1 SGB III 2012).
Versicherungswidriges Verhalten liegt vor, wenn der Arbeitslose das Beschäftigungsverhältnis gelöst oder durch ein arbeitsvertragswidriges Verhalten Anlass für die Lösung des Beschäftigungsverhältnisses gegeben und dadurch vorsätzlich oder grob fahrlässig die Arbeitslosigkeit herbeigeführt hat (»**Sperrzeit bei Arbeitsaufgabe**«).
Zu **weiteren Einzelheiten** siehe → **Arbeitslosenversicherung: Arbeitslosengeld** Rn. 44 ff.

> **Beachten:**
> Die Annahme eines Abfindungsangebots im Falle einer nicht offensichtlich rechtswidrigen betriebsbedingten Kündigung nach § 1 a KSchG (siehe → **Kündigungsschutz**) durch Verstreichenlassen der Klagefrist löst i. d. r. kein Verfahren zur Feststellung eines Sperrfristtatbestandes aus.
> Darüber hinausgehend hat das BSG für Streitfälle ab dem 1.1.2004 unter Heranziehung der Grundsätze des § 1 a KSchG erwogen, auf eine Prüfung der Rechtmäßigkeit der Arbeitgeberkündigung zu verzichten, wenn die Abfindungshöhe die in § 1 a Abs. 2 KSchG vorgesehene **nicht überschreitet** (BSG v. 12.7.2006 – B 11 a AL 47/05 R, NZA 2006, 1359).

24

Das heißt: Wenn die Abfindung nicht mehr als ein halbes Monatsentgelt für jedes Jahr des Bestehens des Arbeitsverhältnisses beträgt, entfällt eine Sperrzeit unabhängig davon, ob die Kündigung des Arbeitgebers rechtmäßig ist oder nicht.
Dabei ist ein Zeitraum von mehr als **sechs Monaten** im Ein- oder Austrittsjahr auf ein volles Jahr aufzurunden (§ 1 a Abs. 2 KSchG).
Aus Anlass der BSG-Entscheidung v. 12.7.2006 hat die Bundesagentur die Durchführungsanweisungen zu § 144 SGB III a. F. – heute § 159 SGB III 2012 – (Ziff. 9.1.2; Stand 04/2009) geändert und den Begriff »wichtiger Grund« für den Abschluss eines Aufhebungsvertrages (bzw. → **Abwicklungsvertrag** oder für eine Eigenkündigung) bei drohender Arbeitgeberkündigung neu definiert (siehe → **Aufhebungsvertrag** Rn. 18).
Zu weiteren Einzelheiten siehe → **Arbeitslosenversicherung: Arbeitslosengeld** Rn. 44 ff.

Bedeutung für die Betriebsratsarbeit

Der Betriebsrat muss sich mit dem Thema »Abfindung« vor allem im Rahmen von Sozialplanverhandlungen (§ 112 BetrVG) aus Anlass einer → **Betriebsänderung** befassen. Dabei steht im Zentrum der Auseinandersetzungen zwischen Betriebsrat und Arbeitgeber die Frage der Höhe des Abfindungsvolumens und seine möglichst gerechte Verteilung auf die von Entlassung betroffenen Arbeitnehmer. Im Nichteinigungsfall entscheidet die → **Einigungsstelle**.
Siehe insoweit → **Sozialplan**.
Zu (Firmen-)Tarifverhandlungen zwischen Gewerkschaft und Arbeitgeber um einen – im Nichteinigungsfall erstreikbaren – sog. **Sozialtarifvertrag** siehe → **Arbeitskampf** Rn. 7.

25

Darüber hinaus sollte der Betriebsrat Arbeitnehmer, die mit dem Gedanken spielen, unter Entgegennahme einer Abfindung über einen → **Aufhebungsvertrag** oder → **Abwicklungsvertrag** aus dem Betrieb zu scheiden, auf die möglichen – gravierenden – sozialrechtlichen Folgen einer einvernehmlichen Beendigung des Arbeitsverhältnisses hinweisen:
- **Ruhen** des Anspruchs auf → **Arbeitslosenversicherung: Arbeitslosengeld** nach § 158 SGB III 2012, wenn die maßgebliche Kündigungsfrist nicht eingehalten wird (siehe Rn. 13 ff.) und

26

31

Abfindung

- **Sperrzeit** nach § 159 SGB III 2012, wenn kein »wichtiger Grund« für die Auflösung des Arbeitsverhältnisses gegeben ist (siehe Rn. 23 und → **Arbeitslosenversicherung: Arbeitslosengeld** Rn. 44 ff.).

Bedeutung für die Beschäftigten

27 Zur Frage, unter welchen Voraussetzungen ein **Anspruch** auf Zahlung einer Abfindung entstehen kann, siehe Rn. 2.

28 Vor der Unterzeichnung eines → **Aufhebungsvertrages** oder → **Abwicklungsvertrages** sollte sich der Arbeitnehmer sachkundigen Rat (Gewerkschaft, Anwalt) einholen zu den möglichen sozialrechtlichen Folgen (siehe hierzu Rn. 23).

28a Zur **Aufklärungspflicht** des Arbeitgebers insoweit siehe → **Aufhebungsvertrag**, Rn. 17.

29 Besondere Vorsicht ist auch geboten bei der Formulierung von Abfindungsvereinbarungen, wenn sichergestellt werden soll, dass der vereinbarte Abfindungsanspruch im Falle des **Todes des Arbeitnehmers** auf seine Erben übergehen soll.

Nach Ansicht des BAG entsteht nämlich ein Abfindungsanspruch nicht, wenn der Arbeitnehmer nach Abschluss des Aufhebungs- und Abfindungsvertrages, aber noch vor dem vereinbarten Ende des Arbeitsverhältnisses stirbt (vgl. z. B. BAG v. 16. 5. 2000 – 9 AZR 277/99, NZA 2000, 1236 = DB 2001, 50; 26. 8. 1997 – 9 AZR 227/96, NZA 1998, 643; 27. 6. 2006 – 1 AZR 322/05, NZA 2006, 1238).

Die **Erben** des Verstorbenen gehen dann leer aus.

Im Fall BAG v. 16. 5. 2000 wurde die Klage der Erbin einer verstorbenen Arbeitnehmerin auf Zahlung einer vereinbarten Abfindung in Höhe von 45.000 DM abgewiesen, weil das Arbeitsverhältnis laut Aufhebungsvertrag am 30. 4. 1997 enden sollte, die Arbeitnehmerin aber **zwei Tage vorher verstarb.**

In Fall BAG v. 26. 8. 1997 blieb die Klage der Witwe des verstorbenen Arbeitnehmers auf Zahlung einer vereinbarten Abfindung in Höhe von 430.000 DM erfolglos. Der Aufhebungsvertrag wurde am 20. 10. 1993 abgeschlossen. Am 30. 4. 1994 sollte das Arbeitsverhältnis enden. Bereits am 16. 11. 1993 verstarb der Arbeitnehmer.

Im Fall BAG v. 27. 6. 2006 stand dem verstorbenen Arbeitnehmer ein Sozialplananspruch von 11.160,97 Euro zu.

Diese Rechtsprechung ist abzulehnen. Sie führt dazu, dass der Zufall darüber entscheidet, ob die erbberechtigten Hinterbliebenen die vorgesehene Abfindung erhalten oder nicht.

Der Arbeitgeber profitiert von dem »zu frühen« Tod, was einigermaßen verwunderlich ist, weil er ja bereits eine Zahlungsverpflichtung eingegangen ist.

Um derartige – dem Gerechtigkeitsempfinden widersprechende – Zufallsergebnisse zu vermeiden, sollte im → **Aufhebungsvertrag**, Vergleich, → **Sozialplan** oder → **Tarifvertrag** klargestellt werden, dass die Abfindung auch im Falle eines »vorzeitigen« Todes vor Ende des Arbeitsverhältnisses an die Hinterbliebenen ausgezahlt werden muss.

Formulierungsbeispiel: »*Der Anspruch auf Zahlung der Abfindung besteht auch dann, wenn der Arbeitnehmer vor Beendigung des Arbeitsverhältnisses stirbt. Der Anspruch geht auf die Erben über*«.

30 Zu beachten ist des Weiteren, dass die Ansprüche auf eine Abfindung bei Bestehen vertraglicher oder tariflicher → **Ausschlussfristen/Verfallfristen** auch dann fristgerecht geltend gemacht werden müssen, wenn der Abfindungsanspruch auf § 113 BetrVG (siehe → **Nachteilsausgleich**) oder einem → **Sozialplan** beruht (BAG v. 27. 1. 2004 – 1 AZR 148/03, DB 2004, 1676; 27. 3. 1996 – 10 AZR 668/95, AiB 1997, 113; 30. 11. 1994 – 10 AZR 79/94; DB 1995, 781).

Abfindung

Arbeitshilfen

Übersicht
- Abfindung
- Abfindung (Berechnungsmethoden)

Übersicht: Abfindung

Rechtsgrundlage
- außergerichtlicher oder gerichtlicher Aufhebungs- oder Abwicklungsvertrag
- Ausübung des Wahlrechts nach § 1a KSchG bei betriebsbedingter Kündigung: Annahme eines Abfindungsangebots des Arbeitgebers statt Erhebung einer Kündigungsschutzklage
- Urteil (Auflösung des Arbeitsverhältnisses gemäß §§ 9, 10 KSchG)
- Nachteilsausgleich bei unterlassenem oder nicht eingehaltenem Interessenausgleich, § 113 BetrVG
- Sozialplan, § 112 BetrVG
- Tarifvertrag (z. B. Sozialtarifvertrag; vgl. BAG v. 24.4.2007 – 1 AZR 252/06, AiB 2007, 732)

Abfindungshöhe
- bei Ausübung des Wahlrechts nach § 1a KSchG ein halbes Monatsentgelt pro Beschäftigungsjahr
- bei Auflösungsurteil gemäß §§ 9, 10 KSchG bis zu 12, 15 oder 18 Monatsverdienste je nach Lebensalter und Beschäftigungsdauer
- bei Nachteilsausgleich gemäß § 113 BetrVG gilt § 10 KSchG entsprechend (bis zu 12, 15 oder 18 Monatsverdienste je nach Lebensalter und Beschäftigungsdauer)
- bei Abfindung aufgrund Vertrag, Vergleich, Sozialplan oder Tarifvertrag richtet sich Höhe nach Verhandlungsstärke der Parteien und wirtschaftlicher Lage des Unternehmens

Steuern
Abfindungen sind seit dem 1.1.2006 voll steuerpflichtig. Bis zu diesem Zeitpunkt waren Abfindungen gemäß § 3 Nr. 9 EStG (a. F.) im Rahmen nachstehender Steuerfreibeträge
- bis 7200 Euro
- bis 9000 Euro nach Vollendung des 50. Lebensjahres und 15-jähriger Beschäftigungsdauer
- bis 11 000 Euro nach Vollendung des 55. Lebensjahres und 20-jähriger Beschäftigungsdauer
nicht zu versteuern. § 3 Nr. 9 EStG (a. F.) wurde mit Gesetz vom 22.12.2005 (BGBl. I S. 3682) aufgehoben. Bei Vorliegen der Voraussetzungen der §§ 24 Nr. 1a, 34 Abs. 1 und 2 EStG (außerordentliche Einkünfte) kann ein günstigerer Steuersatz erreicht werden (Abmilderung der Steuerprogression durch sog. Fünftelungsregelung).

Sozialversicherung
Die Abfindung ist nicht beitragspflichtig zur Sozialversicherung, es sei denn, in der Abfindung ist »verstecktes« Arbeitsentgelt enthalten (BSG v. 21.2.1990 – 12 RK 20/88, NZA 1990, 751; 25.10.1990 – 12 RK 40/89; 28.1.1999 – B 12 KR 14/98 R).

Abfindung und Arbeitslosengeld
Wird bei der Beendigung des Arbeitsverhältnisses die arbeitgeberseitige Kündigungsfrist nicht eingehalten, dann ruht, wenn der Arbeitnehmer eine »Entlassungsentschädigung« (= eine Abfindung oder eine ähnliche Leistung) erhält, der Anspruch auf Arbeitslosengeld, bis ein bestimmter Teil der Abfindung »verbraucht« ist (§ 158 Abs. 1 und 2 SGB III 2012).
Bei der Kombination »Aufhebungsvertrag und Abfindung«, »Abwicklungsvertrag und Abfindung« und bei der »Hinnahme einer offensichtlich rechtswidrigen (fristgerechten) Arbeitgeberkündigung gegen Zahlung einer Abfindung« prüft die Agentur für Arbeit, ob die Voraussetzungen einer Sperrzeit nach § 159 SGB III 2012 gegeben sind (siehe → **Abwicklungsvertrag**, → **Arbeitslosenversicherung: Arbeitslosengeld** und → **Aufhebungsvertrag**). Ein wichtiger Grund für die Lösung des Beschäftigungsverhältnisses kann vorliegen, wenn dem Arbeitnehmer ansonsten eine rechtmäßige Arbeitgeberkündigung aus nicht verhaltensbedingten Gründen zum gleichen Zeitpunkt droht.
Für Streitfälle ab dem 1.1.2004 kann unter Heranziehung der Grundsätze des § 1a KSchG auf eine Prüfung der Rechtmäßigkeit der Arbeitgeberkündigung verzichtet werden, wenn die Abfindungshöhe

Abfindung

die in § 1 a Abs. 2 KSchG vorgesehene nicht überschreitet (BSG v. 12.7.2006 – B 11 a AL 47/05 R, NZA 2006, 1359).

Rechtsprechung

1. Abfindungsvereinbarung
2. Anspruch auf Abfindung nach § 1 a KSchG
3. Anspruch auf Abfindung wegen Auflösung des Arbeitsverhältnisses und Verurteilung des Arbeitgebers zur Zahlung einer Abfindung nach KSchG (§§ 9, 10 KSchG)
4. Anspruch auf Abfindung aufgrund eines Sozialplans (§ 112 BetrVG)
5. Sozialplanabfindung: Kein Verzicht auf Kündigungsschutzklage (»Turboprämie«)
6. Anspruch auf Abfindung nach § 113 BetrVG (Nachteilsausgleich)
7. Anspruch auf Abfindung aufgrund des Gleichbehandlungsgrundsatzes
8. Abfindung und Diskriminierungsverbot
9. Abfindung bei »vorzeitigem« Tod des Arbeitnehmers
10. Höhe der Abfindung
11. Fälligkeit einer Abfindung
12. Rückzahlung einer Abfindung
13. Verrechnung der Abfindung mit anderen Leistungen
13 a. Rücktritt vom Aufhebungsvertrag wegen Nichtzahlung der vereinbarten Abfindung – Insolvenzverfahren
14. Abfindung im Insolvenzverfahren
15. Abfindung und Sozialversicherung
16. Abfindung und Arbeitslosengeld – Ruhen des Anspruchs auf Arbeitslosengeld – Sperrzeit
17. Abfindung und Arbeitslosengeld II

Abmahnung

Was ist das?

Mit einer Abmahnung **rügt** der Arbeitgeber einen Verstoß des Arbeitnehmers gegen seine »arbeitsvertraglichen« Verpflichtungen unter gleichzeitiger **Androhung** arbeitsrechtlicher Konsequenzen (einschließlich der → **Kündigung**) für den Wiederholungsfall.

> **Beispiel:**
> Sehr geehrter Herr ...,
> am heutigen Tage sind Sie zwei Stunden zu spät zur Arbeit erschienen. Eine ausreichende Entschuldigung für dieses Verhalten haben Sie nicht vorbringen können. Damit haben Sie gegen Ihre arbeitsvertragliche Pflicht zur Einhaltung der für Sie geltenden Arbeitszeit verstoßen.
> Wir missbilligen dieses Verhalten und fordern Sie auf, zukünftig pünktlich den Dienst anzutreten.
> Sollte sich ein solcher Vertragsverstoß wiederholen, so müssen Sie mit arbeitsrechtlichen Konsequenzen einschließlich der Kündigung rechnen.
> Diese Abmahnung wird zu Ihrer Personalakte genommen.
> Mit freundlichen Grüßen
> Geschäftsleitung

Das Recht zur Abmahnung ergibt sich aus der arbeitsvertraglichen Beziehung zwischen Arbeitgeber und Arbeitnehmer (»vertragliches Rügerecht«; »Gläubigerrecht«).
Es steht sowohl dem Arbeitgeber als auch dem Arbeitnehmer zu (BAG v. 17.1.2002 – 2 AZR 494/00, AiB 2002, 586 = NZA 2003, 816: Abmahnung wegen verspäteter Lohnzahlung).
Zur sog. **betriebsverfassungsrechtlichen Abmahnung** im Verhältnis zwischen Betriebsrat und Arbeitgeber siehe Rn. 9 c.
Besondere praktische Bedeutung hat allerdings vor allem die **Abmahnung durch den Arbeitgeber**.
Mit einer Abmahnung übt der Arbeitgeber seine arbeitsvertraglichen Gläubigerrechte in doppelter Hinsicht aus (BAG v. 19.7.2012 – 2 AZR 782/11; 30.5.1996 – 6 AZR 537/95, NZA 1997, 145; 11.12.2001 – 9 AZR 464/00, AiB 2003, 510). Zum einen weist er den Arbeitnehmer als seinem Schuldner auf dessen vertragliche Pflichten hin und macht ihn auf die Verletzung dieser Pflichten aufmerksam (**Rüge- und Dokumentationsfunktion**). Zum anderen fordert er ihn für die Zukunft zu einem vertragstreuen Verhalten auf und kündigt, weil ihm dies angebracht erscheint, individualrechtliche Konsequenzen für den Fall einer erneuten Pflichtverletzung an (**Warnfunktion**).
Aus dem im Arbeitsrecht gebotenen Arbeitnehmerschutz und dem Verhältnismäßigkeitsgrundsatz folgt, dass eine außerordentliche oder ordentliche verhaltensbedingte Kündigung (siehe → **außerordentliche Kündigung**, → **ordentliche Kündigung**) durch den Arbeitgeber im Regelfall nur dann ausgesprochen werden darf, wenn zuvor wegen eines **gleichartigen Fehlverhaltens** eine wirksame Abmahnung erteilt worden ist (BAG v. 17.2.1994 – 2 AZR 616/93, NZA 1995, 656).
Dieses Prinzip ist mittlerweile für alle Dauerschuldverhältnisse in § 314 Abs. 2 BGB verankert

Abmahnung

worden. Hiernach ist die Kündigung eines Dauerschuldverhältnisses aus wichtigem Grund erst nach erfolgloser Abmahnung zulässig (es sei denn, es liegt einer der in § 323 Abs. 2 BGB genannten schwerwiegenden Leistungsstörungen vor).
Für die Erfüllung der Warnfunktion kommt es auf die **sachliche Berechtigung** der Abmahnung und darauf an, ob der Arbeitnehmer aus ihr den Hinweis entnehmen kann, der Arbeitgeber erwäge für den **Wiederholungsfall** die Kündigung.

3a Nach zutreffender Ansicht ist eine zur Personalakte genommene Abmahnung – ungeachtet ihrer inhaltlichen Berechtigung – »**formell rechtswidrig**« und damit unwirksam, wenn der Arbeitnehmer zuvor zu dem erhobenen Vorwurf nicht **angehört** worden ist (ArbG Frankfurt/Oder v. 7.4.1999 – 6 Ca 61/99, AiB 2000, 366).
Der Arbeitnehmer kann zwar **Entfernung aus der Personalakte** verlangen (siehe Rn. 9). Aus der formellen Unwirksamkeit kann er aber nicht entnehmen, der Arbeitgeber billige das abgemahnte Verhalten (BAG v. 19.2.2009 – 2 AZR 603/07, NZA 2009, 894). Das heißt: auch eine formell unwirksame Abmahnung kann die – kündigungsrechtlich bedeutsame – Warnfunktion (siehe Rn. 3) erfüllen.

4 Das Erfordernis vorheriger erfolgloser Abmahnung im Kündigungsschutzrecht besteht generell bei »**Störungen im Leistungsbereich**« (verspätetes Erscheinen zur Arbeit, Schlechtleistung usw.).

4a Bei »**Störungen im Vertrauensbereich**« ist jedenfalls dann vor der Kündigung eine Abmahnung erforderlich, wenn es um ein steuerbares Verhalten des Arbeitnehmers geht und eine Wiederherstellung des Vertrauens erwartet werden kann (BAG v. 4.6.1997 – 2 AZR 526/96, AiB 1998, 288).
Eine Abmahnung ist allerdings nach Ansicht des BAG auch unter Berücksichtigung des Verhältnismäßigkeitsgrundsatzes **ausnahmsweise entbehrlich**, wenn eine Verhaltensänderung in Zukunft – trotz Abmahnung – nicht erwartet werden kann oder es sich um eine solch schwere Pflichtverletzung handelt, deren Rechtswidrigkeit dem Arbeitnehmer ohne weiteres erkennbar ist und bei der eine Hinnahme des Verhaltens durch den Arbeitgeber offensichtlich ausgeschlossen werden kann (BAG v. 12.1.2006 – 2 AZR 21/05, NZA 2006, 917 und – 2 AZR 179/05, NZA 2006, 980).

5 Auch soweit das Kündigungsschutzgesetz nicht Anwendung findet (z. B. im Kleinbetrieb oder vor Ablauf der Wartezeit des § 1 Abs. 1 KSchG; siehe → **Kündigungsschutz** und → **Kündigungsschutz im Kleinbetrieb und vor Erfüllung der Wartezeit**), soll nach Auffassung des BAG in der Regel eine verhaltensbedingte Kündigung ohne vorherige vergebliche Abmahnung ausgesprochen werden können (BAG v. 21.2.2001 – 2 AZR 579/99, NZA 2001, 951; zweifelhaft).

6 Eine Abmahnung kann sowohl **mündlich** als auch **schriftlich** wirksam ausgesprochen werden. Der Arbeitnehmer ist vor Ausspruch der Abmahnung zu dem erhobenen Vorwurf anzuhören; andernfalls ist die Abmahnung formell unwirksam und aus der Personalakte zu entfernen (siehe Rn. 9; zur Warnfunktion einer formell unwirksamen Abmahnung siehe Rn. 3a).

7 Derjenige, der die Abmahnung ausspricht oder unterschreibt, muss vom Arbeitgeber hierzu **bevollmächtigt** sein. Andernfalls ist die Abmahnung unwirksam.

8 Zwischen der abgemahnten Vertragsverletzung und der Abmahnung darf **kein zu langer Zeitraum** liegen.

9 Der Arbeitnehmer hat einen einklagbaren Anspruch auf **Entfernung** einer unberechtigten Abmahnung aus der → **Personalakte** (siehe Rn. 19 ff.). Eine Abmahnung muss auch dann vollständig aus der Personalakte entfernt werden, wenn der erhobene Vorwurf **teilweise** zutrifft (LAG Baden-Württemberg v. 12.2.1987 – 13 (7) Sa 92/86, AiB 1987, 246).
Außerdem kann der Arbeitnehmer verlangen, dass der Arbeitgeber den in der Abmahnung erhobenen – ungerechtfertigten – **Vorwurf** ausdrücklich **zurücknimmt**, und zwar in der gleichen Form, in der die Abmahnung erteilt wurde (also i.d.R. schriftlich).

Abmahnung

Auch eine wegen unterbliebener vorheriger Anhörung des betroffenen Arbeitnehmers »formell rechtswidrige« Abmahnung (siehe Rn. 3 a) ist aus der Personalakte zu entfernen (ArbG Frankfurt/Oder v. 7. 4. 1999 – 6 Ca 61/99, AiB 2000, 366).

Ein Anspruch auf Entfernung aus der Personalakte kann auch dann bestehen, wenn eine ursprünglich gerechtfertigte Abmahnung nach Ablauf eines gewissen Zeitraums ihre – kündigungsrechtlich bedeutsame – **Warnfunktion verloren** hat. Das allein soll aber – wegen der »Doppelfunktion« der Abmahnung (siehe Rn. 3) – nach Ansicht des BAG nicht ausreichen. Hinzu kommen müsse, dass der Arbeitgeber kein berechtigtes Interesse mehr an der Dokumentation der gerügten Pflichtverletzung hat (BAG v. 19. 7. 2012 – 2 AZR 782/11, NZA 2013, 91). Eine Abmahnung könne für eine spätere Interessenabwägung bei einer → **verhaltensbedingten Kündigung** (siehe dort Rn. 13) auch dann noch Bedeutung haben, wenn sie ihre kündigungsrechtliche Warnfunktion verloren hat. Allerdings bestehe ein berechtigtes Interesse des Arbeitgebers an der Dokumentation einer Pflichtverletzung nicht zwangsläufig für die gesamte Dauer des Arbeitsverhältnisses. So könne ein hinreichend lange zurückliegender, nicht schwerwiegender und durch beanstandungsfreies Verhalten faktisch überholter Pflichtenverstoß seine Bedeutung für eine später erforderlich werdende Interessenabwägung gänzlich verlieren. Eine nicht unerhebliche Pflichtverletzung im Vertrauensbereich (siehe Rn. 4 a) werde demgegenüber eine erhebliche Zeit von Bedeutung sein. Die Dauer des Zeitraums hängt also von der Schwere des abgemahnten Verhaltens ab. Feste Fristen existieren nicht. Es kommt auf die **Umstände des Einzelfalles** an (BAG v. 19. 7. 2012 – 2 AZR 782/11, a. a. O.; 10. 10. 2002 – 2 AZR 418/01, DB 2003, 1797).

9a

Daher ist es sinnvoll, in einer → **Betriebsvereinbarung Fristen** festzulegen, nach deren Ablauf eine ursprünglich berechtigte Abmahnung spätestens aus der Personalakte zu entfernen ist (siehe Rn. 13, 19 ff.).

9b

Die Warnfunktion kann auch auf Grund **neuer Umstände** entfallen (z. B. bei einer späteren unklaren Reaktion des Arbeitgebers auf ähnliche Pflichtverletzungen anderer Arbeitnehmer; vgl. BAG v. 12. 1. 2006 – 2 AZR 21/05, NZA 2006, 917).

Betriebsverfassungsrechtliche Abmahnung

Auch im Verhältnis zwischen Arbeitgeber und Betriebsrat ist der Ausspruch einer – **betriebsverfassungsrechtlichen** – **Abmahnung** möglich. Etwa dann, wenn der Arbeitgeber Beteiligungs- und Mitbestimmungsrechte des Betriebsrats missachtet. Mit solchen Abmahnungen lässt sich in einem evtl. arbeitsgerichtlichen Verfahren nach § 23 Abs. 3 BetrVG (siehe → **Unterlassungsanspruch des Betriebsrats**) ein grober Verstoß des Arbeitgebers gegen seine Verpflichtungen aus dem BetrVG bzw. eine Wiederholungsgefahr belegen.

9c

> **Beispiel:**
> An die
> Geschäftsführung
> im Hause   Datum
> **Verstoß gegen betriebsverfassungsrechtliche Pflichten**
> Sehr geehrte Damen und Herren,
> Sie haben am ... für die Zeit vom ... bis ... für ... Arbeitnehmer täglich ... Stunde(n) Mehrarbeit angeordnet, ohne den Betriebsrat vorher hierüber zu informieren und seine Zustimmung zu beantragen.
> Darüber hinaus haben Sie am ... (ggf. weitere Verstöße des Arbeitgebers auflisten).
> Sie haben damit gegen Ihre Pflichten aus dem Betriebsverfassungsgesetz verstoßen.
> Wir fordern Sie auf, gesetzwidriges Verhalten zukünftig zu unterlassen und die Beteiligungs- und Mitbestimmungsrechte des Betriebsrats zu beachten.

Abmahnung

> Bei nochmaligem Fehlverhalten durch Sie werden wir die notwendigen rechtlichen Schritte einleiten.
> Mit freundlichen Grüßen
> Betriebsrat

Wichtig ist, dass der Betriebsrat nach einer solchen Abmahnung bei einem erneuten Rechtsverstoß des Arbeitgebers auch tatsächlich die »notwendigen Schritte einleitet« (insbesondere Geltendmachung eines Unterlassungsanspruchs und Beauftragung des DGB-Rechtsschutzes oder eines Rechtsanwalts, ein **einstweiliges Verfügungsverfahren** einzuleiten siehe → **Arbeitsgericht** Rn. 11). Motto: »Wer A sagt, muss auch B sagen«. Andernfalls besteht die Gefahr, dass der Betriebsrat nicht ernst genommen wird.

Siehe auch → **Unterlassungsanspruch des Betriebsrats**.

Bedeutung für die Betriebsratsarbeit

10 Nach allgemeiner Auffassung hat der Betriebsrat beim Ausspruch von Abmahnungen **kein Mitbestimmungsrecht**. Dem Arbeitgeber wird das Recht zugestanden, als Partei des Arbeitsvertrages ein vertragswidriges Verhalten der anderen Vertragspartei (= Arbeitnehmer) – ohne Beteiligung des Betriebsrats – zu rügen.

11 Mitbestimmungspflichtig wird eine Abmahnung aber dann, wenn sie angesichts ihres Wortlauts einen über den Warnzweck hinausgehenden **Buß-** oder **Strafcharakter** bekommt.

> **Beispiele:**
> Über die Person des Betroffenen wird ein Unwerturteil ausgesprochen.
> Eine an sich vorgesehene Beförderung unterbleibt.

In derartigen Fällen »verwandelt« sich die Abmahnung in eine Betriebsbuße, die nach § 87 Abs. 1 Nr. 1 BetrVG der Mitbestimmung des Betriebsrats unterliegt (siehe → **Betriebsbuße**).

12 Immerhin muss aber auch bei Abmahnungen zumindest ein Recht des Betriebsrats angenommen werden, über die ausgesprochene Abmahnung **informiert** zu werden (§ 80 Abs. 2 BetrVG; vgl. LAG Niedersachsen v. 24.2.1984 – 3 TaBV 9/83, AuR 1985, 99).

Nur dann ist der Betriebsrat in der Lage **zu prüfen**, ob der Arbeitgeber eine mitbestimmungsfreie »Abmahnung« oder eine mitbestimmungspflichtige »Betriebsbuße« auszusprechen beabsichtigt bzw. ausgesprochen hat.

Dies gilt umso mehr, als in manchen Fällen die Unterscheidung zwischen Abmahnung einerseits und Betriebsbuße (in Form eines schriftlichen Verweises oder einer Verwarnung) andererseits nur sehr schwer zu treffen ist (siehe zu den wichtigsten Abgrenzungsmerkmalen → **Betriebsbuße**).

Das BAG hat mehrfach entschieden, dass der **Auskunftsanspruch** des Betriebsrats nach § 80 Abs. 2 Satz 1 BetrVG jedenfalls dann zum Zuge kommt, wenn eine gewisse Wahrscheinlichkeit für das Bestehen einer Aufgabe des Betriebsrats bzw. eines Beteiligungsrechts gegeben ist (BAG v. 10.10.2006 – 1 ABR 68/05, AiB 2007, 422). Auszug aus der Entscheidung: *»Der Unterrichtungsanspruch des Betriebsrats besteht nicht nur dann, wenn allgemeine Aufgaben oder Beteiligungsrechte feststehen. Die Unterrichtung soll es dem Betriebsrat auch ermöglichen, in eigener Verantwortung zu prüfen, ob sich Aufgaben im Sinne des Betriebsverfassungsgesetzes ergeben und er zu ihrer Wahrnehmung tätig werden muss. Dabei genügt eine gewisse Wahrscheinlichkeit für das Bestehen von Aufgaben. Die Grenzen des Auskunftsanspruchs liegen erst dort, wo ein Beteiligungsrecht oder eine sonstige betriebsverfassungsrechtliche Aufgabe offensichtlich nicht in Betracht*

Abmahnung

kommt. Daraus folgt eine zweistufige Prüfung daraufhin, ob überhaupt eine Aufgabe des Betriebsrats gegeben und ob im Einzelfall die begehrte Information zur Aufgabenwahrnehmung erforderlich ist (ständige Rechtsprechung: BAG v. 21. 10. 2003 – 1 ABR 39/02, zu B II 3 b der Gründe; 24. 1. 2006 – 1 ABR 60/04, NZA 2006, 1050, zu B II 1 a der Gründe m. w. N.)«.

Leider hat das BAG jüngst – zu Unrecht – entschieden, dass der Betriebsrat **keinen Anspruch** darauf hat, dass ihm alle ab einem bestimmten Zeitpunkt erteilten Abmahnungen, mit Ausnahme des Bereichs der leitenden Angestellten und der Geschäftsführung, in anonymisierter Form **vorgelegt** werden (BAG v. 17. 9. 2013 – 1 ABR 26/12, DB 2014, 311).

Aus den Entscheidungsgründen (siehe auch die Leitsätze zu BAG v. 17. 9. 2013 unter Rechtsprechung Nr. 8. Informations- und Mitbestimmungsrecht des Betriebsrats bei Abmahnungen? Abgrenzung Abmahnung/Betriebsbuße): »...*Anspruchsvoraussetzung (des Unterrichtungsanspruchs; der Verf.) ist ... zum einen, dass überhaupt eine Aufgabe des Betriebsrats gegeben ist und zum andern, dass im Einzelfall die begehrte Information zur Wahrnehmung dieser Aufgabe erforderlich ist (BAG 7. Februar 2012 – 1 ABR 46/10 – Rn. 7, BAGE 140, 350). Dies hat der Betriebsrat darzulegen. Anhand seiner Angaben kann der Arbeitgeber und im Streitfall das Arbeitsgericht prüfen, ob die Voraussetzungen der Vorlagepflicht vorliegen (BAG 16. August 2011 – 1 ABR 22/10 – Rn. 34, BAGE 139, 25).*

Nach diesen Grundsätzen besteht (im Streitfall; der Verf.) der vom Betriebsrat geltend gemachte Auskunftsanspruch nicht. Es ist keine betriebsverfassungsrechtliche Aufgabe des Betriebsrats ersichtlich, die die Vorlage aller Abmahnungsschreiben erforderlich machen könnte.«

Die Entscheidung ist **abzulehnen**. Zwar hat der Betriebsrat bei Abmahnungen wegen eines Verstoßes gegen die arbeitsvertraglichen Verpflichtungen kein Mitbestimmungsrecht, wohl aber bei Maßnahmen des Arbeitgebers i. S. d. § 87 Abs. 1 Nr. 1 BetrVG – also bei Maßnahmen, die die Ordnung des Betriebs oder das Verhalten der Arbeitnehmer im Betrieb betreffen (z. B. Verweise, Betriebsbußen usw.). Um die Frage zu klären, ob ein missbilligendes Schreiben des Arbeitgebers an den Arbeitnehmer den einen (nicht mitbestimmungspflichtigen) Fall betrifft oder den anderen (mitbestimmungspflichtigen) Fall, muss der Betriebsrat Kenntnis von dem Schreiben haben. Auf sein Verlangen muss der Arbeitgeber ihm deshalb gemäß § 80 Abs. 2 Satz 2 BetrVG derartige Schreiben vorlegen. Die Entscheidung des 1. Senats ist unverständlich und mit § 80 Abs. 2 Satz 2 BetrVG schlicht unvereinbar!

Jedenfalls ist der Betriebsrat über die Abmahnung (erneut) im Rahmen eines Anhörungsverfahrens (nach § 102 Abs. 1 BetrVG) zu einer – wegen eines gleichen oder gleichartigen Pflichtverstoßes beabsichtigten – → **verhaltensbedingten Kündigung** zu unterrichten (siehe auch → **Kündigung**). **12a**

Auf jeden Fall sollte der Versuch unternommen werden, in einer »freiwilligen« → **Betriebsvereinbarung** Fristen festzulegen, nach deren Ablauf eine Abmahnung aus der Personalakte spätestens zu entfernen ist. **13**

Dabei kann gegebenenfalls differenziert werden nach der **Schwere** des abgemahnten Verhaltens.

> **Beispiel:**
> Die Frist zur Entfernung der Abmahnung beträgt
> • **bei leichten Vertragsverstößen:** sechs Monate,
> • **bei mittelschweren Vertragsverstößen:** ein Jahr,
> • **bei schweren Vertragsverstößen:** zwei Jahre.

In der Betriebsvereinbarung sollte festgelegt werden, dass Arbeitgeber und Betriebsrat im jeweiligen Einzelfall gemeinsam entscheiden, ob es sich bei dem abgemahnten Verhalten um einen leichten, mittelschweren oder schweren Vertragsverstoß handelt und dass im Nichteinigungsfall die → **Einigungsstelle** entscheidet. **14**

Abmahnung

15 Des Weiteren ist der Betriebsrat nach §§ 84, 85 BetrVG gehalten, den betroffenen Arbeitnehmer, der sich gegen eine ungerechtfertigte Abmahnung mit einer »**Beschwerde**« zur Wehr setzt, bei seinen Bemühungen tatkräftig zu unterstützen.

16 Von besonderer Bedeutung ist vor allem das sog. »**kollektive Beschwerdeverfahren**« nach § 85 BetrVG. Hiernach hat der Betriebsrat die Beschwerde eines oder mehrerer Arbeitnehmer entgegenzunehmen und, falls er sie für berechtigt erachtet, beim Arbeitgeber auf **Abhilfe** (d. h. Rücknahme oder inhaltliche Veränderung der Abmahnung) hinzuwirken (§ 85 Abs. 1 BetrVG). Lehnt der Arbeitgeber ab, kann der Betriebsrat nach § 85 Abs. 2 BetrVG die → **Einigungsstelle** anrufen. Diese entscheidet dann über die Berechtigung der Beschwerde (siehe → **Beschwerderecht des Arbeitnehmers**).

17 Ob ein Einigungsstellenverfahren allerdings bei einer Beschwerde gegen eine Abmahnung eingeleitet werden kann, ist umstritten (vgl. DKKW-*Buschmann*, BetrVG, 14. Aufl., § 85 Rn. 13 m. w. N.).

Nach Ansicht einiger LAG (z. B. LAG Rheinland-Pfalz v. 17. 1. 1985 – 5 TaBV 36/84, NZA 1985, 190; LAG Berlin v. 19. 8. 1988 – 2 TaBV 4/88, DB 1988, 2060) scheidet die Anrufung der Einigungsstelle mit dem Ziel, eine unberechtigte Abmahnung zu bekämpfen, aus, weil der betroffene Arbeitnehmer einen – durch Klage vor dem Arbeitsgericht verfolgbaren – **Rechtsanspruch** hat, nicht zu Unrecht abgemahnt zu werden (§ 85 Abs. 2 Satz 3 BetrVG; siehe → **Beschwerderecht des Arbeitnehmers** Rn. 16, 17).

Jedenfalls können aber die betrieblichen Abläufe und/oder ein Fehlverhalten von Vorgesetzten im Zusammenhang mit der unberechtigten Abmahnung zum Gegenstand eines Beschwerdeverfahrens gemacht und einer → **Einigungsstelle** nach § 85 Abs. 2 BetrVG vorgelegt werden. In diesem Fall ist die Einigungsstelle nach zutreffender Ansicht **nicht offensichtlich unzuständig** i. S. d. § 98 ArbGG (Hessisches LAG v. 3. 11. 2009 – 4 TaBV 185/09, NZA-RR 2010, 359; LAG Hamburg v. 10. 7. 1985 – 8 TaBV 11/85, BB 1985, 1729; LAG Köln v. 16. 11. 1984 – 7 TaBV 40/84, NZA 1985, 191; a. A. LAG Rheinland-Pfalz v. 17. 1. 1985 – 5 TaBV 36/84, a. a. O.; LAG Berlin v. 19. 8. 1988 – 2 TaBV 4/88, a. a. O.; vgl. auch DKKW-*Buschmann*, a. a. O.)

18 Die **Abmahnung von Betriebsratsmitgliedern** (oder anderen Mandatsträgern, z. B.: JAV-Mitgliedern) ist nur zulässig, wenn eine Verletzung von **arbeitsvertraglichen Pflichten** gerügt wird.

Bei Verstößen eines Betriebsratsmitglieds gegen **betriebsverfassungsrechtliche Pflichten**, die nicht zugleich eine Verletzung der Pflichten aus dem Arbeitsverhältnis darstellen, kommt eine Kündigung nicht in Betracht und damit auch keine Abmahnung (d. h. eine Kündigungsandrohung für den Wiederholungsfall), sondern nur ein Antrag auf Ausschluss des Betriebsratsmitglieds aus dem Betriebsrat (§ 23 Abs. 1 BetrVG) bzw. die Inaussichtstellung eines solchen Antrags für den Wiederholungsfall.

Wird gleichwohl eine Abmahnung ausgesprochen, ist sie auf Antrag des Betriebsratsmitglieds aus seiner Personalakte zu entfernen (BAG v. 9. 9. 2015 – 7 ABR 69/13; 4. 12. 2013 – 7 ABR 7/12; 26. 1. 1994 – 7 AZR 640/92, AuR 1994, 273).

Der Entfernungsantrag kann, wenn der Arbeitgeber einen Verstoß gegen betriebsverfassungsrechtliche Pflichten rügt, im arbeitsgerichtlichen Beschlussverfahren (siehe hierzu → **Arbeitsgericht**) geltend gemacht werden (BAG v. 9. 9. 2015 – 7 ABR 69/13).

Dem **Betriebsrat selbst** steht ein Anspruch auf Entfernung einer Abmahnung aus der Personalakte eines seiner Mitglieder nicht zu. Ein solcher Anspruch folgt nicht etwa aus § 78 Satz 2 BetrVG. Vielmehr handelt es sich bei dem Entfernungsanspruch um ein **höchstpersönliches Recht** des betroffenen Betriebsratsmitglieds (BAG v. 9. 9. 2015 – 7 ABR 69/13).

18a Manche Arbeitgeber erteilen Betriebsratsmitgliedern eine Abmahnung wegen (angeblichen) Verstoßes gegen **betriebsverfassungsrechtliche Pflichten**, was unzulässig ist – wie der nachstehende Beispielsfall zeigt, der einer vom BAG entschiedenen Fallgestaltung nachgebildet ist (BAG v. 9. 9. 2015 – 7 ABR 69/13):

Abmahnung

Beispielsfall:
Die B-GmbH ist eine Tochtergesellschaft des X-Konzerns. In ihrem Betrieb ist ein Betriebsrat gebildet, dessen Vorsitzender Herr A ist. Beim X-Konzern ist ein Konzernbetriebsrat errichtet. Herr A ist Mitglied des Konzernbetriebsrats.
Im Mai 2011 schloss die Geschäftsleitung der B-GmbH mit dem Betriebsrat eine **Betriebsvereinbarung über den Einsatz von Leiharbeitnehmern** in einem ihrer Bereiche ab. Diese Betriebsvereinbarung schickte der Betriebsratsvorsitzende A im Dateianhang einer E-Mail an alle Arbeitnehmer des X-Konzerns mit dem Hinweis, die angehängte Betriebsvereinbarung solle eine mögliche Hilfestellung für alle Betriebsräte des Konzerns sein. Man werde auch zukünftig Mails mit Anregungen und Anhängen verschicken.
Daraufhin erteilte die Geschäftsleitung der B-GmbH dem Betriebsratsvorsitzenden A mit Schreiben eine »Abmahnung als Betriebsrat«. Sie wurde zu seiner Personalakte genommen. In dem Schreiben heißt es:
»*Sehr geehrter Herr A,
am ... haben Sie sich mit einer E-Mail an alle Mitarbeiter des X-Konzerns gewandt. Hierbei haben Sie die BV Leiharbeit der B-GmbH versandt. Ihr Verhalten stellt einen Verstoß gegen die vertrauensvolle Zusammenarbeit dar. Aufgrund ihrer Position sind Sie lediglich berechtigt, sich an Mitarbeiter der B-GmbH zu wenden. Sie sind nicht berechtigt, Betriebsvereinbarungen der B-GmbH an Mitarbeiter außerhalb der B-GmbH zu versenden. Hierbei handelt es sich um externe Dritte, selbst wenn sie dem X-Konzern angehören. Für Ihr Fehlverhalten mahnen wir Sie hiermit ab. Sollten Sie erneut gegen das Prinzip der vertrauensvollen Zusammenarbeit verstoßen und sich in entsprechender Art und Weise pflichtwidrig verhalten, müssen Sie damit rechnen, dass wir Ihren Ausschluss als Betriebsratsmitglied beim Arbeitsgericht beantragen werden (§ 23 BetrVG). Gegebenenfalls könnte sogar eine Kündigung des Arbeitsverhältnisses in Betracht kommen ...*«
Auf Antrag des Betriebsratsvorsitzenden A im arbeitsgerichtlichen Beschlussverfahren (siehe hierzu → **Arbeitsgericht**) wurde die B-GmbH verpflichtet, die Abmahnung aus seiner Personalakte zu entfernen. Nachstehend ein Auszug aus BAG v. 9.9.2015 – 7 ABR 69/13:
»*Der Abmahnungsentfernungsantrag des Betriebsratsvorsitzenden ist begründet. Der Anspruch auf Entfernung der Abmahnung aus der Personalakte folgt aus einer entsprechenden Anwendung von §§ 242, 1004 Abs. 1 Satz 1 BGB. Die Prüfung dieses – individualrechtlichen – Anspruchs kann im vorliegenden Beschlussverfahren erfolgen. Nach § 48 Abs. 1 ArbGG iVm. § 17 Abs. 2 Satz 1 GVG ist die Sache in der zulässigen Verfahrensart des Beschlussverfahrens unter allen in Betracht kommenden rechtlichen Gesichtspunkten zu entscheiden.
a) Arbeitnehmer können in entsprechender Anwendung von §§ 242, 1004 Abs. 1 Satz 1 BGB die Entfernung einer zu Unrecht erteilten Abmahnung aus ihrer Personalakte verlangen. Der Anspruch besteht, wenn die Abmahnung entweder inhaltlich unbestimmt ist, unrichtige Tatsachenbehauptungen enthält, auf einer unzutreffenden rechtlichen Bewertung des Verhaltens des Arbeitnehmers beruht oder den Grundsatz der Verhältnismäßigkeit verletzt, und auch dann, wenn selbst bei einer zu Recht erteilten Abmahnung kein schutzwürdiges Interesse des Arbeitgebers mehr an deren Verbleib in der Personalakte besteht (BAG 4. 12. 2013 – 7 ABR 7/12 – Rn. 58; 19. 7. 2012 – 2 AZR 782/11, Rn. 13 mwN. BAGE 142, 331).
b) Es kann dahinstehen, ob der Betriebsratsvorsitzende durch das Versenden der E-Mail vom ... gegen betriebsverfassungsrechtliche Pflichten verstoßen hat. Das Landesarbeitsgericht hat zutreffend erkannt, dass die Abmahnung vom ... bereits deswegen aus der Personalakte des Betriebsratsvorsitzenden zu entfernen ist, weil die Arbeitgeberin den Vorwurf einer Amtspflichtverletzung mit der Androhung einer Kündigung des Arbeitsverhältnisses sanktioniert hat. Da mit der Abmahnung eine Verletzung einer arbeitsvertraglichen Pflicht nicht gerügt wird, liegt in der Kündigungsandrohung eine unzutreffende rechtliche Bewertung des Verhaltens des Betriebsratsvorsitzenden durch die Arbeitgeberin.
aa) Verletzt ein Betriebsratsmitglied ausschließlich betriebsverfassungsrechtliche Amtspflichten, sind nach ständiger Rechtsprechung des Senats (BAG 26. 1. 1994 – 7 AZR 640/92, zu A II 2 der Gründe mwN.; 10. 11. 1993 – 7 AZR 682/92, zu 5 a der Gründe; 15. 7. 1992 – 7 AZR 466/91,– zu 2 b aa der Gründe, BAGE 71, 14) vertragsrechtliche Sanktionen wie der Ausspruch einer außerordentlichen Kündigung oder einer individualvertraglichen Abmahnung, mit der kündigungsrechtliche Konsequenzen in Aussicht gestellt werden, ausgeschlossen.
bb) Danach ist die Abmahnung vom ... aus der Personalakte des Betriebsratsvorsitzenden zu entfernen.*«

Abmahnung

Weil die Abmahnung schon aus formellen Gründen unwirksam war, hat das BAG (leider) **offen gelassen**, ob die Weitergabe der Betriebsvereinbarung zur Leiharbeit durch den Betriebsratsvorsitzenden zulässig gewesen ist. Das ist indessen unzweifelhaft zu bejahen. Der Vorwurf des Arbeitgebers, die Weitergabe der Betriebsvereinbarung verstoße gegen die von § 2 Abs. 1 BetrVG geforderte **vertrauensvolle Zusammenarbeit** (vgl. hierzu → **Betriebsrat** Rn. 9), ist mit Sinn und Zweck der Vorschriften des BetrVG über die Zusammenarbeit von Betriebsräten in einem Konzern nicht vereinbar und geradezu abwegig.
Hinweis: Natürlich stand auch § 79 BetrVG (Geheimhaltungspflicht) einer Weitergabe der Betriebsvereinbarung über Leiharbeit nicht entgegen. Solches hatte noch nicht einmal der Arbeitgeber behauptet. Denn es handelte sich bei der Betriebsvereinbarung natürlich nicht um ein Betriebs- oder Geschäftsgeheimnis (siehe hierzu → **Geheimhaltungspflicht**). Im Übrigen besteht nach § 79 Abs. 1 Satz 3 BetrVG selbst bei Vorliegen eines Betriebs- oder Geschäftsgeheimnisses keine Geheimhaltungspflicht u. a. gegenüber dem Konzernbetriebsrat.

18b Stellt die Abmahnung zugleich eine Störung oder Behinderung der Betriebsratstätigkeit dar, kann der Betriebsrat dem mit einem **Unterlassungsbegehren** – ggf. auch im Wege des **einstweiligen Rechtsschutzes** – begegnen (BAG v. 9. 9. 2015 – 7 ABR 69/13; 4. 12. 2013 – 7 ABR 7/12). Siehe hierzu → **Behinderung der Betriebsratstätigkeit** und → **Unterlassungsanspruch des Betriebsrats**.
18c Zur **betriebsverfassungsrechtlichen Abmahnung** des Arbeitgebers durch den Betriebsrat siehe Rn. 9 c.

Bedeutung für die Beschäftigten

19 Der betroffene Arbeitnehmer kann sich gegenüber einer ungerechtfertigten Abmahnung wehren durch
- **Gegendarstellung**, die in die → **Personalakte** aufzunehmen ist (§ 83 Abs. 2 BetrVG);

> **Beispiel:**
> An die Geschäftsleitung / Personalabteilung
> im Hause
> Ort, Datum
> Ihre Abmahnung vom …
> **Gegendarstellung** Sehr geehrte Damen und Herren,
> mit Schreiben vom … haben Sie mich abgemahnt.
> Sie haben mir vorgehalten, ich sei heute zwei Stunden zu spät zur Arbeit erschienen.
> Dieser Vorwurf trifft nicht zu. Ich habe auf Bitten des Herrn …, Leiter der Abteilung Einkauf, ein dort bestehendes akutes PC-Problem gelöst. Herr … hatte mir zugesagt, meinen Vorgesetzten darüber zu informieren. Das ist offenbar versehentlich unterblieben.
> *Oder:*
> Sie haben mir vorgeworfen, ich habe für mein verspätetes Erscheinen zur Arbeit keine ausreichende Entschuldigung vorbringen können.
> Dieser Vorwurf trifft nicht zu. Heute ist die Busverbindung zwischen meiner Wohnung und der Firma wegen Blitzeises ausgefallen. Ich habe mich deshalb um ein anderes Transportmittel kümmern müssen. Ein Nachbar – Herr … – hat sich schließlich bereit erklärt, mich trotz der schwierigen Verkehrsverhältnisse zur Arbeit zu fahren. Ich habe meinen Vorgesetzten Herrn … vor Schichtbeginn um … Uhr über mein voraussichtlich verspätetes Erscheinen telefonisch informiert.
> Ich bitte Sie, diese Gegendarstellung zu meiner Personalakte zu nehmen.
> Außerdem bitte ich Sie, die erteilte Abmahnung aus meiner Personalakte zu entfernen.
> Mit freundlichen Grüßen
> Unterschrift

Arbeitnehmer
Kopie an Betriebsrat

- Einreichung einer **Klage** (beim → **Arbeitsgericht**) auf Entfernung der Abmahnung aus der Personalakte und Vernichtung der Abmahnung.

Außerdem kann der Arbeitnehmer verlangen, dass der Arbeitgeber den in der Abmahnung erhobenen – ungerechtfertigten – Vorwurf ausdrücklich **zurücknimmt** (BAG v. 15. 4. 1999 – 7 AZR 716/97, NZA 1999, 1037), und zwar in der gleichen Form, in der die Abmahnung erteilt wurde (also i. d. R. schriftlich).

Auch gegen eine nur mündlich ausgesprochene Abmahnung kann **Klage auf Rücknahme** der Abmahnung erhoben werden.

Eine **Klagefrist** besteht nicht – weder für die Klage auf Entfernung der Abmahnung aus der Personalakte noch für eine Klage auf Rücknahme des erhobenen Vorwurfs. 20

Auch vertragliche oder tarifliche → **Ausschlussfristen/Verfallfristen** stehen einer Klage nicht entgegen, weil der Anspruch auf Entfernung aus der Personalakte immer wieder neu entsteht und fällig wird, solange sich die Abmahnung in der Personalakte befindet (BAG v. 14. 12. 1994 – 5 AZR 137/94, DB 1995, 981).

Nach Beendigung des Arbeitsverhältnisses soll ein Anspruch auf Entfernung einer unberechtigten Abmahnung aus der Personalakte nur dann bestehen, wenn besondere Anhaltspunkte dafür vorliegen, dass die Abmahnung für den Betroffenen **weiterhin schädliche Wirkungen** haben kann (BAG v. 14. 9. 1994 – 5 AZR 632/93, AiB 1995, 139).

Der Arbeitnehmer kann nach §§ 84, 85 BetrVG ein innerbetriebliches Beschwerdeverfahren 21 (siehe Rn. 15 bis 17 und → **Beschwerderecht des Arbeitnehmers**) einleiten.

Legt der Arbeitnehmer die Beschwerde beim Arbeitgeber oder sonstigen zuständigen Stellen des Betriebs ein, so hat er das Recht, ein Betriebsratsmitglied zur Unterstützung oder Vermittlung hinzuzuziehen (§ 84 Abs. 1 Satz 2 BetrVG).

Legt der Arbeitnehmer seine Beschwerde direkt beim Betriebsrat ein, so wird das **kollektive Beschwerdeverfahren** nach § 85 BetrVG ausgelöst.

Zur Frage, ob der Betriebsrat nach § 85 Abs. 2 BetrVG die → **Einigungsstelle** anrufen kann, siehe Rn. 17 und → **Beschwerderecht des Arbeitnehmers** Rn. 16, 16 a).

Die Einleitung eines kollektiven Beschwerdeverfahrens nach § 85 BetrVG kann für den Arbeitnehmer jedenfalls dann sinnvoller sein als die Erhebung einer Klage, wenn er davon ausgehen kann, dass der Betriebsrat sein Anliegen tatkräftig unterstützt. 22

Im Übrigen bleibt dem abgemahnten Arbeitnehmer, falls der Einsatz des Betriebsrats nach § 85 BetrVG erfolglos sein sollte, immer noch die Möglichkeit der **Klage** beim → **Arbeitsgericht**.

Arbeitshilfen

Übersichten	• Abmahnung
	• Abmahnung (schematische Darstellung)
Checkliste	• Abmahnung
Musterschreiben	• Aufforderung zur Beifügung einer Gegendarstellung zur Personalakte (§ 83 Abs. 2 BetrVG)
	• Aufforderung zur Entfernung einer Abmahnung aus der Personalakte
	• Betriebsverfassungsrechtliche Abmahnung

Abmahnung

Übersicht: Abmahnung

Begriff:
Rüge eines Verstoßes gegen arbeitsvertragliche Pflichten, verbunden mit Androhung arbeitsrechtlicher Konsequenzen (insbes. Kündigung) für den Wiederholungsfall.

Form:
Mündlich oder schriftlich.

Anhörung:
Nach zutreffender Ansicht ist eine zur Personalakte genommene Abmahnung – ungeachtet ihrer inhaltlichen Berechtigung – »formell rechtswidrig«, wenn der Arbeitnehmer zuvor zu dem erhobenen Vorwurf nicht angehört worden ist (ArbG Frankfurt/Oder v. 7.4.1999 – 6 Ca 61/99, AiB 2000, 366).

Mitbestimmung des Betriebsrats:
Keine; aber Informationsrecht des Betriebsrats nach § 80 Abs. 2 BetrVG; strittig.

Abgrenzung zur mitbestimmungspflichtigen Betriebsbuße (z. B. Verwarnung, Verweis):
Durch Betriebsbuße wird nicht ein Verstoß gegen den Arbeitsvertrag gerügt, sondern ein Verstoß gegen die – im Mitbestimmungswege geregelte – betriebliche Ordnung (§ 87 Abs. 1 Nr. 1 BetrVG) geahndet.

Rechte des Betroffenen:
- Beschwerde beim Betriebsrat (§§ 84, 85 BetrVG); allerdings kein Einigungsstellenspruch, weil Gegenstand der Beschwerde ein Rechtsanspruch ist (§ 85 Abs. 2 Satz 3 BetrVG).
- Gegendarstellung, die auf Verlangen zur Personalakte zu nehmen ist (§ 83 Abs. 2 BetrVG).
- Klage auf Entfernung der ungerechtfertigten – oder wegen fehlender vorheriger Anhörung des Arbeitnehmers »formell rechtswidrigen« – Abmahnung aus der Personalakte und Vernichtung der Abmahnung bzw. Klage auf Rücknahme einer mündlich ausgesprochenen Abmahnung.

Abmahnung

Übersicht: Abmahnung (schematische Darstellung)

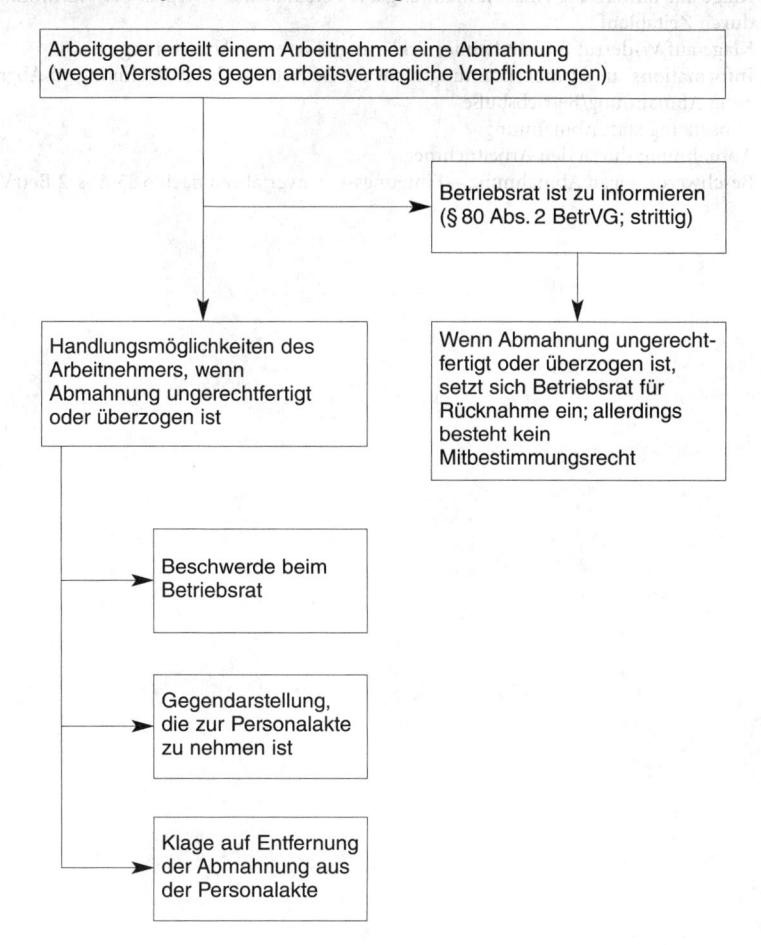

```
┌─────────────────────────────────────────────────────┐
│ Arbeitgeber erteilt einem Arbeitnehmer eine Abmahnung│
│ (wegen Verstoßes gegen arbeitsvertragliche Verpflichtungen) │
└─────────────────────────────────────────────────────┘
         │                      │
         │                      ▼
         │         ┌──────────────────────────┐
         │         │ Betriebsrat ist zu informieren │
         │         │ (§ 80 Abs. 2 BetrVG; strittig) │
         │         └──────────────────────────┘
         ▼                      ▼
┌──────────────────────┐  ┌──────────────────────────┐
│ Handlungsmöglichkeiten│  │ Wenn Abmahnung ungerecht- │
│ des Arbeitnehmers,    │  │ fertigt oder überzogen ist,│
│ wenn Abmahnung        │  │ setzt sich Betriebsrat für │
│ ungerechtfertigt oder │  │ Rücknahme ein; allerdings │
│ überzogen ist         │  │ besteht kein              │
│                       │  │ Mitbestimmungsrecht       │
└──────────────────────┘  └──────────────────────────┘
         │
         ├──►┌────────────────────┐
         │   │ Beschwerde beim    │
         │   │ Betriebsrat        │
         │   └────────────────────┘
         │
         ├──►┌────────────────────┐
         │   │ Gegendarstellung,  │
         │   │ die zur Personalakte│
         │   │ zu nehmen ist      │
         │   └────────────────────┘
         │
         └──►┌────────────────────┐
             │ Klage auf Entfernung│
             │ der Abmahnung aus  │
             │ der Personalakte   │
             └────────────────────┘
```

Rechtsprechung

1. Begriff der Abmahnung
2. Keine Abmahnung ohne Anhörung
3. Berechtigung einer Abmahnung
4. Abmahnung eines Betriebsratsmitglieds
5. Rechtsfolgen einer Abmahnung – Verzicht auf Kündigungsrecht
6. Abmahnung als Voraussetzung für Kündigung – Warnfunktion – Entbehrlichkeit der Abmahnung

Abmahnung

7. Klage auf Entfernung einer Abmahnung aus Personalakte – Wegfall der Warnfunktion durch Zeitablauf
8. Klage auf Widerruf unzutreffender Erklärungen in einer Abmahnung
9. Informations- und Mitbestimmungsrecht des Betriebsrats bei Abmahnungen? Abgrenzung Abmahnung/Betriebsbuße
10. Umsetzung statt Abmahnung
11. Abmahnung durch den Arbeitnehmer
12. Beschwerde gegen Abmahnung – Einigungsstellenverfahren nach § 85 Abs. 2 BetrVG?

Abwicklungsvertrag

Was ist das?

Der **Abwicklungsvertrag** ist vom → **Aufhebungsvertrag** zu unterscheiden. Während das Arbeitsverhältnis durch einen Aufhebungsvertrag **beendet** wird, ist Gegenstand des Abwicklungsvertrags die Frage, wie ein arbeitgeberseitig gekündigtes Arbeitsverhältnis »**abgewickelt**« wird (z. B. Zahlung einer Abfindung, Freistellung während der Kündigungsfrist usw.). Das Arbeitsverhältnis wird also nicht durch den Abwicklungsvertrag beendet, sondern durch die vorausgehende → **Kündigung**.

1

> **Beispiel:**
> Zwischen Firma ... und Arbeitnehmer ... wird folgender Abwicklungsvertrag vereinbart:
> § 1 Das Arbeitsverhältnis ist durch den Arbeitgeber fristgerecht mit Schreiben vom ... zum ... gekündigt worden.
> § 2 Die Vertragsparteien treffen im Zusammenhang mit der Beendigung des Arbeitsverhältnisses folgende Vereinbarungen: z. B. Zahlung einer Abfindung, Freistellung während der Kündigungsfrist, Zeugnis usw.
> – Unterschriften –

Dem Abwicklungsvertrag liegt regelmäßig eine noch während des Laufs der dreiwöchigen Frist für die Erhebung einer Kündigungsschutzklage (§ 4 KSchG) getroffene **Absprache** zugrunde, dass der Arbeitnehmer sich gegen die Kündigung nicht zur Wehr setzt, sondern sie »hinnimmt«.

2

> **Beispiel (aus LAG Mecklenburg-Vorpommern v. 18.1.2011 – 5 Sa 239/10):**
> »... Das bestehende Arbeitsverhältnis endet mit einer betriebsbedingten Kündigung zum 31. März 2010.
> Herr ... wird unverzüglich widerruflich bis zum 31. März 2010 von der Arbeit freigestellt unter Anrechnung von Urlaubsansprüchen und unter Weiterzahlung der monatlichen arbeitsvertragsgemäßen Bezüge sowie Zahlung des Weihnachts- und Urlaubsgeldes....
> Herr ... erhält eine vererbliche Abfindung in Höhe von 42 593,05 € (brutto), die am 31. März 2010 fällig wird. Er kann die Summe nur beanspruchen, wenn er gegen die Kündigung innerhalb von 3 Wochen nach Zugang keine Kündigungsschutzklage erhebt. ...«

Nicht selten wird in den Abwicklungsvertrag (oder in einer gesonderten Erklärung – z. B. in einer → **Ausgleichsquittung**) auch eine **Klageverzichtsklausel** aufgenommen.

2a

> **Beispiel:**
> »Der Unterzeichner erkennt an, dass das Arbeitsverhältnis wirksam beendet worden ist. Er verzichtet auf das Recht, den Fortbestand des Arbeitsverhältnisses aus irgendeinem Rechtsgrund gerichtlich geltend zu machen. Insbesondere verzichtet er auf das Recht zur Erhebung einer Kündigungsschutzklage.«

Abwicklungsvertrag

Eine derartige Verzichtserklärung wird dann als zulässig und wirksam angesehen, wenn in ihr **eindeutig** der Wille des Arbeitnehmers zum Ausdruck kommt, die Kündigung nicht durch Kündigungsschutzklage angreifen zu wollen.
Befindet sich die Verzichtserklärung auf dem Formular, mit dem der Erhalt der Arbeitspapiere quittiert wird (siehe → **Ausgleichsquittung** Rn. 3), müssen beide Erklärungen vom Arbeitnehmer **gesondert unterschrieben** sein; andernfalls ist die Verzichtserklärung unwirksam.
Nach Ansicht des ArbG Berlin ist der Verzicht auf die Erhebung einer Kündigungsschutzklage in einer Ausgleichsquittung in der Regel »**unklar**« und damit unwirksam (ArbG Berlin v. 14. 10. 2005 – 28 Ca 12710/05, AuR 2006, 36).

3   Die Vereinbarung eines Abwicklungsvertrages ist aus Arbeitnehmersicht **nicht zu empfehlen**, wenn beabsichtigt ist, **Arbeitslosengeld** zu beantragen.
Ein Abwicklungsvertrag kann nämlich eine 12-wöchige Arbeitslosengeldsperre nach § 159 Abs. 1 SGB III 2012 zur Folge haben (sog. **Sperrzeit**; siehe → **Arbeitslosenversicherung: Arbeitslosengeld** Rn. 44 ff.).
Nach Ansicht des Bundessozialgerichts (BSG) **löst** der Arbeitnehmer das Beschäftigungsverhältnis i. S. d. § 159 Abs. 1 SGB III 2012, wenn er nach Ausspruch einer Kündigung des Arbeitgebers mit diesem innerhalb der Frist für die Erhebung der Kündigungsschutzklage eine Vereinbarung über die **Hinnahme der Kündigung** trifft (BSG v. 18. 12. 2003 – B 11 AL 35/03 R, NZA 2004, 661; 25. 4. 2002 – B 11 AL 65/01 R, SozR 3 – 4300 § 144 Nr. 8).
Deshalb trete eine Sperrzeit ein, wenn der Arbeitnehmer für sein Verhalten (nämlich die Hinnahme der Kündigung) **keinen wichtigen Grund** hatte. Ein wichtiger Grund für die Lösung des Beschäftigungsverhältnisses könne vorliegen, wenn dem Arbeitnehmer ansonsten eine rechtmäßige Arbeitgeberkündigung aus nicht verhaltensbedingten Gründen zum gleichen Zeitpunkt droht.
Für Streitfälle ab dem 1. 1. 2004 könne unter Heranziehung der Grundsätze des § 1 a KSchG auf eine Prüfung der Rechtmäßigkeit der Arbeitgeberkündigung verzichtet werden, wenn die **Abfindung** die in § 1 a Abs. 2 KSchG vorgesehene Höhe (= 0,5 Monatsverdienste für jedes Jahr des Bestehens des Arbeitsverhältnisses) nicht überschreitet (BSG v. 12. 7. 2006 – B 11 a AL 47/05 R, NZA 2006, 1359).
Zu weiteren Einzelheiten siehe → **Arbeitslosenversicherung: Arbeitslosengeld** Rn. 44 ff.

4   Zum **Ruhen** des Anspruchs auf **Arbeitslosengeld** nach § 158 SGB III 2012, wenn eine Abfindung zugesagt, aber die maßgebliche Kündigungsfrist nicht eingehalten wird, siehe → **Abfindung** Rn. 13 ff.

5   Eine Sperrzeit kann vermieden werden, wenn innerhalb der dreiwöchigen Klagefrist des § 4 KSchG **Kündigungsschutzklage** erhoben wird und die Inhalte des Abwicklungsvertrags im Gütetermin vor dem Arbeitsgericht in Form eines gerichtlichen Vergleichs vereinbart werden. Hierzu wird es allerdings kaum kommen, wenn der Arbeitnehmer eine Klageverzichtserklärung (siehe Rn. 2 a) unterschrieben hat.

Bedeutung für die Betriebsratsarbeit

6   Der Betriebsrat hat beim Abschluss eines Abwicklungsvertrages zwischen Arbeitnehmer und Arbeitgeber **keine eigenen Rechte**.

7   Bei der zugrundeliegenden arbeitgeberseitigen Kündigung ist der Betriebsrat aber nach § 102 BetrVG zu beteiligen (siehe → **Kündigung** Rn. 34 ff.). Denn das Arbeitsverhältnis endet ja durch Kündigung, nicht durch einvernehmliche Aufhebung.

8   Der Betriebsrat sollte Arbeitnehmer, die mit dem Gedanken spielen, unter Entgegennahme einer → **Abfindung** über einen → **Abwicklungsvertrag** aus dem Betrieb zu scheiden, auf die

Abwicklungsvertrag

möglichen – gravierenden – **sozialrechtlichen Folgen** einer einvernehmlichen Beendigung des Arbeitsverhältnisses hinweisen:
- **Ruhen** des Anspruchs auf **Arbeitslosengeld** nach § 158 SGB III 2012, wenn die für den Arbeitgeber maßgebliche → **Kündigungsfrist** nicht eingehalten wird (siehe → **Abfindung** Rn. 13 ff.) und
- **Sperrzeit** nach § 159 SGB III 2012, wenn kein »wichtiger Grund« für die Auflösung des Arbeitsverhältnisses gegeben ist (siehe Rn. 3 und → **Arbeitslosenversicherung: Arbeitslosengeld** Rn. 44 ff.).

Bedeutung für die Beschäftigten

Weil die Unterzeichnung eines Abwicklungsvertrages für den Beschäftigten oft negative **sozialrechtliche Folgen** hat (siehe Rn. 3, 4 und 8), ist die vorherige Einholung einer kompetenten Rechtsberatung (Gewerkschaft, Rechtsanwalt) unverzichtbar. 9

Wird ein Arbeitnehmer beim Abschluss des Abwicklungsvertrages genötigt oder getäuscht, dann kann er seine Unterschrift unter den Vertrag theoretisch zwar **anfechten** (§ 123 BGB). Praktisch wird es ihm vor dem Arbeitsgericht aber schwer fallen, die Nötigung oder Täuschung zu beweisen. 10

Meldepflicht (§ 38 Abs. 1 SGB III 2012)

Zu beachten ist im Übrigen § 38 Abs. 1 Satz 1 SGB III 2012. 11
Hiernach sind Personen, deren Arbeits- oder Ausbildungsverhältnis endet, verpflichtet, sich spätestens **drei Monate** vor dessen Beendigung persönlich bei der Agentur für Arbeit **arbeitssuchend** zu melden.
Liegen zwischen der Kenntnis des Beendigungszeitpunkts und der Beendigung des Arbeits- oder Ausbildungsverhältnisses weniger als drei Monate, hat die Meldung innerhalb von **drei Tagen** nach Kenntnis des Beendigungszeitpunkts zu erfolgen.
Zur Wahrung der Fristen reicht eine (ggf. auch telefonische) Anzeige unter Angabe der persönlichen Daten und des Beendigungszeitpunktes aus, wenn die persönliche Meldung nach terminlicher Vereinbarung nachgeholt wird.
Die Pflicht zur Meldung besteht unabhängig davon, ob der Fortbestand des Arbeits- oder Ausbildungsverhältnisses gerichtlich geltend gemacht oder vom Arbeitgeber in Aussicht gestellt wird.
Die Pflicht zur Meldung gilt nicht bei einem betrieblichen Ausbildungsverhältnis.
Erfolgt die Meldung nicht fristgerecht, hat das eine einwöchige **Sperrzeit** nach § 159 Abs. 1 Satz 2 Nr. 7, Abs. 6 SGB III 2012 zur Folge.
Zu weiteren Einzelheiten siehe → **Arbeitslosenversicherung: Arbeitsförderung** Rn. 13 ff.

Rechtsprechung

1. Abwicklungsvertrag – Auslegung
2. Abwicklungsvertrag verstößt nicht gegen Maßregelungsverbot (§ 612 a BGB)
3. Kündbarkeit eines Abwicklungsvertrags
4. Anhörung des Betriebsrats bei Kündigung im Zusammenhang mit einem Abwicklungsvertrag
5. Abwicklungsvertrag und Arbeitslosengeld – Sperrzeit

Ältere Arbeitnehmer

Grundlagen

1. Nach §§ 1, 7 Allgemeines Gleichbehandlungsgesetz (AGG) vom 14.8.2006 (BGBl. I, S. 1897) ist eine **Benachteiligung** von Arbeitnehmern **wegen des Alters** verboten. Das AGG ist am 18.8.2006 in Kraft getreten.
2. Auslöser des Gesetzes sind vier Richtlinien der Europäischen Gemeinschaft, die den Schutz vor Diskriminierung regeln (Richtlinie 2000/43/EG vom 29.6.2000, Richtlinie 2000/78/EG vom 27.11.2000, Richtlinie 2002/73/EG vom 23.9.2002 und Richtlinie 2004/113/EG vom 13.12.2004; siehe → **Benachteiligungsverbot [AGG]** Rn. 6). Deutschland war – wie alle Mitgliedstaaten der EU – verpflichtet, diese Richtlinien in nationales Recht umzusetzen.
3. **Ziel** des AGG ist, Benachteiligungen aus Gründen der Rasse oder wegen der ethnischen Herkunft, des Geschlechts, der Religion oder Weltanschauung, einer Behinderung, des Alters oder der sexuellen Identität zu verhindern oder zu beseitigen (§ 1 AGG).
4. Der Schwerpunkt des AGG liegt in der Bekämpfung von Benachteiligungen im Bereich des **Arbeitslebens** (§§ 1 bis 18 AGG). Von den Regelungen erfasst wird aber auch das Zivilrecht, also die Rechtsbeziehungen zwischen Privatpersonen – vor allem Verträge mit Lieferanten, Dienstleistern oder Vermietern (vgl. §§ 19 ff. AGG).
5. Nach § 7 Abs. 1 AGG dürfen Beschäftigte nicht wegen eines in § 1 AGG genannten Grundes – also u. a. nicht wegen des Alters – benachteiligt werden.
   Der Begriff »Alter« meint **Lebensalter**, schützt also gegen ungerechtfertigte unterschiedliche Behandlungen, die an das konkrete Lebensalter anknüpfen (siehe z. B. → **Kündigungsfristen** Rn. 5). Es geht damit nicht ausschließlich um den Schutz älterer Menschen vor Benachteiligung, wenngleich dies ein **Schwerpunkt** des Anwendungsbereichs der Vorschrift sein wird.

   > **Beispiel für eine Benachteiligung jüngerer Arbeitnehmer:**
   > Die Dauer der vom Arbeitgeber einzuhaltenden Kündigungsfristen hängt von der Dauer der Beschäftigungszeit ab (§ 622 Abs. 2 Satz 1 BGB). Nach § 622 Abs. 2 Satz 2 BGB werden bei der Berechnung der Beschäftigungsdauer Zeiten, die vor der Vollendung des 25. Lebensjahres des Arbeitnehmers liegen, nicht berücksichtigt. Mit Urteil vom 19.1.2010 hat der EuGH entschieden, dass die Nichtberücksichtigung der Beschäftigungsjahre vor Vollendung des 25. Lebensjahres europarechtswidrig ist (EuGH v. 19.1.2010 – C-555/07, AiB 2010, 265 = NZA 2010, 85). Der EuGH hat die bundesdeutschen Gerichte verpflichtet, § 622 Abs. 2 Satz 2 BGB unangewendet zu lassen (siehe auch Rn. 38 und → **Kündigungsfristen** Rn. 5).

6. Das Benachteiligungsverbot des § 7 Abs. 1 AGG gilt auch, wenn die Person, die die Benachteiligung begeht, das Vorliegen eines in § 1 AGG genannten Grundes bei der Benachteiligung **nur annimmt** (§ 7 Abs. 1 Halbsatz 2 AGG).
7. Bestimmungen in Vereinbarungen, die gegen das Benachteiligungsverbot verstoßen, sind **unwirksam** (§ 7 Abs. 2 AGG).
8. Eine unzulässige Benachteiligung durch Arbeitgeber oder Beschäftigte stellt eine **Verletzung vertraglicher Pflichten** dar (§ 7 Abs. 3 AGG).

Ältere Arbeitnehmer

Verboten ist nicht nur eine »unmittelbare«, sondern auch eine »mittelbare Benachteiligung«. 9
Eine **unmittelbare Benachteiligung** liegt vor, wenn eine Person wegen des Alters eine weniger günstige Behandlung erfährt, als eine andere Person in einer vergleichbaren Situation erfährt, erfahren hat oder erfahren würde (§ 3 Abs. 1 Satz 1 AGG).
Eine **mittelbare Benachteiligung** liegt vor, wenn dem Anschein nach neutrale Vorschriften, Kriterien oder Verfahren Personen wegen des Alters gegenüber anderen Personen in besonderer Weise benachteiligen können, es sei denn, die betreffenden Vorschriften, Kriterien oder Verfahren sind durch ein rechtmäßiges Ziel sachlich gerechtfertigt und die Mittel sind zur Erreichung dieses Ziels angemessen und erforderlich (§ 3 Abs. 2 AGG).
Eine besonders schwere Form der Benachteiligung ist die »**Belästigung**«. Sie liegt vor, wenn 9a
unerwünschte Verhaltensweisen, die mit einem in § 1 AGG genannten Grund in Zusammenhang stehen, bezwecken oder bewirken, dass die **Würde** der betreffenden Person verletzt und ein von Einschüchterungen, Anfeindungen, Erniedrigungen, Entwürdigungen oder Beleidigungen gekennzeichnetes Umfeld geschaffen wird (§ 3 Abs. 3 AGG).
Im Fall einer Belästigung steht dem Betroffenen neben seinen Rechten nach § 13 AGG (**Beschwerderecht**; siehe Rn. 19) und § 15 AGG (Anspruch auf **Entschädigung** und **Schadensersatz**; siehe Rn. 22) auch ein besonderes **Leistungsverweigerungsrecht** zu (§ 14 AGG; siehe Rn. 20).
Die §§ 8 bis 10 AGG regeln Fallgestaltungen, die eine unterschiedliche Behandlung von Be- 10
schäftigten **zulassen**.
So ist etwa eine unterschiedliche Behandlung wegen des Alters zulässig, wenn dieser Grund wegen der Art der auszuübenden Tätigkeit oder der Bedingungen ihrer Ausübung eine wesentliche und entscheidende **berufliche Anforderung** darstellt, sofern der Zweck rechtmäßig und die Anforderung angemessen ist (§ 8 Abs. 1 AGG). Allerdings wird die Vereinbarung einer geringeren Vergütung für gleiche oder gleichwertige Arbeit wegen des Alters nicht dadurch gerechtfertigt, dass wegen des Alters besondere Schutzvorschriften gelten (§ 8 Abs. 2 AGG).
Besondere Bedeutung für ältere Arbeitnehmer hat § 10 AGG (geändert durch Gesetz vom 11
2.12.2006 [BGBl. I S. 2742]).
Hiernach ist – ungeachtet des § 8 AGG – eine unterschiedliche Behandlung wegen des Alters auch zulässig, wenn sie objektiv und angemessen und durch ein **legitimes Ziel** gerechtfertigt ist.
Die Mittel zur Erreichung dieses Ziels müssen angemessen und erforderlich sein. Derartige unterschiedliche Behandlungen können insbesondere Folgendes einschließen:
- die **Festlegung besonderer Bedingungen** für den Zugang zur Beschäftigung und zur beruflichen Bildung sowie besonderer Beschäftigungs- und Arbeitsbedingungen, einschließlich der Bedingungen für Entlohnung und Beendigung des Beschäftigungsverhältnisses, um die berufliche Eingliederung von Jugendlichen, älteren Beschäftigten und Personen mit Fürsorgepflichten zu fördern oder ihren Schutz sicherzustellen (§ 10 Satz 3 Nr. 1 AGG),
- die **Festlegung von Mindestanforderungen** an das Alter, die Berufserfahrung oder das Dienstalter für den Zugang zur Beschäftigung oder für bestimmte mit der Beschäftigung verbundene Vorteile (§ 10 Satz 3 Nr. 2 AGG),
- die **Festsetzung eines Höchstalters für die Einstellung** auf Grund der spezifischen Ausbildungsanforderungen eines bestimmten Arbeitsplatzes oder auf Grund der Notwendigkeit einer angemessenen Beschäftigungszeit vor dem Eintritt in den Ruhestand (§ 10 Satz 3 Nr. 3 AGG),
- die **Festsetzung von Altersgrenzen bei den betrieblichen Systemen der sozialen Sicherheit** als Voraussetzung für die Mitgliedschaft oder den Bezug von Altersrente oder von Leistungen bei Invalidität einschließlich der Festsetzung unterschiedlicher Altersgrenzen im Rahmen dieser Systeme für bestimmte Beschäftigte oder Gruppen von Beschäftigten

Ältere Arbeitnehmer

und die Verwendung von Alterskriterien im Rahmen dieser Systeme für versicherungsmathematische Berechnungen (§ 10 Satz 3 Nr. 4 AGG),
- eine Vereinbarung, die die **Beendigung des Beschäftigungsverhältnisses ohne Kündigung** zu einem Zeitpunkt vorsieht, zu dem der oder die Beschäftigte eine Rente wegen Alters beantragen kann; § 41 SGB VI bleibt unberührt (§ 10 Satz 3 Nr. 5 AGG);

> **Beispiel:**
> - Beendigung des Arbeitsverhältnisses aufgrund einer vertraglichen oder tarifvertraglichen Altersgrenzenregelung (BAG v. 12.6.2013 – 7 AZR 917/11),
> - Differenzierungen von Leistungen in **Sozialplänen** im Sinn des Betriebsverfassungsgesetzes, wenn die Parteien eine nach Alter oder Betriebszugehörigkeit gestaffelte Abfindungsregelung geschaffen haben, in der die wesentlich vom Alter abhängenden Chancen auf dem Arbeitsmarkt durch eine verhältnismäßig starke Betonung des Lebensalters erkennbar berücksichtigt worden sind, oder Beschäftigte von den Leistungen des Sozialplans ausgeschlossen haben, die wirtschaftlich abgesichert sind, weil sie, gegebenenfalls nach Bezug von Arbeitslosengeld, rentenberechtigt sind (§ 10 Satz 3 Nr. 6 AGG; siehe hierzu Rn. 37).

12 Eine unterschiedliche Behandlung wegen des Alters ist auch zulässig, wenn durch geeignete und angemessene – positive – Maßnahmen bestehende **Nachteile** wegen des Alters **verhindert** oder **ausgeglichen** werden sollen (§ 5 AGG).

13 Der Arbeitgeber ist verpflichtet, die erforderlichen **Maßnahmen** zum Schutz vor Benachteiligungen wegen des Alters zu treffen (§ 12 Abs. 1 AGG).
Dieser Schutz umfasst auch **vorbeugende Maßnahmen** (§ 12 Abs. 1 Satz 2 AGG).

14 Der Arbeitgeber soll in geeigneter Art und Weise, besonders im Rahmen der beruflichen Aus- und Fortbildung, auf die Unzulässigkeit von Benachteiligungen hinweisen und darauf hinwirken, dass diese unterbleiben (§ 12 Abs. 2 AGG).
Hat der Arbeitgeber seine Beschäftigten in geeigneter Weise zum Zweck der Verhinderung von Benachteiligung **geschult**, gilt dies als Erfüllung seiner Pflichten nach § 12 Abs. 1 AGG (§ 12 Abs. 2 Satz 2 AGG).

15 Wenn andere Beschäftigte das Benachteiligungsverbot verletzen, hat der Arbeitgeber »angemessene« Maßnahmen wie → **Abmahnung**, Umsetzung, → **Versetzung** oder → **Kündigung** zu ergreifen (§ 12 Abs. 3 AGG). Natürlich hat dies unter Beachtung der Beteiligungsrechte des Betriebsrats (vor allem nach §§ 99, 102 BetrVG) zu geschehen.

16 Werden Beschäftigte bei der Ausübung ihrer Tätigkeit durch **Dritte** nach § 7 Abs. 1 AGG benachteiligt (z. B. ein Außendienstmitarbeiter wird von Kunden wegen seines Alters schikaniert), so hat der Arbeitgeber die im Einzelfall geeigneten, erforderlichen und angemessenen Maßnahmen zum Schutz der Beschäftigten zu ergreifen (§ 12 Abs. 4 AGG).

17 Das AGG und § 61 b ArbGG (= Regelung u. a. über die zu beachtenden Fristen bei der Erhebung einer Entschädigungsklage nach § 15 AGG) sowie Informationen über die für die Behandlung von Beschwerden nach § 13 AGG zuständigen **Stellen** sind im Betrieb **bekannt zu machen** (z. B. durch Aushang, Auslegung oder Nutzung der betriebsüblichen Informations- und Kommunikationstechnik (§ 12 Abs. 5 AGG).

18 Die betroffenen Beschäftigten können sich gegen eine Benachteiligung zur Wehr setzen. Ihnen stehen verschiedene **Rechte** zu.
Nachstehend ein **Überblick**.

Beschwerderecht (§ 13 AGG)

19 Die Beschäftigten haben das Recht, sich bei den zuständigen Stellen des → **Betriebs** oder des → **Unternehmens** zu beschweren, wenn sie sich im Zusammenhang mit ihrem Beschäfti-

Ältere Arbeitnehmer

gungsverhältnis vom Arbeitgeber, von Vorgesetzten, anderen Beschäftigten oder Dritten wegen eines in § 1 AGG genannten Grundes benachteiligt fühlen (§ 13 Abs. 1 Satz 1 AGG).
Die Beschwerdestelle hat die Beschwerde zu prüfen und das Ergebnis der oder dem beschwerdeführenden Beschäftigten mitzuteilen (§ 13 Abs. 1 Satz 2 AGG).
Zur Frage, ob dem Betriebsrat ein **Mitbestimmungsrecht** bei der Errichtung und Ausgestaltung der Beschwerdestelle bzw. des Beschwerdeverfahrens zusteht, siehe → **Benachteiligungsverbot (AGG)** Rn. 66.

Das Beschwerderecht des Arbeitnehmers nach §§ 84, 85 BetrVG (siehe → **Beschwerderecht des Arbeitnehmers**) und die damit im Zusammenhang stehenden Rechte des Betriebsrats werden durch § 13 Abs. 1 AGG nicht berührt (§ 13 Abs. 2 AGG).   19a

Das heißt: der Arbeitnehmer kann eine Beschwerde nach § 85 Abs. 1 BetrVG beim Betriebsrat einlegen, wenn er sich benachteiligt fühlt.
Die Beschwerde kann von **mehreren Arbeitnehmern** erhoben werden.
Hält der Betriebsrat die Beschwerde für berechtigt, hat er beim Arbeitgeber auf **Abhilfe** hinzuwirken.
Ist der Arbeitgeber der Meinung, dass die Beschwerde nicht berechtigt ist, kann der Betriebsrat die → **Einigungsstelle** anrufen (§ 85 Abs. 2 BetrVG).
Diese klärt den Sachverhalt auf, bewertet ihn und entscheidet letztlich durch Beschluss (ggf. durch Mehrheitsbeschluss mit der Stimme des Vorsitzenden der Einigungsstelle), ob die Beschwerde **berechtigt** ist oder nicht.
Wenn die Einigungsstelle beschließt, dass die Beschwerde berechtigt ist, ist der Arbeitgeber nach § 85 Abs. 3 Satz 2 i. V. m. § 84 Abs. 2 BetrVG verpflichtet, der Beschwerde durch geeignete **Maßnahmen** abzuhelfen.
Geschieht dies nicht, kann der Arbeitnehmer die Abhilfe der Beschwerde im Wege der **Klage** vor dem → **Arbeitsgericht** erzwingen.
Ob auch der Betriebsrat ein **Beschlussverfahren** mit dem gleichen Ziel einleiten kann, ist strittig (zu Recht dafür DKKW-*Buschmann*, BetrVG, 14. Aufl., § 85 Rn. 26; a. A. Fitting, BetrVG, 27. Aufl., § 85 Rn. 14; ErfK-Kania, § 85 BetrVG Rn. 6).
Die Anrufung der Einigungsstelle bzw. eine Entscheidung ist ausgeschlossen, wenn Gegenstand der Beschwerde ein **Rechtsanspruch** des Arbeitnehmers ist (§ 85 Abs. 2 Satz 3 BetrVG).
Zu weiteren Einzelheiten siehe → **Beschwerderecht des Arbeitnehmers**.

Leistungsverweigerungsrecht (§ 14 AGG)

Liegt eine Benachteiligung in Form einer **Belästigung** vor (siehe Rn. 9 a), hat der betroffene   20
Beschäftigte darüber hinaus ein Leistungsverweigerungsrecht, wenn der Arbeitgeber keine oder offensichtlich ungeeignete Maßnahmen zur Unterbindung einer Belästigung ergreift.
In diesem Fall sind die betroffenen Beschäftigten berechtigt, ihre Tätigkeit ohne Verlust des Arbeitsentgelts einzustellen, soweit dies zu ihrem Schutz erforderlich ist (§ 14 Satz 1 AGG).
§ 273 BGB bleibt unberührt (§ 14 Satz 2 AGG; siehe → **Zurückbehaltungsrecht des Arbeitnehmers**).

Anspruch auf Schadensersatz und Entschädigung (§ 15 AGG)

Bei einem Verstoß gegen das Benachteiligungsverbot ist der Arbeitgeber verpflichtet, den   21
hierdurch entstandenen **Schaden** zu ersetzen (§ 15 Abs. 1 Satz 1 AGG).
Dies gilt nicht, wenn der Arbeitgeber die Pflichtverletzung nicht zu vertreten hat.
Wegen eines Schadens, der nicht Vermögensschaden ist, kann der oder die Beschäftigte eine angemessene **Entschädigung** in Geld verlangen (§ 15 Abs. 2 Satz 1 AGG; Schmerzensgeld).
Ansprüche auf Schadensersatz und/oder Entschädigung müssen innerhalb einer **Frist** von

Ältere Arbeitnehmer

zwei Monaten schriftlich geltend gemacht werden (BAG v. 15.3.2012 – 8 AZR 160/11), es sei denn, die Tarifvertragsparteien haben etwas anderes vereinbart (§ 15 Abs. 4 Satz 1 AGG).
Die Frist **beginnt** zu dem Zeitpunkt, in dem der oder die Beschäftigte von der Benachteiligung wegen des Alters Kenntnis erlangt hat (§ 15 Abs. 4 Satz 2 AGG).
Eine **Klage** auf Entschädigung muss nach § 61 b ArbGG (neu gefasst durch das AGG) innerhalb von **drei Monaten**, nachdem der Anspruch schriftlich geltend gemacht worden ist, erhoben werden.

22 Wichtig ist die Beweislastregelung des § 22 AGG. Wenn im Streitfall der Arbeitnehmer **Indizien** beweist, die eine Benachteiligung wegen des Alters vermuten lassen, trägt der Arbeitgeber die Beweislast dafür, dass kein Verstoß gegen das Benachteiligungsverbot vorgelegen hat.

Ansprüche gegen den Belästiger

23 Unberührt bleibt das Recht des/der belästigten Arbeitnehmers/in, rechtliche Schritte gegen **den Belästiger** zu unternehmen.
Handlungen, die das Persönlichkeitsrecht, die Gesundheit oder die sexuelle Selbstbestimmung verletzen, können **Schadensersatz- und/oder Schmerzensgeldansprüche** vor allem nach § 823 Abs. 1, § 253 Abs. 2 BGB auslösen.
Gegen den Belästiger besteht des Weiteren **Anspruch auf Unterlassung**.
Der Anspruch kann durch Antrag auf **einstweilige Verfügung** geltend gemacht werden (LAG Thüringen v. 10.4.2001 – 5 Sa 403/00, AiB 2004, 110 = DB 2001, 1204).
Unter Umständen kommt auch eine **strafrechtliche Verfolgung** des Belästigers in Betracht, wenn die Belästigung einen Straftatbestand erfüllt (z. B. § 185 StGB Beleidigung).

24 Zu weiteren Einzelheiten siehe → **Benachteiligungsverbot (AGG)**.

Spezielle Regelungen für ältere Arbeitnehmer

25 Auch in weiteren Gesetzen wird den Belangen älterer Arbeitnehmer durch besondere Vorschriften Rechnung getragen.
Spezielle Regelungen für ältere Arbeitnehmer finden sich auch in → **Tarifverträgen** (z. B. tariflicher Kündigungsschutz, tarifliche Verdienstsicherung, Tarifverträge über Altersteilzeit). Nachstehend ein **Überblick**.

Betriebsverfassungsrecht

26 Das BetrVG gibt den Betriebsparteien auf, bei der Teilnahme an außerbetrieblichen und betrieblichen Berufsbildungsmaßnahmen die **Belange älterer Arbeitnehmer** zu berücksichtigen (§ 96 Abs. 2 BetrVG), gegen Benachteiligung älterer Arbeitnehmer vorzugehen (§ 75 Abs. 1 BetrVG, neu gefasst durch das Allgemeine Gleichbehandlungsgesetz [AGG] vom 14.8.2006) und ihre Beschäftigung im Betrieb zu fördern (§ 80 Abs. 1 Nr. 6 BetrVG).

Altersteilzeit

27 Das Arbeitsverhältnis von Arbeitnehmern ab Vollendung des 55. Lebensjahres kann in ein Altersteilzeitarbeitsverhältnis umgewandelt werden.
Die Bedingungen – insbesondere die Aufstockung des Altersteilzeitentgelts und des Rentenbeitrags – werden in den meisten Branchen durch → **Tarifvertrag** geregelt.
Das Altersteilzeitgesetz regelt nach der bis zum 31.12.2009 bestehenden Gesetzeslage, unter welchen Voraussetzungen der Arbeitgeber eine Erstattung der Aufstockungsbeträge durch die

Ältere Arbeitnehmer

Agentur für Arbeit verlangen kann, wenn er die Stelle des aufgrund von Altersteilzeit ausscheidenden Arbeitnehmers wiederbesetzt (siehe → **Altersteilzeit**).

Befristung des Arbeitsvertrages

Nach § 14 Abs. 3 Satz 1 TzBfG (a. F.) konnte ein Arbeitsverhältnis ohne Vorliegen eines sachlichen Grundes befristet werden, wenn der Arbeitnehmer das 58. Lebensjahr vollendet hatte. Die Altersgrenze war durch das Erste Gesetz für moderne Dienstleistungen vom 23.12.2002 (BGBl. I S. 4607; »Hartz I«) für die Zeit bis zum 31.12.2006 von 58 auf 52 Jahre herabgesetzt worden (§ 14 Abs. 3 Satz 4 TzBfG in der Fassung des Gesetzes vom 23.12.2002). 28
§ 14 Abs. 3 Satz 1 TzBfG (a. F.) ist vom EuGH als verbotene Diskriminierung wegen des Alters (Verstoß gegen die Richtlinie 2000/78/EG vom 27.11.2000) bewertet worden (EuGH v. 22.11.2005 – C–144/04). Der EuGH hat die bundesdeutschen Arbeitsgerichte verpflichtet, die Vorschrift nicht mehr anzuwenden.
Inzwischen ist § 14 Abs. 3 TzBfG durch das »Gesetz zur Verbesserung der Beschäftigungschancen älterer Menschen vom 19.4.2007« (BGBl. I S. 538) neu gefasst worden.
Nach § 14 Abs. 3 Satz 1 TzBfG ist die kalendermäßige Befristung eines Arbeitsvertrages ohne Vorliegen eines sachlichen Grundes bis zu einer Dauer von fünf Jahren zulässig, wenn der Arbeitnehmer bei Beginn des befristeten Arbeitsverhältnisses das 52. Lebensjahr vollendet hat
- und unmittelbar vor Beginn des befristeten Arbeitsverhältnisses mindestens vier Monate beschäftigungslos im Sinne des § 138 Abs. 1 Nr. 1 SGB III 2012 gewesen ist
- oder Transferkurzarbeitergeld (siehe → **Transferleistungen** Rn. 12 ff.) bezogen
- oder an einer öffentlich geförderten Beschäftigungsmaßnahme nach dem SGB II oder SGB III teilgenommen hat.

Bis zu der Gesamtdauer von fünf Jahren ist auch die **mehrfache Verlängerung** des Arbeitsvertrages zulässig (§ 14 Abs. 3 Satz 2 TzBfG).
Der Gesetzgeber erhofft sich durch diese Bestimmungen eine höhere Bereitschaft von Unternehmen, ältere Arbeitnehmer einzustellen.
Siehe auch → **Befristeter Arbeitsvertrag**.
Nicht besetzt. 29–32

Kündigungsschutzrecht

Im Bereich des Kündigungsschutzes spielt das Alter ebenfalls eine Rolle. So bestimmt § 1 Abs. 3 Satz 1 KSchG, dass eine → **betriebsbedingte Kündigung** sozial ungerechtfertigt ist, »wenn der Arbeitgeber bei der Auswahl des Arbeitnehmers u. a. das Lebensalter nicht oder nicht ausreichend berücksichtigt hat«. 33
Nach dem Verhältnismäßigkeitsgrundsatz muss der Arbeitgeber vor Ausspruch einer **krankheitsbedingten Kündigung** vor allem bei älteren Arbeitnehmern prüfen, ob der Minderung ihrer Leistungsfähigkeit nicht durch organisatorische Maßnahmen (Änderung des Arbeitsablaufs, Umgestaltung des Arbeitsplatzes, Umverteilung der Aufgaben) begegnet werden kann (BAG v. 12.7.1995 – 2 AZR 762/94, AiB 1995, 482). 34
Der Anspruch eines Arbeitnehmers auf eine **Rente** wegen Alters oder die Möglichkeit der Inanspruchnahme von → **Altersteilzeit** stellen keine Umstände dar, die eine Kündigung oder Änderungskündigung sozial rechtfertigen könnte i. S. d. § 1 Abs. 2 Satz 1 KSchG (§ 41 SGB VI und § 8 Abs. 1 AltTZG). 35
Auch bei der sozialen Auswahl darf die Möglichkeit der Inanspruchnahme von → **Altersteilzeit** nicht zum Nachteil des Arbeitnehmers berücksichtigt werden (§ 8 Abs. 1 zweiter Halbsatz AltTZG). 36

Ältere Arbeitnehmer

Abfindungshöhe

37 Die Höhe der vom Arbeitsgericht nach § 10 KSchG festzusetzenden Abfindung richtet sich neben der Beschäftigungszeit auch nach dem Alter des gekündigten Arbeitnehmers (§ 10 Abs. 2 KSchG).
§ 10 Abs. 2 KSchG ist – soweit an das Alter angeknüpft wird – nach allgemeiner Ansicht mit europäischem Recht, insbesondere der Richtlinie 2000/78/EG vom 27. 11. 2000 vereinbar. Hiernach ist eine unterschiedliche Behandlung wegen des Alters dann zulässig, wenn sie objektiv und angemessen und durch ein legitimes Ziel gerechtfertigt ist.
Die Richtlinie ist durch das Allgemeine Gleichbehandlungsgesetz (AGG) vom 14. 8. 2006 in bundesdeutsches Recht umgesetzt worden (siehe → **Benachteiligungsverbot [AGG]**).
§ 10 Abs. 2 KSchG wurde nicht geändert.
Stattdessen wurde in § 10 Satz 3 Nr. 6 AGG klargestellt, dass in einem → **Sozialplan** die Höhe der → **Abfindung** nach Betriebszugehörigkeit und Alter gestaffelt werden kann.
Auch das BAG geht davon aus, dass z. B. Sozialpläne eine nach Lebensalter oder Betriebszugehörigkeit gestaffelte Abfindungsregelung vorsehen und für rentenberechtigte Arbeitnehmer Sozialplanleistungen **reduzieren** können (BAG v. 26. 3. 2013 – 1 AZR 813/11; 26. 3. 2013 – 1 AZR 693/11; 23. 4. 2013 – 1 AZR 916/11; 23. 4. 2013 – 1 AZR 25/12; 12. 4. 2011 – 1 AZR 743/09; 26. 5. 2009 – 1 AZR 198/08, NZA 2009, 849).
Es sei sogar zulässig, für rentenberechtigte Arbeitnehmer Sozialplanleistungen ganz **auszuschließen**. Die damit verbundene unterschiedliche Behandlung wegen des Alters sei durch § 10 Satz 3 Nr. 6 AGG gedeckt. Diese Bestimmung verstoße auch nicht gegen das gemeinschaftsrechtliche Verbot der Altersdiskriminierung. Die Regelung sei i. S. v. Art. 6 Abs. 1 Satz 1 der Richtlinie 2000/78/EG durch ein vom nationalen Gesetzgeber verfolgtes legitimes Ziel gerechtfertigt. Es entspreche einem allgemeinen sozialpolitischen Interesse, dass Sozialpläne danach unterscheiden können, welche wirtschaftlichen Nachteile den Arbeitnehmern drohen, die durch eine Betriebsänderung ihren Arbeitsplatz verlieren.
Die BAG-Rechtsprechung ist abzulehnen (zur Kritik vgl. DKKW-*Däubler*, BetrVG, 14. Aufl., §§ 112, 112 a Rn. 101). Das gilt vor allem dann, wenn Arbeitnehmer in eine vorgezogene, mit **Rentenabschlägen** und sonstigen Nachteilen (geringere Rentenhöhe, Hinzuverdienstgrenzen usw.) versehene Rente gehen (müssen). Die entgegenstehende Ansicht des BAG (vgl. z. B. BAG v. 23. 4. 2013 – 1 AZR 25/12) ist nicht nachvollziehbar.

Kündigungsfristen

38 Bei der Bemessung der → **Kündigungsfristen** nach § 622 Abs. 1 BGB stellt der Gesetzgeber nicht unmittelbar auf das Lebensalter, sondern auf die Beschäftigungsdauer ab.
Allerdings werden nach § 622 Abs. 2 Satz 2 BGB Beschäftigungsjahre vor Vollendung des 25. Lebensjahres nicht berücksichtigt.
Der EuGH hat entschieden, dass die Nichtberücksichtigung der Beschäftigungsjahre vor Vollendung des 25. Lebensjahres europarechtswidrig ist (EuGH v. 18. 1. 2010 – C–555/07). Die bundesdeutschen Gerichte wurden verpflichtet, § 622 Abs. 2 Satz 2 BGB unangewendet zu lassen.
Das BAG hat sich dem angeschlossen (BAG v. 1. 9. 2010 – 5 AZR 700/09, AiB 2011, 335 = NZA 2010, 1409).

Ältere Arbeitnehmer

Schwerbehindertenrecht

Ist ein älterer Arbeitnehmer schwerbehindert, gilt für ihn auch der Schutz des Schwerbehindertenrechts nach den Verschriften des SGB IX (siehe → **Schwerbehinderte Menschen**). Zudem kommen für schwerbehinderte Menschen auch die Bestimmungen des AGG zur Anwendung (vgl. § 81 Abs. 2 SGB IX; siehe → **Schwerbehinderte Menschen** Rn. 44 ff.). **39**

Tarifliche Verdienstsicherung für ältere Arbeitnehmer

In → **Tarifverträgen** finden sich häufig besondere Regelungen für ältere Arbeitnehmer zur Sicherung ihres Verdienstes. **40**
Die Ausgestaltung ist je nach Tarifvertrag und Tarifgebiet **unterschiedlich**.
So ist z. B. im Bereich der Metall- und Elektroindustrie in Norddeutschland (Schleswig-Holstein, Hamburg, Mecklenburg-Vorpommern, Bremen und nordwestliches Niedersachsen) der Verdienst weiterhin abgesichert, den ein Beschäftigter bei Vollendung des 54. Lebensjahres erreicht hat. Die entsprechende Tarifregelung lautet:

»Entgeltsicherung für ältere Beschäftigte
1. Anspruchsvoraussetzungen
Beschäftigte, die das 54. Lebensjahr vollendet haben oder älter sind und dem Betrieb oder Unternehmen mindestens fünf Jahre angehören, haben Anspruch auf eine Entgeltsicherung nach folgenden Bestimmungen.
2. Beginn des Anspruchs
Für Beschäftigte, die dem Betrieb oder Unternehmen fünf Jahre angehören und in der Zeit vom ersten bis einschließlich 15. eines Monats das 54. Lebensjahr vollenden, beginnt die Entgeltsicherung ab dem ersten des jeweiligen Monats.
Für Beschäftigte, die dem Betrieb oder Unternehmen fünf Jahre angehören und in der Zeit vom 16. bis zum Ende eines Monats das 54. Lebensjahr vollenden, beginnt die Entgeltsicherung ab dem ersten des folgenden Monats.
Für Beschäftigte, die nach Vollendung des 54. Lebensjahres die Voraussetzung der fünfjährigen Betriebs- oder Unternehmenszugehörigkeit erfüllen, beginnt die Entgeltsicherung mit dem ersten des Monats, der nach Erfüllung der fünfjährigen Betriebs- oder Unternehmenszugehörigkeit folgt.
3. Höhe der Entgeltsicherung
Maßgebend für die Höhe der Entgeltsicherung ist das monatliche Durchschnittsentgelt, das der Beschäftigte im Bezugszeitraum zu beanspruchen hat.
Im Falle von Kurzarbeit während der Entgeltsicherung wird entsprechend der Kurzarbeit das abzusichernde monatliche Durchschnittsentgelt unter Beachtung der Bestimmungen des Manteltarifvertrages (Kurzarbeit) gekürzt.
4. Berechnung des Durchschnittsentgelts
Als Bezugszeitraum für die Berechnung des monatlichen Durchschnittsentgelts gelten die letzten abgerechneten zwölf Kalendermonate vor Eintritt der Anspruchsvoraussetzungen. Das monatliche Durchschnittsentgelt wird auf der Grundlage der regelmäßigen tariflichen Arbeitszeit errechnet. Dabei bleiben jedoch Sonderzahlungen (Weihnachtsgeld, Jubiläumsgeld u. ä.), Trennungsgelder, Fahrtkosten, zusätzliche Urlaubsvergütung, Mehr-, Nacht-, Sonntags- und Feiertagszuschläge sowie die nicht ständigen Zulagen bzw. Zuschläge unberücksichtigt. Weiter bleiben Ausgleichsbeträge für aushilfsweise Tätigkeiten oder vorübergehende Stellvertretung außer Betracht.
Kommt der Entgeltgrundsatz Leistungsentgelt zur Anwendung und bei Umstellung auf den Entgeltgrundsatz Zeitentgelt, errechnet sich das Entgelt gemäß Ziff. 4 Abs. 1 mit der Maßgabe, dass der Durchschnitt der letzten abgerechneten 36 Monate vor Eintritt der Anspruchsvoraussetzungen zugrunde gelegt wird.
Durch nicht erzwingbare Betriebsvereinbarung können andere Berechnungszeiträume vereinbart werden.
Bei tariflichen Entgelterhöhungen im Berechnungszeitraum ist vom erhöhten Entgelt auszugehen. Zukünftige Tarifentgelterhöhungen sind entsprechend zu berücksichtigen.

Ältere Arbeitnehmer

> **5. Erlöschen des Anspruchs**
> Der Anspruch auf Entgeltsicherung erlischt mit dem Zeitpunkt, zu dem aus der gesetzlichen Rentenversicherung ein Antrag auf Rente wegen Erwerbsminderung begründet gestellt werden kann bzw. auf Altersrente (auch vorzeitige) gestellt ist oder Anspruch auf Regelaltersrente besteht. Wird dem Antrag zu einem späteren als dem Termin der Antragstellung stattgegeben, erfolgt bis zum Zeitpunkt des Rentenanspruchs die Nachzahlung bis zur Höhe der Entgeltsicherung«.

40a Zu beachten ist, dass Tarifverträge auf das Arbeitsverhältnis nur dann Anwendung finden, wenn **beiderseitige Tarifbindung** besteht (das heißt: Mitgliedschaft des Beschäftigten in der tarifvertragschließenden Gewerkschaft und Mitgliedschaft des Arbeitgebers im Arbeitgeberverband bzw. Vorliegen eines Firmentarifvertrages; siehe → **Tarifvertrag** Rn. 23 ff.) oder wenn die Geltung des Altersteilzeit-Tarifvertrages arbeitsvertraglich vereinbart wurde (etwa durch **Bezugnahmeklausel**; siehe → **Arbeitsvertrag: Bezugnahme auf Tarifverträge**).

41 Zur **tariflichen Verdienstsicherung** hat sich in den letzten Jahren eine umfangreiche BAG-Rechtsprechung entwickelt (vgl. z. B. BAG v. 28. 7. 1999 – 4 AZR 295/97, DB 1999, 2475).
Nach Ansicht des BAG bezwecken die Tarifvorschriften über Verdienstsicherung den Schutz älterer Arbeitnehmer »vor altersbedingtem Leistungsabfall und dem damit verbundenen Entgeltrisiko«.
Die Tarifbestimmungen schützten dagegen nicht (z. B.) gegen eine zwischen Arbeitgeber und Betriebsrat vereinbarte allgemeine (für alle Beschäftigten geltende) **Absenkung des Arbeitsentgelts** (z. B. Absenkung der Prämienobergrenze).
Diese müsse auch ein verdienstgesicherter Arbeitnehmer gegen sich gelten lassen (BAG v. 16. 5. 1995 – 3 AZR 627/94).
Andernfalls liege eine – gegen den Gleichheitssatz verstoßende – Besserstellung der älteren Beschäftigten vor.
In der Entscheidung v. 11. 11. 1997 (– 3 AZR 675/96, NZA 1998, 886) hat das BAG seine Rechtsprechung ein wenig »gelockert« und die Verdienstsicherung nach § 9 MTV auch auf solche Formen allgemeiner Verdienstkürzungen ausgedehnt, bei denen »nicht auszuschließen ist, dass die Lohnkürzung auf der geminderten Leistungsfähigkeit beruht«.
Deshalb könne eine → **Betriebsvereinbarung**, durch die **leistungsabhängige Prämien** zum Nachteil der Arbeitnehmer gesenkt werden, die Ansprüche verdienstgesicherter Arbeitnehmer nicht beeinträchtigen.
Legt man diesen Maßstab zugrunde, sind – beispielsweise – auch Entgeltkürzungen bei den verdienstgesicherten Beschäftigten infolge einer für alle Beschäftigten geltenden Umwandlung des Entgeltgrundsatzes von Leistungsentgelt (Akkord, Prämie) auf Zeitentgelt unzulässig.

42 Die BAG-Rechtsprechung zur tariflichen Verdienstsicherung erscheint **fragwürdig**. Die Tarifvorschriften stellen – entgegen der Annahme des BAG – nicht immer nur auf eine altersbedingte Leistungsminderung ab, sondern gehen generell von einer besonderen Schutzbedürftigkeit älterer Beschäftigter aus.
Deshalb ist eine **Besserstellung** der älteren Beschäftigten auch nicht gleichheitswidrig, weil sie **sachlich gerechtfertigt** ist. Denn ältere Beschäftigte haben (anders als jüngere Arbeitnehmer) aufgrund ihres Alters praktisch keine Möglichkeit mehr, auf eine Verdienstminderung mit einem Job-Wechsel zu einem anderen – besser zahlenden – Arbeitgeber zu reagieren.
Gleiches gilt übrigens auch für den in vielen Tarifverträgen vorgesehenen Kündigungsschutz für ältere Arbeitnehmer (siehe Rn. 42 a). Hiernach ist jede ordentliche Kündigung, gleichgültig, ob sie auf betriebliche, personen- oder verhaltensbedingte Gründe gestützt wird, unwirksam. Niemand behauptet, dass nur solche Kündigungen ausgeschlossen sind, die etwas mit altersbedingter Leistungsminderung zu tun haben. Auch zweifelt niemand an, dass eine solche Besserstellung der älteren Arbeitnehmer im Einklang mit dem Gleichheitssatz steht.

Ältere Arbeitnehmer

Tariflicher Kündigungsschutz für ältere Arbeitnehmer

In vielen → **Tarifverträgen** ist ein Kündigungsschutz für ältere Arbeitnehmer geregelt. 42a
So besteht z. B. im Bereich der Metall- und Elektroindustrie in Norddeutschland (Schleswig-Holstein, Hamburg, Mecklenburg-Vorpommern, Bremen und nordwestliches Niedersachsen) ein besonderer Kündigungsschutz für Arbeitnehmer ab der Vollendung des 55. Lebensjahres. Die Tarifregelung lautet:

> »**Kündigungsschutz älterer Beschäftigter**
> 3.1 Einem Beschäftigten, der das 55. Lebensjahr vollendet, aber noch nicht die Regelaltersrentengrenze erreicht hat sowie eine Betriebszugehörigkeit von mindestens fünf Jahren hat, kann nur noch aus wichtigem Grunde (§ 626 BGB) gekündigt werden. Dies gilt nicht bei Zustimmung der Tarifvertragsparteien.
> 3.2 Ausgenommen von Ziff. 3.1 sind Beschäftigte in Unternehmen mit in der Regel weniger als 21 wahlberechtigten Beschäftigten im Sinne des Betriebsverfassungsgesetzes.
> 3.3 Ziff. 3.1 gilt nicht bei Änderungskündigungen ausschließlich zum Zwecke der innerbetrieblichen Versetzung, bei Versetzungen im Rahmen des Unternehmens bzw. Konzerns, wenn damit keine Änderung des Wohnsitzes erforderlich wird und der neue Arbeitsplatz ohne zusätzliche Erschwernisse zu erreichen ist«.

Sozialrecht

Auch das Sozialrecht sieht eine Vielzahl von Regelungen vor, die bestimmte Rechte auch an 43
das Lebensalter knüpfen. So hängt z. B. die Dauer des Bezugs von Arbeitslosengeld u. a. auch davon ab, welches Alter ein arbeitslos gewordener Arbeitnehmer hat (siehe → **Arbeitslosenversicherung: Arbeitslosengeld** Rn. 19 ff.).
Zur Förderung der Beschäftigung älterer Menschen sehen die §§ 417 und 418 SGB III 2012 finanzielle Anreize für Arbeitgeber und Arbeitnehmer vor.
Das Lebensalter ist eine entscheidende Größe auch im **Rentenrecht**: so entsteht ein Anspruch 44
auf Altersrente erst ab Erreichen bestimmter Altersgrenzen (siehe → **Rentenversicherung**).
Vor dem Hintergrund einer anhaltend hohen Arbeitslosigkeit war die früher vorherrschende 44a
Arbeitsmarkt- und Sozialpolitik darauf ausgerichtet, älteren Arbeitnehmern z. B. über → **Altersteilzeit** einen sozialverträglichen Ausstieg aus dem Arbeitsleben zu ermöglichen und damit den Weg zur Einstellung arbeitsloser Menschen frei zu machen.
Diese Sichtweise hat sich in der Politik deutlich verändert. Mit dem Ziel der Erhöhung der Beschäftigungsquote älterer Arbeitnehmer hatte schon die bis Herbst 2009 regierende Große Koalition aus CDU, CSU und SPD eine Fortsetzung der Förderungsfähigkeit der Altersteilzeit über den 31. 12. 2009 hinaus abgelehnt.
Außerdem hatte sie mit »Gesetz zur Anpassung der Regelaltersgrenze an die demografische Entwicklung (RV-Altersgrenzenanpassungsgesetz)« vom 20. 4. 2007 (BGBl. I S. 554) gegen den heftigen Widerstand der Gewerkschaften die »**Rente mit 67**« beschlossen. Das Gesetz sieht u. a. eine schrittweise Anhebung der Regelaltersgrenze von derzeit 65 auf 67 vor (siehe → **Rentenversicherung** Rn. 11 a).
Eine vorzeitige Inanspruchnahme von bestimmten Altersrenten (z. B. Altersrente für langjährig Versicherte oder für schwerbehinderte Menschen) bleibt zwar möglich, ist aber mit **Rentenabschlägen** verbunden (siehe → **Rentenversicherung** Rn. 12 a).
Begründet wurde die Heraufsetzung der Regelaltersgrenze mit der demografischen Entwicklung und den hiermit verbundenen finanziellen Belastungen der gesetzlichen Rentenversicherung.
Einerseits gebe es wegen der sinkenden Geburtenrate immer weniger Erwerbstätige und damit

Ältere Arbeitnehmer

Beitragszahler in die Rentenversicherung. Andererseits wachse die Lebenserwartung und damit die Zahl der zu versorgenden Rentner.

Zur Lösung der dadurch verursachten Probleme bei der Finanzierung der nach dem Umlageprinzip funktionierenden gesetzlichen → **Rentenversicherung** sei – neben einer begrenzten Beitragssatzanhebung auf maximal 20 % (bis 2020) bzw. 22 % (bis 2030) – auch eine Verlängerung der Lebensarbeitszeit erforderlich.

Mit einer parallel zur »Rente mit 67« ins Leben gerufenen »Initiative 50 plus« hatte die schwarz/rote Große Koalition aus CDU, CSU und SPD die »Beschäftigungschancen älterer Arbeitnehmer am Arbeitsmarkt verbessern und Arbeitnehmer und Arbeitgeber auf ihrem Weg in eine alternsgerechte und altersgerechte Arbeitswelt unterstützen« wollen (www.bmas.de). Siehe auch Rn. 46 a.

Die bis Ende 2013 regierende schwarz-gelbe Regierungskoalition von CDU, CSU und FDP setzt diesen Kurs fort. So hat sie sich beispielsweise in ihrem Koalitionsvertrag vom 26.10.2009 darauf festgelegt, die Förderung der → **Altersteilzeit** auslaufen zu lassen. In Ziff. I.3.3 des Koalitionsvertrags heißt es: »*Staatliche Anreize zur faktischen Frühverrentung werden wir beseitigen. Eine Verlängerung der staatlich geförderten Altersteilzeit (ATG) über den 31. Dezember 2009 hinaus lehnen wir daher ab*«.

45 Die → **Gewerkschaften** (und andere Verbände: z. B. Sozialverband VdK Deutschland e. V.) lehnen die »**Rente mit 67**« ab (siehe auch → **Rentenversicherung**).

Schon heute müssten viele Arbeitnehmer lange vor Erreichen der Regelaltersgrenze (65) ausscheiden.

Außerdem führe die Rente mit 67 bei einer nach wie vor hohen Arbeitslosigkeit (fast 600 000 Jugendliche unter 25 und 1,2 Millionen über 50-Jährige sind Ende 2006 arbeitslos) zu einer Verschärfung der Arbeitsmarktprobleme. Die Älteren müssten länger arbeiten, die Jungen bekämen keinen Job.

Zudem sei die Rente mit 67 nichts anderes als ein **Rentenkürzungsprogramm**. Wer früher in Rente gehe, müsse pro Jahr 3,6 Prozent zusätzliche Abschläge hinnehmen.

Verlierer seien alle: Weiter hohe Arbeitslosigkeit, Arbeiten bis zum Umfallen, Rentenkürzung, schlechtere berufliche Perspektiven für die Jugend. Die Gewerkschaften fordern alternativ eine Beschäftigungsbrücke zwischen Jung und Alt und einen flexiblen Renteneintritt bis spätestens 65 Jahre:
- Nach 40 Versicherungsjahren abschlagsfreier Zugang zur Rente auch vor dem 65. Lebensjahr.
- Verlängerung oder gleichwertige Nachfolgeregelung für das Altersteilzeitgesetz.
- Erleichterung des Zuganges zu Erwerbsminderungsrenten und Streichung der Abschläge bei dieser Rentenart.
- Schrittweise Einbeziehung aller Erwerbstätigen in die gesetzliche Rentenversicherung.

46 Wegen der sinkenden Geburtenrate in den nächsten Jahren, aber vor allem auch wegen einer unzureichenden bzw. heruntergefahrenen beruflichen Erstausbildung in den vergangenen Jahren wird ein wachsender Mangel an qualifizierten Arbeitskräften prognostiziert.

Gut beratene Unternehmen werden deshalb die berufliche Erstausbildung deutlich hochfahren (müssen).

Außerdem werden sie sich wieder auf das Arbeitskräftepotential der »über 50-Jährigen« besinnen und »altersgerechte« Arbeitsbedingungen schaffen (müssen).

46a Das Bundesministerium für Arbeit und Soziales (BMAS) berichtet seit Beginn des Jahres 2012 halbjährlich über die »Fortschritte bei der Schaffung einer altersgerechten Arbeitswelt« (Fortschrittsreport »Altersgerechte Arbeitswelt«). Thema der 1. Ausgabe des Reports vom 21.2.2012 ist die »Entwicklung des Arbeitsmarkts für Ältere« (*www.bmas.de/SharedDocs/Downloads/DE/PDF-Publikationen/fortschrittsreport-februar-2012.pdf?__blob=publicationFile*).

Ältere Arbeitnehmer

Bedeutung für die Betriebsratsarbeit

Nach § 75 Abs. 1 BetrVG (neu gefasst durch das Allgemeine Gleichbehandlungsgesetz [AGG] vom 14. 8. 2006) haben Arbeitgeber und Betriebsrat darüber zu wachen, dass alle im Betrieb tätigen Personen nach den Grundsätzen von Recht und Billigkeit behandelt werden und jede Benachteiligung u. a. wegen des Alters unterbleibt. 47

Zudem hat der Betriebsrat **darüber zu wachen**, dass der Arbeitgeber seine Verpflichtungen nach § 12 AGG zur Unterbindung von Benachteiligungen erfüllt (§ 80 Abs. 1 Nr. 1 BetrVG). 48

Der Betriebsrat kann dem Arbeitgeber **Vorschläge** unterbreiten (§ 80 Abs. 1 Nr. 2 BetrVG). 49

Der Betriebsrat hat nach § 80 Abs. 1 Nr. 6 BetrVG »*die Beschäftigung älterer Arbeitnehmer im Betrieb zu fördern*«. 50

Bei einem **groben Verstoß** des Arbeitgebers gegen seine Verpflichtungen aus dem AGG und dem BetrVG kann der Betriebsrat oder eine im Betrieb vertretene → **Gewerkschaft** die in § 23 Abs. 3 BetrVG vorgesehenen Rechte gerichtlich geltend machen (§ 17 Abs. 2 Satz 1 AGG; zu § 23 Abs. 3 BetrVG siehe → **Unterlassungsanspruch des Betriebsrats**). 51

Mit dem Antrag dürfen allerdings nicht Ansprüche des Benachteiligten verfolgt werden (§ 17 Abs. 2 Satz 2 AGG). Das müssen diese selber tun.

Außerdem sollte der Betriebsrat die Möglichkeiten des § 85 BetrVG nutzen, wenn ein Arbeitnehmer bei ihm eine Beschwerde wegen Benachteiligung einlegt – insbesondere die Anrufung der → **Einigungsstelle** (siehe Rn. 19 a und → **Beschwerderecht des Arbeitnehmers**). 51a

Bei einer beabsichtigten Kündigung eines älteren Arbeitnehmers ist zu prüfen, ob ein besonderer **tariflicher Kündigungsschutz** entgegensteht. 52

Ist dies nicht der Fall und soll ein älterer Arbeitnehmer betriebsbedingt gekündigt werden, muss der Betriebsrat im Rahmen seines Widerspruchsrechts nach § 102 Abs. 3 Nr. 1 BetrVG prüfen, ob bei der Auswahl gegen den sozialen Gesichtspunkt »Lebensalter« verstoßen wurde (siehe → **betriebsbedingte Kündigung**).

Zur Abwehr einer Kündigung wegen krankheitsbedingter Minderung der Leistungsfähigkeit muss der Betriebsrat alternative – weniger belastende – Weiterbeschäftigungsmöglichkeiten herausfinden und – wenn notwendig – vom Arbeitgeber eine Änderung des Arbeitsablaufs, Umgestaltung des Arbeitsplatzes, Umverteilung der Aufgaben (vgl. insoweit die Entscheidung des BAG v. 12. 7. 1995 – 2 AZR 762/94, AiB 1995, 482) und in schwerwiegenden Fällen ggf. die Einrichtung von **Schonarbeitsplätzen** fordern.

Bei Verhandlungen über einen → **Sozialplan** sind das Lebensalter und die Aussichten des Betroffenen auf dem Arbeitsmarkt als wichtige Kriterien zur Bemessung der Abfindung heranzuziehen. 53

Angesichts der sehr einschränkenden BAG-Rechtsprechung zur **tariflichen Verdienstsicherung** (siehe Rn. 40 ff.) ist es angebracht, dass der Betriebsrat bei allen – mitbestimmungspflichtigen – Formen der Entgeltgestaltung und -kürzung (z. B. Wechsel des Entgeltgrundsatzes von Leistungslohn auf Zeitlohn, Absenkung von Prämienobergrenzen, Massen-Abgruppierungen usw.) darauf achtet, dass durch gesonderte Regelungen Verdienstkürzungen bei älteren verdienstgesicherten Beschäftigten ausgeschlossen werden. 54

Anders ausgedrückt: Allgemeinen verdienstkürzenden Regelungen, die nach § 87 Abs. 1 Nr. 10, 11 BetrVG mitbestimmungspflichtig sind, sollte der Betriebsrat – wenn überhaupt – nur dann zustimmen, wenn die verdienstgesicherten Beschäftigten nicht nur durch Vereinbarung zwischen Arbeitgeber und Betriebsrat (eine → **Betriebsvereinbarung** ist wegen § 77 Abs. 3 BetrVG problematisch), sondern auch durch ausdrückliche arbeitsvertragliche Vereinbarung von der Verdienstkürzung ausgenommen werden sollen.

Ältere Arbeitnehmer

Rechtsprechung

1. § 14 Ziff. 3 TzBfG a. F. (Befristungsregelung für ältere Arbeitnehmer) ist europarechtswidrig (gesetzliche Neuregelung!)
2. Tarifliche Verdienstsicherung für ältere Arbeitnehmer (Metallindustrie)
3. Abfindung und Arbeitslosengeld: Ruhen des Anspruchs auf Arbeitslosengeld bei tariflichem Alterskündigungsschutz
4. Rechtsprechung zur Altersteilzeit
5. Befristung aufgrund einer Altersgrenzenregelung
6. Altersgrenzenregelung für die Luftfahrt (Piloten, Flugbegleiter)
7. Tariflicher Kündigungsschutz für ältere Arbeitnehmer
8. Altersdiskriminierung (AGG)
9. Altersdiskriminierung (AGG) – Betriebliche Altersversorgung
10. Altersdiskriminierung (AGG) – Sozialplanabfindung

Änderungskündigung

Was ist das?

Zweck der Änderungskündigung ist es, eine **Umgestaltung** des Arbeitsvertragsverhältnisses durchzusetzen. Es handelt sich bei der Änderungskündigung um eine echte Kündigung, so dass die kündigungsrechtlichen Bestimmungen voll Anwendung finden (z. B. Kündigungsfristen, Anhörung des Betriebsrats, KSchG usw.). 1

Die Änderungskündigung bedarf – wie jede andere Kündigung – der **Schriftform** (§ 623 BGB). 2
Schriftform ist nur gewahrt, wenn die Kündigung **eigenhändig unterschrieben** ist (§ 126 Abs. 1 BGB).
Eine Kündigung per Fax (auch Computerfax) oder E-Mail ist unwirksam (LAG Düsseldorf v. 25.6.2012 – 14 Sa 185/12). Es fehlt an der erforderlichen eigenhändigen Unterschrift. Das Gleiche gilt für eine nur als Kopie ausgehändigte Kündigung, es sei denn, der Gekündigte erhält bei der Übergabe Einsicht in die original unterschriebene Kündigung (BAG v. 4.11.2004 – 2 AZR 17/04 NZA 2005, 513; LAG Hamm v. 4.12.2003 – 4 Sa 900/03, DB 2004, 1565).
Die **elektronische Form** ist nach § 623 2. Halbsatz BGB ausgeschlossen. Eine Kündigung per SMS ist deshalb unwirksam (LAG Hamm v. 17.8.2007 – 10 Sa 512/07).

Die Änderungskündigung kann erklärt werden als »**unbedingte**« **Kündigung** des bisherigen Arbeitsverhältnisses verbunden mit dem **Angebot**, das Arbeitsverhältnis zu geänderten Arbeitsbedingungen fortzusetzen (§ 2 KSchG). 3

> **Beispiel:**
> Sehr geehrter Herr ...,
> hiermit kündigen wir das bestehende Arbeitsverhältnis fristgerecht zum 31.5.2012. Gleichzeitig bieten wir Ihnen an, das Arbeitsverhältnis zu geänderten Vertragsbedingungen fortzusetzen. Insbesondere sind wir bereit, Sie als Sachbearbeiter in der Personalabteilung (Gehaltsgruppe: G 5) weiter zu beschäftigen.
> Wir erbitten Ihre Zustimmung innerhalb einer Woche.
> Mit freundlichen Grüßen
> Geschäftsleitung

Die Änderungskündigung kann auch als so genannte »**bedingte**« **Kündigung** formuliert werden. 4

> **Beispiel:**
> »... hiermit kündigen wir das bestehende Arbeitsverhältnis fristgemäß zum 31.5.2012 unter der Bedingung, dass Sie das nachfolgende Angebot nicht annehmen ...«

Eine Änderungskündigung ist sowohl als → ordentliche (= fristgerechte) **Kündigung** wie auch als → **außerordentliche** (meist fristlose) **Kündigung** möglich. 5
Eine außerordentliche Änderungskündigung kommt dann in Betracht, wenn ein **wichtiger**

Änderungskündigung

Grund i. S. d. § 626 BGB vorliegt. Das kann der Fall sein, wenn die Veränderung der Vertragsbedingungen vor Ablauf der Kündigungsfrist unabweisbar notwendig ist und die neuen Bedingungen für den Arbeitnehmer zumutbar sind (siehe Rn. 25 a).

6 Zur Möglichkeit des Beschäftigten, eine Änderungskündigung nach § 2 KSchG unter dem **Vorbehalt anzunehmen**, dass die Änderung der Arbeitsbedingungen nicht sozial ungerechtfertigt (§ 1 Abs. 2 Satz 1 bis 3 und Abs. 3 Satz 1 und 2 KSchG), siehe Rn. 17, 25 ff.
§ 2 KSchG gilt nach zutreffender h. M. auch für den Fall einer **außerordentlichen Änderungskündigung** (BAG v. 28. 10. 2010 – 2 AZR 688/09, DB 2011, 476; siehe Rn. 25 a).

7 Eine ordentliche Änderungskündigung im Sinne des § 2 KSchG ist **sozial ungerechtfertigt**, wenn die angestrebte Änderung der Vertragsbedingungen nicht durch Kündigungsgründe i. S. d. § 1 Abs. 2, 3 KSchG bedingt ist (siehe → **Betriebsbedingte Kündigung**, → **Personenbedingte Kündigung**, → **Verhaltensbedingte Kündigung**). Hierzu ein Auszug aus BAG v. 28. 8. 2008 – 2 AZR 967/06: »*Bei einer Änderungskündigung müssen Kündigungsgründe iSv. § 1 Abs. 1, Abs. 2 Satz 1 bis 3 KSchG das Änderungsangebot des Arbeitgebers bedingen. Außerdem muss sich der Arbeitgeber darauf beschränken, nur solche Änderungen vorzuschlagen, die der Arbeitnehmer billigerweise hinnehmen muss. ... Dies ist nach dem Verhältnismäßigkeitsgrundsatz zu ermitteln. Die Änderungen müssen geeignet und erforderlich sein, um den Inhalt des Arbeitsvertrags den geänderten Beschäftigungsmöglichkeiten anzupassen. Diese Voraussetzungen müssen für alle Vertragsänderungen vorliegen. Ausgangspunkt ist die bisherige vertragliche Regelung, d. h. die angebotenen Änderungen dürfen sich nicht weiter vom Inhalt des bisherigen Arbeitsverhältnisses entfernen, als zur Erreichung des angestrebten Ziels erforderlich ist. Wenn durch das Änderungsangebot neben der Tätigkeit (Arbeitsleistungspflicht) auch die Gegenleistung (Vergütung) geändert werden soll, sind beide Elemente des Änderungsangebots am Verhältnismäßigkeitsgrundsatz zu messen.*«

7a Eine mit dem Ziel einer → **Versetzung** und **Umgruppierung** erklärte Änderungskündigung kann unverhältnismäßig und damit unwirksam sein, wenn der Arbeitnehmer zwar nicht mehr die bisherige vertraglich vereinbarte Tätigkeit ausüben kann, aber die vom Arbeitgeber in Aussicht genommene Vergütung ausweislich eines arbeitsgerichtlichen Zustimmungsersetzungsverfahrens nach § 99 Abs. 4 BetrVG unzutreffend ist (BAG v. 28. 8. 2008 – 2 AZR 967/06). Zwar ist bei beabsichtigter Umgruppierung die nach § 99 BetrVG erforderliche Zustimmung des Betriebsrats als solche keine Wirksamkeitsvoraussetzung der Änderungskündigung, weil der Arbeitgeber insoweit kein Gestaltungsrecht ausübt (die Eingruppierung folgt ohne Weiteres der ausgeübten Tätigkeit) und dem Betriebsrat im Rahmen des § 99 BetrVG kein Mitgestaltungsrecht, sondern nur ein Mitbeurteilungsrecht im Sinne einer Richtigkeitskontrolle zukommt. Die Wirksamkeit einer Änderungskündigung, mit der eine Änderung der tariflichen Eingruppierung bewirkt werden soll, ist damit nicht von der Zustimmung des Betriebsrats als solche abhängig. Etwas anderes gilt, wenn ein Zustimmungsersetzungsverfahren stattgefunden hat und der Arbeitgeber mit seinem Zustimmungsersetzungsantrag erfolglos geblieben ist. Dann kann er sich bei Ausspruch der Änderungskündigung im Verhältnis zum Arbeitnehmer nicht mehr auf die Maßgeblichkeit der von ihm für zutreffend erachteten Entgeltgruppe berufen. Dies bedeutet weiter, dass sich der Arbeitnehmer im Individualrechtsstreit gegen die Änderungskündigung unmittelbar geltend machen kann, dass die vom Arbeitgeber vorgesehene, aber vom Betriebsrat abgelehnte Einstufung fehlerhaft ist.

7b Das mit der Kündigung unterbreitete **Änderungsangebot** muss **konkret gefasst**, das heißt eindeutig bestimmt, zumindest bestimmbar sein. Auszug aus BAG v. 20. 6. 2013 – 2 AZR 396/12: »*Das mit der Kündigung unterbreitete Änderungsangebot muss konkret gefasst, das heißt eindeutig bestimmt, zumindest bestimmbar sein. Für den Arbeitnehmer muss ohne Weiteres klar sein, welche Vertragsbedingungen zukünftig gelten sollen. Nur so kann er eine abgewogene Entscheidung über die Annahme oder Ablehnung des Angebots treffen. Da sich der Arbeitnehmer ...innerhalb einer recht kurzen Frist ... entscheiden muss, ...muss schon im Interesse der Rechts-*

Änderungskündigung

sicherheit das Änderungsangebot zweifelsfrei klarstellen, zu welchen Vertragsbedingungen das Arbeitsverhältnis künftig fortbestehen soll. Unklarheiten gehen zu Lasten des Arbeitgebers. Sie führen zur Unwirksamkeit der Änderung der Arbeitsbedingungen.«

Betriebsbedingte Änderungskündigung

Auszug aus BAG v. 20. 6. 2013 – 2 AZR 396/12: »*Das Änderungsangebot ... ist daran zu messen, ob es durch dringende betriebliche Erfordernisse iSd. § 1 Abs. 2 KSchG bedingt ist und sich darauf beschränkt, solche Änderungen vorzusehen, die der Arbeitnehmer billigerweise hinnehmen muss. Dieser Maßstab gilt unabhängig davon, ob der Arbeitnehmer das Änderungsangebot abgelehnt oder – wie im Streitfall – unter Vorbehalt angenommen hat. Ob der Arbeitnehmer eine ihm vorgeschlagene Änderung billigerweise akzeptieren muss, ist nach dem Verhältnismäßigkeitsgrundsatz zu prüfen. Die Änderungen müssen geeignet und erforderlich sein, um den Inhalt des Arbeitsvertrags den geänderten Beschäftigungsmöglichkeiten anzupassen. Diese Voraussetzungen müssen für alle vorgesehenen Änderungen vorliegen. Ausgangspunkt ist die bisherige vertragliche Regelung. Die angebotenen Änderungen dürfen sich von deren Inhalt nicht weiter entfernen, als zur Erreichung des angestrebten Ziels erforderlich ist.*«

7c

Eine **Änderungskündigung zur Entgeltsenkung** kommt nach ständiger Rechtsprechung des BAG (BAG v. 26. 6. 2008 – 2 AZR 139/07; vgl. auch LAG Berlin-Brandenburg v. 25. 9. 2015 – 8 Sa 677/15) nur in Betracht, wenn

- bei einer Aufrechterhaltung der bisherigen Personalkostenstruktur weitere, betrieblich nicht mehr auffangbare Verluste entstehen, die absehbar zu einer **Reduzierung der Belegschaft** oder sogar zu einer **Schließung** des Betriebs führen,
- ein **Sanierungsplan** alle milderen Mittel ausschöpft und
- die von den Arbeitnehmern zu tragenden Lasten **gleichmäßig verteilt** werden.
- Vom Arbeitgeber sei im Kündigungsschutzprozess zu verlangen, dass er die Finanzlage des Betriebs, den Anteil der Personalkosten, die Auswirkung der erstrebten Kostensenkungen für den Betrieb und für die Arbeitnehmer darstellt und ferner darlegt, warum andere Maßnahmen nicht in Betracht kommen.

Personenbedingte Änderungskündigung

Auszug aus Hessisches LAG v. 26. 4. 2012 – 5 Sa 1632/11: »*Bei einer Änderungskündigung müssen Kündigungsgründe im Sinne vom § 1 Abs. 1, Abs. 2 S. 1 bis 3 KSchG das Änderungsangebot des Arbeitgebers bedingen. Außerdem muss sich der Arbeitgeber darauf beschränken, nur solche Änderungen vorzuschlagen, die der Arbeitnehmer billigerweise hinnehmen muss. Dies ist nach dem Verhältnismäßigkeitsgrundsatz zu ermitteln. Die Änderungen müssen geeignet und erforderlich sein, um den Inhalt des Arbeitsvertrags den geänderten Beschäftigungsmöglichkeiten anzupassen. Diese Voraussetzungen müssen für alle Vertragsänderungen vorliegen. Ausgangspunkt ist die bisherige vertragliche Regelung, das heißt die angebotenen Änderungen dürfen sich nicht weiter vom Inhalt des bisherigen Arbeitsverhältnisses entfernen, als zur Erreichung des angestrebten Ziels erforderlich ist. Wenn durch das Änderungsangebot neben der Tätigkeit (Arbeitsleistungspflicht) auch die Gegenleistung (Vergütung) geändert werden soll, sind beide Elemente des Änderungsangebots am Verhältnismäßigkeitsgrundsatz zu messen (vgl. z. B. BAG – 28. 8. 2008 – 2 AZR 967/06, Rn. 29 bis 30, m. w. N., zitiert nach juris). ... Die Beklagte stützt die Kündigung auf eine krankheitsbedingte auf Dauer herabgesetzte Leistungsfähigkeit des Klägers. Hierbei handelt es sich um einen in der Person des Arbeitnehmers liegenden Grund im Sinne § 1 Abs. 2 S. 1 KSchG. Grundsätzlich kann eine Minderung der Leistungsfähigkeit des Arbeitnehmers geeignet sein, einen in der Person des Arbeitnehmers liegenden Kündigungsgrund abzugeben, wenn der Arbeitnehmer in Folge dessen zu der nach dem Vertrag vorausgesetzten Arbeitsleistung ganz oder*

7d

Änderungskündigung

teilweise nicht mehr in der Lage ist. In diesen Fällen liegt in der Regel eine schwere und dauerhafte Störung des Austauschverhältnisses vor. Der Arbeitnehmer unterschreitet die nicht zur Vertragsbedingung erhobenen berechtigten Erwartungen des Arbeitgebers von einem ausgewogenen Verhältnis von Leistung und Gegenleistung. Es kommt darauf an, ob die Arbeitsleistung die berechtigten Gleichwertigkeitserwartungen des Arbeitgebers in einem Maße unterschreitet, dass ihm ein Festhalten an dem (unveränderten) Arbeitsvertrag unzumutbar wird. Hierfür genügt nicht jede geringfügige Minderleistung. Ferner ist notwendig, dass auch für die Zukunft nicht mehr mit einer Wiederherstellung des Gleichgewichts von Leistung und Gegenleistung zu rechnen ist und kein milderes Mittel zur Wiederherstellung des Vertragsgleichgewichts zur Verfügung steht. Dieses mildere Mittel kann in einer zumutbaren Beschäftigung zu geänderten Vertragsbedingungen liegen, unter Umständen auch in einer Vergütungskürzung. Schließlich ist eine Interessenabwägung vorzunehmen. Insbesondere muss dem Schutz älterer, langjährig Beschäftigter und unverschuldet, womöglich durch betriebliche Veranlassung – erkrankter Arbeitnehmer Rechnung getragen werden.«

Verhaltensbedingte Änderungskündigung

7e Auszug aus LAG Nürnberg v. 6.8.2012 – 2 Sa 643/11: »*Eine verhaltensbedingte Änderungskündigung ist dann sozial gerechtfertigt, wenn durch die Änderung der Arbeitsbedingungen die Gefahr weiterer Pflichtverletzungen beseitigt wird und im Rahmen des Verhältnismäßigkeitsgrundsatzes mildere Mittel hierzu nicht ausreichend sind. Die angebotenen Vertragsänderungen dürfen dabei nicht weiter gehen, als es zur Vermeidung künftiger Vertragsverletzungen notwendig ist. Auch vor Ausspruch einer verhaltensbedingten Änderungskündigung bedarf es daher grundsätzlich einer einschlägigen Abmahnung. Einer Abmahnung bedarf es in Ansehung des Verhältnismäßigkeitsgrundsatzes nur dann nicht, wenn eine Verhaltensänderung in Zukunft selbst nach Abmahnung nicht zu erwarten steht oder es sich um eine so schwere Pflichtverletzung handelt, dass eine Hinnahme durch den Arbeitgeber offensichtlich – auch für den Arbeitnehmer erkennbar – ausgeschlossen ist (st. Rspr. vgl. BAG – 9.6.2011 – 2 AZR 981/10 mwN.). Dies gilt grundsätzlich auch bei Störungen im Vertrauensbereich.*«

7f Spricht der Arbeitgeber ohne vorheriges oder gleichzeitiges Änderungsangebot sofort eine **Beendigungskündigung** aus, so ist diese Kündigung regelmäßig sozialwidrig (BAG v. 21.4.2005 – 2 AZR 132/04, NZA 2005, 1289).

Denn eine ordentliche Beendigungskündigung ist nach dem Grundsatz der **Verhältnismäßigkeit** ausgeschlossen, wenn die Möglichkeit besteht, den Arbeitnehmer auf einem **anderen freien Arbeitsplatz** auch zu geänderten Arbeitsbedingungen weiter zu beschäftigen (BAG v. 21.4.2005 – 2 AZR 132/04, a.a.O.).

Eine solche Weiterbeschäftigungsmöglichkeit hat der Arbeitgeber dem Arbeitnehmer anzubieten.

Das Angebot kann lediglich in **Extremfällen** (z.B. offensichtlich völlig unterwertige Beschäftigung: Personalchef soll künftig als Pförtner arbeiten) unterbleiben.

7g Macht der Arbeitgeber vor Ausspruch einer Änderungskündigung dem Arbeitnehmer das Angebot, den Vertrag der noch bestehenden Weiterbeschäftigungsmöglichkeit anzupassen und lehnt der Arbeitnehmer dieses Angebot ab, ist der Arbeitgeber regelmäßig nach dem Verhältnismäßigkeitsgrundsatz verpflichtet, **trotzdem eine Änderungskündigung** auszusprechen. Eine Beendigungskündigung kommt nur dann in Betracht, wenn der Arbeitnehmer unmissverständlich zum Ausdruck brachte, er werde die geänderten Arbeitsvertragsbedingungen im Fall des Ausspruchs einer Änderungskündigung nicht, auch nicht unter dem Vorbehalt ihrer sozialen Rechtfertigung annehmen (BAG v. 21.4.2005 – 2 AZR 132/04, a.a.O.).

7h Der Arbeitgeber ist zwar nicht verpflichtet, **vor Ausspruch** der Änderungskündigung eine einvernehmliche Lösung mit dem Arbeitnehmer **im Verhandlungswege** zu versuchen, aber er

Änderungskündigung

ist **dazu berechtigt** (BAG v. 21.4.2005 – 2 AZR 132/04, a.a.O.). Es gibt dann drei Möglichkeiten:
- Erklärt der Arbeitnehmer vorbehaltlos sein **Einverständnis** mit den neuen Bedingungen, bedarf es keiner Änderungskündigung.
- Erklärt der Arbeitnehmer sein **Einverständnis** mit den neuen Bedingungen (vor Ausspruch der Änderungskündigung) **unter Vorbehalt**, liegt darin die **Ankündigung einer Änderungsschutzklage** (§ 4 Satz 2 KSchG) für den Fall der Änderungskündigung, bei der dem Arbeitnehmer die Rechte des § 2 KSchG (Annahme unter Vorbehalt) zustehen.
- **Nimmt** der Arbeitnehmer das **Angebot nicht** an, kommt ein Änderungsvertrag nicht zustande und der Arbeitgeber muss statt einer Beendigungskündigung eine Änderungskündigung aussprechen. Der Arbeitnehmer kann dann von seinen Möglichkeiten nach § 2 KSchG (Annahme unter Vorbehalt) und § 4 Satz 2 KSchG (Änderungsschutzklage) Gebrauch machen (siehe Rn. 19 ff.).

Der Arbeitgeber kann aber auch **ohne vorherige Verhandlungen** mit dem Arbeitnehmer Änderungsangebot und Kündigung miteinander **verbinden**, indem er sofort eine Änderungskündigung ausspricht (BAG v. 21.4.2005 – 2 AZR 132/04, a.a.O.). Auch dann gilt: Der Arbeitnehmer kann das in der Änderungskündigung »steckende« Änderungsangebot nach § 2 KSchG unter Vorbehalt annehmen und nach § 4 Satz 2 KSchG Änderungsschutzklage erheben (siehe Rn. 19 ff.). 7j

Aus alledem folgt: 8
- Nimmt der Arbeitnehmer ein vorheriges oder gleichzeitig mit der Änderungskündigung verbundenes Änderungsangebot des Arbeitgebers **ohne Vorbehalt** an, wird der → **Arbeitsvertrag** umgestaltet; der Arbeitnehmer ist zu den geänderten Bedingungen weiter zu beschäftigen.
- Der Arbeitnehmer kann ein vorheriges Änderungsangebot aber auch unter einem – dem § 2 KSchG entsprechenden – **Vorbehalt annehmen**, indem er erklärt, dass er bei einer anschließenden Änderungskündigung weiterarbeiten, aber gegen die Änderungskündigung klagen wird.

Der Arbeitgeber muss dann eine Änderungskündigung aussprechen und bei Ausspruch der Kündigung klarstellen, dass er das Vertragsangebot aufrechterhält.

Der Arbeitnehmer kann innerhalb von drei Wochen nach Zugang der schriftlichen Änderungskündigung Änderungsschutzklage (§ 4 Satz 2 KSchG; siehe Rn. 27 ff.) erheben.

Er ist allerdings verpflichtet, nach Ablauf der → **Kündigungsfrist** zu den geänderten Bedingungen weiterzuarbeiten.

Im Falle einer → **Versetzung** gilt das allerdings nur, wenn der Betriebsrat nach § 99 BetrVG zugestimmt hat bzw. seine Zustimmung nach § 99 Abs. 4 BetrVG durch das → **Arbeitsgericht** ersetzt worden ist oder ein Fall des § 100 BetrVG vorliegt (vgl. zum Meinungsstand Kittner/Däubler/Zwanziger, KSchR, 9. Aufl., § 2 KSchG Rn. 202 ff.).

- Vorstehendes gilt auch, wenn sich der Arbeitnehmer zu einem vorherigen Änderungsangebot des Arbeitgebers nicht äußert.

Auch in diesem Fall darf der Arbeitgeber aufgrund des Verhältnismäßigkeitsgrundsatzes nur zum Mittel der Änderungskündigung greifen. Eine Beendigungskündigung ist unzulässig (BAG v. 21.4.2005 – 2 AZR 132/04, NZA 2005, 1289).

- Etwas anderes gilt, wenn der Arbeitnehmer das Änderungsangebot vorbehaltlos und endgültig **ablehnt** (BAG v. 21.4.2005 – 2 AZR 132/04, a.a.O.).

Für die vorbehaltlose und endgültige Ablehnung in diesem Sinne ist erforderlich, dass der Arbeitnehmer bei der Ablehnung des Änderungsangebots unmissverständlich zu erkennen gibt, dass er unter keinen Umständen bereit ist, zu den geänderten Arbeitsbedingungen zu arbeiten.

Allein die Ablehnung eines der Kündigung vorangegangenen Angebots auf einvernehm-

Änderungskündigung

liche Abänderung des Arbeitsvertrags durch den Arbeitnehmer enthebt den Arbeitgeber hingegen grundsätzlich nicht von der Verpflichtung, das Änderungsangebot mit einer nachfolgenden Beendigungskündigung **erneut** zu verbinden.

Der Arbeitgeber trägt im Kündigungsschutzverfahren die Darlegungs- und Beweislast dafür, dass der Arbeitnehmer das Änderungsangebot endgültig abgelehnt hat, d. h. dass er weder einvernehmlich noch unter dem Vorbehalt der Prüfung der sozialen Rechtfertigung i. S. d. § 2 KSchG bereit war, zu den geänderten Bedingungen zu arbeiten (BAG v. 21. 4. 2005 – 2 AZR 132/04, a. a. O.).

- **Unterlässt** es der Arbeitgeber, dem Arbeitnehmer vor Ausspruch einer Beendigungskündigung ein mögliches und zumutbares Änderungsangebot zu unterbreiten, dann ist die Kündigung bereits aus diesem Grunde sozial ungerechtfertigt.

Bedeutung für die Betriebsratsarbeit

9   In der Änderungskündigung »steckt« eine Beendigungskündigung. Deshalb muss der Arbeitgeber vor dem Ausspruch der Änderungskündigung die Rechte des Betriebsrats nach § 102 Abs. 1 BetrVG beachten (siehe → **ordentliche Kündigung**).

10 Sofern mit der Änderungskündigung eine → **Versetzung** und/oder eine → **Eingruppierung/Umgruppierung** bewirkt werden soll, kommen außerdem die Mitbestimmungsrechte des Betriebsrats nach §§ 99 ff. BetrVG zum Tragen.

11 In diesem Falle muss der Arbeitgeber das Anhörungsverfahren so gestalten, dass sowohl den Erfordernissen des § 102 Abs. 1 BetrVG als auch denen des § 99 Abs. 1 BetrVG Genüge getan wird.

12 Der Betriebsrat kann gegen den »Kündigungsteil« der beabsichtigten Änderungskündigung »**Bedenken**« erheben (§ 102 Abs. 2 BetrVG).

Handelt es sich um eine »ordentliche« (= fristgerechte) Änderungskündigung, kann der Betriebsrat außerdem »**Widerspruch**« nach § 102 Abs. 3 BetrVG erheben (zu Einzelheiten siehe → **Ordentliche Kündigung**).

> **Beispiel:**
> Sie beabsichtigen, die bisher als Verkäuferin in der Verkaufsfiliale in A-Stadt tätige Mitarbeiterin Frau ... nach Schließung dieser Filiale im Wege der Änderungskündigung in die Filiale nach C-Stadt zu versetzen. Sie haben das Arbeitsverhältnis zum ... gekündigt und Frau ... eine Weiterbeschäftigung als Verkäuferin in der Filiale in C-Stadt angeboten.
> Der Betriebsrat erhebt Widerspruch gemäß § 102 Abs. 3 Nr. 3 BetrVG gegen die beabsichtigte Kündigung der Frau .... Nach der Schließung der Filiale in A-Stadt kann Frau ... nämlich in der Filiale in B-Stadt mit der gleichen Tätigkeit beschäftigt werden. In dieser Filiale ist die Verkäuferin xy aus Altersgründen zum ... ausgeschieden. Diese Tätigkeit kann Frau ... übernehmen.

13 Soweit die geplante Änderungskündigung auf eine → **Versetzung** und/oder eine → **Eingruppierung/Umgruppierung** abzielt, kann der Betriebsrat unter Heranziehung der in § 99 Abs. 2 BetrVG aufgeführten Gründe die Zustimmung zu diesen Maßnahmen verweigern.

> **Beispiel:**
> Der Betriebsrat verweigert gemäß § 99 Abs. 2 Nr. 4 BetrVG die Zustimmung zu der von Ihnen geplanten Versetzung der Frau ... in die Filiale nach C-Stadt. Frau ... würde durch die Versetzung benachteiligt werden, ohne dass dies aus betrieblichen oder in der Person der Betroffenen liegenden Gründen gerechtfertigt ist. Die Filiale in C-Stadt ist über 100 Km von dem Wohnort der Frau ... entfernt, was eine tägliche Fahrtzeit von jeweils zwei Stunden für Hin- und Rückfahrt oder einen

Änderungskündigung

Umzug von Frau ... nach C-Stadt erfordern würde. Das aber ist nicht notwendig, weil Frau ... den in der Filiale in B-Stadt frei gewordenen Arbeitsplatz der ausscheidenden Frau xy übernehmen könnte. Die Filiale in B-Stadt ist nur 15 Km vom Wohnort der Frau ... entfernt.

Die **Rechtsfolgen** einer ablehnenden Stellungnahme des Betriebsrats hängen vom Verhalten des betroffenen Arbeitnehmers ab, wenn der Arbeitgeber ihm gegenüber die Änderungskündigung ausspricht: 14

1. Der Betroffene nimmt das Änderungsangebot vorbehaltlos an: 15
In diesem Falle erlischt der Kündigungsteil der Änderungskündigung. »Bedenken« und »Widerspruch« des Betriebsrats werden gegenstandslos. Das Arbeitsverhältnis wird nach Ablauf der → **Kündigungsfrist** zu den geänderten Arbeitsbedingungen fortgesetzt.
Sofern mit der Änderungskündigung allerdings eine Versetzung und/oder Umgruppierung durchgesetzt werden soll und der Betriebsrat insoweit die Zustimmung nach § 99 Abs. 2 BetrVG verweigert hat, hat der Arbeitgeber ein Zustimmungsersetzungsverfahren nach § 99 Abs. 4 BetrVG einzuleiten (siehe → **Versetzung**, → **Eingruppierung/Umgruppierung**).
Denn die Zustimmung des Arbeitnehmers zum Änderungsangebot setzt keinesfalls das betriebsverfassungsrechtliche Zustimmungsverweigerungsrecht des Betriebsrats außer Kraft (Ausnahme: wenn die Versetzung in einen anderen Betrieb des Unternehmens auf Wunsch des Arbeitnehmers erfolgt oder mindestens seinem Wunsche entspricht, soll nach Ansicht des BAG ein Mitbestimmungsrecht des Betriebsrats entfallen (BAG v. 20. 9. 1990 – 1 ABR 37/90, AiB 1991, 121 = NZA 1991, 195; vgl. auch DKKW-*Bachner*, BetrVG, 14. Aufl., § 99 Rn. 107).
Solange die Zustimmung des Betriebsrats nach § 99 Abs. 4 BetrVG nicht ersetzt ist, darf der Arbeitgeber die Versetzung bzw. Umgruppierung nicht durchführen, es sei denn, es liegen die Voraussetzungen des § 100 BetrVG vor (»Vorläufige personelle Maßnahmen«; siehe → **Versetzung** Rn. 30).
Stehen andere Mitbestimmungstatbestände der Durchsetzung einer Änderungskündigung entgegen (z. B. § 87 Abs. 1 Nr. 10 BetrVG), muss der Arbeitgeber auch insoweit zunächst einmal das Mitbestimmungsverfahren durchführen (z. B. im Fall des § 87 BetrVG Einholung der Zustimmung des Betriebsrats bzw. Erwirkung eines zustimmungsersetzenden Beschlusses der → **Einigungsstelle** gemäß § 87 Abs. 2 BetrVG).
Eine sozial gerechtfertigte Änderung der Vertragsbedingungen kann der Arbeitgeber **nicht durchsetzen**, solange die Mitbestimmung nicht durchgeführt ist (BAG v. 17. 6. 1998 – 2 AZR 336/97, NZA 1998, 1225).

2. Der Betroffene lehnt das Änderungsangebot vorbehaltlos ab: 16
In diesem Falle erlischt das Änderungsangebot.
Es bleibt die Beendigungskündigung übrig, gegen die der Arbeitnehmer innerhalb von drei Wochen nach Zugang der Änderungskündigung **Kündigungsschutzklage** nach § 4 Satz 1 KSchG einreichen kann (siehe Rn. 22 und → **Kündigungsschutz**).
Die vom Betriebsrat erklärte Zustimmungsverweigerung gemäß § 99 Abs. 2 BetrVG wird gegenstandslos.
Stattdessen treten die Rechtsfolgen des vom Betriebsrat nach § 102 Abs. 3 BetrVG erhobenen »Widerspruchs« ein.
Insbesondere wird der **Weiterbeschäftigungsanspruch** nach § 102 Abs. 5 BetrVG ausgelöst (siehe hierzu → **Ordentliche Kündigung** Rn. 28 ff.).

3. Der Betroffene nimmt das Änderungsangebot gemäß § 2 KSchG unter Vorbehalt an und 17
erhebt nach § 4 Satz 2 KSchG »Änderungsschutzklage« (siehe Rn. 27)**:**
Auch in diesem Falle erlischt der Kündigungsteil der Änderungskündigung.
Sofern der Arbeitgeber mit der Änderungskündigung eine → **Versetzung** und/oder **Umgruppierung** durchsetzen will, muss er, wenn der Betriebsrat insoweit die Zustimmung nach § 99

Änderungskündigung

Abs. 2 BetrVG verweigert hat, ein Zustimmungsersetzungsverfahren nach § 99 Abs. 4 BetrVG einleiten.
Der Arbeitgeber hat – wegen der Zustimmungsverweigerung des Betriebsrats – ein Verfahren nach § 99 Abs. 4 BetrVG einzuleiten, so dass beim Arbeitsgericht zwei Verfahren anhängig sein können:
- Im »**Änderungsschutzklageverfahren**« nach § 4 Satz 2 KSchG prüft das Gericht, ob die Änderung der Arbeitsbedingungen sozial ungerechtfertigt oder aus anderen Gründen rechtsunwirksam ist (Klagefrist beachten: der Arbeitnehmer muss die Klage innerhalb von drei Wochen nach Zugang der Änderungskündigung beim → **Arbeitsgericht** einreichen!).
- Im arbeitsgerichtlichen »**Zustimmungsersetzungsverfahren**« nach § 99 Abs. 4 BetrVG, das der Arbeitgeber einzuleiten hat, wird darüber entschieden, ob die Zustimmungsverweigerung des Betriebsrats zur Versetzung bzw. Umgruppierung zu Recht erfolgte.

Solange die Zustimmung nicht ersetzt ist, darf der Arbeitgeber die Versetzung bzw. Umgruppierung nicht durchführen, es sei denn, es liegen die Voraussetzungen des § 100 BetrVG vor (»**Vorläufige personelle Maßnahmen**«; siehe → **Versetzung** Rn. 30).

18 Eine sofortige – vorläufige – Durchführung der Versetzung ist nur möglich, wenn die Voraussetzungen des § 100 BetrVG gegeben sind: Hiernach muss die vorläufige Durchführung der Maßnahme »aus sachlichen Gründen dringend erforderlich« sein (siehe → **Versetzung** Rn. 30).

Bedeutung für die Beschäftigten

19 Der Arbeitnehmer kann gegenüber einer Änderungskündigung – wie oben unter Rn. 15 ff. beschrieben – wie folgt reagieren:

20 **1. Er kann das Änderungsangebot vorbehaltlos annehmen:**
Dann erlischt der Kündigungsteil der Änderungskündigung. Das Arbeitsverhältnis wird nach Ablauf der → **Kündigungsfrist** ohne Unterbrechung mit den geänderten Arbeitsbedingungen fortgesetzt.
Im Falle einer → **Versetzung** allerdings erst und nur dann, wenn die verweigerte Zustimmung des Betriebsrats im Verfahren nach § 99 Abs. 4 BetrVG ersetzt worden ist (siehe Rn. 15).

21 **2. Der Arbeitnehmer kann das Änderungsangebot ablehnen:**
Dann wird aus der Änderungskündigung eine »Beendigungskündigung« (siehe Rn. 16).

22 Der Arbeitnehmer kann gegen die »Beendigungskündigung« **Kündigungsschutzklage** nach § 4 Satz 1 KSchG erheben, wenn die Voraussetzungen des Kündigungsschutzgesetzes vorliegen (siehe → **Kündigungsschutz**, → **ordentliche Kündigung**).
Die Klage ist innerhalb einer Frist von drei Wochen nach Zugang der schriftlichen Änderungskündigung zu erheben (§ 4 Satz 1 KSchG).
Außerdem kann der Arbeitnehmer auf der Grundlage eines nach § 102 Abs. 3 BetrVG erhobenen »Widerspruchs« des Betriebsrats seine **Weiterbeschäftigung** verlangen (§ 102 Abs. 5 Satz 1 BetrVG; siehe hierzu → **ordentliche Kündigung** Rn. 28 ff.).

23 Wenn der Arbeitnehmer den Kündigungsschutzprozess rechtskräftig verliert, dann steht fest, dass das Arbeitsverhältnis mit Ablauf der Kündigungsfrist beendet ist.

24 Gewinnt der Arbeitnehmer den Rechtsstreit, ist er zu den bisherigen Vertragsbedingungen weiter zu beschäftigen.

25 **3. Der Arbeitnehmer kann das Änderungsangebot unter Vorbehalt annehmen, dass die Änderung der Vertragsbedingungen nicht sozial ungerechtfertigt ist (§ 2 Satz 1 KSchG):**
Dann erlischt der Kündigungsteil der Änderungskündigung. Das Arbeitsverhältnis besteht (ggf. zu veränderten Bedingungen) fort. Ob die vom Arbeitgeber angestrebte Änderung der

Änderungskündigung

Arbeitsvertragsbedingungen sozial gerechtfertigt ist, kann der Arbeitnehmer durch Erhebung einer sog. »Änderungsschutzklage« durch das Arbeitsgericht überprüfen lassen (§ 4 Satz 2 KSchG; siehe Rn. 27 ff.).

> **Beispiel:**
> An Firma ...
> Vorbehaltserklärung nach § 2 KSchG
> Sehr geehrte Damen und Herren,
> mit Schreiben vom ... haben Sie das Arbeitsverhältnis fristgerecht zum ... gekündigt. Gleichzeitig haben Sie mir angeboten, das Arbeitsverhältnis zu geänderten Vertragsbedingungen fortzusetzen und mich als Sachbearbeiter in der Personalabteilung (Entgeltgruppe: ...) weiter zu beschäftigen. Ich nehme Ihr Angebot unter dem Vorbehalt an, dass die Änderung der Arbeitsbedingungen nicht sozial ungerechtfertigt ist.
> Gegen die Änderung der Arbeitsbedingungen werde ich Klage erheben.
> Mit freundlichen Grüßen
> (Unterschrift Arbeitnehmer)

§ 2 KSchG gilt nach zutreffender h. M. entsprechend, wenn der Arbeitnehmer eine **außerordentliche Änderungskündigung** erhält. **25a**
Das heißt: Er kann das in der Kündigung »steckende« Angebot unter Vorbehalt annehmen und gegen die von Arbeitgeber beabsichtigte Vertragsänderung »Änderungsschutzklage« nach § 4 Satz 2 KSchG erheben (BAG v. 28. 10. 2010 – 2 AZR 688/09). Hierzu ein Auszug aus der Entscheidung: »*Der entsprechenden Anwendung der §§ 2, 4 Satz 2 KSchG auf außerordentliche Änderungskündigungen steht nicht entgegen, dass § 13 Abs. 1 Satz 2 KSchG keine Verweisung auf § 2 KSchG enthält. Zwar ist in der seit 1. Januar 2004 geltenden Fassung des § 13 Abs. 1 Satz 2 KSchG eine Verweisung auf §§ 2, 4 Satz 2 KSchG erneut nicht erfolgt. Der Zweck des § 2 KSchG verlangt aber danach, dass der Arbeitnehmer die Wirksamkeit auch einer außerordentlichen Änderungskündigung gerichtlich überprüfen lassen kann, ohne zugleich den Verlust des Arbeitsplatzes insgesamt riskieren zu müssen*«.

Prüfungsmaßstab für die Rechtfertigung und Wirksamkeit einer außerordentlichen Änderungskündigung ist nicht § 1 KSchG, sondern § 626 BGB. Zu fragen ist also, ob ein wichtiger Grund zur außerordentlichen Änderungskündigung vorliegt. Das kann der Fall sein, wenn die alsbaldige Änderung der Arbeitsbedingungen unabweisbar notwendig ist und die geänderten Bedingungen dem gekündigten Arbeitnehmer zumutbar sind. Ein wichtiger Grund kann insbesondere dann vorliegen, wenn der Arbeitnehmer aufgrund von Umständen, die in seiner Sphäre liegen, zu der nach dem Vertrag vorausgesetzten Arbeitsleistung auf unabsehbare Dauer nicht mehr in der Lage ist. Darin liegt regelmäßig eine schwere und dauerhafte Störung des vertraglichen Austauschverhältnisses, der der Arbeitgeber,
- wenn keine anderen Beschäftigungsmöglichkeiten bestehen, mit einer außerordentlichen Kündigung begegnen kann,
- wenn eine andere Beschäftigungsmöglichkeit besteht, mit einer außerordentlichen Änderungskündigung (BAG v. 28. 10. 2010 – 2 AZR 688/09).

Im Fall eines z. B. aufgrund eines Tarifvertrages unkündbaren Arbeitnehmers hat der Arbeitgeber nach Ansicht des BAG zur Vermeidung einer außerordentlichen Beendigungskündigung alle in Betracht kommenden Beschäftigungs- und Einsatzmöglichkeiten von sich aus umfassend zu prüfen und eingehend zu sondieren. Aus dem Vorbringen des Arbeitgebers müsse erkennbar sein, dass er auch unter Berücksichtigung der besonderen Verpflichtungen alles Zumutbare unternommen hat, um eine Kündigung zu vermeiden. Ist der Arbeitnehmer – z. B. aufgrund eines Tarifvertrages – ordentlich unkündbar, könne der Arbeitgeber im Einzelfall verpflichtet sein, zur Vermeidung einer außerordentlichen Änderungskündigung einen

Änderungskündigung

gleichwertigen Arbeitsplatz freizukündigen (BAG v. 28.10.2010 – 2 AZR 688/09; 18.5.2006 – 2 AZR 207/05 – Rn. 28, aaO).

26 Die Annahme des Änderungsangebots unter Vorbehalt muss vom Arbeitnehmer innerhalb der → **Kündigungsfrist**, spätestens innerhalb von **drei Wochen** nach Zugang der Änderungskündigung gegenüber dem Arbeitgeber erklärt werden (§ 2 Satz 2 KSchG).
Bei Fristversäumnis wird die **verspätete Erklärung** nach § 150 Abs. 1 BGB als neues Angebot auf Abschluss eines Änderungsvertrags unter Vorbehalt angesehen. Dieses kann der Arbeitgeber annehmen und sich so auch nachträglich auf eine verspätete Annahme unter Vorbehalt einlassen (BAG v. 28.10.2010 – 2 AZR 688/09, DB 2011, 476). Bei einer außerordentlichen Änderungskündigung muss der Vorbehalt unverzüglich (= ohne schuldhaftes Zögern; vgl. § 121 Abs. 1 Satz 1 BGB), erklärt werden.

26a Eine bestimmte **Form** der Vorbehaltserklärung ist nicht vorgeschrieben. Der Arbeitnehmer sollte den Vorbehalt aber aus Beweisgründen schriftlich fassen und unter Zeugen oder gegen Empfangsbekenntnis innerhalb der Frist beim Arbeitgeber einreichen.

Änderungsschutzklage

27 Ist der Vorbehalt rechtzeitig erklärt, erlischt der Kündigungsteil der Änderungskündigung. Der Arbeitnehmer kann in diesem Falle beim → **Arbeitsgericht** eine sog. »**Änderungsschutzklage**« erheben (§ 4 Satz 2 KSchG).
Das Gericht prüft, ob die Änderung der Arbeitsbedingungen sozial ungerechtfertigt oder aus anderen Gründen rechtsunwirksam ist.
Die »**Änderungsschutzklage**« ist innerhalb einer **Frist von drei Wochen** nach Zugang der schriftlichen Änderungskündigung zu erheben (§ 4 Satz 1 KSchG).

28 Stellt das Arbeitsgericht (rechtskräftig) fest, dass die Änderung der Arbeitsbedingungen sozial ungerechtfertigt ist, so gilt die Änderungskündigung als von Anfang an rechtsunwirksam (§ 8 KSchG).
Das heißt: Der Arbeitnehmer ist so zu stellen, als wäre keine Änderungskündigung ausgesprochen worden. Er kann also für die Vergangenheit (z. B.) etwaige Verdiensteinbußen geltend machen, die eingetreten sind, weil die zwischenzeitlich ausgeübte Arbeit geringer entlohnt war.
Für die Zukunft (ab Rechtskraft des Urteils) ist der Arbeitnehmer zu den ursprünglichen Arbeitsbedingungen **weiter zu beschäftigen**.

29 Wird die »Änderungsschutzklage« rechtskräftig **abgewiesen** – verliert also der Arbeitnehmer den Prozess, dann steht fest, dass die Änderung der Vertragsbedingungen sozial gerechtfertigt und wirksam ist.
Dementsprechend erfolgt eine Weiterbeschäftigung des betroffenen Arbeitnehmers zu den geänderten Bedingungen. Aber erst und nur dann, wenn in dem parallelen, vom Arbeitgeber einzuleitenden Zustimmungsersetzungsverfahren nach § 99 Abs. 4 BetrVG die verweigerte Zustimmung des Betriebsrats zur → **Versetzung** sowie **Umgruppierung** durch das Arbeitsgericht ersetzt worden ist (siehe Rn. 17).

30 Wird die Änderungsschutzklage nicht rechtzeitig eingereicht, erlischt ein vom Arbeitnehmer nach § 2 KSchG erklärter Vorbehalt mit der Folge, dass die mit der → **Änderungskündigung** angestrebte Änderung der Arbeitsbedingungen als vereinbart gilt (§ 7 zweiter Halbsatz KSchG).

31 Die Handlungsmöglichkeit **Nr. 3** (siehe Rn. 25) hat gegenüber der Verfahrensweise **Nr. 2** (siehe Rn. 21) den Vorteil, dass mit der Vorbehaltsannahme die in der Änderungskündigung »steckende« Beendigungskündigung wirkungslos wird.
Mit anderen Worten: Der Arbeitnehmer bleibt auf jeden Fall im Betrieb beschäftigt; und zwar entweder zu den bisherigen oder den neuen Vertragsbedingungen.

Änderungskündigung

Klagefrist

Sowohl die Kündigungsschutzklage nach Handlungsmöglichkeit **Nr. 2** (siehe Rn. 22) als auch die Änderungsschutzklage nach **Nr. 3** (siehe Rn. 27) ist innerhalb von **drei Wochen** nach Zugang der schriftlichen Änderungskündigung beim → **Arbeitsgericht** einzureichen (§ 4 Satz 1 KSchG). 32

Eine nur mündlich ausgesprochene – und damit nichtige – Kündigung löst allerdings keine Klagefrist aus (§ 4 Satz 1 KSchG: »... *nach Zugang der schriftlichen Kündigung* ...«; vgl. BAG v. 28.6.2007 – 6 AZR 873/06, NZA 2007, 972; LAG Köln v. 19.3.2008 – 7 Sa 919/07).

Die dreiwöchige Klagefrist ist auch dann zu wahren, wenn der Arbeitnehmer sich darauf beruft, dass die Kündigung »aus anderen Gründen« (z. B. fehlende oder fehlerhafte Betriebsratsanhörung) rechtsunwirksam ist (§ 4 Satz 1 KSchG; siehe Rn. 38).

Wird die **Klagefrist versäumt** und die Klage auch nicht nachträglich zugelassen (§ 5 KSchG), dann steht im Fall **Nr. 2** (siehe Rn. 21) fest, dass das Arbeitsverhältnis beendet ist. 33

Im Fall **Nr. 3** (siehe Rn. 25) erlischt der erklärte Vorbehalt, wenn die Klagefrist versäumt wird (§ 7 zweiter Halbsatz KSchG). 34

Folge: Es steht fest, dass die Änderung des Arbeitsverhältnisses individualrechtlich wirksam ist (wobei das Zustimmungsersetzungsverfahren nach § 99 Abs. 4 BetrVG natürlich noch durchzuführen ist).

Wartezeit

Auf die fehlende soziale Rechtfertigung der Änderungskündigung im Sinne von §§ 1, 2 KSchG kann sich der Arbeitnehmer im Kündigungsschutzprozess nur dann berufen, wenn sein Arbeitsverhältnis in demselben → **Betrieb** oder → **Unternehmen** ohne Unterbrechung **länger als sechs Monate** bestanden hat (sog. **Wartezeit**; § 1 Abs. 1 KSchG). 35

> **Hinweis:**
> Nach dem Willen der früheren Großen Koalition aus CDU, CSU und SPD (2005–2009) sollte die Wartezeit **verlängert** werden. Nach Kritik nicht nur von Gewerkschaften, sondern – aus einem anderen Blickwinkel – auch von Wirtschaftsverbänden und Politikern der CDU/CSU, wurde das Gesetzgebungsvorhaben Ende 2006 »auf Eis gelegt« (vgl. Deter, AuR 2006, 352 [353]). 36

Kleinbetriebe

Kündigungsschutz nach §§ 1 bis 14 KSchG besteht nicht für Arbeitnehmer, die in einem Kleinbetrieb bzw. Kleinunternehmen beschäftigt sind (§ 23 Abs. 1 Satz 3 KSchG; siehe → **Kündigungsschutz vor Erfüllung der Wartezeit und im Kleinbetrieb**). 37

Arbeitnehmer, die keinen Kündigungsschutz nach §§ 1 bis 14 KSchG haben, weil sie die **Wartezeit** nach § 1 Abs. 1 KSchG nicht erfüllen oder weil sie in einem Kleinbetrieb/Kleinunternehmen im Sinne des § 23 Abs. 1 KSchG beschäftigt sind, können sich unter Umständen dennoch mit Aussicht auf Erfolg gegen eine Änderungskündigung zur Wehr setzen. 38

Das ist etwa dann der Fall, wenn die Änderungskündigung gegen sonstige Vorschriften (z. B. § 102 Abs. 1 BetrVG [Anhörung des Betriebsrats], Maßregelungsverbot nach § 612a BGB, gesetzliche oder tarifliche Bestimmungen über einen besonderen Kündigungsschutz) oder gegen »Treu und Glauben« verstößt (siehe → **Kündigungsschutz vor Erfüllung der Wartezeit und im Kleinbetrieb**).

Zu beachten ist, dass auch in diesen Fällen die Klage nach § 4 Satz 1 KSchG innerhalb einer Frist von drei Wochen nach Zugang der schriftlichen Kündigung beim → **Arbeitsgericht** eingereicht werden muss (BAG v. 9.2.2006 – 6 AZR 283/05, NZA 2006, 1207; vgl. auch § 23 Abs. 1 Satz 2 KSchG: hiernach findet § 4 KSchG auch in Kleinbetrieben Anwendung).

Änderungskündigung

Meldepflicht (§ 38 Abs. 1 SGB III 2012)

39   Personen, deren Arbeits- oder Ausbildungsverhältnis endet, sind verpflichtet, sich spätestens **drei Monate** vor dessen Beendigung persönlich bei der Agentur für Arbeit **arbeitssuchend** zu melden (§ 38 Abs. 1 SGB III 2012).
Diese Regelung ist von Bedeutung für Arbeitnehmer, die das in der Änderungskündigung enthaltene Änderungsangebot vorbehaltlos ablehnen (siehe Rn. 16 und 21).
Liegen zwischen der Kenntnis des Beendigungszeitpunkts und der Beendigung des Arbeits- oder Ausbildungsverhältnisses weniger als drei Monate (etwa bei einer außerordentlichen Änderungskündigung; siehe Rn. 5, 6, 25 a), hat die Meldung innerhalb von **drei Tagen** nach Kenntnis des Beendigungszeitpunkts zu erfolgen.
Zur Wahrung der Fristen reicht eine (ggf. auch telefonische) Anzeige unter Angabe der persönlichen Daten und des Beendigungszeitpunktes aus, wenn die persönliche Meldung nach terminlicher Vereinbarung nachgeholt wird.
Die Pflicht zur Meldung besteht unabhängig davon, ob der Fortbestand des Arbeits- oder Ausbildungsverhältnisses gerichtlich geltend gemacht oder vom Arbeitgeber in Aussicht gestellt wird.
Die Pflicht zur Meldung gilt nicht bei einem betrieblichen Ausbildungsverhältnis.
Bei verspäteter Meldung als Arbeitssuchender tritt eine **Arbeitslosengeld-Sperrzeit** von einer Woche ein (§ 159 Abs. 1 Satz 2 Nr. 7 und Abs. 6 SGB III 2012).

Arbeitshilfen

Übersichten	• Änderungskündigung
	• Änderungskündigung (schematische Darstellung)
Musterschreiben	• Anhörung des Betriebsrats zu einer Änderungskündigung (§ 102 Abs. 1 BetrVG) mit Antrag auf Zustimmung zur Versetzung und Umgruppierung (§ 99 BetrVG)
	• Stellungnahme des Betriebsrats zu einer vom Arbeitgeber beabsichtigten Änderungskündigung (mit der eine Versetzung und Umgruppierung durchgesetzt werden soll)
	• Änderungskündigung
	• Vorbehaltserklärung nach § 2 KSchG
	• Klage gegen eine Änderungskündigung (»Änderungsschutzklage«)

Übersicht: Änderungskündigung

Begriff:
Kündigung des bisherigen Arbeitsverhältnisses verbunden mit Angebot auf Abschluss eines neuen – geänderten – Arbeitsvertrages (auch als »bedingte Kündigung« möglich: Kündigung für den Fall, dass der Arbeitnehmer das Änderungsangebot nicht annimmt); nach § 623 BGB ist Schriftform erforderlich.

Anhörung/Beteiligung des Betriebsrats:
Der Arbeitgeber muss den Betriebsrat vor jeder Änderungskündigung anhören, § 102 BetrVG; falls eine Umgruppierung und/oder Versetzung beabsichtigt ist, muss er außerdem Zustimmung des Betriebsrats nach § 99 BetrVG beantragen.

Stellungnahme des Betriebsrats:
Schriftlich innerhalb einer Frist von einer Woche nach Anhörung (bzw. bei außerordentlicher Änderungskündigung unverzüglich, spätestens innerhalb von drei Tagen).

Änderungskündigung

Rechte und Handlungsmöglichkeiten des Betriebsrats vor Ausspruch der Änderungskündigung:
- Betriebsrat stimmt der beabsichtigten Änderungskündigung und ggf. Umgruppierung bzw. Versetzung zu (nur, wenn Änderungskündigung gerechtfertigt ist).
- **Keine Stellungnahme** (bzw. Verstreichenlassen der Fristen des § 102 Abs. 2 BetrVG bzw. ggf. des § 99 Abs. 3 BetrVG): Zustimmung zur Änderungskündigung und ggf. Umgruppierung bzw. Versetzung gilt als erteilt.
- **Bedenken** gegen Änderungskündigung (§ 102 Abs. 2 Satz 1 BetrVG) und ggf. **Verweigerung der Zustimmung** zur Umgruppierung bzw. Versetzung (§ 99 Abs. 2 BetrVG): Arbeitgeber kann nach Mitteilung der Bedenken bzw. nach Ablauf der Anhörungsfrist die Änderungskündigung aussprechen; falls Änderungskündigung auf eine Umgruppierung bzw. Versetzung abzielt, kann Arbeitgeber beim Arbeitsgericht beantragen, die verweigerte Zustimmung zu ersetzen (§ 99 Abs. 4 BetrVG). Solange die Zustimmung nicht ersetzt ist, darf der Arbeitgeber die Umgruppierung bzw. Versetzung nicht durchführen, es sei denn, es liegen die Voraussetzungen des § 100 BetrVG vor (»Vorläufige personelle Maßnahmen«).
- **Widerspruch** gegen ordentliche Änderungskündigung (§ 102 Abs. 3 BetrVG) und ggf. **Verweigerung der Zustimmung** zur Umgruppierung bzw. Versetzung (§ 99 Abs. 2 BetrVG): Arbeitgeber kann Änderungskündigung aussprechen; falls Änderungskündigung auf eine Umgruppierung bzw. Versetzung abzielt, kann Arbeitgeber beim Arbeitsgericht beantragen, die verweigerte Zustimmung zu ersetzen (§ 99 Abs. 4 BetrVG). Solange die Zustimmung nicht ersetzt ist, darf der Arbeitgeber die Umgruppierung bzw. Versetzung nicht durchführen, es sei denn, es liegen die Voraussetzungen des § 100 BetrVG vor (»Vorläufige personelle Maßnahmen«).

Rechte des Arbeitnehmers nach Ausspruch der Änderungskündigung:
- **Annahme des Änderungsangebots:** Der Arbeitsvertrag wird geändert, der Arbeitgeber kann die beabsichtigte Ein-/Umgruppierung bzw. Versetzung aber nur durchführen, wenn Betriebsrat nach § 99 Abs. 1 BetrVG zugestimmt oder das Arbeitsgericht die Zustimmung nach § 99 Abs. 4 BetrVG ersetzt hat.
- **Ablehnung des Änderungsangebots:** Dann entfällt das Änderungsangebot; es verbleibt die (Beendigungs-)Kündigung, gegen die der Arbeitnehmer Kündigungsschutzklage erheben kann, § 4 Satz 1 KSchG; **Klagefrist:** drei Wochen nach Zugang der schriftlichen Änderungskündigung!
- **Annahme der Änderungskündigung unter Vorbehalt (§ 2 KSchG):** Der Arbeitnehmer wird zu den neuen Bedingungen weiterbeschäftigt; er kann gegen Änderung der Arbeitsbedingungen klagen, §§ 2, 4 Satz 2 KSchG; **Klagefrist:** drei Wochen nach Zugang der schriftlichen Änderungskündigung!

Änderungskündigung

Übersicht: Änderungskündigung (schematische Darstellung)

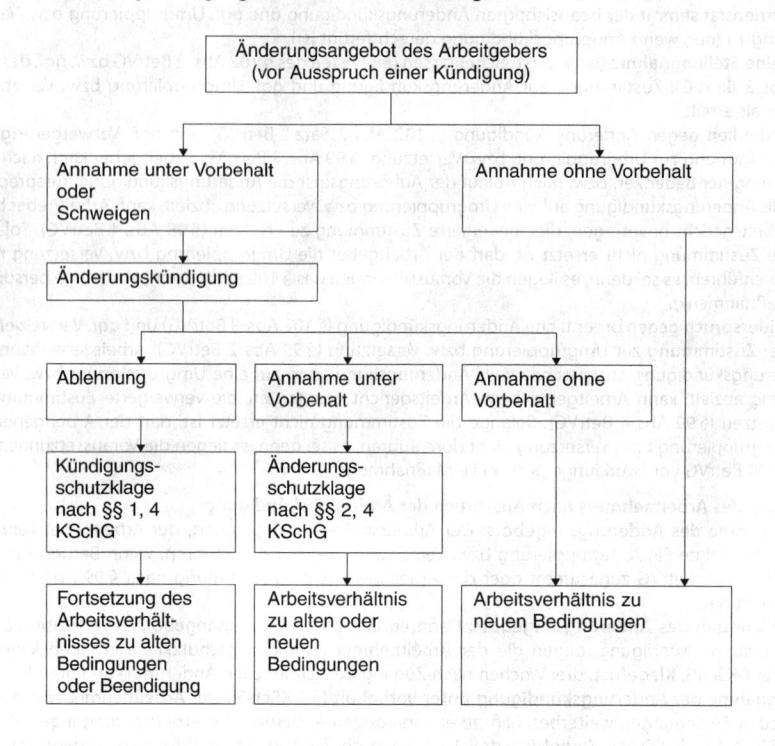

```
                    Änderungsangebot des Arbeitgebers
                     (vor Ausspruch einer Kündigung)
                    ┌──────────────────┴──────────────────┐
          Annahme unter Vorbehalt              Annahme ohne Vorbehalt
          oder
          Schweigen
                    │
          Änderungskündigung
          ┌─────────┼──────────────────┬──────────────────┐
      Ablehnung  Annahme unter      Annahme ohne
                 Vorbehalt          Vorbehalt
          │         │                    │
    Kündigungs-  Änderungs-
    schutzklage  schutzklage
    nach §§ 1, 4 nach §§ 2, 4
    KSchG        KSchG
          │         │                    │
    Fortsetzung des  Arbeitsverhältnis   Arbeitsverhältnis zu
    Arbeitsverhält-  zu alten oder       neuen Bedingungen
    nisses zu alten  neuen
    Bedingungen      Bedingungen
    oder Beendigung
```

Rechtsprechung

1. Änderungskündigung – Vorrang vor der Beendigungskündigung – Verhältnismäßigkeitsgrundsatz – Angebot auf Weiterbeschäftigung zu geänderten Arbeitsbedingungen
2. Änderungskündigung: Schriftform
3. »Überflüssige« Änderungskündigung
4. Annahme unter Vorbehalt (§ 2 KSchG) – Frist zur Erklärung des Vorbehalts – Vorbehalt bei außerordentlicher Änderungskündigung
5. Vorbehaltslose Annahme
6. Anspruch auf Abfindung nach § 1 a KSchG
7. Änderung der Arbeitsbedingungen vor Ablauf der Kündigungsfrist
8. Betriebsbedingte Änderungskündigung: zugrundeliegende unternehmerische Entscheidung
9. Betriebsbedingte Änderungskündigung: Soziale Auswahl
10. Außerordentliche betriebsbedingte Änderungskündigung
11. Keine Anwendung des § 1 Abs. 5 KSchG (Interessenausgleich mit Namensliste) auf außerordentliche betriebsbedingte Änderungskündigungen
12. Personenbedingte Änderungskündigung: Beweislastfragen

Änderungskündigung

13. Verhaltensbedingte Änderungskündigung
14. Änderungskündigung: Befristung eines unbefristeten Arbeitsverhältnisses
15. Änderungskündigung: Versetzung auf einen anderen Arbeitsplatz
16. Verlegung einer Dienststelle – Versetzung
17. Änderungskündigung: Änderung der Arbeitszeit
18. Änderungskündigung: Verschlechterung der Vertragsbedingungen / Kürzung des Arbeitsentgelts
19. Rücknahme einer Änderungskündigung
20. Mitbestimmung des Betriebsrats – Rechte des Arbeitnehmers
21. Massenänderungskündigung: Kündigungsschutz eines Betriebsratsmitglieds (§ 15 Abs. 1 KSchG)
22. Streitwertfestsetzung bei Änderungskündigung
23. Außerordentliche Änderungskündigung gegenüber Betriebsratsmitgliedern
24. Außerordentliche Druckkündigung als Änderungskündigung
25. Annahmeverzug und Änderungskündigung

Alternative Produktion

Was ist das?

1. Der Begriff »Alternative Produktion« steht für den Versuch von Arbeitnehmern, gewerkschaftlichen Vertrauensleuten und Betriebsräten, mit **eigenen Initiativen** und **Konzepten** Einfluss zu nehmen auf unternehmerische **Produkt- und Investitionspolitik**.
Diese Arbeitnehmer und Interessenvertreter wollen nicht erst am Ende eines unternehmerischen Planungs- und Entscheidungsprozesses, nämlich dann, wenn es darum geht, die für die Beschäftigten häufig misslichen Folgen unternehmerischer Entscheidungen abzuwehren bzw. zu mildern, tätig werden.
Vielmehr wollen sie viel früher ansetzen und »**mitmischen**« bei der Frage, welche Produkte auf welche Art und Weise hergestellt werden. »Alternative Produktion« ist damit letztlich eine Frage der Mitbestimmung bzw. aktiven Mitgestaltung dessen, was in Betrieb und Unternehmen geschieht.

2. Was die Zielsetzung anbetrifft, ist »Alternative Produktion« vor allem ein Stück **Beschäftigungspolitik**. Überall dort, wo Märkte schrumpfen oder wegbrechen, zielt die Suche nach »anderen« Produkten darauf ab, Arbeitsplatz und Betrieb zu erhalten.
Klar ist, dass es im Sektor »Rüstungsindustrie« immer auch um **Friedenspolitik** ging und geht, wenn Arbeitnehmer Vorschläge für andere – zivile – Produkte entwickeln (»Rüstungskonversion«: Umstellung von Rüstungs- auf Zivilproduktion).
Außerdem ist »Alternative Produktion« zu einem guten Teil auch **Arbeitsschutz und Umweltpolitik**. Denn es gilt überall dort, wo menschen- und umweltschädigende Produkte und Prozesse existieren, umzulenken auf solche Produkte und Verfahren, die diese Eigenschaften nicht oder in geringerem Maße haben.

3. Die Planungen und Entscheidungen der Unternehmensleitung orientieren sich an anderen Zielen. Ihr Entscheidungsmaßstab hinsichtlich Produktpalette und Produktionsverfahren folgt ausschließlich dem betriebswirtschaftlichen Zweck, eine **höchstmögliche Rendite** (»Profit«) zu erzielen: zum Wohle der Gesellschafter/Anteilseigner/Investoren und des Managements, das in Form von vertraglich vereinbarter Gewinnbeteiligung profitiert (siehe auch → **Unternehmen**).
Arbeitnehmer und Interessenvertreter, die sich in Sachen »Alternativer Produktion« engagieren, messen Produkte und Verfahren daran, ob sie **menschen- und umweltgerecht** sind.
Natürlich bringt es wenig, Luftschlösser zu bauen. Deshalb müssen sich auch die Produktvorschläge der Arbeitnehmer »rechnen«. Denn andernfalls haben sie keine Realisierungschance. Das heißt: Nicht nur die produkttechnische, sondern auch die betriebswirtschaftliche Seite der Arbeitnehmervorschläge (Markt, Kosten, Finanzierung usw.) muss »stimmen«.

3a. All diese Überlegungen spielen heute kaum noch eine Rolle. Im Gegenteil: Die **deutsche Rüstungsindustrie** wächst und gedeiht. Hierzu ein Auszug aus der Studie von WifOR Berlin von November 2012 (*http://www.wifor.de/tl_files/wifor/Pressemeldungen%20PDF/121 130 __ BDSV-Studie%20Ergebnisbericht.pdf*):
»*Die Bruttowertschöpfung der Sicherheits- und Verteidigungsindustrie ist in den Jahren 2005 bis*

Alternative Produktion

2011 um durchschnittlich 5,0 Prozent jährlich gewachsen. Dies ist mehr als doppelt so stark wie das Wachstum der deutschen Gesamtwirtschaft mit 2,3 Prozent. Im Untersuchungsjahr 2011 exportierte die Sicherheits- und Verteidigungsindustrie Güter im Wert von 12,5 Mrd. EUR. Das entspricht einer Exportquote von 48,1 Prozent gemessen am gesamten Güteraufkommen. Im gleichen Zeitraum wurden entsprechende Güter für 5,7 Mrd. EUR importiert, das ergibt eine Importquote von 20 Prozent. Der Außenhandelsüberschuss betrug 6,8 Mrd. EUR. Die im Vergleich zum Verarbeitenden Gewerbe (28,8 Prozent im Jahr 2008) niedrige Importquote lässt die Deutung zu, dass es die Güter der heimischen Sicherheits- und Verteidigungsindustrie sind, die zur äußeren und inneren Sicherheit Deutschlands beitragen. Der hohe Außenhandelsüberschuss bedingt eine tendenzielle Abhängigkeit der Branche von der konjunkturellen Entwicklung und von sicherheits- und wirtschaftspolitischen Strategien in den Abnehmerländern. Die Sicherheits- und Verteidigungsindustrie beschäftigte im Jahr 2011 annähernd 98 000 Erwerbstätige. Indirekt und induziert bringt die Geschäftstätigkeit der SVI weitere 218 640 Beschäftigungsverhältnisse hervor. Insgesamt sichert das Wirtschaftshandeln der Sicherheits- und Verteidigungsindustrie somit über 316 000 Arbeitsplätze in Deutschland. Der durchschnittliche jährliche Beschäftigungszuwachs der Jahre 2005 bis 2011 in der Sicherheits- und Verteidigungsindustrie beläuft sich auf 4,1 Prozent. Die Beschäftigung in der deutschen Volkswirtschaft wuchs im gleichen Zeitraum nur um 0,9 Prozent. Damit wächst die Beschäftigung in der SVI mehr als viermal so stark wie in der Gesamtwirtschaft.«

Eine umfangreiche **Liste deutscher Firmen**, die Rüstungsprodukte herstellen oder Dienstleistungen für die Streitkräfte durchführen, findet man unter: http://www.robotergesetze.com/2013/06/die-rustungsindustrie-in-deutschland-eine-ubersicht/

Zu den Aktivitäten der **Rüstungslobby**: http://www.handelsblatt.com/politik/deutschland/lobbyisten-serie-teil–2-waffen-fuer-die-welt/896 5088.html

Die deutsche Rüstungsindustrie ist nach den USA und Russland drittgrößter **Waffenexporteur**. Hierzu ein Auszug aus http://de.wikipedia.org/wiki/R%C3%BCstungsindustrie: »*Der Export und auch Import von Waffen ist von Land zu Land sehr unterschiedlich und lässt sich teils durch eine Verlagerung der Produktion ins Ausland umgehen. In Deutschland wird der Export durch das Außenwirtschaftsgesetz und Kriegswaffenkontrollgesetz reglementiert. Die Erlaubnis zum Export wird von dem unter Ausschluss der Öffentlichkeit tagenden Bundessicherheitsrat der Bundesregierung erteilt. Es gibt kein parlamentarisches Kontrollgremium und Waffenexporte benötigen auch keine Zustimmung des Bundestages. Die erfolgten Exporte werden einmal im Jahr im Rüstungsexportbericht veröffentlicht.*«

Die neun Mitglieder im Bundessicherheitsrat sind der/die Bundeskanzler/in, der Chef des Bundeskanzleramts, die Bundesminister des Auswärtigen, der Verteidigung, der Finanzen, des Inneren, der Justiz, für Wirtschaft und für wirtschaftliche Zusammenarbeit und Entwicklung.

Bedeutung für die Betriebsratsarbeit

»Alternative Produktion« ist nur denkbar, wenn sie eine Basis im Betrieb hat. Das heißt: Es muss engagierte Einzelpersonen (Arbeitnehmer) innerhalb und außerhalb des **Betriebsrats** geben, die sich in einem betrieblichen **Arbeitskreis** zusammenfinden, um Ideen zusammenzutragen, zu diskutieren und – mit entsprechendem Sachverstand – konkret Vorschläge/Konzepte (Produkt, Verfahren, Marktanalyse, Kosten, Finanzierungskonzept, Gewinn) auszuarbeiten.

Der Arbeitskreis kann ein vom **gewerkschaftlichen Vertrauenskörper**, aber auch ein vom Betriebsrat gebildeter **Ausschuss** sein, der für interessierte Beschäftigte offen ist.

Alternative Produktion

5   Unverzichtbar ist eine effektiv organisierte Verzahnung und **Zusammenarbeit** von Arbeitskreis und Betriebsrat.
Marschieren beide getrennt, ergibt sich, weil der betriebliche Arbeitskreis als solcher in der Regel keinen direkten Kontakt zur Entscheidungsebene im Unternehmen hat, folgende paradoxe – auf Dauer nicht haltbare – Situation: Die einen haben den (in der Arbeitskreisarbeit aufgebauten) Sachverstand, aber keinen Draht zur Unternehmensleitung; die anderen haben zwar den Draht, aber nicht das für die Verhandlungen mit der Unternehmensleitung erforderliche Know-how.

6   Eine sinnvolle **Arbeitsstruktur** könnte etwa wie folgt aussehen:
1. Schritt: die Mitglieder des Arbeitskreises (Beschäftigte, Vertrauensleute, Betriebsratsmitglieder) entwickeln Ideen, Vorschläge, Konzepte.
Zwischen Arbeitskreis und Betriebsrat (ggf. Ausschüssen des Betriebsrats) findet eine kontinuierliche Kommunikation statt.
Falls vorhanden, werden auch die Arbeitnehmervertreter im Aufsichtsrat (siehe → **Unternehmensmitbestimmung**) einbezogen.
2. Schritt: Betriebsrat – und ggf. Gesamtbetriebsrat/Konzernbetriebsrat sowie Arbeitnehmervertretung im Aufsichtsrat – bauen Ideen/Vorschläge in ihre Strategie- und Verhandlungskonzepte ein.
3. Schritt: Betriebsrat – und die vorgenannten anderen Gremien – setzen Ideen/Vorschläge auf die Tagesordnung der Sitzungen mit der Unternehmensleitung (z. B. Sitzungen gemäß § 74 Abs. 1 BetrVG, Wirtschaftsausschusssitzungen nach §§ 106, 108 BetrVG, Aufsichtsratssitzungen).

7   Die gesetzlichen Vorschriften stehen einer so verstandenen Betriebspolitik nicht im Wege. Sicherlich räumen weder das BetrVG noch die sog. Mitbestimmungsgesetze echte »Mitbestimmung« in wirtschaftlichen Fragen ein.
Dennoch zeigt insbesondere ein Blick in das BetrVG, dass der Betriebsrat durchaus die Möglichkeit, ja geradezu die Pflicht hat, sich in unternehmerische Planungs- und Entscheidungsprozesse **einzumischen**:

> **Beispiele:**
> - Der Betriebsrat hat nach § 80 Abs. 1 Nr. 8 BetrVG die Aufgabe, die Beschäftigung im Betrieb zu sichern und zu fördern (siehe → **Beschäftigungssicherung und -förderung**).
> - Der Betriebsrat kann dem Arbeitgeber nach § 92 a BetrVG Vorschläge zur Sicherung und Förderung der Beschäftigung machen. Diese können insbesondere eine flexible Gestaltung der Arbeitszeit (siehe → Arbeitszeitflexibilisierung), die Förderung von → **Teilzeitarbeit** und → **Altersteilzeit**, neue Formen der Arbeitsorganisation, Änderungen der Arbeitsverfahren und Arbeitsabläufe, die Qualifizierung der Arbeitnehmer (siehe → **Berufsbildung**), Alternativen zur Ausgliederung von Arbeit oder ihrer Vergabe an andere Unternehmen sowie zum Produktions- und Investitionsprogramm zum Gegenstand haben. Der Arbeitgeber hat die Vorschläge mit dem Betriebsrat zu beraten. Hält der Arbeitgeber die Vorschläge des Betriebsrats für ungeeignet, hat er dies zu begründen. In Betrieben mit mehr als 100 Arbeitnehmern hat die Begründung schriftlich zu erfolgen. Zu den Beratungen kann der Arbeitgeber oder der Betriebsrat einen Vertreter der Agentur für Arbeit hinzuziehen.
> - Der → **Wirtschaftsausschuss** als Ausschuss des Betriebsrats bzw. Gesamtbetriebsrats hat das Recht (und die Pflicht), mit der Unternehmensleitung wirtschaftliche Fragen zu »beraten« (vgl. § 106 Abs. 1 BetrVG). »Beraten« heißt nicht nur, sich an den Planungen der Unternehmensleitung abzuarbeiten. Beraten heißt auch, der Unternehmensleitung eigene Vorschläge in der Frage des Produktprogramms, der Investitionen, der Gestaltung des Produktionsprozesses (usw.) vorzulegen.

8   Die Unternehmensleitung ist nicht verpflichtet, den Vorschlägen und Forderungen des Betriebsrats bzw. Wirtschaftsausschusses zu folgen.

Alternative Produktion

Sie gerät aber, je konkreter die Vorschläge (sowohl in technischer als auch in betriebswirtschaftlicher Hinsicht) ausgearbeitet sind, in einen **Begründungszwang**, der es ihr immer schwerer macht, gute Ideen und Konzepte nur mit dem »Ich-bin-der-Herr-im-Hause-Standpunkt« vom Tisch zu wischen.

Besonders hinzuweisen ist auch auf das **Mitbestimmungsrecht** des Betriebsrats bei der Einführung und Ausgestaltung von »Grundsätzen über das **betriebliche Vorschlagswesen**« nach § 87 Abs. 1 Nr. 12 BetrVG. 9

Mit seinem hiernach bestehenden **Initiativrecht** hat der Betriebsrat ein recht wirksames Instrument in der Hand, um beispielsweise die Bildung von betrieblichen Arbeitskreisen zu fordern, deren Aufgabe es ist, Vorschläge zur (z. B. gesundheits- und umweltgerechten) Verbesserung von Produkten und Verfahren zu entwickeln (siehe → **Betriebliches Vorschlagswesen**).

Im Nichteinigungsfall kann der Betriebsrat die → **Einigungsstelle** anrufen (§ 87 Abs. 2 BetrVG).

Am nachfolgenden **Beispiel** (aus Freimark/Keßler/Klisch/Helger: Kanonen zu Pflugscharen, IG Metall Stuttgart 1991) soll gezeigt werden, wie schwierig, aber auch wie lohnend Anstrengungen von Arbeitnehmern auf dem Gebiet »Alternative Produktion« sein können. 10

Hinweis: In dem Beispiel geht es inhaltlich um den Ausbau des zivilen Produktbereichs eines vorwiegend Rüstungsgüter produzierenden Unternehmens. 11

Die Arbeitsstrukturen und Vorgehensweisen von Betriebsrat, Vertrauenskörper und Belegschaft können aber durchaus übertragen werden auf den Fall, in dem die Umstellung von zivilen Produkten (die z. B. nicht mehr marktfähig oder nicht umweltgerecht sind) auf andere zivile Produkte angestrebt wird.

Beispiel:
21.9.89: Der Betriebsrat stellt sein Konzept zur Sicherung der Arbeitsplätze und zur Erweiterung der Produkte im zivilen Bereich auf einer Betriebsversammlung vor. Bestandteil des Konzepts ist die Forderung nach einer paritätischen Kommission für zivile Produkte.
7.12.89: Die Vertrauensleute bringen einen Antrag auf einer Betriebsversammlung zur Abstimmung, in dem die Geschäftsleitung aufgefordert wird, in Verhandlungen über das Konzept des Betriebsrats einzutreten. Der Antrag wird bei nur zehn Enthaltungen und einer Gegenstimme angenommen.
16.2.90: Es gelingt dem Betriebsrat, in eine Betriebsvereinbarung über Qualitätszirkel die Errichtung von zwei Projektgruppen für zivile Produkte mit aufzunehmen. Auch die Teilnahme je eines Betriebsratsmitgliedes an diesen Gruppen wird vereinbart.
16.3.90: Das 1. Projektteam für zivile Produkte (zivile Anwendung bisheriger Produkte) nimmt die Arbeit auf.
Mai 90: Das 2. Projektteam für zivile Produkte (Suche nach neuen zivilen Produkten) beginnt mit der Arbeit.
31.5.90: Gründung des »Arbeitskreises zivile Produkte« durch den Vertrauenskörper.
Juni/Juli 90: Umfrage des »Arbeitskreises zivile Produkte«: Über 100 Vorschläge werden aus der Belegschaft gesammelt. Diese Vorschläge werden anschließend in beiden Projektteams bearbeitet, ferner erstellt der Arbeitskreis eine Prioritätenliste für die Eignung dieser Vorschläge.
7.9.90: In einer Betriebsvereinbarung über Interessenausgleich und Sozialplan vereinbart der Betriebsrat ein neues Mitspracherecht über Einführung ziviler Fertigung und Entwicklung in Form von monatlichen Beratungen mit der Geschäftsleitung.
Nov. 90 feb. 91: Mehrere Produktvorschläge gehen nach Prüfung durch die Projektteams in die Fachabteilungen und die Marketing-Abteilung; auch werden Verhandlungen mit anderen Firmen über mögliche Kooperationen geführt.
13.3.91: Erste Realisierung von einem der Vorschläge: Ein Vertrag mit einer anderen Firma kommt zustande über Zusammenarbeit bei einem »Fahrerlosen Transportsystem«.

Altersteilzeit

Was ist das?

1 Das Altersteilzeitgesetz (AltTZG[1]) will älteren Arbeitnehmern einen **gleitenden Übergang in die Altersrente** ermöglichen und einen Beitrag zum Abbau der Arbeitslosigkeit leisten.

2 Die **Grundkonzeption** des AltTZG ist folgende:
Arbeitgeber und Arbeitnehmer (ab Vollendung des 55. Lebensjahres) wandeln das bestehende Arbeitsverhältnis durch Vertrag in ein Altersteilzeitarbeitsverhältnis um (mindestens für 24 Monate).
Es wird vereinbart, dass die bisherige Arbeitszeit **halbiert** wird und der Arbeitgeber **Aufstockungsbeträge** sowohl auf das (halbierte) Arbeitsentgelt als auch auf den Rentenversicherungsbeitrag zahlt.
Die Altersteilzeitvereinbarung muss immer mindestens bis zum möglichen Bezug einer **Rente wegen Alters** reichen (§ 2 Abs. 1 Nr. 2 AltTZG; siehe → **Rentenversicherung**).
Dagegen ist die tatsächliche Inanspruchnahme von (ggf. vorgezogener) Altersrente nach Ablauf der Altersteilzeit nicht zwingend.
Alternativ kommt die Aufnahme einer **erneuten Beschäftigung** bei dem gleichen oder einem anderen Arbeitgeber, die Aufnahme einer **selbständigen Tätigkeit** oder die Beantragung von **Arbeitslosengeld** (siehe hierzu Rn. 8 a) in Betracht.
Im Falle der **Wiederbesetzung** des frei gewordenen Arbeitsplatzes wurde die Altersteilzeitarbeit von der Bundesagentur für Arbeit **gefördert**.
Das galt allerdings nur noch zugunsten solcher Altersteilzeitverhältnisse, die vor dem 1. 1. 2010 begonnen hatten (vgl. § 16 AltTZG; siehe Rn. 3).

2a Altersteilzeit bietet **älteren Arbeitnehmern** die Möglichkeit, einen **vorzeitigen Ausstieg** aus dem Arbeitsleben zu organisieren.
Das ist vor allem für solche Beschäftigten interessant, für die eine Weiterarbeit bis 65 bzw. 67 (siehe → **Rentenversicherung**) aus gesundheitlichen Gründen ohnehin nicht vorstellbar ist.
Vor Unterzeichnung eines Vertrages sollten aber auf jeden Fall die notwendigen Informationen bei der Gewerkschaft (Tarifvertrag), beim Rentenversicherungsträger (Renteneintritt, Rentenabschläge) und Finanzamt (Steuerprogression) eingeholt werden.
Erst wenn alle Informationen über die materiellen, arbeits-, sozial- und steuerrechtlichen Folgen der Altersteilzeit »auf dem Tisch liegen«, kann der Beschäftigte eine sachgerechte Entscheidung treffen.

2b Altersteilzeit kann auch **für Arbeitgeber** »interessant« sein.
Die Personalstruktur kann im Sinne einer personalkostensenkenden Strategie der Verjüngung der Belegschaft verändert werden.
Ein Hauptmotiv für die Arbeitgeberseite ist, dass sie sich mit der Vereinbarung eines Alters-

---

[1] Hinweis: Andere gebräuchliche Abkürzungen sind z. B. ATG, ATZG oder AtG. Hier wird die vom BAG verwendete Abkürzung – AltTZG – übernommen.

Altersteilzeit

teilzeitarbeitsverhältnisses von Lohnkosten »befreien« können, die sie ansonsten – wegen des in vielen Branchen bestehenden tarifvertraglichen Kündigungsschutzes für ältere Arbeitnehmer (siehe auch Rn. 93 und → **Kündigungsschutz, besonderer** Rn. 57) »am Hals haben«.
Motto: »Teure« ältere Arbeitnehmer mit tarifvertraglichem Kündigungsschutz bis zum 65. Lebensjahr »gehen raus«; »billigere« jüngere – und jederzeit kündbare oder befristet eingestellte – Arbeitnehmer »kommen rein«.
Nach der bis Ende 2009 geltenden Gesetzeslage entstand dem Arbeitgeber – wegen der Förderung bei Wiederbesetzung durch die Agentur für Arbeit (siehe Rn. 3) – keine bzw. bei tariflich verbesserter Altersteilzeit eine vertretbare finanzielle Belastung.

Förderung der Altersteilzeit im Falle der Wiederbesetzung (galt nur für Altersteilzeitarbeitsverhältnisse, die vor dem 1.12.2009 begonnen haben)

Stellte der Arbeitgeber für den ausscheidenden Altersteilzeitler einen Arbeitslosen oder Ausgebildeten oder (falls der Arbeitgeber nur bis zu 20 Arbeitnehmer beschäftigt) einen Auszubildenden ein, so erstattete die Bundesagentur für Arbeit dem Arbeitgeber für die Dauer von sechs Jahren die von ihm geleisteten Aufstockungsbeträge in der in § 4 AltTZG festgelegten Höhe (siehe Rn. 57 ff.). **3**
Die Förderung der Altersteilzeit lief allerdings nach Maßgabe des § 16 AltTZG aus. Hiernach sind die Erstattungsleistungen nach § 4 AltTZG für die Zeit nach dem 1.1.2010 nur noch zu erbringen, wenn die Voraussetzungen des § 2 AltTZG (u.a. Vollendung des 55. Lebensjahres, Halbierung der bisherigen Arbeitszeit) erstmals vor diesem Zeitpunkt vorgelegen haben (§ 16 AltTZG).
Anders ausgedrückt: förderungsfähig war ein Altersteilzeitverhältnis nur dann, wenn es vor dem 1.1.2010 begonnen und der Arbeitnehmer vor diesem Zeitpunkt das 55. Lebensjahr vollendet hatte.
Von der Förderungsregelung erfasst wurden und werden damit Altersteilzeitverhältnisse mit Arbeitnehmern bis zum Geburtsjahrgang 1954 (wer 1954 geboren wurde, konnte die Voraussetzung »Vollendung des 55. Lebensjahres in 2009 noch erfüllen; siehe Rn. 6).
Mit Arbeitnehmern des Geburtsjahrgangs ab 1955 können zwar noch Altersteilzeitverträge vereinbart werden. Diese werden von der Bundesagentur für Arbeit aber nicht mehr gefördert.
Alle anderen Bestimmungen des AltTZG **gelten über den 31.12.2009 hinaus** weiter fort. **3a**
Deshalb ist die Vereinbarung von Altersteilzeitverträgen auch noch nach dem 31.12.2009 weiterhin möglich.
Zu → **Tarifverträgen** zur Altersteilzeit siehe Rn. 10 und 11.
Auch die Steuer- und Sozialversicherungsfreiheit der **Aufstockung** auf Altersteilzeitentgelt (siehe Rn. 47) und Rentenversicherungsbeitrag (siehe Rn. 53, 56) bleibt bestehen.
Dabei umfasst die Steuer- und Sozialversicherungsfreiheit nicht nur die im AltTZG vorgesehenen Mindestleistungen (siehe Rn. 26 ff. und 48 ff.), sondern auch die vertraglich oder tariflich (siehe Rn. 10) festgelegten höheren Aufstockungen durch den Arbeitgeber.
Interessant ist, dass die sog. **Wiederbesetzungsquote relativ niedrig** ist. **3b**
Zwar wurden in der Statistik der Bundesagentur für Arbeit (BA) bis Ende 2006 immerhin 380 000 Förderfälle ausgewiesen (BA, Arbeitsmarkt in Zahlen, 2007).
Nach Schätzungen des Bundesministeriums für Arbeit und Soziales (BMAS, Bericht zur zusätzlichen Altersvorsorge, November 2006) wurden aber in etwa 30 bis 40 Prozent der Altersteilzeitfälle die freigewordenen Arbeitsplätze wieder besetzt und damit gefördert.
Nach Berechnungen der Deutschen Rentenversicherung Bund befanden sich zum Stichtag 31.12.2005 insgesamt 500 289 Versicherte in Altersteilzeit; zum gleichen Stichtag gab es 92 529 Förderfälle. Das entspricht einer Wiederbesetzungsquote von sogar nur etwa 18 Prozent.
Das bedeutet: die Unternehmen haben Altersteilzeit weniger zur Wiederbesetzung, sondern

Altersteilzeit

im Wesentlichen zum **Abbau von Stellen genutzt**. Das bedeutet: viele Unternehmen haben die Förderung durch die Bundesagentur überhaupt nicht in Anspruch genommen (siehe Rn. 2 b). Immerhin wurde damit einer vergleichsweise großen Anzahl von älteren Beschäftigten ein vorzeitiger Ausstieg aus dem Arbeitsleben zu verträglichen, durch → **Tarifvertrag** verbesserten (siehe Rn. 10 und 11) Bedingungen ermöglicht.

3c Die Gewerkschaften hatten von Bundesregierung und Gesetzgeber – ohne Erfolg – eine **Fortsetzung der Förderung** der Altersteilzeit über den 31.12.2009 hinaus gefordert.

Nach Angaben des DGB profitierten im Jahr 2008 vom Ausscheiden der gut 100 000 geförderten Altersteilzeitler im Gegenzug 46 500 junge Leute, die nach der Ausbildung übernommen wurden, und 4600 neue Azubis. Die Förderung der Bundesagentur für Arbeit führe unmittelbar zu Minderausgaben beim **Arbeitslosengeld** und beim → **Arbeitslosengeld II**.

Auch der Vorwurf, die Förderung der Altersteilzeit sei eine Form der Subventionierung aus der Rentenkasse, gehe an den Tatsachen vorbei. Wer nach Altersteilzeit früher in die Rente wechselt, muss **Abschläge** hinnehmen, die für die Rentenkasse aufwandsneutral sind (Berliner Zeitung online vom 27.7.2009).

Das SPD-geführte Bundesarbeitsministerium hatte sich kurz vor Ende der schwarz-roten großen Koalition (2005 bis 2009) der Forderung der Gewerkschaften angeschlossen (Pressemitteilung des Ministeriums vom 30.7.2009): »*Die Förderung der Altersteilzeit durch die Bundesagentur für Arbeit sollte für fünf Jahre verlängert werden, wenn der Betrieb einen Ausbildungsabsolventen übernimmt oder einen Auszubildenden neu einstellt. Das ist gerade jetzt in der Krise die richtige sozialstaatliche Antwort zum richtigen Zeitpunkt. Viele Ältere werden sonst in die Arbeitslosigkeit gedrängt – und viele Jüngere finden keinen Anschluss nach der Ausbildung oder noch nicht einmal einen Ausbildungsplatz*«.

Vertreter der Wirtschaft lehnen eine Fortsetzung der Förderung ab; so etwa Arbeitgeberpräsident Dieter Hundt:

»*Es gibt weder im Bundeshaushalt noch bei der Sozialversicherung Spielräume für neue, kostspielige Wahlversprechen*« (Quelle: Frankfurter Rundschau vom 27.7.2009).

Die **schwarz-gelbe Koalition** von CDU/CSU und FDP hatte sich dem angeschlossen und sich in ihrem Koalitionsvertrag vom 26.10.2009 darauf festgelegt, die Förderung der Altersteilzeit auslaufen zu lassen. In Ziff. I.3.3 des Koalitionsvertrags heißt es:

»*Staatliche Anreize zur faktischen Frühverrentung werden wir beseitigen. Eine Verlängerung der staatlich geförderten Altersteilzeit (ATG) über den 31. Dezember 2009 hinaus lehnen wir daher ab*«.

Demgegenüber haben die **Bundestagsfraktionen von SPD und Linke** im November 2009 Gesetzesanträge zur Verlängerung der Förderung in den Bundestag eingebracht.

Ein Gesetzesantrag, den das **Land Rheinland-Pfalz** gemeinsam mit den Ländern **Brandenburg** und **Bremen** dem Bundesrat vorgelegt hat mit dem Ziel, die Förderung der Altersteilzeit bis zum 31.12.2014 zu verlängern, wurde von der schwarz-gelben Mehrheit der Länder in der Sitzung des Bundesrats am 18.12.2009 abgelehnt.

Die weitere Entwicklung bleibt abzuwarten. Fest steht jedoch, dass es – gerade auch vor dem Hintergrund der »**Rente mit 67**« (siehe → **Rentenversicherung**) – auch in Zukunft irgend eine sozial verträgliche Form des vorzeitigen Ausstiegs aus dem Arbeitsleben verbunden mit einer Einstiegsmöglichkeit für Jüngere geben muss.

Wechsel in Rente

4 Nach Ablauf des Altersteilzeitverhältnisses können Versicherte, die vor dem 1.1.1952 geboren sind, gemäß § 237 Abs. 1 SGB VI »**Altersrente nach Altersteilzeit**« beanspruchen, wenn sie mindestens 24 Monate in einem Altersteilzeitarbeitsverhältnis gestanden haben und die weiteren Voraussetzungen des § 237 Abs. 1 Nr. 4 SGB VI vorliegen:

Altersteilzeit

- **acht Jahre Pflichtbeitragszeiten** in den letzten **zehn Jahren** vor Beginn der Rente;
- der 10-Jahres Zeitraum **verlängert** sich um Anrechnungszeiten und Zeiten des Bezugs einer Rente wegen verminderter Erwerbsfähigkeit;
- Erfüllung einer **Wartezeit von 15 Jahren**.

Siehe **Übersicht** im Anhang zu diesem Stichwort und → **Rentenversicherung**.

Die Möglichkeit der **vorzeitigen Inanspruchnahme** der »Altersrente nach Altersteilzeit« wurde gemäß § 237 Abs. 3 SGB VI in Verbindung mit **Anlage 19** in der Fassung des RV-Nachhaltigkeitsgesetzes vom 21. 7. 2004 (BGBl. I S. 1791) durch Anhebung der Altersgrenze von 60 auf 63 eingeschränkt.   5

Die Anhebung der Altersgrenze galt gemäß § 237 Abs. 5 SGB VI (n. F.) nicht für Versicherte, die vor dem 1. 1. 2004 Altersteilzeit im Sinne des § 2 und 3 Abs. 1 Nr. 1 AltTZG vereinbart hatten (Vertrauensschutz).

Diese Versicherten konnten vorzeitige »Altersrente nach Altersteilzeit« bereits mit Vollendung des 60. **Lebensjahres** in Anspruch nehmen.

Der vorzeitige Eintritt in die »Altersrente nach Altersteilzeit« vor dem 65. Lebensjahr war und ist allerdings mit **Rentenabschlägen** verbunden.

Der Abschlag beträgt für jeden Monat vorzeitiger Inanspruchnahme **0,3 %**.

Versicherte, die beispielsweise mit 60 statt 65 in Rente gehen wollen (also gewissermaßen fünf Jahre bzw. 60 Monate »zu früh«), bekommen eine (lebenslange) Kürzung der monatlichen Rente von **18 %** (= 60 Monate mal 0,3 %) aufgebürdet (nach § 237 Abs. 4 SGB VI besteht eine Sonderregelung z. B. für solche Versicherte, die vor dem 1. 1. 1942 geboren sind und 45 Jahre mit Pflichtbeiträgen belegt haben; vgl. § 237 Abs. 4 Nr. 3 SGB VI).

Für Arbeitnehmer der Geburtsjahrgänge 1952 bis einschließlich 1954 kam ebenfalls noch der Abschluss eines geförderten Altersteilzeitvertrages in Betracht.   6

Wer z. B. am 1. 12. 1954 geboren ist, hatte noch **innerhalb der Förderungsfrist** des § 16 AltTZG (dies bis zum 31. 12. 2009) das 55. Lebensjahr vollendet und konnte demzufolge einen für insgesamt sechs Jahre geförderten Altersteilzeitvertrag mit dem Arbeitgeber vereinbaren (das Altersteilzeitarbeitsverhältnis musste noch im Dezember 2009 beginnen), um dann »Rente für langjährig Versicherte« (§ 36 SGB VI), »Rente für schwerbehinderte Menschen« (§ 37 SGB VI) oder die Regelaltersrente (§ 35 SGB VI) in Anspruch zu nehmen.

»Altersrente für langjährig Versicherte« kann nach § 36 SGB VI beansprucht werden, sofern der Arbeitnehmer eine Wartezeit von 35 Jahren erfüllt hat.

Ursprünglich war geplant, die Altersgrenze für diese Rentenart für die Geburtsjahrgänge ab 1948 von 63 auf 62 abzusenken.

Im Zuge der vom Gesetzgeber mit Gesetz vom 20. 4. 2007 (BGBl. I S. 554) beschlossenen schrittweisen Heraufsetzung der Altersgrenze für die Regelaltersrente von 65 auf 67 (»**Rente mit 67**«; siehe → **Ältere Arbeitnehmer** und → **Rentenversicherung**) wurde hiervon Abstand genommen.

Das heißt: Langjährig Versicherte mit 35 Versicherungsjahren können erst mit 63 in vorgezogene Altersrente gehen.

In diesem Falle werden **Rentenabschläge** von bis zu 14,4 % (= 4 Jahre bis zum 67. Lebensjahr × 3,6 %) möglich.

Die nachteiligen Folgen (späterer Rentenzugang durch Anhebung der Regelalterstente und damit höhere Rentenabschläge bei vorzeitiger Inanspruchnahme der Rente) treten aufgrund einer weiteren gesetzlichen **Vertrauensschutzregelung** nicht ein für bis einschließlich 1954 geborene Arbeitnehmer, die bis zum 31. 12. 2006 einen Altersteilzeitvertrag mit ihrem Arbeitgeber vereinbart haben.   6a

Diese Arbeitnehmer sind von der Anhebung der Altersgrenzen ausgenommen (§ 235 Abs. 2 Satz 3 SGB VI).

Altersteilzeit

Ein Rentenbezug ohne Abschlag ist für sie weiterhin ab Vollendung des 65. Lebensjahres möglich.

7 Eine vorzeitig in Anspruch genommene Altersrente (wie z. B. die »Altersrente nach Altersteilzeit« oder »Altersrente für langjährig Versicherte«) wird zusätzlich dadurch **gemindert**, dass für die Zeit bis 65 keine rentenerhöhenden Rentenversicherungsbeiträge mehr gezahlt werden.

8 Der Wechsel von Altersteilzeit in eine andere Altersrenten-Rentenart (z. B. »Regelaltersrente«, »Altersrente für langjährig Versicherte« oder »Altersrente für schwerbehinderte Menschen«; siehe Rn. 6) ist möglich, wenn die entsprechenden Zugangsvoraussetzungen der jeweiligen Rentenart erfüllt sind (siehe hierzu → **Rentenversicherung**).

Wechsel von Altersteilzeit in neue Arbeit oder Bezug von Arbeitslosengeld

8a Die tatsächliche Inanspruchnahme von (ggf. vorgezogener) Altersrente nach Ablauf der Altersteilzeit ist **nicht zwingend**.
Alternativ kommt
- die Aufnahme einer **erneuten Beschäftigung** bei dem gleichen oder einem anderen Arbeitgeber,
- die Aufnahme einer **selbständigen Tätigkeit** oder
- die Beantragung von **Arbeitslosengeld** (vgl. § 10 Abs. 1 AltTZG; siehe hierzu Rn. 78)

in Betracht.
Vorteil einer solchen Handhabung: **Rentenabschläge** wegen vorgezogener Inanspruchnahme von Altersrente (siehe hierzu Rn. 5) können auf diese Weise gemindert oder gänzlich vermieden werden.

8b Wenn der Altersteilzeitler nach Ablauf der Altersteilzeit Arbeitslosengeld beantragt, stellt sich die Frage, ob eine **Arbeitslosengeldsperre** nach § 159 Abs. 1 Satz 2 Nr. 1 SGB III 2012 (Sperrzeit bei Arbeitsaufgabe; siehe → **Arbeitslosenversicherung: Arbeitslosengeld** Rn. 44 ff.) eintritt.
Hierzu hat das BSG v. 21.7.2009 – B 7 AL 6/08 R Folgendes entschieden:
- Vereinbart ein Arbeitnehmer mit seinem Arbeitgeber **Altersteilzeit im Blockmodell** unter Umwandlung eines unbefristeten Arbeitsverhältnisses in ein befristetes, liegt darin die **Lösung** eines Beschäftigungsverhältnisses, die eine Sperrzeit für das Arbeitslosengeld auslösen kann.
- Die Sperrzeit beginnt regelmäßig erst mit dem Ende, nicht bereits mit dem Beginn der **Freistellungsphase**.
- Ein **wichtiger Grund** für die Lösung des Beschäftigungsverhältnisses, der den Eintritt einer Sperrzeit verhindert, liegt vor, wenn der Arbeitnehmer bei Abschluss der Vereinbarung beabsichtigt, aus dem Arbeitsleben auszuscheiden und eine entsprechende Annahme prognostisch gerechtfertigt ist.

9 Das Altersteilzeitgesetz (AltTZG) ist wesentlich durch das Dritte Gesetz für moderne Dienstleistungen am Arbeitsmarkt vom 23.12.2003 (Hartz III) mit Wirkung zum 1.7.2004 geändert worden.
Die Änderungen sollten die Handhabbarkeit des Altersteilzeitgesetzes für Arbeitgeber und die Bundesagentur für Arbeit in Bezug auf die Aufstockung des Altersteilzeitentgelts und des Rentenbeitrags verbessern.
Außerdem wurde eine spezielle **Insolvenzsicherung** für Altersteilzeit eingeführt (zu Einzelheiten siehe Rn. 81 ff.).
Die neue Gesetzeslage gilt für Altersteilzeitarbeitsverhältnisse, die **nach dem 30.6.2004** begonnen haben.
Wurde mit der Altersteilzeitarbeit **vor dem 1.7.2004 begonnen**, waren die Vorschriften in der

Altersteilzeit

bis zum 30.6.2004 geltenden Fassung des Altersteilzeitgesetzes weiterhin anzuwenden (§ 15 g AltTZG).

Das Altersteilzeitgesetz (AltTZG) ist in einigen Branchen durch → **Tarifverträge** ergänzt und verbessert worden. **10**
Beispielsweise wurden Regelungen vereinbart, die u. a.

- einen **Rechtsanspruch** auf Abschluss eines Altersteilzeitvertrages im Rahmen einer **Quote**,
- eine **Aufstockung** des Altersteilzeit-Arbeitsentgelts auf bis zu 85 % des bisherigen Nettoentgelts,
- einen vom Arbeitgeber zu entrichtenden **zusätzlichen Beitrag zur Rentenversicherung** bis zu 95 % oder sogar 100 % des Vollbeitrags vorsehen sowie
- **Abfindungsregelungen**, die auf einen jedenfalls teilweisen Ausgleich der Rentenabschläge, die bei vorzeitiger Inanspruchnahme der Altersrente anfallen, abzielen.

Allerdings waren die meisten Tarifverträge zur Altersteilzeit – insbesondere die Bestimmungen über eine über das gesetzliche Niveau hinausgehende Aufstockung auf Altersteilzeitentgelt und Rentenversicherungsbeitrag (siehe Rn. 10) an die **Laufzeit der Förderfähigkeit** gemäß § 16 AltTZG gebunden worden (siehe hierzu Rn. 3).
Sie sind demzufolge – meist ohne Nachwirkung – ausgelaufen.

Vor allem auf Initiative der → **Gewerkschaften** sind in einigen Branchen (z. B. Chemieindustrie, Metallindustrie) inzwischen **neue Tarifverträge** vereinbart worden mit Regelungen für solche Altersteilzeitverhältnisse, die **nach dem 31.12.2009** begonnen haben bzw. beginnen, für die also die Förderung durch die Bundesagentur für Arbeit ausfällt (siehe Rn. 10). **11**

> **Beispiele:**
> Tarifvertrag »Lebensarbeitszeit und Demografie« für die Chemieindustrie
> Tarifverträge zum »flexiblen Übergang in die Rente« für die Metall- und Elektroindustrie

Zu beachten ist, dass diese Tarifverträge auf das Arbeitsverhältnis nur dann Anwendung finden, wenn **beiderseitige Tarifbindung** besteht (das heißt: Mitgliedschaft des Beschäftigten in der tarifvertragschließenden Gewerkschaft und Mitgliedschaft des Arbeitgebers im Arbeitgeberverband bzw. Vorliegen eines Firmentarifvertrages; siehe → **Tarifvertrag** Rn. 23 ff.) oder wenn die Geltung des Altersteilzeit-Tarifvertrages **arbeitsvertraglich vereinbart** wurde (etwa durch Bezugnahmeklausel; siehe → **Arbeitsvertrag: Bezugnahme auf Tarifverträge**).

Mit den neuen Tarifverträgen zur Altersteilzeit wurde auch Arbeitnehmern der **Geburtsjahrgänge 1955 und folgende**, für die eine geförderte Altersteilzeit nicht mehr in Betracht kommt (siehe Rn. 6), die Möglichkeit der Inanspruchnahme von Altersteilzeit vor Eintritt in eine Altersrente (z. B. »Regelaltersrente«, »Altersrente für langjährig Versicherte« oder »Altersrente für schwerbehinderte Menschen«; siehe Rn. 6, 8) verschafft.

Zu den wichtigsten Regelungen des **Altersteilzeitgesetzes (AltTZG)** nachstehend ein **Überblick**. **12**

Begünstigter Personenkreis (§ 2 AltTZG) **13**

Förderleistungen der Agentur für Arbeit **an den Arbeitgeber** (= Erstattung der Aufstockung auf das Altersteilzeitentgelt und der Höherversicherungsbeiträge zur Rentenversicherung im Falle der Wiederbesetzung) können für solche Arbeitnehmer gewährt werden, die **bis zum 31.12.2009** (§ 16 AltTZG) **14**

- das **55. Lebensjahr** vollendet haben (dazu zählen Arbeitnehmer bis einschließlich des Geburtsjahrgangs 1954),
- aufgrund einer **Vereinbarung** mit dem Arbeitgeber, die sich zumindest auf die Zeit erstrecken muss, bis eine **Rente wegen Alters** beansprucht werden kann (die Laufzeit der

Altersteilzeit

abgeschlossenen Altersteilzeitvereinbarung muss also so festgelegt werden, dass sie an den Zeitpunkt **heranreicht**, zu dem ein Übergang in eine Altersrentenart möglich ist;
soll sich z. B. an die Altersteilzeitarbeit die »Rente nach Altersteilzeitarbeit« (§ 237 SGB VI) anschließen, so sind hierfür **mindestens 24 Kalendermonate** Altersteilzeitarbeit erforderlich;
eine **kürzere Laufzeit** ist z. B. möglich, wenn der Altersteilzeitler z. b. eine Rente für »langjährig Versicherte« (§§ 36, 236 SGB VI) beanspruchen kann (siehe Rn. 6, 8),
- ihre Arbeitszeit auf die **Hälfte** der bisherigen wöchentlichen Arbeitszeit (**Vollzeit** oder → **Teilzeitarbeit**) **vermindert** haben (z. B. Verminderung von bisher 40 Stunden auf 20 Stunden pro Woche; zur »Verteilung« der geminderten Arbeitszeit z. B. in Form des Blockmodells siehe Rn. 21) und
- weiterhin (während der Altersteilzeit) **versicherungspflichtig beschäftigt** sind im Sinne des SGB III (§§ 24 ff. SGB III 2012: aus § 27 Abs. 2 SGB III 2012 folgt, dass das Altersteilzeitentgelt **mehr als geringfügig** im Sinne des § 8 SGB IV sein, also **450 Euro** übersteigen muss),
- in den letzten fünf Jahren vor Beginn der Altersteilzeit **mindestens 1080 Kalendertage** (= ca. drei Jahre) in einer versicherungspflichtigen Beschäftigung im Sinne des SGB III (§ 24 SGB III 2012) oder nach den Vorschriften eines Mitgliedstaates, in dem die Verordnung (EWG) Nr. 1408/71 des Rates der Europäischen Union Anwendung findet, gestanden haben.

15 Zeiten mit Anspruch auf **Arbeitslosengeld** oder Arbeitslosenhilfe und Zeiten des Bezugs von → **Arbeitslosengeld II** sowie Zeiten im Sinne des § 26 Abs. 2 SGB III 2012 (z. B. Bezug von Mutterschaftsgeld, Krankengeld, Versorgungskrankengeld, Verletzungsgeld, Übergangsgeld) stehen der versicherungspflichtigen Beschäftigung gleich (§ 2 Abs. 1 Nr. 3 Satz 2 AltTZG).

16 Als **bisherige wöchentliche Arbeitszeit** ist die wöchentliche Arbeitszeit zugrunde zu legen, die mit dem Arbeitnehmer vor dem Übergang in die Altersteilzeitarbeit vereinbart war (§ 6 Abs. 2 AltTZG; neu gefasst durch das Hartz III-Gesetz für Altersteilzeitarbeitsverhältnisse, die ab dem 1. 7. 2004 beginnen).

Zugrunde zu legen ist höchstens die Arbeitszeit, die im Durchschnitt der **letzten 24 Monate** vor dem Übergang in die Altersteilzeit vereinbart war.

Die ermittelte durchschnittliche Arbeitszeit kann auf die nächste volle Stunde gerundet werden.

17 Aus § 2 Abs. 1 Nr. 2 AltTZG ergibt sich, dass nicht nur Vollzeitbeschäftigte, sondern auch **Teilzeitarbeitnehmer** in Altersteilzeit gehen können.

Nach einer Halbierung der bisherigen Teilzeit muss aber Versicherungspflicht im Sinne des SGB III bestehen (§§ 24 ff. SGB III 2012; es darf kein Befreiungstatbestand nach §§ 27, 28 SGB III 2012 erfüllt sein).

Das heißt, es muss eine **mehr als geringfügige Beschäftigung** im Sinne des § 8 SGB IV ausgeübt werden (§ 27 Abs. 2 SGB III 2012). Das ist z. B. der Fall, wenn monatlich **mehr als 450 Euro** verdient werden.

Rechtsanspruch auf Altersteilzeit

18 Es besteht **kein gesetzlicher Anspruch** auf Abschluss eines Altersteilzeitarbeitsvertrages. Das Altersteilzeitgesetz regelt nur die **Mindestbedingungen**, die ein Altersteilzeitarbeitsverhältnis erfüllen muss, damit
- (früher) die staatlichen **Förderleistungen** der Bundesagentur für Arbeit (Aufstockung des Altersteilzeitentgelts und der Rentenversicherungsbeiträge) und
- die **steuer- und sozialversicherungsrechtlichen Vergünstigungen** (z. B. vorzeitige Rente nach Altersteilzeit) in Anspruch genommen werden können.

Altersteilzeit

Der Abschluss eines Altersteilzeitvertrages setzt also eine **Einigung** zwischen Arbeitgeber und Arbeitnehmer voraus.
Einige **Tarifverträge** sehen aber – unter bestimmten Voraussetzungen (z. B. Mindestlebensalter und Begrenzung auf eine bestimmte Quote) – einen **Rechtsanspruch** des Arbeitnehmers auf Altersteilzeit vor (z. B. Metallindustrie, Chemieindustrie).
Das BAG hat klargestellt, dass der Arbeitgeber verurteilt werden kann, dem Antrag auf Vertragsabschluss auch **rückwirkend zuzustimmen**, wenn der Arbeitnehmer seinen tarifvertraglichen Anspruch rechtzeitig vor dem gewünschten Beginn der Altersteilzeit geltend gemacht hat (BAG v. 23. 1. 2007 – 9 AZR 393/06, NZA 2007, 1236).
Wenn der Tarifvertrag vorsieht, dass der Arbeitgeber den Antrag auf Altersteilzeit aus dringenden betrieblichen/dienstlichen Gründen ablehnen kann, dann könne eine Ablehnung nicht damit begründet werden, dass die üblicherweise mit einem Altersteilzeitarbeitsvertrag verbundenen Aufwendungen des Arbeitgebers die eines normalen Teilzeitarbeitsverhältnisses übersteigen (BAG v. 23. 1. 2007 – 9 AZR 393/06, a. a. O.). Gleiches gelte z. B. für das betriebliche Interesse, den Anstieg von Personalkosten zugunsten von Investitionen zu begrenzen.

19

Laufzeit des Altersteilzeitvertrages

Eine mindestens 24-monatige Laufzeit ist (nur) erforderlich, wenn »**Altersrente nach Altersteilzeit**« in Anspruch genommen werden soll (§ 237 Abs. 1 Nr. 3 b SGB VI).
Diese Altersrentenart gilt für Geburtsjahrgänge bis einschließlich 1951.
Die Altersgrenze von 60 Jahren wurde nach Maßgabe des § 237 Abs. 3 SGB VI auf 63 **angehoben**.
Für Arbeitnehmer, die vor dem 1. 1. 2004 einen Altersteilzeitvertrag vereinbart haben, gilt diese Anhebung nicht (**Vertrauensschutzregelung** gemäß § 237 Abs. 5 SGB VI; siehe Rn. 5 und → **Rentenversicherung**).
Die maximale Laufzeit des Altersteilzeitvertrages beträgt zehn Jahre (von 55 bis 65).
Die frühere **Förderung** der Altersteilzeit durch die Bundesagentur für Arbeit im Falle der Wiederbesetzung war aber auf maximal sechs Jahre begrenzt (§ 2 Abs. 3 letzter Satz AltTZG und § 4 AltTZG).

20

Verteilung der Arbeitszeit

Die auf die Hälfte der bisherigen Arbeitszeit abgesenkte Arbeitszeit kann während des Altersteilzeitverhältnisses **gleichmäßig** oder **ungleichmäßig verteilt** werden.
Bei der gleichmäßigen Verteilung der halbierten (bisherigen) Arbeitszeit erfolgt eine Beschäftigung des Arbeitnehmers im gesamten Altersteilzeitraum im Umfang der Hälfte der bisherigen regelmäßigen wöchentlichen Arbeitszeit (sog. **Teilzeitmodell**; auch »kontinuierliche Altersteilzeit« oder »Gleichverteilungsmodell« genannt).
Möglich ist auch eine »degressive« Verteilung der Arbeitszeit über den gesamten Altersteilzeitraum (z. B. 75 % / 50 % / 25 %).
Im Falle der ungleichmäßigen Verteilung der halbierten (bisherigen) Arbeitszeit in Form des sog. **Blockmodells** arbeitet der Arbeitnehmer in der ersten Hälfte des Altersteilzeitraums im (vollen) Umfang der bisherigen Arbeitszeit (**Arbeitsphase**) und in der zweiten Hälfte des Altersteilzeitraums gar nicht mehr (**Freistellungsphase**).
Das Blockmodell, das zum Ziel hat, eine möglichst frühzeitige Freistellung des Altersteilzeitlers (bei Aufrechterhaltung des Altersteilzeitverhältnisses bis zum vereinbarten Beendigungszeitpunkt) zu ermöglichen, ist in der betrieblichen Praxis absolut vorherrschend.

21

Altersteilzeit

> **Beispiel (Blockmodell):**
> Es wird ein Altersteilzeitvertrag mit einer Laufzeit von sechs Jahren vereinbart. In den ersten drei Jahren soll mit der bisherigen Arbeitszeit gearbeitet werden (Arbeitsphase); in den folgenden drei Jahren soll überhaupt nicht mehr gearbeitet werden (Freistellungsphase). Das heißt: Der Altersteilzeitler beendet nach Ablauf der dreijährigen Arbeitsphase seine Beschäftigung, steht aber noch weitere drei Jahre in einem Arbeitsverhältnis mit dem Arbeitgeber. Danach geht er in eine Rente wegen Alters (§ 33 Abs. 2 SGB VI).

22 Bei allen Modellen der Verteilung der halbierten Altersteilzeit wird während des gesamten Altersteilverhältnisses das **aufgestockte Arbeitsentgelt** (siehe Rn. 26 ff.) »**fortlaufend**« (d. h. unabhängig von der Arbeitszeitdauer) gezahlt (§ 2 Abs. 2 Nr. 2 AltTZG).

> **Beispiel Blockmodell:**
> Das Altersteilzeitentgelt plus gesetzlicher oder tariflicher Aufstockungsbetrag (plus Höherversicherungsbeitrag für die Rente) wird sowohl in der Arbeitsphase als auch in der Freistellungsphase gezahlt. Erst nach Ablauf der Freistellungsphase beginnt der Bezug der Altersrente (bei vorgezogener Inanspruchnahme von Altersrente vor 65 fallen Rentenabschläge an).

23 Der Zeitraum der ungleichmäßigen Verteilung der Arbeitszeit kann, falls keine tarifliche Regelung vorliegt, durch → **Arbeitsvertrag** auf längstens **drei Jahre** vereinbart werden (§ 2 Abs. 2 Nr. 1 AltTZG).
Durch → **Tarifvertrag** kann ein Verteilzeitraum von bis zu **sechs Jahren** (§ 2 Abs. 2 Nr. 1 AltTZG) bzw. bis zu **zehn Jahren** (§ 2 Abs. 3 AltTZG für 55 bis 65) zugelassen werden.
Letzteres setzt aber voraus, dass innerhalb eines Sechsjahreszeitraums die bisherige Arbeitszeit halbiert sein muss und dieser Zeitraum innerhalb des Gesamtzeitraumes der vereinbarten Altersteilzeit liegt (§ 2 Abs. 3 AltTZG).
Die **Förderung** der Altersteilzeit durch die Bundesagentur für Arbeit im Falle der Wiederbesetzung war aber auch bei einem solchen Modell auf maximal sechs Jahre begrenzt (§ 2 Abs. 3 letzter Satz AltTZG und § 4 AltTZG).

24 In der Freistellungsphase des Blockmodells bleibt die **Sozialversicherung** (Arbeitslosen-, Kranken-, Pflege- und Rentenversicherung) erhalten, weil in der vorausgehenden Arbeitsphase **Wertguthaben** angesammelt worden sind (§ 7 Abs. 1 a SGB IV).
Denn trotz voller Arbeitszeit (»in bisherigem Umfang«) in der Arbeitsphase erhält der Altersteilzeitler nur das (aufgestockte) Altersteilzeitentgelt.
Die Differenz zum Vollzeitentgelt ist (praktisch) ein Darlehen des Arbeitnehmers an den Arbeitgeber, also ein Wertguthaben im Sinne des § 7 Abs. 1 a SGB IV, das der **Finanzierung** des Altersteilzeitentgelts in der **Freistellungsphase** dient.

Arbeitsentgelt während des Altersteilzeitverhältnisses

25 Während der Altersteilzeit erhält der Arbeitnehmer ein **Altersteilzeitentgelt** entsprechend der Reduzierung der bisherigen Arbeitszeit um die **Hälfte**.

> **Beispiel:**
> Das bisherige Vollzeitentgelt betrug 3000 Euro brutto. Während der Altersteilzeit wird das Altersteilzeitentgelt um die Hälfte, also auf 1500 Euro brutto abgesenkt.

Altersteilzeit

Aufstockung des Altersteilzeitentgelts (§ 3 Abs. 1 Nr. 1 a AltTZG i. V. m. § 6 Abs. 1 AltTZG)

Altersteilzeit wird von der Bundesagentur für Arbeit für Altersteilzeitarbeitsverhältnisse, die vor dem 1.1.2010 begonnen haben (siehe Rn. 2, 3), nur gefördert, wenn der Arbeitgeber dem Beschäftigten zusätzlich zu seinem Verdienst für die geleistete Altersteilzeitarbeit einen **Aufstockungsbetrag** in bestimmter Mindesthöhe zahlt.   26

In den meisten Branchen existieren **Tarifverträge** zur Altersteilzeit (siehe Rn. 10), in denen Ansprüche auf eine **höhere** als die gesetzliche Mindestaufstockung vorgesehen sind (z. B. Metallindustrie: Aufstockung auf 82 % des bisherigen – um die gesetzlichen Abzüge, die bei den Arbeitnehmern gewöhnlich anfallen, geminderten – Monatsentgelts (= sog. pauschaliertes Nettoentgelt; nach dem ab 1.1.2010 in der Metallindustrie geltenden Tarifvertrag zum flexiblen Übergang in Rente wird – je nach Steuerklasse – auf bis zu 89 % des bisherigen pauschalierten Nettoentgelts aufgestockt; allerdings fallen Ansprüche auf Urlaubs- und Weihnachtsgeld weg).   26a

Die Vorschriften über die **Mindesthöhe des Aufstockungsbetrages** (§ 3 Abs. 1 Nr. 1 a AltTZG i. V. m. § 6 Abs. 1 AltTZG) sind durch das Dritte Gesetz für moderne Dienstleistungen am Arbeitsmarkt vom 23.12.2003 (Hartz III) mit Wirkung zum 1.7.2004 geändert worden.
Nach der **bis zum 30.6.2004** bestehenden Gesetzeslage war das jeweilige monatliche Arbeitsentgelt für die Altersteilzeit mindestens um 20 Prozent des Altersteilzeitbruttoentgelts aufzustocken, mindestens aber auf 70 % des bisherigen pauschalierten Nettoentgeltes (= sog. **Mindestnettobetrag**).
Zur »alten« Gesetzeslage, die für Altersteilzeitarbeitsverhältnisse galt, die vor dem 1.7.2004 begonnen haben, siehe Vorauflage.   27

Die **ab 1.7.2004** geltende Fassung des § 3 Abs. 1 Nr. 1 a AltTZG sieht allein eine **Aufstockung mindestens um 20 Prozent des sog. Regelarbeitsentgelts** (§ 6 Abs. 1 AltTZG) vor. Das Korrektiv des Mindestnettobetrages (Aufstockung auf 70 % des bisherigen pauschalierten Nettoentgelts) entfällt.
Die Vorschrift gilt für Altersteilzeitverhältnisse, die nach dem 30.6.2004 begonnen haben.   28

Nicht besetzt.   29–41

Das **Regelarbeitsentgelt** für die Altersteilzeitarbeit im Sinne des § 6 Abs. 1 Satz 1 AltTZG ist das auf einen Monat entfallende vom Arbeitgeber regelmäßig zu zahlende sozialversicherungspflichtige (Brutto-)Arbeitsentgelt, soweit es die Beitragsbemessungsgrenze in der Arbeitslosen- und Rentenversicherung (§ 341 SGB III 2012) nicht überschreitet (Beitragsbemessungsgrenze 2016: monatlich 6200 Euro [West] bzw. 5400 Euro [Ost]).   42

Die Bundesagentur für Arbeit legt die Erstattungsleistungen zu Beginn des Erstattungsverfahrens (§ 12 AltTZG) in monatlichen Festbeträgen für die gesamte Förderdauer fest. Berechnungsgrundlage für die Erstattungsleistungen ist das regelmäßig gezahlte Altersteilzeitentgelt (sog. **Regelarbeitsentgelt**) im Basismonat.
Basismonat ist im Blockmodell der erste Monat der Freistellungsphase.   43

> **Beispiel: Altersteilzeit beginnt am 1.7.2004 oder danach**
> Arbeitnehmer: Steuerklasse III; keine Kinder, Kirchensteuer wird gezahlt, Beitragssatz der Krankenversicherung: 14 % plus Zusatzbeitrag (0,9 %)
> Bisheriges (fiktives) Bruttomonatsentgelt: 2500,00 Euro
> Regelarbeitsentgelt für die Altersteilzeitarbeit (brutto):   1250,00 Euro
> Einkommen während der Altersteilzeit:
> Altersteilzeitbrutto: 1250,00 Euro
> Altersteilzeitnetto: 986,87 Euro
> zuzüglich Aufstockungsbetrag:
> Aufstockung um 20 % vom Regelarbeitsentgelt

Altersteilzeit

für die Altersteilzeitarbeit (brutto):	250,00 Euro
Summe (= Altersteilzeitnetto zuzüglich 20 %-Aufstockung):	1 236,87 Euro

44 Bei **Schwankungen** des laufenden monatlichen Entgelts (z. B. bei Stundenlohn, Akkord- oder Prämienentgelt, Provision) wird das Regelarbeitsentgelt im Basismonat mit dem Durchschnittswert berücksichtigt.
Hierfür wird ein **Referenzzeitraum** von zwölf Monaten gebildet, der den Basismonat und die zurückliegenden elf Monate umfasst.

45 Bezüge, die zwar regelmäßig monatlich anfallen, aber in unterschiedlicher Höhe (regelmäßige variable Zulagen und Zuschläge), werden als Regelarbeitsentgelt im Basismonat mit dem Durchschnittswert berücksichtigt.
Maßgeblich ist auch hier ein Referenzzeitraum von zwölf Monaten, der den Basismonat und die zurückliegenden elf Monate umfasst.

46 Unregelmäßige Zulagen und Zuschläge, die nur in einzelnen Abrechnungsmonaten zum Regelarbeitsentgelt gehören, werden nur dann berücksichtigt, wenn sie auch im Basismonat und den zurückliegenden drei Monaten erzielt worden sind.
Die Höhe wird auch in einem solchen Falle auf der Grundlage eines zwölfmonatigen Referenzzeitraums inkl. Basismonat ermittelt.

46a Entgeltbestandteile, die unregelmäßig oder einmalig anfallen (z. B. zusätzliches Urlaubsgeld, Weihnachtsgeld, Tantiemen u. ä.) bleiben bei der Feststellung des Regelentgelts und damit auch im Erstattungsverfahren unberücksichtigt (§ 6 Abs. 1 Satz 2 AltTZG).
Etwas anderes gilt, wenn derartige Entgelte aufgrund einer vertraglichen Vereinbarung, durch Betriebsvereinbarung oder Tarifvertrag auf die Kalendermonate umgelegt und damit zum **Bestandteil des Regelarbeitsentgelts** gemacht werden.

Steuerlicher Progressionsvorbehalt (§ 32 b EStG)

47 Der Aufstockungsbetrag ist gemäß § 3 Nr. 28 EStG steuer- und damit auch sozialversicherungsfrei.
Das gilt auch, wenn er z. B. auf Grund eines → **Tarifvertrages** höher ist als der gesetzliche Mindestaufstockungsbetrag.
Allerdings wirkt sich der Aufstockungsbetrag beim sog. **steuerlichen Progressionsvorbehalt** nach § 32 b Abs. 1 Nr. 1 g EStG aus.
Das heißt: Er wird vom Finanzamt zur Ermittlung des Steuersatzes herangezogen, mit dem das Altersteilzeitentgelt (als solches) letztendlich versteuert wird. Es werden deshalb regelmäßig **steuerliche Nachzahlungen** an das Finanzamt fällig.

47a Nach Ansicht des BAG liegt in der Zusage, während der Altersteilzeit das Arbeitsentgelt auf einen Prozentsatz des um die gesetzlichen Abzüge verminderten Arbeitsentgelts aufzustocken, nicht ohne weiteres die Verpflichtung des Arbeitgebers, die steuerliche Mehrbelastung zu übernehmen, die dadurch entsteht, dass zwar der Aufstockungsbetrag selbst steuerfrei bleibt, sich jedoch der Steuersatz für das zu versteuernde Altersteilzeitbruttoentgelt erhöht (sog. **Progressionsschaden**; vgl. BAG v. 25. 6. 2002 – 9 AZR 155/01, NZA 2003, 860).
Auch nach Auffassung des LAG Bremen soll der Arbeitgeber nicht verpflichtet sein, dem Arbeitnehmer am Ende des Jahres bei der Berechnung der Einkommensteuer auf Grund des § 32 b EStG sich ergebenden Progressionsschaden zu ersetzen (LAG Bremen v. 22. 3. 2001 – 4 Sa 255/00, DB 2001, 1785; bestätigt durch BAG v. 1. 10. 2002 – 9 AZR 298/01).
Etwas anderes gilt, wenn sich der Arbeitgeber zur Übernahme der steuerlichen Mehrbelastung vertraglich verpflichtet, was ohne weiteres zulässig ist.

Altersteilzeit

Zusätzlicher Beitrag zur Rentenversicherung (§ 3 Abs. 1 Nr. 1 b AltTZG i.V.m. § 6 Abs. 1 AltTZG)

Der Anspruch des Arbeitgebers auf Leistungen der Bundesagentur für Arbeit für den Fall der Wiederbesetzung (siehe Rn. 3, 57 ff.) setzt des Weiteren voraus, dass der Arbeitgeber **zusätzliche Beiträge** zur gesetzlichen Rentenversicherung in bestimmter Mindesthöhe entrichtet. 48

Die Vorschriften über die Berechnung des zusätzlichen Rentenbeitrags (§ 3 Abs. 1 Nr. 1 b AltTZG i.V.m. § 6 Abs. 1 AltTZG) sind durch das Dritte Gesetz für moderne Dienstleistungen am Arbeitsmarkt vom 23.12.2003 (Hartz III) mit Wirkung zum 1.7.2004 **geändert** worden. Zur »alten« Gesetzeslage, die für Altersteilzeitarbeitsverhältnisse galt, die vor dem 1.7.2004 begonnen haben, siehe Vorauflage. 49

Nach der Neufassung des § 3 Abs. 1 Nr. 1 b AltTZG muss der Arbeitgeber zusätzliche Beiträge zur gesetzlichen Rentenversicherung mindestens in Höhe des Beitrags entrichten, der auf **80 % des Regelarbeitsentgelts** (§ 6 Abs. 1 AltTZG) für die Altersteilzeitarbeit (maximal Beitragsbemessungsgrenze) entfällt. 50

Die Vorschrift gilt für Altersteilzeitverhältnisse, die **nach dem 30.6.2004 begonnen** haben.

Nicht besetzt. 51–53

Der Betrag in Höhe von 80 Prozent des Regelarbeitsentgelts ist nach § 3 Abs. 1 b AltTZG auf den Unterschiedsbetrag zwischen 90 Prozent der monatlichen Beitragsbemessungsgrenze und dem Regelarbeitsentgelt (§ 6 Abs. 1 AltTZG) **zu begrenzen**. 54

Der Arbeitgeber muss in diesem Fall die Beiträge zur gesetzlichen Rentenversicherung mindestens um den Beitrag aufstocken, der auf den genannten Differenzbetrag entfällt.

Er ist jedoch berechtigt, darüber hinaus **zusätzliche Beiträge**, höchstens bis zur Beitragsbemessungsgrenze (§ 341 SGB III 2012) zu zahlen (2014: West 5950 Euro, Ost 5000 Euro).

Im Ergebnis bedeutet das, dass das bisherige Niveau des zusätzlich zu zahlenden Rentenbeitrags durch die gesetzliche Neufassung des § 3 Abs. 1 Nr. 1 b AltTZG im Grundsatz nicht verändert wird. 55

Allerdings kommen **Einmalzahlungen** nicht mehr zum Tragen.

> **Beispiel (Beträge pro Monat):**
> Bisheriges Bruttoentgelt (ohne Einmalzahlungen) = 2500,00 Euro
> Regelarbeitsentgelt für die Altersteilzeitarbeit = 1250,00 Euro
> 80 % des Regelarbeitsentgelts = 1000,00 Euro
> zusätzlicher Rentenbeitrag:
> 1000,00 Euro × 19,6 % Rentenbeitrag (Stand 2012) = 196,00 Euro
> Der Kontrollschritt verändert das Ergebnis nicht, weil 80 % des Regelarbeitsentgelts (= 1000,00 Euro) ein niedrigerer Betrag ist als der Unterschiedsbetrag zwischen 90 % der monatlichen Beitragsbemessungsgrenze und dem Regelarbeitsentgelt.
> 90 % der monatlichen Beitragsbemessungsgrenze (z.B. West Stand 2012: 5600 Euro) = 5040,00 Euro
> abzüglich Regelarbeitsentgelt für die Altersteilzeitarbeit = 1250,00 Euro
> Unterschiedsbetrag = 3790,00 Euro

Der zusätzliche Rentenbeitrag ist **steuer- und sozialversicherungsfrei**. 56
Zum steuerlichen **Progressionsvorbehalt** (§ 32 b Abs. 1 Nr. 1 g EStG) siehe Rn. 47.

Erstattungen der Bundesagentur für Arbeit bei Wiederbesetzung (Förderung der Altersteilzeit)

> **Hinweis:**
> Die Förderung nach dem AltTZG ist aufgrund der zeitlichen Befristung nach Maßgabe des § 16 AltTZG **ausgelaufen**. 57

Altersteilzeit

Hiernach sind die Erstattungsleistungen nach § 4 AltTZG für die Zeit **nach dem 1.1.2010** nur noch zu erbringen, wenn die Voraussetzungen des § 2 AltTZG (u. a. Vollendung des 55. Lebensjahres, Verminderung der bisherigen Arbeitszeit) erstmals **vor diesem Zeitpunkt vorgelegen** haben (§ 16 AltTZG).

Anders ausgedrückt: durch die Agentur für Arbeit werden aktuell nur noch solche Altersteilzeitverhältnisse gefördert, die **vor dem 1.1.2010 begonnen** haben.

Zu → **Tarifverträgen** zur Altersteilzeit für die Zeit nach Auslaufen der gesetzlichen Förderung der Altersteilzeit siehe Rn. 11.

57a Die Förderung der Altersteilzeit erfolgt in der Weise, dass dem Arbeitgeber die von ihm erbrachten **Aufstockungsleistungen** auf Arbeitsentgelt und Rentenbeitrag in Höhe der gesetzlichen Aufstockung (siehe Rn. 26 ff. und Rn. 48 ff.) von der Agentur für Arbeit maximal für insgesamt sechs Jahre **erstattet** werden.

Voraussetzung ist, dass der Arbeitgeber aus Anlass des Übergangs des Arbeitnehmers in die Altersteilzeitarbeit einen bei der Agentur für Arbeit registrierten **Arbeitslosen** oder einen **Ausgebildeten**

- auf dem **frei gemachten Arbeitsplatz** (Altersteilzeitler geht in die Freistellungsphase; Blockmodell; siehe Rn. 21) bzw.
- durch Umsetzung im Rahmen einer **Wiederbesetzungskette** (A geht in Altersteilzeit; der schon Beschäftigte B übernimmt seinen Arbeitsplatz; der arbeitslose C wird auf den Arbeitsplatz von B eingestellt) frei gewordenen Arbeitsplatz

versicherungspflichtig nach §§ 24 ff. SGB III 2012 beschäftigt (§ 3 Abs. 1 Nr. 2 a AltTZG).

58 Das Antragsverfahren ist in § 12 Abs. 1 AltTZG geregelt. Die Agentur für Arbeit entscheidet auf schriftlichen Antrag des Arbeitgebers, ob die Voraussetzungen für die Erbringung von Leistungen nach § 4 AltTZG vorliegen.

Der Antrag wirkt vom Zeitpunkt des Vorliegens der Anspruchsvoraussetzungen, wenn er innerhalb von drei Monaten nach deren Vorliegen gestellt wird, andernfalls wirkt er vom Beginn des Monats der Antragstellung.

In den Fällen des § 3 Abs. 3 AltTZG (z. B. Blockmodell; siehe Rn. 21) kann die Agentur für Arbeit auch **vorab entscheiden**, ob die Voraussetzungen des § 2 AltTZG vorliegen. Mit dem Antrag sind die Namen, Anschriften und Versicherungsnummern der Arbeitnehmer mitzuteilen, für die Leistungen beantragt werden.

Zuständig ist die Agentur für Arbeit, in deren Bezirk der Betrieb liegt, in dem der Arbeitnehmer beschäftigt ist. Die Bundesagentur erklärt eine andere Agentur für Arbeit für zuständig, wenn der Arbeitgeber dafür ein berechtigtes Interesse glaubhaft macht.

59 Die Höhe der Erstattungsleistungen nach § 4 AltTZG im Falle der Wiederbesetzung wird von der Agentur für Arbeit **zu Beginn des Erstattungsverfahrens** in monatlichen Festbeträgen für die gesamte Förderdauer festgelegt (§ 12 Abs. 2 Satz 1 AltTZG).

Die monatlichen Festbeträge werden nur angepasst, wenn sich das berücksichtigungsfähige Regelarbeitsentgelt um mindestens 10 Euro verringert (§ 12 Abs. 2 Satz 2 AltTZG).

60 In den Fällen des § 3 Abs. 3 AltTZG (z. B. Blockmodell; siehe Rn. 21) werden dem Arbeitgeber die Leistungen erst von dem Zeitpunkt an **ausgezahlt**, in dem der Arbeitgeber auf dem freigemachten oder durch Umsetzung freigewordenen Arbeitsplatz einen Arbeitnehmer beschäftigt, der bei Beginn der Beschäftigung die Voraussetzungen des § 3 Abs. 1 Nr. 2 AltTZG erfüllt hat (§ 12 Abs. 3 AltTZG).

Die Leistungen für zurückliegende Zeiten werden zusammen mit den laufenden Leistungen jeweils in monatlichen Teilbeträgen ausgezahlt (§ 12 Abs. 3 Satz 3 AltTZG).

Die Höhe der Leistungen für zurückliegende Zeiten bestimmt sich nach der Höhe der laufenden Leistungen.

Endet die Altersteilzeitarbeit in den Fällen des § 3 Abs. 3 AltTZG vorzeitig, erbringt die Agentur für Arbeit dem Arbeitgeber die Leistungen für **zurückliegende Zeiträume**, solange die

Altersteilzeit

Voraussetzungen des § 3 Abs. 1 Nr. 2 AltTZG erfüllt sind und soweit dem Arbeitgeber entsprechende Aufwendungen für Aufstockungsleistungen nach § 3 Abs. 1 Nr. 1 und § 4 Abs. 2 AltTZG verblieben sind (§ 12 Abs. 3 Satz 2 AltTZG).

»Kleinunternehmensregelung«

Unternehmen mit in der Regel nicht mehr als 50 Arbeitnehmern erhalten die Erstattungsleistungen der Agentur für Arbeit auch dann, wenn sie eine beliebige Stelle im Unternehmen neu besetzen (auf eine Wiederbesetzung des durch Altersteilzeit – ggf. im Rahmen einer Wiederbesetzungskette – frei gemachten Arbeitsplatzes kommt es dann nicht an).

Es wird **unwiderleglich vermutet**, dass der Arbeitnehmer auf dem durch Altersteilzeit frei gemachten oder durch Umsetzung frei gewordenen Arbeitsplatz beschäftigt wird (§ 3 Abs. 1 Nr. 2 a AltTZG).

Die »Kleinunternehmensregelung« findet entsprechende Anwendung auf **eigenständige Organisationseinheiten** mit nicht mehr als 50 Arbeitnehmern innerhalb von größeren Betrieben und Funktionsbereichen größerer Unternehmen (z. B. Lackiererei, Schreibbüro, Vertriebsabteilung; vgl. Ziff. 3.1.3 (10) der Durchführungsanweisungen der Bundesagentur für Arbeit zu § 3 AltTZG).

Das heißt: Auch bei **Unternehmen mit mehr als 50 Beschäftigten** werden Erstattungsleistungen bereits dann erbracht, wenn – aus Anlass der Altersteilzeit – ein Arbeitsloser oder Ausgebildeter in dieselbe Organisationseinheit (mit bis zu 50 Arbeitnehmern) eingestellt bzw. übernommen wird.

> **Beispiel:**
> Der Abteilungsleiter scheidet aufgrund Altersteilzeit mit Beginn der Freistellungsphase aus, ein zuvor Arbeitsloser wird als Sachbearbeiter – in diese Abteilung – eingestellt.

Bei Arbeitgebern, die in der Regel nicht mehr als 50 Arbeitnehmer (ohne Auszubildende) beschäftigen, genügt die Einstellung eines **Auszubildenden** (§ 3 Abs. 1 Nr. 2 b AltTZG).

»Überforderungsschutz«

Erstattungsleistungen der Agentur für Arbeit kommen im Übrigen nur dann in Frage, wenn die freie Entscheidung des Arbeitgebers zur Eingehung eines Altersteilzeitverhältnisses für den Fall sichergestellt ist, dass **mehr als 5 % der Belegschaft** von dieser Möglichkeit Gebrauch machen (sog. Überforderungsschutz nach § 3 Abs. 1 Nr. 3 AltTZG).

Diese Voraussetzung muss nicht erfüllt sein, wenn eine Ausgleichskasse der Arbeitgeber oder eine gemeinsame Einrichtung der Tarifvertragsparteien besteht (§ 3 Abs. 1 Nr. 3 AltTZG).

Mindestdauer der Wiederbesetzung

Der Anspruch auf die Erstattungsleistungen der Agentur für Arbeit besteht nach § 5 Abs. 2 AltTZG nicht, solange der Arbeitgeber auf dem frei gemachten oder frei gewordenen Arbeitsplatz keinen ursprünglich arbeitslos gemeldeten oder ausgebildeten Arbeitnehmer mehr beschäftigt.

Dies gilt nicht, wenn der Arbeitsplatz mit einem solchen Arbeitnehmer innerhalb von drei Monaten erneut wiederbesetzt wird oder der Arbeitgeber insgesamt »für vier Jahre die Leistungen erhalten hat« (bei Blockzeitmodellen genügen zwei Jahre).

Altersteilzeit

Erlöschen und Ruhen des Anspruchs auf Erstattungsleistungen

66 Der Anspruch auf die Erstattungsleistungen der Agentur für Arbeit **erlischt** gemäß § 5 Abs. 1 AltTZG
- mit Ablauf des Kalendermonats, in dem der Altersteilzeitler die Altersteilzeitarbeit oder das 65. Lebensjahr vollendet,
- mit Ablauf des Kalendermonats vor dem Monat, für den der Altersteilzeitler eine (ungeminderte) Altersrente beanspruchen kann,
- mit Beginn des Kalendermonats, für den der Altersteilzeitler eine Rente wegen Alters tatsächlich bezieht.

67 Der Anspruch auf die Erstattungsleistungen der Agentur für Arbeit **ruht** gemäß § 5 Abs. 3 Satz 1 AltTZG während der Zeit, in der der Arbeitnehmer neben der Altersteilzeit eine oder mehrere Nebenbeschäftigungen oder selbständige Tätigkeiten ausübt, die die Geringfügigkeitsgrenze des § 8 SGB IV überschreiten (450 Euro monatlich), oder wenn er aufgrund einer solchen Beschäftigung eine Entgeltersatzleistung erhält.

68 Der Anspruch auf die Erstattungsleistungen der Agentur für Arbeit **erlischt**, wenn er mindestens 150 Tage geruht hat (§ 5 Abs. 3 Satz 2 AltTZG).
Mehrere Ruhenszeiträume sind zusammenzurechnen (§ 5 Abs. 3 Satz 3 AltTZG).

69 Beschäftigungen oder selbständige Tätigkeiten bleiben allerdings unberücksichtigt, soweit sie der Altersteilzeitler bereits innerhalb der **letzten fünf Jahre** vor Beginn der Altersteilzeit **ständig ausgeübt** hat (§ 5 Abs. 3 Satz 4 AltTZG).
Das heißt: Einkünfte aus solchen Beschäftigungen bzw. selbständigen Tätigkeiten können auch während der Altersteilzeit weiterhin (in unbegrenzter Höhe) erzielt werden.

70 Der Anspruch auf die Erstattungsleistungen der Agentur für Arbeit ruht nach § 5 Abs. 4 AltTZG während der Zeit, in der der Altersteilzeitler (im Blockmodell während der Arbeitsphase) über die Altersteilzeitarbeit hinaus **Mehrarbeit** leistet, die den Umfang der Geringfügigkeitsgrenze des § 8 SGB IV überschreitet (450 Euro monatlich).
§ 5 Abs. 3 Satz 2 und 3 AltTZG gilt entsprechend (siehe Rn. 68).
Ein Ruhenstatbestand tritt nicht ein, wenn geregelt ist, dass die **Mehrarbeit durch Freizeitnahme** ausgeglichen wird.

> **Hinweis:**
> 71 Nachdem die Regelungen des AltTZG zur Förderung der Altersteilzeit nach Maßgabe des § 16 AltTZG ausgelaufen sind (siehe Rn. 3 und 57), werden die Bestimmungen des § 5 AltTZG (siehe Rn. 65 bis 70) für Altersteilzeitarbeitsverhältnisse, die – etwa auf der Grundlage tariflicher Vorschriften (siehe Rn. 11) nach dem 31.12.2009 beginnen – insgesamt **gegenstandslos** (vgl. Hanau, NZA 2009, 225).

Kündigungsschutz (§ 8 Abs. 1 AltTZG)

72 Gemäß § 8 Abs. 1 AltTZG stellt die Möglichkeit der Inanspruchnahme von Altersteilzeit keinen Umstand dar, der eine → **Kündigung** bzw. → **Änderungskündigung** sozial rechtfertigen könnte im Sinne des § 1 Abs. 2 KSchG.
Die Altersteilzeit kann auch nicht bei der **sozialen Auswahl** nach § 1 Abs. 3 Satz 1 KSchG zum Nachteil des Arbeitnehmers berücksichtigt werden (§ 8 Abs. 1 AltTZG).

72a Zur **kündigungsrechtlichen Stellung** des Beschäftigten, der sich bereits in Altersteilzeit befindet:
- Eine → **außerordentliche Kündigung** des Altersteilzeitarbeitsverhältnisses aus wichtigem Grund ist sowohl in der Arbeits- als auch Freistellungsphase der Block-Altersteilzeit möglich, wenn die Voraussetzungen des § 626 BGB vorliegen, was nur in den seltensten Fällen

Altersteilzeit

der Fall sein dürfte (z.B. bei Straftaten gegen den Arbeitgeber, Verrat von Betriebs- und Geschäftsgeheimnissen).

- Für eine → **ordentliche** betriebs-, personen- oder verhaltensbedingte **Kündigung** gilt – weil durch den Altersteilzeitvertrag ein **befristetes Arbeitsverhältnis** begründet wird – § 15 Abs. 3 TzBfG: hiernach ist eine ordentliche Kündigung nur zulässig, wenn eine solche Kündigungsmöglichkeit ausdrücklich einzelvertraglich oder in einem anwendbaren Tarifvertrag vereinbart wurde (siehe Rn. 72 c bis 72 f und → **Befristeter Arbeitsvertrag** Rn. 45). Das ist aber meistens nicht der Fall, so dass jedenfalls im Regelfall eine ordentliche betriebs-, personen- oder verhaltensbedingte Kündigung des Altersteilzeitlers durch den Arbeitgeber ausscheidet.

> **Hinweis:**
> Befindet sich allerdings der Arbeitgeber in der Insolvenz (siehe → **Insolvenzverfahren**), wird die Kündigungssperre des § 15 Abs. 3 TzBfG durch § 113 InsO aufgehoben.

72b

Das heißt: der Insolvenzverwalter kann eine → **ordentliche Kündigung** mit der vorgegebenen Kündigungsfrist von drei Monaten zum Monatsende auch dann aussprechen, wenn eine ordentliche Kündigungsmöglichkeit weder vertraglich noch tarifvertraglich vorgesehen ist (BAG v. 16.6.2005 – 6 AZR 476/04, AiB 2006, 124 = NZA 2006, 270).
§ 113 InsO verdrängt sogar tarifliche Regelungen über den Ausschluss ordentlicher Kündigung von älteren, langjährig beschäftigten Arbeitnehmern, zu denen Beschäftigte in Altersteilzeit regelmäßig gehören (BAG v. 16.6.2005 – 6 AZR 476/04, a.a.O.).

Ist eine ordentliche Kündigungsmöglichkeit (ausnahmsweise) vertraglich oder tarifvertraglich zugelassen (§ 15 Abs. 3 TzBfG) oder befindet sich der Arbeitgeber in der Insolvenz (§ 113 InsO) und wird die Altersteilzeit im Blockmodell durchgeführt, dann gilt Nachfolgendes.

72c

Betriebsbedingte Kündigung

Eine ordentliche → **betriebsbedingte Kündigung** ist – sofern sie vertraglich oder tarifvertraglich zugelassen ist (§ 15 Abs. 3 TzBfG) oder sich der Arbeitgeber in der Insolvenz befindet (§ 113 InsO) – z.B. im Falle einer Stilllegung des Betriebes dann möglich, wenn sich ein Beschäftigter noch in der Arbeitsphase der Block-Altersteilzeit befindet.
Die Stilllegung stellt in diesem Falle ein dringendes betriebliches Erfordernis i.S.v. § 1 Abs. 2 KSchG dar (BAG v. 16.6.2005 – 6 AZR 476/04, a.a.O.).
Etwas anderes gilt, wenn die **Freistellungsphase** bereits begonnen hat. In diesem Falle hat der Beschäftigte in Block-Altersteilzeit die geschuldete Arbeitsleistung bereits in vollem Umfang in der Arbeitsphase erbracht (BAG v. 5.12.2002 – 2 AZR 571/01, NZA 2003, 789).
Deshalb kann selbst eine Stilllegung des Betriebs kein dringendes betriebliches Erfordernis, die einer Weiterbeschäftigung des Arbeitnehmers im Betrieb entgegenstehen, mehr i.S.v. § 1 Abs. 2 KSchG darstellen.
Eine betriebsbedingte Kündigung kommt deshalb nicht mehr in Betracht.
Vorstehendes gilt auch bei **Insolvenz** des Arbeitgebers.
Nach richtiger Ansicht des BAG rechtfertigen die Besonderheiten des Insolvenzverfahrens keine abweichende Beurteilung (BAG v. 5.12.2002 – 2 AZR 571/01, a.a.O.; 16.6.2005 – 6 AZR 476/04, a.a.O.).
§ 113 InsO ermöglicht zwar eine Kündigung des Insolvenzverwalters mit einer Kündigungsfrist von drei Monaten, wenn eine Kündigung sonst wegen § 15 Abs. 3 TzBfG mit dieser Frist nicht möglich oder aufgrund eines tariflichen Alterskündigungsschutzes ganz ausgeschlossen wäre (siehe 72 b).

72d

Altersteilzeit

Auch diese Kündigung setzt jedoch ein dringendes betriebliches Erfordernis i. S. v. § 1 Abs. 2 KSchG voraus, das einer Weiterbeschäftigung des Arbeitnehmers entgegensteht.
Allein das Fehlen hinreichender finanzieller Mittel stellt keinen ausreichenden Kündigungsgrund dar.

Personenbedingte Kündigung

72e   Eine ordentliche → **personenbedingte Kündigung** ist – sofern sie vertraglich oder tarifvertraglich zugelassen ist (§ 15 Abs. 3 TzBfG) oder sich der Arbeitgeber in der Insolvenz befindet (§ 113 InsO) – in der **Arbeitsphase** möglich (wenn die Voraussetzungen des § 1 Abs. 2 KSchG gegeben sind). Sie ist ausgeschlossen, wenn die **Freistellungsphase** der Block-Altersteilzeit bereits begonnen hat.

Verhaltensbedingte Kündigung

72f   Eine ordentliche → **verhaltensbedingte Kündigung** ist – sofern sie vertraglich oder tarifvertraglich zugelassen ist (§ 15 Abs. 3 TzBfG) oder sich der Arbeitgeber in der Insolvenz befindet (§ 113 InsO) – nach h. M. (so etwa ErfK-*Rolfs*, ATG, 12. Aufl. 2008, § 8 Rn. 20 m. w. N.) sowohl in der **Arbeits-** als auch **Freistellungsphase** möglich. Allerdings müssen – wie bei der außerordentlichen Kündigung (siehe Rn. 72 a) – schwerwiegende Gründe vorliegen, was nur in den seltensten Fällen der Fall sein dürfte (z. B. bei Straftaten gegen den Arbeitgeber, Verrat von Betriebs- und Geschäftsgeheimnissen).

Aufstockungsanspruch trotz fehlender Erstattung durch Agentur für Arbeit (§ 8 Abs. 2 AltTZG)

73   Der Anspruch des Arbeitnehmers gegen den Arbeitgeber auf Aufstockung von Arbeitsentgelt und Rentenversicherungsbeitrag kann **nicht ausgeschlossen** werden für den Fall, dass die Agentur für Arbeit z. B. wegen Nichteinstellung eines Arbeitslosen oder zu spät gestellten Erstattungsantrag die Erstattung verweigert.
Eine entgegenstehende Vereinbarung zu Lasten des Arbeitnehmers (z. B. im Altersteilzeitvertrag) ist **nichtig**.

Befristung des Altersteilzeitarbeitsverhältnisses (§ 8 Abs. 3 AltTZG)

74   Zulässig ist eine Vereinbarung zwischen Arbeitgeber und Arbeitnehmer, die eine Befristung des Altersteilzeitarbeitsverhältnisses auf den Zeitpunkt vorsieht, zu dem der Arbeitnehmer Anspruch auf vorgezogene – und damit mit **Rentenabschlägen** versehene –»Altersrente nach Altersteilzeit« (siehe Rn. 5 und → **Rentenversicherung**) hat.

Soziale Sicherung der Altersteilzeitkräfte (§ 10 AltTZG)

75   Bei **krankheitsbedingter Arbeitsunfähigkeit** wird Entgeltfortzahlung bis zur Dauer von sechs Wochen in Höhe des aufgestockten Arbeitsentgeltes gezahlt (siehe → **Entgeltfortzahlung im Krankheitsfall und bei Vorsorge und Rehabilitation**).
Dauert die Arbeitsunfähigkeit länger als sechs Wochen, zahlt die Krankenkasse Krankengeld, und zwar 70 % vom Teilzeitbruttoentgelt (siehe → **Krankenversicherung**).
Den bisher vom Arbeitgeber gezahlten **Aufstockungsbetrag** übernimmt für die Dauer des Krankengeldbezuges die Agentur für Arbeit in gesetzlicher Höhe (allerdings nur dann, wenn

Altersteilzeit

eine Wiederbesetzung des durch Altersteilzeit frei gemachten bzw. frei gewordenen Arbeitsplatzes erfolgt).
Dasselbe gilt für den Fall, dass Versorgungskrankengeld, Verletztengeld oder Übergangsgeld bezogen wird (§ 10 Abs. 2 AltTZG).

Für den Altersteilzeitler, der **längere Zeit krank** ist, entstehen nach Ablauf des Entgeltfortzahlungszeitraums in jedem Fall finanzielle Probleme, weil das Krankengeld sich – nur – nach dem Teilzeitentgelt bemisst (und eine Aufstockung des Krankengeldes durch die Agentur für Arbeit nach § 10 Abs. 1 AltTZG nur im Falle der Wiederbesetzung stattfindet). 76
Deshalb ist es dringend geboten, durch Zusatzregelungen (Tarifvertrag, Betriebsvereinbarung oder Altersteilzeitvertrag) eine Lösung des Problems zu vereinbaren (z. B. Verlängerung des Entgeltfortzahlungszeitraums, höhere Aufstockungsbeträge, mindestens aber Schaffung eines betrieblichen Härtefonds).
Manche → **Tarifverträge** sehen vor (z. B. Metallindustrie), dass der Arbeitgeber den gesetzlichen Aufstockungsbetrag auch dann zu zahlen hat, wenn keine Wiederbesetzung vorgesehen ist.

Längere Krankheit löst noch ein weiteres Problem aus, wenn Altersteilzeit in Form des Blockmodells (siehe Rn. 21) vereinbart wurde, was in der Praxis meist der Fall ist. 77
Es muss unterschieden werden: Krankheit während der Arbeitsphase und während der Freistellungsphase

Krankheit während der Arbeitsphase

Dauert die Arbeitsunfähigkeit länger als sechs Wochen (Entgeltfortzahlung!), dann stellt sich die Frage, ob sich die Zeit der Arbeitsphase um die Zeit des Krankengeldbezuges verlängert mit der Folge, dass die Freistellungsphase entsprechend später – als ursprünglich vereinbart – beginnt.
In manchen → Tarifverträgen ist die Frage ausdrücklich geregelt (z. B. in dem Sinne, dass Krankheitszeiten ohne Anspruch auf Entgeltfortzahlung die Arbeitsphase verlängern und – im Blockmodell – zur Hälfte nachgearbeitet werden können oder müssen).
Dort, wo keine tarifliche Regelung besteht, wird die Frage strittig diskutiert. Nach Auffassung der Bundesagentur für Arbeit basiert das Blockmodell auf dem **Ansparprinzip**.
Freizeitguthaben, die in der Freistellungsphase »verbraucht« werden, entstehen nur durch »Ansparzeiten«, in denen Anspruch auf Arbeitsentgelt oder Entgeltfortzahlung besteht, nicht dagegen für **Zeiten mit Bezug von Krankengeld** (oder »Kurzarbeitergeld bei Null-Kurzarbeit«; siehe Rn. 79, 80).
Es wird sogar in Zweifel gezogen, dass die Rentenzugangsvoraussetzung nach § 237 Abs. 1 Nr. 3 b SGB VI (Verminderung der Arbeitszeit auf Grund von Altersteilzeitarbeit für mindestens 24 Kalendermonate) erfüllt ist, wenn es sich bei den 24 Monaten nicht um solche mit Anspruch auf Arbeitsentgelt/Entgeltfortzahlung handelt.
Hieraus wird gefolgert: Im Blockmodell müssen Zeiten ohne Anspruch auf Arbeitsentgelt oder Entgeltfortzahlung **zur Hälfte nachgearbeitet** werden, es sei denn, es wird vereinbart, dass der Arbeitgeber auf die Nacharbeit verzichtet und das »Ansparguthaben« um die Leistungen aufstockt, die der Beschäftigte bei Arbeitsleistung bekommen hätte.
Bei Nacharbeit bleibt das **vertragliche Ende** des Altersteilzeitarbeitsverhältnisses bestehen.
Der **Beginn der Freistellungsphase** verschiebt sich auf den Zeitpunkt, bei dem die Freistellungsphase der Dauer der tatsächlichen Arbeitsphasen entspricht.
Die tatsächlichen Arbeitsphasen schließen **Zeiten der Entgeltfortzahlung** und anderer vom Arbeitgeber bezahlter Ausfallzeiten ein.

Altersteilzeit

Krankheit während der Freistellungsphase

Die Ansprüche des Altersteilzeitlers werden durch Krankheit nicht beeinträchtigt. Das heißt: Er hat auch während einer etwaigen Krankheit in der Freistellungsphase Anspruch auf das – bereits in der Arbeitsphase »erarbeitete« – **Altersteilzeitentgelt** zuzüglich Aufstockung des Entgelts und Rentenbeitrags (nach AltTZG oder Tarifvertrag).
Dabei spielt die Dauer der Erkrankung keine Rolle.

77a	**Beispiel für eine Regelung in einer Betriebsvereinbarung:** (1) Für Zeiten von Arbeitsunfähigkeit und Maßnahmen der medizinischen Vorsorge und Rehabilitation während der Arbeitsphase, die den Entgeltfortzahlungszeitraum nicht überschreiten, werden Altersteilzeitentgelt und die vertraglich/tarifvertraglich vereinbarten Aufstockungsleistungen auf das Altersteilzeitentgelt sowie die zusätzlichen Beiträge zur Rentenversicherung in unveränderter Höhe weitergezahlt. Es gelten die jeweiligen tarifvertraglichen Bestimmungen. (2) Bei Bezug von Krankengeld, Versorgungskrankengeld, Verletztengeld, Übergangsgeld oder Krankentagegeld von einem privaten Krankenversicherungsunternehmen erhält der Beschäftigte den vertraglich/tarifvertraglich vereinbarten Aufstockungsbetrag auf das Altersteilzeitentgelt. Der Arbeitgeber entrichtet außerdem die vertraglich/tarifvertraglich vereinbarten zusätzlichen Beiträge zur Rentenversicherung. Alternativ: Bei Bezug von Krankengeld, Versorgungskrankengeld, Verletztengeld, Übergangsgeld oder Krankentagegeld von einem privaten Krankenversicherungsunternehmen zahlt der Arbeitgeber einen weiteren Aufstockungsbetrag, welcher den Unterschied zwischen dem Krankengeldanspruch und dem Altersteilzeitentgelt einschließlich des Aufstockungsbetrages ausgleicht. Der Arbeitgeber entrichtet außerdem die vertraglich/tarifvertraglich vereinbarten zusätzlichen Beiträge zur Rentenversicherung. (3) Der Arbeitgeber baut bis zum Beginn der Freistellungsphase die entsprechenden Wertguthaben für die Zeit nach Ablauf des Entgeltfortzahlungszeitraums auf. Der Beschäftigte ist berechtigt und verpflichtet, die Ausfallzeiten nach Ablauf des Entgeltfortzahlungszeitraums zur Hälfte nachzuarbeiten. Bei Nacharbeit bleibt das vertragliche Ende des Altersteilzeitarbeitsverhältnisses bestehen. Der Beginn der Freistellungsphase verschiebt sich auf den Zeitpunkt, bei dem die Freistellungsphase den tatsächlichen Arbeitsphasen entspricht. Die tatsächlichen Arbeitsphasen schließen Zeiten der Entgeltfortzahlung und andere vom Arbeitgeber bezahlte Ausfallzeiten ein. Alternativ: Der Arbeitgeber baut bis zum Beginn der Freistellungsphase die entsprechenden Wertguthaben für die Zeit nach Ablauf des Entgeltfortzahlungszeitraums auf. Eine Nacharbeitspflicht für Zeiten der Arbeitsunfähigkeit besteht nicht.
78	Wird der Altersteilzeitbeschäftigte (z. B. im Falle der vorzeitigen Beendigung der Altersteilzeit z. B. aufgrund einer betriebsbedingten Kündigung wegen Betriebsstilllegung; siehe Rn. 72 a) **arbeitslos**, erhält er – bis zur Dauer von 24 Monaten (vgl. § 147 Abs. 2 SGB III 2012 – ein ungemindertes **Arbeitslosengeld** (§ 10 Abs. 1 Satz 1 AltTZG). Das heißt: Der **Berechnung** des Arbeitslosengeldes wird nicht das (niedrige) Arbeitsentgelt für die Altersteilzeit zugrunde gelegt, sondern das (doppelt so hohe) Entgelt für die »bisherige« Arbeitszeit. Dies gilt allerdings nur so lange, bis der Arbeitslose eine (ggf. mit **Rentenabschlägen** versehene vorzeitige) Rente wegen Alters in Anspruch nehmen **kann** (§ 10 Abs. 1 Satz 2 AltTZG). Ab diesem Zeitpunkt wird das Arbeitslosengeld nach dem – niedrigeren – Altersteilzeitentgelt (ohne Aufstockungsbetrag) bemessen. Ein solcher Fall tritt (auch) ein, wenn der Altersteilzeitler nach **planmäßigem Ablauf** des Altersteilzeitarbeitsverhältnisses keine vorgezogene Altersrente in Anspruch nimmt (obwohl er darauf einen Anspruch hat), sondern sich arbeitslos meldet (was möglich ist; siehe auch Rn. 8 a und 8 b).

Altersteilzeit

Er hat dann – bis zur Dauer von 24 Monaten – Anspruch auf **Arbeitslosengeld**, das allerdings vergleichsweise niedrig ausfällt.
Immerhin können auf diese Weise **Rentenabschläge gemindert** oder gänzlich **vermieden** werden, die bei einem sofortigen Wechsel von der Altersteilzeit in eine vorgezogene Altersrente anfallen würden (siehe Rn. 5).

> **Beispiel:**
> Zwischen dem Ende des Altersteilzeitverhältnisses (z. B. am 31.12.2011) und dem Beginn einer ungeminderten Altersrente (z. B. am 1.1.2014) liegen 24 Monate. Wenn der Altersteilzeitler vorgezogene Rente beansprucht, werden lebenslang Rentenabschläge in Höhe von 7,2 % fällig.
> Wenn der Altersteilzeitler sich stattdessen arbeitslos meldet und 24 Monate Arbeitslosengeld bezieht und erst dann in Rente geht, fallen keine Rentenabschläge an.
> Das Problem ist nur, dass sich die Höhe des Arbeitslosengeldes (nur) nach dem Altersteilzeitentgelt (ohne Aufstockungsbetrag) bemisst, und nicht nach dem (höheren) Entgelt, das ohne Altersteilzeit zu zahlen gewesen wäre.

Besondere Probleme entstehen, wenn Beschäftigte in Altersteilzeit in → **Kurzarbeit** einbezogen werden. Das sollte in Betriebsvereinbarung zur Kurzarbeit möglichst ausgeschlossen werden. 79

> **Beispiel für eine Regelung in einer Betriebsvereinbarung:**
> (1) Beschäftigte in Altersteilzeit werden nicht in Kurzarbeit einbezogen.
> Alternativ:
> (1) Sollen Beschäftigte in der Arbeitsphase der Altersteilzeit in Kurzarbeit einbezogen werden, bedarf dies einer gesonderten Betriebsvereinbarung zwischen Arbeitgeber und Betriebsrat. Im Nichteinigungsfalle entscheidet die Einigungsstelle nach § 87 Abs. 2 BetrVG.
> (2) Der Arbeitgeber zahlt bei Kurzarbeit von Beschäftigten in der Arbeitsphase der Altersteilzeit zum Ist-Entgelt und Kurzarbeitergeld den bisherigen Aufstockungsbetrag und die zusätzlichen Rentenversicherungsbeiträge unverändert weiter (§ 10 Abs. 4 ATG).
> (3) Beschäftigte in Altersteilzeit sind im Übrigen so zu stellen, dass sich die Kurzarbeit nicht auf die Höhe des Altersteilzeitentgelts in der Freistellungsphase auswirkt. Der Arbeitgeber baut die entsprechenden Wertguthaben auf. Eine Nacharbeitspflicht des Beschäftigten besteht deshalb nicht.

Im Falle der Einbeziehung in → **Kurzarbeit** erhält der Altersteilzeitler eine **dreiteilige Vergütung:**
- das Arbeitsentgelt für die (durch Kurzarbeit reduzierte) geleistete Arbeit (dieser Vergütungsbestandteil entfällt, wenn wegen »Null-Kurzarbeit« überhaupt nicht gearbeitet wird);
- Kurzarbeitergeld, das sich nach dem Entgelt für die Altersteilzeitarbeit bemisst;
- Aufstockung des Arbeitsentgelts und zusätzlicher Rentenbeitrag (für die Berechnung ist gemäß § 10 Abs. 4 AltTZG das Entgelt für die vereinbarte Arbeitszeit maßgeblich; die Kurzarbeit wird insoweit nicht berücksichtigt).

Bei Arbeitszeit- und Entgeltausfall in der Arbeitsphase (Blockmodell) infolge Kurzarbeit stellt sich die gleiche Problematik wie bei Krankheit in der Arbeitsphase nach Ablauf der Entgeltfortzahlung, nämlich die Frage, ob **nachgearbeitet** werden muss. 80
Siehe hierzu Auszug aus Ziff. 4.1 der »Geschäftsanweisung Kurzarbeitergeld« der Bundesagentur für Arbeit (Juli 2009): »... *(2) Arbeitnehmer in Altersteilzeit sind grundsätzlich versicherungspflichtig beschäftigt. Somit kann auch diesen Arbeitnehmern Kurzarbeitergeld gewährt werden. Wird die Altersteilzeit im Blockmodell durchgeführt, kann ein Arbeitsausfall mit Anspruch auf Kurzarbeitergeld nur in der Arbeitsphase eintreten.*
Fällt die Arbeitszeit im Blockmodell aufgrund der Kurzarbeit teilweise aus, wird aus dem erzielten Arbeitsentgelt zunächst das Wertguthaben für die Freistellungsphase gebildet. Fällt in einem Monat mehr als die Hälfte der im Blockmodell geschuldeten Arbeitszeit aus, kann der Arbeitnehmer

Altersteilzeit

den mehr als hälftigen Arbeitsausfall für die Freistellungsphase nacharbeiten. Einer Nacharbeit bedarf es nicht, wenn der Arbeitgeber Wertguthaben in entsprechendem Umfang einstellt. Es ist kollektiv- bzw. individualrechtlich möglich, alternative Regelungen zur Nacharbeit zu treffen. Zur Frage der Höhe des Sollentgeltes vgl. GA 13.2. Abs. 3.

Wird während der Altersteilzeitarbeit Kurzarbeitergeld (auch Saison-Kug) bezogen, hat der Arbeitgeber die Aufstockungsleistungen nach dem AltTZG in dem Umfang zu erbringen, als ob der Arbeitnehmer die vereinbarte Arbeitszeit gearbeitet hätte ...«.

Insolvenzsicherung bei Altersteilzeit im Blockmodell (§ 8 a AltTZG)

81 Bei Altersteilzeit in Form des Blockmodells arbeitet der Beschäftigte in der Arbeitsphase zu 100 %, erhält aber nur ein aufgestocktes Altersteilzeitentgelt.
Es wird also ein »**Wertguthaben**« in der Arbeitsphase **angearbeitet**, das mit zur Finanzierung der späteren Freistellungsphase dient.
Es ist notwendig, das volle Wertguthaben gegen Insolvenz des Arbeitgebers abzusichern (§ 8 a AltTZG; siehe Rn 82).
Besser ist es natürlich, auch die **Aufstockungsbeträge** gegen Insolvenz zu sichern (siehe Rn. 89 a), weil das Altersteilzeitverhältnis nur auf Grundlage des Wertguthabens den Lebensunterhalts des Arbeitnehmers kaum sichern kann.
In jedem Falle unzureichend ist eine Insolvenzsicherung, die lediglich das Ziel hat, den Arbeitnehmer bei einer Insolvenz so zu stellen, als wäre ein Altersteilzeitvertrag nicht abgeschlossen worden und damit eine Minderung des Arbeitsentgelts nicht erfolgt.
In diesem Fall würde nur die **Differenz** zwischen dem Entgelt bei Vollzeitarbeit (einschließlich Arbeitgeberanteile zur Sozialversicherung) und dem tatsächlich gezahlten aufgestockten Altersteilzeitentgelt abgesichert werden.

82 Durch das Dritte Gesetz für moderne Dienstleistungen am Arbeitsmarkt vom 23.12.2003 (Hartz III) wurde mit Wirkung zum 1.7.2004 ein gesetzlicher Anspruch des Arbeitnehmers auf **Insolvenzsicherung für Altersteilzeit im Blockmodell** eingeführt (§ 8 a AltTZG).
Die Neuregelung gilt für Altersteilzeitverhältnisse, die nach dem 30.6.2004 begonnen haben.
Zur »alten« Gesetzeslage, die für Altersteilzeitarbeitsverhältnisse galt, die vor dem 1.7.2004 begonnen haben, siehe Vorauflage.

83–87 Nicht besetzt.

88 Durch § 8 a AltTZG wird ein gesetzlicher Anspruch des Arbeitnehmers auf Insolvenzsicherung des im Blockmodell auflaufenden Wertguthabens begründet, wenn eine Vereinbarung über die Altersteilzeitarbeit im Sinne von § 2 Abs. 2 AltTZG zum Aufbau eines Wertguthabens führt, das den Betrag des **Dreifachen des Regelarbeitsentgelts** nach § 6 Abs. 1 AltTZG einschließlich des darauf entfallenden Arbeitgeberanteils am Gesamtsozialversicherungsbeitrag übersteigt.
Der Arbeitgeber ist in diesem Falle verpflichtet, das Wertguthaben einschließlich des darauf entfallenden Arbeitgeberanteils am Gesamtsozialversicherungsbeitrag mit der ersten Gutschrift in geeigneter Weise gegen das Risiko seiner Zahlungsunfähigkeit abzusichern (§ 8 a Abs. 1 Satz 1 AltTZG).

88a Bei der Ermittlung der Höhe des zu sichernden Wertguthabens ist eine **Anrechnung** der Aufstockungsleistungen nach § 3 Abs. 1 Nr. 1 a und b und § 4 Abs. 2 AltTZG sowie der Zahlungen des Arbeitgebers zur Übernahme der Beiträge im Sinne des § 187 a des Sechsten Buches Sozialgesetzbuch **unzulässig**.
Das heißt: der Arbeitgeber darf bei der Absicherung des auflaufenden Wertguthabens nicht die nach Gesetz bzw. Tarifverträgen zu leistenden Aufstockungsbeträge auf das Altersteilzeitentgelt (siehe Rn. 26 ff.) und die abzuführenden zusätzlichen Rentenbeiträge (siehe Rn. 48 ff.) abziehen.

Altersteilzeit

Etwaige anderslautende Regelungen in Tarif- oder Arbeitsverträgen oder Betriebsvereinbarungen sind **nichtig**.
Das AltTZG enthält sich einer positiven Aufzählung **geeigneter Sicherungsmaßnahmen**. 88b
§ 8a Abs. 1 Satz 2 AltTZG stellt aber klar, dass bilanzielle Rückstellungen sowie zwischen Konzernunternehmen (§ 18 des Aktiengesetzes) begründete Einstandspflichten, insbesondere Bürgschaften, Patronatserklärungen oder Schuldbeitritte, nicht als geeignete Sicherungsmittel gelten.
Geeignet i. S. d. § 8a Abs. 1 AltTZG sind z. B. folgende **Formen der Insolvenzsicherung**: 89
- nicht widerrufliche selbstschuldnerische Bankbürgschaft zugunsten des Beschäftigten:
  - Eine Bank/Sparkasse steht für die Verbindlichkeiten (des später insolvent werdenden) Arbeitgebers ein.
  - Die Bank/Sparkasse schließt mit dem Arbeitgeber einen entsprechenden Rahmenvertrag. Voraussetzung ist eine Bonitätsprüfung.
  - Kein direkter Liquiditätsabfluss, der Arbeitgeber muss eine Provision zahlen (je nach Summe und Risiko zwischen 0,5 % und 2 %); die Bürgschaftssumme wird auf die Kreditlinie angerechnet.
  - Die Vordrucke der Banken/Sparkassen müssen oft ergänzt werden, z. B. um genaue Angabe des Anspruchs, Inanspruchnahme nur bei Insolvenz, Abrechnung der abzuführenden SV-Beträge und Steuern.
- Treuhandvereinbarung (Überweisung des zu sichernden Wertguthabens auf ein Treuhandkonto bei einer Bank):
  - Unternehmensexterne Lösung.
  - Vermögen im Umfang der abzusichernden Verbindlichkeit (des später insolvent werdenden) Arbeitgebers wird auf einen Treuhänder (Bank etc.) übertragen.
  - entsprechender Liquiditätsabfluss.
  - Auszahlung und Abrechnung bei Insolvenz durch den Treuhänder.
  - Wird zur Absicherung eines Altersteilzeitguthabens eine sog. **Doppeltreuhand** vereinbart, ist die zugunsten des Arbeitnehmers vereinbarte Sicherungstreuhand i. d. R. insolvenzfest und begründet in der Insolvenz des Arbeitgebers (Treugebers) ein **Absonderungsrecht** an dem Sicherungsgegenstand (BAG v. 18.7.2013 – 6 AZR 47/12).
- Verpfändungsvereinbarung (Verpfändung von Bankguthaben/Wertpapieren des Arbeitgebers in Höhe des Wertguthabens an Beschäftigte):
  - Verfügungsgewalt über die verpfändeten Spar-/Bankguthaben bzw. Wertpapiere bleibt bei der Unternehmensleitung.
  - Der Wert der verpfändeten Guthaben/Wertpapiere wird regelmäßig überprüft und nach Bedarf angepasst.
  - Z. T. kein direkter Liquiditätsabfluss für das Unternehmen, Verwaltungsaufwand kann von Bank/Versicherung getragen werden.
  - Der Provisionssatz ist von Fall zu Fall unterschiedlich. Die Kapitalerträge verbleiben beim Unternehmen (es sei denn, es wird anders geregelt).
  - Rückzahlung in Freizeitphase oder bei Insolvenz durch Bank/Versicherung/Kapitalanlagegesellschaft; Abrechnung Sozialversicherungsbeiträge, Steuern etc. klären!
  - Kommt für solvente Unternehmen mit belastungsfreien Guthaben/Wertpapieren in Frage.
  - Risiko: Kursschwankungen.
- Abschluss einer Insolvenzversicherung zugunsten des Beschäftigten bei einem Versicherungsunternehmen:
  - Die Versicherung steht für die Verbindlichkeiten des später insolvent werdenden Arbeitgebers ein.
  - Die Versicherung schließt mit dem Arbeitgeber einen entsprechenden Rahmenvertrag.

Altersteilzeit

– Kein direkter Liquiditätsabfluss, der Arbeitgeber muss einen Versicherungsbeitrag zahlen.

89a Nach § 8a AltTZG ist (leider) nur das beim Blockmodell in der Arbeitsphase auflaufende **Wertguthaben** gegen Insolvenz abzusichern, nicht aber die vom Arbeitgeber aufgrund Tarif- und/oder Arbeitsvertrag zu zahlende Aufstockung des Altersteilzeitentgelts (siehe Rn. 26 ff.) und zusätzlichen Rentenbeiträge (siehe Rn. 48 ff.).

Das führt im Falle einer Insolvenz des Arbeitgebers zu erheblichen Problemen, weil der Beschäftigte nur von dem nach § 8a AltTZG gegen Insolvenz zu sichernden Wertguthaben (ohne Aufstockungsleistungen) im Regelfall nicht leben kann.

Deshalb sollten nach Möglichkeit auch die **Aufstockungsleistungen** nach § 3 Abs. 1 Nr. 1a und b und § 4 Abs. 2 AltTZG (siehe Rn. 88a) in die Insolvenzsicherung einbezogen werden.

> **Beispiel für eine – über § 8a AltTZG hinausgehende – Insolvenzsicherungsregelung in einer Betriebsvereinbarung:**
> (1) Für den Fall der Insolvenz des Arbeitgebers werden die Ansprüche des Beschäftigten für die Zeit nach Eintritt der Zahlungsunfähigkeit bis zum vereinbarten Ende des Altersteilzeitarbeitsverhältnisses (inkl. Freistellungsphase) einschließlich der darauf entfallenen Arbeitgeberanteile am Gesamtsozialversicherungsbeitrag und der Aufstockungsbeträge (ggf. sowie der zu zahlenden Abfindung) gesichert.
> (2) Die Insolvenzsicherung erfolgt durch nicht widerrufliche selbstschuldnerische Bank-Bürgschaft der ... -Bank.
> (3) Der Arbeitgeber weist dem Betriebsrat anhand schriftlicher Unterlagen nach Ende eines Kalenderhalbjahres die Form und den Umfang der Insolvenzsicherung nach.
> (4) Der Beschäftigte ist bei Abschluss des Altersteilzeitvertrages und nach Ende eines jeden Kalenderhalbjahres über die vorhandene Insolvenzsicherung sowie seine Ansprüche im Insolvenzfall in Schriftform zu informieren.

90 Ist eine der in Rn. 89 genannten Insolvenzsicherungsvarianten vereinbart worden, erbringt im Falle der Insolvenz des Arbeitgebers die Bank bzw. der Treuhänder bzw. die Kapitalanlagegesellschaft bzw. die Versicherung **Zahlungen** an den betroffenen Altersteilzeitler in Höhe der aufgelaufenen Wertguthaben (ggf. mit Zinsen) incl. Abrechnung und Abführung von **Lohnsteuern** und **Sozialversicherungsbeiträgen**.

91 Der Arbeitgeber hat dem Arbeitnehmer die zur Sicherung des Wertguthabens ergriffenen Maßnahmen mit der ersten Gutschrift und danach alle sechs Monate in Textform **nachzuweisen** (§ 8a Abs. 3 Satz 1 AltTZG).

Die Betriebsparteien können eine andere **gleichwertige Art und Form** des Nachweises vereinbaren (§ 8a Abs. 3 Satz 2 AltTZG).

Kommt der Arbeitgeber seiner Verpflichtung zum Nachweis nicht nach oder sind die nachgewiesenen Maßnahmen nicht geeignet und weist er auf schriftliche Aufforderung des Arbeitnehmers nicht innerhalb eines Monats eine geeignete Insolvenzsicherung des bestehenden Wertguthabens in Textform nach, kann der Arbeitnehmer verlangen, dass **Sicherheit** in Höhe des bestehenden Wertguthabens **geleistet** wird (§ 8a Abs. 4 Satz 1 AltTZG).

92 Vereinbarungen über den Insolvenzschutz, die zum Nachteil des in Altersteilzeitarbeit beschäftigten Arbeitnehmers von den Bestimmungen dieser Vorschrift abweichen, sind **unwirksam** (§ 8a Abs. 5 AltTZG).

Das dürfte auch für **Tarifregelungen** gelten, die den Arbeitgeber nicht zur Insolvenzsicherung des vollen Wertguthabens verpflichten, sondern nur zur Sicherung der **Differenz** zwischen dem Entgelt bei Vollzeitarbeit (einschließlich Arbeitgeberanteile zur Sozialversicherung) und dem tatsächlich gezahlten aufgestockten Altersteilzeitentgelt (siehe Rn. 81).

92a § 8a Abs. 1 bis 5 AltTZG findet **keine Anwendung** gegenüber dem Bund, den Ländern, den Gemeinden, Körperschaften, Stiftungen und Anstalten des öffentlichen Rechts, über deren

Altersteilzeit

Vermögen die Eröffnung eines Insolvenzverfahrens nicht zulässig ist sowie solchen juristischen Personen des öffentlichen Rechts, bei denen der Bund, ein Land oder eine Gemeinde kraft Gesetzes die Zahlungsfähigkeit sichert (§ 8 a Abs. 6 AltTZG).

Nach Ansicht des BAG besteht **keine persönliche Haftung** der Mitglieder von Geschäftsleitungen und Vorständen eines Unternehmens nach § 823 Abs. 2 BGB, die es entgegen § 8 a AltTZG unterlassen, die Ansprüche der Altersteilzeitler **gegen Insolvenz abzusichern** (BAG v. 23. 2. 2010 – 9 AZR 44/09, NZA 2010, 1418; 23. 2. 2010 – 9 AZR 71/09, BB 2010, 2698). § 8 a AltTZG sei nur im Verhältnis zum Arbeitgeber Schutzgesetz i. S. v. § 823 Abs. 2 BGB. Sie begründe keine persönliche Haftung der gesetzlichen Vertreter juristischer Personen. Die organschaftlichen Vertreter seien keine Normadressaten.

92b

Teilt allerdings z. B. der Geschäftsführer einer GmbH dem Betriebsrat **wahrheitswidrig** mit, dass die Insolvenzsicherung erfolgt sei, kann dies seine **Schadensersatzpflicht** nach § 823 Abs. 2 BGB i. V. m. § 263 StGB (**Betrug**) begründen.

Der Geschäftsführer **haftet dann persönlich** für den Schaden, der dem Arbeitnehmer durch die (teilweise) Nichterfüllung seines erarbeiteten Wertguthabens in der Insolvenz entsteht, weil das vor Insolvenzeröffnung erarbeitete Wertguthaben nach § 108 Abs. 2 InsO nur als Insolvenzforderung anteilig berichtigt wird (BAG v. 13. 2. 2007 – 9 AZR 207/06, NZA 2007, 878).

Unverständlicherweise hat es der Gesetzgeber unterlassen, in § 8 a AltTZG eine Haftungsregelung aufzunehmen, die der Regelung des § 7 e Abs. 7 SGB IV entspricht (= persönliche Haftung der Mitglieder von Geschäftsleitungen und Vorständen eines Unternehmens bei **Langzeit-Arbeitszeitkonten**; siehe → **Arbeitszeitflexibilisierung** Rn. 13 g).

Bedeutung für die Betriebsratsarbeit

Die »**geförderte Altersteilzeit**« (siehe Rn. 3) war – insbesondere in Form des Blockmodells (siehe Rn. 21) – ein gesellschafts- und sozialpolitisch sinnvoller Weg, einen »frühzeitigen Ausstieg« älterer Beschäftigter aus dem Arbeitsleben und einen gleichzeitigen »Einstieg« von Berufsanfängern oder arbeitsloser Menschen zu organisieren (»**Beschäftigungsbrücke**«).

93

Die dagegen aus konservativen Kreisen und Wirtschaft vorgetragenen Angriffe sind zurückzuweisen (siehe Rn. 3 c).

Altersteilzeit kann aber auch ohne die frühere Förderung im Falle der Wiederbesetzung – das belegt ein Blick in die Praxis – auch für Arbeitgeber interessant sein (siehe Rn. 2 b).

Betriebsvereinbarungen und Verträge zur Altersteilzeit existieren durchaus nicht nur in Großunternehmen.

Auch in kleineren und mittleren Unternehmen ist es den Betriebsräten gelungen, den Arbeitgeber davon zu überzeugen, dass Altersteilzeit ein Instrument sein kann, die Personalstruktur zu verändern und die **Belegschaft zu verjüngen** (immerhin genießen ältere Arbeitnehmer im Lebensalter zwischen 55 und 65 aufgrund von Tarifverträgen in vielen Branchen Kündigungsschutz; durch ein attraktives Altersteilzeit-Angebot können diese Arbeitnehmer gewonnen werden, auf die Inanspruchnahme dieses Kündigungsschutzes zu verzichten).

Ziel von Regelungen in einer → **Betriebsvereinbarung** zur Altersteilzeit ist es, die gesetzlichen und tariflichen Konditionen noch ein Stück **zu verbessern** (z. B. Regelungen für den Fall der Langzeiterkrankung in der Arbeitsphase, Abfindungszahlungen, ausreichende Insolvenzsicherung usw.).

94

Bei tariflicher Regelung der Altersteilzeit ist § 77 Abs. 3 BetrVG (Tarifvorrang) zu beachten (siehe hierzu → **Betriebsvereinbarung** Rn. 6 ff.).

Etwa erreichte Verbesserungen der tariflichen Konditionen sollten deshalb – rechtssicher –

Altersteilzeit

auch in den **Altersteilzeitvertrag** aufgenommen werden. Dem steht die Tarifsperre des § 77 Abs. 3 BetrVG nicht entgegen. Im Gegenteil: es gilt das → **Günstigkeitsprinzip**.
Nachstehende Hinweise sollen auf einige Punkte aufmerksam machen, zu denen eine Betriebsvereinbarung Klarstellungen bzw. Regelungen enthalten sollte (falls insoweit keine tarifliche Regelung vorliegt):

- **Rechtsanspruch auf Altersteilzeit** für eine bestimmte Quote der Belegschaft des Betriebes (sofern nicht tariflich geregelt).
- Regelung für den Fall, dass **mehr Beschäftigte** von der Altersteilzeit Gebrauch machen möchten als in der Betriebsvereinbarung vorgesehen (z. B. Erhöhung der Quote/Anzahl oder »soziale Auswahl«).
- Regelung über Laufzeit und Form der Altersteilzeit (z. B. **Blockmodell**).
- Regelung über eine höhere **Aufstockung des Arbeitsentgelts** oder des **Rentenbeitrags** (als nach AltTZG oder Tarifvertrag vorgesehen).
- Regelung über Behandlung von Einmalzahlungen (Urlaubsgeld, Weihnachtsgeld), sofern nicht tariflich geregelt; ggf. Umlegung der Einmalzahlungen auf die Kalendermonate, um sie damit zum Bestandteil des Regelarbeitsentgelts für die Altersteilzeitarbeit i. S. d. § 6 Abs. 1 AltTZG zu machen.
- Regelung über Ausgleich der Rentenabschläge; ggf. Zahlung einer **Abfindung** (sofern nicht tariflich geregelt) bzw. Erhöhung einer tariflich vorgesehenen Abfindung.
- Regelung über Ausgleich von **Mehrarbeit** durch Freizeit, um ein Ruhen des Anspruchs auf Förderung zu vermeiden (§ 5 Abs. 4 AltTZG; falls die Förderung der Altersteilzeit Ende 2009 ausläuft, wird § 5 AltTZG gegenstandslos; vgl. Hanau, NZA 2009, 225).
- Nichteinbeziehung von Altersteilzeitlern in **Kurzarbeit** bzw. **Arbeitszeitabsenkung** nach einem evtl. geltenden Beschäftigungssicherungstarifvertrag.
- Behandlung von **steuerfreien Entgeltbestandteilen** (insbes. steuerfreie Nacht-, Sonn- und Feiertagszuschläge): diese dürfen nicht (nur) zur Minderung des Aufstockungsbetrages führen, sondern müssen zusätzlich zum Aufstockungsbetrag in voller Höhe zur Auszahlung gelangen.
Ggf. klarstellen, dass Altersteilzeitler nicht zu Nacht-, Sonn- und Feiertagsarbeit herangezogen werden können.
Formulierungsvorschlag:»*Steuerfreie Entgeltbestandteile vermindern die Aufstockungszahlung nicht. Sie werden zusätzlich zum Altersteilzeitentgelt und zur Aufstockungsleistung an den Beschäftigten gezahlt*«.
- Aufklärung der Altersteilzeitler bei der Handhabung von **Steuerfreibeträgen** (z. B. wegen Schwerbehinderung):
Früher galt:
Freibeträge nicht auf Steuerkarte eintragen, sondern erst im Rahmen der Einkommensteuererklärung geltend machen.
Denn: Freibeträge auf der Steuerkarte vermindern nur den Aufstockungsbetrag, kommen aber dem Altersteilzeitler nicht zugute.
Das BAG hat allerdings inzwischen einige Klarstellungen vorgenommen (vgl. BAG v. 17. 1. 2006 – 9 AZR 558/04, NZA 2006, 1001):
Ist auf Antrag des Arbeitnehmers auf der Lohnsteuerkarte ein vom Arbeitslohn abzuziehender Freibetrag eingetragen, erhöht sich wegen der steuerlichen Entlastung das monatliche Teilzeitnettoentgelt.
Bei der Berechnung des monatlichen Aufstockungsbetrags bleibt der Freibetrag unberücksichtigt.
Für die Bemessung des monatlichen Aufstockungsbetrags ist ein besonderes altersteilzeitspezifisches Teilzeitnettoentgelt zugrunde zu legen, das ohne Freibeträge berechnet wird.
Im entschiedenen Fall hatte der Arbeitgeber dem Arbeitnehmer auf Grund des anzuwen-

Altersteilzeit

denden Tarifvertrages neben dem Teilzeitbruttoentgelt einen Aufstockungsbetrag zu zahlen.
Dieser musste so hoch sein, dass der Arbeitnehmer mindestens 83 v. H. des Nettobetrags seines fiktiven Vollzeitarbeitsentgelts erhält.
Hierzu hat das BAG entschieden: »*Der Aufstockungsbetrag gleicht die Differenz zwischen dem monatlichen Teilzeitnettoentgelt des Altersteilzeitarbeitnehmers zu 83 % seines fiktiven Vollzeitnettoentgelts aus. Ist auf der Lohnsteuerkarte ein Freibetrag eingetragen, so darf das dadurch erhöhte monatliche Teilzeitnettoentgelt nicht der Berechnung des Aufstockungsbetrags zugrunde gelegt werden. Der Arbeitgeber muss das zugrunde zu legende altersteilzeitspezifische monatliche Nettoentgelt in der Weise ermitteln, dass er die steuerliche Freibeträge außer Acht lässt. Nach § 39 a Abs. 4 Satz 1 EStG steht die Eintragung von Freibeträgen auf der Lohnsteuerkarte unter dem Vorbehalt der Nachprüfung. Hieraus erwächst keine Bindung für die steuerliche Veranlagung. Das Finanzamt hat nach § 39 a Abs. 5 EStG einen Fehlbetrag nachzufordern, wenn wegen der unzutreffenden Eintragung eines Freibetrags auf der Lohnsteuerkarte zu wenig Lohnsteuer erhoben worden ist. Schon wegen der Ungewissheit der steuerlichen Entlastung müssen Freibeträge für die Berechnung des altersteilzeitspezifischen monatlichen Nettoentgelts außer Ansatz bleiben*«.

- Ausgleich der Nachteile infolge des **steuerlichen Progressionsvorbehaltes** (§ 32 b EStG; siehe Rn. 47)
- **Langzeiterkrankung in der Arbeitsphase** (mit Krankengeldbezug): Hier müssen Regelungen gefunden werden, die über den Minimalschutz des § 10 AltTZG bzw. eines evtl. bestehenden Tarifvertrages hinausgehen (siehe Rn. 77 a); ggf. Regelungen über **Nacharbeit**.
- **Insolvenzsicherung:** kein Altersteilzeitvertrag ohne Insolvenzsicherung, die mindestens die Anforderungen des § 8 a AltTZG erfüllt (z. B. durch Überweisung des Wertguthabens auf ein Treuhandkonto, auf das der Altersteilzeitler im Falle der Insolvenz Zugriff hat, selbstschuldnerische Bürgschaft einer Bank, risikoarme Fonds, Versicherung usw.).

Besser noch: **volle Absicherung** aller Ansprüche des Altersteilzeitlers bis zum vereinbarten Ablauf des Altersteilzeitarbeitsverhältnisses (siehe Rn. 89 a).
In der **Freistellungsphase der Altersteilzeit** befindliche Arbeitnehmer sind nach Ansicht des BAG bei der für die Anzahl der Betriebsratsmitglieder maßgeblichen Belegschaftsstärke nach § 9 BetrVG nicht zu berücksichtigen (BAG v. 16.4.2003 – 7 ABR 53/02, AiB 2004, 113).
In der Freistellungsphase sei zwar die Bindung des Arbeitnehmers zum Betrieb nicht **vollständig** aufgehoben. Denn aus dem fortbestehenden Arbeitsverhältnis ergäben sich weiterhin Ansprüche des Arbeitnehmers.
Er sei jedoch nicht mehr in die Betriebsorganisation eingegliedert. Eine Rückkehr in den Betrieb sei nicht vorgesehen.
Dadurch unterscheide sich ein in der Freistellungsphase der Altersteilzeit befindlicher Arbeitnehmer von anderen Arbeitnehmern, deren Arbeitsverhältnisse ruhen, z. B. während der Elternzeit oder der Ableistung eines Wehr- oder Zivildienstes. Diese kehren in der Regel in den Betrieb zurück.
Demgegenüber tritt der in der Freistellungsphase der Altersteilzeit befindliche Arbeitnehmer im Anschluss daran in der Regel (siehe aber Rn. 78) unmittelbar in den Ruhestand.
Er scheidet daher mit dem Ende seiner aktiven Tätigkeit endgültig aus dem Betrieb aus. Damit endet die erforderliche tatsächliche Beziehung zum Betrieb und mit ihr die Betriebszugehörigkeit (BAG v. 16.4.2003 – 7 ABR 53/02, AiB 2004, 113).
Nach h. M. verliert ein Altersteilzeitler ab Beginn der Freistellungsphase auch sein aktives und passives **Wahlrecht** bei der Wahl des Betriebsrats (vgl. Fitting, BetrVG, 26. Aufl., § 7 BetrVG Rn. 32 m. w. N.).
In Bezug auf die **Wählbarkeit** (§ 8 BetrVG) mag einiges für die h. M. sprechen. Denn in der Tat erscheint es im Regelfall wenig sinnvoll, einem sich in der Freistellungsphase befindenden

Altersteilzeit

Altersteilzeitler die Wählbarkeit zuzugestehen, weil die für die Betriebsratsarbeit erforderliche Präsenz im Betrieb nicht mehr gegeben ist.
Diese Argumentation greift jedoch nicht bei der Frage des **aktiven Wahlrechts** (§ 7 BetrVG) durch.
Denn Altersteilzeitler in der Freistellungsphase sind weiterhin arbeitsvertraglich bis zum Ende der Freistellungsphase arbeitsvertraglich an das Unternehmen gebunden.
In bestimmten Fallkonstellationen bedürfen sie auch des Schutzes der Interessenvertretung: z. B. in Fragen des Arbeitsentgelts oder wenn ein »**Störfall**« eintritt (etwa bei Kündigung im → **Insolvenzverfahren**) und das Altersteilzeitverhältnis deshalb nicht wie geplant zu Ende geführt werden kann.
Auch ist z. B. eine **außerordentliche Kündigung** denkbar, zu dem der Betriebsrat nach § 102 BetrVG gehört werden muss.
Deshalb erscheint es sachgerechter, den Altersteilzeitlern in der Freistellungsphase das aktive Wahlrecht zuzuerkennen.
Allerdings besteht angesichts der h. M. das Risiko der **Wahlanfechtung**, wenn der Wahlvorstand Altersteilzeitler an der Betriebsratswahl teilnehmen lässt.

97 Schließt ein **Betriebsratsmitglied** einen Altersteilzeitvertrag ab, so berührt dies zunächst nicht seine Mitgliedschaft im Betriebsrat.
Aus dem von der h. M. angenommenen Verlust der Wählbarkeit ab **Beginn der Freistellungsphase** folgt jedoch, dass der Altersteilzeitler gemäß § 24 Nr. 4 BetrVG mit dem Eintritt in die Freistellungsphase sein **Amt verliert** (vgl. Fitting, BetrVG, 26. Aufl., § 24 Rn. 38 unter Berufung auf BAG v. 16. 4. 2003 – 7 ABR 53/02, AiB 2004, 113).
Das Gleiche gilt für die Mitgliedschaft eines im Unternehmen beschäftigten Altersteilzeitlers **im Aufsichtsrat** (siehe → **Unternehmensmitbestimmung**).
Nach Ansicht des BAG ist das Aufsichtsratsmitglied mit Beginn der Freistellungsphase einer Altersteilzeit im sog. Blockmodell **nicht mehr** »**beschäftigt**« mit der Folge, dass das Aufsichtsratsmitglied – wenn es der einzige Arbeitnehmervertreter bzw. der einzige Vertreter seiner Arbeitnehmergruppe ist – mit dem Eintreten in die Freistellungsphase seine Wählbarkeit und damit seine Mitgliedschaft im Aufsichtsrat verliert (BAG v. 25. 10. 2000 – 7 ABR 18/00, NZA 2001, 461 = DB 2001, 706).
Die Entscheidung erging allerdings unter der Geltung der §§ 76 ff. des »alten« BetrVG 1952, die durch das Drittelbeteiligungsgesetz vom 18. 4. 2004 ersetzt wurden (siehe → **Unternehmensmitbestimmung** Rn. 2).
Ob die Entscheidung auf die betrieblichen Arbeitnehmervertreter in Aufsichtsräten anwendbar ist, die nach dem Drittelbeteiligungsgesetz oder anderen Mitbestimmungsgesetzen (siehe → **Unternehmensmitbestimmung** Rn. 2) gewählt wurden, ist offen.
Auch hier spricht aber der Umstand, dass das sich in der Freistellungsphase der Altersteilzeit befindende betriebliche Aufsichtsratsmitglied endgültig aus dem Betrieb ausscheidet und deshalb die tatsächliche Beziehung zum Betrieb faktisch beendet, gegen eine Fortgeltung der Mitgliedschaft im Aufsichtsrat.

Arbeitshilfen

Übersichten
- Berechnungsbeispiel (Stand 2009) nach Altersteilzeitgesetz (AltTZG) für ein Altersteilzeitverhältnis, das am 1. 7. 2004 oder danach begonnen hat
- Berechnungsbeispiel (Stand 2009) nach Tarifvertrag für ein Altersteilzeitverhältnis, das am 1. 7. 2004 oder danach begonnen hat

Altersteilzeit

	• Formen der Insolvenzsicherung
	• Übergang von Altersteilzeit in eine »Altersrente nach Altersteilzeit und wegen Arbeitslosigkeit« für Arbeitnehmer des Geburtsjahrgangs bis 1951
	• Übergang von Altersteilzeit z. B. in die »Regelaltersrente«, »Altersrente für langjährig Versicherte« oder »Altersrente für schwerbehinderte Menschen« für Arbeitnehmer der Geburtsjahrgänge 1952 bis 1954
Checkliste	• Betriebsvereinbarung über Altersteilzeit
Musterschreiben	• Antrag auf Abschluss eines Altersteilzeitvertrages

Rechtsprechung

1. Tariflicher Rechtsanspruch auf Altersteilzeit – Verurteilung zum rückwirkenden Abschluss einer Altersteilzeitvereinbarung
1a. Betriebsvereinbarung zur Altersteilzeit – Mitbestimmung – Nachwirkung
2. Altersteilzeit und Gleichbehandlungsgrundsatz
3. Auslegung einer Altersteilzeitvereinbarung
4. Vertragsgestaltung
5. Arbeitszeit während der Altersteilzeit – Blockmodell – Arbeitsphase – Freistellungsphase
6. Vergütungsanspruch – Aufstockung des Altersteilzeitentgelts
7. Krankheitsbedingte Arbeitsunfähigkeit in der Arbeitsphase
8. Keine Erstattungspflicht des AG für Nachteile aufgrund der Steuerprogression (Progressionsschaden)
9. Abgeltung für nicht in der Arbeitsphase (Blockmodell) genommenen Urlaub?
10. Keine Schlechterstellung von Altersteilzeitlern – Lehrer in Altersteilzeit
11. Beendigung des Altersteilzeitverhältnisses wegen Anspruch auf Rente
12. Beendigung des Altersteilzeitverhältnisses durch Kündigung?
13. Ausgleichsansprüche bei vorzeitiger Beendigung des Altersteilzeitarbeitsverhältnisses (»Störfall«)
14. Altersteilzeit und Betriebsübergang
15. Altersteilzeit in der Insolvenz – Insolvenzsicherung – Persönliche Haftung wegen unterbliebener Insolvenzsicherung – Haftung bei Betrug
15a. Altersteilzeit in der Insolvenz: Eingeschränkte Haftung des Betriebserwerbers
16. Mitbestimmung bei Wechsel von Vollzeit in Altersteilzeit?
17. Altersteilzeitler bei der Betriebsratswahl
18. Berücksichtigung von Altersteilzeitlern in der Freistellungsphase bei der Anzahl der nach § 38 BetrVG freizustellenden Betriebsratsmitglieder?
19. Altersteilzeitler bei der Aufsichtsratswahl
20. Örtliche Zuständigkeit des Arbeitsgerichts bei Altersteilzeitverhältnissen
21. Sonstiges
22. Sperrzeit bei Inanspruchnahme von Arbeitslosengeld nach Ablauf des Altersteilzeitarbeitsverhältnisses?

Altersvorsorge

Grundlagen

1 Wenn Arbeitnehmer in Altersrente (siehe → **Rentenversicherung** Rn. 9 ff.) gehen, wird sich ihr Lebensstandard erheblich mindern, weil das Einkommen aus gesetzlicher Altersrente deutlich **unterhalb** des bisher erzielten **Nettoarbeitsentgelts** liegt.
Die monatliche sog. **Brutto-Standardrente** beträgt derzeit (Stand ab 1.7.2015: 1314,45 Euro [West] bzw. 1217,25 Euro [Ost]).
Siehe auch → **Rentenversicherung** Rn. 64 und 65.
Als **Standardrente** wird die gesetzliche Rente bezeichnet, die ein Arbeitnehmer erhalten würde, wenn er **45 Jahre** lang in jedem Kalenderjahr den **Durchschnittsverdienst** aller Versicherten bezogen hätte.
Um die Einkommenssituation der Rentner im Vergleich zu den Arbeitnehmern zu beschreiben, wird – ausgehend von der Standardrente – das sog. **Standardrentenniveau** ermittelt.
Das Standardrentenniveau ergibt sich, wenn man die Jahres-Standardrente ins Verhältnis setzt (in v. H.) zum durchschnittlichen Jahresarbeitsentgelt aller abhängig Erwerbstätigen.
(Brutto-)Standardrentenniveau: Brutto-Jahres-Standardrente (vor Abzug der Sozialabgaben für Kranken und Pflegeversicherung) in v. H. des durchschnittlichen Brutto-Jahresarbeitsentgelts desselben Jahres.
(Netto-)Standardrentenniveau vor Steuern: Netto-Jahres-Standardrente (= Brutto-Jahres-Standardrente abzüglich der darauf entfallenden Sozialabgaben für Kranken- und Pflegeversicherung vor Abzug der Steuern) in v. H. des durchschnittlichen Netto-Jahresarbeitsentgelt desselben Jahres (= Bruttoarbeitsentgelt abzüglich der durchschnittlichen Sozialabgaben und Steuern).
Das (Brutto-)Standardrentenniveau lag aufgrund einer Schätzung im April 2010 in den alten Bundesländern (West) bei **47,1 Prozent** des durchschnittlichen Brutto-Jahresarbeitsentgelts; das (Netto-)Standardrentenniveau vor Steuern bei **51,6 Prozent** des durchschnittlichen Netto-Jahresarbeitsentgelts (Quelle: Deutsche Rentenversicherung Bund).
Die gesetzliche Rentenversicherung (SGB XI) wurde mehrfach reformiert, u. a. durch das Altersvermögensergänzungsgesetz (2001) und das Rentenversicherungs-Nachhaltigkeitsgesetz (2004), mit der Folge, dass das Standardrentenniveau weiter sinken wird. Das (Brutto-)Standardrentenniveau soll im Jahr 2030 bei **40 Prozent** liegen, das (Netto-)Standardrentenniveau vor Steuern bei **43 Prozent**.
Begründet werden die gesetzlichen Eingriffe mit der **demografischen Entwicklung** und den hiermit verbundenen finanziellen Belastungen der nach dem Umlageprinzip funktionierenden gesetzlichen Rentenversicherung.
Einerseits gebe es wegen der sinkenden Geburtenrate immer weniger Erwerbstätige und damit Beitragszahler in die Rentenversicherung. Andererseits wachse die Lebenserwartung und damit die Zahl der zu versorgenden Rentner.
Zur Lösung der Probleme seien zur langfristigen Sicherung der gesetzlichen Rentenversicherung gesetzgeberische Maßnahmen erforderlich.

Altersvorsorge

Dazu gehörten auch – neben einer begrenzten **Beitragssatzanhebung** auf maximal 20 % (bis 2020) bzw. 22 % (bis 2030) – eine Verlängerung der Lebensarbeitszeit (»Rente mit 67«; siehe hierzu Rentenversicherung Rn. 11 ff.).

Aus alledem folgt: Die Versorgungslage vieler Menschen wird sich mit Eintritt in die Altersrente **dramatisch verschlechtern**, zumal die meisten eine Versicherungszeit von 45 Jahren nicht erreichen werden, sodass ihre gesetzliche Altersrente viel niedriger sein wird als die Bruttostandardrente (siehe oben Rn. 1).

So haben z. B. Männer in Westdeutschland, die im Jahr 2004 erstmals Altersrente bezogen haben, im Durchschnitt etwa 39 Jahre lang Beiträge gezahlt. Frauen kommen (wegen Kindererziehung usw.) nur auf etwa 25 Jahre.

Besonders schwierig wird es für diejenigen, die nicht nur weniger Beitragsjahre als der »Standardrentner«, sondern auch ein **geringeres Arbeitsentgelt** (und damit geringere Rentenbeiträge) verdient haben.

Die Rente der Zukunft wird sich für viele dem Niveau der → **Sozialhilfe** annähern.

Die Rentenpolitik versucht, die Absenkung des Rentenniveaus in der gesetzlichen Rentenversicherung (= »**erste Säule**« der Altersvorsorge) durch Maßnahmen zur Förderung einer zusätzlichen freiwilligen, kapitalgedeckten betrieblichen Altersvorsorge (»**zweite Säule**«) und/oder einer privaten Altersvorsorge (»**dritte Säule**«) auszugleichen (zur betrieblichen Altersvorsorge siehe → **betriebliche Altersversorgung**, → **Entgeltumwandlung**).

Um einen **Anreiz** hierfür zu schaffen, fördert der Staat eine solche Vorsorge durch Zulagen bzw. steuerliche Begünstigung (sog. »**Riester-Rente**«).

Ungeachtet dessen ist der Anteil derjenigen Menschen, die private Altersvorsorge betreiben, stark **rückläufig**. Nach einer Studie des Allensbach-Institut betrug der Anteil 2001 noch 45 % und sank dann in 2006 auf 32 % und in 2011 auf 24 % (Quelle: Allensbach-Institut, mapreport 2012).

Auf die Notwendigkeit des Aufbaus einer zusätzlichen Altersvorsorge haben auch die **Tarifvertragsparteien** reagiert.

Manche Tarifverträge (z. B. Metallindustrie) verpflichten den Arbeitgeber, anstelle von vermögenswirksamen Leistungen sog. **altersvorsorgewirksame Leistungen** zu zahlen. Ziel ist es, den Aufbau einer privaten Altersvorsorge zu unterstützen.

Förderung

»**Riester-Rente**«: Durch die »Riester-Rente« gefördert werden alle in der gesetzlichen Rentenversicherung pflichtversicherten Personen (und deren Ehegatten).

Hierzu zählen u. a.:
- Arbeitnehmer und Auszubildende,
- Selbständige, die in der gesetzlichen Rentenversicherung pflichtversichert sind,
- sonstige Versicherte (z. B. Kindererziehende, Wehr-/Zivildienstleistende, Bezieher von Entgeltersatzleistungen oder von Vorruhestandsgeld),
- auf Antrag pflichtversicherte Personen,
- Landwirte.

Nicht pflichtversicherte Ehegatten erhalten die Förderung, wenn ein eigenständiger Altersvorsorgevertrag abgeschlossen wird.

Keine Förderung erhalten diejenigen Personen, die von der Absenkung des gesetzlichen Rentenniveaus **nicht betroffen** sind: z. B. Beamte, nicht pflichtversicherte Selbständige.

Voraussetzung der Förderung ist der Abschluss eines **Altersvorsorgevertrages**, der den Kriterien zur Zertifizierung entsprechender Verträge durch die Zertifizierungsbehörde (= Bundesaufsichtsamt für das Versicherungswesen) nach den Vorschriften des Altersvorsorgeverträge-Zertifizierungsgesetzes entspricht (vgl. auch § 82 EStG).

Altersvorsorge

Altersvorsorgeverträge genügen nur dann dem Altersvorsorgeverträge-Zertifizierungsgesetz, wenn sie u. a. folgende **Kriterien** aufweisen:
- laufende freiwillige Beitragszahlungen durch den Beschäftigten (keine Einmalzahlung),
- Auszahlung der Leistungen erst mit Beginn einer Altersrente, Rente wegen verminderter Erwerbsfähigkeit oder ab dem 60. Lebensjahr,
- zu Beginn der Auszahlungsphase müssen mindestens die zum Aufbau der Altersrente eingezahlten Beträge zur Verfügung stehen (Nominalwerterhaltung),
- Absicherung im Alter durch lebenslange Leibrente oder Auszahlungsplan mit Restkapitalverrentung,
- Garantie lebenslanger gleich bleibender oder steigender Leistungen;
- Schutz vor Abtretung und Pfändung.

9   Die Zertifizierungsbehörde prüft nur, ob die Altersvorsorgeprodukte den gesetzlichen Förderkriterien entsprechen. Sie prüft nicht die Qualität des Produktes hinsichtlich Rentabilität und Sicherheit!

10 **Förderfähige Anlageformen sind**
- private Rentenversicherungen
- Fonds- und Banksparpläne
- betriebliche Altersvorsorge in Form der Direktversicherung, Pensionskasse, Pensionsfonds.

11 Zur Herstellung oder zum Erwerb von selbstgenutztem inländischem **Wohneigentum** kann aus dem Altersvorsorgevertrag ein Betrag von zwischen 10 000 und 50 000 Euro förderunschädlich entnommen werden (§ 92 a EStG; sog. »Modifiziertes Entnahmemodell«).
Der entnommene Betrag muss – ohne Zinsen – in monatlichen, gleich bleibenden Raten bis zur Vollendung des 65. Lebensjahres in einen zertifizierten Altersvorsorgevertrag zurückgezahlt werden.

12 Der **Aufwand** für die private Altersvorsorge setzt sich zusammen aus **Eigenbeiträgen** und **staatlichen Zulagen** nach §§ 79 ff. EStG.
Letztere werden vom Finanzamt nach Antragstellung dem Altersvorsorgevertrag unmittelbar gutgeschrieben.
Die **Höhe der Zulage** richtet sich nach Familienstand und Kinderzahl (Grundzulage und Kinderzulage).
Altverträge können ebenfalls unter bestimmten Voraussetzungen gefördert werden.

13 Beiträge aus umgewandeltem Entgelt des Arbeitnehmers werden nach denselben Grundsätzen wie die private Altersvorsorge gefördert, sofern es sich um die sog. »Netto-Entgeltumwandlung« handelt (siehe → **Entgeltumwandlung**).

14 **Sonderausgabenabzug (§ 10 a EStG):** Parallel zur Förderung durch Zulagen besteht die Möglichkeit, den Altersvorsorgeaufwand im Rahmen des steuerlichen Sonderausgabenabzugs geltend zu machen (§ 10 a EStG).
Insbesondere bei höheren Einkommen oder Eigenbeiträgen, die die Mindesteigenbeiträge (siehe Rn. 18) übersteigen, kann der Sonderausgabenabzug günstiger sein.
Das **Finanzamt** nimmt von Amts wegen einen **Günstigkeitsvergleich** vor.
Ist die Steuerersparnis aufgrund des Sonderausgabenabzugs höher als die eingezahlte Zulage, wird der Differenzbetrag dem Steuerpflichtigen – zusätzlich zur Zulage – gutgeschrieben.
Der **maximale Sonderausgabenabzug** beträgt nach § 10 a Abs. 1 EStG:

in den Veranlagungszeiträumen	2002 und 2003:	bis zu 525 Euro
in den Veranlagungszeiträumen	2004 und 2005:	bis zu 1050 Euro
in den Veranlagungszeiträumen	2006 und 2007:	bis zu 1575 Euro
ab dem Veranlagungszeitraum	**2008:**	**bis zu 2100 Euro**

Altersvorsorge

Zulagen (§§ 79 ff. EStG): Die Zulagen setzen sich zusammen aus einer **Grundzulage** (§ 84 EStG) und einer **Kinderzulage** (§ 85 EStG). 15

Die **Grundzulage** (§ 84 EStG) beträgt 16

in den Veranlagungszeiträumen	2002 und 2003:	38 Euro
in den Veranlagungszeiträumen	2004 und 2005:	76 Euro
in den Veranlagungszeiträumen	2006 und 2007:	114 Euro
ab dem Veranlagungszeitraum	**2008:**	**154 Euro**

Für Zulageberechtigte, die zu Beginn des Beitragsjahres das **25. Lebensjahr** noch nicht vollendet haben, erhöht sich die Grundzulage um einmalig 200 Euro (§ 84 Satz 2 EStG).
Bei **zusammenveranlagten Ehegatten** steht die Grundzulage **jedem Ehegatten** gesondert zu.
Die **Kinderzulage** (§ 85 EStG) beträgt pro Kind 17

in den Veranlagungszeiträumen	2002 und 2003:	46 Euro
in den Veranlagungszeiträumen	2004 und 2005:	92 Euro
in den Veranlagungszeiträumen	2006 und 2007:	138 Euro
ab dem Veranlagungszeitraum	**2008:**	**185 Euro**

Für alle **ab dem 1.1.2008 geborenen Kinder** beträgt die Kinderzulage **300 Euro** pro Jahr (§ 85 Abs. 1 Satz 2 EStG; eingefügt durch Gesetz zur Förderung der zusätzlichen Altersvorsorge vom 10.12.2007 [BGBl. I S. 2838]).
Mindesteigenbeitrag (§ 86 EStG): 18
Die Zulagen werden **anteilig gekürzt**, wenn nicht ein bestimmter Mindesteigenbeitrag gezahlt wird.
Dieser beträgt nach § 86 Abs. 1 EStG i. V. m. § 10 a Abs. 1 EStG (siehe Rn. 14)

in den Jahren 2002 und 2003	1 % der beitragspflichtigen Einnahmen des Vorjahres (max. 525 Euro)
in den Jahren 2004 und 2005	2 % der beitragspflichtigen Einnahmen des Vorjahres (max. 1050 Euro)
in den Jahren 2006 und 2007	3 % der beitragspflichtigen Einnahmen des Vorjahres (max. 1575 Euro)
ab dem Jahr 2008	**4 % der beitragspflichtigen Einnahmen des Vorjahres (max. 2100 Euro)**

Weil in den **Mindesteigenbeiträgen** die dem Begünstigten zustehenden Zulagen (Grundzulage 19
und ggf. Kinderzulagen) enthalten sind (§ 86 Abs. 1 EStG), müssen die Zulagen abgezogen werden, um die tatsächlich notwendige **Eigenleistung** festzustellen.
Der mindestens zu leistende Eigenbetrag (sog. **Sockelbetrag**) beträgt seit 2005 jährlich 60 Euro 20
(§ 86 Abs. 1 Satz 4 EStG).
Leben Ehegatten nicht dauernd getrennt und hat nur ein Ehegatte Anspruch auf eine Alters- 20a
vorsorgezulage nach § 79 Satz 1 EStG, so ist auch der andere Ehegatte zulageberechtigt, wenn ein auf seinen Namen lautender Altersvorsorgevertrag besteht und er zugunsten dieses Altersvorsorgevertrages im jeweiligen Beitragsjahr mindestens 60 Euro geleistet hat (§ 79 Satz 2 EStG).
Nachstehend zwei **Berechnungsbeispiele**. 21

Altersvorsorge

Beispiel (ab 2008):
Ein verheirateter Arbeitnehmer mit zwei Kindern hat ein Bruttojahreseinkommen von 30 000 Euro. Seine Frau ist nicht berufstätig und nicht sozialversicherungspflichtig.
Spart das Paar insgesamt die empfohlenen 4 % (von 30 000 Euro = 1200 Euro), erhält es vom Staat Zulagen von insgesamt 678 Euro (2 × 154 Euro Grundzulage für Mann und Frau + 2 × 185 Euro Zulage für die Kinder).
Der Eigenbeitrag liegt bei 522 Euro (1200 Euro abzgl. 678 Euro). Die Zulagen von 678 Euro machen 56,5 % der Sparsumme von 1200 Euro aus.

Anderes Beispiel (ab 2008):
Eine alleinerziehende Arbeitnehmerin mit zwei Kindern hat ein Bruttojahreseinkommen von 19 000 Euro.
Spart sie 4 % (von 19 000 Euro = 760 Euro), erhält sie vom Staat Zulagen von insgesamt 524 Euro (1 × 154 Euro Grundzulage + 2 × 185 Euro Zulage für die Kinder).
Der Eigenbeitrag liegt bei 236 Euro (760 Euro abzgl. 524 Euro). Die Zulagen von 524 Euro machen 69 % der Sparsumme von 760 Euro aus.

22 Zur betrieblichen Altersvorsorge siehe → **betriebliche Altersversorgung** und → **Entgeltumwandlung**.

Angestellte/Arbeiter

Wer ist das?

Die Unterscheidung der → **Arbeitnehmer** in solche, die »**Arbeiter**«, und solche, die »**Angestellte**« sind, ist im Bereich der arbeits- und sozialrechtlichen Gesetze vollständig beseitigt worden, nachdem Arbeitsgerichte und Bundesverfassungsgericht mehrfach die unterschiedliche Behandlung von »Arbeitern« und »Angestellten« für **verfassungswidrig** erklärt haben. Nachstehend ein paar Beispiele:

- Im Kündigungsfristengesetz vom 7.10.1993 (BGBl. I S. 1668), in Kraft getreten am 15.10.1993, sind die bislang unterschiedlichen Kündigungsfristen für Arbeiter und Angestellte durch Neufassung des § 622 Bürgerliches Gesetzbuch vereinheitlicht worden. Siehe → **Kündigungsfrist**.
- Das Entgeltfortzahlungsgesetz vom 26.5.1994 (BGBl. I S. 1014, 1065), in Kraft getreten am 1.6.1994, hat die unterschiedliche Behandlung von Arbeitern und Angestellten im Bereich der → **Entgeltfortzahlung im Krankheitsfalle und bei Kur** beseitigt.
- Durch das BetrVerfReformgesetz vom 23.7.2001 (BGBl. I S. 1852), in Kraft getreten am 28.7.2001, ist im BetrVG die bisherige Unterscheidung zwischen Arbeitern und Angestellten im Zusammenhang mit den Vorschriften zur → **Betriebsratswahl** und Zusammensetzung des → **Betriebsrats** ersatzlos beseitigt worden.
Das BetrVG gilt für Arbeitnehmer. Die Begriffe Arbeiter und Angestellte werden nur noch im Zusammenhang mit der Definition des Begriffs → **Arbeitnehmer** erwähnt (§ 5 Abs. 1 BetrVG).
Der Begriff des »Leitenden Angestellten« wurde beibehalten. Für ihn gelten noch Sonderbestimmungen (§§ 5 Abs. 3, 105, 108 Abs. 2 BetrVG, § 14 KSchG und Sprecherausschussgesetz; siehe → **Leitende Angestellte**).
- Auch im Bereich der → **Unternehmensmitbestimmung** ist in Bezug auf die Vorschriften zur Wahl des Aufsichtsrats die Unterscheidung zwischen Arbeitern und Angestellten durch das BetrVerfReformgesetz vom 23.7.2001 (BGBl. I S. 1852) ersatzlos aufgehoben worden.

Im **Sozialrecht** spielt die Unterscheidung zwischen Arbeitern und Angestellten ebenfalls keine Rolle mehr. Durch das Gesetz zur Organisationsreform der gesetzlichen Rentenversicherung (RVOrgG) vom 9.12.2004 (BGBl. I S. 3242) sind die ursprünglich bestehenden unterschiedlichen Zuständigkeiten der Landesversicherungsanstalten für Arbeiter (§§ 127 ff. SGB VI a. F.) und der Bundesversicherungsanstalt für Angestellte (vgl. §§ 132 ff. SGB VI a. F.) mit Wirkung ab 1.1.2005 beseitigt worden. Träger der gesetzlichen Rentenversicherung für »Beschäftigte« ist nunmehr die »Deutsche Rentenversicherung Bund« (siehe *www.deutsche-rentenversicherung.de*).

Von Bedeutung ist die Unterscheidung zwischen Arbeitern und Angestellten nur noch im Bereich des **Tarifrechts**.
Nach wie vor sehen manche → **Tarifverträge** unterschiedliche Vorschriften für Arbeiter und Angestellte vor (z. B. Lohntarifverträge für Arbeiter, Gehaltstarifverträge für Angestellte, unterschiedliche Kündigungsfristregelungen usw.; siehe auch → **Außertarifliche Angestellte**).

Angestellte/Arbeiter

Allerdings finden – meist auf **Initiative der Gewerkschaften** – vielfältige Bemühungen statt, die auf eine Überwindung der überholten Unterscheidung abzielen.
In immer mehr Tarifverträgen werden bislang unterschiedliche Regelungen für Arbeiter und Angestellte vereinheitlicht.
Manchmal scheitert eine »Renovierung« der Tarifverträge am Widerstand der Arbeitgeber/Arbeitgeberverbände, die an der Beibehaltung der Ungleichbehandlung von Arbeitern und Angestellten interessiert sind.

5   Solange es unterschiedliche tarifliche Regelungen für Arbeiter und Angestellte gibt, ist stets ihre Vereinbarkeit mit dem **Gleichbehandlungsgrundsatz** zu prüfen.
Nach der Rechtsprechung gilt generell: Der **bloße Status** (Arbeiter oder Angestellter) darf kein Anknüpfungspunkt für unterschiedliche Behandlung sein.
Vielmehr müssen (anerkennenswerte) sachliche Gründe für eine Ungleichbehandlung gegeben sein.
Andernfalls ist sie wegen Verstoßes gegen den Gleichbehandlungsgrundsatz (Art. 3 Abs. 1 GG) **unwirksam**.
Folge: In einigen Fällen hat das BAG dem bisher schlechter gestellten Beschäftigten einen Rechtsanspruch auf die Leistungen, die der Bessergestellte erhält bzw. bislang erhalten hat, zugestanden (Gleichbehandlung »nach oben«; vgl. z. B. BAG 7.11.1995 – 3 AZR 870/94, NZA 1996, 778; siehe → **Gleichbehandlung**).
In anderen Fällen hat das BAG – jedenfalls für die Zukunft – eine Gleichbehandlung »nach oben« abgelehnt: z. B. im Falle eines nur für Angestellte vorgesehenen tariflichen Zuschusses zum Kurzarbeitergeld (weder Angestellte noch Arbeiter haben Anspruch auf den tariflichen Zuschuss; vgl. BAG v. 28.5.1996 – 3 AZR 752/95, NZA 1997, 101) oder bei einer unwirksamen tariflichen Kündigungsfristregelung (hier gelten nach Ansicht des BAG die gesetzlichen → **Kündigungsfristen** des § 622 BGB; vgl. BAG v. 10.3.1994 – 2 AZR 323/84 [C], AP § 622 BGB Nr. 44).

6   Soweit in → **Tarifverträgen** noch zwischen Arbeitern und Angestellten differenziert wird, besteht nach wie vor die Notwendigkeit der Bestimmung des Status des betreffenden Arbeitnehmers.
Maßgebliches **Unterscheidungsmerkmal** ist dabei die Art der ausgeübten Tätigkeit.
Die Abgrenzung wird herkömmlicherweise in nachstehender **Stufenfolge** vorgenommen. Dabei kann auf die nächste Stufe erst übergegangen werden, wenn in der vorangegangenen Stufe die Zuordnung des Arbeitnehmers nicht möglich war.

1. Stufe

7   In erster Linie entscheidend sind **Zuordnungen**, die ausdrücklich durch die → **Tarifverträge** selbst (z. B. Lohnrahmen-Tarifverträge, Gehaltsrahmen-Tarifverträge) vorgenommen werden.

2. Stufe

8   Ist insoweit eine eindeutige Zuordnung nicht erfolgt, so ist auf die »allgemeine Verkehrsauffassung« abzustellen. Hiernach gilt als Angestellter derjenige Arbeitnehmer, der kaufmännische oder büromäßige Arbeiten leistet oder gehobene Tätigkeiten (wie z. B. Beaufsichtigung anderer Arbeitnehmer) ausübt.
Als Arbeiter wird demgegenüber derjenige eingeordnet, der ausführend und »mechanisch« tätig ist.

Angestellte/Arbeiter

Beispiele:
Als Arbeiter gelten:
Kraftfahrer, Lagerarbeiter, Schlosser, Mechaniker, Fabrikfeuerwehrleute, Pförtner (wenn sie nur beobachtende, registrierende Funktion haben).
Als Angestellte gelten:
Bürokräfte (soweit sie nicht ausschließlich mit Botengängen, Reinigung, Aufräumen und ähnlichen Arbeiten beschäftigt werden), Werkmeister, Sachbearbeiter, Handlungsgehilfen, Lagerverwalter (denen mehrere Arbeiter unterstellt sind).

3. Stufe

Ist eine Einordnung auch nach diesen Kriterien nicht möglich, so ist entscheidend, ob der Betreffende nach dem Gesamtbild der Tätigkeit überwiegend geistige (»**Kopfarbeit**«) oder körperliche Arbeit (»**Handarbeit**«) leistet.
Ist Ersteres zu bejahen, so wird der Betreffende als Angestellter angesehen. Im Falle überwiegender »Handarbeit« ordnet man den Betreffenden als Arbeiter ein. 9

4. Stufe

Ist eine überwiegende geistige oder körperliche Prägung der ausgeübten Arbeit nicht festzustellen, entscheidet über die Zuordnung letztendlich der **übereinstimmende Wille** der Arbeitsvertragsparteien. 10
Zu den Begriffen → **Leitende Angestellte** und → **Außertarifliche Angestellte**: siehe dort! 11

Bedeutung für die Betriebsratsarbeit

Folge der ersatzlosen Aufhebung des Unterschiedes zwischen Arbeitern und Angestellten im Bereich des Betriebsverfassungsgesetzes ist eine erhebliche Vereinfachung der → **Betriebsratswahl** und der Wahlen innerhalb des Betriebsrats (→ **Betriebsrat**, → **Freistellung von Betriebsratsmitgliedern**). 12

Bedeutung für die Unternehmensmitbestimmung

Auch bei der Wahl zum Aufsichtsrat nach den Mitbestimmungsgesetzen wird nicht mehr auf den Unterschied zwischen Arbeitern und Angestellten abgestellt mit der Folge einer erheblichen Vereinfachung des Wahlverfahrens (siehe → **Unternehmensmitbestimmung**). 13

Rechtsprechung

1. Gesetzliche Kündigungsfristen: unterschiedliche Behandlung von Arbeitern und Angestellten in § 622 BGB (a. F.).
2. Tarifliche Kündigungsfristen: Unterschiedliche Behandlung von Arbeitern und Angestellten?
3. Gleichbehandlung von Arbeitern und Angestellten in der betrieblichen Altersversorgung

Annahmeverzug

Was ist das?

1   Aus dem **Gegenseitigkeitsverhältnis** von Arbeitsleistung und Arbeitsentgelt ergibt sich grundsätzlich, dass der Arbeitgeber von der Pflicht zur Zahlung des Arbeitsentgelts frei wird, wenn der Arbeitnehmer die vertraglich geschuldete Arbeitsleistung nicht erbringt (§§ 275, 326 BGB).
Es gilt der Grundsatz »**Ohne Arbeit kein Lohn**«.
Gesetzliche und tarifliche Vorschriften sehen zum Schutz der Arbeitnehmer **Ausnahmen** von diesem Grundsatz vor.
So ist der Arbeitgeber zur Entgeltfortzahlung verpflichtet
- an Feiertagen (siehe → **Entgeltfortzahlung an Feiertagen**),
- bei Krankheit, Vorsorge- und Reha-Maßnahmen (siehe → **Entgeltfortzahlung bei Krankheit und bei Vorsorge und Rehabilitation**),
- bei Beschäftigungsverboten nach dem MuSchG (siehe → **Mutterschutz**),
- bei vorübergehender Arbeitsverhinderung aus persönlichen Gründen ohne Verschulden (§ 616 Satz 1 BGB; siehe → **Persönliche Arbeitsverhinderung**),
- im Erholungsurlaub (siehe → **Urlaub**),
- bei einem Einsatz als Helfer im **Katastrophenschutz** (§ 9 Abs. 2 Katastrophenschutzerweiterungsgesetz).

2   Einen weiteren Ausnahmefall vom Grundsatz »Ohne Arbeit kein Lohn« stellt der sog. **Annahmeverzug** des Arbeitgebers i. S. d. § 615 Satz 1 BGB dar. Nach dieser Vorschrift muss der Arbeitgeber das Arbeitsentgelt auch dann bezahlen, wenn er die vom Arbeitnehmer **angebotene Arbeitskraft** »nicht annimmt«, wenn er sich also weigert, den arbeitsbereiten Arbeitnehmer zu beschäftigen.

> **Beispiele:**
> - Ein Arbeitnehmer ist für längere Zeit arbeitsunfähig krankgeschrieben. Er meldet sich nach Wiederherstellung seiner Arbeitsfähigkeit im Betrieb und bietet seine Arbeitskraft an. Der Arbeitgeber lehnt ab.
> - Ein Arbeitnehmer wird nach einem Streit mit dem Vorgesetzten »beurlaubt«. Der Arbeitnehmer weist das zurück und bietet seine Arbeitskraft an. Der Arbeitgeber lehnt ab.
> - Der Arbeitgeber »verordnet« ohne Zustimmung des Betriebsrats → **Kurzarbeit**. Die Arbeitnehmer bieten ihre Arbeitskraft an. Der Arbeitgeber lehnt ab.

Nach § 615 Satz 3 BGB ist der Arbeitgeber auch dann entgeltfortzahlungspflichtig, wenn er die Belegschaft ohne sein Verschulden aus betriebstechnischen Gründen nicht beschäftigen kann (Betriebsrisiko) oder wenn die Fortsetzung des Betriebs wegen Auftrags- oder Absatzmangels wirtschaftlich sinnlos wird (Wirtschaftsrisiko). Der Arbeitgeber trägt grundsätzlich das sog. **Betriebs- und Wirtschaftsrisiko** (BAG v. 22.12.1980 – 1 ABR 2/79, DB 1981, 321).

Annahmeverzug

Zum Arbeitsausfall aufgrund von Fernwirkungen eines Arbeitskampfes (Streik oder Aussperrung) siehe → **Arbeitskampf** Rn. 65 ff.

Für die Frage, unter welchen **Voraussetzungen** der Arbeitgeber in Annahmeverzug gerät, sind die §§ 293 bis 297 BGB maßgeblich.   **3**

In § 293 BGB (Annahmeverzug) wird der Grundsatz aufgestellt: Der Arbeitgeber kommt in Annahmeverzug, wenn er die ihm vom Arbeitnehmer **angebotene Arbeitsleistung nicht annimmt**.   **3a**

Gemäß § 294 BGB (**Tatsächliches Angebot**) muss der Arbeitnehmer die Arbeitsleistung dem Arbeitgeber so, wie sie zu bewirken ist, »tatsächlich« anbieten.   **3b**

Das heißt: der Arbeitnehmer muss seine Arbeitskraft in eigener Person, am rechten Ort, zur rechten Zeit und in der rechten Weise anbieten (BAG v. 29. 10. 1992 – 2 AZR 250/92, EzA § 615 BGB Nr. 77). Das Angebot des Arbeitnehmers muss die vertragsgemäße Arbeit betreffen.

Das Angebot einer anderen, nicht vertragsgemäßen Arbeit begründet keinen Annahmeverzug. Zu berücksichtigen ist dabei allerdings, dass die Konkretisierung der Arbeitspflicht nach § 106 Satz 1 Gewerbeordnung (siehe hierzu → **Arbeitsvertrag** Rn. 3 ff.) Sache des Arbeitgebers ist.

Ein tatsächliches Angebot nach § 294 BGB ist nach Ansicht des BAG grundsätzlich (nur) in einem **ungekündigten Arbeitsverhältnis** erforderlich, sofern nicht die Voraussetzungen des

- § 295 BGB (Wörtliches Angebot, siehe Rn. 3 c) oder
- § 296 BGB (Entbehrlichkeit des Angebots; siehe Rn. 3 d)

vorliegen.

§ 294 BGB kommt nicht zur Anwendung, wenn der Arbeitgeber das **Arbeitsverhältnis gekündigt** hat und aus diesem Grund das »Arbeitsangebot« des Arbeitnehmers ablehnt (siehe hierzu Rn. 13 ff.).

Ist aber z. B. das Zustandekommen eines → **Aufhebungsvertrags** zwischen den Arbeitsvertragsparteien streitig, bedarf es zur Begründung des Annahmeverzugs des Arbeitgebers i. d. R. eines tatsächlichen Angebots der Arbeitsleistung durch den Arbeitnehmer nach § 294 BGB.

Nach § 295 BGB (**Wörtliches Angebot**) genügt, um den Arbeitgeber in Annahmeverzug zu setzen, ein »wörtliches« Arbeitskraftangebot (z. B. durch – nachweisbares – Telefonat oder – besser – durch ein nach Arbeitgeber – nachweisbar – eingereichtes Schreiben), wenn der Arbeitgeber **vorab erklärt** hat, er werde die Arbeitsleistung nicht annehmen.   **3c**

Ein »wörtliches« Arbeitskraftangebot reicht auch dann aus, wenn zur Bewirkung der Leistung eine Handlung des Arbeitgebers erforderlich ist, insbesondere wenn der Arbeitgeber die geschuldete Sache abzuholen hat.

Dem Angebot der Leistung steht die **Aufforderung** an den Arbeitgeber gleich, die erforderliche Handlung vorzunehmen.

§ 296 BGB (**Entbehrlichkeit des Angebots**) regelt Folgendes: »*Ist für die von dem Gläubiger vorzunehmende Handlung eine Zeit nach dem Kalender bestimmt, so bedarf es des Angebots nur, wenn der Gläubiger die Handlung rechtzeitig vornimmt. Das Gleiche gilt, wenn der Handlung ein Ereignis vorauszugehen hat und eine angemessene Zeit für die Handlung in der Weise bestimmt ist, dass sie sich von dem Ereignis an nach dem Kalender berechnen lässt«.*   **3d**

Von einer Entbehrlichkeit des Angebots nach § 296 BGB kann im **ungekündigt** bestehenden Arbeitsverhältnis **nur ausnahmsweise** ausgegangen werden (BAG v. 25. 4. 2007 – 5 AZR 504/06, NZA 2007, 801: »*Im ungekündigt bestehenden Arbeitsverhältnis kann anders als nach Ausspruch einer Kündigung regelmäßig nicht angenommen werden, der Arbeitgeber habe eine vorzunehmende Handlung nicht rechtzeitig vorgenommen. Macht der Arbeitgeber von einem vermeintlichen Recht Gebrauch, die Arbeitszeitdauer flexibel zu bestimmen, kommt § 296 BGB nicht zur Anwendung. Vielmehr muss der Arbeitnehmer die Arbeit anbieten«.*).

Ein Arbeitsangebot ist beispielsweise entbehrlich, wenn der Arbeitnehmer vom Arbeitgeber – etwa durch eine Vereinbarung – von der Arbeitspflicht **freigestellt** wird (BAG v. 23. 1. 2008 – 5 AZR 393/07). Allerdings entstehen Entgeltfortzahlungsansprüche aus Annahmeverzug nur,   **3e**

Annahmeverzug

wenn der Arbeitnehmer zur Erbringung der arbeitsvertraglich geschuldeten Leistung **fähig** ist (§ 297 BGB). Nach § 297 BGB (**Unvermögen des Schuldners**) kommt der Arbeitgeber (= Gläubiger) nicht in Verzug, wenn der Arbeitnehmer (= Schuldner) zur Zeit des Angebots oder im Falle des § 296 zu der für die Handlung des Gläubigers bestimmten Zeit außerstande ist, die Leistung zu bewirken. Diese Bestimmung kommt nach Ansicht des BAG auch dann zur Anwendung, wenn der Arbeitnehmer von der Arbeitspflicht dauerhaft und unwiderruflich freigestellt wird. Von einem Fortbestehen des Anspruchs auf Arbeitsvergütung, unabhängig von der Arbeitsfähigkeit und über sechs Wochen hinaus, sei nur dann auszugehen, wenn dies von den Parteien **ausdrücklich vereinbart** worden ist. Die Arbeitsfähigkeit beurteile sich nach der vom Arbeitnehmer auf Grund des Arbeitsvertrags geschuldeten Leistung, die der Arbeitgeber als vertragsgemäß hätte annehmen müssen. Krankheitsbedingte Arbeitsunfähigkeit liege vor, wenn der Arbeitnehmer beim Arbeitgeber seine vertraglich geschuldete Tätigkeit wegen Krankheit nicht mehr ausüben kann oder nicht mehr ausüben sollte, weil die Heilung einer vorhandenen Krankheit nach ärztlicher Prognose verhindert oder verzögert wird. Im zugrundeliegenden Fall wurde in einem Vergleich Folgendes vereinbart: »*Das zwischen den Parteien bestehende Arbeitsverhältnis wird aufgrund fristgemäßer, arbeitgeberseitiger Kündigung aus betriebsbedingten Gründen mit dem 31. 3. 2004 sein Ende finden. Bis zu diesem Zeitpunkt wird das Arbeitsverhältnis ordnungsgemäß abgerechnet, wobei die Klägerin ab 15. 12. 2003 unwiderruflich unter Fortzahlung der Bezüge und unter Anrechnung auf bestehende Urlaubsansprüche von der Arbeitsleistung freigestellt wird.*« Nach abzulehnender Ansicht des BAG wurde durch diese Vereinbarung keine Entgeltfortzahlungspflicht für den Fall begründet, dass der Arbeitnehmer im Freistellungszeitraum arbeitsunfähig krank ist.

3f Zur Bedeutung des § 296 BGB **nach einer Kündigung** des Arbeitsverhältnisses durch den Arbeitgeber siehe Rn. 13 ff.

4 Zum Annahmeverzug des Arbeitgebers nach Ausspruch einer **Kündigung** (siehe Rn. 13 ff.). Zum Annahmeverzug des Arbeitgebers im Falle der **unterlassenen Weiterbeschäftigung** während eines Kündigungsschutzprozesses (vgl. § 102 Abs. 5 BetrVG) siehe Rn. 18.

5 Der Anspruch auf Entgeltfortzahlung wegen Annahmeverzugs setzt nicht voraus, dass der Annahmeverzug auf einem **Verschulden** des Arbeitgebers beruht.

6 Der Arbeitnehmer braucht die durch Annahmeverzug ausgefallene Arbeitszeit **nicht nachzuarbeiten**.

6a Ein Anspruch auf Entgeltfortzahlung besteht auch in den Fällen, in denen der AG das **Risiko des Arbeitsausfalls** trägt (§ 615 Satz 3 BGB; zur Anrechnung anderweitigen bzw. böswillig unterlassenen Zwischenverdienstes siehe Rn. 10).

Das ist z. B. bei **Arbeitsunterbrechungen** aufgrund betriebstechnischer Ursachen, aber auch aufgrund von außen auf den Betrieb einwirkenden Störungen (z. B. Witterung, Stromausfall aufgrund eines Blitzeinschlags) der Fall.

Auch das sog. **Wirtschaftsrisiko** (z. B. Arbeitsausfall aufgrund schlechter Auftragslage) liegt beim Arbeitgeber.

Dagegen trägt der Arbeitnehmer das sog. **Wegerisiko**, also das Risiko, z. B. aufgrund schlechter Witterung nicht pünktlich zur Arbeit zu erscheinen.

7 Der Arbeitnehmer muss sich im Falle des Annahmeverzuges des Arbeitgebers nach § 615 Satz 2 BGB auf seinen Entgeltzahlungsanspruch **anrechnen lassen**, was er infolge des Wegfalls der Arbeitsleistung erspart (z. B. Fahrtkosten).

8 Auch **anderweitiger Verdienst**, der während des Annahmeverzugs tatsächlich erzielt wurde, wird angerechnet (§ 615 Satz 2 BGB, § 11 KSchG; nicht jedoch ein Nebenverdienst, der auch ohne Annahmeverzug des Arbeitgebers erzielt worden wäre).

9 Entsprechendes gilt, wenn es der Arbeitnehmer »**böswillig**« unterlässt, während des Verzugszeitraums einen Verdienst durch anderweitige Verwendung seiner Arbeitskraft zu erzielen (§ 615 Satz 2 BGB, § 11 KSchG; sog. **hypothetischer Verdienst**).

Um böswilliges Unterlassen handelt es sich, wenn der Arbeitnehmer **grundlos** zumutbare Arbeit ablehnt oder vorsätzlich verhindert, dass ihm zumutbare Arbeit angeboten wird (BAG v. 16.5.2000 – 9 AZR 203/99, NZA 2001, 26).
Böswilligkeit setzt voraus, dass eine zumutbare, in etwa gleichwertige Ersatzarbeit, die mit keinen wesentlichen Nachteilen verbunden ist, **tatsächlich vorhanden** ist.
Beispielsweise muss kein anderes (Dauer-)Arbeitsverhältnis eingegangen werden, wenn dadurch die Rückkehr auf den bisherigen Arbeitsplatz erschwert würde.
Der Arbeitnehmer muss sich nicht in besonderer Weise anstrengen, eine Ersatzarbeit zu finden.
Auch muss er sich nicht bei der Agentur für Arbeit als Arbeitssuchender melden (BAG v. 16.5.2000 – 9 AZR 203/09, a.a.O.) oder ein Urteil des Arbeitsgerichts, mit dem der Arbeitgeber zur Weiterbeschäftigung während des Kündigungsschutzprozesses verurteilt worden ist, vollstrecken oder die Vollstreckung androhen (BAG v. 22.2.2000 – 9 AZR 194/99, NZA 2000, 817).
Die **Zumutbarkeit** einer Arbeit **beim bisherigen Arbeitgeber** nach einer Kündigung hängt vornehmlich von der Art der Kündigung und ihrer Begründung sowie dem Verhalten des Arbeitgebers im Kündigungsprozess ab (BAG v. 24.9.2003 – 5 AZR 500/02, NZA 2004, 90).
Ein böswilliges Unterlassen kann beispielsweise vorliegen, wenn der Arbeitnehmer nach Ausspruch einer → **Änderungskündigung** durch den Arbeitgeber die Fortsetzung des Arbeitsverhältnisses zu geänderten Arbeitsbedingungen – z.B. **geringere Vergütung** – ablehnt (BAG v. 16.6.2004 – 5 AZR 508/03, NZA 2004, 1155).
Die Arbeit bei dem bisherigen Arbeitgeber ist allerdings nur zumutbar im Sinne von § 11 Satz 1 Nr. 2 KSchG, wenn sie auf den Erwerb von **Zwischenverdienst** gerichtet ist.
Auf eine **dauerhafte Änderung** des Arbeitsvertrags braucht sich der Arbeitnehmer nicht einzulassen (BAG v. 11.1.2006 – 5 AZR 98/05, AiB 2006, 642 = NZA 2006, 314).
Für die Frage der Zumutbarkeit einer Arbeit nach § 11 Satz 1 Nr. 2 KSchG kann auch der **Zeitpunkt** eines Arbeitsangebots von Bedeutung sein.
Der Arbeitnehmer muss eine deutliche **Verschlechterung seiner Arbeitsbedingungen** nicht akzeptieren, solange er berechtigte Aussichten hat, rechtzeitig eine günstigere Arbeit zu finden.
Je länger Arbeitsangebot und vorgesehene Arbeitsaufnahme auseinanderliegen, desto weniger wird es dem Arbeitnehmer im Regelfall vorzuwerfen sein, wenn er das Angebot ablehnt und sich stattdessen um eine für ihn **günstigere Arbeit** bemüht (BAG v. 11.10.2006 – 5 AZR 754/05, AiB 2007, 316).

Vorstehendes gilt auch in den Fällen, in denen der Arbeitgeber das **Risiko des Arbeitsausfalls** trägt (§ 615 Satz 3 BGB). **10**
Das heißt: Wenn z.B. infolge Stromausfalls im Betrieb nicht gearbeitet werden kann, muss der Arbeitgeber das Arbeitsentgelt fortzahlen.
Der Arbeitnehmer braucht **nicht nachzuarbeiten**.
Er muss sich jedoch den Wert desjenigen **anrechnen** lassen, was er infolge des Unterbleibens der Arbeitsleistung erspart oder durch anderweitige Verwendung seiner Dienste erwirbt oder zu erwerben böswillig unterlässt.

> **Beachten:**
> In manchen → **Tarifverträgen** ist das Thema »Annahmeverzug« abweichend von § 615 BGB geregelt. **11**

Ob im Falle einer **Aussperrung** oder **arbeitskampfbedingten** → **Kurzarbeit** Anspruch der betroffenen Arbeitnehmer, auf Annahmeverzugsentgelt besteht, hängt davon ab, ob die Aussperrungsmaßnahme oder die Anordnung der Kurzarbeit rechtmäßig war (siehe → **Arbeitskampf**). **11a**

Annahmeverzug

12 Besondere Bedeutung hat das Thema »Annahmeverzug« bei einer **Kündigung** des Arbeitsverhältnisses durch den Arbeitgeber.

Annahmeverzug bei unwirksamer → Kündigung

13 Bei einer unwirksamen → ordentlichen Kündigung gerät der Arbeitgeber nach Ablauf der Kündigungsfrist (bei einer unwirksamen → **außerordentlichen Kündigung sofort**) »automatisch« in Annahmeverzug, wenn er den Arbeitnehmer nicht zur Wiederaufnahme der Arbeit auffordert (BAG v. 21.1.1993 – 2 AZR 309/92, AuR 1993, 185).
Ein **wörtliches Arbeitskraftangebot** des Arbeitnehmers nach § 295 BGB (siehe Rn. 3 c) ist – entgegen früherer Rechtsprechung – nicht mehr notwendig, um die Verzugsfolgen auszulösen. Das Bundesarbeitsgericht wendet zutreffend § 296 Satz 1 BGB (Entbehrlichkeit des Angebots) entsprechend (siehe Rn. 3 d) an.
Dem Arbeitgeber obliege es als Gläubiger der geschuldeten Arbeitsleistung, dem Arbeitnehmer die Leistungserbringung zu ermöglichen.
Dazu müsse er den Arbeitseinsatz des Arbeitnehmers fortlaufend planen und durch Weisungen hinsichtlich Ort und Zeit der Arbeitsleistung **näher konkretisieren**.
Dies sei eine dauernde und damit nach dem Kalender bestimmte **Mitwirkungshandlung** i. S. d. § 296 Satz 1 BGB.
Komme der Arbeitgeber dieser Obliegenheit nicht nach, gerate er in Annahmeverzug, ohne dass es eines tatsächlichen oder wörtlichen Angebots der Arbeitsleistung durch den Arbeitnehmer bedürfe. Hierzu ein Auszug aus BAG v. 19.1.1999 – 9 AZR 679/97, NZA 1999, 925:
»Dem Arbeitgeber obliegt es als Gläubiger der geschuldeten Arbeitsleistung, dem Arbeitnehmer die Leistungserbringung zu ermöglichen. Dazu muss er den Arbeitseinsatz des Arbeitnehmers fortlaufend planen und durch Weisungen hinsichtlich Ort und Zeit der Arbeitsleistung näher konkretisieren. Kommt der Arbeitgeber dieser Obliegenheit nicht nach, gerät er in Annahmeverzug, ohne dass es eines Angebots der Arbeitsleistung durch den Arbeitnehmer bedarf (Fortführung der Rechtsprechung BAG Urteile vom 9.8.1984 – 2 AZR 374/83, AP Nr. 34 zu § 615 BGB; vom 24.11.1994 – 2 AZR 179/94, AP Nr. 60 zu § 615 BGB). Ist der Arbeitgeber nach einer unwirksamen Kündigungserklärung mit der Annahme der Dienste des Arbeitnehmers in Verzug gekommen, so muss er zur Beendigung des Annahmeverzugs die versäumte Arbeitsaufforderung nachholen.«

14 Auch im Falle einer **Erkrankung** des Arbeitnehmers nach Ausspruch einer unwirksamen Kündigung des Arbeitgebers ist es nicht erforderlich, dass der Arbeitnehmer dem Arbeitgeber die Wiederherstellung seiner Arbeitsfähigkeit nach Ende der Erkrankung mitteilt und seine Arbeitskraft anbietet.
Nach der Rechtsprechung des BAG treten die Folgen des Annahmeverzugs (= Fortzahlung des Arbeitsentgelts) nach einer unwirksamen Arbeitgeberkündigung unabhängig davon ein, ob der arbeitsunfähig erkrankte Arbeitnehmer seine wiedergewonnene Arbeitsfähigkeit dem Arbeitgeber anzeigt (BAG v. 24.11.1994 – 2 AZR 179/94, AuR 1995, 103).
Vielmehr gerät der Arbeitgeber – wenn der Arbeitnehmer Kündigungsschutzklage erhoben hat – »**automatisch**« mit Wiedererlangung der Arbeitsfähigkeit in Annahmeverzug.

> **Beispiel:**
> Der Arbeitgeber kündigt einem arbeitsunfähig erkrankten Arbeitnehmer fristgerecht. Daraufhin erhebt der Arbeitnehmer Kündigungsschutzklage. Einige Zeit nach Ablauf der Kündigungsfrist ist seine Arbeitsfähigkeit wiederhergestellt. Monate später wird durch Urteil die Unwirksamkeit der Kündigungsfrist festgestellt. Der Arbeitnehmer klagt daraufhin auf Zahlung des rückständigen Arbeitsentgelts (abzüglich erhaltenen Arbeitslosengeldes).
> Nach früherer BAG-Rechtsprechung (vgl. z. B. BAG v. 21.3.1985 – 2 AZR 201/84, DB 1985, 1744) wäre die Zahlungsklage abgewiesen worden, weil der Arbeitnehmer die Wiederherstellung seiner

Annahmeverzug

> Arbeitsfähigkeit dem Arbeitgeber nicht angezeigt hat. Diese Rechtsprechung wurde zu Recht geändert.

Ein Annahmeverzug des Arbeitgebers (und damit die Verpflichtung zur Entgeltfortzahlung) **entfällt** nur für die Zeiträume, in denen der Arbeitnehmer **objektiv außerstande** ist, die vertraglich geschuldete Arbeitsleistung zu erbringen (z. B. bei Inhaftierung). 15
Die Arbeitsfähigkeit beurteilt sich nach der vom Arbeitnehmer auf Grund des Arbeitsvertrags geschuldeten Leistung, die der Arbeitgeber als vertragsgemäß hätte annehmen müssen.
Zu einer **Vertragsänderung** ist der Arbeitgeber im Rahmen des § 296 Satz 1 BGB nicht verpflichtet.
Ein Arbeitnehmer ist nicht stets schon dann **leistungsunfähig** im Sinne von § 297 BGB, wenn er aus Gründen in seiner Person nicht mehr alle Arbeiten verrichten kann, die zu den vertraglich vereinbarten Tätigkeiten gehören.
Ist es dem Arbeitgeber **möglich** und **zumutbar**, dem krankheitsbedingt nur eingeschränkt leistungsfähigen Arbeitnehmer leidensgerechte und vertragsgemäße Arbeiten zuzuweisen, ist die Zuweisung anderer Arbeiten **unbillig**.
Die Einschränkung der Leistungsfähigkeit des Arbeitnehmers steht dann dem Annahmeverzug des Arbeitgebers nicht entgegen (BAG v. 8. 11. 2006 – 5 AZR 51/06; BAG 27. 8. 2008 – 5 AZR 16/08).
Von dieser zutreffenden Rechtsprechung hat sich der 5. Senat mit Urteil vom 19. 5. 2010 – 5 AZR 162/09 **verabschiedet** und geht nunmehr einen anderen – für den Arbeitnehmer schwierigeren – Weg.
Für den Annahmeverzug des Arbeitgebers sei das Angebot einer »leidensgerechten Arbeit« ohne Belang, solange er nicht durch eine **Neuausübung seines Direktionsrechts** nach § 106 Satz 1 Gewerbeordnung (GewO) diese zu der i. S. v. § 294 BGB zu bewirkenden Arbeitsleistung bestimmt hat.
Anderenfalls könne der Arbeitnehmer den Inhalt der arbeitsvertraglich nur rahmenmäßig umschriebenen Arbeitsleistung **selbst konkretisieren**. Das widerspräche § 106 Satz 1 GewO. Die Konkretisierung der Arbeitspflicht sei nach § 106 Satz 1 GewO Sache des Arbeitgebers.
Dem Arbeitnehmer könne jedoch ein **Anspruch auf Schadensersatz** nach § 280 Abs. 1 BGB zustehen, wenn der Arbeitgeber schuldhaft seine Rücksichtnahmepflicht aus § 241 Abs. 2 BGB dadurch verletzt, dass er den Arbeitnehmer nicht durch Neuausübung seines Direktionsrechts einen leidensgerechten Arbeitsplatz zuweist.
Die Verpflichtung des Arbeitgebers zur Neubestimmung der Tätigkeit des Arbeitnehmers setze voraus, dass der Arbeitnehmer die Umsetzung auf einen leidensgerechten Arbeitsplatz **verlangt** und dem Arbeitgeber mitgeteilt hat, wie er sich seine weitere, die auftretenden Leistungshindernisse ausräumende Beschäftigung **vorstellt**.
Dem Verlangen des Arbeitnehmers müsse der Arbeitgeber regelmäßig entsprechen, wenn ihm die in der Zuweisung einer anderen Tätigkeit liegende Neubestimmung der zu bewirkenden Arbeitsleistung **zumutbar** und **rechtlich möglich** ist.
Dem Arbeitnehmer könne bei der Entstehung des Schadens ein **Mitverschulden** vorzuwerfen sein, wenn ihn an dem Unvermögen, die bisherige Tätigkeit auszuüben, ein Verschulden trifft.
Macht der Arbeitnehmer nach Ausspruch einer unwirksamen Kündigung des Arbeitgebers Ansprüche auf Verzugslohn für die Vergangenheit geltend, darf der Arbeitgeber die Leistungsunfähigkeit des Arbeitnehmers während des Streitzeitraums zwar nicht »ins Blaue hinein« behaupten. Trägt der Arbeitgeber aber ausreichende **Indiztatsachen** vor, die die Arbeitsunfähigkeit des Arbeitnehmers ergeben können, dürfen die Arbeitsgerichte den hierfür angebotenen **Beweis** nicht als ungeeignet ablehnen.
Als Indiztatsachen kommen etwa **Krankheitszeiten** des Arbeitnehmers vor und nach dem Verzugszeitraum in Betracht.

Annahmeverzug

Der Arbeitnehmer muss sich dann substantiiert einlassen und ggf. die behandelnden Ärzte von der **Schweigepflicht** entbinden.

Erst wenn die Frage der Leistungsfähigkeit des Arbeitnehmers auch nach Ausschöpfung der Beweismittel, insbesondere nach Einholung eines ärztlichen Sachverständigengutachtens, nicht geklärt werden kann, geht das **zu Lasten des Arbeitgebers** (BAG v. 5.11.2003 – 5 AZR 562/02, DB 2004, 439).

16 Der Annahmeverzug des Arbeitgebers nach Ausspruch einer **unwirksamen Kündigung** endet nicht dadurch, dass der Arbeitgeber den Arbeitnehmer zu einer Arbeitsaufnahme für die Dauer des Rechtsstreits unter Aufrechterhaltung der Kündigung **auffordert**.

Allerdings kommt eine **Anrechnung** eines während des Annahmeverzuges tatsächlich erzielten anderweitigen Verdienstes (siehe Rn. 8) oder »böswillig unterlassenen« hypothetischen Verdienstes nach § 11 Satz 1 Nr. 2 KSchG (siehe Rn. 9) in Betracht, wenn der Arbeitgeber, der sich mit der Annahme der Dienste in Verzug befindet, Arbeit anbietet (BAG v. 14.11.1985, NZA 1985, 637; BAG v. 22.2.2000 – 9 AZR 194/99, NZA 2000, 817).

17 Hat das → **Arbeitsgericht** die Unwirksamkeit der Kündigung festgestellt, den gleichzeitig mit der Kündigungsschutzklage gestellten allgemeinen Weiterbeschäftigungsantrag aber rechtskräftig **abgewiesen**, so schließt das den Anspruch des Arbeitnehmers auf Annahmeverzugslohn nicht aus (LAG Nürnberg v. 18.12.1996 – 7 Sa 367/96, AiB 1997, 552).

Die Rechtskraftwirkung des Urteils bezieht sich nur auf den Weiterbeschäftigungsantrag, sagt aber nichts über den **Anspruch auf Entgeltfortzahlung** wegen Annahmeverzuges aus.

Annahmeverzug bei wirksamer → ordentlicher Kündigung und abgelehntem Weiterbeschäftigungsverlagen nach § 102 Abs. 5 BetrVG

18 Ein Anspruch auf Weiterzahlung des Arbeitsentgelts unter dem Gesichtspunkt des Annahmeverzuges kann auch dann entstehen, wenn im Kündigungsschutzprozess festgestellt wird, dass die ordentliche **Kündigung gerechtfertigt**, also wirksam gewesen ist.

Und zwar dann, wenn der Arbeitgeber den Gekündigten nicht weiterbeschäftigt hat, obwohl dieser seine Weiterbeschäftigung nach § 102 Abs. 5 BetrVG **verlangt** hat und die sonstigen Voraussetzungen dieser Vorschrift (ordnungsgemäßer **Widerspruch** des Betriebsrats, **Klage** gegen die Kündigung; siehe → **ordentliche Kündigung** Rn. 30) vorliegen.

In einem solchen Fall hat der Arbeitnehmer **Anspruch** auf Beschäftigung und Vergütung über den Ablauf der Kündigungsfrist hinaus nach den Bedingungen des bisherigen Arbeitsverhältnisses, ohne dass es auf die Wirksamkeit der Kündigung ankommt.

Der Zahlungsanspruch besteht mindestens bis zu dem Zeitpunkt, zu dem der Arbeitgeber vom → **Arbeitsgericht** nach § 102 Abs. 5 S. 2 BetrVG von der **Weiterbeschäftigungspflicht entbunden** wird (BAG v. 7.3.1996 – 2 AZR 432/95, NZA 1996, 930). Stellt der Arbeitgeber keinen Entbindungsantrag oder wird sein Antrag abgewiesen, hat der Arbeitnehmer Anspruch auf Beschäftigung und Vergütung bis zum rechtskräftigen Abschluss des Kündigungsschutzprozesses.

Bedeutung für die Betriebsratsarbeit

19 **Beteiligungsrechte des Betriebsrats** im Zusammenhang mit dem Thema »Annahmeverzug« bestehen nicht.

20 Der Betriebsrat kann den Arbeitnehmer aber dennoch bei der Durchsetzung seines Rechts auf Beschäftigung und – falls das vom Arbeitgeber abgelehnt wird – bei der Realisierung seiner Entgeltzahlungsansprüche aus Annahmeverzug **unterstützen**.

Insbesondere sollte sichergestellt sein, dass der Betroffene – soweit erforderlich – seine Arbeitskraft ordnungsgemäß und – für den Fall eines späteren Rechtsstreits – **beweisbar anbietet.**

Bedeutung für den Beschäftigten

Der Arbeitnehmer sollte sehr sorgfältig prüfen (lassen), ob er ein tatsächliches oder zumindest wörtliches Arbeitsangebot machen muss (siehe Rn. 3 b und 3 c), um den Arbeitgeber in Annahmeverzug zu setzen oder ob ein Arbeitsangebot nach § 296 BGB ausnahmsweise entbehrlich ist (siehe Rn. 3 d, 3 e und 13 ff.).   21

Besondere Vorsicht ist geboten, wenn **Arbeitsunfähigkeit** besteht. Entgeltfortzahlungsansprüche aus Annahmeverzug bestehen nur, wenn der Arbeitnehmer zur Erbringung der arbeitsvertraglich geschuldeten Leistung **fähig** ist (§ 297 BGB).

Ansprüche aus Annahmeverzug sollten in jedem Falle **schriftlich** geltend gemacht werden.   22

Etwaige vertragliche oder tarifliche → **Ausschlussfristen/Verfallfristen** sind zu beachten.   23

Arbeitshilfen

Musterschreiben
- Geltendmachung bei Annahmeverzug
- Zahlungsklage bei Annahmeverzug

Rechtsprechung

1. Annahmeverzug im Arbeitsverhältnis (§ 615 BGB) – Angebot der Arbeitsleistung – Anspruch auf Vergütung
2. Annahmeverzug bei Einschränkung oder Stilllegung des Betriebs (§ 615 Satz 3 BGB) – witterungsbedingter Arbeitsausfall
3. Annahmeverzug bei Streik
4. Annahmeverzug bei unwirksamer Einführung von Kurzarbeit
5. Annahmeverzug bei unwirksamer Kündigung – Kündigungsschutzprozess
6. Verfall von Annahmeverzugsansprüchen während eines Kündigungsschutzprozesses
7. Annahmeverzug bei Streit über das Zustandekommen eines Aufhebungsvertrags
8. Annahmeverzug bei angeblicher Eigenkündigung des Arbeitnehmers
9. Annahmeverzug bei Widerspruch des Betriebsrats und Ablehnung des Weiterbeschäftigungsverlangens nach § 102 Abs. 5 BetrVG: Vergütungsansprüche des Arbeitnehmers
10. Wertausgleich gemäß § 812 Abs. 1 Satz 1, § 818 Abs. 2 BGB bei Weiterbeschäftigungsverhältnis außerhalb des § 102 Abs. 5 BetrVG
11. Annahmeverzug bei Abweisung des allgemeinen Weiterbeschäftigungsantrags außerhalb des § 102 Abs. 5 BetrVG
12. Annahmeverzug bei Freistellung des Arbeitnehmers durch den Arbeitgeber?
13. Annahmeverzug bei fehlender Leistungsbereitschaft oder fehlender bzw. eingeschränkter Leistungsfähigkeit?
14. Annahmeverzug und Schadensersatz bei Schwerbehinderung

Annahmeverzug

15. Annahmeverzug bei Rückkehr von Wechselschicht zu Normalschicht ohne Zustimmung des Betriebsrats
16. Annahmeverzug und Gleichbehandlungsgrundsatz
17. Höhe des Annahmeverzugsentgelts
18. Anrechnung anderweitigen Verdienstes
19. Anrechnung von böswillig unterlassenem Verdienst
20. Anrechnung von Arbeitslosengeld und anderen Sozialleistungen
21. Übergang von Ansprüchen aus Annahmeverzug auf Bundesagentur für Arbeit (§ 115 SGB X)
22. Schadensersatz wegen verspäteter Lohnzahlung – Anspruch auf Ersatz des Steuerschadens
23. Zinsanspruch
24. Annahmeverzug und Ausschlussfristen
25. Verjährung von Annahmeverzugsansprüchen

Arbeit auf Abruf

Was ist das?

Eine besonders extreme Form **flexibler Arbeitszeitgestaltung** ausschließlich im Interesse des Arbeitgebers ist die »Arbeit auf Abruf«, auch »Anpassung der Arbeitszeit an den Arbeitsanfall« oder »kapazitätsorientierte variable Arbeitszeit« (»**KAPOVAZ**«) genannt.
Hier vereinbaren Arbeitgeber und Arbeitnehmer, dass die Arbeitsleistung entsprechend dem jeweiligen **Arbeitsanfall** auf Abruf durch den Arbeitgeber zu erbringen ist.
Mit einer solchen Vertragsgestaltung wird das **unternehmerische Risiko** eines schwankenden Arbeitsanfalls voll auf die »Abruf-Arbeitnehmer« abgewälzt.
Verbreitet ist Arbeit auf Abruf z. B. im **Einzelhandel** und **Gaststättengewerbe**.
Für die Arbeitnehmer ist Arbeit auf Abruf eine **besonders ungünstige Variante** der Arbeits- und Arbeitszeitgestaltung.
Anders als etwa bei der → **Gleitzeit** entsteht **keinerlei Zugewinn** an Zeitsouveränität.
Im Gegenteil, Arbeitnehmer auf Abruf leben im »**Standby Modus**«, der eine menschengerechte Planung und Gestaltung der Freizeit deutlich erschwert.
Es handelt sich um eine Form »**prekärer Beschäftigung**«, die nach einer Definition der Internationalen Arbeitsorganisation (ILO) dann vorliegt, wenn

- der Erwerbsstatus nur geringe Arbeitsplatzsicherheit sowie
- wenig Einfluss auf die konkrete Ausgestaltung der Arbeitssituation gewährt,
- der arbeitsrechtliche Schutz lediglich partiell gegeben ist und
- die Chancen auf eine materielle Existenzsicherung durch die betreffende Arbeit eher schlecht sind (*http://de.wikipedia.org/wiki/Prekariat*).

Nicht selten ist die Einführung von Arbeit auf Abruf ein deutlicher Hinweis auf eine unprofessionelle **Personaleinsatzplanung**.
§ 12 TzBfG regelt zur Arbeit auf Abruf folgende **Mindestbedingungen**:

- durch Arbeitsvertrag ist eine **Mindestarbeitszeit** (pro Woche oder Monat) festzulegen; ist eine solche Festlegung nicht erfolgt, gilt eine wöchentliche Arbeitszeit von zehn Stunden pro Woche als vereinbart (§ 12 Abs. 1 TzBfG); damit sind KAPOVAZ-Vereinbarungen, die den Umfang der zu erbringenden Arbeitsleistung in das Belieben des Arbeitgebers stellen, unzulässig; haben die Arbeitsvertragsparteien eine bestimmte Dauer der wöchentlichen und täglichen Arbeitszeit nicht festgelegt, berührt das nach Ansicht des BAG nicht die **Wirksamkeit** der vereinbarten Arbeit auf Abruf (BAG v. 24.9.2014 – 5 AZR 1024/12); es gelten stattdessen die gesetzlich fingierten Arbeitszeiten;
- die jeweilige Lage der Arbeitszeit muss mindestens **vier Tage im Voraus** mitgeteilt werden; andernfalls besteht keine Pflicht zur Erbringung der Arbeitsleistung (§ 12 Abs. 2 TzBfG);
- ist die Dauer der **täglichen** Arbeitszeit nicht vertraglich festgelegt, dann gilt zugunsten des Beschäftigten eine Mindestarbeitszeit von **drei aufeinander folgenden Stunden** (§ 12 Abs. 3 TzBfG);
- durch → **Tarifvertrag** kann von den Bestimmungen des § 12 Abs. 1 und 2 TzBfG auch

Arbeit auf Abruf

5   zuungunsten des Arbeitnehmers abgewichen werden, wenn er eine Regelung über die tägliche und wöchentliche Arbeitszeit und die Vorankündigungsfrist enthält.
Nach abzulehnender Ansicht des BAG soll die vom Arbeitgeber bei einer Vereinbarung von Arbeit auf Abruf **einseitig abrufbare Arbeit** des Arbeitnehmers **bis zu 25 Prozent** der vereinbarten wöchentlichen Mindestarbeitszeit betragen können (BAG v. 7. 12. 2005 – 5 AZR 535/04, AuR 2006, 170 = NZA 2006, 423; vgl. auch Kritik von Decruppe/Utess, AuR 2006, 347 ff.).
Dem Arbeitgeber werden damit neue Möglichkeiten der Flexibilisierung der → **Arbeitszeit** und damit auch des → **Arbeitsentgelts** zu Lasten der Arbeitnehmer verschafft. Mit den Arbeitnehmern können Teilzeitvereinbarungen (z. B. 30 Stunden/Woche) mit Vereinbarungen über zusätzliche Arbeit (und zusätzliches Arbeitsentgelt) »auf Abruf« kombiniert werden (»**Bandbreitenregelungen**«).
Der Arbeitgeber kann dann die zusätzliche Arbeit einseitig in einem Volumen von bis zu 25 Prozent abrufen (vergütet wird nur abgerufene Zeit). Die Arbeitnehmer – und nicht der Arbeitgeber – tragen damit das (Wirtschafts-)Risiko einer schwankenden Auftragslage.

Bedeutung für die Betriebsratsarbeit

6   Der Betriebsrat hat bei der Einführung (»ob«) und Ausgestaltung (»wie«) der Arbeit auf Abruf nach § 87 Abs. 1 Nr. 2 BetrVG **mitzubestimmen** (siehe → **Arbeitszeit** Rn. 75 ff.).
Insbesondere hat er mitzubestimmen bei der Festlegung des **frühesten Beginns** und des **spätesten Ende** des Einsatzes von »Abruf-Arbeitnehmern« (Fitting, BetrVG, 27. Aufl., § 87 Rn. 126) und ihre Eingliederung in einen **Personaleinsatzplan** (siehe hierzu → **Arbeitszeit** Rn. 84 und → **Personalplanung** Rn. 16 b).
Ziel des Betriebsrats sollte es sein, Arbeit auf Abruf als eine zu Lasten des Arbeitnehmers gehende Beschäftigungsform (siehe Rn. 1, 2) möglichst **zu verhindern** und den Arbeitgeber auffordern, seine Personalplanung auf die Eingehung von »Normalarbeitsverhältnissen« (von denen die Arbeitnehmer leben können) auszurichten. Das Statistische Bundesamt definiert ein Beschäftigungsverhältnis als Normalarbeitsverhältnis, wenn
* es mehr als 20 Stunden pro Woche und
* unbefristet ausgeübt wird und
* der Arbeitnehmer direkt in dem Unternehmen arbeitet, mit dem ein Arbeitsvertrag besteht (das ist etwa bei Leiharbeit nicht der Fall).

Mindestens sollte der Betriebsrat seine Mitbestimmung dafür nutzen, die **Arbeitsbedingungen**, insbesondere Dauer und zeitliche Lage des Abrufs im Interesse das Arbeitnehmers **erträglich zu gestalten** und entsprechende Forderungen zu erheben. Er kann z. B. eine Verschärfung der Mindestbedingungen des § 12 TzBfG fordern: z. B. längere Ankündigungsfrist (§ 12 Abs. 2 TzBfG) oder längere Einsatzzeiten (§ 12 Abs. 3 TzBfG), Wahlrechte des Arbeitnehmers bei der Bestimmung der Lage der Arbeitszeit, eine deutliche Erhöhung des Arbeitsentgelts z. B. durch einen »Flexi-Zuschlag«, usw.
Lehnt der Arbeitgeber das ab, sollte der Betriebsrat die Zustimmung zu dem Personaleinsatzplan **verweigern**.
Der Arbeitgeber muss dann, wenn er seine Vorstellungen durchsetzen will, nach § 87 Abs. 2 BetrVG die → **Einigungsstelle** anrufen. Im Einigungsstellenverfahren versucht der Betriebsrat, den/die Einigungsstellenvorsitzende/n von der Sinnhaftigkeit seiner Vorschläge zur Verbesserung der Arbeitssituation der »Abruf-Arbeitnehmer« zu überzeugen.

7   Der Betriebsrat hat auch ein **Initiativ-Mitbestimmungsrecht**. Das heißt: er kann selbst – nach Rücksprache mit dem/den »Abruf-Arbeitnehmern« – Vorschläge zu ihrer Eingliederung in

Arbeit auf Abruf

den Personaleinsatzplan machen und im Nichteinigungsfall die → **Einigungsstelle** nach § 87 Abs. 2 BetrVG anrufen.

Eine weitere Handlungsmöglichkeit besteht für den Betriebsrat, der Arbeit auf Abruf verhindern will, darin, nach § 99 BetrVG die Zustimmung zur → **Einstellung** von »Abruf-Arbeitnehmern« zu verweigern. Und zwar mit der Begründung, dass die Einstellung zu einem **Nachteil** bei anderen im Betrieb bereits beschäftigten Arbeitnehmern führt (§ 99 Abs. 2 Nr. 3 BetrVG; siehe → **Einstellung**). Das BAG hat entschieden (BAG v. 1. 6. 2011 – 7 ABR 117/09, NZA 2011, 1435): »*Hat ein teilzeitbeschäftigter Arbeitnehmer den Anspruch auf Verlängerung seiner Arbeitszeit nach § 9 TzBfG geltend gemacht und beabsichtigt der Arbeitgeber, den entsprechenden freien Arbeitsplatz mit einem anderen Arbeitnehmer zu besetzen, steht dem Betriebsrat ein Zustimmungsverweigerungsrecht nach § 99 Abs. 2 Nr. 3 BetrVG zu. Bei einer anderweitigen Besetzung des freien Arbeitsplatzes könnte der an einer Aufstockung seiner Arbeitszeit interessierte Teilzeitarbeitnehmer den Nachteil erleiden, seinen Rechtsanspruch nach § 9 TzBfG nicht mehr durchsetzen zu können. Denn die Erfüllung des Anspruchs eines teilzeitbeschäftigten Arbeitnehmers aus § 9 TzBfG ist rechtlich unmöglich i. S. v. § 275 Abs. 1 und Abs. 4, § 280 Abs. 1 und Abs. 3, § 281 Abs. 2, § 283 Satz 1 BGB, wenn der Arbeitgeber den Arbeitsplatz endgültig mit einem anderen Arbeitnehmer besetzt. Der Arbeitnehmer hat dann wegen der unterbliebenen Verlängerung der Arbeitszeit einen Schadensersatzanspruch.*«

Zu weiteren Zustimmungsverweigerungsgründen siehe → **Einstellung** Rn. 28.

8

Rechtsprechung

1. Abrufarbeitsverhältnis (§ 12 TzBfG)
2. Höchstumfang der abrufbaren Arbeit
3. Mitbestimmung des Betriebsrats

Arbeitgeber

Wer ist das?

1. Arbeitgeber ist derjenige, der andere als → **Arbeitnehmer** auf der Grundlage eines → **Arbeitsvertrages** beschäftigt.
2. Die Begriffe »**Arbeitgeber**« und »**Arbeitnehmer**« verstellen ein wenig den Blick dafür, dass es der Arbeitnehmer ist, der etwas »gibt«: nämlich seine Arbeitskraft bzw. Arbeitsleistung, während der Arbeitgeber die Arbeitskraft/Arbeitsleistung »nimmt«. Zutreffender ist da schon der Begriff → **Annahmeverzug**, in den der Arbeitgeber nach §§ 293 ff. BGB gerät, wenn er das Arbeitsangebot des Arbeitnehmers nicht »annimmt«.
3. **Arbeitgeber** können sein:
   - eine »**natürliche**« Person (= Einzelunternehmen; z. B. der Malermeister Fritz Müller, bei dem drei Gesellen beschäftigt sind);
   - ein **Zusammenschluss mehrerer** »**natürlicher**« **Personen** (= Personengesellschaft; z. B. Fritz Müller & Söhne OHG);
   - oder eine »**juristische**« **Person** (= Kapitalgesellschaft; z. B. eine Aktiengesellschaft oder GmbH).

   Siehe hierzu → **Unternehmensrechtsformen**.
4. Die meisten Arbeitgeber haben sich in → **Arbeitgeberverbänden** organisiert. Der Arbeitgeberverband ist Verhandlungs- und Vertragspartei der jeweils zuständigen → **Gewerkschaft**, wenn es um den Abschluss von → **Tarifverträgen** geht.
5. Aber auch der einzelne Arbeitgeber ist »**tariffähig**« (§ 2 Abs. 1 TVG).

   Deshalb kann die Gewerkschaft, falls ein Arbeitgeber nicht Mitglied in einem Tarif-Arbeitgeberverband ist, dadurch die Geltung von tariflichen Regelungen bewirken, dass sie mit dem betreffenden Arbeitgeber einen **Firmentarifvertrag** abschließt.

   Firmentarifverträge werden auch **Haustarifverträge** oder **Werktarifverträge** genannt (Beispiel: Tarifverträge zwischen der IG Metall und der Volkswagenwerk AG).

   Wenn der Firmentarifvertrag die zwischen Gewerkschaft und Arbeitgeberverband vereinbarten Verbandstarifverträge (auch »Flächentarifverträge« genannt) inhaltlich übernimmt, nennt man ihn »**Anerkennungstarifvertrag**« oder »**Anschlusstarifvertrag**« (**Muster** eines Anerkennungstarifvertrags online zu diesem Stichwort).

   Zur **Vorgehensweise** bei der Durchsetzung eines Firmentarifvertrages siehe **Checkliste** in der online-Ausgabe.

Arbeitgeber

Bedeutung für die Betriebsratsarbeit

Im betriebsverfassungsrechtlichen Sinne ist der Arbeitgeber der »**Inhaber**« des Betriebs bzw. Unternehmens. Handelt es sich bei dem Unternehmen um eine »**juristische Person**« (z. B. GmbH, AG; siehe → **Unternehmensrechtsformen**), so ist die »juristische Person« als solche **Arbeitgeber**.
Die juristische Person handelt durch ihre **Vertretungsorgane** (z. B. die Geschäftsführung einer GmbH, der Vorstand einer AG, vgl. § 5 Abs. 2 Nr. 1 BetrVG).
Der Arbeitgeber ist Informationsgeber und Verhandlungspartei des Betriebsrats.
Dort, wo es im BetrVG nicht allein um den → **Betrieb**, sondern um das → **Unternehmen** geht (z. B. im Bereich der → **wirtschaftlichen Angelegenheiten**), wird nicht der Begriff »Arbeitgeber«, sondern der Begriff »**Unternehmer**« verwendet (vgl. z. B. §§ 53 Abs. 2 Nr. 2, 106, 111 ff. BetrVG).

6

7

Bedeutung für die Beschäftigten

Die **Rechte und Pflichten** des Arbeitgebers gegenüber dem Arbeitnehmer ergeben sich zunächst aus dem mündlich oder schriftlich geschlossenen → **Arbeitsvertrag** (= Vereinbarung von Leistung und Gegenleistung).
Durch den Arbeitsvertrag wird insbesondere auch das so genannte »**Direktionsrecht**« (auch »**Weisungsrecht**« genannt) nach § 106 Sätze 1 und 2 Gewerbeordnung begründet. Dieses gibt dem Arbeitgeber die Befugnis,
- im Rahmen des arbeitsvertraglich Vereinbarten und unter Beachtung der einschlägigen
- Gesetze (und sonstigen staatlichen Vorschriften; z. B. Rechtsverordnungen, Unfallverhütungsvorschriften),
- Tarifverträge,
- Betriebsvereinbarungen und
- insbesondere auch der → **Beteiligungsrechte des Betriebsrats**

Inhalt, Ort und Zeit der Arbeitsleistung »**nach billigem Ermessen**« durch **Anordnungen** näher zu bestimmen (siehe → **Arbeitsvertrag**). Das gilt auch in Bezug auf **Ordnung** und **Verhalten** der Arbeitnehmer im Betrieb.

8

9

> **Hinweis:**
> Mit dem Begriff »**Zeit**« der **Arbeitsleistung** ist nicht die Dauer der vom Arbeitnehmer geschuldeten Arbeitszeit gemeint, sondern die Lage der Arbeitszeit. Deshalb gibt § 106 Satz 1 GewO dem Arbeitgeber kein Recht, → **Überstunden** anzuordnen. Etwas anderes gilt, wenn der Arbeitnehmer aufgrund des Arbeitsvertrags, eines einschlägigen Tarifvertrags oder einer Betriebsvereinbarung zur Leistung von Überstunden verpflichtet ist (siehe → **Überstunden** Rn. 36 ff.).

Aus § 106 Satz 1 GewO folgt beispielsweise,
- dass der Arbeitgeber einen Arbeitnehmer nicht anweisen kann, als Maschinenarbeiter zu arbeiten, wenn er laut Arbeitsvertrag als Schlosser eingestellt ist und der Arbeitsvertrag keine Versetzungsklausel enthält; das Arbeitsverhältnis ist dann **inhaltlich** auf Schlossertätigkeit festgelegt; wenn der Arbeitgeber sein Vorhaben durchsetzen will, muss er eine → **Änderungskündigung** aussprechen und zudem nach § 99 BetrVG die Zustimmung des Betriebsrats zur Versetzung und ggf. Umgruppierung einholen;
- dass der Arbeitgeber eine Verkäuferin nicht in eine Filiale in Hamburg versetzen darf, wenn

10

Arbeitgeber

im Arbeitsvertrag als **Einsatzort** die Filiale in Lübeck »festgeschrieben« ist. Auch hier gilt: wenn der Arbeitgeber sein Vorhaben durchsetzen will, muss er eine → **Änderungskündigung** aussprechen und zudem nach § 99 BetrVG die Zustimmung des Betriebsrats zur Versetzung und ggf. Umgruppierung einholen;
- dass der Arbeitgeber einen Arbeitnehmer nicht anweisen kann, in der **Nacht** zu arbeiten, wenn im Arbeitsvertrag der Arbeitseinsatz am Tage vereinbart ist; wenn der Arbeitgeber sein Vorhaben durchsetzen will, muss er eine → **Änderungskündigung** aussprechen und zudem nach § 87 Abs. 1 Nr. 2 BetrVG mit dem Betriebsrat eine Vereinbarung über Nachtarbeit und den Einsatz des Arbeitnehmers in der Nacht herbeiführen;
- dass in Betrieben mit Betriebsrat ein einseitiges Weisungs-/Anordnungsrecht des Arbeitgebers in vielen wichtigen Fragen nicht besteht, weil der Betriebsrat bei der Gestaltung **mitzubestimmen** hat.

Beispiele:
- Ordnung und Verhalten der Arbeitnehmer im Betrieb (Mitbestimmung nach § 87 Abs. 1 Nr. 1 BetrVG),
- Lage und Verteilung der Arbeitszeit (Mitbestimmung nach § 87 Abs. 1 Nr. 2 BetrVG),
- Überstunden und Kurzarbeit (Mitbestimmung nach § 87 Abs. 1 Nr. 3 BetrVG).

11   Zur Mitbestimmung des Betriebsrats in Bezug auf **Ordnung** und **Verhalten** der Arbeitnehmer im Betrieb (§ 106 Satz 2 GewO) siehe → **Betriebsbuße** und → **Betriebsordnung**.
12   Bei der **Ausübung** des Ermessens hat der Arbeitgeber auch auf **Behinderungen** des Arbeitnehmers Rücksicht zu nehmen (§ 106 Satz 3 Gewerbeordnung).

Arbeitshilfen

Übersicht
Checkliste

Musterschreiben

- Arbeitgeber
- Ablauf einer betrieblichen Tarifbewegung zur Durchsetzung eines Firmentarifvertrages
- Anerkennungstarifvertrag
- Verhandlungsergebnis

Übersicht: Arbeitgeber

Arbeitgeber
- …kann eine natürliche (oder der Zusammenschluss mehrerer natürlicher Personen, OHG, KG) oder eine juristische Person (GmbH, AG) sein
- …schließt mit dem Arbeitnehmer einen Arbeitsvertrag ab (insoweit ist er Arbeitsvertragspartei)
- …ist Träger der Rechte und Pflichten nach den arbeits- und sozialrechtlichen Vorschriften (u. a. nach dem Betriebsverfassungsgesetz)
- …informiert den Betriebsrat, verhandelt mit dem Betriebsrat, schließt Betriebsvereinbarungen und Regelungsabreden mit dem Betriebsrat ab
- …kann mit der Gewerkschaft Firmentarifverträge abschließen (insoweit ist er Tarifvertragspartei)
- …kann – muss nicht – Mitglied eines Arbeitgeberverbandes sein (und unterliegt damit den von diesem Verband mit der Gewerkschaft abgeschlossenen Verbandstarifverträgen); ist ein Arbeitgeber nicht tarifgebunden, kann die Gewerkschaft einen Firmentarifvertrag fordern (z. B. einen Anerkennungstarifvertrag) und – falls die Voraussetzungen dafür vorhanden sind (u. a. hoher Organisationsgrad, Konfliktbereitschaft der Belegschaft) – dafür zum Streik aufrufen (siehe Checkliste Ablauf einer Betrieblichen Tarifbewegung zur Durchsetzung eines Firmentarifvertrages und → **Arbeitskampf**)

Arbeitgeberverband

Was ist das?

Arbeitgeberverbände sind **privatrechtliche Vereine**, in denen sich etwa 80 Prozent aller Arbeitgeber (= Unternehmen) in der Bundesrepublik Deutschland organisiert haben. Im Vergleich dazu: weniger als 20 Prozent der Arbeitnehmer in Deutschland sind Mitglied einer → **Gewerkschaft**. Historisch sind die Arbeitgeberverbände als Reaktion auf die Bildung der Gewerkschaften entstanden, nämlich als **Antistreikvereine**. Die Arbeitgeber fürchteten die zunehmende Einflussnahme der Gewerkschaften und ihrer Mitglieder auf die Arbeitsbedingungen. Sie pochten auf ihr »natürliches Eigentumsrecht« und versuchten, die erstarkende Gewerkschaftsbewegung mit »Zuckerbrot« (freiwillige Leistungen) und »Peitsche« (Entlassung, schwarze Listen) zu ersticken. Vor allem Schwer- und Großindustrie (Chemie, Elektro, Metall, Stahl) sowie Banken und Versicherungen lehnten den Abschluss von Tarifverträgen ursprünglich strikt ab. *»Kein Blatt Papier darf sich zwischen den Unternehmer und seine Arbeiter drängen und keine werksfremde Macht vorschreiben, welche Arbeitsbedingungen der Arbeitgeber mit seinen Arbeitern vereinbart«*, sagte 1899 der saarländische Stahl- und Zechenbaron von Stumm (vgl. hierzu Berg/Kocher/Schumann-*Berg*, Tarifvertragsgesetz und Arbeitskampfrecht, 5. Aufl. 2015, S. 75).

Hauptbetätigungsfelder der Arbeitgeberverbände heute sind insbesondere
- die Tarifpolitik; Ziel dabei ist es, gewerkschaftliche Tarifforderungen soweit wie möglich abzuwehren und das bestehende Tarifniveau zugunsten der Arbeitgeber/Unternehmen und zu Lasten der Beschäftigten zu verändern; etwa durch Änderungstarifverträge, die gerne mit Begriffen wie »Zukunftstarifvertrag«, »Bündnis für Arbeit« geschönt werden;
- die Beratung der Mitglieder, also der einzelnen Arbeitgeber im Rahmen der Betriebsverfassung (siehe Rn. 22);
- die Einflussnahme auf die Organe der EU, auf Bundesregierung, Bundestag, Bundesrat, Bundestagsabgeordnete, Parteien, Medien, usw.) mit dem Ziel, eine wirtschafts-/unternehmensfreundliche Politik durchzusetzen und »arbeitnehmerfreundliche« Initiativen etwa der Gewerkschaften im Bereich der Arbeits- und Sozialgesetzgebung abzuwehren; hilfreich sind dabei stets mehr oder weniger dezente Hinweise darauf, dass Unternehmen ins Ausland abwandern könnten, wenn die Rahmenbedingungen nicht »stimmen« (zum Lobbyismus: *http://de.wikipedia.org/wiki/Lobbyismus* und *http://de.wikipedia.org/wiki/Lobbycontrol*);
- die Vertretung ihrer Mitglieder (Arbeitgeber/Unternehmen) vor den Arbeits- und Sozialgerichten;
- die Wahrnehmung von Rechten und »ehrenamtlichen« Aufgaben in vielen Bereichen des Arbeits-, Sozial- und Wirtschaftslebens (z. B. Entsendung von ehrenamtlichen Richtern zu den Arbeits- und Sozialgerichten, Entsendung von Vertretern in die Organe der Sozialversicherung usw.);
- die Bildungspolitik (Einflussnahme u. a. durch »arbeitgeberfreundliches« Lehr- und Lernmaterial);

Arbeitgeberverband

- Einflussnahme auf die »öffentliche Meinung«; das heißt: Schaffung eines neoliberalen, marktwirtschaftsfreundlichen und sozialstaatsfeindlichen Bewusstseins in der Bevölkerung; Beispiel: die Tätigkeit der u. a. vom Metallarbeitgeberverband Gesamtmetall finanzierten »Initiative Neue Soziale Marktwirtschaft« (*http://www.insm.de/insm/*).

3 Die jeweiligen Verbände grenzen sich nach **fachlichen Gesichtspunkten** (z. B. Metall, Druck usw.) voneinander ab und agieren meist auf **regionaler Ebene**.
Auf Länderebene sind die jeweiligen Verbände zu Landesvereinigungen (z. B. Vereinigung der hessischen Unternehmerverbände), auf Bundesebene zu Bundesfachverbänden zusammengeschlossen (z. B. Gesamtmetall, Bundesverband Druck).

4 Dachorganisation der Landesvereinigungen und Bundesfachverbände ist die »**Bundesvereinigung der Deutschen Arbeitgeberverbände (BDA)**«.
Die BDA ist Sprachrohr der deutschen Wirtschaft in dem oben genannten Aufgabenfeld (insbesondere Tarif-, Rechts-, Sozial-, Bildungs- und Meinungsbildungspolitik).
Demgegenüber vertritt der **Bundesverband der Deutschen Industrie e. V.** (BDI) die wirtschaftspolitischen Interessen der deutschen Industrie.

5 Neben der BDA sind als selbständige Arbeitgebervereinigungen auf Bundesebene zu nennen die »Wirtschaftsvereinigung Eisen- und Stahlindustrie«, die »Tarifgemeinschaft Deutscher Länder« und die »Arbeitsgemeinschaft kommunaler Arbeitgeberverbände«.

6 In den vorgenannten Bereichen treten die Arbeitgeberverbände als »**Gegenspieler« der Gewerkschaften** auf.
Die Rollen sind klar verteilt: die Arbeitgeberverbände vertreten die (Profit-)Interessen der Arbeitgeber, die Gewerkschaften die Interessen der Arbeitnehmer. Die jeweiligen Interessen befinden sich – vor allem in der Tarifpolitik – in einem **klaren Gegensatz** (»ein Euro mehr für die Arbeitnehmer = ein Euro weniger Profit«).
Manchmal sieht sich die Rechtsprechung veranlasst, das Verhältnis von Arbeitnehmer- und Arbeitgeberseite realitätsgerecht zu beschreiben. Beispielsweise heißt es
- in der Entscheidung des BVerfG v. 27. 1. 1998 – 1 BvL 15/87, NZA 1998, 470:
»Dem durch Art. 12 Abs. 1 GG geschützten Interesse des Arbeitnehmers an einer Erhaltung seines Arbeitsplatzes steht das Interesse des Arbeitgebers gegenüber, in seinem Unternehmen nur Mitarbeiter zu beschäftigen, die seinen Vorstellungen entsprechen und ihre Zahl auf das von ihm bestimmte Maß zu beschränken.«
- im Beschluss des BAG vom 21. 4. 1983 – 6 ABR 70/82, AiB 1984, 15:
»... Das geltende Arbeitsrecht wird ... durchgängig von zwei einander gegenüberstehenden Grundpositionen beherrscht, mit denen unterschiedliche Interessen von Arbeitgeber- und Arbeitnehmerseite verfolgt werden. Ohne diesen Interessengegensatz wären im Übrigen gesetzliche Regelungen über die Mitwirkung der Arbeitnehmerseite an sozialen, personellen oder wirtschaftlichen Entscheidungen des Arbeitgebers gegenstandslos. Auch das Betriebsverfassungsgesetz setzt diesen Interessengegensatz voraus. Im Betrieb hat der Betriebsrat die Interessen der von ihm repräsentierten Belegschaft wahrzunehmen. ...«
Vor diesem Hintergrund ist es unangebracht, Gewerkschaften und Arbeitgeberverbände als »Tarifpartner« zu bezeichnen, was leider vielfach geschieht (etwa in arbeitsgerichtlichen Entscheidungen, manchmal sogar im gewerkschaftlichen Sprachgebrauch).
Richtig sind stattdessen die Begriffe »Tarifparteien« oder »Tarifvertragsparteien«.

Verbandsbeitritt

7 Durch den Beitritt eines Unternehmens in einen Arbeitgeberverband finden die **Verbandstarifverträge** (auch Flächentarifverträge genannt) auf die Arbeitsverhältnisse Anwendung, sofern eine Mitgliedschaft der Beschäftigten in der tarifvertragsschließenden Gewerkschaft besteht (zur Tarifbindung siehe Tarifvertrag Rn. 23 ff.).

Arbeitgeberverband

Zur Anwendung von Tarifverträgen aufgrund arbeitsvertraglicher Bezugnahme siehe → **Arbeitsvertrag: Bezugnahme auf Tarifverträge**).

Während der Laufzeit der Verbandstarifverträge (§ 3 Abs. 3 TVG) besteht eine »**relative**« Friedenspflicht (siehe → **Arbeitskampf**).

Die Friedenspflicht gilt nicht, wenn ein Verbandstarifvertrag nachwirkt i. S. d. § 4 Abs. 5 TVG (siehe → **Tarifvertrag: Nachbindung und Nachwirkung**).

Durch den Verbandsbeitritt verliert der Arbeitgeber nicht seine **Tariffähigkeit** nach § 2 Abs. 1 TVG.

Das heißt: Die → **Gewerkschaft** kann von dem Arbeitgeber zu Themen, die nicht verbandstariflich geregelt sind (und deshalb auch nicht der relativen Friedenspflicht unterliegen), den Abschluss zusätzlicher Firmentarifverträge fordern und die Belegschaft dafür zum Streik aufrufen.

Mit § 2 Abs. 1 TVG ist die früher vereinzelt vertretene Ansicht (LAG Schleswig-Holstein v. 25. 11. 1999 – 4 Sa 584/99, NZA-RR 2000, 143) nicht vereinbar, dass Tarifauseinandersetzungen mit dem einzelnen – verbandsangehörigen – Arbeitgeber nur auf der Verbandsebene (»**firmenbezogener Verbandstarifvertrag**«) ausgetragen werden können (BAG v. 10. 12. 2002 – 1 AZR 96/02, AuR 2004, 149 = NZA 2003, 734 unter ausdrücklicher Ablehnung von LAG Schleswig-Holstein v. 25. 11. 1999, a. a. O.).

Manchmal tritt ein Unternehmen während eines Streiks zur Durchsetzung eines Firmentarifvertrages (siehe → **Arbeitgeber** und → **Tarifvertrag**) in einen tarifzuständigen Arbeitgeberverband ein, der mit der streikführenden Gewerkschaft Tarifverträge mit abweichenden Standards abgeschlossen hat.

Ziel des Arbeitgebers ist es, von weitergehenden Forderungen und dem Streik dafür verschont zu bleiben (»**Flucht in den Arbeitgeberverband**«).

Ob diese Rechnung aufgeht, hängt davon ab, ob mit dem Eintritt in den Verband sofort die relative Friedenspflicht (siehe → **Arbeitskampf**) aus den Verbandstarifverträgen gilt (so etwa ArbG Köln v. 26. 6. 1964 – 8 Ca 2/64, BB 1964, 844; Konzen, ZfA 75, 425 ff.).

Das ist bislang höchstrichterlich nicht geklärt. Man wird wohl danach **differenzieren** müssen,
- ob sich die Streikforderung auf den Abschluss eines Anerkennungstarifvertrags richtet (= Übernahme der Verbandstarifverträge; siehe Muster im Anhang zum Stichwort → **Arbeitgeber**); dann dürfte eine Fortsetzung des Streiks nicht möglich sein; oder
- ob Forderungen zu Gegenständen erhoben werden, die durch die Verbandstarifverträge nicht geregelt sind (dann steht die relative Friedenspflicht aus den Verbandstarifverträgen einer Fortsetzung des Streiks für diese Forderungen nicht entgegen).

Friedenspflicht besteht im Übrigen auch dann nicht, wenn das – verbandsgebundene – Unternehmen z. B. jahrelang mit der Gewerkschaft Firmentarifverträge abgeschlossen hat und dann in einer laufenden Tarifauseinandersetzung um den Neuabschluss gekündigter Firmentarifverträge sich auf die Verbandsmitgliedschaft und Friedenspflicht beruft (LAG Köln v. 14. 6. 1996 – 4 Sa 177/96, AuR 1996, 410; ArbG Bremen v. 24. 6. 1999 – 7 Ga 41/99, AiB 2000, 119).

Verbandsaustritt / OT-Wechsel

Manche Arbeitgeber entschließen sich, aus dem Tarif-Arbeitgeberverband **auszutreten**, mit dem Ziel, an zukünftige Verbandstarifabschlüsse (z. B. Tariferhöhungen) nicht mehr gebunden zu sein (»**Tarifflucht durch Verbandsaustritt**«).

Manche tarifgebundene Arbeitgeber wechseln mit dem gleichen Ziel in eine »Mitgliedschaft ohne Tarifbindung« (»OT-Mitgliedschaft«, die vom gleichen Arbeitgeberverband »angeboten« wird) oder sie treten aus dem bisherigen Tarifarbeitgeberverband aus und in einen OT-Ver-

Arbeitgeberverband

band ein (»**Tarifflucht**« **durch OT-Wechsel**). Zu diesen beiden Formen des OT-Wechsels siehe Rn. 19.

12 Von dem **bisherigen »Tarifzustand«** kann sich der tarifflüchtige Arbeitgeber durch Verbandsaustritt bzw. OT-Wechsel allerdings »nicht befreien«. Denn seine Tarifgebundenheit an die zum Zeitpunkt des Wirksamwerdens des Verbandsaustritts/OT-Wechsels geltenden Verbandstarifverträge bleibt gemäß § 3 Abs. 3 TVG weiter uneingeschränkt bestehen (sog. **Nachbindung**, auch Fortgeltung oder verlängerte Tarifgebundenheit genannt; vgl. BAG v. 6.7.2011 – 4 AZR 424/09, NZA 2012, 281; 13.12.1995 – 4 AZR 1062/94, AiB 1997, 63).

Damit ist der wirtschaftliche **Hauptzweck der Tarifflucht** durch Verbandsaustritt oder OT-Wechsel umschrieben: Der Arbeitgeber möchte an zukünftige Verbandstarifabschlüsse z. B. zu Tariferhöhungen nicht mehr gebunden sein. Vielmehr möchte er selbst von Fall zu Fall entscheiden, ob er die Arbeitsentgelte zukünftig anhebt oder nicht.

Zum »**Königsweg**« der Tarifflucht durch Betriebsinhaberwechsel und Ausgliederung siehe → **Betriebsübergang** Rn. 18.

Zu den **gewerkschaftlichen Handlungsmöglichkeiten** bei Tarifflucht siehe Rn. 17.

12a Die volle Tarifgebundenheit des tarifflüchtigen Arbeitgebers an den jeweiligen Verbandstarifvertrag **endet** erst, wenn der jeweilige Verbandstarifvertrag abläuft (etwa aufgrund einer Kündigung oder Befristung) oder wenn er inhaltlich verändert wird. Auf die Nachbindung folgt dann die Nachwirkung nach § 4 Abs. 5 TVG (siehe Rn. 13, 14).

12b An den bisherigen »Tarifzustand« kann sich der tarifflüchtige Arbeitgeber erst dann »heranmachen«, wenn die Nachbindung des jeweiligen Verbandstarifvertrags endet und sich in die schwächere Nachwirkung nach § 4 Abs. 5 TVG verwandelt (siehe Rn. 14 und → **Tarifvertrag: Nachbindung und Nachwirkung**).

Daraus folgt: Wenn auch die Beschäftigten tarifgebunden sind (durch Mitgliedschaft in der tarifvertragsschließenden Gewerkschaft), liegt trotz Verbandsaustritts/OT-Wechsels des Arbeitgebers weiterhin **beiderseitige Tarifgebundenheit** i. S. d. § 3 Abs. 1 TVG vor mit der Folge, dass die Rechtsnormen der Verbandstarifverträge auch nach Verbandsaustritt bzw. OT-Wechsel unmittelbar und zwingend zwischen den beiderseits Tarifgebundenen gelten (§ 4 Abs. 1 TVG).

Wirtschaftlicher Hauptzweck des Verbandsaustritts bzw. OT-Wechsels ist aus Sicht des Arbeitgebers deshalb (nur), sich **zukünftige Tarifveränderungen** (z. B. Tariferhöhungen) zu ersparen. Zukünftige Tarifregelungen, die erst nach dem Wirksamwerden des Verbandsaustritts/OT-Wechsels zwischen Gewerkschaft und dem Verband vereinbart werden, gelten für die Arbeitsverhältnisse zwischen den tarifgebundenen Beschäftigten und dem ausgetretenen Arbeitgeber nicht (z. B. Tariferhöhungen oder sonstige neue Tarifverträge; vgl. BAG v. 13.12.1995 – 4 AZR 1062/94, NZA 1996, 769).

Rechtsfolge der Nachbindung: Eine vom fortgeltenden Verbandstarifvertrag zum Nachteil des Arbeitnehmers abweichende Abmachung (z. B. eine vertragliche Änderungsabrede) wird durch die bessere Tarifregelung »**verdrängt**« (BAG v. 1.7.2009 – 4 AZR 250/08; 12.12.2007 – 4 AZR 998/06, NZA 2008, 649), wenn beiderseitige Tarifgebundenheit (von Arbeitgeber und gewerkschaftlich organisiertem Arbeitnehmer) an den Tarifvertrag vorliegt (§ 4 Abs. 3 TVG; siehe → **Günstigkeitsprinzip**). Es tritt nach Ansicht des BAG zwar keine Unwirksamkeit der ungünstigeren arbeitsvertraglichen Vereinbarung ein. Aber auf sie kann sich der Arbeitgeber nicht berufen, solange der bessere Tarifvertrag gilt. Auszug aus BAG v. 12.12.2007 – 4 AZR 998/06, a. a. O.: »*Bei einer Kollision tariflich begründeter Ansprüche eines Arbeitnehmers mit – ungünstigeren – einzelvertraglichen Vereinbarungen führt die zwingende Wirkung des Tarifvertrages lediglich dazu, dass die vertraglichen Vereinbarungen für die Dauer der Wirksamkeit des Tarifvertrages verdrängt werden. Endet die Wirksamkeit des Tarifvertrages, können die individualvertraglichen Vereinbarungen (erneut) Wirkung erlangen. Untertarifliche Vertragsbedingungen bleiben während der Zeit der Wirkung eines Tarifvertrages von dessen normativer Kraft*

Arbeitgeberverband

verdrängt, können jedoch bei vollständigem Wegfall der günstigeren Tarifnormen (etwa durch Betriebsübergang oder Ende des Tarifvertrages unter Ausschluss der Nachwirkung) dann wieder Wirkung erlangen, wenn sie nicht erneut durch übergeordnete Normen (etwa eines anderen, nunmehr geltenden Tarifvertrages, z. B. nach § 613a Abs. 1 S 3 BGB) verdrängt werden.«
Nichtorganisierte Arbeitnehmer (sog. **Außenseiter**) unterliegen dagegen nicht dem Schutz des § 3 Abs. 3 TVG. Mit ihnen kann der Arbeitgeber jederzeit schlechtere vertragliche Vereinbarungen abschließen (etwas anderes gilt für sog. Betriebsnormen, die auch für gewerkschaftlich nicht organisierte Arbeitnehmer gelten, wenn nur der Arbeitgeber an den Tarifvertrag gebunden ist; vgl. § 3 Abs. 2 TVG).

Die Nachbindung nach § 3 Abs. 3 TVG hat eine **weitere wichtige Wirkung.** **12c**
Alle Verbandstarifregelungen, die sich zum Zeitpunkt des Wirksamwerdens des Verbandsaustritts/OT-Wechsels in ungekündigtem Zustand befinden, gelten kraft Nachbindung auch für solche Arbeitnehmer, die erst danach **Mitglied** in der für den Betrieb zuständigen Gewerkschaft **werden** (BAG v. 4.8.1993 – 4 AZR 499/92, AiB 1994, 128).
Sie erwerben durch den Gewerkschaftsbeitritt einen tariflich abgesicherten Anspruch auf die Tarifleistungen. Dieser Anspruch kann auch durch einen neuen (ggf. verschlechternden) Arbeitsvertrag nicht beseitigt oder auf eine »freiwillige Leistung« reduziert werden!
Das Gleiche gilt für Arbeitnehmer, die nach Wirksamwerden des Verbandsaustritts/OT-Wechsels **eingestellt** werden <u>und</u> **Mitglied** der tarifvertragschließenden Gewerkschaft sind oder werden.

> **Beispiel:**
> Ein Unternehmen ist Mitglied im Tarif-Arbeitgeberverband. Es beschäftigt 100 Arbeitnehmer, davon sind 50 % in der Gewerkschaft organisiert.
> Das Unternehmen tritt mit Wirkung zum 31.12.2011 aus dem Arbeitgeberverband aus.
> Es legt Mitte Januar 2012 allen Beschäftigten eine Änderungsvereinbarung vor, wonach die bisherige tarifliche Wochenarbeitszeit von 35 auf 40 Stunden ohne Lohnausgleich verlängert und das bisherige tarifvertragliche Weihnachtsgeld gestrichen wird.
> Aus § 3 Abs. 3 TVG folgt:
> Die Verbandstarifverträge gelten (mit dem Stand vom 31.12.2011) für die Arbeitsverhältnisse der gewerkschaftlich organisierten Arbeitnehmer kraft Nachbindung mit zwingender Wirkung weiter (und zwar so lange, bis sie – etwa nach einer Kündigung – ablaufen und dann in den Status der Nachwirkung nach § 4 Abs. 5 TVG übergehen).
> Selbst wenn die Gewerkschaftsmitglieder die Änderungsvereinbarung unterschreiben würden, würde das keine Wirkung entfalten, weil die verbandstariflichen Regelungen die schlechteren Änderungsvereinbarungen verdrängen (§ 4 Abs. 3 TVG).
> Dasselbe würde
> • für bisher nichtorganisierte Arbeitnehmer gelten, die nun in die Gewerkschaft eintreten und
> • für Arbeitnehmer, die neu eingestellt werden und Mitglied der Gewerkschaft sind oder werden.
> Auch für diese Beschäftigten würden »automatisch« und zwingend die verbandstariflichen Regelungen maßgeblich sein (selbst dann, wenn sie die verschlechternde Änderungsvereinbarung unterzeichnen).
> Für Arbeitnehmer, die kein Mitglied der Gewerkschaft sind oder werden, gilt der Schutz des § 4 Abs. 3 TVG nicht. Wenn sie die Änderungsvereinbarung unterschreiben, kommen fortan die neuen schlechteren Regelungen zur Anwendung.

Die Nachbindung nach § 3 Abs. 3 TVG **endet**, wenn ein Verbandstarifvertrag oder einzelne **13**
Tarifbestimmungen z. B. auf Grund einer Kündigung ablaufen oder durch einen neuen Tarifabschluss inhaltlich verändert werden (BAG v. 7.11.2001 – 4 AZR 703/00, NZA 2002, 748).
Nach dem Ende ihrer Nachbindung gelten die »alten« Verbandstarifbestimmungen kraft **14**
»Nachwirkung« gemäß § 4 Abs. 5 TVG weiter, bis sie durch eine andere Abmachung (z. B.

Arbeitgeberverband

vertragliche Vereinbarung) ersetzt werden (siehe → **Tarifvertrag: Nachbindung und Nachwirkung**).

15 Verbandstarifverträge, die sich im Zustand der Nachbindung nach § 3 Abs. 3 TVG befinden, gelten im Falle beiderseitiger Tarifgebundenheit mit unmittelbarer und zwingender Wirkung (auch nach Wirksamwerden des Verbandsaustritts) weiter. Das bedeutet: Eine **Abweichung** von den Bestimmungen des Verbandstarifvertrages zu Ungunsten der gewerkschaftlich organisierten Arbeitnehmer durch arbeitsvertragliche Vereinbarung ist **unzulässig** (§ 4 Abs. 3 TVG).

Abweichende Abmachungen zu Lasten der Arbeitnehmer sind frühestens ab dem Ende der Nachbindung (siehe Rn. 14) = Beginn der **Nachwirkung** nach § 4 Abs. 5 TVG und auch nur dann möglich, wenn es dem Arbeitgeber gelingt, die Beschäftigten dazu zu »bewegen«, einer Verschlechterung der bisher geltenden Regelungen (z. B. Verlängerung der Arbeitszeit, Absenkung des Arbeitsentgelts) zuzustimmen.

16 Manche bisher verbandsangehörige Arbeitgeber versuchen, der Bindung an einen zwischen Gewerkschaft und Arbeitgeberverband verhandelten neuen Verbandstarifvertrag (z. B. Tariferhöhung) durch einen sog. »**Blitzaustritt**« oder »**Blitz-OT-Wechsel**« (siehe Rn. 19a) zu entgehen.

Das gelingt nach zutreffender Ansicht des BAG nur, wenn
- der Blitzaustritt bzw. Blitz-OT-Wechsel satzungsmäßig vorgesehen ist oder in eine einvernehmliche Aufhebung der Mitgliedschaft im Verband »umgedeutet« werden kann
- und der Blitzaustritt bzw. Blitz-OT-Wechsel der anderen Tarifvertragspartei (= Gewerkschaft) mitgeteilt wird (BAG v. 20.2.2008 – 4 AZR 64/07, NZA 2008, 946).

16a Ein Verbandsaustritt/OT-Wechsel kann dann ins Leere gehen, wenn die Bindung (auch) an zukünftige Tarifregelungen arbeitsvertraglich begründet ist.

Das ist dann der Fall, wenn einzelvertraglich eine »**dynamische**« Bezugnahme auf die für den Betrieb einschlägigen Verbandstarifverträge vereinbart ist (»... es gelten im Übrigen die Tarifverträge der Metall- und Elektroindustrie in der jeweils geltenden Fassung ...«; siehe → **Arbeitsvertrag: Bezugnahme auf Tarifverträge**).

Nach zutreffender Ansicht des BAG ist die Vereinbarung einer solchen Klausel im Regelfall eine **konstitutive Verweisungsklausel**, die durch einen Verbandsaustritt/OT-Wechsel des Arbeitgebers oder einen sonstigen Wegfall seiner Tarifgebundenheit nicht berührt wird (»**unbedingte zeitdynamische Verweisung**«; vgl. BAG v. 18.4.2007 – 4 AZR 652/05, NZA 2007, 965).

Das ergebe sich aus den zum **1. Januar 2002** in Kraft getretenen neuen gesetzlichen Bestimmungen über eine Kontrolle von Allgemeinen Arbeitsbedingungen (§§ 305 ff. BGB; siehe hierzu → **Arbeitsvertrag: Inhaltskontrolle**).

Das gelte jedenfalls dann, wenn eine Tarifgebundenheit des Arbeitgebers an den im Arbeitsvertrag genannten Tarifvertrag nicht in einer für den Arbeitnehmer erkennbaren Weise zur **auflösenden Bedingung** der Vereinbarung gemacht worden ist.

Ist also von einer konstitutiv wirkenden dynamischen Verweisungsklausel auszugehen, ist der Arbeitgeber auch dann an zukünftige Veränderungen des Tarifvertrages gebunden, wenn er aus dem tarifschließenden Verband austritt bzw. in den OT-Status wechselt. Der Austritt/OT-Wechsel nützt ihm also nicht.

16b Ist die arbeitsvertragliche dynamische Verweisungsklausel jedoch **vor dem 1. Januar 2002** vereinbart worden, ist sie aus Gründen des Vertrauensschutzes wie eine sog. »**Gleichstellungsabrede**« (Gleichstellung von nichtorganisierten Arbeitnehmern mit gewerkschaftlich organisierten Beschäftigten) im Sinne der früheren BAG-Rechtsprechung auszulegen.

Das heißt: eine Bindung des »verbandsflüchtigen« Arbeitgebers an zukünftige Tarifverträge findet trotz der vertraglich vereinbarten »Dynamik« nicht statt (BAG v. 18.4.2007 – 4 AZR 652/05, NZA 2007, 965).

Arbeitgeberverband

Gewerkschaftliche Handlungsmöglichkeiten bei Tarifflucht

Der Austritt eines Arbeitgebers aus dem Verband bzw. OT-Wechsel ist für die zuständige Gewerkschaft stets ein Anlass, den Arbeitgeber zum Abschluss eines **Firmentarifvertrages** in der Form eines sog. Anerkennungstarifvertrages (**Muster** online zum Stichwort: → **Arbeitgeber**) aufzufordern.

> **Hinweis:**
> Es macht aus Arbeitnehmer- und Gewerkschaftssicht Sinn, im Falle des Verbandsaustritts/OT-Wechsels nicht nur einen Anerkennungstarifvertrag zu fordern, sondern einen »**Anerkennungstarifvertrag Plus**« mit besseren Regelungen zugunsten der Beschäftigten (etwa ein höheres Arbeitsentgelt als im Verbandstarifvertrag geregelt).

Die Forderung nach einem Anerkennungstarifvertrag (ggf. mit besseren Regelungen) kann natürlich nur dann erfolgreich sein, wenn die Gewerkschaft auf Grund einer ausreichenden Zahl von Mitgliedern glaubhaft machen kann, dass sie notfalls zur Durchführung von Streiks in der Lage ist.

Die mit dem Verbandstarifvertrag verbundene **Friedenspflicht** entfällt jedenfalls nach h. M. mit dem Wirksamwerden des Verbandsaustritts/OT-Wechsels (LAG Hamm v. 31.1.1991 – 16 Sa 119/91, DB 1991, 1196; LAG Rheinland-Pfalz 20.12.1996 – 7 Sa 1247/96, AuR 1998, 425; ArbG Berlin v. 22.12.2003 – 34 Ga 32723/03, AuR 2004, 165 (Ls.); HessLAG v. 17.9.2008 – 9 SaGa 1442/08, AuR 2009, 140 = NZA-RR 2009, 26; Kissel, Arbeitskampfrecht, § 26 Rn. 136; strittig: nach anderer Ansicht – z. B. Reuter, RdA 1996, 201 [208] – soll die Friedenspflicht erst nach Ablauf der Nachbindung gemäß § 3 Abs. 3 TVG enden).

Das heißt: Ab dem Wirksamwerden des Verbandsaustritts/OT-Wechsels kann der Abschluss eines (ggf. besseren) Haus- bzw. Anerkennungstarifvertrags (Firmentarifvertrag) gefordert und ggf. **erstreikt** werden.

In nicht seltenen Fällen haben entsprechende Aktivitäten der Beschäftigten und ihrer Gewerkschaft dazu geführt, dass der Arbeitgeber wieder in den **Tarif-Arbeitgeberverband eingetreten** ist.

Ein Streik, der darauf gerichtet ist, den Arbeitgeber zum (Wieder-)Eintritt in den Tarif-Arbeitgeberverband zu verpflichten, verstößt nach Ansicht des BAG allerdings gegen die negative Koalitionsfreiheit und ist unzulässig (BAG v. 10.12.2002 – 1 AZR 96/02, NZA 2003, 734; vgl. auch HessLAG v. 17.9.2008 – 9 SaGa 1442/08, AuR 2009, 140 = NZA-RR 2009, 26). Gefordert werden muss also ein Firmentarifvertrag – insbesondere ein **Anerkennungstarifvertrag** (ggf. mit besseren Regelungen). Die Streikforderung ist nicht auf Umfang und Inhalt des gemäß § 3 Abs. 3 TVG fortgeltenden Flächentarifvertrages beschränkt (HessLAG v. 17.9.2008 – 9 SaGa 1442/08, a. a. O.).

Zu anderen Formen der »**Tarifflucht**« und ihren Grenzen: siehe Übersicht »Tarifgeltung bei Verbandsaustritt, Verbandswechsel, Betriebsübergang, Auflösung oder Insolvenz des Verbandes« auf DVD.

Nicht nur einzelne Arbeitgeber, auch manche Arbeitgeberverbände beteiligen sich aktiv an dem Versuch, den ihnen von den Gewerkschaften durch »Tarif- und Streikrituale« aufgenötigten »**Flächentarifvertrag« zurückzudrängen.**

Beispielsweise wird in den Satzungen vieler Arbeitgeberverbände eine »Schnuppermitgliedschaft« ohne Tarifbindung (OT-Mitgliedschaft) zugelassen (sog. **Stufenmodell**).

Das BAG hält eine solche Konstruktion zwar grundsätzlich für zulässig. Es müsse allerdings durch die Satzung sichergestellt sein, dass eine direkte Einflussnahme von OT-Mitgliedern auf tarifpolitische Entscheidungen unterbleibt (BAG v. 15.12.2010 – 4 AZR 256/09, AP Nr. 50 zu § 3 TVG; 4.6.2008 – 4 AZR 419/07, NZA 2008, 1366).

Arbeitgeberverband

Eine andere verbreitete Variante ist das sog. **Aufteilungsmodell**: es wird von den »Betreibern« des Tarifarbeitgeberverbands ein neuer Verband ohne Tarifbindung (**OT-Verband**) gegründet. Der **Tarif-Arbeitgeberverband** schließt Tarifverträge für seine Mitglieder ab, der **OT-Verband** nicht (vgl. Hensche, Zur rechtlichen Zulässigkeit der OT-Mitgliedschaft, Düsseldorf 2004, S. 53 ff).

> **Beispiel:**
> Im Bereich der Metall- und Elektroindustrie in Norddeutschland bevorzugt man das »Aufteilungsmodell«.
> Als Tarifarbeitgeberverband, der mit der IG Metall Tarifverträge abschließt, fungiert »NORDMETALL Verband der Metall- und Elektroindustrie e.V.«. Auf der Website von NORDMETALL (*http://www.nordmetall.de/de/home/index.php*) wird man so begrüßt: »*Willkommen bei NORDMETALL, ... dem Arbeitgeberverband für 250 Unternehmen der Metall- und Elektroindustrie, die in Hamburg, Bremen, Schleswig-Holstein, Mecklenburg-Vorpommern und im nordwestlichen Niedersachsen zusammen rund 110 000 Menschen beschäftigen*«.
> Als OT-Verband ist der »Allgemeine Verband der Wirtschaft Norddeutschlands e.V. (AGV NORD)« tätig. Der AGV NORD stellt sich auf seiner Website (*http://www.agvnord.de/de/home/*) so vor: »*Der Allgemeine Verband der Wirtschaft Norddeutschlands ist einer der größten, überregionalen Arbeitgeberverbände ohne Tarifbindung. Rund 360 Unternehmen haben sich für eine Mitgliedschaft entschieden und profitieren von unserem Know-how.*«
> Beide Verbände residieren unter der gleichen Anschrift: Kapstadtring 10, 22297 Hamburg.
> Der Hauptgeschäftsführer von NORDMETALL ist zugleich Geschäftsführender Vorstand des AGV NORD.
> Die Beschäftigten von NORDMETALL (z.B. die Experten des Tarifbereichs) werden in OT-Betrieben des AGV NORD als Rechtsanwälte beratend tätig.
> Natürlich bieten beide Verbände auch Seminare für Betriebsräte an. Nachstehend das Vorwort aus dem vom AGV NORD und NORDMETALL gemeinsam herausgegebenen Seminarprogramm 2011:
> *Betriebsverfassungsrecht in der Praxis*
> *für Betriebsräte und Personalverantwortliche*
> *Ein Seminarprogramm zur Förderung der Zusammenarbeit der Betriebsparteien*
> *...*
> *die konstruktive Zusammenarbeit der Betriebsparteien ist nach wie vor ein wichtiges Element einer erfolgreichen Unternehmensführung....*
> *Diese hochwertigen und ausgesprochen praxisbezogenen Veranstaltungen werden von den Partnern unseres Bildungsverbundes NORDBILDUNG an unterschiedlichen Standorten in Norddeutschland durchgeführt. Ein besonderes und über die Jahre von den Teilnehmern hoch geschätztes Merkmal vieler dieser Seminare ist die Qualifikation und Erfahrung der Trainer: Ausschließlich Arbeitsrichter mit dem ausgewogenen Blick für das Wesentliche kommen zum Einsatz.*
> *Mit dem vorliegenden Programm verbunden ist unser Wunsch, den Aufbau und die Verbreiterung einer vertrauensvollen Zusammenarbeit zum Wohle der Unternehmen und ihrer Beschäftigten zu unterstützen. Teilnehmer aus allen Branchen sind zu den Seminaren herzlich willkommen....*

19a In jedem **OT-Fall** (sowohl Stufenmodell als auch Aufteilungsmodell) gilt:
Bisher **nicht tarifgebundene** Arbeitgeber, die OT-Mitglied in einem Tarif-Verband sind bzw. werden oder in einen OT-Verband eintreten, sind nicht an den Verbandstarifvertrag (Flächentarifvertrag) gebunden. Sie genießen aber auch nicht den Schutz des Verbandstarifvertrages vor Streikmaßnahmen, mit denen die Gewerkschaft zusammen mit den Beschäftigten einen Firmentarifvertrag (siehe hierzu → **Arbeitgeber**, → **Arbeitskampf** und → **Tarifvertrag**) durchsetzen will.
Bei einem **Wechsel** eines bisher verbandsangehörigen und damit tarifgebundenen Arbeitgebers in die OT-Mitgliedschaft bzw. einen OT-Verband gelten die vorstehenden Hinweise zum Verbandsaustritt.
Das heißt: es besteht Tarifbindung (Nachbindung) an die Verbandstarifverträge nach § 3 Abs. 3

Arbeitgeberverband

TVG bis zum Ablauf des jeweiligen Tarifvertrages (Nachbindung; siehe Rn. 11 ff.); anschließend »wirkt« der Tarifvertrag gemäß § 4 Abs. 5 TVG »nach« (siehe Rn. 14).
Beim Stufenmodell (vgl. Rn. 19) richtet sich der Wechsel aus der Mitgliedschaft mit Tarifgebundenheit in eine OT-Mitgliedschaft nach dem **Satzungsrecht** des Verbandes.
Da der Arbeitgeberverband als Träger der Koalitionsfreiheit für die Funktionsfähigkeit der Tarifautonomie mitverantwortlich ist, sind im Vorfeld eines Tarifabschlusses einem kurzfristigen Wechsel in die OT-Mitgliedschaft (»**Blitz-OT-Wechsel**«) tarifrechtlich die gleichen Grenzen gezogen wie beim »Blitzaustritt« (BAG v. 4.6.2008 – 4 AZR 419/07).
Sowohl beim Stufenmodell als auch beim Aufteilungsmodell gilt: der in den OT-Status wechselnde Arbeitgeber kann dem unmittelbar bevorstehenden Tarifabschluss nur entgegen, wenn er der anderen Tarifvertragspartei (= Gewerkschaft) den Wechsel **mitteilt** (siehe Rn. 16) und der Gewerkschaft damit die Möglichkeit gibt, Forderungen nach Abschluss eines Firmentarifvertrages (z. B. Anerkennungstarifvertrag) zu erheben und ggf. mit einer Streikdrohung zu verbinden.
Zum Ablauf einer **betrieblichen Tarifbewegung** zur Durchsetzung eines Firmentarifvertrages siehe → **Arbeitgeber**.

Auflösung des Verbandes

Die Mitteilung über die **Auflösung** eines Arbeitgeberverbandes wurde von der früheren Rechtsprechung wie eine Kündigung der geltenden Verbandstarifverträge behandelt. 20
Deshalb hat das BAG früher angenommen, dass die Normen der von dem Verband abgeschlossenen Tarifverträge gemäß § 4 Abs. 5 TVG nachwirken, bis sie durch eine andere Abmachung ersetzt werden (BAG v. 28.5.1997 – 4 AZR 546/95, DB 1997, 2229; siehe → **Tarifvertrag: Nachbindung und Nachwirkung**).
Demgegenüber geht die neuere Rechtsprechung des BAG von der Nachbindung der Tarifverträge nach § 3 Abs. 3 TVG aus (BAG v. 23.1.2008 – 4 AZR 312/01, NZA 2008, 771).
Mit der Auflösung eines Arbeitgeberverbandes ende nicht ohne weiteres die unmittelbare und zwingende Wirkung der von ihm abgeschlossenen Tarifverträge.
Die beschlossene Auflösung eines Arbeitgeberverbandes stelle allein auch keinen wichtigen Grund für die fristlose Kündigung der von ihm abgeschlossenen Tarifverträge dar (BAG v. 23.1.2008 – 4 AZR 312/01).
Rechtsfolge: eine vom fortgeltenden Tarifvertrag zum Nachteil des Arbeitnehmers abweichende anderweitige Abmachung (z. B. eine vertragliche Änderungsabrede) wird »verdrängt«, wenn beiderseitige Bindung (von Arbeitgeber und gewerkschaftlich organisiertem Arbeitnehmer) an den Tarifvertrag vorliegt. Zu weiteren Rechtsfolgen der Nachbindung siehe Rn. 12b und 12c.
Nichtorganisierte Arbeitnehmer unterliegen dagegen nicht dem Schutz des § 3 Abs. 3 TVG. Mit ihnen kann der Arbeitgeber jederzeit schlechtere vertragliche Vereinbarungen abschließen (etwas anderes gilt für sog. Betriebsnormen, die auch für gewerkschaftlich nicht organisierte Arbeitnehmer gelten, wenn nur der Arbeitgeber an den Tarifvertrag gebunden ist; vgl. § 3 Abs. 2 TVG).

Insolvenz des Verbandes

Wird über das Vermögen eines Arbeitgeberverbandes das → **Insolvenzverfahren** eröffnet, so endet damit nicht ohne weiteres die normative Wirkung der von dem Verband abgeschlossenen Tarifverträge. 21
Hierzu bedarf es – mangels sonstiger Beendigungstatbestände – vielmehr einer Kündigung der Tarifverträge, die vom Insolvenzverwalter ausgesprochen werden kann (BAG v. 27.6.2000 – 1 ABR 31/99, NZA 2001, 334).

Arbeitgeberverband

Bedeutung für die Betriebsratsarbeit

22 Das Betriebsverfassungsgesetz erwähnt die Arbeitgeberverbände nur in wenigen Bestimmungen. Hiernach kommt ihnen vor allem die Funktion einer **Beratung und Unterstützung** des Arbeitgebers zu (§ 2 Abs. 1 BetrVG).
Wenn dieser beispielsweise an → **Betriebsratssitzungen** oder → **Betriebsversammlungen** teilnimmt, kann er den Arbeitgeberverbandsvertreter hinzuziehen (§§ 29 Abs. 4, 46 Abs. 1 Satz 2 BetrVG).
Die Arbeitgeberverbände haben im Rahmen der Betriebsverfassung – anders als die im Betrieb vertretenen Gewerkschaften – keine eigenen Informations-, Antrags- oder Kontrollrechte.

23 Der Betriebsrat hat mit den Arbeitgeberverbänden »**nichts zu tun**«, was die Arbeitgeberverbände allerdings nicht daran hindert, z. B. Seminare für Betriebsräte zur Förderung der Zusammenarbeit mit dem Arbeitgeber auszurichten (siehe Rn. 19).
Die Beratung und Unterstützung des Betriebsrats ist und sollte Aufgabe der → **Gewerkschaften** sein, die im Einzelfall auch geeignete »arbeitnehmerorientierte« Rechtsanwälte und → **Sachverständige** vermitteln können.

Arbeitshilfen

Übersichten
- Arbeitgeberverbände
- Tarifgeltung bei Verbandsaustritt, Verbandswechsel, Betriebsübergang, Auflösung oder Insolvenz des Verbandes

Übersicht: Arbeitgeberverbände

Arbeitgeberverbände
- ...sind privatrechtliche Vereine, deren Ziel die Wahrnehmung der Interessen der im Verband zusammengeschlossenen → **Arbeitgeber** u. a. gegenüber den Gewerkschaften ist
- ...grenzen sich nach fachlichen Gesichtspunkten von anderen Verbänden ab (z. B. Metallindustrie, Chemieindustrie)
- ...sind meist auf bestimmte Regionen begrenzt
- ...sind auf Länderebene meist in Landesvereinigungen zusammengeschlossen
- ...sind auf Bundesebene in Fachverbänden zusammengeschlossen (z. B. Gesamtmetall); Dachorganisation der Landesvereinigungen und der Bundesfachverbände ist die »Bundesvereinigung der Deutschen Arbeitgeberverbände« (weitere Dachverbände auf Bundesebene: Wirtschaftsvereinigung Eisen- und Stahlindustrie, Tarifgemeinschaft Deutscher Länder, Arbeitsgemeinschaft kommunaler Arbeitgeberverbände)
- ...betätigen sich insbesondere in folgenden Bereichen:
  - Tarifpolitik (Abwehr von Tarifforderungen der Gewerkschaften, Veränderung des bestehenden Tarifniveaus zugunsten der Arbeitgeber/Unternehmen und zu Lasten der Beschäftigten; z. B. durch Änderungstarifverträge)
  - Beratung der Verbandsmitglieder (Arbeitgeber/Unternehmen)
  - Einflussnahme auf die Organe der EU, auf Bundesregierung, Bundestag, Bundesrat, Bundestagsabgeordnete, Parteien, Medien usw. (Lobbyismus)
  - Vertretung der Verbandsmitglieder (Arbeitgeber/Unternehmen) vor Arbeits- und Sozialgerichten
  - Wahrnehmung von Rechten und »ehrenamtlichen« Aufgaben im Bereich des Arbeits-, Sozial-, Wirtschaftslebens (z. B. Entsendung ehrenamtlicher Richter, Mitwirkung im Rahmen der Selbstverwaltung der Organe der Sozialversicherung)

Arbeitgeberverband

- Bildungspolitik (Einflussnahme u. a. durch »arbeitgeberfreundliches« Lehr- und Lernmaterial)
- Einflussnahme auf die »öffentliche Meinung«; das heißt: Schaffung eines neoliberalen, marktwirtschaftsfreundlichen und sozialstaatsfeindlichen Bewusstseins in der Bevölkerung; Beispiel: die Tätigkeit der u. a. vom Metallarbeitgeberverband Gesamtmetall finanzierten »Initiative Neue Soziale Marktwirtschaft« (http://www.insm.de/insm/).

Übersicht: Tarifgeltung bei Verbandsaustritt, Verbandswechsel, Betriebsübergang, Auflösung oder Insolvenz des Verbandes

Der Arbeitgeber tritt aus dem Tarif-Arbeitgeberverband aus, ohne einem anderen Verband beizutreten; oder: Wechsel in eine Verbandsmitgliedschaft ohne Tarifbindung (OT-Mitgliedschaft) bzw. in einen Verband ohne Tarifbindung (OT-Verband)

Die beiderseitige Tarifgebundenheit von Arbeitgeber und gewerkschaftlich organisierten Arbeitnehmern an die bisherigen Verbandstarifverträge nach § 3 Abs. 1 TVG bleibt gemäß § 3 Abs. 3 TVG trotz Verbandsaustritts bis zum Ablauf der jeweiligen Tarifverträge bestehen (sog. **Nachbindung**; vgl. BAG v. 13.12.1995 – 4 AZR 1062/94, AiB 1997, 63). Nachbindung heißt: die bisherigen Tarifverträge gelten mit unmittelbarer und zwingender Wirkung weiter. Die Nachbindung erstreckt sich auch auf solche Arbeitnehmer, die erst nach dem Verbandsaustritt des Arbeitgebers **Mitglied** der für den Betrieb zuständigen **Gewerkschaft werden** (BAG v. 4.8.1993 – 4 AZR 499/92, AiB 1994, 128). Sie erwerben durch den Gewerkschaftsbeitritt einen tariflich abgesicherten Anspruch auf die Tarifleistungen. Dieser Anspruch kann auch durch einen neuen (ggf. verschlechternden) Arbeitsvertrag nicht wirksam beseitigt oder auf eine »freiwillige Leistung« reduziert werden (§ 7 Abs. 3 TVG)! Entsprechendes gilt für Arbeitnehmer, die nach dem Verbandsaustritt **eingestellt** werden und Mitglied der tarifvertragschließenden Gewerkschaft sind oder werden.

Für **gewerkschaftlich nicht organisierte Arbeitnehmer** kommen Tarifverträge nur dann zur Anwendung, wenn das arbeitsvertraglich vereinbart ist (etwa durch eine vertragliche Bezugnahmeklausel; siehe hierzu → **Arbeitsvertrag: Bezugnahme auf Tarifverträge**). Das gilt jedenfalls für tarifliche Abschluss-, Inhalts- und Beendigungsnormen (siehe hierzu → **Tarifvertrag** Rn. 14). Sog. Betriebsnormen gelten für alle Arbeitnehmer, sofern der Arbeitgeber tarifgebunden ist (§ 3 Abs. 2 TVG).

Die Nachbindung (§ 3 Abs. 3 TVG) **endet**, wenn ein Verbandstarifvertrag oder einzelne Tarifbestimmungen z. B. auf Grund Kündigung ablaufen oder durch einen neuen Tarifabschluss verändert werden (BAG v. 7.11.2001 – 4 AZR 703/00, NZA 2002, 748).

Nach dem Ende ihrer Nachbindung gelten die »alten« Verbandstarifbestimmungen kraft »**Nachwirkung**« gemäß § 4 Abs. 5 TVG weiter, bis sie durch eine andere Abmachung ersetzt werden.

Aus Vorstehendem folgt: Eine **Verschlechterung** des Verbandstarifvertrages zu Lasten der gewerkschaftlich organisierten Arbeitnehmer durch arbeitsvertragliche Vereinbarungen ist frühestens ab Beginn der Nachwirkung nach § 4 Abs. 5 TVG und auch nur dann möglich, wenn es dem Arbeitgeber gelingt, die Beschäftigten dazu zu veranlassen, einer Verschlechterung der bisher geltenden Regelungen (z. B. Verlängerung der Arbeitszeit, Absenkung des Arbeitsentgelts) zuzustimmen.

Die Nachbindung (§ 3 Abs. 3 TVG) ist »**statisch**«. Neue Tarifregelungen, die erst nach dem Wirksamwerden des Verbandsaustritts zwischen Gewerkschaft und dem Verband vereinbart werden, gelten für die Arbeitsverhältnisse zwischen den gewerkschaftlich organisierten Beschäftigten und dem ausgetretenen Arbeitgeber nicht (z. B. Tariferhöhungen oder neue Tarifverträge zu bisher verbandstariflich nicht geregelten Fragen). Etwas anderes gilt, wenn einzelvertraglich eine »**dynamische« Bezugnahme** auf einen bestimmten Tarifvertrag vereinbart ist. Nach zutreffender Ansicht des BAG ist die Vereinbarung einer solchen Klausel jedenfalls dann, wenn eine Tarifgebundenheit des Arbeitgebers an den im Arbeitsvertrag genannten Tarifvertrag nicht in einer für den Arbeitnehmer erkennbaren Weise zur auflösenden Bedingung der Vereinbarung gemacht worden ist, eine **konstitutive Verweisungsklausel**, die durch einen Verbandsaustritt des Arbeitgebers oder einen sonstigen Wegfall seiner Tarifgebundenheit nicht berührt wird (»**unbedingte zeitdynamische Verweisung**«). Das bedeutet: tritt der Arbeitgeber aus dem tarifschließenden Verband aus, ist er dennoch an danach vereinbarte Veränderungen im Tarifvertrag gebunden (BAG v. 22.10.2008 – 4 AZR 793/07, NZA 2009, 323; BAG v. 18.4.2007 – 4 AZR 652/05, NZA 2007, 965). Ist die dynamische Bezugnahmeklausel jedoch **vor dem 1.1.2002** vereinbart worden, ist sie aus Gründen des Vertrauensschutzes wie eine sog. »**Gleichstellungsabrede**« (Gleichstellung von nichtorganisierten Arbeitnehmern mit gewerkschaftlich organisierten Beschäftig-

Arbeitgeberverband

ten) im Sinne der früheren BAG-Rechtsprechung auszulegen. Das heißt: eine Bindung des »verbandsflüchtigen« Arbeitgebers an zukünftige Tarifverträge findet nicht statt (BAG v. 18.4.2007 – 4 AZR 652/05, NZA 2007, 965).
Die **Friedenspflicht** aus den bisherigen Verbandstarifverträgen endet nach h.M. (LAG Hamm v. 31.1.1991, DB 1991, 1196; LAG Rheinland-Pfalz v. 20.12.1996, AuR 1998, 425; ArbG Berlin v. 22.12.2003, AuR 2004, 165) nicht erst mit Ablauf der »Nachbindung« des Verbandstarifvertrages gemäß § 3 Abs. 3 TVG, sondern bereits vorher mit Wirksamwerden des Austritts aus dem Verband (oder des Wechsels in eine OT-Mitgliedschaft bzw. Übertritts in einen OT-Verband). Ab diesem Zeitpunkt kann der Abschluss eines Haus- bzw. Anerkennungstarifvertrages (Firmentarifvertrag) gefordert und ggf. erstreikt werden. Die Friedenspflicht aus dem Verbandstarifvertrag steht einem Arbeitskampf (nicht mehr) entgegen. Unzulässig ist ein Streik, der darauf gerichtet ist, den Arbeitgeber zum (Wieder-)Eintritt in den Arbeitgeberverband zu verpflichten (= kein zulässiges Tarifziel; vgl. BAG v. 10.12.2002 – 1 AZR 96/02, NZA 2003, 734).

Der Arbeitgeber tritt aus dem bisherigen Verband aus und in einen anderen Verband ein, für den die *gleiche Gewerkschaft* **zuständig ist** (z.B. Übergang von Metall-Industrietarif zu Metall-Handwerkstarif)
Zunächst einmal sind Arbeitgeber und gewerkschaftlich organisierte Arbeitnehmer an beide Tarifwerke gebunden: an die mit dem bisherigen Verband geschlossenen Tarifverträge kraft Nachbindung (§ 3 Abs. 3 TVG) und an die mit dem neuen Verband vereinbarten Tarifverträge kraft Mitgliedschaft im Arbeitgeberverband (§ 3 Abs. 1 TVG). Es liegt ein Fall der **Tarifkonkurrenz** (siehe hierzu → **Tarifvertrag** Rn. 58) vor, die nach Ansicht des BAG zugunsten des Tarifvertrags beim neuen Verband aufzulösen ist (BAG v. 4.4.2001 – 4 AZR 237/00, NZA 2001, 1085). Das heißt: die »alten« Tarifverträge werden mit Wirksamwerden des Beitritts des Arbeitgebers in den neuen Verband verdrängt.
Ob und welche Tarifverträge für **gewerkschaftlich nicht organisierte Arbeitnehmer** gelten, richtet sich danach, was arbeitsvertraglich vereinbart ist.

Der Arbeitgeber tritt aus dem bisherigen Verband aus und in einen anderen Verband ein, für den eine *andere Gewerkschaft* **zuständig ist**
Die beiderseitige Tarifgebundenheit von Arbeitgeber und gewerkschaftlich organisierten Arbeitnehmern an die bisherigen Verbandstarifverträge bleibt bis zum Ablauf der jeweiligen Tarifverträge bestehen (**Nachbindung**; § 3 Abs. 3 TVG).
Nach Ablauf der bisherigen Verbandstarifverträge (z.B. nach einer Kündigung) gelten die bisherigen Tarifverträge weiter, bis sie durch eine andere Abmachung ersetzt werden (**Nachwirkung**; § 4 Abs. 5 TVG).
Die zwischen dem anderen Verband und der anderen Gewerkschaft abgeschlossenen Tarifverträge gelten für ein Arbeitsverhältnis nur dann, wenn der Arbeitnehmer in die andere Gewerkschaft **übertritt** und damit beiderseitige Tarifbindung nach § 3 Abs. 1 TVG herstellt.
Ob und welche Tarifverträge für **gewerkschaftlich nicht organisierte Arbeitnehmer** gelten, richtet sich danach, was arbeitsvertraglich vereinbart ist.

Der bisher verbandsangehörige Arbeitgeber überträgt den Betrieb ganz oder teilweise auf ein (ggf. neu gegründetes) – nicht oder anderweitig tarifgebundenes – Unternehmen (§ 613a Abs. 1 Satz 2 bis 4 BGB; siehe → **Betriebsübergang**)

Fall 1 (der neue Betriebsinhaber ist nicht tarifgebunden)
Diejenigen Rechte und Pflichten eines übergehenden Arbeitsverhältnisses, die zum Zeitpunkt des Betriebsübergangs aufgrund beiderseitiger Tarifgebundenheit des alten Arbeitgebers und der gewerkschaftlich organisierten Arbeitnehmer (§ 3 Abs. 1 TVG) durch Rechtsnormen eines Tarifvertrags geregelt sind, werden nach § 613a Abs. 1 Satz 2 BGB in das Arbeitsverhältnis zwischen dem (nicht tarifgebundenen) Betriebserwerber und den – zum Zeitpunkt des Betriebsübergangs beschäftigten – gewerkschaftlich organisierten Arbeitnehmern **transformiert**. Sie gelten zwingend weiter und dürfen vor Ablauf eines Jahres nach dem Betriebsübergang nicht zum Nachteil des Arbeitnehmers verändert werden – weder durch Änderungsvertrag noch durch → **Änderungskündigung** (sog. **Veränderungssperre**).
Die Wirkung des § 613a Abs. 1 Satz 2 BGB (Weitergeltung der »alten« Tarifverträge mit **einjähriger**

Arbeitgeberverband

Veränderungssperre) tritt nicht ein, wenn beim neuen Inhaber Tarifverträge bestehen, die die **gleichen Sachverhalte regeln** und an die **beide Seiten** (Betriebserwerber und Arbeitnehmer) **tarifgebunden** sind (§ 613 Abs. 1 Satz 3 BGB; siehe hierzu Fall 2).

Vor Ablauf eines Jahres können die Rechte und Pflichten geändert werden, wenn der Tarifvertrag innerhalb der Jahresfrist **abläuft** (z. B. weil er gekündigt wurde oder befristet war; § 613 a Abs. 1 Satz 4 BGB erste Alternative). Gleiches gilt, wenn die Anwendung eines anderen Tarifvertrages zwischen dem neuen Betriebsinhaber und dem Arbeitnehmer arbeitsvertraglich vereinbart wird (§ 613 a Abs. 1 Satz 4 BGB zweite Alternative; sind beide Seiten an den anderen Tarifvertrag tarifgebunden sind, dann gilt dieser bereits nach § 613 a Abs. 1 Satz 3 BGB; siehe hierzu Fall 2).

Eine **Veränderung** der »alten« Tarifverträge zum Nachteil des Arbeitnehmers sind vor Ablauf der Jahresfrist nur in den Fallgestaltungen des § 613 a Abs. 1 Satz 3 oder Satz 4 BGB zulässig (siehe hierzu Rn. 22 ff.). Vertragliche Veränderungen zu Gunsten des Beschäftigten sind dagegen jederzeit möglich, auch vor Ablauf der Jahresfrist (BAG v. 22. 4. 2009 – 4 AZR 100/08, NZA 2010, 41).

Die Fortgeltung der Tarifnormen nach § 613 a Abs. 1 Satz 2 BGB ist grundsätzlich **unbefristet**. Das heißt: wenn es auch in der Zeit nach Ablauf der einjährigen Veränderungssperre zu keiner abweichenden Vereinbarung zwischen Betriebserwerber und Arbeitnehmer kommt, gelten die »alten« Tarifnormen für die zum Zeitpunkt des Betriebsübergangs beschäftigten gewerkschaftlich organisierten Arbeitnehmer weiter.

Die Fortgeltung der Tarifverträge nach § 613 a Abs. 1 Satz 2 BGB ist »**statisch**«. Die tariflichen Regelungen werden in der zum Zeitpunkt des Betriebsübergangs geltenden Fassung in das Arbeitsverhältnis mit dem Betriebserwerber übertragen (BAG v. 4. 8. 1999 – 5 AZR 642/98, NZA 2000, 154 ff.). Das heißt: spätere Tarifänderungen (z. B. Tariferhöhungen) bzw. neue Tarifverträge kommen nicht mehr auf das Arbeitsverhältnis zur Anwendung (es sei denn, sie werden arbeitsvertraglich »übernommen«, etwa durch dynamische arbeitsvertragliche Bezugnahmeklausel; siehe hierzu → **Arbeitsvertrag: Bezugnahme auf Tarifverträge**).

Für **gewerkschaftlich nicht organisierte Arbeitnehmer** gilt die Fortgeltungsregelung des § 613 a Abs. 1 Satz 2 BGB nicht – und damit auch nicht die einjährige Veränderungssperre. Maßgeblich ist allein § 613 a Abs. 1 Satz 1 BGB: der neue Betriebsinhaber tritt in die Rechte und Pflichten der im Zeitpunkt des Betriebsübergangs bestehenden arbeitsvertraglichen Rechte und Pflichten ein. Tarifverträge kommen nur dann zur Anwendung, wenn das arbeitsvertraglich vereinbart ist (etwa durch eine vertragliche Bezugnahmeklausel; siehe hierzu → **Arbeitsvertrag: Bezugnahme auf Tarifverträge**). Vertragliche Änderungen – auch zum Nachteil des Arbeitnehmers – sind auch schon vor Ablauf eines Jahres nach Betriebsübergang möglich.

Oft werden die Arbeitnehmer nach Ablauf der einjährigen Veränderungssperre mit allerlei Drohungen zum Abschluss von – das bisherige Tarifniveau verschlechternden – vertraglichen Vereinbarungen »bewegt«. Dieser Variante der »**Tarifflucht**« können die Arbeitnehmer dadurch beggnen, dass sie zusammen mit ihrer Gewerkschaft einen Firmentarifvertrag fordern und ggf. erstreiken. Siehe hierzu **Checkliste Firmentarifvertrag** im Anhang zum Stichwort → **Arbeitgeber**). Auf diese Weise kann die volle Tarifbindung wieder hergestellt werden.

Fall 2 (der neue Betriebsinhaber ist an andere Tarifverträge mit der *gleichen Gewerkschaft* – z. B. Firmentarifvertrag – gebunden)

Die Wirkung des § 613 a Abs. 1 Satz 2 BGB (Weitergeltung der »alten« Tarifverträge mit **einjähriger Veränderungssperre**) tritt nicht ein, wenn »die Rechte und Pflichten bei dem neuen Inhaber durch Rechtsnormen eines anderen Tarifvertrags geregelt werden« (§ 613 a Abs. 1 Satz 3 BGB). Es gelten dann diese anderen Tarifverträge. Die »alten« Tarifverträge werden verdrängt.

Eine Verdrängung der »alten« Tarifverträge gemäß § 613 a Abs. 1 Satz 3 BGB erfolgt allerdings nur dann, wenn die beim Betriebserwerber geltenden anderen Tarifverträge denselben Gegenstand regeln (BAG v. 20. 04. 1994 – 4 AZR 342/93, AiB 1995, 194). Soweit sich die Regelungsbereiche nicht decken, gelten die Regelungen des »alten« Tarifvertrages nach § 613 a Abs. 1 Satz 2 BGB weiter.

§ 613 a Abs. 1 Satz 3 BGB setzt zudem voraus, dass beiderseitige Tarifbindung an die beim Betriebserwerber zur Anwendung kommenden Tarifverträge besteht (sog. **kongruente Tarifbindung**; vgl. ArbG Lübeck v. 15. 8. 1996 – 1 Ca 525/96, AiB 1997, 418; BAG v. 30. 8. 2000 – 4 AZR 581/99, NZA 2001, 510; 21. 2. 2001 – 4 AZR 18/00, NZA 2001, 1318; 11. 05. 2005 – 4 AZR 315/04, NZA 2005, 1362). Das ist hier der Fall: sowohl der neue Betriebsinhaber als auch die gewerkschaftlich organisierten Arbeitnehmer sind an die neuen Tarifverträge gebunden.

Arbeitgeberverband

Fall 3 (der neue Betriebsinhaber ist an andere Tarifverträge mit einer *anderen Gewerkschaft* gebunden)
Es gilt das zum Fall 1 Gesagte: die bisher kraft beiderseitiger Tarifbindung (§ 3 Abs. 1 TVG) auf das Arbeitsverhältnis anzuwendenden Tarifnormen aus den bisherigen Verbandstarifverträgen gelten nach § 613 a Abs. 1 Satz 2 BGB weiter und dürfen **vor Ablauf eines Jahres** nicht zum Nachteil der gewerkschaftlich organisierten Beschäftigten verändert werden (weder durch Änderungskündigung noch durch Änderungsvereinbarung; sog. **Veränderungssperre**).
Die mit der anderen Gewerkschaft abgeschlossenen (ggf. schlechteren) Tarifverträge gelten wegen des Erfordernisses der beiderseitigen Tarifbindung nur dann, wenn die Arbeitnehmer in die andere Gewerkschaft übertreten (§ 613 a Abs. 1 Satz 3 BGB; vgl. BAG v. 30.8.2000 – 4 AZR 581/99, NZA 2001, 510; BAG v. 21.2.2001 – 4 AZR 18/00, NZA 2001, 1318; ArbG Lübeck v. 15.8.1996 – 1 Ca 525/96, AiB 1997, 418).

Der Arbeitgeber, mit dem ein Firmentarifvertrag (Haus- bzw. Anerkennungstarifvertrag) abgeschlossen worden ist, tritt einem Arbeitgeberverband bei, für den die *gleiche Gewerkschaft* zuständig ist
Die beiderseitige Tarifgebundenheit von Arbeitgeber und gewerkschaftlich organisierten Arbeitnehmern an den bisherigen **Firmentarifvertrag** bleibt bis zu seinem Ablauf bestehen (§ 3 Abs. 1 TVG). Nach Ablauf des Firmentarifvertrages (z.B. aufgrund einer Kündigung) gelten nach h.M. automatisch die entsprechenden Verbandstarifverträge (BAG v. 4.9.1996 – 4 AZR 135/95, NZA 1997, 271).

Der Arbeitgeberverband, dem der Arbeitgeber angehört, löst sich auf
Die Mitteilung über die Auflösung eines Arbeitgeberverbandes wurde von der früheren Rechtsprechung wie eine Kündigung der geltenden Verbandstarifverträge behandelt. Deshalb wurde angenommen, dass die Normen der von dem Verband abgeschlossenen Tarifverträge gemäß § 4 Abs. 5 TVG **nachwirken**, bis sie durch eine andere Abmachung ersetzt werden (siehe → **Tarifvertrag: Nachbindung und Nachwirkung**). Demgegenüber geht die neuere Rechtsprechung des BAG von der Fortgeltung der Tarifverträge nach § 3 Abs. 3 TVG aus (sog. **Nachbindung**; vgl. BAG v. 23.1.2008 – 4 AZR 312/01, NZA 2008, 771). Mit der Auflösung eines Arbeitgeberverbandes ende nicht ohne weiteres die unmittelbare und zwingende Wirkung der von ihm abgeschlossenen Tarifverträge. Die beschlossene Auflösung eines Arbeitgeberverbandes stelle allein auch keinen wichtigen Grund für die fristlose Kündigung der von ihm abgeschlossenen Tarifverträge dar.

Insolvenz des Arbeitgeberverbandes
Wird über das Vermögen eines Arbeitgeberverbandes das **Insolvenzverfahren** eröffnet, so endet damit nicht ohne weiteres die normative Wirkung eines von dem Verband abgeschlossenen Tarifvertrags. Hierzu bedarf es – mangels sonstiger Beendigungstatbestände – vielmehr einer **Kündigung**, die vom Insolvenzverwalter ausgesprochen werden kann (BAG v. 27.6.2000 – 1 ABR 31/99, NZA 2001, 334).

Rechtsprechung

1. Mitgliedschaft im Arbeitgeberverband – Mitgliedschaft ohne Tarifbindung (OT-Mitgliedschaft) – Tarifgeltung – Tarifzuständigkeit
2. Einwirkungspflicht des Arbeitgeberverbandes und eines Spitzenverbandes
3. Keine Verpflichtung zur Beibehaltung der Mitgliedschaft im Arbeitgeberverband – Koalitionsfreiheit
4. »Nachbindung« (§ 3 Abs. 3 TVG): Tarifgeltung nach Austritt aus Arbeitgeberverband – »Blitzaustritt«
5. Vertragliche Bezugnahme auf Tarifvertrag nach Austritt aus dem Arbeitgeberverband und nach Betriebsübergang
6. Keine Friedenspflicht mehr nach Austritt aus Arbeitgeberverband

7. »Blitzwechsel« in OT-Mitgliedschaft
8. Tarifgeltung nach Auflösung des Arbeitgeberverbands
9. Tarifgeltung nach Insolvenz des Arbeitgeberverbands
10. Insolvenzverwalter: keine Vertretung durch Arbeitgeberverband
11. Vertretungsbefugnis von Verbandsvertretern vor dem Arbeitsgericht (Postulationsfähigkeit)
12. Arbeitgeberverband und Arbeitskampf

Arbeitnehmer

Wer ist das?

1 **Arbeitnehmer** sind Personen, die haupt- oder nebenberuflich einem anderen (dem → **Arbeitgeber**) aufgrund eines privatrechtlichen Vertrages (siehe → **Arbeitsvertrag**) für eine gewisse Dauer (siehe → **Arbeitszeit**) zur Arbeitsleistung gegen Entgelt (siehe → **Arbeitsentgelt**) verpflichtet sind (allgemeiner arbeitsrechtlicher Arbeitnehmerbegriff).
Zum erweiterten Arbeitnehmerbegriff des BetrVG siehe Rn. 20.
Zur Fragwürdigkeit der Begriffe »Arbeitnehmer« und »Arbeitgeber« siehe → **Arbeitgeber** Rn. 2.

2 Nicht als Arbeitnehmer gelten diejenigen Erwerbstätigen, die (meist) aufgrund eines → **Dienstvertrages** als **Selbständige** (z. B. selbständige »freie Mitarbeiter«) Arbeitsleistungen für einen anderen (den »Dienstberechtigten«) erbringen.

2a Keine Arbeitnehmer sind erwerbsfähige, aber hilfedürftige Personen (sog. **erwerbsfähige Leistungsberechtigte**), die nach § 16 d SGB II von dem »Leistungsträger« (= Agentur für Arbeit bzw. Arbeitsgemeinschaft – ARGE) zur Erhaltung oder Wiedererlangung ihrer Beschäftigungsfähigkeit, die für eine Eingliederung in Arbeit erforderlich ist, in Arbeitsgelegenheiten zugewiesen werden, wenn die darin verrichteten Arbeiten zusätzlich sind, im öffentlichen Interesse liegen und wettbewerbsneutral sind (sog. »**Ein-Euro-Jobber**«).
»Ein-Euro-Jobber« werden nicht auf der Grundlage eines → **Arbeitsvertrages** tätig, sondern aufgrund eines öffentlich-rechtlichen Rechtsverhältnisses (hierzu grundlegend BAG v. 26. 9. 2007 – 5 AZR 857/06).
Sie erhalten → **Arbeitslosengeld II** (»**Hartz IV**«) sowie für die beim Maßnahmeträger geleistete Arbeit zusätzlich einen Euro pro Std. oder mehr »oben drauf« (sog. »Mehraufwandsentschädigung« nach § 16 d SGB II).
Zur Neufassung des § 16 d SGB II durch das das Gesetz zur Verbesserung der Eingliederungschancen am Arbeitsmarkt vom 20. 12. 2011 (BGBl. I S. 2854 – Nr. 69) siehe → **Arbeitslosengeld II** (»**Hartz IV**«) Rn. 15.
Der »Ein-Euro-Job« ist von dem »**Mini-Job**« zu unterscheiden, der auf Grundlage eines → **Arbeitsvertrages** durchgeführt wird (siehe hierzu → **Teilzeit** Rn. 42 ff.).
Für **Heimarbeiter** gilt das Heimarbeitsgesetz (siehe → **Heimarbeit**), für **Handelsvertreter** das Handelsgesetzbuch (HGB): vgl. §§ 84 ff. HGB, vor allem § 92 a HGB.

Abgrenzung Arbeitnehmer/Selbständiger

3 Die Unterscheidung »Arbeitnehmer/Selbständiger« ist deshalb wichtig, weil die Gesetze zum Schutz der Arbeitnehmer (z. B. Arbeitszeitgesetz, Kündigungsschutzgesetz) an die »**Arbeitnehmereigenschaft**« anknüpfen und dementsprechend für »echte« Selbständige nicht gelten.

4 Wesentliches Merkmal zur Unterscheidung des »Arbeitnehmers« vom Selbständigen ist die »**persönliche Abhängigkeit**«, in die sich der Arbeitnehmer mit dem Abschluss des Arbeitsvertrages begibt.

Arbeitnehmer

Hierzu ein Auszug aus BAG v. 11. 8. 2015 – 9 AZR 98/14: »*Ein Arbeitsverhältnis unterscheidet sich von dem Rechtsverhältnis eines freien Dienstnehmers durch den Grad der persönlichen Abhängigkeit, in der sich der zur Dienstleistung Verpflichtete befindet. Arbeitnehmer ist, wer aufgrund eines privatrechtlichen Vertrags im Dienste eines anderen zur Leistung weisungsgebundener, fremdbestimmter Arbeit in persönlicher Abhängigkeit verpflichtet ist. Die Beantwortung der Frage, welche Art von Rechtsverhältnis vorliegt, erfordert eine Gesamtwürdigung aller Umstände des Einzelfalls. Dem Landesarbeitsgericht kommt hierbei ein Beurteilungsspielraum zu. Das Revisionsgericht hat die Würdigung des Landesarbeitsgerichts nur daraufhin zu überprüfen, ob sie in sich widerspruchsfrei ist und nicht gegen Denkgesetze, Erfahrungssätze oder andere Rechtssätze verstößt.*« Die persönliche Abhängigkeit wird begründet insbesondere durch folgende **Kriterien** (vgl. auch § 7 Abs. 1 Satz 2 SGB IV; siehe Rn. 9):
- Eingliederung in den Betrieb des Arbeitgebers;
- weitgehende Weisungsgebundenheit des Verpflichteten gegenüber dem Arbeitgeber. Dieser hat das Recht, im Rahmen des Arbeitsvertrages die Tätigkeit des Beschäftigten nach Art, Ort und Zeit vorbehaltlich gesetzlicher, tariflicher und sonstiger Regelungen zu bestimmen (so genanntes »Direktionsrecht«; siehe → **Arbeitsvertrag** Rn. 3ff.);
- Notwendigkeit einer ständigen Zusammenarbeit mit anderen im Dienst des Arbeitgebers stehenden Personen;
- Unterordnung unter Personen, die ebenfalls für den Arbeitgeber tätig sind (Vorgesetzte).

Erwerbstätige Personen, auf die diese Kriterien nicht zutreffen, die insbesondere ihre Tätigkeit im Wesentlichen frei gestalten und Ort und Zeit der Arbeitsleistung frei bestimmen können, sind **Selbständige** (z. B. sog. »freie Mitarbeiter«).

Deuten Anhaltspunkte darauf hin, dass diese Freiheit nicht besteht, spricht das dafür, dass **Scheinselbständigkeit** und damit Arbeitnehmereigenschaft vorliegt (BAG v. 16. 7. 1997 – 5 AZR 312/96, DB 1997, 2127 zur möglichen Arbeitnehmereigenschaft von »Franchiseunternehmern«) mit der Folge, dass die Arbeitnehmerschutzgesetze für diese Personen Anwendung finden.

Zu weiteren Einzelheiten siehe auch → **Dienstvertrag** und → **Werkvertrag**.

Arbeitnehmerähnliche Personen

Erwerbstätige, die zwar nicht als Arbeitnehmer einzuordnen sind (weil sie nicht persönlich abhängig sind), die aber **wirtschaftlich** von einem oder wenigen Auftraggebern **abhängig** sind (z. B. freie Mitarbeiter, die überwiegend für einen Auftraggeber arbeiten, Heimarbeiter und ggf. auch Handelsvertreter, die Einfirmenvertreter sind), sind sog. »**arbeitnehmerähnliche Personen**«.

Für »arbeitnehmerähnliche Personen« gelten die **arbeitsrechtlichen Schutzvorschriften** (nur) dann, wenn dies in den Gesetzen ausdrücklich angeordnet ist (z. B. § 2 Satz 2 Bundesurlaubsgesetz, § 17 Abs. 1 Satz 2 des Gesetzes zur Verbesserung der betrieblichen Altersversorgung) oder wenn die konkreten Umstände des Einzelfalles eine analoge (= entsprechende) Anwendung einer arbeitsrechtlichen Schutzvorschrift erfordern.

Nach § 5 Abs. 2 Satz 2 Arbeitsgerichtsgesetz gelten arbeitnehmerähnliche Personen als Arbeitnehmer im Sinne des Arbeitsgerichtsgesetzes, das heißt: Für ihre Rechtsstreitigkeiten sind die → **Arbeitsgerichte** zuständig.

Zur **Rentenversicherungspflicht** der »arbeitnehmerähnlichen Selbständigen« regelt § 2 Nr. 9 SGB VI: »*Versicherungspflichtig sind selbständig tätige Personen, die im Zusammenhang mit ihrer selbständigen Tätigkeit regelmäßig keinen versicherungspflichtigen Arbeitnehmer beschäftigen und auf Dauer und im Wesentlichen nur für einen Auftraggeber tätig sind; bei Gesellschaftern gelten als Auftraggeber die Auftraggeber der Gesellschaft.*«

Die wirtschaftliche und persönliche Abhängigkeit des einzelnen Arbeitnehmers von »seinem«

Arbeitnehmer

Arbeitgeber und die unzähligen Erfahrungen von **Machtmissbrauch** und schrankenloser Ausnutzung und **Ausbeutung** bildeten den Ausgangspunkt für die Herausbildung des gesetzlichen Mindestschutzes für Arbeitnehmer (siehe hierzu → **Arbeitszeit** Rn. 1 ff.).

8 Parallel dazu haben sich viele Arbeitnehmer in → **Gewerkschaften** organisiert in der Erkenntnis, dass nur der möglichst vielzählige Zusammenschluss in einer Arbeitnehmervereinigung das notwendige Gegengewicht zur (durch den Produktionsmittelbesitz begründeten) Machtüberlegenheit der Arbeitgeber bilden kann.

Die Arbeitgeber versuchten, die erstarkende Gewerkschaftsbewegung mit »Zuckerbrot« (freiwillige Leistungen) und »Peitsche« (Entlassung, schwarze Listen) zu ersticken. Und sie schlossen sich in »Antistreikvereinen« zusammen, den Vorläufern der → **Arbeitgeberverbände**. Vor allem Schwer- und Großindustrie (Chemie, Elektro, Metall, Stahl) sowie Banken und Versicherungen lehnten den Abschluss von Tarifverträgen ursprünglich strikt ab. *»Kein Blatt Papier darf sich zwischen den Unternehmer und seine Arbeiter drängen und keine werksfremde Macht vorschreiben, welche Arbeitsbedingungen der Arbeitgeber mit seinen Arbeitern vereinbart«*, sagte 1899 der saarländische Stahl- und Zechenbaron von Stumm (vgl. hierzu *Berg*/*Kocher*/ *Schumann*, Tarifvertragsgesetz und Arbeitskampfrecht, 5. Aufl. 2015, S. 75).

Ungeachtet dessen entwickelte die Gewerkschaftsbewegung so viel Stärke, dass es ihnen gelang, → **Tarifverträge** durchzusetzen, durch die die Arbeits- und Lebensbedingungen über den gesetzlichen Mindestschutz hinaus erheblich verbessert wurden (Beispiele: Regelung von Arbeitsentgelten, Begrenzung der Arbeitszeit, gesetzlicher Urlaubsanspruch = 24 Werktage = vier Wochen, tarifvertraglicher Urlaubsanspruch = bis zu sechs Wochen; zusätzliches Urlaubs- und Weihnachtsgeld).

Sozialversicherung

9 Nach § 2 Abs. 2 Nr. 1 SGB IV sind in allen Zweigen der Sozialversicherung kraft Gesetzes versichert *»Personen, die gegen Arbeitsentgelt oder zu ihrer Berufsausbildung beschäftigt sind«*. Beschäftigung ist die **nichtselbständige Arbeit**, insbesondere in einem Arbeitsverhältnis (§ 7 Abs. 1 Satz 1 SGB IV).

Anhaltspunkte für eine Beschäftigung in diesem Sinne sind eine Tätigkeit nach Weisungen und eine Eingliederung in die Arbeitsorganisation des Weisungsgebers (§ 7 Abs. 1 Satz 2 SGB IV).

Bedeutung für die Betriebsratsarbeit

10 Auch das BetrVG geht von dem allgemeinen arbeitsrechtlichen Arbeitnehmerbegriff (siehe Rn. 1 ff.) aus, wenn es in § 5 Abs. 1 BetrVG bestimmt: *»Arbeitnehmer (Arbeitnehmerinnen und Arbeitnehmer) im Sinne dieses Gesetzes sind Arbeiter und Angestellte ...«*, unabhängig davon, ob sie im → **Betrieb**, im Außendienst oder mit → **Telearbeit** beschäftigt werden (§ 5 Abs. 1 Satz 1 BetrVG).

11 § 5 Abs. 1 BetrVG **erweitert** aber den allgemeinen arbeitsrechtlichen Arbeitnehmerbegriff für den Bereich der Betriebsverfassung.
Arbeitnehmer i. S. d. BetrVG sind auch
- die zu ihrer Berufsausbildung Beschäftigten (§ 5 Abs. 1 Satz 1 BetrVG; siehe → **Auszubildende**),
- die in → **Heimarbeit** Beschäftigten, sofern sie in der Hauptsache für den Betrieb arbeiten (§ 5 Abs. 1 Satz 2 BetrVG) sowie
- **Beamte** (Beamtinnen und Beamte), **Soldaten** (Soldatinnen und Soldaten) sowie Arbeitnehmer des **öffentlichen Dienstes** einschließlich der zu ihrer Berufsausbildung Beschäftig-

Arbeitnehmer

ten, die in Betrieben privatrechtlich organisierter Unternehmen tätig sind (§ 5 Abs. 1 Satz 3 BetrVG; eingefügt durch Gesetz vom 29. 7. 2009 [BGBl. I S. 2424]).
Das bedeutet: auch dieser Personenkreis nimmt mit aktivem und passivem Wahlrecht an der → **Betriebsratswahl** bzw. der Wahl der → **Jugend- und Auszubildendenvertretung** (wenn es sich um → **Auszubildende** handelt) teil; ihre Interessen werden vom Betriebsrat bzw. der Jugend- und Auszubildendenvertretung vertreten.

Leiharbeitnehmer (siehe → **Arbeitnehmerüberlassung/Leiharbeit**) sind nicht nur im Betrieb des Verleihers (= ihr Vertragsarbeitgeber) wahlberechtigt, sondern auch im Entleiherbetrieb, wenn sie länger als drei Monate im Betrieb eingesetzt werden (§ 7 Satz 2 BetrVG; vgl. auch § 14 Abs. 2 Satz 1 AÜG n. F.). 12
Sie nehmen in diesem Fall auch an der Wahl der Arbeitnehmervertreter im Aufsichtsrat teil (siehe → **Unternehmensmitbestimmung**).
Wählbar (§ 8 BetrVG) sind Leiharbeitnehmer nur im Betrieb des Verleihers.

Die »echten« **Selbständigen** (z. B. **freie Mitarbeiter**; siehe Rn. 2) fallen nicht unter den Geltungsbereich des BetrVG. 13
Allerdings hat der Arbeitgeber den Betriebsrat über den Einsatz von sonstigen im Betrieb beschäftigten – aber nicht in einem Arbeitsverhältnis mit dem Arbeitgeber stehenden – Personen nach § 80 Abs. 2 Satz 1 zweiter Halbsatz BetrVG zu informieren (»*die Unterrichtung erstreckt sich auch auf die Beschäftigung von Personen, die nicht in einem Arbeitsverhältnis zum Arbeitgeber stehen*«): hierzu zählen u. a.

- Leiharbeitnehmer (beim geplanten Einsatz von Leiharbeitnehmern stehen dem Betriebsrat weitergehende Rechte zu – vor allem ein Zustimmungsverweigerungsrecht nach § 99 BetrVG; siehe Arbeitnehmerüberlassung/Leiharbeit),
- freie Mitarbeiter (siehe → **Dienstvertrag**),
- Werkvertragskräfte (siehe → **Werkvertrag**),

nicht aber z. B. Handwerker von Fremdfirmen, die nur kurzfristig – z. B. für Reparaturen oder Malerarbeiten – im Betrieb sind.

Keine Arbeitnehmer im Sinne des BetrVG sind die in § 5 Abs. 2 BetrVG genannten Personen (z. B. Mitglieder des **Vorstandes** einer Aktiengesellschaft oder der **Geschäftsführung** einer Gesellschaft mit beschränkter Haftung; siehe: → **Unternehmensrechtsformen**). 14

Darüber hinaus ist in § 5 Abs. 3 und 4 BetrVG klargestellt, dass die Vorschriften des BetrVG auf »leitende Angestellte« – von einigen wenigen Regelungen abgesehen (z. B. § 105 BetrVG) – keine Anwendung finden. 15
Das heißt insbesondere: Die leitenden Angestellten nehmen nicht an der **Wahl** des Betriebsrats teil; der Betriebsrat vertritt dementsprechend nicht ihre Interessen.
Stattdessen haben die leitenden Angestellten die Möglichkeit, ihre eigene Interessenvertretung, nämlich den »**Sprecherausschuss**« nach den Vorschriften des »Sprecherausschussgesetzes« zu wählen (siehe → **Leitende Angestellte**).
Dies gilt auch, soweit es sich bei **Beamten** und **Soldaten** i. S. d. § 5 Abs. 1 Satz 3 BetrVG um leitende Angestellte handelt (vgl. § 5 Abs. 3 Satz 3 BetrVG n. F.; siehe Rn. 11).

Auf → **außertarifliche Angestellte** (»**AT-Angestellte**«) ist, soweit sie keine leitenden Angestellten sind, das BetrVG uneingeschränkt anzuwenden. 16
Das heißt, der Betriebsrat vertritt auch die Interessen der »AT-Angestellten«. Ihm stehen in Bezug auf »AT-Angestellte« die alle im Gesetz geregelten Informations-, Mitwirkungs- und Mitbestimmungsrechte (siehe → **Beteiligungsrechte des Betriebsrats**) zu.

Arbeitnehmer

Arbeitshilfen

Übersicht
Musterschreiben
- Arbeitnehmer
- Statusklage zur Feststellung der Arbeitnehmereigenschaft

Übersicht: Arbeitnehmer

Arbeitnehmer
- …ist derjenige, der dem Arbeitgeber aufgrund eines (mündlichen oder schriftlichen) Arbeitsvertrages zur Erbringung der vereinbarten Arbeitsleistung in der vereinbarten Arbeitszeit gegen Arbeitsentgelt verpflichtet ist.
- …grenzen sich von den – echten – Selbständigen ab durch ihre persönliche Abhängigkeit vom Arbeitgeber. Für eine solche Abhängigkeit spricht, dass
- der Beschäftigte in den Betrieb des Arbeitgebers eingegliedert ist,
- er insbesondere in Bezug auf Art, Ort und zeitliche Lage der Arbeit den Weisungen (= Direktionsrecht) des Arbeitgebers unterworfen ist (§ 106 Gewerbeordnung),
- die Notwendigkeit der ständigen Zusammenarbeit mit anderen Arbeitnehmern besteht,
- sie Personen untergeordnet sind, die ebenfalls für den Arbeitgeber tätig sind.
- …sind Träger der Rechte und Pflichten nach den Vorschriften der Arbeits- und Sozialgesetze (z.B. Bundesurlaubsgesetz, Kündigungsschutzgesetz, Sozialgesetzbuch).
- …können sich in Gewerkschaften zusammenschließen mit dem Ziel, Mindestarbeitsbedingungen (in Form von Tarifverträgen) gegenüber den Arbeitgebern durchzusetzen (Koalitionsfreiheit, Art. 9 Abs. 3 GG).
- …im Sinne des BetrVG sind Arbeiter und Angestellte (auch sog. außertarifliche Angestellte [AT-Angestellte], soweit sie keine leitenden Angestellten i.S.d. § 5 Abs. 3, 4 BetrVG sind), aber auch Auszubildende (§ 5 Abs. 1 Satz 1 BetrVG); ebenso Heimarbeiter, die »in der Hauptsache« für den Betrieb arbeiten (§ 5 Abs. 1 Satz 2 BetrVG) und Beamte (Beamtinnen und Beamte), Soldaten (Soldatinnen und Soldaten) sowie Arbeitnehmer des öffentlichen Dienstes einschließlich der zu ihrer Berufsausbildung Beschäftigten, die in Betrieben privatrechtlich organisierter Unternehmen tätig sind (§ 5 Abs. 1 Satz 3 BetrVG; eingefügt durch das am 4.8.2009 in Kraft getretene Gesetz vom 29.7.2009 [BGBl. I S. 2424]).
- …sind zwar auch leitende Angestellte; auf sie finden aber die Vorschriften des BetrVG – mit wenigen Ausnahmen – keine Anwendung (§ 5 Abs. 3, 4 BetrVG).

Selbständige / Arbeitnehmerähnliche Personen
- …sind die Erwerbstätigen, die aufgrund eines Dienst- oder Werkvertrages für den Auftraggeber (frei von dessen Weisungen in Bezug auf Art, Ort und Zeit der Arbeit) Leistungen gegen Entgelt erbringen (z.B. freie Mitarbeiter). Diese können aber aufgrund einer ggf. bestehenden wirtschaftlichen Abhängigkeit vom Auftraggeber auch »arbeitnehmerähnliche Personen« sein, auf die das Arbeitsschutzrecht eingeschränkt Anwendung finden kann (vgl. z.B. § 2 Satz 2 BUrlG). Arbeitnehmerähnliche Selbständige sind, wenn die Voraussetzungen des § 2 Ziff. 9 SGB VI vorliegen, rentenversicherungspflichtig.

Sozialversicherung
Nach § 2 Abs. 2 Nr. 1 SGB IV sind in allen Zweigen der Sozialversicherung kraft Gesetzes versichert »Personen, die gegen Arbeitsentgelt oder zu ihrer Berufsausbildung beschäftigt sind«. Beschäftigung ist gemäß § 7 Abs. 1 SGB IV die nichtselbständige Arbeit, insbesondere in einem Arbeitsverhältnis. Anhaltspunkte für eine Beschäftigung sind eine Tätigkeit nach Weisungen und eine Eingliederung in die Arbeitsorganisation des Weisungsgebers.

Rechtsprechung

1. Arbeitnehmerbegriff – Arbeitsverhältnis – Abgrenzung freier Mitarbeiter / Selbständiger – arbeitnehmerähnliche Personen
2. Einzelfälle
3. Geltendmachung des Arbeitnehmerstatus
4. Rückabwicklung nach einem Statusurteil
5. Rechtsschutzbedürfnis für ausschließlich vergangenheitsbezogene Statusfeststellungsklage
6. Verfassungsbeschwerde gegen Gesetze zur Bekämpfung der Scheinselbständigkeit
7. »Ein-Euro-Job«
8. Rechtsweg für Kündigungsschutzklage bei Statusstreit

Arbeitnehmerentsendung

Was ist das?

1 Insbesondere im **Baugewerbe** hat die von ausländischen Unternehmen betriebene Entsendung »billigerer« ausländischer Arbeitnehmer auf Baustellen in Deutschland zu erheblichen Belastungen sowohl der in Deutschland ansässigen Unternehmen (Wettbewerbsverzerrung) als auch der in Deutschland zu Tarifbedingungen tätigen Bauarbeiter (Lohndumping; massenhafter Wegfall von Arbeitsplätzen) geführt.

2 Auf diese Entwicklung hat der deutsche Gesetzgeber mit dem Arbeitnehmer-Entsendegesetz vom 26.2.1996 (BGBl. I S. 227) reagiert.
Das Gesetz wurde aus Anlass der europäischen **Entsenderichtlinie** vom 16.12.1996 und einer in Deutschland seit 2005 verschärft geführten Debatte um einen gesetzlichen → **Mindestlohn** im Nachgang mehrfach geändert.
Mit Gesetz vom 20.4.2009 wurde das Arbeitnehmer-Entsendegesetz **neu gefasst** (BGBl. I S. 799). Es hat den Titel »Gesetz über zwingende Arbeitsbedingungen für grenzüberschreitend entsandte und für regelmäßig im Inland beschäftigte Arbeitnehmer und Arbeitnehmerinnen (Arbeitnehmer-Entsendegesetz – AEntG)«. Das Gesetz ist am 24.4.2009 in Kraft getreten. Es regelte die Möglichkeit, tariflich vereinbarte Branchenmindestlöhne durch Rechtsverordnung auf alle Arbeitgeber und Arbeitnehmer – auch die nicht tarifgebundenen – zu erstrecken.

2a Eine Weiterentwicklung erfuhr das AEntG durch das **Tarifautonomiestärkungsgesetz** vom 11.8.2014 (BGBl. I S. 1348). Hierzu enthielt der **Koalitionsvertrag von CDU/CSU/SPD 2013** auf S. 67 folgende Ankündigung:
»*Arbeitnehmer-Entsendegesetz erweitern*
Die tariflich vereinbarten Branchenmindestlöhne nach dem Arbeitnehmer-Entsendegesetz haben sich bewährt. Deshalb werden wir den Geltungsbereich des Arbeitnehmer-Entsendegesetzes über die bereits dort genannten Branchen hinaus für alle Branchen öffnen.«
Umgesetzt wurde diese Vereinbarung durch eine Vielzahl neuer Regelungen im AEntG, u. a. durch § 4 Abs. 2 AEntG n. F. (siehe Rn. 13).

2b Zu weiteren **gesetzlichen Regelungen** in Bezug auf
- einen allgemeinen **gesetzlichen Mindestlohn** (eingeführt mit Wirkung ab 1.1.2015 durch das Tarifautonomiestärkungsgesetz vom 11.8.2014 – BGBl. I S. 1348) siehe → **Mindestlohn**,
- die Festsetzung einer **Lohnuntergrenze** für die **Leiharbeit** (§ 3 a AÜG) siehe → **Arbeitnehmerüberlassung / Leiharbeit**,
- die **Mindestlohnregelung für Heimarbeiter** (§§ 4, 18, 19 HAG) siehe → **Heimarbeit** und
- **Lohnwucher** (§ 138 BGB) siehe → **Arbeitsentgelt**.

3 Zweck des AEntG war es ursprünglich, in bestimmten lohnintensiven Branchen deutsche Unternehmen und Beschäftigte vor ausländischer »Billigkonkurrenz« zu schützen. Dies wurde dadurch erreicht, dass Tarifverträge, die nach § 5 TVG für allgemein verbindlich erklärt worden sind (siehe → **Tarifvertrag** Rn. 66 ff.), kraft Gesetzes auf ausländische Unternehmen, die Beschäftigte auf Baustellen in Deutschland einsetzen, **erstreckt** wurden.

4 Schon bald erwies sich das Instrument der Allgemeinverbindlicherklärung nach § 5 TVG als

Arbeitnehmerentsendung

stumpfes Schwert. Unter anderem setzt nämlich eine Allgemeinverbindlicherklärung eines Tarifvertrags voraus, dass die im sechsköpfigen sog. **Tarifausschuss** vertretenen Spitzenorganisationen sowohl der Arbeitgeber (= Bundesvereinigung der deutschen Arbeitgeberverbände – BdA) als auch der Arbeitnehmer (= Deutscher Gewerkschaftsbund – DGB) der Allgemeinverbindlichkeit mehrheitlich zustimmen (§ 5 Abs. 1 TVG; siehe → **Tarifvertrag** Rn. 66).

Diese Voraussetzung konnte nicht mehr erfüllt werden, weil die Vertreter der Bundesvereinigung der Deutschen Arbeitgeberverbände (BDA) im Tarifausschuss zunehmend dazu übergegangen waren, die Allgemeinverbindlicherklärung von Tarifverträgen durch Zustimmungsverweigerung zu blockieren (ein Stimmenpatt 3:3 im Tarifausschuss gilt als Ablehnung des Antrags auf Allgemeinverbindlicherklärung).

Auf diese Weise sind beispielsweise im Jahr 2000 etwa 20 % der Anträge auf Allgemeinverbindlicherklärung eines Tarifvertrages durch Zustimmungsverweigerung der Vertreter der BDA im Tarifausschuss gescheitert.

Aus Anlass dieses **destruktiven Vorgehens der BDA** wurde durch Gesetz vom 19. 12. 1998 (BGBl. I S. 3843) die Möglichkeit geschaffen, die Allgemeinverbindlichkeit eines für das Baugewerbe geltenden Tarifvertrags auf einem anderen Weg, nämlich durch **Rechtsverordnung** des Bundesministeriums für Arbeit und Soziales herzustellen (damals: § 1 Abs. 3 a AEntG a. F.; heute: § 7 und 7 a AEntG; siehe Rn. 19 ff.).

5

Dadurch wurde es möglich, für die aus dem Ausland nach Deutschland auf Baustellen entsandten Arbeitnehmer und darüber hinaus für alle im Inland tätigen Arbeitnehmer Mindestarbeitsbedingungen zu schaffen, unabhängig davon, ob der Arbeitgeber seinen Sitz im In- oder Ausland hat.

Durch nachfolgende Gesetze (z. B. Gesetz vom 25. 4. 2007 – BGBl. I S. 576, Gesetz vom 20. 4. 2009 – BGBl. I S. 799 und Gesetz vom 24. 5. 2014 – BGBl. I S. 538) wurde diese Möglichkeit auf **weitere Branchen** ausgedehnt (z. B. Montageleistungen auf Baustellen, Gebäudereinigerhandwerk, Briefzustellung, Fleischverarbeitung).

Durch das Tarifautonomiestärkungsgesetz vom 11. 8. 2014 (BGBl. I S. 1348) wurde die Erstreckung von tariflich vereinbarten Branchenmindestgelten durch Rechtsverordnung auf **alle Branchen** erweitert (§ 4 Abs. 2 AEntG). Voraussetzung war, dass die für eine Branche zuständigen Tarifvertragsparteien einen **Mindestlohntarifvertrag** abgeschlossen hatten und die Branche ausdrücklich in das AEntG aufgenommen war (§ 4 AEntG; siehe Rn. 16).

Der EuGH hat sich zwischenzeitlich mehrfach zur Vereinbarkeit des AEntG mit europäischem Recht geäußert.

6

So ist es grundsätzlich als zulässig angesehen worden, ausländische Unternehmen in Bezug auf ihre in Deutschland tätigen und damit vom AEntG erfassten Arbeitnehmer zur Teilnahme an der **Urlaubs- und Lohnausgleichskasse der Bauwirtschaft** zu verpflichten (EuGH v. 25. 10. 2001 – verbundene Rechtssachen C–49/98 u. a., NZA 2001, 1377).

Nach Ansicht des EuGH stellt es aber eine nicht gerechtfertigte Beschränkung der in der EU geltenden **Dienstleistungsfreiheit** dar, wenn ein inländischer Arbeitgeber den in einem für allgemeinverbindlich erklärten Tarifvertrag festgesetzten Mindestlohn durch den Abschluss eines Firmentarifvertrags unterschreiten kann, während dies einem Arbeitgeber, der in einem anderen Mitgliedstaat ansässig ist, nicht möglich ist (EuGH v. 24. 1. 2002 – Rs. C–164/99, NZA 2002, 207).

Der bundesdeutsche Gesetzgeber hat dieser Entscheidung durch entsprechende Änderungen des AEntG – insbesondere durch die §§ 8 Abs. 1 und 2 AEntG (siehe Rn. 28 ff.) – Rechnung getragen.

Im Zuge einer in Deutschland mit zunehmender Intensität geführten öffentlichen Debatte um die Einführung eines für alle Arbeitnehmer geltenden gesetzlichen → **Mindestlohns**, hat der Gesetzgeber mit Gesetz vom 20. 4. 2009 das Arbeitnehmer-Entsendegesetz (AEntG) neu gefasst (siehe Rn. 2).

7

155

Arbeitnehmerentsendung

8 Eine Weiterentwicklung des AEntG erfolgte durch das Tarifautonomiestärkungsgesetz vom 11.8.2014 (BGBl. I S. 1348). Unter anderem wurde das AEntG auch **alle Branchen** ausgeweitet (§ 4 Abs. 2 AEntG; siehe Rn. 13).
Außerdem wurde mit Gesetz vom 22.4.2009 (BGBl. I S. 818) das **Mindestarbeitsbedingungengesetz (MiArbG)** vom 11.1.1952 novelliert (siehe → **Mindestlohn**). Dieses Gesetz hat sich allerdings auch in seiner neuen Fassung als praxisuntauglich erwiesen und wurde mit Art. 14 des Tarifautonomiestärkungsgesetzes vom 11.8.2014 (BGBl. I S. 1348) **aufgehoben**. Stattdessen wurde mit Wirkung ab 1.1.2015 ein allgemeiner gesetzlicher Mindestlohn von 8,50 Euro pro Arbeitsstunde eingeführt (siehe → **Mindestlohn**).

Zielsetzung des AEntG (§ 1 AEntG)

9 **Ziele** des AEntG sind gemäß § 1 AEntG:
- Schaffung und Durchsetzung angemessener Mindestarbeitsbedingungen,
- Gewährleistung fairer und funktionierender Wettbewerbsbedingungen durch die Erstreckung der Rechtsnormen von Branchentarifverträgen (auf nicht tarifgebundene Arbeitgeber und Arbeitnehmer),
- Erhalt sozialversicherungspflichtiger Beschäftigungsverhältnisse,
- Wahrung der Ordnungs- und Befriedungsfunktion der Tarifautonomie.

Zu beachten ist die **Übergangsregelung** des § 24 a AEntG: »*In der Zeit vom 1. Januar 2015 bis zum 31. Dezember 2017 gilt § 1 mit der Maßgabe, dass eine Unterschreitung des nach dem Mindestlohngesetz vorgeschriebenen Mindestlohns mit den Zielen des § 1 vereinbar ist, wenn diese Unterschreitung erforderlich ist, um in der betreffenden Branche eine schrittweise Heranführung des Lohnniveaus an die Vorgaben des Mindestlohngesetzes zu bewirken und dabei faire und funktionierende Wettbewerbsbedingungen und den Erhalt sozialversicherungspflichtiger Beschäftigung zu berücksichtigen.*«

Allgemeine Arbeitsbedingungen (§ 2 AEntG)

10 § 2 AEntG stellt zunächst klar, dass die in **Rechtsvorschriften** (Gesetze, Verordnungen, Verwaltungsvorschriften) enthaltenen Regelungen über
- die Mindestentgeltsätze einschließlich der Überstundensätze,
- den bezahlten Mindestjahresurlaub,
- die Höchstarbeitszeiten und Mindestruhezeiten,
- die Bedingungen für die Überlassung von Arbeitskräften, insbesondere durch Leiharbeitsunternehmen,
- die Sicherheit, den Gesundheitsschutz und die Hygiene am Arbeitsplatz,
- die Schutzmaßnahmen im Zusammenhang mit den Arbeits- und Beschäftigungsbedingungen von Schwangeren und Wöchnerinnen, Kindern und Jugendlichen und
- die Gleichbehandlung von Männern und Frauen sowie andere Nichtdiskriminierungsbestimmungen

auch auf Arbeitsverhältnisse zwischen einem im **Ausland** ansässigen Arbeitgeber und seinen im **Inland** beschäftigten Arbeitnehmern **zwingend** Anwendung finden.

Tarifvertragliche Arbeitsbedingungen (§ 3 AEntG)

11 Die Rechtsnormen eines **bundesweiten Tarifvertrages** finden unter den Voraussetzungen der §§ 4 bis 6 AEntG auch auf Arbeitsverhältnisse zwischen einem Arbeitgeber mit Sitz im Ausland und seinen im räumlichen Geltungsbereich dieses Tarifvertrages beschäftigten Arbeitnehmern zwingend Anwendung, wenn der Tarifvertrag als Tarifvertrag nach § 4 Abs. 1 Nr. 1 AEntG für

Arbeitnehmerentsendung

allgemeinverbindlich erklärt ist (siehe → **Tarifvertrag** Rn. 66 ff.) – oder eine **Rechtsverordnung** nach § 7 oder 7 a AEntG (siehe Rn. 17) – vorliegt.
Im Ergebnis bedeutet das, dass ein solcher Tarifvertrag für alle unter seinen Geltungsbereich fallenden Arbeitgeber und Arbeitnehmer gilt, unabhängig davon, ob der Arbeitgeber seinen Sitz im In- oder Ausland hat und unabhängig davon, ob sie tarifgebunden sind oder nicht. Eines bundesweiten Tarifvertrages bedarf es nicht, soweit Arbeitsbedingungen im Sinne des § 5 Nr. 2 oder 3 AEntG Gegenstand tarifvertraglicher Regelungen sind, die zusammengefasst räumlich den gesamten Geltungsbereich dieses Gesetzes abdecken (§ 3 Satz 2 AEntG).

Branchen (§ 4 AEntG)

Die Regelung des § 3 AEntG gilt gemäß § 4 Abs. 1 AEntG für **Tarifverträge**   **12**
- des **Bauhauptgewerbes** oder **Baunebengewerbes** im Sinne der Baubetriebe-Verordnung vom 28. 10. 1980 (BGBl. I S. 2033), zuletzt geändert durch die Verordnung vom 26. 4. 2006 (BGBl. I S. 1085), in der jeweils geltenden Fassung einschließlich der Erbringung von Montageleistungen auf Baustellen außerhalb des Betriebssitzes,
- der **Gebäudereinigung**
- für **Briefdienstleistungen**
- für **Sicherheitsdienstleistungen** (z. B. Wachdienste)
- für **Bergbauspezialarbeiten auf Steinkohlebergwerken**,
- für **Wäschereidienstleistungen im Objektkundengeschäft** (= Unternehmen, die Textilien für gewerbliche Kunden sowie öffentlich-rechtliche oder kirchliche Einrichtungen – z. B. Krankenhäuser und Pflegeeinrichtungen – waschen),
- der **Abfallwirtschaft** einschließlich Straßenreinigung und Winterdienst,
- für **Aus- und Weiterbildungsdienstleistungen** nach dem SGB II oder SGB III und
- für **Schlachten und Fleischverarbeitung**.

§ 3 AEntG gilt darüber hinaus für Tarifverträge **aller anderen als der in § 4 Abs. 1 AEntG**   **13**
genannten Branchen, wenn die Erstreckung der Rechtsnormen des Tarifvertrages im öffentlichen Interesse geboten erscheint, um die in § 1 AEntG genannten Gesetzesziele zu erreichen und dabei insbesondere einem Verdrängungswettbewerb über die Lohnkosten entgegen zu wirken (§ 4 Abs. 2 AEntG; eingefügt durch das Tarifautonomiestärkungsgesetz vom 11. 8. 2014 – BGBl. I S. 1348).

Auch die **Pflegebranche** wurde in das neue AEntG aufgenommen; für sie gelten die besonderen Bestimmungen der §§ 10 ff. AEntG (siehe Rn. 32 ff.). Hiernach wird zur Festsetzung von Mindestlöhnen nicht an einen Tarifvertrag angeknüpft, sondern an den **Vorschlag** einer sich aus Vertretern der Branche zusammensetzenden **Kommission**.   **14**

Hoch umstritten war die Ausdehnung des AEntG auf die »**Leiharbeitsbranche**« (siehe → **Arbeitnehmerüberlassung/Leiharbeit**).   **15**
Die DGB-Gewerkschaften sowie SPD, Linke und Grüne forderten einen **Mindestlohn** für die Leiharbeit, die Arbeitgeberverbände und mit ihnen CDU/CSU und FDP lehnten das ab. Inzwischen ist bei Letzteren ein **Meinungswandel** eingetreten.
Allerdings ist man einen **anderen Weg** gegangen. Es wurde nicht das AEntG auf die Leiharbeitsbranche ausgedehnt, sondern mit dem »Ersten Gesetz zur Änderung des Arbeitnehmerüberlassungsgesetzes – Verhinderung von Missbrauch der Arbeitnehmerüberlassung« vom 28. 4. 2011 (BGBl. I S. 642, sog. »Lex Schlecker«) ein neuer **§ 3 a AÜG (Lohnuntergrenze)** geschaffen.
Hiernach kann das Bundesministerium für Arbeit und Soziales auf Vorschlag der Tarifvertragsparteien der Leiharbeitsbranche in einer **Rechtsverordnung** bestimmen, dass die von den Tarifparteien bundesweit vereinbarten tariflichen Mindeststundenentgelte als verbindliche

Arbeitnehmerentsendung

Lohnuntergrenze auf alle in den Geltungsbereich der Verordnung fallenden Leiharbeitgeber sowie Leiharbeitnehmer Anwendung findet (siehe → **Arbeitnehmerüberlassung/Leiharbeit**). Inzwischen ist von dem neuen § 3 a AÜG Gebrauch gemacht worden. Das Bundesministerium für Arbeit und Soziales (BMAS) hat Ende 2012 auf Vorschlag der Tarifparteien Bundesarbeitgeberverband der Personaldienstleister (BAP: früher BZA), Interessenverband Deutscher Zeitarbeitsunternehmen (iGZ) und Deutscher Gewerkschaftsbund (DGB) eine Rechtsverordnung erlassen, mit der Mindeststundenentgelte für Leiharbeitnehmer festgesetzt wurden.
Zu weiteren Einzelheiten siehe → **Arbeitnehmerüberlassung/Leiharbeit**.

Arbeitsbedingungen (§ 5 AEntG)

16 **Gegenstand** eines Tarifvertrages nach § 3 AEntG (siehe Rn. 11) können sein
- **Mindestentgeltsätze**, die nach Art der Tätigkeit, Qualifikation der Arbeitnehmer und Arbeitnehmerinnen und Regionen differieren können, einschließlich der Überstundensätze,
- die Dauer des **Erholungsurlaubs**, das Urlaubsentgelt oder ein zusätzliches Urlaubsgeld,
- die Einziehung von Beiträgen und die Gewährung von Leistungen im Zusammenhang mit Urlaubsansprüchen nach § 5 Satz 1 Nr. 2 AEntG durch eine **gemeinsame Einrichtung der Tarifvertragsparteien**, wenn sichergestellt ist, dass der ausländische Arbeitgeber nicht gleichzeitig zu Beiträgen zu der gemeinsamen Einrichtung der Tarifvertragsparteien und zu einer vergleichbaren Einrichtung im Staat seines Sitzes herangezogen wird und das Verfahren der gemeinsamen Einrichtung der Tarifvertragsparteien eine Anrechnung derjenigen Leistungen vorsieht, die der ausländische Arbeitgeber zur Erfüllung des gesetzlichen, tarifvertraglichen oder einzelvertraglichen Urlaubsanspruchs seines Arbeitnehmers oder seiner Arbeitnehmerin bereits erbracht hat, und
- Arbeitsbedingungen im Sinne des **§ 2 Nr. 3 bis 7 AEntG** (siehe Rn. 10).

17 Die Arbeitsbedingungen nach § 5 Satz 1 Nr. 1 bis 3 AEntG umfassen auch Regelungen zur **Fälligkeit** entsprechender Ansprüche einschließlich hierzu vereinbarter Ausnahmen und deren Voraussetzungen.

Besondere Regelungen (§ 6 AEntG)

18 § 6 AEntG enthält besondere Regelungen über die Anwendung oder Nichtanwendung der §§ 3 bis 9 AEntG.

Rechtsverordnung für die Fälle des § 4 Abs. 1 AEntG (§ 7 AEntG)

19 Auf **gemeinsamen Antrag** der Parteien eines Tarifvertrages im Sinne von **§ 4 Abs. 1 AEntG** (siehe Rn. 12) sowie §§ 5 und 6 AEntG kann das Bundesministerium für Arbeit und Soziales durch **Rechtsverordnung** ohne Zustimmung des Bundesrates bestimmen, dass die Rechtsnormen dieses Tarifvertrages auf alle unter seinen Geltungsbereich fallenden und nicht an ihn gebundenen Arbeitgeber sowie Arbeitnehmer Anwendung finden, wenn dies im öffentlichen Interesse geboten erscheint, um die in § 1 genannten Gesetzesziele zu erreichen (§ 7 Abs. 1 AEntG).

20 Kommen in einer Branche **mehrere Tarifverträge** mit zumindest teilweise demselben fachlichen Geltungsbereich zur Anwendung, hat der Verordnungsgeber bei seiner Entscheidung nach § 7 Abs. 1 AEntG im Rahmen einer Gesamtabwägung ergänzend zu den in § 1 genannten Gesetzeszielen die Repräsentativität der jeweiligen Tarifverträge zu berücksichtigen (§ 7 Abs. 2 Satz 1 AEntG).
Bei der **Feststellung der Repräsentativität** ist nach § 7 Abs. 2 Satz 2 AEntG vorrangig abzustellen auf

- die Zahl der von den jeweils tarifgebundenen Arbeitgebern beschäftigten unter den Geltungsbereich des Tarifvertrages fallenden Arbeitnehmer und Arbeitnehmerinnen,
- die Zahl der jeweils unter den Geltungsbereich des Tarifvertrages fallenden Mitglieder der Gewerkschaft, die den Tarifvertrag geschlossen hat.

Liegen für mehrere Tarifverträge Anträge auf Allgemeinverbindlicherklärung vor, hat der Verordnungsgeber mit besonderer Sorgfalt die von einer **Auswahlentscheidung** betroffenen Güter von Verfassungsrang abzuwägen und die widerstreitenden Grundrechtsinteressen zu einem schonenden Ausgleich zu bringen (§ 7 Abs. 3 AEntG). 21

Vor Erlass der Rechtsverordnung gibt das Bundesministerium für Arbeit und Soziales den in den Geltungsbereich der Rechtsverordnung fallenden Arbeitgebern sowie Arbeitnehmern und Arbeitnehmerinnen, den Parteien des Tarifvertrages sowie in den Fällen des § 7 Abs. 2 AEntG den Parteien anderer Tarifverträge und paritätisch besetzten Kommissionen, die auf der Grundlage kirchlichen Rechts Arbeitsbedingungen für den Bereich kirchlicher Arbeitgeber zumindest teilweise im Geltungsbereich der Rechtsverordnung festlegen, **Gelegenheit zur schriftlichen Stellungnahme** innerhalb von drei Wochen ab dem Tag der Bekanntmachung des Entwurfs der Rechtsverordnung (§ 7 Abs. 4 AEntG). 22

Wird in einer Branche nach § 4 Absatz 1 AEntG erstmals ein Antrag nach § 7 Abs. 1 AEntG gestellt, wird nach Ablauf der Frist nach § 7 Abs. 4 AEntG der Ausschuss nach § 5 Abs. 1 Satz 1 TVG (**Tarifausschuss**) befasst (§ 7 Abs. 5 Satz 1 AEntG). Stimmen mindestens vier Ausschussmitglieder für den Antrag oder gibt der Tarifausschuss innerhalb von zwei Monaten keine Stellungnahme ab, kann eine Rechtsverordnung nach Absatz 1 erlassen werden (§ 7 Abs. 5 Satz 2 AEntG). Stimmen zwei oder drei Ausschussmitglieder für den Antrag, kann eine Rechtsverordnung nur von der Bundesregierung erlassen werden (§ 7 Abs. 5 Satz 3 AEntG). Die Sätze 1 bis 3 **gelten nicht** für Tarifverträge nach § 4 Absatz 1 Nummer 1 bis 8 (§ 7 Abs. 5 Satz 4 AEntG). 23

§ 7 a Rechtsverordnung für die Fälle des § 4 Absatz 2 AEntG (§ 7 a AEntG)

Auf **gemeinsamen Antrag** der Parteien eines Tarifvertrages im Sinne von **§ 4 Abs. 2 AEntG** (siehe Rn. 13) sowie §§ 5 und 6 Abs. 1 AEntG kann das Bundesministerium für Arbeit und Soziales durch **Rechtsverordnung** ohne Zustimmung des Bundesrates bestimmen, dass die Rechtsnormen dieses Tarifvertrages auf alle unter seinen Geltungsbereich fallenden und nicht an ihn gebundenen Arbeitgeber sowie Arbeitnehmer Anwendung finden, wenn dies im öffentlichen Interesse geboten erscheint, um die in § 1 AEntG genannten Gesetzesziele zu erreichen und dabei insbesondere einem Verdrängungswettbewerb über die Lohnkosten entgegenzuwirken. 24

§ 7 Absatz 2 und 3 AEntG (siehe Rn. 18, 19) findet entsprechende Anwendung (§ 7 a Abs. 2 AEntG). 25

Vor Erlass der Rechtsverordnung gibt das Bundesministerium für Arbeit und Soziales den in den Geltungsbereich der Rechtsverordnung fallenden und den möglicherweise von ihr betroffenen Arbeitgebern sowie Arbeitnehmern und Arbeitnehmerinnen, den Parteien des Tarifvertrages sowie allen am Ausgang des Verfahrens interessierten Gewerkschaften, Vereinigungen der Arbeitgeber und paritätisch besetzten Kommissionen, die auf der Grundlage kirchlichen Rechts Arbeitsbedingungen für den Bereich kirchlicher Arbeitgeber festlegen, **Gelegenheit zur schriftlichen Stellungnahme** innerhalb von drei Wochen ab dem Tag der Bekanntmachung des Entwurfs der Rechtsverordnung (§ 7 a Abs. 3 Satz 1 AEntG). Die Gelegenheit zur Stellungnahme umfasst insbesondere auch die Frage, inwieweit eine Erstreckung der Rechtsnormen des Tarifvertrages geeignet ist, die in § 1 genannten Gesetzesziele zu erfüllen und dabei insbesondere einem Verdrängungswettbewerb über die Lohnkosten entgegenzuwirken (§ 7 a Abs. 3 Satz 2 AEntG). 26

Arbeitnehmerentsendung

27 Wird ein Antrag nach Absatz 1 gestellt, wird nach Ablauf der Frist nach Absatz 3 der Ausschuss nach § 5 Absatz 1 Satz 1 des Tarifvertragsgesetzes (**Tarifausschuss**) befasst (§ 7 a Abs. 4 Satz 1 AEntG). Stimmen mindestens vier Ausschussmitglieder für den Antrag oder gibt der Tarifausschuss innerhalb von zwei Monaten keine Stellungnahme ab, kann eine Rechtsverordnung nach Absatz 1 erlassen werden (§ 7 a Abs. 4 Satz 2 AEntG). Stimmen zwei oder drei Ausschussmitglieder für den Antrag, kann eine Rechtsverordnung nur von der Bundesregierung erlassen werden (§ 7 a Abs. 4 Satz 3 AEntG).

Pflichten des Arbeitgebers zur Gewährung von Arbeitsbedingungen (§ 8 AEntG)

28 Arbeitgeber mit Sitz im In- oder Ausland, die unter den Geltungsbereich eines für allgemeinverbindlich erklärten Tarifvertrages nach § 4 Abs. 1 Nr. 1 AEntG sowie §§ 5 und 6 Abs. 2 AEntG oder einer Rechtsverordnung nach § 7 oder § 7 a AEntG fallen, sind **verpflichtet**, ihren Arbeitnehmern mindestens die in dem Tarifvertrag für den Beschäftigungsort vorgeschriebenen Arbeitsbedingungen zu gewähren sowie einer gemeinsamen Einrichtung der Tarifvertragsparteien die ihr nach § 5 Nr. 3 AEntG zustehenden Beiträge zu leisten (§ 8 Abs. 1 Satz 1 AEntG).

Vorstehendes gilt unabhängig davon, ob die entsprechende Verpflichtung kraft Tarifbindung nach § 3 TVG oder kraft Allgemeinverbindlicherklärung nach § 5 TVG oder aufgrund einer Rechtsverordnung nach § 7 oder § 7 a AEntG besteht (§ 8 Abs. 1 Satz 2 AEntG).

29 Ein Arbeitgeber ist verpflichtet, einen Tarifvertrag nach § 4 Abs. 1 Nr. 1 AEntG sowie §§ 5 und 6 Abs. 2 AEntG, der durch Allgemeinverbindlicherklärung sowie einen Tarifvertrag nach §§ 4 bis 6 AEntG, der durch Rechtsverordnung nach § 7 oder § 7 a AEntG auf nicht an ihn gebundene Arbeitgeber sowie Arbeitnehmer und Arbeitnehmerinnen erstreckt wird, auch dann einzuhalten, wenn er nach § 3 TVG oder kraft Allgemeinverbindlicherklärung nach § 5 TVG an einen anderen Tarifvertrag gebunden ist (§ 8 Abs. 2 AEntG).

30 Wird ein **Leiharbeitnehmer** (siehe → **Arbeitnehmerüberlassung/Leiharbeit**) vom Entleiher mit Tätigkeiten beschäftigt, die in den Geltungsbereich eines für allgemeinverbindlich erklärten Tarifvertrages nach § 4 Abs. 1 Nr. 1 AEntG sowie §§ 5 und 6 Abs. 2 AEntG oder einer Rechtsverordnung nach § 7 oder § 7 a AEntG fallen, hat der Verleiher zumindest die in diesem Tarifvertrag oder in dieser Rechtsverordnung vorgeschriebenen Arbeitsbedingungen zu gewähren sowie die der gemeinsamen Einrichtung nach diesem Tarifvertrag zustehenden Beiträge zu leisten; dies gilt auch dann, wenn der Betrieb des Entleihers nicht in den fachlichen Geltungsbereich dieses Tarifvertrages oder dieser Rechtsverordnung fällt (§ 8 Abs. 3 AEntG).

Verzicht, Verwirkung (§ 9 AEntG)

31 Ein → **Verzicht** auf das Mindestentgelt nach § 8 AEntG ist nur durch gerichtlichen Vergleich zulässig (§ 9 Satz 1 AEntG).

Die → **Verwirkung** des Anspruchs der Arbeitnehmer und Arbeitnehmerinnen auf das Mindestentgelt nach § 8 AEntG ist ausgeschlossen (§ 9 Satz 2 AEntG).

→ **Ausschlussfristen/Verfallfristen** für die Geltendmachung des Anspruchs können ausschließlich in dem für allgemeinverbindlich erklärten Tarifvertrag nach den §§ 4 bis 6 AEntG (siehe Rn. 11) oder dem der Rechtsverordnung nach § 7 AEntG (siehe Rn. 17) zugrundeliegenden Tarifvertrag geregelt werden; die Ausschlussfrist muss **mindestens sechs Monate** betragen (§ 9 Satz 3 AEntG).

Arbeitnehmerentsendung

Pflegebranche (§§ 10 ff. AEntG)

Sonderregelungen gelten nach §§ 10 ff. AEntG für die Pflegebranche. Diese umfasst Betriebe 32
und selbstständige Betriebsabteilungen, die überwiegend ambulante, teilstationäre oder stationäre Pflegeleistungen oder ambulante Krankenpflegeleistungen für Pflegebedürftige erbringen (**Pflegebetriebe**).

Pflegebedürftig ist, wer wegen einer körperlichen, geistigen oder seelischen Krankheit oder Behinderung für die gewöhnlichen und regelmäßig wiederkehrenden Verrichtungen im Ablauf des täglichen Lebens vorübergehend oder auf Dauer der Hilfe bedarf.

Keine Pflegebetriebe sind Einrichtungen, in denen die Leistungen zur medizinischen Vorsorge, zur medizinischen Rehabilitation, zur Teilhabe am Arbeitsleben oder am Leben in der Gemeinschaft, die schulische Ausbildung oder die Erziehung kranker oder behinderter Menschen im Vordergrund des Zweckes der Einrichtung stehen, sowie Krankenhäuser.

Das Bundesministerium für Arbeit und Soziales kann durch **Rechtsverordnung** ohne Zustimmung des Bundesrates bestimmen, dass die von einer nach § 12 AEntG errichteten Kommission vorgeschlagenen Arbeitsbedingungen nach § 5 Nr. 1 und 2 AEntG auf alle Arbeitgeber sowie Arbeitnehmer, die unter den Geltungsbereich einer **Empfehlung** nach § 12 Abs. 4 AEntG fallen, Anwendung finden (§ 11 Abs. 1 AEntG). 33

Bei der Entscheidung über den Erlass der Rechtsverordnung sind neben den in § 1 AEntG genannten **Gesetzeszielen** die Sicherstellung der Qualität der Pflegeleistung sowie der Auftrag kirchlicher und sonstiger Träger der freien Wohlfahrtspflege nach § 11 Abs. 2 SGB XI zu berücksichtigen (§ 11 Abs. 2 AEntG).

Vor Erlass einer Rechtsverordnung gibt das Bundesministerium für Arbeit und Soziales den in den Geltungsbereich der Rechtsverordnung fallenden Arbeitgebern und Arbeitnehmern sowie den Parteien von Tarifverträgen, die zumindest teilweise in den fachlichen Geltungsbereich der Rechtsverordnung fallen, und paritätisch besetzten Kommissionen, die auf der Grundlage kirchlichen Rechts Arbeitsbedingungen für den Bereich kirchlicher Arbeitgeber in der Pflegebranche festlegen, Gelegenheit zur **schriftlichen Stellungnahme** innerhalb von drei Wochen ab dem Tag der Bekanntmachung des Entwurfs der Rechtsverordnung (§ 11 Abs. 3 AEntG).

Aktuell (Stand 2015) gelten die **Mindestentgelte** nach § 2 der auf Grund von § 11 AEntG erlassenen **Zweiten Pflegearbeitsbedingungenverordnung** (2. **PflegeArbbV**) vom 27. 11. 2014 (siehe auch Rn. 36).

Das Bundesministerium für Arbeit und Soziales errichtet eine **Kommission** zur Erarbeitung von Arbeitsbedingungen oder deren Änderung. 34

Die Errichtung erfolgt im Einzelfall auf **Antrag einer Tarifvertragspartei** aus der Pflegebranche oder der Dienstgeberseite oder der Dienstnehmerseite von paritätisch besetzten Kommissionen, die auf der Grundlage kirchlichen Rechts Arbeitsbedingungen für den Bereich kirchlicher Arbeitgeber in der Pflegebranche festlegen (§ 12 Abs. 1 AEntG).

Die Kommission besteht aus **acht Mitgliedern**. Das Bundesministerium für Arbeit und Soziales benennt gemäß § 12 Abs. 2 AEntG je zwei geeignete Personen sowie jeweils einen Stellvertreter aufgrund von **Vorschlägen**
- der Gewerkschaften, die in der Pflegebranche tarifzuständig sind,
- der Vereinigungen der Arbeitgeber in der Pflegebranche,
- der Dienstnehmerseite der in § 12 Abs. 1 AEntG genannten paritätisch besetzten Kommissionen sowie
- **der Dienstgeberseite der in § 12 Abs. 1 AEntG genannten paritätisch besetzten Kommissionen.**

Die Sitzungen der Kommission werden von einem oder einer nicht stimmberechtigten Beauftragten des Bundesministeriums für Arbeit und Soziales geleitet (§ 12 Abs. 3 Satz 1 AEntG).

Die Kommission kann sich eine **Geschäftsordnung** geben (§ 12 Abs. 3 Satz 2 AEntG).

Arbeitnehmerentsendung

Die Kommission beschließt unter Berücksichtigung der in den §§ 1 und 11 Abs. 2 AEntG genannten Ziele **Empfehlungen** zur Festsetzung von Arbeitsbedingungen nach § 5 Nr. 1 und 2 AEntG (§ 12 Abs. 4 Satz 1 AEntG).
Sie kann eine → **Ausschlussfrist/Verfallfrist** empfehlen, die den Anforderungen des § 9 Satz 3 AEntG entspricht (§ 12 Abs. 4 Satz 2 AEntG).
Empfehlungen sind schriftlich zu begründen (§ 12 Abs. 4 Satz 3 AEntG).
Die Kommission ist **beschlussfähig**, wenn alle Mitglieder anwesend oder vertreten sind (§ 12 Abs. 5 Satz 1 AEntG).
Ein Beschluss der Kommission bedarf gemäß § 12 Abs. 5 Satz 2 AEntG jeweils einer **Mehrheit von drei Vierteln** der Mitglieder
1. der Gruppe der Mitglieder nach § 12 Abs. 2 Nr. 1 und 2 AEntG (Gewerkschaft und Arbeitgeberverband),
2. der Gruppe der Mitglieder nach § 12 Abs. 2 Nr. 3 und 4 AEntG (Dienstnehmerseite und Dienstgeberseite der in § 12 Abs. 1 AEntG genannten paritätisch besetzten Kommissionen),
3. der Gruppe der Mitglieder nach § 12 Abs. 2 Nr. 1 und 3 AEntG (Gewerkschaft und Dienstnehmerseite der in § 12 Abs. 1 AEntG genannten paritätisch besetzten Kommissionen) sowie
4. der Gruppe der Mitglieder nach § 12 Abs. 2 Nr. 2 und 4 AEntG (Arbeitgeberverband und Dienstarbeitgeberseite der in § 12 Abs. 1 AEntG genannten paritätisch besetzten Kommissionen).

Mit Beschlussfassung über Empfehlungen nach § 12 Abs. 4 AEntG wird die Kommission **aufgelöst** (§ 12 Abs. 6 AEntG).

35 Eine **Rechtsverordnung nach § 11 AEntG** (siehe Rn. 33) steht für die Anwendung der §§ 8 und 9 AEntG sowie der §§ 15 bis 23 AEntG einer **Rechtsverordnung nach § 7 AEntG** (siehe Rn. 19) gleich (§ 13 AEntG).

36 Das BAG hat entschieden, dass das **Mindestentgelt** nach § 2 der auf Grund von § 11 AEntG erlassenen Pflegearbeitsbedingungenverordnung (PflegeArbbV) nicht nur für Vollarbeit, sondern auch für → **Arbeitsbereitschaft** und → **Bereitschaftsdienst** zu zahlen ist (BAG v. 19.11.2014 – 5 AZR 1101/12). Dies ist in der 2. PflegeArbbV vom 27.11.2014 inzwischen klargestellt worden. Auf Zeiten der → Rufbereitschaft ist die Verordnung nicht anwendbar.

Haftung des Auftraggebers (§ 14 AEntG)

37 Ein Unternehmer, der einen anderen Unternehmer mit der Erbringung von **Werk- oder Dienstleistungen beauftragt**, haftet für die Verpflichtungen dieses Unternehmers, eines Nachunternehmers oder eines von dem Unternehmer oder einem Nachunternehmer beauftragten Verleihers zur Zahlung des Mindestentgelts an Arbeitnehmer oder zur Zahlung von Beiträgen an eine gemeinsame Einrichtung der Tarifvertragsparteien nach § 8 AEntG **wie ein Bürge**, der auf die Einrede der Vorausklage verzichtet hat (§ 14 Satz 1 AEntG).
Das **Mindestentgelt** umfasst gemäß § 14 Satz 2 AEntG nur den Betrag, der nach Abzug der Steuern und der Beiträge zur Sozialversicherung und zur Arbeitsförderung oder entsprechender Aufwendungen zur sozialen Sicherung an Arbeitnehmer oder Arbeitnehmerinnen auszuzahlen ist (**Nettoentgelt**).
Der einzelne Arbeitnehmer kann also nicht nur seinen Arbeitgeber, sondern auch den Generalunternehmer und auch andere Arbeitgeber (inkl. Verleiher) in der Nachunternehmerkette in Anspruch nehmen.
Die Bürgenhaftung ist **europarechts- und verfassungskonform** (EuGH v. 12.10.2004 – C–60/03, NZA 2004, 1211; BVerfG v. 20.3.07 – 1 BvR 1047/05, DB 2007, 978; das BAG hat anfängliche Zweifel aufgegeben: vgl. BAG v. 12.1.2005 – 5 AZR 617/01, NZA 2005, 627).

Arbeitnehmerentsendung

Gerichtsstand (§ 15 AEntG)

Arbeitnehmer, die in den Geltungsbereich des AEntG entsandt sind oder waren, können eine 38
auf den Zeitraum der Entsendung bezogene **Klage** auf Erfüllung der Verpflichtungen nach den
§§ 2, 8 oder 14 auch vor einem deutschen Arbeitsgericht erheben (§ 15 Satz 1 AEntG).
Diese Klagemöglichkeit besteht auch für eine **gemeinsame Einrichtung** der Tarifvertragsparteien nach § 5 Nr. 3 AEntG in Bezug auf die ihr zustehenden Beiträge (§ 15 Satz 2 AEntG).

Entscheidung über die Wirksamkeit einer Allgemeinverbindlicherklärung oder einer Rechtsverordnung (§ 98 ArbGG)

Nach § 2a Abs. 1 Nr. 5 ArbGG sind die **Gerichte für Arbeitssachen** ausschließlich zuständig 39
für die Entscheidung über die Wirksamkeit einer Allgemeinverbindlicherklärung nach § 5
TVG, einer **Rechtsverordnung nach § 7 oder § 7a AEntG** und einer Rechtsverordnung nach
§ 3a AÜG.
Es findet das Beschlussverfahren statt (§ 2a Abs. 2 ArbGG).
Für das Verfahren ist das **Landesarbeitsgericht** zuständig, in dessen Bezirk die Behörde ihren
Sitz hat, die den Tarifvertrag für allgemeinverbindlich erklärt hat oder die Rechtsverordnung
erlassen hat (§ 98 Abs. 2 ArbGG).
§ 98 Abs. 1 ArbGG n. F. stellt klar, dass das Verfahren eingeleitet wird auf **Antrag**
• jeder natürlichen oder juristischen Person oder
• einer Gewerkschaft oder einer Vereinigung von Arbeitgebern,
die nach Bekanntmachung der Allgemeinverbindlicherklärung oder der Rechtsverordnung
geltend macht, durch die Allgemeinverbindlicherklärung oder die Rechtsverordnung oder
deren Anwendung **in ihren Rechten verletzt** zu sein oder in absehbarer Zeit verletzt zu
werden.
Der rechtskräftige Beschluss über die Wirksamkeit einer Allgemeinverbindlicherklärung oder
einer Rechtsverordnung **wirkt für und gegen jedermann** (§ 98 Abs. 4 Satz 1 ArbGG). Eine
Wiederaufnahme des Verfahrens findet auch dann statt, wenn die Entscheidung über die
Wirksamkeit einer Allgemeinverbindlicherklärung oder einer Rechtsverordnung darauf beruht, dass ein Beteiligter absichtlich unrichtige Angaben oder Aussagen gemacht hat (§ 98
Abs. 5 Satz 1 ArbGG). § 581 der Zivilprozessordnung findet keine Anwendung (§ 98 Abs. 5
Satz 2 ArbGG).
Hängt die Entscheidung eines Rechtsstreits davon ab, ob eine Allgemeinverbindlicherklärung
oder eine Rechtsverordnung wirksam ist, so hat das Gericht das Verfahren bis zur Erledigung
des Beschlussverfahrens nach § 2a Absatz 1 Nr. 5 ArbGG **auszusetzen** (§ 98 Abs. 6 Satz 1
ArbGG). In einem solchen Fall sind die Parteien des Rechtsstreits auch im Beschlussverfahren
nach § 2a Absatz 1 Nr. 5 ArbGG **antragsberechtigt** (§ 98 Abs. 6 Satz 2 ArbGG).

Kontrolle und Durchsetzung durch staatliche Behörden (§§ 16 ff. AEntG)

Die §§ 16 ff. AEntG regeln die **Kontrolle und Durchsetzung** des AEntG durch staatliche 40
Behörden. Für die Prüfung der Einhaltung der Pflichten eines Arbeitgebers nach § 8 AEntG
(siehe Rn. 12 ff.) sind die Behörden der **Zollverwaltung** zuständig (§ 16 AEntG).
Bestimmte Vorschriften des **Schwarzarbeitsbekämpfungsgesetzes** sind entsprechend anzu- 41
wenden (§ 17 AEntG).
Soweit die Rechtsnormen eines für allgemeinverbindlich erklärten Tarifvertrages nach den 42
§§ 4, 5 Nr. 1 bis 3 und § 6 AEntG (siehe Rn. 11) oder einer Rechtsverordnung nach § 7 AEntG
(siehe Rn. 17) auf das Arbeitsverhältnis Anwendung finden, ist ein Arbeitgeber mit Sitz im
Ausland, der einen oder mehrere Arbeitnehmer im Bundesgebiet beschäftigt, gemäß § 18

Arbeitnehmerentsendung

Abs. 1 Satz 1 AEntG verpflichtet, vor Beginn jeder Werk- oder Dienstleistung eine **schriftliche Anmeldung** in deutscher Sprache bei der zuständigen Behörde der Zollverwaltung vorzulegen, die die für die Prüfung wesentlichen Angaben i. S. d. § 18 Abs. 1 Satz 2 AEntG enthält.

43 Nach § 19 Abs. 1 Satz 1 AEntG ist der Arbeitgeber verpflichtet, Beginn, Ende und Dauer der täglichen Arbeitszeit der Arbeitnehmer und Arbeitnehmerinnen **aufzuzeichnen** und diese Aufzeichnungen mindestens **zwei Jahre** aufzubewahren.

Das gilt entsprechend für einen **Entleiher**, dem ein Verleiher einen oder mehrere Arbeitnehmer zur Arbeitsleistung überlässt (§ 19 Abs. 1 Satz 1 AEntG).

Jeder Arbeitgeber ist zudem verpflichtet, die für die Kontrolle erforderlichen **Unterlagen** im Inland für die gesamte Dauer der tatsächlichen Beschäftigung der Arbeitnehmer im Geltungsbereich dieses Gesetzes, mindestens für die Dauer der gesamten Werk- oder Dienstleistung, insgesamt jedoch nicht länger als zwei Jahre in deutscher Sprache bereitzuhalten (§ 19 Abs. 2 Satz 1 AEntG).

Auf Verlangen der Prüfbehörde sind die Unterlagen auch am Ort der Beschäftigung bereitzuhalten, bei Bauleistungen auf der Baustelle (§ 19 Abs. 2 Satz 2 AEntG).

44 § 20 AEntG regelt die **Zusammenarbeit** der in- und ausländischen Behörden.

45 Arbeitgeber, gegen die ein **Geldbuße** von mindestens 2500 Euro verhängt worden ist, sollen von der Teilnahme an einem Wettbewerb um öffentliche Vergabe von Liefer-, Bau- oder Dienstleistungsaufträgen bis zur nachgewiesenen Wiederherstellung ihrer Zuverlässigkeit ausgeschlossen werden (§ 21 Abs. 1 Satz 1 AEntG).

Das Gleiche gilt auch schon vor Durchführung eines Bußgeldverfahrens, wenn im Einzelfall angesichts der Beweislage kein vernünftiger Zweifel an einer schwerwiegenden Verfehlung besteht (§ 21 Abs. 1 Satz 2 AEntG).

46 Verstöße gegen die Bestimmungen des AEntG stellen Ordnungswidrigkeiten dar, die gemäß § 23 AEntG mit **Geldbuße** geahndet werden können (siehe auch → **Ordnungswidrigkeitenverfahren**).

Die Ordnungswidrigkeit kann in den Fällen des § 23 Abs. 1 Nr. 1 und Abs. 2 AEntG mit einer Geldbuße bis zu 500 000 Euro, in den Fällen des § 23 Abs. 1 Nr. 2 bis 9 AEntG bis zu 30000 Euro geahndet werden (§ 23 Abs. 3 AEntG).

Rechtsprechung

1. Anwendung des AEntG
2. Meldepflichten
3. Branchenmindestlohn nach AEntG – Arbeitsbereitschaft – Bereitschaftsdienst
4. Sozialschutzvorschriften bei Entsendung innerhalb der EU
5. Urlaubskassenverfahren in der Bauwirtschaft
6. Bürgenhaftung
7. Anspruch auf Überstundenvergütung für entsandte Arbeitnehmer
8. Bußgeld bei Beschäftigung zu untertariflichen Bedingungen
9. Rechtsweg bei Arbeitnehmerentsendung

Arbeitnehmererfindung

Was ist das?

Das Gesetz über Arbeitnehmererfindungen (ArbnErfG) vom 25.7.1957 (BGBl. I S. 414) regelt die Rechte und Pflichten von Arbeitnehmern und Arbeitgebern (im privaten und im öffentlichen Dienst) in Bezug auf »**Erfindungen**« (§ 2 ArbnErfG) und »**technische Verbesserungsvorschläge**« (§ 3 ArbnErfG).
Das Gesetz gilt auch für Beamte und Soldaten (§ 1 ArbnErfG).
Erfindungen im Sinne des ArbnErfG sind nur Erfindungen, die patent- oder gebrauchsmusterfähig sind (§ 2 ArbnErfG). Bei den Erfindungen kann es sich um »**gebundene Erfindungen**« (= sog. Diensterfindungen; siehe Rn. 3 ff.) oder »**freie Erfindungen**« (siehe Rn. 7, 8) handeln.
Technische Verbesserungsvorschläge im Sinne des ArbnErfG sind Vorschläge für sonstige technische Neuerungen, die nicht patent- oder gebrauchsmusterfähig sind (§ 3 ArbnErfG; siehe Rn. 9, 10).

1

2

2a

Gebundene Erfindungen (§§ 4 Abs. 2, 5 – 17 ArbnErfG; sog. Diensterfindungen)

Diensterfindungen (§§ 5 – 17 ArbnErfG) sind während der Dauer des Arbeitsverhältnisses gemachte Erfindungen, die entweder
- aus der dem Arbeitnehmer im Betrieb oder in der öffentlichen Verwaltung obliegenden Tätigkeit entstanden sind oder
- maßgeblich auf Erfahrungen oder Arbeiten des Betriebes oder der öffentlichen Verwaltung beruhen.

Der Arbeitnehmer, der eine Diensterfindung gemacht hat, ist **verpflichtet**, sie unverzüglich dem Arbeitgeber schriftlich zu **melden** (§ 5 ArbnErfG).
Der Arbeitgeber kann eine Diensterfindung unbeschränkt oder beschränkt **in Anspruch nehmen** (§ 6 ArbnErfG), aber auch freigeben (§ 8 ArbnErfG).
Nimmt der Arbeitgeber die Diensterfindung unbeschränkt oder beschränkt in Anspruch, haben Arbeitnehmer nach §§ 9 ff. ArbnErfG einen **Vergütungsanspruch** gegen den Arbeitgeber.
Ist eine Diensterfindung vom Arbeitgeber **freigegeben** oder aus sonstigen Gründen **frei geworden** (§ 8 Abs. 1 ArbnErfG), kann der Arbeitnehmer darüber ohne die Beschränkungen der §§ 18 und 19 ArbnErfG **verfügen**.

3

4

5

6

Freie Erfindungen (§ 4 Abs. 3, §§ 18, 19 ArbnErfG)

Sonstige – außerdienstliche – Erfindungen von Arbeitnehmern sind »freie Erfindungen«. Sie unterliegen den Maßgaben der §§ 18 und 19 ArbnErfG.
Hiernach ist der Arbeitnehmer **verpflichtet**, dem Arbeitgeber die freie Erfindung **mitzuteilen**

7

Arbeitnehmererfindung

(das gilt nicht, wenn die Erfindung im Betrieb des Arbeitgebers offensichtlich nicht verwendbar ist; § 18 Abs. 3 ArbnErfG) und **anzubieten**.
Nimmt der Arbeitgeber das Angebot nicht innerhalb von **drei Monaten** an, erlischt sein Vorrecht. Der Arbeitnehmer kann dann die Erfindung **verwerten**.

8 Ist der Arbeitgeber zum **Erwerb der freien Erfindung** bereit, hat er sie dem Arbeitnehmer **zu vergüten**.
Im **Streitfalle** legt auf Antrag das Gericht (= Landgericht; siehe Rn. 14) die Bedingungen des Erwerbs, insbesondere die Vergütung fest (§ 19 Abs. 3 ArbnErfG).

Technische Verbesserungsvorschläge (§§ 3, 20 ArbnErfG)

9 **Qualifizierte** technische Verbesserungsvorschläge im Sinne des ArbnErfG sind Vorschläge für sonstige technische Neuerungen, die nicht patent- oder gebrauchsmusterfähig sind (§ 3 ArbnErfG), aber dem Arbeitgeber eine mit einem Patent- oder Gebrauchsmusterrecht vergleichbare **Vorzugsstellung** bzw. Monopolstellung gewähren.

10 Der Arbeitnehmer hat Anspruch auf eine angemessene **Vergütung**, sobald der Arbeitgeber den Vorschlag **verwertet** (§ 20 Abs. 1 ArbnErfG).
Die Bestimmungen über die Vergütung von Diensterfindungen (§§ 9–12 ArbnErfG) sind sinngemäß anzuwenden.

11 **Einfache** technische Verbesserungsvorschläge sind – im Unterschied zu den qualifizierten Vorschlägen (siehe Rn. 9) – solche, die weder patent- oder gebrauchsmusterfähig sind noch dem Arbeitgeber eine mit einem Patent- oder Gebrauchsmusterrecht vergleichbare Vorzugsstellung bzw. Monopolstellung geben.
Auf sie finden die Vorschriften des ArbnErfG keine Anwendung.
Stattdessen empfiehlt § 20 Abs. 2 ArbnErfG die Regelung solcher Vorschläge durch → **Tarifvertrag** oder → **Betriebsvereinbarung**.
Aber auch ohne tarifliche oder betriebliche Regelung kommt ein **Vergütungsanspruch** des Arbeitnehmers in Betracht, wenn er einen einfachen technischen Verbesserungsvorschlag macht, der über seine normalen Arbeitsvertragspflichten hinausgeht und dessen **Verwertung** dem Arbeitgeber einen nicht unerheblichen Vorteil bringt.

12 Vom ArbnErfG ebenfalls nicht erfasst werden **nichttechnische Verbesserungsvorschläge** im organisatorischen, kaufmännischen oder sozialen Bereich. Ein Vergütungsanspruch kann bestehen, wenn der Arbeitgeber einen solchen Verbesserungsvorschlag verwertet und dadurch einen nicht unerheblichen Vorteil erlangt.

Streitigkeiten

13 Im Falle von Streitigkeiten zwischen Arbeitgeber und Arbeitnehmer über eine Erfindung oder einen qualifizierten technischen Verbesserungsvorschlag) muss zunächst die in § 28 ArbnErfG vorgesehene **Schiedsstelle** angerufen werden (§ 37 Abs. 1 ArbnErfG). Diese hat zu versuchen, eine gütliche Einigung herbeizuführen.
Scheitert das Schiedsverfahren, kann **Klage** erhoben werden.

14 Bei Streitigkeiten über **Erfindungen** (siehe Rn. 2) besteht gemäß § 39 Abs. 1 ArbnErfG eine ausschließliche Zuständigkeit des **Landgerichts** (Patentstreitkammer).

15 Für Klagen im Zusammenhang mit **technischen Verbesserungsvorschlägen** ist nach § 2 Abs. 1 Nr. 3 ArbGG das → **Arbeitsgericht** sachlich zuständig (BAG v. 30.4.1965 – 3 AZR 291/63, DB 1965, 1144).
Das Arbeitsgericht ist auch zuständig für Klagen, mit denen ausschließlich ein Anspruch auf Leistung einer festgestellten oder festgesetzten Vergütung für eine **Erfindung** durchgesetzt werden soll (§ 39 Abs. 2 ArbnErfG).

Bedeutung für die Betriebsratsarbeit

Nach § 21 ArbnErfG a.F. konnte durch Übereinkunft zwischen Arbeitgeber und Betriebsrat ein »**Erfindungsberater**« bestellt werden. Seine Aufgabe war es, insbesondere den Arbeitnehmer bei der Abfassung der Meldung (§ 5 ArbnErfG) oder der Mitteilung (§ 18 ArbnErfG) zu unterstützen sowie auf Verlangen des Arbeitgebers und des Arbeitnehmers bei der Ermittlung einer angemessenen Vergütung mitzuwirken. § 21 ArbnErfG wurde durch Gesetz zur Vereinfachung und Modernisierung des Patentrechts vom 31. 7. 2009 (BGBl I S. 2521) aufgehoben. 16

Der Betriebsrat hat gemäß § 87 Abs. 1 Nr. 12 BetrVG ein **Mitbestimmungsrecht** in Bezug auf »*Grundsätze über das betriebliche Vorschlagswesen*«, auch in Form des Initiativrechts. 17

Die Mitbestimmungsvorschrift erfasst zum einen die sog. **einfachen technischen und nicht-technischen Verbesserungsvorschläge** (siehe Rn. 11 und 12), bei denen es sich um eine zusätzliche, vertraglich nicht geschuldete Leistung der Arbeitnehmer handelt. 18

Bei den **qualifizierten technischen Verbesserungsvorschlägen** (siehe Rn. 2 a) entfällt die Mitbestimmung hinsichtlich der Ermittlung der **Vergütung**, weil diese Frage durch § 20 Abs. 1 Satz 2 i. V. m. §§ 9, 12 ArbnErfG abschließend gesetzlich geregelt ist (vgl. § 87 Abs. 1 Eingangssatz BetrVG: »*Der Betriebsrat hat, soweit eine gesetzliche oder tarifliche Regelung nicht besteht, in folgenden Angelegenheiten mitzubestimmen …*«). 19

Mitbestimmungspflichtig sind aber alle sonstigen regelungsbedürftigen Fragen, die für die Behandlung solchen Verbesserungsvorschlägen von Bedeutung sein können (DKKW-*Klebe*, BetrVG, 15. Aufl., § 87 Rn. 361, 362; zu möglichen Regelungspunkten siehe Rn. 22).

In Bezug auf gebundene oder freie **Erfindungen** i. S. d. §§ 2, 4 ArbnErfG (siehe Rn. 2) besteht **kein Mitbestimmungsrecht**, weil die Handhabung von Erfindungen durch das ArbnErfG insgesamt abschließend geregelt ist. 20

Soweit die Mitbestimmung nach § 87 Abs. 1 Nr. 12 BetrVG ausgeschlossen ist, sind Betriebsrat und Arbeitgeber nicht daran gehindert, eine freiwillige → **Betriebsvereinbarung** abzuschließen. 21

Allerdings dürfen die Vorschriften des ArbnErfG nicht zum Nachteil der Arbeitnehmer geändert werden (§ 22 ArbnErfG).

Günstigere Regelungen sind dagegen möglich (siehe → **Günstigkeitsprinzip**).

Zu weiteren Einzelheiten siehe → **Betriebliches Vorschlagswesen**. 22

Rechtsprechung

1. Berechnung der Erfindervergütung
2. Technischer Verbesserungsvorschlag – Verwertung – Vergütung
3. Anspruch auf Rechnungslegung
4. Zuständiges Gericht

Arbeitnehmerrechte nach dem BetrVG

Grundlagen

1 Das BetrVG regelt nicht nur Aufgaben und Beteiligungsrechte des Betriebsrats. Insbesondere in den §§ 81 bis 86a BetrVG werden auch **Einzelrechte der Beschäftigten** begründet. Diese Vorschriften stellen letztlich eine Konkretisierung des grundgesetzlich geschützten **Persönlichkeitsrechts** dar (vgl. Art. 2 Abs. 1 Grundgesetz, § 75 Abs. 2 BetrVG).

2 Die §§ 81 bis 86a BetrVG gelten für **Leiharbeitnehmer** im Verleiherbetrieb uneingeschränkt. Denn der Verleiher ist Arbeitgeber der Leiharbeitnehmer.
Im Entleiherbetrieb gelten gemäß § 14 Abs. 2 AÜG nur die §§ 81, 82 Abs. 1 und 84 bis 86 BetrVG; siehe → **Arbeitnehmerüberlassung/Leiharbeit**.

Unterrichtungs- und Erörterungspflicht des Arbeitgebers (§ 81 BetrVG)

3 Nach § 81 Abs. 1 BetrVG hat der Arbeitgeber den Arbeitnehmer über
- seine Aufgabe und Verantwortung,
- die Art seiner Tätigkeit und
- ihre Einordnung in den Arbeitsablauf des Betriebs zu unterrichten und ihn vor (!) Aufnahme der Arbeit über
- die Unfall- und Gesundheitsgefahren, denen er ausgesetzt ist, sowie
- über die Maßnahmen und Einrichtungen zur Abwendung dieser Gefahren und
- über die nach § 10 Abs. 2 des Arbeitsschutzgesetzes (ArbSchG) getroffenen Maßnahmen (Erste Hilfe, sonstige Notfallmaßnahmen)

zu belehren.
Belehrung ist eine besonders intensive und ausführliche Form der Unterrichtung.
So muss beispielsweise am Arbeitsplatz bzw. im Arbeitsbereich demonstriert werden, wie Sicherheitseinrichtungen gehandhabt werden müssen, wann welche Körperschutzmittel wie zu tragen sind.

4 **Weitere Belehrungspflichten** des Arbeitgebers sind in diversen Vorschriften des gesetzlichen Arbeitsschutzes (z. B. Unterweisung nach § 12 ArbSchG und § 29 Jugendarbeitsschutzgesetz) sowie in Unfallverhütungsvorschriften geregelt.

5 Über anstehende **Veränderungen** in seinem Arbeitsbereich (z. B. Einführung neuer Maschinen, Veränderung der Arbeitsorganisation) ist der Arbeitnehmer rechtzeitig (das heißt vorher!) zu informieren.
Außerdem hat der Arbeitgeber die nach § 81 Abs. 1 BetrVG wiederum erforderliche Unterrichtung und Belehrung vorzunehmen (§ 81 Abs. 2 BetrVG).

6 Nach § 81 Abs. 3 BetrVG hat der Arbeitgeber in Betrieben ohne Betriebsrat »die Arbeitnehmer zu allen Maßnahmen **zu hören**, die Auswirkungen auf Sicherheit und Gesundheit der Arbeitnehmer haben können«.

7 Ein besonderes Informations- und Erörterungsrecht steht dem Arbeitnehmer nach § 81 Abs. 4

Arbeitnehmerrechte nach dem BetrVG

BetrVG zu. Hiernach hat der Arbeitgeber den Arbeitnehmer bei geplanter **Einführung neuer Technologien** oder bei **Umstrukturierungen** über die aufgrund der Planung
- vorgesehenen Maßnahmen und
- ihre Auswirkungen auf seinen Arbeitsplatz, die Arbeitsumgebung und auf Inhalt und Art seiner Tätigkeit

zu unterrichten.

Sobald feststeht, dass sich die Tätigkeit des Arbeitnehmers verändern wird und seine beruflichen Kenntnisse und Fähigkeiten zur Erfüllung der Aufgaben **nicht ausreichen**, hat der Arbeitgeber mit dem Arbeitnehmer zu erörtern, 8
- welche **Qualifizierungsmaßnahmen** ergriffen werden können (z. B. innerbetriebliche oder außerbetriebliche berufliche Fortbildung, ggf. Umschulung).

Dabei hat der Arbeitnehmer das Recht, ein **Betriebsratsmitglied** (seines Vertrauens) zu dieser Erörterung **hinzuzuziehen**. 9

Dies ist unbedingt zu empfehlen, da der Betriebsrat kraft seiner Aufgaben und Beteiligungsrechte im Bereich der beruflichen Bildung gemäß §§ 96 ff. BetrVG möglicherweise bereits Vorstellungen und Vorschläge entwickelt hat (siehe: → **Berufsbildung**).

Abgesehen davon schützt die Anwesenheit eines Betriebsratsmitglieds davor, dass das Gespräch über die Anpassung der Qualifikation unversehens mit einer Unterschrift des Arbeitnehmers unter einen vom Arbeitgeber bereits vorbereiteten → **Aufhebungsvertrag** endet.

Eine besondere **Schweigepflicht** ist dem Betriebsratsmitglied durch § 81 Abs. 4 BetrVG – anders als nach § 82 Abs. 2 Satz 3 und § 83 Abs. 1 Satz 3 BetrVG – nicht auferlegt worden. 10

Das heißt, über den Inhalt der Erörterung kann z. B. in der nächsten Betriebsratssitzung informiert werden, sofern dies für die Aufgabenerfüllung des Betriebsrats erforderlich ist.

Allerdings muss das Betriebsratsmitglied über **persönliche Geheimnisse** des Arbeitnehmers, die im Gespräch offenbar geworden sind, Stillschweigen bewahren, es sei denn, der Arbeitnehmer erlaubt die Weitergabe der persönlichen Geheimnisse. Geschieht dies nicht, kann die Weitergabe – je nach Lage des Einzelfalls – eine schadensersatzpflichtige Verletzung des Persönlichkeitsrechts des Beschäftigten darstellen.

Eine Strafbarkeit nach § 120 Abs. 2 BetrVG scheidet jedoch aus.

Anhörungs- und Erörterungsrecht des Arbeitnehmers (§ 82 BetrVG)

Ein besonderes Anhörungsrecht des Arbeitnehmers ist in § 82 Abs. 1 BetrVG vorgesehen: Der Beschäftigte hat das Recht, sich in betrieblichen Angelegenheiten, die seine Person betreffen, an die zuständigen betrieblichen **Stellen** zu wenden. Er kann dort Auskünfte einholen bzw. eigene Vorstellungen vortragen. 11

Für den Fall der Erhebung einer **Beschwerde** gelten §§ 84, 85 BetrVG (siehe Rn. 16 und → **Beschwerderecht des Arbeitnehmers**).

In § 82 Abs. 2 BetrVG besonders hervorgehoben ist das Recht des Arbeitnehmers zu verlangen, dass 12
- ihm die Berechnung und Zusammensetzung seines → **Arbeitsentgelts** erläutert wird,
- mit ihm die Beurteilung seiner Leistung erörtert wird,
- mit ihm die Möglichkeiten seiner beruflichen Entwicklung erörtert werden.

Er kann bei diesen Erörterungen ein Betriebsratsmitglied (seines Vertrauens) hinzuziehen. 13

Dieses hat über den Inhalt des Gesprächs **Stillschweigen** zu bewahren, es sei denn, der Arbeitnehmer entbindet das Mitglied des Betriebsrats von der Schweigepflicht (§ 82 Abs. 2 Satz 3 BetrVG).

Die Schweigepflicht zielt auf den Schutz der Persönlichkeit des Arbeitnehmers ab.

Sie gilt auch gegenüber den anderen Mitgliedern des Betriebsrats!

Arbeitnehmerrechte nach dem BetrVG

Verstöße gegen die Schweigepflicht können auf Antrag des Arbeitnehmers nach § 120 Abs. 2 BetrVG bestraft werden.

14 | **Hinweis:**
Der Arbeitgeber kann die Anwesenheit eines Betriebsratsmitglieds nicht deshalb ablehnen, weil außer den in § 81 Abs. 3 und § 82 Abs. 2 BetrVG genannten Gesprächsthemen noch weitere Fragen erörtert werden.

Einsicht in Personalakte (§ 83 BetrVG)

15 Nach § 83 Abs. 1 BetrVG hat der Arbeitnehmer das Recht, in die über ihn geführten Personalakten **Einsicht zu nehmen**. Zu weiteren Einzelheiten siehe → **Personalakte**.

Beschwerderecht (§§ 84, 85 BetrVG)

16 Gegenstand einer Beschwerde, die auch von mehreren Arbeitnehmern erhoben werden kann, können alle denkbaren tatsächlichen oder rechtlichen **Beeinträchtigungen** sein, die der Arbeitnehmer im Zusammenhang mit dem Arbeitsverhältnis erlebt bzw. empfindet.

Beispiele:
- Tätigkeit: z. B. einseitige Körperhaltung, Arbeit im Stehen, in gebückter Haltung, Überkopfarbeit, monotone Arbeit, ständig sich wiederholende Alleinarbeit mit wenig oder keinen Kontakten zu anderen Mitarbeitern, Arbeit unter Störung der Konzentration, usw.
- Arbeitsplatz: z. B. schlechte räumliche Verhältnisse, fehlende technische Hilfen, unzureichende Ausstattung des Arbeitsplatzes, Großraumbüro, usw.
- Arbeitsumgebung: z. B. Verschmutzung, Staub, Öl, Fett, Temperatur (Hitze, Kälte), Nässe, chemische Stoffe (Säure, Gase und Dämpfe; auch dadurch bedingte unangenehme Gerüche), Tabakrauch, Lärm, Erschütterung, Vibration, falsche Beleuchtung (Blendung oder Lichtmangel), Zugluft, Erkältungsgefahr, ungeeignete Schutzkleidung, Unfallgefährdung, usw.
- Arbeitsorganisation: z. B. ständig allein arbeiten, mangelhafte Form der Team- oder Gruppenarbeit, unklare Arbeitsanweisungen, häufige Störungen
- Personalbemessung, Arbeitszeit: z. B. personelle Unterbesetzung, zu viel Arbeit für zu wenig Personal, Termin- und Zeitdruck, Stress, ungünstige Arbeitszeiten, Überstunden, Schichtarbeit, Nachtarbeit, usw.
- Betriebsklima: z. B. schlechte Menschenführung durch Vorgesetzte, Schikanen, Ungleichbehandlung/Benachteiligung, Mobbing, sexuelle Belästigung, ausländerfeindliches Verhalten, usw.

Die Beschwerde kann und sollte beim **Betriebsrat** eingereicht werden (§ 85 Abs. 1 BetrVG). Hält der Betriebsrat die Beschwerde für berechtigt, hat er beim Arbeitgeber auf **Abhilfe** hinzuwirken.
Ist der Arbeitgeber der Meinung, dass die Beschwerde nicht berechtigt ist, kann der Betriebsrat die → **Einigungsstelle** anrufen (§ 85 Abs. 2 BetrVG).
Diese klärt den Sachverhalt auf, bewertet ihn und entscheidet letztlich durch Beschluss (ggf. durch Mehrheitsbeschluss mit der Stimme des Vorsitzenden der Einigungsstelle), ob die Beschwerde **berechtigt** ist oder nicht.
Stellt die Einigungsstelle durch Spruch fest, dass die Beschwerde berechtigt ist, ist der Arbeitgeber verpflichtet, der Beschwerde **abzuhelfen**, d. h., den Beschwerdegrund durch geeignete Maßnahmen zu beseitigen (§ 85 Abs. 3 Satz 2 BetrVG in Verbindung mit § 84 Abs. 2 BetrVG). Geschieht dies nicht, kann der Arbeitnehmer die Abhilfe der Beschwerde im Wege der **Klage** vor dem → **Arbeitsgericht** erzwingen.
Ob auch der Betriebsrat ein Beschlussverfahren mit dem gleichen Ziel einleiten kann, ist

Arbeitnehmerrechte nach dem BetrVG

strittig (zu Recht dafür DKKW-*Buschmann*, BetrVG, 15. Aufl., § 85 Rn. 26; a. A. Fitting, BetrVG, 27. Aufl., § 85 Rn. 9, 14; ErfK-*Kania*, § 85 BetrVG Rn. 6).
Ggf. kommt eine Problemlösung auch in Form eines → **Koppelungsgeschäftes** zustande.
Die Anrufung der Einigungsstelle bzw. eine Entscheidung ist ausgeschlossen, wenn Gegenstand der Beschwerde ein **Rechtsanspruch** des Arbeitnehmers ist (§ 85 Abs. 2 Satz 3 BetrVG).
Zu weiteren Einzelheiten siehe → **Beschwerderecht des Arbeitnehmers**.

Vorschlagsrecht der Arbeitnehmer (§ 86 a BetrVG)

Jeder Arbeitnehmer hat das Recht, dem Betriebsrat Themen zur Beratung **vorzuschlagen** (§ 86 a Satz 1 BetrVG). 17
Der Betriebsrat muss den Vorschlag innerhalb von zwei Monaten auf die **Tagesordnung** einer → **Betriebsratssitzung** setzen, wenn der Vorschlag von mindestens 5 Prozent der Arbeitnehmer des Betriebs **unterstützt** wird (§ 86 a Satz 2 BetrVG).

> **Hinweis:**
> Der Arbeitnehmer kann die Informations-, Anhörungs-, Erörterungs-, Beschwerde- und Vorschlagsrechte nach §§ 81 bis 86 a BetrVG grundsätzlich während der Arbeitszeit (ohne Einbußen beim Arbeitsentgelt) ausüben. 18

Weitere Einzelrechte von Arbeitnehmern nach dem BetrVG

Weitere Einzelrechte von Arbeitnehmern ergeben sich aus: 19
- § 39 Abs. 3 BetrVG: Versäumnis von Arbeitszeit, die zum Besuch der **Sprechstunden** oder durch **sonstige Inanspruchnahme** des Betriebsrats erforderlich ist, berechtigt den Arbeitgeber nicht zur Minderung des Arbeitsentgelts des Arbeitnehmers;
- § 43 Abs. 2 Satz 3 BetrVG: Der Arbeitgeber hat die Beschäftigten einmal im Kalenderjahr in einer **Betriebs- oder Abteilungsversammlung** über das Personal- und Sozialwesen des Betriebs einschließlich des Stands der Gleichstellung von Frauen und Männern im Betrieb sowie der Integration der im Betrieb beschäftigten ausländischen Arbeitnehmer, über die wirtschaftliche Lage und Entwicklung des Betriebs sowie über den betrieblichen Umweltschutz zu unterrichten, soweit dadurch nicht Betriebs- oder Geschäftsgeheimnisse gefährdet werden;
- § 43 Abs. 3 BetrVG: Ein Viertel der wahlberechtigten Arbeitnehmer kann den Betriebsrat verpflichten, eine **Betriebsversammlung einzuberufen** und den beantragten Beratungsgegenstand auf die Tagesordnung zu setzen;
- § 44 Abs. 1 Satz 2 BetrVG: Die Zeit der Teilnahme an → **Betriebsversammlungen** einschließlich der zusätzlichen **Wegezeiten** ist den Arbeitnehmern wie Arbeitszeit **zu vergüten**. Siehe auch § 44 Abs. 1 Satz 3 BetrVG (Versammlungen außerhalb der Arbeitszeit und Fahrtkostenerstattung) und § 44 Abs. 2 BetrVG (sonstige Betriebs- und Abteilungsversammlungen).
Entsprechendes gilt für die **Jugend- und Auszubildendenversammlungen** (§ 71 BetrVG);
- § 45 Satz 2 BetrVG: Die Betriebs- oder Abteilungsversammlungen können dem Betriebsrat Anträge unterbreiten und zu seinen Beschlüssen **Stellung nehmen**.
Entsprechendes gilt für die Jugend- und Auszubildendenversammlungen (§ 71 BetrVG);
- § 102 Abs. 5 BetrVG (Weiterbeschäftigungsanspruch): Legt der Betriebsrat gegen eine ordentliche Kündigung ordnungsgemäß Widerspruch ein und erhebt der gekündigte Arbeitnehmer Kündigungsschutzklage, kann er seine **Weiterbeschäftigung** bis zum rechtskräftigen Abschluss des Prozesses **verlangen** und ggf. mit Antrag auf einstweilige Verfügung durchsetzen;

Arbeitnehmerrechte nach dem BetrVG

- § 110 BetrVG: In Unternehmen mit in der Regel mehr als 1000 ständig beschäftigten Arbeitnehmern hat der Unternehmer die Arbeitnehmer über die **wirtschaftliche Lage und Entwicklung des Unternehmens schriftlich** zu unterrichten (mindestens einmal pro Quartal).
In kleineren Unternehmen mit in der Regel mehr als 20 wahlberechtigten ständigen Arbeitnehmern kann die vierteljährliche Unterrichtung **mündlich** erfolgen;
- § 113 BetrVG: Weicht der Unternehmer von einem → **Interessenausgleich** ohne zwingenden Grund ab, können infolge der Abweichung entlassene Arbeitnehmer auf → **Abfindung** klagen.
Erleiden sie sonstige wirtschaftliche Nachteile, hat der Unternehmer diese bis zu einem Zeitraum von zwölf Monaten auszugleichen.
Entsprechendes gilt, wenn der Unternehmer eine Betriebsänderung durchführt, ohne einen Interessenausgleich mit dem Betriebsrat **versucht zu haben**, und infolge der Betriebsänderung Arbeitnehmer entlassen werden oder sonstige wirtschaftliche Nachteile erleiden (siehe → **Interessenausgleich** und → **Nachteilsausgleich**).

Arbeitshilfen

Übersicht	• Arbeitnehmerrechte nach dem BetrVG
Musterschreiben	• Beispiel einer Beschwerde von Arbeitnehmern nach § 85 BetrVG
Checkliste	• Ablauf eines Beschwerdeverfahrens nach § 85 BetrVG

Übersicht: Arbeitnehmerrechte nach dem BetrVG

Sprechstunde des Betriebsrats (§ 39 Abs. 3 BetrVG)
Versäumnis von Arbeitszeit, die zum Besuch der Sprechstunden oder durch sonstige Inanspruchnahme des Betriebsrats erforderlich ist, berechtigt den Arbeitgeber nicht zur Minderung des Arbeitsentgelts des Arbeitnehmers.

Betriebsversammlung (§ 44 Abs. 1 BetrVG)
Die Zeit der Teilnahme an Betriebsversammlungen einschließlich der zusätzlichen Wegezeiten ist den Arbeitnehmern wie Arbeitszeit zu vergüten. Siehe auch § 44 Abs. 1 Satz 3 und Abs. 2 BetrVG. Entsprechendes gilt für die Jugend- und Auszubildendenversammlungen (§ 71 BetrVG).
Die Betriebs- oder Abteilungsversammlungen können dem Betriebsrat Anträge unterbreiten und zu seinen Beschlüssen Stellung nehmen (§ 45 Satz 2 BetrVG). Entsprechendes gilt für die Jugend- und Auszubildendenversammlungen (§ 71 BetrVG).

Unterrichtungs- und Erörterungspflichten des Arbeitgebers (§ 81 BetrVG)
- Unterrichtung über Aufgaben, Verantwortung, Art der Tätigkeit, Einordnung in den Arbeitsablauf.
- Belehrung über Gefahren und Schutzmaßnahmen.
- Unterrichtung über anstehende Veränderungen in seinem Arbeitsbereich (z. B. neue Maschine).
- Unterrichtung über vorgesehene Maßnahmen und ihre Auswirkungen auf die Tätigkeit des Arbeitnehmers.
- Erörterung mit dem Arbeitnehmer, ob und welche Qualifizierungsmaßnahmen zur Anpassung seiner Kenntnisse und Fähigkeiten an künftige Anforderungen ergriffen werden sollen.
- Bei der Erörterung kann der Arbeitnehmer ein Betriebsratsmitglied hinzuziehen.

Anhörungs- und Erörterungsrecht des Arbeitnehmers (§ 82 BetrVG)
- Recht, zu allen betrieblichen Angelegenheiten, die seine Person betreffen, vom Vorgesetzten angehört zu werden.
- Recht zur Stellungnahme zu allen ihn betreffenden Maßnahmen.
- Recht zur Unterbreitung von Vorschlägen.

Arbeitnehmerrechte nach dem BetrVG

- Recht zur Erläuterung der Berechnung und Zusammensetzung des Arbeitsentgelts.
- Recht auf Erörterung der Beurteilung seiner Leistungen und der Möglichkeiten seiner beruflichen Entwicklung.

Der Arbeitnehmer kann in Bezug auf die Erläuterung des Arbeitsentgelts, die Erörterung der Leistungsbeurteilung sowie der beruflichen Entwicklung ein Betriebsratsmitglied hinzuziehen. Dieses hat über den Inhalt der Verhandlungen Stillschweigen zu bewahren, es sei denn, der Arbeitnehmer entbindet es von der Schweigepflicht.

Recht auf Einsicht in Personalakte (§ 83 BetrVG)
Der Arbeitnehmer hat das Recht, in seine Personalakte Einsicht zu nehmen. Er kann dabei ein Betriebsratsmitglied hinzuziehen. Dieses hat über den Inhalt der Personalakte Stillschweigen zu bewahren, es sei denn, der Arbeitnehmer entbindet es von der Schweigepflicht. Erklärungen zum Inhalt der Personalakte sind auf Verlangen des Arbeitnehmers dieser hinzuzufügen.

Beschwerderecht (§ 84 BetrVG)
- Der Arbeitnehmer kann sich bei den zuständigen Stellen des Betriebs beschweren (z. B. über Schikanen durch den Vorgesetzten, schlechtes Betriebsklima, Stress, Druck, Überlastung durch zu viel Arbeit und zu wenig Personal usw.).
- Er kann ein Mitglied des Betriebsrats hinzuziehen.
- Der Arbeitgeber hat den Arbeitnehmer über Behandlung der Beschwerde zu unterrichten und ihr ggf. abzuhelfen.
- Dem Arbeitnehmer dürfen wegen Erhebung der Beschwerde keine Nachteile entstehen.

Behandlung von Beschwerden (§ 85 BetrVG; sog. kollektives Beschwerdeverfahren)
- Der Betriebsrat hat Beschwerden entgegenzunehmen und ggf. auf Abhilfe hinzuwirken.
- Bei Meinungsverschiedenheiten zwischen Arbeitgeber und Betriebsrat über Berechtigung der Beschwerde kann Betriebsrat → **Einigungsstelle** anrufen.
- Die Einigungsstelle stellt durch Spruch fest, ob die Beschwerde berechtigt ist oder nicht (sie darf allerdings nicht über bestimmte Abhilfemaßnahmen des Arbeitgebers entscheiden). Der Spruch der Einigungsstelle ersetzt die (fehlende) Einigung zwischen Arbeitgeber und Betriebsrat. Dies gilt nicht, wenn Gegenstand der Beschwerde ein Rechtsanspruch des Arbeitnehmers ist. Stellt die Einigungsstelle durch Spruch fest, dass die Beschwerde berechtigt ist, ist der Arbeitgeber verpflichtet, der Beschwerde abzuhelfen, d. h., den Beschwerdegrund durch geeignete Maßnahmen zu beseitigen (§ 85 Abs. 3 Satz 2 BetrVG in Verbindung mit § 84 Abs. 2 BetrVG). Geschieht dies nicht, kann der Arbeitnehmer die Abhilfe der Beschwerde im Wege der Klage vor dem → **Arbeitsgericht** erzwingen.
- Der Arbeitgeber hat den Betriebsrat über die Behandlung der Beschwerde zu unterrichten.

Beschwerdeverfahren (§ 86 BetrVG)
Durch Tarifvertrag und/oder Betriebsvereinbarung können Einzelheiten des Beschwerdeverfahrens geregelt werden.
Hierbei kann bestimmt werden, dass an die Stelle der Einigungsstelle eine betriebliche Beschwerdestelle tritt.

Vorschlagsrecht der Arbeitnehmer (§ 86 a BetrVG)
Jeder Arbeitnehmer hat das Recht, dem Betriebsrat Themen zur Beratung vorzuschlagen (§ 86 a Satz 1 BetrVG). Der Betriebsrat muss den Vorschlag innerhalb von zwei Monaten auf die Tagesordnung einer → **Betriebsratssitzung** setzen, wenn der Vorschlag von mindestens 5 % der Arbeitnehmer des Betriebs unterstützt wird (§ 86 a Satz 2 BetrVG).

Wirtschaftliche Informationen (§ 110 BetrVG)
In Unternehmen mit in der Regel mehr als 1000 ständig beschäftigten Arbeitnehmern hat der Unternehmer die Arbeitnehmer über die wirtschaftliche Lage und Entwicklung des Unternehmens **schriftlich** zu unterrichten (mindestens einmal pro Quartal). In kleineren Unternehmen mit in der Regel mehr als 20 wahlberechtigten ständigen Arbeitnehmern kann die vierteljährliche Unterrichtung **mündlich** erfolgen.

Nachteilsausgleich (§ 113 BetrVG)
Weicht der Unternehmer von einem → **Interessenausgleich** ohne zwingenden Grund ab, können infolge der Abweichung entlassene Arbeitnehmer auf → **Abfindung** klagen. Erleiden sie sonstige

Arbeitnehmerrechte nach dem BetrVG

wirtschaftliche Nachteile, hat der Unternehmer diese bis zu einem Zeitraum von zwölf Monaten auszugleichen. Entsprechendes gilt, wenn der Unternehmer eine Betriebsänderung durchführt, ohne einen Interessenausgleich mit dem Betriebsrat versucht zu haben, und infolge der Betriebsänderung Arbeitnehmer entlassen werden oder sonstige wirtschaftliche Nachteile erleiden (siehe auch → **Nachteilsausgleich**).

Rechtsprechung

1. Hinzuziehung eines Betriebsratsmitglieds zu Personalgespräch
2. Beschwerderecht des Arbeitnehmers (§§ 84, 85 BetrVG) – Einigungsstelle
3. Einsichtsrecht in Personalakte (§ 83 BetrVG)
4. Anspruch auf Nachteilsausgleich (§ 113 BetrVG)

Arbeitnehmerüberlassung/Leiharbeit

Was ist das?

Arbeitnehmerüberlassung ist der **Verleih** eines Arbeitnehmers durch seinen Arbeitgeber (die 1
Verleihfirma) an eine andere Firma (den Entleiher).
Die Arbeitnehmerüberlassung ist bekannter unter dem Namen »**Leiharbeit**« (Näheres zur Leiharbeit und zur Abgrenzung von der »Werkvertragsarbeit« siehe Rn. 3 ff.).
Die **Leiharbeitsbranche** selbst – und die von ihrer Lohndrückerei profitierenden Unternehmen/Unternehmensverbände – bevorzugen den Begriff »**Zeitarbeit**« (was den Blick dafür verstellt, dass es um den **Verleih von Menschen** geht).
Leider setzt sich der Begriff »Zeitarbeit« immer mehr durch. Selbst in gewerkschaftlichen Veröffentlichungen ist gelegentlich von Zeitarbeit statt von Arbeitnehmerüberlassung bzw. Leiharbeit die Rede (Beispiel: http://www.igmetall-zoom.de/).
In der **Arbeitsmarktberichterstattung der Bundesagentur für Arbeit vom Juli 2013** (*http://statistik.arbeitsagentur.de/cae/servlet/contentblob/244 170/publicationFile/119 019/ Arbeitsmarkt-Deutschland-Zeitarbeit-Aktuelle-Entwicklung-1HJ2010.pdf*) **heißt es lapidar:**
»Die nach dem Arbeitnehmerüberlassungsgesetz festgeschriebene Bezeichnung der Arbeitnehmerüberlassung lautet »Leiharbeit«. In der Öffentlichkeit ist dieser Begriff in den letzten Jahren jedoch zunehmend durch »Zeitarbeit« ersetzt worden. Gleiches gilt für den Begriff der »Arbeitnehmerüberlassung«, auch hier hat sich in der Öffentlichkeit der Begriff der »Zeitarbeit« eingebürgert. Die Begriffe werden daher synonym verwendet.«

Begriffe Arbeitnehmerüberlassung/Leiharbeit

Hinter den Begriffen » Arbeitnehmerüberlassung/Leiharbeit« verbirgt sich folgender Sachverhalt: 2
- Der Leiharbeitnehmer ist aufgrund eines → **Arbeitsvertrages** bei einem Verleihunternehmen (Verleiher) angestellt.
- Das Verleihunternehmen »**überlässt**« den Leiharbeitnehmer gegen Entgelt anderen Unternehmen (= Entleiher = Einsatzbetrieb).
- Der Leiharbeitnehmer erhält von seinem Arbeitgeber (= Verleihunternehmen) das arbeitsvertraglich vereinbarte Arbeitsentgelt.
- Von der Differenz zwischen dem Entgelt, das das Verleihunternehmen vom Entleiher bezieht, und dem (geringeren) an die Leiharbeitnehmer zu zahlenden Arbeitsentgelt »lebt« das Verleihunternehmen.
- Der Leiharbeitnehmer wird für den Überlassungszeitraum voll in den Betrieb des Entleihers »**eingegliedert**« (siehe → **Einstellung**).
- Der Entleiher hat dem Leiharbeitnehmer gegenüber ein **Weisungsrecht** in Bezug auf Art, Ort und Zeit der auszuführenden Arbeiten.

175

Arbeitnehmerüberlassung/Leiharbeit

Bei der Arbeitnehmerüberlassung sind also drei Parteien beteiligt:
- Verleiher: Er ist der Arbeitgeber des Leiharbeitnehmers, den er einem Dritten (dem Entleiher) zur Arbeitsleistung zur Verfügung stellt.
- Entleiher: Der Entleiher setzt den Leiharbeitnehmer in seinem Betrieb ein und ist ihm gegenüber weisungsbefugt.
- Leiharbeitnehmer: Der Leiharbeitnehmer erbringt die Arbeitsleistung für den Entleiher und nach dessen Weisungen, bleibt aber weiterhin Arbeitnehmer seines Arbeitgebers (Verleiher).

Wenn der Entleiher den Leiharbeitnehmer nicht mehr benötigt, gibt er ihn an den Verleiher zurück. Leiharbeit bringt vor allem den Entleihern enorme Vorteile. Sie erhalten ein hochgradig flexibles Personaleinsatzinstrument nach dem Motto: »**Heuern und Feuern nach Marktlage.**« Außerdem profitieren sie davon, dass das gesetzliche Gleichbehandlungsgebot (»**equal pay**« und »**equal treatment**«; siehe Rn. 20 ff.) fast flächendeckend von »nach unten« abweichenden Tarifverträgen ausgehebelt wird (siehe Rn. 23 ff.).

3
> **Beachten:**
> Falls der Verleiher für den Leiharbeitnehmer keine Sozialversicherungsbeiträge abführt, haftet der Entleiher nach § 28 e SGB IV (sog. **Subsidiärhaftung**). Entsprechendes gilt für die Beiträge zur Berufsgenossenschaft (§ 150 SGB VII) und Lohnsteuer (§ 42 d Einkommensteuergesetz). § 28 e SGB IV lautet: »*Den Gesamtsozialversicherungsbeitrag hat der Arbeitgeber und in den Fällen der nach § 7 f Absatz 1 Satz 1 Nummer 2 auf die Deutsche Rentenversicherung Bund übertragenen Wertguthaben die Deutsche Rentenversicherung Bund zu zahlen. … Für die Erfüllung der Zahlungspflicht des Arbeitgebers haftet bei einem wirksamen Vertrag der Entleiher wie ein selbstschuldnerischer Bürge, soweit ihm Arbeitnehmer gegen Vergütung zur Arbeitsleistung überlassen worden sind. Er kann die Zahlung verweigern, solange die Einzugsstelle den Arbeitgeber nicht gemahnt hat und die Mahnfrist nicht abgelaufen ist. Zahlt der Verleiher das vereinbarte Arbeitsentgelt oder Teile des Arbeitsentgelts an den Leiharbeitnehmer, obwohl der Vertrag nach § 9 Nummer 1 des Arbeitnehmerüberlassungsgesetzes unwirksam ist, so hat er auch den hierauf entfallenden Gesamtsozialversicherungsbeitrag an die Einzugsstelle zu zahlen. Hinsichtlich der Zahlungspflicht nach Satz 3 gilt der Verleiher neben dem Entleiher als Arbeitgeber; beide haften insoweit als Gesamtschuldner.*«

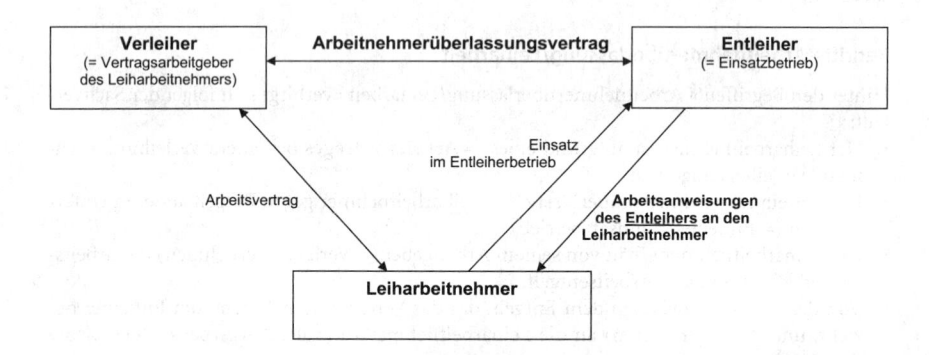

```
        Verleiher            Arbeitnehmerüberlassungsvertrag           Entleiher
  (= Vertragsarbeitgeber  ←─────────────────────────────────→      (= Einsatzbetrieb)
   des Leiharbeitnehmers)
              ↖                         Einsatz                    ↗
                                  im Entleiherbetrieb
                                                              Arbeitsanweisungen
             Arbeitsvertrag                                   des Entleihers an den
                                                              Leiharbeitnehmer
                                  Leiharbeitnehmer
```

Einsatz von Personal einer Fremdfirma: Abgrenzung Arbeitnehmerüberlassung / Werkvertrag

4 Wenn in einem Betrieb Beschäftigte einer »**Fremdfirma**« tätig werden, kann es sich um Arbeitnehmer einer Leiharbeitsfirma handeln oder um »Werkvertragsarbeitnehmer«, die im Rah-

Arbeitnehmerüberlassung/Leiharbeit

men eines → **Werkvertrages** (§ 631 BGB) zwischen Besteller (Auftraggeber) und Werkunternehmer (Auftragnehmer) im Betrieb eingesetzt werden.

Mit einem Werkvertrag verpflichtet sich der Werkunternehmer zur Herstellung eines »Werkes«, der Werkbesteller zur Zahlung der vereinbarten Vergütung (§ 631 Abs. 1 BGB).

Gegenstand des Werkvertrages kann sowohl die Herstellung oder Veränderung einer Sache als auch ein anderer durch Arbeit oder Dienstleistung herbeizuführender **Erfolg** sein (§ 631 Abs. 2 BGB).

Der Werkunternehmer kann dabei bei ihm angestellte Arbeitnehmer einsetzen.

Werden diese im Betrieb des Werkbestellers (Einsatzbetrieb) eingesetzt, besteht die Notwendigkeit zur **Abgrenzung** von der Arbeitnehmerüberlassung/Leiharbeit.

Für das Vorliegen von **Arbeitnehmerüberlassung / Leiharbeit** sprechen insbesondere folgende Kriterien:
- die geschäftliche Tätigkeit der Fremdfirma (Verleiher) beschränkt sich im Wesentlichen auf die Entsendung seiner Arbeitnehmer in Betriebe anderer Unternehmen (Entleiher)
- die Arbeitnehmer der Fremdfirma sind voll in die betrieblichen Abläufe des anderen Unternehmens eingegliedert
- die Arbeitnehmer der Fremdfirma leisten ihre Arbeit nach den Weisungen des anderen Unternehmens
- die Arbeitnehmer der Fremdfirma leisten die gleiche Arbeit wie andere Arbeitnehmer des anderen Unternehmens
- die Arbeitnehmer der Fremdfirma verrichten ihre Arbeit mit Material und Werkzeug des anderen Unternehmens
- die Arbeitnehmer der Fremdfirma verrichten ihre Arbeit, ohne dass die Fremdfirma für die Güte bzw. das Ergebnis der von ihr entsandten Arbeitnehmer haftet
- die von den Arbeitnehmern der Fremdfirma verrichtete Arbeit wird nach Zeiteinheiten (Stundensatz) vergütet.

Für das Vorliegen eines **Werkvertrages** (§ 631 BGB) spricht u. a.:
- die Fremdfirma (Werkunternehmer) schuldet dem anderen Unternehmen (Besteller) einen Erfolg (z. B. Errichtung eines Baus, Reparatur einer Anlage, aber auch Erstellung eines Gutachtens)
- die Fremdfirma trägt das Unternehmerrisiko einschließlich Haftung und Gewährleistung für Mängel des Werks
- die Fremdfirma verfügt über eine eigene Unternehmensorganisation mit entsprechender personeller und sächlicher Ausstattung an Betriebsmitteln und Kapital
- der Fremdfirma obliegt die Planung, Koordination und Durchführung der Arbeitseinsätze; sie organisiert die Arbeitsabläufe und übt das arbeitsbezogene Weisungsrecht gegenüber den eingesetzten Arbeitnehmern nach Ort und Zeit aus.

Die Abgrenzung ist notwendig **4a**
- sowohl mit Blick auf die **Rechte des Betriebsrats des Einsatzbetriebes**: bei Arbeitnehmerüberlassung/Leiharbeit hat er über den Einsatz des Fremdfirmenarbeitnehmers nach § 99 BetrVG mitzubestimmen (§ 14 Abs. 3 AÜG); im Falle eines »echten« **Werkvertragsverhältnisses** besteht ein solches Recht nicht;
- als auch mit Blick auf die **Rechte der eingesetzten Arbeitnehmer**: wenn es sich bei der Vertragsbeziehung zwischen Fremdfirma und auftraggebendem Unternehmen (Einsatzbetrieb) in Wahrheit nicht (wie behauptet) um ein Werkvertragsverhältnis handelt, sondern **tatsächlich Arbeitnehmerüberlassung/Leiharbeit** vorliegt (sog. verdeckte Arbeitnehmerüberlassung bzw. Schein-Werkvertragsverhältnis), hat das u. a. zur Folge, dass nach § 10 Abs. 1 AÜG kraft Gesetzes ein Arbeitsverhältnis zwischen den Fremdfirmenarbeitnehmern und dem angeblichen Werkbesteller (= Einsatzbetrieb) zustande kommt, falls der angebliche Werkunternehmer keine Erlaubnis zur Arbeitnehmerüber-

Arbeitnehmerüberlassung/Leiharbeit

lassung besitzt. Außerdem haben die Fremdfirmenbeschäftigten gegen die weiteren in §§ 10 bis 13 b AÜG geregelten Ansprüche gegen das auftraggebende Unternehmen (= Einsatzbetrieb = Entleiher) z. B. auf Zahlung des Arbeitsentgelts, dass es seinen Arbeitnehmern für vergleichbare Tätigkeit zahlt.
Nachstehend ein Überblick.

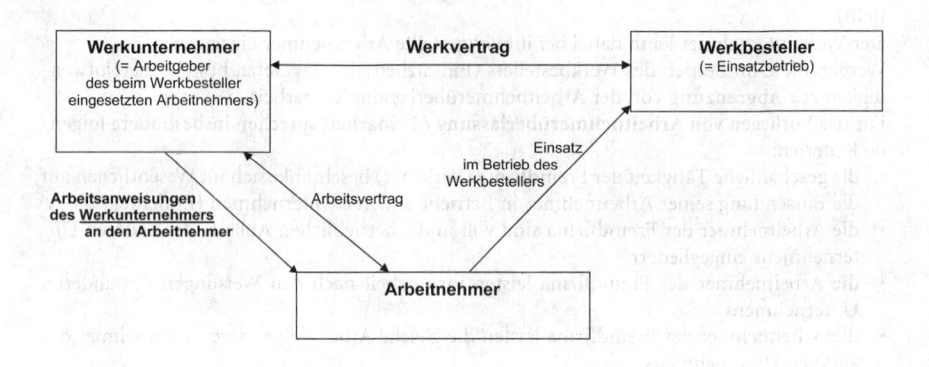

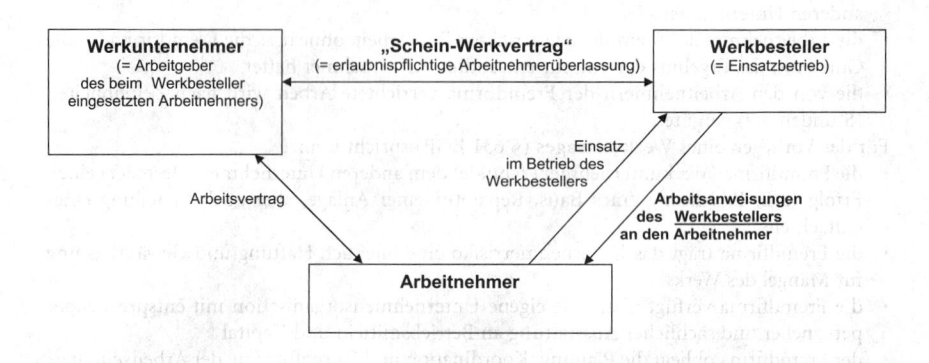

```
┌─────────────────────┐      Werkvertrag       ┌─────────────────────┐
│   Werkunternehmer   │◄──────────────────────►│   Werkbesteller     │
│   (= Arbeitgeber    │                        │  (= Einsatzbetrieb) │
│  des beim Werkbest. │                        │                     │
│ eingesetzten AN)    │                        │                     │
└─────────────────────┘                        └─────────────────────┘
         ▲   │                                           ▲
         │   │                   Einsatz                 │
         │   │                im Betrieb des             │
         │   │                Werkbestellers             │
         │   │                                           │
Arbeitsanweisungen   Arbeitsvertrag                      │
 des Werkunternehmers                                    │
  an den Arbeitnehmer                                    │
         │   │         ┌──────────────────┐              │
         │   └────────►│   Arbeitnehmer   │◄─────────────┘
         └─────────────┤                  │
                       └──────────────────┘
```

```
┌─────────────────────┐  „Schein-Werkvertrag"  ┌─────────────────────┐
│   Werkunternehmer   │◄──────────────────────►│   Werkbesteller     │
│   (= Arbeitgeber    │(= erlaubnispflichtige  │  (= Einsatzbetrieb) │
│  des beim Werkbest. │ Arbeitnehmerüberlass.) │                     │
│ eingesetzten AN)    │                        │                     │
└─────────────────────┘                        └─────────────────────┘
         │                                           ▲   │
         │                    Einsatz                │   │
         │                 im Betrieb des            │   │
         │                 Werkbestellers            │   │
         │                                           │   │
         │         Arbeitsvertrag      Arbeitsanweisungen│
         │                               des Werkbestellers
         │                                an den Arbeitnehmer
         │          ┌──────────────────┐          │   │
         └─────────►│   Arbeitnehmer   │◄─────────┘   │
                    │                  │◄─────────────┘
                    └──────────────────┘
```

4b Ein Mitbestimmungsrecht nach § 99 BetrVG kommt auch bei einem sog. »**atypischen**« Werkvertragsverhältnis in Betracht, bei dem das **Weisungsrecht aufgespalten** ist: Ein Teil des Weisungsrechts verbleibt beim Werkunternehmer (= Arbeitgeber des Fremdfirmenarbeitnehmers), ein anderer Teil wird vom Werkbesteller (= Einsatzbetrieb) ausgeübt (sog. »**partielle Arbeitgeberstellung**«). Siehe auch Rn. 35 ff., → **Einstellung** und → **Werkvertrag**.
Entsprechendes gilt beim Einsatz von Fremdfirmenmitarbeitern auf Grundlage eines → **Dienstvertrages**.

Werkvertragsarbeit = Gewinnmaximierung durch Lohndumping

4c Tarifgebundene Unternehmen nutzen das Instrument des **Werkvertrages** zunehmend als Möglichkeit, aus »teuren« tarifvertraglichen Verpflichtungen auszusteigen.
Das geht etwa so:
Ein z. B. an die Tarifverträge der Metallindustrie gebundenes Unternehmen legt Teilbereiche

Arbeitnehmerüberlassung/Leiharbeit

still und überträgt die – weiterhin notwendigen – Funktionen auf eine »**Fremdfirma**« (z. B. den innerbetrieblichen Transport und sonstige Serviceeinrichtungen).
Oder: Das Unternehmen gliedert Teilbereiche des Betriebes (und die dazugehörigen Arbeitnehmer) an andere Unternehmen – ggf. auch neu gegründete Unternehmen – aus.
Für die in diesen Bereichen beschäftigten Arbeitnehmer gilt § 613 a BGB (siehe → **Betriebsübergang**). Sie erhalten einen neuen Arbeitgeber. Die bisherigen tariflichen Bedingungen (Metalltarifvertrag) der tarifgebundenen Arbeitnehmer dürfen nach § 613 a Abs. 1 Satz 2 BGB nicht vor Ablauf eines Jahres zum Nachteil der Arbeitnehmer verändert werden. § 613 a BGB wahrt allerdings nur den Besitzstand (zukünftige Tariferhöhungen kommen nicht mehr zum Tragen). Den Beschäftigten werden zudem – nach Ablauf der einjährigen Veränderungssperre neue – schlechtere – Arbeitsverträge »angeboten«, genauer gesagt – mit der Androhung von Arbeitsplatzabbau (usw.) aufgenötigt.
Die Fremdfirmen sind oft **nicht tarifgebunden**. Oder sie sind – weil die Firmen einer anderen Branche angehören – an einen Tarifvertrag mit – im Vergleich zum Metalltarifvertrag – **schlechteren Bedingungen** gebunden.
Im Ergebnis zahlen die Fremdfirmen **niedrigere Entgelte** an die Beschäftigten. Ausscheidende Mitarbeiter werden durch noch »billigere« **Leiharbeitnehmer** ersetzt.
Die Fremdfirmen liefern dann die Arbeitsergebnisse auf Grundlage eines Werkvertrages an das »Altunternehmen« ab.
Das wirkt sich zugunsten des »alten« – nunmehr als Auftraggeber auftretenden – Unternehmens aus.
Dieses erhält die zuvor mit »eigenen« Arbeitnehmern produzierten Arbeitsergebnisse insgesamt zu einem Preis, der deutlich unter den **Kosten / Personalkosten** liegt, die ohne die Übertragung der Funktionen auf die Fremdfirmen angefallen wären.
Das »Altunternehmen« kann den Preis zusätzlich noch dadurch systematisch senken, dass sie die Funktionen vor Auftragsvergabe »**ausschreibt**«. Die Fremdfirmen unterbieten sich, was zu einer weiteren Anheizung der **Preis-/Lohnspirale** »nach unten« führt.
Zu weiteren Einzelheiten siehe → **Werkvertrag**.
Gewerkschaften versuchen, die Werkvertragsarbeit durch **Tarifregelungen** (z. B. zur Ausgliederung von Unternehmensbereichen bzw. zur Vergabe von Werkverträgen) so zu gestalten, dass die Interessen der Beschäftigten »nicht unter die Räder kommen«.
Die Unternehmen lehnen das als Einmischung in ihre Angelegenheiten ab. So etwa der Pressesprecher des Arbeitgeberverbandes Nordmetall Haas im Hamburger Abendblatt vom 23. 2. 2012: Die Vergabe von Werkverträgen sei notwendig, um flexibel auf Auslastungsschwankungen reagieren zu können. Die Personalplanung gehöre zur Strategie des Managements. Und dies gelte auch für Werkverträge.
Das Gebot des Art. 14 Abs. 2 Grundgesetz: »*Eigentum verpflichtet. Sein Gebrauch soll zugleich dem Wohle der Allgemeinheit dienen*« spielt jedenfalls in diesen Überlegungen keine Rolle.

4d

Rechtsgrundlagen der Arbeitnehmerüberlassung/Leiharbeit

Die Rechtsgrundlagen der Arbeitnehmerüberlassung/Leiharbeit sind
- die **Richtlinie 2008/104/EG** des Europäischen Parlaments und des Rates vom 19. 11. 2008 über Leiharbeit (**Leiharbeitsrichtlinie**). Die Richtlinie ist am 5. 12. 2008 in Kraft getreten und war von der Bundesrepublik Deutschland bis spätestens 5. 12. 2011 in deutsches Recht umzusetzen.
- das **Arbeitnehmerüberlassungsgesetz (AÜG)** vom 7. 8. 1972 (BGBl. I S. 1393).
Durch das Erste Gesetz für moderne Dienstleistungen am Arbeitsmarkt vom 23. 12. 2002 (BGBl. I S. 4607; »**Hartz I**«) ist das Recht der Arbeitnehmerüberlassung mit Wirkung ab

5

Arbeitnehmerüberlassung/Leiharbeit

1.1.2003 auf Veranlassung der damaligen rot/grünen Bundesregierung (Schröder, Clement, Fischer) zugunsten der Interessen der Wirtschaft umfassend neu geregelt worden.
Ziel war es angeblich, die Leiharbeit als Instrument zur Verringerung der Massenarbeitslosigkeit aufzuwerten. In Wirklichkeit sollten den Unternehmen (Entleihern) billige Arbeitskräfte zur Verfügung gestellt werden.
Zu diesem Zweck wurden alle bis Ende 2003 geltenden **Beschränkungen der Leiharbeit beseitigt**. Vor allem wurde das »Synchronisationsverbot« (= Verbot der Befristung des Arbeitsvertrags für die Verleihdauer; siehe Rn. 18) und die Höchstdauer des Verleihs (siehe Rn. 19) gestrichen.
Gleichzeitig wurde ein **Gleichbehandlungsgebot** (»equal pay« und »equal treatment«) eingeführt (siehe Rn. 20 ff.).
Das klingt zunächst gut. Der damalige rot-grüne Gesetzgeber (»angeführt« von Schröder, Clement und Fischer) hat es aber für richtig gehalten, eine Klausel in das Gesetz aufzunehmen, die eine **Verschlechterung** (!) des gesetzlichen Gleichbehandlungsprinzips **durch Tarifvertrag** zulässt (§ 3 Abs. 1 Nr. 3 und § 9 Nr. 2 AÜG: »*ein Tarifvertrag kann abweichende Regelungen zulassen*«; zu Einzelheiten siehe Rn. 23 ff.).
Das heißt: Es wurde ein Weg geöffnet zu einer – zulasten der Leiharbeitnehmer gehenden – »**ungleichen Bezahlung von gleicher Arbeit**«. Ein krasser Verstoß gegen das Gerechtigkeitsempfinden vieler Menschen und wohl auch gegen den Gleichbehandlungsgrundsatz.

5a Diese gesetzgeberische »**Machenschaft**« hatte durchschlagende Wirkung. Sie hat inzwischen zu einer untragbaren Entwicklung von Tarifdumping und Spaltung der Belegschaften in normal/tariflich bezahlte Stammbelegschaften und (für die gleiche Arbeit!) niedriger bezahlte Randbelegschaften geführt.
Verleihfirmen, die nur Niedriglöhne zu zahlen bereit sind, sind wie Pilze aus dem Boden geschossen.
Die Zahl der Leiharbeitnehmer wuchs von 318 000 (2002) auf ca. 800 000 im Jahr 2007 (IAB-Kurzberichte 14/2006,15/2007). Zur weiteren **Entwicklung der Leiharbeit** ein Auszug aus der Arbeitsmarktberichterstattung der Bundesagentur für Arbeit vom Juli 2013: »*Die Zeitarbeitsbranche in Deutschland ist lange Zeit mit hoher Dynamik gewachsen. Lediglich für kurze Phasen zeigten sich Wachstumsunterbrechungen, zum Beispiel während der Wirtschafts- und Finanzkrise 2008/2009. Deutliche Anstiege sind vor allem nach den Zeitpunkten der wichtigsten rechtlichen Änderungen zu beobachten. Im Dezember 1982 lag die Zahl der Leiharbeitnehmer unter 20 000, zehn Jahre später schon bei 109 000 und im Dezember 2002 bei 309 000. Im Zuge der rechtlichen Änderungen im Rahmen der Hartz-Gesetze kam es zu einer weiteren Expansion der Branche. Im Dezember 2012 gab es in Deutschland 822 000 Leiharbeitnehmer. In den letzten zehn Jahren hat sich ihre Zahl damit annähernd verdreifacht, in den letzten 20 Jahren ist sie auf das Sieben- bis Achtfache gestiegen.*«
Ein großer Teil des Beschäftigtenzuwachses in den Aufschwungphasen 2006/2007 und 2010/2011 geht auf das Konto der Leiharbeit. Fast die Hälfte der Mittel- und Großbetriebe beschäftigen Leiharbeitnehmer, manchmal in erheblicher Größenordnung.
Früher meist bei Auftragsspitzen eingesetzt, wurden Leiharbeitnehmer zunehmend auf **Dauerarbeitsplätzen** eingesetzt, allerdings – wegen der »Tariföffnungsklausel nach unten« – zu **schlechteren Bedingungen** als die Stammbelegschaft.

> **Beachten:**
> Seit dem **1.12.2011** ist eine dauerhafte Besetzung von Arbeitsplätzen mit Leiharbeitnehmern unzulässig (§ 1 Abs. 1 Satz 2 AÜG n. F.; siehe Rn. 5 e)

5b Dass man mit Leiharbeit auch anders – nämlich unter Wahrung der Interessen der Leiharbeitnehmer – umgehen kann, zeigt z. B. **Frankreich**. Dort ist »equal pay« nicht nur gesetzlich

Arbeitnehmerüberlassung/Leiharbeit

zwingend vorgeschrieben, der Leiharbeitnehmer hat darüber hinaus noch Anspruch auf eine Aufwandsentschädigung (sog. Prekaritätszuschlag) von zehn Prozent (*http://www.gleichearbeit-gleichesgeld.de/leiharbeit/leiharbeit-in-der-eu/frankreich/*).

Das **deutsche Modell der Leiharbeit**, die die Abweichung vom »equal pay«-Gebot »nach unten« zum Regelfall gemacht hat, hat vielfältigen **Missbrauch** von Unternehmen produziert. Nicht selten hatten Firmen ihre eigene Verleihfirma gegründet. Stammmitarbeiter wurden mehr oder weniger gezwungen, mit der hauseigenen Verleihfirma ein Arbeitsverhältnis einzugehen. Von dort aus wurden sie an den ursprünglichen Arbeitgeber **zu schlechteren Konditionen zurückverliehen.**

5c

Beispiele:
- Firma Schlecker (*http://wirtschaft.t-online.de/-lex-schlecker-gesetz-gegen-missbrauch-von-leiharbeit-beschlossen/id_452 40690/index*)
- Diakonie – Wohlfahrtsverband der evangelischen Kirche (Quelle: stern 3/2011, S. 70)

Diese Form des Missbrauchs wurde durch eine ab dem 1.5.2011 geltende Ergänzung des § 9 Nr. 2 AÜG gestoppt (eingefügt durch das »Gesetz zur Verhinderung von Missbrauch der Arbeitnehmerüberlassung« vom 28.4.2011; siehe Rn. 5 d).
Hiernach gilt eine vom Equal-pay-Gebot abweichende tarifliche Regelung nicht für Leiharbeitnehmer, die in den letzten sechs Monaten vor der Überlassung an den Entleiher aus einem Arbeitsverhältnis bei diesem oder einem Arbeitgeber, der mit dem Entleiher einen Konzern im Sinne des § 18 Aktiengesetz bildet, ausgeschieden sind (sog. **Drehtürklausel**; siehe Rn. 5 a).

Gesetzliche Regelungen gegen den Missbrauch von Leiharbeit (2011)

Aufgrund von Forderungen vor allem der DGB-Gewerkschaften und in Umsetzung der EG-Richtlinie 2008/104/EG wurde das AÜG mit dem »Ersten Gesetz zur Änderung des Arbeitnehmerüberlassungsgesetzes – Verhinderung von Missbrauch der Arbeitnehmerüberlassung« vom 28.4.2011 (BGBl. I S. 642, sog. »**Lex Schlecker**«) erneut geändert; u. a. in folgenden Punkten:

5d

- **Einfügung eines neuen § 3 a AÜG (Lohnuntergrenze):**
  Hiernach kann das Bundesministerium für Arbeit und Soziales, wenn dies im öffentlichen Interesse geboten erscheint, auf Vorschlag der Tarifvertragsparteien der Leiharbeitsbranche in einer **Rechtsverordnung** bestimmen, dass die von den Tarifparteien bundesweit vereinbarten tariflichen Mindeststundenentgelte als **verbindliche Lohnuntergrenze** auf alle in den Geltungsbereich der Verordnung fallende Leiharbeitgeber sowie Leiharbeitnehmer Anwendung findet.
  Inzwischen ist von dem neuen § 3 a AÜG Gebrauch gemacht worden. Das Bundesministerium für Arbeit und Soziales hat Ende 2011 auf Vorschlag der Tarifparteien (Deutscher Gewerkschaftsbund (DGB)-Tarifgemeinschaft Leiharbeit einerseits und Bundesarbeitgeberverband der Personaldienstleister (BAP: früher BZA) sowie Interessenverband Deutscher Zeitarbeitsunternehmen (iGZ) andererseits) eine **Rechtsverordnung** erlassen, mit der Mindeststundenentgelte für Leiharbeitnehmer festgesetzt wurden.
  Die Höhe des Mindeststundenentgelts ist regional differenziert und beträgt
  - ab 1.1.2012 für Ostdeutschland einschließlich Berlin **7,01 Euro** und **7,89 Euro** für alle übrigen Bundesländer und
  - ab 1.11.2012 für Ostdeutschland einschließlich Berlin **7,50 Euro** bzw. **8,19 Euro** für alle übrigen Bundesländer.
  Die Geltungsdauer der Rechtsverordnung wurde bis zum 31.10.2013 befristet.

Arbeitnehmerüberlassung/Leiharbeit

Der Mindestlohn gilt sowohl für die **Einsatzzeit** im Entleiherbetrieb als auch für die **verleihfreie Zeit** (§ 3 a Abs. 1 Satz 2 AÜG).
Am 17. 9. 2013 haben sich die DGB-Tarifgemeinschaft und die Verhandlungsgemeinschaft Zeitarbeit (VGZ), bestehend aus den Leiharbeitsverbänden BAP und iGZ auf folgende **Entgelterhöhungen** geeinigt:
- »Die Entgelte West in Entgeltgruppe 1 betragen zum
  - 1. 1. 2014 8,50 EUR
    1. 4. 2015 8,80 EUR
    1. 6. 2016 9,00 EUR
- Die Entgelte Ost in Entgeltgruppe 1 betragen zum
  - 1. 1. 2014 7,86 EUR
    1. 4. 2015 8,20 EUR
    1. 6. 2016 8,50 EUR
- Die übrigen Entgeltgruppen werden wie folgt erhöht:
  - West
    - 1. 1. 2014 3,80 %
      1. 4. 2015 3,50 %
      1. 6. 2016 2,30 %
  - Ost
    - 1. 1. 2014 4,80 %
      1. 4. 2015 4,30 %
      1. 6. 2016 3,70 %
- Die Parteien vereinbaren eine Laufzeit bis zum 31. 12. 2016.

*Die Tarifvertragsparteien sind sich darüber einig, dass ein **Mindestlohntarifvertrag** vereinbart werden soll, deren Mindestlohnhöhen jeweils identisch sind mit in diesem Tarifabschluss für die Entgeltgruppen E 1 West und Ost festgelegten Beträgen. Die Parteien werden dem BMAS gemeinsam vorschlagen, diese Mindestlöhne als Lohnuntergrenzen in einer Rechtsverordnung verbindlich festzusetzen.*«

Das Bundesarbeitsministerium hat den vereinbarten Lohn der untersten Entgeltstufe durch die **Zweite Verordnung über eine Lohnuntergrenze** in der Arbeitnehmerüberlassung vom 21. 3. 2014 als Mindestlohn in der Leiharbeitsbranche für allgemein verbindlich erklärt (*http://www.bmas.de/SharedDocs/Downloads/DE/PDF-Gesetze/zweite-vo-lohnuntergrenze-arbeitnehmerueberlassung.pdf;jsessionid=78F386C1E7660FF28BCE68569B0253C0?__blob= publicationFile*).

Hinweis:
Durch das Tarifautonomiestärkungsgesetz vom 11. 8. 2014 (BGBl. I S. 1348) wurde die Zuständigkeit für die Überprüfung von Allgemeinverbindlicherklärungen nach dem Tarifvertragsgesetz und von **Rechtsverordnungen** nach dem Arbeitnehmer-Entsendegesetz (AEntG) und dem **Arbeitnehmerüberlassungsgesetz (AÜG)** der Arbeitsgerichtsbarkeit übertragen. In § 2 a Abs. 1 Nr. 5 ArbGG n. F. heißt es: »*Die Gerichte für Arbeitssachen sind ferner ausschließlich zuständig für ... die Entscheidung über die Wirksamkeit einer Allgemeinverbindlicherklärung nach § 5 des Tarifvertragsgesetzes, einer Rechtsverordnung nach § 7 oder § 7 a des Arbeitnehmer-Entsendegesetzes und einer Rechtsverordnung nach § 3 a des Arbeitnehmerüberlassungsgesetzes.*«

- Für das Verfahren ist das **Landesarbeitsgericht** zuständig, in dessen Bezirk die Behörde ihren Sitz hat, die den Tarifvertrag für allgemeinverbindlich erklärt hat oder die Rechtsverordnung erlassen hat (§ 98 Abs. 2 ArbGG; siehe Rn. 28 a).

Arbeitnehmerüberlassung/Leiharbeit

Hinweis:
In einigen Branchen erhalten die dort eingesetzten Leiharbeitnehmer tarifvertraglich vereinbarte **Branchenzuschläge**, die die Verleiher zusätzlich zum tariflichen Grundentgelt zu zahlen haben. Beispielsweise wurde am 22.5.2012 zwischen dem IG Metall Vorstand und einer Verhandlungsgemeinschaft aus den Leiharbeitsverbänden Bundesarbeitgeberverband der Personaldienstleister (BAP) und Interessengemeinschaft Zeitarbeit (iGZ) eine Einigung über einen Tarifvertrag zur Zahlung von Branchenzuschlägen erzielt. Hiernach erhalten Leiharbeitnehmer ab 1.11.2012
- nach sechs Wochen Einsatzdauer einen Branchenzuschlag von 15 Prozent,
- nach drei Monaten 20 Prozent,
- nach fünf Monaten 30 Prozent,
- nach sieben Monaten 45 Prozent und
- nach weiteren zwei Monaten 50 Prozent.

- Der Branchenzuschlag berechnet sich auf Basis der DGB-Tarifverträge mit BZA und iGZ. Leiharbeitnehmer erhalten den Branchenzuschlag auch dann, wenn sie in nicht tarifgebundenen Metall- und Elektrounternehmen eingesetzt werden.

Tarifverträge über Branchenzuschläge wurden auch für **andere Branchen** abgeschlossen, z. B.:
- Branchenzuschläge Chemie zum 1.11.2012
- Branchenzuschläge Kautschuk und Kunststoff zum 1.1.2013
- Branchenzuschläge Schienenverkehr zum 1.4.2013
- Branchenzuschläge Textil und Bekleidung zum 1.4.2013
- Branchenzuschläge Holz und Kunststoff verarbeitende Industrie zum 1.4.2013
- Branchenzuschläge Papier, Pappe und Kunststoffe verarbeitende Industrie zum 1.5.2013
- Branchenzuschläge Druckindustrie zum 1.7.2013

Zu weiteren **gesetzlichen Regelungen** in Bezug auf
- einen allgemeinen **gesetzlichen Mindestlohn** (eingeführt mit Wirkung ab 1.1.2015 durch das Tarifautonomiestärkungsgesetz vom 11.8.2014 – BGBl. I S. 1348) siehe → **Mindestlohn**,
- die Erstreckung tariflich vereinbarter **Branchenmindestlöhne** durch Rechtsverordnung auf nicht tarifgebundene Arbeitgeber und Arbeitnehmer siehe → **Arbeitnehmerentsendung**,
- die **Mindestlohnregelung für Heimarbeiter** (§§ 4, 18, 19 HAG) siehe → **Heimarbeit** und
- **Lohnwucher** (§ 138 BGB) siehe → **Arbeitsentgelt**.

Neufassung der § 3 Abs. 1 Nr. 3 und § 9 Nr. 2 AÜG
- Hiernach ist eine vom Equal-pay-Gebot abweichende tarifliche Regelung nur in den Grenzen des § 3 a AÜG (**Lohnuntergrenze**) wirksam.

Die abweichende Tarifregelung gilt zudem nicht für Leiharbeitnehmer, die in den letzten sechs Monaten vor der Überlassung an den Entleiher aus einem Arbeitsverhältnis bei diesem oder einem Arbeitgeber, der mit dem Entleiher einen Konzern im Sinne des § 18 Aktiengesetz bildet, ausgeschieden sind (sog. **Drehtürklausel**).

Neufassung des § 10 Nr. 4 AÜG
- Der Verleiher ist verpflichtet, dem Leiharbeitnehmer für die Zeit der Überlassung an den Entleiher die im Betrieb des Entleihers für einen vergleichbaren Arbeitnehmer des Entleihers geltenden wesentlichen Arbeitsbedingungen einschließlich des Arbeitsentgelts zu gewähren.

Soweit ein auf das Arbeitsverhältnis anzuwendender Tarifvertrag abweichende Regelungen trifft (siehe Rn. 1 b und Rn. 23 ff.), hat der Verleiher dem Leiharbeitnehmer die nach diesem Tarifvertrag geschuldeten Arbeitsbedingungen zu gewähren.

Soweit ein solcher Tarifvertrag die in einer Rechtsverordnung nach § 3 a Abs. 2 AÜG festgesetzten Mindeststundenentgelte unterschreitet, hat der Verleiher dem Leiharbeitnehmer

Arbeitnehmerüberlassung/Leiharbeit

für jede Arbeitsstunde das im Betrieb des Entleihers für einen vergleichbaren Arbeitnehmer des Entleihers für eine Arbeitsstunde zu zahlende Arbeitsentgelt zu gewähren.
Im Falle der Unwirksamkeit der Vereinbarung zwischen Verleiher und Leiharbeitnehmer nach § 9 Nr. 2 AÜG hat der Verleiher dem Leiharbeitnehmer die im Betrieb des Entleihers für einen vergleichbaren Arbeitnehmer des Entleihers geltenden wesentlichen Arbeitsbedingungen einschließlich des Arbeitsentgelts zu gewähren.
Einfügung eines neuen § 10 Abs. 5 AÜG
- Der Verleiher ist verpflichtet, dem Leiharbeitnehmer mindestens das in einer Rechtsverordnung nach § 3 a Abs. 2 AÜG für die Zeit der Überlassung und für Zeiten ohne Überlassung festgesetzte Mindeststundenentgelt zu zahlen.

5e Die vorstehenden Regelungen sind **am 1.5.2011 in Kraft getreten**, die nachstehenden Bestimmungen **am 1.12.2011**:
- **Ausweitung des Geltungsbereichs** des AÜG auch auf die **nicht gewerbsmäßige** Arbeitnehmerüberlassung (§ 1 Abs. 1 Satz 1 AÜG; das in der bis zum 30.11.2011 geltenden Fassung des § 1 Abs. 1 Satz 1 AÜG enthaltene Wort »*gewerbsmäßig*« wurde gestrichen);
- Klarstellung, dass die Überlassung von Arbeitnehmern an Entleiher »**vorübergehend**« erfolgt (§ 1 Abs. 1 Satz 2 AÜG); damit wird unterstrichen, dass eine dauerhafte Besetzung von Stammarbeitsplätzen mit Leiharbeitnehmern unzulässig ist (zur früheren Rechtslage siehe Rn. 19).

> **Hinweis:**
> Nach zutreffender Ansicht des BAG v. 10.7.2013 – 7 ABR 91/11 – ist § 1 Abs. 1 Satz 2 AÜG nicht nur ein »unverbindlicher Programmsatz«, sondern eine **Verbotsnorm** i.S.d. § 99 Abs. 2 Nr. 1 BetrVG (ebenso LAG Niedersachsen v. 19.9.2012 – 17 TaBV 22/12 und LAG Berlin-Brandenburg v. 19.12.2012 – 4 TaBV 1163/12).

- Deshalb kann der Betriebsrat des Entleiherbetriebs seine Zustimmung zum Einsatz eines Leiharbeitnehmers verweigern, wenn dieser dort **nicht nur vorübergehend eingesetzt** werden soll, sondern unbefristet (BAG v. 10.7.2013 – 7 ABR 91/11). Das BAG hat allerdings offen gelassen, wie der Begriff »vorübergehend« genau zu bestimmen ist. Der Arbeitgeber hatte im Streitfall beabsichtigt, die Leiharbeitnehmerin ohne jegliche zeitliche Begrenzung statt einer Stammkraft einzusetzen. Das sei jedenfalls nicht mehr »vorübergehend«.
Nach richtiger Ansicht z.B. des LAG Berlin-Brandenburg v. 19.12.2012 – 4 TaBV 1163/12 ist für die Bestimmung des Begriffs »**vorübergehend**« nicht maßgeblich, für welchen Zeitraum der konkrete Leiharbeitnehmer im Entleiherbetrieb eingesetzt wird (befristet oder unbefristet). Es komme allein darauf an, ob es sich bei dem Arbeitsplatz im Entleiherbetrieb, auf dem der Leiharbeitnehmer (ggf. befristet) eingesetzt werden soll, um einem **Dauerarbeitsplatz** (= Stammarbeitsplatz) handelt oder um einen vorübergehend eingerichteten Arbeitsplatz (z.B. um eine Auftragsspitze abzuarbeiten).
Man darf auf die Lösung der für die Praxis wichtigen Streitfrage gespannt sein. Es ist davon auszugehen, dass der Gesetzgeber den Begriff »vorübergehend« definieren wird. Im **Koalitionsvertrag von CDU/CSU/SPD 2013** heißt es hierzu: »*Wir präzisieren im AÜG die Maßgabe, dass die Überlassung von Arbeitnehmern an einen Entleiher vorübergehend erfolgt, indem wir eine Überlassungshöchstdauer von* **18 Monaten** *gesetzlich festlegen. Durch einen Tarifvertrag der Tarifvertragsparteien der Einsatzbranche oder auf Grund eines solchen Tarifvertrags in einer Betriebs- bzw. Dienstvereinbarung können unter Berücksichtigung der berechtigten Interessen der Stammbelegschaften abweichende Lösungen vereinbart werden.*« Inzwischen liegt ein **Referentenentwurf** des Bundesministeriums für Arbeit und Soziales vom 16.11.2015 zu einem »**Gesetz zur Änderung des Arbeitnehmerüberlassungsgesetzes und anderer Gesetze**« vor (siehe Rn. 19 d)

Arbeitnehmerüberlassung/Leiharbeit

- Verpflichtung des Entleihers, den Leiharbeitnehmer über Arbeitsplätze des Entleihers, die besetzt werden sollen, zu informieren (§ 13 a AÜG);
- Verpflichtung des Entleihers, den Leiharbeitnehmern unter den gleichen Bedingungen wie den eigenen Beschäftigten Zugang zu den betrieblichen **Gemeinschaftseinrichtungen und -diensten** (u. a. Kantinenverpflegung, Kinderbetreuungseinrichtungen, Beförderungsmittel, usw.) zu gewähren (§ 13 b AÜG).

Bundesagentur für Arbeit, Zollverwaltung

Das AÜG wird von der **Bundesagentur für Arbeit** nach fachlichen Weisungen des Bundesministeriums für Arbeit und Soziales umgesetzt (§ 17 Abs. 1 AÜG). 5f
Die Prüfung der Arbeitsbedingungen nach § 10 Abs. 5 AÜG obliegt zudem den Behörden der **Zollverwaltung** (§ 17 Abs. 1 AÜG). Zu prüfen ist vor allem, ob die Verleiher den Leiharbeitnehmern mindestens das in einer Rechtsverordnung nach § 3 a Abs. 2 AÜG für die Zeit der Überlassung und für Zeiten ohne Überlassung festgesetzte Mindeststundenentgelt zahlen. Einzelheiten regeln die §§ 17 a bis 18 a AÜG.
§ 18 Abs. 1 AÜG regelt, dass die Bundesagentur für Arbeit und Behörden der Zollverwaltung zur Verfolgung und Ahndung der Ordnungswidrigkeiten nach § 16 AÜG besonders mit folgenden Behörden zusammenarbeiten:
1. den Trägern der Krankenversicherung als Einzugsstellen für die Sozialversicherungsbeiträge,
2. den in § 71 des Aufenthaltsgesetzes genannten Behörden,
3. den Finanzbehörden,
4. den nach Landesrecht für die Verfolgung und Ahndung von Ordnungswidrigkeiten nach dem Schwarzarbeitsbekämpfungsgesetz zuständigen Behörden,
5. den Trägern der Unfallversicherung,
6. den für den Arbeitsschutz zuständigen Landesbehörden,
7. den Rentenversicherungsträgern,
8. den Trägern der Sozialhilfe.

Abordnung von Arbeitnehmern zu Arbeitsgemeinschaften

Keine Arbeitnehmerüberlassung ist die **Abordnung** von Arbeitnehmern an eine Arbeitsgemeinschaft von mehreren Unternehmen, wenn der Arbeitgeber Mitglied dieser Arbeitsgemeinschaft ist, für alle Mitglieder Tarifverträge desselben Wirtschaftszweiges gelten und alle Mitglieder auf Grund des Arbeitsgemeinschaftsvertrages zur selbständigen Erledigung von Vertragsleistungen verpflichtet sind (§ 1 Abs. 1 Satz 3 AÜG). 6
Für einen Arbeitgeber mit **Geschäftssitz** in einem **anderen Mitgliedstaat** des **Europäischen Wirtschaftsraumes** ist die Abordnung von Arbeitnehmern zu einer Arbeitsgemeinschaft nach § 1 Abs. 1 Satz 4 AÜG auch dann keine Arbeitnehmerüberlassung, wenn für ihn deutsche Tarifverträge desselben Wirtschaftszweiges wie für die anderen Mitglieder der Arbeitsgemeinschaft nicht gelten, er aber die übrigen Voraussetzungen des § 1 Abs. 1 Satz 3 AÜG erfüllt (= Zugehörigkeit zum gleichen Wirtschaftszweig wie die anderen Mitglieder und Verpflichtung zur selbständigen Erledigung von Vertragsleistungen auf Grund des Arbeitsgemeinschaftsvertrages). 7
§ 1 Abs. 1 Satz 4 AÜG wurde durch das Erste Gesetz für moderne Dienstleistungen am Arbeitsmarkt vom 23. 12. 2002 (BGBl. I S. 4607; »**Hartz I**«) eingefügt. Die Vorschrift war wegen eines Urteils des EuGH erforderlich geworden, das die bisher geltende Fassung des § 1 Abs. 1 AÜG als **europarechtswidrig** angesehen hat (EuGH v. 25. 10. 2001 – Rs. C–493/99, NZA 2001, 1299).

Arbeitnehmerüberlassung/Leiharbeit

Erlaubnisfreie Formen der Arbeitnehmerüberlassung

7a Nach § 1 Abs. 3 AÜG ist das **AÜG nicht anzuwenden** (Ausnahme des § 1 b Satz 1, des § 16 Abs. 1 Nr. 1 b und Abs. 2 bis 5 sowie der §§ 17 und 18 AÜG) auf Arbeitnehmerüberlassung
- zwischen Arbeitgebern desselben Wirtschaftszweigs zur Vermeidung von → **Kurzarbeit** und **Entlassungen**, wenn ein für den Entleiher und Verleiher geltender → **Tarifvertrag** dies vorsieht,
- zwischen **Konzernunternehmen** im Sinne des § 18 Aktiengesetz (siehe → **Konzern**), wenn der Arbeitnehmer seine Arbeit vorübergehend nicht bei seinem Arbeitgeber leistet (»**Konzernleihe**«),
- zwischen Arbeitgebern, wenn die Überlassung nur **gelegentlich** erfolgt und der Arbeitnehmer nicht zum Zweck der Überlassung eingestellt und beschäftigt wird (eingefügt durch Änderungsgesetz vom 28. 4. 2011), oder
- in das **Ausland**, wenn der Leiharbeitnehmer in ein – auf der Grundlage zwischenstaatlicher Vereinbarungen begründetes – deutsch-ausländisches Gemeinschaftsunternehmen verliehen wird, an dem der Verleiher beteiligt ist.

8 Zu beachten ist der **Ausnahmetatbestand** des § 1 a AÜG:
Ein **Arbeitgeber mit weniger als 50 Beschäftigten**, der zur Vermeidung von Kurzarbeit oder Entlassung einen Arbeitnehmer einem anderen Arbeitgeber bis zur Dauer von zwölf Monaten überlässt (sog. **Kollegenhilfe**), benötigt keine Erlaubnis. Es genügt eine **Anzeige** an die Bundesagentur für Arbeit.

Erlaubnis zur Arbeitnehmerüberlassung

8a Ein Unternehmen, das Arbeitnehmerüberlassung/Leiharbeit betreibt, benötigt für diese Art der Geschäftstätigkeit eine **Erlaubnis** (§ 1 Abs. 1 Satz 1 AÜG).
Zuständig für die Erlaubniserteilung sind die Agenturen für Arbeit in Düsseldorf, Kiel und Nürnberg.
Erlaubnispflichtig ist sowohl die **gewerbsmäßige** Arbeitnehmerüberlassung als auch – **seit dem 1. 12. 2011** – die **nicht gewerbsmäßige** Arbeitnehmerüberlassung (siehe Rn. 5 ff.).
Die Erlaubnis zur Arbeitnehmerüberlassung wird auf schriftlichen Antrag erteilt (§ 2 Abs. 1 AÜG).
Die Erlaubnis kann unter **Bedingungen** erteilt und mit **Auflagen** verbunden werden, um sicherzustellen, dass keine Tatsachen eintreten, die nach § 3 die Versagung der Erlaubnis rechtfertigen (§ 2 Abs. 2 Satz 1 AÜG).
Die Aufnahme, Änderung oder Ergänzung von Auflagen sind auch nach Erteilung der Erlaubnis zulässig (§ 2 Abs. 2 Satz 2 AÜG). Die Erlaubnis kann unter dem Vorbehalt des **Widerrufs** erteilt werden, wenn eine abschließende Beurteilung des Antrags noch nicht möglich ist (§ 2 Abs. 3 AÜG).
Die Erlaubnis ist **auf ein Jahr zu befristen** (§ 2 Abs. 4 Satz 1 AÜG).
Der Antrag auf Verlängerung der Erlaubnis ist spätestens drei Monate vor Ablauf des Jahres zu stellen (§ 2 Abs. 4 Satz 2 AÜG).
Die Erlaubnis **verlängert** sich um ein weiteres Jahr, wenn die Erlaubnisbehörde die Verlängerung nicht vor Ablauf des Jahres ablehnt (§ 2 Abs. 4 Satz 3 AÜG).
Im Fall der **Ablehnung** gilt die Erlaubnis für die Abwicklung der nach § 1 AÜG erlaubt abgeschlossenen Verträge als fortbestehend, jedoch nicht länger als zwölf Monate (§ 2 Abs. 4 Satz 4 AÜG).
Die Erlaubnis kann **unbefristet** erteilt werden, wenn der Verleiher drei aufeinanderfolgende Jahre lang nach § 1 AÜG erlaubt tätig war (§ 2 Abs. 5 Satz 1 AÜG).

Arbeitnehmerüberlassung/Leiharbeit

Die Erlaubnis **erlischt**, wenn der Verleiher von der Erlaubnis drei Jahre lang keinen Gebrauch gemacht hat (§ 2 Abs. 5 Satz 2 AÜG).

Die Erlaubnis oder ihre Verlängerung ist nach § 3 Abs. 1 AÜG **zu versagen**, wenn Tatsachen die Annahme rechtfertigen, dass der Verleiher 8b
- die für die Ausübung der Tätigkeit nach § 1 erforderliche **Zuverlässigkeit** nicht besitzt, insbesondere weil er die Vorschriften des Sozialversicherungsrechts, über die Einbehaltung und Abführung der Lohnsteuer, über die Arbeitsvermittlung, über die Anwerbung im Ausland oder über die Ausländerbeschäftigung, die Vorschriften des Arbeitsschutzrechts oder die arbeitsrechtlichen Pflichten nicht einhält;
- nach der Gestaltung seiner Betriebsorganisation nicht in der Lage ist, die üblichen Arbeitgeberpflichten ordnungsgemäß zu erfüllen;
- dem Leiharbeitnehmer für die Zeit der Überlassung an einen Entleiher die im Betrieb dieses Entleihers für einen vergleichbaren Arbeitnehmer des Entleihers geltenden wesentlichen Arbeitsbedingungen einschließlich des Arbeitsentgelts nicht gewährt (Gleichbehandlungsgebot: sog. »**equal pay**« und »**equal treatment**«; siehe hierzu Rn. 20).

Eine Erlaubnis kann wegen Nichtgewährung der beim Entleiher geltenden Arbeitsbedingungen dann nicht versagt werden, wenn ein → **Tarifvertrag** eine Abweichung vom gesetzlichen Gleichbehandlungsgebot »nach unten« zulässt (was der Gesetzgeber ermöglicht hat; siehe hierzu Rn. 5 ff. und Rn. 23 ff.).

Im Geltungsbereich eines solchen Tarifvertrages können nicht tarifgebundene Arbeitgeber und Arbeitnehmer die Anwendung der tariflichen Regelungen vereinbaren.

Durch das Änderungsgesetz vom 28. 4. 2011 (siehe Rn. 5 ff.) wurde in § 3 Abs. 1 Nr. 3 und § 9 Nr. 2 AÜG n. F. klargestellt, dass eine vom equal-pay-Gebot abweichende tarifliche Regelung nur in den Grenzen des § 3 a AÜG (**Lohnuntergrenze**) wirksam ist.

Eine abweichende tarifliche Regelung gilt zudem nicht für Leiharbeitnehmer, die in den letzten sechs Monaten vor der Überlassung an den Entleiher aus einem Arbeitsverhältnis bei diesem oder einem Arbeitgeber, der mit dem Entleiher einen Konzern im Sinne des § 18 des Aktiengesetzes bildet, ausgeschieden sind (sog. **Drehtürklausel**).

Nach § 4 AÜG kann eine rechtswidrige Erlaubnis mit Wirkung für die Zukunft **zurückgenommen** werden. Rechtswidrig ist eine Erlaubnis, wenn sie erteilt wurde, obwohl ein Versagensgrund nach § 3 AÜG vorgelegen hat. 8c

Die Rücknahme ist nur innerhalb eines Jahres seit dem Zeitpunkt zulässig, in dem die Erlaubnisbehörde von den Tatsachen Kenntnis erhalten hat, die die Rücknahme der Erlaubnis rechtfertigen (§ 4 Abs. 3 AÜG).

Unter den Voraussetzungen des § 5 Abs. 1 AÜG kann eine rechtmäßig erteilte Erlaubnis mit Wirkung für die Zukunft **widerrufen** werden, wenn z. B. die Erlaubnisbehörde aufgrund nachträglich eingetretener Tatsachen oder aufgrund einer geänderten Rechtslage berechtigt wäre, die Erlaubnis zu versagen. 8d

Der Widerruf ist unzulässig, wenn eine Erlaubnis gleichen Inhalts erneut erteilt werden müsste (§ 5 Abs. 3 AÜG).

Der Widerruf ist nur innerhalb eines Jahres seit dem Zeitpunkt zulässig, in dem die Erlaubnisbehörde von den Tatsachen Kenntnis erhalten hat, die den Widerruf der Erlaubnis rechtfertigen (§ 5 Abs. 4 AÜG).

Arbeitnehmerüberlassungsvertrag

Der Arbeitnehmerüberlassungsvertrag zwischen dem Verleiher und dem Entleiher bedarf der **Schriftform** (§ 12 Abs. 1 Satz 1 AÜG). In der Urkunde hat der Verleiher zu erklären, ob er die Erlaubnis nach § 1 AÜG besitzt. Der Entleiher hat in der Urkunde anzugeben, 9
- welche besonderen Merkmale die für den Leiharbeitnehmer vorgesehene Tätigkeit hat,

Arbeitnehmerüberlassung/Leiharbeit

- welche berufliche Qualifikation dafür erforderlich ist und
- welche im Betrieb des Entleihers für einen vergleichbaren Arbeitnehmer des Entleihers wesentlichen Arbeitsbedingungen einschließlich des Arbeitsentgelts gelten (§ 12 Abs. 1 Satz 2 AÜG n. F.).

10 Nicht selten wird der Entleiher im Arbeitnehmerüberlassungsvertrag verpflichtet, eine »**Ablöse**« in Form einer »**Vermittlungsprovision**« in Höhe von mehreren tausend Euro an den Verleiher zu zahlen für den Fall, dass dieser den Leiharbeitnehmer übernimmt.

Beispiel einer Ablöse-Klausel (aus dem Urteil des Landgerichts Aachen v. 26.3.2010 – 9 O 545/09):
Eine Verleihfirma schloss mit einem Entleiher einen »Arbeitnehmerüberlassungsvertrag«. Darin wurde vereinbart, dass die Verleihfirma dem Entleiher ihren Mitarbeiter ... als Gas- und Wasserinstallateur zu einem Stundensatz von 25,95 Euro zzgl. Mehrwertsteuer bei 45 Wochenstunden zur Verfügung stellt. In den »Allgemeinen Geschäftsbedingungen« des Verleihers findet sich unter Ziff. 6.2 folgende Klausel:
»Für den Fall, dass Mitarbeiter der Firma X (= Verleiher) innerhalb von 12 (zwölf) Monaten, gerechnet vom Beginn der letzten Überlassung, vom Kunden als Arbeitgeber eingestellt werden, hat Firma X (= Verleiher) nachstehende Vergütungsansprüche, weil die Tätigkeitsaufnahme des Mitarbeiters beim Kunden aufgrund einer Arbeitsvermittlung von Firma X (= Verleiher) zustande gekommen ist. Es gilt ohne besondere Vereinbarung – je nach Zeitpunkt der Einstellung – der nachstehende Prozentsatz des Vermittlungshonorars; Berechnungsgrundlage hierfür ist der Monatsverrechnungssatz für den ehemaligen Mitarbeiter (gültiger Normal-Stundenverrechnungssatz x 170). Bei Einstellung im
01. und 02. Monat der Überlassung 100 %
03. und 04. Monat der Überlassung 90 %
05. Monat der Überlassung 80 %
06. Monat der Überlassung 70 %
07. Monat der Überlassung 60 %
08. Monat der Überlassung 50 %
09. Monat der Überlassung 40 %
10. Monat der Überlassung 30 %
11. Monat der Überlassung 20 %
12. Monat der Überlassung 10 %.«
Der Mitarbeiter war vom 03.03.2009 bis zum 28.04.2009 bei dem Entleiher beschäftigt. Dann beendete er das Arbeitsverhältnis zum Verleiher und nahm eine Arbeit in ... auf. Weil er mit dem Arbeitsplatz in ... nicht zufrieden war, bewarb er sich in der Folgezeit bei dem Entleiher, der ihn einstellte. Mit Rechnung vom 24.07.2009 stellte der Verleiher dem Entleiher ein Vermittlungshonorar in Höhe von 100 % des Monatsverrechnungssatzes (25,95 Euro x 170 = 4411,50 Euro netto = 5249,69 Euro brutto) in Rechnung. Der Entleiher wies die Forderung als unberechtigt zurück, woraufhin der Verleiher erst ein Inkassobüro beauftragte und dann Zahlungsklage gegen den Entleiher erhob. Das Landgericht Aachen v. 26.3.2010 – Az.: 9 O 545/09 wies die Klage ab. Es hat offen gelassen, ob eine Vereinbarung über ein Vermittlungshonorar Vertragsbestandteil geworden und ob sie sonst wirksam ist. Denn jedenfalls seien die tatbestandlichen Voraussetzungen eines Vermittlungshonorars vorliegend nicht erfüllt. Zwar sei der Mitarbeiter innerhalb von 12 Monaten gerechnet vom Beginn der Überlassung von dem Entleiher eingestellt worden. Dies sei jedoch nicht in dem erforderlichen unmittelbaren zeitlichen Zusammenhang mit dem Überlassungsvertrag geschehen.

»**Ablöse-Klauseln**«, die den Entleiher zur Zahlung verpflichten (wie in o. g. Beispiel), sind von den Vereinbarungsverboten des § 9 AÜG nicht erfasst. Im Gegenteil: Der Gesetzgeber hat in § 9 Nr. 3 (2. Halbsatz) AÜG die Vereinbarung einer »angemessenen« Vermittlungsvergütung – unverständlicherweise – ausdrücklich **zugelassen**. Dabei untergräbt diese Vertragsgestaltung offensichtlich den politisch angeblich gewollten »**Klebeeffekt**«. Sie versperrt dem Leiharbeitnehmer den Weg zu einer regulären Anstellung beim Entleiher. Denn die wenigsten Entleiher dürften bereit sein, dem Verleiher eine Ablöse zu zahlen. Anfragen von Leiharbeitnehmern

Arbeitnehmerüberlassung/Leiharbeit

nach einer Übernahme werden regelmäßig mit Hinweis auf die »Ablöse-Klausel« abschlägig beschieden.

»**Ablöse-Klauseln**« in Arbeitsverträgen zwischen Verleiher und Leiharbeitnehmer, die den Leiharbeitnehmer verpflichten, eine Vermittlungsvergütung an den Verleiher zu zahlen, wenn er vom Entleiher übernommen wird, sind unzulässig und unwirksam. Dies wird durch § 9 Nr. 5 AÜG n. F. (eingefügt durch das »Gesetz gegen den Missbrauch der Arbeitnehmerüberlassung« vom 28.4.2011; siehe Rn. 5 ff.) klargestellt. Die Regelung ist am 1.5.2011 in Kraft getreten. 10a

Ebenfalls unwirksam sind Vereinbarungen, die dem Leiharbeitnehmer **untersagen**, mit dem Entleiher zu einem Zeitpunkt, in dem das Arbeitsverhältnis zwischen Verleiher und Leiharbeitnehmer **nicht mehr besteht**, ein Arbeitsverhältnis einzugehen (§ 9 Nr. 4 AÜG).

Die Anforderungen an die **Vertragsbeziehungen** zwischen Verleiher und Leiharbeitnehmer sind in §§ 9 bis 11 AÜG geregelt (siehe Rn. 47 ff.). 11

Nachstehend ein Überblick zu den wichtigsten Bestimmungen des AÜG

Zu den **enormen Auswirkungen** des »Hartz I«-Gesetzes vom 23.12.2002 siehe Rn. 5 ff. 12

Zu den **Änderungen des AÜG** durch das »Erste Gesetz zur Änderung des Arbeitnehmerüberlassungsgesetzes – Verhinderung von Missbrauch der Arbeitnehmerüberlassung« vom 28.4.2011 (BGBl. I S. 642, sog. »**Lex Schlecker**«) siehe Rn. 5 ff. 13

Lockerung des Verbots der Arbeitnehmerüberlassung im Baugewerbe (§ 1 b SGB III)

Im Bereich des Baugewerbes ist gewerbsmäßige Arbeitnehmerüberlassung in Betrieben des Baugewerbes für Arbeiten, die üblicherweise von Arbeitern verrichtet werden, unzulässig. Das Verbot wurde durch das »**Hartz I**«-**Gesetz** vom 23.12.2002 (siehe Rn. 1 b) gelockert. Arbeitnehmerüberlassung ist nunmehr gestattet, 14

- zwischen Betrieben des Baugewerbes und anderen Betrieben, wenn für **allgemeinverbindlich erklärte** → **Tarifverträge** dies bestimmen (§ 1 b Satz 2 a AÜG) oder
- zwischen Betrieben des Baugewerbes, wenn der verleihende Betrieb nachweislich seit mindestens drei Jahren von denselben **Rahmen- und Sozialkassentarifverträgen** oder von deren **Allgemeinverbindlichkeit** erfasst wird (§ 1 b Satz 2 b AÜG).

Für Betriebe des Baugewerbes mit Geschäftssitz in einem anderen Mitgliedstaat des **Europäischen Wirtschaftsraumes** ist gewerbsmäßige Arbeitnehmerüberlassung auch gestattet, wenn die ausländischen Betriebe zwar nicht von deutschen Rahmen- und Sozialkassentarifverträgen oder für allgemeinverbindlich erklärten Tarifverträgen erfasst werden, sie aber nachweislich seit mindestens drei Jahren überwiegend Tätigkeiten ausüben, die unter den Geltungsbereich derselben Rahmen- und Sozialkassentarifverträge fallen, von denen der Betrieb des Entleihers erfasst wird (§ 1 b Satz 3 AÜG). 15

Wegfall des speziellen Befristungsverbots

Der frühere § 3 Abs. 1 Nr. 3 AÜG (sowie der frühere § 9 Nr. 2 AÜG) hatte es dem Verleiher untersagt, mit dem Leiharbeitnehmer **wiederholt** einen **befristeten Arbeitsvertrag** abzuschließen, es sei denn, es lag ein – sich aus der Person des Leiharbeitnehmers ergebender – sachlicher Grund für die Befristung vor oder ein bestehendes Arbeitsverhältnis wurde befristet verlängert. 16

Dieses spezielle Befristungsverbot wurde durch das »**Hartz I**«-**Gesetz** vom 23.12.2002 (siehe Rn. 1 b) aufgehoben.

Arbeitnehmerüberlassung/Leiharbeit

Das heißt: es gelten für das Leiharbeitsverhältnis die allgemeinen Bestimmungen der §§ 14 ff. TzBfG über den → **Befristeten Arbeitsvertrag**.
Im Regelfall bedarf es also eines **sachlichen Grundes** für die Befristung (§ 14 Abs. 1 TzBfG). Befristungen **ohne Sachgrund** sind (nur) unter den Voraussetzungen des § 14 Abs. 2 und 3 TzBfG möglich.

Wegfall des Wiedereinstellungsverbots

17 Der frühere § 3 Abs. 1 Nr. 4 AÜG a. F. (sowie der bisherige § 9 Nr. 3 AÜG) hatte es dem Verleiher **untersagt**, mit dem Leiharbeitnehmer jeweils unbefristete Arbeitsverträge **abzuschließen**, diese dann durch **Kündigung zu beenden** und den Leiharbeitnehmer innerhalb von drei Monaten nach Beendigung des Arbeitsverhältnisses **erneut** einzustellen.
Auch diese Vorschrift wurde durch das »**Hartz I**«-**Gesetz** vom 23.12.2002 (siehe Rn. 1 b) ersatzlos gestrichen.

Wegfall des Synchronisationsverbots

18 Der frühere § 3 Abs. 1 Nr. 5 AÜG hatte es dem Verleiher **untersagt**, das Arbeitsverhältnis mit dem Leiharbeitnehmer **wiederholt** auf die Zeit der Überlassung an den Entleiher **zu befristen**. Die Vorschrift wurde ebenfalls ersatzlos gestrichen.
Folge: Es gelten für den Arbeitsvertrag zwischen Leiharbeitnehmer und Verleiher die allgemeinen Bestimmungen über den → **Befristeten Arbeitsvertrag** (§§ 14 ff. TzBfG).

Wegfall der Beschränkung der Überlassungsdauer

19 Der frühere § 3 Abs. 1 Nr. 6 AÜG hatte es dem Verleiher **untersagt**, einem Entleiher denselben Leiharbeitnehmer länger **als 24 aufeinander folgende Monate** zu überlassen.
Die Vorschrift wurde durch das »**Hartz I**«-**Gesetz** vom 23.12.2002 (siehe Rn. 1 b) ersatzlos gestrichen.
Damit wurde eine **zeitlich unbegrenzte Überlassung** (z. B. drei, sechs, zehn oder noch mehr Jahre) eines Leiharbeitnehmers an denselben Entleiher möglich!

Erneute Beschränkung der Überlassungsdauer durch das Merkmal »vorübergehend« (§ 1 Abs. 1 Satz 2 AÜG)

19a Allerdings ordnet § 1 Abs. 1 Satz 2 AÜG in der Fassung des Änderungsgesetzes vom 28.4.2011 mit Wirkung **ab 1.12.2011** an, dass die Überlassung von Arbeitnehmern an Entleiher »**vorübergehend**« erfolgt (siehe Rn. 5 ff. und Rn. 13).
Eine zeitlich unbegrenzte Überlassung ist damit **unzulässig** (BAG v. 10.7.2013 – 7 ABR 91/11, NZA 2013, 1296).
Der Betriebsrat des Entleiherbetriebs kann die **Zustimmung** zu einem zeitlich unbegrenzten Einsatz von Leiharbeitnehmern nach § 14 Abs. 3 AÜG i. V. m. § 99 Abs. 2 Nr. 1 BetrVG **verweigern** (BAG v. 10.7.2013 – 7 ABR 91/11, a. a. O.; siehe auch Rn. 42 c).
Das BAG hat **offen gelassen**, wie der Begriff »vorübergehend« genau zu bestimmen ist. Einen Leiharbeitnehmer ohne jegliche zeitliche Begrenzung statt einer Stammkraft einzusetzen, sei jedenfalls nicht mehr »vorübergehend«. Zu den zutreffenden Entscheidungen einiger Landesarbeitsgerichte, die darauf abstellen, ob es sich bei dem mit einem Leiharbeitnehmer besetzten um einen »**Dauerarbeitsplatz**« handelt, siehe Rn. 5 b (zu dem Vorhaben der Koalition aus CDU, CSU und SPD, einen zeitlichen Maßstab anzulegen und die Überlassungshöchstdauer auf 18 Monate festzusetzen, siehe Rn. 19c).

Arbeitnehmerüberlassung/Leiharbeit

Auch der 9. Senat des BAG hat die Frage **offen gelassen**, wie der Begriff »vorübergehend« zu definieren ist (BAG v. 10.12.2013 – 9 AZR 51/13). Er hat aber entschieden, dass jedenfalls kein Arbeitsverhältnis mit dem Entleiher entsteht, wenn der Einsatz des Leiharbeitnehmers nicht nur vorübergehend ist, sofern der Verleiher über eine Erlaubnis zur Arbeitnehmerüberlassung verfügt (siehe Rn. 53).

Es wurden in der Literatur zur Konkretisierung des Begriffs »vorübergehend« bislang verschiedene Vorschläge gemacht: 19b
- Anwendung der **Drei-Monatsfrist** des § 7 Satz 2 BetrVG: Hiernach sind Leiharbeitnehmer zur Betriebsratswahl im Entleiherbetrieb wahlberechtigt, wenn sie länger als drei Monate im Betrieb eingesetzt werden und die Betriebsratswahl in den Einsatzzeitraum fällt.
- Anwendung der **Sechs-Monatsfrist** des § 1 KSchG: nach sechsmonatigem Bestehen des Arbeitsverhältnisses erwirbt ein unbefristet eingestellter Arbeitnehmer Kündigungsschutz.
- Anwendung des § 14 Abs. 1 TzBfG: Hiernach kann ein Arbeitsvertrag befristet werden, wenn ein **sachlicher Grund** vorliegt. Hieran anknüpfend wird die Auffassung vertreten, dass eine Arbeitnehmerüberlassung dann »vorübergehend« ist, wenn die befristete Einstellung eines eigenen Arbeitnehmers auf den zu besetzenden Arbeitsplatz durch einen sachlichen Grund gerechtfertigt wäre.
- Anwendung der **Zwei-Jahresfrist** des § 14 Abs. 2 TzBfG: Hiernach ist eine sachgrundlose Befristung für die Dauer von zwei Jahren möglich (diese Variante dürfte aber jedenfalls vom Wortsinn des Begriffs »vorübergehend« nicht mehr gedeckt sein).

Im **Koalitionsvertrag von CDU/CSU/SPD 2013** heißt es zum Merkmal »**vorübergehend**«:   19c
»*Wir präzisieren im AÜG die Maßgabe, dass die Überlassung von Arbeitnehmern an einen Entleiher vorübergehend erfolgt, indem wir eine Überlassungshöchstdauer von 18 Monaten gesetzlich festlegen. Durch einen Tarifvertrag der Tarifvertragsparteien der Einsatzbranche oder auf Grund eines solchen Tarifvertrags in einer Betriebs- bzw. Dienstvereinbarung können unter Berücksichtigung der berechtigten Interessen der Stammbelegschaften abweichende Lösungen vereinbart werden.*«

Referentenentwurf vom 16.11.2015 zu einem »Gesetz zur Änderung des Arbeitnehmerüberlassungsgesetzes und anderer Gesetze«

Die Befürchtung, dass der schwarz/rote Gesetzgeber ein Gesetz beschließen wird, das den Missbrauch von Leiharbeit und Werkvertragsarbeit nur unzureichend einschränkt, wird bestätigt, wenn man sich den vom Bundesministerium für Arbeit und Soziales vorgelegten **Referentenentwurf vom 16.11.2015** zu einem »**Gesetz zur Änderung des Arbeitnehmerüberlassungsgesetzes und anderer Gesetze**« anschaut.   19d

> **Hierzu nachstehend ein paar Hinweise:**
> Leiharbeitnehmer sollen künftig bis zu einer Überlassungshöchstdauer von **18 Monaten** bei einem Entleiher eingesetzt werden können.
> **Tarifverträge** der Einsatzbranche oder Betriebs- oder Dienstvereinbarungen können abweichende Regelungen enthalten. In tarifgebundenen Unternehmen sind damit längere Einsatzzeiten möglich.

In einer Neufassung des § 1 Abs. 1 und 1 b AÜG soll es u. a. heißen:
»*(1) Arbeitnehmer werden zur Arbeitsleistung überlassen, wenn sie in die Arbeitsorganisation des Entleihers eingegliedert sind und seinen Weisungen unterliegen.
Die Überlassung von Arbeitnehmern ist nur zulässig, soweit zwischen dem Verleiher und dem Leiharbeitnehmer ein Arbeitsverhältnis besteht.*

Arbeitnehmerüberlassung/Leiharbeit

Die Überlassung von Arbeitnehmern ist vorübergehend bis zu einer Überlassungshöchstdauer nach Absatz 1b zulässig.
(1b) Derselbe Leiharbeitnehmer darf nicht länger als 18 aufeinander folgende Monate demselben Entleiher überlassen werden. Der Zeitraum vorheriger Überlassungen durch denselben oder einen anderen Verleiher an denselben Entleiher ist vollständig anzurechnen, wenn zwischen den Einsätzen jeweils nicht mehr als sechs Monate liegen. In einem Tarifvertrag von Tarifvertragsparteien der Einsatzbranche oder einer auf Grund eines solchen Tarifvertrags getroffenen Betriebs- oder Dienstvereinbarung kann eine von Satz 1 abweichende Überlassungshöchstdauer festgelegt werden. Die Kirchen und die öffentlich-rechtlichen Religionsgesellschaften können von Satz 1 abweichende Überlassungshöchstdauern in ihren Regelungen vorsehen.«
Mit dieser Regelung wird die positive Rechtsprechung mehrerer Landesarbeitsgerichte **ausgehebelt**, die zu dem Merkmal »**vorübergehend**« nicht auf eine **Zeitdauer** des Einsatzes abstellen, sondern darauf, ob es sich bei dem zu besetzenden Arbeitsplatz um einen **Dauerarbeitsplatz** handelt (z. B. LAG Niedersachsen v. 19.9.2012 – 17 TaBV 22/12; LAG Berlin-Brandenburg v. 19.12.2012 – 4 TaBV 1163/12; LAG Berlin-Brandenburg v. 9.1.2013 – 15 Sa 1635/12; LAG Baden-Württemberg v. 31.7.2013 – 4 Sa 18/13 und 4 Sa 19/13; LAG Hamburg v. 29.8.2013 – 1 TaBV 3/13; LAG Baden-Württemberg v. 3.12.2014 – 4 Sa 41/14). Wenn Letzteres der Fall sei, sei der Einsatz eines Leiharbeitnehmers **unzulässig** (siehe Rn. 42c und 53).
Mit der geplanten Neuregelung können **Stammarbeitsplätze** beim Entleiher durch **Austausch** der Leiharbeitnehmer **dauerhaft** in »**Leiharbeitsplätze**« verwandelt werden, denn nach der geplanten Neufassung des § 1 Abs. 1 b AÜG darf nur »*derselbe Leiharbeitnehmer*« nicht länger als 18 aufeinander folgende Monate demselben Entleiher überlassen werden.
Eine Verlängerung der 18-monatigen Einsatzdauer durch → **Tarifvertrag** würde beispielsweise den »Tarifvertrag zur Leih-/Zeitarbeit« von 2012 in der Metallindustrie legitimieren. Dort heißt es zwar in einer Protokollnotiz: »*Leih-/Zeitarbeitnehmer sollen nach Auffassung der Tarifvertragsparteien grundsätzlich nicht regelmäßig auf Arbeitsplätzen eingesetzt werden, die im Betrieb auf Dauer angelegt sind.*« In Ziffer 2 des Tarifvertrags heißt es aber u. a.: »*Ein vorübergehender Einsatz ist beispielsweise gegeben, wenn der Einsatz zeitlich befristet wird.*« Das Ziel, die Leiharbeit auf Ausnahmesituationen zu begrenzen, wird damit zu Fall gebracht. Man braucht den Einsatz eines Leiharbeitnehmers nur zeitlich zu befristen, dann ist er tarifkonform. Damit bleibt das Tor zum unbeschränkten Einsatz von Leiharbeitnehmern in der Metallindustrie weit geöffnet. Ob sich aus der im »Tarifvertrag zur Leih-/Zeitarbeit« enthaltenen Tarifregelung, dass der Entleiher dem Leiharbeitnehmer nach 24 Monaten Überlassung ein Arbeitsvertrag angeboten werden muss (sofern nicht allerlei Ausnahmetatbestände vorliegen), eine durchgreifende Verbesserung der Lage der Leiharbeitnehmer eintritt, bleibt abzuwarten.
Leiharbeitnehmer sollen nach **neun Monaten** hinsichtlich des Arbeitsentgelts mit den Stammarbeitnehmern beim Entleiher gleichgestellt werden. Regelt ein **Tarifvertrag** eine stufenweise Heranführung des Arbeitsentgelts an Equal Pay, soll der Anspruch auf Equal Pay erst nach einer Einsatzdauer von **zwölf Monaten** bestehen.
In einem neuen § 8 AÜG soll es heißen (Auszug):
»*Grundsatz der Gleichstellung*
(1) Der Verleiher ist verpflichtet, dem Leiharbeitnehmer für die Zeit der Überlassung an den Entleiher die im Betrieb des Entleihers für einen vergleichbaren Arbeitnehmer des Entleihers geltenden wesentlichen Arbeitsbedingungen einschließlich des Arbeitsentgelts zu gewähren (Gleichstellungsgrundsatz). Werden im Betrieb des Entleihers Sachbezüge gewährt, kann ein Wertausgleich in Euro erfolgen.
(2) Ein Tarifvertrag kann vom Gleichstellungsgrundsatz abweichende Regelungen zulassen, soweit er nicht die in einer Rechtsverordnung nach § 3a Absatz 2 festgesetzten Mindeststundenentgelte unterschreitet. ...
(4) Eine abweichende tarifliche Regelung im Sinne von Absatz 2 gilt hinsichtlich des Arbeitsentgelts

Arbeitnehmerüberlassung/Leiharbeit

nur für die ersten neun Monate einer Überlassung an einen Entleiher. Abweichend von Satz 1 gilt dies für die ersten zwölf Monate einer Überlassung an einen Entleiher, wenn ein im Arbeitsverhältnis geltender Tarifvertrag nach einer Einarbeitungszeit von längstens sechs Wochen hinsichtlich des Arbeitsentgelts eine stufenweise Heranführung an den Gleichstellungsgrundsatz vorsieht.«

Künftig soll durch einige neue AÜG-Regelungen **missbräuchlichen Vertragskonstruktionen** begegnet werden, die von den Vertragsparteien zwar als **»Werkvertrag«** bezeichnet werden, tatsächlich jedoch als **Arbeitsverträge** oder **Arbeitnehmerüberlassungsverträge** ausgeführt werden.

Im **Koalitionsvertrag von CDU/CSU/SPD 2013** heißt es dazu (siehe auch → **Werkvertrag**):
»Missbrauch von Werkvertragsgestaltungen verhindern
Rechtswidrige Vertragskonstruktionen bei Werkverträgen zulasten von Arbeitnehmerinnen und -arbeitnehmern müssen verhindert werden. Dafür ist es erforderlich, die Prüftätigkeit der Kontroll- und Prüfinstanzen bei der Finanzkontrolle Schwarzarbeit zu konzentrieren, organisatorisch effektiver zu gestalten, zu erleichtern und im ausreichenden Umfang zu personalisieren, die Informations- und Unterrichtungsrechte des Betriebsrats sicherzustellen, zu konkretisieren und verdeckte Arbeitnehmerüberlassung zu sanktionieren. Der vermeintliche Werkunternehmer und sein Auftraggeber dürfen auch bei Vorlage einer Verleiherlaubnis nicht besser gestellt sein, als derjenige, der unerlaubt Arbeitnehmerüberlassung betreibt. Der gesetzliche Arbeitsschutz für Werkvertragsarbeitnehmerinnen und -arbeitnehmer muss sichergestellt werden.
Zur Erleichterung der Prüftätigkeit von Behörden werden die wesentlichen durch die Rechtsprechung entwickelten Abgrenzungskriterien zwischen ordnungsgemäßen und missbräuchlichen Fremdpersonaleinsatz gesetzlich niedergelegt.«

Man will also (nur) den **»Rechtsmissbrauch«** bekämpfen und gegen **»rechtswidrige Vertragskonstruktionen bei Werkverträgen«** vorgehen.

Man stellt aber nicht den **Austausch** »eigener« Arbeitnehmer im Wege der Fremdvergabe (Outsourcing) durch (schlechter bezahlte) Beschäftigte von Fremdfirmen in Frage.

Aber immerhin:

Bei einer **»verdeckten Arbeitnehmerüberlassung«** kann der vermeintliche Werkvertragsunternehmer nach bisheriger Rechtslage **eine Verleiherlaubnis vorhalten** und sich auf diese berufen, wenn das **Scheingeschäft** deutlich wird und der Beschäftigte geltend macht, dass ein Vertragsverhältnis mit dem Entleiher zustande gekommen ist.

Nach der Rechtsprechung des BAG soll nämlich ein solcher Anspruch nicht entstehen, wenn der vermeintliche Werkvertragsunternehmer über eine Erlaubnis zur Arbeitnehmerüberlassung verfügt (BAG v. 10.12.2013 – 9 AZR 51/13; siehe hierzu Rn. 53).

Sollte der Referentenentwurf vom 16.11.2015 Gesetz werden, stellt ein als Werkvertrag bezeichneter Vertrag, der aber **tatsächlich eine »verdeckte Arbeitnehmerüberlassung«** ist, künftig eine **illegale Arbeitnehmerüberlassung** dar. Das hat zur Folge, dass ein Arbeitsverhältnis mit dem Einsatzbetrieb zustande kommt. § 9 Nr. 1a AÜG soll dahingehend ergänzt werden, dass eine entgegen § 1 Abs. 1 Satz 5 und 6 AÜG **verdeckt** vorgenommene Arbeitnehmerüberlassung zur Folge hat, dass der Arbeitsvertrag zwischen Verleiher und Leiharbeitnehmer oder Leiharbeitnehmerin unwirksam ist. Das wiederum führt dazu, dass nach dem neuen § 10 Abs. 1 Satz 1 AÜG wie bei der unerlaubten Arbeitnehmerüberlassung (ohne Verleiherlaubnis) ein **Arbeitsverhältnis zum Entleiher fingiert** wird. Damit soll sichergestellt werden, dass sowohl der vermeintliche Werkunternehmer als auch sein Auftraggeber auch bei Vorlage einer Verleiherlaubnis nicht besser gestellt werden, als derjenige, der unerlaubt Arbeitnehmerüberlassung betreibt. Aus verfassungsrechtlichen Gründen soll der Leiharbeitnehmer dem Übergang des Arbeitsverhältnisses auf den Entleiher innerhalb einer Frist von einem Monat nach dem vorgesehenen Beginn der verdeckten Überlassung widersprechen können. Falls es im Laufe der Vertragsausführung zu einem »Umschlagen« eines angeblichen Werkvertrags in

Arbeitnehmerüberlassung/Leiharbeit

eine Arbeitnehmerüberlassung kommt, soll dieser Zeitpunkt des Umschlagens für den Beginn der verdeckten Überlassung und damit der Monatsfrist maßgeblich sein.
Mit einem neuen § 9 Nr. 1b AÜG soll die Rechtsfolge beim **Überschreiten der Überlassungshöchstdauer** nach § 1 Absatz 1b AÜG geregelt werden. In einem solchen Fall soll das Arbeitsverhältnis zwischen dem Leiharbeitnehmer und dem Verleiher ab dem Zeitpunkt **unwirksam** sein, ab dem die Überlassungshöchstdauer überschritten wird. Auch insoweit ist als Rechtsfolge durch Neufassung des § 10 Abs. 1 AÜG vorgesehen, dass ein Arbeitsverhältnis zwischen dem Entleiher und dem Leiharbeitnehmer fingiert wird. Mit diesen Regelungen soll nach der Begründung des Referentenentwurfs der Rechtsprechung des BAG zu den Rechtsfolgen einer nicht nur vorübergehenden Arbeitnehmerüberlassung Rechnung getragen werden (BAG v. 10. 12. 2013 – 9 AZR 51/13; siehe hierzu Rn. 53). Die vorgesehene Fiktion eines Arbeitsverhältnisses entspricht dem Regelungsziel, mit einer Überlassungshöchstdauer die Arbeitnehmerüberlassung auf ihre Kernfunktion zu orientieren und Beschäftigung in den Stammbelegschaften zu stärken. Dementsprechend gilt diese Rechtsfolge sowohl bei der Überschreitung der gesetzlichen Überlassungshöchstdauer von 18 Monaten als auch bei der Überschreitung einer gemäß § 1 Abs. 1b Satz 3 und 4 festgelegten Überlassungshöchstdauer. Um den verfassungsrechtlichen Ansprüchen der Leiharbeitnehmerinnen und Leiharbeitnehmer Rechnung zu tragen, ist auch insoweit ein Widerspruchsrecht vorgesehen. Die einmonatige Widerspruchsfrist beginnt mit der die Unwirksamkeit auslösenden Überschreitung der zulässigen Überlassungshöchstdauer.
Die genannten Vorschriften im Wortlaut:
§ 1 Abs. 1 Satz 5 und 6 AÜG:
»Die Überlassung von Leiharbeitnehmern ist in dem Vertrag zwischen Verleiher und Entleiher ausdrücklich als Arbeitnehmerüberlassung zu bezeichnen. Vor der Überlassung ist die Person des Leiharbeitnehmers unter Bezugnahme auf diesen Vertrag zu konkretisieren.«
§ 9 Nr. 1, 1a, 1b AÜG:
»Unwirksam sind
1. Verträge zwischen Verleihern und Entleihern sowie zwischen Verleihern und Leiharbeitnehmern, wenn der Verleiher nicht die nach § 1 erforderliche Erlaubnis hat; der Vertrag zwischen Verleiher und Leiharbeitnehmer wird nicht unwirksam, wenn der Leiharbeitnehmer schriftlich bis zum Ablauf eines Monats nach dem zwischen Verleiher und Entleiher für den Beginn der Überlassung vorgesehenen Zeitpunkt gegenüber dem Verleiher oder dem Entleiher erklärt, dass er an dem Arbeitsvertrag mit dem Verleiher festhält; tritt die Unwirksamkeit erst nach Aufnahme der Tätigkeit beim Entleiher ein, so beginnt die Frist mit Eintritt der Unwirksamkeit,.
1a. Arbeitsverträge zwischen Verleihern und Leiharbeitnehmern, wenn entgegen § 1 Absatz 1 Satz 5 und 6 die Arbeitnehmerüberlassung nicht ausdrücklich als solche bezeichnet und die Person des Leiharbeitnehmers nicht konkretisiert worden ist, es sei denn, der Leiharbeitnehmer erklärt schriftlich bis zum Ablauf eines Monats nach dem zwischen Verleiher und Entleiher für den Beginn der Überlassung vorgesehenen Zeitpunkt gegenüber dem Verleiher oder dem Entleiher, dass er an dem Arbeitsvertrag mit dem Verleiher festhält,
1b. Arbeitsverträge zwischen Verleihern und Leiharbeitnehmern mit dem Überschreiten der zulässigen Überlassungshöchstdauer nach § 1 Absatz 1b, es sei denn, der Leiharbeitnehmer erklärt schriftlich bis zum Ablauf eines Monats nach Überschreiten der zulässigen Überlassungshöchstdauer gegenüber dem Verleiher oder dem Entleiher, dass er an dem Arbeitsvertrag mit dem Verleiher festhält.«
§ 10 Rechtsfolgen bei Unwirksamkeit
»(1) Ist der Vertrag zwischen einem Verleiher und einem Leiharbeitnehmer nach § 9 unwirksam, so gilt ein Arbeitsverhältnis zwischen Entleiher und Leiharbeitnehmer zu dem zwischen dem Entleiher und dem Verleiher für den Beginn der Tätigkeit vorgesehenen Zeitpunkt als zustande gekommen; tritt die Unwirksamkeit erst nach Aufnahme der Tätigkeit beim Entleiher ein, so gilt

Arbeitnehmerüberlassung/Leiharbeit

das Arbeitsverhältnis zwischen Entleiher und Leiharbeitnehmer mit dem Eintritt der Unwirksamkeit als zustande gekommen. Das Arbeitsverhältnis nach Satz 1 gilt als befristet, wenn die Tätigkeit des Leiharbeitnehmers bei dem Entleiher nur befristet vorgesehen war und ein die Befristung des Arbeitsverhältnisses sachlich rechtfertigender Grund vorliegt. Für das Arbeitsverhältnis nach Satz 1 gilt die zwischen dem Verleiher und dem Entleiher vorgesehene Arbeitszeit als vereinbart. Im Übrigen bestimmen sich Inhalt und Dauer dieses Arbeitsverhältnisses nach den für den Betrieb des Entleihers geltenden Vorschriften und sonstigen Regelungen; sind solche nicht vorhanden, gelten diejenigen vergleichbarer Betriebe. Der Leiharbeitnehmer hat gegen den Entleiher mindestens Anspruch auf das mit dem Verleiher vereinbarte Arbeitsentgelt.

(2) Der Leiharbeitnehmer kann im Fall der Unwirksamkeit seines Vertrags mit dem Verleiher nach § 9 von diesem Ersatz des Schadens verlangen, den er dadurch erleidet, dass er auf die Gültigkeit des Vertrags vertraut. Die Ersatzpflicht tritt nicht ein, wenn der Leiharbeitnehmer den Grund der Unwirksamkeit kannte.

(3) Zahlt der Verleiher das vereinbarte Arbeitsentgelt oder Teile des Arbeitsentgelts an den Leiharbeitnehmer, obwohl der Vertrag nach § 9 unwirksam ist, so hat er auch sonstige Teile des Arbeitsentgelts, die bei einem wirksamen Arbeitsvertrag für den Leiharbeitnehmer an einen anderen zu zahlen wären, an den anderen zu zahlen. Hinsichtlich dieser Zahlungspflicht gilt der Verleiher neben dem Entleiher als Arbeitgeber; beide haften insoweit als Gesamtschuldner.«

§ 12 Abs. 1 Satz 2 AÜG:
»Wenn der Vertrag und seine tatsächliche Durchführung einander widersprechen, ist für die rechtliche Einordnung des Vertrages die tatsächliche Durchführung maßgebend.«

Der Einsatz von Leiharbeitnehmern als sogenannte **Streikbrecher** soll verboten werden (Änderung des § 11 Abs. 5 AÜG). Die geplante Vorschrift lautet:
»Der Entleiher darf Leiharbeitnehmer nicht tätig werden lassen, soweit sein Betrieb unmittelbar durch einen Arbeitskampf betroffen ist.«

Das ist an sich eine positive Regelung. Zu kritisieren ist, dass das Verbot dadurch umgangen werden kann, dass der bestreikte Arbeitgeber nicht daran gehindert wird, in Abstimmung mit dem Verleiher Streikbrecher als eigene Beschäftigte für die Laufzeit des Streiks **befristet einzustellen** (so geschehen u. a. beim »**Neupackstreik**«; siehe hierzu → **Arbeitskampf** Rn. 42a bis d).

Leiharbeitnehmer sollen bei den für die Mitbestimmung geltenden **Schwellenwerten auch beim Entleiher** mitzählen, sofern dies der Zielrichtung der jeweiligen Norm nicht widerspricht. In einer Ergänzung des § 14 Abs. 2 AÜG heißt es:
»Soweit Bestimmungen des Betriebsverfassungsgesetzes mit Ausnahme des § 112a, des Mitbestimmungsgesetzes, des Montan-Mitbestimmungsgesetzes, des Mitbestimmungsergänzungsgesetzes, des Drittelbeteiligungsgesetzes, des Gesetzes über die Mitbestimmung der Arbeitnehmer bei einer grenzüberschreitenden Verschmelzung, des Europäische Betriebsräte-Gesetzes, des SE- und des SCE-Beteiligungsgesetzes oder der aufgrund der jeweiligen Gesetze erlassenen Wahlordnungen eine bestimmte Anzahl oder einen bestimmten Anteil von Arbeitnehmern voraussetzen, sind Leiharbeitnehmer auch im Entleiherbetrieb und im Entleiherunternehmen zu berücksichtigen.«

Mit dieser Regelung wird nur das abgebildet, was die BAG-Rechtsprechung ohnehin bereits entschieden hat.

§ 80 Abs. 2 und § 92 Abs. 1 Satz 1 BetrVG sollen eine **Klarstellung** erhalten zum bereits bestehenden Informationsrecht des Betriebsrats nach § 80 Abs. 2 Satz 1 zweiter Halbsatz BetrVG über den Einsatz von Personen, die nicht im Arbeitsverhältnis zum Arbeitgeber des Betriebs stehen.

In § 80 Abs. 2 BetrVG sollen folgende Ergänzungen (Hervorhebung) aufgenommen werden:
»(2) Zur Durchführung seiner Aufgaben nach diesem Gesetz ist der Betriebsrat rechtzeitig und umfassend vom Arbeitgeber zu unterrichten; die Unterrichtung erstreckt sich auch auf die Beschäftigung von Personen, die nicht in einem Arbeitsverhältnis zum Arbeitgeber stehen **und um-**

fasst insbesondere den zeitlichen Umfang des Einsatzes, den Einsatzort und die Arbeitsaufgaben dieser Personen. Dem Betriebsrat sind auf Verlangen jederzeit die zur Durchführung seiner Aufgaben erforderlichen Unterlagen zur Verfügung zu stellen; in diesem Rahmen ist der Betriebsausschuss oder ein nach § 28 gebildeter Ausschuss berechtigt, in die Listen über die Bruttolöhne und -gehälter Einblick zu nehmen. Zu den erforderlichen Unterlagen gehören auch die Verträge, die der Beschäftigung der in Satz 1 genannten Personen zugrunde liegen.«

§ 92 Abs. 1 Satz 1 BetrVG soll folgende Ergänzung (Hervorhebung) erhalten:

»(1) Der Arbeitgeber hat den Betriebsrat über die Personalplanung, insbesondere über den gegenwärtigen und künftigen Personalbedarf sowie über die sich daraus ergebenden personellen Maßnahmen *einschließlich der geplanten Beschäftigung von Personen, die nicht in einem Arbeitsverhältnis zum Arbeitgeber stehen*, und über Maßnahmen der Berufsbildung anhand von Unterlagen rechtzeitig und umfassend zu unterrichten. Er hat mit dem Betriebsrat über Art und Umfang der erforderlichen Maßnahmen und über die Vermeidung von Härten zu beraten.«

Zu kritisieren ist, dass dem Betriebsrat Informationsrechte, aber keine Mitbestimmungsrechte bei der Fremdvergabe durch Dienst- oder Werkvertrag zugestanden werden.

Die von der **BAG-Rechtsprechung** entwickelten Kriterien zur **Abgrenzung von Dienst- oder Werkverträgen zu Arbeitsverträgen** sollen in einem neuen § 611a BGB normiert werden. Das heißt, auch insoweit bringt der Referentenentwurf nichts Neues, sondern schreibt das auf, was die Rechtsprechung bereits festgelegt hat. Die geplante Vorschrift des § 611a BGB lautet:

»*Vertragstypische Pflichten beim Arbeitsvertrag*

(1) Handelt es sich bei den aufgrund eines Vertrages zugesagten Leistungen um Arbeitsleistungen, liegt ein Arbeitsvertrag vor. Arbeitsleistungen erbringt, wer Dienste erbringt und dabei in eine fremde Arbeitsorganisation eingegliedert ist und Weisungen unterliegt. Wenn der Vertrag und seine tatsächliche Durchführung einander widersprechen, ist für die rechtliche Einordnung des Vertrages die tatsächliche Durchführung maßgebend.

(2) Für die Feststellung, ob jemand in eine fremde Arbeitsorganisation eingegliedert ist und Weisungen unterliegt, ist eine wertende Gesamtbetrachtung vorzunehmen. Dafür ist maßgeblich, ob jemand

a) *nicht frei darin ist, seine Arbeitszeit oder die geschuldete Leistung zu gestalten oder seinen Arbeitsort zu bestimmen,*
b) *die geschuldete Leistung überwiegend in Räumen eines anderen erbringt,*
c) *zur Erbringung der geschuldeten Leistung regelmäßig Mittel eines anderen nutzt,*
d) *die geschuldete Leistung in Zusammenarbeit mit Personen erbringt, die von einem anderen eingesetzt oder beauftragt sind,*
e) *ausschließlich oder überwiegend für einen anderen tätig ist,*
f) *keine eigene betriebliche Organisation unterhält, um die geschuldete Leistung zu erbringen,*
g) *Leistungen erbringt, die nicht auf die Herstellung oder Erreichung eines bestimmten Arbeitsergebnisses oder eines bestimmten Arbeitserfolges gerichtet sind,*
h) *für das Ergebnis seiner Tätigkeit keine Gewähr leistet.*

(3) Das Bestehen eines Arbeitsvertrages wird widerleglich vermutet, wenn die Deutsche Rentenversicherung Bund nach § 7a des Vierten Buches Sozialgesetzbuch insoweit das Bestehen eines Beschäftigungsverhältnisses festgestellt hat.«

Die Neuregelungen sollen am **1. 1. 2017** in Kraft treten.

Ungeachtet dessen, dass die Regelungsvorschläge des Referentenentwurfs aus Arbeitnehmersicht eine unzureichende Antwort auf den flächendeckenden Missbrauch von Leiharbeit und Werkvertragsarbeit durch die deutsche Unternehmerschaft geben, blasen die **Leiharbeitsverbände BAG** und **iGZ** sowie die **Bundesvereinigung der Deutschen Arbeitgeberverbände (BDA)** zum Halali auf das Gesetzesvorhaben. BDA-Präsident Kramer kommentierte den Entwurf als »*völlig abwegigen Eingriff in unsere Tarifautonomie*« und als einen »*Großangriff auf Hunderttausende selbständige Unternehmen*« (https://www.ig-zeitarbeit.de/presse/artikel/aueg-

Arbeitnehmerüberlassung/Leiharbeit

entwurf-auf-eis-gelegt). Die Formulierung von Kramer (»... *Eingriff in unsere Tarifautonomie*«) spricht für sich: Es ist in der Tat die »Tarifautonomie« der Arbeitgeber: Tarifverträge sollen als Instrument von Tarifdumping missbraucht werden; sie sollen Gesetze nicht zugunsten der Arbeitnehmer verbessern, sondern im Interesse der Profite der Unternehmen verschlechtern.
Bundeskanzlerin Merkel lässt sich von dem Getöse aus dem Arbeitgeberlager offenbar beeindrucken und soll den Entwurf gestoppt haben mit der Begründung, dass er über die Verabredungen im Koalitionsvertrag hinausgehe (*https://www.ig-zeitarbeit.de/presse/artikel/ueber-koalitionsvertrag-nicht-hinausgehen*).
Es ist zu befürchten, dass die aus Arbeitnehmersicht ohnehin zu kurz greifenden Regelungen des Referentenentwurfs noch weiter verwässert werden und damit die Bekämpfung des Missbrauchs von Leiharbeit und Werkvertragsarbeit unwirksam gemacht wird.

Gleichbehandlungsgebot (»equal pay« und »equal treatment«)

Zum Ausgleich für den Wegfall der bisherigen – arbeitnehmerschützenden – Verbote wurde ein gesetzliches Gleichbehandlungsgebot eingeführt (sog. »**equal pay**« und »**equal treatment**«).
Zu dem vom Bundesministerium für Arbeit und Soziales vorgelegten **Referentenentwurf vom 16.11.2015** zu einem »**Gesetz zur Änderung des Arbeitnehmerüberlassungsgesetzes und anderer Gesetze**« siehe Rn. 19d.

20

Zur bisherigen Rechtslage (Stand Dezember 2015)

Nach § 10 Abs. 4 Satz 1 AÜG (neu gefasst durch Änderungsgesetz vom 28.4.2011; siehe Rn. 1 a) muss der Verleiher dem Leiharbeitnehmer für die Zeit der Überlassung die im Entleiherbetrieb für einen vergleichbaren Arbeitnehmer des Entleihers geltenden »*wesentlichen Arbeitsbedingungen einschließlich des Arbeitsentgelts*« gewähren (z.B. Arbeitsentgelt, Arbeitszeit, Urlaub und Urlaubsgeld, Weihnachtsgeld usw.).
Soweit ein auf das Arbeitsverhältnis anzuwendender **Tarifvertrag abweichende Regelungen** trifft (siehe Rn. 5 ff. und 23 ff.), hat der Verleiher dem Leiharbeitnehmer die nach diesem Tarifvertrag geschuldeten Arbeitsbedingungen zu gewähren (§ 10 Abs. 4 Satz 2 AÜG).
Soweit ein solcher Tarifvertrag die in einer Rechtsverordnung nach § 3 a Abs. 2 AÜG festgesetzten **Mindeststundenentgelte** unterschreitet, hat der Verleiher dem Leiharbeitnehmer für jede Arbeitsstunde das im Betrieb des Entleihers für einen vergleichbaren Arbeitnehmer des Entleihers für eine Arbeitsstunde zu zahlende Arbeitsentgelt zu gewähren (§ 10 Abs. 4 Satz 3 AÜG).
Geschieht dies nicht, ist dem Verleiher die **Erlaubnis** zur Arbeitnehmerüberlassung **zu versagen** (§ 3 Abs. 1 Nr. 3 AÜG).
Eine gleichstellungswidrige Vereinbarung ist unwirksam (§ 9 Nr. 2 AÜG).
Im Falle der Unwirksamkeit der Vereinbarung nach § 9 Nr. 2 AÜG hat der Verleiher dem Leiharbeitnehmer die im Betrieb des Entleihers für einen vergleichbaren Arbeitnehmer des Entleihers geltenden wesentlichen Arbeitsbedingungen einschließlich des Arbeitsentgelts zu gewähren (§ 10 Abs. 4 Satz 4 AÜG).
Der Verleiher ist im Übrigen verpflichtet, dem Leiharbeitnehmer mindestens das in einer **Rechtsverordnung** nach § 3 a Absatz 2 AÜG für die Zeit der Überlassung und für Zeiten ohne Überlassung festgesetzte Mindeststundenentgelt zu zahlen (§ 10 Abs. 5 AÜG, eingefügt durch Gesetz vom 28.4.2011).
Der Leiharbeitnehmer kann vom Entleiher nach § 13 AÜG **Auskunft** über für einen vergleichbaren Arbeitnehmer geltenden wesentlichen Arbeitsbedingungen (einschließlich Arbeitsentgelt) **verlangen** (siehe Rn. 60).

Arbeitnehmerüberlassung/Leiharbeit

21 Während der **Zeit des Nichtverleihs** richten sich die Arbeitsbedingungen nach dem zwischen Verleiher und Leiharbeitnehmer bestehenden → **Arbeitsvertrag**.

> **Beispiel:**
> Ein Leiharbeitnehmer hat einen befristeten Arbeitsvertrag von zwei Jahren. Während dieser Zeit wird er für zwölf Monate einem Metallunternehmen überlassen, während weiterer elf Monate einem Chemieunternehmen. Im letzten Monat findet kein Verleih statt.
> In den ersten zwölf Monaten hat der Leiharbeitnehmer gegen den Verleiher mindestens Anspruch auf die im Metallunternehmen für einen vergleichbaren Arbeitnehmer gewährten (tariflichen und übertariflichen) Arbeitsbedingungen, in den folgenden elf Monaten auf die in dem Chemieunternehmen gewährten (tariflichen und übertariflichen) Arbeitsbedingungen.
> Im letzten Monat besteht Anspruch auf die mit dem Verleiher vereinbarten Bedingungen.
> Sollten die im Leiharbeitsvertrag vereinbarten Bedingungen besser sein als die Bedingungen in dem Metall- und Chemieunternehmen (was bislang nur in seltenen Fällen vorkommt; siehe Rn. 24 a), so besteht während des gesamten Zeitraums Anspruch auf die im Leiharbeitsvertrag vereinbarten Bedingungen.

Der Arbeitsvertrag zwischen Verleiher und Leiharbeitnehmer darf die in einer Rechtsverordnung nach § 3 a AÜG festgelegte **Lohnuntergrenze** (siehe Rn. 5 a) bzw. die kraft beiderseitiger Tarifgebundenheit oder aufgrund Allgemeinverbindlichkeitserklärung für das Arbeitsverhältnis geltenden Tarifverträge nicht zum Nachteil des Leiharbeitnehmers verschlechtern. Der Leiharbeitnehmer hat Anspruch auf die in diesen Regelungen festgelegten Mindestbedingungen.

21a Fällt der Leiharbeitnehmer **während eines Einsatzes** bei einem Entleiher z. B. wegen **Urlaub** oder **krankheitsbedingter Arbeitsunfähigkeit** aus, richten sich seine Vergütungsansprüche (Urlaubsentgelt und Entgeltfortzahlung im Krankheitsfalle) aufgrund des gesetzlichen Gleichbehandlungsgebots nach den beim Entleiher geltenden Konditionen (es sei denn, ein verschlechternder Leiharbeitstarifvertrag regelt etwas anderes).

21b Während des **Urlaubs** des Leiharbeitnehmers hat der Arbeitgeber (Verleiher) im Übrigen den Arbeitsverdienst weiter zu zahlen. Dieser berechnet sich gemäß § 11 Abs. 1 Satz 1 BUrlG nach dem durchschnittlichen Arbeitsverdienst, den der Arbeitnehmer in den letzten dreizehn Wochen vor dem Beginn des Urlaubs erhalten hat (Referenzzeitraum).
Dazu gehört auch eine vertraglich vereinbarte Zulage für den Einsatz bei einem Entleiher (Entleiherzulage) sowie eine für Einsätze beim Entleiher zugesagte **Schicht-und Nachtarbeitspauschale** (BAG v. 21. 9. 2010 – 9 AZR 510/09, NZA 2011, 805). § 13 Abs. 3 Satz 1 des zwischen der Tarifgemeinschaft des DGB und dem Bundesverband Zeitarbeit Personaldienstleistungen e. V. abgeschlossenen Manteltarifvertrags (MTV BZA) schließt den Anspruch auf Weiterzahlung solcher übertariflichen Vergütungsbestandteile während des Urlaubs nicht aus. Er regelt ausschließlich die urlaubsrechtliche Behandlung der tariflichen Ansprüche und weicht nicht von § 11 Abs. 1 Satz 1 BUrlG ab (BAG v. 21. 9. 2010 – 9 AZR 510/09, a. a. O.).

22 § 3 Abs. 1 Nr. 3 und § 9 Nr. 2 AÜG (a. F.), wonach das gesetzliche Gleichbehandlungsgebot nicht galt, soweit der Verleiher dem zuvor arbeitslosen Leiharbeitnehmer für die Überlassung an einen Entleiher für die Dauer von bis zu sechs Wochen mindestens ein Nettoarbeitsentgelt in Höhe des Betrages gewährt hatte, den der Leiharbeitnehmer zuletzt als → **Arbeitslosengeld** erhalten hat, wurde durch das Änderungsgesetz vom 28. 4. 2011 (siehe Rn. 5 ff.) aufgehoben.

Abweichung vom gesetzlichen Gleichbehandlungsprinzip »nach unten« durch Tarifvertrag

23 Der rot/grüne »Hartz I«-Gesetzgeber (Schröder, Clement, Fischer) hat es darüber hinaus für richtig gehalten, eine Klausel in das Gesetz einzubauen, die eine Abweichung vom gesetzlichen

Arbeitnehmerüberlassung/Leiharbeit

Gleichbehandlungsprinzip »**nach unten**« durch →**Tarifvertrag** zulässt (§ 3 Abs. 1 Nr. 3 und § 9 Nr. 2 AÜG: »*ein Tarifvertrag kann abweichende Regelungen zulassen*«).
Im Geltungsbereich eines solchen Tarifvertrages können **nicht tarifgebundene** Arbeitgeber und Arbeitnehmer die Anwendung der tariflichen Regelungen **vereinbaren** (§ 3 Abs. 1 Nr. 3 und § 9 Nr. 2 AÜG).

> **Beispiel:**
> Im Leiharbeitsvertrag wird – entsprechend einem für das Arbeitsverhältnis geltenden Tarifvertrag – ein Stundenlohn von 10 Euro vereinbart.
> In dem Betrieb des Entleihers, an den der Leiharbeitnehmer überlassen wird, gilt für die gleiche Arbeit ein Stundenlohn von 12 Euro.
> Der Leiharbeitnehmer hat dennoch nur Anspruch auf 10 Euro. Das gesetzliche Gleichstellungsgebot gilt nicht.

Mit § 3 Abs. 1 Nr. 3 und § 9 Nr. 2 AÜG in Verbindung mit den Tarifverträgen zur Leiharbeit (siehe Rn. 5 ff.) wurde das Equal-pay-Gebot **praktisch ausgeschaltet** und in das Gegenteil verkehrt. Hunderttausende Leiharbeitnehmer erhalten für gleiche Arbeit deutlich weniger Lohn als die Stammbeschäftigten.
Die **Nutznießer** der »neuen« Leiharbeit sind vor allem die Unternehmen (Verleiher und Entleiher). Vorteile für die Entleiher: weniger Personal- und Verwaltungskosten; kein Kündigungsschutz; Einstellung, Befristung und Entlassung nach Bedarf (»Heuern und Feuern nach Marktlage«).
Für die Arbeitnehmer fällt nur wenig Gutes ab. Der sog. »**Klebeeffekt**« (Übernahme der Leiharbeitnehmer durch den Entleiher) trifft nur ca. 13 Prozent der Leiharbeiter (IAB-Kurzberichte 14/2006,15/2007).
Die **Nachteile** für die Beschäftigten sind enorm. Gleiche Arbeit wird ungleich vergütet. Ein krasser Verstoß gegen das Gerechtigkeits- und Gleichbehandlungsgebot. Leiharbeit spaltet die Belegschaften und schwächt die Interessenvertretung der Arbeitnehmer (Betriebsrat, Gewerkschaft).
Besonders verheerend sind die Folgen für das **Image von Tarifverträgen / der Tarifpolitik** und damit auch für die →**Gewerkschaften**.
Im allgemeinen Verständnis ist es Sinn und Zweck von Tarifverträgen, die gesetzlichen Regelungen, die (nur) einen Mindestschutz gewährleisten, **zu verbessern** (Beispiel: nur **24 Werktage = vier Wochen** nach BurlG / **30 Arbeitstage = sechs Wochen Urlaub** nach MTV Metallindustrie), nicht aber **zu verschlechtern**.
Gerade Letzteres aber hatte der rot/grüne Gesetzgeber (Schröder, Clement, Fischer) den DGB-Gewerkschaften zugemutet. Im AÜG wurde einerseits (großzügig) das Gleichbehandlungsprinzip (»**equal pay**« und »**equal treatment**«) verankert, andererseits aber zugelassen, das Gesetz zulasten der Leiharbeitnehmer durch →**Tarifvertrag** zu verschlechtern.
Gewerkschaften wurden damit in die Rolle gedrängt, mit den Arbeitgebern zusammen – für Arbeitnehmer günstige – Gesetze auszuhebeln und Tarifverträge abzuschließen, in denen gleiche Arbeit ungleich entlohnt wird.
Damit die DGB-Gewerkschaften bei diesem Geschäft mitspielen, hat man die sog. »**Christen-Gewerkschaften**« (allen voran die CGZP; siehe Rn. 23a ff.) von der Kette gelassen, deren Treiben die DGB-Gewerkschaften veranlasst haben, ihrerseits gegen das Gebot »gleicher Lohn für gleiche Arbeit« verstoßende gleichheitswidrige Tarifverträge mit den Verleiher-Verbänden abzuschließen.
Weil diese gesetzgeberische Machenschaft zu nicht länger akzeptablen Zuständen im Bereich der Leiharbeit geführt hatte, wurde in einer späteren Neufassung der § 3 Abs. 1 Nr. 3, § 9 Nr. 2 AÜG (eingefügt durch das Änderungsgesetz vom 28. 4. 2011; siehe Rn. 1 a) geregelt, dass eine

Arbeitnehmerüberlassung/Leiharbeit

vom Equal-Pay-Gebot abweichende tarifliche Regelung nur in den Grenzen des § 3 a AÜG (**Lohnuntergrenze**) wirksam ist (siehe hierzu Rn. 5 ff.).
Die abweichende Tarifregelung gilt nicht für Leiharbeitnehmer, die in den letzten **sechs Monaten** vor der Überlassung an den Entleiher aus einem Arbeitsverhältnis bei diesem oder einem Arbeitgeber, der mit dem Entleiher einen Konzern im Sinne des § 18 Aktiengesetz bildet, **ausgeschieden** sind (sog. **Drehtürklausel**; siehe Rn. 5 ff.).

»CGZP-Tarifverträge« zur Leiharbeit

23a Viele Verleihfirmen haben **Billig-Tarifverträge** mit sogenannten »christlichen« Gewerkschaften abgeschlossen und wenden diese auf Grundlage von arbeitsvertraglichen Bezugnahmeklauseln (siehe hierzu → **Arbeitsvertrag** Rn. 16 ff.) auf alle Leiharbeitnehmer an. Eine besonders unrühmliche Rolle hat die »Tarifgemeinschaft Christliche Gewerkschaften Zeitarbeit und PSA (CGZP)« gespielt. Weil sie ihre Aufgabe darin sah, den Verleihunternehmen »Dumping-Tarifverträge« anzubieten, wurde ihre Tariffähigkeit und die Wirksamkeit der von ihr abgeschlossenen Tarifverträge seit ihrem Bestehen angezweifelt (vgl. z. B. ArbG Osnabrück v. 15. 1. 07 – 3 Ca 535/06, AuR 07, 162 und LAG Niedersachsen v. 2. 7. 07 – 16 Ta 108/07; vgl. auch Ulber, AiB 07, 705; Schindele, AuR 08, 31; Schüren, AuR 2008, 239).

Am 14. 12. 2010 hat das BAG entschieden, dass die »Tarifgemeinschaft Christlicher Gewerkschaften für Zeitarbeit und Personalserviceagenturen (CGZP)« keine Spitzenorganisation ist, die in eigenem Namen Tarifverträge abschließen kann (BAG v. 14. 12. 2010 – 1 ABR 19/10, AiB 2011, 330; Vorinstanzen: ArbG Berlin v. 1. 4. 2009 – 35 BV 17008/08; LAG Berlin-Brandenburg v. 7. 12. 2009 – 23 TaBV 1016/09).

Rechtsfolgen der BAG-Entscheidung v. 14. 12. 2010 – 1 ABR 19/10

23b Die von der CGZP mit Arbeitgebern (= Verleihunternehmen) bzw. dem Arbeitgeberverband Mittelständischer Personaldienstleister e. V. (AMP) geschlossenen »Tarifverträge« waren **unwirksam** (zur Unwirksamkeit von »Tarifverträgen« mit einer nicht tariffähigen Arbeitnehmervereinigung vgl. etwa Hessisches LAG v. 1. 8. 2005 – 16 Sa 9/05; siehe → **Gewerkschaft** und → **Tarifvertrag**).

Eine »Abweichung vom gesetzlichen Equal-Pay-Gebot nach unten« hatte damit nicht stattgefunden. Leiharbeitnehmer, deren Arbeitsverhältnisse unter einen »CGZP-Tarifvertrag« fielen, hatten damit nach dem **Equal-Pay-Gebot** gemäß § 10 Abs. 4 AÜG **Anspruch auf Lohnnachzahlung** gegen ihren Arbeitgeber (= Verleihunternehmen), wenn sie bei einem Entleiher mit einem höheren Lohnniveau eingesetzt waren (siehe Rn. 20 ff.; Musterschreiben im Anhang zu diesem Stichwort).

Um seinen Differenzanspruch beziffern zu können, gibt § 13 AÜG dem Leiharbeitnehmer einen Rechtsanspruch gegen den Entleiher, ihm auf Verlangen **Auskunft** zu geben über die für einen vergleichbaren Arbeitnehmer geltenden wesentlichen Arbeitsbedingungen (einschließlich Arbeitsentgelt) (siehe Rn. 60).

Allerdings war strittig, ob ein **rückwirkender** vergangenheitsbezogener Equal-Pay-Anspruch besteht. Das ArbG Berlin v. 30. 5. 2011 – 29 BV 13947/10 und das LAG Berlin-Brandenburg v. 9. 1. 2012 – 24 TaBV 1285/11 hatten das zutreffend bejaht. Demgegenüber hatte andere Gerichte wie z. B. das ArbG Freiburg v. 13. 4. 2011 – 3 Ca 497/10 Equal-Pay-Klageverfahren nach § 2a Abs. 1 Nr. 4 ArbGG **ausgesetzt**. Es wurde die Ansicht vertreten, dass das BAG in der Entscheidung vom 14. 12. 2010 – 1 ABR 19/10 die Tarifunfähigkeit der CGZP nur **gegenwartsbezogen** festgestellt habe. Das LAG Baden-Württemberg v. 21. 6. 2011 – 11 Ta 10/11 hatte die Entscheidung bestätigt und die Rechtsbeschwerde zugelassen, welche auch eingelegt wurde (Az. beim BAG: 1 AZB 40/11).

Arbeitnehmerüberlassung/Leiharbeit

Inzwischen hat das BAG den Streit der Gerichte beendet und klargestellt, dass **CGZP nie tariffähig** war. Deshalb könnten und müssten die bei den Arbeits- und Sozialgerichten anhängigen Verfahren, in denen sich die Tariffähigkeit der CGZP als entscheidungserhebliche Vorfrage stellt, ohne die erneute Einleitung eines Beschlussverfahrens nach § 97 ArbGG fortgeführt werden (BAG 22.5.2012 – 1 ABN 27/12 und v. 23.5.2012 – 1 AZB 58/11, NZA 2012, 623 und 1 AZB 67/11, NZA 2012, 625).

Vielen Leiharbeitnehmern haben die BAG-Entscheidungen v. 14.12.2010 und 22.5.2012 zur Tarifunfähigkeit der CGZP allerdings am Ende nichts gebracht. **23c**

Manche Klagen scheiterten an den hohen Hürden, die Gesetzgeber und Gerichte bei der Geltendmachung von Equal-Pay-Ansprüchen nach § 10 Abs. 4 AÜG in Bezug auf die **Darlegung** der Höhe der Differenzansprüche den Leiharbeitnehmern zumuten. Hierzu etwa BAG v. 13.3.2013 – 5 AZR 146/12: »*Die Darlegungslast zur Höhe des Anspruchs aus § 10 Abs. 4 AÜG trägt der Leiharbeitnehmer. Er kann seiner Darlegungslast zunächst dadurch genügen, dass er sich auf eine ihm nach § 13 AÜG erteilte Auskunft beruft und diese in den Prozess einführt. Stützt sich der Leiharbeitnehmer im Prozess nicht auf eine Auskunft nach § 13 AÜG, muss er zur Darlegung des Anspruchs auf gleiches Arbeitsentgelt alle für dessen Berechnung erforderlichen Tatsachen vortragen. Dazu gehören vorrangig die Benennung eines vergleichbaren Stammarbeitnehmers und das diesem vom Entleiher gewährte Arbeitsentgelt. Beruft sich der Leiharbeitnehmer – alternativ – auf ein allgemeines Entgeltschema, hat er nicht nur dessen Inhalt, sondern auch darzulegen, dass ein solches im Betrieb des Entleihers im Überlassungszeitraum tatsächlich Anwendung fand und wie er danach fiktiv einzugruppieren gewesen wäre.*« Immerhin hat das BAG entschieden, dass es die erste Stufe einer arbeitsvertraglichen Ausschlussfristenregelung im Leiharbeitsverhältnis zulassen muss, dass eine schriftliche Geltendmachung des Anspruchs aus § 10 Abs. 4 AÜG »**dem Grunde nach**« ausreicht (BAG v. 13.3.2013 – 5 AZR 954/11). Nur so könne gewährleistet werden, dass der Leiharbeitnehmer den Anspruch auf gleiches Arbeitsentgelt auch dann fristwahrend geltend machen kann, wenn er die Höhe des vergleichbaren Stammarbeitnehmern des Entleihers gewährten Arbeitsentgelts (noch) nicht im Einzelnen kennt.

Die meisten Equal-Pay-Klagen gegen die Verleiher scheiterten daran, dass ihre Vergütungsansprüche wegen der in den ihnen in ihren Arbeitsverträgen »untergejubelten« kurzen → **Ausschlussfristen/Verfallfristen** nach Ansicht der Gerichte verfallen waren (vgl. z.B. Sächsisches LAG v. 23.8.2011 – 1 Sa 322/11 oder LAG Nürnberg v. 21.12.2012 – 3 Sa 49/12, juris). Ihnen nutzte es wenig, dass das BAG entschied, dass der Leiharbeitnehmer die beim **Entleiher** geltenden Ausschlussfristen bei der Geltendmachung von Equal-Pay-Ansprüchen gegen den Verleiher nicht beachten müsse (BAG v. 23.3.2011 – 5 AZR 7/10). Strittig war und ist, wann die vertraglich geregelten Ausschlussfristen angefangen hatten zu laufen. Nach Ansicht etwa des LAG Berlin-Brandenburg begann eine Ausschlussfrist frühestens mit der Verkündung des Beschlusses des BAG v. 14.12.2010 (LAG Berlin-Brandenburg v. 20.9.2011 – 7 Sa 1318/11). Andere Gerichte – z.B. LAG Nürnberg v. 21.12.2012 – 3 Sa 49/12 – hatten zugunsten der Verleihfirmen angenommen, dass eine Ausschlussfrist bereits mit Bekanntwerden der Entscheidung des Landesarbeitsgerichts Berlin-Brandenburg vom 7.12.2009 – 23 TaBV 1060/09 (= Vorinstanz zu BAG v. 14.12.2010) ausgelöst wurde.

Lesenswert ist z.B. LAG Nürnberg v. 21.12.2012 – 3 Sa 49/12: »*Der Beklagten ist es nicht nach Treu und Glauben verwehrt, sich auf den Ablauf der arbeitsvertraglichen Ausschlussfrist zu berufen. Es war dem Kläger nicht unzumutbar, seine Ansprüche jedenfalls innerhalb von drei Monaten nach Fälligkeit des letzten Entgeltanspruchs oder spätestens drei Monate nach Bekanntwerden der Entscheidung des Landesarbeitsgerichts Berlin-Brandenburg vom 07.12.2009, 23 TaBV 1060/09 geltend zu machen. Spätestens seit dieser Entscheidung, in der als Vorinstanz zur Entscheidung des BAG vom 10.12.2010 der CGZP die Tariffähigkeit abgesprochen wurde, durfte niemand mehr auf die Wirksamkeit der in Bezug genommenen Tarifverträge vertrauen. Bereits seit dieser Entscheidung hätte dem Kläger klar sein müssen, dass unter anderem die im Arbeitsvertrag*

Arbeitnehmerüberlassung/Leiharbeit

in Bezug genommenen Tarifverträge zwischen der A... und der C... wegen der Tarifunfähigkeit unwirksam sein können (Sächsisches LAG vom 23.08.2011, 1 Sa 322/11, Rz. 45 zitiert nach juris; LAG Düsseldorf vom 08.12.2011, 11 Sa 852/11, Rz. 50 zitiert nach juris; anderer Ansicht LAG Brandenburg vom 20.09.2011, 7 Sa 1918/11).« Dass man den Leiharbeitnehmern zumutet, die Rechtsprechung der Gerichte der Arbeitsgerichtsbarkeit zu verfolgen, um eine dreimonatige Ausschlussfrist einzuhalten, benachteiligt diese unangemessen.

23d Falls in den Leiharbeitsverträgen ausnahmsweise keine vertraglichen → **Ausschlussfristen/Verfallfristen** vorgesehen waren, unterlagen Equal-Pay-Ansprüche der gesetzlichen **dreijährigen Verjährungsfrist** nach § 195 BGB (siehe → **Verjährung**). Auch hier war in den CGZP-Fällen der Beginn der Verjährung umstritten. Nach § 199 Abs. 1 BGB beginnt die Verjährung mit dem Schluss des Kalenderjahres, in dem der Anspruch entstanden ist und der Arbeitnehmer von den anspruchsbegründenden Umständen Kenntnis erlangt oder ohne grobe Fahrlässigkeit erlangen müsste. Mit Blick hierauf wurde die Ansicht vertreten, dass die Verjährungsfrist erst mit dem Zeitpunkt der CGZP-Entscheidung des BAG v. 14.12.2010 – 1 ABR 19/10 beginnt (Peter Schüren, personalmagazin 05/11).

23e Auch den **Sozialversicherungsträgern** (Renten-, Arbeitslosen-, Kranken-, Pflege und Unfallversicherung) standen und stehen Zahlungsansprüche gegen die CGZP-Verleihunternehmen zu, weil zu niedrige Entgelte gezahlt und damit zu niedrige Beiträge abgeführt wurden. Nach § 25 Abs. 1 SGB IV gilt eine **Verjährungsfrist** von **vier Jahren**. Das Volumen der Nachforderung beläuft sich laut Schätzungen auf etwa 600 Millionen Euro pro Jahr. Inzwischen haben die Deutsche Rentenversicherung (schon Ende 2010) und nunmehr auch die Spitzenverbände der Sozialversicherung Zahlungsansprüche gegen die »CGZP-Verleiher« geltend gemacht (*http://www.haufe.de/sozialversicherung/newsDetails?id=1300692854.26*).

23f Auch die **Entleiherfirmen** können zur Kasse gebeten werden, wenn der Einzug der Sozialversicherungsbeiträge bei den CGZP-Verleihfirmen erfolglos bleibt (sog. Subsidiärhaftung nach § 28e Abs. 2 SGB IV). Entsprechendes gilt für die Beiträge zur Berufsgenossenschaft (§ 150 SGB VII) und Lohnsteuer (§ 42d Einkommensteuergesetz).

DGB-Tarifverträge zur Leiharbeit

24 Um den Leiharbeitnehmern eine Alternative zu dem von den »Christen-Gewerkschaften« betriebenen Lohndumping zu bieten, haben die **DGB-Gewerkschaften** in einer für die Leiharbeit gebildeten **Tarifgemeinschaft** mit dem Interessenverband Deutscher Zeitarbeitsunternehmen (iGZ) sowie dem Bundesverband Zeitarbeit Personal/Dienstleistungen e.V. (BZA) diverse **Tarifverträge zur Leiharbeit** vereinbart (u.a. Manteltarifverträge, Entgeltrahmentarifverträge, Entgelttarifverträge).

> **Hinweis:**
> Im Frühjahr 2011 hat sich der Arbeitgeberverband Mittelständischer Personaldienstleister e.V. (AMP) mit dem Bundesverband Zeitarbeit Personal-Dienstleistungen e.V. (BZA) zum »Bundesarbeitgeberverband der Personaldienstleister« (BAP) zusammengeschlossen (Pressemeldung der BAP vom 14.4.2011). BAP und iGZ haben am 22.2.2012 einen Vertrag über die Verhandlungsgemeinschaft Zeitarbeit (VGZ) geschlossen (*http://ig-zeitarbeit.de/taxonomy/term/6320*).

Weil der **gewerkschaftliche Organisationsgrad** bei Leiharbeitnehmern und damit die Durchsetzungskraft allerdings vergleichsweise gering sind, hat das zwangsläufig nachteilige Auswirkungen auf den Inhalt dieser Tarifverträge. Diese liegen deutlich **unter dem Niveau** mancher Branchentarifverträge, die für die Einsatzbetriebe gelten (z.B. Metall- und Elektroindustrie). Immerhin sind z.B. in der IG Metall aktuell etwa 43 000 Leiharbeitnehmer organisiert (Stand: 2013).

Arbeitnehmerüberlassung/Leiharbeit

Zu den in einigen Branchen zwischen DGB-Gewerkschaften und den Leiharbeitsverbänden Bundesarbeitgeberverband der Personaldienstleister (BAP) und Interessengemeinschaft Zeitarbeit (iGZ) abgeschlossenen Tarifverträgen über **Branchenzuschläge**, die die Verleiher zusätzlich zum tariflichen Grundentgelt an die Leiharbeitnehmer zu zahlen haben, siehe Rn. 5 d. 24a

Inzwischen haben Gewerkschaften und Betriebsräte in vielen **Entleiherunternehmen** tarifvertragliche bzw. betriebliche Regelungen gefordert, die darauf abzielen, die Leiharbeit zum einen durch eine **Quote** zu begrenzen und zum anderen das gesetzliche Gleichbehandlungsgebot (»**equal pay**« »**und equal treatment**«) wieder zu verankern. 24b

Beispiele:
- Firmentarifvertrag zwischen Airbus Deutschland GmbH und IG Metall vom 1.4.2003 (»Zusatztarifvertrag LAK«): Airbus verpflichtet sich, in den Verträgen mit den zahlreichen Verleihern sicherzustellen, dass die bei diesen beschäftigten Leiharbeitnehmer ab Beginn des vierten Einsatzmonats – wie die Stammmitarbeiter – nach den Bedingungen der Tarifverträge für die Metall- und Elektroindustrie beschäftigt und vergütet werden.
- Firmentarifvertrag zwischen dem Gabelstaplerhersteller Still GmbH (Hamburg) und der IG Metall vom 13.12.2007: das Unternehmen verpflichtet sich, nur noch mit Verleihern zusammenzuarbeiten, die die Leiharbeitnehmer während des Einsatzes ab dem ersten Einsatztag bei der Still GmbH nach Metalltarif entlohnen. Außerdem verpflichtet sich das Unternehmen, den Einsatz von Leiharbeitnehmern zu reduzieren und ab 1.1.2009 auf maximal sechs Monate zu befristen.
- Vereinbarung (»die zugleich Tarifvertrag ist«) zwischen den Hüttenwerken Krupp Mannesmann GmbH (HKM), Betriebsrat und IG Metall vom 19.12.2007: Die Anzahl der eingesetzten Leiharbeitnehmer wird bis zum 1.1.2011 auf eine Richtgröße von 100 Personen begrenzt; außerdem wird eine weitgehende Gleichbehandlung der eingesetzten Leiharbeitnehmer mit den Stammbeschäftigten festgelegt. Das Unternehmen verpflichtet sich, in den Verträgen mit den Verleihfirmen sicherzustellen, dass die vereinbarten – den Stammbeschäftigten zustehenden – betrieblichen und tariflichen (Manteltarifvertrag-Stahlindustrie) Leistungen an die Leiharbeitnehmer erbracht werden. Ein direkter Anspruch der Leiharbeitnehmer gegen die HKM wird ausgeschlossen.

Am 30.09.2010 hat die IG Metall mit dem Arbeitgeberverband Stahl e.V. einen neuen Tarifvertrag über Entgelte und Ausbildungsvergütungen für die ca. 85 000 Beschäftigten der **Stahlindustrie** in Nordrhein-Westfalen, Bremen und in Niedersachsen abgeschlossen (später auch in anderen Tarifgebieten der Stahlindustrie). Für die etwa 3000 Leiharbeitnehmer, die in den vom Tarifvertrag erfassten Stahlunternehmen eingesetzt sind, wurde vereinbart, dass sie ab dem 01.01.2011 den gleichen Lohn wie vergleichbare Arbeitnehmer der Stammbelegschaft erhalten sollen (Quelle: *www.fr-online.de/wirtschaft/durchbruch-bei-leiharbeit.html*). 24c

Es existieren auch auf ein Unternehmen bezogene Tarifverträge zwischen Gewerkschaft und Verleiher. 25

Beispiel:
- Tarifvertrag zwischen IG Metall und der Zeitarbeitsfirma Adecco Personaldienstleistungen GmbH vom 21.8.2007 für die bei der Audi AG eingesetzten Leiharbeitnehmer: Adecco verpflichtet sich, Leiharbeitnehmern eine Vergütung zu zahlen, die über das in den Tarifverträgen zwischen dem Bundesverband Zeitarbeit Personal-Dienstleistungen e.V. (BZA) und der DGB-Tarifgemeinschaft geregelte Niveau hinausgeht.

Schließlich kennt die Praxis »equal pay« – Vereinbarungen in Form »**dreiseitiger Tarifverträge**« zwischen Verleihfirma, Entleiher und Gewerkschaft. 26

Arbeitnehmerüberlassung/Leiharbeit

Beispiel:
- Tarifvertrag zwischen der IG Metall und dem Verleihunternehmen HS Personaldienstleistungen GmbH sowie der (Entleih-) Firma SAKTHI Germany GmbH und vom 11.9.2007: es gelten beim Einsatz von Leiharbeitnehmern im Verhältnis zwischen der Verleihfirma und den Leiharbeitnehmern für die Zeit des Einsatzes die Tarifverträge der Metall- und Elektroindustrie. Die SAKTHI Germany GmbH verpflichtet sich, die dadurch entstehenden Mehrkosten an die Verleihfirma auszugleichen.

27 In manchen Entleiherunternehmen kamen **Vereinbarungen zwischen Arbeitgeber und Betriebsrat** zustande.

Beispiele:
- BMW AG: Nach einer Vereinbarung zwischen dem Vorstand der BMW AG und Gesamtbetriebsrat vom 27.11.2007 sollen nur noch solche Verleiher beauftragt werden, die sich beim laufenden Entgelt der bei BMW eingesetzten Leiharbeitnehmer an den Grundentgelten der Metalltarifverträge orientieren.
- Ford-Werke AG: In einer Gesamt-Betriebsvereinbarung vom 17.7.2003 wurde die Anzahl der Leiharbeitnehmer auf eine Quote von 3 % der regelmäßig im Produktionsbereich tätigen Ford-Beschäftigten begrenzt. Außerdem wurde festgelegt, dass Ford nur mit Verleihfirmen zusammenarbeitet, die den Tarifverträgen zwischen dem Bundesverband Zeitarbeit Personal-Dienstleistungen e.V. (BZA) und der DGB-Tarifgemeinschaft (vgl. Rn. 24) unterliegen. Ergänzend hierzu sagte Ford zu, diese Verleihfirmen vertraglich dazu zu verpflichten, die Leiharbeitnehmer während ihres Einsatzes bei Ford nach den Tarifverträgen der Metall- und Elektroindustrie einzugruppieren und zu vergüten.

28 Die **tarifpolitischen Anstrengungen** der DGB-Gewerkschaften auf dem Gebiet der Leiharbeit werden letztlich nur dann Erfolg haben,
- wenn es ihnen gelingt, deutlich mehr Leiharbeitnehmer als Mitglieder zu gewinnen und damit Verhandlungsmacht zu entfalten
- und wenn die bei den Entleihern bestehenden Betriebsräte die Bekämpfung der niedrig bezahlten Leiharbeit ganz oben auf die Tagesordnung der Betriebsratsarbeit setzen (siehe hierzu Rn. 46 a).

Die IG Metall führt seit Ende 2007 eine groß angelegte **Kampagne** »Gleiches Geld für gleiche Arbeit« durch.
Vor allem die **Betriebsräte der Entleiher** sind aufgefordert, dazu beizutragen, dass dieses Ziel realisiert wird.

Entscheidung über die Wirksamkeit einer Allgemeinverbindlicherklärung oder einer Rechtsverordnung (§ 98 ArbGG)

28a Nach § 2a Abs. 1 Nr. 5 ArbGG sind die **Gerichte für Arbeitssachen** ausschließlich zuständig für die Entscheidung über die Wirksamkeit einer Allgemeinverbindlicherklärung nach § 5 TVG, einer Rechtsverordnung nach § 7 oder § 7a AEntG und einer **Rechtsverordnung nach § 3a AÜG** (siehe Rn. 5 d).
Es findet das **Beschlussverfahren** statt (§ 2a Abs. 2 ArbGG).
Für das Verfahren ist das **Landesarbeitsgericht** zuständig, in dessen Bezirk die Behörde ihren Sitz hat, die den Tarifvertrag für allgemeinverbindlich erklärt hat oder die Rechtsverordnung erlassen hat (§ 98 Abs. 2 ArbGG).
§ 98 Abs. 1 ArbGG n. F. stellt klar, dass das Verfahren eingeleitet wird auf **Antrag**
- jeder natürlichen oder juristischen Person oder
- einer Gewerkschaft oder einer Vereinigung von Arbeitgebern,

die nach Bekanntmachung der Allgemeinverbindlicherklärung oder der Rechtsverordnung

geltend macht, durch die Allgemeinverbindlicherklärung oder die Rechtsverordnung oder deren Anwendung **in ihren Rechten verletzt** zu sein oder in absehbarer Zeit verletzt zu werden.
Der rechtskräftige Beschluss über die Wirksamkeit einer Allgemeinverbindlicherklärung oder einer Rechtsverordnung **wirkt für und gegen jedermann** (§ 98 Abs. 4 Satz 1 ArbGG).
Eine **Wiederaufnahme des Verfahrens** findet auch dann statt, wenn die Entscheidung über die Wirksamkeit einer Allgemeinverbindlicherklärung oder einer Rechtsverordnung darauf beruht, dass ein Beteiligter absichtlich unrichtige Angaben oder Aussagen gemacht hat (§ 98 Abs. 5 Satz 1 ArbGG). § 581 der Zivilprozessordnung findet keine Anwendung (§ 98 Abs. 5 Satz 2 ArbGG).
Hängt die Entscheidung eines Rechtsstreits davon ab, ob eine Allgemeinverbindlicherklärung oder eine Rechtsverordnung wirksam ist, so hat das Gericht das Verfahren bis zur Erledigung des Beschlussverfahrens nach § 2a Absatz 1 Nr. 5 ArbGG **auszusetzen** (§ 98 Abs. 6 Satz 1 ArbGG). In einem solchen Fall sind die Parteien des Rechtsstreits auch im Beschlussverfahren nach § 2a Absatz 1 Nr. 5 ArbGG **antragsberechtigt** (§ 98 Abs. 6 Satz 2 ArbGG).

Bedeutung für die Betriebsratsarbeit

Leiharbeitnehmer sind im **Verleiherbetrieb** wahlberechtigt und wählbar. 29
Im **Entleiherbetrieb** sind sie wahlberechtigt, wenn sie **länger als drei Monate** im Betrieb eingesetzt werden und die Betriebsratswahl in dem Einsatzzeitraum fällt (§ 7 Satz 2 BetrVG; vgl. auch § 14 Abs. 2 Satz 1 AÜG).

Leiharbeitnehmer zählen im Entleiherbetrieb 30

Leiharbeitnehmer sind bei der für die **Größe des Betriebsrats** maßgeblichen Anzahl der Arbeitnehmer eines Betriebs grundsätzlich zu berücksichtigen (BAG v. 13.3.2013 – 7 ABR 69/11, Pressemitteilung des BAG Nr. 18/13). Das Gericht hat damit – zu Recht – seine bisher anderslautende Rechtsprechung (BAG v. 16.4.2003 – 7 ABR 53/02, AiB 2004, 113) aufgegeben.
Auszug aus Pressemitteilung des BAG Nr. 18/13: »*Nach § 9 Satz 1 BetrVG richtet sich die Zahl der Mitglieder des Betriebsrats nach der Anzahl der im Betrieb in der Regel beschäftigten Arbeitnehmer. Bei 5 bis 100 Arbeitnehmern kommt es darüber hinaus auch auf die Wahlberechtigung an. Ab 101 Arbeitnehmern nennt das Gesetz diese Voraussetzung nicht mehr. In Betrieben mit in der Regel 701 bis 1000 Arbeitnehmern besteht der Betriebsrat aus 13 Mitgliedern, in Betrieben mit in der Regel 1001 bis 1500 Arbeitnehmern aus 15 Mitgliedern. Wie der Siebte Senat des Bundesarbeitsgerichts unter Aufgabe seiner früheren Rechtsprechung entschieden hat, zählen in der Regel beschäftigte Leiharbeitnehmer bei den Schwellenwerten des § 9 BetrVG im Entleiherbetrieb mit. Das ergibt die insbesondere an Sinn und Zweck der Schwellenwerte orientierte Auslegung des Gesetzes. Jedenfalls bei einer Betriebsgröße von mehr als 100 Arbeitnehmern kommt es auch nicht auf die Wahlberechtigung der Leiharbeitnehmer an. Anders als in den Vorinstanzen hatte daher beim Bundesarbeitsgericht die Anfechtung einer Betriebsratswahl durch 14 Arbeitnehmer Erfolg. In ihrem Betrieb waren zum Zeitpunkt der angefochtenen Wahl neben 879 Stammarbeitnehmern regelmäßig 292 Leiharbeitnehmer beschäftigt. Der Wahlvorstand hatte die Leiharbeitnehmer bei der Wahl nicht berücksichtigt und einen 13-köpfigen Betriebsrat wählen lassen. Unter Einbeziehung der Leiharbeitnehmer wäre dagegen ein 15-köpfiger Betriebsrat zu wählen gewesen.*«

Arbeitnehmerüberlassung/Leiharbeit

30a
> **Beachten:**
> Es ist davon auszugehen, dass die neue BAG-Rechtsprechung auch auf die Bestimmung der Zahl der nach § 38 BetrVG **freizustellenden Betriebsratsmitglieder** (siehe → **Freistellung von Betriebsratsmitgliedern**) zu übertragen ist, sodass die bisherige entgegenstehende Rechtsprechung (BAG v. 22.10.2003 – 7 ABR 3/03, AiB 2004, 239) nicht mehr zur Anwendung kommt. Betriebsräte in Entleiherbetrieben, in denen Leiharbeitnehmer eingesetzt sind, sollten daher – wenn diese bei der Bestimmung der Zahl der Freistellungen nicht berücksichtigt worden sind – entsprechende weitere Freistellungen beschließen.

Inzwischen hat z.B. das LAG Rheinland-Pfalz zutreffend entschieden, dass bei der Ermittlung der Zahl der in der Regel beschäftigten Arbeitnehmer nach § 38 Abs. 1 BetrVG vom Arbeitgeber regelmäßig eingesetzte **Leiharbeitnehmer zu berücksichtigen** sind (LAG Rheinland-Pfalz v. 14. 7. 2015 – 8 TaBV 34/14; Rechtsbeschwerde eingelegt: BAG – 7 ABR 51/15).

30b Auch bei der Ermittlung der maßgeblichen Unternehmensgröße im Falle einer → **Betriebsänderung** (»mehr als 20 in der Regel beschäftigte wahlberechtigte Arbeitnehmer«) sind Leiharbeitnehmer, die länger als drei Monate im Unternehmen eingesetzt sind, mitzuzählen (BAG v. 18. 10. 2011 – 1 AZR 335/10, NZA 2012, 221).

30c Bei der Berechnung der für die Anwendung des **Kündigungsschutzgesetzes** maßgeblichen Betriebsgröße sind im Betrieb beschäftigte Leiharbeitnehmer zu berücksichtigen, wenn ihr Einsatz auf einem »in der Regel« vorhandenen Personalbedarf beruht. (BAG v. 24. 1. 2013 – 2 AZR 140/12).

30d Das BAG hat durch eine Entscheidung zur **Aufsichtsratswahl** (siehe → **Unternehmensmitbestimmung**) in einem Entleiher-Unternehmen nach dem Mitbestimmungsgesetz 1976 (MitbestG) klargestellt, dass **wahlberechtigte Leiharbeitnehmer auf Stammarbeitsplätzen** für den Schwellenwert von in der Regel mehr als 8.000 Arbeitnehmern **mitzuzählen** sind, ab dessen Erreichen die Wahl der Aufsichtsratsmitglieder der Arbeitnehmer grundsätzlich nicht mehr als **unmittelbare Wahl**, sondern als **Delegiertenwahl** durchzuführen ist (BAG v. 4. 11. 2015 – 7 ABR 42/13).

Das BAG hat offen gelassen, ob Leiharbeitnehmer auch bei anderen Schwellenwerten der Unternehmensmitbestimmung in die Berechnung einbezogen werden müssen.

> **Hinweis:**
> Nach § 9 Abs. 1 MitbestG werden die Aufsichtsratsmitglieder der Arbeitnehmer eines Unternehmens mit in der Regel **mehr als 8.000 Arbeitnehmern durch Delegierte gewählt**, sofern nicht die wahlberechtigten Arbeitnehmer die unmittelbare Wahl beschließen.

§ 9 Abs. 2 MitbestG bestimmt, dass die Wahl in Unternehmen mit in der Regel **nicht mehr als 8.000 Arbeitnehmern in unmittelbarer Wahl** erfolgt, sofern nicht die wahlberechtigten Arbeitnehmer die Wahl durch Delegierte beschließen.

31 Der Arbeitgeber hat den Betriebsrat nach § 80 Abs. 2 Satz 1 (2. Halbsatz) BetrVG auch über die Beschäftigung von solchen Personen **zu unterrichten**, die nicht in einem Arbeitsverhältnis zum Arbeitgeber stehen: z.B. Leiharbeitnehmer, Fremdfirmenpersonal, Arbeitnehmer eines anderen Konzernunternehmens, arbeitnehmerähnliche Personen und freie Mitarbeiter.
Der Betriebsrat hat hierdurch die Möglichkeit, **zu prüfen**, ob er für dieses Personal zuständig ist und ob ihm ggf. Mitwirkungs- oder Mitbestimmungsrechte zustehen.

32 Gemäß § 14 Abs. 3 AÜG ist der Betriebsrat des Entleiherbetriebs bei der → **Einstellung** von Leiharbeitnehmern nach § 99 BetrVG zu beteiligen (siehe Rn. 42 a ff.).

33 Die Rechtsprechung hatte schon frühzeitig klargestellt, dass § 14 Abs. 3 AÜG entsprechende Anwendung findet auf die **nicht gewerbsmäßige Arbeitnehmerüberlassung** und die **unerlaubte Arbeitnehmerüberlassung** (BAG v. 28.9.1988 – 1 ABR 85/87, AiB 1989, 222).
Hatte also beispielsweise der Verleiher keine Erlaubnis der Bundesagentur für Arbeit nach § 1

Arbeitnehmerüberlassung/Leiharbeit

Abs. 1 Satz 1 AÜG, konnte der Betriebsrat des Entleiherbetriebs nach § 99 Abs. 2 Nr. 1 BetrVG die Zustimmung zur Einstellung des Leiharbeitnehmers im Entleiherbetrieb verweigern (Verstoß gegen ein gesetzliches Verbot).

Beachten:
Durch Änderungsgesetz vom 28.4.2011 wurde dieser Rechtsprechung Rechnung getragen und der Geltungsbereich des AÜG mit Wirkung ab 1.12.2011 auf die **nicht gewerbsmäßige Arbeitnehmerüberlassung** ausgeweitet (siehe Rn. 5 ff.)

§ 14 Abs. 3 AÜG gilt nur, soweit es sich um **echte »Leiharbeitnehmer«** handelt. **34**
Nicht alle Arbeitnehmer, die von einem anderen Unternehmen in den Einsatzbetrieb entsandt werden, sind jedoch **»Leiharbeitnehmer«** im Sinne des AÜG.
Es kann sich auch um **»Fremdfirmenarbeitnehmer«** handeln, die bei einem Unternehmen – **35** der Fremdfirma – angestellt sind, das mit dem auftraggebenden Unternehmen (= Einsatzbetrieb) einen → **Dienstvertrag** oder → **Werkvertrag** (siehe auch Rn. 4) abgeschlossen hat. Auf Grundlage eines solchen Vertrages werden sie dann im Betrieb des auftraggebenden Unternehmens eingesetzt.
Grundsätzlich steht dem Betriebsrat des Einsatzbetriebs bei der Beschäftigung vom Fremdpersonal dann kein Mitbestimmungsrecht nach § 99 BetrVG zu, wenn der Einsatz auf Grundlage eines »typischen / echten« Werkvertragsverhältnisses (siehe Rn. 4) erfolgt.
Etwas anderes gilt, wenn es sich um ein »atypisches« Werkvertragsverhältnis handelt, bei dem der eingesetzte »Fremdfirmenarbeitnehmer« Weisungen nicht nur von seinem Arbeitgeber (dem Werkunternehmer), sondern auch vom Werkbesteller (= Einsatzbetrieb) erhält bzw. erhalten soll.
Nach der ständigen Rechtsprechung des Bundesarbeitsgerichts liegt eine → **Einstellung** nach § 99 Abs. 1 BetrVG vor, wenn Personen in den Betrieb **eingegliedert** werden, um zusammen mit den dort schon beschäftigten Arbeitnehmern dessen arbeitstechnischen Zweck durch weisungsgebundene Tätigkeit zu verwirklichen (BAG v. 2.10.2007 – 1 ABR 60/06, AiB 2008, 225; 13.12.2005 – 1 ABR 51/04, AiB 2007, 52; 12.11.2002 – 1 ABR 60/01, AiB 2005, 188; 18.10.1994 – 1 ABR 9/94, NZA 1995, 281).
Auf das Rechtsverhältnis, in dem diese Personen zum Betriebsinhaber stehen, kommt es nicht an (BAG v. 2.10.2007 – 1 ABR 60/06, a.a.O.; 13.12.2005 – 1 ABR 51/04, a.a.O.; 12.11.2002 – 1 ABR 60/01, a.a.O.; 18.10.1994 – 1 ABR 9/94, a.a.O.). Das Rechtsverhältnis zum Betriebsinhaber kann z.B. ein Arbeitsverhältnis (siehe → **Arbeitsvertrag**), ein Dienstvertragsverhältnis (siehe → **Dienstvertrag**) oder vereinsrechtlicher Art sein. Es kann sogar ganz fehlen – wie z.B. im Falle von Arbeitnehmerüberlassung/Leiharbeit oder bei einem Einsatz im Rahmen eines Werkvertragsverhältnisses zwischen Betriebsinhaber und Fremdfirma (siehe → **Werkvertrag**).
Maßgebend ist, ob die zu verrichtenden Tätigkeiten **ihrer Art nach weisungsgebunden** und dazu bestimmt sind, der Verwirklichung des arbeitstechnischen Zwecks des Betriebs zu dienen, so dass sie vom Betriebsinhaber organisiert werden müssen. Ob den betreffenden Personen tatsächlich Weisungen hinsichtlich dieser Tätigkeiten gegeben werden – und ggf. von wem – ist unerheblich. Die Personen müssen derart in die Arbeitsorganisation des Betriebs eingegliedert werden, dass der Betriebsinhaber die für eine weisungsabhängige Tätigkeit typischen Entscheidungen auch über **Zeit und Ort der Tätigkeit** zu treffen hat. Er muss in diesem Sinne **Personalhoheit** besitzen und damit wenigstens einen Teil der Arbeitgeberstellung gegenüber den betreffenden Personen wahrnehmen (BAG v. 2.10.2007 – 1 ABR 60/06, a.a.O.; 13.12.2005 – 1 ABR 51/04, a.a.O.; 12.11.2002 – 1 ABR 60/01, a.a.O.; 18.10.1994 – 1 ABR 9/94, a.a.O.).
Eine Eingliederung in diesem Sinne ist nur dann zu verneinen (und damit auch ein Mitbe-

Arbeitnehmerüberlassung/Leiharbeit

stimmungsrecht des Betriebsrats nach § 99 BetrVG), wenn allein die Fremdfirma (mit der der Arbeitnehmer einen Arbeitsvertrag abgeschlossen hat) die für ein Arbeitsverhältnis typischen Entscheidungen in Bezug auf Zeit und Ort des Arbeitseinsatzes zu treffen hat (BAG v. 9.7.1991 – 1 ABR 45/90, AiB 1992, 356; 18.10.1994 – 1 ABR 9/94, NZA 1995, 281). Das ist bei einem »typischen / echten« Werkvertrag der Fall (siehe Rn. 4).

Demgegenüber geht bei dem »atypischen« Werkvertragsverhältnis ein **Teil der Arbeitgeberstellung** auf den Inhaber des Einsatzbetriebes über, so dass von einer Eingliederung und damit mitbestimmungspflichtigen → **Einstellung** auszugehen ist (BAG v. 13.12.2005 – 1 ABR 51/04, AiB 2007, 52).

36 Letztlich also hat der Betriebsrat bei der geplanten Beschäftigung von Fremdpersonal zu prüfen, ob ein Eingliederungstatbestand gegeben ist oder nicht.

37 Für eine mitbestimmungspflichtige **Eingliederung** in den Betrieb spricht (beispielsweise), wenn das Fremdfirmenpersonal
- der Aufsicht und den Arbeitsanweisungen der Mitarbeiter bzw. Vorgesetzten des Einsatzbetriebs unterworfen ist;
- den konkreten Arbeitsort innerhalb der Betriebsorganisation vom Einsatzbetrieb zugewiesen bekommt;
- in die Arbeitszeitregelungen, insbes. Schichtpläne, Rolliersysteme, Pausenregelung, eingebunden ist;
- die Zeiterfassungsgeräte des Einsatzbetriebes benutzt bzw. Stundenzettel vom Einsatzbetrieb abgezeichnet werden;
- mit Material, Werkzeugen, Maschinen und sonstigen Arbeitsmitteln des Einsatzbetriebs arbeitet;
- mit dem Stammpersonal des Einsatzbetriebes »vermischt« zusammenarbeitet und praktisch die gleichen Arbeiten verrichtet wie das Personal des Einsatzbetriebs (z.B. Gruppenarbeit, Arbeit am Band, Verkauf von Waren in einem Kaufhaus durch eigene Mitarbeiter/Innen und sog. Propagandisten/Innen);
- stets wiederkehrende und regelmäßig auszuführende Wartungs- und Reinigungsarbeiten ausführt, die von dem arbeitstechnischen Zweck des Einsatzbetriebs nicht getrennt werden können und bei Produktionsstillstand außerhalb der Schichtzeiten stattfinden;
- vom Einsatzbetrieb angelernt bzw. weiterqualifiziert wird;
- verpflichtet ist, Arbeitsunfähigkeit dem Einsatzbetrieb anzuzeigen.

38 Auch das **Fehlen eigener Produktionsmittel** und eines **spezifischen Know-hows** der Fremdfirma oder Abrechnung auf Stundenbasis unter Zugrundelegung der im Betrieb einschlägigen Tarifverträge spricht für zustimmungspflichtige Eingliederung des Fremdpersonals.

39 Die vorstehenden Kriterien können auch dann herangezogen werden, wenn es sich bei der betriebsfremden Person z.B. um einen angeblich **Selbständigen** (siehe hierzu → **Arbeitnehmer**) handelt. Soll er in oben beschriebenem Sinne in den Betrieb **eingegliedert** werden, hat der Arbeitgeber die Zustimmung des Betriebsrats nach § 99 BetrVG einzuholen.

40 Nicht entscheidend ist es, wie die Fremdfirma, die den Arbeitnehmer entsendet, und das Unternehmen, in dem die Arbeitsleistung tatsächlich erbracht wird, ihre Vertragsbeziehung gekennzeichnet haben: ob als »Werkvertrag« oder als »Arbeitnehmerüberlassungsvertrag«. Entscheidend ist vielmehr das **tatsächliche Erscheinungsbild**, d.h. die tatsächliche Durchführung des Vertragsverhältnisses (vgl. oben genannte Unterscheidungsmerkmale).

41 Die Benennung und Gestaltung des Vertragsverhältnisses kann allerdings ein **Hilfsmittel** zur Beurteilung der Rechtslage sein.
Deshalb sollte der Betriebsrat darauf bestehen, dass ihm eine Kopie der **Vertragsunterlagen** ausgehändigt wird. Der Arbeitgeber ist zur Vorlage verpflichtet, und zwar auch ohne ausdrückliches Verlangen des Betriebsrats (so z.B. DKKW-*Bachner*, BetrVG, 14. Aufl., § 99 Rn. 150).

Arbeitnehmerüberlassung/Leiharbeit

Ein **Anspruch** des Betriebsrats auf Aushändigung der **Unterlagen** ergibt sich auch aus § 80 Abs. 2 BetrVG.
Hiernach kann der Betriebsrat die Herausgabe der »zur Durchführung seiner Aufgaben erforderlichen Unterlagen« verlangen (siehe → **Informationsrechte des Betriebsrats**).
Letztlich kann die Frage, ob der Betriebsrat bei der Beschäftigung von Fremdpersonal ein Mitbestimmungsrecht nach § 99 BetrVG hat, wie folgt **zusammengefasst** werden:

42

1. Handelt es sich um gewerbsmäßige oder nicht gewerbsmäßige, erlaubte oder unerlaubte (verdeckte) Arbeitnehmerüberlassung/Leiharbeit, findet § 99 BetrVG gemäß § 14 Abs. 3 AÜG Anwendung.
2. Erfolgt der Arbeitseinsatz des Fremdpersonals aufgrund eines »typischen / echten« → **Werkvertrages** zwischen Fremdfirma und Betriebsinhaber, scheidet eine Anwendung des § 14 Abs. 3 AÜG aus.

Soll allerdings das bei der Fremdfirma angestellte Fremdpersonal in den Betrieb in oben beschriebenem Sinne **eingegliedert** werden, ist ein Mitbestimmungsrecht des Betriebsrats des Einsatzbetriebs nach § 99 BetrVG dann gegeben, wenn es sich um ein »**atypisches / unechtes**« **Werkvertragsverhältnis** handelt, bei dem der Inhaber des Einsatzbetriebs die für eine weisungsabhängige Tätigkeit typischen Entscheidungen auch über Zeit und Ort der Tätigkeit zu treffen hat und somit in diesem Sinne Personalhoheit besitzt und damit wenigstens einen Teil der Arbeitgeberstellung gegenüber den betreffenden Personen wahrnimmt. Keine Eingliederung und damit auch keine Einstellung i. S. d. § 99 BetrVG liegt im Falle des Personaleinsatzes aufgrund eines »typischen / echten« Werkvertragsverhältnisses vor, bei dem die für eine weisungsabhängige Tätigkeit typischen Entscheidungen allein von der Fremdfirma getroffen werden.

Unterrichtungsrechte des Betriebsrats des Entleiherbetriebs nach § 99 Abs. 1 BetrVG

Nach § 99 Abs. 1 Satz 1 und 2 BetrVG hat der Entleiher-Arbeitgeber den Betriebsrat über die Einstellung (Eingliederung; siehe Rn. 3) des Leiharbeitnehmers unter Vorlage der erforderlichen Unterlagen **zu unterrichten**.

42a

Hierzu gehören u. a. Informationen über:
- die Person des Leiharbeitnehmers,
- Art und Umfang des Einsatzes,
- die Anforderungen des vorgesehenen Arbeitsplatzes,
- die Qualifikation des Leiharbeitnehmers,
- die Auswirkungen des Einsatzes auf die betrieblichen Abläufe und die Stammmitarbeiter.

Der Entleiher-Arbeitgeber hat dem Betriebsrat auch die schriftliche Erklärung des Verleihers nach § 12 Abs. 1 Satz 2 AÜG vorzulegen – also die Erklärung, ob er eine **Arbeitnehmerüberlassungserlaubnis** nach § 1 AÜG besitzt (§ 14 Abs. 3 Satz 2 AÜG).
Er ist ferner verpflichtet, Mitteilungen des Verleihers nach § 12 Abs. 2 AÜG unverzüglich dem Betriebsrat bekanntzugeben (§ 14 Abs. 3 Satz 3 AÜG).
Nach § 12 Abs. 2 AÜG hat der Verleiher den Entleiher unverzüglich über den Zeitpunkt des **Wegfalls** der Erlaubnis zu unterrichten; in den Fällen der **Nichtverlängerung**, der Rücknahme oder des Widerrufs hat er ihn ferner auf das voraussichtliche Ende der Abwicklung und die gesetzliche Abwicklungsfrist hinzuweisen.
Der Entleiher-Arbeitgeber hat dem Betriebsrat auch Einsicht in die **Arbeitnehmerüberlassungsverträge** mit dem Verleiher zu gewähren (BAG v. 6.6.1978 – 1 ABR 66/75, DB 1978, 1841; vgl. auch Fitting, BetrVG, 27. Aufl., § 99 Rn. 178).
Dagegen soll der Entleiher-Arbeitgeber nicht verpflichtet sein, dem Betriebsrat Auskunft über die **Arbeitsverträge** der Leiharbeitnehmer mit dem Verleiher zu geben (BAG v. 6.6.1978 – 1 ABR 66/75, a. a. O.) oder die Leiharbeitsverträge vorzulegen (LAG Niedersachsen v. 28.2.2006

Arbeitnehmerüberlassung/Leiharbeit

– 13 TaBV 56/05; Fitting, BetrVG, 27. Aufl., § 99 Rn. 178; zu Recht a. A. Ulber, AÜG, 4. Auflage, § 14 Rn. 151).

Mitbestimmung des Betriebsrats des Entleihers nach § 99 BetrVG

42b Nach § 99 Abs. 1 Satz 1 BetrVG hat der Entleiher-Arbeitgeber vor dem geplanten **Einsatz** (= → **Einstellung**) eines Leiharbeitnehmers bei »seinem« Betriebsrat die **Zustimmung** einzuholen.
Der Betriebsrat kann die Zustimmung mit einem der in § 99 Abs. 2 BetrVG genannten Gründe **verweigern** (Form und Frist des § 99 Abs. 3 BetrVG beachten!).

Zustimmungsverweigerungsgründe § 99 Abs. 2 BetrVG

42c In Betracht kommen folgende **Fallgestaltungen:**

Verstoß gegen ein Gesetz, einen Tarifvertrag oder eine Betriebsvereinbarung (§ 99 Abs. 2 Nr. 1 BetrVG)

Nach Ansicht des BAG kann sich der Betriebsrat des Entleiherbetriebs nur dann auf diesen Zustimmungsverweigerungsgrund stützen, wenn der Einsatz des Leiharbeitnehmers gesetz-, tarif- oder betriebsvereinbarungswidrig ist.
Das ist beispielsweise der Fall, wenn die Beschäftigung des Leiharbeitnehmers gegen eine tarifvertraglich oder per Betriebsvereinbarung festgelegte **Quote** (siehe Rn. 24 c ff.) verstoßen würde.
Ein Zustimmungsverweigerungsgrund ist auch gegeben, wenn der Verleiher **keine Erlaubnis** zur Arbeitnehmerüberlassung hat.
Nach § 1 Abs. 1 Satz 2 AÜG (eingefügt durch Änderungsgesetz vom 28. 4. 2011; siehe Rn. 1 a) ist seit dem 1. 12. 2011 nur noch ein »**vorübergehender« Einsatz** möglich (zum Begriff »vorübergehend« siehe Rn. 19). Nach zutreffender Ansicht des LAG Niedersachsen v. 19. 9. 2012 – 17 TaBV 22/12 und LAG Berlin-Brandenburg v. 19. 12. 2012 – 4 TaBV 1163/12 – und nunmehr auch des BAG v. 10. 7. 2013 – 7 ABR 91/11 ist § 1 Abs. 1 Satz 2 AÜG nicht nur ein »unverbindlicher Programmsatz«, sondern eine **Verbotsnorm** i. S. d. § 99 Abs. 2 Nr. 1 BetrVG.
Deshalb kann der Betriebsrat des Entleiherbetriebs seine Zustimmung zum Einsatz von Leiharbeitnehmern verweigern, wenn diese dort nicht nur vorübergehend eingesetzt werden sollen, sondern unbefristet (BAG v. 10. 7. 2013 – 7 ABR 91/11, NZA 2013, 1296). Das BAG hat offen gelassen, wie der Begriff »vorübergehend« genau zu bestimmen ist. Der Arbeitgeber hatte im Streitfall beabsichtigt, die Leiharbeitnehmerin ohne jegliche zeitliche Begrenzung statt einer Stammkraft einzusetzen. Das sei jedenfalls nicht mehr »vorübergehend«.
Nach zutreffender Ansicht z. B. des LAG Berlin-Brandenburg kommt es bei der Bestimmung des Begriffs »vorübergehend« nicht darauf an, für welchen Zeitraum der konkrete Leiharbeitnehmer eingesetzt wird (LAG Berlin-Brandenburg v. 19. 12. 2012 – 4 TaBV 1163/12; ebenso LAG Niedersachsen v. 19. 9. 2012 – 17 TaBV 22/12). Das Merkmal »vorübergehend« sei **arbeitsplatz-, nicht personenbezogen.** Eine vorübergehende Überlassung liege nicht vor, wenn der Arbeitgeber den Arbeitskräftebedarf auf einem **Dauerarbeitsplatz** mit jeweils befristet eingesetzten – ggf. wechselnden – Leiharbeitnehmern deckt (LAG Berlin-Brandenburg v. 19. 12. 2012 – 4 TaBV 1163/12; ebenso LAG Niedersachsen v. 19. 9. 2012 – 17 TaBV 22/12).
Deshalb könne der Betriebsrat die Zustimmung nach § 99 Abs. 2 Nr. 1 BetrVG verweigern, wenn der Leiharbeitnehmer – gleichgültig ob befristet oder unbefristet – auf einem Dauerarbeitsplatz (Stammarbeitsplatz) eingesetzt werden soll.

Arbeitnehmerüberlassung/Leiharbeit

Hinweis:
Die Große Koalition aus CDU, CSU und SPD hat die Absicht, den Begriff »vorübergehend« durch Gesetz auf eine Überlassungsdauer von **18 Monaten** festzulegen (siehe Rn. 5 e und 19 a).

Der Betriebsrat kann die Zustimmung zur Einstellung eines **Nicht-Behinderten** nach § 99 Abs. 2 Nr. 1 BetrVG **verweigern** mit der Begründung, dass der Arbeitgeber seiner Verpflichtung nach § 81 Abs. 1 SGB IX nicht ausreichend nachgekommen ist, nämlich zu prüfen, ob der freie Arbeitsplatz mit einem Schwerbehinderten besetzt werden kann (BAG v. 14.11.1989 – 1 ABR 88/88, AiB 1990, 169 = DB 1990, 636; siehe → **Schwerbehinderte Menschen** Rn. 42 und 98). Das gilt auch dann, wenn der Arbeitsplatz mit einem **Leiharbeitnehmer** besetzt werden soll (BAG v. 23.6.2010 – 7 ABR 3/09, NZA 2010, 1361).

Bisher ungeklärt ist die Frage, ob ein Zustimmungsverweigerungsgrund gegeben ist, wenn der Leiharbeitnehmer von dem Verleiher nicht nach dem gesetzlichen Gleichbehandlungsgebot (»**equal pay**«/»**equal treatment**«; siehe Rn. 20) vergütet wird, obwohl das erforderlich ist (z. B. weil ein »nach unten« abweichender Tarifvertrag nicht vorhanden oder – z. B. mangels Tariffähigkeit der abschließenden »Christengewerkschaft« CGZP – unwirksam ist; siehe Rn. 23 a). Diese Frage dürfte zu bejahen sein. Wenn nämlich ein Verstoß gegen das gesetzliche Gleichbehandlungsgebot vorliegt, hat das **Rechtsfolgen**: die Erlaubnis zur Arbeitnehmerüberlassung ist zu versagen (§ 3 Nr. 3 AÜG), zurückzunehmen (§ 4 AÜG) oder zu widerrufen (§ 5 AÜG); der Vertrag zwischen Verleiher und Leiharbeitnehmer ist unwirksam (§ 9 Nr. 2 AÜG). Aus diesen Vorschriften ist zu schließen, dass der Einsatz eines Leiharbeitnehmers unter diesen Voraussetzungen »vom Gesetz« nicht gewollt ist.

Das BAG hat allerdings für die **nicht gewerbsmäßige Arbeitnehmerüberlassung** entschieden, dass der Betriebsrat seine Zustimmung zur Übernahme eines Leiharbeitnehmers nicht wegen eines Verstoßes gegen das Gleichstellungsgebot in § 9 Nr. 2, § 3 Abs. 1 Nr. 3 AÜG nF verweigern kann. Im Fall der nicht gewerbsmäßigen Arbeitnehmerüberlassung verlange die Verletzung des Gleichstellungsgebots nicht danach, dass die Übernahme und Beschäftigung des Leiharbeitnehmers als solche unterbleibt (BAG v. 25.1.2005 – 1 ABR 61/03, DB 2005, 1693). Ob dies auch für die gewerbsmäßige Arbeitnehmerüberlassung gilt, hat das BAG **offen gelassen** (mit dem Hinweis, dass angesichts der Rechtsfolgen eines Verstoßes gegen das gesetzliche Gleichbehandlungsgebot ein anderes Ergebnis gerechtfertigt sein könnte). Weil inzwischen das AÜG mit Wirkung ab 1.12.2011 auch auf die **nicht gewerbsmäßige Arbeitnehmerüberlassung erstreckt** wurde (siehe Rn. 1 a), ist die BAG-Entscheidung vom 25.1.2005 überholt. Folge: Es ist davon auszugehen, dass ein Zustimmungsverweigerungsgrund nach § 99 Abs. 2 Nr. 1 AÜG vorliegt, wenn gegen das gesetzliche Gleichbehandlungsgebot verstoßen wird.

Der Betriebsrat des Entleiherbetriebs soll seine Zustimmungsverweigerung gegen die Einstellung eines Leiharbeitnehmers nicht darauf stützen können, dass dieser von seinem Verleiher **tarifwidrig (zu niedrig)** eingruppiert/vergütet wird. Das Zustimmungsverweigerungsrecht nach § 99 Abs. 2 Nr. 1 BetrVG ist nach Ansicht des BAG kein Instrument einer umfassenden **Vertragskontrolle** (BAG 21.5.2005 – 1 ABR 61/03, DB 2005, 1693).

Verstoß gegen eine Auswahlrichtlinie nach § 95 BetrVG (§ 99 Abs. 2 Nr. 2 BetrVG)

Auf diesen Zustimmungsverweigerungsgrund kann sich der Betriebsrat des Entleiherbetriebs stützen, wenn eine Auswahlrichtlinie nach § 95 BetrVG besteht und der Einsatz eines Leiharbeitnehmers dagegen verstoßen würde.

Nach § 95 Abs. 1 und 2 BetrVG hat der Betriebsrat ein Mitbestimmungsrecht bei der Aufstellung von Auswahlrichtlinien u. a. bei Einstellungen (in Betrieben mit mehr als 500 Arbeitnehmern besteht sogar ein Initiativmitbestimmungsrecht; siehe → **Auswahlrichtlinien**).

In derartigen Auswahlrichtlinien kann z. B. festgelegt werden, dass eine Einstellung (Einglie-

Arbeitnehmerüberlassung/Leiharbeit

derung) von Leiharbeitnehmern im Betrieb oder in bestimmten Betriebsabteilungen **nicht stattfinden darf** bzw. auf eine bestimmte **Quote** beschränkt wird bzw. dass eine Einstellung nur solcher Leiharbeitnehmer erfolgt, bei denen der Verleiher das gesetzliche Gleichbehandlungsgebot erfüllt.

Steht die geplante Einstellung (Eingliederung) eines Leiharbeitnehmers in Widerspruch zu diesen Regelungen, kann der Betriebsrat die Zustimmung verweigern.

Drohende Nachteile für die Stammmitarbeiter (§ 99 Abs. 2 Nr. 3 BetrVG)

Der Betriebsrat des Entleiherbetriebs kann die Zustimmung zur Einstellung (Eingliederung) eines Leiharbeitnehmers verweigern, wenn die durch Tatsachen begründete Besorgnis besteht, dass infolge der Einstellung im Betrieb beschäftigte Arbeitnehmer **gekündigt** werden oder **sonstige Nachteile** erleiden, ohne dass dies aus betrieblichen oder persönlichen Gründen gerechtfertigt ist; als Nachteil gilt bei unbefristeter Einstellung auch die Nichtberücksichtigung eines **gleich geeigneten befristet Beschäftigten**.

Das bedeutet: wenn konkrete Anhaltspunkte (z. B. Äußerungen eines Vorgesetzten) dafür bestehen, dass die Einstellung des Leiharbeitnehmers zur Kündigung oder Versetzung eines Stammmitarbeiters auf einen schlechteren Arbeitsplatz führen kann, kann der Betriebsrat die Zustimmung verweigern.

Das Gleiche gilt, wenn wegen der Einstellung (Eingliederung) eines Leiharbeitnehmers eine zugesagte **Beförderung** des Stammmitarbeiters **gefährdet** würde.

Die Zustimmungsverweigerung kann auch damit begründet werden, dass der geplante unbefristete Einsatz eines Leiharbeitnehmers dazu führen könnte, dass die **Übernahme** eines befristet beschäftigten Stammmitarbeiters entfällt.

Drohende Nachteile für den Leiharbeitnehmer (§ 99 Abs. 2 Nr. 4 BetrVG)

Dieser Zustimmungsverweigerungsgrund kommt in Betracht, wenn der Leiharbeitnehmer **benachteiligt** wird, ohne dass dies aus betrieblichen oder in der Person des Arbeitnehmers liegenden Gründen gerechtfertigt ist.

Das ist z. B. der Fall, wenn der Leiharbeitnehmer eine Arbeit verrichten soll, zu der er nach seinem Arbeitsvertrag mit dem Verleiher gar **nicht verpflichtet** ist.

Entsprechendes gilt, wenn der Einsatz des Leiharbeitnehmers gegen den **Überlassungsvertrag** zwischen Verleiher und Entleiher verstoßen würde.

Unterbliebene Ausschreibung (§ 99 Abs. 2 Nr. 5 BetrVG)

Diesen Zustimmungsverweigerungsgrund kann der Betriebsrat des Entleiherbetriebs heranziehen, wenn er die innerbetriebliche Ausschreibung **freier Arbeitsplätze** nach § 93 BetrVG **verlangt** hat (BAG v. 14.12.2004 – 1 ABR 54/03, NZA 2005, 424) und nunmehr ein Leiharbeitnehmer auf einen solchen Arbeitsplatz eingesetzt werden soll, ohne dass zuvor eine innerbetriebliche Ausschreibung erfolgt ist.

Störung des Betriebsfriedens (§ 99 Abs. 2 Nr. 6 BetrVG)

Dieser Zustimmungsverweigerungsgrund wird in der Praxis eher keine große Rolle spielen. Er kommt dann zur Anwendung, wenn die durch Tatsachen begründete Besorgnis besteht, dass der für die Einstellung in Aussicht genommene Bewerber oder Arbeitnehmer den **Betriebsfrieden** durch gesetzwidriges Verhalten oder durch grobe Verletzung der in § 75 Abs. 1 BetrVG enthaltenen Grundsätze, insbesondere durch rassistische oder fremdenfeindliche Betätigung, **stören** werde.

Verweigert der Betriebsrat des Entleiherbetriebs die Zustimmung zum Einsatz des Leiharbeitnehmers, muss der Arbeitgeber gemäß § 99 Abs. 4 BetrVG ein **Zustimmungsersetzungsverfahren** einleiten, wenn er an der Einstellung festhalten will (siehe → **Einstellung** Rn. 32 ff.). 42d

Beschäftigt der Arbeitgeber einen **Fremdfirmenarbeitnehmer** (siehe Rn. 35 ff.), ohne die Zustimmung des Betriebsrats eingeholt zu haben, und ist der Betriebsrat der Auffassung, dass der Vorgang nach § 99 BetrVG zustimmungspflichtig ist (weil es sich in Wirklichkeit um einen Leiharbeitnehmer handelt), kann er nach § 101 BetrVG beim → **Arbeitsgericht** den Antrag stellen, dem Arbeitgeber aufzugeben, die »personelle Maßnahme (d. h. die Weiterbeschäftigung des Fremdfirmenarbeitnehmers bzw. Schein-Selbständigen) **aufzuheben**«. 43

Im arbeitsgerichtlichen Verfahren wird dann geklärt, ob es sich um eine mitbestimmungspflichtige Einstellung handelt oder nicht (siehe auch → **Einstellung** Rn. 2 ff.).

> **Hinweis:**
> Der Entleiher ist nicht berechtigt, die Mitbestimmung des Betriebsrats bei **Überstunden** nach § 87 Abs. 1 Nr. 1 BetrVG dadurch zu umgehen, dass er stattdessen Leiharbeitnehmer beschäftigt. Überträgt der Arbeitgeber beispielsweise das für Überstunden vorgesehene Arbeitsvolumen nach Zustimmungsverweigerung durch den Betriebsrat auf eine **Fremdfirma** (z. B. Verleihfirma), kann der Betriebsrat **Unterlassung** verlangen, ggf. durch Antrag auf Erlass einer **einstweiligen Verfügung** (ArbG Mannheim v. 1.4.1987 – 8 BVGa 8/87, AiB 1987, 141 mit Anmerkung Grimberg; LAG Frankfurt v. 19.4.1988 – 5 TaBV Ga 52/88, AiB 1988, 313; vgl. auch BAG v. 22.10.1991 – 1 ABR 28/91, AiB 1992, 458). 43a

Mitbestimmung des Betriebsrats des Verleiherbetriebs nach § 99 BetrVG

Die Mitbestimmungsrechte des Betriebsrats des Verleihers bei Einstellung, Ein- und Umgruppierung und Versetzung eines Leiharbeitnehmers richten sich nach § 99 BetrVG (siehe → **Einstellung,** → **Eingruppierung/Umgruppierung,** → **Versetzung**). 44

Der Betriebsrat des Verleiherbetriebs soll allerdings kein Mitbestimmungsrecht nach § 99 BetrVG haben, soweit es um den **jeweiligen Einsatz des Leiharbeitnehmers** in einem Fremdbetrieb (Entleiher) geht.

Es handelt sich insoweit um **keine** → **Versetzung**, weil Leiharbeitnehmer nach »*der Eigenart ihres Arbeitsverhältnisses üblicherweise nicht ständig an einem bestimmten Arbeitsplatz beschäftigt sind*« (vgl. § 95 Abs. 3 Satz 2 BetrVG).

> **Beachten:**
> Der Betriebsrat des **Entleiherbetriebs** hat demgegenüber ein Mitbestimmungsrecht nach § 14 Abs. 3 AÜG i. V. m. § 99 BetrVG (siehe Rn. 32 ff., 42 b).

Mitbestimmung des Betriebsrats des Entleiherbetriebs in sozialen Angelegenheiten nach § 87 BetrVG

Bei der Gestaltung der → **Arbeitszeit** von Leiharbeitnehmern (Beginn und Ende der täglichen Arbeitszeit einschließlich der Pausen, Verteilung der Arbeitszeit auf die einzelnen Wochentage) hat der Betriebsrat des Entleiherbetriebs nach § 87 Abs. 1 Nr. 2 BetrVG mitzubestimmen (BAG v. 15.12.1992 – 1 ABR 38/92, AiB 1993, 316). 45

Das heißt: Der Arbeitgeber (des Entleiherbetriebs), der kraft seines Weisungsrechts die Lage und Verteilung der Arbeitszeit der Leiharbeitnehmer regeln will, benötigt insoweit die Zustimmung des Betriebsrats.

Arbeitnehmerüberlassung/Leiharbeit

Im Nichteinigungsfalle entscheidet die → **Einigungsstelle** (§ 87 Abs. 2 BetrVG). Der Betriebsrat hat auch ein **Initiativmitbestimmungsrecht**. Er kann also selbst Arbeitszeitregelungen für die Leiharbeitnehmer fordern und – bei Ablehnung durch den Arbeitgeber – die → **Einigungsstelle** anrufen.

46 Allerdings besteht nach Ansicht des BAG keine umfassende Zuständigkeit des Betriebsrats des Entleiherbetriebs für sämtliche arbeitszeitbezogenen Mitbestimmungsangelegenheiten (BAG v. 19. 6. 2001 – 1 ABR 43/00, NZA 2001, 1263). Ob bei Maßnahmen, die Leiharbeitnehmer betreffen, der Betriebsrat des Verleiherbetriebs oder derjenige des Entleiherbetriebs mitzubestimmen hat, richte sich danach, ob der Vertragsarbeitgeber oder der Entleiher die **mitbestimmungspflichtige Entscheidung** trifft. Wenn aufgrund der Entsendeentscheidung des Verleihers feststehe, dass sich die vertraglich geschuldete Arbeitszeit des Leiharbeitnehmers wegen einer davon abweichenden betriebsüblichen Arbeitszeit im Entleiherbetrieb vorübergehend verlängern, stehe dem Betriebsrat des Verleiherbetriebs das bei → **Überstunden** zum Zuge kommende Mitbestimmungsrecht nach § 87 Abs. 1 Nr. 3 BetrVG zu. Das heißt: Wenn Leiharbeitnehmer in Betriebe entsandt werden, deren betriebsübliche Arbeitszeit die vom Leiharbeitnehmer vertraglich geschuldete Arbeitszeit übersteigt, liegt darin eine Anordnung von Überstunden i. S. d. § 87 Abs. 1 Nr. 3 BetrVG, sofern die Entsendung für eine entsprechend verlängerte Arbeitszeit erfolgt. Deshalb benötigt der Verleiher die Zustimmung des bei ihm gebildeten Betriebsrats.

Dagegen hat der Betriebsrat des Entleiherbetriebs nach § 87 Abs. 1 Nr. 3 BetrVG mitzubestimmen, wenn der Entleiher Überstunden anordnet.

46a Der Betriebsrat des Entleiherbetriebs hat auch in den weiteren in § 87 Abs. 1 BetrVG genannten **sozialen Angelegenheiten** jedenfalls dann und insoweit mitzubestimmen, wenn der Entleiher die mitbestimmungspflichtige Entscheidung trifft. Das ist regelmäßig der Fall, wenn Fragen der Betriebs- und Arbeitsorganisation berührt sind.

> **Beispiele:**
> § 87 Abs. 1 Nr. 1 BetrVG (Ordnung des Betriebs, Verhalten der Arbeitnehmer),
> § 87 Abs. 1 Nr. 6 BetrVG (Überwachung durch technische Einrichtungen),
> § 87 Abs. 1 Nr. 7 BetrVG (Arbeitsschutz).

Einsatzquote, Übernahme, »equal pay, equal treatment«

46b In Betrieben, in denen der Arbeitgeber beabsichtigt, von dem Instrument der **niedrig bezahlten Leiharbeit** (siehe Rn. 5 ff. und 23) Gebrauch zu machen, sind erhebliche betriebspolitische Anstrengungen des Betriebsrats gefragt.
Ziel muss es sein,
- die Spaltung der Belegschaft und den Einsatz von Leiharbeitnehmern zu verhindern (z. B. durch Vereinbarung einer **Einsatzquote** und Regelungen zur **Übernahme** von Leiharbeitnehmern),
- das Gleichbehandlungsgebot (»**equal pay**« und »**equal treatment**«) durch betriebliche und tarifliche Vereinbarungen wieder herzustellen.

Zu den bestehenden **Handlungsmöglichkeiten** für Gewerkschaft und Betriebsrat sowie **Praxisbeispielen** siehe Rn. 24 a.

Bedeutung für die Beschäftigten (Leiharbeitnehmer)

Leiharbeitnehmer sind im **Verleiherbetrieb** wahlberechtigt und wählbar. Im **Entleiherbetrieb** sind sie wahlberechtigt, wenn sie länger als drei Monate im Betrieb eingesetzt werden (§ 7 Satz 2 BetrVG; vgl. auch § 14 Abs. 2 Satz 1 AÜG). 47

Leiharbeitnehmer haben das Recht, die **Sprechstunden** des Betriebsrats im Entleiherbetrieb aufzusuchen und an den dortigen **Betriebsversammlungen** teilzunehmen (vgl. § 14 Abs. 2 AÜG). 48

Die §§ 81 bis 86 a BetrVG finden im Verleiherbetrieb uneingeschränkt Anwendung; im Entleiherbetrieb gelten dagegen nur die §§ 81, 82 Abs. 1, 84 bis 86 BetrVG (siehe → **Arbeitnehmerrechte nach dem BetrVG**). 49

Insbesondere eine ggf. von mehreren Leiharbeitnehmern beim Betriebsrat des Entleihers nach § 85 BetrVG eingelegte **Beschwerde** (z. B. über schlechte Arbeitsbedingungen) könnte eine positive Wirkung erzeugen.

Hält der Betriebsrat die Beschwerde für berechtigt, hat er beim Arbeitgeber auf **Abhilfe** hinzuwirken.

Ist der Arbeitgeber der Meinung, dass die Beschwerde nicht berechtigt ist, kann der Betriebsrat die → **Einigungsstelle** anrufen (§ 85 Abs. 2 BetrVG).

Diese klärt den Sachverhalt auf, bewertet ihn und entscheidet letztlich durch Beschluss (ggf. durch Mehrheitsbeschluss mit der Stimme des Vorsitzenden der Einigungsstelle), ob die Beschwerde berechtigt ist oder nicht.

Stellt die Einigungsstelle durch Spruch fest, dass die Beschwerde berechtigt ist, ist der Arbeitgeber verpflichtet, der **Beschwerde abzuhelfen**, d. h., den Beschwerdegrund durch geeignete Maßnahmen zu beseitigen (§ 85 Abs. 3 Satz 2 BetrVG in Verbindung mit § 84 Abs. 2 BetrVG).

Geschieht dies nicht, kann der Arbeitnehmer die Abhilfe der Beschwerde im Wege der **Klage** vor dem → **Arbeitsgericht** erzwingen.

Die Anrufung der Einigungsstelle bzw. eine Entscheidung ist ausgeschlossen, wenn Gegenstand der Beschwerde ein **Rechtsanspruch** des Arbeitnehmers ist (§ 85 Abs. 2 Satz 3 BetrVG).

Zu weiteren Einzelheiten siehe → **Beschwerderecht des Arbeitnehmers**.

Die Rechtsposition der Leiharbeitnehmer bestimmt sich zunächst nach dem zwischen ihm und der Verleihfirma vereinbarten → **Arbeitsvertrag**. 50

Ist der **Verleiher tarifgebunden** (aufgrund Mitgliedschaft im Arbeitgeberverband oder bei Geltung eines Firmentarifvertrages), gelten die tariflichen Bestimmungen, wenn auch der Leiharbeitnehmer an den Tarifvertrag gebunden ist (kraft Mitgliedschaft in der Gewerkschaft oder aufgrund einer Bezugnahmeklausel im → **Arbeitsvertrag**).

→ **Tarifverträge**, die beim **Entleiherunternehmen** gelten, finden auf den Leiharbeitnehmer keine Anwendung. Es sei denn, die Geltung der Tarifverträge ist zwischen dem Leiharbeitnehmer und der Verleihfirma arbeitsvertraglich ausdrücklich vereinbart oder ein beim Entleiher geltender Tarifvertrag erstreckt sich auch auf die im Entleiherbetrieb eingesetzten Leiharbeitnehmer (Beispiele siehe Rn. 24 a).

Im Übrigen werden die Rechtsposition des Leiharbeitnehmers und sein Verhältnis sowohl zum Verleiher als auch Entleiher von den Vorschriften des AÜG beeinflusst. 51

Das AÜG ist durch das Erste Gesetz für moderne Dienstleistungen am Arbeitsmarkt vom 23.12.2002 (BGBl. I S. 4607; »Hartz I«) drastisch verändert worden.

Einerseits fällt das – den Schutz des Leiharbeitnehmers bezweckende – Befristungs-, Wiedereinstellungs- und Synchronisationsverbot (siehe Rn. 16 f.) sowie die Beschränkung der Überlassungsdauer auf maximal 24 Monate weg.

Andererseits wird zugunsten des Leiharbeitnehmers das Gleichbehandlungsgebot in Bezug auf

Arbeitnehmerüberlassung/Leiharbeit

die beim Entleiher geltenden Arbeitsbedingungen eingeführt (»**equal pay**« und »**equal treatment**«; siehe Rn. 20 ff.).

Gleichzeitig wurde aber die Möglichkeit eingeführt, zulasten der Leiharbeitnehmer durch → **Tarifvertrag** vom gesetzlichen Gleichbehandlungsprinzip »**nach unten**« abzuweichen (§ 3 Abs. 1 Nr. 3 und § 9 Nr. 2 AÜG: »*ein Tarifvertrag kann abweichende Regelungen zulassen*«; siehe hierzu Rn. 23 ff.).

52 § 9 AÜG ordnet in folgenden Fällen die **Unwirksamkeit** von Verträgen bzw. Vereinbarungen an. Unwirksam sind
- Verträge zwischen Verleiher und Entleiher, wenn der Verleiher nicht die nach § 1 AÜG erforderliche Erlaubnis der Bundesagentur für Arbeit besitzt (§ 9 Nr. 1 AÜG),
- Verträge zwischen Verleiher und Leiharbeitnehmer, wenn der Verleiher nicht die nach § 1 AÜG erforderliche Erlaubnis der Bundesagentur für Arbeit besitzt (§ 9 Nr. 1 AÜG),
- Vereinbarungen, die für den Leiharbeitnehmer für die Zeit der Überlassung an einen Entleiher schlechtere als die im Betrieb des Entleihers für einen vergleichbaren Arbeitnehmer des Entleihers geltenden wesentlichen Arbeitsbedingungen einschließlich des Arbeitsentgelts vorsehen (§ 9 Nr. 2 AÜG),
- Vereinbarungen, die den Zugang des Leiharbeitnehmers zu den Gemeinschaftseinrichtungen oder -diensten im Unternehmen des Entleihers entgegen § 13 b AÜG beschränken (§ 9 Nr. 2 a AÜG; eingefügt durch Änderungsgesetz vom 28. 4. 2011; siehe Rn. 5 ff.),
- Vereinbarungen, die dem Entleiher untersagen, den Leiharbeitnehmer zu einem Zeitpunkt einzustellen, in dem dessen Arbeitsverhältnis mit dem Verleiher nicht mehr besteht (§ 9 Nr. 3 AÜG),
- Vereinbarungen, die dem Leiharbeitnehmer untersagen, mit dem Entleiher zu einem Zeitpunkt, in dem dessen Arbeitsverhältnis mit dem Verleiher nicht mehr besteht, ein Arbeitsverhältnis einzugehen (§ 9 Nr. 4 AÜG),
- Vereinbarungen, nach denen der Leiharbeitnehmer eine Vermittlungsvergütung an den Verleiher zu zahlen hat (§ 9 Nr. 5 AÜG; eingefügt durch Änderungsgesetz vom 28. 4. 2011; siehe Rn. 10 a)

53 Ist der Vertrag zwischen dem Verleiher und dem Leiharbeitnehmer nach § 9 Nr. 1 AÜG wegen fehlender Erlaubnis zur Arbeitnehmerüberlassung **unwirksam**, kommt **kraft Gesetzes** ein unbefristeter oder (unter Umständen befristeter) **Arbeitsvertrag** zwischen Leiharbeitnehmer und Entleiherunternehmen zustande (§ 10 Abs. 1 AÜG). Das kraft Gesetzes entstehende Arbeitsverhältnis mit dem Entleiher gilt als befristet, wenn die Tätigkeit des Leiharbeitnehmers bei dem Entleiher **nur befristet vorgesehen** war und ein die Befristung des Arbeitsverhältnisses sachlich rechtfertigender Grund vorliegt (§ 10 Abs. 1 Satz 2 AÜG).

Das heißt der Leiharbeitnehmer hat bei fehlender Erlaubnis des Verleihers zur Arbeitnehmerüberlassung nunmehr die Möglichkeit, arbeitsvertragliche Ansprüche gegenüber dem Entleiher geltend zu machen und auf Weiterbeschäftigung beim Entleiher zu klagen.

Das gilt nach zutreffender Ansicht einiger **Landesarbeitsgerichte** auch dann, wenn der Verleiher zwar eine Erlaubnis besitzt, aber eine Arbeitnehmerüberlassung entgegen § 1 Abs. 1 Satz 2 AÜG **nicht vorübergehend**, sondern **auf Dauer erfolgt** (LAG Berlin-Brandenburg v. 9. 1. 2013 – 15 Sa 1635/12; LAG Baden-Württemberg v. 22. 11. 2012 – 11 Sa 84/12). Auch in diesem Fall werde ein Arbeitsverhältnis zwischen dem Entleiher und dem Leiharbeitnehmer begründet. Eine auf Dauer angelegte Arbeitnehmerüberlassung sei von der nach § 1 Abs. 1 Satz 1 AÜG erforderlichen Erlaubnis zur Arbeitnehmerüberlassung nicht gedeckt. Rechtsfolge einer fehlenden Erlaubnis sei gemäß § 10 Abs. 1 Satz 1 AÜG die Begründung eines Arbeitsverhältnisses zum Entleiher. Auf Dauer angelegt sei die Arbeitnehmerüberlassung dann, wenn ein Leiharbeitnehmer – befristet oder unbefristet – auf einem Dauerarbeitsplatz (= Stammarbeitsplatz) eingesetzt werde.

Der 9. Senat des BAG hat dieser Rechtsansicht zugunsten der Interessen von Verleihern und

Arbeitnehmerüberlassung/Leiharbeit

Entleihern widersprochen (BAG v. 10.12.2013 – 9 AZR 51/13): »*Wenn ein Verleiher die nach § 1 Abs. 1 Satz 1 AÜG erforderliche Arbeitnehmerüberlassungserlaubnis besitze, komme zwischen einem Leiharbeitnehmer und einem Entleiher kein Arbeitsverhältnis zustande, wenn der Einsatz des Leiharbeitnehmers entgegen der Regelung in § 1 Abs. 1 Satz 2 AÜG nicht nur vorübergehend erfolgt. § 10 Abs. 1 Satz 1 AÜG fingiere das Zustandekommen eines Arbeitsverhältnisses ausschließlich bei fehlender Arbeitnehmerüberlassungserlaubnis des Verleihers. Für eine analoge Anwendung dieser Vorschrift fehle es an einer planwidrigen Regelungslücke. Der Gesetzgeber habe bei einer nicht nur vorübergehenden Arbeitnehmerüberlassung bewusst nicht die Rechtsfolge der Begründung eines Arbeitsverhältnisses mit dem Entleiher angeordnet. Das Unionsrecht gebe kein anderes Ergebnis vor. Die Richtlinie 2008/104/EG des Europäischen Parlaments und des Rates vom 19. November 2008 über Leiharbeit (Leiharbeitsrichtlinie) sehe keine bestimmte Sanktion bei einem nicht nur vorübergehenden Einsatz des Leiharbeitnehmers vor. Art. 10 Abs. 2 Satz 1 der Leiharbeitsrichtlinie überlasse die Festlegung wirksamer, angemessener und abschreckender Sanktionen bei Verstößen gegen Vorschriften des AÜG den Mitgliedstaaten. Angesichts der Vielzahl möglicher Sanktionen obliege deren Auswahl dem Gesetzgeber und nicht den Gerichten für Arbeitssachen.*«

Unter dem Strich bedeutet das: Die nicht vorübergehende Arbeitnehmerüberlassung ist zwar **gesetzwidrig**, sie hat aber **keine Konsequenzen**.

Ob der schwarz/rote Gesetzgeber für den Fall der rechtswidrigen nicht vorübergehenden Arbeitnehmerüberlassung Sanktionen festlegt, bleibt abzuwarten. Die Lobbyisten der Verleiher und Entleiher werden daran arbeiten, dass das nicht geschieht bzw. lange dauert (siehe Rn. 19d).

Das BAG hat im Übrigen die Frage **offen gelassen**, was genau unter dem **Begriff** »**vorübergehend**« zu verstehen ist.

> **Hinweis:**
> Die Große Koalition aus CDU, CSU und SPD hat die Absicht, den Begriff »vorübergehend« durch Gesetz auf eine **Überlassungsdauer von 18 Monaten** festzulegen (siehe Rn. 5 e und 19 a).

Der Verleiher ist verpflichtet, dem Leiharbeitnehmer für die Zeit der Überlassung an den Entleiher die im Betrieb des Entleihers für einen vergleichbaren Arbeitnehmer des Entleihers geltenden wesentlichen Arbeitsbedingungen einschließlich des Arbeitsentgelts zu gewähren (§ 10 Abs. 4 Satz 1 AÜG; »**equal pay, equal treatment**«). 54

Soweit ein auf das Arbeitsverhältnis anzuwendender **Tarifvertrag abweichende Regelungen** trifft (siehe Rn. 23 ff.), hat der Verleiher dem Leiharbeitnehmer die nach diesem Tarifvertrag geschuldeten Arbeitsbedingungen zu gewähren (§ 10 Abs. 4 Satz 2 AÜG). 54a

Soweit ein solcher Tarifvertrag die in einer Rechtsverordnung nach § 3 a Abs. 2 AÜG (siehe Rn. 5 ff.) festgesetzten **Mindeststundenentgelte** unterschreitet, hat der Verleiher dem Leiharbeitnehmer für jede Arbeitsstunde das im Betrieb des Entleihers für einen vergleichbaren Arbeitnehmer des Entleihers für eine Arbeitsstunde zu zahlende Arbeitsentgelt zu gewähren (§ 10 Abs. 4 Satz 3 AÜG). 54b

Im Falle der **Unwirksamkeit** der Vereinbarung zwischen Verleiher und Leiharbeitnehmer nach § 9 Nr. 2 AÜG (siehe Rn. 52) hat der Verleiher dem Leiharbeitnehmer die im Betrieb des Entleihers für einen vergleichbaren Arbeitnehmer des Entleihers geltenden wesentlichen Arbeitsbedingungen einschließlich des Arbeitsentgelts zu gewähren (§ 10 Abs. 4 Satz 1 AÜG). 54c

Der Verleiher ist verpflichtet, dem Leiharbeitnehmer mindestens das in einer Rechtsverordnung nach § 3 a Abs. 2 AÜG (siehe Rn. 5 ff.) für die Zeit der Überlassung und für Zeiten ohne Überlassung festgesetzte **Mindeststundenentgelt** zu zahlen (§ 10 Abs. 5 AÜG). 54d

In den Fällen des § 1 Abs. 2 AÜG (wenn Arbeitnehmer Dritten zur Arbeitsleistung überlassen 55

Arbeitnehmerüberlassung/Leiharbeit

werden und der Verleiher nicht die üblichen Arbeitgeberpflichten oder das Arbeitgeberrisiko übernimmt) wird »**vermutet**«, dass der Überlassende **Arbeitsvermittlung** betreibt. Nach **früherer Rechtsprechung** des BAG entstand in Fällen vermuteter Arbeitsvermittlung kraft Gesetzes auch ein Arbeitsverhältnis zwischen dem Leiharbeitnehmer und dem Entleiher. Dabei stellte das BAG auf § 13 AÜG (a. F.) ab. Diese Vorschrift wurde mit Wirkung ab 1.4.1997 ersatzlos **gestrichen**. Das BAG hat deshalb entschieden, dass in den Fällen vermuteter Arbeitsvermittlung keine gesetzliche Grundlage mehr besteht, um mit dem Entleiher ohne dessen Willen ein Arbeitsverhältnis entstehen zu lassen (BAG v. 28.6.2000 – 7 AZR 100/99, NZA 2000, 1160).

56 Nach § 11 Abs. 1 AÜG hat der Verleiher die wesentlichen Vertragsbedingungen des Leiharbeitsverhältnisses schriftlich niederzulegen und dem Leiharbeitnehmer die Niederschrift auszuhändigen.

Es gelten die Bestimmungen des **Nachweisgesetzes** (BAG v. 25.3.2015 – 5 AZR 368/13).

Zusätzlich zu den in § 2 Abs. 1 des Nachweisgesetzes genannten Angaben sind in die Niederschrift aufzunehmen:
- Firma und Anschrift des Verleihers, die Erlaubnisbehörde sowie Ort und Datum der Erteilung der Erlaubnis nach § 1 AÜG,
- Art und Höhe der Leistungen für Zeiten, in denen der Leiharbeitnehmer nicht verliehen ist.

Nach Ansicht des BAG ist eine Pflicht des Verleihers, die wesentlichen Arbeitsbedingungen des **Entleiherbetriebs** nachzuweisen, im AÜG nicht normiert (BAG v. 25.3.2015 – 5 AZR 368/13).

57 Der Verleiher ist nach § 11 Abs. 2 AÜG verpflichtet, dem Leiharbeitnehmer bei Vertragsschluss ein **Merkblatt der Erlaubnisbehörde** über den wesentlichen Inhalt des Gesetzes auszuhändigen.

57a Der Verleiher hat den Leiharbeitnehmer unverzüglich über den Zeitpunkt des **Wegfalls** der Erlaubnis zu unterrichten (§ 11 Abs. 3 Satz 1 AÜG).

In den Fällen der **Nichtverlängerung** der Erlaubnis (§ 2 Abs. 4 Satz 3 AÜG; siehe Rn. 8 a), der **Rücknahme** (§ 4 AÜG; siehe Rn. 8 c) oder des **Widerrufs** (§ 5 AÜG; siehe Rn. 8 d) hat er ihn ferner auf das voraussichtliche Ende der Abwicklung (§ 2 Abs. 4 Satz 4 AÜG) und die gesetzliche Abwicklungsfrist (§ 2 Abs. 4 Satz 4 letzter Halbsatz AÜG) hinzuweisen.

57b § 622 Abs. 5 Nr. 1 BGB (= Möglichkeit der Abkürzung der gesetzlichen Kündigungsfrist im Falle der Einstellung zur **vorübergehenden Aushilfe**; siehe → **Kündigungsfristen** Rn. 10) ist auf Arbeitsverhältnisse zwischen Verleihern und Leiharbeitnehmern nicht anzuwenden (§ 11 Abs. 4 Satz 1 AÜG).

57c Das Recht des Leiharbeitnehmers auf Vergütung bei → **Annahmeverzug** des Verleihers (§ 615 Satz 1 BGB) kann nicht durch Vertrag aufgehoben oder beschränkt werden (§ 11 Abs. 4 Satz 2 erster Halbsatz AÜG).

Aufgrund dieser Regelung bleibt der Vergütungsanspruch des Leiharbeitnehmers auch bei wirksam eingeführter → **Kurzarbeit** unvermindert bestehen.

Somit kann der für die Gewährung von Kurzarbeitergeld vorausgesetzte Entgeltausfall nicht eintreten (§ 169 Satz 1 Nr. 1 SGB III; siehe → **Kurzarbeit** Rn. 16).

Deshalb scheidet die Einführung von Kurzarbeit praktisch aus, weil kein Anspruch auf Kurzarbeitergeld besteht (BSG v. 21.7.2009 – B 7 AL 3/08 R), was in Krisenzeiten dazu führt, dass Leiharbeitnehmer massenhaft entlassen werden.

Vor diesem Hintergrund wurde aus Anlass der **Finanz- und Wirtschaftskrise 2008/2009** § 11 Abs. 4 AÜG mit dem »Gesetz zur Sicherung von Beschäftigung und Stabilität in Deutschland« vom 2.3.2009 (BGBl. I S. 416) und dem »Beschäftigungschancengesetz« vom 24.10.2010 (BGBl. I S. 1417) – befristet für die Zeit **vom 1.2.2009 bis 31.3.2012** – geändert.

Nach der geänderten Fassung des § 11 Abs. 4 Satz 2 AÜG konnte das Recht des Leiharbeitnehmers auf Vergütung durch Vereinbarung von Kurzarbeit (z. B. durch → **Betriebsverein-**

Arbeitnehmerüberlassung/Leiharbeit

barung) für diejenige Zeit aufgehoben werden, für die dem Leiharbeitnehmer Kurzarbeitergeld nach dem SGB III gezahlt wird (siehe → **Kurzarbeit** Rn. 6 ff.).
Das heißt: konjunkturelles Kurzarbeitergeld nach §§ 95 ff. SGB III 2012 und Saison-Kurzarbeitergeld nach § 101 SGB III 2012 konnte auch für Leiharbeitnehmer unter den gleichen Bedingungen gewährt werden, die für alle anderen Arbeitnehmer gelten.
Damit wurde die Möglichkeit geschaffen, für Leiharbeitnehmer und Stammbelegschaftsmitglieder des Entleiherbetriebs im Verbund Kurzarbeit durchzuführen. Verleiher sollten einen Anreiz erhalten, bei vorübergehenden Auftragseinbrüchen auf die Entlassung von Leiharbeitnehmern zu verzichten.
Mit dem Gesetz zur Verbesserung der Eingliederungschancen am Arbeitsmarkt vom 20.12.2011 (BGBl. I S. 2854) wurde die Änderung des § 11 Abs. 4 AÜG mit Wirkung **ab 1.1.2012** wieder **aufgehoben**.
Es gilt damit wieder die »**alte**« Rechtslage. Leiharbeitnehmer haben keinen Anspruch auf Kurzarbeitergeld (BSG v. 21.7.2009 – B 7 AL 3/08 R).
Nach § 11 Abs. 5 AÜG haben Leiharbeitnehmer das Recht, **Streikbrucharbeit** in einem durch einen → **Arbeitskampf** unmittelbar betroffenen Betrieb zu verweigern.
Das Verleihunternehmen hat auf dieses Leistungsverweigerungsrecht ausdrücklich hinzuweisen.

58

> **Hinweis:**
> Die seit Ende 2013 regierende Große Koalition aus CDU, CSU und SPD hat die Absicht, den Einsatz von Leiharbeitnehmern zum Zwecke des Streikbruchs durch Gesetz **zu verbieten**. Im Koalitionsvertrag 2013 heißt es: »*Kein Einsatz von Leiharbeitnehmerinnen und Leiharbeitnehmern als Streikbrecher*« Ähnliche Verbote sind bereits in den zwischen DGB-Tarifgemeinschaft und den Leiharbeitsverbänden iGZ und BAP geschlossenen Tarifverträgen geregelt.

Siehe hierzu und zu der beschränkten Reichweite solcher Regelungen → **Arbeitskampf** Rn. 40.
Durch § 11 Abs. 6 AÜG wird klargestellt, dass dem Entleiherbetrieb in Sachen Arbeits- und Gesundheitsschutz umfassende Unterrichtungspflichten gegenüber dem Leiharbeitnehmer obliegen (siehe → **Arbeitsschutz**, vgl. auch § 12 Abs. 2 ArbSchG).

59

Der Leiharbeitnehmer kann im Falle der Überlassung von seinem Entleiher **Auskunft** über die im Betrieb des Entleihers für einen vergleichbaren Arbeitnehmer des Entleihers geltenden wesentlichen Arbeitsbedingungen einschließlich des Arbeitsentgelts verlangen (§ 13 AÜG; siehe **Musterschreiben** im Anhang zu diesem Stichwort).
Der Leiharbeitnehmer soll damit die Möglichkeit erhalten, die ihm von seinem Arbeitgeber gezahlte Vergütung an derjenigen von vergleichbaren (§ 9 Nr. 2 AÜG) Stammarbeitnehmern des Entleiher-Unternehmens zu messen.
Die nach § 13 AÜG vom Entleiher erteilte Auskunft enthält deshalb grundsätzlich auch eine Aussage über die Vergleichbarkeit der eigenen Tätigkeit mit derjenigen der verglichenen Stammarbeitnehmer.
Für eine Klage auf eine »**Equal-Pay-Vergütung**« nach § 10 Abs. 4 Satz 1 AÜG reicht es für die Schlüssigkeit aus, wenn der Leiharbeitnehmer den Inhalt dieser ihm nach § 13 AÜG erteilten Auskunft mitteilt und sich zur Begründung seines Zahlungsanspruchs auf die Differenz zu seiner vom Verleiher gezahlten Vergütung beruft.
Es ist dann Sache des Arbeitgebers (= Verleihers), ggf. für die fehlende Vergleichbarkeit der Tätigkeiten einen substantiierten Vortrag zu erbringen (BAG v. 19.9.2007 – 4 AZR 656/06, AiB 2008, 430).

60

Der Entleiher hat den Leiharbeitnehmer über **freie Arbeitsplätze**, die besetzt werden sollen, zu informieren.
Die Information kann durch allgemeine Bekanntgabe (z. B. Schwarzes Brett) an geeigneter,

61

Arbeitnehmerüberlassung/Leiharbeit

dem Leiharbeitnehmer zugänglicher Stelle im Betrieb und Unternehmen des Entleihers erfolgen (§ 13 a AÜG; eingefügt durch Gesetz vom 28. 4. 2011, siehe Rn. 1 a; die Vorschrift trat am 1. 12. 2011 in Kraft).
Außerdem ist der Entleiher verpflichtet, den Leiharbeitnehmern unter den gleichen Bedingungen wie den eigenen Beschäftigten Zugang zu den **betrieblichen Gemeinschaftseinrichtungen und -diensten** (u. a. Kantinenverpflegung, Kinderbetreuungseinrichtungen, Beförderungsmittel, usw.) zu gewähren (§ 13 b AÜG; eingefügt durch Gesetz vom 28. 4. 2011; die Vorschrift trat am 1. 12. 2011 in Kraft).

Arbeitshilfen

Musterschreiben
- Antrag auf rückwirkenden Beitragseinzug von Sozialversicherungsbeiträgen (wegen CGZP)
- Auskunftsverlangen an Entleiher nach § 13 AÜG
- Beispiel für die Entgeltberechnung bei equal-pay
- Geltendmachung der equal-pay Lohndifferenz gegen CGZP-Verleiher
- Merkblatt Nacherhebung von Sozialversicherungsbeiträgen (wegen CGZP)
- Merkblatt Nachforderung der equal-pay Lohndifferenz gegen CGZP-Verleiher
- Leiharbeitsvertrag
- Zustimmungsverweigerung des Betriebsrats des Entleihers bei Einstellung eines/einer Leiharbeitnehmers/in (§ 14 Abs. 3 AÜG, § 99 Abs. 2 Nr. 1 BetrVG)
- Zustimmungsverweigerung des Betriebsrats des Entleihers bei Einstellung eines/einer Leiharbeitnehmers/in (§ 14 Abs. 3 AÜG, § 99 Abs. 2 Nr. 3 BetrVG)
- Zustimmungsverweigerung des Betriebsrats des Entleihers bei Einstellung eines/einer Leiharbeitnehmers/in (§ 14 Abs. 3 AÜG, § 99 Abs. 2 Nr. 5 BetrVG)

Rechtsprechung

1. Vereinbarkeit des AÜG mit Europa- und Verfassungsrecht (insbes. »equal-pay-Gebot«)
2. Begriff der Arbeitnehmerüberlassung – Abgrenzung zu anderen Formen des Fremdfirmeneinsatzes (Dienst- oder Werkvertrag)
3. Gewerbsmäßige Arbeitnehmerüberlassung
4. Arbeitnehmerüberlassung im Konzern – konzerneigene Personaldienstleistungsgesellschaft
5. Verleih an den vormaligen Vertragsarbeitgeber – Rechtsmissbrauch
6. »Ablöse-Klauseln« im Arbeitnehmerüberlassungsvertrag zwischen Verleiher und Entleiher
7. Grenzüberschreitende Arbeitnehmerüberlassung
8. Unerlaubte Arbeitnehmerüberlassung (Ordnungswidrigkeit, Strafbarkeit)
9. »Vorübergehende« Arbeitnehmerüberlassung – Fingiertes Arbeitsverhältnis mit dem

Arbeitnehmerüberlassung/Leiharbeit

Entleiher bei unerlaubter Arbeitnehmerüberlassung (§ 10 Abs. 1 AÜG)? – Anspruch auf Vergütung gegen den Entleiher
10. Nachweispflichten (§ 11 Abs. 1 AÜG)
11. Gleichbehandlung – Equal pay – Abweichung durch Tarifvertrag
12. Auskunftsanspruch des Leiharbeitnehmers gegen den Entleiher (§ 13 AÜG)
13. Höhe des Urlaubsentgelts bei Arbeitnehmerüberlassung
14. Arbeitsbedingungen – Tarifverträge zur Leiharbeit
15. Geltendmachung von »equal-pay-Ansprüchen« gegen den Verleiher – Ausschlussfristen – Darlegungslast im Prozess
16. Tarifgemeinschaft Christlicher Gewerkschaften für Zeitarbeit und Personalserviceagenturen (CGZP) ist nicht tariffähig
17. Änderungskündigung zur Entgeltabsenkung
18. Betriebsbedingte Kündigung eines Leiharbeitnehmers durch den Verleiher
19. Betriebsbedingte Kündigung eines Arbeitnehmers des Entleihers trotz Beschäftigung von Leiharbeitnehmern?
20. Kurzarbeitergeld für Leiharbeitnehmer (Gesetzesänderung beachten!)
21. Ausgleichsabgabe wegen Nichtbeschäftigung von schwerbehinderten Leiharbeitnehmern
22. Informations- und Mitbestimmungsrechte des Betriebsrats des Verleiher- und des Entleiherbetriebs (§ 14 Abs. 3 AÜG, § 99 BetrVG) – »vorübergehende« Arbeitnehmerüberlassung«
23. Zustimmungsverweigerung: Form – Frist (§ 99 Abs. 3 BetrVG) – Zustimmungsfiktion (§ 99 Abs. 3 Satz 2 BetrVG)
24. Zustimmungsersetzungsverfahren (§ 99 Abs. 4 BetrVG)
25. Vorläufige Durchführung einer Einstellung (§ 100 BetrVG)
26. Verfahren zur Erzwingung der Mitbestimmung (§ 101 BetrVG)
27. Berücksichtigung von Leiharbeitnehmern bei der nach § 111 BetrVG (Betriebsänderung) maßgeblichen Arbeitnehmerzahl
28. Betriebsratswahl im Entleiherbetrieb – Berücksichtigung der Leiharbeitnehmer bei der Bestimmung der Größe des zu wählenden Betriebsrats – keine Wählbarkeit der Leiharbeitnehmer
29. Freistellung von Betriebsratsmitgliedern im Entleiherbetrieb: Berücksichtigung von Leiharbeitnehmern bei der nach § 38 BetrVG maßgeblichen Arbeitnehmerzahl?
30. Berücksichtigung von Leiharbeitnehmern bei der für die Anwendbarkeit des Kündigungsschutzgesetzes maßgeblichen Betriebsgröße (§ 23 Abs. 1 Satz 3 KSchG)
31. Aufsichtsratswahl im Entleiherunternehmen – Berücksichtigung der Leiharbeitnehmer
32. Leistungsverweigerungsrecht von Leiharbeitnehmern im Falle eines Arbeitskampfes (§ 11 Abs. 5 AÜG)

Arbeitsbereitschaft

Was ist das?

1 Die so genannte **Arbeitsbereitschaft** ist die »*Zeit wacher Achtsamkeit im Zustande der Entspannung*«, wobei sich der Beschäftigte im Betrieb aufhält (BAG v. 12.12.2012 – 5 AZR 918/11; 11.7.2006 – 9 AZR 519/05, NZA 2007, 155; 9.3.2005 – 5 AZR 385/02, ZTR 2005, 479; 18.2.2003 – 1 ABR 2/02, AiB 2003, 759).
Das Vorliegen dieser Voraussetzung ist von der jeweils vertraglich geschuldeten Arbeitsleistung her zu bestimmen.
Arbeitsbereitschaft stellt gegenüber der geschuldeten Arbeitsleistung eine **mindere Leistung** dar, die den Arbeitnehmer weniger als die volle Arbeit beansprucht und damit einen Entspannungszustand ermöglicht (BAG v. 18.2.2003 – 1 ABR 2/02, a.a.O.).

> **Beispiele:**
> Arbeit des Pförtners, Nachtwächters, Warten auf Anweisungen oder auf Material usw.

Arbeitsbereitschaft ist Arbeitszeit i.S.d. ArbZG

2 Arbeitsbereitschaft ist als → **Arbeitszeit** sowohl i.S.d. Arbeitszeitgesetzes, als auch des BetrVG (siehe Rn. 7) sowie auch des Arbeitsvertragsrechts (siehe Rn. 6) anzusehen.

3 Arbeitsbereitschaft ist abzugrenzen vom → **Bereitschaftsdienst** und von der → **Rufbereitschaft**.

4 Arbeitsbereitschaft ist auch von der → **Ruhepause** i.S.d. § 4 ArbZG zu unterscheiden, in der sich der Arbeitnehmer nicht in wacher Achtsamkeit zur jederzeitigen Arbeitsaufnahme bereitzuhalten braucht (BAG v. 9.3.2005 – 5 AZR 385/02, ZTR 2005, 479).
Ist ein Arbeitnehmer während einer Ruhepause zur Arbeitsbereitschaft verpflichtet, liegt **keine wirksame Pausengewährung** vor. Deshalb ist die Zeit der angeblichen Ruhepause als Arbeitszeit zu bezahlen (LAG München v. 24.2.1993 – 5 Sa 775/91).
Außerdem liegt ein **Verstoß** gegen § 4 ArbZG vor, wenn die Anordnung der Arbeitsbereitschaft dazu führt, dass keine Pausengewährung stattfindet.

5 Arbeitsbereitschaft ist, weil sie zur Arbeitszeit zählt, keine → **Ruhezeit** i.S.d. § 5 Abs. 1 ArbZG.

Vergütung von Arbeitsbereitschaft

6 Hat ein Arbeitnehmer aufgrund des Arbeitsvertrags Arbeitsbereitschaft zu leisten, hat er Anspruch auf **Vergütung** (§§ 611, 612 BGB).
Tarifliche Regelungen können festlegen, in welchem Umfang Arbeitsbereitschaft zur **vergütungspflichtigen Arbeitszeit** zählt (vgl. z.B. BAG v. 28.1.1981 – 4 AZR 892/78, DB 1981, 1195: in dem zugrundeliegenden Fall bestimmte eine Tarifregelung, dass Arbeitsbereitschaft mit 50 v.H. als Arbeitszeit für die Lohnberechnung zu bewerten ist, wenn sich ein Kraftfahrer

im Krankentransportdienst während des Nachtdienstes für Arbeitseinsätze in einer Rettungswache lediglich in einem Ruheraum bereithalten muss).

Bedeutung für die Betriebsratsarbeit

Der **Arbeitszeitbegriff** in § 87 Abs. 1 Nr. 2 und 3 BetrVG ist nach Ansicht des BAG nicht gänzlich deckungsgleich mit dem Begriff der vergütungspflichtigen Arbeitszeit und dem des Arbeitszeitgesetzes (BAG v. 14.11.2006 – 1 ABR 5/06, NZA 2007, 458). Er bestimme sich vielmehr nach dem **Zweck** des Mitbestimmungsrechts. Die Beteiligung des Betriebsrats nach § 87 Abs. 1 Nr. 2 BetrVG diene dazu, die Interessen der Arbeitnehmer an der Lage ihrer Arbeitszeit und damit zugleich ihrer freien und für die Gestaltung ihres Privatlebens nutzbaren Zeit zur Geltung zu bringen. Arbeitszeit iSv. § 87 Abs. 1 Nr. 2 und 3 BetrVG sei die Zeit, während derer der Arbeitnehmer die von ihm in einem bestimmten zeitlichen Umfang vertraglich geschuldete Arbeitsleistung tatsächlich erbringen soll. 7
Diese Voraussetzungen treffen auf die Arbeitsbereitschaft zu (Fitting, BetrVG, 27. Aufl., § 87 Rn. 96). Der Betriebsrat hat deshalb bei der Regelung der Arbeitsbereitschaft ein **Mitbestimmungsrecht** gemäß § 87 Abs. 1 Nr. 2 und 3 BetrVG (Einzelheiten hierzu siehe → **Arbeitszeit** und → **Überstunden**).
Im Nichteinigungsfall entscheidet die → **Einigungsstelle** (§ 87 Abs. 2 BetrVG).
Das Mitbestimmungsrecht kann nicht durch **einzelvertragliche Abreden** ausgeschaltet oder umgangen werden. 8
Eine Anwendung des § 87 Abs. 1 Nr. 2 und 3 BetrVG scheidet aus, wenn ein (aktiv geltender zwingender, nicht nur nachwirkender) → **Tarifvertrag** das Thema »Arbeitsbereitschaft« **abschließend regelt** (§ 87 Abs. 1 Eingangssatz BetrVG). 9

Rechtsprechung

1. Begriff Arbeitsbereitschaft – Abgrenzung zu Bereitschaftsdienst und Rufbereitschaft
2. Abgrenzung Arbeitsbereitschaft – Ruhepause

Arbeitsentgelt

Grundlagen

1   Mit dem Abschluss des Arbeitsvertrags verpflichtet sich der Arbeitgeber zur Zahlung des vereinbarten Arbeitsentgelts (Arbeitsvergütung) als Gegenleistung für die vom Arbeitnehmer zu erbringende Arbeitsleistung (siehe → **Arbeitsvertrag**).

2   Findet auf das Arbeitsverhältnis ein Entgelttarifvertrag Anwendung (siehe → **Tarifvertrag**), dann ist der Arbeitgeber auch ohne ausdrückliche Vereinbarung der Arbeitsentgelthöhe zur Zahlung des tariflich geregelten Arbeitsentgelts verpflichtet.
In einem solchen Falle wird (z. B. anlässlich einer → **Einstellung**) vom Arbeitgeber eine → **Eingruppierung** der vorgesehenen Tätigkeit in die einschlägige Entgeltgruppe/Lohn- bzw. Gehaltsgruppe des Tarifvertrages vorgenommen.
Dem Betriebsrat steht dabei nach § 99 BetrVG ein Mitbestimmungsrecht in Form des Zustimmungsverweigerungsrechts zu (siehe → **Eingruppierung/Umgruppierung**).

2a Dort, wo keine Tarifverträge gelten, wird Arbeitnehmern zunehmend zugemutet, zu **untertariflichen Niedriglöhnen** zu arbeiten, die den Lebensunterhalt nicht sichern können.
Es gilt lediglich eine äußerste Untergrenze: eine arbeitsvertraglich vereinbarte Vergütung für geleistete Arbeit darf nicht sittenwidrig niedrig sein (§ 138 Abs. 1 und 2 BGB: **Verbot des Lohnwuchers**).
§ 138 BGB (Sittenwidriges Rechtsgeschäft; Wucher) lautet:
»*(1) Ein Rechtsgeschäft, das gegen die guten Sitten verstößt, ist nichtig.*
(2) Nichtig ist insbesondere ein Rechtsgeschäft, durch das jemand unter Ausbeutung der Zwangslage, der Unerfahrenheit, des Mangels an Urteilsvermögen oder der erheblichen Willensschwäche eines anderen sich oder einem Dritten für eine Leistung Vermögensvorteile versprechen oder gewähren lässt, die in einem auffälligen Missverhältnis zu der Leistung stehen.«
Ein sog. **wucherähnliches Geschäft** i. S. d. § 138 Abs. 1 BGB liegt vor, wenn Leistung und Gegenleistung in einem auffälligen Missverhältnis zueinander stehen und weitere sittenwidrige Umstände wie z. B. eine verwerfliche Gesinnung des durch den Vertrag objektiv Begünstigten hinzutreten (BAG v. 16.5.2012 – 5 AZR 268/11, NZA 2012, 974).
Nach § 138 Abs. 2 BGB ist ein Rechtsgeschäft wegen **Lohnwuchers** nichtig, durch das sich jemand unter Ausbeutung der Zwangslage, der Unerfahrenheit oder des Mangels an Urteilsvermögen eines anderen für eine Leistung Vermögensvorteile versprechen oder gewähren lässt, die in einem auffälligen Missverhältnis zu der Leistung stehen (BAG v. 16.5.2012 – 5 AZR 268/11, a. a. O.; 22.4.2009 – 5 AZR 436/08, NZA 2009, 837).
Ein **auffälliges Missverhältnis** zwischen Leistung und Gegenleistung liegt nach Ansicht des BAG vor, wenn das arbeitsvertraglich vereinbarte Arbeitsentgelt **nicht einmal zwei Drittel** des in der betreffenden Branche und Wirtschaftsregion für die ausgeübte Tätigkeit **üblicherweise** gezahlten Tarifentgelts erreicht (BAG v. 16.5.2012 – 5 AZR 268/11, a. a. O.; 22.4.2009 – 5 AZR 436/08, a. a. O.; zur Frage, welche Vergütung eingeklagt werden kann, wenn das arbeitsvertraglich vereinbarte Arbeitsentgelt sittenwidrig niedrig ist siehe Rn. 84 a).
Die Grenzziehung bei einer Unterschreitung des Tarifentgelts um mehr als ein Drittel berück-

Arbeitsentgelt

sichtige bereits, dass Tarifverträge vielfach Zusatzleistungen vorsehen. Zu vergleichen sei die regelmäßig gezahlte Vergütung mit dem regelmäßigen Tarifentgelt. Tarifliche Zulagen und Zuschläge für besondere Arbeiten und Arbeitszeiten oder aus bestimmten Anlässen seien ebenso wenig einzubeziehen wie unregelmäßige Zusatzleistungen eines Arbeitgebers im streitigen Arbeitsverhältnis.

Derartige Leistungen bestimmten grundsätzlich weder den verkehrsüblichen Wert der Arbeit als solchen noch den Charakter des Arbeitsverhältnisses. Nur die **generalisierende Betrachtungsweise** ermögliche eine praktikable Bestimmung des maßgeblichen Grenzwerts.

Besondere Einzelumstände könnten allerdings die Beurteilung der sittenwidrigen Ausbeutung ebenso beeinflussen wie die Bestimmung des Werts der Arbeitsleistung. Besondere Umstände seien ggf. auch sonstige geldwerte oder nicht geldwerte Arbeitsbedingungen. Diese könnten für die erforderliche Gesamtbetrachtung gerade in Grenzfällen von Bedeutung sein.

Wirken sich nichtberücksichtigungsfähige tarifliche Zusatzleistungen praktisch erheblich aus, könnten sie im Einzelfall zu einer **Korrektur** der Zwei-Drittel-Grenze führen.

Das BAG hat damit »gleichgezogen« mit der Rechtsprechung des Bundesgerichtshofs, wonach **strafbarer Lohnwucher** i. S. des § 291 Abs. 1 Nr. 3 Strafgesetzbuch (StGB) anzunehmen ist, wenn etwa 2/3 des Tariflohns bzw. der ortsüblichen Vergütung unterschritten werden (BGH v. 22. 4. 1997 – 1 StR 701/96, DB 1997, 1670).

2b

In dem vom BGH entschiedenen Fall hatte ein Bauunternehmen ab 1991/1992 zwei tschechische Grenzgänger als Maurer beschäftigt und sie bis einschließlich Oktober 1993 mit einem Bruttostundenlohn von 12,70 DM entlohnt. Der Tariflohn für Maurer betrug 1993 19,05 DM pro Stunde. Seine übrigen Arbeitnehmer erhielten für gleiche Arbeit einen Stundenlohn von 21 DM brutto.

Die **BAG-Rechtsprechung ist problematisch** angesichts des Umstandes, dass in Tarifverträgen mancher – gewerkschaftlich schlecht organisierter – Branchen (z. B. Landwirtschaft, Fleischerhandwerk, Friseurhandwerk, Wachdienste) ein vergleichsweise niedriges Lohnniveau vorgesehen ist. Wenn dieses dann noch einmal um bis zu ⅓ unterschritten werden kann, konnten Löhne entstehen, die noch nicht einmal das Existenzminimum gesichert haben.

2c

Nicht selten wurden im Bereich der **Mini-Jobs** (»450-Euro-Jobs«) den Arbeitnehmern sittenwidrig niedrige Stundenlöhne i. S. d. § 138 BGB zugemutet.

Der »Hartz«-Gesetzgeber hat die bis Ende 2002 geltende »15-Wochenstundenregelung« in § 8 Abs. 1 SGB IV gestrichen. Dadurch stand es dem »Minijob-Arbeitgeber« frei, zu bestimmen, für welche Arbeitszeit er 450 Euro monatlich an den Arbeitnehmer zahlt.

Wenn die Arbeitszeit eines »450-Euro-Jobbers« etwa 80 Stunden im Monat betrug, entstand ein Stundenlohn von nur 5,63 Euro (450 Euro geteilt durch 80). Das konnte bereits ein sittenwidrig niedriger Stundenlohn sein.

Eine solche Handhabung ist nach Inkrafttreten des **Mindestlohngesetzes** vom 11. 8. 2014 (BGBl. I S. 1348) nicht mehr möglich, weil der Mindestlohn mit Wirkung ab 1. 1. 2015 auf **8,50 Euro je Zeitstunde** festgesetzt wurde (siehe → **Mindestlohn**).

Der Anwendungsbereich des § 138 BGB ist allerdings durch den gesetzlichen Mindestlohn nicht gänzlich weggefallen. Denn es sind Fallkonstellationen denkbar, in denen der gezahlte Stundenlohn zwar höher liegt als 8,50 Euro, aber dennoch sittenwidrig niedrig ist (etwa wenn das gezahlte Entgelt noch nicht einmal zwei Drittel des in der Branche üblichen Tariflohns beträgt; siehe Rn. 2 a).

Zu weiteren **gesetzlichen Regelungen** in Bezug auf

2d

- einen allgemeinen **gesetzlichen Mindestlohn** (eingeführt mit Wirkung ab 1. 1. 2015 durch das Tarifautonomiestärkungsgesetz vom 11. 8. 2014 – BGBl. I S. 1348) siehe → **Mindestlohn**,
- die Erstreckung tariflich vereinbarter **Branchenmindestlöhne** durch Rechtsverordnung auf nicht tarifgebundene Arbeitgeber und Arbeitnehmer siehe → **Arbeitnehmerentsendung**,

Arbeitsentgelt

- die Festsetzung einer **Lohnuntergrenze** für die **Leiharbeit** (§ 3 a AÜG) siehe → **Arbeitnehmerüberlassung / Leiharbeit** und
- die **Mindestlohnregelung für Heimarbeiter** (§§ 4, 18, 19 HAG) siehe → **Heimarbeit**.

3 Folgende Grundformen des Arbeitsentgelts (sog. »**Entgeltgrundsätze**«) lassen sich unterscheiden:
- Zeitentgelt (siehe Rn. 4, 4a und 5),
- Leistungsbezogenes Entgelt (z. B. Leistungszulage, Akkordlohn, Prämienentgelt, Zielentgelt aufgrund einer → **Zielvereinbarung**; siehe Rn. 6 ff. und 75 ff.; ggf. auch Provision; siehe Rn. 44),
- Erfolgs-/ergebnisabhängiges Entgelt (Tantieme, Gewinnbeteiligung, Umsatzbeteiligung; siehe Rn. 44 b).

Beachten:
Die nachstehenden Ausführungen beschränken sich auf die Darstellung der Rechtslage ohne tarifliche Modifikationen. In vielen → **Tarifverträgen** ist das Thema Arbeitsentgelt allerdings sehr intensiv und bis in kleinste Details »durchgeregelt«.

Beispiel Metallindustrie:
Dort wurden die »alten« Lohn- und Gehaltsrahmentarifverträge im Zuge der rechtlich und tarifpolitisch gebotenen Gleichbehandlung von Arbeitern und Angestellten durch – für alle Beschäftigten geltende – **Entgeltrahmentarifverträge** abgelöst. Weil die Tarifpolitik der IG Metall regional ausgerichtet ist, sind in den jeweiligen Tarifbezirken Entgeltrahmentarifverträge mit zum Teil deutlichen inhaltlichen Unterschieden abgeschlossen worden. Auch die verwendeten Begrifflichkeiten weichen oft voneinander ab.

In Betrieben, die unter den Geltungsbereich von Tarifverträgen fallen, ist also ein ergänzender Blick in den jeweiligen Tarifvertrag unverzichtbar. Zu empfehlen ist hierzu die Lektüre des von Meine/Ohl/Rohnert herausgegebenen Standardwerks »Arbeit, Entgelt, Leistung, Handbuch Tarifanwendung im Betrieb«, 6. Aufl. 2014, Bund-Verlag. In diesem Buch wird das Zusammenspiel von allgemeiner und tariflicher Rechtslage beim Thema Arbeitsentgelt – vor allem auch im Bereich der Metallindustrie – eingehend erläutert. Nachstehend eine Beschreibung des Buchinhalts: »*Ausgehend von modernen Formen der Arbeitsgestaltung, z. B. ganzheitlichen Produktionssystemen, beschreibt das Handbuch die Methoden der Entgeltgestaltung auf der Basis der Tarifverträge. Dieses Standardwerk ist für die betriebliche Interessenvertretung ein unverzichtbares Arbeitsmittel zur Anwendung der tariflichen Entgeltbestimmungen. Denn neben den klassischen Methoden des Zeitentgelts, Akkord- und Prämienentgelts behandelt das Handbuch neue Systeme der Entgeltgestaltung auf der Basis von Kennzahlen und Zielvereinbarungen. Die aktuelle Auflage berücksichtigt in vollem Umfang die Entgeltrahmentarifverträge für die Metall- und Elektroindustrie. Das Buch beschreibt die tariflichen Entgeltgrundsätze, ihre Auswahl und Anwendung sowie die Mitbestimmungsrechte der Betriebsräte.*«

Zeitentgelt (Zeitlohn bzw. Gehalt)

4 Beim Zeitentgelt erfolgt die Vergütung in der Weise, dass dem Arbeitnehmer für eine bestimmte **Arbeitszeiteinheit** (Stunde, Tag, Woche oder Monat), in der er die arbeitsvertraglich vereinbarte Aufgabe erfüllt, ein bestimmter Geldbetrag gezahlt wird (Stundenlohn, Monatsentgelt).
Anders als beim Akkordlohn oder Prämienentgelt wird bei dieser Vergütungsart die Entgelthöhe nicht durch eine höhere oder niedrigere **Leistung** beeinflusst.

Beispiel:
Für das Nähen von Röcken wird ein Stundenlohn von 10 Euro gezahlt.
Eine Näherin hat Anspruch auf 10 Euro pro Stunde, gleichgültig, ob sie sechs oder acht Röcke in der Stunde fertig stellt.

Umstritten ist, mit welchem **Leistungsgrad** (Arbeitstempo, Arbeitsintensität) der Beschäftigte im Zeitentgelt die vertragliche vereinbarte Aufgabe erfüllen muss. 4a
Die h. M. geht davon aus, dass der Arbeitnehmer die Leistung erbringen muss, die er bei angemessener Anspannung seiner geistigen und körperlichen Kräfte ohne Gefährdung seiner Gesundheit erbringen **kann** (BAG v. 11. 12. 2003 – 2 AZR 667/02, NZA 2004, 784).
Dabei kommt es auf das **individuelle Leistungsvermögen** an. Sowohl der »starke« als auch der »schwache« Arbeitnehmer arbeiten gleichermaßen vertragsgemäß, wenn sie bei der Verrichtung der vertraglich geschuldeten Tätigkeit ihre jeweiligen geistigen und körperlichen Kräfte ohne Gefährdung ihrer Gesundheit angemessen anspannen.
Nachstehend ein Auszug aus der Entscheidung des BAG v. 11. 12. 2003 – 2 AZR 667/02, a. a. O.:
»… Ob eine Leistung als (arbeitsvertragswidrige) Schlechtleistung anzusehen ist, beurteilt sich nach den vertraglichen Vereinbarungen der Parteien. Ist die Arbeitsleistung im Vertrag, wie meistens, der Menge und der Qualität nach nicht oder nicht näher beschrieben, so richtet sich der Inhalt des Leistungsversprechens zum einen nach dem vom Arbeitgeber durch Ausübung des Direktionsrechts festzulegenden Arbeitsinhalt und zum anderen nach dem persönlichen, subjektiven Leistungsvermögen des Arbeitnehmers. Der Arbeitnehmer muss tun, was er soll, und zwar so gut, wie er kann. Die Leistungspflicht ist nicht starr, sondern dynamisch und orientiert sich an der Leistungsfähigkeit des Arbeitnehmers. Ein objektiver Maßstab ist nicht anzusetzen … Der gegenteiligen Auffassung (v. Hoyningen-Huene/Linck KSchG § 1 Rn. 253 ff.; Hunold BB 2003, 2345, 2346), der Arbeitnehmer schulde in Anlehnung an § 243 BGB a. F. eine »objektive Normalleistung«, folgt der Senat nicht. Sie berücksichtigt nicht ausreichend, dass der Arbeitsvertrag als Dienstvertrag keine »Erfolgshaftung« des Arbeitnehmers kennt. Der Dienstverpflichtete schuldet das »Wirken«, nicht das »Werk«. Daraus ist allerdings … nicht zu folgern, dass der Arbeitnehmer seine Leistungspflicht selbst willkürlich bestimmen kann. Dem Arbeitnehmer ist es nicht gestattet, das Verhältnis von Leistung und Gegenleistung einseitig nach freiem Belieben zu bestimmen …. Er muss vielmehr unter angemessener Ausschöpfung seiner persönlichen Leistungsfähigkeit arbeiten. Ob der Arbeitnehmer dieser Verpflichtung nachkommt, ist für den Arbeitgeber anhand objektivierbarer Kriterien nicht immer erkennbar. Der bloße Umstand, dass der Arbeitnehmer unterdurchschnittliche Leistungen erbringt, muss nicht zwangsläufig bedeuten, dass der Arbeitnehmer seine persönliche Leistungsfähigkeit nicht ausschöpft.«
Auch der Arbeitgeber ist nicht berechtigt, das vertragliche Gleichgewicht von Leistung und Gegenleistung **willkürlich** z. B. dadurch zu verändern, dass er sich das Recht einräumen lässt, eine Leistungszulage nach freiem Ermessen oder gar nach Belieben zu widerrufen (BAG v. 13. 5. 1987 – 5 AZR 125/86, NZA 1988, 95).
In dem Erfordernis der »**angemessenen**« **Anspannung** bzw. Ausschöpfung der persönlichen Leistungsfähigkeit kommt zum Ausdruck, dass nur eine – gemessen an dem individuellen Leistungsvermögen – mittlere Leistung geschuldet ist. Man darf nicht bewusst weniger leisten, als man kann, man ist aber nicht zu einer über das mittlere Maß hinausgehenden Mehrleistung verpflichtet.
Demgegenüber besteht das **Wesen des Leistungsentgelts** gerade darin, durch Verdienstanreize (Akkord, Prämie, Zielentgelt) einer Mehrleistung des Beschäftigten zu erzeugen (siehe Rn. 6 ff.).
Die **Problematik** des Entlohnungsgrundsatzes »Zeitentgelt/Zeitlohn/Gehalt« besteht darin, 5
dass Arbeitgeber dazu neigen, den Beschäftigten im Zeitentgelt durch diverse Maßnahmen (z. B. durch Antreiben, enge Terminsetzung) zu Mehrleistungen zu veranlassen, ohne – wie

Arbeitsentgelt

beim Akkord- oder Prämienentgelt – zur Zahlung eines entsprechend höheren Entgelts bereit zu sein.
Sie verändern damit einseitig und willkürlich das vertragliche Gleichgewicht von Leistung und Gegenleistung und umgehen gleichzeitig das Mitbestimmungsrecht des Betriebsrats nach § 87 Abs. 1 Nr. 11 BetrVG (dessen Zweck der Schutz der Beschäftigten vor Überforderung ist; siehe Rn. 76).
Folge: In vielen Betrieben, in denen im Zeitentgelt gearbeitet wird, haben Leistungsdruck und Arbeitstempo oft ein **unzumutbares Maß** angenommen. Nicht selten ist paradoxerweise der Arbeitsdruck/das Arbeitstempo im Zeitentgelt höher als im Akkordlohn.
Um dieser Entwicklung zu begegnen, verstärken sich die Bemühungen der gewerkschaftlichen und betrieblichen Interessenvertretungen, Regelungen zur Realisierung menschengerechter Arbeits- und Leistungsbedingungen durchzusetzen.
In einigen → **Tarifverträgen** finden sich mittlerweile Bestimmungen, die direkte oder indirekte **Leistungsvorgaben** des Arbeitgebers im Entlohnungsgrundsatz »Zeitlohn« untersagen und stattdessen die Vergütung in einer Form des Leistungsentgelts (z. B. Prämienentgelt) vorschreiben.

> **Beispiel:**
> Entgeltrahmenabkommen (ERA) für die Metallindustrie Norddeutschlands:
> »... Leistungsentgelt kommt zur Anwendung, wenn zur Erledigung der Arbeit Mengen, Zeiten und/oder andere Leistungsmerkmale vorgegeben oder vereinbart werden.
> Zeitentgelt kommt zur Anwendung, wenn im Unterschied dazu zur Erledigung der Arbeit nur allgemeine betriebliche Planungsgrößen und Arbeitsvorschriften vorhanden sind.«

Solche Tarifregelungen werden von Unternehmen gerne umgangen. Das ist etwa der Fall, wenn die Arbeitnehmer in der Produktion bei Schichtbeginn **Auftragszettel** erhalten, auf denen angegeben ist, wie viele Stücke in einer bestimmten Zeiteinheit (z. B. in einer Arbeitsschicht) gefertigt werden sollen. Wird die erwartete Stückzahl nicht erbracht, erfolgt eine Reaktion z. B. des Vorgesetzten (z. B. Nachfragen, Missbilligung usw.). Obwohl es sich bei den Auftragszetteln um »**Leistungsvorgaben**« im Sinne des vorgenannten Tarifvertrages handelt, werden die Arbeitnehmer im Entlohnungsgrundsatz »**Zeitentgelt**« vergütet. Dies ist ein eindeutiger Verstoß gegen den Tarifvertrag, der vom Betriebsrat nach § 80 Abs. 1 Nr. 1 BetrVG gerügt werden kann. Eine weitere Handlungsmöglichkeit des Betriebsrats besteht darin, die Einführung von Leistungsentgelt zu fordern (z. B. Prämienentgelt). Dem Betriebsrat steht nach § 87 Abs. 1 Nr. 10, 11 BetrVG (aber auch nach manchen Tarifverträgen) jedenfalls dann ein Initiativ-Mitbestimmungsrecht zu, wenn der Tarifvertrag Leistungsentgeltformen vorsieht (siehe Rn. 83 a). Viele Betriebsräte schrecken hiervor allerdings zurück, weil sie befürchten, dass Leistungsentgelt zu noch höherer Arbeitsverdichtung führt (obwohl es Absicht der Gewerkschaften ist, dem Betriebsrat durch die Tarifbestimmungen zum Leistungsentgelt die Möglichkeit zu geben, auf das Verhältnis von Leistung / Gegenleistung Einfluss zu nehmen, die abgeforderte Leistungsmenge zu kontrollieren und ggf. zu reduzieren).

Leistungsbezogenes Entgelt

6 Im Unterschied zum Zeitentgelt, bei dem die Vergütung nach **Zeitabschnitten** bemessen wird, erfolgt die Bemessung des Leistungsentgelts nach der **Leistung** des Arbeitnehmers.
Er kann durch eine höhere Leistung, die sich in der Quantität oder Qualität des Arbeitsergebnisses ausdrücken kann, sein Entgelt steigern.
Die Bemessung erfolgt dadurch, dass eine »Normalleistung« (Bezugsleistung) des Arbeitnehmers definiert wird, mit der dann die tatsächliche Leistung des Arbeitnehmers verglichen wird.

Arbeitsentgelt

Aus dem **Verhältnis** zwischen Normalleistung und tatsächlicher Leistung wird das Arbeitsentgelt ermittelt.
Zum Leistungsentgelt zählen z. B. der **Akkordlohn** (siehe Rn. 15 ff.) und das **Prämienentgelt** (siehe Rn. 33 ff.).
Unter gewissen Voraussetzungen können auch die im Entlohnungsgrundsatz Zeitentgelt zusätzlich gezahlte **Leistungszulage** (siehe Rn. 8 ff.) und bestimmte Formen der **Provision** (siehe Rn. 44, 44 a) Leistungsentgelt sein.
Leistungsentgelt kann auch ein **Zielentgelt** aufgrund einer so genannten → **Zielvereinbarung** sein, die zwischen Arbeitnehmer und Vorgesetztem als Vertreter des Arbeitgebers getroffen wird. In einer solchen Vereinbarung können mess- und zählbare Größen (Leistungsziele) definiert sein, die maßgebend sind für eine am Grad der Zielerreichung ausgerichtete, also leistungsbezogene Vergütung. Es handelt sich dann um eine Form der Prämienvergütung (siehe Rn. 33 ff.). Möglich sind aber Vereinbarungen, die der Bestimmung der Höhe einer Leistungszulage dienen. Zielvereinbarungen kommen vor allem im Angestelltenbereich vor.
Akkordarbeit und solche Prämienlohnarbeit, bei der durch **gesteigertes Arbeitstempo** ein höheres Entgelt erzielt werden kann, sind wegen der damit verbundenen Gefahr der Überbeanspruchung unzulässig bei **werdenden Müttern** (siehe → **Mutterschutz**) und Jugendlichen. 7
Kraftfahrer und Beifahrer dürfen – aus Gründen der Verkehrssicherheit – nicht nach den zurückgelegten Fahrstrecken oder der Menge der beförderten Güter vergütet werden, weder in Form von Akkordlohn noch in Form von Prämien oder Zuschlägen (§ 3 Fahrpersonalgesetz – FPersG).

Leistungszulage beim Zeitentgelt

Die Qualität und Quantität der Arbeitsleistung wirkt sich beim »reinen« **Zeitentgelt** nicht auf die Höhe der Vergütung aus (siehe Rn. 4). 8
Um dennoch auch in diesem Entgeltgrundsatz eine Leistungsvergütung zu realisieren, werden meist aufgrund tariflicher Regelungen **Leistungszulagen** gezahlt.
Die **Methoden** zur Bestimmung der Höhe der Leistungszulage sind unterschiedlich.
Manchmal wird eine für alle Arbeitnehmer **gleiche Leistungszulage** gezahlt. Ausschlaggebend hierfür sind Erwägungen der Gleichbehandlung und die Befürchtung, dass eine ungleichmäßige Verteilung nach Maßgabe einer Leistungsbeurteilung (siehe Rn. 10 bis 12) zu zweifelhaften bis willkürlichen Ergebnissen (»Nasenprämie«) führt. 9
In anderen Fällen richtet sich die Höhe der Leistungszulage nach einer **Leistungsbeurteilung**. Diese wird entweder pauschal durch den Vorgesetzten vorgenommen (ggf. nach den Kriterien einer → **Zielvereinbarung**) oder in einem analytischen Verfahren ermittelt (Punktesystem). 10
Die Methode der Leistungsbeurteilung durch den Vorgesetzten ist eher problematisch, weil die Gefahr groß ist, dass nicht nur die Arbeitsleistung, sondern auch sonstige – subjektive – Erwägungen die Beurteilung und damit die Höhe der Leistungszulage beeinflussen (»**Nasenprämie**«). 11
Bei der **analytischen Leistungsbeurteilung** wird die Arbeitsleistung mit verschiedenen Kriterien (z. B. Arbeitsquantität, Arbeitsqualität, Arbeitseinsatz, Arbeitssorgfalt, Bereitschaft zur Zusammenarbeit, Termineinhaltung, Arbeitssicherheit) umschrieben. 12
Diese werden dann nach einem Bewertungsschema (sehr gut, gut, befriedigend, ausreichend, nicht ausreichend) durch Vergabe von Punkten beurteilt.
Ob durch diese Form der Leistungsbeurteilung mehr »Objektivität« bewirkt werden kann, erscheint allerdings zweifelhaft.
Denn auch hier sind subjektive Beweggründe des Beurteilers für die Vergabe von Punkten nicht auszuschließen.

Arbeitsentgelt

Immerhin hat der Betriebsrat bei der Ausgestaltung des Punktesystems ein **Mitbestimmungsrecht**, sofern und soweit nicht bereits eine abschließende tarifliche Regelung besteht.
Oft ist das vom Arbeitgeber – ggf. aufgrund eines Tarifvertrages – bereitzustellende **Leistungszulagenvolumen »gedeckelt«**, was dazu führt, dass die Erhöhung der Leistungszulage bei Arbeitnehmern zu einer entsprechenden Kürzung bei anderen Arbeitnehmern führt (was Konkurrenzverhalten unter Arbeitnehmern und damit eine Verschlechterung des Betriebsklimas auslösen kann).

13 Die Leistungszulage kann auch als **Prämienentgelt** ausgestaltet sein, das zusätzlich zum Zeitentgelt ausgezahlt wird.

14 Manche → **Tarifverträge** legen das finanzielle Volumen, das der Arbeitgeber für Leistungszulagen zugunsten der Arbeitnehmer zur Verfügung stellen muss, in Höhe eines Prozentsatzes der betrieblichen Entgeltsumme fest (zur Mitbestimmung des Betriebsrats nach § 87 Abs. 1 Nr. 10 BetrVG bei der Verteilung des Volumens, insbesondere bei der Aufstellung von Verteilungsgrundsätzen und -kriterien siehe Rn. 65 a).

Akkordlohn

15 Ziel der Einführung von Akkordarbeit aus der Sicht des Arbeitgebers ist die höchstmögliche Steigerung der »Arbeitsmenge«. Bewirkt wird dies durch einen **Lohnanreiz**, der darin besteht, dass der Akkordarbeiter die Höhe seines Lohnes durch Erhöhung der Arbeitsleistung (**Arbeitsschnelligkeit**) steigern kann.
Je höher die erbrachte Leistung, desto höher der Lohn.
Das **Verhältnis** von Lohn und Leistung entwickelt sich **proportional**: 20 Prozent mehr Leistung = 20 Prozent mehr Lohn (= lineare Lohnlinie).

16 Die Akkordarbeit kommt heute meist als **Zeitakkord**, seltener als **Geldakkord** vor.

Geldakkord

17 Der Geldakkord tritt in verschiedenen **Erscheinungsformen** auf: als Stückakkord, Flächenakkord, Gewichtsakkord usw.

18 Für das Arbeitsergebnis (z. B. hergestelltes Stück, bearbeitete Fläche, transportiertes Gewicht) wird ein bestimmter Geldbetrag (= **Geldfaktor**) vereinbart.

> **Beispiel:**
> Pro verlegtem Quadratmeter Fliesen erhält der Fliesenleger 10 Euro. Verlegt der Fliesenleger beispielsweise innerhalb von 8 Stunden 8 Quadratmeter, so beträgt sein Verdienst: 8 Quadratmeter mal 10 Euro = 80 Euro. Verlegt er in der gleichen Zeit – durch höhere Arbeitsschnelligkeit – 10 Quadratmeter, beträgt sein Verdienst 100 Euro.

Zeitakkord

19 Für die Herstellung eines Produktes wird nicht ein bestimmter Geldbetrag (wie beim Geldakkord), sondern eine bestimmte Zeiteinheit festgelegt (so genannte »Vorgabezeit«).
Die **Vorgabezeit** setzt sich zusammen aus:
- Grundzeit (= Zeitbedarf für die planmäßige Ausführung der Arbeit);
- sachlicher Verteilzeit (= Zeitbedarf für die Ausführung zusätzlich anfallender betriebsbedingter Arbeiten: z. B. Störungsbeseitigung, Zwischenkontrollen, Auswechseln von Transportkisten/Paletten, Gespräche mit Vorgesetzten);
- persönlicher Verteilzeit (= Zeitbedarf für die »Erledigung« persönlicher Bedürfnisse: z. B. Gang zur Toilette, Gespräche mit Kollegen); die Höhe der persönlichen Verteilzeit ist bis-

Arbeitsentgelt

weilen tariflich oder durch Betriebsvereinbarung geregelt: z. B. mindestens fünf Prozent der Grundzeit; oder: drei Minuten pro Stunde;
- Erholungszeit (= Zeit, die als Ausgleich für arbeitsbedingte Ermüdung eingeräumt wird). Auch der Umfang der Erholungszeit ist häufig tariflich oder durch Betriebsvereinbarung geregelt: z. B. zehn Prozent der Grundzeit.

Der Akkordarbeiter »kommt auf sein Geld«, indem er die festgelegte Vorgabezeit durch höhere Arbeitsschnelligkeit »unterbietet«. 20

Der Verdienst wird ermittelt durch eine Multiplikation des »**Zeitfaktors**« (= Vorgabezeit) mit der gefertigten Stückzahl und dem so genannten **Geldfaktor** (= 1/60 des »**Akkordrichtsatzes**«). 21

Der »Akkordrichtsatz« entspricht, falls ein Lohntarifvertrag Anwendung findet, in der Regel 100 Prozent (nach manchen Tarifverträgen auch mehr als 100 %) des Stundenlohnes der einschlägigen Tariflohngruppe.

Beispiel für die Ermittlung eines Zeitakkord-Verdienstes:
Angenommen: Für das Fertigen eines Teiles wird eine »Vorgabezeit« von 10 Minuten festgelegt (zum Verfahren der Vorgabezeitermittlung: siehe Rn. 22 ff.).
Der »Akkordrichtsatz« beträgt 9 Euro (der »Geldfaktor« beläuft sich dementsprechend auf: 9 Euro geteilt durch 60 = 0,15 Euro).
Folge: Stellt der Arbeiter in einer Stunde 6 Teile her, so hat er lediglich die »Normalleistung« (= 100 %) erbracht.
Er kommt auf eine Minutenzahl von: 6 Teile mal 10 Minuten (= Zeitfaktor/Vorgabezeit) = 60 Minuten. Sein Stundenverdienst beläuft sich auf: 60 Minuten mal 0,15 Euro (= Geldfaktor) = 9 Euro (= 100 % des Akkordrichtsatzes).
Stellt der Arbeiter in der Stunde aber 8 Teile her, kann er 80 Minuten (= 133,33 %) abrechnen: 8 Teile mal 10 Minuten (= Zeitfaktor/Vorgabezeit) = 80 Minuten. Sein Stundenverdienst beträgt: 80 Minuten mal 0,15 Euro (= Geldfaktor) = 12 Euro (= 133,33 % des Akkordrichtsatzes).

Die Ermittlung der »Vorgabezeit« beim Zeitakkord erfolgt nach verschiedenen **Methoden** (siehe auch Übersicht im Anhang zu dem hier besprochenen Stichwort): 22
- Beim »ausgehandelten Akkord« beispielsweise wird die Vorgabezeit zwischen Arbeitgeber und Arbeitnehmer (bzw. Betriebsrat) vereinbart.
- Weit verbreitet ist der so genannte »arbeitswissenschaftliche Akkord«, bei dem die Vorgabezeit nach hoch ausdifferenzierten Verfahren ermittelt wird.

Das bekannteste Zeitermittlungsverfahren ist das »Messen von Ist-Zeiten mit gleichzeitiger Leistungsgradbeurteilung«. 23
Nach dieser Methode wird die Vorgabezeit mit Hilfe von Zeitstudien (Ist-Zeit-Aufnahmen) ermittelt, die ein »Zeitstudienmann« (Sachbearbeiter der Arbeitsvorbereitung) durchführt.
Hauptbestandteile der **Zeitstudie** sind 24
- die (mehrfache) Messung der bei der Fertigung eines Teiles anfallenden Ist-Zeiten;
- die statistische Auswertung der gemessenen »Ist-Zeiten« (Ziel: Es soll unter Anwendung mathematisch-statistischer Methoden aus einer Mehrzahl von gemessenen – unterschiedlichen – Einzelzeiten ein »repräsentativer« Mittelwert – erhöht um statistische Sicherheitszuschläge – herausgearbeitet werden);
- die Beurteilung des zum Zeitpunkt der Ist-Zeit-Messung vom Arbeitnehmer aufgewandten so genannten »**Leistungsgrades**«.

Die Hauptproblematik der Zeitstudie liegt in der **Beurteilung des** »**Leistungsgrades**« durch denjenigen, der die Zeitstudie durchführt. 25
Eine solche Beurteilung erfolgt auf der Grundlage folgender Überlegung:
Würde die Vorgabezeit allein nach Maßgabe der gemessenen »Ist-Zeiten« festgelegt, würde

Arbeitsentgelt

dies bei einem Arbeiter mit überdurchschnittlicher Leistung zu einer (aus Sicht der Arbeitnehmer) zu niedrigen Vorgabezeit führen.
Eine Messung bei einem Arbeiter mit unterdurchschnittlicher Leistung würde eine (aus der Sicht des Arbeitgebers) zu hohe Vorgabezeit ergeben.

26 Die Leistungsgradbeurteilung geschieht in der Weise, dass die zum Zeitpunkt der Zeitstudie von dem beurteilten Arbeitnehmer **erbrachte Leistung** in ein Verhältnis zu einer häufig tarifvertraglich definierten »**Normalleistung**« (problematischer Begriff!) gesetzt wird (z. B. 140 % der »Normalleistung«).
Unter Zugrundelegung dieses Leistungsgrades wird sodann die **Ist-Zeit korrigiert**.

Beispiel der Bemessung einer Vorgabezeit:

Ist-Zeit (= statistisch abgesicherter Mittelwert der gemessenen Einzelzeiten):	10 Minuten pro Stück
angenommener Leistungsgrad:	140 Prozent
Grundzeit (= korrigierte Ist-Zeit = Sollzeit):	14 Minuten pro Stück (= 140 % von 10 Minuten)
persönliche Verteilzeit (z. B. 5 % der Grundzeit):	0,7 Minuten pro Stück
sachliche Verteilzeit (z. B. 6,4 % der Grundzeit):	0,9 Minuten pro Stück
Erholungszeit (z. B. 10 % der Grundzeit):	1,4 Minuten pro Stück
Vorgabezeit (= Zeit je Einheit)	17 Minuten pro Stück

Wenn der Akkordarbeiter – in vorstehendem Beispiel – bei der Ausführung der Arbeit (entsprechend den Festlegungen der Zeitstudie) tatsächlich 10 Minuten pro Stück benötigt, erhält er einen Lohn von 140 % des Akkordrichtsatzes (= Tarifgrundlohn). Unterschreitet er die Sollzeit und damit die Vorgabezeit, indem er schneller arbeitet, verdient er mehr.

27 Wäre der aufgewandte Leistungsgrad im vorstehenden Beispiel vom »Zeitstudienmann« auf nur 120 Prozent »beurteilt« worden, hätte dies eine Verkürzung der Grundzeit um 2 Minuten und damit der Vorgabezeit auf 15 Minuten pro Stück zur Folge gehabt.
Folge: entsprechend **geminderte Verdienstchancen** des Akkordarbeiters. Denn wenn er bei der Ausführung der Arbeit tatsächlich 10 Minuten pro Stück benötigt, erhält er einen Lohn von (nur) 120 % des Akkordrichtsatzes (= Tarifgrundlohn).

28 Die Beurteilung des Leistungsgrades ist zweifellos ein Vorgang, der mit »Wissenschaft« nichts und mit **subjektiven** (gegebenenfalls willkürlichen) **Annahmen** des »Zeitstudienmannes« sehr viel zu tun hat.
Insofern ist der Begriff »Arbeitswissenschaftlicher Akkord« falsch, wird dadurch doch der **Anschein der** »**Objektivität**« der Lohnermittlung erweckt.

29 Eine andere verbreitete Methode der so genannten »arbeitswissenschaftlichen Vorgabezeitermittlung ist das **MTM-Verfahren** (MTM = Methods Time Measurement).
Die Urheber dieses Verfahrens haben menschliche Bewegungsabläufe in »Grundbewegungen« zerlegt (hinlangen, greifen, bringen, fügen, loslassen usw.) und – auf der Grundlage von Filmstudien (so jedenfalls die Aussagen des Urhebers) – für jede dieser Bewegungen »Normzeiten« festgesetzt.
Die Normzeiten wurden anschließend nach Multiplikation mit einem – durch letztlich subjektive Wertung festgelegten – Leistungsgrad in MTM-Normzeittabellen eingearbeitet.
Die Vorgabezeit wird im konkreten Falle dann – vereinfacht ausgedrückt – wie folgt ermittelt: Es werden vom Sachbearbeiter der Arbeitsvorbereitung zunächst im Rahmen einer Analyse eines Arbeitsvorgangs die anfallenden Grundbewegungen festgestellt. Sodann werden den jeweiligen Grundbewegungen die aus der MTM-Normzeittabelle entnommenen Zeitwerte zugeordnet. Aus der Summe der anfallenden Normzeiten (gegebenenfalls erhöht um Zeitzu-

Arbeitsentgelt

schläge für Erholung und persönliche Bedürfnisse) wird anschließend die Vorgabezeit für den gesamten Arbeitsablauf gebildet.
Der Vorteil des Akkordlohns für den Arbeitnehmer gegenüber dem Zeitlohn besteht darin, dass höhere Leistung entsprechend honoriert wird.
Hinzu kommt, dass die Höhe der abverlangten Leistung nicht – wie beim Zeitlohn – **einseitig** vom Arbeitgeber bestimmt werden kann, sondern – im Rahmen tariflicher Bestimmungen – der **Mitbestimmung** des Betriebsrats unterliegt und vom Arbeitnehmer reklamiert werden kann.
Die Problematik des Entlohnungsgrundsatzes »Akkord« besteht darin, dass Akkordarbeit den Arbeitnehmer zu einer **Überbeanspruchung** seiner Leistungskraft und damit zu einer Gefährdung seiner Gesundheit verleitet.
Akkordarbeiten werden in der Praxis nicht nur als »**Einzelakkord**«, sondern auch als »**Gruppenakkord**« vergeben. Hierbei erhält die Gruppe eine Vorgabezeit, die sie durch entsprechende Arbeitsschnelligkeit »unterbieten« kann. Die Vergütung wird nach dem Leistungsergebnis der Gruppe bemessen und dann auf die Gruppenmitglieder verteilt.
Bei dieser Arbeitsform besteht die Gefahr, dass sich zusätzliche Belastungen dadurch ergeben, dass sich die Gruppenmitglieder **gegenseitig antreiben** und disziplinieren.
Dort, wo die Arbeitsabläufe immer stärker automatisiert werden, nehmen die Möglichkeiten, die Arbeitsmenge und damit den Verdienst durch höhere Leistung zu beeinflussen (»beeinflussbare Zeiten«), immer mehr ab. Dementsprechend ist die Akkordarbeit in diesen Bereichen **rückläufig**.

Prämienentgelt

Auch das Prämienentgelt ist eine **Leistungslohnform**. Ähnlich wie beim Akkord vermag der Beschäftigte durch Steigerung seiner Arbeitsleistung ein höheres Entgelt zu erzielen. Allerdings bestehen wesentliche **Unterschiede zum Akkordlohn**:
- Entgeltsteigerndes Element beim »Akkord« ist allein die Unterschreitung der vorweg festgelegten »Vorgabezeit«. Der Prämienlohn kann demgegenüber (neben der Zeit: z. B. abgerechnete Minuten) auch an **andere Bezugsgrößen** angeknüpft werden (z. B. Arbeitsmenge pro Schicht, Qualität des Arbeitsergebnisses, Ausschussprozentsatz, Maschinennutzungsgrad, erzielte Ersparnis an Material, Energie usw.);
- das Verhältnis von Lohn und Leistung kann, aber muss nicht (wie beim »Akkord«) proportional ausgestaltet sein (die **Prämienlohnlinie** kann z. B. degressiv, progressiv, über- oder unterproportional, stufenförmig verlaufen);
- es besteht die Möglichkeit, **Prämienuntergrenzen** und **Prämienobergrenzen** zu vereinbaren: Die Prämienuntergrenze (z. B. 110 %) bewirkt eine Mindestlohnabsicherung für den Beschäftigten; die Bestimmung einer Prämienobergrenze (z. B. 150 %) verhindert eine gesundheitsschädliche Überbeanspruchung der Leistungskräfte.

Eine menschengerechte Prämienentgeltregelung zeichnet sich insbesondere dadurch aus, dass sie als Prämienendleistung eine **Leistungsobergrenze** festsetzt, die – bezogen auf ein ganzes Arbeitsleben – ohne körperliche, geistige oder seelische Gesundheitsschäden erreichbar und damit zumutbar ist.
In einer **Prämienentgeltregelung** (→ **Betriebsvereinbarung**) müssen im Wesentlichen festgelegt werden (zum Mitbestimmungsrecht des Betriebsrats insoweit: siehe Rn. 62 ff., 69, 75 ff.):
- die Prämienbezugsgröße (Prämienart),
- die Prämienausgangsleistung,
- die Prämienendleistung,
- das entsprechende Prämienausgangsentgelt,

Arbeitsentgelt

- das entsprechende Prämienendentgelt,
- die Prämienentgeltlinie.

36 Eine besondere – und mittlerweile in einigen Betrieben realisierte – Form des Prämienentgelts ist die so genannte »**Standardprämie**«.
Hierbei wird für die Einhaltung einer festen Standardleistung (z. B. 40 Stück müssen pro Schicht gefertigt werden) ein festes Standardentgelt (z. B. 140 % des Tariflohns) gezahlt.
Anders als beim Akkord ergibt sich der Mehrverdienst also nicht aus der »Unterschreitung« einer Vorgabezeit. Vielmehr erhält der Beschäftigte dafür eine (über 100 % des Tariflohns hinausgehende) Prämie, dass er die vorweg vereinbarte Standardleistung tatsächlich einhält.

37 Die Höhe der Standardleistung wird (gegebenenfalls auf der Basis von ermittelten Ist-Zeiten = Soll-Zeiten) im **Mitbestimmungsverfahren** zwischen Arbeitgeber und Betriebsrat vereinbart. Eine Leistungsgradbeurteilung – wie beim Akkord – entfällt.
Es ist darauf zu achten, dass die vom Beschäftigten erbringende Standardleistung zumutbar und in einer Weise erreichbar ist, dass bezogen auf das gesamte Arbeitsleben keine körperlichen, geistigen oder seelischen Schäden eintreten.
Auch die Höhe des der Standardleistung zugeordneten **Standardlohns** wird zwischen Arbeitgeber und Betriebsrat vereinbart.

38 Des Weiteren geregelt werden muss die Frage, wie sich eine **Unterschreitung der Standardleistung** auswirkt:

> **Regelungsbeispiele:**
> Es tritt keine Verdienstminderung ein. Vielmehr untersuchen Arbeitgeber und Betriebsrat die Ursachen der Unterschreitung und beraten Maßnahmen, die sicherstellen, dass die Standardleistung in Zukunft erreicht wird. Im Nichteinigungsfalle entscheidet eine Einigungsstelle (= sog. »festes« Standardprämienentgelt).
> Oder:
> Es tritt keine Verdienstminderung ein, wenn betriebliche Gründe für die Unterschreitung verantwortlich sind; hat der Arbeitnehmer die Unterschreitung der Standardleistung zu vertreten, dann erfolgt eine Entgeltminderung entsprechend einer festgelegten Prämienlohnlinie (optimal aus Arbeitnehmersicht wäre insoweit eine Prämienentgeltlinie, die in folgender Weise »unterproportional« verläuft: Auf eine Minderleistung von z. B. zehn Prozent wird mit einer geringeren Entgeltminderung, z. B. nur von fünf Prozent, reagiert; [= sog. »variables« Standardprämienentgelt]).

39 Nicht selten versuchen Arbeitgeber, Prämienentgeltsysteme durchzusetzen, die auf **mehreren Bezugsgrößen** aufbauen.

> **Beispiel:**
> Eine Mengenprämie wird mit einer Qualitätsprämie verbunden, um zu verhindern, dass der Arbeitnehmer die Arbeitsmenge in einer Weise steigert, die zu Lasten der Qualität der Arbeit geht.
> Der Arbeitnehmer steht vor einem schwierigen Problem: Verlegt er das Schwergewicht seiner Arbeit auf eine höchstmögliche Steigerung der Arbeitsmenge, geht dies unvermeidlich zu Lasten der Qualität (z. B. hohe Ausschussrate) und damit zu Lasten der Qualitätsprämie. Steigert er seine Anstrengungen, um die Qualität zu erhöhen, so mindert sich zwangsläufig seine Mengenprämie. Es sollte sichergestellt sein, dass die Qualitätsprämie eher einen geringen Anteil (z. B. 3 %), die Mengenprämie den deutlich größeren Teil der Verdienstchance (z. B. 35 %) ausmacht und die Mengenprämie unabhängig vom Ausschussprozentsatz gezahlt wird (vgl. Ehlscheid/Meine/Ohl [Hrsg.], Handbuch Arbeit, Entgelt, Leistung, 4. Aufl. S. 273 f.).

40 Die Prämienentgeltarbeit kann als **Einzel-** oder als **Gruppenprämienarbeit** vergeben werden. Es entstehen für die Mitglieder der Arbeitsgruppe ähnliche zusätzliche Belastungen wie beim Gruppenakkord (siehe Rn. 31).

41 Insgesamt betrachtet ist der Entlohnungsgrundsatz »**Prämienentgelt**« (insbesondere in Form

Arbeitsentgelt

der »Standardprämie«) bei entsprechender menschengerechter Ausgestaltung die gegenüber dem »Akkord« **vorzuziehende Entgeltform**.
Auch im Vergleich zum »Zeitentgelt« bestehen aus Arbeitnehmersicht Vorteile. Denn die Festlegung der abverlangten Leistung kann nicht einseitig vom Arbeitgeber bestimmt werden, sondern unterliegt der **Mitbestimmung** durch den Betriebsrat (siehe Rn. 75 ff.). 42
Siehe auch → **Zielvereinbarung**. 43

Provision

Die Provision ist eine in Prozenten ausgedrückte Beteiligung am Geldwert der Geschäfte (z. B. Verkäufe), die auf die Tätigkeit des Arbeitnehmers zurückzuführen, also vermittelt worden sind (sog. **Vermittlungsprovision**) oder die mit Kunden eines bestimmten Bezirks oder einem vorbehaltenen Kundenstamm **abgeschlossen** werden (sog. **Abschluss- oder Bezirksprovision**). 44
Bei der **Anteils- und Leitungsprovision** wird der Vorgesetzte am Erfolg des unterstellten Außendienstmitarbeiters beteiligt (Versicherungswirtschaft).
Ist zwischen Arbeitgeber und einem **Handlungsgehilfen** (§ 59 HGB) eine Vergütung in Form einer Provision in vorstehendem Sinne vereinbart, finden gemäß § 65 HGB die für den **Handelsvertreter** geltenden Vorschriften des § 87 Abs. 1 und 3 sowie die §§ 87 a bis 87 c HGB Anwendung.
Das gilt auch, wenn zwischen **sonstigen Arbeitnehmern**, die keine Handlungsgehilfen sind, Provisionsvereinbarungen getroffen wurden.
Die Provision ist nicht nur eine **Erfolgsvergütung** (siehe Rn. 44 b), sondern auch eine Form des **Leistungsentgelts** (siehe Rn. 6 ff.).
Ob diese allerdings unter den Begriff des »leistungsbezogenen Entgelts« i. S. des § 87 Abs. 1 Nr. 11 BetrVG fällt (siehe Rn. 75 ff.), ist strittig.
Nach Ansicht des BAG zählen weder die Abschluss- und Vermittlungsprovision noch die Anteils- und Leitungsprovisionen zu den »**vergleichbaren Entgelten**« (BAG v. 13. 3. 1984 – 1 ABR 57/82, NZA 1984, 296 unter ausdrücklicher Aufgabe von BAG v. 29. 3. 1977 – 1 ABR 123/74, DB 1977, 1415: hiernach wurde die Abschlussprovision zu den »vergleichbaren leistungsbezogenen Entgelten« gerechnet).
Diese seien zwar Leistungsentgelte in allgemeinem Sinne, nicht aber i. S. des § 87 Abs. 1 Nr. 11 BetrVG.
Von der Provision ist die **Umsatzbeteiligung** (auch **Umsatzprovision** genannt) abzugrenzen. Es handelt sich um dabei um eine Beteiligung am Wert aller Geschäfte eines Unternehmens oder einer Abteilung. 44a
Nicht nur die Leistung des einzelnen Arbeitnehmers ist für die Bemessung der Umsatzprovision maßgeblich, sondern auch die Leistung aller anderen am Zustandekommen des Umsatzes beteiligten Beschäftigten.
Nach welchen Rechtsgrundsätzen die Umsatzbeteiligung/Umsatzprovision behandelt wird, hängt von den getroffenen Vereinbarungen ab. In Betracht kommt sowohl eine entsprechende Anwendung der Vorschriften über die Provision (siehe Rn. 44) als auch der für die Tantieme (siehe Rn. 44 b) bzw. für die Sondervergütungen (siehe → **Weihnachtsgeld**) geltenden Grundsätze.

Erfolgs-/ergebnisabhängiges Entgelt

Manche Vergütungsbestandteile knüpfen nicht an den Grad der vom einzelnen Arbeitnehmer erbrachten Leistung (wie z. B. beim Akkord- oder Prämienentgelt; siehe Rn. 15 ff., 33 ff.) an, 44b

Arbeitsentgelt

sondern an den **Unternehmenserfolg** bzw. das in einem Geschäftsjahr erzielte **Unternehmensergebnis** (Umsatz oder Gewinn).
Zu den erfolgs-/ergebnisabhängigen Entgeltbestandteilen gehört z. B. die **Tantieme** bzw. **Gewinnbeteiligung**.
Eine **Umsatzbeteiligung** (siehe Rn. 44 a) kann – je nach Ausgestaltung leistungsabhängiger Entgeltbestandteil sein (Abschluss- und Vermittlungsprovision; siehe Rn. 44) oder auch eine ergebnisabhängige Entgeltform.
Weitere **Begriffe**, die für erfolgs- bzw. ergebnisabhängige Vergütung stehen, sind z. B. Ergebnisbeteiligung, Erfolgsprämie, Bonuszahlung.
Derartige Zahlungen werden oft als **jährliche Einmalzahlung** erbracht; manchmal werden aber auch monatliche Vorauszahlungen auf die nach Ablauf des Geschäftsjahres festzustellende Ergebnisbeteiligung geleistet.
Möglich ist auch eine Erfolgsprämie in Form einer **Zeitgutschrift** auf dem Arbeitszeitkonto.
Strebt der Arbeitgeber eine Änderung der Regelung an, kann unter dem Gesichtspunkt der betrieblichen Lohngestaltung ein **Mitbestimmungsrecht** nach § 87 Abs. 1 Nr. 10 BetrVG (siehe Rn. 60 ff.) in Betracht kommen.

Sonstige Arbeitsentgeltformen

45 Weitere – häufig tariflich geregelte – **Bestandteile des Arbeitsentgelts** sind:
- Zulagen aller Art: Leistungszulagen für Zeitlohn- und Gehaltsempfänger, Vorarbeiterzulagen, Zuschläge für Überstunden, Nacht- und Schichtarbeit, Erschwernis- oder Belastungszulagen usw.; zur steuerlichen und sozialversicherungsrechtlichen Behandlung von Zuschlägen für tatsächlich geleistete Sonntags-, Feiertags- oder Nachtarbeit siehe Rn. 47 a und 47 b;
- Zuwendungen aus bestimmtem Anlass: Urlaubsgeld, 13. Monatsgehalt, vermögenswirksame Leistungen, befristete oder unbefristete Verdienstsicherung wegen krankheits- oder betriebsbedingter Umgruppierung usw.

46 Nicht selten zahlen Arbeitgeber (aus vielerlei Gründen: z. B. mit dem Ziel, die Arbeitnehmer an den Betrieb zu binden) so genannte → **übertarifliche Zulagen** (= Zuwendungen, die über die tariflich vorgeschriebenen Zahlungen hinausgehen; z. B. Aufschlag auf den Stundenlohn).

47 **Sonstige Leistungen des Arbeitgebers mit Entgeltcharakter:** Ergebnisbeteiligung, Tantiemen, Gratifikationen, Sachbezüge, Gewährung einer → **betrieblichen Altersversorgung**, Überlassung von Dienstwagen zur privaten Nutzung, Gewährung zinsgünstiger Darlehen usw.

47a Nach § 3 b EStG sind **Zuschläge**, die für tatsächlich geleistete **Sonntags-, Feiertags- oder Nachtarbeit** neben dem Grundlohn gezahlt werden, **steuerfrei**, soweit sie
- für Nachtarbeit 25 Prozent,
- vorbehaltlich der Nummern 3 und 4 für Sonntagsarbeit 50 Prozent,
- vorbehaltlich der Nummer 4 für Arbeit am 31. Dezember ab 14 Uhr und an den gesetzlichen Feiertagen 125 Prozent,
- für Arbeit am 24. Dezember ab 14 Uhr, am 25. und 26. Dezember sowie am 1. Mai 150 Prozent

des Grundlohns nicht übersteigen.
Grundlohn ist der laufende Arbeitslohn, der dem Arbeitnehmer bei der für ihn maßgebenden regelmäßigen Arbeitszeit für den jeweiligen Lohnzahlungszeitraum zusteht; er ist in einen Stundenlohn umzurechnen und mit höchstens 50 Euro anzusetzen.
Nachtarbeit ist die Arbeit in der Zeit von 20 Uhr bis 6 Uhr.
Sonntagsarbeit und **Feiertagsarbeit** ist die Arbeit in der Zeit von 0 Uhr bis 24 Uhr des jeweiligen Tages. Die gesetzlichen Feiertage werden durch die am Ort der Arbeitsstätte geltenden Vorschriften bestimmt.

Arbeitsentgelt

Wenn die **Nachtarbeit vor 0 Uhr aufgenommen** wird, gilt abweichend von Vorstehendem Folgendes:
- Für Nachtarbeit in der Zeit von 0 Uhr bis 4 Uhr erhöht sich der Zuschlagssatz auf 40 Prozent,
- als Sonntagsarbeit und Feiertagsarbeit gilt auch die Arbeit in der Zeit von 0 Uhr bis 4 Uhr des auf den Sonntag oder Feiertag folgenden Tages.

Bis zum 30.6.2006 waren lohnsteuerfreie Zuschläge in der **Sozialversicherung** unbegrenzt **beitragsfrei**. Seit dem 1.7.2006 ist der beitragsfreie Teil gedeckelt. Rechtsgrundlage ist § 17 Abs. 1 SGB IV i.V.m. § 1 Abs. 1 Satz 1 Nr. 1 Sozialversicherungsentgeltverordnung (SvEV). Hiernach sind dem sozialversicherungspflichtigen Arbeitsentgelt nicht zuzurechnen: »... *einmalige Einnahmen, laufende Zulagen, Zuschläge, Zuschüsse sowie ähnliche Einnahmen, die zusätzlich zu Löhnen oder Gehältern gewährt werden, soweit sie lohnsteuerfrei sind; dies gilt nicht für Sonntags-, Feiertags- und Nachtarbeitszuschläge, soweit das Entgelt, auf dem sie berechnet werden, mehr als 25 Euro für jede Stunde beträgt.*« 47b

Das heißt: Beträgt das Entgelt eines Arbeitnehmers pro Stunde z.B. 30 Euro, sind Sonn-, Feiertags- und Nachtzuschläge beitragsfrei, soweit sie aus einem Betrag von 25 Euro ermittelt werden. Sie sind beitragspflichtig in Bezug auf den 25 Euro (= 5 Euro) übersteigenden Teil des Stundenentgelts.

Bedeutung für die Betriebsratsarbeit

Das Thema »Arbeitsentgelt« ist ein besonders wichtiger Gegenstand der Betriebsratsarbeit. Schließlich bildet das Arbeitsentgelt die Existenzgrundlage der Beschäftigten. 48

Der Betriebsrat hat im Bereich des Arbeitsentgelts die Aufgabe sicherzustellen, dass die einschlägigen Vorschriften (z.B. → **Tarifverträge**) und die in Art. 3 GG, § 75 BetrVG niedergelegten Rechtsgrundsätze (z.B. → **Gleichbehandlung**) beachtet werden und es bei der Gestaltung des Arbeitsentgelts, insbesondere der Entlohnungsgrundsätze und -methoden im Betrieb einigermaßen gerecht zugeht (**innerbetriebliche Lohngerechtigkeit**). 49

Der Betriebsrat kann dazu seine **Informations- und Mitbestimmungsrechte** nutzen.

Informationsrechte

Nach § 80 Abs. 2 BetrVG ist der Betriebsausschuss (§ 27 BetrVG) oder ein nach § 28 BetrVG gebildeter Ausschuss berechtigt, Einblick in die **Listen über die Bruttolöhne und -gehälter** zu nehmen. In kleinen Betriebsräten (unter neun Mitgliedern) steht dieses Recht dem Betriebsratsvorsitzenden oder einem anderen beauftragten Mitglied des Betriebsrats zu (siehe auch → **Informationsrechte des Betriebsrats**). 50

Das Einblicksrecht ist nicht davon abhängig, dass der Betriebsrat dafür einen besonderen **Anlass** darlegt (BAG v. 30.6.1981 – 1 ABR 26/79).
Es erstreckt sich auf **alle Entgeltbestandteile** (Grundentgelt, Zulagen und Zuschläge, leistungsbezogene und/oder ergebnisabhängige Entgeltbestandteile, Urlaubs- und Weihnachtsgeld usw.; vgl. BAG v. 10.2.1987 – 1 ABR 43/84, NZA 1987, 385).
Dabei kommt es nicht darauf an, auf welcher Rechtsgrundlage sie beruhen: auf vertraglicher Vereinbarung (siehe → **Arbeitsvertrag**), → **Tarifvertrag**, → **Betriebsvereinbarung**) oder Gesetz.
Bei der Einsichtnahme dürfen keine Personen anwesend sein, die den Betriebsrat **überwachen** oder mit seiner Überwachung beauftragt sind (BAG v. 16.8.1995 – 7 ABR 62/94, NZA 1996, 330).

Arbeitsentgelt

51 Mitbestimmungsrechte des Betriebsrats im Bereich des Arbeitsentgelts bestehen einerseits nach § 99 BetrVG, andererseits nach § 87 Abs. 1 Nr. 4, Nr. 10 und 11 BetrVG.

Mitbestimmung nach § 99 BetrVG

52 Die Mitbestimmung des Betriebsrats nach § 99 BetrVG bezieht sich auf **Einzelfalltatbestände** (»personelle Einzelmaßnahmen«).
Will der Arbeitgeber einen Arbeitnehmer (z. B. anlässlich einer Einstellung oder Versetzung) in eine tarifvertragliche Lohn- oder Gehaltsgruppe »**eingruppieren**« oder ihn von der einen in die andere Gruppe »**umgruppieren**«, so benötigt er hierzu die Zustimmung des Betriebsrats. Der Betriebsrat kann die Zustimmung aus den in § 99 Abs. 2 BetrVG genannten Gründen verweigern, so dass der Arbeitgeber gezwungen ist, das → **Arbeitsgericht** anzurufen (zu den weiteren Einzelheiten siehe Rn. 85, 86 und → **Eingruppierung/Umgruppierung**).

52a Zum Vorgehen des Betriebsrats, wenn es der Arbeitgeber **unterlässt**, eine Höhergruppierung vorzunehmen, obwohl sich der Job eines Arbeitnehmers im Laufe der Jahre so angereichert hat, dass die Voraussetzungen einer höheren Entgeltgruppe vorliegen (sog. »schleichende Versetzung«; vgl. Kuhn/Zimmermann, AiB 2000, 380, 383 f.) siehe → **Eingruppierung/Umgruppierung** Rn. 56 a.

52b Der Betriebsrat hat in entsprechender Anwendung von § 101 BetrVG (siehe → **Eingruppierung/Umgruppierung** Rn. 54 ff.) einen Anspruch darauf, dass der **tarifgebundene Arbeitgeber** bei der Einstellung von Arbeitnehmern eine Entscheidung über die Eingruppierung der von ihnen ausgeübten Tätigkeiten **nach Maßgabe des einschlägigen Tarifvertrags** trifft; des Weiteren hat er einen Anspruch darauf, dass im Zustimmungsverweigerungsfall das in § 99 Abs. 1 Satz 1, Abs. 4 BetrVG vorgesehene Verfahren (siehe → **Eingruppierung/Umgruppierung** Rn. 50 ff.) durchführt wird. Die Pflicht des Arbeitgebers zur Eingruppierung besteht nach Ansicht des BAG **unabhängig von der Mitgliedschaft der Arbeitnehmer in der tarifvertragschließenden Gewerkschaft** (BAG v. 18. 10. 2011 – 1 ABR 25/10 und 1 ABR 34/10): Der Arbeitgeber sei im Verhältnis zum Betriebsrat verpflichtet, die Tätigkeit der Arbeitnehmer den im Tarifvertrag geregelten **Entgeltgruppen zuzuordnen**. Die dort bestimmte Vergütungsordnung sei der im Betrieb geltende **Entlohnungsgrundsatz** iSv. § 87 Abs. 1 Nr. 10 BetrVG. Diesen könnten weder der Arbeitgeber noch die Betriebsparteien auf die tarifgebundenen Arbeitnehmer beschränken. Die Bindung des Arbeitgebers an die tarifliche Entgeltstruktur begründe allerdings **keinen Anspruch** der nicht tarifgebundenen Arbeitnehmer auf den **Tariflohn** (BAG v. 18. 10. 2011 – 1 ABR 25/10 und 1 ABR 34/10).

Mitbestimmung nach § 87 Abs. 1 Nr. 4, 10 und 11 BetrVG (Tarifvorbehalt)

53 Mitbestimmung nach § 87 Abs. 1 Nr. 4, 10 und 11 BetrVG besteht nicht, wenn ein für den Betrieb geltender → **Tarifvertrag** die in diesen Mitbestimmungstatbeständen erfassten Angelegenheiten zwingend und abschließend regelt (vgl. § 87 Abs. 1 Eingangssatz BetrVG: »... *soweit eine tarifliche Regelung nicht besteht*«).
Dabei **genügt** im Rahmen des § 87 BetrVG nach h. M. die **Tarifgebundenheit des Arbeitgebers** (vgl. Fitting, BetrVG, 27. Aufl., § 87 Rn. 42 m. w. N.).

> **Beispiele:**
> In Betrieben, in denen Entgelttarifverträge gelten, hat der Betriebsrat oft nur bei der Auswahl der verschiedenen – vom Tarifvertrag angebotenen – Entlohnungsgrundsätze (Zeitlohn, Akkordlohn, Prämie) ein Mitbestimmungsrecht (einschließlich Initiativrecht), nicht aber bei deren Ausgestaltung (= Entgeltmethode).

Arbeitsentgelt

Beispielsweise ist die Beschreibung der Lohn- und Gehaltsgruppen und das jeweils zugeordnete Arbeitsentgelt in diesen Tarifverträgen regelmäßig abschließend geregelt.
Soweit es aber um die Gestaltung des Entgeltgrundsatzes »Gehalt« für → außertarifliche Angestellte geht, besteht auch bei der Ausgestaltung – z. B. bei der Bildung von Gehaltsgruppen (einschließlich des Abstandes zur höchsten Tarifgruppe; strittig) – ein volles Mitbestimmungsrecht. Denn für AT-Angestellte gilt der Tarifvertrag eben gerade nicht, so dass der Anwendungsbereich des § 87 Abs. 1 Nr. 10 BetrVG voll eröffnet ist.
Abschließende tarifliche Regelungen bestehen in der Praxis häufig auch im Hinblick auf die Ausgestaltung des Entlohnungsgrundsatzes »Akkord«. So hat der Betriebsrat meist keine Mitbestimmungsrechte (mehr) bei der Art und Weise der Ermittlung der Vorgabezeiten (usw.), sondern allenfalls nachträglich, soweit es um die Reklamation von Vorgabezeiten geht, die der Arbeitgeber auf der Grundlage der tariflichen Bestimmungen ermittelt hat. Letztlich entscheidet über die Frage, ob eine abschließende tarifliche Regelung des Akkordlohns und damit ein Ausschluss des Mitbestimmungsrechts insoweit vorliegt, eine Auslegung des jeweiligen Tarifvertrags. Das LAG Berlin v. 9.11.1988 – 9 Sa 73/88 AiB 1989, 84 hat etwa in Falle des »Lohnrahmentarifvertrages für Arbeiter der Berliner Metallindustrie« trotz weitgehender tariflicher Regelung des Komplexes »Akkord« ein Mitbestimmungsrecht des Betriebsrats bei der Neufestsetzung von Vorgabezeiten bejaht.
Weniger ausgeprägt sind die tariflichen Regelungen meist in Bezug auf den Entlohnungsgrundsatz »Prämienlohn«, so dass dem Betriebsrat bei der Ausgestaltung eines Prämienlohnsystems weitgreifende Mitbestimmungsrechte nach § 87 Abs. 1 Nr. 10 und 11 BetrVG verbleiben.

Ein lediglich nachwirkender (z. B. gekündigter) Tarifvertrag (siehe → **Nachbindung und Nachwirkung eines Tarifvertrags** und → **Tarifvertrag**) schließt das Mitbestimmungsrecht des Betriebsrats nicht aus (BAG v. 24.2.1987 – 1 ABR 18/85, DB 1987, 1435). 54

Sind Entgeltgrundsätze und -methoden nur »üblicherweise« tariflich geregelt (nicht aber für den konkreten Betrieb), dann besteht das Mitbestimmungsrecht des Betriebsrats ebenfalls in vollen Umfang. 55
Es können im Rahmen dessen, was mitbestimmungspflichtig ist, auch → **Betriebsvereinbarungen** abgeschlossen werden. Der Tarifvorbehalt des § 77 Abs. 3 BetrVG, der Betriebsvereinbarungen zu Arbeitsentgelten auch dann ausschließt, wenn diese nur »üblicherweise« durch Tarifvertrag geregelt sind, findet in Bezug auf die mitbestimmungspflichtigen Fallgestaltungen des § 87 Abs. 1 BetrVG keine Anwendung (§ 87 BetrVG hat als speziellere Regelung Vorrang vor § 77 Abs. 3 BetrVG).
Unzulässig und unwirksam sind aber → **Betriebsvereinbarungen**, die Fragen regeln, die nicht von § 87 Abs. 1 BetrVG erfasst werden: z. B. Höhe des Arbeitsentgelts, die Dauer der vom Arbeitnehmer geschuldeten Arbeitszeit usw.
Insoweit steht der Tarifvorbehalt des § 77 Abs. 3 BetrVG einer Regelung durch Betriebsvereinbarung entgegen.

Manche Tarifverträge legen das finanzielle Volumen, das der Arbeitgeber für **Leistungszulagen** zugunsten der Arbeitnehmer zur Verfügung stellen muss, in Höhe eines Prozentsatzes der betrieblichen Entgeltsumme fest. 56
Bei der **Verteilung** des Volumens, insbesondere bei der Aufstellung von Verteilungsgrundsätzen und -kriterien, hat der Betriebsrat ein Initiativ-Mitbestimmungsrecht nach § 87 Abs. 1 Nr. 10 BetrVG (BAG v. 28.4.1998 – 1 ABR 53/97, NZA 1998, 1188).
Der Betriebsrat kann auch eine Neuregelung verlangen, wenn er die bisherigen **Verteilungsrelationen** nicht mehr für angemessen hält und im Nichteinigungsfall die → **Einigungsstelle** anrufen (§ 87 Abs. 2 BetrVG).
Mitbestimmung besteht nicht, wenn der Tarifvertrag die Verteilungsmodalitäten (z. B. in Form eines analytischen Leistungsbeurteilungsverfahrens) **abschließend regelt** (Tarifvorbehalt des § 87 Abs. 1 Eingangssatz BetrVG).

Arbeitsentgelt

Mitbestimmung nach § 87 Abs. 1 Nr. 4 BetrVG

57 Die Regelung von Zeit, Ort und Art der **Auszahlung** der Arbeitsentgelte unterliegt der Mitbestimmung des Betriebsrats nach § 87 Abs. 1 Nr. 4 BetrVG (soweit diese Fragen nicht durch gesetzliche oder tarifliche Vorschriften abschließend geregelt sind).
Mitbestimmungspflichtig sind insbesondere
- die Festlegung des Fälligkeitszeitpunktes der Auszahlung von Löhnen, Gehältern und sonstigen Arbeitsentgeltformen (zusätzliches Urlaubsgeld, Weihnachtsgeld, Gewinnbeteiligung usw.);
- die Bestimmung des Ortes, an der die Arbeitnehmer ihr Arbeitsentgelt in Empfang nehmen (zum Beispiel: Barauszahlung im Lohnbüro oder an der Arbeitsstelle);
- der Übergang von Barauszahlung des Arbeitsentgelts zur bargeldlosen Zahlung durch Überweisung.

Vom Mitbestimmungsrecht erfasst ist insoweit auch die Frage der Kostentragung für Kontoführung (insoweit bestehen allerdings bisweilen tarifliche – das Mitbestimmungsrecht ausschließende – Regelungen) sowie des Abhebens des Geldes während (!) der Arbeitszeit. Ziel entsprechender Initiativen des Betriebsrats ist es, durch Regelungen in einer Betriebsvereinbarung sicherzustellen, dass die Arbeitnehmer durch die Anwendung der bargeldlosen Zahlung keine Nachteile hinnehmen müssen.

Eine Pauschalierung der Kosten durch Betriebsvereinbarung ist zulässig (vgl. Grimberg/Bösche, AiB 1991, 2 mit Entwurf einer Betriebsvereinbarung).

Der Pauschalbetrag sollte die Kosten der Eröffnung des Kontos, der Kontoführung, der Gebühr für eine Überweisung pro Monat sowie für das einmalige Abheben des Geldbetrages pro Monat abdecken.

Die vom Arbeitgeber gezahlte Pauschale zur Abdeckung der Kontoführungskosten ist steuerpflichtiger Bestandteil des Arbeitsentgelts.

58 Das Mitbestimmungsrecht des Betriebsrats nach § 87 Abs. 1 Nr. 4 BetrVG entfällt, wenn die Frage von Zeit, Ort und Art der Auszahlung in einem → **Tarifvertrag** abschließend geregelt ist (Tarifvorrang gemäß § 87 Abs. 1 Eingangssatz BetrVG).
Eine solche abschließende Regelung soll nach einer abzulehnenden Entscheidung des BAG bereits dann vorliegen, wenn ein Tarifvertrag zwar bargeldlose Zahlung des Arbeitsentgelts vorschreibt, sich aber zur Frage der Tragung der Kontoführungskosten ausschweigt (BAG v. 31.8.1982 – 1 ABR 8/81, BB 1983, 60).

59 Soweit es um die sich in der Praxis nur bei Arbeitern (siehe → **Angestellte/Arbeiter**) stellende Frage des Übergangs vom »**Stundenlohn**« zum »**Monatslohn**« geht, ist nicht § 87 Abs. 1 Nr. 4 BetrVG, sondern § 87 Abs. 1 Nr. 10 BetrVG anzuwenden (siehe Rn. 73).

Mitbestimmung nach § 87 Abs. 1 Nr. 10 BetrVG

60 Besteht keine zwingende und abschließende tarifliche Regelung (siehe Rn. 53 ff.), hat der Betriebsrat bei der »kollektiven« Entgeltgestaltung (siehe Rn. 60 b) nach § 87 Abs. 1 Nr. 10 BetrVG ein Mitbestimmungsrecht – und zwar auch in der Form des **Initiativrechts** (BAG v. 22.6.2010 – 1 AZR 853/08, NZA 2010, 1243; 20.7.1999 – 1 ABR 66/98, NZA 2000, 495; 30.1.1990 – 1 ABR 98/88, NZA 1990, 571; 8.8.1989 – 1 ABR 62/88, NZA 1990, 322; 14.11.1974 – 1 ABR 65/73, DB 1975, 647).
Mitbestimmungspflichtig sind:
»*Fragen der betrieblichen Lohngestaltung, insbesondere die Aufstellung von Entlohnungsgrundsätzen und die Einführung und Anwendung von neuen Entlohnungsmethoden sowie deren Änderung.*«

Arbeitsentgelt

Ändert der Arbeitgeber einseitig – ohne Mitbestimmung durch den Betriebsrat – eine im Betrieb geltende Vergütungsordnung, so hat das die Unwirksamkeit der Änderung zur Folge. Die von der Änderung nachteilig betroffenen Arbeitnehmer können eine Vergütung auf der Grundlage der zuletzt mitbestimmten Entlohnungsgrundsätze verlangen (BAG v. 22. 6. 2010 – 1 AZR 853/08, a. a. O.). 60a

Das Mitbestimmungsrecht nach § 87 Abs. 1 Nr. 10 BetrVG bezieht sich nur auf **kollektive Regelungen** und nicht auf die Regelung eines Einzelfalls (BAG v. 22. 6. 2010 – 1 AZR 853/08, a. a. O.; BAG v. 10. 10. 2006 – 1 ABR 68/05, AiB 2007, 422; BAG v. 14. 6. 1994 – 1 ABR 63/93, AiB 1995, 746). 60b

Die individuelle Lohngestaltung, insbesondere Regelungen mit Rücksicht auf besondere Umstände des einzelnen Arbeitnehmers, bei denen ein innerer Zusammenhang zu ähnlichen Regelungen für andere Arbeitnehmer nicht besteht, unterliegen nicht der Mitbestimmung (BAG v. 10. 10. 2006 – 1 ABR 68/05, a. a. O.; BAG v. 14. 6. 1994 – 1 ABR 63/93, a. a. O.).

Die **Abgrenzung** zwischen kollektiven Tatbeständen und Einzelfallgestaltungen richtet sich danach, ob es um Strukturformen des Entgelts einschließlich ihrer näheren Vollzugsformen geht.

Hierfür ist die Anzahl der betroffenen Arbeitnehmer nicht allein maßgeblich. Sie kann aber ein Indiz sein.

Es widerspräche dem Zweck des Mitbestimmungsrechts, wenn es dadurch ausgeschlossen werden könnte, dass der Arbeitgeber mit einer Vielzahl von Arbeitnehmern jeweils »individuelle« Vereinbarungen über eine bestimmte Vergütung trifft, ohne sich zu allgemeinen Regeln zu bekennen (BAG v. 29. 2. 2000 – 1 ABR 4/99, NZA 2000, 1066; BAG v. 14. 6. 1994 – 1 ABR 63/93 a. a. O.).

Ein kollektiver Bezug ist insbesondere gegeben, wenn der Arbeitgeber für die Leistung an eine Mehrzahl von Arbeitnehmern ein bestimmtes **Budget** vorsieht.

Er kann fehlen, wenn ein einzelner Arbeitnehmer – bei der Einstellung oder auch während des Arbeitsverhältnisses – initiativ wird und etwa mit dem Hinweis, andernfalls werde er das Arbeitsverhältnis nicht eingehen oder beenden, gerade alleine für sich eine individuelle Leistung aushandelt.

Andererseits sind generelle Regelungsfragen vorstellbar, die vorübergehend nur einen Arbeitnehmer betreffen.

So liegt z. B. beim Wechsel des Entlohnungsgrundsatzes an ein und demselben **Arbeitsplatz** ein genereller (kollektiver) Regelungstatbestand vor (LAG Baden-Württemberg v. 20. 12. 1991 – 5 TaBV 11/91, AiB 1993, 406), so dass auch hier (Initiativ-)Mitbestimmung besteht.

Ein kollektiver Tatbestand liegt z. B. auch vor, wenn der Arbeitgeber vier Arbeitnehmern eine einmalige Sondervergütung gewährt, mit der ihr besonderes Engagement in einer Ausnahmesituation nachträglich honoriert werden soll. Entscheidend ist insoweit, ob ein innerer Zusammenhang zwischen den Zahlungen besteht. Das ist typischerweise bei Zahlungen zu bejahen, die nach Leistungsgesichtspunkten erfolgen (BAG v. 29. 2. 2000 – 1 ABR 4/99, DB 2000, 2614).

Um eine nicht mitbestimmungspflichtige **Einzelfallregelung** handelt es sich dagegen, wenn z. B. eine Anrechnung einer Tariflohnerhöhung im Einzelfall wegen einer niedriger zu bewertenden Änderung der Arbeitsaufgabe erfolgt (LAG Baden-Württemberg v. 10. 12. 1996 – 7 Sa 45/96, NZA 1997, 1125).

Entlohnungsgrundsätze

Der in § 87 Abs. 1 Nr. 10 BetrVG verwendete Begriff »Lohngestaltung« erfasst alle denkbaren Formen des Arbeitsentgelts (siehe Rn. 3 ff.). 61

Entlohnungsgrundsätze i. S. d. § 87 Abs. 1 Nr. 10 BetrVG sind die Systeme, nach denen die 62

Arbeitsentgelt

Arbeitnehmer im Betrieb oder einer Abteilung des Betriebs entlohnt werden: z. B. Zeitlohn, Gehalt, Akkordlohn, Prämienlohn, Fixum in Verbindung mit Provision, Leistungszulagensysteme usw.

63 Der Betriebsrat hat also beispielsweise bei der Frage mitzubestimmen, welche Arbeiten im Zeitentgelt, welche im Akkordentgelt und welche im Prämienentgelt vergeben werden.

64 Auch der **Wechsel** von einem Entlohnungsgrundsatz zum anderen ist mitbestimmungspflichtig: Will also beispielsweise der Arbeitgeber anstelle des bisherigen Akkordlohnsystems in einer Betriebsabteilung ein Prämienlohnsystem einführen, so ist dies nur mit Zustimmung des Betriebsrats über das »Ob« und »Wie« der Prämienlohnregelung möglich.

65 Stellt der Arbeitgeber finanzielle Mittel für die Gewährung »**übertariflicher Zulagen**« zur Verfügung, dann hat der Betriebsrat ein Mitbestimmungsrecht bezüglich der Frage, nach welchen Kriterien diese Mittel auf die Arbeitnehmer **verteilt** werden; siehe → **Übertarifliche Zulagen.**

65a Manchmal wird durch den Tarifvertrag in Bezug auf eine zusätzlich zum Zeitentgelt zu zahlende tarifliche **Leistungszulage** (siehe Rn. 14) lediglich ein betriebliches Gesamtvolumen festgelegt (z. B. 16 % der betrieblichen Tarifentgeltsumme).

Die **Verteilung** des Volumens erfolgt häufig aufgrund eines tariflich geregelten Verfahrens zur Leistungsbeurteilung (vgl. Rn. 10 ff.). Dann entfällt ein Mitbestimmungsrecht, wenn die tarifliche Regelung abschließend ist.

In anderen Fällen wird die Verteilung den Betriebsparteien überlassen. Dann besteht Mitbestimmung nach § 87 Abs. 1 Nr. 10 BetrVG.

Sieht etwa ein Tarifvertrag Leistungszulagen vor, die im Betriebsdurchschnitt 6 % der Tarifgehaltsumme betragen sollen, dann bedarf die Verteilung des Zulagenvolumens auf die einzelnen Arbeitnehmer einer betrieblichen Regelung, bei der der Betriebsrat nach § 87 Abs. 1 Nr. 10 BetrVG mitzubestimmen hat. Erachtet der Betriebsrat die bisherigen **Verteilungsrelationen** nicht mehr für angemessen, kann er durch Nutzung seines auch im Bereich des § 87 Abs. 1 Nr. 10 BetrVG bestehenden Initiativrechts eine Neuregelung verlangen und dieses Begehren ggf. durch Anrufung der → **Einigungsstelle** verfolgen (BAG v. 28. 4. 1998 – 1 ABR 53/97, NZA 1998, 1188).

66 Die Festlegung der **Höhe des Entgelts** wird nach zutreffender h. M. von § 87 Abs. 1 Nr. 10 nicht erfasst (ständige Rechtsprechung: vgl. z. B. BAG v. 30. 10. 2012 – 1 ABR 61/11, NZA 2013, 522; 21. 1. 2003 – 1 ABR 5/02, NZA 2003, 810; 20. 7. 1999 – 1 ABR 66/98, NZA 2000, 495 [497]; zum Mitbestimmungsrecht gemäß § 87 Abs. 1 Nr. 11 BetrVG auch über die Entgelthöhe beim **leistungsbezogenen Entgelt** wie z. B. Akkord, Prämie siehe Rn. 75 ff.).

Die betriebliche Lohngestaltung betrifft die Festlegung abstrakter Kriterien zur Bemessung der Leistung des Arbeitgebers, die dieser zur Abgeltung der Arbeitsleistung des Arbeitnehmers oder sonst mit Rücksicht auf das Arbeitsverhältnis insgesamt erbringt.

Gegenstand des Mitbestimmungsrechts ist somit nicht die konkrete Höhe des Arbeitsentgelts. Der Mitbestimmung steht allerdings nicht entgegen, wenn durch diese **mittelbar** auch die Höhe der Vergütung festgelegt wird. Eine solche Wirkung kann mit der Regelung von Entlohnungsgrundsätzen **untrennbar verbunden** sein.

67 In der Literatur wird vereinzelt angenommen, dass sich das Mitbestimmungsrecht nach § 87 Abs. 1 Nr. 10 BetrVG auch auf die Festlegung der **Höhe des Entgelts** erstreckt (vgl. etwa bislang DKKW-*Klebe*, BetrVG, 12. Aufl., § 87 Rn. 241, 253 ff. m. w. N.; in der 15. Aufl. wird unter § 87 Rn. 311 empfohlen, in der betrieblichen Praxis der h. M. zugrunde zu legen). Gegen ein Mitbestimmungsrecht nach § 87 Abs. 1 Nr. 10 BetrVG bei der Entgelthöhe spricht insbesondere, dass hierdurch die vom Gesetzgeber gewollte »**Arbeitsteilung**« zwischen Tarifvertragsparteien (Tarifautonomie) und Betriebsparteien (Betriebsautonomie) konterkariert würde.

Die **Lohnpolitik** soll – das ist die in Art. 9 Abs. 3 GG i. V. m. § 77 Abs. 3 BetrVG mit Verfas-

Arbeitsentgelt

sungsrang ausgestatte Grundentscheidung des Gesetzgebers – in erster Linie Sache der **Tarifvertragsparteien** – und nicht der Betriebsparteien – sein.

Einer übermäßigen Zersplitterung der Lohnlandschaft soll entgegengewirkt und damit nicht nur ein Stück Lohngerechtigkeit geschaffen werden, sondern auch – im Interesse der Unternehmen – annähernd gleiche Wettbewerbsbedingungen innerhalb der jeweiligen durch Flächentarifvertrag erfassten Branche.

Deshalb regelt § 77 Abs. 3 BetrVG, dass Arbeitsentgelte und sonstige Arbeitsbedingungen, die durch Tarifvertrag geregelt sind oder üblicherweise geregelt werden, nicht Gegenstand einer Betriebsvereinbarung können.

Die Bejahung eines Mitbestimmungsrechts bei der Entgelthöhe würde – vor dem Hintergrund der herrschenden Vorrangtheorie betreffend das Verhältnis von § 77 Abs. 3 und § 87 BetrVG (siehe → **Betriebsvereinbarung**) – die Möglichkeit zur **Tarifflucht** eröffnen, weil die Betriebsparteien bzw. ggf. die → **Einigungsstelle** einen – nachwirkenden – Entgelttarifvertrag nicht nur verbessern, sondern auch verschlechtern könnten.

Der Weg wäre frei gemacht für eine Untergrabung des durch Art. 9 Abs. 3 GG garantierten – und seit mehr als fünf Jahrzehnten erfolgreichen – Tarifvertragssystems.

Die von liberalen und konservativen Kreisen geforderte Aufhebung der Regelungssperre des § 77 Abs. 3 BetrVG wäre praktisch verwirklicht.

Die Arbeitgeber könnten aus dem Arbeitgeberverband austreten oder Firmentarifverträge kündigen und dann – ohne Verstoß gegen § 77 Abs. 3 BetrVG – mit der beliebten Androhung der Betriebsschließung/Verlagerung ins billigere Ausland – ohne Verstoß gegen § 77 Abs. 3 BetrVG – untertarifliche Entgelthöhen durchsetzen (entweder durch erzwungene Betriebsvereinbarung oder über einen Spruch der Einigungsstelle nach § 87 Abs. 2 BetrVG; vgl. den Fall BAG v. 15.5.2001 – 1 ABR 39/00, AiB 2002, 116 mit Anmerkung Unterhinninghofen).

Genau das will aber der auf Art. 9 Abs. 3 GG basierende Tarifvorrang des § 77 Abs. 3 BetrVG – zu Recht – verhindern.

Die Erweiterung des § 87 Abs. 1 Nr. 10 BetrVG auch auf die Regelung der Entgelthöhe ist nicht nur aus (verfassungs-)rechtlichen Gründen abzulehnen.

Sie liegt in einer Zeit, in der Arbeitgeber die »Gunst der Globalisierung« nutzen und die Belegschaften mit Verlagerungsdrohungen einschüchtern, um Lohnsenkungen zugunsten höherer Renditen durchzusetzen, auch nicht im Interesse der Arbeitnehmer.

Das gilt umso mehr, als Betriebsräten – wegen des Arbeitskampfverbotes des § 74 Abs. 2 BetrVG – letztlich auch wirksame Möglichkeiten fehlen, sich gegen Lohnsenkungsstrategien der Arbeitgeber zu wehren bzw. höhere Entgelte zugunsten der Arbeitnehmer durchzusetzen (vgl. auch Hinweise unter → **Arbeitszeit** zur ähnlich gelagerten Streitfrage, ob dem Betriebsrat nach § 87 Abs. 1 Nr. 2 BetrVG ein Mitbestimmungsrecht bei der Festlegung der Dauer der vom Arbeitnehmer geschuldeten regelmäßigen Arbeitszeit zusteht).

Durch → **Tarifvertrag** kann ein Mitbestimmungsrecht auch über die **Entgelthöhe** begründet werden. Sieht ein Tarifvertrag z. B. vor, dass die Höhe einer **Erschwernis- oder Belastungszulage** (siehe Rn. 45) vom Arbeitgeber im Einvernehmen mit dem Betriebsrat festgelegt werden soll, ist hierin eine – zulässige – Einräumung eines echten Mitbestimmungsrechts zu sehen, wenn die tarifliche Regelung Voraussetzungen und Umfang der Zulage offenlässt.

67a

Wird zwischen den Betriebsparteien kein Einvernehmen erzielt, kann die → **Einigungsstelle** nach § 76 BetrVG angerufen werden und verbindlich entscheiden (BAG v. 4.7.1989 – 1 ABR 40/88, NZA 1990, 29; 9.5.1995 – 1 ABR 56/94, NZA 1996, 156).

Arbeitsentgelt

Entlohnungsmethoden

68 Entlohnungsmethode i. S. d. § 87 Abs. 1 Nr. 10 BetrVG ist die Art und Weise der Durchführung und Ausgestaltung der »Entlohnungsgrundsätze«.

69 Mitbestimmungspflichtige Entlohnungsmethoden sind beispielsweise
- beschreibende Merkmale für Entgeltgruppen (zum Tarifvorrang gemäß § 87 Abs. 1 Eingangssatz BetrVG siehe Rn. 53 ff.);
- die Frage, ob Arbeiten als Einzelakkord oder als Gruppenakkord vergeben werden;
- die Einführung (das »Ob«) und Ausgestaltung (das »Wie«) von Methoden und Verfahren der Ermittlung von Vorgabezeiten (z. B. durch »Messen von Ist-Zeiten« oder nach dem MTM-Verfahren);
- die Ausgestaltung des Prämienverfahrens (= Bestimmung der Prämienbezugsgrößen bzw. Prämienart, der Prämienausgangs- und -endleistung, des Verlaufs der Prämienkurve).

Änderung von Entlohnungsgrundsätzen und Entlohnungsmethoden

70 Auch die »**Änderung**« von Entlohnungsgrundsätzen (z. B. Wechsel von Leistungsentgelt in Zeitentgelt und umgekehrt) und **Entlohnungsmethoden** (z. B. Änderung der Methode zur Ermittlung der Vorgabezeiten) unterliegt der Mitbestimmung des Betriebsrats.

Initiativmitbestimmungsrecht

71 Da der Betriebsrat im Rahmen des § 87 BetrVG ein **Initiativmitbestimmungsrecht** hat (siehe Rn. 60), kann auch er das Mitbestimmungsverfahren mit dem Ziel der Aufstellung bzw. Änderung des Entlohnungsgrundsatzes (z. B. Wechsel von Zeitentgelt zu Prämienentgelt) und der Entlohnungsmethoden einleiten.

72 Einigen sich Arbeitgeber und Betriebsrat, so ist die Einigung in einer → **Betriebsvereinbarung** niederzulegen.
Im Nichteinigungsfalle entscheidet auf Antrag der → **Einigungsstelle** (vgl. § 87 Abs. 2 BetrVG).

Lohngestaltung in einem nicht tarifgebundenen Betrieb

72a In einem nicht tarifgebundenen Betrieb hat der Betriebsrat bei der Aufstellung eines betrieblichen Vergütungssystems (Bildung von Entgeltgruppen) nach § 87 Abs. 1 Nr. 10 BetrVG mitzubestimmen. Die Sperrwirkungen des § 77 Abs. 3 BetrVG und des § 87 Abs. 1 BetrVG (Eingangssatz: »… soweit eine … tarifliche Regelung nicht besteht …«) stehen der Mitbestimmung und Regelung der Entgeltgruppen durch Betriebsvereinbarung nicht entgegen (siehe Rn. 53 ff.).
Allerdings hat der Betriebsrat in Bezug auf die **Höhe** des Geldvolumens, das der Arbeitgeber für die Vergütung der Belegschaft insgesamt zur Verfügung stellen will, kein Mitbestimmungsrecht nach § 87 Abs. 1 Nr. 10 BetrVG. Mitbestimmungspflichtig ist allein die Verteilung des Volumens auf die Belegschaft (zur fehlenden Mitbestimmung bei der Entgelthöhe siehe auch Rn. 66).
Das schränkt die Einflussmöglichkeiten des Betriebsrats und ggf. der Einigungsstelle stark ein, weshalb sich die Frage stellt, ob es aus Betriebsrats- und Arbeitnehmersicht sinnhaft ist, in bei der Aufstellung einer betrieblichen Vergütungsordnung in Form einer Betriebsvereinbarung initiativ zu werden.

Arbeitsentgelt

> **Beispiel:**
> Arbeitgeber und Betriebsrat verhandeln über Entgeltgruppen.
> Man einigt sich auf 7 Entgeltgruppen mit entsprechenden Entgeltgruppenbeschreibungen (die man der Einfachheit halber aus irgendeinem Tarifvertrag abschreibt und an die betrieblichen Verhältnisse anpasst).
> Die mittlere Entgeltgruppe 4 soll die Eckentgeltgruppe (100 %) sein, für die man ein Grundentgelt erhält, dessen Höhe der Arbeitgeber am Ende des Verhandlungsprozesses (einseitig) festlegt.
> Man einigt sich des Weiteren darauf, dass die Beschäftigten, die die Voraussetzungen der unteren Entgeltgruppen (1, 2 und 3) erfüllen, 70 %, 80 % bzw. 90 % des Eckentgelts erhalten sollen, die Beschäftigten der höheren Entgeltgruppen (5, 6 und 7) 110 %, 120 %, 130 % des Eckentgelts.
> Der Arbeitgeber rechnet sich aus, wie hoch das Geldvolumen insgesamt sein wird, wenn die Beschäftigten nach dieser Maßgabe eingruppiert werden.
> Ist ihm das Volumen insgesamt zu hoch, wird er den Geldbetrag für die 100 %-Entgeltgruppe (einseitig) kürzen, was eine entsprechende Kürzung der Entgelte in den anderen Entgeltgruppen zur Folge hat.
> Erst wenn »alles stimmt«, wird der Arbeitgeber die Vergütungsordnung »abnicken«.
> Das Beispiel zeigt: der Arbeitgeber kann über sein »Alleinbestimmungsrecht« bei der Entgelthöhe die Ausgestaltung der Vergütungsordnung immer wieder Druck ausüben kann nach dem Motto: »Wenn sich der Betriebsrat – oder die Einigungsstelle – in diesem oder jenen mitbestimmungspflichtigen Punkt (z. B. bei der Formulierung der Entgeltgruppen usw.) nicht auf den Arbeitgeber zubewegt, dann wirkt sich das nachteilig auf die – nicht mitbestimmungspflichtige – Festlegung der Höhe des Entgelts aus«.

Vor diesem Hintergrund ist der Versuch, die fehlende Tarifbindung an einen (Verbands- oder Firmen-) Entgelttarifvertrag durch eine Betriebsvereinbarung zu kompensieren grundsätzlich der »zweitbeste« Weg. Ziel muss es in nicht tarifgebundenen Firmen sein, Arbeitsentgeltfragen (und sonstige wichtige Arbeitsbedingungen wir z. B. Dauer der regelmäßigen Arbeitszeit, Urlaub und Urlaubsgeld, Weihnachtsgeld usw.) »tarifpolitisch« zu behandeln mit dem Ziel, die Arbeitsbedingungen durch einen **Firmentarifvertrag** zu regeln (etwa in Form eines Anerkennungstarifvertrags ggf. mit Zusatzregelungen; siehe → **Arbeitgeber** Rn. 5). Entscheidender Vorteil: die Gewerkschaft kann die Beschäftigten zum Streik aufrufen, wenn der Arbeitgeber Verhandlungen ablehnt oder die Verhandlungen ins Stocken geraten (siehe → **Arbeitskampf** Rn. 17 ff., 26 ff.). Voraussetzung für ein solches Vorgehen ist natürlich, dass die Beschäftigten »mitmachen«. Das heißt: man braucht eine gut organisierte, streikbereite und streikfähige Belegschaft.

Der tarifpolitische Weg kann natürlich auch und insbesondere dann eingeschlagen werden, wenn der Arbeitgeber in Sachen betrieblicher Vergütungsordnung initiativ wird und den Betriebsrat zu Verhandlungen über eine »**Entgelt-Betriebsvereinbarung**« auffordert. Natürlich muss sich der Betriebsrat mit dem Anliegen des Arbeitgebers auseinandersetzen (ein bloßes »Nein« des Betriebsrats würde dazu führen, dass der Arbeitgeber die Verhandlungen für gescheitert erklärt und die Einsetzung einer → **Einigungsstelle** nach § 87 Abs. 2 BetrVG betreibt). Die Rechte der Gewerkschaft, einen Tarifvertrag zu fordern und dafür zum Streik aufzurufen, werden aber dadurch nicht berührt. Das heißt: sie kann »parallel« eine betriebliche Tarifbewegung für einen Entgelttarifvertrag organisieren.

Stundenlohn oder Monatsentgelt

Ein Problem der Lohngestaltung im Sinne des § 87 Abs. 1 Nr. 10 BetrVG (Entlohnungsgrundsatz) ist auch die Frage, ob gewerbliche Arbeitnehmer (= Arbeiter) auf **Stundenlohnbasis** oder in Form eines **Monatsentgelts** (wie Angestellte) vergütet werden. Eine »Stundenlohnregelung« ist für Arbeitnehmer insofern nachteilig, als sie je nach Länge des Monats ein unter-

Arbeitsentgelt

schiedlich hohes Arbeitsentgelt erhalten (im »kurzen Februar« weniger als im »langen Oktober«).

74 Allerdings entfällt in tarifgebundenen Unternehmen regelmäßig ein Mitbestimmungsrecht des Betriebsrats, weil diese Frage durchweg Gegenstand abschließender **tarifvertraglicher Regelungen** ist (§ 87 Abs. 1 Eingangssatz BetrVG).

In manchen Branchen sind für gewerbliche Arbeitnehmer Tarifverträge über einen »**Monatslohn**« vereinbart, in anderen Branchen gibt es **gemeinsame Entgeltrahmentarifverträge**, in denen die früher geregelten Unterschiede beim Arbeitsentgelt von Arbeitern und Angestellten beseitigt worden sind (z. B. Metallindustrie). In diesen Tarifverträgen ist durchweg monatliche Zahlung des Arbeitsentgelts vorgesehen u. a. mit Regelungen zur Zusammensetzung des Monatsentgelts (Monatsgrundentgelt und zusätzliche – in unterschiedlichem Umfang anfallende – variable Entgeltbestandteile; Beispiele: Mehrarbeitsvergütungen, Zuschläge für Mehr-, Spät-, Nacht-, Samstags-, Sonntags- und Feiertagsarbeit, Zulagen für außergewöhnliche Belastungen und vor allem auch die leistungs- oder ergebnisabhängigen Entgeltanteile bei Akkord- oder Prämienentgelt). Außerdem ist in diesen Tarifverträgen die Formel zur Umrechnung des Monatsentgelts auf die Stunde geregelt, um z. B. die Vergütung für eine Überstunde zu ermitteln: Monatsentgelt inkl. Zulagen sowie leistungsabhängiger Entgeltbestandteile geteilt durch das 4,35fache der tariflichen wöchentlichen Arbeitszeit.

Mitbestimmung nach § 87 Abs. 1 Nr. 11 BetrVG

75 Ergänzt wird das Mitbestimmungsrecht des Betriebsrats nach § 87 Abs. 1 Nr. 10 BetrVG durch die Regelung des § 87 Abs. 1 Nr. 11 BetrVG.

Hiernach hat der Betriebsrat – sofern keine abschließende tarifliche Regelung besteht – mitzubestimmen bei der

»*Festsetzung der Akkord- und Prämiensätze und vergleichbarer leistungsbezogener Entgelte, einschließlich der Geldfaktoren*«.

76 Diese Vorschrift kann ausweislich ihres Wortlauts nur auf die **Leistungsentgeltformen** (vor allem »Akkordlohn«, »Prämienlohn«), nicht aber auf die Entlohnungsgrundsätze »Zeitlohn« und »Gehalt« angewendet werden.

Ein »**vergleichbares leistungsbezogenes Entgelt**« im Sinne der Vorschrift liegt nur vor, wenn – wie beim Akkord- und Prämienlohn – die tatsächlich erbrachte Leistung des Arbeitnehmers, gleichgültig, worin diese besteht, gemessen und mit einer Bezugsleistung (Normalleistung) verglichen wird und sich die Höhe der Vergütung nach dem Verhältnis der tatsächlichen Leistung des Arbeitnehmers zur Bezugsleistung bemisst (BAG v. 15.5.2001 – 1 ABR 39/00, NZA 2001, 1154; 26.7.1988 – 1 AZR 54/87, NZA 1989, 109; 13.3.1984 – 1 ABR 57/82, NZA 1984, 296).

Die Mitbestimmung beim Leistungsentgelt wird dem Betriebsrat mit Blick auf die **besonderen Belastungen**, die mit der Arbeit in einem Leistungslohnsystem verbunden sind, eingeräumt. Der Betriebsrat soll im Interesse der Gesunderhaltung der Arbeitnehmer auf die Gestaltung des Leistungsentgeltsystems einwirken können (BAG v. 15.5.2001 – ABR 39/00, a.a.O.). Außerdem besteht ein Bedürfnis nach Mitbestimmung, weil bei der Leistungsbewertung (Leistungsgradbeurteilung) ein **Beurteilungsspielraum** besteht, so dass zur Wahrung der innerbetrieblichen Lohngerechtigkeit eine Beteiligung des Betriebsrats angezeigt ist (BAG v. 28.7.1981 – 1 ABR 56/78, BB 1982, 1050), sofern nicht bereits tarifliche Regelungen für den erforderlichen Schutz der Arbeitnehmer sorgen (Tarifvorbehalt des § 87 Abs. 1 Eingangssatz BetrVG).

77 Gegenstand der Nr. 11 ist in erster Linie die »**Geldseite**« des Verhältnisses von Lohn und Leistung, während auf die »**Leistungsseite**« als solche § 87 Abs. 1 Nr. 10 BetrVG anzuwenden ist.

Arbeitsentgelt

Beim Leistungslohngrundsatz »**Zeitakkord**« (siehe Rn. 19 ff.) erfasst das Mitbestimmungsrecht nach § 87 Abs. 1 Nr. 11 BetrVG insbesondere die Festlegung des »Akkordrichtsatzes« bzw. des »Geldfaktors« (sofern nicht bereits tariflich geregelt). 78

Aber auch die Festlegung des »Zeitfaktors« unterliegt der Mitbestimmung des Betriebsrats, wobei allerdings die anzuwendende Methode zur Ermittlung der Vorgabezeit (siehe Rn. 19 ff.) bereits nach der Nr. 10 des § 87 Abs. 1 BetrVG (»Entlohnungsmethode«) mitbestimmungspflichtig ist.

Beim »**Geldakkord**« (siehe Rn. 17) ist die Festsetzung des »Geldfaktors« (= der für jedes hergestellte Stück, für jeden Quadratmeter bearbeitete Fläche usw. auszuweisende Geldbetrag) mitbestimmungspflichtig. 79

Beim »**Prämienentgelt**« (siehe Rn. 33) erstreckt sich das Mitbestimmungsrecht nach § 87 Abs. 1 Nr. 11 BetrVG auf die Festlegung der »Prämiensätze«, d. h. die beim Prämienentgelt jeweils auszuweisenden Entgelteinheiten (Prämienausgangsentgelt, Prämienendentgelt, Prämienentgeltlinie). 80

Die Ausgestaltung der »Leistungsseite« des Entlohnungsgrundsatzes »Prämienentgelt« (Prämienbezugsgröße, Prämienausgangsleistung, Prämienendleistung) ist mitbestimmungspflichtig bereits nach Nr. 10 des § 87 Abs. 1 BetrVG. 81

Wird eine **Leistungszulage** als Prämienentgelt ausgestaltet, der zusätzlich zum Zeitentgelt ausgezahlt wird, hat der Betriebsrat bei der Festlegung des Verhältnisses des Leistungsgrades zur Höhe der Leistungszulage nach § 87 Abs. 1 Nr. 10 und 11 BetrVG mitzubestimmen. 82

Siehe auch → **Zielvereinbarung**. 83

Nach Ansicht des BAG beinhaltet das nach § 87 Abs. 1 Nr. 11 BetrVG bei Leistungsentgelten bestehende Mitbestimmungsrecht nicht das Recht, vom Arbeitgeber die Zahlung zusätzlicher leistungsbezogener Entgelte zu verlangen und deren Zahlung über einen Spruch der Einigungsstelle auch zu erzwingen, zu deren Gewährung der Arbeitgeber nicht verpflichtet ist. Die **Freiwilligkeit** der Leistung steht einem **Initiativmitbestimmungsrecht** des Betriebsrates auf Einführung zusätzlicher Entgelte, seien diese auch leistungsbezogen, entgegen (BAG v. 13. 9. 1983 – 1 ABR 32/81, DB 1983, 2470). 83a

Sieht allerdings ein Tarifvertrag **mehrere Entgeltgrundsätze** als gleichberechtigte Lohnformen vor (z. B. neben dem Zeitentgelt auch Akkordlohn, Prämienentgelt oder Zielentgelt), handelt es sich bei dem – mitbestimmten – Akkord-, Prämien- oder Zielentgelt nicht um eine freiwillige Leistung des Arbeitgebers, sondern um den **tariflich geschuldeten Lohn** (BAG v. 16. 12. 1986 – 1 ABR 26/85, NZA 1987, 568). Deshalb kann der Betriebsrat im Wege seines Initiativmitbestimmungsrechts bei der Auswahl der Entgeltgrundsätze nach § 87 Abs. 1 Nr. 10 BetrVG (siehe Rn. 60 ff.) die Einführung z. B. von Prämienlohn anstelle von Zeitentgelt verlangen und im Nichteinigungsfall die Einigungsstelle anrufen. Über sein Initiativmitbestimmungsrecht bei der Ausgestaltung des Prämienentgelts nach § 87 Abs. 1 Nr. 11 BetrVG kann er zudem Forderungen zur Höhe des Prämienentgelts erheben (siehe Rn. 76 ff.) und auch diese Frage zum Gegenstand des Einigungsstellenverfahrens machen. Zwar können die Mitbestimmungsrechte nach § 87 Abs. 1 Nr. 10 und 11 BetrVG durch den Tarifvertrag eingeschränkt sein, soweit dieser selbst Regelungen z. B. über die Berechnung des Prämienlohns enthält. Es ist nicht eingeschränkt, soweit der Tarifvertrag ergänzende Betriebsvereinbarungen zulässt (BAG v. 16. 12. 1986 – 1 ABR 26/85, a. a. O.), was nach den meisten Entgeltrahmentarifverträgen der Fall ist (siehe z. B. Entgeltrahmentarifverträge der Metallindustrie).

Arbeitsentgelt

Bedeutung für die Beschäftigten

84 Arbeitsentgelt, das der Arbeitnehmer trotz Vorliegens eines Rechtsanspruchs (aus Arbeitsvertrag, Betriebsvereinbarung, Tarifvertrag, Gleichbehandlungsgrundsatz usw.) nicht erhält, muss er **geltend machen** und ggf. beim → **Arbeitsgericht** einklagen.
Dabei sind etwaige oft sehr kurze (z. B. vertragliche oder tarifliche → **Ausschlussfristen/Verfallfristen** sowie die dreijährige gesetzliche Verjährungsfrist nach § 195 BGB zu beachten. Die → **Verjährung** beginnt mit Ende des Jahres, in dem der Entgeltanspruch entstanden ist und der Arbeitnehmer von den anspruchsbegründenden Umständen Kenntnis erlangt hat oder ohne grobe Fahrlässigkeit erlangen musste (§ 199 BGB).

84a Erfüllt die im Arbeitsvertrag getroffene Vergütungsregelung den Tatbestand des **Lohnwuchers** im Sinne des § 138 BGB, weil die Vergütung sittenwidrig niedrig ist (siehe Rn. 2 a), ist die Vergütungsvereinbarung nichtig.
Der »Wucherlohn« ist durch die »**übliche Vergütung**« im Sinne des § 612 Abs. 2 BGB zu ersetzen.
Die »übliche Vergütung« entspricht in der Regel dem in der Branche für die ausgeübte Tätigkeit zu zahlenden **Tarifentgelt**.

Eingruppierung/Umgruppierung

85 Der Arbeitnehmer hat unabhängig davon, ob der Betriebsrat einer Ein-/Umgruppierung nach § 99 BetrVG zugestimmt hat oder nicht, einen Rechtsanspruch auf die »**richtige**« **Vergütung**.
Ist ein Arbeitnehmer der Meinung, falsch eingruppiert zu sein, so sollte er nach entsprechender Beratung seinen Anspruch (= Differenzbetrag, der sich aus der falschen Eingruppierung ergibt) schriftlich beim Arbeitgeber **geltend machen** (tarifliche Form- und Fristregelungen bei der Geltendmachung beachten!).
Er sollte dann versuchen, mit Hilfe des Betriebsrats die **Höhergruppierung** durchzusetzen.
Der Betriebsrat hat allerdings insoweit nur die Möglichkeit, im Wege von Verhandlungen mit dem Arbeitgeber für den Betroffenen tätig zu werden. Ein Klagerecht hat der Betriebsrat nicht.
Daher muss der Arbeitnehmer für den Fall, dass der innerbetriebliche Weg erfolglos bleibt, seinen Anspruch (ggf. innerhalb etwaiger vertraglicher oder tariflicher → **Ausschlussfristen/Verfallfristen**) durch Erhebung einer **Eingruppierungsklage** gegen den Arbeitgeber beim → **Arbeitsgericht** verfolgen.
In einem solchen Rechtsstreit muss der Arbeitnehmer genauestens die **Merkmale** der angestrebten (z. B. tariflichen) Entgeltgruppe durch ausreichendes Tatsachenmaterial »ausfüllen«.
Insbesondere muss er konkret **darlegen**, welche (ggf. verschiedenen) Tätigkeiten er im Einzelnen ausübt, welche Wertigkeit diese Tätigkeiten im Vergleich zu anderen Tätigkeiten haben, welche Zeitanteile diese Tätigkeiten an der Gesamttätigkeit haben und weshalb er der Meinung ist, dass angesichts dieser Tätigkeiten eine Höhergruppierung gerechtfertigt ist.
Der Tatsachenvortrag muss zudem unter **Beweis** gestellt werden.
Das für einen Prozess notwendige Tatsachenmaterial sollte der Arbeitnehmer (z. B. im Wege der **Selbstaufschreibung**) über einen längeren Zeitraum sammeln.
Auch **Beweismittel** (Zeugen, Urkunden und sonstige Schriftstücke) sollte er festhalten.
Eingruppierungsprozesse gehen oft verloren, weil der klagende Arbeitnehmer seine – durch die Rechtsprechung allerdings auch allzu hoch geschraubte – Darlegungs- und Beweispflichtung nur unzureichend erfüllt.

86 Ein Klagerecht steht dem Arbeitnehmer auch dann zu, wenn ein Beschlussverfahren nach § 99 Abs. 4 BetrVG (Zustimmungsersetzungsverfahren) oder § 101 BetrVG beim Arbeitsgericht anhängig oder entschieden ist (siehe hierzu auch → **Eingruppierung/Umgruppierung**).

Arbeitsentgelt

Eine Entscheidung in diesen Verfahren ist für den Eingruppierungsrechtsstreit **nicht bindend**. Soweit aber im Zustimmungsersetzungsverfahren nach § 99 Abs. 4 BetrVG eine bestimmte Entgeltgruppe als zutreffend ermittelt wurde, kann der Arbeitnehmer seinen Entgeltanspruch unmittelbar auf die gerichtliche Entscheidung stützen.
Insoweit ist sein Anspruch nicht von einer weiteren Prüfung der tariflichen Eingruppierungsvoraussetzungen abhängig (BAG v. 3.5.1994 – 1 ABR 58/93, AiB 1994, 762).
Umgekehrt ist der Arbeitnehmer nicht gehindert, gegenüber dem Arbeitgeber eine **günstigere** als im Verfahren gem. § 99 Abs. 4 BetrVG angenommene Eingruppierung geltend zu machen (BAG v. 3.5.1994 – 1 ABR 58/93, a. a. O.).
Zum Vorgehen des Betriebsrats, wenn es der Arbeitgeber unterlässt eine Höhergruppierung vorzunehmen, obwohl sich die Arbeit eines Arbeitnehmers (z. B. durch Übertragung weiterer Aufgaben) im Laufe der Jahre so **angereichert** hat, dass die Voraussetzungen einer höheren Entgeltgruppe vorliegen (sog. »schleichende Versetzung«; vgl. Kuhn/Zimmermann, AiB 2000, 380, 383 f.) siehe → **Eingruppierung/Umgruppierung** Rn. 56 a.

87

Arbeitshilfen

Übersichten
Checklisten
- Entgeltaufbau, Entgeltformen
- Vario-Prämie: Regelungsbeispiel
- Standardprämie: Regelungsbeispiel
- Prämienentgelt: Regelungspunkte in einer Betriebsvereinbarung
- Leistungsbeurteilung zur Feststellung der Leistungszulage: Regelungspunkte in einer Betriebsvereinbarung
- Akkordlohn: Regelungspunkte in einer Betriebsvereinbarung
- Anreizprämie: Regelungsbeispiel
- Prämienvergütung bei Gruppenarbeit
- Gewinnbeteiligung, Tantieme: Regelungspunkte in einer Betriebsvereinbarung

Musterschreiben
- Geltendmachung bei zu niedriger Eingruppierung
- Geltendmachung von tariflichem Weihnachtsgeld
- Zustimmungsverweigerung des Betriebsrats bei Eingruppierung
- Geltendmachung bei Annahmeverzug: siehe → **Annahmeverzug**
- Geltendmachung der equal-pay Lohndifferenz gegen CGZP-Verleiher: siehe → **Arbeitnehmerüberlassung/Leiharbeit**
- Geltendmachung von Mehrarbeitsvergütung: siehe → **Überstunden**

Übersicht: Entgeltaufbau, Entgeltformen

1. Grundentgelt
Den größten Anteil des monatlichen Entgelts macht das Grundentgelt aus. Es wird für die Ausführung der vertraglich vereinbarten Arbeit gezahlt.
Die Höhe wird entweder vertraglich vereinbart oder ergibt sich aus der Eingruppierung des Arbeitnehmers in die Entgeltgruppen eines anzuwenden Tarifvertrages.
Auch die Dauer der vereinbarten regelmäßigen Arbeitszeit wirkt sich auf die Höhe des Grundentgelts aus.

2. Leistungsabhängige Entgeltbestandteile
Leistungsabhängige Entgeltbestandteile bemessen sich nach dem – bei Ausführung der übertragenen

Arbeitsentgelt

Arbeit erbrachten – Leistungsgrad (z. B. Leistungszulagen beim Zeitentgelt, Akkord- oder Prämienvergütung, Provision, Zielentgelt). Sie beruhen meist auf tariflicher oder betrieblicher Regelung.

3. Ergebnis-/erfolgsabhängige Entgeltbestandteile
Ergebnisabhängige Entgeltbestandteile werden – wenn überhaupt – auf Grund vertraglicher Vereinbarung gezahlt. Tarifliche Regelungen sind (noch) selten.
Maßstab für die Bemessung ist nicht die Leistung des einzelnen Arbeitnehmers, sondern der erzielte Unternehmenserfolg (z. B. Jahresüberschuss, Umsatz). Formen der ergebnisabhängigen Vergütung sind z. B. Umsatzbeteiligung, Gewinnbeteiligung/Tantieme.

4. Mehrarbeitsvergütung, Zulagen und Zuschläge
Weitere Entgeltbestandteile sind die Vergütung für geleistete Mehrarbeitsstunden (zzgl. Mehrarbeitszuschläge), sonstige Zuschläge (z. B. Nacht- und Schicht-, Sonn- und Feiertagszuschläge) sowie Zulagen z. B. für besondere Erschwernisse oder eine besondere Funktion. Zulagen und Zuschläge sind meist tariflich geregelt.
Eine gesetzliche Zulagenregelung besteht in den Fällen der §§ 6 Abs. 5, 11 Abs. 2 ArbZG (Zulage für Nachtarbeitnehmer und bei Beschäftigung an Sonn- und Feiertagen, falls keine tariflichen Ausgleichsregelungen auf das Arbeitsverhältnis anzuwenden sind).
Über das Tarifniveau hinaus werden nicht selten auch über- und außertarifliche Zulagen gezahlt.

5. Vermögenswirksame bzw. altersvorsorgewirksame Leistungen
Ein weiterer Entgeltbestandteil sind die vermögenswirksamen Leistungen, die der Arbeitgeber entweder aufgrund vertraglicher oder tarifvertraglicher Verpflichtung oder als freiwillige Leistung erbringt.
Manche Tarifverträge (z. B. Metallindustrie) verpflichten den Arbeitgeber, anstelle von vermögenswirksamen Leistungen sog. altersvorsorgewirksame Leistungen zu zahlen. Ziel ist es, den Aufbau einer privaten Altersvorsorge zu fördern (z. B. »Riester-Rente«).

6. Sondervergütungen
Das (Jahres-)Arbeitsentgelt wird oft ergänzt durch aus unterschiedlichem Anlass zu bestimmten Terminen gezahlte Sondervergütungen wie z. B. zusätzliches Urlaubsgeld, Weihnachtsgeld, 13. Monatsgehalt, Gratifikation, usw.

7. Weitere Entgeltformen und sonstige Arbeitgeberleistungen
Sachbezüge, Personalrabatt, Dienstwagenüberlassung zur privaten Nutzung, Werkwohnung, Verdienstsicherung für ältere Arbeitnehmer, Entgeltaufstockung bei Altersteilzeit, Leistungen der betrieblichen Altersversorgung, Prämien im Rahmen eines betrieblichen Vorschlagswesens, Vergütung nach Arbeitnehmererfindungsgesetz, Abfindungsanspruch aufgrund einer Vereinbarung (z. B. Aufhebungsvertrag), eines Nachteilsausgleiches (§ 113 BetrVG), eines Sozialplans (§ 112 BetrVG) oder einer gerichtlichen Entscheidung (§§ 9, 10 KSchG), Arbeitgeber-Darlehen, Zinseinkünfte aus einem Arbeitnehmerdarlehen, Bedienungsgelder, Trinkgelder, Aufwendungsersatz (z. B. Übernahme der Aus- und Fortbildungskosten oder Umzugskosten).

Rechtsprechung – Arbeitsentgelt

1. Vergütungsvereinbarung – Wirksamkeit – Anspruch auf übliche Vergütung – Abgeltung von Mehrarbeit
2. Schwarzgeldabrede
3. Vergütungsansprüche bei Freistellung des Arbeitnehmers
4. Vereinbarung eines Widerrufsvorbehalts
5. Vergütungsanspruch bei Unmöglichkeit der Arbeitsleistung
6. Minderung der Arbeitsvergütung bei Mängeln der erbrachten Dienstleistung
7. Vergütungsanspruch für Haushaltshilfe eines Diplomaten
8. Fehlgeschlagene Vergütungserwartung

9. Tarifliche Vergütungsautomatik bei der Änderung tatsächlicher Umstände
10. Mindestlohn
11. Zulässigkeit untertariflicher Vergütung
12. Unangemessen niedriger Lohn (Wucher) – Sittenwidrigkeit
13. Leistungsentgelt, Leistungszulage
14. Zielvereinbarung – Zielentgelt
15. Umsatzbeteiligung
16. Erfolgsbeteiligung, Gewinnbeteiligung, Tantieme, Bonus
17. Provision
18. Aktienoptionen
19. Pausenbezahlung für Schichtarbeiter
20. Zulagen
21. Zeitzuschläge
22. Auslösung im Baugewerbe
23. Personalrabatt
24. Trinkgelder
25. Sonstige Formen des Arbeitsentgelts
26. Arbeitgeberdarlehen und sonstige Leistungen des Arbeitgebers
27. Lohneinbehalt wegen negativem Arbeitszeitkonto bei Beendigung des Arbeitsverhältnisses
28. Lohnausgleich für tarifliche Arbeitszeitverkürzung: Anrechnung auf tarifliche oder übertarifliche Zulage
29. Erfüllung einer tariflichen Einmalzahlung durch übertarifliches Entgelt
30. Entgeltrahmentarifvertrag Metallindustrie (ERA) – ERA-Strukturkomponenten
31. Pflicht zur Lohnstundung?
32. Verdienstsicherung bei Heimarbeit
33. Abtretung, Aufrechnung, Pfändung
34. Entgeltabrechnung
35. Abführung von Steuern und Sozialversicherungsbeiträgen
36. Nachweis der Lohnzahlung – Quittung
37. Bruttolohn – Nettolohn – Lohnsteuer – Nettolohnklage
38. Sozialversicherung / Private Versicherung
39. Einstweilige Verfügung auf Zahlung des Arbeitsentgelts
40. Prozess- und Verzugszinsen für Ansprüche auf Arbeitsentgelt
41. Verfahrensfragen
42. Forderungsübergang auf Sozialleistungsträger (§ 115 Abs. 1 SGB X)

Rechtsprechung – Arbeitsentgelt – Mitbestimmung des Betriebsrats

1. Informations- und Überwachungsrecht des Betriebsrats
2. Einblick des Betriebsrats bzw. des Betriebsausschusses in Bruttolohn- und -gehaltslisten (§ 80 Abs.2 Satz2 BetrVG)
3. Mitbestimmung nach § 87 BetrVG: keine Übertragung des alleinigen Gestaltungsrechts an den Arbeitgeber
4. Initiativmitbestimmungsrecht des Betriebsrats bei der Lohngestaltung
5. Mitbestimmung nur bei kollektivem Tatbestand
6. Mitbestimmung über Fälligkeit des Arbeitsentgelts nach § 87 Abs.1 Nr.4 BetrVG

Arbeitsentgelt

7. Entlohnung neueingestellter und nicht gewerkschaftlich organisierter Arbeitnehmer in tarifgebundenen Betrieben
8. Mitbestimmung bei Aufstellung, Ausgestaltung und Änderung des Entlohnungsgrundsatzes und der Entlohnungsmethoden (§ 87 Abs.1 Nr.10 BetrVG) – Mitbestimmung bei freiwilligen Leistungen
9. Mitbestimmung bei Verteilung einer tariflichen Leistungszulage (§ 87 Abs.1 Nr.10 BetrVG)
10. Mitbestimmung nach § 87 Abs.1 Nr.10 BetrVG: Einzelfragen
11. Mitbestimmung bei Leistungsentgelt nach § 87 Abs.1 Nr.10 und 11 BetrVG (z.B. Einführung und Ausgestaltung von Prämienentgelt)
12. Mitbestimmung nach § 87 Abs.1 Nr.10, 11 BetrVG bei vorbereitenden Zeitstudien?
13. Keine Mitbestimmung nach § 87 Abs.1 BetrVG bei der Festlegung der Entgelthöhe
14. Erweiterung der Mitbestimmung
15. Betriebsvereinbarung über Wechsel des Entlohnungsgrundsatzes
16. Entscheidung der Einigungsstelle
17. Folgen einer mitbestimmungswidrigen Änderung der betrieblichen Vergütungsordnung – Anspruch auf bisherige Vergütung
18. Mitbestimmung nach Personalvertretungsrecht
19. Mitbestimmung beim Arbeitsentgelt von AT-Angestellten
20. Mitbestimmung bei Lohngewährung in Form einer Lebensversicherung
21. Mitbestimmung bei Ein- und Umgruppierung
22. Mitbestimmung bei Anrechnung einer Tariferhöhung auf übertarifliche Zulagen und bei Widerruf
23. Mitbestimmung bei der Bemessung des Urlaubsentgelts in Bezug auf die Auswahl zwischen zwei tarifvertraglich vorgesehenen Berechnungsmethoden
24. Tarifvorrang des § 77 Abs.3 BetrVG: keine Betriebsvereinbarung über Arbeitsentgelt, wenn tarifliche Regelungen bestehen oder üblich sind

Arbeitsgericht

Grundlagen

Die Arbeitsgerichte sind für die Entscheidung von **arbeitsrechtlichen Streitigkeiten** insbesondere
- zwischen Arbeitnehmer und Arbeitgeber,
- zwischen Betriebsrat und Arbeitgeber,
- zwischen Gewerkschaft und Arbeitgeber/Arbeitgeberverband

zuständig (§§ 2, 2 a ArbGG). 1

§ 2 ArbGG benennt die Rechtsstreitigkeiten, die von den Arbeitsgerichten im sog. **Urteilsverfahren** nach §§ 46 ff. ArbGG entschieden werden (z. B. für Streitigkeiten zwischen Arbeitnehmer und Arbeitgeber; siehe Rn. 3 ff.), § 2 a ArbGG benennt die Streitigkeiten, die im sog. **Beschlussverfahren** nach §§ 80 ff. ArbGG stattfinden (z. B. Streitigkeiten zwischen Betriebsrat und Arbeitgeber; siehe Rn. 7 ff.). 2

In beiden Verfahrensarten (Urteilsverfahren und Beschlussverfahren) ist der Erlass einer **einstweiligen Verfügung** möglich (§§ 62 Abs. 2, 85 Abs. 2 ArbGG; z. B. um ein bevorstehendes mitbestimmungswidriges Handeln des Arbeitgebers zu stoppen; siehe Rn. 11).

Beschlussverfahren in besonderen Fällen regeln die §§ 97 bis 100 ArbGG: 2a
- **Entscheidung über die Tariffähigkeit oder Tarifzuständigkeit einer Vereinigung** (§ 97 ArbGG; neu gefasst durch das Tarifautonomiestärkungsgesetz vom 11. 8. 2014 – BGBl. I S. 1348; siehe Rn. 11a);
- **Entscheidung über die Wirksamkeit einer Allgemeinverbindlicherklärung oder einer Rechtsverordnung** (§ 98 ArbGG; eingefügt durch das Tarifautonomiestärkungsgesetz vom 11. 8. 2014 – BGBl. I S. 1348; siehe Rn. 11 b);
- **Entscheidung über den nach § 4a Abs. 2 Satz 2 des Tarifvertragsgesetzes im Betrieb anwendbaren Tarifvertrag** (§ 99 ArbGG; eingefügt durch das Gesetz zur Tarifeinheit vom 3. 7. 2015 – BGBl. I S. 1130; siehe Rn. 11c)
- **Verfahren zur Besetzung der Einigungsstelle (Bestellung des/der Vorsitzenden einer Einigungsstelle) sowie Bestimmung der Zahl der Beisitzer** (§ 100 ArbGG; Hinweis: das Verfahren zur Besetzung der Einigungsstelle war bislang in § 98 ArbGG geregelt; die Vorschrift wurde – ohne inhaltliche Änderung – durch das Tarifautonomiestärkungsgesetz vom 11. 8. 2014 – BGBl. I S. 1348 – auf § 99 ArbGG und durch das Gesetz zur Tarifeinheit vom 3. 7. 2015 – BGBl. I S. 1130 auf § 100 ArbGG verschoben; siehe Rn. 12 ff.).

Zur **Mediation** bzw. außergerichtlichen Konfliktbeilegung siehe Rn. 14 a und b. 2b

Dass arbeitsrechtliche Streitigkeiten zwischen Arbeitnehmer und Arbeitgeber, Betriebsrat und Arbeitgeber und zwischen den Tarifvertragsparteien durch Gerichte entschieden werden, ist gut und richtig und ist Ausdruck des **Gewaltenteilungs- und Rechtsstaatsprinzips**, die ein demokratisch organisiertes Gemeinwesen konstituieren (Legislative, Exekutive, Judikative). Man sollte allerdings nicht außer Acht lassen, dass die »dritte Gewalt« (Judikative = Rechtsprechung) von Menschen (Richtern) ausgeübt wird, die jeweils ein eigenes (politisches) Weltbild haben. 2c

Arbeitsgericht

Zur Besetzung von Richterstellen in Deutschland siehe *https://de.wikipedia.org/wiki/Richterwahlausschuss*. Nachstehend ein Auszug: » ... *Das Richterwahlverfahren wird immer wieder kritisiert, insbesondere wird die mangelnde Transparenz des Verfahrens bemängelt und dass bei der Wahl neben der fachlichen Qualifikation auch die parteipolitische Ausrichtung der Kandidaten eine Rolle spiele.*«
Der »absolut« neutrale Richter ist eine Wunschvorstellung.
Keine Frage: Es gibt gesetzliche Bestimmungen, die eindeutig sind und an denen Richter – gleichgültig, welches Weltbild sie prägt – nicht vorbeikommen.
Viele gesetzliche Bestimmungen aber lassen Auslegungs- und Ermessensspielräume, die von Richtern (bewusst oder unbewusst) im Sinne ihres Weltbilds umgesetzt werden. In manchen Rechtsbereichen – z. B. im Arbeitskampfrecht – bestehen zu wesentlichen Fragen überhaupt keine gesetzlichen Bestimmungen: Es gilt hier reines Richterrecht (siehe → **Arbeitskampf**).
Vor diesem Hintergrund sollte man sich keinen Illusionen von einer »objektiven, richtigen« Rechtsprechung (Judikative) hingeben. Vor Gericht und auf hoher See ist man nun mal »*in Gottes (bzw. des Richters) Hand*«. Das kann man beklagen, aber eine Alternative ist nicht in Sicht. Deshalb der Rat an Arbeitnehmer, Betriebsräte und Gewerkschaften: Immer wieder versuchen, das »Recht« in geeigneten Fällen durch Anrufung des Arbeitsgerichts weiterzuentwickeln i. . d. Mottos: »Wer kämpft, kann verlieren oder gewinnen; wer nicht kämpft, hat schon verloren«.
Es gibt eindrucksvolle Beispiele, die belegen, dass es sich zu kämpfen lohnt: Etwa der Prozessmarathon einer Arbeitnehmerin (bis hin zum Europäischen Gerichtshof für Menschrechte) gegen eine außerordentliche Kündigung wegen »**Whistleblowing**« (siehe → **Außerordentliche Kündigung** Rn. 5a).
Manchmal geht es auch der Arbeitgeberseite »ums Prinzip«, wie etwa der (erfolglose) Versuch zeigt, den Gewerkschaften den **Streik für einen** »**Sozialtarifvertrag**« gerichtlich untersagen zu lassen (siehe hierzu → **Arbeitskampf** Rn. 7).

Urteilsverfahren (§§ 2, 46 ff. ArbGG)

3 Das arbeitsgerichtliche **Urteilsverfahren** (§§ 2, 46 ff. ArbGG) läuft in folgenden **Etappen** ab:

4 **1. Instanz (Arbeitsgericht; §§ 46 ff. ArbGG)**

- Einreichung der **Klage** (z. B. Kündigungsschutzklage);
- das Arbeitsgericht übermittelt die Klage an den Beklagten und bestimmt einen so genannten Gütetermin;
- im Gütetermin vor dem Vorsitzenden der zuständigen Kammer des Arbeitsgerichts versucht dieser, eine gütliche Einigung der Parteien und damit eine Erledigung des Rechtsstreits herbeizuführen; der Vorsitzende kann die Parteien für die Güteverhandlung sowie deren Fortsetzung vor einen hierfür bestimmten und nicht entscheidungsbefugten Richter (Güterichter) verweisen (§ 54 Abs. 6 ArbGG); der Güterichter kann alle Methoden der Konfliktbeilegung einschließlich der Mediation einsetzen (zur Mediation siehe Rn. 14 a);
- gelingt im Gütetermin keine gütliche Einigung, wird ein gesonderter Termin zur streitigen Verhandlung bestimmt; beide Seiten werden vom Gericht aufgefordert, zur Vorbereitung der streitigen Verhandlung per Schriftsatz den Sachverhalt eingehend vorzutragen und Beweismittel (Zeugen, Urkunden usw.) anzugeben;
- die streitige Verhandlung findet vor der kompletten Kammer des Arbeitsgerichts statt (der Vorsitzende und die beiden ehrenamtlichen Richter);
- der Rechtsstreit soll zwar in einem Kammertermin zu Ende geführt werden; aber nicht

Arbeitsgericht

selten zieht sich ein Rechtsstreit über mehrere Termine hin (z. B. wegen einer erforderlichen Beweisaufnahme);
- im Anschluss an die letzte mündliche Verhandlung wird nach Beratung und Abstimmung der Kammer ein »Urteil« verkündet; manchmal wird auch ein besonderer Termin zur Verkündung des Urteils festgesetzt;
- das Urteil wird den Parteien zugestellt;
- das Urteil ist schon vor Eintritt der Rechtskraft »vorläufig« vollstreckbar.

In Verfahren in Rechtsstreitigkeiten über das **Bestehen**, das **Nichtbestehen** oder die **Kündigung** eines Arbeitsverhältnisses besteht gemäß § 61 a ArbGG eine besondere Pflicht zur **Prozessförderung**:
- Die Güteverhandlung soll innerhalb von zwei Wochen nach Klageerhebung stattfinden.
- Ist die Güteverhandlung erfolglos oder wird das Verfahren nicht in einer sich unmittelbar anschließenden weiteren Verhandlung abgeschlossen, fordert der Vorsitzende den Beklagten auf, binnen einer angemessenen Frist, die mindestens zwei Wochen betragen muss, im Einzelnen unter Beweisantritt schriftlich die Klage zu erwidern, wenn der Beklagte noch nicht oder nicht ausreichend auf die Klage erwidert hat.
- Der Vorsitzende kann dem Kläger eine angemessene Frist, die mindestens zwei Wochen betragen muss, zur schriftlichen Stellungnahme auf die Klageerwiderung setzen.
- Angriffs- und Verteidigungsmittel, die erst nach Ablauf dieser Fristen vorgebracht werden, sind nur zuzulassen, wenn nach der freien Überzeugung des Gerichts ihre Zulassung die Erledigung des Rechtsstreits nicht verzögert oder wenn die Partei die Verspätung genügend entschuldigt.
- Die Parteien sind über die Folgen der Versäumung der gesetzten Fristen zu belehren.

2. Instanz (Landesarbeitsgericht; §§ 64 ff. ArbGG) 5

- Gegen das Urteil des Arbeitsgerichts kann die unterlegene Partei **Berufung** beim Landesarbeitsgericht einlegen,
- wenn sie in dem Urteil des Arbeitsgerichts zugelassen worden ist,
- wenn der Wert des Beschwerdegegenstandes 600 Euro übersteigt,
- in Rechtsstreitigkeiten über das Bestehen, das Nichtbestehen oder die Kündigung eines Arbeitsverhältnisses.
- die Frist für die Einlegung der Berufung beträgt einen Monat, die Frist für die Begründung der Berufung zwei Monate. Beide Fristen beginnen mit der Zustellung des in vollständiger Form abgefassten erstinstanzlichen Urteils; die Berufungsbegründungsfrist kann auf Antrag verlängert werden;
- nach Eingang der Berufungsbegründung wird die gegnerische Partei zur schriftlichen Stellungnahme (Frist: ein Monat, kann auf Antrag verlängert werden) aufgefordert und ein Termin zur mündlichen Verhandlung bestimmt;
- nach der streitigen mündlichen Verhandlung (gegebenenfalls mit Beweisaufnahme) entscheidet das Landesarbeitsgericht über die Berufung durch Urteil;
- das Urteil wird den Parteien zugestellt.

3. Instanz (Bundesarbeitsgericht; §§ 72 ff. ArbGG) 6

- Gegen das Urteil des Landesarbeitsgerichts kann **Revision** eingelegt werden;
- die Frist für die Einlegung der Revision beträgt einen Monat, die Frist für die Begründung der Revision zwei Monate. Beide Fristen beginnen mit der Zustellung des in vollständiger Form abgefassten Urteils; die Revisionsbegründungsfrist kann auf Antrag verlängert werden;

Arbeitsgericht

- die Revision ist nur zulässig, wenn das Landesarbeitsgericht sie ausdrücklich zugelassen hat (z. B. wegen grundsätzlicher Bedeutung der Rechtssache oder wegen Abweichung [= »Divergenz«] von einer Entscheidung z. B. des Bundesarbeitsgerichts oder eines anderen Landesarbeitsgerichts);
- lässt das Landesarbeitsgericht die Revision nicht zu, kann – nach Erhebung einer »**Nichtzulassungsbeschwerde**« – das Bundesarbeitsgericht selbst die Revision zulassen;
- das Bundesarbeitsgericht entscheidet über die Revision auf der Grundlage des vom Landesarbeitsgericht festgestellten Sachverhalts, schriftlichen Vortrages der Parteien sowie einer mündlichen Verhandlung; allerdings wird das Berufungsurteil nur auf »Rechtsfehler« überprüft;
- das Bundesarbeitsgericht kann den Rechtsstreit durch Urteil abschließend entscheiden; es kann aber die Rechtssache auch zur erneuten Verhandlung an das Landesarbeitsgericht zurückverweisen (z. B. wenn weiterer Sachverhalt aufgeklärt werden muss); das Urteil wird den Parteien zugestellt;
- unter bestimmten Voraussetzungen ist die so genannte **Sprungrevision** gegen Urteile des Arbeitsgerichts – unter Übergehung des Landesarbeitsgerichts – zulässig (vgl. § 76 ArbGG).

Beschlussverfahren (§§ 2 a, 80 ff. ArbGG)

7   Das arbeitsgerichtliche **Beschlussverfahren** (§§ 2 a, 80 ff. ArbGG) verläuft in folgenden **Stufen**:

8   **1. Instanz (Arbeitsgericht; §§ 80 ff. ArbGG)**

- Das Beschlussverfahren wird durch einen **Antrag** (z. B. des Betriebsrats) eingeleitet, wobei der Antrag mit entsprechendem Tatsachenvortrag zu begründen ist;
- im Unterschied zum Urteilsverfahren hat das Gericht von sich aus den Sachverhalt zu erforschen (Amtsermittlungsgrundsatz);
- es findet eine mündliche Verhandlung statt, in der – sofern erforderlich – auch Beweise erhoben werden (z. B. Zeugenvernehmung); mit Einverständnis der Beteiligten kann auch ohne mündliche Verhandlung entschieden werden; der Vorsitzende kann auch ein Güteverfahren ansetzen (§ 80 Abs. 2 letzter Satz ArbGG);
- das Verfahren endet mit einem schriftlich begründeten Beschluss, der den Beteiligten zugestellt wird.

9   **2. Instanz (Landesarbeitsgericht; §§ 87 ff. ArbGG)**

- Gegen den Beschluss des Arbeitsgerichts kann **Beschwerde** beim Landesarbeitsgericht eingelegt werden; es gelten die gleichen Fristen wie bei der Einlegung und Begründung einer »Berufung« (im Urteilsverfahren); das Landesarbeitsgericht überprüft den Beschluss des Arbeitsgerichts in tatsächlicher und rechtlicher Hinsicht;
- das Landesarbeitsgericht entscheidet durch Beschluss. Dieser wird den Beteiligten zugestellt.

10   **3. Instanz (Bundesarbeitsgericht; §§ 92 ff. ArbGG)**

- Gegen den Beschluss des Landesarbeitsgerichts kann **Rechtsbeschwerde** beim Bundesarbeitsgericht eingelegt werden; es gelten die gleichen Fristen wie bei der Einlegung und Begründung einer »Revision« (im Urteilsverfahren);
- die Rechtsbeschwerde ist allerdings nur zulässig, wenn sie vom Landesarbeitsgericht aus-

Arbeitsgericht

drücklich zugelassen worden ist (z. B. wegen grundsätzlicher Bedeutung der Rechtssache oder wegen Divergenz) oder aber wenn – nach Erhebung einer »Nichtzulassungsbeschwerde« – das Bundesarbeitsgericht die Rechtsbeschwerde zulässt;
- über die Rechtsbeschwerde entscheidet das Bundesarbeitsgericht durch Beschluss, der den Beteiligten zugestellt wird;
- eine Verfahrensbeschleunigung bewirkt die so genannte **Sprungrechtsbeschwerde**, mit der Beschlüsse des Arbeitsgerichts direkt dem Bundesarbeitsgericht zur Überprüfung vorgelegt werden können (vgl. § 96 a ArbGG).

Einstweiliges Verfügungsverfahren (§§ 62 Abs. 2, 85 Abs. 2 ArbGG)

Urteilsverfahren und Beschlussverfahren können Monate, unter Umständen sogar Jahre dauern. Ein **besonders zügig ablaufendes Verfahren** stellt das »einstweilige Verfügungsverfahren« dar (vgl. §§ 62 Abs. 2, 85 Abs. 2 ArbGG): 11
- Das Arbeitsgericht kann in bestimmten Fällen (z. B. zur Abwehr drohenden rechtswidrigen Verhaltens des Arbeitgebers) auf Antrag eine »einstweilige Verfügung« erlassen (siehe → **Unterlassungsanspruch des Betriebsrats**);
- eine solche einstweilige Verfügung kann innerhalb kürzester Zeit ergehen (gegebenenfalls innerhalb weniger Stunden);
- das Arbeitsgericht kann mit, aber auch ohne mündliche Verhandlung entscheiden;
- ergeht eine einstweilige Verfügung ohne mündliche Verhandlung, so kann die gegnerische Partei »Widerspruch« einlegen; es kommt dann zu einer mündlichen Verhandlung vor dem Arbeitsgericht;
- am Ende der mündlichen Verhandlung wird die einstweilige Verfügung entweder (durch Urteil im Urteilsverfahren bzw. Beschluss im Beschlussverfahren) bestätigt, oder der Antrag auf Erlass einer einstweiligen Verfügung wird unter Aufhebung der bereits ergangenen Verfügung abgewiesen;
- gegen Urteile bzw. Beschlüsse des Arbeitsgerichts im einstweiligen Verfügungsverfahren kann Berufung bzw. Beschwerde beim Landesarbeitsgericht eingelegt werden;
- ein drittinstanzliches Verfahren beim Bundesarbeitsgericht ist im einstweiligen Verfügungsverfahren nicht vorgesehen (vgl. §§ 72 Abs. 4, 92 Abs. 1 Satz 3 ArbGG); das heißt: Gegen die Entscheidung des Landesarbeitsgerichts findet kein Rechtsmittel statt.

Entscheidung über die Tariffähigkeit oder Tarifzuständigkeit einer Vereinigung (§ 97 ArbGG; neu gefasst durch das Tarifautonomiestärkungsgesetz vom 11. 8. 2014 – BGBl. I S. 1348)

Nach § 2a Abs. 1 Nr. 4 ArbGG sind die **Gerichte für Arbeitssachen** ausschließlich zuständig für die Entscheidung über die **Tariffähigkeit** und die **Tarifzuständigkeit** einer Vereinigung. Es findet das **Beschlussverfahren** statt (§ 2 a Abs. 2 ArbGG). 11a
Für das Verfahren ist das **Landesarbeitsgericht** zuständig, in dessen Bezirk die Vereinigung, über deren Tariffähigkeit oder Tarifzuständigkeit zu entscheiden ist, ihren Sitz hat (§ 97 Abs. 2 ArbGG).
Das Verfahren wird auf **Antrag** einer räumlich und sachlich zuständigen Vereinigung von Arbeitnehmern oder von Arbeitgebern oder der obersten Arbeitsbehörde des Bundes oder der obersten Arbeitsbehörde eines Landes, auf dessen Gebiet sich die Tätigkeit der Vereinigung erstreckt, eingeleitet (§ 97 Abs. 2 ArbGG).
Der rechtskräftige Beschluss über die Tariffähigkeit oder Tarifzuständigkeit einer Vereinigung wirkt **für und gegen jedermann** (§ 97 Abs. 3 Satz 1 ArbGG).
Eine **Wiederaufnahme des Verfahrens** findet auch dann statt, wenn die Entscheidung über

Arbeitsgericht

die Tariffähigkeit oder Tarifzuständigkeit darauf beruht, dass ein Beteiligter absichtlich unrichtige Angaben oder Aussagen gemacht hat (§ 97 Abs. 4 Satz 1 ArbGG). § 581 ZPO findet keine Anwendung (§ 97 Abs. 4 Satz 2 ArbGG).
Hängt die Entscheidung eines Rechtsstreits davon ab, ob eine Vereinigung tariffähig oder ob die Tarifzuständigkeit der Vereinigung gegeben ist, hat das Gericht das Verfahren bis zur Erledigung des Beschlussverfahrens nach § 2a Abs. 1 Nr. 4 ArbGG **auszusetzen** (§ 97 Abs. 5 Satz 1 ArbGG). In einem solchen Fall sind die Parteien des Rechtsstreits auch im Beschlussverfahren nach § 2a Abs. 1 Nr. 4 ArbGG **antragsberechtigt** (§ 97 Abs. 5 Satz 2 ArbGG).

Entscheidung über die Wirksamkeit einer Allgemeinverbindlicherklärung oder einer Rechtsverordnung (§ 98 ArbGG; eingefügt durch das Tarifautonomiestärkungsgesetz vom 11.8.2014 – BGBl. I S. 1348)

11b Nach § 2a Abs. 1 Nr. 5 ArbGG sind die **Gerichte für Arbeitssachen** ausschließlich zuständig für die Entscheidung über die Wirksamkeit einer Allgemeinverbindlicherklärung nach § 5 TVG, einer Rechtsverordnung nach § 7 oder § 7a AEntG und einer Rechtsverordnung nach § 3a AÜG.
Es findet das **Beschlussverfahren** statt (§ 2a Abs. 2 ArbGG).
Für das Verfahren ist das **Landesarbeitsgericht** zuständig, in dessen Bezirk die Behörde ihren Sitz hat, die den Tarifvertrag für allgemeinverbindlich erklärt oder die die Rechtsverordnung erlassen hat (§ 98 Abs. 2 ArbGG).
§ 98 Abs. 1 ArbGG n.F. stellt klar, dass das Verfahren eingeleitet wird auf **Antrag**
jeder natürlichen oder juristischen Person oder
einer Gewerkschaft oder einer Vereinigung von Arbeitgebern,
die nach Bekanntmachung der Allgemeinverbindlicherklärung oder der Rechtsverordnung geltend macht, durch die Allgemeinverbindlicherklärung oder die Rechtsverordnung oder deren Anwendung **in ihren Rechten verletzt** zu sein oder in absehbarer Zeit verletzt zu werden.
Der rechtskräftige Beschluss über die Wirksamkeit einer Allgemeinverbindlicherklärung oder einer Rechtsverordnung **wirkt für und gegen jedermann** (§ 98 Abs. 4 Satz 1 ArbGG).
Eine **Wiederaufnahme des Verfahrens** findet auch dann statt, wenn die Entscheidung über die Wirksamkeit einer Allgemeinverbindlicherklärung oder einer Rechtsverordnung darauf beruht, dass ein Beteiligter absichtlich unrichtige Angaben oder Aussagen gemacht hat (§ 98 Abs. 5 Satz 1 ArbGG). § 581 der Zivilprozessordnung findet keine Anwendung (§ 98 Abs. 5 Satz 2 ArbGG).
Hängt die Entscheidung eines Rechtsstreits davon ab, ob eine Allgemeinverbindlicherklärung oder eine Rechtsverordnung wirksam ist, hat das Gericht das Verfahren bis zur Erledigung des Beschlussverfahrens nach § 2a Abs. 1 Nr. 5 ArbGG **auszusetzen** (§ 98 Abs. 6 Satz 1 ArbGG). In einem solchen Fall sind die Parteien des Rechtsstreits auch im Beschlussverfahren nach § 2a Abs. 1 Nr. 5 ArbGG **antragsberechtigt** (§ 98 Abs. 6 Satz 2 ArbGG).

Entscheidung über den nach § 4a Abs. 2 Satz 2 des Tarifvertragsgesetzes im Betrieb anwendbaren Tarifvertrag (§ 99 ArbGG; eingefügt durch das Gesetz zur Tarifeinheit vom 3.7.2015 – BGBl. I S. 1130)

11c Nach § 2a Abs. 1 Nr. 6 ArbGG sind die **Gerichte für Arbeitssachen** ausschließlich zuständig für die Entscheidung über den nach § 4a Abs. 2 Satz 2 TVG im Betrieb anwendbaren → **Tarifvertrag**.
Das Verfahren wird auf Antrag einer Tarifvertragspartei eines kollidierenden Tarifvertrags **eingeleitet** (§ 99 Abs. 1 ArbGG).

Arbeitsgericht

Der rechtskräftige Beschluss über den nach § 4a Abs. 2 Satz 2 des Tarifvertragsgesetzes im Betrieb anwendbaren Tarifvertrag **wirkt für und gegen jedermann** (§ 99 Abs. 3 ArbGG).
Eine **Wiederaufnahme des Verfahrens** (Restitutionsklage) findet auch dann statt, wenn die Entscheidung über den nach § 4a Abs. 2 Satz 2 TVG im Betrieb anwendbaren Tarifvertrag darauf beruht, dass ein Beteiligter absichtlich unrichtige Angaben oder Aussagen gemacht hat (§ 99 Abs. 4 Satz 1 ArbGG).
§ 581 ZPO findet keine Anwendung (§ 99 Abs. 4 Satz 2 ArbGG). Das heißt: Die in dieser Vorschrift geregelten Einschränkungen gelten für das Wiederaufnahmeverfahren nach § 99 Abs. 4 ArbGG nicht. Deshalb kann z. B. der Beweis der Tatsachen, welche die Restitutionsklage begründen, auch durch den Antrag auf Parteivernehmung geführt werden.
Nach zutreffender Ansicht Vieler ist § 4a TVG **verfassungswidrig**. Die Vorschrift ist ein sachlich nicht gerechtfertigter Eingriff in die Koalitionsfreiheit und in das Streikrecht und verletzt damit Art. 9 Abs. 3 GG (strittig; zum Meinungsstand vgl. Berg/Kocher/Schumann-*Berg*, Tarifvertragsgesetz und Arbeitskampfrecht, § 4a Rn. 6 ff.).
Zu weiteren Einzelheiten siehe → **Arbeitskampf** Rn. 1e, → **Gewerkschaft** Rn. 6d ff und → **Tarifvertrag** Rn. 65a ff.

11d

Verfahren zur Besetzung einer → Einigungsstelle (§ 76 Abs. 2 BetrVG, § 100 ArbGG)

In einer Reihe von im BetrVG genannten Fällen kann, wenn die Verhandlungen zwischen Arbeitgeber und Betriebsrat gescheitert sind, die → **Einigungsstelle** angerufen werden.
Können sich Arbeitgeber und Betriebsrat über die Person des/der Einigungsstellenvorsitzenden oder die Zahl der Beisitzer nicht einigen, kann eine Entscheidung des **Arbeitsgerichts** beantragt werden (§ 76 Abs. 2 Sätze 2 und 3 BetrVG, § 100 ArbGG; Hinweis: Das Verfahren zur Besetzung der Einigungsstelle war bislang in § 98 ArbGG geregelt; die Vorschrift wurde – ohne inhaltliche Änderung – durch das Tarifautonomiestärkungsgesetz vom 11. 8. 2014 – BGBl. I S. 1348 – auf § 99 ArbGG und durch das Gesetz zur Tarifeinheit vom 3. 7. 2015 – BGBl. I S. 1130 – auf § 100 ArbGG verschoben).
Das Arbeitsgericht (der Kammervorsitzende entscheidet allein) bestimmt dann den/die **Vorsitzende/n** der Einigungsstelle und die **Zahl der Beisitzer**.
Der Antrag kann vom Arbeitsgericht wegen **fehlender Zuständigkeit** der Einigungsstelle nur dann zurückgewiesen werden, wenn die Einigungsstelle »**offensichtlich unzuständig**« ist (wenn also z. B. in der streitigen Angelegenheit »offensichtlich« kein Mitbestimmungsrecht besteht).
Zur Beschleunigung des Verfahrens hat das Arbeitsgericht die **Einlassungs- und Ladungsfristen** auf 48 Stunden abzukürzen.
Außerdem **soll** der Beschluss des Gerichts den Beteiligten innerhalb von **zwei Wochen** nach Eingang des Antrages – er **muss** innerhalb von **vier Wochen** – zugestellt werden (§ 100 Abs. 1 ArbGG).
Gegen die Entscheidung des Arbeitsgerichts kann **Beschwerde** beim Landesarbeitsgericht eingelegt werden.
Die Beschwerde ist innerhalb von **zwei Wochen** einzulegen und zu begründen.
Ein **Rechtsmittel** gegen die Entscheidung des Landesarbeitsgerichts (der Kammervorsitzende entscheidet allein) ist **nicht vorgesehen** (§ 100 Abs. 2 ArbGG).

12

13

14

Mediation, außergerichtliche Konfliktbeilegung

Nach § 54a Abs. 1 ArbGG kann das Arbeitsgericht (bzw. Landesarbeitsgericht; vgl. § 64 Abs. 7 ArbGG) den Parteien (z. B. Arbeitgeber/Arbeitnehmer oder Arbeitgeber/Betriebsrat) eine **Mediation** oder ein **anderes Verfahren** zur außergerichtlichen Konfliktbeilegung vorschlagen.

14a

Arbeitsgericht

Entscheiden sich die Parteien zu einer Mediation oder für ein anderes Verfahren der außergerichtlichen Konfliktbeilegung, ordnet das Gericht das **Ruhen** des arbeitsgerichtlichen Verfahrens an (§ 54 a Abs. 2 Satz 1 ArbGG).
Auf **Antrag** einer Partei ist Termin zur mündlichen Verhandlung zu bestimmen (§ 54 a Abs. 2 Satz 2 ArbGG) und damit das arbeitsgerichtliche Verfahren fortzuführen.
Im Übrigen nimmt das Gericht das arbeitsgerichtliche Verfahren **nach drei Monaten** wieder auf, es sei denn, die Parteien legen übereinstimmend dar, dass eine Mediation oder eine außergerichtliche Konfliktbeilegung noch betrieben wird (§ 54 a Abs. 2 Satz 3 ArbGG).

14b Die Einzelheiten des **Mediationsverfahrens** sind im Mediationsgesetz vom 21. 7. 2012 (BGBl. I S. 1577) geregelt.

Bedeutung für die Betriebsratsarbeit

15 Rechtsstreitigkeiten zwischen Arbeitgeber und Betriebsrat werden im sog. »**Beschlussverfahren**« ausgetragen (siehe Rn. 7 ff.).

Verfahrensbevollmächtigter des Betriebsrats im Arbeitsgerichtsverfahren (Rechtsanwalt)

15a Der Betriebsrat kann durch Beschluss einen Rechtsanwalt beauftragen, ihn im arbeitsgerichtlichen Beschlussverfahren als Verfahrensbevollmächtigter zu vertreten.
Die dadurch entstehenden Kosten hat der Arbeitgeber nach § 40 Abs. 1 BetrVG zu tragen, wenn der Betriebsrat die Hinzuziehung des Anwalts für **erforderlich** halten durfte (siehe → Kosten der Betriebsratstätigkeit).
Das ist regelmäßig der Fall, wenn sich Arbeitgeber und Betriebsrat über das Bestehen und/oder den Umfang von Beteiligungsrechten (Informationsrechte, Mitwirkungsrechte und Mitbestimmungsrechte) streiten oder wenn der Betriebsrat sonstige Rechte geltend machen will (z. B. einen **Unterlassungsanspruch**).
Voraussetzung für die Kostentragung durch den Arbeitgeber ist eine ordnungsgemäße **Beschlussfassung** des Betriebsrats in einer ordnungsgemäß einberufenen Betriebsratssitzung (siehe hierzu → Betriebsratssitzung [Beschlussfassung] Rn. 13).

16 In mitbestimmungspflichtigen Angelegenheiten, in denen im Falle der Nichteinigung die → **Einigungsstelle** entscheidet, kommt die Anrufung des Arbeitsgerichts in Frage,
- wenn sich Arbeitgeber und Betriebsrat über das Bestehen und/oder den Umfang von Mitbestimmungsrechten streiten,
- wenn es Streit um die Besetzung der Einigungsstelle gibt (siehe Rn. 12 ff.),
- wenn Entscheidungen der Einigungsstelle angefochten werden (z. B. bei Streit um die Zuständigkeit der Einigungsstelle) oder
- wenn der Spruch der Einigungsstelle nach § 76 Abs. 5 Satz 4 BetrVG angefochten wird.

17 Nicht selten gibt es bei Betriebsräten eine gewisse **Scheu**, ein Arbeitsgerichtsverfahren (»Beschlussverfahren«, »Einstweiliges Verfügungsverfahren« bzw. »Verfahren zur Besetzung der Einigungsstelle«) gegen den Arbeitgeber anzustrengen.
Diese Scheu ist unbegründet. Die Anrufung des Arbeitsgerichts ist kein revolutionärer Akt, sondern ein ganz normaler, bei Bedarf in die Betriebsratsarbeit einzubauender Vorgang. Wie oft kommt es im Betrieb zu **Streitigkeiten** über die Frage, ob der Betriebsrat in bestimmten Angelegenheiten Rechte hat oder nicht. Wann hat beispielsweise eine Information zu erfolgen, damit sie rechtzeitig im Sinne des Gesetzes ist? Hat der Betriebsrat in bestimmten Angelegenheiten ein Mitwirkungs- oder Mitbestimmungsrecht? Die Arbeitsgerichte sind dazu da, der-

Arbeitsgericht

artige Rechtsfragen zu klären und Verstöße gegen das Gesetz zu unterbinden (siehe auch → **Unterlassungsanspruch des Betriebsrats**).

Natürlich sollte der Betriebsrat unter Inanspruchnahme des gewerkschaftlichen Rechtsschutzes oder eines Rechtsanwalts (möglichst ein »Fachanwalt für Arbeitsrecht«) sorgfältig die **Erfolgsaussichten** eines Gerichtsverfahrens prüfen (lassen). 18

Ebenso sorgfältig ist die Frage zu beantworten, ob die Einleitung eines Gerichtsverfahrens in der jeweiligen Situation auch in **taktischer Hinsicht** die richtige Maßnahme ist.

Im Übrigen ist ein verlorener Rechtsstreit kein »Beinbruch«. 19

Allerdings sollte der Betriebsrat nicht versäumen, die Belegschaft über die Einleitung sowie den Ablauf des Rechtsstreites in jeder Phase und umfassend zu informieren.

Der Belegschaft dürfte klarzumachen sein, dass der Betriebsrat, der die Einleitung von rechtlichen Schritten dem Arbeitgeber nicht nur androht, sondern bei »passender« Gelegenheit eine solche Ankündigung auch realisiert, immer noch mehr für die Durchsetzung ihrer Interessen tut, als ein Betriebsrat, der ein Arbeitsgerichtsverfahren erst gar nicht in Betracht zieht.

Kosten braucht der Betriebsrat nicht zu befürchten. 20

Selbst wenn das gerichtsgebührenfreie Beschlussverfahren mit einer Niederlage des Betriebsrats endet, trägt der Arbeitgeber gemäß § 40 Abs. 1 BetrVG die etwaigen anfallenden Kosten (z. B. die Kosten eines vom Betriebsrat beauftragten Rechtsanwalts; siehe → **Kosten der Betriebsratstätigkeit**).

Besonders hinzuweisen ist auf § 85 Abs. 2 ArbGG. Hiernach sind Schadensersatzansprüche des Arbeitgebers gegen den Betriebsrat wegen zu Unrecht erwirkter einstweiliger Verfügungen ausgeschlossen. 21

Der Betriebsrat sollte Arbeitnehmer, die einen Rechtsstreit gegen den Arbeitgeber führen, **unterstützen**. Insbesondere sollte darauf geachtet werden, dass Schikanen aller Art gegenüber dem Beschäftigten unterbleiben. 22

Dies gilt insbesondere für solche Beschäftigten, denen es gelungen ist, sich nach einer ungerechtfertigten → **Kündigung** »wieder in den Betrieb einzuklagen«.

Auch während eines Rechtsstreits kann der **Betriebsrat** einiges für den klagenden Arbeitnehmer tun. 23

So kann er ihn bzw. seinen Prozessvertreter mit Informationen versorgen, die für den Ausgang des Prozesses von entscheidender Bedeutung sein können (z. B. Information über anderweitige Beschäftigungsmöglichkeiten).

Gelegentlich wird der Betriebsrat mit der Behauptung verunsichert, dass er für gekündigte Arbeitnehmer nicht mehr zuständig und deshalb eine Unterstützung des gekündigten Mitarbeiters im Kündigungsschutzprozess unzulässig sei. Das ist schon deshalb **unzutreffend**, weil bis zu dem rechtskräftigen Ende des Prozesses eben noch nicht feststeht, ob das Arbeitsverhältnis wirksam beendet wurde.

Eine andere Frage ist, ob die Teilnahme eines Betriebsratsmitglieds an einer **Gerichtsverhandlung** eine erforderliche Betriebsratstätigkeit i. S. d. § 37 Abs. 2 BetrVG ist (siehe hierzu → **Freistellung von Betriebsratsmitgliedern** Rn. 5b). Das wird man bejahen müssen, wenn der Betriebsrat in irgendeiner Weise mit dem »Fall zu tun hatte« (etwa, wenn er Widerspruch gegen die Kündigung eingelegt hat). Allerdings macht es Sinn, mit dem Arbeitgeber zu verständigen. Lehnt der Arbeitgeber eine »Befreiung« nach § 37 Abs. 2 BetrVG ab bzw. kündigt er an, die Zeit der Teilnahme an der Gerichtsverhandlung vom Lohn abzuziehen, sollte der Betriebsrat zur Klärung dieser Thematik die Durchführung eines arbeitsgerichtlichen Beschlussverfahrens und Beauftragung eines Rechtsanwalts beschließen.

Eine Teilnahme von Betriebsratsmitgliedern an Gerichtsverhandlungen dürfte auch dann erforderlich i. S. d. § 37 Abs. 2 BetrVG sein, wenn es sich um ein **Beschlussverfahren** handelt, in dem es um die Klärung und Rechte und Pflichten des Arbeitgebers und/oder Betriebsrats geht. 24

Zu den Machenschaften von Rechtsanwälten (u. a. der berühmt berüchtigte **Helmut Naujoks**, 25

261

Arbeitsgericht

Dr. Schreiner + Partner und viele andere »seriös« auftretende Anwaltskanzleien), Unternehmensberatern, PR-Firmen, Personalmanagern und Detektivfirmen, deren Ziel es ist, Betriebsräte und gewerkschaftlich engagierte Beschäftigte mit übelsten Mitteln, Schikanen und Tricks fertigzumachen, siehe → **Behinderung der Betriebsratstätigkeit**.
Hierzu besonders informativ: die Internetplattform **Arbeitsunrecht in Deutschland** (*http://arbeitsunrecht.de/*), eine Initiative von Gewerkschaftern, Journalisten und Rechtsanwälten.

26 Mit welcher **enormen Skrupellosigkeit** (manche / viele?) Arbeitgeberanwälte vorgehen, um berechtigte Forderungen von Arbeitnehmern abzuwehren, zeigt beispielsweise folgender vom **ArbG Berlin v. 13. 8. 2015 – 57 Ca 3762/15** entschiedene Fall:
Der aus Rumänien stammende Kläger hatte Vergütungsforderungen gegen die Beklagte – eine Firma, die Bauleistungen erbringt – für eine von ihm behauptete Arbeitstätigkeit im Zeitraum vom 28. 7. 2014 bis 22. 10. 2014 in Höhe von 7.437,00 EUR brutto abzüglich gezahlter 700,00 EUR netto geltend gemacht. Mit Unterstützung der »FAU – Freie Arbeiterinnen- und Arbeiter-Union« (vgl. hierzu *http://www.zeit.de/karriere/2015–06/gewerkschaft-fau-linke-anarchie-interview*) hat er beim ArbG Berlin Zahlungsklage erhoben.
Der beklagte Arbeitgeber war als Subunternehmer der F. C. & L. GmbH bei dem Bauvorhaben Leipziger Platz 12 – »Mall of Berlin« – am Leipziger Platz tätig. Das Einkaufscenter »Mall of Berlin« besteht aus Verkaufsflächen mit mehreren Tausend Quadratmetern.
Nach dem Vortrag des Klägers war er infolge der **Nichtzahlung der Vergütung ohne festen Wohnsitz** gewesen. Er habe zunächst eine Zeitlang am Rande der Baustelle kampiert und sei jeweils für einige Tage bei Bekannten und Unterstützern untergekommen. Ihm sei deshalb nur die Angabe des Gewerkschaftslokals der »FAU – Freie Arbeiterinnen- und Arbeiter-Union« möglich gewesen, die ihm bei der Führung des Prozesses behilflich gewesen sei. Das Gewerkschaftslokal sei für ihn ein regelmäßiger fester Anlaufpunkt gewesen.
Die Anwälte des beklagten Arbeitgebers haben gegen die Klage u. a. eingewandt, dass sie **unzulässig** sei. Gemäß § 253 ZPO gehöre zur ordnungsgemäßen Bezeichnung einer Partei auch die **Wohnanschrift** des Klägers. Dies gelte umso mehr, weil der Kläger Ausländer sei. Die Anschrift »c/o« unter Angabe der Adresse einer Gewerkschaft genüge nicht den Erfordernissen des § 253 ZPO.
Das ArbG Berlin v. 13. 8. 2015 – 57 Ca 3762/15 hat diesen Einwand mit erfreulicher Deutlichkeit zurückgewiesen und der Klage stattgegeben. Nachstehend die Leitsätze der Entscheidung:
»1. Es kann ausnahmsweise auf die Mitteilung einer ladungsfähigen Anschrift des Klägers verzichtet werden, wenn dieser keinen festen Wohnsitz hat und in der Klageschrift die Postanschrift der unterstützenden Gewerkschaft angegeben wird. Mit dieser Angabe bekundet der Kläger zugleich nach außen hin die Vollmacht, dass an die Anschrift des Gewerkschaftsbüros Zustellungen für ihn erfolgen können. **Dies ist ausreichend, da dem Kläger anderenfalls der in Art 20. Abs. 3 i. m. Art. 2 Abs. 1 GG verbürgte Anspruch auf wirkungsvollen Rechtsschutz in unzumutbarer Weise eingeschränkt würde.**
2. Der Arbeitnehmer muss in der Klageschrift nicht im Einzelnen die **Vertretungsverhältnisse** *vortragen, solange der Arbeitgeber nicht einwendet, dass diese handelnden Personen für den Arbeitgeber nicht vertretungsberechtigt gewesen seien.*
3. Ist das Vorbringen des Arbeitnehmers insoweit hinreichend bestimmt, um zumindest eine **Duldungs- bzw. Anscheinsvollmacht** *des Arbeitgebers zum Zustandekommen eines Arbeitsverhältnisses annehmen zu können, ist ein Verteidigungsvorbringen erst zehn Tage vor dem Einspruchs- und Kammertermin bei Gericht verspätet, wenn nunmehr für eine Beweisaufnahme ein neuer Termin erforderlich ist.«*
Das Urteil des ArbG Berlin ist im Rechtsprechungsteil unter Nr. 1 in vollem Wortlaut nachzulesen.

Arbeitsgericht

Der beklagte Arbeitgeber hat gegen das Urteil beim LAG Berlin-Brandenburg Berufung eingelegt (15 Sa 1622/15).

Bedeutung für die Beschäftigten

Gewerkschaftlich organisierte Arbeitnehmer können sich – nach Rechtsschutzerteilung durch die zuständige → **Gewerkschaft** – **kostenfrei** von sachkundigen gewerkschaftlichen Rechtsschutzsekretären/-innen vor dem Arbeitsgericht vertreten lassen. 27

Gewerkschaftlich nicht organisierte Arbeitnehmer müssen sich über die erheblichen **Kosten** eines Arbeitsrechtsstreits im Klaren sein (siehe **Kostenbeispiel** Rn. 31). Eine **Rechtsschutzversicherung** ist zu empfehlen. 28

Die Kosten eines vom Arbeitnehmer beauftragten Anwalts (Anwaltsgebühren) gehen in **I. Instanz (Arbeitsgericht)** in jedem Fall zu seinen Lasten – auch dann, wenn der Prozess gewonnen oder durch Abfindungsvergleich beendet wird. Der Arbeitnehmer hat gegen den Arbeitgeber keinen Anspruch auf Erstattung seiner Anwaltskosten (§ 12a ArbGG). 29

Geht der Prozess in der I. Instanz verloren, muss der Arbeitnehmer zusätzlich zu den Gerichtskosten (nur) den eigenen (nicht den gegnerischen) Anwalt bezahlen. Auch hier kommt § 12a ArbGG zum Zuge: der obsiegende Arbeitgeber hat gegen den unterlegenen Arbeitnehmer keinen Anspruch auf Erstattung seiner (des Arbeitgebers) Anwaltskosten. 30

Verliert der Arbeitnehmer in der **II. Instanz (Landesarbeitsgericht)**, muss er alle Kosten tragen (§ 97 Abs. 1 ZPO): Gerichtskosten und Anwaltskosten sowohl des eigenen als auch des gegnerischen Anwalts.

Das Gleiche gilt, wenn der Rechtsstreit vor der **III. Instanz (Bundesarbeitsgericht)** ausgetragen und verloren wird (§ 97 Abs. 1 ZPO).

Gerichts- und Anwaltsgebühren berechnen sich nach dem sog. **Streitwert/Gegenstandwert**. Für die **Gerichtskosten** ist das Gerichtskostengesetz vom 5.5.2004 (GKG; BGBl. I S. 718) maßgebend, für die **Anwaltskosten** das Rechtsanwaltsvergütungsgesetz vom 5.5.2004 (RVG; BGBl. I S. 718, 788). 31

Beispiel:
Es findet ein Kündigungsschutzprozess vor dem Arbeitsgericht (I. Instanz) statt, den der Arbeitnehmer durch klageabweisendes Urteil verliert.
Der Gekündigte wird durch einen Rechtsanwalt vertreten.
Während des Prozesses findet eine Beweisaufnahme statt (Zeugenvernehmung).
Der Streitwert/Gegenstandswert im Kündigungsschutzprozess beläuft sich auf den »Betrag des für die Dauer eines Vierteljahres zu leistenden Arbeitsentgelts« (§ 42 Abs. 2 GKG).
Bei einem Monatsentgelt von z. B. 2000 Euro beträgt der Streitwert/Gegenstandswert also 6000 Euro (= dreifaches Monatsentgelt).
Wenn zusätzlich für den Fall des Obsiegens ein Antrag auf Weiterbeschäftigung gestellt wird (siehe Musterschreiben Kündigungsschutzklage), erhöht sich der Streitwert um ein weiteres Monatsentgelt – also im Beispiel auf 8000 Euro. Die anfallenden Gebühren erhöhen sich entsprechend.

Kosten I. Instanz bei einem angenommenen Streitwert von 6000 Euro (Stand 2016)

Gerichtskosten:
- 2,0 Gerichtsgebühr (GKG KV 8210)   330,00 Euro
- 2 Zeugen jeweils 4 Std. á 10,00 Euro   80,00 Euro
- Fahrtkosten der Zeugen   10,00 Euro
- Zustellungskosten (GKG KV 9002)   14,00 Euro

Summe   434,00 Euro

Arbeitsgericht

Rechtsanwaltskosten:	
– 1,3 Verfahrensgebühr (§ 13 RVG, Nr. 3100 VV RVG)	460,20 Euro
– 1,2 Termingebühr (§ 13 RVG, Nr. 3104 VV RVG)	424,80 Euro
– Post- und Telekommunikation (Nr. 7002 VV RVG)	20,00 Euro
Zwischensumme netto	905,00 Euro
19% Mehrwertsteuer (Nr. 7008 VV RVG)	171,95 Euro
Summe	**1076,95 Euro**

Anmerkungen:

- Zu den **Gerichtskosten**: Siehe GKG-Kostenverzeichnis (Anlage 1 zu § 3 Abs. 2 GKG) und GKG-Gebührentabelle (Anlage 2 zu § 34 Abs. 1 Satz 3 GKG). Bei einem Gegenstandswert von 6000 Euro beträgt eine 1,0 Gebühr nach GKG-Gebührentabelle (Anlage 2 zu § 34 Abs. 1 Satz 3 GKG) 165 Euro.
- Zu den **Rechtsanwaltsgebühren**: Siehe RVG-Vergütungsverzeichnis (Anlage 1 zu § 2 Abs. 2 RVG) und RVG-Gebührentabelle (Anlage 2 zu § 13 Abs. 1 Satz 3 RVG). Bei einem Gegenstandswert von 6000 Euro beträgt eine 1,0 Gebühr nach RVG-Gebührentabelle (Anlage 2 zu § 13 Abs. 1 Satz 3 RVG) 354 Euro.
- Wäre der Prozess im Beispielsfall in I. Instanz durch Vergleich beendet worden, hätte der Rechtsanwalt des gekündigten Arbeitnehmers eine zusätzliche »**Einigungsgebühr**« von 1,0 (vgl. RVG-Vergütungsverzeichnis Nr. 1003 i. V. m. Nr. 1000) verlangen können (= weitere 354 Euro zzgl. Mehrwertsteuer). Allerdings wäre dann die **Gerichtsgebühr entfallen** (GKG-Kostenverzeichnis Anlage 1 zu § 3 Abs. 2 GKG Vorbemerkung 8 zu Teil 8).
- Wenn im Beispielsfall zusätzlich noch das Arbeitsentgelt für (z. B.) fünf Monate – also 10 000 Euro – eingeklagt wird (siehe → **Annahmeverzug**), beläuft sich der Streitwert/ Gegenstandswert auf 16 000 Euro. **Gerichtsgebühren:** Bei einem Gegenstandswert von 16 000 Euro beträgt eine 1,0 Gebühr nach GKG-Gebührentabelle (Anlage 2 zu § 34 Abs. 1 Satz 3 GKG) 293 Euro. Die Gerichtsgebühren würden sich erhöhen auf 586 Euro (= 2 mal 293 Euro) zzgl. Kosten für Zeugen, Fahrtkosten und Zustellungskosten. **Rechtsanwaltsgebühren:** bei einem Gegenstandswert von 16 000 Euro beträgt eine 1,0 Gebühr nach RVG-Gebührentabelle (Anlage 2 zu § 13 Abs. 1 Satz 3 RVG) 650 Euro. Die Anwaltsgebühren würden sich erhöhen auf 1625 Euro (= 1,3 mal 650 Euro = 845 Euro + 1,2 mal 650 Euro = 780 Euro) zzgl. Kosten für Post und Mehrwertsteuer.

32 Unter bestimmten Voraussetzungen kann **Prozesskostenhilfe** nach §§ 114 ff. ZPO (früher: Armenrecht) gewährt werden.

33 Für die **außergerichtliche Beratung** für Rechtssuchende mit geringem Einkommen gilt das »Gesetz über Rechtsberatung und Vertretung für Bürger mit geringem Einkommen (Beratungshilfegesetz – BerHG)« vom 18. 6. 1980 (BGBl. I S. 689), zuletzt geändert durch Gesetz vom 31. 8. 2013 (BGBl. I S. 3553).

Arbeitshilfen

Übersichten	• Arbeitsgerichtsbarkeit
	• Kosten eines Kündigungsschutzprozesses (Stand 2016)
	• Beschlussverfahren nach § 23 Abs. 3 BetrVG
	• Betriebsverfassungsrechtlicher Unterlassungsanspruch
	• Einstweiliges Verfügungsverfahren (§ 85 Abs. 2 ArbGG)
Musterschreiben	• Statusklage zur Feststellung der Arbeitnehmereigenschaft: siehe **Arbeitnehmer**

Arbeitsgericht

- Klage auf Zahlung von Arbeitsentgelt bei »Schein-Praktikum«: siehe → **Praktikum**
- Zahlungsklage bei Annahmeverzug: siehe → **Annahmeverzug**
- Klage auf Verringerung der Arbeitszeit (Teilzeitklage): siehe → **Teilzeitarbeit**
- Klage gegen Änderungskündigung: siehe → **Änderungskündigung**
- Kündigungsschutzklage gegen eine ordentliche Kündigung: siehe → **Kündigungsschutz**
- Kündigungsschutzklage gegen eine außerordentliche, hilfsweise ausgesprochene ordentliche Kündigung: siehe → **Außerordentliche Kündigung**
- Antrag auf Erlass einer einstweiligen Verfügung wegen Weiterbeschäftigung: siehe → **Kündigungsschutz**
- Antrag auf Erlass einer einstweiligen Verfügung im Beschlussverfahren wegen Unterlassung der Anordnung von Überstunden: siehe → **Unterlassungsanspruch des Betriebsrats**
- Einstweilige Verfügung des Arbeitsgerichts wegen Unterlassung von Überstunden: siehe → **Überstunden**
- Antrag an das Arbeitsgericht auf Errichtung einer Einigungsstelle (§ 100 ArbGG): siehe → **Einigungsstelle**

Übersicht: Arbeitsgerichtsbarkeit

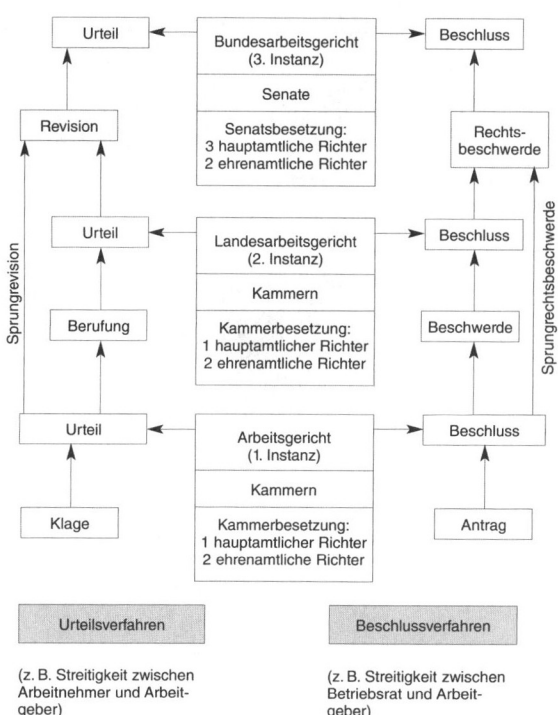

Urteil ←	Bundesarbeitsgericht (3. Instanz)	→ Beschluss
	Senate	
Revision ↑	Senatsbesetzung: 3 hauptamtliche Richter 2 ehrenamtliche Richter	Rechtsbeschwerde ↑
Urteil ←	Landesarbeitsgericht (2. Instanz)	→ Beschluss
	Kammern	
Berufung ↑	Kammerbesetzung: 1 hauptamtlicher Richter 2 ehrenamtliche Richter	Beschwerde ↑
Urteil ←	Arbeitsgericht (1. Instanz)	→ Beschluss
	Kammern	
Klage ↑	Kammerbesetzung: 1 hauptamtlicher Richter 2 ehrenamtliche Richter	Antrag ↑

(Sprungrevision links, Sprungrechtsbeschwerde rechts)

Urteilsverfahren
(z. B. Streitigkeit zwischen Arbeitnehmer und Arbeitgeber)

Beschlussverfahren
(z. B. Streitigkeit zwischen Betriebsrat und Arbeitgeber)

Arbeitsgericht

Rechtsprechung

1. Anspruch auf wirkungsvollen Rechtsschutz (Art. 20 Abs. 3 i..m. Art. 2 Abs. 1 GG)
2. Anspruch auf rechtliches Gehör (Art. 103 Abs. 1 GG)
3. Arbeitsgerichtliches Beschlussverfahren (§§ 80 ff. ArbGG) – Beauftragung eines Rechtsanwalts – Beschlussfassung des Betriebsrats
4. Arbeitsgerichtliches Beschlussverfahren: Anforderungen an die Bestimmtheit eines Antrags
5. Feststellungsantrag – Zulässigkeit – Rechtliches Interesse (§ 256 Abs. 1 ZPO)
6. Berufungsverfahren (§§ 64 ff. ArbGG)
7. Revisionsverfahren (§ 72 ff. ArbGG)
8. Aussetzung eines Rechtsstreits
9. Erledigungserklärung
10. Haftung des vom Betriebsrat beauftragten Rechtsanwalts
11. Internationale Zuständigkeit
12. Entgeltabsenkung nach griechischen Gesetzen 3833/2010 und 3845/2010 zulasten von Beschäftigten in griechischen Einrichtungen in Deutschland: Gilt deutsches Arbeitsrecht? – Rom I Verordnung
13. Sonstiges

Arbeitsgruppe (§ 28 a BetrVG)

Was ist das?

In den Betrieben arbeiten Arbeitnehmer in den **unterschiedlichsten Formen zusammen**. Der Gesetzgeber hat hierauf durch Ergänzungen des BetrVG (eingefügt durch das BetrVerf-ReformG 2001) reagiert.
Der Betriebsrat kann nach § 28 a BetrVG bestimmte – ihm obliegende Aufgaben – auf »**Arbeitsgruppen**« übertragen (siehe Rn. 5 ff.).
Der Begriff »Arbeitsgruppe« i. S. d. § 28 a BetrVG ist weit zu verstehen. Arbeitsgruppe ist jede Zusammenfassung von mehreren Arbeitnehmern, denen eine Arbeitsaufgabe zur gemeinsamen Erledigung übertragen wurde (z. B. Arbeitsteams, Projektgruppen, Problemlösungsgruppen, Qualitätszirkel, Arbeitnehmer, die im Gruppenakkord arbeiten). Es kommt – im Gegensatz zur → **Gruppenarbeit** i. S. d. § 87 Abs. 1 Nr. 13 BetrVG – nicht darauf an, ob die Gruppe eine eigene Verantwortung bzw. Entscheidungskompetenz hat.
Nach § 75 Abs. 2 Satz 2 BetrVG haben Arbeitgeber und Betriebsrat die Selbständigkeit und Eigeninitiative der Arbeitnehmer und »Arbeitsgruppen« zu fördern.
Im Falle von → **Gruppenarbeit** steht dem Betriebsrat nach § 87 Abs. 1 Nr. 13 BetrVG ein Mitbestimmungsrecht in Bezug auf »Grundsätze über die Durchführung von Gruppenarbeit« zu (siehe dort).

Bedeutung für die Betriebsratsarbeit

In Betrieben mit mehr als 100 Arbeitnehmern kann der Betriebsrat mit der Mehrheit der Stimmen seiner Mitglieder bestimmte Aufgaben auf **Arbeitsgruppen** übertragen (§ 28 a Abs. 1 Satz 1 erster Halbsatz BetrVG). Dies erfolgt nach Maßgabe einer mit dem Arbeitgeber abzuschließenden **Rahmenvereinbarung** (§ 28 a Abs. 1 Satz 1 zweiter Halbsatz BetrVG).
Die Aufgaben müssen im Zusammenhang mit den von der Arbeitsgruppe zu erledigenden Tätigkeiten stehen (§ 28 a Abs. 1 Satz 2 BetrVG).
Die Übertragung von Aufgaben auf Arbeitsgruppen bedarf der **Schriftform** (§ 28 a Abs. 1 Satz 3 BetrVG).
Für den **Widerruf** der Übertragung gelten § 28 a Abs. 1 Satz 1 erster Halbsatz BetrVG (Mehrheit der Stimmen der Mitglieder des Betriebsrats erforderlich) und § 28 Abs. 1 Satz 3 BetrVG (Schriftform) entsprechend (§ 28 a Abs. 1 Satz 4 BetrVG).
Die Arbeitsgruppe kann im Rahmen der ihr übertragenen Aufgaben **Vereinbarungen mit dem Arbeitgeber** schließen; eine Vereinbarung bedarf der Mehrheit der Stimmen der Gruppenmitglieder (§ 28 a Abs. 2 Satz 1 BetrVG).
§ 77 BetrVG gilt entsprechend (§ 28 a Abs. 2 Satz 2 BetrVG; siehe → **Betriebsvereinbarung**).
Können sich Arbeitgeber und Arbeitsgruppe in einer Angelegenheit **nicht einigen**, nimmt der Betriebsrat das Beteiligungsrecht wahr (§ 28 a Abs. 2 Satz 3 BetrVG).

Arbeitsgruppe (§ 28 a BetrVG)

10 Klar ist, dass die → **Beteiligungsrechte des Betriebsrats** nicht durch individualrechtliche Vereinbarung zwischen Arbeitgeber und Gruppe bzw. Gruppenmitgliedern ausgehebelt bzw. umgangen werden können.

Arbeitskampf

Grundlagen

Das **Arbeitskampfrecht** ist, von einigen Bestimmungen abgesehen (z. B. Art. 9 Abs. 3 GG,[1] § 11 Abs. 5 AÜG, §§ 100, 160 SGB III 2012), gesetzlich nicht geregelt. Vielmehr ist es durch die **Rechtsprechung** vor allem des Bundesarbeitsgerichts, aber auch des Bundesverfassungsgerichts, entwickelt worden.   **1**

Als »maßstabbildendes Strukturprinzip des gesamten Arbeitskampfrechts« hat die Rechtsprechung die **Waffengleichheit** (»**Parität**«) der Arbeitskampfparteien zum obersten Grundsatz des Arbeitskampfrechts erhoben (BVerfG v. 4. 7. 1995 – 1 BvF 2/86, AiB 1995, 595; BAG v. 19. 6. 2007 – 1 AZR 396/06, NZA 2007, 1055; 22. 9. 2009 – 1 AZR 972/08, NZA 2009, 1347). Ein funktionierendes Tarifvertragssystem setze annähernd gleichgewichtige Verhandlungschancen der Tarifparteien voraus (BAG v. 24. 4. 2007 – 1 AZR 252/06, AiB 2007, 732). Die Ausgestaltung des Arbeitskampfrechts habe zu gewährleisten, dass keine Tarifpartei der anderen von vorneherein ihren Willen aufzwingen kann. Das Tarifvertragssystem sei darauf angelegt, die **strukturelle Unterlegenheit** der einzelnen Arbeitnehmer beim Abschluss von Arbeitsverträgen durch kollektives Handeln auszugleichen und damit ein annähernd gleichwertiges Aushandeln der Löhne und Arbeitsbedingungen zu ermöglichen. Funktionsfähig sei die Tarifautonomie nur, solange ein **ungefähres Gleichgewicht** besteht. Unvereinbar mit Art. 9 Abs. 3 GG sei daher eine Ausgestaltung des Arbeitskampfrechts, wenn sie dazu führt, dass die Verhandlungsfähigkeit einer Tarifvertragspartei bei Tarifauseinandersetzungen einschließlich der Fähigkeit, einen **wirksamen Arbeitskampf** zu führen, nicht mehr gewahrt ist oder ihre koalitionsmäßige Betätigung weitergehend beschränkt wird, als es zum Ausgleich der beiderseitigen Grundrechtspositionen erforderlich ist (BVerfG v. 26. 6. 1991 – 1 BvR 779/85; 4. 7. 95 – 1 BvF 2/86, AiB 95, 595; BAG v. 22. 9. 2009 – 1 AZR 972/08, NZA 2009, 1347; 19. 6. 2007 – 1 AZR 396/06). Ein »Verhandlungsübergewicht« einer Seite müsse ggf. durch Gegenmittel kompensiert werden, um die gestörte Parität wieder herzustellen (BAG v. 24. 4. 2007 – 1 AZR 252/06, AiB 2007, 732; 10. 6. 1980 – 1 AZR 168/79; vgl. auch BVerfG v. 26. 6. 1991 – 1 BvR 779/85).   **1a**

Zentraler **Maßstab** für die Beurteilung der unterschiedlichen Erscheinungsformen des Arbeitskampfs ist nach der ständigen Rechtsprechung des Bundesarbeitsgerichts der Grundsatz der **Verhältnismäßigkeit im weiten Sinn** (BAG v. 22. 9. 2009 – 1 AZR 972/08, NZA 2009, 1347; 19. 6. 2007 – 1 AZR 396/06 – mit zahlreichen Nachweisen). Auch das Bundesverfassungsgericht hat dieses Prinzip als **tauglichen Maßstab** für die fach-   **1b**

---

1 **Art. 9 Abs. 3 GG** lautet: »Das Recht, zur Wahrung und Förderung der Arbeits- und Wirtschaftsbedingungen Vereinigungen zu bilden, ist für jedermann und alle Berufe gewährleistet. Abreden, die dieses Recht einschränken oder zu behindern suchen, sind nichtig, hierauf gerichtete Maßnahmen sind rechtswidrig. Maßnahmen nach den Artikeln 12 a, 35 Abs. 2 und 3, Artikel 87 a Abs. 4 und Artikel 91 dürfen sich nicht gegen Arbeitskämpfe richten, die zur Wahrung und Förderung der Arbeits- und Wirtschaftsbedingungen von Vereinigungen im Sinne des Satzes 1 geführt werden.«

Arbeitskampf

gerichtliche Überprüfung von Arbeitskampfmaßnahmen anerkannt (BVerfG v. 4.7.1995 – 1 BvF 2/86, AiB 1995, 595; 10.9.2004 – 1 BvR 1191/03).
Das Abwägungspostulat der Verhältnismäßigkeit erfordert stets eine Würdigung, ob ein Kampfmittel zur Erreichung eines rechtmäßigen Kampfziels **geeignet** und **erforderlich** ist und bezogen auf das Kampfziel **angemessen** (BAG v. 22.9.2009 – 1 AZR 972/08; 19.6.2007 – 1 AZR 396/06).

1c Aus dem Gebot der Kampfparität folgt das BAG u.a. die **Begrenzung der Aussperrung** (siehe Rn. 54ff.).
Allerdings wird mit der Begründung »Sicherung der Waffengleichheit« auch die Wirksamkeit des gewerkschaftlichen **Streiks eingeschränkt:** So werden
- dem bestreikten Unternehmen alle Möglichkeiten gelassen, den Streik durch organisierten Streikbruch auszuhebeln (Beschäftigung von Leiharbeitnehmern und/oder befristet eingestellten Arbeitnehmern als Streikbrecher; siehe Rn. 38 ff.),
- die Mitbestimmungsrechte des Betriebsrats im Arbeitskampf (siehe Rn. 83 ff.) ausgesetzt (u.a. bei Einstellung von Streikbrechern, Überstunden und arbeitskampfbedingter Kurzarbeit/kalter Aussperrung; siehe Rn. 85).

Flächenstreiks in der **Industrie** sind für die Gewerkschaften zu einem unkalkulierbaren Risiko geworden, nachdem der schwarz/gelbe Gesetzgeber (Kohl, Blüm, Genscher) das Instrument der »**kalten Aussperrung**« gesetzlich abgesichert und den von Fernwirkungen eines Arbeitskampfes betroffenen Belegschaften den Anspruch auf Kurzarbeitergeld genommen hat (siehe Rn. 65 ff.).
In der **Daseinsvorsorge** (u.a. Luft- und Bahnverkehr, Gesundheitswesen, Erziehungswesen, Telekommunikation usw.) wird der Streik durch offensive Medienarbeit der Arbeitgeber belastet: man hetzt die durch Streiks betroffene Öffentlichkeit gegen die streikführenden Gewerkschaften auf. Offenbar mit Erfolg: Das Institut für Demoskopie Allensbach (IfD) in einer repräsentativen Befragung hat unter 1798 Bundesbürgern im Auftrag der Carl-Friedrich v. Weizsäcker Stiftung (*http://www.cfvw.org/stiftung/projektbereich-zukunft-der-arbeit/arbeitskampf*) im Mai 2011 ermittelt, dass knapp 72 Prozent der Befragten für Einschränkungen oder ein Verbot von Streiks bei Beschäftigten in Krankenhäusern sind, ca. 60 Prozent für ein Verbot von Streiks bzw. für ein eingeschränktes Streikrecht im Luft- und Schienenverkehr. Zudem wird gefordert, Streiks in diesem Bereich durch gesetzliche Regeln einzuschränken. Die Carl-Friedrich v. Weizsäcker Stiftung hat eine »**Professoren-Initiative**« gestartet. Nach Vorschlag der allesamt als arbeitgeberfreundlich bekannten Rechtsprofessoren Martin Franzen (München), Gregor Thüsing (Bonn) und Christian Waldhoff (Bonn) sollen Streiks in Unternehmen der Daseinsvorsorge nur dann zulässig sein,
- wenn ein Schlichtungsversuch erfolglos geblieben ist,
- wenn mehr als die Hälfte der Gewerkschaftsmitglieder an einer Urabstimmung teilnehmen und sich für einen Streik aussprechen,
- wenn der Streik mit einer Frist von vier Tagen angekündigt wird.

Zudem soll ein Zwangsschlichtungsverfahren eingeleitet werden, wenn sich die Tarifvertragsparteien nicht auf Art und Umfang der Grundversorgung der Bevölkerung einigen können. Spartengewerkschaften / Berufsgruppengewerkschaften sollen nur dann streiken dürfen, wenn die erhobenen Tarifforderungen auf mindestens 15 Prozent der Arbeitsverhältnisse in dem betroffenen Unternehmen oder der Branche angewandt werden sollen.

1d Solche Überlegungen stoßen sicher bei manchen auf Zustimmung, etwa bei dem Blogger, der sich zum »Neupackstreik« (siehe Rn. 35) wie folgt geäußert hat (*http://www.mopo.de/nachrichten/mitarbeiter-streik-zoff-bei-neupack–hamburgs-haertester-streit,506 7140,241 85468.html*):
03.09.2013
09:56 Uhr
Anti Gewerkschaft (Gast) sagt:

Arbeitskampf

»*Na endlich zieht mal ne Firma durch! Leiharbeiter behalten, streikende Mitarbeiter raus! Die identifizieren sich ja eh nich mit dem Unternehmen! 9 Monate nix tun und dann noch belohnt werden, wo kommen wir denn da hin? Am Flughafen bei den Streikenden sollte man es ähnlich machen! Wer nich arbeiten will, weg und neue Leute einstellen! Schluß mit dem Gestreike!*«
Da drücken sich die Professoren zweifellos gewählter aus. Inhaltlich meinen sie aber das Gleiche. Schöne Worte für den gleichen Inhalt findet man auch beim BAG. So hat das Gericht jüngst den Gewerkschaften in den von **Kirchen** betriebenen **diakonischen Einrichtungen** ein Streikrecht versagt (BAG v. 20.11.2012 – 1 AZR 179/11, NZA 2013, 448). Die Entscheidung der Kirchen, das Verfahren ihrer kollektiven Arbeitsrechtsetzung am bekenntnismäßigen »Leitbild der Dienstgemeinschaft« auszurichten und nach den Grundsätzen einer **partnerschaftlichen Lösung von Interessengegensätzen** auszugestalten, schließe den Streik zur Gestaltung von Arbeitsverhältnissen durch Tarifvertrag aus.
Insgesamt scheint es in Deutschland ein breites »Bündnis gegen Streiks« zu geben, eingedenk der bereits 1955 vom Großen Senat des BAG verkündeten Parole: »*Arbeitskämpfe (Streik und Aussperrung) sind im allgemeinen unerwünscht, da sie volkswirtschaftliche Schäden mit sich bringen und den im Interesse der Gesamtheit liegenden sozialen Frieden beeinträchtigen*« (BAG v. 28.1.1955 – GS 1/54).
Dazu passt der Beschluss des Präsidiums der Bundesvereinigung der Deutschen Arbeitgeberverbände (BDA) vom 15.9.2003: »*Streik und Aussperrung sind Relikte aus einer vergangenen Epoche unter besonderen historischen, heute nicht mehr existierenden Bedingungen.*« Man fordert gesetzliche Einschränkungen des Streikrechts wie z.B. ausdrückliche Legalisierung des Streikbruchs und Verbot der Streikpostentätigkeit durch Gewerkschaftssekretäre und -mitglieder, die nicht im bestreikten Betrieb beschäftigt sind.

Tarifeinheitsgesetz

Einige der Überlegungen zur Einschränkung des Streikrechts sind auch in die Debatte um das sog. »**Tarifeinheitsgesetz**« (Gesetz zur Tarifeinheit vom 3.7.2015 – BGBl. I S. 1130) eingeflossen (zum Verlauf dieser Debatte siehe Gewerkschaft Rn. 6d ff.).
Das Gesetz ist am 10.7.2015 in Kraft getreten.
Kern des Gesetzes ist die neue Vorschrift des § **4a TVG (Tarifkollision)**, dort vor allem § 4a Abs. 2 TVG (nachstehend im Wortlaut):
»*Der Arbeitgeber kann nach § 3 an mehrere Tarifverträge unterschiedlicher Gewerkschaften gebunden sein. Soweit sich die Geltungsbereiche nicht inhaltsgleicher Tarifverträge verschiedener Gewerkschaften überschneiden (kollidierende Tarifverträge), sind im Betrieb nur die Rechtsnormen des Tarifvertrags derjenigen Gewerkschaft anwendbar, die zum Zeitpunkt des Abschlusses des zuletzt abgeschlossenen kollidierenden Tarifvertrags im Betrieb die meisten in einem Arbeitsverhältnis stehenden Mitglieder hat. Kollidieren die Tarifverträge erst zu einem späteren Zeitpunkt, ist dieser für die Mehrheitsfeststellung maßgeblich.*«
Die neue Vorschrift ist nach zutreffender Ansicht (vgl. u.a. Berg/Kocher/Schumann-*Berg*, Tarifvertragsgesetz und Arbeitskampfrecht, 5. Aufl. 2015, § 4a Rn. 6 ff. mit Hinweisen zum – strittigen – Meinungsstand) ein Art. 9 Abs. 3 GG **verletzender Eingriff in die Koalitionsfreiheit** und verstößt gegen Art. 3 ILO-Übereinkommen Nr. 87 und Art. 4 ILO-Abkommen Nr. 98 sowie gegen Art. 11, 14 der Europäischen Menschenrechtskonvention (siehe auch → **Tarifvertrag** Rn. 65a).
Die ursprüngliche, zwischen der Bundesvereinigung der Deutschen Arbeitgeberverbände (BDA) und dem Deutschen Gewerkschaftsbund (DGB) abgestimmte und im Juni 2010 bekannt gewordene Fassung eines neuen § 4a TVG enthielt sogar eine ausdrückliche Regelung zur **Beseitigung des Streikrechts** der Minderheitsgewerkschaft während der Laufzeit des Mehrheitstarifvertrages. Der Regelungsvorschlag lautete wie folgt:

1e

1f

Arbeitskampf

»*(1) Überschneiden sich im Betrieb eines Unternehmens die Geltungsbereiche der Rechtsnormen von Tarifverträgen, die auf Gewerkschaftsseite durch unterschiedliche Tarifvertragsparteien geschlossen worden sind (konkurrierende Tarifverträge), ist nur derjenige Tarifvertrag anwendbar, der dort die größere Arbeitnehmerzahl im Sinne von § 3 Absatz 1, Absatz 3, § 4 Abs. 1 Satz 1 erfasst.*
(2) Die Friedenspflicht aus dem nach Abs. 1 anwendbaren Tarifvertrag erstreckt sich auch auf konkurrierende Tarifverträge.«

Nach einem regelrechten Aufstand nicht nur der unmittelbar betroffenen Berufsgruppengewerkschaften, sondern auch von Einzelgewerkschaften des DGB und der juristischen Fachwelt wurde Abstand genommen von Absatz 2 des Entwurfs. Es war zu offensichtlich, dass eine Erstreckung der **Friedenspflicht** (siehe hierzu Rn. 11 ff.) aus dem »Mehrheitstarifvertrag« auf »konkurrierende Minderheitstarifverträge« juristischer Blindflug und eine krasse Verletzung des durch Art. 9 Abs. 3 GG gesicherten Streikrechts ist.

1g Umstritten ist, ob die nunmehr mit dem Tarifeinheitsgesetz vom 3.7.2015 verabschiedete Fassung des neuen § 4a TVG das **Streikrecht** einer Minderheitsgewerkschaft zur Durchsetzung des von ihr angestrebten Tarifvertrags ausschließt (zum Meinungsstand siehe Berg/Kocher/Schumann-*Berg*, Tarifvertragsgesetz und Arbeitskampfrecht, § 4a Rn. 107 ff. – dort vor allem Fußnoten 154 und 155).

Von Kritikern des Tarifeinheitsgesetzes wird die Gefahr gesehen, dass ein Streik für einen Tarifvertrag, der nach Maßgabe des § 4a Abs. 2 TVG nicht zur Anwendung kommt, nicht ausgeführt werden kann, weil das den im Arbeitskampfrecht geltenden **Verhältnismäßigkeitsgrundsatz** (siehe Rn. 1b) verletzen könnte. Begründet wird dies damit, dass ein Streik für einen Tarifvertrag, der nicht zur Anwendung kommt, ungeeignet und damit unverhältnismäßig ist. Auch in der Gesetzesbegründung (BT-Drucks 18/4062, S. 12) wird diese Erwartung zum Ausdruck gebracht.

In Berg/Kocher/Schumann-*Berg*, a..O., § 4a Rn. 107 ff., 110 wird die Ansicht vertreten, dass ein Streik zur Durchsetzung eines kollidierenden Tarifvertrags zulässig sei, solange keine Tarifkollision i..d. § 4a Abs. 2 Satz 2 TVG vorliege und damit auch der Mehrheitstarifvertrag nicht identifiziert werden könne.

Ein weiterer Aspekt: Nach § 4a TVG werden die Rechtsnormen des Minderheitstarifvertrages verdrängt, nicht die **schuldrechtlichen Verpflichtungen** – z.B. die Friedenspflicht (siehe hierzu Rn. 11 ff.). Das hat zur Folge, dass während der Laufzeit des verdrängten Minderheitstarifvertrages nicht gestreikt werden darf. Also enthält § 4a TVG – entgegen den Beteuerungen der Ministerin Nahles und der Befürworter des Tarifeinheitsgesetzes – am Ende doch eine Regelung zum Streikrecht.

1h Letztlich wird man abwarten müssen, wie die Gerichte (Arbeitsgerichte / Bundesverfassungsgericht) entscheiden.

Beim BVerfG sind aktuell fünf **Verfassungsbeschwerden** von Berufsgruppengewerkschaften gegen das Tarifeinheitsgesetz (§ 4a TVG) anhängig (u.a. Az. 1 BvR 1571/15; 1BvR 1582/15; 1 BvR 1588/15 und 1 BvR 1707/15 und 1 BvR 1803/15).

Mit mehreren **Anträgen auf einstweilige Anordnung** soll zudem verhindert werden, dass das im Juli in Kraft getretene Gesetz bis zu einer Entscheidung angewendet wird.

Zu weiteren Einzelheiten des Tarifeinheitsgesetzes siehe → **Arbeitsgericht** Rn. 2a, 11c, → **Gewerkschaft** Rn. 6d ff. und → **Tarifvertrag** Rn. 65a ff.

2 Arbeitskämpfe finden in der Regel aus Anlass von **Tarifauseinandersetzungen** statt. Tarifverträge kommen nur zustande, wenn die den Tarifvertrag fordernde Gewerkschaft der Arbeitgeberseite **glaubhaft machen** und ggf. auch umsetzen kann, dass sie im Verweigerungsfalle mit **Streiks** der Beschäftigten rechnen muss.

Der Streik (siehe Rn. 26 ff.) ist das verfassungsmäßig (Art. 9 Abs. 3 GG) garantierte letzte Mittel der Arbeitnehmer und ihrer Gewerkschaft, um berechtigte Tarifforderungen durchzusetzen.

Arbeitskampf

Wer an der Legitimität des Streiks zweifelt, muss sich fragen lassen, wer sonst die Arbeitsbedingungen – z. B. die Höhe des Lohns und die Dauer der Arbeitszeit – regeln soll: Der Unternehmer? Der Staat? Beides ist allenfalls in totalitären Systemen denkbar.
Das **Streikrecht** ist eine der Grundfreiheiten und -rechte der sozialen Demokratie. Nur die Existenz eines Streikrechts stellt ein annäherndes Gleichgewicht der sozialen Gegenspieler her und verschafft so der Arbeitnehmerseite überhaupt erst die Möglichkeit, auf die Gestaltung der Arbeitsbedingungen durch Tarifverträge Einfluss zu nehmen. Dass die Arbeitnehmer und ihre Gewerkschaften auf das Streikrecht angewiesen sind, hat das BAG einmal zutreffend wie folgt ausgedrückt: »*Tarifverhandlungen ohne Streikrecht sind nicht mehr als kollektives Betteln*« (BAG v. 10.6.1980 – 1 AZR 168/79, DB 1980, 1274). Hinzufügen muss man, dass das Streikrecht allein nicht ausreicht, um einen tarifverhandlungsunwilligen Arbeitgeber bzw. Arbeitgeberverband »in Bewegung zu setzen«. Hinzukommen muss die **Streikbereitschaft der Beschäftigten**, das heißt, die Bereitschaft, einem Streikaufruf der Gewerkschaft für eine konkrete Tarifforderung zu folgen.
Nachstehend ein Auszug aus der BAG-Entscheidung v. 10.6.1980: »*Die Gewerkschaften sind auf die Bereitschaft zum Abschluss von Tarifverträgen auf Seiten bestimmter Arbeitgeber oder Arbeitgeberverbände angewiesen. Sie können nicht zu einem anderen Vertragspartner ausweichen, wie es den Marktgesetzen entsprechen würde. Sie können auch nicht voraussetzen, dass die Gegenseite das gleiche Interesse am Abschluss eines Tarifvertrages haben und deshalb verhandlungsbereit sein werde. Nach dem bisherigen Stand der Dinge ist die bestehende Tariflage und u. U. sogar ein tarifloser Zustand für die Arbeitgeber vorteilhafter als für die Arbeitnehmer. In der bisherigen Sozialgeschichte waren die Gewerkschaften fast immer gehalten, eine Verbesserung der Arbeitsbedingungen zu fordern und durchzusetzen. Seit Bestehen der Bundesrepublik sind die Produktivität und das Preisniveau ständig gestiegen, so dass den Gewerkschaften die Aufgabe zufiel, die notwendigen Anpassungen zu erreichen. Hingegen konnten die Arbeitgeber als ihre Tarifvertragspartner kein unmittelbares Interesse daran haben, z. B. die Löhne stärker anzuheben, die Arbeitszeit zu verkürzen, die Rationalisierung durch Schutzvorschriften zu erschweren. Bei diesem Interessengegensatz wären Tarifverhandlungen ohne das Recht zum Streik im allgemeinen nicht mehr als* »*kollektives Betteln*« *(Blanpain). Soweit Tarifverträge überhaupt zustande kämen, beruhen sie nur auf dem einseitigen Willensentschluss einer Seite und böten daher nicht die Gewähr eines sachgerechten Ausgleichs der beiderseitigen Interessen. Diese Feststellung lässt sich nicht mit dem Hinweis anzweifeln, dass weitaus die meisten Tarifverträge ohne vorangehende Arbeitskämpfe zustande kommen. Das ist zwar richtig und in der Bundesrepublik Deutschland jedenfalls bislang besonders ausgeprägt, lässt aber keinen Schluss auf die tatsächliche Bedeutung der Streikbefugnis zu. Schon die glaubwürdige Bereitschaft zum Streik zwingt die Arbeitgeberseite dazu, die Schäden eines möglichen Arbeitskampfes mit den wirtschaftlichen Folgen eines Nachgebens zu vergleichen. Schon dadurch entsteht ein Druck, der regelmäßig zur Verhandlungsbereitschaft führt, ohne dass auch nur eine Urabstimmung durchgeführt werden müsste. Andererseits bleibt selbst die tatsächliche Arbeitsniederlegung wirkungslos, wenn die Kraft zum Durchhalten eines Streiks fehlt, die Arbeitgeberseite also nicht mit nennenswerten Schäden rechnen muss. Entscheidend ist die Glaubwürdigkeit der Kampfbereitschaft.*«
Anders als die Arbeitnehmerseite benötigen die Arbeitgeber in Tarifauseinandersetzungen kein besonderes Druckmittel. Sie haben eines: ihre **strukturelle Überlegenheit**. Ihre auf dem Eigentumsrecht basierende Verfügungsgewalt über den Betrieb und das von den Arbeitnehmern erwirtschaftete Geldvolumen gibt ihnen die Möglichkeit, die Beschäftigten, die eine gerechte Verteilung der Ergebnisses ihrer Arbeit fordern, mit **Drohungen** einzuschüchtern und von einer Streikbeteiligung abzuhalten
Der Arbeitsrechtler Gamillscheg hat das auf den Punkt gebracht (RdA 2005, 79): »*Heute könnte man auf die Aussperrung freilich ganz verzichten, der Hinweis auf die Verlegung der Produktion nach Tschechien oder sonst wohin tut die gleichen Dienste.*«

Arbeitskampf

Nichtsdestotrotz gesteht das BAG der Arbeitgeberseite das Recht zur »**Abwehr-Aussperrung**« (siehe Rn. 55 ff.) – also die Aussperrung als Reaktion auf einen Streik – zu. Dies verlange der das Arbeitskampfrecht beherrschende Grundsatz der Kampfparität. Die Abwehraussperrung sei allerdings aus Gründen der Verhältnismäßigkeit quantitativ zu begrenzen. Unzulässig sei die »**Angriffsaussperrung**« und die **kampfgebietsausweitende Aussperrung**.
Auszug aus den Leitsätzen BAG v. 10. 6. 1980 – 1 AZR 168/79, a. a. O.: »*Das geltende die Tarifautonomie konkretisierende Tarifrecht setzt voraus, dass die sozialen Gegenspieler das Verhandlungsgleichgewicht mit Hilfe von Arbeitskämpfen herstellen und wahren können. Das bedeutet in der Praxis, dass regelmäßig zunächst die Gewerkschaften auf das Streikrecht angewiesen sind, weil sonst das Zustandekommen und die inhaltliche Angemessenheit von Tarifverträgen nicht gewährleistet wären. Abwehraussperrungen sind jedenfalls insoweit gerechtfertigt, wie die angreifende Gewerkschaft durch besondere Kampftaktiken ein Verhandlungsübergewicht erzielen kann. Das ist bei eng begrenzten Teilstreiks anzunehmen, weil durch sie konkurrenzbedingte Interessengegensätze der Arbeitgeber verschärft und die für Verbandstarifverträge notwendige Solidarität der Verbandsmitglieder nachhaltig gestört werden kann. Der zulässige Umfang von Abwehraussperrungen richtet sich nach dem Grundsatz der Verhältnismäßigkeit (Übermaßverbot).*«

Europäische Regelungen zum Arbeitskampfrecht

2a Von Bedeutung für das Arbeitskampfrecht sind auch europäische Regelungen, vor allem Art. 6 Nr. 4 der **Europäischen Sozialcharta (ESC)** vom 18. 10. 1961 (BGBl. 1964 II S. 1262).
Hier heißt es: »*Um die wirksame Ausübung des Rechtes auf Kollektivverhandlungen zu gewährleisten, verpflichten sich die Vertragsparteien: ... und anerkennen 4. das Recht der Arbeitnehmer und der Arbeitgeber auf kollektive Maßnahmen einschließlich des Streikrechts im Fall von Interessenkonflikten, vorbehaltlich etwaiger Verpflichtungen aus geltenden Gesamtarbeitsverträgen.*«
Es sind Zweifel angebracht, ob die bundesdeutsche Rechtsprechung zu den Einschränkungen des Streikrechts – insbesondere die Beschränkung auf »tariflich regelbare Ziele« (siehe Rn. 4, 29 ff.) – mit dieser Bestimmung vereinbar ist.
Der »Abschluss eines Tarifvertrages« ist sicher ein entscheidendes, aber nicht das einzige Instrument zur Wahrung und Förderung der »Arbeits- und Wirtschaftsbedingungen« im Sinne des Art. 9 Abs. 2 GG.
Die Europäische Sozialcharta – an die auch die Bundesrepublik Deutschland gebunden ist – kennt jedenfalls eine Tarifbezogenheit des Streikrechts nicht.
Der für die Auslegung der Europäischen Sozialcharta zuständige Europäische Ausschuss der Sozialen Rechte sieht schon seit Beginn der 1970er-Jahre in der Beschränkung des Streikrechts durch das BAG (siehe Rn. 29) zu Recht einen Verstoß gegen die Europäische Sozialcharta.
So werden vom Europäischen Ausschuss der Sozialen Rechte Streiks nicht nur zum Abschluss von Tarifverträgen als rechtmäßig angesehen, sondern auch Streiks im Zusammenhang mit jeder Art von Verhandlungen zwischen Arbeitnehmern und Arbeitgebern.
Hierzu gehören nach zutreffender Ansicht des Europäischen Ausschusses der Sozialen Rechte etwa Streiks
- zu Fragen des Arbeits- und Gesundheitsschutzes (Durchsetzung der Einhaltung gesetzlicher Vorschriften),
- gegen drohende Massenentlassungen oder auch
- zur Durchsetzung der Wiedereinstellung gekündigter Arbeitnehmer.

Auch **Solidaritätsstreiks/Unterstützungsstreiks** (siehe Rn. 36) und Demonstrations-/Proteststreiks (siehe Rn. 37 a) werden vom Europäischen Ausschuss der Sozialen Rechte und vom ILO-Sachverständigenausschuss für rechtmäßig gehalten, ebenso der **Streik von Beamten** (siehe Rn. 31) zur Durchsetzung verbesserter Arbeitsbedingungen.
Zur rechtlichen Verbindlichkeit und Reichweite der ESC hat sich das BAG in der »Kirchenent-

scheidung« 20.11.2012 – 1 AZR 179/11 (siehe Rn. 1) wie folgt geäußert (BAG v. 20.11.2012 – 1 AZR 179/11, NZA 2013, 448): »*Die ESC stellt eine von der Bundesrepublik Deutschland eingegangene völkerrechtliche Verpflichtung dar, deren Regeln die Gerichte beachten müssen, wenn sie die im Gesetzesrecht bezüglich der Ordnung des Arbeitskampfes bestehenden Lücken anhand von Wertentscheidungen der Verfassung ausfüllen (BAG 10. Dezember 2002 – 1 AZR 96/02 – zu B I 2a der Gründe, BAGE 104, 155; Bepler FS Wißmann S. 97, 106). Eine Einschränkung oder Begrenzung des in Teil II Art. 6 Nr. 4 ESC anerkannten Streikrechts ist nach Teil V Art. 31 Abs. 1 ESC nur zulässig, wenn diese gesetzlich vorgeschrieben und in einer demokratischen Gesellschaft zum Schutz der Rechte und Freiheiten anderer oder zum Schutz der öffentlichen Sicherheit und Ordnung, der Sicherheit des Staates, der Volksgesundheit und der Sittlichkeit notwendig ist (BAG 12. September 1984 – 1 AZR 342/83 – zu B II 2c der Gründe, BAGE 46, 322).*« Wenn im Verfassungs- und Völkerrecht Rechte und Freiheiten anderer garantiert sind, die geeignet sind, das Streikrecht einzuschränken, bedürfe dies einer verhältnismäßigen Abwägung beider Gewährleistungen (BAG v. 20.11.2012 – 1 AZR 179/11, a.a.O.).

Rechtslage in Deutschland

Nachstehend wird die in Deutschland geltende **Rechtslage** zu den wichtigsten Fragen und Begriffen des Arbeitskampfes skizziert. 3

Aufstellen einer Tarifforderung, Tarifziele

Bei der Aufstellung einer Tarifforderung muss die Frage der **Erstreikbarkeit** geprüft werden. Eine Streikforderung ist nach h.M. nur dann rechtmäßig, wenn sie auf den **Abschluss von → Tarifverträgen** gerichtet ist (siehe Rn. 29 ff.). 4

Rechtswidrig sind danach **politische Streiks**, die Druck auf Organe der parlamentarischen Demokratie ausüben sollen (BAG v. 23.10.1984 – 1 AZR 126/81, DB 1985, 1239).
Unzulässig sollen auch **Proteststreiks** z.B. gegen die ungerechtfertigte Entlassung eines Arbeitnehmers oder Betriebsratsmitglieds sein (vgl. z.B. BAG v. 7.6.1988 – 1 AZR 372/86, DB 1988, 2102).
Auch die Durchsetzung **individueller Forderungen** z.B. aus einem geltenden Tarifvertrag soll nicht durch Streik, sondern allein auf dem Rechtsweg möglich sein (Anrufung des → **Arbeitsgerichts**).
Die Reduzierung des Streikrechts auf ein bloßes »**Hilfsinstrument der Tarifautonomie**« ist abzulehnen (siehe hierzu Rn. 29). 4a

Streik gegen Betriebsschließung

Einschränkungen des Streikrechts können sich auch aus dem Grundrecht des Unternehmers aus Art. 12 GG (**unternehmerische Entscheidungsfreiheit**) ergeben. 5
Das betrifft insbesondere die Aufstellung von Tarifforderungen (= Streikziele).
Nach bisher überwiegender Meinung in Literatur und Rechtsprechung sollen Tarifregelungen, jedenfalls aber Streiks zur Durchsetzung oder Abwehr unternehmerischer Entscheidungen bzw. Maßnahmen (z.B. Verzicht auf **Betriebsschließung, Standortverlagerung** oder **Ausgliederung**) unzulässig sein.
Es soll sich um kein zulässiges Tarifziel handeln, so dass die tarifliche Regelbarkeit, jedenfalls aber die Erstreikbarkeit entfällt. Die Tarifautonomie (Art. 9 Abs. 3 BetrVG) werde in diesem Bereich von der durch Art. 12 Abs. 1 GG geschützten Unternehmerfreiheit verdrängt. Ein angemessener Spielraum zur Entfaltung der Unternehmerfreiheit sei unantastbar (vgl. z.B.

Arbeitskampf

LAG Hamm v. 31.5.2000 – 18 Sa 958/2000, NZA-RR 2000, 535 ff.; LAG Schleswig-Holstein v. 27.3.2003 – 5 Sa 137/03, AiB 2004, 565).
Das BAG hat die Frage, ob ein Streik etwa gegen eine Schließungsentscheidung als solche möglich ist, offen gelassen (BAG v. 24.4.2007 – 1 AZR 252/06, AiB 2007, 732; Fitting, BetrVG, 26. Aufl., § 112, 112 a Rn. 191).

6 Besondere Aktualität und Schärfe hat die Debatte um die Reichweite der tariflichen Regelbarkeit und damit Erstreikbarkeit von Tarifforderungen im Zusammen mit Auseinandersetzungen um die **Standortpolitik** global ausgerichteter Unternehmen und Konzern bekommen. Nach zutreffender Ansicht ist ein Streik gegen unternehmerischen Entscheidungen jedenfalls dann rechtmäßig, wenn diese unmittelbare Auswirkungen auf die Beschäftigten haben können (Wolter, RdA 2002, 218 ff., 226; Oberberg/Schoof, AiB 2002, 169; Hensche, AuR 2004, 443; Kühling/Bertelsmann, NZA 2005, 1017 ff., 1023; Dieterich, AuR 2007, 65, 70; Berg/Kocher/Schumann-*Wankel/Schoof*, Tarifvertragsgesetz und Arbeitskampfrecht, 5. Aufl. 2015, § 1 TVG Rn. 166 ff.; Zabel/Schroth/Ott/Noetzel, AiB 2013, 618).

Die Gewerkschaften sind nicht darauf beschränkt, nur die Regelung der nachteiligen **Folgen** einer unternehmerischen Entscheidung ins tarifpolitische Visier zu nehmen (Sozialtarifvertrag; siehe Rn. 7 ff.) Das Grundgesetz enthält keine Gewährleistung, dass alle unternehmerischen Planungen ohne Abstriche realisiert werden können. Wo sich die wirtschaftliche und soziale Seite einer unternehmerischen Entscheidung nicht trennen lassen, sind Tarifnormen, die die Unternehmerentscheidung als solche zugunsten der Arbeitnehmer beeinflussen, zulässig (BAG v. 3.4.1990 – 1 AZR 123/89, DB 1991, 181 und BAG v. 21.6.2000 – 4 AZR 379/99, DB 2001, 389 [390]). Hierzu zählen z. B. beschäftigungssichernde Tarifregelungen z. B. über »Kurzarbeit bzw. Arbeitszeitabsenkung statt Entlassung«. Diese sind tariflich regelbar und ggf. auch erstreikbar, sofern keine **relative Friedenspflicht** (siehe 11 ff.) aus einem Verbands- oder Firmentarifvertrag entgegensteht. Eine Zurückdrängung der Tarifautonomie durch die unter dem Schutz des Art. 12 Abs. 1 GG stehende Unternehmerfreiheit kann im Rahmen der Abwägung beider Grundrechte nur dann in Betracht kommen, wenn die Unternehmerentscheidung Ausdruck der von Art. 12 Abs. 1 GG in Form der besonders stark geschützten **Berufswahlfreiheit** (BVerfG v. 1.3.1979 – 1 BvR 532/77, NJW 1979, 699) ist.

Das ist etwa der Fall, wenn sich ein mittelständischer Unternehmer wegen mangelnder Rentabilität oder aus persönlichen Gründen entschließt, einen Betrieb stillzulegen (vgl. Kühling/Bertelsmann, a. a. O.).

Wird die unternehmerische Entscheidung zur Stilllegung oder Ausgliederung dagegen vom Management eines Großunternehmens / Konzerns getroffen, ist die Berufsfreiheit allenfalls in Form der schwächer geschützten – und deshalb hinter Art. 9 Abs. 3 GG zurücktretenden – Form der **Berufsausübungsfreiheit** berührt (so insbes. Kühling/Bertelsmann, a. a. O.; Dieterich, AuR 2007, 65, 70; ErfK-*Dieterich*, Art. 9 GG Rn. 75 und 116).

Bei der **Abwägung/Grenzziehung** zwischen Tarif- und Unternehmerfreiheit muss sich zudem als weitere »Stellschraube« zugunsten der tariflichen Regelbarkeit von Unternehmensentscheidungen mit Folgen für die Beschäftigten der Umstand auswirken, dass durch Art. 12 Abs. 1 GG nicht nur die Berufsfreiheit des Unternehmers, sondern auch das **Interesse der Arbeitnehmer am Erhalt ihres Arbeitsplatzes** geschützt ist.

Auch der Ausschuss für Vereinigungsfreiheit der **Internationalen Arbeitsorganisation (ILO)** hält Streiks gegen Standortverlagerungen für rechtlich zulässig. Nachstehend ein Auszug aus der Website des DGB (*http://www.dgb.de/themen/++co++0fda44d8–9685–11e0–4238–00188b4dc422/@@dossier.html*): »*Auch Streiks gegen Standortverlagerungen galten lange als rechtlich umstritten. Ebenfalls 2007 stellte das BAG in einem Urteil klar, dass zumindest solche Streiks zulässig sind, bei denen Forderungen für einen Sozialtarifvertrag gestellt werden, um die negativen Folgen der Verlagerung abzufedern. Nach den Kriterien des Ausschusses für Vereinigungsfreiheit müssen allerdings selbst solche Streiks als rechtmäßig betrachtet werden, die sich*

Arbeitskampf

direkt gegen die Standortverlagerung richten (Dies ergibt sich aus den Grundsätzen des Ausschusses für Vereinigungsfreiheit, nach denen prinzipiell sämtliche Streiks zulässig sind, die das Ziel verfolgen, die beruflichen und wirtschaftlichen Interessen der Arbeitnehmer zu verteidigen, wobei rein politische Streiks vom Recht zu Streiken ausgenommen sind). Auch hier ist die deutsche Rechtsprechung somit zu restriktiv.«

Man darf auf die weitere Entwicklung der Tarifpraxis und der Rechtsprechung um die Reichweite der tariflichen Regelbarkeit und des Streikrechts gespannt sein. Ob das BAG Gelegenheit bekommt, die bislang vom 1. Senat offen gelassene Frage, ob ein Streik gegen eine Standortverlagerung zulässig ist (siehe Rn. 5) zu entscheiden, hängt allerdings von der Bereitschaft der Gewerkschaften ab, zu einem Streik gegen eine solche Unternehmerentscheidung aufzurufen. Bei der Auswahl einer geeigneten Fallgestaltung sollte natürlich das beträchtliche Schadensersatzrisiko berücksichtigt werden. Zu denken wäre etwa an einen Streik in einem kleinen, konzernangehörigen Betrieb, der auf Weisung der Konzernleitung geschlossen / verlagert werden soll.

Streik für einen Sozialtarifvertrag

Zulässig ist nach zutreffender Ansicht des BAG jedenfalls der Streik für einen sog. »**Sozialtarifvertrag**« mit Regelungen, die die Folgen der Unternehmerentscheidung für die Beschäftigten abmildern (BAG v. 24. 4. 2007 – 1 AZR 252/06, AiB 2007, 732 = NZA 2007, 987; vgl. auch Berg/Kocher/Schumann-*Wankel/Schoof*, Tarifvertragsgesetz und Arbeitskampfrecht, 5. Aufl. 2015, § 1 TVG Rn. 185 ff.; **Muster eines Sozialtarifvertrages** im Anhang).

7

Hierzu gehören z. B. **Regelungen** zu
* verlängerten Kündigungsfristen,
* Durchführung von Qualifizierungsmaßnahmen für die von Entlassung betroffenen Beschäftigten auf Kosten des Arbeitgebers und unter Fortzahlung der bisherigen Vergütung,
* Abfindungen.

Das BAG hat Tarifforderungen hierzu ausdrücklich als streikfähig anerkannt (BAG v. 24. 4. 2007 – 1 AZR 252/06, AiB 2007, 732 = NZA 2007, 987).

Der BAG-Entscheidung ging ein wahrer **Prozessmarathon** voraus. Auslöser war ein Streik im Kieler Betrieb der in Wiesloch (Baden-Württemberg) ansässigen Heidelberger Druckmaschinen AG (HDM-AG). Das Unternehmen beabsichtigte, Teile der Produktion ihres Betriebes in Kiel in den Hauptbetrieb nach Wiesloch und nach Rochester / USA zu verlagern. Durch die Verlagerung des Teilbetriebs waren von den insgesamt rd. 1000 beschäftigten Arbeitnehmern in Kiel zumindest 562 Arbeitnehmer von Kündigung bedroht. Die Arbeitgeberin verhandelte mit dem Betriebsrat vor der Einigungsstelle über den Abschluss eines Interessenausgleichs. Parallel hierzu schlug die IG Metall (Bezirksleitung Küste) dem Arbeitgeberverband Nordmetall mit Schreiben vom 18. 12. 2002 vor, für deren Mitgliedsfirma HDM-AG in Tarifverhandlungen einzutreten. Sie forderte zugunsten der Beschäftigten des Kieler Betriebs *»für den Fall, dass es trotz der Bemühungen des Betriebsrates zu Produktionsverlagerung und betriebsbedingten Kündigungen kommt«*, den Abschluss folgender tariflicher Regelungen:

» 1. Für eine betriebsbedingte Kündigung durch den Arbeitgeber gilt eine Grundkündigungsfrist von drei Monaten zum Quartalsende. Die Grundkündigungsfrist verlängert sich um jeweils zwei Monate für jedes volle Jahr des Bestehens des Arbeitsverhältnisses.
2. Beschäftigte, die betriebsbedingt gekündigt werden, haben nach Ablauf der Kündigungsfrist Anspruch auf
* *Qualifizierungsmaßnahmen für alle Beschäftigten bis zu 24 Monaten unter Fortzahlung der Vergütung. Auszubildende erhalten nach Abschluss ihrer Berufsausbildung eine Anpassungsqualifikation*
* *sowie eine Abfindung in Höhe von zwei Monatsgehältern pro Beschäftigungsjahr zuzüglich*

Arbeitskampf

Erhöhungsbetrag für Unterhaltsverpflichtung und Schwerbehinderung / Gleichstellung. Die Vorschriften der §§ 111 ff. BetrVG bleiben unberührt.
3. Über Art und Inhalt der Qualifizierung entscheidet eine Paritätische Kommission auf der Grundlage der Aus- und Weiterbildungswünsche der Beschäftigten. Bei Nichteinigung entscheidet die Einigungsstelle.
Die Qualifizierungsmaßnahmen werden in den vorhandenen Betriebsstätten durchgeführt.
Die Firma Heidelberger Druckmaschinen AG trägt die Kosten der Qualifizierungsmaßnahmen.
Die Aufstellung weiterer Forderungen bleibt vorbehalten.«

Mit Schreiben vom 23. 1. 2003 lehnte der Arbeitgeberverband Nordmetall die Aufnahme von Tarifverhandlungen ab. Am 24. 2. 2003 wurde in einer von den Kieler Vertrauensleuten der IG Metall herausgegebenen Zeitung bekannt gemacht, dass der Vorstand der IG Metall am 13. 2.2003 »grünes Licht für Urabstimmungen und Streiks im Kieler Betrieb der HDM-AG« zur Durchsetzung der Forderungen vom 18. 12. 2002 gegeben habe. Am 3. 3. 2003 fand im Kieler Betrieb der HDM-AG ein Warnstreik statt. Nachdem die IG Metall den Arbeitgeberverband Nordmetall vergeblich aufgefordert hatte, bis zum 5. 3. 2003 Tarifverhandlungen mit ihr aufzunehmen, führte sie am 6. und 7. 3.2003 die Urabstimmung durch und rief am 10. 3. 2003 zum Streik für den 11. und 12. 3. 2003 auf.

Auf Antrag von Nordmetall untersagte das Arbeitsgericht Kiel den Streik mit Beschluss (einstweilige Verfügung) vom 10. 3. 2003. Auf Widerspruch der IG Metall hob das Arbeitsgericht am 14. 3. 2003 seinen Beschluss auf und wies den Antrag von Nordmetall ab (ArbG Kiel v. 14.3.2003 – 5 Ga 10 b/03). Das Landesarbeitsgericht wies die von Nordmetall eingelegte Berufung mit Urteil vom 27. 3. 2003 zurück (LAG Schleswig-Holstein v. 27.3.2003 – 5 Sa 137/03, AiB 2004, 565). Das Urteil des LAG Schleswig-Holstein wurde rechtskräftig, weil im **einstweiligen Verfügungsverfahren** eine dritte Instanz nicht vorgesehen ist.

Im Betrieb kam es vom 17. bis 19. 3., am 24. 3., vom 26. bis 28. 3. und vom 31. 3. bis 23. 4. 2003 zu Streiks, während derer die Produktion stilllag. Parallel dazu fanden Verhandlungen der betrieblichen Einigungsstelle über einen Interessenausgleich statt, die schließlich für gescheitert erklärt wurden. Die Einigungsstelle beriet zudem über einen Sozialplan, der am 21. 6. 2003 zustande kam (u. a. mit Regelungen zu Abfindung und Qualifizierung in einer Transfergesellschaft). Nach einer zweiten Urabstimmung vom 27. 6. 2003 wurde der Streik endgültig beendet.

Nordmetall betrieb nunmehr – in Abstimmung mit Gesamtmetall – das arbeitsgerichtliche **Hauptsacheverfahren** gegen die IG Metall. Man sprach der Gewerkschaft grundsätzlich das Recht ab, im Falle einer Betriebsänderung tarifpolitisch zu agieren und wollte das höchstrichterlich bestätigt haben. Zitat aus dem Nordmetall-Geschäftsbericht 2003: »*... Nordmetall hatte wegen der außerordentlichen Bedeutung des geschilderten Falls (Heidelberg) kurzfristig seine Mitgliedsunternehmen zu einer außerordentlichen Mitgliederversammlung zusammengerufen. Die Mitgliederversammlung hat nicht nur dem betroffenen Unternehmen die Annahme des Arbeitskampfs durch Aussperrung ermöglicht, sie hat auch die unbedingte Entschlossenheit gezeigt, mit allen gegebenen Mitteln sowohl gegen die Aktionen der IG Metall als auch gegen die inakzeptable Rechtsprechung des Landesarbeitsgerichts Schleswig-Holstein vorzugehen. Wegen der grundsätzlichen Bedeutung ist der dargelegte Fall als Bündnisfall aller Verbände der Metall- und Elektroindustrie anerkannt worden. Gesamtmetall als Dachverband ist von Nordmetall voll umfänglich informiert und eingebunden. Nordmetall wird gegen die IG Metall Klage erheben, um nach dem dann folgenden Gang durch die Instanzen im höchstrichterlichen Urteil aus Erfurt zu erstreiten ...*«

Nordmetall reichte beim ArbG Frankfurt am Main – also am Hauptsitz der IG Metall – eine Unterlassungs- und Schadensersatzklage ein. Die Klage blieb in allen Instanzen (ArbG Frankfurt am Main v. 15.3.2005 – 5 Ca 4542/04, Hess. LAG v. 2.2.2006 – 9 Sa 915/05, BAG v. 24.4.2007 – 1 AZR 252/06, AiB 2007, 732 = DB 2007, 1924) erfolglos.

Arbeitskampf

Nordmetall hatte nach der Entscheidung des BAG erwogen, Verfassungsbeschwerde beim BVerfG einzulegen, hat aber letztlich davon abgesehen. Damit steht fest, dass Streiks zur Durchsetzung von Sozialtarifverträgen im Fall von → **Betriebsänderungen** oder **Ausgliederungen** (siehe → **Betriebsübergang**) mit nachteiligen Folgen für die Beschäftigten) rechtlich zulässig sind. Inzwischen ist der gewerkschaftliche Streik für einen Sozialtarifvertrag zum normalen Bestandteil gewerkschaftlicher Tarifpolitik geworden.

Obwohl im Kieler Fall der Streik letztlich nicht zum Abschluss eines Sozialtarifvertrages führte, wurde er von den IG Metall-Mitgliedern nicht als Misserfolg angesehen. Vielmehr war man stolz darauf, dass man gekämpft hat. Außerdem war allen bewusst, dass es der Arbeitgeberseite »ums Prinzip« ging und man nicht nur Nordmetall als Gegner hatte, sondern Gesamtmetall.

Ein Streik ist allerdings dann nicht möglich, wenn die geforderten Regelungen der »**relativen Friedenspflicht**« aus einem aktiv geltenden Verbands- oder Firmentarifvertrag unterliegen (siehe hierzu Rn. 11 ff.). 7a

Keine Friedenspflicht besteht (mit der Folge, dass ein Streik für die die genannten Regelungen ohne Weiteres zulässig ist), wenn
- das Unternehmen zwar tarifgebunden ist, aber die geforderten Sozialtarifvertragsregelungen bisher nicht Gegenstand eines Verbands- oder Firmentarifvertrags waren und deshalb wegen der »Relativität« der Friedenspflicht »streikfrei« sind oder
- die Firma bisher nicht tarifgebunden war oder
- ein bisher tarifgebundenes Unternehmen aus dem Tarif-Arbeitgeberverband ausgetreten (siehe → **Arbeitgeberverband** Rn. 11 ff.) ist oder den Betrieb oder einen Betriebsteil an ein nicht tarifgebundenes Unternehmen ausgegliedert hat.

Die §§ 111, 112 BetrVG (siehe → **Betriebsänderung**, → **Interessenausgleich** und → **Sozialplan**) schließen die tarifliche Regelbarkeit und Erstreikbarkeit eines Sozialtarifvertrags nicht aus. 7b

Nach zutreffender Ansicht des BAG muss die Gewerkschaft für den Streikaufruf auch nicht das Ende der betrieblichen Verhandlungen über einen → **Interessenausgleich** oder gar über den → **Sozialplan** abwarten (BAG v. 24.4.2007 – 1 AZR 252/06, a.a.O.). Für eine solche Beschränkung der koalitionsspezifischen Betätigungsfreiheit aus Art. 9 Abs. 3 GG gebe das Betriebsverfassungsgesetz nichts her. Ein Aussetzen des Streiks bis zum Ende des betrieblichen Interessenausgleichs- und Sozialplanverfahrens folge auch nicht aus arbeitskampfrechtlichen Grundsätzen. Die von den Gegnern des Sozialtarifvertragstreiks behauptete »Zangenwirkung« (vgl. Willemsen/Stamer, NZA 2007, 413; Lipinski/Ferme, DB 2007, 1250) könne im Hinblick auf die Koalitionsbetätigungsgarantie jedenfalls nicht zu Lasten der Tarifvertragsparteien aufgelöst werden (BAG v. 24.4.2007 – 1 AZR 252/06, a.a.O.).

Diesen Überlegungen des BAG ist zuzustimmen. Das BetrVG geht ersichtlich von einem »**Nebeneinander**« der Rechte und Handlungsmöglichkeiten von Gewerkschaften und Betriebsräten aus (§§ 2 Abs. 3, 74 Abs. 2 und 3 BetrVG; sog. »duales System« der Wahrnehmung der Interessen der Beschäftigten; vgl. hierzu DKKW-*Däubler*, BetrVG, 14. Aufl., Einleitung Rn. 59; Zabel, AiB 2007, 379), wobei die Tarifautonomie (Art. 9 Abs. 3 GG) Vorrang vor der Betriebsautonomie hat, wie sich aus § 77 Abs. 3 BetrVG ergibt.

Zu Unrecht wird von arbeitgebernahen Autoren eine angeblich mit dem BAG-Urteil vom 24.4.2007 einhergehende »Schwächung der Betriebsräte« beklagt (so z.B. das vom »Institut der deutschen Wirtschaft (!) herausgegebene iwd Nr. 21 v. 24.5.2007, S. 8; ebenso ein Kommentator der Süddeutschen Zeitung v. 25.4.2007). 7c

Das ist falsch.

Das BAG hatte über die Frage, ob die Rechte des Betriebsrats nach §§ 111, 112 BetrVG im Falle eines Streiks für einen Sozialtarifvertrag eingeschränkt sind, gar nicht zu entscheiden (BAG v. 24.4.2007 – 1 AZR 252/06, a.a.O.).

Arbeitskampf

Es sind vielmehr die arbeitgebernahen Autoren selbst, die eine »Schwächung des Betriebsrats« für den Fall verlangen, dass die Gewerkschaft eine Tarifbewegung bzw. einen Streik mit dem Ziel der Durchsetzung eines Sozialtarifvertrages beginnt.

Nach ihrer Ansicht soll es zur Wahrung der Kampfparität zwischen Gewerkschaft und Arbeitgeber(verband) notwendig sein, die **Beteiligungsrechte des Betriebsrats** nach §§ 111, 112 BetrVG **auszusetzen** (vgl. z. B. Löwisch, DB 2005, 554; Willemsen/Stamer, a. a. O.; Lipinski/Ferme, a. a. O.; ErfK-*Kania*, § 112, 112a Rn. 13; zweifelnd Bayreuther, NZA 2007, 1017 [1021]). Es wird dabei verwiesen auf eine BAG-Rechtsprechung (z. B. BAG v. 10. 12. 2002 – 1 AZR 96/02, NZA 2003, 734), nach der aus Gründen der Arbeitskampfparität die Mitbestimmung des Betriebsrats während eines Arbeitskampfes z. b. bei Einstellungen und Versetzungen (§ 99 BetrVG) oder bei der Anordnung von Überstunden (§ 87 Abs. 1 Nr. 3 BetrVG) ausgesetzt ist (siehe hierzu Rn. 83 ff.).

Die Forderung nach einer Aussetzung der Beteiligungsrechte des Betriebsrats nach §§ 111, 112 BetrVG im Falle eines Streiks für einen Sozialtarifvertrag ist unbegründet.

Bloße **Informationsrechte** des Betriebsrats sind schon »von Natur aus« nicht geeignet, die Kampfparität zu Lasten des Arbeitgebers bzw. Verbands zu verändern.

Dasselbe gilt für die **Mitwirkungsrechte** des Betriebsrats beim Interessenausgleich, weil das »Letztentscheidungsrecht« beim Arbeitgeber liegt.

Echte **Mitbestimmung** besteht nur beim → **Sozialplan** (§ 112 Abs. 4 BetrVG). Hier ist aber nicht ersichtlich, weshalb die Ausübung der Mitbestimmung des Betriebsrats beim Sozialplan die gebotene Kampfparität im Falle eines Streiks für einen Sozialtarifvertrag in unzulässiger Weise zugunsten der Gewerkschaft verändert. Im Gegenteil: Das BAG weist zu Recht darauf hin, dass sich die kampflose Erzwingbarkeit eines betrieblichen Sozialplans sogar negativ auf die Streikwilligkeit der Arbeitnehmer auswirken kann (BAG v. 24. 4. 2007 – 1 AZR 252/06, a. a. O.).

7d Einem Streik für Tarifforderungen in Fragen, in denen das BetrVG dem Betriebsrat Aufgaben, Informations-, Mitwirkungs- und Mitbestimmungsrechte zuweist, steht im Übrigen auch nicht das betriebsverfassungsrechtliche Arbeitskampfverbot nach § 74 Abs. 2 BetrVG (siehe → **Friedenspflicht**) entgegen.

Diese Vorschrift wendet sich an die **Betriebsparteien**, nicht aber an die Tarifvertragsparteien. Das stellt § 74 Abs. 2 zweiter Halbsatz BetrVG durch die Formulierung »*Arbeitskämpfe tarifvertragsfähiger Parteien werden hierdurch nicht berührt*« klar und es ergibt sich auch aus § 2 Abs. 3 BetrVG.

8 Werden Tarifforderungen für ein Unternehmen aufgestellt, das Mitglied in einem Arbeitgeberverband oder an einen Firmentarifvertrag gebunden ist, ist die »**relative**« **Friedenspflicht** aus den Verbandstarifverträgen bzw. dem Firmentarifvertrag zu beachten (siehe Rn. 7a und 11 ff.).

9 Aus dem **Gebot der Verhältnismäßigkeit** ergeben sich keine Beschränkungen bei der Aufstellung einer Tarifforderung.

Das Ausmaß der jeweiligen Tarifforderung ist kein zulässiger Gegenstand der arbeitsgerichtlichen Verhältnismäßigkeitsprüfung; eine **Tarifzensur** findet nicht statt (BAG v. 24. 4. 2007 – 1 AZR 252/06, a. a. O.; 10. 8. 1980 – 1 AZR 822/79, AP Art. 9 GG Arbeitskampf Nr. 64; ArbG Lübeck v. 29. 5. 2001 – 6 Ga 21/01, AiB 2002, 122).

Der Anwendungsbereich Verhältnismäßigkeitsgrundsatzes umfasst allein Verfahrensregeln bei der Durchführung einer Arbeitskampfmaßnahme (z. B. Ultima-Ratio-Prinzip, faire Kampfführung).

Arbeitskampf

> **Hinweis:**
> Eine betriebliche Tarifbewegung für einen »**Sozialtarifvertrag**« (incl. Streik) kommt auch dann in Betracht, wenn die Aufstellung eines betriebsverfassungsrechtlichen Sozialplans an der Vorschrift des § 112 a BetrVG scheitert (siehe → **Sozialplan** Rn. 31 ff.).

Das heißt: Ein »Sozialtarifvertrag« kann auch dann – ggf. mit einem Streik – durchgesetzt werden,
- wenn die Zahlenwerte des § 112 a Abs. 1 BetrVG unterschritten werden oder
- im Falle der Stilllegung eines Betriebs durch ein neu gegründetes – und deshalb nach § 112 a Abs. 2 BetrVG nicht sozialplanpflichtiges – Unternehmen.

Eine »tarifpolitische Behandlung« einer Betriebsänderung ist selbst dann möglich, wenn die §§ 111 bis 113 BetrVG überhaupt keine Anwendung finden, weil in dem Unternehmen **weniger als 20 Arbeitnehmer** beschäftigt sind (vgl. den von Zabel in AiB 2002, 347 beschriebenen Fall: Ein zu einem zahlungskräftigen Konzern gehörendes Kleinunternehmen mit acht Beschäftigten [!] sollte stillgelegt werden; es konnte ein tariflicher Sozialplan mit erheblichen Abfindungen durchgesetzt werden).

Friedenspflicht

Mit dem Abschluss eines Tarifvertrags wird als schuldrechtliche Nebenpflicht der Tarifvertragsparteien die sog. »**relative Friedenspflicht**« begründet (siehe auch → **Tarifvertrag** R. 15 ff.). Der Tarifvertrag ist in seinem schuldrechtlichen Teil zugleich ein Vertrag zugunsten Dritter. Er schützt die Mitglieder der Tarifvertragsparteien davor, hinsichtlich der tariflich geregelten Materie mit Arbeitskampfmaßnahmen überzogen zu werden. Die »relative Friedenspflicht« untersagt den Tarifvertragsparteien (genauer: den Gewerkschaften) die Durchführung von Arbeitskampfmaßnahmen (genauer: die Durchführung von Streiks), die darauf gerichtet sind, während der **Laufzeit** eines Tarifvertrags seinen Inhalt in Frage zu stellen, den Tarifvertrag vorzeitig zu beenden oder seinen Inhalt zu ändern. Sie bezieht sich nur auf die tarifvertraglich geregelten Gegenstände. Die sachliche Reichweite der Friedenspflicht ist durch **Auslegung** der tariflichen Regelungen zu ermitteln.

Die Friedenspflicht haftet am Tarifvertrag, nicht etwa an der **Verbandsmitgliedschaft** eines Arbeitgebers. Deshalb kann ein Streik auch gegen einen verbandsangehörigen Arbeitgeber in Bezug auf solche Regelungsgegenstände geführt werden, die nicht in den Verbandstarifverträgen geregelt sind (»Ergänzungstarifvertrag«). Dies folgt letztlich aus dem Umstand, dass ein einzelner Arbeitgeber trotz Mitgliedschaft im Arbeitgeberverband **tariffähig** bleibt (§ 2 Abs. 1 TVG; vgl. BAG v. 10. 12. 2002 – 1 AZR 96/02, NZA 2003, 734).

Friedenspflicht besteht auch nicht gegenüber solchen Arbeitgebern, die nicht Mitglied in einem Arbeitgeberverband sind und bei denen auch (noch) kein Firmentarifvertrag abgeschlossen werden konnte.

Das heißt: Nach Scheitern der Verhandlungen mit einem nicht tarifgebundenen Unternehmen über einen Firmentarifvertrag (z. B. »Anerkennungstarifvertrag«; siehe → **Tarifvertrag** Rn. 6 b) kann die Gewerkschaft Arbeitskampfmaßnahmen einleiten.

Die **relative Friedenspflicht endet**, wenn ein Tarifvertrag gekündigt wird, mit Ablauf der Kündigungsfrist bzw. bei einem befristet abgeschlossenen Tarifvertrag mit Ablauf dieser Frist. In einigen Branchen ist die Friedenspflicht um eine zwischen den Tarifvertragsparteien vereinbarte »**Nachfrist**« verlängert worden.

Arbeitskampf

Beispiel: Metallindustrie
Entsprechend einer Vereinbarung zwischen der IG Metall und den Metall-Arbeitgeberverbänden dürfen innerhalb eines Zeitraums von vier Wochen nach Ablauf des Tarifvertrages keine Arbeitskampfmaßnahmen durchgeführt werden.

14 Die Friedenspflicht dürfte auch entfallen, wenn der Arbeitgeber mit dem Ziel der Gewinnsteigerung eine Veränderung des ungekündigten Tarifvertrages zu Lasten der Beschäftigten fordert (z. B. unbezahlte Arbeitszeitverlängerung oder Kürzungen des Tariflohns) und diese Forderung mit einer **Drohung**, andernfalls den Betrieb zu schließen bzw. zu verlagern oder Investitionen zu verlagern.

Eine solche Verknüpfung führt zu einer gravierenden **Verzerrung** des – das Tarif- und Arbeitskampfrecht beherrschenden – Prinzips der Verhandlungs- und Kampfparität (»**Waffengleichheit**«; siehe Rn. 1) zu Lasten der Gewerkschaft.

Das sollte jedenfalls dann gelten, wenn man die Gewerkschaft weiterhin an die Friedenspflicht aus dem ungekündigten Tarifvertrag bindet. Der Arbeitgeber hat dann alle Druckmittel in der Hand, die Gewerkschaft kaum noch Möglichkeiten, Gegendruck auszuüben (die Möglichkeit, »Nein« zu sagen, hilft angesichts des Erpressungsdrucks nicht wirklich). Der Grundsatz der »Parität am Verhandlungstisch« würde verletzt. Ohne Parität der Tarifvertragsparteien läuft die Tarifautonomie leer.

Deshalb muss gelten: Wer mit Standort- und Investitionsverlagerung droht, beendet für die andere Tarifpartei – die Gewerkschaft – die relative Friedenspflicht aus dem bestehenden Tarifvertrag. Folge: die Gewerkschaft kann zum »Abwehrstreik« (analog »Abwehraussperrung«; siehe Rn. 54) aufrufen.

Beispiel:
Das Unternehmen fordert eine Arbeitszeitverlängerung ohne Lohnausgleich und verbindet diese Forderung mit der Drohung, andernfalls werden man Standort- und Investitionen verlagern. In diesem Fall wird die an die Arbeitszeitregelung des Flächentarifvertrages gekoppelte Friedenspflicht ausgesetzt. Das durch den Flächentarifvertrag geregelte Thema »Arbeitszeitdauer« wird arbeitskampffrei, solange die Drohung aufrechterhalten wird. Das Unternehmen muss sich gefallen lassen, dass die Gewerkschaft auf die Forderung nach Verlängerung der Arbeitszeit z. B. mit einem Aufruf zum Warnstreik reagiert.

15 **Hinweis:**
Bislang hat es zu dieser Frage noch **keine Rechtsprechung** gegeben. Lediglich einige Äußerungen in der Literatur:
»*Heute könnte man auf die Aussperrung freilich ganz verzichten, der Hinweis auf die Verlegung der Produktion nach Tschechien oder sonst wohin tut die gleichen Dienste*« (Gamillscheg, 50 Jahre deutsches Arbeitsrecht im Spiegel einer Festschrift, RdA 2005, 79).
Oder: »*Dass eine Seite über die andere nach eigenem Gutdünken« verfügen kann, will mir als Arbeitsrechtler nicht so recht einleuchten. »Daumen runter« statt Verhandlungen auf gleicher Augenhöhe – so hatte man nicht gewettet. Dass Arbeitgeber und Arbeitnehmer gleichermaßen Opfer des Marktes werden, ist gewissermaßen im System mitgedacht; wenn die Produkte nicht mehr kostendeckend abgesetzt werden können, trifft dies auch die Arbeitnehmer. Aber dass eine Seite die andere aus dem Boot kippen kann, nur um anderenorts mit höherem Gewinn weiter zu produzieren – das schafft eine neue Dimension. Im arbeitsrechtlichen System klafft hier eine Lücke, die sich allenfalls ausnahmsweise durch eine streikweise erzwungene tarifliche Regelung der Standortproblematik schließen lässt. Man wird die Frage nach der Akzeptanz der bestehenden Arbeitsrechtsordnung stellen müssen, wenn sich das Offshoring nicht nur auf Einzelfälle beschränkt ...*« (Däubler, Offshoring und die Hilflosigkeit des Arbeitsrechts, NJW 2005, 30).

16 Zum Ende der Friedenspflicht bei **Verbandsaustritt** oder **OT-Wechsel** siehe → **Arbeitgeberverband** Rn. 17 ff.

Arbeitskampf

Warnstreik

Warnstreiks sind verhandlungsbegleitende, zeitlich begrenzte Arbeitsniederlegungen nach Ablauf der tariflichen Friedenspflicht und vor Durchführung einer Urabstimmung (siehe Rn. 23 ff.).
Zweck eines Warnstreiks ist es, durch die Ausübung von Druck auf die Arbeitgeberseite Tarifverhandlungen zu erzwingen oder aber festgefahrene Tarifverhandlungen zu beleben.
Außerdem ist er ein notwendiger »Test« für die Gewerkschaften, die Solidarität und die Arbeitskampfbereitschaft ihrer Mitglieder und der Außenseiter zu erkunden.
Eine **Urabstimmung** (siehe Rn. 23 ff.) ist nach den Gewerkschaftssatzungen nur für den befristeten oder unbefristeten »**Erzwingungsstreik**« (siehe Rn. 26 ff.) vorgesehen.

17

Der Warnstreik ist – so die ständige Rechtsprechung des Bundesarbeitsgerichts (grundlegend: BAG v. 21. 6. 1988 – 1 AZR 651/86, NZA 1988, 846) – eine zulässige gewerkschaftliche Kampfmaßnahme.
Sie unterliegt aber – ebenso wie der »Erzwingungsstreik« siehe Rn. 26 ff.) – einigen, von der Rechtsprechung des BAG festgelegten Rechtmäßigkeitsvoraussetzungen (siehe Rn. 29).
Insbesondere gilt das sog. **Ultima-Ratio-Prinzip**: Hiernach dürfen Arbeitskämpfe auch nach Ablauf der Friedenspflicht nur eingeleitet und durchgeführt werden, wenn zuvor Tarifforderungen erhoben worden sind und über diese Forderungen Tarifverhandlungen stattgefunden haben (Ausnahme: der Arbeitgeber lehnt Verhandlungen über eine Forderung der Gewerkschaft kategorisch ab).
Das Ultima-Ratio-Prinzip verlangt nicht, dass die Tarifverhandlungen förmlich (»offiziell«) für gescheitert erklärt werden.
Vielmehr liegt in der Einleitung von Arbeitskampfmaßnahmen (z. B. Warnstreikaufruf) die freie – gerichtlich nicht nachprüfbare – **Entscheidung der Gewerkschaft**, dass sie die Verhandlungsmöglichkeiten ohne den Druck eines zeitlich begrenzten Warnstreiks als ausgeschöpft ansieht.
Hierzu ein Auszug aus BAG v. 21. 6. 1988 – 1 AZR 651/86, a. a. O.: *»Arbeitskampfmaßnahmen sind ... nicht erst dann zulässig, wenn das Scheitern der Tarifvertragsverhandlungen »offiziell« erklärt ... worden ist. Wenn es auf eine fortbestehende Verhandlungs- und Kompromissbereitschaft der Tarifvertragsparteien materiell nicht ankommen kann, die Tarifvertragsparteien vielmehr selbst frei darüber bestimmen, wann die Verhandlungen gescheitert sind, kann auch eine irgendwie geartete formalisierte Erklärung des Scheiterns der Tarifverhandlungen eine Arbeitskampfmaßnahme nicht erst zulässig machen. Diejenige Tarifvertragspartei, die zu Arbeitskampfmaßnahmen greift, gibt damit vielmehr gleichzeitig zu erkennen, dass sie die Verhandlungsmöglichkeiten für ausgeschöpft hält und keine Möglichkeit sieht, ohne den Einsatz von Arbeitskampfmaßnahmen noch zu einer Einigung zu kommen. Darauf, ob diese Einschätzung zutreffend ist, kommt es – wie dargelegt – nicht an und kann es nicht ankommen, weil dies wiederum zu der materiellen Prüfung führen würde, ob noch Verhandlungs- und Kompromissbereitschaft bestand ...*
Die Tatsache allein, dass die Tarifvertragsparteien am 18. April 1985 für den 7. Mai 1985 einen neuen Verhandlungstermin vereinbart haben, macht Arbeitskampfmaßnahmen für die Zeit bis dahin nicht unzulässig. Zwar bedeutet jede Vereinbarung eines neuen Verhandlungstermins, dass die Tarifvertragsparteien die Hoffnung haben, es werde in diesem Termin zu einer Einigung zu kommen. Nicht aber ist damit gleichzeitig gesagt, dass sie auch die Hoffnung haben, ohne Arbeitskampfmaßnahmen zu einer Einigung zu kommen, sie also noch nicht alle kampffreien Verständigungsmöglichkeiten als ausgeschöpft ansehen. Die Vereinbarung eines neuen Verhandlungstermins kann daher für sich allein eine Arbeitskampfmaßnahme, weil nicht, noch nicht oder nicht mehr erforderlich, nicht unzulässig machen. Wollte man das annehmen, würde dies auch bedeuten, dass immer dann, wenn die Tarifvertragsparteien in Zeiten eines schon laufenden Arbeitskampfes wieder einen Verhandlungstermin vereinbaren, von diesem Zeitpunkt an die laufenden

18

Arbeitskampf

Arbeitskämpfe unzulässig würden. Das aber ist nicht der Fall. Verhandlungen über den Neuabschluss von Tarifverträgen sind während der Dauer von Arbeitskampfmaßnahmen üblich, ohne dass daraus Folgerungen für die Zulässigkeit der laufenden Arbeitskampfmaßnahmen gezogen würden«.

19 Niemand darf wegen der Teilnahme an einem von der Gewerkschaft ausgerufenen zulässigen Warnstreik benachteiligt oder gemaßregelt werden.

Insbesondere darf der Arbeitgeber weder eine → **Abmahnung** aussprechen noch **kündigen**, wenn sich ein Arbeitnehmer am Warnstreik beteiligt.

20 Auch → **Auszubildende** haben das Recht, an Warnstreiks und Streiks teilzunehmen, wenn auch ihre Arbeitsbedingungen Gegenstand der Tarifauseinandersetzung sind (BAG v. 12.9.1984 – 1 AZR 342/83, DB 1984, 2563).

21 Das Arbeits- bzw. Ausbildungsverhältnis wird durch den Warnstreik **nicht unterbrochen oder aufgelöst**, sondern besteht weiter fort (siehe Rn. 93).

Der Arbeitnehmer ist aber für die Dauer des Warnstreiks nicht zur Arbeit und der Arbeitgeber nicht zur Zahlung des → **Arbeitsentgelts** bzw. der Ausbildungsvergütung verpflichtet. Es besteht keine Pflicht, die durch Streik ausfallende Arbeitszeit »nachzuarbeiten«.

22 Am Warnstreik können auch Arbeitnehmer teilnehmen, die **nicht in der Gewerkschaft organisiert** sind, aber von der Gewerkschaft dennoch zur Streikteilnahme aufgerufen werden (meist richtet sich der Streikaufruf an alle Beschäftigten des Betriebs, gleichgültig, ob sie gewerkschaftlich organisiert sind oder nicht).

22a Ob Arbeitnehmer vor Teilnahme an einem Warnstreik **abstempeln** (Aus- und Zurückstempeln) müssen, ist strittig (dagegen: ArbG Braunschweig v. 12.4.1989 – 3 Ca 1286/88; dafür: LAG Hamm v. 25.5.1993 – 4 Sa 11/93 und ArbG Herford v. 30.10.2003 – 1 Ca 912/02, DB 2003, 2494).

Die besseren Gründe sprechen gegen eine Pflicht zum Abstempeln. Während eines Streiks ist die Arbeitspflicht der Arbeitnehmer »suspendiert« (= zum Ruhen gebracht; siehe Rn. 93).

Davon werden auch die mit der Arbeitspflicht in unmittelbarem Zusammenhang stehenden Nebenpflichten erfasst. Hierzu zählt die Nebenpflicht zum Abstempeln.

Deshalb müssen sich Beschäftigte, die an einem von der Gewerkschaft ausgerufenen Warnstreik teilnehmen wollen, weder beim Vorgesetzten abmelden, noch ihre Streikbeteiligung in irgendwelchen – vom Arbeitgeber vorgelegten Listen – dokumentieren noch sich per elektronischer Zeiterfassung ab- und nach Ende des Warnstreiks zurückmelden.

Hinzu kommt, dass in der Bedienung des Zeiterfassungsgeräts nicht die Erklärung des Arbeitnehmers liegt, von seinem legitimen Streikrecht Gebrauch zu machen, sondern in **Freizeit** zu gehen.

Eine Verringerung der Sollarbeitszeit würde – anders als bei der Streikteilnahme – nicht eintreten, was mit dem Wesen des Streiks unvereinbar ist (siehe Rn. 21, 33, 93). Streik und Freizeitnahme schließen sich aus.

Im Übrigen: Ob ein Arbeitgeber, der auf dem Abstempeln besteht, gut beraten ist, darf bezweifelt werden. Denn das Aus- und Zurückstempeln führt letztlich zu einer Verlängerung des Arbeitsausfalls. Man stelle sich die »**Schlangen« vor den Zeiterfassungsgeräten** bei Beginn und Ende des Warnstreiks vor.

Urabstimmung

23 Vor Ausrufung eines Erzwingungsstreiks (nicht eines Warnstreiks) ist nach den Gewerkschaftssatzungen meist eine **Urabstimmung** der Gewerkschaftsmitglieder durchzuführen. Dies ist aber nach h.M. ein gewerkschaftsinterner Vorgang und keine Zulässigkeitsvoraussetzung für den Streik (ArbG Dresden v. 14.1.2004 – 1 Ca 3081/03, AuR 2004, 165; ArbG Düsseldorf v. 21.8.1972 – 7 Ca 1995/71, EzA Art. 9 Arbeitskampf Nr. 15).

Arbeitskampf

Die Urabstimmung kann in einem, aber auch in mehreren Tarifgebieten stattfinden. Über die Frage, ob und in welchen Tarifgebieten eine Urabstimmung durchgeführt wird, entscheidet auf Antrag der Tarifkommission des jeweiligen Tarifgebiets der Gewerkschaftsvorstand. Entsprechendes gilt bei einer Urabstimmung im Rahmen einer Tarifauseinandersetzung um einen **Firmentarifvertrag**.

Nach den **DGB-Arbeitskampfrichtlinien** von 1974 sind Vorbereitungsmaßnahmen für einen Streik, insbesondere eine Urabstimmung, noch keine Arbeitskampfmaßnahme. Das BAG hat das allerdings in einer älteren – vielfach kritisierten – Entscheidung anders gesehen (BAG v. 31.10.1958 – 1 AZR 632/57, DB 1959, 143 = AP TVG § 1 Friedenspflicht Nr. 2); bereits der Beschluss der zuständigen Gewerkschaftsorgane, eine Urabstimmung durchzuführen, sei eine Arbeitskampfmaßnahme, die nicht während einer noch laufenden Friedenspflicht erfolgen dürfe. 24

Die Modalitäten der Urabstimmung sind in den **Satzungen** der Gewerkschaften unterschiedlich geregelt. 25

> **Beispiel:**
> Industriegewerkschaft Metall
> Der IG-Metall-Vorstand kann nur dann die Ausrufung eines Streiks beschließen, wenn sich mindestens 75 % der stimmberechtigten Mitglieder in der Urabstimmung für den Streik ausgesprochen haben.
> Stimmberechtigt sind nur Mitglieder der IG Metall. Und auch nur solche, die faktisch in der Lage sind, an Urabstimmung und Streik teilzunehmen. Wer also beispielsweise wegen Krankheit, Urlaub oder aus sonstigen Gründen abwesend ist, zählt nicht zu den stimmberechtigten Mitgliedern.
> Die hohe Prozentzahl (»mindestens 75 %«) ergibt sich aus dem Umstand, dass ein Streik nur dann erfolgreich sein kann, wenn er mit größtmöglicher Geschlossenheit durchgeführt wird.
> Ist ein Streik ausgerufen, so ist für eine Beendigung des Streiks eine weitere Urabstimmung erforderlich. Diese wird durchgeführt, wenn während des Streiks eine »wesentliche Änderung der Situation« eintritt (z.B. Vorliegen eines Verhandlungsergebnisses). Eine Fortsetzung des Streiks ist nur dann möglich, wenn sich wiederum mindestens 75 % der stimmberechtigten Mitglieder für eine Weiterführung des Streiks ausgesprochen haben. Umgekehrt ausgedrückt: Wenn mehr als 25 % der stimmberechtigten Mitglieder des Streikgebiets (= Tarifgebiet) mit dem Verhandlungsergebnis einverstanden sind, muss der Streik beendet werden.

Streik

Der Streik ist nach einer »alten« Definition des Bundesarbeitsgerichts die gemeinsame und planmäßig durchgeführte **Arbeitseinstellung** einer größeren Anzahl von Arbeitnehmern innerhalb eines Berufes oder Betriebes zu einem Kampfzweck mit dem Willen der Fortsetzung der Arbeit nach Erreichen des Kampfzieles und Beendigung des Arbeitskampfes (BAG v. 25.1.1963 – 1 AZR 288/62, DB 1963, 625). 26

Nach BAG v. 17.7.2012 – 1 AZR 563/11 und BAG v. 26.7.2005 – 1 AZR 133/04 ist Streik »*definitionsgemäß die* **kollektive Vorenthaltung** *der geschuldeten Arbeitsleistung, um durch die daraus resultierenden wirtschaftlich schädlichen Folgen Druck auf die Arbeitgeberseite dahin auszuüben, in eine gewünschte tarifvertragliche Regelung einzuwilligen*«.

Der Streik ist das verfassungsmäßig garantierte **letzte Mittel** der Arbeitnehmer und ihrer Gewerkschaft, um berechtigte Forderungen durchzusetzen. Mit einer Arbeitsniederlegung soll Druck auf die Arbeitgeber ausgeübt werden, um ein akzeptables Ergebnis zu erzwingen.

Für den Streik nach einer Urabstimmung (siehe Rn. 23 ff.) wird der Begriff »**Erzwingungsstreik**« verwendet (in Abgrenzung zum **Warnstreik**, zu dem in der Praxis ohne vorherige Urabstimmung aufgerufen wird; siehe Rn. 17 ff.).

Der Erzwingungsstreik kommt in verschiedenen **Formen** vor, u.a. als 27

285

Arbeitskampf

- (klassischer) unbefristeter Streik,
- (zunächst) befristeter Streik (danach Wiederaufnahme der Arbeit und dann erneut ein befristeter Streik; wenn notwendig Übergang zum unbefristeten Streik),
- Wechselstreik (in wechselnder Folge werden Belegschaften verschiedener Betriebe zu befristeten Streiks aufgerufen),
- Wellenstreik (in wechselnder Folge werden Beschäftigte verschiedener Abteilungen eines Betriebs zu befristeten Streiks aufgerufen).

28 Nach Ansicht des BAG können nur → **Gewerkschaften** Träger des Streiks sein. Nichtgewerkschaftliche Streiks werden als »**wilder Streik**« bezeichnet. Auszug aus BAG v. 20.12.1963 – 1 AZR 428/62: »*Jeder nicht durch die Gewerkschaft organisierte, dh durch sie begonnene oder doch nachträglich übernommene Streik (wilder Streik) ist rechtswidrig. Das Mittel des Streiks ist eine scharfe Waffe. Das verbietet es, das Streikrecht Personen oder Gruppen anzuvertrauen, bei denen nicht die Gewähr dafür besteht, dass sie nur in vertretbarem Umfang davon Gebrauch machen werden.*«

In einem der BAG-Entscheidung v. 21.10.1969 – 1 AZR 93/68 zugrunde liegenden Fall ging es um einen **spontanen Soli-/Proteststreik** einiger hundert Arbeitnehmer gegen die fristlose Entlassung des Betriebsratsvorsitzenden. Eine Streikteilnehmerin wurde vom Betriebsleiter direkt aufgefordert, die Arbeit wieder aufzunehmen, was diese ablehnte. Daraufhin wurde sie fristlos gekündigt. Das BAG hat die fristlose Kündigung bestätigt. Die Entscheidung ist lesenswert, denn sie zeigt, dass ein ethisch hochwertiges Solidarverhalten von Arbeitnehmern (für den entlassenen BR-Vorsitzenden) als böse Tat diffamiert wird, die sogar eine fristlose Kündigung rechtfertigt.

Gegen diese »Uralt-Rechtsprechung« des BAG sprechen einige gute Gründe, z.B. Art. 6 Nr. 4 der Europäischen Sozialcharta: »*Um die wirksame Ausübung des Rechtes auf Kollektivverhandlungen zu gewährleisten, verpflichten sich die Vertragsparteien ... und anerkennen das Recht der Arbeitnehmer und der Arbeitgeber auf kollektive Maßnahmen einschließlich des Streikrechts im Falle von Interessenkonflikten, vorbehaltlich etwaiger Verpflichtungen aus geltenden Gesamtarbeitsverträgen.*«

Dass hat etwa das ArbG Gelsenkirchen v. 13.3.1998 – 3 Ca 3173/97, AiB 1998, 655 so gesehen und zutreffend entschieden: »*Es bestehen erhebliche Zweifel, ob Aktivitäten von Arbeitnehmern im Rahmen eines nicht von einer Gewerkschaft getragenen und nicht auf tariflich regelbare Ziele ausgerichteten Streiks eine fristlose, arbeitgeberseitige Kündigung rechtfertigen können. § 626 Abs. 1 BGB und Art. 9 Abs. 3 GG bedürfen der Auslegung im Lichte von Art. 6 Ziff. 4 ESC, der den verbandsfreien Streik von »Arbeitnehmern« garantiert. Sogenannte wilde Protest- und Solidaritätsstreiks, die sich auf tariflich nicht regelbare Ziele (zB Verhinderung einer Betriebsschließung) beziehen, sind daher als rechtmäßig anzusehen.*«

28a Die Gewerkschaft kann eine spontane Arbeitsniederlegung **nachträglich übernehmen**. Auszug aus BAG v. 20.12.1963 – 1 AZR 429/62: »*Bricht ein Streik als wilder Streik aus, übernimmt ihn aber die Gewerkschaft, so wird er bei Vorliegen der übrigen Voraussetzungen im ganzen Umfang, d.h. von vornherein, rechtmäßig. Auch die vor der Übernahme entstandenen Schäden brauchen in einem solchen Fall nicht ersetzt zu werden, wenn ein Verstoß gegen die Streikregeln nicht vorliegt. Ebenso muss dann aber der, der einen rechtswidrigen Streik unterstützt, für die gesamten Streikfolgen einstehen, mag die Unterstützung auch erst zu einer späteren Zeit eingesetzt haben. Denn mit dieser billigt er das Kampfmittel insgesamt und er identifiziert sich mit den Maßnahmen der rechtwidrig Streikenden. Er übernimmt dadurch, wie er von vornherein weiß oder doch wissen muss, auch deren gesamte Haftung. Die Gewerkschaft, die einen Streik zwar nicht beginnt und auch nicht übernimmt, jedoch an die Streikenden Gemaßregelten-Unterstützung zahlt und sie dadurch in ihrem Arbeitskampfwillen bestärkt, haftet im Falle ihrer Verantwortlichkeit als Gehilfin der streikenden Arbeitnehmer gesamtschuldnerisch dem bestreikten Arbeitgeber für alle durch den Streik entstandenen Schäden.*«

Arbeitskampf

Voraussetzung für die Durchführung eines gewerkschaftlichen Erzwingungsstreiks ist nach den meisten Gewerkschaftssatzungen eine **Urabstimmung** unter den Mitgliedern der Gewerkschaft (siehe Rn. 23 ff.).
Die Durchführung einer Urabstimmung ist aber nach allgemeiner Auffassung keine Zulässigkeitsvoraussetzung für den Streik (siehe Rn. 23).
28b

Die Rechtsprechung formuliert eine Reihe von **Bedingungen** für rechtmäßige Streiks (Warnstreiks – siehe Rn. 17 ff. – und Erzwingungsstreiks):
29
- nur der Streik für **tariflich regelbare Ziele** ist geschützt (siehe Rn. 4); das hat Auswirkungen auf nicht gewerkschaftlich getragene und politische Streiks sowie Streiks zur Durchsetzung von Rechtsansprüchen und tarifvertraglichen Ansprüchen; die tarifliche Regelbarkeit und damit Erstreikbarkeit entfällt auch, wenn angestrebte Tarifvertrag einen rechtswidrigen Inhalt hat;
- der Streik darf nicht gegen die **Friedenspflicht** aus einem bestehenden Tarifvertrag verstoßen;
- zentraler Maßstab für die Beurteilung der unterschiedlichen Erscheinungsformen des Arbeitskampfs ist der Grundsatz der Verhältnismäßigkeit; der Zeitpunkt und die Art der Durchführung unterliegen dem Grundsatz der **Verhältnismäßigkeit**; insbesondere muss er zur Erreichung dieses Zieles geeignet und sachlich erforderlich ist, erst als letztes Mittel nach Ausschöpfung der Verhandlungsmöglichkeiten eingesetzt wird (»**Ultima-Ratio-Prinzip**«) und nach den Regeln eines **fairen Kampfes** geführt werden;

Fazit: Der gewerkschaftliche Streik für tarifliche Ziele nach Ablauf der Friedenspflicht ist im Kern rechtlich problemlos. Es gilt der Grundsatz: »**Was tariflich regelbar ist, ist auch erstreikbar** (sofern die Friedenspflicht nicht entgegensteht)«.
Die Reduzierung des Streikrechts auf ein bloßes »**Hilfsinstrument der Tarifautonomie**« ist allerdings abzulehnen. Es bestehen Zweifel, ob eine derartige Beschränkung des Streikrechts mit Art. 9 Abs. 3 GG vereinbar ist. Das Streikziel »Abschluss eines Tarifvertrags« ist sicher ein entscheidendes, aber nicht das einzige Instrument zur Wahrung und Förderung der Arbeits- und Wirtschaftsbedingungen. Auch die Entstehungsgeschichte des Grundgesetzes spricht gegen die Einengung. Bei Beratungen zum Grundgesetz 1949 waren jedenfalls allein der Beamtenstreik (siehe Rn. 31) und der politische Streik (siehe Rn. 37 a) umstritten. Zu keinem Zeitpunkt und an keiner Stelle war von einer Reduzierung des Streikrechts auf Tarifziele die Rede.
Die Europäische Sozialcharta (ESC) kennt ebenfalls die Reduzierung des Streikrechts auf tariflich regelbare Ziele nicht (siehe Rn. 2 a).
Nach zutreffender Ansicht (vgl. z. B. Blanke, AuR 1989, 2) sind deshalb auch Streiks zulässig, bei denen es um sonstige Interessenkonflikte im Bereich der Arbeits- und Wirtschaftsbedingungen geht (beispielsweise Proteststreiks gegen Maßnahmen des Arbeitgebers oder der Politik, die als ungerecht oder übermäßig belastend empfunden werden).
Zweifel an der bisherigen streikeinschränkenden Rechtsprechung des BAG ergeben sich auch aus Art. 6 Nr. 4 der Europäischen Sozialcharta (siehe Rn. 2 a).
Es ist zu hoffen, dass das BAG dem folgt und seine Rechtsprechung ändert.

Bei der Prüfung, ob eine Streikforderung und damit der Streik selbst auf ein tariflich regelbares Ziel gerichtet ist, das nicht der Friedenspflicht unterliegt, ist auf diejenigen Forderungen abzustellen, mit der letztlich die **Streikdrohung verbunden** wird.
29a
Das sind nicht die Forderungen, die dem Arbeitgeber bzw. Arbeitgeberverband bei **Beginn** der Tarifbewegung übermittelt worden sind. Entstehen später Zweifel, ob eine oder mehrere der übermittelten Forderungen streikfähig sind, können sie zurück genommen werden. Es muss die Möglichkeit gewährleistet bleiben, dass noch im Verlauf der Auseinandersetzung aufkommenden Bedenken hinsichtlich der Rechtmäßigkeit und Erstreikbarkeit der ursprünglich erhobenen Forderungen Rechnung getragen werden kann (BAG v. 19. 6. 1973 – 1 AZR 521/72,

Arbeitskampf

AuR 1973, 278 und v. 10.6.1980 – 1 AZR 822/79, DB 1980, 1266; LAG Sachsen-Anhalt v. 12.3.1997 – 3 Sa 285/96, NZA-RR 98, 270 = AuR 1998, 423). Auch sonstige Verlautbarungen (Interviews, Presseerklärungen, Flugblätter, Streikzeitungen usw.) bleiben schon aus Gründen der Rechtssicherheit und zur Gewährleistung der Unbefangenheit der Willensbildung innerhalb der Gewerkschaft außer Betracht (BAG v. 24.4.2007 – 1 AZR 252/06, AiB 2007, 732; LAG Schleswig-Holstein v. 27.3.2003 – 5 Sa 137/03, AiB 2004, 565).

Deshalb ist für die Bestimmung des Streikziels maßgeblich allein der Inhalt des – regelmäßig zu einem späteren Zeitpunkt – von dem satzungsmäßig zuständigen Organ der Gewerkschaft gefassten **Streikbeschluss** (BAG v. 24.4.2007 – 1 AZR 252/06, a.a.O.). Für den Erzwingungsstreik ist das zuständige Organ regelmäßig der Vorstand der Gewerkschaft; für zeitlich vorausgehende Warnstreiks können nach den jeweiligen Regularien der Gewerkschaften auch regionale oder örtliche Gremien zuständig sein.

29b Wird ein Streik für **mehrere Forderungen** (»Forderungspaket«) durchgeführt, stellt sich die Frage, ob der Streik insgesamt rechtswidrig ist, wenn nur eine der Forderungen rechtswidrig ist oder der Friedenspflicht unterliegt.

Das BAG bejaht dies jedenfalls dann, wenn es sich um eine **Hauptforderung** handelt (BAG v. 10.12.2002 – 1 AZR 96/02, AuR 2004, 149 = NZA 2003, 735).

Etwas anderes gilt, wenn die rechtswidrige bzw. der Friedenspflicht unterliegende Forderung nur untergeordnete Bedeutung hat (offen gelassen von BAG v. 10.12.2002 – 1 AZR 96/02, a.a.O.).

29c Ist ein Streik mit einer tariflich nicht regelbaren und/oder die Friedenspflicht verletzenden (Haupt-)Forderung begonnen worden, endet die Rechtswidrigkeit des Streiks, wenn diese Forderung durch das satzungsmäßig zuständige Organ der Gewerkschaft durch öffentliche Verlautbarung oder Erklärung gegenüber der Arbeitgeberseite zurück genommen wird (LAG Sachsen v. 2.11.2007 – 7 SaGa 19/07, NZA 2008, 59).

30 Auch → **Auszubildende** haben das Recht, sich an einem Streik, der – auch – auf eine Verbesserung ihrer Arbeitsbedingungen abzielt, zu beteiligen (BAG v. 12.9.1984 – 1 AZR 342/83, DB 1984, 2563).

31 **Beamte** haben nach bisheriger bundesdeutscher höchstrichterlicher Rechtsprechung kein Streikrecht (vgl. z.B. BVerwG v. 10.5.1984 – 2 C 18/82, NZA 1984, 401).

Das Verwaltungsgericht Kassel ist hiervon abgewichen und hat den Streik von beamteten Lehrern für bessere Arbeitsbedingungen für zulässig erklärt (VG Kassel v. 27.7.2011 – 28 K 574/10.KS.D und 1208/10.KS.D [n.rk.]). Das Gericht berief sich dabei auf § 11 der Menschenrechtskonvention (EMRK) und die dazu ergangene Rechtsprechung des Europäischen Gerichtshofs für Menschenrechte (z.B. EGMR v. 21.4.2009 – 68959/01, AuR 2009, 274 = NZA 2010, 1423). Das von Artikel 11 EMRK geschützte Streikrecht könne nur für Beamte eingeschränkt werden, die im Kernbereich hoheitlicher Staatsaufgaben tätig sind (Streitkräfte, Polizei, Staatsverwaltung).

Auch das Verwaltungsgericht Düsseldorf hat die Verhängung einer Disziplinarmaßnahme wegen der Streikteilnahme einer verbeamteten Lehrerin mit Blick auf Artikel 11 EMRK für unzulässig erklärt (VG Düsseldorf v. 15.12.2010 – 31 K 3904/10.O [n.rk.]). In derartigen Fällen sei das Disziplinarverfahren einzustellen, da nur so der EMRK Rechnung getragen werden könne.

Dieser Argumentation sind die angerufenen Oberverwaltungsgerichte NRW und Lüneburg nicht gefolgt (OVG NRW v. 7.3.2012 – 3 d A 317/11.O; OVG Lüneburg v. 12.6.2012 – 20 BD 7/11 und 20 BD 8/11). Die Koalitionsfreiheit werde für verbeamtete Lehrer durch die im Grundgesetz verankerten »**hergebrachten Grundsätze des Berufsbeamtentums**« eingeschränkt. Es könne dahinstehen, ob sich das Streikverbot für deutsche verbeamtete Lehrer mit Art. 11 EMRK in seiner Auslegung durch den EGMR vereinbaren lässt. Auch unter Berück-

Arbeitskampf

sichtigung des Art. 11 EMRK sei das Streikverbot für deutsche Beamte jedenfalls ein tragender Bestandteil des ausbalancierten Systems des Berufsbeamtentums mit den gegenseitigen Rechten und Pflichten der Beamten und ihrer Dienstherrn. Es stelle einen tragenden Verfassungsgrundsatz dar, der nur vom Verfassungsgesetzgeber geändert werden könne.

Beamte dürfen nach einer Entscheidung des Bundesverfassungsgerichts nicht als **Streikbrecher** eingesetzt werden (BVerfG v. 2.3.1993 – 1 BvR 1213/85, AiB 1993, 398). 31a

Niemand darf wegen der Teilnahme an einem von der Gewerkschaft ausgerufenen Streik **benachteiligt** oder **gemaßregelt** werden (§ 612a BGB). 32

Insbesondere darf der Arbeitgeber weder eine → **Abmahnung** aussprechen noch **kündigen**.

Üblicherweise wird am Ende einer Tarifbewegung von der Gewerkschaft eine sog. **Maßregelungsklausel** gefordert und im Regelfall als Teil des Verhandlungsergebnisses (siehe Arbeitshilfen) vereinbart.

> **Beispiel:**
> 1. Jede Maßregelung von Beschäftigten und Auszubildenden aus Anlass oder im Zusammenhang mit der Tarifbewegung .... unterbleibt oder wird rückgängig gemacht, falls sie bereits erfolgt ist.
> 2. Schadensersatzansprüche aus Anlass der Teilnahme an der Tarifbewegung entfallen.
> 3. Auch Schadensersatzansprüche gegen eine Tarifvertragspartei entfallen.
> 4. Altersteilzeitbeschäftigte erhalten Gelegenheit, streikbedingte (bzw. aussperrungsbedingte) Ausfallzeiten nachzuarbeiten.
> 5. Soweit (Rest-) Urlaub wegen der Beteiligung am Arbeitskampf nicht genommen werden konnte, wird dieser über den 31.12. ... hinaus übertragen und kann bis zum ... genommen werden.
> 6. Eine Kürzung von Einmalzahlungen wegen Teilnahme an Arbeitskampfmaßnahmen findet nicht statt.

Während des Streiks wird das Arbeitsverhältnis (bzw. Ausbildungsverhältnis) nicht unterbrochen oder aufgelöst (siehe Rn. 93). 33

Vielmehr besteht das Arbeitsverhältnis (bzw. Ausbildungsverhältnis) **weiter fort**. Allerdings entfällt der Anspruch auf Arbeitsentgelt (bzw. Ausbildungsvergütung).

Es besteht keine Pflicht, die durch Streik ausfallende Arbeitszeit »**nachzuarbeiten**«.

Die Gewerkschaften zahlen an die zum Streik aufgerufenen Mitglieder entsprechend den satzungsrechtlichen Bestimmungen **Streikunterstützung**. 34

Streiks können mehrere Tage, Wochen oder Monate dauern. 35

Für die Durchsetzung der Lohnfortzahlung im Krankheitsfall mussten beispielsweise im Jahre 1956 die Metallarbeiter/-innen in Schleswig-Holstein 16 Wochen streiken.

Der Einstieg in die 35-Stunden-Woche erforderte 1984 einen siebenwöchigen Streik in der Metallbranche.

Der von der Gewerkschaft Nahrung-Genuss-Gaststätten (NGG) geführte Streik von Mitarbeitern der Niederlassung des **Gate Gourmet Konzerns** am Flughafen Düsseldorf dauerte vom 7.10.2005 bis 7.4.2006. Ziel war es, die Verlängerung der Arbeitszeit auf 40 Stunden pro Woche, die Streichung von fünf Urlaubstagen sowie die Zulagen zu verhindern und eine Lohnerhöhung von 4,5 Prozent durchzusetzen. Am Ende des Streiks wurde ein Tarifpaket bestehend aus Entgelttarifvertrag, Manteltarifvertrag und Sozialtarifvertrag abgeschlossen (http://de.wikipedia.org/wiki/Gate_Gourmet).

Für einen Firmentarifvertrag streikten unter Leitung der IG BCE Beschäftigte der Firma **Neupack** in Hamburg etwa acht Monate (http://www.labournet.de/branchen/sonstige/verpackungen/neupack/). Dem Unternehmen gelang es, größere Teile der Belegschaft von der Teilnahme am Streik abzuhalten; darüber hinaus wurde der Streik durch Beschäftigung von Streikbrechern (Leiharbeitnehmer, befristete Einstellung) unterlaufen. Das Unternehmen konnte so den Abschluss eines Tarifvertrags verhindern (lesenswert die Einschätzung von Humburg zu

Arbeitskampf

dem Arbeitskampf: *http://www.labournet.de/wp-content/uploads/2013/08/Neupack-Hamburg.pdf)*.
Die beträchtliche **Dauer** der Firmenstreiks erklärt sich u. a. aus:
1. der Haltung von Firmenleitungen, die Gewerkschaft und Tarifverträge grundsätzlich nicht im Hause haben wollen.
Ein Beispiel liefert der Geschäftsführer der Tageszeitung **Südkurier** (*http://www.seemoz.de/lokal_regional/sudkurier-chef-wiesner-%E2%80%9Ehaustarif-nur-uber-meine-leiche%E2%80%9C/*): »*Es brodelt beim Südkurier, und zwar kräftig. Geschäftsführer Rainer Wiesner kippt täglich Öl ins Feuer. Nicht mal auf einen Haustarif will er sich einlassen.* »*Nur über meine Leiche*«, *soll er den Beschäftigten erklärt haben. Stattdessen setzt er auf Einzelgespräche und droht mit* »*Klein-GmbHs*« *und Auslagerungen, sollten die* »*Uneinsichtigen*« *nicht einverstanden sein mit Gehaltskürzungen und Mehrarbeit. Der Mann gibt den Betonkopf.*«
Ein weiteres Beispiel ist Fil Filipov, Inhaber und Geschäftsführer der **Atlas Maschinen GmbH**, der es abgelehnt hat, mit der IG Metall einen Tarifvertrag abzuschließen und sich u. a. mit Sprüchen wie »*Einen Tarifvertrag? Eher lasse ich mich erschießen*« bekannt gemacht hat (*http://www.bild.de/regional/bremen/bremen-regional/firmenchef-fil-filipov-will-sich-lieber-erschiessen-als-tarif-zu-zahlen-14675230.bild.html*; siehe auch *http://arbeitsunrecht.de/kranhersteller-will-betriebsrat-per-gericht-auflosen/*).
In die gleiche Kategorie von Unternehmern gehören auch Inhaber und Geschäftsführer der Firma **Neupack** (Familie Krüger, darunter Familienpatriarch Jens Krüger, 72, und sein Neffe, Geschäftsführer Lars Krüger): siehe hierzu *http://www.taz.de/!120642/*.
2. dem Umstand, dass manche **Arbeitsgerichte** die von der Firmenleitung organisierten **Streikbruchmaßnahmen** (Beschäftigung von Leiharbeitnehmern und befristet Eingestellten als Streikbrecher) durch einstweilige Verfügungen zulassen und dadurch dem Streik die für einen Tarifabschluss erforderliche Wirksamkeit nehmen (siehe Rn. 43).

Streikbegleitende Aktionen (»Flash-Mob«)

35a Vor allem bei Tarifauseinandersetzungen im Einzelhandel wurden in jüngerer Zeit von der streikführenden Gewerkschaft ver.di sog. »**Flash-Mob**«-**Aktionen** organisiert.
Dabei sucht eine Gruppe von Gewerkschaftsmitgliedern überraschend eine Einzelhandelsfiliale auf. Einkaufswagen werden vollgepackt und stehen gelassen; mit dem koordinierten Kauf von »Pfennig-Artikeln« werden Warteschlangen an den Kassen verursacht.
Mit einer solchen Störung der betrieblichen Abläufe wird versucht, zur Durchsetzung tariflicher Ziele Druck auf die Arbeitgeberseite auszuüben.
Nach zutreffender Ansicht des BAG sind derartige von der Gewerkschaft organisierte Aktionen **nicht** generell **unzulässig** (BAG v. 22. 9. 2009 – 1 AZR 972/08, BB 2010, 379).
Der damit verbundene Eingriff in den eingerichteten und ausgeübten Gewerbebetrieb des betroffenen Arbeitgebers könne aus Gründen des Arbeitskampfrechts gerechtfertigt sein, wenn dem Arbeitgeber wirksame Verteidigungsmöglichkeiten zur Verfügung stehen.
Gegenüber einer »Flashmob-Aktion« im Einzelhandel könne sich der Arbeitgeber durch die Ausübung seines Hausrechts oder eine kurzfristige Betriebsschließung wirksam zur Wehr setzen.
Eine derartige Aktion sei typischerweise auch **keine Betriebsblockade**.
In dem der BAG-Entscheidung zugrunde liegenden Fall dauerte die Aktion etwa eine Stunde.

Arbeitskampf

Unterstützungsstreik

Solidaritätsarbeitsniederlegungen zur Unterstützung der im Arbeitskampf befindlichen Arbeitnehmer/-innen eines anderen Tarifbereichs (sog. **Unterstützungsstreiks**) sind grundsätzlich **zulässig** (BAG v. 19.6.2007 – 1 AZR 396/06, NZA 2007, 1055). Sie unterfallen der durch Art. 9 Abs. 3 GG gewährleisteten Betätigungsfreiheit der Gewerkschaften.

Die Zulässigkeit eines Unterstützungsstreiks richtet sich – wie bei anderen Arbeitskampfmaßnahmen – nach dem Grundsatz der **Verhältnismäßigkeit**.

Er ist nur dann rechtswidrig, wenn er zur Unterstützung des Hauptarbeitskampfs **offensichtlich ungeeignet, offensichtlich nicht erforderlich** oder **unangemessen** ist.

Hinsichtlich der Geeignetheit und der Erforderlichkeit hat die den Streik führende Gewerkschaft eine »**Einschätzungsprärogative**«. Das heißt: Sie haben einen Beurteilungsspielraum bei der Frage, ob eine Arbeitskampfmaßnahme geeignet ist, Druck auf den sozialen Gegenspieler auszuüben. Die »Einschätzungsprärogative« ist Teil der durch Art. 9 Abs. 3 GG geschützten Freiheit in der Wahl der Arbeitskampfmittel. Sie betrifft grundsätzlich nicht nur die Frage, welches Kampfmittel eingesetzt wird, sondern auch, wem gegenüber dies geschieht. Nur wenn das Kampfmittel zur Erreichung des zulässigen Kampfziels offensichtlich ungeeignet ist, kann eine Arbeitskampfmaßnahme aus diesem Grund für rechtswidrig erachtet werden (BVerfG v. 10.9.2004 – 1 BvR 1191/03, AP GG Art. 9 Arbeitskampf Nr. 167 = EzA GG Art. 9 Arbeitskampf Nr. 136, zu B II 2 b der Gründe). Ein Unterstützungsstreik ist zur Durchsetzung des im Hauptarbeitskampf verfolgten Streikziels nicht allein deshalb ungeeignet, weil der mit dem Unterstützungsstreik überzogene Arbeitgeber die Streikforderung nicht selbst erfüllen kann.

Die **Angemessenheit (Proportionalität)** eines Unterstützungsstreiks kann nicht generell bejaht oder verneint werden. Regelmäßig unangemessen ist ein Unterstützungsstreik, wenn der Hauptstreik rechtswidrig ist. Im Übrigen ist für die Beurteilung der Verhältnismäßigkeit die Nähe oder Ferne des Unterstützungsstreiks gegenüber dem Hauptarbeitskampf von Bedeutung. Dabei kann vor allem eine Rolle spielen, ob die vom Hauptarbeitskampf und vom Unterstützungskampf betroffenen Arbeitgeber in einer **konzernrechtlichen Verbindung** stehen. Einen Unterschied kann es auch machen, ob eine Gewerkschaft durch den Unterstützungsstreik einen eigenen oder einen fremden Hauptstreik fördern will. Unangemessen kann ein Unterstützungsstreik sein, wenn sich der Schwerpunkt des Arbeitskampfs auf den Unterstützungsstreik verlagert und dieser seinen Charakter als bloßer Unterstützungsstreik verliert.

Wichtig ist: Solidaritätsstreiks verstoßen nicht gegen die tarifliche **Friedenspflicht** (BAG v. 19.6.2007 – 1 AZR 396/06, NZA 2007, 1055). Denn der Unterstützungsstreik hat nicht das Ziel, den »eigenen« Tarifvertrag während seiner Laufzeit zu verändern, sondern Beschäftigten anderer Betriebe und ihrer Gewerkschaft zu helfen, dort einen Tarifvertrag durchzusetzen. Deshalb hat ein Arbeitgeber bzw. Arbeitgeberverband keinen Anspruch auf Unterlassung von Aufrufen zur Teilnahme an Solidaritätsarbeitsniederlegungen.

> **Beispiel:**
> Die B-GmbH mit Sitz in Köln ist eine 100 %ige Tochter der A-GmbH mit Sitz in Hamburg.
> Die A-GmbH ist Mitglied des Arbeitgeberverbands Nordmetall.
> Die B-GmbH war Mitglied des Arbeitgeberverbands Metall NRW. Sie ist zum 31.12.2013 aus diesem Verband ausgetreten. Die von der IG Metall Köln erhobene Forderung, in Tarifverhandlungen um den Abschluss eines Anerkennungstarifvertrags mit Zusatzforderungen einzutreten, wurden von der Geschäftsleitung der B-GmbH abgelehnt.
> Am Morgen des 20.1.2014 ruft die IG Metall Köln die Beschäftigten zu einem eintägigen Warnstreik auf.

Arbeitskampf

> Zeitgleich legen die Beschäftigten der A-GmbH zur Unterstützung ihrer Kölner Kollegen – nach entsprechendem Aufruf der IG Metall Hamburg – die Arbeit für eine Stunde nieder.
> Der Unterstützungsstreik ist zulässig.

37 Die frühere BAG-Rechtsprechung hatte die rechtliche Zulässigkeit von Solidaritätsarbeitsniederlegungen stärker begrenzt. So wurde der Solidaritätsstreik einer Gewerkschaft, mit dem sie zugunsten einer anderen Gewerkschaft in einen Tarifkonflikt dieser Gewerkschaft mit einem einzelnen Unternehmen um den Abschluss eines Firmentarifvertrags eingreift, als in der Regel rechtswidrig angesehen (BAG v. 5. 3. 1985 – 1 AZR 468/83, NZA 1985, 504; BAG v. 12. 1. 1988 – 1 AZR 219/86, NZA 1988, 474).

Unterstützungsstreiks seien nur dann zulässig, wenn der von dieser Kampfmaßnahme betroffene Arbeitgeber zuvor seine »**Neutralität**« im Hauptarbeitskampf **verletzt** hatte, etwa durch Übernahme der Produktion.

Ebenfalls für zulässig hielt die frühere BAG-Rechtsprechung einen Solidaritätsstreik dann, wenn er sich gegen einen Arbeitgeber richtet, der mit einem Unternehmen des Hauptarbeitskampfgebiets wirtschaftlich so **eng verflochten** ist, dass es sich im Grunde »um ein und denselben sozialen Gegenspieler handelt« (BAG v. 5. 3. 1985 – 1 AZR 468/83, a. a. O.; 9. 4. 1991 – 1 AZR 332/90, NZA 1991, 815).

Mit der BAG-Entscheidung vom 19. 6. 2007 (siehe Rn. 36) sind die Zulässigkeitsgrenzen – und damit die Handlungsmöglichkeiten der Gewerkschaften – zu Recht **ein Stück erweitert** worden.

Politischer Streik

37a Nach h. M. soll der politische Streik, mit dem gegen Vorhaben der Regierung oder des Parlaments in Form von zeitlich befristeten Arbeitsniederlegungen protestiert wird, **unzulässig** sein (Protest- und Demonstrationsstreik).

Zum einen sei ein solcher Streik nicht auf die Durchsetzung eines **Tarifvertrages** gerichtet (siehe hierzu Rn. 29); zum anderen setze er staatliche Einrichtungen (Regierung, Parlament) unter Druck und greife so unzulässig in die durch Art. 20 GG vorgegebene verfassungsmäßige Ordnung ein.

Gegen die h. M. spricht, dass die Beschränkung des Streiks auf Tarifziele weder durch Art. 9 Abs. 3 GG geboten (siehe Rn. 29) noch mit **europäischem Recht** (siehe Rn. 2 a) vereinbar ist. Auch die verfassungsmäßige Ordnung kann etwa durch befristete Protestarbeitsniederlegungen regelmäßig nicht gefährdet werden.

Im Gegenteil: sie sind eine demokratisch legitimierte Form der Meinungsäußerung, die notwendiges Gegengewicht ist zu der meist in »Hinterzimmern« stattfindenden übermächtigen Einflussnahme von Lobby-/Interessengruppen der Finanz- und Realwirtschaft (zum Ganzen siehe Berg u. a., Tarifvertragsgesetz und Arbeitskampfrecht, 4. Aufl. 2013, Teil 3 AKR Rn. 188 ff.).

Vom politischen Protest- und Demonstrationsstreik zu unterscheiden ist der **Generalstreik** als Ausübungsform des Widerstandsrechts aus Art. 20 Abs. 4 GG. Hiernach haben alle Deutschen das Recht zum Widerstand gegen jeden, der es unternimmt, die verfassungsmäßige Ordnung zu beseitigen, wenn andere Abhilfe **nicht möglich** ist.

37b Aufrufe von Gewerkschaften zu **Protestkundgebungen/Demonstrationen** zu einem Zeitpunkt, in dem normalerweise in den Betrieben gearbeitet wird, sind kein Streikaufruf. Es bleibt den Arbeitnehmern überlassen, durch Nutzung der im Betrieb geltenden Regularien (z. B. Inanspruchnahme von betrieblichen Arbeitszeitflexi-Regelungen oder Beantragung von bezahltem oder unbezahltem Sonderurlaub) eine **Freistellung** von der arbeitsvertraglichen Arbeitspflicht herbeizuführen und an der Kundgebung teilzunehmen. Es handelt sich um Frei-

Arbeitskampf

zeitnahme, nicht um Streik, was u. a. auch durch entsprechendes Aus- und Einstempeln dokumentiert wird (zur Frage, ob im Falle der Teilnahme an einem Warnstreik gestempelt werden muss siehe Rn. 22 a).

Streikbruch

Streikbrucharbeit kommt in zweierlei Form vor: **38**
1. **Direkte Streikbrucharbeit:** In einem bestreikten Betrieb werden Arbeiten, die sonst von den Streikenden ausgeführt werden, von solchen Beschäftigten übernommen, die dem Streikaufruf der Gewerkschaft nicht gefolgt sind (in der Regel Nichtorganisierte).
2. **Indirekte Streikbrucharbeit:** Arbeiten werden von einem bestreikten Betrieb an ein anderes Unternehmen vergeben und von den dort Beschäftigten im Rahmen ihres normalen Aufgabengebiets und Arbeitsvolumens ausgeführt (Produktionsverlagerung).

Die Ausführung von Streikbrucharbeiten ist ein schwerer **Verstoß** gegen das für den Zusammenhalt der Arbeitnehmer unverzichtbare Solidaritätsprinzip. **39**

Die »direkte Streikbrucharbeit« ist arbeitsrechtlich **unzumutbar** und kann verweigert werden (ständige Rechtsprechung des Bundesarbeitsgerichts). **40**

Auch **Leiharbeitnehmer** sind nach § 11 Abs. 5 AÜG nicht zur Ausführung von Streikbrucharbeiten verpflichtet.
Sie haben ein Leistungsverweigerungsrecht.
Die Verleihfirma muss in diesem Fall entweder das Arbeitsentgelt – ohne Arbeit – weiterbezahlen oder den Leiharbeitnehmer in einem anderen Betrieb einsetzen.

Nach richtiger, aber umstrittener Auffassung gilt ein Leistungsverweigerungsrecht auch für **41**
sonstige **Fremdfirmenarbeitnehmer**, die auf Grundlage eines Werkvertragsverhältnisses zwischen dem bestreikten Unternehmen und einer Fremdfirma (siehe → **Arbeitnehmerüberlassung/Leiharbeit** und → **Werkvertrag**) in einem von Streik betroffenen Betrieb arbeiten und dadurch Streikbruch begehen sollen.
Es kann keinem Arbeitnehmer zugemutet werden, den streikenden Kollegen durch Streikbrucharbeit in den Rücken zu fallen.

Ob auch die »indirekte Streikbrucharbeit« verweigert werden kann, ist ebenfalls strittig. **42**
Jedenfalls besteht die Möglichkeit einer **Solidaritätsarbeitsniederlegung** (Unterstützungsstreik; siehe Rn. 36 ff.).
Außerdem kann **Mehrarbeit**, die infolge der Produktionsverlagerung entsteht, sowohl vom Betriebsrat als auch von den Beschäftigten **verweigert** werden, weil die abverlangte Arbeit sich nicht mehr innerhalb des betriebsüblichen bzw. vertraglich vereinbarten Arbeitszeitvolumens bewegt.

Streikbruch gesetzlich verbieten?

Das Problem ist, dass ein bloßes **Leistungsverweigerungsrecht** der Arbeitnehmer bzw. der **42a**
Leiharbeitnehmer nach § 11 Abs. 5 AÜG den Streikbruch nicht einschränken kann, weil es immer wieder genügend Arbeitnehmer gibt, die zu Streikbruch bereit sind. Solche Arbeitskräfte werden von »Personalservicefirmen« herangeschafft und der bestreikten Firmen auf Anforderung als **Ersatzbelegschaft** zur Verfügung gestellt (Beispiel »**Neupackstreik**«). Die Wirksamkeit des Streiks wird dadurch ausgehebelt. Die für das Funktionieren der Tarifautonomie erforderlichen **Kampfparität** (siehe Rn. 1) wird zugunsten der Arbeitgeberseite beseitigt.
Notwendig wäre deshalb ein **gesetzliches Verbot** der Beschäftigung von Streikbrechern.
Es ist ein Schritt in die richtige Richtung, dass die seit Ende 2013 regierende **große Koalition** **42b**

Arbeitskampf

aus CDU, CSU und SPD die Absicht bekundet hat, den Einsatz von Leiharbeitnehmern zum Zwecke des Streikbruchs durch Gesetz **zu verbieten.**
Im **Koalitionsvertrag 2013** heißt es: »*Kein Einsatz von Leiharbeitnehmerinnen und Leiharbeitnehmern als Streikbrecher.*«
Ähnliche Verbote sind bereits in den zwischen DGB-Tarifgemeinschaft und den Leiharbeitsverbänden iGZ und BAP geschlossenen Tarifverträgen geregelt. In dem zwischen iGZ und BAP mit der DGB-Tarifgemeinschaft vereinbarten Verhandlungsergebnis vom 17. 9. 2013 hat man sich auf folgende »**Streikklausel**« geeinigt: »*Mitarbeiter werden im Umfang eines Streikaufrufs einer Mitgliedsgewerkschaft der DGB-Tarifgemeinschaft Zeitarbeit nicht in Betrieben oder Betriebsteilen eingesetzt, die ordnungsgemäß bestreikt werden. Dies gilt auch für Mitarbeiter, die bereits vor Beginn der Arbeitskampfmaßnahme in dem Betrieb eingesetzt wurden. Hiervon können die Parteien des Arbeitskampfes im Einzelfall abweichende Vereinbarungen treffen (z. B. Notdienstvereinbarungen). Die Regelung des § 11 Abs. 5 AÜG bleibt unberührt.*«
Das **Problem** dieser Regelungen ist:
- an die im Verhandlungsergebnis zwischen DGB-Tarifgemeinschaft und den Leiharbeitsverbänden iGZ und BAP vereinbarte »Streikklausel« sind nur solche Verleihfirmen gebunden, die **Mitglied** in den Verbänden iGZ und BAP sind; bestreikte Entleiher-Firmen ordern deshalb gerne Leiharbeitnehmer als Streikbrecher von Verleihfirmen, die nicht Mitglied in diesen Verbänden sind – vorzugsweise von Verleihfirmen, die im EU-Ausland ihren Sitz haben (z. B. Polen usw.);
- das von der großen Koalition aus CDU, CSU und SPD geplante gesetzliche Verbot des Einsatzes von Leiharbeitnehmern als Streikbrecher kann von bestreikten Unternehmen leicht dadurch **umgangen** werden, dass sie die Leiharbeitnehmer für die Dauer des Streiks »**befristet**« **als eigene Arbeitnehmer einstellen** (siehe → **Befristeter Arbeitsvertrag**). Außerdem können sie Streikbruch in Form des Einsatzes von **Werkvertragskräften** (siehe → **Werkvertrag**) organisieren.

Den Einsatz von Leiharbeitnehmern als Streikbrecher, die dann zu befristet eingestellten Arbeitnehmern »umgewidmet wurden«, konnte man beispielsweise beim »**Neupackstreik**« erleben (siehe Rn. 35; vgl. auch *http://www.labournet.de/wp-content/uploads/2013/08/Neupack-Humburg.pdf*).
Die große Koalition aus CDU, CSU und SPD muss sich fragen lassen, warum sie nicht auch **befristete Einstellungen** und den Einsatz von **Werkvertragskräften** zum Zwecke des Streikbruchs gesetzlich verbietet (in anderen EU-Ländern – z. B. Frankreich – existiert ein solches Verbot: vgl. Berg, u. a. Tarifvertragsgesetz und Arbeitskampfrecht, 4. Aufl. 2013, Teil 3 AKR Rn. 306 a m. w. N).
Erfreulich ist, dass Gewerkschaften bei diesem Thema nachfassen und entsprechende Forderungen aufstellen, wie etwa die **IG Metall Verwaltungsstelle Osnabrück** in einem Antrag an den 23. Ordentlichen Gewerkschaftstag vom 18. bis 24. 10. 2015 in Frankfurt am Main:

> **Antrag:**
> Antragsthema: Streikbruch verhindern
> Antragsteller/-in:
> 518 Verwaltungsstelle Osnabrück
> »Der 23. Ordentliche Gewerkschaftstag möge beschließen:
> Der Vorstand der IG Metall wird aufgefordert, gegenüber dem Gesetzgeber darauf hinzuwirken, dass Streikbruchtätigkeiten durch Einstellung von zusätzlichem Personal während des Arbeitskampfes unzulässig sind. Dazu sind folgende Gesetzesänderungen anzustreben:
> 1. Im Arbeitnehmerüberlassungsgesetz ist zu regeln, dass der Einsatz von Leiharbeitnehmern in bestreikten Betrieben verboten ist.
> 2. Im Teilzeit- und Befristungsgesetz ist zu regeln, dass der Einsatz von befristet Beschäftigten in bestreikten Betrieben verboten ist.

Arbeitskampf

3. Streikbedingte Arbeitsausfälle dürfen nicht durch den Abschluss von Werk- und Honorarverträgen kompensiert werden.
4. In bestreikten Betrieben darf keinerlei Arbeit (Produktion, Dienstleistungen ...) ausgelagert werden.
5. Diese Verbote müssen die Gewerkschaften in einem gerichtlichen Eilverfahren durchsetzen können.
6. Das Betriebsverfassungsgesetz ist in der Weise zu ändern, dass Betriebsräte solchen Einstellungen und betrieblichen Maßnahmen die Zustimmung verweigern können.

Die derzeitige Rechtsprechung zum Arbeitskampfrecht lässt den Einsatz von Leiharbeitskräften und befristet Beschäftigten für den Zeitraum des Arbeitskampfes in bestreikten Betrieben zu. Grund dafür ist die Aussetzung der Mitbestimmungsrechte des Betriebsrates gemäß § 99 BetrVG bei personellen Einzelmaßnahmen durch das BAG, da die volle Anwendung dieser Rechte »die Kampfparität zu Lasten der Arbeitgeber« aushebeln würde.

Diese Auslegung des BAG hat z.B. im Streik bei der Fa. Neupack dazu geführt, dass durch den Einsatz von Leiharbeitnehmern im bestreikten Unternehmen der Arbeitskampf ins Leere lief. Zum Schutz des Grundrechts auf den Streik ist ein gesetzliches Verbot des Einsatzes von Leiharbeitnehmern, befristeten Beschäftigten und Werkvertrags-Arbeitnehmern als Streikbrecher in bestreikten Betrieben geboten.«

Zu den Argumenten für ein **gesetzliches Verbot des Streikbruchs** in Form der Beschäftigung einer »Ersatzbelegschaft« siehe auch Rn. 42 a.

Für ein **gesetzliches Verbot des Streikbruchs** sprechen folgende Erwägungen: **42c**

Der Einsatz von Streikbrechern nimmt dem Streik den – zur Überwindung der Tarifverweigerung – notwendigen ökonomischen Druck. Dabei spielt es keine Rolle, ob es sich um Leiharbeitnehmer oder befristet Eingestellte oder um einen Streikbruch in Form der Ausgliederung an Fremdfirmen handelt.

Streikbrecher sind zwar auch die Stamm-Beschäftigten, die sich nicht am Streik beteiligen. Deren Streikbruch mag quasi »zulasten der Gewerkschaft« gehen, weil es ihr nicht gelingt, sie zum Mitmachen zu bewegen.

Eine andere Qualität hat aber die befristete Beschäftigung einer »Ersatzmannschaft« (ohne Zustimmung des Betriebsrats, weil dessen Mitbestimmungsrecht durch das BAG ausgehebelt wurde; siehe Rn. 83 a), die diejenigen Arbeiten verrichten, die die Streikenden niedergelegt haben. Eine solche Maßnahme ist eine **aktive Arbeitskampf(gegen)maßnahme**, die sich an arbeitskampfrechtlichen Maßstäben – insbesondere an dem Verhältnismäßigkeitsgrundsatz – messen lassen muss. Sie verändert die Kampfparität drastisch zu Lasten der Gewerkschaft und lässt – wie sich nach mehr als zwei Monaten zeigt – das Streikrecht und damit Art. 9 Abs. 3 GG leer laufen. Der Neupackstreik hat gezeigt, dass die Arbeitgeberseite den Streik mit Hilfe der streikbrechenden »Ersatzmannschaft« auf Dauer aussitzen kann. Nach kurzer Zeit ist alles so eingespielt, dass die infolge des Streiks zunächst abgebauten Läger sogar wieder aufgefüllt werden konnten.

Tendenziell wird es für tarifunwillige Firmen (siehe Rn. 35) im Zuge der EU-Erweiterung immer leichter, vor allem für bestreikte einfache »Standardtätigkeiten«, die schnell zu erlernen sind, »Arbeitswillige« von heute auf morgen zu rekrutieren und auf den Arbeitsplätzen der Streikenden als Ersatzmannschaft einzusetzen.

Vom Streikrecht bleibt unter diesen Bedingungen in vielen kleinen und mittleren Firmen nichts mehr übrig. Ausgehend vom Grundgedanken des Paritätsprinzips (siehe Rn. 1) steht dem Arbeitgeber aber nur die Möglichkeit offen, Gegendruck auszuüben, nicht aber dem **Streik durch befristete Einstellung einer Ersatzbelegschaft die Grundlage zu entziehen.**

§ 11 Abs. 5 AÜG (siehe Rn. 40), wonach Leiharbeitnehmer den Einsatz als Streikbrecher ablehnen können, ist angesichts EU-weiter Arbeitslosigkeit weitgehend wirkungslos (keine Hürde für einen bestreikten Arbeitgeber).

Arbeitskampf

Auch Einschränkungen wie etwa die tarifvertraglichen Regelungen zwischen DGB-Tarifgemeinschaft und den Verleiherverbänden BAP sowie iGZ laufen ins Leere, weil tarifunwillige Firmen auf Verleiher zurückgreifen (können), die nicht Mitglied in den genannten Verbänden sind, sondern z. B. – wie im Fall Neupack – in Polen sitzen.
Ebenfalls wirkungslos ist § 36 Abs. 3 SGB III, wonach die Agentur für Arbeit Arbeitsuchende nur dann in einen bestreikten Betrieb vermitteln darf, wenn Arbeitgeber und Arbeitssuchender das trotz eines Hinweises auf den Streik verlangen. Die Vorschrift läuft ins Leere, weil im EU-Ausland sitzende und an keine Regeln gebundene Vermittler zum Streikbruch bereite Arbeitssuchende ohne Weiteres bereitstellen können (es ist noch nicht einmal mehr eine Arbeitserlaubnis erforderlich).

42d Solange ein gesetzliches Verbot nicht existiert, sollte versucht werden, eine **Änderung der Rechtsprechung** zu erreichen; ggf. durch ein von einer Gewerkschaft eingeleiteten Grundsatzverfahrens. Zwar hat es Streikbruch schon immer gegeben. Der Streikbruch in Form der Einstellung einer Ersatzbelegschaft ist aber eine mit Art. 9 Abs. 3 GG nicht zu vereinbare Unterlaufungsstrategie und bislang in dieser Form vom BAG nicht hinreichend geprüft worden. Das Rechtsschutzinteresse für ein solches Verfahren dürfte bestehen.
Natürlich sind die bisherigen Entscheidungen der Arbeitsgerichte zum Streikbruch nicht gerade ermutigend. Die Vorstellung, man stelle sich gegen eine fest gefügte herrschende Meinung, wenn man die Einstellung von Streikbrechern für rechtswidrig halte, trifft allerdings nicht zu. Die Frage ist – soweit ersichtlich – nie von Gerichten rechtlich eingehend problematisiert worden. Das BAG hat in einem typischen obiter dictum (= »nebenbei Gesagtes«) einige Male geäußert, dem Arbeitgeber stehe es frei, seinen Betrieb »mit Hilfe arbeitswilliger (u. U. auch neueingestellter) Arbeitnehmer« nach entsprechender Umorganisation wenigstens teilweise aufrecht zu erhalten. Zitat aus BAG v. 22. 3. 1994 – 1 AZR 622/93, DB 1995, 100): »*Vor diesem Hintergrund bestimmen sich die Möglichkeiten des Arbeitgebers, auf einen ihn unmittelbar betreffenden Streik zu reagieren. Er kann versuchen, das mit dem Streik verfolgte Ziel der zeitweiligen Stilllegung seines Betriebes bzw. des bestreikten Betriebsteils zu unterlaufen, indem er mit Hilfe arbeitswilliger (u. U. auch neueingestellter) Arbeitnehmer nach entsprechender Umorganisation den Betrieb wenigstens teilweise aufrechterhält (zur Zulässigkeit finanzieller Anreize zum sog. Streikbruch vgl. zuletzt Senatsurteil vom 13. Juli 1993 – 1 AZR 676/92 – AP Nr. 127 zu Art. 9 GG Arbeitskampf). Dies wird häufig seinem Interesse entsprechen, da die eingeschränkte Fortführung des Betriebes in der Regel wirtschaftlich sinnvoller und mit geringeren Verlusten verbunden ist als die vorübergehend gänzliche Einstellung.*«
Eine nähere rechtlich untermauerte Begründung zur Vereinbarkeit des Streikbruchs in Form der Einstellung einer »Ersatzbelegschaft« erfolgte nicht und war vom Gegenstand der Entscheidung her auch nicht geboten (in der Entscheidung ging es darum, ob der Arbeitgeber einen Streik mit einer Stilllegung des Betriebs oder von Betriebsteilen beantworten kann, die auch den arbeitswilligen Streikbrechern den Lohnanspruch nimmt; das BAG hat das bejaht).
Für eine Klärung durch ein arbeitsgerichtliches Verfahren spricht, dass die Kontrollorgane der ILO in jedem Streikbrechereinsatz eine »**schwerwiegende« Verletzung der Vereinigungsfreiheit im Sinne des Übereinkommens Nr. 87** (vgl. http://www.ilo.org/ilolex/german/docs/gc087.htm) sehen und dass sich der Europäische Ausschuss für Soziale Rechte und der UN-Sozialpaktausschuss dem angeschlossen haben (vgl. hierzu Lörcher in Däubler (Hrsg.), Arbeitskampfrecht, § 10 Rn. 93). Legt man dies zugrunde, kommt der Einsatz von Streikbrechern nur bei rechtswidrigen Arbeitsniederlegungen, vor allem dann in Betracht, wenn die erforderlichen Notstands- und Erhaltungsarbeiten nicht mehr gesichert sind.
Zur rechtlichen Verbindlichkeit und Reichweite des ILO Übereinkommens Nr. 87 hat sich das BAG in der unerfreulichen »Kirchenentscheidung« 20. 11. 2012 – 1 AZR 179/11 (siehe Rn. 1) in zwei Sätzen wie folgt geäußert: »*Es gehört zum einfachen innerstaatlichen Recht (Zustimmungsgesetz vom 20. Dezember 1956, BGBl. II S. 2072, in Kraft seit dem 20. März 1958 laut*

Arbeitskampf

Bekanntmachung vom 2. Mai 1958, BGBl. II S. 113). Seine Gewährleistungen gehen jedoch nicht über die Grundsätze hinaus, die ohnehin durch Art. 9 Abs. 3 GG verfassungsrechtlich gelten (BVerfG 20. Oktober 1981 – 1 BvR 404/78 – zu B I 5 c der Gründe, BVerfGE 58, 233).«

Streikposten

Aufgabe der Streikposten ist es, Streikbrecher von ihrem unsolidarischen Verhalten abzubringen. **43**
Nach Auffassung des BAG umfasst das verfassungsrechtlich garantierte Streikrecht auch das Recht, Streikbrecher (z. B. »arbeitswillige« Arbeitnehmer oder Leiharbeitnehmer) »*mit Mitteln des gütlichen Zuredens und des Appells an die Solidarität von der Aufnahme der Arbeit im bestreikten Betrieb abzuhalten*« (BAG v. 21. 6. 1988 – 1 AZR 651/86, NZA 1988, 846). Es ist auch zulässig, Kunden, Zulieferer und sonstige Besucher anzusprechen und über den Streik und seine Ziele zu informieren.
Diese »Handlungsmöglichkeit« erweist sich in der Praxis als wenig wirksam. Bestreikte Arbeitgeber ordern z. B. bei »Personalserviceagenturen« Streikbrecher und transportieren sie in Bussen mit verhängten Fenstern durch die von Arbeitsgerichten erzwungene »Streikgasse« (siehe Rn. 43 a) mit Karacho in den Betrieb. Es besteht somit im Regelfall überhaupt nicht die Möglichkeit der Einwirkung in Form gütlichen Zuredens, wenn man nicht vom Bus überfahren werden will.
Eine Behinderung des Zutritts zum bestreikten Betrieb z. B. durch Menschenketten soll nach **43a**
Ansicht vom Streikrecht nicht gedeckt und damit unzulässig sein. Berüchtigt sind sog. »**Streikgassenverfügungen**« von Arbeitsgerichten 1. und 2. Instanz. Beispielsweise hat das ArbG Lübeck v. 10. 6. 1993 – 2 Ga 11/93 per einstweiliger Verfügung entschieden: »*Streikposten und streikende Arbeitnehmer dürfen sich vor Zugängen zum bestreikten Betrieb nur so aufstellen, dass eine mindestens 3-Meter breite, im Luftraum und auf dem Erdboden von Hindernissen freie Gasse, bleibt. Alle Zugänge zum Betrieb müssen zu jeder Zeit in dieser Weise passierbar sein. Eine Kontrolle von Lieferanten-, Kunden- und Besucherfahrzeugen durch Streikende bzw. Streikposten ist vom Streikrecht nicht gedeckt.*«
Mit solchen Entscheidungen verändern die Gerichte das **Kräfteverhältnis** (Parität; siehe Rn. 1) drastisch zulasten der Streikenden und ihrer Gewerkschaft und verletzen damit das durch Art. 9 Abs. 3 GG gewährleistete Streikrecht. Sie sichern den von der Firmenleitung organisierten Streikbruch ab und nehmen damit dem Streik den für das Zustandekommen eines Tarifvertrags erforderlichen ökonomischen Druck (siehe Rn. 2). Sie machen es zudem den Streikposten und Streikenden unmöglich, ihr Recht auszuüben, über den Streik zu informieren und vor allem auf Streikbrecher einzuwirken, um sie vom Streikbruch abzuhalten bzw. dazu zu bewegen, sich dem Streik anzuschließen.
Immerhin hat etwa das LAG Hamburg v. 6. 2. 2013 – 5 SaGa 1/12 der Gewerkschaft das Recht zugestanden, etwa durch Bildung von **Menschenketten** Zutrittswillige für eine gewisse Zeit – nämlich **bis zu 15 Minuten – aufzuhalten** und damit eine krasse Fehlentscheidung der 1. Instanz (ArbG Hamburg v. 14. 11. 2012 – 26 Ga 10/12) jedenfalls teilweise korrigiert. Diese Zeitspanne reiche, um Streikunwillige aufzuhalten und anzusprechen, um Druck auszuüben und nicht nur passiv zu verharren. Sie sei andererseits so geringfügig, dass es zumutbar sei, sich als Arbeitswilliger auf die Verzögerung einzustellen und sie hinzunehmen, auch wenn es **zum wiederholten Male** passiert und eine innere Meinungsumkehr nicht zu erwarten ist. Nachstehend ein Auszug aus den Entscheidungsgründen (Hervorhebungen durch den Verf.): » ...
In Anwendung dieser Rechtsgrundsätze stellt sich das Arbeitskampfverhalten der Gewerkschaft und ihrer Streikleitung – abgesehen von der unbeschränkten Blockade – als weitgehend zulässig dar. Ein Arbeitskampf beschränkt sich eben nicht nur auf die – passive – Verweigerung der geschuldeten Arbeitsleistung. Es ist ein Prozess mit sich stetig ändernden Bedingungen. Einen

Arbeitskampf

entscheidenden Anteil auf Seiten der Arbeitnehmer hat dabei ihr Selbstverständnis als solidarische Gemeinschaft, die kollektiv im Kampf ein rechtmäßiges Ziel verfolgt, nämlich den Abschluss eines Tarifvertrages. Hierbei versucht die Arbeitgeberseite mit eigenen Kampfmitteln, den Abschluss eben dieses Tarifvertrages ganz zu verhindern oder jedenfalls aus ihrer Sicht günstige Ergebnisse zu erreichen. Vorliegend versucht die Arbeitgeberseite u. a., die Streikenden durch den Einsatz von Leiharbeitnehmern oder durch Neueinstellungen zu ersetzen. Eine Reaktion im Rahmen der Kampfparität durch die Streikenden ihrerseits ist die Behinderung des Zugangs zum Betrieb. Hierbei bilden sie u. a. **Menschenketten.** *Diese sind ohne Einsatz von (verbotener) Gewalt auf Seiten des Arbeitgebers nicht zu durchbrechen. Das Mittel der Behinderung, sei es durch eine Menschenkette, sei es durch* **Abstellen von Fahrzeugen** *o. ä. ist damit ein* **Kampfmittel***, das* **geeignet** *ist zur Durchsetzung des Kampfziels, nämlich durch einen effektiven Streik einen Tarifabschluss zu erreichen und dafür den Einsatz von Streikbrechern und den Zugang durch Dritte zum Betrieb zu erschweren.*

Die Arbeitnehmerseite kann hierbei von der Einschätzung ausgehen, dass es sich bei solchen Handlungen zur Behinderung des Zugangs auch um ein **erforderliches Kampfmittel** *handelt. Betroffen ist nur ein Teilaspekt des Arbeitskampfes, nämlich den Zugang von Arbeitswilligen und Lieferanten usw. zum Betrieb zu behindern, zu verlangsamen und so die wirtschaftlichen Einbußen durch die Arbeitsniederlegung mit dem Ziel der Druckausübung aufrechtzuerhalten. In diesem Zusammenhang stehen mildere Mittel nicht zur Verfügung. Bei einer Bildung von Gassen etwa würden die von der Arbeitgeberseite in* **Bussen herangeführten Leiharbeitskräfte und neueingestellte Arbeitnehmer** *schlicht durchgewinkt, ohne dass es Möglichkeiten gäbe, auf sie einzuwirken, sich zu solidarisieren oder sie jedenfalls über das Streikgeschehen zu informieren. Bei einer schlichten Auswechselung der Streikenden durch Arbeitswillige ohne eine Möglichkeit, sie anzuhalten, auf sie zuzugehen, sie zu informieren und zum Streik zu bewegen, wäre der Streik insgesamt zum Scheitern verurteilt. Eine uneingeschränkte Untersagung des Kampfmittels der Behinderung kann deshalb nach Auffassung der Kammer nicht erfolgen. Insoweit war der Berufung stattzugeben.*

Unter hinreichender Würdigung der grundrechtlich gewährleisteten Betätigungsfreiheit zur Erreichung des angestrebten Kampfziels und unter Berücksichtigung der Rechtspositionen der von der Kampfmaßnahme unmittelbar oder mittelbar Betroffenen erweisen sich diese Zugangsbehinderungen allerdings nur dann als **angemessen***, wenn sie nicht einer Blockade gleichkommen, sondern eine* **zeitlich beschränkte Behinderung** *darstellen. Die zeitlich unbeschränkte Behinderung erweist sich als* **Blockade***, greift unverhältnismäßig in das Eigentum, das Recht am eingerichteten und ausgeübten Gewerbebetrieb ein, verletzt die Handlungsfreiheit der am Zugang behinderten Personen, verletzt die Kampfparität, weil sie den Arbeitgeber an eigener Kampfesreaktion hindert und ist damit insgesamt nicht angemessen. Die Kammer musste daher im Sinne der vorgenannten Rechtsprechung diese Kampfmittel in der zeitlichen Ausübung begrenzen. Einerseits muss dieses Kampfmittel auch mit zeitlicher Beschränkung noch Druck ausüben können, andererseits muss den davon Betroffenen noch die Möglichkeit verbleiben, ihre verfassungsrechtlich geschützten Positionen zu verwirklichen, also z. B. in noch hinnehmbarer Zeit als Arbeitswilliger, Lieferant oder Handwerker Zugang zum Betrieb zu finden. Die Kammer ist bei der Festsetzung der Zeitspanne der Einschätzungsprerogative der Gewerkschaft, der Beklagtenseite, gefolgt und hält eine fünfzehnminütige Behinderung für verhältnismäßig im vorgenannten Sinne. Diese Zeitspanne reicht, um Streikunwillige aufzuhalten und anzusprechen, um Druck auszuüben und nicht nur passiv zu verharren. Sie ist andererseits so geringfügig, dass es zumutbar ist, sich als Arbeitswilliger auf die Verzögerung einzustellen und sie hinzunehmen, auch wenn es* **zum wiederholten Male** *passiert und eine innere Meinungsumkehr nicht zu erwarten ist.« Selbst wenn man diese Entscheidung – gemessen an arbeitgeberfreundlichen Urteilen anderer Gerichte (z. B. ArbG Hamburg v. 14.11.2012 – 26 Ga 10/12 oder ArbG Lübeck v. 10.6.1993 – 2 Ga 11/93) – als Fortschritt anzusehen ist (Motto: der Fortschritt ist eine Schnecke), muss dennoch festgestellt*

Arbeitskampf

werden, dass eine zeitliche Verschiebung des Streikbruchs um 15 Minuten nicht geeignet ist, die durch Streikbruch zulasten der Arbeitnehmerseite bewirkte Aushebelung Kampfparität auszugleichen. Die Busse mit den Streikbrechern fahren dann eben 15 Minuten früher los ... Verboten sind **strafbare Handlungen**. 44
So sind etwa strafbare Beleidigungen (§ 185 StGB) durch das Streikrecht nicht gedeckt, wenngleich die Rechtsprechung anerkennt, dass bei einem Streik ein **ruppiger Ton** herrscht. Streikbrecher können deshalb in einer »deutlichen und drastischen Sprache« angesprochen werden. Unter welchen Voraussetzungen eine strafbare Nötigung nach § 240 StGB vorliegt, ist in Rechtsprechung und Literatur umstritten. Es liegt jedenfalls dann keine Nötigung vor, wenn Streikposten und Streikende ihr Recht wahrnehmen, auf Streikbrecher und sonstige Zutrittswillige für eine gewisse Zeit einzuwirken und sie zu diesem Zweck etwa durch Bildung einer **Menschenkette** aufzuhalten (nach Ansicht des LAG Hamburg v. 6.2.2013 – 5 SaGa 1/12 für die Dauer von bis zu 15 Minuten).

Polizei

Manche Polizeiführungen bzw. -dienststellen betrachten es als ihre Aufgabe, die Streikgassen- 44a
verfügungen der Arbeitsgerichte durchzusetzen. Dabei heißt es in einem von der Gewerkschaft der Polizei herausgegebenen Handbuch schon 1978: »*Arbeitskämpfe sind kein Ausnahmezustand. Streik und Aussperrung sind die Stunde der organisierten Arbeitnehmer und Arbeitgeber, nicht die Stunde der Polizei*« (Dietel in: Gewerkschaft der Polizei (Hrsg.), Polizei und Arbeitskampf, 1978, S. 7).
Es gilt in allen Bundesländern das sog. **Subsidiaritätsprinzip**. In § 3 Abs. 3 Hamburger Gesetz zum Schutz der öffentlichen Sicherheit und Ordnung (SOG) heißt es beispielsweise: »*Der Schutz privater Rechte obliegt den Verwaltungsbehörden nach diesem Gesetz nur dann, wenn gerichtlicher Schutz nicht rechtzeitig zu erlangen ist und wenn ohne verwaltungsbehördliche Hilfe die Verwirklichung des Rechts vereitelt oder wesentlich erschwert werden würde.*« Daraus folgern manche, dass die Polizei Streikbrechern jedenfalls dann Zutritt verschaffen muss, wenn vom Arbeitgeber eine entsprechende einstweilige Verfügung gegen Streikleitung oder Streikposten erwirkt wurde. Das ist falsch und verstößt gegen das Subsidiaritätsprinzip. Streikgassenverfügungen sind im Wege der vom Gericht angedrohten zivilrechtlichen Maßnahmen (Ordnungsgeld) durchzusetzen, nicht durch die Polizei.
Im Bereich der Gefahrenabwehr gilt im Übrigen das sog. **Opportunitätsprinzip**: d.h. die Polizei muss im Rahmen der Gesetze entscheiden, ob und wie sie handelt. Sie hat also einen **Ermessensspielraum**. Dabei hat sie sicherzustellen, dass Grundrechte – auch das Grundrecht auf Streik aus Art. 9 Abs. 3 GG – gewahrt sind. Sie muss nur einschreiten, wenn **Strafgesetze** verletzt werden. Hierzu Dr. Thomas Dieterich, ehemals Präsident des Bundesarbeitsgerichts und Mitautor des »Erfurter Kommentar zum Arbeitsrecht« (12. Auflage 2012) mit seinem Text zur Neutralitätspflicht des Staates und der Polizei (ErfK/Dieterich, Art. 9 GG Rn. 149): »*Aufgabe der Polizei ist nach übereinstimmender Rechtslage der Bundesländer die Abwehr von Gefahren für die öffentliche Sicherheit und Ordnung. Das Arbeitskampfgeschehen mag gelegentlich vergleichbar störend wirken, indessen sind dies sozialadäquate Folgen des verfassungsrechtlich geschützten Arbeitskampfes, die kein polizeiliches Einschreiten rechtfertigen. Soweit aber im Zusammenhang mit einem Arbeitskampf strafbare Handlungen begangen werden, ist eine Zuständigkeit der Polizei zum Einschreiten, und zwar sowohl zur Vorbeugung weiterer Straftaten als auch zur Ermittlung strafbarer Handlungen, gegeben. In der aufgeheizten Atmosphäre eines Arbeitskampfes wird allerdings allzu schnell von »Nötigung« gesprochen.*«
In jedem Fall ist zu empfehlen, vor Streikbeginn mit der Polizeiführung Kontakt aufzunehmen und zu versuchen, die Polizei zur **Zurückhaltung** zu bewegen.

Arbeitskampf

Notdienst

45 Um zu verhindern, dass infolge und während der Dauer des Streiks Schäden an Betriebsanlagen und Betriebsmitteln entstehen, ist ein Notdienst, der die notwendigen **Erhaltungsarbeiten** ausführt, einzurichten.
Arbeiten, die lediglich der **Aufrechterhaltung der Produktion** dienen, sind keine Erhaltungsarbeiten in diesem Sinne.
Zu den erforderlichen Notdienstarbeiten gehören nach der Rechtsprechung auch solche Arbeiten, die dem Arbeitgeber aufgrund öffentlich-rechtlicher Vorschriften zwingend aufgegeben sind (z. B. Maßnahmen des Umwelt- oder Gesundheitsschutzes).

46 **Einseitige Notstandsanordnungen** durch den Arbeitgeber sind unzulässig und für die betroffenen Arbeitnehmer unverbindlich. Vielmehr ist die konkrete Ausgestaltung des Notdienstes (Art und Umfang sowie Zahl der Notdienstarbeitnehmer) zwischen Arbeitgeber und kampfführender → **Gewerkschaft** zu vereinbaren.

47 Der → **Betriebsrat** ist nicht zuständig für die Einrichtung des Notdienstes. Betriebsräte, die Notdienstvereinbarungen mit dem Arbeitgeber abschließen, handeln rechtswidrig (Verstoß gegen § 74 Abs. 2 BetrVG).

48 Die Gewerkschaft wird bei der Vereinbarung und Durchführung einer Notdienstregelung darauf achten, dass eine **Fortführung der Produktion** ausgeschlossen ist.

49 Bei **Aussperrung** gehen die DGB-Arbeitskampfrichtlinien davon aus, dass **kein Notdienst** vereinbart bzw. geleistet wird.

Aussperrung

50 Im gewerkschaftlichen Sprachgebrauch werden die Begriffe »**kalte**« und »**heiße**« **Aussperrung** unterschieden.

51 Bei der »**kalten**« **Aussperrung** (siehe unten Rn. 65 ff.) handelt es sich juristisch gesehen um Kurzarbeit infolge der Fernwirkungen eines woanders stattfindenden Arbeitskampfes (= so genannte arbeitskampfbedingte Kurzarbeit).

52 Die »**heiße**« **Aussperrung** wird von den Arbeitgebern als direkte Arbeitskampfmaßnahme eingesetzt. Sie ist in folgenden **Varianten** denkbar:
- »Warnaussperrung« (= Aussperrung als Reaktion auf einen Warnstreik),
- Aussperrung im Streikgebiet (»Abwehraussperrung«),
- Aussperrung außerhalb des Streikgebiets (»kampfgebietsausweitende Aussperrung«),
- **Angriffsaussperrung** zur Durchsetzung von Arbeitgeberforderungen.

53 Die »heiße« Aussperrung wird im Falle eines Tarifkonflikts zwischen Gewerkschaft und Arbeitgeberverband – nach entsprechendem Aufruf durch den → **Arbeitgeberverband** – durch den jeweiligen Arbeitgeber vollzogen. Dieser teilt den Beschäftigten (z. B. per Aushang am Werkstor) mit, dass sie ab Aussperrungsbeginn den Betrieb nicht mehr betreten dürfen.

54 Das BAG gesteht den Arbeitgebern ein Recht zur Aussperrung nur als Antwort auf einen Streik und auch nur dann zu, wenn durch den Streik die »Solidarität im Arbeitgeberlager« bedroht wird (BAG v. 10. 6. 1980 – 1 AZR 168/79, DB 1980, 1274 und 1 AZR 822/79, DB 1980, 1266 ff.). Das heißt: Eine Aussperrung darf nur in dem Tarifgebiet erfolgen, in dem zum Streik aufgerufen wurde (»**Abwehraussperrung**«).

55 Eine **Ausweitung** der Aussperrung auf Arbeitnehmer in anderen Tarifgebieten, in denen nicht gestreikt wird (»kampfgebietsausweitende Aussperrung«), ist ebenso unzulässig wie eine »Angriffsaussperrung«.

56 Die »Abwehraussperrung« ist nach Auffassung des BAG in ihrem **Umfang zu begrenzen** (BAG v. 10. 6. 1980 – 1 AZR 168/79 und 1 AZR 822/79, a. a. O.).
Sie ist zum Schutz der »Solidarität im Arbeitgeberlager« dann nicht »erforderlich« und damit

Arbeitskampf

unzulässig, wenn bereits etwa 50 Prozent der Arbeitnehmer des Tarifgebiets zum Streik aufgerufen werden.

Erfasst der Streikaufruf 25 Prozent oder weniger Arbeitnehmer des Tarifgebiets, so ist eine Aussperrung nur im Umfange von weiteren 25 Prozent zulässig. 57

Wenn also beispielsweise 15 Prozent der Arbeitnehmer des Tarifgebiets in den Streik geführt werden, so dürfen die Arbeitgeber den Kampfrahmen durch Aussperrung nur um insgesamt weitere 25 Prozent der Arbeitnehmer des Tarifgebiets ausdehnen.

Werden mehr als 25 Prozent der Arbeitnehmer des Tarifgebiets zum Streik aufgerufen, so dürfen die Unternehmer den Kampfrahmen nur noch bis hin zur 50 Prozent-Grenze erweitern. 58

Unzulässig ist eine Aussperrung dann, wenn sie sich lediglich **gegen Gewerkschaftsmitglieder** richtet, Nichtorganisierte aber verschont. 59

Auch eine Aussperrung – z.B. als Antwort auf einen Warnstreik – dürfte im Rahmen von **Verbandstarifauseinandersetzungen** rechtswidrig sein, weil ein Warnstreik wohl kaum die »Solidarität im Arbeitgeberlager« bedrohen kann (siehe hierzu Rn. 54). 60

Das BAG ist allerdings der Ansicht, dass Arbeitgeber im Rahmen der **Verhältnismäßigkeit** Kurzstreiks mit Abwehraussperrungen beantworten können (BAG v. 11.8.1992 – 1 AZR 103/92, AiB 1993, 244 = NZA 1993, 39). Eine Aussperrung von zwei Tagen, mit der auf einen für eine halbe Stunde ausgerufenen Streik reagiert wird, verletze aber das **Übermaßverbot** und sei deshalb rechtswidrig (BAG v. 11.8.1992 – 1 AZR 103/92, a.a.O.).

Nach Ansicht des BAG soll auch der keinem Arbeitgeberverband angehörende Arbeitgeber bei einem Streik um einen **Firmentarifvertrag** aussperren dürfen. Gerade der Arbeitgeber, der bei einem Konflikt der Gewerkschaft allein gegenüberstehe brauche die Aussperrung, um ein Verhandlungsübergewicht der Gewerkschaft verhindern zu können (BAG v. 11.8.1992 – 1 AZR 103/92; 27.6.1995 – 1 AZR 1016/94, AiB 96, 308). Überzeugend ist das nicht. Ein Verhandlungsübergewicht der Gewerkschaft, welches die Abwehraussperrung legitimieren soll, sieht das BAG bereits dann als gegeben an, wenn die Gewerkschaft im Betrieb eines mittelständischen Arbeitgebers einen **erheblichen Organisationsgrad** aufweist. Laut Tatbestand der BAG-Entscheidung waren in dem mit einem halbstündigen Warnstreik »überzogenen« Betrieb etwa 250 Arbeitnehmer beschäftigt; 79 davon waren in der Gewerkschaft Textil-Bekleidung organisiert (das entspricht einem Organisationsgrad von 31,6 %!). Etwa 100 Arbeitnehmer waren dem Streikaufruf gefolgt. Was die BAG-Richter veranlasst hat, einen solchen Organisationsgrad als »erheblich« zu bezeichnen und daraus ein Verhandlungsübergewicht der Gewerkschaft abzuleiten, bleibt ihr Geheimnis. Jedenfalls wird die Entscheidung den vielfältigen – die Kampfparität beeinflussenden – Faktoren auf Firmenebene nicht gerecht. Sie lässt unbeachtet, dass sich die Arbeitgeberseite in einem Firmenkonflikt regelmäßig in einer stärkeren Position befindet. Sie verfügt über eine Vielzahl von Instrumenten, die sogar geeignet sind, einen Streik leer laufen zu lassen (etwa der Einsatz von Streikbrechern; siehe Rn. 38 ff.). Hieraus folgt, dass eine Aussperrung bei einem Firmenkonflikt i.d.R. als unzulässig angesehen werden muss.

Das Arbeitsverhältnis der betroffenen Arbeitnehmer wird durch eine Aussperrung nicht unterbrochen oder aufgelöst. Vielmehr besteht das Arbeitsverhältnis weiter fort. Jedoch verlieren die Beschäftigten ihren Anspruch auf Arbeitsentgelt (siehe Rn. 93). 61

Bei Vorliegen der satzungsrechtlichen Voraussetzungen erhalten ausgesperrte Mitglieder von ihrer Gewerkschaft – im Falle der nach der Rechtsprechung für zulässig gehaltenen »Abwehraussperrung« – eine **Aussperrungsunterstützung**. 62

Die Aussperrung ist nach Auffassung der Gewerkschaften in jeder Form **grundgesetzwidrig** und damit unzulässig, weil sie ein Angriff auf die Existenz und Menschenwürde der Betroffenen ist und zudem auf die finanzielle Ausblutung der Gewerkschaft abzielt. 63

Arbeitskampf

Beispiel:
Als die IG Metall 1984 den Einstieg in die 35-Stunden-Woche forderte, sind in den Tarifgebieten Nordwürttemberg/Nordbaden und Hessen ca. 55 000 Arbeitnehmer zum Streik aufgerufen worden. Die damit verbundene finanzielle Belastung der Streikkasse haben die Arbeitgeber durch Aussperrung von mehr als 170 000 Beschäftigten in drastischer Weise ausgedehnt. Nach Ende des siebenwöchigen Arbeitskampfes waren der IG Metall – insbesondere infolge der Zahlung von Streik- und Aussperrungsunterstützung – Gesamtkosten in Höhe von ca. 500 Mio. DM entstanden.

Die Gewerkschaften fordern aus vorstehenden Gründen ein generelles **Verbot der Aussperrung**, so wie dies in der Hessischen Landesverfassung ausdrücklich vorgesehen ist.

Betriebsstillegung

64 Nach Ansicht des BAG kann der Arbeitgeber – abgesehen von Aussperrungsmaßnahmen – versuchen, durch betriebsorganisatorische Gegenmaßnahmen die Folgen der streikbedingten Betriebsstörung zu begrenzen. Zu den Gegenmaßnahmen gehöre auch die Befugnis, die vom Streik betroffene betriebliche Einheit für die Dauer des Streiks **ganz oder teilweise stillzulegen** (BAG v. 13.12.2011 – 1 AZR 495/10). Solche Maßnahmen seien durch die Arbeitsniederlegung bedingt und Teil des Systems von Druck und Gegendruck, das den Arbeitskampf kennzeichnet. Dass in derartigen Fällen die Nichtbeschäftigung der Arbeitnehmer des bestreikten Betriebs durch Gegenmaßnahmen des Arbeitgebers mitverursacht ist, steht einer Anwendung der Grundsätze des Arbeitskampfrisikos nicht entgegen.
Mit der Stilllegung werden die Beschäftigungs- und Entgeltzahlungsansprüche der Beschäftigten – wie bei Streik und Aussperrung – **suspendiert** (siehe hierzu Rn. 93). Voraussetzung ist, dass die Stilllegung gegenüber den Arbeitnehmern erklärt wird (BAG v. 13.12.2011 – 1 AZR 495/10). Hierfür genügt die Bekanntgabe der Stilllegungsentscheidung in betriebsüblicher Weise. Einer individuellen Benachrichtigung bedarf es nicht.
Auch arbeitswillige Arbeitnehmer (Streikbrecher) verlieren bei einer Betriebsstilllegung ihren Lohnanspruch (BAG v. 13.12.2011 – 1 AZR 495/10). Dies gilt sogar dann, wenn dem Arbeitgeber die teilweise **Aufrechterhaltung des Betriebs** technisch möglich und wirtschaftlich zumutbar wäre. Auszug aus der Entscheidung: »*Mit der Stilllegungserklärung der Beklagten sind die Hauptpflichten aus den Arbeitsverhältnissen suspendiert worden, die den betroffenen Bereichen zugeordnet sind. Anders als bei einer Betriebsfortführung ist der Arbeitgeber bei einer suspendierenden Stilllegung nicht verpflichtet, die Arbeitnehmer anderweitig einzusetzen. Seine Gegenmaßnahme ist gerade darauf gerichtet, durch Stilllegung des gesamten Betriebs oder einzelner Betriebsbereiche die Beschäftigungs- und Vergütungsansprüche der Außenseiter durch deren Einbeziehung in den Arbeitskampf zu beseitigen, um auf diese Weise die kampfführende Gewerkschaft unter Druck zu setzen. Dieses Arbeitskampfziel würde unterlaufen, wenn der Arbeitgeber die von der Stilllegung betroffenen Arbeitnehmer in anderen Unternehmensbereichen einsetzen müsste, um ihnen den Vergütungsanspruch zu erhalten.*«
Arbeitswillige Arbeitnehmer behalten ihren Vergütungsanspruch allerdings dann, wenn der bestreikte Arbeitgeber den arbeitswilligen Arbeitnehmer während des Arbeitskampfes (in einem nicht stillgelegten Teil des Betriebs) **vertragsgemäß einsetzen** kann und ihm diese Beschäftigung wirtschaftlich **zumutbar** ist (BAG v. 13.12.2011 – 1 AZR 495/10). Dafür ist der Arbeitnehmer darlegungspflichtig.
Eine streikbedingte Betriebsstilllegung ist allerdings nur innerhalb des **Rahmens** möglich, den der **Streikaufruf** in gegenständlicher und zeitlicher Hinsicht gesetzt hat (BAG v. 13.12.2011 – 1 AZR 495/10; 27.6.1995 – 1 AZR 1016/94). Der Arbeitgeber kann sich gegenüber einem den gesamten Betrieb erfassenden Streikaufruf auch darauf beschränken, nicht den gesamten Be-

Arbeitskampf

trieb, sondern organisatorisch abgegrenzte betriebliche Einheiten stillzulegen (BAG v. 13.12.2011 – 1 AZR 495/10).
Die vorübergehende Betriebsstilllegung setzt voraus, dass die Geschäftstätigkeit des Arbeitgebers während des Arbeitskampfes weder von diesem selbst noch von einem von ihm beauftragten **Dritten** ausgeführt wird. Die Beauftragung eines Dritten steht der Annahme einer suspendierenden Betriebsstilllegung nur dann nicht entgegen, wenn es sich bei den Tätigkeiten, die diesem übertragen werden, um **Erhaltungs- oder Notstandsarbeiten** handelt (BAG v. 13.12.2011 – 1 AZR 495/10).

Kalte Aussperrung (arbeitskampfbedingte Kurzarbeit)

Von **kalter Aussperrung** wird gesprochen, wenn ein Arbeitgeber einen Betrieb ganz oder teilweise mit der Behauptung stilllegt, dass in einem **Zulieferer-** oder **Abnehmerbetrieb** ein Arbeitskampf (Streik oder Aussperrung) stattfinde und infolgedessen die Produktion im eigenen Betrieb ausgesetzt werden müsse (Arbeitsausfall aufgrund der Fernwirkungen eines Arbeitskampfes). 65
Der Arbeitgeber verweigert den Arbeitnehmern für die Dauer der Betriebsstilllegung die Zahlung des Arbeitsentgelts.
Nach § 615 BGB ist der Arbeitgeber unter dem Gesichtspunkt des → **Annahmeverzuges** grundsätzlich auch dann entgeltfortzahlungspflichtig, wenn er die Belegschaft ohne sein Verschulden aus betriebstechnischen Gründen nicht beschäftigen kann (Betriebsrisiko) oder wenn die Fortsetzung des Betriebs wegen Auftrags- oder Absatzmangels wirtschaftlich sinnlos wird (Wirtschaftsrisiko). Der Arbeitgeber trägt das sog. **Betriebs- und Wirtschaftsrisiko** (BAG v. 22.12.1980 – 1 ABR 2/79, DB 1981, 321). 66
Das soll aber nach Ansicht des BAG nur eingeschränkt gelten, wenn der Arbeitsausfall Folge eines woanders stattfindenden Arbeitskampfes (Streik oder Aussperrung) ist. Das BAG hat hierzu sog. Grundsätze über die Verteilung des **Arbeitskampfrisikos** aufgestellt (BAG v. 22.12.1980 – 1 ABR 2/79, a.a.O.). In der Entscheidung heißt es:
»*1. Das Betriebs- und das Wirtschaftsrisiko trägt grundsätzlich der Arbeitgeber.*
2. Das gilt nicht uneingeschränkt bei Störungen, die auf einem Streik in einem anderen Betrieb beruhen und die Fortsetzung des Betriebes ganz oder teilweise unmöglich oder wirtschaftlich unzumutbar machen.
3. Können diese Fernwirkungen eines Streiks das Kräfteverhältnis der Kampf führenden Parteien beeinflussen, so tragen beide Seiten das Arbeitskampfrisiko. Das bedeutet für die betroffenen Arbeitnehmer, dass sie für die Dauer der Störung keine Beschäftigungs- und Vergütungsansprüche haben. Ein solcher Fall ist z.B. dann anzunehmen, wenn die für den mittelbar betroffenen Betrieb zuständigen Verbände mit den unmittelbar Kampf führenden Verbänden identisch oder doch organisatorisch eng verbunden sind.
4. Die Rechtsgrundsätze des Arbeitskampfrisikos führen nicht ohne weiteres zu einer betrieblichen Arbeitszeitregelung. Vielmehr bleibt innerhalb dieser Grundsätze normalerweise ein nicht unerheblicher Regelungsspielraum in Bezug auf die Modalitäten.
5. Die Regelung der Modalitäten unterliegt gemäß BetrVG § 87 Abs. 1 Nr. 2 und BetrVG § 87 Abs. 1 Nr. 3 der Mitbestimmung des Betriebsrats. Hingegen sind die Voraussetzungen und der Umfang der Arbeitszeitverkürzung durch das Recht vorgegeben und nicht von der Zustimmung des Betriebsrats abhängig.«
Diese Grundsätze gelten nach Ansicht des BAG auch dann, wenn die Betriebsstörung Folge einer **rechtmäßigen Abwehraussperrung** (siehe Rn. 54) ist (BAG v. 22.12.1980 – 1 ABR 76/79, DB 1981, 327).
Aus der Rechtsprechung zur Verteilung des Arbeitskampfrisikos folgt, dass eine **Entgeltfort-** 66a

Arbeitskampf

zahlungspflicht im Falle von Fernwirkungen eines Arbeitskampfes (Streik oder Aussperrung) dann besteht, wenn
- der Arbeitsausfall entgegen der Behauptung des Arbeitgebers tatsächlich nicht oder nicht alleinige die Folge des Arbeitskampfes ist;
- wenn der Grund des Arbeitsausfalls in einer unternehmerischen Fehldisposition liegt (keine vernünftige vorausschauende Planung, keine Vorsorge- und Ausgleichsmaßnahmen);
- wenn und soweit dem Arbeitgeber die Beschäftigung der Arbeitnehmer möglich oder zumutbar ist;
- wenn es sich um Fernwirkungen handelt, die von einem Arbeitskampf in einer anderen Branche ausgelöst werden:

> **Beispiele:**
> Wegen eines Streiks bei der Bahn fallen in einem Metallbetrieb die für die Aufrechterhaltung der Produktion notwendigen Zulieferungen aus.
> Wegen eines Streiks in einem Automobilwerk (= Metallindustrie) kommt es zu Betriebsstörungen bei Zulieferern, die anderen Branchen angehören (Stahlindustrie, Textilindustrie, Glasindustrie usw.) und deren Produkte vom dem Automobilwerk nicht angenommen werden.

Die zwischen den Arbeitgeberverbänden der betroffenen Branchen/Unternehmen bestehenden Verbindungen über den Dachverband BDA (siehe → **Arbeitgeberverband**) rechtfertigen es nicht, das Arbeitskampfrisiko den Arbeitnehmern aufzubürden,
- wenn der Arbeitgeber die Mitbestimmungsrechte des Betriebsrats missachtet und einseitig Kurzarbeit einführt (siehe Rn. 85);
- wenn die tariflichen Ankündigungsfristen bei Kurzarbeit nicht eingehalten werden (siehe → **Kurzarbeit** Rn. 4 a; strittig);
- wenn der die Fernwirkungen verursachende Streik oder die Aussperrung rechtswidrig sind;
- wenn die Fernwirkungen durch Streik oder Aussperrung im Ausland ausgelöst werden.

67 Die Erfahrung zeigt, dass die »kalte« Aussperrung von manchen Arbeitgebern gezielt als Arbeitskampfmittel eingesetzt wird, indem beispielsweise Zulieferungen vorsätzlich »versteckt« werden, um einen arbeitskampfbedingten Arbeitsausfall **vorzutäuschen**.

68 Es ist deshalb erforderlich, dass
- der Betriebsrat die Behauptung des Arbeitgebers, es könne wegen eines woanders stattfindenden Arbeitskampfes nicht weiter gearbeitet werden, durch eigene Feststellungen **überprüft**;
- die Betroffenen zur Sicherung ihres Arbeitsentgeltanspruchs dem Arbeitgeber vorsorglich ihre Arbeitskraft anbieten und ihn so in → **Annahmeverzug** setzen (§ 615 BGB).

69 Zu den **Rechten des Betriebsrats** bei arbeitskampfbedingter Kurzarbeit: siehe Rn. 85.

70 Die Frage, ob die von der Kurzarbeit betroffenen Arbeitnehmer gegenüber der Agentur für Arbeit einen Anspruch auf **Kurzarbeitergeld** (siehe → **Kurzarbeit** Rn. 6 ff.) haben, richtet sich nach § 100 SGB III 2012 in Verbindung mit § 160 SGB III 2012 (früher: §§ 70, 116 AFG und bis zum 31.12.2011: §§ 146, 174 SGB III).

Die gesetzlichen Regelungen zum Kurzarbeitergeld im Falle von arbeitskampfbedingter Kurzarbeit sind im Jahre 1986 gegen den heftigen Widerstand der Gewerkschaften in einer für sie nachteiligen Weise verändert worden.

Danach haben die durch Fernwirkungen eines Arbeitskampfes betroffenen Arbeitnehmer keinen Anspruch auf Kurzarbeitergeld (mehr), wenn
- im Fernwirkungsgebiet eine Forderung erhoben worden ist, die einer »**Hauptforderung** des Arbeitskampfes nach Art und Umfang gleich ist, ohne mit ihr übereinstimmen zu müssen«, und

Arbeitskampf

- das im Arbeitskampfgebiet erzielte Ergebnis aller Voraussicht nach auch im Fernwirkungsgebiet **im Wesentlichen übernommen** wird.

Über das Vorliegen dieser Voraussetzungen entscheidet – nach Anhörung der Tarifvertragsparteien – ein so genannter **»Neutralitätsausschuss«**, der bei der Bundesagentur für Arbeit angesiedelt ist (§§ 160 Abs. 5, 380 SGB III 2012). 71
Gegen die Entscheidung des Neutralitätsausschusses können die Fachspitzenverbände der am Arbeitskampf beteiligten Tarifvertragsparteien klagen.
Über die Klage entscheidet das Bundessozialgericht im ersten und letzten Rechtszug. Auf Antrag kann das Bundessozialgericht auch eine einstweilige Anordnung erlassen (§ 160 Abs. 6 SGB III 2012).

Gemäß § 100 Abs. 2 SGB III 2012 kann die Agentur für Arbeit die Behauptung des Arbeitgebers, infolge von Fernwirkungen eines woanders stattfindenden Arbeitskampfes müsse → **Kurzarbeit** eingeführt werden, durch eingehende Recherchen im Betrieb **überprüfen**. 72
Stellt die Agentur für Arbeit fest, dass die Behauptung des Arbeitgebers nicht zutrifft (weil beispielsweise der Arbeitsausfall auf anderen Ursachen beruht oder weil Kurzarbeit durch entsprechende Maßnahmen hätte vermieden werden können), dann hat die Agentur für Arbeit Kurzarbeitergeld an die betroffenen Arbeitnehmer zu zahlen (§ 100 Abs. 3 SGB III 2012). Den entsprechenden Geldbetrag »holt« sich die Agentur für Arbeit vom Arbeitgeber wieder.

Nach Auffassung der Gewerkschaften **verstoßen** die §§ 100, 160 SGB III 2012 (früher: §§ 70, 116 AFG) **gegen das Grundgesetz**, weil sie die kalt Ausgesperrten ohne rechtfertigenden Grund mittellos stellen und dadurch den Druck auf die kampfführende Gewerkschaft derart erhöhen, dass das Kräftegleichgewicht zugunsten der Arbeitgeber verschoben wird. 73

Durch Entscheidung vom 4. 7. 1995 hat das Bundesverfassungsgericht festgestellt, dass § 116 AFG (heute: § 160 SGB III 2012) verfassungsgemäß ist (BVerfG v. 4. 7. 1995 – 1 BvF 2/86, AiB 1995, 595). Das Gesetz beeinträchtige zwar die Streikfähigkeit der Gewerkschaft, aber nicht so stark, dass von einem grundgesetzwidrigen Eingriff in die Tarifautonomie gesprochen werden könne – jedenfalls noch nicht. 74
Anders sei die Sachlage zu beurteilen, wenn die Arbeitgeber es darauf anlegten, mit Hilfe der »heißen« Aussperrung gezielt **Fernwirkungen zu erzeugen**.
Wenn dadurch ein strukturelles Übergewicht der Arbeitgeber einträte, wäre der Gesetzgeber gefordert, entsprechende Maßnahmen zur Wahrung der Tarifautonomie zu treffen.
Solange dies nicht geschehe, bleibe es die Aufgabe der Gerichte, die geltenden Regelungen im Lichte des Art. 9 Abs. 3 GG auszulegen und anzuwenden.

Schlichtungsverfahren

Ein Schlichtungsverfahren (= Fortsetzung der Tarifverhandlungen unter der Regie eines »neutralen« Schlichters) findet nur statt, wenn sich beide Tarifparteien darauf **verständigen**. 75
Anders als das Rechtssystem der Weimarer Republik kennt die Verfassungsordnung der Bundesrepublik Deutschland weder eine gesetzliche Zwangsschlichtung noch einen Einlassungszwang auf ein staatliches Schlichtungsverfahren.

Unterbreitet eine von den Tarifvertragsparteien eingesetzte Schlichtungsstelle einen Einigungsvorschlag, so wird dieser nur dann verbindlich, wenn er von beiden Tarifvertragsparteien ausdrücklich **angenommen** wird. 76

Arbeitskampf

Bedeutung für die Betriebsratsarbeit

77 **Gewerkschaftlich organisierte Betriebsratsmitglieder** dürfen sich in ihrer Eigenschaft als Gewerkschaftsmitglieder aktiv an Streiks beteiligen.
Das heißt: Sie können wie jedes andere Gewerkschaftsmitglied – im Auftrag der kampfführenden → **Gewerkschaft** – einen Streik organisieren, zum Streik aufrufen, den Streik leiten bzw. in der Streikleitung tätig sein.

78 Das in § 74 Abs. 2 BetrVG enthaltene Arbeitskampfverbot untersagt dem Betriebsrat und seinen Mitgliedern nur, Kampfmaßnahmen **unter Ausnutzung** ihrer Funktion als Betriebsverfassungsorgan durchzuführen (siehe → **Friedenspflicht**).

79 Der Betriebsrat als **Organ** bleibt auch dann bestehen, wenn sich einzelne oder alle Betriebsratsmitglieder am Streik beteiligen oder ausgesperrt werden.
Mit anderen Worten: Der Betriebsrat bleibt auch während eines Arbeitskampfes **voll funktionsfähig**.

80 So kann er beispielsweise das Betriebsratsbüro weiternutzen, Sitzungen und Sprechstunden durchführen.

81 Vorstehendes gilt auch für die → **Jugend- und Auszubildendenvertretung**.

82 Eine → **Betriebsversammlung** (oder Jugend- und Auszubildendenversammlung), die vor Beginn eines Streiks oder einer »heißen« Aussperrung anberaumt war, kann wie geplant durchgeführt werden und ist wie → **Arbeitszeit** zu vergüten.
Betriebsversammlungen können natürlich auch während **arbeitskampfbedingter Kurzarbeit** (= »kalte Aussperrung«) stattfinden.
Die Behandlung des aktuellen Tarifkonflikts in der **Betriebsversammlung** ist nach § 45 BetrVG zulässig.
Hinsichtlich der Dauer der Betriebsversammlung existieren keine Vorschriften. Es kommt auf Art, Umfang und Schwierigkeit der zu behandelnden Themen an. Falls erforderlich, kann die Betriebsversammlung länger als einen **Tag** dauern. In diesem Fall wird sie unterbrochen und am nächsten oder einem anderen Tag fortgesetzt.

83 Auch die → **Beteiligungsrechte des Betriebsrats** (Informations-, Mitwirkungs- und Mitbestimmungsrechte) bleiben im Grundsatz während eines Arbeitskampfes bestehen.
Nur wenn die Ausübung eines Beteiligungsrechts im Einzelfall nachweisbar Einfluss auf den Arbeitskampf haben könnte, soll nach der Rechtsprechung des BAG insoweit eine **Einschränkung** dieses Rechts stattfinden.

83a Bei **personellen Einzelmaßnahmen** wie Einstellungen, Versetzungen und Kündigungen soll der Betriebsrat während eines Arbeitskampfes nicht mitbestimmen können (BAG v. 10.12.2002 – 1 ABR 7/02, NZA 2004, 223).
Hinsichtlich derartiger Maßnahmen sei der Betriebsrat wegen ihrer Wirkungen auf das Kampfgeschehen funktionsunfähig, unabhängig davon, ob sich seine Mitglieder sämtlich, teilweise oder gar nicht am Streik beteiligen.
Dies folge aus Gründen der Kampfparität und in Kündigungsfällen daraus, dass dem Betriebsrat Entscheidungen nach § 102 und § 103 BetrVG unter diesen Umständen nicht zuzumuten seien; er wäre vom Neutralitätsgebot überfordert.
So soll etwa die **Versetzung** arbeitswilliger Arbeitnehmer (= Streikbrecher) zum Zwecke der Streikabwehr (durch Streikbruch) aus einem nicht bestreikten Betrieb in einen von einem Arbeitskampf betroffenen Betrieb desselben Arbeitgebers nicht der Zustimmung des Betriebsrats des abgebenden Betriebs nach § 99 Abs. 1 BetrVG bedürfen (BAG v. 13.12.2011 – 1 ABR 2/10). Dessen Mitbestimmungsrecht entfalle bei einem solchen Einsatz von arbeitswilligen Arbeitnehmern (= Streikbrechern), weil ansonsten die Arbeitskampffreiheit des Arbeitgebers ernsthaft beeinträchtigt würde. Der Arbeitgeber sei jedoch nach § 80 Abs. 2 Satz 1 BetrVG

Arbeitskampf

verpflichtet, dem Betriebsrat rechtzeitig vor Durchführung der personellen Maßnahme mitzuteilen, welche Arbeitnehmer er vorübergehend zur Streikabwehr einsetzen will.
Bei einer arbeitskampfbedingten Versetzung hat der Arbeitgeber allerdings dann das Mitbestimmungsrecht des Betriebsrats des abgebenden Betriebs nach § 99 BetrVG zu beachten, wenn die Versetzung in ein anderes → **Unternehmen** erfolgen soll (BAG v. 19.2.1991 – 1 ABR 36/90, AiB 1991, 340 = NZA 1991, 565). Dabei kann es sich auch um ein Tochterunternehmen handeln.
Für die Mitbestimmung des Betriebsrats in **sozialen Angelegenheiten** nach § 87 Abs. 1 Nr. 2, Nr. 3 BetrVG gelten nach Ansicht des BAG die gleichen Grundsätze. **83b**
Wenn der Arbeitgeber während eines Streiks in seinem Betrieb für »arbeitswillige« Arbeitnehmer aus streikbedingten Gründen vorübergehend die **betriebsübliche Arbeitszeit verlängern** will, so bedürfe er dazu nicht der Zustimmung des Betriebsrats (BAG v. 10.12.2002 – 1 ABR 7/02, NZA 2004, 223).
Andernfalls könne der Betriebsrat eine dem Arbeitgeber sonst mögliche Abwehrmaßnahme verhindern oder zumindest bis zur Herbeiführung einer Entscheidung der Einigungsstelle erheblich hinauszögern.
Derartige Mehrarbeit kann von den einzelnen Arbeitnehmern allerdings als **Streikbrucharbeit** abgelehnt werden (siehe Rn. 38 ff.).

> **Beachten:** **84**
> Der Betriebsrat ist nicht zuständig für die Einrichtung eines »**Notdienstes**« (siehe Rn. 45 ff.).

Ziel des Notdienstes ist es zu verhindern, dass während der Dauer des Streiks Schäden an Betriebsanlagen und Betriebsmitteln entstehen. Art und Umfang des Notdienstes ist zwischen Arbeitgeber und kampfführender Gewerkschaft zu vereinbaren.
Betriebsräte, die Notdienstvereinbarungen mit dem Arbeitgeber abschließen, handeln **rechtswidrig**.
Strittig ist, ob der Betriebsrat bei der Einführung von **arbeitskampfbedingter Kurzarbeit** **85** (»kalte« Aussperrung, siehe Rn. 65 ff.) nach § 87 Abs. 1 Nr. 3 BetrVG ein volles Informations-, Überprüfungs- und Mitbestimmungsrecht, und zwar sowohl hinsichtlich der Frage, **ob** überhaupt Kurzarbeit eingeführt wird als auch bezüglich der **Modalitäten** der Kurzarbeit (welche Abteilungen, welche Arbeitnehmer usw.) hat.
Das Bundesarbeitsgericht hat in einer älteren Entscheidung die Auffassung vertreten, dass ein Mitbestimmungsrecht bei arbeitskampfbedingter Kurzarbeit nur hinsichtlich der Frage des »**Wie**«, nicht aber des »**Ob**« der Kurzarbeit bestehe (BAG v. 22.12.1980 – 1 ABR 2/79, DB 1981, 321 und BAG v. 22.12.1980 – 1 ABR 76/79, DB 1981, 327).
Später wurden von BAG-Richtern **Zweifel** an der Richtigkeit dieser Rechtsprechung geäußert (vgl. Kissel, NZA 1989, 82 f.). Zu weiteren korrigierenden Entscheidungen ist es aber bislang nicht gekommen, weil alle in diese Richtung laufenden Verfahren von Arbeitgeberseite zurückgezogen bzw. erledigt wurden.
Auf der Basis der **früheren BAG-Entscheidungen** gilt Folgendes:
1. Das Mitbestimmungsrecht beim »**Ob**« entfällt,
   a) wenn der mittelbar betroffene Betrieb zu der **gleichen Branche** gehört, in der ein Arbeitskampf um einen Verbandstarifvertrag stattfindet;

> **Beispiel:**
> In der Metallindustrie findet ein Arbeitskampf um einen Verbandstarifvertrag statt. Im Bezirk Bayern wird ein Metallunternehmen bestreikt. Dieses ist Zulieferer eines Unternehmens in Hamburg. Infolge des Streiks kommt es im Hamburger Betrieb zu einem Arbeitsausfall. Der Betriebsrat des Hamburger Betriebes hat kein Mitbestimmungsrecht beim »Ob«.

Arbeitskampf

b) oder wenn in einem Betrieb ein **Teilstreik** stattfindet, der sich auf andere Bereiche des Betriebs auswirkt.
In diesen Fällen hat der Betriebsrat ein Mitbestimmungsrecht nur beim »Wie« (Modalitäten der Kurzarbeit).
2. Es besteht ein Mitbestimmungsrecht nicht nur beim »Wie«, sondern auch beim »Ob«,
a) wenn der mittelbar betroffene Betrieb zu einer anderen Branche gehört;

> **Beispiel:**
> In der Metallindustrie findet ein Arbeitskampf um einen Verbandstarifvertrag statt. Der mittelbar betroffene Betrieb gehört aber zur Chemieindustrie. Der Betriebsrat dieses Betriebes hat ein Mitbestimmungsrecht auch beim »Ob«.

b) oder wenn infolge eines Arbeitskampfes um einen Firmentarifvertrag in anderen Betrieben Arbeit ausfällt
c) oder wenn der Arbeitsausfall nicht vorrangig auf einem woanders stattfindenden Arbeitskampf beruht, sondern auf unternehmerischen Fehldispositionen (z. B. keine zumutbaren Vorsorgemaßnahmen getroffen).
3. Die Informations- und Mitwirkungsrechte des Betriebsrats (siehe → **Beteiligungsrechte des Betriebsrats**) bleiben in allen Fallgestaltungen in vollem Umfang erhalten (BAG v. 10.12.2002 – 1 ABR 7/02).

86 Können sich Arbeitgeber und Betriebsrat über das »Ob« und »Wie« der Kurzarbeit nicht einigen, darf der Arbeitgeber Kurzarbeit **nicht einseitig anordnen**.
Vielmehr muss er nach § 87 Abs. 2 BetrVG ein **Einigungsstellenverfahren** einleiten.
Erst wenn die → **Einigungsstelle** zu seinen Gunsten entscheidet, darf der Arbeitgeber die betroffenen Arbeitnehmer in Kurzarbeit schicken.

87 Ordnet der Arbeitgeber Kurzarbeit ohne Zustimmung des Betriebsrats oder einen entsprechenden Beschluss der Einigungsstelle an, so kann der Betriebsrat hiergegen gerichtlich durch Antrag auf Erlass einer **einstweiligen Verfügung** vorgehen (siehe → **Unterlassungsanspruch des Betriebsrats**).

88 Außerdem behalten die Arbeitnehmer ihren vollen Arbeitsentgeltanspruch, sofern sie dem Arbeitgeber ihre Arbeitskraft anbieten und den Arbeitgeber auf diese Weise in → **Annahmeverzug** setzen.

89 Stimmt der Betriebsrat der Kurzarbeit zu, verlieren die betroffenen Arbeitnehmer – nach Ablauf der in vielen Tarifverträgen geregelten **Kurzarbeits-Ankündigungsfrist** – ihren Arbeitsentgeltanspruch!
Gleiches gilt, wenn die → **Einigungsstelle** die fehlende Zustimmung des Betriebsrats ersetzt (§ 87 Abs. 2 BetrVG).

90 Nach § 99 Abs. 1 Satz 2 SGB III 2012 hat der Arbeitgeber die Kurzarbeit gegenüber der Agentur für Arbeit **anzuzeigen**.
Der Anzeige des Arbeitgebers ist eine **Stellungnahme** des Betriebsrats beizufügen (§ 99 Abs. 1 Satz 3 SGB III 2012).
Auch der Betriebsrat kann die Anzeige erstatten (§ 99 Abs. 1 Satz 2 SGB III 2012). Er kann auch die **Gewährung von Kurzarbeitergeld beantragen** (§ 323 Abs. 2 Satz 2 SGB III 2012, siehe im Übrigen → **Kurzarbeit**).

91 Macht der Arbeitgeber gegenüber der Agentur für Arbeit geltend, dass die Kurzarbeit Folge eines Arbeitskampfes sei, hat er dies **darzulegen** und **glaubhaft** zu machen (§ 100 Abs. 2 Satz 1 SGB III 2012).
Er hat eine Stellungnahme des Betriebsrats beizufügen und dem Betriebsrat zuvor die für die Stellungnahme erforderlichen Angaben zu machen (§ 100 Abs. 2 Sätze 2 und 3 SGB III 2012).

Bei der Ermittlung des Sachverhalts kann die Agentur für Arbeit Feststellungen im Betrieb treffen (§ 100 Abs. 2 Satz 4 SGB III 2012).

Bedeutung für die Beschäftigten

Grundsätzliches zu den Rechten der Arbeitnehmer bei Streik und Aussperrung: siehe Rn. 26 ff. und 59 ff. 92
Nachstehend einige Hinweise zu Einzelfragen.

Arbeitspflicht/Arbeitsentgelt

Die Teilnahme an einem Streik und die Aussperrung haben eine »**Suspendierung**« der Hauptpflichten aus dem Arbeits- bzw. Ausbildungsverhältnis zur Folge (BAG – Großer Senat – v. 21.4.1971 – GS 1/68, DB 1971, 1061). Das heißt: 93
- Das Arbeitsverhältnis besteht weiter fort.
- Der Arbeitnehmer ist für die Dauer des Arbeitskampfes nicht zur Arbeit und der Arbeitgeber nicht zur Zahlung des Arbeitsentgelts bzw. der Ausbildungsvergütung verpflichtet.

Hierzu ein Auszug aus BAG v. 31.5.1988 – 1 AZR 589/86, NZA 1988, 886:
»Der rechtmäßige Streik beginnt damit, daß eine Gewerkschaft ihre Mitglieder in einem oder mehreren Betrieben aufruft, für ein tarifvertraglich regelbares Ziel in den Streik zu treten.
Mit dieser Erklärung werden die Hauptpflichten aus den einzelnen Arbeitsverhältnissen noch nicht suspendiert. Vielmehr ist es Sache des einzelnen Arbeitnehmers, konkludent oder ausdrücklich durch einseitige, empfangsbedürftige Willenserklärung dem Arbeitgeber zu erklären, dass er an dem Streik teilnimmt und deshalb die Arbeitspflichten suspendiert werden.
In der Regel geben die Arbeitnehmer keine ausdrücklichen Suspendierungserklärungen ab, sondern verlautbaren dies konkludent durch Niederlegung der Arbeit in Verbindung mit dem Aufruf der gewerkschaftlichen Streikleitung, die ihren Mitgliedern und dem Arbeitgeber auch etwaige Streikmodalitäten erklärt.
Der betroffene Arbeitgeber kann im Regelfall davon ausgehen, dass die Arbeitnehmer, die nach einem gewerkschaftlichen Streikbefehl nicht zur Arbeit erscheinen, von ihrem Streikrecht Gebrauch machen, d. h. konkludent ihre Arbeitspflicht suspendieren.
Knüpft man die Suspendierung der Hauptpflichten an eine – wenn auch in der Regel konkludente – Erklärung, können auch Zweifelsfälle befriedigend gelöst werden: So kann der Arbeitgeber nicht ohne weiteres davon ausgehen, dass alle Arbeitnehmer, die bei Streikbeginn nicht zur Arbeit erscheinen, Streikteilnehmer sind. Das ist z. B. eindeutig nicht der Fall bei Arbeitnehmern, die schon vor Streikbeginn von der Arbeit befreit waren. Der Senat hat dies für kranke Arbeitnehmer im Urteil vom 24. Februar 1961 (– 1 AZR 17/59 – AP Nr. 31 zu § 1 ArbKrankhG) und für im Urlaub befindliche Arbeitnehmer im Urteil vom 9. Februar 1982 (– 1 AZR 567/79 – AP Nr. 16 zu § 11 BUrlG) anerkannt. Auch bei anderen nicht zur Arbeitsleistung verpflichteten Arbeitnehmern muss der Arbeitgeber i. d. R. davon ausgehen, dass sie keine Suspendierungserklärung abgeben wollen.«

Streik- und Aussperrungsunterstützung

Gewerkschaftlich organisierte Arbeitnehmer erhalten von ihrer Gewerkschaft eine **Streikunterstützung**, sofern die satzungsmäßigen Voraussetzungen vorliegen (z. B. dreimonatige Mitgliedschaft). Entsprechendes gilt für Gewerkschaftsmitglieder im Fall der (»heißen«) **Aussperrung**. 94

Arbeitskampf

Streik- und Aussperrungsunterstützung sind **steuerfrei** (BFH v. 24. 10. 1990 – X R 161/88, DB 1991, 259) und damit auch **beitragsfrei** in der gesetzlichen Sozialversicherung. **Aufwendungen**, die durch Streikteilnahme entstehen (z. B. Fahrtkosten, Verpflegungsmehraufwand), können nicht als Werbungskosten steuerlich abgesetzt werden.
Nicht gewerkschaftlich organisierte Arbeitnehmer, die streiken oder ausgesperrt werden, sind ggf. auf → **Arbeitslosengeld II** (»Hartz IV«) angewiesen.

Teilnahme an einer Betriebsratsschulung

94a Wenn ein Betriebsratsmitglied vor Streikbeginn an einer Betriebsratsschulung nach § 37 Abs. 6, Abs. 7 BetrVG teilnimmt, behält er seinen Entgeltfortzahlungsanspruch. Nimmt das Betriebsratsmitglied allerdings am Streik teil, führt das zum Verlust des Anspruchs für die Dauer der Streikteilnahme (BAG v. 26. 7. 2005 – 1 AZR 133/04). Die Streikteilnahme beendet die Teilnahme an der Schulung und die darin liegende Betriebsratstätigkeit. Damit liegt der Befreiungstatbestand des § 37 Abs. 2 BetrVG nicht länger vor. Das Betriebsratsmitglied unterliegt stattdessen seiner regulären Arbeitspflicht, die nunmehr durch die Teilnahme am Streik suspendiert wird. Die Streikteilnahme führt auf diesem Wege auch für ein nach § 38 BetrVG **freigestelltes Mitglied** zum Verlust seines anteiligen Vergütungsanspruchs, weil dieses nur bei Wahrnehmung von Betriebsratsaufgaben seinen Vergütungsanspruch gem. § 37 Abs. 2 BetrVG behält (BAG v. 26. 7. 2005 – 1 AZR 133/04).

Teilnahme an einer Weiterbildungsveranstaltung (Bildungsurlaub)

94b Hat der Arbeitgeber einen Arbeitnehmer zur Teilnahme an einer Weiterbildungsveranstaltung nach einem der Bildungsurlaubsgesetz (siehe → **Bildungsurlaub**) von der Arbeit freigestellt, kann dieser für die Zeit der Freistellung Entgeltfortzahlung verlangen, auch wenn der Betrieb des Arbeitgebers bestreikt wird (BAG v. 7. 12. 1993 – 9 AZR 514/92, AuR 1994, 198).

Krankheit

95 Ein Arbeitnehmer, der vor oder nach Streikbeginn arbeitsunfähig erkrankt und **nicht aktiv am Streik beteiligt** ist (z. B. durch Streikpostenstehen; siehe Rn. 43), hat Anspruch auf Fortzahlung des Arbeitsentgelts gemäß § 3 EFZG, wenn er im Falle der Nichterkrankung trotz des Streiks weiterbeschäftigt worden wäre (z. B. im Rahmen eines Notdienstes; siehe hierzu Rn. 45 ff.).

96 Tritt die Erkrankung **während eines** → **Urlaubs** ein, der vor Beginn des Streiks gewährt wurde, so behält der Arbeitnehmer seinen Anspruch auf Fortzahlung des Arbeitsentgelts, solange er sich nicht aktiv am Streik beteiligt.

97 Ein Arbeitsentgeltanspruch besteht nicht, wenn ein Streikender arbeitsunfähig erkrankt oder ein arbeitsunfähig Erkrankter sich trotz seiner Krankheit **aktiv am Streik beteiligt**. Hierzu ein Auszug aus BAG v. 26. 7. 2005 – 1 AZR 133/04: »*Ein arbeitsunfähiger Arbeitnehmer, der trotz fortbestehender Arbeitsunfähigkeit am Streik teilnimmt, ist weiterhin zur Arbeitsleistung nicht in der Lage. Er ist deshalb unabhängig von der Streikteilnahme zur Arbeitsleistung nicht verpflichtet. Es braucht nicht entschieden zu werden, ob er seine Arbeitsleistung dem Arbeitgeber überhaupt vorenthalten und damit im Rechtssinne streiken kann. In jedem Fall verliert er seinen Entgeltfortzahlungsanspruch deshalb, weil dieser Anspruch voraussetzt, dass die Arbeitsunfähigkeit die einzige Ursache für die Nichtleistung der Arbeit ist. Das ist bei einem Arbeitnehmer, der sich während fortbestehender Arbeitsunfähigkeit an einer Streikkundgebung beteiligt, nicht der Fall. Er gibt vielmehr zu verstehen, dass er sich auch bei Arbeitsfähigkeit am Streik beteiligt und*

Arbeitskampf

seine Arbeit niedergelegt hätte. Schon aus diesem Grunde verliert er seinen Entgeltfortzahlungsanspruch.«

Wird ein erkrankter Arbeitnehmer »**heiß**« **ausgesperrt**, soll nach Auffassung des Bundesarbeitsgerichts der Arbeitsentgeltanspruch entfallen. 98

Soweit arbeitsunfähig erkrankte Arbeitnehmer nach den vorstehenden Grundsätzen wegen Streik oder Aussperrung keinen Anspruch auf Fortzahlung des Arbeitsentgelts haben, kommt Anspruch auf **Krankengeld** gegen die Krankenkasse in Frage (siehe → **Krankenversicherung**). 99
Vorsorglich sollten sich kranke Arbeitnehmer zur Sicherung ihres Krankengeldanspruchs sofort, spätestens am dritten Tag nach Beginn der Krankheit, bei ihrer **Krankenkasse melden** (ggf. durch Familienangehörige), und zwar auch dann, wenn ihnen nach den vorstehenden Grundsätzen an sich ein Arbeitsentgeltanspruch gegen den Arbeitgeber zusteht.

Urlaub

Der Urlaubsanspruch ist nicht an Arbeitsleistungen des Arbeitnehmers gebunden. Dies gilt auch für den Fall des Arbeitskampfes. Das heißt: Durch die Teilnahme an einem rechtmäßigen Streik wird der Urlaubsanspruch **nicht gekürzt** (BAG v. 15.6.1964 – 1 AZR 303/63, DB 1964, 1158; ArbG Bielefeld v. 24.2.1999 – 4 (3) Ga 3/99, AiB 1999, 479). 100

Ein bereits **angetretener** oder **bewilligter** → **Urlaub** wird durch einen Streik nicht berührt. 100a
Der Arbeitgeber kann den angetretenen oder bewilligten Urlaub nicht wegen des Streiks widerrufen. Er bleibt zur Zahlung des Urlaubsentgelts (einschließlich eines etwaig zu zahlenden zusätzlichen Urlaubsgeldes) an den im Urlaub befindlichen Arbeitnehmer auch während der Streiktage verpflichtet (BAG v. 09.02.1982 – 1 AZR 567/79, DB 1982, 1328; 31.5.1988 – 1 AZR 200/87, NZA 1988, 887).
Ein bewilligter Urlaub wird auch nicht dadurch widerrufen, dass der Arbeitgeber die Arbeitnehmer des Betriebs für eine Zeit aussperrt, in die der bewilligte Urlaub ganz oder teilweise fällt (BAG v. 31.5.1988 – 1 AZR 200/87, NZA 1988, 887).
Der Anspruch auf Urlaubsvergütung besteht auch für solche in die Zeit eines Arbeitskampfes fallende Tage, für die von den Betriebsparteien durch Betriebsvereinbarung Betriebsruhe unter Anrechnung auf den **Tarifurlaub** vereinbart worden ist. Das gilt auch für vereinbarte sog. »**Brückentage**« (BAG v. 31.5.1988 – 1 AZR 192/87, NZA 1988, 889; 31.5.1988 – 1 AZR 200/87, a.a.O.; siehe auch Rn. 110).

Ist bei Streikbeginn der Urlaub **weder bewilligt noch bereits angetreten**, kann der Arbeitgeber einem Streikteilnehmer die Erfüllung des Urlaubsanspruchs verweigern. 101
Nach **Beendigung** des Streiks kann der Urlaub in vollem Umfang geltend gemacht werden (BAG v. 15.6.1964 – 1 AZR 303/63, DB 1964, 1158). Zum Verfall des Urlaubsanspruchs siehe Rn. 103.

Wenn ein streikender Arbeitnehmer **Urlaub beantragt**, gerät der Arbeitgeber mit der Erfüllung des Urlaubsanspruchs nur dann in **Verzug**, wenn der Arbeitnehmer seinen Urlaubsanspruch ihm gegenüber **wirksam geltend macht**. Eine wirksame Geltendmachung liegt nach Ansicht des BAG nur dann vor, wenn der Arbeitnehmer sich, zumindest vorübergehend, zur Wiederaufnahme der Arbeit bereit erklärt (BAG v. 24.9.1996 – 9 AZR 364/95, NZA 1997, 507). Ein streikender Arbeitnehmer müsse nicht nur erklären, dass er für die Dauer der gewünschten Urlaubsfestsetzung nicht mehr am Streik teilnehmen, sondern auch die während des Streiks suspendierte Arbeitspflicht wieder erfüllen werde. Das folge daraus, dass der Arbeitgeber nicht ohne weiteres zur Erfüllung des Urlaubsverlangens nach § 7 Abs. 1 Satz 1 BUrlG verpflichtet sei. Der Arbeitnehmer müsse damit rechnen, dass der Arbeitgeber nach § 7 Abs. 1 Satz 1 zweiter Halbsatz BUrlG Leistungsverweigerungsrechte geltend machen und die Erfüllung des Urlaubsanspruchs ablehnen kann. 101a

Ob ein Arbeitnehmer berechtigt ist, einen bereits bewilligten **Urlaub nicht anzutreten oder zu** 101b

Arbeitskampf

unterbrechen, um sich an einem **Streik** zu beteiligen mit der Folge, dass der Urlaub zu einem späteren Zeitpunkt zu gewähren ist, ist bislang ungeklärt (BAG v. 31.5.1988 – 1 AZR 200/87, NZA 1988, 887). Hierzu ein Auszug aus BAG v. 26.7.2005 – 1 AZR 133/04: »*Ein im Urlaub befindlicher Arbeitnehmer könnte sich jedenfalls dann im Rechtssinne an einem Streik beteiligen, wenn eine Beendigung des Urlaubstatbestands durch einen einseitigen* »Widerruf« *von seiner Seite möglich sein sollte. In der Streikteilnahme des beurlaubten Arbeitnehmers läge dann die entsprechende Beendigungserklärung. Der Arbeitnehmer wäre nicht mehr auf Grund Urlaubs, sondern wegen Ausübung des Streikrechts von der Arbeitsleistung befreit. Er verlöre seinen Vergütungsanspruch infolge der streikbedingten Suspendierung und entsprechenden Verminderung des Umfangs seiner geschuldeten Arbeitspflicht. Ist die einseitige Beendigung des Urlaubstatbestands durch den Arbeitnehmer dagegen nicht möglich (vgl. die Bedenken des Senats im Urteil vom 31. Mai 1988 – 1 AZR 200/87 zu 4 der Gründe; 15. Januar 1991 – 1 AZR 178/90 zu II 5 der Gründe), so spricht manches dafür, dass der Arbeitnehmer während des Urlaubs im rechtlichen Sinne nicht streiken kann. In den vom Senat entschiedenen Fällen kam es darauf nicht an, weil die betreffenden Arbeitnehmer ihre Streikteilnahme schon tatsächlich nicht erklärt hatten.*«

101c **Feiertage**, die in einen vor Beginn des Streiks bewilligten Urlaub fallen, sind vom Arbeitgeber zu bezahlen. Das gilt auch dann, wenn der Arbeitgeber in der fraglichen Zeit aussperrt (BAG v. 31.5.1988 – 1 AZR 200/87, NZA 1988, 887).

101d Ein Arbeitnehmer, der während eines Urlaubs, der vor Beginn eines Streiks gewährt wird, **arbeitsunfähig erkrankt**, behält seinen Anspruch auf Entgelt (auch für die Krankheitszeit nach Urlaubsende), solange er sich nicht am Streik beteiligt (BAG v. 1.10.1991 – 1 AZR 147/91, NZA 1992, 163).

102 Bei der Berechnung des Urlaubentgelts bleiben nach § 11 Abs. 1 Satz 3 BUrlG **Verdienstkürzungen** außer Betracht, die im Berechnungszeitraum infolge von Arbeitsausfällen (z.B. durch Streik) eintreten.

103 Der Urlaubsanspruch muss zwar grundsätzlich im laufenden Kalenderjahr (bis 31.12.) gewährt und genommen werden. Er kann aber **auf das nächste Kalenderjahr übertragen** werden, wenn dringende betriebliche oder in der Person des Arbeitnehmers liegende Gründe dies rechtfertigen. Die Streikbeteiligung stellt einen Grund in der Person des Arbeitnehmers dar, der zur Urlaubsübertragung auf das Folgejahr führt (LAG München v. 15.2.1995 – 7 Sa 325/94). Der übertragene Urlaub muss bis zum 31. 3. gewährt und genommen werden, andernfalls verfällt er (BAG v. 24.9.1996 – 9 AZR 364/95, NZA 1997, 507).
Für (Rest-)Urlaubsansprüche, die wegen des Streiks nicht vor dem 31. 12. realisiert werden können, sollte also eine Übertragung auf das Folgejahr beim Arbeitgeber beantragt werden. Nach neueren Urteilen des EuGH und des BAG erlischt der Urlaubsanspruch nicht, wenn der Arbeitnehmer aus Gründen, die von seinem Willen unabhängig sind (im konkreten Fall: Krankheit), keine Möglichkeit hatte, den Urlaub zu nehmen (EuGH v. 20.1.2009 – C–350/06, AiB 2009, 238; BAG v. 24.3.2009 – 9 AZR 983/07, AiB 2010, 56). Diesen Grundsatz wird man entsprechend anwenden können, wenn aufgrund von Streik der (Rest-)Urlaub nicht realisiert werden kann. Allerdings ist die Rechtslage ungeklärt. Deshalb sollte versucht werden, das Thema in eine bei Tarifabschluss zu vereinbarende Maßregelungsklausel aufzunehmen: »*Soweit (Rest-) Urlaub wegen der Beteiligung am Arbeitskampf nicht genommen werden konnte, wird dieser über den ... übertragen und kann bis zum ... genommen werden*«.

Feiertage

104 Kein Anspruch auf Entgeltfortzahlung an Feiertagen (§ 2 EFZG) besteht an Feiertagen **während** eines Arbeitskampfes (Streik oder Aussperrung).
Hierzu ein Auszug aus BAG v. 31.5.1988 – 1 AZR 589/86, NZA 1988, 886: »*Anspruch auf Feiertagsbezahlung besteht nur dann, wenn der Feiertag die alleinige Ursache des Arbeitsausfalles*

Arbeitskampf

bildet. Dagegen entsteht der gesetzliche Anspruch nicht, wenn der Arbeitsausfall auf anderen Gründen beruht. Das ist u. a. dann der Fall, wenn wegen eines Arbeitskampfes nicht gearbeitet wird.«

Die in die Zeit eines Arbeitskampfes fallenden gesetzlichen Feiertage sind auch dann nicht zu bezahlen, wenn für den auf den Feiertag jeweils folgenden Werktag, den sog. »**Brückentag**«, durch Betriebsvereinbarung Betriebsruhe unter Anrechnung auf den Tarifurlaub vereinbart worden ist (BAG v. 31. 5. 1988 – 1 AZR 192/87, NZA 1988, 889). Natürlich ist für den Brückentag Urlaubsentgelt einschließlich zusätzlichen Urlaubsgeldes zu zahlen.

Demgegenüber besteht Anspruch auf Feiertagsvergütung, wenn der Arbeitskampf **vor dem Feiertag endet** oder **nach dem Feiertag beginnt**. In beiden Fällen ist einzige Ursache für den Arbeitsausfall nicht der Arbeitskampf, sondern der gesetzliche Feiertag (BAG v. 11. 5. 1993 – 1 AZR 649/92; 31. 5. 1988 – 1 AZR 589/86, a. a. O.). 105

Gleiches gilt für Feiertage, die vor und nach »**Brückentagen**« liegen, die von den Betriebsparteien vereinbart wurden (Beispiel: Donnerstag ist ein Feiertag, für den nächsten Tag ist Betriebsurlaub vereinbart, um ein langes Wochenende zu ermöglichen). 106

Auch für diese Feiertage besteht Entgeltfortzahlungsanspruch, wenn der Arbeitskampf – etwa ein Streik – spätestens am Tage **vor dem Feiertag beendet** wird (für den vereinbarten Brückentag/Urlaubstag muss ohnehin Urlaubsvergütung gezahlt werden; siehe Rn. 100 a) oder wenn der Streik erst **nach dem Brückentag begonnen** wird.

Soll ein Streik (z. B. Warnstreik) **vor einem Feiertag enden**, muss allerdings die kampfführende Gewerkschaft dies dem Arbeitgeber oder – in einem Konflikt um einen Verbandstarifvertrag – dem Arbeitgeberverband **vorher mitteilen** (z. B. durch ausdrücklichen Hinweis im Streikaufruf, dass der Streik befristet ist und vor dem Feiertag enden soll). Eine öffentliche Verlautbarung über die Medien kann eine unmittelbare Mitteilung nur ersetzen, wenn sie vor dem Feiertag zur Kenntnis des betroffenen Arbeitgebers gelangt. Voraussetzung ist ferner, dass die Meldung hinreichend genau darüber informiert, wann, wo und inwieweit der Streik enden soll und sie klar zum Ausdruck bringt, dass der Beschluss von der Streik führenden Gewerkschaft stammt (BAG v. 23. 10. 1996 – 1 AZR 269/96, NZA 1997, 397). Erfolgt die Mitteilung nicht oder nicht ausreichend, besteht **kein Anspruch** auf Feiertagsvergütung. 107

Hierzu ein Auszug aus BAG v. 31. 5. 1988 – 1 AZR 589/86 a. a. O.:

»Ebenso wenig wie die Suspendierung der Hauptpflichten aus dem Arbeitsvertrag von allein eintritt, endet die Suspendierung der Hauptpflichten ohne eine entsprechende Erklärung, die in der Regel durch schlüssiges Verhalten, nämlich die Aufnahme der Arbeit, erfolgt.

Der Suspendierungserklärung als einseitigem Rechtsgeschäft entspricht als actus contrarius wiederum eine Erklärung, mit der der Arbeitnehmer kundgibt, er scheide aus dem Streikgeschehen aus. Das kann auch vor offizieller Kampfbeendigung der Fall sein.

Sowohl der nichtorganisierte Arbeitnehmer als auch die Mitglieder der streikführenden Gewerkschaft sind frei in der Entscheidung, an einem Streik teilzunehmen oder nicht. Daneben ist die Streikleitung selbst befugt, für alle Streikteilnehmer verbindliche Erklärungen abzugeben und insbesondere dem Arbeitgeber mitzuteilen, dass der Streik an einem bestimmten Tage beendet sein soll.

Dagegen kann die Suspendierung der Hauptpflichten aus dem Arbeitsvertrag nicht rückgängig gemacht werden, ohne dass dem Arbeitgeber gegenüber irgendeine, wenn auch schlüssige, Erklärung abgegeben wird, sei es von der Streikleitung, sei es von dem Arbeitnehmer, der Vergütungsansprüche geltend machen will.

Vorliegend hat die Streikleitung der Beklagten mit Schreiben vom 1. Juni 1984 mitgeteilt, dass sie ihre Mitglieder aufgefordert habe, ab 4. Juni die Arbeit niederzulegen.

Ob dieser Streik von vornherein begrenzt sein sollte, ggf. bis zu welchem Zeitpunkt, hat die Streikleitung nicht erklärt.

Arbeitskampf

Die Beklagte hat daher davon ausgehen müssen, sie werde solange bestreikt, bis die Klägerin oder deren Mitglieder etwas Gegenteiliges zum Ausdruck brächten.
Stattdessen hat die Streikleitung nur intern beschlossen, mit Ablauf des 8. Juni 1984 den Streik zu beenden. Dieser interne Willensentschluss hat nicht zur Aufhebung der Suspendierung der Hauptpflichten aus den Arbeitsverhältnissen führen können, da die streikführende Gewerkschaft weder die Beklagte noch deren Verband davon unterrichtete, dass der Streik am 8. Juni 1984 auslaufe und die Beklagte auch von den Teilnehmern des Streiks hiervon nicht erfuhr.
Die Beklagte hat unstreitig erst am Pfingstdienstag, dem 12. Juni 1984, von der Beendigung des Streiks durch die Arbeitsaufnahme ihrer Belegschaftsangehörigen Kenntnis erhalten. Bis zu diesem Zeitpunkt waren daher die Arbeitsverhältnisse aufgrund des Streiks suspendiert. Dementsprechend ist die Arbeit am Pfingstmontag nicht infolge des gesetzlichen Feiertages, sondern infolge des Streiks ausgefallen (ebenso LAG Hamm, a. a. O. und LAG Berlin Urteil vom 5. Juli 1985 – 14 Sa 20/85).
Zu Recht hat das LAG Hamm (LAGE Art. 9 GG Arbeitskampf Nr. 25) darauf hingewiesen, es sei nicht angängig, die Feiertagsvergütung zu beanspruchen, ohne zugleich dem Arbeitgeber die durch den Streik weggefallene Dispositionsfreiheit zurückzugeben, ihn also in den Stand zu setzen, eine nach dem Streikabbruch möglicherweise in Betracht kommende Sonderschicht anzuordnen oder Vorbereitungen zur Arbeitsaufnahme für die Zeit nach dem Feiertag zu ermöglichen«.

108 Ein Anspruch besteht auch dann nicht, wenn die Gewerkschaft eine **Aussetzung des Streiks** lediglich für die Tage (Feiertag, »Brückentag«) erklärt, an denen ohnehin keine Arbeitspflicht besteht (BAG v. 1. 3. 1995 – 1 AZR 786/94, DB 1995, 1819).

109 Etwas anderes wiederum gilt, wenn der **Streik vor dem Feiertag beendet** wird, die Arbeit nach dem Feiertag **wieder aufgenommen** wird, aber am folgenden Tag erneut zum Streik aufgerufen wird.
In diesem Fall haben die Beschäftigten Anspruch auf Feiertagsvergütung, wenn die kampfführende Gewerkschaft die Beendigung des Streiks vor dem Feiertag der Arbeitgeberseite mitteilt (siehe Rn. 107).

110 Des Weiteren besteht ein Entgeltfortzahlungsanspruch auch für Feiertage, die in einen vor Beginn des Arbeitskampfes **bewilligten Urlaub** fallen (BAG v. 31. 5. 1988 – 1 AZR 200/87, NZA 1988, 887).
Das Gleiche gilt, wenn zwischen den Betriebsparteien vor Beginn des Arbeitskampfes **Betriebsurlaub** (auch sog. Brückentage) vereinbart worden ist und die Feiertage in die Zeit des Betriebsurlaubs fallen.

> **Beispiel:**
> In einer Betriebsvereinbarung ist die Zeit vom 23. 12. bis zum 2. 1. des Folgejahres als Betriebsruhe unter Anrechnung auf den Tarifurlaub vereinbart.
> Wenn am 18. 12. ein unbefristeter Streik beginnt, hat der Arbeitgeber für die in den Zeitraum vom 23. 12. bis zum 2. 1. fallenden Feiertage Feiertagsvergütung zu zahlen und für die Urlaubstage Urlaubsvergütung (siehe auch Rn. 100 a).

110a Wenn ein Betrieb von Fernwirkungen eines Arbeitskampfes (Streik oder Aussperrung) betroffen und deshalb arbeitskampfbedingte **Kurzarbeit** (»Kalte Aussperrung«; siehe Rn. 65 ff.) anordnet, muss der Arbeitgeber für den Fall, dass ein Feiertag in die Kurzarbeitsphase fällt, **Feiertagsvergütung in Höhe des Kurzarbeitergeldes** zahlen (BAG v. 20. 7. 1982 – 1 AZR 404/80, DB 1982, 2575). Der Anspruch beruht auf § 2 Abs. 2 Entgeltfortzahlungsgesetz. Hiernach gilt die an einem gesetzlichen Feiertag infolge von Kurzarbeit ausgefallene Arbeitszeit als infolge des Feiertags ausgefallen. Diese Regelung kommt auch bei arbeitskampfbedingter Kurzarbeit zur Anwendung. Der Arbeitgeber ist zur Zahlung der Feiertagsvergütung in Höhe des Kurzarbeitergeldes auch dann verpflichtet, wenn er ohne den Feiertag an diesem Tage nach den Grundsätzen über die Verteilung des Arbeitskampfrisikos zur Verweigerung der Entgelt-

Arbeitskampf

zahlung berechtigt wäre (siehe hierzu Rn. 65 ff.). Auszug aus BAG v. 20.7.1982 – 1 AZR 404/80, a. a. O.: »*Die hier strittigen Feiertage Karfreitag und Ostermontag fielen in eine Zeit, in der im Betrieb der Beklagten »Kurzarbeit« herrschte. Für die Tage vor und nach den genannten Feiertagen wurde vom Arbeitsamt Kurzarbeitergeld gezahlt. Wären der 24. und 27. März keine Feiertage gewesen, wäre an diesen Tagen ebenfalls nicht gearbeitet worden und hätten die Arbeitnehmer Kurzarbeitergeld erhalten. Gerade für solche Fälle, in denen die Arbeitszeit infolge zweier Ursachen, nämlich infolge von Kurzarbeit und gleichzeitig infolge des gesetzlichen Feiertages ausfällt, bestimmt § 1 Abs. 1 Satz 2 FLZG (heute: § 2 Abs. 2 Entgeltfortzahlungsgesetz; der Verf.), dass diese Arbeitszeit nur als infolge des Feiertages ausgefallen gilt, mit der Folge, dass dann nach Satz 1 dieser Vorschrift Feiertagslohn zu zahlen ist.*«

Mutterschutz

Der Anspruch auf **Mutterschaftsgeld** (§ 13 MuSchG) gegenüber der Krankenkasse bleibt im Falle von Streik und Aussperrung bestehen.
Der Arbeitgeber kann aber den **Zuschuss zum Mutterschaftsgeld** (§ 14 MuSchG) verweigern (BAG v. 22.10.1986 – 5 AZR 550/85).

111

Sozialversicherung

Nach § 7 Abs. 3 Satz 1 SGB IV gilt eine Beschäftigung gegen Arbeitsentgelt als **fortbestehend**, solange das Beschäftigungsverhältnis ohne Anspruch auf Arbeitsentgelt (z. B. infolge eines Arbeitskampfes) fortdauert, jedoch nicht länger als **einen Monat**.

111a

Arbeitslosengeld, Kurzarbeitergeld

Anspruch auf Arbeitslosengeld (siehe → **Arbeitslosenversicherung: Arbeitslosengeld**) hat, wer arbeitslos ist, sich bei der Agentur für Arbeit arbeitslos meldet und in den letzten zwei Jahren (= sog. Rahmenfrist) vor der Arbeitslosmeldung mindestens zwölf Monate in einem Versicherungspflichtverhältnis gestanden hat (vgl. §§ 137, 142, 143 SGB III 2012). Allerdings darf nach § 160 Abs. 1 SGB III 2012 durch die Leistung von Arbeitslosengeld (oder **Kurzarbeitergeld**; vgl. § 100 SGB III 2012) nicht in Arbeitskämpfe eingegriffen werden. Deshalb haben Arbeitnehmer, die an einem Streik teilnehmen oder ausgesperrt werden, nach § 160 Abs. 2 SGB III 2012 während der Dauer des Arbeitskampfes **keinen Anspruch** auf Arbeitslosengeld oder Kurzarbeitergeld (§ 100 SGB III 2012).
Für **mittelbar** von einem Arbeitskampf **betroffene Arbeitnehmer** (Arbeitsausfall infolge von Fernwirkungen eines woanders geführten Arbeitskampfes; siehe Rn. 65 ff.) gilt die Sonderregelung der §§ 100, 160 Abs. 3 SGB III 2012.
Zum Anspruch auf → **Arbeitslosengeld II** (»**Hartz IV**«) siehe Rn. 132.

112

113

Arbeitslosenversicherung

Das **Versicherungspflichtverhältnis** besteht nach § 24 Abs. 3 SGB III 2012 weiter auch für Zeiten, für die infolge arbeitskampfbedingter Kurzarbeit (siehe Rn. 65 ff.) kein Arbeitsentgelt gezahlt wird.

114

Arbeitskampf

Krankenversicherung/Pflegeversicherung

115 Für **Pflichtversicherte**, die an einem Streik teilnehmen bzw. von »kalter« oder »heißer« Aussperrung betroffen sind, besteht die Mitgliedschaft in der Krankenkasse ohne zeitliche Begrenzung bis zur Beendigung des Arbeitskampfes ohne Beitragszahlung fort (§ 192 Abs. 1 Ziff. 1 SGB V).

116 Auch **freiwillig** – in einer gesetzlichen Krankenkasse oder Ersatzkasse – **Versicherte** bleiben ohne Rücksicht auf Beginn und Dauer des Arbeitskampfes versichert. Sie müssen allerdings – anders als Pflichtversicherte – Beiträge entrichten.

117 Gleiches gilt für Arbeitskampfteilnehmer, die nach erfolgter **Befreiung von der Versicherungspflicht** Mitglied einer privaten Krankenversicherung geworden sind.

118 Soweit freiwillig Versicherte oder in einer privaten Krankenkasse Versicherte Mitglied der kampfführenden Gewerkschaft sind, erhalten sie, sofern die Satzung dies vorsieht, zur Finanzierung der Beiträge eine **Sonderunterstützung**.

119 Vorstehendes gilt nach dem Grundsatz »Pflegeversicherung folgt Krankenversicherung« auch für die Frage der Mitgliedschaft und Beitragspflicht in der → **Pflegeversicherung**.

Rentenversicherung

120 Es gilt der Grundsatz, dass auch solche Monate, die nur **teilweise** mit Beiträgen aus versicherungspflichtiger Beschäftigung belegt sind, als **anrechnungsfähige Versicherungsmonate** bewertet werden (§ 122 Abs. 1 SGB VI).

121 Hieraus folgt für den Fall eines Arbeitskampfes, der beispielsweise am 10. März beginnt und am 25. April desselben Jahres endet, dass die Monate März und April voll als anrechnungsfähige Versicherungsmonate zählen.

122 Allerdings mindert sich infolge der **geringeren Wertigkeit** der Beiträge (im Beispielsfall: Arbeitsentgelt und damit Beitragszahlung im März nur für acht Tage und im April nur für fünf bzw. sechs Tage) die später zu erzielende Rentenhöhe.

123 Der Verlust ist jedoch minimal. Dies gilt selbst dann, wenn ein Monat infolge eines Arbeitskampfes gänzlich unbelegt bleibt.

> **Beispiel:**
> Der Arbeitskampf beginnt am 31. März und endet am 2. Mai. Der Monat April wird nicht als Versicherungsmonat angerechnet.

124 Dies kann nur im Ausnahmefall dann zum Problem werden, wenn ausgerechnet dieser eine Monat bei der Erfüllung der für die Entstehung des Rentenanspruchs erforderlichen **Wartezeit** fehlt.

125 Die geringen Auswirkungen eines arbeitskampfbedingten Ausfalls eines Versicherungsmonats auf die **Rentenhöhe** mag folgendes Beispiel verdeutlichen. Bezogen auf die zum 1.7.2001 gültigen Werte in der Rentenversicherung würde sich z. B. bei einer Versicherungszeit von 45 Jahren mit durchschnittlichem Arbeitsverdienst aufgrund eines arbeitskampfbedingten Lohn-/Gehaltsverlustes von 2327,92 Euro eine Minderung der Monatsrente um 2,11 Euro (West) bzw. 1,84 Euro (Ost) ergeben.

126 Ein **Ausgleich** dieser Renteneinbuße durch Entrichtung eines **freiwilligen Beitrages** (Arbeitnehmer- und Arbeitgeberanteil) wäre zwar möglich, würde sich aber kaum lohnen.

Arbeitskampf

Unfallversicherung

Bei Teilnahme an einem Arbeitskampf (Streik oder Aussperrung) besteht **kein Versicherungsschutz in der gesetzlichen Unfallversicherung** bei der Berufsgenossenschaft des Beschäftigungsbetriebs. 127

Es kommt jedoch für so genannte »**Streikhelfer**« Unfallversicherungsschutz bei der für die kampfführende Gewerkschaft zuständigen Berufsgenossenschaft in Betracht (Verwaltungs-Berufsgenossenschaft). 128

Als »Streikhelfer« werden solche Personen angesehen, die Tätigkeiten ausüben, die üblicherweise von hauptamtlich Beschäftigten der Gewerkschaft während eines Arbeitskampfes verrichtet werden. Dies sind insbesondere

- alle in Streiklokalen mit Registrierungsarbeiten, Auszahlung der Streikunterstützung, Aufrechterhaltung der Ordnung usw. Tätigen;
- Kollegen/-innen, die Streiknachrichten von der Druckerei holen und zur Verteilung ausliefern;
- Kollegen/-innen, die gemeinsam mit einem hauptamtlich Beschäftigten Agitationsarbeiten betreiben (z. B. Flugblattverteilung).

Der Unfallversicherungsschutz erstreckt sich auf die Tätigkeit innerhalb des Streiklokals sowie auf die zurückzulegenden Hin- und Rückwege von der Wohnung hin zum Streiklokal, zur Bank, Druckerei, zu den Orten der Flugblattverteilung usw. 129

Kein Unfallversicherungsschutz bei der für die kampfführende Gewerkschaft zuständigen Berufsgenossenschaft besteht nach herrschender Meinung für »**Streikposten**«. 130

Da die Tätigkeit der Streikposten regelmäßig im Rahmen ehrenamtlicher Gewerkschaftsarbeit verrichtet werde, liege kein »vorübergehender Eintritt« in den Betrieb der kampfführenden Gewerkschaft vor.

Sollte es daher zu **Unfällen** im Zusammenhang mit der Streikpostenarbeit kommen, besteht lediglich die Leistungspflicht der Krankenkasse (siehe Rn. 99 und → **Krankenversicherung**). 131
Die Gewerkschaft sollte unverzüglich informiert werden, damit im Einzelfall die Gewährung einer **Sonderunterstützung** geprüft werden kann.

Arbeitslosengeld II

Die Inanspruchnahme von → **Arbeitslosengeld II** (»Hartz IV«) – mit Wirkung ab 1.1.2005 geregelt im SGB II – kommt im Regelfall nur für streikende bzw. ausgesperrte **nichtorganisierte** Beschäftigte bzw. für **solche Gewerkschaftsmitglieder** in Betracht, bei denen die satzungsgemäßen Voraussetzungen für den Erhalt von Streik- oder Aussperrungsunterstützung (noch) nicht vorliegen, die also beispielsweise bei Beginn des Arbeitskampfes noch nicht die satzungsrechtliche **Wartezeit** (meist drei Monate) erfüllt haben. 132

Ein Anspruch besteht allerdings nur bei »**Hilfebedürftigkeit**« (§ 7 Abs. 1 Nr. 3 SGB II).

Arbeitnehmer, die von »**kalter**« Aussperrung (= »arbeitskampfbedingter Kurzarbeit«; siehe Rn. 65 ff.) betroffen sind und weder Arbeitsentgelt noch Kurzarbeitergeld erhalten, sollten ebenfalls an die Inanspruchnahme von Arbeitslosengeld II denken. Denn die Gewerkschaftssatzungen sehen für den Fall des Arbeitskampfes Unterstützungsleistungen für »kalt« ausgesperrte Mitglieder nicht vor.

Arbeitskampf

Arbeitshilfen

Übersicht
Musterschreiben

- Durchsetzung eines Firmentarifvertrags
- Verhandlungsergebnis
- Anerkennungstarifvertrag
- Vertretungsanzeige / Schutzschrift

Rechtsprechung – Arbeitskampf

1. Koalitionsfreiheit – Tarifautonomie – Streikrecht
2. Arbeitskämpfe in kirchlichen Einrichtungen – Dritter Weg
3. Freie Wahl der Kampfmittel
4. Gewerkschaftlich geführter Streik – »wilder Streik«
5. Streikziele
6. Streikziele bei einer geplanten Betriebsänderung i. S. d. § 111 BetrVG (Betriebsstilllegung oder -verlagerung)
7. Keine gerichtliche Kontrolle der Angemessenheit des tariflichen Streikziels
8. Proteststreik
9. Solidaritätsstreik/Unterstützungsstreik
10. Partizipationsstreik
11. Streikbegleitende Aktionen (Flashmob)
12. Streikrecht von Auszubildenden
13. Streikrecht von Beamten?
14. Leistungsverweigerungsrecht von Leiharbeitnehmern im Falle eines Streiks beim Entleiher (§ 11 Abs. 5 AÜG)
15. Streik und Tarifzuständigkeit
16. Streikbeschluss – Information des Gegners?
17. Streik trotz Vereinbarung eines Verhandlungstermins
18. Streik ohne »Vorlauffrist«
19. Streik nach Rücknahme einer von mehreren Streikforderungen
20. Streik für firmenbezogenen Verbandstarifvertrag
21. Relative Friedenspflicht
22. Streik nach Verbandsaustritt und Wechsel in OT-Status
23. Befristete Friedenspflicht nach Auslaufen des Tarifvertrags (Metallindustrie)
24. Streik um Verbandstarifvertrag gegen einen nicht verbandsangehörigen Arbeitgeber
25. Aufruf zur Teilnahme am Streik – Streikaufruf per E-Mail
26. Warnstreik
27. Ausstempeln beim Warnstreik?
28. Streik und Urabstimmung
29. Wellenstreik
30. Streik und Gleitzeit
31. Streik vor und nach einem Feiertag
32. Streik und Krankheit
33. Streik und Mutterschutz
34. Streik/Aussperrung und Erholungsurlaub
35. Streik und Teilnahme an einer Betriebsratsschulung
36. Streik und Besuch einer Weiterbildungsveranstaltung

37. Streikbruch – Streikbruchprämie
38. Kein Anspruch auf Annahmeverzugslohn bei Streikteilnahme
39. Minderung einer Anwesenheitsprämie durch Streikteilnahme?
40. Kürzung von Arbeitsentgelt wegen Streikteilnahme – Jahressonderzahlung – Tarifliche Maßregelungsklausel
41. Kürzung einer tariflichen Monatspauschale für die Dauer der Streikteilnahme – Tarifliche Maßregelungsklausel
42. Annahmeverzug bei Streik
43. Notdienstvereinbarung
44. Anspruch des Arbeitgebers bzw. Arbeitgeberverbands auf Unterlassung eines Streiks? Schadensersatzanspruch?
45. Schadensersatzanspruch drittbetroffener Unternehmen?
46. Durchführung des Streiks – Blockade – Streikgasse
47. Aussperrung
48. Aussperrungsbeschluss – Information des Gegners?
49. Streikbedingte Betriebsstilllegung
50. Anspruch der Gewerkschaft auf Unterlassung von Aussperrungen?
51. Arbeitskampfbedingte Fernwirkungen: Wegfall des Entgeltanspruchs?
52. Arbeitskampfbedingte Fernwirkungen: Anspruch auf Arbeitslosengeld bzw. Kurzarbeitergeld?
53. Verfahrensfragen

Rechtsprechung – Arbeitskampf und Betriebsverfassung

1. Beteiligung von Betriebsratsmitgliedern am Streik
2. Information der Beschäftigten durch Betriebsratsvorsitzenden über Stand der Tarifverhandlungen
3. Betriebsversammlungen während eines Arbeitskampfs und bei arbeitskampfbedingten Betriebsstörungen
4. Informationsansprüche des Betriebsrats im Arbeitskampf
5. Eingeschränkte Mitbestimmung während eines Arbeitskampfs
6. Eingeschränkte Mitbestimmung in mittelbar vom Arbeitskampf betroffenen Betrieben – arbeitskampfbedingte Kurzarbeit
7. Mitbestimmungsrecht des Betriebsrats bei Streikbruchprämien – Unterlassungsanspruch

Arbeitslosengeld II (»Hartz IV«)

Grundlagen

1 Sog. »**erwerbsfähige Leistungsberechtigte**« (bisher als »erwerbsfähige Hilfebedürftige« bezeichnet) erhalten auf Antrag das sog. »**Arbeitslosengeld II**« (**ALG II**), wenn sie die Voraussetzungen des Zweiten Buchs des Sozialgesetzbuches vom 24. 3. 2003 (**SGB II** – Grundsicherung für Arbeitssuchende – BGBl. I S. 2954) erfüllen (siehe Rn. 8 ff.). Das SGB II wurde als Teil des Vierten Gesetzes für moderne Dienstleistungen am Arbeitsmarkt vom 24. 12. 2003 (BGBl. I S. 2954) – kurz »Hartz IV« – verabschiedet und mit Wirkung ab 1. 1. 2005 in Kraft gesetzt.

2 Das Arbeitslosengeld II tritt an die Stelle der früheren **Arbeitslosenhilfe** (§§ 190 ff. SGB III a. F.; siehe hierzu Vorauflagen).

3 Das Arbeitslosengeld II ist vom **Arbeitslosengeld** (»**ALG I**«) zu unterscheiden, dass nach Maßgabe der §§ 117 ff. SGB III 2012 als Versicherungsleistung gewährt wird (siehe → **Arbeitslosenversicherung: Arbeitslosengeld**).

4 Das Arbeitslosengeld II ist zudem **abzugrenzen** von der → **Sozialhilfe** nach den Bestimmungen des **SGB XII** (früher: Bundessozialhilfegesetz). Sozialhilfe erhalten Personen, die z. B. wegen Alters oder wegen voller Erwerbsminderung **nicht (mehr) erwerbsfähig** sind und auch nicht in einer Bedarfsgemeinschaft mit erwerbsfähigen Leistungsberechtigten leben, die Arbeitslosengeld II [»Hartz IV«] dem Grunde nach beanspruchen können (§ 21 SGB XII).

5 Zum sog. **Sozialgeld** nach § 19 Abs. 1 Satz 2, § 23 SGB II siehe Rn. 17 a.

5a Der **Koalitionsvertrag von CDU/CSU/SPD 2013** enthält auf S. 66 folgende Ankündigung:
»*Rechtsvereinfachung in der Grundsicherung für Arbeitsuchende*
Wer Anspruch auf Leistungen der Grundsicherung hat, soll schneller und einfacher als bisher zu seinem Recht kommen. Die Verwaltungen vor Ort sollen so effizient und ressourcenschonend wie möglich arbeiten können. Deswegen wollen wir das Leistungs- und Verfahrensrecht der Grundsicherung für Arbeitsuchende vereinfachen und effektiver ausgestalten. Hierzu sollen insbesondere die Ergebnisse der 2013 gegründeten Bund-Länder-Arbeitsgruppe zur Rechtsvereinfachung im Zweiten Buch Sozialgesetzbuch (SGB II) intensiv geprüft und gegebenenfalls gesetzgeberisch umgesetzt werden.«

5b Das Bundesverfassungsgericht hat mit Urteil vom 9. 2. 2010 – 1 BvL 1/09, 1 BvL 3/09 und 1 BvL 4/09 festgestellt, dass die Bestimmungen des SGB II zur **Regelleistung** (§ 20 Abs. 2 1. Halbsatz, Abs. 3 Satz 1 SGB II a. F. und § 28 Abs. 1 Satz 3 Nr. 1 1. Alt. SGB II a. F., jeweils in Verbindung mit § 20 Abs. 1 SGB II a. F.), mit dem Grundrecht auf Gewährleistung eines menschenwürdigen Existenzminimums aus Art. 1 Abs. 1 GG in Verbindung mit dem Sozialstaatsprinzip des Art. 20 Abs. 1 GG unvereinbar sind.
Es hat den Gesetzgeber verpflichtet, die Regelsätze bis zum 31. 12. 2010 verfassungskonform zu gestalten.
Mit dem »Gesetz zur Ermittlung der Regelbedarfe nach § 28 des Zwölften Buches Sozialgesetzbuch (Regelbedarfs-Ermittlungsgesetz – RBEG) vom 24. 3. 2011 (BGBl. I S. 453) wurde u. a. der **monatliche** »**Regelbedarf**« in der sog. Regelbedarfsstufe 1 rückwirkend zum 1. 1. 2011 um fünf Euro auf **364 Euro** erhöht (siehe Rn. 17).

Arbeitslosengeld II (»Hartz IV«)

Das Gesetz ist auf scharfe **Kritik** u. a. der Gewerkschaften und vieler Sozialverbände gestoßen.
Nach Auffassung der 55. Kammer des Sozialgerichts Berlin verstoßen die Leistungen des SGB II gegen das Grundrecht auf Gewährleistung eines **menschenwürdigen Existenzminimums**.
Die Kammer hat daher dem Bundesverfassungsgericht die Frage der Verfassungswidrigkeit der Regelungen des SGB II zum Regelbedarf (siehe Rn. 17) zur Prüfung vorgelegt (SG Berlin v. 25. 4. 2012 – S 55 AS 9238/12).
Das SGB II beruht auf Vorschlägen einer vom damaligen Bundeskanzler Gerhard Schröder (SPD) eingesetzten Kommission unter Leitung von Peter Hartz (ehemals Personalvorstand der Volkswagen AG).
Das Gesetz wurde mit der Formel »**Fordern und Fördern**« politisch vermarktet.
Der Grundsatz des »**Forderns**« wird in §§ 2, 10 und 31 a SGB II konkretisiert.
Erwerbsfähige Leistungsberechtigte (und die mit ihnen in einer Bedarfsgemeinschaft lebenden Personen; siehe Rn. 12) müssen alle Möglichkeiten zur Beendigung oder Verringerung seiner Hilfebedürftigkeit ausschöpfen (§ 2 Abs. 1 Satz 1 SGB II).
Der erwerbsfähige Leistungsberechtigte muss aktiv an allen Maßnahmen zu seiner **Eingliederung in Arbeit** mitwirken, insbesondere eine Eingliederungsvereinbarung (siehe Rn. 15) abschließen (§ 2 Abs. 1 Satz 2 SGB II).
Wenn eine Erwerbstätigkeit auf dem allgemeinen Arbeitsmarkt in absehbarer Zeit nicht möglich ist, hat der erwerbsfähige Leistungsberechtigte eine ihm angebotene **zumutbare Arbeitsgelegenheit** (siehe Rn. 15) zu übernehmen (§ 2 Abs. 1 Satz 3 SGB II).
Zumutbar ist nach § 10 Abs. 2 SGB II praktisch **jede Arbeit** – ohne Rücksicht auf Art und Wertigkeit einer früheren beruflichen Tätigkeit oder Ausbildung oder die Höhe eines früher bezogenen Arbeitsentgelts.
Lediglich in den Fällen des § 10 Abs. 1 SGB II wird eine Arbeit als **unzumutbar** angesehen (z. B. wenn der erwerbsfähige Leistungsberechtigte zu einer bestimmten Arbeit körperlich, geistig oder seelisch nicht in der Lage ist).
Weigert sich der erwerbsfähige Leistungsberechtigte, eine Eingliederungsvereinbarung abzuschließen oder eine zumutbare Arbeit anzunehmen, treten die **Sanktionen** des § 31 a SGB II n. F. ein (u. a. Kürzung und sogar Wegfall des Arbeitslosengeldes II; siehe Rn. 21 ff.).
Der Grundsatz des »**Förderns**« findet in den §§ 14 ff. und §§ 19 ff. SGB II seinen Niederschlag.
Es werden Leistungen zur **Eingliederung in Arbeit** (§§ 14 ff. SGB II; siehe Rn. 15) und Leistungen zur **Sicherung des Lebensunterhalts** (§§ 19 ff. SGB II; siehe Rn. 16 ff.) erbracht.
Das erklärte Ziel der »Hartz-Gesetzgebung« war insbesondere, die Arbeitslosigkeit zu halbieren und vor allem Langzeitarbeitslosigkeit zu reduzieren.
Das ist ersichtlich nicht erreicht worden.
Bewirkt wurden dagegen andere Dinge:
- die **Existenzangst** der arbeitenden Bevölkerung – insbesondere die Angst vor Arbeitslosigkeit und dem damit verbundenen **sozialen Absturz** – wurde und wird massiv geschürt;
- Arbeitslosengeld II-Empfänger werden immer wieder unter den **Generalverdacht der missbräuchlichen Inanspruchnahme** der gesetzlichen Leistungen gestellt (»Bild-Zeitung« vom 23. 1. 2010: »Macht Hartz IV faul?« oder Roland Koch, ehemaliger CDU-Ministerpräsident des Landes Hessen in der »Frankfurter Allgemeinen Zeitung« vom 21. 1. 2010: »*Wenn Millionen von Bürger, die jeden Tag hart arbeiten, sehen, dass sie ohne jede eigene Anstrengung folgenlos annähernd das gleiche Einkommen erhalten könnten wie diejenigen, die sich nicht anstrengen und das System ausnutzen, dann ist das nichts anderes als die Perversion des Sozialstaatsgedankens*«;
- hierzu »passt« der **entwürdigende Umgang**, den erwerbsfähige Hilfebedürftige nicht selten in den Ämtern (Agentur für Arbeit, ARGE) erleben;
- **Armut** breiter Bevölkerungskreise (vor allem auch Kinderarmut) wird verfestigt; **Altersarmut** wird vorprogrammiert.

Arbeitslosengeld II (»Hartz IV«)

7   Als **Empfänger** von Arbeitslosengeld II kommen u. a. erwerbsfähige Personen in Frage,
    - die bislang noch **keine berufliche Tätigkeit** ausgeübt haben (z. B. Schulabgänger, Studenten) oder
    - die nach Entlassung und **Ablauf der Bezugsdauer** des **Arbeitslosengeldes** nach §§ 117 ff. SGB III 2012 weiterhin arbeitslos sind.
    Aber auch erwerbstätige Personen können Anspruch auf Arbeitslosengeld II haben, wenn ihr **Erwerbseinkommen niedriger** ist als die sich für ihn und seine Familie ergebenden Arbeitslosengeld II-Sätze (siehe Rn. 17 ff.).
    Das Gleiche gilt für Bezieher von besonders geringem **Arbeitslosengeld**.

Anspruchsvoraussetzungen für den Bezug von Leistungen nach dem SGB II (§§ 7 ff. SGB II)

8   Erwerbsfähige Leistungsberechtigte erhalten, solange sie keine ausreichenden Einkünfte etwa aus Arbeit haben, Leistungen zur Sicherung des Lebensunterhalts (§§ 19 ff. SGB II); insbesondere haben sie Anspruch auf Arbeitslosengeld II (§ 19 Abs. 1 Satz 1 SGB II; siehe Rn. 16 ff.).
    Anspruchsberechtigt sind Personen im Alter zwischen Vollendung des 15. Lebensjahres und der nach § 7a SGB II maßgeblichen Altersgrenze (65 bis 67), soweit sie »**erwerbsfähig**« und »**hilfebedürftig**« sind (§ 7 SGB II).

9   **Erwerbsfähig** ist, wer nicht wegen Krankheit oder Behinderung auf absehbare Zeit außerstande ist, unter den üblichen Bedingungen des allgemeinen Arbeitsmarktes **mindestens drei Stunden täglich** erwerbstätig zu sein (§ 8 Abs. 1 SGB II).

10 **Hilfebedürftig** ist, wer seinen Lebensunterhalt nicht oder nicht ausreichend aus dem zu berücksichtigenden Einkommen oder Vermögen sichern kann und die erforderliche Hilfe nicht von anderen, insbesondere von Angehörigen oder von Trägern anderer Sozialleistungen, erhält (§ 9 Abs. 1 SGB II).

11 Eigenes **Einkommen** (§ 11 SGB II) und **Vermögen** (§ 12 SGB II) ist bei der Prüfung der Hilfebedürftigkeit in bestimmtem Umfang zu berücksichtigen; ebenso Einkommen und Vermögen des in **Bedarfsgemeinschaft** lebenden Partners (§ 9 Abs. 2 Satz 1 SGB II).
    Bei unverheirateten Kindern, die mit den **Eltern** in Bedarfsgemeinschaft leben, sind auch Einkommen und Vermögen der Eltern bzw. des Elternteils zu berücksichtigen (§ 9 Abs. 2 Satz 2 SGB II), ggf. auch Leistungen von in **Haushaltsgemeinschaft** lebenden Verwandten und Verschwägerten (§ 9 Abs. 5 SGB II).

Bedarfsgemeinschaft

12 Leistungen nach dem SGB II erhalten auch Personen, die die mit erwerbsfähigen Leistungsberechtigten in einer Bedarfsgemeinschaft leben (§ 7 Abs. 2 Satz 1 SGB II).
    Zur Bedarfsgemeinschaft gehören gemäß § 7 Abs. 3 SGB II
    - die **erwerbsfähigen Leistungsberechtigten**,
    - die im Haushalt lebenden **Eltern** oder der im Haushalt lebende Elternteil eines unverheirateten erwerbsfähigen Kindes, welches das 25. Lebensjahr noch nicht vollendet hat, und die im Haushalt lebende Partnerin oder der im Haushalt lebende Partner dieses Elternteils,
    - als **Partnerin oder Partner** der erwerbsfähigen Leistungsberechtigten
      - die nicht dauernd getrennt lebende Ehegattin oder der nicht dauernd getrennt lebende Ehegatte,
      - die nicht dauernd getrennt lebende Lebenspartnerin oder der nicht dauernd getrennt lebende Lebenspartner,
      - eine Person, die mit der erwerbsfähigen leistungsberechtigten Person in einem gemeinsamen Haushalt so zusammenlebt, dass nach verständiger Würdigung der wechselseitige

Arbeitslosengeld II (»Hartz IV«)

Wille anzunehmen ist, Verantwortung füreinander zu tragen und füreinander einzustehen;
- ein solcher Wille wird vermutet, wenn Partner länger als ein Jahr zusammenleben oder mit einem gemeinsamen Kind zusammenleben oder Kinder oder Angehörige im Haushalt versorgen oder befugt sind, über Einkommen oder Vermögen des anderen zu verfügen,
- die dem Haushalt angehörenden **unverheirateten Kinder** der in § 7 Abs. 3 Nr. 1 bis 3 SGB II genannten Personen, wenn sie das 25. Lebensjahr noch nicht vollendet haben, soweit sie die Leistungen zur Sicherung ihres Lebensunterhalts nicht aus eigenem Einkommen oder Vermögen beschaffen können.

Nichterwerbsfähige Leistungsberechtigte, die mit erwerbsfähigen Leistungsberechtigten in einer Bedarfsgemeinschaft leben, erhalten **Sozialgeld** (§ 19 Abs. 1 Satz 2, § 23 SGB II; siehe Rn. 17 a). 12a

Besteht keine Bedarfsgemeinschaft, erhalten nicht erwerbsfähige Angehörige → **Sozialhilfe** (SGB XII). 13

Leistungen zur Eingliederung in Arbeit (§§ 14 ff. SGB II)

Die Agentur für Arbeit soll mit jedem erwerbsfähigen Leistungsberechtigten eine **Eingliederungsvereinbarung** abschließen (§ 15 SGB II). 14
Darin sollen die für die Eingliederung in Arbeit erforderlichen Leistungen und Maßnahmen der Agentur für Arbeit (z. B. Bildungsmaßnahmen) festgelegt werden sowie die Schritte, die der erwerbsfähige Leistungsberechtigte zu unternehmen hat.
Als »**Leistungen zur Eingliederung**« (§ 16 SGB II) sind u. a. zu nennen 15
- das **Einstiegsgeld** (§ 16 b SGB II),
- die Leistungen zur **Eingliederung von Selbständigen** (§ 16 c SGB II),
- die Schaffung von **Arbeitsgelegenheiten** mit Mehraufwandsentschädigung (sog. »**Ein-Euro-Jobs**« nach § 16 d SGB II):
Für erwerbsfähige Leistungsberechtigte, die keine Arbeit finden können, sollen sog. Arbeitsgelegenheiten geschaffen werden.
Dabei handelt es sich um solche im öffentlichen Interesse liegende, zusätzliche Arbeiten, die ansonsten – ohne die finanzielle Unterstützung der Träger – unterbleiben würden.
Werden derartige zusätzliche Arbeiten einem erwerbsfähigen Leistungsberechtigten – ggf. auf Grundlage einer Eingliederungsvereinbarung – zugewiesen, erhält er zuzüglich zum Arbeitslosengeld II eine »angemessene Entschädigung für Mehraufwendungen« (= einen Euro pro Stunde oder mehr).
§ 16 d SGB II stellt klar, dass diese Arbeiten **kein Arbeitsverhältnis** im Sinne des Arbeitsrechts begründen (vgl. hierzu BAG v. 26. 9. 2007 – 5 AZR 857/06, NZA 2007, 1422).
Die Vorschriften über den → **Arbeitsschutz** und das Bundesurlaubsgesetz mit Ausnahme der Regelungen über das Urlaubsentgelt (siehe → **Urlaub**) sind allerdings entsprechend anzuwenden.
Für Schäden bei der Ausübung ihrer Tätigkeit haften erwerbsfähige Leistungsberechtigte nur wie Arbeitnehmer (siehe → **Haftung des Arbeitnehmers**).
§ 16 d SGB II ist durch das Gesetz zur Verbesserung der Eingliederungschancen am Arbeitsmarkt vom 20. 12. 2011 (BGBl. I S. 2854 – Nr. 69) wie folgt neu gefasst worden:
Arbeitsgelegenheiten
(1) Erwerbsfähige Leistungsberechtigte können zur Erhaltung oder Wiedererlangung ihrer Beschäftigungsfähigkeit, die für eine Eingliederung in Arbeit erforderlich ist, in Arbeitsgelegenheiten zugewiesen werden, wenn die darin verrichteten Arbeiten zusätzlich sind, im öffentlichen Interesse liegen und wettbewerbsneutral sind. § 18 d Satz 2 findet Anwendung.

Arbeitslosengeld II (»Hartz IV«)

(2) Arbeiten sind zusätzlich, wenn sie ohne die Förderung nicht, nicht in diesem Umfang oder erst zu einem späteren Zeitpunkt durchgeführt würden. Arbeiten, die auf Grund einer rechtlichen Verpflichtung durchzuführen sind oder die üblicherweise von juristischen Personen des öffentlichen Rechts durchgeführt werden, sind nur förderungsfähig, wenn sie ohne die Förderung voraussichtlich erst nach zwei Jahren durchgeführt würden. Ausgenommen sind Arbeiten zur Bewältigung von Naturkatastrophen und sonstigen außergewöhnlichen Ereignissen.
(3) Arbeiten liegen im öffentlichen Interesse, wenn das Arbeitsergebnis der Allgemeinheit dient. Arbeiten, deren Ergebnis überwiegend erwerbswirtschaftlichen Interessen oder den Interessen eines begrenzten Personenkreises dient, liegen nicht im öffentlichen Interesse. Das Vorliegen des öffentlichen Interesses wird nicht allein dadurch ausgeschlossen, dass das Arbeitsergebnis auch den in der Maßnahme beschäftigten Leistungsberechtigten zugute kommt, wenn sichergestellt ist, dass die Arbeiten nicht zu einer Bereicherung Einzelner führen.
(4) Arbeiten sind wettbewerbsneutral, wenn durch sie eine Beeinträchtigung der Wirtschaft infolge der Förderung nicht zu befürchten ist und Erwerbstätigkeit auf dem allgemeinen Arbeitsmarkt weder verdrängt noch in ihrer Entstehung verhindert wird.
(5) Leistungen zur Eingliederung in Arbeit nach diesem Buch, mit denen die Aufnahme einer Erwerbstätigkeit auf dem allgemeinen Arbeitsmarkt unmittelbar unterstützt werden kann, haben Vorrang gegenüber der Zuweisung in Arbeitsgelegenheiten.
(6) Erwerbsfähige Leistungsberechtigte dürfen innerhalb eines Zeitraums von fünf Jahren nicht länger als insgesamt 24 Monate in Arbeitsgelegenheiten zugewiesen werden. Der Zeitraum beginnt mit Eintritt in die erste Arbeitsgelegenheit.
(7) Den erwerbsfähigen Leistungsberechtigten ist während einer Arbeitsgelegenheit zuzüglich zum Arbeitslosengeld II von der Agentur für Arbeit eine angemessene Entschädigung für Mehraufwendungen zu zahlen. Die Arbeiten begründen kein Arbeitsverhältnis im Sinne des Arbeitsrechts und auch kein Beschäftigungsverhältnis im Sinne des Vierten Buches; die Vorschriften über den Arbeitsschutz und das Bundesurlaubsgesetz mit Ausnahme der Regelungen über das Urlaubsentgelt sind entsprechend anzuwenden. Für Schäden bei der Ausübung ihrer Tätigkeit haften die erwerbsfähigen Leistungsberechtigten wie Arbeitnehmerinnen und Arbeitnehmer.
(8) Auf Antrag werden die unmittelbar im Zusammenhang mit der Verrichtung von Arbeiten nach Absatz 1 erforderlichen Kosten, einschließlich der Kosten, die bei besonderem Anleitungsbedarf für das erforderliche Betreuungspersonal entstehen, erstattet.

- die **Leistungen zur Beschäftigungsförderung** (§ 16 e SGB II),
- die **»freie Förderung«** (§ 16 f SGB II),
- die **Förderung bei Wegfall der Hilfebedürftigkeit** (§ 16 g SGB II).

Leistungen zur Sicherung des Lebensunterhalts (§§ 19 ff. SGB II)

16 Erwerbsfähige Leistungsberechtigte erhalten **Arbeitslosengeld II** (§ 19 Abs. 1 Satz 1 SGB II). Die Leistungen umfassen gemäß § 19 Abs. 1 Satz 2 SGB II den **Regelbedarf** (§ 20 SGB II), **Mehrbedarf** (§ 21 SGB II) und den **Bedarf für Unterkunft und Heizung** (§ 23 SGB II).

Regelbedarf (§ 20 SGB II)

17 Der Regelbedarf zur Sicherung des Lebensunterhalts umfasst insbesondere Ernährung, Kleidung, Körperpflege, Hausrat, Haushaltsenergie ohne die auf die Heizung und Erzeugung von Warmwasser entfallenden Anteile sowie persönliche Bedürfnisse des täglichen Lebens (§ 20 Abs. 1 Satz 1 SGB II).
Zu den persönlichen Bedürfnissen des täglichen Lebens gehört in vertretbarem Umfang eine Teilhabe am sozialen und kulturellen Leben in der Gemeinschaft (§ 20 Abs. 1 Satz 2 SGB II).

Arbeitslosengeld II (»Hartz IV«)

Der Regelbedarf wird als **monatlicher Pauschalbetrag** berücksichtigt (§ 20 Abs. 1 Satz 3 SGB II). Über die Verwendung der zur Deckung des Regelbedarfs erbrachten Leistungen entscheiden die Leistungsberechtigten eigenverantwortlich; dabei haben sie das Eintreten unregelmäßig anfallender Bedarfe zu berücksichtigen (§ 20 Abs. 1 Satz 4 SGB II).

Der monatliche Regelbedarf wurde mit dem »Gesetz zur Ermittlung von Regelbedarfen und zur Änderung des Zweiten und Zwölften Buches Sozialgesetzbuch« vom 24. 3. 2011 (BGBl. I S. 453) auf 364 Euro und mit Wirkung ab 1. 1. 2012 auf 367 Euro festgesetzt.

Für die Neuermittlung der Regelbedarfe durch neues Bundesgesetz (Regelbedarfs-Ermittlungsgesetz) findet § 28 SGB XII entsprechende Anwendung (§ 20 Abs. 5 Satz 2 SGB II; siehe → **Sozialhilfe**).

Solange keine gesetzliche Neuermittlung nach § 28 SGB VII erfolgt, gilt § 20 Abs. 5 Satz 2 SGB II i. V. m. § 28 a SGB XII: hiernach werden die Regelbedarfe nach § 20 Abs. 2 bis 4 SGB II sowie nach § 23 Nr. 1 SGB II (= Sozialgeld) jeweils zum 1. Januar eines Jahres durch Rechtsverordnung nach § 40 Satz 1 Nr. 1 SGB XII – sog. **Regelbedarfsstufen-Fortschreibungsverordnung** (RBSFV) – fortgeschrieben. Die Fortschreibung der Regelbedarfsstufen erfolgt gemäß § 28 a Abs. 2 SGB XII aufgrund der bundesdurchschnittlichen Entwicklung der Preise für regelbedarfsrelevante Güter und Dienstleistungen sowie der bundesdurchschnittlichen Entwicklung der Nettolöhne und -gehälter je beschäftigtem Arbeitnehmer nach der Volkswirtschaftlichen Gesamtrechnung (**Mischindex**). Dieser setzt sich zu 70 Prozent aus der regelsatzrelevanten Preisentwicklung und zu 30 Prozent aus der Nettolohnentwicklung zusammen (§ 28 a Abs. 2 Satz 3 SGB XII).

Mit der Regelbedarfsstufen-Fortschreibungsverordnung 2016 (RBSFV 2016) vom 22. 10. 2015 (BGBl. I Nr. 41 S. 1788) wurden die ab 1. 1. 2016 geltenden Regelbedarfsstufen festgelegt (siehe nachstehende **Tabelle**).

Arbeitslosengeld II (»Hartz IV«)

Regelbedarfsstufen nach Anlage zu § 28 SGB XII:

	ab 1.1.2011	ab 1.1.2012	ab 1.1.2013	ab 1.1.2014	ab 1.1.2015	ab 1.1.2016
Regelbedarfsstufe 1	364 Euro	374 Euro	382 Euro	391 Euro	399 Euro	404 Euro
Für eine erwachsene leistungsberechtigte Person, die als alleinstehende oder allein-erziehende Person einen eigenen Haushalt führt; dies gilt auch dann, wenn in diesem Haushalt eine oder mehrere weitere erwachsene Personen leben, die der Regelbedarfsstufe 3 zuzuordnen sind.						
Regelbedarfsstufe 2	328 Euro	337 Euro	345 Euro	353 Euro	360 Euro	364 Euro
Für jeweils zwei erwachsene Leistungsbe-rechtigte, die als Ehegatten, Lebenspartner oder in eheähnlicher oder lebenspartner-schaftsähnlicher Gemeinschaft einen gemeinsamen Haushalt führen.						
Regelbedarfsstufe 3	291 Euro	299 Euro	306 Euro	313 Euro	320 Euro	324 Euro
Für eine erwachsene leistungsberechtigte Person, die weder einen eigenen Haushalt führt, noch als Ehegatte, Lebenspartner oder in eheähnlicher oderlebenspartnerschaftsähnlicher Gemein-schaft einen gemeinsamen Haushalt führt.						
Regelbedarfsstufe 4	287 Euro	287 Euro	289 Euro	296 Euro	302 Euro	306 Euro
Für eine leistungsberechtigte Jugendliche oder einen leis-tungsberechtigten Jugendlichen vom Beginn des 15. bis zur Vollendung des 18. Lebensjahres.						
Regelbedarfsstufe 5	251 Euro	251 Euro	255 Euro	261 Euro	267 Euro	270 Euro
Für ein leistungsberechtigtes Kind vom Beginn des siebten bis zur Vollendung des 14. Lebensjahres.						
Regelbedarfsstufe 6	215 Euro	219 Euro	224 Euro	229 Euro	234 Euro	237 Euro
Für ein leistungsberechtigtes Kind bis zur Vollendung des sechsten Lebensjahres.						

Arbeitslosengeld II (»Hartz IV«)

Sozialgeld (§ 19 Abs. 1 Satz 2, § 23 SGB II)

Nichterwerbsfähige Leistungsberechtigte, die mit erwerbsfähigen Leistungsberechtigten in einer **Bedarfsgemeinschaft** (siehe Rn. 12) leben, erhalten gemäß § 19 Abs. 1 Satz 2, § 23 SGB II ein sog. Sozialgeld, soweit sie keinen Anspruch auf Leistungen nach §§ 41 bis 46 a SGB XII (Grundsicherung im Alter und bei Erwerbsminderung) haben.

17a

Der **Regelbedarf** beträgt nach der Regelbedarfsstufen-Fortschreibungsverordnung 2014 (RBSFV 2014) bis zur Vollendung des sechsten Lebensjahres 229 Euro, bis zur Vollendung des 14. Lebensjahres 261 Euro und im 15. Lebensjahr 296 Euro (§ 23 Nr. 1 SGB II).

Mehrbedarf (§ 21 SGB II)

Mehrbedarfe aufgrund bestimmter Lebenslagen (z. B. Schwangerschaft, Alleinerziehung minderjähriger Kinder, Behinderung) werden nach Maßgabe des § 21 SGB II anerkannt.

18

Bedarf für Unterkunft und Heizung (§ 22 SGB II)

Bedarfe für Unterkunft und Heizung werden in Höhe der tatsächlichen Aufwendungen anerkannt, soweit diese angemessen sind (§ 22 Abs. 1 Satz 1 SGB II).

19

Bedarfe für Bildung und Teilhabe (§ 28 SGB II)

Bedarfe für Bildung und Teilhabe am sozialen und kulturellen Leben in der Gemeinschaft werden bei Kindern, Jugendlichen und jungen Erwachsenen neben dem Regelbedarf nach Maßgabe des § 28 Absätze 2 bis 7 SGB II gesondert berücksichtigt.

20

Bedarfe für Bildung werden nur bei Personen berücksichtigt, die das 25. Lebensjahr noch nicht vollendet haben, eine allgemein- oder berufsbildende Schule besuchen und keine Ausbildungsvergütung erhalten (Schülerinnen und Schüler).

Sanktionen (§ 31 ff. SGB II)

Das Arbeitslosengeld II kann **abgesenkt** oder sogar **gestrichen** werden, wenn der Leistungsberechtigte eine **Pflichtverletzung** i. S. d. § 31 SGB II begeht.

21

> **Beispiel:**
> Beispiel: Der Leistungsberechtigte weigert sich, eine **Eingliederungsvereinbarung** (siehe Rn. 15) abzuschließen oder eine **zumutbare Arbeit** (siehe Rn. 6) anzunehmen.
> Man muss bereit sein, jede Arbeit bis zur Grenze der **Sittenwidrigkeit** anzunehmen.
> Qualifikation und vorheriger Beruf spielen keine Rolle mehr.

Wer sich ohne Nachweis eines **wichtigen Grundes** weigert, eine angebotene zumutbare Arbeit aufzunehmen oder fortzuführen, begeht eine Pflichtverletzung i. S. d. § 31 SGB II.
Zumutbar ist nach § 10 SGB II jede Arbeit, sofern nicht die Ausnahmetatbestände des § 10 Abs. 1 Nr. 1 bis 5 SGB II vorliegen (z. B. fehlende körperliche, geistige oder seelische Fähigkeit zur Ausübung der Arbeit oder Gefährdung der Erziehung des eigenen oder des Kindes des Partners oder der Pflege eines Angehörigen oder wenn für die Arbeit nicht das tarifliche oder ortsübliche Arbeitsentgelt gezahlt wird).
Bei einer **Pflichtverletzung** nach § 31 SGB II mindert sich das Arbeitslosengeld II in einer ersten Stufe um 30 Prozent des nach § 20 SGB II maßgebenden Regelbedarfs (§ 31 a Abs. 1 SGB II), bei der ersten wiederholten Pflichtverletzung um 60 Prozent.
Bei jeder weiteren wiederholten Pflichtverletzung entfällt das Arbeitslosengeld II vollständig.

22

Arbeitslosengeld II (»Hartz IV«)

23 Erwerbsfähigen Leistungsberechtigten **unter 25 Jahren** kann das Arbeitslosengeld II unter den Voraussetzungen des § 31 a Abs. 2 SGB II gänzlich gestrichen werden.

24 Empfänger von Arbeitslosengeld II sind in der gesetzlichen **Kranken-, Pflege- und Rentenversicherung** versichert.
Eine gesonderte Versicherungspflicht zur Kranken- und Pflegeversicherung besteht jedoch nicht für solche Bezieher von Arbeitslosengeld II, die **familienversichert** sind.
Die **Beiträge** zur Kranken-, Pflege- und Rentenversicherung werden von den Trägern des Arbeitslosengeld II entrichtet.

Arbeitshilfen

Übersicht
- Regelbedarfsstufen und Regelsätze nach der Anlage zu § 28 SGB XII

Rechtsprechung

1. Regelleistung für Kinder bis zur Vollendung des 14. Lebensjahres verfassungswidrig
2. Anrechnung der Verletztenrente auf das Arbeitslosengeld II
3. Arbeitsgelegenheiten mit Mehraufwandsentschädigung nach § 16 d SGB II (sog. »Ein-Euro-Jobs«)
4. Mitbestimmung des Betriebsrats bei der Einstellung von »Ein-Euro-Jobbern

Arbeitslosenversicherung: Arbeitsförderung

Grundlagen

Die Arbeitslosenversicherung ist Teil des staatlichen Sozialversicherungssystems. Dieses setzt sich aus mehreren Zweigen zusammen: 1
- **Arbeitslosenversicherung / Arbeitsförderung** (Sozialgesetzbuch III),
- → **Krankenversicherung** (Sozialgesetzbuch V),
- → **Rentenversicherung** (Sozialgesetzbuch VI),
- → **Unfallversicherung** (Sozialgesetzbuch VII),
- → **Pflegeversicherung** (Sozialgesetzbuch XI).

Rechtsgrundlage ist das Dritte Buch des Sozialgesetzbuchs – Arbeitsförderung – (SGB III) vom 24. 3. 1997 (BGBl. I S. 594), zuletzt geändert durch Gesetz vom 23. 12. 2014 (BGBl. I Nr. 64 S. 2475). 2

Um zu betonen, dass es nicht nur darum geht, an Arbeitnehmer, die von Arbeitslosigkeit betroffen sind, Arbeitslosenunterstützung (Arbeitslosengeld) zu gewähren, sondern vor allem darum, Menschen in Arbeit zu bringen und zu halten, wird statt des Begriffs »Arbeitslosenversicherung« der Begriff der »**Arbeitsförderung**« verwendet.

Durch das Gesetz zur Verbesserung der Eingliederungschancen am Arbeitsmarkt vom 20. 12. 2011 (BGBl. I Nr. 69 S. 2854) ist das **SGB III umfassend überarbeitet** worden: 2a
- teils **redaktionell** (Einfügung der weiblichen Form: »Arbeitnehmerin oder Arbeitnehmer«, »der oder die Arbeitslose«, usw.),
- teils **inhaltlich** (z. B. Aufhebung der aus Anlass der Wirtschaftskrise 2009 in Kraft gesetzten Sonderregelungen zum Kurzarbeitergeld; hierzu die Pressemitteilung des Bundesministeriums für Arbeit und Soziales vom 21. 12. 2012: »*Aufgrund der guten wirtschaftlichen Entwicklung und Prognosen enden die während der Wirtschaftskrise eingeführten Sonderregelungen zum Kurzarbeitergeld mit Ablauf des Jahres 2011. Ausgenommen hiervon ist die Regelung, dass Betriebssicherungsvereinbarungen, die vor dem Bezug von Kurzarbeitergeld abgeschlossen werden, um Arbeitsplätze zu erhalten, sich nicht mindernd auf die Höhe des anschließenden Kurzarbeitergeldes auswirken. Diese Regelung gilt unbefristet.*

Das SGB III wurde außerdem **neu gegliedert**. Das heißt: viele Regelungsschwerpunkte (z. B. Kurzarbeitergeld, Arbeitslosengeld, Insolvenzgeld) haben neue Paragrafenbezeichnungen erhalten.

> **Beispiele:**
> Das Thema »Kurzarbeitergeld« war bisher in §§ 169 ff. SGB III (a. F.) geregelt. Nunmehr findet man es in §§ 95 ff. SGB III 2012.
> Das Thema »Arbeitslosengeld« war bisher in §§ 117 ff. SGB III (a. F.) geregelt. Nunmehr findet man es in §§ 136 ff. SGB III 2012.
> Das Thema »Insolvenzgeld« war bisher in §§ 183 ff. SGB III (a. F.) geregelt. Nunmehr findet man es in §§ 165 ff. SGB III 2012.

Arbeitslosenversicherung: Arbeitsförderung

Die Neuregelungen sind teils zum 1.1.2012, teils zum 1.4.2012 in Kraft getreten. In der nachstehenden Darstellung erhalten die neuen Bestimmungen des SGB III den Zusatz »2012« (SGB III 2012).

2b

Hinweis:
Im **Koalitionsvertrag von CDU/CSU/SPD 2013** heißt es zum Thema Arbeitslosenversicherung/Arbeitsförderung:
- Seite 65
  »Geringqualifizierten und Langzeitarbeitslosen neue Chancen erschließen
  Der Arbeitsmarkt ist aufnahmefähig wie selten zuvor. Das eröffnet Chancen bei der Bekämpfung der Langzeitarbeitslosigkeit. Deswegen wollen wir hier einen Schwerpunkt der Arbeitsmarktpolitik setzen. Personen, die seit vielen Jahren arbeitslos sind, finden bisher selten Zugang zum ersten Arbeitsmarkt. Häufige Gründe sind persönliche Vermittlungshemmnisse. Deswegen wollen wir Geringqualifizierte und Langzeitarbeitslose verstärkt in existenzsichernde Arbeit vermitteln, sie passgenau qualifizieren und begleiten sowie bei Bedarf auch nachgehend betreuen und dafür die notwendigen Rahmenbedingungen schaffen. Besonderes Augenmerk richten wir auf die Personengruppe langzeitarbeitsloser Menschen, die nur mit massiver Unterstützung Teilhabe und Integration am Arbeitsmarkt finden können. Dieses Ziel wollen wir u. a. durch ein ESF-Bundesprogramm für Langzeitarbeitslose und die Gewinnung von Arbeitgebern für die Gruppe arbeitsmarktferner Personen in den Vordergrund rücken.
  Die Steuerung in der Grundsicherung für Arbeitsuchende soll verstärkt auf das Ziel »Vermeidung von Langzeitleistungsbezug« und die Mittelverteilung stärker auf Wirkungsorientierung ausgerichtet werden. Dabei ist auch der bisherige Problemdruckindikator als Verteilungsmaßstab auf den Prüfstand zu stellen.
  Zur Verstetigung von Förderleistungen wollen wir die wirksame Übertragbarkeit von Haushaltsmitteln von einem Haushaltsjahr ins Nächste in der Grundsicherung verbessern.«
- Seiten 65, 66
  »Übergang Schule – Ausbildung – Beruf
  Die beste und effizienteste Vorsorge gegen Ausbildungsabbrüche und lange Zeiten von Arbeitslosigkeit im Lebensverlauf sind passgenaue und tragfähige Übergänge von der Schule in Ausbildung und Beruf. Daher wollen wir den erfolgreichen Ausbildungs- und Berufseinstieg für leistungsschwache Jugendliche erleichtern und gezielt begleiten. Flächendeckend einzurichtende Jugendberufsagenturen sollen die Leistungen nach den Sozialgesetzbüchern II, III und VIII für unter 25-Jährige bündeln. Datenschutzrechtliche Klarstellungen sollen den notwendigen Informationsaustausch erleichtern. Junge Menschen, deren Eltern seit Jahren von Grundsicherung leben, sollen gezielt Unterstützung bekommen.
  Weil künftig nur eine ausreichende Qualifizierung nachhaltig vor Arbeitslosigkeit schützt und der Fachkräftebedarf absehbar steigt, wollen wir gezielt in die Nachqualifizierung junger Erwachsener ohne Berufsabschluss investieren. Deswegen werden wir die Initiative »AusBildung wird was – Spätstarter gesucht« als Programm »2. Chance« engagiert fortführen. Bessere finanzielle Rahmenbedingungen sollen Bereitschaft und Durchhaltevermögen junger Erwachsender fördern, auch in späteren Jahren noch einen qualifizierten Abschluss zu erreichen.«
- Seite 66
  »Arbeitslosengeld für überwiegend kurzfristig Beschäftigte
  Die Koalition wird sich in der kommenden Legislaturperiode für die soziale Absicherung von Kreativen und Kulturschaffenden einsetzen und für weitere Verbesserungen sorgen. Insbesondere wird die Koalition nach Ablauf der aktuellen Regelung zum Arbeitslosengeld I-Bezug für überwiegend kurzbefristet Beschäftigte, die auch für viele Kulturschaffende von hoher Bedeutung ist, Ende 2014 eine Anschlussregelung einführen, die den Besonderheiten von Erwerbsbiographien in der Kultur hinreichend Rechnung trägt. Unter anderem soll es für sie eine von zwei auf drei Jahre verlängerte Rahmenfrist geben, innerhalb derer die Anwartschaftszeit für den Bezug von Arbeitslosengeld I erfüllt werden muss.«
- Seiten 66, 67
  »Arbeitsförderung verbessern
  Wir wollen die Arbeitsförderung stärker an den Bedürfnissen der Frauen und ihren häufig unterbrochenen Erwerbsbiografien ausrichten. Deshalb werden wir ein Programm zum besseren beruflichen Wiedereinstieg in existenzsichernde Arbeit schaffen. Darüber hinaus werden wir prüfen, wie auch Langzeitarbeitslose, die wegen der Anrechnung von Partnereinkommen bisher keinen Anspruch auf

Arbeitslosenversicherung: Arbeitsförderung

Regelleistungen nach dem SGB II und auf aktivierende Leistungen hatten, in die Maßnahmen des Eingliederungstitels einbezogen werden können.«

Das SGB III wird durch die **Bundesagentur für Arbeit** (früher: Bundesanstalt für Arbeit) umgesetzt. 3

Finanziert wird die Arbeitslosenversicherung bzw. Arbeitsförderung vor allem durch **Beiträge**, die je zur Hälfte von Arbeitgebern und Arbeitnehmern (= paritätisch) aufgebracht werden. 4
Der **Beitragssatz** wurde in den zurückliegenden Jahren von ursprünglich 6,5 Prozent (2006) auf 4,2 Prozent (2007) und dann auf 3,3 Prozent (2008) zurückgeführt.
Gemäß Art. 10 des »Gesetzes zur Sicherung von Beschäftigung und Stabilität in Deutschland« vom 13. 2. 2009 wurde der Beitragssatz für den Zeitraum vom 1. 1. 2009 bis 31. 12. 2010 auf 2,8 Prozent abgesenkt (§ 341 Abs. 2 SGB III a. F.).
Mit Wirkung ab 1. 1. 2011 wurde der Beitragssatz auf **3 Prozent** festgesetzt (Art. 12 des »Gesetzes zur Sicherung von Beschäftigung und Stabilität in Deutschland« vom 13. 2. 2009; § 341 Abs. 2 SGB III 2012).

Der abzuführende Beitrag wird durch die sog. **Beitragsbemessungsgrenze** »gedeckelt« (§ 341 Abs. 3 SGB III 2012). 4a
Sie entspricht der Beitragsbemessungsgrenze der → **Rentenversicherung** (§ 341 Abs. 4 SGB III 2012) und liegt aktuell in den alten Bundesländern bei monatlich 6200 Euro, in den neuen Bundesländern bei monatlich 5400 Euro (Stand 2016; siehe auch → **Sozialversicherung**).
Bei einem **Bruttoentgelt oberhalb dieser Grenzen** steigt der abzuführende Betrag nicht mehr. Das heißt: Der über diesen Grenzbetrag hinausgehende Teil eines Einkommens ist beitragsfrei.

Beispiel (Stand 2016):
Ein Arbeitnehmer erzielt ein monatliches Bruttoentgelt von 7000 Euro. Dennoch sind nur 3 % von 6200 Euro (alte Bundesländer) = 186 Euro bzw. 3 % von 5400 Euro (neue Bundesländer) = 162 Euro abzuführen. Die eine Hälfte dieses Betrags trägt der Arbeitnehmer (Abzug vom Bruttoentgelt), die andere Hälfte der Arbeitgeber.

Geringfügige Beschäftigung (§ 27 Abs. 2 SGB III 2012)

In der Arbeitslosenversicherung sind nach §§ 27 Abs. 2 SGB III 2012 Personen versicherungsfrei (und damit beitragsfrei), die eine geringfügige Beschäftigung ausüben. 5
Nach § 8 Abs. 1 SGB IV (neu gefasst durch das Zweite Gesetz für moderne Dienstleistungen am Arbeitsmarkt vom 23. 12. 2002; BGBl. I S. 4621; »Hartz II«) liegt eine **geringfügige Beschäftigung** vor, wenn
- das Arbeitsentgelt aus dieser Beschäftigung regelmäßig im Monat **450 Euro** nicht übersteigt (§ 8 Abs. 1 Nr. 1 SGB IV)
- oder wenn die Beschäftigung innerhalb eines Kalenderjahres auf längstens **zwei Monate** oder **50 Arbeitstage** nach ihrer Eigenart begrenzt zu sein pflegt oder im Voraus vertraglich begrenzt ist, es sei denn, dass die Beschäftigung berufsmäßig ausgeübt wird oder ihr Entgelt 450 Euro im Monat übersteigt (§ 8 Abs. 1 Nr. 2 SGB IV).

In Abweichung von § 8 Abs. 2 Satz 1 SGB IV werden – zur Feststellung der Versicherungsfreiheit geringfügig beschäftigter Personen in der Arbeitslosenversicherung – eine geringfügige Beschäftigung und eine nicht geringfügige Beschäftigung **nicht zusammengerechnet** (§ 27 Abs. 2 Satz 1 SGB III 2012). 6

Versicherungsfrei in der Arbeitslosenversicherung sind auch Personen, die während der Zeit, in der ein Anspruch auf Arbeitslosengeld besteht, eine Beschäftigung ausüben (§ 27 Abs. 5 Satz 1 SGB III 2012; zur Anrechnung von Nebeneinkünften auf das Arbeitslosengeld siehe § 155 SGB III 2012). 7

Arbeitslosenversicherung: Arbeitsförderung

Die Vorschrift gilt nicht für Beschäftigungen, die während der Zeit, in der ein Anspruch auf **Teilarbeitslosengeld** besteht, ausgeübt werden (§ 27 Abs. 5 Satz 2 SGB III 2012).

8 Zu weiteren Einzelfragen im Zusammenhang mit geringfügiger Beschäftigung siehe → **Teilzeitarbeit**.

9 Das Arbeitsförderungsrecht ist durch die sog. Gesetze für moderne Dienstleistungen am Arbeitsmarkt vom 23.12.2002 (BGBl. I S. 4607 und 4621; Hartz I und II), vom 23.12.2003 [BGBl. I S. 2848; Hartz III] und vom 24.12.2003 [BGBl. I S. 2954; Hartz IV] und das Gesetz zu Reformen am Arbeitsmarkt vom 24.12.2003 (BGBl. I S. 3002) und diverse Folgegesetze (z. B. Fünftes Gesetz zur Änderung des SGB III und anderer Gesetze vom 22.12.2005 [BGBl. I S. 3676] und Gesetz zur Neuausrichtung der arbeitsmarktpolitischen Instrumente vom 21.12.2008 [BGBl. I S. 2917]) meist **zum Nachteil der Arbeitslosen geändert** worden.

Offenbar wollte und will man die Arbeitslosigkeit dadurch bekämpfen, dass man den **Druck auf Arbeitslose verschärft**.

Die Verursacher der Arbeitslosigkeit – die Unternehmen – ließ und lässt man unbehelligt.

Eine **aktive Beschäftigungspolitik** mit dem Ziel der Schaffung neuer Arbeitsplätze ist nicht zu erkennen.

Erklärtes Ziel der Hartz-Reformer war es, möglichst viele Arbeitslose durch »**fordern und fördern**« in Beschäftigung zu bringen.

Das geschah u. a. dadurch, dass die Leistungen der Arbeitslosenversicherung teilweise massiv verschlechtert wurden. Unter anderem wurde

- die Bezugsdauer des **Arbeitslosengeldes** drastisch verkürzt – gestaffelt nach Beschäftigungsdauer und Lebensalter auf 6 bis 18 Monate gemäß § 127 SGB III a. F.; siehe → **Arbeitslosenversicherung: Arbeitslosengeld** Rn 20; inzwischen wurde mit Gesetz vom 8.4.2008 [BGBl. I S. 681] die Anspruchsdauer für über 50-Jährige mit Wirkung ab 1.1.2008 wieder verlängert (§ 147 SGB III 2012; siehe → **Arbeitslosenversicherung: Arbeitslosengeld** Rn. 21).
- die bisherige Arbeitslosenhilfe durch das im neu geschaffenen Zweiten Buch Sozialgesetzbuch (SGB II – Grundsicherung für Arbeitssuchende) mit Wirkung ab 1.1.2005 geregelte – der Sozialhilfe entsprechende – sog. → **Arbeitslosengeld II** (für »erwerbsfähige Hilfebedürftige«) ersetzt.

10 Nachstehend sollen nur ausgewählte Regelungen des Arbeitsförderungsrechtes nach dem SGB III dargestellt werden.

Siehe auch → **Arbeitslosenversicherung: Arbeitslosengeld**.

Zum sog. → **Arbeitslosengeld II** siehe dort.

Ortsnahe Leistungserbringung, Job-Center (§§ 9, 9 a SGB III 2012)

11 Die Leistungen der Arbeitsförderung sollen vorrangig durch die örtlichen Agenturen für Arbeit erbracht werden. Dabei haben die Agenturen für Arbeit die Gegebenheiten des örtlichen und überörtlichen Arbeitsmarktes zu berücksichtigen.

Die Agenturen für Arbeit sollen die Vorgänge am Arbeitsmarkt **besser durchschaubar** machen.

Sie haben zum **Ausgleich** von Angebot und Nachfrage auf dem örtlichen und überörtlichen Arbeitsmarkt beizutragen.

Der Einsatz der **aktiven Arbeitsmarktpolitik** ist zur Verbesserung der Wirksamkeit und Steuerung regelmäßig durch die Agenturen für Arbeit zu überprüfen.

Dazu ist ein regionales **Arbeitsmarktmonitoring** einzurichten. Arbeitsmarktmonitoring ist ein System wiederholter Beobachtungen, Bilanzierungen, Trendbeschreibungen und Bewertungen der Vorgänge auf dem Arbeitsmarkt einschließlich der den Arbeitsmarktausgleich unterstützenden Maßnahmen.

Arbeitslosenversicherung: Arbeitsförderung

Die Agenturen für Arbeit arbeiten zur Erfüllung ihrer Aufgaben mit den Gemeinden, Kreisen und Bezirken sowie den weiteren Beteiligten des örtlichen Arbeitsmarktes, insbesondere den Vertretern der Arbeitgeber und Arbeitnehmer, den Kammern und berufsständischen Organisationen zusammen.
Sie sollen ihre Planungen rechtzeitig mit Trägern von Maßnahmen der Arbeitsförderung erörtern.
§ 9 Abs. 1 a SGB III (a. F.), der die Agenturen für Arbeit verpflichtete, »Job-Center« als einheitliche Anlaufstellen für alle einzurichten, die einen Arbeitsplatz oder Ausbildungsplatz suchen, ist **aufgehoben** worden. 12

Pflicht zur »Arbeitssuchendmeldung« (§ 38 Abs. 1 SGB III 2012)

Personen, deren Arbeits- oder Ausbildungsverhältnis endet, sind verpflichtet, sich spätestens **drei Monate** vor dessen Beendigung persönlich bei der Agentur für Arbeit **arbeitsuchend** zu melden (§ 38 Abs. 1 Satz 1 SGB III 2012; neu gefasst durch das Gesetz zur Neuausrichtung der arbeitsmarktpolitischen Instrumente vom 21. 12. 2008 [BGBl. I S. 2917]). 13
Liegen zwischen der Kenntnis des Beendigungszeitpunktes und der Beendigung des Arbeits- oder Ausbildungsverhältnisses **weniger als drei Monate**, hat die Meldung innerhalb von **drei Tagen** nach Kenntnis des Beendigungszeitpunktes zu erfolgen (§ 38 Abs. 1 Satz 2 SGB III 2012). 14
Zur Wahrung der Fristen nach § 38 Abs. 1 Satz 1 und 2 SGB III 2012 reicht eine (ggf. auch telefonische) Anzeige unter Angabe der persönlichen Daten und des Beendigungszeitpunktes aus, wenn die persönliche Meldung nach terminlicher Vereinbarung nachgeholt wird (§ 38 Abs. 1 Satz 3 SGB III 2012). 15
Die Pflicht zur Meldung besteht unabhängig davon, ob der Fortbestand des Arbeits- oder Ausbildungsverhältnisses gerichtlich geltend gemacht oder vom Arbeitgeber in Aussicht gestellt wird (§ 38 Abs. 1 Satz 4 SGB III 2012). 16
Die Pflicht zur Meldung gilt nicht bei einem betrieblichen **Ausbildungsverhältnis** (§ 38 Abs. 1 Satz 5 SGB III 2012).
Zweck der Vorschrift ist es, eine frühzeitige Vermittlungstätigkeit der Agentur für Arbeit auszulösen und dadurch den Eintritt von Arbeitslosigkeit und die Inanspruchnahme von Versicherungsleistungen (Arbeitslosengeld) möglichst zu vermeiden. 17
§ 140 SGB III a. F., wonach bei verspäteter Meldung als arbeitsuchend das Arbeitslosengeld gemindert werden konnte, wurde durch das Fünfte Gesetz zur Änderung des SGB III und anderer Gesetze vom 22. 12. 2005 (BGBl. I S. 3676) **aufgehoben**. 18
Stattdessen wurde die **Sperrzeitvorschrift** des § 159 SGB III 2012 um den Tatbestand der »Sperrzeit bei verspäteter Arbeitsuchendmeldung« erweitert (§ 159 Abs. 1 Satz 2 Nr. 7 SGB III 2012). 19
Die Dauer der Sperrzeit bei der verspäteten Meldung als Arbeitsuchende/r beträgt **eine Woche** (§ 159 Abs. 6 SGB III 2012).
Von der Meldung als »arbeitsuchend« nach § 38 Abs. 1 SGB III 2012 zu unterscheiden ist die **»persönliche Arbeitslosmeldung«** nach § 141 SGB III 2012. 20
Letztere ist Voraussetzung für den Bezug von **Arbeitslosengeld** (§ 137 Abs. 1 Nr. 2 SGB III 2012).
In bestimmten Fällen kann es Sinn machen, sich erst eine gewisse Zeit nach Eintritt der Arbeitslosigkeit »arbeitslos« zu melden: z. B. um die nachteiligen Folgen der einer **Sperrzeit** (siehe → **Arbeitslosenversicherung: Arbeitslosengeld** Rn. 44 ff.) zu vermeiden (§ 148 Abs. 2 Satz 2 SGB III 2012) oder wenn ein bevorstehender Geburtstag zu einer **Verlängerung der Dauer** des Arbeitslosengeldbezugs führen würde (§ 147 Abs. 2 SGB III 2012).

Arbeitslosenversicherung: Arbeitsförderung

21 Schließlich ist auf die **allgemeine Meldepflicht** des Arbeitslosen nach § 309 SGB III 2012 hinzuweisen (z. B. Meldung nach Aufforderung durch die Agentur für Arbeit).
Kommt er dem trotz Belehrung über die Rechtsfolgen nicht nach, tritt nach § 159 Abs. 1 Satz 2 Nr. 6 SGB III eine **Sperrzeit** ein.
Sie beträgt **eine Woche** (§ 159 Abs. 6 SGB III).

Personal-Service-Agentur (PSA; § 37 c SGB III a. F.)

22 Nach § 37 c SGB III a. F. konnte die Agentur für Arbeit erlaubt tätige Verleiher (siehe → **Arbeitnehmerüberlassung/Leiharbeit**) mit der Einrichtung und dem Betrieb von Personal-Service-Agenturen beauftragen.
Aufgabe der Personal-Service-Agenturen war insbesondere, eine → **Arbeitnehmerüberlassung/Leiharbeit** zur Vermittlung von Arbeitslosen in Arbeit durchzuführen sowie ihre Beschäftigten in verleihfreien Zeiten bei der beruflichen Eingliederung zu unterstützen und weiterzubilden.
Dieses arbeitsmarktpolitische Instrument blieb weitgehend erfolglos.
§ 37 c SGB III a. F. wurde deshalb durch das Gesetz zur Neuausrichtung der arbeitsmarktpolitischen Instrumente vom 21. 12. 2008 (BGBl. I S. 2917) **aufgehoben**.

Gründungszuschuss bei Aufnahme einer selbständigen Tätigkeit (§§ 93, 94 SGB III 2012)

23 Die Förderung selbständiger Tätigkeit (»Ich-AG«) durch den **Existenzgründungszuschuss** nach § 421 l SGB III a. F. war ein Kernstück der »Hartz-Reform«.
Arbeitslose, die sich selbständig machten und ein Brutto-Jahreseinkommen von nicht mehr als 25 000 Euro erzielten, erhielten den Zuschuss auf Antrag von der Bundesagentur für Arbeit.
Er war ausgeschlossen, wenn die Aufnahme der selbständigen Tätigkeit durch Überbrückungsgeld nach § 57 SGB III a. F. gefördert wurde (§ 421 l Abs. 4 SGB III).
§ 421 l SGB III war aber bis zum 30. 6. 2006 befristet und fand ab dem 1. 7. 2006 nur noch Anwendung, wenn der Anspruch auf den Zuschuss vorher schon bestanden hat.
In diesem Falle wurde der Zuschuss für die jeweilige Förderdauer (maximal für drei Jahre) weitergewährt.

24 Mit Wirkung **ab 1. 8. 2006** ist die Förderung von Existenzgründungen aus Arbeitslosigkeit neu geregelt worden.
Der Existenzgründungszuschuss (§ 421 l SGB III) und das Überbrückungsgeld (§ 57 SGB III a. F.) wurden durch ein **neues Förderinstrument ersetzt**.
Nach §§ 93, 94 SGB III 2012 haben Arbeitnehmer, die durch Aufnahme einer selbständigen, hauptberuflichen Tätigkeit die Arbeitslosigkeit beenden, zur Sicherung des Lebensunterhalts und zur sozialen Sicherung in der Zeit nach der Existenzgründung Anspruch auf einen **Gründungszuschuss**.

25 Voraussetzung ist u. a., dass der Arbeitslose bei Aufnahme der selbstständigen Tätigkeit noch über einen Anspruch auf **Arbeitslosengeld von mindestens 90 Tagen** verfügt und dass die Tragfähigkeit der Existenzgründung durch Stellungnahme einer fachkundigen Stelle nachgewiesen wird (§ 93 Abs. 2 SGB III 2012).

26 Der Gründungszuschuss wird in **zwei Phasen** geleistet.
Für **sechs Monate** wird zur Sicherung des Lebensunterhaltes pro Monat ein Zuschuss in Höhe des zuletzt bezogenen Arbeitslosengeldes geleistet **plus 300 Euro** zur sozialen Absicherung (§ 94 Abs. 1 SGB III 2012).
Der Gründungszuschuss kann für **weitere neun Monate** in Höhe von **monatlich 300 Euro**

Arbeitslosenversicherung: Arbeitsförderung

geleistet werden, wenn die geförderte Person ihre Geschäftstätigkeit anhand geeigneter Unterlagen darlegt.
Bestehen begründete Zweifel, kann die Agentur für Arbeit die erneute Vorlage einer Stellungnahme einer fachkundigen Stelle verlangen (§ 94 Abs. 2 SGB III 2012).

Anspruch auf Arbeitslosengeld (§§ 136 ff. SGB III 2012)

Siehe → Arbeitslosenversicherung: Arbeitslosengeld. 27

Teilarbeitslosengeld (§ 162 SGB III 2012)

Einen Teilarbeitslosengeldanspruch für die Dauer von sechs Monaten haben Personen, die eine von mehreren parallel ausgeübten versicherungspflichtigen Beschäftigungen verlieren. 28

Kurzarbeitergeld (§§ 95 ff. SGB III 2012)

Siehe → Kurzarbeit / Kurzarbeitergeld. 29

Ruhen des Anspruchs auf Kurzarbeitergeld und Arbeitslosengeld bei Arbeitskämpfen (§§ 100, 160 SGB III 2012)

Siehe → Arbeitskampf. 30

Insolvenzgeld (§§ 165 ff. SGB III 2012)

Siehe → Insolvenzverfahren. 31

Arbeitslosenhilfe (§§ 190 bis 206 SGB III a. F.)

Mit Wirkung ab 1.1.2005 wurde die Arbeitslosenhilfe abgelöst durch das → **Arbeitslosengeld** 32 **II** (»**Hartz IV**«) (für »erwerbsfähige Hilfebedürftige«), das der → **Sozialhilfe** (SGB XII) nachgebildet und im Zweiten Buch Sozialgesetzbuch (SGB II – Grundsicherung für Arbeitssuchende) geregelt ist.
Die §§ 190 bis 206 SGB III a. F. wurden mit dem Vierten Gesetz für moderne Dienstleistungen am Arbeitsmarkt vom 24.12.2003 (BGBl I S. 2954) – kurz »Hartz IV« – aufgehoben.

Transferleistungen (§§ 110, 111 SGB III 2012)

Siehe → Transferleistungen. 33

Arbeitslosengeld II (SGB II)

Siehe → Arbeitslosengeld II (Hartz IV). 34

Arbeitslosenversicherung: Arbeitsförderung

Bedeutung für die Betriebsratsarbeit

35 Der Betriebsrat sollte den Arbeitgeber auffordern, die Bestimmungen des SGB III über die **Förderung** der Einstellung/Eingliederung von Arbeitslosen, die Förderung der beruflichen Ausbildung und die Eingliederung von behinderten Menschen **voll zu nutzen** (z. B. Zuschüsse zur Ausbildungsvergütung behinderter und schwerbehinderter Menschen nach § 73 SGB III 2012).

36 Soweit es um die Beendigung des Arbeitsverhältnisses durch → **Kündigung** oder → **Abwicklungsvertrag** bzw. → **Aufhebungsvertrag** geht, sollte der Betriebsrat den Beschäftigten auf die sozialrechtlichen Folgen hinweisen (z. B. Ruhen des Anspruchs auf Arbeitslosengeld, wenn das Arbeitsverhältnis »vorzeitig« beendet und eine Abfindung gezahlt wurde; Arbeitslosengeldsperre; siehe → **Abfindung** und → **Aufhebungsvertrag**).

37 Schließlich muss der Betriebsrat in die Verhandlungen über einen → **Interessenausgleich** und → **Sozialplan** auch die nach §§ 110 und 111 SGB III 2012 (siehe → **Transferleistungen**) bestehenden Möglichkeiten der Förderung zur Vermeidung von Arbeitslosigkeit durch die Agentur für Arbeit einbeziehen.

Das gilt nach § 112 Abs. 5 Nr. 2 a BetrVG auch für die → **Einigungsstelle**, die über die Aufstellung eines Sozialplans zu entscheiden hat.

Arbeitslosenversicherung: Arbeitslosengeld

Grundlagen

Arbeitnehmer, die arbeitslos werden, erhalten unter bestimmten Voraussetzungen **Arbeitslosengeld**. Das ist keine Wohltat des (Sozial-)Staates, sondern eine **Versicherungsleistung**, für die Arbeitnehmer und Arbeitgeber **Beiträge** zahlen.
Rechtsgrundlage für den Bezug von Arbeitslosengeld ist das Dritte Buch des Sozialgesetzbuchs – Arbeitsförderung – (SGB III) vom 24. März 1997 (BGBl. I S. 594), zuletzt geändert durch Gesetz vom 22. 12. 2011 (BGBl. I S. 3057).
Durch das Gesetz zur Verbesserung der Eingliederungschancen am Arbeitsmarkt vom 20. 12. 2011 (BGBl. I S. 2854 – Nr. 69) ist das SGB III umfassend überarbeitet worden:
- teils **redaktionell** (Einfügung der weiblichen Form: »Arbeitnehmer und Arbeitnehmerin« oder »der oder die Arbeitslose« usw.),
- teils **inhaltlich** (z. B. Aufhebung der aus Anlass der Wirtschaftskrise 2009 in Kraft gesetzten Sonderregelungen zum Kurzarbeitergeld; hierzu die Pressemitteilung des Bundesministeriums für Arbeit und Soziales vom 21. 12. 2012: »*Aufgrund der guten wirtschaftlichen Entwicklung und Prognosen enden die während der Wirtschaftskrise eingeführten Sonderregelungen zum Kurzarbeitergeld mit Ablauf des Jahres 2011. Ausgenommen hiervon ist die Regelung, dass Betriebssicherungsvereinbarungen, die vor dem Bezug von Kurzarbeitergeld abgeschlossen werden, um Arbeitsplätze zu erhalten, sich nicht mindernd auf die Höhe des anschließenden Kurzarbeitergeldes auswirken. Diese Regelung gilt unbefristet.*«).

Das SGB III wurde außerdem neu gegliedert. Das heißt: viele Regelungsschwerpunkte (z. B. Kurzarbeitergeld, Arbeitslosengeld, Insolvenzgeld) haben **neue Paragrafenbezeichnungen** erhalten).

> **Beispiele:**
> Das Thema »Kurzarbeitergeld« war bisher in §§ 169 ff. SGB III (a. F.) geregelt. Nunmehr findet man es in §§ 95 ff. SGB III 2012.
> Das Thema »Arbeitslosengeld« war bisher in §§ 117 ff. SGB III (a. F.) geregelt. Nunmehr findet man es in §§ 136 ff. SGB III 2012.
> Das Thema »Insolvenzgeld« war bisher in §§ 183 ff. SGB III (a. F.) geregelt. Nunmehr findet man es in §§ 165 ff. SGB III 2012.

Die Neuregelungen sind teils zum 1. 1. 2012 und teils zum 1. 4. 2012 in Kraft getreten.
In der nachstehenden Darstellung erhalten die neuen Bestimmungen des SGB III den Zusatz »2012« (**SGB III 2012**).
Die Voraussetzungen des **Anspruchs auf Arbeitslosengeld** sind in §§ 136 ff. SGB III 2012 geregelt (siehe Rn. 2 ff.).
Zu Leistungen an sog. »erwerbsfähige, aber hilfebedürftige Leistungsberechtigte« nach den

1

1a

1b

1c

Arbeitslosenversicherung: Arbeitslosengeld

Vorschriften des Zweiten Buchs des Sozialgesetzbuches vom 24.3.2003 (SGB II) siehe → **Arbeitslosengeld II (»Hartz IV«)**.

1d Zu Leistungen der Sozialhilfe an nicht oder nicht mehr erwerbsfähige, hilfebedürftige Personen nach dem Zwölften Buch des Sozialgesetzbuches (SGB XII) siehe → **Sozialhilfe**.

Anspruch auf Arbeitslosengeld bei Arbeitslosigkeit (§§ 136 Abs. 1, 137 SGB III 2012)

2 Nach § 136 SGB III 2012 besteht Anspruch auf Arbeitslosengeld
- bei Arbeitslosigkeit (§§ 137 ff. SGB III 2012) oder
- bei beruflicher Weiterbildung (§ 144 SGB III 2012).

Personen, die die Altersgrenze für den Bezug der Regelaltersrente (siehe → **Rentenversicherung**) erreicht haben, haben vom Beginn des folgenden Monats an keinen Anspruch auf Arbeitslosengeld mehr (§ 136 Abs. 2 SGB III).

2a Anspruch auf Arbeitslosengeld bei Arbeitslosigkeit haben nach § 137 Abs. 1 SGB III Personen,
- die **arbeitslos** sind (siehe Rn. 4 ff.),
- sich bei der Agentur für Arbeit arbeitslos **gemeldet** haben (siehe Rn. 6 a) und
- die **Anwartschaftszeit** (siehe Rn. 7) erfüllt haben.

3 Der Anspruchsberechtigte kann bis zur Entscheidung über den Anspruch bestimmen, dass dieser nicht oder zu einem **späteren Zeitpunkt** entstehen soll (§ 137 Abs. 2 SGB III 2012).

Arbeitslosigkeit (§ 138 SGB II 2012)

4 **Arbeitslos** ist gemäß § 138 Abs. 1 SGB III 2012 ein Arbeitnehmer,
- der nicht in einem Beschäftigungsverhältnis steht (Beschäftigungslosigkeit),
- sich bemüht, seine Beschäftigungslosigkeit zu beenden (Eigenbemühungen) und
- den Vermittlungsbemühungen der Agentur für Arbeit zur Verfügung steht (Verfügbarkeit).

4a Eine **ehrenamtliche Betätigung** schließt Arbeitslosigkeit nicht aus, wenn dadurch die berufliche Eingliederung des Arbeitslosen nicht beeinträchtigt wird (§ 138 Abs. 2 SGB III 2012).

4b Die Ausübung einer Beschäftigung, selbständigen Tätigkeit oder Tätigkeit als mithelfender Familienangehöriger (Erwerbstätigkeit) schließt die Beschäftigungslosigkeit nicht aus, wenn die Arbeits- oder Tätigkeitszeit (Arbeitszeit) **weniger als 15 Stunden wöchentlich** umfasst (§ 138 Abs. 3 SGB III 2012).

Gelegentliche Abweichungen von geringer Dauer bleiben unberücksichtigt.

Die Arbeitszeiten mehrerer Erwerbstätigkeiten werden **zusammengerechnet** (zur Anrechnung von Nebeneinkünften aus einer Beschäftigung von weniger als 15 Stunden wöchentlich auf das Arbeitslosengeld nach § 155 SGB III 2012 siehe Rn. 35 ff.).

5 Im Rahmen der **Eigenbemühungen** hat der Arbeitslose alle Möglichkeiten zur beruflichen Eingliederung zu nutzen (§ 138 Abs. 4 SGB III 2012).

Hierzu gehören insbesondere die Wahrnehmung der Verpflichtungen aus der Eingliederungsvereinbarung, die Mitwirkung bei der Vermittlung durch Dritte und die Inanspruchnahme der Selbstinformationseinrichtungen der Agentur für Arbeit.

6 Den **Vermittlungsbemühungen** der Agentur für Arbeit steht nach § 138 Abs. 5 SGB III 2012 zur Verfügung, wer
- eine versicherungspflichtige, mindestens 15 Stunden wöchentlich umfassende **zumutbare Beschäftigung** (siehe Rn. 9 ff.) unter den üblichen Bedingungen des für ihn in Betracht kommenden Arbeitsmarktes ausüben kann und darf (§ 138 Abs. 5 Nr. 1 SGB III 2012),
- Vorschlägen der Agentur für Arbeit zur beruflichen Eingliederung zeit- und ortsnah Folge leisten kann (§ 138 Abs. 5 Nr. 2 SGB III 2012),
- bereit ist, jede zumutbare Beschäftigung i.S.d. § 138 Abs. 5 Nr. 1 SGB III 2012 (siehe Rn. 9 ff.) anzunehmen und auszuüben (§ 138 Abs. 5 Nr. 3 SGB III 2012) und

Arbeitslosenversicherung: Arbeitslosengeld

- bereit ist, an Maßnahmen zur beruflichen Eingliederung in das Erwerbsleben teilzunehmen (§ 138 Abs. 5 Nr. 4 SGB III 2012).

Persönliche Arbeitslosmeldung (§ 141 SGB III 2012)

Die oder der Arbeitslose hat sich persönlich bei der zuständigen Agentur für Arbeit **arbeitslos zu melden** (§ 141 Abs. 1 Satz 1 SGB III 2012). 6a
Eine Meldung ist auch zulässig, wenn die Arbeitslosigkeit noch nicht eingetreten, der Eintritt der Arbeitslosigkeit aber innerhalb der nächsten drei Monate zu erwarten ist (§ 141 Abs. 1 Satz 2 SGB III 2012).
Die Arbeitslosmeldung nach § 141 SGB III ist zu unterscheiden von der Arbeitssuchendmeldung nach § 38 Abs. 1 SGB III 2012 (siehe hierzu → **Arbeitslosenversicherung/Arbeitsförderung** Rn. 13 ff. und → **Kündigung** Rn. 25).

Anwartschaftszeit (§ 142 SGB III 2012)

Die **Anwartschaftszeit** hat erfüllt, wer in der **Rahmenfrist** (§ 143 SGB III 2012) mindestens **zwölf Monate** in einem Versicherungspflichtverhältnis gestanden hat (§ 142 Abs. 1 Satz 1 SGB III 2012). 7
Unter den Voraussetzungen des § 142 Abs. 2 SGB III 2012 beträgt die Anwartschaftszeit **sechs Monate**. Die **Rahmenfrist** beträgt **zwei Jahre** (§ 143 SGB III 2012).

Anspruch auf Arbeitslosengeld bei beruflicher Weiterbildung (§ 144 Abs. 1 SGB III 2012)

§ 144 Abs. 1 SGB III 2012 stellt klar, dass Anspruch auf Arbeitslosengeld auch derjenige Arbeitnehmer hat, der die Voraussetzungen eines Anspruchs auf Arbeitslosengeld bei Arbeitslosigkeit allein wegen einer nach § 81 SGB III 2012 geförderten beruflichen Weiterbildung nicht erfüllt. 8

Zumutbare Beschäftigungen (§§ 138 Abs. 5 Nr. 1, 140 SGB III 2012)

§ 140 SGB III 2012 definiert, welche Beschäftigungen zumutbar i. S. d. § 138 Abs. 5 Nr. 1 SGB III 2012 sind. 9
Einem Arbeitslosen sind gemäß § 140 Abs. 1 SGB III alle seiner Arbeitsfähigkeit entsprechenden Beschäftigungen zumutbar, soweit allgemeine oder personenbezogene Gründe der Zumutbarkeit einer Beschäftigung nicht entgegenstehen.
Nach § 140 Abs. 2 SGB III 2012 ist eine Beschäftigung »aus allgemeinen Gründen« insbesondere dann **nicht zumutbar**, wenn die Beschäftigung gegen gesetzliche, tarifliche oder in Betriebsvereinbarungen festgelegte Bestimmungen über Arbeitsbedingungen oder gegen Bestimmungen des Arbeitsschutzes verstößt.
§ 140 Abs. 3 und 4 SGB III 2012 regelt die Unzumutbarkeit aus »**personenbezogenen Gründen**«. 10
Richtgrößen für die Zumutbarkeit sind dabei zum einen das **Arbeitsentgelt** der angebotenen Arbeitsstelle, zum anderen die **Pendelzeiten** zwischen Wohnung und Arbeitsstelle. 11
Zumutbar ist eine Minderung des Arbeitsentgelts in den ersten drei Monaten der Arbeitslosigkeit **um** 20 Prozent, in den folgenden drei Monaten um 30 Prozent. 12
Vom **siebten Monat** der Arbeitslosigkeit an ist eine Entgeltminderung nur dann unzumutbar, wenn das erzielbare Nettoeinkommen unter Berücksichtigung der mit der angebotenen Beschäftigung zusammenhängenden Aufwendungen niedriger ist als das Arbeitslosengeld (§ 140 Abs. 3 SGB III) 2012.

Arbeitslosenversicherung: Arbeitslosengeld

13 **Pendelzeiten:** Einem Arbeitslosen ist eine Beschäftigung nicht zumutbar, wenn die täglichen Pendelzeiten zwischen seiner Wohnung und der Arbeitsstätte im Vergleich zur Arbeitszeit unverhältnismäßig lang sind (§ 140 Abs. 4 Satz 1 SGB III 2012).
Unverhältnismäßig lang sind im Regelfall tägliche Pendelzeiten von insgesamt mehr als 2½ Stunden bei einer Arbeitszeit von mehr als 6 Stunden und Pendelzeiten von mehr als 2 Stunden bei einer Arbeitszeit von 6 und weniger Stunden anzusehen (§ 140 Abs. 4 Satz 2 SGB III 2012).
Sind in einer Region unter vergleichbaren Arbeitnehmern längere Pendelzeiten üblich, bilden diese den Maßstab (§ 140 Abs. 4 Satz 3 SGB III 2012).

14 Durch das Erste Gesetz für moderne Dienstleistungen am Arbeitsmarkt vom 23. 12. 2002 (BGBl. I S. 4607; »Hartz I«) wurde durch Einfügung einer »**Umzugsregelung**« eine weitere Verschärfung der Zumutbarkeitsregelung vorgenommen.
Nach § 140 Abs. 4 Satz 4 SGB III 2012 ist einem Arbeitslosen ein Umzug zur Aufnahme einer Beschäftigung außerhalb des zumutbaren Pendelzeitbereichs zumutbar, wenn nicht zu erwarten ist, dass der Arbeitslose innerhalb der ersten drei Monate der Arbeitslosigkeit eine Beschäftigung innerhalb des zumutbaren Pendelbereichs aufnehmen wird.
Vom vierten Monat der Arbeitslosigkeit an ist einem Arbeitslosen ein Umzug zur Aufnahme einer Beschäftigung außerhalb des zumutbaren Pendelbereichs in der Regel zumutbar (§ 140 Abs. 4 Satz 5 SGB III 2012).
Diese Regelungen gelten nicht, wenn dem Umzug ein **wichtiger Grund** entgegensteht (§ 140 Abs. 4 Satz 6 SGB III 2012).
Ein wichtiger Grund kann sich insbesondere aus familiären Bindungen ergeben (§ 140 Abs. 4 Satz 7 SGB III 2012).

15 Eine Beschäftigung ist nicht deshalb unzumutbar, weil sie **befristet** ist, vorübergehend eine getrennte Haushaltsführung erfordert oder nicht zum Kreis derjenigen Beschäftigungen gehört, für die der Arbeitnehmer ausgebildet ist oder die er bisher ausgeübt hat (§ 140 Abs. 5 SGB III 2012).

16 Wer nicht bereit oder in der Lage ist, eine zumutbare Beschäftigung in vorstehendem Sinn aufzunehmen oder auszuüben, **gilt nicht als** »**arbeitslos**« und hat so lange keinen Anspruch auf Arbeitslosengeld, solange die fehlende Bereitschaft bzw. Fähigkeit anhält.

17 Bei demjenigen, der eine bestimmte, von der Agentur für Arbeit angebotene zumutbare Beschäftigung trotz Belehrung über die Rechtsfolgen nicht angenommen oder angetreten hat, tritt nach § 159 Abs. 1 Ziff. 2 SGB III 2012 eine **Arbeitslosengeldsperre** wegen »Arbeitsablehnung« ein (weil bei Vorliegen der »Zumutbarkeitsvoraussetzungen« kein »wichtiger Grund« für die Ablehnung der angebotenen Arbeitsstelle im Sinne des § 159 Abs. 1 SGB III 2012 gegeben ist; siehe Rn. 44 ff.).
Die Sperrzeit bei Arbeitsablehnung beträgt nach § 159 Abs. 4 SGB III 2012 je nach Fallgestaltung drei, sechs oder zwölf Wochen.

18 Eine **noch schärfere Zumutbarkeitsregelung** gilt, wenn der Arbeitslose das durch das Vierte Gesetz für moderne Dienstleistungen am Arbeitsmarkt vom 24. 12. 2003 (BGBl. I S. 2954; Hartz IV) geschaffene sog. → **Arbeitslosengeld II** (»**Hartz IV**«) nach den Vorschriften des am 1. 1. 2005 in Kraft tretenden Zweiten Buch Sozialgesetzbuch – **Grundsicherung** für Arbeitsuchende (SGB II) bezieht.
Nach § 10 SGB II ist dem erwerbsfähigen Bezieher von Arbeitslosengeld II **jede Arbeit zumutbar**, sofern nicht die gesetzlichen Ausnahmetatbestände erfüllt sind (z. B. Gefährdung der Erziehung eines Kindes).

Arbeitslosenversicherung: Arbeitslosengeld

Dauer des Anspruchs auf Arbeitslosengeld (§ 147 SGB III 2012)

Die Dauer des Anspruchs auf Arbeitslosengeld richtet sich nach der Dauer der Versicherungspflichtverhältnisse innerhalb der um drei Jahre erweiterten – zweijährigen – **Rahmenfrist** (§ 143 SGB III 2012) und dem **Lebensalter**, das der Arbeitslose bei der Entstehung des Anspruchs vollendet hat (§ 147 Abs. 1 SGB III 2012). 19

Die Anspruchsdauer ist in den vergangenen Jahren mehrfach durch gesetzgeberische Maßnahmen verkürzt worden. 20

So wurden die **Altersgrenzen** für einen über zwölf Monate hinausgehenden Arbeitslosengeldbezug mit Gesetz vom 24. 3. 1997 um drei Jahre erhöht (und damit die erreichbare Bezugsdauer verkürzt).

Durch das rot-grüne Gesetz zu Reformen am Arbeitsmarkt vom 24. 12. 2003 (BGBl. I S. 3002) ist die Anspruchsdauer zu Lasten älterer Arbeitsloser weiter verkürzt worden.

Sie betrug für Arbeitslose bis zur Vollendung des 55. Lebensjahres nur maximal 12 Monate bei einer Versicherungszeit von mindestens 24 Monaten.

Ab der Vollendung des 55. Lebensjahres betrug die Anspruchsdauer maximal 15 Monate bei einer Versicherungszeit von mindestens 30 Monaten und maximal 18 Monate bei einer Versicherungszeit von mindestens 36 Monaten.

Mit Wirkung ab 1. 1. 2008 wurde die Anspruchsdauer für über 50-Jährige wieder **verlängert** (»schwarz-rotes« Gesetz vom 8. 4. 2008 [BGBl. I S. 681]; vgl. hierzu Deter, AuR 2008, 41). 21

Sie beträgt gemäß § 147 Abs. 2 SGB III 2012

nach Versicherungspflichtverhältnissen mit einer Dauer von insgesamt mindestens ... Monaten	und nach Vollendung des ... Lebensjahres	... Monate
12		6
16		8
20		10
24		12
30	50.	15
36	55.	18
48	58.	24

Bei Erfüllung der **sechsmonatigen Anwartschaftszeit** nach § 142 Absatz 2 SGB III 2012 (siehe Rn. 7) kommt § 147 Abs. 3 SGB III 2012 zur Anwendung.

Hiernach beträgt die Dauer des Anspruchs auf Arbeitslosengeld unabhängig vom Lebensalter

nach Versicherungspflichtverhältnissen mit einer Dauer von insgesamt mindestens ... Monaten	... Monate
6	3
8	4
10	5

Ob die früheren Verkürzungen der Anspruchsdauer überhaupt **verfassungsgemäß** waren, erscheint zweifelhaft. 22

Der Anspruch auf Arbeitslosengeld steht als beitragsfinanzierte Versicherungsleistung unter dem Schutz des Art. 14 GG (Eigentumsgarantie).

Arbeitslosenversicherung: Arbeitslosengeld

Ein Eingriff in das Eigentum ist nur möglich, wenn schwerwiegende Gründe des Gemeinwohls dies erfordern (Mayer, Soziale Sicherheit 2003, 239 ff.).

23 Nach **altem Recht** (§ 127 SGB III in der bis zum 31.12.2003 geltenden Fassung) betrug die Anspruchsdauer

nach Versicherungspflichtverhältnissen mit einer Dauer von insgesamt mindestens ... Monaten	und nach Vollendung des ... Lebensjahres	... Monate
12		06
16		08
20		10
24		12
28	45.	14
32	45.	16
36	45.	18
40	47.	20
44	47.	22
48	52.	24
52	52.	26
56	57.	28
60	57.	30
64	57.	32

Minderung der Anspruchsdauer (§ 148 SGB III 2012)

24 Die Dauer des Anspruchs auf Arbeitslosengeld mindert sich nach § 148 Abs. 1 SGB III 2012 um
- die Anzahl von Tagen, für die der Anspruch auf Arbeitslosengeld bei Arbeitslosigkeit erfüllt worden ist,
- jeweils einen Tag für jeweils zwei Tage, für die ein Anspruch auf Teilarbeitslosengeld innerhalb der letzten zwei Jahre vor der Entstehung des Anspruchs erfüllt worden ist,
- die Anzahl von Tagen einer **Sperrzeit** bei Arbeitsablehnung, unzureichenden Eigenbemühungen, Ablehnung oder Abbruch einer beruflichen Eingliederungsmaßnahme, Meldeversäumnis oder verspäteter Arbeitsuchendmeldung,
- die Anzahl von Tagen einer Sperrzeit wegen Arbeitsaufgabe; in Fällen einer Sperrzeit von zwölf Wochen mindestens jedoch um ein **Viertel der Anspruchsdauer**, die dem Arbeitslosen bei erstmaliger Erfüllung der Voraussetzungen für den Anspruch auf Arbeitslosengeld nach dem Ereignis, das die Sperrzeit begründet, zusteht,
- die Anzahl von Tagen, für die dem Arbeitslosen das Arbeitslosengeld wegen fehlender Mitwirkung (§ 66 SGB I) versagt oder entzogen worden ist,
- die Anzahl von Tagen der Beschäftigungslosigkeit nach der Erfüllung der Voraussetzungen für den Anspruch auf Arbeitslosengeld, an denen der Arbeitslose nicht arbeitsbereit ist, ohne für sein Verhalten einen wichtigen Grund zu haben,
- jeweils einen Tag für jeweils zwei Tage, für die ein Anspruch auf Arbeitslosengeld bei beruflicher Weiterbildung nach diesem Buch erfüllt worden ist,
- die Anzahl von Tagen, für die ein Gründungszuschuss in der Höhe des zuletzt bezogenen Arbeitslosengeldes geleistet worden ist.

Arbeitslosenversicherung: Arbeitslosengeld

Nach § 148 Abs. 2 SGB III 2012 gilt Folgendes: **25**
In den Fällen des § 148 Abs. 1 Nr. 5 und 6 SGB III 2012 mindert sich die Dauer des Anspruchs auf Arbeitslosengeld höchstens um **vier Wochen**.
In den Fällen des § 148 Abs. 1 Nr. 3 und 4 SGB III 2012 entfällt die Minderung für Sperrzeiten bei Abbruch einer beruflichen Eingliederungsmaßnahme oder Arbeitsaufgabe, wenn das Ereignis, das die Sperrzeit begründet, bei Erfüllung der Voraussetzungen für den Anspruch auf Arbeitslosengeld länger als ein Jahr zurückliegt.
In den Fällen des § 148 Abs. 1 Nr. 7 SGB III unterbleibt eine Minderung, soweit sich dadurch eine Anspruchsdauer von weniger als einem Monat ergibt.
Ist ein **neuer Anspruch** entstanden, erstreckt sich die Minderung nur auf die Restdauer des erloschenen Anspruchs (§ 147 Abs. 4 SGB III 2012).

Höhe und Berechnung des Arbeitslosengeldes (§§ 149 ff. SGB III 2012)

Das Arbeitslosengeld beträgt gemäß § 149 Nr. 1 SGB III 2012 **67 Prozent** (= sog. erhöhter **26** Leistungssatz) des pauschalierten Nettoentgelts (= sog. Leistungsentgelt), wenn der Arbeitslose oder sein Ehegatte mindestens ein Kind im Sinne des Steuerrechts zu versorgen hat (§ 32 Abs. 1, 4, 5 EStG; Ehegatten müssen unbeschränkt einkommensteuerpflichtig sein und dürfen nicht dauernd getrennt leben).
Bei den übrigen Arbeitslosen (ohne Kind) beträgt das Arbeitslosengeld **60 Prozent** (= sog. allgemeiner Leistungssatz) des pauschalierten Nettoentgelts (§ 149 Nr. 2 SGB III 2012).
Das pauschalierte Nettoentgelt wird als **Leistungsentgelt** bezeichnet (siehe Rn. 26 b).
Es errechnet sich aus dem gesamten Bruttoentgelt, das der Arbeitslose im Bemessungszeitraum (siehe Rn. 27, 28) erzielt hat (§ 149 SGB III 2012; sog. Bemessungsentgelt).
Bemessungsentgelt ist das durchschnittlich auf den Tag entfallende **beitragspflichtige** Ar- **26a** beitsentgelt (einschließlich Sondervergütungen wie z. B. Urlaubs- und → **Weihnachtsgeld**), das der Arbeitslose im Bemessungszeitraum erzielt hat (§ 151 Abs. 1 Satz 1 SGB III 2012).
Die Höhe des Bemessungsentgelts wird also begrenzt durch die **Beitragsbemessungsgrenze**. Diese ist in den alten und neuen Bundesländern unterschiedlich hoch (Stand 2016: alte Bundesländer 6200 Euro/Monat = 74400 Euro/Jahr; neue Bundesländer: 5400 Euro/Monat = 64800 Euro/Jahr).
Arbeitsentgelt, das oberhalb der jeweiligen Beitragsbemessungsgrenze erzielt wurde, bleibt damit bei der Berechnung des Arbeitslosengeldes unberücksichtigt.
Arbeitsentgelte, auf die die oder der Arbeitslose beim Ausscheiden aus dem Beschäftigungsverhältnis Anspruch hatte, gelten als erzielt, wenn sie **zugeflossen** oder nur wegen Zahlungsunfähigkeit des Arbeitgebers nicht zugeflossen sind (§ 151 Abs. 1 Satz 2 SGB III 2012).
Arbeitsentgelte, die Arbeitslose wegen der Beendigung des Arbeitsverhältnisses erhalten oder die im Hinblick auf die Arbeitslosigkeit vereinbart worden sind (z. B. eine → **Abfindung**), bleiben bei der Ermittlung des Bemessungsentgelts außer Betracht (§ 151 Abs. 2 Nr. 1 SGB III 2012).
Als **Arbeitsentgelt** ist gemäß § 151 Abs. 3 SGB III 2012 zugrunde zu legen
- für Zeiten, in denen Arbeitslose Kurzarbeitergeld (siehe → **Kurzarbeit**) oder eine vertraglich vereinbarte Leistung zur Vermeidung der Inanspruchnahme von Saison-Kurzarbeitergeld bezogen haben, das Arbeitsentgelt, das Arbeitslose ohne den Arbeitsausfall und ohne Mehrarbeit erzielt hätten,
- für Zeiten einer Vereinbarung nach § 7 b SGB IV das Arbeitsentgelt, das Arbeitslose für die geleistete Arbeitszeit ohne eine Vereinbarung nach § 7 b SGB IV erzielt hätten; für Zeiten einer Freistellung das erzielte Arbeitsentgelt.
- für Zeiten, in denen die durchschnittliche regelmäßige wöchentliche Arbeitszeit des Arbeitslosen auf Grund einer ab dem 1.1.2008 abgeschlossenen oder wirksam gewordenen

Arbeitslosenversicherung: Arbeitslosengeld

Beschäftigungssicherungsvereinbarung (mit Entgeltabsenkung; siehe → **Beschäftigungssicherungstarifvertrag**) vermindert war, ist als Arbeitsentgelt das Arbeitsentgelt zugrunde zu legen ist, das der Arbeitslose ohne diese Vereinbarung und ohne Mehrarbeit erzielt hätte (§ 419 Abs. 7 SGB III 2012; früher: § 421 t Abs. 7 SGB III a. F.).

Insoweit gilt § 150 Abs. 2 Satz 1 Nummer 5 SGB III 2012 nicht (siehe hierzu Rn. 28).

§ 419 Abs. 7 Satz 1 SGB III 2012 gilt für Zeiten mit Arbeitszeitabsenkung bis zum 31. 3. 2012 (§ 419 Abs. 7 Satz 2 SGB III 2012).

26b **Leistungsentgelt** ist das um pauschalierte Abzüge verminderte Bemessungsentgelt (§ 153 Abs. 1 Satz 1 SGB III 2012). Um das tägliche Leistungsentgelt (= pauschaliertes Nettoentgelt) zu ermitteln, werden von dem täglichen Bemessungsentgelt eine **Sozialversicherungspauschale von 21 %**, Lohnsteuer und der Solidaritätszuschlag abgezogen (§ 153 Abs. 1 Satz 2 SGB III 2012).

26c Das Arbeitslosengeld wird für **Kalendertage** berechnet und geleistet; ist es für Kalendermonate zu zahlen, wird dieser mit **30 Tagen** angesetzt (§ 154 SGB III 2012).

Siehe **Berechnungsbeispiel** Rn. 34.

27 Der **Bemessungszeitraum** umfasst die beim Ausscheiden des Arbeitslosen aus dem jeweiligen Beschäftigungsverhältnis abgerechneten Entgeltabrechnungszeiträume der versicherungspflichtigen Beschäftigungen im **Bemessungsrahmen** (§ 150 Abs. 1 Satz 1 SGB III 2012).

Der Bemessungsrahmen umfasst ein Jahr; er endet mit dem letzten Tag des letzten Versicherungspflichtverhältnisses vor der Entstehung des Anspruchs (§ 150 Abs. 1 Satz 2 SGB III 2012; zum auf zwei Jahre erweiterten Bemessungsrahmen siehe Rn. 31, 32).

28 Bei der **Ermittlung des Bemessungszeitraums** bleiben gemäß § 150 Abs. 2 SGB III außer Betracht

- Zeiten einer Beschäftigung, neben der Übergangsgeld wegen einer Leistung zur Teilhabe am Arbeitsleben, Teilübergangsgeld oder Teilarbeitslosengeld geleistet worden ist (§ 150 Abs. 2 Nr. 1 SGB III 2012),
- Zeiten einer Beschäftigung als Freiwillige oder Freiwilliger im Sinne des Jugendfreiwilligendienstegesetzes, wenn sich die beitragspflichtige Einnahme nach § 344 Abs. 2 SGB III 2012 bestimmt (§ 150 Abs. 2 Nr. 2 SGB III 2012),
- Zeiten, in denen der Arbeitslose Elterngeld bezogen oder Erziehungsgeld bezogen (siehe → **Elterngeld/Elternzeit**) oder nur wegen der Berücksichtigung von Einkommen nicht bezogen hat oder ein Kind unter drei Jahren betreut und erzogen hat, wenn wegen der Betreuung und Erziehung des Kindes das Arbeitsentgelt oder die durchschnittliche wöchentliche Arbeitszeit gemindert war (§ 150 Abs. 2 Nr. 3 SGB III 2012),
- Zeiten, in denen der Arbeitslose eine → **Pflegezeit** nach § 3 Abs. 1 Satz 1 des Pflegezeitgesetzes in Anspruch genommen hat, wenn wegen der Pflege das Arbeitsentgelt oder die durchschnittliche wöchentliche Arbeitszeit gemindert war (§ 150 Abs. 2 Nr. 4 SGB III 2012),
- Zeiten, in denen die durchschnittliche regelmäßige wöchentliche Arbeitszeit auf Grund einer **Teilzeitvereinbarung** nicht nur vorübergehend auf weniger als 80 Prozent der durchschnittlichen regelmäßigen Arbeitszeit einer vergleichbaren Vollzeitbeschäftigung, mindestens um fünf Stunden wöchentlich, vermindert war, wenn der Arbeitslose Beschäftigungen mit einer höheren Arbeitszeit innerhalb der letzten dreieinhalb Jahre vor der Entstehung des Anspruchs während eines sechs Monate umfassenden zusammenhängenden Zeitraums ausgeübt hat (§ 150 Abs. 2 Nr. 5 SGB III 2012).

29 Nicht besetzt.

30 § 150 Abs. 2 Satz 1 Nr. 5 SGB III 2012 (siehe Rn. 28 am Ende) gilt nicht in Fällen einer Teilzeitvereinbarung nach dem Altersteilzeitgesetz (siehe → **Altersteilzeit**), es sei denn, das Beschäftigungsverhältnis ist wegen Zahlungsunfähigkeit des Arbeitgebers beendet worden (§ 150 Abs. 2 Satz 2 SGB III 2012).

Arbeitslosenversicherung: Arbeitslosengeld

Der **Bemessungsrahmen** wird nach § 150 Abs. 3 SGB III 2012 **auf zwei Jahre erweitert**, wenn der Bemessungszeitraum weniger als 150 Tage mit Anspruch auf Arbeitsentgelt enthält oder es mit Rücksicht auf das Bemessungsentgelt im erweiterten Bemessungsrahmen unbillig hart wäre, von dem Bemessungsentgelt im Bemessungszeitraum auszugehen (letztgenannte Alternative ist nur anzuwenden, wenn der Arbeitslose dies verlangt und die zur Bemessung erforderlichen Unterlagen vorlegt). 31

Kann ein Bemessungszeitraum von mindestens 150 Tagen mit Anspruch auf Arbeitsentgelt innerhalb des auf zwei Jahre erweiterten Bemessungsrahmens nicht festgestellt werden, ist als Bemessungsentgelt ein **fiktives Arbeitsentgelt** zugrunde zu legen (§ 152 Abs. 1 SGB III 2012). 32

Einmalzahlungen (z. B. Weihnachtsgeld, zusätzliches Urlaubsgeld usw.) wurden nach früherer Gesetzeslage nur bei der Bemessung des Sozialversicherungsbeitrags, nicht aber bei der Berechnung des Arbeitslosengeldes berücksichtigt (vgl. § 134 Abs. 1 Nr. 1 SGB III a. F.; siehe → **Weihnachtsgeld** Rn. 33). 33

Das Bundesverfassungsgericht hat das als unvereinbar mit dem **Gleichheitssatz** aus Art. 3 Abs. 1 GG erklärt (BVerfG v. 24. 5. 2000 – 1 BvL 1/98, 4/98 u. 1 BvL 15/99, AiB 2001, 679 = DB 2000, 1519). Der Gesetzgeber wurde aufgefordert, eine verfassungskonforme Neuregelung erlassen. Das ist in Form einer Neufassung durch das Einmalzahlungs-Neuregelungsgesetz vom 21. 12. 2000 (BGBl. I S. 1971), geschehen.

Mittlerweile ist § 151 SGB III 2012 maßgeblich (siehe Rn. 26 a).

Berechnungsbeispiel Arbeitslosengeld (Stand 2016; alte Bundesländer):
Ein arbeitslos gewordener Arbeitnehmer (Steuerklasse III, ein Kind) hat in den letzten 52 Wochen vor Ende des Arbeitsverhältnisses ein monatliches Bruttoentgelt von 3000 Euro erzielt. Darüber hinaus hat er Urlaubs- und Weihnachtsgeld in Höhe von insgesamt 4500 Euro brutto erhalten. Das gesamte – im 52-Wochen-Zeitraum erzielte – Entgelt beträgt 40 500 Euro brutto, das durchschnittliche monatliche Arbeitsentgelt 3375 Euro brutto (= 40 500 geteilt durch 12). 34

Das tägliche Bemessungsentgelt beträgt 40 500 Euro geteilt durch 365 Tage =	110,96 Euro
Von dem täglichen Bemessungsentgelt werden abgezogen:	
Lohnsteuer:	9,71 Euro
Solidaritätszuschlag:	0,53 Euro
Sozialversicherungsbeiträge (21 %-Pauschale):	23,30 Euro
Tägliches pauschaliertes Nettoentgelt (= Leistungsentgelt):	77,42 Euro
Täglicher Leistungssatz (67 %):	51,87 Euro
Monatlicher Anspruch auf Arbeitslosengeld (30 Tage):	1556,10 Euro
Täglicher Leistungssatz (60 %):	46,45 Euro
Monatlicher Anspruch auf Arbeitslosengeld (30 Tage):	1393,50 Euro

Berechnungsmodul der Bundesagentur für Arbeit: *http://www.pub.arbeitsagentur.de/selbst. php?jahr=2014#ergebnisse*

Anrechnung von Nebeneinkünften auf Arbeitslosengeld (§ 155 SGB III 2012)

Während des Bezuges von Arbeitslosengeld kann eine **selbständige** oder **unselbständige Tätigkeit** ausgeübt und Nebeneinkommen erzielt werden. 35
Allerdings muss der zeitliche Umfang der Nebenbeschäftigung **weniger als 15 Stunden wöchentlich** betragen.
Andernfalls entfällt der Anspruch auf Arbeitslosengeld, weil ein Arbeitnehmer bei einer wöchentlichen Arbeitszeit von 15 und mehr Stunden wöchentlich nicht beschäftigungslos i. S. d. § 138 Abs. 3 SGB III 2012 ist (siehe Rn. 4 b).
Nebeneinkünfte werden bei Überschreitung bestimmter Grenzen auf das Arbeitslosengeld **angerechnet**. 36

Arbeitslosenversicherung: Arbeitslosengeld

In § 155 Abs. 1 Satz 1 SGB III 2012 heißt es hierzu: »*Übt die oder der Arbeitslose während einer Zeit, für die ihr oder ihm Arbeitslosengeld zusteht, eine Erwerbstätigkeit im Sinne des § 138 Absatz 3 SGB III 2012 (siehe Rn. 4 b; der Verf.) aus, ist das daraus erzielte Einkommen nach Abzug der Steuern, der Sozialversicherungsbeiträge und der Werbungskosten sowie eines Freibetrags in Höhe von 165 Euro in dem Kalendermonat der Ausübung anzurechnen*«.

Es ist also zunächst – ausgehend vom Bruttoeinkommen – durch Abzug der Steuern und Sozialversicherungsbeiträge sowie der Werbungskosten (z. B. Fahrtkosten zu Arbeitsplatz, Arbeitsbekleidung, Fortbildungskosten, Fachzeitschriften, Fachbücher, Gewerkschaftsbeiträge, Beiträge für eine Berufshaftpflichtversicherung, usw., aber auch Aufwendungen für Arbeitsmittel: Computer, Software) das **monatliche Nettoeinkommen** zu ermitteln.

Werbungskosten müssen gegenüber der Agentur für Arbeit durch Belege/Quittungen nachgewiesen werden.

Von dem monatlichen Nettoeinkommen aus der Nebentätigkeit bleibt ein Betrag von 165 Euro anrechnungsfrei.

Das darüber hinausgehende Nettoeinkommen wird auf das Arbeitslosengeld angerechnet, d. h. abgezogen.

37 Die Anrechnungsvorschrift des § 155 Abs. 1 Satz 1 SGB III 2012 gilt für **selbstständige Tätigkeiten** und Tätigkeiten als mithelfender Familienangehöriger entsprechend mit der Maßgabe, dass pauschal 30 Prozent der Betriebseinnahmen als **Betriebsausgaben** angesetzt werden, es sei denn, der Arbeitslose weist höhere Betriebsausgaben nach § 155 Abs. 1 Satz 2 SGB III 2012.

38 Eine **Sonderregelung** gilt nach § 155 Abs. 2 SGB III 2012: wenn der Arbeitslose in den letzten 18 Monaten vor der Entstehung des Anspruchs neben einem Versicherungspflichtverhältnis eine Erwerbstätigkeit i. S. d. § 138 Absatz 3 SGB III 2012 (weniger als 15 Stunden wöchentlich; siehe Rn. 4 b) mindestens zwölf Monate lang ausgeübt hat, so bleibt das Einkommen bis zu dem Betrag **anrechnungsfrei**, der in den letzten zwölf Monaten vor der Entstehung des Anspruchs aus einer Erwerbstätigkeit (§ 138 Abs. 3 SGB III 2012) durchschnittlich auf den Monat entfällt, mindestens jedoch ein Betrag in Höhe des Freibetrags, der sich nach § 155 Abs. 1 SGB III 2012 ergeben würde.

39 Leistungen, die ein Bezieher von Arbeitslosengeld bei **beruflicher Weiterbildung** von seinem Arbeitgeber oder dem Träger der Weiterbildung wegen der Teilnahme oder auf Grund eines früheren oder bestehenden Arbeitsverhältnisses ohne Ausübung einer Beschäftigung für die Zeit der Teilnahme erhält, werden nach Abzug der Steuern, des auf den Arbeitnehmer entfallenden Anteils der Sozialversicherungsbeiträge und eines **Freibetrages von 400 Euro monatlich** auf das Arbeitslosengeld angerechnet (§ 155 Abs. 3 SGB III 2012).

Ruhen des Anspruchs auf Arbeitslosengeld bei Arbeitsentgelt und Urlaubsabgeltung (§ 157 Abs. 2 SGB III 2012)

40 Der Anspruch auf Arbeitslosengeld ruht während der Zeit, für die der Arbeitslose **Arbeitsentgelt** erhält oder zu beanspruchen hat (§ 157 Abs. 1 SGB III 2012).

Das Gleiche gilt, wenn der Arbeitslose wegen Beendigung des Arbeitsverhältnisses eine **Urlaubsabgeltung** erhalten oder zu beanspruchen hat.

Der Anspruch auf Arbeitslosengeld ruht für die Zeit des abgegoltenen Urlaubs.

Der Ruhenszeitraum **beginnt** mit dem Ende des die Urlaubsabgeltung begründenden Arbeitsverhältnisses.

> **Beachten:**
>
> **41** Während der Zeit des Ruhens wegen Erhalt bzw. Anspruch auf Urlaubsabgeltung nach § 157 Abs. 2 SGB III 2012 besteht im ersten Monat der Arbeitslosigkeit »nachwirkender« Krankenversicherungsschutz gemäß § 19 Abs. 2 SGB V.

Arbeitslosenversicherung: Arbeitslosengeld

Ab dem Beginn des zweiten Monats besteht Mitgliedschaft in der gesetzlichen Krankenversicherung und damit Krankenversicherungsschutz nach § 5 Abs. 1 Nr. 2 SGB V.
Die Beiträge werden durch die Bundesagentur für Arbeit übernommen.
Soweit der Arbeitslose das Arbeitsentgelt oder die Urlaubsabgeltung tatsächlich nicht erhält (z. B. weil der Arbeitgeber die Zahlung verweigert), wird das Arbeitslosengeld auch für die Zeit geleistet, in der der Anspruch auf Arbeitslosengeld ruht (§ 157 Abs. 3 SGB III 2012; sog. **Gleichwohlgewährung**).   42
Nach § 115 SGB X gehen die Entgeltansprüche bis zur Höhe des gezahlten Arbeitslosengeldes auf die Bundesagentur für Arbeit über.
Hat der Arbeitgeber das Arbeitsentgelt trotz des Rechtsübergangs mit befreiender Wirkung an den Arbeitslosen oder an einen Dritten gezahlt, hat der Bezieher des Arbeitslosengeldes dieses insoweit zu erstatten.

Ruhen des Anspruchs auf Arbeitslosengeld bei »Entlassungsentschädigung« (§ 158 SGB III 2012)

Siehe → **Abfindung** Rn. 13 ff.   43

Ruhen des Anspruchs auf Arbeitslosengeld bei Sperrzeit (§ 159 SGB III 2012)

§ 159 Abs. 1 Satz 1 SGB III 2012 ordnet das Ruhen des Anspruchs auf Arbeitslosengeld während einer **Sperrzeit** an.   44
Eine Sperrzeit tritt ein, wenn der Arbeitslose sich **versicherungswidrig** verhalten hat, ohne dafür einen **wichtigen Grund** zu haben (§ 159 Abs. 1 Satz 1 SGB III 2012).
Versicherungswidriges Verhalten liegt nach § 159 Abs. 1 Satz 2 SGB III 2012 vor, wenn   45
- der Arbeitslose das Beschäftigungsverhältnis gelöst oder durch ein arbeitsvertragswidriges Verhalten Anlass für die Lösung des Beschäftigungsverhältnisses gegeben und dadurch vorsätzlich oder grob fahrlässig die Arbeitslosigkeit herbeigeführt hat (**Sperrzeit bei Arbeitsaufgabe**; § 159 Abs. 1 Satz 2 Nr. 1 SGB III 2012),
- der bei der Agentur für Arbeit als arbeitsuchend gemeldete Arbeitnehmer (§ 38 Abs. 1 SGB III 2012) oder der Arbeitslose trotz Belehrung über die Rechtsfolgen eine von der Agentur für Arbeit unter Benennung des Arbeitgebers und der Art der Tätigkeit angebotene Beschäftigung nicht annimmt oder nicht antritt oder die Anbahnung eines solchen Beschäftigungsverhältnisses, insbesondere das Zustandekommen eines Vorstellungsgespräches, durch sein Verhalten verhindert (**Sperrzeit bei Arbeitsablehnung**; § 159 Abs. 1 Satz 2 Nr. 2 SGB III 2012),
- der Arbeitslose trotz Belehrung über die Rechtsfolgen die von der Agentur für Arbeit geforderten Eigenbemühungen nicht nachweist (**Sperrzeit bei unzureichenden Eigenbemühungen**; § 159 Abs. 1 Satz 2 Nr. 3 SGB III 2012),
- der Arbeitslose sich weigert, trotz Belehrung über die Rechtsfolgen, an einer Maßnahme zur Aktivierung und beruflichen Eingliederung nach § 45 SGB III 2012 oder einer Maßnahme zur beruflichen Ausbildung oder Weiterbildung oder einer Maßnahme zur Teilhabe am Arbeitsleben teilzunehmen (**Sperrzeit bei Ablehnung einer beruflichen Eingliederungsmaßnahme**; § 159 Abs. 1 Satz 2 Nr. 4 SGB III 2012),
- der Arbeitslose die Teilnahme an einer in § 159 Abs. 1 Satz 2 Nr. 4 SGB III 2012 genannten Maßnahme abbricht oder durch maßnahmewidriges Verhalten Anlass für den Ausschluss aus einer dieser Maßnahmen gibt (**Sperrzeit bei Abbruch einer beruflichen Eingliederungsmaßnahme**; § 159 Abs. 1 Satz 2 Nr. 5 SGB III 2012),
- der Arbeitslose einer Aufforderung der Agentur für Arbeit, sich zu melden oder zu einem ärztlichen oder psychologischen Untersuchungstermin zu erscheinen (§ 309 SGB III), trotz

Arbeitslosenversicherung: Arbeitslosengeld

Belehrung über die Rechtsfolgen nicht nachkommt oder nicht nachgekommen ist (**Sperrzeit bei Meldeversäumnis**; § 159 Abs. 1 Satz 2 Nr. 6 SGB III 2012),
- der Arbeitslose seiner Meldepflicht nach § 38 Abs. 1 SGB III 2012 nicht nachgekommen ist (**Sperrzeit bei verspäteter Arbeitssuchendmeldung**; § 159 Abs. 1 Satz 2 Nr. 7 SGB III 2012).

46 Ein Lösung des Beschäftigungsverhältnisses durch den Arbeitnehmer im Sinne des § 159 Abs. 1 Satz 2 Nr. 1 SGB III 2012 (**Sperrzeit bei Arbeitsaufgabe**) liegt regelmäßig beim Abschluss eines → **Aufhebungsvertrages**, aber auch bei der Vereinbarung eines → **Abwicklungsvertrages** vor.

47 Eine Sperrzeit tritt trotz Aufhebungs- oder Abwicklungsvertrag nicht ein, wenn der Arbeitnehmer einen **wichtigen Grund** für die Lösung des Beschäftigungsverhältnisses hatte (§ 159 Abs. 1 Satz 1 SGB III 2012).

Ein wichtiger Grund liegt vor, wenn dem Arbeitslosen unter **Abwägung** seiner Interessen und der Interessen der Versichertengemeinschaft ein anderes Verhalten nicht zugemutet werden konnte.

Das ist etwa der Fall, wenn dem Arbeitnehmer die Fortsetzung des Arbeitsverhältnisses arbeitsrechtlich nicht zumutbar ist (z. B. Fehlverhalten des Arbeitgebers) oder wenn wichtige persönliche Gründe vorliegen (z. B. gesundheitliche Gründe, notwendiger Wohnortwechsel nach einer Heirat).

Schließt der Arbeitnehmer einen → **Aufhebungsvertrag** ab, um eine Kündigung durch den Arbeitgeber zu vermeiden, so wird nach der Durchführungsanweisung der Bundesagentur für Arbeit zu § 144 SGB III a. F. = § 159 SGB III 2012 (Ziff. 9.3.1; Stand 2/2006) ein wichtiger Grund nur dann angenommen,
- wenn die Kündigung durch den Arbeitgeber mit Bestimmtheit in Aussicht gestellt worden ist, ohne dass der Arbeitnehmer hierzu durch arbeitsvertragswidriges Verhalten Anlass gegeben hatte,
- diese Kündigung zu demselben Zeitpunkt, zu dem das Beschäftigungsverhältnis tatsächlich geendet hat, wirksam geworden wäre,
- die Kündigung arbeitsrechtlich zulässig gewesen wäre z. B. auch als fristgebundene Kündigung aus wichtigem Grund oder aufgrund einer tariflichen Öffnungsklausel bei unkündbaren Arbeitnehmern; die arbeitsrechtliche Zulässigkeit schließt die soziale Rechtfertigung (§ 1 KSchG) und den Zeitpunkt der Beendigung des Beschäftigungsverhältnisses ein,
und
- es dem Arbeitnehmer nicht zuzumuten war, die Kündigung des Arbeitgebers abzuwarten; das ist der Fall, wenn er
  - a) objektive Nachteile aus einer arbeitgeberseitigen Kündigung für sein berufliches Fortkommen vermieden hat; darauf kann sich jedenfalls der Arbeitslose, der das 58. Lebensjahr vollendet und eine Vorruhestandsregelung in Anspruch genommen oder eine nach Höhe und Zuschnitt vergleichbare Abfindung erhalten bzw. zu beanspruchen hat, nur in besonders begründeten Einzelfällen berufen; oder
  - b) sonstige gleich gewichtige Gründe darlegt, aus denen er objektiv Nachteile aus einer arbeitgeberseitigen Kündigung befürchten musste.

48 Nach der Rechtsprechung des Bundessozialgerichts (BSG) kann sich ein Arbeitnehmer im Falle der Lösung des Arbeitsverhältnisses durch → **Aufhebungsvertrag** (oder → **Abwicklungsvertrag**) auf einen wichtigen Grund berufen, wenn ihm der Arbeitgeber mit einer objektiv rechtmäßigen Kündigung droht und ihm die Hinnahme dieser Kündigung **nicht zuzumuten** ist (BSG v. 12.7.2006 – B 11 a AL 47/05 R, NZA 2006, 1359).

Dabei kann ein Abwarten der arbeitgeberseitigen Kündigung deshalb unzumutbar sein, weil Nachteile für das berufliche Fortkommen zu befürchten sind.

Arbeitslosenversicherung: Arbeitslosengeld

Es können aber auch sonstige Umstände zu der Annahme führen, dass ein Abwarten der Arbeitgeberkündigung unzumutbar war (BSG v. 12.7.2006 – B 11 a AL 47/05 R, a. a. O.).
Ein **wichtiger Grund** im Sinne des § 159 Abs. 1 Satz 1 SGB III 2012 ist stets anzunehmen, wenn der entlassene Arbeitnehmer in einer zu einem → **Interessenausgleich** nach § 112 BetrVG vereinbarten **Namensliste** aufgeführt ist (BSG v. 25.4.2002 – B 11 AL 65/01 R, NZA-RR 2003, 105).
Nach § 1 Abs. 5 KSchG – mit Wirkung ab 1.1.1999 aufgehoben und ab 1.1.2004 mit dem Gesetz zu Reformen am Arbeitsmarkt vom 24.12.2003 wieder in Kraft gesetzt – wird bei einem Interessenausgleich mit Namensliste **vermutet**, dass die Kündigung durch dringende betriebliche Gründe bedingt ist.
Die gerichtliche Überprüfung der **Sozialauswahl** wird auf grobe Fehlerhaftigkeit beschränkt.

49

Beachten:
Eine Sperrzeit kann auch bei Vorliegen einer arbeitgeberseitigen Kündigung eintreten, wenn festgestellt wird, dass das Arbeitsverhältnis in Wirklichkeit einvernehmlich (also durch vorangegangene oder nachträgliche schriftliche oder mündliche Vereinbarung) beendet worden ist.

50

Ein solcher Auflösungssachverhalt wird beispielsweise dann angenommen, wenn ein Arbeitnehmer z. B. nach Maßgabe eines → **Abwicklungsvertrages** eine → **Abfindung erhalten** und eine offensichtlich rechtswidrige Kündigung »hingenommen« hat.
Eine Kündigung ist dann **offensichtlich rechtswidrig**, wenn der Arbeitnehmer ohne weiteres erkennen musste, dass die Kündigung gegen Bestimmungen über Kündigungsschutz oder Kündigungsfristen verstößt.
Ob eine Kündigung sozial gerechtfertigt ist oder nicht, ist für den Arbeitnehmer allerdings nicht offensichtlich.
Auch bei nicht offensichtlich rechtswidrigen Kündigungen wird geprüft, ob der Kündigung nach dem tatsächlichen Geschehensablauf ein Aufhebungsvertrag zugrunde gelegen hat.
Allerdings soll eine Sperrzeit grundsätzlich nicht eintreten, wenn eine rechtmäßige arbeitgeberseitige Kündigung mit oder ohne Zahlung einer → **Abfindung** erfolgt, es sei denn, aufgrund einer betrieblichen Übung oder einer (Betriebs-)Vereinbarung können betriebsbedingte Kündigungen nur im Einvernehmen mit dem Arbeitnehmer ausgesprochen werden.
Die Annahme eines Abfindungsangebots im Falle einer nicht offensichtlich rechtswidrigen betriebsbedingten Kündigung nach § 1 a KSchG (siehe → **Kündigungsschutz**) durch **Verstreichenlassen der Klagefrist** löst in der Regel kein Verfahren zur Feststellung eines Sperrfristtatbestandes aus.
Etwas anderes gilt, wenn eine **höhere** als die gesetzliche Abfindung nach § 1 a KSchG vereinbart wird.
In diesem Zusammenhang hatte das BSG für Streitfälle ab dem 1.1.2004 unter Heranziehung der Grundsätze des § 1 a KSchG erwogen, auf eine ausnahmslose Prüfung der Rechtmäßigkeit der Arbeitgeberkündigung zu verzichten, wenn die Abfindungshöhe die in § 1 a Abs. 2 KSchG vorgesehene nicht überschreitet (BSG v. 12.7.2006 – B 11 a AL 47/05 R, NZA 2006, 1359).
Das BSG hat diese Rechtsprechung mit Urteil v. 2.5.2012 – B 11 AL 6/11 R, NZS 2012, 874 bestätigt: »Schließt ein Arbeitnehmer angesichts einer drohenden betriebsbedingten Kündigung einen Aufhebungsvertrag mit Abfindung, die sich im Rahmen des § 1 a Kündigungsschutzgesetz hält, so steht ihm ein wichtiger Grund zur Seite, der eine Sperrzeit ausschließt, es sei denn, es liegt eine Gesetzesumgehung (z. B. offenkundige Rechtswidrigkeit der beabsichtigten Kündigung) vor (Fortführung von BSG vom 12.7.2006 – B 11 a AL 47/05 R = BSGE 97, 1 = SozR 4 – 4300 § 144 Nr. 13). Das gilt auch für einen ordentlich unkündbaren Arbeitnehmer, wenn ihm eine außerordentliche betriebsbedingte Kündigung droht.«
Daraus folgt: auch bei einer **drohenden rechtswidrigen Kündigung** des Arbeitgebers kann

51

Arbeitslosenversicherung: Arbeitslosengeld

eine Sperrzeit entfallen, wenn die Abfindung nicht mehr als ein halbes Monatsentgelt für jedes Jahr des Bestehens des Arbeitsverhältnisses beträgt.
Dabei ist ein Zeitraum von mehr als sechs Monaten im Ein- oder Austrittsjahr auf ein volles Jahr aufzurunden (§ 1 a Abs. 2 KSchG).

52 Aus Anlass der BSG-Entscheidung v. 12.7.2006 – B 11 a AL 47/05 R, a.a.O. hat die Bundesagentur die Durchführungsanweisungen zu § 144 SGB III a.F. = § 159 SGB III 2012 (Ziff. 9.1.2; Stand 04/2009) geändert und den Begriff »wichtiger Grund« für den Abschluss eines → **Aufhebungsvertrages** (bzw. eines → **Abwicklungsvertrages** oder für eine Eigenkündigung) bei **drohender Arbeitgeberkündigung** neu definiert.

Hiernach gilt Folgendes:
Hat der Arbeitslose das Beschäftigungsverhältnis beendet, weil ihm andernfalls eine arbeitgeberseitige Kündigung drohte, liegt allein darin noch kein wichtiger Grund.
Ein wichtiger Grund liegt aber vor, wenn
- eine Kündigung durch den Arbeitgeber mit Bestimmtheit in Aussicht gestellt worden ist,
- die drohende Arbeitgeberkündigung auf betriebliche Gründe gestützt würde,
- die Arbeitgeberkündigung zu demselben Zeitpunkt, zu dem das Beschäftigungsverhältnis geendet hat, oder früher wirksam geworden wäre; bei einer einvernehmlichen Freistellung ist das fristgemäße Ende des Arbeitsverhältnisses maßgebend, wenn bis dahin Arbeitsentgelt gezahlt worden ist,
- im Falle der Arbeitgeberkündigung die Kündigungsfrist eingehalten würde
- der Arbeitnehmer nicht unkündbar war

und
1. eine Abfindung von 0,5 Monatsgehältern, mindestens aber 0,25 (noch wesentlicher wirtschaftlicher Vorteil) für jedes Jahr des Arbeitsverhältnisses an den Arbeitnehmer gezahlt wird. § 1 a KSchG gilt entsprechend. Der Gedanke des § 1 a KSchG, der für den Fall einer betriebsbedingten Arbeitgeberkündigung eine einfache Klärung der Voraussetzungen für die Beendigung des Arbeitsverhältnisses beinhaltet, wird auf die Lösung des Arbeitsverhältnisses durch den Arbeitnehmer übertragen. Im Übrigen kommt es nicht darauf an, ob die drohende Arbeitgeberkündigung rechtmäßig ist. Beträgt die Abfindung unter 0,25 Monatsentgelten oder über 0,5 Monatsentgelte für jedes Jahr des Arbeitsverhältnisses, liegt nur dann ein wichtiger Grund vor, wenn die drohende Arbeitgeberkündigung sozial gerechtfertigt wäre.

> **Beispiel:**
> Der Arbeitgeber will den Arbeitnehmer betriebsbedingt fristgemäß zum Jahresende entlassen. Sie schließen einen Aufhebungsvertrag zum selben Zeitpunkt. Der Arbeitnehmer erhält dafür eine Abfindung in Höhe von 0,5 Monatsentgelten für jedes Jahr des Arbeitsverhältnisses. Eine Sperrzeit tritt nicht ein.

oder
2. der Arbeitslose
a) **objektive Nachteile** aus einer arbeitgeberseitigen Kündigung für sein **berufliches Fortkommen** vermieden hat; darauf kann sich jedenfalls der Arbeitslose, der das 58. Lebensjahr vollendet und eine Vorruhestandsregelung in Anspruch genommen oder eine nach Höhe und Zuschnitt vergleichbare Abfindung erhalten bzw. zu beanspruchen hat, nur in besonders begründeten Einzelfällen berufen
oder
b) **sonstige Gründe** darlegt, aus denen er objektiv Nachteile aus einer arbeitgeberseitigen Kündigung befürchten musste. Solche Gründe können Vergünstigungen sein, auf die im Falle der Kündigung kein Anspruch bestanden hätte. Dabei sind die Verhältnisse bei Auflösung des Beschäftigungsverhältnisses mit denen bei arbeitgeberseitiger Kündigung zu vergleichen. Sol-

Arbeitslosenversicherung: Arbeitslosengeld

che Vergünstigungen sind z. B. Abfindungen, die nicht unter 9. 1. 2 Abs. 2 Nr. 1 fallen und auf die ohne Abschluss des Aufhebungsvertrages kein Anspruch bestanden hätte (BSG v. 12. 7. 2006 – B 11 a AL 47/05, NZA 2006, 1359); würde auch bei einer Kündigung eine Abfindung gezahlt, muss die Abfindung bei einem Aufhebungsvertrag mindestens 10 % höher sein, **und**
die Kündigung **rechtmäßig** wäre. Die Rechtmäßigkeit einer arbeitgeberseitigen Kündigung umfasst nicht nur die Frage, ob die individuell maßgebende Kündigungsfrist oder ein etwaiger Ausschluss der Kündigung durch den Arbeitgeber beachtet worden ist, sondern – in bestimmten Grenzen – auch die Prüfung der sozialen Rechtfertigung nach § 1 KSchG.

Der Arbeitslose hat die für die Beurteilung eines wichtigen Grundes maßgebenden Tatsachen **darzulegen und nachzuweisen**, wenn diese in seiner Sphäre oder in seinem Verantwortungsbereich liegen (§ 159 Abs. 1 Satz 3 SGB III 2012). 53
Kann ein Nachweis nicht geführt werden, geht das zu Lasten des Arbeitslosen.
Nach früherem Recht musste die Agentur für Arbeit beweisen, dass kein wichtiger Grund vorliegt.
Dabei bleibt es bezüglich solcher Tatsachen, die nicht in der Sphäre oder dem Verantwortungsbereich des Arbeitslosen liegen.

Die Sperrzeit **beginnt** mit dem Tag nach dem Ereignis, das die Sperrzeit begründet, oder, wenn 54
dieser Tag in eine Sperrzeit fällt, mit dem Ende dieser Sperrzeit (§ 159 Abs. 2 Satz 1 SGB III 2012).
Werden **mehrere Sperrzeiten** durch dasselbe Ereignis begründet, folgen sie in der Reihenfolge des § 159 Abs. 1 Satz 2 Nr. 1 bis 7 SGB III 2012 einander nach (§ 159 Abs. 2 Satz 2 SGB III 2012).

Die **Dauer** der Sperrzeit bei Arbeitsaufgabe beträgt **zwölf Wochen** (§ 159 Abs. 3 SGB III 2012). 55
Sie verkürzt sich
- auf **drei Wochen**, wenn das Arbeitsverhältnis Innerhalb von sechs Wochen nach dem Ereignis, das die Sperrzeit begründet, ohne eine Sperrzeit geendet hätte,
- auf **sechs Wochen**, wenn
  - a) das Arbeitsverhältnis innerhalb von zwölf Wochen nach dem Ereignis, das die Sperrzeit begründet, ohne eine Sperrzeit geendet hätte oder
  - b) eine Sperrzeit von zwölf Wochen für den Arbeitslosen nach den für den Eintritt der Sperrzeit maßgebenden Tatsachen eine besondere Härte bedeuten würde.

Die Dauer der Sperrzeit bei Arbeitsablehnung, bei Ablehnung einer beruflichen Eingliede- 56
rungsmaßnahme oder bei Abbruch einer beruflichen Eingliederungsmaßnahme beträgt nach § 159 Abs. 4 SGB III 2012
- **drei Wochen**
  - a) im Falle des Abbruchs einer beruflichen Eingliederungsmaßnahme, wenn die Maßnahme innerhalb von sechs Wochen nach dem Ereignis, das die Sperrzeit begründet, ohne eine Sperrzeit geendet hätte,
  - b) im Falle der Ablehnung einer Arbeit oder einer beruflichen Eingliederungsmaßnahme, wenn die Beschäftigung oder Maßnahme bis zu sechs Wochen befristet war oder
  - c) im Falle der erstmaligen Ablehnung einer Arbeit oder beruflichen Eingliederungsmaßnahme oder des erstmaligen Abbruchs einer beruflichen Eingliederungsmaßnahme nach Entstehung des Anspruchs,
- **sechs Wochen**
  - a) im Falle des Abbruchs einer beruflichen Eingliederungsmaßnahme, wenn die Maßnahme innerhalb von zwölf Wochen nach dem Ereignis, das die Sperrzeit begründet, ohne eine Sperrzeit geendet hätte,
  - b) im Falle der Ablehnung einer Arbeit oder einer beruflichen Eingliederungsmaßnahme, wenn die Beschäftigung oder Maßnahme bis zu zwölf Wochen befristet war oder

Arbeitslosenversicherung: Arbeitslosengeld

- c) im Falle der zweiten Ablehnung einer Arbeit oder beruflichen Eingliederungsmaßnahme oder des zweiten Abbruchs einer beruflichen Eingliederungsmaßnahme nach Entstehung des Anspruchs,
- **zwölf Wochen** in den übrigen Fällen.

57 Die Dauer einer Sperrzeit bei unzureichenden Eigenbemühungen beträgt **zwei Wochen** (§ 159 Abs. 5 SGB III 2012).

58 Die Dauer einer Sperrzeit bei Meldeversäumnis (§ 309 SGB III 2012) oder bei verspäteter Arbeitsuchendmeldung (§ 38 Abs. 1 SGB III 2012) beträgt **eine Woche** (§ 159 Abs. 6 SGB III 2012).

59 Zu beachten ist, dass die **Dauer** des Anspruchs auf **Arbeitslosengeld** um die Zeit, für die eine Sperrzeit wegen Arbeitsaufgabe verhängt worden ist, **gekürzt** wird (§ 148 Abs. 1 Nr. 4 SGB III 2012).

Im Falle einer 12-wöchigen Sperrzeit beträgt die Kürzung mindestens ¼ **der Gesamtanspruchsdauer.**

> **Beispiel:**
> Beträgt die Anspruchsdauer z. B. 24 Monate (siehe Rn. 21), wird die Dauer des Arbeitslosengeldanspruchs um 6 Monate (!) gekürzt (§ 128 Abs. 1 Nr. 4 SGB III 2012).

60 Der Anspruch auf Arbeitslosengeld **erlischt**, wenn der Arbeitslose Anlass für den Eintritt von Sperrzeiten mit einer Dauer von insgesamt mindestens **21 Wochen** gegeben hat, der Arbeitslose über den Eintritt der Sperrzeiten schriftliche Bescheide erhalten hat und auf die Rechtsfolgen hingewiesen worden ist; dabei werden auch Sperrzeiten berücksichtigt, die in einem Zeitraum von zwölf Monaten vor der Entstehung des Anspruchs eingetreten sind und nicht bereits zum Erlöschen eines Anspruchs geführt haben (§ 161 Abs. 1 Nr. 2 SGB III 2012).

61
> **Beachten:**
> Während der Zeit der Sperrzeit besteht im ersten Monat der Arbeitslosigkeit »nachwirkender« Krankenversicherungsschutz gemäß § 19 Abs. 2 SGB V.

Ab dem Beginn des zweiten Monats bis zur 12. Woche der Sperrzeit besteht Mitgliedschaft in der gesetzlichen Krankenversicherung und damit Krankenversicherungsschutz nach § 5 Abs. 1 Nr. 2 SGB V.

Krankengeld wird allerdings nicht gezahlt (§ 49 Abs. 1 Nr. 3 a SGB V). Die **Beiträge** werden durch die Bundesagentur für Arbeit übernommen.

Teilarbeitslosengeld (§ 162 SGB III 2012)

62 Einen Teilarbeitslosengeldanspruch für die Dauer von sechs Monaten haben Personen, die eine von mehreren parallel ausgeübten versicherungspflichtigen Beschäftigungen verlieren.

Ruhen des Anspruchs auf Arbeitslosen- und Kurzarbeitergeld bei Arbeitskämpfen (§§ 100, 160 SGB III 2012)

63 Siehe → **Arbeitskampf.**

Arbeitshilfen

Übersicht • Arbeitslosengeld

Rechtsprechung

1. Ruhen des Anspruchs auf Arbeitslosengeld bei Zahlung einer Abfindung (§ 143 a SGB III a. F. = § 158 SGB III 2012)
2. Sperrzeit (§ 144 SGB III a. F. = § 159 SGB III 2012)

Arbeitsplatzteilung (»Jobsharing«)

Was ist das?

1 Eine weitere Form flexibler Arbeitszeitgestaltung ist die **Arbeitsplatzteilung** (»**Jobsharing**«). In diesem Falle vereinbart der Arbeitgeber mit zwei oder mehr Arbeitnehmern, dass diese sich die Arbeitszeit an einem Arbeitsplatz teilen.
Hierzu regelt § 13 TzBfG,
- dass bei Ausfall eines Arbeitnehmers der oder die anderen beteiligten Arbeitnehmer nur dann zur **Vertretung verpflichtet** sind, wenn dies für den jeweiligen Vertretungsfall **vereinbart** wird;
eine vorab vereinbarte Vertretungsverpflichtung ist nur für den Fall eines dringenden betrieblichen Erfordernisses zulässig;
außerdem besteht eine Vertretungsverpflichtung im konkreten Fall nicht, wenn die Vertretung dem Arbeitnehmer nicht zumutbar ist (zum Beispiel wegen dringender persönlicher Hinderungsgründe).
- dass eine arbeitgeberseitige → **Kündigung** des Arbeitsverhältnisses des einen Arbeitnehmers **wegen Ausscheidens** eines anderen am »Jobsharing« beteiligten Arbeitnehmers unwirksam ist.
Das Recht zur → **Änderungskündigung** oder Kündigung aus anderen Anlässen bleibt unberührt.
- Vorstehendes gilt entsprechend, wenn sich **Gruppen von Arbeitnehmern** auf bestimmten Arbeitsplätzen in festgelegten Zeitabschnitten abwechseln, ohne dass eine Arbeitsplatzteilung i. S. d. § 13 Abs. 1 TzBfG vorliegt.

2 Durch → **Tarifvertrag** kann von den Bestimmungen des § 13 Abs. 1 bis 3 TzBfG auch zu Ungunsten des Arbeitnehmers abgewichen werden, wenn er eine Regelung über die Vertretung enthält.

Bedeutung für die Betriebsratsarbeit

3 Der Betriebsrat hat bei der Einführung und Ausgestaltung der Arbeitsplatzteilung nach § 87 Abs. 1 Nr. 2 BetrVG **mitzubestimmen** (siehe → **Arbeitszeit** Rn. 75 ff.).
Im Nichteinigungsfall entscheidet die → **Einigungsstelle** (§ 87 Abs. 2 BetrVG).

Arbeitsschutz

Grundlagen

Unter dem **Begriff** »**Arbeitsschutz**« wird die Summe aller rechtlichen, organisatorischen, medizinischen und technischen Regelungen und Maßnahmen verstanden, die im Bereich der »Arbeit« getroffen werden zum Schutz der körperlichen und geistigen Unversehrtheit der Arbeitnehmer sowie zum Schutz ihrer Persönlichkeitsrechte und Menschenwürde. **1**

Ziel dieser Regelungen ist es, die Unfall- und Gesundheitsgefahren auf ein Maß zurückzuführen, das nach dem gegenwärtigen Erkenntnisstand möglich und gleichzeitig vereinbar ist mit den Interessen der Wirtschaft an einer – aus ihrer Sicht – optimalen Nutzung der Technik. **2**

Insofern stellt das Regelungssystem unter dem Gesichtspunkt des Gesundheitsschutzes kein Optimum, sondern einen **Kompromiss** dar zwischen den Interessen der Arbeitgeber einerseits und den Interessen der Beschäftigten an der Erhaltung ihrer Gesundheit andererseits. Diese Interessen befinden sich oft in einem **Gegensatz**.

Denn Maßnahmen zum Schutz der Gesundheit verursachen **Kosten** und schmälern somit den **erzielbaren Gewinn** (siehe hierzu → **Unternehmen**).

Dementsprechend ist das Regelungssystem im Bereich des Gesundheitsschutzes seit jeher ein **umkämpftes Gebiet**, in dem Kapitalinteressen und Arbeitnehmerinteressen nicht selten hart aufeinanderprallen.

Andererseits zeigt ein Blick in die betriebliche Praxis, dass sich Investitionen in den Arbeits- und Gesundheitsschutz durchaus auch für den Arbeitgeber rechnen können (geringerer Krankenstand, höhere Arbeitszufriedenheit und -motivation und damit bessere Arbeitsergebnisse).

Die offizielle Position der Arbeitgeber scheint eine andere zu sein. In einem Positionspapier »Fachkräftemangel bekämpfen – Wettbewerbsfähigkeit sichern« vom Juli 2015 weist die Bundesvereinigung der **Deutschen Arbeitgeberverbände** (**BDA**) darauf hin, dass Beschäftigte die überwiegende Zeit des Tages außerhalb des Betriebes verbringen. Es gehe deshalb vor allem darum, dass der Einzelne seine Verantwortung für die Erhaltung seiner Beschäftigungs- und Arbeitsfähigkeit erkennt und diese wahrnimmt. Nachstehend ein Auszug auf S. 33 des Positionspapiers (*http://www.arbeitgeber.de/www/arbeitgeber.nsf/res/44575FACA1858F93C1257-EAB00300EED/$file/Fachkraeftemangel-bekaempfen-Wettbewerbsfaehigkeit-sichern.pdf*):

»Gesundheitserhaltung und -förderung verbessern
[...]
Was zu tun ist:
Bei allen Fragen der Gesundheitsförderung muss berücksichtigt werden, dass der Arbeitgeber allenfalls in dem begrenzten Rahmen der beruflichen Tätigkeit seiner Beschäftigten Verantwortung für ihre Gesundheit trägt. Arbeitnehmerinnen und Arbeitnehmer verbringen jedoch nur einen gewissen Anteil ihrer Zeit an ihrem Arbeitsplatz. Die weit überwiegende Zeit betrifft die Privatsphäre der Beschäftigten, was auch einer betrieblichen Gesundheitsförderung Grenzen setzt.
Bei der Gesunderhaltung kommt es deshalb in erster Linie auf die Eigenverantwortung und die Bereitschaft des Einzelnen zur Mitwirkung an. Maßnahmen zur betrieblichen Gesundheitsförderung lassen sich nicht einseitig „verordnen". Der Arbeitgeber kann dem Einzelnen nicht die Ver-

Arbeitsschutz

antwortung für den Erhalt oder die Verbesserung seiner Gesundheit und Leistungsfähigkeit abnehmen. Damit die betrieblichen Maßnahmen nicht ins Leere laufen, ist es unerlässlich, dass auch der/die Einzelne seine/ihre Verantwortung für die Erhaltung seiner/ ihrer Beschäftigungs- und Arbeitsfähigkeit erkennt und diese wahrnimmt und durch das eigene gesundheitsbewusste Verhalten dazu beiträgt, Krankheiten und Gesundheitsschäden zu vermeiden.
Denn viele Erkrankungen haben ihren Ursprung im privaten Lebensbereich und können zumindest nicht allein durch betriebliches Handeln in ihrem Ausmaß gemildert oder gar verhindert werden. Rückenleiden z. B. sind Volkskrankheiten, die auf ein vielschichtiges Ursachenspektrum zurückgehen. Eine Trennung von arbeitsbedingten und aus der Person oder dem Verhalten außerhalb der Arbeitswelt hervorgerufenen Erkrankungen ist kaum möglich.«

3 Der Gesamtkomplex des betrieblichen Arbeitsschutzrechts lässt sich grob in zwei Regelungsbereiche unterscheiden (**duales Arbeitsschutzsystem**):
- Die **staatlichen Vorschriften** (Gesetze und Rechtsverordnungen):
- Gesetze (z. B. Arbeitsschutzgesetz, Gerätesicherheitsgesetz, Chemikaliengesetz, Arbeitssicherheitsgesetz, Arbeitszeitgesetz);
- Rechtsverordnungen, die auf der Grundlage und zur Konkretisierung eines Gesetzes vom zuständigen Ministerium erlassen werden (z. B. Arbeitsstättenverordnung, Gefahrstoffverordnung, Bildschirmarbeitsverordnung);
- ergänzt und konkretisiert werden die Gesetze und Verordnungen durch Allgemeine Verwaltungsvorschriften (z. B. Technische Regeln für Arbeitsstätten – früher: Arbeitsstättenrichtlinien; siehe Rn. 34);
Verwaltungsvorschriften/Technische Regeln sind keine »Rechtsnormen«, die – wie Gesetze und Verordnungen – für den außerhalb der Verwaltung stehenden Bürger (z. B. Arbeitgeber) unmittelbare Rechte und Pflichten begründen;
vielmehr handelt es sich um verwaltungsinterne Vorschriften, die die übergeordneten Behörden (z. B. Ministerium) gegenüber den nachgeordneten Behörden erlassen, um eine einheitliche und zweckmäßige Ausübung der Gesetze und Rechtsverordnungen sicherzustellen sollen;
- weiterhin ergänzt und konkretisiert werden die staatlichen Vorschriften durch DIN-Normen (DIN = Deutsches Institut für Normung), VDE-Bestimmungen (VDE = Verband Deutscher Elektrotechniker) und ähnliche Regelwerke.
- Die **Unfallverhütungsvorschriften**, die von den Berufsgenossenschaften auf der
- Grundlage von § 15 SGB VII erlassen werden (siehe → **Unfallversicherung**);
- die Unfallverhütungsvorschriften werden ergänzt und konkretisiert durch die »Durchführungsanweisungen« (= Erläuterungen zu den Unfallverhütungsvorschriften und Lösungsbeispiele);
- des Weiteren spielen auch im Bereich der Unfallverhütungsvorschriften die DIN-Normen, VDE-Bestimmungen und sonstige Regelwerke eine ergänzende und konkretisierende Rolle.

4 Über die Einhaltung der gesetzlichen Arbeitsschutzvorschriften (Gesetze und Verordnungen) wachen die »**Gewerbeaufsichtsämter**«, über die Einhaltung der Unfallverhütungsvorschriften die »**Berufsgenossenschaften**« bzw. die »**Unfallkassen**« (= Unfallversicherungsträger für die Beschäftigten des öffentlichen Dienstes (und der privatisierten Unternehmen wie z. B. Deutsche Bahn oder Deutsche Post inkl. Tochterunternehmen), getrennt nach Bund, Ländern und Gemeinden. Zu den Berufsgenossenschaften siehe auch → **Unfallversicherung**).
Ihre Überwachungsaufgabe erfüllen sie dadurch, dass die »Gewerbeaufsichtsbeamten« und die Aufsichtspersonen der Berufsgenossenschaft (§ 18 SGB VII) die Betriebe besichtigen und die Einhaltung der Vorschriften und Regeln kontrollieren.
Wird ein **Verstoß** gegen die Vorschriften und Regeln festgestellt, ist es möglich, die Betriebsinhaber (Arbeitgeber) im Wege der Beratung, notfalls aber auch durch verbindliche Anordnungen zur Herstellung des vorgeschriebenen Zustandes zu veranlassen.

Arbeitsschutz

In krassen Fällen können Maschinen und Anlagen **stillgelegt** werden.

Die »Berufsgenossenschaften« werden darüber hinaus als Träger der gesetzlichen Unfallversicherung tätig, wenn trotz der vorbeugenden Maßnahmen → **Arbeitsunfälle** geschehen und → **Berufskrankheiten** aufgetreten sind (siehe auch → **Unfallversicherung**). 5

Von gewissen politischen Kreisen wird seit einiger Zeit das bisherige **duale System des Arbeitsschutzes in Frage gestellt**. 6

Die Vollzugsaufgaben des Arbeitsschutzes sollen von den Ländern (Gewerbeaufsicht) auf die Berufsgenossenschaften übertragen werden.

Fachleute und Gewerkschaften lehnen derartige Überlegungen ab.

Eine Abschaffung des dualen Systems habe eine Absenkung des in Deutschland vergleichsweise hohen Arbeitsschutzniveaus und mehr, statt weniger Bürokratie zur Folge.

Notwendig sei eine Verbesserung der Kooperation zwischen Unfallversicherung und staatlichen Arbeitsschutzbehörden (Einzelheiten hierzu: Arbeit & Ökologie-Briefe, Heft 7, 2004, 18 ff. und *www.oekobriefe.de*).

Zur Reform der gesetzlichen Unfallversicherung durch das Unfallversicherungsmodernisierungsgesetz vom 30.10.2008 (BGBl. I S. 2130) siehe → **Unfallversicherung** Rn. 5 a. 6a

Im Zuge der Verwirklichung des Europäischen Binnenmarktes sind diverse **EG-Richtlinien zum Arbeitsschutz** (Rahmenrichtlinie sowie Einzelrichtlinien) entstanden, die in nationales Recht umzusetzen waren. 7

Nach der EG-Arbeitsschutz-Rahmenrichtlinie gehört es zu den grundsätzlichen Pflichten des Arbeitgebers, für Sicherheit und Gesundheitsschutz der Arbeitnehmer in einem umfassenden Sinne unter Berücksichtigung aller Aspekte der Arbeit zu sorgen, den Arbeitsschutz schon in der Planungsphase einzubeziehen (siehe → **Unternehmensplanung**), Arbeitsplätze und Arbeitsverfahren menschengerecht zu gestalten und dabei den jeweils neuesten Stand der Technik und nicht nur – wie bisher – die allgemein anerkannten Regeln der Technik zu berücksichtigen.

Außerdem hat der Arbeitgeber arbeitsplatzbezogene Gefährdungsanalysen vorzunehmen und zu dokumentieren.

Er hat die Beschäftigten sowie ihre Interessenvertretung umfassend zu informieren und sie an der Realisierung des betrieblichen Arbeitsschutzes zu beteiligen.

Eine weitere wichtige Vorgabe der EG-Rahmenrichtlinie: Das Arbeitsschutzrecht soll einheitlich für alle Beschäftigte sowohl in der Privatwirtschaft als auch im öffentlichen Dienst gelten.

Mit dem Gesetz zur Umsetzung der EG-Rahmenrichtlinie Arbeitsschutz und weiterer Arbeitsschutzrichtlinien vom 7.8.1996, in Kraft getreten am 21.8.1996, ist die Bundesrepublik ihrer **Umsetzungsverpflichtung** nachgekommen. 8

Hauptbestandteil des Gesetzespakets war das **Arbeitsschutzgesetz** vom 7.8.1996 (BGBl. I S. 1246).

Nachstehend ein **Überblick** über die wichtigsten Regelungen des Arbeitsschutzgesetzes (ArbSchG).

> **Hinweis:**
> Die schwarz-rote Regierungskoalition hat sich zum Arbeits- und Gesundheitsschutz im **Koalitionsvertrag 2013** (S. 70, 71) wie folgt geäußert: 9
> »Ganzheitlicher Arbeitsschutz
> Der Schutz der Beschäftigten vor Gefahren am Arbeitsplatz und die Stärkung der Gesundheit bei der Arbeit ist ein wichtiges Gebot sozialer Verantwortung. Ein deutlicher Hinweis auf die Herausforderungen, die eine sich wandelnde Arbeitswelt für den deutschen Arbeitsschutz bedeutet, ist die drastische Zunahme psychischer Erkrankungen. Unser Leitbild ist ein ganzheitlicher, physische und psychische Belastungen umfassender Gesundheitsschutz bei der Arbeit. Die Zusammenarbeit mit der allgemeinen Gesundheitspolitik wird ausgebaut. Betriebliche Gesundheitsförderung und Arbeitsschutz werden en-

Arbeitsschutz

ger verknüpft. Das betriebliche Eingliederungsmanagement (BEM) wollen wir stärken und mehr Verbindlichkeit erreichen.

Gesundheitszirkel in den Betrieben haben sich in der Praxis als erfolgreicher Ansatz erwiesen. Wir wollen erreichen, dass in Unternehmen in Kooperation mit den gesetzlichen Krankenkassen solche Zirkel vermehrt eingerichtet werden. Wir werden die Entwicklung neuer Präventionskonzepte und betrieblicher Gestaltungslösungen bei psychischer Belastung in enger Zusammenarbeit mit den Trägern der Gemeinsamen Deutschen Arbeitsschutzstrategie vorantreiben, den Instrumenteneinsatz besser ausrichten, auf eine verbesserte Kontrolle des Arbeitsschutzes hinwirken und in bestehenden Arbeitsschutzverordnungen, die noch keine Klarstellung zum Schutz der psychischen Gesundheit enthalten, dieses Ziel aufnehmen. Es erfolgt eine wissenschaftliche Standortbestimmung, die gleichzeitig eine fundierte Übersicht über psychische Belastungsfaktoren in der Arbeitswelt gibt und Handlungsoptionen für notwendige Regelungen aufzeigt. Im Lichte weiterer wissenschaftlicher Erkenntnisse schließen wir insoweit auch verbindliche Regelungen in der Form einer Verordnung gegen psychische Erkrankungen nicht aus.

Der Schutz und die Stärkung der physischen Gesundheit in besonders belastenden Tätigkeiten werden weiter verbessert, die entsprechende Forschung unter Begleitung der Tarifpartner intensiviert und Lösungsvorschläge zur Vermeidung arbeitsbedingter Verschleißerkrankungen und Frührentungen erarbeitet.«)

Arbeitsschutzgesetz (ArbSchG)

10 Ziel des Arbeitsschutzgesetzes (ArbSchG) ist es, Sicherheit und Gesundheitsschutz der Beschäftigten bei der Arbeit durch Maßnahmen des Arbeitsschutzes zu sichern und zu verbessern (§ 1 Abs. 1 ArbSchG).

Durch Art. 8 des Gesetzes zur Neuorganisation der bundesunmittelbaren Unfallkassen, zur Änderung des Sozialgerichtsgesetzes und zur Änderung anderer Gesetze (BUK-Neuorganisationsgesetz – BUK-NOG) vom 19.10.2013 (BGBl. I Nr. 63, 3836) ist inzwischen klargestellt worden, dass vom Arbeitsschutzgesetz auch Gesundheitsgefährdungen durch »**psychische Belastungen bei der Arbeit**« erfasst werden. Im Einzelnen:
- § 4 Nr. 1 ArbSchG lautet nunmehr: »Die Arbeit ist so zu gestalten, dass eine Gefährdung für das Leben sowie die **physische und psychische** Gesundheit möglichst vermieden und die verbleibende Gefährdung möglichst gering gehalten wird.«
- in § 5 Abs. 3 ArbSchG wurde die »insbesondere«-Aufzählung der Gefährdungsfaktoren, die im Rahmen der Gefährdungsbeurteilung zu berücksichtigen sind, um »**psychische Belastungen bei der Arbeit**« erweitert (§ 5 Abs. 3 Nr. 6 ArbSchG).

Diese Bestimmungen sind am Tag nach der Verkündung im Bundesgesetzblatt – also am 25.10.2013 – in Kraft getreten.

11 Das Gesetz gilt in allen Tätigkeitsbereichen der **Privatwirtschaft** und des **öffentlichen Dienstes**.

Ausnahmen: **Hausangestellte** in privaten Haushalten (§ 1 Abs. 2 ArbSchG) und Heimarbeiter (siehe → **Heimarbeit**) sowie ihnen Gleichgestellte (§ 2 Abs. 2 Nr. 3 ArbSchG) fallen aus dem Geltungsbereich des Gesetzes heraus (§ 1 Abs. 1 Satz 2 ArbSchG).

12 Unter **Maßnahmen des Arbeitsschutzes** versteht das Gesetz Maßnahmen zur Verhütung von Unfällen und arbeitsbedingten Gesundheitsverfahren einschließlich Maßnahmen der menschengerechten Gestaltung der Arbeit (§ 2 Abs. 1 ArbSchG).

Grundpflichten des Arbeitgebers (§ 3 ArbSchG; Maßnahmen des Arbeitsschutzes)

13 Der Arbeitgeber ist verpflichtet, die erforderlichen Maßnahmen des Arbeitsschutzes zu treffen – unter Berücksichtigung aller Umstände, die Sicherheit und Gesundheit der Beschäftigten bei der Arbeit beeinflussen (§ 3 Abs. 1 Satz 1 ArbSchG).

Arbeitsschutz

Der Arbeitgeber hat die Maßnahmen auf ihre Wirksamkeit zu überprüfen und sie erforderlichenfalls an sich ändernde Gegebenheiten anzupassen (§ 3 Abs. 1 Satz 2 ArbSchG).
Dabei hat der Arbeitgeber eine Verbesserung von Sicherheit und Gesundheitsschutz der Beschäftigten anzustreben (§ 3 Abs. 1 Satz 3 ArbSchG).
Bei der Festlegung von erforderlichen Maßnahmen hat der Betriebsrat ein Initiativ-Mitbestimmungsrecht nach § 87 Abs. 1 Nr. 7 BetrVG (siehe Rn. 77 b).
Zur Sicherstellung eines wirksamen Arbeitsschutzes hat der Arbeitgeber nach § 3 Abs. 2 ArbSchG eine geeignete Arbeitsschutzorganisation und die erforderlichen Mittel bereitzustellen.   **14**
Er hat Vorkehrungen zu treffen, dass die Arbeitsschutzmaßnahmen bei allen Tätigkeiten und im Rahmen der betrieblichen Führungsstrukturen beachtet werden.
Den Beschäftigten muss ermöglicht werden, ihren Mitwirkungspflichten nachzukommen.
Verletzt der Arbeitgeber seine Pflichten nach § 3 ArbSchG **vorsätzlich** (sog. bedingter Vorsatz reicht aus) und kommt es deshalb zu einem → **Arbeitsunfall** oder einer → **Berufskrankheit**, kann er gegenüber dem betroffenen Arbeitnehmer oder seinen Angehörigen bzw. Hinterbliebenen zum **Schadensersatz** und zur Zahlung eines **Schmerzensgeldes** verpflichtet sein. Siehe hierzu Rn. 105 ff. Dort auch Hinweise zu den »**Asbest-Entscheidungen**« des BAG v. 20. 6. 2013 – 8 AZR 471/12 und 28. 4. 2011 – 8 AZR 769/09, AiB 2012, 273.   **15**
Bei vorsätzlichem oder grob fahrlässigem Handeln haftet der Arbeitgeber auch gegenüber den Sozialversicherungsträgern für die entstandenen **Aufwendungen** (§ 110 SGB VII).   **15a**
Kosten für Arbeitsschutzmaßnahmen dürfen den Beschäftigten nicht auferlegt werden (§ 3 Abs. 3 ArbSchG). »Maßnahmen des Arbeitsschutzes« i. . v. § 3 Abs. 1 und 3 ArbSchG sind nicht nur Anschaffung und Bereitstellung notwendiger Schutzkleidung, sondern auch das **An- und Ablegen der Schutzkleidung** sowie dadurch veranlasste **Wegezeiten** (LAG Hamburg v. 6. 7. 2015 – 8 Sa 53/14). Es handelt sich um fremdnützige Umkleidezeiten, die der Arbeitgeber als Arbeitszeit **zu vergüten hat**. Diese Verpflichtung kann durch einen Tarifvertrag nicht abbedungen werden, wenn das Umkleiden aus Gründen des Arbeitsschutzes geboten ist. Deshalb verstößt § 3 Ziff. 6 des Manteltarifvertrags für das Tarifgebiet Hamburg und Umgebung, Schleswig-Holstein, Mecklenburg-Vorpommern, Stand Oktober 2008, gegen § 3 Abs. 3 ArbSchG und ist damit **rechtsunwirksam**, soweit Umkleide- und damit verbundene Wegezeiten aus der Vergütungspflicht ausgeklammert werden, die durch Maßnahmen des Arbeitsschutzes veranlasst sind (LAG Hamburg v. 6. 7. 2015 – 8 Sa 53/14).   **16**

Maßnahmen des Arbeitsschutzes – allgemeine Grundsätze (§ 4 ArbSchG)

Bei Maßnahmen des Arbeitsschutzes hat sich der Arbeitgeber von folgenden **Grundsätzen** leiten zu lassen (§ 4 ArbSchG):   **17**
- die Arbeit ist so zu gestalten, dass eine Gefährdung für Leben sowie »die physische und die psychische« (siehe Rn. 10) Gesundheit möglichst vermieden und die verbleibende Gefährdung möglichst gering gehalten wird.
Nach dem »alten« – anlässlich der Verabschiedung des ArbSchG aufgehobenen – § 120 a Gewerbeordnung war der Arbeitgeber (nur) dazu verpflichtet, die Beschäftigten vor Gefahren für Leben und Gesundheit zu schützen, »wie es die Natur des Betriebes gestattet«;
- Gefahren sind an ihrer Quelle zu bekämpfen;
- der Stand der Technik, Arbeitsmedizin und Hygiene sowie sonstige gesicherte arbeitswissenschaftliche Erkenntnisse sind zu berücksichtigen;
- schon bei der Planung von Arbeitsschutzmaßnahmen sind Technik, Arbeitsorganisation, sonstige Arbeitsbedingungen, soziale Beziehungen und Einfluss der Umwelt auf den Arbeitsplatz sachgerecht zu verknüpfen;
- individuelle Schutzmaßnahmen (siehe Rn. 40: PSA-Benutzungsverordnung) sind nachrangig zu anderen Arbeitsschutzmaßnahmen (technische, organisatorische usw.);

Arbeitsschutz

- spezielle Gefahren für besonders schutzbedürftige Beschäftigtengruppen sind zu berücksichtigen;
- den Beschäftigten sind geeignete Anweisungen zu erteilen;
- geschlechtsspezifisch wirkende Regelungen sind nur zulässig, wenn sie aus biologischen Gründen zwingend geboten sind.

> **Hinweis:**
> Es gilt im Arbeits- und Gesundheitsschutz gemäß § 4 Nrn. 2 bis 5 ArbSchG generell eine gesetzlich vorgeschriebene **Rangfolge** von Arbeitsschutzmaßnahmen nach Maßgabe des sog. **STOP-Prinzips:** Substituieren (= Ersetzen z. B. von Gefahrstoffen) – Technische Maßnahmen (zur Beseitigung/Minderung von Gesundheitsgefahren) – Organisatorische Maßnahmen (zur Beseitigung/Minderung von Gesundheitsgefahren) – Persönliche Schutzausrüstung (zur Minderung von Gesundheitsgefahren).

Beurteilung der Arbeitsbedingungen (Gefährdungsbeurteilung; § 5 ArbSchG)

18 Der Arbeitgeber hat zur Ermittlung der erforderlichen Arbeitsschutzmaßnahmen eine Beurteilung der Gefährdungen, und zwar bezogen auf die jeweilige Art der Tätigkeit, vorzunehmen (§ 5 ArbSchG).
Bei der Frage, wie die Gefährdungsbeurteilung im Betrieb durchgeführt wird, hat der Betriebsrat ein **Initiativ-Mitbestimmungsrecht** nach § 87 Abs. 1 Nr. 7 BetrVG (siehe Rn. 77).
Eine der im Mitbestimmungswege zu klärenden Fragen ist, wer die Gefährdungsbeurteilung durchführt. In Frage kommen z. B.

- die **Fachkraft** bzw. **Fachkräfte für Arbeitssicherheit**; diese haben zwar nach § 6 Nr. 1 e ASiG zunächst nur die Aufgabe, den Arbeitgeber bei der Beurteilung der Arbeitsbedingungen zu beraten; es ist aber nach § 9 Abs. 3 ASiG möglich, ihre Aufgaben mit Zustimmung des Betriebsrats zu erweitern;
- ein zu beauftragender externer, zuverlässiger, qualifizierter und zertifizierter **Dienstleister** (siehe hierzu Rn. 77 k).

Von der Arbeitgeberseite wird regelmäßig vorgeschlagen, dass die **Führungskräfte/Vorgesetzten** die Gefährdungsbeurteilung durchführen. Dagegen bestehen Bedenken.
Es fehlt oft nicht nur an der erforderlichen Fachkunde.
Vorgesetzte befinden sich regelmäßig bei der Beurteilung des eigenen Zuständigkeitsbereichs in einer Befangenheitssituation. Wer stellt schon gerne fest, dass im eigenen Zuständigkeitsbereich Gesundheitsgefährdungen auftreten.
Dass die Durchführung der Gefährdungsbeurteilung durch die Führungskräfte/Vorgesetzten nicht sachgerecht ist, wird besonders deutlich im Bereich der Gefährdungen durch »psychische Belastungen bei der Arbeit« (§ 5 Abs. 3 Nr. 6 ArbSchG). Die diesbezüglich maßgeblichen Risikofaktoren

- Arbeitsaufgabe,
- Arbeitsmittel,
- Arbeitsorganisation,
- Arbeitsrhythmus,
- Arbeitsumgebungsbedingungen sowie
- soziale Bedingungen

werden in der Regel durch die Führungskräfte/Vorgesetzten selbst nach Maßgabe von Anweisungen der Geschäftsleitung ausgelöst.
Für den Fall, dass eine Führungskraft/ein Vorgesetzter mit der Durchführung beauftragt wird, ist deshalb auszuschließen, dass sie/er den eigenen Verantwortungsbereich beurteilt.

Arbeitsschutz

Zu weiteren Einzelfragen siehe **Musterbetriebsvereinbarung** zu »Gefährdungsbeurteilung und Maßnahmen des Arbeitsschutzes« im Anhang zu diesem Stichwort.

§ 5 Abs. 3 ArbSchG listet beispielhaft **Ursachen** auf, aus denen sich Gefährdungen ergeben können: **19**
- Gestaltung und Einrichtung der Arbeitsstätte und des Arbeitsplatzes,
- physikalische, chemische, biologische Einwirkungen,
- Gestaltung, Auswahl und Einsatz von Arbeitsmitteln (insbesondere Arbeitsstoffe, Maschinen, Geräte, Anlagen) sowie den Umgang damit,
- Gestaltung von Arbeits- und Fertigungsverfahren, Arbeitsabläufen und Arbeitszeit und deren Zusammenwirken,
- unzureichende Qualifikation und Unterweisung der Beschäftigten,
- psychische Belastungen bei der Arbeit (siehe Rn. 10).

Siehe auch **Übersichten** im Anhang zu diesem Stichwort.

Dokumentationsverpflichtung des Arbeitgebers (§ 6 ArbSchG)

Nach § 6 Abs. 1 ArbSchG muss der Arbeitgeber das Ergebnis der Gefährdungsbeurteilung nach § 5 ArbSchG, die hieraus abgeleiteten Arbeitsschutzmaßnahmen und das Ergebnis der Wirksamkeitsprüfung (vgl. § 3 Abs. 1 ArbSchG) in Form von Unterlagen **dokumentieren**. **20**

Nach der bisherigen Fassung des § 6 Abs. 1 Satz 3 ArbSchG bestand diese Verpflichtung nicht für Arbeitgeber mit bis zu zehn Beschäftigten. Diese mit EU-Recht (Richtlinie 89/391/EWG) unvereinbare Privilegierung der Kleinunternehmen wurde durch das BUK-Neuorganisationsgesetz (siehe Rn. 10) beseitigt. Auch Kleinarbeitgeber sind nunmehr zur Dokumentation der Gefährdungsbeurteilung verpflichtet. Gestrichen wurde auch die Berechnungsvorschrift des § 6 Abs. 1 Satz 4 ArbSchG. Hiernach waren bei der Feststellung der Zahl der Beschäftigten Teilzeitbeschäftigte anteilig berücksichtigt (bis 20 Stunden/Woche mit 0,5; bis 30 Stunden/Woche mit 0,75).

Bei der Frage, wie die Dokumentation durchgeführt wird, hat der Betriebsrat ein Initiativ-Mitbestimmungsrecht nach § 87 Abs. 1 Nr. 7 BetrVG.

> **Beispiel für eine Regelung in einer Betriebsvereinbarung:**
> »§ 9 Dokumentation
> - Der Arbeitgeber dokumentiert nach den Maßgaben von § 6 ArbSchG
>   - die Ergebnisse der Gefährdungsermittlung
>   - die Ergebnisse der anschließenden Beurteilung mit entsprechender Begründung
>   - die festgelegten Maßnahmen des Arbeitsschutzes und
>   - das Ergebnis ihrer Überprüfung (Wirksamkeitskontrolle)
> - Die Dokumentation wird fortgeschrieben, ohne alte Daten zu überschreiben bzw. zu löschen.
> - Die Dokumentation erfolgt durch Verwendung eines geeigneten Softwareprogramms. Über die Auswahl berät das Beurteilungsteam. Im Nichteinigungsfall gilt das Einigungsverfahren nach § 13 dieser Betriebsvereinbarung.
> - Zum Eingeben der Daten zur Dokumentation der Gefährdungsbeurteilung ist die Fachkraft für Arbeitssicherheit zuständig bzw. es wird vom Beurteilungsteam festgelegt, wer zuständig ist.
> - Die Dokumentationen sind von dem Unternehmen zeitlich unbegrenzt aufzubewahren.
> - Die Dokumentation werden ausschließlich zu Zwecken des Arbeits- und Gesundheitsschutzes verwendet.
> - Dokumentationen mit personenbezogenen Daten dürfen – neben der Fachkraft für Arbeitssicherheit, Betriebsarzt, Aufsichtspersonen der Berufsgenossenschaft und Gewerbeaufsicht – nur vom Beurteilungsteam oder von vom Beurteilungsteam ermächtigten Personen eingesehen werden.
> - Der Betriebsrat erhält sowohl eine EDV-mäßige als auch schriftliche Ausfertigung der erstellten Dokumentationen.

Arbeitsschutz

> - Alle Beschäftigten erhalten die Möglichkeit, Einsicht in die sie betreffende Dokumentation zu nehmen.
> - Bei Ausscheiden eines Beschäftigten sind ihm alle auf ihn und seine Tätigkeiten/Arbeitsplätze bezogenen Dokumentationen in Kopie (mit Firmenstempel und Unterschrift versehen) auszuhändigen.«

21 **Unfälle**, bei denen ein Beschäftigter stirbt oder mehr als drei Tage ganz oder teilweise arbeitsunfähig ist, hat der Arbeitgeber zu erfassen (§ 6 Abs. 2 ArbSchG; zur Verpflichtung des Arbeitgebers, den Unfall der Berufsgenossenschaft anzuzeigen und zu den insoweit bestehenden Rechten des Betriebsrats siehe → **Arbeitsunfall** und → **Unfallversicherung**).

Übertragung von Aufgaben auf Beschäftigte (§ 7 ArbSchG)

22 Bei der Übertragung von Arbeitsaufgaben auf Beschäftigte hat der Arbeitgeber zu berücksichtigen, ob diese zur Einhaltung der Arbeitsschutzbestimmungen und Maßnahmen befähigt sind (§ 7 ArbSchG).

Zusammenarbeit mehrerer Arbeitgeber (§ 8 ArbSchG)

23 Werden Beschäftigte auch anderer Arbeitgeber an einem Arbeitsplatz tätig (z. B. Leiharbeitnehmer, Fremdfirmenarbeitnehmer), haben die jeweiligen Arbeitgeber zur Sicherstellung des Arbeitsschutzes zusammenzuarbeiten, sich gegenseitig zu unterrichten und Maßnahmen zur Verhütung von Gefahren abzustimmen (§ 8 Abs. 1 ArbSchG).

24 Der Arbeitgeber hat sich zu vergewissern, dass Beschäftigte anderer Arbeitgeber angemessene Arbeitsschutzanweisungen erhalten haben (§ 8 Abs. 2 ArbSchG).

Besondere Gefahren (§ 9 ArbSchG)

25 Der Arbeitgeber hat durch geeignete Maßnahmen sicherzustellen, dass nur solche Beschäftigte Zugang zu besonders gefährlichen Arbeitsbereichen haben, die zuvor **geeignete Anweisungen** erhalten haben (§ 9 ArbSchG).

26 Die Beschäftigten sind frühzeitig über Gefahren und Schutzmaßnahmen zu informieren.
Es ist sicherzustellen, dass die Beschäftigten bei unmittelbarer erheblicher Gefahr Maßnahmen zur Gefahrenabwehr und Schadensbegrenzung selbst treffen können, wenn der zuständige Vorgesetzte nicht erreichbar ist.
Den Beschäftigten dürfen hieraus **keine Nachteile** entstehen (Ausnahme: Es werden vorsätzlich oder grob fahrlässig ungeeignete Maßnahmen getroffen).

27 Es sind vom Arbeitgeber Maßnahmen zu treffen, die es den Beschäftigten ermöglichen, sich bei unmittelbarer erheblicher Gefahr durch sofortiges Verlassen des Arbeitsplatzes in Sicherheit zu bringen.
Auch hierdurch dürfen den Beschäftigten keine Nachteile entstehen.
Bei Fortdauer der Gefahr darf der Arbeitgeber die Beschäftigten nur in besonders begründeten Ausnahmefällen auffordern, ihre Tätigkeit wieder aufzunehmen.

28 §§ 10 und 11 ArbSchG befassen sich mit **Erster Hilfe** und **Arbeitsmedizinischer Vorsorge**.

Unterweisung (§ 12 ArbSchG)

29 Hiernach hat der Arbeitgeber die Beschäftigten umfassend zu unterweisen, und zwar bei der → **Einstellung**, bei Veränderungen im Arbeitsbereich, der Einführung neuer Arbeitsmittel oder einer neuen Technologie, jeweils **vor Aufnahme** der Tätigkeit.

Arbeitsschutz

Die Unterweisung muss – an die Gefährdungsentwicklung angepasst – erforderlichenfalls wiederholt werden (§ 12 Abs. 1 ArbSchG).

Bei der Frage, wie die Unterweisung im Betrieb durchgeführt wird, hat der Betriebsrat ein Initiativ-Mitbestimmungsrecht nach § 87 Abs. 1 Nr. 7 BetrVG (siehe Rn. 77 a). 30

Gegenüber Leiharbeitnehmern (siehe → **Arbeitnehmerüberlassung/Leiharbeit**) trifft die Unterweisungspflicht den Arbeitgeber des Entleiherbetriebes (§ 12 Abs. 2 ArbSchG).

§§ 13 und 14 ArbSchG enthalten Bestimmungen über verantwortliche Personen neben dem Arbeitgeber sowie Unterrichtung und Anhörung der Beschäftigten des öffentlichen Dienstes. 31

Nach § 13 Abs. 2 ArbSchG kann der Arbeitgeber zuverlässige und fachkundige Personen schriftlich damit beauftragen, ihm obliegende Aufgaben (sog. **Unternehmerpflichten**) in eigener Verantwortung wahrzunehmen. Zur Frage, ob dem Betriebsrat dabei ein Mitbestimmungsrecht zusteht, siehe Rn. 77 k.

Werden übertragene Unternehmerpflichten von dem Beauftragten verletzt, kann das ein **Bußgeldverfahren** gegen ihn auslösen (§ 9 Abs. 2 Ziff. 2 Ordnungswidrigkeitengesetz).

Zu den **Pflichten und Rechten der Beschäftigten** nach §§ 15 ff. ArbSchG: siehe Rn. 100 ff. 32

Auf der Grundlage von §§ 18, 19 ArbSchG – und zur Umsetzung von EG-Richtlinien in bundesdeutsches Recht – sind **mehrere Rechtsverordnungen** erlassen worden. 33

Zu nennen sind u. a. die
- Arbeitsstättenverordnung
- Betriebssicherheitsverordnung
- Bildschirmarbeitsverordnung
- Biostoffverordnung
- Gefahrstoffverordnung
- Lastenhandhabungsverordnung
- PSA-Benutzungsverordnung
- Lärm- und Vibrations-Arbeitsschutzverordnung
- Arbeitsmedizinvorsorgeverordnung
- Arbeitsschutzverordnung zu künstlicher optischer Strahlung.

Arbeitsstättenverordnung (ArbStättV)

Die Arbeitsstättenverordnung (ArbStättV) vom 12. 8. 2004 (BGBl. I S. 2179) regelt die Anforderungen an die Arbeitsstätten. 34

Sie soll der Sicherheit und dem Gesundheitsschutz der Beschäftigten beim Einrichten und Betreiben von Arbeitsstätten dienen (§ 1 Abs. 1 ArbStättV).

Die Verordnung beschränkt sich auf die Formulierung allgemeiner Schutzziele und verzichtet – im Gegensatz zur früheren Arbeitsstättenverordnung – auf detaillierte Regelungen (die frühere ArbStättV brachte es auf fast 60, die neue ArbStättV begnügt sich mit nur 8 Paragrafen).

Ein beim Bundesministerium für Wirtschaft und Arbeit gebildeter »Ausschuss für Arbeitsstätten« soll Regeln ermitteln, wie die in dieser Verordnung gestellten Anforderungen erfüllt werden können (§ 7 ArbStättV; »Technische Regeln für Arbeitsstätten«).

Außerdem soll er das Bundesministerium für Wirtschaft und Arbeit in Fragen der Sicherheit und des Gesundheitsschutzes in Arbeitsstätten beraten.

Die bisherigen **Arbeitsstätten-Richtlinien** galten gemäß § 8 Abs. 2 ArbStättV zunächst weiter bis zur Überarbeitung durch den Ausschuss für Arbeitsstätten und der Bekanntmachung entsprechender Regeln durch das Bundesministerium für Wirtschaft und Arbeit, längstens jedoch bis zum 31. 12. 2012.

Arbeitsschutz

Die ArbStättV wurde mehrfach geändert, u.a. durch Art. 4 der Verordnung vom 19.7.2010 (BGBl. I S. 960) geändert (u.a. wurde ein § 3 mit Regelungen zur Gefährdungsbeurteilung eingefügt – zuletzt durch Verordnung vom 31.8.2015 (BGBl. I S. 1474)).

Betriebssicherheitsverordnung (BetrSichV)

35 Mit der Betriebssicherheitsverordnung (BetrSichV) vom 3.10.2002 (BGBl. I S. 3777) wurden alle zuvor geltenden arbeitsschutzrechtlichen Regelungen über die Benutzung von Arbeitsmitteln und den Betrieb überwachungsbedürftiger Anlagen zusammengefasst und konzentriert.
Die Verordnung regelt die Anforderungen an die Bereitstellung von Arbeitsmitteln durch den Arbeitgeber sowie die Benutzung von Arbeitsmitteln durch Beschäftigte bei der Arbeit (§ 1 Abs. 1 BetrSichV).
Sie gilt auch für überwachungsbedürftige Anlagen im Sinne des § 2 Abs. 2 a des Gerätesicherheitsgesetzes (§ 1 Abs. 2 BetrSichV).
Die Betriebssicherheitsverordnung ist mehrfach geändert worden (z.B. durch Gesetz vom 8.11.2011 – BGBl. I Nr. 57 S. 2178).
Mit der »Verordnung über Sicherheit und Gesundheitsschutz bei der Verwendung von Arbeitsmitteln (BetrSichV)« vom 3.2.2015 (BGBl. I Nr. 4 S. 49) wurde die Betriebssicherheitsverordnung **neu gefasst.**
Die neue Betriebssicherheitsverordnung ist am 1.6.2015 in Kraft getreten.
Sie ist durch die Verordnung vom 13.7.2015 (BGBl. I S. 1187) erneut geändert worden. Die Änderung betrifft Personenumlaufaufzüge (Paternoster) gemäß Anhang 1 Nummer 4.4 und deren Benutzung durch andere Personen als Beschäftigte.
Ziel der Betriebssicherheitsverordnung ist es, die Sicherheit und den Schutz der Gesundheit von Beschäftigten bei der Verwendung von Arbeitsmitteln zu gewährleisten (§ 1 BetrSichV).
Dies soll vor allem erreicht werden durch
- die Auswahl geeigneter Arbeitsmittel und deren sichere Verwendung,
- die für den vorgesehenen Verwendungszweck geeignete Gestaltung von Arbeits- und Fertigungsverfahren sowie
- durch die Qualifikation und Unterweisung der Beschäftigten.

Der Arbeitgeber hat vor der Verwendung von Arbeitsmitteln die auftretenden Gefährdungen zu beurteilen (**Gefährdungsbeurteilung**) und daraus notwendige und geeignete **Schutzmaßnahmen** abzuleiten (§ 3 Abs. 1 BetrSichV).
Mit der Neufassung der Betriebssicherheitsverordnung vom 3.2.2015 wurden auch einige Änderungen der Gefahrstoffverordnung (siehe Rn. 38) vorgenommen. Die Änderungen betreffen vor allem die §§ 2, 6 und 11 der Gefahrstoffverordnung.

Bildschirmarbeitsverordnung (BildscharbV)

36 Die Bildschirmarbeitsverordnung (BildscharbV) vom 4.12.1996 (BGBl. I S. 1841) legt Mindestanforderungen an das Bildschirmgerät, den Arbeitsplatz, die Arbeitsumgebung, die Arbeitsorganisation und die Software-Ausstattung fest.
Die Bildschirmarbeitsverordnung ist am 20.12.1996 in Kraft getreten.
Sie wurde u.a. durch Verordnungen vom 31.10.2006 (BGBl. I 2407), vom 18.12.2008 (BGBl. I Nr. 62 S. 2768) und vom 31.8.2015 (BGBl. I S. 1474) geändert.
Zu weiteren Einzelheiten siehe → **Bildschirmarbeit.**

Arbeitsschutz

Biostoffverordnung (BioStoffV)

Die Biostoffverordnung (BioStoffV) vom 27.1.1999 (BGBl. I S. 50) regelt einen Katalog von Schutzmaßnahmen, die bei Tätigkeiten mit biologischen Arbeitsstoffen (und bei Tätigkeiten in deren Gefahrenbereich) einzuhalten sind.
Biologische Stoffe sind alle natürlichen oder gentechnisch veränderten Mikroorganismen, die beim Menschen Infektionen, sensibilisierende oder toxische Wirkungen hervorrufen können.
Die BioStoffV vom 27.1.1999 wurde durch die Verordnung über Sicherheit und Gesundheitsschutz bei Tätigkeiten mit Biologischen Arbeitsstoffen (Biostoffverordnung – BioStoffV) vom 15.7.2013 (BGBl. I Nr. 40 S. 2514) ersetzt. Auslöser war die Richtlinie 2010/32/EU des Rates vom 10.5.2010 zur Umsetzung der von HOSPEEM und EGÖD geschlossenen Rahmenvereinbarung.

37

Gefahrstoffverordnung (GefStoffV)

Die Gefahrstoffverordnung ist eine Regelung mit vergleichsweise kurzer »Halbwertzeit«. Die »alte« Gefahrstoffverordnung (GefStoffV 1993) vom 26.10.1993 (BGBl. I S. 1782) ist wiederholt geändert worden.
Sie wurde sodann durch die Verordnung zum Schutz vor Gefahrstoffen (GefStoffV 2005) vom 23.12.2004 (BGBl. I S. 3758) abgelöst.
Wenige Jahre später wurde die GefStoffV 2005 einer erneuten grundlegenden Überarbeitung unterzogen und durch die Verordnung zum Schutz vor Gefahrstoffen (**GefStoffV 2010**) vom 26.11.2010 (BGBl. I S. 1643, 1644) ersetzt.
Auslöser der Neufassungen sind vor allem EG-Verordnungen und EG-Richtlinien zum Arbeitsschutz.
Die GefStoffV 2010 wurde erneut geändert durch Verordnungen vom 24.4.2013 (BGBl. I Nr. 20 S. 944) und 15.7.2013 (BGBl. I Nr. 40 S. 2514).
Eine weitere Änderung erfolgte durch die Verordnung zur Neuregelung der Anforderungen an den Arbeitsschutz bei der Verwendung von Arbeitsmitteln und Gefahrstoffen vom 3.2.2015 (BGBl. I 2015 Nr. 4 S. 49): die Änderung betrifft u. a. §§ 2, 6 und 11 GefStoffV.
Zu weiteren Einzelheiten siehe → **Gefahrstoffe**.

38

Lastenhandhabungsverordnung (LasthandhabV)

Die Lastenhandhabungsverordnung (LasthandhabV) vom 4.12.1996 (BGBl. I S. 1842) verpflichtet den Arbeitgeber zu Maßnahmen (z. B. Bereitstellung mechanischer Hebeausrüstungen), deren Ziel es ist, eine gesundheitsgefährdende manuelle Handhabung von Lasten zu vermeiden.
Ist dies nicht möglich, hat der Arbeitgeber – auf der Grundlage einer sach- und fachgerechten Beurteilung der Arbeitsbedingungen – geeignete Maßnahmen zu treffen, die eine Gefährdung der Beschäftigten soweit wie möglich ausschließen.
Bei der Beurteilung der Arbeitsbedingungen sind die Beschaffenheit der zu handhabenden Last, die zu erfüllende Arbeitsaufgabe sowie die Beschaffenheit des Arbeitsplatzes und der Arbeitsumgebung zugrunde zu legen (vgl. Anhang zur Verordnung).
Bei der Übertragung von Aufgaben hat der Arbeitgeber die körperliche Eignung des Beschäftigten zu berücksichtigen, ebenso im Rahmen der erforderlichen Unterweisung.
Bei der Unterweisung hat sich der Arbeitgeber an den im Anhang zur Verordnung aufgelisteten Umständen zu orientieren.
Die Lastenhandhabungsverordnung (LasthandhabV) dient in Verbindung mit dem Arbeitsschutzgesetz der Umsetzung der Richtlinie 90/269/EWG des Rates vom 29.5.1990 über die

39

Arbeitsschutz

Mindestvorschriften bezüglich der Sicherheit und des Gesundheitsschutzes bei der manuellen Handhabung von Lasten, die für die Arbeitnehmer vor allem eine Gefährdung der Lendenwirbelsäule mit sich bringt (ABl. EG Nr. L 156 S. 9).

PSA-Benutzungsverordnung (PSA-BV)

40 Nach der Verordnung über Sicherheit und Gesundheitsschutz bei der Benutzung persönlicher Schutzausrüstungen (PSA-Benutzungsverordnung) vom 4.12.1996 (BGBl. I S. 1841) haben Arbeitgeber immer dann, wenn durch andere (vorrangige z. B. technische oder organisatorische) Maßnahmen des Arbeitsschutzes kein ausreichender Schutz der Beschäftigten sichergestellt ist, geeignete persönliche Schutzausrüstungen (= PSA) für die Beschäftigten auszuwählen und bereitzustellen.

Durch Unterweisung ist darüber hinaus dafür zu sorgen, dass die Beschäftigten wissen, wie die persönlichen Schutzausrüstungen zu benutzen sind.

Die für das **An- und Ablegen von Sicherheitskleidung** benötigte Zeit dient allein dem Bedürfnis des Arbeitgebers und nicht zugleich auch einem Bedürfnis des Beschäftigten. Sie ist deshalb nach zutreffender Ansicht des BAG
- Arbeitszeit i. S. d. ArbZG (BAG v. 19.9.2012 – 5 AZR 678/11)
- Arbeitszeit i. S. d. § 87 Abs. 1 Nr. 2, 3 BetrVG (BAG v. 10.11.2009 – 1 ABR 54/08) und
- vergütungspflichtige Arbeitszeit i. S. d. §§ 611, 612 BGB (BAG v. 19.9.2012 – 5 AZR 678/11; LAG Baden-Württemberg v. 12.2.1987 – 13 (7) Sa 92/86, AiB 1987, 246).

Das Gleiche gilt für innerbetriebliche **Wegezeiten**, die dadurch veranlasst sind, dass der Arbeitgeber das Umkleiden nicht am Arbeitsplatz ermöglicht, sondern dafür eine vom Arbeitsplatz getrennte Umkleidestelle einrichtet, die der Arbeitnehmer zwingend benutzen muss (BAG v. 19.9.2012 – 5 AZR 678/11).

Manche Tarifverträge regeln, dass Umkleidezeiten keine Arbeitszeit sind.

> **Beispiel:**
> § 3 Ziff. 6 Manteltarifvertrag Metallindustrie Hamburg, Schleswig-Holstein, Mecklenburg-Vorpommern
> *»Pausen, Umkleiden und Waschen*
> *Umkleiden und Waschen sowie Pausen sind keine Arbeitszeit, soweit nicht innerbetriebliche abweichende Regelungen getroffen werden.«*

Eine solche Regelung ist mit § 3 Abs. 3 ArbSchG nicht vereinbar. Sie muss gesetzeskonform dahingehend ausgelegt werden, dass sie (jedenfalls) nicht für Zeiten für das An- und Ablegen von Sicherheitskleidung und für die notwendigen innerbetrieblichen Wegezeiten gilt.

Das LAG Hamburg hat in einer Entscheidung v. 6. 7. 2015 – 8 Sa 53/14 die Auffassung vertreten, dass die Verpflichtung des Arbeitgebers, fremdnützige Umkleidezeiten als Arbeitszeit zu vergüten, durch einen Tarifvertrag nicht abbedungen werden kann, wenn das Umkleiden aus Gründen des Arbeitsschutzes geboten ist. Daher sei § 3 Ziff. 6 des Manteltarifvertrag für das Tarifgebiet Hamburg und Umgebung, Schleswig-Holstein, Mecklenburg-Vorpommern, Stand Oktober 2008, wegen Verstoßes gegen § 3 Abs. 3 ArbSchG rechtsunwirksam, soweit Umkleide- und damit verbundene Wegezeiten aus der Vergütungspflicht ausgeklammert werden, die durch Maßnahmen des Arbeitsschutzes veranlasst sind. Das LAG Hamburg hat Revision zum BAG zugelassen. Die unterlegene Arbeitgeberseite (Firma Hydro Aluminium Rolled Products GmbH, Hamburg) hat Revision eingelegt (BAG – 5 AZR 574/15).

Arbeitsschutz

Lärm- und Vibrations-Arbeitsschutzverordnung (LärmVibrationsArbSchV)

Die Lärm- und Vibrations-Arbeitsschutzverordnung (LärmVibrationsArbSchV) vom 6.3.2007 (BGBl. I S. 261) bezweckt den Schutz der Beschäftigten vor tatsächlichen und möglichen **Gefährdungen** ihrer Gesundheit und Sicherheit durch Lärm oder Vibrationen bei der Arbeit (§ 1 Abs. 1 LärmVibrationsArbSchV).
Mit der Verordnung werden die EG-Richtlinien Lärm und Vibration in bundesdeutsches Recht umgesetzt.
Die Lärm- und Vibrations-Arbeitsschutzverordnung wurde zuletzt durch Verordnung vom 19.7.2010 (BGBl. I Nr. 38 S. 960) geändert.

40a

Verordnung zur arbeitsmedizinischen Vorsorge (ArbMedVV)

Mit der Verordnung zur arbeitsmedizinischen Vorsorge (ArbMedVV) vom 18.12.2008 (BGBl. I S. 2768) werden die bislang in unterschiedlichen Rechtsgrundlagen geregelten Bestimmungen zur arbeitsmedizinischen Vorsorge (z. B. § 15 GefStoffV, § 6 BildscharbV, § 13 LärmVibrationsArbSchV) zusammengeführt.
Die Verordnung zur arbeitsmedizinischen Vorsorge (ArbMedVV) wurde durch Verordnungen vom 19.7.2010 (BGBl. I Nr. 38 S. 960) und 23.10.2013 (BGBl. I Nr. 64 S. 3882) geändert.
Die Verordnung regelt in §§ 3 bis 5 allgemeine Pflichten des Arbeitgebers und seine Verpflichtung, sog. »**Pflichtuntersuchungen**« (Erst- und Nachuntersuchungen) sowie »**Angebotsuntersuchungen**« nach Maßgabe des Anhangs zur Verordnung (siehe *www.gesetze-im-internet.de/bundesrecht/arbmedvv/gesamt.pdf*) zu veranlassen.
In diesem **Anhang** sind die Voraussetzungen für die Durchführung von Pflicht- und/oder Angebotsuntersuchungen geregelt, und zwar für
- Tätigkeiten mit Gefahrstoffen (Anhang Teil 1)
- Tätigkeiten mit biologischen Arbeitsstoffen einschließlich gentechnischen Arbeiten mit humanpathogenen Organismen (Anhang Teil 2)
- Tätigkeiten mit physikalischen Einwirkungen (z. B. Hitze, Kälte, Lärm, Vibration, Druckluft; Anhang Teil 3)
- sonstige Tätigkeiten (z. B. Arbeit unter Atemschutz, Bildschirmarbeit; Anhang Teil 4)

Des Weiteren werden in der ArbMedVV Pflichten des Arztes und Anforderungen an ihn definiert (§§ 6, 7 ArbMedVV).
§ 8 ArbMedVV schreibt die Maßnahmen vor, die der Arbeitgeber durchzuführen hat, wenn ihm bekannt wird, dass bei einem Beschäftigten gesundheitliche Bedenken gegen die Ausübung einer Tätigkeit bestehen.
Ein vom Bundesminister für Arbeit und Soziales zu bildender **Ausschuss für Arbeitsmedizin** soll u. a. dem Stand der Arbeitsmedizin entsprechende Regeln und sonstige gesicherte arbeitsmedizinische Erkenntnisse ermitteln und Empfehlungen aussprechen, wie die Betriebe Gesundheitsvorsorge vor Ort effektiv betreiben können (§ 9 ArbMedVV).
Verstöße gegen die Verordnung werden als Ordnungswidrigkeit oder – wenn ein vorsätzlicher Verstoß Leben oder Gesundheit des Arbeitnehmers gefährdet – als Straftat verfolgt (§ 10 ArbMedVV).

40b

Arbeitsschutzverordnung zu künstlicher optischer Strahlung (OStrV)

Die Verordnung zum Schutz der Beschäftigten vor Gefährdungen durch künstliche optische Strahlung (OStrV) vom 19.7.2010 (BGBl. I S. 960) bezweckt den Schutz der Beschäftigten bei der Arbeit vor tatsächlichen oder möglichen Gefährdungen ihrer Gesundheit und Sicherheit durch optische Strahlung aus künstlichen Strahlungsquellen.

40c

Arbeitsschutz

Mit der Verordnung wurde die Richtlinie 2006/25/EG des Europäischen Parlaments und des Rates vom 5. 4. 2006 umgesetzt.
Die OstrV betrifft insbesondere die Gefährdung der Augen und der Haut.
Optische Strahlung ist jede elektromagnetische Strahlung im Wellenlängenbereich von 100 Nanometer bis 1 Millimeter. Künstliche optische Strahlung im Sinne der Verordnung ist jede optische Strahlung, die von künstlichen Strahlungsquellen ausgeht. Laserstrahlung ist durch einen Laser erzeugte kohärente optische Strahlung. Laser sind Geräte oder Einrichtungen zur Erzeugung und Verstärkung von kohärenter optischer Strahlung.

Arbeitssicherheitsgesetz (ASiG), Arbeitszeitgesetz (ArbZG)

41 Weitere wichtige staatliche Vorschriften zum Arbeitsschutz sind
- im Gesetz über Betriebsärzte, Sicherheitsingenieure und andere Fachkräfte für Arbeitssicherheit vom 12. 12. 1973 (**Arbeitssicherheitsgesetz – ASiG**, BGBl. I S. 1885; siehe Rn. 45) und
- im **Arbeitszeitgesetz** vom 6. 6. 1994 (ArbZG, BGBl. I S. 1170; siehe → **Arbeitszeit**) geregelt.

Tarifverträge

42 Regelungen in → **Tarifverträgen** zum Arbeitsschutz beschränken sich meist auf den finanziellen Ausgleich bestimmter Erschwernisse in Form von Nacht-, Schicht-, Erschwernis- oder Belastungszulagen, was unter dem Gesichtspunkt eines wirksamen Arbeits- und Gesundheitsschutzes sicher nicht als optimale Lösung anzusehen ist.
In neueren Tarifverträgen findet man auch – allerdings vergleichsweise schwache – Regelungen über den Ausgleich von Belastungen in Form von bezahlter Freizeit (vgl. z. B. § 13 Ziff. 4 des Entgeltrahmenabkommens für die Metallindustrie in Bremen, Hamburg Mecklenburg-Vorpommern, Nordwestliches Niedersachsen und Schleswig-Holstein: »*Durch freiwillige Betriebsvereinbarung kann vereinbart werden, dass die (Belastungs-)Zulagen nicht als geldliche Zulagen gewährt, sondern durch entsprechende bezahlte Freistellung von der Arbeit ausgeglichen werden kann.*«).
Nach mehrmonatigen – von Streiks begleiteten – Tarifverhandlungen einigten sich die Vereinigte Dienstleistungsgewerkschaft ver.di (siehe → **Gewerkschaften**) und die Vereinigung der kommunalen Arbeitgeberverbände (VKA) im Juli 2009 neben Gehaltszuwächsen für die 220 000 Beschäftigten in kommunalen Kindertagesstätten und Sozialeinrichtungen auf einen Tarifvertrag für einen besseren Gesundheitsschutz.
Der Tarifvertrag sieht u. a. vor, dass Beschäftigte einen **Rechtsanspruch auf eine Gefährdungsanalyse** ihres Arbeitsplatzes haben (einen solchen Anspruch hatte auch das BAG anerkannt: BAG v. 12. 8. 2008 – 9 AZR 1117/06).
Außerdem soll es künftig **betriebliche Kommissionen** geben, die Vorschläge für einen besseren Gesundheitsschutz, etwa Schritte gegen Lärmbelastung in Kindertagesstätten, machen (*http://presse.verdi.de*).

Durchsetzung des Arbeits- und Gesundheitsschutzes im Betrieb

43 Die Arbeit der Gewerbeaufsichtsämter und Berufsgenossenschaften (siehe Rn. 5) wird ergänzt durch die Tätigkeit **innerbetrieblicher Stellen und Gremien**, deren Aufgabe es ist, den Arbeits- und Gesundheitsschutz im Betrieb sicherzustellen und zu fördern.
Zu nennen sind insoweit:
- der Arbeitgeber,

Arbeitsschutz

- die Betriebsärzte,
- die Fachkräfte für Arbeitssicherheit,
- die Sicherheitsbeauftragten,
- der Betriebsrat,
- der Arbeitsschutzausschuss.

Arbeitgeber

Der Arbeitgeber ist für die Durchführung des betrieblichen Gesundheitsschutzes **zuständig** und **verantwortlich**. 44
Er ist insbesondere verpflichtet:
- die Vorschriften des Arbeitsschutzes (Gesetze, Verordnungen, Unfallverhütungsvorschriften) einzuhalten und umzusetzen;
- Arbeitsstätten, technische Anlagen, Maschinen, Werkzeuge, Fahrzeuge und sonstige Geräte so einzurichten und zu unterhalten sowie die Arbeitsabläufe, die Herstellung und den Umgang mit Gefahrstoffen so zu gestalten, dass die Beschäftigten gegen Gefahren für Gesundheit und Leben geschützt sind;
- die erforderlichen persönlichen Schutzausrüstungen zur Verfügung zu stellen;
- die Arbeitnehmer vor Beginn der Beschäftigung über die Unfall- und Gesundheitsgefahren sowie über die Maßnahmen und Einrichtungen zur Abwendung dieser Gefahren zu belehren (§ 81 Abs. 1 Satz 2 BetrVG; siehe auch → **Arbeitnehmerrechte nach dem BetrVG**).

Betriebsärzte und Fachkräfte für Arbeitssicherheit (Arbeitssicherheitsgesetz – ASiG)

Unter den Voraussetzungen des »Arbeitssicherheitsgesetzes« ist der Arbeitgeber verpflichtet, 45
»Betriebsärzte« und »Fachkräfte für Arbeitssicherheit« (Sicherheitsingenieure, Sicherheitsmeister, Sicherheitstechniker) zu bestellen, und zwar durch → **Einstellung** des Betreffenden oder Beauftragung von Freiberuflern oder eines überbetrieblichen Dienstes (§ 9 Abs. 3 Satz 3 ASiG, § 24 Sozialgesetzbuch VII; siehe auch → **Unfallversicherung**).
Die Betriebsärzte und Sicherheitsfachkräfte haben den Arbeitgeber in allen Fragen des Gesundheitsschutzes zu unterstützen.
Die Betriebsärzte haben darüber hinaus die Aufgabe, die Arbeitnehmer zu untersuchen, arbeitsmedizinisch zu beurteilen, zu beraten und die Untersuchungsergebnisse zu erfassen und auszuwerten.
Der Arbeitgeber ist gem. § 8 Abs. 2 ASiG verpflichtet, im Rahmen eines Arbeitsverhältnisses beschäftigte (leitende) Fachkräfte für Arbeitssicherheit (mindestens) unmittelbar dem Leiter des Betriebs im Rahmen einer **Stabsstelle** fachlich und disziplinarisch zu unterstellen (BAG v. 15.12.2009 – 9 AZR 769/08, NZA 2010, 506). Diese herausgehobene Einordnung in der betrieblichen Hierarchie gehöre zu den strukturprägenden Grundsätzen des ASiG.
Der für die Aufgabenerfüllung erforderliche **Zeitaufwand** ist durch Unfallverhütungsvor- 45a
schriften der für den Betrieb zuständigen Berufsgenossenschaft (bzw. der Unfallkassen) geregelt.
Maßgeblich ist die »**DGUV Vorschrift 2**« (abrufbar unter *http://www.dguv.de/medien/inhalt/ praevention/vorschr_regeln/documents/muster_vorschr_2.pdf*).
Die »DGUV Vorschrift 2« ist die erste gemeinsame Unfallverhütungsvorschrift für den gewerblichen und öffentlichen Bereich. Sie wurde von der Deutschen Gesetzlichen Unfallversicherung (DGUV; siehe *http://www.dguv.de/de/index.jsp*) ausgearbeitet und zum 1.1.2011 von allen Berufsgenossenschaften und fast allen Unfallkassen (gesetzliche Unfallversicherungen) erlassen worden (Ausnahme: Die Landesverwaltung in Bayern hat eine für die dortigen Beschäftigten ungünstigere Regelung geschaffen).

Arbeitsschutz

Mit dem Erlass der »DGUV Vorschrift 2« wurden die Vorläuferregelungen (BGV A2 = Berufsgenossenschaftliche Vorschrift und GUV A2 bzw. GUV 0.5 = Vorschriften der Unfallkassen) abgelöst. Hier waren sog. **Mindesteinsatzzeiten** vorgesehen, die in vielen Betrieben allerdings nicht verlängert, sondern als Regel-Einsatzzeit angesehen wurden. Die »DGUV Vorschrift 2« unterscheidet zwischen **Grundbetreuung** und **betriebsspezifischer Betreuung**. Beide Bestandteile zusammen bilden die Gesamtbetreuung.
Dieses Modell ist für Betriebe mit mehr als 10 Beschäftigten anzuwenden. Für kleinere Betriebe ist eine Sonderregelung vorgesehen. Für Betriebe mit bis zu 50 Beschäftigten kann der Unternehmer nach Maßgabe von Anlage 3 der »DGUV Vorschrift 2« ein alternatives Betreuungsmodell wählen, wenn er aktiv in das Betriebsgeschehen eingebunden ist.

45b Bei der Berechnung der **Einsatzzeiten der Grundbetreuung** sind jährliche Durchschnittszahlen zugrunde zu legen. Der Zeitaufwand ergibt sich aus der Zuordnung des Betriebs zu einer sog. »Betreuungsgruppe« und wird in Stunden pro Jahr pro Beschäftigten berechnet.
Hierzu ein Auszug aus Anlage 2 Nr. 2 der DGUV Vorschrift 2: »*Die Grundbetreuung weist drei Betreuungsgruppen auf, für die jeweils feste Einsatzzeiten als Summenwerte für Betriebsarzt und Fachkraft für Arbeitssicherheit gelten. Die Betriebe sind über ihre jeweilige Betriebsart den Betreuungsgruppen gemäß Abschnitt 4 zugeordnet. Für die Grundbetreuung ist je nach Zuordnung in eine der drei Gruppen folgende Einsatzzeit in Stunden pro Beschäftigtem/r und Jahr erforderlich:*
Gruppe I: 2,5 Stunden/Jahr pro Beschäftigtem/r
Gruppe II: 1,5 Stunden/Jahr pro Beschäftigtem/r
Gruppe III: 0,5 Stunden/Jahr pro Beschäftigtem/r
Bei der Aufteilung der Zeiten auf Betriebsärzte und Fachkräfte für Arbeitssicherheit ist ein Mindestanteil von 20 % der Grundbetreuung, jedoch nicht weniger als 0,2 Std./Jahr pro Beschäftigtem/r, für jeden Leistungserbringer anzusetzen.«
Strittig ist, ob Teilzeitbeschäftigte für die Feststellung der Beschäftigtenzahl wie Vollzeitbeschäftigte oder nur zeitanteilig zu berücksichtigen sind. In einem im Auftrag des Verbands der Deutschen Sicherheitsingenieure (VDSI) verfassten Rechtsgutachten (Prof. Wilrich 25.11.2011) wird zu Recht festgestellt, dass Teilzeitbeschäftigte mit dem Faktor 1,0, also wie Vollzeitbeschäftigte zu zählen sind.
Wegezeiten können nicht als Einsatzzeiten angerechnet werden.
Die Zuordnung der Betriebe zu den Betreuungsgruppen richtet sich nach Gefahrenklassen (Gruppe I, Gruppe II, Gruppe III) und ist in der Anlage 2 Nr. 4 der »DGUV Vorschrift 2« festgelegt.
Im Anhang 3 der »DGUV Vorschrift 2« sind die im Rahmen der Grundbetreuung zu erledigenden Aufgaben aufgeführt.

45c Der Bedarf an **betriebsspezifischer Betreuung** ist vom Unternehmer in einem Verfahren zu ermitteln, das die im Anhang 4 der DGUV Vorschrift 2 aufgeführten Aufgabenfelder sowie Auslöse- und Aufwandskriterien berücksichtigt. Das Verfahren erfordert, dass der Unternehmer alle Aufgabenfelder hinsichtlich ihrer Relevanz für die betriebsärztliche und sicherheitstechnische Betreuung regelmäßig, insbesondere nach wesentlichen Änderungen prüft.

45d Die Umsetzung der Maßgaben der »DGUV Vorschrift 2« ist nach § 87 Abs. 1 Nr. 7 BetrVG **mitbestimmungspflichtig**. Der Betriebsrat hat ein Initiativmitbestimmungsrecht. Im Nichteinigungsfall kann die → **Einigungsstelle** angerufen werden (zu weiteren Einzelheiten siehe den instruktiven Artikel von Riesenberg-Mordeja/Heegner, Die Umsetzung der DGUV Vorschrift 2, Betreuung durch Betriebsärzte und Fachkräfte für Arbeitssicherheit, AiB 2012, 517).

45e Die **Bestellung** und **Abberufung** von »Betriebsärzten« und »Fachkräften für Arbeitssicherheit« bedarf nach § 9 Abs. 3 Satz 1 ASiG der **Zustimmung des Betriebsrats**.
Das gleiche gilt nach § 9 Abs. 3 Satz 2 ASiG, wenn deren **Aufgabe erweitert oder eingeschränkt** werden soll. Eine zustimmungspflichtige Erweiterung der Aufgabe liegt beispielsweise

Arbeitsschutz

vor, wenn die Fachkraft für Arbeitssicherheit die dem Arbeitgeber nach 5 ArbSchG obliegende Gefährdungsbeurteilung (siehe hierzu Rn. 18) **durchführen** soll. Keine Aufgabenerweiterung liegt vor, wenn die Sicherheitsfachkraft den Arbeitgeber bei der Beurteilung der Arbeitsbedingungen **berät**. Dies gehört zu seinen gesetzlichen Aufgaben (§ 6 Abs. 1 Satz 2 Nr. 1 e ASiG).
Im Übrigen ordnet das Gesetz die Geltung von § 87 in Verbindung mit § 76 BetrVG an. Das heißt: die Betriebsparteien haben eine Einigung über die in § 9 Abs. 3 Satz 1 und 2 ASiG genannten Maßnahmen zu treffen.
Kommt diese nicht zustande, entscheidet nach § 9 Abs. 3 Satz 2 ASiG, § 87 Abs. 2 und § 76 BetrVG die → **Einigungsstelle**. Deren Spruch ersetzt die Einigung zwischen Arbeitgeber und Betriebsrat (BAG v. 24. 3. 1988 – 2 AZR 369/87, AiB 1989, 91; siehe auch Rn. 64 f.).

Sicherheitsbeauftragte (§ 22 Sozialgesetzbuch VII)

In Unternehmen mit regelmäßig mehr als 20 Beschäftigten hat der Unternehmer Sicherheitsbeauftragte unter Beteiligung des Betriebsrats zu bestellen. 46
Die Berufsgenossenschaft kann die Zahl 20 in einer Unfallverhütungsvorschrift erhöhen, aber auch die Bestellung von Sicherheitsbeauftragten in Unternehmen mit weniger als 21 Beschäftigten anordnen.
Die Sicherheitsbeauftragten haben den Unternehmer in Bezug auf die Verhütung von Arbeitsunfällen und Berufskrankheiten zu unterstützen und auf Unfall- und Gesundheitsgefahren aufmerksam zu machen.
Wegen der Erfüllung ihrer Aufgaben dürfen sie nicht benachteiligt werden. Siehe auch → **Kündigungsschutz (besonderer)**.
Die Zahl der zu bestellenden Sicherheitsbeauftragten wird durch Unfallverhütungsvorschrift 47 bestimmt (§ 15 Abs. 1 Nr. 7 Sozialgesetzbuch VII; siehe → **Unfallversicherung**).

Betriebsrat

Auch der Betriebsrat nimmt im Rahmen des betrieblichen Arbeits- und Gesundheitsschutzes 48 eigenständige Aufgaben wahr.
Außerdem stehen ihm zur Realisierung der Aufgaben (Überwachungs-, Schutz- und Gestaltungsaufgaben) Rechte unterschiedlicher Reichweite zu (Informations-, Mitwirkungs- und Mitbestimmungsrechte).
Aufgaben und Rechte sind im Einzelnen in erster Linie im BetrVG, teilweise aber auch in anderen Gesetzen und Verordnungen geregelt (zu den Einzelheiten: siehe Rn. 52 ff.).

Arbeitsschutzausschuss (§ 11 Arbeitssicherheitsgesetz)

Die verschiedenen Stellen/Gremien des innerbetrieblichen Arbeits- und Gesundheitsschutzes 49 finden sich zusammen im »Arbeitsschutzausschuss«.
Dieser ist vom Arbeitgeber in Betrieben mit mehr als 20 Beschäftigten zu bilden (§ 11 Satz 1 ASiG). Bei der Feststellung der Zahl der Beschäftigten werden Teilzeitbeschäftigte anteilig berücksichtigt (bis 20 Stunden/Woche mit 0,5; bis 30 Stunden/Woche mit 0,75).
Der Arbeitsschutzausschuss besteht im Einzelnen aus: 50
- dem Arbeitgeber oder einem von ihm Beauftragten,
- zwei vom Betriebsrat bestimmten Betriebsmitgliedern,
- Betriebsärzten,
- den Fachkräften für Arbeitssicherheit und
- den Sicherheitsbeauftragten nach § 22 SGB VII.

Aufgabe des »Arbeitsschutzausschusses« ist es, mindestens einmal pro Quartal Anliegen des 51

Arbeitsschutz

Arbeitsschutzes und der Unfallverhütung – insbesondere Maßnahmen zum Schutz der Gesundheit der Arbeitnehmer – zu beraten.

51a Kommt der Arbeitgeber in Betrieben mit mehr als 20 Beschäftigten seiner Verpflichtung nicht nach, einen Arbeitsschutzausschuss zu bilden, kann sich der Betriebsrat nach § 89 Abs. 1 Satz 2 BetrVG an die zuständige Arbeitsschutzbehörde (Gewerbeaufsichtsamt) wenden. Diese hat die Errichtung eines Arbeitsschutzausschusses nach § 12 ASiG anzuordnen und kann im Weigerungsfall eine Geldbuße verhängen (§ 20 ASiG). Dem Betriebsrat steht nach Ansicht des BAG **kein Initiativrecht** zur Bildung eines Arbeitsschutzausschusses zu (BAG v. 15. 4. 2014 – 1 ABR 82/12), vor allem könne er die Bildung eines solchen Ausschusses weder im arbeitsgerichtlichen Beschlussverfahren noch nach § 87 Abs. 1 Nr. 7 BetrVG durch Einleitung eines Einigungsstellenverfahrens erzwingen. § 11 ASiG regele zugunsten des Betriebsrats keinen Anspruch auf Errichtung eines Arbeitsschutzausschusses. Vielmehr handele es sich um eine öffentlich-rechtliche Verpflichtung des Arbeitgebers. Hierbei stehe ihm kein Handlungsspielraum zu. Das schließe nach dem Eingangshalbsatz des § 87 Abs. 1 BetrVG auch ein Mitbestimmungsrecht in Angelegenheiten des Arbeits- und Gesundheitsschutzes aus. Das BAG hat offen gelassen, ob die Arbeitgeberin ihrer Verpflichtung aus dem Arbeitssicherheitsgesetz dadurch genügt, dass sie im Hauptbetrieb unter Beteiligung des Gesamtbetriebsrats einen Arbeitsschutzausschuss errichtet hat (BAG v. 15. 4. 2014 – 1 ABR 82/12). Das dürfte aber zu verneinen sein. § 11 Satz 1 ASiG stellt ausdrücklich auf den Betrieb ab, nicht auf das Unternehmen. Zudem ist ein auf Betriebsebene gebildeter und tätiger Arbeitsschutzausschuss wesentlich »näher dran an den betrieblichen Problemen« und kann damit wesentlich effektiver Arbeitsschutzarbeit leisten.

Bedeutung für die Betriebsratsarbeit

Aufgaben des Betriebsrats im Bereich des Arbeitsschutzes und der Unfallverhütung

52 § 80 Abs. 1 Nr. 1 BetrVG: Hiernach hat der Betriebsrat **darüber zu wachen**, dass die zugunsten der Arbeitnehmer geltenden Gesetze, Verordnungen, Unfallverhütungsvorschriften, Tarifverträge und Betriebsvereinbarungen durchgeführt werden.

53 § 80 Abs. 1 Nr. 2 BetrVG: Der Betriebsrat hat Maßnahmen, die dem **Wohl der Arbeitnehmer** dienen, beim Arbeitgeber zu beantragen. Zu diesen Maßnahmen zählen natürlich auch solche, die eine Verbesserung des Gesundheitsschutzes bewirken.
Zur Vorgehensweise des Betriebsrats: siehe → **Verhandlungen mit dem Arbeitgeber**.

54 § 80 Abs. 1 Nr. 9 BetrVG: Der Betriebsrat hat Maßnahmen des Arbeitsschutzes (und des betrieblichen → **Umweltschutzes**) zu fördern.

55 § 89 Abs. 1 BetrVG: Der Betriebsrat hat sich nach § 89 Abs. 1 BetrVG dafür einzusetzen, dass die Vorschriften über den Arbeitsschutz und die Unfallverhütung (sowie über den betrieblichen → **Umweltschutz**) eingehalten werden.
Er hat die Gewerbeaufsicht, die Berufsgenossenschaft und die sonstigen für den Gesundheitsschutz zuständigen Stellen durch Anregung, Beratung und Auskunft zu unterstützen.

56 § 193 Abs. 5 SGB VII: Hiernach hat der Betriebsrat Anzeigen über Arbeitsunfälle oder Berufskrankheiten mit zu unterzeichnen (natürlich erst nach sorgfältiger Prüfung; siehe → **Arbeitsunfall** und → **Berufskrankheit**).

57 Nachstehend ein **Überblick** über die Rechte des Betriebsrats im Bereich des Arbeitsschutzes und der Unfallverhütung:

Arbeitsschutz

Informationsrechte

§ 80 Abs. 2 BetrVG: Nach dieser grundlegenden Vorschrift ist der Betriebsrat vom Arbeitgeber rechtzeitig und umfassend und – auf Verlangen unter Vorlage von Unterlagen – über alle Angelegenheiten des betrieblichen Arbeitsschutzes und der Unfallverhütung zu unterrichten (siehe → **Informationsrechte des Betriebsrats**). 58

§ 90 Abs. 1 BetrVG: Der Betriebsrat hat ein Informationsrecht bei der Planung von Neu-, Um- und Erweiterungsbauten, technischen Anlagen, Arbeitsverfahren, Arbeitsabläufen und Arbeitsplätzen; insoweit hat der Arbeitgeber die einschlägigen Unterlagen (z. B. Baupläne usw.) unaufgefordert (!) vorzulegen. 59

§ 89 Abs. 2, 4 bis 5 BetrVG: Der Arbeitgeber – aber auch die Gewerbeaufsicht, die Berufsgenossenschaft sowie die sonstigen für den Gesundheitsschutz zuständigen Stellen – haben den Betriebsrat in allen Fragen des Gesundheitsschutzes und der Unfallverhütung (sowie des betrieblichen → **Umweltschutzes**), insbesondere bei Betriebsbesichtigungen und Unfalluntersuchungen, »hinzuzuziehen«. 60
Der Arbeitgeber hat dem Betriebsrat unverzüglich erteilte Auflagen und Anordnungen »mitzuteilen«.
Außerdem hat er dem Betriebsrat die Niederschriften über Untersuchungen, Besichtigungen und Besprechungen sowie die Durchschriften von Unfallanzeigen »auszuhändigen« (siehe → **Unfallversicherung**).
Vom Betriebsrat beauftragte Betriebsratsmitglieder nehmen an den Besprechungen des Arbeitgebers mit den Sicherheitsbeauftragten (§ 22 Abs. 2 SGB VII) teil.

§ 9 Abs. 1 und 2 ASiG: Die Betriebsärzte und die Fachkräfte für Arbeitssicherheit sind verpflichtet, den Betriebsrat über Angelegenheiten des Arbeitsschutzes und der Unfallverhütung zu unterrichten, ihn zu beraten und mit ihm zusammenzuarbeiten. 61

Mitwirkungsrechte

§ 90 Abs. 2 BetrVG: Dem Betriebsrat stehen nach diesen Vorschriften (nur) Beratungs- und Vorschlagsrechte zu. Der Arbeitgeber ist verpflichtet, über die Realisierung der Vorschläge des Betriebsrats mit »dem ernsten Willen zur Einigung« zu verhandeln (§ 74 Abs. 1 BetrVG). Das Letztentscheidungsrecht liegt aber beim Arbeitgeber. 62

§ 22 Abs. 1 SGB VII: Die Bestellung (und auch Abberufung, strittig) der »Sicherheitsbeauftragten« hat »unter Beteiligung« des Betriebsrats zu erfolgen (= ausführliche Erörterung und Beratung der Frage, wer in welchen Betriebsbereichen als Sicherheitsbeauftragter bestellt [oder abberufen] wird). Die Anzahl der zu bestellenden Sicherheitsbeauftragten ist durch Unfallverhütungsvorschrift geregelt (§ 15 Abs. 1 Nr. 7 SGB VII). 63

Mitbestimmungsrechte

Mitbestimmung nach § 9 Abs. 3 ASiG

Nach § 9 Abs. 3 ASiG hat der Betriebsrat ein Mitbestimmungsrecht bei der **Bestellung** und **Abberufung** von **Betriebsärzten** und **Fachkräften für Arbeitssicherheit** sowie bei der Erweiterung und Einschränkung der Aufgaben der Vorgenannten. 64
Eine zustimmungspflichtige Erweiterung der Aufgabe liegt beispielsweise vor, wenn die Fachkraft für Arbeitssicherheit die dem Arbeitgeber nach 5 ArbSchG obliegende Gefährdungsbeurteilung (siehe hierzu Rn. 18) durchführen soll. Keine Aufgabenerweiterung liegt vor, wenn die Sicherheitsfachkraft den Arbeitgeber bei der Beurteilung der Arbeitsbedingungen berät. Dies gehört zu seinen gesetzlichen Aufgaben (§ 6 Abs. 1 Satz 2 Nr. 1 e ASiG).
Unstritig ist, dass der Betriebsrat ein »Zustimmungsverweigerungsrecht« hat; strittig ist, ob

Arbeitsschutz

ihm darüber hinaus auch ein »Initiativmitbestimmungsrecht« zusteht (nach der wohl überwiegenden Meinung in der Literatur ist dies zu bejahen; DKKW-*Klebe*, BetrVG, 15. Aufl., § 87 Rn. 241).

65 Kommt eine Einigung zwischen Arbeitgeber und Betriebsrat über die Bestellung und Abberufung von Betriebsärzten und Fachkräften für Arbeitssicherheit bzw. die Erweiterung oder Einschränkung ihrer Aufgaben nicht zustande, entscheidet auf Antrag des Arbeitgebers oder Betriebsrats die → **Einigungsstelle** (BAG v. 24. 3. 1988 – 2 AZR 369/87, AiB 1989, 91).

66 Da mit den vorgenannten Maßnahmen gleichzeitig eine → **Einstellung**, → **Versetzung** oder → **Kündigung** verbunden sein kann, kommen auch die Rechte des Betriebsrats nach §§ 99 ff. BetrVG bzw. § 102 BetrVG zum Zuge.

67 Eine Zustimmung des Betriebsrats zur Bestellung nach § 9 Abs. 3 Arbeitssicherheitsgesetz stellt regelmäßig gleichzeitig eine Zustimmung zur → **Einstellung** des Betreffenden nach § 99 BetrVG dar.

68 Zu beachten ist, dass der Betriebsrat im Rahmen des § 99 BetrVG auch hinsichtlich der Frage der richtigen → **Eingruppierung** des Betreffenden ein Zustimmungsverweigerungsrecht hat. Wenn er also die Zustimmung zur Bestellung sowie Einstellung erteilt, die Zustimmung zur geplanten Eingruppierung aber aus einem der in § 99 Abs. 2 BetrVG genannten Gründe verweigert, muss der Arbeitgeber insoweit ein Zustimmungsersetzungsverfahren beim Arbeitsgericht nach § 99 Abs. 4 BetrVG einleiten.

69 Im Falle der **Abberufung** und → **Kündigung**, beispielsweise eines Sicherheitsingenieurs, entscheidet sich im Mitbestimmungsverfahren nach § 9 Abs. 3 ASiG (siehe Rn. 64 f.), ob der Betreffende noch als solcher tätig sein kann.
Im Anhörungs- und Widerspruchsverfahren nach § 102 BetrVG geht es darum zu prüfen, ob er im Falle wirksamer Abberufung zur Vermeidung einer Kündigung auf einem anderen Arbeitsplatz weiterbeschäftigt werden kann (vgl. z. B. § 102 Abs. 3 Nr. 3 BetrVG).
Verweigert der Betriebsrat die Zustimmung zur Abberufung eines Betriebsarztes oder einer Sicherheitsfachkraft – und wird die Zustimmung auch nicht durch die Einigungsstelle ersetzt (siehe Rn. 65), führt das zumindest dann zur Unwirksamkeit einer dem Betriebsarzt oder einer Sicherheitsfachkraft ausgesprochenen Kündigung, wenn diese auf Gründe gestützt wird, die sachlich mit der Tätigkeit als Betriebsarzt oder als Sicherheitsfachkraft in untrennbarem Zusammenhang stehen (BAG v. 24. 3. 1988 – 2 AZR 369/87, AiB 1989, 91).
Die fehlende Zustimmung des Betriebsrates (bzw. der Einigungsstelle) zur Abberufung soll nach abzulehnender Ansicht des LAG Hamm dann nicht zur Unwirksamkeit einer Kündigung führen, wenn es sich um eine → **betriebsbedingte Kündigung** handelt (LAG Hamm v. 14. 6. 2005 – 19 Sa 287/05, NZA-RR 2005, 640).

Mitbestimmung nach § 87 Abs. 1 Nr. 7 BetrVG

70 Der Betriebsrat hat mitzubestimmen bei:
»*Regelungen über die Verhütung von Arbeitsunfällen und Berufskrankheiten sowie über den Gesundheitsschutz im Rahmen der gesetzlichen Vorschriften oder der Unfallverhütungsvorschriften.*«

71 Die Mitbestimmung nach § 87 Abs. 1 Nr. 7 BetrVG gibt dem Betriebsrat eine **Mitregelungsbefugnis** bei der betrieblichen Umsetzung von Rahmenvorschriften des Arbeits- und Gesundheitsschutzes (Fitting, BetrVG, 27. Aufl. 2012, § 87 Rn. 257; DKKW-*Klebe*, BetrVG, 15. Aufl., § 87 Rn. 204; Schoof, Rechtsprechungsübersicht zum Arbeits- und Gesundheitsschutz, AiB 2013, 523; Schoof, »Betriebsverfassungsgesetz: Im Arbeits- und Gesundheitsschutz mitbestimmen«, Gute Arbeit 4/2013, 26; Oberberg/Schoof, »Initiativmitbestimmung beim Arbeits- und Gesundheitsschutz«, AiB 2012, 522 und »Die Einigungsstelle im Arbeits- und Gesundheitsschutz«, AiB 2012, 533).
Zweck der Mitbestimmung ist, die Beschäftigten an den sie betreffenden Maßnahmen zum

Arbeitsschutz

Schutz ihrer Gesundheit zu beteiligen und dadurch eine möglichst hohe Effizienz des betrieblichen Arbeits- und Gesundheitsschutzes zu erreichen (vgl. z. B. BAG v. 8.6.2004 – 1 ABR 4/03 und 1 ABR 13/03, AiB 2005, 252; 15.1.2002 – 1 ABR 13/01; 11.6.2002 – 1 ABR 44/01; 11.12.2012 – 1 ABR 81/11; vgl. auch Fitting, a. a. O.; DKKW-Klebe, a. a. O.).

Wichtig:
Dem Betriebsrat steht nach allgemeiner Auffassung auch ein **Initiativ-Mitbestimmungsrecht** zu (vgl. Fitting, BetrVG, 27. Aufl. 2012, § 87 Rn. 287 m. w. N.). Das heißt: er kann im Falle von Rahmenvorschriften Regelungen und Maßnahmen verlangen und im Nichteinigungsfalle die → **Einigungsstelle** anrufen (§ 87 Abs. 2 BetrVG).

§ 87 Abs. 1 Nr. 7 BetrVG eröffnet dem Betriebsrat im Bereich des Arbeits- und Gesundheitsschutzes eine **Vielzahl von Gestaltungsmöglichkeiten**. Sie kommt überall dort zum Zuge, wo und soweit einschlägige Arbeitsschutzregelungen in Gesetzen, Rechtsverordnungen oder Unfallverhütungsvorschriften in Form von mehr oder weniger allgemein gehaltenen »**Rahmenregelungen**« auftreten. Mitbestimmung des Betriebsrats (auch in Form des **Initiativrechts**!) besteht also überall dort, wo und soweit die Arbeitsschutzvorschriften dem Arbeitgeber den »**Spielraum**« lassen, eine Angelegenheit »auf diese oder auf jene Weise« zu regeln. Hierzu ein Auszug aus BAG v. 8.6.2004 – 1 ABR 13/03, a. a. O.: »*Nach § 87 Abs. 1 Nr. 7 BetrVG hat der Betriebsrat bei betrieblichen Regelungen über den Gesundheitsschutz mitzubestimmen, die der Arbeitgeber zwar auf Grund einer öffentlich-rechtlichen Rahmenvorschrift zu treffen hat, bei deren Gestaltung ihm aber Handlungsspielräume verbleiben. Mitzubestimmen hat der Betriebsrat bei der Ausfüllung dieses Spielraums. Dadurch soll im Interesse der betroffenen Arbeitnehmer eine möglichst effiziente Umsetzung des gesetzlichen Arbeitsschutzes im Betrieb erreicht werden. Das Mitbestimmungsrecht setzt ein, wenn eine gesetzliche Handlungspflicht objektiv besteht und wegen Fehlens einer zwingenden Vorgabe betriebliche Regelungen verlangt, um das vom Gesetz vorgegebene Ziel des Arbeits- und Gesundheitsschutzes zu erreichen.*«
Ein Initiativ-Mitbestimmungsrecht besteht nicht nur bei solchen Rahmenvorschriften, die dem Arbeitgeber einen »**Gestaltungs-/Ermessensspielraum**« eröffnen, sondern auch solchen Rahmenvorschriften, die ihm einen »**Beurteilungsspielraum**« zur Konkretisierung sog. unbestimmter Rechtsbegriffe geben (vgl. hierzu Fitting, BetrVG, 27. Aufl., § 87 Rn. 273, 275: »*... Der BR hat allerdings auch zu beurteilen, ob die tatbestandlichen Voraussetzungen einer Handlungspflicht des ArbGeb. erfüllt sind. Das wirkt sich insbesondere aus, wenn die Pflicht für das Ergreifen von Arbeitsschutzmaßnahmen ihrerseits aus einem ausfüllungsbedürftigen, weil unbestimmten Rechtsbegriff folgt.*«). Es verhält sich insoweit ähnlich wie bei dem Mitbestimmungsrecht nach § 99 BetrVG bei → **Eingruppierungen**: der Betriebsrat hat ein Mitbeurteilungsrecht in Bezug auf die Bewertung der tatbestandlichen Voraussetzungen einer Eingruppierung (vgl. Fitting, BetrVG, 27. Aufl., § 99 Rn. 96).

Beispiele:
- Rahmenvorschriften i. S. d. § 87 Abs. 1 Nr. 7 BetrVG, die dem Arbeitgeber einen »**Gestaltungs-/Ermessensspielraum**« eröffnen: § 5 BildschirmarbeitsVO: Bildschirmarbeit ist durch andere Tätigkeiten oder Pausen zu unterbrechen.
- Rahmenvorschriften i. S. d. § 87 Abs. 1 Nr. 7 BetrVG, die dem Arbeitgeber einen **Beurteilungsspielraum** zur Konkretisierung sog. unbestimmter Rechtsbegriffe einräumen:
  - § 2 Abs. 1 Nr. 3 PSA-Benutzungsverordnung: Der Arbeitgeber muss **geeignete** persönliche Schutzausrüstungen auswählen und bereitstellen ...
  - § 3 Abs. 1 ArbSchG: Der Arbeitgeber hat die **erforderlichen** Maßnahmen des Arbeitsschutzes zu treffen ... bei mehreren gleichwirksamen Schutzmaßnahmen hat er eine Auswahl vorzunehmen.

Arbeitsschutz

71a Mitbestimmung nach § 87 Abs. 1 Nr. 7 BetrVG bedeutet: Der Betriebsrat legt dem Arbeitgeber eigene **Vorschläge** zur Ausgestaltung des »Rahmens« vor (siehe Rn. 78 ff.). Lehnt der Arbeitgeber ab, kann der Betriebsrat die → **Einigungsstelle** anrufen und auf diesem Weg versuchen, eine für die Beschäftigten möglichst optimale Umsetzung der Rahmenvorschrift zu erreichen.

72 Die meisten Vorschriften des ArbSchG, aber auch der dazu ergangenen Rechtsverordnungen (z. B. ArbStättV, BetrSichV, BildschirmarbV, GefahrstoffV, LasthandhabV, LärmVibrationsArbSchV, PSA-Benutzungsverordnung, Arbeitsmedizinvorsorgeverordnung) und der Unfallverhütungsvorschriften (§ 15 SGB VII) sind als ausfüllungsbedürftige Rahmenvorschriften i. S. d. § 87 Abs. 1 Nr. 7 BetrVG ausgestaltet.

Beispiele:
- § 3 Abs. 1 ArbSchG und § 2 Abs. 1 BGV A1 (sog. Generalklauseln, die als Rahmenvorschriften i. S. d. § 87 Abs. 1 Nr. 7 BetrVG dann zur Anwendung kommen, wenn keine spezielleren Rahmenvorschriften [nachstehend einige Beispiele] einschlägig sind; siehe Rn. 77 b);
- § 5 ArbSchG (Gefährdungsbeurteilung; ggf. i. V. m. Vorschriften in Rechtsverordnungen: z. B. § 5 ArbeitsstättenVO, § 6 GefahrstoffVO, § 3 BildschirmarbeitsVO; § 3 BetriebssicherheitsVO; § 2 Abs. 2 LasthandhabungsVO usw. usw.; siehe Rn. 77);
- § 6 ArbSchG (Art und Weise der Dokumentation);
- § 12 ArbSchG (Art und Weise der Unterweisung; siehe Rn. 77 a)
- § 3 Abs. 1 BetrSichV (notwendige und geeignete Schutzmaßnahmen)
- § 3 ArbStättV (Gefährdungsbeurteilung; vgl. hierzu LAG Hamburg v. 17. 8. 2007 – 6 TaBV 9/07);
- § 3 a ArbStättV (Einrichten und Betreiben von Arbeitsstätten; vgl. hierzu die instruktive Entscheidung des LAG Schleswig-Holstein v. 1. 10. 2013 – 1 TaBV 33/13; siehe auch Rn. 77 c),
- § 8 GefahrstoffVO (geeignete Gestaltung des Arbeitsplatzes, Bereitstellung geeigneter Arbeitsmittel, angemessene Hygienemaßnahmen usw.)
- § 5 BildschirmarbeitsVO (Unterbrechung der Arbeit an Bildschirmgeräten durch andere Tätigkeiten oder durch Pausen; siehe Rn. 77 f)
- § 7 Abs. 1 Lärm- und Vibrations-Arbeitsschutzverordnung (Gefährdungsbeurteilung, Maßnahmen zur Vermeidung und Verringerung der Lärmexposition)
- § 2 Abs. 1 LasthandhabungsVO (geeignete organisatorische Maßnahmen, geeignete Arbeitsmittel; siehe Rn. 77 g)
- § 2 Abs. 2 Satz 2 LasthandhabungsVO (geeignete Maßnahmen)
- usw. usw.

Deshalb eröffnet sich für den Betriebsrat **enorme Möglichkeiten**, die Arbeitsbedingungen im Wege seiner **Initiativ-Mitbestimmung** (siehe Rn. 71) zu verbessern.

Beispiele:
- In einer Halle zieht es »wie Hechtsuppe«. Was daran liegt, dass die Tore zu beiden Seiten der Halle meist offen stehen, um den An- und Abtransport von Waren zu beschleunigen. Dadurch kommt es ständig – vor allem in den kalten Jahreszeiten – zu Erkältungskrankheiten. Es besteht zwar eine Anweisung des Arbeitgebers, die Tore nach jeder Durchfahrt wieder zu schließen. Die Anweisung wird aber kaum befolgt – insbesondere auch deshalb, weil »alles schnell gehen soll«. Die Sicherheitsfachkraft gibt dem Betriebsrat den Hinweis, dass das Problem durch Einbau von »automatischen« selbstschließenden Rolltoren, Zugluftschleusen oder »Luftschleieranlagen« gemildert oder beseitigt werden kann. Dem Arbeitgeber ist das zu teuer. Er möchte das Problem durch eine Anweisung an die Vorgesetzten lösen, verstärkt darauf zu achten, dass die Tore nach jeder An- und Ablieferung geschlossen werden.
Der Betriebsrat fordert den Arbeitgeber gemäß § 87 Abs. 1 Nr. 7 BetrVG i. V. m. § 3 a Abs. 1 Arbeitsstättenverordnung auf, selbstschließende Rolltore sowie »Zugluftschleusen« oder »Luftschleieranlagen« einzubauen. Die bisherige Situation führe zu nicht akzeptablen Gesundheitsgefährdungen. Er weist darauf hin, dass man mit derartigen technischen Mitteln auch erhebliche Energiekosten einsparen kann.

Arbeitsschutz

- In der Produktion »arbeitet« eine lärmende Maschine. Den Beschäftigten wird Gehörschutz zur Verfügung gestellt.
Der Betriebsrat verlangt nach § 87 Abs. 1 Nr. 7 BetrVG i. V. m. § 7 Lärm- und Vibrations-Arbeitsschutzverordnung, dass die Maschine innerhalb von zwei Monaten durch entsprechende technische Maßnahmen bzw. Baumaßnahmen so »eingekapselt« wird, dass eine Gesundheitsgefährdung der Beschäftigten durch Lärm nicht (mehr) entstehen kann.
- Zu den Aufgaben einiger Mitarbeiter gehört es, auf dem Werkhof von Zulieferern abgeladene Paletten per Gabelstapler in die Halle zu fahren. Weil die Gabelstapler keine geschlossenen, beheizbaren Fahrerkabinen haben, kommt es vor allem im Winter immer wieder zu Erkältungskrankheiten der Fahrer.
Der Betriebsrat verlangt gemäß § 87 Abs. 1 Nr. 7 BetrVG i. V. m. § 3 a Arbeitsstättenverordnung i. V. m. Nr. 5.1 des Anhangs die Ausrüstung der Gabelstapler mit geschlossen, beheizbaren Kabinen.
- In einer Werkhalle laufen vier Pressmaschinen, die jeweils von einem Mitarbeiter »gefahren« werden. Ein Mitarbeiter scheidet aus. In der Personalabteilung sieht man die Möglichkeit einer Senkung der Personalkosten. Es wird keine Ersatzkraft eingestellt. Stattdessen »überzeugt« man die drei verbliebenen Mitarbeiter, fortan vier Maschinen zu bedienen. In der Anlaufphase sei man bereit, eine Zulage zu zahlen.
Der Betriebsrat sieht eine gesundheitsgefährdende Arbeitsverdichtung und fordert gemäß § 87 Abs. 1 Nr. 7 BetrVG i. V. m. § 3 Abs. 1 ArbSchG die (Wieder-)Einstellung eines »vierten« Mitarbeiters.
- In mehreren Bereichen des Unternehmens werden seit Monaten hohe Arbeitszeitguthaben aufgebaut und »Überstunden« angeordnet. Die Mitarbeiter »pfeifen aus dem letzten Loch«. Es kommt zu krankheitsbedingten Ausfällen. In der »Lohn- und Gehaltsbuchhaltung« waren bislang stets sechs Arbeitnehmer/innen beschäftigt. Nach Ausscheiden eines Mitarbeiters wird sein Arbeitsplatz nicht wiederbesetzt. Stattdessen wird die Arbeit auf die verbleibenden fünf Mitarbeiter/innen verteilt. Das führt zu gesundheitsgefährdenden Belastungen (Arbeitsüberlastung). Das Gleiche gilt für die Abteilung »Kundenservice«. Diese ist mit drei Mitarbeitern/innen besetzt. Ihre Aufgabe ist es, Reklamationen und Serviceanfragen von Kunden zu bearbeiten. Der Arbeitsanfall schwankt extrem. In »Stoßzeiten« kommt es zu Stress und Überstunden.
Der Betriebsrat weist den Arbeitgeber auf die »zu kurze Personaldecke« hin. Diese sei Ursache der Erkrankungen. Durch Neueinstellungen könne das Problem gelöst werden. Er legt dem Arbeitgeber mit Hinweis auf sein Mitbestimmungsrecht nach § 87 Abs. 1 Nr. 7 BetrVG i. V. m. § 3 Abs. 1 ArbSchG einen entsprechenden Vorschlag zur Personalbemessung vor und fordert ihn zu Verhandlungen auf.
- In einem Krankenhaus sind einige Stationen nachts nur mit jeweils einer Nachtschwester besetzt. Sie können die ihnen zustehenden Pause nicht nehmen. Sie müssen stets befürchten, dass Patienten nicht ordnungsgemäß versorgt werden. Sie müssen in Kauf nehmen, dass rufende Patienten nicht versorgt werden können, weil sie sich »nicht teilen können«. Auch die Tagschichten sind unterbesetzt, weil Abwesenheitszeiten z. B. aufgrund von Krankheit, Urlaub, Elternzeit usw. nicht durch Einstellung von Zusatzpersonal kompensiert werden. Das führt zu gesundheitsgefährdenden Belastungen der Krankenschwestern.
Zum Abbau der Gefährdung verlangt der Betriebsrat nach § 87 Abs. 1 Nr. 7 BetrVG i. V. m. § 3 Abs. 1 ArbSchG, dass die Stationen zukünftig mit mehr Krankenschwestern besetzt werden. Er legt einen Vorschlag zur Personalbemessung vor.
- Ein Unternehmen beschäftigt mehrere »Firmenkundenberater«. Mit ihnen werden »Zielvereinbarungen« geschlossen. Darin wird festgelegt, welche Resultate der Mitarbeiter erreichen soll und wie festgestellt werden kann, ob und in welcher Qualität das Ziel erreicht wurde.
Der Betriebsrat bringt in Erfahrung, dass das Zielvereinbarungssystem die Berater einem gesundheitsschädlichen Druck aussetzt. Der Betriebsrat fordert die Geschäftsleitung auf, ihn gemäß § 80 Abs. 2 Satz 1 Halbs. 1 BetrVG über die mit den einzelnen Mitarbeitern vereinbarten Ziele zu unterrichten (vgl. hierzu LAG Hamm v. 9.3.2012 – 13 TaBV 100/10). Außerdem wolle er nach § 87 Abs. 1 Nr. 7 BetrVG i. V. m. § 3 Abs. 1 ArbSchG zur Wahrung des Gesundheitsschutzes der Mitarbeiter über die Ausgestaltung eines Zielvereinbarungssystems mitzubestimmen. Der Betriebsrat legt der Geschäftsleitung den Entwurf einer Betriebsvereinbarung über die Ausgestaltung des Bereichs »Firmenkundenberatung« vor.

Arbeitsschutz

72a Das Mitbestimmungsrecht des Betriebsrats nach § 87 Abs. 1 Nr. 7 BetrVG bezieht sich nur auf sog. **kollektive Tatbestände.** Ein solcher liegt vor, wenn es um die Regelung der Verhältnisse im ganzen Betrieb, in Betriebsabteilungen, einer Gruppe von Arbeitnehmern oder um funktionsbezogene Merkmale an einem **einzelnen Arbeitsplatz** geht. Die jeweils mitbestimmungspflichtige Maßnahme braucht nicht auf Dauer angelegt zu sein. Es kann sich um einmalige Tatbestände handeln, um Regelungen bzw. Maßnahmen, die sich auf mehrere oder nur auf einen bestimmten Arbeitsplatz beziehen, wenn das Regelungsbedürfnis unabhängig von der Person des betroffenen Arbeitnehmers besteht.

Der kollektive Bezug fehlt allenfalls dann, wenn die Regelung bzw. Maßnahme aus Anlass der besonderen Situation oder der Wünsche eines einzelnen Arbeitnehmers erfolgt und durch die besonderen Umstände des einzelnen individuellen Arbeitsverhältnisses bedingt ist.

73 Das Bundesarbeitsgericht hat in mehreren Entscheidungen klargestellt, dass die Vorschriften des Arbeitsschutzgesetzes über Gefährdungsbeurteilungen (§ 5 ArbSchG und § 3 BildscharbV) und über die Unterweisung der Arbeitnehmer (§ 12 ArbSchG) **Rahmenvorschriften** im Sinne des § 87 Abs. 1 Nr. 7 BetrVG sind, bei deren Umsetzung durch betriebliche Regelungen der Betriebsrat mitzubestimmen hat (BAG v. 15. 1. 2002 – 1 ABR 13/01, AiB 2003, 110; 11. 6. 2002 – 1 ABR 44/01, AiB 2004, 240; 8. 6. 2004 – 1 ABR 4/03, AiB 2005, 252 = NZA 2005, 227 und 1 ABR 13/03, AiB 2005, 252 = NZA 2004, 1175).

Auszug aus BAG v. 8. 6. 2004 – 1 ABR 13/03, a. a. O.: »*Nach § 87 Abs. 1 Nr. 7 BetrVG hat der Betriebsrat bei betrieblichen Regelungen über den Gesundheitsschutz mitzubestimmen, die der Arbeitgeber zwar auf Grund einer öffentlich-rechtlichen Rahmenvorschrift zu treffen hat, bei deren Gestaltung ihm aber Handlungsspielräume verbleiben. Mitzubestimmen hat der Betriebsrat bei der Ausfüllung dieses Spielraums. Dadurch soll im Interesse der betroffenen Arbeitnehmer eine möglichst effiziente Umsetzung des gesetzlichen Arbeitsschutzes im Betrieb erreicht werden. Das Mitbestimmungsrecht setzt ein, wenn eine gesetzliche Handlungspflicht objektiv besteht und wegen Fehlens einer zwingenden Vorgabe betriebliche Regelungen verlangt, um das vom Gesetz vorgegebene Ziel des Arbeits- und Gesundheitsschutzes zu erreichen. Ob die Rahmenvorschrift dem Gesundheitsschutz mittelbar oder unmittelbar dient, ist unerheblich. Keine Rolle spielt auch, welchen Weg oder welche Mittel die dem Gesundheitsschutz dienende Rahmenvorschrift vorsieht. Ebenso wenig kommt es auf eine subjektive Regelungsbereitschaft des Arbeitgebers an … Entgegen der Auffassung der Arbeitgeberin setzt das Mitbestimmungsrecht bei der Gefährdungsbeurteilung nicht voraus, dass eine konkrete Gesundheitsgefahr bereits bestimmbar wäre … Diesem Ziel entspricht es, den Betriebsrat auch dann zu beteiligen, wenn keine konkrete Gesundheitsgefährdung feststellbar ist und die vom Arbeitgeber zu treffenden Maßnahmen lediglich mittelbar dem Gesundheitsschutz dienen (…).*«

74 Die Frage, ob und in welchem Umfang der Betriebsrat ein Mitbestimmungsrecht nach § 87 Abs. 1 Nr. 7 BetrVG bei der Umsetzung des gesetzlichen Arbeitsschutzes hat, kann also als höchstrichterlich entschieden angesehen werden.

Das allein nützt jedoch im betrieblichen Alltag nichts, wenn die Mitbestimmung nicht auch ausgeübt wird. Der Betriebsrat übt sein Mitbestimmungsrecht aus, indem er
- eigene konkrete Vorschläge dazu ausarbeitet, mit welchen Regelungen und Maßnahmen das durch die jeweilige Rahmenvorschrift vorgegebene Ziel erreicht werden soll (dabei orientiert sich der Betriebsrat natürlich an den Interessen der Beschäftigten),
- den Arbeitgeber darüber zu Verhandlungen auffordert und
- im Nichteinigungsfall die → **Einigungsstelle** anruft.

Siehe auch Rn. 78 sowie **Übersichten** im Anhang zu diesem Stichwort.

75 Kein Mitbestimmungsrecht nach § 87 Abs. 1 Nr. 7 BetrVG besteht, wenn die Vorschriften so **konkret ausgestaltet** sind, dass ein »Rahmen«, also ein Regelungsspielraum nicht mehr verbleibt; wo also der Arbeitgeber eine ganz konkrete Maßnahme oder Regelung »so und nicht anders« treffen bzw. sicherstellen muss.

Arbeitsschutz

Dem Betriebsrat fällt dann »nur« noch die Aufgabe zu, darüber zu wachen, dass der Arbeitgeber die Vorschrift so, wie vorgeschrieben, auch tatsächlich durchführt (siehe Rn. 52 zur Überwachungsaufgabe nach § 80 Abs. 1 Nr. 1 BetrVG).

Beispiele:
- Bildschirmarbeitsverordnung (Ziff. 2 des Anhangs): »Das auf dem Bildschirm dargestellte Bild muss stabil und frei von Flimmern sein; es darf keine Verzerrungen aufweisen.«
- genau festgelegter Sicherheitsabstand usw.

Wenn der Arbeitgeber die konkrete Vorschrift nicht befolgt, muss der Betriebsrat nach § 80 Abs. 1 Nr. 1 BetrVG das beanstanden und – wenn notwendig – mit den zuständigen Stellen (Berufsgenossenschaft, Gewerbeaufsicht) Kontakt aufnehmen. Leider hat es der Gesetzgeber »vergessen«, dem Betriebsrat ein »Klagerecht« zur Durchsetzung der gesetzlichen Vorschriften zur Verfügung zu stellen.

Liegt dagegen eine »Rahmenregelung« im Sinne des § 87 Abs. 1 Nr. 7 BetrVG vor (besteht also ein Mitbestimmungsrecht), dann kann der Betriebsrat die → **Einigungsstelle** anrufen, wenn mit dem Arbeitgeber keine Einigung über die zu treffenden Maßnahmen oder Regelungen erzielt werden kann (§ 87 Abs. 2 BetrVG).

76

Nachstehend einige Beispiele für – im Mitbestimmungswege durch betriebliche Regelungen und Maßnahmen zu konkretisierende – **Rahmenvorschriften**.

Organisation des betrieblichen Arbeitsschutzes (§ 3 Abs. 2 Nr. 1 BetrVG)

Beabsichtigt der Arbeitgeber zur Planung und Umsetzung erforderlicher Maßnahmen des Arbeitsschutzes nach § 3 Abs. 2 Nr. 1 ArbSchG, eine **geeignete Organisation aufzubauen** und ausgewählten Arbeitnehmern (z. B. Führungskräfte) hierbei näher bezeichnete **Aufgaben zu übertragen**, hat der Betriebsrat nach § 87 Abs. 1 Nr. 7 BetrVG mitzubestimmen (BAG v. 18. 3. 2014 – 1 ABR 73/12).

76a

Bei § 3 Abs. 2 Nr. 1 ArbSchG handelt sich um einen typischen Fall einer »Rahmenvorschrift« (BAG v. 18.3.2014 – 1 ABR 73/12). Dem Arbeitgeber wird die öffentlich-rechtliche Pflicht auferlegt, zur Planung und Ausführung von Arbeitsschutzmaßnahmen inkl. Wirksamkeitskontrolle *»für eine geeignete Organisation zu sorgen und die erforderlichen Mittel bereit zu stellen.«* Die Vorschrift lässt aber offen, wie der Arbeitgeber diese Pflicht erfüllt. Der Arbeitgeber hat also einen Beurteilungs- und Ermessensspielraum zum »wie«. Dieser Spielraum ist im Mitbestimmungswege nach § 87 Abs. 1 Nr. 7 BetrVG – ggf. durch Spruch der → **Einigungsstelle** – zu konkretisieren.

§ 87 Abs. 1 Nr. 7 BetrVG gewährt dem Betriebsrat auch ein **Initiativ-Mitbestimmungsrecht**. Er kann also selbst dem Arbeitgeber Vorschläge zur Organisation des betrieblichen Arbeitsschutzes vorlegen und im Nichteinigungsfall die Einigungsstelle anrufen (§ 87 Abs. 2 BetrVG). Nachstehend ein Auszug aus der Pressemitteilung des BAG Nr. 11/14 zur Entscheidung v. 18.3.2014 – 1 ABR 73/12: *»Beabsichtigt der Arbeitgeber zur Planung und Durchführung erforderlicher Maßnahmen des Arbeitsschutzes nach § 3 Abs. 2 ArbSchG eine geeignete Organisation aufzubauen und ausgewählten Arbeitnehmern hierbei näher bezeichnete Aufgaben zu übertragen, hat der Betriebsrat nach § 87 Abs. 1 Nr. 7 BetrVG mitzubestimmen ... Mit dem Schreiben vom 16. September 2010 hat die Arbeitgeberin eine zur Durchführung des betrieblichen Arbeitsschutzes geeignete Organisation mit näher bezeichneten Aufgaben und Verantwortlichkeiten geschaffen. Hierfür schreibt das Arbeitsschutzgesetz dem Arbeitgeber kein bestimmtes Modell vor. Es bestimmt lediglich einen Rahmen für die Entwicklung einer an den betrieblichen Gegebenheiten ausgerichteten Organisation. Die hierdurch eröffneten Gestaltungsmöglichkeiten unterliegen der Mitbestimmung des Betriebsrats.«*

Arbeitsschutz

Auch die Einrichtung eines paritätisch besetzten »**Steuerungskreises**«, der die Ausführung der Gefährdungsbeurteilung organisiert und begleitet, kann und sollte vom Betriebsrat vorgeschlagen werden: siehe hierzu Rn. 77 und **Muster-Betriebsvereinbarung** zu Gefährdungsbeurteilung und Maßnahmen des Arbeitsschutzes (**Arbeitshilfen** im Anhang zu diesem Stichwort).

Zur Möglichkeit des Betriebsrats, bei der Ausarbeitung eines eigenen Vorschlags gem. § 80 Abs. 3 BetrVG »*nach näherer Vereinbarung mit dem Arbeitgeber*« einen Sachverständigen (etwa einen Arbeitsschutzexperten) hinzuzuziehen siehe → **Sachverständiger**.

Gefährdungsbeurteilung (§ 5 ArbSchG)

77 Nach § 5 Abs. 1 ArbSchG hat der Arbeitgeber durch eine Beurteilung der für die Beschäftigten mit ihrer Arbeit verbundenen Gefährdung zu ermitteln, welche Maßnahmen des Arbeitsschutzes erforderlich sind.

Die Bestimmung lässt dem Arbeitgeber einen Handlungsspielraum offen, »wie« – das heißt auf welche **Art und Weise** – die Gefährdungsbeurteilung durchgeführt wird. Deshalb hat der Betriebsrat dazu nach § 87 Abs. 1 Nr. 7 BetrVG mitzubestimmen (BAG v. 15.1.2002 – 1 ABR 13/01, AiB 2003, 110; BAG v. 11.6.2002 – 1 ABR 44/01, AiB 2004, 240; 8.6.2004 – 1 ABR 4/03, AiB 2005, 252 = NZA 2005, 227 und 1 ABR 13/05, AiB 2005, 252 = NZA 2004, 1175; vgl. auch Rn. 73). Das heißt: der Betriebsrat kann dem Arbeitgeber Vorschläge unterbreiten. Im Nichteinigungsfall kann er die → **Einigungsstelle** anrufen (§ 87 Abs. 2 BetrVG).

Das Gleiche gilt für die auf Grundlage von § 18 ArbSchG ergangenen Arbeitsschutz-Rechtsverordnungen (siehe Rn. 33 ff.) ergänzend zu § 5 ArbSchG geregelten Vorschriften über die Durchführung einer Gefährdungsbeurteilung z. B. bei Arbeitsstätten (§ 3 ArbStättV), Bildschirmarbeit (§ 3 BildscharbV; vgl. hierzu BAG v. 8.6.2004 – 1 ABR 4/03, AiB 2005, 252) oder Gefahrstoffen (§ 6 GefStoffV).

Die Einsetzung eines paritätisch besetzten »**Steuerungskreises**« (besetzt mit einer gleichen Anzahl von Betriebsratsmitgliedern und von Beauftragten des Arbeitgebers; vgl. hierzu Fitting, BetrVG 27. Aufl., § 28 Rn. 40) betrifft sowohl die Organisation des betrieblichen Arbeitsschutzes nach § 3 Abs. 2 Nr. 1 ArbSchG (siehe Rn. 76a), als auch die Art und Weise (das »wie«) der Gefährdungsbeurteilung und dürfte deshalb von der Mitbestimmung nach § 87 Abs. 1 Nr. 7 BetrVG i. V. m. § 3 Abs. 2 Nr. 1 und § 5 ArbSchG erfasst sein. Aufgabe des Steuerungskreises ist es, die Gefährdungsbeurteilung zu organisieren und den Betriebsparteien z. B. in Bezug auf zu treffende Arbeitsschutzmaßnahmen Vorschläge zu unterbreiten.

Hierzu ein Beschluss des ArbG Bremen-Bremerhaven v. 17.4.2013 – 7 BV 711/12: »*Das Mitbestimmungsrecht des Betriebsrats bei Gefährdungsbeurteilungen nach § 87 Abs. 1 Nr. 7 BetrVG i. V. m. § 5 ArbSchG umfasst sowohl die Identifizierung von Gefahren als auch die Festlegung von Abhilfemaßnahmen. Der gesamte Komplex unterliegt der Mitbestimmung. Mitbestimmungspflichtig ist auch die Einrichtung eines mit der Durchführung der Gefährdungsbeurteilung beauftragten ›Analyseteams‹. Jedoch liegt die Kompetenz zur abschließenden Entscheidung über die zu treffenden Regelungen/Maßnahmen nicht beim ›Analyseteam‹, sondern bei den Betriebsparteien und im Nichteinigungsfalle bei der Einigungsstelle.*«

Wichtig ist, dass in der Betriebsvereinbarung zur Gefährdungsbeurteilung nicht nur die Art und Weise der Ermittlung von gesundheitsgefährdenden Arbeitsbedingungen geregelt wird. Klarzustellen ist, dass die Festlegung von »*erforderlichen Maßnahmen des Arbeitsschutzes*« nicht einseitig durch den Arbeitgeber (oder die Sicherheitsfachkraft oder die mit der Durchführung der Gefährdungsbeurteilung beauftragten Stelle) erfolgt, sondern im Mitbestimmungswege (notfalls durch Spruch der → **Einigungsstelle**). Das gilt jedenfalls für solche Fallgestaltungen, in denen die einschlägigen gesetzlichen Bestimmungen bzw. Unfallverhütungs-

vorschriften dem Arbeitgeber einen **Handlungsspielraum** lassen (siehe Rn. 71, 73, 77 b). Dabei steht dem Betriebsrat ein Initiativmitbestimmungsrecht zu.
Das Mitbestimmungsrecht umfasst dabei auch die **Beurteilung, ob** im jeweiligen Fall eine Gesundheitsgefährdung vorliegt oder nicht. Wenn die Beurteilung mitbestimmungsfrei wäre, könnte die unstreitig bestehende Mitbestimmung bei Arbeitsschutzmaßnahmen (siehe Rn. 77 b) durch den Arbeitgeber oder seine Beauftragten dadurch ausgehebelt werden, dass das Vorliegen einer Gesundheitsgefährdung verneint wird. Mitbestimmungspflichtig ist deshalb nach zutreffender Ansicht des ArbG Bremen-Bremerhaven v. 17. 4. 2013 – 7 BV 711/12
- sowohl die Identifizierung von Gefährdungen durch eine Beurteilung der Arbeitsbedingungen
- als auch die Festlegung von Arbeitsschutzmaßnahmen.

Unterweisung (§ 12 ArbSchG)

Nach § 12 ArbSchG hat der Arbeitgeber die Beschäftigten über Sicherheit und Gesundheitsschutz bei der Arbeit zu unterweisen. 77a
Zum »wie« der Unterweisung lässt die Vorschrift dem Arbeitgeber einen Handlungsspielraum. Deshalb steht dem Betriebsrat ein Mitbestimmungsrecht nach § 87 Abs. 1 Nr. 7 BetrVG zu (vgl. Rn. 71, 73). Das heißt: der Betriebsrat kann dem Arbeitgeber Vorschläge unterbreiten. Im Nichteinigungsfall kann er die → **Einigungsstelle** anrufen (§ 87 Abs. 2 BetrVG).

Maßnahmen des Arbeitsschutzes (§ 3 Abs. 1 ArbSchG/§ 2 Abs. 1 BGV A1)

Der Betriebsrat hat aber nicht nur bei der Ausgestaltung von Gefährdungsbeurteilungen und 77b
Unterweisungen mitzubestimmen. Sein Mitbestimmungsrecht nach § 87 Abs. 1 Nr. 7 BetrVG erstreckt sich bei der betrieblichen Umsetzung von »Rahmenvorschriften« (siehe Rn. 71 ff.) auch auf die Festlegung der erforderlichen **Maßnahmen des Arbeitsschutzes** (vgl. hierzu Oberberg/Schoof, »Initiativmitbestimmung beim Arbeits- und Gesundheitsschutz«, AiB 2012, 522 und »Die Einigungsstelle im Arbeits- und Gesundheitsschutz«, AiB 2012, 533).
Von besonderer Bedeutung sind dabei die Rahmenvorschriften des § 3 Abs. 1 ArbSchG (Grundpflichten des Arbeitgebers) und der im Wesentlichen inhaltsgleichen Unfallverhütungsvorschrift § 2 Abs. 1 BGV A1 vom 1. 1. 2010 (Grundpflichten des Unternehmers; vgl. hierzu BAG v. 16. 6. 1998 – 1 ABR 68/97, AiB 1999, 343).
Der Arbeitgeber ist nach § 3 Abs. 1 ArbSchG verpflichtet, *»die erforderlichen Maßnahmen des Arbeitsschutzes unter Berücksichtigung der Umstände zu treffen, die Sicherheit und Gesundheit der Beschäftigten bei der Arbeit beeinflussen. Er hat die Maßnahmen auf ihre Wirksamkeit zu überprüfen und erforderlichenfalls sich ändernden Gegebenheiten anzupassen. Dabei hat er eine Verbesserung von Sicherheit und Gesundheitsschutz der Beschäftigten anzustreben.«*
Entsprechendes ist in der Unfallverhütungsvorschrift § 2 Abs. 1 BGV A1 geregelt. Danach hat der Unternehmer *»die erforderlichen Maßnahmen zur Verhütung von Arbeitsunfällen, Berufskrankheiten und arbeitsbedingten Gesundheitsgefahren sowie für eine wirksame Erste Hilfe zu treffen. Die zu treffenden Maßnahmen sind insbesondere in staatlichen Arbeitsschutzvorschriften (Anlage 1), dieser Unfallverhütungsvorschrift und in weiteren Unfallverhütungsvorschriften näher bestimmt.«*
Bei § 3 Abs. 1 ArbSchG und § 2 Abs. 1 BGV A1 handelt es sich um »**Rahmenvorschriften**« i. S. d. § 87 Abs. 1 Nr. 7 BetrVG (LAG Hamm v. 9. 3. 2012 – 13 TaBV 100/10; LAG Hamburg v. 17. 8. 2007 – 6 TaBV 9/07, AiB 2008, 101 und v. 21. 9. 2000 – 7 TaBV 3/98, NZA-RR 2001, 190; LAG Nürnberg v. 4. 2. 2003 – 6 (2) TaBV 39/01, NZA-RR 2003, 588; Hessisches LAG v. 29. 8. 2002 – 5 Ta BV Ga 91/02, DB 2004, 386). Dem Arbeitgeber wird nicht eine bestimmte Handlung/Maßnahme vorgeschrieben, sondern ein Handlungsspielraum belassen. Er kann

Arbeitsschutz

das Schutzziel der jeweiligen Vorschrift durch diese oder jene Maßnahme umsetzen (Motto: »... viele Wege führen nach Rom«). Und genau da setzt die Mitbestimmung des Betriebsrats nach § 87 Abs. 1 Nr. 7 BetrVG an. In Betrieben ohne Betriebsrat entscheidet der Arbeitgeber allein über die Festlegung der »erforderlichen Maßnahmen« – nämlich durch Ausübung seines Direktionsrechts (§ 106 GewO). In Betrieben mit Betriebsrat hat dieser bei der Auswahl und Festlegung der »erforderlichen Maßnahmen« mitzubestimmen. Im Nichteinigungsfall kann die Einigungsstelle angerufen werden (§ 87 Abs. 2 BetrVG). Ihre Entscheidung ersetzt verbindlich die fehlende Einigung der Betriebsparteien.

§ 3 Abs. 1 ArbSchG hat den Charakter einer **General- oder Auffang-Rahmenvorschrift**, die in den Fällen von Gesundheitsgefährdung zur Anwendung kommt, zu denen es (noch) keine spezielleren Vorschriften in Form von konkreten Bestimmungen oder allgemein gehaltenen – und damit wiederum nach § 87 Abs. 1 Nr. 7 BetrVG mitbestimmungspflichtigen – Rahmenbestimmungen gibt.

Das Gleiche gilt für die Unfallverhütungsvorschrift § 2 Abs. 1 BGV A1 vom 1.1.2010 (Grundpflichten des Unternehmers).

Beispielsweise bestehen zu der in der betrieblichen Praxis immer wichtiger werdenden Problematik der arbeitsbedingten **psychischen (Fehl-)Belastungen/Gesundheitsgefährdungen** i. S. d. §§ 4 Nr. 1, 5 Abs. 3 Nr. 6 ArbSchG (etwa **Burn-out** auf Grund von Arbeitsüberlastung in Folge einer »zu kurzen Personaldecke«) keine speziellen Vorschriften des Arbeitsschutzes. Deshalb kommen hier die Generalklauseln des § 3 Abs. 1 ArbSchG bzw. § 2 Abs. 1 BGV A1 zur Anwendung. Das heißt: Der Betriebsrat kann nach § 87 Abs. 1 Nr. 7 BetrVG präventive Maßnahmen zum Abbau von psychischen (Fehl-)Belastungen der Beschäftigten verlangen (z. B. eine **bessere Personalausstattung** einer Abteilung) und im Nichteinigungsfalle versuchen, sie über die → **Einigungsstelle** (§ 87 Abs. 2 BetrVG) durchzusetzen. Wenn sich der Betriebsrat für sein Mitbestimmungsrecht nach § 87 Abs. 1 Nr. 7 BetrVG ausschließlich auf die Auffang- und Generalrahmenvorschrift des § 3 Abs. 1 Satz 1 ArbSchG beruft, soll ein Initiativ-Mitbestimmungsrecht nur gegeben sein, wenn von den Arbeitsbedingungen eine »**unmittelbare objektive Gesundheitsgefahr**« ausgeht (BAG v. 11.12.2012 – 1 ABR 81/11, BB 2013, 1076; ebenso LAG Hamburg v. 17.8.2007 – 6 TaBV 9/07, AiB 2008, 101 unter Berufung auf BAG v. 2.4.1996 – 1 ABR 47/95). Eine »Gefährdung« soll nicht ausreichend sein.

Das BAG stützt seine seltsame Rechtsansicht auf BAG-Entscheidungen, die unter der Geltung des »**uralten**« **§ 120 a Abs. 1 Gewerbeordnung (GewO)** ergangen sind. Nach dieser Vorschrift, die zeitgleich mit dem Inkraftsetzen des ArbSchG vom 7.8.1996 aufgehoben wurde, waren die Unternehmen (nur) verpflichtet, »*die Arbeitsräume, Betriebsvorrichtungen, Maschinen und Gerätschaften so einzurichten und zu unterhalten und den Betrieb so zu regeln, dass die Arbeitnehmer gegen Gefahren für Leben und Gesundheit so weit geschützt sind, wie es die Natur des Betriebs gestattet*«. Vor dem Hintergrund dieser aus heutiger Sicht falschen Reduzierung des Arbeits- und Gesundheitsschutzes auf eine mit der »Natur des Betriebes« kompatible Gefahrenabwehr kam das BAG auf die merkwürdige Idee, auch noch die Initiativ-Mitbestimmung des Betriebsrats nach § 87 Abs. 1 Nr. 7 BetrVG einzuschränken. Und zwar mit einer »an den Haaren herbei gezogenen« Begründung: Wenn bei sehr weit gefassten, dem Gesundheitsschutz dienenden Generalklauseln (wie § 120 a GewO) ein erzwingbares Mitbestimmungsrecht nach § 87 Abs. 1 Nr. 7 BetrVG einschränkungslos bejaht würde, verbleibe möglicherweise für freiwillige Betriebsvereinbarungen nach § 88 Nr. 1 BetrVG und für Verlangen des Betriebsrats nach § 91 BetrVG kein nennenswerter Raum mehr (BAG v. 8.6.2004 – 1 ABR 13/03 (Rn. 46), AiB 2005, 252).

Da staunt man. Dass das ArbSchG heute im Gegensatz zu § 120 a GewO einen grundsätzlich anderen – nämlich **präventiven/vorbeugenden** – Ansatz hat, ist den Richtern offenbar entgangen. Dabei hätte ein Blick ins Gesetz genügt: Nach § 4 Nr. 1 ArbSchG ist die Arbeit so zu gestalten, »*dass eine Gefährdung für Leben und Gesundheit möglichst vermieden und die ver-*

Arbeitsschutz

bleibende Gefährdung möglichst gering gehalten wird« (§ 4 Nr. 1 ArbSchG). Der Arbeitgeber soll gesundheitsschützende Maßnahmen also schon bei einer möglichen »Gefährdung« ergreifen und nicht erst dann tätig werden, wenn die Beschäftigten einer »unmittelbaren objektiven Gesundheitsgefahr« ausgesetzt sind (DKKW-Klebe, BetrVG, 15. Aufl., § 87 Rn. 220, 221).

Bleibt zu hoffen, dass das BAG in diesem Punkt seine restriktive, mit den Anforderungen eines effektiven, im ArbSchG gesetzlich geregelten Arbeits- und Gesundheitsschutzes nicht vereinbare Rechtsprechung korrigiert.

Solange das nicht geschieht, ist der Betriebsrat – wenn er von seinem Initiativ-Mitbestimmungsrecht nach § 87 Abs. 1 Nr. 7 BetrVG i. V. m. § 3 Abs. 1 Satz 1 ArbSchG Gebrauch machen will (etwa wenn er im Falle von psychischen Belastungen aufgrund einer Arbeitsüberlastung der Beschäftigten Maßnahmen zur Verringerung des Arbeitsvolumens bzw. Aufstockung des Personals verlangt) – gehalten, durch Daten und Fakten darzulegen, dass die Arbeitsbedingungen eine »unmittelbare objektive Gesundheitsgefahr« zur Folge haben. Dabei kann der Betriebsrat z. B. auf »**Überlastungs- bzw. Gefährdungsanzeigen**« (vgl. hierzu Bell, Die Überlastungsanzeige – besser: Gefährdungsanzeige, AiB 2011, 600; siehe Rn. 100 a), auf die Entwicklung der Krankheitsquote und auf ggf. durchgeführte Befragung der Beschäftigten zu den Arbeitsbedingungen und die Ursachen krankheitsbedingter Ausfälle, usw. zurückgreifen. Auf dieser Basis sollte der Betriebsrat dann dem Arbeitgeber Maßnahmen zur Minderung der Arbeitsüberlastung vorgeschlagen und wenn nötig, die Errichtung einer → **Einigungsstelle** betreiben.

> **Hinweis:**
> Eine »**Gefahr**« liegt vor, wenn bei ungehindertem Ablauf des Geschehens ein Schadenseintritt wahrscheinlich ist. Im Gegensatz dazu bezeichnet »**Gefährdung**« jede Möglichkeit einer gesundheitlichen Beeinträchtigung ohne bestimmte Anforderungen an das Ausmaß eines möglichen Schadens oder an dessen Eintrittswahrscheinlichkeit (vgl. Kohte in Münchener Handbuch zum Arbeitsrecht, 3. Aufl. 2009, Rn. 13, 14).

> **Beispiele aus der Rechtsprechung zur Mitbestimmung bei Anwendung der Generalrahmenvorschrift des § 3 Abs. 1 ArbSchG:**
> - Hessisches LAG v. 29.8.2002 – 5 Ta BVGa 91/02, AiB 2006, 579: *„Die §§ 3 und 5 ArbSchG sind gesetzliche Vorschriften i. S. d. § 87 Abs. 1 Nr. 7 BetrVG. Die systematische Befragung von Arbeitnehmern zur Ermittlung typischer Ursachen krankheitsbedingter Fehlzeiten im Betrieb unterliegt der Mitbestimmung des Betriebsrats gemäß § 87 Abs. 1 Nr. 7 BetrVG."*
> - LAG Hamburg v. 17.8.2007 – 6 TaBV 9/07: *„Eine Einigungsstelle mit dem Gegenstand „Sicherung des Fußgängerübergangs am Zebrastreifen am Sozialgebäude" ist nicht offensichtlich unzuständig. Als ausfüllungsbedürftige Rahmenvorschrift i. S. d. § 87 Abs. 1 Nr. 7 BetrVG kommen § 3 ArbStättV in Verbindung mit 1.8 des Anhangs – Anforderungen an Arbeitsstätten und die Generalklausel des § 3 Abs. 1 ArbSchG in Betracht."*
> - LAG München v. 11.12.2012 – 9 TaBV 103/11: *„Nach § 87 Abs. 1 Nr. 7 BetrVG hat der Betriebsrat bei betrieblichen Regelungen über den Gesundheitsschutz mitzubestimmen, die der Arbeitgeber zwar auf Grund einer öffentlich-rechtlichen Rahmenvorschrift zu treffen hat, bei deren Gestaltung ihm aber Handlungsspielräume verbleiben … (BAG, 8.6.2004 – 1 ABR 13/03, Rn. 41). Als ausfüllungsfähige und -bedürftige Rahmenvorschriften kommen auch Generalklauseln in Betracht, wie z. B. § 2 Abs. 1 S. 1 BGV A1 (früher: VBG 1), der bestimmt, dass der Unternehmer die erforderlichen Maßnahmen zur Verhütung von Arbeitsunfällen, Berufskrankheiten und arbeitsbedingten Gesundheitsgefahren sowie für eine wirksame Erste Hilfe zu treffen hat (vgl. BAG, 16.6.1998 – 1 ABR 68/97, Rn. 20). Eine weitere Generalklausel in diesem Sinne ist § 3 Abs. 1 ArbSchG (Richardi, BetrVG, § 87, Rn. 554). Da eine in einem Fahrzeug transportierte Batterie im Falle eines Verkehrsunfalls für den Fahrer des Fahrzeugs eine erhebliche Gesundheitsgefährdung darstellen kann, verpflichten diese Generalklauseln den Arbeitgeber vorliegend, die erforderlichen Maßnahmen für Sicherheit und Gesundheit der Beschäftigten zu treffen. Da die Regelungen konkrete Maßnahmen nicht vorschreiben, besteht*

Arbeitsschutz

hinsichtlich der zu ergreifenden Maßnahmen ein von den Betriebsparteien gemeinsam zu gestaltender Handlungsspielraum."
- LAG Hamm v. 9.3.2012 – 13 TaBV 100/10: „Nach § 87 Abs. 1 Nr. 7 BetrVG besteht ein Mitbestimmungsrecht des Betriebsrates u.a. für Regelungen über den Gesundheitsschutz im Rahmen der gesetzlichen Vorschriften. Solche ausfüllungsbedürftigen Rahmenvorschriften ergeben sich namentlich aus den §§ 3 ff. ArbSchG. Aus der Generalklausel des § 3 Abs. 1 ArbSchG ergibt sich u. a. die Pflicht des Arbeitgebers, auf die Gesundheit der Beschäftigten zu achten und Verbesserungen des Gesundheitsschutzes anzustreben. Dabei hat er sich nach § 4 Nr. 1 ArbSchG davon leiten zu lassen, dass Gefährdungen der Gesundheit möglichst vermieden bzw. kleingehalten werden. In dem Zusammenhang sind nach Möglichkeit nicht nur physische, sondern auch psychische Beanspruchungen zu vermeiden, in jedem Fall aber zu minimieren. Dazu zählen z. B. ein hoher Termindruck sowie die Zunahme der Arbeitsintensität und des Anforderungsdrucks."

Einrichten und Betreiben von Arbeitsstätten (§ 3 a Abs. 1 ArbStättV)

77c Der Arbeitgeber hat gemäß § 3 a Abs. 1 ArbStättV dafür zu sorgen, dass Arbeitsstätten so eingerichtet und betrieben werden, dass von ihnen keine Gefährdungen für die Sicherheit und die Gesundheit der Beschäftigten ausgehen. Dabei hat er den Stand der Technik und insbesondere die vom Bundesministerium für Arbeit und Soziales nach § 7 Abs. 4 ArbStättV bekannt gemachten Regeln und Erkenntnisse zu berücksichtigen. Bei Einhaltung dieser genannten Regeln und Erkenntnisse ist davon auszugehen, dass die in der Verordnung gestellten Anforderungen diesbezüglich erfüllt sind. Wendet der Arbeitgeber die Regeln und Erkenntnisse nicht an, muss er durch andere Maßnahmen die gleiche Sicherheit und den gleichen Gesundheitsschutz der Beschäftigten erreichen.

Die Vorschrift lässt dem Arbeitgeber mitbestimmungspflichtige Handlungsspielräume (z. B. bei der Anwendung oder Nichtanwendung der nach § 7 Abs. 4 ArbStättV bekannt gemachten Regeln und Erkenntnisse bzw. bei der Festlegung anderer Maßnahmen). Der Betriebsrat kann dem Arbeitgeber Vorschläge unterbreiten. Im Nichteinigungsfall kann er die → **Einigungsstelle** anrufen (§ 87 Abs. 2 BetrVG).

Hierzu LAG Schleswig-Holstein v. 1.10.2013 – 1 TaBV 33/13:
»1. Bei § 3 a ArbStättVO handelt es sich um eine hinreichend konkrete Rahmenvorschrift, bei deren Ausfüllung dem Betriebsrat ein Mitbestimmungsrecht nach § 87 Abs. 1 Nr. 7 BetrVG zusteht. Daher ist eine Einigungsstelle, die eine konkrete betriebliche Regelung zur Wärmeentlastung finden soll, nicht offensichtlich unzuständig.
2. Das Mitbestimmungsrecht nach § 87 Abs. 1 Nr. 7 BetrVG gewährt dem Betriebsrat ein Initiativrecht zum Erlass entsprechender betrieblicher Arbeits- und Gesundheitsschutzregelungen. Das Initiativrecht muss auf eine konkrete Ausfüllung der Rahmenvorschrift zielen. Diese liegt nicht vor, wenn der Betriebsrat selbst wiederum nur eine ausfüllungsbedürftige Rahmenregelung anstrebt (Fitting, BetrVG, § 87, Rn 287 m.w.N.).«
3. Tenor der Entscheidung: »Auf die Beschwerde des Betriebsrats wird der Beschluss des Arbeitsgerichts Lübeck vom 24.6.2013 – 4 BV 68/13 – geändert. Zum Vorsitzenden einer Einigungsstelle mit dem Regelungsgegenstand: »Maßnahmen zur Wärmeentlastung in den Arbeitsräumen der Arbeitgeberin gemäß § 3 a ArbStättVO in Verbindung mit Ziff. 3.5 des Anhangs bei Überschreiten der Temperaturen von 26 °C, 30 °C und 35 °C« wird der Richter am Arbeitsgericht Hamburg Dr. G. bestellt. Die Anzahl der Beisitzer pro Seite wird auf 3 festgesetzt.«

Nichtraucherschutz (§ 5 Abs. 1 ArbStättV)

77d Der Arbeitgeber hat gemäß § 5 Abs. 1 ArbStättV 2004 die erforderlichen Maßnahmen zu treffen, damit die nicht rauchenden Beschäftigten in Arbeitsstätten wirksam vor den Gesundheitsgefahren durch Tabakrauch geschützt sind.

Arbeitsschutz

Die Vorschrift macht keine Aussage darüber, welche Maßnahmen zum Schutz der Nichtraucher erforderlich sind und deshalb getroffen werden müssen. Der Betriebsrat kann dem Arbeitgeber deshalb unter Berufung auf sein Mitbestimmungsrecht nach § 87 Abs. 1 Nr. 7 BetrVG Maßnahmen vorschlagen und – falls zu keiner Einigung mit dem Arbeitgeber kommt – die → **Einigungsstelle** anrufen (§ 87 Abs. 2 BetrVG).

Pausenräume (§ 6 Abs. 3 ArbStättV)

Bei mehr als zehn Beschäftigten, oder wenn Sicherheits- oder Gesundheitsgründe dies erfordern, ist den Beschäftigten gemäß § 6 Abs. 3 ArbStättV ein Pausenraum oder ein entsprechender Pausenbereich zur Verfügung zu stellen. Dies gilt nicht, wenn die Beschäftigten in Büroräumen oder vergleichbaren Arbeitsräumen beschäftigt sind und dort gleichwertige Voraussetzungen für eine Erholung während der Pause gegeben sind.
Die Vorschrift lässt dem Arbeitgeber Beurteilungs- und Handlungsspielräume. Deshalb hat der Betriebsrat nach § 87 Abs. 1 Nr. 7 BetrVG bei der Ausgestaltung von Pausenräumen (Größe, Ausstattung) mitzubestimmen. Auch hat er mitzubestimmen, wenn etwa für die Beschäftigten im Großraumbüro kein Pausenraum eingerichtet und deshalb eine »gleichwertige Erholung« nicht möglich ist. Der Betriebsrat kann z. B. verlangen, dass Trennwände eingerichtet werden und auf diese Weise eine geeignete Rückzugsmöglichkeit geschaffen wird. Im Nichteinigungsfall kann der Betriebsrat die → **Einigungsstelle** anrufen (§ 87 Abs. 2 BetrVG).

77e

Bildschirmarbeit (§ 5 BildscharbV: Täglicher Arbeitsablauf)

Der Arbeitgeber hat die Tätigkeit der Beschäftigten so zu organisieren, dass die tägliche Arbeit an Bildschirmgeräten regelmäßig durch andere Tätigkeiten oder durch Pausen unterbrochen wird, die jeweils die Belastung durch die Arbeit am Bildschirmgerät verringern.
Auch diese Bestimmung lässt dem Arbeitgeber Handlungsspielräume (z. B. durch welche andere Tätigkeiten und in welchen zeitlichen Abständen wird die Arbeit wie lange unterbrochen usw.), die durch Mitbestimmung nach § 87 Abs. 1 Nr. 7 BetrVG zu konkretisieren sind. Im Nichteinigungsfall kann der Betriebsrat die → **Einigungsstelle** anrufen (§ 87 Abs. 2 BetrVG).

77f

Lastenhandhabung (§ 2 LasthandhabV)

Der Arbeitgeber hat nach § 2 Abs. 1 LasthandhabV unter Zugrundelegung des Anhangs geeignete organisatorische Maßnahmen zu treffen oder geeignete Arbeitsmittel, insbesondere mechanische Ausrüstungen, einzusetzen, um manuelle Handhabungen von Lasten, die für die Beschäftigten eine Gefährdung für Sicherheit und Gesundheit, insbesondere der Lendenwirbelsäule mit sich bringen, zu vermeiden.
Die Vorschrift lässt dem Arbeitgeber Beurteilungs- und Handlungsspielräume (z. B. Auswahl der erforderlichen organisatorischen Maßnahmen; Auswahl geeigneter Arbeitsmittel). Der Betriebsrat kann dem Arbeitgeber Vorschläge unterbreiten. Im Nichteinigungsfall kann er die → **Einigungsstelle** anrufen (§ 87 Abs. 2 BetrVG).

77g

Persönliche Schutzausrüstungen (§ 2 Abs. 1 PSA-Benutzungsverordnung)

Unbeschadet seiner Pflichten nach den §§ 3, 4 und 5 ArbSchG darf der Arbeitgeber nach § 2 Abs. 1 PSA-Benutzungsverordnung nur persönliche Schutzausrüstungen auswählen und den Beschäftigten bereitstellen, die
- den Anforderungen der Verordnung über das Inverkehrbringen von persönlichen Schutzausrüstungen entsprechen,

77h

Arbeitsschutz

- Schutz gegenüber der zu verhütenden Gefährdung bieten, ohne selbst eine größere Gefährdung mit sich zu bringen,
- für die am Arbeitsplatz gegebenen Bedingungen geeignet sind und
- den ergonomischen Anforderungen und den gesundheitlichen Erfordernissen der Beschäftigten entsprechen.

Die Vorschrift lässt dem Arbeitgeber Beurteilungs- und Handlungsspielräume (z. B. Auswahl geeigneter persönlicher Schutzausrüstung). Der Betriebsrat kann dem Arbeitgeber Vorschläge unterbreiten. Im Nichteinigungsfall kann er die → **Einigungsstelle** anrufen (§ 87 Abs. 2 BetrVG).

Sicherheitsbeauftragte (§ 22 Abs. 2 SGB VII)

77i Nach § 22 Abs. 2 SGB VII ist es Aufgabe der Sicherheitsbeauftragten, den Unternehmer bei der *»Durchführung der Maßnahmen zur Verhütung von Arbeitsunfällen und Berufskrankheiten zu unterstützen, insbesondere sich von dem Vorhandensein und der ordnungsgemäßen Benutzung der vorgeschriebenen Schutzeinrichtungen und persönlichen Schutzausrüstungen zu überzeugen und auf Unfall- und Gesundheitsgefahren für die Versicherten aufmerksam zu machen«.*
Keine konkrete Aussage macht § 22 Abs. 2 SGB VII zu den für die Erfüllung dieser Aufgaben erforderlichen Bedingungen (z. B. Freistellung von der Arbeit für Rundgänge, Besichtigungen, Gespräche mit Beschäftigten, »Arbeitsschützern« und Betriebsrat, Lesen von Arbeitsschutzliteratur).
Deshalb besteht insoweit nach § 87 Abs. 1 Nr. 7 BetrVG ein (**Initiativ-**) **Mitbestimmungsrecht** des Betriebsrats.
Im Nichteinigungsfall kann die → **Einigungsstelle** angerufen werden.

Betriebsärzte und Fachkräfte für Arbeitssicherheit (§ 9 Abs. 3 ASiG)

77j Der Arbeitgeber kann gemäß § 9 Abs. 3 ASiG die betriebsärztliche Betreuung in drei verschiedenen **Formen** sicherstellen, nämlich durch
- die → **Einstellung** eines Betriebsarztes

oder
- die Verpflichtung eines **freiberuflichen Arztes**

oder
- die Inanspruchnahme eines **überbetrieblichen ärztlichen Dienstes**.

Welche der in § 9 Abs. 3 ASiG genannten Formen realisiert wird, ist im Mitbestimmungswege nach § 87 Abs. 1 Nr. 7 BetrVG zu regeln (BAG v. 10. 4. 1979 – 1 ABR 34/77, DB 1979, 1995). Kommt es zwischen Arbeitgeber und Betriebsrat zu keiner Einigung, entscheidet die → **Einigungsstelle**.
Entsprechendes gilt, wenn es zu keiner Einigung über die Form der Betreuung durch »Fachkräfte für Arbeitssicherheit« kommt.
Zur Mitbestimmung nach § 9 Abs. 3 ASiG bei der Bestellung und Abberufung von Betriebsärzten und Fachkräften für Arbeitssicherheit sowie bei der Erweiterung oder Einschränkung ihrer Aufgaben siehe Rn. 64.

Beauftragung von Personen zur Wahrnehmung von Aufgaben des Arbeitgebers nach dem ArbSchG (§ 13 Abs. 2 ArbSchG)

77k Der Betriebsrat hat nach abzulehnender Ansicht des BAG kein Mitbestimmungsrecht nach § 87 Abs. 1 Nr. 7 BetrVG, wenn der Arbeitgeber externe Personen oder Stellen mit der Durchführung von Gefährdungsbeurteilungen oder Unterweisungen beauftragt (BAG v. 18.8.2009 – 1 ABR 43/08, AuR 2010, 45 = DB 2009, 2552).

Nach § 13 Abs. 2 ArbSchG kann der Arbeitgeber externe Personen beauftragen, er kann Gefährdungsbeurteilung oder Unterweisungen aber auch mit eigenem Personal durchführen. Der Arbeitgeber hat also die Wahl zwischen zwei Möglichkeiten. Somit besteht Mitbestimmung nach § 87 Abs. 1 Nr. 7 BetrVG. Das BAG hat hier »zu kurz« gedacht.

Immerhin weist das Gericht darauf hin, dass die Mitbestimmungsrechte des Betriebsrats nach § 87 Abs. 1 Nr. 7 BetrVG bei Gefährdungsbeurteilungen und Unterweisungen durch die mitbestimmungsfreie Beauftragung Externer nicht ausgeschlossen oder eingeschränkt werden. Letzteres haben auch einige Instanzgerichte inzwischen klargestellt.

So hat etwa das LAG Nürnberg entschieden, dass sich ein Arbeitgeber der Mitbestimmung des Betriebsrats nach § 87 Abs. 1 Nr. 7 BetrVG beim Arbeits- und Gesundheitsschutz nicht dadurch entziehen kann, dass er bestimmte mitbestimmungspflichtige Aufgaben gemäß § 13 Abs. 2 ArbSchG auf externe Personen oder Fremdfirmen überträgt (LAG Nürnberg v. 29.5.2012 – 7 TaBV 61/11 – Rechtsbeschwerde beim BAG eingelegt). Das Mitbestimmungsrecht gehe dadurch weder verloren noch werde es geschmälert. Der Arbeitgeber müsse auch in diesem Falle sicherstellen, dass die ordnungsgemäße Wahrnehmung der Mitbestimmungsrechte gewährleistet ist.

Auch das LAG Köln hat klargestellt, dass die → **Einigungsstelle** für den Regelungsgegenstand »Gefährdungsbeurteilung nach §§ 4 ff. ArbSchG« auch dann zuständig ist, wenn der Arbeitgeber gem. § 13 Abs. 2 ArbSchG einen Dritten beauftragt hat (LAG Köln v. 28.6.2012 – 4 TaBV 17/12). Aus der Entscheidung des BAG vom 18.8.2009 (1 ABR 43/08) folge nicht, dass der Betriebsrat im Falle einer Übertragung nach § 13 Abs. 2 ArbSchG nicht mehr die Mitbestimmung nach § 5 ArbSchG bei der Durchführung der Gefährdungsbeurteilung verlangen kann. Die Mitbestimmung werde durch eine Übertragung nach § 13 Abs. 2 ArbSchG generell nicht verkürzt. Außer einer Regelung über die Qualifikation und die Kenntnisse der mit der Durchführung befassten Personen bleibe mithin grundsätzlich das gesamte Spektrum der Mitbestimmung bei den Regelungen zur Gefährdungsbeurteilung erhalten.

In einer neueren Entscheidung hat das BAG inzwischen klar gestellt, dass dem Betriebsrat bei der Gestaltung der »**Organisation**« des betrieblichen Arbeitsschutzes i. S. d. § 3 Abs. 2 Nr. 1 ArbSchG ein Initiativmitbestimmungsrecht nach § 87 Abs. 1 Nr. 7 BetrVG zusteht (BAG 18.3.2014 – 1 ABR 73/12, Pressemitteilung des BAG Nr. 11/14). Das Arbeitsschutzgesetz schreibe dem Arbeitgeber kein bestimmtes Modell vor. Es bestimme lediglich einen Rahmen für die Entwicklung einer an den betrieblichen Gegebenheiten ausgerichteten Organisation. Über die hierdurch eröffneten Gestaltungsmöglichkeiten habe der Betriebsrat mitzubestimmen.

Es kann keinem Zweifel unterliegen, dass die Beauftragung nach § 13 Abs. 2 ArbSchG eine typische Organisationsentscheidung i. S. d. § 3 Abs. 2 Nr. 1 ArbSchG ist. Deshalb unterliegt diese Maßnahme der Mitbestimmung des Betriebsrats. Es bleibt zu hoffen, dass das BAG sich von seiner Entscheidung v. 18.8.2009 – 1 ABR 43/08, a. a. O. distanziert.

Betriebliches Eingliederungsmanagement – BEM (§ 84 Abs. 2 SGB IX)

Der Arbeitgeber ist nach § 84 Abs. 2 SGB IX verpflichtet, wenn Beschäftigte innerhalb eines Jahres länger als sechs Wochen ununterbrochen oder wiederholt arbeitsunfähig sind, mit dem **Betriebsrat** (bei → **schwerbehinderten Menschen** außerdem mit der → **Schwerbehindertenvertretung**) – mit Zustimmung und Beteiligung der betroffenen Person – die Möglichkeiten zu klären, wie die Arbeitsunfähigkeit möglichst überwunden werden und mit welchen Leistungen oder Hilfen erneuter Arbeitsunfähigkeit vorgebeugt und der Arbeitsplatz erhalten werden kann (betriebliches Eingliederungsmanagement – BEM).

Arbeitsschutz

Soweit erforderlich wird der Werks- oder Betriebsarzt hinzugezogen.
Die betroffene Person oder ihr gesetzlicher Vertreter ist zuvor auf die Ziele des betrieblichen Eingliederungsmanagements sowie auf Art und Umfang der hierfür erhobenen und verwendeten Daten hinzuweisen.
§ 84 Abs. 2 SGB IX gilt für **alle Beschäftigten**, Behinderte und Nichtbehinderte!
Die Vorschrift lässt dem Arbeitgeber Handlungsspielräume bei der Ausgestaltung des BEM. Der Betriebsrat hat dabei mitzubestimmen (BAG v. 13.3.2012 – 1 ABR 78/10, NZA 2012, 748 und v. 18.8.2009 – 1 ABR 45/08). Er kann dem Arbeitgeber Vorschläge unterbreiten und im Nichteinigungsfall er die → **Einigungsstelle** anrufen (§ 87 Abs. 2 BetrVG).
Zu den Auswirkungen des § 84 Abs. 2 SGB IX im Kündigungsrecht siehe → **Personenbedingte Kündigung** Rn. 24 a.

Regelungsgegenstände der Einigungsstelle im Arbeits- und Gesundheitsschutz auf einen Blick

77m   Regelungsgegenstände für die Einigungsstelle nach § 87 Abs. 1 Nr. 7 BetrVG (Beispiele):
- Regelungen (Betriebsvereinbarung) zum »Wie« einer **Gefährdungsbeurteilung** nach § 5 ArbSchG (Verfahrensregelungen). Dabei ist die Einigungsstelle gehalten, selbst für jeden zu untersuchenden Arbeitsplatz konkret festzulegen, welche möglichen Gefährdungen auf welche methodische Weise ermittelt und beurteilt werden sollen.
- **Ermittlung und Bewertung** der an bestimmten Arbeitsplätzen bestehenden Gefährdung (Risikobeschreibung, Risikobewertung). Das heißt beispielsweise: Die Einigungsstelle stellt nach Maßgabe des § 5 ArbSchG i. V. m. § 3 LärmVibrationsArbSchV fest, dass an dem Arbeitsplatz xy aufgrund von Lärm ein Gesundheitsrisiko besteht, das als gesundheitsgefährdend einzustufen ist, sodass ein Handlungsbedarf nach § 7 LärmVibrationsArbSchV (Maßnahmen) besteht.
- Festlegung erforderlicher **Maßnahmen** des Gesundheitsschutzes gemäß § 3 Abs. 1 Satz 1 ArbSchG oder anderer anzuwendender Vorschriften (z. B. § 7 LärmVibrationsArbSchV).
- Regelungen zur Ausgestaltung der **Dokumentation** (§ 6 ArbSchG)
- Regelungen zu Art und Inhalt der **Unterweisung** der Arbeitnehmer gemäß § 12 ArbSchG. Einigen sich die Betriebsparteien nicht über Art und Inhalt der Unterweisung, hat das die Einigungsstelle zu regeln. Hierbei hat sie die Erkenntnisse einer Gefährdungsbeurteilung (§ 5 ArbSchG) zu berücksichtigen und die konkrete arbeitsplatz- oder aufgabenbezogene Unterweisung daran auszurichten. Sie kann sich nicht darauf beschränken, allgemeine Bestimmungen über die Unterweisung zu Gefahren am Arbeitsplatz aufzustellen.
- Regelungen zur **Überprüfung** der Maßnahmen/Wirksamkeitskontrolle (§ 3 Abs. 1 Satz 2 ArbSchG).

77n
> **Hinweis:**
> Der Arbeitgeber wird durch die Mitbestimmung des Betriebsrats nicht von seiner Verpflichtung entbunden, die Vorschriften des Arbeits- und Gesundheitsschutzes umzusetzen. Für eine Übergangszeit – ggf. bis zum Abschluss des Einigungsstellenverfahrens – kann es deshalb angezeigt sein, einseitige Maßnahmen des Arbeitgebers vorläufig zu akzeptieren, wenn sie zu einer Verbesserung des Arbeits- und Gesundheitsschutzes führen.

> **Beispiel:**
> Der Arbeitgeber stellt an Lärmarbeitsplätzen einen (billigen) persönlichen Gehörschutz gem. § 8 LärmVibrationsArbSchV zur Verfügung. Der Betriebsrat schlägt (teure, aber wesentlich wirksamere) technische Maßnahmen vor, die die Lärmemission am Entstehungsort verhindern (§ 7 LärmVibrationsArbSchV).
> Hierüber muss spätestens in der → **Einigungsstelle** verhandelt und ggf. entschieden werden. Die

Arbeitsschutz

nach Ansicht des Betriebsrats unzureichende Maßnahme des Arbeitgebers schließt das Initiativ-Mitbestimmungsrecht des Betriebsrats nicht aus. Das konkrete Regelungsverlangen des Betriebsrats ist erst erledigt, wenn die fehlende Einigung der Betriebsparteien durch Spruch der Einigungsstelle ersetzt ist. Wenn die Einigungsstelle entsprechend dem Antrag des Betriebsrats eine »teure« Maßnahme bzw. Regelung beschließt, muss der Arbeitgeber diese umsetzen (§ 77 Abs. 1 BetrVG).

Initiativen des Betriebsrats

Die betriebliche Praxis ist durch vielfältige gravierende Arbeitsschutzmängel und Fehlbelastungen gekennzeichnet, gegen die der Betriebsrat durch konsequente Ausübung seiner **Initiativ-Mitbestimmung** nach § 87 Abs. 1 Nr. 7 BetrVG vorgehen kann. 78

Beispiele:
- Tätigkeit: z. B. einseitige Körperhaltung, Arbeit im Stehen, in gebückter Haltung, Überkopfarbeit, monotone Arbeit, ständig sich wiederholende Alleinarbeit mit wenig oder keinen Kontakten zu anderen Mitarbeitern, Arbeit unter Störung der Konzentration.
- Arbeitsplatz: z. B. schlechte räumliche Verhältnisse, fehlende technische Hilfen, unzureichende Ausstattung des Arbeitsplatzes, Großraumbüro.
- Arbeitsumgebung: z. B. Verschmutzung, Staub, Öl, Fett, Temperatur (Hitze, Kälte), Nässe, chemische Stoffe (Säure, Gase und Dämpfe; auch dadurch bedingte unangenehme Gerüche), Tabakrauch, Lärm, Erschütterung, Vibration, falsche Beleuchtung (Blendung oder Lichtmangel), Zugluft, Erkältungsgefahr, ungeeignete Schutzkleidung, Unfallgefährdung.
- Arbeitsorganisation: z. B. ständig allein arbeiten, mangelhafte Form der Team- oder Gruppenarbeit, unklare Arbeitsanweisungen, häufige Störungen.
- Personalbemessung, Arbeitszeit: z. B. personelle Unterbesetzung, zu viel Arbeit für zu wenig Personal, Termin- und Zeitdruck, Stress, ungünstige Arbeitszeiten, Überstunden, Schichtarbeit, Nachtarbeit.
- Betriebsklima: z. B. schlechte Menschenführung durch Vorgesetzte, Schikanen, Ungleichbehandlung/Benachteiligung, Mobbing/Bossing.

Mitbestimmungspflichtig sind Regelungen und Maßnahmen

Das Initiativmitbestimmungsrecht des Betriebsrats nach § 87 Abs. 1 Nr. 7 BetrVG zielt darauf 78a ab, vernünftige »**Regelungen**« zum Arbeits- und Gesundheitsschutz im Betrieb zu realisieren. »Regelung« ist jede Handlung des Arbeitgebers, die er aus Gründen des Arbeits- und Gesundheitsschutzes ergreift oder zu ergreifen hat (Fitting, BetrVG, 27. Aufl., § 87 Rn. 279). Das entspricht inhaltlich den Begrifflichkeiten des ArbSchG und der dazu ergangenen Rechtsverordnungen. Hier ist stets von »Maßnahmen bzw. Regelungen« die Rede, die der Arbeitgeber durchzuführen hat. Mit dem Begriff »Regelung« drückt § 87 Abs. 1 Nr. 7 BetrVG aus, dass der Betriebsrat bei der Festlegung der zu treffenden erforderlichen Maßnahme des Gesundheitsschutzes zu beteiligen ist, nicht aber bei der Durchführung (d. h. der Ausführung bzw. dem Vollzug) der festgelegten Maßnahme.

Beispiel:
Im Betrieb »arbeitet« eine lärmende Maschine (siehe Rn. 72). Den Beschäftigten wird vom Arbeitgeber (billiger) Gehörschutz zur Verfügung gestellt. Der Betriebsrat verlangt nach § 87 Abs. 1 Nr. 7 BetrVG i. V. m. § 7 LärmVibrationsArbSchV, dass die Maschine innerhalb von zwei Monaten durch entsprechende technische Maßnahmen bzw. Baumaßnahmen so »eingekapselt« wird, dass eine Gesundheitsgefährdung der Beschäftigten durch Lärm (mehr) entstehen kann.
Wenn der Arbeitgeber mit dem Vorschlag des Betriebsrats einverstanden ist bzw. er durch Spruch der vom Betriebsrat angerufenen Einigungsstelle entsprechend verpflichtet wird, obliegt es ihm,

Arbeitsschutz

die im Mitbestimmungswege zu Stande gekommene Regelung (Betriebsvereinbarung oder Regelungsabrede bzw. Spruch der Einigungsstelle) nach § 77 Abs. 1 BetrVG durchzuführen. Wenn der Arbeitgeber im Beispielsfall die vereinbarte Lärmschutzmaßnahme nicht – so wie vereinbart – frist- und ordnungsgemäß umsetzt, kann der Betriebsrat ein arbeitsgerichtliches Beschlussverfahren einleiten mit dem Ziel, die Vereinbarung durchzusetzen. Ggf. kommt auch der Erlass einer einstweiligen Verfügung in Betracht.

Technische, organisatorische und medizinische Maßnahmen

78b Es besteht weitgehend Einigkeit, dass vom Mitbestimmungstatbestand nicht nur Regelungen im Sinne von Verhaltensanweisungen an die Beschäftigten (z.B. Rauchverbot, Tragen von persönlicher Schutzausrüstung) erfasst sind. Das Mitbestimmungsrecht erstreckt sich vielmehr auch auf
- technische Maßnahmen: z. B. Einbau von Lärmschutzwänden, Absauganlagen, Bereitstellung von Hebehilfen, usw.
- organisatorische Maßnahmen: z.B. Veränderung der Arbeitsabläufe, bezahlte Kurzpausen zur Minderung der Arbeitsbelastung gem. § 3 ArbSchG oder zur Unterbrechung von Bildschirmarbeit gem. § 5 BildscharbV oder Coaching-Maßnahmen für Führungskräfte, wenn Fehler in der Personalführung zu psychischen Belastungen der Beschäftigten führen
- medizinische Maßnahmen: z. B. Untersuchungen nach Maßgabe der Verordnung zur arbeitsmedizinischen Vorsorge (vgl. z. B. § 6 BildscharbV i. V. m. der Arbeitsmedizinvorsorgeverordnung).

> **Beispiel:**
> In einer Halle zieht es »wie Hechtsuppe« (siehe Rn. 72). Der Betriebsrat fordert den Arbeitgeber unter Berufung auf § 87 Abs. 1 Nr. 7 BetrVG i. V. m. § 3 a ArbStättV (und hilfsweise § 3 Abs. 1 ArbSchG sowie Unfallverhütungsvorschrift § 2 Abs. 1 BGV A1) auf, selbstschließende Rolltore sowie »Zugluftschleusen« oder »Luftschleieranlagen« einzubauen. Lehnt der Arbeitgeber ab, betreibt der Betriebsrat die Errichtung einer → **Einigungsstelle** (§ 87 Abs. 2 BetrVG).

... sowie personelle Maßnahmen zum Gesundheitsschutz

78c Das Initiativmitbestimmungsrecht des Betriebsrats aus § 87 Abs. 1 Nr. 7 BetrVG kann auch die **Personalpolitik** des Unternehmens erfassen. Denn in ihr liegt häufig die Ursache für physische und insbesondere psychische Erkrankungen (Motto: »Profitmaximierung durch Personalabbau« und dadurch bedingte gesundheitsgefährdende Arbeitsüberlastung).

> **Beispiele:**
> - In einem Krankenhaus sind einige Stationen nachts nur mit jeweils einer Nachtschwester besetzt (siehe Rn. 72). Das führt zu gesundheitsgefährdenden Belastungen der Krankenschwestern. Zum Abbau der Gefährdung verlangt der Betriebsrat, dass die Stationen zukünftig mit zwei Nachtschwestern besetzt werden. Lehnt der Arbeitgeber ab, betreibt der Betriebsrat die Errichtung einer → **Einigungsstelle** (§ 87 Abs. 2 BetrVG).
> - In einer Abteilung im Verwaltungsbereich waren bislang stets sechs Arbeitnehmer beschäftigt. Nach Ausscheiden eines Mitarbeiters wird sein Arbeitsplatz nicht wiederbesetzt. Stattdessen wird die Arbeit auf die verbleibenden fünf Mitarbeiter verteilt. Das führt zu gesundheitsgefährdenden Belastungen (Arbeitsüberlastung). Der Betriebsrat verlangt, dass die Abteilung wieder mit sechs Beschäftigten »gefahren« wird. Lehnt der Arbeitgeber ab, betreibt der Betriebsrat die Errichtung einer → **Einigungsstelle** (§ 87 Abs. 2 BetrVG).
> - In manchen Bereichen eines Unternehmens werden seit Monaten hohe Arbeitszeitguthaben aufgebaut und → **Überstunden** angeordnet. Die Mitarbeiter »pfeifen aus dem letzten Loch«. Es kommt zu krankheitsbedingten Ausfällen. Der Betriebsrat weist den Arbeitgeber auf die »zu

Arbeitsschutz

kurze Personaldecke« hin. Diese sei Ursache der Erkrankungen. Durch Neueinstellungen könne das Problem gelöst werden. Lehnt der Arbeitgeber ab, betreibt der Betriebsrat die Errichtung einer → **Einigungsstelle** (§ 87 Abs. 2 BetrVG).

Der Durchsetzung einer besseren **Personalausstattung/Personalbemessung** im Wege der Mitbestimmung nach § 87 Abs. 1 Nr. 7 BetrVG i. V. m. § 3 Abs. 1 ArbSchG bzw. § 2 Abs. 1 BGV A1 steht nicht entgegen, dass dem Betriebsrat bei der Personalplanung nur ein Informations-, Beratungs- und Vorschlagsrecht zusteht (§ 92 BetrVG) und dass er bei Einstellungen nur ein Zustimmungsverweigerungsrecht hat (§ 99 BetrVG), nicht aber ein Initiativmitbestimmungsrecht (siehe → **Einstellung**). 78d
Soweit nämlich eine bessere Personalbemessung als erforderliche Gestaltungsmaßnahme geeignet ist, um die Ziele einer Rahmenvorschrift des Arbeits- und Gesundheitsschutzes zu erreichen (namentlich § 3 Abs. 1 ArbSchG), kommt § 87 Abs. 1 Nr. 7 BetrVG als speziellere Regelung zum Tragen mit der Folge, dass die Einigungsstelle eine entsprechende Entscheidung treffen kann.
Zum Thema Mitbestimmung bei der Personalbemessung nachstehend zwei Zitate:
- Fitting, BetrVG, 27. Aufl., § 87 Rn. 279: »*… Welche Maßnahmen in Betracht kommen, hängt von dem Inhalt und der Reichweite der jeweiligen Rahmenvorschrift ab. Insofern kann sich das MBR ggf. auch auf personelle Maßnahmen beziehen, die einer betrieblichen Regelung zugänglich sind.*«
- Auszug aus der rechtlichen Stellungnahme des Vorsitzenden einer Einigungsstelle: »*… Soweit von den Betriebsparteien thematisiert wurde, ob z. B. im Falle psychischer Gefährdungen durch Überlastung auch die Einstellung weiterer Mitarbeiter in einer bestimmten Abteilung gefordert werden kann, bestehen Bedenken.
Die Beseitigung der Gefährdungslage wird i. d. R. in unterschiedlicher Weise möglich sein, z. B. Reduzierung der Aufgaben, Änderung der Arbeitsabläufe, Umverteilung von Aufgaben auf andere Abteilungen oder Mitarbeiter, aber auch Einsatz weiterer Mitarbeiter (oder auch von Leiharbeitnehmern) bei gleichbleibender Organisation. Bei der Entscheidung, welche nach § 3 Abs. 1 ArbSchG erforderlichen Maßnahmen zu ergreifen sind, ist die Mitbestimmung gegeben. Jedoch ist im BetrVG ein Initiativrecht des Betriebsrats für die Einstellung von Mitarbeitern nicht vorgesehen. Im Gegenteil ergibt sich aus § 99 BetrVG lediglich ein Widerspruchsrecht des Betriebsrats. Die Einstellung von Mitarbeitern gehört zum Kerngehalt unternehmerischer Freiheit, die durch Art. 12 GG geschützt ist. …
Ein denkbarer Spruch der Einigungsstelle in einem solchen Fall könnte daher allenfalls dahingehend lauten, dass die Arbeitgeberin verpflichtet wird, den Personaleinsatz in der Abteilung um eine bestimmte Anzahl von Mitarbeitern zu erhöhen, nicht, dass eine Einstellung erfolgen muss.*«

Unternehmerische Entscheidungsfreiheit

Das Mitbestimmungsrecht aus § 87 Abs. 1 Nr. 7 BetrVG steht nicht unter dem allgemeinen Vorbehalt, dass durch seine Ausübung nicht in die unternehmerische Entscheidungsfreiheit eingegriffen werden dürfe. Ein solcher Eingriff ist vom Gesetzgeber gewollt und von Art. 12 Abs. 1 GG gedeckt. Geschützt sind die Belange des Arbeitgebers dadurch, dass lediglich die »erforderlichen« Maßnahmen durchzuführen sind und dass hierüber letztlich eine → **Einigungsstelle** entscheidet. 78e
Die Initiativmitbestimmung des Betriebsrats nach § 87 Abs. 1 Nr. 7 BetrVG ist nicht etwa dadurch eingeschränkt oder ausgeschlossen, dass die von ihm geforderten Regelungen bzw. ein Beschluss der Einigungsstelle den Arbeitgeber mit **Kosten** belasten können (für die im Mitbestimmungswege festgelegten Maßnahmen). Dass Maßnahmen des Arbeits- und Ge-

Arbeitsschutz

sundheitsschutzes Geld des Arbeitgebers kosten kann, wird vom Gesetz vorausgesetzt. Entsprechend legt § 3 Abs. 3 ArbSchG fest, dass der Arbeitgeber Kosten für Gesundheitsschutzmaßnahmen nicht den Beschäftigten auferlegen darf. Nach § 76 Abs. 5 Satz 3 BetrVG fasst die Einigungsstelle ihre Beschlüsse »*unter angemessener Berücksichtigung der Belange des Betriebes und der betroffenen Arbeitnehmer nach billigem Ermessen*«. Diese Ermessensentscheidung kann von den Gerichten für Arbeitssachen (nur) daraufhin überprüft werden, ob die Grenzen des Ermessens überschritten worden sind. Ausgehend von den festgestellten Belangen des Arbeitgebers und der Arbeitnehmer ist zu prüfen, ob die getroffene Regelung noch als billiger Ausgleich gelten kann. Ein Verstoß in diesem Sinne ist etwa dann anzunehmen, wenn die Entscheidung deutlich erkennbar keine sachgerechte Interessenabwägung enthält, weil die Einigungsstelle die Belange einer Seite völlig übergangen hat (BAG v. 9. 5. 1995 – 1 ABR 56/94, NZA 1996, 156). Unternehmerische Belange sind im Rahmen des Mitbestimmungs- und ggf. Einigungsstellenverfahrens zu beachten und zu gewichten, sie schließen das Mitbestimmungsrecht aber nicht aus (BAG v. 4. 3. 1986 – 1 ABR 15/84, AiB 1986, 142 zu Kurzarbeit); 26. 10. 2004 – 1 ABR 31/03 (A), NZA 2005, 538). Es gilt der Grundsatz der Verhältnismäßigkeit. Dieser ist gewahrt, wenn die Kosten des Arbeitsschutzes in einem angemessenen Verhältnis zum Nutzen stehen.

78f
Hinweis:
Soweit ersichtlich, sind Einigungsstellenverfahren zu den beschriebenen Fallgestaltungen noch nicht Gegenstand von arbeitsgerichtlichen Verfahren geworden. Was umso verwunderlicher ist, als das Thema »**Psychische Erkrankung** in Folge von Arbeitsüberlastung aufgrund einer zu kurzen Personaldecke« ein Dauerthema der betrieblichen Praxis ist. Inzwischen ist in §§ 4 Nr. 1, 5 Abs. 3 Nr. 6 ArbSchG klargestellt, dass auch Gesundheitsgefährdungen durch »*psychische Belastungen bei der Arbeit*« vom ArbSchG erfasst sind (siehe Rn. 10). Es bleibt zu hoffen, dass Betriebsräte verstärkt an das Thema herangehen, dem Arbeitgeber entsprechende Regelungsvorschläge unterbreiten und im Nichteinigungsfalle Einigungsstellenverfahren (§ 87 Abs. 2 BetrVG) betreiben.

Es spricht Einiges dafür, dass Anträge auf Errichtung von → **Einigungsstellen** nach § 76 Abs. 2 BetrVG i. V. m. § 98 ArbGG erfolgreich sein werden. Jedenfalls ist nicht ersichtlich, weshalb eine Einigungsstelle zur **Personalbemessung** »offensichtlich unzuständig« sein soll. Im Gegenteil: aus Vorstehendem ergibt sich, dass dem Betriebsrat insoweit ein volles Initiativ-Mitbestimmungsrechts nach § 87 Abs. 1 Nr. 7 BetrVG i. V. m. § 3 Abs. 1 ArbSchG bzw. § 2 Abs. 1 BGV A1 zusteht.

78g Es ist nicht erforderlich, zunächst erst einmal ein Mitbestimmungsverfahren zur Ermittlung von Gefährdungen in Form einer Gefährdungsbeurteilung nach § 5 ArbSchG (vgl. Rn. 77) zu durchlaufen und erst dann ein weiteres Mitbestimmungsverfahren zu konkreten Maßnahmen und Regelungen. Vielmehr kann beides in einem – auf Initiative des Betriebsrats – eingeleiteten Einigungsstellenverfahren verbunden werden (so zutreffend LAG Nürnberg v. 4. 2. 2003 – 6 (2) TaBV 39/01, NZA-RR 2003, 588 im Fall der Inbetriebnahme einer nach Ansicht des Betriebsrats gesundheitsgefährdenden Mobilfunkantenne: »*... Dem Betriebsrat bleibt ... unbenommen, die Verpflichtung zum Erlass gesundheitsschützender Maßnahmen im Rahmen eines Feststellungsantrags beim Arbeitsgericht feststellen zu lassen oder im Rahmen seines Initiativrechts über die Einreichung konkreter Vorschläge die Vereinbarung derartiger Maßnahmen – gegebenenfalls mit Hilfe der Einigungsstelle – anzustreben. In derartigen Verfahren müsste dann auch geklärt werden, ob tatsächlich Gesundheitsgefahren mit der Begründung von Handlungspflichten nach § 3 ArbSchG vom Betrieb der Antenne ausgehen.*«).

Arbeitsschutz

Ausübung der Mitbestimmung nach § 87 Abs. 1 Nr. 7 BetrVG

Die erfolgreiche Ausübung des Mitbestimmungsrechts nach § 87 Abs. 1 Nr. 7 BetrVG setzt voraus, dass der Betriebsrat initiativ wird, eigene konkrete auf die jeweiligen betrieblichen Bereiche bezogene Vorschläge über Regelungen und Maßnahmen des Gesundheitsschutzes ausarbeitet und den Arbeitgeber darüber zu Verhandlungen auffordert.

Anders ausgedrückt: der Betriebsrat muss sich die Frage stellen, was soll sich – im Sinne eines besseren Arbeits- und Gesundheitsschutzes – konkret an den Arbeitsplätzen und in den Arbeitsbereichen dieses Betriebes ändern (welche Probleme gibt es? Welche baulichen, technischen oder organisatorischen Lösungen sind möglich?).

Anlässe für den Betriebsrat, tätig zu werden, können sein.
- Eigene Kenntnis der Betriebsratsmitglieder von (schlechten) Arbeitsbedingungen im Betrieb.
- Berichte und Beschwerden von Beschäftigten nach § 84, 85 BetrVG (siehe hierzu → **Beschwerderecht des Arbeitnehmers**) oder nach § 17 ArbSchG.
- Hinweise von Sicherheitsbeauftragten (§ 22 SGB VII), der Sicherheitsfachkraft (§§ 2 ff. ASiG) oder des Betriebsarztes (§ 5 ff. ASiG).
- Hinweise und Anordnungen der Aufsichtspersonen der Berufsgenossenschaft bzw. der Gewerbeaufsicht.
- Krankheitsbedingte Arbeitsunfähigkeit von Beschäftigten bzw. eine hohe bzw. steigende betriebliche Krankheitsquote.
- Arbeitsunfälle, Berufserkrankungen.

Es ist unverzichtbar, bei der Erfassung und Bewertung der Probleme sowie Ausarbeitung von Lösungsvorschlägen die Beschäftigten zu beteiligen (z. B. in Form von betrieblichen oder abteilungsbezogenen **Umfrageaktionen** oder – besser noch – **Interviews**)!

Sie wissen wohl am besten, welche Gefährdungen und Belastungen bestehen und wie man sie abbauen und beseitigen kann.

Weil solche Aktionen aufwändig sind, muss die Arbeit auf viele Schultern verteilt werden (Betriebsratsmitglieder, gewerkschaftliche Vertrauensleute, interessierte Beschäftigte).

Die Lösungsvorschläge werden dem Arbeitgeber schriftlich z. B. in Form eines Maßnahmekatalogs oder des Entwurfs einer Betriebsvereinbarung vorgelegt.

Lehnt der Arbeitgeber Verhandlungen ab oder kommt es über die Vorschläge des Betriebsrat zu keiner Einigung, kann der Betriebsrat die → **Einigungsstelle** (§ 87 Abs. 2 BetrVG) anrufen und versuchen, auf diese Weise seine Vorschläge durchzusetzen.

Die Erfahrung zeigt, dass bereits die Ankündigung, eine Einigungsstelle anrufen zu wollen, so manchen verhandlungsunwilligen Arbeitgeber in Bewegung gesetzt hat.

Alle Schritte müssen durch entsprechende ordnungsgemäße Beschlüsse des Betriebsrats »auf den Weg gebracht werden« (siehe hierzu → **Betriebsratssitzung**).

Damit der Betriebsrat so vorgehen kann, müssen sich die Mitglieder des Betriebsrats und/oder eines nach § 28 Abs. 1 BetrVG zu bildenden Ausschusses qualifizieren (siehe → **Schulungs- und Bildungsveranstaltungen**).

Es macht keinen Sinn, ohne die vorherige Ausarbeitung konkreter Gestaltungsvorschläge vor Gericht zu ziehen, um mit allgemeinen Anträgen das Bestehen von Mitbestimmungsrechten in bestimmten Arbeitsschutzfragen feststellen zu lassen.

Die Arbeitsgerichtsbarkeit lehnt es ab, als Rechtsgutachter über abstrakte Rechtsfragen zu entscheiden. Das BAG hat in den unter Rn. 73 genannten Entscheidungen (BAG v. 15.1.2002 – 1 ABR 13/01, AiB 2003, 110; 11.6.2002 – 1 ABR 44/01, AiB 2004, 240; 8.6.2004 – 1 ABR 4/03 und 1 ABR 13/04, AiB 2005, 252) immer wieder betont, dass der Antrag des Betriebsrats auf Feststellung eines Mitbestimmungsrechts erkennen lassen muss, welche konkrete Regelungen bzw. Maßnahmen zur betrieblichen Umsetzung von Rahmenvorschriften des Arbeits- und

Arbeitsschutz

Gesundheitsschutzes in Betracht kommen, an deren Ausgestaltung er mitzuwirken beabsichtigt.

So bedürfe es etwa zur Konkretisierung des Antrags, dass ein Mitbestimmungsrecht bei der Gefährdungsbeurteilung nach § 5 ArbSchG und § 3 Bildschirmarbeitsverordnung bestehe, einer Festlegung des Betriebsrats, ob und in welcher Weise er bei der – einer Gefährdungsbeurteilung vorausgehenden – Gefahrenanalyse bezogen auf welche Art von Arbeitsplätzen mitbestimmen will oder ob und inwieweit ein Mitbestimmungsrecht hinsichtlich der danach zu treffenden konkreten Maßnahmen beansprucht werden soll.

Das BAG hat in einer Reihe von Fällen Anträge auf Feststellung eines Mitbestimmungsrechts in Arbeitsschutzfragen als unzulässig zurückgewiesen, weil der Betriebsrat in seinen Anträgen nicht angegeben hatte, welche konkreten Maßnahmen des Arbeitsschutzes er im Mitbestimmungswege durchzusetzen gedenkt.

80 Zur Vorgehensweise des Betriebsrats bei der Ausübung seines Mitbestimmungsrechts nach § 87 Abs. 1 Nr. 7 BetrVG siehe **Übersichten** im Anhang zu diesem Stichwort.

81 Zusätzlich zur Anwendung des § 87 Abs. 1 Nr. 7 BetrVG kann der Betriebsrat auf der Grundlage von § 80 Abs. 1 Nr. 9 BetrVG, gegebenenfalls in Verbindung mit seinen Beratungs- und Vorschlagsrechten (siehe oben Mitwirkungsrecht) versuchen, den Arbeitgeber zu Regelungen und Maßnahmen zu veranlassen, die »besser« sind (die also einen wirksameren Gesundheitsschutz ermöglichen) als die staatlichen Vorschriften bzw. Unfallverhütungsvorschriften (siehe Rn. 2 zum Kompromisscharakter der genannten Vorschriften).

Kommt es zu einer entsprechenden Einigung, so kann eine »**freiwillige → Betriebsvereinbarung**« über »*zusätzliche Maßnahmen zur Verhütung von Arbeitsunfällen und Gesundheitsschädigungen*« (§ 88 Nr. 1 BetrVG) abgeschlossen werden.

Die Anrufung einer → **Einigungsstelle** ist in diesem Falle nicht vorgesehen.

Mitbestimmung nach § 91 BetrVG

82 Diese Vorschrift gibt dem Betriebsrat ebenfalls ein Mitbestimmungsrecht auf dem Gebiet des Arbeits- und Gesundheitsschutzes (so genanntes »**korrigierendes Mitbestimmungsrecht**«).

83 Allerdings muss eine Reihe von Voraussetzungen erfüllt sein, bevor das Mitbestimmungsrecht entsteht.

84 1. Der Arbeitgeber muss eine »**Veränderung**« der Arbeitsplätze, des Arbeitsablaufs oder der Arbeitsumgebung durchführen (= gleichbedeutend mit Maßnahmen im Sinne des § 90 Abs. 1 BetrVG).

85 2. Durch diese Maßnahmen müssen Arbeitnehmer in »**besonderer Weise belastet**« werden. Es muss sich bei der Belastung keineswegs um eine Gesundheitsgefährdung handeln! Belastung ist vielmehr jede Art der unzumutbaren Beanspruchung des arbeitenden Menschen. Dabei ist es gleichgültig, ob die Beanspruchung durch Umgebungseinflüsse (Lärm, Nässe, Zugluft, Blendung, Lichtmangel usw.) oder durch die Art der Arbeit (Tempo, Leistungsverdichtung, Monotonie, Zwangshaltung usw.) ausgelöst wird.

86 3. Die Maßnahmen müssen »**den gesicherten arbeitswissenschaftlichen Erkenntnissen über die menschengerechte Gestaltung der Arbeit widersprechen**«.

87 »Arbeitswissenschaft« in diesem Sinne meint alle diejenigen Wissenschaftsdisziplinen, deren Gegenstand »die Arbeit« ist (z. B. Arbeitsmedizin, Psychologie, Sozialwissenschaft, [Arbeits-]Rechtswissenschaft). Dabei sind die in den einschlägigen Wissenschaftsbereichen erzielten Erkenntnisse im Rahmen des § 91 BetrVG nur insoweit von Belang, als sie sich auf die »menschengerechte Gestaltung der Arbeit« beziehen.

88 »Gesichert« sind diese Erkenntnisse, wenn sie Eingang in Gesetze, Verordnungen, Unfallverhütungsvorschriften gefunden haben.

Allerdings bleibt für eine Anwendung des § 91 BetrVG in diesem Falle kein Raum.

Arbeitsschutz

Denn dann sind es die Vorschriften selbst, die dem Arbeitgeber die Verpflichtung auferlegen, die »Erkenntnis« zu beachten und die ggf. erforderlichen Maßnahmen zu treffen. Dem Betriebsrat bleibt nur seine Aufgabe, die Einhaltung der Vorschrift zu »überwachen« (§ 80 Abs. 1 Nr. 1 BetrVG).

Handelt es sich bei den Gesetzen, Verordnungen, Unfallverhütungsvorschriften aber um ausfüllungsbedürftige »**Rahmenvorschriften**«, hat der Betriebsrat nach 87 Abs. 1 Nr. 7 BetrVG mitzubestimmen (siehe hierzu Rn. 70 ff.).   **88a**

Anwendung findet § 91 BetrVG deshalb vor allem dort, wo auf andere Weise »gesicherte« arbeitswissenschaftliche Erkenntnisse vorliegen.   **89**

»Gesichert« sind Erkenntnisse nämlich auch dann,
- wenn sie in sonstige Regelwerke unterhalb der Ebene von Gesetzen, Rechtsverordnungen oder Unfallverhütungsvorschriften aufgenommen worden sind (z. B. Verwaltungsvorschriften, Technische Regeln, Sicherheitsregeln der Berufsgenossenschaften, Merkblätter, DIN-Normen usw., aber auch Tarifverträge).
- wenn sie aufgrund anerkannter Methoden wissenschaftlicher Erkenntnisgewinnung zustande gekommen sind (wissenschaftliche Gutachten) und die Erkenntnisse von einer Mehrheit der wissenschaftlichen Fachwelt anerkannt werden,
- wenn sie durch gleichlautende Aussagen in anerkannten Fachzeitschriften, Lehrbüchern, Veröffentlichungen von Berufsgenossenschaften oder Arbeitsschutzbehörden, usw. bestätigt werden.

Auch europäische Richtlinien zum Arbeitsschutz sind, solange sie nicht in nationales – bundesdeutsches – Recht umgesetzt sind, als »gesicherte arbeitswissenschaftliche Erkenntnisse« anzusehen.   **90**

Sind sie in bundesdeutsches Recht umgesetzt worden, z. B. durch Gesetz, Verordnung oder Unfallverhütungsvorschrift, richtet sich die Frage, ob ein Mitbestimmungsrecht des Betriebsrats besteht oder nicht, nach § 87 Abs. 1 Nr. 7 BetrVG.

4. Der Widerspruch gegen gesicherte arbeitswissenschaftliche Erkenntnisse muss »**offensichtlich**« sein.   **91**

Dies ist der Fall, wenn für jeden, der auf dem einschlägigen Fachgebiet Sachkunde besitzt, spätestens im Zeitpunkt der Durchführung der belastenden Maßnahme deutlich erkennbar ist, dass die Maßnahme gegen eine »arbeitswissenschaftliche Erkenntnis« verstößt.

Strittig ist, ob der **Gesetzes-** und **Tarifvorbehalt** des § 87 Abs. 1 Eingangssatz BetrVG (»*soweit eine gesetzliche oder tarifliche Regelung nicht besteht*«) auf § 91 BetrVG entsprechende Anwendung findet. Das ist nach zutreffender Ansicht nicht der Fall (Fitting, BetrVG, 27. Aufl., § 91 Rn. 22; a. A. DKKW-*Klebe*, BetrVG, 14. Aufl. § 91 Rn. 23).   **91a**

Rechte des Betriebsrats nach § 91 BetrVG

Liegen die vorstehend beschriebenen Voraussetzungen vor, kann der Betriebsrat gemäß § 91 BetrVG »*angemessene Maßnahmen zur Abwendung, Milderung oder zum Ausgleich der Belastung verlangen*«.   **92**

Maßnahmen zur **Abwendung** der Belastung sind beispielsweise   **93**
- Rücknahme der die Belastung auslösenden Maßnahmen,
- Verkapselung einer lärmenden Maschine,
- Verbesserung der Absaugung von Staub, Dämpfen usw.,
- Einsatz von technischen Mitteln zur Abwendung von schwerer Hebearbeit,
- Zurücknahme von Schichtarbeit, insbesondere Nachtschichtarbeit,
- Senkung der Fließbandgeschwindigkeit,
- Umgestaltung des Arbeitsplatzes zur Beseitigung von Zwangshaltungen.

Maßnahmen zur **Milderung** (= teilweise Abwendung) der Belastung sind u. a.   **94**

Arbeitsschutz

- Einlegung zusätzlicher Pausen,
- Schaffung von Mischarbeitsplätzen,
- Einsatz von Schutzausrüstungen (Schutzbrillen, Blendschutz, Gehörschutz usw.),
- Einführung von Gruppenarbeit zur Herabsetzung von Monotonie oder sozialer Isolation.

95 Maßnahmen zum **Ausgleich** der Belastung sind z. B.
- Freizeitausgleich,
- Stellung von Wechselkleidung,
- Einrichtung von Ruhe- und Erholungsräumen.

96 Kein sinnvolles Mittel zum »Ausgleich« der Belastung stellt die Zahlung von Lohn- oder Gehaltszuschlägen (z. B. **Erschwerniszulagen**) dar.
Das ist letztlich nichts anderes als ein »Verkauf« der Gesundheit.

97 Können sich Betriebsrat und Arbeitgeber über die zu ergreifenden Maßnahmen nicht einigen, entscheidet die → **Einigungsstelle** (§ 91 Sätze 2 und 3 BetrVG).

Abgrenzung § 87 Abs. 1 Nr. 7 BetrVG zu § 91 BetrVG

98 Die Anwendungsbereiche des § 87 Abs. 1 Nr. 7 BetrVG einerseits und § 91 BetrVG andererseits kann man – zusammenfassend – im Wesentlichen wie folgt abgrenzen:
Das Mitbestimmungsrecht nach § 87 Abs. 1 Nr. 7 BetrVG wird bei solchen betrieblichen Sachverhalten bzw. Problemen ausgelöst, auf die staatliche Vorschriften (Gesetze, Rechtsverordnungen) und/oder Unfallverhütungsvorschriften angewendet werden können.
Dabei muss es sich bei diesen Vorschriften allerdings um »Rahmenvorschriften« handeln, die einen Regelungs- und Handlungsspielraum für den Arbeitgeber eröffnen.
Demgegenüber findet § 91 BetrVG auf solche betrieblichen Problemlagen Anwendung, die (noch) nicht durch staatliche Vorschriften bzw. Unfallverhütungsvorschriften erfasst und geregelt werden.
§ 91 BetrVG kommt erst bei Änderungen der Arbeitsplätze, des Arbeitsablaufs oder der Arbeitsumgebung zur Anwendung, wenn dadurch besondere Belastungen der Arbeitnehmer ausgelöst werden. Der Betriebsrat kann dann korrigierende Maßnahmen verlangen und im Nichteinigungsfalle die → **Einigungsstelle** anrufen.
Der Anwendungsbereich des § 87 Abs. 1 Nr. 7 BetrVG ist wesentlich weiter. Die Vorschrift ermöglicht dem Betriebsrat, durch Ausübung seines Initiativ-Mitbestimmungsrechts – präventiv – Einfluss auf die Gestaltung der Arbeitsbedingungen zu nehmen und im Nichteinigungsfall die → **Einigungsstelle** anzurufen. Wenn das gelingt, bedarf es korrigierender Maßnahmen nach § 91 BetrVG nicht mehr.

Zusätzliche Maßnahmen (§ 88 Nr. 1 BetrVG)

98a Von § 88 Nr. 1 BetrVG sind Maßnahmen erfasst, die zwar nicht »erforderlich« sind i. S. d. Vorschriften des Arbeits- und Gesundheitsschutzes, aber sinnvoll. Solche »zusätzlichen« Maßnahmen können in einer freiwilligen – nicht durch Anrufung der Einigungsstelle erzwingbaren – Betriebsvereinbarung geregelt werden. Die Bedeutung der Vorschrift ist naturgemäß gering.

Arbeitsschutz

Bedeutung für die Beschäftigten

Anspruch des Arbeitnehmers auf Gefährdungsbeurteilung (§ 5 Abs. 1 ArbSchG i. V. m. § 618 Abs. 1 BGB)

Nach zutreffender Ansicht des BAG haben Arbeitnehmer nach § 5 Abs. 1 ArbSchG i. V. m. § 618 Abs. 1 BGB Anspruch auf eine Beurteilung der mit ihrer Beschäftigung verbundenen Gefährdung (BAG v. 12. 8. 2008 – 9 AZR 1117/06, NZA 2009, 102).
Allerdings räumt § 5 Abs. 1 ArbSchG dem Arbeitgeber bei dieser Beurteilung einen Spielraum ein.
Der Betriebsrat hat bei dessen Ausfüllung nach § 87 Abs. 1 Nr. 7 BetrVG mitzubestimmen (siehe Rn. 70 ff.).
Der einzelne Arbeitnehmer kann deshalb nicht verlangen, dass die Gefährdungsbeurteilung nach bestimmten von ihm vorgegebenen Kriterien durchgeführt wird (BAG v. 12. 8. 2008 – 9 AZR 1117/06, a. a. O.).
Zu einem tariflich geregelten Anspruch des Arbeitnehmers auf Durchführung einer Gefährdungsanalyse siehe Rn. 42.

98b

Pflichten und Rechte der Beschäftigten nach §§ 15 ff. ArbSchG

Die Beschäftigten sind verpflichtet, für ihre Sicherheit und Gesundheit Sorge zu tragen und für die Sicherheit und Gesundheit derjenigen Personen, die von ihren Handlungen oder Unterlassungen (!) bei der Arbeit betroffen sind.
Arbeitsmittel, Schutzvorrichtungen und persönliche Schutzausrüstung sind bestimmungsgemäß zu verwenden (§ 15 Abs. 2 ArbSchG).
Die Beschäftigten haben unmittelbare erhebliche Gefahren sowie Defekte an Schutzsystemen unverzüglich nach Feststellung dem Arbeitgeber oder dem zuständigen Vorgesetzten zu melden (§ 16 Abs. 1 ArbSchG).
Sie haben Betriebsarzt und Sicherheitsfachkraft zu unterstützen (§ 16 Abs. 2 Satz 1 ArbSchG).
Außerdem sollen sie (auch) dem Betriebsarzt, der Sicherheitsfachkraft oder dem Sicherheitsbeauftragten (§ 22 SGB VII) Gefahren oder Mängel an den Schutzsystemen mitteilen (§ 16 Abs. 2 Satz 2 ArbSchG).

99

100

Gefährdungsanzeige/Überlastungsanzeige

Es hat sich in der betrieblichen Praxis bewährt, dem Arbeitgeber bzw. Vorgesetzten gesundheitsgefährdende Arbeitsbedingungen in Form einer schriftlichen »Gefährdungsanzeige« zu melden.
Dort wo es zu Gesundheitsgefährdungen durch Arbeitsüberlastung infolge einer zu kurzen Personaldecke kommt, wird auch der Begriff »Überlastungsanzeige« verwendet (vgl. Bell, Die Überlastungsanzeige – besser: Gefährdungsanzeige, AiB 2011, 600).

100a

> Beispiel:
> Ort, Datum
> An
> die Geschäftsleitung/
> die Personalabteilung/
> den Vorgesetzten/
> die Fachkraft für Arbeitssicherheit
> den Betriebsarzt

Arbeitsschutz

den Sicherheitsbeauftragten
im Hause
Gefährdungsanzeige
Sehr geehrte Damen und Herren,
hiermit möchte ich/möchten wir gemäß § 16 ArbSchG auf gesundheitsgefährdende Arbeitsbedingungen hinweisen:
In der Halle XY zieht es »wie Hechtsuppe«, was daran liegt, dass die Tore zu beiden Seiten der Halle meist offen stehen, um den An- und Abtransport von Waren zu beschleunigen.
Dadurch kommt es ständig – vor allem in den kalten Jahreszeiten – zu Erkältungskrankheiten. Es besteht zwar eine Anweisung des Arbeitgebers, die Tore nach jeder Durchfahrt wieder zu schließen. Die Anweisung wird aber kaum befolgt – insbesondere auch deshalb, weil »alles schnell gehen soll«.
Wir schlagen vor, das Problem durch Einbau von »automatischen« selbstschließenden Rolltoren, Zugluftschleusen oder »Luftschleieranlagen« zu mildern bzw. zu beseitigen.
Oder:
Die Maschine XY in der Werkstatt verursacht unerträglichen Lärm. Das liegt möglicherweise daran, dass die Maschine verschlissen ist.
Uns wurde nur Gehörschutz zur Verfügung gestellt, der aber keinesfalls geeignet ist, Gesundheitsgefährdungen auszuschließen.
Wir schlagen vor, entweder die Maschine zu überholen oder auszutauschen. Solange dies nicht geschieht, erwarten wir, dass die Maschine innerhalb von zwei Monaten durch entsprechende technische Maßnahmen bzw. Baumaßnahmen so »eingekapselt« wird, dass eine Gesundheitsgefährdung durch Lärm beseitigt wird.
Oder:
Zu unseren Aufgaben gehört es, auf dem Werkhof von Zulieferern abgeladene Paletten per Gabelstapler in die Halle zu fahren. Weil die Gabelstapler keine geschlossenen, beheizbaren Fahrerkabinen haben, kommt es vor allem im Winter immer wieder zu Erkältungskrankheiten.
Wir erwarten, dass die Gabelstapler mit geschlossenen, beheizbaren Kabinen ausgerüstet werden.
Oder:
In der »Lohn- und Gehaltsbuchhaltung« waren bislang stets sechs Arbeitnehmer/innen beschäftigt. Nach Ausscheiden eines Mitarbeiters wurde sein Arbeitsplatz nicht wiederbesetzt. Stattdessen wurde die Arbeit auf die verbleibenden fünf Mitarbeiter/innen verteilt. Seit Monaten werden hohe Arbeitszeitguthaben aufgebaut und »Überstunden« angeordnet. Wir – die Mitarbeiter – »pfeifen aus dem letzten Loch«. Es ist auch schon zu krankheitsbedingten Ausfällen gekommen, was die Situation verschärft.
Das Gleiche gilt für die Abteilung »Kundenservice«. Diese ist mit drei Mitarbeitern/innen besetzt. Ihre Aufgabe ist es, Reklamationen und Serviceanfragen von Kunden zu bearbeiten. Der Arbeitsanfall schwankt extrem. In »Stoßzeiten« kommt es zu Stress und Überstunden.
Wir sind der Auffassung, dass die Abteilungen personell unterbesetzt sind. Wir erwarten, dass das Problem durch Neueinstellungen gelöst wird.
Oder (z. B. Krankenhaus):
Einige Stationen sind nachts nur mit jeweils einer Nachtschwester besetzt. Auch die Tagschichten sind unterbesetzt, weil Abwesenheitszeiten z. B. aufgrund von Krankheit, Urlaub, Elternzeit usw. nicht durch Einstellung von Zusatzpersonal kompensiert werden.
Das führt zu gesundheitsgefährdenden Belastungen des Pflegepersonals (Krankenschwestern, Pfleger), aber auch zu einer Gefährdung der Patienten. Diese müssen, weil wir uns »nicht teilen können« längere Wartezeiten hinnehmen, als vertretbar ist.
Wir erwarten, dass das Problem durch Neueinstellungen gelöst wird.
Mit freundlichen Grüßen
(Unterschrift Arbeitnehmer)
Durchschrift an den Betriebsrat zur Kenntnisnahme

101 Die Beschäftigten haben das Recht, dem Arbeitgeber **Vorschläge** in allen Fragen der Sicherheit und des Gesundheitsschutzes zu machen (§ 17 Abs. 1 ArbSchG).

Arbeitsschutz

Sie können sich nach § 17 Abs. 2 ArbSchG an die zuständige Behörde wenden (z. B. Gewerbeaufsicht),
- wenn sie aufgrund konkreter Anhaltspunkte der Auffassung sind, dass die vom Arbeitgeber getroffenen Maßnahmen und bereitgestellten Mittel nicht ausreichen, um Sicherheit und Gesundheitsschutz zu gewährleisten,
- und der Arbeitgeber darauf gerichteten Beschwerden von Beschäftigten nicht abhilft.

Hierdurch dürfen den Beschäftigten **keine Nachteile** entstehen (§ 17 Abs. 2 Satz 2 ArbSchG). **102**
Mit der ausdrücklichen Regelung des § 17 Abs. 2 ArbSchG sind früher vertretene Ansichten **103**
überholt, die dem Arbeitnehmer das Recht, sich an Behörden zu wenden, weitgehend absprachen. So hatte das LAG Baden-Württemberg in einer abzulehnenden Entscheidung eine ordentliche Kündigung bestätigt, weil ein Arbeitnehmer Informationen an seine Gewerkschaft über – mit den Arbeitsschutzvorschriften nicht in Einklang stehende – Arbeitsabläufe im Betrieb weitergegeben hat und daraufhin die Gewerkschaft eine Anzeige an das Gewerbeaufsichtsamt erstattete. Dem Arbeitnehmer habe zugemutet werden können, an Stelle einer Anzeige zunächst andere Maßnahmen zu ergreifen (LAG Baden-Württemberg v. 20. 10. 1976 – 6 Sa 51/76, EzA § 1 KSchG Verhaltensbedingte Kündigung).
Allerdings – das sei betont – verlangt auch § 17 Abs. 2 ArbSchG vor einer Benachrichtigung der zuständigen Behörde, dass es Beschwerden von Beschäftigten gegeben hat, denen der Arbeitgeber nicht abgeholfen hat.
Von besonderer Bedeutung ist das Beschwerderecht der Arbeitnehmer nach §§ 84, 85 BetrVG **104**
(siehe → **Beschwerderecht des Arbeitnehmers**) und die damit im Zusammenhang stehenden Rechte des Betriebsrats.
Gegenstand einer Beschwerde, die auch von mehreren Arbeitnehmern erhoben werden kann, können alle denkbaren tatsächlichen oder rechtlichen Beeinträchtigungen sein, die der Arbeitnehmer im Zusammenhang mit dem Arbeitsverhältnis erlebt bzw. empfindet.

Beispiele:

Tätigkeit	z. B. einseitige Körperhaltung, Arbeit im Stehen, in gebückter Haltung, Überkopfarbeit, monotone Arbeit, ständig sich wiederholende Alleinarbeit mit wenig oder keinen Kontakten zu anderen Mitarbeitern, Arbeit unter Störung der Konzentration, usw.
Arbeitsplatz	z. B. schlechte räumliche Verhältnisse, fehlende technische Hilfen, unzureichende Ausstattung des Arbeitsplatzes, Großraumbüro, usw.
Arbeitsumgebung	z. B. Verschmutzung, Staub, Öl, Fett, Temperatur (Hitze, Kälte), Nässe, chemische Stoffe (Säure, Gase und Dämpfe; auch dadurch bedingte unangenehme Gerüche), Tabakrauch, Lärm, Erschütterung, Vibration, falsche Beleuchtung (Blendung oder Lichtmangel), Zugluft, Erkältungsgefahr, ungeeignete Schutzkleidung, Unfallgefährdung, usw.
Arbeitsorganisation	z. B. ständig allein arbeiten, mangelhafte Form der Team- oder Gruppenarbeit, unklare Arbeitsanweisungen, häufige Störungen
Personalbemessung, Arbeitszeit	z. B. personelle Unterbesetzung, zu viel Arbeit für zu wenig Personal, Termin- und Zeitdruck, Stress, ungünstige Arbeitszeiten, Überstunden, Schichtarbeit, Nachtarbeit, usw.
Betriebsklima	z. B. schlechte Menschenführung durch Vorgesetzte, Schikanen, Ungleichbehandlung/Benachteiligung, Mobbing, sexuelle Belästigung, ausländerfeindliches Verhalten, usw.

Arbeitsschutz

Die Beschwerde kann und sollte beim **Betriebsrat** eingereicht werden (§ 85 Abs. 1 BetrVG). Hält der Betriebsrat die Beschwerde für berechtigt, hat er beim Arbeitgeber auf Abhilfe hinzuwirken.

Ist der Arbeitgeber der Meinung, dass die Beschwerde nicht berechtigt ist, kann der Betriebsrat die → **Einigungsstelle** anrufen (§ 85 Abs. 2 BetrVG).

Diese klärt den Sachverhalt auf, bewertet ihn und entscheidet letztlich durch Beschluss (ggf. durch Mehrheitsbeschluss mit der Stimme des Vorsitzenden der Einigungsstelle), ob die Beschwerde berechtigt ist oder nicht.

Stellt die Einigungsstelle durch Spruch fest, dass die Beschwerde berechtigt ist, ist der Arbeitgeber verpflichtet, der Beschwerde abzuhelfen, d. h., den Beschwerdegrund durch geeignete Maßnahmen zu beseitigen (§ 85 Abs. 3 Satz 2 BetrVG in Verbindung mit § 84 Abs. 2 BetrVG). Geschieht dies nicht, kann der Arbeitnehmer die Abhilfe der Beschwerde im Wege der **Klage** vor dem → **Arbeitsgericht** erzwingen. Dazu ist es – soweit ersichtlich – bislang aus nachvollziehbaren Gründen nicht gekommen.

Deshalb stellt sich die Frage, ob auch der Betriebsrat ein Beschlussverfahren mit dem gleichen Ziel einleiten kann. Das ist **strittig**, aber zu bejahen, weil andernfalls die Vorschrift im Endeffekt leer läuft (zu Recht dafür DKKW-*Buschmann*, BetrVG, 15. Aufl., § 85 Rn. 26; a. A. Fitting, BetrVG, 27. Aufl., § 85 Rn. 9, 14).

Ggf. kommt eine Problemlösung auch in Form eines → **Koppelungsgeschäftes** zustande.

Die Anrufung der Einigungsstelle bzw. eine Entscheidung ist ausgeschlossen, wenn Gegenstand der Beschwerde ein **Rechtsanspruch** des Arbeitnehmers ist (§ 85 Abs. 2 Satz 3 BetrVG).

Zu weiteren Einzelheiten siehe → **Beschwerderecht des Arbeitnehmers**.

Schadensersatz- und Schmerzensgeldhaftung des Arbeitgebers

105 Wenn ein Arbeitnehmer aufgrund von gesundheitsgefährdenden oder sogar -schädlichen Arbeitsbedingungen erkrankt, verletzt oder gar getötet wird, stellt sich die Frage, ob der Arbeitgeber auf **Schadensersatz** und **Schmerzensgeld** haftet.

Die Haftung des Arbeitgebers ist zwar nach § 104 Abs. 1 SGB VII (früher: § 636 Abs. 1 Satz 1 RVO) ausgeschlossen, wenn der Personenschaden durch einen → **Arbeitsunfall** oder eine → **Berufskrankheit** verursacht wurde (sog. »Haftungsprivileg«; siehe auch → **Haftung des Arbeitgebers** Rn. 10 ff. und → **Unfallversicherung**). Stattdessen tritt die gesetzliche Unfallversicherung (= Berufsgenossenschaft) ein (die Berufsgenossenschaft muss allerdings kein Schmerzensgeld zahlen).

Der Arbeitgeber haftet allerdings dann gemäß § 280 Abs. 1 BGB i. V. m. §§ 241 Abs. 2, 618 Abs. 1 BGB und § 253 Abs. 2 BGB (ggf. auch nach §§ 823 ff. BGB) auf Schadensersatz und Schmerzensgeld, wenn er den Unfall bzw. die Berufskrankheit vorsätzlich herbeigeführt hat. Dabei reicht ein sog. **bedingter Vorsatz** aus (= der Schadenseintritt wird für möglich gehalten und billigend in Kauf genommen).

Der Arbeitgeber haftet auch dann, wenn nicht er selbst, aber der **Vorgesetzte**, der die gesundheitsgefährdende Arbeit angewiesen hat, mindestens bedingt vorsätzlich gehandelt hat. Das für die Schadensersatzhaftung notwendige **Verschulden** (= mindestens bedingt vorsätzliches Verhalten) des Vorgesetzten wird dem Arbeitgeber § 278 Satz 1 BGB zugerechnet. Nach dieser Vorschrift hat der Arbeitgeber das Verschulden von Personen, derer er sich zur Erfüllung seiner Verbindlichkeiten gegenüber dem Arbeitnehmer bedient (Erfüllungsgehilfen), in gleichem Umfange zu vertreten wie eigenes Verschulden.

106 So kann nach zutreffender Ansicht des BAG beispielsweise die Anweisung an einen Arbeitnehmer, mit **asbesthaltigem Material** ohne Schutzmaßnahmen zu arbeiten, die bewusste Inkaufnahme von Gesundheitsschäden des Arbeitnehmers beinhalten und einen Anspruch auf

Arbeitsschutz

Schadenersatz und Schmerzensgeld gegen den Arbeitgeber begründen (BAG v. 20. 6. 2013 – 8 AZR 471/12, DB 2013, 2216; 28. 4. 2011 – 8 AZR 769/09, AiB 2012, 273).
Am 20. Juli 2007 hatte der Kläger gegen den Arbeitgeber beim Arbeitsgericht Dessau-Roßlau wegen Schmerzensgeld, Schadenersatz und der Erstattung vorgerichtlicher Mahnkosten Klage erhoben. Er hatte zuletzt beantragt,
»*festzustellen, dass die Beklagte verpflichtet ist, dem Kläger sämtliche materiellen und immateriellen Schäden, welche er aufgrund der nach Weisung der Beklagten im Zeitraum vom 1. Februar bis 5. Mai 1995 an asbestfaserhaltigen Bauteilen im damaligen Asylbewerberheim in D, A, ausgeführten Arbeiten erleidet, unter Zugrundelegung einer Haftungsquote von 100 % zu ersetzen, soweit die Ansprüche nicht auf Sozialversicherungsträger oder sonstige Dritte übergehen.*«
Das BAG entschied nach einem »**Prozessmarathon**« zugunsten des Klägers (BAG v. 20. 6. 2013 – 8 AZR 471/12, a. a. O.). Die Entscheidung des BAG v. 20. 6. 2013 im Wortlaut ist abgedruckt im Rechtsprechungsteil unter Punkt 11. Schadensersatz- und Schmerzensgeldanspruch des Arbeitnehmers gegen den Arbeitgeber bei (bedingt) vorsätzlicher Gesundheitsschädigung und Wegeunfall – Kein Haftungsausschluss nach §§ 104 – 106 SGB VII (früher: §§ 636 ff. RVO). Die Vorinstanzen hatten die Klage abgewiesen (ArbG Dessau-Roßlau v. 1. 7. 2008 – 6 Ca 236/07; LAG Sachsen-Anhalt v. 10. 7. 2009 – 9 Sa 348/08: die Revision hatte das LAG zugelassen). Das BAG hatte das Urteil des LAG auf die Revision des Klägers aufgehoben und die Sache zur neuen Verhandlung und Entscheidung an das LAG zurückverwiesen mit dem Auftrag, aufzuklären, ob der Vorgesetzte des Klägers vorsätzlich gehandelt hatte (BAG v. 28. 4. 2011 – 8 AZR 769/09, AiB 2012, 273). Nach erneuter Verhandlung bejahte das LAG das Vorliegen eines bedingten Vorsatzes bei dem Vorgesetzten und gab der Feststellungsklage nunmehr statt (LAG Sachsen-Anhalt v. 15. 3. 2012 – 3 Sa 313/11). Die von der Beklagten gegen das LAG-Urteil eingelegte Revision wies das BAG ab (BAG v. 20. 6. 2013 – 8 AZR 471/12, a. a. O.).
Das BAG stützte den Anspruch des Arbeitnehmers auf § 280 Abs. 1 BGB i. V. m. §§ 241 Abs. 2, 618 Abs. 1 BGB. Das »**Haftungspriveleg**« des § 104 Abs. 1 SGB VII (früher: § 636 Abs. 1 Satz 1 RVO) schließe des Anspruch nicht aus, weil das LAG festgestellt habe, dass dem Vorgesetzten der Vorwurf vorsätzlichen Verhaltens zu machen sei. Ihm sei bekannt gewesen, dass der Kläger infolge der angewiesenen Sanierungsarbeiten einer besonderen Asbestbelastung ausgesetzt war und er habe eine Gesundheitsschädigung des Klägers zumindest billigend in Kauf genommen (sog. **bedingter Vorsatz**). Das Verschulden des Vorgesetzten sei dem Arbeitgeber zuzurechnen (§ 278 Satz 1 BGB; siehe Rn. 105).
Hierzu ein Auszug aus Entscheidung des BAG v. 20. 6. 2013 – 8 AZR 471/12, a. a. O.:
»*Der Kläger hat Anspruch auf die beantragte Feststellung. […] Die Beklagte haftet dem Kläger grundsätzlich für solche Schäden, die dieser aufgrund der Arbeiten vom 1. Februar bis 5. Mai 1995 an asbestfaserhaltigen Bauteilen im damaligen Asylbewerberheim der Beklagten erleidet. […]*
Der Abteilungsleiter S handelte mit Vorsatz in Bezug auf die Pflichtverletzung und in Bezug auf eine in Zukunft möglicherweise noch auftretende Gesundheitsschädigung des Klägers.
Das Eingreifen des Haftungsprivilegs nach § 636 Abs. 1 Satz 1 RVO in der bis 31. Dezember 1996 geltenden Fassung erfordert einen »doppelten« Vorsatz. Der Vorsatz des Handelnden muss sich zum einen auf die Verletzungshandlung beziehen. Zum anderen muss der Vorsatz aber auch den Verletzungserfolg umfassen. Allein der Verstoß gegen zugunsten von Arbeitnehmern bestehende Schutzpflichten indiziert noch keinen Vorsatz bezüglich der Herbeiführung eines Arbeitsunfalls i. S. d. § 636 Abs. 1 RVO. Es verbietet sich, die vorsätzliche Pflichtverletzung mit einer ungewollten Unfallfolge mit einem gewollten Arbeitsunfall oder einer gewollten Berufskrankheit gleichzusetzen.
Vorsatz enthält ein »Wissens-« und ein »Wollenselement«. Der Handelnde muss die Umstände, auf die sich der Vorsatz beziehen muss, gekannt bzw. vorausgesehen und in seinen Willen aufgenommen haben. Die Annahme eines bedingten Vorsatzes setzt voraus, dass der Handelnde die relevanten Umstände jedenfalls für möglich gehalten und billigend in Kauf genommen hat. Die

objektive Erkennbarkeit der Tatumstände reicht nicht aus. Bewusste Fahrlässigkeit liegt hingegen vor, wenn der Handelnde darauf vertraut, der Schaden werde nicht eintreten. [...]
Nach diesen Grundsätzen ist es revisionsrechtlich nicht zu beanstanden, dass das Berufungsgericht angenommen hat, dem Vorgesetzten des Klägers, S, sei der Vorwurf vorsätzlichen Verhaltens zu machen, weil er es billigend in Kauf genommen habe, dass neben den übrigen Betroffenen der Kläger infolge der angewiesenen Sanierungsarbeiten eine durch Asbest bewirkte Gesundheitsschädigung erfährt.«

Beachten:
Der **Zulässigkeit** der erhobenen **Feststellungsklage** stand nicht entgegen, dass der Kläger nicht darlegen und beweisen konnte, dass bei ihm eine asbestbedingte **Gesundheitsschädigung** tatsächlich (noch) nicht eingetreten war. Das gemäß § 256 ZPO für eine Feststellungsklage erforderliche Feststellungsinteresse ist dann zu bejahen, wenn eine **gewisse Wahrscheinlichkeit** für einen Schadenseintritt besteht. Eine solche Wahrscheinlichkeit hat das BAG bejaht, weil es letztlich unstreitig war, dass
- der Kläger bei seiner Beteiligung an den Sanierungsarbeiten Asbestfasern eingeatmet hatte,
- das Einatmen asbesthaltiger Raumluft für die Dauer von ca. 100 Stunden zu Ablagerungen von Asbestfasern im Lungengewebe führt und
- hierdurch die Risiken einer chronischen Entzündung in der Lunge und der Ausbildung von Krebszellen erhöht werden.

Weiterhin war unstreitig, dass ein staubanalytischer Grenzwert für die Anzahl der eine Asbesterkrankung auslösenden Asbestpartikel nicht definiert werden kann, dass aber das Risiko einer solchen Erkrankung mit der Intensität und der Dauer der Einatmung asbesthaltiger Luft ansteigt.
Hierzu ein Auszug aus BAG v. 28. 4. 2011 – 8 AZR 769/09, a. a. O.): »*Die Klage ist zulässig. Insbesondere ist das nach § 256 ZPO für Feststellungsklagen erforderliche Feststellungsinteresse gegeben. Das besondere Feststellungsinteresse nach § 256 Abs. 1 ZPO muss als Sachurteilsvoraussetzung in jeder Lage des Verfahrens und auch noch in der Revisionsinstanz gegeben sein. Sein Vorliegen ist von Amts wegen zu prüfen (BAG 19. 8. 2004 – 8 AZR 349/03 – AP SGB VII § 104 Nr. 4).*
Dieses besondere Feststellungsinteresse ist bei einer Klage auf Feststellung der Verpflichtung zum Ersatz künftiger Schäden grundsätzlich dann gegeben, wenn Schadensfolgen in der Zukunft möglich sind, auch wenn ihre Art, ihr Umfang und sogar ihr Eintritt noch ungewiss sind. Es muss allerdings eine gewisse Wahrscheinlichkeit für einen Schadenseintritt bestehen (BAG 19. 8. 2004 – 8 AZR 249/03 – m. w. N., AP SGB VII § 104 Nr. 4). Das bedeutet, dass ein rechtliches Interesse an alsbaldiger Feststellung i. S. d. § 256 Abs. 1 ZPO wegen eines erst künftig aus einem Rechtsverhältnis erwachsenden Schadens angenommen werden kann, wenn nach der Lebenserfahrung und dem gewöhnlichen Lauf der Dinge der Schadenseintritt hinreichend wahrscheinlich ist (BGH 15. 10. 1992 – IX ZR 43/92 – m. w. N., NJW 1993, 648).
Unter Berücksichtigung dieser Voraussetzungen ist ein Feststellungsinteresse des Klägers gegeben. Die Feststellungen des Landesarbeitsgerichts, dass eine Gesundheitsverletzung des Klägers derzeit nicht vorliegt, stehen dem nicht entgegen. Ausweislich der Feststellungen des Arbeitsgerichts im Tatbestand, auf welche im Berufungsurteil ausdrücklich verwiesen wird, ist unstreitig, dass der Kläger bei seiner Beteiligung an den Sanierungsarbeiten Asbestfasern eingeatmet hat, dass das Einatmen asbesthaltiger Raumluft für die Dauer von ca. 100 Stunden zu Ablagerungen von Asbestfasern im Lungengewebe führt und dass hierdurch die Risiken einer chronischen Entzündung in der Lunge und der Ausbildung von Krebszellen erhöht werden. Weiterhin ist ausweislich der Feststellungen unstreitig, dass ein staubanalytischer Grenzwert für die Anzahl der eine Asbesterkrankung auslösenden Asbestpartikel nicht definiert werden kann, dass aber das Risiko einer solchen Erkrankung mit der Intensität und der Dauer der Einatmung asbesthaltiger Luft ansteigt.

Arbeitsschutz

Damit steht zwar nicht fest, dass beim Kläger durch die Asbestbelastung bereits eine Gesundheitsschädigung eingetreten ist. Allerdings besteht nach der allgemeinen Lebenserfahrung und dem gewöhnlichen Lauf der Dinge eine gewisse, d. h. hinreichende Wahrscheinlichkeit für den Eintritt einer solchen. Dies folgt zum einen daraus, dass nach § 1 i. V. m. Anlage 1 Nr. 4103, 4104 und 4105 der Berufskrankheitenverordnung vom 31. Oktober 1997 durch Asbeststaub verursachte Erkrankungen als Berufskrankheiten anerkannt sind und somit auch der Verordnungsgeber davon ausgeht, dass Asbestbelastungen Erkrankungen hervorrufen können. Zum anderen ist auch die Schließung der Kindereinrichtung und die durch das Gewerbeaufsichtsamt angeordnete Einstellung der Arbeiten an dem fraglichen Gebäude in D, A, wegen Asbestbelastung ein Anhaltspunkt für das erhebliche Gesundheitsrisiko von dort zu verrichtenden Arbeiten unter Asbeststaubbelastung. Letztlich war die Tätigkeit des Klägers im Asylbewerberheim vom 1. Februar bis 5. Mai 1995 auch nicht von solch kurzer Dauer, dass eine Gesundheitsschädigung nach allgemeiner Lebenserfahrung als unwahrscheinlich anzusehen wäre.«

Das Vorliegen eines Rechtsschutzinteresses für eine unbezifferte Feststellungsklage wurde vom LAG Sachsen-Anhalt zutreffend auch damit begründet, dass sie gemäß § 204 Abs. 1 Nr. 1 BGB geeignet ist, eine Hemmung der Verjährung zu bewirken (LAG Sachsen-Anhalt v. 15. 3. 2012 – 3 Sa 313/11), was gerade in »Asbest-Fällen« von Bedeutung ist. Durch Asbestfasern ausgelöste Gesundheitsschäden (Asbestose, Lungenkrebs, Mesotheliom) treten manchmal erst nach Jahrzehnten »zu Tage«.

Ist der Arbeitnehmer inzwischen verstorben, stehen die Schadensersatzansprüche und der Anspruch auf Schmerzensgeld (§ 253 Abs. 3 BGB) den **Erben** (Ehegatte, Kinder) zu. Zu den Schadensersatzansprüchen zählen in einem solchen Fall auch Bestattungskosten und ein Ausgleich der Unterhaltsansprüche von Ehegatte und Kindern (vgl. hierzu LG Itzehoe v. 19. 3. 1998 – 6 O 391/96, AiB 1999, 355 und OLG Schleswig-Holstein v. 7. 4. 2005 – 11 U 132/98; siehe auch Rn. 113). 107

Wenn der ursprüngliche Arbeitgeber nicht mehr existiert, ist zu prüfen, ob der Betrieb auf einen **Rechtsnachfolger** übergegangen ist. Gemäß § 613 a Abs. 1 Satz 1 BGB haftet der Betriebsübernehmer für die Verpflichtungen der Vorgänger-Firmen (siehe → **Betriebsübergang**). 108

Beispiel:
Der Arbeitnehmer war vor vom 1. 1. 1980 bis zum 31. 12. 1990 in einem Betrieb der X-GmbH – eine Schiffswerft – beschäftigt. Er hat dort auf Anweisung von Vorgesetzten Tätigkeiten ausgeführt, bei denen er der Einwirkung von Asbest ausgesetzt war.
Die X-GmbH ist mit Wirkung ab 1. 1. 1991 auf die Y-GmbH übergegangen und damit gemäß § 613 a BGB auch das Arbeitsverhältnis mit dem Arbeitnehmer.
Am 31. 12. 2010 ist das Arbeitsverhältnis des Arbeitnehmers mit der Y-GmbH beendet worden (z. B. durch Aufhebungsvertrag).
Der Betrieb wurde mit Wirkung ab 1. 1. 2012 an die Z-GmbH veräußert und fortgeführt.
Fazit: Anspruchsgegner ist die Z-GmbH. Für Betriebsübergänge vor dem 1. 1. 1999 kommt als Haftungsgrundlage auch § 419 BGB (alte Fassung) in Frage (vgl. Preis, ErfK, BGB § 613 a Rn. 144).

Eine rechtliche Hürde für den Schadensersatzanspruch kann sein, dass die Ansprüche des Arbeitnehmers **verjährt** sein können (siehe → **Verjährung**). In Asbest-Fällen beispielsweise liegen die gesundheitsschädlichen Einwirkungen manchmal Jahrzehnte zurück. Nach § 197 Abs. 1 Nr. 1 BGB gilt für Schadensersatzansprüche, die auf der vorsätzlichen Verletzung des Lebens, des Körpers, der Gesundheit, der Freiheit oder der sexuellen Selbstbestimmung beruhen, eine Verjährungsfrist von 30 Jahren. Gemäß § 199 Abs. 2 BGB gilt: »*Schadensersatzansprüche, die auf der Verletzung des Lebens, des Körpers, der Gesundheit oder der Freiheit beruhen, verjähren ohne Rücksicht auf ihre Entstehung und die Kenntnis oder grob fahrlässige Unkenntnis in 30 Jahren von der Begehung der Handlung, der Pflichtverletzung oder dem sonstigen, den Schaden auslösenden Ereignis an.*« Daraus folgt: wenn die Einwirkung von Asbest länger als 109

Arbeitsschutz

30 Jahre zurückliegt – also ausgehend von 2014 vor 1984 stattgefunden hat – sind Schadensersatzansprüche verjährt.

110 Vertraglich vereinbarte → **Ausschlussfristen/Verfallfristen** stehen einer Haftung des Arbeitgebers auf Schadensersatz und Schmerzensgeld wegen (bedingt) vorsätzlicher Schädigung nicht entgegen.
Dem steht die Vorschrift des § 202 Abs. 1 BGB entgegen (BAG v. 20.6.2013 – 8 AZR 280/12). Sie lautet: »*Die Verjährung kann bei Haftung wegen Vorsatzes nicht im Voraus durch Rechtsgeschäft erleichtert werden.*«
Diese Vorschrift soll allerdings nach abzulehnender Ansicht des BGB nicht auf solche **tarifvertragliche Ausschlussfristen** anzuwenden sein, die (unverständlicherweise) auch Schadensersatzansprüche wegen vorsätzlich begangener Handlungen erfassen (BAG v. 20.6.2013 – 8 AZR 280/12; 18.8.2011 – 8 AZR 187/10).
In einigen Tarifverträgen ist (zum Glück) Gegenteiliges geregelt.

> **Beispiel (§ 16 Ziff. 1.4 Manteltarifvertrag Metallindustrie Hamburg/Schleswig-Holstein):**
> 1.4 Die Ausschlussfristen gelten nicht für Ansprüche aus vorsätzlich begangener unerlaubter Handlung.

111 **Aus alledem folgt:** ein Arbeitnehmer, der unter Einwirkungen von Asbest gearbeitet hat, kann beim Arbeitsgericht gegen den Arbeitgeber (das Unternehmen, bei dem er angestellt war bzw. gegen den Rechtsnachfolger) mit Aussicht auf Erfolg eine Schadensersatzklage erheben, wenn er **darlegen** und **beweisen** kann, dass
- er nach 1983 auf Anweisung eines Vorgesetzten den Einwirkungen ausgesetzt war,
- der Vorgesetzte (mindestens) mit bedingtem Vorsatz gehandelt hat
- die Firma noch existiert oder auf einen heute noch existierenden Rechtsnachfolger übergegangen ist.

Die Schadensersatzklage kann als unbezifferte **Feststellungsklage** erhoben werden, wenn eine Gesundheitsschädigung zwar aktuell nicht belegt werden kann, aber eine gewisse Wahrscheinlichkeit für einen Schadenseintritt besteht. Das ist dann der Fall, wenn etwa durch Zeugenaussagen oder Feststellungen z.B. der Berufsgenossenschaft oder Gewerbeaufsicht bewiesen werden kann, dass der Arbeitnehmer bei der Arbeit Umgang mit Asbest hatte und Asbestfasern eingeatmet hat.

112 Hervorzuheben ist, dass die vom BAG entwickelten Maßgaben nicht nur auf Gesundheitsgefährdungen und -schäden durch Asbest anwendbar sind, sondern auf **alle sonstigen Fallgestaltungen**, in denen Arbeitgeber bzw. Vorgesetzte eine arbeitsbedingte Gesundheitsschädigung von Beschäftigten »billigend in Kauf nehmen«.
In vielen Wirtschaftsbereichen haben unzählige Arbeitnehmer in den letzten Jahrzehnten auf Anordnung des Arbeitgebers bzw. des Vorgesetzten Arbeiten unter **gesundheitsgefährlichen Bedingungen** (z.B. Lärm, Gefahrstoffe wie Asbest, Lösemittel, Kühlschmierstoffe, Schleifstaub usw.) ausführen müssen (viele sind erkrankt, haben bleibende Gesundheitsschäden davongetragen oder sind gar inzwischen verstorben).
Wenn ein Arbeitnehmer darlegen und beweisen kann, dass der Arbeitgeber oder irgendeiner seiner Vorgesetzten ihm die Tätigkeit zugewiesen hat,
- obwohl ihm bekannt war, dass der Arbeitnehmer damit der Einwirkung von gesundheitsgefährlichen Bedingungen ausgesetzt war
- und er eine Gesundheitsschädigung des Arbeitnehmers zumindest billigend in Kauf genommen hat (sog. **bedingter Vorsatz**),

dann hat der Arbeitnehmer gegen den Arbeitgeber (= Unternehmen, bei dem der Arbeitnehmer angestellt war) gemäß § 280 Abs. 1 BGB i.V.m. §§ 241 Abs. 2, 278, 618 Abs. 1 BGB einen

Arbeitsschutz

Anspruch auf **Schadensersatz** (z. B. Behandlungskosten, Verdienstausfall, usw.) und **Schmerzensgeld** (§ 352 Abs. 2 BGB).
Die im Arbeitsleben typischen gesundheitsgefährdenden oder gar schädigenden Faktoren sind beispielhaft in § 5 Abs. 3 ArbSchG aufgeführt:
»Eine Gefährdung kann sich insbesondere ergeben durch
- die Gestaltung und die Einrichtung der Arbeitsstätte und des Arbeitsplatzes,
- physikalische, chemische und biologische Einwirkungen,
- die Gestaltung, die Auswahl und den Einsatz von Arbeitsmitteln, insbesondere von Arbeitsstoffen, Maschinen, Geräten und Anlagen sowie den Umgang damit,
- die Gestaltung von Arbeits- und Fertigungsverfahren, Arbeitsabläufen und Arbeitszeit und deren Zusammenwirken,
- unzureichende Qualifikation und Unterweisung der Beschäftigten,
- psychische Belastungen bei der Arbeit.«

Wenn also beispielsweise ein Arbeitnehmer durch schikanöses Verhalten des Vorgesetzten (z. B. Diskriminierung, → **Mobbing**) einer Gesundheitsgefährdung ausgesetzt ist, kann er gegen den Arbeitgeber (= Unternehmen) eine Klage auf **Feststellung** erheben, dass dieser verpflichtet ist, ihm sämtliche materiellen und immateriellen Schäden, welche er durch das Verhalten des Vorgesetzten erleidet, unter Zugrundelegung einer Haftungsquote von 100 % zu ersetzen, soweit die Ansprüche nicht auf Sozialversicherungsträger oder sonstige Dritte übergehen.

Schadensersatzanspruch gegen den Hersteller eines gesundheitsschädigenden Arbeitsmittels (Produkthaftung)

Nach einer beachtenswerten Entscheidung des Landgerichts Itzehoe haftet der Hersteller eines fehlerhaften Produktes (hier: **nitrithaltiges Kühlschmiermittel**) nach den Grundsätzen der **Produzentenhaftung/Produkthaftung** gemäß §§ 823, 253 Abs. 2 BGB für Gesundheitsschäden, die durch das Inverkehrbringen des Produktes unter schuldhafter Verletzung seiner Produktbeobachtungs- und Warnpflicht verursacht werden (LG Itzehoe v. 19.3.1998 – 6 O 391/96, AiB 1999, 355).
Er ist den Hinterbliebenen eines infolge des Umgangs mit dem fehlerhaften Produkt an Krebs gestorbenen Arbeitnehmers auf Schadensersatz (Ersatz der Bestattungskosten und des Unterhaltsschadens) sowie auf Zahlung von Schmerzensgeld verpflichtet.
Im zugrundeliegenden Fall hatte ein Dreher in einem Metallbetrieb vom 1.2. bis 31.12.1987 an einer Rundschleifmaschine gearbeitet, an der ein wasserlösliches Kühlschmiermittel eingesetzt worden war.
Dieses enthielt u.a. 18 % Natriumnitrit und 20 % Triethanolamin.
Der Arbeitnehmer verstarb am 20.12.1993 an den Folgen eines Dickdarmkarzinoms.
Seine **Hinterbliebenen** klagten gegen den Hersteller des Kühlschmiermittels auf Schadensersatz und Schmerzensgeld.
Der Hersteller bestritt, dass die Krebserkrankung auf sein Produkt zurückzuführen sei. Es kämen auch andere Ursachen in Betracht. So habe der Verstorbene z. B. seit seiner Jugend in nicht unerheblichem Umfang als Nebenerwerbswinzer gearbeitet. Hierbei sei er durch den Einsatz von Pflanzenschutzmitteln erheblich belastet worden, weil der Einsatz von Maschinen mit Kabinen aufgrund der Hanglage des Weinbergs nicht möglich gewesen sei. Sicherlich habe der Verstorbene auch keinen Schutzanzug getragen.
Das LG Itzehoe hat den Hersteller des Kühlschmiermittels auf die Klage der Hinterbliebenen auf Schadensersatz (Ersatz der Bestattungskosten und des Unterhaltsschadens) sowie auf Zahlung von Schmerzensgeld in Höhe von insgesamt 354 900 DM (davon 150 000 DM Schmerzensgeld) verurteilt.

Arbeitsschutz

Nach Ansicht des LG Itzehoe kehrt sich im Schadensersatzprozess die **Beweislast** um, wenn der Hersteller ein fehlerhaftes Produkt in Verkehr bringt und solche Gesundheitsschäden entstehen, wie sie typischerweise durch den Fehler des Produkts hervorgerufen werden können.
Dann müsse der Produkthersteller beweisen, dass der Fehler seines Produkts sich in dem Schaden nicht verwirklicht hat.
Der Hersteller eines fehlerhaften Produkts könne sich nicht mit der unbewiesenen Behauptung entlasten, der Gesundheitsschaden sei durch Umgang mit anderen gesundheitsschädlichen Produkten anderer Hersteller verursacht worden.
Denn er hafte im Falle einer Mitverursachung mit den anderen Herstellern mindestens als Gesamtschuldner.
Das OLG Schleswig-Holstein hat das Urteil des LG Itzehoe **aufgehoben** und die Klage abgewiesen (OLG Schleswig-Holstein v. 7.4.2005 – 11 U 132/98).
Das Urteil erging nach Durchführung einer extrem langwierigen Beweisaufnahme in Form der Einholung von mehreren Sachverständigengutachten (der erste Beweisbeschluss des OLG datiert vom 29.2.2000, das letzte Gutachten wurde am 25.2.2005 erstattet!).
Das OLG hat zwar bestätigt, dass der beklagte Hersteller des Kühlschmiermittels gegen seine Produktbeobachtungspflicht verstoßen hat.
Die hinterbliebenen Kläger hätten aber nicht beweisen können, dass der Verstoß ursächlich war für den Eintritt des Schadens (haftungsbegründende Kausalität).
Beweiserleichterungen für die Kausalitätsfrage, die bis zur Beweislastumkehr reichen können, könnten zwar bei Überschreitung der im Rahmen einer Betriebsgenehmigung durch Verwaltungsvorschriften oder durch Bestimmungen und Auflagen festgelegten Emissions- und Immissionswerte gerechtfertigt sein (BGH v. 17.06.1997 – VI ZR 372/95, NJW 1997, 2748).
Insoweit könnte auf die (damaligen) TRGS 552 und TRGS 611 verwiesen werden, wonach Nitrosaminverbindungen als krebserzeugend eingestuft wurden und in Kühlschmiermitteln nicht verwendet werden durften.
Diese Regeln seien aber erst 1996 und 1997 erlassen worden.
Eine Revision hat das OLG Schleswig-Holstein nicht zugelassen.
Der BGH hat die von den Hinterbliebenen eingelegte Nichtzulassungsbeschwerde zurückgewiesen (BGH v. 7.2.2006 – VI ZR 86/05).

114
> **Hinweis:**
> Nach den Vorschriften des **Produkthaftungsgesetzes** vom 15.12.1989 (BGBl. I S. 2198) haftet der Hersteller eines fehlerhaften Produktes, das nach dem 1.1.1990 in den Verkehr gebracht worden ist, auch ohne Verschulden für – durch das fehlerhafte Produkt verursachte – Personen- oder Sachschäden (allerdings besteht nach diesem Gesetz kein Anspruch des Geschädigten auf Schmerzensgeld).

115 Zur Novellierung des Schadensersatzrechts und zum Anspruch auf Schmerzensgeld siehe → **Haftung des Arbeitgebers**.

116 Zur → **Verjährung** von Ansprüchen gegen den Hersteller eines fehlerhaften Produktes: siehe → **Berufskrankheit**.

Arbeitshilfen

Übersichten
- Gesamtsystem Arbeitsschutz
- Gefährdungs- und Belastungsermittlung
- Pflichten des Arbeitgebers nach dem Arbeitsschutzgesetz – Mitbestimmung des Betriebsrats (§ 87 Abs. 1 Nr. 7 BetrVG)
- Gefährdungsbeurteilung: Pflichten des Arbeitgebers – Handlungsmöglichkeit des Betriebsrats (Schrittfolge)
- Gefährdung durch psychische Belastung bei der Arbeit
- Beispiel eines Fragebogens/Gesprächsleitfadens zu arbeitsbedingten Belastungen/Gefährdungen

Musterschreiben
- Betriebsvereinbarung zur Gefährdungsbeurteilung und Maßnahmen des Arbeitsschutzes (Entwurf)
- Gefährdungsanzeige/Überlastungsanzeige
- Schreiben des Betriebsrates (I) wegen Gesundheitsgefährdung aufgrund personeller Unterbesetzung (Krankenhaus)
- Schreiben des Betriebsrates (II) wegen Gesundheitsgefährdung aufgrund personeller Unterbesetzung (Krankenhaus)

Arbeitsschutz

Übersicht: Gesamtsystem Arbeitsschutz[1]

```
┌─────────────────────────────┐                              ┌─────────────────────────┐
│ EU-Richtlinien zum Schutz   │   Staatliche Schutzpflicht   │ Unfallverhütungs-       │
│ der Gesundheit und          │   für die physische und      │ vorschriften            │
│ Sicherheit der Arbeitnehmer │   psychische Integrität      │ (§15 SGB VII)           │
│ (Art. 153 AEUV)             │   (Art. 20 i.V. mit          │                         │
│                             │   Art. 1 und 2 GG)           │                         │
└─────────────────────────────┘                              └─────────────────────────┘
                                                                       ▲
                         einfacher nationaler Gesetzgeber              │
                         (Art. 74 Abs. 1 Nr. 12 GG)                    │
                                                                       │
                         ┌──────────────────────────────┐   ┌─────────────────────────┐
                         │ Allgemein anerkannte Regeln  │   │ Aufsichtsdienst der     │
                         │ und Erkenntnisse der         │   │ Unfallversicherungs-    │
                         │  • Sicherheitstechnik        │   │ träger                  │
                         │  • Arbeitsmedizin            │   │ (§§ 17ff. SGB VII)      │
                         │  • Arbeitswissenschaft       │   └─────────────────────────┘
                         │  • Technische Regeln         │
                         │  • DIN-Normen                │
                         │  • VDE-Bestimmungen          │
                         └──────────────────────────────┘

                                                            Durchsetzung und Überwachung
                                                            des Arbeitsschutzes, Beratung

                         ┌──────────────────────────────┐   ┌─────────────────────────┐
                         │  • Gesetze                   │   │ Betriebliche Institution│
                         │  • Verordnungen              │   │ • Arbeitsschutzausschuss│
                         │  • Allg. Verwaltungs-        │   │ • Betriebsrat/          │
                         │    vorschriften              │   │   Personalrat           │
                         └──────────────────────────────┘   │ • Arbeitgeber           │
                                                            │ • Sicherheitsbeauftragter│
                                                            │   (§22 SGB VII)         │
                                                            │ • Betriebsärzte (§2 ASiG)│
                                                            │ • Fachkräfte für Arbeits-│
                                                            │   sicherheit (§5 ASiG)  │
                                                            │ • betriebliche Beauf-   │
                                                            │   tragte (Immissions-   │
                                                            │   schutz)               │
                                                            └─────────────────────────┘

                                                            ┌─────────────────────────┐
                                                            │ Staatliche Arbeitsschutz-│
                                                            │ aufsicht                │
                                                            │ (§21 ArbSchG)           │
                                                            └─────────────────────────┘
```

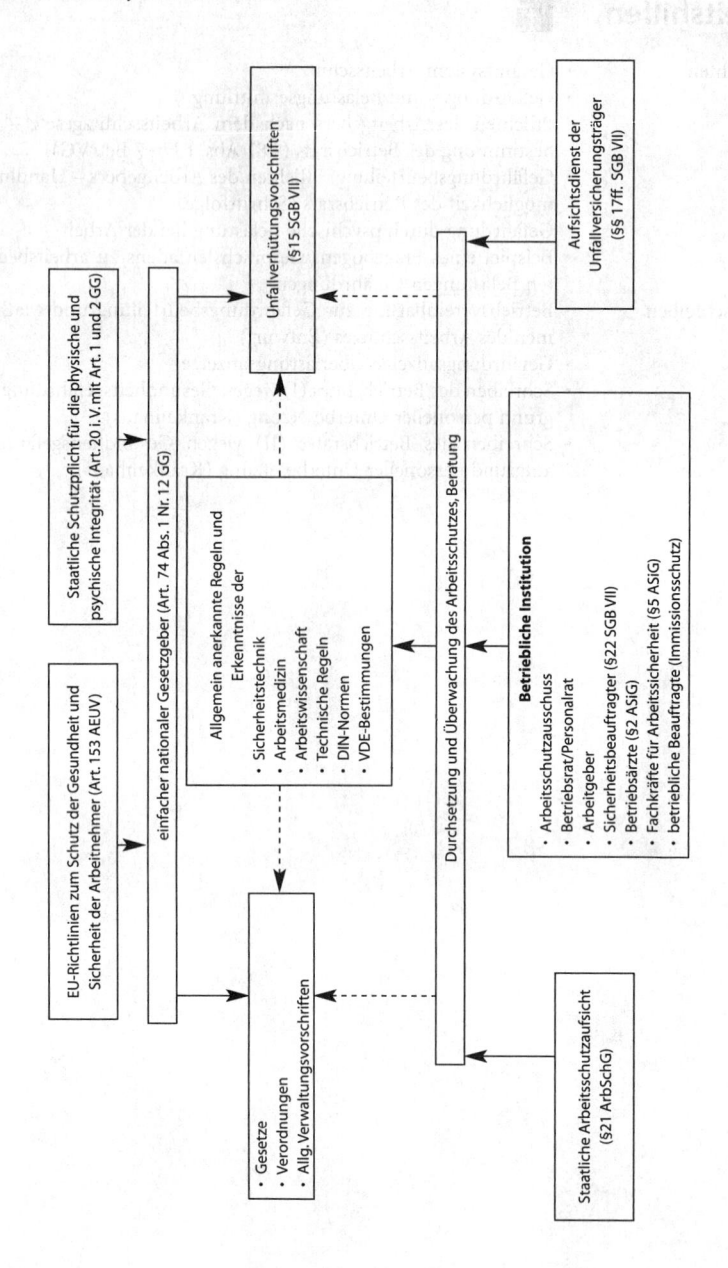

1 Quelle: Michael Kittner, Arbeits- und Sozialordnung, 41. Aufl. 2016, Bund-Verlag, Frankfurt, S. 259

Arbeitsschutz

Übersicht: Gefährdungs- und Belastungsermittlung[2]

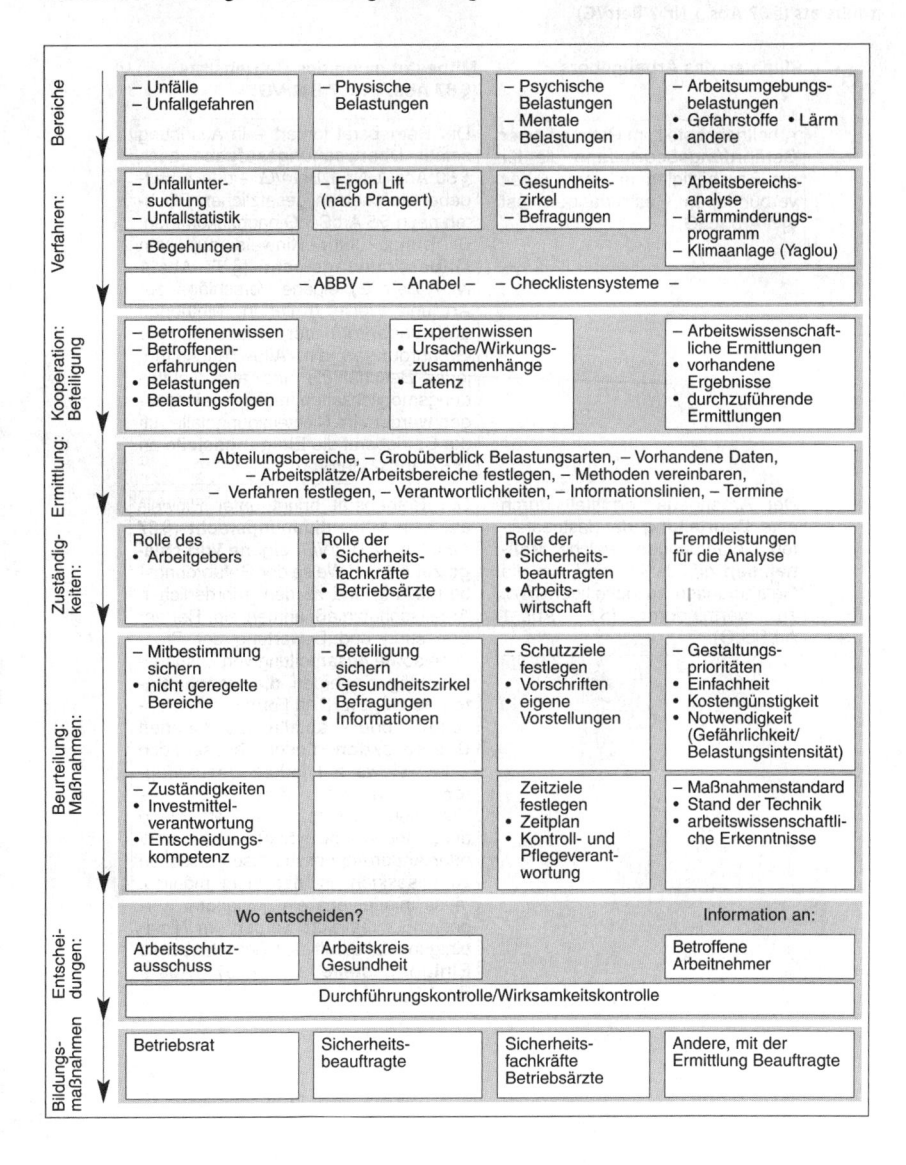

Bereiche	– Unfälle – Unfallgefahren	– Physische Belastungen	– Psychische Belastungen – Mentale Belastungen	– Arbeitsumgebungsbelastungen • Gefahrstoffe • Lärm • andere
Verfahren:	– Unfalluntersuchung – Unfallstatistik – Begehungen	– Ergon Lift (nach Prangert)	– Gesundheitszirkel – Befragungen	– Arbeitsbereichsanalyse – Lärmminderungsprogramm – Klimaanlage (Yaglou)
		– ABBV – – Anabel – – Checklistensysteme –		
Kooperation: Beteiligung	– Betroffenenwissen – Betroffenenerfahrungen • Belastungen • Belastungsfolgen		– Expertenwissen • Ursache/Wirkungszusammenhänge • Latenz	– Arbeitswissenschaftliche Ermittlung • vorhandene Ergebnisse • durchzuführende Ermittlungen
Ermittlung:	– Abteilungsbereiche, – Grobüberblick Belastungsarten, – Vorhandene Daten, – Arbeitsplätze/Arbeitsbereiche festlegen, – Methoden vereinbaren, – Verfahren festlegen, – Verantwortlichkeiten, – Informationslinien, – Termine			
Zuständigkeiten:	Rolle des • Arbeitgebers	Rolle der • Sicherheitsfachkräfte • Betriebsärzte	Rolle der • Sicherheitsbeauftragten • Arbeitswirtschaft	Fremdleistungen für die Analyse
Beurteilung: Maßnahmen:	– Mitbestimmung sichern • nicht geregelte Bereiche	– Beteiligung sichern • Gesundheitszirkel • Befragungen • Informationen	– Schutzziele festlegen • Vorschriften • eigene Vorstellungen	– Gestaltungsprioritäten • Einfachheit • Kostengünstigkeit • Notwendigkeit (Gefährlichkeit/ Belastungsintensität)
	– Zuständigkeiten • Investmittelverantwortung • Entscheidungskompetenz		Zeitziele festlegen • Zeitplan • Kontroll- und Pflegeverantwortung	– Maßnahmenstandard • Stand der Technik • arbeitswissenschaftliche Erkenntnisse
Entscheidungen:	Wo entscheiden?		Information an:	
	Arbeitsschutzausschuss	Arbeitskreis Gesundheit		Betroffene Arbeitnehmer
	Durchführungskontrolle/Wirksamkeitskontrolle			
Bildungsmaßnahmen:	Betriebsrat	Sicherheitsbeauftragte	Sicherheitsfachkräfte Betriebsärzte	Andere, mit der Ermittlung Beauftragte

---

2 Quelle: Jürgen Biermann/Stefan Schaumburg, Gefährdungsermittlung nach § 5 Arbeitsschutzgesetz, AiB 1997, 619 ff. (622)

Arbeitsschutz

Übersicht: Pflichten des Arbeitgebers nach dem Arbeitsschutzgesetz – Mitbestimmung des Betriebsrats (§ 87 Abs. 1 Nr. 7 BetrVG)

Pflichten des Arbeitgebers	Mitbestimmung des Betriebsrats (§ 87 Abs. 1 Nr. 7 BetrVG)
Arbeitgeber stellt im Rahmen einer **Gefährdungsbeurteilung** die für die Beschäftigten mit ihrer Arbeit verbundenen Gefährdungen fest (§ 5 ArbSchG)	Der Betriebsrat fordert – in Ausübung seiner **Überwachungsaufgabe** nach § 80 Abs. 1 Nr. 1 BetrVG – den Arbeitgeber auf, seinen gesetzlichen Pflichten nach § 5 ArbSchG nachzukommen. Er bringt unter Hinweis auf sein **Mitbestimmungsrecht** (§ 87 Abs. 1 Nr. 7 BetrVG) eigene Vorschläge zur Art und Weise (Kriterien, Methoden und Verfahren) der Erfassung der Gefährdungen ein. Alle Tätigkeiten, jeder Beschäftigte und alle Gefährdungsmöglichkeiten müssen einbezogen werden. Im Nichteinigungsfalle ruft der Betriebsrat die **Einigungsstelle** an (§ 87 Abs. 2 BetrVG).
Der Arbeitgeber ermittelt durch eine **Beurteilung** der festgestellten Gefährdungen, welche **Maßnahmen** erforderlich sind, um die Gefährdungen zu beseitigen bzw. zu vermindern (§ 5 Abs. 1 ArbSchG).	Der Betriebsrat bringt unter Hinweis auf sein **Mitbestimmungsrecht** (§ 87 Abs. 1 Nr. 7 BetrVG) **eigene Vorschläge** zur Art und Weise der Gefährdungsbeurteilung und zu den erforderlichen Arbeitsschutzmaßnahmen ein. Bei der Erfassung und Bewertung der Probleme sowie Ausarbeitung von Lösungsvorschlägen werden **die Beschäftigten beteiligt** (z. B. in Form von betrieblichen oder abteilungsbezogenen **Umfrageaktionen** oder – besser noch – **Interviews mit jedem Beschäftigten**)! Vorrangiges Ziel ist es, die Ursachen der Gesundheitsgefährdung durch technische Maßnahmen und/oder Änderung der Arbeitsorganisation zu beseitigen. Ist das nicht möglich, muss mindestens ein geeigneter Körperschutz realisiert werden. Im Nichteinigungsfalle ruft der Betriebsrat die **Einigungsstelle** an (§ 87 Abs. 2 BetrVG).

Arbeitsschutz

Der Arbeitgeber hat die erforderlichen Maßnahmen zum Schutz der Sicherheit und Gesundheit der Beschäftigten **durchzuführen** (§ 3 Abs. 1 ArbSchG).	Der Betriebsrat achtet – in Ausübung seiner **Überwachungsaufgabe** nach § 80 Abs. 1 Nr. 1 BetrVG – darauf, dass die Maßnahmen – so wie gesetzlich vorgeschrieben bzw. wie mit dem Betriebsrat vereinbart bzw. wie von der Einigungsstelle entschieden – durchgeführt werden.
Der Arbeitgeber hat die erforderlichen Maßnahmen zum Schutz der Sicherheit und Gesundheit der Beschäftigten auf ihre **Wirksamkeit** zu **überprüfen** (§ 3 Abs. 1 ArbSchG).	Der Betriebsrat bringt unter Hinweis auf sein **Mitbestimmungsrecht** (§ 87 Abs 1 Nr. 7 BetrVG) **eigene Vorschläge** über die Art und Weise der Überprüfung ein. Im Nichteinigungsfalle ruft der Betriebsrat die **Einigungsstelle** an (§ 87 Abs. 2 BetrVG). Der Betriebsrat achtet darauf, dass die Überprüfung – so wie verabredet oder von der Einigungsstelle entschieden – stattfindet (§ 80 Abs. 1 Nr. 1 BetrVG).
Der Arbeitgeber hat das Ergebnis der Gefährdungsbeurteilung und die hieraus abgeleiteten Arbeitsschutzmaßnahmen sowie das Ergebnis der Wirksamkeitsprüfung in Form von Unterlagen zu **dokumentieren** (§ 6 Abs. 1 ArbschG).	Der Betriebsrat bringt unter Hinweis auf sein **Mitbestimmungsrecht** (§ 87 Abs. 1 Nr. 7 BetrVG) **eigene Vorschläge** über die Art und Weise der Dokumentation ein. Im Nichteinigungsfalle ruft der Betriebsrat die **Einigungsstelle** an (§ 87 Abs. 2 BetrVG). Der Betriebsrat achtet darauf, dass die Dokumentation – so wie verabredet oder von der Einigungsstelle entschieden – stattfindet (§ 80 Abs. 1 Nr. 1 BetrVG).

Arbeitsschutz

Übersicht: Gefährdungsbeurteilung: Pflichten des Arbeitgebers – Handlungsmöglichkeiten des Betriebsrats (Schrittfolge)

1. Schritt: Der Arbeitgeber stellt im Rahmen der Gefährdungsbeurteilung nach § 5 ArbSchG unter Beteiligung der für Arbeitsschutz zuständigen inner- und außerbetrieblichen Stellen/Gremien/Personen »die für die Beschäftigten mit ihrer Arbeit verbundene Gefährdung« fest.
Der Betriebsrat fordert – in Ausübung seiner Überwachungsaufgabe nach § 80 Abs. 1 Nr. 1 BetrVG – den Arbeitgeber auf, seinen gesetzlichen Pflichten nach § 5 ArbSchG nachzukommen. Er bringt unter Hinweis auf sein Mitbestimmungsrecht (§ 87 Abs. 1 Nr. 7 BetrVG) eigene Vorschläge zur Art und Weise (Kriterien, Methoden und Verfahren) der Erfassung der Gefährdungen ein. *Alle* Tätigkeiten, *jeder* Beschäftigte und *alle* Gefährdungs*möglichkeiten* müssen einbezogen werden.
Im Nichteinigungsfalle ruft der Betriebsrat die Einigungsstelle an (§ 87 Abs. 2 BetrVG).

2. Schritt: Der Arbeitgeber ermittelt durch eine Beurteilung der festgestellten Gefährdungen, welche Maßnahmen erforderlich sind, um die Gefährdungen zu beseitigen bzw. zu vermindern (insbes. Beseitigung der Ursachen durch technische Maßnahmen und/oder Änderung der Arbeitsorganisation). Ist eine Beseitigung der Ursache nicht möglich, muss mindestens ein geeigneter Körperschutz realisiert werden.
Der Betriebsrat bringt unter Hinweis auf sein Mitbestimmungsrecht (§ 87 Abs. 1 Nr. 7 BetrVG) eigene Vorschläge für zu treffende Maßnahmen ein. Bei der Erfassung und Bewertung der Probleme sowie Ausarbeitung von Lösungsvorschlägen werden die Beschäftigten beteiligt (z. B. in Form von betrieblichen oder abteilungsbezogenen Umfrageaktionen oder – besser noch – Interviews an Hand eines Fragebogens/Gesprächsleitfadens)!
Im Nichteinigungsfalle ruft der Betriebsrat die Einigungsstelle an (§ 87 Abs. 2 BetrVG).

3. Schritt: Der Arbeitgeber hat die erforderlichen Maßnahmen zum Schutz der Sicherheit und Gesundheit der Beschäftigten durchzuführen (§ 3 Abs. 1 ArbSchG).
Der Betriebsrat achtet – in Ausübung seiner Überwachungsaufgabe nach § 80 Abs. 1 Nr. 1 BetrVG – darauf, dass die Maßnahmen – so wie gesetzlich vorgeschrieben bzw. wie mit dem Betriebsrat verabredet bzw. wie von der Einigungsstelle entschieden – durchgeführt werden.

4. Schritt: Der Arbeitgeber hat die erforderlichen Maßnahmen zum Schutz der Sicherheit und Gesundheit der Beschäftigten auf ihre Wirksamkeit zu überprüfen (§ 3 Abs. 1 ArbSchG).
Der Betriebsrat bringt unter Hinweis auf sein Mitbestimmungsrecht (§ 87 Abs. 1 Nr. 7 BetrVG) eigene Vorschläge über die Art und Weise der Überprüfung ein.
Im Nichteinigungsfalle ruft der Betriebsrat die Einigungsstelle an (§ 87 Abs. 2 BetrVG).
Der Betriebsrat achtet darauf, dass die Überprüfung – so wie verabredet oder von der Einigungsstelle entschieden – stattfindet (§ 80 Abs. 1 Nr. 1 BetrVG).

5. Schritt: Der Arbeitgeber hat das Ergebnis der Gefährdungsbeurteilung und die hieraus abgeleiteten Arbeitsschutzmaßnahmen sowie das Ergebnis der Wirksamkeitsprüfung in Form von Unterlagen zu dokumentieren (§ 6 Abs. 1 ArbSchG).
Der Betriebsrat bringt unter Hinweis auf sein Mitbestimmungsrecht (§ 87 Abs. 1 Nr. 7 BetrVG) eigene Vorschläge über die Art und Weise der Dokumentation ein.
Im Nichteinigungsfalle ruft der Betriebsrat die Einigungsstelle an (§ 87 Abs. 2 BetrVG).
Der Betriebsrat achtet darauf, dass die Dokumentation – so wie verabredet oder von der Einigungsstelle entschieden – stattfindet (§ 80 Abs. 1 Nr. 1 BetrVG).

Übersicht: Beispiel eines Fragebogens / Gesprächsleitfadens zu arbeitsbedingten Belastungen / Gefährdungen: Was belastet dich bei der Arbeit besonders? Wo siehst du Gesundheitsgefahren?

Physische und psychische Belastungen bei der Arbeit (Beispiele)

1. Tätigkeit
z. B. einseitige Körperhaltung, Arbeit im Stehen, in gebückter Haltung, Überkopfarbeit, angespannte Bereitschaft zum Eingreifen bei Beobachtung, Überwachung und Steuerung von Arbeitsabläufen, monotone Arbeit, ständig sich wiederholende Alleinarbeit mit wenig oder keinen Kontakten zu anderen Mitarbeitern, Arbeit unter Störung der Konzentration, usw.

Arbeitsschutz

2. **Arbeitsplatz**
   z. B. schlechte räumliche Verhältnisse, fehlende technische Hilfen, unzureichende Ausstattung des Arbeitsplatzes, Großraumbüro, usw.
3. **Arbeitsumgebung**
   z. B. Verschmutzung, Staub, Öl, Fett, Temperatur (Hitze, Kälte), Nässe, chemische Stoffe (Säure, Gase und Dämpfe; auch dadurch bedingte unangenehme Gerüche), Lärm, Erschütterung, Vibration, falsche Beleuchtung (Blendung oder Lichtmangel), Zugluft, Erkältungsgefahr, hinderliche Schutzkleidung (sowohl Arbeitskleidung zum Schutz der Produkte z. B. bei Reinraumarbeit als auch Körperschutz), Unfallgefährdung, usw.
4. **Arbeitsorganisation**
   z. B. ständig allein arbeiten, mangelhafte Form der Team- oder Gruppenarbeit, unklare Arbeitsanweisungen, häufige Störungen
5. **Arbeitszeit**
   z. B. Zeitdruck, ungünstige Arbeitszeiten, Schichtarbeit, Nachtarbeit, usw.
6. **Betriebsklima**
   z. B. schlechte Menschenführung durch Vorgesetzte, Mobbing, usw.
7. **Sonstige Bemerkungen**
   ...

Übersicht: Gefährdung durch psychische Belastung bei der Arbeit (Auszug aus dem vom Bundesrat am 3.5.2013 beschlossenen Entwurf einer »Verordnung zum Schutz vor Gefährdungen durch psychische Belastung bei der Arbeit«)

Risikofaktoren
Psychische Belastung kann zu Gefährdungen der physischen und psychischen Gesundheit führen, wenn die Belastungen beeinträchtigende Effekte haben können. Diese können beruhen auf
- der Gestaltung der **Arbeitsaufgabe**, insbesondere unvollständigen Tätigkeiten, unzureichendem zeitlichen oder inhaltlichen Handlungsspielraum, einseitiger Belastung, hoher emotionaler Inanspruchnahme,
- der Gestaltung der Arbeitsorganisation, insbesondere unzureichender Information der Beschäftigten, unzureichender Abgrenzung der Verantwortung, unzureichender Durchschaubarkeit und Beeinflussbarkeit des Arbeitsablaufs, unausgeglichenem beziehungsweise gestörtem Arbeitsanfall, unzureichend abgestimmten Schnittstellen zwischen Arbeitsbereichen,
- der **Arbeitszeitgestaltung**, insbesondere der Ausdehnung der Arbeitszeit, der Länge der Arbeitsintervalle, der unzureichenden Abgrenzung von Arbeitszeit und Freizeit, der Art der Schichtplangestaltung sowie der Ausgestaltung von Rufbereitschaft und Erreichbarkeit,
- der Gestaltung der **sozialen Bedingungen**, insbesondere der Kooperation und Kommunikation, der unzureichenden Förderung der Qualifikation, unzureichender Unterstützung bei gesundheitlichen Einschränkungen,
- der Gestaltung der **Arbeitsumgebungsbedingungen**, insbesondere der **Wechselwirkung** physischer und psychischer Belastung durch Lärm, Vibrationen, ungeeignete Arbeitsmittel, ungünstige Beleuchtung und ungünstige klimatische Bedingungen,
- der **unzureichenden Integration** von Beschäftigten in die betriebliche Organisation und die betrieblichen sozialen Beziehungen bei geringfügiger Beschäftigung, Arbeit auf Abruf oder kurzzeitiger Beschäftigung sowie bei räumlicher Trennung von der Betriebstätte.

Gestaltungsgrundsätze
Um Gefährdungen für Sicherheit und Gesundheit bei der Arbeit zu vermeiden oder soweit wie möglich zu verringern, sind bei der Gestaltung des Arbeitssystems insbesondere die folgenden Gestaltungsgrundsätze zu berücksichtigen. Dabei besteht die Notwendigkeit, Arbeit sowohl geschlechtergerecht als auch alters- und alternsgerecht zu gestalten.

1. **Arbeitsaufgabe:**
- angemessener Handlungs- und Entscheidungsspielraum: Er ermöglicht eine Einflussnahme der Beschäftigten auf Arbeitsinhalt, -pensum, -methoden, zeitliche Abfolge, Pausengestaltung;

Arbeitsschutz

- Vollständigkeit der Tätigkeit: Sie beinhaltet sowohl vorbereitende als auch ausführende und kontrollierende Aufgaben;
- Variabilität der Tätigkeit: Sie enthält vielfältige beziehungsweise wechselnde Arbeitsgegenstände, Arbeitsmittel, Arbeitsmethoden und erfordert vielseitige geistige Leistungen und körperliche Aktivitäten;
- Transparenz der Anforderungen der Arbeitsaufgabe.

2. **Arbeitsorganisation:**
- Sicherung der rechtzeitigen Information, Kommunikation und Rückmeldung;
- präventive Regelungen für Störungen und Unterbrechungen der Arbeit;
- Begrenzung besonders belastender Tätigkeiten, die zu Ermüdung und herabgesetzter Wachsamkeit führen können;
- Begrenzung der Arbeitsintensität;
- bei Änderungen der Arbeits- oder Betriebsorganisation sind die Belastungen zu berücksichtigen, die sich aus diesem Prozess ergeben.

3. **Arbeitszeitgestaltung:**
- belastungsangemessene innere Ausgestaltung der Arbeitszeit, Trennung von Arbeit und Freizeit bei flexiblen Arbeitszeitsystemen, belastungsnaher und ausreichender Freizeitausgleich.

4. **Arbeitsumgebungsbedingungen:**
- Auswahl und Einsatz aufgabenangemessener und benutzerfreundlicher Arbeitsmittel unter Einbeziehung der Beschäftigten;
- Berücksichtigung nicht vermeidbarer physischer Belastung in ihrer Auswirkung auf die psychische Belastung bei der Arbeit.

5. **Soziale Bedingungen:**
- Beteiligung, Kommunikation, Unterstützung: Einbeziehung der Beschäftigten in Planungs- und Kommunikationsprozesse, Gewährleistung sozialer Unterstützung, angemessene und gesundheitsorientierte Personalführung, Beachtung der Grundsätze alters- und alternsgerechter sowie geschlechtergerechter Arbeitsgestaltung;
- Integration atypisch Beschäftigter in die betriebliche Kommunikation, einschließlich der Gefährdungsbeurteilung, der Arbeitsschutzinformation und der Unterweisung.

Rechtsprechung – Arbeitsschutz

1. Anspruch des Arbeitnehmers auf Durchführung einer Gefährdungsbeurteilung
2. Umsetzung von europäischen Arbeitsschutzrichtlinien
3. Fachkraft für Arbeitssicherheit
4. Unfallverhütungsvorschriften
5. Asbest
6. Mindesttemperatur
7. Rauchen am Arbeitsplatz: Verpflichtung des Arbeitgebers zu geeigneten Maßnahmen zum Schutz der Nichtraucher
8. Rauchverbot in Passagierflugzeugen
9. Kündigung wegen Verstoß gegen Rauchverbot
10. Kündigung wegen Verstoß gegen Sicherheitsvorschriften
11. Waschzeiten – Umkleidezeiten – Wegezeiten
12. Dienstkleidung: Anspruch auf Ersatz der Kosten
13. Schadensersatz- und Schmerzensgeldanspruch des Arbeitnehmers gegen den Arbeitgeber bei (bedingt) vorsätzlicher Gesundheitsschädigung und Wegeunfall – Kein Haftungsausschluss nach §§ 104–106 SGB VII (früher: §§ 636 ff. RVO)

14. Ausschlussfrist bei vorsätzlichem Handeln des Arbeitgebers oder seines Erfüllungsgehilfen?
15. Produkthaftung des Herstellers eines fehlerhaften Kühlschmiermittels

Rechtsprechung – Arbeitsschutz – Mitbestimmung des Betriebsrats

1. Informationsrecht des Betriebsrats
2. Zusammenarbeit des Betriebsrats mit Behörden
3. Mitbestimmung bei Ausfüllung von Rahmenvorschriften des Arbeitsschutzrechts (§87 Abs.1 Nr.7 BetrVG) – Initiativmitbestimmung
4. Mitbestimmung bei der Organisation des betrieblichen Arbeitsschutzes (§ 3 Abs. 2 Nr. 1 ArbSchG)
5. Mitbestimmung bei Gefährdungsbeurteilung nach §5 ArbSchG
6. Mitbestimmung bei Mitarbeiterbefragung zur Arbeitszufriedenheit
7. Mitbestimmung bei Maßnahmen des Arbeitsschutzes (§3 Abs.1 ArbSchG)
8. Mitbestimmung bei Befragung der Arbeitnehmer
9. Mitbestimmung bei Unterweisung nach §12 ArbSchG
10. Mitbestimmen bei Arbeits- und Sicherheitsanweisungen – Zuständigkeit des Gesamtbetriebsrats
11. Keine Mitbestimmung bei Aufgabenübertragung nach §13 Abs.2 ArbSchG?
12. Mitbestimmung bei betrieblichem Eingliederungsmanagement i..v. §84 Abs.2 SGB IX (BEM)
13. Mitbestimmung bei tariflicher Erschwernis-/Belastungszulage
14. Einigungsstelle – Entscheidung über die Errichtung und Besetzung (§98 Abs.1 ArbGG) – offensichtliche Unzuständigkeit der Einigungsstelle
15. Unterlassungsanspruch bei Verletzung der Mitbestimmung – Beseitigungsanspruch
16. Mitbestimmung des Betriebsrats bei der Bestellung und Abberufung eines Betriebsarztes oder einer Sicherheitsfachkraft (§9 Abs.3 ASiG)
17. Mitbestimmung bei Abberufung und Kündigung einer Betriebsärztin oder einer Fachkraft für Arbeitssicherheit
18. Arbeitsschutzausschuss auf Unternehmensebene
19. Bezug von Fachzeitschriften zum Arbeitsschutz für Betriebsratsarbeit erforderlich
20. Mitbestimmung bei Bildschirmarbeit
21. Mitbestimmung bei betrieblichen Ausgleichsregelungen für Nacht- sowie Sonn- und Feiertagsarbeit (§6 Abs.5 ArbZG)

Arbeitsunfall

Was ist das?

1 Nach § 2 Abs. 1 Ziff. 1 SGB VII sind »Beschäftigte« kraft Gesetzes in der gesetzlichen → **Unfallversicherung** gegen die Folgen eines **Arbeitsunfalls** und einer → **Berufskrankheit** (§ 7 Abs. 1 SGB VII) **versichert**.
Erleidet ein Arbeitnehmer einen Arbeitsunfall, tritt der Unfallversicherungsträger (Berufsgenossenschaft oder Unfallkasse) ein und erbringt die in §§ 26 bis 80 a SGB VII vorgesehen **Leistungen** (Heilbehandlung, Rehabilitation, Pflege und Geldleistungen wie z. B. Renten) an den Geschädigten bzw. seine Angehörigen und Hinterbliebenen.

1a Der Arbeitgeber oder Arbeitskollegen sind nach §§ 104 bis 106 SGB VII von der Haftung auf Schadensersatz und Schmerzensgeld befreit – auch dann, wenn sie den Arbeitsunfall grob fahrlässig verursacht haben (sog. »Haftungsprivileg«; siehe auch → **Arbeitsschutz** Rn. 105 ff., → **Haftung des Arbeitgebers** und → **Haftung des Arbeitnehmers**). Der Haftungsausschluss entfällt, wenn der Arbeitsunfall **vorsätzlich** herbeigeführt wurde. Dabei reicht ein sog. **bedingter Vorsatz** aus (= der Schadenseintritt wird für möglich gehalten und billigend in Kauf genommen). In diesem Falle ist der Arbeitgeber dem Arbeitnehmer gemäß § 280 Abs. 1 BGB i. V. m. §§ 241 Abs. 2, 618 Abs. 1 BGB und § 253 Abs. 2 BGB (ggf. auch nach §§ 823 ff. BGB) zum **Schadensersatz** verpflichtet. Außerdem hat er ihm ein angemessenes **Schmerzensgeld** zu zahlen (§ 253 Abs. 2 BGB).
Der Arbeitgeber haftet auch dann, wenn nicht er selbst, sondern etwa der **Vorgesetzte** den Arbeitsunfall verschuldet und dabei mindestens bedingt vorsätzlich gehandelt hat. Das für die Schadensersatzhaftung notwendige Verschulden (= mindestens bedingt vorsätzliches Verhalten) des Vorgesetzten wird dem Arbeitgeber gem. § 278 Satz 1 BGB **zugerechnet**. Nach dieser Vorschrift hat der Arbeitgeber das Verschulden von Personen, derer er sich zur Erfüllung seiner Verbindlichkeiten gegenüber dem Arbeitnehmer bedient (Erfüllungsgehilfen), in gleichem Umfange zu vertreten wie eigenes Verschulden.
So kann nach zutreffender Ansicht des BAG beispielsweise die Anweisung an einen Arbeitnehmer, mit **asbesthaltigem Material** ohne Schutzmaßnahmen zu arbeiten, die bewusste Inkaufnahme von Gesundheitsschäden des Arbeitnehmers beinhalten und einen Anspruch auf Schadensersatz und Schmerzensgeld begründen (BAG v. 20. 6. 2013 – 8 AZR 471/12; 28. 4. 2011 – 8 AZR 769/09, AiB 2012, 273). Entsprechendes gilt, wenn der Vorgesetzte unfallgefährliche Arbeiten anordnet und es billigend in Kauf nimmt, dass es zu einem Arbeitsunfall kommt.
Allein der Verstoß des Arbeitgebers oder des Vorgesetzten gegen Unfallverhütungsvorschriften indiziert nach Ansicht des BAG noch kein vorsätzliches Verhalten (BAG v. 19. 2. 2009 – 8 AZR 188/08, DB 2009, 1134).

1b Der Haftungsausschluss nach §§ 104 bis 106 SGB VII scheidet auch aus, wenn der Versicherungsfall auf einem nach § 8 Abs. 2 Nr. 1 bis 4 versicherten Weg herbeigeführt wurde (sog. **Wegeunfall**). Bei einem Wegeunfall haftet der Arbeitgeber nach §§ 823, 253 Abs. 2 BGB auch bei **fahrlässiger Verursachung**.

1c Wurde der Arbeitsunfall vom Arbeitgeber oder Arbeitskollegen **vorsätzlich oder grob fahr-**

Arbeitsunfall

lässig verursacht, haften sie gemäß § 110 Abs. 1 SGB VII den Sozialversicherungsträgern (insbesondere der Berufsgenossenschaft) für die infolge des Versicherungsfalls entstandenen Aufwendungen, jedoch nur bis zur Höhe des zivilrechtlichen Schadenersatzanspruchs.
Die Berufsgenossenschaft hat also einen **Regressanspruch**. Statt einer aufgrund des zivilrechtlichen Schadensersatzanspruchs zu zahlenden Rente kann der Kapitalwert gefordert werden. Das **Verschulden** (Vorsatz oder grobe Fahrlässigkeit) braucht sich nur auf das den Versicherungsfall verursachende Handeln oder Unterlassen zu beziehen.
Die Sozialversicherungsträger können nach billigem Ermessen, insbesondere unter Berücksichtigung der wirtschaftlichen Verhältnisse des Schuldners, auf den Ersatzanspruch ganz oder teilweise **verzichten** (§ 110 Abs. 2 SGB VII).

Arbeitsunfälle sind Unfälle von Versicherten infolge einer **versicherten Tätigkeit**. 2
Versicherte Tätigkeit ist auch das »Zurücklegen« der in § 8 Abs. 2 Nr. 1 bis 4 SGB VII bezeichneten Wege (= **Wegeunfall**). Ebenso das Aufbewahren, Befördern, Instandhalten und Erneuern eines Arbeitsgerätes oder einer Schutzausrüstung sowie deren – vom Unternehmer veranlasste – Erstbeschaffung (§ 8 Abs. 2 Nr. 5 SGB VII).
Der Arbeitsunfall wird definiert als »*zeitlich begrenztes, von außen auf den Körper einwirkendes* 3 *Ereignis, das zu einem Gesundheitsschaden oder zum Tod führt*« (§ 8 Abs. 1 Satz 2 SGB VII).
Ansprüche gegen die Berufsgenossenschaft/Unfallkasse wegen eines Arbeitsunfalls (oder einer 4 → **Berufskrankheit**) bestehen nur, wenn ein **Ursachenzusammenhang** mit hinreichender Wahrscheinlichkeit angenommen werden kann
- sowohl zwischen der versicherten Tätigkeit und dem schädigenden Ereignis (sog. **haftungsbegründende Kausalität**).
- als auch zwischen dem schädigenden Ereignis und dem Körperschaden (sog. **haftungsausfüllende Kausalität**).

Dabei wird nach der Theorie der wesentlichen Bedingung als kausal nicht jede Bedingung in 5 der Ursachenkette angesehen, sondern nur solche, die wegen ihrer besonderen Beziehung zu dem Gesundheitsschaden zu dessen Eintritt »**wesentlich**« beigetragen haben (BSG v. 7. 9. 2004 – B 2 U 25/03 R und B 2 U 34/03).
Das heißt, dass nicht jeder Gesundheitsschaden, der durch ein Ereignis naturwissenschaftlich verursacht wird, im Sozialrecht als Folge eines Arbeitsunfalls oder einer Berufskrankheit anerkannt wird, sondern nur derjenige, der »wesentlich« durch das Ereignis verursacht wurde.
Welche Ursache wesentlich ist und welche nicht, wird aus der **Auffassung des praktischen Lebens** über die besonderen Beziehungen der Ursache zum Eintritt des Gesundheitsschadens abgeleitet.
Was den anzuwendenden **Beweismaßstab** anbelangt, gelten für das Vorliegen des Ursachenzusammenhangs verminderte Anforderungen.
Während für die Grundlagen der Ursachenbeurteilung – versicherte Tätigkeit, Einwirkung, Erkrankung – eine an **Gewissheit grenzende Wahrscheinlichkeit** erforderlich ist, genügt für den Zusammenhang zwischen Einwirkung und Erkrankung aufgrund der mit der zumeist medizinischen Beurteilung dieses Zusammenhangs bestehenden tatsächlichen Schwierigkeiten eine **hinreichende Wahrscheinlichkeit**.
Diese liegt vor, wenn bei vernünftiger **Abwägung aller Umstände** die für den wesentlichen Ursachenzusammenhang sprechenden so stark überwiegen, dass darauf die richterliche Überzeugung gegründet werden kann und ernste Zweifel ausscheiden; die bloße Möglichkeit einer wesentlichen Verursachung genügt allerdings nicht (BSG v. 7. 9. 2004 – B 2 U 25/03 R und B 2 U 34/03).

Ein doppelter Kausalzusammenhang ist auch erforderlich, wenn der Arbeitgeber oder ein 5a Arbeitskollege den Arbeitsunfall **vorsätzlich** (bedingter Vorsatz reicht aus; siehe Rn. 1 a) herbeigeführt haben und deshalb dem Geschädigten auf **Schadensersatz** und **Schmerzensgeld** haften (siehe Rn. 1 a; vgl. BAG v. 19. 2. 2009 – 8 AZR 188/08, DB 2009, 1134).

Arbeitsunfall

Das Unfallereignis muss durch das Verhalten des Arbeitgebers (oder eines Vorgesetzten) oder des Arbeitskollegen verursacht sein (**haftungsbegründende Kausalität**).
Durch das Unfallereignis muss sodann ein Gesundheitsschaden des Geschädigten eingetreten sein (**haftungsausfüllende Kausalität**).
Das BAG wendet für den Ursachenzusammenhang die im Sozialrecht geltende **Theorie der wesentlichen Bedingung** an (BAG v. 19. 2. 2009 – 8 AZR 188/08, a. a. O.; siehe Rn. 4).

6 **Beachten:**
Beweiserleichterungen gelten nach § 9 Abs. 3 SGB VII bei der Berufskrankheit (siehe → **Berufskrankheit**).

7 Wirken **mehrere Ursachen** zusammen, kommt es darauf an, welches die »**wesentliche**« Ursache war.
Alkoholbedingte Arbeitsunfälle im Straßenverkehr sind beispielsweise dann nicht versichert, wenn der Alkoholgenuss die »rechtlich allein wesentliche« Ursache des Unfalls gewesen ist.
In diesem Fall wird angenommen, dass der ursächliche Zusammenhang zwischen der versicherten Tätigkeit und dem Unfallereignis (haftungsbegründende Kausalität) **entfallen** ist (BSG v. 23. 9. 1997 – 2 RU 40/96, DB 1997, 2224).
Alkoholgenuss führt bei Arbeitsunfällen **außerhalb des Straßenverkehrs** nur dann zum Ausschluss des Versicherungsschutzes, wenn neben der Blutalkoholkonzentration weitere beweiskräftige Umstände für ein alkoholtypisches Fehlverhalten vorhanden sind (BSG v. 30. 4. 1991 – 2 RU 11/90, AiB 1994, 184).

8 **Verbotswidriges Handeln** des Versicherten schließt einen Versicherungsfall nicht aus (§ 7 Abs. 2 SGB VII).
Allerdings können Leistungen ganz oder teilweise versagt werden, wenn der Versicherungsfall bei der Begehung eines rechtskräftig abgeurteilten vorsätzlichen Verbrechens oder Vergehens eingetreten ist.
Außerdem haben Personen, die den Tod von Versicherten vorsätzlich herbeigeführt haben, keinen Anspruch auf Leistungen (§ 101 SGB VII).

9 Zum gesetzlichen Ausschluss der Schadensersatzhaftung des Arbeitgebers und der Arbeitskollegen nach §§ 104, 105 SGB VII: siehe Rn. 1 a, → **Arbeitsschutz** Rn. 105 ff., → **Berufskrankheit**, → **Haftung des Arbeitgebers** sowie → **Unfallversicherung**.

10 **Anzeige des Arbeitsunfalls:** Nach § 193 Abs. 1 SGB VII hat der Unternehmer jeden Unfall in seinem Betrieb der Berufsgenossenschaft anzuzeigen, wenn durch den Unfall ein Versicherter getötet oder so verletzt wurde, dass er **mehr als drei Tage arbeitsunfähig** wird.
Bei der Berechnung der 3-Tages-Frist zählt der Unfalltag nicht mit. Dies bedeutet, dass die Unfallanzeige entbehrlich ist, wenn der Verletzte sich am **vierten Tag** nach dem Arbeitsunfall wieder arbeitsfähig zurückmeldet (Betriebsräte müssen darauf achten, dass auf noch arbeitsfähige Verletzte kein unzulässiger Druck auf Rückkehr an den Arbeitsplatz ausgeübt wird).
Einzelheiten zu Form, Inhalt und Übermittlung der Anzeige (§ 193 Abs. 8 SGB VII) richten sich nach den Vorschriften der Unfallversicherungs-Anzeigeverordnung (UVAV) vom 23. 1. 2002 (BGBl. I S. 554).
Zu den Rechten des Betriebsrats bei der Ausfertigung der Unfallanzeige siehe Rn. 19.

Arbeitsunfall

Bedeutung für die Betriebsratsarbeit

Der Betriebsrat hat sich nach § 89 Abs. 1 BetrVG dafür einzusetzen, dass die Vorschriften über den → **Arbeitsschutz** und die Unfallverhütung (sowie über den betrieblichen → **Umweltschutz**) eingehalten werden. 11

Er hat nach § 89 Abs. 1 BetrVG bei der Bekämpfung von Unfall- und Gesundheitsgefahren die für den Arbeitsschutz zuständigen Behörden (insbesondere die Gewerbeaufsicht) sowie die Träger der Unfallversicherung (also insbesondere die Berufsgenossenschaft) durch Anregung, Beratung und Auskunft **zu unterstützen** (vgl. auch § 80 Abs. 1 Nr. 8 BetrVG: hiernach hat der Betriebsrat die Aufgabe, Maßnahmen des Arbeitsschutzes zu fördern).

Dem entspricht die in § 89 Abs. 2 BetrVG geregelte Verpflichtung des Arbeitgebers sowie der anderen für den Arbeitsschutz zuständigen Stellen, den Betriebsrat bei allen im Zusammenhang mit Arbeitsschutz und Unfallverhütung stehenden Besichtigungen und Fragen sowie bei Unfalluntersuchungen **hinzuzuziehen**. 12

Außerdem hat der Arbeitgeber dem Betriebsrat unverzüglich die den Arbeitsschutz und die Unfallverhütung betreffenden **Auflagen** und **Anordnungen** der zuständigen »Stellen«, also insbesondere der Gewerbeaufsicht und der Berufsgenossenschaft, mitzuteilen.

Gemäß § 89 Abs. 5 BetrVG erhält der Betriebsrat die **Niederschriften** über Untersuchungen, Besichtigungen und Besprechungen. 13

In einer vom Bundesminister für Arbeit und Sozialordnung 1977 erlassenen Verwaltungsvorschrift (abgedruckt bei Kittner, Arbeits- und Sozialordnung, Bund-Verlag, als Fußnote zu § 20 SGB VII) wird die Pflicht der Unfallversicherungsträger (insbesondere Berufsgenossenschaften) zur **Zusammenarbeit mit dem Betriebsrat** konkretisiert (vgl. auch § 20 Abs. 3 Nr. 1 SGB VII). 14

Insbesondere werden die Aufsichtsbeamten (sog. **Aufsichtspersonen**, §§ 18, 19 SGB VII) verpflichtet, den Betriebsrat bei Betriebsbesichtigungen, Unfalluntersuchungen und Besprechungen **hinzuzuziehen**.

Will die Aufsichtsperson einen **Betrieb besichtigen**, einen Unfall untersuchen oder Unfallverhütungsfragen im Betrieb besprechen, ohne dies dem Unternehmer vorher anzukündigen, so darf sie damit **erst beginnen**, nachdem sie den Betriebsrat unterrichtet und zur Beteiligung aufgefordert hat. 15

Bei vorher angekündigten Betriebsbesuchen hat die Aufsichtsperson den Betriebsrat rechtzeitig zu unterrichten. An Terminvereinbarungen mit dem Unternehmer ist der Betriebsrat zu beteiligen. 16

Protokolle von Betriebsbesichtigungen, sonstige Niederschriften und Schreiben an den Unternehmer, die Maßnahmen zur Unfallverhütung zum Gegenstand haben, haben die Aufsichtspersonen an den Betriebsrat zu übersenden. 17

Ähnliche Zusammenarbeitspflichten haben – nach Landesrecht – auch die **Gewerbeaufsichtsämter**. 18

Eine besondere Mitwirkungspflicht des Betriebsrats besteht bei der **Ausfertigung einer Unfall- bzw. Berufskrankheitenanzeige**. 19

Nach § 193 Abs. 5 SGB VII hat der Betriebsrat die Unfall- bzw. Berufskrankheitenanzeige **zu unterzeichnen**. Natürlich wird er dies erst nach sorgfältiger Prüfung der vom Unternehmer gegebenen Darstellung tun.

Der Arbeitgeber hat dem Betriebsrat eine **Durchschrift** der Unfall- bzw. Berufskrankheitenanzeige auszuhändigen (§ 89 Abs. 6 BetrVG).

Außerdem hat er den Betriebsrat über **Auskunftsersuchen** der Berufsgenossenschaft zur Feststellung, ob ein Arbeitsunfall oder eine Berufskrankheit vorliegt, **zu informieren** (§ 193 Abs. 5 Satz 3 SGB VII).

Arbeitsunfall

20 Besondere Aktivitäten des Betriebsrats sind notwendig, wenn durch Arbeitgeber oder Berufsgenossenschaft der Ursachenzusammenhang zwischen betrieblicher Tätigkeit und Körperschaden – zu Unrecht – bestritten wird.
In einem solchen Falle sollte der Betriebsrat alles tun, um den Betroffenen bei der Durchsetzung seiner Ansprüche zu unterstützen.
Dieser hat die Möglichkeit, gegen den ablehnenden Bescheid der Berufsgenossenschaft **Widerspruch** einzulegen.
Wird auch dieser zurückgewiesen, kann der Betroffene **Klage beim Sozialgericht** erheben. Gewerkschaftlich organisierte Arbeitnehmer können dabei gewerkschaftlichen Rechtsschutz in Anspruch nehmen.
Nichtorganisierte vertreten sich entweder selbst oder nehmen die gebührenpflichtige Hilfe eines Rechtsanwalts in Anspruch.

21 Zu den Aufgaben und Rechten des Betriebsrats bei der Verhütung von Arbeitsunfällen, Berufskrankheiten und sonstigen arbeitsbedingten Erkrankungen siehe → **Arbeitsschutz**.

Bedeutung für die Beschäftigten

Haftung des Arbeitgebers auf Schadensersatz und Schmerzensgeld

22 Die Haftung des Arbeitgebers für – bei Ausübung der Arbeit entstandene – **Personenschäden** des Arbeitnehmers ist nach § 104 SGB VII ausgeschlossen (sog. »Haftungsprivileg«; zur Haftung bei Sachschäden siehe → **Haftung des Arbeitgebers**).
Stattdessen tritt der Unfallversicherungsträger (Berufsgenossenschaft) mit Versicherungsleistungen ein. Der Unfallversicherungsträger muss allerdings – unverständlicherweise – kein Schmerzensgeld zahlen.

23 Der Arbeitgeber haftet dem Arbeitnehmer allerdings dann auf Schadensersatz und Schmerzensgeld (§§ 823, 253 Abs. 2 BGB), wenn er oder ein Vorgesetzter den Arbeitsunfall **vorsätzlich** (bedingter Vorsatz reicht aus) oder auf einem nach § 8 Abs. 2 Nr. 1 bis 4 SGB VII versicherten Weg (= **Wegeunfall**) herbeigeführt hat (§ 104 Abs. 1 SGB VII).
Zur Schadensersatz- und Schmerzensgeldhaftung des Arbeitgebers bei Zuweisung von gesundheitsgefährdenden, unfallträchtigen Arbeiten siehe Rn. 1 a und → **Arbeitsschutz** Rn. 105 ff.

24 Bei einem **Wegeunfall** haftet der Arbeitgeber nach §§ 823, 253 Abs. 2 BGB auch bei **fahrlässiger Verursachung**.

25 Anmerkung: Der Ausschluss der Schadensersatzhaftung des Arbeitgebers bei »nur« fahrlässiger Schadensverursachung und die Übertragung der »Abwicklung« des Versicherungsfalles auf den Unfallversicherungsträger mag ja gerechtfertigt sein.
Nicht akzeptabel und verfassungsrechtlich bedenklich ist aber die Befreiung des Arbeitgebers und des Unfallversicherungsträgers von der **Schmerzensgeldzahlung**.

> **Beispiele:**
> Infolge fahrlässigen Verhaltens des Arbeitgebers (mangelhafte Wartung) explodiert im Betrieb ein Gasbehälter. Dabei werden sowohl Arbeitnehmer als auch unbeteiligte außenstehende Dritte (Passanten) verletzt. Absurde Folge des gesetzlichen Haftungsausschlusses: die verletzten Passanten haben Anspruch gegen den Arbeitgeber auf Zahlung von Schmerzensgeld (§§ 823, 253 Abs. 2 BGB), die Arbeitnehmer nicht. Ein sachlicher Grund für die Ungleichbehandlung der Arbeitnehmer einerseits und der außenstehenden Dritten andererseits ist nicht ersichtlich.

Haftung der Arbeitskollegen

Arbeitsunfall

Der gesetzliche Haftungsausschluss greift auch dann ein, wenn der Arbeitsunfall durch einen Arbeitskollegen oder eine andere im Betrieb tätige Person verursacht wurde (vgl. § 105 SGB VII). Auch sie haften nur bei **vorsätzlicher Schädigung** oder bei Schadensverursachung auf einem nach § 8 Abs. 2 Nr. 1 bis 4 SGB VII versicherten Weg (= **Wegeunfall**). Siehe → **Haftung des Arbeitnehmers**. 26

Die Haftungseinschränkungen nach §§ 104, 105 SGB gelten auch dann, wenn Ursache des Personenschadens eine → **Berufskrankheit** ist. 27

Versicherungsleistungen

Wird das Vorliegen des Versicherungsfalles »Arbeitsunfall« anerkannt, hat der Betroffene gegenüber der Berufsgenossenschaft nach §§ 26 ff. SGB VII **Ansprüche** auf Heilbehandlung, berufsfördernde Leistungen zur Rehabilitation, Leistungen zur sozialen Rehabilitation, Leistungen bei Pflegebedürftigkeit, Verletztengeld während der Heilbehandlung, Übergangsgeld während der beruflichen Rehabilitation, Renten an den Betroffenen sowie Renten und sonstige Leistungen an seine Hinterbliebenen (wobei Renten unter bestimmten Voraussetzungen auch in Form einer Abfindung ausgezahlt werden können; vgl. §§ 75 ff. SGB VII). 28

Arbeitshilfen

Übersicht
- Anzahl der gemeldeten Arbeitsunfälle in Deutschland in den Jahren 1986 bis 2014
- Leistungen der gesetzlichen Unfallversicherung: siehe → Unfallversicherung

Rechtsprechung

1. Unfallversicherungsschutz
2. Wegeunfall
3. Ursachenzusammenhang – Theorie der wesentlichen Bedingung – Beweisführung
4. Alkoholbedingter Verkehrsunfall
5. Alkoholbedingter Unfall außerhalb des Straßenverkehrs
6. Unfall bei Dienstreise und Teilnahme an dienstlich veranlasstem Lehrgang
7. Recht des Arbeitnehmers auf Einsichtnahme in den Untersuchungsbericht der Berufsgenossenschaft?
8. Verstoß des Arbeitgebers gegen Unfallverhütungsvorschriften: strafrechtliche Verantwortung
9. Schadensersatz- und Schmerzensgeldanspruch des Arbeitnehmers gegen den Arbeitgeber bei (bedingt) vorsätzlicher Gesundheitsschädigung und Wegeunfall – Kein Haftungsausschluss nach §§ 104–106 SGB VII (früher: §§ 636 ff. RVO)
10. Ausschlussfrist bei vorsätzlichem Handeln des Arbeitgebers oder seines Erfüllungsgehilfen?
11. Weihnachtsgeldkürzung durch Betriebsvereinbarung wegen krankheitsbedingter Fehltage infolge eines Arbeitsunfalls?

Arbeitsvertrag

Was ist das?

1 Der Arbeitsvertrag ist ein gegenseitiger Vertrag, durch den sich der → **Arbeitnehmer** zur Leistung der versprochenen Arbeit und der → **Arbeitgeber** zur Zahlung des vereinbarten Arbeitsentgelts verpflichtet.
Mit dem Arbeitsvertrag werden durch übereinstimmende Erklärungen (»**Angebot und Annahme**« gemäß §§ 145 ff. BGB) von Arbeitgeber und Arbeitnehmer
- **Hauptpflichten bzw. -rechte** und
- **Nebenpflichten bzw. -rechte**

beider Seiten begründet.

2 Der Arbeitsvertrag ist abzugrenzen vom → **Dienstvertrag** und → **Werkvertrag**.
Gegenstand des **Werkvertrags** (§ 631 BGB) ist die Herstellung oder Veränderung einer Sache oder ein anderer durch Arbeit oder Dienstleistung herbeizuführender **Erfolg**. Fehlt es an einem vertraglich festgelegten abgrenzbaren, dem Auftragnehmer als eigene Leistung zurechenbaren und abnahmefähigen Werk, kommt ein Werkvertrag kaum in Betracht, weil der »Auftraggeber« dann durch **weitere Weisungen** den Gegenstand der vom »Auftragnehmer« zu erbringenden Leistung erst bestimmen und damit Arbeit und Einsatz erst bindend organisieren muss (BAG v. 25.9.2013 – 10 AZR 282/12).
Gegenstand eines **Dienstvertrags** nach § 611 Abs. 1 BGB ist dagegen die **Tätigkeit** als solche.
Bei einem Arbeitsverhältnis wird die vereinbarte Tätigkeit weisungsgebunden, das heißt in **persönlicher Abhängigkeit** geleistet.
Welches Rechtsverhältnis vorliegt, ist anhand einer **Gesamtwürdigung** aller maßgebenden Umstände des Einzelfalls zu ermitteln. Widersprechen sich Vereinbarung und tatsächliche Durchführung, ist letztere maßgebend (BAG v. 25.9.2013 – 10 AZR 282/12).

2a Sog. »**erwerbsfähige Hilfebedürftige**«, die nach den Vorschriften des SGB II von der Agentur für Arbeit (bzw. Arbeitsgemeinschaft – ARGE) einem Betrieb zugewiesen werden und dort sog. »zusätzliche« Arbeiten ausführen (sog. »Ein-Euro-Jobber«), werden nicht auf der Grundlage eines Arbeitsvertrages tätig, sondern aufgrund eines öffentlich-rechtlichen Rechtsverhältnisses (§ 16 d SGB II; siehe → **Arbeitslosengeld II [»Hartz IV«]**).
Der »Ein-Euro-Job« ist von dem »Mini-Job« zu unterscheiden, der auf Grundlage eines Arbeitsvertrages durchgeführt wird (siehe hierzu → **Teilzeitarbeit** Rn. 42 ff.).

Hauptpflicht des Arbeitnehmers

2b Hauptpflicht des Arbeitnehmers ist die **Erbringung der Arbeitsleistung** zu den vereinbarten Bedingungen.

3 Dem entspricht das Recht des Arbeitgebers, die Erbringung der Arbeitsleistung zu verlangen und im Rahmen des vertraglich Vereinbarten, Weisungen zu erteilen (so genanntes »**Direktions- oder Weisungsrecht**«).
Gesetzliche Grundlage des Direktionsrechts ist § 106 Gewerbeordnung (GewO).

Arbeitsvertrag

Hiernach kann der Arbeitgeber **Inhalt, Ort und Zeit** (damit ist nicht die Dauer der vom Arbeitnehmer geschuldeten Arbeitszeit gemeint, sondern Lage und Verteilung der Arbeitszeit auf die Wochentage) der Arbeitsleistung nach billigem Ermessen (§ 315 BGB) näher bestimmen, soweit diese Arbeitsbedingungen nicht durch den → **Arbeitsvertrag**, Bestimmungen einer → **Betriebsvereinbarung**, eines anwendbaren → **Tarifvertrages** oder gesetzliche Vorschriften festgelegt sind (§ 106 Satz 1 GewO). Dies gilt auch hinsichtlich der **Ordnung** und des **Verhaltens** der Arbeitnehmer im Betrieb (§ 106 Satz 2 GewO).

Bei der Ausübung des Ermessens hat der Arbeitgeber auf **Behinderungen** des Arbeitnehmers Rücksicht zu nehmen (§ 106 Satz 3 GewO).

Das Direktionsrecht entsteht mit Abschluss des Arbeitsvertrages »automatisch« (d. h. auch dann, wenn es nicht ausdrücklich vereinbart wurde). 4

Die Reichweite dieses einseitigen Bestimmungsrechtes hängt von der jeweiligen arbeitsvertraglichen Vereinbarung ab.

Je konkreter der → **Arbeitsvertrag** (oder eine → **Betriebsvereinbarung** oder ein → **Tarifvertrag** oder eine gesetzliche Regelung) Art und Inhalt der Arbeitsverpflichtung des Arbeitnehmers regelt, desto stärker ist das Weisungsrecht des Arbeitgebers eingeschränkt.

> **Beispiel:**
> Ein Arbeitnehmer ist laut Arbeitsvertrag als »Reparaturschlosser« eingestellt. Der Arbeitgeber darf ihm nur solche Weisungen erteilen, die dem Aufgabenbereich und Berufsbild eines Reparaturschlossers entsprechen. Er darf ihn beispielsweise nicht in das Lager versetzen.

Umgekehrt geben sehr allgemein gehaltene Formulierungen des Arbeitsvertrages (bzw. einer → **Betriebsvereinbarung**, eines für das Arbeitsverhältnis geltenden → **Tarifvertrags** oder einer **gesetzlichen Regelung**) dem Arbeitgeber recht weitgreifende Weisungsbefugnisse. 5

> **Beispiel:**
> Der Arbeitnehmer wird als »Hilfsarbeiter« eingestellt. Der Arbeitgeber kann den Betreffenden aufgrund seines Weisungsrechtes überall im Betrieb mit Hilfsarbeitertätigkeiten beschäftigen.

Der **Inhalt** der Arbeitsverpflichtung des Arbeitnehmers kann sich allerdings im Verlaufe des Arbeitsverhältnisses durch einvernehmliches Verhalten derart konkretisieren, dass von einer entsprechenden Einschränkung des Weisungsrechtes des Arbeitgebers ausgegangen werden muss. 6

> **Beispiel:**
> Ein laut Arbeitsvertrag ursprünglich als »Hilfsarbeiter« eingestellter Arbeitnehmer arbeitet schon jahrelang als Lagerverwalter. Das Weisungsrecht des Arbeitgebers ist nunmehr insoweit eingeschränkt worden, als er dem Betreffenden nicht mehr jede Hilfsarbeitertätigkeit, sondern nur solche, die mit der Lagerverwaltung zu tun haben, zuweisen darf.

Ein größerer Spielraum für Weisungen des Arbeitgebers besteht dann, wenn sich **im** → **Arbeitsvertrag** eine Klausel folgenden Wortlauts befindet: »*Dem Arbeitnehmer können vorübergehend oder auf Dauer auch andere zumutbare Arbeiten zugewiesen werden ...*« 7

Nach Ansicht des BAG kann der Arbeitgeber gemäß § 106 Satz 1 GewO von einem Arbeitnehmer die Beantragung einer qualifizierten **elektronischen Signatur** und die Nutzung einer elektronischen Signaturkarte verlangen, wenn dies für die Erbringung der vertraglich geschuldeten Arbeitsleistung erforderlich und dem Arbeitnehmer zumutbar ist (BAG v. 25. 9. 2013 – 10 AZR 270/12). 7a

Will der Arbeitgeber das Arbeitsverhältnis in einer Weise gestalten (verändern), die die Grenzen des vertraglich Vereinbarten und damit die Grenzen seines Weisungsrechts überschreitet, 8

Arbeitsvertrag

so kann er dies, falls der Arbeitnehmer nicht sein Einverständnis zu der angestrebten Veränderung des Arbeitsvertrages erteilt, nur im Wege der → **Änderungskündigung** erreichen.

> **Beispiel:**
> Der Arbeitgeber will einen als Sachbearbeiter in der Abteilung »Einkauf« eingestellten Arbeitnehmer in die Versandabteilung versetzen.

9   Im Übrigen darf die **Ausübung** des Direktionsrechts nur im Rahmen des – gerichtlich überprüfbaren – **billigen Ermessens** erfolgen (§ 106 GewO, § 315 BGB).

10 Des Weiteren wird das Direktionsrecht des Arbeitgebers eingeschränkt durch Gesetze, Rechtsverordnungen, Unfallverhütungsvorschriften, für das Arbeitsverhältnis geltende → **Tarifverträge** und insbesondere auch durch die → **Beteiligungsrechte des Betriebsrats** und ggf. geltende → **Betriebsvereinbarungen** (siehe auch Rn. 4).

11 Der Anspruch des Arbeitgebers auf Erbringung der Arbeitsleistung ist nach § 275 Abs. 1 BGB ausgeschlossen, soweit diese für den Arbeitnehmer oder für jedermann (also objektiv) **unmöglich** ist. Das ist z. B. bei krankheitsbedingter Arbeitsunfähigkeit der Fall.
Der Arbeitnehmer kann gemäß § 275 Abs. 3 BGB die – persönlich zu erbringende – Arbeitsleistung auch dann verweigern, wenn sie ihm unter Abwägung des seiner Leistung entgegenstehenden Hindernisses mit dem Leistungsinteresse des Arbeitgebers **nicht zugemutet** werden kann (z. B. bei besonderen Familienereignissen wie eigene Hochzeit oder Begräbnis der Eltern). Eine Verpflichtung zur Nacharbeit besteht nicht.
Wohl aber behält der Arbeitnehmer – in bestimmten gesetzlich oder tariflich geregelten Fällen – seinen Entgeltanspruch.
So hat der Arbeitgeber z. B. bei krankheitsbedingter Arbeitsunfähigkeit das Arbeitsentgelt fortzuzahlen (siehe → **Entgeltfortzahlung im Krankheitsfall und bei Vorsorge/Rehabilitation**).
Das Gleiche gilt aufgrund des § 616 BGB bzw. entsprechender Tarifvorschriften über die bezahlte Freistellung von der Arbeit im Falle der Arbeitsverhinderung aus persönlichen Gründen (siehe → **Persönliche Arbeitsverhinderung**).

12 Zum Recht des Arbeitnehmers, die Arbeitsleistung zu verweigern, wenn der Arbeitgeber seine Pflichten nicht erfüllt, siehe → **Zurückbehaltungsrecht des Arbeitnehmers**.

Hauptpflicht des Arbeitgebers

13 Hauptpflicht des Arbeitgebers ist die Zahlung des vereinbarten (bzw. tariflich geregelten) → **Arbeitsentgelts** als Gegenleistung für die Erbringung der Arbeitsleistung.
Dem entspricht das Recht des Arbeitnehmers, die pünktliche und vollständige Zahlung des Arbeitsentgelts zu verlangen und notfalls beim → **Arbeitsgericht** einzuklagen.

14 Die Einzelheiten des Arbeitsentgelts sind in der Regel durch → **Tarifvertrag** und/oder → **Betriebsvereinbarung** (siehe aber § 77 Abs. 3 BetrVG) geregelt.

15 Im Übrigen ist der Arbeitgeber verpflichtet, alle weiteren Rechte und Ansprüche zu erfüllen, die zugunsten des Arbeitnehmers im Arbeitsvertrag oder in einem ggf. einschlägigen → **Tarifvertrag** vereinbart bzw. geregelt sind (z. B. Dauer der Arbeitszeit, Zuschläge für Mehr-, Nacht-, Sonn- und Feiertagsarbeit, Dauer des Urlaubs, Urlaubs- und Weihnachtsgeld, Verdienstsicherung, Kündigungsschutz usw.).

15a Erfüllt die im Arbeitsvertrag getroffene Vergütungsregelung den Tatbestand des **Lohnwuchers** im Sinne des § 138 Abs. 2 BGB, weil die Vergütung sittenwidrig niedrig ist und damit in einem auffälligen Missverhältnis zur Arbeitsleistung steht (siehe → **Arbeitsentgelt** Rn. 2 a), ist die Vergütungsvereinbarung nichtig.

Arbeitsvertrag

Der »Wucherlohn« ist durch die »**übliche Vergütung**« im Sinne des § 612 Abs. 2 BGB zu ersetzen.
Die »übliche Vergütung« entspricht in der Regel dem in der maßgeblichen Branche für die ausgeübte Tätigkeit zu zahlenden **Tariflohn**.

Vertragliche Bezugnahme auf Tarifverträge (Bezugnahme-/Verweisungsklauseln)

Die Normen eines → **Tarifvertrages** finden auf das Arbeitsverhältnis nur dann Anwendung, 16
- wenn entweder Arbeitnehmer und Arbeitgeber tarifgebunden sind (»**Beiderseitige Tarifbindung**«; siehe hierzu → **Tarifvertrag**) oder
- wenn – bei fehlender beiderseitiger Tarifbindung – die Geltung der tariflichen Bestimmungen ausdrücklich **arbeitsvertraglich vereinbart** ist.

In vielen **Formulararbeitsverträgen** finden sich sog. Bezugnahme-/Verweisungsklauseln. Mit 17
ihnen wird die Geltung eines bestimmten Tarifvertrags oder eines gesamten Tarifwerks (z. B. »Tarifverträge der Metallindustrie«) für das Arbeitsverhältnis vereinbart.

> **Hinweis:**
> Tarifverträge gelten gemäß § 3 Abs. 1, § 4 Abs. 1 TVG unmittelbar und zwingend nur für solche 17a
> Arbeitnehmer, die an sie kraft Mitgliedschaft in der tarifschließenden Gewerkschaft tarifgebunden
> sind. Nichtorganisierte (sog. Außenseiter) und gewerkschaftlich anders organisierte Arbeitnehmer
> haben keinen tarifrechtlichen Anspruch auf Gewährung der in diesen Tarifverträgen geregelten
> Leistungen.

Der **Gleichbehandlungsgrundsatz** aus Art. 3 Abs. 1 GG steht dem nicht entgegen. Hiernach ist Gleiches, nicht aber Ungleiches gleich zu behandeln. Der Arbeitgeber kann deshalb zwischen Nichtorganisierte untertariflich entlohnen. Das BAG weist zu Recht darauf hin, dass »*die Ungleichbehandlung in verfassungsrechtlich nicht zu beanstandender Weise in § 3 Abs. 1, § 4 Abs. 1 TVG angelegt*« ist (BAG v. 18.3.2009 – 4 AZR 64/08, NZA 2009, 1028).
Mit einer arbeitsvertraglichen Bezugnahme auf Tarifverträge werden einheitliche Arbeitsbedingungen für alle Arbeitnehmer hergestellt, gleichgültig, ob sie in der tarifvertragschließenden Gewerkschaft organisiert sind oder nicht. Zu weiteren Einzelheiten siehe → **Arbeitsvertrag: Bezugnahme auf Tarifverträge.**
(nicht besetzt) 17b – 20

Nebenpflichten der Vertragsparteien

Mit dem Abschluss des Arbeitsvertrages entstehen für den Arbeitnehmer wie auch für den 21
Arbeitgeber weitere Verpflichtungen (sog. **Nebenpflichten**).
Diese werden nach heute überwiegender Meinung aus dem allgemeinen Rechtsgrundsatz von Treu und Glauben (§ 242 BGB) abgeleitet.
Früher wurden die Nebenpflichten sowohl des Arbeitnehmers als auch des Arbeitgebers mit einem angeblichen »personenrechtlichen Charakter« des Arbeitsverhältnisses begründet. Dementsprechend fand man für die Nebenpflichten des Arbeitnehmers den heute recht antiquiert anmutenden Begriff »Treuepflicht«, während die vertraglichen Nebenpflichten des Arbeitgebers unter den Begriff »Fürsorgepflicht« gefasst wurden.

Arbeitsvertrag

Nebenpflichten des Arbeitnehmers

22 Diese bestehen nach herrschender Meinung im Wesentlichen in der Verpflichtung, sich für die Belange des Arbeitgebers bzw. des Betriebs einzusetzen und alles zu unterlassen, was diese Belange beeinträchtigen könnte.
Ausprägungen dieser Verpflichtung sind beispielsweise: die **Verschwiegenheitspflicht**, die Verpflichtung zur Einhaltung von Wettbewerbsverboten, Verbot der Schmiergeldannahme.
Art und Umfang der jeweiligen Einzelpflichten sind nach den konkreten Umständen des Einzelfalles (z. B. arbeitsvertragliche Aufgaben des Arbeitnehmers und seine Stellung in der betrieblichen Hierarchie) zu ermitteln. So obliegen beispielsweise einem → **leitenden Angestellten** wesentlich weitergehende Pflichten als einem Mitarbeiter am unteren Ende der Lohnskala.

Nebenpflichten des Arbeitgebers

23 Eine der wesentlichen Nebenpflichten des Arbeitgebers ist die Verpflichtung, den Arbeitnehmer entsprechend den arbeitsvertraglichen Vereinbarungen tatsächlich **zu beschäftigen**.
Aus der Sicht des Arbeitnehmers bedeutet dies, dass er nicht nur verpflichtet ist zu arbeiten. Er ist dazu auch berechtigt.
So kann er sich beispielsweise gegen eine **ungerechtfertigte Zwangsbeurlaubung** mit einer Klage beim → **Arbeitsgericht** auf tatsächliche vertragsgemäße Beschäftigung zur Wehr setzen.

24 Weitere Nebenpflichten des Arbeitgebers reichen von der Pflicht zum Schutz von Leben, Gesundheit, Eigentum, Persönlichkeit und Menschenwürde des Arbeitnehmers bis hin zur korrekten Berechnung und Abführung von Lohnsteuern und Sozialversicherungsabgaben.
Eine Vielzahl von Ausprägungen der Nebenpflichten des Arbeitgebers ist mittlerweile Gegenstand staatlicher und sonstiger Vorschriften geworden.

Form des Arbeitsvertrages

25 Ein Arbeitsvertrag kann **schriftlich**, aber auch **mündlich wirksam** abgeschlossen werden.
Ein mündlich vereinbarter Arbeitsvertrag ist allerdings dann unwirksam, wenn in einem Gesetz, einem Tarifvertrag oder einer Betriebsvereinbarung Schriftform vorgeschrieben ist.

Nachweisgesetz

26 Gemäß den Vorschriften des **Nachweisgesetzes** vom 20. 7. 1995 (NachwG; BGBl. I S. 946) ist der Arbeitgeber verpflichtet, die wesentlichen Vertragsbedingungen schriftlich niederzulegen.
Zu Einzelheiten siehe → **Arbeitsvertrag: Nachweisgesetz**.

27 – 33a (nicht besetzt)

Inhaltskontrolle von Formulararbeitsverträgen / AGB-Kontrolle (§§ 305 ff. BGB)

34 Durch das Gesetz zur Modernisierung des Schuldrechts vom 26. 11. 2001 (BGBl. I S. 3138) werden Formulararbeitsverträge und andere allgemeine Arbeitsbedingungen i. S. d. § 305 Abs. 1 BGB, die vom Arbeitgeber »**gestellt**« (also von ihm vorformuliert) werden, der **Inhaltskontrolle** gemäß §§ 305 ff. BGB durch das → **Arbeitsgericht** unterworfen.

34a Die §§ 305 ff. BGB sind nicht anzuwenden bei einzelvertraglich i. S. v. § 305 Abs. 1 Satz 3 BGB »**ausgehandelten**« Arbeitsbedingungen.

35 → **Tarifverträge** oder → **Betriebsvereinbarungen** unterliegen gemäß § 310 Abs. 4 BGB keiner Inhaltskontrolle nach §§ 305 ff. BGB.

Arbeitsvertrag

Zu weiteren Einzelheiten siehe → **Arbeitsvertrag: Inhaltskontrolle**.
(nicht besetzt) 36 – 50a

Sonstiges

Arbeitsvertragliche Rechte und Pflichten können auch durch → **betriebliche Übung** begründet werden. 51

> **Beispiel:**
> Der Arbeitgeber zahlt wiederholt (drei Jahre hintereinander) ohne ausdrücklichen Freiwilligkeitsvorbehalt oder Vorbehalt des jederzeitigen Widerrufs ein übertarifliches → Weihnachtsgeld.

Ein Arbeitsvertragsverhältnis kann beendet werden durch → **Aufhebungsvertrag**, Ablauf einer von vorneherein vereinbarten Befristung (siehe → **Befristeter Arbeitsvertrag**) oder durch → **Kündigung**. 52

Sollen arbeitsvertragliche Rechte und Pflichten nachträglich verändert werden, so bedarf es hierzu entweder eines beiderseitigen Einvernehmens (= Änderungsvertrag) oder einer → **Änderungskündigung**. 53

Das Arbeitsverhältnis kann als → **Aushilfsarbeitsverhältnis** oder → **Probearbeitsverhältnis** vereinbart werden. 54

Der Arbeitnehmer hat unter bestimmten Voraussetzungen das Recht, eine selbständige oder unselbständige → **Nebentätigkeit** auszuüben. 55

Bedeutung für die Betriebsratsarbeit

Vor Abschluss des Arbeitsvertrages hat der Arbeitgeber die Rechte des Betriebsrats nach § 99 BetrVG zu wahren (siehe → **Einstellung**). 56
Einstellung im Sinne des § 99 BetrVG ist nach ständiger Rechtsprechung des BAG (nur) die **tatsächliche Beschäftigung** – Eingliederung – im Betrieb (BAG v. 2. 10. 2007 – 1 ABR 60/06, AiB 2008, 225; 13. 12. 2005 – 1 ABR 51/04, AiB 2007, 52; 12. 11. 2002 – 1 ABR 60/01, AiB 2005, 188; 18. 10. 1994 – 1 ABR 9/94, NZA 1995, 281; 28. 4. 1992 – 1 ABR 73/91, AiB 1993, 239).
Nach überwiegender Meinung ist aber auch der Abschluss des **Arbeitsvertrages** als Einstellung i. S. d. § 99 BetrVG anzusehen (vgl. DKKW-*Bachner*, BetrVG, 15. Aufl., § 99 Rn. 38; Fitting, BetrVG, 27. Aufl. § 99 Rn. 30 ff.).
Das BAG hat jedenfalls klargestellt, dass dann, wenn die Beschäftigung im Betrieb aufgrund eines Arbeitsvertrages erfolgen soll, der Betriebsrat bereits **vor Abschluss des Vertrages** über die geplante Beschäftigung zu unterrichten und die Zustimmung des Betriebsrats zu dieser auf der Grundlage des Arbeitsvertrages erfolgenden Beschäftigung im Betrieb einzuholen ist (BAG v. 28. 4. 1992 – 1 ABR 73/91, AiB 1993, 239; ebenso BAG v. 9. 12. 2008 – 1 ABR 74/07, DB 2009, 743 für den Fall des Abschlusses eines Änderungsvertrages). Zur Wirksamkeit des Mitbestimmungsrechts sei es grundsätzlich erforderlich, dass die Beteiligung des Betriebsrats zu einer Zeit erfolgt, zu der noch keine abschließende und endgültige Entscheidung getroffen worden ist oder doch eine solche noch ohne Schwierigkeiten revidiert werden kann. Der Abschluss des Arbeitsvertrages bzw. Änderungsvertrages sei, jedenfalls sofern er nicht unter dem ausdrücklichen Vorbehalt der Zustimmung des Betriebsrats erfolgt, regelmäßig eine solche endgültige Entscheidung, die nicht mehr ohne Weiteres rückgängig gemacht werden kann (BAG v. 9. 12. 2008 – 1 ABR 74/07, a. a. O.; 28. 4. 1992 – 1 ABR 73/91, a. a. O.).
Wenn beide Vorgänge (Vertragsschluss und tatsächliche Beschäftigung) **zeitlich auseinander-**

Arbeitsvertrag

fallen, ist bereits die erste Maßnahme mitbestimmungspflichtig (Fitting, BetrVG, 27. Aufl. § 99 Rn. 32).

56a Da hinsichtlich des Arbeitsentgelts regelmäßig eine »Eingruppierung« (z. B. in eine tarifvertragliche Lohn- oder Gehaltsgruppe) erfolgt, ist der Betriebsrat nach § 99 BetrVG auch insoweit zu beteiligen (siehe → **Eingruppierung/Umgruppierung**).

57 Soll ein Arbeitsvertragsverhältnis durch → **Kündigung** beendet oder durch → **Änderungskündigung** verändert werden, hat der Betriebsrat die Rechte nach § 102 BetrVG.

57a Soweit mit einer Änderungskündigung eine → **Versetzung** oder Umgruppierung (siehe → **Eingruppierung/Umgruppierung**) durchgesetzt werden soll, stehen dem Betriebsrat auch die Rechte nach § 99 BetrVG zu.

Bedeutung für die Beschäftigten

58 Mit dem Abschluss des Arbeitsvertrages begibt sich der Arbeitnehmer in ein Verhältnis, das durch einen Interessengegensatz (»ein Euro mehr Lohn = ein Euro weniger Gewinn«) und wirtschaftliche sowie persönliche Abhängigkeit des Arbeitnehmers vom Arbeitgeber gekennzeichnet ist (siehe → **Arbeitnehmer**).

Mit dem Abschluss des Arbeitsvertrages wird der Arbeitnehmer gewissermaßen zum »Untergebenen« des Arbeitgebers. Denn dieser hat aufgrund seines »**Direktionsrechts**« (siehe oben Rn. 3 ff.) die Befugnis, dem Arbeitnehmer Weisungen zu erteilen.

Im Grunde ist das durch den Arbeitsvertrag begründete Verhältnis ein Verhältnis der Herrschaft des einen Menschen über den anderen.

59 Theoretisch hat der Arbeitnehmer zwar das Recht, sich diesem Herrschaftsverhältnis zu entziehen. Denn er kann das »Verhältnis« zum Arbeitgeber kündigen.

Praktisch wird er dies jedoch nicht tun, weil er sich der Möglichkeit beraubt, den notwendigen Lebensunterhalt für sich und seine Familie sicherzustellen.

60 In der Anfangsphase der industriellen Produktion, also in einer Zeit, als es weder Arbeitnehmerschutzgesetze noch Tarifverträge gab, hat die Unternehmerschaft ihre **Machtüberlegenheit** rücksichtslos gegen die elementaren Lebensinteressen der abhängig Beschäftigten durchgesetzt.

Eine **Verelendung** ungeheuren Ausmaßes vor allem der Arbeiterschaft war die Folge.

Erst der Zusammenschluss vieler Arbeitnehmer in Gewerkschaften, der Kampf für die Sicherstellung von »Mindestarbeitsbedingungen« durch Gesetze und Tarifverträge sowie der Aufbau einer Interessenvertretung in Betrieb und Unternehmen haben die Machtüberlegenheit der Unternehmer ein Stück zurückdrängen und eine **Verbesserung der Arbeits- und Lebensbedingungen** der Menschen bewirken können.

61 Unter den Bedingungen anhaltend hoher Arbeitslosigkeit und der damit eingetretenen Verunsicherung der Beschäftigten (Angst um den Arbeitsplatz) gelingt es Unternehmen heute wieder, das Rad zurückzudrehen.

Mit der Drohung, den Betrieb stillzulegen bzw. in Billiglohnländer zu verlagern, werden den Beschäftigten – oft ungeachtet bestehender → **Tarifverträge** – »Mitarbeiterbeiträge« in Form von **Lohnsenkung** und unbezahlter **Arbeitszeitverlängerung abgepresst**.

Soweit es sich um echte Sanierungsfälle zur Abwendung einer → **Insolvenz** handelt, kommt es zwischen Arbeitgeber, Beschäftigten und ihrer Gewerkschaft regelmäßig zu einigermaßen tragbaren Lösungen z. B. in Form einer befristeten Abweichung von tariflichen Regelungen.

Eine andere Situation besteht dort, wo sich das Begehren des Unternehmens als reine »Abzocke« erweist. Motto: geringere Löhne + längere Arbeitszeit = höhere Gewinne.

Arbeitsvertrag

Hier muss man sich nicht wundern, dass die Beschäftigten mit ihrer → **Gewerkschaft** gegen diese Form der Umverteilung zunehmend harten Widerstand leisten.
Zum Verhältnis »Arbeitsvertrag/Betriebsvereinbarung/Tarifvertrag/Gesetz«: siehe → **Günstigkeitsprinzip**.   62
Zu den Rechten des Arbeitnehmers nach dem **Nachweisgesetz**: siehe → **Arbeitsvertrag: Nachweisgesetz**.   63

Arbeitshilfen

Musterschreiben   • Arbeitsvertrag

Rechtsprechung

1. Nachweisrichtlinie – Nachweisgesetz
2. Nachweisgesetz: Information der Arbeitnehmer über tarifliche Ausschlussfristen – Schadensersatzanspruch bei Verletzung der Nachweispflicht
3. Aufgaben und Rechte des Betriebsrats
4. Einstellungsgespräch: Frage nach Schwangerschaft, Schwerbehinderung, Vorstrafen usw.
5. Rahmenvereinbarung – Vorvertrag
6. Vertragsabschluss durch Vertreter des Arbeitgebers
7. Abgrenzung Arbeitsvertrag, Dienstvertrag, Werkvertrag, Arbeitnehmerüberlassung/Leiharbeit
8. Abgrenzung Arbeitsvertrag / Wiedereingliederungsverhältnis (§ 74 SGB V)
9. Gesamtzusage
10. Anfechtung des Arbeitsvertrages
11. Schriftform
12. Wirksamkeit des Arbeitsvertrags
13. Auslegung von Arbeitsverträgen
14. Allgemeine Geschäftsbedingungen (AGB) – Inhaltskontrolle von Formulararbeitsverträgen (§§ 305 ff. BGB)
15. Vertragsstrafe – AGB-Kontrolle
16. Arbeitsvertragliche Bezugnahme / Verweisung auf Allgemeine Arbeitsbedingungen oder Betriebsvereinbarung
17. Arbeitsvertragliche Bezugnahme / Verweisung auf Tarifvertrag (dynamische Bezugnahmeklausel) – Gleichstellungsabrede – AGB-Kontrolle
18. Arbeitsvertragliche Bezugnahme / Verweisung auf Gesetz
19. Vertragsänderung – Einseitige Änderung durch den Arbeitgeber – Freiwilligkeitsvorbehalt – Widerrufsvorbehalt
20. Umfang einer Ermächtigung nach § 113 Abs. 1 BGB
21. Erklärungsinhalt einer Stellenanzeige: Erfordernis einer ausdrücklichen Vereinbarung
22. Pflichten des Arbeitgebers vor und nach Vertragsschluss
23. Direktionsrecht (= Weisungsrecht) des Arbeitgebers (§ 106 GewO)
24. Arbeitsvertragliche Pflichten des Arbeitnehmers
25. Arbeitsvertraglicher Anspruch des Arbeitnehmers auf Beschäftigung
26. Keine einstweilige Verfügung zur Durchsetzung des Anspruchs auf Arbeitsleistung

Arbeitsvertrag

27. Verträge mit Geschäftsführern / Vorstandsmitgliedern
28. Besondere Vertragsverhältnisse
29. Internationales Privatrecht: Welches nationale Recht ist anzuwenden?
30. Arbeitsvertrag und nachfolgende Betriebsvereinbarung – Verschlechterung vertraglicher Ansprüche durch ablösende Betriebsvereinbarung?
31. Ablösung von Allgemeinen Arbeitsbedingungen durch verschlechternde Betriebsvereinbarung
32. Ruhen des Arbeitsverhältnisses bei Bezug von Arbeitslosengeld
33. Beendigung des Arbeitsverhältnisses aufgrund Wegfalls der Geschäftsgrundlage?
34. Feststellung des Bestehens oder Nichtbestehens eines Arbeitsverhältnisses
35. Rückabwicklung eines Vertragsverhältnisses nach einem Statusurteil
36. Maßregelungsverbot – Ausschluss von freiwilliger Leistung
37. Sonstiges

Arbeitsvertrag: Bezugnahme auf Tarifverträge

Was ist das?

Die Normen eines → **Tarifvertrags** über den »Inhalt«, den »Abschluss« und die »Beendigung« 1
des Arbeitsverhältnisses (§ 1 Abs. 1 und § 4 Abs. 1 TVG) finden auf ein Arbeitsverhältnis nur
dann Anwendung,
* wenn Arbeitnehmer **und** Arbeitgeber tarifgebunden sind (»**Beiderseitige Tarifbindung**«;
siehe hierzu → **Tarifvertrag: Tarifbindung**) oder
* wenn – bei fehlender beiderseitiger Tarifbindung – die Geltung der tariflichen Bestimmungen ausdrücklich **arbeitsvertraglich** (z. B. in einem Formulararbeitsvertrag) **vereinbart** ist.

Die arbeitsvertragliche »Hereinnahme« von Tarifnormen in das Arbeitsverhältnis erfolgt im 2
Regelfall durch sog. **Bezugnahmeklauseln** im → **Arbeitsvertrag** (auch **Verweisungsklausel**
genannt).

Über den Weg der Bezugnahmeklausel (Verweisungsklausel) kommen auch **gewerkschaftlich
nicht organisierten Arbeitnehmern** (sog. **Außenseiter**) in den Genuss der tariflich geregelten
Leistungen (z. B. Arbeitsentgelt, Arbeitszeit, Urlaub und Urlaubsgeld, Weihnachtsgeld usw.).

Arbeitsvertragliche Bezugnahme-/Verweisungsklauseln kommen vor als 3
* »**statische« Bezugnahmen** (»*… im Übrigen gelten für das Arbeitsverhältnis die Tarifverträge
der Metall- und Elektroindustrie in der am … geltenden Fassung …*«) oder als
* »**dynamische« Verweisungen** (»*… im Übrigen gelten für das Arbeitsverhältnis die Tarifverträge der Metall- und Elektroindustrie in der jeweils geltenden Fassung …*«).

Um eine dynamische Bezugnahme-/Verweisungsklausel handelt es sich auch, wenn die Arbeitsvertragsparteien **allgemein** auf die Geltung eines Tarifvertrags und nicht nur auf eine
bestimmte Fassung verweisen, die nach dem Datum des Abschlusses oder des In-Kraft-Tretens
konkretisiert ist. Auch dann kann regelmäßig angenommen werden, der Tarifvertrag solle in
der jeweiligen Fassung gelten (BAG v. 17.1.2006 – 9 AZR 41/05, NZA 2006, 923).

Nach zweifelhafter Ansicht des BAG sollen die Arbeitsvertragsparteien auch auf **nichtige** oder 4
nicht mehr wirksame Tarifverträge Bezug nehmen können, soweit nicht deren inhaltliche
Festlegungen auch als arbeitsvertragliche Regelungen nichtig sind (BAG v. 14.12.2011 – 4
AZR 26/10). In Bezug genommene unwirksame Tarifverträge werden aber jedenfalls dann
nicht zum Inhalt des Arbeitsvertrags, wenn Anhaltspunkte dafür vorliegen, nur ein **wirksamer
Tarifvertrag** habe vereinbart werden sollen (BAG v. 13.3.2013 – 5 AZR 424/12).

Liegt weder beiderseitige Tarifbindung (Arbeitnehmer **und** Arbeitgeber) noch eine arbeitsvertragliche Bezugnahme auf einen Tarifvertrag (bzw. die Tarifverträge einer Branche) vor, gelten 5
die Tarifnormen über den »Inhalt«, den »Abschluss« und die »Beendigung« des Arbeitsverhältnisses im Arbeitsverhältnis auch dann nicht, wenn (zwar) der Arbeitgeber tarifgebunden
(z. B. Mitglied im Tarifarbeitgeberverband) ist, nicht aber der (gewerkschaftlich nicht organisierte) Arbeitnehmer.

Übrigens: Es besteht in einem solchen Fall kein Anspruch des gewerkschaftlich nicht organisierten Arbeitnehmers auf **Gleichbehandlung** (siehe → **Gleichbehandlungsgrundsatz**) mit 6
den im Betrieb beschäftigten Gewerkschaftsmitgliedern.

Arbeitsvertrag: Bezugnahme auf Tarifverträge

Der Gleichbehandlungsgrundsatz aus Art. 3 Abs. 1 GG verpflichtet den Arbeitgeber, Gleiches gleich zu behandeln. Ungleiches kann er dagegen ungleich behandeln.

Das BAG weist zu Recht darauf hin, dass »*die Ungleichbehandlung in verfassungsrechtlich nicht zu beanstandender Weise in § 3 Abs. 1, § 4 Abs. 1 TVG angelegt*« ist (BAG v. 18. 3. 2009 – 4 AZR 64/08, NZA 2009, 1028).

Der Arbeitgeber (auch der tarifgebundene Arbeitgeber) kann deshalb gewerkschaftlich nicht organisierte Arbeitnehmer ohne Verstoß gegen den Gleichbehandlungsgrundsatz untertariflich entlohnen.

7 Nach der ständigen Rechtsprechung des BAG ist die **Inbezugnahme von Tarifverträgen** auch im Wege der → **betrieblichen Übung** möglich (BAG v. 9. 5. 2007 – 4 AZR 275/06 m.. N.).

Allerdings unterschiedet das BAG zwischen der

Verpflichtung, aufgrund betrieblicher Übung einen **bestimmten Tarifvertrag weiterhin anzuwenden**, und der

Verpflichtung, auch **künftige Tarifverträge** (z. B. künftige Tariferhöhungen) umzusetzen.

Es ist danach in jedem Einzelfall zu prüfen, ob durch die konkrete Verhaltensweise des Arbeitgebers eine betriebliche Übung im Sinne einer **dynamischen Bezugnahme** auf die einschlägigen Tarifverträge oder nur im Sinne der weiteren Anwendung eines bestimmten Tarifvertrags vereinbart worden ist (BAG v. 9. 5. 2007 – 4 AZR 275/06; 20. 6. 2001 – 4 AZR 290/00, EzA BGB § 242 Betriebliche Übung Nr. 45).

8 Die Tarifanwendung aufgrund arbeitsvertraglicher Bezugnahmeklausel (siehe Rn. 1, 2) bzw. betrieblicher Übung (siehe Rn. 4) auf alle Beschäftigten, gleichgültig, ob sie in der tarifvertragschließenden Gewerkschaft organisiert sind oder nicht, ist **weit verbreitet**.

Das mag auf den ersten Blick verwundern, weil die Arbeitgeber die Nichtorganisierten ohne Verstoß gegen den Gleichbehandlungsgrundsatz (siehe → **Gleichbehandlung**) schlechter stellen und damit die Personalkosten senken könnten (siehe Rn. 6).

Das geschieht aber nicht. Im Gegenteil: Bezugnahmeklauseln werden regelmäßig **auf Initiative der Arbeitgeber** – meist **formularvertraglich** – in das Arbeitsverhältnis eingeführt.

Dabei lassen sich die Arbeitgeber nicht etwa von ethischen und sozialpolitischen Motiven leiten. Hauptmotiv ist vielmehr: Es soll für die nicht organisierten Beschäftigten kein Anreiz zum Beitritt in die Gewerkschaft geschaffen werden, sondern im Gegenteil ein Anreiz der Organisierten zum Austritt und damit ein Beitrag zur (weiteren) **Schwächung der gewerkschaftlichen Durchsetzungsfähigkeit** geleistet werden.

Weitere Motive der Arbeitgeber sind:

- **Verhinderung von Unzufriedenheit** über ungleiche Arbeitsbedingungen (z. B. statt **30 Arbeitstage = sechs Wochen Urlaub** nach MTV Metallindustrie nur **24 Werktage = vier Wochen** nach BUrlG) und dadurch entstehende Demotivation sowie Leistungsminderung.
- **Entlastung des Unternehmens** bei der Festlegung und späteren Anpassung der Arbeitsbedingungen »nach oben« (z. B. Tariferhöhungen) oder »nach unten« z. B. aufgrund eines Sanierungstarifvertrags (»Entlastung des Arbeitsvertrags«).
- **Werbung mit Tarifbedingungen** bei der Suche nach Personal im Fall von Fachkräftemangel.

Wer die negative Wirkung der Weitergabe der Tarifbedingungen auch an nichtorganisierte Arbeitnehmer als ein »Problem« der DGB-Gewerkschaften (oder gar ihrer »Funktionäre«) abtut, übersieht die Folgen für die durch **Art. 9 Abs. 3 GG gewährleistete Tarifautonomie**. Inzwischen sind in Deutschland **weniger als 20 Prozent** der Beschäftigten in Gewerkschaften (DGB-Gewerkschaften, Berufsgewerkschaften und Sonstige) organisiert. Es gelingt manchen Gewerkschaften seit vielen Jahren nicht, die Abgänge infolge Austritts, Arbeitslosigkeit, Verrentung und Tod durch eine entsprechend hohe Zahl von Eintritten zu kompensieren. In manchen Branchen »funktioniert« mangels gewerkschaftlicher Durchsetzungsfähigkeit aufgrund eines zu geringen Organisationsgrads die **Tarifautonomie faktisch nicht mehr**. Es

Arbeitsvertrag: Bezugnahme auf Tarifverträge

entstehen immer mehr »**tariflose Zustände**« mit einem nunmehr vom Arbeitgeber diktierten unakzeptabel niedrigen Niveau.

Mittlerweile sind die Arbeitsbedingungen der Arbeitnehmer in immer mehr Branchen infolge geringer werdender gewerkschaftlicher Organisation und Durchsetzungskraft auf ein Niveau gesunken, das die Einführung eines **gesetzlichen Mindestlohns** zwingend notwendig gemacht hat.

Dass Gewerkschaften in den letzten Jahren in die Defensive geraten sind, ist sicher vor allem ein Ergebnis von gewerkschafts- und tariffeindlichen tatsächlichen und politischen Entwicklungen und Aktivitäten »arbeitgeberfreundlicher« Medien und Initiativen (z. B. Initiative Neue Soziale Marktwirtschaft; siehe auch → **Gewerkschaft** Rn. 12 a).

Allerdings dürfte in der Arbeitgeberpraxis, tarifliche Leistungen aufgrund von Bezugnahmeklauseln an Nichtorganisierte weiterzugeben, eine **weitere wesentliche Ursache** für den vergleichsweise niedrigen gewerkschaftlichen Organisationsgrad und der damit einhergehenden Schwächung der Gewerkschaften liegen.

Nachteilig ausgewirkt hat sich sicher auch eine jahrzehntelange BAG-Rechtsprechung, die eine tarifvertragliche Begünstigung von Gewerkschaftsmitgliedern durch sog. tarifliche **Differenzierungsklauseln (Bonusregelungen)** als rechtswidrig gebrandmarkt hat (inzwischen hat das BAG diese Rechtsprechung ein wenig korrigiert und hält zumindest die sog. »einfache Differenzierungsklausel« für zulässig; siehe → **Tarifvertrag Differenzierungsklausel-Stichtagsregelung**).

Diese Gemengelage hat eine »defizitäre Rechtslage« geschaffen, die die durch Art. 9 Abs. 3 GG geschützte **Tarifautonomie anhaltend in ihrem Kern bedroht**.

Fazit: Die vertragliche Bezugnahme auf den Tarifvertrag ist **aus Arbeitnehmersicht zweischneidig**.

Vordergründig führt die Anwendung des Tarifvertrags zu einem Vorteil vor allem bei den **nicht organisierten Arbeitnehmern**. Sie erhalten ohne eigenes Zutun einen arbeitsvertraglichen Anspruch auf die von den tarifgebundenen Arbeitnehmern (durch Mitgliedschaft in der tarifvertragsschließende Gewerkschaft, Beitragszahlung und Engagement) erkämpften tariflichen Leistungen.

Mittel- und langfristig führt dieses »**Trittbrettfahren**« einer Vielzahl von Arbeitnehmern aber zu einem **Absinken des Tarifniveaus** bis hin zu »**tariflosen Zuständen**«, bei denen sich dann das Thema »arbeitsvertragliche Bezugnahme auf einen für den Arbeitnehmer günstigen Tarifvertrag« **praktisch erledigt**.

Rechtsprechung zur sog. Gleichstellungsabrede

Das Bundesarbeitsgericht (vor allem der 4. Senat) hatte in früheren Entscheidungen die Ansicht vertreten, dass eine »dynamische Bezugnahmeklausel« (siehe Rn. 3) in formularmäßigen bzw. vom Arbeitgeber gestellten Arbeitsverträgen (»... *im Übrigen gelten für das Arbeitsverhältnis die Tarifverträge der Metall- und Elektroindustrie in der jeweils geltenden Fassung ...*«),

- in einem **nicht verbandsangehörigen Betrieb** dauerhaft sicherstellt, dass auch künftige Tarifänderungen/Tariferhöhungen (»Tarifdynamik«) für das Vertragsverhältnis gelten (BAG v. 25. 9. 2002 – 4 AZR 294/01, NZA 2003, 807),
- während die gleiche Vertragsklausel (!) in einem **verbandsangehörigen Betrieb** lediglich den Charakter einer »**Gleichstellungsabrede**« hat (= Gleichstellung der Nichtorganisierten mit den gewerkschaftlich organisierten Beschäftigten) mit der Folge, dass nach Ende der vollen Tarifbindung des Arbeitgebers z. B. durch **Verbandsaustritt** (siehe → **Arbeitgeberverband**), → **Betriebsübergang** (§ 613 a BGB) oder Kündigung eines **Anerkennungstarifvertrags** (siehe Rn. 20) künftige Tarifänderungen (»**Tarifdynamik**«) nicht mehr für das Arbeitsverhältnis gelten sollen (vgl. z. B. BAG v. 25. 9. 2002 – 4 AZR 294/01, a. a. O.).

9

Arbeitsvertrag: Bezugnahme auf Tarifverträge

Fazit aus dieser Rechtsprechung

Wenn die Arbeitnehmer nach einem **Verbandsaustritt** des tarifgebundenen Arbeitgebers (siehe → **Arbeitgeberverband**) oder nach einem → **Betriebsübergang** künftige Tarifänderungen, vor allem Tariferhöhungen beanspruchen wollten, mussten sie sich gewerkschaftlich organisieren und versuchen, den Arbeitgeber im Rahmen einer betrieblichen Tarifbewegung – ggf. mit den Mitteln des → **Arbeitskampfs** – dazu zu bringen, die volle Tarifbindung durch Abschluss eines Firmentarifvertrags (z. B. Anerkennungstarifvertrag; siehe → **Tarifvertrag**) wieder herzustellen.

In vielen Fällen hatte eine solche betriebliche Tarifbewegung dazu geführt, dass der Arbeitgeber wieder in den → **Arbeitgeberverband** zurückgekehrt ist.

In anderen Fällen gelang es allerdings dem »tarifflüchtigen« Arbeitgeber, die Beschäftigten von einer derartigen tarifpolitischen Gegenwehr abzuhalten (»einzuschläfern«). Die tariflichen Leistungen wurden nach dem Verbandsaustritt oder Betriebsübergang zunächst für eine gewisse Zeit »freiwillig« weiter »gewährt«. Erst zu einem späteren Zeitpunkt wurden dann die Tarifabsenkungen in Form der »Vereinbarung« neuer verschlechternder Arbeitsverträge durchgesetzt (wobei in der Regel das Einverständnis der Beschäftigten mit Drohungen erzwungen wurde).

Rechtsprechungsänderung

10 Gegen die Rechtsprechung zur »Gleichstellungsabrede« hatten sich nicht nur Stimmen in der Literatur ausgesprochen (vgl. z. B. Annuß, AuR 2002, 363), sondern auch erst- und zweitinstanzliche Gerichte (vgl. z. B. LAG Hamburg v. 15.11.2001 – 4 Sa 32/00, NZA 2001, 562). Mit seinen Entscheidungen vom 14.12.2005 (4 AZR 536/04, NZA 2006, 607) und 18.4.2007 (4 AZR 652/05, NZA 2007, 965) hat der 4. Senat des BAG die **Rechtsprechung grundlegend geändert**:

Dynamische Bezugnahmeklauseln in formularmäßigen bzw. vom Arbeitgeber gestellten Arbeitsverträgen, die ab dem 1.1.2002 mit verbandsangehörigen Arbeitgebern geschlossen worden sind bzw. werden (»**Neuvertrag**«), haben nicht mehr den Charakter einer »Gleichstellungsabrede«.

Vielmehr handelt es sich (jedenfalls dann, wenn eine Tarifgebundenheit des Arbeitgebers an den im Arbeitsvertrag genannten Tarifvertrag nicht in einer für den Arbeitnehmer erkennbaren Weise zur auflösenden Bedingung der Vereinbarung gemacht worden ist) um eine konstitutive Verweisungsklausel, die durch einen Verbandsaustritt des Arbeitgebers oder einen sonstigen Wegfall seiner Tarifgebundenheit (z. B. durch Betriebsübergang oder Kündigung eines Anerkennungstarifvertrags) nicht berührt wird (sog. »**unbedingte zeitdynamische Verweisung**«).

Das heißt: Die dynamische Verweisung auf die Tarifverträge wirkt auch bei Ablauf der vollen Tarifbindung des Arbeitgebers (z. B. im Falle des Verbandsaustritts oder bei Betriebsübergang) **weiter** mit der Folge, dass auch künftige Tarifveränderungen (z. B. **Tariferhöhungen**) Inhalt des Arbeitsverhältnisses werden.

Ist eine dynamische Bezugnahmeklausel jedoch **vor dem 1.1.2002** (= Inkrafttreten der §§ 305 ff. BGB über die Inhaltskontrolle von Formulararbeitsverträgen) vereinbart worden (»**Altvertrag**«), ist sie aus Gründen des **Vertrauensschutzes** wie eine »Gleichstellungsabrede« im Sinne der früheren BAG-Rechtsprechung auszulegen (BAG v. 18.4.2007 – 4 AZR 652/05, a. a. O.). Das heißt: Mit dem Wegfall der normativen Tarifgebundenheit des Arbeitgebers endet die Dynamik.

Dies gilt auch dann, wenn die frühere Tarifgebundenheit an Verbandstarifverträge nicht über eine Mitgliedschaft des Arbeitgebers im tarifschließenden Verband, sondern über einen ihm als Tarifvertragspartei mit der Gewerkschaft geschlossenen **Anerkennungstarifvertrag** vermittelt ist (BAG v. 11.12.2013 – 4 AZR 473/12).

Mit weiteren Entscheidungen hat das BAG diese Rechtsprechungsänderung bestätigt und klargestellt, dass die dynamische Bezugnahme auf die Tarifverträge einer bestimmten Branche (sog. **kleine dynamische Klausel**) die individualvertragliche Geltung der in Bezug genommenen Tarifnormen begründet (BAG v. 29.8.2007 – 4 AZR 765/06, AuR 2008, 181 und 4 AZR 767/06, NZA 2008, 364).

Diese gelten gem. § 613a Abs. 1 Satz 1 BGB bei einem Teilbetriebsübergang mit Branchenwechsel auch im übergegangenen Arbeitsverhältnis vertraglich weiter (siehe → **Betriebsübergang**).

Zur tariflichen **Nachbindung** (§ 3 Abs. 3 TVG) und **Nachwirkung** (§ 4 Abs. 5 TVG) tariflicher Regelungen bei einem Verbandsaustritt des Arbeitgebers siehe → **Arbeitgeberverband**, → **Nachbindung und Nachwirkung eines Tarifvertrags** und → **Tarifvertrag**.

11

Rechtsprechung

1. Arbeitsvertragliche Bezugnahme auf Tarifvertrag (dynamische Bezugnahmeklausel) – Gleichstellungsabrede – AGB-Kontrolle
2. Bezugnahme auf Tarifvertrag durch betriebliche Übung
3. Arbeitsvertragliche Bezugnahme auf Tarifverträge – Betriebsübergang
4. Arbeitsvertragliche Bezugnahme auf Betriebsvereinbarung
5. Arbeitsvertragliche Bezugnahme auf Allgemeine Arbeitsbedingungen oder Betriebsvereinbarung
6. Arbeitsvertragliche Bezugnahme auf Gesetz

Arbeitsvertrag: Inhaltskontrolle

Was ist das?

1. Durch das Gesetz zur Modernisierung des Schuldrechts vom 26.11.2001 (BGBl. I S. 3138) werden Formulararbeitsverträge und andere allgemeine Geschäftsbedingungen i. S. d. § 305 Abs. 1 BGB, die vom Arbeitgeber »**gestellt**« (also von ihm vorformuliert; siehe Rn. 5) werden, der **rechtlichen Kontrolle** gem. §§ 305 ff. BGB durch das → **Arbeitsgericht** unterworfen (**AGB-Kontrolle**).

2. Allgemeine Geschäftsbedingungen sind nach § 305 Abs. 1 Satz 1 BGB alle für eine **Vielzahl** von Verträgen (siehe aber Rn. 5: einmalige Verwendung kann ausreichen) vorformulierten Vertragsbedingungen, die eine Vertragspartei (Verwender) der anderen Vertragspartei bei Abschluss eines Vertrags »**stellt**« (siehe Rn. 5).
   Dabei ist gleichgültig, ob die Bestimmungen einen äußerlich gesonderten Bestandteil des Vertrags bilden oder in die Vertragsurkunde selbst aufgenommen werden, welchen Umfang sie haben, in welcher Schriftart sie verfasst sind und welche Form der Vertrag hat (§ 305 Abs. 1 Satz 2 BGB).

3. Allgemeine Geschäftsbedingungen liegen nicht vor, soweit die Vertragsbedingungen zwischen den Vertragsparteien »**im Einzelnen ausgehandelt**« sind (§ 305 Abs. 1 Satz 3 BGB; vgl. BAG v. 25.5.2005 – 5 AZR 572/04, NZA 2005, 1111).

4. Allgemeine Geschäftsbedingungen werden nach § 305 Abs. 2 BGB nur dann Bestandteil des Arbeitsvertrags, wenn der Verwender (= Arbeitgeber) bei Vertragsschluss
   - die andere Vertragspartei (= Arbeitnehmer) ausdrücklich oder, wenn ein ausdrücklicher Hinweis wegen der Art des Vertragsschlusses nur unter unverhältnismäßigen Schwierigkeiten möglich ist, durch deutlich sichtbaren Aushang am Ort des Vertragsschlusses auf sie **hinweist** und
   - der anderen Vertragspartei (= Arbeitnehmer) die Möglichkeit verschafft, in zumutbarer Weise, die auch eine für den Verwender erkennbare körperliche Behinderung der anderen Vertragspartei angemessen berücksichtigt, **von ihrem Inhalt Kenntnis zu nehmen**,

   und wenn die andere Vertragspartei (= Arbeitnehmer) mit ihrer **Geltung einverstanden** ist.

5. § 310 Abs. 3 BGB bestimmt,
   - dass allgemeine Geschäftsbedingungen als vom Unternehmer »**gestellt**« gelten (siehe Rn. 1 und 2), es sei denn, dass sie durch den Verbraucher (= Arbeitnehmer) in den Vertrag eingeführt wurden (was nicht vorkommen dürfte);
   - dass § 305 c Abs. 2 und die §§ 306 und 307 bis 309 BGB sowie Artikel 46 b des Einführungsgesetzes zum BGB auf vorformulierte Vertragsbedingungen auch dann Anwendung finden, wenn diese nur zur **einmaligen Verwendung** bestimmt sind und soweit der Verbraucher (= Arbeitnehmer) aufgrund der Vorformulierung auf ihren Inhalt keinen Einfluss nehmen konnte;
   - dass bei der Beurteilung der unangemessenen Benachteiligung nach § 307 Abs. 1 und 2 BGB (siehe Rn. 13) auch die den **Vertragsschluss begleitenden Umstände** zu berücksichtigen sind.

Arbeitsvertrag: Inhaltskontrolle

→ **Tarifverträge** oder → **Betriebsvereinbarungen** unterliegen gem. § 310 Abs. 4 BGB keiner AGB-Kontrolle nach §§ 305 ff. BGB. Siehe Rn. 16 ff.   6
Für die Kontrolle allgemeiner Geschäftsbedingungen gelten die §§ 305 b bis 309 BGB.   7
Dabei finden die Vorschriften auch Anwendung, wenn sie durch anderweitige Gestaltungen umgangen werden (§ 306 a BGB).   8

Inhaltskontrolle (§ 307 BGB)   9

Individuelle Vertragsabreden haben Vorrang vor allgemeinen Arbeitsbedingungen (§ 305 b BGB).
Sind Bestimmungen in allgemeinen Arbeitsbedingungen nach den Umständen, vor allem nach dem äußeren Erscheinungsbild des Vertrags, so ungewöhnlich, dass der Arbeitnehmer mit ihnen nicht zu rechnen braucht, werden sie nicht Vertragsbestandteil (§ 305 c Abs. 1 BGB).   10
Zweifel bei der Auslegung allgemeiner Arbeitsbedingungen gehen zulasten des Arbeitgebers (§ 305 c Abs. 2 BGB).   11
Sind allgemeine Arbeitsbedingungen ganz oder teilweise nicht Vertragsbestandteil geworden oder unwirksam, bleibt der Vertrag im Übrigen wirksam (§ 306 Abs. 1 BGB).   12
Der Inhalt des Vertrags richtet sich nach den gesetzlichen Vorschriften (§ 306 Abs. 2 BGB). Er ist unwirksam, wenn das Festhalten an ihm auch unter Berücksichtigung der nach § 306 Abs. 2 BGB vorgesehenen Änderung eine unzumutbare Härte für eine Vertragspartei darstellen würde (§ 306 Abs. 3 BGB).
Bestimmungen in allgemeinen Arbeitsbedingungen sind **unwirksam**, wenn sie Arbeitnehmer entgegen den Geboten von Treu und Glauben unangemessen benachteiligen (§ 307 Abs. 1 Satz 1 BGB).   13
Eine unangemessene Benachteiligung kann sich daraus ergeben, dass die Bestimmung nicht klar und verständlich ist (§ 307 Abs. 1 Satz 2 BGB).
Im Zweifel liegt eine unangemessene Benachteiligung gem. § 307 Abs. 2 BGB auch dann vor, wenn eine Bestimmung
- mit **wesentlichen Grundgedanken** der gesetzlichen Regelung, von der abgewichen wird, nicht zu vereinbaren ist oder
- wesentliche Rechte oder Pflichten, die sich aus der Natur des Vertrags ergeben, so **eingeschränkt**, dass die Erreichung des **Vertragszwecks gefährdet** ist.

Eine Unvereinbarkeit mit wesentlichen Grundgedanken der gesetzlichen Regelung dürfte z. B. gegeben sein, wenn eine per allgemeine Arbeitsbedingungen vereinbarte Klausel über → **Ausschlussfristen/Verfallfristen** die regelmäßige dreijährige **Verjährungsfrist** nach § 195 BGB (siehe → **Verjährung**) praktisch leer laufen lässt, weil sie den Arbeitnehmer verpflichtet, seine Ansprüche innerhalb extrem kurzer Fristen (z. B. ein Monat) geltend zu machen (Däubler, NZA 2001, 1329 ff. [1335]).   14

Klauselverbote (§§ 308, 309 BGB)

Nach §§ 308, 309 BGB sind in allgemeinen Arbeitsbedingungen u. a. **unzulässig und unwirksam**   15
- eine Bestimmung, die vorsieht, dass eine Erklärung des Arbeitgebers von besonderer Bedeutung (z. B. eine Kündigung) dem Arbeitnehmer als zugegangen gilt (§ 308 Nr. 6 BGB),
- ein Aufrechnungsverbot zulasten des Arbeitnehmers (§ 309 Nr. 3 BGB),
- eine Bestimmung, durch die dem Arbeitgeber für den Fall, dass der Arbeitnehmer sich vom Vertrag löst, Zahlung einer Vertragsstrafe versprochen wird (§ 309 Nr. 6 BGB),
- Formerfordernisse, die über die Schriftform hinausgehen (§ 309 Nr. 12 BGB); hierzu zählt etwa eine zweistufige → **Ausschlussfrist/Verfallfrist**, die vom Arbeitnehmer verlangt, nach

Arbeitsvertrag: Inhaltskontrolle

Ablehnung des Anspruchs innerhalb einer bestimmten Frist Klage zu erheben (vgl. Däubler, NZA 2001, 1329 ff. [1336]).

16 → **Tarifverträge** oder → **Betriebsvereinbarungen** unterliegen gem. § 310 Abs. 4 BGB keiner AGB-Kontrolle nach §§ 305 ff. BGB.
Das bedeutet: Auf Arbeitsverträge zwischen tarifgebundenen Arbeitsvertragsparteien finden die §§ 305 ff. BGB im Regelfall keine Anwendung (denn hier gelten die tariflichen Regelungen, die nur im Ausnahmefall bei Verstößen gegen zwingendes höherrangiges Recht unwirksam sind; siehe → **Tarifvertrag** Rn. 48 a und b).
Eine Anwendung der §§ 305 ff. BGB kann sich aber in Bezug auf »**außertarifliche**« Vertragsbestimmungen ergeben.
Wenn ein Tarifvertrag verschlechternde vertragliche Vereinbarungen zulässt (§ 4 Abs. 3 TVG), sind vereinbarte Abweichungen »nach unten« grundsätzlich möglich.
Ist die Abweichung in Form von allgemeinen Arbeitsbedingungen (AGB) vereinbart, findet eine Inhaltskontrolle nach §§ 305 ff BGB statt.
Das Gleiche gilt, wenn sich der Tarifvertrag in **Nachwirkung** befindet (§ 4 Abs. 5 TVG).
Eine vertragliche Abweichung »nach unten« ist dann zwar auch im Falle beiderseitiger Tarifgebundenheit der Vertragsparteien möglich, eine formularvertraglich vereinbarte Abweichung ist aber einer Inhaltskontrolle nach §§ 305 ff. BGB zu unterziehen.

> **Beispiel:**
> Ein Branchentarifvertrag verpflichtet den verbandsangehörigen Arbeitgeber zur Zahlung eines → **Weihnachtsgeldes** in Höhe eines Monatsentgeltes. Der Tarifvertrag läuft nach Kündigung ab und gilt fortan nur noch kraft → **Nachwirkung**.
> Wenn in allgemeinen Arbeitsbedingungen, die auf nicht tarifgebundene Beschäftigte (Außenseiter) angewendet werden, die Zahlung eines Weihnachtsgeldes ausgeschlossen ist, kann das eine unangemessene Benachteiligung i. S. d. § 307 Abs. 1 BGB darstellen. Das Gleiche gilt für die tarifgebundenen Beschäftigten, wenn zwischen ihnen und dem Arbeitgeber die – den Weihnachtsgeldanspruch ausschließenden – allgemeinen Arbeitsbedingungen vereinbart sind oder nach Ablauf des Tarifvertrags vereinbart werden.

17 Besonderheiten gelten, wenn ein Tarifvertrag nicht kraft beiderseitiger Tarifbindung auf das Arbeitsverhältnis Anwendung findet, sondern aufgrund einer **formularvertraglichen Bezugnahmeklausel** auf den Tarifvertrag (siehe → **Arbeitsvertrag: Bezugnahme auf Tarifverträge**).
Hier kommt die Bestimmung des § 307 Abs. 3 BGB zum Zuge.
Danach findet eine Inhaltskontrolle von vorformulierten Vertragsbedingungen gem. § 307 Abs. 1 und 2 sowie §§ 308 und 309 BGB nur statt, wenn sie von »Rechtsvorschriften« abweichen oder diese ergänzen.
Zu den Rechtsvorschriften in diesem Sinne zählen nach § 310 Abs. 4 Satz 3 BGB auch → **Tarifverträge** (und → **Betriebsvereinbarungen**).
Dennoch kommt eine Inhaltskontrolle formularvertraglich in Bezug genommener Tarifbestimmungen in Betracht.
Es ist nach Ansicht des BAG zu unterscheiden (BAG v. 6. 5. 2009 – 10 AZR 390/08, NZA-RR 2009, 593 und BAG v. 15. 7. 2009 – 5 AZR 867/08, ZTR 2010, 35):
- Wenn das **gesamte Tarifwerk** der einschlägigen Branche in Bezug genommen wurde, findet keine Inhaltskontrolle nach §§ 307 Abs. 1 und 2, 308, 309 BGB statt (§§ 310 Abs. 4 Satz 3, 307 Abs. 3 BGB). In diesem Falle werden gewerkschaftlich organisierte und nichtorganisierte Beschäftigte gleich behandelt. Es wäre nicht gerechtfertigt, bei den Organisierten nur eine eng begrenzte Wirksamkeitskontrolle des Tarifvertrags (siehe Rn. 35) zuzulassen, bei den Nichtorganisierten aber die deutlich weitergehende Inhaltskontrolle nach §§ 305 ff. BGB (z. B. Angemessenheitskontrolle nach § 307 BGB).
- Wird dagegen nur auf **einzelne Bestimmungen** eines Tarifvertrags (z. B. nur auf tarifliche

Arbeitsvertrag: Inhaltskontrolle

Ausschlussfristbestimmungen – Bezug genommen, sind diese Bestimmungen nicht als tarifliche, sondern als vertragliche Regelung zu bewerten. Hier fehlt es an der einem Tarifvertrag im Regelfall innewohnenden Ausgewogenheit und Richtigkeitsgewähr der einzelnen Tarifregelungen. Deshalb unterliegen sie der vollen AGB-Kontrolle nach §§ 305 ff. BGB. § 310 Abs. 4 BGB findet in einem solchen Fall keine Anwendung.

- Noch nicht endgültig ist geklärt, was gilt, wenn eine formularvertragliche Bezugnahmeklausel **abgrenzbare Teile eines Tarifwerks** erfasst (vgl. hierzu BAG v. 6. 5. 2009 – 10 AZR 390/08, a. a. O. und BAG v. 15. 7. 2009 – 5 AZR 867/08, a. a. O.).

Nach zweifelhafter Ansicht des BAG sollen die Arbeitsvertragsparteien auch auf **nichtige oder nicht mehr wirksame Tarifverträge** Bezug nehmen können, soweit nicht deren inhaltliche Festlegungen auch als arbeitsvertragliche Regelungen nichtig sind (BAG v. 14. 12. 2011 – 4 AZR 26/10). In Bezug genommene unwirksame Tarifverträge werden aber jedenfalls dann nicht zum Inhalt des Arbeitsvertrags, wenn Anhaltspunkte dafür vorliegen, nur ein **wirksamer Tarifvertrag** habe vereinbart werden sollen (BAG v. 13. 3. 2013 – 5 AZR 424/12). 18

Eine Inhaltskontrolle nach § 307 Abs. 1 und 2 BGB sowie gem. §§ 308 und 309 BGB erfolgt nur in Bezug auf solche Bestimmungen in allgemeinen Arbeitsbedingungen, durch die von **Rechtsvorschriften** abweichende oder diese ergänzende Regelungen vereinbart werden (andere Bestimmungen können aber nach § 307 Abs. 1 Satz 2 in Verbindung mit Abs. 1 Satz 1 BGB unwirksam sein; vgl. § 307 Abs. 3 Satz 2 BGB). 19

Derartige Rechtsvorschriften können Gesetze und Rechtsverordnungen, aber auch → **Tarifverträge** und → **Betriebsvereinbarungen** sein (§ 310 Abs. 4 Satz 3 BGB: hiernach stehen Tarifverträge und Betriebsvereinbarungen den Rechtsvorschriften i. S. d. § 307 Abs. 3 BGB gleich).

Dabei ist allerdings zu beachten, dass eine Abweichung von Tarifverträgen im Falle einer beiderseitigen Tarifbindung zulasten des Arbeitnehmers nur in Betracht kommt, wenn der Tarifvertrag **dies zulässt** (§ 4 Abs. 3 TVG) oder wenn der Tarifvertrag nur noch kraft **Nachwirkung** gilt (§ 4 Abs. 5 TVG).

Entsprechendes gilt für die Betriebsvereinbarung (§ 77 Abs. 4 und 6 BetrVG).

Soweit der Betrieb in den Geltungsbereich eines **Branchentarifvertrags** fällt, sind Arbeitsverträge bei fehlender beiderseitiger Tarifbindung an dem Tarifniveau zu messen. Dieses darf durch Allgemeine Arbeitsbedingungen nicht unangemessen unterschritten werden. 20

Das Gleiche gilt, wenn zwar beiderseitige Tarifbindung besteht, der Tarifvertrag aber eine Öffnungsklausel enthält oder er nur noch kraft **Nachwirkung** gilt.

Besteht ein **Firmentarifvertrag**, bildet er den Kontrollmaßstab für Arbeitsverträge mit nicht tarifgebundenen Arbeitnehmern bzw. mit tarifgebundenen, wenn der Tarifvertrag eine **Öffnungsklausel** enthält oder er nur noch kraft **Nachwirkung** gilt. 21

Eine unangemessene Benachteiligung i. S. d. § 307 Abs. 1 und 2 BGB wird angenommen, wenn das Tarifniveau um mehr als **20 Prozent** unterschritten wird (vgl. Däubler, NZA 2001, 1329 ff. [1335]). In diesem Fall ist die Vergütungsvereinbarung nichtig. 22

Der unangemessen niedrige Lohn ist durch die »**übliche Vergütung**« im Sinne des § 612 Abs. 2 BGB zu ersetzen.

Die »übliche Vergütung« entspricht in der Regel dem in der Branche für die ausgeübte Tätigkeit zu zahlenden **Tariflohn**.

Erreicht der vereinbarte Lohn nicht einmal **zwei Drittel** des für die ausgeübte Tätigkeit in der betreffenden Branche und Wirtschaftsregion üblicherweise gezahlten Tariflohns, liegt eine sittenwidrige Lohnvereinbarung i. S. d. § 138 BGB vor (sog. **Lohnwucher**; vgl. BAG v. 22. 4. 2009 – 5 AZR 436/08, NZA 2009, 837; siehe → **Arbeitsentgelt** Rn. 2 a und → **Mindestlohn** Rn. 3). 23

Der »Wucherlohn« ist durch die »**übliche Vergütung**« i. S. d. § 612 Abs. 2 BGB zu ersetzen. Die

Arbeitsvertrag: Inhaltskontrolle

»übliche Vergütung« entspricht in der Regel dem in der Branche für die ausgeübte Tätigkeit zu zahlenden Tariflohn.

Rechtsprechung

1. Allgemeine Geschäftsbedingungen (AGB) – Kontrolle von Formulararbeitsverträgen (§§ 305 ff. BGB)
2. Vertragsstrafe – AGB-Kontrolle

Arbeitsvertrag: Nachweisgesetz

Was ist das?

Gemäß den Vorschriften des **Nachweisgesetzes** vom 20.7.1995 (NachwG; BGBl. I S. 946) ist der Arbeitgeber verpflichtet, die wesentlichen Vertragsbedingungen schriftlich niederzulegen. Er hat die Niederschrift zu unterzeichnen und dem Arbeitnehmer auszuhändigen. Das Ganze hat innerhalb einer Frist von **einem Monat** nach dem vereinbarten Beginn des Arbeitsverhältnisses zu geschehen (§ 2 Abs. 1 Satz 1 NachwG). 1

Zweck der schriftlichen Dokumentation ist es, dem Arbeitnehmer den **Beweis** der vereinbarten Vertragsbedingungen im Streitfall durch einen Urkundenbeweis zu ermöglichen. Macht der Arbeitgeber geltend, dass die schriftlich niedergelegten Vertragsinhalte nicht zutreffen, muss er dies beweisen.

Umgekehrt kommen dem Arbeitnehmer **Beweiserleichterungen** zugute, wenn der Arbeitgeber die schriftliche Niederlegung unterlassen hat (LAG Köln v. 31.7.1998 – 11 Sa 1484/97, NZA 1999, 545).

Im Einzelnen sind nach § 2 Abs. 1 NachwG **folgende Angaben in die Niederschrift** aufzunehmen: 2

1. der Name und die Anschrift der Vertragsparteien,
2. der Zeitpunkt des Beginns des Arbeitsverhältnisses,
3. bei befristeten Arbeitsverhältnissen: die vorgesehene Dauer des Arbeitsverhältnisses,
4. der Arbeitsort oder, falls der Arbeitnehmer nicht nur an einem bestimmten Arbeitsort tätig werden soll, ein Hinweis darauf, dass der Arbeitnehmer an verschiedenen Orten beschäftigt werden kann,
5. eine kurze Charakterisierung oder Beschreibung der vom Arbeitnehmer zu leistenden Tätigkeit (neu gefasst durch Gesetz vom 29.6.1998 – BGBl. I S. 1694),
6. die Zusammensetzung und die Höhe des Arbeitsentgelts einschließlich der Zuschläge, der Zulagen, Prämien und Sonderzahlungen sowie anderer Bestandteile des Arbeitsentgelts und deren Fälligkeit,
7. die vereinbarte Arbeitszeit,
8. die Dauer des jährlichen Erholungsurlaubs,
9. die Fristen für die Kündigung des Arbeitsverhältnisses,
10. ein in allgemeiner Form gehaltener Hinweis auf die Tarifverträge und Betriebsvereinbarungen, die auf das Arbeitsverhältnis anzuwenden sind.

Der Nachweis der wesentlichen Vertragsbedingungen in **elektronischer Form** ist **ausgeschlossen** (§ 2 Abs. 1 Satz 3 NachwG).

Zur Anwendung des Nachweisgesetzes auf Praktikantenverhältnisse (§ 2 Abs. 1a NachwG) siehe → **Praktikum** Rn 2b.

In den Fällen der vorstehenden Nrn. 6 (Arbeitsentgelt), 7 (Arbeitszeit), 8 (Urlaubsdauer) und 9 (Kündigungsfristen) genügt ein Hinweis auf die einschlägigen → **Tarifverträge** und → **Betriebsvereinbarungen** (§ 2 Abs. 3 Satz 1 NachwG). 3

Arbeitsvertrag: Nachweisgesetz

Sollen in den Fällen der Nrn. 8 (Urlaubsdauer) und 9 (Kündigungsfristen) die jeweiligen gesetzlichen Regelungen gelten, kann hierauf verwiesen werden (§ 2 Abs. 3 Satz 2 NachwG).

4 Ist ein **schriftlicher → Arbeitsvertrag** abgeschlossen und dem Arbeitnehmer ausgehändigt worden, der die vorstehenden Angaben enthält, entfällt die Verpflichtung des Arbeitgebers zur gesonderten Dokumentation (§ 2 Abs. 4 NachwG).

5 **Beachten:**
Werden die Vertragsbedingungen im Verlauf des Arbeitsverhältnisses **geändert**, hat der Arbeitgeber dies dem Arbeitnehmer – unaufgefordert – innerhalb eines Monats nach der Änderung schriftlich mitzuteilen (§ 3 NachwG).

Diese Verpflichtung besteht nicht im Falle einer Änderung der einschlägigen Gesetze, Tarifverträge oder Betriebsvereinbarungen.

6 Für Arbeitsverhältnisse, die zum Zeitpunkt des In-Kraft-Tretens des Nachweisgesetzes (am 28.7.1995) bereits bestanden, gilt: Dem Arbeitnehmer ist auf sein **Verlangen** innerhalb von zwei Monaten eine Niederschrift mit den obenstehenden Angaben auszuhändigen. Diese Verpflichtung entfällt, wenn eine früher ausgestellte Niederschrift oder ein schriftlicher Arbeitsvertrag die erforderlichen Angaben bereits enthält (§ 4 NachwG).

7 § 5 NachwG stellt klar, dass von den Vorschriften dieses Gesetzes nicht zuungunsten des Arbeitnehmers abgewichen werden kann.

8 Mit dem Erlass des Nachweisgesetzes wurden auch die Nachweisvorschriften des Arbeitnehmerüberlassungsgesetzes, Berufsbildungsgesetzes und Seemannsgesetzes ergänzt bzw. präzisiert.
Durch eine Ergänzung des § 17 KSchG wurden Nachweispflichten des Arbeitgebers gegenüber dem Betriebsrat sowie der Agentur für Arbeit im Falle von → **Massenentlassungen** geregelt (siehe auch → **Kündigung** Rn. 18 ff.).

9 Besondere Bedeutung hat das Nachweisgesetz beim Thema tarifliche → **Ausschlussfristen/Verfallfristen**.
Hat der Arbeitgeber den Arbeitnehmer entgegen den Bestimmungen des Nachweisgesetzes nicht darüber informiert, dass für das Arbeitsverhältnis ein (z.B. allgemeinverbindlicher) → **Tarifvertrag** gilt und hat der Arbeitnehmer deshalb seine Ansprüche nicht rechtzeitig im Sinne der im Tarifvertrag geregelten Ausschlussfristen geltend gemacht, kommt es zwar zu einem Verfall der Ansprüche.
Jedoch kann dem Arbeitnehmer ein **Schadensersatzanspruch** in Höhe des erloschenen Vergütungsanspruchs als Bruttobetrag zustehen (BAG v. 21.2.2012 – 9 AZR 486/10; 6.5.2009 – 10 AZR 834/08, NZA 2009, 805). Hierzu ein Auszug aus BAG v. 21.2.2012 – 9 AZR 486/10:
»1. Verstößt ein Arbeitgeber gegen die in § 2 oder § 3 S 1 NachwG normierten **Nachweispflichten**, hindert ihn dies nicht, die Erfüllung eines von dem Arbeitnehmer erhobenen Anspruchs unter Berufung auf eine Ausschlussfrist abzulehnen.
2. Befindet sich ein Arbeitgeber mit der Aushändigung der nach § 2 NachwG geschuldeten Niederschrift oder der ihm nach § 3 NachwG obliegenden Mitteilung in Verzug, hat er gemäß § 280 Abs. 1 S. 1 BGB den durch den eingetretenen Verzug adäquat verursachten **Schaden zu ersetzen**. Deshalb kann ein Arbeitnehmer von dem Arbeitgeber verlangen, so gestellt zu werden, als wäre sein Zahlungsanspruch nicht untergegangen, wenn ein solcher Anspruch nur wegen Versäumung der Ausschlussfrist erloschen ist und bei gesetzmäßigem Nachweis seitens des Arbeitgebers bestehen würde. Bei der Prüfung der adäquaten Verursachung kommt dem Arbeitnehmer die Vermutung eines aufklärungsgemäßen Verhaltens zugute. Dem Arbeitgeber bleibt die Möglichkeit, diese tatsächliche Vermutung zu widerlegen.«

10 Nach § 11 Abs. 1 AÜG hat der Verleiher die wesentlichen Vertragsbedingungen des **Leihar-**

Arbeitsvertrag: Nachweisgesetz

beitsverhältnisses (siehe → **Arbeitnehmerüberlassung / Leiharbeit**) schriftlich niederzulegen und dem Leiharbeitnehmer die Niederschrift auszuhändigen.
Es gelten die Bestimmungen des **Nachweisgesetzes**.
Zusätzlich zu den in § 2 Abs. 1 des Nachweisgesetzes genannten Angaben sind in die Niederschrift aufzunehmen:
- Firma und Anschrift des Verleihers, die Erlaubnisbehörde sowie Ort und Datum der Erteilung der Erlaubnis nach § 1 AÜG,
- Art und Höhe der Leistungen für Zeiten, in denen der Leiharbeitnehmer nicht verliehen ist.

Rechtsprechung

1. Nachweisrichtlinie – Nachweisgesetz
2. Nachweise bei Leiharbeit (§ 11 Abs. 1 Satz 2 AÜG)
3. Nachweisgesetz: Information der Arbeitnehmer über tarifliche Ausschlussfristen – Schadensersatzanspruch bei Verletzung der Nachweispflicht

Arbeitszeit

Rechtliche Grundlagen

1 Die Arbeitszeit ist seit jeher **Gegenstand von Auseinandersetzungen** zwischen Arbeitnehmern und Arbeitgebern gewesen.
Dies ist auch nicht verwunderlich, wenn man an die ebenso unmäßigen wie **unmenschlichen Arbeitszeiten** denkt, die den Arbeitnehmern in der Frühphase industrieller Produktion aufgezwungen wurden.
Die Wochenarbeitszeit von Industriearbeitern in der Mitte des vorletzten Jahrhunderts betrug oft zwischen 80 und 85 Stunden.
Die damaligen Arbeitgeber schreckten auch nicht davor zurück, **Kinder** bis zu elf Stunden täglich in der Produktion einzusetzen. Darunter waren nicht wenige, die fünf oder sechs Jahre alt waren.
In Verbindung mit häufig unbeschreiblich schlechten Arbeitsbedingungen und einem kärglichen Lohn entwickelte sich rasch eine unvorstellbare **Verelendung** der Industriearbeiterschaft.

Gesetzlicher Arbeitszeitschutz

2 Erste Ansätze, die Arbeitszeit im Wege der Gesetzgebung zu verkürzen, bezogen sich auf die **Einschränkung der Kinderarbeit**.
Dies unter anderem deswegen, weil das **Militär** feststellte, dass immer mehr junge Männer infolge schwerer körperlicher Schäden für den Militärdienst **nicht tauglich** waren. Überliefert ist beispielsweise eine Meldung des Generalleutnants Horn an den preußischen König im Jahre 1829, mit der dieser darauf hinwies, dass die Industrieregionen infolge der Kinderarbeit außerstande seien, in genügendem Ausmaße gesunde junge Männer für die Armee zur Verfügung zu stellen.

3 Gegen den heftigen Widerstand vieler damaliger Unternehmer, die den Verlust der internationalen Konkurrenzfähigkeit der deutschen Wirtschaft beschworen, wurde dann 1839 das erste Arbeitszeitschutz-Gesetz erlassen, nämlich das »Regulativ über die Beschäftigung jugendlicher Arbeiter in Fabriken«. Inhalt: Verbot der Beschäftigung von Kindern unter neun Jahren und Reduzierung der Arbeitszeit älterer Kinder.
Im Laufe der Jahrzehnte traten weitere **Arbeitszeitschutz-Gesetze** hinzu.

4 Die heute wichtigste, wenngleich nicht die einzige gesetzliche Regelung auf dem Gebiet des Arbeitszeitrechts stellt das **Arbeitszeitgesetz (ArbZG)** vom 6.6.1994, in Kraft getreten am 1.7.1994, dar. Das Arbeitszeitgesetz hat die Arbeitszeitordnung (AZO) aus dem Jahre 1938 abgelöst.
Kernstücke des ArbZG sind der **Acht-Stunden-Tag** (siehe Rn. 11 ff.) und das **Verbot von Sonn- und Feiertagsarbeit** (siehe Rn. 45 ff.).
Der gesetzliche Arbeitszeitschutz hat den Charakter von **Mindestarbeitsbedingungen**, von

Arbeitszeit

denen »zu Lasten« des Arbeitnehmers nicht abgewichen werden darf, es sei denn, das Gesetz selbst erlaubt eine solche Abweichung.

Die Arbeitgeber möchten das Rad in der Arbeitszeitfrage wieder zurückdrehen. Aktuell fordert die Bundesvereinigung der Deutschen Arbeitgeberverbände (BDA) in einem Positionspapier vom Mai 2015 eine **Abschaffung der Acht-Stunden-Regelung** und eine **Lockerung des Verbot von Sonn- und Feiertagsarbeit**. Begründet wird das mit der Digitalisierung von Wirtschaft und Arbeitswelt. Für einige Berufsgruppen ergäben sich dadurch »neue Möglichkeiten der Arbeitszeitgestaltung – beispielsweise durch cloud computing«. Die Acht-Stunden-Regelung erschwere zudem die internationale Kommunikation über Zeitzonen hinweg. Eine Abschaffung der Acht-Stunden-Regelung würde außerdem einen Beitrag zum Bürokratieabbau leisten (Quelle: »Chancen der Digitalisierung nutzen« – Positionspapier der BDA zur Digitalisierung von Wirtschaft und Arbeitswelt, Mai 2015; vgl. auch das Interview von Radio Bremen mit dem Präsidenten der BDA Ingo Kramer: *http://www.radiobremen.de/politik/nachrichten/kramerachtstundentag100.html*).

4a

Zu den Aktivitäten der Arbeitgeber in Sachen **Arbeitszeit auf EU-Ebene** siehe Rn. 5.

Arbeitszeitrichtlinie 2003/88/EG

Das ArbZG wird maßgeblich geprägt durch die **europäische Arbeitszeitrichtlinie** (= Richtlinie 93/104/EG vom 23.11.1993; neu gefasst und abgelöst durch die Richtlinie 2003/88/EG vom 4.11.2003). Die Mitgliedstaaten der Europäischen Gemeinschaft sind verpflichtet, EG-Richtlinien in nationales Recht umzusetzen (siehe → **Europäisches Recht**).

5

Einzelne Bestimmungen der Arbeitszeitrichtlinie sind **umstritten**.

Dazu gehörte z.B. die inzwischen geklärte Frage, ob der → **Bereitschaftsdienst** Arbeitszeit im Sinne der Richtlinie ist.

Der EuGH hat das in mehreren Entscheidungen bejaht.

Veranlasst durch die Entscheidungen des EuGH hat die EU-Kommission am 31.5.2005 einen Vorschlag zur Änderung der Richtlinie 2003/88/EG vorgelegt. Der Vorschlag ist mehrfach Gegenstand von Beratungen des Europäischen Parlaments und des Europäischen Ministerrats gewesen.

In der Beratung des EU-Ministerrats am 9./10.6.2008 wurde schließlich – mit qualifizierter Mehrheit – eine Einigung über den Entwurf einer Richtlinie zur Änderung der Arbeitszeit-Richtlinie 2003/88/EG erzielt.

Unter anderem ist vorgesehen,

- bei der Definition des »Bereitschaftsdienstes« zu unterscheiden zwischen einer als Arbeitszeit anzusehenden »**aktiven Zeit**« (in der der Arbeitnehmer an seinem Arbeitsplatz zur Verfügung stehen muss) und einer »**inaktiven Zeit**«, die nicht mehr – wie bisher – als Arbeitszeit gilt, aber auch nicht auf die Ruhezeit angerechnet werden soll; Abweichungen hiervon sollen durch nationale Gesetzgebung, Tarifvertrag oder sog. »Sozialpartnervereinbarungen« möglich sein; was das für die betriebliche Praxis bedeutet, hat der DGB an einigen Beispielen illustriert (Pressemitteilung des DGB Nr. 215 vom 14.12.2012):
  *»VerkäuferIn in einem Modegeschäft: Die Regale sind aufgeräumt, die Kasse stimmt und man wartet nun auf den nächsten Kunden. Bisher war diese Zeit unumstritten Arbeitszeit, doch nun wäre diese »Wartezeit« – nach dem Wunsch der Arbeitgeber – keine Arbeitszeit mehr.
  Bäckereifiliale: Angestellte warten auf die Lieferung der Brötchen. Bisher war diese Zeit unumstritten Arbeitszeit, doch nun wäre diese »Wartezeit« – nach dem Wunsch der Arbeitgeber – keine Arbeitszeit mehr.
  Krankenschwestern und Notärzte: Das Krankenhauspersonal wartet auf den nächsten Notfallpatienten. Bisher war diese Zeit unumstritten Arbeitszeit, doch nun wäre diese »Wartezeit« – nach dem Wunsch der Arbeitgeber – keine Arbeitszeit mehr.*

Arbeitszeit

Journalisten: Sie warten auf ein Statement von einem Politiker, auf den Beginn einer Pressekonferenz oder die Freigabe eines Interviews. Bisher war diese Zeit unumstritten Arbeitszeit, doch nun wäre diese »Wartezeit« – nach dem Wunsch der Arbeitgeber – keine Arbeitszeit mehr. Beschäftigte in einer Autowerkstatt: Die Reparatur eines Wagens ist fertig. Nun warten sie darauf, dass ein neues Auto auf die Hebebühne gefahren wird. Bisher war diese Zeit unumstritten Arbeitszeit, doch nun wäre diese »Wartezeit« – nach dem Wunsch der Arbeitgeber – keine Arbeitszeit mehr.«

- den auf vier Monate begrenzten Bezugszeitraum (gegen den die »Sechs-Monatsregelung des § 3 ArbZG verstößt) zur Berechnung der in Art. 6 b der Richtlinie 2003/88/EG vorgesehenen »durchschnittlichen Arbeitszeit pro Siebentagezeitraum« von 48 Stunden beizubehalten; es soll aber die in Art. 19 der Richtlinie 2003/88/EG geregelte Möglichkeit der Zulassung einer Verlängerung des Bezugszeitraums auf 12 Monate durch Tarifvertrag / Sozialpartnervereinbarungen in der Weise erweitert werden, dass die Verlängerung unmittelbar durch Gesetz oder Verordnung geregelt werden kann;
- den nach Art. 22 Abs. 1 Richtlinie 2003/88/EG möglichen Verzicht auf die Einhaltung der wöchentlichen **Höchstarbeitszeit von 48 Stunden** (»Opt-out«) nicht nur von der Zustimmung des Arbeitnehmers (Art. 22 Abs. 1 a Richtlinie 2003/88/EG), sondern von weiteren Bedingungen abhängig zu machen (z. B. Einwilligungserklärung kann im Arbeitsvertrag und in den ersten vier Wochen des Arbeitsverhältnisses nicht wirksam vereinbart werden, Einwilligungserklärung ist maximal ein Jahr gültig, bei wirksamer Einwilligung beträgt die Höchstarbeitszeit im Durchschnitt von drei Monaten **60 Wochenstunden bzw. 65 Wochenstunden**, wenn das nationale Recht die inaktive Zeit des Bereitschaftsdienstes zur Arbeitszeit rechnet);
- den Mitgliedstaaten eine **dreijährige Frist** zur Umsetzung in nationales Recht einzuräumen.

Das Europäische Parlament lehnte den Entwurf des EU-Ministerrates am 17.12.2008 mit absoluter Mehrheit ab.

Der gesamte Bereitschaftsdienst, einschließlich der inaktiven Zeit, solle als Arbeitszeit im Sinne der Richtlinie gelten.

Inaktive Zeiten während des Bereitschaftsdienstes sollten durch Tarifverträge oder sonstige Vereinbarungen zwischen den Sozialpartnern bzw. Rechts- und Verwaltungsvorschriften bei der Berechnung der durchschnittlichen wöchentlichen Höchstarbeitszeit – in Übereinstimmung mit den allgemeinen Grundsätzen des Schutzes der Sicherheit und der Gesundheit von Arbeitnehmern – »besonders gewichtet« werden können.

Das Europäische Parlament sprach sich zudem für eine wöchentliche **Höchstarbeitszeit von 48 Stunden** aus, berechnet über einen Zeitraum von **12 Monaten**.

Ausnahmen von dieser Regel – auch die **Opt-out-Klausel** des Ministerratsentwurfs – wurden abgelehnt.

Bisher bestehende Ausnahmebestimmungen sollten innerhalb von **drei Jahren auslaufen**.

Im April 2009 wurden die Verhandlungen zwischen Europäischem Parlament und EU-Ministerrat im Rahmen von zwei Sitzungen des Vermittlungsausschusses fortgesetzt.

Die Verhandlungen scheiterten.

Im Rahmen eines zweistufigen Anhörungsverfahrens gemäß Artikel 154 AEUV wurde ein weiterer Anlauf zur Überarbeitung der Richtlinie unternommen. Die erste Anhörungsphase wurde am 24.3.2010 eingeleitet, die zweite am 21.12.2010. Die »Sozialpartner« (auf Arbeitnehmerseite u. a. die Europäische Gewerkschaftsbund – EGB; auf Arbeitgeberseite die Verbände Business Europe, CEEP und UEAPME), die gemäß Artikel 155 AEUV in jeder Phase der Anhörung beschließen können, selber über diese Themen zu verhandeln, haben Anfang Dezember 2011 Verhandlungen aufgenommen. Diese wurden im Dezember 2012 ergebnislos

Arbeitszeit

beendet (Pressemitteilung des DGB Nr. 215 vom 14.12.2012: *http://www.dgb.de/presse/co/ 8fab0 b78 – 45 f9 – 11 e2 – 8634 – 00188 b4dc422*).
Deshalb bleibt es vorerst bei der durch den EuGH definierten – und durch die Neufassung der §§ 5, 7 ArbZG vollzogenen – Rechtslage.

Tarifpolitik – Tarifverträge zur Arbeitszeit

Außerhalb der Maßnahmen des Staates zur Regelung der Arbeitszeit war die Durchsetzung kürzerer Arbeitszeiten – neben der Lohnfrage – von Anfang an ein Hauptthema der sich entwickelnden Gewerkschaftsbewegung.

Schon im Jahre 1890 beispielsweise forderten die Arbeitnehmer in großen Demonstrationen den **Acht-Stunden-Tag**.

In den 50er Jahren stand der arbeitsfreie Samstag im Fokus gewerkschaftlicher Arbeitszeitpolitik (»**Samstags gehört Vati mir**«).

Heute ist in vielen Branchen die **Fünf-Tage-Woche** und eine wöchentliche Regelarbeitszeit von **weniger als 40 Stunden** realisiert (z.B. Metallindustrie in Westdeutschland 35 Stunden, in Ostdeutschland 38 Stunden).

In Sachen »Arbeitszeit« sind inzwischen die Arbeitgeber und ihre Verbände die »**Angreifer**«. Die regelmäßige Arbeitszeit müsse ohne Entgeltausgleich verlängert und Tarifentgelte (z.B. Urlaubsgeld, Weihnachtsgeld) gekürzt werden. Andernfalls sei man auf dem Weltmarkt nicht wettbewerbsfähig. Vor allem im Zeitraum von 2004 bis 2008 wurden in der Industrie in großem Stil mit der Drohung, andernfalls den Standort zu verlagern, Arbeitnehmer, Betriebsräte und Gewerkschaften zu **arbeitszeitverlängernden** »Vereinbarungen« bzw. Regelungen (oft ohne Lohnausgleich) erpresst. Aktuell wird zur Begründung längerer Arbeitszeiten auf einen Fachkräftemangel verwiesen. Das habe einen Anstieg der Wochenarbeitszeit auf bis zu 45 Stunden zur Folge. Nachstehend einige Aussagen von Arbeitgeberlobbyisten (*www.bild.de* vom 23.10.2010: *http://www.bild.de/politik/wirtschaft/wirtschaftspolitik/wochenarbeitszeit-steigt-wegen-fachkraeftemangel-143 96852.bild.html*):

Der Präsident des Deutschen Instituts für Wirtschaftsforschung (DIW), Prof. Klaus Zimmermann, zu BILD: »*Mittelfristig geht es nicht ohne längere Arbeitszeiten. 37,5– oder 38-Stunden-Wochen sind in jedem Fall vorbei. Die effektive Arbeitszeit könnte bis auf 45 Stunden pro Woche steigen.*«

Der Präsident des Instituts für Wirtschaftsforschung Halle (IWH), Prof. Ulrich Blum, erwartet ebenfalls einen Anstieg der Wochenarbeitszeit. »*Wir können den Wohlstand nur halten, wenn Unternehmen mehr Freiheiten bei der Gestaltung der Arbeitszeiten bekommen. Mittelfristig werden wir um längere Arbeitszeiten nicht herum kommen. Dann könnte es 42– oder sogar bis zu 45-Stunden-Wochen geben*«, so Blum zu BILD.

Das Gesetz erlaube sogar noch längere Arbeitszeiten, so der Chef des Instituts der deutschen Wirtschaft (IW), Prof. Michael Hüther. Danach seien bis zu 48 Stunden Arbeit pro Woche möglich.

Auch Teile der Politik stellen sich auf längere Arbeitszeiten ein. CDU/CSU-Mittelstandschef Josef Schlarmann (MIT) zu BILD: »*Der Fachkräftemangel kann nicht mit Arbeitslosen oder älteren Arbeitnehmern beseitigt werden.*« Es müsse Zuwanderung geben. Wer das nicht wolle, müsse sich »*für eine Anhebung der tariflichen Arbeitszeiten von deutlich über 40 Stunden bei entsprechendem Lohnausgleich stark machen*«, so Schlarmann.

Der Chef des CDU-Wirtschaftsrats, Kurt Lauk, fordert die Tarifparteien bereits auf, in den nächsten Tarifrunden über längere Arbeitszeiten bei gleichzeitig höheren Löhnen zu verhandeln.

Der Wirtschaftsverband UMW verlangt sogar die flächendeckende Einführung der 45-Stunden-Woche in Deutschland. Verbandschefin Ursula Frerichs: »*Die 45-Stunden-Woche sollte*

Arbeitszeit

zum Normalfall werden. Wir brauchen längere Arbeitszeiten, damit wegen des Fachkräftemangels nicht noch mehr Aufträge verloren gehen.«

Arbeitnehmerorientierte, gewerkschaftsnahe Sachverständige verweisen darauf, dass in vielen Unternehmen Ausbildungskapazitäten infolge einer kurzfristig »denkenden«, auf maximale Rendite ausgerichteten Unternehmens- und Personalpolitik herunter gefahren und so der Fachkräftemangel selbst verursacht ist. Wichtig seien vermehrte Anstrengungen in der beruflichen Aus- und Weiterbildung (vgl. Franz/Lehndorff, Institut Arbeit und Qualifikation (Juli 2010) auf Basis von Daten der Europäischen Arbeitskräftestichprobe (European Labour Force Survey / EU-LFS) – *http://www.iaq.uni-due.de/iaq-report/2010/report2010-07.pdf*).

7a Es ist offenkundig, dass es der Arbeitgeberseite darum geht,
- die in die Taschen von Aktionären, Investoren (z. B. Hedgefonds; siehe → **Unternehmen**) und Firmeninhabern fließenden **Gewinne durch Absenkung der Personalkosten** zu erhöhen (unbezahlte Arbeitszeitverlängerung lässt nicht nur die sonst fällig werdende [Überstunden-] Vergütung entfallen; man kann sich auch von nunmehr »überflüssig« gewordenen Personal trennen bzw. erspart sich bei anziehender Auftragslage Neueinstellungen; die Arbeit wird auf eine tendenziell kleiner werdende, dafür aber unbezahlt länger arbeitende und jederzeit verfügbare Belegschaft verdichtet);
- den Einfluss der **Gewerkschaften** bei der Festlegung der Dauer der Arbeitszeit und ihrer Gestaltung zurückzudrängen (Motto: »Tarifverträge sollen nur noch den Charakter von unverbindlichen Empfehlungen für die Betriebsparteien haben«);
- die **Mitbestimmung** des Betriebsrats bei der Ausgestaltung der Arbeitszeit im Betrieb einzuschränken (Motto: »Der Vorgesetzte soll das mit den Beschäftigten regeln«).

8 Zur Umsetzung der Forderung nach Arbeitszeitverlängerung und Lohnkürzung verlangt man entsprechende Öffnungsklauseln im Flächentarifvertrag bzw. vom Flächentarifvertrag **abweichende Firmentarifverträge**.

8a Manche Arbeitgeber wollen sich lästige Tarifverhandlungen mit den Gewerkschaften ersparen und fordern die Beschäftigten auf, veränderte (tarifwidrige) Arbeitsverträge zu unterschreiben oder versuchen, Betriebsräte zum Abschluss tarifwidriger Betriebsvereinbarungen oder Regelungsabreden »zu bewegen«.

8b Da man weiß, dass man derartige Forderungen mit »kollektivem Betteln« nicht durchsetzen kann, haben manche Arbeitgeber eine Art »**wildes Arbeitskampfinstrument**« entwickelt. Beschäftigte, Betriebsräte und Gewerkschaften werden damit bedroht und erpresst, dass man im Falle der Ablehnung der Forderung Standort und Investitionen ins Ausland verlagern werde.
Dieses Vorgehen hat in Zeiten, in denen die Angst vor dem Verlust des Arbeitsplatzes verbreitet ist, nicht selten **durchschlagende Wirkung**.

8c Es bleibt zu hoffen, dass sich das »**Kräfteverhältnis**« zwischen Arbeitgebern und Arbeitnehmern (Gewerkschaften) in Zukunft wieder zugunsten der Arbeitnehmer verändert.
Die seit 2010 anhaltende positive wirtschaftliche Entwicklung hat die »tarifpolitischen Aktivitäten« der Arbeitgeber jedenfalls ein wenig gebremst.
Das verschafft Beschäftigten, Betriebsräten und Gewerkschaften die Chance, verlorenes Terrain (nicht nur) in der Arbeitszeitfrage wieder zurück zu gewinnen.
Dabei gilt, dass betriebliche und tarifliche Arbeitszeitpolitik unterschiedlichen Anforderungen gerecht werden muss.
Da sind zum einen die Anforderungen des **Arbeits- und Gesundheitsschutzes**. Zu welch verheerenden gesundheitlichen Ergebnissen ein totales Fehlen von Arbeitszeitbeschränkungen geführt hat, zeigt ein Blick in die Anfänge des industriellen Zeitalters (siehe Rn. 1).
Zum anderen muss Arbeitszeitpolitik einen Beitrag zum **Abbau der Massenarbeitslosigkeit** leisten. Arbeitszeitverlängerung ist dafür ungeeignet. Im Gegenteil: sie verschlimmert Massenarbeitslosigkeit.

Arbeitszeit

Und schließlich müssen die Auswirkungen der Arbeitszeitpolitik auf **Familie** und **Gesellschaft** bedacht werden (IGMetallkampf um 35-Stunden-Woche 1984: »*Fünf Stunden mehr für Liebe und Verkehr*«).

Zu den Auseinandersetzungen um die Ladenschluss- bzw. -öffnungszeiten siehe → **Ladenöffnung, Ladenschluss**). 8d

Ein weiteres Streitthema in der Arbeitszeitpolitik betrifft die **Gestaltung** der Arbeitszeit (Lage und Verteilung). 9

Arbeitgeber und ihre Verbände bekämpfen die ihrer Ansicht nach »starren« tariflichen Arbeitszeitbestimmungen.

Dabei wird übersehen, dass Tarifverträge in vielen Branchen seit langem eine Vielzahl von Instrumenten der Flexibilisierung der Arbeitszeit vorsehen, die aber nicht oder nur teilweise genutzt werden.

> **Beispiele:**
> Tarifliche Regelungen über → **Gleitzeit**, Arbeitszeitkonto/Langzeitkonto oder ungleichmäßige Verteilung der tariflichen Arbeitszeit im Rahmen eines Ausgleichzeitraums (siehe → **Arbeitszeitflexibilisierung**),
> Tarifliche Regelungen über die Verlängerung der tariflichen Arbeitszeit im Rahmen einer bestimmten Belegschaftsquote (siehe → **Arbeitszeitflexibilisierung**),
> Tarifliche Regelungen über die Absenkung der Arbeitszeit (siehe → **Beschäftigungssicherungsvertrag**).

Arbeitszeitgesetz (ArbZG)

Zu den Regelungsschwerpunkten des Arbeitszeitgesetzes (ArbZG) nachstehend ein **Überblick**. 10
Siehe auch → **Arbeitsbereitschaft**, → **Arbeitszeitflexibilisierung**, → **Bereitschaftsdienst**, → **Gleitzeit**, → **Kurzarbeit**, → **Nachtarbeit**, → **Rufbereitschaft**, → **Schichtarbeit**, → **Überstunden**.

Für **jugendliche Arbeitnehmer** gilt das ArbZG nicht (§ 18 Abs. 2 ArbZG). Stattdessen findet das JArbSchG Anwendung.

Zum Arbeitszeitschutz der Beschäftigten im **Einzelhandel** siehe → **Ladenschluss, Ladenöffnung**.

Höchstdauer der werktäglichen Arbeitszeit der Arbeitnehmer: acht Stunden (§ 3 Satz 1 ArbZG)

§ 3 ArbZG regelt die Höchstdauer der täglichen Arbeitszeit an Werktagen (= Montag bis Samstag). 11

Die werktägliche (= Montag bis Samstag) Höchstarbeitszeit beträgt grundsätzlich **acht Stunden**. 12

Der gesetzliche Höchstrahmen für die Arbeitszeit beträgt demnach: 13
- pro Woche: 6 Werktage mal 8 Stunden = 48 Stunden;
- pro Jahr: 6 Werktage mal 8 Stunden mal 48 Wochen (= 52 Wochen minus 4 Wochen gesetzlicher Urlaub) = 2304 Stunden.

Zur Forderung der Bundesvereinigung der Deutschen Arbeitgeberverbände (BDA), die **Acht-Stunden-Regelung abzuschaffen**, siehe Rn. 5a.

Für **jugendliche Arbeitnehmer** gelten die Höchstgrenzen des § 8 JArbSchG. 13a

Arbeitszeit

Verlängerung der werktäglichen Arbeitszeit auf 10 Stunden (§ 3 Satz 2 ArbZG)

14 Eine Ausdehnung der werktäglichen Arbeitszeit auf **bis zu 10 Stunden** ist möglich, wenn die Arbeitszeit in einem **Ausgleichszeitraum** von 6 Kalendermonaten oder 24 Wochen ungleichmäßig in der Weise verteilt wird, dass im Durchschnitt eine Arbeitszeit von 8 Stunden werktäglich nicht überschritten wird.

15 Die gesamtzulässige Arbeitszeit in 24 Wochen (= 144 Werktage) beträgt 1152 Stunden (= 24 Wochen mal 6 Werktage mal 8 Stunden).

Die Arbeitszeit von 1152 Stunden kann auf die 144 Werktage **wie folgt verteilt** werden:

> **Beispiel:**
> Es soll wie folgt gearbeitet werden:
> an 72 Werktagen (= 12 Wochen mal 6 Werktage) jeweils 10 Std. pro Werktag = 720 Std.
> an 72 Werktagen (= 12 Wochen mal 6 Werktage) jeweils 6 Std. pro Werktag = 432 Std.
> 144 Werktage 24 Wochen = 1152 Std.
> Ergebnis: Im 24-Wochen-Durchschnitt beträgt die werktägliche Arbeitszeit 8 Stunden (= 1152 Stunden geteilt durch 144 Werktage).
> **Andere – ebenso extreme – Beispiele:**
> 50 Werktage: 10 000 Std.
> 50 Werktage: 8000 Std.
> 44 Werktage: 5,73 Std.
> Oder:
> 114 Werktage: 10 000 Std.
> 2 Werktage: 6000 Std.
> 28 Werktage: arbeitsfrei

16 **Fazit:** Das ArbZG lässt nicht nur eine wöchentliche Arbeitszeit von **48 Stunden** (6 Werktage [= Montag bis Samstag] mal 8 Stunden) zu, sondern bei Nutzung der ungleichmäßigen Verteilung der Arbeitszeit sogar eine Wochenarbeitszeit von **60 Stunden** (= ein Arbeitszeitvolumen, das insbesondere unter dem Gesichtspunkt des Arbeits- und Gesundheitsschutzes und der gerechteren Verteilung von Arbeit nicht akzeptabel ist).

Höchstdauer der werktäglichen Arbeitszeit bei 5-Tage-Woche

17 Die Arbeitszeit könnte bei einer z. B. durch Tarifvertrag festgelegten 5-Tage-Woche – ohne dass ein Verstoß gegen das ArbZG vorliegt – auf 5 Tage mal 10 Stunden = 50 Stunden ausgedehnt werden, wenn innerhalb von 24 Wochen ein entsprechender **Arbeitszeitausgleich** stattfindet. Dabei ist zu bedenken, dass nach dem Arbeitszeitgesetz auch der – arbeitsfreie – Samstag als Ausgleichstag berücksichtigt wird.

> **Beispiel:**
> Montag bis Donnerstag: jeweils 10 Std.
> Freitag: 8 Std.
> Samstag: arbeitsfrei

Damit ist die Überschreitung der werktäglichen Höchstarbeitszeit (Montag bis Donnerstag) durch den arbeitsfreien Samstag (der auch ein Werktag im Sinne des ArbZG ist) wieder ausgeglichen.

18 **Krankheits- und Urlaubstage** sowie Tage sonstiger Arbeitsbefreiung aus bestimmtem Anlass können natürlich keinen Ausgleich einer vorangegangenen Überschreitung der werktäglichen Höchstarbeitszeit von 8 Stunden bewirken.

19 **Tarifvertrag:** Eine andere Frage ist, ob vorstehend beschriebene Arbeitszeitgestaltungen mit

Arbeitszeit

einem ggf. geltenden → **Tarifvertrag** vereinbar sind (die tarifliche Regelarbeitszeit liegt deutlich niedriger, in manchen Branchen bei 35 Stunden pro Woche).
Außerdem ist zu klären, ab welcher Stundenzahl zustimmungs-, vergütungs- und zuschlagspflichtige **Mehrarbeit** vorliegt: nämlich bei Überschreitung der – durch betriebliche Regelung (Betriebsvereinbarung) – auf die Wochentage bzw. einen längeren Ausgleichszeitraum »verteilten« tariflichen Regelarbeitszeit (Tarifverträge sehen oft längere Ausgleichszeiträume als das ArbZG vor, meist bis zu 12 Monate; siehe auch → **Überstunden**).
Zur Frage des **Urlaubsanspruchs** bei ungleichmäßiger Verteilung der Arbeitszeit siehe → **Urlaub**. 20

Ruhepausen (§ 4 ArbZG)

Spätestens nach 6 Stunden Arbeit muss eine → **Ruhepause** eingelegt werden. 21
Dauer der Pausen: 22
• bei täglicher Arbeitszeit von 6 bis 9 Stunden: mindestens 30 Minuten,
• bei täglicher Arbeitszeit von mehr als 9 Stunden: mindestens 45 Minuten.
Eine **Aufteilung** der Pausen in mehrere Zeitabschnitte ist möglich. 23
Mindestdauer der Zeitabschnitte: 15 Minuten.
Das heißt: Jede Arbeitsunterbrechung von weniger als 15 Minuten gilt nicht als – unbezahlte – Pause, sondern als – zu bezahlende – Arbeitszeit.
Länger als sechs Stunden hintereinander dürfen Arbeitnehmer nicht ohne Ruhepause beschäftigt werden. 24

Ruhezeit (§ 5 ArbZG)

Zwischen Arbeitsende und Arbeitsbeginn (am nächsten Tag) muss eine → **Ruhezeit** (ohne 25
Arbeit oder Arbeitsbereitschaft) von mindestens **elf Stunden** liegen (§ 5 Abs. 1 ArbZG).
In bestimmten Betrieben, u. a. in Krankenhäusern, Gaststätten, Verkehrsbetrieben und in der Landwirtschaft kann die Ruhezeit **um eine Stunde verkürzt** werden, wenn innerhalb eines Monats an einem anderen Tag ein entsprechender **Ausgleich** durch Verlängerung der Ruhezeit um eine Stunde geschaffen wird (§ 5 Abs. 2 ArbZG).
Auch können in Krankenhäusern und anderen Einrichtungen zur Behandlung, Pflege und Betreuung von Personen Kürzungen der Ruhezeit durch Inanspruchnahmen während der → **Rufbereitschaft**, die nicht mehr als die Hälfte der Ruhezeit betragen, **zu anderen Zeiten ausgeglichen** werden (§ 5 Abs. 3 ArbZG).
Die Ruhezeiten für **Kraftfahrer** und **Beifahrer im Straßentransport** (einschließlich der Auszubildenden und Praktikanten) bestimmen sich nach den einschlägigen europarechtlichen Vorschriften (vgl. § 21a Abs. 5 ArbZG, eingefügt durch Gesetz vom 14. 8. 2006 [BGBl. I S. 1962]; gleichzeitig wurde § 5 Abs. 4 ArbZG [a. F.] aufgehoben).
Durch das Gesetz zu Reformen am Arbeitsmarkt v. 24. 12. 2003 (BGBl. I S. 3002) ist mit Blick 26
auf die Rechtsprechung des EuGH zum → **Bereitschaftsdienst** (EuGH v. 3. 10. 2000 – Rs. C–303/98, AiB 2001, 246 und EuGH v. 9. 9. 2003 – Rs. C–151/02, AiB 2003, 767) klargestellt worden, dass Bereitschaftsdienst keine Ruhezeit i. S. d. § 5 ArbZG (mehr) ist, sondern **Arbeitszeit**.
Die §§ 5 und 7 ArbZG wurden entsprechend geändert (zur Änderung des § 7 ArbZG siehe Rn. 40 ff.).

Arbeitszeit

Nacht- und Schichtarbeit (§ 6 ArbZG)

27 Die Arbeitszeit der Nacht- und Schichtarbeitnehmer ist nach den gesicherten arbeitswissenschaftlichen Erkenntnissen über die menschengerechte Gestaltung der Arbeit (siehe hierzu → **Arbeitsschutz** Rn. 86 ff.) festzulegen.

28 Männer und Frauen werden bei Nacht- und Schichtarbeit gleich behandelt.
Das früher in § 19 AZO geregelte **Nachtarbeitsverbot** für Arbeiterinnen ist weggefallen. Das Verbot war vom Bundesverfassungsgericht mit Urteil vom 21. 1. 1992 (1 BvR 1052/82, DB 1992, 377) für verfassungswidrig erklärt worden.

29 **Nachtzeit** ist die Zeit zwischen 23 und 6 Uhr (§ 2 Abs. 3 ArbZG).
Von dieser Bestimmung zu unterscheiden sind (meist abweichende) Nachtarbeitszeitregelungen in → **Tarifverträgen**, deren Zweck es in der Regel ist, den Zeitraum zu bestimmen, in dem – tarifliche – Nachtarbeitszuschläge zu zahlen sind.

30 **Nachtarbeit** ist jede Arbeit, die mehr als zwei Stunden der Nachtzeit umfasst (§ 2 Abs. 4 ArbZG).

> **Beispiel:**
> Arbeit bis 1.00 Uhr ist keine Nachtarbeit im Sinne des ArbZG. Auch Arbeit, die um 4.00 Uhr beginnt, umfasst nicht »mehr« als zwei Stunden der Nachtzeit, so dass ebenfalls keine Nachtarbeit im Sinne des ArbZG vorliegt.

31 **Nachtarbeitnehmer** im Sinne des Gesetzes sind nach § 2 ArbZG Arbeitnehmer, die
- aufgrund ihrer Arbeitszeitgestaltung normalerweise Nachtarbeit in **Wechselschicht** zu leisten haben oder
- Nachtarbeit an mindestens 48 Tagen im Kalenderjahr leisten.

32 Die werktägliche **Höchstarbeitszeit** des Nachtarbeitnehmers beträgt **acht Stunden** (§ 6 Abs. 2 ArbZG).

33 Eine **Verlängerung auf zehn Stunden** ist möglich, wenn in einem **Ausgleichszeitraum** von einem Kalendermonat oder vier Wochen ein Durchschnitt von acht Stunden werktäglich nicht überschritten wird.

> **Beispiel:**
> 2 Wochen wird an 6 Werktagen jeweils 10 Stunden gearbeitet
> 2 Wochen wird an 6 Werktagen jeweils 6 Stunden gearbeitet
> 4-Wochen-Durchschnitt: 8 Stunden werktäglich

34 Nachtarbeitnehmer sind berechtigt, sich vor Beginn der Beschäftigung und danach in regelmäßigen Zeitabständen von nicht weniger als drei Jahren (nach Vollendung des 50. Lebensjahres in Zeitabständen von einem Jahr) **arbeitsmedizinisch untersuchen** zu lassen (§ 6 Abs. 3 ArbZG).
Die **Kosten** der Untersuchung trägt der Arbeitgeber, sofern er nicht Untersuchung durch Betriebsarzt/betriebsärztlichen Dienst anbietet.

35 **Auf Verlangen** des Nachtarbeitnehmers hat der Arbeitgeber ihn auf einen **Tagarbeitsplatz** umzusetzen,
- arbeitsmedizinisch eine Gesundheitsgefährdung bei weiterer Nachtarbeit festgestellt wird;
- ein im Haushalt des Beschäftigten lebendes Kind unter zwölf Jahren nicht von einer anderen im Haushalt lebenden Person betreut werden kann;
- ein schwerpflegebedürftiger Angehöriger nicht durch einen anderen im Haushalt lebenden Angehörigen versorgt werden kann

und dringende betriebliche Erfordernisse nicht entgegenstehen (§ 6 Abs. 4 Satz 1 ArbZG).

Arbeitszeit

Wenn der Arbeitgeber meint, dass dringende betriebliche Erfordernisse entgegenstehen, hat er den Betriebsrat anzuhören. 36
Dieser kann Vorschläge für eine Umsetzung des Nachtarbeitnehmers unterbreiten (§ 6 Abs. 4 Satz 2 und 3 ArbZG).
Der Arbeitgeber hat, soweit keine tarifvertraglichen Ausgleichsregelungen bestehen, die Erschwernis der Nachtarbeit »angemessen« auszugleichen durch **bezahlte freie Tage** oder Bezahlung von **Zuschlägen** (§ 6 Abs. 5 ArbZG). 37
Die Vorschrift bezweckt den Ausgleich im Verhältnis zu Arbeitnehmern, die keine Nachtarbeit verrichten müssen (BAG v. 27.1.2000 – 6 AZR 471/98, DB 2000, 382).
Der Klageantrag nach § 6 Abs. 5 ArbZG richtet sich auf **wahlweise Leistung** einer angemessenen Zahl bezahlter freier Tage oder einen angemessenen Zuschlag auf das Bruttoarbeitsentgelt. Zum Mitbestimmungsrecht des Betriebsrats siehe → **Nachtarbeit**.
Der Arbeitgeber hat sicherzustellen, dass Nachtarbeitnehmer den gleichen Zugang zu **betrieblicher Weiterbildung** und zu **aufstiegsfördernden Maßnahmen** haben wie die übrigen Arbeitnehmer (§ 6 Abs. 6 ArbZG).
Für werdende und stillende Mütter besteht ein **Nachtarbeitsverbot** in der Zeit von 20 Uhr bis 6 Uhr (§ 8 Abs. 1 Mutterschutzgesetz). 38
Nachtarbeitsverbote bestehen auch für Jugendliche (§ 14 Jugendarbeitsschutzgesetz) und für Beschäftigte in Verkaufsstellen (§§ 3, 17 Ladenschlussgesetz; siehe → **Ladenöffnung, Ladenschluss**).
Siehe auch → **Nachtarbeit** und → **Schichtarbeit**. 39

Abweichende Regelungen (§§ 7, 8 ArbZG)

Nach § 7 ArbZG kann durch → **Tarifvertrag** oder aufgrund eines Tarifvertrages in einer → **Betriebsvereinbarung** in den in der Vorschrift genannten Fällen von den gesetzlichen Arbeitszeitbestimmungen abgewichen werden. 40
Durch das Gesetz zu Reformen am Arbeitsmarkt v. 24.12.2003 (BGBl. I S. 3002) wurde § 7 ArbZG grundlegend geändert. § 7 Abs. 1 Nr. 1 a ArbZG n. F. sieht vor, dass durch Tarifvertrag oder aufgrund eines Tarifvertrages zugelassen werden kann, die Arbeitszeit über zehn Stunden werktäglich **mit Zeitausgleich** zu verlängern, wenn in die Arbeitszeit regelmäßig und in erheblichem Umfang → **Arbeitsbereitschaft** oder → **Bereitschaftsdienst** fällt. 41
Durch Tarifvertrag oder aufgrund eines Tarifvertrages kann ferner zugelassen werden, die Arbeitszeit über acht Stunden werktäglich **ohne Zeitausgleich** zu verlängern, wenn in die Arbeitszeit regelmäßig und in erheblichem Umfang → **Arbeitsbereitschaft** oder → **Bereitschaftsdienst** fällt und ausdrücklich Regelungen zum Gesundheitsschutz getroffen werden (§ 7 Abs. 2 a ArbZG).
In diesem Falle ist eine schriftliche **Einwilligung** des Arbeitnehmers erforderlich (§ 7 Abs. 7 ArbZG).
Die Einwilligung kann **widerrufen** werden.
Dort, wo tarifvertragliche Regelungen üblicherweise nicht bestehen, kann auch die **Aufsichtsbehörde** (Gewerbeaufsichtsamt) Ausnahmen bewilligen (§ 7 Abs. 5 ArbZG). 42
Weitere Ausnahmen können durch **Rechtsverordnung** zugelassen werden (§ 7 Abs. 6 ArbZG).
Werden Regelungen nach § 7 Abs. 1 Nr. 1 und 4, Abs. 2 Nr. 2 bis 4 ArbZG oder solche Regelungen auf Grund des § 7 Abs. 3 und 4 ArbZG zugelassen, darf die Arbeitszeit **48 Stunden** **wöchentlich** im Durchschnitt von **zwölf Kalendermonaten** nicht überschreiten (§ 7 Abs. 8 Satz 1 ArbZG). 43
Erfolgt die Zulassung auf Grund des § 7 Abs. 5 ArbZG, darf die Arbeitszeit 48 Stunden wöchentlich im Durchschnitt von sechs Kalendermonaten oder 24 Wochen nicht überschreiten (§ 7 Abs. 8 Satz 2 ArbZG).

Arbeitszeit

44 Wird die werktägliche Arbeitszeit über zwölf Stunden hinaus verlängert, muss im unmittelbaren Anschluss an die Beendigung der Arbeitszeit eine Ruhezeit von mindestens elf Stunden gewährt werden (§ 7 Abs. 9 ArbZG).
§ 8 ArbZG ermächtigt die Bundesregierung, durch Rechtsverordnung bei gesundheitsgefährdenden Arbeiten **weitere Schutzbestimmungen** (z. B. Arbeitszeitbeschränkungen, Regelungen zum Schutz der Nacht- und Schichtarbeitnehmer) zu erlassen.

Sonn- und Feiertagsarbeit (§§ 9 ff. ArbZG)

45 Grundsatz: **Beschäftigungsverbot** an Sonn- und Feiertagen zwischen 0.00 Uhr und 24.00 Uhr (§ 9 Abs. 1 ArbZG), Sonderregelungen für Schichtbetriebe sowie Kraftfahrer und Beifahrer (§ 9 Abs. 2, 3 ArbZG).

46 Das ArbZG lässt jedoch vielfach **Ausnahmen** zu; Beschäftigungen sind auch an Sonn- und Feiertagen teils ohne, teils mit Genehmigung des Gewerbeaufsichtsamts möglich (vgl. §§ 10, 13 ArbZG), und zwar beispielsweise
- im Dienstleistungsbereich, in der Landwirtschaft usw.,
- aber auch: wenn Rohstoffe oder Naturerzeugnisse zu verderben oder Arbeitserzeugnisse zu misslingen drohen (§ 10 Abs. 1 Nr. 15 ArbZG)
- oder: wenn eine Zerstörung oder erhebliche Beschädigung von Produktionseinrichtungen möglich ist (§ 10 Abs. 1 Nr. 16 ArbZG)
- oder: wenn bei einer weitergehenden Ausnutzung der wöchentlichen Betriebszeiten und bei längeren Betriebszeiten im Ausland die Konkurrenzfähigkeit unzumutbar beeinträchtigt wird und durch die Einführung von Sonn- und Feiertagsarbeit Beschäftigung gesichert werden kann (§ 13 Abs. 5 ArbZG).

47 Nach § 10 Abs. 4 ArbZG (eingefügt durch das Euro-Einführungsgesetz vom 9. 6. 1998) dürfen Arbeitnehmer zur Durchführung des grenzüberschreitenden Zahlungsverkehrs und sonstiger Finanzmarktgeschäfte an den auf einen Werktag fallenden Feiertagen beschäftigt werden, die nicht in allen Mitgliedsstaaten der Europäischen Union Feiertage sind (zurzeit sind nur der 25. 12. und der 1. 1. in allen Mitgliedsstaaten Feiertage).

48 Wird an Sonn- und Feiertagen gearbeitet (mindestens 15 Sonntage müssen beschäftigungsfrei bleiben; § 11 Abs. 1 ArbZG), ist ein Ausgleich durch **Ersatzruhetage** zu gewähren (§ 11 Abs. 3 und 4 ArbZG).

49 Ansonsten wird in § 11 Abs. 2 ArbZG auf die Anwendung der §§ 3 bis 8 ArbZG (siehe Rn. 11 bis 44) verwiesen.
Obwohl darin auch § 6 Abs. 5 ArbZG (siehe Rn. 37) eingeschlossen ist, besteht nach Ansicht des 5. Senats des BAG nicht für alle an Sonn- und Feiertagen geleisteten Arbeitsstunden ein Anspruch auf eine angemessene Zahl bezahlter **freier Tage** oder einen angemessenen **Zuschlag** auf das Bruttoarbeitsentgelt, sondern nur für solche Stunden an Sonn- und Feiertagen, die in der Nacht (siehe Rn. 39 → **Nachtarbeit**) gearbeitet werden (BAG v. 11. 1. 2006 – 5 AZR 97/05, NZA 2006, 372 in Abgrenzung zu BAG v. 27. 1. 2000 – 6 AZR 471/98, DB 2000, 382).
Der Ausgleich für Sonn- und Feiertagsarbeit beschränke sich vielmehr auf die Gewährung von Ersatzruhetagen nach § 11 Abs. 3 und 4 ArbZG.

49a Siehe auch → **Sonn- und Feiertagsarbeit**.

Abweichende Regelungen (Sonn- und Feiertagsarbeit; §§ 12, 13 ArbZG)

50 Nach § 12 ArbZG können durch → **Tarifvertrag** oder aufgrund eines Tarifvertrages in einer Betriebsvereinbarung in den in der Vorschrift genannten Fällen abweichende Regelungen getroffen werden.

51 Dort, wo tarifvertragliche Regelungen üblicherweise nicht bestehen, kann auch die **Aufsichts-**

Arbeitszeit

behörde (Gewerbeaufsichtsamt) abweichende Regelungen zulassen (vgl. § 12 Satz 2 in Verbindung mit § 7 Abs. 5 ArbZG).
Weitere Ausnahmeregelungen vom Grundsatz des Arbeitsverbots an Sonn- und Feiertagen können durch **Rechtsverordnung** der Bundesregierung, im Fall des § 13 Abs. 2 ArbZG durch Rechtsverordnung einer Landesregierung sowie durch Feststellungs- und Bewilligungsbescheide der Aufsichtsbehörde (§ 13 Abs. 3–5 ArbZG) erlassen werden. 52

Abweichende Regelungen in besonderen Fällen (§§ 14, 15 ArbZG)

In **Notfällen** bzw. **außergewöhnlichen Fällen** kann gemäß §§ 14, 15 ArbZG von einer Vielzahl von Bestimmungen des ArbZG abgewichen werden. 53

Aushang und Arbeitszeitnachweise (§ 16 ArbZG)

Der Arbeitgeber ist verpflichtet, einen **Abdruck** des ArbZG, der darauf beruhenden Rechtsverordnungen und der von den Vorschriften des ArbZG abweichenden Tarifverträge und Betriebsvereinbarungen an geeigneter Stelle im Betrieb zur Einsichtnahme auszulegen oder auszuhändigen (§ 16 Abs. 1 ArbZG). 54
Außerdem muss der Arbeitgeber – bezogen auf jeden Arbeitnehmer – die über die werktägliche Arbeitszeit des § 3 Satz 1 ArbZG (= acht Stunden) hinausgehende Arbeitszeit **aufzeichnen** (§ 16 Abs. 2 ArbZG). 55
Eine z. B. auf einen Monat bezogene summarische Erfassung der über acht Stunden werktäglich hinausgehenden Arbeitszeit reicht nicht aus.
Auch die Arbeitsstunden an Sonn- und Feiertagen sind aufzuzeichnen, weil auch sie zu der »*über die werktägliche Arbeitszeit des § 3 Satz 1 ArbZG hinausgehenden Arbeitszeit*« gehören. Zu dokumentieren sind alle an Sonn- und Feiertagen geleisteten Stunden, nicht nur die, die über acht Stunden hinausgehen.
Außerdem hat der Arbeitgeber ein **Verzeichnis** der Arbeitnehmer zu führen, die in eine Verlängerung der werktäglichen Arbeitszeit ohne Zeitausgleich (§ 7 Abs. 2 a in Verbindung mit § 7 Abs. 7 ArbZG) **eingewilligt** haben. 55a
Die Verpflichtung entsteht in dem Moment, in dem ein oder mehrere Arbeitnehmer schriftlich eingewilligt haben.
Es kommt nicht darauf an, ob von der Einwilligung Gebrauch gemacht und tatsächlich länger gearbeitet wird.
Wird die Einwilligung von dem Arbeitnehmer schriftlich **widerrufen** (vgl. § 7 Abs. 7 Satz 2 ArbZG), ist das in dem Verzeichnis zu vermerken.
Zweck des § 16 Abs. 2 ArbZG ist es, der **Aufsichtsbehörde** die Prüfung zu ermöglichen, ob die Bestimmungen des ArbZG beachtet werden; insbesondere ob die über acht Stunden werktäglich hinausgehende Arbeitszeit innerhalb des Ausgleichszeitraums ausgeglichen wird und ob das Verbot der Sonn- und Feiertagsbeschäftigung beachtet wird. 56
Zur Bedeutung des § 16 Abs. 2 ArbZG für die sog. **Vertrauensarbeitszeit** siehe → **Arbeitszeitflexibilisierung** Rn. 54.
Die Arbeitszeitnachweise sind der zuständigen Behörde vorzulegen, wenn diese aufgrund ihres Informationsanspruches nach § 17 Abs. 4 ArbZG Auskunft verlangt. 57
Die **Form der Aufzeichnung** wird vom Gesetz nicht vorgeschrieben. Die Arbeitszeit kann elektronisch, aber auch z. B. durch handschriftliche Erfassung in einer Liste aufgezeichnet werden. 58
Ob die Erfassung durch die Arbeitnehmer selbst (**Selbstaufschreibung**) erfolgen kann, erscheint zweifelhaft.
Jedenfalls kann sich der Arbeitgeber durch eine Übertragung der Aufzeichnung auf die Ar-

Arbeitszeit

beitnehmer nicht von seiner Verpflichtung aus § 16 Abs. 2 Satz 1 ArbZG mit entlastender Wirkung befreien (strittig).
Er muss mindestens durch entsprechende Anordnungen und Überwachungsmaßnahmen sicherstellen, dass die Aufzeichnung der Arbeitszeit (z. B. durch Selbstaufschreiben) auch tatsächlich erfolgt.
Siehe auch → **Arbeitszeitflexibilisierung** Rn. 54, 68.

59 Die Arbeitszeitnachweise sind gemäß § 16 Abs. 2 Satz 2 ArbZG mindestens **zwei Jahre aufzubewahren**.
Die Berechnung der Frist richtet sich nach §§ 187 Abs. 1, 188 Abs. 2 BGB.

60 Auch die **Tarifvertragsparteien** können Einsicht in die Arbeitszeitnachweise verlangen, soweit ein abweichender Tarifvertrag nach §§ 7, 12 ArbZG geschlossen wurde.

Verstöße gegen das ArbZG (§§ 22, 23 ArbZG)

61 Verstößt der Arbeitgeber gegen das ArbZG, so begeht er eine Ordnungswidrigkeit, die mit **Geldbuße** belegt werden kann (§ 22 ArbZG; siehe auch → **Ordnungswidrigkeitenverfahren**).
In bestimmten Fällen kann **Geldstrafe** oder sogar **Freiheitsstrafe** verhängt werden (§ 23 ArbZG; siehe auch → **Strafverfahren**).
Muster einer Ordnungswidrigkeiten- und Strafanzeige befinden sich im Anhang zu diesem Stichwort.

62 **Weitere gesetzliche Regelungen** der Arbeitszeit finden sich im:
- Jugendarbeitsschutzgesetz (§§ 8 ff. JArbSchG: detaillierte Regelungen zu Arbeitszeit und Freizeit; Verbot von Nacht-, Samstags-, Sonn- und Feiertagsarbeit);
- Mutterschutzgesetz (§ 8 MuSchG: Verbot von Mehr-, Nacht-, Sonn- und Feiertagsarbeit; siehe → **Mutterschutz**);
- Sozialgesetzbuch IX (§ 124 SGB IX: Befreiung von Mehrarbeit auf Verlangen des schwerbehinderten Menschen; siehe → **Schwerbehinderte Menschen**);
- Gesetz über den Ladenschluss (LadSchlG) bzw. Ladenöffnungsgesetze der Bundesländer (Regelungen der Öffnungszeiten von Geschäften an Werktagen sowie an Sonn- und Feiertagen und Schutzbestimmungen für die dort beschäftigten Arbeitnehmer; siehe → **Ladenöffnung, Ladenschluss**);
- Teilzeit- und Befristungsgesetz (Regelungen über → **Teilzeitarbeit**, kapazitätsorientierte variable Arbeitszeit [Kapovaz = Arbeit auf Abruf] und Arbeitsplatzteilung [Jobsharing].

63 Siehe auch → **Altersteilzeit**.

Arbeitszeitregelung durch Tarifvertrag

64 Die tariflichen Regelungen über die **Dauer der regelmäßigen wöchentlichen Arbeitszeit** gelten zunächst nur für diejenigen – bei einem tarifgebundenen Arbeitgeber beschäftigten – Arbeitnehmer, die Mitglied der tarifvertragsschließenden → **Gewerkschaft** sind (beiderseitige Tarifbindung).
Zugunsten der gewerkschaftlich nicht organisierten Beschäftigten wirken die Arbeitszeitregelungen allerdings dann, wenn die Geltung des Tarifvertrages **arbeitsvertraglich vereinbart** oder der Tarifvertrag für **allgemeinverbindlich** erklärt wurde (§ 5 TVG).
Siehe auch → **Tarifvertrag: Allgemeinverbindlicherklärung**.

65 Tarifverträge dürfen »zugunsten« des Arbeitnehmers von den gesetzlichen Regelungen abweichen, nicht aber »zu ihren Lasten«, es sei denn, die gesetzliche Regelung gestattet ausdrücklich eine solche Abweichung (§§ 7, 12 ArbZG; siehe → **Günstigkeitsprinzip**).

Arbeitszeit

Arbeitszeitregelung durch Betriebsvereinbarung

Weitere Regelungen über die Arbeitszeit finden sich in → **Betriebsvereinbarungen** (= Vereinbarung zwischen Arbeitgeber und Betriebsrat). Gegenstand dieser Vereinbarungen sind meist solche Arbeitszeitfragen, die wegen ihres engen betrieblichen Bezugs zweckmäßigerweise »vor Ort« geklärt werden (z. B. Beginn und Ende der täglichen Arbeitszeit, ungleichmäßige/flexible Verteilung der tariflichen bzw. vertraglich vereinbarten Regelarbeitszeit, Einführung und Ausgestaltung oder Abschaffung von Schichtarbeit, Überstunden oder Kurzarbeit). **66**

Dem Betriebsrat stehen insoweit gemäß § 87 Abs. 1 Nrn. 2 und 3 BetrVG **Mitbestimmungsrechte** zu, auch in der Form des **Initiativrechts** (siehe Rn. 85 ff.). Im Nichteinigungsfall entscheidet die → **Einigungsstelle** (§ 87 Abs. 2 BetrVG). **67**

Durch Betriebsvereinbarung nicht wirksam regelbar sind Arbeitszeitfragen, die durch → **Tarifvertrag** geregelt sind oder üblicherweise geregelt werden (**Tarifsperre** des § 77 Abs. 3 BetrVG; siehe hierzu → **Betriebsvereinbarungen** Rn. 6 ff.). Nicht regelbar ist beispielsweise die **Dauer** der von den Arbeitnehmern geschuldeten regelmäßigen wöchentlichen Arbeitszeit. Das gilt nicht, wenn der Tarifvertrag eine Regelung durch Betriebsvereinbarung ausdrücklich gestattet (**tarifliche Öffnungsklausel**). Der **Gewerkschaft** steht gegen tarifwidrige betriebliche Arbeitszeitregelungen (z. B. Verlängerung der regelmäßigen Arbeitszeit) ein arbeitsgerichtlich – auch mit Antrag auf einstweilige Verfügung – durchsetzbarer **Unterlassungsanspruch** zu (BAG v. 20. 4. 1999 – 1 ABR 72/98, AiB 1999, 538 = NZA 1999, 887; 17. 5. 2011 – 1 AZR 473/09, NZA 2011, 1169; siehe → **Gewerkschaft**). **68**

Soweit es sich um eine Arbeitszeitfrage handelt, die der Mitbestimmung des Betriebsrats nach § 87 Abs. 1 Nr. 2 oder 3 BetrVG unterliegt, greift die Tarifsperre des § 77 Abs. 3 BetrVG nicht ein (siehe → **Betriebsvereinbarung** Rn. 6 ff.). Es kommt dann aber der **Tarifvorbehalt** des § 87 Abs. 1 Eingangssatz BetrVG zum Tragen, wenn die Angelegenheit in einem Tarifvertrag zwingend und abschließend geregelt ist (siehe → **Betriebsvereinbarung** Rn. 10). Die zwingende Wirkung entfällt, wenn der Tarifvertrag – weil er z. B. gekündigt wurde – nur noch kraft Nachwirkung i. S. d. § 4 Abs. 5 TVG gilt (Fitting, BetrVG, 27. Aufl., § 87 Rn. 41). **69**

> **Beispiel:**
> Wenn in einem Tarifvertrag zwingend geregelt ist, dass die regelmäßige wöchentliche Arbeitszeit von 38 Stunden auf die Tage von Montag bis Freitag verteilt wird, kann wegen des Tarifvorbehalts des § 87 Abs. 1 Eingangssatz BetrVG durch Betriebsvereinbarung nicht wirksam geregelt werden, dass – wenn viel Arbeit vorhanden ist – der Samstag in die Verteilung einbezogen wird.
> Eine solche Regelung wäre dagegen zulässig und wirksam, wenn der Tarifvertrag sich in Nachwirkung gemäß § 4 Abs. 5 TVG befindet.
> Wenn allerdings der Tarifvertrag von den Tarifvertragsparteien wieder voll in Kraft gesetzt wird, wird die abweichende Regelung in der Betriebsvereinbarung wieder unwirksam.

Arbeitszeitregelung durch Arbeitsvertrag

Auch im → **Arbeitsvertrag** können Arbeitszeitregelungen vereinbart werden. Beispielsweise wird regelmäßig – ggf. durch **Bezugnahme** auf einen Tarifvertrag – das zu erbringende Arbeitszeitvolumen im Arbeitsvertrag vereinbart (z. B. 35 Stunden pro Woche) und ob eine Verpflichtung zu Mehrarbeit besteht. Ist in einem Arbeitsvertrag die Dauer der Arbeitszeit **nicht ausdrücklich geregelt**, so gilt die **betriebsübliche Arbeitszeit** als vereinbart. Nach ihr bemessen sich die Pflichten des Arbeit- **70**

Arbeitszeit

71 nehmers zur Arbeitsleistung und des Arbeitgebers zur Zahlung der Vergütung (BAG v. 15.5.2013 – 10 AZR 325/12). Diese Grundsätze gelten auch für → **außertarifliche Angestellte**.

Ist eine arbeitsvertragliche Vereinbarung zur Arbeitszeit ungünstiger als eine Regelung des **gesetzlichen Arbeitszeitschutzrechtes**, führt das zur **Unwirksamkeit** der Vereinbarung, es sei denn, das Gesetz lässt eine ungünstigere Vereinbarung zu.

Dagegen wird eine Vertragsabrede, die **ungünstiger** ist als eine → **Betriebsvereinbarung** oder ein → **Tarifvertrag**, für die Laufzeit nur »**verdrängt**« (BAG v. 12.12.07 – 4 AZR 998/06, NZA 08, 649). Ob sie automatisch »auflebt«, wenn die Laufzeit der Betriebsvereinbarung bzw. des Tarifvertrages endet, ist strittig (siehe → **Günstigkeitsprinzip** Rn. 10).

Eine arbeitsvertragliche **Verlängerung** der tarifvertraglichen Arbeitszeit ist stets als »ungünstigere« Regelung anzusehen (auch wenn sich hieraus im Einzelfall z. B. finanzielle Vorteile für den Arbeitnehmer ergeben sollten oder ihm eine Sicherung des Arbeitsplatzes zugesagt wird; vgl. BAG v. 20.4.1999 – 1 ABR 72/98, AiB 1999, 538 = NZA 1999, 887). Daher wird eine derartige Arbeitsvertragsregelung verdrängt, falls beiderseitige Tarifgebundenheit der Arbeitsvertragsparteien besteht.

Eine arbeitsvertraglich vereinbarte Abweichung »**zugunsten**« des Arbeitnehmers hat demgegenüber in jedem Fall Vorrang vor den Regelungen in Gesetzen, Tarif- oder Betriebsvereinbarungen (siehe → **Günstigkeitsprinzip**).

Umkleide- und Wegezeiten sind vergütungspflichtige Arbeitszeit, wenn sie »fremdnützig« sind

71a Die Zeit des Umkleidens vor und nach der Arbeit im Betrieb zählt entgegen einer früher vom BAG vertretenen Ansicht (vgl. BAG v. 11. Oktober 2000 – 5 AZR 122/99; 25.4.1962 – 4 AZR 213/61, AP BGB § 611 Mehrarbeitsvergütung Nr. 6) zur Arbeitszeit zur vergütungspflichtigen Arbeitszeit nach §§ 611, 612 BGB, wenn das Umkleiden vom Arbeitgeber angeordnet, also »**fremdnützig**«, und eine private Nutzung der Dienstkleidung ausgeschlossen ist (BAG v. 19.9.2012 – 5 AZR 678/11; 19. 3. 2014 – 5 AZR 954/12; vgl. auch LAG Baden-Württemberg v. 12.2.1987 – 13 (7) Sa 92/86, AiB 1987, 246). Gleiches gilt, wenn das Umkleiden aus sonstigen Gründen vorgeschrieben ist: etwa aufgrund von Arbeitsschutzvorschriften oder aufgrund einer Regelung in einer Betriebsvereinbarung.

In diesem Sinne »fremdnützige« Umkleidezeiten sind auch als Arbeitszeit i. S. d. des § 87 Abs. 1 Nr. 2 BetrVG anzusehen (BAG v. 12.11.2013 – 1 ABR 59/12; siehe Rn. 86).

Mit der Grundsatzentscheidung BAG v. 19.9.2012 – 5 AZR 678/11 hat der 5. Senat des BAG seine frühere anderslautende Rechtsprechung ausdrücklich aufgegeben. In der Entscheidung heißt es u. a.:

»Zur Arbeit gehört auch das Umkleiden für die Arbeit, wenn der Arbeitgeber das Tragen einer bestimmten Kleidung vorschreibt und das Umkleiden im Betrieb erfolgen muss. Die Fremdnützigkeit des Umkleidens ergibt sich schon aus der Weisung des Arbeitgebers, die ein Anlegen der Arbeitskleidung zu Hause und ein Tragen auf dem Weg zur Arbeitsstätte ausschließt. ... Zu den im Sinne von § 611 Abs. 1 BGB »versprochenen Diensten« gehört auch das vom Arbeitgeber angeordnete Umkleiden im Betrieb. In einem solchen Falle macht der Arbeitgeber selbst mit seiner Weisung das Umkleiden und das Zurücklegen des Wegs von der Umkleide- zur Arbeitsstelle zur arbeitsvertraglichen Verpflichtung. An der in der Entscheidung vom 11. Oktober 2000 – 5 AZR 122/99 vertretenen Auffassung, der Arbeitgeber verpflichte sich zur Vergütung nur der eigentlichen Tätigkeit, hält der Senat nicht fest. Der Arbeitgeber verspricht regelmäßig die Vergütung für alle Dienste, die er dem Arbeitnehmer aufgrund seines arbeitsvertraglich vermittelten Direktionsrechts abverlangt.«

Weil die Arbeit mit dem Umkleiden beginnt und endet, zählen auch die **Wegezeiten** zwischen

Arbeitszeit

Umkleidestelle und Arbeitsplatz zur Arbeitszeit (BAG v. 19. 9. 2012 – 5 AZR 678/11; 19. 3. 2014 – 5 AZR 954/12).
Nach der früher vom 5. Senat des BAG vertretenen Ansicht waren Umkleiden und Waschen in der Regel, sofern nichts anderes vereinbart war, keine Hauptleistungspflichten des Arbeitnehmers, für die der Arbeitgeber nach § 611 BGB eine Vergütung zu gewähren hätte (BAG v. 11. 10. 2000 – 5 AZR 122/99, NZA 2001, 458). So wurde beispielsweise die Zeit des Umkleidens eines als **Fahrer/Müllwerker** beschäftigten Arbeitnehmers nicht als vergütungspflichtige Arbeitszeit gewertet, obwohl das Tragen von Schutzkleidung sowohl in arbeitsvertraglichen sowie betrieblichen Regelungen als auch in Unfallverhütungsvorschriften der Berufsgenossenschaften vorgeschrieben war. Auch die Zeit des Umkleidens eines **Kochs** hat das BAG nicht zur vergütungspflichtigen Arbeitszeit gezählt, weil das Umkleiden lediglich der persönlichen Vorbereitung auf die Arbeit diene (BAG v. 22. 3. 1995 – 5 AZR 934/93, AiB 1995, 533).
Diese Rechtsprechung war schon immer nicht nachvollziehbar. Denn schließlich ist das Umkleiden kein Privatvergnügen des Beschäftigten, wenn das Tragen der Arbeitskleidung vertraglich vereinbart oder vorgeschrieben oder durch den Arbeitgeber angeordnet wird oder jedenfalls in seinem Interesse liegt (Erscheinungsbild), also »fremdnützig« ist.
Nunmehr hat das BAG seine Rechtsprechung zu Recht korrigiert. Ein Auszug aus BAG v. 19. 9. 2012 – 5 AZR 678/11, NZA-RR 2013, 63 ist abgedruckt im Rechtsprechungsteil unter Nr. 8. Umkleide-, Wasch- und Wegezeiten: Vergütungspflicht.

Waschen nach der Arbeit: vergütungspflichtige Arbeitszeit?

Ob auch die Zeit des **Waschens** (z. B. Duschzeit) nach geleisteter Arbeit zur vergütungspflichtigen Arbeitszeit und zur Arbeitszeit nach § 87 Abs. 1 Nr. 2 BetrVG zu rechnen ist, ist bislang – soweit ersichtlich – nicht höchstrichterlich entschieden. Die Frage ist allerdings zu bejahen, weil die nach der Arbeit zu beseitigende Verschmutzung unmittelbare Folge der vom Arbeitnehmer geschuldeten Arbeitsleistung und untrennbar mit ihr verbunden ist. Die Zeit des Waschens ist jedenfalls dann als Arbeitszeit zu werten, wenn das Waschen aus Gründen des Arbeitsschutzes erforderlich ist (z. B. Beseitigung von haut- und gesundheitsgefährdenden schädlichen Stoffen: Fett, Öl, Kühlschmiermittel, radioaktive Stoffe usw.) oder wenn es dem Arbeitnehmer nicht zumutbar ist, »ölverschmiert und nach Diesel riechend« seine private Kleidung anzuziehen (so zutreffend das ArbG Oberhausen v. 4. 3. 2015 – 3 Ca 1700/14). Gleiches dürfte gelten, wenn eine Körperreinigung aus sonstigen, arbeitsbedingten Gründen geboten ist (z. B. Schwitzen aufgrund schwerer körperlicher Arbeit).
Das LAG Düsseldorf hat sich in dem Berufungsverfahren (9 Sa 425/15) gegen das Urteil des ArbG Oberhausen v. 4. 3. 2015 – 3 Ca 1700/14 in einem Vergleichsgespräch am 3. 8. 2015 wie folgt geäußert: »*Zur Frage von Waschzeiten liege keine gesicherte höchstrichterliche Rechtsprechung vor. Maßgeblich könne sein, ob das Duschen fremdnützig sei. Die Abgrenzung, ab welchem Grad einer Verschmutzung der Arbeitgeber das Duschen als Arbeitszeit zu vergüten habe, sei schwierig, denn dabei spiele immer auch eine individuelle Wertung mit. Möglicherweise zu vergüten seien Waschzeiten, die hygienisch zwingend notwendig seien*« (https://www.justiz.nrw.de/JM/Presse/presse_weitere/PresseLArbGs/03_08_2015_/index.php).
Man darf auf weitere Gerichtsverfahren und dann möglicherweise auch auf eine klärende Entscheidung des BAG gespannt sein.

Tarifregelungen zu Umkleide-, Wege- und Waschzeiten

Manche → **Tarifverträge** regeln, dass Umkleidezeiten und Waschzeiten keine Arbeitszeit sind.
Beispiel:
§ 3 Ziff. 6 Manteltarifvertrag (MTV) Metallindustrie Hamburg, Schleswig-Holstein, Mecklen-

71b

71c

Arbeitszeit

burg-Vorpommern: »*Umkleiden und Waschen sowie Pausen sind keine Arbeitszeit, soweit nicht innerbetriebliche abweichende Regelungen getroffen werden.*«
Eine solche Tarifregelung muss mit Blick auf die aktuelle BAG-Rechtsprechung zum Begriff der Arbeitszeit i. S. d. ArbZG, BetrVG und §§ 611, 612 BGB gesetzeskonform dahingehend ausgelegt werden, dass sie nicht für »fremdnütziges« Umkleiden i..d. neueren BAG-Rechtsprechung gilt und auch nicht für das notwendige Waschen nach einem »schmutzigen Arbeitstag«.
Interessant ist die nachstehende Entscheidung des LAG Hamburg v. 6. 7. 2015 – 8 Sa 53/14:
»*1. Die Verpflichtung des Arbeitgebers, fremdnützige Umkleidezeiten als Arbeitszeit zu vergüten, kann durch einen Tarifvertrag nicht abbedungen werden, wenn das Umkleiden aus Gründen des Arbeitsschutzes geboten ist.*
2. „Maßnahmen des Arbeitsschutzes" i.. v. § 3 Abs. 1 ArbSchG sind nicht nur Anschaffung und Bereitstellung notwendiger Schutzkleidung, sondern auch das An- und Ablegen der Schutzkleidung sowie dadurch veranlasste Wegezeiten.
3. § 3 Ziff. 6 des Manteltarifvertrags für das Tarifgebiet Hamburg und Umgebung, Schleswig-Holstein, Mecklenburg-Vorpommern, Stand Oktober 2008, verstößt gegen § 3 Abs. 3 ArbSchG und ist damit rechtsunwirksam, soweit Umkleide- und damit verbundene Wegezeiten aus der Vergütungspflicht ausgeklammert werden, die durch Maßnahmen des Arbeitsschutzes veranlasst sind.«
Der Nachteil dieser Entscheidung: Eine »soweit-Unwirksamkeit« ist nur schwer vorstellbar. Entweder ist eine Tarifvorschrift unwirksam oder nicht.
Dass das LAG § 3 Abs. 3 ArbSchG weit ausgelegt hat, ist zwar gut, aber in Bezug auf die Frage, ob die Tarifvorschriften wie z. B. § 3 Ziff. 6 MTV (siehe oben) die Vergütungspflicht im Falle **sonstigen fremdnützigen Umkleidens** (z. B. Firmenkleidung) aushebeln kann, hilft dieser Ansatz nicht weiter.
Optimal wäre, wenn Tarifvorschriften wie § 3 Ziff. 6 MTV durch eine Auslegung in dem Sinne entschärft werden, dass sie generell fremdnütziges Umkleiden i..d. neueren BAG-Rechtsprechung nicht erfassen.
Dann wären Umkleidezeiten – trotz anderslautender Tarifvorschriften – auch dann zu vergüten, wenn es sich nicht um Schutzkleidung i..d. § 3 Abs. 3 ArbSchG handelt, sondern um sonstige fremdnützige Firmenbekleidung.

> **Beispiele:**
> Bekleidung von Piloten und Stewardessen, von Schaffnern bei der Bahn, Krankenschwestern, Firmenbekleidung der IKEA-Beschäftigten usw.

Es bleibt abzuwarten, wie das BAG entscheidet. Das LAG Hamburg hat die Revision zugelassen. Die unterlegene Arbeitgeberseite (Firma Hydro Aluminium Rolled Products GmbH, Hamburg) hat Revision eingelegt (BAG – 5 AZR 574/15).

Umkleide-, Wege- und Waschzeit als Arbeitszeit i. S. d. § 87 Abs. 1 Nr. 2 BetrVG

71d Soweit Umkleide- und Waschzeiten zur vertraglich geschuldeten Arbeitsleistung zählen, weil sie »fremdnützig« und deshalb als Arbeitszeit anzusehen sind, hat der Betriebsrat nach § 87 Abs. 1 Nr. 2 BetrVG **mitzubestimmen**. Das hat das BAG bestätigt (BAG v. 12. 11. 2013 – 1 ABR 59/12; 10. 11. 2009 – 1 ABR 54/08, AiB 2011, 764).
Zu weiteren Einzelheiten siehe Rn. 86.

Arbeitszeit

Bedeutung für die Betriebsratsarbeit

Der Betriebsrat steht bei der Mitgestaltung der Arbeitszeit vor einer ebenso komplexen wie schwierigen **Aufgabe**. Er ist den Arbeitszeitgestaltungsforderungen des Arbeitgebers ausgesetzt. Gleichzeitig muss er sicherstellen, dass die gesetzlichen und tariflichen Regelungen sowie die unterschiedlichen Arbeitszeitinteressen der Beschäftigtengruppen zum Zuge kommen. 72

Wichtig ist, vor jedem Abschluss einer »Arbeitszeit-Betriebsvereinbarung« eine breite Arbeitszeitdiskussion mit den Beschäftigten zu organisieren, in die sämtliche – oben genannte – Aspekte einfließen. Hieraus muss ein **Arbeitszeitkonzept/Forderungskatalog** abgeleitet werden, mit dem der Betriebsrat in die Verhandlungen mit der Unternehmensleitung geht. 73

Scheitern die Verhandlungen, kann der Betriebsrat (ebenso wie der Arbeitgeber) die → **Einigungsstelle** anrufen. 74
Dies ergibt sich aus dem **Mitbestimmungsrecht** des Betriebsrats nach § 87 Abs. 1 Nr. 2 und 3 BetrVG i. V. m. § 87 Abs. 2 BetrVG.

Zu beachten ist, dass ein Mitbestimmungsrecht dann nicht besteht, wenn eine von § 87 Abs. 1 Nr. 2 und 3 BetrVG an sich erfasste Arbeitszeitfrage durch Gesetz oder → **Tarifvertrag** zwingend und abschließend geregelt ist (§ 87 Abs. 1 Eingangssatz BetrVG). Siehe hierzu Rn. 69. 74a

Zu beachten ist des Weiteren, dass der Betriebsrat im Rahmen des § 87 Abs. 1 Nr. 2 und 3 BetrVG ein umfassendes Mitbestimmungsrecht, also auch ein »**Initiativrecht**« besitzt (vgl. z. B. BAG v. 26. 10. 2004 – 1 ABR 31/03 (A), NZA 2005, 538; 4. 3. 1986 – 1 ABR 15/84, AiB 1986, 142). 74b
Dies versetzt ihn in die Lage, auf Regelungsvorhaben des Arbeitgebers in der Frage der Arbeitszeit nicht nur zu reagieren, sondern selber aktiv zu werden und Vorschläge auszuarbeiten und vorzulegen.
Scheitern die Verhandlungen, entscheidet auf Antrag die → **Einigungsstelle** (§ 87 Abs. 2 BetrVG).

Einigen sich Arbeitgeber und Betriebsrat, so ist es zweckmäßig, diese Einigung in einer → **Betriebsvereinbarung** niederzulegen. 74c

Verletzt der Arbeitgeber (z. B. durch einseitige Maßnahmen) die Mitbestimmungsrechte des Betriebsrats bei der Arbeitszeitgestaltung, kann dieser Unterlassung verlangen (siehe → **Unterlassungsanspruch des Betriebsrats**). Der Unterlassungsanspruch kann mit Antrag auf **einstweilige Verfügung** beim → **Arbeitsgericht** geltend gemacht werden. 74d
Ein Unterlassungsanspruch besteht auch dann, wenn der Arbeitgeber versucht, die Mitbestimmung zu **umgehen**. Ein solcher Umgehungstatbestand liegt beispielsweise vor, wenn der Arbeitgeber einen Reinigungs- und Wartungsauftrag an eine **Fremdfirma** vergibt, nachdem die Verhandlungen mit dem Betriebsrat über eine Ausführung dieser Arbeiten durch Eigenpersonal und der hieraus resultierenden Arbeitszeitgestaltung gescheitert sind (HessLAG v. 19. 4. 1988 – 5 TaBVGa 52/88, AiB 1988, 313; vgl. auch BAG v. 22. 10. 1991 – 1 ABR 28/91, AiB 1992, 458). Der Betriebsrat kann – ggf. im Wege des Antrags auf Erlass einer einstweiligen Verfügung – die Beschäftigung des Fremdfirmenpersonals stoppen. Und zwar so lange, bis eine → **Einigungsstelle** über die von den Betriebsparteien verhandelte Arbeitszeitfrage entschieden hat.

Mitbestimmung nach § 87 Abs. 1 Nr. 2 BetrVG

Nach § 87 Abs. 1 Nr. 2 BetrVG hat der Betriebsrat, »soweit eine gesetzliche oder tarifliche Regelung nicht besteht«, mitzubestimmen über 75

Arbeitszeit

»Beginn und Ende der täglichen Arbeitszeit einschließlich der Pausen sowie Verteilung der Arbeitszeit auf die einzelnen Wochentage«.

Beginn und Ende der täglichen Arbeitszeit

76 § 87 Abs. 1 Nr. 2 BetrVG gibt dem Betriebsrat das Recht, über die **Dauer der** »täglichen« Arbeitszeit mitzubestimmen.
Denn die Dauer der täglichen Arbeitszeit ergibt sich zwangsläufig aus der Festlegung von **Beginn** und **Ende** der täglichen Arbeitszeit.
Zur Frage, ob das Mitbestimmungsrecht auch die Dauer der **regelmäßigen wöchentlichen Arbeitszeit** umfasst, siehe Rn. 79.

77 Zweck des Mitbestimmungsrechts nach § 87 Abs. 1 Nr. 2 BetrVG in Bezug auf **Beginn und Ende** der täglichen Arbeitszeit sowie **Verteilung** der Arbeitszeit auf die einzelnen Wochentage ist es, die Interessen der Arbeitnehmer an der Lage der Arbeitszeit und damit zugleich ihrer freien Zeit für die Gestaltung ihres Privatlebens zur Geltung und mit den betrieblichen Belangen des Arbeitgebers zu einem angemessenen Ausgleich zu bringen (BAG v. 19. 6. 2012 – 1 ABR 19/11, NZA 2012, 1237; 29. 9. 2004 – 5 AZR 559/03, ZTR 2005, 274). Ihr Interesse an einer sinnvollen Abgrenzung zwischen Arbeitszeit und verfügbarer Freizeit soll geschützt werden. Die Mitbestimmung nach § 87 Abs. 1 Nr. 2 BetrVG dient nach Ansicht des BAG dagegen nicht dem Schutz vor einer erhöhten **Arbeitsbelastung**, die darauf beruht, das andere nach einem Jahresschichtplan für eine bestimmte Wochenschicht eingeplante Arbeitnehmer im Betrieb nicht anwesend sind und deshalb für die Ableistung der Schicht nicht zur Verfügung stehen (BAG v. 28. 5. 2002 – 1 ABR 40/01; zweifelhaft). Deshalb sollte der Betriebsrat im Falle von Gesundheitsgefährdungen auf Grund einer »zu kurzen Personaldecke« von seinem Initiativ-Mitbestimmungsrecht nach § 87 Abs. 1 Nr. 7 BetrVG i. V. m. § 3 Abs. 1 ArbSchG Gebrauch machen (siehe → **Arbeitsschutz** Rn. 70 ff.).

Pausen

77a Hinsichtlich der Dauer und der Lage der gesetzlichen **Pausen** ist Zweck der Mitbestimmung, dass der Betriebsrat sicherstellen soll, dass der Arbeitgeber die Pausen nicht nach eigenen betriebswirtschaftlichen Flexibilisierungsgesichtspunkten und nach Gesichtspunkten der Gewinnoptimierung festlegt, sondern dass dabei die **Erholungsbedürfnisse** und sonstigen persönlichen Bedürfnisse der Arbeitnehmer gewahrt werden (LAG Köln v. 26. 4. 2013 – 4 Sa 1120/12; vgl. auch BAG v. 1. 7. 2003 – 1 ABR 20/02).
Der Betriebsrat kann seine Zustimmung zu den vom Arbeitgeber angestrebten Arbeitszeit- und Pausengestaltung von »Gegenleistungen« zum Schutz und im Interesse der Arbeitnehmer abhängig machen (siehe → **Koppelungsgeschäfte in der Betriebsverfassung**).
Er kann und sollte aber, weil ihm ein **Initiativ-Mitbestimmungsrecht** zusteht (siehe Rn. 88), auch selbst Vorschläge machen und bei Ablehnung durch den Arbeitgeber die → **Einigungsstelle** anrufen.

Unternehmerische Freiheit

78 Dem Mitbestimmungsrecht steht nicht entgegen, dass damit in gewissem Umfang in die **unternehmerische Freiheit** des Arbeitgebers (Art. 12 Abs. 1 GG) eingegriffen wird, weil der Betriebsrat durch Ausübung seines Mitbestimmungsrechts Einfluss auf die Dauer der Betriebsnutzungszeiten nehmen kann. Lehnen nämlich Betriebsrat und → **Einigungsstelle** eine Ausweitung der Arbeitszeiten ab, kann der Arbeitgeber seinen Betrieb zu bestimmten Zeiten und an bestimmten Tagen nicht nutzen.

Arbeitszeit

Diese Beschränkung unternehmerischer Entscheidungsfreiheit ist aber zur Wahrung der Belange der Arbeitnehmer geboten und steht mit der Verfassung im Einklang (vgl. die zum Thema Ladenöffnungszeiten ergangene Rechtsprechung: BVerfG v. 18.12.1985 – 1 BvR 143/83, DB 1986, 486; vgl. auch BAG v. 31.8.1982 – 1 ABR 27/80, AiB 1983, 191; 26.10.2004 – 1 ABR 31/03 (A), NZA 2005, 538 [541]); siehe hierzu → **Ladenöffnung, Ladenschluss**).
Das Mitbestimmungsrecht des Betriebsrats umfasst deshalb auch die Frage, **ob** an bestimmten Tagen überhaupt und in welchem **Umfang** gearbeitet werden soll.
Gegen die Einführung oder Aufrechterhaltung arbeitsfreier Zeiten (in der Nacht) sprechende unternehmerische Belange sind im Rahmen des Mitbestimmungs- und ggf. Einigungsstellenverfahrens zu beachten und zu gewichten, sie schließen das Mitbestimmungsrecht aber nicht aus (BAG v. 26.10.2004 – 1 ABR 31/03 (A), a.a.O.).

Dauer der regelmäßigen wöchentlichen Arbeitszeit

Der Betriebsrat hat dagegen kein Mitbestimmungsrecht in Bezug auf die Festlegung der **Dauer** der vom Arbeitnehmer **geschuldeten regelmäßigen wöchentlichen Arbeitszeit**.
Der Umfang des von dem einzelnen Arbeitnehmer geschuldeten Arbeitszeitvolumens wird nach zutreffender h.M. von § 87 Abs. 1 Nr. 2 BetrVG nicht erfasst (ständige Rechtsprechung; vgl. BAG v. 13.10.1987 – 1 ABR 10/86, NZA 1988, 251; 22.6.1993 – 1 ABR 62/92, EzA § 23 BetrVG 1972 Nr. 35; 30.10.2001 – 1 ABR 8/01, AiB 2003, 494; 11.12.2001 – 1 ABR 3/01, DB 2002, 2002; 22.7.2003 – 1 ABR 28/02, NZA 2004, 507).
Er ergibt sich aus dem → **Arbeitsvertrag** bzw. im Falle beiderseitiger Tarifbindung unmittelbar aus dem → **Tarifvertrag**, falls ein Vollzeitarbeitsverhältnis vereinbart ist.
In der Literatur wird vereinzelt angenommen, dass sich das Mitbestimmungsrecht nach § 87 Abs. 1 Nr. 2 BetrVG auch auf die Festlegung der **Dauer der wöchentlichen Arbeitszeit** erstreckt (vgl. etwa bislang DKKW-*Klebe*, BetrVG, 12. Aufl., § 87 Rn. 73 ff. m.w.N.; in der 15. Aufl. wird unter § 87 Rn. 89 empfohlen, der h.M. zu folgen).
Diese Ansicht unterscheidet nicht hinreichend zwischen der mitbestimmungsfrei von den Arbeitsvertrags- bzw. Tarifvertragsparteien festzulegenden **Dauer** der Arbeitszeit, die vom Arbeitnehmer geschuldet ist (und die Maßstab für die Bemessung des Arbeitsentgelts ist) und der **Lage und Verteilung** der geschuldeten Arbeitszeit, die nach § 87 Abs. 1 Nr. 2 BetrVG im Mitbestimmungswege festzulegen ist.
Ein Mitbestimmungsrecht des Betriebsrats in Bezug auf die Dauer der von dem Arbeitnehmer geschuldeten regelmäßigen Arbeitszeit hätte die von § 87 Abs. 1 Nr. 2 BetrVG nicht beabsichtigte Folge, dass die Betriebsparteien oder eine nach § 87 Abs. 2 BetrVG tätig werdende → **Einigungsstelle** das Maß der von dem Arbeitnehmer zu leistenden regelmäßigen Arbeitszeit (und des zu beanspruchenden regelmäßigen Arbeitsentgelts) festlegen könnten.
Eine solche Befugnis ist den Betriebsparteien nur ausnahmsweise durch § 87 Abs. 1 Nr. 3 BetrVG im Fall der **vorübergehenden** Verkürzung oder Verlängerung der betriebsüblichen Arbeitszeit eingeräumt (siehe → **Kurzarbeit** und → **Überstunden**).
Gegen ein Mitbestimmungsrecht nach § 87 Abs. 1 Nr. 2 BetrVG bei der Dauer der geschuldeten regelmäßigen Arbeitszeit spricht auch, dass hierdurch die vom Gesetzgeber gewollte »**Arbeitsteilung**« zwischen Tarifvertragsparteien (Tarifautonomie) und Betriebsparteien (Betriebsautonomie) konterkariert würde.
Die Arbeitszeitpolitik soll – das ist die in Art. 9 Abs. 3 GG i.V.m. § 77 Abs. 3 BetrVG mit Verfassungsrang ausgestatte Grundentscheidung des Gesetzgebers – in erster Linie Sache der Tarifvertragsparteien – und nicht der Betriebsparteien – sein.
Deshalb regelt § 77 Abs. 3 BetrVG, dass Arbeitsentgelte und sonstige Arbeitsbedingungen, die durch Tarifvertrag geregelt sind oder üblicherweise geregelt werden, nicht Gegenstand einer Betriebsvereinbarung können.

79

80

81

Arbeitszeit

Die Bejahung eines Mitbestimmungsrechts bei der Dauer der Arbeitszeit würde – vor dem Hintergrund der herrschenden Vorrangtheorie betreffend das Verhältnis von § 77 Abs. 3 und § 87 BetrVG (siehe → **Betriebsvereinbarung**) – die Möglichkeit zur **Tarifflucht** eröffnen, weil die Betriebsparteien bzw. ggf. die → **Einigungsstelle** einen – nachwirkenden – Tarifvertrag über die Dauer der Arbeitszeit nicht nur verbessern, sondern auch verschlechtern könnten. Der Weg wäre frei gemacht für eine Untergrabung des durch Art. 9 Abs. 3 GG garantierten – und seit mehr als fünf Jahrzehnten erfolgreichen – Tarifvertragssystems (vgl. auch Hinweise unter → **Arbeitsentgelt** Rn. 67 zur ähnlich gelagerten Streitfrage, ob dem Betriebsrat nach § 87 Abs. 1 Nr. 10 BetrVG ein Mitbestimmungsrecht bei der Höhe des Arbeitsentgelts zusteht).

Verteilung der Arbeitszeit (Ausgleichszeitraum)

82 Ein anderer – nach § 87 Abs. 1 Nr. 2 BetrVG mitbestimmungspflichtiger – Vorgang ist die **Verteilung** des nach Tarifvertrag (oder Arbeitsvertrag) geschuldeten wöchentlichen Arbeitszeitvolumens innerhalb eines durch Tarifvertrag oder Gesetz (§ 3 Satz 2 ArbZG) vorgesehenen »**Ausgleichszeitraumes**« (siehe → **Arbeitszeitflexibilisierung**).

Weitere mitbestimmungspflichtige Fragen

83 Mitbestimmungspflichtige Tatbestände sind des Weiteren beispielsweise:
- Verlegung des Arbeitszeitbeginns und -endes;
- Einführung, Ausgestaltung, Änderung und Abschaffung einer Gleitzeitregelung (siehe → **Gleitzeit**) oder eines Arbeitszeitkontos (siehe → **Arbeitszeitflexibilisierung**);
- Einführung, Ausgestaltung, Änderung und Abschaffung von Schichtarbeit für den ganzen Betrieb oder für Betriebsabteilungen einschließlich der Festlegung einzelner Schichtpläne (siehe → **Schichtarbeit**);
- Einführung, Ausgestaltung, Änderung und Abschaffung von Regelungen über → **Arbeitsbereitschaft**, → **Bereitschaftsdienst** und → **Rufbereitschaft**.

Weil dem Betriebsrat nach § 87 Abs. 1 Nr. 2 BetrVG ein Initiativ-Mitbestimmungsrecht zusteht (siehe Rn. 74 b), kann er selbst dem Arbeitgeber Vorschläge vorlegen und im Nichteinigungsfall die → **Einigungsstelle** anrufen (§ 87 Abs. 2 BetrVG).
Im Nichteinigungsfall entscheidet die → **Einigungsstelle** (§ 87 Abs. 2 BetrVG).

84 Auch bei der sog. **Personaleinsatzplanung** (PEP), also bei der Frage »*welche Arbeitskräfte welcher Qualifikation werden zu welcher Zeit an welchen Orten zur Abarbeitung des Arbeitsvolumens eingesetzt*« (siehe → **Personalplanung**) hat der Betriebsrat nach § 87 Abs. 1 Nr. 2 BetrVG mitzubestimmen. Denn es geht um die Festlegung der Lage und Verteilung der von den Arbeitnehmern vertraglich geschuldeten Arbeitszeit in Form eines Personaleinsatzplans (oft auch als Dienstplan oder Schichtplan bezeichnet). Siehe hierzu → **Arbeitszeitflexibilisierung**.

Umkleide-, Wege- und Waschzeit als Arbeitszeit i. S. d. § 87 Abs. 1 Nr. 2 BetrVG

85 Soweit Umkleide- und Waschzeiten zur vertraglich geschuldeten Arbeitsleistung zählen, weil sie »fremdnützig« und deshalb als Arbeitszeit anzusehen sind, hat der Betriebsrat **nach § 87 Abs. 1 Nr. 2 BetrVG mitzubestimmen.** Das hat das BAG bestätigt (BAG v. 12. 11. 2013 – 1 ABR 59/12; 10. 11. 2009 – 1 ABR 54/08, AiB 2011, 764). Zitat aus BAG v. 12. 11. 2013 – 1 ABR 59/12: »*Bei dem An- und Ablegen einer auffälligen Dienstkleidung innerhalb des Betriebs handelt es sich um eine ausschließlich fremdnützige Tätigkeit des tragepflichtigen Personenkreises und damit um Arbeitszeit iSd. § 87 Abs. 1 Nr. 2 BetrVG.*«
Ordnet der Arbeitgeber Umkleidezeiten vor Beginn der in einer Betriebsvereinbarung gere-

Arbeitszeit

gelten Arbeits- bzw. Schichtzeiten an, verhält er sich **betriebsvereinbarungswidrig**. Der Betriebsrat kann **Unterlassung** verlangen (ArbG Mönchengladbach v. 19. 2. 2014 – 2 BV 47/13).
Der Tenor der Entscheidung lautet:
»*1. Der Beteiligten zu 2) wird aufgegeben, es zu unterlassen, gegenüber Arbeitnehmern des Betriebes – soweit diese nicht im Lager oder in der Verwaltung beschäftigt werden und es sich nicht um leitende Angestellte handelt – Umkleidezeiten anzuordnen oder von diesen entgegenzunehmen, die von den auf der Grundlage der Gesamtbetriebsvereinbarung über flexible Arbeitszeit vom 28. 06. 2012 geregelten Arbeitszeiten abweichen, ohne dass der Beteiligte zu 1) hierzu seine Zustimmung erteilt hat oder diese gem. § 87 Abs. 2 BetrVG durch den Spruch der Einigungsstelle ersetzt worden ist, es sei denn, es läge ein Eilfall vor.*
2. Für jeden Fall der Zuwiderhandlung wird der Beteiligten zu 2) die Verhängung eines Ordnungsgeldes in Höhe von bis zu 10.000 Euro angedroht.«
Der Unterlassungsanspruch kann ggf. durch Antrag auf Erlass einer **einstweiligen Verfügung** geltend gemacht werden (siehe → **Unterlassungsanspruch des Betriebsrats**).

Teilzeitbeschäftigte

Im Rahmen des Vorstehenden ist ein Mitbestimmungsrecht auch gegeben bei der Festlegung von Beginn und Ende der von Teilzeitbeschäftigten aufgrund des Arbeitsvertrages geschuldeten regelmäßigen Arbeitszeit und ihre Verteilung auf die einzelnen Wochentage (vgl. Fitting, BetrVG, 27. Aufl., § 87 Rn. 123 ff.; siehe auch → **Teilzeitarbeit**). 86

Mitbestimmung nach § 87 Abs. 1 Nr. 3 BetrVG

Nach § 87 Abs. 1 Nr. 3 BetrVG hat der Betriebsrat ein Mitbestimmungsrecht bei der *»vorübergehenden Verkürzung oder Verlängerung der betriebsüblichen Arbeitszeit«*. Insoweit wird verwiesen auf die Stichworte → **Kurzarbeit** und → **Überstunden**. 87

Mitbestimmung nach § 87 Abs. 1 Nr. 7 BetrVG

Zur Mitbestimmung des Betriebsrats nach § 87 Abs. 1 Nr. 7 BetrVG i. V. m. § 6 Abs. 5 ArbZG bei der Auswahl der Form des Ausgleichs für Nachtarbeit (Geldzuschlag oder bezahlte Freizeit) im Falle fehlender tariflicher Ausgleichsregelungen siehe → **Nachtarbeit**.
Nach § 87 Abs. 1 Nr. 7 BetrVG i. V. m. § 3 Abs. 1 ArbSchG kann der Betriebsrat zudem in Fällen aktiv werden, in denen die Beschäftigten aufgrund einer zu geringen Personalausstattung einer gesundheitsgefährdenden **Arbeitsüberlastung** ausgesetzt sind (siehe → **Arbeitsschutz** Rn. 70 ff. und → **Personalplanung** Rn. 16 a). Es handelt sich um psychische Belastungen bei der Arbeit i. S. d. § 4 Nr. 1, 5 Abs. 3 Nr. 6 ArbSchG. Wenn sie zu einer Gesundheitsfährdung führen, muss der Arbeitgeber nach § 3 Abs. 1 ArbSchG die erforderlichen Maßnahmen des Arbeitsschutzes vornehmen. Was erforderlich ist, ist im Mitbestimmungswege nach § 87 Abs. 1 Nr. 7 BetrVG festzulegen. Der Betriebsrat hat ein Initiativ-Mitbestimmungsrecht. Er kann also selbst Maßnahmen vorschlagen (z. B. eine bessere Personalausstattung) und im Nichteinigungsfall die → **Einigungsstelle** anrufen. 88

Arbeitszeit

Arbeitshilfen

Übersicht
Checklisten
Musterschreiben

- Arbeitszeitliche Begriffe und Formen der Arbeitszeit
- Verbindlichkeit einer Arbeitszeitanordnung des Arbeitgebers
- Dauer der werktäglichen Höchstarbeitszeit
- Anzeige wegen einer Ordnungswidrigkeit (Verstoß gegen das Arbeitszeitgesetz)
- Anzeige wegen einer strafbaren Verletzung des Arbeitszeitgesetzes

Übersicht: Arbeitszeitliche Begriffe und Formen der Arbeitszeit

I. Arbeitszeit – Beginn und Ende der Arbeit

Arbeitszeit i. S. d. Arbeitszeitgesetzes (ArbZG) ist die Zeit vom **Beginn bis zum Ende der Arbeit ohne Pausen** (vgl. § 2 Abs. 1 Satz 1 erster Halbsatz ArbZG).

Arbeit ist nach Ansicht des BAG nicht nur jede Tätigkeit, die als solche der Befriedigung eines **fremden Bedürfnisses** dient (BAG v. 19.9.2012 – 5 AZR 678/11; 20.4.2011 – 5 AZR 200/10; 10.11.2009 – 1 ABR 54/08, AiB 2011, 764; 22.4.2009 – 5 AZR 292/08), sondern auch eine vom Arbeitgeber veranlasste **Untätigkeit**, während derer der Arbeitnehmer am Arbeitsplatz anwesend sein muss und nicht frei über die Nutzung des Zeitraums bestimmen kann, er also weder eine Pause im Sinne des Arbeitszeitgesetzes noch Freizeit hat (BAG v. 20.4.2011 – 5 AZR 200/10).

Das entspricht der vielfach vertretenen zutreffenden Auffassung, dass Arbeit nicht nur dann vorliegt, wenn der Arbeitnehmer tatsächlich eine wirtschaftlich sinnvolle Arbeitsleistung erbringt. Vielmehr reicht es aus, dass der Arbeitnehmer dem Arbeitgeber an dem vom Arbeitgeber bestimmten Leistungsort arbeitsbereit zur Verfügung steht. So kann die Arbeit schon nach Betreten des Betriebes beginnen, wenn der Arbeitnehmer – auch wenn er sich noch nicht an seinem eigentlichen Arbeitsplatz befindet – schon dem **Direktionsrecht** des Arbeitgebers unterworfen und zur Arbeitsleistung verpflichtet ist. Entsprechendes gilt in Bezug auf das Verlassen des Arbeitsplatzes und Betriebs mit der Folge, dass die gesamte Zeit zwischen Betreten und Verlassen des Betriebes Arbeitszeit i. S. d. ArbZG und BetrVG und auch vergütungspflichtig nach §§ 611, 612 BGB sind. Das heißt: auch Wegezeiten innerhalb des Betriebs zwischen Einstempeln bei Schichtbeginn und Ausstempeln nach Schichtende sind als Arbeitszeit anzusehen. Ansonsten entscheiden die Umstände des Einzelfalles darüber, ob die Arbeit bereits zu einem früheren Zeitpunkt beginnt bzw. zu einem späteren Zeitpunkt endet. Siehe hierzu die untenstehenden Abschnitte II und III. Dort auch zur Frage, ob **Wegezeiten, Umkleide- und Waschzeiten** vor und nach der Arbeitstätigkeit als Arbeitszeit i. S. d. ArbZG, § 87 Abs. 1 Nr. 2 und 3 BetrVG und als vergütungspflichtige Arbeitszeit i. S. d. §§ 611, 612 BGB anzusehen sind.

Arbeitszeit i. S. d. § 87 Abs. 1 Nr. 2 und 3 BetrVG ist die Zeit, während derer der Arbeitnehmer die von ihm in einem bestimmten zeitlichen Umfang vertraglich geschuldete Arbeitsleistung tatsächlich erbringen soll. Dabei muss es sich nicht um die Erfüllung der Hauptleistungspflicht handeln, wenn die vom Arbeitgeber verlangte sonstige Leistung jedenfalls in der Erbringung von »Arbeit« besteht. Dies ist bei der Teilnahme an **Schulungs- und Fortbildungsmaßnahmen**, die der Arbeitgeber **angeordnet** hat, regelmäßig der Fall. Schulungen verlangen von den Teilnehmern geistige Tätigkeit im Interesse des Arbeitgebers. (BAG v. 15.4.2008 – 1 ABR 44/07).

Im Bergbau unter Tage zählen die Ruhepausen zur Arbeit (§ 2 Abs. 1 Satz 2 ArbZG).

Das ArbZG befasst sich mit der Arbeitszeit allein unter dem – öffentlich-rechtlichen – Blickwinkel der in § 10 genannten Zwecke (Arbeitsschutz, Sonn- und Feiertagsruhe, Flexibilisierung).

Es werden insbes. Höchstarbeitszeiten sowie Mindestruhepausen und Mindestruhezeiten geregelt bzw. ein – allerdings mit zahlreichen Ausnahmen versehenes – Verbot der Beschäftigung an Sonn- und Feiertagen.

Davon zu unterscheiden ist die Frage,

- in welchem zeitlichen Umfang der Arbeitnehmer zur Arbeitsleistung verpflichtet ist (Arbeitsvertrag, Tarifvertrag)
- welche Zeiten zu vergüten sind (§§ 611, 612 BGB, Arbeitsvertrag, Tarifvertrag)

Arbeitszeit

- ob und inwieweit dem Betriebsrat ein Mitbestimmungsrecht bei der Ausgestaltung von Arbeitszeitfragen zusteht (§ 87 Abs. 1 Nr. 2 und 3 BetrVG).

Das Vorliegen von Arbeitszeit i. S. d. § 87 Abs. 1 Nr. 2 und 3 BetrVG ist unmaßgeblich für die Frage, ob es sich dabei zugleich um Arbeitszeit im vergütungs- und/oder arbeitsschutzrechtlichen Sinn handelt (BAG v. 15.4.2008 – 1 ABR 44/07).
Eine Arbeitszeitregelung in einem → **Arbeitsvertrag** oder → **Tarifvertrag** bzw. einer → **Betriebsvereinbarung** darf nicht gegen das ArbZG verstoßen. Abweichungen durch Tarifvertrag sind nur in den vom ArbZG ausdrücklich genannten Fallgestaltungen zulässig (§§ 7 und 12 ArbZG).
Arbeitszeit i. S. d. ArbZG, des § 87 Abs. 1 Nr. 2 und 3 BetrVG und vergütungspflichtige Arbeitszeit entsteht auch, wenn der Arbeitnehmer auf Anweisung oder Duldung des Arbeitgebers **Arbeit zu Hause** erledigt (»Home office«).
Arbeitet ein Arbeitnehmer an einem Tage acht Stunden im Betrieb und setzt seine Arbeit am selben Tag z. B. im Umfang von drei Stunden fort, liegt eine unzulässige Überschreitung der möglichen Höchstgrenze von zehn Stunden nach § 3 Satz 2 ArbZG vor.
Etwas anderes gilt, wenn es sich bei der Tätigkeit zu Hause um eine selbständige Tätigkeit handelt.
Auch **Vor- und Abschlussarbeiten** (§ 14 Abs. 2 Nr. 2 ArbZG), **Zu-Ende-Bedienen von Kunden, Aufräumen des Arbeitsplatzes** und ähnliche Tätigkeiten gehören zur Arbeitszeit i. S. d. ArbZG, aber auch zur vergütungspflichtigen Arbeitszeit.
Arbeitszeiten aus mehreren, nebeneinander bestehenden Arbeitsverhältnissen mit **mehreren Arbeitgebern** sind nach § 2 Abs. 1 Satz 1 zweiter Halbsatz ArbZG zusammenzurechnen. Wird bei einem Doppelarbeitsverhältnis im zweiten Arbeitsverhältnis unter Berücksichtigung der im ersten Arbeitsverhältnis vereinbarten Arbeitszeit die gesetzlich zulässige Höchstarbeitszeit überschritten, ist das zweite Arbeitsverhältnis nichtig.
Nebentätigkeiten, die eine Person neben einem bestehenden Arbeitsverhältnis nicht als Arbeitnehmer, sondern als **Selbständiger** ausübt, werden bei der Bestimmung der geleisteten werktäglichen Arbeitszeit i. S. d. § 3 ArbZG nicht einbezogen.

II. Umkleiden und Waschen als Arbeitszeit

1. Umkleide- und Wegezeiten

Die Zeit des Umkleidens vor und nach der Arbeit im Betrieb zählt entgegen einer früher vom BAG vertretenen Ansicht (vgl. BAG v. 11.10.2000 – 5 AZR 122/99; 25.4.1962 – 4 AZR 213/61, AP BGB § 611 Mehrarbeitsvergütung Nr. 6) zur vergütungspflichtigen Arbeitszeit nach §§ 611, 612 BGB, wenn das Umkleiden vom Arbeitgeber angeordnet, für den Arbeitnehmer also »**fremdnützig**« und eine private Nutzung der Dienstkleidung ausgeschlossen ist (BAG v. 19.9.2012 – 5 AZR 678/11; 19.3.2014 – 5 AZR 954/12). Gleiches gilt, wenn das Umkleiden aus sonstigen Gründen vorgeschrieben ist: etwa aufgrund von Arbeitsschutzvorschriften oder einer Regelung in einer Betriebsvereinbarung.
In diesem Sinne »fremdnützige« Umkleidezeiten sind auch als Arbeitszeit i. S. d. § 87 Abs. 1 Nr. 2 BetrVG anzusehen (BAG v. 12.11.2013 – 1 ABR 59/12; siehe unten II.4.).
Mit der Grundsatzentscheidung BAG v. 19.9.2012 – 5 AZR 678/11 hat der 5. Senat des BAG seine frühere anderslautende Rechtsprechung **ausdrücklich aufgegeben**. In der Entscheidung heißt es u. a.:
»*Zur Arbeit gehört auch das **Umkleiden** für die Arbeit, wenn der Arbeitgeber das Tragen einer bestimmten Kleidung vorschreibt und das Umkleiden im Betrieb erfolgen muss. Die **Fremdnützigkeit** des Umkleidens ergibt sich schon aus der Weisung des Arbeitgebers, die ein Anlegen der Arbeitskleidung zu Hause und ein Tragen auf dem Weg zur Arbeitsstätte ausschließt. ... Zu den im Sinne von § 611 Abs. 1 BGB »versprochenen Diensten« gehört auch das vom Arbeitgeber angeordnete **Umkleiden**. In einem solchen Falle macht der Arbeitgeber selbst mit seiner Weisung das Umkleiden und das Zurücklegen des Wegs von der Umkleide- zur Arbeitsstelle zur arbeitsvertraglichen Verpflichtung. An der in der Entscheidung vom 11.10.2000 – 5 AZR 122/99 vertretenen Auffassung, der Arbeitgeber verpflichte sich zur Vergütung nur der eigentlichen Tätigkeit,* **hält der Senat nicht fest**. *Der Arbeitgeber verspricht regelmäßig die Vergütung für alle Dienste, die er dem Arbeitnehmer aufgrund seines arbeitsvertraglich vermittelten Direktionsrechts abverlangt.*«
Weil die Arbeit mit dem Umkleiden beginnt und endet, zählen auch die **Wegezeiten** zwischen Umkleidestelle und Arbeitsplatz zur Arbeitszeit (BAG v. 19.9.2012 – 5 AZR 678/11; 19.3.2014 – 5 AZR 954/12).
Nach der früher vom 5. Senat des BAG vertretenen Ansicht waren Umkleiden und Waschen in der

Arbeitszeit

Regel, sofern nichts anderes vereinbart war, keine Hauptleistungspflichten des Arbeitnehmers, für die der Arbeitgeber nach § 611 BGB eine Vergütung zu gewähren hätte (BAG v. 11.10.2000 – 5 AZR 122/99, NZA 2001, 458). So wurde beispielsweise die Zeit des Umkleidens eines als **Fahrer/Müllwerker** beschäftigten Arbeitnehmers nicht als vergütungspflichtige Arbeitszeit gewertet, obwohl das Tragen von Schutzkleidung sowohl in arbeitsvertraglichen sowie betrieblichen Regelungen als auch in Unfallverhütungsvorschriften der Berufsgenossenschaften vorgeschrieben war. Auch die Zeit des Umkleidens eines **Kochs** hat das BAG nicht zur vergütungspflichtigen Arbeitszeit gezählt, weil das Umkleiden lediglich der persönlichen Vorbereitung auf die Arbeit diene (BAG v. 22.3.1995 – 5 AZR 934/93, AiB 1995, 533).
Diese Rechtsprechung war noch nie nachvollziehbar. Denn schließlich ist das Umkleiden kein Privatvergnügen des Beschäftigten, wenn das Tragen der Arbeitskleidung vertraglich vereinbart oder vorgeschrieben oder durch den Arbeitgeber angeordnet wird oder jedenfalls in seinem Interesse (Erscheinungsbild der Arbeitnehmer) liegt, also »fremdnützig« ist.
Mittlerweile hat das BAG seine Rechtsprechung **zu Recht korrigiert**. Weitere Auszüge aus BAG v. 19.9.2012 – 5 AZR 678/11, NZA-RR 2013, 63 sind aufrufbar im Rechtsprechungsteil unter Nr. 10. Umkleide-, Wasch- und Wegezeiten: Vergütungspflicht.

2. Waschen nach der Arbeit
Ob auch die Zeit des **Waschens** (z.B. Duschzeit) nach geleisteter Arbeit zur vergütungspflichtigen Arbeitszeit und zur Arbeitszeit nach § 87 Abs. 1 Nr. 2 BetrVG zu rechnen ist, ist bislang – soweit ersichtlich – nicht höchstrichterlich entschieden. Die Frage ist allerdings zu bejahen, weil die nach der Arbeit zu beseitigende Verschmutzung unmittelbare Folge der vom Arbeitnehmer geschuldeten Arbeitsleistung und untrennbar mit ihr verbunden ist. Die Zeit des Waschens ist jedenfalls dann als Arbeitszeit zu werten, wenn das Waschen aus Gründen des Arbeitsschutzes erforderlich ist (z.B. Beseitigung von haut- und gesundheitsgefährdenden schädlichen Stoffen: Fett, Öl, Kühlschmiermittel, radioaktive Stoffe usw.) oder wenn es dem Arbeitnehmer nicht zumutbar ist, »ölverschmiert und nach Diesel riechend« seine private Kleidung anzuziehen (so zutreffend das ArbG Oberhausen v. 4.3.2015 – 3 Ca 1700/14). Gleiches dürfte gelten, wenn eine Körperreinigung aus sonstigen, arbeitsbedingten Gründen geboten ist (z.B. Schwitzen aufgrund schwerer körperlicher Arbeit).
Das LAG Düsseldorf hat sich in dem Berufungsverfahren (9 Sa 425/15) gegen das Urteil des ArbG Oberhausen v. 4.3.2015 – 3 Ca 1700/14 in einem Vergleichsgespräch am 3.8.2015 wie folgt geäußert: *»Zur Frage von Waschzeiten liege keine gesicherte höchstrichterliche Rechtsprechung vor. Maßgeblich könne sein, ob das Duschen fremdnützig sei. Die Abgrenzung, ab welchem Grad einer Verschmutzung der Arbeitgeber das Duschen als Arbeitszeit zu vergüten habe, sei schwierig, denn dabei spiele immer auch eine individuelle Wertung mit. Möglicherweise zu vergüten seien Waschzeiten, die hygienisch zwingend notwendig seien«* (https://www.justiz.nrw.de/JM/Presse/presse_weitere/PresseLArbGs/03_08_2015_/index.php).
Man darf auf weitere Gerichtsverfahren und dann möglicherweise auch auf eine klärende Entscheidung des BAG gespannt sein.

3. Tarifregelungen zu Umkleide- und Waschzeiten
Manche → **Tarifverträge** regeln, dass Umkleidezeiten und Waschzeiten keine Arbeitszeit sind.

> **Beispiel:**
> § 3 Ziff. 6 Manteltarifvertrag (MTV) Metallindustrie Hamburg, Schleswig-Holstein, Mecklenburg-Vorpommern: »Umkleiden und Waschen sowie Pausen sind keine Arbeitszeit, soweit nicht innerbetriebliche abweichende Regelungen getroffen werden.«

Eine solche Tarifregelung muss mit Blick auf die aktuelle BAG-Rechtsprechung zum Begriff der Arbeitszeit i.S.d. ArbZG, BetrVG und §§ 611, 612 BGB gesetzeskonform dahingehend ausgelegt werden, dass sie nicht für »fremdnütziges« Umkleiden i..d. neueren BAG-Rechtsprechung gilt und auch nicht für das notwendige Waschen nach einem »schmutzigen Arbeitstag«.
Interessant ist die nachstehende Entscheidung des LAG Hamburg v. 06.07.2015 – 8 Sa 53/14:
*»1. Die Verpflichtung des Arbeitgebers, fremdnützige Umkleidezeiten als Arbeitszeit zu vergüten, kann durch einen Tarifvertrag nicht abbedungen werden, wenn das Umkleiden aus Gründen des Arbeitsschutzes geboten ist.
2. »Maßnahmen des Arbeitsschutzes« i.. v. § 3 Abs. 1 ArbSchG sind nicht nur Anschaffung und Bereitstel-*

Arbeitszeit

lung notwendiger Schutzkleidung, sondern auch das An- und Ablegen der Schutzkleidung sowie dadurch veranlasste Wegezeiten.
3. § 3 Ziff. 6 des Manteltarifvertrag für das Tarifgebiet Hamburg und Umgebung, Schleswig-Holstein, Mecklenburg-Vorpommern, Stand Oktober 2008, verstößt gegen § 3 Abs. 3 ArbSchG und ist damit rechtsunwirksam, soweit Umkleide- und damit verbundene Wegezeiten aus der Vergütungspflicht ausgeklammert werden, die durch Maßnahmen des Arbeitsschutzes veranlasst sind.«
Der Nachteil dieser Entscheidung: Eine »soweit-Unwirksamkeit« ist nur schwer vorstellbar. Entweder ist eine Tarifvorschrift unwirksam oder nicht.
Dass das LAG Hamburg § 3 Abs. 3 ArbSchG weit ausgelegt hat, ist zwar gut.
Aber in Bezug auf die Frage, ob die Tarifvorschriften wie z.B. § 3 Ziff. 6 MTV (siehe oben) die Vergütungspflicht im Falle **sonstigen fremdnützigen Umkleidens** (z.B. IKEA-Firmenkleidung) aushebeln kann, hilft dieser Ansatz nicht weiter.
Optimal wäre, wenn Tarifvorschriften wie § 3 Ziff. 6 MTV durch eine Auslegung in dem Sinne entschärft werden, dass sie generell fremdnütziges Umkleiden i..d. der neueren BAG-Rechtsprechung nicht erfassen.
Dann wären Umkleidezeiten – trotz anderslautender Tarifvorschriften – auch dann zu vergüten, wenn es sich nicht um Schutzkleidung i..d. § 3 Abs. 3 ArbSchG handelt, sondern um sonstige fremdnützige Firmenbekleidung.
Beispiele:
Bekleidung von Piloten und Stewardessen, Schaffnern bei der Bahn, Krankenschwestern, Firmenbekleidung der IKEA-Beschäftigten usw.
Es bleibt abzuwarten, wie das BAG entscheidet. Das LAG Hamburg hat die Revision zugelassen. Die unterlegene Arbeitgeberseite (Firma Hydro Aluminium Rolled Products GmbH, Hamburg) hat Revision eingelegt (BAG 5 AZR 574/13).

4. Umkleide- und Waschzeit als Arbeitszeit i.S.d. des § 87 Abs. 1 Nr. 2 BetrVG

Soweit Umkleide- und Waschzeiten zur vertraglich geschuldeten Arbeitsleistung zählen, weil sie »fremdnützig« und deshalb als Arbeitszeit anzusehen sind, hat der Betriebsrat nach § 87 Abs. 1 Nr. 2 BetrVG mitzubestimmen. Das hat das BAG bestätigt (BAG v. 12.11.2013 – 1 ABR 59/12; 10.11.2009 – 1 ABR 54/08, AiB 2011, 764). Zitat aus BAG v. 12.11.2013 – 1 ABR 59/12: »*Bei dem An- und Ablegen einer auffälligen Dienstkleidung innerhalb des Betriebs handelt es sich um eine ausschließlich fremdnützige Tätigkeit des tragepflichtigen Personenkreises und damit um Arbeitszeit i..d. § 87 Abs. 1 Nr. 2 BetrVG.*«
Ordnet der Arbeitgeber Umkleidezeiten vor Beginn der in einer Betriebsvereinbarung geregelten Arbeits- bzw. Schichtzeiten an, verhält er sich **betriebsvereinbarungswidrig**. Der Betriebsrat kann **Unterlassung** verlangen (ArbG Mönchengladbach v. 19.2.2014 – 2 BV 47/13). Der Tenor der Entscheidung lautet:
»*1. Der Beteiligten zu 2) wird aufgegeben, es zu unterlassen, gegenüber Arbeitnehmern des Betriebes – soweit diese nicht im Lager oder in der Verwaltung beschäftigt werden und es sich nicht um leitende Angestellte handelt – Umkleidezeiten anzuordnen oder von diesen entgegenzunehmen, die von den auf der Grundlage der Gesamtbetriebsvereinbarung über flexible Arbeitszeit vom 28.6.2012 geregelten Arbeitszeiten abweichen, ohne dass der Beteiligte zu 1) hierzu seine Zustimmung erteilt hat oder diese gem. § 87 Abs. 2 BetrVG durch den Spruch der Einigungsstelle ersetzt worden ist, es sei denn, es läge ein Eilfall vor.
2. Für jeden Fall der Zuwiderhandlung wird der Beteiligten zu 2) die Verhängung eines Ordnungsgeldes in Höhe von bis zu 10.000 Euro angedroht.*«
Der Unterlassungsanspruch kann ggf. durch Antrag auf Erlass einer **einstweiligen Verfügung** geltend gemacht werden (siehe → **Unterlassungsanspruch des Betriebsrats**).

III. Wegezeiten innerhalb des Betriebes und zu einem außerhalb des Betriebes gelegenen Arbeitsplatz

Wegezeiten **innerhalb des Betriebes** von und zum Arbeitsplatz können ebenfalls Bestandteil der Arbeitszeit i.S.d. § 2 Abs. 1 ArbZG, des § 87 Abs. 1 Nr. 2 und 3 BetrVG und der nach §§ 611, 612 BGB vergütungspflichtigen Arbeitszeit sein.
Das BAG hat in der Entscheidung v. 19.9.2012 – 5 AZR 678/11 klargestellt, dass im Falle der *Fremdnützigkeit und damit Vergütungspflicht des Umkleidens auch die innerbetrieblichen Wege zur Arbeitszeit zählen, die dadurch veranlasst sind, dass der Arbeitgeber das Umkleiden nicht am Arbeitsplatz ermöglicht, sondern dafür eine vom Arbeitsplatz getrennte Umkleidestelle einrichtet, die der Arbeitnehmer zwingend*

Arbeitszeit

benutzen muss (BAG 28. Juli 1994 – 6 AZR 220/94 – zu II 3 b der Gründe, BAGE 77, 285). Nicht zur Arbeitszeit zählende Wegezeit bleibt aber der Weg von der Wohnung des Arbeitnehmers bis zu der Stelle, an der die Arbeit beginnt, im Streitfall also auch der Weg vom Eingang des Klinikgebäudes bis zur Umkleidestelle im Tiefparterre.«

Als Arbeitszeit i. S. d. ArbZG und des § 87 Abs. 1 Nr. 2 und 3 BetrVG ist auch die Wegezeit anzusehen, die ein Arbeitnehmer benötigt, um von seinem Arbeitsplatz zu einem **außerhalb des Betriebes** gelegenen Arbeitsplatz (z. B. in einem anderen Werk) zu gelangen.

Diese Zeit ist auch vergütungspflichtig i. S. d. §§ 611, 612 BGB, sofern keine gegenteilige vertragliche oder tarifliche Regelung besteht.

IV. Wegezeiten von zu Hause zum Betrieb und zurück

Wegezeit von zu Hause zum Betrieb und zurück ist keine Arbeitszeit.

Das gilt nicht, wenn der Arbeitnehmer auf Weisung des Arbeitgebers ausnahmsweise **direkt von zu Hause** zu einem außerhalb des Betriebes gelegenen Arbeitsort fährt.

Die ersparte Wegezeit von zu Hause zum Betrieb wird allerdings angerechnet.

V. Dienstreisezeit

Dienstreisezeit ist die Zeit, die der Arbeitnehmer benötigt, um aus dienstlichen Gründen zu einem vom Arbeitgeber bestimmten Arbeitsort außerhalb der Gemeindegrenzen des Betriebs- oder Wohnorts zu gelangen. Dienstreisezeit zählt zur Arbeitszeit i. S. d. ArbZG und ist wie Arbeitszeit zu vergüten, wenn sie als solche **zur arbeitsvertraglichen Leistung gehört** (z. B. Fahrertätigkeit) oder jedenfalls **innerhalb der regelmäßigen Arbeitszeit** stattfindet (zwischen Beginn und Ende der Arbeitszeit).

Dienstreisezeiten, die ein Arbeitnehmer über die regelmäßige Arbeitszeit hinaus im Interesse des Arbeitgebers aufwendet, hat der Arbeitgeber als Arbeitszeit zu vergüten, wenn das vereinbart oder eine Vergütung »den Umständen nach« zu erwarten ist (§ 612 Abs. 1 BGB). Ist eine Regelung nicht getroffen worden, sind die **Umstände des Einzelfalls** maßgeblich. Einen Rechtssatz, dass solche Reisezeiten stets oder regelmäßig zu vergüten seien, gibt es nicht. Bei der Prüfung der Umstände steht dem Tatsachengericht ein Beurteilungsspielraum zu. Es kommt auch eine Vergütung eines Teils der Reisezeiten in Betracht. Im Rahmen der Gesamtwürdigung ist auch darauf abzustellen, ob die Dienstreise für den Arbeitnehmer eine besondere Belastung darstellt (z. B. er lenkt selbst den Pkw) oder nicht (z. B. er fährt mit der Bahn) und ob er während der Fahrt (z. B. mit der Bahn) arbeitet. Ist die Reisezeit mit keinerlei zusätzlicher Belastung verbunden, soll es sich nicht um Arbeitszeit handeln.

Der Betriebsrat hat im Zusammenhang mit Dienstreisen Mitbestimmungsrechte nach § 87 Abs. 1 Nr. 2 und 3 BetrVG.

Die Anordnung einer **außerplanmäßigen Dienstreise** soll allerdings nicht unter den Mitbestimmungstatbestand des § 87 Abs. 1 Nr. 1 BetrVG fallen (BAG v. 23. 7. 1996 – 1 ABR 17/96, AiB 1997, 351).

Dienstreisezeiten zählen aber zur Arbeitszeit i. S. d. § 87 Abs. 1 Nr. 2 BetrVG, und zwar – entgegen der Ansicht des BAG v. 23. 7. 1996 – 1 ABR 17/96, a. a. O. – auch dann, wenn während der Dienstreise keine Arbeitsleistung erbracht wird bzw. werden muss. Der Schutzzweck der Mitbestimmungsvorschrift stellt nicht auf Arbeitsleistungen oder -belastungen, sondern darauf ab, ob Freizeit und Gestaltung des Privatlebens durch eine dienstliche Verrichtung beeinträchtigt werden. Das Mitbestimmungsrecht erfasst den Zeitraum, in dem die Arbeitnehmer dem **Direktionsrecht des Arbeitgebers** unterliegen und Arbeitsleistungen erbringen oder sich hierfür bereit halten müssen und deshalb in ihrer privaten Lebensgestaltung beschränkt sind (BAG v. 13. 3. 2001 – 1 ABR 33/00, NZA 2001, 976). Bei einer Dienstreise liegen diese Voraussetzungen regelmäßig vor.

Schließlich besteht auch ein Mitbestimmungsrecht nach § 87 Abs. 1 Nr. 3 BetrVG, wenn Dienstreisen zu einer vorübergehenden Verlängerung der betriebsüblichen Arbeitszeit, also zu **Überstunden** führen. Auch dabei kommt es – entgegen der Ansicht des BAG – nicht darauf an, ob der Arbeitnehmer während der Dienstreise Arbeitsleistungen zu erbringen hat.

Der Betriebsrat hat im übrigen mitzubestimmen bei der Einführung und Gestaltung einer allgemeinen **Dienstreiseordnung**, soweit es um die Regelung von Arbeitszeitfragen im Zusammenhang mit einer Dienstreise geht und/oder wenn in der Dienstreiseordnung z. B. Fragen der Ordnung des Betriebs und des Verhaltens der Arbeitnehmer (§ 87 Abs. 1 Nr. 1 BetrVG) sowie Lohngestaltungsfragen (§ 87 Abs. 1 Nr. 10 BetrVG) geregelt werden sollen. Ein Mitbestimmungsrecht besteht jedoch nach Ansicht des BAG nicht, wenn in der Dienstreiseordnung allein die **Erstattung von Dienstreisekosten** und das Verfahren der Genehmigung und Abrechnung der Dienstreise geregelt werden (BAG v. 8. 12. 1981 – 1 ABR 91/79,

Arbeitszeit

DB 1982, 960; zweifelhaft). Auch die Regelung von pauschalen Steuersätzen im Rahmen des Aufwendungsersatzes ist mitbestimmungsfrei (BAG v. 27.10.1998 – 1 ABR 3/98, NZA 1999, 381 [383]).

VI. Reisezeit von Außendienstmitarbeitern
Hierzu ein Auszug aus BAG v. 22.4.2009 – 5 AZR 292/08: »*Arbeit ist jede Tätigkeit, die als solche der Befriedigung eines fremden Bedürfnisses dient. Keine Arbeit wird für den Arbeitgeber durch den Weg zur Arbeit erbracht. Dagegen gehört die Reisetätigkeit bei **Außendienstmitarbeitern** zu den vertraglichen Hauptleistungspflichten. Mangels festen Arbeitsorts können sie ihre vertraglich geschuldete Arbeit ohne dauernde Reisetätigkeit nicht erfüllen. Das wirtschaftliche Ziel der Gesamttätigkeit ist darauf gerichtet, verschiedene Kunden zu besuchen, wozu die jeweilige Anreise zwingend gehört.*«
Mehr dazu im Rechtsprechungsteil unter 7. Reisezeit außerhalb der Arbeitszeit – Wegezeit – Reisetätigkeit bei Außendienstmitarbeitern.

VII. Wartezeiten
Wartezeiten, die während des Arbeitsprozesses aus betriebsbedingten Gründen eintreten (z.B. kann nicht gearbeitet werden, weil das zu bearbeitende Material ausbleibt) gehören zur Arbeitszeit i.S.d. ArbZG und sind zu vergüten.

VIII. Ruhepausen
Ruhepausen im Sinne des § 4 ArbZG sind **im Voraus** festgelegte – unbezahlte – Unterbrechungen der Arbeitszeit, in der der Arbeitnehmer weder Arbeit zu leisten noch sich dafür bereitzuhalten braucht, sondern frei darüber entscheiden kann, wo und wie er diese Zeit verbringen will (BAG v. 22.7.2003 – 1 ABR 28/02, NZA 2004, 507).
Die Dauer der Ruhepause beträgt mindestens 30 Minuten (bei einer Arbeitszeit von mehr als sechs Stunden bis zu neun Stunden) bzw. 45 Minuten (bei einer Arbeitszeit von mehr als neun Stunden). In manchen Tarifverträgen sind zusätzlich – vergütungspflichtige – **Erholzeiten** geregelt.
Bei der Festlegung von Beginn und Ende der Pausen hat der Betriebsrat nach § 87 Abs. 1 Nr. 2 BetrVG ein Mitbestimmungsrecht.

IX. Ruhezeit
Ruhezeit nach § 5 ArbZG ist der Zeitraum zwischen dem Ende der täglichen Arbeitszeit und dem Beginn der nächsten täglichen Arbeitszeit, also der Zeitraum zwischen zwei Arbeitsschichten desselben Arbeitnehmers. Die Ruhezeit beträgt mindestens **elf Stunden**.
Zum Verhältnis der Ruhezeit zu Arbeitsbereitschaft, Bereitschaftsdienst und Rufbereitschaft vgl. Nrn. X., XI. und XII.
Der Betriebsrat hat unter Beachtung der Vorgaben des § 5 ArbZG (Gesetzvorbehalt des § 87 Abs. 1 Eingangssatz BetrVG) über Dauer und Lage der Ruhezeiten mitzubestimmen. § 5 ArbZG stellt keine abschließende – das Mitbestimmungsrecht ausschließende – Regelung dar.

X. Arbeitsbereitschaft
Die so genannte Arbeitsbereitschaft ist als Arbeitszeit i.S.d. ArbZG anzusehen (BAG v. 18.2.2003 – 1 ABR 2/02, AiB 2003, 759 = DB 2003, 1387; 9.3.2005 – 5 AZR 385/02, ZTR 2005, 479). Arbeitsbereitschaft ist die »wache Achtsamkeit im Zustand der Entspannung« (BAG v. 18.2.2003 und 9.3.2005, a.a.O.; z.B. Arbeit des Pförtners, Nachtwächters, Warten auf Anweisungen oder auf Material).
Ist ein Arbeitnehmer während einer **Ruhepause** zur Arbeitsbereitschaft verpflichtet, liegt keine wirksame Pausengewährung vor. Deshalb ist die Zeit der angeblichen Ruhepause als Arbeitszeit zu bezahlen. Außerdem liegt ein Verstoß gegen § 4 ArbZG vor, wenn die Anordnung der Arbeitsbereitschaft dazu führt, dass keine Pausengewährung stattfindet.
Arbeitsbereitschaft ist, weil sie zur Arbeitszeit zählt, **keine Ruhezeit** im Sinne des § 5 Abs. 1 ArbZG.
Tarifliche Regelungen können festlegen, in welchem Umfang Arbeitsbereitschaft zur **vergütungspflichtigen Arbeitszeit** zählt. Nach Ansicht des BAG liegt keine Arbeit, sondern Arbeitsbereitschaft bzw. Bereitschaftsdienst vor, die nach dem maßgeblichen Tarifvertrag mit 50 v.H. als Arbeitszeit für die Lohnberechnung zu bewerten sind, wenn sich ein Kraftfahrer im Krankentransportdienst während des Nachtdienstes für Arbeitseinsätze in einer Rettungswache lediglich in einem Ruheraum bereithalten muss (BAG v. 28.1.1981 – 4 AZR 892/78, DB 1981, 1195 = AP Nr. 1 zu § 18 MTL II).
Der Betriebsrat hat bei der Regelung der Arbeitsbereitschaft ein Mitbestimmungsrecht gem. § 87 Abs. 1 Nr. 2 und 3 BetrVG.

Arbeitszeit

XI. Bereitschaftsdienst

Bereitschaftsdienst ist nach der Rechtsprechung des BAG die Zeitspanne, in der der Arbeitnehmer, ohne dass er unmittelbar am Arbeitsplatz anwesend sein müsste, sich für Zwecke des Betriebes an einer vom Arbeitgeber bestimmten Stelle innerhalb oder außerhalb des Betriebes aufzuhalten hat, damit er erforderlichenfalls seine volle Arbeitstätigkeit sofort oder zeitnah aufnehmen kann (BAG v. 18.2.2003 – 1 ABR 2/02, AiB 2003, 759 = DB 2003, 1387). Im Unterschied zur »Arbeitsbereitschaft« muss sich der Arbeitnehmer während der Bereitschaftszeit nicht im Zustand wacher Achtsamkeit befinden (Beispiel: Bereitschaftsdienst des im Krankenhaus angestellten Arztes).
Der EuGH hatte mit Urteil vom 3.10.2000 – Rs. C–303/98 (SIMAP), AiB 2001, 246 = NZA 2000, 1227 entschieden, dass der Bereitschaftsdienst, den Ärzte »der Teams zur medizinischen Grundversorgung« (in Spanien) in Form persönlicher Anwesenheit in der Gesundheitseinrichtung leisten, insgesamt als Arbeitszeit und ggf. als Überstunden i.S.d. Arbeitszeit-Richtlinie 93/104/EG (heute: Arbeitszeit-Richtlinie 2003/88/EG) anzusehen ist (zur Frage, ob auch Rufbereitschaft Arbeitszeit i.S.d. Richtlinie ist, siehe unten). In weiteren Entscheidungen hat der EuGH seine Rechtsprechung bestätigt (vgl. z.B. EuGH v. 9.9.2003 – Rs. C–151/02 [Jäger], AiB 2003, 767).
Im Gefolge dieser Entscheidungen hat sich eine umfangreiche Rechtsprechung bundesdeutscher Arbeitsgerichte zu der Frage der europarechtskonformen Auslegung der § 5 Abs. 3 ArbZG a.F. und § 7 Abs. 2 ArbZG a.F. entwickelt. Beide Vorschriften zählten nämlich den Bereitschaftsdienst nicht zur Arbeitszeit i.S.d. ArbZG, sondern ordneten ihn – europarechtswidrig – der Ruhezeit i.S.d. § 5 Abs. 1 ArbZG (vgl. § 40) zu. Mittlerweile hat der Gesetzgeber durch Gesetz zu Reformen am Arbeitsmarkt vom 24.12.2003 (BGBl.I S.3002) § 5 Abs. 3 und § 7 Abs. 2 ArbZG an die Rechtsprechung des EuGH angepasst. Damit steht fest, dass Bereitschaftsdienst keine Ruhezeit, sondern Arbeitszeit i.S.d. ArbZG ist. Allerdings lässt die Gesetzesänderung abweichende Regelungen in Tarifverträgen, die am 1.1.2004 bestanden bzw. sich in der Nachwirkung befanden, bis zum 31.12.2006 unberührt (§ 25 Satz 1 ArbZG in der Fassung des Fünften Gesetzes zur Änderung des SGB III und anderer Gesetze vom 22.12.2005; BGBl.I S.3676). Den Tarifvertragsparteien wird also Zeit eingeräumt, die Tarifregelungen zum Bereitschaftsdienst an die neue Gesetzeslage anzupassen. Das Gleiche gilt für Betriebsvereinbarungen, die durch Tarifverträge zugelassen sind bzw. für Regelungen im Bereich der Kirchen und öffentlichen Religionsgesellschaften im Sinne des § 7 Abs. 4 ArbZG (§ 25 Satz 2 ArbZG).
Die Entscheidungen des EuGH befassen sich nicht mit der Frage, wie Bereitschaftsdienst **zu vergüten** ist (BAG v. 22.11.2000 – 4 AZR 224/99, AiB 2001, 676 und BAG v. 5.6.2003 – 6 AZR 114/02, NZA 2004, 165). Insoweit ist zu prüfen, ob der → **Arbeitsvertrag** oder ein einschlägier → **Tarifvertrag** eine Vergütungspflicht vorsieht. Ist das nicht der Fall, ist entsprechend § 612 Abs. 2 BGB die »übliche Vergütung« zu zahlen.
Zeiten des Bereitschaftsdienstes sind **keine Überstunden** i.S.v. § 11 BUrlG (BAG v. 24.10.2000 – 9 AZR 634/99, NZA 2001, 449). Deshalb fließt eine für den Bereitschaftsdienst gezahlte Vergütung in die Berechnung des Urlaubsentgeltes (siehe → **Urlaub**) mit ein.
Die Einführung eines Bereitschaftsdienstes außerhalb der regelmäßigen Arbeitszeit führt zu vorübergehenden, nach § 87 Abs. 1 Nr. 3 BetrVG mitbestimmungspflichtigen Verlängerungen der betriebsüblichen Arbeitszeit. Der Betriebsrat hat deshalb mitzubestimmen, ob der entsprechende Arbeitsanfall durch Einrichtung eines Bereitschaftsdienstes abgedeckt werden soll.

XII. Rufbereitschaft

Bei der Rufbereitschaft befindet sich der Arbeitnehmer **an einem von ihm bestimmten Ort**, ist aber während der Rufbereitschaftszeit für den Arbeitgeber erreichbar und auf Abruf zur Arbeit bereit. An dem Merkmal »freie Ortswahl« fehlt es, wenn der Arbeitgeber zwar nicht den Aufenthaltsort festlegt, aber eine zeitlich kurze Frist, innerhalb derer die Arbeit aufgenommen werden muss.
Die Zeit der Rufbereitschaft ist **keine Arbeitszeit** im Sinne des Arbeitszeitgesetzes, sodass sie – anders als der Bereitschaftsdienst – mit der **Ruhezeit** nach § 5 ArbZG zusammengelegt werden kann.
Die Rufbereitschaft ist als besondere – zusätzliche – Leistung des Arbeitnehmers (ggf. zu einem Prozentsatz des »normalen Arbeitsentgelts«) **zu vergüten**. Ist die Vergütung weder im Arbeitsvertrag, noch im Tarifvertrag oder in einer Betriebsvereinbarung vorgesehen, ist entsprechend § 612 Abs. 2 BGB die »übliche Vergütung« zu zahlen. Ist nach einem Tarifvertrag Rufbereitschaft zu vergüten, so gilt das auch für einen Arbeitnehmer, der außerhalb der regelmäßigen Arbeitszeit über Funktelefon (Handy) erreichbar sein muss (BAG v. 20.6.2000 – 9 AZR 437/99, NZA 2001, 625).
Bei der Berechnung der **Urlaubsvergütung** kann aufgrund tariflicher Vorschrift die Vergütung für

Arbeitszeit

Rufbereitschaft zu berücksichtigen sein (BAG v. 20.6.2000 – 9 AZR 437/99, a.a.O.). Die Zeit der Rufbereitschaft zählt **nicht zu den Überstunden** i.S.v. § 11 BUrlG (BAG v. 24.10.2000 – 9 AZR 634/99, NZA 2001, 449). Deshalb fließt eine für die Rufbereitschaftszeit gezahlte Vergütung in die Berechnung des Urlaubsentgeltes (siehe → **Urlaub**) mit ein.
Die Einführung und konkrete Ausgestaltung der Rufbereitschaft z.B. in Form eines Rufbereitschaftsplanes unterliegt dem Mitbestimmungsrecht des Betriebsrats nach § 87 Abs. 1 Nr. 2 BetrVG. Dieses Recht kann nicht durch einzelvertragliche Abreden zum Arbeitsvertrag ausgeschaltet werden.

XIII. Nachtzeit
Nachtzeit ist gem. § 2 Abs. 4 ArbZG die Zeit von 23 bis 6 Uhr, in Bäckereien und Konditoreien die Zeit von 22 bis 5 Uhr.
Für werdende und stillende Mütter besteht ein **Nachtarbeitsverbot** in der Zeit von 20 Uhr bis 6 Uhr (§ 8 Abs. 1 Mutterschutzgesetz). Sonderbestimmungen gelten auch für Jugendliche (§ 14 Jugendarbeitsschutzgesetz).
Von der gesetzlichen Definition der Nachtzeit zu unterscheiden sind tarifliche Nachtarbeitszeitregelungen, deren Zweck es ist, den Zeitraum festzulegen, für den tarifliche **Nachtarbeitszuschläge** zu zahlen sind.

XIV. Nachtarbeit
Nachtarbeit ist jede Arbeit, die mehr als zwei Stunden der Nachtzeit umfasst (§ 2 Abs. 4 ArbZG).

XV. Nachtarbeitnehmer
Nachtarbeitnehmer sind Arbeitnehmer, die entweder normalerweise Nachtarbeit in Wechselschicht zu leisten haben oder Nachtarbeit an mindestens 48 Tagen im Kalenderjahr leisten (§ 2 Abs. 5 ArbZG).

XVI. Schichtarbeit
Schichtarbeit kommt in unterschiedlichen Formen vor, z.B.: Zweischicht-, Dreischicht-, Vierschicht- und Konti-Schichtsysteme (Vollkonti-Schicht: Arbeit an allen Tagen der Woche [rund um die Uhr]; Teilkonti-Schicht: Arbeit von Montag bis Freitag, gegebenenfalls auch einschließlich Samstag). Schichtarbeit findet statt
- im Dienstleistungsbereich (notwendige Versorgung der Bevölkerung: Krankenhäuser, Bahn, Post, Polizei usw.; aber auch zum Zwecke besserer Bedarfsdeckung: Gaststätten, Tageszeitungen usw.);
- im industriellen Bereich aus technischer Notwendigkeit (z.B. Hochöfen) oder aus ökonomischen Gründen (volle Nutzung der Maschinen).

Siehe → **Schichtarbeit**.

XVII. Überstunden
Als Überstunden (oder Mehrarbeit) wird die Arbeitszeit bezeichnet, die auf Anordnung oder mit Duldung des Arbeitgebers über die durch Tarifvertrag oder Arbeitsvertrag festgelegte regelmäßige Arbeitszeit(dauer) hinausgeht (und deshalb nach den Tarifverträgen zuschlagspflichtig ist, wobei Tarifverträge manchmal nur die angeordnete Mehrarbeit als zuschlagspflichtig ansehen).
Überstunde ist auch diejenige Arbeitszeit, die durch eine der Mitbestimmung des Betriebsrats nach § 87 Abs. 1 Nr. 3 BetrVG unterliegende vorübergehende Verlängerung der betriebsüblichen Arbeitszeit entsteht. Siehe → **Überstunden.**

XVIII. Kurzarbeit
Kurzarbeit ist die vorübergehende Verkürzung der betriebsüblichen Arbeitszeit.
Der Betriebsrat hat nach § 87 Abs. 1 Nr. 3 BetrVG mitzubestimmen. Ihm steht ein Initiativ-Mitbestimmungsrecht zu. Siehe → **Kurzarbeit, Kurzarbeitergeld**.

XIX. Teilzeitarbeit
Teilzeitbeschäftigt ist ein Arbeitnehmer, dessen regelmäßige Wochenarbeitszeit kürzer ist als die eines vergleichbaren vollzeitbeschäftigten Arbeitnehmers.
Ist eine regelmäßige Wochenarbeitszeit nicht vereinbart, so ist ein Arbeitnehmer teilzeitbeschäftigt, wenn seine regelmäßige Arbeitszeit im Durchschnitt eines bis zu einem Jahr reichenden Beschäftigungszeitraums unter der eines vergleichbaren vollzeitbeschäftigten Arbeitnehmers liegt (§ 2 Abs. 1 Satz 1, 2 TzBfG). Siehe → **Teilzeitarbeit**.
Teilzeitbeschäftigt ist auch ein Arbeitnehmer, der eine geringfügige Beschäftigung im Sinne des § 8 Abs. 1 Nr. 1 SGB IV ausübt.

Arbeitszeit

Nach § 8 TzBfG kann ein Arbeitnehmer, dessen Arbeitsverhältnis länger als sechs Monate bestanden hat, verlangen, dass seine vertraglich vereinbarte Arbeitszeit verringert wird.

XX. Arbeit auf Abruf (»Kapazitätsorientierte variable Arbeitszeit«)
Eine besondere Form flexibler Arbeitszeitgestaltung ausschließlich im Interesse des Arbeitgebers ist die »Arbeit auf Abruf«, auch »Anpassung der Arbeitszeit an den Arbeitsanfall« oder »kapazitätsorientierte variable Arbeitszeit« (KAPOVAZ) genannt. Hier vereinbaren Arbeitgeber und Arbeitnehmer, dass die Arbeitsleistung entsprechend dem jeweiligen Arbeitsanfall zu erbringen ist. § 12 TzBfG regelt hierzu Mindestbedingungen.
Der Betriebsrat hat bei der Einführung und Ausgestaltung der KAPOVAZ nach § 87 Abs. 1 Nr. 2 BetrVG mitzubestimmen. Siehe → **Teilzeitarbeit.**

XXI. Arbeitsplatzteilung (»Job-sharing«)
Eine weitere Form flexibler Arbeitszeitgestaltung ist die Arbeitsplatzteilung (»Job-sharing«). In diesem Falle vereinbart der Arbeitgeber mit zwei oder mehr Arbeitnehmern, dass diese sich die **Arbeitszeit an einem Arbeitsplatz teilen.** Hierzu regelt § 13 TzBfG Mindestbedingungen.
Der Betriebsrat hat bei der Einführung und Ausgestaltung der Arbeitsplatzteilung nach § 87 Abs. 1 Nr. 2 BetrVG **mitzubestimmen.** Siehe → **Teilzeitarbeit.**

XXII. Ungleichmäßige Verteilung der Arbeitszeit im Rahmen eines Ausgleichszeitraums
Tarifverträge ermöglichen vielfach eine Flexibilisierung der regelmäßigen wöchentlichen Arbeitszeit in Form der **ungleichmäßigen Verteilung** der Arbeitszeit im Rahmen eines bestimmten **Ausgleichszeitraums** von mehreren Wochen oder Monaten. Recht verbreitet sind tariflich geregelte Ausgleichszeiträume von sechs bzw. zwölf Monaten (»Jahresarbeitszeit«). Soweit noch längere Ausgleichszeiträume tariflich zugelassen werden (z. B. 24 Monate), sind diese meist an die Zustimmung der Tarifvertragsparteien gekoppelt. Siehe → **Arbeitszeitflexibilisierung.**

XXIII. Altersteilzeit
Ein Sonderfall der ungleichmäßigen Verteilung der Arbeitszeit in einem Ausgleichszeitraum stellt das **Blockzeitmodell** bei Altersteilzeit dar. In diesem Fall wird die während der Altersteilzeit halbierte bisherige Arbeitszeit in der Weise verteilt, dass in der Arbeitsphase zu 100 Prozent und in der anschließenden Freistellungsphase überhaupt nicht mehr gearbeitet wird. Siehe → **Altersteilzeit.**

XXIV. Freischichtenmodell
In manchen Branchen wird tarifvertraglich eine ungleichmäßige Verteilung der regelmäßigen wöchentlichen Arbeitszeit in Form des sog. Freischichtenmodells ermöglicht. Ziel ist es, trotz einer regelmäßigen wöchentlichen Arbeitszeit von z. B. 35 Stunden eine **Betriebsnutzungszeit** von z. B. 40 Stunden in der Woche zu ermöglichen. Wöchentliche Betriebsnutzungszeit und kürzere tarifliche Wochenarbeitszeit werden dadurch aufeinander abgestimmt, dass ein Arbeitnehmer (bei einer Fünf-Tage-Woche) täglich acht Stunden (statt sieben Stunden) und wöchentlich 40 Stunden (statt 35 Stunden) arbeitet und dafür einen **Zeitausgleich in Form von freien Tagen** erhält. Nach acht Tagen Arbeit mit jeweils acht Stunden hat der Arbeitnehmer einen Tag frei (sog. Freischicht). Siehe → **Arbeitszeitflexibilisierung.**

XXV. Gleitende Arbeitszeit
Bei der »**einfachen Gleitzeit**« wird lediglich der Beginn der täglichen Arbeitszeit variabel gestaltet. Es wird z. B. festgelegt, dass die Arbeit zwischen 7 und 9 Uhr begonnen werden kann und muss. Ansonsten sind die Arbeitnehmer verpflichtet, eine bestimmte Sollarbeitszeit (z. B. acht Stunden täglich) zu arbeiten.
»**Qualifizierte Gleitzeit**« liegt vor, wenn dem Arbeitnehmer die Möglichkeit eingeräumt wird, innerhalb bestimmter täglicher Gleitspannen, die einer festen Mindestarbeitszeit (= Kernarbeitszeit) vor- und nachgelagert sind, den Beginn und das Ende der Arbeit zu bestimmen, wobei innerhalb eines bestimmten Ausgleichszeitraums die regelmäßige betriebliche Arbeitszeit erreicht werden muss. Siehe → **Gleitzeit.**

XXVI. Arbeitszeitkonto
Meist aufgrund einer Betriebsvereinbarung wird die Möglichkeit geschaffen, durch Verlängerung oder Verkürzung der tariflich geregelten (oder vertraglich vereinbarten) Wochenarbeitszeit bis zu einer bestimmten Höchstgrenze **Arbeitszeitguthaben** und **Arbeitszeitschulden** aufzubauen (z. B. 105 Pluss-

Arbeitszeit

tunden/70 Minusstunden). Tarifvertrag beachten (insbesondere Bestimmungen über individuelle regelmäßige Wochenarbeitszeit sowie Zuschlagspflichtigkeit von Mehrarbeit). Siehe → **Arbeitszeitflexibilisierung.**

XXVII. Vertrauensarbeitszeit
Eine extreme Form der Flexibilisierung der Arbeitszeit ist die sog. Vertrauensarbeitszeit. Dem Arbeitnehmer wird überlassen, wann, wie und in welcher Arbeitszeit er die ihm – z.b. aufgrund einer → **Zielvereinbarung** – obliegenden Arbeiten bewältigt. Beginn und Ende der täglichen Arbeitszeit wird nicht festgelegt. Eine **elektronische Zeiterfassung** findet nicht statt.
Vertrauensarbeitszeit ist nur in dem Rahmen zulässig, der durch das Arbeitszeitgesetz (Höchstdauer der werktäglichen Arbeitszeit), tarifliche Bestimmungen zur Arbeitszeitdauer und Arbeitszeitlage und das Mitbestimmungsrecht des Betriebsrats nach § 87 Abs. 1 Nr. 2 BetrVG gezogen wird.
Nach § 16 Abs. 2 ArbZG ist der Arbeitgeber verpflichtet, die über acht Stunden pro Werktag (= Montag bis Samstag) hinausgehende Arbeitszeit aufzuzeichnen. Aufzeichnungspflichtig sind auch die an Sonn- und Feiertagen geleisteten Arbeitsstunden.
Nach h. M. soll der Arbeitgeber die Erfüllung seiner Aufzeichnungspflicht gem. § 16 Abs. 2 ArbZG auf die Arbeitnehmer übertragen können (**Selbstaufschreibung durch Arbeitnehmer**). Der Arbeitgeber bleibt aber verantwortlich. Er muss der Behörde die Kontrolle der Aufzeichnungen ermöglichen. Deshalb hat der Arbeitgeber durch entsprechende Anordnungen und Kontrollmaßnahmen sicherzustellen, dass die Arbeitnehmer die erbrachte Arbeitszeit auch tatsächlich aufzeichnen. Geschieht dies nicht, begeht der Arbeitgeber gem. § 22 Abs. 1 Nr. 9 ArbZG eine Ordnungswidrigkeit, die mit **Bußgeld** geahndet werden kann (siehe → **Ordnungswidrigkeitenverfahren**). Außerdem kann die Aufsichtsbehörde den Arbeitgeber gem. § 17 Abs. 2 ArbZG durch Anordnung verpflichten, den Arbeitszeitnachweis in einer geeigneteren Form zu erbringen. Siehe → **Arbeitszeitflexibilisierung.**

XXVIII. Jahresarbeitszeit
Der Begriff der Jahresarbeitszeit wird in unterschiedlichem Sinne verwandt. Er kann die Vereinbarung über die **Dauer** (= den Umfang) der vom Arbeitnehmer geschuldeten regelmäßigen Jahresarbeitszeit meinen; der Begriff wird aber auch in den Fällen der ungleichmäßigen **Verteilung** der regelmäßigen wöchentlichen Arbeitszeit im Rahmen eines Ausgleichszeitraums verwandt. Siehe → **Arbeitszeitflexibilisierung.**

XXIX. Langzeitkonten/Lebensarbeitszeit
Die tarifliche Arbeitszeitpolitik setzt sich in zunehmendem Maße mit der Frage von **Langzeitkonten** bzw. **Lebensarbeitszeitkonten** auseinander. Ziel derartiger Langfristmodelle ist es, durch eine Verlängerung der Arbeitszeit großvolumige Arbeitszeitguthaben aufzubauen, um diese sodann für einen längerfristigen Ausstieg (»Sabbatjahr«) oder für eine Verkürzung der Lebensarbeitszeit zu verwenden. Siehe → **Arbeitszeitflexibilisierung.**

Rechtsprechung – Arbeitszeit

1. Gesetzliche Höchstarbeitszeit (§§ 3, 6 Abs. 2 ArbZG; ArbZeit-Richtlinie)
2. Arbeitsbereitschaft
3. Bereitschaftsdienst
4. Bereitschaftsdienst und Ruhezeit
5. Bereitschaftsdienst als Teil der vergütungspflichtigen Arbeitszeit
6. Anordnung von Bereitschaftsdienst – Direktionsrecht
7. Bereitschaftsdienst – Rufbereitschaft: Überstunden – Urlaubsentgelt
8. Rufbereitschaft
9. Reisezeit außerhalb der Arbeitszeit – Wegezeit – Reisetätigkeit bei Außendienstmitarbeitern
10. Umkleide-, Wasch- und Wegezeiten: Vergütungspflicht
11. Ruhepause (§ 4 ArbZG)

Arbeitszeit

12. Ruhezeit (§ 5 ArbZG)
13. Nacht- und Schichtarbeit (§ 6 ArbZG)
14. Sonn- und Feiertagsarbeit (§§ 9 ff. ArbZG)
15. Festlegung der Arbeitszeit durch Eintragung in Listen
16. Aufzeichnungen nach § 16 Abs. 2 ArbZG – Vertrauensarbeitszeit – Pflicht zur Unterrichtung des Betriebsrats
17. Tarifvertragliche Regelungen zur Dauer der Arbeitszeit – Tariflicher Anspruch auf Wahl der Dauer der Arbeitszeit
18. Arbeitsvertragliche Vereinbarungen zur Dauer der Arbeitszeit
19. Verkürzung der Dauer der regelmäßigen Arbeitszeit – Beschäftigungssicherungstarifvertrag
20. Verlängerung der Dauer der regelmäßigen Arbeitszeit – Verstoß gegen Tarifvertrag
21. Erhöhung der Pflichtstundenzahl von Lehrkräften
22. Keine Arbeitszeitverlängerung durch Haustarifvertrag mit einer anderen Gewerkschaft oder durch Betriebsvereinbarung
23. Unzulässige Aufforderung zu Arbeitszeitverlängerung ohne Lohnausgleich – Verstoß gegen Maßregelungsverbot – Gleichbehandlungsgrundsatz
24. Bestimmung der Lage der Arbeitszeit – Direktionsrecht
25. Dauer und Ausgestaltung der Arbeitszeit nach dem Arbeitsanfall
26. Flexible Arbeitszeit – Arbeitszeitkonto – Ausgleichszeitraum
27. Personaleinsatzplanung
28. Freizeitausgleich und Arbeitsunfähigkeit
29. Insolvenzsicherung von Arbeitszeitguthaben
30. Sonstiges
31. Dienstreise als Arbeitszeit
32. Zeitzuschläge
33. Lohnausgleich für tarifliche Arbeitszeitverkürzung: Anrechnung auf tarifliche oder übertarifliche Zulage
34. Berücksichtigung von Wochenfeiertagen bei Schichtarbeit
35. Ausnahmebewilligung für Beschäftigung an Sonn- und Feiertagen durch Aufsichtsbehörde
36. Sonntagsarbeit: Klagebefugnis von Arbeitnehmern gegen Feststellungsbescheid des Gewerbeaufsichtsamtes
37. Unterlassungsanspruch einer Gewerkschaft gegen tarifwidrige Betriebsvereinbarungen und Regelungsabreden
38. Gleitzeitmanipulation – Fristlose Kündigung

Rechtsprechung – Arbeitszeit – Mitbestimmung des Betriebsrats

1. Auskunftsanspruch des Betriebsrats – Wahrnehmung der Überwachungsaufgabe nach §80 Abs.1 Nr.1 BetrVG – Aufzeichnungen nach §16 Abs.2 Satz1 ArbZG – Vertrauensarbeitszeit
2. Zusammenarbeit des Betriebsrats mit Aufsichtsbehörden – Datenschutz
3. Keine Mitbestimmung über die Dauer der regelmäßigen wöchentlichen oder jährlichen Arbeitszeit

Arbeitszeit

4. Tarifvertraglich geregelte Mitbestimmung bei der Absenkung der Arbeitszeit zum Zwecke der Beschäftigungssicherung (Metallindustrie)
5. Verlängerung der Arbeitszeit als Einstellung
6. Tarifwidrige Arbeitszeitverlängerung
7. Tarifwidrige Arbeitszeitgestaltung
8. Verstoß gegen tarifliche Quotenregelung
9. Unzulässige Auszahlung von Freizeitguthaben: Unterlassungsanspruch des Betriebsrats
10. Mitbestimmung bei der Lage und Verteilung der Arbeitszeit (§ 87 Abs.1 Nr.2 BetrVG) – Schichtpläne – Ausgleichszeitraum
11. Initiativmitbestimmungsrecht
12. Mitbestimmung bei Teilzeitarbeit
13. Mitbestimmung bei Arbeit an Weihnachten, Neujahr und Karnevalstagen
14. Mitbestimmung bei Umkleidezeiten
15. Mitbestimmung bei Anordnung einer Dienstreise?
16. Mitbestimmung bei Anordnung einer Schulung
17. Mitbestimmung bei Umsetzung eines Arbeitnehmers von Tag- in Nachtschicht
18. Mitbestimmung bei Pausen
19. Mitbestimmung bei flexibler Arbeitszeit – Arbeitszeitkonto
20. Verstöße gegen Gleitzeit-Betriebsvereinbarung – Unterlassungsanspruch
21. Mitbestimmung bei Bereitschaftsdienst
22. Mitbestimmung bei Rufbereitschaft
23. Mitbestimmung bei Betriebsausflug
24. Mitbestimmung bei zeitlicher Lage von Mitarbeiterversammlungen des Arbeitgebers
25. Mitbestimmung bei Kurzarbeit (§ 87 Abs.1 Nr.3 BetrVG)
26. Mitbestimmung bei Überstunden (§ 87 Abs.1 Nr.3 BetrVG)
27. Mitbestimmung bei Nachtarbeit
28. Mitbestimmung bei Schichtarbeit
29. Mitbestimmung bei Personaleinsatzplanung
30. Mitbestimmung bei Dienstreisen außerhalb der Arbeitszeit?
31. Mitbestimmung über Fälligkeit der Vergütung für Samstagsarbeit bei bestehendem Arbeitszeitkonto
32. Mitbestimmung bei Festlegung eines tariflichen Nachtarbeitszuschlags
33. Mitbestimmung bei Sonntagsarbeit
34. Mitbestimmung bei der Festlegung von Ersatzruhetagen für Feiertagsarbeit
35. Mitbestimmung bei Ladenöffnung/Ladenschluss
36. Entscheidung der Einigungsstelle (§ 87 Abs. 2 BetrVG)
37. Einseitige Veränderung der Arbeitszeit durch Arbeitgeber: Zustimmungsverweigerung nach §99 BetrVG bei Verstoß gegen eine tarifliche Beschäftigtenquote
38. Tarifvorrang des §77 Abs.3 BetrVG: Unwirksame Betriebsvereinbarung über die Dauer der regelmäßigen Arbeitszeit – Unterlassungsanspruch der Gewerkschaft
39. Unterlassungsanspruch des Betriebsrats – einstweilige Verfügung

Arbeitszeitflexibilisierung

Was ist das?

1. Der Begriff Arbeitszeitflexibilisierung in weiterem Sinne erfasst
   - sowohl die Flexibilisierung des **Arbeitszeitvolumens** (= Dauer der von den Arbeitnehmern vertraglich/tariflich geschuldeten regelmäßigen Arbeitszeit, für das sie das vereinbarte/tarifliche Grundentgelt erhalten; siehe hierzu → **Arbeitszeit**)
   - als auch die Flexibilisierung in Bezug auf die **Lage und Verteilung** des – tarifvertraglich oder arbeitsvertraglich – vorgegebenen Arbeitszeitvolumens; das heißt: Festlegung von Beginn und Ende der täglichen Arbeitszeit einschließlich der Pausen sowie Verteilung des geschuldeten Arbeitszeitvolumens auf die einzelnen Wochentage oder einen längeren Ausgleichszeitraum (z. B. Monat, Jahr).

1a. Die **Dauer** der Arbeitszeit (= das geschuldete Arbeitszeitvolumen) und ihre **Gestaltung** (= Festlegung von Lage und Verteilung) sind durch unterschiedliche bis **gegensätzliche Interessen** von Arbeitgebern und Arbeitnehmern geprägt.

2. Die **Arbeitgeber** wollen
   - eine schnelle Reaktion auf Kundenwünsche sicherstellen,
   - Liefertermine einhalten,
   - kunden- und lieferantengerechte Ansprechzeiten ermöglichen,
   - Anpassung der Dauer des Arbeitszeitvolumens und/oder der Lage und Verteilung des Arbeitszeitvolumens an den wechselnden Arbeitsanfall (bei Bedarf Betriebsnutzungszeiten und Arbeitszeiten verlängern oder verkürzen),
   - Leerläufe vermeiden,
   - Überstundenvergütung und -zuschläge und die aus ihrer Sicht lästige Mitbestimmung des Betriebsrats bei Überstunden vermeiden,
   - Produktivität steigern,
   - Durchlauf- und Lieferzeiten senken,
   - Lagerbestände und -kosten minimieren,
   - Fehlzeiten von Beschäftigten schnellstmöglich durch Einsatz von flexiblen Mitarbeitern kompensieren.

3. **Instrumente** zur Durchsetzung dieser Ziele sind unter anderem
   - höchstmögliche Flexibilisierung der Dauer des Arbeitszeitvolumens, aber auch der Lage und Verteilung je nach Bedarf am Tag (z. B. mal sechs, mal zehn und mehr Stunden) und in der Woche (z. B. mal 20, mal 50 Stunden),
   - Ausweitung der regelmäßigen Arbeitszeit auf das Wochenende (Samstag, Sonntag),
   - variable Teilzeit, insbesondere »kapazitätsorientierte variable Arbeitszeit« (KAPOVAZ = Arbeit auf Abruf; siehe → **Teilzeitarbeit**): vergütet wird nur die abgerufene Arbeitszeit.

4. Die Arbeitszeit-Interessen der **Beschäftigten** gehen in eine andere Richtung. Sie haben meist ein Interesse an einer
   - Begrenzung der täglichen und wöchentlichen Arbeitszeit zum Schutz der Gesundheit und Erhaltung von Lebensqualität,

Arbeitszeitflexibilisierung

- Gestaltbarkeit der Arbeitszeit (»**Arbeitszeit-Souveränität**« z. B. durch → **Gleitzeit** oder Nutzung eines Arbeitszeitkontos) und damit **Planbarkeit** der Freizeit für »Familie und Verkehr«,
- Freihaltung des Wochenendes (Samstag und Sonntag) für Familie, Hobbys, gesellschaftliche und religiöse Betätigung usw.

Natürlich gibt es, je nach persönlicher Situation, Differenzierungen: der 30-jährige karriereorientierte Ledige hat andere Arbeitszeitinteressen als die alleinstehende Mutter von minderjährigen Kindern.

> **Beispiel:**
> Eine Dauer-Spätschicht (also dauerhafte Arbeit etwa von Montag bis Freitag jeweils von 14 bis 22 Uhr) mag für einen Ledigen eine noch akzeptable Arbeitszeitform sein, nicht aber z. b. für Väter und/oder Mütter mit Kindern: wenn diese aus der Schule kommen, sind ihre Eltern bereits »auf Arbeit«.

Häufig besteht die Belegschaft aus Beschäftigten, deren Arbeitsverträge unterschiedliche (in der Regel vom Arbeitgeber geforderte) Arbeitszeitvereinbarungen beinhalten: 5
- Vollzeitmitarbeiter, deren vertraglich vereinbarte bzw. tarifliche regelmäßige wöchentliche Arbeitszeit (z. B.) 37,5 Stunden pro Woche bzw. 163 Stunden pro Monat beträgt;
- Teilzeitmitarbeiter, die mit einer vertraglich vereinbarten Arbeitszeit von weniger als (z. B.) 37,5 Stunden pro Woche bzw. 163 Stunden pro Monat beschäftigt sind;
- Jahresarbeitszeit-Mitarbeiter": im Arbeitsvertrag ist eine regelmäßige Arbeitszeit in Form einer Stundenzahl pro Jahr festgelegt (z. B. 1300 Stunden/Jahr). Auf dieser Basis erhalten sie ein verstetigtes (= festes) Monatsentgelt. Der Arbeitseinsatz erfolgt bei Bedarf (auf Abruf).
- „Flexi-Mitarbeiter" (= Arbeit auf Abruf nach § 12 TzBfG): im Arbeitsvertrag ist in Bezug auf die Dauer der regelmäßigen wöchentlichen Arbeitszeit eine Mindeststundenzahl vereinbart (z. B. 20 Stunden pro Woche). Dafür erhalten sie ein entsprechendes (Mindest-)Entgelt. Des Weiteren ist die Dauer der täglichen Arbeitszeit (z. B. vier Stunden pro Tag) festgelegt. Über die vereinbarte wöchentliche bzw. tägliche Arbeitszeit hinausgehende Arbeitseinsätze sind möglich und werden vergütet, wenn sie anfallen. Der Flexi-Mitarbeiter erhält also ein – je nach Dauer des Arbeitseinsatzes oberhalb der vereinbarten Mindeststundenzahlen – ein **schwankendes Arbeitsentgelt**.

> **Hinweis:**
> Wenn keine vertraglichen Festlegungen getroffen wurden, gilt nach § 12 Abs. 1 Sätze 3 und 4 TzBfG eine Arbeitszeit von 10 Stunden pro Woche und von mindestens drei aufeinanderfolgenden Stunden pro Tag als vereinbart.

Aufgabe des **Betriebsrats** ist es, das durch Ausschöpfung seiner **Mitbestimmungsrechte nach** 6
§ 87 Abs. 1 Nr. 2 und 3 BetrVG (siehe Rn. 65 ff.) und Beteiligung der Beschäftigten an der Gestaltung der betrieblichen Arbeitszeit sicherzustellen. Dabei geht es darum, dass Betriebsrat und Beschäftigte ihre Ansprüche an eine arbeitnehmerinteressenorientierte Arbeitszeitregelung selbstbewusst zur Geltung bringen und sich vom Arbeitgeber nicht »über den Tisch ziehen zu lassen«. Motto: »Man lebt nicht, um zu arbeiten – sondern man arbeitet, um zu leben«.
Besonders nachteilige Arbeitszeitformen wie z. B. → **Arbeit auf Abruf**, Dauer-Spätschicht (siehe Rn. 4), Nachtschicht, Arbeit an Samstagen, Sonn- und Feiertagen usw. erfordern – wenn sie nicht vermieden werden können – eine besondere Aufmerksamkeit des Betriebsrats und einen besonderen Regelungsbedarf (z. B. Wahlrechte der Beschäftigten, Maßnahmen zur Abwendung, Milderung oder zum Ausgleich der Nachteile).

Arbeitszeitflexibilisierung

7   Gesetzliche und tarifliche Bestimmungen lassen den Betriebsparteien eine Vielzahl von Möglichkeiten, die Lage und Verteilung der von den Arbeitnehmern geschuldeten regelmäßigen Arbeitszeit im **Mitbestimmungswege** nach § 87 Abs. 1 Nr. 2 BetrVG in unterschiedlichsten **Formen** zu regeln:
- Feste tägliche Arbeitszeit (siehe Rn. 19),
- Versetzte tägliche Arbeitszeiten (siehe Rn. 20),
- Einfache und qualifizierte → **Gleitzeit,**
- → **Nachtarbeit**
- → **Sonn- und Feiertagsarbeit**
- → **Schichtarbeit** (siehe Rn. 21)
- Sechs-Tage-Woche, Fünf-Tage-Woche, Vier-Tage-Woche, Wochenendschicht (siehe Rn. 22 ff.),
- Gleichmäßige oder ungleichmäßige Verteilung der Arbeitszeit auf die einzelnen Tage der Woche (siehe Rn. 26 ff.),
- Freischichtenmodell (siehe Rn. 30 ff.),
- Ungleichmäßige Verteilung der regelmäßigen Arbeitszeit innerhalb eines nach Wochen oder Monaten bemessenen Ausgleichszeitraums (siehe Rn. 42 ff.),
- Jahresarbeitszeit (siehe Rn. 50 ff.),
- Vertrauensarbeitszeit (siehe Rn. 54 ff.),
- → **Arbeit auf Abruf** (siehe Rn. 58)
- → **Arbeitsplatzteilung** (»Jobsharing«; siehe Rn. 59)
- Lebensarbeitszeit (siehe Rn. 61 ff.),
- → **Altersteilzeit.**

8   In vielen Branchen lassen → **Tarifverträge** zu, auch die Dauer der von den Arbeitnehmern geschuldeten regelmäßigen Arbeitszeit (Arbeitszeitvolumen) auf betrieblicher Ebene variabel zu gestalten. Beispiele sind Tarifregelungen, die die Betriebsparteien ermächtigen, im Falle von Auslastungsproblemen regelmäßige wöchentliche Arbeitszeit abzusenken (z. B. von 35 auf 30 Stunden; siehe → **Beschäftigungssicherungstarifvertrag**).

8a Des Weiteren haben die Betriebsparteien die Möglichkeit, die Dauer der betriebsüblichen Arbeitszeit im Mitbestimmungswege vorübergehend zu verlängern oder zu verkürzen (§ 87 Abs. 1 Nr. 3 BetrVG; siehe → **Überstunden** und → **Kurzarbeit, Kurzarbeitergeld**).

9   Flexible Arbeitszeitmodelle setzen voraus, dass die Zahl der geleisteten Arbeitsstunden in geeigneter Form erfasst wird. In den meisten Betrieben mit flexiblen Arbeitszeitmodellen findet eine **elektronische Zeiterfassung** statt.
Zum Mitbestimmungsrecht des Betriebsrats bei der Zeiterfassung siehe Rn. 68. und → **Überwachung von Arbeitnehmern.**

9a Gemäß § 16 Abs. 2 ArbZG ist der Arbeitgeber verpflichtet, die über die acht Stunden hinausgehende werktägliche Arbeitszeit – dazu gehört auch die Arbeit an Sonn- und Feiertagen – **aufzuzeichnen.**
Die **Form** der Aufzeichnung (elektronisch oder durch Eintragung in Listen) ist nicht vorgeschrieben.
Der Arbeitgeber kann seine Verpflichtung zur Aufzeichnung auf die Arbeitnehmer **nur dann** »übertragen«, wenn er durch entsprechende Anordnungen und Überwachungsmaßnahmen sicherstellt, dass die **Selbstaufschreibung** durch die Arbeitnehmer auch tatsächlich stattfindet.
Siehe auch → **Arbeitszeit** Rn. 55 f.

Arbeitszeitflexibilisierung

Arbeitszeitkonto

In allen Fällen der flexiblen Gestaltung der täglichen Arbeitszeit, insbesondere bei qualifizierter → **Gleitzeit**, im Falle der ungleichmäßigen Verteilung der regelmäßigen Arbeitszeit in einem Ausgleichszeitraum, aber auch im Falle der durch Freizeit auszugleichenden → **Überstunden** ist regelmäßig die Einstellung der erfassten Arbeitszeit in ein Arbeitszeitkonto notwendig.

Ein Arbeitszeitkonto ist kein spezifisches Arbeitszeitmodell, sondern – ähnlich einem Geldkonto – ein Instrument zur Erfassung von **Plus- und Minusstunden**, die bei der flexiblen Gestaltung der Arbeitszeit entstehen.

Ein Arbeitszeitkonto hat **Dokumentationsfunktion**. Es hält fest, in welchem zeitlichen Umfang der AN seine Hauptleistungspflicht nach § 611 Abs. 1 BGB erbracht hat oder aufgrund eines Entgeltfortzahlungstatbestands nicht erbringen musste (BAG v. 21.3.2012 – 5 AZR 676/11, NZA 2012, 870). Wegen der Dokumentationsfunktion darf der Arbeitgeber nicht ohne Befugnis korrigierend in ein Arbeitszeitkonto eingreifen und dort eingestellte Stunden streichen. Neben der materiellrechtlichen Rechtfertigung muss die der Führung des Arbeitszeitkontos zugrundeliegende Vereinbarung (Arbeitsvertrag, Betriebsvereinbarung, Tarifvertrag) dem Arbeitgeber überhaupt die Möglichkeit eröffnen, in das Arbeitszeitkonto eingestellte und damit grundsätzlich streitlos gestellte Arbeitsstunden wieder zu streichen.

Da das Arbeitszeitkonto nach der zugrundeliegenden Abrede der Vertragsparteien den Vergütungsanspruch verbindlich bestimmt, hat der Arbeitnehmer einen **Anspruch auf korrekte Führung**. Er kann die Korrektur eines für ihn geführten Arbeitszeitkontos verlangen, wenn der Arbeitgeber auf dem Konto unberechtigt Abzüge vornimmt oder zu Unrecht Gutschriften unterlässt (BAG v. 15.4.2008 – 1 AZR 86/07, NZA 2008, 1074). Kürzt oder streicht der Arbeitgeber zu Unrecht ein Guthaben auf einem Arbeitszeitkonto, hat der Arbeitnehmer einen Anspruch auf (Wieder-)Gutschrift der auf dem Arbeitszeitkonto gestrichenen Stunden. Dieser Anspruch ist jeder Vereinbarung über die Führung eines Arbeitszeitkontos immanent (BAG v. 21.3.2012 – 5 AZR 676/11, NZA 2012, 870).

Je nach Art der in das Arbeitszeitkonto eingestellten Arbeitszeiten und Dauer des Ausgleichszeitraums spricht man vom Gleitzeitkonto, Mehrarbeitszeitkonto, Jahresarbeitszeitkonto, Langzeit- bzw. Lebensarbeitszeitkonto.

Nach zutreffender Ansicht des BAG drückt das Arbeitszeitkonto nur in anderer Form den **Vergütungsanspruch** des Arbeitnehmers aus (BAG v. 13.2.2002 – 5 AZR 470/00, DB 2002, 1162).

Kann ein Arbeitnehmer allein darüber bestimmen, ob er weniger als die regelmäßige wöchentliche Arbeitszeit arbeitet, stellt sich ein negativer Zeitkontenstand als ein entsprechender **Vergütungsvorschuss** dar.

Besteht bei Beendigung des Arbeitsverhältnisses ein **negativer Arbeitszeitsaldo**, muss er vom Arbeitnehmer wie ein Vorschuss ausgeglichen werden, sofern keine anders lautenden Regelungen bestehen. Dazu darf der Arbeitgeber eine Verrechnung mit Vergütungsansprüchen vornehmen (BAG v. 13.2.2002 – 5 AZR 470/00, a.a.O.).

Ein bei Ausscheiden aus dem Arbeitsverhältnis bestehendes Arbeitszeitguthaben (**positiver Arbeitszeitsaldo**) ist an den Arbeitnehmer auszuzahlen (BAG v. 13.3.2002 – 5 AZR 43/01, NZA 2002, 1112), ggf. mit vertraglich oder tariflich vereinbarten **Mehrarbeitszuschlägen**.

In der Klage auf Auszahlung des Arbeitszeitguthabens muss der Arbeitnehmer nicht einzelne Tage und Tageszeiten, in denen die Plusstunden entstanden sind, für die er weitere Arbeitsvergütung fordert, vortragen, um den Klagegrund hinreichend bestimmt i.S.d. § 253 Abs. 2 Nr. 2 ZPO zu bezeichnen.

Da das Zeitguthaben nur in anderer Form den Vergütungsanspruch des Arbeitnehmers ausdrückt, genügt für die Schlüssigkeit der Klage, die auf Ausgleich des Guthabens auf einem

10

11

12

481

Arbeitszeitflexibilisierung

Arbeitszeitkonto gerichtet ist, dass der Kläger die Vereinbarung eines Arbeitszeitkontos und das Guthaben zum vereinbarten Auszahlungszeitpunkt darlegt (BAG v. 13.3.2002 – 5 AZR 43/01, a.a.O.).

12a Verlangt der Arbeitnehmer auf der Grundlage einer Vereinbarung über ein Arbeitszeitkonto eine verstetigte Vergütung für einen bestimmten Zeitraum, obwohl er die geschuldete Arbeitsleistung in dem betreffenden Zeitraum nicht in vollem Umfang erbracht hat, ist sein Vortrag nur dann schlüssig, wenn er erkennen lässt, dass er einen **Vorschuss** und nicht eine bereits verdiente Vergütung verlangt. Der Arbeitnehmer muss insbesondere vortragen, dass er sich zur Nachleistung der nicht erbrachten Arbeitsleistung verpflichtet und mit einer entsprechenden Belastung des Arbeitszeitkontos mit Minusstunden einverstanden ist (BAG v. 15.5.2013 – 10 AZR 325/12).

12b Die vorbehaltlose Mitteilung eines Arbeitgebers an den Arbeitnehmer über den Stand des für ihn geführten Arbeitszeitkontos stellt dessen **Saldo** ebenso **streitlos** wie eine Lohn- oder Gehaltsmitteilung die darin ausgewiesene Geldforderung (BAG v. 28.7.2010 – 5 AZR 521/09, NZA 2010, 1241; 21.3.2012 – 5 AZR 676/11, NZA 2012, 870). Einer weiteren Geltendmachung i.S.v. → **Ausschlussfristen/Verfallfristen** bedarf es nicht mehr, wenn der Arbeitgeber das Guthaben kürzt oder streicht bzw. auf »Null« stellt, ohne die Guthabenstunden zu vergüten oder durch bezahlte Freizeit auszugleichen. Das gilt auch bei einer zweistufigen Ausschlussfrist. Weil bei einem streitlos gestellten Guthaben die erste Stufe der Ausschlussfrist nicht einzuhalten ist, ist der Arbeitnehmer auch nicht gehalten, den Anspruch innerhalb der vertraglich oder tariflich geregelten Frist gerichtlich geltend zu machen (BAG v. 21.3.2012 – 5 AZR 676/11, a.a.O.). Die Notwendigkeit zur Geltendmachung eines auf einem Arbeitszeitkonto ausgewiesenen Anspruchs lebt – vorbehaltlich einer abweichenden Regelung – nicht wieder auf, wenn sich z.B. wegen des Ablaufs eines Ausgleichszeitraums oder der Schließung eines Arbeitszeitkontos ein Anspruch auf Freizeitausgleich in einen Zahlungsanspruch wandelt. Der Zahlungsanspruch ist im Verhältnis zum Zeitguthaben kein neuer Anspruch im Sinne der Ausschlussfrist. Er ersetzt ihn lediglich, nachdem eine Freistellung ausscheidet (BAG v. 21.3.2012 – 5 AZR 676/11, a.a.O.).

Regelungen des SGB IV über die Führung, Übertragung und Insolvenzsicherung von Arbeitszeitguthaben

13 Durch das Gesetz zur Verbesserung der Rahmenbedingungen für die Absicherung flexibler Arbeitszeitregelungen vom 21.12.2008 (BGBl. I, S. 2940) sind mit § 7 Abs. 1 a und Abs. 3 Satz 2 sowie §§ 7b bis 7f SGB IV n.F. neue Regeln für **Wertguthaben (Arbeitszeitguthaben)** geschaffen worden. Die Bestimmungen sind sowohl sozialversicherungs- als auch arbeitsrechtlicher Natur. Sie sind am 1.1.2009 in Kraft getreten.

Die Möglichkeit der **Übertragung** von Wertguthaben bei Beendigung der Beschäftigung (z.B. bei Arbeitgeberwechsel) auf die Deutsche Rentenversicherung Bund gilt seit dem 1.7.2009.

Besonders wichtig sind die Regelungen zum **Insolvenzschutz** (§ 7e SGB IV). Zu beachten ist allerdings, dass die Bestimmungen nur für »Langzeit« bzw. »Lebensarbeitszeitkonten« gelten. »Kurzzeitkonten« werden nicht erfasst. Das ergibt sich aus der Definition des Begriffs »Wertguthabenvereinbarung« nach § 7b SGB IV.

Wenn etwa auch Arbeitszeitguthaben aus »Kurzzeit-Konten« gegen Insolvenz geschützt werden sollen, dann bedarf es dazu einer entsprechenden Vereinbarung bzw. Regelung (→ **Arbeitsvertrag**, → **Betriebsvereinbarung** oder → **Tarifvertrag**).

Für Arbeitszeitguthaben, die bei Altersteilzeit im sog. »**Blockmodell**« aufgebaut werden, gilt ausschließlich die Insolvenzschutzregelung des § 8a Altersteilzeitgesetz (siehe → **Altersteilzeit** Rn. 81 ff.).

Zu weiteren Einzelheiten siehe **Übersicht** im Anhang zu diesem Stichwort.

Arbeitszeitflexibilisierung

Zum Inhalt einer Betriebsvereinbarung über ein Arbeitszeitkonto siehe **Checkliste Arbeits-** 14
zeitkonto im Anhang zu diesem Stichwort.
Einzelheiten zur Arbeitszeitflexibilisierung in Form der → **Gleitzeit** siehe dort. 15
Flexible Arbeitszeitmodelle werfen eine Vielzahl von regelungsbedürftigen Fragen auf (siehe 16
Checklisten im Anhang zu diesem Stichwort).
Insbesondere ist zu prüfen, ob und inwieweit die konkrete Ausgestaltung mit den einschlägigen tarifvertraglichen Bestimmungen, insbesondere den Bestimmungen über **Mehrarbeit und Mehrarbeitszuschläge** vereinbar ist (falls ein Tarifvertrag überhaupt Anwendung findet). Außerdem sind die Folgen für die **Mitbestimmungsrechte** des Betriebsrats zu bedenken (z. B. nach § 87 Abs. 1 Nr. 3 BetrVG).

> **Beispiel:**
> Es gilt – tariflich – eine individuelle regelmäßige Wochenarbeitszeit von 35 Stunden. Zuschlagspflichtige Mehrarbeit ist gemäß Tarifvertrag die »angeordnete Überschreitung der individuellen regelmäßigen wöchentlichen Arbeitszeit«. Der Tarifvertrag lässt eine flexible Gestaltung der Arbeitszeit durch Betriebsvereinbarung zu.
> Arbeitgeber und Betriebsrat haben per Betriebsvereinbarung eine »Flexible Arbeitszeitregelung mit Arbeitszeitkonto« vereinbart. Hiernach kann die tarifliche Wochenarbeitszeit »freiwillig« oder auf Anordnung des Vorgesetzten um fünf Stunden verkürzt oder verlängert werden. Hierdurch entstehende Plus- und Minusstunden werden in ein Arbeitszeitkonto eingestellt. Der Durchschnitt von 35 Stunden pro Woche muss in einem Ausgleichszeitraum von einem Jahr erreicht werden.
> Ein Arbeitnehmer soll auf Anordnung des Vorgesetzten in den nächsten Wochen fünf Stunden länger, also 40 Stunden arbeiten.

Es stellen sich in diesem Beispielsfall folgende **Fragen:**
- Ist die Einrichtung eines Arbeitszeitkontos durch Betriebsvereinbarung **überhaupt zulässig?**
  Dies hängt von der Ausgestaltung des zugrundeliegenden Tarifvertrags ab (Öffnungsklausel für ein Arbeitszeitkonto; maximale Größe von Zeitguthaben und Zeitschulden, Ausgleichszeitraum usw.).
- Sind die fünf Stunden nach § 87 Abs. 1 Nr. 3 BetrVG **zustimmungspflichtig?**
  Nein, denn der Betriebsrat hat sein Mitbestimmungsrecht durch Vereinbarung des Arbeitszeitkontos bereits ausgeübt. Wäre dagegen in der Betriebsvereinbarung geregelt worden, dass Plusarbeit auf Anordnung des Vorgesetzten grundsätzlich als zustimmungspflichtige Überschreitung der betriebsüblichen Arbeitszeit im Sinne des § 87 Abs. 1 Nr. 3 BetrVG gilt, wäre Zustimmungspflicht gegeben.
- Sind die fünf Stunden vergütungs- und zuschlagspflichtige **Mehrarbeit** im Sinne des Tarifvertrages?
  Ja, denn es ist – entsprechend der tariflichen Bestimmung – auf Anordnung des Vorgesetzten über die regelmäßige tarifliche Wochenarbeitszeit von 35 Stunden hinaus gearbeitet worden.
  Etwas anderes würde gelten, wenn der Tarifvertrag vorsieht, dass die Überschreitung der Regelarbeitszeit von 35 Stunden pro Woche vergütungs- und zuschlagsfrei ist, wenn sich die individuelle wöchentliche Arbeitszeit **im Rahmen eines Korridors** (z. B.) zwischen 30 und 40 Stunden bewegt und etwaige Arbeitszeitguthaben bis zum Ende eines tarifvertraglich vorgesehenen Ausgleichszeitraums (z. B. von einem Jahr) durch entsprechende Freizeitnahme in der Weise ausgeglichen werden, dass im Durchschnitt 35 Stunden pro Woche nicht überschritten werden.
- In jedem Fall gilt: Eine **Auszahlung** von Arbeitszeitguthaben (die aus einer Überschreitung der 17
regelmäßigen tariflichen Arbeitszeit resultieren) ohne **Mehrarbeitszuschläge** ist nichts anderes als eine tarifvertragswidrige Verlängerung der tariflich geregelten Wochenarbeitszeit (vgl.

483

Arbeitszeitflexibilisierung

z. B. ArbG Arnsberg v. 16.8.1995 – 3 BV 6/95, AiB 1995, 744 und LAG Baden-Württemberg v. 28.5.1996 – 8 Sa 160/95, AiB 1997, 121 jeweils mit Anmerkung von Unterhinninghofen).

Konsequenz für die Betriebsratsarbeit

18 Es muss in der Betriebsvereinbarung über ein Arbeitszeitkonto eindeutig und unter Beachtung der **tarifvertraglichen Vorgaben** die (tägliche, wöchentliche, monatliche oder jährliche) »Sollarbeitszeit« festgelegt werden, damit festgestellt werden kann
- welche Arbeitsstunden **regelmäßige tarifliche Arbeitszeit** (= Sollarbeitszeit) und damit mit dem tariflichen Grundentgelt abgegolten sind und
- welche Arbeitsstunden als **Mehrarbeit** zusätzlich – mit Zuschlägen – zu vergüten sind (= Überschreitung der Sollarbeitszeit).
- Entsprechendes gilt für die (betriebsverfassungsrechtliche) Abgrenzung,
- welche Arbeitsstunden **betriebsübliche Arbeitszeit** (= Sollarbeitszeit) i. S. d. § 87 Abs. 1 Nr. 2 BetrVG und
- welche Arbeitsstunden als zustimmungspflichtige **Überstunden** i. S. d. § 87 Abs. 1 Nr. 3 BetrVG (= Überschreitung der betriebsüblichen Arbeitszeit) anzusehen sind.

Feste tägliche Arbeitszeiten

19 Trotz aller Diskussionen über Flexibilisierung der Arbeitszeit besteht in vielen Unternehmen, Betrieben und Betriebsabteilungen ein Arbeitszeitsystem, in dem Beginn und Ende der täglichen Arbeitszeit sowie die Lage der Pausen uhrzeitmäßig **genau festgelegt** sind. Grundlage ist dabei die vertragliche oder tarifliche regelmäßige wöchentliche Arbeitszeit (z. B. 35 Stunden), die gleichmäßig oder ungleichmäßig auf die einzelnen Wochentage verteilt wird (z. B. bei einer Fünf-Tage-Woche: sieben Stunden pro Arbeitstag).
Eine Überschreitung der festgelegten täglichen oder wöchentlichen Arbeitszeit ist **Mehrarbeit**, die gemäß § 87 Abs. 1 Nr. 3 BetrVG der Zustimmung des Betriebsrats bedarf und nach dem ggf. einschlägigen → **Tarifvertrag zuschlagspflichtig** ist (siehe → **Überstunden**).

Versetzte tägliche Arbeitszeit

20 Wenn die **Betriebsnutzungszeit** (z. B. Ladenöffnungszeit) länger ist bzw. sein soll als die vertragliche regelmäßige Arbeitszeit der Beschäftigten, werden oft versetzte Arbeitszeiten geregelt.

> **Beispiel:**
> Arbeitnehmer A arbeitet von 7 bis 15 Uhr, Arbeitnehmer B von 11 bis 18 Uhr. Auf diese Weise wird eine längere tägliche Betriebsnutzungszeit bzw. Ansprechbarkeit für Kunden ermöglicht (im Beispielsfall von 7 bis 18 Uhr).

Zur Problematik einer **Dauer-Spätschicht** siehe Rn. 4.

Schichtarbeit

21 Um eine noch weitergehendere Ausnutzung der Betriebsmittel zu ermöglichen, wird in vielen Betrieben in Schichten gearbeitet, im Extremfall »rund um die Uhr«. Beginn und Ende der jeweiligen Schichten (Früh-, Spät- und Nachtschicht) sind uhrzeitmäßig festgelegt.
Zu weiteren Einzelheiten siehe → **Schichtarbeit**.

Arbeitszeitflexibilisierung

Sechs-, Fünf-, Vier-Tage-Woche, Wochenendschichten

Das ArbZG lässt Arbeit an den sechs **Werktagen** von Montag bis Samstag zu. In Ausnahmefällen können Arbeitnehmer auch an Sonn- und Feiertagen beschäftigt werden. Die höchstzulässige werktägliche Arbeitszeit von acht Stunden kann innerhalb einer Woche (aber auch darüber hinaus innerhalb eines Ausgleichszeitraums von sechs Kalendermonaten oder 24 Wochen) ungleichmäßig verteilt werden.

Je nach Branche und tariflicher, betrieblicher oder vertraglicher Regelung wird die geschuldete regelmäßige wöchentliche Arbeitszeit auf sechs Tage (Sechs-Tage-Woche), auf fünf Tage (Fünf-Tage-Woche), auf vier Tage (Vier-Tage-Woche) der Woche verteilt.

Dort, wo Sonntagsarbeit zulässig ist (siehe → **Sonn- und Feiertagsarbeit**), kennt die betriebliche Praxis auch dreitägige **Wochenendschichten** (von Freitag bis Sonntag jeweils täglich zehn Stunden).

Die **Fünf-Tage-Woche** hat sich aufgrund von Tarifverträgen in den meisten Branchen durchgesetzt (meist von Montag bis Freitag). Sie wird von vielen Arbeitnehmern, auch nicht tarifgebundenen Arbeitnehmern, als Selbstverständlichkeit empfunden (»**Samstags gehört Vati mir**«).

Arbeit am Samstag kommt in diesen Branchen in der Regel nur als mitbestimmungs- und zuschlagspflichtige **Mehrarbeit** vor.

Eine Einbeziehung des Samstags in die Verteilung der regelmäßigen Wochenarbeitszeit ist eher selten und bedarf – wenn ein → **Tarifvertrag** gilt – meist der ausdrücklichen Zustimmung der Tarifvertragsparteien.

Tarifverträge ermöglichen oft auch eine Verteilung der tariflichen Regel-Wochenarbeitszeit auf weniger als fünf Tage.

So kann beispielsweise die regelmäßige wöchentliche Arbeitszeit von z. B. 36 Stunden in der Weise auf **vier Tage** verteilt werden, dass jeweils neun Stunden gearbeitet wird.

Ein solches Arbeitszeitmodell ist trotz Überschreitung der Achtstundengrenze des § 3 Satz 1 ArbZG ohne weiteres mit dem ArbZG vereinbar, weil der gem. § 3 Satz 2 ArbZG erforderliche Zeitausgleich von vier »Mehrstunden« schon an dem arbeitsfreien fünften Werktag stattfindet.

Gleichmäßige und ungleichmäßige Verteilung der Arbeitszeit auf die Wochentage

In vielen Betrieben findet eine **gleichmäßige Verteilung** der regelmäßigen wöchentlichen Arbeitszeit auf die Arbeitstage einer Sechs-, Fünf- oder Vier-Tage-Woche statt. Beträgt die regelmäßige wöchentliche Arbeitszeit z. B. 35 Stunden, wird in der Fünf-Tage-Woche von Montag bis Freitag jeweils sieben Stunden gearbeitet.

Häufiger ist die **ungleichmäßige Verteilung** der Arbeitszeit beispielsweise in der Weise, dass bei einer tariflichen Wochenarbeitszeit von z. B. 35 Stunden (im Rahmen einer Fünf-Tage-Woche) von Montag bis Donnerstag jeweils 7,5 Stunden, am Freitag fünf Stunden gearbeitet wird.

Legt der Tarifvertrag keine tägliche oder wöchentliche **Höchstarbeitszeitgrenze** fest, haben die Betriebsparteien die Möglichkeit, die tägliche Arbeitszeit auf das arbeitszeitgesetzlich zulässige Höchstmaß von zehn Stunden auszudehnen (wobei sich der Betriebsrat allerdings mit der Frage der Vereinbarkeit einer solchen Arbeitszeitdauer mit den oft unterschiedlichen Interessen der Arbeitnehmer auseinandersetzen muss).

Auf diese Weise wird im Rahmen eines **Ausgleichszeitraums** – phasenweise – eine wöchentliche Arbeitszeit von bis zu 50 Stunden (fünf mal zehn Stunden) möglich. Innerhalb des tariflich vorgesehenen **Ausgleichszeitraums** (z. B. zwölf Monate) muss ein entsprechender Zeitausgleich erfolgen, um die tarifliche Regelwochenarbeitszeit (von z. B. 35 Stunden) zu erreichen.

Arbeitszeitflexibilisierung

29 Ein Verstoß gegen das ArbZG liegt bei dieser Arbeitszeitgestaltung regelmäßig nicht vor, wenn sichergestellt ist, dass innerhalb des gesetzlichen Ausgleichszeitraums (sechs Kalendermonate bzw. 24 Wochen) eine durchschnittliche werktägliche Arbeitszeit von acht Stunden nicht überschritten wird (§ 3 Satz 2 ArbZG). Die auf den arbeitsfreien **Samstag** entfallenden acht Stunden stellen bereits einen solchen Ausgleich dar.
Bei einer **Vier-Tage-Woche** gilt nach § 3 Satz 2 ArbZG eine maximale wöchentliche Arbeitszeitobergrenze von 40 Stunden (vier mal zehn Stunden).
Der nach dem ArbZG erforderliche **Zeitausgleich** wird durch die beiden verbleibenden freien Werktage (Freitag und Samstag) hergestellt.
Entsprechendes gilt, wenn die Arbeit auf **drei Werktage** gelegt werden soll (z. B. **Wochenendschicht** von Freitag bis Sonntag). Hier ist an den drei Arbeitstagen eine Arbeitszeit von maximal 30 Stunden zulässig (sofern die Arbeit am Sonntag gestattet ist). Der **Zeitausgleich** für die über acht Stunden hinausgehende Arbeitszeit wird noch innerhalb der anschließenden Woche ausgeglichen, sofern die auf den Sonntag folgenden Werktage arbeitsfrei sind.

Freischichtenmodell

30 In manchen Branchen wird tarifvertraglich eine ungleichmäßige Verteilung der regelmäßigen wöchentlichen Arbeitszeit in Form des sog. Freischichtenmodells ermöglicht.
Ziel ist es, trotz einer regelmäßigen wöchentlichen Arbeitszeit von z. B. 35 Stunden eine **Betriebsnutzungszeit** von z. B. 40 Stunden in der Woche zu ermöglichen.
Wöchentliche Betriebsnutzungszeit und kürzere tarifliche Wochenarbeitszeit werden dadurch aufeinander abgestimmt, dass ein Arbeitnehmer (bei einer Fünf-Tage-Woche) täglich acht Stunden (statt sieben Stunden) und wöchentlich 40 Stunden (statt 35 Stunden) arbeitet und dafür einen **Zeitausgleich** in Form von freien Tagen erhält. Die über die tägliche Regelarbeitszeit von sieben Stunden hinausgehende achte Stunde wird in einem Arbeitszeitkonto (siehe Rn. 10) erfasst. Nach acht Tagen Arbeit mit jeweils acht Stunden hat der Arbeitnehmer einen Tag frei (sog. *Freischicht*). Die über die tägliche Regelarbeitszeit von z. B. sieben Stunden hinausgehende achte Stunde wird in einem Arbeitszeitkonto (siehe Rn. 10 ff.) erfasst.

> **Anderes Beispiel (aus BAG v. 3.6.2003 – 1 AZR 349/02, AiB 2005, 48):**
> Die tarifliche wöchentliche Arbeitszeit von 35 Stunden ist für die im Vier-Schicht-Betrieb beschäftigten Arbeitnehmer auf drei Wochen zu je 48 Arbeitsstunden bei einer anschließenden Freiwoche verteilt.

Manche Tarifverträge legen eine auf ein Jahr berechnete Zahl der freien Tage – je nach Zahl der in der Woche geleisteten Stunden – fest.
Andere Tarifverträge verzichten auf eine tarifliche Festlegung. Stattdessen wird den Betriebsparteien das Verfahren zur Ermittlung der Zahl der freien Tage überlassen.

Aufbau von Zeitguthaben bei Arbeitsunfähigkeit und Urlaub

31 Im Freischichtenmodell stellt sich die Frage, mit welcher Stundenzahl Arbeitstage auf dem Zeitkonto gutzuschreiben sind, die wegen krankheitsbedingter Arbeitsunfähigkeit, Urlaub oder sonstiger bezahlter Freistellung ausfallen.
Würde man bei einer regelmäßigen tariflichen Wochenarbeitszeit von 35 Stunden, aber bei einer tatsächlichen betrieblichen wöchentlichen Arbeitszeit von 40 Stunden acht Stunden pro Arbeitstag zugrunde legen, würde sich auch in Zeiten der Arbeitsunfähigkeit und des Urlaubs (wie an Arbeitstagen) ein **Zeitguthaben** von einer Stunde pro Tag aufbauen.
Nach früherer Ansicht des BAG entstand ein Anspruch auf Zeitausgleich nur für geleistete

Arbeitszeitflexibilisierung

Arbeit, nicht für Zeiten des Urlaubs (BAG v. 7.7.1988 – 8 AZR 198/88, NZA 1989, 65) oder der krankheitsbedingten Arbeitsunfähigkeit.

Sollten Zeitausgleichsanteile auch für Zeiträume entstehen, in denen die Vergütung weitergezahlt wird, ohne dass eine Arbeitsleistung erbracht wird, bedürfe das einer besonderen tariflichen oder vertraglichen Regelung (BAG v. 18.11.1988 – 8 AZR 132/87, NZA 1989, 343).

Liege eine solche Regelung nicht vor, könne eine **Betriebsvereinbarung** bestimmen, dass eine Zeitgutschrift nur für jeden tatsächlich geleisteten Arbeitstag erfolgt.

Diese Betrachtungsweise hat das BAG nunmehr mit Blick auf das bei krankheitsbedingter **Arbeitsunfähigkeit** gemäß § 4 Abs. 1 EFZG geltende **Entgeltausfallprinzip** modifiziert.

Es hat entschieden, dass eine betriebliche Regelung zur flexiblen Verteilung der Arbeitszeit, nach der die sich in der Phase der verkürzten Arbeitszeit ergebende Zeitschuld nur durch tatsächliche Arbeitsleistung, nicht aber bei krankheitsbedingter Arbeitsunfähigkeit in der Phase der verlängerten Arbeitszeit ausgeglichen wird, gegen das Entgeltausfallprinzip verstößt und deshalb unwirksam ist (BAG v. 13.2.2002 – 5 AZR 470/00, NZA 2002, 683).

Das heißt: Durch Krankheit ausfallende Zusatzschichten und Schichtverlängerungen, die ohne Arbeitsunfähigkeit geleistet worden wären, sind mit der tatsächlich ausfallenden Stundenzahl auf dem Arbeitszeitkonto (siehe Rn. 10 ff.) **gutzuschreiben.**

Es besteht keine Verpflichtung zur »Nacharbeit«. Eine betriebliche Regelung, die die Arbeitnehmer zur Nacharbeit verpflichtet, ist wegen Verstoßes gegen das Entgeltausfallprinzip des § 4 Abs. 1 EFZG nichtig.

Vorstehende Grundsätze gelten auch im Falle einer **tariflichen Regelung**, wenn der Tarifvertrag – ebenso wie das EFZG – das Entgeltfortzahlungsprinzip zur Berechnung der Entgeltfortzahlung anwendet.

Um Rechtssicherheit herzustellen, sollte in **Betriebsvereinbarungen** über flexible Arbeitszeit (und ggf. im Arbeitsvertrag) stets klargestellt werden, dass bei krankheitsbedingter Arbeitsunfähigkeit (und ggf. auch bei Urlaub) die wegen der Arbeitsunfähigkeit (und ggf. wegen des Urlaubs) ausfallenden Arbeitsstunden dem Arbeitszeitkonto (siehe Rn. 10 ff.) gutgeschrieben werden.

Zusammenfallen von freien Tagen mit Arbeitsunfähigkeit, Urlaub und Bildungsurlaub

Fällt ein zum Zwecke des Freizeitausgleichs festgelegter freier (Arbeits-) Tag mit krankheitsbedingter Arbeitsunfähigkeit zusammen, ist zu fragen, ob der Freizeitausgleichstag »genommen« ist oder ein Anspruch auf **Nachgewährung** des freien Tages besteht (oder im Falle der Beendigung des Arbeitsverhältnisses ein Anspruch auf Abgeltung dieses Tages).

Nach Ansicht des BAG kann – sofern es an einer entgegenstehenden tariflichen Regelung fehlt – durch **Betriebsvereinbarung** geregelt werden, dass eine bereits zugeteilte Freischicht durch krankheitsbedingte Arbeitsunfähigkeit verbraucht ist (BAG v. 2.12.1987 – 5 AZR 652/86, NZA 1988, 739).

Umgekehrt kann – wenn der Tarifvertrag insoweit keine Festlegungen trifft – eine Betriebsvereinbarung vorsehen, dass beim Zusammenfallen eines freien Tages mit Krankheit ein Anspruch auf Nachgewährung besteht, unabhängig davon, ob die Freischicht bereits bewilligt wurde oder nicht.

Bestimmt eine tarifliche, betriebliche oder vertragliche Regelung, dass die **Freischicht** abzugelten ist, wenn sie »wegen Beendigung des Arbeitsverhältnisses ganz oder teilweise nicht mehr gewährt werden kann«, dann ist diese Abgeltungsregel so auszulegen, dass der Arbeitnehmer auch dann einen Anspruch auf Barabgeltung hat, wenn ihm die freien Tage zwar schon bewilligt worden sind, er sie aber wegen Beendigung des Arbeitsverhältnisses tatsächlich nicht in Anspruch nehmen kann (BAG v. 24.6.1992 – 5 AZR 468/91, EzA § 77 BetrVG 1972 Nr. 48).

32

Arbeitszeitflexibilisierung

33　Eine Freischicht ist erst dann »gewährt«, wenn die Freizeit dem Arbeitnehmer tatsächlich zu Gute gekommen ist.
Fällt ein im Voraus festgelegter arbeitsfreier Tag in einen **Urlaubszeitraum**, hat das zur Folge, dass in Bezug auf diesen Tag keine Urlaubsgewährung stattfindet. Deshalb stellt sich die Frage des **Verfalls** des arbeitsfreien Tages nicht.

> **Beispiel:**
> Der arbeitsfreie Tag ist in einer bestimmten Woche auf einen Freitag festgelegt. Nimmt der Arbeitnehmer in dieser Woche Urlaub, so werden bei einer Fünf-Tage-Woche nur vier Urlaubstage verbraucht.

34　Besteht infolge der flexiblen Verteilung der Arbeitszeit an einem Tag, an dem eine anerkannte Bildungsveranstaltung besucht wird (siehe → **Bildungsurlaub**), keine Arbeitspflicht, ist der Arbeitgeber nach Ansicht des BAG nicht zu einem Freizeitausgleich verpflichtet, indem er den Arbeitnehmer an einem anderen Tag von der Arbeit freistellt (BAG v. 21.9.1999 – 9 AZR 765/98, NZA 2000, 1012).

Vergütung im Freischichtenmodell, Urlaubsentgelt, Entgeltfortzahlung

35　Wird ein Arbeitnehmer im **Stundenentgelt** vergütet (siehe → **Arbeitsentgelt** Rn. 74), erhält er bei gleichmäßiger Verteilung der Arbeitszeit (z. B. bei einer 35-Stunden-Woche sieben Stunden pro Tag bei einer Fünf-Tage-Woche) eine Tagesvergütung von sieben Stundenlöhnen.
Wird die Arbeitszeit dagegen **ungleichmäßig** entsprechend dem Freischichtenmodell verteilt (tägliche Arbeitszeit von acht Stunden mit Ausgleich durch freie Tage), kann geregelt sein, dass die Arbeitstage auf der Basis von acht Stunden bezahlt werden, während an den freien Tagen keine Vergütung erfolgt. Die Bezahlung folgt also der »Linie« der Arbeitszeitverteilung.
Es kann jedoch auch tariflich oder aufgrund eines Tarifvertrages in einer Betriebsvereinbarung vorgesehen werden, dass Arbeitstage und freie Tage mit einer **Durchschnittsvergütung** auf der Basis der durchschnittlichen täglichen Sollstundenzahl z. B. von sieben Stunden zu vergüten sind, obwohl an den Arbeitstagen z. B. acht Stunden gearbeitet wird.

36　Erfolgt die Vergütung im **Monatsentgelt** (siehe → **Arbeitsentgelt** Rn. 74), wird die Höhe des Grundentgelts durch die Stundenzahl am Tag und die Zahl der freien Tage regelmäßig nicht berührt. Der Arbeitnehmer erhält ein an der von ihm geschuldeten regelmäßigen vertraglichen oder tariflichen Arbeitszeit ausgerichtetes (»verstetigtes«) Monatsentgelt unabhängig von der Zahl der geleisteten – im Arbeitszeitkonto (siehe Rn. 10 ff.) gebuchten – Arbeitsstunden und unabhängig von der Zahl der »genommenen« freien Tage.
Bedeutung hat die Verteilung der Arbeitszeit allerdings bei der Ermittlung variabler Entgeltbestandteile.
Werden z. B. bei einer 35-Stunden-Woche entsprechend dem Freischichtenmodell an einem Arbeitstag acht Stunden → **Nachtarbeit** geleistet, hat der durch Monatsentgelt bezahlte Nachtarbeitnehmer für jede geleistete Nachtarbeitsstunde Anspruch auf die tariflich geregelten Nachtarbeitszuschläge.
Entsprechendes gilt bei Arbeit an **Sonn- und Feiertagen**.
Auch hier richtet sich die Zahl der tariflich geregelten **Sonn- und Feiertagszuschläge** nach der Zahl der an Sonn- und Feiertagen tatsächlich geleisteten Stunden.

37　Fällt bei ungleichmäßiger Verteilung der Arbeitszeit im Freischichtenmodell (im Falle der Vergütung im **Stundenentgelt**) ein mit acht Stunden zu vergütender Arbeitstag mit einem **Feiertag** zusammen (und braucht der Arbeitnehmer deshalb nicht zu arbeiten), ist der Feiertag mit acht Stunden zu vergüten (BAG v. 2.12.1987 – 5 AZR 602/86, DB 1988, 1224).

Arbeitszeitflexibilisierung

Das Gleiche gilt, wenn der Arbeitnehmer an einem Arbeitstag **arbeitsunfähig erkrankt** (bei Erkrankung an dem arbeitsfreien Tag).

Erfolgt die Vergütung durch **Monatsentgelt**, wirken sich Feiertage oder Tage der Arbeitsunfähigkeit auf die Höhe des Entgelts regelmäßig nicht aus (es sei denn, an Feiertagen wird gearbeitet; dann sind entsprechend der Zahl der geleisteten Stunden tarifliche Feiertagszuschläge zu zahlen).

Im Falle des **Urlaubs** kann der Arbeitnehmer (bei Stundenlohn) für jeden Urlaubstag auf der Basis von acht Stunden zu vergüten sein, wenn die tarifliche wöchentliche Regelarbeitszeit von (z.B.) 35 Stunden im Sinne des tariflichen Freischichtmodells **ungleichmäßig verteilt** ist (d.h. acht Stunden Arbeit + Zeitausgleich durch freie Tage). 38

Das BAG sieht keinen Verstoß der tariflichen Regelung gegen den Gleichheitsgrundsatz, weil ein Arbeitnehmer (bei gleichmäßiger Verteilung der Arbeitszeit) mit einer täglichen Arbeitszeit von sieben Stunden auch im Urlaub nur mit sieben Stunden vergütet wird (BAG v. 7.7.1988 – 8 AZR 198/88, NZA 1989, 65). Zwar bestehe eine Ungleichheit in der Höhe der Vergütungspflicht.

Die zugrundeliegende tarifliche Regelung sei jedoch nicht willkürlich, weil sich die Ungleichheit nicht zwingend aus der tariflichen Regelung ergebe, sondern aus der jeweiligen betrieblichen Entscheidung für die nach dem Tarifvertrag möglichen und zulässigen Arbeitsverteilungsregelungen.

Es könne nicht als sachwidrig angesehen werden, wenn ein Tarifvertrag Ansprüche von einer betrieblichen Regelung abhängig mache, die ihrerseits höherrangiges Recht beachten müsse.

Ist der Arbeitnehmer an einem **arbeitsfreien Tag arbeitsunfähig krank**, besteht nur dann Anspruch auf Entgeltfortzahlung für diesen Tag, wenn auch Anspruch auf Arbeitsentgelt bestanden hätte, falls der Arbeitnehmer nicht krank gewesen wäre (z.B. bei vereinbartem Monatsentgelt). 39

Haben die Vertrags-, Tarifvertrags- oder Betriebsparteien dagegen **Stundenvergütung** und damit im Freischichtmodell freie Tage ohne Anspruch auf Arbeitsentgelt vereinbart (siehe Rn. 35), besteht an diesen Tagen kein Anspruch auf Entgeltfortzahlung.

Besteht Anspruch auf Entgeltfortzahlung im Krankheitsfall, richtet sich die Höhe nach dem modifizierten **Entgeltausfallprinzip** des § 4 Abs. 1, 1a EFZG. 40

Die Entgeltfortzahlung wird nach dem Arbeitsentgelt berechnet, das dem Arbeitnehmer bei der für ihn maßgebenden »regelmäßigen« Arbeitszeit zusteht.

Die Vergütung für »**Überstunden**« i.S.d. § 4 Abs. 1a EFZG (Grundvergütung und Überstundenzuschläge) bleibt außer Betracht.

Die Berechnung der Entgeltfortzahlung an Feiertagen, Arbeitsunfähigkeitstagen oder Urlaubstagen kann – unter Beachtung der § 12 EFZG und § 13 BUrlG durch **Tarifvertrag** oder aufgrund eines Tarifvertrages in einer Betriebsvereinbarung abweichend von der gesetzlichen Berechnungsmethode geregelt werden. 41

Eine Abweichung zugunsten des Arbeitnehmers ist stets möglich.

Eine Abweichung zuungunsten des Arbeitnehmers ist nur im Falle der Entgeltfortzahlung bei Krankheit und Kur gemäß § 12 EFZG i.V.m. § 4 Abs. 4 EFZG (nicht bei der Entgeltfortzahlung bei Feiertagen) und bei der Berechnung des Urlaubsentgelts nach § 13 Abs. 1 BUrlG zulässig.

Ungleichmäßige Verteilung der Arbeitszeit im Rahmen eines Ausgleichszeitraumes

Tarifverträge ermöglichen vielfach eine Flexibilisierung der regelmäßigen wöchentlichen Arbeitszeit in Form der ungleichmäßigen Verteilung der Arbeitszeit im Rahmen eines bestimmten **Ausgleichszeitraums** von mehreren Wochen oder Monaten. 42

Arbeitszeitflexibilisierung

Recht verbreitet sind tariflich geregelte Ausgleichszeiträume von sechs bzw. zwölf Monaten (»**Jahresarbeitszeit**«).
Soweit noch längere Ausgleichszeiträume tariflich zugelassen werden (z. B. 24 Monate), sind diese meist an die Zustimmung der Tarifvertragsparteien gekoppelt.

43 Bei der engeren Form der ungleichmäßigen Verteilung der Regelarbeitszeit wird Beginn und Ende des Ausgleichszeitraums und der Verlauf der »Arbeitszeitkurve« **im Vorhinein** durch die Betriebsparteien festgelegt.

> **Beispiel:**
> Der Ausgleichszeitraum beginnt am 1.1. und endet am 30.6.; von Januar bis März gilt eine regelmäßige Arbeitszeit von täglich acht Stunden bzw. wöchentlich 40 Stunden (= Sollarbeitszeit in der 1. Phase), von April bis Juni eine regelmäßige Arbeitszeit von täglich sechs Stunden bzw. wöchentlich 30 Stunden (= Sollarbeitszeit in der 2. Phase). Beginn und Ende der täglichen Arbeitszeit wird entweder uhrzeitmäßig bestimmt oder es wird eine Gleitzeitspanne zugelassen.

Die Feststellung von Mehrarbeit/Überstunden bereitet im Beispielsfall keine Probleme. Wird die tägliche oder wöchentliche Sollarbeitszeit überschritten, liegen → **Überstunden** vor, die gem. § 87 Abs. 1 Nr. 3 BetrVG der Zustimmung des Betriebsrats bedürfen und nach den einschlägigen Tarifverträgen vergütungs- und zuschlagspflichtig sind.

44 Bei der **flexibleren Form** der ungleichmäßigen Verteilung der regelmäßigen Arbeitszeit wird nur Beginn und Ende des Ausgleichszeitraums fixiert (zur **Jahresarbeitszeit** siehe Rn. 50). Lage und Dauer der täglichen bzw. wöchentlichen Arbeitszeit werden nicht bestimmt.
Der gesetzliche Höchstarbeitszeitrahmen von bis zu zehn Stunden werktäglich kann ausgeschöpft werden unter der Voraussetzung, dass ein entsprechender Zeitausgleich gem. § 3 Satz 2 ArbZG stattfindet.
Die geleisteten Arbeitsstunden werden in einem **Arbeitszeitkonto** (siehe Rn. 10 ff.) erfasst.
Durch eine »**Ampelregelung**« wird versucht sicherzustellen, dass im Ausgleichszeitraum die regelmäßige tarifliche Arbeitszeit erreicht wird.
Die Abgrenzung von regelmäßiger Arbeitszeit (= Sollarbeitszeit) und zustimmungs- sowie vergütungs- und zuschlagspflichtiger **Mehrarbeit** ist bei dieser Variante kaum möglich, es sei denn, es werden insoweit klare Regelungen vereinbart (siehe → **Überstunden**).

Gesetzliche und tarifliche Ausgleichszeiträume

45 Tariflich geregelte Ausgleichszeiträume sind von den gesetzlichen Ausgleichszeiträumen gemäß § 3 Satz 2 ArbZG (bzw. § 6 Abs. 2 Satz 2 ArbZG im Falle der → **Nachtarbeit**) zu unterscheiden.
Während der tarifliche Ausgleichszeitraum auf die tarifliche regelmäßige wöchentliche Arbeitszeit zu beziehen ist, handelt es sich bei dem gesetzlichen Ausgleichszeitraum um die Zeitspanne, in der im Durchschnitt die werktägliche Höchstarbeitszeit von acht Stunden nicht überschritten werden darf.
Wenn ein Tarifvertrag die Länge des Ausgleichszeitraums für die Verteilung der regelmäßigen wöchentlichen Arbeitszeit auf z. B. zwölf Monate festlegt, dann liegt darin weder ein Verstoß gegen §§ 3 Satz 2, 6 Abs. 2 Satz 2 ArbZG noch wurde von der Ermächtigung des § 7 Abs. 1 Nr. 1 b ArbZG zur Verlängerung des gesetzlichen Ausgleichszeitraums i. S. d. § 3 Satz 2 ArbZG Gebrauch gemacht.

46 Bei der ungleichmäßigen Verteilung der Arbeitszeit durch betriebliche Regelung (z. B. durch Betriebsvereinbarung) müssen sowohl der tarifliche Ausgleichszeitraum als auch die gesetzlichen Ausgleichszeiträume eingehalten werden.

47 Tarifliche Ausgleichszeiträume von **zwölf Monaten** sind häufig, längere Ausgleichszeiträume

Arbeitszeitflexibilisierung

nicht selten (18 Monate und länger; zu **Langzeitkonten** und **Lebensarbeitszeitkonten** siehe Rn. 61 ff.).
Bei einem Ausgleichszeitraum von z. B. zwölf Monaten kann die tarifliche wöchentliche Regelarbeitszeit von z. B. 35 Stunden in der Weise verteilt werden, dass ein halbes Jahr 40 Stunden, im zweiten Halbjahr 30 Stunden pro Woche gearbeitet wird. Im Jahresdurchschnitt werden dann 35 Stunden pro Woche erreicht.
Soweit dies nicht durch den Tarifvertrag ausgeschlossen ist, ist bei einer Fünf-Tage-Woche sogar eine **Obergrenze** von 50 Stunden (von Montag bis Freitag täglich jeweils zehn Stunden: Das ist die nach ArbZG maximal zulässige tägliche Arbeitszeit) möglich, wenn ein entsprechender Ausgleich durch freie Zeiten geschaffen wird (um den Durchschnitt von 35 Stunden im Ausgleichszeitraum zu realisieren).
Mit dieser Form der Arbeitszeitflexibilisierung können Zeiten mit vermehrt anfallender Arbeit (»**Arbeitsberge**«) und Arbeitsausfälle (»**Arbeitstäler**«) abgedeckt werden.
Der **Vorteil** derartiger Regelungen besteht für die Arbeitnehmer darin, dass die »Arbeitstäler« – anders als bei Kurzarbeit – ohne Entgelteinbußen überbrückt werden können.
Die Arbeitnehmer erhalten während der gesamten Laufzeit der Regelung, also auch in der Phase der »Arbeitstäler« ein verstetigtes Entgelt (die Arbeitszeiten schwanken, nicht aber das Arbeitsentgelt).
Der **Nachteil** ist, dass in Zeiten vermehrten Arbeitsanfalls (»Arbeitsberge«) i. d. R. keine Mehrarbeitsvergütung und -zuschläge gezahlt werden (siehe auch → **Überstunden**).

Bestimmung der Dauer des Ausgleichszeitraums durch die Betriebsparteien

Die Festlegung der Dauer des Ausgleichszeitraums (bis maximal zur tariflich vorgesehenen Höchstgrenze) und die Verteilung der Arbeitszeit einschließlich der Bestimmung der maximalen Obergrenze und Untergrenze der Schwankungsbreite werden regelmäßig durch **tarifvertragliche Öffnungsklausel** den Betriebsparteien überlassen. Das heißt: die Festlegung erfolgt im Mitbestimmungswege. Im Nichteinigungsfall entscheidet die → **Einigungsstelle** bzw. eine durch Tarifvertrag vorgesehene tarifliche Schlichtungsstelle. 48

Selbst wenn keine tarifliche Öffnungsklausel vorliegt, hat der Betriebsrat bei der Festlegung der Dauer des **Ausgleichszeitraums** ein Mitbestimmungsrecht nach § 87 Abs. 1 Nr. 2 BetrVG (vgl. Fitting, BetrVG, 27. Aufl., § 87 Rn. 106; DKKW-*Klebe*, BetrVG, 15. Aufl., § 87 Rn. 74 a; Buschmann/Ulber, § 3 Rn. 11). 49

Der **Tarifvorbehalt** des § 87 Abs. 1 Eingangssatz BetrVG steht dem nicht entgegen, weil der Tarifvertrag regelmäßig nur Höchstgrenzen (z. B. Höchstdauer des Ausgleichszeitraums) festlegt, die durch mitbestimmungspflichtige betriebliche Regelung unterschritten werden können.

Jahresarbeitszeit

Der Begriff der Jahresarbeitszeit wird in unterschiedlichem Sinne verwendet. 50
Gemeint sein kann das **Arbeitszeitvolumen**, das der Arbeitnehmer dem Arbeitgeber aufgrund des → **Arbeitsvertrags pro Jahr** schuldet (z. B. 1600 Stunden) und für die er ein entsprechendes regelmäßiges – ggf. auf 12 Monate verteiltes – **Jahresarbeitsentgelt** erhält.
Der Begriff wird aber auch in den Fällen der durch → **Betriebsvereinbarung** geregelten **ungleichmäßigen Verteilung** der regelmäßigen wöchentlichen Arbeitszeit im Rahmen eines einjährigen Ausgleichszeitraums (siehe Rn. 42 ff.) verwendet.

Eine arbeitsvertragliche Vereinbarung über die Dauer der geschuldeten Jahresarbeitszeit kann z. B. in der Weise getroffen werden, dass eine bestimmte **Jahresstundenzahl** (z. B. 1600 Stunden) vereinbart wird oder geregelt wird, dass die regelmäßige wöchentliche Arbeitszeit 51

Arbeitszeitflexibilisierung

38,5 Stunden im Jahresdurchschnitt beträgt (BAG v. 11.11.1997 – 9 AZR 566/96, NZA 1998, 1011).
Vergütungs- und ggf. zuschlagspflichtige **Mehrarbeit** entsteht erst nach Überschreitung der Jahresstundenzahl.

52 Keine Festlegung der Dauer der vom Arbeitnehmer geschuldeten regelmäßigen Arbeitszeit, sondern eine Regelung über die **Lage und Verteilung** der Arbeitszeit liegt vor, wenn es darum geht, die – z. B. tariflich vorgesehene – regelmäßige wöchentliche Arbeitszeit (von z. B. 35 Stunden) im Rahmen eines Ausgleichszeitraums von einem Jahr flexibel zu verteilen.
Besteht **kein Betriebsrat**, wird die Verteilung entweder durch die Arbeitsvertragsparteien oder – wenn es an einer vertraglichen Festlegung fehlt – durch den Arbeitgeber aufgrund seines Direktionsrechts – im Rahmen billigen Ermessens (§ 106 GewO, § 315 BGB) – bestimmt.

53 In Betrieben mit Betriebsrat hat dieser in Bezug auf die Verteilung der Arbeitszeit im Ausgleichszeitraum ein Mitbestimmungsrecht gem. § 87 Abs. 1 Nr. 2 BetrVG.
Einigen sich die Betriebsparteien, wird eine → **Betriebsvereinbarung** abgeschlossen.
Im Nichteinigungsfall entscheidet die → **Einigungsstelle** (§ 87 Abs. 2 BetrVG).

Vertrauensarbeitszeit

54 Eine extreme Form der Flexibilisierung der Arbeitszeit ist die sog. Vertrauensarbeitszeit. Dem Arbeitnehmer wird überlassen, wann, wie und in welcher Arbeitszeit er die ihm – z. B. aufgrund einer → **Zielvereinbarung** – obliegenden Arbeiten bewältigt.
Beginn und Ende der täglichen Arbeitszeit werden nicht festgelegt. Eine **elektronische Zeiterfassung** findet nicht statt.
Der Arbeitgeber ist allerdings gem. § 16 Abs. 2 ArbZG verpflichtet, die über acht Stunden pro Werktag hinausgehende Arbeitszeit (dazu gehört auch die Arbeitszeit an → **Sonn- und Feiertagen**; siehe → **Arbeitszeit** Rn. 55) und den notwendigen Zeitausgleich **aufzuzeichnen** (siehe → **Arbeitszeit** Rn. 54 ff.).
Die Aufzeichnungen sind mindestens **zwei Jahre aufzubewahren**, um der Aufsichtsbehörde die Kontrolle zu ermöglichen (§ 16 Abs. 2 Satz 2 ArbZG).
Eine bestimmte Form der Aufzeichnung (z. B. Stundenzettel, Stundenlisten) schreibt das Gesetz nicht vor. Zum Mitbestimmungsrecht des Betriebsrats insoweit siehe Rn. 68.
Selbstaufschreibungen durch die Beschäftigten oder gar eine Delegation der Aufzeichnungspflicht auf die Arbeitnehmer sollen zulässig sein. Das erscheint zweifelhaft. Jedenfalls kann sich der Arbeitgeber hierdurch nicht von seiner ihm durch § 16 Abs. 2 ArbZG auferlegten Aufzeichnungspflicht befreien. Er bleibt **verantwortlich**. Er muss der Behörde die Kontrolle der Aufzeichnungen ermöglichen.
Deshalb hat der Arbeitgeber durch entsprechende Anordnungen und Kontrollmaßnahmen sicherzustellen, dass die Arbeitnehmer die über acht Stunden pro Werktag hinausgehende Arbeitszeit (dazu gehört auch die Arbeitszeit an → **Sonn- und Feiertagen**) erbrachte Arbeitszeit auch tatsächlich aufzeichnen.
Geschieht dies nicht, begeht der Arbeitgeber gem. § 22 Abs. 1 Nr. 9 ArbZG eine **Ordnungswidrigkeit**, die mit Bußgeld bis zu 15.000 Euro geahndet werden kann.
Außerdem kann die **Aufsichtsbehörde** den Arbeitgeber gem. § 17 Abs. 2 ArbZG durch Anordnung verpflichten, den Arbeitszeitnachweis in einer geeigneteren Form zu erbringen.

54a Der Arbeitgeber ist im Übrigen verpflichtet, den **Betriebsrat** über alle relevanten Arbeitszeitdaten zu unterrichten (BAG v. 6.5.2003 – 1 ABR 13/02, AiB 2003, 749 = NZA 2003, 1348; ArbG Mönchengladbach v. 5.4.2000 – 5 BV 8/00, AiB 2000, 572) und dessen Mitbestimmungsrechte gemäß § 87 Abs. 1 Nr. 1, 2, 3 BetrVG zu wahren.
Der Unterrichtungsanspruch ergibt sich aus § 80 Abs. 2 Satz 1 BetrVG. Hiernach kann der Betriebsrat zur Wahrnehmung seiner **Überwachungsaufgabe** nach § 80 Abs. 1 Nr. 1 BetrVG

Arbeitszeitflexibilisierung

(Einhaltung der gesetzlichen Ruhezeiten und der tariflichen wöchentlichen Arbeitszeit) verlangen, dass der Arbeitgeber ihn über Beginn und Ende der täglichen und vom Umfang der tatsächlich geleisteten wöchentlichen Arbeitszeit der Arbeitnehmer, für die Vertrauensarbeitszeit gilt, unterrichtet (BAG v. 6. 5. 2003 – 1 ABR 13/02, AiB 2003, 749). Der Arbeitgeber kann dem nicht entgegenhalten, dass er mangels Zeiterfassung selbst keine Kenntnis hierüber hat. Der Arbeitgeber hat seinen Betrieb so zu organisieren, dass er die Durchführung der geltenden Gesetze, Tarifverträge und Betriebsvereinbarungen selbst gewährleisten kann. Er muss sich deshalb über die genannten Daten in Kenntnis setzen und kann dem Betriebsrat die Auskunft hierüber nicht mit der Begründung verweigern, er wolle die tatsächliche Arbeitszeit der Arbeitnehmer wegen einer im Betrieb eingeführten »Vertrauensarbeitszeit« bewusst nicht erfassen (BAG v. 6. 5. 2003 – 1 ABR 13/02, a. a. O.; ArbG Mönchengladbach v. 5. 4. 2000 – 5 BV 8/00, a. a. O.). Der Arbeitgeber ist verpflichtet, dem Betriebsrat Auskunft über die exakten Arbeitszeiten (»Ist-Zeiten«) zu geben. Benutzt er zur Zeiterfassung kein elektronisches System, sondern »vertraut« er auf die Selbstaufschreibung der Arbeitnehmer, muss er durch wirksame **Kontrollen** gewährleisten, dass die Arbeitszeiten zutreffend aufgeschrieben werden (LAG Niedersachsen v. 8. 11. 2004 – 5 TaBV 36/04, NZA-RR 2005, 424).

Leitgedanke des Arbeitszeitmodells »Vertrauensarbeitszeit« ist der Grundsatz, dass nicht Anwesenheitszeiten, sondern nur Zeiten, in denen der Arbeitnehmer tatsächlich arbeitet – also zur Wertschöpfung des Unternehmens beiträgt –, von Bedeutung und daher aufzuschreiben und zu vergüten sind.

Die Höhe der Vergütung orientiert sich allein daran, ob das Arbeitsergebnis in der vereinbarten Qualität termingerecht abgeliefert wird.

Die Arbeitszeit verliert ihre Funktion als Instrument zur Bemessung des Arbeitsentgelts. Wenn aufgrund des Termindrucks länger als geplant gearbeitet wird (auch an Abenden, in der Nacht und Wochenenden ggf. zu Hause), führt das meist nicht zu einer Erhöhung des Arbeitsentgelts.

Ob diese Form der Arbeitszeitflexibilisierung einen größeren Verbreitungsgrad bekommt, darf bezweifelt werden.

Den **Vorteilen** für das Unternehmen (höhere Produktivität; vergütet werden nur Zeiten produktiver Arbeit) stehen auch **Nachteile** gegenüber (Kontrollverlust).

Bei den Arbeitnehmern mag zwar ein Zugewinn an Selbstbestimmung (Zeitsouveränität) bei der persönlichen Arbeitszeitgestaltung gegeben sein. Das Arbeitszeitmodell ist aber auch geeignet, eine unerwünschte Leistungsverdichtung zu bewirken, weil der Arbeitnehmer sich selbst unter Druck setzt, um die vom Arbeitgeber oder Vorgesetzten gesetzten oder mit dem Arbeitnehmer »vereinbarten« Ziel- und Terminvorgaben zu erfüllen (»**Selbstausbeutung**«; siehe auch → **Zielvereinbarung**).

Einerseits nimmt die Kontrolle von Arbeitszeit und Anwesenheitszeit ab (was aus Sicht der Arbeitnehmer sicher zu begrüßen ist), andererseits nimmt der Erwartungs- und Leistungsdruck in Bezug auf die »vereinbarten« Ziel- und Terminvorgaben zu.

Will der Arbeitnehmer den Druck mindern, muss er seinem Vorgesetzten signalisieren, dass er die Ziel- und Terminvorgaben nicht einhalten kann; ein Eingeständnis, vor dem wohl die meisten Arbeitnehmer zurückschrecken, weil sie befürchten müssen, dass ihnen das als Leistungsschwäche ausgelegt wird.

Nicht selten führt diese Form der »**Arbeit ohne Ende**« zu massiven gesundheitlichen Problemen (z. B. Burnout, Depression).

Einer Durchsetzung des Modells der Vertrauensarbeitszeit steht auch das in Deutschland geltende – den Schutz der Arbeitnehmerinteressen bezweckende – **Rechtssystem** entgegen.

So mag der Arbeitgeber zwar – **individualrechtlich** – auf die Festlegung (und Dokumentation) von Beginn und Ende der täglichen Arbeitszeit verzichten können.

Dies enthebt jedoch nicht von der Einhaltung der **Bestimmungen des ArbZG** (Bestimmungen

Arbeitszeitflexibilisierung

über Höchstgrenzen der täglichen Arbeitszeit, Pausen- und Ruhezeiten, Sonn- und Feiertagsarbeit, Aufzeichnungspflicht).
Ebenso wenig kann die Einführung der Vertrauensarbeitszeit **tarifvertragliche Bestimmungen** über die Dauer und Gestaltung der Arbeitszeit oder die **Mitbestimmungsrechte** des Betriebsrats nach § 87 Abs. 1 Nr. 2 BetrVG und § 87 Abs. 1 Nr. 3 BetrVG aushebeln.

Arbeit auf Abruf (§ 12 TzBfG)

58   Eine besondere Form flexibler Arbeitszeitgestaltung ausschließlich im Interesse des Arbeitgebers ist die »Arbeit auf Abruf«, auch »Anpassung der Arbeitszeit an den Arbeitsanfall« oder »kapazitätsorientierte variable Arbeitszeit« (»Kapovaz«) genannt.
Hier vereinbaren Arbeitgeber und Arbeitnehmer, dass die Arbeitsleistung entsprechend dem jeweiligen **Arbeitsanfall** zu erbringen ist. § 12 TzBfG regelt hierzu Mindestbedingungen (siehe → **Arbeit auf Abruf** und → **Teilzeitarbeit**).
Im wirtschaftlichen Kern stellt Arbeit auf Abruf nichts anderes dar als eine **Verlagerung des Wirtschaftsrisikos** (schwankende Auftragslage) vom Arbeitgeber auf die Arbeitnehmer.
Der Betriebsrat hat bei der Einführung und Ausgestaltung der Arbeit auf Abruf nach § 87 Abs. 1 Nr. 2 BetrVG **mitzubestimmen** (siehe → **Arbeit auf Abruf**).

Arbeitsplatzteilung (»Jobsharing«; § 13 TzBfG)

59   Eine weitere Form flexibler Arbeitszeitgestaltung ist die Arbeitsplatzteilung.
In diesem Falle vereinbart der Arbeitgeber mit zwei oder mehr Arbeitnehmern, dass diese sich die Arbeitszeit an einem Arbeitsplatz teilen. Hierzu regelt § 13 TzBfG **Mindestbedingungen** (siehe → **Arbeitsplatzteilung (»Jobsharing«)** und → **Teilzeitarbeit**).
Der Betriebsrat hat bei der Einführung und Ausgestaltung der Arbeitsplatzteilung nach § 87 Abs. 1 Nr. 2 BetrVG mitzubestimmen.

Altersteilzeit

60   Ein Sonderfall der ungleichmäßigen Verteilung der Arbeitszeit in einem Ausgleichszeitraum stellt das **Blockzeitmodell** bei Altersteilzeit dar.
In diesem Fall wird die während der Altersteilzeit halbierte bisherige Arbeitszeit in der Weise verteilt, dass in der Arbeitsphase zu 100 Prozent und in der anschließenden Freistellungsphase überhaupt nicht mehr gearbeitet wird.
Siehe → **Altersteilzeit**.

Langzeitkonten/Lebensarbeitszeit

61   Die tarifliche Arbeitszeitpolitik setzt sich in zunehmendem Maße mit der Frage von Langzeitkonten bzw. Lebensarbeitszeitkonten auseinander.
Ziel derartiger Langfristmodelle ist es, durch eine Verlängerung der Arbeitszeit großvolumige Arbeitszeitguthaben aufzubauen, um diese sodann für einen längerfristigen Ausstieg während des Arbeitslebens (z. B. »**Sabbatjahr**«) zu verwenden oder einen **vorzeitigen Ruhestand** durch bezahlte Freistellung von der Arbeit vor Eintritt in Altersrente (siehe hierzu → **Rentenversicherung**) zu ermöglichen.
Das Modell der ungleichmäßigen Verteilung der Arbeitszeit im Rahmen eines Ausgleichszeitraums wird auf eine mehrjährige Zeitspanne oder gar Lebensarbeitszeitspanne übertragen.

62   Die **Probleme** derartiger Langfristmodelle liegen auf der Hand:
• Um eine Freistellungszeit (z. B. zum Zwecke der Verkürzung der Lebensarbeitszeit) in re-

Arbeitszeitflexibilisierung

levanter Größenordnung zu erzielen, muss die Arbeitszeit über lange Zeiträume in erheblichem Umfang verlängert werden; bei einer tariflichen Wochenarbeitszeit von 35 Stunden müsste sieben Jahre lang 40 Stunden wöchentlich gearbeitet werden, um ein Jahr früher in den Ruhestand gehen zu können (ein Jahr = 52 Wochen abzgl. 6 Wochen Urlaub = 46 Wochen mal 35 Stunden = 1610 Stunden).

- Eine Verlängerung der Arbeitszeit der aktiv Beschäftigten in derartigem Umfang wirkt kontraproduktiv zu der nach wie vor bestehenden Massenarbeitslosigkeit.
- Angesichts des heute üblichen Leistungsdrucks hat eine Verlängerung der Arbeitszeit über das tarifliche Regelmaß hinaus negative Auswirkungen auf die Gesundheit der Arbeitnehmer.

Zu den ab 1.1.2009 geltenden Regelungen des SGB IV für die Führung, Übertragung und **Insolvenzsicherung** von Arbeitszeitguthaben siehe **Übersicht** »Regelungen des SGB IV« im Anhang zu diesem Stichwort. 63

Beschäftigungs- und gesundheitspolitisch eher unproblematisch ist es, sonstige vom Arbeitnehmer erarbeitete **Vermögenswerte** in ein Langfristkonto einzustellen: z. B. Sondervergütungen wie Urlaubsgeld, Weihnachtsgeld, Treueprämien, Erfolgsbeteiligungen usw., Bestandteile des laufenden Arbeitsentgelts (z. B. übertarifliche Zulagen), gelegentlich anfallende Mehrarbeit sowie Mehrarbeitszuschläge. 64

Bedeutung für die Betriebsratsarbeit

Die Einführung und Ausgestaltung von flexiblen Arbeitszeitmodellen/Arbeitszeitkonten unterliegt – im Rahmen der gesetzlichen und tariflichen Bestimmungen – dem **Initiativ-Mitbestimmungsrecht** des Betriebsrats gemäß § 87 Abs. 1 Nr. 2 BetrVG, weil stets auch die Frage des Beginns und Endes der täglichen Arbeitszeit und ihre Verteilung auf die Wochentage berührt wird. 65

Mitbestimmungspflichtig ist u. a.
- Festlegung bzw. Verlegung des Arbeitszeitbeginns und -endes;
- Einführung, Ausgestaltung, Änderung und Abschaffung einer Gleitzeitregelung (siehe → **Gleitzeit**) oder eines Arbeitszeitkontos (siehe → **Arbeitszeitflexibilisierung**);
- Einführung, Ausgestaltung, Änderung und Abschaffung von Schichtarbeit für den ganzen Betrieb oder für Betriebsabteilungen einschließlich der Festlegung einzelner Schichtpläne (siehe → **Schichtarbeit**);
- Einführung, Ausgestaltung, Änderung und Abschaffung von Regelungen über → **Arbeitsbereitschaft**, → **Bereitschaftsdienst** und → **Rufbereitschaft**.

Weil dem Betriebsrat nach § 87 Abs. 1 Nr. 2 BetrVG ein Initiativ-Mitbestimmungsrecht zusteht (siehe → **Arbeitszeit** Rn. 74 b), kann er selbst dem Arbeitgeber Vorschläge vorlegen und im Nichteinigungsfall die → **Einigungsstelle** anrufen (§ 87 Abs. 2 BetrVG).

Auch bei der sog. **Personaleinsatzplanung** (**PEP**), also bei der Frage »welche Arbeitskräfte welcher Qualifikation werden zu welcher Zeit an welchen Orten zur Abarbeitung des Arbeitsvolumens eingesetzt« (siehe → **Personalplanung**) hat der Betriebsrat nach § 87 Abs. 1 Nr. 2 BetrVG mitzubestimmen. Denn es geht um die Festlegung der Lage und Verteilung der von den Arbeitnehmern vertraglich geschuldeten Arbeitszeit in Form eines Personaleinsatzplans (oft auch als Dienstplan oder Schichtplan bezeichnet). 65a

Personaleinsatzpläne (Dienstpläne/Schichtpläne) werden etwa im Einzelhandel in vergleichsweise **kurzer zeitlicher Abfolge** erstellt (z. B. Woche, Monat).

Bei der Ausgestaltung gelten die vom BAG in ständiger Rechtsprechung zu Schichtarbeit

Arbeitszeitflexibilisierung

aufgestellten Grundsätze (BAG v. 9.7.2013 – 1 ABR 19/12; 19.6.2012 – 1 ABR 19/11; 28.5.2002 – 1 ABR 40/01). Mitbestimmungspflichtig ist,
- die Frage, ob im Betrieb in **mehreren Schichten** gearbeitet werden soll,
- die Festlegung der **zeitlichen Lage** der einzelnen Schichten,
- die **Abgrenzung des Personenkreises**, der Schichtarbeit zu leisten hat
- den **Dienstplan/Schichtplan** und dessen nähere Ausgestaltung bis hin zur Zuordnung der Arbeitnehmer zu den einzelnen Schichten,
- die **Änderung** von bereits aufgestellten **Dienstplänen/Schichtplänen** (z. B. auf Grund eines krankheitsbedingten Ausfalls eines eingeteilten Arbeitnehmers).

In einem Einigungsstellenspruch kann der Arbeitgeber nicht ermächtigt werden, einen Dienstplan/Schichtplan ohne Zustimmung des Betriebsrats bis zur Entscheidung der Einigungsstelle **vorläufig durchzuführen**. Die Betriebsparteien – und im Konfliktfall die Einigungsstelle – müssen regelmäßig Regelungen treffen, wie bei der Abweichung von einem beschlossenen Schichtplan verfahren werden soll.

Solange das nicht geschehen ist und der Betriebsrat dem vom Arbeitgeber aufgestellten Dienstplan/Schichtplan/Personaleinsatzplan nicht zugestimmt hat, darf er nicht angewendet werden. Das gilt auch in **Eilfällen**. Hierzu ein Auszug aus BAG v. 9.7.2013 – 1 ABR 19/12: »*Kommt eine Einigung der Betriebsparteien über die Ausgestaltung von Schichtarbeit nicht zustande, entscheidet die Einigungsstelle. Deren Spruch ersetzt nach § 87 Abs. 2 BetrVG die Einigung zwischen Arbeitgeber und Betriebsrat. Vor einer solchen Entscheidung der Einigungsstelle darf der Arbeitgeber den Schichtplan nicht durchführen. Der Einhaltung des in dieser Vorschrift vorgesehenen Verfahrens bedarf es auch bei einem kurzfristig und unerwartet auftretenden Regelungsbedarf. Das Mitbestimmungsrecht des Betriebsrats besteht auch in Eilfällen. Die Betriebsparteien – und im Konfliktfall die Einigungsstelle – müssen daher regelmäßig Regelungen treffen, wie bei der Abweichung von einem beschlossenen Schichtplan verfahren werden soll (BAG 17. November 1998 – 1 ABR 12/98 – zu B II 1 b der Gründe, BAGE 90, 194).*«

Wenn der Arbeitgeber ohne Zustimmung des Betriebsrats einen Personaleinsatzplan aufstellt oder einen mit dem Betriebsrat vereinbarten Plan ändert, kann der Betriebsrat Unterlassung verlangen und den Unterlassungsanspruch durch Antrag auf Erlass einer einstweiligen Verfügung beim Arbeitsgericht geltend machen (siehe → **Unterlassungsanspruch des Betriebsrats**).

Mit der BAG-Rechtsprechung zum Unterlassungsanspruch analog § 1004 BGB (BAG v. 3.5.1994 – 1 ABR 24/93, AiB 1995, 116) unvereinbar ist eine Entscheidung des LAG Berlin-Brandenburg v. 7.12.2012 – 6 TaBV 880/12. Hiernach soll der **Aushang** eines einseitig vom Arbeitgeber aufgestellten **Entwurfs eines Dienstplans** nicht gegen das Mitbestimmungsrecht des Betriebsrats aus § 87 Abs. 1 Nr. 2 BetrVG verstoßen und deshalb auch kein Anspruch auf Unterlassung nach § 1004 BGB analog bestehen, wenn darauf hingewiesen wird, dass eine Zustimmung des Betriebsrats noch erforderlich sei. Der Betriebsrat soll auch keinen Unterlassungsanspruch nach § 23 Abs. 3 BetrVG haben. Wenn der Arbeitgeber die Beschäftigten ohne abgestimmten Dienstplan arbeiten lässt, liege zwar ein Verstoß gegen § 87 Abs. 1 Nr. 2 BetrVG vor. Der Verstoß sei aber nicht grob, wenn sich der Arbeitgeber um die Einhaltung der Mitbestimmung »redlich bemüht« habe. Die Entscheidung ist abzulehnen. Sie gibt dem Arbeitgeber die Möglichkeit, mit dem Aushang vollendete Tatsachen zu schaffen, weil sich die Beschäftigten in ihrer Freizeit- und Familienplanung natürlich auf die Maßgaben des Dienstplanentwurfs ausrichten. Weil der Beschluss im einstweiligen Verfügungsverfahren ergangen ist, hatte das BAG keine Gelegenheit zur Korrektur bekommen.

65b Es stellt im Übrigen keinen Rechtsmissbrauch dar, wenn der Betriebsrat Gegenleistung zugunsten der Beschäftigten fordert (z. B. eine Sondervergütung für besonders ungünstige Zeiten – zu beachten ist insoweit ggf. § 77 Abs. 3 BetrVG – oder die Übernahme befristet Beschäftigter

Arbeitszeitflexibilisierung

oder die von Teilzeitkräften gewünschte Verlängerung der vertraglich vereinbarten Arbeitszeit; vgl. § 9 TzBfG; siehe auch → **Koppelungsgeschäfte in der Betriebsverfassung**).

Von der Personaleinsatzplanung ist die »**Personalbedarfsplanung**« zu unterscheiden, also die Frage »*wie viele Mitarbeitende welcher Qualifikation sind zu welcher Zeit an welchen Orten zur Abarbeitung des Arbeitsvolumens erforderlich bzw. sollen zur Verfügung stehen bzw. sollen dafür bewilligt werden*« (siehe → **Personalplanung**). Insoweit geht es um »**Personalbemessung**«. Hierbei hat der Betriebsrat kein Mitbestimmungsrecht nach § 87 Abs. 1 Nr. 2 BetrVG, sondern nur Beratungs- und Vorschlagsrechte nach § 92 BetrVG. Das gilt nach Ansicht des BAG auch dann, wenn es aufgrund einer allzu knappen Personalbemessung zu einer Arbeitsüberlastung kommt. Die Mitbestimmung nach § 87 Abs. 1 Nr. 2 BetrVG diene nicht dem Schutz vor einer erhöhten **Arbeitsbelastung**, die darauf beruht, das in einen Dienstplan/Schichtplan eingeteilte Arbeitnehmer z. B. wegen krankheitsbedingter Arbeitsunfähigkeit im Betrieb nicht anwesend sind und deshalb für die Ableistung der Schicht nicht zur Verfügung stehen (BAG v. 28. 5. 2002 – 1 ABR 40/01; zweifelhaft).

65c

Allerdings kann der Betriebsrat **mittelbar** auf die Personalbemessung Einfluss nehmen, indem er seine Mitbestimmungsrechte bei → **Überstunden** und → **Kurzarbeit** nach § 87 Abs. 1 Nr. 3 BetrVG und beim **Gesundheitsschutz** nach § 87 Abs. 1 Nr. 7 BetrVG offensiv nutzt. Das gilt vor allem in den Fällen, in denen die Beschäftigten aufgrund einer viel zu geringen Personalausstattung einer gesundheitsgefährdenden **Arbeitsüberlastung** ausgesetzt sind (siehe → **Arbeitsschutz** Rn. 70 ff. und → **Personalplanung** Rn. 16 a).

Nach zutreffender Ansicht des ArbG Berlin hat der Betriebsrat bei der Erstellung von Personaleinsatzplänen (PEP) mit Hilfe entsprechender **Software** (z. B. mit Excel oder einer spezielleren Software) nach § 87 Abs. 1 Nr. 6 BetrVG mitzubestimmen (ArbG Berlin v. 20. 3. 2013 – 28 BV 2178/13). Im Nichteinigungsfall entscheidet die → **Einigungsstelle** (§ 87 Abs. 2 BetrVG). Dem Betriebsrat stehe – so das Arbeitsgericht Berlin – im Anwendungsbereich des § 87 Abs. 1 Nr. 6 BetrVG auch ein Initiativrecht zu (entgegen BAG 28. 11. 1989 – 1 ABR 97/88 – BAGE 63, 283 = AP § 87 BetrVG 1972 Initiativrecht Nr. 4). Das BAG hatte in der Entscheidung vom 28. 11. 1989 die zweifelhafte Ansicht vertreten, dass der Betriebsrat im Bereich des § 87 Abs. 1 Nr. 6 BetrVG kein Initiativ-Mitbestimmungsrecht zur Einführung einer technischen Kontrolleinrichtung habe. Deshalb solle der Arbeitgeber eine solche Einrichtung auch mitbestimmungsfrei abschaffen können (BAG v. 28. 11. 1989 – 1 ABR 97/88, AiB 1990, 475).

65d

Soll ein **Mehrarbeitszeitkonto** eingerichtet werden, beruht die Mitbestimmung des Betriebsrats auch auf § 87 Abs. 1 Nr. 3 BetrVG.

66

Dem Mitbestimmungsrecht nach § 87 Abs. 1 Nr. 3 BetrVG unterliegt auch eine betriebliche Regelung, nach der Plusstunden, die auf einem **Arbeitszeitkonto** am Ausgleichsstichtag bestehen, als Überstunden bezahlt werden müssen und unverschuldete Minusstunden verfallen (BAG v. 22. 7. 2003 – 1 ABR 28/02, NZA 2004, 507).

Auch die **vorübergehende Verlängerung oder Verkürzung** der in einem **Dienstplan/Schichtplan/Personaleinsatzplan** festgelegten Arbeitszeit ist nach § 87 Abs. 1 Nr. 3 BetrVG mitbestimmungspflichtig. Hierzu ein Auszug aus BAG v. 9. 7. 2013 – 1 ABR 19/12: »*Betriebsübliche Arbeitszeit i. S. d. § 87 Abs. 1 Nr. 3 BetrVG ist die im Betrieb regelmäßig geleistete Arbeitszeit. Sie wird bestimmt durch den vertraglich geschuldeten regelmäßigen zeitlichen Umfang der Arbeitsleistung und dessen Verteilung auf einzelne Zeitabschnitte (BAG 26. Oktober 2004 – 1 ABR 31/03 [A] – zu B III 2 a der Gründe, BAGE 112, 227). Bei den in Dienstplänen bestimmten Arbeitszeiten handelt es sich um die Verteilung der regelmäßigen Arbeitszeit auf die Wochentage. Wird die in einem Dienstplan festgelegte tägliche Dienstzeit überschritten, wird damit auch die betriebsübliche Arbeitszeit verlängert. Diese Maßnahme unterliegt nach § 87 Abs. 1 Nr. 3 BetrVG der Mitbestimmung des Betriebsrats, wenn es sich um eine vorübergehende Veränderung der betriebsüblichen Arbeitszeit handelt. Dies setzt voraus, dass nach der Verlängerung des für einen bestimmten Wo-*

Arbeitszeitflexibilisierung

chentag regulär festgelegten Zeitvolumens eine Rückkehr zur betriebsüblichen Dauer der Arbeitszeit erfolgen soll (BAG 3. Mai 2006 – 1 ABR 14/05 – Rn. 18).«

67 Die Regelung einer Betriebsvereinbarung, dass ein über die regelmäßige tarifliche Wochenarbeitszeit hinausgehendes Zeitguthaben erst am Ende eines einjährigen **Verteilungszeitraums** vergütet wird, ist – vorbehaltlich entgegenstehender Tarifregelungen – vom Mitbestimmungstatbestand des § 87 Abs. 1 Nr. 4 BetrVG erfasst (BAG v. 15. 1. 2002 – 1 AZR 165/01, DB 2002 1896).

68 Flexible Arbeitszeitmodelle setzen voraus, dass die Zahl der geleisteten Arbeitsstunden in irgendeiner geeigneten Form erfasst wird.
Gemäß § 16 Abs. 2 ArbZG ist der Arbeitgeber verpflichtet, die über die acht Stunden hinausgehende werktägliche Arbeitszeit (dazu gehört auch die Arbeitszeit an → **Sonn- und Feiertagen**; siehe → **Arbeitszeit** Rn. 55) aufzuzeichnen.
Soweit eine Zeiterfassung und -aufzeichnung mittels einer technischen Einrichtung (Stempel-/Stechuhr, Zeitstempler, elektronische Zeiterfassungsgeräte) geplant ist, besteht ein Mitbestimmungsrecht nach § 87 Abs. 1 Nr. 6 BetrVG (siehe hierzu → **Überwachung von Arbeitnehmern**).
Sollen die Arbeitnehmer selbst die Arbeitszeit mit Hilfe von Formularen durch **Selbstaufschreiben** erfassen (z. B. bei der sog. Vertrauensarbeitszeit; siehe Rn. 54 ff.), hat der Betriebsrat gemäß § 87 Abs. 1 Nr. 1 BetrVG mitzubestimmen.
Das gilt jedenfalls dann, wenn ihnen die Ausfüllung und Einreichung der Arbeitszeitnachweise zur Pflicht gemacht wird (vgl. für den Fall des Ausfüllens von Überstundennachweisen BAG v. 9. 12. 1980 – 1 ABR 1/78, DB 1981, 1092 = AP BetrVG 1972 § 87 Ordnung des Betriebes Nr. 2).
Das Mitbestimmungsrecht ist nicht durch § 16 Abs. 2 ArbZG ausgeschlossen.
§ 16 Abs. 2 ArbZG stellt zwar eine gesetzliche Regelung im Sinne des § 87 Abs. 1 Eingangssatz BetrVG dar; sie ist aber nicht abschließend, da sie die Art und Weise der Zeiterfassung und -aufzeichnung offenlässt.

68a Im Falle von **Langzeitkonten** hat der Betriebsrat im Rahmen seiner Überwachungsaufgabe nach § 80 Abs. 1 Nr. 1 BetrVG darüber zu wachen, dass der Arbeitgeber seine Verpflichtungen nach den ab 1. 1. 2009 geltenden Regelungen des SGB IV über die Führung, Übertragung und Insolvenzsicherung von Arbeitszeitguthaben (Wertguthaben) umsetzt (siehe Rn. 13 ff.).
Hierzu gehört auch die umfassende Information der Beschäftigten.

69 Beim Abschluss einer → **Betriebsvereinbarung** über ein Arbeitszeitkonto (siehe Rn. 10 ff.) müssen etwaige gesetzliche und tarifliche Vorgaben beachtet werden.

69a Die Betriebsvereinbarung darf insbesondere nicht gegen die Regelungssperre des § 77 Abs. 3 Satz 1 BetrVG verstoßen.
Sieht etwa ein im Betrieb anwendbarer → **Tarifvertrag** zwingend den vollständigen Ausgleich von Zeitguthaben innerhalb eines bestimmten Zeitraums vor, dann ist die Regelung in einer Betriebsvereinbarung unwirksam, nach der Arbeitszeitguthaben, die am Ende eines Ausgleichszeitraum noch nicht ausgeglichen sind, auf den folgenden Ausgleichszeitraum übertragen werden können (BAG v. 29. 4. 2004 – 1 ABR 30/02, NZA 2004, 670).
Zwar greift die Sperre des § 77 Abs. 3 Satz 1 BetrVG nicht ein, soweit es sich um Angelegenheiten handelt, die der Mitbestimmung des Betriebsrats nach § 87 Abs. 1 BetrVG unterliegen.
Mitbestimmung besteht aber nach § 87 Abs. 1 Eingangssatz BetrVG nicht, soweit die Angelegenheit **abschließend und zwingend** durch den Tarifvertrag geregelt ist.
In diesem Falle führt § 77 Abs. 3 Satz 1 BetrVG zur **Unwirksamkeit** einer → **Betriebsvereinbarung**, obwohl das Thema – wie hier die ungleichmäßige Verteilung der regelmäßigen wöchentlichen Arbeitszeit – ohne Bestehen einer tariflichen Regelung in den Mitbestimmungskatalog des § 87 fallen würde.
Unwirksamkeit tritt nicht ein, wenn der Tarifvertrag den Abschluss abweichender oder ergänzender Betriebsvereinbarungen ausdrücklich zulässt (§ 77 Abs. 3 Satz 2 BetrVG) oder die ent-

Arbeitszeitflexibilisierung

gegenstehende tarifliche Regelung sich (nur noch) im Stadium der Nachwirkung gemäß § 4 Abs. 5 TVG (siehe → **Tarifvertrag: Nachbindung und Nachwirkung**) befindet.
Mit § 77 Abs. 3 BetrVG ist es auch nicht vereinbar, in der Betriebsvereinbarung einen **Verfall** von erarbeiteten Stunden – und damit auch des entsprechenden Arbeitsentgeltanspruchs – vorzusehen, die über die zugelassene Höchstgrenze des Zeitguthabens hinaus gearbeitet werden (sog. »**Kappung**« der Arbeitszeit). 69b

Eine solche Regelung betrifft das → **Arbeitsentgelt** und den Umfang der zu vergütenden Arbeitszeit, also Arbeitsbedingungen, die üblicherweise tariflich geregelt sind und somit nicht Gegenstand einer → **Betriebsvereinbarung** sein können (LAG Baden-Württemberg v. 25. 5. 2011 – 14 Sa 19/11, n. v.).

Arbeitnehmer haben Anspruch auf Arbeitsentgelt für jede Stunde, die sie mit Wissen und Wollen bzw. Duldung des Arbeitgebers/Vorgesetzten gearbeitet haben (einschließlich eines etwaig zu zahlenden Mehrarbeitszuschlags). Eine in einer Betriebsvereinbarung vorgesehene »Kappungsregelung« verstößt deshalb auch gegen § 611 Abs. 1 BGB (ArbG Heilbronn v. 23. 2. 2011 – 6 Ca 167/10 (rkr.), AiB 2012, 139 mit Anm. Petri; zu Unrecht a. A. LAG Schleswig-Holstein v. 12. 1. 2012 – 5 Sa 269/11).

Etwas anderes gilt, wenn der Arbeitnehmer gegen den erklärten Willen des Arbeitgebers Arbeitsstunden leistet. In diesem Falle dürfte davon auszugehen sein, dass ein Anspruch auf Arbeitsentgelt oder bezahlten Freizeitausgleich gar nicht entsteht.

Der Betriebsrat kann gemäß § 77 Abs. 1 Satz 1 BetrVG vom Arbeitgeber die **Durchführung** getroffener Vereinbarungen und die **Unterlassung** von betriebsvereinbarungswidrigen Maßnahmen verlangen. 70

Der → **Gewerkschaft** steht dieses Recht zu, wenn die Voraussetzungen des § 23 Abs. 3 BetrVG vorliegen (grober Verstoß).

Sieht etwa eine Betriebsvereinbarung zwingend einen **täglichen Gleitzeitrahmen** vor, so können der Betriebsrat und bei groben Verstößen auch eine im Betrieb vertretene Gewerkschaft vom Arbeitgeber verlangen, dass dieser die Überschreitung des Gleitzeitrahmens durch Arbeitnehmer verhindert (BAG v. 29. 4. 2004 – 1 ABR 30/02, NZA 2004, 670).

Entsprechendes gilt, wenn in einer Gleitzeitvereinbarung vorgesehen ist, dass die Sollzeit am Ende eines Abrechnungszeitraums um höchstens zehn Stunden über- oder unterschritten werden darf und Zeitguthaben von mehr als zehn Stunden **verfallen**. Der Arbeitgeber hat dafür Sorge zu tragen, dass die Vereinbarung auch von den Arbeitnehmern eingehalten wird und dass ein Verfall von Gleitzeitguthaben verhindert wird. Ggf. muss er erneut mit dem Betriebsrat gemäß § 87 Abs. 1 Nr. 3 BetrVG eine Vereinbarung über **Überstunden** treffen.

Zur Frage, ob die Betriebsparteien durch Betriebsvereinbarung überhaupt einen Verfall von Arbeitsstunden wirksam regeln können, siehe Rn. 69 b.

Arbeitshilfen

Übersicht
- Arbeitszeitflexibilisierung
- Regelungen des SGB IV über die Führung, Übertragung und Insolvenzsicherung von Arbeitszeitguthaben

Checklisten
- Arbeitszeitkonto: Regelungspunkte Betriebsvereinbarung
- Gleitzeit: Regelungspunkte Betriebsvereinbarung
- Freischichtmodell: Regelungspunkte Betriebsvereinbarung
- Ungleichmäßige Verteilung der regelmäßigen wöchentlichen Arbeitszeit in einem zwölfmonatigen Ausgleichszeitraum: Regelungspunkte Betriebsvereinbarung

Arbeitszeitflexibilisierung

Musterschreiben
- Elektronische Zeiterfassung bei flexibler Arbeitszeit: Regelungspunkte Betriebsvereinbarung
- Vertrauensarbeitszeit

Übersicht: Arbeitszeitflexibilisierung

Arbeitszeitflexibilisierung in engerem Sinne ist die **ungleichmäßige Verteilung** der arbeitsvertraglich geschuldeten regelmäßigen Arbeitszeit (z. B. 160 Std./Monat) auf den Tag, die Woche, das Jahr oder »das Leben« bei **gleichbleibendem** (meist monatlich gezahltem) **Arbeitsentgelt**.

Beispiel:
Flexibilisierung der regelmäßigen Arbeitszeit (z. B. 160 Std./Monat):

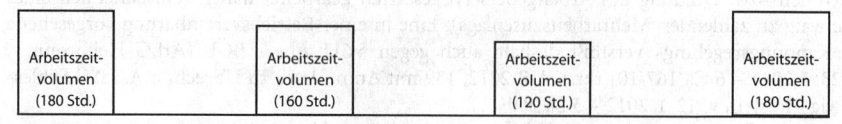

Arbeitszeit-volumen (180 Std.)	Arbeitszeit-volumen (160 Std.)	Arbeitszeit-volumen (120 Std.)	Arbeitszeit-volumen (180 Std.)

Gleichbleibendes Arbeitsentgelt (in jedem Monat wird 3000 Euro gezahlt):

Abrechnungs-zeitraum 3000 Euro	Abrechnungs-zeitraum 3000 Euro	Abrechnungs-zeitraum 3000 Euro	Abrechnungs-zeitraum 3000 Euro

Regelmäßige Arbeitszeit
Die Dauer der von den Arbeitnehmern geschuldeten regelmäßige Arbeitszeit wird durch den Arbeitsvertrag oder Tarifvertrag bestimmt (nicht durch Betriebsvereinbarung; vgl. § 77 Abs. 3 BetrVG).
Zu unterscheiden ist:
- Vollzeitarbeit,
- Teilzeitarbeit,
- Altersteilzeit,
- Arbeitszeitabsenkung nach einem Beschäftigungssicherungstarifvertrag.

Vorübergehende Verlängerung oder Verkürzung der regelmäßigen Arbeitszeit
Im Mitbestimmungswege / durch Betriebsvereinbarung kann die von den Arbeitnehmern geschuldete Arbeitszeit vorübergehend verlängert (Mehrarbeit / Überstunden) oder verkürzt (z. B. Kurzarbeit) werden (§ 87 Abs. 1 Nr. 3 BetrVG).

Formen der Arbeitszeitflexibilisierung im Überblick
Nachfolgende Arbeitszeitgestaltungen sind mitbestimmungspflichtig nach § 87 Abs. 1 Nr. 2 BetrVG (Beginn- und Ende der täglichen Arbeitszeit und Verteilung) bzw. nach einem ggf. einschlägigen Tarifvertrag (z. B. Tarifvertrag über Jahresarbeitszeit oder Lebensarbeitszeit):
- Versetzte tägliche Arbeitszeit,
- einfache und qualifizierte Gleitzeit,
- Fünf-Tage-Woche, Sechs-Tage-Woche, Vier-Tage-Woche usw.,
- Schichtarbeit,
- Nachtarbeit,
- Samstags- und Sonntagsarbeit,
- Freischichtenmodell,
- Ungleichmäßige Verteilung der regelmäßigen Arbeitszeit in einem Ausgleichszeitraum,
- Jahresarbeitszeit,
- Lebensarbeitszeit,
- Vertrauensarbeitszeit,
- Arbeit auf Abruf (KAPOVAZ),

Arbeitszeitflexibilisierung

- Arbeitsplatzteilung (Jobsharing),
- Bereitschaftsdienst,
- Rufbereitschaft,
- Telearbeit.

Weitere Formen des flexiblen Personaleinsatzes (Fremdpersonal)
- Leiharbeit,
- Personaleinsatz aufgrund von Dienst- oder Werkverträgen,
- Einsatz von freien Mitarbeitern.

Übersicht: Regelungen des SGB IV über die Führung, Übertragung und Insolvenzsicherung von Arbeitszeitguthaben

Durch das Gesetz zur Verbesserung der Rahmenbedingungen für die Absicherung flexibler Arbeitszeitregelungen vom 21.12.2008 (BGBl. I, S. 2940) sind mit § 7 Abs. 1 a und Abs. 3 Satz 2 sowie §§ 7 b bis 7 f SGB IV n. F. **neue Regeln für Wertguthaben (Arbeitszeitguthaben)** geschaffen worden. Die Bestimmungen sind sowohl sozialversicherungs- als auch arbeitsrechtlicher Natur. Sie sind am 1.1.2009 in Kraft getreten. Die Möglichkeit der **Übertragung von Wertguthaben** bei Beendigung der Beschäftigung (z. B. bei Arbeitgeberwechsel) auf die Deutsche Rentenversicherung Bund gilt seit dem 1.7.2009. Besonders wichtig sind die Regelungen zum **Insolvenzschutz** (§ 7 e SGB IV; siehe Rn. 13 g ff.). Zu beachten ist allerdings, dass die Bestimmungen nur für **Langzeit- bzw. Lebensarbeitszeitkonten** gelten. »Kurzzeitkonten« werden nicht erfasst. Das ergibt sich aus der Definition des Begriffs »Wertguthabenvereinbarung« nach § 7 b SGB IV. Wenn etwa auch Arbeitszeitguthaben aus »Kurzzeit-Konten« gegen Insolvenz geschützt werden sollen, dann bedarf es dazu einer entsprechenden Vereinbarung bzw. Regelung (→ **Arbeitsvertrag**, → **Betriebsvereinbarung** oder → **Tarifvertrag**).
Für Arbeitszeitguthaben, die bei **Altersteilzeit** im sog. »Blockmodell« aufgebaut werden, gilt ausschließlich die Insolvenzschutzregelung des § 8 a Altersteilzeitgesetz (siehe → **Altersteilzeit** Rn. 81 ff.).
In § 7 Abs. 1 a Satz 1 SGB IV wird klargestellt, dass eine »**Beschäftigung**« in sozialversicherungsrechtlichem Sinne auch in Zeiten der Freistellung von der Arbeitsleistung von mehr als einem Monat besteht, wenn während der Freistellung Arbeitsentgelt aus einem Wertguthaben nach § 7 b SGB IV fällig ist und das monatlich fällige Arbeitsentgelt in der Zeit der Freistellung **nicht** unangemessen von dem für die vorausgegangenen zwölf Kalendermonate abweicht, in denen Arbeitsentgelt bezogen wurde.
Beginnt ein Beschäftigungsverhältnis mit einer **Zeit der Freistellung**, gilt Vorstehendes mit der Maßgabe, dass das monatlich fällige Arbeitsentgelt in der Zeit der Freistellung nicht unangemessen von dem für die Zeit der Arbeitsleistung abweichen darf, mit der das Arbeitsentgelt später erzielt werden soll (§ 7 Abs. 1 a Satz 2 SGB IV).
Eine Beschäftigung gilt auch als **fortbestehend**, wenn Arbeitsentgelt aus einem der Deutschen Rentenversicherung Bund übertragenen Wertguthaben bezogen wird (§ 7 Abs. 3 Satz 2 SGB IV).

Wertguthabenvereinbarung (§ 7 b SGB IV)

Die vorstehenden Maßgaben setzen voraus, dass eine sog. Wertguthabenvereinbarung i. S. d. § 7 b SGB IV geschlossen wird. Eine solche liegt vor, wenn
- der Aufbau des Wertguthabens auf Grund einer schriftlichen Vereinbarung erfolgt,
- diese Vereinbarung nicht das Ziel der flexiblen Gestaltung der werktäglichen oder wöchentlichen Arbeitszeit oder den Ausgleich betrieblicher Produktions- und Arbeitszeitzyklen verfolgt (Arbeitszeitguthaben in Arbeitskonten, die lediglich den Ausgleich von täglichen Arbeitszeitschwankungen zum Ziel haben – insbesondere aufgrund von Regelungen zur → **Gleitzeit** – werden damit von der Vorschrift nicht erfasst),
- Arbeitsentgelt in das Wertguthaben eingebracht wird, um es für Zeiten der Freistellung von der Arbeitsleistung (z. B. aufgrund des Gesetzes über → **Pflegezeit**, vertraglicher Abrede eines »Sabbatjahres« oder im Falle vorzeitigen Ausscheidens aus dem Arbeitsleben) oder der Verringerung der vertraglich vereinbarten Arbeitszeit (nach § 8 TzBfG; siehe → **Teilzeitarbeit**) zu entnehmen,
- das aus dem Wertguthaben fällige Arbeitsentgelt mit einer vor oder nach der Freistellung von der

Arbeitszeitflexibilisierung

Arbeitsleistung oder der Verringerung der vertraglich vereinbarten Arbeitszeit erbrachten Arbeitsleistung erzielt wird und
- das fällige Arbeitsentgelt insgesamt 450 Euro monatlich übersteigt, es sei denn, die Beschäftigung wurde vor der Freistellung als geringfügige Beschäftigung ausgeübt.

Verwendung von Wertguthaben (§ 7 c SGB IV)
Das Wertguthaben auf Grund einer Vereinbarung nach § 7 b SGB IV kann gemäß § 7 c Abs. 1 Nr. 1 SGB IV in Anspruch genommen werden für gesetzlich geregelte vollständige oder teilweise Freistellungen von der Arbeitsleistung oder gesetzlich geregelte Verringerungen der Arbeitszeit, insbesondere für Zeiten, in denen
- der Beschäftigte nach § 3 Pflegezeitgesetz einen pflegebedürftigen nahen Angehörigen in häuslicher Umgebung pflegt (siehe → **Pflegezeit**),
- in denen der Beschäftigte nach § 15 BEEG ein Kind selbst betreut und erzieht (siehe → **Elterngeld/Elternzeit**) oder
- für die der Beschäftigte eine Verringerung seiner vertraglich vereinbarten Arbeitszeit nach § 8 TzBfG verlangen kann (siehe → **Teilzeitarbeit**); § 8 TzBfG gilt mit der Maßgabe, dass die Verringerung der Arbeitszeit auf die Dauer der Entnahme aus dem Wertguthaben **befristet** werden kann.

Das Wertguthaben auf Grund einer Vereinbarung nach § 7 b SGB IV kann auch in Anspruch genommen werden für vertraglich vereinbarte vollständige oder teilweise **Freistellungen** von der Arbeitsleistung oder vertraglich vereinbarte Verringerungen der Arbeitszeit, insbesondere für Zeiten, die unmittelbar vor dem Zeitpunkt liegen, zu dem der Beschäftigte eine Rente wegen Alters nach dem SGB VI bezieht oder beziehen könnte oder in denen der Beschäftigte an beruflichen Qualifizierungsmaßnahmen teilnimmt (§ 7 c Abs. 1 Nr. 2 SGB IV). Aber auch die Verwendung z. B. für ein »**Sabbatjahr**« ist möglich. Die Vertragsparteien können die Zwecke, für die das Wertguthaben in Anspruch genommen werden kann, in der Vereinbarung nach § 7 b SGB IV abweichend von § 7 c Abs. 1 SGB IV auf bestimmte Zwecke beschränken (§ 7 c Abs. 2 SGB IV).

Führung und Verwaltung von Wertguthaben (§ 7 d Abs. 1 SGB IV)
Wertguthaben sind als Arbeitsentgeltguthaben einschließlich des darauf entfallenden Arbeitgeberanteils am Gesamtsozialversicherungsbeitrag zu führen. Die Arbeitszeitguthaben sind in Arbeitsentgelt umzurechnen (§ 7 d Abs. 1 SGB IV).
Der Arbeitgeber hat die Arbeitnehmer mindestens einmal jährlich in Textform über die Höhe ihres im Wertguthaben enthaltenen Arbeitsentgeltguthabens **zu unterrichten** (§ 7 d Abs. 2 SGB IV).
Für die **Anlage** von Wertguthaben gelten die Vorschriften über die Anlage der Mittel von Versicherungsträgern nach §§ 80 ff. SGB IV entsprechend, mit der Maßgabe, dass eine Anlage in Aktien oder Aktienfonds bis zu einer **Höhe von 20 Prozent** zulässig ist und ein Rückfluss zum Zeitpunkt der Inanspruchnahme des Wertguthabens mindestens in der Höhe des angelegten Betrages gewährleistet ist (§ 7 d Abs. 3 Satz 1 SGB IV).
Ein **höherer Anlageanteil** in Aktien oder Aktienfonds ist zulässig, wenn dies in einem → **Tarifvertrag** oder auf Grund eines Tarifvertrages in einer → **Betriebsvereinbarung** vereinbart ist oder das Wertguthaben nach der Wertguthabenvereinbarung ausschließlich für Freistellungen nach § 7 c Abs. 1 Nr. 2 a SGB IV (= Freistellung für Zeiten, die unmittelbar vor dem Zeitpunkt liegen, zu dem der Arbeitnehmer eine Rente wegen Alters nach dem SGB VI bezieht oder beziehen könnte) in Anspruch genommen werden kann (§ 7 d Abs. 3 Satz 2 SGB IV).
Der Gesetzgeber hat bei dieser »**Öffnung**« davon ausgegangen, dass sich bei einem langfristigen Anlagehorizont (Verwendung vor Bezug von Altersrente) das Börsenrisiko nicht so stark auswirkt wie bei einer kurzfristigen Anlage.
Auch im Falle der Erhöhung des Anlageanteils in Aktien oder Aktienfonds ist durch § 7 d Abs. 3 Satz 1 SGB IV eine **Werterhaltgarantie** für alle Konten sichergestellt (Rückfluss zum Zeitpunkt der Inanspruchnahme des Wertguthabens mindestens in der Höhe des angelegten Betrages).
Zu beachten ist die **Übergangsregelung** des § 116 SGB IV n. F. Hiernach können Wertguthaben für Arbeitnehmer, die am 1.1.2009 abweichend von § 7 d Abs. 1 SGB IV als Zeitguthaben geführt werden, als Zeitguthaben statt als Entgeltguthaben geführt werden; dies gilt auch für neu vereinbarte Wertguthabenvereinbarungen auf der Grundlage früherer Vereinbarungen (§ 116 Abs. 1 SGB IV).
§ 7 c Abs. 1 SGB IV (siehe Rn. 13 c) findet nur auf Wertguthabenvereinbarungen Anwendung, die nach

Arbeitszeitflexibilisierung

dem 1.1.2009 geschlossen worden sind (§ 116 Abs. 2 SGB IV). Das bedeutet: bislang »in Zeit geführte« Konten können fortgeführt werden.

Auch neue individualrechtliche Vereinbarungen über Wertguthaben können auf Zeitbasis abgeschlossen werden, wenn eine bereits bestehende → **Betriebsvereinbarung** oder ein → **Tarifvertrag** die »Führung in Zeit« vorsehen. Bestehende Systeme können damit beibehalten werden.

Übertragung von Wertguthaben (sog. Portabilität; § 7f SGB IV)

Bei Beendigung der Beschäftigung kann der Arbeitnehmer gemäß § 7f Abs. 1 Satz 1 Nr. 1 SGB IV durch schriftliche Erklärung gegenüber dem bisherigen Arbeitgeber verlangen, dass das Wertguthaben nach § 7b SGB IV auf den neuen Arbeitgeber **übertragen** wird, wenn dieser mit dem Arbeitnehmer eine Wertguthabenvereinbarung nach § 7b SGB IV abgeschlossen und der Übertragung zugestimmt hat.

Lehnt der neue Arbeitgeber derartiges ab, kann der Arbeitnehmer mit Wirkung ab 1.7.2009 (vgl. Art. 7 Abs. 3 des Gesetzes vom 21.12.2008; BGBl. I, S. 2940) durch schriftliche Erklärung gegenüber dem bisherigen Arbeitgeber verlangen, dass das Wertguthaben nach § 7b SGB IV auf die Deutsche Rentenversicherung Bund übertragen wird (§ 7f Abs. 1 Satz 1 Nr. 2 SGB IV).

Voraussetzung ist aber, dass das Wertguthaben einschließlich des Gesamtsozialversicherungsbeitrages einen Betrag in Höhe des **Sechsfachen der monatlichen Bezugsgröße** i. S. d. § 18 SGB IV übersteigt (Stand 2016: alte Bundesländer 2905 Euro mal 6 = 17 430 Euro; neue Bundesländer: 2520 Euro mal 6 = 15 120 Euro); eine Rückübertragung ist ausgeschlossen.

Nach der Übertragung sind die mit dem Wertguthaben verbundenen Arbeitgeberpflichten vom neuen Arbeitgeber oder von der Deutschen Rentenversicherung Bund zu erfüllen (§ 7f Abs. 1 Satz 2 SGB IV). Das heißt u. a.: der Arbeitnehmer hat das Recht, das Wertguthaben im Falle der gesetzlichen oder mit dem aktuellen Arbeitgeber vereinbarten Freistellungszeiten zur Finanzierung der Freizeit zu »entsparen«.

Im Fall der Übertragung auf die Deutsche Rentenversicherung Bund kann der Arbeitnehmer das Wertguthaben für Zeiten der Freistellung von der Arbeitsleistung und Zeiten der Verringerung der vertraglich vereinbarten Arbeitszeit nach § 7c Abs. 1 SGB IV sowie auch außerhalb eines Arbeitsverhältnisses für die in § 7c Abs. 1 Nr. 2a SGB IV genannten Zeiten **in Anspruch nehmen** (§ 7f Abs. 2 Satz 1 SGB IV).

Der Antrag ist spätestens **einen Monat** vor der begehrten Freistellung schriftlich bei der Deutschen Rentenversicherung Bund zu stellen; in dem Antrag ist auch anzugeben, in welcher **Höhe** Arbeitsentgelt aus dem Wertguthaben entnommen werden soll; dabei ist § 7 Abs. 1a Satz 1 Nr. 2 SGB IV zu berücksichtigen (§ 7f Abs. 2 Satz 2 SGB IV).

§ 7f Abs. 3 SGB IV legt fest: Die Deutsche Rentenversicherung Bund verwaltet die ihr übertragenen Wertguthaben einschließlich des darin enthaltenen Gesamtsozialversicherungsbeitrages als ihr übertragene Aufgabe bis zu deren endgültiger Auflösung getrennt von ihrem sonstigen Vermögen treuhänderisch.

Die Wertguthaben sind nach den Vorschriften über die Anlage der Mittel von Versicherungsträgern nach §§ 80ff. SGB IV **anzulegen**.

Die der Deutschen Rentenversicherung Bund durch die Übertragung, Verwaltung und Verwendung von Wertguthaben entstehenden **Kosten** sind vollständig vom Wertguthaben in Abzug zu bringen und in der Mitteilung an den Arbeitnehmer nach § 7d Abs. 2 SGB IV gesondert auszuweisen.

Insolvenzsicherung von Arbeitszeit-/Wertguthaben (§ 7e SGB IV)

Bei flexiblen Arbeitszeitmodellen, die ein Langzeit-Arbeitszeitkonto vorsehen, sind Guthabenstunden ab einem bestimmten Umfang vom Arbeitgeber gegen Insolvenz abzusichern (zum Insolvenzschutz bei → Altersteilzeit siehe dort Rn. 81 ff.). Dies ergibt sich aus § 7e SGB IV, eingefügt durch das Gesetz zur Verbesserung der Rahmenbedingungen für die Absicherung flexibler Arbeitszeitregelungen vom 21.12.2008 (BGBl. I, S. 2940). Das Gesetz ist am 1.1.2009 in Kraft getreten.

Nach § 7e Abs. 1 SGB IV n. F. treffen die Vertragsparteien im Rahmen einer **Wertguthabenvereinbarung** nach § 7b SGB IV durch den Arbeitgeber zu erfüllende Vorkehrungen, um das Wertguthaben einschließlich des darin enthaltenen Gesamtsozialversicherungsbeitrages gegen das Risiko der Insolvenz des Arbeitgebers vollständig abzusichern, wenn

- ein Anspruch auf → **Insolvenzgeld** (§ 165 ff. SGB III 2012) nicht besteht und wenn
- das Wertguthaben des Arbeitnehmers einschließlich des darin enthaltenen Gesamtsozialversicherungsbeitrages einen Betrag in Höhe der monatlichen Bezugsgröße i. S. d. § 18 SGB IV (Stand 2016:

503

Arbeitszeitflexibilisierung

alte Bundesländer = 2905 Euro; neue Bundesländer = 2520 Euro) übersteigt. In einem Tarifvertrag oder auf Grund eines Tarifvertrages in einer Betriebsvereinbarung kann ein hiervon abweichender Betrag vereinbart werden.

> **Hinweis:**
> Für Guthaben aus einem Arbeitszeitkonto ist nach Ansicht des Bundessozialgerichts nur dann → **Insolvenzgeld** (§§ 165 ff. SGB III 2012) zu zahlen, wenn es im Insolvenzgeldzeitraum (drei Monate vor Eröffnung des Insolvenzverfahrens; § 165 Abs. 1 SGB III 2012) erarbeitet wird oder bestimmungsgemäß zu verwenden ist (BSG v. 25.6.2002 – B 11 AL 90/01 R, AuR 2002, 374).

Der Arbeitgeber hat zur Erfüllung seiner Verpflichtung nach § 7 e Abs. 1 SGB IV Wertguthaben unter Ausschluss der Rückführung durch einen **Dritten** zu führen, der im Fall der Insolvenz des Arbeitgebers für die Erfüllung der Ansprüche aus dem Wertguthaben für den Arbeitgeber einsteht, insbesondere in einem **Treuhandverhältnis**, das die unmittelbare Übertragung des Wertguthabens in das Vermögen des Dritten und die Anlage des Wertguthabens auf einem offenen Treuhandkonto oder in anderer geeigneter Weise sicherstellt (§ 7 e Abs. 2 Satz 1 SGB IV).
Die Vertragsparteien können in der Wertguthabenvereinbarung nach § 7 b SGB IV ein anderes, einem Treuhandverhältnis gleichwertiges Sicherungsmittel vereinbaren, insbesondere ein Versicherungsmodell oder ein schuldrechtliches Verpfändungs- oder Bürgschaftsmodell mit ausreichender Sicherung gegen Kündigung (§ 7 e Abs. 2 Satz 2 SGB IV).
Keine geeigneten Vorkehrungen sind bilanzielle Rückstellungen sowie zwischen Konzernunternehmen (§ 18 AktG) begründete Einstandspflichten, insbesondere Bürgschaften, Patronatserklärungen oder Schuldbeitritte (§ 7 e Abs. 3 SGB IV).
Der Arbeitgeber hat den Arbeitnehmer unverzüglich über die Vorkehrungen zum Insolvenzschutz in geeigneter Weise schriftlich zu **unterrichten**, wenn das Wertguthaben die monatliche Bezugsgröße übersteigt (§ 7 e Abs. 4 SGB IV).
Hat der Arbeitnehmer den Arbeitgeber schriftlich aufgefordert, seinen Verpflichtungen nach § 7 e Abs. 1 bis 3 SGB IV nachzukommen und weist der Arbeitgeber dem Arbeitnehmer nicht innerhalb von **zwei Monaten** nach der Aufforderung die Erfüllung seiner Verpflichtung zur Insolvenzsicherung des Wertguthabens nach, kann der Arbeitnehmer die Wertguthabenvereinbarung nach § 7 b SGB IV mit sofortiger Wirkung **kündigen**; das Wertguthaben ist nach Maßgabe des § 23 b Abs. 2 SGB IV **aufzulösen** (§ 7 e Abs. 5 SGB IV).
Stellt der **Träger der Rentenversicherung** bei der Prüfung des Arbeitgeber nach § 28 p SGB IV fest, dass
- für ein Wertguthaben keine Insolvenzschutzregelung getroffen worden ist,
- die gewählten Sicherungsmittel nicht geeignet sind i. S. d. § 7 e Abs. 3 SGB IV,
- die Sicherungsmittel in ihrem Umfang das Wertguthaben um mehr als 30 Prozent unterschreiten oder
- die Sicherungsmittel den im Wertguthaben enthaltenen Gesamtsozialversicherungsbeitrag nicht umfassen,

weist er in dem Verwaltungsakt nach § 28 p Abs. 1 Satz 5 SGB IV den in dem Wertguthaben enthaltenen und vom Arbeitgeber zu zahlenden Gesamtsozialversicherungsbeitrag aus (§ 7 e Abs. 6 Satz 1 SGB IV).
Weist der Arbeitgeber dem Träger der Rentenversicherung innerhalb von **zwei Monaten** (nach der Feststellung) nach, dass er seiner Verpflichtung nachgekommen ist, entfällt die Verpflichtung zur sofortigen Zahlung des Gesamtsozialversicherungsbeitrages (§ 7 e Abs. 6 Satz 2 SGB IV).
Hat der Arbeitgeber den Nachweis nicht innerhalb der dort vorgesehenen Frist erbracht, ist die Vereinbarung nach § 7 b SGB IV als von Anfang an **unwirksam** anzusehen; das Wertguthaben ist **aufzulösen** (§ 7 e Abs. 6 Satz 3 SGB IV).
Kommt es wegen eines nicht geeigneten oder nicht ausreichenden Insolvenzschutzes zu einer Verringerung oder einem Verlust des Wertguthabens, **haftet** der Arbeitgeber für den entstandenen Schaden (§ 7 e Abs. 7 Satz 1 SGB IV).
Ist der Arbeitgeber eine juristische Person (z. B. GmbH, AG; siehe → **Unternehmensrechtsformen**) oder eine Gesellschaft ohne Rechtspersönlichkeit (z. B. OHG, KG), haften auch die organschaftlichen Vertreter (z. B. Geschäftsführer einer GmbH, Vorstand einer AG) gesamtschuldnerisch für den Schaden (§ 7 e Abs. 7 Satz 2 SGB IV).

Arbeitszeitflexibilisierung

Der Arbeitgeber oder ein organschaftlicher Vertreter haften nicht, wenn sie den Schaden nicht zu vertreten haben (§ 7 e Abs. 7 Satz 3 SGB IV).

Eine Beendigung, Auflösung oder Kündigung der Vorkehrungen zum Insolvenzschutz vor der bestimmungsgemäßen Auflösung des Wertguthabens ist **unzulässig**, es sei denn, die Vorkehrungen werden mit Zustimmung des Arbeitnehmers durch einen mindestens gleichwertigen Insolvenzschutz abgelöst (§ 7 e Abs. 8 SGB IV).

§ 7 e Abs. 1 bis 8 SGB IV findet **keine Anwendung** gegenüber dem Bund, den Ländern, Gemeinden, Körperschaften, Stiftungen und Anstalten des öffentlichen Rechts, über deren Vermögen die Eröffnung des Insolvenzverfahrens nicht zulässig ist, sowie solchen juristischen Personen des öffentlichen Rechts, bei denen der Bund, ein Land oder eine Gemeinde kraft Gesetzes die Zahlungsfähigkeit sichert (§ 7 e Abs. 9 SGB IV).

Zu beachten ist die **Übergangsregelung** des § 116 Abs. 3 SGB IV: Für Wertguthabenvereinbarungen nach § 7 b SGB IV, die vor dem 31.12.2008 geschlossen worden sind und in denen entgegen § 7 e Abs. 1 und 2 SGB IV keine Vorkehrungen für den Fall der Insolvenz des Arbeitgebers vereinbart sind, gilt § 7 e Abs. 5 und 6 SGB IV mit Wirkung ab dem 1. Juni 2009 (§ 116 Abs. 3 SGB IV).

Checkliste Arbeitszeitkonto: Regelungspunkte in einer Betriebsvereinbarung

> **Hinweis:**
> Wenn ein für den Betrieb geltender → **Tarifvertrag** die flexible Verteilung der Arbeitszeit abschließend und zwingend regelt, ist aufgrund von § 87 Abs. 1 Eingangssatz BetrVG nicht nur die Mitbestimmung des Betriebsrats ausgeschlossen. Auch eine vom Tarifvertrag abweichende »freiwillige« Betriebsvereinbarung ist unwirksam (§ 77 Abs. 3 BetrVG).

- **Geltungsbereich**: Diese Betriebsvereinbarung gilt für alle Mitarbeiter der Firma ... mit Ausnahme des folgenden Personenkreises: ... (z. B. Auszubildende).
- **Ziele** der Betriebsvereinbarung: Erhöhung der Flexibilität der Arbeitszeit unter gleichgewichtiger Berücksichtigung der Belange der Beschäftigten und des Betriebes.
- Regelungen zur **Lage und Verteilung** der (tariflichen bzw. arbeitsvertraglichen) individuellen regelmäßigen wöchentlichen Arbeitszeit (= **wöchentliche Sollarbeitszeit**: z. B. 35 Stunden pro Woche):
- tägliche **Sollarbeitszeit** (z. B. sieben Stunden);
- tägliche **Höchstarbeitszeit** (z. B. maximal acht Stunden);
- nicht mehr als 40 Stunden und nicht weniger als 30 Stunden pro Woche (Arbeitszeitkorridor);
- keine Samstagsarbeit (es sei denn, es handelt sich um zuschlags- und zustimmungspflichtige Mehrarbeit).
- Mögliche **Bandbreite** des Zeitkontos (z. B. +/− 70 Stunden)
- Art der **Zeiterfassung** und die Form der gem. § 16 Abs. 2 ArbZG erforderlichen **Aufzeichnung** der über acht Stunden werktäglich hinausgehenden Arbeitszeit und der jeweilige erforderliche Zeitausgleich
- Verpflichtung, dass das Konto innerhalb eines bestimmten Zeitraums (z. B. zwölf Monate) auf Null **auszugleichen** ist (nur dann entsteht ein wünschenswerter Zwang, hohe Arbeitszeitguthaben z. B. durch Neueinstellungen abzubauen).
- **Abgrenzung** der im Wege der Mitbestimmung nach § 87 Abs. 1 Nr. 2 BetrVG zu definierenden betriebsüblichen täglichen und wöchentlichen Arbeitszeit (= **Sollarbeitszeit**) zu der – nach § 87 Abs. 1 Nr. 3 BetrVG – mitbestimmungspflichtigen vorübergehenden Verlängerung der betriebsüblichen Arbeitszeit (= **Überstunden**)
- **Abgrenzung** der von den Arbeitnehmern geschuldeten **regelmäßigen wöchentlichen Arbeitszeit**, die mit dem Monatsgrundentgelt abgegolten ist (= **tarifliche Sollarbeitszeit**) von zuschlagspflichtiger **Mehrarbeit** richtet sich nach den Bestimmungen des ggf. einschlägigen Tarifvertrages; für die Feststellung, in welchen Fällen zuschlagspflichtige Mehrarbeit gegeben ist, kommt es allein darauf an, ob die tariflichen Merkmale gegeben sind, nicht auf etwaige Festlegungen in einer Betriebsvereinbarung; es ist aber denkbar, dass der Tarifvertrag die Betriebsparteien beauftragt, festzulegen, ab welcher täglichen oder wöchentlichen Stundenzahl (= Sollarbeitszeit) **zuschlagspflichtige Mehrarbeit** beginnt; Mehrarbeit i. S. d. Tarifvertrages ist nicht zwingend deckungsgleich mit Überstundenarbeit i. S. d. § 87 Abs. 1 Nr. 3 BetrVG.
- Recht der Arbeitnehmer zur Zeitentnahme stunden- oder tageweise, aber auch in größeren **Blöcken**

Arbeitszeitflexibilisierung

(um z. B. eine längere arbeitsfreie Phase zu realisieren).
- Zu treffende Maßnahmen für den Fall, dass eine **Überschreitung** der Höchstgrenze des Zeitguthabens »droht«. Beispiel: In einer Abteilung sind hohe Arbeitszeitguthaben aufgelaufen, und ein Abbau der Zeitguthaben durch Ausgleichstage ist – angesichts des weiter bestehenden hohen Arbeitsvolumens – nicht absehbar. Geregelt werden kann beispielsweise, dass Arbeitgeber und Betriebsrat Maßnahmen über einen Abbau der Guthaben ggf. durch Neueinstellungen (hohe Arbeitszeitguthaben verweisen auf einen zu geringen Beschäftigtenstand) zu vereinbaren haben.
- Verbreitet ist die sog. **Ampelregelung**: Je nach Ausmaß des Standes von Plus- und Minusstunden werden Maßnahmen unterschiedlicher Art und Intensität der Betriebsparteien bzw. des Arbeitgebers/Vorgesetzten ausgelöst.

Beispiel:
Eine Arbeitszeitkontenregelung lässt eine Schwankungsbreite von +/– 70 Stunden zu.
- **Grüner Bereich**: Zeitguthaben und -schulden bewegen sich im Rahmen einer »gemäßigten« Schwankungsbreite (z. B. +/– 30 Stunden); besondere Maßnahmen zur Beeinflussung des Kontostandes sind nicht erforderlich.
- **Gelber Bereich**: Erhöht sich der Stand von Zeitguthaben oder -schulden über den »grünen Bereich« hinaus (z. B. +/– 50 Stunden), werden Maßnahmen der Betriebsparteien bzw. des Arbeitgebers/Vorgesetzten ausgelöst (z. B. Gespräche mit dem Arbeitnehmer über eine Steuerung des Kontos in den »grünen Bereich« oder – im Falle eines Zeitguthabens – Verhandlungen der Betriebsparteien über personelle Maßnahmen, falls ein Ausgleich des Zeitguthabens durch »Minusstunden« nicht in Sicht ist).
- **Roter Bereich**: Hat ein Arbeitszeitkonto den »gelben Bereich« überschritten (z. B. +/– 50 Stunden), sind konkrete Maßnahmen zu treffen, die eine Rückführung in den »gelben bzw. grünen Bereich« ermöglichen (im Falle eines Zeitguthabens von mehr als 50 Stunden z. B. Neueinstellung).

- Zu treffende Maßnahmen für den Fall, dass die Höchstgrenze des Zeitguthabens (siehe oben zur »Bandbreite« des Zeitkontos) im Einzelfall tatsächlich **überschritten** wird oder **am Ende des vereinbarten Ausgleichszeitraums** noch ein nicht mehr durch Freizeitnahme abbaubares Arbeitszeitguthaben besteht; keinesfalls ist es zulässig, einen **Verfall von Stunden** vorzusehen (sog. »Kappung« der Arbeitszeit); Arbeitnehmer haben Anspruch auf Freizeitausgleich bzw. Arbeitsentgelt für jede Stunde, die sie mit Wissen und Wollen des Arbeitgebers für diesen gearbeitet haben (einschließlich eines etwaig zu zahlenden Mehrarbeitszuschlags); weniger drastisch als die Kappung von Stunden, aber ebenfalls problematisch ist eine Praxis, die überzähligen Stunden einem anderen Konto (z. B. Jahresarbeitszeitkonto) gutzuschreiben (»Überlaufen« von Zeitkonten); auf diese Weise wird der mit dem jeweiligen Konto verbundene Zweck des Ausgleichszeitraums (z. B. Auslösen von Maßnahmen zur Rückführung zu hoher Zeitguthaben: z. B. Neueinstellungen) verfehlt; stattdessen findet eine schleichende Arbeitszeitverlängerung statt; außerdem wird das Recht des Betriebsrats bei der Verlängerung der betriebsüblichen Arbeitszeit (= Mehrarbeit/Überstunden) und der Anspruch des Arbeitnehmers auf tarifliche Mehrarbeitszuschläge »umgangen«.

Beachten:
Der Arbeitgeber ist verpflichtet, dafür zu sorgen, dass die Arbeitnehmer sich an die mit dem Betriebsrat vereinbarten Regelungen (z. B. Bandbreite des Zeitkontos, Ausgleich von Plusstunden durch Freizeitnahme usw.) halten.

- **Auszahlung des Zeitguthabens** nur im Fall längerer Abwesenheitszeiten (z. B. Erziehungsurlaub, Wehr- oder Zivildienst), bei **Ausscheiden** aus dem Arbeitsverhältnis, im Falle der **Insolvenz** des Unternehmens (vgl. unten stehende Hinweise zur Insolvenzsicherung) oder im **Todesfall** (Auszahlung an erbberechtigte Hinterbliebene).
- In sonstigen Fällen (z. B. wenn ein Zeitausgleich ausnahmsweise betrieblich nicht möglich ist) **Auszahlung des Zeitguthabens** wie Mehrarbeit, d. h. mit **Mehrarbeitszuschlägen**; Wesensmerkmal der ungleichmäßigen Verteilung der Regelarbeitszeit innerhalb eines Ausgleichszeitraums ist es, »Arbeitsberge« (z. B. 40 Stunden pro Woche) durch »Arbeitstäler« (z. B. 30 Stunden pro Woche) so auszugleichen, dass innerhalb des Ausgleichszeitraums die regelmäßige Arbeitszeit (z. B. von 35 Stun-

Arbeitszeitflexibilisierung

den pro Woche) erreicht wird; würde man eine Auszahlung von auflaufenden Zeitguthaben ohne Mehrarbeitszuschläge zulassen, käme das im Ergebnis einer unerwünschten, ggf. tarifwidrigen Verlängerung der regelmäßigen Arbeitszeit gleich.
- Handhabung von Arbeitszeit, die wegen krankheitsbedingter **Arbeitsunfähigkeit**, **Urlaub** oder sonstiger **bezahlter Freistellung** ausfällt; dabei geht es um die Frage, ob die ausgefallenen Arbeitstage nur mit der durchschnittlichen Sollarbeitszeit berücksichtigt werden (z. B. bei einer 35 Stunden-Woche von Montag bis Freitag nur sieben Stunden pro Arbeitstag) oder ob auch die Differenz zwischen der durchschnittlichen Sollarbeitszeit und der Arbeitszeit, die ohne den Arbeitsausfall tatsächlich geleistet worden wäre, gutgeschrieben wird (z. B. acht Stunden, wenn am Ausfalltag acht Stunden gearbeitet worden wäre)
- Regelung für den Fall, dass eine zum Zwecke des Abbaus von Plusstunden geplante **Freizeitnahme** mit **Arbeitsunfähigkeit** oder **Urlaub** zusammenfällt; dabei geht es um die Frage, ob der freie Tag **verfällt** (also ein Abbau des Arbeitszeitguthabens stattfindet; vgl. hierzu BAG v. 11.9.2003 – 6 AZR 374/02) oder erhalten bleibt und zu einem späteren Zeitpunkt **nachgewährt** werden muss;
- Berechnung des **Urlaubs** (z. B. keine Kürzung aufgrund flexibler Verteilung der Arbeitszeit)
- Verwendung von Zeitguthaben im Falle der **Kurzarbeit** (§ 170 Abs. 4 SGB III)
- Zeitguthaben haben den Charakter eines Kredits des Arbeitnehmers an den Arbeitgeber; deshalb Regelung über **Verzinsung** vereinbaren (z. B. 6 % pro Jahr).
- Regelungen zur Anwendung der ab 1.1.2009 geltenden Bestimmungen des SGB IV über die **Führung, Übertragung und Insolvenzsicherung** von Arbeitszeitguthaben (**Wertguthaben**; § 7 Abs. 1 a und Abs. 3 Satz 2 sowie §§ 7 b bis 7 g SGB IV n. F.; diese Vorschriften sind zwar auf »Langzeit- bzw. Lebensarbeitszeitkonten« zugeschnitten und nicht auf »Flexi-Konten« bzw. »Kurzzeitkonten« bzw. »Jahresarbeitszeitkonten« zur flexiblen Gestaltung der werktäglichen oder wöchentlichen Arbeitszeit oder zum Ausgleich betrieblicher Produktions- und Arbeitszeitzyklen (§ 7 b Nr. 2 SGB IV); sie können aber zur Gestaltung einer Insolvenzsicherung von Arbeitszeitguthaben in solchen Arbeitszeitkonten entsprechend angewendet werden).
- **Meinungsverschiedenheiten** aus dieser Betriebsvereinbarung werden in einer paritätischen Kommission (Arbeitszeitkommission) beraten und soweit möglich einvernehmlich beigelegt; im Nichteinigungsfalle entscheidet die **Einigungsstelle** gemäß §§ 76 Abs. 5, 87 Abs. 2 BetrVG.
- **In-Kraft-Treten**, Mindestlaufzeit, Kündigung, Kündigungsfrist und ggf. Ausschluss der Nachwirkung.

Checkliste Gleitzeit: Regelungspunkte in einer Betriebsvereinbarung

Hinweis:
Wenn ein für den Betrieb geltender Tarifvertrag die flexible Verteilung der Arbeitszeit abschließend und zwingend regelt, ist aufgrund von § 87 Abs. 1 Eingangssatz BetrVG nicht nur die Mitbestimmung des Betriebsrats ausgeschlossen. Auch eine vom Tarifvertrag abweichende »freiwillige« Betriebsvereinbarung ist unwirksam (§ 77 Abs. 3 BetrVG).

- **Geltungsbereich:** Diese Betriebsvereinbarung gilt für alle Mitarbeiter der Firma ... mit Ausnahme des folgenden Personenkreises: ...
- **Definition:** Mitarbeiter können innerhalb des täglichen **Zeitrahmens** und der **Gleitzeitspanne** Beginn und Ende der Arbeitszeit selbst bestimmen. Dabei muss die **Kernarbeitszeit** eingehalten werden, die tägliche **Höchstarbeitszeit** darf nicht überschritten werden und die monatlich zu erbringende **Sollarbeitszeit** muss erbracht werden (ggf. Übertragung eines Gleitzeitguthabens auf den Folgemonat).
- Festlegung eines **täglichen Gleitzeitrahmens** für die Gleitzeit (= Zeitraum zwischen frühestmöglichem Arbeitsbeginn und spätestmöglichem Arbeitsende; auch **Rahmenarbeitszeit** genannt; z. B. 6.00 Uhr bis 18.00 Uhr; vgl. hierzu BAG v. 29.4.2004 – 1 ABR 30/02, NZA 2004, 670);
- Dauer der täglichen **individuellen Höchstarbeitszeit** (gemäß § 3 Satz 2 ArbZG darf die werktägliche Arbeitszeit zehn Stunden nicht überschreiten);
- Festlegung der täglichen **Sollarbeitszeit** (z. B. 7 Stunden) für den Fall, dass die Gleitzeitregelung aus betrieblichen oder in der Person des Arbeitnehmers liegenden Gründen nicht zur Anwendung kommt (ggf. auch Festlegung von Beginn und Ende der für den Betrieb/die Betriebsabteilung oder den einzelnen Arbeitnehmer festgelegten Sollarbeitszeit);

Arbeitszeitflexibilisierung

- Dauer der **Kernarbeitszeitspanne**, innerhalb derer Arbeitspflicht/Anwesenheitspflicht besteht (= Zeitraum zwischen spätestmöglichem Arbeitsbeginn und frühestmöglichem Arbeitsende; z. B. 8.00 Uhr bis 15.00 Uhr; zur Kernzeitentnahme siehe unten) oder Festlegung einer **täglichen Mindestarbeitszeit** (z. B. 5,5 Stunden);
- Dauer der täglichen **Gleitzeitspanne**, innerhalb derer die Arbeitnehmer Beginn und Ende ihrer Arbeitszeit **selbst bestimmen** können (z. B. 2 Stunden vor Beginn und 2 Stunden nach Ende der Kernarbeitszeit bzw. Mindestarbeitszeit);
- Höchstgrenzen für **Gleitzeitguthaben** und **-schulden** (z. B. je 16 Stunden): Zeitguthaben und -schulden dürfen z. B. am Monatsende 16 Stunden nicht überschreiten *oder* Zeitguthaben und -schulden dürfen zu keinem Zeitpunkt mehr als 16 Stunden betragen; Regelung für den Fall des **Überschreitens dieser Höchstgrenzen**: z. B. Übertragung auf den Folgemonat, wenn ein Ausgleich z. B. aus betrieblichen Gründen oder infolge von Krankheit, Urlaub usw. nicht möglich war; außerdem Gespräch Mitarbeiter, Vorgesetzter, Betriebsrat.
- Regelung über den **Ausgleich** von Zeitguthaben und -schulden: z. B. Gleitzeitguthaben und -schulden sind durch Verschiebung des Arbeitsbeginns und Arbeitsendes **innerhalb der täglichen Gleitzeitspanne** auszugleichen; der Mitarbeiter bestimmt den Zeitpunkt des Ausgleichs innerhalb der Gleitzeitspanne; eine Einschränkung dieses Bestimmungsrechts durch den Vorgesetzten bedarf der Zustimmung des Betriebsrats; in Abstimmung mit dem Vorgesetzten kann der Ausgleich durch **Gleitzeittage** erfolgen; der Zeitausgleich muss innerhalb des Kalendermonats erfolgen (ggf. Übertragung eines Gleitzeitguthabens auf den Folgemonat). Oder: Festlegung, dass Gleitzeitguthaben und -schulden innerhalb eines bestimmten **Ausgleichszeitraumes** (z. B. sechs oder 12 Monate) auszugleichen sind. Ggf. Regelung über eine **Übertragung** in den nächsten Ausgleichszeitraum oder in ein **Langzeitkonto**.
- Recht des Arbeitnehmers, auch die in der Kernarbeitszeit liegende Arbeitszeit zum Abbau von Gleitzeitguthaben zu verwenden (**Kernzeitentnahme**): z. B. Gleitzeitguthaben können in Absprache mit dem Arbeitgeber auch während der Kernzeiten durch Freizeitnahme abgegolten werden; dies kann sowohl stundenweise als auch in halben oder ganzen freien Tagen erfolgen.
- Abgrenzung von Gleitzeit und zuschlags- und zustimmungspflichtiger **Mehrarbeit**: z. B. Mehrarbeit ist Arbeitszeit, die auf Anordnung außerhalb der täglichen Kernarbeitszeit geleistet wird und die Dauer der täglichen Sollarbeitszeit überschreitet. Außerdem liegt Mehrarbeit vor, wenn aus betrieblichen Gründen die Höchstgrenze des Gleitzeitguthabens überschritten wird; Mehrarbeit ist in Freizeit auszugleichen; Zuschläge sind auszuzahlen.
- Dauer und zeitliche Lage der **Ruhepausen**; für nicht genommene Pausen erfolgen keine Zeitgutschriften.
- Handhabung von ggf. einschlägigen tariflichen Regelungen über die **bezahlte Freistellung** von der Arbeit (z. B. für einen erforderlichen Arztbesuch); z. B. für **Abwesenheitszeiten**, die nach Tarifvertrag bezahlt werden müssen, erfolgt eine Zeitgutschrift in Höhe der täglichen Sollarbeitszeit bei ganztägiger Abwesenheit; in Höhe der entsprechenden Stundenzahl bei teiltägiger Abwesenheit.
- Bei ganztägigen **Dienstreisen** und **Dienstgängen** wird die tägliche Sollarbeitszeit zugrunde gelegt. Sofern bei Dienstreisen Arbeitszeit bis zu 10 Stunden anfällt, erfolgt auf Antrag entsprechende Zeitgutschrift. **Reisezeiten** werden bis zum Erreichen der täglichen Sollarbeitszeit gutgeschrieben.
- Pflicht der Mitarbeiter zur Benutzung der **Zeiterfassungsgeräte**; Art der Zeiterfassung und die Form der Aufzeichnung der über acht Stunden werktäglich hinausgehenden Arbeitszeit (§ 16 Abs. 2 ArbZG; siehe auch → **Arbeitszeitflexibilisierung**);
- Ggf. Sonderregelung für **Teilzeitbeschäftigte**: z. B. Teilzeitbeschäftigte können in Abstimmung mit dem Vorgesetzten eine variable wöchentliche Arbeitszeitgestaltung im Rahmen der gesetzlichen und tariflichen Bestimmungen vornehmen. Die Bestimmung der täglichen Sollarbeitszeit erfolgt durch Anwendung eines prozentualen Teilzeitfaktors. Die tatsächliche tägliche Arbeitszeit wird durch das Zeiterfassungssystem mit der täglichen Sollarbeitszeit verglichen. Differenzen werden als Zeitgutschrift oder Zeitschuld erfasst und im Gleitzeitsaldo fortgeschrieben. Im Übrigen gelten vorstehende Bestimmungen entsprechend mit der Maßgabe, dass zustimmungs- und zuschlagspflichtige Mehrarbeit erst vorliegt, wenn die tägliche Sollarbeitszeit für Vollzeitbeschäftigte überschritten wird.
- **Information des Betriebsrats** über Gleitzeitguthaben und -schulden sowie Überschreitung der Höchstgrenze des Gleitzeitguthabens;

Arbeitszeitflexibilisierung

- **Meinungsverschiedenheiten** aus dieser Betriebsvereinbarung werden in einer paritätischen Kommission (Arbeitszeitkommission) beraten und soweit möglich einvernehmlich beigelegt; im Nichteinigungsfalle entscheidet die **Einigungsstelle** gemäß §§ 76 Abs. 5, 87 Abs. 2 BetrVG.
- **In-Kraft-Treten**, Mindestlaufzeit, Kündigung, Kündigungsfrist und ggf. Ausschluss der Nachwirkung.

Checkliste Freischichtmodell: Regelungspunkte in einer Betriebsvereinbarung

Hinweis:
Wenn ein für den Betrieb geltender → **Tarifvertrag** die flexible Verteilung der Arbeitszeit abschließend und zwingend regelt, ist aufgrund von § 87 Abs. 1 Eingangssatz BetrVG nicht nur die Mitbestimmung des Betriebsrats ausgeschlossen. Auch eine vom Tarifvertrag abweichende »freiwillige« Betriebsvereinbarung ist unwirksam (§ 77 Abs. 3 BetrVG).

- **Geltungsbereich**: Diese Betriebsvereinbarung gilt für alle Mitarbeiter der Firma ... mit Ausnahme des folgenden Personenkreises: ...
- **Dauer der betrieblichen wöchentlichen Arbeitszeit**: Die betriebliche wöchentliche Arbeitszeit entspricht der Betriebsnutzungszeit und beträgt (z. B.) 40 Stunden. Die Arbeitszeit wird gleichmäßig auf die Woche von Montag bis Freitag in der Weise verteilt, dass an den genannten Tagen jeweils acht Stunden gearbeitet wird.
- **Beginn und Ende der täglichen Arbeitszeit**: Die tägliche Arbeitszeit beginnt um 7.00 Uhr und endet um 16.00 Uhr.
- **Pausen**: In vorgenannter Zeitspanne sind 60 Minuten unbezahlte Pause enthalten. Es gelten folgende Pausenzeiten: 9.00 Uhr bis 9.15 Uhr und 12.00 bis 12.45 Uhr.
- **Ausgleich durch freie Tage**: Die Differenz zwischen tariflicher regelmäßiger wöchentlicher Arbeitszeit (z. B. 35 Stunden) und betrieblicher wöchentlicher Arbeitszeit (z. B. 40 Stunden) wird durch ... freie Tage innerhalb von (z. B.) 12 Monaten ausgeglichen (die Anzahl der freien Tage ist in einigen Tarifverträgen geregelt; andere Tarifverträge geben eine Formel vor oder überlassen den Betriebsparteien der Berechnung: z. B. 52 Wochen minus 8 Wochen (für Urlaub, Feiertage, usw.) = 46 Wochen mal wöchentliche Differenzzeit von 5 Stunden = 230 Stunden geteilt durch 8 Stunden = 28,75 freie Tage.
- **Zeitliche Lage der freien Tage**: Freie Tage sind an folgenden Brückentagen zu nehmen: ...; verbleibende freie Tage können von dem Mitarbeiter individuell nach Abstimmung mit dem Vorgesetzten genommen werden.
- **Zusammenfallen von freien Tagen mit Urlaub, Krankheit und sonstigen Tagen mit Entgeltfortzahlung:**
- Zeitausgleichsanteile entstehen auch in Zeiten, in denen die Vergütung gezahlt wird, ohne dass eine Arbeitsleistung erbracht wird.
- Der freie Tag wird nicht verbraucht, sondern bleibt dem Mitarbeiter erhalten und muss nachgewährt werden.
- **Meinungsverschiedenheiten** aus dieser Betriebsvereinbarung werden in einer paritätischen Kommission (Arbeitszeitkommission) beraten und soweit möglich einvernehmlich beigelegt; im Nichteinigungsfalle entscheidet die → **Einigungsstelle** gemäß §§ 76 Abs. 5, 87 Abs. 2 BetrVG.
- **In-Kraft-Treten**, Mindestlaufzeit, Kündigung, Kündigungsfrist und ggf. Ausschluss der Nachwirkung.

Checkliste: Ungleichmäßige Verteilung der regelmäßigen wöchentlichen Arbeitszeit in einem zwölfmonatigen Ausgleichszeitraum: Regelungspunkte Betriebsvereinbarung

Hinweis:
Wenn ein für den Betrieb geltender → **Tarifvertrag** die flexible Verteilung der Arbeitszeit abschließend und zwingend regelt, ist aufgrund von § 87 Abs. 1 Eingangssatz BetrVG nicht nur die Mitbestimmung des Betriebsrats ausgeschlossen. Auch eine vom Tarifvertrag abweichende »freiwillige« Betriebsvereinbarung ist unwirksam (§ 77 Abs. 3 BetrVG).

Arbeitszeitflexibilisierung

- **Geltungsbereich:** Diese Betriebsvereinbarung gilt für alle Mitarbeiter der Firma ... mit Ausnahme des folgenden Personenkreises: ...
- **Dauer:** Die regelmäßige wöchentliche Arbeitszeit beträgt nach Tarifvertrag ... Stunden.
- **Verteilung:** Die regelmäßige wöchentliche Arbeitszeit (von z. B. 35 Stunden) kann in einem **Ausgleichszeitraum** von zwölf Monaten ungleichmäßig auf die Tage von **Montag bis Freitag** in der Weise verteilt werden, dass eine wöchentliche Arbeitszeit von (z. B.) 30 Stunden nicht unterschritten und eine wöchentliche Arbeitszeit von (z. B.) 40 Stunden nicht überschritten werden darf (**Flexi-Rahmen**).
- Die ungleichmäßige Verteilung der regelmäßigen wöchentlichen Arbeitszeit erfolgt im Dezember eines Jahres für das Folgejahr auf Grundlage einer Kapazitätsplanung durch den Arbeitgeber durch gesonderte Betriebsvereinbarung. Die Verteilung ist so vorzunehmen, dass im Folgejahr die regelmäßige wöchentliche Arbeitszeit erreicht wird. Der Betriebsrat hat ein Initiativ-Mitbestimmungsrecht. Veränderungen der festgelegten Arbeitszeitkurve im Verlauf des Folgejahres bedürfen ebenfalls einer gesonderten Betriebsvereinbarung. Sie sind unter Wahrung des Flexi-Rahmens so auszugleichen, dass im Folgejahr die regelmäßige wöchentliche Arbeitszeit erreicht wird. Der Betriebsrat hat auch insoweit ein Initiativ-Mitbestimmungsrecht.
- **Ankündigungsfrist:** Die Dauer der jeweiligen wöchentlichen Arbeitszeit in den jeweiligen Kalendermonaten ist den Mitarbeitern vorher mit einer Frist von vier Wochen schriftlich (oder durch Aushang am Schwarzen Brett) anzukündigen.
- **Abweichende Arbeitszeitdauer:** Auf Antrag eines Mitarbeiters kann für diesen zwischen Arbeitgeber und Betriebsrat eine abweichende Arbeitszeitdauer vereinbart werden, sofern hierfür nachvollziehbare persönliche Gründe vorliegen und zwingende betriebliche Gründe nicht entgegenstehen.
- **Vergütung:** Die Vergütung der Mitarbeiter wird durch die ungleichmäßige Verteilung der regelmäßigen wöchentlichen Arbeitszeit nicht berührt. Sie erhalten ein gleichmäßiges, auf Basis der (tariflichen) individuellen regelmäßigen wöchentlichen Arbeitszeit berechnetes **Monatsentgelt**.
- **Zuschlagspflichtige Mehrarbeit** entsteht nach Überschreitung
    - der durch Betriebsvereinbarung festgelegten täglichen Arbeitszeit von ... Stunden
    - oder
    - der regelmäßigen tariflichen wöchentlichen Arbeitszeit von ... Stunden
    - oder
    - der im Flexi-Rahmen zwischen 30 und 40 Wochenstunden durch Betriebsvereinbarung festgelegten Arbeitszeit.
- Der **Mehrarbeitszuschlag** beträgt nach Tarifvertrag ... %.
- Weiteres regelt die Betriebsvereinbarung über ein **Arbeitszeitkonto**.
- **Zeiterfassung:** Die geleistete Arbeitszeit wird elektronisch erfasst. Es gilt die Betriebsvereinbarung über Zeiterfassung.
- **Meinungsverschiedenheiten** aus dieser Betriebsvereinbarung werden in einer paritätischen Kommission (Arbeitszeitkommission) beraten und soweit möglich einvernehmlich beigelegt; im Nichteinigungsfalle entscheidet die **Einigungsstelle** gemäß §§ 77 Abs. 5, 87 Abs. 2 BetrVG.
- **In-Kraft-Treten**, Mindestlaufzeit, Kündigung, Kündigungsfrist und ggf. Ausschluss der Nachwirkung.

Checkliste Elektronische Zeiterfassung bei flexibler Arbeitszeit: Regelungspunkte in einer Betriebsvereinbarung[1]

- **Geltungsbereich:** Diese Betriebsvereinbarung gilt für alle Mitarbeiter und Auszubildenden der Firma ... mit Ausnahme des folgenden Personenkreises: ...
- **Eingesetztes Zeiterfassungssystem, Zweckbestimmung:** Ab ... wird das Zeiterfassungssystem der Firma ... eingesetzt. Das Zeiterfassungssystem dient ausschließlich der Erfassung der Kommt-/Geht-Zeiten und der Anwesenheitszeiten der Mitarbeiter für die Entgeltabrechnung. Eine darüber hinausgehende Speicherung, Verarbeitung oder Verwendung der Daten ist unzulässig.

---

1 Quelle: In Anlehnung an Dr. Joachim Reus, Bundesvorstand IG Bauen-Agrar-Umwelt; abgedruckt in Eichhorn/Hickler/Steinmann, Handbuch Betriebsvereinbarungen, Bund-Verlag 2. Aufl.

Arbeitszeitflexibilisierung

- Die Anlagen 1 bis 9 sind Bestandteil dieser Betriebsvereinbarung. Die Anlagen können im gegenseitigen Einvernehmen geändert werden.
- **Beschreibung des Systems:**
  - **Systembestandteile** (Hardware) einschließlich aller Eingabe- und Zusatzgeräte (Aufzählung Komponenten mit Aufstellungsort und Leitungsverbindungen): Anlage 1;
  - Auflistung der **Systemprogramme** (mit Versionsnummer) mit den verwendeten Eingabedaten, einer entsprechenden Kurzbeschreibung und Hinweis auf gesperrte Programmfunktionen: Anlage 2;
  - **Auswertungsprogramme**, die auf die Zeitdaten zurückgreifen. Andere Programme als die genannten dürfen auf die Zeitdaten nicht zugreifen: Anlage 3.
- **Aufstellungsort:** Alle Systembestandteile außer den Zeiterfassungsterminals sind in einem verschlossenen Raum untergebracht. Das Zeiterfassungssystem wird als separates System (»stand alone«) installiert. Es wird keine Kopplung zu anderen EDV-Systemen realisiert. Die Wartung des Systems und der Programme erfolgt vor Ort (keine Fernwartung).
- **Datenerfassung und -speicherung:** Eine Datenerfassung und -speicherung ist nur insofern erlaubt, als es zur Identifizierung und zur Erfassung der Arbeitszeiten zum Zwecke der Lohn- und Gehaltsabrechnung notwendig ist. Der Stammdatensatz pro Mitarbeiter umfasst folgende Daten:
  - Name, Vorname
  - Ausweisnummer
  - Personalnummer
  - Abteilungsnummer
  - das dem Mitarbeiter zugeordnete Zeitmodell.
- **Wochenpläne:** Im System dürfen nur Wochenpläne benutzt werden, die mit Zustimmung des Betriebsrates vereinbart wurden. In Anlage 4 sind alle Wochenpläne und die Zuordnung zu den jeweiligen Mitarbeitergruppen dokumentiert, die zwischen dem Arbeitgeber und dem Betriebsrat vereinbart worden sind.
- **Einbuchung der Zeiten:** Die Mitarbeiter können auf allen Zeiterfassungsterminals buchen. Die Kommt-/Geht-Zeiten werden in Zeit-Minuten erfasst. Abweichungen von der zulässigen Arbeitszeit bis zu einem Umfang von fünf Minuten werden als zulässige Toleranz gewertet. Als Zeitdaten werden an den Zeiterfassungsterminals ausschließlich die Kommt-/Geht-Zeiten erfasst. Pausenzeiten werden nicht erfasst, sondern die gesetzlichen bzw. tariflichen nicht bezahlten Pausenzeiten werden automatisch abgezogen.
  - Die **Abwesenheitsgründe** (Anlage 5) dürfen ausschließlich von den dazu berechtigten Personen in Abstimmung mit dem betroffenen Mitarbeiter eingegeben werden:
  - Urlaub
  - Krankheit
  - sonstige bezahlte Abwesenheitszeit
  - unbezahlte Abwesenheitszeit.
- **Monatsjournal:** An den Zeiterfassungsterminals (gegebenenfalls an zusätzlichen Zeiterfassungsterminals) können die Mitarbeiter jederzeit ihr Zeit- und ihr Urlaubskonto ablesen. Am Ende eines Monats erhalten die Mitarbeiter das ausgedruckte Monatsjournal (Anlage 6). Als Erläuterung dafür wird ein Blatt mit der Erklärung der Abkürzungen beigefügt.
- **Korrekturen, Gutschriften:** Korrekturen und Gutschriften geben die in Anlage 7 aufgeführten Personen in Abstimmung mit dem betroffenen Mitarbeiter und dem Arbeitszeitbeauftragten ein.
- **Löschung:** Spätestens einen Monat nach dem Monatsabschluss werden alle Bewegungsdaten auf dem Zeiterfassungssystem und auf allen Datenträgern physikalisch gelöscht. Soweit nicht Rechtsvorschriften eine längere Aufbewahrung erfordern, werden die ausgedruckten Monatsjournale spätestens nach drei Monaten vernichtet.
- **Zugriffsrechte:** Die Vergabe von Zugriffsrechten auf Daten oder Dateien an einzelne Personen ist in Anlage 7 dokumentiert. Darüber hinaus sind in der Anlage 7 die jeweiligen Zugriffsrechte dieser Personen aufgeführt nach dem Kriterium: welche Person darf welche Daten
  - lesen,
  - eingeben,
  - ändern,
  - löschen.

Arbeitszeitflexibilisierung

- auswerten,
- drucken.

Der Arbeitgeber gewährleistet, dass nur die in der Anlage 7 aufgeführten Personen Zugriff auf die Daten im Zeiterfassungssystem haben.

Systemverwalter und Techniker der EDV-Firma ... erhalten nur zu Systemverwaltungs- bzw. Wartungszwecken Zugriff. Dies ist in den Wartungsverträgen entsprechend zu vereinbaren.

- **Ausweise:** Die Ausweise dienen ausschließlich für die Arbeitszeitbuchungen. Auf den zur Zeiterfassung benutzten Ausweiskarten werden folgende Daten verwendet:
  - Firmenkennzeichen
  - Name und Vorname des Benutzers
  - Personalnummer
  - Ausweisnummer
  - gegebenenfalls Verschlüsselungsmerkmal der persönlichen Identifizierungs-Nummer (PIN).

  Aufgedruckt auf dem Ausweis sind nur Name und Vorname.

  Die für die Bedienung des Systems erforderlichen Ausweiskarten werden den Mitarbeiterinnen und Mitarbeitern kostenlos zur Verfügung gestellt, auch Ersatz bei Verlust oder Beschädigung erfolgt kostenlos.

- **Ausfall des Systems:** Für den Fall, dass das System ausfällt, oder bei Verlust des Ausweises oder bei fehlerhaften Buchungen sind die Angaben der Mitarbeiterinnen und Mitarbeiter Basis für die Entgeltabrechnung (z. B. Zeiterfassung durch Selbstaufschreiben).

- **Schnittstellen:** Werden Daten aus dem Zeiterfassungssystem zum Zwecke der Lohn- und Gehaltsabrechnung an ein Personalabrechnungs-System übergeben, sind die Daten in Anlage 8 exakt festzulegen. Bei der Festlegung der einzelnen Daten ist die Erforderlichkeit zur Lohn- und Gehaltsabrechnung vom Arbeitgeber nachzuweisen. Weitere eventuell vorhandene Schnittstellen (z. B. User Exit) werden nicht verwendet. Eine Datenübermittlung an Dritte erfolgt nicht.

- **Auswertungen:** Die Kontrolle des jeweiligen Anwesenheitsstatus geschieht ausschließlich durch berechtigte Personen in der Personalabteilung durch Anzeige am Bildschirm. Eine Auswertung oder ein Ausdruck des Anwesenheitsstatus erfolgt nicht.

  Folgende Auswertungen (siehe Anlage 9 a) sind **täglich zulässig:**
  - Fehlerlisten zu Zeitbuchungen des Vortages
  - Überschreitungen des Arbeitszeitgesetzes und tarifvertraglicher Regelungen pro Mitarbeiter
  - Überstundenliste pro Abteilung.

  Folgende Auswertungen (siehe Anlage 9 b) sind **monatlich zulässig:**
  - Monatsjournal pro Mitarbeiter inklusive Zeitsaldo und Urlaubskonto
  - Fehlzeiten (gesamt) pro Abteilung.

  In den Anlagen sind die entsprechenden Listbilder zu den Auswertungen enthalten. Personenbezogene Fehlzeitenstatistiken dürfen mit dem Zeiterfassungssystem nicht erstellt werden.

  Die Auswertungen werden dem Betriebsrat in einfacher Ausfertigung ausgehändigt.

  Alle systemtechnischen Abläufe einschließlich aller Abfragen und Änderungen werden lückenlos protokolliert.

  Zum Schutz der Mitarbeiter-Daten sind Datenschutzmaßnahmen bei dem Zeiterfassungssystem vorzunehmen und dem Betriebsrat vorzulegen. Der betriebliche Datenschutzbeauftragte ist entsprechend zu beteiligen. Die Einhaltung der Datenschutzmaßnahmen ist regelmäßig von ihm zu überprüfen.

- **Qualifizierung und Einweisung:** Vor der Umstellung der Arbeitszeiterfassung auf das System erhalten alle Mitarbeiterinnen und Mitarbeiter eine Einweisung zur Funktionsweise des Zeiterfassungssystems und Bedienung der Erfassungsterminals.

- Vor der Installation des Zeiterfassungssystems werden alle Personen, die Daten mit dem Zeiterfassungssystem verarbeiten, umfassend qualifiziert.

- Alle Qualifizierungsmaßnahmen und Einweisungen finden während der Arbeitszeit statt. Die Kosten trägt der Arbeitgeber. Vor Durchführung der Qualifizierungsmaßnahmen ist dem Betriebsrat ein Schulungsplan zur Mitbestimmung vorzulegen.

- **Rechte der Mitarbeiter:** Die Mitarbeiter haben ein jederzeitiges Einsichts- und Auskunftsrecht über alle über sie gespeicherten Daten und Auswertungen. Unrichtige Daten sind unverzüglich zu über-

prüfen, gegebenenfalls zu berichtigen oder zu löschen. Personalmaßnahmen, die auf Informationen beruhen, die unter Verletzung dieser Betriebsvereinbarung gewonnen wurden, sind unwirksam und rückgängig zu machen.
- **Rechte des Betriebsrats:** Der Betriebsrat hat das Recht, die Einhaltung aller Regelungen dieser Vereinbarung und der Arbeitszeitregelungen jederzeit auch anhand der Auswertungen und der Protokolle zu kontrollieren. Die Personen aus der Anlage 7 sind dem Betriebsrat gegenüber zu allen Fragen der Arbeitszeiterfassung zur Auskunft verpflichtet. Entstehende Kosten trägt der Arbeitgeber. Der Betriebsrat hat das Recht, einen Sachverständigen seiner Wahl auf Kosten des Arbeitgebers hinzuzuziehen.
- Jede Änderung oder Erweiterung hardware- oder softwaretechnischer Art sowie der aktivierten Leistungsmerkmale und der gespeicherten Daten bedarf der vorherigen Zustimmung durch den Betriebsrat.
- **Inkrafttreten**, Mindestlaufzeit, Kündigung, Kündigungsfrist und ggf. Ausschluss der Nachwirkung.

Rechtsprechung

1. Unterrichtungsanspruch des Betriebsrats – Vertrauensarbeitszeit
2. Flexible Arbeitszeit – Arbeitszeitkonto – Ausgleichszeitraum – Ausschlussfristen
3. Kein Verfall von Gleitzeitguthaben – »Kappungsregelung«
4. Mitbestimmung bei flexibler Arbeitszeit – Arbeitszeitkonto – Schicht-/Dienstplan – Personaleinsatzplanung
5. Initiativmitbestimmungsrecht
6. Mitbestimmung bei Teilzeitarbeit
7. Mitbestimmung bei Arbeit an Weihnachten, Neujahr und Karnevalstagen
8. Mitbestimmung bei Software zur Erstellung von Personaleinsatzplänen
9. Verstöße gegen Gleitzeit-Betriebsvereinbarung – Unterlassungsanspruch
10. Insolvenzgeld und Arbeitszeitguthaben

Aufhebungsvertrag

Was ist das?

1 Mit dem Abschluss eines Aufhebungsvertrages kann ein → **Arbeitsvertrag** beendet werden.

> **Beispiel:**
> Aufhebungsvertrag
> Zwischen der Firma Metallbau-GmbH, vertreten durch die Geschäftsführer
> nachfolgend Firma genannt,
> und
> Frau ...
> nachfolgend Mitarbeiterin genannt,
> wird zur Vermeidung eines arbeitsgerichtlichen Rechtsstreits folgende Vereinbarung geschlossen:
> - Das zwischen der Firma und der Mitarbeiterin bestehende Arbeitsverhältnis wird in gegenseitigem Einvernehmen aus betriebsbedingten Gründen auf Veranlassung der Firma zum ... beendet.
> - Die Firma verpflichtet sich, der Mitarbeiterin in entsprechender Anwendung von §§ 9, 10 Kündigungsschutzgesetz eine Abfindung in Höhe von ...,- Euro zu zahlen. Die Abfindung wird fällig mit der Beendigung des Arbeitsverhältnisses.
> Fa. Metallbau-GmbH   Mitarbeiter
> Unterschrift –   Unterschrift –

1a Nach § 623 BGB ist **Schriftform** erforderlich. Ein nur mündlich vereinbarter Aufhebungsvertrag ist nichtig (§ 125 BGB) und kann das Arbeitsverhältnis nicht wirksam beenden.

1b Zu den gravierenden – für den Arbeitnehmer nachteiligen – **sozialrechtlichen Folgen** eines Aufhebungsvertrages (u. a. Arbeitslosengeldsperre nach § 159 Abs. 1 Satz 2 Nr. 1 SGB III 2012) siehe Rn. 7 und 14 ff. und → **Abfindung** Rn. 13 ff. sowie → **Arbeitslosenversicherung: Arbeitslosengeld** Rn. 44 ff.

2 Der Aufhebungsvertrag ist vom → **Abwicklungsvertrag** zu unterscheiden. Während das Arbeitsverhältnis durch einen Aufhebungsvertrag beendet wird, ist Gegenstand des Abwicklungsvertrags die Frage, wie ein arbeitgeberseitig gekündigtes Arbeitsverhältnis »abgewickelt« wird (z. B. Zahlung einer → **Abfindung**, Freistellung während der Kündigungsfrist usw.).
Das Arbeitsverhältnis wird also nicht durch den Abwicklungsvertrag beendet, sondern durch die vorausgehende → **Kündigung**.
Eine derartige Gestaltung der Beendigung des Arbeitsverhältnisses ist zwar zulässig, ist aber unter Umständen geeignet, eine Arbeitslosengeldsperre nach § 159 Abs. 1 Satz 2 Nr. 1 SGB III 2012 auszulösen, wenn der Arbeitnehmer für sein Verhalten (nämlich die Hinnahme der Kündigung) keinen wichtigen Grund hatte (siehe → **Arbeitslosenversicherung: Arbeitslosengeld** Rn. 44 ff.).

3 Der Aufhebungsvertrag (bzw. → **Abwicklungsvertrag**) stellt ein recht häufig genutztes Mittel zum **Abbau von Personal** dar.
Nicht selten werden Arbeitnehmer mit »**Zuckerbrot und Peitsche**« dazu gebracht, ein vorbe-

Aufhebungsvertrag

reitetes Aufhebungsvertragsformular »freiwillig« zu unterschreiben. Nach dem Motto: »... *eigentlich könnten wir angesichts Ihrer diversen Fehlleistungen das Arbeitsverhältnis kündigen. Aus sozialen Gründen sind wir jedoch zu einer einvernehmlichen Beendigung des Arbeitsverhältnisses bereit. Um Ihnen den Übergang zu erleichtern, zahlen wir Ihnen eine Abfindung in Höhe von* ...«
Ein anderes typisches Beispiel (aus BAG v. 12.3.2015 – 6 AZR 82/14):
»... *Der Kläger war seit August 2001 bei der Beklagten, die ein Unternehmen des Einzelhandels mit 500 Filialen und rund 25.000 Mitarbeitern betreibt, beschäftigt. Zuletzt war er als Erstkraft tätig. Kraft arbeitsvertraglicher Vereinbarung fanden auf das Arbeitsverhältnis die Tarifverträge des Einzelhandels Nordrhein-Westfalen Anwendung. § 11 Abs. 10 des Manteltarifvertrags für den Einzelhandel Nordrhein-Westfalen vom 25. Juli 2008 idF des Ergänzungs-TV vom 29. Juni 2011 (künftig MTV) bestimmt:*
„*Auflösungsverträge bedürfen der Schriftform. Jede der Parteien kann eine Bedenkzeit von drei Werktagen in Anspruch nehmen. Ein Verzicht hierauf ist schriftlich zu erklären.*"
Am 28. Dezember 2012 führten der für den Kläger zuständige Filialleiter und die Bezirksleiterin der Beklagten mit dem Kläger ein Personalgespräch. Sie hielten ihm vor, dass er am Vortag zwei Fertigsuppen aus dem Lagerbestand der Beklagten entnommen und verzehrt habe, ohne sie in die Liste der Personalkäufe eingetragen oder bezahlt zu haben. Sie kündigten ihm an, die Beklagte werde wegen des Diebstahls der Suppen die fristlose Kündigung des Arbeitsverhältnisses erklären und Strafanzeige erstatten. Zudem habe der Kläger mit einer Sperre beim Bezug von Arbeitslosengeld zu rechnen. Die angekündigten Konsequenzen könne er vermeiden, wenn er einen von der Beklagten bereits fertig vorbereiteten Aufhebungsvertrag unterzeichne. Der Kläger bestritt die Vorwürfe, unterzeichnete jedoch am Ende des etwa **anderthalbstündigen** *Personalgesprächs den Aufhebungsvertrag. Dieser unter dem Briefkopf der Zentrale der Beklagten in U mit dem Datum 27. Dezember 2012 erstellte Vertrag enthält ua. folgende Regelungen:*
1. Die Parteien sind sich darüber einig, dass das bestehende Arbeitsverhältnis zum 28.12.2012 beendet wird. ...
8. Der Arbeitnehmer verzichtet ausdrücklich auf Bedenkzeit, die Möglichkeit eines Widerrufs sowie auf weitere Hinweise der Arbeitgeberin bezüglich etwaiger arbeits-, steuer- sowie sozialversicherungsrechtlicher Konsequenzen aus diesem Aufhebungsvertrag.
9. Die Vertragsparteien verzichten auf die Einlegung von Rechtsmitteln (Klage etc.). ...«
Die Vereinbarung eines Aufhebungsvertrages (oder → **Abwicklungsvertrages**) ist aus Arbeitnehmersicht nicht zu empfehlen, wenn beabsichtigt ist, **Arbeitslosengeld** zu beantragen. Eine »einvernehmliche« Lösung des Beschäftigungsverhältnisses kann nämlich eine 12-wöchige Arbeitslosengeldsperre nach § 159 Abs. 1 SGB III 2012 zur Folge haben (sog. **Sperrzeit**; siehe → **Arbeitslosenversicherung: Arbeitslosengeld** Rn. 44 ff.), wenn der Arbeitnehmer für sein Verhalten keinen wichtigen Grund hatte.
Ein wichtiger Grund für die Lösung des Beschäftigungsverhältnisses kann vorliegen, wenn dem Arbeitnehmer ansonsten eine rechtmäßige Arbeitgeberkündigung aus nicht verhaltensbedingten Gründen zum gleichen Zeitpunkt droht. Auf eine Prüfung der Rechtmäßigkeit der Arbeitgeberkündigung wird verzichtet, wenn die Abfindungshöhe die in § 1 a Abs. 2 KSchG vorgesehene nicht überschreitet (BSG v. 12.7.2006 – B 11 a AL 47/05 R, NZA 2006, 1359).
Zu weiteren Einzelheiten siehe → **Arbeitslosenversicherung: Arbeitslosengeld** Rn. 44 ff.

4

Aufhebungsvertrag

Bedeutung für die Betriebsratsarbeit

5   Der Betriebsrat hat beim Abschluss eines Aufhebungsvertrages zwischen Arbeitnehmer und Arbeitgeber (leider) **keine eigenen Rechte**.
6   Insbesondere gelten nicht die Beteiligungsrechte nach § 102 BetrVG. Denn das Arbeitsverhältnis endet ja nicht durch Kündigung, sondern durch einvernehmliche Aufhebung.
7   Der Betriebsrat sollte Arbeitnehmer, die mit dem Gedanken spielen, unter Entgegennahme einer → **Abfindung** über einen → **Aufhebungsvertrag** aus dem Betrieb zu scheiden, auf die möglichen – gravierenden – **sozialrechtlichen Folgen** einer einvernehmlichen Beendigung des Arbeitsverhältnisses hinweisen:
   - **Ruhen** des Anspruchs auf Arbeitslosengeld nach § 158 SGB III 2012, wenn die für den Arbeitgeber maßgebliche → **Kündigungsfrist** nicht eingehalten wird (siehe → **Abfindung** Rn. 13 ff.) und
   - **Sperrzeit** nach § 159 SGB III 2012, wenn kein »wichtiger Grund« für die Auflösung des Arbeitsverhältnisses gegeben ist (siehe Rn. 4 und → **Arbeitslosenversicherung: Arbeitslosengeld** Rn. 44 ff.).
8   Des Weiteren sollte im Einzelfall geprüft werden, ob ggf. ein → **Tarifvertrag** ein Recht des Arbeitnehmers vorsieht, den Aufhebungsvertrag binnen einer bestimmten Frist **zu widerrufen** (siehe Rn. 12a).
    Existiert eine solche Bestimmung, sollte der Betriebsrat den Arbeitnehmer, der einen Aufhebungsvertrag unterschrieben hat, unverzüglich informieren.
    Nicht selten bereuen Arbeitnehmer ihre Unterschrift schon »am Tage danach«.
    Eine Widerrufsregelung gibt ihnen die Möglichkeit, den Aufhebungsvertrag nachträglich ohne Schwierigkeiten zu Fall zu bringen.
    Zum Widerrufsrecht bei »**Haustürgeschäften**« nach § 312 BGB siehe Rn. 12.
9   Ein Widerrufsrecht kann auch in einer (freiwilligen) → **Betriebsvereinbarung** geregelt sein. Vielleicht gelingt es dem Betriebsrat, den Arbeitgeber (der ja auch manchmal »etwas vom Betriebsrat will«) im Wege eines gegenseitigen »Geschäftes« zum Abschluss einer solchen Betriebsvereinbarung zu bewegen (siehe auch → **Koppelungsgeschäfte in der Betriebsverfassung**).
9a Jedenfalls sollte aber ein Recht des Arbeitnehmers, zu »**Personalgesprächen**« eine Person seines Vertrauens hinzuzuziehen, gefordert und vereinbart werden.
    Ein solches Hinzuziehungsrecht ist beispielsweise bei »Erörterungen« in den im § 81 Abs. 4 BetrVG oder § 82 Abs. 2 BetrVG genannten Angelegenheiten kraft Gesetzes vorgesehen (siehe hierzu → **Arbeitnehmerrechte nach dem BetrVG**).

Bedeutung für die Beschäftigten

10 Mit dem Abschluss des Aufhebungsvertrages werden sämtliche Kündigungsschutzvorschriften hinfällig.
    Es entfallen nicht nur die bei Kündigung bestehenden Beteiligungsrechte des Betriebsrats, sondern auch die Kündigungsverbote bzw. Kündigungsbeschränkungen nach dem Kündigungsschutzgesetz, dem Mutterschutzgesetz, dem Schwerbehindertenrecht nach §§ 85 ff. SGB IX, usw. (siehe → **Kündigungsschutz [besonderer]**).
11a Weil die Unterzeichnung eines Aufhebungsvertrages gravierende – für den Beschäftigten negative – **sozialrechtliche Folgen** hat (siehe Rn. 7 und 14 ff.), ist die vorherige Einholung einer kompetenten Rechtsberatung (Gewerkschaft, Rechtsanwalt) unverzichtbar.

Aufhebungsvertrag

Wird ein Arbeitnehmer beim Abschluss des Aufhebungsvertrages genötigt oder getäuscht, kann er seine Unterschrift unter den Aufhebungsvertrag theoretisch zwar **anfechten** (§ 123 BGB; Muster eines Anfechtungsschreibens im Anhang zu diesem Stichwort), praktisch wird es ihm vor dem Arbeitsgericht aber schwer fallen, die Nötigung oder Täuschung zu beweisen. 11

Ein **Klageverzicht** in einem vom Arbeitgeber vorformulierten Aufhebungsvertrag unterliegt als Nebenabrede einer **Inhaltskontrolle** nach § 307 BGB. Wird ein solcher formularmäßiger Klageverzicht in einem Aufhebungsvertrag erklärt, der zur Vermeidung einer vom Arbeitgeber angedrohten außerordentlichen Kündigung geschlossen wird, benachteiligt dieser Verzicht den Arbeitnehmer unangemessen i. S. v. § 307 Abs. 1, Abs. 2 Nr. 1 BGB, wenn ein verständiger Arbeitgeber die angedrohte Kündigung nicht ernsthaft in Erwägung ziehen durfte (BAG v. 12. 3. 2015 – 6 AZR 82/14). 11a

Nach zweifelhafter Ansicht des BAG gibt § 312 BGB (Widerrufsrecht bei Haustürgeschäften) einem Arbeitnehmer nicht das Recht, einen abgeschlossenen Aufhebungsvertrag durch **Widerruf** rückgängig zu machen (BAG v. 27. 11. 2003 – 2 AZR 135/03, NZA 2004, 597). Eine am Arbeitsplatz geschlossene arbeitsrechtliche Beendigungsvereinbarung sei kein Haustürgeschäft i. S. d. § 312 Abs. 1 Satz 1 Nr. 1 BGB. 12

Manche Tarifverträge sehen ein **Widerrufsrecht** vor. 12a

> **Beispiel (aus BAG v. 12. 3. 2015 – 6 AZR 82/14):**
> § 11 Abs. 10 des Manteltarifvertrags für den Einzelhandel Nordrhein-Westfalen vom 25. Juli 2008 idF des Ergänzungs-TV vom 29. Juni 2011 (künftig MTV): »Auflösungsverträge bedürfen der Schriftform. Jede der Parteien kann eine Bedenkzeit von drei Werktagen in Anspruch nehmen. Ein Verzicht hierauf ist schriftlich zu erklären.«

Zahlt der Arbeitgeber die im Aufhebungsvertrag vereinbarte → **Abfindung** nicht, kann der Arbeitnehmer nach Ansicht des BAG gemäß § 323 Abs. 1 BGB vom Aufhebungsvertrag **zurücktreten**, wenn das Rücktrittsrecht nicht ausdrücklich oder konkludent abbedungen ist und dem Arbeitgeber ohne Erfolg eine angemessene Frist zur Zahlung der Abfindung gesetzt wurde (BAG v. 10. 11. 2011 – 6 AZR 357/10, NZA 2012, 205). Das Rücktrittsrecht aus § 323 Abs. 1 BGB setze allerdings die Durchsetzbarkeit der Forderung voraus. Daran fehle es, wenn der Schuldner wegen eines → **Insolvenzverfahrens** nicht leisten muss oder nicht leisten darf. 12b

Meldepflicht (§ 38 Abs. 1 SGB III 2012)

Nach § 38 Abs. 1 Satz 1 SGB III 2012 sind Personen, deren Arbeits- oder Ausbildungsverhältnis endet, verpflichtet, sich spätestens **drei Monate** vor dessen Beendigung persönlich bei der Agentur für Arbeit arbeitsuchend zu melden. 13
Liegen zwischen der Kenntnis des Beendigungszeitpunkts und der Beendigung des Arbeits- oder Ausbildungsverhältnisses weniger als drei Monate, hat die Meldung innerhalb von **drei Tagen** nach Kenntnis des Beendigungszeitpunkts zu erfolgen.
Zur Wahrung der Fristen reicht eine (ggf. auch telefonische) Anzeige unter Angabe der persönlichen Daten und des Beendigungszeitpunktes aus, wenn die persönliche Meldung nach terminlicher Vereinbarung nachgeholt wird.
Die Pflicht zur Meldung besteht unabhängig davon, ob der Fortbestand des Arbeits- oder Ausbildungsverhältnisses gerichtlich geltend gemacht oder vom Arbeitgeber in Aussicht gestellt wird.
Die Pflicht zur Meldung gilt nicht bei einem betrieblichen Ausbildungsverhältnis.
Erfolgt die Meldung nicht fristgerecht, hat das eine einwöchige Arbeitslosengeldsperre (**Sperrzeit**) nach § 159 Abs. 1 Satz 2 Nr. 7, Abs. 6 SGB III 2012 zur Folge.
Zu weiteren Einzelheiten siehe → **Arbeitslosenversicherung: Arbeitsförderung** Rn. 13 ff.

Aufhebungsvertrag

Sperrzeit (§ 159 SGB III 2012)

14 Ein Arbeitnehmer, der einen Aufhebungsvertrag unterschreibt und dadurch arbeitslos wird, muss damit rechnen, dass die Agentur für Arbeit eine zwölfwöchige Arbeitslosengeldsperre gegen ihn festsetzt (»**Sperrzeit bei Arbeitsaufgabe**«; vgl. § 159 Abs. 1 Satz 2 Nr. 1 SGB III 2012; siehe → **Arbeitslosenversicherung: Arbeitslosengeld** Rn. 44 ff.).
Ein Aufhebungsvertrag stellt stets eine Lösung des Beschäftigungsverhältnisses durch den Arbeitnehmer im Sinne des § 159 Abs. 1 Satz 2 Nr. 1 SGB III 2012 dar (siehe Ziff. 1.2 der Durchführungsanweisungen der Bundesagentur für Arbeit; Stand 04/2009).
Es kommt nicht darauf an, ob die Initiative zum Abschluss des Aufhebungsvertrages vom Arbeitgeber oder vom Arbeitnehmer ausging.
Für die Frage, ob eine Sperrzeit eintritt, ist allein maßgeblich, ob der Arbeitnehmer einen »**wichtigen Grund**« für sein Verhalten hatte. Das ist etwa der Fall, wenn dem Arbeitnehmer die Fortsetzung des Arbeitsverhältnisses arbeitsrechtlich nicht zumutbar ist (z. B. Fehlverhalten des Arbeitgebers) oder wenn wichtige persönliche Gründe vorliegen (z. B. gesundheitliche Gründe, notwendiger Wohnortwechsel nach einer Heirat).
Wird eine Sperrzeit verhängt, tritt eine erhebliche **Kürzung der Bezugsdauer** ein. Im Falle einer 12-wöchigen Sperrzeit beträgt die Kürzung mindestens ¼ der Gesamtanspruchsdauer (§ 148 Abs. 1 Nr. 4 SGB III 2012).
Zu weiteren Einzelheiten siehe → **Arbeitslosenversicherung: Arbeitslosengeld** Rn. 44 ff.

15 Soll der Arbeitnehmer eine → **Abfindung** erhalten, so ist beim Abschluss eines Aufhebungsvertrages darauf zu achten, dass das Arbeitsverhältnis nicht vor Ablauf der (vom Arbeitgeber bei einer Kündigung zu beachtenden) → **Kündigungsfrist** beendet wird.
Geschieht dies dennoch, tritt nicht nur eine **Sperrzeit** ein (siehe Rn. 14).
Darüber hinaus setzt, wenn der Arbeitnehmer eine → **Abfindung** erhalten hat, die Arbeitslosengeldzahlung erst nach einer bestimmten in § 158 Abs. 1 und 2 SGB III 2012 geregelten Frist (**Ruhenszeit**) ein. Mit anderen Worten: Der Betroffene muss zunächst eine Zeit lang von seiner Abfindung leben.
Eine **Verkürzung der Bezugsdauer** des Arbeitslosengeldes findet allerdings nicht statt.
Zu weiteren Einzelheiten siehe → **Abfindung** Rn. 13 ff.

16 Schließlich darf beim Abschluss eines Aufhebungsvertrages nicht vergessen werden, dass der Anspruch auf Arbeitslosengeld auch dann ruht, wenn der Betroffene wegen der Beendigung des Arbeitsverhältnisses eine **Urlaubsabgeltung** erhalten oder zu beanspruchen hat.
Der Ruhenszeitraum umfasst die Zeit des abgegoltenen Urlaubs. Er beginnt mit der Beendigung des Arbeitsverhältnisses (§ 157 SGB III 2012) und verlängert die Ruhenszeit nach § 158 SGB III 2012 (§ 158 Abs. 1 Satz 5 SGB III 2012).
Siehe auch → **Arbeitslosenversicherung: Arbeitslosengeld** Rn. 40 ff.

17 In der Regel muss sich der Arbeitnehmer vor Abschluss eines Aufhebungsvertrages selbst Klarheit über die **arbeits- und sozialrechtlichen Folgen** der Beendigung des Arbeitsverhältnisses verschaffen. Ausnahmsweise kann der Arbeitgeber verpflichtet sein, den Arbeitnehmer z. B. über den Verlust einer unverfallbaren **Versorgungsanwartschaft** (siehe → **Betriebliche Altersversorgung**) aufzuklären.
Eine solche Verpflichtung kommt dann in Betracht, wenn der Arbeitnehmer aufgrund besonderer Umstände darauf vertrauen darf, der Arbeitgeber werde bei der vorzeitigen Beendigung des Arbeitsverhältnisses die Interessen des Arbeitnehmers wahren und ihn redlicherweise vor unbedachten nachteiligen Folgen des vorzeitigen Ausscheidens, insbesondere bei der Versorgung bewahren (BAG v. 3. 7. 1990 – 3 AZR 382/89, AiB 1991, 33). Ob und in welchem Umfang Hinweis- und Aufklärungspflichten des Arbeitgebers bestehen, hängt von den Umständen des Einzelfalles ab und sind das Ergebnis einer umfassenden Interessenabwägung (BAG v. 11. 12. 2001 – 3 AZR 339/00, AiB 2003, 572).

Aufhebungsvertrag

Dabei spielt auch eine Rolle, ob die Initiative zum Abschluss des Aufhebungsvertrages vom Arbeitgeber oder vom Arbeitnehmer ausgeht. Wünscht der Arbeitnehmer eine Beendigung, dann soll eine Beratungspflicht des Arbeitgebers nur bestehen, wenn mit entsprechenden Wissenslücken beim Arbeitnehmer zu rechnen ist. Fragen des Arbeitnehmers sind korrekt zu beantworten (BAG v. 19. 8. 2003 – 9 AZR 611/02, NZA 2004, 665).

Eine Verletzung der Aufklärungs- und Beratungspflicht oder Falschauskünfte des Arbeitgebers können **Schadensersatzansprüche** des Arbeitnehmers auslösen, die nach vergeblicher Geltendmachung beim → **Arbeitsgericht** eingeklagt werden können.

18

Arbeitshilfen

Musterschreiben
- Aufhebungsvertrag I
- Aufhebungsvertrag II
- Anfechtung des Aufhebungsvertrags durch den Arbeitnehmer

Rechtsprechung

1. Abschluss des Aufhebungsvertrags – Beteiligung des Betriebsrats – Schriftform – Wirksamkeit
2. Vorformulierter Aufhebungsvertrag – Klageverzichtsklausel – Inhaltskontrolle
3. Befristungskontrolle
4. Hinweis- und Aufklärungspflichten des Arbeitgebers
5. Widerruf des Aufhebungsvertrags?
6. Anfechtung des Aufhebungsvertrags wegen Irrtums
7. Anfechtung des Aufhebungsvertrags wegen Drohung
8. Rücktritt vom Aufhebungsvertrag wegen Nichtzahlung der vereinbarten Abfindung – Insolvenzverfahren
9. Aufhebungsvertrag aus Anlass eines Betriebsübergangs – Übergang in eine Transfergesellschaft
10. Massenentlassungsschutz bei Aufhebungsverträgen
11. Aufhebungsvertrag und Arbeitslosengeld – Sperrzeit
12. Kein Schadensersatzanspruch bei vorzeitiger Beendigung des Arbeitsverhältnisses durch Aufhebungsvertrag mit Insolvenzverwalter (§ 113 Satz 3 InsO)
13. Prozessuales
14. Vereinbarung eines Wettbewerbsverbots in einem Aufhebungsvertrag
15. Widerruf einer im Aufhebungsvertrag gemachten Versorgungszusage wegen wirtschaftlicher Notlage
16. Abgeltungsklausel im Aufhebungsvertrag

Auflösend bedingter Arbeitsvertrag

Was ist das?

1   Ein auflösend bedingter Arbeitsvertrag ist ein unbefristeter Vertrag, der mit einer vereinbarten »**auflösenden Bedingung**« versehen ist.

> **Beispiele:**
> »Das Arbeitsverhältnis endet, wenn die Prüfung zum ... endgültig nicht bestanden wird«.
> »Das Arbeitsverhältnis endet, wenn die Arbeitserlaubnis endet«.

2   Auf den auflösend bedingten Arbeitsvertrag sind nach § 21 Teilzeit- und Befristungsgesetz (TzBfG) einige der für den → **befristeten Arbeitsvertrag** geltende Bestimmungen des TzBfG entsprechend anzuwenden:
- § 4 Abs. 2 TzBfG (Diskriminierungsverbot),
- § 5 TzBfG (Benachteiligungsverbot),
- § 14 Abs. 1 TzBfG (sachlicher Grund erforderlich),
- § 14 Abs. 4 TzBfG (Schriftform),
- § 15 Abs. 2 TzBfG (Ende mit Eintritt der auflösenden Bedingung, frühestens zwei Wochen nach Zugang der schriftlichen Unterrichtung über den Zeitpunkt des Bedingungseintritts),
- § 15 Abs. 3 TzBfG (vorherige Kündigung nur bei vertraglicher oder tariflicher Kündigungsklausel),
- § 15 Abs. 5 TzBfG (Folgen einer Weiterbeschäftigung nach Eintritt der auflösenden Bedingung),
- §§ 16 bis 20 TzBfG (also z. B. Klage innerhalb von drei Wochen nach Eintritt der auflösenden Bedingung, usw.).

3   Zum Inhalt der einzelnen Vorschriften siehe → **Befristeter Arbeitsvertrag**.

4   Im Unterschied zur Befristung ist beim auflösend bedingten Arbeitsvertrag generell ein **sachlicher Grund** für die Vereinbarung der auflösenden Bedingung erforderlich (§ 21 i. V. m. § 14 Abs. 1 TzBfG). § 14 Abs. 2 und 3 TzBfG, der eine Befristung ohne Sachgrund zulässt (siehe → **Befristeter Arbeitsvertrag**), gilt nicht.

Vor In-Kraft-Treten des TzBfG hat die Rechtsprechung eine auflösende Bedingung ohne sachlichen Grund zugelassen, wenn keine objektive Umgehung des Kündigungsschutzes vorgelegen hat.

Auflösend bedingter Arbeitsvertrag

Bedeutung für die Betriebsratsarbeit

Der Betriebsrat ist vom Arbeitgeber über Anzahl der (befristet und) auflösend bedingt Beschäftigten und ihren Anteil an der Belegschaft im Betrieb und im Unternehmen **zu informieren** (§ 20 TzBfG). 5

Weitere Informationsrechte des Betriebsrats ergeben sich aus § 80 Abs. 2 BetrVG (z. B. auf Verlangen Vorlage von **Unterlagen**). 6

Nach § 99 Abs. 2 Nr. 3 letzter Halbsatz BetrVG kann der Betriebsrat einer unbefristeten Einstellung mit der Begründung widersprechen, dass ein gleichgeeigneter befristet Beschäftigter nicht berücksichtigt wurde. 7

Eine **entsprechende Anwendung** dieser Bestimmung auf den Fall des »auflösend bedingt« beschäftigten Arbeitnehmers dürfte wegen der Gleichartigkeit eines befristeten Arbeitsvertrages mit dem auflösend bedingten Arbeitsvertrag jedenfalls dann in Betracht kommen, wenn eine unbefristete Einstellung bzw. Übernahme des »auflösend bedingt« Beschäftigten möglich ist. Ist das aus tatsächlichen oder rechtlichen Gründen nicht der Fall (z. B. die Arbeitserlaubnis wird nicht verlängert), scheidet eine Zustimmungsverweigerung aus.

Bedeutung für die Beschäftigten

Bestehen Zweifel daran, ob das Arbeitsverhältnis durch auflösende Bedingung beendet wurde, so kann der auflösend bedingt Beschäftigte dies durch eine **Klage** beim → **Arbeitsgericht** klären. 8

Nach § 17 TzBfG muss die Klage innerhalb einer **Frist** von **drei Wochen** nach Zugang der Mitteilung des Arbeitgebers über den Eintritt der auflösenden Bedingung Klage beim Arbeitsgericht eingehen (§ 21 TzBfG i. V. m. § 15 Abs. 2 TzBfG).

Die §§ 5 bis 7 Kündigungsschutzgesetz gelten entsprechend (siehe → **Kündigungsschutz** Rn. 32 bis 36).

Wurde der Arbeitsvertrag durch Bedingungseintritt nicht beendet (z. B. weil kein sachlicher Grund für die Vereinbarung einer Bedingung bestanden hat), so stellt das Arbeitsgericht fest, dass ein **unbedingtes Arbeitsverhältnis** vorliegt. 9

Gleichzeitig verurteilt es den Arbeitgeber, den Arbeitnehmer über den Eintritt der Bedingung hinaus **weiter zu beschäftigen**.

Es sollte allerdings beachtet werden, dass der Kündigungsschutz bei unbefristeten/unbedingten Arbeitsverhältnissen nach dem Kündigungsschutzgesetz erst nach einer ununterbrochenen Beschäftigungsdauer von mehr als sechs Monaten eintritt (sog. **Wartezeit**; vgl. § 1 Abs. 1 KSchG; siehe → **Kündigungsschutz**). 10

Daher macht es wenig Sinn, sofort bei Abschluss des auflösend bedingten Arbeitsvertrages die Wirksamkeit der Bedingung durch Klage anzugreifen. Denn der Arbeitgeber würde wahrscheinlich mit einer »vorsorglich« ausgesprochenen Kündigung auf die Klage reagieren.

Dies kann der Arbeitgeber zwar auch dann tun, wenn der Arbeitnehmer erst nach Ablauf von sechs Monaten gegen die vereinbarte Bedingung klagt; jedoch würde sich eine dann erklärte Kündigung an den Vorschriften des Kündigungsschutzgesetzes messen lassen müssen (siehe → **Kündigungsschutz**).

Auflösend bedingter Arbeitsvertrag

Meldepflicht (§ 38 Abs. 1 SGB III 2012)

11 Zu beachten ist § 38 Abs. 1 Satz 1 SGB III 2012.
Hiernach sind Personen, deren Arbeits- oder Ausbildungsverhältnis endet, verpflichtet, sich spätestens drei Monate vor dessen Beendigung persönlich bei der Agentur für Arbeit **arbeitssuchend** zu melden.
Liegen zwischen der Kenntnis des Beendigungszeitpunkts und der Beendigung des Arbeits- oder Ausbildungsverhältnisses weniger als drei Monate, hat die Meldung innerhalb **von drei Tagen** nach Kenntnis des Beendigungszeitpunkts zu erfolgen.
Zur Wahrung der Fristen reicht eine (ggf. auch telefonische) Anzeige unter Angabe der persönlichen Daten und des Beendigungszeitpunktes aus, wenn die persönliche Meldung nach terminlicher Vereinbarung nachgeholt wird.
Die Pflicht zur Meldung besteht unabhängig davon, ob der Fortbestand des Arbeits- oder Ausbildungsverhältnisses gerichtlich geltend gemacht oder vom Arbeitgeber in Aussicht gestellt wird.
Erfolgt die Meldung nicht fristgerecht, hat das eine einwöchige Arbeitslosengeldsperre (**Sperrzeit**) nach § 159 Abs. 1 Satz 2 Nr. 7, Abs. 6 SGB III 2012 zur Folge.

> **Beispiel:**
> Ein Arbeitnehmer steht in einem auflösend bedingten Arbeitsverhältnis (Bedingung ist: Rückkehr eines langfristig arbeitsunfähig erkrankten Mitarbeiters). Der Arbeitgeber teilt ihm schriftlich mit, dass der vertretene Mitarbeiter in einer Woche seine Arbeit wieder aufnimmt.
> Das auflösend bedingte Arbeitsverhältnis endet (frühestens) zwei Wochen nach Zugang der schriftlichen Unterrichtung durch den Arbeitgeber (§ 21 i.V.m. § 15 Abs. 2 TzBfG).
> Der Arbeitnehmer muss sich innerhalb von drei Tagen nach der Unterrichtung durch den Arbeitgeber bei der Agentur für Arbeit als arbeitsuchend melden, wenn er die Arbeitslosengeldsperre nach § 159 Abs. 1 Satz 2 Nr. 7, Abs. 6 SGB III 2012 vermeiden will.

Zu weiteren Einzelheiten siehe → **Arbeitslosenversicherung: Arbeitsförderung** Rn. 13 ff.

Rechtsprechung

1. Wirksamkeit der auflösenden Bedingung – sachlicher Grund
2. Beendigung des Arbeitsverhältnisses nach Eintritt einer Bedingung

Ausgleichsquittung

Was ist das?

Bei Beendigung des Arbeitsverhältnisses wird dem Arbeitnehmer nicht selten eine so genannte »**Ausgleichsquittung**« zur Unterschrift vorgelegt. Mit seiner Unterschrift erklärt der Arbeitnehmer, gegenüber dem Arbeitgeber keine (Rest-)Ansprüche mehr zu haben.

Solche Ausgleichsquittungen haben etwa folgenden Wortlaut:
»*Die Parteien sind sich darüber einig, dass Ansprüche aus und in Verbindung mit dem Arbeitsverhältnis und seiner Beendigung nicht mehr gegenseitig bestehen.*«

Der Arbeitgeber hat gegen den Arbeitnehmer keinen Rechtsanspruch auf Unterzeichnung einer Ausgleichsquittung.

Es besteht nach § 368 Satz 1 BGB lediglich ein Anspruch des Arbeitgebers auf Erteilung eines **Empfangsbekenntnisses** (= **Quittung**) z. B. für eine erhaltene Restlohnzahlung oder ausgehändigte Arbeitspapiere.

Welche Rechtsqualität und welchen Umfang die in einer Ausgleichsquittung abgegebenen Erklärungen haben, ist nach den Regeln der §§ 133, 157 BGB durch **Auslegung** zu ermitteln. Als rechtstechnische Mittel für den Willen der Parteien, ihre Rechtsbeziehung zu bereinigen, kommen vor allem der **Erlassvertrag**, das **konstitutive** und das **deklaratorische negative Schuldanerkenntnis** in Betracht (BAG v. 23. 10. 2013 – 5 AZR 135/12; 7. 11. 2007 – 5 AZR 880/06, DB 2008, 185).

Ein **Erlassvertrag** (§ 397 Abs. 1 BGB) ist dann anzunehmen, wenn die Parteien vom Bestehen einer bestimmten Schuld ausgehen, diese aber übereinstimmend als nicht mehr zu erfüllen betrachten.

Ein **konstitutives negatives Schuldanerkenntnis** (§ 397 Abs. 2 BGB) liegt vor, wenn der Wille der Parteien darauf gerichtet ist, alle oder eine bestimmte Gruppe von bekannten oder unbekannten Ansprüchen zum Erlöschen zu bringen.

Ein **deklaratorisches negatives Schuldanerkenntnis** ist anzunehmen, wenn die Parteien nur die von ihnen angenommene Rechtslage eindeutig dokumentieren und damit fixieren wollen. Maßgebend ist das Verständnis eines redlichen Erklärungsempfängers. Dieser ist nach Treu und Glauben (§ 242 BGB) verpflichtet, unter Berücksichtigung aller ihm erkennbaren Umstände mit gehöriger Aufmerksamkeit zu prüfen, was der Erklärende gemeint hat. Zu berücksichtigen ist ferner der Grundsatz der nach beiden Seiten hin interessengerechten Auslegung. Diese Auslegungsgrundsätze gelten auch für die Frage, ob überhaupt eine rechtsgeschäftliche Erklärung vorliegt.

Bei der gerichtlichen Prüfung der Wirksamkeit und Reichweite einer Ausgleichsquittung sind nach zutreffender Ansicht des BAG hohe Anforderungen an den Verzichtswillen des Arbeitnehmers zu stellen.

Wenn etwa feststeht, dass eine Forderung entstanden ist, verbietet dieser Umstand im Allgemeinen die Annahme, der Arbeitnehmer habe sein Recht nach § 397 Abs. 1 oder Abs. 2 BGB einfach wieder aufgegeben. Ein Erlass bzw. ein konstitutives negatives Schuldanerkenntnis liegt **im Zweifel** nicht vor (BAG v. 7. 11. 2007 – 5 AZR 880/06, a.. O.).

Ausgleichsquittung

Einer Klausel, wonach sämtliche finanziellen Ansprüche aus dem bisherigen Arbeitsvertrag »**abgegolten und erledigt**« sind, kommt – unabhängig von der Frage, ob eine solche »Erledigungsklausel« überhaupt rechtsgeschäftliche Erklärungen enthält – allenfalls die Bedeutung eines **deklaratorischen negativen Schuldanerkenntnisses** zu (BAG v. 28. 1. 2015 – 5 AZR 122/13).

Ausgleichsklauseln in **gerichtlichen Vergleichen**, die ausdrücklich auch unbekannte Ansprüche erfassen, sind nach Ansicht des BAG regelmäßig als umfassender Anspruchsausschluss in Form eines **konstitutiven negativen Schuldanerkenntnisses** zu verstehen (BAG v. 27. 5. 2015 – 5 AZR 137/14).

5 Ein Rechtsverlust tritt – trotz Unterschrift unter eine Ausgleichsquittung – in zahlreichen Fällen nicht ein.

So ist der → **Verzicht** auf Rechte aus einer → **Betriebsvereinbarung** ohne Zustimmung des Betriebsrats unwirksam (§ 77 Abs. 4 BetrVG).

6 Gleiches gilt bei einem Verzicht auf Rechte aus einem → **Tarifvertrag** ohne Zustimmung der Tarifvertragsparteien (§ 4 Abs. 4 TVG).

Aber aufpassen: Nach Ansicht der Rechtsprechung kann zwar bei Geltung einer entsprechenden tariflichen Regelung nicht auf (z. B.) tarifliche **Überstundenvergütung** und **Zuschläge** verzichtet werden.

Wohl aber können durch eine entsprechend formulierte Verzichtserklärung des Arbeitnehmers die tatsächlichen Grundlagen des Anspruchs (nämlich die Leistung von → **Überstunden**) beseitigt werden (sog. **Tatsachenvergleich**; vgl. hierzu BAG v. 5. 11. 1997 – 4 AZR 682/95, AuR 1997, 493).

7 Eine Vereinbarung, dass der Arbeitnehmer seine **Klage auf tarifvertragliche Leistungen** zurückzunehmen habe und keine neue Klage erheben dürfe, kommt im Ergebnis einem Verzicht gleich und ist wie dieser nach § 4 Abs. 4 S. 1 TVG nur in einem von den Tarifvertragsparteien gebilligten Vergleich zulässig (BAG v. 19. 11. 1996 – 3 AZR 461/95, NZA 1997, 1117).

8 Auch auf eine Reihe durch **Gesetz** eingeräumter Rechte kann wirksam nicht verzichtet werden (z. B. Ansprüche auf noch nicht genommenen **Urlaub** nach dem Bundesurlaubsgesetz bzw. Urlaubsabgeltungsansprüche, vgl. § 13 Abs. 1 Bundesurlaubsgesetz; siehe → **Verzicht**).

9 Des Weiteren werden Ansprüche des Arbeitnehmers, die erst bei oder nach **Beendigung** des Arbeitsverhältnisses **entstehen**, in der Regel von der Ausgleichsquittung nicht erfasst (z. B. Anspruch auf Erteilung eines → **Zeugnisses**, Ruhegeldansprüche und Anwartschaften aus einer → **betrieblichen Altersversorgung**, Ansprüche aus einem nachvertraglichen → **Wettbewerbsverbot**).

10 In manchen Tarifverträgen ist das Recht des Arbeitnehmers verankert, eine Ausgleichsquittung innerhalb einer bestimmten Frist zu »**widerrufen**« (vgl. z. B. § 19 Ziff. 6 des Manteltarifvertrages für die Arbeiter, Angestellten und Auszubildenden in der Eisen-, Metall-, Elektro- und Zentralheizungsindustrie NRW).

11 Bisweilen wird dem Arbeitnehmer **anlässlich der Beendigung** des Arbeitsverhältnisses eine »Ausgleichsquittung« der nachfolgenden Art zur Unterschrift vorgelegt:

»*Der Unterzeichner erkennt an, dass das Arbeitsverhältnis wirksam beendet worden ist. Er verzichtet auf das Recht, den Fortbestand des Arbeitsverhältnisses aus irgendeinem Rechtsgrund gerichtlich geltend zu machen. Insbesondere verzichtet er auf das Recht zur Erhebung einer Kündigungsschutzklage.*«

12 Derartige Verzichtserklärungen werden dann als zulässig und wirksam angesehen, wenn in ihnen **eindeutig** der Wille des Arbeitnehmers zum Ausdruck kommt, die Kündigung nicht durch Kündigungsschutzklage angreifen zu wollen.

Befindet sich die Verzichtserklärung auf dem Formular, mit dem der Erhalt der Arbeitspapiere quittiert wird (siehe Rn. 3), müssen **beide Erklärungen** vom Arbeitnehmer **gesondert unterschrieben** sein; andernfalls ist die Verzichtserklärung unwirksam.

Ausgleichsquittung

Nach zutreffender Ansicht des ArbG Berlin ist der Verzicht auf die Erhebung einer Kündigungsschutzklage in einer vom Arbeitgeber vorformulierten Ausgleichsquittung in der Regel überraschend und unangemessen und damit unwirksam (ArbG Berlin v. 14.10.2005 – 28 Ca 12710/05, AuR 2006, 36).

> **Beachten:**
> Der Verzicht auf Erhebung einer Kündigungsschutzklage gegen eine »offensichtlich rechtswidrige Kündigung« kann insbesondere dann, wenn eine Abfindung gezahlt wurde, zu einer **Arbeitslosengeldsperre** von zwölf Wochen führen (siehe → **Abfindung, Arbeitslosenversicherung: Arbeitslosengeld** Rn. 44 ff. und → **Aufhebungsvertrag**).

Bedeutung für die Betriebsratsarbeit

Der Betriebsrat hat im Zusammenhang mit der Unterzeichnung von Ausgleichsquittungen keine Beteiligungsrechte. Insbesondere hängt die Wirksamkeit solcher »Quittungen« nicht von der Zustimmung des Betriebsrats ab (Ausnahme: § 77 Abs. 4 BetrVG; hiernach ist der **Verzicht** auf Rechte aus einer → **Betriebsvereinbarung** [nur] dann zulässig, wenn der Betriebsrat zustimmt). 13

Dem Betriebsrat bleibt daher nur die Aufgabe, die Arbeitnehmer auf die Problematik solcher Ausgleichsquittungen **hinzuweisen** (siehe Rn. 15) und zu versuchen, den Arbeitgeber zum Abschluss einer freiwilligen → **Betriebsvereinbarung** »zu bewegen«, in der ein »**Widerrufsrecht**« des Arbeitnehmers geregelt ist. 14

Bedeutung für die Beschäftigten

Oft wird vom rechtsunkundigen Arbeitnehmer übersehen, dass er noch **Restansprüche** gegenüber dem Arbeitgeber hat: z. B. Ansprüche auf Auszahlung anteiligen Weihnachtsgeldes, Restlohn- oder Gehaltsansprüche z. B. für geleistete, aber noch nicht vergütete Überstunden usw. 15

Auch wenn in dem einen oder anderen Fall eine unterzeichnete Ausgleichsquittung **unwirksam** sein sollte (siehe Rn. 5 ff.), so erschwert oder gefährdet das Vorhandensein einer solchen Verzichtserklärung dennoch die gerichtliche Durchsetzung von Restansprüchen (siehe das unter Rn. 6 dargestellte Beispiel zum sog. **Tatsachenvergleich** betr. tarifliche Überstundenzuschläge; vgl. BAG v. 5.11.1997 – 4 AZR 682/95, AuR 1997, 493).

Daher sollte der Arbeitnehmer die Unterzeichnung einer Ausgleichsquittung **ablehnen**, zumal hierzu keinerlei Verpflichtung besteht. 16

Dies gilt umso mehr für solche »Ausgleichsquittungen«, mit deren Unterschrift auf die Erhebung einer **Kündigungsschutzklage verzichtet** wird (siehe Rn. 11, 12). 17

Der Arbeitgeber ist nicht berechtigt, die Auszahlung des Restlohns und die Aushändigung der Arbeitspapiere davon abhängig zu machen, dass der Arbeitnehmer eine Ausgleichsquittung unterzeichnet. 18

Quittierungspflicht des Arbeitnehmers besteht nur bezüglich des »Empfangs« der Arbeitspapiere (die »Ordnungsgemäßheit« der Ausfüllung der Papiere braucht nicht bestätigt zu werden!) und etwaiger erhaltener Geldbeträge (siehe Rn. 3). 19

Ausgleichsquittung

20 **Beispiel:**
Unproblematisch ist etwa eine wie folgt formulierte Quittung:
»*Der Unterzeichner bestätigt, folgende Papiere erhalten zu haben:*
- *Steuerkarte ...*
- *Sozialversicherungsnachweisheft sowie Entgeltnachweis ...*
- *Zeugnis*
- *Lohn-/Gehaltsabrechnung für den Monat ...*«

Rechtsprechung

1. Erlassvertrag (§ 397 Abs. 1 BGB) – konstitutives negatives Schuldanerkenntnis (§ 397 Abs. 2 BGB) – deklaratorisches negatives Schuldanerkenntnis
2. Ausgleichsklauseln in Aufhebungsverträgen und gerichtlichen / außergerichtlichen Vergleichen
3. Wirksamkeitskontrolle nach AGB-Regeln (§§ 305 ff. BGB)
4. Verzicht auf Kündigungsschutz – Klageverzichtserklärung
5. Verzicht auf (Verzugs-)Lohnansprüche
6. Verzicht auf Sondervergütung
7. Verzicht auf Urlaub und Urlaubsabgeltungsanspruch
8. Verzicht auf Rechte aus einem Tarifvertrag – Verzicht auf Überstundenvergütung durch »Tatsachenvergleich«
9. Verzicht auf Rechte aus einer Betriebsvereinbarung
10. Verzicht auf (nach-)vertragliches Wettbewerbsverbot
11. Kein Verzicht auf Ansprüche, die nach Beendigung des Arbeitsverhältnisses entstehen
12. Kein Verzicht auf Versorgungsanwartschaften und -ansprüche
13. Verzicht auf Zeugnisberichtigungsanspruch

Aushilfsarbeitsverhältnis

Was ist das?

Die Arbeitsvertragsparteien können ein Aushilfsarbeitsverhältnis vereinbaren. In diesem Falle wird ein Arbeitnehmer nur zum Zwecke der »**Aushilfe**« (um einen nur vorübergehend auftretenden Arbeitskräftebedarf zu decken) eingestellt.

Beispiel:
Vertretung von Arbeitnehmern, die wegen Urlaub, Krankheit usw. fehlen.

Meist wird das Aushilfsarbeitsverhältnis von vornherein **befristet** (zur Frage der Zulässigkeit einer solchen Befristung: siehe → **Befristeter Arbeitsvertrag**).
Allerdings ist die Vereinbarung einer Beschäftigung »**für einige Tage**« keine ausreichende Bestimmung einer zeitlichen Befristung.
Haben die Parteien ein Aushilfsarbeitsverhältnis »für einige Tage« vereinbart, so kann im Einzelfall davon auszugehen sein, dass in Wahrheit ein unbefristetes Arbeitsverhältnis, ggf. mit vorgeschalteter Probezeit, vereinbart worden ist.
Dies ist dann anzunehmen, wenn beim Arbeitgeber ein Aushilfsbedürfnis gar nicht vorhanden ist und er nach Entlassung des »Aushilfsangestellten« sofort wieder z. B. durch Zeitungsannonce eine neue Kraft sucht (LAG Düsseldorf v. 12. 11. 1974 – 8 Sa 386/74, EzA BGB § 622 n. F. Nr. 11).

Das Aushilfsarbeitsverhältnis ist im Übrigen ein »**normales**« **Arbeitsverhältnis**, für das die allgemeinen arbeitsrechtlichen Vorschriften gelten.
Allerdings kommen bestimmte gesetzliche Vorschriften nur dann zum Zuge, wenn eine bestimmte Beschäftigungszeit erfüllt ist.
So haben zur Aushilfe beschäftigte Arbeitnehmer nur dann einen **(Teil-) Urlaubsanspruch**, wenn das Arbeitsverhältnis mindestens einen Monat besteht (§ 5 Abs. 1 BUrlG).
→ **Kündigungsschutz** nach dem KSchG tritt erst nach mehr als sechsmonatigem Bestehen des Arbeitsverhältnisses ein (§ 1 Abs. 1 KSchG).
Im Bereich der gesetzlichen → **Kündigungsfristen** gilt: Falls das Aushilfsarbeitsverhältnis nicht länger als drei Monate dauern soll bzw. dauert, können durch arbeitsvertragliche Abrede kürzere als die gesetzlichen Kündigungsfristen vereinbart werden (§ 622 Abs. 5 Nr. 1 BGB).
Auch **tarifvertragliche Bestimmungen** (z. B. über Mehrarbeits-, Nacht-, Sonn- und Feiertagszuschläge, anteiliger Urlaub und anteiliges Urlaubsgeld usw.) sind grundsätzlich auf das Aushilfsarbeitsverhältnis anwendbar (im Falle beiderseitiger Tarifbindung oder bei vertraglicher Bezugnahme auf Tarifverträge), es sei denn, der Tarifvertrag schließt die Anwendung der Tarifvorschriften auf diese Form des Arbeitsverhältnisses ausdrücklich aus.
Kurzfristige Beschäftigungsverhältnisse oder Saisonbeschäftigungen von längstens zwei Monaten oder höchstens 50 Arbeitstagen im Jahr (§ 8 Abs. 1 Nr. 2 SGB IV) sind **sozialversicherungsfrei** und damit beitragsfrei (es sei denn, sie werden »berufsmäßig« ausgeübt und das monatliche Entgelt beträgt mehr als 450 Euro).

Aushilfsarbeitsverhältnis

6 Handelt es sich bei dem Aushilfsarbeitsverhältnis um ein länger dauerndes, aber »**geringfügiges Beschäftigungsverhältnis**« im Sinne des § 8 Abs. 1 Nr. 1 SGB IV, so ist es sozialversicherungsfrei in der Arbeitslosenversicherung (§ 27 Abs. 2 SGB III) und Kranken- sowie Pflegeversicherung (§ 7 Abs. 1 SGB V, § 20 Abs. 1 SGB XI), aber sozialversicherungs- und beitragspflichtig in der Rentenversicherung (§§ 1, 5 Abs. 2 Nr. 1 SGB VI). Der Arbeitgeber hat eine **Pauschalabgabe** von 30 % abzuführen. Diese beinhaltet einen Beitrag an die Kranken- und Pflegeversicherung, Rentenversicherung sowie Lohnsteuer (siehe → **Geringfügige Beschäftigungsverhältnisse** [»**Mini-Jobs**«]). Geringfügig Beschäftigte i. S. d. § 8 Abs. 1 Nr. 1 SGB IV werden auf Antrag von der Versicherungspflicht **befreit** (§ 6 Abs. 1 b SGB VI).

Bedeutung für die Betriebsratsarbeit

7 Aushilfsarbeitnehmer sind **wahlberechtigt** zur → **Betriebsratswahl** bzw. Wahl der → **Jugend- und Auszubildendenvertretung**, wenn sie am Wahltag in einem Arbeitsverhältnis zum Betrieb stehen (BAG v. 29. 1. 1992 – 7 ABR 27/91, NZA 1992, 894 zu Zustellern einer Tageszeitung).

8 Aushilfsarbeitnehmer werden ohne Einschränkung wie jeder andere Arbeitnehmer **vom Betriebsrat vertreten**.

> **Beispiel:**
> Will der Arbeitgeber einen Aushilfsarbeitnehmer einstellen, versetzen oder kündigen, so stehen dem Betriebsrat die gleichen Rechte nach § 99 bis § 102 BetrVG zu wie bei der Einstellung, Versetzung, Kündigung eines sonstigen Arbeitnehmers.

Arbeitshilfen

Musterschreiben • Aushilfsarbeitsverhältnis

Rechtsprechung

1. Aushilfsarbeitsverhältnis für einige Tage
2. Studentische Hilfskraft und Tarifvertrag

Ausländische Arbeitnehmer

Grundlagen 1

Für ausländische Arbeitnehmer gelten grundsätzlich die gleichen »arbeitsrechtlichen« Regelungen wie für deutsche Arbeitnehmer.
Die besonderen »**öffentlich-rechtlichen**« – **nur für Ausländer geltenden** – **Vorschriften** insbesondere über Aufenthalts- und Arbeitserlaubnis sollen hier nicht näher dargestellt werden. Insoweit wird verwiesen auf Kittner, Arbeits- und Sozialordnung, 38. Aufl. 2013, Bund-Verlag, mit einer umfassenden Einführung und mit Abdruck der wichtigsten Vorschriften des Aufenthaltsgesetzes vom 30.7.2004 (BGBl. I S. 1950), des Freizügigkeitsgesetzes/EU vom 30.7.2004 (BGBl. I S. 1950), des Asylverfahrensgesetzes vom 26.6.1992, zuletzt geändert am 30.7.2004 (BGBl. I S. 1950), der Verordnung über das Verfahren und die Zulassung von im Inland lebenden Ausländern zur Ausübung einer Beschäftigung vom 22.11.2004 (BGBl. I S. 2934), der Verordnung über die Zulassung von neueinreisenden Ausländern zur Ausübung einer Beschäftigung vom 22.11.2004 (BGBl. I. S. 2937), der Verordnung zur Durchführung des Zuwanderungsgesetzes vom 25.11.2004 (BGBl. I S. 2945).

Besonders hervorzuheben sind die gesetzlichen Bestimmungen, die eine **Benachteiligung/Diskriminierung** von Menschen aus Gründen der Rasse oder wegen der ethnischen Herkunft untersagen. 2

Art. 3 Abs. 3 Grundgesetz: *»Niemand darf wegen seines Geschlechts, seiner Abstammung, seiner Rasse, seiner Sprache, seiner Heimat und Herkunft, seines Glaubens, seiner religiösen oder politischen Anschauungen benachteiligt oder bevorzugt werden. Niemand darf wegen seiner Behinderung benachteiligt werden.«*

Ergänzt wird diese Bestimmung durch das **Allgemeine Gleichbehandlungsgesetz (AGG)** vom 14.8.2006 (BGBl. I S. 1897). Das AGG ist am 18.8.2006 in Kraft getreten. 3

Auslöser des AGG sind vier **Richtlinien** der Europäischen Gemeinschaft, die den Schutz vor Diskriminierung regeln (Richtlinie 2000/43/EG vom 29.6.2000, Richtlinie 2000/78/EG vom 27.11.2000, Richtlinie 2002/73/EG vom 23.9.2002 und Richtlinie 2004/113/EG vom 13.12.2004). Deutschland war – wie alle Mitgliedstaaten der EU – verpflichtet, diese Richtlinien in nationales Recht umzusetzen. 4

Ziel des AGG ist, Benachteiligungen aus Gründen der Rasse oder wegen der ethnischen Herkunft, des Geschlechts, der Religion oder Weltanschauung, einer Behinderung, des Alters oder der sexuellen Identität zu verhindern oder zu beseitigen (§ 1 AGG). 5

Der Schwerpunkt liegt in der Bekämpfung von Benachteiligungen im Bereich des **Arbeitslebens** (vor allem §§ 1 bis 18 AGG).

Von den Regelungen erfasst wird aber auch das **Zivilrecht**, also die Rechtsbeziehungen zwischen Privatpersonen – insbesondere Verträge mit Lieferanten, Dienstleistern oder Vermietern (vgl. §§ 19ff. AGG).

Nach § 7 Abs. 1 AGG dürfen Beschäftigte nicht wegen eines in § 1 AGG genannten Grundes – also u.a. nicht aus Gründen der **Rasse** oder wegen der **ethnischen Herkunft** – benachteiligt werden. 6

Ausländische Arbeitnehmer

Das Merkmal »Rasse« bzw. »ethnische Herkunft« ist von der Antirassismusrichtlinie 2000/43/EG vorgegeben. Diese auch in Artikel 13 EG-Vertrag erwähnten Begriffe sind EG-rechtlich in einem umfassenden Sinn zu verstehen, denn sie sollen einen möglichst lückenlosen Schutz vor ethnisch motivierter Benachteiligung gewährleisten.
Die Verwendung des Begriffs der »Rasse« ist nicht unproblematisch. Die Mitgliedstaaten und die Kommission der Europäischen Gemeinschaften haben letztlich hieran festgehalten, weil »Rasse« den sprachlichen Anknüpfungspunkt zu dem Begriff des »Rassismus« bildet und die hiermit verbundene Signalwirkung – nämlich die konsequente Bekämpfung rassistischer Tendenzen – genutzt werden soll.
In der Antirassismusrichtlinie sowie in der Gesetzesbegründung zu § 1 AGG werden ausdrücklich Theorien zurückgewiesen, mit denen versucht wird, die Existenz verschiedener menschlicher Rassen zu belegen. Die Verwendung des Begriffs »Rasse« in der Antirassismusrichtlinie 2000/43/EG bedeutet keinesfalls eine Akzeptanz solcher Vorstellungen. Zur Klarstellung wurde daher – auch in Anlehnung an den Wortlaut des Art. 13 des EG-Vertrags – die Formulierung »aus Gründen der Rasse« und nicht die in Art. 3 Abs. 3 GG verwandte Wendung »wegen seiner Rasse« gewählt. Sie soll deutlich machen, dass nicht das Gesetz das Vorhandensein verschiedener menschlicher »Rassen« voraussetzt, sondern dass derjenige, der sich rassistisch verhält, eben dies annimmt.
Auch das Merkmal der »ethnischen Herkunft« ist in einem **weiten** Sinn zu verstehen. Es ist EG-rechtlich auszulegen und umfasst auch Kriterien, wie sie das Internationale Übereinkommen zur Beseitigung jeder Form von Rassendiskriminierung (CERD) vom 7. März 1966 (BGBl. 1969 II S. 961) nennt: Benachteiligungen auf Grund der Rasse, der Hautfarbe, der Abstammung, des nationalen Ursprungs oder des Volkstums (im Sinn des ethnischen Ursprungs). Dies gilt auch dann, wenn scheinbar auf die Staatsangehörigkeit oder Religion abgestellt wird, in der Sache aber die ethnische Zugehörigkeit gemeint ist.

7   Das Benachteiligungsverbot des § 7 Abs. 1 AGG gilt auch, wenn die Person, die die Benachteiligung begeht, das Vorliegen eines in § 1 AGG genannten Grundes bei der Benachteiligung **nur annimmt** (§ 7 Abs. 1 Halbsatz 2 AGG).

8   Bestimmungen in Vereinbarungen, die gegen das Benachteiligungsverbot verstoßen, sind **unwirksam** (§ 7 Abs. 2 AGG).

9   Eine unzulässige Benachteiligung durch Arbeitgeber oder Beschäftigte stellt eine **Verletzung** vertraglicher Pflichten dar (§ 7 Abs. 3 AGG).

10   Verboten ist nicht nur eine »**unmittelbare**«, sondern auch eine »**mittelbare Benachteiligung**«. Eine unmittelbare Benachteiligung liegt vor, wenn eine Person aus Gründen der Rasse oder wegen der ethnischen Herkunft eine weniger günstige Behandlung erfährt, als eine andere Person in einer vergleichbaren Situation erfährt, erfahren hat oder erfahren würde (§ 3 Abs. 1 Satz 1 AGG).
Eine mittelbare Benachteiligung liegt vor, wenn dem Anschein nach neutrale Vorschriften, Kriterien oder Verfahren Personen aus Gründen der Rasse oder wegen der ethnischen Herkunft gegenüber anderen Personen in besonderer Weise benachteiligen können, es sei denn, die betreffenden Vorschriften, Kriterien oder Verfahren sind durch ein rechtmäßiges Ziel sachlich gerechtfertigt und die Mittel sind zur Erreichung dieses Ziels angemessen und erforderlich (§ 3 Abs. 2 AGG).

10a   Eine besonders schwere Form der Benachteiligung ist die »**Belästigung**«. Sie liegt vor, wenn unerwünschte Verhaltensweisen, die mit einem in § 1 AGG genannten Grund in Zusammenhang stehen, bezwecken oder bewirken, dass die **Würde** der betreffenden Person verletzt und ein von Einschüchterungen, Anfeindungen, Erniedrigungen, Entwürdigungen oder Beleidigungen gekennzeichnetes Umfeld geschaffen wird (§ 3 Abs. 3 AGG).
Im Fall einer Belästigung steht dem Betroffenen neben seinen Rechten nach § 13 AGG (Beschwerderecht; siehe Rn. 19) und § 15 AGG (Anspruch auf Entschädigung und Schadenser-

satz; siehe Rn. 21) auch ein besonderes Leistungsverweigerungsrecht zu (§ 14 AGG; siehe Rn. 20).
Die §§ 8 bis 10 AGG regeln Fallgestaltungen, die eine unterschiedliche Behandlung von Beschäftigten zulassen. 11
So ist etwa eine unterschiedliche Behandlung aus Gründen der Rasse oder wegen der ethnischen Herkunft zulässig, wenn dieser Grund wegen der Art der auszuübenden Tätigkeit oder der Bedingungen ihrer Ausübung eine wesentliche und entscheidende **berufliche Anforderung** darstellt, sofern der Zweck rechtmäßig und die Anforderung angemessen ist (§ 8 Abs. 1 AGG).
Allerdings wird die Vereinbarung einer geringeren **Vergütung** für gleiche oder gleichwertige Arbeit aus Gründen der Rasse oder wegen der ethnischen Herkunft nicht dadurch gerechtfertigt, dass besondere Schutzvorschriften gelten (§ 8 Abs. 2 AGG).
Eine unterschiedliche Behandlung aus Gründen der Rasse oder wegen der ethnischen Herkunft ist auch zulässig, wenn durch geeignete und angemessene – positive – Maßnahmen bestehende **Nachteile verhindert** oder **ausgeglichen** werden sollen (§ 5 AGG). 12
Der Arbeitgeber ist verpflichtet, die erforderlichen **Maßnahmen** zum Schutz vor Benachteiligungen aus Gründen der Rasse oder wegen der ethnischen Herkunft zu treffen (§ 12 Abs. 1 AGG). Dieser Schutz umfasst auch **vorbeugende** Maßnahmen (§ 12 Abs. 1 Satz 2 AGG). 13
Der Arbeitgeber soll in geeigneter Art und Weise, besonders im Rahmen der beruflichen Aus- und Fortbildung, auf die Unzulässigkeit von Benachteiligungen **hinweisen** und darauf hinwirken, dass diese **unterbleiben** (§ 12 Abs. 2 AGG). 14
Hat der Arbeitgeber seine Beschäftigten in geeigneter Weise zum Zweck der Verhinderung von Benachteiligung **geschult**, gilt dies als Erfüllung seiner Pflichten nach § 12 Abs. 1 AGG (§ 12 Abs. 2 Satz 2 AGG).
Wenn andere Beschäftigte das Benachteiligungsverbot verletzen, hat der Arbeitgeber »angemessene« Maßnahmen wie → **Abmahnung**, Umsetzung oder → **Versetzung** oder → **Kündigung** zu ergreifen (§ 12 Abs. 3 AGG). 15
Natürlich hat dies unter Beachtung der **Beteiligungsrechte** des Betriebsrats (besonders nach §§ 99, 102 BetrVG) zu geschehen.
Werden Beschäftigte bei der Ausübung ihrer Tätigkeit **durch Dritte** nach § 7 Abs. 1 AGG benachteiligt (z. B. ein Auslieferungsfahrer wird von Kunden wegen seiner ethnischen Herkunft schikaniert), so hat der Arbeitgeber die im Einzelfall geeigneten, erforderlichen und angemessenen Maßnahmen zum Schutz der Beschäftigten zu ergreifen (§ 12 Abs. 4 AGG). 16
Das AGG und § 61 b ArbGG (= Regelung u. a. über die zu beachtenden Fristen bei der Erhebung einer Entschädigungsklage nach § 15 AGG) sowie die für die Beschwerden nach § 13 AGG zuständigen Stellen sind im Betrieb **bekannt zu machen** (z. B. durch Aushang, Auslegung oder Nutzung der betriebsüblichen Informations- und Kommunikationstechnik (§ 12 Abs. 5 AGG). 17
Die betroffenen Beschäftigten können sich gegen eine Benachteiligung **zur Wehr setzen**. Ihnen stehen verschiedene Rechte zu. Nachstehend ein **Überblick**. 18

Beschwerderecht (§ 13 AGG)

Die Beschäftigten haben das Recht, sich bei den zuständigen Stellen des → **Betriebs** oder des → **Unternehmens** zu beschweren, wenn sie sich im Zusammenhang mit ihrem Beschäftigungsverhältnis vom Arbeitgeber, von Vorgesetzten, anderen Beschäftigten oder Dritten wegen eines in § 1 AGG genannten Grundes benachteiligt fühlen (§ 13 Abs. 1 Satz 1 AGG). 19
Die Beschwerdestelle hat die Beschwerde zu prüfen und das Ergebnis der oder dem beschwerdeführenden Beschäftigten mitzuteilen (§ 13 Abs. 1 Satz 2 AGG).
Zur Frage, ob dem Betriebsrat ein Mitbestimmungsrecht bei der Errichtung und Ausgestal-

Ausländische Arbeitnehmer

tung der Beschwerdestelle bzw. des Beschwerdeverfahrens zusteht, siehe → **Benachteiligungsverbot (AGG)** Rn. 66.

19a Das Beschwerderecht des Arbeitnehmers nach §§ 84, 85 BetrVG (siehe → **Beschwerderecht des Arbeitnehmers**) und die damit im Zusammenhang stehenden Rechte des Betriebsrats werden durch § 13 Abs. 1 AGG **nicht berührt** (§ 13 Abs. 2 AGG).
Das heißt: der Arbeitnehmer kann eine Beschwerde nach § 85 Abs. 1 BetrVG beim Betriebsrat einlegen, wenn er sich benachteiligt fühlt.
Die Beschwerde kann von mehreren Arbeitnehmern erhoben werden.
Hält der Betriebsrat die Beschwerde für berechtigt, hat er beim Arbeitgeber auf Abhilfe hinzuwirken.
Ist der Arbeitgeber der Meinung, dass die Beschwerde nicht berechtigt ist, kann der Betriebsrat die → **Einigungsstelle** anrufen (§ 85 Abs. 2 BetrVG).
Diese klärt den Sachverhalt auf, bewertet ihn und entscheidet letztlich durch Beschluss (ggf. durch Mehrheitsbeschluss mit der Stimme des Vorsitzenden der Einigungsstelle), ob die Beschwerde **berechtigt** ist oder nicht.
Wenn die Einigungsstelle beschließt, dass die Beschwerde berechtigt ist, ist der Arbeitgeber nach § 85 Abs. 3 Satz 2 i. V. m. § 84 Abs. 2 BetrVG verpflichtet, der Beschwerde durch geeignete **Maßnahmen abzuhelfen**.
Geschieht dies nicht, kann der Arbeitnehmer die Abhilfe der Beschwerde im Wege der **Klage** vor dem → **Arbeitsgericht** erzwingen.
Ob auch der Betriebsrat ein Beschlussverfahren mit dem gleichen Ziel einleiten kann, ist strittig (zu Recht dafür DKKW-*Buschmann*, BetrVG, 15. Aufl., § 85 Rn. 26; a. A. Fitting, BetrVG, 27. Aufl., § 85 Rn. 9, 14).
Die Anrufung der Einigungsstelle bzw. eine Entscheidung ist ausgeschlossen, wenn Gegenstand der Beschwerde ein **Rechtsanspruch** des Arbeitnehmers ist (§ 85 Abs. 2 Satz 3 BetrVG).
Zu weiteren Einzelheiten siehe → **Beschwerderecht des Arbeitnehmers**.

Leistungsverweigerungsrecht (§ 14 AGG)

20 Liegt eine Benachteiligung in Form einer **Belästigung** vor, hat der betroffene Beschäftigte darüber hinaus ein Leistungsverweigerungsrecht, wenn der Arbeitgeber keine oder offensichtlich ungeeignete Maßnahmen zur Unterbindung einer Belästigung ergreift.
In diesem Fall sind die betroffenen Beschäftigten berechtigt, ihre Tätigkeit ohne Verlust des Arbeitsentgelts einzustellen, soweit dies zu ihrem Schutz erforderlich ist (§ 14 Satz 1 AGG).
§ 273 BGB bleibt unberührt (§ 14 Satz 2 AGG; siehe → **Zurückbehaltungsrecht des Arbeitnehmers**).
Eine Belästigung ist eine Benachteiligung, wenn unerwünschte Verhaltensweisen, die mit einem in § 1 AGG genannten Grund in Zusammenhang stehen, bezwecken oder bewirken, dass die **Würde** der betreffenden Person verletzt und ein von Einschüchterungen, Anfeindungen, Erniedrigungen, Entwürdigungen oder Beleidigungen gekennzeichnetes Umfeld geschaffen wird (§ 3 Abs. 3 AGG).

Anspruch auf Schadensersatz und Entschädigung (§ 15 AGG)

21 Bei einem Verstoß gegen das Benachteiligungsverbot ist der Arbeitgeber verpflichtet, den hierdurch entstandenen **Schaden zu ersetzen** (§ 15 Abs. 1 Satz 1 AGG).
Dies gilt nicht, wenn der Arbeitgeber die Pflichtverletzung nicht zu vertreten hat.
Wegen eines Schadens, der nicht Vermögensschaden ist, kann der oder die Beschäftigte eine angemessene **Entschädigung** in Geld verlangen (= Schmerzensgeld; § 15 Abs. 2 Satz 1 AGG).
Ansprüche auf Schadensersatz und/oder Entschädigung müssen innerhalb einer **Frist** von

Ausländische Arbeitnehmer

zwei Monaten **schriftlich geltend gemacht** werden, es sei denn, die Tarifvertragsparteien haben etwas anderes vereinbart (§ 15 Abs. 4 Satz 1 AGG).
Die Frist beginnt zu dem Zeitpunkt, in dem der oder die Beschäftigte von der Benachteiligung aus Gründen der Rasse oder wegen der ethnischen Herkunft Kenntnis erlangt (§ 15 Abs. 4 Satz 2 AGG; vgl. hierzu BAG v. 15. 3. 2012 – 8 AZR 160/11).
Eine **Klage** auf Entschädigung muss nach § 61 b ArbGG (neu gefasst durch das AGG) innerhalb von **drei Monaten**, nachdem der Anspruch schriftlich geltend gemacht worden ist, erhoben werden.
Wichtig ist die **Beweislastregelung** des § 22 AGG. Wenn im Streitfall der Arbeitnehmer Indizien beweist, die eine Benachteiligung aus Gründen der Rasse oder wegen der ethnischen Herkunft vermuten lassen, trägt der Arbeitgeber die Beweislast dafür, dass kein Verstoß gegen das Benachteiligungsverbot vorgelegen hat. 22

Zu weiteren Einzelheiten siehe → **Benachteiligungsverbot (AGG)**. 23
Unberührt bleibt das Recht des ausländischen Arbeitnehmers, rechtliche Schritte gegen denjenigen zu unternehmen, der ihn unter Verstoß gegen das Benachteiligungsverbot des § 1 AGG diskriminiert und belästigt. 24
Handlungen, die das Persönlichkeitsrecht verletzen, können **Schadensersatz- oder Schmerzensgeldansprüche** vor allem nach § 823 Abs. 1, § 253 Abs. 2 BGB auslösen.
Gegen den Belästiger besteht des Weiteren **Anspruch auf Unterlassung**. Der Anspruch kann durch Antrag auf **einstweilige Verfügung** geltend gemacht werden (LAG Thüringen v. 10. 4. 2001 – 5 Sa 403/00, DB 2001, 1204 zu einen Fall des → **Mobbings**). 25
Unter Umständen kommt auch eine **strafrechtliche Verfolgung** des Belästigers in Betracht, wenn die Belästigung einen Straftatbestand erfüllt (z. B. § 185 StGB Beleidigung). 26
Auch das **Betriebsverfassungsgesetz** verbietet Benachteiligungen ausländischer Arbeitnehmer. 27
§ 75 Abs. 1 BetrVG (neu gefasst durch das AGG vom 29. 6. 2006) schreibt vor: »*Arbeitgeber und Betriebsrat haben darüber zu wachen, dass alle im Betrieb tätigen Personen nach den Grundsätzen von Recht und Billigkeit behandelt werden, insbesondere, dass jede Benachteiligung von Personen aus Gründen ihrer Rasse oder wegen ihrer ethnischen Herkunft, ihrer Abstammung oder sonstigen Herkunft, ihrer Nationalität, ihrer Religion oder Weltanschauung, ihrer Behinderung, ihres Alters, ihrer politischen oder gewerkschaftlichen Betätigung oder Einstellung oder wegen ihres Geschlechts oder ihrer sexuellen Identität unterbleibt.*«
Selbstverständlich findet das Betriebsverfassungsgesetz als Teil des Arbeitsrechts auf ausländische Arbeitnehmer gleichermaßen Anwendung wie auf deutsche Beschäftigte. 28
So sind ausländische Arbeitnehmer zur Wahl von Organen der Betriebsverfassung (Betriebsrat, Jugend- und Auszubildendenvertretung usw.) wahlberechtigt (§ 7 BetrVG) und wählbar (§ 8 BetrVG).
Sie genießen die gleichen Informations-, Mitwirkungs- und Beschwerderechte und stehen in gleichem Umfang unter dem Schutz der → **Beteiligungsrechte des Betriebsrats** wie deutsche Arbeitnehmer.
Durch das BetrVerfReformgesetz vom 23. 7. 2001 (BGBl. I S. 1852) wurde eine Reihe von – neuen – Vorschriften in das BetrVG aufgenommen, die Arbeitgeber und Betriebsrat verpflichten, die **Integration** von ausländischen Arbeitnehmern im Betrieb und das **Verständnis** zwischen ihnen und den deutschen Arbeitnehmern zu fördern und **Rassismus und Fremdenfeindlichkeit** im Betrieb zu bekämpfen (§ 80 Abs. 1 Nr. 7 BetrVG; siehe Rn. 37 ff.). 29
Eine auf **Sprachprobleme** Rücksicht nehmende Sonderregelung findet sich in § 2 Abs. 5 der Wahlordnung 2001: 30
Hiernach soll der Wahlvorstand dafür sorgen, dass ausländische Arbeitnehmer, die der deutschen Sprache nicht mächtig sind, vor Einleitung der → **Betriebsratswahl** über Wahlverfah-

Ausländische Arbeitnehmer

ren, Aufstellung der Wähler- und Vorschlagslisten, Wahlvorgang und Stimmabgabe in geeigneter Weise unterrichtet werden.
Gleiches gilt bei der Wahl der → **Jugend- und Auszubildendenvertretung** (§ 38 Wahlordnung 2001).
Obwohl § 2 Abs. 5 der Wahlordnung 2001 lediglich als »Soll-Vorschrift« gestaltet wurde, rechtfertigt ihre Nichteinhaltung angesichts der besonderen Bedeutung des aktiven und passiven Wahlrechts in der Regel eine **Anfechtung** der Wahl gemäß § 19 BetrVG.

31   Nach allgemeiner Auffassung obliegt dem Arbeitgeber die Pflicht, ausländische Arbeitnehmer, die der deutschen Sprache nicht hinreichend mächtig sind, in der Heimatsprache – ggf. durch Hinzuziehung eines **Dolmetschers** – über Fragen des Arbeitsschutzes, insbesondere über
   • Unfall- und Gesundheitsgefahren und
   • Maßnahmen und Einrichtungen zur Abwendung dieser Gefahren
   zu unterrichten (vgl. § 81 Abs. 1 BetrVG).

32   Siehe auch § 14 Abs. 1 GefStoffV 2010: Hiernach hat der Arbeitgeber die in Bezug auf gefährliche Arbeitsstoffe zu erstellende schriftliche »**Betriebsanweisung**« in für die Beschäftigten »*verständlicher Form und Sprache*« zugänglich zu machen (siehe → **Gefahrstoffe** Rn. 51).

33   Ähnliches regelt § 3 Abs. 2 PSA-Benutzungsverordnung (siehe → **Arbeitsschutz**). Hiernach hat der Arbeitgeber für jede bereitgestellte **persönliche Schutzausrüstung** die erforderlichen Informationen für die Benutzung in – für die Beschäftigten – verständlicher Form und Sprache bereitzuhalten.
   Eine solche Verpflichtung sieht z. B. auch § 9 Abs. 1 Betriebssicherheitsverordnung vor (siehe hierzu → **Arbeitsschutz** Rn. 35).

Bedeutung für die Betriebsratsarbeit

34   Nach § 75 Abs. 1 BetrVG (neu gefasst durch das Allgemeine Gleichbehandlungsgesetz (AGG) vom 14.8.2006) haben Arbeitgeber und Betriebsrat darüber zu wachen, dass alle im Betrieb tätigen Personen nach den Grundsätzen von **Recht und Billigkeit** behandelt werden und jede **Benachteiligung** von Personen u. a. aus Gründen ihrer Rasse oder wegen ihrer ethnischen Herkunft, ihrer Abstammung oder sonstigen Herkunft oder ihrer Nationalität **unterbleibt**.

35   Zudem hat der Betriebsrat darüber zu wachen, dass der Arbeitgeber seine Verpflichtungen nach § 12 AGG zur Unterbindung von Benachteiligungen erfüllt (§ 80 Abs. 1 Nr. 1 BetrVG).

36   Der Betriebsrat kann dem Arbeitgeber **Vorschläge** unterbreiten (§ 80 Abs. 1 Nr. 2 BetrVG).

37   Nach § 80 Abs. 1 Nr. 7 BetrVG hat der Betriebsrat »*die Integration von ausländischen Arbeitnehmern im Betrieb und das Verständnis zwischen ihnen und den deutschen Arbeitnehmern zu fördern sowie Maßnahmen zur Bekämpfung von Rassismus und Fremdenfeindlichkeit im Betrieb zu beantragen*«.
   Diese Aufgabe hat auch die → **Jugend- und Auszubildendenvertretung** (JAV). Sie hat entsprechende Maßnahmen beim Betriebsrat zu beantragen (§ 70 Abs. 1 Nr. 4 BetrVG).

38   Bei einem **groben Verstoß** des Arbeitgebers gegen seine Verpflichtungen aus dem AGG und dem Betriebsverfassungsgesetz kann der Betriebsrat oder eine im Betrieb vertretene → **Gewerkschaft** die in § 23 Abs. 3 BetrVG vorgesehenen Rechte gerichtlich geltend machen (§ 17 Abs. 2 Satz 1 AGG; zu § 23 Abs. 3 BetrVG siehe → **Unterlassungsanspruch des Betriebsrats**).
   Mit dem Antrag dürfen allerdings nicht Ansprüche des Benachteiligten verfolgt werden (§ 17 Abs. 2 Satz 2 AGG). Das müssen diese selber tun.

39   Fördernde Maßnahmen zur **Integration** ausländischer Arbeitnehmer in den Betrieb können beispielsweise sein:
   • Hilfestellung beim Zurechtfinden im Betrieb;

Ausländische Arbeitnehmer

- Einrichtung von betrieblichen oder außerbetrieblichen Sprachkursen;
- Information und Schulung über arbeits-, sozial- und ausländerrechtliche Vorschriften;
- Sicherstellen von Dolmetscherdiensten (auf Kosten des Arbeitgebers) beim Übersetzen von Erklärungen des Betriebsrats oder des Arbeitgebers z. B. im Rahmen von Betriebs- oder Abteilungsversammlungen;
- Hilfestellung bei der Beschaffung von Wohnraum.

Mögliche Maßnahmen zum **Abbau von Vorurteilen** zwischen Deutschen und Ausländern: 40

Beispiele:
- Gespräche am Arbeitsplatz und in Abteilungen;
- Beseitigung von ausländerfeindlichen Schmierereien im Betrieb (z. B. auf Toiletten) und außerhalb des Betriebes;
- Information und Diskussion über besondere Probleme im Verhältnis zwischen Deutschen und Ausländern (z. B. durch Einladung des örtlichen Ausländerbeauftragten zur Betriebsversammlung bzw. zu Jugend- und Auszubildendenversammlungen);
- Durchführung von »gemischten« Veranstaltungen (Beispiel: betriebliches Fußballturnier);
- Besuch und Schutz von Asylbewerberheimen und Information hierüber;
- gemeinsame Aufrufe von Betriebsrat und Geschäftsleitung zur Solidarität zwischen Deutschen und Ausländern.

Durch **freiwillige** → **Betriebsvereinbarung** können Maßnahmen zur Integration ausländischer Arbeitnehmer und zur Bekämpfung von Rassismus und Fremdenfeindlichkeit geregelt werden (§ 88 Nr. 4 BetrVG). 41

Fragen der Integration der im Betrieb beschäftigten ausländischen Arbeitnehmer können Thema der **Betriebs- und Abteilungsversammlung** sein (§ 45 BetrVG). 42

Der Arbeitgeber hat in der → **Betriebsversammlung** (mindestens einmal im Jahr) über die **Integration** der im Betrieb beschäftigten ausländischen Arbeitnehmer zu berichten (§ 43 Abs. 2 BetrVG). 43

In der → **Betriebsräteversammlung** nach § 53 BetrVG hat der Unternehmer einen Bericht über die Integration der im Unternehmen beschäftigten ausländischen Arbeitnehmer zu geben (§ 53 Abs. 2 BetrVG). 44

Nach § 99 Abs. 2 Nr. 6 BetrVG kann der Betriebsrat die Zustimmung zu einer → **Einstellung** oder → **Versetzung** verweigern, wenn die durch Tatsachen begründete Besorgnis besteht, dass der für die personelle Maßnahme in Aussicht genommene Bewerber oder Arbeitnehmer den Betriebsfrieden durch gesetzwidriges Verhalten oder durch grobe Verletzung der in § 75 Abs. 1 BetrVG enthaltenen Grundsätze, insbesondere durch rassistische oder fremdenfeindliche Betätigung, stören werde. 45

In Fällen von **Ausländerfeindlichkeit** im Betrieb kann es im Übrigen nicht schaden, wenn der Betriebsrat »anfällige« Beschäftigte darüber informiert, dass er nach § 104 BetrVG das – arbeitsgerichtlich durchsetzbare – Recht hat, die **Entlassung** oder → **Versetzung** solcher Arbeitnehmer zu verlangen, die durch gesetzwidriges Verhalten oder durch grobe Verletzung der in § 75 Abs. 1 BetrVG enthaltenen Grundsätze, insbesondere durch rassistische oder fremdenfeindliche Betätigungen, den Betriebsfrieden wiederholt stören. 46

Haben diese Hinweise keinen Erfolg, sollte der Betriebsrat von seinen Rechten nach § 104 BetrVG Gebrauch machen und vom Arbeitgeber die »Entfernung« (= Kündigung) solcher Arbeitnehmer verlangen, die sich ausländerfeindlich bzw. rassistisch verhalten.

Lehnt der Arbeitgeber ab, sollte der Betriebsrat den Beschluss fassen, ein entsprechendes Verfahren nach § 104 BetrVG beim → **Arbeitsgericht** einzuleiten.

Ausländische Arbeitnehmer

Arbeitshilfen

Übersicht
- BetrVG zur Integration ausländischer Arbeitnehmer, Bekämpfung von Rassismus und Fremdenfeindlichkeit

Rechtsprechung

1. Benachteiligung wegen der Rasse oder der ethnischen Herkunft
2. Belästigung (§ 3 Abs. 3 AGG)
3. Anspruch auf Entschädigung und Schadensersatz (§ 15 AGG) – Frist zur Geltendmachung von Ansprüchen
4. Beweislast (§ 22 AGG)
5. Mitbestimmung des Betriebsrats bei der Ausgestaltung des Beschwerdeverfahrens (§ 13 AGG)
6. Rechte des Betriebsrats bei grobem Verstoß des Arbeitgebers gegen seine Pflichten nach dem AGG (§ 17 Abs. 2 AGG)

Ausschlussfristen/Verfallfristen

Was ist das?

Häufig ist im → **Arbeitsvertrag** oder → **Tarifvertrag** vorgesehen, dass Ansprüche innerhalb sog. **Ausschlussfristen** (auch **Verfallfristen** genannt) geltend gemacht werden müssen, andernfalls verfallen sie. Das Gesetz nennt Ausschlussfristen nur im Zusammenhang mit Tarifverträgen (§ 4 Abs. 4 Satz 3 TVG) und Betriebsvereinbarungen (§ 77 Abs. 4 Satz 3 BetrVG), nicht aber im Arbeitsvertragsrecht. Ungeachtet dessen sind arbeitsvertraglich geregelte Ausschlussfristen im Arbeitsleben allgemeine Praxis, was nicht verwundert, weil sie ausschließlich den Interessen der Arbeitgeber dienen, die die Arbeitsverträge »vorgeben«.

Allen Ausschlussfristregelungen ist gemein, dass sie deutlich kürzer (z. B. drei Monate) sind als die gesetzlichen Verjährungsfristen (diese betragen mindestens drei Jahre). Die gesetzliche → **Verjährung** wird damit praktisch ausgehebelt.

Ausschlussfristen gelten zwar formal (meist) für beide Seiten (Arbeitgeber und Arbeitnehmer). Sie wirken sich aber im Regelfall zu Lasten des Arbeitnehmers aus. Denn meist sind sie es, die »hinter ihrem Geld herlaufen müssen«.

Vor diesem Hintergrund ist es seltsam bis unverständlich, dass Ausschlussfristen von Gerichten, Literaten und selbst Gewerkschaften weitgehend **kritiklos** akzeptiert werden. Als Rechtfertigung wird gebetsmühlenartig auf den **Zweck** von Ausschlussfristen abgestellt: es gäbe im Arbeitsleben im Interesse des Rechtsfriedens und der Rechtssicherheit ein Bedürfnis dafür, die wechselseitigen Forderungen einer raschen und endgültigen Abwicklung zuzuführen. Was nicht gesagt wird, dass ein solches Interesse nur auf Arbeitgeberseite besteht.

Hier ein Auszug aus BAG v. 25. 5. 2005 – 5 AZR 572/04: »*Eine einzelvertragliche Ausschlussfrist, die eine gerichtliche Geltendmachung verlangt, weicht von dem gesetzlichen Verjährungsrecht ab. Zwar kommt Ausschlussfristen und Verjährungsfristen nicht dieselbe Rechtswirkung zu. Während der Ablauf der Ausschlussfrist rechtsvernichtende Wirkung hat und von Amts wegen zu berücksichtigen ist, gibt die Verjährung dem Schuldner eine Einrede und hindert damit die Durchsetzung der rechtlich fortbestehenden Forderung (§ 214 BGB). Damit besitzt die Ausschlussfrist sogar eine stärkere, für den Betroffenen nachteiligere Wirkung. Im Kern geht es aber jeweils darum, dass der Anspruchsinhaber seinen Anspruch gegen den Willen des Anspruchsgegners nur innerhalb bestimmter Fristen verwirklichen kann. Das Verjährungsrecht ist Ausdruck des vom Gesetzgeber verfolgten Ziels, Rechtsfrieden herzustellen. Es bezweckt einen angemessenen Ausgleich zwischen dem Schutz des Schuldners vor einer drohenden Beweisnot und möglichem Verlust von Regressansprüchen gegen Dritte einerseits und der Notwendigkeit, den Gläubiger vor einem ungerechtfertigten Anspruchsverlust zu bewahren, andererseits. Diese Überlegungen treffen ebenso auf den Regelungsgegenstand der Ausschlussfristen zu. Auch hier soll das im Interesse des Rechtsfriedens und der Rechtssicherheit anzuerkennende Klarstellungsinteresse des Schuldners in Einklang gebracht werden mit dem berechtigten Anliegen des Vertragspartners, vor Beschreiten des Rechtswegs die Sach- und Rechtslage abschließend prüfen zu können und nicht zu voreiliger Klageerhebung gezwungen zu sein.*«

Welch skandalöse Auswirkungen Ausschlussfristen zum Nachteil der Arbeitnehmer haben,

Ausschlussfristen/Verfallfristen

zeigt der Fall »CGZP« (siehe → **Arbeitnehmerüberlassung/Leiharbeit** Rn. 23 a ff.). Unzählige Leiharbeitnehmer, die von ihren Verleihern nach den »CGZP-Tarifverträgen« vergütet wurden, hatten gemäß § 10 Abs. 4 AÜG Anspruch auf die Differenz zwischen dem Verleiherlohn und dem im Einsatzbetrieb (Entleiherbetrieb) gezahlten Lohn (»equal pay«), nachdem das BAG Ende 2010 festgestellt hatte, dass die CGZP nicht tariffähig ist und deshalb alle von ihr abgeschlossenen »Dumping-Tarifverträge« unwirksam sind (BAG v. 14.12.2010 – 1 ABR 19/10, AiB 2011, 330). Eine schöne Entscheidung, die allerdings vielen betroffenen Leiharbeitnehmern nichts gebracht hat. Ihre Zahlungsklagen gegen ihre Arbeitgeber (die Verleiher) scheiterten meist daran, dass die Vergütungsansprüche nach Ansicht der Gerichte wegen der von den Verleihern »untergejubelten« kurzen arbeitsvertraglichen Ausschlussfristen verfallen waren (vgl. z. B. Sächsisches LAG v. 23.8.2011 – 1 Sa 322/11 oder LAG Nürnberg v. 21.12.2012 – 3 Sa 49/12).

1a Von besonderer Bedeutung für das Thema Ausschlussfristen/Verfallfristen ist das **Mindestlohngesetzes (MiLoG)** vom 11.8.2014 (BGBl. I S. 1348).
Hiernach gilt mit Wirkung ab 1.1.2015 ein gesetzlicher **Mindestlohn von 8,50 Euro je geleisteter Arbeitsstunde** (zu Einzelheiten und Ausnahmen siehe → **Mindestlohn**).
Der gesetzliche Mindestlohn ist **zwingend**. In § 3 MiLoG (Unabdingbarkeit des Mindestlohns) heißt es:
*»Vereinbarungen, die den Anspruch auf Mindestlohn unterschreiten oder seine Geltendmachung beschränken oder ausschließen, sind insoweit **unwirksam**. Die Arbeitnehmerin oder der Arbeitnehmer kann auf den entstandenen Anspruch nach § 1 Absatz 1 nur durch gerichtlichen Vergleich verzichten; im Übrigen ist ein Verzicht ausgeschlossen. Die Verwirkung des Anspruchs ist ausgeschlossen.«*
Aus dieser Vorschrift folgt u. a.:
- ein geringeres Arbeitsentgelt als 8,50 Euro kann nicht vereinbart werden – weder durch Arbeitsvertrag noch durch Tarifvertrag;
- wenn ein Lohn unterhalb des gesetzlichen Mindestlohns vereinbart wird, ist die Vereinbarung **insoweit nichtig**; es kann nach § 612 Abs. 2 BGB die übliche Vergütung verlangt werden (siehe → **Arbeitsentgelt**), die höher liegen kann als der gesetzliche Mindestlohn; denkbar ist allerdings auch, dass im Falle der Nichtigkeit der Vergütungsvereinbarung der gesetzliche Mindestlohn von 8,50 Euro zur Anwendung kommt; was letztlich gilt, werden die Gerichte entscheiden müssen;
- der Anspruch auf den gesetzlichen Mindestlohn kann **nicht** auf Grund einer vertraglichen oder tariflichen Ausschlussfrist **verfallen**.

> **Beispiel:**
> Im Arbeitsvertrag ist eine Ausschlussfrist von drei Monaten vereinbart. Der Arbeitgeber zahlt das vertraglich vereinbarten Arbeitsentgelt in Höhe von 20 Euro nicht. Der Arbeitnehmer macht den Lohnanspruch erst nach Ablauf der dreimonatigen Verfallfrist geltend. In diesem Fall sind 11,50 Euro wegen Fristüberschreitung erloschen; der gesetzliche Mindestlohnanspruch von 8,50 Euro bleibt dagegen bestehen. Er unterliegt (nur) der gesetzlichen Verjährungsfrist von drei Jahren (siehe → **Verjährung**).

- der Anspruch auf den gesetzlichen Mindestlohn kann **nicht verwirken** (siehe hierzu → **Verwirkung**).

2 Ausschlussfristen sind manchmal **einstufig**, manchmal **zweistufig** ausgestaltet.
3 Bei **einstufigen Ausschlussfristen** genügt für die Sicherung des Anspruchs die Geltendmachung innerhalb der Ausschlussfrist (häufig wird schriftliche Geltendmachung verlangt). Bleibt die Geltendmachung erfolglos, genügt es für die Durchsetzung des Anspruchs, wenn

Ausschlussfristen/Verfallfristen

innerhalb der gesetzlichen Verjährungsfrist Klage beim → **Arbeitsgericht** eingereicht wird (siehe Rn. 23 und → **Verjährung**).

> **Beispiel:**
> Alle beiderseitigen Ansprüche aus dem Arbeitsverhältnis und solche, die mit dem Arbeitsverhältnis in Verbindung stehen, verfallen, wenn sie nicht innerhalb von drei Monaten nach Fälligkeit gegenüber der anderen Vertragspartei schriftlich geltend gemacht worden sind.

Demgegenüber muss bei **zweistufigen Ausschlussfristen** die Forderung nicht nur innerhalb der Ausschlussfrist schriftlich geltend gemacht werden (1. Stufe), sondern bei Ablehnung durch den Arbeitgeber (oder Nichtäußerung) innerhalb einer weiteren – oft sehr kurzen – Frist **Klage** erhoben werden (2. Stufe). Andernfalls verfällt der Anspruch.   4

> **Beispiel:**
> (1) Alle beiderseitigen Ansprüche aus dem Arbeitsverhältnis und solche, die mit dem Arbeitsverhältnis in Verbindung stehen, verfallen, wenn sie nicht innerhalb von drei Monaten nach Fälligkeit gegenüber der anderen Vertragspartei schriftlich geltend gemacht worden sind.
> (2) Lehnt die Gegenseite den Anspruch schriftlich ab oder erklärt sie sich nicht innerhalb von zwei Wochen nach der Geltendmachung des Anspruchs, so verfällt dieser, wenn er nicht innerhalb von drei Monaten nach der Ablehnung oder dem Fristablauf gerichtlich geltend gemacht wird.

Zur Handhabung von zweistufigen Ausschlussfristen bei Bestandsschutzklagen (Kündigungsschutzklagen und Befristungskontrollklagen nach § 17 TzBfG) siehe Rn. 7 c und 12 ff.

Ausschlussfristen in Formulararbeitsverträgen

Sind Ausschlussfristen vom Arbeitgeber für eine **Vielzahl** von Verträgen (mindestens drei Fälle; BAG v. 25.5.2005 – 5 AZR 572/04, NZA 2005, 1111) vorformuliert, handelt es sich um »allgemeine Geschäftsbedingungen« i. S. d. § 305 Abs. 1 BGB. Sie unterliegen dann der **Inhaltskontrolle** nach §§ 305 bis 309 BGB (siehe → **Arbeitsvertrag: Inhaltskontrolle**). Ungeachtet dessen kommt gemäß § 310 Abs. 3 Nr. 2 BGB eine Inhaltskontrolle nach §§ 305 c Abs. 2, 306 und 307 bis 309 BGB auch dann in Betracht, wenn vorformulierte Vertragsbedingungen nur zur **einmaligen Verwendung** bestimmt sind (BAG v. 15.12.2011 – 7 AZR 394/10; siehe Rn. 6 b).   5

Nach Ansicht des BAG können Ausschlussfristen zwar grundsätzlich in vorformulierten Arbeitsverträgen (Formulararbeitsverträge) vereinbart werden. Sind sie aber **kürzer als drei Monate**, verstoßen sie gegen § 307 Abs. 1 Satz 1 BGB (unangemessene Benachteiligung des Arbeitnehmers). Das gilt sowohl für einstufige Ausschlussfristen (BAG v. 28.9.2005 – 5 AZR 52/05, NZA 2006, 149) als auch zweistufige Ausschlussfristen (BAG v. 25.5.2005 – 5 AZR 572/04 a.a.O.).   5a

Ist eine **formularmäßig** vereinbarte Ausschlussfrist zu kurz bemessen, ist sie **unwirksam** (§ 307 Abs. 1 BGB). Eine Ausdehnung auf die zulässige Dauer kommt nicht in Betracht.   6

> **Beispiele:**
>
> | Erste Stufe (Geltendmachung): | Zweite Stufe (Klage): | |
> |---|---|---|
> | 2 Monate | 2 Monate | = beide Stufen unwirksam |
> | 2 Monate | 3 Monate | = erste Stufe unwirksam; zweite Stufe wird deshalb nicht in Gang gesetzt |
> | 3 Monate | 2 Monate | = erste Stufe wirksam; zweite Stufe unwirksam |
> | 3 Monate | 3 Monate | = beide Stufen wirksam |

Ausschlussfristen/Verfallfristen

Ist eine Ausschlussfrist unwirksam, findet eine zeitliche Begrenzung des Anspruchs (nur noch) durch das gesetzliche Verjährungsrecht statt (siehe Rn. 23 und → **Verjährung**).
Daran ändert auch eine sog. **salvatorische Klausel** im → **Arbeitsvertrag** nichts (BAG v. 25.5.2005 – 5 AZR 572/04, a.a.O. und 28.9.2005 – 5 AZR 52/05, a.a.O.). Hier ein Beispiel für eine salvatorische Klausel: »*Sind einzelne Bestimmungen dieses Vertrags unwirksam, so berührt dies nicht die Wirksamkeit der übrigen Regelungen des Vertrags. Die Parteien verpflichten sich, unverzüglich anstelle der unwirksamen Bestimmung eine dem Sinn und Zweck dieser Bestimmung möglichst nahekommende wirksame Regelung zu treffen.*«

6a Ist eine Ausschlussfrist nicht formularvertraglich vom Arbeitgeber vorgegeben (siehe hierzu Rn. 5), sondern **einzelvertraglich** »**ausgehandelt**« worden, liegt keine allgemeine Geschäftsbedingung vor (§ 305 Abs. 1 Satz 3 BGB), so dass eine Anwendung der §§ 305 ff. BGB ausscheidet (BAG v. 25.5.2005 – 5 AZR 572/04, NZA 2005, 1111). Ausgehandelt i.S.v. § 305 Abs. 1 Satz 3 BGB ist eine Vertragsbedingung nur, wenn der Verwender die betreffende Klausel inhaltlich ernsthaft zur Disposition stellt und dem Verhandlungspartner Gestaltungsfreiheit zur Wahrung eigener Interessen einräumt mit der realen Möglichkeit, die inhaltliche Ausgestaltung der Vertragsbedingungen zu beeinflussen. Das setzt voraus, dass sich der Verwender deutlich und ernsthaft zu gewünschten Änderungen der zu treffenden Vereinbarung bereit erklärt (BAG v. 1.3.2006 – 5 AZR 363/05, AiB 2006, 640 = NZA 2006, 746).

Eine Billigkeitskontrolle im Sinne einer allgemeinen, nicht auf die Besonderheiten des Falles bezogenen Angemessenheitsprüfung findet bei einzelvertraglich ausgehandelten Ausschlussfristen auch nach § 242 BGB (Treu und Glauben) nicht statt.

Die §§ 305 ff. BGB stellen eine abschließende Konkretisierung des Gebots von Treu und Glauben hinsichtlich einer allgemeinen, allein den Inhalt einer Regelung überprüfenden Angemessenheitskontrolle dar. Diese beruht auf dem Umstand, dass Vertragsbedingungen von einer Vertragspartei vorgegeben werden und von der anderen Partei nicht ausreichend geprüft und verhandelt werden können.

Besteht für die Vertragsparteien die Möglichkeit, die Vertragsbedingungen im Einzelnen auszuhandeln, ist im Grundsatz davon auszugehen, dass sie ihre Interessen selbst angemessen vertreten können.

Eine Partei darf auch eine für sie nach allgemeinen Maßstäben ungünstige oder unangemessene Regelung bewusst hinnehmen, wenn sie insgesamt einen Vorteil erkennt. Das bezieht sich insbesondere auf Nebenpunkte des Vertrags wie Ausschlussfristen.

Die Parteien sind insoweit bis zur **Grenze der Sittenwidrigkeit (§ 138 BGB)** frei, ihre Regelungen selbst zu wählen.

Nach § 242 BGB kann aber die Befugnis, sich auf rechtswirksam vereinbarte Rechtspositionen zu berufen, im Sinne einer **Ausübungskontrolle** (z.B. **Rechtsmissbrauch**) begrenzt sein.

6b Hat der Arbeitgeber die arbeitsvertragliche Ausschlussklausel zwar vorformuliert, aber nicht für eine Vielzahl von Verträgen, so dass keine allgemeine Geschäftsbedingung vorliegt (siehe Rn. 5), kommt dennoch eine Inhaltskontrolle nach Maßgabe des § 310 Abs. 3 Nr. 2 BGB in Betracht.

Bei einem Arbeitsvertrag handelt es sich nach Ansicht des BAG nämlich (auch) um einen sog. **Verbrauchervertrag** (BAG v. 15.12.2011 – 7 AZR 394/10, NZA 2012, 674; 25.5.2005 – 5 AZR 572/04, NZA 2005, 1111). Ist dieser Vertrag vom Arbeitgeber vorformuliert, finden gemäß § 310 Abs. 3 Nr. 2 BGB die Bestimmungen der §§ 305 c Abs. 2 BGB, 306, 307 bis 309 BGB (also auch die Vorschriften über die Inhaltskontrolle) selbst dann Anwendung, wenn die vorformulierten Vertragsbedingungen nur zur **einmaligen Verwendung** bestimmt sind und soweit der Arbeitnehmer (Verbraucher) auf Grund der Vorformulierung auf ihren Inhalt keinen Einfluss nehmen konnte.

Die Möglichkeit der Einflussnahme setzt voraus, dass der Arbeitgeber die Klausel ernsthaft zur Disposition gestellt und dem Arbeitnehmer Gestaltungsfreiheit zur Wahrung seiner Interessen

Ausschlussfristen/Verfallfristen

eingeräumt hat. Der Arbeitnehmer muss letztlich darlegen und ggf. beweisen, dass er keine Möglichkeit der Einflussnahme hatte. In diesem Fall unterliegt die Ausschlussklausel der Überprüfung nach §§ 305 c Abs. 2 BGB, 306, 307 bis 309 BGB.

Ausschlussfristen in Tarifverträgen und Betriebsvereinbarungen

Von der Inhaltskontrolle von Ausschlussfristen nach §§ 305 ff. BGB (AGB-Kontrolle) werden Ausschlussfristenregelungen in → **Tarifverträgen** oder → **Betriebsvereinbarungen** (z. B. in einem Sozialplan) nicht erfasst (§ 310 Abs. 4 Satz 1 BGB). 7
Deshalb ist hier besondere Vorsicht geboten.
Nicht selten müssen Ansprüche nach Maßgabe zweistufiger Ausschlussfristen geltend gemacht werden (siehe Rn. 4).
Häufig sehen Tarifverträge nämlich Fristen von weniger als drei Monaten vor. Manchmal wird eine Geltendmachung innerhalb von vier Wochen verlangt.

> **Beispiel (§ 16 Ziff. 1.1 a Manteltarifvertrag Metallindustrie Hamburg/Schleswig-Holstein):**
> Ansprüche auf Zuschläge aller Art sind schriftlich innerhalb von vier Wochen nach Aushändigung oder Zusendung der Entgeltabrechnung, bei der sie hätten abgerechnet werden müssen, geltend zu machen, wobei die Zusendung der Entgeltabrechnung an die letzte vom Arbeitnehmer angegebene Anschrift erfolgen kann. Als Anschrift gilt auch die Bankverbindung, wenn üblicherweise über diese zugestellt wurde.

Es bestehen **Zweifel**, ob derart kurze Fristen zulässig sind. Nach zutreffender Ansicht des ArbG Hamburg ist eine vierwöchige tarifvertragliche Ausschlussfrist nichtig (ArbG Hamburg v. 5.3.1997 – 21 Ca 89/97 [rkr.], AiB 1998, 174). Eine solch kurze Frist, die meist mit Erhalt der Entgeltabrechnung beginnt, lässt dem betroffenen Beschäftigten zu wenig Zeit, um die Richtigkeit der Abrechnung zu prüfen. Das gilt insbesondere dann, wenn das Bestehen der sachlichen und rechtlichen Voraussetzungen einer vermeintlichen Forderung unklar ist und deshalb Unterredungen z. B. mit dem Betriebsrat und/oder der Gewerkschaft bzw. einem Rechtsanwalt erforderlich sind. 7a
Die Entscheidung des ArbG Hamburg wäre allerdings beim BAG wohl nicht »durchgegangen«, weil es sich um eine tarifvertragliche Ausschlussfristregelung gehandelt hat. Das BAG gesteht den Tarifparteien einen weitgehenden Regelungsspielraum zu (vgl. z. B. BAG v. 18.8.2011 – 8 AZR 187/10; 4.12.1997 – 2 AZR 809/96, NZA 1998, 431). Nachstehend ein Auszug aus BAG v. 18.8.2011 – 8 AZR 187/10: *»Die Gerichte für Arbeitssachen haben Ausschlussfristen in Tarifverträgen wie sonstige tarifliche Regelungen nur einer eingeschränkten Kontrolle dahin gehend zu unterziehen, ob die Ausschlussfrist bzw. Regelung mit höherrangigem Recht vereinbar ist (vgl. BAG v. 22.9.1999 – 10 AZR 839/98). Eine Angemessenheitskontrolle findet damit nicht statt. Dieser eingeschränkte Kontrollmaßstab wird durch § 310 Abs. 4 Satz 1 BGB bestätigt. Das BAG hat bereits mehrfach entschieden, dass dem § 15 BRTV entsprechende Ausschlussfristen im Baubereich nicht gegen höherrangiges Recht verstoßen, insbesondere nicht sittenwidrig sind oder gegen Treu und Glauben verstoßen (vgl. BAG 22.9.1999 – 10 AZR 839/98; 16.11.1965 – 1 AZR 160/65). Daran ändert auch die Tatsache nichts, dass die Tarifvertragsparteien in § 15 BRTV eine Regelung getroffen haben, die im Hinblick auf ihre Weite auch Schadensersatzansprüche aufgrund vorsätzlicher Handlungen erfasst und daher von den Arbeitsvertragsparteien im Hinblick auf § 202 Abs. 1 BGB nicht wirksam im Arbeitsvertrag vereinbart werden könnte. Diese Privilegierung der Tarifvertragsparteien ergibt sich gerade aus der gesetzlichen Regelung des § 202 BGB, die ausschließlich für individualrechtliche Vereinbarungen gilt. § 202 BGB erweist sich damit als tarifdispositives Gesetzesrecht.«*
Eine Ausschlussfrist von nur vier Wochen in einen Formulararbeitsvertrag wäre dagegen nich-

Ausschlussfristen/Verfallfristen

tig. Das BAG verlangt mit Blick auf die §§ 305 ff. BGB (AGB-Kontrolle) eine Mindestfrist von drei Monaten (BAG v. 25. 5. 2005 – 5 AZR 572/04, NZA 2005, 1111; 28. 9. 2005 – 5 AZR 52/05, NZA 2006, 149).

Im Ergebnis führt die unterschiedliche Behandlung von formularvertraglichen und tariflichen Ausschlussfristregelungen zu einer **krassen** – mit Art. 3 GG (Gleichbehandlungsgrundsatz) nicht zu vereinbarenden – **Benachteiligung** der tarifgebundenen Arbeitnehmer.

Diese Benachteiligung kann nur dadurch aufgelöst werden, dass die BAG-Rechtsprechung zu den Mindestausschlussfristen (siehe Rn. 5 und 6) auch auf die tarifvertraglichen Ausschlussfristen angewendet wird.

Damit ist aber angesichts der bisherigen Rechtsprechung des BAG zu tariflichen Ausschlussfristen kaum zu rechnen.

7b Unwirksam ist auch eine Regelung in einer → **Betriebsvereinbarung**, die von den Arbeitnehmern bereits während eines laufenden Kündigungsschutzprozesses die gerichtliche Geltendmachung von Annahmeverzugsansprüchen verlangt, die vom Ausgang des Kündigungsschutzprozesses abhängen. Sie belastet die Arbeitnehmer unverhältnismäßig und verletzt die durch Art. 2 Abs. 1 GG geschützte Handlungsfreiheit der Arbeitnehmer (BAG v. 12. 12. 2006 – 1 AZR 96/96, NZA 2007, 453).

Das Gleiche gilt, wenn es sich um eine **tarifvertragliche Regelung** handeln würde.

7c Nach zutreffender Ansicht des BVerfG verbietet es Art. 2 Abs. 1 i. V. m. Art. 20 Abs. 3 GG, den Parteien eines Zivilprozesses der **Zugang zu den Gerichten** in unzumutbarer, durch Sachgründe nicht mehr zu rechtfertigender Weise **zu erschweren** (BVerfG v. 1. 12. 2010 – 1 BvR 1682/07, NZA 2011, 354). Die Beschreitung des Rechtswegs werde auch dann faktisch vereitelt, wenn das Kostenrisiko zu dem angestrebten Erfolg außer Verhältnis steht, so dass die Inanspruchnahme der Gerichte nicht mehr sinnvoll erscheint. Durch § 4 Abs. 1 KSchG und § 42 Abs. 3 S 1 GKG 2004 erkenne der Gesetzgeber an, dass dem Bürger der Rechtsweg zu den Arbeitsgerichten nicht durch **Kostenbarrieren** abgeschnitten werden darf. Die Vorschriften seien als Ausprägungen des Grundrechts auf effektiven Rechtsschutz bei der Anwendung etwa von zweistufigen Ausschlussfristen zu berücksichtigen. Das BVerfG hat mit dieser Begründung eine Entscheidung des LAG Köln v. 23. 01. 2007 – 13 Sa 954/06 aufgehoben, mit der die Zahlungsklage eines Arbeitnehmers wegen Versäumung der in einer zweistufigen tariflichen Verfallfristregelung vorgesehenen Klagefrist abgewiesen worden war. Die Regelung lautete: *»(1) Die Ansprüche beider Seiten aus dem Arbeitsverhältnis müssen innerhalb einer Ausschlussfrist von sechs Monaten nach Fälligkeit schriftlich geltend gemacht werden. Bei regelmäßig wiederkehrenden Leistungen bedarf es keiner erneuten schriftlichen Geltendmachung, sofern der nicht oder unzutreffend erfüllte Anspruch auf demselben Fehler beruht. Nach Ablauf der vorstehenden Frist ist die Geltendmachung ausgeschlossen. [...] (4) Werden die Ansprüche beider Seiten aus dem Arbeitsverhältnis trotz Geltendmachung durch Bestreiten in Schriftform nicht erfüllt oder nur teilweise erfüllt, ist innerhalb einer Frist von zwei Monaten Klage zu erheben. Wird keine Klage erhoben, verfallen die Ansprüche.«*

Durch diese Entscheidung des BVerfG hat sich das BAG veranlasst gesehen, seine Rechtsprechung zur Bedeutung und Handhabung von **zweistufigen Ausschlussfristen** bei Erhebung einer **Bestandsschutzklage** (Kündigungsschutz- oder Befristungskontrollklage nach § 17 KSchG) aufzugeben (BAG v. 19. 9. 2012 – 5 AZR 627/11, NZA 2013, 101; siehe auch Rn. 12 ff.). Ein Arbeitnehmer mache mit der Erhebung einer Bestandsschutzklage (Kündigungsschutz- oder Befristungskontrollklage) die von deren Ausgang abhängigen Vergütungsansprüche »gerichtlich geltend« und wahre damit die zweite Stufe einer tariflichen Ausschlussfrist. Tarifvertragliche Ausschlussfristen, die eine rechtzeitige gerichtliche Geltendmachung vorsehen, seien verfassungskonform dahingehend auszulegen, dass die vom Erfolg einer Bestandsschutzstreitigkeit abhängigen Ansprüche bereits mit der Klage in der Bestandsstreitigkeit gerichtlich geltend gemacht sind.

Ausschlussfristen/Verfallfristen

In den »Mantel- oder Rahmentarifverträgen« praktisch aller von → **Tarifverträgen** erfassten **8**
Branchen sind tarifliche Ausschlussfristen mit zum Teil sehr kurzen Verfallfristen geregelt (auf
inhaltliche Unterschiede ist zu achten).
Nicht selten sehen Tarifverträge **zweistufige Ausschlussfristen** vor.

> **Beispiel (§ 16 Ziff. 1 bis 3 Manteltarifvertrag Metallindustrie Hamburg/Schleswig-Holstein):**
> 1.1 Alle beiderseitigen Ansprüche aus dem Arbeitsverhältnis und solche, die mit dem Arbeitsverhältnis in Verbindung stehen, sind
> - dem Arbeitgeber gegenüber bei der Personalabteilung oder einer entsprechenden zuständigen Stelle,
> - dem Arbeitnehmer gegenüber durch persönliche Aushändigung oder Zusendung an die letzte von ihm angegebene Anschrift
>
> schriftlich innerhalb folgender Ausschlussfristen geltend zu machen:
> a) Ansprüche auf Zuschläge aller Art innerhalb von vier Wochen nach Aushändigung oder Zusendung der Entgeltabrechnung, bei der sie hätten abgerechnet werden müssen, wobei die Zusendung der Entgeltabrechnung an die letzte vom Arbeitnehmer angegebene Anschrift erfolgen kann. Als Anschrift gilt auch die Bankverbindung, wenn üblicherweise über diese zugestellt wurde,
> b) alle übrigen Ansprüche innerhalb von drei Monaten nach ihrer Fälligkeit.
> 1.2 Nach Ablauf dieser Fristen ist eine Geltendmachung von Ansprüchen ausgeschlossen (Ausschlussfristen gemäß § 4 Abs. 4 Satz 3 TVG).
> 1.3 Diese Ausschlussfristen gelten nicht für Erstattungsansprüche des Arbeitgebers gegen den Arbeitnehmer, wenn der Arbeitgeber vom Finanzamt wegen nicht oder nicht ausreichend einbehaltener Lohn- und Kirchensteuer nachträglich in Anspruch genommen wird.
> 1.4 Die Ausschlussfristen gelten nicht für Ansprüche aus vorsätzlich begangener unerlaubter Handlung.
> 2. Gerichtliche Geltendmachung von Ansprüchen nach dem Ausscheiden
> Ist ein Anspruch innerhalb der tariflichen Ausschlussfrist geltend gemacht und seine Erfüllung schriftlich abgelehnt worden, so muss ein Arbeitnehmer, der aus dem Arbeitsverhältnis ausgeschieden ist, innerhalb von drei Monaten vom Zugang der schriftlichen Ablehnung an gerechnet, seinen Anspruch gerichtlich geltend machen, andernfalls die Geltendmachung ausgeschlossen ist (Ausschlussfrist gemäß § 4 Abs. 4 S. 3 TVG).
> 3. Abweichender Fristverlauf
> Ansprüche aus einem Arbeitsverhältnis, die sich im Verlaufe eines Kündigungsschutzprozesses für die Zeit nach der streitigen Beendigung des Arbeitsverhältnisses ergeben, werden erst fällig mit Rechtskraft des Urteils, durch das das Weiterbestehen des Arbeitsverhältnisses über den streitigen Endzeitpunkt hinaus festgestellt wird. Sodann beginnen die Ausschlussfristen für diese Ansprüche.

§ 4 Abs. 4 Satz 3 TVG stellt klar, dass Ausschlussfristen für die Geltendmachung **tariflicher** **9**
Rechte wirksam nur durch → **Tarifvertrag** vereinbart werden können.
Umstritten ist, ob eine tariflich geregelte Verfallfrist nur Ansprüche aus dem Tarifvertrag **9a**
erfasst oder auch **sonstige Ansprüche**, die sich z. B. aus dem Arbeitsvertrag, einer Betriebsvereinbarung ergeben oder aus einem Gesetz (z. B. Entgeltfortzahlungsansprüche aus Annahmeverzug oder krankheitsbedingter Arbeitsunfähigkeit).
Nach Ansicht des BAG soll die Erstreckung von tariflichen Ausschlussfristen auf nicht tarifliche Ansprüche grundsätzlich zulässig sein. Die Reichweite sei durch Auslegung der Ausschlussfristregelung zu ermitteln. Bezieht sich beispielsweise eine tarifliche Ausschlussfrist allgemein auf »Ansprüche aus dem Arbeitsverhältnis«, so gilt sie nach Ansicht des BAG auch für Abfindungsansprüche, die auf § 113 BetrVG (siehe → **Nachteilsausgleich**) oder einem → **Sozialplan** beruhen (BAG v. 27. 1. 2004 – 1 AZR 148/03, DB 2004, 1676; 27. 3. 1996 – 10 AZR 668/95, AiB 1997, 113; 30. 11. 1994 – 10 AZR 79/94; DB 1995, 681).
Nach h. M. sollen tarifliche Ausschlussfristen auch den gesetzlichen **Entgeltfortzahlungsanspruch** aus § 3 EFZG erfassen. Die Unabdingbarkeitsvorschrift des § 12 EFZG soll dem nicht entgegenstehen (BAG v. BAG v. 25. 5. 2005 – 5 AZR 572/04, NZA 2005, 1111; 16. 1. 2002 – 5

Ausschlussfristen/Verfallfristen

AZR 430/00, NZA 2002, 746 [zweifelhaft]). Deshalb verfällt ein Anspruch auf Entgeltfortzahlung, wenn er nicht form- und fristgerecht i. S. des Tarifvertrages geltend gemacht wird. Voraussetzung ist zudem, dass der Tarifvertrag auf das Arbeitsverhältnis Anwendung findet (Tarifbindung bzw. vertragliche Bezugnahme) und eine Auslegung der Ausschlussklausel ergibt, dass sie auch für den gesetzlichen Entgeltfortzahlungsanspruch gelten soll.

Eine tarifliche Ausschlussklausel, nach der »sämtliche gegenseitige Ansprüche aus dem Arbeitsverhältnis« fristgebunden geltend zu machen sind, erstreckt sich auch auf den Anspruch des Arbeitnehmers auf Zahlung von **Urlaubsentgelt** (BAG v. 19. 4. 2005 – 9 AZR 160/04, ZTR 2006, 138).

10 Besonderheiten gelten, wenn tarifvertragliche Ausschlussfristen nicht kraft beiderseitiger Tarifbindung auf das Arbeitsverhältnis Anwendung finden, sondern aufgrund einer formularvertraglichen **Bezugnahmeklausel** auf den Tarifvertrag (siehe → **Arbeitsvertrag**).
Hier kommt die Bestimmung des § 307 Abs. 3 BGB zum Zuge. Danach findet eine Inhaltskontrolle von vorformulierten Vertragsbedingungen gemäß § 307 Abs. 1 und 2 sowie §§ 308 und 309 BGB nur statt, wenn sie von »Rechtsvorschriften« abweichen oder diese ergänzen. Zu den Rechtsvorschriften in diesem Sinne zählen nach § 310 Abs. 4 Satz 3 BGB auch → **Tarifverträge** (und → **Betriebsvereinbarungen**).
Die Tarifverträge selbst unterliegen nach § 310 Abs. 4 Satz 1 BGB grundsätzlich keiner AGB-Kontrolle nach §§ 305 ff. BGB. Das ist misslich, weil manche Tarifverträge zu Lasten des Arbeitnehmers unangemessen kurze Verfallfristen vorsehen (siehe Rn. 7).
Wenn sie allerdings formularvertraglich in Bezug genommen worden sind, ist nach der Rechtsprechung zu unterscheiden (BAG v. 6. 5. 2009 – 10 AZR 390/08, NZA-RR 2009, 593 und BAG v. 15. 7. 2009 – 5 AZR 867/08, ZTR 2010, 35):

• Wenn das **gesamte Tarifwerk** der einschlägigen Branche in Bezug genommen wurde, findet keine Inhaltskontrolle der tariflichen Ausschlussfristregelung nach §§ 307 Abs. 1 und 2, 308, 309 BGB statt (§§ 310 Abs. 4 Satz 3, 307 Abs. 3 BGB). In einem solchen Fall sollte also unbedingt auch eine Ausschlussfrist von unter drei Monaten eingehalten werden.
• Wird dagegen nur auf **einzelne Bestimmungen** eines Tarifvertrags – insbesondere nur auf die tariflichen Ausschlussfristbestimmungen – Bezug genommen, sind diese Bestimmungen nicht als tarifliche, sondern als vertragliche Regelung zu bewerten. Sie unterliegen damit der vollen AGB-Kontrolle nach §§ 305 ff. BGB. Ausschlussfristen unter drei Monaten wären damit zwar grundsätzlich unwirksam. Allerdings sollten solche Ausschlussfristen dennoch natürlich vorsichtshalber eingehalten werden (wer weiß, wie sich die Rechtsprechung entwickelt).
• Noch nicht endgültig ist geklärt, was gilt, wenn eine formularvertragliche Bezugnahmeklausel **abgrenzbare Teile eines Tarifwerks** – darunter auch die Ausschlussfristregelungen – erfasst (vgl. hierzu BAG v. 6. 5. 2009 – 10 AZR 390/08, a. a. O. und BAG v. 15. 7. 2009 – 5 AZR 867/08, a. a. O.).

11 Häufig ist Arbeitnehmern **nicht bewusst**, dass für das Arbeitsverhältnis tarifliche Ausschlussfristen gelten.
Das gilt insbesondere dann, wenn der Tarifvertrag kraft Allgemeinverbindlicherklärung zur Anwendung kommt (siehe hierzu → **Tarifvertrag: Allgemeinverbindlicherklärung** Rn. 66 ff.) wie etwa die Manteltarifverträge für das Bauhaupt- und Baunebengewerbe (Dachdeckerhandwerk, usw.).
Nicht selten scheitern Ansprüche des Arbeitnehmers auf Zahlung rückständigen Lohns daran, dass sie nicht innerhalb der in Tarifverträgen geregelten Verfallfristen geltend gemacht werden.
Dennoch kann den Arbeitnehmern ein Rechtsanspruch zustehen.
Wenn nämlich der Arbeitgeber den Arbeitnehmer über die Anwendbarkeit des Tarifvertrags auf das Arbeitsverhältnis nicht nach Maßgabe des **Nachweisgesetzes** (siehe → **Arbeitsvertrag:**

Ausschlussfristen/Verfallfristen

Nachweisgesetz) in Kenntnis gesetzt hat und der Arbeitnehmer deshalb seine Ansprüche nicht rechtzeitig geltend gemacht hat, hat er Anspruch auf **Schadensersatz** in Höhe des verfallenen Vergütungsanspruchs als Bruttobetrag (BAG v. 6.5.2009 – 10 AZR 834/08, NZA 2009, 805).

Ausschlussfristen und Ansprüche aus vorsätzlich begangener unerlaubter Handlung

Vertraglich vereinbarte Ausschlussfristen/Verfallfristen stehen einer Haftung des Arbeitgebers auf Schadensersatz und Schmerzensgeld wegen (bedingt) vorsätzlicher Schädigung nicht entgegen. **11a**
Dem steht die Vorschrift des § 202 Abs. 1 BGB entgegen (BAG v. 20.6.2013 – 8 AZR 280/12).
Sie lautet: »*Die Verjährung kann bei Haftung wegen Vorsatzes nicht im Voraus durch Rechtsgeschäft erleichtert werden.*«
Diese Vorschrift soll allerdings nach abzulehnender Ansicht des BGB nicht auf **tarifvertragliche Ausschlussfristen** anzuwenden sein, die (unverständlicherweise) auch Schadensersatzansprüche wegen vorsätzlich begangenen Handlungen erfassen (BAG v. 20.6.2013 – 8 AZR 280/12; 18.8.2011 – 8 AZR 187/10).
In einigen Tarifverträgen ist (zum Glück) Gegenteiliges geregelt.

> **Beispiel (§ 16 Ziff. 1.4 Manteltarifvertrag Metallindustrie Hamburg/Schleswig-Holstein):**
> 1.4 Die Ausschlussfristen gelten nicht für Ansprüche aus vorsätzlich begangener unerlaubter Handlung.

Zur Haftung des Arbeitgebers und Schadensersatz / Schmerzensgeld siehe → **Arbeitsschutz** Rn. 105 ff. und → **Haftung des Arbeitgebers**.

Ausschlussfristen und Kündigungsschutzprozess

Besondere Vorsicht war bislang geboten in Bezug auf die während eines Kündigungsschutzprozesses fällig werdenden Entgeltansprüche des unwirksam gekündigten Arbeitnehmers (siehe → **Annahmeverzug**). **12**
Hier war zunächst festzustellen, ob der Arbeits- oder Tarifvertrag eine **einstufige oder zweistufige Ausschlussfrist** vorsieht. **13**
Ist eine **einstufige Ausschlussfrist** geregelt (siehe Rn. 3), wird diese durch die Erhebung der Kündigungsschutzklage gewahrt. Eine Kündigungsschutzklage ist nach zutreffender Ansicht des BAG regelmäßig geeignet, den Verfall der Entgeltansprüche (aus → **Annahmeverzug**) zu verhindern, die von dem Ausgang des Kündigungsschutzrechtsstreits abhängen (BAG v. 11.12.2001 – 9 AZR 510/00, NZA 2002, 816). **14**
Dabei ist nicht zwischen Klauseln, die eine formlose Geltendmachung erfordern und Klauseln, die eine schriftliche Zahlungsaufforderung vorsehen, zu unterscheiden.
Die Erhebung der Kündigungsschutzklage stellt deshalb sowohl eine »mündliche« als auch eine »schriftliche Geltendmachung« der Entgeltansprüche nach Ablauf der Kündigungsfrist dar. Das Gleiche gilt für eine Befristungskontrollklage nach § 17 TzBfG (siehe Befristeter Arbeitsvertrag Rn. 51). Auszug aus BAG v. 19.9.2012 – 5 AZR 627/11, NZA 2013, 101: »*Mit einer Bestandsschutzklage wahrt der Arbeitnehmer, ohne dass es einer bezifferten Geltendmachung bedarf, die erste Stufe einer tariflichen Ausschlussfrist für alle vom Ausgang dieses Rechtsstreits abhängigen Ansprüche. Mit einer solchen Klage erstrebt der Arbeitnehmer nicht nur die Erhaltung seines Arbeitsplatzes, sondern bezweckt darüber hinaus, sich die Vergütungsansprüche wegen Annahmeverzugs zu erhalten. Die Ansprüche müssen weder ausdrücklich bezeichnet noch beziffert werden (für die Kündigungsschutzklage ständige Rechtsprechung seit BAG 10.4.1963 – 4 AZR 95/62, DB 1963, 802).*«

Ausschlussfristen/Verfallfristen

15 Sah der Arbeits- oder Tarifvertrag eine **zweistufige Ausschlussfrist** vor (siehe Rn. 4), musste sorgfältig geprüft werden, ob durch die Erhebung der Kündigungsschutzklage bzw. einer Befristungskontrollklage neben der ersten Stufe der Ausschlussfrist (mündliche oder schriftliche Geltendmachung) auch die **zweite Stufe (Klageerhebung)** gewahrt ist oder ob die auflaufenden Entgeltansprüche aus → **Annahmeverzug** parallel zum Kündigungsschutzprozess durch Zahlungsklage geltend gemacht werden müssen.

16 Hier kam es sehr auf **Wortlaut** und **Auslegung** des Arbeits- oder Tarifvertrages an.

17 Nach bisheriger Ansicht des BAG wahrte eine Kündigungsschutzklage **nicht** zugleich auch die zweite Stufe einer vertraglichen oder tariflichen Ausschlussfrist, die vorsieht, dass bei erfolgloser Geltendmachung innerhalb bestimmter Fristen Zahlungsklage zu erheben ist (BAG v. 11.12.2001 – 9 AZR 510/00, NZA 2002, 816; 26.4.2006 – 5 AZR 403/05, NZA 2006, 845; 17.11.2009 – 9 AZR 745/08, AP Nr. 194 zu § 4 TVG Ausschlussfristen).

18 Der 5. Senat des BAG hatte darüber hinaus entschieden, dass der Klageabweisungsantrag des Arbeitgebers im Kündigungsschutzprozess eine Ablehnung (im Sinne zweistufiger Verfallklauseln; Beispiele siehe Rn. 4) der während des Kündigungsschutzprozesses wegen → **Annahmeverzug** fällig werdenden Zahlungsansprüche des Arbeitnehmers darstellt.
Damit werde die **zweite Stufe** in Gang gesetzt (BAG v. 26.4.2006 – 5 AZR 403/05, a.a.O.; insoweit anders noch die Ansicht des 9. Senats: BAG v. 11.12.2001 – 9 AZR 510/00, a.a.O.)!
Das hieß: Es musste nach bisheriger BAG-Rechtsprechung innerhalb der Ausschlussfrist der zweiten Stufe parallel zum Kündigungsschutzprozess **Zahlungsklage** erhoben werden (BAG v. 26.4.2006 – 5 AZR 403/05, a.a.O.; 17.11.2009 – 9 AZR 745/08, a.a.O.)!
Diese Rechtsprechung verwandelte die ohnehin glitschigen »zweistufigen Ausschlussklauseln« in besonders **üble** »**Fallen**« vor allem für den gekündigten Arbeitnehmer.
Wie in dem Fall BAG v. 26.4.2006 – 5 AZR 403/05, NZA 2006, 845: Der Arbeitnehmer gewinnt zwar seine Kündigungsschutzklage, verliert aber wegen der Ablaufs der zweiten Stufe der Ausschlussfrist seine später erhobene Klage auf Zahlung des rückständigen Entgelts.
Um sicher zu gehen, konnte man im Falle zweistufiger Ausschlussklauseln nur raten, während eines Kündigungsschutzprozesses das laufende Entgelt stets gleich mit einzuklagen.
Das trieb zwar den Streitwert und damit die Kosten des Rechtsstreits bzw. das Kostenrisiko hoch, ersparte dem Arbeitnehmer und seinem – ggf. haftpflichtigen – Prozessvertreter aber »schlaflose Nächte«.
Inzwischen hat der 5. Senat – veranlasst durch den Beschluss des BVerfG v. 1.12.2010 – 1 BvR 1682/07 (siehe Rn. 7 c) – seine Rechtsprechung geändert und entschieden, dass ein Arbeitnehmer mit der **Erhebung einer Bestandsschutzklage** (Kündigungsschutzklage nach § 4 KSchG oder Befristungskontrollklage nach § 17 KSchG) die von deren Ausgang abhängigen Vergütungsansprüche »**gerichtlich geltend**« macht und damit die zweite Stufe einer tariflichen Ausschlussfrist wahrt (BAG v. 19.9.2012 – 5 AZR 627/11, NZA 2013, 101). Zur Beendigung des Annahmeverzugs müsse der Arbeitgeber die Arbeitsleistung als Erfüllung des mit dem Arbeitnehmer geschlossenen Arbeitsvertrags annehmen. Nicht ausreichend sei hingegen, dass er dem Arbeitnehmer vorsorglich einen für die Dauer des Kündigungsrechtsstreits befristeten neuen Arbeitsvertrag zu den bisherigen Bedingungen oder eine durch die rechtskräftige Feststellung der Wirksamkeit der Kündigung auflösend bedingte Fortsetzung des Vertrags anbietet (BAG v. 19.9.2012 – 5 AZR 627/11, a.a.O.). Nachstehend ein Auszug aus der Entscheidung:
»*Nach bisheriger Rechtsprechung des Bundesarbeitsgerichts war für die Wahrung der zweiten Stufe einer tariflichen Ausschlussfrist regelmäßig die Erhebung einer bezifferten Klage erforderlich (BAG v. 26.4.2006 – 5 AZR 403/05). Die Frist für diese Klage wurde mit Zugang des Klageabweisungsantrags beim Arbeitnehmer in Gang gesetzt, ohne dass es einer ausdrücklichen Ablehnungserklärung bedurfte (BAG 17.11.2009 – 9 AZR 745/08). An dieser Rechtsprechung kann nach dem Beschluss des Bundesverfassungsgerichts vom 1.12.2010 (– 1 BvR 1682/07 – AP TVG § 4 Ausschlussfristen Nr. 196 = EzA TVG § 4 Ausschlussfristen Nr. 197) nicht festgehalten werden. Das*

Ausschlussfristen/Verfallfristen

Bundesverfassungsgericht hat entschieden..., dass ...die Art der Geltendmachung der Ansprüche auf Vergütung wegen Annahmeverzugs dem Arbeitnehmer möglich und zumutbar sein müsse. Das sei nicht der Fall, wenn er gezwungen werde, Ansprüche wegen Annahmeverzugs einzuklagen, bevor die Bestandsstreitigkeit rechtskräftig abgeschlossen sei. Damit erhöhe sich sein Kostenrisiko im Rechtsstreit über den Bestand des Arbeitsverhältnisses. Tarifvertragliche Ausschlussfristen, die eine rechtzeitige gerichtliche Geltendmachung vorsehen, sind verfassungskonform dahingehend auszulegen, dass die vom Erfolg einer Bestandsschutzstreitigkeit abhängigen Ansprüche bereits mit der Klage in der Bestandsstreitigkeit gerichtlich geltend gemacht sind.«

Eine **Anrufung des Großen Senats** gemäß § 45 ArbGG hat der 5. Senat nicht für erforderlich gehalten. Alle Senate des Bundesarbeitsgerichts seien gehindert, die frühere Auslegung zweistufiger tariflicher Ausschlussfristen aufrechtzuerhalten. Die Rechtsfrage, welche Anforderungen an die Wahrung der zweiten Stufe einer tariflichen Ausschlussfrist für Ansprüche, die vom Ausgang einer Bestandsschutzstreitigkeit abhängen, zu stellen sind, sei wegen des Beschlusses des BVerfG v. 1.12.2010 neu zu beantworten. Schon im Hinblick auf § 31 BVerfGG entfalle die Vorlagepflicht, wenn – wie hier – das BVerfG die entscheidungserhebliche Rechtsfrage abweichend von der bisherigen Rechtsprechung selbst entschieden hat.

Ausschlussfristen und Kündigungsschutzprozess: Urlaubsabgeltungsanspruch

Trotz einiger Klarstellungen durch die BAG-Rechtsprechung bleibt das Thema »Ausschlussfristen und Kündigungsschutzprozess« tückisches Gelände. Das zeigt etwa die nachstehende Entscheidung, bei der es um die Frage ging, ob in der Erhebung einer Kündigungsschutzklage gleichzeitig eine schriftliche Geltendmachung des **Anspruchs auf Urlaubsabgeltung** liegt. Das BAG hat das verneint (BAG v. 21.2.2012 – 9 AZR 486/10; siehe 3. Leitsatz):

18a

»*1. Der Urlaubsabgeltungsanspruch unterfällt als reiner Geldanspruch denselben tariflichen Bedingungen wie alle übrigen Zahlungsansprüche der Arbeitsvertragsparteien. Dies gilt auch für die Abgeltung des gesetzlichen Mindesturlaubs.*
2. Der Anspruch eines Arbeitnehmers gegen den Arbeitgeber, nicht genommenen Urlaub abzugelten, entsteht mit der Beendigung des Arbeitsverhältnisses. Vorbehaltlich abweichender Regelungen wird der Urlaubsabgeltungsanspruch mit der Beendigung des Arbeitsverhältnisses auch fällig. Dies gilt auch in den Fällen, in denen der Arbeitnehmer zu diesem Zeitpunkt krankheitsbedingt arbeitsunfähig ist. Ein Auseinanderfallen von Entstehungs- und Fälligkeitszeitpunkt kann nur unter besonderen Umständen angenommen werden.
3. Erhebt ein Arbeitnehmer Kündigungsschutzklage, kann darin zwar grundsätzlich eine schriftliche Geltendmachung der Ansprüche liegen, die vom Erfolg der Kündigungsschutzklage abhängen. Der Anspruch auf Urlaubsabgeltung knüpft jedoch nicht an den Erfolg der Kündigungsschutzklage, den Fortbestand des Arbeitsverhältnisses, an, sondern setzt mit der Beendigung des Arbeitsverhältnisses gerade das Gegenteil voraus. Will der Arbeitnehmer den tariflichen Verfall (hier: nach § 18 des Manteltarifvertrags für die Arbeitnehmer und Arbeitnehmerinnen in den bayerischen Betrieben des Groß- und Einzelhandels i.d.F. vom 23. Juni 1997) solcher Ansprüche verhindern, reicht die Erhebung einer Kündigungsschutzklage nicht aus.
4. Verstößt ein Arbeitgeber gegen die in § 2 oder § 3 S. 1 NachwG normierten Nachweispflichten, hindert ihn dies nicht, die Erfüllung eines von dem Arbeitnehmer erhobenen Anspruchs unter Berufung auf eine Ausschlussfrist abzulehnen.
5. Befindet sich ein Arbeitgeber mit der Aushändigung der nach § 2 NachwG geschuldeten Niederschrift oder der ihm nach § 3 NachwG obliegenden Mitteilung in Verzug, hat er gemäß § 280 Abs. 1 S. 1 BGB den durch den eingetretenen Verzug adäquat verursachten Schaden zu ersetzen. Deshalb kann ein Arbeitnehmer von dem Arbeitgeber verlangen, so gestellt zu werden, als wäre sein Zahlungsanspruch nicht untergegangen, wenn ein solcher Anspruch nur wegen Versäumung der Ausschlussfrist erloschen ist und bei gesetzmäßigem Nachweis seitens des Arbeitgebers bestehen

Ausschlussfristen/Verfallfristen

würde (Rn. 34). Bei der Prüfung der adäquaten Verursachung kommt dem Arbeitnehmer die Vermutung eines aufklärungsgemäßen Verhaltens zugute. Dem Arbeitgeber bleibt die Möglichkeit, diese tatsächliche Vermutung zu widerlegen.«

18b Soweit es sich bei einer zweistufigen Ausschlussfrist nicht um eine tarifliche, sondern eine **arbeitsvertraglich vereinbarte Frist** handelt, gelten die Erwägungen des BVerfG und neuerdings des BAG natürlich auch.

18c Offen ist, ob diese Rechtsprechung auch für den Fall gilt, dass der gekündigte Arbeitnehmer zwar den **Kündigungsschutzprozess** verliert, aber dennoch nach Maßgabe des § 102 Abs. 5 Satz 1 BetrVG (Widerspruch des Betriebsrats und Weiterbeschäftigungsverlangen) einen Anspruch auf Fortzahlung des Arbeitsentgelts bis zur rechtskräftigen Abweisung der Kündigungsschutzklage hat (siehe hierzu → **Kündigung** Rn. 50 und → **ordentliche Kündigung** Rn. 35). Man wird das aber bejahen müssen.

19 Im Geltungsbereich mancher Tarifverträge stellte sich die zuvor beschriebene Problematik nicht, weil ausdrücklich geregelt ist, dass die parallele Erhebung einer Zahlungsklage im Falle eines Kündigungsschutzprozesses nicht erforderlich ist (siehe oben Rn. 8: § 16 Ziff. 3 Manteltarifvertrag Metallindustrie Hamburg/Schleswig-Holstein).

20 Meist gelten Ausschlussfristen **für beide Seiten**: Arbeitgeber und Beschäftigte (wenngleich im Regelfall die Betroffenheit bei den Arbeitnehmern liegt, da i. d. R. sie es sind, die Forderungen gegen den Arbeitgeber haben; der umgekehrte Fall kommt eher selten vor).

Manchmal werden aber auch **einseitige**, nur zu Lasten des Arbeitnehmers gehende Ausschlussfristen geregelt.

Ein solcher Fall liegt etwa vor, wenn Arbeitsentgeltansprüche, die nur der Arbeitnehmer haben kann, unter eine Ausschlussfrist gestellt werden, wobei in Bezug auf sonstige Ansprüche die Ausschlussfristen für beide Seiten gelten (Beispiel: § 16 Ziff. 1.1.a Manteltarifvertrag Metallindustrie Hamburg/Schleswig-Holstein; siehe Rn. 7, 8).

Es existieren – allerdings selten – Tarifverträge, die für alle Fallgestaltungen Ausschlussfristen nur für den Arbeitnehmer vorsehen, während dem Arbeitgeber für etwaige Ansprüche gegen den Arbeitnehmer die deutlich längere gesetzliche **Verjährungsfrist** (siehe Rn. 23) zur Verfügung steht. Man fragt sich, was die beteiligten Gewerkschaften veranlasst hat, derart krass gleichheitswidrigen Tarifregelungen zuzustimmen.

Nach der abzulehnenden Ansicht des BAG sollen einseitige tarifliche Ausschlussfristen nicht gegen den Gleichbehandlungsgrundsatz (Art. 3 Abs. 1 GG) verstoßen und deshalb wirksam sein (BAG v. 4. 12. 1997 – 2 AZR 809/96, NZA 1998, 431).

Dagegen widersprechen einseitige Ausschlussfristen zu Lasten des Arbeitnehmers in **Formulararbeitsverträgen** einer ausgewogenen Vertragsgestaltung und sind deshalb nach § 307 Abs. 1 Satz 1 BGB unwirksam (BAG v. 31. 8. 2005 – 5 AZR 545/04, AuR 2006, 125 m. Anm. Ulber).

21 Bestimmte Rechtsansprüche werden von vertraglichen oder tarifvertraglichen Ausschlussfristregelungen nicht erfasst (z. B. Anspruch von Angehörigen eines Arbeitnehmers auf Unterstützung im Todesfall, Ansprüche auf → **betriebliche Altersversorgung**, Zinsforderungen aus einem Arbeitgeberdarlehen), sofern nicht ausdrücklich etwas anderes geregelt ist.

Dagegen unterliegt z. B. der Anspruch des Arbeitnehmers auf Erteilung eines → **Zeugnisses** nach Ansicht des BAG einer tariflichen Ausschlussfrist (BAG v. 4. 10. 2005 – 9 AZR 507/04, NZA 2006, 436; a. A. ArbG Hamburg v. 5. 3. 1997 – 21 Ca 697/97 [rkr.], AiB 1998, 174).

22 Die Berufung auf den Ablauf einer Ausschlussfrist kann auch **rechtsmissbräuchlich** und damit unzulässig sein (Verstoß gegen **Treu und Glauben**, § 242 BGB).

Allerdings wird das von der Rechtsprechung nur in schwerwiegenden Fällen angenommen. So soll die Berufung des Arbeitgebers auf die Ausschlussfrist des § 70 BAT nicht allein deswegen gegen Treu und Glauben (§ 242 BGB) verstoßen, weil er dem Arbeitnehmer eine un-

Ausschlussfristen/Verfallfristen

zutreffende Auskunft über das Bestehen seines Anspruchs gegeben hat (BAG v. 22. 1. 1997 – 10 AZR 459/96, NZA 1997, 445).
Umgekehrt, als es um die Frage des Verfalls eines Rückzahlungsanspruchs eines Arbeitgebers ging, hat das BAG entschieden, dass der Ablauf der tariflichen Ausschlussfrist (ebenfalls § 70 BAT) nach § 242 BGB nicht zum Verfall des Rückzahlungsanspruchs führt, wenn der Arbeitnehmer es pflichtwidrig **unterlassen** hat, dem Arbeitgeber Umstände mitzuteilen, die die Geltendmachung des Rückzahlungsanspruchs innerhalb der Ausschlussfrist ermöglicht hätten (BAG v. 1. 6. 1995 – 6 AZR 912/94, NZA 1996, 135).
Wird hier mit **zweierlei Maß** gemessen?

Verjährungsfristen 23

Zu beachten sind – neben den Ausschlussfristen – auch die gesetzlichen Bestimmungen über die → **Verjährung**. Nach §§ 195, 199 BGB n. F. verjähren Arbeitsentgeltansprüche **drei Jahre** nach Ablauf des Jahres, in dem der Anspruch entstanden ist und der Arbeitnehmer von den, den Anspruch begründenden Umständen und der Person des Schuldners Kenntnis erlangt oder ohne grobe Fahrlässigkeit erlangen musste (§ 199 Abs. 1 BGB).
Ebenfalls muss beachtet werden, dass die Durchsetzung von Rechtsansprüchen auch daran 24
scheitern kann, dass sie verwirkt sind (siehe → **Verwirkung**).

Bedeutung für die Betriebsratsarbeit

Werden Arbeitnehmern in einer → **Betriebsvereinbarung** Rechte eingeräumt, so sind Aus- 25
schlussfristen für ihre Geltendmachung nur insoweit zulässig, als sie in einem Tarifvertrag oder einer Betriebsvereinbarung geregelt sind (§ 77 Abs. 4 Satz 4 BetrVG).
Am besten für die Arbeitnehmer ist es, auf die Regelung von Ausschlussfristen ganz zu verzichten.
Es gelten dann die normalen gesetzlichen **Verjährungsfristen** (siehe Rn. 23 und → **Verjährung**).
Nach abzulehnender Ansicht des BAG unterliegen auch Ansprüche (z. B. Abfindungsan- 26
spruch) aus einem → **Sozialplan** tariflichen Ausschlussfristen (BAG v. 27. 1. 2004 – 1 AZR 148/03, DB 2004, 1676; 27. 3. 1996 – 10 AZR 668/95, AiB 1997, 113; 30. 11. 1994 – 10 AZR 79/94, DB 1995, 781).
Auch wenn ein Sozialplan erst nach Beendigung des Arbeitsverhältnisses vereinbart werde, stehe das der Anwendbarkeit der tariflichen Ausschlussfrist nicht entgegen (BAG v. 30. 11. 1994 – 10 AZR 79/94, a. a. O.). Allenfalls stelle sich im Hinblick auf die nachträgliche Vereinbarung des Sozialplans nur die Frage, ab welchem **Zeitpunkt** die tarifliche Ausschlussfrist laufe.
In einer weiteren Entscheidung hat das BAG angenommen, dass eine tarifliche Ausschlussfrist erst mit der **Kenntnis** des Arbeitnehmers von Existenz eines Sozialplans zu laufen beginnt (BAG v. 10. 5. 1995 – 10 AZR 589/94). Wenn ein Tarifvertrag für den Beginn der Ausschlussfrist auf die Fälligkeit des Anspruchs abstelle, könne es sein, dass Fälligkeit erst ab dem Zeitpunkt der Kenntnisnahme des Arbeitnehmers vom Sozialplan eintrete. Ein Auszug aus BAG v. 10. 5. 1995 – 10 AZR 589/94 findet sich unter Rechtsprechung, 26. Verfall von Sozialplanansprüchen. Angesichts des für Normalsterbliche kaum verständlichen Rechtsprechungskauderwelschs des 10. BAG-Senats ist dem Betriebsrat folgendes zu empfehlen:

Ausschlussfristen/Verfallfristen

> **Hinweis:**
> In den Sozialplanverhandlungen auf einer Regelung zu bestehen, die eine Anwendung von vertraglichen oder tariflichen Ausschlussfristregelungen auf Ansprüche aus dem Sozialplan **ausschließt**. Mindestens sollte eine **Verlängerung** der Ausschlussfristen verlangt werden. Dabei sollte die Frist nicht kürzer sein als die gesetzliche Mindest-Verjährungsfrist (drei Jahre; vgl. § 195 BGB). Derartige Regelungen dürften nach § 77 Abs. 3 i.V.m. § 112 Abs. 1 Satz 4 BetrVG zulässig sein.

Zum anderen sollte der Betriebsrat sicherstellen, dass alle – auch die bereits ausgeschiedenen – Arbeitnehmer über die Aufstellung des Sozialplans informiert werden sowie darüber, dass sie ihre Ansprüche innerhalb der tariflichen bzw. ggf. im Sozialplan geregelten Anschlussfrist geltend zu machen haben.

Noch besser wäre es natürlich, wenn die Tarifverträge um die meist zu Lasten der Arbeitnehmer gehenden Ausschlussfristen »bereinigt« würden. Das Mindeste wäre, im Tarifvertrag klarzustellen, dass die Ausschlussfristen nicht für Ansprüche aus Sozialplänen gelten. Hierfür besteht allerdings bei den Arbeitgebern und ihren Verbänden keinerlei Bereitschaft. Auch bei den Gewerkschaften sind keine diesbezüglichen Aktivitäten zu erkennen.

27 Sollte der Arbeitgeber die Vergütung von tatsächlich geleisteten **Überstunden** und tariflichen **Zuschlägen** mit der Begründung verweigern, dass der Anspruch nicht innerhalb der (oft unangemessen kurzen) tariflichen Ausschlussfrist (siehe Beispiele Rn. 8) geltend gemacht worden ist, kann und sollte der Betriebsrat dem Arbeitgeber signalisieren, dass er zukünftig die Zustimmung zu Überstunden daran koppeln wird, dass geleistete Überstunden unabhängig davon vergütet werden, ob die Ausschlussfristen gewahrt werden oder nicht (siehe → **Koppelungsgeschäfte in der Betriebsverfassung**).

Bedeutung für die Beschäftigten

28 Vertragliche und tarifliche Ausschlussfristen »haben es in sich«. Sie gehen in der Praxis meist **zu Lasten der Arbeitnehmer**. Denn in der weitaus überwiegenden Zahl der Fälle sind es die Arbeitnehmer, die weniger erhalten, als ihnen zusteht.

Machen sie ihre Ansprüche nicht rechtzeitig geltend, verfallen die Ansprüche in einem Zeitraum, der deutlich kürzer ist als der für Arbeitsentgeltansprüche ohne Verfallfristen geltende gesetzliche Verjährungszeitraum nach § 195 BGB (siehe Rn. 23 und → **Verjährung**).

Es ist naheliegend, dass sich vor allem Arbeitgeber und ihre Verbände »mit Händen und Füßen« dagegen wehren, dass die tariflichen Verfallfristen abgeschafft oder jedenfalls in ihrer Laufdauer verlängert werden.

Es ist daher wichtig, dass Gewerkschaft und Betriebsräte die Beschäftigten auf die Notwendigkeit der rechtzeitigen Geltendmachung klar und deutlich hinweisen. Das gilt vor allem dann, wenn ein Arbeitnehmer aus dem Betrieb ausscheidet.

29 Zur Handhabung von zweistufigen Ausschlussfristen bei **Bestandsschutzklagen** (Kündigungsschutzklagen nach § 4 KSchG und Befristungskontrollklagen nach § 17 TzBfG) siehe Rn. 7c und 12 ff.

Ausschlussfristen/Verfallfristen

Arbeitshilfen

Musterschreiben
- Vertragliche und tarifliche Ausschlussfristregelungen (Musterformulierungen)
- Geltendmachung von Mehrarbeitsvergütung

Rechtsprechung

1. Zweck und Wirkungen der Ausschlussfristen
2. Nachweisgesetz: tarifvertragliche Ausschlussfristen – Schadensersatzanspruch bei Verletzung der Nachweispflicht
3. Information über tarifliche Ausschlussfristen durch Aushang im Betrieb
4. Geltung tariflicher Ausschlussfristen aufgrund vertraglicher Bezugnahme
5. Auslegung tariflicher Ausschlussfristregelungen
6. Wirksamkeit vertraglicher Ausschlussfristen – Inhaltskontrolle (AGB-Kontrolle) – Mindestdauer der formularvertraglichen Ausschlussfrist
7. Zu kurze tarifliche Ausschlussfristen
8. Einseitige tarifliche und vertragliche Ausschlussfristen
9. Ausschlussfrist bei vorsätzlichem Handeln des Arbeitgebers oder seines Erfüllungsgehilfen
10. Form der Geltendmachung
11. Geltendmachung bei ein- und zweistufigen Ausschlussfristen – Klageerhebung
12. Ein- und zweistufige Ausschlussfristen bei Bestandsschutzklagen (Kündigungsschutzklage, Befristungskontrollklage)
13. Jugend- und Auszubildendenvertreter: Weiterbeschäftigungsverlangen – Geltendmachung des Anspruchs auf Vergütung wegen Annahmeverzugs
14. Geltendmachung durch einen Bevollmächtigten (§ 174 BGB)
15. Ausschlussfrist bei Ansprüchen gegen Vertreter ohne Vertretungsmacht
16. Geltendmachung durch Anmeldung zur Insolvenztabelle
17. Geltendmachung bei Anspruchshäufung
18. Geltendmachung bei Höhergruppierungsantrag
19. Geltendmachung von »Equal-pay-Ansprüchen« des Leiharbeitnehmers gegen den Verleiher – Darlegungslast
20. Beginn der Ausschlussfrist: Entstehung des Anspruchs – Fälligkeit
21. Ausschlussfrist bei Ansprüchen nach Betriebsübergang (§ 613 a BGB)
22. Ausschlussfrist bei Musterprozessvereinbarung
23. Verzicht des Arbeitgebers auf Einhaltung der Ausschlussfrist
24. Keine Geltendmachung erforderlich bei Ausweis der Forderung in der Entgeltabrechnung
25. Rechtsmissbräuchliche Berufung auf Ausschlussfristen – Treu und Glauben (§ 242 BGB)
26. Verfall von Ansprüchen auf Urlaubsentgelt, zusätzliches Urlaubsgeld und Urlaubsabgeltung?
27. Verfall des Anspruchs auf Entgeltfortzahlung
28. Verfall von Sozialplanansprüchen?
29. Verfall des Zeugnisanspruchs?
30. Verfall von Ansprüchen aus betrieblicher Altersversorgung?

Ausschlussfristen/Verfallfristen

31. Kein Verfall von Ansprüchen der Erben auf tarifliches Sterbegeld
32. Verfall des Anspruchs des Arbeitgebers auf Rückzahlung zu viel gezahlten Arbeitsentgelts
33. Verfall des Anspruchs auf Rückzahlung eines Arbeitgeberdarlehens – Zinsforderungen?
34. Sonstige Fallgestaltungen
35. Ein und zweistufige Ausschlussfristen: Günstigkeitsvergleich
36. Haftung des Rechtsanwalts für fehlende Kenntnis tarifvertraglicher Ausschlussfristen
37. Darlegungslast im Rechtsstreit

Ausschreibung von Arbeitsplätzen

Was ist das?

Eine innerbetriebliche »Ausschreibung« ist eine allgemeine **Aufforderung** an alle im Betrieb beschäftigten Arbeitnehmer oder eine bestimmte Gruppe von Arbeitnehmern, sich für bestimmte Arbeitsplätze im Betrieb **zu bewerben**.
In der Praxis wird häufig der Begriff »**Stellenausschreibung**« verwendet.

Inhaltliche »**Eckpunkte**« der Ausschreibung können insbesondere sein:
- Bezeichnung der Betriebsabteilung, in der ein Arbeitsplatz zu besetzen ist,
- Bezeichnung der zu besetzenden Position,
- Beschreibung der wichtigsten Aufgaben,
- fachliche Anforderungen des Arbeitsplatzes,
- persönliche Voraussetzungen,
- Zeitpunkt der Arbeitsaufnahme,
- Angabe der Tarifgruppe sowie von Zulagen,
- Arbeitszeitfragen,
- einzureichende Unterlagen (z. B. Zeugnisse usw.),
- Einsendeschluss der Bewerbung.

Ausschreibung von Arbeitsplätzen (§ 93 BetrVG)

Der Betriebsrat kann nach § 93 BetrVG **verlangen**, dass der Arbeitgeber offene (d. h. frei gewordene bzw. frei werdende oder neugeschaffene) Arbeitsplätze **allgemein** (d. h. immer und in jedem Fall) oder für **bestimmte Arten** von Tätigkeiten vor ihrer Besetzung innerhalb des Betriebs ausschreibt (ggf. auch als Teilzeitarbeitsplatz).
§ 93 BetrVG gewährt dem Betriebsrat einen Rechtsanspruch auf die Vornahme der verlangten Stellenausschreibung. Dem kann sich der Arbeitgeber nicht entziehen. Der Anspruch ist allein von der Äußerung eines entsprechenden Verlangens durch den Betriebsrat (auf Grundlage eines Betriebsratsbeschlusses) abhängig. Mit dessen Zugang beim Arbeitgeber ist die Angelegenheit abgeschlossen (BAG v. 1.2.2011 – 1 ABR 79/09, NZA 2011, 703). Das heißt: Der Arbeitgeber ist zur Ausschreibung verpflichtet (zur Durchsetzung dieser Pflicht siehe Rn. 17). Die anschließende Ausgestaltung der Ausschreibung ist unterliegt nach Ansicht des BAG nicht der Mitbestimmung (siehe Rn. 10).
Dieser Anspruch besteht auch im **Einzelfall** bei der Besetzung eines konkreten Arbeitsplatzes (strittig: ablehnend LAG Köln v. 1.4.1993 – 10 TaBV 97/92; Fitting, BetrVG, 27. Aufl., § 93 Rn. 5; a. A. DKKW-*Buschmann*, BetrVG, 15. Aufl. § 93 Rn. 9). Angesichts des Meinungsstreits ist dem Betriebsrat zu empfehlen, vorsorglich für die Zukunft die Ausschreibung **sämtlicher** frei werdender Stellen zu verlangen. Der Nachweis eines besonderen rechtlichen Interesses ist nicht erforderlich (DKKW-Buschmann, a. a. O.).
Der Betriebsrat kann auch die Ausschreibung von Arbeitsplätzen verlangen, die vom Arbeit-

Ausschreibung von Arbeitsplätzen

geber dauerhaft für die Besetzung mit **Leiharbeitnehmern** vorgesehen sind (BAG v. 1. 2. 2011 – 1 ABR 79/09, a. a. O.).
Nach Ansicht des BAG fällt die Geltendmachung einer betriebsbezogenen Ausschreibungspflicht gemäß § 93 BetrVG in die Zuständigkeit des örtlichen Betriebsrats, nicht in die Zuständigkeit des Gesamt- oder Konzernbetriebsrats (BAG v. 1. 2. 2011 – 1 ABR 79/09, a. a. O.). Diese bestehe nur für Angelegenheiten, die einen über den Betrieb hinausgehenden Funktionsbereich betreffen und von den Betriebsräten oder den Gesamtbetriebsräten nicht geregelt werden können (§ 50 Abs. 1, § 58 Abs. 1 BetrVG). Ob und ggf. unter welchen Voraussetzungen der Gesamt- oder Konzernbetriebsrat **neben** dem Betriebsrat eine Ausschreibung von Arbeitsplätzen für das gesamte Unternehmen oder den Konzern verlangen kann, hat das Gericht offen gelassen (dafür: Fitting, BetrVG, 27. Aufl., § 93 Rn. 10; DKKW-*Buschmann*, BetrVG, 15. Aufl. § 93 Rn. 28).
Zu weiteren Einzelheiten siehe Rn. 8 ff.

4 Ausschreibung und Benachteiligungsverbot (§ 11 AGG)

Ein Arbeitsplatz darf nicht unter Verstoß gegen das **Benachteiligungsverbot** des § 7 Abs. 1 AGG ausgeschrieben werden.
Nach dieser Vorschrift dürfen Beschäftigte nicht wegen eines in § 1 AGG genannten Grundes – also nicht aus Gründen der Rasse oder wegen der ethnischen Herkunft, des Geschlechts, der Religion oder Weltanschauung, einer Behinderung, des Alters oder der sexuellen Identität – benachteiligt werden (siehe → **Benachteiligungsverbot [AGG]**).
Weil § 11 AGG auch die Verpflichtung zu einer **geschlechtsneutralen Stellenausschreibung** beinhaltet, ist § 611 a BGB (a. F.), der dem Arbeitgeber untersagt hat, einen Arbeitsplatz nur für Männer oder nur für Frauen auszuschreiben, überflüssig geworden. Die Bestimmung ist deshalb aus Anlass der Verabschiedung des AGG aufgehoben worden.

5 Der Arbeitgeber ist berechtigt, zusätzlich zu der innerbetrieblichen Ausschreibung den Arbeitsplatz auch auf dem **externen Arbeitsmarkt** auszuschreiben (Zeitungsanzeige, Agentur für Arbeit).

Ausschreibung als Teilzeitarbeitsplatz (§ 7 Abs. 1 TzBfG)

6 Der Arbeitgeber hat einen Arbeitsplatz, den er öffentlich oder innerhalb des Betriebes ausschreibt, auch als Teilzeitarbeitsplatz auszuschreiben, wenn sich der Arbeitsplatz hierfür eignet (§ 7 Abs. 1 TzBfG; siehe → **Teilzeitarbeit**).
Wenn der Betriebsrat eine Ausschreibung nach § 93 BetrVG verlangt, löst er damit gleichzeitig die **Ausschreibungsverpflichtung** des Arbeitgebers nach § 7 Abs. 1 TzBfG aus (Fitting, BetrVG, 27. Aufl., § 93 Rn. 16). Schreibt der Arbeitgeber entgegen dem Verlangen des Betriebsrats die zu besetzende Stelle nicht als Teilzeitarbeitsplatz aus, kann der Betriebsrat gemäß § 99 Abs. 2 Nr. 5 BetrVG seine Zustimmung zu einer vom Arbeitgeber geplanten personellen Maßnahme (z. B. Einstellung eines externen Bewerbers) verweigern (Fitting, a. a. O. m. w. N.).

Befristet Beschäftigte (§ 18 TzBfG)

6a Der Arbeitgeber muss gemäß § 18 TzBfG befristet und auflösend bedingt Beschäftigte (§ 21 TzBfG) über zu besetzende **unbefristete Arbeitsplätze informieren**. Die Information muss durch allgemeine Bekanntgabe an geeigneter – den Arbeitnehmern zugänglicher – Stelle im Betrieb und Unternehmen (z. B. **Schwarzes Brett**) erfolgen.

Ausschreibung von Arbeitsplätzen

Auswahlrichtlinie (§ 95 Abs. 1, 2 BetrVG)

Liegen interne und externe Bewerbungen vor, ist der Arbeitgeber nur dann gehalten, den internen Bewerber vorzuziehen, wenn eine entsprechende → **Auswahlrichtlinie** ihn hierzu verpflichtet. 7

Bedeutung für die Betriebsratsarbeit

Der Betriebsrat sollte auf jeden Fall von seinem Recht nach § 93 BetrVG Gebrauch machen (siehe Musterschreiben), um den Belegschaftsangehörigen die Chance einer beruflichen Veränderung bzw. Weiterentwicklung zu eröffnen (»**Aufstieg geht vor Einstieg**«). 8

Der Betriebsrat kann nach § 99 Abs. 2 Nr. 5 BetrVG seine **Zustimmung** zu einer geplanten personellen Maßnahme (z. B. Einstellung eines externen Bewerbers) **verweigern**, wenn entgegen seinem Verlangen eine nach § 93 BetrVG erforderliche Ausschreibung unterblieben ist (siehe Rn. 14). Damit wird auf den Arbeitgeber ein **indirekter Druck** ausgeübt, entsprechend dem Verlangen des Betriebsrats die Stelle auch innerbetrieblich auszuschreiben. 9

Ein Recht zur Zustimmungsverweigerung besteht allerdings nur, wenn der Betriebsrat die Ausschreibung **vor** (!) dem Zustimmungsersuchen des Arbeitgebers **verlangt** oder mit diesem eine **Vereinbarung** über die Ausschreibung zu besetzender Arbeitsplätze getroffen hat (BAG v. 14. 12. 2004 – 1 ABR 54/03, NZA 2005, 424). Das heißt: Auf das Unterbleiben einer Ausschreibung kann der Betriebsrat die Zustimmungsverweigerung nur stützen, wenn er die Ausschreibung vor dem Antrag des Arbeitgebers auf Zustimmung zur Einstellung eines Arbeitnehmers auf einen bestimmten Arbeitsplatz verlangt hat. Ein späteres Ausschreibungsverlangen genügt nicht.

Außerdem ist Voraussetzung, dass vor dem Verlangen bzw. der Vereinbarung ein ordnungsgemäßer **Betriebsratsbeschluss** gefasst worden ist.

Es ist sinnvoll, das »Ob« und »Wie« der Stellenausschreibungen »ein für alle Mal« in einer → **Betriebsvereinbarung** zu regeln. 10

Beispiel (aus BAG v. 15. 10. 2013 – 1 ABR 25/12):
»Jeder neue oder freiwerdende Arbeits- und Ausbildungsplatz ist innerhalb des Betriebs auszuschreiben.
Der Betriebsrat erhält eine Kopie der Stellenausschreibung.
Im Einvernehmen mit dem Betriebsrat kann von einer Stellenausschreibung abgesehen werden, wenn über die Besetzung der Stelle mit einer bestimmten Person zwischen Arbeitgeber und Betriebsrat Einvernehmen erzielt worden ist.
Die Auswahl erfolgt auf der Basis der vereinbarten Auswahlrichtlinien und der zu vereinbarenden Beurteilungsgrundsätze.«

§ 93 BetrVG gibt dem Betriebsrat nach Ansicht des BAG nur in Bezug auf das »**Ob**« der Stellenausschreibung einen durchsetzbaren Anspruch (BAG v. 1. 2. 2011 – 1 ABR 79/09, NZA 2011, 703; 6. 10. 2010 – 7 ABR 18/09, AiB 2011, 404). 11
Die konkrete Ausgestaltung (das »**Wie**«, vor allem Inhalt, Form und Frist einer Ausschreibung sowie deren Bekanntmachung) obliege dem Arbeitgeber.
Näheres könne zwar in einer Betriebsvereinbarung geregelt werden. Ein erzwingbares **Mitbestimmungsrecht** habe der Betriebsrat aber insoweit nicht.
Zum mitbestimmungsfreien Inhalt gehören auch **Anforderungsprofile**, in denen für einen bestimmten Arbeitsplatz die fachlichen, persönlichen und sonstigen Anforderungen abstrakt festgelegt werden. Sie sind hiernach nicht mitbestimmungspflichtig. Insoweit kann der Betriebsrat zwar Vorschläge machen. Über § 93 BetrVG durchsetzen kann er diese Vorschläge

Ausschreibung von Arbeitsplätzen

jedoch nicht. Allerdings kommt ein Mitbestimmungsrecht nach § 95 BetrVG in Frage, wenn Kriterien festgelegt werden, bei denen es sich um → **Auswahlrichtlinien** handelt.
Ungeachtet seiner fehlenden Mitbestimmung beim »**Wie**« der Ausschreibung sollte der Betriebsrat dem Arbeitgeber Vorschläge unterbreiten; z. B. in Bezug auf
- die Form der Ausschreibung (Anschlag am Schwarzen Brett und/oder in der Werkzeitung, Rundschreiben usw.);
- die Ausschreibungsdauer (Wie lange soll die Ausschreibung am Schwarzen Brett ausgehängt werden? Wie oft soll sie in der Werkszeitung erscheinen?);
- die Dauer der Bewerbungsfristen:

> **Beispiel:**
> »... Bewerbungen werden nur berücksichtigt, wenn sie binnen einer Frist von drei Wochen nach Aushang der Ausschreibung im Personalbüro eingehen ...«;

- die **inhaltlichen** »**Eckpunkte**«, zu denen die Ausschreibung im konkreten Einzelfall Aussagen machen muss (siehe Rn. 2).

12 Die Mindestanforderungen an **Inhalt** und **Form** einer Ausschreibung ergeben sich nach Ansicht des BAG aus ihrem **Zweck** (BAG v. 6. 10. 2010 – 7 ABR 18/09, AiB 2011, 404). Dieser gehe dahin, die zu besetzende Stelle den in Betracht kommenden Arbeitnehmern zur Kenntnis zu bringen und ihnen die Möglichkeit zu geben, ihr Interesse an der Stelle kundzutun und sich darum zu bewerben.
Aus der Ausschreibung müsse daher hervorgehen, um welchen Arbeitsplatz es sich handelt und welche Anforderungen ein Bewerber erfüllen muss. Außerdem müsse die Bekanntmachung so erfolgen, dass alle als Bewerber in Betracht kommenden Arbeitnehmer die Möglichkeit haben, von der Ausschreibung Kenntnis zu nehmen.
Eine bestimmte Form der **Bekanntmachung** sei nicht vorgeschrieben. Regelmäßig erforderlich, aber auch ausreichend sei es, wenn die Ausschreibung in der Weise bekannt gemacht wird, in der Informationen üblicherweise an die Arbeitnehmer erfolgen. In Betracht komme etwa die Bekanntmachung durch Aushang am Schwarzen Brett (BAG v. 17. 6. 2008 – 1 ABR 20/07), durch Aufnahme in eine Betriebszeitung, durch Veröffentlichung im Intranet oder durch Rundschreiben per E-Mail oder auf dem Postwege.

13 Ein **Ausschreibungszeitraum von zwei Wochen** ist nach Ansicht des BAG im Regelfall nicht als unangemessen kurz anzusehen (BAG v. 14. 12. 2004 – 1 ABR 54/03, NZA 2005, 424). Der Arbeitgeber müsse wegen des Zwecks der Ausschreibung darauf achten, dass geeignete Arbeitnehmer die Ausschreibung zur Kenntnis nehmen und eine Bewerbung einreichen können. Dabei sei eine gewisse Überlegungszeit einzuplanen. Der Arbeitgeber dürfe bei der Bemessung von Ausschreibungszeitraum und Bewerbungsfrist den betrieblichen Interessen an einer zügigen Stellenbesetzung einschließlich der dadurch erforderlichen Nachbesetzung der freiwerdenden Arbeitsplätze Rechnung tragen.

14 Dem Betriebsrat steht ein Zustimmungsverweigerungsrecht nach § 99 Abs. 2 Nr. 5 BetrVG auch dann zu, wenn eine Ausschreibung zwar vorgenommen wurde, aber nicht die vom BAG formulierten **Mindestanforderungen** erfüllt (siehe Rn. 12).

15 Gleiches gilt, wenn die Ausschreibung gegen geltendes Recht verstoßen hat.
Wurde beispielsweise bei einer innerbetrieblichen Ausschreibung das Benachteiligungsverbot des § 7 Abs. 1 AGG (vgl. § 11 AGG; siehe Rn. 3 und → **Benachteiligungsverbot [AGG]** Rn. 37) verletzt (z. B. weil der Arbeitsplatz nur für Männer ausgeschrieben wurde), kann der Betriebsrat unter Berufung auf § 99 Abs. 2 Nrn. 1, 5 BetrVG die Zustimmung zur Einstellung eines männlichen Bewerbers verweigern (siehe auch **Musterschreiben** »Zustimmungsverweigerung nach § 99 Abs. 2 Nr. 5 BetrVG« im Anhang zu diesem Stichwort).

16 Der Betriebsrat kann nach § 99 Abs. 2 Nr. 5 BetrVG die Zustimmung zur → **Einstellung** eines

Ausschreibung von Arbeitsplätzen

externen Bewerbers auch dann verweigern, wenn der Arbeitgeber auf sein Verlangen eine offene Stelle zwar innerbetrieblich ausschreibt, in einer gleichzeitig veröffentlichten Stellenanzeige in der Tagespresse aber geringere Anforderungen an die Stelle nennt.
Lehnt es der Arbeitgeber ab, die vom Betriebsrat verlangte innerbetriebliche Ausschreibung vorzunehmen, kann der Betriebsrat seinen Anspruch (zum »Ob«) zum Gegenstand eines arbeitsgerichtlichen Beschlussverfahrens (siehe → **Arbeitsgericht**) machen. Strittig ist, ob die Feststellung beantragt werden muss, dass der Arbeitgeber zur Ausschreibung verpflichtet ist (Fitting, BetrVG, 26. Aufl., § 93 Rn. 19) oder ob der Antrag auf Durchführung der Ausschreibungspflicht zu richten ist (DKKW-Buschmann, BetrVG, 13. Aufl., § 93 Rn. 28). Unstrittig ist, dass auch ein Verfahren nach § 23 Abs. 3 BetrVG eingeleitet werden kann mit dem Antrag, den Arbeitgeber zu verpflichten, die Ausschreibung vorzunehmen (siehe hierzu → **Unterlassungsanspruch des Betriebsrats**).
Wirksamer dürfte allerdings die Zustimmungsverweigerung nach § 99 Abs. 1 Nr. 5 BetrVG sein (siehe Rn. 9 und → **Einstellung** Rn. 28).
Bei einem **groben Verstoß** des Arbeitgebers gegen seine Verpflichtung aus § 11 AGG (Verbot einer benachteiligenden Stellenausschreibung), kann der Betriebsrat oder eine im Betrieb vertretene → **Gewerkschaft** die in § 23 Abs. 3 BetrVG vorgesehenen Rechte gerichtlich geltend machen (§ 17 Abs. 2 Satz 1 AGG; zu § 23 Abs. 3 BetrVG siehe → **Unterlassungsanspruch des Betriebsrats**).
Mit dem Antrag dürfen allerdings nicht Ansprüche des Benachteiligten (siehe Rn. 20 ff.) verfolgt werden (§ 17 Abs. 2 Satz 2 AGG). Das müssen diese selber tun.

17

18

Bedeutung für die Beschäftigten

Schreibt der Arbeitgeber einen Arbeitsplatz z. B. nur für Männer oder nur für Deutsche aus (§ 11 AGG), kann dies ein Indiz dafür sein, dass er einen oder mehrere nicht eingestellte Bewerber wegen eines in § 1 AGG genannten Grundes benachteiligt hat (siehe → **Benachteiligungsverbot [AGG]**).
In diesem Fall können die nicht berücksichtigten Bewerber/innen (also z. B. weibliche bzw. nichtdeutsche Bewerber) vom Arbeitgeber **Schadensersatz** verlangen, sofern dieser vorsätzlich oder fahrlässig gehandelt hat (§ 15 Abs. 1 AGG).
Außerdem können sie, ohne dass es auf ein Verschulden des Arbeitgebers ankommt, eine »angemessene Entschädigung in Geld« fordern (§ 15 Abs. 2 AGG).
Wenn die Stellenausschreibung von den nichtberücksichtigten Bewerbern/innen im Schadensersatz- oder Entschädigungsprozess vorgelegt und damit bewiesen werden kann, lässt sich hieraus die **Vermutung** ableiten, dass die unterschiedliche Behandlung (also die Nichteinstellung) auf einem nach § 1 AGG unzulässigen Grund beruht.
In diesem Fall kehrt sich die **Beweislast** nach § 22 AGG um. Der Arbeitgeber muss beweisen, dass die Nichteinstellung nicht gegen die Bestimmungen des AGG zum Schutz vor Benachteiligungen verstoßen hat. Kann der Arbeitgeber diesen Beweis nicht führen, wird er zur Zahlung verurteilt.
Die **Entschädigung** nach § 15 Abs. 2 AGG darf bei einer Nichteinstellung drei Monatsgehälter nicht übersteigen, wenn der oder die Beschäftigte auch bei benachteiligungsfreier Auswahl nicht eingestellt worden wäre (§ 15 Abs. 2 Satz 2 AGG).
Wäre der Bewerber bei benachteiligungsfreier Auswahl eingestellt worden, kann Anspruch auf eine höhere Entschädigung bestehen.
Ein Anspruch auf Begründung eines Arbeitsverhältnisses oder auf beruflichen Aufstieg auf-

19

20

21

22

23

Ausschreibung von Arbeitsplätzen

24   grund des Verstoßes gegen das Benachteiligungsverbot besteht allerdings nicht, es sei denn, ein solcher ergibt sich aus einem anderen Rechtsgrund (vgl. § 15 Abs. 6 AGG).
Ansprüche auf Schadensersatz und/oder Entschädigung müssen innerhalb einer **Frist** von zwei Monaten **schriftlich** geltend gemacht werden, es sei denn, die Tarifvertragsparteien haben etwas anderes – also z. B. eine längere oder kürzere → **Ausschlussfrist/Verfallfrist** zur Geltendmachung von Ansprüchen – vereinbart (§ 15 Abs. 3 Satz 1 AGG).
Die Frist beginnt zu dem Zeitpunkt, in dem der oder die Beschäftigte von der Benachteiligung Kenntnis erlangt haben (§ 15 Abs. 4 AGG).

25   Eine Klage auf Entschädigung nach § 15 Abs. 2 AGG muss nach innerhalb von **drei Monaten**, nachdem der Anspruch schriftlich geltend gemacht worden ist, beim → **Arbeitsgericht** erhoben werden (§ 61 b ArbGG; neu gefasst durch das AGG).

26   Wenn **mehrere Bewerber/-innen** Entschädigungsansprüche aus § 15 Abs. 2 AGG wegen Einstellungs- und Aufstiegsdiskriminierung gerichtlich geltend machen, so wird auf Antrag des Arbeitgebers das Arbeitsgericht, bei dem die erste Klage erhoben wurde, auch für die anderen Klagen zuständig.
Die Rechtsstreitigkeiten sind von Amts wegen an dieses Gericht zu verweisen. Sie sind zur gleichzeitigen Verhandlung und Entscheidung zu verbinden (§ 61 b Abs. 2 ArbGG).

27   Die früher in § 61 b ArbGG (a. F.) vorgesehene **Anspruchsdeckelung** und Quotelung der Entschädigungsansprüche im Falle von Klagen mehrerer Bewerber/-innen ist gestrichen worden, nachdem der Europäische Gerichtshof diese Regelung beanstandet hatte (EuGH v. 22. 4. 1997 – C–180/95, NZA 1997, 645).

28   Auf Antrag des Arbeitgebers findet die **mündliche Verhandlung** nicht vor Ablauf von sechs Monaten nach Erhebung der ersten Klage statt (§ 61 b Abs. 3 ArbGG).

29   Siehe auch → **Benachteiligungsverbot (AGG)** und → **Gleichberechtigung / Gleichstellung von Frauen und Männern**.

Arbeitshilfen

Musterschreiben
- Einstellung: Verlangen nach innerbetrieblicher Ausschreibung
- Einstellung: Zustimmungsverweigerung nach § 99 Abs. 2 Nr. 5 BetrVG
- Einstellung eines Leiharbeitnehmers: Zustimmungsverweigerung des Betriebsrats des Entleihers nach § 99 Abs. 2 Nr. 5 BetrVG

Rechtsprechung

1. Form der Ausschreibung
2. Ausschreibungsverlangen (§ 93 BetrVG) – Zustimmungsverweigerungsrecht des Betriebsrats (§ 99 Abs. 2 Nr. 5 BetrVG)
3. Ausschreibung bei Besetzung des Arbeitsplatzes mit Leiharbeitnehmern
4. Altersdiskriminierung bei innerbetrieblicher Stellenausschreibung
5. Zuständigkeit Betriebsrat – Gesamtbetriebsrat – Konzernbetriebsrat

Außerordentliche Kündigung

Was ist das?

Als »außerordentliche Kündigung« wird die (in der Regel) **fristlose Kündigung** aus wichtigem Grund im Sinne des § 626 BGB bezeichnet (im Unterschied zur fristgerechten → **ordentlichen Kündigung**; siehe auch → **Kündigung**). 1

Die außerordentliche Kündigung bedarf – wie jede Kündigung – der **Schriftform** (§ 623 BGB). Schriftform ist nur gewahrt, wenn die Kündigung **eigenhändig unterschrieben** ist (§ 126 Abs. 1 BGB). Eine Kündigung per Fax (auch Computerfax) oder E-Mail ist unwirksam (LAG Düsseldorf v. 25. 6. 2012 – 14 Sa 185/12). Es fehlt an der erforderlichen eigenhändigen Unterschrift. Das Gleiche gilt für eine nur als Kopie ausgehändigte Kündigung, es sei denn, der Gekündigte erhält bei der Übergabe Einsicht in die original unterschriebene Kündigung (BAG v. 4. 11. 2004 – 2 AZR 17/04; LAG Hamm v. 4. 12. 2003 – 4 Sa 900/03, DB 2004, 1565). Die elektronische Form ist nach § 623 2. Halbsatz BGB ausgeschlossen. Eine Kündigung per SMS ist deshalb unwirksam (LAG Hamm v. 17. 8. 2007 – 10 Sa 512/07). 2

Nach § 174 Satz 1 BGB ist eine Kündigung, die von einem **Vertreter** des Arbeitgebers ausgesprochen bzw. unterschrieben wird, unwirksam, wenn der Vertreter eine Vollmachtsurkunde nicht vorlegt und der Gekündigte die Kündigung aus diesem Grund **unverzüglich zurückweist**. 2a

Zur Frage, ob der Personalleiter oder ein Abteilungsleiter ohne Vollmachtsvorlage kündigen können, siehe → **Kündigung** Rn. 5.

Die Zurückweisung der Kündigung wegen unterlassener Vollmachtsvorlage sollte unmittelbar nach Erhalt der Kündigung gegenüber dem Arbeitgeber erklärt werden (z. B. durch Schreiben des mit der Erhebung der Kündigungsschutzklage beauftragten Prozessbevollmächtigten). Die Zurückweisung muss unverzüglich, binnen weniger Tage nach Erhalt der Kündigung erfolgen. Eine Zurückweisung nach einer Zeitspanne von mehr als einer Woche ist ohne das Vorliegen besonderer Umstände des Einzelfalls nicht mehr unverzüglich i. S. d. § 174 Satz 1 BGB (BAG v. 8. 12. 2011 – 6 AZR 354/10, DB 2012, 579).

Eine außerordentliche Kündigung ist nur unter den Voraussetzungen des § 626 BGB zulässig und wirksam (siehe Rn. 4 ff. zu außerordentlichen Kündigungen gegenüber → **Auszubildenden**: siehe § 22 Abs. 2, 3, 4 Berufsbildungsgesetz). 3

Eine außerordentliche fristlose Kündigung aus »**wichtigem Grund**« ist nach § 626 Abs. 1 BGB nur dann gerechtfertigt, 4
- wenn derart schwer wiegende Tatsachen vorliegen,
- dass dem Kündigenden unter Berücksichtigung aller Umstände des Einzelfalles
- und unter Abwägung der Interessen beider Vertragsteile
- eine Fortsetzung des Arbeitsverhältnisses noch nicht einmal bis zum Ablauf einer Kündigungsfrist zugemutet werden kann.

Das Gesetz kennt keine »absoluten« Kündigungsgründe (BAG v. 10. 6. 2010 – 2 AZR 541/09, AiB 2011, 61 = NZA 2010, 1227).

Außerordentliche Kündigung

Vielmehr ist jeder Einzelfall gesondert zu beurteilen.
Die Rechtsprechung hat hierzu ein **zweistufiges Prüfungsschema** entwickelt (BAG v. 07.07.2005 – 2 AZR 581/04, NZA 2006, 98; 10.6.2010 – 2 AZR 541/09, a.a.O.):
- Zunächst wird geprüft, ob der Sachverhalt ohne die besonderen Umstände des Einzelfalles »an sich«, d.h. typischerweise als wichtiger Grund geeignet ist (**Stufe 1**).
- Ist das der Fall, wird des Weiteren geprüft, ob dem Kündigenden die Fortsetzung des Arbeitsverhältnisses unter Berücksichtigung der konkreten Umstände des Falls und unter Abwägung der Interessen beider Vertragsteile – jedenfalls bis zum Ablauf der Kündigungsfrist – zumutbar ist oder nicht (**Stufe 2**).

Im Rahmen der **Interessenabwägung** sind das Interesse des Arbeitnehmers an der Aufrechterhaltung des Arbeitsverhältnisses gegen das Interesse des Arbeitgebers an der fristlosen Beendigung desselben gegenüber zu stellen (BAG v. 21.11.2013 – 2 AZR 797/11, DB 2014, 367; 27.11.2008 – 2 AZR 98/07, NZA 2009, 604; 27.4.2006 – 2 AZR 415/05, NZA 2006, 1033).

Auszug aus BAG v. 21.11.2013 – 2 AZR 797/11, DB 2014, 367: »*Bei der Prüfung, ob dem Arbeitgeber eine Weiterbeschäftigung des Arbeitnehmers trotz Vorliegens einer erheblichen Pflichtverletzung oder eines dahingehenden dringenden Verdachts jedenfalls bis zum Ablauf der Kündigungsfrist zumutbar ist, ist in einer Gesamtwürdigung das Interesse des Arbeitgebers an der sofortigen Beendigung des Arbeitsverhältnisses gegen das Interesse des Arbeitnehmers an dessen Fortbestand abzuwägen. Es hat eine Bewertung des Einzelfalls unter Beachtung des Verhältnismäßigkeitsgrundsatzes zu erfolgen (BAG 19. April 2012 – 2 AZR 258/11 – Rn. 14; 10. Juni 2010 – 2 AZR 541/09 – Rn. 34, BAGE 134, 349). Dabei lassen sich die Umstände, anhand derer zu beurteilen ist, ob dem Arbeitgeber die Weiterbeschäftigung zumutbar ist oder nicht, nicht abschließend festlegen. Zu berücksichtigen sind aber regelmäßig das Gewicht und die Auswirkungen der in Rede stehenden Pflichtverletzung, der Grad des Verschuldens des Arbeitnehmers, eine mögliche Wiederholungsgefahr sowie die Dauer des Arbeitsverhältnisses und dessen störungsfreier Verlauf (BAG 19. April 2012 – 2 AZR 258/11 – aaO; 10. Juni 2010 – 2 AZR 541/09 – Rn. 34, aaO). Eine außerordentliche Kündigung kommt nur in Betracht, wenn es keinen angemessenen Weg gibt, das Arbeitsverhältnis fortzusetzen, weil dem Arbeitgeber sämtliche milderen Reaktionsmöglichkeiten unzumutbar sind (BAG 9. Juni 2011 – 2 AZR 323/10 – Rn. 27; 16. Dezember 2010 – 2 AZR 485/08 – Rn. 24). Ein gegenüber der fristlosen Kündigung in diesem Sinne milderes Mittel ist ua. die ordentliche Kündigung (vgl. BAG 10. Juni 2010 – 2 AZR 541/09 – Rn. 35, aaO).*«

Die bei der Interessenabwägung zu berücksichtigenden **Umstände** lassen sich nach Ansicht des BAG nicht abschließend für alle Fälle festlegen.

Hierzu ein Auszug aus der BAG-Entscheidung vom 27.4.2006 – 2 AZR 415/05, a.a.O.: »*Zunächst kommt der Dauer des Arbeitsverhältnisses und dessen beanstandungsfreiem Bestand ein besonderes Gewicht zu. Die Dauer der Betriebszugehörigkeit ist auch zu berücksichtigen, wenn eine Kündigung auf ein Vermögensdelikt zu Lasten des Arbeitgebers gestützt wird. Ferner können das Bestehen einer Wiederholungsgefahr, das Maß der dem Arbeitgeber entstandenen Schädigung und auch die Frage in Betracht zu ziehen sein, ob dem Verhalten des Arbeitnehmers eine besondere Verwerflichkeit innewohnt. Auch Unterhaltspflichten und der Familienstand können – je nach Lage des Falles – Bedeutung gewinnen. Sie sind jedenfalls nicht von vornherein von der Berücksichtigung ausgeschlossen, wenn sie auch im Einzelfall in den Hintergrund treten und im Extremfall sogar völlig vernachlässigt werden können. Die gegenteilige Auffassung, der zufolge bestimmte Umstände stets von der Berücksichtigung ausgeschlossen sein sollen, korrespondiert nicht ausreichend mit der gesetzlichen Vorgabe, nach der »alle« Umstände des Einzelfalles Bedeutung haben können.*«

5   Zur Frage, welche Verhaltensweisen des Arbeitnehmers eine außerordentliche Kündigung aus wichtigem Grund rechtfertigen können, hat sich eine **umfangreiche Rechtsprechung** entwickelt.

Strafbare Handlungen (Diebstahl, Unterschlagung usw.): das BAG – und viele Instanzgerich-

Außerordentliche Kündigung

te – gingen bislang davon aus, dass auch der Diebstahl oder die Unterschlagung einer im Eigentum des Arbeitgebers stehenden **geringwertigen Sache** eine außerordentliche Kündigung rechtfertigen können.
Im Rahmen der erforderlichen Interessenabwägung (siehe Rn. 4) wird dann angenommen, dass das Vertrauen des Arbeitgebers in die Ehrlichkeit des Beschäftigten derart erschüttert ist, dass ihm eine Fortsetzung des Arbeitsverhältnisses nicht zugemutet werden kann.
Hierzu ein Auszug aus BAG v. 13. 12. 2007 2 AZR 537/06, NZA 2008, 1008: Ein Arbeitnehmer, der im Zusammenhang mit seiner Arbeitsleistung strafrechtlich relevante Handlungen gegen das Vermögen seines Arbeitgebers begeht, verletzt damit seine arbeitsvertragliche Rücksichtnahmepflicht schwerwiegend und missbraucht das in ihn gesetzte Vertrauen in erheblicher Weise. Dies gilt nach der ständigen Rechtsprechung des Senats auch dann, wenn die rechtswidrige Verletzungshandlung nur Sachen von geringem Wert betrifft.
Beispielsweise hat das BAG den Verzehr eines Stücks Bienenstichkuchen durch eine Buffetkraft als wichtigen Grund für eine fristlose Kündigung angesehen (BAG v. 17. 5. 1984 2 AZR 3/83, NZA 1985, 91).

> **Beispiel:**
> - Entwendung von **drei Kiwi-Früchten** (BAG v. 20.9.1984 – 2 AZR 633/82, NZA 1985, 286).
> - Diebstahl von einem **Liter Kaffeesahne** im Verkaufswert von 4,80 DM (BAG v. 02.04.1987 – 2 AZR 204/86).
> - Unbefugte Mitnahme von **zwei Stück gebratenem Fisch** im Wert von ca. 10 DM, obwohl eine Weiterverwendung nicht in Betracht kam (LAG Köln v. 24.8.1995 – 5 Sa 504/95, NZA-RR 1996, 86).
> - Entwendung von 1,15 kg **Rinderbeinscheiben** im Wert von ca. 3 Euro durch einen 59-jährigen Produktionsarbeiter, der seit 29 Jahren im Betrieb beschäftigt war (LAG Thüringen v. 13.10.1999 – 6 Sa 365/99).
> - Unbefugte Mitnahme von **drei Fischbrötchen** nach Feierabend durch eine Küchenhilfe (ArbG Frankfurt/Main v. 6.8.2008 – 7 Ca 8861/07).

Es gibt allerdings auch »**mildere**« **Entscheidungen:**
- Das LAG Düsseldorf konnte in der Wegnahme einer **Wurst** (LAG Düsseldorf v. 19.2.1992 – 11 Sa 1370/91) und das LAG Hamm in der Entwendung von **drei bis fünf Zigaretten** (LAG Hamm v. 17.3.1977 – 8 Sa 1348/76, BB 1977, 849) keinen »wichtigen Grund« für eine fristlose Kündigung erkennen.
- Das ArbG Hamburg hat eine fristlose Kündigung wegen unerlaubter Entnahme einer **Dose Fanta** aus dem Kühlschrank des Arbeitgebers verworfen (ArbG Hamburg v. 27.8.1998 – 27 Ca 262/98, AiB 1998, 652), das ArbG Reutlingen eine Kündigung wegen Entwendung von **zwei Bechern Joghurt** im Wert von jeweils 0,35 Euro (ArbG Reutlingen v. 4.6.1996 – 1 Ca 73/96, AiB 1996, 623).
- Auch eine Wegnahme von **drei Briefumschlägen** im Wert von je 0,02 Euro konnte eine Kündigung nicht rechtfertigen (LAG Köln v. 30.9.1999 – 5 Sa 872/99, AiB 2000, 775 = BB 2000, 2103).
- Gleiches gilt für die Entwendung eines **Brotaufstrichs** im Wert von 0,50 Euro durch zwei Bäcker (ArbG Dortmund v. 10.3.2009 – 7 Ca 4977/08).

Besonderes Aufsehen erregte der **Fall »Emmely«**. Er führte zu einer Modifizierung der bisherigen übertrieben harten BAG-Rechtsprechung. **5a**
Eine 30 Jahre in einem Supermarkt beschäftigte Kassiererin hatte zwei von Kunden liegen gelassene **Leergutbons** im Gesamtwert von **1,30 Euro** an sich genommen und eingelöst. Sie war dafür vom Arbeitgeber (die **Supermarktkette Kaiser´s Tengelmann**) fristlos gekündigt worden.

Außerordentliche Kündigung

Die Kündigung wurde vom LAG Berlin-Brandenburg v. 24. 2. 2009 – 7 Sa 2017/08, AiB 2009, 378 bestätigt; die Revision wurde nicht zugelassen.

Das BAG hat nach Einlegung einer Nichtzulassungsbeschwerde die Revision wegen grundsätzlicher Bedeutung zugelassen, allerdings nur wegen der höchstrichterlich noch nicht abschließend geklärten Rechtsfrage, ob das spätere prozessuale Verhalten eines gekündigten Arbeitnehmers bei der erforderlichen Interessenabwägung als mitentscheidend berücksichtigt werden kann (BAG v. 28. 7. 2009 – 3 AZN 224/09, NZA 2009, 859) und der Kündigungsschutzklage stattgegeben (BAG v. 10. 6. 2010 – 2 AZR 541/09, AiB 2011, 61 = NZA 2010, 1227).

Zwar könne ein vorsätzlicher Verstoß des Arbeitnehmers gegen seine Vertragspflichten eine fristlose Kündigung auch dann rechtfertigen, wenn der damit einhergehende wirtschaftliche Schaden gering ist.

Jedoch sei nicht jede unmittelbar gegen die Vermögensinteressen des Arbeitgebers gerichtete Vertragspflichtverletzung ohne Weiteres ein Kündigungsgrund. Maßgeblich sei § 626 Abs. 1 BGB. Danach könne eine fristlose Kündigung nur aus »wichtigem Grund« erfolgen. Es gebe keine »absoluten Kündigungsgründe«. Ob ein »wichtiger Grund« vorliegt, müsse vielmehr »unter Berücksichtigung aller **Umstände des Einzelfalls** und unter **Abwägung der Interessen** beider Vertragsteile« beurteilt werden.

Dabei seien alle für das jeweilige Vertragsverhältnis in Betracht kommenden Gesichtspunkte zu bewerten. Dazu gehörten

- das gegebene Maß der Beschädigung des Vertrauens,
- das Interesse an der korrekten Handhabung der Geschäftsanweisungen,
- das vom Arbeitnehmer in der Zeit seiner unbeanstandeten Beschäftigung erworbene »Vertrauenskapital« ebenso wie
die wirtschaftlichen Folgen des Vertragsverstoßes.
- Eine abschließende Aufzählung sei nicht möglich.

Insgesamt müsse sich die sofortige Auflösung des Arbeitsverhältnisses als angemessene Reaktion auf die eingetretene Vertragsstörung erweisen.

Unter Umständen könne eine → **Abmahnung** als milderes Mittel zur Wiederherstellung des für die Fortsetzung des Vertrags notwendigen Vertrauens in die Redlichkeit des Arbeitnehmers ausreichen.

Die Einlösung der Pfandbons im Fall »Emmely« sei ein schwerwiegender Vertragsverstoß. Er berühre den Kernbereich der Arbeitsaufgaben einer Kassiererin und habe damit trotz des geringen Werts der Pfandbons das Vertrauensverhältnis der Parteien objektiv erheblich belastet. Als Einzelhandelsunternehmen sei die Beklagte besonders anfällig dafür, in der Summe hohe Einbußen durch eine Vielzahl für sich genommen geringfügiger Schädigungen zu erleiden.

Letztlich überwögen aber angesichts der mit einer Kündigung verbundenen schwerwiegenden Einbußen die zu Gunsten der Klägerin in die Abwägung einzustellenden Gesichtspunkte. Dazu gehöre insbesondere die über drei Jahrzehnte ohne rechtlich relevante Störungen verlaufene Beschäftigung, durch die sich die Klägerin ein hohes Maß an Vertrauen erworben habe. Dieses Vertrauen sei durch den in vieler Hinsicht atypischen und einmaligen Kündigungssachverhalt nicht vollständig zerstört worden.

Im Rahmen der Abwägung sei auch auf die vergleichsweise geringfügige wirtschaftliche Schädigung der Beklagten Bedacht zu nehmen, so dass eine Abmahnung als milderes Mittel gegenüber einer Kündigung angemessen und ausreichend gewesen wäre, um einen künftig wieder störungsfreien Verlauf des Arbeitsverhältnisses zu bewirken.

Das BAG stellte im Übrigen klar, dass das möglicherweise ungeschickte und widersprüchliche Prozessverhalten der Klägerin nicht zu ihren Lasten gehen könne. Es lasse keine Rückschlüsse auf eine vertragsrelevante Unzuverlässigkeit zu.

5b Die »**neue**« **BAG-Rechtsprechung** ist als »Schritt in die richtige Richtung« zu begrüßen.

Außerordentliche Kündigung

Natürlich ist das Interesse des Arbeitgebers an der Ehrlichkeit seiner Beschäftigten berechtigt. Es ist keineswegs in Ordnung, wenn Arbeitnehmer sich am Eigentum anderer – auch des Arbeitgebers – vergreifen.
Aber wird das Vertrauen des Arbeitgebers in die Ehrlichkeit des Beschäftigten wirklich »erschüttert«, wenn es sich um geringwertige Sachen handelt? Oder ist es nicht vielmehr so, dass die meisten Arbeitgeber derartiges Arbeitnehmerverhalten in gewissem Maß in Kauf nehmen und wird nicht dadurch – gewollt oder ungewollt – bei Beschäftigten der ggf. falsche Eindruck erweckt, dass ein Fehlverhalten »sozial adäquat« ist?
Auch der Personalchef einer Firma wird sicher mal unerlaubt eine private Kopie am Kopierer der Firma gemacht oder einen Kugelschreiber für einen privaten Brief genutzt haben; vielleicht auch der eine oder andere Richter, der es für gerecht hält, eine Kündigung wegen Entwendung einer geringwertigen Sache zu bestätigen.
Außerdem: Verhält es sich nicht geradezu umgekehrt – liegt der deutlich höhere **Unwertgehalt** nicht bei dem Arbeitgeber und seinen »Führungskräften«, die ein vergleichsweise geringfügiges Fehlverhalten des Arbeitnehmers »ausnutzen«, um ihn »billig zu entsorgen«?
Leider begünstigt die übermäßig »harte« Rechtsprechung zur außerordentlichen Kündigung wegen eines Bagatelldelikts die unmenschliche »sozial inadäquate« Praxis von Arbeitgebern und Führungskräften, Arbeitnehmer zur Unterschrift unter einen → **Aufhebungsvertrag** zu nötigen.
Hierzu ein typischer Fall (aus BAG v. 12. 3. 2015 – 6 AZR 82/14):
»... Der Kläger war seit August 2001 bei der Beklagten, die ein Unternehmen des Einzelhandels mit 500 Filialen und rund 25.000 Mitarbeitern betreibt, beschäftigt. Zuletzt war er als Erstkraft tätig. Kraft arbeitsvertraglicher Vereinbarung fanden auf das Arbeitsverhältnis die Tarifverträge des Einzelhandels Nordrhein-Westfalen Anwendung. § 11 Abs. 10 des Manteltarifvertrags für den Einzelhandel Nordrhein-Westfalen vom 25. Juli 2008 idF des Ergänzungs-TV vom 29. Juni 2011 (künftig MTV) bestimmt:
„*Auflösungsverträge bedürfen der Schriftform. Jede der Parteien kann eine Bedenkzeit von drei Werktagen in Anspruch nehmen. Ein Verzicht hierauf ist schriftlich zu erklären."*
*Am 28. Dezember 2012 führten der für den Kläger zuständige Filialleiter und die Bezirksleiterin der Beklagten mit dem Kläger ein Personalgespräch. Sie hielten ihm vor, dass er am Vortag zwei Fertigsuppen aus dem Lagerbestand der Beklagten entnommen und verzehrt habe, ohne sie in die Liste der Personalkäufe eingetragen oder bezahlt zu haben. Sie kündigten ihm an, die Beklagte werde wegen des Diebstahls der Suppen die fristlose Kündigung des Arbeitsverhältnisses erklären und Strafanzeige erstatten. Zudem habe der Kläger mit einer Sperre beim Bezug von Arbeitslosengeld zu rechnen. Die angekündigten Konsequenzen könne er vermeiden, wenn er einen von der Beklagten bereits fertig vorbereiteten Aufhebungsvertrag unterzeichne. Der Kläger bestritt die Vorwürfe, unterzeichnete jedoch am Ende des etwa **anderthalbstündigen Personalgesprächs** den Aufhebungsvertrag. Dieser unter dem Briefkopf der Zentrale der Beklagten in U mit dem Datum 27. Dezember 2012 erstellte Vertrag enthält ua. folgende Regelungen:*
1. Die Parteien sind sich darüber einig, dass das bestehende Arbeitsverhältnis zum 28. 12. 2012 beendet wird. ...
8. Der Arbeitnehmer verzichtet ausdrücklich auf Bedenkzeit, die Möglichkeit eines Widerrufs sowie auf weitere Hinweise der Arbeitgeberin bezüglich etwaiger arbeits-, steuer- sowie sozialversicherungsrechtlicher Konsequenzen aus diesem Aufhebungsvertrag.
9. Die Vertragsparteien verzichten auf die Einlegung von Rechtsmitteln (Klage etc.). ...«
Hinzu kommt, dass die Rechtsprechung unvereinbar sein dürfte mit dem bei jeder Kündigung zu beachtenden »**Grundsatz der Verhältnismäßigkeit**« (siehe Rn. 7). Das Fehlverhalten des Arbeitnehmers steht ersichtlich in keinem Verhältnis zu den Folgen einer Kündigung und dem damit in der Regel für ihn und seine Familie verbundenen »sozialen Absturz«.
Wie kann es sein, dass ein **Staatsanwalt** wegen der unerlaubten Aneignung eines Pfandbons

5c

Außerordentliche Kündigung

noch nicht mal ein Ermittlungsverfahren einleiten würde, die **Arbeitsgerichtsbarkeit** aber dem Beschäftigten wegen des gleichen Vorfalls die härteste aller Strafen auferlegt – nämlich den Verlust seines Arbeitsplatzes und damit seiner Existenzgrundlage?
Dem berechtigten Interesse des Arbeitgebers an der Ehrlichkeit der Arbeitnehmer – das liegt eigentlich auf der Hand – kann ausreichend mit einer → **Abmahnung** Rechnung getragen werden.
Gelegentlich sollte sich die Rechtsprechung an das Bild der »Justitia mit der Waage« erinnern und daran, dass das Volk, in dessen Namen Recht gesprochen wird, diesen Kurs der Rechtsprechung mehrheitlich ablehnt. Nach einer repräsentativen Umfrage des Emnid-Instituts im Auftrag von «Bild am Sonntag» halten mehr als ⅔ der Befragten die Kündigung der Supermarkt-Kassiererin für ungerecht (*http://www.newstin.de/tag/de/107 204 149*).

5d **Arbeitsverweigerung:** Ein wichtiger Grund liegt nicht vor, wenn der Arbeitnehmer zur Arbeitsleistung überhaupt nicht verpflichtet war: z.B. keine Pflicht zur Ableistung von Mehr-, Nacht-, Sonn- oder Feiertagsarbeit; oder weil er zwar grundsätzlich zur Arbeit verpflichtet, die Arbeitsverweigerung aber z.B. durch ein → **Zurückbehaltungsrecht** gerechtfertigt war.

5e **Sonstige schwer wiegende Pflichtverletzungen:** z.B. »Androhung« von Krankheit, haltlose Anschuldigungen, geschäftsschädigende Äußerungen, Störung des Betriebsfriedens, Drogenhandel, → **Mobbing**, → **sexuelle Belästigung**, usw.

5f Kritische Äußerungen über die betrieblichen Verhältnisse können nach Ansicht des BAG dann ein wichtiger Grund für eine außerordentliche Kündigung sein, wenn ein Arbeitnehmer **wissentlich falsche, geschäftsschädigende Behauptungen** aufstellt und über digitale Medien (z.B. Facebook, YouTube) verbreitet oder verbreiten lässt (BAG v. 31.7.2014 – 2 AZR 505/13). Das gelte auch im Zusammenhang mit einer geplanten Betriebsratswahl. **Sachliche Kritik** an den betrieblichen Gegebenheiten sei jedoch erlaubt und stelle keinen Kündigungsgrund dar. Für die Grenzziehung komme es auf den Inhalt und den Kontext der Äußerungen an.

5g Allzu arbeitgeberfreundlich war die BAG-Rechtsprechung bislang im Falle des sog. »**Whistleblowing**« (wörtlich übersetzt: »die Pfeife blasen« = öffentliches Bekanntmachen von Missständen im Betrieb des Arbeitgebers und ggf. Erstattung einer Strafanzeige).
Dies zeigt der nachstehende – spektakulär zu nennende – Fall, der mit einer »Ohrfeige« des **Europäischen Gerichtshofs für Menschenrechte (EGMR)** für die höchstrichterliche bundesdeutsche Rechtsprechung endete.
Die **Vivantes Netzwerk für Gesundheit GmbH** (*http://www.vivantes.de/*; Inhaberin der GmbH ist das Land Berlin) beschäftigte in einem von ihr geführten Pflegeheim eine Arbeitnehmerin als Altenpflegerin. Diese machte – wie zuvor schon andere Mitarbeiter – die Arbeitgeberin darauf aufmerksam, dass die Pflege wegen Personalmangels nicht ordnungsgemäß durchgeführt werden könne. Auch der Medizinische Dienst der Krankenkassen stellte Pflegemängel fest und drohte mit der Kündigung des Versorgungsvertrages. Die Leitung des Pflegeheims wies die Vorwürfe zurück. Daraufhin erstattete der Anwalt im Namen der Altenpflegerin Strafanzeige wegen Betrugs. Die Heimleitung täusche bewusst die Heimbewohner über ihre Leistungsfähigkeit und veranlasse diese dadurch, Gebühren zu bezahlen, die in keinem Verhältnis zur Gegenleistung des Heimes stünden. Daraufhin wurde die Altenpflegerin fristlos gekündigt. Sie erhob Kündigungsschutzklage.
Das Arbeitsgericht Berlin erklärte die Kündigung für unwirksam (ArbG Berlin v. 3.8.2005 – 39 Ca 4775/05).
Das LAG Berlin hob das Urteil des ArbG Berlin auf und wies die Kündigungsschutzklage ab (LAG Berlin v. 28.3.2006 – 7 Sa 1884/05, AuR 2007, 51). Eine Revision ließ das LAG Berlin nicht zu.
Das Strafverfahren gegen Vivantes war zwischenzeitlich **eingestellt** worden.
Die Arbeitnehmerin erhob gegen das Urteil des LAG Berlin beim BAG **Nichtzulassungsbeschwerde.**

Außerordentliche Kündigung

Diese wurde vom BAG **zurückgewiesen** (BAG v. 6.6.2007 – 4 AZN 487/06). Die Arbeitnehmerin legte gegen die BAG-Entscheidung **Verfassungsbeschwerde** ein. Das Bundesverfassungsgericht lehnte es ab, die Verfassungsbeschwerde zur Entscheidung anzunehmen (BVerfG v. 6.12.2007 – 1 BvR 1905/07).
Damit war die Kündigung **rechtskräftig** wirksam geworden.
Die Arbeitnehmerin gab jedoch nicht auf.
Sie reichte nunmehr beim **Europäischen Gerichtshof für Menschenrechte (EGMR)** gegen die Bundesrepublik Deutschland eine Klage auf **Entschädigung** nach Art. 41 der Europäischen Menschenrechtskonvention (EMRK) wegen des ihr durch die deutschen Gerichte (LAG, BAG und BVerfG) zugefügten Unrechts ein.
Die sog. »Kleine Kammer« (= sieben Richter) des EGMR hat entschieden und einstimmig festgestellt, dass die fristlose Kündigung der Altenpflegerin gegen Art. 10 EMRK verstoßen hat und die Kündigung vom LAG Berlin, BAG und Bundesverfassungsgericht zu Unrecht bestätigt wurde (EGMR v. 21.7.2011 – 28274/08, AiB 2011, 639 = NZA 2011, 1269).
Artikel 10 und 41 der Europäischen Menschenrechtskonvention (EMRK) lauten wie folgt:
Art. 10 Freiheit der Meinungsäußerung
(1) Jede Person hat das Recht auf freie Meinungsäußerung. Dieses Recht schließt die Meinungsfreiheit und die Freiheit ein, Informationen und Ideen ohne behördliche Eingriffe und ohne Rücksicht auf Staatsgrenzen zu empfangen und weiterzugeben. Dieser Artikel hindert die Staaten nicht, für Hörfunk-, Fernseh- oder Kinounternehmen eine Genehmigung vorzuschreiben.
(2) Die Ausübung dieser Freiheiten ist mit Pflichten und Verantwortung verbunden; sie kann daher Formvorschriften, Bedingungen, Einschränkungen oder Strafdrohungen unterworfen werden, die gesetzlich vorgesehen und in einer demokratischen Gesellschaft notwendig sind für die nationale Sicherheit, die territoriale Unversehrtheit oder die öffentliche Sicherheit, zur Aufrechterhaltung der Ordnung oder zur Verhütung von Straftaten, zum Schutz der Gesundheit oder der Moral, zum Schutz des guten Rufes oder der Rechte anderer, zur Verhinderung der Verbreitung vertraulicher Informationen oder zur Wahrung der Autorität und der Unparteilichkeit der Rechtsprechung.
Art. 41 Gerechte Entschädigung
Stellt der Gerichtshof fest, dass diese Konvention oder die Protokolle dazu verletzt worden sind, und gestattet das innerstaatliche Recht der Hohen Vertragspartei nur eine unvollkommene Wiedergutmachung für die Folgen dieser Verletzung, so spricht der Gerichtshof der verletzten Partei eine gerechte Entschädigung zu, wenn dies notwendig ist.
Die Bundesrepublik Deutschland wurde verpflichtet, an die Arbeitnehmerin eine **Entschädigung von 15 000 Euro** zu zahlen (10 000 Euro für den erlittenen immateriellen Schaden und 5000 Euro für die Kosten des Rechtsstreits).
Der Gerichtshof hat sich insbesondere von folgenden **Erwägungen** leiten lassen:
- Sogenanntes »Whistleblowing« fällt in den Anwendungsbereich von Art. 10 EMRK. Die Kündigung eines »Whistleblowers« stellt einen Eingriff in das durch Art. 10 EMRK geschützte Recht auf freie Meinungsäußerung dar.
- Ein solcher Eingriff ist nicht gerechtfertigt, wenn die Vorwürfe gegen den Arbeitgeber und eine Strafanzeige zwar eine rufschädigende Wirkung für das Unternehmen haben, das öffentliche Interesse an Informationen über die Missstände beim Arbeitgeber (hier: Mängel in der institutionellen Altenpflege) aber so schwer wiegen, dass dahinter die Interessen des Unternehmens am Schutz seines Rufs und seiner Geschäftsinteressen zurücktreten müssen.
- Im Rahmen der gebotenen Interessenabwägung spricht zugunsten des Arbeitnehmers, wenn er den Arbeitgeber mehrmals ohne Erfolg auf die Missstände hingewiesen hat, bevor er Strafanzeige erstattet und die Missstände veröffentlicht hat.
- Wenn keine Anhaltspunkte dafür bestehen, dass der Arbeitnehmer bei Erstattung der Straf-

Außerordentliche Kündigung

anzeige wissentlich oder leichtfertig falsche Angaben gemacht hat, geht es nicht zu seinen Lasten, wenn die Staatsanwaltschaft die Ermittlungen gegen den Arbeitgeber einstellt.
- Die im Streitfall vom Arbeitgeber ausgesprochene fristlose Kündigung der Arbeitnehmerin war vor diesem Hintergrund unverhältnismäßig und rechtswidrig.
- Die fristlose Kündigung hätte nicht von den deutschen Gerichten bestätigt werden dürfen.

Diese hätten keinen angemessenen Ausgleich zwischen dem legitimen Interesse des Arbeitgebers an der Wahrung seines Rufs und dem Recht der Arbeitnehmerin auf freie Meinungsäußerung geschaffen. Diese Rechtsprechung ist geeignet, künftige »Whistleblower« von einer berechtigten Strafanzeige abzuhalten, was verhindert werden muss.

Die Altenpflegerin hat nach Rechtskraft des EGMR-Urteils eine Wiederaufnahme des deutschen arbeitsgerichtlichen Verfahrens beantragt (sog. **Restitutionsklage**; vgl. § 578 Abs. 1 i. V. m. § 580 Nr. 8 ZPO) mit dem Ziel, das rechtskräftige Urteil des LAG Berlin zu beseitigen und die Unwirksamkeit der außerordentlichen Kündigung feststellen zu lassen. Am 24. 5. 2012 haben sich die Parteien auf einen Abfindungsvergleich geeinigt: ordentliche Kündigung aus betrieblichen Gründen rückwirkend zum 31. 3. 2005 gegen Zahlung einer Abfindung von 90 000 Euro.

Mit Blick auf die Entscheidung des EGMR nimmt der Druck auf die Bundesregierung zu, ein **Gesetz zum Schutz von »Whistleblowern«** auf den Weg zu bringen. Die SPD hatte bereits am 24. 02. 2011 einen eigenen Gesetzesentwurf angekündigt (*http://www.spdfraktion.de/cnt/rs/rs_dok/055 801.00.html*). Die Fraktion DIE LINKE hat am 5./6. 07. 2011 einen Entschließungsantrag in den Bundestag eingebracht (Bundestag Drucksache 17/6492; *http://dipbt.bundestag.de/dip21/btd/17/064/170 6492.pdf*).

Im **Koalitionsvertrag von CDU/CSU/SPD 2013** wird auf S. 70 angekündigt:
»Informantenschutz im Arbeitsverhältnis
Beim Hinweisgeberschutz prüfen wir, ob die internationalen Vorgaben hinreichend umgesetzt sind.«

Verdachtskündigung

5h Nach der Rechtsprechung kann auch der schwer wiegende Verdacht einer **strafbaren Handlung** oder **schwerwiegenden Pflichtverletzung** eine außerordentliche Kündigung rechtfertigen (vgl. z. B. BAG v. 21. 11. 2013 – 2 AZR 797/11, DB 2014, 367; 27. 11. 2008 – 2 AZR 98/07, NZA 2009, 604; 14. 9. 1994 – 2 AZR 164/94, NZA 1995, 269). Auszug aus BAG v. 21. 11. 2013 – 2 AZR 797/11, DB 2014, 367: *»Als wichtiger Grund »an sich« geeignet sind nicht nur erhebliche Pflichtverletzungen im Sinne von nachgewiesenen Taten. Auch der dringende, auf objektive Tatsachen gestützte Verdacht einer schwerwiegenden Pflichtverletzung kann einen wichtigen Grund bilden. Ein solcher Verdacht stellt gegenüber dem Vorwurf, der Arbeitnehmer habe die Tat begangen, einen eigenständigen Kündigungsgrund dar (zu den Voraussetzungen vgl. nur BAG 25. Oktober 2012 – 2 AZR 700/11 – Rn. 13 mwN).«*

Eine Verdachtskündigung liegt vor, wenn und soweit der Arbeitgeber seine Kündigung damit begründet, gerade der Verdacht eines (nicht erwiesenen) strafbaren oder vertragswidrigen Verhaltens habe das für die Fortsetzung des Arbeitsverhältnisses erforderliche **Vertrauen zerstört**.

Eine außerordentliche oder ordentliche Kündigung kommt in Betracht, wenn sich starke Verdachtsmomente auf objektive Tatsachen gründen, wenn die Verdachtsmomente geeignet sind, das erforderliche Vertrauen zu zerstören, und wenn der Arbeitgeber alle zumutbaren Anstrengungen zur Aufklärung des Sachverhalts unternommen, vor allem dem Arbeitnehmer **Gelegenheit zur Stellungnahme** gegeben hat.

Der Arbeitgeber hat im Rahmen seiner Aufklärungspflicht (an die ein strenger Maßstab an-

Außerordentliche Kündigung

zulegen ist) zu prüfen, ob eine hohe Wahrscheinlichkeit dafür besteht, dass der Arbeitnehmer die vorgeworfene Straftat bzw. einen schwerwiegenden Pflichtverstoß begangen hat.
Die vorherige **Anhörung des Arbeitnehmers** ist Wirksamkeitsvoraussetzung einer Verdachtskündigung. Anders ausgedrückt: Wurde die Anhörung unterlassen oder fand sie in nicht geeigneter Form statt (BAG v. 23. 6. 2009 – 2 AZR 474/07, NZA 2009, 1136; 13. 3. 2008 – 2 AZR 961/06, NZA 2008, 809; LAG Köln v. 15. 4. 1997 – 13 (2) Sa 812/96, NZA 1998, 203), ist eine dennoch ausgesprochene Verdachtskündigung unwirksam.
Ist eine Pflichtverletzung des Arbeitnehmers von geringerer Schwere, kommt ggf. »nur« eine ordentliche → **verhaltensbedingte Kündigung** in Betracht.   **6**
Manchmal sprechen Arbeitgeber eine »**außerordentliche, hilfsweise ordentliche Kündigung**« aus. Sie wollen damit sicherstellen, dass mindestens die ordentliche Kündigung im Kündigungsschutzprozess Bestand hat, falls das Arbeitsgericht der Ansicht ist, dass der angegebene Kündigungsgrund für eine außerordentliche Kündigung nicht ausreicht.   **6a**
Bei der Prüfung der Wirksamkeit einer außerordentlichen Kündigung ist stets der »**Grundsatz der Verhältnismäßigkeit**« zu beachten. Das bedeutet, dass eine fristlose Kündigung nur dann ausgesprochen werden darf, wenn mildere Mittel den Vorfall nicht »wettmachen« können.   **7**
Mildere Mittel sind z. B.: → **Abmahnung**, → **Versetzung**, außerordentliche → **Änderungskündigung**, → **ordentliche Kündigung** (die letztere Maßnahme bringt dem Betroffenen allerdings im Ergebnis nicht viel, weil auch sie zum Verlust des Arbeitsplatzes führt).

Außerordentliche betriebs- oder personenbedingte Kündigung mit »Auslauffrist«

Unter bestimmten Umständen lässt die Rechtsprechung eine außerordentliche Kündigung auch dann zu, wenn keine Pflichtverletzung des Arbeitnehmers, sondern »nur« betriebs- oder personenbedingte Gründe vorliegen (siehe auch → **Kündigungsschutz** [besonderer] Rn. 58 ff.). Allerdings werden an die Zulässigkeit einer außerordentlichen Kündigung hohe Anforderungen gestellt. Auch hier haben andere, mildere Mittel Vorrang.   **8**
Zur Beteiligung des **Betriebsrats** und zur entsprechenden Anwendung des § 102 Abs. 3 bis 5 BetrVG (Widerspruch, Weiterbeschäftigungs- und Vergütungsanspruch) siehe Rn. 17 a und 18 a.
Eine außerordentliche **betriebsbedingte** Kündigung ist nur ausnahmsweise und allenfalls dann zulässig, wenn etwa der Arbeitgeber beim völligen Ausschluss einer ordentlichen Kündigungsmöglichkeit gezwungen wäre, über viele Jahre hinweg ein sinnentleertes Arbeitsverhältnis allein durch Gehaltszahlungen aufrechtzuerhalten.   **9**
Der bloße Hinweis des öffentlichen Arbeitgebers auf eine »angespannte Haushaltslage« ist allerdings kein wichtiger Grund zur außerordentlichen Kündigung (BAG v. 21. 4. 2005 – 2 AZR 125/04, EzA § 626 BGB 2002 Nr. 8).
Dagegen kann ein ordentlich nicht kündbarer Arbeitnehmer (z. B. **Betriebsratsmitglieder**) im Falle einer vollständigen **Stilllegung** des gesamten → **Unternehmens** außerordentlich gekündigt werden (BAG v. 5. 2. 1998 – 2 AZR 227/97, NZA 1998, 771).
In diesem Fall kann die Kündigung aber nicht als fristlose ausgesprochen werden. Vielmehr muss die Kündigung mit einer »**Auslauffrist**« versehen werden, die der gesetzlichen oder tariflichen → **Kündigungsfrist** entspricht.
Eine außerordentliche betriebsbedingte Kündigung scheidet aus, wenn nur <u>ein</u> **Betrieb** des Unternehmens oder eine **Betriebsabteilung** geschlossen wird oder nur der Arbeitsplatz des Betroffenen wegfällt und die Möglichkeit der Weiterbeschäftigung, ggf. nach einer Umschulung oder in einem anderen Betrieb des Unternehmens besteht (vgl. auch § 15 Abs. 4 und 5 KSchG).
Auch gegenüber einem **tariflich unkündbaren Arbeitnehmer** kann eine außerordentliche Kündigung aus betriebsbedingten Gründen ausnahmsweise unter Einhaltung der ordentli-   **10**

Außerordentliche Kündigung

chen Kündigungsfrist (»Auslauffrist«) zulässig sein, wenn der Arbeitsplatz des Arbeitnehmers weggefallen ist und der Arbeitgeber den Arbeitnehmer auch unter Einsatz aller zumutbaren Mittel, ggf. durch Umorganisation seines Betriebes, nicht weiterbeschäftigen kann (BAG v. 17.9.1998 – 2 AZR 419/97, NZA 1999, 258; 5.2.1998 – 2 AZR 227/97, NZA 1998, 771).

11 Das Fehlen oder der Wegfall einer **Arbeitserlaubnis** kann einen wichtigen Grund für eine außerordentliche **personenbedingte** Kündigung mit »**Auslauffrist**« darstellen, wenn nicht mit einer Neuerteilung gerechnet werden kann; ebenso der längere Verlust der **Fahrerlaubnis** bei einem Berufskraftfahrer oder eine längere **Haftstrafe**, wenn z.B. keine zumutbaren Überbrückungsmaßnahmen möglich sind.

Eine **krankheitsbedingte Arbeitsunfähigkeit** eines Arbeitnehmers ist nach Ansicht des BAG als wichtiger Grund i.S.d. § 626 BGB nicht grundsätzlich ungeeignet und kann jedenfalls im Fall eines Ausschlusses der ordentlichen Kündigung auf Grund tarifvertraglicher Vereinbarungen eine außerordentliche Kündigung mit einer Auslauffrist entsprechend der gesetzlichen oder tariflichen → **Kündigungsfrist** rechtfertigen (BAG v. 12.01.2006 – 2 AZR 242/05, ZTR 2006, 338; 25.3.2004 – 2 AZR 399/03, DB 2004, 2537 = NZA 2004, 1216).

An eine Kündigung wegen Erkrankung eines Arbeitnehmers ist allerdings schon bei einer ordentlichen Kündigung ein strenger Maßstab anzulegen, so dass nur in eng begrenzten Ausnahmefällen die Fortsetzung des Arbeitsverhältnisses mit dem kranken Arbeitnehmer für den Arbeitgeber i.S.d. § 626 Abs. 1 BGB unzumutbar sein kann (BAG v. 12.01.2006 – 2 AZR 242/05, a.a.O.).

Ausschlussfrist (§ 626 Abs. 2 BGB)

12 Eine außerordentliche Kündigung kann nur innerhalb einer Ausschlussfrist von **zwei Wochen** nach dem Tage, an dem der zur Kündigung Berechtigte (= Arbeitgeber oder eine andere zur Kündigung berechtigte Person) von dem Kündigungsgrund **Kenntnis erlangt**, ausgesprochen werden (§ 626 Abs. 2 BGB, § 22 Abs. 4 Berufsbildungsgesetz).
Wird diese Ausschlussfrist versäumt, ist eine außerordentliche Kündigung nicht mehr möglich.

> **Beispiel:**
> Am Freitag wird anlässlich einer Taschenkontrolle bei einem Arbeitnehmer firmeneigenes Werkzeug gefunden; am folgenden Montagmorgen teilt der Werkschutz dem Arbeitgeber dies mit. Eine fristlose Kündigung wegen dieses Vorfalls ist nur zulässig, wenn sie spätestens am Montag (zwei Wochen später) erfolgt.

> **Beachten:**
> Nach Ansicht des BAG kommt die Ausschlussfrist des § 626 Abs. 2 BGB im Falle einer **außerordentlichen Kündigung mit Auslauffrist** gegenüber einem tariflich unkündbaren Arbeitnehmer nicht zur Anwendung, weil der Kündigungsgrund (z.B. Wegfall der Beschäftigungsmöglichkeit) einen Dauertatbestand darstellt (BAG v. 5.2.1998 – 2 AZR 227/97, NZA 1998, 771; 12.01.2006 – 2 AZR 242/05, ZTR 2006, 338).

13 Die **Anhörung des Betriebsrats** nach § 102 Abs. 1 und 2 Satz 3 BetrVG hat innerhalb der Zweiwochenfrist des § 626 Abs. 2 BGB zu erfolgen.

14 Setzt die Wirksamkeit der außerordentlichen Kündigung eine Zustimmung voraus (z.B. die Zustimmung des Integrationsamtes (§ 91 SGB IX) bei beabsichtigter Kündigung eines → **Schwerbehinderten Menschen**), so muss der Arbeitgeber den Zustimmungsantrag noch innerhalb der Ausschlussfrist des § 626 Abs. 2 BGB stellen.

15 Will der Arbeitgeber ein **Mitglied des Betriebsrats** oder eines anderen Betriebsverfassungsorgans (auch Wahlvorstandsmitglieder, Wahlbewerber) oder der → **Schwerbehindertenvertre-**

Außerordentliche Kündigung

tung (vgl. § 96 Abs. 3 SGB IX) oder einen Heimarbeiter, der Mitglied des Betriebsrats ist (§ 29 a Heimarbeitsgesetz; siehe → **Heimarbeit**) außerordentlich kündigen, muss er die **Zustimmung des Betriebsrats** nach § 103 BetrVG so rechtzeitig beantragen, dass er bei Nichterteilung der Zustimmung noch innerhalb der Zweiwochenfrist des § 626 Abs. 2 BGB die Ersetzung der Zustimmung beim → **Arbeitsgericht** beantragen kann.
Die Zustimmung des Betriebsrats gilt als **verweigert** (Unterschied zu § 102 Abs. 2 Satz 2 BetrVG beachten!), wenn er sich nicht innerhalb von drei Tagen nach Antrag des Arbeitgebers äußert.

Bedeutung für die Betriebsratsarbeit

Die Rechte des Betriebsrats bei einer außerordentlichen Kündigung sind in § 102 Abs. 1 und 2 BetrVG geregelt. **16**

§ 103 BetrVG ist anzuwenden, wenn der Arbeitgeber beabsichtigt, ein Mitglied des Betriebsrats oder eines anderen Betriebsverfassungsorgans oder der → **Schwerbehindertenvertretung** (vgl. § 96 Abs. 3 SGB IX) außerordentlich zu kündigen (siehe Rn. 29 ff. und → **Kündigungsschutz [besonderer]**).

Die Beteiligungsrechte des Betriebsrats nach § 102 Abs. 1 und 2 BetrVG bei außerordentlichen Kündigungen sind Folgende: **17**

- Zunächst hat der Arbeitgeber den Betriebsrat vor Ausspruch der außerordentlichen Kündigung ordnungsgemäß **anzuhören**, d. h. über die Person des zu Kündigenden und den Kündigungsgrund zu informieren (§ 102 Abs. 1 BetrVG).
- Der Betriebsrat hat dann die Möglichkeit, unverzüglich (siehe → **Rechtsbegriffe**), spätestens jedoch innerhalb von **drei Tagen** (siehe → **Fristen**), »Bedenken« zu erheben (§ 102 Abs. 2 Satz 3 BetrVG).

Dem Betriebsrat steht bei einer beabsichtigten außerordentlichen Kündigung mit notwendiger Auslauffrist gegenüber einem ordentlich unkündbaren Arbeitnehmer (siehe Rn. 9, 10 und 11) die volle Frist von **einer Woche** zur Stellungnahme gem. § 102 Abs. 2 Satz 1 BetrVG zu (BAG v. 12. 1. 2006 – 2 AZR 242/05, EzA § 626 BGB 2002 Unkündbarkeit Nr. 9). **17a**

Ein »**Widerspruch**« gegen eine beabsichtigte außerordentliche Kündigung ist in § 102 BetrVG zwar nicht vorgesehen, dennoch kann – und sollte – der Betriebsrat auch bei außerordentlichen Kündigungen den Begriff »Widerspruch« verwenden. **18**
Damit kann er besser als mit dem Begriff »Bedenken« deutlich machen, dass er die beabsichtigte fristlose Kündigung ablehnt. Es handelt sich um eine qualifizierte und zulässige Form von »Bedenken« (BAG v. 4. 2. 1993 – 2 AZR 469/92, EzA § 626 n. F. BGB Nr. 144; Fitting, BetrVG, 27. Aufl., § 102 Rn. 72).
Der Betriebsrat kann seine ablehnende Haltung auch durch andere deutliche Worte ausdrücken (z. B. »Der Betriebsrat ist der Auffassung, dass die beabsichtigte fristlose Kündigung ungerechtfertigt ist. Begründung: …« oder »Der Betriebsrat lehnt die von Ihnen beabsichtigte fristlose Kündigung ab. Begründung: …«).
Allerdings wird weder bei Verwendung des Begriffs »Bedenken« noch des Begriffs »Widerspruch« ein **Weiterbeschäftigungs- und Vergütungsanspruch** des Arbeitnehmers gemäß § 102 Abs. 5 BetrVG ausgelöst. Denn diese besonders wichtige Bestimmung kommt nur im Falle des Widerspruchs des Betriebsrats gegen eine → **ordentlichen Kündigung** zur Anwendung.

Außerordentliche Kündigung

18a **Beachten:**
§ 102 Abs. 3 bis 5 BetrVG findet nach zutreffender Ansicht des BAG entsprechende Anwendung bei der sog. außerordentlichen Kündigung mit »Auslauffrist« (BAG v. 12.01.2006 – 2 AZR 242/05, ZTR 2006, 338; 5.2.1998 – 2 AZR 227/97, NZA 1998, 771; siehe hierzu Rn. 8 ff. und → **Kündigungsschutz [besonderer]** Rn. 58). Hinsichtlich der Betriebsratsbeteiligung stehe diese außerordentliche Kündigung einer ordentlichen Kündigung gleich. Der Betriebsrat kann also gegen eine solche Kündigung innerhalb einer Woche mit einem der in § 102 Abs. 3 BetrVG genannten Gründe Widerspruch erheben. Handelt es sich um eine betriebsbedingte außerordentliche Kündigung, findet auch § 1 Abs. 3 KSchG (soziale Auswahl) Anwendung (BAG v. 5.2.1998 – 2 AZR 227/97, a.a.O.).

19 Durch die Erhebung von »**Bedenken**« macht der Betriebsrat alle denkbaren Einwände gegen die Kündigung geltend. Insbesondere legt der Betriebsrat solche Gesichtspunkte und Umstände dar, die »für« den von der Kündigung Bedrohten sprechen.

Darüber hinaus ist er gehalten, nach Wegen zu suchen und diese dem Arbeitgeber vorzuschlagen, die eine **mildere Alternative** zur fristlosen Kündigung darstellen: z. B. → **Abmahnung**, Verweis, → **Änderungskündigung**, → **Versetzung**.

20 Unmittelbare rechtliche Wirkungen haben »Bedenken« des Betriebsrats gegenüber einer außerordentlichen Kündigung nicht (dies ist bei einem »Widerspruch« gegen eine ordentliche Kündigung deutlich anders; siehe → **Ordentliche Kündigung**).

Dennoch ist das Verhalten des Betriebsrats nicht folgenlos. So ist durchaus nicht ausgeschlossen, dass Verhalten und Argumentation des Betriebsrats sich auf die Willensbildung des Arbeitgebers auswirken.

Auch das möglicherweise mit der Kündigung befasste → **Arbeitsgericht** wird es interessieren, wie die Interessenvertretung des Gekündigten reagiert hat.

21 In jedem Fall hat der Betriebsrat vor seiner Stellungnahme gründlich den Sachverhalt aufzuklären und eine Verhältnismäßigkeitsprüfung vorzunehmen.

Wenn der Arbeitgeber beispielsweise eine außerordentliche Kündigung wegen **Diebstahls von Firmeneigentum** (z. B. Werkzeug) aussprechen will, sind folgende Fragen zu stellen und aufzuklären:

- Stimmen die Behauptungen des Arbeitgebers: Hat es überhaupt einen Diebstahl gegeben? Wenn ja, war der Betroffene derjenige, der das Werkzeug weggenommen hat?
- Wollte der Betreffende das Werkzeug wirklich stehlen/unterschlagen oder wollte er es nur z. B. wegen einer Reparatur zu Hause »ausleihen«?
- Wie ist bisher seitens der Firma umgegangen worden mit Diebstahl, Unterschlagung oder dem »Ausleihen« von Werkzeug?
- Ist der Arbeitnehmer zu diesem Verhalten in irgendeiner Weise »animiert« oder durch entsprechende »Gepflogenheiten« in der Firma verleitet worden?
- Wie hat der Arbeitnehmer sich bislang verhalten?
- Handelt es sich um einen »Ausrutscher«?
- Wie lange ist der Arbeitnehmer in der Firma beschäftigt?
- Wie hart würde den Arbeitnehmer und gegebenenfalls seine Familie die fristlose Kündigung treffen?
- Welche Nachteile würden dem Arbeitgeber bei einer Weiterbeschäftigung auf dem bisherigen Arbeitsplatz entstehen?
- Sind etwaige Nachteile vorübergehender Natur?
- Stehen Kündigungsanlass und Kündigungsfolgen für den Betroffenen (noch) in einem angemessenen Verhältnis? Insbesondere: Kann der Vorfall nicht ebenso wirksam mit einem milderen Mittel (z. B. Abmahnung) »geahndet« werden?

22 Selbst wenn der vom Arbeitgeber erhobene Vorwurf nicht bestritten werden kann, so kann der Betriebsrat – von Ausnahmen abgesehen – in jedem Falle im Rahmen seiner »**Bedenken**«

Außerordentliche Kündigung

geltend machen, dass eine fristlose Kündigung und ihre weiteren **Folgen in keinem angemessenen Verhältnis zu dem Kündigungsanlass** stehen.

> **Beispiel:**
> 1. Fall:
> Es findet ein Diebstahl im Kaufhaus statt (Wert: 50 Euro). Folgen für den Dieb:
> - ein Strafverfahren (z. B. Geldstrafe in Höhe von 2000 Euro),
> - Eintragung der Vorstrafe ins Bundeszentralregister,
> - Hausverbot.
>
> 2. Fall:
> Es findet ein Diebstahl im Betrieb statt (Wert: 50 Euro). Folgen für den Dieb:
> - ein Strafverfahren (z. B. Geldstrafe in Höhe von 2000 Euro),
> - Eintragung der Vorstrafe ins Bundeszentralregister,
> - fristlose Kündigung,
> - Arbeitslosengeldsperre nach § 159 SGB III 2012 (bis zu zwölf Wochen),
> - evtl. Dauerarbeitslosigkeit,
> - sozialer Abstieg,
> - Auswirkungen auf die Familie.
>
> Ergebnis: Die Bestrafung im 1. Fall mag im Hinblick auf den Anlass eine dem Verhältnismäßigkeitsgrundsatz entsprechende Folge sein. Im 2. Fall ist dies ersichtlich anders, obwohl der Anlass der gleiche ist.

Auch in einigen – oben unter Rn. 5 dargestellten – Fällen drängt sich auf, dass Kündigungsanlass und Folgen der Kündigung in keinem angemessenen Verhältnis stehen. 23

Beim Umgang mit einer Kündigung, insbesondere einer fristlosen Kündigung, sollte der Betriebsrat nicht vergessen, dass seine **Funktion** nicht die eines Staatsanwaltes oder Richters, sondern die eines (Pflicht-)Verteidigers ist. 24
Maßstab seiner Entscheidungen sind nicht die persönlichen Moralvorstellungen der Mitglieder des Betriebsrats. Entscheidungsmaßstab können vielmehr nur die Funktion und der betriebsverfassungsrechtliche Auftrag des Betriebsrats sein (Interessenvertretung für den einzelnen Beschäftigten und gleichzeitig für die Belegschaft insgesamt).

Dies bedeutet, dass der Betriebsrat – auch wenn es manchmal schwer fällt – alle Umstände im Rahmen seiner »Bedenken« vorbringen muss, die den Betreffenden zu **entlasten** vermögen (siehe Rn. 21). 25

Nun kommt es vor (z. B. bei »**Kollegendiebstahl**«), dass auch die Arbeitskollegen/-innen mit dem Täter nicht mehr zusammenarbeiten wollen, seinen »Rausschmiss« fordern und dem Betriebsrat vorwerfen, einen »Dieb zu schützen«. 26
In einem solchen Falle ist es Aufgabe des Betriebsrats, im Wege von Gesprächen über die Folgen einer (fristlosen) Kündigung für den Gekündigten und seine Familie, die unverhältnismäßige Härte dieser Folgen und die Aufgabe/Funktion eines Betriebsrats aufzuklären. Dies dürfte den einen oder anderen, der den »Rausschmiss« fordert, nachdenklich machen. Andererseits muss dem »Dieb« natürlich unmissverständlich klar gemacht werden, dass er derartige Verhaltensweisen in Zukunft zu unterlassen hat und dass auch der Betriebsrat keine Möglichkeit mehr sieht, seinen Arbeitsplatz in einem Wiederholungsfalle zu »retten«.

Die vorstehenden Überlegungen scheinen in der Betriebsratspraxis nicht sehr verbreitet zu sein. In einer von der »**Max-Planck-Gesellschaft**« 1979 im Wege der Befragung von Arbeitgebern durchgeführten Untersuchung zum Verhalten von Betriebsräten bei → **ordentlichen Kündigungen** aller Art (betriebsbedingte, personenbedingte und verhaltensbedingte Kündigungen) sind folgende Ergebnisse festgestellt worden: 27
- Zustimmung zur Kündigung: 66 %
- Verstreichenlassen der Wochenfrist
  (= gleichbedeutend mit Zustimmungserteilung): 20 %

Außerordentliche Kündigung

- Bedenken: 6 %
- Widerspruch: 8 %

In 25 Prozent der Zustimmungsfälle soll die Kündigung nicht nur vom Arbeitgeber, sondern auch vom Betriebsratsvorsitzenden unterschrieben worden sein!

28 Aktuelle Erhebungen zum Verhalten von Betriebsräten bei Kündigungen liegen (leider) nicht vor.

Wenn man unterstellt, dass die Zahlen stimmen, dann zeugt das von einem Selbstverständnis, das in Widerspruch steht zu den Zielen des BetrVG.

Das Gesetz geht davon aus, dass der Betriebsrat »einseitiger« Vertreter der Interessen der Beschäftigten ist (BAG v. 21.4.1983 – 6 ABR 70/82, AP BetrVG 1972 § 40 Nr. 4 = DB 1984, 248; zu dieser Entscheidung siehe → **Betriebsrat**).

Eine Zustimmung zur Kündigung – oder gar eine Unterschrift des Betriebsratsvorsitzenden im Kündigungsschreiben – stellt aber das **Gegenteil von Interessenvertretung** dar.

Sie beeinträchtigt die Interessen des Gekündigten. Sie mindert seine Chancen, den Arbeitsplatz zu behalten, und verschlechtert seine Chancen im Kündigungsschutzprozess.

28a Allerdings gibt es **krasse Fälle**, in denen es darum geht, andere Beschäftigte vor persönlichkeitsrechtsverletzenden Angriffen durch »Arbeitskollegen« oder Vorgesetzte zu schützen.

Zu denken wäre etwa an → **Mobbing**, → **sexuelle Belästigung** oder ausländerfeindliches, rassistisches Verhalten (siehe → **Ausländische Arbeitnehmer**).

In solchen Fällen kommt nicht nur eine Zustimmung des Betriebsrats zur außerordentlichen Kündigung in Betracht, sondern ggf. auch ein vom Betriebsrat initiiertes Verfahren nach § 104 BetrVG auf »Entfernung« des »betriebsstörenden« Arbeitnehmers oder Vorgesetzten.

29 Will der Arbeitgeber ein **Mitglied des Betriebsrats** oder eines anderen Betriebsverfassungsorgans (auch Wahlvorstandsmitglieder, Wahlbewerber) oder der → **Schwerbehindertenvertretung** (vgl. § 96 Abs. 3 SGB IX) oder einen Heimarbeiter, der Mitglied des Betriebsrats ist (§ 29 a Heimarbeitsgesetz; siehe → **Heimarbeit**) außerordentlich kündigen, gilt § 103 BetrVG.

Hiernach bedarf eine solche Kündigung der Zustimmung des Betriebsrats.

30 Verweigert der Betriebsrat die Zustimmung, hat der Arbeitgeber, will er an seiner Kündigungsabsicht festhalten, beim → **Arbeitsgericht** einen Zustimmungsersetzungsantrag zu stellen (und zwar noch innerhalb der zweiwöchigen Ausschlussfrist des § 626 Abs. 2 BGB, siehe Rn. 12).

Dies gilt auch, wenn der Betriebsrat auf den Zustimmungsantrag des Arbeitgebers mit **Schweigen** reagiert. In diesem Fall gilt die Zustimmung nach Ablauf von drei Tagen als verweigert (Unterschied zu § 102 Abs. 2 Satz 2 BetrVG beachten!).

Solange eine Zustimmungsersetzung durch das Arbeitsgericht nicht erfolgt ist, kann die Kündigung nicht ausgesprochen werden.

31 Zu den Rechten des Betriebsrats nach § 103 BetrVG im Falle einer beabsichtigten **Versetzung** eines Betriebsratsmitgliedes in einen anderen → **Betrieb** des Unternehmens siehe § 103 Abs. 3 BetrVG und → **Versetzung**.

Bedeutung für die Beschäftigten

32 Auf Verlangen des fristlos Gekündigten hat der Arbeitgeber diesem den Kündigungsgrund unverzüglich **schriftlich mitzuteilen** (§ 626 Abs. 2 Satz 3 BGB).

33 Der Betroffene kann sich gegen die fristlose Kündigung mit der arbeitsgerichtlichen **Klage** zur Wehr setzen und geltend machen, dass die Voraussetzungen des § 626 BGB bzw. § 22 Abs. 2 bis 4 BBiG nicht vorliegen oder die Kündigung »aus anderen Gründen« rechtsunwirksam ist (zur

Außerordentliche Kündigung

Unwirksamkeit aus anderen Gründen siehe → **Kündigungsschutz** und → **Kündigungsschutz [besonderer]**).

Klagefrist

Die Klage ist innerhalb einer Frist von **drei Wochen** nach Zugang der schriftlichen Kündigung beim → **Arbeitsgericht** einzureichen (vgl. §§ 4, 13 Abs. 1 Satz 2 KSchG; siehe → **Fristen**). 34

Soweit die Kündigung der **Zustimmung einer Behörde** bedarf (vgl. § 9 MuSchG, § 18 BErzGG; ab 1. 1. 2007 § 18 BEEG, § 85 SGB IX), läuft die Frist zur Anrufung des Arbeitsgerichts erst von der Bekanntgabe der Entscheidung der Behörde an den Arbeitnehmer ab (vgl. § 4 Satz 4 KSchG). 34a

Die Klagefrist von drei Wochen nach Zugang der schriftlichen Kündigung (§ 4 Satz 1 KSchG) ist auch dann einzuhalten, wenn der außerordentlich gekündigte Arbeitnehmer in einem Betrieb/Unternehmen tätig ist, in dem nicht die nach § 23 Abs. 1 KSchG erforderliche Zahl von Arbeitnehmern beschäftigt ist (vgl. § 23 Abs. 1 Satz 2 KSchG n. F.; siehe Kündigungsschutz und → **Kündigungsschutz im Kleinbetrieb**) oder wenn der Arbeitnehmer zum Zeitpunkt des Zugangs der Kündigung noch **keine sechs Monate** im Betrieb beschäftigt war (vgl. Kittner/Däubler/Zwanziger, KSchR, 7. Aufl., § 4 KSchG Rn. 4). 35

Eine **nachträgliche Zulassung** der Klage bei Fristversäumnis kommt nach §§ 5, 13 Abs. 1 Satz 2 KSchG nur ausnahmsweise dann in Betracht, wenn der Arbeitnehmer nach erfolgter Kündigung trotz Anwendung aller ihm nach Lage der Umstände zuzumutenden Sorgfalt verhindert war, die Klage innerhalb von drei Wochen nach Zugang der schriftlichen Kündigung zu erheben. 36

Das gilt auch, wenn eine Frau von ihrer Schwangerschaft aus einem von ihr nicht zu vertretenden Grund erst nach Ablauf der Frist des § 4 Satz 1 KSchG Kenntnis erlangt hat.

Mit dem **Antrag** auf nachträgliche Zulassung ist die Klageerhebung zu verbinden.

Ist die Klage bereits eingereicht, so ist auf sie im Antrag Bezug zu nehmen.

Der Antrag muss ferner die Angabe der die nachträgliche Zulassung begründenden Tatsachen und der Mittel für deren Glaubhaftmachung enthalten.

Der Antrag ist nur innerhalb von **zwei Wochen** nach Behebung des Hindernisses zulässig. Nach Ablauf von **sechs Monaten**, vom Ende der versäumten Frist an gerechnet, kann der Antrag nicht mehr gestellt werden.

Verlängerte Anrufungsfrist

Hat ein Arbeitnehmer innerhalb von drei Wochen nach Zugang der schriftlichen Kündigung im Klagewege geltend gemacht, dass eine rechtswirksame Kündigung nicht vorliege, so kann er sich in diesem Verfahren bis zum Schluss der mündlichen Verhandlung erster Instanz zur Begründung der Unwirksamkeit der Kündigung auch auf innerhalb der Klagefrist **nicht geltend gemachte Gründe** berufen (§ 6 Satz 1 KSchG). 37

Das Arbeitsgericht soll ihn hierauf hinweisen (§§ 6 Satz 2, 13 Abs. 1 Satz 2 KSchG).

Rechtsfolge bei Versäumung der Klagefrist

Wird die Klagefrist versäumt (und auch nicht nachträglich gemäß § 5 KSchG zugelassen), ist die Kündigung nicht mehr angreifbar. Sie gilt »**als von Anfang an rechtswirksam**« (§§ 7, 13 Abs. 1 Satz 2 KSchG). 38

Das gilt auch dann, wenn der Arbeitnehmer sich darauf beruft, dass die Kündigung »aus anderen Gründen« (z. B. fehlende oder fehlerhafte Betriebsratsanhörung) rechtsunwirksam ist (§§ 4 Satz 1, 13 Abs. 1 Satz 2 KSchG).

Außerordentliche Kündigung

39 Es gibt einen **Ausnahmefall:** ist eine Kündigung unwirksam, weil die **Schriftform** nach § 623 BGB nicht gewahrt ist, kann dieser Mangel auch noch zu einem späteren Zeitpunkt geltend gemacht werden.
Denn nach § 4 Satz 1 KSchG wird die Klagefrist nur durch eine schriftliche Kündigung ausgelöst (»... *nach Zugang der schriftlichen Kündigung* ...«).
Allerdings sollte der mündlich Gekündigte nicht allzu lange Zeit verstreichen lassen, weil das Klagerecht unter Umständen »verwirken« kann (siehe → **Verwirkung**).

Auflösung des Arbeitsverhältnisses durch Urteil

40 Stellt das Gericht fest, dass die außerordentliche Kündigung unbegründet ist, ist jedoch dem Arbeitnehmer die Fortsetzung des Arbeitsverhältnisses nicht zuzumuten, so hat auf seinen Antrag das Gericht das Arbeitsverhältnis durch Urteil **aufzulösen** und den Arbeitgeber zur Zahlung einer angemessenen → **Abfindung** zu verurteilen (§ 13 Abs. 1 Satz 3 KSchG).
Das Gericht hat für die Auflösung des Arbeitsverhältnisses den Zeitpunkt festzulegen, zu dem die außerordentliche Kündigung ausgesprochen wurde (§ 13 Abs. 1 Satz 4 KSchG).

41 Als **Abfindung** ist ein Betrag bis zu zwölf Monatsverdiensten festzusetzen (§§ 10 Abs. 1, 13 Abs. 1 Satz 5 KSchG).
Als Monatsverdienst gilt, was dem Arbeitnehmer bei der für ihn maßgebenden regelmäßigen Arbeitszeit in dem Monat, in dem das Arbeitsverhältnis endet, an Geld und Sachbezügen zusteht (§ 10 Abs. 3 KSchG).
Hat der Arbeitnehmer
- das 50. Lebensjahr vollendet und hat das Arbeitsverhältnis mindestens 15 Jahre bestanden, so ist ein Betrag bis zu 15 Monatsverdiensten,
- das 55. Lebensjahr vollendet und hat das Arbeitsverhältnis mindestens 20 Jahre bestanden, so ist ein Betrag bis zu 18 Monatsverdiensten

festzusetzen (§§ 10 Abs. 2, 13 Abs. 1 Satz 5 KSchG).
Dies gilt jedoch nicht, wenn der Arbeitnehmer in dem Zeitpunkt, den das Gericht für die Auflösung des Arbeitsverhältnisses festsetzt, das in der Vorschrift des Sechsten Buches Sozialgesetzbuch über die Regelaltersrente bezeichnete Lebensalter (= zwischen 65 und 67; siehe → **Rentenversicherung** Rn. 11) erreicht hat.

42 § 10 Abs. 2 KSchG ist – soweit an das **Alter** angeknüpft wird – nach allgemeiner Ansicht mit europäischem Recht, insbesondere der Richtlinie 2000/78/EG vom 27.11.2000 vereinbar. Hiernach ist eine unterschiedliche Behandlung wegen des Alters dann zulässig, wenn sie objektiv und angemessen und durch ein legitimes Ziel gerechtfertigt ist (siehe → **Kündigungsschutz** Rn. 42).

43 Dem Arbeitgeber steht **kein Recht** zu, die Auflösung des Arbeitsverhältnisses gegen Zahlung einer Abfindung zu beantragen. Er muss den zu Unrecht Gekündigten weiterbeschäftigen.

44 Besteht nach der Entscheidung des Gerichts das Arbeitsverhältnis fort, so muss sich der Arbeitnehmer gemäß §§ 11, 13 Abs. 1 Satz 5 KSchG auf das Arbeitsentgelt, das ihm der Arbeitgeber für die Zeit nach der Entlassung schuldet, **anrechnen** lassen,
- was er durch anderweitige Arbeit verdient hat,
- was er hätte verdienen können, wenn er es nicht böswillig unterlassen hätte, eine ihm zumutbare Arbeit anzunehmen,
- was ihm an öffentlich-rechtlichen Leistungen infolge Arbeitslosigkeit aus der Sozialversicherung, der Arbeitslosenversicherung, der Arbeitslosenhilfe oder der Sozialhilfe für die Zwischenzeit gezahlt worden ist. Diese Beträge hat der Arbeitgeber der Stelle zu erstatten, die sie geleistet hat.

45 Siehe auch → **Annahmeverzug**.

46 Besteht nach der Entscheidung des Gerichts das Arbeitsverhältnis fort, ist jedoch der Arbeit-

Außerordentliche Kündigung

nehmer inzwischen **ein neues Arbeitsverhältnis** eingegangen, so kann er binnen einer Woche nach der Rechtskraft des Urteils durch Erklärung gegenüber dem alten Arbeitgeber die Fortsetzung des Arbeitsverhältnisses bei diesem verweigern (§§ 12, 13 Abs. 1 Satz 5 KSchG). Die Frist wird auch durch eine vor ihrem Ablauf zur Post gegebene schriftliche Erklärung gewahrt.
Mit dem Zugang der Erklärung erlischt das Arbeitsverhältnis.
Macht der Arbeitnehmer von seinem Verweigerungsrecht Gebrauch, so ist ihm **entgangener Verdienst** nur für die Zeit zwischen der Entlassung und dem Tage des Eintritts in das neue Arbeitsverhältnis zu gewähren. § 11 KSchG findet entsprechende Anwendung.

Meldepflicht (§ 38 Abs. 1 SGB III 2012)

Nach § 38 Abs. 1 Satz 1 SGB III 2012 sind Personen, deren Arbeits- oder Ausbildungsverhältnis endet, verpflichtet, sich spätestens **drei Monate** vor dessen Beendigung persönlich bei der Agentur für Arbeit **arbeitssuchend** zu melden.
Liegen – wie im Falle einer außerordentlichen Kündigung – zwischen der Kenntnis des Beendigungszeitpunkts und der Beendigung des Arbeits- oder Ausbildungsverhältnisses weniger als drei Monate hat die Meldung innerhalb von **drei Tagen** nach Kenntnis des Beendigungszeitpunkts zu erfolgen.
Zur Wahrung der Fristen reicht eine (ggf. auch telefonische) Anzeige unter Angabe der persönlichen Daten und des Beendigungszeitpunkts aus, wenn die persönliche Meldung nach terminlicher Vereinbarung nachgeholt wird.
Die Pflicht zur Meldung besteht unabhängig davon, ob der Fortbestand des Arbeits- oder Ausbildungsverhältnisses gerichtlich geltend gemacht oder vom Arbeitgeber in Aussicht gestellt wird.
Die Pflicht zur Meldung gilt nicht bei einem betrieblichen Ausbildungsverhältnis.
Erfolgt die Meldung nicht fristgerecht, hat das eine einwöchige Arbeitslosengeldsperre (**Sperrzeit**) nach § 159 Abs. 1 Satz 2 Nr. 7, Abs. 6 SGB III 2012 zur Folge.
Zu weiteren Einzelheiten siehe → **Arbeitslosenversicherung: Arbeitsförderung** Rn. 13 ff.

47

Arbeitshilfen

Übersicht	• Außerordentliche Kündigung
Checkliste	• Außerordentliche Kündigung (Checkliste für den Betriebsrat)
Musterschreiben	• Anhörung des Betriebsrats zu einer außerordentlichen fristlosen, hilfsweise fristgerechten Kündigung (§ 102 Abs. 1 BetrVG)
	• Stellungnahme des Betriebsrats zu einer vom Arbeitgeber beabsichtigten außerordentlichen fristlosen, hilfsweise fristgerechten Kündigung
	• Außerordentliche/fristlose, hilfsweise ordentliche/fristgerechte Kündigung
	• Kündigungsschutzklage gegen eine außerordentliche, hilfsweise ausgesprochene ordentliche Kündigung

Außerordentliche Kündigung

Übersicht: Außerordentliche Kündigung

- Der Arbeitgeber informiert den Betriebsrat nach § 102 Abs. 1 BetrVG darüber, wer, warum, zu welchem Zeitpunkt außerordentlich aus wichtigem Grund (§ 626 BGB, § 22 BBiG) gekündigt werden soll.
- Der Betriebsrat ermittelt den Sachverhalt, spricht mit dem Betroffenen (und gegebenenfalls mit anderen Beschäftigten: persönliche Geheimnisse des Betroffenen dürfen nicht offenbart werden!), verhandelt mit dem Arbeitgeber über Alternativen zur außerordentlichen Kündigung und fasst, falls der Arbeitgeber auf fristloser Kündigung besteht, den Beschluss: »... gegenüber der beabsichtigten außerordentlichen Kündigung »Bedenken« gemäß § 102 Abs. 2 Satz 3 BetrVG zu erheben«.
Bedenken sind alle Einwände, die gegen die Rechtmäßigkeit und Zweckmäßigkeit der geplanten fristlosen Kündigung sprechen. Insbesondere kann die gemessen an dem Kündigungsanlass unverhältnismäßige Härte der fristlosen Kündigung für den Betroffenen und seine Familie hervorgehoben werden (siehe auch § 626 BGB und § 22 BBiG).
Dem Arbeitgeber werden die Bedenken schriftlich mitgeteilt.
- Das Ganze muss unverzüglich (siehe → **Rechtsbegriffe**), spätestens innerhalb von drei Tagen geschehen!
- Die Erhebung eines »Widerspruchs« ist bei beabsichtigten außerordentlichen Kündigungen nicht vorgesehen (§ 102 Abs. 3 BetrVG gilt nur für ordentliche Kündigungen).
Dennoch kann – und sollte – der Betriebsrat auch bei außerordentlichen Kündigungen »Widerspruch« erheben. Damit kann er besser als mit dem Begriff »Bedenken« deutlich machen, dass er die beabsichtigte fristlose Kündigung ablehnt. Es handelt sich um eine qualifizierte und zulässige Form von »Bedenken« (BAG v. 4. 2. 1993 – 2 AZR 469/92, EzA § 626 nF BGB Nr. 144; Fitting, BetrVG, 27. Aufl., § 102 Rn. 72).
Der Betriebsrat kann seine ablehnende Haltung auch durch andere deutliche Worte ausdrücken (z. B. »Der Betriebsrat ist der Auffassung, dass die beabsichtigte fristlose Kündigung ungerechtfertigt ist. Begründung: ...« oder »Der Betriebsrat lehnt die von Ihnen beabsichtigte fristlose Kündigung ab. Begründung: ...«).
Allerdings wird – weder bei Verwendung des Begriffs »Bedenken« noch des Begriffs »Widerspruch« – ein Weiterbeschäftigungs- und Vergütungsanspruch des Arbeitnehmers gemäß § 102 Abs. 5 BetrVG ausgelöst. Denn diese Bestimmung kommt nur im Falle einer → **ordentlichen Kündigung** zur Anwendung.
- Zur sog. **außerordentlichen Kündigung mit Auslauffrist** siehe Fußnote.[1]
- Wenn der Arbeitgeber trotz der Bedenken des Betriebsrats die außerordentliche Kündigung (Schriftform erforderlich; § 623 BGB) ausspricht, kann der Betroffene **Kündigungsschutzklage** nach §§ 4, 13 KSchG beim Arbeitsgericht einreichen.
Klagefrist: drei Wochen ab Zugang der schriftlichen Kündigung (§§ 4 Satz 1, 13 Abs. 1 Satz 2 KSchG)!
Fehlende **Schriftform** der Kündigung (§ 623 BGB) kann auch noch zu einem späteren Zeitpunkt geltend gemacht werden.
- **Gewerkschaftsmitglieder** können den **gewerkschaftlichen Rechtsschutz** in Anspruch nehmen. Nichtgewerkschaftsmitglieder können sich zwecks Erhebung der Klage an die Rechtsantragsstelle des Arbeitsgerichts wenden.
Natürlich kann auch ein **Rechtsanwalt** beauftragt werden (Gebührenansprüche des Anwalts beachten! Siehe Kostenbeispiel bei Stichwort → **Arbeitsgericht**).
- Der **Betriebsrat** unterstützt den Betroffenen während des Prozesses mit Rat und Tat.

---

1 Eine **außerordentliche Kündigung mit Auslauffrist** gegenüber einem tariflich unkündbaren Arbeitnehmer steht hinsichtlich der Betriebsratsbeteiligung einer ordentlichen Kündigung gleich (BAG v. 12. 1. 2006 – 2 AZR 242/05, ZTR 2006, 338; 5. 2. 1998 – 2 AZR 227/97, NZA 1998, 771). Der Betriebsrat kann also gegen eine solche Kündigung **innerhalb einer Woche** mit einem der in § 102 Abs. 3 BetrVG genannten Gründe **Widerspruch** erheben. Handelt es sich um eine betriebsbedingte außerordentliche Kündigung, findet auch § 1 Abs. 3 KSchG (soziale Auswahl) Anwendung (BAG v. 5. 2. 1998 – 2 AZR 227/97, a. a. O.).

Außerordentliche Kündigung

Insbesondere, wenn der Betroffene den Rechtsstreit gewinnt und dementsprechend weiterbeschäftigt werden muss, ist die Unterstützung durch den Betriebsrat wichtig.
- Zu beachten ist die Pflicht des gekündigten Arbeitnehmers zur »**Arbeitssuchendmeldung**« bei der Agentur für Arbeit (§ 38 Abs. 1 SGB III 2012).
Bei verspäteter Meldung als Arbeitssuchender tritt eine **Arbeitslosengeld-Sperrzeit** von einer Woche ein (§ 159 Abs. 1 Satz 2 Nr. 7 und Abs. 6 SGB III 2012).

Rechtsprechung

1. Anhörung des Betriebsrats bei außerordentlicher Kündigung
2. »Bedenken« und »Widerspruch« des Betriebsrats gegen außerordentliche Kündigung
3. Wichtiger Grund – Interessenabwägung
4. Ausschlussfrist des § 626 Abs. 2 BGB
5. Sittenwidrige Kündigung
6. Umdeutung einer unwirksamen außerordentlichen Kündigung in eine ordentliche Kündigung
7. Außerordentliche Kündigung mit Auslauffrist gegenüber einem ordentlich unkündbaren Arbeitnehmer
8. Anhörung und »Widerspruch« des Betriebsrats bei außerordentlicher Kündigung mit Auslauffrist gegenüber einem ordentlich unkündbaren Arbeitnehmer
9. Außerordentliche Änderungskündigung mit Auslauffrist gegenüber einem ordentlich unkündbaren Arbeitnehmer
10. Verdachtskündigung
11. Betrug
12. Diebstahl und Unterschlagung geringwertiger Sachen
13. Manipulationen beim Nachweis der Arbeitszeit
14. Surfen im Internet zu Privatzwecken – Aufrufen und Herunterladen pornografischer Inhalte
15. Rechtsradikale Gesinnung – Antisemitische und ausländerfeindliche Hetze – Volksverhetzung
16. Aussagen des Arbeitnehmers im Strafverfahren gegen den Arbeitgeber – Strafanzeige des Arbeitnehmers gegen den Arbeitgeber – »Whistleblowing«
17. Kritik am Arbeitgeber – Meinungsfreiheit – Beleidigung – Verleumdung
18. Beharrliche Arbeitsverweigerung oder Ausübung eines Zurückbehaltungsrechts?
19. Ablehnung einer Arbeitsaufforderung während und nach gewonnenem Kündigungsschutzprozess
20. Verstoß gegen Alkohol- und Drogenverbot, Alkoholkrankheit, Alkoholmissbrauch
21. Verbotene Konkurrenztätigkeit
22. Druckkündigung
23. Verletzung der Anzeige- und Nachweispflicht bei Arbeitsunfähigkeit
24. Vertragswidriges Verhalten während einer Arbeitsunfähigkeit – Nebentätigkeit – Freizeitaktivitäten
25. Krankheit – krankheitsbedingte Minderung der Leistungsfähigkeit
26. Androhung einer Erkrankung
27. Weitere Fallgestaltungen
28. Tarifliche Einschränkungen der außerordentlichen Kündigung
29. Einschränkung der Kündigungsbefugnis des Geschäftsführers einer GmbH durch den Gesellschaftsvertrag
30. Fristlose Kündigung bei einem Dienstverhältnis nach § 627 BGB

Außerordentliche Kündigung

31. Außerordentliche Eigenkündigung des Arbeitnehmers – Schadensersatzhaftung des Arbeitgebers wegen Auflösungsverschulden (§ 628 Abs. 2 BGB)
32. Sonstiges
33. Abmahnung als Voraussetzung für Kündigung?
34. Verweigerung von Überstunden
35. Eigenmächtiger Urlaubsantritt
36. Außerordentliche Eigenkündigung des Arbeitnehmers – Schadensersatzanspruch wegen Auflösungsverschuldens des Arbeitgebers
37. Kündigungsschutzprozess: Auflösung des Arbeitsverhältnisses durch Urteil (§§ 9, 10 KSchG) – Abfindung

Außertarifliche Angestellte

Wer ist das?

Außertarifliche Angestellte (abgekürzt: **AT-Angestellte**) werden solche Arbeitnehmer genannt, die vom persönlichen Geltungsbereich eines → **Tarifvertrages** nicht (mehr) erfasst werden. Im Tarifvertrag wird meist definiert, unter welchen Voraussetzungen ein Arbeitnehmer als AT-Angestellter gilt und deshalb nicht unter den persönlichen Geltungsbereich des Tarifvertrages fällt.

> **Beispiel:**
> Tarifvertrag über Entgelte und Ausbildungsvergütungen vom 26. 2. 2015 für die Metallindustrie Norddeutschlands (§ 1 Ziff. 2):
> »2. Nicht unter den Tarifvertrag fallen
> 2.1 leitende Angestellte im Sinne des § 5 Abs. 3 BetrVG.
> 2.2 Beschäftigte,
> a. die einen Aufgabenbereich haben, der höhere Anforderungen stellt, als die höchste Entgeltgruppe verlangt, und
> b. die aufgrund eines schriftlichen Einzelarbeitsvertrages als außertarifliche Beschäftigte bezeichnet werden und
> c. deren vereinbartes regelmäßiges Monatseinkommen per 01. April 2015
> – für die Tarifgebiete des Nordwestlichen Niedersachsens, Schleswig-Holsteins und Mecklenburg-Vorpommerns 6730 Euro,
> – für die Tarifgebiete Hamburg und Umgebung und Unterweser 7020 Euro
> übersteigt.
> Diese Beträge sind tarifdynamisch und werden nach einer Tariferhöhung auf volle 10 Euro gerundet.
> Entfällt eine dieser Bedingungen, unterliegt der/die Beschäftigte wieder dem Geltungsbereich des Tarifvertrages.«

Wenn ein Tarifvertrag für das Abstandsgebot des AT-Angestellten zum Tarifangestellten auf die **prozentuale Überschreitung** des »Tarifgehaltes« abstellt (z. B. 16 %), ist nach Ansicht des BAG mangels anderweitiger Bestimmungen des Tarifvertrages die **monatliche Vergütung** des AT-Angestellten für die Abstandsberechnung auch dann maßgebend, wenn dessen **Arbeitszeit** die tarifliche Arbeitszeit überschreitet (BAG v. 26. 11. 2003 – 4 ABR 54/02, DB 2004, 763). Auch für die Feststellung, ob das Vertragsgehalt eines AT-Angestellten i. S. d. § 1 Nr. 3 II MTV Stahl 20 % über dem höchsten Tarifgehalt liegt, kommt es nach Auffassung des BAG auf die **Arbeitszeit** nicht an. Die Norm gebiete nicht, für den Vergleich der Gehälter den Unterschied in den regelmäßigen Arbeitszeiten des AT-Angestellten und des Tarifangestellten rechnerisch zu berücksichtigen (BAG v. 21. 6. 2000 – 4 AZR 793/98, NZA 2001, 336 = DB 2001, 49).

Liegt keine ausdrückliche tarifliche Bestimmung des persönlichen Geltungsbereichs des Tarifvertrages in Form einer tariflichen Definition des AT-Angestellten vor, muss eine **Auslegung** des Tarifvertrages ergeben, für welchen Personenkreis er gilt.

Von den AT-Angestellten zu unterscheiden sind die → **leitenden Angestellten** (§ 5 Abs. 3,

Außertarifliche Angestellte

BetrVG). Die leitenden Angestellten sind zwar regelmäßig AT-Angestellte, jedoch sind nur wenige AT-Angestellte leitende Angestellte!

Bedeutung für die Betriebsratsarbeit

5   AT-Angestellte werden, soweit sie nicht → **leitende Angestellte** i. S. d. § 5 Abs. 3, 4 BetrVG sind, ohne Einschränkung wie jeder andere Angestellte **vom Betriebsrat vertreten**. Denn sie sind Angestellte im Sinne des § 5 Abs. 1 BetrVG.

> **Beispiel:**
> Will der Arbeitgeber einen AT-Angestellten einstellen, versetzen oder kündigen, so stehen dem Betriebsrat die gleichen Rechte nach § 99 bis § 102 BetrVG zu wie bei der Einstellung, Versetzung, Kündigung eines sonstigen Arbeitnehmers.

6   Wird ein Arbeitnehmer eingestellt oder versetzt, muss der Arbeitgeber ihn **eingruppieren**, wenn der Arbeitnehmer vom Geltungsbereich bzw. den Tätigkeitsmerkmalen einer für den Betrieb maßgebenden Vergütungsordnung (z. B. Tarifvertrag) erfasst wird.
Die Entscheidung darüber, ob das der Fall ist oder nicht, stellt eine nach § 99 BetrVG mitbestimmungspflichtige Eingruppierungsentscheidung dar.
Das Mitbestimmungsrecht des Betriebsrats nach § 99 BetrVG bei der → **Eingruppierung/Umgruppierung** entfällt nicht deshalb, weil der Arbeitgeber bei seiner Prüfung zu dem Ergebnis gelangt, dass die zu bewertende Tätigkeit Anforderungen stellt, die die Qualifikationsmerkmale der obersten Vergütungsgruppe übersteigen (BAG v. 31. 10. 1995 – 1 ABR 5/95, NZA 1996, 890).
Das heißt: wenn der Arbeitgeber der Meinung ist, dass ein Arbeitnehmer als AT-Angestellter einzustufen ist, muss er nach § 99 Abs. 1 BetrVG die Zustimmung des Betriebsrats einholen.
Der Betriebsrat kann die Zustimmung gemäß § 99 Abs. 2 Nr. 1 BetrVG verweigern, wenn er die Ansicht ist, dass der Arbeitnehmer nach dem Tarifvertrag als **Tarifmitarbeiter** in eine der tariflichen Entgeltgruppen einzugruppieren ist (z. B. weil er die tariflichen AT-Kriterien – siehe Beispiel Rn. 1 – nicht erfüllt.
Hält der Arbeitgeber an seiner Ansicht fest, muss er nach § 99 Abs. 4 BetrVG beim → **Arbeitsgericht** ein Zustimmungsersetzungsverfahren einleiten (siehe hierzu → **Eingruppierung/Umgruppierung**).

6a Der Betriebsrat hat nach § 99 Abs. 1 Satz 1 BetrVG auch ein Mitbestimmungsrecht bei der Frage, ob ein bislang außertariflich vergüteter Angestellter nach einer → **Versetzung** weiterhin außertariflich eingruppiert ist oder nunmehr unter eine **tarifliche Vergütungsordnung** fällt (BAG v. 12. 12. 2006 – 1 ABR 13/06, AiB 2007, 431).

6b Eine erneute Eingruppierung der Arbeitnehmer (auch der AT-Angestellten) unter Beteiligung des Betriebsrats nach Maßgabe des § 99 BetrVG hat zu erfolgen, wenn die im Betrieb Anwendung findende Gehaltsgruppenordnung durch eine **tarifliche Neuregelung** nicht nur redaktionell, sondern in der Struktur geändert wird (BAG v. 9. 3. 1993 – 1 ABR 48/92, NZA 1993, 1045).

6c Wächst ein Arbeitnehmer aus einer **tariflichen Vergütungsordnung heraus** und besteht ein gestuftes außertarifliches Vergütungssystem, so ist eine Umgruppierung erst mit der Eingruppierung in die außertarifliche Vergütungsordnung vollständig vorgenommen (BAG v. 26. 10. 2004 – 1 ABR 37/03, NZA 2005, 367).

7   Unterlässt es der Arbeitgeber, die AT-Angestellten »einzugruppieren« und die Zustimmung

Außertarifliche Angestellte

des Betriebsrats nach § 99 Abs. 1 BetrVG einzuholen, kann der Betriebsrat über ein **Verfahren nach § 101 BetrVG** sein Mitbestimmungsrecht durchsetzen.
In § 101 BetrVG ist zwar von einer »Aufhebung« der personellen Maßnahme die Rede. Das BAG hat aber schon in früheren Entscheidungen die Vorschrift dahin gehend »umgearbeitet«, dass der Betriebsrat beim Arbeitsgericht nicht die Aufhebung der Ein- bzw. Umgruppierung verlangen kann.
Vielmehr muss er beantragen, dem Arbeitgeber aufzugeben,
* die Ein- oder Umgruppierung vorzunehmen,
* die Zustimmung des Betriebsrats einzuholen und
* bei Verweigerung der Zustimmung nach § 99 Abs. 4 BetrVG ein arbeitsgerichtliches Zustimmungsersetzungsverfahren einzuleiten (BAG v. 3.5.1994 – 1 ABR 58/93, AiB 1994, 762; 26.10.2004 – 1 ABR 37/03, NZA 2005, 367).
Im Zustimmungsersetzungsverfahren nach § 99 Abs. 4 BetrVG wird dann geprüft, ob die Tätigkeit des Arbeitnehmers noch dem **Entgeltgruppen-Tarifvertrag** unterliegt oder nicht bzw. ob die tariflichen **AT-Kriterien** (siehe Beispiel Rn. 1) erfüllt sind oder nicht.

Der Betriebsrat hat bei der Aufstellung eines **Vergütungssystems für AT-Angestellte** (z. B. Bildung von Gehaltsgruppen) ein **Initiativmitbestimmungsrecht** nach § 87 Abs. 1 Nr. 10 BetrVG (siehe hierzu → **Arbeitsentgelt** Rn. 60 ff.).   **8**
Die Sperrwirkungen des § 77 Abs. 3 BetrVG und des § 87 Abs. 1 BetrVG (Eingangssatz: »... *soweit eine ... tarifliche Regelung nicht besteht ...*«) stehen dem nicht entgegen, weil die Arbeitsbedingungen von AT-Angestellten tarifvertraglich weder geregelt sind noch – i. S. d. § 77 Abs. 3 BetrVG – »üblicherweise« geregelt werden (siehe hierzu → **Betriebsvereinbarung** Rn. 6).
Das Mitbestimmungsrecht umfasst allerdings nicht die **Höhe des Entgeltvolumens**, das der Arbeitgeber insgesamt für die Vergütung der AT-Angestellten zur Verfügung stellt.
Nach Ansicht des BAG folgt hieraus, dass folgende Fragen mitbestimmungsfrei sind (BAG v. 22.1.1980 – 1 ABR 48/77, AiB 1981, 47; 21.1.2003 – 1 ABR 5/02, NZA 2003, 810):
* die Festsetzung der Gruppengehälter (das heißt: die Gehaltshöhe für die jeweilige AT-Entgeltgruppe)
* die Festlegung der Wertunterschiede zwischen der letzten tariflichen Gehaltsgruppe und den außertariflichen Gehaltsgruppen
* die Entscheidung, ob die Gehälter von AT-Angestellten erhöht werden.

Offengelassen hat das BAG, ob die isolierte Festsetzung des **Wertunterschiedes zwischen den einzelnen AT-Gruppen** etwa in Form von Prozentsätzen oder sonstigen Bezugsgrößen dem Mitbestimmungsrecht nach § 87 Abs. 1 Nr. 10 unterliegt (BAG v. 22.1.1980 – 1 ABR 48/77, a..O.). Das dürfte allerdings zu bejahen sein, weil es insoweit um die **Verteilung** des Entgeltvolumens geht und damit um die von § 87 Abs. 1 Nr. 10 BetrVG erfasste Feststellung abstrakt-genereller Grundsätze zur Lohnfindung und um die Strukturformen des Entgelts einschließlich ihrer näheren Vollziehungsformen (BAG v. 22.1.1980 – 1 ABR 48/77, a..O.).
Von Bedeutung in diesem Zusammenhang ist auch die Rechtsprechung des BAG zu »freiwilligen« → **übertariflichen Zulagen**, wie etwa die Entscheidung des BAG v. 26.8.2008 – 1 AZR 354/07, NZA 2008, 1426:
»Ein nicht tarifgebundener Arbeitgeber leistet in mitbestimmungsrechtlicher Hinsicht die gesamte Vergütung ›freiwillig‹. Will er einzelne Vergütungsbestandteile beseitigen und verändert sich dadurch die Vergütungsstruktur, hat er den Betriebsrat gemäß § 87 Abs. 1 Nr. 10 BetrVG zu beteiligen.«

Soll für AT-Angestellte ein **Leistungsentgelt** eingeführt werden (z. B. ein Zielbonussystem; siehe → **Zielvereinbarung**) hat der Betriebsrat nach § 87 Abs. 1 Nr. 11 BetrVG mitzubestimmen (siehe → **Arbeitsentgelt** Rn. 74 ff.).   **9**

Außertarifliche Angestellte

Bedeutung für die Beschäftigten

10   Ist in einem Arbeitsvertrag die Dauer der Arbeitszeit nicht ausdrücklich geregelt, gilt die **betriebsübliche Arbeitszeit** als vereinbart. Nach ihr bemessen sich die Pflichten des Arbeitnehmers zur Arbeitsleistung und des Arbeitgebers zur Zahlung der Vergütung. Diese Grundsätze gelten auch für außertarifliche Angestellte (BAG v. 15.5.2013 – 10 AZR 325/12).

11   Werden die Gehälter der AT-Angestellten erhöht, einige AT-Angestellte aber ausgenommen, kann sich ein Anspruch auf **Gehaltserhöhung** der ausgenommenen AT-Angestellten ergeben, wenn der Gleichbehandlungsgrundsatz verletzt wurde (LAG Köln v. 18.12.1992 – 14 Sa 977/91, AiB 1993, 334; siehe auch → **Gleichbehandlung**).

Dem AT-Angestellten steht gegen den Arbeitgeber ein **Auskunftsanspruch** zu (BAG v. 1.12.2004 – 5 AZR 664/03, NZA 2005, 289).

12   Der AT-Angestellte hat nach Tariferhöhungen einen Anspruch auf **Gehaltsanpassung**, wenn ansonsten der (z.B. nach dem Tarifvertrag erforderliche) Mindestabstand nicht mehr gewahrt wäre (BAG v. 11.2.1998 – 5 AZR 127/97, AiB 1998, 533).

13   Soweit Tarifverträge auf AT-Angestellte keine Anwendung finden (siehe Rn. 1 ff.), ist die → **Gewerkschaft** rechtlich nicht gehindert, für diesen Personenkreis **Tarifforderungen** aufzustellen und ggf. kampfweise – durch Streik – durchzusetzen (siehe → **Arbeitskampf**).

Vor allem stehen die existierenden – für AT-Angestellte gerade nicht geltenden – Tarifverträge einem solchen Vorgehen nicht entgegen.

In der Praxis scheitert ein derartiges Unterfangen aber schlicht daran, dass sich die meisten AT-Angestellten – aus welchen Gründen auch immer – gewerkschaftlich nicht organisieren. Zudem erscheint es als utopisch, AT-Angestellte für einen solchen Tarifvertrag – und einen Streik dafür – zu gewinnen.

Arbeitshilfen

Musterschreiben
- Vergütungsordnung für außertarifliche Angestellte: Regelungspunkte in einer Betriebsvereinbarung

Rechtsprechung

1. Tarifliche Bestimmung des AT-Angestellten
1a. Arbeitsvertragliche Vereinbarungen zur Dauer der Arbeitszeit
2. Auskunftsanspruch eines AT-Angestellten über Gehaltserhöhungen anderer AT-Angestellter (Gleichbehandlung)
3. Anspruch des AT-Angestellten auf Gehaltsanpassung
4. Auskunftsanspruch des Betriebsrats
5. Mitbestimmung des Betriebsrats bei der Entgeltgestaltung für AT-Angestellte
6. Mitbestimmung bei Eingruppierung / Umgruppierung eines AT-Angestellten

Auswahlrichtlinien

Was ist das?

Auswahlrichtlinien i. S. d. § 95 Abs. 1 und 2 BetrVG sind **Entscheidungsmaßstäbe** für im Einzelfall geplante personelle Maßnahmen (Einstellung, Versetzung, Umgruppierung, Kündigung). Hierzu ein Auszug aus BAG v. 26.7.2005 – 1 ABR 29/04, AiB 2006, 710: »*Auswahlrichtlinien sind Grundsätze, die zu berücksichtigen sind, wenn bei beabsichtigten personellen Einzelmaßnahmen, für die mehrere Arbeitnehmer oder Bewerber in Betracht kommen, zu entscheiden ist, welchen gegenüber sie vorgenommen werden sollen. Ihr Sinn und Zweck ist es festzulegen, unter welchen Voraussetzungen die betreffenden personellen Einzelmaßnahmen erfolgen sollen. Dadurch soll die jeweilige Personalentscheidung versachlicht und für die Betroffenen durchschaubar gemacht werden. Der Arbeitnehmer soll erkennen können, warum er und nicht ein anderer von einer ihn belastenden Personalmaßnahme betroffen wird oder warum eine günstige Maßnahme nicht ihn, sondern einen anderen trifft. Die Auswahl selbst ist Sache des Arbeitgebers. Die Richtlinien sollen lediglich seinen Ermessensspielraum durch die Aufstellung von Entscheidungskriterien einschränken. Sie dürfen ihn grundsätzlich nicht gänzlich beseitigen. Um diesen Anforderungen zu genügen, müssen Auswahlrichtlinien iSv. § 95 Abs. 1 Satz 1 BetrVG abstrakt-generelle Grundsätze enthalten, welche die für die jeweilige personelle Auswahl maßgeblichen fachlichen, persönlichen oder sozialen Gesichtspunkte gewichten.*«

Beispiele:
- »Bei Einstellungen haben innerbetriebliche Bewerber bei gleicher Qualifikation gegenüber außerbetrieblichen Bewerbern den Vorrang ...«
- »Bei der Versetzung auf einen höherwertigen Arbeitsplatz sind bei gleicher Qualifikation Arbeitnehmer mit längerer Betriebszugehörigkeit vorrangig zu berücksichtigen ...«
- »Betriebsbedingte Kündigungen gegenüber solchen Arbeitnehmern, die nach Umschulungs- oderFortbildungsmaßnahmen weiterbeschäftigt werden können, sind unzulässig ...«
- »Die bei betriebsbedingten Kündigungen erforderliche soziale Auswahl erfolgt nach folgender Maßgabe: Der Arbeitgeber beschreibt zunächst diejenigen Arbeitsplätze, die aus betriebsbedingten Gründen wegfallen sollen. Der Arbeitgeber erstellt sodann eine Liste aller derjenigen Arbeitnehmer, die auf den betreffenden Arbeitsplätzen sowie auf ähnlichen oder verwandten Arbeitsplätzen tätig sind. Die auf diese Weise ermittelten Arbeitnehmer werden sodann nach Beschäftigungsdauer, Alter, Zahl der unterhaltsberechtigten Familienangehörigen, allein erziehende/r Mutter/Vater, Schwerbehinderung, Vermögenslage, Vermittelbarkeit auf dem Arbeitsmarkt geordnet.Für jeden vorstehend genannten sozialen Gesichtspunkt wird eine Punktezahl nach folgenderMaßgabe vergeben: ... Den Arbeitnehmern mit der niedrigeren Punktezahl wird zuerst gekündigt.Haben Arbeitnehmer die gleiche Punktezahl, so wird der jüngere Arbeitnehmer zuerst entlassen ...«.Zur Problematik einer solchen Kündigungs-Auswahlrichtlinie: siehe unten stehende Hinweise zu§ 1 Abs. 4 KSchG und → **Kündigung**, → **ordentliche Kündigung**).

Eine Auswahlrichtlinie liegt auch dann vor, wenn der Arbeitgeber, ohne dieses schriftlich

Auswahlrichtlinien

niederzulegen, seine Personalentscheidungen nach einem bestimmten **Auswahlsystem** vornimmt.

> **Beispiel:**
> Im Betrieb besteht eine nirgendwo schriftlich niedergelegte Praxis, Beförderungen (= Versetzungen i. S. d. §§ 95 Abs. 3, 99 BetrVG) dann nicht vorzunehmen, wenn der sich um die Beförderung bemühende Arbeitnehmer in den letzten drei Jahren wegen Verhaltens- oder Leistungsmängeln abgemahnt worden ist.

3   Auch ein **automatisiertes Personalinformationssystem** kann eine Auswahlrichtlinie darstellen, wenn es auf der Grundlage eines entsprechenden Programms selbständig die für eine zu treffende Personalentscheidung »eingegebenen« Kriterien und Gesichtspunkte (z. B. Fähigkeits- und Eignungsprofil) auswertet und auf diese Weise für einen bestimmten Arbeitsplatz den am besten geeigneten Arbeitnehmer »automatisch« ermittelt.

3a Dagegen sind **Stellenbeschreibungen**, Funktionsbeschreibungen oder Anforderungsprofile nach Ansicht des BAG keine Auswahlrichtlinien im Sinne von § 95 Abs. 1 und 2 BetrVG (BAG v. 14. 1. 1986 – 1 ABR 82/83, NZA 1986, 531; 31. 1. 1984 – 1 ABR 63/81, NZA 1984, 51). Hierbei handele es sich um Instrumente der → **Personalplanung**. Über diese sei der Betriebsrat nach § 92 BetrVG zu unterrichten. Ein Mitbestimmungsrecht bei einzelnen organisatorischen Maßnahmen der Personalplanung stehe ihm jedoch nicht zu.

Bedeutung für die Betriebsratsarbeit

4   Der Betriebsrat hat bei der Aufstellung von Auswahlrichtlinien nach § 95 Abs. 1 und 2 BetrVG mitzubestimmen.

5   In Betrieben mit **bis zu 500 Arbeitnehmern** kann der Arbeitgeber zwar allein darüber befinden, »**ob**« er überhaupt Auswahlrichtlinien einführt.
Entscheidet er sich aber dafür, dann benötigt er hierfür und für den »**Inhalt**« der Auswahlrichtlinien die Zustimmung des Betriebsrats.
Bei Nichteinigung über das »Ob« und »Wie« der Auswahlrichtlinien entscheidet auf Antrag die → **Einigungsstelle** (§ 95 Abs. 1 BetrVG).

6   In Betrieben mit **mehr als 500 Arbeitnehmern** hat der Betriebsrat darüber hinaus ein **Initiativmitbestimmungsrecht** (siehe → **Beteiligungsrechte des Betriebsrats**). Das heißt, er kann die Einführung und Ausgestaltung von Auswahlrichtlinien verlangen.
Lehnt der Arbeitgeber ab, entscheidet auf Antrag die → **Einigungsstelle** über die Einführung (das »Ob«) und den Inhalt (das »Wie«) der Richtlinien (§ 95 Abs. 2 BetrVG).

7   Es empfiehlt sich, diese Einigung in Form einer → **Betriebsvereinbarung** schriftlich niederzulegen, wenn es zu einer Einigung mit dem Arbeitgeber über das »Ob« und »Wie« einer Auswahlrichtlinie z. B. über Einstellung und Beförderung gekommen ist.

8   Verwendet der Arbeitgeber Auswahlrichtlinien, ohne mit dem Betriebsrat hierüber die nach § 95 Abs. 1 und 2 BetrVG erforderliche Einigung herbeigeführt zu haben, kann der Betriebsrat Unterlassung verlangen (siehe → **Unterlassungsanspruch des Betriebsrats**).

9   Insgesamt erscheint aber eine Initiative des Betriebsrats zum Abschluss einer Auswahlrichtlinie zu Kündigungen nicht sinnvoll. Zu beachten ist, dass eine durch → **Betriebsvereinbarung** (oder → **Tarifvertrag**) geregelte Auswahlrichtlinie zu Kündigungen gemäß § 1 Abs. 4 KSchG eine **Einschränkung des Kündigungsschutzes** zur Folge hat (siehe Rn. 20 und 25).

10 Eine originäre Zuständigkeit des → **Gesamtbetriebsrats** nach § 50 Abs. 1 BetrVG kann bestehen, wenn Auswahlrichtlinien für mehrere/alle Betriebe eines Unternehmens aufgestellt

Auswahlrichtlinien

werden. Voraussetzung ist, dass eine **zwingende** sachliche Notwendigkeit für eine einheitliche Regelung auf Unternehmensebene besteht. Das kann der Fall sein, wenn eine unternehmenseinheitliche Personalplanung praktiziert wird. Liegen diese Voraussetzungen vor, erstreckt sich die Zuständigkeit des Gesamtbetriebsrats auch auf betriebsratslose Betriebe (BAG v. 3. 5. 1984 – 6 ABR 68/81, DB 1984, 2413; vgl. auch Fitting, BetrVG, 27. Aufl., § 95 Rn. 17; DKKW-*Klebe*, BetrVG, 15. Aufl., § 95 Rn. 20). Entsprechendes gilt für den → **Konzernbetriebsrat** bei Vorliegen der Voraussetzungen des § 58 Abs. 1 BetrVG.

Strittig ist, ob es im Falle der Zuständigkeit des Gesamtbetriebsrats (bzw. Konzernbetriebsrats) auf die Zahl der Arbeitnehmer im **Betrieb** (so der Wortlaut) oder im **Unternehmen** ankommt. So wird zutreffend die Ansicht vertreten, dass das **Initiativmitbestimmungsrecht** nach § 95 Abs. 2 BetrVG (siehe Rn. 6) auf das gesamte Unternehmen (bzw. den Konzern) zu erstrecken ist, wenn ein Betrieb mehr als 500 Arbeitnehmer hat, aber auch dann, wenn im Unternehmen (bzw. Konzern) insgesamt mehr als 500 Arbeitnehmer beschäftigt sind (DKKW-*Klebe*, BetrVG, 15. Aufl., § 95 Rn. 20; a. A. Fitting, BetrVG, 27. Aufl., § 95 Rn. 17 m. w. N.). Folge dieser Ansicht ist, dass es ein Initiativrecht des Gesamtbetriebsrats (bzw. Konzernbetriebsrats) auch in Betrieben mit bis zu 500 Arbeitnehmern gäbe.

Wenn es zu Verhandlungen über die Einführung von Auswahlrichtlinien kommt, hat der Betriebsrat darauf zu achten, dass bei der inhaltlichen Ausgestaltung der Richtlinien die in § 75 **BetrVG enthaltenen Grundsätze** beachtet werden: u. a. Behandlung nach Recht und Billigkeit; vor allem keine Benachteiligung aus Gründen der Rasse oder wegen der ethnischen Herkunft, Abstammung oder sonstigen Herkunft, Nationalität, Religion oder Weltanschauung, wegen einer Behinderung, des Alters, der politischen oder gewerkschaftlichen Betätigung oder Einstellung oder wegen des Geschlechts oder der sexuellen Identität. 11

Verstößt eine Auswahlrichtlinie gegen **höherrangiges Recht**, so ist sie auch dann unwirksam, wenn der Betriebsrat zugestimmt hat. 12

Bei der Ausgestaltung einer Auswahlrichtlinie muss bedacht werden, dass nicht jede **Ungleichbehandlung** rechtswidrig ist. 13

So ist es beispielsweise nicht nur zulässig, sondern geradezu gesetzlich vorgeschrieben, → **schwerbehinderte Menschen** bei innerbetrieblichen Berufsbildungsmaßnahmen bevorzugt zu berücksichtigen (vgl. § 81 Abs. 4 Nr. 2 SGB IX).

Außerdem ist anerkannt, dass die Bevorzugung eines schwerbehinderten Menschen z. B. bei Einstellung oder Beförderung (= Versetzung auf einen höherwertigen Arbeitsplatz) dann geboten ist, wenn er die gleiche Qualifikation und Eignung besitzt wie ein Mitbewerber.

Ebenfalls zulässig ist die Bevorzugung von innerbetrieblichen gegenüber externen Bewerbern (»**Aufstieg geht vor Einstieg**«).

Strittig ist die Frage der Zulässigkeit einer (z. B. im Rahmen eines betrieblichen Frauenförderplans) geschaffenen Auswahlrichtlinie, in der bestimmt ist, dass bis zum Erreichen einer bestimmten **Quote weibliche Bewerber** bei vergleichbarer Qualifikation gegenüber männlichen Bewerbern bei Einstellungen bzw. Beförderungen den Vorrang haben. 14

Die Gegner einer solchen Quotenregelung berufen sich vor allem auf § 75 BetrVG und auf § 1 AGG (hiernach ist eine Benachteiligung wegen des Geschlechts – in diesem Fall der Männer – unzulässig).

Die Zulässigkeit einer »Frauenquote« dürfte aber zu bejahen sein, wenn nur auf diese Weise eine infolge »Männer fördernder« Praxis im Betrieb entstehende Benachteiligung der Frauen abgewendet werden kann.

Allerdings darf kein automatischer Vorrang eingeräumt werden; es muss Spielraum für eine abweichende Regelung in begründeten Einzelfällen gelassen werden (EuGH v. 17. 10. 1995 – C–450/93, NZA 1995, 1095).

Siehe auch → **Gleichberechtigung/Gleichstellung von Frauen und Männern**.

Auswahlrichtlinien

15 Es dürfte sich um eine zulässige Auswahlrichtlinie i. S. d. § 95 Abs. 1 und 2 BetrVG handeln, wenn festgelegt wird, dass
- die Vergabe von Funktionen an **Fremdfirmen** in Form eines Dienst- oder Werkvertrags nur mit Zustimmung des Betriebsrats erfolgen darf und dass im Nichteinigungsfalle die Einigungsstelle entscheidet (strittig);
- die Zahl der im Betrieb eingesetzten **Leiharbeitnehmer** auf eine **Quote** von (z. B.) 5 Prozent der Belegschaft begrenzt wird (siehe hierzu DKKW-*Klebe*, BetrVG 15. Aufl. § 95 Rn. 32; unklar Fitting, BetrVG, 27. Aufl. § 95 Rn. 22) und dass im Nichteinigungsfalle die → **Einigungsstelle** entscheidet.

> **Hinweis:**
> Diese Forderungen des Betriebsrats lassen sich in Betrieben mit **bis zu 500 Arbeitnehmern** nur durch »freiwillige« Betriebsvereinbarung (= nicht erzwingbar durch Anrufen der Einigungsstelle) regeln. In Betrieben mit **mehr als 500 Arbeitnehmer** hat der Betriebsrat ein Initiativmitbestimmungsrecht, sodass im Nichteinigungsfall die **Einigungsstelle** angerufen werden kann.

Handlungsmöglichkeiten der Gewerkschaft bei Quotenregelungen (z. B. bei Leiharbeit)

16 Die Gewerkschaft kann einen entsprechenden Tarifvertag (Fremdvergabe nur mit Zustimmung des Betriebsrats; Leiharbeitsquote) verlangen. Ob es sich um zulässige Tarifziele handelt, ist bisher rechtlich nicht abschließend geklärt. Mindestens in Bezug auf das Thema »Fremdvergabe« werden sich die Arbeitgeber auf die »unternehmerische Entscheidungsfreiheit« berufen (Art. 12 Abs. 1 GG). Zur Frage, ob für Tarifforderungen gestreikt werden kann, die in die »unternehmerische Entscheidungsfreiheit« eingreifen, siehe Berg/Kocher/Schumann-*Wankel/Schoof*, Tarifvertragsgesetz und Arbeitskampfrecht, 5. Aufl. 2015, § 1 TVG Rn. 166 ff.

> **Beachten:**
> In der Metallindustrie gelten zurzeit die regionalen Verbandstarifverträge zur Zeit-/Leiharbeit. Sie lösen zum Thema »Leiharbeitsquote« Friedenspflicht aus, so dass ein Streik für eine tarifliche Leiharbeitsquote während der Laufzeit des Verbandstarifvertrags ausgeschlossen ist.
> In nicht tarifgebundenen Betrieben gilt diese Einschränkung natürlich nicht.

Eine andere Frage ist, ob es gelingt, die Beschäftigten des Entleiherbetriebs für einen solchen Tarifvertrag – und einen Streik dafür – zu gewinnen.
Zu Tarifvertragsbeispielen zum Thema »equal pay« bei Leiharbeit siehe → **Arbeitnehmerüberlassung/Leiharbeit** (vgl. auch Berg/Kocher/Schumann-*Wankel/Schoof*, a..O., § 1 TVG Rn. 199 ff., 207 ff.).

Vor- und Nachteile von Auswahlrichtlinien

17 Der Betriebsrat sollte im Rahmen von Verhandlungen über das »Ob« und »Wie« von Auswahlrichtlinien des Weiteren bedenken, dass solche Richtlinien nicht nur **Vorteile**, sondern auch **Nachteile** haben können.
Der Vorteil besteht zweifellos darin, dass Personalentscheidungen des Arbeitgebers ein wenig transparenter und vorhersehbarer werden.
Nachteilig ist, dass es schwieriger wird, die besonderen Umstände des Einzelfalles bei der jeweiligen personellen Entscheidung angemessen zu berücksichtigen.

Auswahlrichtlinien

Beispiel:
Der Vorrang des innerbetrieblichen Bewerbers bei der Besetzung von frei werdenden Arbeitsplätzen mag für den Regelfall zutreffend sein. Die Kehrseite ist: Eine solche Auswahlrichtlinie nimmt arbeitslosen außerbetrieblichen Bewerbern die Chance auf einen Arbeitsplatz.

Deshalb sollte durch entsprechende Regelungen sichergestellt werden, dass die Auswahlrichtlinie genügend Raum lässt für eine »abschließende« Berücksichtigung der Besonderheiten des **Einzelfalles** (BAG v. 7. 12. 1995 – 2 AZR 1008/94, NZA 1996, 473).

Verstößt der Arbeitgeber anlässlich einer → **Einstellung** oder → **Versetzung** gegen eine (mit dem Betriebsrat vereinbarte) Auswahlrichtlinie, kann der Betriebsrat die Zustimmung zu der Maßnahme verweigern (§ 99 Abs. 2 Nr. 2 BetrVG). 18

Auswahlrichtlinien bei Kündigung

Zu Recht verlangt das BAG, dass jedenfalls **Kündigungs-Auswahlrichtlinien** genügend Raum lassen müssen für eine »abschließende Berücksichtigung der Besonderheiten des **Einzelfalles«** (BAG v. 7. 12. 1995 – 2 AZR 1008/94, NZA 1995, 32). 19

Schließlich ist zu beachten, dass eine durch → **Betriebsvereinbarung** (oder → **Tarifvertrag**) geregelte Kündigungs-Auswahlrichtlinie gemäß § 1 Abs. 4 KSchG eine gravierende **Einschränkung des Kündigungsschutzes** zur Folge hat. 20
Ist nämlich in einem Tarifvertrag oder einer Betriebsvereinbarung nach § 95 BetrVG festgelegt, wie die sozialen Gesichtspunkte nach § 1 Abs. 3 Satz 1 KSchG (= Dauer der Betriebszugehörigkeit, Lebensalter, Unterhaltspflichten, Schwerbehinderung) im Verhältnis zueinander zu bewerten (d. h. zu gewichten) sind, kann die soziale Auswahl im Kündigungsschutzprozess vom Arbeitsgericht nur noch auf »grobe Fehlerhaftigkeit« überprüft werden (siehe → **Betriebsbedingte Kündigung** und → **Kündigungsschutz**).
Der Betriebsrat sollte deshalb eine **Kündigungs-Auswahlrichtlinie** grundsätzlich nicht vereinbaren.
Denn es gehört nicht zu seinen Aufgaben, die Chancen von zukünftig von einer Kündigung betroffenen Arbeitnehmern im Kündigungsschutzprozess zu verschlechtern (und wenn es nur die Chance auf eine angemessene → **Abfindung** ist).

Verstößt eine vom Arbeitgeber beabsichtigte → **ordentliche Kündigung** (auch Änderungskündigung) gegen eine Auswahlrichtlinie, kann der Betriebsrat nach § 102 Abs. 3 Nr. 2 BetrVG Widerspruch gegen die Kündigung einlegen mit der Folge, dass dem dennoch gekündigten Arbeitnehmer ein Weiterbeschäftigungs- und -vergütungsanspruch bis zum rechtskräftigen Abschluss des Kündigungsschutzrechtsstreits zusteht (§ 102 Abs. 5 BetrVG; siehe → **Ordentliche Kündigung**). 21

Außerdem ist die Kündigung in einem solchen Falle gem. § 1 Abs. 2 Satz 2 Nr. 1a KSchG sozial ungerechtfertigt (**absoluter Sozialwidrigkeitsgrund**; siehe hierzu → **Kündigungsschutz** Rn. 15, 16). 22

Bedeutung für die Beschäftigten

Bestehen in einem Betrieb zwischen Arbeitgeber und Betriebsrat vereinbarte oder durch Spruch der → **Einigungsstelle** beschlossene Auswahlrichtlinien, sind diese **zugunsten bzw. zuungunsten** des Arbeitnehmers (z. B. im Rahmen eines Kündigungsschutzprozesses) zu berücksichtigen. 23

Dies gilt jedoch nicht, wenn eine Auswahlrichtlinie vom Arbeitgeber ohne Zustimmung des 24

Auswahlrichtlinien

Betriebsrats bzw. Spruch der Einigungsstelle »erlassen« wird oder eine mitbestimmte Auswahlrichtlinie gegen höherrangiges Recht verstößt und deshalb unwirksam ist.

25 Zu beachten ist § 1 Abs. 4 KSchG: Ist in einem Tarifvertrag oder einer Betriebsvereinbarung nach § 95 BetrVG festgelegt, wie die sozialen Gesichtspunkte nach § 1 Abs. 3 Satz 1 KSchG (= Dauer der Betriebszugehörigkeit, Lebensalter, Unterhaltspflichten, Schwerbehinderung) im Verhältnis zueinander zu bewerten (d. h. zu gewichten) sind, kann die **soziale Auswahl** im Kündigungsschutzprozess vom → **Arbeitsgericht** nur noch auf »grobe Fehlerhaftigkeit« überprüft werden (siehe → **Betriebsbedingte Kündigung** und → **Kündigungsschutz**).
Der Kündigungsschutz des Betroffenen wird also in einem solchen Fall deutlich eingeschränkt.

Rechtsprechung

1. Auswahlrichtlinien (§ 95 Abs. 1, 2 BetrVG) – Mitbestimmung des Betriebsrats
2. Stellenbeschreibungen – Funktionsbeschreibungen – Anforderungsprofile
3. Auswahlrichtlinien bei Versetzungen
4. Auswahlrichtlinien bei Kündigungen: gesetzliche Mindestanforderungen (§ 1 Abs. 3 KSchG)
5. Auswahlrichtlinien bei Kündigung: Punkteschema
6. Auswahlrichtlinien und Interessenausgleich mit Namensliste
7. Zuständigkeit Betriebsrat – Gesamtbetriebsrat
8. Unterlassungsanspruch des Betriebsrats

Auszubildende/ Berufsausbildungsverhältnis

Grundlagen

Auszubildende sind Personen, die auf der Grundlage eines mit dem Ausbildenden (= Arbeitgeber) geschlossenen Ausbildungsvertrages im Sinne des Berufsbildungsgesetzes tätig sind bzw. ausgebildet werden.

Für das **Berufsausbildungsverhältnis** gelten die Bestimmungen des Berufsbildungsgesetzes (BBiG) vom 23.3.2005 (BGBl. I S. 931; siehe auch → **Berufsbildung**) und – soweit der Auszubildende das 18. Lebensjahr noch nicht vollendet hat – das **Jugendarbeitsschutzgesetz**.

Die Berufsausbildung i. S. d. §§ 4 ff. BBiG ist von der beruflichen **Fortbildung** (§§ 53 ff. BBiG) und beruflichen **Umschulung** (§§ 58 ff. BBiG) zu unterscheiden (siehe hierzu → **Berufsbildung**).

Es ist streitig, ob das Ausbildungsverhältnis eine arbeitsvertragliche Beziehung (siehe → **Arbeitsvertrag**) mit erziehungsrechtlichem Einschlag oder ein Vertragsverhältnis besonderer Art ist.

Für das **Betriebsverfassungsrecht** ist diese Frage jedoch geklärt. Denn nach § 5 Abs. 1 BetrVG sind die »*zu ihrer Berufsausbildung Beschäftigten*« → **Arbeitnehmer** im Sinne des Betriebsverfassungsgesetzes. Das heißt, die Bestimmungen des BetrVG gelten uneingeschränkt auch für Auszubildende.

Häufig finden auf das Berufsausbildungsverhältnis speziell auf Auszubildende zugeschnittene → **Tarifverträge** Anwendung (z. B. über Ausbildungsvergütung, Urlaubs- und Weihnachtsgeld usw.).

Voraussetzung ist, dass beiderseitige Tarifbindung besteht (das heißt: Mitgliedschaft des Arbeitgebers im Arbeitgeberverband bzw. Vorliegen eines Firmentarifvertrags und Mitgliedschaft des Auszubildenden in der tarifvertragschließenden Gewerkschaft) oder dass die Geltung der Tarifverträge im Ausbildungsvertrag vereinbart wurde.

Der Ausbildende hat mit dem Auszubildenden einen **Berufsausbildungsvertrag** abzuschließen (§ 10 Abs. 1 BBiG).

Unverzüglich nach Vertragsschluss, spätestens vor Beginn der Berufsausbildung muss der Ausbildende den wesentlichen Inhalt des Vertrages **schriftlich** niederlegen (§ 11 Abs. 1 BBiG). Wird die Schriftform nicht gewahrt, hat das aber nicht die Unwirksamkeit des Berufsausbildungsvertrages zur Folge (BAG v. 21.8.1997 – 5 AZR 713/96, NZA 1998, 37).

Im Einzelnen sind in die **Niederschrift** mindestens aufzunehmen:
- Art, sachliche und zeitliche Gliederung sowie das Ziel der Berufsausbildung, insbesondere die Berufstätigkeit, für die ausgebildet werden soll,
- Beginn und Dauer der Berufsausbildung,
- Ausbildungsmaßnahmen außerhalb der Ausbildungsstelle,
- Dauer der regelmäßigen täglichen Ausbildungszeit,
- Dauer der Probezeit (ein bis maximal vier Monate; § 20 BBiG),
- Zahlung und Höhe der Vergütung,
- Dauer des Urlaubs,

Auszubildende/Berufsausbildungsverhältnis

- Voraussetzungen, unter denen der Berufsausbildungsvertrag gekündigt werden kann,
- ein in allgemeiner Form gehaltener Hinweis auf die Tarifverträge, Betriebs- und Dienstvereinbarungen, die auf das Ausbildungsverhältnis anzuwenden sind.

7 Die Niederschrift ist von dem Ausbildenden, dem Auszubildenden und dessen gesetzlichen Vertretern zu unterzeichnen (§ 11 Abs. 2 BBiG). Der Ausbilder muss dem Auszubildenden und dessen gesetzlichen Vertretern unverzüglich eine Ausfertigung der Niederschrift aushändigen.

8 **Nichtig** ist gemäß § 12 BBiG eine Vereinbarung über
- die Beschränkung des Auszubildenden in der Ausübung seiner beruflichen Tätigkeit nach Beendigung des Berufsausbildungsverhältnisses (Ausnahme: Der Auszubildende verpflichtet sich innerhalb der letzten sechs Monate des Ausbildungsverhältnisses, nach Beendigung desselben mit dem Ausbildenden ein Arbeitsverhältnis einzugehen),
- die Verpflichtung des Auszubildenden, für die Berufsausbildung eine Entschädigung zu zahlen,
- Vertragsstrafen,
- den Ausschluss oder die Beschränkung von Schadensersatzansprüchen,
- die Festsetzung der Höhe eines Schadensersatzes in Pauschbeträgen.

9 Der Berufsausbildungsvertrag wird bei den für die Berufsausbildung zuständigen Stellen in das **Verzeichnis** der Berufsausbildungsverträge eingetragen (§§ 34 ff. BBiG).

Pflichten des Ausbildenden (§§ 14 bis 19 BBiG)

10 Der **Ausbildende** (= Arbeitgeber) hat nach § 14 Abs. 1 BBiG
- dafür zu sorgen, dass dem Auszubildenden die Fertigkeiten und Kenntnisse vermittelt werden, die zum Erreichen des Ausbildungsziels erforderlich sind, und die Berufsausbildung in einer durch ihren Zweck gebotenen Form planmäßig, zeitlich und sachlich gegliedert so durchzuführen, dass das Ausbildungsziel in der vorgesehenen Ausbildungszeit erreicht werden kann,
- selbst auszubilden oder einen Ausbilder ausdrücklich damit zu beauftragen,
- dem Auszubildenden kostenlos die Ausbildungsmittel, insbesondere Werkzeuge und Werkstoffe zur Verfügung zu stellen, die zur Berufsausbildung und zum Ablegen von Zwischen- und Abschlussprüfungen, auch soweit solche nach Beendigung des Berufsausbildungsverhältnisses stattfinden, erforderlich sind,
- den Auszubildenden zum Besuch der Berufsschule sowie zum Führen von Berichtsheften anzuhalten, soweit solche im Rahmen der Berufsausbildung verlangt werden, und diese durchzusehen,
- dafür zu sorgen, dass der Auszubildende charakterlich gefördert sowie sittlich und körperlich nicht gefährdet wird.

11 Dem Auszubildenden dürfen nur **Verrichtungen übertragen** werden, die dem Ausbildungszweck dienen und seinen körperlichen Kräften angemessen sind (§ 14 Abs. 2 BBiG).

12 Die **Kosten der Berufsausbildung** i. S. d. §§ 4 ff. BBiG hat der Ausbildende zu tragen (BAG v. 21.9.1995, NZA 1996, 205; 26.9.2002 – 6 AZR 486/00, NZA 2003, 1403).
Rückzahlungsklauseln im Ausbildungsvertrag sind in entsprechender Anwendung des § 12 Abs. 1 Satz 1 BBiG unwirksam (BAG v. 25.4.2001 – 5 AZR 509/99, NZA 2002, 1396; zur Rückzahlung der Kosten, die der Arbeitgeber im Rahmen eines Arbeitsverhältnisses für eine **Fortbildung** des Arbeitnehmers übernommen hat, siehe → **Berufsbildung** Rn. 11, 12).
Zu den Kosten der Berufsausbildung zählen auch die **Kosten für Verpflegung und Unterkunft** des Auszubildenden, die dadurch entstehen, dass die praktische Berufsausbildung nicht im Ausbildungsbetrieb, sondern an einem anderen Ort vorgenommen wird. Dies gilt auch, wenn sich die gesamte praktische Ausbildung außerhalb des Ausbildungsbetriebs vollzieht (BAG v. 21.9.1995 – 5 AZR 994/94, NZA 1996, 205).

Auszubildende/Berufsausbildungsverhältnis

Die Kosten, die im Zusammenhang mit der **schulischen Berufsausbildung** des Auszubildenden entstehen, hat der Ausbildende nicht zu tragen (BAG v. 26. 9. 2002 – 6 AZR 486/00, NZA 2003, 1403).

Der Ausbildende hat den Auszubildenden nach § 15 BBiG für die Teilnahme am **Berufsschulunterricht** und an Prüfungen **freizustellen**. Das Gleiche gilt, wenn Ausbildungsmaßnahmen außerhalb der Ausbildungsstätte durchzuführen sind.

13

Daraus folgt, dass der Berufsschulunterricht auf die geschuldete Ausbildungszeit anzurechnen ist.

Die Freistellung von der betrieblichen Ausbildung umfasst auch die Zeiträume, in denen der Auszubildende zwar nicht am Berufsschulunterricht teilnehmen muss, aber wegen des Schulbesuchs aus tatsächlichen Gründen gehindert ist, im Ausbildungsbetrieb an der betrieblichen Ausbildung teilzunehmen.

Dies betrifft insbesondere die Zeiten des notwendigen Verbleibs an der Berufsschule während der **unterrichtsfreien Zeit** und die notwendigen **Wegezeiten** zwischen Berufsschule und Ausbildungsbetrieb.

Seit dem Außer-Kraft-Treten von § 9 Abs. 4 JArbSchG zum 1. 3. 1997 fehlt es an einer Anrechnungsregelung, so dass die Summe der Berufsschulzeiten und der betrieblichen Ausbildungszeiten kalenderwöchentlich größer als die regelmäßige tarifliche wöchentliche Ausbildungszeit sein kann (BAG v. 26. 3. 2001 – 5 AZR 413/99, AiB 2003, 565).

Aus § 15 Satz 1 BBiG und § 19 Abs. 1 Nr. 1 BBiG ergibt sich, dass bei Überschneidungen von Zeiten des Besuchs der Berufsschule und betrieblicher Ausbildung der Besuch des Berufsschulunterrichts der betrieblichen Ausbildung vorgeht.

Dies bedeutet zugleich die Ersetzung der Ausbildungspflicht, so dass eine Nachholung der so ausfallenden betrieblichen Ausbildungszeiten von Gesetzes wegen ausgeschlossen ist (BAG v. 26. 3. 2001 – 5 AZR 413/99, a. a. O.).

Für **jugendliche Auszubildende** ist das Thema »Freistellung und Anrechnung« in § 9 JArbSchG geregelt.

Ausbildungsvergütung (§ 17 BBiG)

Der Ausbildende hat dem Auszubildenden eine **angemessene Vergütung** zu gewähren (§ 17 Abs. 1 BBiG).

14

Sie ist nach dem Lebensalter des Auszubildenden so zu bemessen, dass sie mit fortschreitender Berufsausbildung, mindestens jährlich, ansteigt.

Die Angemessenheit der Vergütung wird unter Abwägung der Interessen beider Vertragsparteien und unter Berücksichtigung der besonderen Umstände des Einzelfalls festgestellt. Hierbei ist auf die Verkehrsanschauung abzustellen.

Wichtigster Anhalt dafür sind nach Ansicht des BAG die einschlägigen → **Tarifverträge**.

Es sei sachgerecht, als Vergleichsmaßstab **auch für die nicht tarifgebundenen Parteien** Tarifverträge heranzuziehen, weil sie von den Tarifvertragsparteien ausgehandelt worden sind und anzunehmen ist, dass die Interessen beider Seiten hinreichend berücksichtigt worden sind.

Danach erweise sich eine vereinbarte Ausbildungsvergütung als unangemessen, wenn sie die tarifliche Ausbildungsvergütung **um mehr als 20 Prozent unterschreitet** (BAG v. 29. 4. 2015 – 9 AZR 108/14; 8. 5. 2003 – 6 AZR 191/02, NZA 2003, 1343; 25. 7. 2002 – 6 AZR 311/00, DB 2003, 1744). Die unangemessen niedrige Ausbildungsvergütung ist durch die tarifliche Ausbildungsvergütung zu ersetzen.

Bei Ausbildungsverhältnissen, die ausschließlich durch **öffentliche Gelder** und **private Spenden** zur Schaffung zusätzlicher Ausbildungsplätze finanziert werden und zudem für einen nicht tarifgebundenen Ausbilder mit keinerlei finanziellen Vorteilen verbunden sind, kann

Auszubildende/Berufsausbildungsverhältnis

nach Ansicht des BAG die vereinbarte Vergütung die tariflich geregelte Ausbildungsvergütung erheblich unterschreiten (BAG v. 24.10.2002 – 6 AZR 626/00, DB 2003, 1002). Auch bei einem durch **Spenden Dritter** finanzierten Ausbildungsverhältnis soll sich die Angemessenheit der Ausbildungsvergütung i. S. v. § 17 Abs. 1 Satz 1 BBiG nicht allein nach den einschlägigen tariflichen Sätzen richten, wenn der Auszubildende auf einem zusätzlich geschaffenen Ausbildungsplatz ausgebildet wird und ohne diesen einen qualifizierten Berufsabschluss nicht hätte erreichen können (BAG v. 8.5.2003 – 6 AZR 191/02, NZA 2003, 1343).

Allerdings hat das BAG für den Fall, dass es sich bei dem Ausbildenden um eine **gemeinnützige juristische Person** handelt, Folgendes klargestellt: Allein der Status der Gemeinnützigkeit rechtfertigt es nicht, bei der Prüfung der Angemessenheit der Ausbildungsvergütung von einer Orientierung an den einschlägigen Tarifverträgen abzusehen (BAG v. 29.4.2015 – 9 AZR 108/14). Eine durch Spenden Dritter finanzierte Ausbildungsvergütung, die mehr als 20 vH unter den tariflichen Sätzen liegt, sei allerdings noch nicht zwingend unangemessen. Vielmehr könne der Ausbildende die darauf gerichtete Vermutung widerlegen, indem er darlegt, dass besondere Umstände die niedrigere Ausbildungsvergütung rechtfertigen. Nachstehend ein Auszug aus der Pressemitteilung des BAG Nr. 28/15): »*Der Beklagte ist ein gemeinnütziger Verein mit dem Zweck der Förderung der qualifizierten Berufsausbildung. Dazu schließt er Berufsausbildungsverträge ab. Die Ausbildung der Auszubildenden erfolgt in seinen Mitgliedsbetrieben. Der im September 1990 geborene Kläger bewarb sich im Januar 2008 bei einem solchen Mitgliedsunternehmen um einen Ausbildungsplatz zum Maschinen- und Anlagenführer. Der Berufsausbildungsvertrag wurde mit dem Beklagten geschlossen. Die Ausbildung erfolgte in dem Unternehmen, bei dem sich der Kläger beworben hatte. Dieser erhielt während des Ausbildungsverhältnisses vom 1. September 2008 bis zum 7. Februar 2012 nur ca. 55 vH der Ausbildungsvergütung nach den Tarifverträgen für die Metall- und Elektroindustrie in Bayern. Mit seiner Klage verlangt der Kläger auf der Grundlage der tariflichen Ausbildungsvergütung die Zahlung weiterer 21.678,02 Euro brutto. Die Klage hatte in allen drei Instanzen Erfolg. Das Landesarbeitsgericht hat mit Recht die Unangemessenheit der vom Beklagten gezahlten Ausbildungsvergütung festgestellt und entgegen der Ansicht des Beklagten rechtsfehlerfrei angenommen, dass die Ausbildungsvergütung auch eine Entlohnung der geleisteten Arbeit darstellt. Diese kam zwar nicht dem Beklagten selbst, jedoch seinem Mitgliedsunternehmen zugute. Besondere Umstände, die geeignet sein könnten, trotz des Unterschreitens der tariflichen Ausbildungssätze um fast 50 vH die Vermutung der Unangemessenheit der vom Beklagten gezahlten Ausbildungsvergütung zu widerlegen, hat das Landesarbeitsgericht nicht festgestellt. Der Beklagte hat solche Umstände auch nicht dargetan.*«

15 **Sachleistungen** können in Höhe der sog. Sachbezugswerte angerechnet werden, maximal bis zu 75 % der Bruttovergütung (§ 17 Abs. 2 BBiG).

16 Eine über die vereinbarte regelmäßige tägliche Ausbildungszeit hinausgehende Beschäftigung ist besonders **zu vergüten** oder durch entsprechende **Freizeit auszugleichen** (§ 17 Abs. 3 BBiG).

17 Die Vergütung bemisst sich nach Monaten (§ 18 Abs. 1 Satz 1 BBiG). Bei Berechnung der Vergütung für einzelne Tage wird der Monat zu 30 Tagen gerechnet (§ 18 Abs. 1 Satz 2 BBiG). Die Vergütung für den laufenden Kalendermonat ist spätestens am letzten Arbeitstag des Monats zu zahlen (§ 18 Abs. 2 BBiG).

18 Dem Auszubildenden ist nach § 19 Abs. 1 Satz 1 BBiG die **Vergütung fortzuzahlen**.
- für die Zeit der Freistellung nach § 15 BBiG (= Teilnahme am Berufsschulunterricht und an Prüfungen sowie an Ausbildungsmaßnahmen außerhalb der Ausbildungsstätte),
- bis zur Dauer von sechs Wochen, wenn er
   a) sich für die Berufsausbildung bereit hält, diese aber ausfällt, oder
   b) aus einem sonstigen, in seiner Person liegenden Grund unverschuldet verhindert ist, seine Pflichten aus dem Berufsausbildungsverhältnis zu erfüllen.

19 Wenn der Auszubildende infolge einer unverschuldeten Krankheit, einer Maßnahme der me-

Auszubildende/Berufsausbildungsverhältnis

dizinischen Vorsorge oder Rehabilitation, einer Sterilisation oder eines Abbruchs der Schwangerschaft durch einen Arzt an der Berufsausbildung nicht teilnehmen kann, findet das **Entgeltfortzahlungsgesetz** Anwendung (siehe → **Entgeltfortzahlung im Krankheitsfall und bei Vorsorge/Rehabilitation**).

Kann der Auszubildende während der Zeit, für welche die Vergütung fortzuzahlen ist, aus berechtigtem Grund **Sachleistungen** nicht abnehmen, so sind diese nach den Sachbezugswerten (§ 17 Abs. 2 BBiG) abzugelten (§ 19 Abs. 2 BBiG). 20

Mit dem Steuervereinfachungsgesetz vom 1.11.2011 (BGBl. I S. 2131) wurden die Regelungen des Einkommensteuergesetzes (EStG) zu **Kindergeld** und **Kinderfreibetrag** mit Wirkung ab 1.1.2012 geändert. 20a

Eltern bekommen für volljährige Kinder unter 25 Jahren auch dann weiter volles Kindergeld (§§ 62 ff. EStG), wenn ihr Kind während seiner ersten Berufsausbildung oder seines Erststudiums hinzuverdient (§ 32 Abs. 4 Satz 2 i. V. m. § 63 Abs. 2 Satz 1 EStG n. F.). Entsprechendes gilt für den Kinderfreibetrag.

Auf die Höhe des Verdienstes kommt es nicht (mehr) an. Dementsprechend entfällt eine Einkommensüberprüfung. Bisher mussten die Eltern nachweisen, dass der Zuverdienst ihres Kindes nicht mehr als 8004 Euro im Jahr betrug.

Nach Abschluss einer ersten Berufsausbildung ist eine Beschäftigung des Kindes unschädlich, wenn die regelmäßige wöchentliche Arbeitszeit nicht mehr als 20 Stunden beträgt (§ 32 Abs. 4 Satz 3 i. V. m. § 63 Abs. 2 Satz 1 EStG n. F.). Maßgeblich ist die vertraglich vereinbarte Arbeitszeit.

Zeugnis (§ 16 BBiG)

Der Ausbildende hat dem Auszubildenden bei Beendigung des Berufsausbildungsverhältnisses ein → **Zeugnis** auszustellen (§ 16 BBiG). 21

Hat der Ausbildende die Berufsausbildung nicht selbst durchgeführt, so soll auch der Ausbilder das Zeugnis unterschreiben.

Das Zeugnis muss Angaben enthalten über Art, Dauer und Ziel der Berufsausbildung sowie über die erworbenen Fertigkeiten und Kenntnisse des Auszubildenden.

Auf **Verlangen** des Auszubildenden sind auch Angaben über Führung, Leistung und besondere fachliche Fähigkeiten aufzunehmen.

Pflichten des Auszubildenden (§ 13 BBiG)

Der Auszubildende hat sich zu bemühen, die Fertigkeiten und Kenntnisse zu erwerben, die erforderlich sind, um das Ausbildungsziel zu erreichen. 22

Er ist insbesondere **verpflichtet**,
- die ihm im Rahmen seiner Berufsausbildung aufgetragenen Verrichtungen sorgfältig auszuführen,
- an Ausbildungsmaßnahmen teilzunehmen, für die er nach § 15 BBiG freigestellt wird,
- den Weisungen zu folgen, die ihm im Rahmen der Berufsausbildung vom Ausbildenden, vom Ausbilder oder von anderen weisungsberechtigten Personen erteilt werden,
- die für die Ausbildungsstätte geltende Ordnung zu beachten,
- Werkzeug, Maschinen und sonstige Einrichtungen pfleglich zu behandeln,
- über Betriebs- und Geschäftsgeheimnisse Stillschweigen zu wahren.

Auszubildende/Berufsausbildungsverhältnis

Probezeit (§ 20 BBiG)

23　Das Berufsausbildungsverhältnis **beginnt** mit der Probezeit (vgl. hierzu BAG v. 19. 11. 2015 – 6 AZR 844/14). Sie muss **mindestens einen Monat** und darf **höchstens vier Monate** betragen.

Dauer des Berufsausbildungsverhältnisses (§ 21 BBiG)

24　Das Berufsausbildungsverhältnis **endet** mit dem Ablauf der Ausbildungszeit.
25　Besteht der Auszubildende vor Ablauf der Ausbildungszeit die Abschlussprüfung, so endet das Berufsausbildungsverhältnis mit Bestehen der **Abschlussprüfung**.
26　Besteht der Auszubildende die Abschlussprüfung vor Ablauf der Ausbildungszeit nicht, so verlängert sich das Berufsausbildungsverhältnis gem. § 21 Abs. 3 BBiG auf sein Verlangen bis zur nächstmöglichen **Wiederholungsprüfung** (höchstens um ein Jahr).
Wird diese Prüfung bestanden, endet das Ausbildungsverhältnis.
Besteht der Auszubildende die erste Wiederholungsprüfung nicht und stellt er ein Verlängerungsverlangen, verlängert sich das Berufsausbildungsverhältnis bis zur zweiten Wiederholungsprüfung, wenn diese noch innerhalb der Höchstfrist von einem Jahr (§ 21 Abs. 3 letzter Satzteil BBiG) abgelegt wird.
Die Beendigungswirkung tritt unabhängig davon ein, ob die zweite Wiederholungsprüfung bestanden oder nicht bestanden wird (BAG v. 15. 3. 2000 – 5 AZR 622/98, NZA 2001, 214).

Kündigung des Berufsausbildungsverhältnisses (§ 22 BBiG)

27　Während der Probezeit kann das Berufsausbildungsverhältnis jederzeit – **schriftlich** (§ 22 Abs. 3 BBiG) – ohne Einhalten einer Kündigungsfrist **gekündigt** werden (§ 22 Abs. 1 BBiG).
28　Nach der Probezeit kann das Berufsausbildungsverhältnis gemäß § 22 Abs. 2 BBiG nur gekündigt werden
  • aus einem wichtigen Grund ohne Einhalten einer Kündigungsfrist (siehe → **Außerordentliche Kündigung**);
  • vom Auszubildenden mit einer Kündigungsfrist von vier Wochen, wenn er die Berufsausbildung aufgeben oder sich für eine andere Berufstätigkeit ausbilden lassen will.
28a　Der **dringende Verdacht einer schwerwiegenden Pflichtverletzung** des Auszubildenden kann einen wichtigen Grund zur Kündigung des Berufsausbildungsverhältnisses nach § 22 Abs. 2 Nr. 1 BBiG darstellen, wenn der Verdacht auch bei Berücksichtigung der Besonderheiten des Ausbildungsverhältnisses dem Ausbildenden die Fortsetzung der Ausbildung objektiv unzumutbar macht (BAG v. 12. 2. 2015 – 6 AZR 845/13).
29　Die Kündigung muss **schriftlich** und in den Fällen des § 22 Abs. 2 BBiG unter Angabe der Kündigungsgründe erfolgen (§ 22 Abs. 3 BBiG).
30　Eine Kündigung aus einem wichtigen Grund ist unwirksam, wenn die ihr zugrundeliegenden Tatsachen dem zur Kündigung Berechtigten länger als zwei Wochen bekannt sind (§ 22 Abs. 4 Satz 1 BBiG).
Ist ein vorgesehenes **Güteverfahren** vor einer außergerichtlichen Stelle eingeleitet, so wird bis zu dessen Beendigung der Lauf dieser Frist **gehemmt** (§ 22 Abs. 4 Satz 2 BBiG).
Der Auszubildende kann sich gegen eine außerordentliche Kündigung durch Anrufung des Schlichtungsausschusses nach § 111 Abs. 2 ArbGG (falls ein solcher besteht) bzw. durch Erhebung einer Kündigungsschutzklage beim → **Arbeitsgericht** wehren.
Zu den einzuhaltenden **Fristen** siehe Rn. 42 ff.

Abmahnung

Im Regelfall ist vor Ausspruch einer verhaltensbedingten außerordentlichen Kündigung eine → **Abmahnung** erforderlich. Nach Ansicht des BAG kann aber bei besonders schwer wiegenden Pflichtverletzungen (z. B. rassistisches Verhalten), deren Rechtswidrigkeit dem Auszubildenden ohne weiteres erkennbar und bei denen eine Hinnahme durch den Ausbildenden offensichtlich ausgeschlossen ist, eine Abmahnung entbehrlich sein (BAG v. 1.7.1999 – 2 AZR 676/98, NZA 1999, 1270). 31

Schadensersatzanspruch bei vorzeitiger Beendigung des Berufsausbildungsverhältnisses (§ 23 BBiG)

Wird das Berufsausbildungsverhältnis nach der Probezeit vorzeitig gelöst, so kann der Ausbildende oder der Auszubildende im Falle des § 22 Abs. 2 Nr. 1 BBiG (außerordentliche Kündigung) Ersatz des Schadens verlangen, wenn der andere den Grund für die Auflösung zu vertreten hat (§ 23 Abs. 1 BBiG). Der Anspruch erlischt, wenn er nicht innerhalb von drei Monaten nach Beendigung des Berufsausbildungsverhältnisses geltend gemacht wird (§ 23 Abs. 2 BBiG). 32

Der Schadensersatzanspruch nach § 23 Abs. 1 BBiG setzt nur voraus, dass das Berufsausbildungsverhältnis nach Ablauf der Probezeit durch einen Umstand, den der andere Teil zu vertreten hat, vorzeitig beendet wird. Die **tatsächliche Beendigung**, z. B. durch Ausscheiden unter Vertragsbruch, genügt. Eine wirksame Kündigung kann nicht verlangt werden (BAG v. 17.8.2000 – 8 AZR 578/99, NZA 2001, 150). 33

Löst der Auszubildende das Berufsausbildungsverhältnis nach der Probezeit schuldhaft vorzeitig, so kann der Ausbildende **Ersatz der Aufwendungen** verlangen, die er nach den Umständen für erforderlich halten dürfte. Dazu gehören die Aufwendungen für die **ersatzweise Beschäftigung** eines ausgebildeten Arbeitnehmers nicht. Ausbildungsverhältnis und Arbeitsverhältnis können wegen der ganz unterschiedlichen Pflichtenbindung nicht gleichgesetzt werden (BAG v. 17.8.2000 – 8 AZR 578/99, a. a. O.).

Ein Schadensersatzanspruch besteht nicht, wenn der Auszubildende das Ausbildungsverhältnis nach der Probezeit gemäß § 22 Abs. 2 Nr. 2 BBiG mit einer **Frist von vier Wochen kündigt** (§ 23 Abs. 1 Satz 2 BBiG). 34

Weiterbeschäftigung nach Ausbildungsende (§ 24 BBiG)

Wird der Auszubildende unmittelbar im Anschluss an das Berufsausbildungsverhältnis (= am nachfolgenden Arbeitstag) **weiterbeschäftigt**, ohne dass hierüber ausdrücklich etwas vereinbart worden ist, so gilt ein **Arbeitsverhältnis** auf unbestimmte Zeit als begründet. Voraussetzung ist, dass die Weiterbeschäftigung mit **Wissen** des Ausbildenden (= Arbeitgeber) oder eines Vertreters (z. B. Personalleiter, Vorgesetzter) erfolgt. Es soll zudem erforderlich sein, dass im Falle der Kenntnis eines Vertreters dieser zum Abschluss von Arbeitsverträgen befugt ist (LAG Rheinland-Pfalz v. 10.5.2007 – 2 Sa 32/07; so auch BAG v. 20.2.2002 – 7 AZR 662/00 für den Anwendungsbereich des § 625 BGB = heute § 15 Abs. 5 TzBfG: stillschweigende Verlängerung eines befristeten Arbeitsverhältnisses; siehe → **Befristeter Arbeitsvertrag** Rn. 47) In einem anderen Fall hat das BAG die Kenntnis einer die Personalakten führenden Person ausreichen lassen (BAG v. 16.6.2005 – 6 AZR 411/04). Ein Arbeitsverhältnis soll schließlich nicht nach § 24 BBiG zustande kommen, wenn der Ausbildende unverzüglich Widerspruch erhebt (vgl. auch § 15 Abs. 5 TzBfG; zum Meinungsstand Kittner/Däubler/Zwanziger-*Däubler/ Wroblewski*, Kündigungsschutzrecht, 9. Aufl. 2014, § 24 BBIG Rn. 5, 6). 35

Auszubildende/Berufsausbildungsverhältnis

Unabdingbarkeit (§ 25 BBiG)

36 Eine Vereinbarung, die zuungunsten des Auszubildenden von den §§ 4 bis 70 BBiG abweicht, ist **nichtig**. Günstigere Vereinbarungen sind zulässig (siehe → **Günstigkeitsprinzip**).

Andere Vertragsverhältnisse (§ 26 BBiG)

37 Für Personen, die eingestellt werden, um berufliche Kenntnisse, Fertigkeiten oder Erfahrungen zu erwerben, ohne dass es sich um eine Berufsausbildung im Sinne dieses Gesetzes handelt, gelten die §§ 10 bis 23 und § 25 BBiG mit der Maßgabe, dass die gesetzliche Probezeit abgekürzt, auf die Vertragsniederschrift verzichtet und bei vorzeitiger Lösung des Vertragsverhältnisses nach Ablauf der Probezeit abweichend von § 23 Abs. 1 Satz 1 BBiG Schadensersatz nicht verlangt werden kann.
Vorstehendes gilt nicht, soweit ein **Arbeitsverhältnis** vereinbart ist.

Bedeutung für die Betriebsratsarbeit

38 Das BetrVG hat die Wahrung und Förderung der Interessen und Belange der Jugendlichen und der »Auszubildenden« zur **besonderen Aufgabe des Betriebsrats** gemacht (§ 80 Abs. 1 Nr. 3 und 5 BetrVG).
Insbesondere im Bereich der beruflichen Ausbildung weist das BetrVG dem Betriebsrat eine Reihe von Aufgaben, aber auch Beteiligungsrechten zu (siehe → **Berufsbildung**).

39 Dabei hat der Betriebsrat eng mit der → **Jugend- und Auszubildendenvertretung** zusammenzuarbeiten.
Die Jugend- und Auszubildendenvertretung ist für jugendliche Arbeitnehmer und für diejenigen »Auszubildenden« zuständig, die das 25. Lebensjahr noch nicht vollendet haben (§ 60 BetrVG).
Sie hat die Aufgabe, die speziellen Interessen der Jugendlichen und Auszubildenden »gegenüber dem Betriebsrat« zu artikulieren und auf diese Weise sicherzustellen, dass deren Belange im Rahmen der Betriebsratsarbeit angemessen und sachgerecht berücksichtigt werden.
Gesprächs- und Verhandlungspartner der Jugend- und Auszubildendenvertretung ist also der Betriebsrat und nicht etwa der Arbeitgeber (§ 70 BetrVG).

Bedeutung für die Auszubildenden

40 Gegenüber den »Auszubildenden« hat der Arbeitgeber neben den für alle Arbeitnehmer geltenden Vorschriften die Bestimmungen insbesondere des »**Berufsbildungsgesetzes**« und – soweit sie das 18. Lebensjahr noch nicht vollendet haben – des »**Jugendarbeitsschutzgesetzes**« zu beachten.

41 Bei Streitigkeiten zwischen Arbeitgeber und Auszubildenden ist das → **Arbeitsgericht** zuständig.
Dem Arbeitsgerichtsverfahren ist aber vorgeschaltet ein besonderes **Schlichtungsverfahren** vor einem Ausschuss, der von der Handwerksinnung bzw. der Industrie- und Handelskammer gebildet werden kann und dem Arbeitgeber- und Arbeitnehmervertreter in gleicher Anzahl angehören (§ 111 Abs. 2 ArbGG).

42 Wird die Streitigkeit vom Schlichtungsausschuss durch Spruch entschieden, so kann, wenn

Auszubildende/Berufsausbildungsverhältnis

der Spruch nicht binnen einer Woche von beiden Seiten anerkannt wird, innerhalb von zwei Wochen nach ergangenem Spruch **Klage** beim → **Arbeitsgericht** erhoben werden.
Der Schlichtungsausschuss ist auch für die Behandlung von → **Kündigungen** zuständig. Für die Anrufung des Ausschusses soll in einem solchen Fall nicht die Dreiwochenfrist nach §§ 4, 13 Abs. 1 Satz 2 KSchG gelten (vgl. Düwell/Lipke, Arbeitsgerichtsverfahren, § 111 Rn. 15). 43

Wenn kein Schlichtungsausschuss besteht, muss der Auszubildende innerhalb von drei Wochen nach Zugang der schriftlichen Kündigung Klage beim Arbeitsgericht einreichen (BAG v. 26. 1. 1999 – 2 AZR 134/98, AiB 1999, 354 = NZA 1999, 934). 44

Bei Unsicherheit über das Bestehen eines Schlichtungsausschusses – und damit über die Geltung der dreiwöchigen Klagefrist – sollte auf jeden Fall innerhalb der Dreiwochenfrist **Kündigungsschutzklage** beim Arbeitsgericht eingereicht werden. 45
Die Klage ist zwar – falls ein Schlichtungsausschuss eingerichtet ist – zunächst unzulässig. Sie wird aber, falls es nicht zu einem Vergleich oder einem von beiden Seiten anerkannten Schlichtungsspruch kommt, ohne erneute Klageeinreichung zulässig.
Die zunächst unzulässige Klage wahrt im Übrigen auch die Zweiwochenfrist des § 111 Abs. 2 Satz 3 ArbGG (vgl. Düwell/Lipke, Arbeitsgerichtsverfahren, § 111 Rn. 15).

Auszubildende, die zwischen 18 und 25 Jahre alt sind, haben das aktive **Wahlrecht** sowohl bei der Betriebsratswahl als auch bei der Wahl der → **Jugend- und Auszubildendenvertretung**. 46
Auszubildende, deren praktische Berufsbildung in einer sonstigen Berufsbildungseinrichtung außerhalb der schulischen und betrieblichen Berufsbildung (§ 2 Abs. 1 Nr. 3 BBiG) mit in der Regel mindestens fünf Auszubildenden stattfindet und die nicht wahlberechtigt zum Betriebsrat und zur Jugend- und Auszubildendenvertretung der Berufsbildungseinrichtung sind (außerbetriebliche Auszubildende), wählen nach § 51 BBiG eine besondere Interessenvertretung.
Das Bundesministerium für Bildung und Forschung kann durch **Rechtsverordnung**, die nicht der Zustimmung des Bundesrats bedarf, die Fragen bestimmen, auf die sich die Beteiligung erstreckt, die Zusammensetzung und die Amtszeit der Interessenvertretung, die Durchführung der Wahl, besonders der Feststellung der Wahlberechtigung und der Wählbarkeit sowie Art und Umfang der Beteiligung (§ 52 BBiG).

Im Rahmen von Tarifauseinandersetzungen haben Auszubildende ein **Streikrecht**, sofern auch über Tarifforderungen zugunsten der Auszubildenden (z. B. Ausbildungsvergütung) verhandelt wird (siehe → **Arbeitskampf** und BAG v. 12. 9. 1984 – 1 AZR 342/83, DB 1984, 2563). 47

Aufgrund von tarifvertraglichen Regelungen haben Auszubildende in einigen Branchen (z. B. Metallindustrie) nach Abschluss ihrer Ausbildung Anspruch auf **Übernahme in ein Vollzeitarbeitsverhältnis im erlernten Beruf** für eine Mindestdauer von **zwölf Monaten**. 48
Ziel dieser Regelungen ist es, den Auszubildenden die Möglichkeit zu geben, einerseits Berufserfahrung zu erwerben und ihnen andererseits, falls sie doch arbeitslos werden, einen höheren Anspruch auf Arbeitslosengeld zu verschaffen.

Insbesondere zu der tariflichen Übernahmeverpflichtung im Bereich der Metallindustrie hat sich eine umfangreiche Rechtsprechung des BAG entwickelt (vgl. z. B. BAG v. 14. 10. 1997 – 7 AZR 298/96, NZA 1998, 775 zur **Schadensersatzpflicht** des Arbeitgebers bei tarifwidriger **Nichtübernahme** oder BAG v. 17. 6. 1998 – 7 AZR 443/97, NZA 1998, 1178 zur Nichtübernahme aus »personenbedingten Gründen«). 49

Auszubildende/Berufsausbildungsverhältnis

Arbeitshilfen

Musterschreiben • Berufsausbildungsvertrag

Rechtsprechung

1. Begriff der Berufsausbildung – Anwendung des Berufsbildungsgesetzes (BBiG)
2. Form des Berufsausbildungsvertrags
3. Probezeit
4. Aufklärungs- und Hinweispflichten des Ausbildenden – Schadensersatz
5. Haftung des Auszubildenden auf Schadensersatz und Schmerzensgeld – Haftungsausschluss nach § 105 Abs. 1, § 106 Abs. 1 SGB VII
6. Einstellung eines Auszubildenden: Zustimmungsverweigerungsrecht des Betriebsrats bei untertariflicher Vergütung?
7. Einsatz von Auszubildenden eines reinen Ausbildungsbetriebs in einem anderen Betrieb: Mitbestimmung des Betriebsrats des Einsatzbetriebes nach § 99 Abs. 1 BetrVG
8. Angemessene Ausbildungsvergütung (§ 17 BBiG)
9. Ausbildungszeit – Freistellung für die Zeit des Berufsschulunterrichts (Unterrichtszeit, Pausen und Wegezeiten)
10. Beendigung des Berufsausbildungsverhältnisses – Abschlussprüfung – Verlängerung des Berufsausbildungsverhältnisses
11. Entstehen eines Arbeitsverhältnisses bei Weiterarbeit (§ 24 BBiG)
12. Kündigung in der Probezeit
13. Außerordentliche Kündigung eines Berufsausbildungsverhältnisses – Klagefrist – Ausschuss nach § 111 Abs. 2 Satz 5 ArbGG
14. Rücknahme der Kündigung
15. Vorzeitige Beendigung der Berufsausbildung – Schadensersatzanspruch – Ausschlussfrist
16. Kosten der Berufsausbildung
17. Wettbewerbsverbot im Ausbildungsverhältnis
18. Rechtsweg bei Streitigkeiten aus einem Berufsbildungsverhältnis
19. Ausschuss zur Beilegung von Streitigkeiten zwischen Ausbildenden und Auszubildenden (§ 111 Abs. 2 ArbGG) – Klage auf Zahlung der Ausbildungsvergütung
20. Übernahme von Ausgebildeten in ein Arbeitsverhältnis
21. Übernahme von Ausgebildeten in ein Arbeitsverhältnis (Metallindustrie)
22. Befristung eines Arbeitsvertrages wegen beabsichtigter Übernahme eines Ausgebildeten in ein Arbeitsverhältnis
23. Wahlberechtigung und Wählbarkeit von Auszubildenden in Ausbildungsbetrieben
24. Mitbestimmung des Betriebsrats
25. Ausbildungsvergütung und Kindergeld: Grenzbetrag des § 32 Abs. 4 Satz 2 EStG (neue Gesetzeslage beachten!)
26. Berücksichtigung der Berufsausbildung bei der Berechnung der Wartezeit für Kündigungsschutz und verlängerte Kündigungsfristen
27. Streikrecht für Auszubildende
28. Beteiligungsrechte des Betriebsrats bei Berufsbildungsmaßnahmen in einem Tendenzbetrieb

Befristeter Arbeitsvertrag

Was ist das?

Ein **befristeter Arbeitsvertrag** ist ein »*auf bestimmte Zeit geschlossener Arbeitsvertrag*« (§ 3 Abs. 1 Satz 2 Teilzeit- und Befristungsgesetz – TzBfG). **1**
Das Arbeitsverhältnis **endet** mit Ablauf der vereinbarten Befristung, ohne dass es einer Kündigung bedarf.
Zu den Handlungsmöglichkeiten des Arbeitnehmers bei **Unwirksamkeit** der Befristung siehe Rn. 51, 72.
Ein befristeter Arbeitsvertrag liegt vor, wenn seine Dauer **kalendermäßig** bestimmt ist (kalendermäßig befristeter Arbeitsvertrag) oder sich aus Art, **Zweck** oder Beschaffenheit der Arbeitsleistung ergibt (zweckbefristeter Arbeitsvertrag). Siehe hierzu Rn. 10. **1a**
Die Befristung eines Arbeitsvertrages bedarf zu ihrer Wirksamkeit der **Schriftform** (siehe hierzu Rn. 40 ff.). Andernfalls ist sie unwirksam, sodass ein unbefristetes Arbeitsverhältnis vorliegt.
Unwirksam ist eine Befristung **auch dann**, wenn sie gegen die Maßgaben des § 14 Abs. 1 TzBfG (Befristung mit Sachgrund; siehe Rn. 20 ff.) bzw. § 14 Abs. 2, 2 a und 3 TzBfG (Befristung ohne Sachgrund; siehe Rn. 27 ff.) verstößt.

> **Beachten:**
> die Unwirksamkeit der Befristung muss binnen **drei Wochen** nach dem (unwirksam) vereinbarten Ende des befristeten Arbeitsvertrages durch Klage beim → **Arbeitsgericht** geltend gemacht werden (§ 17 TzBfG; siehe Rn. 51).

Rechtsgrundlagen

Das Recht des befristeten Arbeitsvertrages ist durch das **Teilzeit- und Befristungsgesetz (TzBfG)** vom 21.12.2000 (BGBl. I S. 1966) mit Wirkung ab 1.1.2001 neu gefasst worden. **2**
Das TzBfG hat das bis dahin geltende **Beschäftigungsförderungsgesetz (BeschFG)** vom 26.4.1985 (BGBl. I S. 710) abgelöst, mit dem – die **Befristung ohne sachlichen Grund** (siehe hierzu Rn. 27 ff.) zugelassen wurde. Die damalige schwarz/gelbe Koalition kam damit einer Forderung der Arbeitgeberlobby nach. Die BAG-Rechtsprechung hatte zuvor in der Befristung ohne ausreichenden Sachgrund eine rechtsmissbräuchliche Umgehung des Kündigungsschutzes gesehen (siehe Rn. 64). Das BeschFG wurde sinnigerweise am 1.5.1985 (»Tag der Arbeit«) in Kraft gesetzt und danach mehrfach verlängert (zuletzt mit Gesetz vom 25.9.1996). Mit dem »Gesetz zur Verbesserung der Beschäftigungschancen älterer Menschen« vom 19.4.2007 (BGBl. I S. 538) wurde § 14 Abs. 3 TzBfG an die Rechtsprechung des EuGH angepasst (siehe hierzu Rn. 35 ff.).
Mit dem TzBfG wurde die **EU-Richtlinie 1999/70/EG** über befristete Arbeitsverhältnisse in bundesdeutsches Recht umgesetzt (die Umsetzung hatte spätestens bis zum 10.7.2001 zu erfolgen). Nach der Richtlinie 1999/70/EG sollen (eigentlich) unbefristete Arbeitsverträge der Normalfall sein. Teil der Richtlinie ist eine »Rahmenvereinbarung der europäischen Gewerk-

Befristeter Arbeitsvertrag

schaften und Arbeitgeberverbänden (EGB-UNICE-CEEP) über befristete Arbeitsverträge«. Nach § 5 Nr. 1 der Rahmenvereinbarung im Anhang der Richtlinie sind die Mitgliedstaaten der EU verpflichtet, Maßnahmen zu ergreifen, um **Missbrauch** durch aufeinanderfolgende befristete Arbeitsverträge (Kettenarbeitsverträge; siehe Rn. 24 ff.) zu vermeiden. Zu diesen Maßnahmen gehört insbesondere die Festlegung »sachlicher Gründe«, die die Verlängerung solcher Verträge rechtfertigen können.

3 Das TzBfG enthält Regelungen zur Befristung von Arbeitsverträgen in §§ 1, 3, 4 Abs. 2, 5, 14 bis 20 TzBfG und zu »**auflösend bedingten Arbeitsverträgen**« in § 21 TzBfG (siehe Rn. 14).

4 Ziel des TzBfG ist es – entsprechend den Vorgaben der EU-Richtlinie – eine **Diskriminierung** von befristet beschäftigten Arbeitnehmern zu verhindern (§ 1 TzBfG; siehe Rn. 15 ff.) und die Voraussetzungen für Zulässigkeit befristeter Arbeitsverträge festzulegen (Umsetzung der EU-Richtlinie; siehe Rn. 20 ff.).

5 Die Bestimmungen des Allgemeinen Gleichbehandlungsgesetzes (AGG) vom 29. 6. 2006 zum Schutz der Arbeitnehmer vor Benachteiligungen lassen die Bestimmungen des TzBfG unberührt (§ 2 Abs. 3 AGG; siehe → **Gleichbehandlung**).

6 Die befristete Arbeit hat das unbefristete Dauerarbeitsverhältnis zwar nicht gänzlich verdrängen können. Vor allem in Zeiten des **Fachkräftemangels** »ködern« Unternehmen mit dem Angebot einer unbefristeten Beschäftigung.
Die Zahl der Befristungen nimmt dennoch zu.
2001 bekamen 32 % der eingestellten Arbeitnehmer zunächst mal nur einen befristeten Job.
2010 wurde fast jeder Zweite (46 %) befristet eingestellt (Quelle: Statistisches Bundesamt).
Eine Studie des Instituts für Arbeitsmarkt- und Berufsforschung (IAB) 2012 stellt zusammenfassend fest *(http://doku.iab.de/aktuell/2013/befristung_2012.pdf)*: *»Die Zahl der befristet Beschäftigten lag 2012 mit rund 2,7 Millionen gut doppelt so hoch wie im Jahr 1996 mit 1,3 Millionen. Von 2011 auf 2012 ist der Anteil der befristet Beschäftigten an allen sozialversicherungspflichtig Beschäftigten mit 9,5 Prozent aber konstant geblieben. Der Anteil der befristeten Einstellungen an allen Einstellungen ging in den letzten Jahren sogar etwas zurück: Im Krisenjahr 2009 betrug er noch 47 Prozent, danach sank er kontinuierlich auf 44 Prozent im Jahr 2012. Gut zehn Jahre zuvor, im Jahr 2001, lag er allerdings erst bei 32 Prozent. Es gibt deutliche branchenspezifische Unterschiede bei befristeten Einstellungen und Übernahmen.«*
In der Süddeutschen Zeitung vom 7. April 2014 *(http://www.sueddeutsche.de/karriere/angaben-der-bundesregierung-zahl-der-befristeten-arbeitsvertraege-in-deutschland-gestiegen-1193 1132)* ist zu lesen:
»Zahl der befristeten Arbeitsverträge gestiegen
In den vergangenen zwanzig Jahren hat sich die Zahl der befristeten Arbeitsverträge in Deutschland mehr als verdreifacht. Mittlerweile bekommen 42 Prozent den neuen Job nur noch mit Ablaufdatum. Frauen, Ausländer und junge Menschen sind besonders betroffen.
Die Zahl der befristeten Arbeitsverträge hat sich in den vergangenen zwanzig Jahren mehr als verdreifacht. Die Zahl stieg von 876 000 Neuverträgen in 1993 auf 2,7 Millionen im vergangenen Jahr, wie aus der Antwort der Bundesregierung auf eine parlamentarische Anfrage der Linken-Fraktion hervorgeht.
Bei Neuverträgen sind inzwischen 42 Prozent zeitlich begrenzt, 1997 waren es noch 34 Prozent. Frauen sind davon stärker betroffen, 47 Prozent aller Arbeitsverträge wurden 2013 bei ihnen nur noch befristet ausgestellt, bei den Männern waren es 38 Prozent. Auch junge Beschäftigte bekommen den Angaben zufolge wesentlich häufiger einen Vertrag auf Zeit.
Während der Anteil der befristeten Verträge in 2012 insgesamt bei 8,5 Prozent lag, betrug er in der Altersgruppe der 25– bis 35-Jährigen 14,1 Prozent. Bei den 15– bis 25-Jährigen hatte sogar jeder Vierte einen befristeten Vertrag, bei den 55– bis 65-Jährigen waren es nur 4,2 Prozent. Auch Ausländer hatten häufiger einen befristeten Vertrag. Ihr Anteil lag bei 14,6 Prozent, der von

Befristeter Arbeitsvertrag

deutschen Arbeitnehmern hingegen nur bei 7,9 Prozent. Zuvor hatte die Berliner Tageszeitung Welt über die Zahlen berichtet.
Die Linken-Fraktion forderte als ersten Schritt die Abschaffung der sachgrundlosen Befristung. Die Befristung sei ein ›gezieltes Mittel, die Rechte von Arbeitnehmern klein zu halten‹, erklärte die Abgeordnete Jutta Krellmann. ›Der Kündigungsschutz wird ausgehebelt, die Arbeit meist schlechter bezahlt.‹ Und bei jungen Leuten falle die Lebensplanung aus. All das habe mit dem von Bundesarbeitsministerin Andrea Nahles (SPD) ›beschworenen Respekt vor geleisteter Arbeit nichts zu tun‹. Die Bundesregierung werde jedoch untätig bleiben und keine Änderungen im Befristungsrecht vornehmen, mutmaßte Krellmann.«

Mehrfache Fristverlängerungen (»**Kettenarbeitsverträge**«) sind an der Tagesordnung (siehe Rn. 24). 6a

Die »vereinigte Arbeitgeberschaft« (Privatwirtschaft und öffentlicher Dienst) treibt diese Entwicklung voran und freut sich. Für den Geschäftsführer der Vereinigung der Unternehmensverbände in Hamburg und Schleswig-Holstein (UV Nord) Sebastian Schulze etwa sind Befristungen ein »bewährtes Instrument« der Personalpolitik. In vielen Fällen entstehe ohnehin aus einem befristeten ein unbefristetes Arbeitsverhältnis; außerdem: »*Die Zeiten, in denen Jugendliche ihre Ausbildung in einem Betrieb machen und dort auch in Rente gehen, sind vorbei.*« (Quelle: Segeberger Zeitung vom 4.3.2014, S. 7).

Demgegenüber stellt der Vorsitzende des DGB Nord Uwe Polkaehn zu recht fest: »*Wenn nur jeder Vierte unter 30-Jährige überhaupt eine unbefristete Vollzeitstelle hat, stimmt etwas Grundlegendes in unserer Arbeitswelt nicht mehr.*« (Quelle: Segeberger Zeitung, a.a.O.).

Die Befristung bringt Arbeitgebern erhebliche **Vorteile**. Sie wird ausgiebig als Instrument zur (ungerechtfertigten) Verlängerung der Probezeit neu eingestellter Arbeitnehmer genutzt. Entspricht der befristet Eingestellte nicht den Erwartungen oder benötigt man ihn aus sonstigen Gründen nicht mehr, wird man ihn kostengünstig los. Das Arbeitsverhältnis endet ohne Kündigung automatisch nach Ablauf der Frist. Kosten für eine Abfindung fallen nicht an (zu dem »Kostenrisiko« des Arbeitgebers, der ein unbefristetes Arbeitsverhältnis durch Kündigung beenden will, siehe → **Abfindung** Rn. 6 und → **Kündigungsschutz** Rn. 1 a). 7

Aus Sicht des Arbeitnehmers ist eine Befristung in der Regel nur mit **Nachteilen** verbunden. Niemand hat etwas gegen eine vernünftig dimensionierte **Probezeit**. Als interessengerecht wurde früher eine Probezeit von drei bis sechs Monaten angesehen. 7a

Die Realität heute ist anders.

Das TzBfG lässt **Befristungen ohne Sachgrund** bis zu zwei Jahren zu (§ 14 Abs. 2 TzBfG; siehe Rn. 27 ff.).

Die Zulassung einer solchen Vertragsgestaltung ist fraglos für die Arbeitnehmer sehr bedenklich und hat diese in die Defensive gebracht. Nicht nur der einzelne befristet eingestellte Arbeitnehmer hat ein Problem, sondern die Arbeitnehmerschaft insgesamt. Befristung spaltet die Belegschaft des Betriebes. Dadurch wird die Interessenvertretung durch Betriebsrat und Gewerkschaft erschwert und geschwächt.

Norbert Blüm (CDU) prägte 1984 bei der Debatte über das sogenannte Beschäftigungsförderungsgesetz den Satz »*Lieber befristete Arbeit als unbefristet arbeitslos.*« Mit diesem Gesetz wurde erstmalig mit Wirkung ab 1.5.1985 die Möglichkeit eröffnet, für die Dauer von einem Jahr befristete Arbeitsverträge sachgrundlos zu vereinbaren. Bis dahin galt in Deutschland der Grundsatz, dass die Befristung eines Arbeitsverhältnisses stets eines sachlichen Grundes bedarf. Ein Zugeständnis der Politik an die Arbeitgeberlobby, die unentwegt eine weitere »Flexibilisierung des Arbeitsmarktes« fordert. Die rot/grüne Koalition (Schröder/Clement/Fischer) hat dieses Ansinnen aufgenommen und Arbeitgeberwünsche erfüllt (z.B. Hartz – Gesetzgebung, die Umgestaltung der Leiharbeit zu einem Lohndumpinginstrument; siehe → **Arbeitnehmerüberlassung/Leiharbeit**).

Das Ergebnis dieser arbeitgeberfreundlichen / arbeitnehmerfeindlichen Politik ist eine dras-

Befristeter Arbeitsvertrag

tische Zunahme »**atypischer Beschäftigungsformen**«: befristete Arbeitsverträge, Teilzeitarbeit mit 20 oder weniger Stunden, Arbeit auf Abruf/Kapovaz, Mini-Jobs, Leiharbeit, (Schein-)Werk- und Dienstvertragsarbeit, Scheinselbständigkeit. Befristete Arbeit ist eine Form »**prekärer Beschäftigung**«, die nach einer Definition der Internationalen Arbeitsorganisation (ILO) dann vorliegt, wenn
- der Erwerbsstatus nur geringe Arbeitsplatzsicherheit sowie
- wenig Einfluss auf die konkrete Ausgestaltung der Arbeitssituation gewährt,
- der arbeitsrechtliche Schutz lediglich partiell gegeben ist und
- die Chancen auf eine materielle Existenzsicherung durch die betreffende Arbeit eher schlecht sind (*http://de.wikipedia.org/wiki/Prekariat*).

Dass diese Entwicklung inzwischen sogar von Teilen der CDU kritisiert wird, spricht für sich. Nachstehend ein Auszug aus einem Antrag der **CDA** (Christlich Demokratische Arbeitnehmerschaft Deutschlands CDU Sozialausschüsse) an den Bundesparteitag der CDU am 14./15.11.2011 (*http://www.cda-bund.de/fileadmin/uploads/cda-deutschlands/pdf/Bundesvorstand/Antrag_endg.pdf*):

»*Befristete Beschäftigung einschränken*
Noch ist das Normalarbeitsverhältnis die Regel: 60 Prozent der Beschäftigten in Deutschland arbeiteten 2010 sozialversicherungspflichtig, unbefristet und in Vollzeit. Doch Arbeitsmarkt und Erwerbsbiographien ändern sich. So genannte »atypische Beschäftigungsformen« (befristete Arbeitsverträge, Teilzeit, Mini-Jobs) gewinnen Raum. Bei ihrer Bewertung muss man differenzieren. Viele Menschen arbeiten bewusst und freiwillig in Teilzeit oder in Mini-Jobs. Andere erhalten nur befristete Arbeitsverträge, obwohl sie eine unbefristete Beschäftigung anstreben.
Die Anzahl der befristeten Beschäftigungsverhältnisse hat sich in den vergangenen 15 Jahren fast verdoppelt und lag 2010 bei 2,5 Millionen. Ihr Anteil an allen sozialversicherungspflichtigen Beschäftigungsverhältnissen ist von 1996 bis 2010 von 4,7 Prozent auf 8,9 Prozent gestiegen. Bei Neueinstellungen lag 2009 die Quote der befristeten Verträge bei 47 Prozent. 2001 waren es noch 32 Prozent. Fazit: Fast jeder zehnte Arbeitnehmer hat einen befristeten Arbeitsvertrag, bei Neueinstellungen ist es jeder zweite. Besonders häufig von Befristungen betroffen sind jüngere Arbeitnehmer. In der Alterskohorte der 20- bis 25-jährigen war 2008 jeder vierte befristet beschäftigt. 28 Prozent der unter 35-jährigen Befragten gaben in einer Studie der IG Metall von 2010 an, bisher ausschließlich befristet beschäftigt gewesen zu sein. Nach einer Befragung der DGB-Jugend aus dem Jahr 2009 haben 51 Prozent aller übernommenen Lehrlinge von ihrem eigenen Betrieb nur einen befristeten Arbeitsvertrag von bis zu zwölf Monaten erhalten.
Die Folgen sind unter anderem bei der Lebensplanung zu beobachten. Befristung verunsichert und begünstigt das Aufschieben von Lebensentscheidungen. Empirisch erwiesen ist, dass befristete Beschäftigung die Bereitschaft zur Familiengründung hemmt. Der Anteil der sachgrundlosen Befristungen an allen Befristungen lag 2004 bei 48 Prozent, ist aber je nach Branche und Tätigkeiten sehr verschieden. Nach Ergebnissen des IAB Betriebspanels lag der Anteil der sachgrundlosen Befristungen 2004 in der Land- und Forstwirtschaft bei 12 Prozent, im Handel hingegen bei 72 Prozent. Befristungen dürfen nur aus gutem Grund eingesetzt werden, nicht aber als verlängerte Probezeit oder Instrument, einfacher Belegschaft abzubauen.
Der CDU-Bundesparteitag fordert,
die Möglichkeiten für sachgrundlos befristete Beschäftigungen nach dem Teilzeit- und Befristungsgesetz einzuschränken und die gesetzlichen Rahmenbedingungen mit diesem Ziel auf den Prüfstand zu stellen.«

Die Wirtschaftslobbyisten in der CDU verhinderten, dass derartige Forderungen umgesetzt werden.
Im schwarz/roten **Koalitionsvertrag 2013** findet das Thema »Befristeter Arbeitsvertrag« keine Erwähnung. Immerhin hatte der SPD-Parteikonvent vor Aufnahme der Koalitionsverhandlungen u. a. die Abschaffung der sachgrundlosen Befristung von Arbeitsverträgen gefordert

Befristeter Arbeitsvertrag

(*http://www.faz.net/aktuell/politik/inland/dokumentation-die-zehn-koalitions-forderungen-der-spd-126 25607.html*).

Befristungen mit Sachgrund sind zwar – anders als die Befristung ohne Sachgrund – **zeitlich nicht begrenzt**. Die Dauer der Befristung kann sich aber aus dem Befristungsgrund ergeben (z. B. Vertretung einer in Elternzeit befindlichen Mitarbeiterin; siehe auch Rn. 23). Befristungen mit Sachgrund können auch – ggf. mehrfach – **verlängert** werden (»**Kettenarbeitsverhältnis**«).
Es findet aber eine **Missbrauchskontrolle** statt (siehe Rn. 24 ff.).
Zu den wichtigsten Bestimmungen des TzBfG nachstehend ein **Überblick**.   8

Begriff der Befristung

Befristet beschäftigt ist ein Arbeitnehmer »*mit einem auf bestimmte Zeit geschlossenen Arbeitsvertrag*« (§ 3 Abs. 1 Satz 1 TzBfG).   9

Mögliche Formen der Befristung

Es kann sich um eine **Zeitbefristung** handeln (sog. kalendermäßige Befristung). Hier ist die Dauer kalendermäßig bestimmt.   10

> **Beispiel:**
> »Der Arbeitsvertrag wird für die Zeit vom 1.1.2012 bis zum 31.12.2012 befristet«.

Möglich ist auch eine **Zweckbefristung** (allerdings ist eine solche Befristungsform im Falle der Befristung ohne Sachgrund nicht zulässig; siehe Rn. 27). Die Dauer ergibt sich aus Art, Zweck und Beschaffenheit der Arbeitsleistung (z. B. Vertretung eines erkrankten Arbeitnehmers). Bei einer Zweckbefristung muss der Arbeitgeber den Zeitpunkt der Zweckerreichung ankündigen.
Auch eine Kombination von Zeit- und Zweckbefristung (»**Doppelbefristung**«) wird von der Rechtsprechung als zulässig angesehen.   11

> **Beispiel:**
> »Der Arbeitsvertrag wird für die Zeit der Beurlaubung von xy, längstens aber bis zum ... befristet«.

Von der Befristung zu unterscheiden ist die Vereinbarung einer **Mindestdauer** im Rahmen eines unbefristet abgeschlossenen Arbeitsvertrages. Mit einer solchen Vereinbarung wird sichergestellt, dass das Arbeitsverhältnis nicht zu einem Zeitpunkt vor Ablauf der Mindestdauer gekündigt werden kann.   12

Wird ein befristeter Vertrag mit **Verlängerungsklausel** vereinbart (= automatische Verlängerung, falls nicht gekündigt wird), liegt keine echte Befristungsabrede vor. Vielmehr kann der Vertrag nur durch Ausspruch einer Kündigung beendet werden, die der Arbeitnehmer mit der Kündigungsschutzklage nach § 1 KSchG angreifen kann (siehe → **Kündigungsschutz**).   13

Auflösend bedingter Arbeitsvertrag (§ 21 TzBfG)

Ein auflösend bedingter Arbeitsvertrag liegt vor, wenn er mit einer »**auflösenden Bedingung**« versehen ist.   14

Befristeter Arbeitsvertrag

> **Beispiele:**
> »Das Arbeitsverhältnis endet, wenn die Prüfung zum ... endgültig nicht bestanden wird«.
> Oder: »Das Arbeitsverhältnis endet, wenn die Arbeitserlaubnis endet«.

Auf den auflösend bedingten Arbeitsvertrag finden einige für den befristeten Arbeitsvertrag geltende Bestimmungen des TzBfG entsprechende Anwendung (siehe → **Auflösend bedingter Arbeitsvertrag**).

Verbot der Diskriminierung befristet beschäftigter Arbeitnehmer (§ 4 Abs. 2 TzBfG)

15 Ein befristet (oder auflösend bedingt) beschäftigter Arbeitnehmer darf wegen der Befristung (oder auflösenden Bedingung) **nicht schlechter behandelt** werden als ein vergleichbarer unbefristet Beschäftigter (Ausnahme: Es liegt ein sachlicher Grund für unterschiedliche Behandlung vor). Vergleichbare unbefristet Beschäftigte sind solche mit einer »... gleichen oder ähnlichen Tätigkeit ...« (§ 3 Abs. 2 TzBfG).
Falls **Vergleichspersonen** im Betrieb nicht vorhanden sind, ist ein anwendbarer → **Tarifvertrag** heranzuziehen bzw. auf Verhältnisse im Wirtschaftszweig abzustellen (hypothetisch anwendbarer Tarifvertrag).

16 Das Diskriminierungsverbot ist **zwingend** und richtet sich an Arbeitgeber, Betriebsrat und Tarifvertragsparteien.

17 **Arbeitsentgelt oder andere teilbare geldwerte Leistung:** Einem befristet Beschäftigten ist Arbeitsentgelt oder eine andere teilbare geldwerte Leistung, die für einen bestimmten Bemessungszeitraum gewährt wird, (mindestens) **anteilig** nach dem Verhältnis »Beschäftigungsdauer/Bemessungszeitraum« zu gewähren (§ 4 Abs. 2 Satz 2 TzBfG).

> **Beispiel:**
> Leistet der Arbeitgeber eine Jahressonderzahlung, hat ein Arbeitnehmer, der im Bemessungszeitraum für sechs Monate befristet beschäftigt ist, Anspruch auf 6/12 der Jahressonderzahlung (wenn die sonstigen – für alle Beschäftigten geltenden – Voraussetzungen erfüllt sind); bei einer Jahressonderzahlung mit Stichtagsprinzip ohne Quotelung besteht Anspruch auf volle Zahlung, wenn Arbeitnehmer am Stichtag beschäftigt sind.

18 Sind bestimmte **Beschäftigungsbedingungen** von der Dauer des Arbeitsverhältnisses im selben Betrieb oder Unternehmen abhängig, sind für befristet (oder auflösend bedingt) Beschäftigte dieselben Zeiten zu berücksichtigen wie für unbefristet Beschäftigte (Ausnahme: Es liegt sachlicher Grund für unterschiedliche Behandlung vor; vgl. § 4 Abs. 2 Satz 3 TzBfG).

Keine Benachteiligung wegen Inanspruchnahme von Rechten (§ 5 TzBfG)

19 Der Arbeitgeber darf einen befristet oder auflösend bedingt beschäftigten Arbeitnehmer **nicht** wegen der Inanspruchnahme von Rechten nach dem TzBfG **benachteiligen**.

Befristung mit Sachgrund (§ 14 Abs. 1 TzBfG)

20 Nach § 14 Abs. 1 Satz 1 TzBfG ist die Befristung eines Arbeitsvertrages zulässig, wenn sie durch einen **sachlichen Grund** gerechtfertigt ist (zur Befristung ohne Sachgrund gemäß § 14 Abs. 2, 2 a und 3 TzBfG siehe Rn. 27 ff.).

21 Sachliche Gründe liegen nach § 14 Abs. 1 Nr. 1 bis 8 Satz 2 TzBfG »insbesondere« vor, wenn
  • der betriebliche Bedarf an der Arbeitsleistung nur **vorübergehend** besteht (z. B. Arbeit für ein zeitlich begrenztes Projekt);

Befristeter Arbeitsvertrag

- die Befristung **im Anschluss** an eine Ausbildung oder ein Studium erfolgt, um den Übergang des Arbeitnehmers in eine Anschlussbeschäftigung zu erleichtern;
- der Arbeitnehmer zur **Vertretung** eines anderen Arbeitnehmers beschäftigt wird;
- die Eigenart der Arbeitsleistung die Befristung rechtfertigt;
- die Befristung zur **Erprobung** erfolgt;
- in der **Person** des Arbeitnehmers liegende Gründe die Befristung rechtfertigen;
- der Arbeitnehmer aus **Haushaltsmitteln** vergütet wird, die haushaltsrechtlich für eine befristete Beschäftigung bestimmt sind, und er entsprechend beschäftigt wird;
- die Befristung auf einem **gerichtlichen Vergleich** beruht.

Die Aufzählung von Sachgründen ist **nicht abschließend**. Die Befristung kann auch durch andere, den Wertungsmaßstäben des § 14 Abs. 1 TzBfG entsprechende Sachgründe gerechtfertigt sein (BAG v. 16. 3. 2005 – 7 AZR 289/04, NZA 2005, 923).

Die vor Inkrafttreten des TzBfG ergangene **BAG-Rechtsprechung** zum sachlichen Grund hat der Gesetzgeber weitgehend in § 14 Abs. 1 TzBfG übernommen (siehe aber Rn. 64 a), aber deutlich **ausgedehnt**. Als sachliche Gründe wurden beispielsweise anerkannt: 22

- Vertretung wegen Krankheit, Kur, Mutterschutz, Elternzeit, Kinderbetreuung (§ 21 Abs. 1 BEEG) und Einarbeitungszeiten (§ 21 Abs. 2 BEEG),
- Vertretung eines zum Wehr- oder Zivildienst einberufenen Arbeitnehmers,
- befristet geförderte Arbeitsbeschaffungsmaßnahme (ABM),
- Arbeitsverhältnis zur Probe oder Aushilfe,

Nach Ansicht des BAG muss die Dauer der Befristung (mit Sachgrund) nicht stets mit der **Dauer des Sachgrundes** übereinstimmen. Sie muss sich aber am Befristungsgrund »*orientieren und mit ihm derart in Einklang stehen, dass sie nicht gegen das Vorliegen eines sachlichen Grundes spricht*« (BAG v. 26. 8. 1988 – 7 AZR 101/88, DB 1989, 1677; 28. 11. 1990 – 7 AZR 625/89). Im Übrigen gilt nach richtiger Ansicht unter dem Gesichtspunkt der **Missbrauchskontrolle**: je länger die Befristung, desto höher die Anforderungen an den sachlichen Grund. 23

Kettenarbeitsverträge

Nach der Rechtsprechung des BAG sind »Kettenarbeitsverträge« nicht grundsätzlich unzulässig. 24
Bei **Vertretung** anderer Mitarbeiter, Arbeit für ein zeitlich begrenztes Projekt oder wenn ein Arbeitnehmer aus öffentlichen Haushaltsmitteln vergütet wird darf die Befristung lange Zeit andauern (viele Jahre) und beliebig oft verlängert werden. Aber nur, wenn es für die Verlängerung weiterhin einen Sachgrund gibt. Bei anderen Sachgründen ergeben sich Grenzen aus dem Sachgrund selbst (z. B. Erprobung).
Bei Kettenbefristungen prüft die bisherige Rechtsprechung im Regelfall nur die Zulässigkeit der Befristung des **letzten** »**Gliedes**« der Kette. 25
Mit anderen Worten: Wenn die Befristung eines vorangegangenen Vertrages unwirksam war, so ist dies unbeachtlich, wenn der zuletzt abgeschlossene Vertrag – wirksam – befristet worden ist (BAG v. 4. 6. 2003 – 7 AZR 532/02, DB 2003, 2340).
Allerdings werden die Anforderungen an den sachlichen Grund **umso höher** geschraubt, je länger die Kette befristeter Arbeitsverträge ist.
So kann die Anzahl und Dauer der Befristungen z. B. ein **Indiz** für das Fehlen des Sachgrundes der Vertretung sein (BAG v. 11. 11. 1998 – 7 AZR 328/97, AiB 1999, 348 = NZA 1999, 1211).
Das BAG hat in einem **krassen Fall der** »**Kettenbefristung**« den **EuGH angerufen** (BAG v. 17. 11. 2010 – 7 AZR 443/09 [A], NZA 2011, 34). Eine Arbeitnehmerin hat sich gegen eine extreme Kettenbefristung ihres Arbeitsverhältnisses gewehrt. Sie war beim Land Nordrhein-Westfalen aufgrund von insgesamt **13 befristeten Arbeitsverträgen in ca. 11 Jahren** (von Juli 1996 bis Dezember 2007) als Justizangestellte im Geschäftsstellenbereich des Amtsgerichts 25a

Befristeter Arbeitsvertrag

Köln beschäftigt. Die befristete Beschäftigung diente jeweils der Vertretung von Justizangestellten, die sich in Elternzeit oder Sonderurlaub befanden. Das LAG Köln wies die Befristungskontrollklage ab (LAG Köln v. 15.5.2009 – 4 Sa 877/08). Das von der Klägerin angerufene BAG äußerte Zweifel, ob diese Handhabung mit der EU-Richtlinie 1999/70/EG vom 28.6.1999 und der »EGB-UNICE-CEEP–Rahmenvereinbarung (siehe Rn. 2) vereinbar war. Der EuGH hat am 26.1.2012 entschieden, dass der vorübergehende Bedarf an Vertretungskräften – wie in § 14 Abs. 1 Nr. 3 TzBfG vorgesehen – grundsätzlich einen sachlichen Grund im Sinne der **EU-Richtlinie** darstellen kann, der sowohl die Befristung der mit den Vertretungskräften geschlossenen Verträge als auch deren Verlängerung rechtfertigt (EuGH v. 26.1.2012 – C-586/10 [»Kücük«], NZA 2012, 135). Bei der Beurteilung der Frage, ob die Verlängerung eines befristeten Arbeitsvertrags durch einen sachlichen Grund gerechtfertigt ist, müssten die nationalen Gerichte jedoch alle **Umstände des Einzelfalls** – einschließlich der Zahl und der Gesamtdauer der in der Vergangenheit mit demselben Arbeitgeber geschlossenen befristeten Verträge – berücksichtigen. Aus der Größe des Unternehmens und der Zusammensetzung des Personals allein könne nicht zwangsläufig geschlossen werden, dass der Arbeitgeber mit einem wiederholten oder ständigen Bedarf an Vertretungskräften konfrontiert ist. Aus der Gesamtschau aller Umstände könne sich jedoch ein Missbrauch ergeben. Ob im Einzelfall von **Missbrauch** auszugehen sei, müssten die nationalen Gerichte entscheiden. Der EuGH hat damit bestätigt, dass nicht nur der letzte befristete Arbeitsvertrag der Kette ins Auge zu fassen ist, sondern alle mit demselben Arbeitgeber abgeschlossenen befristeten Verträge.

Das BAG hat sich diesen Grundsätzen angeschlossen und entschieden, dass die Befristung eines Arbeitsvertrags trotz Vorliegens eines Sachgrunds aufgrund der besonderen Umstände des Einzelfalls **ausnahmsweise rechtsmissbräuchlich** und daher unwirksam sein kann (BAG v. 18.7.2012 – 7 AZR 443/09, AiB 2013, 66 = NZA 2012, 1351). Für das Vorliegen eines Rechtsmissbrauchs könnten insbesondere eine sehr lange **Gesamtdauer** oder eine außergewöhnlich hohe **Anzahl** von aufeinander folgenden befristeten Arbeitsverträgen mit demselben Arbeitgeber sprechen. Das BAG hob das Urteil des LAG Köln auf und verwies die Rechtsstreit an das LAG Köln zurück, um dem beklagten Land Gelegenheit zu geben, noch besondere Umstände vorzutragen, die der Annahme des an sich indizierten Rechtsmissbrauchs entgegenstehen.

Extrem lange »Befristungs-Ketten« scheinen in Nordrhein-Westfalen beliebt zu sein: eine im Schuldienst des Landes beschäftigte Lehrkraft wurde über eine Gesamtdauer von mehr als sechseinhalb Jahren mit **dreizehn befristeten Arbeitsverträgen** belästigt (BAG v. 13.2.2013 – 7 AZR 225/11, NZA 2013, 777; auch in diesem Falle hat das BAG den Rechtsstreit an die Vorinstanz – LAG Köln 13 Sa 659/10 – zurückverwiesen.

26 Die Befristung des **vorausgegangenen Arbeitsvertrags** unterliegt dann der gerichtlichen Kontrolle, wenn die Vertragsparteien in dem nachfolgenden befristeten Vertrag das Recht des Arbeitnehmers vereinbaren, die Wirksamkeit der vorangegangenen Befristung gerichtlich prüfen zu lassen (BAG v. 4.6.2003 – 7 AZR 532/02, DB 2003, 2340).

Das Gleiche gilt, wenn der Folgevertrag unter dem **Vorbehalt** abgeschlossen wurde, dass er das Arbeitsverhältnis nur regeln soll, wenn nicht bereits aufgrund des vorangegangenen Arbeitsvertrags ein unbefristetes Arbeitsverhältnis besteht (BAG v. 25.3.2009 – 7 AZR 59/08, ZTR 2009, 441).

Eine gerichtliche Kontrolle der Befristung des vorausgehenden Arbeitsvertrags findet auch statt, wenn es sich bei dem nachfolgenden Vertrag nur um einen sog. **Annexvertrag** handelt. Das ist der Fall, wenn der Anschlussvertrag den ursprünglich vereinbarten Ablauf der Befristung nur geringfügig hinausschiebt, sich diese Verlängerung am Sachgrund der Befristung des vorangegangenen Vertrages orientiert und es nur darum geht, die Laufzeit des Vertrages an zwischenzeitlich eingetretene Umstände anzupassen (BAG v. 1.12.1999 – 7 AZR 236/98, NZA 2000, 374).

Befristeter Arbeitsvertrag

Befristung ohne Sachgrund (§ 14 Abs. 2 TzBfG)

Nach § 14 Abs. 2 TzBfG, der nur für die **kalendermäßige Befristung** gilt (nicht für Zweckbefristung –siehe Rn. 10 – oder auflösende Bedingung – siehe Rn. 14), ist die Befristung eines Arbeitsvertrages **ohne Sachgrund** zulässig bis zur Gesamtdauer von **zwei Jahren** (sog. »erleichterte Befristung«). 27

§ 14 Abs. 2 TzBfG gilt auch für sachgrundlos befristeten Arbeitsverhältnisse von **Betriebsratsmitgliedern**. Sie enden ebenso wie diejenigen anderer Arbeitnehmer mit Ablauf der vereinbarten Befristung. Der Anwendungsbereich des § 14 Abs. 2 TzBfG ist nach Ansicht des BAG nicht etwa aus unionsrechtlichen Gründen »teleologisch« zu reduzieren (BAG v. 5. 12. 2012 – 7 AZR 698/11, NZA 2013, 515). 27a

Der Arbeitgeber kann sich allerdings auf die Befristung dann nicht berufen, wenn **allein die Wahl** in den Betriebsrat ausschlaggebend für die unterbliebene Übernahme in ein unbefristetes Arbeitsverhältnis ist (LAG Hamm v. 5. 11. 2013 – 7 Sa 1007/13).

Innerhalb der Gesamtdauer von zwei Jahren kann ein kalendermäßig befristeter Arbeitsvertrag höchstens **dreimal** (ohne Sachgrund) **verlängert** werden. 28

Beispiel:
1. Befristung: sechs Monate
2. Befristung (= 1. Verlängerung): sechs Monate
3. Befristung (= 2. Verlängerung): sechs Monate
4. Befristung (= 3. Verlängerung): sechs Monate
Gesamtdauer: zwei Jahre

Eine **Verlängerung** liegt nur vor, wenn zur vorangehenden Befristung keine Unterbrechung des Arbeitsverhältnisses eintritt (auch nicht für einen Tag). Außerdem ist eine Verlängerung der Befristung ohne Sachgrund nur bei gleichen Arbeitsbedingungen möglich. Werden Arbeitszeit oder andere Bedingungen verändert, wird die Befristung **unwirksam**. 29

Im Übrigen gilt das »**Anschlussverbot**« des § 14 Abs. 2 Satz 2 TzBfG: Hiernach ist eine Befristung ohne Sachgrund nicht zulässig, wenn mit **demselben Arbeitgeber** bereits zuvor ein befristetes oder unbefristetes Arbeitsverhältnis bestanden hat. 30

Eine frühere Beschäftigung des Arbeitnehmers bei demselben Arbeitgeber steht nach abzulehnender Ansicht des 7. Senats des BAG der Möglichkeit, ein Arbeitsverhältnis ohne Sachgrund bis zu zwei Jahren zu befristen, dann nicht entgegen, wenn diese **länger als drei Jahre zurückliegt** (BAG v. 6. 4. 2011 – 7 AZR 716/09, AiB 2012, 62; 21. 9. 2001 – 7 AZR 375/10).

Das BAG hat hier mit allzu leichter Hand den Gesetzeswortlaut »ergänzt«, also etwas getan, was nur dem Gesetzgeber zusteht. Ein krasser Verstoß gegen das im Grundgesetz verankerte Gewaltenteilungs- und Rechtsstaatsprinzip (zur Kritik vgl. z. B. Kittner/Däubler/Zwanziger-Däubler/Wroblewski, Kündigungsschutzrecht, 9. Aufl. 2014, Rn. 158 a ff. m. w. N.)!

Einige Gerichte sind dem BAG zu Recht nicht gefolgt. So hat z. B. das LAG Baden-Württemberg entschieden, dass »das Vorbeschäftigungsverbot des § 14 Abs. 2 Satz 2 TzBfG **zeitlich uneingeschränkt** besteht.« § 14 Abs. 2 Satz 1 TzBfG sei weder auslegungsfähig noch verfassungskonform auslegungsbedürftig (LAG Baden-Württemberg v. 26. 9. 2013 – 6 Sa 28/13; Revision eingelegt BAG 7 AZR 896/13). Ebenso hat das ArbG Gelsenkirchen v. 26. 2. 2013 – 5 Ca 2133/12 geurteilt.

Hinweis:
Die bis Herbst 2013 regierende schwarz-gelbe Koalition hatte eine Veränderung der Bestimmung zum »**Anschlussverbot**« geplant. Ein erneuter befristeter Arbeitsvertrag mit dem bisherigen Arbeitgeber sollte nach Ablauf einer »**Wartezeit**« **von einem Jahr** möglich sein. In Ziff. I.3.1 des von 30a

Befristeter Arbeitsvertrag

> CDU, CSU und FDP beschlossenen Koalitionsvertrags vom 26.10.2009 heißt es: »*Das generelle Vorbeschäftigungsverbot für sachgrundlos befristete Einstellungen erschwert Anschlussbeschäftigungsverhältnisse, wenn während Schule, Ausbildung oder Studium bei einem Arbeitgeber schon einmal befristet gearbeitet worden ist. Wir werden die Möglichkeit einer Befristung von Arbeitsverträgen so umgestalten, dass die sachgrundlose Befristung nach einer Wartezeit von einem Jahr auch dann möglich wird, wenn mit demselben Arbeitgeber bereits zuvor ein Arbeitsverhältnis bestanden hat. Mit dieser Neuregelung erhöhen wir Beschäftigungschancen für Arbeitnehmer, verringern den Bürokratieaufwand für Arbeitgeber und verhindern Kettenbefristungen*«.

Die Regelung wurde nicht umgesetzt. Im schwarz/roten Koalitionsvertrag 2013 wird das Thema »befristeter Arbeitsvertrag« nicht erwähnt.

30b Nach Ansicht des BAG kann sich ein Vertragsarbeitgeber zur Rechtfertigung einer sachgrundlosen Befristung dann nicht auf § 14 Abs. 2 Satz 1 TzBfG berufen, wenn er den Vertrag in bewusstem und gewolltem Zusammenwirken mit dem letzten Vertragsarbeitgeber des Arbeitnehmers ausschließlich deshalb vereinbart hat, um das **Anschlussverbot** des § 14 Abs. 2 Satz 2 TzBfG **zu umgehen** (BAG v. 15.5.2013 – 7 AZR 525/11, NZA 2013, 1214). Bei einer solchen rechtsmissbräuchlichen Vertragsgestaltung komme aber kein – unbefristeter – Arbeitsvertrag mit dem letzten Vertragsarbeitgeber zustande. Allerdings könne ein Rechtsmissbrauch zur Folge haben, dass sich Rechte – die etwa durch die Zwischenschaltung eines »Strohmanns« umgangen werden sollen – gegen einen Dritten richten können. Hieraus folge aber nicht zwingend, dass das Vertragsverhältnis zu dem dazwischen geschalteten Dritten nichtig wäre. Die Rechtsfolge könne vielmehr auch darin bestehen, dass sich bei Aufrechterhaltung des Vertragsverhältnisses zum Dritten einzelne Ansprüche gegen denjenigen richten, der rechtsmissbräuchlich vertragliche Beziehungen zu sich verhindert hat (BAG v. 15.5.2013 – 7 AZR 525/11, a.a.O.).

31 **Befristungen ohne Sachgrund** sind nach alledem in folgenden Beispielsfällen zulässig bzw. unzulässig.

> **Beispiele (o. S. = ohne Sachgrund; m. S. = mit Sachgrund):**
> - 1.2012 bis 31.12.2012 (o.S.): zulässig
> - 1.2012 bis 30.6.2012 / ... 1.7.2012 bis 31.12.2012 / ... 1.1.2013 bis 30.6.2013 / ... 1.7.2013 bis 31.12.2013 (alle o.S.): zulässig
> - 1.2011 bis 31.5.2013 (o.S.): unzulässig
> - 1.2012 bis 31.3.2012 / ... 1.4.2012 bis 31.8.2012 / ... 1.9.2012 bis 31.12.2012 / ... 1.1.2013 bis 30.6.2013 / ... 1.7.2013 bis 31.12.2013 (alle o.S.): letzte Verlängerung unzulässig
> - 1.2012 bis 30.6.2012 (m.S.) / ... 1.7.2012 bis 31.12.2012 (o.S.): zulässig
> - 1.2011 bis 30.6.2012 (o.S.) / ... 1.7.2012 bis 31.12.2012 (m.S.): zulässig
> - 6.2011 bis 31.8.2011 (m.S.) /... 1.10.2011 bis 31.3.2012 (o.S.)/ ... 1.4.2012 bis 30.9.2012 (o.S.): unzulässig
> - 1.2011 bis 30.9.2011 (o.S.) /... 1.4.2012 bis 31.12.2012 (o.S.): unzulässig
> - 1.2011 bis 30.9.2011 (m.S.) /... 1.4.2012 bis 31.12.2012 (o.S.): unzulässig
> - 1.2011 bis 30.9.2011 (o.S.) /... 1.1.2012 bis 31.12.2012 (m.S.): zulässig
> - 1.2011 bis 31.3.2011 (o.S.) / ... 1.6.2011 bis 30.9.2011 (m.S.) / ... 1.4.2012 bis 31.12.2012 (o.S.): letzte Befristung unzulässig

32 Durch → **Tarifvertrag** kann nach § 14 Abs. 2 Satz 3 TzBfG die **Anzahl der Verlängerungen** oder die **Höchstdauer** der Befristung ohne Sachgrund abweichend von § 14 Abs. 2 Satz 1 TzBfG festgelegt werden (zugunsten, aber auch zuungunsten des Arbeitnehmers: vgl. § 22 Abs. 1 TzBfG).

Befristeter Arbeitsvertrag

Beispiel:
Tarifvertrag zur Kurzarbeit, Qualifizierung und Beschäftigung Metall- und Elektroindustrie Baden-Württemberg vom 15.4.2009/18.2.2010
§ 6 Sachgrundlose Befristung
Die weitere Befristung von in den Jahren 2009 und 2010 auslaufenden befristeten Arbeitsverträgen ist gemäß § 14 Abs. 2 Satz 3 TzBfG zulässig, wenn
- die Verlängerung insgesamt um maximal 24 Monate erfolgt,
- die Höchstdauer der sachgrundlosen Befristung insgesamt maximal 48 Monate beträgt und
- insgesamt eine höchstens sechsmalige Verlängerung des Arbeitsvertrages erfolgt.

Befristete Beschäftigungsverhältnisse, die bereits zum 1.4.2009 bestanden haben, können auch dann entsprechend den oben genannten Regelungen verlängert werden, wenn ihre Befristung im Jahr 2011 ausläuft, maximal jedoch bis zum 31. Dezember 2012.
In Betrieben mit Betriebsrat ist die Anwendung dieser Regelung nach § 14 Abs. 2 Satz 3 TzBfG durch eine freiwillige Betriebsvereinbarung oder im Einzelfall schriftlich durch den Betriebsrat zu bestätigen.
Während der Laufzeit dieses Tarifvertrages nach Absatz 1 und Absatz 2 vereinbarte Befristungen bleiben bis zu ihrem vereinbarten Ende auch dann zulässig, wenn dieser Tarifvertrag geendet hat.

Im Geltungsbereich (räumlich, sachlich, persönlich) eines solchen Tarifvertrages können **nicht tarifgebundene** Arbeitgeber und Arbeitnehmer die Anwendung der tariflichen Regelungen vereinbaren (§ 14 Abs. 2 Satz 4 TzBfG).

Befristung ohne Sachgrund nach Gründung eines Unternehmens (§ 14 Abs. 2a TzBfG)

In den ersten **vier Jahren nach der Gründung** eines Unternehmens ist die kalendermäßige Befristung eines Arbeitsvertrages ohne Vorliegen eines sachlichen Grundes bis zur Dauer von **vier Jahren** zulässig (§ 14 Abs. 2a TzBfG; eingefügt durch das Gesetz zu Reformen am Arbeitsmarkt vom 24.12.2003 [BGBl. I S. 3002]).
Bis zu dieser Gesamtdauer von vier Jahren ist auch die **mehrfache Verlängerung** eines kalendermäßig befristeten Arbeitsvertrages zulässig.
Dies gilt nicht für Neugründungen im Zusammenhang mit der rechtlichen Umstrukturierung von Unternehmen und Konzernen. Maßgebend für den Zeitpunkt der Gründung des Unternehmens ist die Aufnahme einer Erwerbstätigkeit, die nach § 138 AO der Gemeinde oder dem Finanzamt mitzuteilen ist.
Auf die Befristung eines Arbeitsvertrages nach § 14 Abs. 2a Satz 1 TzBfG findet § 14 Abs. 2 Satz 2 bis 4 TzBfG **entsprechende Anwendung**. Das heißt:
- Eine Befristung ohne Sachgrund bis zur Dauer von vier Jahren ist nicht zulässig, wenn mit demselben Arbeitgeber bereits zuvor ein befristetes oder unbefristetes Arbeitsverhältnis bestanden hat (**Anschlussverbot**; siehe Rn. 30).
- Durch →**Tarifvertrag** kann die Anzahl der Verlängerungen oder die Höchstdauer der Befristung abweichend von § 14 Abs. 2a Satz 1 TzBfG festgelegt werden (siehe Rn. 32). Im Geltungsbereich eines solchen Tarifvertrages können nicht tarifgebundene Arbeitgeber und Arbeitnehmer die Anwendung der tariflichen Regelungen vereinbaren.

Befristung ohne Sachgrund bei Arbeitnehmern ab 52 (§ 14 Abs. 3 TzBfG)

Nach § 14 Abs. 3 Satz 1 TzBfG (a. F.) war kein sachlicher Grund für die Befristung erforderlich, wenn der Arbeitnehmer das **58. Lebensjahr** vollendet hat. Die Altersgrenze war durch das Erste Gesetz für moderne Dienstleistungen vom 23.12.2002 (BGBl. I S. 4607; »**Hartz I**«) für die Zeit bis zum 31.12.2006 von 58 auf 52 Jahre herabgesetzt worden (§ 14 Abs. 3 Satz 4 TzBfG a. F.).

Befristeter Arbeitsvertrag

35 § 14 Abs. 3 TzBfG (a. F.) verstieß nach Ansicht des EuGH gegen das EU-Gemeinschaftsrecht und insbesondere gegen Art. 6 Abs. 1 der Richtlinie 2000/78/EG des Rates vom 27. November 2000 (**Diskriminierung wegen des Alters**; EuGH v. 22.11.2005 – C–144/04, NZA 2005, 1345).
Der EuGH hatte die bundesdeutschen Arbeitsgerichte verpflichtet, § 14 Abs. 3 TzBfG (a. F.) in Klageverfahren **nicht mehr anzuwenden**.
Das BAG hatte die Frage aufgeworfen, ob die nationalen Gerichte nach dem Unanwendbarkeitsausspruch des Europäischen Gerichtshofs befugt sind, durch die Gewährung von **Vertrauensschutz** nach nationalem Verfassungsrecht die zeitliche Wirkung des Unanwendbarkeitsausspruchs einzuschränken (BAG v. 26.4.2006 – 7 AZR 500/04, AiB 2006, 646 = NZA 2006, 1162). Es hat die Frage aber unentschieden gelassen, weil in dem zugrundeliegenden Fall die Voraussetzungen für die Gewährung von Vertrauensschutz nach nationalem Recht nicht vorgelegen haben.

36 Inzwischen haben sich die Entscheidungen des EuGH und BAG erledigt. § 14 Abs. 3 TzBfG ist durch das »Gesetz zur Verbesserung der Beschäftigungschancen älterer Menschen vom 19.4.2007« (BGBl. I S. 538) **neu gefasst** worden.
Nach § 14 Abs. 3 Satz 1 TzBfG ist die kalendermäßige Befristung eines Arbeitsvertrages ohne Vorliegen eines sachlichen Grundes bis zu einer Dauer von **fünf Jahren** zulässig, wenn der Arbeitnehmer bei Beginn des befristeten Arbeitsverhältnisses das **52. Lebensjahr vollendet** hat
- und unmittelbar vor Beginn des befristeten Arbeitsverhältnisses mindestens vier Monate beschäftigungslos i. S. d. § 119 Abs. 1 Nr. 1 SGB III gewesen ist
- oder Transferkurzarbeitergeld (siehe → **Transferleistungen** Rn. 12 ff.) bezogen
- oder an einer öffentlich geförderten Beschäftigungsmaßnahme nach dem SGB II oder SGB III teilgenommen hat.

37 Bis zu der Gesamtdauer von **fünf Jahren** ist auch die **mehrfache Verlängerung** des Arbeitsvertrages zulässig (§ 14 Abs. 3 Satz 2 TzBfG).

38 Der Gesetzgeber erhofft sich durch diese Bestimmungen eine **höhere Bereitschaft** von Unternehmen, ältere Arbeitnehmer einzustellen.

39 Siehe auch → **Ältere Arbeitnehmer**.

Schriftform (§ 14 Abs. 4 TzBfG)

40 Die Befristung eines Arbeitsverhältnisses bedarf zu ihrer Wirksamkeit der **Schriftform**. Entsprechendes gilt für die Vereinbarung einer **auflösenden Bedingung** (§ 21 TzBfG). Die Schriftform ist nur gewahrt, wenn die Befristung **vor Beschäftigungsbeginn** vereinbart wurde. Eine spätere Vereinbarung ist unwirksam, sodass der Arbeitsvertrag als auf unbestimmte Zeit geschlossen gilt.
Folge fehlender Schriftform: Der → **Arbeitsvertrag** ist wirksam, die Befristung ist unwirksam; es kommt also ein unbefristetes Arbeitsverhältnis zustande (§ 16 Satz 1 TzBfG).

41 **Beachten:**
Nach h. M. soll auch in diesem Fall § 17 TzBfG gelten (siehe Rn. 51). Das heißt: Will der Arbeitnehmer geltend machen, dass die Befristung wegen mangelnder Schriftform unwirksam ist, muss er innerhalb von drei Wochen nach dem (unwirksam) vereinbarten Ende des befristeten Arbeitsvertrages **Klage** beim → **Arbeitsgericht** erheben. Geschieht dies nicht, wird der Mangel der Unwirksamkeit der Befristung geheilt (§ 17 TzBfG i. V. m. § 7 KSchG).

42 Bei Unwirksamkeit der Befristung – nur – wegen fehlender Schriftform kann im Übrigen der Arbeitsvertrag (von beiden Seiten) auch vor dem vereinbarten Ende ordentlich gekündigt werden (§ 16 Satz 2 TzBfG).

Befristeter Arbeitsvertrag

> **Beachten:**
> Eine schriftliche Niederlegung der wesentlichen Arbeitsbedingungen nach dem **Nachweisgesetz** ist zwar eine zwingende – einklagbare – Pflicht des Arbeitgebers, aber kein konstitutives Formerfordernis (siehe → **Arbeitsvertrag**). 43

Ende des befristeten Arbeitsvertrages (§ 15 TzBfG)

Ein **kalendermäßig** befristeter Arbeitsvertrag endet mit Ablauf der vereinbarten Zeit. 44
Ein **zweckbefristeter** Arbeitsvertrag endet mit Erreichen des Zwecks, frühestens jedoch zwei Wochen nach Zugang der schriftlichen Unterrichtung des Arbeitnehmers über den Zeitpunkt der Zweckerreichung.
Ein **auflösend bedingter Arbeitsvertrag** (§ 21 TzBfG) endet mit Eintritt der auflösenden Bedingung, frühestens jedoch zwei Wochen nach Zugang der schriftlichen Unterrichtung des Arbeitnehmers über den Zeitpunkt des Eintritts der Bedingung.
Eine ordentliche **Kündigung** eines befristeten oder auflösend bedingten Arbeitsvertrages ist nur zulässig, wenn dies arbeitsvertraglich vereinbart oder tarifvertraglich geregelt ist (§ 15 Abs. 3 TzBfG). 45
Bei Befristung für die **Lebenszeit** einer Person oder längere Zeit als **fünf Jahre** kann der Arbeitnehmer nach Ablauf von fünf Jahren **kündigen** (§ 15 Abs. 4 TzBfG; Kündigungsfrist: sechs Monate). 46
Wird ein befristetes bzw. auflösend bedingtes Arbeitsverhältnis mit Wissen des Arbeitgebers **fortgesetzt**, gilt es nach § 15 Abs. 5 TzBfG (früher: § 625 BGB) als auf unbestimmte Zeit verlängert, es sei denn, der Arbeitgeber widerspricht »unverzüglich« oder er teilt dem Arbeitnehmer die Zweckerreichung oder den Eintritt der auflösenden Bedingung »unverzüglich« mit. 47

Folgen unwirksamer Befristung (§ 16 TzBfG)

Ist eine Befristung unwirksam, gilt – mit dem vereinbarten Ende – der befristete Arbeitsvertrag als **auf unbestimmte Zeit** geschlossen. 48

> **Beachten:**
> Es muss innerhalb von **drei Wochen** nach dem vereinbarten Ende **Klage** beim → **Arbeitsgericht** erhoben werden (siehe Rn. 51). Andernfalls gilt gemäß § 17 TzBfG i. V. m. § 7 KSchG die Befristung als von Anfang an rechtswirksam.

Bei Unwirksamkeit der Befristung kann vom Arbeitgeber frühestens zum vereinbarten Ende der Befristung **gekündigt** werden (§ 16 Satz 1 TzBfG; sofern nicht nach § 15 Abs. 3 TzBfG aufgrund vertraglicher Vereinbarung oder tariflicher Regelung mit einer kürzeren Frist ordentlich gekündigt werden kann); 49
Der Arbeitnehmer kann zu einem **früheren Zeitpunkt** ordentlich kündigen.
Bei Unwirksamkeit der Befristung – nur – wegen fehlender **Schriftform** kann der Arbeitsvertrag (von beiden Seiten) auch vor dem vereinbarten Ende ordentlich gekündigt werden (§ 16 Satz 2 TzBfG). 50

Anrufung des Arbeitsgerichts – Befristungskontrollklage (§ 17 TzBfG)

Die Unwirksamkeit der Befristung (bzw. auflösenden Bedingung) kann durch **Feststellungsklage** (= sog. Befristungskontrollklage) beim → **Arbeitsgericht** geltend gemacht werden: »... 51

Befristeter Arbeitsvertrag

wird beantragt, festzustellen, dass das Arbeitsverhältnis der Parteien aufgrund der Befristung (bzw. auflösenden Bedingung) nicht beendet ist«.

Klagefrist: Die Klage muss innerhalb von drei Wochen nach dem vereinbarten **Ende** des befristeten Arbeitsvertrages erhoben werden (Eingang beim Arbeitsgericht).

Bei zweckbefristetem – und auflösend bedingtem – Arbeitsvertrag beginnt die Drei-Wochen-Frist nach **Zugang** der schriftlichen Unterrichtung über den Zeitpunkt der Zweckerreichung bzw. des Eintritts der auflösenden Bedingung.

Bei Fristversäumung ist **nachträgliche Zulassung** der Klage nur unter den engen Voraussetzungen des § 5 KSchG möglich.

Auch die §§ 6 und 7 KSchG finden entsprechende Anwendung (siehe hierzu → **Kündigungsschutz** Rn. 34 bis 36). Wird etwa die dreiwöchige Klagefrist **versäumt**, gilt gemäß § 17 TzBfG i. V. m. § 7 KSchG die Befristung als von Anfang an rechtswirksam.

Wird das Arbeitsverhältnis nach dem vereinbarten Ende **fortgesetzt**, beginnt die Klagefrist mit Zugang der schriftlichen Erklärung des Arbeitgebers, dass das Arbeitsverhältnis aufgrund der Befristung beendet ist (siehe auch § 15 Abs. 5 TzBfG).

Information über unbefristete Arbeitsplätze (§ 18 TzBfG)

52 Der Arbeitgeber muss befristet und auflösend bedingt Beschäftigte (§ 21 TzBfG) über zu besetzende **unbefristete Arbeitsplätze informieren.**

Die Information muss erfolgen durch allgemeine Bekanntgabe an geeigneter – den Arbeitnehmern zugänglicher – Stelle im Betrieb und Unternehmen (z. B. **Schwarzes Brett**).

> **Beachten:**
> Informationsrechte des Betriebsrats nach § 20 TzBfG und § 80 Abs. 2 BetrVG.

Aus- und Weiterbildung (§ 19 TzBfG)

53 Der Arbeitgeber muss sicherstellen, dass auch befristet und auflösend bedingt Beschäftigte an angemessenen Maßnahmen zur Aus- und Weiterbildung zur Förderung der beruflichen Entwicklung und Mobilität **teilnehmen** können.

Ausnahme: Dringende betriebliche Gründe oder Aus- und Weiterbildungswünsche anderer Arbeitnehmer stehen entgegen.

> **Beachten:**
> 54 Anspruch auf Bildungsurlaub besteht nach den Bildungsurlaubsgesetzen der Länder auch für berufliche Weiterbildung (siehe → **Bildungsurlaub**).

Nach § 96 Abs. 1 BetrVG hat der Arbeitgeber **auf Verlangen** des Betriebsrats den Berufsbildungsbedarf zu ermitteln und mit ihm Fragen der Berufsbildung zu beraten. Der Betriebsrat kann **Vorschläge** machen.

§ 97 Abs. 2 BetrVG gibt dem Betriebsrat ein **Initiativmitbestimmungsrecht** bei der Einführung von betrieblichen Berufsbildungsmaßnahmen, wenn
- der Arbeitgeber neue technische Anlagen, Arbeitsverfahren, Arbeitsabläufe oder Arbeitsplätze plant,
- hierdurch die Tätigkeit der Arbeitnehmer verändert wird,
- und die beruflichen Kenntnisse und Fähigkeiten zur Bewältigung der Aufgaben nicht mehr ausreichen.

Befristeter Arbeitsvertrag

Weitere gesetzliche Bestimmungen, die für das Thema »Befristung« von Bedeutung sind:

§ 620 Abs. 1 BGB (»*Das Dienstverhältnis endigt mit dem Ablaufe der Zeit, für die es eingegangen ist*«):
Aus § 620 Abs. 1 BGB und dem Grundsatz der Vertragsfreiheit wurde früher – vor In-Kraft-Treten des TzBfG – die **Zulässigkeit** der Befristung von Arbeitsverträgen abgeleitet, wobei die Rechtsprechung Einschränkungen vorgesehen hat:
Hiernach war eine Befristung nur dann zulässig, wenn ein **sachlicher Grund** vorgelegen hat. Das galt jedenfalls dann, wenn die Befristung objektiv geeignet war, den gesetzlichen Kündigungsschutz zu umgehen. 55

§ 620 Abs. 3 BGB (neu gefasst mit Wirkung ab 1.1.2001) stellt klar, dass für »*Arbeitsverträge, die auf bestimmte Zeit abgeschlossen werden*«, das Gesetz über Teilzeitarbeit und befristete Arbeitsverträge (TzBfG) gilt. 56

Das ursprünglich in § 623 BGB für die Befristung vorgesehene **Schriftformerfordernis** (siehe auch → **Aufhebungsvertrag** und → **Kündigung**) ist nunmehr in § 14 Abs. 4 TzBfG geregelt (siehe Rn. 1 und 40 ff.). 57
Diese Bestimmung gilt auch für einen → **auflösend bedingten Arbeitsvertrag** (§ 21 TzBfG).

§ 625 BGB (Fortsetzung des befristeten Vertrages) gilt nur noch für Dienstverhältnisse (siehe → **Dienstvertrag**); auf Arbeitsverhältnisse findet § 15 Abs. 5 TzBfG Anwendung (siehe Rn. 47). 58

§ 21 BEEG stellt klar, dass ein **sachlicher Grund** für die Befristung bei Vertretung bei Beschäftigungsverboten nach dem MuSchG (siehe → **Mutterschutz**) oder bei Elternzeit (früher: Erziehungsurlaub; siehe → **Elterngeld/Elternzeit** Rn. 93 ff.) stets gegeben ist. 59

Befristete Einstellung zur Vertretung im Falle von Akutpflege nach § 2 PflegeZG und Freistellung nach § 3 PflegeZG (§ 6 PflegeZG)

Wenn zur Vertretung eines Beschäftigten für die Dauer der kurzzeitigen Arbeitsverhinderung nach § 2 PflegeZG (sog. **Akutpflege**; siehe → **Pflegezeit** Rn. 5) oder der **Freistellung** nach § 3 PflegeZG (siehe → **Pflegezeit** Rn. 6 ff.) ein Arbeitnehmer eingestellt wird, liegt hierin ein **sachlicher Grund** für die Befristung des Arbeitsverhältnisses (§ 6 Abs. 1 Satz 1 PflegeZG; siehe auch Rn. 20). 59a
Über die Dauer der Vertretung hinaus ist die Befristung für notwendige Zeiten einer **Einarbeitung** zulässig (§ 6 Abs. 1 Satz 2 PflegeZG).
Die Dauer der Befristung des Arbeitsvertrages muss kalendermäßig bestimmt oder bestimmbar oder den in § 6 Abs. 1 PflegeZG genannten Zwecken zu entnehmen sein (§ 6 Abs. 2 PflegeZG).
Der Arbeitgeber kann den befristeten Arbeitsvertrag unter Einhaltung einer Frist von zwei Wochen kündigen, wenn die Pflegezeit nach § 4 Abs. 2 Satz 1 PflegeZG **vorzeitig endet** (§ 6 Abs. 3 Satz 1 PflegeZG).
Das Kündigungsschutzgesetz ist in diesen Fällen nicht anzuwenden (§ 6 Abs. 3 Satz 2 PflegeZG).
Das Recht zur Kündigung durch den Arbeitgeber besteht nicht, wenn sie vertraglich ausgeschlossen ist (§ 6 Abs. 3 Satz 3 PflegeZG).

Befristete Einstellung bei Familienpflegezeit (§ 2 Abs. 3 FPfZG i. V. m. § 6 PflegeZG)

Die vorstehend genannten Bestimmungen des § 6 PflegeZG gelten auch im Falle einer Freistellung nach dem Familienpflegezeitgesetz (§ 2 Abs. 3 FPfZG; siehe → **Familienpflegezeit**). 59b

Befristeter Arbeitsvertrag

Altersteilzeit

59c Eine Vereinbarung zwischen Arbeitnehmer und Arbeitgeber über die Altersteilzeitarbeit, die die Beendigung des Arbeitsverhältnisses ohne Kündigung zu einem Zeitpunkt vorsieht, in dem der Arbeitnehmer Anspruch auf eine Rente wegen Alters hat, ist zulässig (§ 8 Abs. 3 AltTZG). Siehe auch → **Altersteilzeit**.

Altersrente und befristeter Arbeitsvertrag (§ 41 SGB VI)

59d Eine Vereinbarung, die die Beendigung des Arbeitsverhältnisses eines Arbeitnehmers ohne Kündigung zu einem Zeitpunkt vorsieht, zu dem der Arbeitnehmer vor **Erreichen der Regelaltersgrenze** eine Rente wegen Alters beantragen kann, gilt dem Arbeitnehmer gegenüber als auf das Erreichen der Regelaltersgrenze abgeschlossen, es sei denn, dass die Vereinbarung innerhalb der letzten drei Jahre vor diesem Zeitpunkt abgeschlossen oder von dem Arbeitnehmer innerhalb der letzten drei Jahre vor diesem Zeitpunkt bestätigt worden ist (§ 41 Satz 2 SGB VI).
Sieht eine Vereinbarung die Beendigung des Arbeitsverhältnisses mit dem Erreichen der Regelaltersgrenze vor, können die Arbeitsvertragsparteien durch Vereinbarung während des Arbeitsverhältnisses den Beendigungszeitpunkt, gegebenenfalls auch mehrfach, **hinausschieben** (§ 41 Satz 3 SGB VI; eingefügt durch das RV-Leistungsverbesserungsgesetz vom 23.6.2014 – BGBl. I S. 787).

Wissenschaftszeitvertragsgesetz (WissZeitVG)

60 Mit dem Gesetz über befristete Arbeitsverträge in der Wissenschaft vom 12.7.2007 (Wissenschaftszeitvertragsgesetz – WissZeitVG; BGBl. I S. 506) wurde die Befristung von Arbeitsverträgen mit wissenschaftlichem und künstlerischem Personal (mit Ausnahme der Hochschullehrer/-innen) neu geregelt. Die »alten« Bestimmungen der §§ 57 a bis e Hochschulrahmengesetz wurden abgelöst.
Die Bundesregierung hat am 4.9.2015 den Entwurf eines Ersten Gesetzes zur Änderung des Wissenschaftszeitvertragsgesetzes (WissZeitVG) vorgelegt. Ziel ist es, die Beschäftigungsbedingungen im Hochschulbereich zu verbessern und unsachgemäße Kurzbefristungen von jungem wissenschaftlichem und künstlerischem Personal zu verhindern. In der Bundestags-Drucksache 18/6489 heißt es:
»*Das Wissenschaftszeitvertragsgesetz (WissZeitVG) enthält Sonderregelungen zur Befristung der Arbeitsverhältnisse des wissenschaftlichen und künstlerischen Personals der Hochschulen und Forschungseinrichtungen in der Qualifizierungsphase sowie bei drittmittelfinanzierten Projekten. Die im Gesetz enthaltenen Befristungstatbestände sollen sicherstellen, dass neue Ideen an Hochschulen und Forschungseinrichtungen durch einen Wechsel des wissenschaftlichen und künstlerischen Personals ermöglicht werden. Die Evaluation des Gesetzes hat jedoch ergeben, dass es bei der Befristungspraxis Fehlentwicklungen gegeben hat.*
Der vorliegende Gesetzentwurf soll insbesondere unsachgemäße Kurzbefristungen verhindern sowie eine angemessene Nachwuchsentwicklung im Wissenschaftsbereich ermöglichen. Es wird klargestellt, dass sachgrundlose Befristungen nur zulässig sind, wenn die befristete Beschäftigung zur Förderung der eigenen wissenschaftlichen oder künstlerischen Qualifizierung erfolgt. Nichtwissenschaftliches Personal wird aus dem Anwendungsbereich des Wissenschaftszeitvertragsgesetzes herausgenommen. Der Begriff sowie die Befristung von studienbegleitenden Arbeitsverhältnissen, deren Gegenstand die Erbringung von wissenschaftlichen und künstlerischen Hilfstätigkeiten ist, werden ebenso wie die familienpolitische Komponente klarer geregelt.«
Der Bundestag hat am 17.12.2015 in zweiter und dritter Lesung mit der Mehrheit der Großen

Befristeter Arbeitsvertrag

Koalition die Annahme des Gesetzentwurfs mit einigen vom Bundestagsausschuss für Bildung, Forschung und Technikfolgenabschätzung vorgeschlagenen Änderungen beschlossen. Bei dem Gesetz handelt es sich um ein sog. Einspruchsgesetz. Es wurde vom Bundesrat in der Sitzung am 29.1.2016 beraten. Ein Einspruch wurde vom Bundesrat nicht erhoben. Das Gesetz ist am 1.2.2016 in Kraft getreten.

Unter anderem sieht das neue WissZeitVG folgende (kursiv hervorgehobene) Neuregelungen vor:

- Die Befristung von Arbeitsverträgen mit nicht promoviertem Personal ist bis zur Dauer von **sechs Jahren** nur dann zulässig ist, *wenn die befristete Beschäftigung zur Förderung der eigenen wissenschaftlichen oder künstlerischen Qualifizierung erfolgt* (§ 2 Abs. 1 Satz 1 WissZeitVG).
- Nach abgeschlossener Promotion ist eine Befristung bis zu einer Dauer von sechs Jahren, im Bereich der Medizin bis zu einer Dauer von neun Jahren, zulässig, *wenn die befristete Beschäftigung zur Förderung der eigenen wissenschaftlichen oder künstlerischen Qualifizierung erfolgt;* die zulässige Befristungsdauer verlängert sich in dem Umfang, in dem Zeiten einer befristeten Beschäftigung nach Satz 1 und Promotionszeiten ohne Beschäftigung nach Satz 1 zusammen weniger als sechs Jahre betragen haben (§ 2 Abs. 1 Satz 2 WissZeitVG).
- *Die vereinbarte Befristungsdauer ist jeweils so zu bemessen, dass sie der angestrebten Qualifizierung angemessen ist* (§ 2 Abs. 1 Satz 3 WissZeitVG).
- Die nach den Sätzen 1 und 2 insgesamt zulässige Befristungsdauer verlängert sich bei Betreuung eines oder mehrerer Kinder unter 18 Jahren um zwei Jahre je Kind (§ 2 Abs. 1 Satz 4 WissZeitVG). *Satz 4 gilt auch, wenn hinsichtlich des Kindes die Voraussetzungen des § 15 Absatz 1 Satz 1 des Bundeselterngeld- und Elternzeitgesetzes vorliegen. Die nach den Sätzen 1 und 2 insgesamt zulässige Befristungsdauer verlängert sich bei Vorliegen einer Behinderung nach § 2 Absatz 1 des Neunten Buches Sozialgesetzbuch oder einer schwerwiegenden chronischen Erkrankung um zwei Jahre* (§ 2 Abs. 1 Satz 5 WissZeitVG). Innerhalb der jeweils zulässigen Befristungsdauer sind auch Verlängerungen eines befristeten Arbeitsvertrages möglich (§ 2 Abs. 1 Satz 6 WissZeitVG).
- Die Befristung von Arbeitsverträgen des in § 1 Abs. 1 Satz 1 genannten Personals ist auch zulässig, wenn die Beschäftigung überwiegend aus Mitteln Dritter finanziert wird, die Finanzierung für eine bestimmte Aufgabe und Zeitdauer bewilligt ist und die Mitarbeiterin oder der Mitarbeiter überwiegend der Zweckbestimmung dieser Mittel entsprechend beschäftigt wird; *die vereinbarte Befristungsdauer soll dem bewilligten Projektzeitraum entsprechen* (§ 2 Abs. 2 WissZeitVG).
- Neu eingefügt wurde ein § 6 WissZeitVG (Wissenschaftliche und künstlerische Hilfstätigkeiten): *Befristete Arbeitsverträge zur Erbringung wissenschaftlicher oder künstlerischer Hilfstätigkeiten mit Studierenden, die an einer deutschen Hochschule für ein Studium, das zu einem ersten oder einem weiteren berufsqualifizierenden Abschluss führt, eingeschrieben sind, sind bis zur Dauer von insgesamt sechs Jahren zulässig. Innerhalb der zulässigen Befristungsdauer sind auch Verlängerungen eines befristeten Arbeitsvertrages möglich.*

Nach § 1 Abs. 1 Satz 2 WissZeitVG ist eine Abweichung von den Befristungsregelungen der §§ 2, 3 und 6 WissZeitVG durch »Vereinbarung« nicht zulässig (auch nicht durch → **Tarifvertrag**; letzteres hat das BVerfG im Zusammenhang mit einer entsprechenden Regelung des Hochschulrahmengesetzes für verfassungsgemäß gehalten; BVerfG v. 24.4.1996 – 1 BvR 712/86, AuR 1996, 371).

Eine **Ausnahme** sieht § 1 Abs. 1 Satz 3 WissZeitVG vor: für bestimmte Fachrichtungen (= Mehrheit von Studiengängen) und Forschungsbereiche können durch Tarifvertrag abweichende Fristen und eine andere Anzahl der zulässigen Verlängerungen innerhalb der Befristungsdauer festgelegt werden.

Befristeter Arbeitsvertrag

Gesetz über befristete Arbeitsverträge mit Ärzten in der Weiterbildung (ÄArbVtrG)

60a Für die Befristung eines Arbeitsvertrags mit einem Arzt in der Weiterbildung gilt das ÄArbVtrG vom 15.5.1985 (BGBl. I S. 742; zuletzt geändert durch Gesetz vom 12.4.2007; BGBl. I, S. 506). Nach § 1 Abs. 1 ÄArbVtrG liegt ein die Befristung rechtfertigender **sachlicher Grund** vor, wenn die Beschäftigung des Arztes seiner zeitlich und inhaltlich strukturierten Weiterbildung zum Facharzt oder dem Erwerb einer Anerkennung für einen Schwerpunkt oder dem Erwerb einer Zusatzbezeichnung, eines Fachkundenachweises oder einer Bescheinigung über eine fakultative Weiterbildung dient.

Die **Dauer** der Befristung des Arbeitsvertrags bestimmt sich im Rahmen der § 1 Abs. 3 und 4 ÄArbVtrG ausschließlich nach der vertraglichen Vereinbarung; sie muss kalendermäßig bestimmt oder bestimmbar sein (§ 1 Abs. 2 ÄArbVtrG). Soweit es z. B. um den Erwerb der Anerkennung als Facharzt geht, beträgt die Höchstdauer der Befristung **acht Jahre** (§ 1 Abs. 3 Satz 1 ÄArbVtrG). Weitere befristete Arbeitsverträge für weitere Weiterbildungsziele sind nach Maßgabe des § 1 Abs. 3 Sätze 2 und 3 ÄArbVtrG möglich.

Tarifvertragliche Regelungen

61 Eine Abweichung von den Bestimmungen des TzBfG ist nur **zugunsten** des Arbeitnehmers zulässig.

Ausnahme: Im Falle des § 14 Abs. 2 Satz 3 und 4 TzBfG (Befristung ohne Sachgrund) kann durch Tarifvertrag auch **zuungunsten** des Arbeitnehmers abgewichen werden (z. B. längere Höchstdauer bei Befristung ohne Sachgrund und mehr als drei Verlängerungen innerhalb der Höchstdauer).

62 Zu beachten ist, dass in einigen Tarifverträgen das Vorliegen eines »**sachlichen Grundes**« bei jeder Art von Befristung verlangt wird.

Diese Regelungen schließen die Anwendung der Befristungsmöglichkeit des § 14 Abs. 2 TzBfG (Befristung ohne Sachgrund; siehe Rn. 27 ff.) aus.

> **Beispiel:**
> Manteltarifvertrag für die Metallindustrie Hamburg und Umgebung, Schleswig-Holstein, Mecklenburg-Vorpommern vom 3.7.2008
> § 2 Nr. 6. Befristetes Arbeitsverhältnis
> 6.1 Die Befristung eines Arbeitsverhältnisses muss sachlich begründet sein und darf die Dauer von sechs Monaten nicht überschreiten. Eine einmalige Verlängerung bis zu drei Monaten ist zulässig. In Fällen der Vertretung von Beschäftigten, die Mutterschutzfristen und/oder gesetzliche Elternzeit in Anspruch nehmen, sind befristete Arbeitsverhältnisse in Abweichung zu Abs. 1 bis zu einer Gesamtdauer von 21 Monaten zulässig.
> Die Bestimmungen des BMTV bleiben hiervon unberührt.
> Protokollnotiz zu § 2 Ziff. 6.1:
> Vergleiche § 9 Tarifvertrag Aufbau und Sicherung von Beschäftigung:
> In Ergänzung zu § 2 Ziff. 6.1 des jeweiligen MTV kann die Befristung des Arbeitsverhältnisses bis zu 18 Monaten ausgedehnt werden. Innerhalb dieser Frist ist eine einmalige Verlängerung der Befristung möglich. Die Befristung kann auch nach Auslaufen des Beschäftigungssicherungstarifvertrages enden.
> 6.2 Wird die Beschäftigung über die in Ziff. 6.1 genannten Zeiträume fortgesetzt, so wird aus dem befristeten Arbeitsverhältnis ein Arbeitsverhältnis auf unbestimmte Zeit.
> 6.3 Über die Ziff. 6.1 hinaus ist eine Befristung nur zulässig, wenn das Arbeitsverhältnis zur Durchführung einer bestimmten Arbeit abgeschlossen wird, die ihrer Natur und Struktur des Betriebes entsprechend einmalig ist.
> 6.4 Die Befristungen bedürfen der Schriftform.

Befristeter Arbeitsvertrag

Wenn in Tarifverträgen hinsichtlich der Dauer der Befristung (mit oder ohne Sachgrund) zeitliche **Höchstgrenzen** festgelegt sind, die kürzer sind als die nach dem TzBfG möglichen Befristungszeiträume, haben derartige tarifvertragliche Vorschriften **Vorrang** vor den Bestimmungen des TzBfG. **63**

Manche Tarifverträge sehen vor, dass das Arbeitsverhältnis mit Ablauf der **vertraglich vereinbarten Zeitspanne** oder mit **Erreichen der Regelaltersrente** automatisch – ohne Kündigung – beendet wird. **63a**

> **Beispiel:**
> Manteltarifvertrag für die Metallindustrie Hamburg und Umgebung, Schleswig-Holstein, Mecklenburg-Vorpommern vom 3.7.2008
> § 14 Nr. 1 Beendigung des Arbeitsverhältnisses
> Das Arbeitsverhältnis endet
> a) durch Kündigung
> b) durch Vereinbarung
> c) mit Ablauf der Zeit oder mit Beendigung der Arbeit, für die es eingegangen ist
> d) mit Erreichen der Regelaltersrentengrenze, sofern der Arbeitgeber mindestens sechs Monate vorher den Beschäftigten schriftlich darauf hingewiesen hat.

Soweit die o. g. Tarifvorschrift unter c) regelt: »*Das Arbeitsverhältnis endet mit Ablauf der Zeit oder mit Beendigung der Arbeit, für die es eingegangen ist*« verstößt das gegen das in § 22 Abs. 1 TzBfG geregelte **Verbot**, von den Vorschriften des TzBfG **zuungunsten des Arbeitnehmers abzuweichen**. Auch im Geltungsbereich einer solchen Tarifregelung richtet sich die Wirksamkeit der Befristung nach den Maßgaben des § 14 TzBfG. Eine tarifliche Abweichung ist nur in den in § 22 Abs. 1 TzBfG genannten Fällen (§ 12 Abs. 3, § 13 Abs. 4 und § 14 Abs. 2 Satz 3 und 4 TzBfG) möglich.

Rechtsprechung

Auch schon vor In-Kraft-Treten des TzBfG war nach ständiger Rechtsprechung des BAG eine Befristungskontrolle erforderlich (vgl. z.B. BAG v. 15.2.1995 – 7 AZR 680/94, NZA 1995, 987). **64**

Die Befristung eines Arbeitsverhältnisses dürfe dem Arbeitnehmer nicht den Schutz zwingender Kündigungsschutzbestimmungen (z.B. nach dem KSchG, MuSchG, § 613a Abs. 4 BGB) nehmen. Deshalb sei eine Befristung nur bei Vorliegen eines **sachlichen Grundes** zulässig. Fehle es daran, liege eine objektiv funktionswidrige und deshalb objektiv rechtsmissbräuchliche Vertragsgestaltung vor mit der Folge, dass sich der Arbeitgeber auf die Befristung nicht berufen könne.

Maßgeblich für die Befristungskontrolle (Prüfung des sachlichen Grundes) ist die zum Zeitpunkt des Vertragsschlusses bestehende Sachlage. **65**

Nachträglich eingetretene Umstände sind nach Ansicht des BAG in der Regel unbeachtlich.

Bei mehreren aufeinander folgenden befristeten Arbeitsverträgen unterliegt – von Ausnahmen abgesehen – grundsätzlich nur der **zuletzt abgeschlossene Arbeitsvertrag** der arbeitsgerichtlichen Befristungskontrolle (BAG v. 4.6.2003 – 7 AZR 532/02, DB 2003, 2340; siehe Rn. 24 ff.; zu Ausnahmen von diesem Grundsatz siehe Rn. 26). **66**

Zum Thema »Befristung aufgrund einer **Altersgrenzenregelung**« (Arbeitsvertrag, Betriebsvereinbarung, Tarifvertrag; siehe Rn. 63a) nachstehend ein Auszug aus BAG v. 12.6.2013 – 7 AZR 917/11: **66a**

»*Nach der Rechtsprechung des Senats unterliegen Regelungen über die Beendigung von Arbeitsverhältnissen aufgrund von Altersgrenzen der arbeitsgerichtlichen Befristungskontrolle. Sie bedür-*

Befristeter Arbeitsvertrag

fen eines sie rechtfertigenden Sachgrunds iSd. § 14 Abs. 1 TzBfG (vgl. z. B. – für eine tarifvertragliche Altersgrenze – BAG 21. September 2011 – 7 AZR 134/10 – Rn. 20).
Es entspricht weiter der Rechtsprechung des Bundesarbeitsgerichts, dass eine auf das Erreichen des Lebensalters zum Anspruch auf die Regelaltersrente abstellende Altersgrenzenregelung in Kollektivnormen (vgl. zuletzt für eine Betriebsvereinbarung BAG 5. März 2013 – 1 AZR 417/12 – Rn. 27 und 30 f.) und in individualvertraglichen Abmachungen (vgl. BAG 18. Juni 2008 – 7 AZR 116/07 – Rn. 24 mwN, BAGE 127, 74; für eine einzelvertragliche Altersgrenze vgl. BAG 27. Juli 2005 – 7 AZR 443/04 – BAGE 115, 265) sachlich gerechtfertigt sein kann. Dabei sind die Interessen der Arbeitsvertragsparteien an der Fortsetzung des Arbeitsverhältnisses einerseits und seiner Beendigung andererseits gegeneinander abzuwägen.«
Zu weiteren Entscheidungen siehe Anhang **Rechtsprechung** Nr. 27, 28.

Bedeutung für die Betriebsratsarbeit

67 Der Betriebsrat sollte grundsätzlich für **unbefristete Einstellungen** eintreten und befristeten Einstellungen nur dort zustimmen, wo die Befristung **sachlich gerechtfertigt** ist im Sinne des § 14 Abs. 1 TzBfG und der arbeitsgerichtlichen Rechtsprechung (z. B. Befristung im Falle der Vertretung, befristete Einstellung statt Mehrarbeit oder Leiharbeit, Übernahme von Ausgebildeten).

Information des Betriebsrats (§ 20 TzBfG)

68 Der Betriebsrat ist vom Arbeitgeber über Anzahl der befristet (und auflösend bedingt) Beschäftigten und ihren Anteil an der Belegschaft im Betrieb und im Unternehmen zu informieren.
Weitere Informationsrechte des Betriebsrats ergeben sich aus § 80 Abs. 2 BetrVG (z. B. auf Verlangen Vorlage von schriftlichen Unterlagen; siehe → **Informationsrechte des Betriebsrats**).

Mitbestimmung des Betriebsrats (§ 99 BetrVG)

69 Der Betriebsrat kann nach § 99 Abs. 2 BetrVG die **Zustimmung** zur befristeten Einstellung **verweigern**, wenn
1. die Einstellung gegen ein **Gesetz**, eine Verordnung, eine Unfallverhütungsvorschrift oder gegen eine Bestimmung in einem → **Tarifvertrag** oder in einer → **Betriebsvereinbarung** oder gegen eine gerichtliche Entscheidung oder eine behördliche Anordnung **verstoßen** würde (siehe hierzu Rn. 28 a),
2. die Einstellung gegen eine **Richtlinie** nach § 95 BetrVG (siehe → **Auswahlrichtlinie**) verstoßen würde,
3. die durch Tatsachen begründete Besorgnis besteht, dass infolge der Einstellung im Betrieb beschäftigte Arbeitnehmer **gekündigt** werden oder **sonstige Nachteile** erleiden, ohne dass dies aus betrieblichen oder persönlichen Gründen gerechtfertigt ist; als Nachteil gilt bei unbefristeter Einstellung auch die Nichtberücksichtigung eines **gleich geeigneten befristet Beschäftigten**,
4. der von der personellen Maßnahme betroffene Arbeitnehmer durch die Einstellung **benachteiligt** wird, ohne dass dies aus betrieblichen oder in der Person des Arbeitnehmers liegenden Gründen gerechtfertigt ist (nach Ansicht des BAG kommt dieser Zustimmungsverweigerungsgrund bei einer Einstellung nicht in Frage; der zur Einstellung vorgesehene

Befristeter Arbeitsvertrag

Bewerber könne nicht durch die Einstellung als solche benachteiligt sein, sondern allenfalls durch die Konditionen, zu denen er eingestellt werden solle; auf die Vertragsbedingungen erstrecke sich das Mitbestimmungsrecht des Betriebsrats aber nicht; vgl. BAG v. 5. 4. 2001 – 2 AZR 580/99, NZA 2001, 893),

5. eine nach § 93 BetrVG **erforderliche Ausschreibung** im Betrieb **unterblieben** ist (**Beachten**: Der Betriebsrat kann seine Zustimmung zu einer Einstellung wegen fehlender Ausschreibung grundsätzlich nur dann gemäß § 99 Abs. 2 Nr. 5 BetrVG verweigern, wenn er die Ausschreibung vor dem Zustimmungsersuchen des Arbeitgebers verlangt oder mit diesem eine Vereinbarung über die Ausschreibung zu besetzender Arbeitsplätze getroffen hat; vgl. BAG v. 14. 12. 2004 – 1 ABR 54/03, NZA 2005, 424; siehe **Musterschreiben** im Anhang zum Stichwort → **Ausschreibung von Arbeitsplätzen**) oder

6. die durch Tatsachen begründete **Besorgnis** besteht, dass der für die Einstellung in Aussicht genommene Bewerber oder Arbeitnehmer den **Betriebsfrieden** durch gesetzwidriges Verhalten oder durch grobe Verletzung der in § 75 Abs. 1 BetrVG enthaltenen Grundsätze, vor allem durch rassistische oder fremdenfeindliche Betätigung, **stören** werde.

Wenn der Arbeitgeber einen externen Bewerber **befristet einstellen** will, kann der Betriebsrat seine Zustimmung gemäß § 99 Abs. 2 Nr. 1 BetrVG nach Ansicht des BAG nur mit der Begründung verweigern, dass die Maßnahme selbst – also die Einstellung – gegen ein Gesetz, einen Tarifvertrag oder eine sonstige Norm verstößt (BAG v. 21. 7. 2009 – 1 ABR 35/08, NZA 2009, 1156; 14. 12. 2004 – 1 ABR 54/03, NZA 2005, 424; 28. 3. 2000 – 1 ABR 16/99, NZA 2000, 1294; 28. 6. 1994 – 1 ABR 59/93, NZA 1995, 387). Dagegen genüge es im Rahmen des § 99 Abs. 2 Nr. 1 BetrVG nicht, wenn der Betriebsrat geltend macht, dass einzelne **Vertragsbedingungen** – etwa die Befristung des Arbeitsvertrags – gegen Rechtsnormen verstoßen. Das Mitbestimmungsrecht bei Einstellungen sei kein Instrument zur umfassenden **Vertragsinhaltskontrolle**. Der Zustimmungsverweigerungsgrund des § 99 Abs. 2 Nr. 1 BetrVG sei bei Einstellungen lediglich dann gegeben, wenn der Zweck der Verbotsnorm nur dadurch erreicht werden kann, dass die Einstellung insgesamt unterbleibt. Die Verbotsnorm müsse also die **Einstellung als solche untersagen**.

Daher könne der Betriebsrat die Verweigerung der Zustimmung zu einer befristeten Einstellung nicht darauf stützen, die im Arbeitsvertrag vereinbarte **Befristung** sei unwirksam (BAG v. 28. 6. 1994 – 1 ABR 59/93; 27. 10. 2010 – 7 ABR 86/09).

69a

Beispiele:
Der Arbeitgeber möchte einen externen Bewerber befristet für die Dauer von einem Jahr nach Maßgabe des § 14 Abs. 2 TzBfG (sachgrundlose Befristung; siehe Rn. 27 ff.) einstellen.
Der Betriebsrat verweigert die Zustimmung zur Einstellung mit der Begründung, dass die Befristung gegen das Anschlussverbot des § 14 Abs. 2 Satz 2 TzBfG (siehe Rn. 30) verstößt.
Eine solche Zustimmungsverweigerung ist von § 99 Abs. 2 Nr. 1 BetrVG nicht gedeckt.
Gleiches gilt, wenn der Betriebsrat der Einstellung zustimmt, aber die Zustimmung zur Befristung verweigert.

Nach der Neufassung des § 99 Abs. 2 Nr. 3 zweiter Halbsatz BetrVG durch das BetrVerfReformgesetz vom 23. 7. 2001 (BGBl. I S. 1852) kann der Betriebsrat immerhin einer vom Arbeitgeber geplanten **unbefristeten Einstellung** mit der Begründung widersprechen, dass ein im Betrieb bereits beschäftigter **gleich geeigneter befristet Beschäftigter** nicht berücksichtigt wurde.

§ 99 Abs. 2 Nr. 3 zweiter Halbsatz BetrVG setzt also voraus, dass ein bereits befristet Beschäftigter und ein bislang nicht betriebsangehöriger Arbeitnehmer um einen **Dauerarbeitsplatz konkurrieren** (BAG v. 25. 1. 2005 – 1 ABR 61/03; Fitting, BetrVG, 27. Aufl., § 87 Rn. 230, 231). Dazu ist regelmäßig erforderlich, dass sich auch der befristet beschäftigte Arbeitnehmer um

69b

Befristeter Arbeitsvertrag

den betreffenden Arbeitsplatz **beworben** hat (BAG v. 25.1.2005 – 1 ABR 61/03). Es kommt nicht darauf an, ob die Tätigkeit des befristet Beschäftigten den Tätigkeitsmerkmalen des zu besetzenden Dauerarbeitsplatzes entspricht. Entscheidend ist allein, ob der externe Bewerber und der befristet Beschäftigte gleich geeignet sind (Fitting, BetrVG, 27. Aufl., § 87 Rn. 231).

70 Bislang ungeklärt ist, ob die Neufassung des § 99 Abs. 2 Nr. 3 BetrVG sich zugunsten der Beschäftigten auswirkt oder eher die Neigung der Arbeitgeber zu befristeter Einstellung verstärkt, weil sie dadurch eine Mitbestimmung des Betriebsrats **umgehen** können (denn auf den speziellen Zustimmungsverweigerungsgrund des § 99 Abs. 2 Nr. 3 zweiter Halbsatz BetrVG kann sich der Betriebsrat nur berufen, wenn der Arbeitgeber eine **unbefristete Einstellung** plant).

70a Der **Forderung des DGB,**
- dem Betriebsrat bei befristeter Einstellung generell das Recht zu geben, die Zustimmung zur Befristung mit der Begründung zu verweigern, dass sie (die Befristung) gegen eine gesetzliche, tarifliche oder betriebliche Norm verstößt, und
- ihm zudem ein **Widerspruchsrecht** gegen das Auslaufen der Befristung analog § 102 BetrVG zu geben,

wollte sich der Gesetzgeber nicht anschließen.

71 In jedem Falle ist es sinnvoll, wenn der Betriebsrat eine – unnötige – Befristungspraxis und seine Haltung dazu auch gegenüber der Belegschaft »zum Thema« macht (z. B. in einer → **Betriebsversammlung**).

71a Nach Ansicht des BAG können auch die Arbeitsverträge von **Betriebsratsmitgliedern** nach Maßgabe des § 14 Abs. 2 TzBfG wirksam **ohne Sachgrund befristet** werden (BAG v. 25.6.2014 – 7 AZR 847/12; 5.12.2012 – 7 AZR 698/11). Das Betriebsratsamt stehe der Anwendung des TzBfG nicht entgegen. Nach § 78 Satz 2 BetrVG dürften aber Betriebsratsmitglieder wegen ihrer Tätigkeit **nicht benachteiligt oder begünstigt werden**. Eine hiernach verbotene Benachteiligung liege vor, wenn dem Betriebsratsmitglied im Anschluss an die Befristung wegen seiner Betriebsratstätigkeit der Abschluss eines Folgevertrags verweigert wird. Das Betriebsratsmitglied habe dann gegen den Arbeitgeber einen gerichtlich durchsetzbaren Anspruch auf Abschluss eines entsprechenden Vertrags. Im Prozess liege die **Beweislast** für eine unzulässige Benachteiligung bei dem Betriebsratsmitglied, das sich darauf beruft. Legt es Indizien dar, für eine Benachteiligung wegen der Betriebsratstätigkeit sprechen, müsse sich der Arbeitgeber hierauf konkret einlassen und die Indizien ggf. entkräften.

Nachstehend die Leitsätze der Entscheidung des BAG v. 25.6.2014 – 7 AZR 847/12:

»1. *Benachteiligt ein Arbeitgeber ein befristet beschäftigtes Betriebsratsmitglied, indem er wegen dessen Betriebsratstätigkeit den Abschluss eines Folgevertrags ablehnt, hat das Betriebsratsmitglied gemäß § 78 Satz 2 BetrVG iVm. § 280 Abs. 1, § 823 Abs. 2, § 249 Abs. 1 BGB Anspruch auf Schadensersatz. Dieser ist im Wege der Naturalrestitution auf den Abschluss des verweigerten Folgevertrags gerichtet.*

2. Besteht zwischen einem Betriebsratsmitglied und dem Arbeitgeber Streit darüber, ob der Arbeitgeber das Betriebsratsmitglied durch die Ablehnung eines Folgevertrags unzulässig wegen seiner Betriebsratstätigkeit benachteiligt hat, gilt im Prozess ein abgestuftes System der Darlegungs-, Einlassungs- und Beweislast. Dabei trägt grundsätzlich das Betriebsratsmitglied, das den Arbeitgeber auf Abschluss eines Folgevertrags in Anspruch nimmt, die Darlegungs- und Beweislast für das Vorliegen einer unzulässigen Benachteiligung.«

Bedeutung für die Beschäftigten

Bestehen Zweifel an der Wirksamkeit der Befristung, kann der befristet Beschäftigte dies gemäß § 17 TzBfG durch eine **Klage** beim → **Arbeitsgericht** klären (sog. **Befristungskontrollklage**). 72

Die Klage muss innerhalb einer **Frist** von **drei Wochen** nach Beendigung des befristeten Arbeitsverhältnisses beim Arbeitsgericht eingereicht werden.

Im Fall der **Zweckbefristung** beginnt die dreiwöchige Klagefrist nach Zugang der Mitteilung des Arbeitgebers über den Eintritt der Zweckerreichung (§ 15 Abs. 2 TzBfG).

§§ 5 bis 7 Kündigungsschutzgesetz gelten entsprechend (siehe → **Kündigungsschutz** Rn. 32 ff.).

Ist die Befristung tatsächlich **unwirksam**, so stellt das Gericht fest, dass ein **unbefristetes Arbeitsverhältnis** vorliegt. 73

Gleichzeitig verurteilt es den Arbeitgeber, den Arbeitnehmer über den Ablauf der Befristung hinaus **weiter zu beschäftigen**.

Es sollte allerdings beachtet werden, dass der **Kündigungsschutz** bei unbefristeten Arbeitsverhältnissen nach dem Kündigungsschutzgesetz erst nach einer ununterbrochenen Beschäftigungsdauer von länger als sechs Monaten eintritt (sog. **Wartezeit**; vgl. § 1 Abs. 1 KSchG; siehe → **Kündigungsschutz**). 74

Daher macht es wenig Sinn, sofort bei Abschluss des befristeten Arbeitsvertrages die Befristung durch Klage anzugreifen. Denn der Arbeitgeber würde auf die Klage wahrscheinlich mit einer »vorsorglich« ausgesprochenen Kündigung reagieren. Dies kann der Arbeitgeber zwar auch dann tun, wenn der Arbeitnehmer erst nach Ablauf von sechs Monaten gegen die Befristung klagt; jedoch würde sich eine dann erklärte Kündigung an den Vorschriften des Kündigungsschutzgesetzes messen lassen müssen (siehe → **Kündigungsschutz**).

Meldepflicht (§ 38 Abs. 1 SGB III 2012)

Zu beachten ist § 38 Abs. 1 Satz 1 SGB III 2012. Hiernach sind Personen, deren Arbeits- oder Ausbildungsverhältnis endet, verpflichtet, sich spätestens drei Monate vor dessen Beendigung persönlich bei der Agentur für Arbeit **arbeitssuchend** zu melden. 75

Liegen zwischen der Kenntnis des Beendigungszeitpunkts und der Beendigung des Arbeits- oder Ausbildungsverhältnisses weniger als drei Monate, hat die Meldung innerhalb von **drei Tagen** nach Kenntnis des Beendigungszeitpunkts zu erfolgen.

Zur Wahrung der Fristen reicht eine (ggf. auch telefonische) Anzeige unter Angabe der persönlichen Daten und des Beendigungszeitpunkts aus, wenn die persönliche Meldung nach terminlicher Vereinbarung nachgeholt wird.

Die Pflicht zur Meldung besteht unabhängig davon, ob der Fortbestand des Arbeits- oder Ausbildungsverhältnisses gerichtlich geltend gemacht oder vom Arbeitgeber in Aussicht gestellt wird.

Erfolgt die Meldung nicht fristgerecht, hat das eine einwöchige Arbeitslosengeldsperre (**Sperrzeit**) nach § 159 Abs. 1 Satz 2 Nr. 7, Abs. 6 SGB III 2012 zur Folge.

> **Beispiele:**
> - Ein Arbeitnehmer steht in einem vom 1.1.2010 bis 31.12.2014 befristeten Arbeitsverhältnis (= kalendermäßige Befristung). Der Arbeitnehmer muss sich – wenn er keine Anschlussbeschäftigung hat – spätestens am 30.9.2014 bei der Agentur für Arbeit melden, wenn er Arbeitslosengeldsperre nach § 159 Abs. 1 Satz 2 Nr. 7, Abs. 6 SGB III 2012 vermeiden will.
> - Ein Arbeitnehmer steht in einem zweckbefristeten Arbeitsverhältnis (Vertretung eines arbeitsun-

Befristeter Arbeitsvertrag

fähig erkrankten Mitarbeiters). Der Arbeitgeber teilt ihm schriftlich mit, dass der vertretene Mitarbeiter in einer Woche seine Arbeit wieder aufnimmt. Das zweckbefristete Arbeitsverhältnis endet (frühestens) zwei Wochen nach Zugang der schriftlichen Unterrichtung durch den Arbeitgeber (§ 15 Abs. 2 TzBfG). Der Arbeitnehmer muss sich innerhalb von drei Tagen nach der Unterrichtung durch den Arbeitgeber bei der Agentur für Arbeit melden, wenn er Arbeitslosengeldsperre nach § 159 Abs. 1 Satz 2 Nr. 7, Abs. 6 SGB III 2012 vermeiden will.
- Entsprechendes gilt bei Eintritt einer auflösenden Bedingung (§ 21 i. V. m. § 15 Abs. 2 TzBfG; siehe → **Auflösend bedingter Arbeitsvertrag**).

Zu weiteren Einzelheiten siehe → **Arbeitslosenversicherung: Arbeitsförderung** Rn. 13 ff.

Arbeitshilfen

Musterschreiben
- Befristeter Arbeitsvertrag
- Zustimmungsverweigerung bei Einstellung nach § 99 Abs. 2 Nr. 3 BetrVG wegen Nichtberücksichtigung eines befristet Beschäftigten

Rechtsprechung

1. Diskriminierungsverbot (§ 4 Abs. 2 TzBfG)
2. Schriftform (§ 14 Abs. 4 TzBfG)
3. Kettenarbeitsvertrag – Missbrauchskontrolle
4. Befristung ohne Sachgrund (§ 1 Abs. 1 Satz 1 BeschFG alt / § 14 Abs. 2 TzBfG neu)
5. Befristung ohne Sachgrund bei Betriebsratsmitgliedern
6. Befristung ohne Sachgrund bei Kirchen
7. Vertraglicher Ausschluss einer Befristung ohne Sachgrund
8. Befristung ohne Sachgrund: Tarifvertragliche Regelungen (§ 14 Abs. 2 Satz 3 TzBfG)
9. Befristung ohne Sachgrund: Verlängerung des befristeten Vertrags (§ 14 Abs. 2 TzBfG)
10. Befristung ohne Sachgrund: Anschlussverbot (§ 14 Abs. 2 TzBfG)
11. Befristung ohne Sachgrund in den ersten vier Jahren nach der Gründung eines Unternehmens (§ 14 Abs. 2 a TzBfG)
12. Befristung ohne Sachgrund für ältere Arbeitnehmer: § 14 Abs. 3 TzBfG (a. F.) ist europarechtswidrig
13. Befristung mit Sachgrund – Dauer der Befristung
14. Sachgründe nach § 14 Abs. 1 TzBfG
15. Befristung mit Sachgrund: vorübergehender Mehrbedarf an Arbeitskräften (§ 14 Abs. 1 Satz 2 Nr. 1 TzBfG)
16. Befristung mit Sachgrund: Befristung im Anschluss an eine Ausbildung oder ein Studium (§ 14 Abs. 1 Satz 2 Nr. 2 TzBfG)
17. Befristung mit Sachgrund: Vertretung eines anderen Arbeitnehmers (§ 14 Abs. 1 Satz 2 Nr. 3 TzBfG)
18. Befristung mit Sachgrund: Vertretung von Arbeitnehmern in Elternzeit (früher: Erziehungsurlaub) – § 21 BErzGG (alt) bzw. § 21 BEEG (neu)
19. Befristung mit Sachgrund: Eigenart der Arbeitsleistung (§ 14 Abs. 1 Satz 2 Nr. 4 TzBfG) – Rundfunkredakteur

Befristeter Arbeitsvertrag

20. Befristung mit Sachgrund: in der Person des Arbeitnehmers liegende Gründe (§ 14 Abs. 1 Satz 2 Nr. 6 TzBfG) – befristete Fortsetzung des Arbeitsverhältnisses nach Erreichen des Renteneintrittsalters
21. Befristung mit Sachgrund: Haushaltsrechtliche Beschränkungen (§ 14 Abs. 1 Satz 2 Nr. 7 TzBfG)
22. Befristung mit Sachgrund: gerichtlicher Vergleich (§ 14 Abs. 1 Satz 2 Nr. 8 TzBfG)
23. Befristung mit Sachgrund: sonstiger, in § 14 Abs. 1 S. 2. Nr. 1 – 8 TzBfG nicht genannter Sachgrund
24. Befristung mit Sachgrund: Arbeitsverhältnis mit einem Studenten
25. Befristung mit Sachgrund: nachträgliche Befristung eines unbefristeten Arbeitsverhältnisses
26. Befristung mit Sachgrund: Sachgrund nach Tarifvertrag – Aufgabe von begrenzter Dauer
27. Befristung mit Sachgrund: Arbeitsverhältnis eines Sporttrainers
28. Befristung mit Sachgrund: Arbeitsbeschaffungsmaßnahme (ABM)
29. Befristung mit Sachgrund: Befristeter Arbeitsvertrag als Sozialhilfemaßnahme
30. Befristung mit Sachgrund: weitere Einzelfälle
31. Befristung zur Umgehung des Kündigungsschutzes
32. Aufhebung oder Befristung eines unbefristeten Arbeitsverhältnisses
33. Zweckbefristung
34. Doppelbefristung
35. Befristung im Formulararbeitsvertrag: Inhaltskontrolle nach §§ 305 ff. BGB
36. Befristung einzelner Vertragsbedingungen – Umgehung des Änderungskündigungsschutzes – Inhaltskontrolle nach §§ 305 ff. BGB
37. Befristung aufgrund einer Altersgrenzenregelung (Arbeitsvertrag, Betriebsvereinbarung, Tarifvertrag)
38. Altersgrenzenregelung für die Luftfahrt (Piloten, Flugbegleiter)
39. Beendigung des Arbeitsverhältnisses wegen Gewährung einer Erwerbsminderungsrente?
40. Weiterbeschäftigungserwartung aufgrund schlüssigen Arbeitgeberverhaltens
41. Fortsetzung eines befristeten Arbeitsverhältnisses nach Ablauf der Befristung
42. Verlängerung eines befristeten Arbeitsverhältnisses (im Hochschulbereich)
43. Kündigung eines befristeten Arbeitsverhältnisses
44. Befristung bei Schwangerschaft der Arbeitnehmerin
45. Befristung nach dem Hochschulrahmengesetz / Wissenschaftszeitvertragsgesetz
46. Befristeter Arbeitsvertrag mit Fremdsprachenlektoren
47. Befristeter Anstellungsvertrag mit stellvertretendem Hauptgeschäftsführer
48. Klage gegen Befristung (Befristungskontrollklage) – Klagefrist
49. Beweislast bei Streit über die Dauer eines befristeten Arbeitsverhältnisses
50. Informations- und Mitbestimmungsrecht des Betriebsrats (§ 99 BetrVG)
51. Zustimmungsverweigerung durch Betriebsrat wegen tarifwidriger Befristung?
52. Mitbestimmung des Personalrats (öffentlicher Dienst)
53. Sonstiges
54. Wiedereinstellungsanspruch nach Ablauf eines befristeten Arbeitsvertrags?

Behinderung der Betriebsratstätigkeit

Was ist das?

1. Das BetrVG stellt die **Tätigkeit des Betriebsrats** und anderer Organe der Betriebsverfassung in mehreren Vorschriften unter besonderen Schutz (siehe auch → **Behinderung der Betriebsratswahl** und → **Strafverfahren**).
2. Nach § 78 Abs. 1 BetrVG dürfen die
   - Mitglieder des → **Betriebsrats**, des → **Gesamtbetriebsrats**, des → **Konzernbetriebsrats**, der → **Jugend- und Auszubildendenvertretung**, der → **Gesamt-Jugend- und Auszubildendenvertretung**, der → **Konzern-Jugend- und Auszubildendenvertretung**, des → **Wirtschaftsausschusses**, der Bordvertretung, des Seebetriebsrats, der in § 3 Abs. 1 BetrVG genannten Vertretungen der Arbeitnehmer, der → **Einigungsstelle**, einer tariflichen Schlichtungsstelle (§ 76 Abs. 8 BetrVG) und einer betrieblichen Beschwerdestelle (§ 86 BetrVG) sowie
   - **Auskunftspersonen** (§ 80 Abs. 2 Satz 3 BetrVG)

   in der Ausübung ihrer Tätigkeit **nicht gestört oder behindert** werden.

2a. Der **Begriff der Behinderung** in § 78 Satz 1 BetrVG ist **umfassend** zu verstehen. Er erfasst jede unzulässige Erschwerung, Störung oder gar Verhinderung der Betriebsratsarbeit (BAG v. 20. 10. 1999 – 7 ABR 37/98; 12. 11. 1997 – 7 ABR 14/97). Ein Verschulden oder eine Behinderungsabsicht des Störers ist nicht erforderlich. Dem Betriebsrat steht bei einer Störung oder Behinderung seiner Arbeit durch den Arbeitgeber ein **Unterlassungsanspruch** zu. Ein solcher Anspruch ist zwar in § 78 Satz 1 BetrVG nicht ausdrücklich geregelt, er folgt jedoch aus dem Zweck der Vorschrift, die Erfüllung von Betriebsratsaufgaben zu sichern (BAG v. 12. 11. 1997 – 7 ABR 14/97).

2b. Die Behinderung oder Störung der Betriebsratstätigkeit ist nach § 119 Abs. 1 Nr. 2 BetrVG **strafbar**, die Benachteiligung oder Begünstigung von Mitgliedern des Betriebsrats und anderer Betriebsverfassungsorgane »um ihrer Tätigkeit willen« nach § 119 Abs. 1 Nr. 3 BetrVG (siehe Rn. 10).

3. Die Begriffe »Störung« und »Behinderung« sind weit zu verstehen.
Eine Störung oder Behinderung der Betriebsratstätigkeit kann nicht nur durch **aktives Tun**, sondern auch durch **Unterlassen** begangen werden.

> **Beispiele für unzulässige Behinderung der Betriebsratstätigkeit:**
> - Der Arbeitgeber verweigert die nach § 2 Abs. 1 BetrVG gebotene vertrauensvolle Zusammenarbeit mit dem Betriebsrat.
> - Der Arbeitgeber untersagt dem Betriebsrat den Zugang zu allen Arbeitsplätzen (ArbG Elmshorn v. 5.12.1990 – 4a BVGa 46/90, AiB 1991, 56).
> - Der Arbeitgeber verweigert dem Beauftragten einer im Betrieb vertretenen Gewerkschaft den Zutritt zum Betrieb (OLG Stuttgart v. 21.12.1977 – 2 Ws 21/77, DB 1978, 592; vgl. auch Zabel, AuR 1992, 335).
> - Der Arbeitgeber verweigert einem vom Betriebsrat beauftragten Rechtsanwalt den Zutritt zum Betrieb (BAG v. 20.10.1999 – 7 ABR 37/98).

Behinderung der Betriebsratstätigkeit

- Der Arbeitgeber lehnt es ab, dem Betriebsrat die erforderlichen Räume und Sachmittel nach § 40 Abs. 2 BetrVG zur Verfügung zu stellen.
- Der Arbeitgeber verhindert oder behindert die Teilnahme an Sitzungen des Betriebsrats.
- Der Arbeitgeber entfernt eigenmächtig zulässige Aushänge des Betriebsrats vom Schwarzen Brett.
- Der Arbeitgeber öffnet die an den Betriebsrat gerichtete Post, er leitet sie nicht weiter,
- speichert die Zielnummern aller Telefongespräche eines Betriebsratsmitgliedes (LAG Hamburg v. 1.9.1988 – 2 Sa 94/86).
- Der Arbeitgeber lehnt eine Freistellung von Betriebsratsmitgliedern nach § 37 Abs. 2 BetrVG bzw. § 38 BetrVG ab oder er ordnet an, dass sich Betriebsratsmitglieder zur Wahrnehmung von Betriebsratsarbeit schriftlich an- und rückmelden und sich dies schriftlich vom Vorgesetzten bestätigen lassen müssen (ArbG Oberhausen v. 7.2.1985, AiB 1985, 47).
- Der Arbeitgeber empfiehlt den Beschäftigten durch Aushang, nicht an der Betriebsversammlung teilzunehmen (OLG Stuttgart v. 9.9.1988 – 1 Ws 237/88, AiB 1989, 23).
- Der Arbeitgeber führt Mitarbeiterdienstbesprechungen unmittelbar nach einer Betriebsversammlung durch (unzulässige Gegenveranstaltung; ArbG Osnabrück v. 25.6.1997 – 4 BVGa 3/97 [rkr.], AiB 1998, 110; vgl. auch ArbG Darmstadt v. 6.5.1996 – 4 BVGa 14/96 [rkr.], AiB 1996, 609; ArbG Duisburg v. 15.12.1993 – 1 BV 32/93, AuR 1994, 276).
- Der Arbeitgeber verspricht den Beschäftigten Vorteile oder droht ihnen Nachteile an, wenn sie die Sprechstunden des Betriebsrats besuchen oder an Betriebsversammlungen teilnehmen.
- Der Arbeitgeber kündigt die Streichung von freiwilligen Leistungen für den Fall an, dass der Betriebsrat in bestimmten Fragen auf der Durchsetzung seiner Rechte besteht (ArbG Darmstadt v. 24.3.1994 – 2 BVGa 2/94, AuR 1994, 381).
- Der Arbeitgeber bietet der Belegschaft per Aushang für den Fall der Einschränkung der Kosten der Betriebsratstätigkeit eine Erhöhung einer freiwilligen Weihnachtsgeldzahlung an (ArbG Wesel v. 10.4.1996 – 3 BVGa 1/96, AiB 1997, 52). Das verstoße gegen das Gebot der vertrauensvollen Zusammenarbeit und behindere die Betriebsratsarbeit. Gegen einen Aushang mit diesem Inhalt stehe dem Betriebsrat ein Unterlassungsanspruch zu.
- Der Arbeitgeber gibt Kosten des Betriebsrats monatlich bekannt (ArbG Darmstadt v. 20.11.1986 – 1 BVGa 9/86).
- Der Arbeitgeber gibt mit dem Ziel, die Arbeit des Betriebsrats herabzusetzen, die Kosten der Betriebsratstätigkeit in Betriebsversammlungen bekannt (BAG v. 12.11.1997 – 7 ABR 14/97).
- Der Arbeitgeber gibt »Fehlzeiten« des Betriebsrats, die durch Krankheit, Betriebsratstätigkeit oder Lehrgänge verursacht sind, durch Herausgabe schriftlicher Informationsmitteilungen oder Aushang am schwarzen Brett bekannt (ArbG Verden v. 14.4.1989 – 1 BV 5/89).
- Der Arbeitgeber missachtet wiederholt die Informations-, Mitwirkungs- und Mitbestimmungsrechte des Betriebsrats.

Einen besonders **üblen Fall** der Behinderung und Störung der Betriebsratsarbeit stellt entgegen der Ansicht des Hessischen LAG v. 2.9.2013 – 16 TaBV 36/13 (Nichtzulassungsbeschwerde eingelegt BAG 7 ABN 86/13) auch der nachstehend im Wortlaut wiedergegebene **Aushang** in einem Betrieb der europäischen Entwicklungsgesellschaft eines koreanischen Automobilkonzerns dar (in dem Betrieb werden regelmäßig mehr als 200 Arbeitnehmer beschäftigt). Der Aushang wurde u. a. von leitenden Angestellten, dem Personalleiter und den unmittelbaren Vorgesetzten der Betriebsratsmitglieder unterzeichnet und am schwarzen Brett ausgehängt (insgesamt wurde der Aushang von 112 Beschäftigten unterzeichnet). Dass das Hessische LAG in dieser Aktion einen Ausdruck freier Meinungsäußerung und nicht eine Behinderung und Störung der Betriebsratsarbeit gesehen hat, zeigt, wie weit manche Richter von den Realitäten des Arbeitslebens entfernt sind. Nachstehend der Aushang im Wortlaut:

»*Offener Brief an die Mitarbeiter/innen von H zum Thema Betriebsrat R, den 4. Juli 2012*
Wir, die Unterzeichnenden, beobachten seit einiger Zeit, zunächst interessiert, mittlerweile mit zunehmender Sorge die Aktivitäten unseres Betriebsrats bzw. der dort tätigen Personen hinsichtlich der Auswirkungen auf unseren Arbeitsalltag und damit unsere berufliche Zukunft.

3a

Behinderung der Betriebsratstätigkeit

Um es klar und vorab zu sagen: Die Betriebsratsarbeit bei H halten wir für schlecht und nicht zielführend, was natürlich nur unser subjektives Empfinden widerspiegelt.
Betriebsräte wie etwa bei V, B, O etc. verfolgen – wie aus den Nachrichten zu entnehmen ist, stets eine Politik der vertrauensvollen, transparenten und effektiven Zusammenarbeit mit dem Ziel der Lösungsfindung mit dem Unternehmen. Dies immer zum Wohle aller Arbeitnehmer und des Unternehmens unter Einbeziehung aller gegebenen Möglichkeiten – auch wenn Entscheidungen hieraus unter Umständen aus praktischen Gründen manchmal nur einem vorübergehenden Kompromiss darstellen.
Bei dem Betriebsrat von H können wir dieses so nicht erkennen. Es fehlt an Vertrauen, Transparenz, Effizienz und vor allem dem Willen des Betriebsrates praktische Lösungen herbeiführen zu wollen.

- *Vertrauen:* Betriebsratsmitglieder suggerieren oft grundlegendes Misstrauen gegen die Firma an sich – das ist unserer Ansicht nach falsch, weil dadurch eine einvernehmliche Lösungsfindung unmöglich wird.
- *Mangelnde Transparenz:* Die Ziele des Betriebsrates, die Themen an denen gearbeitet wird oder auch die Konflikte mit der Firma und deren Lösungsstrategien sind für uns als Mitarbeiter nicht klar erkennbar.
- *Effizienz:* Konkrete Ergebnisse der Betriebsratsarbeit oder auch nur resultierende Pläne sind für uns trotz der zahlreichen und meist sehr kurzfristig angesetzten Zusammenkünfte des Betriebsrates nicht erkennbar. Auch die Art und Weise, wie hier ohne Rücksicht auf betriebliche Belange und mit fragwürdigem Sozialverhalten gegenüber betroffenen Kollegen agiert wird, ist aus kollegialen Gründen so nicht akzeptabel. Speziell wird die Arbeit rigoros mit dem Verweis auf eine »wichtige Betriebsratssitzung« niedergelegt. Trotz der Vielzahl der gerichtlichen Klagen die der H-Betriebsrat geführt hat und führt, ergaben sich bis dato keine für die Belegschaft erkennbaren Vorteile.
- *Lösungsfindung:* In den Aktivitäten des H-Betriebsrats lässt sich für uns nicht erkennen, dass eine zielführende, zeitnahe Lösungsfindung angestrebt wird. Es scheint oftmals um persönliche Prinzipien und Geltungsbedürfnis einzelner zu gehen, wobei auch materielle Nachteile für eine große Zahl der Mitarbeiter billigend in Kauf genommen und greifbare Lösungen Monate oder sogar Jahre hinausgezögert werden.
- *Ungerechtfertigter Missbrauch des Betriebsratsamtes:* Wir sind der Ansicht, dass die gegenwärtig agierenden Personen des Betriebsrates ihr Amt dazu Missbrauch an, um sich nicht zuletzt auch persönliche, materielle Vorteile zu sichern.

Das deutsche Arbeitsrecht sieht in § 23 vor, dass die Auflösung des Betriebsrates wegen grober Pflichtverletzungen von mehr als einem Viertel der wahlberechtigten Mitarbeiter des Betriebes beim Gericht beantragt werden kann.
Im Anschluss daran wird dann im Rahmen von Neuwahlen ein neuer Betriebsrat gewählt oder auch der alte wieder gewählt.
Durch die Angabe seines Namens und die Abgabe seiner Unterschrift in dieser Liste (siehe Aushang) kann sich jede/r wahlberechtigte Mitarbeiter/in unserer Sichtweise anschließen.«
Siehe auch Rn. 11, 12 zu den Machenschaften von »**Arbeitgeber-Beratern**«.

4   **Mitglieder** des Betriebsrats (oder der anderen in § 78 Satz 1 BetrVG genannten Organe und Personen) dürfen wegen ihrer Tätigkeit auch **nicht benachteiligt oder begünstigt** werden. Das gilt auch für ihre **berufliche Entwicklung** (§ 78 Satz 2 BetrVG).

5   Eine **Benachteiligungs- und Begünstigungsabsicht** des Arbeitgebers ist nicht erforderlich. Es reicht aus, wenn die Maßnahme oder Unterlassung im Vergleich zu anderen Arbeitnehmern eine Schlechterstellung oder Besserstellung bewirkt und zwischen Maßnahme/Unterlassung und der Betriebsratstätigkeit ein objektiver Zusammenhang besteht.
Ist strittig, ob ein Zusammenhang besteht, trägt derjenige die **Beweislast**, der eine Benachteiligung oder Begünstigung behauptet. Allerdings kann aufgrund der Umstände nach den Re-

geln des »Beweises des ersten Anscheins« eine **tatsächliche Vermutung** für das Vorliegen eines Zusammenhangs sprechen (BAG v. 22. 2. 1979 – 2 AZR 115/78, DB 1979, 1659).

Beispiele für unzulässige Benachteiligungen:
- Einem Betriebsratsmitglied wird mit Blick auf seine Abwesenheit infolge Betriebsratsarbeit eine schlechtere Arbeit zugewiesen (LAG Bremen v. 12. 8. 1982 – 3 TaBV 33/81, AP Nr. 15 zu § 99 BetrVG 1972; LAG Frankfurt v. 14. 8. 1986, BB 1986, 2199).
- Ein Betriebsratsmitglied wird nicht befördert (BAG v. 15. 1. 1992 – 7 AZR 194/91, AiB 1993, 236).
- Ausfallzeiten eines Betriebsratsmitglieds infolge Krankheit, Betriebsratsarbeit und Seminarbesuchs werden am Schwarzen Brett ausgehängt (ArbG Verden v. 14. 4. 1989 – 1 BV 5/89, BB 1989, 1405).
- Nach einer Arbeitsniederlegung wird nur ein teilnehmendes Betriebsratsmitglied gekündigt, nicht aber andere Teilnehmer (LAG Hamm v. 11. 4. 1996, AiB 1996, 736).

Beispiele für unzulässige Begünstigungen:
- Höhergruppierung nach Wahl eines Betriebsratsmitglieds zum Betriebsratsvorsitzenden.
- Zahlung von Zulagen oder höherer Erstattungsbeträge für Auslagen und Reisekosten (BAG v. 29. 1. 1974 – 1 ABR 34/73, DB 1974, 1535).
- Höhere Sozialplanabfindung für Betriebsratsmitglieder.

Die Verbote des § 78 Satz 1 und 2 BetrVG richten sich nicht nur an den Arbeitgeber, sondern an **jedermann:** z. B. → **leitende Angestellte**, Vorgesetzte, Arbeitnehmer. Das Gleiche gilt für die **Strafvorschrift** des § 119 Nr. 2 und 3 BetrVG (LG Braunschweig v. 22. 2. 2008 – 6 KLs 20/07; siehe hierzu Rn. 10).

Erklärungen und Maßnahmen des Arbeitgebers, die gegen § 78 BetrVG verstoßen, sind **nichtig**.

Hat ein Arbeitnehmer infolge eines schuldhaften Verstoßes gegen § 78 BetrVG einen Schaden erlitten, kann er nach § 823 Abs. 2 BGB **Schadensersatz** verlangen. § 78 BetrVG ist Schutzgesetz i. S. d. § 823 Abs. 2 BGB.

Gegen eine Störung oder Behinderung der Betriebsratstätigkeit bzw. eine unzulässige Benachteiligung oder Begünstigung kann der Betriebsrat, aber auch das betroffene Betriebsratsmitglied durch Anrufung des → **Arbeitsgerichts** vorgehen. Je nach Fallgestaltung kann der Betriebsrat bzw. das Betriebsratsmitglied einen Anspruch auf **Unterlassung** oder auf Vornahme einer Handlung geltend machen (ggf. auch durch Antrag auf **einstweilige Verfügung**).

Im Übrigen begeht derjenige, der die Tätigkeit des Betriebsrats (oder anderer Organe der Betriebsverfassung) vorsätzlich behindert oder stört, eine **Straftat**, die nach § 119 Abs. 1 Nr. 2 BetrVG mit Freiheitsstrafe bis zu einem Jahr oder mit Geldstrafe bestraft wird.

Das Gleiche gilt für denjenigen, der ein **Mitglied** oder ein → **Ersatzmitglied** des Betriebsrats (oder anderer Organe der Betriebsverfassung) oder eine **Auskunftsperson** nach § 80 Abs. 2 Satz 3 BetrVG »um ihrer Tätigkeit willen« benachteiligt oder begünstigt (§ 119 Abs. 1 Nr. 3 BetrVG).

Ein um seiner Tätigkeit willen begünstigtes Betriebsratsmitglied macht sich allein dadurch, dass es die vom Arbeitgeber angebotene Begünstigung **entgegennimmt**, zwar nicht nach § 119 Abs. 1 Nr. 3 BetrVG strafbar. Wenn das Betriebsratsmitglied allerdings den Arbeitgeber zu der Begünstigung veranlasst, kann eine Bestrafung nach zutreffender Ansicht des LG Braunschweig wegen **Anstiftung** zu der Begünstigung erfolgen (LG Braunschweig. v. 22. 2. 2008 – 6 KLs 20/07). Weder vom Schutzgut noch von der Besonderheit der in § 119 Abs. 1 Nr. 3 BetrVG bestimmten Regelung her sei es geboten, dass auch die Strafbarkeit wegen Anstiftung zur Betriebsratsbegünstigung straflos bleiben soll. Die Regelung des § 119 Abs. 1 Nr. 3 BetrVG soll nur das Betriebsratsmitglied schützen, das der Versuchung unterliegt, dass der Arbeitgeber ihm von sich aus eine Begünstigung zukommen lässt. Wer dagegen den Arbeitgeber durch sein

Behinderung der Betriebsratstätigkeit

Verhalten gerade dazu bestimmt, eine Straftat nach § 119 Abs. 1 Nr. 3 BetrVG zu begehen, bedürfe dieses Schutzes nicht.
Die Tat wird nur auf **Antrag** z. B. des Betriebsrats, des Gesamtbetriebsrats, des Konzernbetriebsrats oder einer im Betrieb vertretenen Gewerkschaft verfolgt (§ 119 Abs. 2 BetrVG).
Ein Strafantrag gegen den Arbeitgeber ist natürlich ein vergleichsweise »heftiger« Vorgang, der vermutlich entsprechend »heftige« Reaktionen auslöst. Um den Betriebsrat vor Repressalien durch den Arbeitgeber zu schützen, sollte nicht der Betriebsrat, sondern die Gewerkschaft den Strafantrag stellen.
Zu weiteren Einzelheiten siehe → **Strafverfahren** Rn. 8 ff.

11 Hart an der Grenze zur strafbaren Behinderung der Betriebsratsarbeit bewegen sich einige Arbeitgeber-Berater und Rechtsanwälte – zum Beispiel:
- **Helmut Graf**, Der reibungslose Umgang mit dem Betriebsrat, 1983 (siehe hierzu → **Betriebsrat** Rn. 9b);
Thomas Müller, Herausgeber des Praxisleitfadens »Kündigung von Betriebsräten« (*http://www.arbeitgeber.org/Betriebsrat/dem-betriebsrat-kuendigen.html*),
- das **Rechtsanwaltsbüro Dr. Schreiner + Partner GbR** (*http://www.rae-schreiner.de/*); hierzu das Beispiel eines Themenplans einer Fachtagung für Arbeitgeber mit dem Titel »Brennpunkt Betriebsrat« am 14. 11. 2013 in Berlin:

Betriebsratswahlen 2014 – Legale Möglichkeiten der Wahlbeeinflussung
– Personen- oder Listenwahl – Was ist besser?
– Strategische Überlegungen zur Geschlechterquote
– Erfolgreiche Konzepte bei der Aufstellung von Vorschlagslisten
Arbeitnehmerüberlassung, Werk- und Dienstverträge im Spiegel der Mitbestimmung
– Aktuelle Änderungen des Arbeitnehmerüberlassungsgesetzes (AÜG)
– Grenzen der Mitbestimmung beim Einsatz von Fremdarbeitnehmern
– Legale Gestaltungsmöglichkeiten ohne Mitbestimmung
Kosten des Betriebsrats – Arbeitspflicht und Betriebsratstätigkeit
– Strategien zur Kostenminimierung
– Vermeidung von Betriebsablaufstörungen
– Freistellungen und Schulungen
Der Umgang mit leistungsschwachen Mitarbeitern (»Low-Performer«)
– Personen- oder verhaltensbedingter Kündigungsgrund
– Minder- und/oder Schlechtleister
– Beteiligungsrechte des Betriebsrats
Kündigung von »Unkündbaren«
So trennen Sie sich von Betriebsräten
– Ausgestaltung des besonderen Kündigungsschutzes
– »Unkündbare« sind doch kündbar
– Möglichkeiten ordentlicher betriebsbedingter Kündigungen
Grenzen der Mitbestimmung: Aktuelle Rechtsprechung zu Brennpunkten des Betriebsverfassungsrechts
– Grenzen der Mitbestimmung in sozialen, personellen und wirtschaftlichen Angelegenheiten
– Vermeidung von Einzelfallmitbestimmung durch Rahmenbetriebsvereinbarungen

Ein Auszug aus der Internetplattform **work-watch.de** (*http://www.work-watch.de/wer-macht-brennpunkt-betrieb/*) – eine 2012 von „Arbeit und Leben NRW" und von Günter Wallraff gestartete Initiative mit Sitz in Köln – zu **Dr. Schreiner + Partner GbR:**
»*Das offene Bekenntnis, sie würde ›nicht alles machen, was Recht ist‹, meint die Kanzlei durchaus wörtlich. Das deuten bereits die Überschriften der Tagesseminare an, die die Kanzlei bundesweit*

Behinderung der Betriebsratstätigkeit

für 795 Euro plus Mehrwertsteuer anbietet und in denen sie sich mit strafbewehrten Vorschriften des Betriebsverfassungsgesetzes und des Kündigungsschutzgesetzes anlegt:
- *In Zukunft ohne Betriebsrat: Wege zur Vermeidung, Auflösung und Neuwahl des Betriebsrats.*
- *Grenzen des Betriebsrats: So weisen Sie Ihren Betriebsrat in die Schranken.*
- *Arbeit statt Freistellung für Betriebsräte: So reduzieren Sie effektiv die Betriebsratskosten.*
- *Die Kündigung ›störender‹ Arbeitnehmer: So gestalten Sie kreativ Kündigungsgründe.*
- *Krankheit und Fehlverhalten als Kündigungsgrund: So kündigen Sie die ›Richtigen‹.*

Zu den Kunden dieser Seminare gehören Unternehmensberater, private Unternehmer, leitende Angestellte und Leiter von Personalabteilungen. Ausweislich der Teilnehmerliste eines Schreiner-Seminars mit dem Titel ›Die Kündigung ‚störender' Arbeitnehmer‹ nahmen dort sogar der Vertreter einer AOK-Klinik und der Beauftragte der örtlichen Versorgungsanstalt des Bundes und der Länder teil.«

- **Rechtsanwalt Helmut Naujoks** (*http://www.anwaltskanzlei-naujoks.com/*); hier ein Auszug aus Naujocks »Tätigkeitsfeld« (*http://www.anwaltskanzlei-naujoks.com/beratungsprofil/*):
  – Beratung, wenn Betriebsratsmitglieder in Ihrem Unternehmen schwerwiegende Pflichtverletzungen begehen
  – Beratung, wenn Betriebsratsmitglieder ihre Rechte in Ihrem Unternehmen missbrauchen
  – Die außerordentliche verhaltensbedingte Kündigung von Betriebsratsmitgliedern
  – Verleumdungen der Geschäftsführung in der Öffentlichkeit
  – Geschäftsschädigende Handlungen von Betriebsratsmitgliedern im Betrieb
  – Beratung, wenn Gewerkschaftsfunktionäre ihre Rechte in Ihrem Unternehmen missbrauchen
  – Hausverbot gegen Gewerkschaftsfunktionäre
  – Strafbare Handlungen von Gewerkschaftsfunktionären
  – Beratung außerordentlicher Kündigungen von Arbeitnehmern, die gemäß Tarifvertrag »unkündbar« sind
  – Die außerordentliche betriebsbedingte Kündigung von Arbeitnehmern, die gemäß Tarifvertrag »unkündbar« sind
  – Die außerordentliche verhaltensbedingte Kündigung von Arbeitnehmern, die gemäß Tarifvertrag »unkündbar« sind
  – Betriebsübergang/Outsourcing
  – Unternehmenskauf in Europa und Weltweit
  – Tarifrecht: Loslösung von der Tarifbindung
  – Abschluss von Firmentarifverträgen

Zu Naujocks Machenschaften nachstehend ein Auszug aus dem lesenswerten Buch von Christian Esser, Alena Schröder, »Die Vollstrecker. Rausschmeißen, überwachen, manipulieren – wer für Unternehmen die Probleme löst«, C. Bertelsmann, Kapitel »Vollstrecker für Bosse – Der Betriebsrätefresser«:

»…Spricht man mit Christina Frank von der Gewerkschaft Verdi über Rechtsanwalt Naujoks, kann sie kaum ein körperliches Unbehagen verbergen, das ihr der Name des Anwalts zu bereiten scheint. Sie ist in der Gewerkschaft zur »Naujoks-Expertin« geworden und beschäftigt sich täglich mit den Methoden des Anwalts – und vor allem mit dessen Opfern. Denn manch einer, der von ihm einmal juristisch traktiert wurde, habe mit üblen Folgen zu rechnen: Depression, psychische Erschöpfung, Tinnitus, Bandscheibenvorfall. Christina Frank nennt Dutzende Beispiele von aktiven und engagierten Betriebsräten, die nach der juristischen Auseinandersetzung mit Helmut Naujoks zu kranken und sozial isolierten Nervenbündeln geworden sein sollen. Die Gewerkschafterin ist sich sicher: Firmen, die ihren Betriebsrat loswerden wollen und zu diesem Zweck Naujoks engagieren, bekommen mehr als nur die übliche juristische Beratung.«

Über das Treiben von »furchtbaren Juristen« wie z. B. Naujoks oder Dr. Schreiner + Partner

informiert die Internetplattform **Arbeitsunrecht in Deutschland** (*http://arbeitsunrecht.de/*), eine Initiative von Gewerkschaftern, Journalisten und Rechtsanwälten.
Die Initiative kämpft gegen die sich in Deutschland breitmachenden Netzwerke aus Anwälten, Unternehmensberatern, PR-Firmen, Personalmanagern und Detektiv-Büros, deren Ziel es ist, Betriebsräte und gewerkschaftlich engagierte Beschäftigte mit übelsten Mitteln, Schikanen und Tricks fertigzumachen.
Hier ein Bericht aus *http://arbeitsunrecht.de/union-busting_betriebsratsfresser-aktion/*:
Union Busting: »Betriebsrats-Fresser« in Aktion | 29. September 2014 – 12:51 |
Unternehmer lassen sich auch in Deutschland von spezialisierten Kanzleien beraten, um eine Interessenvertretung der Beschäftigten zu sabotieren
Wir dokumentieren einen Beitrag von Elmar Wigand aus der Gewerkschaftsbeilage der Tageszeitung Junge Welt vom 24. 9. 2014:
»Union Busting, die systematische Bekämpfung von Betriebsräten und gewerkschaftlicher Organisierung, gehört in Deutschland längst zur Angebotspalette von Arbeitsrechtssozietäten und internationalen Wirtschaftskanzleien. Unternehmer mit gesteigertem Aggressionspotential, die Betriebsratsgründungen verhindern, bestehende Mitbestimmungsorgane zermürben, gestandene Gewerkschafter im Betrieb zur Aufgabe zwingen wollen, finden im Internet zahlreiche Dienstleister unterschiedlicher Güte und Preisklasse.
Zum Standardprogramm gehören u. a. Wellen von substanzlosen Abmahnungen und Kündigungen, Bespitzelung durch Detektive, demütigende Personalgespräche und gezieltes Mobbing. Die Anbieter solcher Dienstleistungen unterscheiden sich lediglich darin, ob sie diesen Klassenkampf von oben unverhohlen bewerben oder ob sie eher diskret ihre Hilfe zur Bewältigung »betriebswirtschaftlicher Sachzwänge« und bei der Einhaltung von ›Effizienzkriterien‹ anbieten.
Bislang konnten Union Buster in Deutschland ihre juristischen Winkelzüge und Konstruktionen recht ungestört und weitgehend unbeachtet von Gewerkschaften und der Öffentlichkeit propagieren, planen und verfeinern. Diese Zeiten könnten sich dem Ende zuneigen. Am 27. März 2014 verhinderte ein lokales Bündnis in Stuttgart (›Initiative Klassenkampf‹) erstmals ein entsprechendes Seminar der Kanzlei Schreiner+Partner. Und am 24. 9. 2014 organisierte das Bündnis ›Aktionskreis Arbeitgebertage‹ lautstarken Protest gegen eine von der Verlagsgruppe Rentrop in Hamburg ausgerichtete Fortbildung für Manager.
Die Vorreiter
Seit 2001 beackern die deutschen Marktführer für explizites Union Busting – der Arbeitsrechtler **Helmut Naujoks** *sowie die Kanzlei* **Schreiner+Partner** *– dieses Feld.*
Sie sind mittlerweile durch zahlreiche Medienberichte und Veröffentlichungen zum Thema bekannt und verschrien, was ihr Geschäft vielleicht erschwert, aber keinesfalls zum Erliegen bringt: Der Arbeitsrechtsrambo Naujoks, der bereits 2007 durch einen eklatanten Fall von Betriebsrat-Bashing bei der Volksbank Ludwigsburg überregional Aufsehen erregte, durfte unlängst bei zahlreichen Filialen von Burger King sowie bei Götz-Brot in Würzburg, einem Zulieferer von Aldi, zulangen. Der Druck, den er auf Beschäftigte ausüben kann, ist gewaltig, seine Erfolgsquote vor Gericht ist allerdings bescheiden.
›Schreiner+Partner‹ gehen in der Regel geschickter vor. Sie schulen Personalverantwortliche und Vorgesetzte in hausinternen Seminaren. Bundesweit bieten sie in einer Art Wanderzirkus zudem ›Arbeitgebertage‹ genannte Veranstaltungen in Hotels an, bei denen die ›Kündigung der Unkündbaren‹ und ›Minderleister‹ auf dem Programm steht. Nach der Methode ›Schreiner‹ kommen nicht selten unverdächtige lokale Anwälte oder auch renommierte Kanzleien zum Zuge, um die standardmäßige Flut an Abmahnungen und Kündigungen zu verschicken und vor Gericht zu vertreten. Dirk Schreiner und seine fünfzehn Partner scheuen, anders als Naujoks, das Licht der Öffentlichkeit.
Seit 2007 stößt die Bonner **Verlagsgruppe Norman Rentrop** *mit ihrem Subunternehmen ›BWRmedia‹ in das Segment des Hardcore-Arbeitsunrechts vor. Rentrops Imperium kümmert sich*

Behinderung der Betriebsratstätigkeit

– neben konservativen Christen (Bibel TV) und ratlosen Millionären (Zentrum für Value Investing e.V.) – auch um mittelständische Unternehmer, die sich von den Marktgesetzen der globalisierten Welt zerrieben sehen und Rat suchen. Die Schuld suchen sie bei ihren Angestellten (›Minderleister‹, ›Blaumacher‹), den Gewerkschaften (›Klassenkämpfer‹, ›Blockierer‹) und beim Gesetzgeber (›Bürokratiemonster‹). Rentrop beliefert sie mit Loseblattsammlungen, Ratgebern, Newslettern und Schulungen. Bei den alljährlichen ›Arbeitgebertagen zum Brennpunkt Betriebsrat‹ der BWRmedia treffen sich zwielichtige Anwälte und Vertreter großer Kanzleien, die gemeinhin als seriös gelten. Mit **Burkhard Boemke** (Uni Leipzig) ist regelmäßig sogar ein echter Juraprofessor an Bord, der zudem als Managementberater eine Kanzlei betreibt (Boemke und Partner; http://www.boemke-partner.de/index.php/prof-dr-burkhard-boemke.html).

Experten für miese Tricks
Welch aggressiver Mief sich unter Boemkes Professorentalar verbirgt, das illustrieren schon Titel und Untertitel seines Referats im Jahr 2013 bei den ›Arbeitgebertagen zum Brennpunkt Betriebsrat‹: ›Betriebsratswahl 2014: So bekommen Sie den Betriebsrat, den Sie sich wünschen.‹ Boemke dozierte unter anderem Folgendes: ›Wenn Ihnen der gewählte Betriebsrat nicht passt: Wahlanfechtung als Rettungsanker.‹
Für den juristischen Laien klingt das, als finde hier Beihilfe bzw. Anstiftung zum Rechtsbruch statt. Die Beeinflussung und Behinderung von Betriebsratswahlen steht schließlich in der Bundesrepublik nach Paragraph 119 des Betriebsverfassungsgesetzes (BetrVG) unter Strafe. Doch leider interessieren sich deutsche Staatsanwälte bislang nicht für diesen Bereich des Strafrechts. Bei Verstoß gegen Paragraph 119 ist immerhin eine Gefängnisstrafe von bis zu einem Jahr vorgesehen. Allerdings dürfte er zu den am stärksten ignorierten Straftatbeständen des deutschen Rechts gehören.
Professor Boemke, der seit 1998 als Direktor des Instituts für Arbeits- und Sozialrecht an der juristischen Fakultät der Universität Leipzig fungiert und bereits etliche Staatsanwälte in ihrer Ausbildung begleitet haben dürfte, trat im vorigen Jahr bei den BWRmedia-Arbeitgebertagen mit einem weiteren Referat hervor: ›Kündigung der ‚Unkündbaren': So trennen Sie sich selbst von Betriebsratsmitgliedern & Co.‹ Geliefert wurden hier Schritt-für-Schritt-Anleitungen, Informationen zu aktuellen Gerichtsurteilen auf diesem Feld und ›Alternativen zur Kündigung‹.
Auch andere Rechtsgelehrte lassen in den Ankündigungen der ›Arbeitgebertage‹ ordentlich die Hosen runter:
Über ›Das optimale Wahlergebnis für Sie als Arbeitgeber: Betriebliche Strukturen geschickt gestalten und Freistellungsgrenzen beachten‹ referierte 2013 etwa **Mathias Kühnreich**, Partner der Sozietät **Buse Heberer Fromm**.
Und **Eckard Schwarz**, Leiter der Hamburger Arbeitsrechtsabteilung der Kanzlei **Hogan Lovells** erklärte 2012, unter welchen Voraussetzungen man Betriebsratsmitglieder mit einer außerordentlichen Kündigung loswerden kann.
Ferner wurden feilgeboten: Tipps zur Überwachung und Kontrolle von Angestellten, zum Einsatz verdeckter Testkäufer (wieder von Burkhard Boemke).
Und Hermann Heinrich Haas, Partner der altehrwürdigen Hamburger Kanzlei Esche Schümann Commichau, widmete sich der Frage, wie man sogenannte Minderleister (›Low Performer‹) ›trotz Betriebsrats‹ und auch, wenn ihre Versäumnisse ›schwer zu definieren und noch schwerer zu belegen‹ sind, loswerden kann.

Sprudelnde Profitquelle
Kongresse nach Art der ›Arbeitgebertage‹ sind für Juristen nicht bloß eine willkommene Nebenerwerbsquelle, sondern auch eine Kontaktbörse; es geht darum, neue Kunden für die Kanzleien zu gewinnen. Die angeratenen Maßnahmen sollen im betrieblichen Alltag umgesetzt und durch Mandate versilbert werden. Es geht um Wellen von Abmahnungen, Kündigungen, Klagen und Gegenklagen. So kommen meterdicke Aktenstapel und oft jahrelange Prozesse zustande.
Es ist eine Besonderheit des deutschen Anwaltsgewerbes, dass das ›Modell Deutschland‹ und seine Mitbestimmung, die Tarifautonomie in blumigen Festreden stets gepriesen werden. Was die Un-

Behinderung der Betriebsratstätigkeit

ternehmerschaft und ihre Berater nicht davon abhält, Flächentarife, Organisationsmacht von Gewerkschaften und eben auch Betriebsräte seit den 1980ern nach Kräften auszudünnen, zu unterminieren oder in ganzen Branchen oder Regionen abzuschaffen. Man sollte sich nicht täuschen lassen – weder vom gediegenen Auftreten renommierter Wirtschaftsanwälte noch von ihren gedämpften Formulierungen. Die im Netz auffindbaren Werbebroschüren der bereits erwähnten Hamburger Arbeitgebertage belegen eindeutig, dass Union Busting auch von renommierten Juristen propagiert wird. Zudem sind die durch Referenten vertretenen Kanzleien keine unbeschriebenen Blätter.

So gerieten ›Buse Heberer Fromm‹ bereits im November 2011 durch die systematische Zerschlagung von Betriebsräten der Steakhauskette Maredo an den Standorten Frankfurt am Main und Osnabrück in die Schlagzeilen. Das mit Hilfe der Juristen sorgfältig geplante Manöver umfasste wochenlange Bespitzelung durch eingeschleuste Detektive, Videoüberwachung und eine Überfallaktion, bei der in der Frankfurter Freßgass fast die gesamte gewerkschaftlich gut organisierte Belegschaft einer Filiale festgehalten, verhört und gekündigt wurde. Parallel war Buse-Anwalt Jürgen Masling mit der Zerschlagung eines Betriebsrats in Osnabrück beschäftigt. Gegenwärtig hat die Kanzlei ein Mandat für die Bekämpfung der Beschäftigtenvertretung beim Outsourcing-Giganten **SellbyTel** (BBDO) in Berlin. SellbyTel betreibt dort ein Callcenter mit 500 Beschäftigten. Der im August 2013 gegründete Betriebsrat war von Anfang an mit erheblichem Gegenwind und Schikanen konfrontiert. Im August 2014 leitete Buse-Anwalt **Thomas Grambow** gegen neun von elf Betriebsratsmitgliedern ein Kündigungsverfahren ein. Der Anwalt der Betroffenen, Martin Bechert, fand zum Vorgehen durch SellbyTel und ›Buse Heberer Fromm‹ deutliche Worte: Dagegen müssten Politik und Gerichte etwas unternehmen. ›Betriebsratsbehinderung ist eine Straftat und muß auch als solche geahndet werden. Union Buster sind Kriminelle und gehören hinter Schloss und Riegel.‹

Gegenüber der Großkanzlei **Hogan Lovells** mit Sitz in London und Washington D.C. ist ›Buse Heberer Fromm‹ aber noch ein kleiner Fisch. Lovells beschäftigt weltweit an 40 Standorten 2500 Anwälte und machte 2013 in Deutschland 149,5 Millionen Euro Umsatz. So ist die Kanzlei seit 2013 für den Windkraft-Marktführer **Enercon** in Aktivitäten gegen eine Organizing-Kampagne der IG Metall eingebunden.

Wer als engagierter Gewerkschafter oder als Betriebsratsmitglied eine gesicherte Zukunft in einem deutschen Betrieb haben will, sollte sich also dafür interessieren, auf welche Schulungen seine Personalleiter so fahren und welche ›Coaches‹ für ›Inhouse‹-Seminare in die Firma kommen. Es lohnt sich außerdem, die Vorgeschichte von Kanzleien und Unternehmensberatern zu recherchieren, die Augen offen zu halten und gelegentlich auch, unbekannte Autokennzeichen auf den Parkplätzen der Personalabteilung aufzuschreiben.«

Buchempfehlungen

13
- Werner Rügemer Elmar Wigand, »Union Busting in Deutschland. Die Bekämpfung von Gewerkschaften und Betriebsräten als professionelle Dienstleistung«, OBS-Arbeitsheft 77, Eine Studie der Otto Brenner Stiftung, Frankfurt/Main, 2014 (die Printversion der Studie ist vergriffen – sie steht aber als Download zur Verfügung: https://www.otto-brenner-shop.de/publikationen/obs-arbeitshefte/shop/union-busting-in-deutschland-ah77.html).
- Elmar Wigand, Werner Rügemer, »Die Fertigmacher. Arbeitsunrecht und professionelle Gewerkschaftsbekämpfung«, Papyrossa Verlag, Köln 2014.

14 Wünschenswert wäre, wenn sich der **DGB bzw. die DGB-Gewerkschaften** verstärkt mit den »Fertigmachern« beschäftigen und eine Strategie gegen Union- und Betriebsrats-Busting durch von Anwaltskanzleien, Unternehmensberater, PR-Firmen, Personalmanager und Detektiv-Büros entwickeln würden.

Arbeitshilfen

Musterschreiben
- Behinderung der Betriebsratstätigkeit
- Strafantrag wegen Behinderung der Betriebsratstätigkeit (§ 119 Abs. 1 Nr. 2 und 3 BetrVG)

Rechtsprechung

1. Behinderung und Störung der Betriebsratstätigkeit (§ 78 Satz 1 BetrVG) – Unterlassungsanspruch des Betriebsrats
2. Benachteiligung und Begünstigung von Betriebsratsmitgliedern (§ 78 Satz 2 BetrVG)
3. Androhung von Nachteilen für die Beschäftigten
4. Strafbare Behinderung der Betriebsratstätigkeit (§ 119 Abs. 1 Nr. 2 BetrVG)
5. Strafbare Begünstigung eines Betriebsratsmitglieds (§ 119 Abs. 1 Nr. 3 BetrVG)

Behinderung der Betriebsratswahl

Was ist das?

1 Das BetrVG stellt die **Wahl** des Betriebsrats und anderer Organe der Betriebsverfassung unter besonderen Schutz (siehe auch → **Behinderung der Betriebsratstätigkeit** und → **Strafverfahren**).

2 § 20 Abs. 1 BetrVG bestimmt: »*Niemand darf die Wahl des Betriebsrats behindern. Insbesondere darf kein Arbeitnehmer in der Ausübung des aktiven und passiven Wahlrechts beschränkt werden.*«

Nach § 20 Abs. 2 BetrVG ist es untersagt, »*die Wahl des Betriebsrats durch Zufügung oder Androhung von Nachteilen oder durch Gewährung oder Versprechen von Vorteilen zu beeinflussen*«.

Die Behinderung und unzulässige Beeinflussung der Betriebsratswahl ist nach § 119 Abs. 1 Nr. 1 BetrVG **strafbar** (siehe Rn. 11). Verlangt beispielsweise ein Vorgesetzter von einem Arbeitnehmer unter Ankündigung von Nachteilen im Weigerungsfalle, dass diese einen Änderungsvertrag zum Zwecke der Versetzung unterschreibt, liegt darin nicht nur eine Nötigung im Sinne des § 240 StGB, sondern auch eine Straftat nach § 119 Abs. 1 Nr. 1 BetrVG, wenn die Erzwingung des Änderungsvertrages darauf abzielt, dem Arbeitnehmer sein aktives und passives Wahlrecht im Rahmen einer Betriebsratswahl zu nehmen (Landgericht Marburg v. 10. 5. 2007 – 2 Ns 2 Js 18719/05, AiB 2008, 108).

> **Weitere Beispiele für unzulässige Wahlbehinderung oder -beeinflussung:**
> - Der Arbeitgeber eines bisher betriebsratslosen Betriebes behindert den Versuch von Wahlberechtigten oder einer im Betrieb vertretenen Gewerkschaft, gemäß § 17 Abs. 3 BetrVG zu einer Betriebsversammlung zur Wahl eines Wahlvorstandes einzuladen (z. B. Abreißen der Einladung vom Schwarzen Brett oder durch Verweigerung des Zutritts zum Betrieb; vgl. z. B. Amtsgericht Aichach v. 29. 10. 1987, AiB 2000, 133).
> - Die Unternehmens- bzw. Konzernleitung weigert sich, dem Gesamtbetriebsrat bzw. Konzernbetriebsrat die betriebsratslosen Betriebe im Unternehmen bzw. Konzern zu benennen, und behindert sie auf diese Weise, ihrer Aufgabe zur Bestellung eines Wahlvorstandes gemäß § 17 Abs. 1 BetrVG nachzukommen.
> - Der Arbeitgeber kommt seiner Verpflichtung gemäß § 2 Abs. 2 WO nicht nach, dem Wahlvorstand die für die Anfertigung der Wählerliste erforderlichen Auskünfte zu erteilen bzw. die erforderlichen Unterlagen zur Verfügung zu stellen (Amtsgericht Detmold v. 24. 8. 1978 – 7 Ls 2553/77, BB 1979, 783; Amtsgericht Bremen v. 6. 9. 1984 – 75 Ds 12 Js 11055/83, AiB 1992, 42).
> - Der Arbeitgeber weigert sich, Wahlräume, Wahlunterlagen (Stimmzettel, Wahlumschläge), Wahlurnen usw. zur Verfügung zu stellen.
> - Der Arbeitgeber verbietet Mitgliedern des Wahlvorstandes, Informations- und Kommunikationstechnik (Telefon, Telefax, E-Mail, Fotokopierer usw.) zu benutzen (Amtsgericht Bremen v. 6. 9. 1984 – 75 Ds 12 Js 11055/83, AiB 1992, 42).
> - Der Arbeitgeber verbietet Mitgliedern des Wahlvorstandes, ihre Wahlvorstandstätigkeit innerhalb der Arbeitszeit durchzuführen.
> - Der Arbeitgeber fordert die Beschäftigten auf, an der Betriebsratswahl nicht teilzunehmen.

Behinderung der Betriebsratswahl

- Der Arbeitgeber droht den Beschäftigten offen oder versteckt Nachteile (z. B. Streichung von Vergünstigungen oder Verlagerung der Produktion) an, falls sie an der Betriebsratswahl teilnehmen, bzw. stellt Vorteile (z. B. Entgelterhöhungen) in Aussicht, wenn sie es nicht tun.
- Ein Werkleiter macht in einer Rede vor der Belegschaft im Vorfeld der Betriebsratswahl deutlich, dass bei einer Wiederwahl der (namentlich genannten) Betriebsratsmitglieder finanzielle Einbußen für die Beschäftigten zu befürchten seien (ArbG Berlin v. 8.8.1984 – 18 BV 5/84, AiB 2006, 108).
- Der Arbeitgeber droht einem Arbeitnehmer Nachteile (z. B. Entgeltkürzung, Nichtbeförderung, Versetzung auf einen schlechteren Arbeitsplatz, Kündigung) an, falls er eine Betriebsratswahl einleitet, als Wahlvorstand tätig wird, von seinem aktiven oder passiven Wahlrecht Gebrauch macht.
- Der Arbeitgeber verspricht einem Arbeitnehmer Vorteile (z. B. Entgelterhöhung, Beförderung), falls er darauf verzichtet, eine Betriebsratswahl einzuleiten, als Wahlvorstand tätig zu werden, von seinem aktiven oder passiven Wahlrecht Gebrauch zu machen.
- Der Arbeitgeber teilt den Beschäftigten in einem Rundschreiben mit, dass bei Wahl der Gewerkschaftsliste dem Unternehmen schwerer Schaden zugefügt werde (ArbG Heilbronn v. 18.3.1999 – 1 BV 1/99, AiB 1999, 581).
- Wahlbestechung, Wahlfälschung, Wahlnötigung, Verletzungen des Wahlgeheimnisses usw.

Beispielsweise liegt eine nach § 119 Abs. 1 Nr. 1 Alt. 2 i. V. m. § 20 Abs. 2 BetrVG strafbare Beeinflussung der Wahl des Betriebsrats auch dann vor, wenn der Arbeitgeber einer Wahlvorschlagsliste durch die **Zuwendung von Geldmitteln** ermöglicht, sich im Zusammenhang mit der Wahl nachhaltiger als sonst möglich zu präsentieren, und wenn dabei die finanzielle Unterstützung der Kandidaten durch den Arbeitgeber verschleiert wird (BGH v. 13.09.2010 – 1 StR 220/09, NJW 2011, 88).
Auch in folgendem Fall hat das Bayrische Oberlandesgericht mit Urteil vom 29.7.1980 – RReg 4 St 173/80 eine strafbare Behinderung der Betriebsratswahl gesehen. Nachstehend ein Auszug aus dem Tatbestand der Entscheidung:
»Der Angeklagte war als Betriebsleiter der Firma W. in N. tätig. In diesem Betrieb, in dem über 100 Arbeitnehmer beschäftigt waren, bestand bis Herbst 1976 kein Betriebsrat, da sich der Betriebsinhaber gegen eine derartige Arbeitnehmervertretung sträubte. Als sich der Arbeitnehmer M. um die Schaffung eines Betriebsrats bemühte, kündigte ihm der Firmeninhaber. M. erhob daraufhin Klage zum Arbeitsgericht.
Mit Schreiben vom 25.6.1976 forderte die IG M. unter Hinweis auf die entsprechenden Vorschriften des Betriebsverfassungsgesetzes die Firma W. auf, ihr bis zum 2.7.1976 einen Termin zur Abhaltung einer Betriebsversammlung zur Einsetzung eines Wahlvorstands zu nennen. Da sich die Firma nicht äußerte, schlug die IG M. mit Schreiben vom 5.7.1976 als Termin den 16.7.1976 und ein Vorbereitungsgespräch für den 6.7.1976 vor.
Am 7.7.1976 teilte die Firma W. schriftlich mit, daß der vorgeschlagene Termin nicht eingehalten werden könne, da der Firmeninhaber in Urlaub sei. Dennoch lud die IG M. die Arbeitnehmer der Firma zur Betriebsversammlung am 16.7.1976 um 14.30 Uhr ein. Auf Antrag des gekündigten M. erließ das Arbeitsgericht am 15.7.1976 eine einstweilige Verfügung, in der der Firma W. unter Androhung eines Ordnungsgeldes aufgegeben wurde, die Anwesenheit M.s bei der Betriebsversammlung am 16.7.1976 zu dulden.
Am 16.7.1976 versuchte Rechtsanwalt S. im Auftrag der Firma vergebens, bei der IG M. eine Verschiebung der Betriebsversammlung zu erreichen. Diese erklärte sich jedoch mit einem Gespräch um 14 Uhr in den Räumen der Firma einverstanden. An diesem nahmen dann die Gewerkschaftssekretäre R. und M. von der IG M. sowie der Angeklagte und Rechtsanwalt S. teil. S. wies darauf hin, daß es doch ungut sei, wenn der Firmeninhaber nicht dabei sein könne, und dass sich die Gewerkschaft nichts vergebe, wenn man die Verhandlung verschiebe. Als R. und M. auf der Durchführung der Versammlung bestanden, äußerte Rechtsanwalt S., dann könne er auch nicht

Behinderung der Betriebsratswahl

helfen, dann könnten sie gehen. Schließlich verließen R. und M. das Firmengelände. Eine Betriebsversammlung fand an diesem Tag nicht statt. Schon am Vormittag hatte jedoch der Angeklagte zwei Arbeitnehmern gegenüber wahrheitswidrig erklärt, die Betriebsversammlung könne nicht stattfinden, weil die Gewerkschaft verhindert sei; es finde nur eine betriebsinterne Versammlung mit der Werksleitung statt.
Der Wahlvorstand wurde erst in der Betriebsversammlung am 21. 7. 1976 gewählt.
Beide Vorinstanzen haben den Angeklagten von dem Vorwurf eines Vergehens der Behinderung der Betriebsratswahl (§ 119 Abs. 1 Nr. 1 BetrVG) freigesprochen. Die Revision der Staatsanwaltschaft hatte Erfolg.«

3 Die Verbote des § 20 Abs. 1 und 2 BetrVG richten sich nicht nur an den Arbeitgeber, sondern an **jedermann**: z. B. → **leitende Angestellte**, Vorgesetzte, Arbeitnehmer.
Das Gleiche gilt für die **Strafvorschrift** des § 119 Abs. 1 Nr. 1 BetrVG (LG Braunschweig v. 22. 2. 2008 – 6 KLs 20/07).

4 Die **Wahlwerbung** für oder gegen einen Wahlkandidaten oder eine Liste stellt keine Behinderung der Betriebsratswahl dar. Das soll nach h. M. selbst dann gelten, wenn die Wahlpropaganda wahrheitswidrig ist (vgl. Fitting, BetrVG, 27. Aufl., § 20 Rn. 8, § 119 Rn. 4).

5 Die Ankündigung einer → **Gewerkschaft**, einen Arbeitnehmer aus der Gewerkschaft auszuschließen oder mit Funktionsverbot zu belegen, wenn er auf einer anderen als der Gewerkschaftsliste kandidiert, ist keine rechtswidrige Wahlbeeinflussung i. S. d. § 20 Abs. 2 BetrVG, sondern eine von Art. 9 Abs. 3 GG gedeckte und damit zulässige Maßnahme (BVerfG v. 24. 2. 1999 – 1 BvR 123/93, NZA 1999, 713).

6 Erklärungen und Maßnahmen des Arbeitgebers, die eine Behinderung oder rechtswidrige Beeinflussung der Betriebsratswahl darstellen (z. B. → **Versetzung** oder → **Kündigung**), sind **nichtig**.
So ist etwa eine Kündigung, die ausgesprochen wird, um einen Arbeitnehmer davon abzuhalten, eine Betriebsratswahl einzuleiten oder als Wahlbewerber zu kandidieren, wegen Verstoßes gegen das Verbot des § 20 Abs. 1 BetrVG unwirksam.
Ist streitig, ob zwischen Kündigung und Betriebsratswahl ein Zusammenhang besteht, trägt zwar der Arbeitnehmer die **Beweislast**. Es können aber Beweiserleichterungen zugunsten des Arbeitnehmers zum Zuge kommen, wenn die Gesamtumstände auf eine betriebsratsfeindliche Haltung des Arbeitgebers hindeuten.
Im Übrigen gilt: Wenn der Arbeitgeber eine Kündigung auf andere Gründe stützt, muss er beweisen, dass die Gründe vorliegen, wenn der Arbeitnehmer nach § 1 KSchG geltend macht, dass die Kündigung sozial ungerechtfertigt ist.
Entsprechendes gilt, wenn eine außerordentliche Kündigung ausgesprochen wird.

7 Zum besonderen Kündigungsschutz von Arbeitnehmern, die eine Betriebsratswahl eingeleitet oder als Wahlvorstand organisiert haben und von Wahlbewerbern usw. siehe → **Kündigungsschutz (besonderer).**

8 Hat ein Arbeitnehmer infolge eines schuldhaften Verstoßes gegen § 20 Abs. 1 und 2 BetrVG einen Schaden erlitten, kann er nach § 823 Abs. 2 BGB **Schadensersatz** verlangen. § 20 Abs. 1 und 2 BetrVG ist **Schutzgesetz** i. S. d. § 823 Abs. 2 BGB.

9 Gegen eine Behinderung der Betriebsratswahl oder unzulässige Wahlbeeinflussung kann der Betriebsrat oder der Wahlvorstand durch Anrufung des → **Arbeitsgerichts** vorgehen (ggf. auch durch Antrag auf **einstweilige Verfügung**).

10 Verstöße gegen § 20 Abs. 1 und 2 BetrVG können eine **Wahlanfechtung** nach § 19 BetrVG begründen.

11 Im Übrigen begeht derjenige, der die Wahl des Betriebsrats (oder anderer Organe der Betriebsverfassung) in vorstehend beschriebenem Sinne vorsätzlich behindert oder durch Zufügung oder Androhung von Nachteilen oder durch Gewährung oder Versprechen von Vorteilen

Behinderung der Betriebsratswahl

beeinflusst, gemäß § 119 Abs. 1 Nr. 1 BetrVG eine **Straftat**, die mit Freiheitsstrafe bis zu einem Jahr oder mit Geldstrafe bestraft wird.
Die Tat wird nur auf **Antrag** z. B. des Betriebsrats, des Gesamtbetriebsrats, des Konzernbetriebsrats, des Wahlvorstands oder einer im Betrieb vertretenen → **Gewerkschaft** verfolgt (§ 119 Abs. 2 BetrVG).
Ein Strafantrag gegen den Arbeitgeber ist natürlich ein vergleichsweise »heftiger« Vorgang, der vermutlich entsprechend »heftige« Reaktionen auslöst. Um den Betriebsrat vor Repressalien durch den Arbeitgeber zu schützen, sollte nicht der Betriebsrat, sondern die Gewerkschaft den Strafantrag stellen.
Zu weiteren Einzelheiten siehe → **Strafverfahren** Rn. 8 ff.

Arbeitshilfen

Musterschreiben • Strafantrag wegen Behinderung der Betriebsratswahl (§ 119 Abs. 1 Nr. 1 BetrVG)

Rechtsprechung

1. Verbotene Einflussnahme durch den Arbeitgeber bzw. dessen leitende Angestellte (§ 20 Abs. 1 und 2 BetrVG)
2. Wahlpropaganda
3. Ausschluss von Gewerkschaftsmitgliedern wegen Betriebsratskandidatur auf konkurrierender Liste ist keine unzulässige Beeinflussung der Betriebsratswahl
4. § 20 Abs. 1 BetrVG als Kündigungsschutzvorschrift
5. Strafbare Behinderung und Beeinflussung der Betriebsratswahl (§ 119 Abs. 1 Nr. 1 BetrVG)

Benachteiligungsverbot (AGG)

Grundlagen

1. Der Gleichheitssatz des Art. 3 Abs. 1 Grundgesetz (»*Alle Menschen sind vor dem Gesetz gleich*«) gilt auch im Arbeitsleben (sog. »**allgemeiner arbeitsrechtlicher Gleichbehandlungsgrundsatz**«).
   Der Gleichheitssatz enthält ein **Willkürverbot** und verbietet es, **ohne sachlichen Grund**
   - gleiche Sachverhalte ungleich und
   - ungleiche Sachverhalte gleich
   zu behandeln.
   Ob ein sachlicher Grund für eine Gleich- oder Ungleichbehandlung vorliegt, ist aufgrund einer am »Gerechtigkeitsdenken orientierten Betrachtung« zu beurteilen (BAG v. 16.11.2000 – 6 AZR 338/99, NZA 2001, 796). Siehe auch → **Gleichbehandlung**.

2. Die **Gleichberechtigung von Mann und Frau** wird durch Art. 3 Abs. 2 Grundgesetz in besonderer Weise gefordert und geschützt: »*Männer und Frauen sind gleichberechtigt. Der Staat fördert die tatsächliche Durchsetzung der Gleichberechtigung von Frauen und Männern und wirkt auf die Beseitigung bestehender Nachteile hin.*«
   Neben dem Verbot, das unterschiedliche **Geschlecht** als Anknüpfungspunkt für unterschiedliche Behandlung heranzuziehen, wird der Staat verpflichtet, dafür zu sorgen, dass Frauen und Männer nicht nur formal gleichberechtigt sind, sondern auch gleiche Chancen zu haben (siehe → **Gleichberechtigung / Gleichstellung von Frauen und Männern**).

3. Art. 3 Abs. 3 GG regelt ein weiteres **spezielles Diskriminierungsverbot**: »*Niemand darf wegen seines Geschlechts, seiner Abstammung, seiner Rasse, seiner Sprache, seiner Heimat und Herkunft, seines Glaubens, seiner religiösen oder politischen Anschauungen benachteiligt oder bevorzugt werden. Niemand darf wegen seiner Behinderung benachteiligt werden.*«
   Art. 3 Abs. 3 GG wird vor allem durch das Allgemeine Gleichbehandlungsgesetz (AGG) vom 14.8.2006 (siehe Rn. 7 ff.) und § 75 BetrVG (siehe → **Gleichbehandlung**) konkretisiert.

4. Spezielle gesetzliche Benachteiligungs- und Diskriminierungsverbote bestehen im Bereich des Arbeitslebens
   - für alle Beschäftigten nach Maßgabe der Bestimmungen des **Allgemeinen Gleichbehandlungsgesetzes (AGG)** vom 14.8.2006 (siehe Rn. 7 ff.),
   - für befristet Beschäftigte (§ 4 Abs. 2 TzBfG; siehe → **Befristeter Arbeitsvertrag**),
   - für Teilzeitbeschäftigte (§ 4 Abs. 1 TzBfG; siehe → **Teilzeitarbeit**),
   - für → **Schwerbehinderte Menschen** (§ 81 Abs. 2 SGB IX i. V. m. den Bestimmungen des AGG) und
   - für die Betriebsverfassung (§ 75 BetrVG; siehe → **Gleichbehandlung** Rn. 11 ff.).

5. An die in Art. 3 Grundgesetz aufgestellten Grundsätze – aber auch an die speziellen gesetzlichen Benachteiligungs- und Diskriminierungsverbote – haben sich sowohl die staatlichen Stellen (Gesetzgeber, Regierung, Behörden usw.) als auch die Tarifvertragsparteien sowie die Betriebsparteien zu halten.

Benachteiligungsverbot (AGG)

Zur Frage, ob und inwieweit die Tarifvertragsparteien auch an den allgemeinen Gleichheitssatz (Art. 3 Abs. 1 GG) gebunden sind, siehe → **Gleichbehandlung** Rn. 5.

Die in Deutschland geltenden gesetzlichen Benachteiligungs- und Diskriminierungsverbote beruhen zum großen Teil auf europarechtlichen Regelungen zur Durchsetzung der Gleichbehandlung. Hervorzuheben sind die **EG-Richtlinien**
- 2000/43/EG des Rates vom 29.6.2000 zur Anwendung des Gleichbehandlungsgrundsatzes ohne Unterschied der Rasse oder der ethnischen Herkunft (ABl. EG Nr. L 180 S. 22);
- 2000/78/EG des Rates vom 27.11.2000 zur Festlegung eines allgemeinen Rahmens für die Verwirklichung der Gleichbehandlung in Beschäftigung und Beruf (ABl. EG Nr. L 303 S. 16),
- 2002/73/EG des Europäischen Parlaments und des Rates vom 23.9.2002 zur Änderung der Richtlinie 76/207/EWG des Rates vom 9.2.1976 zur Verwirklichung des Grundsatzes der Gleichbehandlung von Männern und Frauen hinsichtlich des Zugangs zur Beschäftigung, zur Berufsbildung und zum beruflichen Aufstieg sowie in Bezug auf die Arbeitsbedingungen (ABl. EG Nr. L 269 S. 15) und
- 2004/113/EG des Rates vom 13.12.2004 zur Verwirklichung des Grundsatzes der Gleichbehandlung von Männern und Frauen beim Zugang zu und bei der Versorgung mit Gütern und Dienstleistungen (ABl. EG Nr. L 373 S. 37).
- 2006/54/EG des Europäischen Parlaments und des Rates vom 5.7.2006 zur Verwirklichung des Grundsatzes der Chancengleichheit und Gleichbehandlung von Männern und Frauen in Arbeits- und Beschäftigungsfragen. Die Richtlinie fasst folgende Richtlinien (einschließlich deren spätere Änderungsrichtlinien: 2002/73/EG, 96/97/EG, 98/52/EG) zusammen: 75/117/EWG des Rates vom 10.2.1975 zur Angleichung der Rechtsvorschriften der Mitgliedstaaten über die Anwendung des Grundsatzes des gleichen Entgelts für Männer und Frauen; 76/207/EWG des Rates vom 9.2.1976 zur Verwirklichung des Grundsatzes der Gleichbehandlung von Männern und Frauen hinsichtlich des Zugangs zur Beschäftigung, zur Berufsbildung und zum beruflichen Aufstieg sowie in Bezug auf die Arbeitsbedingungen; 86/378/EWG des Rates vom 24.7.1986 zur Verwirklichung des Grundsatzes der Gleichbehandlung von Männern und Frauen bei den betrieblichen Systemen der sozialen Sicherheit und 97/80/EG des Rates vom 15.12.1997 über die Beweislast bei Diskriminierung aufgrund des Geschlechts. Gemäß Art. 34 der Richtlinie 2006/54/EG werden die Richtlinien 75/117/EWG, 76/207/EWG, 86/378/EWG und 97/80/EG mit Wirkung ab 15.8.2009 aufgehoben.

Die Bundesrepublik Deutschland war und ist – wie alle Mitgliedstaaten der EU – verpflichtet, die EG-Richtlinien in nationales Recht **umzusetzen** (siehe → **Europäisches Recht**).
In Umsetzung der EG-Richtlinien hat der bundesdeutsche Gesetzgeber das **Allgemeine Gleichbehandlungsgesetz (AGG)** vom 14.8.2006 (BGBl. I S. 1897) beschlossen.
Das AGG ist am 18.8.2006 in Kraft getreten.

Ziel des AGG und Anwendungsbereich

Ziel des AGG ist, **Benachteiligungen** aus Gründen der Rasse oder wegen der ethnischen Herkunft, des Geschlechts, der Religion oder Weltanschauung, einer Behinderung, des Alters oder der sexuellen Identität zu verhindern oder zu beseitigen (§ 1 AGG).
Der Schwerpunkt des Gesetzes liegt in der Bekämpfung von Benachteiligungen im Bereich des **Arbeitslebens** (besonders §§ 1 bis 18 AGG).
Von den Regelungen erfasst wird aber auch das **Zivilrecht**, also die Rechtsbeziehungen zwischen Privatpersonen – vor allem Verträge mit Lieferanten, Dienstleistern oder Vermietern (vgl. §§ 19 bis 21 AGG).

Benachteiligungsverbot (AGG)

9 Von den Vorschriften des AGG kann nicht zu Ungunsten der geschützten Personen **abgewichen** werden (§ 31 AGG).

10 Benachteiligungen aus einem in § 1 AGG genannten Grund sind gemäß § 2 Abs. 1 Nr. 1 bis 4 AGG **unzulässig** in Bezug auf:
- die Bedingungen, einschließlich Auswahlkriterien und Einstellungsbedingungen, für den Zugang zu unselbstständiger und selbstständiger Erwerbstätigkeit, unabhängig von Tätigkeitsfeld und beruflicher Position, sowie für den beruflichen Aufstieg,
- die Beschäftigungs- und Arbeitsbedingungen einschließlich Arbeitsentgelt und Entlassungsbedingungen, besonders in individual- und kollektivrechtlichen Vereinbarungen (Arbeitsvertrag, Betriebsvereinbarung, Tarifvertrag) und Maßnahmen bei der Durchführung und Beendigung eines Beschäftigungsverhältnisses sowie beim beruflichen Aufstieg,
- den Zugang zu allen Formen und allen Ebenen der Berufsberatung, der Berufsbildung einschließlich der Berufsausbildung, der beruflichen Weiterbildung und der Umschulung sowie der praktischen Berufserfahrung,
- die Mitgliedschaft und Mitwirkung in einer Beschäftigten- oder Arbeitgebervereinigung oder einer Vereinigung, deren Mitglieder einer bestimmten Berufsgruppe angehören, einschließlich der Inanspruchnahme der Leistungen solcher Vereinigungen.

11 Nach § 2 Abs. 1 Nr. 5 bis 8 AGG sind Benachteiligungen aus einem in § 1 AGG genannten Grund auch **unzulässig** in Bezug auf den **Sozialschutz**, einschließlich der sozialen Sicherheit und der Gesundheitsdienste, die sozialen Vergünstigungen, die Bildung, den Zugang zu und die Versorgung mit Gütern und Dienstleistungen, die der Öffentlichkeit zur Verfügung stehen, einschließlich von Wohnraum.

12 Für Leistungen nach dem **Sozialgesetzbuch** gelten § 33 c SGB I und § 19 a SGB IV (§ 2 Abs. 2 Satz 1 AGG).
Für die betriebliche Altersvorsorge gilt das Betriebsrentengesetz (§ 2 Abs. 2 Satz 2 AGG; siehe → **Betriebliche Altersversorgung**).

13 Die Geltung sonstiger Benachteiligungsverbote oder Gebote der Gleichbehandlung wird durch das AGG nicht berührt (§ 2 Abs. 3 Satz 1 AGG; z. B. Verbot der Diskriminierung von teilzeitbeschäftigten und befristet beschäftigten Arbeitnehmern nach § 4 TzBfG: siehe → **Befristeter Arbeitsvertrag** und → **Teilzeitarbeit**).
Dies gilt auch für öffentlich-rechtliche Vorschriften, die dem Schutz bestimmter Personengruppen dienen (§ 2 Abs. 3 Satz 2 AGG).

14 Für **Kündigungen** gelten ausschließlich die Bestimmungen zum allgemeinen und besonderen Kündigungsschutz (§ 2 Abs. 4 AGG; siehe → **Kündigungsschutz** und → **Kündigungsschutz [besonderer]**).
Das heißt, wenn ein gekündigter Arbeitnehmer geltend macht, die Kündigung stelle eine verbotene Benachteiligung im Sinn des § 1 AGG dar, so soll die Kündigungsschutzklage allein nach dem Kündigungsschutzgesetz und sonstigen Kündigungsschutzbestimmungen entschieden werden.
Es bestehen Zweifel, ob § 2 Abs. 4 AGG mit europäischem Recht vereinbar ist. Jedenfalls sehen die EG-Richtlinien zur Verwirklichung der Gleichbehandlung (vgl. Rn. 5) eine derartige Ausnahmeregelung nicht vor. Nach den Rechtsgrundsätzen, die der Europäische Gerichtshof vom 22.11.2005 – C–144/04 (Mangold) zu § 14 Abs. 3 TzBfG entwickelt hat (siehe → **Befristeter Arbeitsvertrag**), ist es den bundesdeutschen Gerichten verwehrt, europarechtswidrige Rechtsnormen anzuwenden.
Das bedeutet: auch die Bestimmungen zum allgemeinen und besonderen Kündigungsschutz (gesetzliche, tarifliche, betriebliche und arbeitsvertragliche Regelungen) müssen sich – ungeachtet des § 2 Abs. 4 AGG – an den Richtlinien messen lassen.
Beispielsweise ist die Altersgrenze in § 622 Abs. 2 Satz 2 BGB bei der Bemessung der Kündi-

Benachteiligungsverbot (AGG)

gungsfristen mit Art. 6 der Richtlinie 2000/78/EG vom 27.11.2000 nicht vereinbar (siehe → **Kündigungsfristen** Rn. 5).

Verboten ist nicht nur eine »unmittelbare« (siehe Rn. 16, 17), sondern auch eine »mittelbare Benachteiligung« (siehe Rn. 18). 15

Eine **unmittelbare Benachteiligung** liegt vor, wenn eine Person wegen eines in § 1 AGG genannten Grundes eine weniger günstige Behandlung erfährt, als eine andere Person in einer vergleichbaren Situation erfährt, erfahren hat oder erfahren würde (§ 3 Abs. 1 Satz 1 AGG). 16

> **Beispiele:**
> Einstellung nur von männlichen oder weiblichen oder deutschen oder ausländischen Bewerbern.
> Oder:
> Nur männliche bzw. weibliche bzw. deutsche bzw. ausländische Beschäftigte bekommen eine Zulage.

Eine unmittelbare Benachteiligung wegen des Geschlechts liegt in Bezug auf § 2 Abs. 1 Nr. 1 bis 4 AGG auch im Fall einer ungünstigeren Behandlung einer Frau wegen Schwangerschaft oder Mutterschaft vor (§ 3 Abs. 1 Satz 2 AGG). 17

Eine **mittelbare Benachteiligung** liegt vor, wenn dem Anschein nach neutrale Vorschriften, Kriterien oder Verfahren Personen wegen eines in § 1 AGG genannten Grundes gegenüber anderen Personen in besonderer Weise benachteiligen können, es sei denn, die betreffenden Vorschriften, Kriterien oder Verfahren sind durch ein rechtmäßiges Ziel sachlich gerechtfertigt und die Mittel sind zur Erreichung dieses Ziels angemessen und erforderlich (§ 3 Abs. 2 AGG). 18

> **Beispiele:**
> - Teilzeitbeschäftigte werden von einer innerbetrieblichen Maßnahme der → **Berufsbildung** ausgeschlossen. Im Betrieb sind deutlich mehr Frauen als Teilzeitkräfte tätig als Männer, so dass die Frauen von dem Ausschluss viel stärker betroffen sind als die Männer. Folge: Der Ausschluss ist unwirksam. Zugleich liegt ein Verstoß gegen § 4 Abs. 1 TzBfG vor (= Verbot der sachlich nicht gerechtfertigten Ungleichbehandlung von Teilzeitbeschäftigten gegenüber Vollzeitbeschäftigten; siehe → **Teilzeitarbeit**).
> - Eine Prämie wird nur für arbeitende Beschäftigte gezahlt, nicht jedoch für Beschäftigte, die sich gerade in Elternzeit befinden (= mittelbare Benachteiligung wegen des Geschlechts, denn die meisten Personen, die sich in Elternzeit befinden, sind weiblich).
> - Eine Ausschreibung für Reinigungsarbeiten bestimmt, dass die Muttersprache der Bewerber deutsch sein soll (= mittelbare Benachteiligung wegen ethnischer Herkunft).
> - Arbeitnehmer, die schwere körperliche Arbeiten verrichten, haben Anspruch auf Höhergruppierung (= mittelbare Benachteiligung wegen des Geschlechts; außerdem mittelbare Benachteiligung behinderter Menschen).
> - Für eine Beförderung wird eine ununterbrochene Beschäftigung gefordert (= mittelbare Benachteiligung wegen des Geschlechts: Frauen können diese Voraussetzung wegen Schwangerschaft bzw. Mutterschaft regelmäßig nicht erfüllen).

Belästigung (§§ 3 Abs. 3, 14 AGG)

Eine Belästigung ist eine Benachteiligung, wenn unerwünschte Verhaltensweisen, die mit einem in § 1 AGG genannten Grund in Zusammenhang stehen, bezwecken oder bewirken, dass die Würde der betreffenden Person verletzt und ein von Einschüchterungen, Anfeindungen, Erniedrigungen, Entwürdigungen oder Beleidigungen gekennzeichnetes Umfeld geschaffen wird (§ 3 Abs. 3 AGG). 19

Im Fall einer Belästigung steht dem Betroffenen neben seinen Rechten nach § 13 AGG (**Beschwerderecht**) und § 15 AGG (Anspruch auf **Entschädigung** und **Schadensersatz**) auch ein besonderes **Leistungsverweigerungsrecht** zu (§ 14 AGG).

Benachteiligungsverbot (AGG)

Ist eine Verletzung der Würde vom Handelnden bezweckt, kommt es nicht darauf an, ob diese Verletzung tatsächlich eintritt.

Eine Belästigung ist aber auch dann gegeben, wenn ein Verhalten die Würde des Betroffenen verletzt, ohne dass dies vorsätzlich geschieht.

Auch bei **einmalig** bleibenden Handlungen bleibt der Betroffene nicht schutzlos. Die Unerwünschtheit der Verhaltensweise muss nicht bereits vorher ausdrücklich gegenüber den Belästigenden zum Ausdruck gebracht worden sein. Vielmehr ist es ausreichend, dass die Handelnden aus der Sicht eines objektiven Beobachters davon ausgehen können, dass ihr Verhalten unter den gegebenen Umständen von den Betroffenen nicht erwünscht ist oder auch nicht akzeptiert wird.

Belästigendes Verhalten kann sowohl verbaler als auch nonverbaler Art sein. Hierunter können z. B. Verleumdungen, Beleidigungen und abwertende Äußerungen, Anfeindungen, Drohungen und körperliche Übergriffe fallen, die im Zusammenhang mit einem der in § 1 AGG genannten Gründe stehen. Damit fallen eine Vielzahl von Fallgestaltungen des sog. → **Mobbing** unter den Anwendungsbereich des AGG.

19a Weitergehende Rechte des belästigten Arbeitnehmers gegen den Arbeitgeber bleiben unberührt (§ 15 Abs. 5 AGG). Dazu zählt beispielsweise das Recht, nach § 1004 BGB **Unterlassung** zu verlangen. Außerdem können Handlungen, die das Persönlichkeitsrecht, die Gesundheit oder die sexuelle Selbstbestimmung verletzen, über § 15 AGG hinausgehende **Schadensersatz-** und **Schmerzensgeldansprüche** auslösen. Als Anspruchsgrundlagen kommen vor allem §§ 280 Abs. 1 Satz 1, 278 BGB i. V. m. §§ 241 Abs. 2, 253 Abs. 2 BGB oder §§ 823 Abs. 1, 253 Abs. 2 BGB in Betracht.

Belästigende Handlungen von leitenden Angestellten und Vorgesetzten werden dem Arbeitgeber nach §§ 278 bzw. § 831 BGB **zugerechnet** (sog. Erfüllungsgehilfen).

Ansprüche auf Unterlassung (§ 1004 BGB), Schadensersatz- und Schmerzensgeld können auch direkt **gegen den Belästiger** geltend gemacht werden.

Auch können entsprechende Handlungen einen **Straftatbestand** erfüllen (z. B. § 185 StGB Beleidigung).

Sexuelle Belästigung (§§ 3 Abs. 4, 14 AGG)

20 Eine **sexuelle Belästigung** ist eine Benachteiligung in Bezug auf § 2 Abs. 1 Nr. 1 bis 4 AGG, wenn ein unerwünschtes, sexuell bestimmtes Verhalten, wozu auch unerwünschte sexuelle Handlungen und Aufforderungen zu diesen, sexuell bestimmte körperliche Berührungen, Bemerkungen sexuellen Inhalts sowie unerwünschtes Zeigen und sichtbares Anbringen von pornographischen Darstellungen gehören, bezweckt oder bewirkt, dass die Würde der betreffenden Person verletzt wird, besonders wenn ein von Einschüchterungen, Anfeindungen, Erniedrigungen, Entwürdigungen oder Beleidigungen gekennzeichnetes Umfeld geschaffen wird (§ 3 Abs. 4 AGG).

Im Fall einer sexuellen Belästigung steht dem Betroffenen neben seinen Rechten nach § 13 AGG (**Beschwerderecht**) und § 15 AGG (Anspruch auf **Entschädigung** und **Schadensersatz**) auch ein besonderes **Leistungsverweigerungsrecht** zu (§ 14 AGG).

Siehe auch → **Sexuelle Belästigung**.

Weitergehende Rechte des belästigten Arbeitnehmers bleiben unberührt (siehe Rn. 19a).

Auch kann gegen den Belästiger Strafanzeige erstattet werden: z. B. wegen sexueller Nötigung (§ 177 StGB) oder Beleidigung (§ 185 StGB).

21 Die **Anweisung** zur Benachteiligung einer Person aus einem in § 1 AGG genannten Grund gilt als Benachteiligung. Eine solche Anweisung liegt in Bezug auf § 2 Abs. 1 Nr. 1 bis 4 AGG insbesondere vor, wenn jemand eine Person zu einem Verhalten bestimmt, das einen Be-

Benachteiligungsverbot (AGG)

schäftigten oder eine Beschäftigte wegen eines in § 1 genannten Grundes benachteiligt oder benachteiligen kann (§ 3 Abs. 5 AGG).
Unter die Vorschriften des AGG zum Schutz der Beschäftigten fallen gemäß § 6 Abs. 1 AGG 22
- Arbeitnehmer/innen (siehe → **Arbeitnehmer**)
- die zu ihrer Berufsbildung Beschäftigten (→ **Auszubildende**),
- Personen, die wegen ihrer wirtschaftlichen Unselbstständigkeit als arbeitnehmerähnliche Personen (siehe → **Arbeitnehmer**) anzusehen sind; zu diesen gehören auch die in Heimarbeit Beschäftigten und die ihnen Gleichgestellten.

Als Beschäftigte gelten auch die Bewerberinnen und Bewerber für ein Beschäftigungsverhältnis 23 sowie die Personen, deren Beschäftigungsverhältnis beendet ist.
Arbeitgeber sind natürliche und juristische Personen sowie rechtsfähige Personengesellschaf- 24 ten. Werden Beschäftigte einem Dritten zur Arbeitsleistung überlassen (siehe → **Arbeitnehmerüberlassung/Leiharbeit**), so gilt auch dieser als Arbeitgeber (§ 6 Abs. 2 Satz 1 AGG).
Für die in → **Heimarbeit** Beschäftigten und die ihnen Gleichgestellten tritt an die Stelle des Arbeitgebers der Auftraggeber oder Zwischenmeister (§ 6 Abs. 2 Satz 1 AGG).
Soweit es die Bedingungen für den Zugang zur Erwerbstätigkeit sowie den beruflichen Aufstieg 25 betrifft, gelten die Vorschriften des AGG zum Schutz der Beschäftigten auch für **Selbstständige** und **Organmitglieder**, insbesondere Geschäftsführer oder Geschäftsführerinnen und Vorstände, entsprechend (§ 6 Abs. 3 AGG).

Benachteiligungsverbot (§ 7 AGG)

Nach § 7 Abs. 1 AGG dürfen Beschäftigte nicht wegen eines in § 1 AGG genannten Grundes 26 benachteiligt werden.
Das Benachteiligungsverbot des § 7 Abs. 1 AGG gilt auch, wenn die Person, die die Benach- 27 teiligung begeht, das Vorliegen eines in § 1 AGG genannten Grundes bei der Benachteiligung nur annimmt (§ 7 Abs. 1 Halbsatz 2 AGG).
Bestimmungen in Vereinbarungen, die gegen das Benachteiligungsverbot verstoßen, sind **un-** 28 **wirksam** (§ 7 Abs. 2 AGG).
Durch diese Regelung werden alle Arten von Vereinbarungen erfasst: z. B. → **Arbeitsverträge**, → **Betriebsvereinbarungen** (auch soweit sie auf einem Spruch der → **Einigungsstelle** beruhen), → **Tarifverträge**.
Unwirksam ist nicht die ganze Vereinbarung, sondern (nur) die benachteiligende Bestimmung. Das bedeutet beispielsweise, dass Altersgrenzen in Tarifverträgen, Betriebsvereinbarungen oder Arbeitsverträgen, die nicht nach §§ 8, 10 AGG ausnahmsweise gerechtfertigt sind, unwirksam sind, mit der Folge, dass die jeweilige Bestimmung ohne die Altersgrenze anzuwenden ist.
Das kann bei Regelungen, die Ansprüche begründen, dazu führen, dass auch jüngere Arbeitnehmer anspruchsberechtigt sind.
Zur Problematik europarechtswidriger Altersgrenzen in gesetzlichen Bestimmungen siehe → **Kündigungsfristen** Rn. 5.
Eine unzulässige Benachteiligung durch Arbeitgeber oder Beschäftigte stellt eine Verletzung 29 vertraglicher Pflichten dar (§ 7 Abs. 3 AGG).

Zulässige unterschiedliche Behandlung von Beschäftigten (§§ 8 – 10 AGG)

In §§ 8 bis 10 AGG werden Fallgestaltungen geregelt, die eine **unterschiedliche Behandlung** 30 von Beschäftigten **zulassen**.
So ist etwa eine unterschiedliche Behandlung wegen eines in § 1 AGG genannten Grundes 31 zulässig, wenn dieser Grund wegen der Art der auszuübenden Tätigkeit oder der Bedingungen

Benachteiligungsverbot (AGG)

ihrer Ausübung eine wesentliche und entscheidende **berufliche Anforderung** darstellt, sofern der Zweck rechtmäßig und die Anforderung angemessen ist (§ 8 Abs. 1 AGG).

32 Allerdings wird die Vereinbarung einer geringeren **Vergütung** für gleiche oder gleichwertige Arbeit nicht dadurch gerechtfertigt, dass besondere Schutzvorschriften gelten (§ 8 Abs. 2 AGG).

33 Nach § 9 AGG ist eine unterschiedliche Behandlung wegen der **Religion** oder der **Weltanschauung** bei der Beschäftigung durch **Religionsgemeinschaften** (oder durch die ihnen zugeordneten Einrichtungen ohne Rücksicht auf ihre Rechtsform oder durch Vereinigungen, die sich die gemeinschaftliche Pflege einer Religion oder Weltanschauung zur Aufgabe machen) auch zulässig, wenn eine bestimmte Religion oder Weltanschauung unter Beachtung des Selbstverständnisses der jeweiligen Religionsgemeinschaft oder Vereinigung im Hinblick auf ihr Selbstbestimmungsrecht oder nach der Art der Tätigkeit eine gerechtfertigte berufliche Anforderung darstellt.

Das Verbot unterschiedlicher Behandlung wegen der Religion oder der Weltanschauung berührt nicht das Recht der Religionsgemeinschaften (sowie der genannten Einrichtungen oder Vereinigungen), von ihren Beschäftigten ein **loyales und aufrichtiges Verhalten** im Sinn ihres jeweiligen Selbstverständnisses verlangen zu können (§ 9 Abs. 2 AGG).

34 Nach § 10 AGG (geändert durch Gesetz vom 2. 12. 2006 [BGBl. I S. 2742]) ist eine unterschiedliche Behandlung wegen des **Alters** auch zulässig, wenn sie objektiv und angemessen und durch ein legitimes Ziel gerechtfertigt ist (vgl. hierzu BAG v. 17. 9. 2013 – 3 AZR 686/11; 12. 2. 2013 – 3 AZR 100/11).

Die Mittel zur Erreichung dieses Ziels müssen angemessen und erforderlich sein. Derartige unterschiedliche Behandlungen können vor allem Folgendes einschließen:

- die Festlegung **besonderer Bedingungen** für den Zugang zur Beschäftigung und zur beruflichen Bildung sowie besonderer Beschäftigungs- und Arbeitsbedingungen, einschließlich der Bedingungen für Entlohnung und Beendigung des Beschäftigungsverhältnisses, um die berufliche Eingliederung von Jugendlichen, älteren Beschäftigten und Personen mit Fürsorgepflichten zu fördern oder ihren Schutz sicherzustellen (§ 10 Satz 3 Nr. 1 AGG);
- die Festlegung von **Mindestanforderungen** an das Alter, die Berufserfahrung oder das Dienstalter für den Zugang zur Beschäftigung oder für bestimmte mit der Beschäftigung verbundene Vorteile (§ 10 Satz 3 Nr. 2 AGG);
- die Festsetzung eines **Höchstalters für die Einstellung** auf Grund der spezifischen Ausbildungsanforderungen eines bestimmten Arbeitsplatzes oder auf Grund der Notwendigkeit einer angemessenen Beschäftigungszeit vor dem Eintritt in den Ruhestand (§ 10 Satz 3 Nr. 3 AGG);
- die Festsetzung von **Altersgrenzen** bei den betrieblichen Systemen der **sozialen Sicherheit** als Voraussetzung für die Mitgliedschaft oder den Bezug von Altersrente oder von Leistungen bei Invalidität einschließlich der Festsetzung unterschiedlicher Altersgrenzen im Rahmen dieser Systeme für bestimmte Beschäftigte oder Gruppen von Beschäftigten und die Verwendung von Alterskriterien im Rahmen dieser Systeme für versicherungsmathematische Berechnungen (§ 10 Satz 3 Nr. 4 AGG; vgl. hierzu BAG v. 17. 9. 2013 – 3 AZR 686/11);
- eine Vereinbarung, die die **Beendigung** des Beschäftigungsverhältnisses ohne Kündigung zu einem Zeitpunkt vorsieht, zu dem der oder die Beschäftigte eine **Rente wegen Alters** beantragen kann; § 41 SGB VI bleibt unberührt (§ 10 Satz 3 Nr. 5 AGG);
- Differenzierungen von **Leistungen in** → **Sozialplänen** im Sinn des Betriebsverfassungsgesetzes, wenn die Parteien eine nach Alter oder Betriebszugehörigkeit gestaffelte **Abfindungsregelung** geschaffen haben, in der die wesentlich vom Alter abhängenden Chancen auf dem Arbeitsmarkt durch eine verhältnismäßig starke Betonung des Lebensalters erkennbar berücksichtigt worden sind, oder Beschäftigte von den Leistungen des Sozialplans

Benachteiligungsverbot (AGG)

ausgeschlossen haben, die wirtschaftlich abgesichert sind, weil sie, ggf. nach Bezug von Arbeitslosengeld, rentenberechtigt sind (§ 10 Satz 3 Nr. 6 AGG).
Nach Ansicht des BAG ist § 10 AGG mit Unionsrecht vereinbar (BAG v. 17. 9. 2013 – 3 AZR 686/11).
Erfolgt eine unterschiedliche Behandlung wegen mehrerer der in § 1 AGG genannten Gründe, so kann diese unterschiedliche Behandlung nach den §§ 8 bis 10 AGG nur gerechtfertigt werden, wenn sich die Rechtfertigung auf **alle diese Gründe** erstreckt, derentwegen die unterschiedliche Behandlung erfolgt (§ 4 AGG). 35
Generell ist eine unterschiedliche Behandlung wegen eines in § 1 AGG genannten Grundes **auch zulässig**, wenn durch geeignete und angemessene – **positive** – **Maßnahmen** bestehende Nachteile verhindert oder ausgeglichen werden sollen (§ 5 AGG). 36

Ausschreibung von Arbeitsplätzen (§ 11 AGG)

Ein Arbeitsplatz darf nicht unter Verstoß gegen das Benachteiligungsverbot des § 7 Abs. 1 AGG **ausgeschrieben** werden (siehe auch → Ausschreibung von Arbeitsplätzen). § 611 a BGB, der bisher den Arbeitgeber zur geschlechtsneutralen Stellenausschreibung verpflichtet hat, wird durch § 11 AGG ersetzt und aufgehoben. 37
Unzulässig dürften beispielsweise folgende Formulierungen in Ausschreibungen sein:
»*Wir sind ein junges und dynamisches Team*«. Mit dieser Aussage tut man kund, dass man ältere oder behinderte Bewerber nicht einstellen will (= mittelbare Benachteiligung wegen des Alters oder einer Behinderung).
»*Wir suchen einen erfahrenen alten Hasen*« (= mittelbare Benachteiligung wegen des Alters: jüngere Bewerber sind nicht erwünscht).
»*Sie sind mobil, körperlich belastbar und geistig flexibel*« (= mittelbare Benachteiligung wegen des Alters oder einer Behinderung).
»*Sie sprechen fließend und akzentfrei Deutsch*« (= mittelbare Benachteiligung wegen ethnischer Herkunft; das gilt jedenfalls dann, wenn es sich um einfache Arbeiten handelt; etwas anderes mag gelten, wenn ein/e Tagesschausprecher/in gesucht wird).
Eine diskriminierende Stellenausschreibung liegt auch vor, wenn der Zusatz männlich/weiblich (m/w) fehlt (Benachteiligung wegen des Geschlechts).
Auch die Forderung, zusammen mit den Bewerbungsunterlagen ein **Lichtbild** einzureichen, wird in der Literatur als ein Fall mittelbarer Benachteiligung diskutiert.
Die nachstehende Stellenausschreibung wurde als **Benachteiligung wegen des Alters** gewertet (BAG v. 19. 8. 2010 – 8 AZR 530/09, AiB 2011, 274): »*...Zum sofortigen Eintritt suchen wir für unsere Rechtsabteilung – zunächst auf ein Jahr befristet – eine(n) junge(n), engagierte(n) Volljuristin/Volljuristen. Ihre Aufgaben umfassen vor allem die Verhandlung und Erstellung von Lizenzverträgen für die Bereiche ›Programmbeschaffung‹ und ›Internationaler Programmvertrieb‹. Sie verfügen über befriedigende Examina, erste Berufserfahrungen (bis 2 Jahre) im Medienbereich bzw. Lizenzgeschäft, Teamfähigkeit, Belastbarkeit und ein überzeugendes Auftreten. ...*« Einem nicht eingestellten älteren Bewerber wurde gemäß § 15 Abs. 2 AGG eine Entschädigung in Höhe eines Monatsgehalts zuerkannt.
Wird eine Stelle entgegen der Maßgabe des § 11 AGG unter Verstoß gegen das Benachteiligungsverbot gegen § 11 AGG ausgeschrieben, hat das eine Indizwirkung im Sinne des § 22 AGG (Beweislastumkehr; siehe Rn. 51) zu Lasten des Arbeitgebers zur Folge. Klagt ein Bewerber bzw. eine Bewerberin **Schadensersatz**- oder **Entschädigungsansprüche** nach § 15 Abs. 1 und 2 AGG ein (vgl. Rn. 47 und 48), muss der Arbeitgeber vor Gericht darlegen und beweisen, dass das Verfahren dennoch korrekt geführt wurde und keine unzulässige Benachteiligung erfolgt ist. Handlungen von Mitarbeitern bzw. Erfüllungsgehilfen des Arbeitgebers (Personalabteilung, externer Personaldienstleister) gehen zu seinen Lasten.

Benachteiligungsverbot (AGG)

Pflichten des Arbeitgebers – Maßnahmen zum Schutz vor Benachteiligungen (§ 12 AGG)

38 Der Arbeitgeber ist verpflichtet, die erforderlichen Maßnahmen zum Schutz vor Benachteiligungen wegen eines in § 1 AGG genannten Grundes zu treffen (§ 12 Abs. 1 AGG).

39 Dieser Schutz umfasst auch **vorbeugende** Maßnahmen (§ 12 Abs. 1 Satz 2 AGG).

40 Der Arbeitgeber soll in geeigneter Art und Weise, besonders im Rahmen der beruflichen Aus- und Fortbildung, auf die Unzulässigkeit von Benachteiligungen hinweisen und darauf hinwirken, dass diese unterbleiben (§ 12 Abs. 2 AGG).

Hat der Arbeitgeber seine Beschäftigten in geeigneter Weise zum Zweck der Verhinderung von Benachteiligung geschult, gilt dies als Erfüllung seiner Pflichten nach § 12 Abs. 1 AGG (§ 12 Abs. 2 Satz 2 AGG).

41 Wenn andere Beschäftigte das Benachteiligungsverbot verletzen, hat der Arbeitgeber »angemessene« Maßnahmen wie → **Abmahnung**, Umsetzung, → **Versetzung** oder → **Kündigung** zu ergreifen (§ 12 Abs. 3 AGG).

Natürlich hat dies unter Beachtung der Beteiligungsrechte des Betriebsrats (besonders nach §§ 99, 102 BetrVG) zu geschehen.

42 Werden Beschäftigte bei der Ausübung ihrer Tätigkeit durch **Dritte** nach § 7 Abs. 1 AGG benachteiligt (z.B. ein Außendienstmitarbeiter wird von Kunden wegen seines Alters oder seiner Herkunft schikaniert), so hat der Arbeitgeber die im Einzelfall geeigneten, erforderlichen und angemessenen Maßnahmen zum Schutz der Beschäftigten zu ergreifen (§ 12 Abs. 4 AGG).

43 Das AGG und § 61 b ArbGG (= Regelung u. a. über die zu beachtenden Fristen bei der Erhebung einer Entschädigungsklage nach § 15 AGG) sowie die für die Beschwerden nach § 13 AGG zuständigen Stellen sind im Betrieb **bekannt zu machen** (z.B. durch Aushang, Auslegung oder Nutzung der betriebsüblichen Informations- und Kommunikationstechnik (§ 12 Abs. 5 AGG).

44 Die betroffenen Beschäftigten können sich gegen eine Benachteiligung **zur Wehr setzen**. Ihnen stehen nach §§ 13 ff. AGG verschiedene Rechte zu.
Nachstehend ein **Überblick**.

Beschwerderecht (§ 13 AGG)

45 Die Beschäftigten haben das Recht, sich bei den zuständigen Stellen des → **Betriebs** oder des → **Unternehmens** zu beschweren, wenn sie sich im Zusammenhang mit ihrem Beschäftigungsverhältnis vom Arbeitgeber, von Vorgesetzten, anderen Beschäftigten oder Dritten wegen eines in § 1 AGG genannten Grundes benachteiligt fühlen (§ 13 Abs. 1 Satz 1 AGG).

45a Die Beschwerdestelle hat die Beschwerde **zu prüfen** und das Ergebnis der oder dem beschwerdeführenden Beschäftigten **mitzuteilen** (§ 13 Abs. 1 Satz 2 AGG).

45b Zur Frage, ob dem Betriebsrat bei der Errichtung, personellen Besetzung und Ausgestaltung des Verfahrens der Beschwerdestelle ein **Mitbestimmungsrecht** zusteht, siehe Rn. 66.

45c Das Beschwerderecht des Arbeitnehmers nach §§ 84, 85 BetrVG (siehe → **Beschwerderecht des Arbeitnehmers**) und die damit im Zusammenhang stehenden Rechte des Betriebsrats werden durch § 13 Abs. 1 AGG nicht berührt (§ 13 Abs. 2 AGG).

Das heißt: der Arbeitnehmer kann eine **Beschwerde** nach § 85 Abs. 1 BetrVG beim Betriebsrat einlegen, wenn er sich benachteiligt fühlt.

Die Beschwerde kann von mehreren Arbeitnehmern erhoben werden.

Hält der Betriebsrat die Beschwerde für berechtigt, hat er beim Arbeitgeber auf **Abhilfe** hinzuwirken.

Benachteiligungsverbot (AGG)

Ist der Arbeitgeber der Meinung, dass die Beschwerde nicht berechtigt ist, kann der Betriebsrat die → **Einigungsstelle** anrufen (§ 85 Abs. 2 BetrVG).
Diese klärt den Sachverhalt auf, bewertet ihn und entscheidet letztlich durch Beschluss (ggf. durch Mehrheitsbeschluss mit der Stimme des Vorsitzenden der Einigungsstelle), ob die Beschwerde **berechtigt** ist oder nicht.
Wenn die Einigungsstelle beschließt, dass die Beschwerde berechtigt ist, ist der Arbeitgeber nach § 85 Abs. 3 Satz 2 i. V. m. § 84 Abs. 2 BetrVG verpflichtet, der Beschwerde durch geeignete **Maßnahmen abzuhelfen**.
Geschieht dies nicht, kann der Arbeitnehmer die Abhilfe der Beschwerde im Wege der **Klage** vor dem → **Arbeitsgericht** erzwingen.
Ob auch der Betriebsrat ein Beschlussverfahren mit dem gleichen Ziel einleiten kann, ist strittig (zu Recht dafür DKKW-*Buschmann*, BetrVG, 15. Aufl., § 85 Rn. 26; a. A. Fitting, BetrVG, 27. Aufl., § 85 Rn. 9, 14).
Die Anrufung der Einigungsstelle bzw. eine Entscheidung ist **ausgeschlossen**, wenn Gegenstand der Beschwerde ein **Rechtsanspruch** des Arbeitnehmers ist (§ 85 Abs. 2 Satz 3 BetrVG).
Zu weiteren Einzelheiten siehe → **Beschwerderecht des Arbeitnehmers**.

Leistungsverweigerungsrecht (§ 14 AGG)

Ergreift der Arbeitgeber keine oder offensichtlich ungeeignete Maßnahmen zur Unterbindung einer **Belästigung** (§ 3 Abs. 3 AGG; siehe auch → **Mobbing**) oder **sexuellen Belästigung** (§ 3 Abs. 4 AGG; siehe auch → **sexuelle Belästigung**) am Arbeitsplatz, sind die betroffenen Beschäftigten berechtigt, ihre Tätigkeit ohne Verlust des Arbeitsentgelts einzustellen, soweit dies zu ihrem Schutz erforderlich ist (§ 14 Satz 1 AGG).
§ 273 BGB bleibt unberührt (§ 14 Satz 2 AGG; siehe auch → **Zurückbehaltungsrecht des Arbeitnehmers**). Durch diesen Verweis ist klargestellt, dass das allgemeine Zurückbehaltungsrecht des § 273 BGB für weitere Fallkonstellationen anwendbar bleibt. Die Vorschriften verfolgen unterschiedliche Ziele. § 273 BGB soll einen Zwang zur Erfüllung einer Verbindlichkeit ausüben, während § 14 AGG dem Schutz der Beschäftigten vor weiteren Belästigungen oder sexuellen Belästigungen dient. Unberührt bleibt auch das Recht des belästigten bzw. sexuell belästigten Arbeitnehmers, rechtliche Schritte gegen den Belästiger zu unternehmen.
Handlungen, die das Persönlichkeitsrecht verletzen, können **Schadensersatz- oder Schmerzensgeldansprüche** vor allem nach § 823 Abs. 1, § 253 Abs. 2 BGB auslösen.
Gegen den Belästiger besteht des Weiteren Anspruch auf **Unterlassung** nach § 1004 BGB. Der Anspruch kann durch Antrag auf **einstweilige Verfügung** geltend gemacht werden (LAG Thüringen v. 10. 4. 2001 – 5 Sa 403/00, DB 2001, 1204 zu einen Fall des → **Mobbings**).
Unter Umständen kommt auch eine **strafrechtliche Verfolgung** des Belästigers in Betracht, wenn die Belästigung einen Straftatbestand erfüllt (z. B. § 185 StGB Beleidigung).

46

Anspruch auf Entschädigung und Schadensersatz (§ 15 AGG)

Bei einem Verstoß gegen das Benachteiligungsverbot ist der Arbeitgeber verpflichtet, den hierdurch entstandenen **Schaden zu ersetzen** (§ 15 Abs. 1 Satz 1 AGG). Dies gilt nicht, wenn der Arbeitgeber die Pflichtverletzung nicht zu vertreten hat (§ 15 Abs. 1 Satz 2 AGG). Ein Schadensersatzanspruch besteht also nur dann, wenn der Arbeitgeber **schuldhaft**, das heißt vorsätzlich oder fahrlässig gehandelt hat (§ 276 BGB).

47

Wegen eines Schadens, der nicht Vermögensschaden ist (sog. immaterieller Schaden; vgl. § 253 BGB), kann der oder die Beschäftigte eine angemessene **Entschädigung** (= Schmerzensgeld) in Geld verlangen (§ 15 Abs. 2 Satz 1 AGG).
Dem Gericht steht bei der Festsetzung der Höhe der Entschädigung ein Beurteilungsspielraum

48

Benachteiligungsverbot (AGG)

zu, um die Besonderheiten jedes einzelnen Falls zu berücksichtigen (BAG v. 19. 8. 2010 – 8 AZR 530/09, AiB 2011, 274). Die Entschädigung muss geeignet sein, eine **abschreckende Wirkung** gegenüber dem Arbeitgeber zu erzielen.
Eine **erhöhte Entschädigung** kann geboten sein, wenn ein Beschäftigter aus mehreren Gründen unzulässig benachteiligt oder belästigt wird.
Mit § 15 Abs. 2 AGG wird der Forderung der EU-Richtlinien sowie der Rechtsprechung des Europäischen Gerichtshofs nach einer wirksamen und verschuldensunabhängig ausgestalteten Sanktion bei Verletzung des Benachteiligungsverbots durch den Arbeitgeber Rechnung getragen (vgl. EuGH v. 22. 4. 1997 – C–180/95, NZA 1997, 645). Der aus § 611 a BGB a. F. bekannte Grundgedanke (Entschädigungsanspruch bei sog. Einstellungs- und Aufstiegsdiskriminierung) wird auf alle Tatbestände einer Benachteiligung übertragen (also auch z. B. bei einer Benachteiligung in Bezug auf die Beschäftigungs- und Arbeitsbedingungen einschließlich Arbeitsentgelt und Entlassungsbedingungen; vgl. § 2 Abs. 1 Nr. 2 AGG). Es wird klargestellt, dass die Entschädigung ausschließlich für **immaterielle Schäden** gewährt wird, die regelmäßig bei einer ungerechtfertigten Benachteiligung aus den in § 1 AGG genannten Gründen vorliegen.
§ 15 Abs. 2 AGG ist damit gegenüber § 253 BGB die **speziellere Norm**.
Besteht die Benachteiligung darin, dass ein Bewerber **nicht eingestellt** wird, darf die Entschädigung **drei Monatsgehälter** nicht übersteigen, wenn der oder die Beschäftigte auch bei benachteiligungsfreier Auswahl nicht eingestellt worden wäre (§ 15 Abs. 2 Satz 2 AGG). Vom Gericht ist zunächst die Höhe einer angemessenen und der Höhe nach nicht begrenzten Entschädigung zu ermitteln. Diese ist dann, wenn sie drei Monatsentgelte übersteigen sollte, zu kappen (BAG v. 19. 8. 2010 – 8 AZR 530/09, AiB 2011, 274).
Wäre der/die Bewerber/in bei benachteiligungsfreier Auswahl eingestellt worden, kann Anspruch auf eine **höhere Entschädigung** bestehen.
Der Anspruch auf eine Entschädigung setzt **kein Verschulden** des Arbeitgebers voraus.
Etwas anderes gilt, wenn die Benachteiligung bei der Anwendung **kollektivrechtlicher Vereinbarungen** (Betriebsvereinbarung, Tarifvertrag) erfolgt. In diesem Fall ist der Arbeitgeber nur dann zur Entschädigung verpflichtet, wenn er **vorsätzlich** oder **grob fahrlässig** handelt (§ 15 Abs. 3 AGG). Die vermutete »höhere Richtigkeitsgewähr« von Betriebsvereinbarungen (auch soweit sie auf einem Spruch der Einigungsstelle beruhen) und Tarifverträgen rechtfertigt es nach Ansicht des Gesetzgebers, die Rechtsfolgen benachteiligender kollektiver Regelungen anders auszugestalten als bei Maßnahmen, für die der Arbeitgeber allein verantwortlich ist.
Diese Grundsätze greifen auch dann, wenn – mangels Tarifbindung – die Geltung von Tarifverträgen im Arbeitsvertrag vereinbart ist (siehe hierzu → **Arbeitsvertrag** Rn. 16 ff.), ferner wenn ein Tarifvertrag für allgemeinverbindlich erklärt ist (siehe hierzu → **Tarifvertrag** Rn. 66 ff.).
Eine **Haftung** der vertragsschließenden Tarifvertragsparteien bzw. Betriebsparteien fordert das europäische Recht nicht und wird auch durch das AGG nicht begründet.
Benachteiligende kollektive Regelungen sind im Übrigen nach § 7 Abs. 2 AGG **unwirksam** (siehe Rn. 28).

49 Ansprüche auf Schadensersatz und/oder Entschädigung müssen innerhalb einer **Frist von zwei Monaten schriftlich** geltend gemacht werden (BAG v. 15. 3. 2012 – 8 AZR 160/11), es sei denn, die Tarifvertragsparteien haben etwas anderes – also z. B. eine längere oder kürzere → **Ausschlussfrist/Verfallfrist** zur Geltendmachung von Ansprüchen – vereinbart (§ 15 Abs. 4 Satz 1 AGG).
Die **Frist beginnt** zu dem Zeitpunkt, in dem der oder die Beschäftigte von der Benachteiligung Kenntnis erlangt (§ 15 Abs. 4 Satz 2 AGG).

Benachteiligungsverbot (AGG)

Beispiel:
Ein schwerbehinderter Mensch bewirbt sich bei einem öffentlichen Arbeitgeber auf eine Stelle. Er weist dabei auf seine Schwerbehinderung hin.
Seine Bewerbung wird – ohne vorherige Einladung nach § 82 SGB IX zu einem Vorstellungsgespräch – abgelehnt.
Nach Ansicht des BAG beginnt die Zweimonatsfrist mit Erhalt des Ablehnungsschreibens zu laufen, weil der Bewerber dadurch von den Indizien seiner Benachteiligung Kenntnis erhalten hat (BAG v. 15.3.2012 – 8 AZR 160/11).

Die nach § 15 Abs. 4 Satz 1 AGG erforderliche **Schriftform** zur Geltendmachung von Schadensersatz- und Entschädigungsansprüchen (§ 15 Abs. 1 und 2 AGG) kann nach zutreffender Ansicht des BAG auch durch eine **Klage** gewahrt werden (BAG v. 22.5.2014 – 8 AZR 662/13). Dabei findet § 167 ZPO Anwendung. Die Vorschrift lautet: »*Soll durch die Zustellung eine Frist gewahrt werden oder die Verjährung neu beginnen oder nach § 204 des Bürgerlichen Gesetzbuchs gehemmt werden, tritt diese Wirkung bereits mit Eingang des Antrags oder der Erklärung ein, wenn die Zustellung demnächst erfolgt.*« Es genügt also der rechtzeitige Eingang der Klage bei Gericht, wenn die Klage »demnächst« zugestellt wird. Das BAG hält an seiner früher als »obiter dictum« geäußerten gegenteiligen Auffassung (BAG v. 21.6.2012 – 8 AZR 188/11 – Rn. 27) nicht fest.

Eine **Klage auf Entschädigung** muss nach § 61 b ArbGG (neu gefasst durch das AGG) innerhalb von **drei Monaten**, nachdem der Anspruch schriftlich geltend gemacht worden ist, erhoben werden. 50

Ansprüche auf Entschädigung nach § 15 Abs. 2 AGG müssen gegen den Arbeitgeber gerichtet werden. Wird bei der Ausschreibung von Stellen ein **Personalvermittler** eingeschaltet, haftet dieser für solche Ansprüche nicht (BAG v. 23.1.2014 – 8 AZR 118/13). 51

Wenn **mehrere Bewerber/Bewerberinnen** Entschädigungsansprüche aus § 15 AGG gerichtlich geltend machen, so wird auf Antrag des Arbeitgebers das Arbeitsgericht, bei dem die **erste Klage** erhoben wurde, auch für die anderen Klagen zuständig (§ 61 b Abs. 2 Satz 1 ArbGG). Die Rechtsstreitigkeiten sind von Amts wegen an dieses Gericht zu verweisen (§ 61 b Abs. 2 Satz 2 ArbGG). Sie sind zur gleichzeitigen Verhandlung und Entscheidung zu verbinden (§ 61 b Abs. 2 Satz 3 ArbGG). 52
Die früher in § 61 b ArbGG (a. F.) vorgesehene Anspruchsdeckelung und Quotelung der Entschädigungsansprüche im Fall von Klagen mehrerer Bewerber/innen ist **gestrichen** worden, nachdem der Europäische Gerichtshof auch diese Regelung **beanstandet** hatte (EuGH v. 22.4.1997 – C 180/95, NZA 1997, 645).
Auf Antrag des Arbeitgebers findet die **mündliche Verhandlung** nicht vor Ablauf von sechs Monaten nach Erhebung der ersten Klage statt (§ 61 b Abs. 3 ArbGG).

Ansprüche gegen den Arbeitgeber, die sich **aus anderen Rechtsvorschriften** ergeben, werden durch das AGG nicht berührt (§ 15 Abs. 5 AGG). 53
In Betracht kommen besonders Ansprüche auf **Unterlassung** nach § 1004 BGB oder **Schadensersatz-** und **Schmerzensgeldansprüche** auf Grundlage von §§ 280 Abs. 1 Satz 1, 278 BGB i. V. m. §§ 241 Abs. 2, 253 Abs. 2 BGB (vgl. LAG Düsseldorf v. 26.3.2013 – 17 Sa 602/12) oder §§ 823 Abs. 1, 253 Abs. 2 BGB. Belästigende Handlungen von leitenden Angestellten und Vorgesetzten werden dem Arbeitgeber nach §§ 278 bzw. § 831 BGB **zugerechnet** (sog. Erfüllungsgehilfen). Ansprüche auf Unterlassung (§ 1004 BGB), Schadensersatz- und Schmerzensgeld können auch direkt **gegen den Belästiger** geltend gemacht werden.

Ein Anspruch auf **Begründung eines Arbeitsverhältnisses** oder auf **beruflichen Aufstieg** aufgrund des Verstoßes gegen das Benachteiligungsverbot besteht nicht, es sei denn, ein solcher ergibt sich aus einem anderen Rechtsgrund (§ 15 Abs. 6 AGG). 54
Ein anderer Rechtsgrund kann z. B. eine vertragliche oder tarifliche Regelung (z. B. tariflicher

Benachteiligungsverbot (AGG)

Bewährungsaufstieg) sein oder ein → **Wiedereinstellungsanspruch** nach Wegfall des Kündigungsgrundes vor Ablauf der Kündigungsfrist.

Beweislast (§ 22 AGG)

54a Wenn im Streitfall der Arbeitnehmer **Indizien** beweist, die eine Benachteiligung z. B. wegen des Alters oder Geschlechts **vermuten** lassen, trägt der Arbeitgeber die **Beweislast** dafür, dass kein Verstoß gegen das Benachteiligungsverbot vorgelegen hat.
Der Kläger, der einen Verstoß gegen das Benachteiligungsverbot geltend macht, muss also nach den allgemeinen Grundsätzen zunächst den Vollbeweis führen, dass er gegenüber einer anderen Person ungünstiger behandelt worden ist.
Weiter muss er sog. Vermutungstatsachen (Indizien) vortragen, aus denen sich mit überwiegender Wahrscheinlichkeit schließen lässt, dass diese unterschiedliche Behandlung auf einem nach § 1 AGG unzulässigen Grund beruht.
Ein tatsächlicher Anhaltspunkt (Indiz), der eine Benachteiligung vermuten lässt, kann sich etwa aus einer nicht geschlechtsneutralen Stellenausschreibung (§ 11 AGG) oder aus abfälligen Äußerungen während eines Bewerbungsgesprächs bzw. bei der Ablehnung eines Bewerbungsgesprächs ergeben.
Über diese Fragen hat im Streitfall das zuständige Gericht zu entscheiden: Es prüft, ob die vorgebrachten Behauptungen als bewiesen anzusehen sind.
Erst dann muss sich die Gegenseite rechtfertigen. Gelingt der Gegenseite der **Gegenbeweis** nicht, ist sie entsprechend zu verurteilen.
Auszug aus BAG v. 19. 8. 2010 – 8 AZR 530/09, AiB 2011, 274: »*Hinsichtlich der Kausalität zwischen Nachteil und dem verpönten Merkmal ist in § 22 AGG eine Beweislastregelung getroffen, die sich auch auf die Darlegungslast auswirkt. Der Beschäftigte genügt danach seiner Darlegungslast, wenn er Indizien vorträgt, die seine Benachteiligung wegen eines verbotenen Merkmals vermuten lassen. Dies ist der Fall, wenn die vorgetragenen Tatsachen aus objektiver Sicht mit überwiegender Wahrscheinlichkeit darauf schließen lassen, dass die Benachteiligung wegen dieses Merkmals erfolgt ist. Durch die Verwendung der Wörter ›Indizien‹ und ›vermuten‹ bringt das Gesetz zum Ausdruck, dass es hinsichtlich der Kausalität zwischen einem der in § 1 AGG genannten Gründe und einer ungünstigeren Behandlung genügt, Hilfstatsachen vorzutragen, die zwar nicht zwingend den Schluss auf die Kausalität zulassen, die aber die Annahme rechtfertigen, dass die Kausalität gegeben ist (Senat 20. Mai 2010 – 8 AZR 287/08 (A) – NZA 2010, 1006). Liegt eine Vermutung für die Benachteiligung vor, trägt nach § 22 AGG die andere Partei die Beweislast dafür, dass kein Verstoß gegen die Bestimmungen zum Schutz vor Benachteiligung vorgelegen hat.*«

> **Beispiel:**
> Ein Arbeitgeber schreibt einen Arbeitsplatz innerbetrieblich oder durch Stellenanzeige in einer Zeitung nur für Männer oder nur für Deutsche aus. Dies kann ein Indiz dafür sein, dass er einen oder mehrere nicht eingestellte Bewerber wegen eines in § 1 AGG genannten Grundes benachteiligt hat.
> In diesem Fall können nicht berücksichtigte Bewerber/innen (also z. B. weibliche bzw. nichtdeutsche Bewerber) den Arbeitgeber auf Schadensersatz nach § 15 Abs. 1 AGG und Entschädigung nach § 15 Abs. 2 AGG verklagen. Wenn die benachteiligende Stellenausschreibung von dem/den Klägern/innen im Prozess vorgelegt und damit bewiesen werden kann, trägt der Arbeitgeber nach § 22 AGG die Beweislast dafür, dass die Nichteinstellung nicht gegen die Bestimmungen des AGG zum Schutz vor Benachteiligungen verstoßen hat (Umkehr der Beweislast). Kann der Arbeitgeber diesen Beweis nicht führen, wird er verurteilt.

54b Für die Vermutungswirkung des § 22 AGG ist es ausreichend, dass ein in § 1 AGG genannter Grund »**Bestandteil des Motivbündels**« ist, das zur Entscheidung geführt hat (BAG v. 18. 6. 2015 – 8 AZR 848/13 (A); 26. 9. 2013 – 8 AZR 650/12). Dabei ist es nicht erforderlich, dass

Benachteiligungsverbot (AGG)

der betreffende Grund das ausschließliche oder auch nur ein wesentliches Motiv für das Handeln des Benachteiligenden ist. Er muss weder vorherrschender Beweggrund noch Hauptmotiv oder »Triebfeder« des Verhaltens gewesen sein. Eine **bloße Mitursächlichkeit** genügt (BAG v. 18. 6. 2015 – 8 AZR 848/13 (A); 26. 9. 2013 – 8 AZR 650/12). Danach darf z. B. bei einer Entscheidung über eine Stellenbesetzung kein in § 1 AGG genannter Grund zulasten eines Bewerbers/einer Bewerberin berücksichtigt werden.

Die Indizwirkung i. S. d. § 22 AGG für das Vorliegen einer Benachteiligung wegen einer Behinderung wird nur ausgelöst, wenn dem Arbeitgeber die Behinderung **bekannt** ist (BAG v. 26. 9. 2013 – 8 AZR 650/12). Soweit etwa eine Schwerbehinderteneigenschaft dem Arbeitgeber nicht nachweislich schon bekannt ist oder – etwa bei einem Vorstellungsgespräch – eine körperliche Behinderung offensichtlich bekannt wird, z. B. im Falle fehlender Gliedmaßen oder wegen der Notwendigkeit, einen Rollstuhl zu benutzen, muss der Bewerber den Arbeitgeber über seine Schwerbehinderteneigenschaft informieren. Die Information über die Behinderung hat regelmäßig im Bewerbungsschreiben selbst unter Angabe des GdB, gegebenenfalls einer Gleichstellung, zu geschehen, da der Arbeitgeber jedenfalls gehalten ist, bei jeder Bewerbung das eigentliche Bewerbungsschreiben zur Kenntnis zu nehmen. Wird die Information im Lebenslauf gegeben, hat dies an hervorgehobener Stelle und deutlich, etwa durch eine besondere Überschrift hervorgehoben, zu geschehen. »Eingestreute« oder unauffällige Informationen, indirekte Hinweise in beigefügten amtlichen Dokumenten, eine in den weiteren Bewerbungsunterlagen befindliche Kopie des Schwerbehindertenausweises etc. sind keine ordnungsgemäße Information des angestrebten Vertragspartners (BAG v. 26. 9. 2013 – 8 AZR 650/12).

54c

Maßregelungsverbot (§ 16 AGG)

Der Arbeitgeber darf Beschäftigte nicht wegen der Inanspruchnahme von Rechten nach dem AGG oder wegen der Weigerung, eine gegen das Benachteiligungsverbot verstoßende Anweisung auszuführen, benachteiligen (§ 16 Abs. 1 Satz 1 AGG). Gleiches gilt für Personen, die den Beschäftigten hierbei unterstützen oder als Zeugen aussagen (§ 16 Abs. 1 Satz 2 AGG).
Die Zurückweisung oder Duldung benachteiligender Verhaltensweisen durch betroffene Beschäftigte darf nicht als Grundlage für eine Entscheidung herangezogen werden, die diese Beschäftigten berührt (§ 16 Abs. 2 AGG).
§ 16 Abs. 1 Satz 2 AGG sowie § 22 AGG gelten entsprechend (§ 16 Abs. 2 Satz 2 und Abs. 3 AGG).

55

Soziale Verantwortung der Beteiligten (§ 17 AGG)

Tarifvertragsparteien, Arbeitgeber, Beschäftigte und deren Vertretungen sind aufgefordert, im Rahmen ihrer Aufgaben und Handlungsmöglichkeiten an der Verwirklichung des in § 1 AGG genannten Ziels mitzuwirken (§ 17 Abs. 1 AGG).

56

Von besonderer Bedeutung für die Betriebsratsarbeit ist § 17 Abs. 2 AGG. Hiernach können bei einem **groben Verstoß** des Arbeitgebers gegen §§ 6 bis 18 AGG (Schutz der Beschäftigten vor Benachteiligung) der → **Betriebsrat** (oder eine im Betrieb vertretene → **Gewerkschaft**) unter der Voraussetzung des § 23 Abs. 3 Satz 1 BetrVG die dort genannten Rechte gerichtlich geltend machen; § 23 Abs. 3 Satz 2 bis 5 BetrVG gilt entsprechend (§ 17 Abs. 2 Satz 1 AGG; siehe → **Unterlassungsanspruch des Betriebsrats** und → **Gewerkschaft**).

57

Benachteiligungsverbot (AGG)

> **Beispiel:**
> Der Betriebsrat stellt fest, dass weibliche Beschäftigte für Arbeiten, die auch männliche Mitarbeiter verrichten, ein geringeres Entgelt bekommen. Er kann ein arbeitsgerichtliches Beschlussverfahren gegen den Arbeitgeber einleiten mit dem Antrag, die Benachteiligung der weiblichen Beschäftigten zu unterlassen bzw. das Entgelt der weiblichen Beschäftigten an das der männlichen Mitarbeiter anzupassen.

Dem Betriebsrat bzw. der Gewerkschaft ist es allerdings verwehrt, Ansprüche des/der Benachteiligten (auf Schadensersatz- oder Entschädigung nach § 15 Abs. 1 und 2 AGG) einzuklagen (§ 17 Abs. 2 Satz 2 AGG).

Mitgliedschaft in Vereinigungen (§ 18 AGG)

58 Die §§ 6 ff. AGG gelten entsprechend für die Mitgliedschaft oder die Mitwirkung in einer **Tarifvertragspartei** (→ Arbeitgeberverband und → **Gewerkschaft**) und einer Vereinigung, deren Mitglieder einer bestimmten Berufsgruppe angehören oder die eine überragende Machtstellung im wirtschaftlichen oder sozialen Bereich innehat, wenn ein grundlegendes Interesse am Erwerb der Mitgliedschaft besteht, sowie deren jeweiligen Zusammenschlüssen (§ 18 Abs. 1 AGG).

Wenn die Ablehnung einen Verstoß gegen das Benachteiligungsverbot des § 7 Abs. 1 AGG darstellt, besteht ein **Anspruch auf Mitgliedschaft** oder Mitwirkung in den in § 18 Abs. 1 AGG genannten Vereinigungen (§ 18 Abs. 2 AGG).

Unterstützung durch Antidiskriminierungsverbände (§ 23 AGG)

59 Antidiskriminierungsverbände sind Personenzusammenschlüsse, die nicht gewerbsmäßig und nicht nur vorübergehend entsprechend ihrer Satzung die besonderen Interessen von benachteiligten Personen oder Personengruppen nach Maßgabe von § 1 AGG wahrnehmen. Antidiskriminierungsverbände sind, sofern sie mindestens 75 Mitglieder haben oder einen Zusammenschluss aus mindestens sieben Verbänden bilden, befugt, im Rahmen ihres Satzungszwecks in **gerichtlichen Verfahren**, in denen eine Vertretung durch Anwälte und Anwältinnen nicht gesetzlich vorgeschrieben ist, als Beistände Benachteiligter in der Verhandlung aufzutreten.

Im Übrigen bleiben die Vorschriften der **Verfahrensordnungen**, vor allem diejenigen, nach denen Beiständen weiterer Vortrag untersagt werden kann, unberührt.

Antidiskriminierungsverbänden ist im Rahmen ihres Satzungszwecks die Besorgung von Rechtsangelegenheiten Benachteiligter gestattet.

Besondere **Klagerechte** und Vertretungsbefugnisse von Verbänden zu Gunsten von **behinderten Menschen** bleiben unberührt (vgl. § 63 SGB IX).

Antidiskriminierungsstelle des Bundes (§ 25 AGG)

60 Beim Bundesministerium für Familie, Senioren, Frauen und Jugend wird unbeschadet der Zuständigkeit der Beauftragten des Deutschen Bundestages oder der Bundesregierung eine besondere Antidiskriminierungsstelle errichtet.

Wer der Ansicht ist, wegen eines in § 1 AGG genannten Grundes benachteiligt worden zu sein, kann sich an die Antidiskriminierungsstelle wenden (§ 27 Abs. 1 AGG).

Zu den Aufgaben und Befugnissen der Antidiskriminierungsstelle siehe §§ 27, 28 AGG.

Bedeutung für die Betriebsratsarbeit

Der Betriebsrat hat gemäß § 80 Abs. 1 Nr. 1 BetrVG die Aufgabe und Verpflichtung, darüber zu wachen, dass jede Form der Benachteiligung / Diskriminierung von Beschäftigten **unterbleibt** und der Arbeitgeber seine Verpflichtungen nach dem AGG erfüllt. 61

Der Betriebsrat hat nicht nur eine Überwachungsverpflichtung, sondern auch ein Überwachungsrecht (siehe auch § 80 Abs. 1 Nr. 1 BetrVG). 62

Das heißt: Er kann unabhängig von einem konkreten **Anlass** oder von konkreten Verdachtsmomenten prüfen, ob Beschäftigte entgegen den Bestimmungen des AGG z. B. bei der Entgeltgestaltung benachteiligt werden (z. B. Prüfung der Bruttolohn- und Gehaltslisten; vgl. auch § 80 Abs. 2 Satz 2 BetrVG).

Stellt der Betriebsrat eine gegen das AGG verstoßende Benachteiligung von Beschäftigten fest, hat er das Recht und die Pflicht, dies gegenüber dem Arbeitgeber **zu beanstanden** und **Abhilfe** zu verlangen. 63

Lehnt der Arbeitgeber das ab, kann der Betriebsrat (oder eine im Betrieb vertretene → **Gewerkschaft**) nach § 17 Abs. 2 AGG i. V. m. § 23 Abs. 3 BetrVG vorgehen (vgl. hierzu BAG v. 18. 8. 2009 – 1 ABR 47/08, NZA 2010, 222 zu einer altersdiskriminierenden Stellenausschreibung; siehe auch → **Unterlassungsanspruch des Betriebsrats**).

Der Betriebsrat oder die Gewerkschaft können also z. B. beim → **Arbeitsgericht** beantragen, dem Arbeitgeber aufzugeben, z. B. eine Stelle benachteiligungsfrei auszuschreiben (§ 11 AGG; siehe Rn. 37) oder bestimmte konkret zu benennende Maßnahmen i. S. d. § 12 AGG (siehe Rn. 38 ff.) zum Schutz vor Benachteiligung zu ergreifen.

Der Anspruch aus § 23 Abs. 3 BetrVG kann nach zutreffender Ansicht auch mittels einer **einstweiligen Verfügung** durchgesetzt werden (vgl. Fitting, BetrVG, 27. Aufl., § 23 Abs. 3 Rn. 76). 64

Mit dem Antrag nach § 23 Abs. 3 BetrVG können allerdings nicht **Ansprüche des Benachteiligten** verfolgt werden (§ 17 Abs. 2 Satz 2 AGG). Das müssen diese selber tun. 65

Der Betriebsrat hat nach § 87 Abs. 1 Nr. 1 BetrVG mitzubestimmen bei der Einführung und Ausgestaltung des **Verfahrens**, in dem Arbeitnehmer ihr Beschwerderecht nach § 13 AGG wahrnehmen können (siehe hierzu Rn. 45). Der Betriebsrat kann zu diesem Zweck selbst **initiativ** werden und die Ausgestaltung des Beschwerdeverfahrens über die → **Einigungsstelle** durchsetzen. 66

Dagegen soll der Betriebsrat nach Ansicht des BAG **kein Mitbestimmungsrecht** bei der Frage haben, wo der Arbeitgeber die Beschwerdestelle errichtet und wie er diese personell besetzt (BAG v. 21. 7. 2009 – 1 ABR 42/08, NZA 2009, 1049). Hierbei handele es sich um mitbestimmungsfreie organisatorische Entscheidungen.

Errichtet der Arbeitgeber eine überbetriebliche Beschwerdestelle, steht das Mitbestimmungsrecht beim Beschwerdeverfahren nicht dem örtlichen Betriebsrat, sondern dem → **Gesamtbetriebsrat** zu (BAG v. 21. 7. 2009 – 1 ABR 42/08, a. a. O.).

Von besonderer Bedeutung sind die Rechte und Pflichten des Betriebsrats im Fall der Einlegung einer **Beschwerde** eines oder mehrerer Arbeitnehmern nach § 85 BetrVG (siehe hierzu Rn. 45 c und → **Beschwerderecht des Arbeitnehmers**). Der **Vorteil** ist, dass der Betriebsrat das Beschwerdethema einer → **Einigungsstelle** vorlegen kann, die dann über die **Berechtigung** der Beschwerde entscheidet. Die Kosten des Einigungsstellenverfahrens trägt der Arbeitgeber. Die §§ 84, 85 BetrVG werden durch das Beschwerderecht nach § 13 AGG (siehe Rn. 45) nicht verdrängt. 66a

Auch der **Betriebsrat selbst** ist in seinen Handlungen (also z. B. bei der Ausübung von Mitwirkungs- und Mitbestimmungsrechten, beim Abschluss von → **Betriebsvereinbarungen** und → **Regelungsabreden** usw.) an das Benachteiligungsverbot des § 7 Abs. 1 AGG gebunden. 67

Benachteiligungsverbot (AGG)

68 Betriebsvereinbarungen und sonstige Abreden zwischen Arbeitgeber und Betriebsrat, durch die Beschäftigte entgegen § 1 AGG benachteiligt werden, sind **unwirksam** (vgl. z. B. § 7 Abs. 2 AGG).

Bedeutung für die Beschäftigten

69 Wird gegen das Benachteiligungsverbot des AGG verstoßen, gelten die Rechtsfolgen des § 7 AGG: siehe Rn. 26 ff.
70 Außerdem stehen den von einer Benachteiligung betroffenen Beschäftigten die Rechte nach §§ 13 bis 15 AGG zu: **Beschwerderecht** (siehe Rn. 45), **Leistungsverweigerungsrecht** (siehe Rn. 46) und Anspruch auf **Entschädigung** und **Schadensersatz** (siehe Rn. 47 ff.).
71 Zu Rechtsfolgen eines Verstoßes gegen den arbeitsrechtlichen Gleichbehandlungsgrundsatz nach Art. 3 Abs. 1 Grundgesetz siehe → **Gleichbehandlung.**

Rechtsprechung

1. Benachteiligung wegen des Alters – Tarifvertrag – Betriebsvereinbarung – Sozialplan
2. Benachteiligung wegen einer Behinderung
3. Benachteiligung wegen der Rasse oder der ethnischen Herkunft
4. Benachteiligung wegen der Weltanschauung
5. Benachteiligung wegen des Geschlechts
6. Belästigung (§ 3 Abs. 3 AGG)
7. Sexuelle Belästigung (§ 3 Abs. 4 AGG)
8. Stellenausschreibung (§ 11 AGG)
9. Bewerbungsgespräch – Stellenbesetzung
10. Auskunftsanspruch eines abgelehnten Stellenbewerbers
11. Betriebliche Altersversorgung
12. Kündigung
13. Anspruch auf Entschädigung und Schadensersatz (§ 15 AGG) – Frist zur Geltendmachung von Ansprüchen
14. Beweislast (§ 22 AGG)
15. Mitbestimmung des Betriebsrats bei der Ausgestaltung des Beschwerdeverfahrens (§ 13 AGG)
16. Rechte des Betriebsrats bei grobem Verstoß des Arbeitgebers gegen seine Pflichten nach dem AGG (§ 17 Abs. 2 AGG)

Berater

Was ist das?

Der Betriebsrat kann im Falle einer → **Betriebsänderung** in → **Unternehmen** mit **mehr als 300 Arbeitnehmern** zu seiner Unterstützung auf Kosten des Arbeitgebers (siehe Rn. 5) einen (oder mehrere; siehe Rn. 3) Berater hinzuziehen (§ 111 Satz 2 BetrVG).
In Unternehmen mit **bis zu 300 Arbeitnehmern** richtet sich die Hinzuziehung eines → **Sachverständigen** nach § 80 Abs. 3 BetrVG (siehe Rn. 11).
Zu beachten ist, dass § 111 Satz 2 BetrVG in Bezug auf den Schwellenwert (300 Arbeitnehmer) auf das → **Unternehmen** abstellt, nicht etwa auf den → **Betrieb**.

1

1a

> **Beispiel:**
> Ein → **Unternehmen** besteht aus vier → **Betrieben**, in denen jeweils 100 Arbeitnehmer beschäftigt sind. Ein Betrieb soll geschlossen werden.
> Die Voraussetzung »Unternehmen mit mehr als 300 Arbeitnehmern« ist erfüllt. Der Betriebsrat des von der Schließung bedrohten Betriebes kann nach § 111 Satz 2 BetrVG den Beschluss fassen, einen Berater hinzuziehen. Der Arbeitgeber hat die dadurch ausgelösten Kosten zu tragen, wenn die Hinzuziehung als erforderlich i. S. d. § 40 BetrVG anzusehen ist.

Zwischen Betriebsrat (vertreten durch den Betriebsratsvorsitzenden) und dem Berater wird meist ein mündlicher (selten auch ein schriftlicher) **Beratungsvertrag** geschlossen. Es handelt sich dabei in der Regel um einen → **Dienstvertrag** i. S. d. § 611 BGB. Wenn der Berater ein Gutachten schreiben soll, handelt es sich um einen → **Werkvertrag** nach § 631 BGB (vgl. DKKW-*Däubler*, BetrVG, 15. Aufl., § 111 Rn. 179).
Nach § 627 BGB kann der Betriebsrat den Beratungsvertrag jederzeit fristlos kündigen, wenn er das **Vertrauen** zu dem Berater verloren hat (vgl. DKKW-*Däubler*, BetrVG, a. a. O.).
Zur Übernahme der Beratungskosten durch den Arbeitgeber siehe Rn. 8.
Zur Frage, ob eine **Haftung** eines Betriebsratsmitglieds (z. B. Betriebsratsvorsitzender) als Vertreter ohne Vertretungsmacht nach § 179 BGB bei nicht erforderlicher Beauftragung eines Beraters i. S. d. § 111 BetrVG in Frage kommt, siehe Rn. 9, 10.
Gegenstand der Beratung ist das »Ob« und »Wie« der Betriebsänderung sowie der → **Interessenausgleich**.
Sinn und Zweck der Beratung ist es, die geplante Betriebsänderung zu erfassen, auf ihre Sinnhaftigkeit zu untersuchen und Alternativen z. B. zum Erhalt der Beschäftigung (vgl. § 92 a BetrVG) auszuarbeiten.
Soweit es um die Beratung bei der Aufstellung eines → **Sozialplanes** geht, soll der Betriebsrat auf die Hinzuziehung eines → **Sachverständigen** nach § 80 Abs. 3 BetrVG beschränkt sein (vgl. Fitting, BetrVG, 27. Aufl., § 111 Rn. 119; zu Recht a. A. DKKW-*Däubler*, BetrVG, 15. Aufl., § 111 Rn. 171). Im Unterschied zu § 111 Satz 2 BetrVG ist hier vor der Beauftragung eine nähere Vereinbarung mit dem Arbeitgeber erforderlich.
Nach richtiger Ansicht kann der Betriebsrat auch **mehr als einen Berater** hinzuziehen, wenn

1b

2

3

Berater

die Betriebsänderung Beratungsbedarf in mehreren Fachgebieten (z. B. rechtliche, technische, betriebswirtschaftliche und arbeitswissenschaftliche Fragen) auslöst, der nur von verschiedenen Beratern gedeckt werden kann (vgl. Fitting, BetrVG, 27. Aufl., § 111 Rn. 121; DKKW-*Däubler*, BetrVG, 15. Aufl., § 111 Rn. 176). So kann es z. B. erforderlich sein, einen Berater für die Analyse der der wirtschaftlichen und finanziellen Lage des Unternehmens und einen Berater für die Gestaltung eines Interessenausgleichs, Sozialplans und ggf. einer Transfergesellschaft (§ 111 Abs. 3 SGB III 2012) hinzuzuziehen.

4 Als Berater kommen Experten im Bereich der **Betriebswirtschaft** (z. B. Betriebswirtschaftler, Unternehmensberater), **Technik** (z. B. EDV-Fachleute) oder **Arbeitswissenschaft** (z. B. Arbeitsschutzexperten) in Frage, aber auch sonstige sachverständige Personen, die den Beratungsbedarf des Betriebsrats erfüllen können.

Auch **Arbeitsrechtsexperten** (z. B. Rechtsanwälte) können als Berater hinzugezogen werden. Ggf. können sie vom Betriebsrat auch als Verfahrensbevollmächtigte oder Beisitzer in einem Einigungsstellenverfahren zum → **Interessenausgleich** und → **Sozialplan** bestellt werden (siehe → **Einigungsstelle** Rn. 5 b).

Weil es unter den Beratern »solche und solche« gibt, sollte der Betriebsrat bei der **Auswahl** Empfehlungen der → **Gewerkschaft** einholen.

Bei einer mit Personalabbau verbundenen Betriebsänderung (Betriebsstilllegung, Betriebsverlagerung) sollte natürlich in erster Linie die Zusammenarbeit mit der → **Gewerkschaft** gesucht werden und bei Bedarf zusätzlich sowohl ein Rechtsanwalt als auch ein Betriebswirtschaftler hinzugezogen werden.

Eine → **Gewerkschaft** kann im Falle einer Betriebsänderung natürlich auch »aus eigenem Recht« tätig werden; etwa wenn es darum geht, mit den gewerkschaftlich organisierten Beschäftigten die Frage einer Tarifbewegung für einen »Sozialtarifvertrag« zu erörtern (siehe hierzu → **Betriebsänderung** Rn. 30 und → **Sozialplan** Rn. 10).

5 Die **Kosten** des Beraters (insbes. Honorar + MwSt. + Fahrt- und ggf. Übernachtungs- und Verpflegungskosten) hat der Arbeitgeber nach § 40 Abs. 1 BetrVG zu tragen, sofern der Betriebsrat die Hinzuziehung zum Zwecke der sachgerechten Erfüllung der Betriebsratsaufgaben »für erforderlich halten durfte« (siehe hierzu Rn. 6 und → **Kosten der Betriebsratstätigkeit** Rn. 10).

6 Der Betriebsrat entscheidet über die Erforderlichkeit nach **pflichtgemäßem Ermessen**. Ihm steht ein gewisser **Beurteilungsspielraum** zu. Er hat bei der Prüfung der Erforderlichkeit abzuwägen, ob die Hinzuziehung des Beraters mit Blick auf die – durch die Betriebsänderung bedrohten – Interessen der Beschäftigten, aber auch unter Berücksichtigung der dem Arbeitgeber entstehenden Kosten (Honorar, Spesen) als gerechtfertigt anzusehen ist (BAG v. 29. 7. 2009 – 7 ABR 95/07, NZA 2009, 1223).

7 Voraussetzung für die Kostentragung durch den Arbeitgeber ist des Weiteren, dass der Betriebsrat einen wirksamen **Beschluss** über die Hinzuziehung des Beraters gefasst hat (siehe → **Betriebsratssitzung** und → **Kosten der Betriebsratstätigkeit** Rn. 10 a).

In dem Beschluss ist der Berater **namentlich** zu bezeichnen.

8 Eine »*nähere Vereinbarung*« mit dem Arbeitgeber ist – anders als bei der Hinzuziehung eines → **Sachverständigen** nach § 80 Abs. 3 BetrVG – nicht notwendig. Der Betriebsrat kann autonom über die Hinzuziehung entscheiden.

Natürlich sollte vor der Beauftragung eines Beraters Klarheit über die **Kostentragung** durch den Arbeitgeber nach § 40 Abs. 1 BetrVG herbeigeführt werden (siehe **Musterschreiben** im Anhang zu diesem Stichwort).

Lehnt der Arbeitgeber die Kostenübernahme ab, kann und sollte der Betriebsrat beim → **Arbeitsgericht** den Erlass einer **einstweiligen Verfügung** beantragen mit dem Ziel: Feststellung der Kostentragungspflicht des Arbeitgebers (zutreffend DKKW-*Wedde*, BetrVG, 15. Aufl., § 40 Rn. 55).

Berater

Ist der Berater bereits auf Grundlage einer Beschlussfassung des Betriebsrats (etwa von dem Betriebsratsvorsitzenden) beauftragt und als Berater tätig geworden, leitet der Betriebsrat – wenn der Arbeitgeber Kostenübernahme ablehnt – beim Arbeitsgericht ein Beschlussverfahren ein und beantragt, ihn von seinen Verpflichtungen gegenüber dem beauftragten Berater **freizustellen** (siehe hierzu → **Kosten der Betriebsratstätigkeit** Rn. 7a).

Tritt der Betriebsrat seinen Freistellungsanspruch per Betriebsratsbeschluss an den Berater ab, kann dieser den Arbeitgeber direkt auf Zahlung in Anspruch nehmen. Der Freistellungsanspruch verwandelt sich in einen **Zahlungsanspruch** (BAG v. 24.10.2001 – 7 ABR 20/00, AiB 2002, 569). Ein Betriebsratsbeschluss könnte etwa wie folgt gefasst werden: »*Der durch die Hinzuziehung des/der Herrn/Frau ... als Sachverständige/r in der Angelegenheit ... gegen den Arbeitgeber entstehende Anspruch auf Freistellung von den Kosten wird an Herrn/Frau ... abgetreten.*«

Eine Klage gegen den Arbeitgeber auf Zahlung des Beraterhonorars ist allerdings nur dann erfolgreich, wenn die Hinzuziehung des Beraters **erforderlich** i. S. d. § 40 Abs. 1 BetrVG gewesen ist.

Wenn die Beauftragung des Beraters nicht erforderlich ist, ist der zwischen Betriebsrat und Berater geschlossene **Vertrag unwirksam**.

Haftung des Betriebsrats oder von Mitgliedern des Betriebsrats für Beraterkosten bei nicht erforderlicher Beauftragung?

Nach abzulehnender Ansicht des Bundesgerichtshofs (BGH) soll eine »**persönliche**« **Haftung** eines Betriebsratsmitglieds (z. B. des Betriebsratsvorsitzenden) gegenüber dem beauftragten Berater / Beratungsunternehmen entsprechend den Grundsätzen des Vertreters ohne Vertretungsmacht (§ 179 BGB) in Betracht kommen, wenn der Betriebsrat die Beauftragung nicht für erforderlich halten durfte (BGH v. 25.10.2012 – III ZR 266/11, AiB 2013, 385 = NZA 2012, 1382). In dem zugrunde liegenden Fall hatte eine Beraterfirma den Betriebsrat, den Betriebsratsvorsitzenden und seine Stellvertreterin auf Zahlung von 86 762,90 Euro nebst Zinsen verklagt.

9

Nachstehend ein Auszug aus der Pressemitteilung des BGH Nr. 180/2012:
»*Nachdem der Betriebsrat eines an mehreren Standorten tätigen Unternehmens mit mehr als 300 Arbeitnehmern den Beschluss gefasst hatte, sich im Verfahren über einen Interessenausgleich gemäß § 111 Satz 2 BetrVG von der Klägerin betriebswirtschaftlich beraten zu lassen, erteilte der Betriebsratsvorsitzende der Klägerin einen Beratungsauftrag. Die Klägerin nimmt nunmehr sowohl den Betriebsrat als Gremium als auch den Betriebsratsvorsitzenden und die stellvertretende Betriebsratsvorsitzende auf Zahlung von Honorar für die von ihr erbrachten Beratungsleistungen in Anspruch, deren genauer Umfang und Gegenstand zwischen den Parteien streitig ist.*
Die Vorinstanzen haben die gegen den Betriebsratsvorsitzenden und die stellvertretende Betriebsratsvorsitzende gerichtete Klage abgewiesen. Das Berufungsgericht hat die gegen den Betriebsrat als Gremium gerichtete Klage mangels Rechtsschutzbedürfnisses als unzulässig verworfen.
Der III. Zivilsenat hat das Berufungsurteil aufgehoben und die Sache zur neuen Verhandlung und Entscheidung an das Berufungsgericht zurückverwiesen:
Aufbauend auf der Rechtsprechung des Bundesarbeitsgerichts zur Vermögens- und Rechtsfähigkeit des Betriebsrats im Verhältnis zum Arbeitgeber ist eine Vermögens- und – daraus folgend – eine Rechtsfähigkeit des Betriebsrats auch im Verhältnis zu Dritten (hier: dem Beratungsunternehmen) anzunehmen, soweit die mit dem Dritten getroffene Vereinbarung innerhalb des gesetzlichen Wirkungskreises des Betriebsrats liegt. Der gegen den Arbeitgeber gerichtete Anspruch des Betriebsrats gemäß § 40 Absatz 1 BetrVG auf Befreiung von der gegenüber dem Berater bestehenden Verbindlichkeit setzt notwendig das Bestehen einer eigenen Verpflichtung des Betriebsrats gegenüber dem

657

Berater

Dritten voraus. Ohne wirksame vertragliche Grundlage würde der Dritte auch kaum den Betriebsrat beraten.

Ein Vertrag, den der Betriebsrat zu seiner Unterstützung gemäß § 111 Satz 2 BetrVG mit einem Beratungsunternehmen schließt, ist indes nur insoweit wirksam, als die vereinbarte Beratung zur Erfüllung der Aufgaben des Betriebsrats erforderlich sowie das versprochene Entgelt marktüblich ist und der Betriebsrat daher einen Kostenerstattungs- und Freistellungsanspruch gegen den Arbeitgeber gemäß § 40 Absatz 1 BetrVG hat. Denn nur in diesem Umfang ist der Betriebsrat vermögens- und daher auch rechtsfähig. Schutzwürdige Interessen des Beraters stehen einer solchen Begrenzung der Vertragswirksamkeit nicht entgegen, da eine weitergehende rechtsgeschäftliche Verpflichtung des Betriebsrats für den Berater mangels eines über den Kostenerstattungs- und Freistellungsanspruch hinaus gehenden Vermögens des Betriebsrats regelmäßig wertlos ist.

Die Grenzen des dem Betriebsrat bei der Beurteilung der Erforderlichkeit der Beratung zustehenden Spielraums sind im Interesse seiner Funktions- und Handlungsfähigkeit nicht zu eng zu ziehen. Soweit sie von dem Betriebsratsvorsitzenden bei der Beauftragung des Beratungsunternehmens dennoch überschritten werden, ist der von ihm für den Betriebsrat geschlossene Vertrag nicht wirksam. Der Betriebsratsvorsitzende kann insoweit gegenüber dem Beratungsunternehmen entsprechend den Grundsätzen des Vertreters ohne Vertretungsmacht (§ 179 des Bürgerlichen Gesetzbuches) haften, es sei denn das Beratungsunternehmen kannte die mangelnde Erforderlichkeit der Beratung oder musste sie kennen.«

Die Entscheidung des BGH ist **abzulehnen**. Sie verkennt, dass das Betriebsratsamt ein **Ehrenamt** ist, was einen generellen Haftungsausschluss notwendig macht, will man Arbeitnehmer für ein solches Amt gewinnen (zutreffend DKKW-Wedde, BetrVG, 15. Aufl., § 40 Rn. 54). Zudem **entwertet** sie die dem Betriebsrat durch § 111 BetrVG bei geplanten Betriebsänderungen eingeräumte Möglichkeit, die Hinzuziehung eines Beraters (ohne nähere Vereinbarung mit dem Arbeitgeber) zu beschließen.

Weil man sich über die Erforderlichkeit der Hinzuziehung immer streiten kann, bleiben **Haftungsrisiken** (obwohl Berater / Beratungsfirmen, die den Betriebsrat und/oder Betriebsratsmitglieder auf Zahlung verklagen, ihren Ruf nachhaltig ruinieren und für weitere Aufträge nicht mehr in Frage kommen dürften).

Der BGH hat den Rechtsstreit zur neuen Verhandlung und Entscheidung an die Vorinstanz (OLG Frankfurt) zurückverwiesen. Die Vorinstanzen (LG Frankfurt am Main v. 29.6.2010 – 2/23 O 453/08 und OLG Frankfurt am Main v. 21.9.2011 – 1 U 184/10) hatten eine Zahlungspflicht des Betriebsrats, des Betriebsratsvorsitzenden und der stellvertretende Betriebsratsvorsitzenden mit zutreffender Begründung verneint. Nachstehend ein Auszug aus der Entscheidung des OLG Frankfurt am Main v. 21.9.2011):

»Dem BetrVG ist eine persönliche Einstandspflicht der Mitglieder des Betriebsrates für die von diesem im Rahmen seines gesetzlichen Wirkungskreises begründeten Verbindlichkeiten nicht zu entnehmen. Für eine Haftung nach gesellschafts- oder vereinsrechtlichen Grundsätzen, insbesondere für eine entsprechende Anwendung des § 128 HGB ist kein Raum. Der Betriebsrat unterscheidet sich grundlegend von einer Gesellschaft bürgerlichen Rechts oder einer OHG. Seine rechtliche Struktur wird durch das BetrVG in eigenständiger, von gesellschaftsrechtlichen Grundmustern abweichender Weise abschließend geprägt. Die in ihm verbundenen Personen haben sich nicht vertraglich zur Förderung eines gemeinsamen Zweckes verbunden; ihre Zugehörigkeit zu diesem Gremium beruht vielmehr wesentlich auf dem Willen Dritter, der wählenden Belegschaft. Die im landgerichtlichen Urteil sinngemäß angestellte Erwägung, die Funktionsfähigkeit des Betriebsrats dürfe durch persönliche Haftungsrisiken aus Rechtsgeschäften mit Außenwirkung nicht beeinträchtigt werden (vgl. ähnlich Fitting, a. a. O., § 1 Rn. 206), hat angesichts dessen allenfalls ergänzende Bedeutung.«

Der Prozess ist inzwischen mit Urteil des OLG Frankfurt v. 16.12.2013 – 1 U 184/10 **rechtskräftig entschieden** worden. Der Klage gegen den Betriebsrat auf Zahlung des Beraterhono-

Berater

rars in Höhe von 83 752,20 Euro wurde stattgegeben. Die Klage gegen den Betriebsratsvorsitzenden, der den Auftrag an das Beratungsunternehmen aufgrund eines Beschlusses des Betriebsrats erteilt hatte, wurde abgewiesen. Auszug aus der Entscheidung:

»1. Ein Vertrag, den der Betriebsrat zu seiner Unterstützung gemäß § 111 Satz 2 BetrVG mit einem Beratungsunternehmen schließt, ist **wirksam**, soweit die vereinbarte Beratung zur Erfüllung der Aufgaben des Betriebsrats erforderlich ist und der Betriebsrat daher einen *Kostenerstattungs- und Freistellungsanspruch* gegen den Arbeitgeber gemäß § 40 Abs. 1 BetrVG hat. Die Grenzen des dem Betriebsrat bei der ex ante-Beurteilung der Erforderlichkeit der Beratung zustehenden Spielraums sind im Interesse der Funktions- und Handlungsfähigkeit des Betriebsrats nicht zu eng zu ziehen.

2. Der Betriebsrat kann sich im Rahmen eines solchen Vertrags zur Zahlung eines Entgelts *verpflichten*.

3. Betriebsratsmitglieder, die als Vertreter des Betriebsrats mit einem Beratungsunternehmen eine Beratung vereinbaren, die zur Erfüllung der Aufgaben des Betriebsrats gemäß § 111 BetrVG nicht erforderlich ist, können gegenüber dem Beratungsunternehmen – vorbehaltlich der Bestimmungen in § 179 Abs. 2 und 3 BGB – entsprechend § 179 BGB haften, soweit ein Vertrag zwischen dem Beratungsunternehmen und dem Betriebsrat **nicht wirksam** zustande gekommen ist.«

> **Beachten:**
> Letztlich scheidet auch der *Betriebsrat* als Geldschuldner aus, weil er vermögensloses Subjekt der Betriebsverfassung ist. Deshalb kann die Vollstreckung eines Zahlungsurteils gegen einen Betriebsrat nur zur Pfändung und Überweisung des **Freistellungsanspruchs** des Betriebsrats nach § 40 Abs. 1 BetrVG gegenüber dem Arbeitgeber (siehe hierzu Rn. 8 und → **Kosten der Betriebsratstätigkeit** Rn. 7a) führen, nicht aber zu einer Haftung des Betriebsrats. Wenn der Freistellungsanspruch gegen den Arbeitgeber nicht durchsetzbar ist (weil die Beauftragung nicht erforderlich und deshalb der Beratervertrag unwirksam war), geht das zulasten des Beraters / Beratungsunternehmens.

Um das Haftungsrisiko für das Betriebsratsmitglied, das den Berater – in Vollzug des Betriebsratsbeschlusses – beauftragt hat (in der Regel der/die Betriebsratsvorsitzende), auszuschließen, sollte der Betriebsrat auch in Unternehmen mit mehr als 300 Arbeitnehmern versuchen, über den Einsatz des Beraters eine **Vereinbarung mit dem Arbeitgeber** entsprechend § 80 Abs. 3 BetrVG (siehe → **Sachverständige**) zu treffen, was in der Praxis auch vielfach geschieht. Lehnt der Arbeitgeber ab, sollte ein Antrag beim Arbeitsgericht auf Erlass einer **einstweiligen Verfügung** erwogen werden (siehe Rn. 8).

Ansonsten sollte das Haftungsproblem durch eine **Haftungsausschlussvereinbarung** zwischen Betriebsrat / Betriebsratsvorsitzenden und Berater / Beratungsfirma gelöst werden. Der BGH hat in der Entscheidung v. 25.10.2012 – III ZR 266/11, a.a.O. (immerhin) ausdrücklich darauf hingewiesen, dass »es dem handelnden Betriebsratsmitglied frei steht, durch eine entsprechende Ausgestaltung der vertraglichen Vereinbarung mit dem Dritten seine Haftung nach Maßgabe des § 179 BGB einzuschränken oder gar auszuschließen.«

10

> **Formulierungsbeispiel:**
> »Haftungsausschlussvereinbarung:
> Herr/Frau … wird als Berater/in in der Angelegenheit … tätig (Einzelheiten u.a. zu Einsatzzeiten, Honorarhöhe, Reisekosten, Auslagen usw.).
> Herr/Frau … verzichtet für den Fall, dass der Arbeitgeber die durch die Beratertätigkeit in der Angelegenheit … entstehenden Kosten (Honorar, Reisekosten, Auslagen usw.) nicht übernimmt, ausdrücklich auf die Geltendmachung etwaiger Ansprüche (z.B. nach § 179 BGB) gegen Mitglieder des Betriebsrats.
> Ort und Datum
> Unterschriften des Betriebsratsvorsitzenden (für den Betriebsrat) und des/der Beraters/in«

Berater

Klar ist, dass sich der Betriebsrat im Gegenzug verpflichtet, seinen Anspruch gegen den Arbeitgeber auf **Freistellung** von der Verbindlichkeit aus dem Beratervertrag an den Berater **abzutreten**. Vorteil: Dieser kann dann den Arbeitgeber direkt auf Zahlung verklagen (siehe → **Kosten der Betriebsratstätigkeit**).
Berater, die die Unterzeichnung einer Haftungsausschlussvereinbarung ablehnen, sollten **nicht beauftragt** werden.
Ansonsten ist auch an eine **Haftpflichtversicherung** zu denken, die der Arbeitgeber auf Verlangen des Betriebsrats zugunsten der Betriebsratsmitglieder abzuschließen und deren Kosten er nach § 40 Abs. 1 BetrVG zu tragen hat (vgl. hierzu Fitting, BetrVG, 27. Aufl., § 1 Rn. 211 m. w. N.).

11 Die Hinzuziehung eines → **Sachverständigen** in → **Unternehmen** mit **bis zu 300 Arbeitnehmern** erfolgt nach Maßgabe des § 80 Abs. 3 BetrVG (§ 111 Satz 2 letzter Halbsatz BetrVG). Das heißt: Der Betriebsrat kann, soweit erforderlich, nach *»näherer Vereinbarung mit dem Arbeitgeber«* einen Sachverständigen hinzuziehen.
Die Vereinbarung erstreckt sich insbes. auf den Untersuchungsgegenstand, die Person und die voraussichtlichen – vom Arbeitgeber zu tragenden – **Kosten** des Sachverständigen (Honorar + MwSt. + Reisekosten, Übernachtungs- und Verpflegungskosten).
Weigert sich der Arbeitgeber, mit dem Betriebsrat eine Vereinbarung über die Hinzuziehung eines Sachverständigen abzuschließen, die für die ordnungsgemäße Erfüllung der Betriebsratsaufgaben erforderlich ist, kann er im Wege der **einstweiligen Verfügung** zur Abgabe einer entsprechenden Einverständniserklärung verpflichtet werden (LAG Hamm v. 22. 2. 2008 – 10 TaBVGa 3/08; 15. 3. 1994 – 13 TaBV 16/945 [rkr.], AiB 1984, 423).
Zu weiteren Einzelheiten siehe → **Sachverständiger**.

12 Der Berater unterliegt der gleichen **Geheimhaltungspflicht** wie Betriebsratsmitglieder und Sachverständige (§ 111 Satz 2 BetrVG i. V. m. § 80 Abs. 4 BetrVG).
Eine unbefugte Offenbarung oder Verwertung eines Betriebs- oder Geschäftsgeheimnisses durch den Berater kann **strafbar** sein (§ 120 Abs. 1 Nr. 3 a und Abs. 3 und 4 BetrVG).

Arbeitshilfen

Musterschreiben
- Hinzuziehung eines Sachverständigen nach § 80 Abs. 3 BetrVG
- Hinzuziehung eines Beraters bei einer Betriebsänderung (§ 111 Satz 2 BetrVG)
- Haftungsausschlussvereinbarung

Musterschreiben: Hinzuziehung eines Beraters bei einer Betriebsänderung (§ 111 Satz 2 BetrVG)

Im Falle einer Betriebsänderung i. S. d. § 111 BetrVG kann der Betriebsrat in → **Unternehmen** mit mehr als 300 Arbeitnehmern »zu seiner Unterstützung einen → **Berater** hinzuziehen« (§ 111 Satz 2 BetrVG), ohne dass es einer näheren Vereinbarung mit dem Arbeitgeber bedarf. Der Arbeitgeber trägt die Kosten des Beraters, sofern der Betriebsrat die Hinzuziehung »für erforderlich halten durfte« (§ 40 Abs. 1 BetrVG). Das Recht zur Hinzuziehung eines → **Sachverständigen** nach § 80 Abs. 3 BetrVG bleibt unberührt (§ 111 Satz 2 letzter Halbsatz BetrVG).
Zu beachten ist, dass § 111 Satz 2 BetrVG auf das → **Unternehmen** abstellt, nicht etwa auf den → **Betrieb**.

> **Beispiel:**
> Ein Unternehmen besteht aus vier Betrieben, in denen jeweils 100 Arbeitnehmer beschäftigt sind. Ein Betrieb soll geschlossen werden.

Berater

Die Voraussetzung »Unternehmen mit mehr als 300 Arbeitnehmern« ist erfüllt. Der Betriebsrat des von der Schließung bedrohten Betriebs kann nach § 111 Satz 2 BetrVG den Beschluss fassen, einen Berater hinzuziehen. Der Arbeitgeber hat die dadurch ausgelösten Kosten zu tragen, wenn die Hinzuziehung als erforderlich i. S. d. § 40 BetrVG anzusehen ist.

An die
Geschäftsleitung
Hinzuziehung eines Beraters nach § 111 BetrVG

Sehr geehrte Damen und Herren,
Sie haben uns in der Wirtschaftsausschusssitzung am … mitgeteilt, dass Sie einen Teil des Betriebs stilllegen wollen.
Sie machen anhand von vorgelegten Rentabilitätsberechnungen geltend, dass die Produktgruppe XYZ am hiesigen Standort nicht mehr kostendeckend hergestellt werden kann. Deshalb werde eine Verlagerung der Fertigung ins Ausland ins Auge gefasst. Davon seien ca. 400 Arbeitsplätze betroffen.
Der Betriebsrat hat beschlossen, zu seiner Unterstützung Herrn Dr. …, Steuerberater und Betriebswirt, … als Berater nach § 111 Satz 2 BetrVG zu beauftragen.
Ziel der Beratung: Unterstützung bei der Analyse der von Ihnen vorgelegten Unterlagen sowie der Ausarbeitung eines Entwurfs einer Betriebsvereinbarung zur Sicherung der Beschäftigung, ggf. zur Bildung einer Qualifizierungsgesellschaft für die von der Produktionsverlagerung betroffenen Beschäftigten sowie eines Sozialplans.
Herr Dr. … veranschlagt einen Beratungsaufwand von ca. acht Tagen zu einem Tagessatz von 1600 Euro (200 Euro pro Stunde mal 8 Stunden), sodass ein Gesamthonorar von ca. 12 800 Euro zuzüglich Mehrwertsteuer und anfallender Reise- und ggf. Übernachtungskosten zu erwarten ist.
Wir bitten um Bestätigung, dass Sie die Kosten des Beraters gemäß §§ 40 Abs. 1, 111 Satz 2 BetrVG tragen werden.

Mit freundlichem Gruß,
(Unterschrift Betriebsratsvorsitzender)

Rechtsprechung

1. Hinzuziehung eines Beraters
2. Haftung des Betriebsrats bzw. eines Betriebsratsmitglieds für Honoraransprüche eines beauftragten Beraters – Haftungsausschlussvereinbarung
3. Honoraransprüche des Beraters in der Insolvenz

Bereitschaftsdienst

Was ist das?

1 Beim **Bereitschaftsdienst** hält sich der Arbeitnehmer – im Unterschied zur → **Rufbereitschaft** – an einer **vom Arbeitgeber bestimmten Stelle** innerhalb oder außerhalb des Betriebs auf und ist bereit, sobald es notwendig ist, die Arbeit aufzunehmen (BAG v. 11.7.2006 – 9 AZR 519/05, NZA 2007, 155; 29.2.2000 – 1 ABR 15/99, NZA 2000, 1243).

Muss ein Arbeitnehmer ständig **innerhalb von 15 Minuten** zum Dienst erreichbar sein (hier: unfallchirurgischer Oberarzt) führt dies zu einer derart engen zeitlichen und mittelbar auch räumlichen Bindung des Arbeitnehmers, dass damit keine Rufbereitschaft, sondern Bereitschaftsdienst vorliegt (LAG Köln v. 13.8.2008 – 3 Sa 1453/07).

Im Unterschied zur → **Arbeitsbereitschaft** muss sich der Arbeitnehmer während der Bereitschaftszeit nicht im Zustand »wacher Achtsamkeit« befinden (er kann also z.B. schlafen). Hierzu ein Auszug aus BAG v. 11.7.2006 – 9 AZR 519/05, a.a.O.:

»Arbeitsbereitschaft ist die Zeit wacher Aufmerksamkeit im Zustand der Entspannung.
Während eines Bereitschaftsdienstes hat sich der Arbeitnehmer an einem vom Arbeitgeber bestimmten Ort aufzuhalten, um bei Bedarf sofort die Arbeit aufnehmen zu können.
Rufbereitschaft verpflichtet den Arbeitnehmer zwar ebenfalls, auf Abruf die Arbeit aufzunehmen. Er kann sich hierfür aber an einem Ort seiner Wahl aufhalten, der dem Arbeitgeber anzuzeigen ist. In der Sache muss der Arbeitnehmer seine jederzeitige Erreichbarkeit sicherstellen.
Wurde Arbeitsbereitschaft schon seit Inkrafttreten des ArbZG vom 6. Juni 1994 als Arbeitszeit beurteilt, gelten Bereitschaftsdienstzeiten erst auf Grund des Gesetzes zu Reformen am Arbeitsmarkt vom 24. Dezember 2003 seit dem 1. Januar 2004 als Arbeitszeit iSd. ArbZG. Die bis dahin gesetzlich bestimmte Beurteilung von Bereitschaftsdiensten als Ruhezeit war europarechtswidrig. Nach der Rechtsprechung des EuGH sind Bereitschaftsdienste insgesamt und nicht nur die Zeiten aktiver Betätigung Arbeitszeit iSd. der Arbeitszeit-Richtlinie 93/104/EG. Mit der Neufassung der §§ 5 und 7 ArbZG hat der Gesetzgeber diesen Zustand beseitigt.
Keine Änderung haben dagegen § 5 Abs. 3 und § 7 Abs. 2 Nr. 1 ArbZG erfahren, denen zwingend zu entnehmen ist, dass Rufbereitschaft keine Arbeitszeit iSd. ArbZG ist.«

Bereitschaftsdienst ist Arbeitszeit i.S.d. ArbZG

2 Durch das Gesetz zu Reformen am Arbeitsmarkt v. 24.12.2003 (BGBl. I S. 3002) ist aus Anlass der Rechtsprechung des EuGH zum Bereitschaftsdienst (EuGH v. 3.10.2000 – Rs. C–303/98, AiB 2001, 246 und EuGH v. 9.9.2003 – Rs. C–151/02, AiB 2003, 767) klargestellt worden, dass Bereitschaftsdienst **keine Ruhezeit** i.S.d. § 5 ArbZG (mehr) ist, sondern **Arbeitszeit**. Die §§ 5 und 7 ArbZG wurden entsprechend geändert (siehe → **Arbeitszeit**).

Allerdings ließ die Gesetzesänderung abweichende Regelungen in **Tarifverträgen**, die am 1.1.2004 bestanden bzw. sich in der Nachwirkung befanden, bis zum 31.12.2006 unberührt (§ 25 Satz 1 ArbZG in der Fassung des Fünften Gesetzes zur Änderung des SGB III und anderer Gesetze vom 22.12.2005; BGBl. I S. 3676). Den Tarifvertragsparteien wurde also Zeit einge-

Bereitschaftsdienst

räumt, die Tarifregelungen zum Bereitschaftsdienst an die neue Gesetzeslage anzupassen. Das Gleiche gilt für Betriebsvereinbarungen, die durch Tarifverträge zugelassen sind bzw. für Regelungen im Bereich der Kirchen und öffentlichen Religionsgesellschaften im Sinne des § 7 Abs. 4 ArbZG (§ 25 Satz 2 ArbZG). Seit dem 1.1.2007 sind Altregelungen in Tarifverträgen, Betriebsvereinbarungen oder kirchlichen Regelungen, die den Bereitschaftsdienst nicht als Arbeitszeit werten und deshalb den in § 7 Abs. 1 oder 2 ArbZG festgelegten Höchstrahmen überschreiten, insoweit unwirksam.

Die Rechtsprechung des EuGH zum Bereitschaftsdienst basiert auf der europäischen **Arbeitszeitrichtlinie** (= Richtlinie 93/104/EG vom 23.11.1993; neu gefasst und abgelöst durch die Richtlinie 2003/88/EG vom 4.11.2003). 3

Die EuGH-Rechtsprechung bleibt weiterhin Gegenstand politischer Auseinandersetzungen. Die EU-Kommission hat am 31.5.2005 einen Vorschlag zur Änderung der Richtlinie 2003/88/EG vorgelegt. Unter anderem wurde vorgeschlagen, den Bereitschaftsdienst zu definieren als »*aktive Zeit, in der der Arbeitnehmer an seinem Arbeitsplatz zur Verfügung stehen muss und die als Arbeitszeit angesehen wird*«; dagegen soll die sog. »*inaktive Zeit während des Bereitschaftsdienstes*« nicht mehr – wie bisher – als Arbeitszeit gelten, sofern das einzelstaatliche Gesetz nicht das Gegenteil besagt. Dieser umstrittene Vorschlag ist mehrfach Gegenstand von Beratungen des Europäischen Parlaments und des Europäischen Ministerrats gewesen. Zwar wurde in der Beratung des EU-Ministerrats am 9./10.6.2008 eine Einigung über den Entwurf einer Richtlinie zur Änderung der Arbeitszeit-Richtlinie 2003/88/EG erzielt. Das Europäische Parlament lehnte den Entwurf aber am 17.12.2008 mit absoluter Mehrheit ab (siehe → **Arbeitszeit** Rn. 5).

Deshalb bleibt es vorerst bei der durch den EuGH definierten – und durch die Neufassung der §§ 5, 7 ArbZG vollzogenen – Rechtslage.

Vergütung des Bereitschaftsdienstes

Die Urteile des EuGH befassen sich nicht mit der Frage, wie Bereitschaftsdienst **zu vergüten** ist (BAG v. 22.11.2000 – 4 AZR 224/99, AiB 2001, 676). 4

Insoweit ist zu prüfen, ob durch → **Arbeitsvertrag**, eine → **Gesamtzusage**, eine → **Betriebsvereinbarung** oder ein einschlägiger → **Tarifvertrag** eine Vergütungspflicht vorsieht. Ist das nicht der Fall, kann sich ein Anspruch aus § 612 Abs. 1 und 2 BGB ergeben. Hiernach ist, wenn eine Vergütung »den Umständen nach« zu erwarten ist, die »**übliche Vergütung**« zu zahlen.

Die Zeit des Bereitschaftsdienstes zählt nicht zu den → **Überstunden** i.S.v. § 11 BUrlG (siehe → **Urlaub** Rn. 21). Deshalb ist die für den Bereitschaftsdienst gezahlte Vergütung bei der Berechnung der **Urlaubsvergütung** zu berücksichtigen (BAG v. 24.10.2000 – 9 AZR 634/99, NZA 2001, 449). 5

Bedeutung für die Betriebsratsarbeit

Der **Arbeitszeitbegriff** in § 87 Abs. 1 Nr. 2 und 3 BetrVG ist nach Ansicht des BAG nicht gänzlich deckungsgleich mit dem Begriff der vergütungspflichtigen Arbeitszeit und dem des Arbeitszeitgesetzes (BAG v. 14.11.2006 – 1 ABR 5/06, NZA 2007, 458). Er bestimme sich vielmehr nach dem **Zweck** des Mitbestimmungsrechts. Die Beteiligung des Betriebsrats nach § 87 Abs. 1 Nr. 2 BetrVG diene dazu, den Interessen der Arbeitnehmer an der Lage ihrer Arbeitszeit und damit zugleich ihrer freien und für die Gestaltung ihres Privatlebens nutzbaren Zeit zur Geltung zu bringen. Arbeitszeit iSv. § 87 Abs. 1 Nr. 2 und 3 BetrVG sei die Zeit, 6

Bereitschaftsdienst

während derer der Arbeitnehmer die von ihm in einem bestimmten zeitlichen Umfang vertraglich geschuldete Arbeitsleistung tatsächlich erbringen soll.
Diese Voraussetzungen treffen auf den Bereitschaftsdienst zu (Fitting, BetrVG, 27. Aufl., § 87 Rn. 96).
Die Einführung und Ausgestaltung des Bereitschaftsdienstes z. B. in Form eines **Bereitschaftsdienstplanes** unterliegt deshalb dem Mitbestimmungsrecht des Betriebsrats nach § 87 Abs. 1 Nr. 2 BetrVG.
Im Nichteinigungsfall entscheidet die → **Einigungsstelle** (§ 87 Abs. 2 BetrVG).

7 Erstreckt sich der Bereitschaftsdienst auf die Zeit **außerhalb** der regelmäßigen betriebsüblichen Arbeitszeit, führt das zu vorübergehenden, nach § 87 Abs. 1 Nr. 3 BetrVG mitbestimmungspflichtigen Verlängerungen der betriebsüblichen Arbeitszeit (siehe → **Überstunden**).
Die Zeiten eines Bereitschaftsdienstes weisen zwei verschiedene Erscheinungsformen auf. Einerseits ist der Arbeitnehmer verpflichtet, sich innerhalb des Bereitschaftsdienstplans zum Einsatz **bereit zu halten**. Andererseits versieht er während eines **Arbeitseinsatzes Vollarbeit** im arbeitszeitrechtlichen Sinn. Während des Einsatzes kommt es damit zu einer Verlängerung der betriebsüblichen Arbeitszeit. Diese Verlängerung ist auch – anders als die auf Dauer angelegte Verpflichtung, sich an den Bereitschaftsdienstplan zu halten – **vorübergehend**. Sie endet mit dem Ende des Arbeitseinsatzes. Der Betriebsrat hat deshalb nach § 87 Abs. 1 Nr. 3 BetrVG mitzubestimmen, ob der entsprechende Arbeitsanfall überhaupt durch Einrichtung eines Bereitschaftsdienstes oder durch andere Maßnahmen abgedeckt werden soll (BAG v. 29. 2. 2000 – 1 ABR 15/99, NZA 2000, 1243).

8 Das Mitbestimmungsrecht nach § 87 Abs. 2 und 3 BetrVG kann nicht durch **einzelvertragliche Abreden** ausgeschaltet oder umgangen werden.

9 Eine Anwendung des § 87 Abs. 1 Nr. 2 und 3 BetrVG scheidet aus, wenn ein (aktiv geltender zwingender, nicht nur nachwirkender) → **Tarifvertrag** das Thema »Arbeitsbereitschaft« abschließend regelt (§ 87 Abs. 1 Eingangssatz BetrVG).

Rechtsprechung

1. Begriff Bereitschaftsdienst – Abgrenzung zu Arbeitsbereitschaft und Rufbereitschaft
2. Bereitschaftsdienst als Arbeitszeit i. S. d. ArbZG
3. Bereitschaftsdienst als Teil der vergütungspflichtigen Arbeitszeit
4. Tarifliche Regelungen zur Abgeltung von Bereitschaftsdienst – Freizeitausgleich
5. Bereitschaftsdienst und Ruhezeit
6. Bereitschaftsdienst: Überstunden – Urlaubsentgelt
7. Anordnung von Bereitschaftsdienst – Direktionsrecht
8. Mitbestimmung des Betriebsrats

Berufsbildung

Was ist das?

Berufsbildung im Sinne des § 1 Abs. 1 Berufsbildungsgesetz (BBiG) ist die
- **Berufsausbildungsvorbereitung,**
- **Berufsausbildung** (siehe → **Auszubildende/Berufsausbildungsverhältnis**),
- **berufliche Fortbildung** und die
- **berufliche Umschulung.**

Die **Berufsausbildungsvorbereitung** dient dem Ziel, durch die Vermittlung von Grundlagen für den Erwerb beruflicher Handlungsfähigkeit an eine Berufsausbildung in einem anerkannten Ausbildungsberuf heranzuführen (§ 1 Abs. 2 BBiG).
Die **Berufsausbildung** hat die für die Ausübung einer qualifizierten beruflichen Tätigkeit in einer sich wandelnden Arbeitswelt notwendigen beruflichen Fertigkeiten, Kenntnisse und Fähigkeiten (berufliche Handlungsfähigkeit) in einem geordneten Ausbildungsgang zu vermitteln (§ 1 Abs. 3 Satz 1 BBiG).
Sie hat ferner den Erwerb der erforderlichen Berufserfahrungen zu ermöglichen (§ 1 Abs. 3 Satz 2 BBiG).
Die **berufliche Fortbildung** soll es ermöglichen, die berufliche Handlungsfähigkeit zu erhalten und anzupassen oder zu erweitern und beruflich aufzusteigen (§ 1 Abs. 4 BBiG).
Die **berufliche Umschulung** soll zu einer anderen beruflichen Tätigkeit befähigen (§ 1 Abs. 5 BBiG).
Berufsbildung wird nach § 2 Abs. 1 BBiG durchgeführt
- in Betrieben der Wirtschaft, in vergleichbaren Einrichtungen außerhalb der Wirtschaft, insbesondere des öffentlichen Dienstes, der Angehörigen freier Berufe und in Haushalten (**betriebliche Berufsbildung**),
- in berufsbildenden Schulen (**schulische Berufsbildung**) und
- in sonstigen Berufsbildungseinrichtungen außerhalb der schulischen und betrieblichen Berufsbildung (**außerbetriebliche Berufsbildung**).

Die berufliche Erstausbildung (Berufsausbildung) erfolgt in Form eines Nebeneinanders von schulischer Ausbildung (in Berufsschulen) und praktischer Ausbildung in den Unternehmen/Betrieben der Privatwirtschaft und des öffentlichen Dienstes (**Duales System der Berufsausbildung**).
Zusätzlich zum dualen System bestehen **weitere Formen schulischer Berufsbildung:** Berufsvorbereitungsjahr, Berufsgrundbildungsjahr, Berufsaufbauschulen, Berufsfachschulen, Fachoberschulen, Fachgymnasien, Fachschulen (diese vermitteln eine fachliche Fortbildung).
Die Lernorte nach § 2 Abs. 1 BBiG wirken bei der Durchführung der Berufsbildung zusammen (**Lernortkooperation**).
Teile der Berufsausbildung können im **Ausland** durchgeführt werden, wenn dies dem Ausbildungsziel dient. Ihre Gesamtdauer soll ein Viertel der in der Ausbildungsordnung festgelegten Ausbildungsdauer nicht überschreiten (§ 2 Abs. 3 BBiG).
Das Berufsbildungsgesetz (BBiG) und die Handwerksordnung (vgl. § 3 Abs. 3 BBiG) regeln die

Berufsbildung

Modalitäten der Berufsausbildung. Das Recht der Berufsbildung ist durch das Berufsbildungsgesetz (BBiG) vom 23.3.2005 (BGBl. I S. 931) neu gefasst worden. Es ist am 1.4.2005 in Kraft getreten.

Das BBiG enthält Vorschriften insbesondere über
- die Ordnung der Berufsausbildung und Anerkennung von Ausbildungsberufen (§§ 4 bis 9 BBiG),
- das Berufsausbildungsverhältnis (§§ 10 bis 26 BBiG; siehe im Einzelnen → **Auszubildende/Berufsausbildungsverhältnis**),
- die Eignung von Ausbildungsstätte und Ausbildungspersonal (§§ 27 bis 33 BBiG),
- das Verzeichnis der Berufsausbildungsverhältnisse (§§ 34 bis 36 BBiG),
- das Prüfungswesen (§§ 37 bis 50 BBiG),
- die Interessenvertretung in einer »sonstigen Berufsbildungseinrichtung« (§§ 51, 52 BBiG),
- die berufliche Fortbildung (§§ 53 bis 57 BBiG),
- die berufliche Umschulung (§§ 58 bis 63 BBiG),
- die Berufsbildung für besondere Personengruppen: behinderte Menschen und Personen in der Berufsausbildungsvorbereitung (§§ 64 bis § 70 BBiG),
- die Organisation der Berufsbildung (§§ 71 bis 83 BBiG),
- die Berufsbildungsforschung, Planung und Statistik (§§ 84 bis 88 BBiG),
- das Bundesinstitut für Berufsbildung (§§ 89 bis 101 BBiG).

6 In § 102 BBiG sind **Bußgeldvorschriften** geregelt.

7 Bereits durch das Zweite Gesetz für moderne Dienstleistungen am Arbeitsmarkt vom 23.12.2002 (BGBl. I S. 4621; »Hartz II«) sind Vorschriften zur Verbesserung der Eingliederungschancen von **Jugendlichen** erlassen worden.
Insbesondere ist der Berufsbildungsbegriff auf die Berufsausbildungsvorbereitung erweitert worden (§§ 1 Abs. 1 und 2, 68 bis 70 BBiG). Sie richtet sich an lernbeeinträchtigte oder sozial benachteiligte Personen, deren Entwicklungsstand eine erfolgreiche Berufsausbildung noch nicht erwarten lässt. Ziel ist es, die Grundlagen für den Erwerb beruflicher Handlungsfähigkeit zu vermitteln und auf diese Weise an eine Berufsausbildung in einem anerkannten Ausbildungsberuf oder eine gleichwertige Berufsausbildung heranzuführen. Die Vermittlung erfolgt insbesondere durch inhaltlich und zeitlich abgegrenzte Lehreinheiten, die aus den Inhalten anerkannter Ausbildungsberufe oder einer gleichwertigen Berufsausbildung entwickelt werden (Qualifizierungsbausteine).

8 Einen weiteren Schwerpunkt der »Hartz-Reform« bildet der Ausbau der **Weiterbildungsförderung** (§§ 77 bis 86 SGB III) durch das Erste Gesetz für moderne Dienstleistungen am Arbeitsmarkt vom 23.12.2002 (BGBl. I S. 4607; »Hartz I«).
Hervorzuheben ist u. a.
- die Einführung von Bildungsgutscheinen für Arbeitnehmer, bei denen die Agentur für Arbeit die Notwendigkeit einer Weiterbildung dem Grunde nach festgestellt hat (§ 77 Abs. 4 SGB III 2012)
- die Zertifizierung von Trägern und Maßnahmen durch unabhängige Agenturen (§ 84 SGB III 2012; Regelungen im Rahmen einer zukünftigen Rechtsverordnung)
- die Streichung des bisherigen Anschlussunterhaltsgeldes (§ 156 SGB III a. F. und Übergangsregelung des § 434g Abs. 3 SGB III 2012); im Falle von Arbeitslosigkeit nach Beendigung der Weiterbildung besteht Anspruch auf **Arbeitslosengeld** (sofern die allgemeinen Leistungsvoraussetzungen vorliegen); siehe → **Arbeitslosenversicherung: Arbeitslosengeld**).

9 Die Förderung der beruflichen Fortbildung ist auch Gegenstand von Regelungen der Bildungsurlaubsgesetze einiger Bundesländer (siehe → **Bildungsurlaub**).

10 Die berufliche Fortbildung und Umschulung wird auf Initiative der → **Gewerkschaften** auch immer mehr in → **Tarifverträgen** geregelt (vgl. z. B. »Tarifvertrag zur Qualifizierung für die

Berufsbildung

Metall- und Elektroindustrie in Baden-Württemberg« aus dem Jahr 2001; siehe hierzu WSI-Mitteilungen 2004, S. 182 ff.; in der Tarifrunde 2006 wurden auch in anderen Tarifgebieten der Metall- und Elektroindustrie »Tarifverträge zur Qualifizierung« abgeschlossen).
Im Falle von Betriebsstillegungen und Massenentlassungen im Sinne der §§ 111 ff. BetrVG (siehe → **Betriebsänderung**) haben → **Gewerkschaften** in jüngster Zeit mehrfach ihr Recht wahrgenommen, »**Sozialtarifverträge**« mit Regelungen unter anderem zur Qualifizierung der von Entlassung bedrohten Beschäftigten (Fortbildung und Umschulung unter Fortzahlung der Vergütung) und Finanzierung der Qualifizierungsmaßnahmen durch den Arbeitgeber zu fordern und dafür zum Streik aufzurufen (siehe → **Arbeitskampf** Rn. 7). Motto: Wer Arbeitsplätze vernichtet, soll mit dazu beitragen, dass die hiervon betroffenen Beschäftigten neue, gleichwertige Arbeit finden!

Rückzahlung von Fortbildungskosten

Im Unterschied zu den »Kosten der Berufsausbildung«, die der Ausbildende zu tragen hat (vgl. § 14 BBiG n. F.; siehe → **Auszubildende/Berufsausbildungsverhältnis**), kann eine Rückzahlung von »Fortbildungskosten« in Frage kommen, die der Arbeitgeber im Rahmen eines Arbeitsvertragsverhältnisses übernommen hat, wenn der Arbeitnehmer »vorzeitig« ausscheidet und eine Rückzahlungsklausel für diesen Fall vereinbart ist.

11

Ob ein »vorzeitiges« Ausscheiden zur Rückzahlung verpflichtet, bestimmt sich u. a. nach der **Höhe** der Fortbildungskosten, dem **Ausmaß der Vorteile** der Fortbildung für Arbeitnehmer und Arbeitgeber, aber auch nach der **Dauer** der Fortbildung: je länger der Lehrgang, desto länger – im Regelfall – die mögliche Bindung des Arbeitnehmers.
Formularvertragliche Rückzahlungsklauseln unterliegen der **Inhaltskontrolle** (AGB-Kontrolle) nach §§ 305 ff. BGB (siehe → **Arbeitsvertrag: Inhaltskontrolle**).
Bisherige BAG-Entscheidungen sind zu folgenden Ergebnissen gekommen:
- Lehrgangsdauer von bis zu einem Monat: im Regelfall kann höchstens eine Bindung von **sechs Monaten** vereinbart werden (BAG v. 5.12.2002 – 6 AZR 539/01, NZA 2003, 559; 15.9.2009 – 3 AZR 173/08, NZA 2010, 342)
- Lehrgangsdauer von bis zu zwei Monaten: im Regelfall kann höchstens eine Bindung von **einem Jahr** vereinbart werden (BAG v. 15.12.1993 – 5 AZR 279/93, NZA 1994, 835; 15.9.2009 – 3 AZR 173/08, NZA 2010, 342);
- Lehrgangsdauer von drei bis vier Monaten: Bindungsdauer **längstens für zwei Jahre** (BAG v. 6.9.1995 – 5 AZR 241/94, NZA 1996, 314; 15.9.2009 – 3 AZR 173/08, NZA 2010, 342)
- Lehrgangsdauer von sechs Monaten bis zu einem Jahr: im Regelfall Bindung **längstens für drei Jahre** zulässig (BAG v. 23.2.1983 – 5 AZR 531/80, DB 1983, 1210; 11.4.1984 – 5 AZR 430/82, NZA 1984, 288; 15.9.2009 – 3 AZR 173/08, NZA 2010, 342);
- Lehrgangsdauer von mehr als zwei Jahren: Bindungsdauer von **bis zu fünf Jahren** zulässig (BAG v. 15.9.2009 – 3 AZR 173/08, NZA 2010, 342).

Abweichungen hiervon sind nach Ansicht des BAG möglich.
Eine verhältnismäßig lange Bindung könne auch bei kürzerer Ausbildung gerechtfertigt sein, wenn der Arbeitgeber ganz erhebliche Mittel aufwendet oder die Teilnahme an der Fortbildung dem Arbeitnehmer überdurchschnittlich große Vorteile bringt. Es gehe dabei nicht um rechnerische Gesetzmäßigkeiten, sondern um richterrechtlich entwickelte **Richtwerte**, die einzelfallbezogenen Abweichungen zugänglich seien (BAG v. 15.9.2009 – 3 AZR 173/08, NZA 2010, 342).
Ebenfalls soll eine Klausel in Allgemeinen Geschäftsbedingungen zulässig sein, wonach der Arbeitnehmer die vom Arbeitgeber übernommenen Kosten einer Weiterbildung zurückzahlen muss, wenn er auf eigenen Wunsch vor Abschluss der Weiterbildung aus dem Arbeitsverhältnis **ausscheidet** (BAG v. 19.1.2011 – 3 AZR 621/08, NZA 2012, 85).

Berufsbildung

Eine solche Klausel hält nach Ansicht des BAG einer Inhaltskontrolle nach § 307 Abs. 1 BGB (siehe hierzu → **Arbeitsvertrag: Inhaltskontrolle** Rn. 34 ff.) regelmäßig stand, sofern die erfolgreiche Weiterbildung für den Arbeitnehmer von geldwertem Vorteil ist.

Dies soll auch dann gelten, wenn die Weiterbildung nicht kontinuierlich, sondern in mehreren zeitlich voneinander getrennten Ausbildungsabschnitten erfolgt, sofern die zeitliche Lage der einzelnen Ausbildungsabschnitte den Vorgaben der Weiterbildungseinrichtung entspricht und die vertragliche Vereinbarung dem Arbeitgeber nicht die Möglichkeit eröffnet, allein nach seinen Interessen die Teilnahme an den jeweiligen Ausbildungsabschnitten festzulegen.

Offen hat das BAG gelassen, ob und inwieweit die bei Abschluss der Rückzahlungsvereinbarung absehbare Länge der Unterbrechungen zwischen den Ausbildungsabschnitten einer Angemessenheitskontrolle unterliegt.

12 Gibt der Arbeitgeber eine **zu lange Bindungsdauer** vor, ist die daran geknüpfte Rückzahlungsklausel grundsätzlich insgesamt **unwirksam** (BAG v. 14. 1. 2009 – 3 AZR 900/07, NZA 2009, 666).

Allerdings soll im Wege der **ergänzenden Vertragsauslegung** die unzulässige Bindungsdauer auf eine zulässige zurückgeführt werden können, wenn es wegen der einzelfallbezogenen Betrachtung für den Arbeitgeber objektiv schwierig gewesen sei, die zulässige Bindungsdauer im Einzelfall zu bestimmen. Verwirkliche sich dieses Prognoserisiko, sei die Bindungsdauer durch ergänzende Vertragsauslegung zu bestimmen.

In einer weiteren Entscheidung hat das BAG angenommen, dass eine formularvertraglich vereinbarte unangemessene Rückzahlungsklausel auch **nicht teilweise aufrechtzuerhalten** ist. Im Rahmen des Rechts der Allgemeinen Geschäftsbedingungen (§§ 305 ff. BGB) sei eine geltungserhaltende Reduktion (der Bindungsdauer) nicht vorgesehen. Lediglich dann, wenn Teile einer Klausel sprachlich und inhaltlich eindeutig abtrennbar seien, komme die Teilung in einen zulässigen und einen unzulässigen Teil in Betracht (BAG v. 15. 9. 2009 – 3 AZR 173/08, NZA 2010, 342).

12a Damit eine Rückzahlungsklausel für Weiterbildungskosten dem **Transparenzgebot** genügt, muss sie die tatbestandlichen Voraussetzungen und Rechtsfolgen so genau beschreiben, dass für den Arbeitgeber als Verwender keine ungerechtfertigten Beurteilungsspielräume entstehen (BAG v. 6. 8. 2013 – 9 AZR 442/12). Eine Rückzahlungsklausel müsse zumindest Art und Berechnungsgrundlagen der ggf. zu erstattenden Kosten angeben, sonst könne der Arbeitnehmer sein Rückzahlungsrisiko nicht ausreichend abschätzen. Erforderlich sei die genaue und abschließende Bezeichnung der einzelnen Positionen (z. B. Lehrgangsgebühren, Fahrt-, Unterbringungs- und Verpflegungskosten), aus denen sich die Gesamtforderung zusammensetzen soll, und die Angabe, nach welchen Parametern die einzelnen Positionen berechnet werden.

Bedeutung für die Betriebsratsarbeit

13 Der Betriebsrat hat in allen Fragen der Berufsbildung Informations-, Mitwirkungs- und Mitbestimmungsrechte (§§ 92 Abs. 1, 96 bis 98 BetrVG). Das BetrVG knüpft an den **Berufsbildungsbegriff** des § 1 Abs. 1 BBiG (siehe Rn. 1) an.

Berufsbildung im Sinne des BetrVG ist deshalb die Berufsausbildungsvorbereitung, die Berufsausbildung, die berufliche Fortbildung und die berufliche Umschulung (siehe Rn. 1 ff.).

Berufsbildung

Informationsrechte

Der Betriebsrat hat in allen Fragen der Berufsbildung ein Recht auf umfassende und rechtzeitige Information. Dieses Recht ergibt sich unmittelbar aus § 92 Abs. 1 BetrVG.

Mitwirkungsrechte

Arbeitgeber und Betriebsrat haben gemäß § 96 Abs. 1 Satz 1 BetrVG im Rahmen der betrieblichen Personalplanung und in Zusammenarbeit mit den für die Berufsbildung und den für die Förderung der Berufsbildung zuständigen Stellen die Berufsbildung der Arbeitnehmer zu fördern.

Der Arbeitgeber hat auf Verlangen des Betriebsrats den **Berufsbildungsbedarf** zu ermitteln und mit ihm Fragen der Berufsbildung zu beraten.

Der Betriebsrat kann hierzu **Vorschläge** machen (§ 96 Abs. 1 Satz 2 BetrVG).

Arbeitgeber und Betriebsrat haben gemäß § 96 Abs. 2 Satz 1 BetrVG darauf zu achten, dass unter Berücksichtigung der betrieblichen Notwendigkeiten den Beschäftigten die Teilnahme an **betrieblichen und außerbetrieblichen Maßnahmen** der Berufsbildung ermöglicht wird. Dabei haben sie gemäß § 96 Abs. 2 Satz 2 BetrVG (neu gefasst durch das am 1.9.1994 in Kraft getretene Zweite Gleichberechtigungsgesetz) auch die Belange älterer Arbeitnehmer, Teilzeitbeschäftigter und von Arbeitnehmern mit Familienpflichten zu berücksichtigen.

Mitbestimmungsrechte

Nach § 97 Abs. 2 Satz 1 BetrVG hat der Betriebsrat ein **Initiativmitbestimmungsrecht** bei der Einführung von betrieblichen Berufsbildungsmaßnahmen (bisher bestand nur Mitbestimmung bei der Durchführung von Maßnahmen der betrieblichen Berufsbildung), wenn
- der Arbeitgeber Maßnahmen geplant oder durchgeführt hat
- und hierdurch die Tätigkeit der Arbeitnehmer verändert wird
- und die beruflichen Kenntnisse und Fähigkeiten zur Bewältigung der Aufgaben nicht mehr ausreichen.

Der Begriff der Maßnahme i. S. d. § 97 Abs. 2 BetrVG ist nach zutreffender Ansicht des LAG Hamm **weit** zu verstehen (LAG Hamm v. 9.2.2009 – 10 TaBV 191/08, AuR 2009, 278). Das Mitbestimmungsrecht sei nicht eng auf enumerativ genannte Sachverhalte beschränkt, sondern solle dann umfassend gewährleistet werden, wenn durch ein gestaltendes Tätigwerden des Arbeitgebers eine Diskrepanz zwischen seinen Anforderungen und dem Ausbildungsstand der Arbeitnehmer entsteht oder zu entstehen droht.

Bei Nichteinigung entscheidet die → **Einigungsstelle** (§ 97 Abs. 2 Satz 2, 3 BetrVG).

Darüber hinaus stehen dem Betriebsrat nach § 98 BetrVG auch Mitbestimmungsrechte zu, soweit es um die nachfolgenden Angelegenheiten geht.

Durchführung von Maßnahmen der betrieblichen Berufsbildung (§ 98 Abs. 1 BetrVG)

Hierzu zählen z. B. Regelungen über die Reihenfolge der vom Auszubildenden zu durchlaufenden betrieblichen Stationen/Abteilungen, Regelungen über die Führung und Überwachung von Berichtsheften, die Durchführung betrieblicher Zwischenprüfungen und Regelungen über die Art und Weise von Beurteilungen. Hierzu ein Auszug aus BAG v. 5.3.2013 – 1 ABR 11/12, EzA § 98 BetrVG 2001 Nr. 3: »*Nach der Senatsrechtsprechung ist der Begriff der betrieblichen Berufsbildung in § 98 BetrVG weit auszulegen. Er umfasst alle Maßnahmen der Berufsbildung iSd. § 1 Abs. 1 BBiG und damit solche der Berufsausbildung, der beruflichen Fortbildung und der beruflichen Umschulung. Hierzu gehören alle Maßnahmen, die über die – mitbestimmungsfreie –*

Berufsbildung

Unterrichtung des Arbeitnehmers über seine Aufgaben und Verantwortung, die Art seiner Tätigkeit und ihrer Einordnung in den Arbeitsablauf des Betriebs sowie über die Unfall- und Gesundheitsgefahren und die Maßnahmen und Einrichtungen zur Abwendung dieser Gefahren iSd. § 81 BetrVG hinausgehen, indem sie dem Arbeitnehmer gezielt Kenntnisse und Erfahrungen vermitteln, die ihn zur Ausübung einer bestimmten Tätigkeit erst befähigen. Maßnahmen der betrieblichen Berufsbildung sind auch Lehrgänge, die dem Arbeitnehmer die für die Ausfüllung seines Arbeitsplatzes und seiner beruflichen Tätigkeit notwendigen Kenntnisse und Fähigkeiten verschaffen sollen.«

23 Zu beachten ist, dass eine Vielzahl von Fragen durch das Berufsbildungsgesetz (bzw. die Handwerksordnung für den Bereich des Handwerks) sowie die dazu erlassenen Ausbildungsordnungen **bereits geregelt** sind. Insoweit verbleibt dem Mitbestimmungsrecht des Betriebsrats nur die Ausfüllung und Anpassung dieser Vorschriften an die konkreten betrieblichen Verhältnisse.

Des Weiteren muss darauf hingewiesen werden, dass sich das Mitbestimmungsrecht des Betriebsrats nach § 98 Abs. 1 BetrVG nur auf das »**Wie**« der Berufsbildungsmaßnahme, nicht aber darauf bezieht, »**ob**« die Maßnahme überhaupt stattfinden soll (zur letzteren Frage kann aber ein Initiativmitbestimmungsrecht nach § 97 Abs. 2 BetrVG bestehen; siehe Rn. 19).

24 Können sich Arbeitgeber und Betriebsrat über das »Wie« nicht einigen, entscheidet die → **Einigungsstelle** (§ 98 Abs. 4 BetrVG).

25 **Auswahl der Ausbilder (§ 98 Abs. 2 BetrVG)**

Der Betriebsrat kann der »Bestellung« von ungeeigneten Ausbildern widersprechen (= Vetorecht) und die »Abberufung« solcher Ausbilder verlangen (= Initiativrecht).

26 Können sich Arbeitgeber und Betriebsrat nicht einigen, entscheidet das → **Arbeitsgericht** (§ 98 Abs. 5 BetrVG).

27 **Auswahl von Arbeitnehmern oder Gruppen von Arbeitnehmern zur Teilnahme an Berufsbildungsmaßnahmen (§ 98 Abs. 3 BetrVG)**

Das Mitbestimmungsrecht besteht nur dann, wenn der Betriebsrat selbst Vorschläge macht.

28 Kommt eine Einigung zwischen Arbeitgeber und Betriebsrat über die Vorschläge des Betriebsrats nicht zustande, entscheidet die → **Einigungsstelle** (§ 98 Abs. 4 BetrVG).

29 § 98 Abs. 6 BetrVG stellt klar, dass die Bestimmungen des § 98 Abs. 1 bis 5 BetrVG und damit die Mitbestimmungsrechte des Betriebsrats auch dann zur Anwendung kommen, wenn der Arbeitgeber »**sonstige Bildungsmaßnahmen**« im Betrieb durchführt. Hierzu zählt jede Maßnahme, die irgendeinen Bezug zum Beruf des Arbeitnehmers und Bildungscharakter hat.

30 → **Schwerbehinderte Menschen** haben nach § 81 Abs. 4 SGB IX gegenüber dem Arbeitgeber Anspruch auf
- bevorzugte Berücksichtigung bei innerbetrieblichen Maßnahmen der beruflichen Bildung zur Förderung ihres beruflichen Fortkommens und
- auf Erleichterungen im zumutbaren Umfang zur Teilnahme an außerbetrieblichen Maßnahmen der beruflichen Bildung

unter Berücksichtigung der Behinderung und ihrer Auswirkungen auf die Beschäftigung.

31 Bei der Einstellung von Auszubildenden sowie bei der Bestellung und Abberufung von Ausbildern ist darüber hinaus daran zu denken, dass der Betriebsrat auch die Rechte nach § 99 BetrVG (→ **Einstellung**, → **Eingruppierung/Umgruppierung**, → **Versetzung**) und § 102 BetrVG (→ **Kündigung**, → **Änderungskündigung**) hat.

32 Natürlich muss es im Bereich der Berufsausbildung eine enge Zusammenarbeit zwischen

Berufsbildung

Betriebsrat und → **Jugend- und Auszubildendenvertretung** geben (siehe auch → **Auszubildende/Berufsausbildungsverhältnis**).

Arbeitshilfen

Checkliste • Was muss ein Ausbildungsvertrag mindestens regeln (§§ 10, 11 Berufsbildungsgesetz)?
Muster • Berufsausbildungsvertrag

Rechtsprechung

1. Begriff der Berufsbildung – Anwendung des Berufsbildungsgesetzes (BBiG) – Umschulungsvertrag – Studenten in einer betrieblichen Ausbildung
2. Aufhebung eines Umschulungsvertrages
3. Fortbildungskosten – Rückzahlung
4. Schadensersatzanspruch bei vorzeitiger Lösung des Ausbildungsverhältnisses (§ 23 Abs. 1 BBiG)
5. Studiendarlehen – Inhaltskontrolle
6. Pilotenausbildung
7. Kündigung gegenüber einem minderjährigen Auszubildenden
8. Mitbestimmung des Betriebsrats
9. Beteiligungsrechte des Betriebsrats bei Berufsbildungsmaßnahmen in einem Tendenzbetrieb

Berufskrankheit

Was ist das?

1 Nach § 2 Abs. 1 Ziff. 1 SGB VII sind »Beschäftigte« kraft Gesetzes in der gesetzlichen → **Unfallversicherung** gegen die Folgen eines → **Arbeitsunfalles** und einer **Berufskrankheit** (§ 7 Abs. 1 SGB VII) versichert.
Erleidet ein Arbeitnehmer eine Berufskrankheit, tritt der Unfallversicherungsträger (Berufsgenossenschaft/Unfallkasse) ein und erbringt die in §§ 26 bis 80 a SGB VII vorgesehen **Leistungen** (Heilbehandlung, Rehabilitation, Pflege und Geldleistungen wie z. B. Renten) an den Geschädigten bzw. seine Angehörigen und Hinterbliebenen.

1a Der Arbeitgeber oder Arbeitskollegen sind nach §§ 104 bis 106 SGB VII von der Haftung auf Schadensersatz und Schmerzensgeld befreit – auch dann, wenn sie die Berufskrankheit grob fahrlässig verursacht haben (sog. »Haftungsprivileg«; siehe Rn. 29 ff., → **Haftung des Arbeitgebers** und → **Haftung des Arbeitnehmers**).

1b Der Haftungsausschluss entfällt, wenn die Berufskrankheit **vorsätzlich** herbeigeführt wurde. Dabei reicht ein sog. **bedingter Vorsatz** aus (= der Schadenseintritt wird für möglich gehalten und billigend in Kauf genommen). In diesem Falle ist der Arbeitgeber dem Arbeitnehmer gemäß § 280 Abs. 1 BGB i. V. m. §§ 241 Abs. 2, 618 Abs. 1 BGB und § 253 Abs. 2 BGB (ggf. auch nach §§ 823 ff. BGB) zum **Schadensersatz** verpflichtet. Außerdem hat er ein angemessenes **Schmerzensgeld** zu zahlen (§ 253 Abs. 2 BGB). Siehe → **Arbeitsschutz** Rn. 105 ff.
Der Arbeitgeber haftet auch dann, wenn nicht er selbst, sondern etwa der **Vorgesetzte** die Berufskrankheit durch die Anweisung gesundheitsgefährdender/-schädlicher Arbeiten verschuldet und dabei mindestens bedingt vorsätzlich gehandelt hat. Das für die Schadensersatzhaftung notwendige Verschulden (= mindestens bedingt vorsätzliches Verhalten) des Vorgesetzten wird dem Arbeitgeber gem. § 278 Satz 1 BGB **zugerechnet**. Nach dieser Vorschrift hat der Arbeitgeber das Verschulden von Personen, derer er sich zur Erfüllung seiner Verbindlichkeiten gegenüber dem Arbeitnehmer bedient (Erfüllungsgehilfen), in gleichem Umfange zu vertreten wie eigenes Verschulden.
So kann nach zutreffender Ansicht des BAG beispielsweise die Anweisung an einen Arbeitnehmer, mit **asbesthaltigem Material** ohne Schutzmaßnahmen zu arbeiten, die bewusste Inkaufnahme von Gesundheitsschäden des Arbeitnehmers beinhalten und einen Anspruch auf Schadenersatz und Schmerzensgeld begründen (BAG v. 20.6.2013 – 8 AZR 471/12; 28.4.2011 – 8 AZR 769/09, AiB 2012, 273).
Allein der Verstoß des Arbeitgebers oder des Vorgesetzten gegen Unfallverhütungsvorschriften indiziert nach Ansicht des BAG noch kein vorsätzliches Verhalten (BAG v. 19.2.2009 – 8 AZR 188/08, DB 2009, 1134).

1c Der Haftungsausschluss nach §§ 104 bis 106 SGB VII scheidet auch aus, wenn der Versicherungsfall auf einem nach § 8 Abs. 2 Nr. 1 bis 4 **versicherten Weg** herbeigeführt wurde (sog. **Wegeunfall**; diese Fallkonstellation betrifft allerdings vor allem den Versicherungsfall → **Arbeitsunfall**). Bei einem Wegeunfall haftet der Arbeitgeber nach §§ 823, 253 Abs. 2 BGB auch bei **fahrlässiger Verursachung**.

Berufskrankheit

Wurde die Berufskrankheit vom Arbeitgeber (bzw. einem Vorgesetzten) oder Arbeitskollegen vorsätzlich oder grob fahrlässig verursacht, haften sie gemäß § 110 Abs. 1 SGB VII den Sozialversicherungsträgern (insbesondere der Berufsgenossenschaft) für die infolge des Versicherungsfalls entstandenen Aufwendungen, jedoch nur bis zur Höhe des zivilrechtlichen Schadenersatzanspruchs. Die Berufsgenossenschaft hat also einen **Regressanspruch**. 1d
Statt einer aufgrund des zivilrechtlichen Schadensersatzanspruchs zu zahlenden Rente kann der **Kapitalwert** gefordert werden.
Das Verschulden (Vorsatz oder grobe Fahrlässigkeit) braucht sich nur auf das den Versicherungsfall verursachende Handeln oder Unterlassen zu beziehen.
Die Sozialversicherungsträger können nach **billigem Ermessen**, insbesondere unter Berücksichtigung der wirtschaftlichen Verhältnisse des Schuldners, auf den Ersatzanspruch ganz oder teilweise **verzichten** (§ 110 Abs. 2 SGB VII).
Berufskrankheiten sind Krankheiten, die ein in der gesetzlichen → **Unfallversicherung** Versicherter bei einer versicherten Tätigkeit erleidet und die in der **Berufskrankheiten-Verordnung** vom 31.10.1997 (BGBl. I S. 2623) (siehe Übersicht »Berufskrankheiten« im Anhang zu diesem Stichwort) ausdrücklich bezeichnet sind (§ 9 Abs. 1 Satz 1 SGB VII). 2
Mit Wirkung zum 1.7.2009 wurde durch die **2. Verordnung** zur Änderung der Berufskrankheiten-Verordnung vom 11.6.2009 (BGBl. I S. 1273) fünf neue Krankheiten in die Berufskrankheitenliste aufgenommen: 2a
- Nr. 1318 Erkrankungen des Blutes, des blutbildenden und des lymphatischen Systems durch Benzol
- Nr. 2112 Gonarthrose durch eine Tätigkeit im Knien oder vergleichbare Kniebelastung mit einer kumulativen Einwirkungsdauer während des Arbeitslebens von mindestens 13 000 Stunden und einer Mindesteinwirkungsdauer von insgesamt einer Stunde pro Schicht
- Nr. 4113 Lungenkrebs durch polyzyklische aromatische Kohlenwasserstoffe bei Nachweis der Einwirkung einer kumulativen Dosis von mindestens 100 Benzo[a]pyren-Jahren [($\mu g/m_3$) x Jahre]
- Nr. 4114 Lungenkrebs durch das Zusammenwirken von Asbestfaserstaub und polyzyklischen aromatischen Kohlenwasserstoffen bei Nachweis der Einwirkung einer kumulativen Dosis, die einer Verursachungswahrscheinlichkeit von mindestens 50 Prozent nach der Anlage 2 entspricht
- Nr. 4115 Lungenfibrose durch extreme und langjährige Einwirkung von Schweißrauchen und Schweißgasen – (Siderofibrose)

Durch § 6 Abs. 2 Berufskrankheiten-Verordnung vom 22.12.2014 (siehe Rn. 2b) wird geregelt: »Leiden Versicherte am 1. Juli 2009 an einer Krankheit nach Nummer 2112, 4114 oder 4115 der Anlage 1, ist diese auf Antrag als Berufskrankheit anzuerkennen, wenn der Versicherungsfall nach dem 30. September 2002 eingetreten ist. Leiden Versicherte am 1. Juli 2009 an einer Krankheit nach Nummer 4113 der Anlage 1, ist diese auf Antrag als Berufskrankheit anzuerkennen, wenn der Versicherungsfall nach dem 30. November 1997 eingetreten ist. Leiden Versicherte am 1. Juli 2009 an einer Krankheit nach Nummer 1318 der Anlage 1, ist die Krankheit auf Antrag als Berufskrankheit anzuerkennen, wenn der Versicherungsfall vor diesem Tag eingetreten ist.«

Mit Wirkung ab 1.1.2015 wurden durch die **3. Verordnung** zur Änderung der Berufskrankheiten-Verordnung vom 22.12.2014 (BGBl. I Nr. 62 S. 2397) folgende neue Krankheiten in die Berufskrankheitenliste aufgenommen: 2b
- Nr. 1319 Larynxkarzinom durch intensive und mehrjährige Exposition gegenüber schwefelsäurehaltigen Aerosolen
- Nr. 2113 Druckschädigung des Nervus medianus im Carpaltunnel (Carpaltunnel-Syndrom) durch repetitive manuelle Tätigkeiten mit Beugung und Streckung der Handgelenke, durch erhöhten Kraftaufwand der Hände oder durch Hand-Arm-Schwingungen

Berufskrankheit

- Nr. 2114 Gefäßschädigung der Hand durch stoßartige Krafteinwirkung (Hypothenar-Hammer-Syndrom und Thenar-Hammer-Syndrom)
- Nr. 5103 Plattenepithelkarzinome oder multiple aktinische Keratosen der Haut durch natürliche UV-Strahlung

Durch § 6 Abs. 1 Berufskrankheiten-Verordnung vom 22.12.2014 wird geregelt: »*Leiden Versicherte am 1. Januar 2015 an einer Krankheit nach Nummer 1319, 2113, 2114 oder 5103 der Anlage 1, ist die Krankheit auf Antrag als Berufskrankheit anzuerkennen, wenn sie vor diesem Tag eingetreten ist.*«

2c Zu beachten sind auch die weiteren Rückwirkungs-Regelungen des § 6 Abs. 3 bis 7 Berufskrankheiten-Verordnung vom 22.12.2014:

»*(3) Leidet ein Versicherter am 1. Oktober 2002 an einer Krankheit nach Nummer 4112 der Anlage 1, ist diese auf Antrag als Berufskrankheit anzuerkennen, wenn der Versicherungsfall nach dem 30. November 1997 eingetreten ist. Satz 1 gilt auch für eine Krankheit nach Nummer 2106 der Anlage 1, wenn diese nicht bereits nach der Nummer 2106 der Anlage 1 in der am 1. Dezember 1997 in Kraft getretenen Fassung als Berufskrankheit anerkannt werden kann.*

(4) Leidet ein Versicherter am 1. Dezember 1997 an einer Krankheit nach Nummer 1316, 1317, 4104 (Kehlkopfkrebs) oder 4111 der Anlage 1, ist diese auf Antrag als Berufskrankheit anzuerkennen, wenn der Versicherungsfall nach dem 31. Dezember 1992 eingetreten ist. Abweichend von Satz 1 ist eine Erkrankung nach Nummer 4111 der Anlage 1 auch dann als Berufskrankheit anzuerkennen, wenn die Erkrankung bereits vor dem 1. Januar 1993 eingetreten und einem Unfallversicherungsträger bis zum 31. Dezember 2009 bekannt geworden ist.

(5) Hat ein Versicherter am 1. Januar 1993 an einer Krankheit gelitten, die erst auf Grund der Zweiten Verordnung zur Änderung der Berufskrankheiten-Verordnung vom 18. Dezember 1992 (BGBl. I S. 2343) als Berufskrankheit anerkannt werden kann, ist die Krankheit auf Antrag als Berufskrankheit anzuerkennen, wenn der Versicherungsfall nach dem 31. März 1988 eingetreten ist.

(6) Hat ein Versicherter am 1. April 1988 an einer Krankheit gelitten, die erst auf Grund der Verordnung zur Änderung der Berufskrankheiten-Verordnung vom 22. März 1988 (BGBl. I S. 400) als Berufskrankheit anerkannt werden kann, ist die Krankheit auf Antrag als Berufskrankheit anzuerkennen, wenn der Versicherungsfall nach dem 31. Dezember 1976 eingetreten ist.

(7) Bindende Bescheide und rechtskräftige Entscheidungen stehen der Anerkennung als Berufskrankheit nach den Absätzen 1 bis 6 nicht entgegen. Leistungen werden rückwirkend längstens für einen Zeitraum bis zu vier Jahren erbracht; der Zeitraum ist vom Beginn des Jahres an zu rechnen, in dem der Antrag gestellt worden ist.«

3 Im Einzelfall kann nach § 9 Abs. 2 SGB VII eine Krankheit, die in der Berufskrankheiten-Verordnung nicht ausdrücklich bezeichnet ist oder bei der die in der Rechtsverordnung bestimmten Voraussetzungen nicht vorliegen, **dennoch als Berufskrankheit** und damit als Versicherungsfall anerkannt und entschädigt werden, »*sofern im Zeitpunkt der Entscheidung nach neuen Erkenntnissen der medizinischen Wissenschaft die Voraussetzungen des § 9 Abs. 1 Satz 2 SGB VII erfüllt sind*«.

Dies ist der Fall, wenn die Krankheit nach medizinwissenschaftlichen Erkenntnissen durch **besondere Einwirkungen** verursacht ist, denen bestimmte Personengruppen durch ihre versicherte Tätigkeit in erheblich höherem Grade ausgesetzt sind als die übrige Bevölkerung.

4 Ansprüche gegen die Berufsgenossenschaft wegen einer Berufskrankheit (oder eines → **Arbeitsunfalls**) bestehen nur, wenn ein innerer **Ursachenzusammenhang** angenommen werden kann

- sowohl zwischen der versicherten Tätigkeit und der schädigenden Einwirkung (sog. **haftungsbegründende Kausalität**);
- als auch zwischen der schädigenden Einwirkung und der Erkrankung (sog. **haftungsausfüllende Kausalität**).

Berufskrankheit

Dabei wird nach der Theorie der wesentlichen Bedingung als kausal nicht jede Bedingung in der Ursachenkette angesehen, sondern nur solche, die wegen ihrer besonderen Beziehung zu dem Gesundheitsschaden zu dessen Eintritt »**wesentlich**« **beigetragen** haben (BSG v. 7. 9. 2004 – B 2 U 25/03 R und B 2 U 34/03).

Das heißt, dass nicht jeder Gesundheitsschaden, der durch ein Ereignis naturwissenschaftlich verursacht wird, im Sozialrecht als Folge eines Arbeitsunfalls oder einer Berufskrankheit anerkannt wird, sondern nur derjenige, der »wesentlich« durch das Ereignis verursacht wurde. Welche Ursache wesentlich ist und welche nicht, wird aus der **Auffassung des praktischen Lebens** über die besonderen Beziehungen der Ursache zum Eintritt des Gesundheitsschadens abgeleitet.

Was den anzuwendenden **Beweismaßstab** anbelangt, gelten für das Vorliegen des Ursachenzusammenhangs verminderte Anforderungen.

Während für die Grundlagen der Ursachenbeurteilung – versicherte Tätigkeit, Einwirkung, Erkrankung – eine an **Gewissheit grenzende Wahrscheinlichkeit** erforderlich ist, genügt für den Zusammenhang zwischen Einwirkung und Erkrankung aufgrund der mit der zumeist medizinischen Beurteilung dieses Zusammenhangs bestehenden tatsächlichen Schwierigkeiten eine **hinreichende Wahrscheinlichkeit**.

Diese liegt vor, wenn bei vernünftiger **Abwägung aller Umstände** die für den wesentlichen Ursachenzusammenhang sprechenden so stark überwiegen, dass darauf die richterliche Überzeugung gegründet werden kann und ernste Zweifel ausscheiden; die bloße Möglichkeit einer wesentlichen Verursachung genügt nicht (BSG v. 7. 9. 2004 – B 2 U 25/03 R und B 2 U 34/03). Zu den Beweiserleichterungen des § 9 Abs. 3 SGB VII siehe Rn. 5.

Ein doppelter Kausalzusammenhang ist auch erforderlich, wenn der Arbeitgeber oder ein Arbeitskollege die Berufskrankheit **vorsätzlich** (bedingter Vorsatz reicht aus; siehe Rn. 1 b) herbeigeführt haben und deshalb dem Geschädigten auf **Schadensersatz** und **Schmerzensgeld** haften (siehe Rn. 1 b; vgl. BAG v. 19. 2. 2009 – 8 AZR 188/08, DB 2009, 1134). **4a**

Das Unfallereignis muss durch das Verhalten des Arbeitgebers oder des Arbeitskollegen verursacht sein (**haftungsbegründende Kausalität**).

Durch das Unfallereignis muss sodann ein Gesundheitsschaden des Geschädigten eingetreten sein (**haftungsausfüllende Kausalität**). Das BAG wendet für den Ursachenzusammenhang die im Sozialrecht geltende Theorie der wesentlichen Bedingung an (vgl. BAG v. 19. 2. 2009 – 8 AZR 188/08, DB 2009, 1134; siehe Rn. 4).

Nach § 9 Abs. 3 SGB VII bestehen **Beweiserleichterungen**: Waren Versicherte in erhöhtem **5**
Maße der Gefahr einer Berufskrankheit ausgesetzt und erkranken sie tatsächlich daran und können Anhaltspunkte für eine Verursachung außerhalb der versicherten Tätigkeit nicht festgestellt werden, wird vermutet, dass die Berufskrankheit infolge der versicherten Tätigkeit verursacht wurde.

Übrigens: Vor Erteilung eines Gutachtenauftrags soll die Berufsgenossenschaft dem Versicherten mehrere Gutachter zur **Auswahl** (durch den Versicherten) benennen (§ 200 Abs. 2 SGB VII). **6**

Anzeige einer Berufskrankheit durch den Unternehmer (§ 193 Abs. 2 SGB VII)

Hat der Unternehmer im Einzelfall Anhaltspunkte, dass bei Versicherten seines Unternehmens **7**
eine Berufskrankheit vorliegen könnte, hat er diese dem Unfallversicherungsträger **anzuzeigen** (§ 193 Abs. 2 SGB VII).

Die Anzeige ist binnen **drei Tagen** zu erstatten, nachdem der Unternehmer von den »Anhaltspunkten für eine Berufskrankheit Kenntnis erlangt« hat.

Die Anzeige ist durch Ausfüllen vorgeschriebener Formulare vorzunehmen.

Berufskrankheit

Sie ist vom Betriebsrat mit zu unterzeichnen (§ 193 Abs. 5 Satz 1 SGB VII). Der Betriebsrat erhält eine **Durchschrift der Anzeige** (§ 89 Abs. 5 BetrVG).
Der Versicherte kann vom Unternehmer Überlassung einer Kopie der Anzeige verlangen (§ 193 Abs. 4 Satz 2 SGB VII).

8 Der Unternehmer hat den Betriebsarzt und die Sicherheitsfachkraft über jede Unfall- und Berufskrankheitenanzeige zu unterrichten (§ 193 Abs. 5 Satz 2 SGB VII).

9 Über Auskunftsersuchen der Berufsgenossenschaft zur Feststellung, ob eine Berufskrankheit vorliegt, hat der Unternehmer den Betriebsrat zu informieren (§ 193 Abs. 5 Satz 3 SGB VII).

10 **Anzeige einer Berufskrankheit durch einen Arzt oder Zahnarzt** (§ 202 SGB VII): Hat ein Arzt oder Zahnarzt den begründeten Verdacht, dass bei dem Erkrankten eine Berufskrankheit vorliegt, so hat er dies dem zuständigen Träger der Unfallversicherung (z. B. Berufsgenossenschaft) oder der für den medizinischen Arbeitsschutz zuständigen Stelle (z. B. Gewerbearzt) **unverzüglich** in der vorgeschriebenen Form (§ 193 Abs. 8 SGB VII in Verbindung mit der Unfallversicherungs-Anzeigeverordnung – UVAV vom 23. 1. 2002 [BGBl. I S. 554]) **anzuzeigen**.
Der Arzt oder Zahnarzt hat den Versicherten über den Inhalt der Anzeige und darüber zu unterrichten, an welche Stelle er die Anzeige übersandt hat oder übersenden wird.

11 Wenn ein Versicherter oder seine Hinterbliebenen meinen, dass die Erkrankung eine Berufskrankheit ist, können sie dies dem Unfallversicherungsträger melden. Sie können auch den Arbeitgeber veranlassen, eine **Anzeige** zu erstatten.

12 Berufsgenossenschaft und nach Landesrecht zuständige Behörden des medizinischen Arbeitsschutzes informieren sich gegenseitig über eingehende Berufskrankheitenanzeigen (§ 193 Abs. 7 Sätze 3 und 4 SGB VII).

13 Die für den medizinischen Arbeitsschutz zuständigen Stellen (z. B. **Gewerbearzt**) wirken bei der Feststellung von Berufskrankheiten und von Krankheiten, die nach § 9 Abs. 2 SGB VII wie Berufskrankheiten anzuerkennen sind, mit (§ 4 Berufskrankheitenverordnung).

Verbotswidriges Handeln des Versicherten

14 Verbotswidriges Handeln des Versicherten schließt einen Versicherungsfall nicht aus (§ 7 Abs. 2 SGB VII). Allerdings können Leistungen ganz oder teilweise versagt werden, wenn der Versicherungsfall bei der Begehung eines rechtskräftig abgeurteilten vorsätzlichen Verbrechens oder Vergehens eingetreten ist.
Außerdem haben Personen, die den Tod von Versicherten vorsätzlich herbeigeführt haben, **keinen** Anspruch auf Leistungen (§ 101 SGB VII).

15 Zum gesetzlichen Ausschluss der Schadensersatzhaftung des Arbeitgebers und der Arbeitskollegen nach §§ 104, 105 SGB VII: siehe Rn. 1 b, → **Arbeitsschutz** Rn. 105 ff., → **Arbeitsunfall**, → **Haftung des Arbeitgebers** und → **Unfallversicherung**.

Bedeutung für die Betriebsratsarbeit

16 Der Betriebsrat hat sich nach § 89 Abs. 1 BetrVG dafür einzusetzen, dass die Vorschriften über den → **Arbeitsschutz** und die Unfallverhütung (sowie über den betrieblichen → **Umweltschutz**) eingehalten werden. Er hat nach § 89 Abs. 1 BetrVG bei der Bekämpfung von Unfall- und Gesundheitsgefahren die für den Arbeitsschutz zuständigen Behörden (insbesondere die Gewerbeaufsicht) sowie die Träger der Unfallversicherung (also insbesondere die Berufsgenossenschaften) durch Anregung, Beratung und Auskunft zu unterstützen.

17 Dem entspricht die in § 89 Abs. 2 BetrVG geregelte Verpflichtung des Arbeitgebers sowie der

Berufskrankheit

anderen für den Arbeitsschutz zuständigen Stellen, den Betriebsrat bei allen im Zusammenhang mit Arbeitsschutz und Unfallverhütung stehenden Besichtigungen und Fragen sowie bei Unfalluntersuchungen **hinzuzuziehen.**
Außerdem hat der Arbeitgeber dem Betriebsrat unverzüglich die den Arbeitsschutz und die Unfallverhütung betreffenden **Auflagen** und **Anordnungen** der zuständigen »Stellen«, also insbesondere der Gewerbeaufsicht und der Berufsgenossenschaft, mitzuteilen.
Gemäß § 89 Abs. 5 BetrVG erhält der Betriebsrat die **Niederschriften** über Untersuchungen, 18
Besichtigungen und Besprechungen.
In einer vom Bundesminister für Arbeit und Sozialordnung 1977 erlassenen Verwaltungsvor- 19
schrift (abgedruckt bei Kittner, Arbeits- und Sozialordnung, Bund-Verlag, als Fußnote zu § 20 SGB VII) wird die Pflicht der Unfallversicherungsträger (insbesondere Berufsgenossenschaften) zur **Zusammenarbeit mit dem Betriebsrat** konkretisiert (vgl. auch § 20 Abs. 3 Nr. 1 SGB VII).
Insbesondere werden die Aufsichtsbeamten (sog. **Aufsichtspersonen,** §§ 18, 19 SGB VII) verpflichtet, den Betriebsrat bei Betriebsbesichtigungen, Unfalluntersuchungen und Besprechungen **hinzuzuziehen.**
Will die Aufsichtsperson einen **Betrieb besichtigen,** einen Unfall untersuchen oder Unfall- 20
verhütungsfragen im Betrieb besprechen, ohne dies dem Unternehmer vorher anzukündigen, so darf er damit **erst beginnen,** nachdem er den Betriebsrat unterrichtet und zur Beteiligung aufgefordert hat.
Bei vorher angekündigten Betriebsbesuchen hat er den Betriebsrat rechtzeitig zu unterrichten. 21
An Terminvereinbarungen mit dem Unternehmer ist der Betriebsrat zu beteiligen.
Protokolle von Betriebsbesichtigungen, sonstige Niederschriften und Schreiben an den Un- 22
ternehmer, die Maßnahmen zur Unfallverhütung zum Gegenstand haben, haben die Aufsichtsbeamten an den Betriebsrat zu übersenden.
Ähnliche Zusammenarbeitspflichten haben – nach Landesrecht – auch die **Gewerbeaufsichts-** 23
ämter.
Eine besondere Mitwirkungspflicht des Betriebsrats besteht bei der Ausfertigung einer **Unfall-** 24
bzw. **Berufskrankheitenanzeige.**
Nach § 193 Abs. 5 SGB VII hat der Betriebsrat die Unfall- bzw. Berufskrankheitenanzeige **zu unterzeichnen.** Natürlich wird er dies erst nach sorgfältiger Prüfung der vom Unternehmer gegebenen Darstellung tun.
Der Arbeitgeber hat dem Betriebsrat eine **Durchschrift** der Unfall- bzw. Berufskrankheitenanzeige auszuhändigen (§ 89 Abs. 6 BetrVG). Außerdem hat er den Betriebsrat über **Auskunftsersuchen** der Berufsgenossenschaft zur Feststellung, ob ein Arbeitsunfall oder eine Berufskrankheit vorliegt, **zu informieren** (§ 193 Abs. 5 Satz 3 SGB VII).
Besondere Aktivitäten des Betriebsrats sind notwendig, wenn durch Arbeitgeber oder Berufs- 25
genossenschaft der Ursachenzusammenhang zwischen betrieblicher Tätigkeit und Körperschaden – zu Unrecht – bestritten wird.
In einem solchen Falle sollte der Betriebsrat alles tun, um den Betroffenen bei der Durchsetzung seiner Ansprüche zu unterstützen.
Dieser hat die Möglichkeit, gegen den ablehnenden Bescheid der Berufsgenossenschaft **Widerspruch** einzulegen.
Wird auch dieser zurückgewiesen, kann der Betroffene **Klage beim Sozialgericht** erheben.
Gewerkschaftlich organisierte Arbeitnehmer können dabei gewerkschaftlichen Rechtsschutz in Anspruch nehmen.
Nichtorganisierte vertreten sich entweder selbst oder nehmen die gebührenpflichtige Hilfe eines Rechtsanwalts in Anspruch.
Von entscheidender Bedeutung ist sowohl im Widerspruchsverfahren als auch im Klagever- 26
fahren die **Aufklärung des zugrunde liegenden Sachverhalts.**

Berufskrankheit

Hier kann der Betriebsrat wichtige Hilfestellung leisten, indem er den Betroffenen dabei unterstützt, möglichst genau festzustellen, welchen gesundheitsschädlichen Einwirkungen er im Verlaufe seines Beschäftigungsverhältnisses ausgesetzt war (z. B. mit welchen Gefahrstoffen umgegangen wurde, ob in Lärmbereichen gearbeitet wurde).

27 Zu den Aufgaben und Rechten des Betriebsrats bei der Verhütung von Arbeitsunfällen, Berufskrankheiten und sonstigen arbeitsbedingten Erkrankungen: siehe → **Arbeitsschutz**.

28 Viele Berufskrankheiten entstehen beim Umgang mit → **Gefahrstoffen** (siehe Liste der Berufskrankheiten im Anhang zu diesem Stichwort).

Betriebsräte können einiges dazu beitragen, dass Gefährdungen der Beschäftigten durch gefährliche Arbeitsstoffe minimiert werden,
- indem sie einerseits den Einsatz von gesundheitsgefährdenden Stoffen und Arbeitsmitteln so weit wie möglich versuchen **zu verhindern** und
- indem sie andererseits diejenigen, die bereits einen Schaden erlitten haben, bei der Durchsetzung ihrer Ansprüche nicht nur gegen die Berufsgenossenschaft **unterstützen**, sondern auch bei der Prüfung, ob ein Schadensersatz- oder Schmerzensgeldprozess gegen den Hersteller des schädigenden Arbeitsmittels (Kühlschmierstoff, Lösemittel, Asbestprodukt) in Frage kommt (siehe hierzu Rn. 37 und → **Arbeitsschutz** Rn. 104).

Bedeutung für die Beschäftigten

Haftung des Arbeitgebers auf Schadensersatz und Schmerzensgeld

29 Die Haftung des Arbeitgebers für – bei Ausübung der Arbeit entstandene – **Personenschäden** des Arbeitnehmers ist nach § 104 SGB VII – von Ausnahmefällen abgesehen – ausgeschlossen (sog. »Haftungsprivileg«; zur Haftung bei Sachschäden siehe → **Haftung des Arbeitgebers**). Stattdessen tritt der Unfallversicherungsträger (Berufsgenossenschaft) mit Versicherungsleistungen ein. Der Unfallversicherungsträger muss – unverständlicherweise – allerdings kein Schmerzensgeld zahlen (siehe auch Rn. 31).

30 Der Arbeitgeber haftet allerdings dann auf Schadensersatz und Schmerzensgeld (§§ 823, 253 Abs. 2 BGB), wenn er oder ein Vorgesetzter die Berufskrankheit **vorsätzlich** (bedingter Vorsatz reicht aus) herbeigeführt hat (§ 104 Abs. 1 SGB VII).

Zur Schadensersatz- und Schmerzensgeldhaftung des Arbeitgebers bei Zuweisung von gesundheitsgefährdenden Arbeiten siehe Rn. 1 b und → **Arbeitsschutz** Rn. 105 ff.

31 **Anmerkung:** Der Ausschluss der Schadensersatzhaftung des Arbeitgebers bei »nur« fahrlässiger Schadensverursachung und die Übertragung der »Abwicklung« des Versicherungsfalles auf den Unfallversicherungsträger (Berufsgenossenschaft) mag ja gerechtfertigt sein.

Nicht akzeptabel und verfassungsrechtlich bedenklich (Gleichbehandlungsgrundsatz) ist aber die Befreiung des Arbeitgebers und des Unfallversicherungsträgers von der **Schmerzensgeldzahlung**.

> **Beispiel:**
> Infolge fahrlässigen Verhaltens eines Chemieunternehmens (mangelhafte Wartung von Anlagen) entstehen sowohl bei Arbeitnehmern als auch unbeteiligten außenstehenden Dritten (Anwohnern) Krankheiten. Absurde Folge des gesetzlichen Haftungsausschlusses: Die erkrankten Anwohner haben Anspruch gegen das Unternehmen auf Zahlung von Schmerzensgeld (§§ 823, 253 Abs. 2 BGB), die bei dem Unternehmen beschäftigten Arbeitnehmer nicht. Ein sachlicher Grund für die Ungleichbehandlung der Arbeitnehmer einerseits und der außenstehenden Dritten andererseits ist nicht ersichtlich.

Berufskrankheit

Haftung der Arbeitskollegen

Der gesetzliche Haftungsausschluss greift auch dann ein, wenn die Berufskrankheit durch einen Arbeitskollegen oder eine andere im Betrieb tätige Person verursacht wurde (§ 105 SGB VII). Auch sie haften nur bei **vorsätzlicher Schädigung** oder bei Schadensverursachung auf einem nach § 8 Abs. 2 Nr. 1 bis 4 SGB VII versicherten Weg (= **Wegeunfall**). 32

Die Haftungseinschränkungen nach §§ 104, 105 SGB VII gelten auch dann, wenn Ursache des Personenschadens ein → **Arbeitsunfall** ist. 33

Besteht für Versicherte die Gefahr, dass eine Berufskrankheit entsteht, wiederauflebt oder sich verschlimmert, haben die Unfallversicherungsträger (z. B. Berufsgenossenschaften) dieser Gefahr mit allen **geeigneten Mitteln** entgegenzuwirken. 34
Ist die Gefahr gleichwohl nicht zu beseitigen, haben die Unfallversicherungsträger darauf hinzuwirken, dass die Versicherten die gefährdende Tätigkeit **unterlassen**.
Den für den medizinischen Arbeitsschutz zuständigen Stellen ist Gelegenheit zur Äußerung zu geben (§ 3 Abs. 1 Berufskrankheitenverordnung).

Versicherte, die die gefährdende Tätigkeit unterlassen, weil die Gefahr fortbesteht, haben gemäß § 3 Abs. 2 Berufskrankheitenverordnung zum Ausgleich hierdurch entstandener Nachteile gegen den Unfallversicherungsträger Anspruch auf **Übergangsleistungen**. 35
Als Übergangsleistung wird
- ein einmaliger Betrag bis zur Höhe der Vollrente (= $^2/_3$ des Jahresarbeitsverdienstes, vgl. § 56 Abs. 3 SGB VII) oder
- eine monatlich wiederkehrende Zahlung bis zur Höhe eines Zwölftels der Vollrente, längstens für die Dauer von fünf Jahren

gezahlt.
Renten wegen verminderter Erwerbsfähigkeit sind nicht zu berücksichtigen (§ 3 Abs. 2 Satz 3 Berufskrankheitenverordnung).

Versicherungsleistungen

Wird das Vorliegen des Versicherungsfalles »Berufskrankheit« anerkannt, hat der Betroffene gegenüber der Berufsgenossenschaft nach §§ 26 ff. SGB VII **Ansprüche** auf Heilbehandlung, berufsfördernde Leistungen zur Rehabilitation, Leistungen zur sozialen Rehabilitation, Leistungen bei Pflegebedürftigkeit, Verletztengeld während der Heilbehandlung, Übergangsgeld während der beruflichen Rehabilitation, Renten an den Betroffenen sowie Renten und sonstige Leistungen an seine Hinterbliebenen (wobei Renten unter bestimmten Voraussetzungen auch in Form einer Abfindung ausgezahlt werden können; vgl. §§ 75 ff. SGB VII). 36
Siehe auch → **Unfallversicherung**.

Schadensersatzanspruch gegen den Hersteller eines gesundheitsschädigenden Arbeitsmittels (Produkthaftung)

Unter Umständen kommt, wenn die Berufskrankheit oder eine sonstige Erkrankung durch ein »fehlerhaftes« Produkt (z. B. Kühlschmiermittel mit krebserzeugenden Bestandteilen) verursacht wurde, auch ein Anspruch auf Schadensersatz und Schmerzensgeld nach §§ 823, 253 Abs. 2 BGB gegen den **Hersteller des Produktes** in Betracht. 37
So ist z. B. nach einem Urteil des Landgerichts Itzehoe vom 22. 1. 1998 – 6 O 391/96, AiB 1999, 355 der Hersteller eines **Kühlschmiermittels** zur Zahlung von Schadensersatz einschließlich Schmerzensgeld an die Hinterbliebenen eines Metallarbeiters verpflichtet, der infolge des Umgangs mit dem nitrithaltigen Kühlschmiermittel an Dickdarmkrebs verstorben war.
Das OLG Schleswig-Holstein hat das Urteil des LG Itzehoe allerdings aufgehoben und die

Berufskrankheit

Klage abgewiesen (OLG Schleswig-Holstein v. 7.4.2005 – 11 U 132/98). Das OLG hat zwar bestätigt, dass der beklagte Hersteller des Kühlschmiermittels gegen seine Produktbeobachtungspflicht verstoßen hat. Die hinterbliebenen Kläger (Ehefrau, Kinder) hätten aber nicht beweisen können, dass der Verstoß ursächlich war für den Eintritt des Schadens (haftungsbegründende Kausalität).
Zu weiteren Einzelheiten siehe → **Arbeitsschutz** Rn. 113 und → **Gefahrstoffe** Rn. 74.

38 Natürlich muss auf das Kostenrisiko eines Schadensersatzprozesses (für den die ordentlichen Gerichte zuständig sind) hingewiesen werden.
Die Erfolgsaussicht einer Klage muss sorgfältig geprüft werden.
Immerhin muss der Geschädigte (oder seine Hinterbliebenen) den (schwierigen) Nachweis führen, dass die Erkrankung oder gar der Tod durch ein »fehlerhaftes« Produkt verursacht wurde (unter gewissen Voraussetzungen kann sich die Beweislast umkehren).
Außerdem muss, wenn der Anspruch auf §§ 823, 253 Abs. 2 (früher § 847) BGB gestützt wird, ein Verschulden des Herstellers gegeben sein (nach der Rechtsprechung muss hier allerdings der Hersteller beweisen, dass ihn hinsichtlich des Fehlers kein Verschulden trifft).

39 Wird Anspruch nach dem **Produkthaftungsgesetz** vom 15.12.1989 (BGBl. I S. 2198) erhoben, haftet der Hersteller für Schäden, die ein »fehlerhaftes« Produkt auslöst, auch ohne Verschulden (sog. **Gefährdungshaftung**), allerdings nicht auf Schmerzensgeld.
Fehlerhaft ist ein Produkt nach § 3 Produkthaftungsgesetz, wenn es nicht die Sicherheit bietet, die unter Berücksichtigung aller Umstände, insbesondere
- seiner Darbietung,
- des Gebrauchs, mit dem billigerweise gerechnet werden kann,
- des Zeitpunktes, in dem es in den Verkehr gebracht wurde,

berechtigterweise erwartet werden kann.

40 Zum Schadensersatzrecht und zum Anspruch auf Schmerzensgeld siehe → **Haftung des Arbeitgebers** Rn. 13.
41 Zur Verjährung von Ansprüchen auf Schadensersatz und Schmerzensgeld siehe → **Verjährung**.
42 Verjährungsfrist nach dem Produkthaftungsgesetz: Ansprüche verjähren nach Ablauf von **drei Jahren** nach dem Zeitpunkt, in dem der Ersatzberechtigte von dem Schaden, dem Fehler und von der Person des Ersatzpflichtigen Kenntnis erlangt hat oder hätte erlangen müssen (§ 12 Abs. 1 Produkthaftungsgesetz).
Schweben zwischen dem Ersatzpflichtigen und dem Ersatzberechtigten Verhandlungen über den zu leistenden Schadensersatz, so ist die **Verjährung gehemmt**, bis die Fortsetzung der Verhandlungen verweigert wird (§ 12 Abs. 2 Produkthaftungsgesetz).
Im Übrigen sind die Vorschriften des Bürgerlichen Gesetzbuchs über die → **Verjährung** anzuwenden (§ 12 Abs. 3 Produkthaftungsgesetz).
Der **Anspruch erlischt** grundsätzlich nach zehn Jahren nach dem Zeitpunkt, in dem das schadensverursachende Produkt in den Verkehr gebracht worden ist; dies gilt nicht, wenn über den Anspruch ein Rechtsstreit oder ein Mahnverfahren anhängig ist (§ 13 Abs. 1 Produkthaftungsgesetz).

43 Macht der Arbeitnehmer Schadensersatzansprüche und Ansprüche auf Schmerzensgeld gegen den Arbeitgeber geltend (wegen vorsätzlicher Gesundheitsschädigung bzw. bei Wegeunfall; siehe Rn. 30), so sind etwaige vertragliche oder tarifliche → **Ausschlussfristen/Verfallfristen** zu beachten.
Diese Fristen gelten im Verhältnis zwischen dem geschädigten Arbeitnehmer und dem Hersteller des Produktes nicht.

Arbeitshilfen

Übersicht • Liste der Berufskrankheiten

Rechtsprechung

1. Berufskrankheit – Listenkrankheiten
2. Ursachenzusammenhang – Theorie der wesentlichen Bedingung – Beweisführung
3. Krebserkrankungen
4. Asbestose
5. Bandscheibenerkrankung
6. »Alkoholintensive« Kundenbetreuung
7. Höhe einer Übergangsleistung nach § 3 Abs. 2 BKVO
8. Günstigkeitsprinzip des § 572 RVO (jetzt § 84 SGB VII)
9. Arbeitsverweigerungsrecht des Arbeitnehmers
10. Schadensersatz- und Schmerzensgeldanspruch des Arbeitnehmers gegen den Arbeitgeber bei (bedingt) vorsätzlicher Gesundheitsschädigung und Wegeunfall – Kein Haftungsausschluss nach §§ 104–106 SGB VII (früher: §§ 636 ff. RVO)
11. Ausschlussfrist bei vorsätzlichem Handeln des Arbeitgebers oder seines Erfüllungsgehilfen?
12. Produkthaftung des Herstellers eines fehlerhaften Kühlschmiermittels

Beschäftigungssicherung und -förderung

Überblick

1. In den Wintermonaten 2005 und 2006 hatte die Arbeitslosigkeit in Deutschland die Fünf-Millionen-Marke überschritten. Nicht saisonbereinigt hat sich die Arbeitslosigkeit im Januar 2006 auf Grund der Winterpause um 408 000 auf 5 012 000 erhöht (Quelle: *www.pub.arbeitsagentur.de*).
2. Vor allem auf Grund einer konjunkturellen Aufwärtsbewegung der Wirtschaft hat sich die Arbeitslosigkeit im Verlauf der Jahre 2006 bis 2008 deutlich verringert. Im Jahresdurchschnitt 2007 waren in Deutschland 3 760 586 Menschen arbeitslos gemeldet, im Jahresdurchschnitt 2008 3 258 954 (Quelle: Statistisches Bundesamt; *www.desatatis.de*).
3. Im Zuge der **Finanz- und Wirtschaftskrise 2008/2009** schrumpfte das reale Bruttoinlandsprodukt im Jahr 2009 um 5,0 Prozent. Das war der stärkste Rückgang in der Nachkriegszeit. Durch massive – vor allem von → **Gewerkschaften** geforderte – staatliche Maßnahmen, insbesondere eine deutliche Entlastung von Unternehmen, die anstelle von Entlassungen Kurzarbeit eingeführt hatten, trugen wesentlich dazu bei, dass in Deutschland Massenentlassungen weitgehend unterblieben sind (siehe → **Kurzarbeit** Rn. 3). Im September 2009 wurde an 1 074 000 Arbeitnehmer Kurzarbeitergeld gezahlt. Darunter waren 1 056 000 Arbeitnehmer, die Kurzarbeitergeld erhielten. Die Inanspruchnahme hatte im Mai 2009 mit 1 516 000 konjunkturellen Kurzarbeitern ihren Höhepunkt erreicht. Der durchschnittliche Arbeitszeitausfall über alle Kurzarbeiter betrug im September 2009 31,3 Prozent (Quelle: Monatsbericht Bundesagentur für Arbeit Januar 2010).
   Erhebliche Beschäftigungsverluste gab es in der → **Arbeitnehmerüberlassung/Leiharbeit**.
4. **Arbeitslosigkeit** in Deutschland in den Jahren 2005 bis 2014 (registrierte Arbeitslose und Arbeitslosenquote; Quelle: Statistisches Bundesamt; *www.desatatis.de*):
   2005: 4 860 909 (13 %)
   2006: 4 487 305 (12 %)
   2007: 3 760 586 (10,1 %)
   2008: 3 258 954 (8,7 %)
   2009: 3 414 992 (9,1 %)
   2010: 3 238 965 (8,6 %)
   2011: 2 976 488 (7,9 %)
   2012: 2 897 126 (7,6 %)
   2013: 2 950 338 (7,7 %)
   2014: 2 898 388 (7,5 %)

5–13. Nicht besetzt.

14. In vielen Branchen (z. B. Metallindustrie) sind auf Initiative der Gewerkschaften sog. **Tarifverträge zur Beschäftigungssicherung** abgeschlossen worden (siehe → **Beschäftigungssicherungstarifvertrag**).
    Sie ermächtigen Arbeitgeber und Betriebsrat, die regelmäßige wöchentliche → **Arbeitszeit**

Beschäftigungssicherung und -förderung

(und damit auch das → **Arbeitsentgelt**) im Falle einer Betriebskrise abzusenken und dadurch Entlassungen zu vermeiden.

Vorrang hat allerdings die Einführung von → **Kurzarbeit**. Sie hat den Vorteil, dass Entgelteinbußen zum Teil durch das **Kurzarbeitergeld** nach §§ 95 ff. SGB III 2012 ausgeglichen werden. Ein (teilweiser) Entgeltausgleich ist in Beschäftigungssicherungstarifverträgen regelmäßig nicht vorgesehen (siehe Rn. 3).

Deshalb kommt eine Anwendung solcher Tarifverträge vor allem dann in Betracht, wenn die Einführung von Kurzarbeit »nicht passt«, insbesondere weil die gesetzlichen Voraussetzungen zum Bezug von Kurzarbeitergeld nicht oder nicht mehr vorliegen.

Beschäftigungssicherungstarifverträge begründen meist ein **Initiativmitbestimmungsrecht** des Betriebsrats beim »ob« und »wie« der Arbeitszeitabsenkung.

Zu weiteren Einzelheiten siehe Rn. 22 und → **Beschäftigungssicherungstarifvertrag**.

Zu den Handlungsmöglichkeiten des Betriebsrats zählt zunächst einmal die Wahrnehmung seines Vorschlags- und Beratungsrechtes nach § 92 a BetrVG (siehe Rn. 19).

Wenn der Arbeitgeber → **Massenentlassungen** ankündigt, kann der Betriebsrat im Rahmen der nach § 112 BetrVG notwendigen Verhandlungen über einen → **Interessenausgleich** beschäftigungssichernde Alternativen vorschlagen, aber letztlich nicht durchsetzen, weil das Letztentscheidungsrecht beim Unternehmer liegt (siehe auch Rn. 23).

Deutlich wirksamer ist das **Initiativmitbestimmungsrecht** des Betriebsrats nach § 87 Abs. 1 Nr. 3 BetrVG bei der Einführung von → **Kurzarbeit** als Alternative zu Entlassungen (siehe Rn. 21).

Wenn die Voraussetzungen für die Zahlung von Kurzarbeitergeld nicht (mehr) gegeben sind, kann der Betriebsrat die in einem für den Betrieb ggf. geltenden → **Beschäftigungssicherungstarifvertrag** vorgesehen Instrumente (vor allem Absenkung der Arbeitszeit) nutzen (siehe Rn. 22).

Wenn alle Stricke reißen und der Arbeitgeber Beschäftigte entlassen will, bleiben dem Betriebsrat nur noch seine (nur eingeschränkten) Rechte bei → **Kündigungen**.

Stellt sich die Entlassung als → **Betriebsänderung** dar, darf der Arbeitgeber Kündigungen erst nach Scheitern der Verhandlungen über den → **Interessenausgleich** in der → **Einigungsstelle** und nach Anhörung des Betriebsrats nach § 102 Abs. 1 BetrVG aussprechen.

Der Betriebsrat hat im Übrigen das per → **Einigungsstelle** durchsetzbare Recht, einen → **Sozialplan** aufzustellen, in dem neben → **Abfindungen** auch die Finanzierung von Maßnahmen geregelt werden kann, die geeignet sind, Betroffene in neue, gleichwertige Arbeit zu bringen (insbesondere Fortbildung und Umschulung).

Nach § 110, 111 SGB III 2012 werden solche Maßnahmen durch die Agentur für Arbeit gefördert (siehe → **Transferleistungen**).

Jede Initiative und Aktivität von Gewerkschaften und Betriebsräten zur Sicherung und Förderung von Beschäftigung ist richtig und wichtig.

Auch wenn die Unternehmer letztlich »am längeren Hebel« sitzen, weil das bundesdeutsche Rechtssystem die »freie Unternehmerentscheidung« in den »eigentlichen« Fragen (Investitionen, Schließung oder Veräußerung von Betrieben, Standortverlagerung, Festlegung von Produktions-, Organisations- und Vertriebsstrukturen und Entlassungen) für unantastbar erklärt. Es bleiben aber Handlungsspielräume, die im Übrigen nicht festgezurrt, sondern politisch und rechtlich »in Bewegung« sind.

Das zeigt z. B. die Rechtsprechung zum »**Sozialtarifvertrag**«.

Zwar sollen Tarifforderungen und Streiks, die den **Erhalt von Standort und Arbeitsplätzen** zum Ziel haben, nach zurzeit herrschender Meinung gegen die »Unternehmensautonomie« verstoßen (zweifelhaft; a. A. z. B. Kühling/Bertelsmann, NZA 2005, 1017; zum Meinungsstreit siehe → **Arbeitskampf** Rn. 5). Das BAG hat die Frage ausdrücklich **offen gelassen** (BAG v. 24. 4. 2007 – 1 AZR 252/06, AiB 2007, 732).

Beschäftigungssicherung und -förderung

Von gewerkschaftlicher Seite geführte Streiks für einen »Sozialtarifvertrag« hat die Rechtsprechung aber – gegen den heftigen juristischen und politischen Widerstand der Arbeitgeber(-verbände) – für **zulässig erklärt** (BAG v. 24. 4. 2007 – 1 AZR 252/06, AiB 2007, 732; siehe → **Arbeitskampf** Rn. 7).
Zu den Inhalten eines Sozialtarifvertrages zählen u. a. Tarifbestimmungen über verlängerte Kündigungsfristen, Durchführung von Fortbildungs- und Umschulungsmaßnahmen und Finanzierung durch den Arbeitgeber, Vergütung der Teilnehmer an Fortbildungs- und Umschulungsmaßnahmen und → **Abfindungen** zugunsten der von Entlassung betroffenen Beschäftigten.

17 In einer besonderen Verantwortung steht natürlich der Staat, dessen Aufgabe es ist, durch eine aktive und vernünftige Wirtschafts-, Finanz- und Beschäftigungspolitik arbeitsplatzschaffendes Wachstum allgemein und in bestimmten Bereichen zu erzeugen.
Was vernünftig ist, ist seit jeher umstritten. Die einen – z. B. Gewerkschaften – fordern eine ausgabenwirksame »nachfrageorientierte« Anti-Krisen-Politik des Staates.
»Angebotspolitiker« und Arbeitgeberverbände sehen die Lösung aller Probleme vor allem darin, die Unternehmer von allem »sozialen Ballast« (= Personalkosten) zu befreien.
Immerhin müssen selbst »Hardliner« im Arbeitgeberlager einräumen, dass in der Finanz- und Wirtschaftskrise 2008/2009 nur massives Eingreifen des Staates (siehe Rn. 3) Schlimmeres verhindert hat.

Bedeutung für die Betriebsratsarbeit

18 Der Betriebsrat hat nach § 80 Abs. 1 Nr. 8 BetrVG die Aufgabe, die **Beschäftigung im Betrieb zu sichern und zu fördern.**

19 Zur Erfüllung seiner Aufgabe kann der Betriebsrat dem Arbeitgeber nach **§ 92 a Abs. 1 BetrVG** Vorschläge zur Sicherung und Förderung der Beschäftigung machen. Diese können insbesondere eine
- flexible Gestaltung der Arbeitszeit (siehe → **Arbeitszeitflexibilisierung**),
- die Förderung von → **Teilzeitarbeit** und → **Altersteilzeit**,
- neue Formen der Arbeitsorganisation (siehe → **Gruppenarbeit**),
- Änderungen der Arbeitsverfahren und Arbeitsabläufe,
- die Qualifizierung der Arbeitnehmer (siehe → **Berufsbildung**),
- Alternativen zur Ausgliederung von Arbeit oder ihrer Vergabe an andere Unternehmen sowie zum Produktions- und Investitionsprogramm (siehe → **Alternative Produktion**)

zum Gegenstand haben (§ 92 a Abs. 1 Satz 2 BetrVG).

20 Der Arbeitgeber hat die Vorschläge mit dem Betriebsrat **zu beraten** (§ 92 a Abs. 2 Satz 1 BetrVG).
Hält der Arbeitgeber die Vorschläge des Betriebsrats für **ungeeignet**, hat er dies zu begründen; in Betrieben mit mehr als 100 Arbeitnehmern hat die Begründung schriftlich zu erfolgen (§ 92 a Abs. 2 Satz 2 BetrVG).
Zu den Beratungen kann der Arbeitgeber oder der Betriebsrat einen Vertreter der Bundesagentur für Arbeit hinzuziehen (§ 92 a Abs. 2 Satz 3 BetrVG).

20a Damit der Betriebsrat dem Arbeitgeber ein **qualifiziertes Konzept** zur Sicherung und Förderung der Beschäftigung nach Maßgabe des § 92a BetrVG vorlegen kann, sollte er nach § 37 Abs. 6 BetrVG die Entsendung von Mitgliedern zu einer → **Schulungs- und Bildungsveranstaltung** beschließen, in der Kenntnisse zu diesem Themenkreis vermittelt werden.

Beschäftigungssicherung und -förderung

Hinweis:
Wenn der Betriebsrat **initiativ** wird, ist der für eine Kostentragung durch den Arbeitgeber erforderliche **betriebliche Bezug** gegeben (siehe hierzu → **Schulungs- und Bildungsveranstaltung** Rn. 6 und 7).

Falls erforderlich, sollte der Betriebsrat gem. § 80 Abs. 3 BetrVG die Hinzuziehung eines → **Sachverständigen** beschließen und den Arbeitgeber auffordern, dem zuzustimmen (»nähere Vereinbarung«). Wenn der Arbeitgeber eine »nähere Vereinbarung« verweigert, sollte der Betriebsrat die Einleitung eines arbeitsgerichtlichen Verfahrens und die Beauftragung eines Rechtsanwaltes beschließen. Gegebenenfalls muss auch an einen Antrag auf Erlass einer einstweiligen Verfügung gedacht werden.
Zu weiteren Einzelheiten siehe → **Sachverständiger**.

Kurzarbeit

Ein wichtiges Instrument zur Vermeidung von Entlassungen bei rückläufiger Auftragslage ist die Einführung von → **Kurzarbeit**.
Der Betriebsrat hat insoweit ein **Initiativmitbestimmungsrecht** (vgl. Schoof, Personalabbau stoppen – Kurzarbeit einführen oder verlängern, AiB 2009, 610).
Die »Unternehmensautonomie« (siehe Rn. 16) steht dem Initiativmitbestimmungsrecht des Betriebsrats nach zutreffender Ansicht des BAG nicht entgegen (BAG v. 4.3.1986 – 1 ABR 15/84, AiB 1986, 142 ff.).
Solange die → **Einigungsstelle** (§ 87 Abs. 2 BetrVG) über den Antrag des Betriebsrats auf Einführung von Kurzarbeit nicht entschieden hat, darf der Arbeitgeber keine Entlassungen durchführen.
Dem Betriebsrat steht ein mit **einstweiliger Verfügung** durchsetzbarer → **Unterlassungsanspruch** zu (ArbG Bremen v. 25.11.2009 – 12 BVGa 1204/09, AiB 2010, 584 ff. und 622 ff.).

21

Arbeitszeitabsenkung nach einem »Beschäftigungssicherungstarifvertrag«

Beschäftigungssicherungstarifverträge (siehe Rn. 14) begründen meist ein **Initiativmitbestimmungsrecht** des Betriebsrats beim »ob« und »wie« der Arbeitszeitabsenkung.
Solange eine → **Einigungsstelle** über den Antrag des Betriebsrats auf Arbeitszeitabsenkung nicht abschließend entschieden hat, darf der Arbeitgeber keine Entlassungen durchführen.
Dem Betriebsrat steht ein mit **einstweiliger Verfügung** durchsetzbarer → **Unterlassungsanspruch** zu (LAG Hamburg v. 24.6.1997 – 3 TaBV 4/97, AiB 1998, 226; ArbG Bremen v. 25.11.2009 – 12 BVGa 1204/09, AiB 2010, 584 ff. und 622 ff.).
Zu weiteren Einzelheiten siehe → **Beschäftigungssicherungstarifvertrag**.

22

Betriebsänderung – Interessenausgleich – Sozialplan – Nachteilsausgleich (§§ 111 bis 113 BetrVG)

Besonders gefordert ist der Betriebsrat, wenn der Unternehmer eine → **Betriebsänderung** (§ 111 BetrVG) mit Personalabbau (Betriebsstilllegung oder Teilstilllegung, Rationalisierung usw.) plant.
Der Unternehmer hat den Betriebsrat umfassend über seine Planungen zu informieren, mit ihm (über die Gründe der Betriebsänderung und Alternativen) zu beraten, und einen → **Interessenausgleich** zu verhandeln (§ 112 Abs. 1 BetrVG).
Der Betriebsrat kann und soll in diese Verhandlungen seine **Alternativvorschläge** zur Sicherung und Förderung der Beschäftigung einbringen (z. B. Einführung von → **Kurzarbeit**).

23

685

Beschäftigungssicherung und -förderung

Im Nichteinigungsfall können Arbeitgeber oder Betriebsrat die → **Einigungsstelle** anrufen (§ 112 Abs. 2 BetrVG).
Die Einigungsstelle kann über den Interessenausgleich allerdings keine verbindliche Entscheidung fällen (siehe → **Interessenausgleich**). Wenn der Arbeitgeber eine Einigung über einen Interessenausgleich (ggf. nach mehreren Sitzungen der Einigungsstelle) verweigert, muss der Einigungsstellenvorsitzende die Verhandlungen in der Einigungsstelle letztendlich für gescheitert erklären.
Erst ab diesem Zeitpunkt kann der Unternehmer die von ihm geplanten Entlassungen »auf den Weg bringen« (durch Anhörung des Betriebsrats nach § 102 Abs. 1 BetrVG; siehe → **Kündigung** Rn. 35 ff.). Leitet der Arbeitgeber das Kündigungsverfahren vor dem Scheitern der Einigungsstelle über den Interessenausgleich ein, steht dem Betriebsrat nach h. M. ein mit **einstweiliger Verfügung** durchsetzbarer Unterlassungsanspruch zu (strittig; siehe → **Unterlassungsanspruch des Betriebsrats** Rn. 20).
Der Unternehmer ist im Übrigen zu einem → **Nachteilsausgleich** verpflichtet, wenn er Arbeitnehmer entlässt, bevor das nach § 112 BetrVG durchzuführende Einigungsstellenverfahren über einen Interessenausgleich abgeschlossen ist (§ 113 BetrVG).

Rechtsprechung

1. Beschränkung des Kündigungsrechts des Arbeitgebers wegen Verletzung seiner Beratungs- oder Begründungspflicht nach § 92 a BetrVG?
2. Initiativ-Mitbestimmungsrecht bei Einführung von Kurzarbeit – Unterlassungsanspruch – Einstweilige Verfügung
3. Tarifvertraglich geregelte Mitbestimmung bei der Absenkung der Arbeitszeit zum Zwecke der Beschäftigungssicherung (Metallindustrie) – Unterlassungsanspruch – Einstweilige Verfügung

Beschäftigungssicherungstarifvertrag

Was ist das?

In vielen Branchen sind auf Initiative der Gewerkschaften sog. **Tarifverträge zur Beschäftigungssicherung** abgeschlossen worden. 1
Sie ermächtigen Arbeitgeber und Betriebsrat, im Falle einer Betriebskrise die regelmäßige wöchentliche → **Arbeitszeit** (und damit auch das → **Arbeitsentgelt**) abzusenken und dadurch Entlassungen zu vermeiden.
Vorrang hat allerdings die Einführung von → **Kurzarbeit**. Sie hat den Vorteil, dass Entgelteinbußen zum Teil durch das **Kurzarbeitergeld** nach §§ 95 ff. SGB III 2012 ausgeglichen werden. 2
Ein (teilweiser) Entgeltausgleich ist in Beschäftigungssicherungstarifverträgen regelmäßig nicht vorgesehen (siehe Rn. 3).
Deshalb kommt eine Anwendung solcher Tarifverträge vor allem dann in Betracht, wenn die Einführung von Kurzarbeit »nicht passt«, insbesondere weil die gesetzlichen Voraussetzungen zum Bezug von Kurzarbeitergeld nicht oder nicht mehr vorliegen.
Die Beschäftigungssicherungstarifverträge sehen meist folgende Regelungen vor (Beispiel Metall- und Elektroindustrie): 3
- Die regelmäßige wöchentliche → **Arbeitszeit** kann zum Zwecke der Beschäftigungssicherung durch die Betriebsparteien durch Abschluss einer Betriebsvereinbarung (ggf. durch Spruch einer tariflichen Einigungsstelle) um bis zu fünf Stunden **abgesenkt** werden.
- Dem Betriebsrat wird darüber hinaus ein – über § 87 Abs. 1 Nr. 2 BetrVG hinausgehendes – erzwingbares Initiativmitbestimmungsrecht zur Verkürzung der Dauer der **regelmäßigen Arbeitszeit** zum Zwecke der Beschäftigungssicherung eingeräumt. Im Nichteinigungsfalle entscheidet die → **Einigungsstelle** (siehe Rn. 5, 6).
- Das → **Arbeitsentgelt** sinkt entsprechend der Arbeitszeitabsenkung. Ein Entgeltausgleich ist freiwillig möglich, aber nicht erzwingbar.
- Während der Laufzeit der Betriebsvereinbarung sind betriebsbedingte **Kündigungen** unzulässig.

Das Problem von (vertraglichen, betrieblichen, tariflichen) Kündigungsausschlussklauseln besteht darin, dass sie **nicht »insolvenzfest«** sind. 4
Nach Ansicht des BAG steht einer vom Insolvenzverwalter wegen beabsichtigter Betriebsteilstilllegung erklärten Kündigung nach § 113 InsO ein vor der Eröffnung des Insolvenzverfahrens in einer Standortsicherungsvereinbarung vereinbarter Ausschluss betriebsbedingter Kündigungen nicht entgegen (BAG v. 17.11.2005 – 6 AZR 107/05, NZA 2006, 661).
Das heißt: der Insolvenzverwalter kann das Arbeitsverhältnis gemäß § 113 InsO trotz des (vertraglichen, betrieblichen, tariflichen) Kündigungsausschlusses mit einer Frist von drei Monaten zum Monatsende **kündigen**.
Kündigt der Verwalter, so kann der Arbeitnehmer wegen der vorzeitigen Beendigung des Arbeitsverhältnisses als Insolvenzgläubiger **Schadenersatz** verlangen (meist kann aber ein solcher Anspruch wegen Insolvenz nicht realisiert werden).
Zu den aus Anlass der Finanz- und Wirtschaftskrise 2008/2009 in das SGB III aufgenommenen 4a

– befristet bis zum 31.12.2011 geltenden – Regelungen des § 421 t Abs. 2 Nr. 3 und Abs. 7 SGB III siehe → **Kurzarbeit** Rn. 3).
Mit diesen Regelungen wurden Unternehmen, die anstelle von Entlassungen Kurzarbeit eingeführt hatten, deutlich entlastet. Die Bestimmungen haben wesentlich dazu beigetragen, dass in Deutschland Massenentlassungen weitgehend unterblieben sind (siehe → **Kurzarbeit** Rn. 3).
Mit dem von der schwarz/gelben Koalition verabschiedeten Gesetz zur Verbesserung der Eingliederungschancen am Arbeitsmarkt vom 20.12.2011 (BGBl. I S. 2854) wurden die Sonderregelungen mit Wirkung zum 31.12.2011 aufgehoben.
Fortgeführt wurde § 421 t Abs. 2 Nr. 3 SGB III (a. F.). Die Bestimmung wurde als nunmehr unbefristet geltende Regelung für die Ermittlung des **Kurzarbeitergelds** in § 106 Abs. 2 Satz 3 SGB III 2012 aufgenommen: Bei der Berechnung der Nettoentgeltdifferenz nach § 106 Abs. 1 SGB III 2012 bleiben aufgrund von kollektivrechtlichen Beschäftigungssicherungsvereinbarungen vorgenommene vorübergehende Änderungen (also Absenkung) der vertraglich vereinbarten Arbeitszeit außer Betracht. Das heißt: Das Kurzarbeitergeld wird nach dem **vor** der Arbeitszeitabsenkung gezahlten vollen tariflichen Entgelt bemessen.
§ 421 Abs. 7 SGB III (a. F.), wonach sich eine Absenkung der Arbeitszeit (und des Arbeitsentgelts) aufgrund einer kollektivrechtlichen Beschäftigungssicherungsvereinbarung nicht nachteilig auf die Höhe des **Arbeitslosengelds** auswirkt, gilt nur noch für Zeiten bis zum 31.3.2012 (§ 419 Abs. 7 SGB III 2012 = früher: § 412 Abs. 7 SGB III a. F.; siehe auch → **Arbeitslosenversicherung: Arbeitslosengeld** Rn. 26 a).

Bedeutung für die Betriebsratsarbeit

5   Das in den meisten Beschäftigungssicherungstarifverträgen vorgesehene **Initiativmitbestimmungsrecht** des Betriebsrats (siehe Rn. 3) gibt diesem die Möglichkeit, einer Personalabbauplanung des Arbeitgebers eine wirksame Alternative entgegen zu setzen (Vorrang hat allerdings die volle Ausschöpfung von → **Kurzarbeit**; siehe Rn. 2).
Lehnt der Arbeitgeber die Vorschläge des Betriebsrats ab, kann er die in dem Tarifvertrag vorgesehene → **Einigungsstelle** anrufen. Diese entscheidet dann darüber, ob die Arbeitszeit in dem vom Betriebsrat vorgeschlagenen Umfang abgesenkt und damit der tarifliche Kündigungsschutz für die Laufzeit der beschlossenen Arbeitszeitabsenkung ausgelöst wird.

6   Dem Betriebsrat steht zur Durchsetzung seines tariflich begründeten Mitbestimmungsrechts ein Anspruch auf **Unterlassung von Kündigungen** vor Ablauf des Mitbestimmungsverfahrens vor der tariflichen Einigungsstelle zu.
Das gilt im Falle einer vom Unternehmer geplanten Betriebsstilllegung/Massenentlassung (siehe → **Betriebsänderung**) auch dann, wenn die Verhandlungen über einen → **Interessenausgleich** (§ 112 Abs. 1 bis 3 BetrVG) gescheitert sind.
Der Unterlassungsanspruch kann mit **einstweiliger Verfügung** durchgesetzt werden (LAG Hamburg v. 24.6.1997 – 3 TaBV 4/97, AiB 1998, 226; ArbG Bremen v. 25.11.2009 – 12 BVGa 1204/09 [rkr.], AiB 2010, 584 ff. und 622 ff.; vgl. auch Fitting, BetrVG, 27. Aufl., § 102 Rn. 97).
In beiden Entscheidungen (LAG Hamburg und ArbG Bremen) wurde das Kündigungsverbot auf den für das Mitbestimmungsverfahren voraussichtlich erforderlichen Zeitraum befristet. Es wurde aber darauf hingewiesen, dass es dem Betriebsrat unbenommen bleibe, durch einen erneuten Antrag auf Erlass einer einstweiligen Verfügung eine **Verlängerung des Kündigungsverbotes** zu beantragen, wenn es innerhalb der festgesetzten Dauer des Kündigungsverbots nicht zu einem Abschluss des Einigungsstellenverfahrens über die Arbeitszeitabsenkung kommen sollte.

Arbeitshilfen

Muster
- Beschäftigungssicherungstarifvertrag I
- Beschäftigungssicherungstarifvertrag II
- Sozialtarifvertrag
- Zentrale Eckpunkte für einen Beschäftigungssicherungs- und Sozialtarifvertrag

Rechtsprechung

1. Zulässigkeit von arbeitszeit- und entgeltabsenkenden Tarifregelungen zum Zwecke der Beschäftigungssicherung
2. Tarifvertraglich geregelte Mitbestimmung bei der Absenkung der Arbeitszeit zum Zwecke der Beschäftigungssicherung (Metallindustrie) – Unterlassungsanspruch – Einstweilige Verfügung

Beschwerderecht der Arbeitnehmer

Was ist das?

1 Ein Arbeitnehmer hat nach § 84 Abs. 1 BetrVG das Recht, sich bei den »zuständigen Stellen« des Betriebs zu beschweren, wenn er sich vom Arbeitgeber, von Vorgesetzten oder von Arbeitskollegen benachteiligt, ungerecht behandelt oder in sonstiger Weise beeinträchtigt fühlt.

> **Beispiele:**
> Beschwerde über schikanöses Verhalten eines Vorgesetzten.
> Beschwerde über Arbeitsüberlastung infolge personeller Unterbesetzung.
> Beschwerde über belastende Arbeitsbedingungen (z. B. Lärm, Staub, Zugluft, usw.).

Sind mehrere Arbeitnehmer betroffen, können und sollten sie die Beschwerde **gemeinsam** einlegen.

2 Von besonderer Bedeutung ist die Möglichkeit, eine Beschwerde **direkt beim Betriebsrat** einzulegen und damit das »kollektive Beschwerdeverfahren« nach § 85 BetrVG auszulösen (siehe Rn. 10 ff.).

Beschwerderecht nach § 13 AGG

3 Nach § 13 AGG können sich Arbeitnehmer, die sich wegen eines in § 1 AGG genannten Grundes – also aus Gründen der Rasse oder wegen der ethnischen Herkunft, des Geschlechts, der Religion oder Weltanschauung, einer Behinderung, des Alters oder der sexuellen Identität – benachteiligt fühlen, bei den »zuständigen Stellen« des Betriebs oder Unternehmens beschweren (siehe hierzu → **Benachteiligungsverbot [AGG]** Rn. 45).

Beschwerderecht nach § 17 ArbSchG

3a Ein **weiteres Beschwerderecht** ergibt sich aus § 17 ArbSchG (siehe → **Arbeitsschutz** Rn. 101 ff.). Hiernach sind Arbeitnehmer berechtigt, dem Arbeitgeber Vorschläge zu allen Fragen der Sicherheit und des Gesundheitsschutzes bei der Arbeit zu machen. Sind Beschäftigte auf Grund konkreter Anhaltspunkte der Auffassung, dass die vom Arbeitgeber getroffenen Maßnahmen und bereitgestellten Mittel nicht ausreichen, um die Sicherheit und den Gesundheitsschutz bei der Arbeit zu gewährleisten, und hilft der Arbeitgeber darauf gerichteten Beschwerden von Beschäftigten nicht ab, können sich diese an die zuständige Behörde wenden (z. B. Gewerbeaufsichtsamt). Hierdurch dürfen den Beschäftigten keine Nachteile entstehen (§ 17 Abs. 2 Satz 2 ArbSchG).

3b Die Beschwerderechte nach § 13 AGG und § 17 ArbSchG schränken das individuelle und kollektive Beschwerderecht des Arbeitnehmers nach §§ 84, 85 BetrVG nicht ein (vgl. Fitting, BetrVG, 26. Aufl., § 85 Rn. 2).

4 **Gegenstand** einer Beschwerde im Sinne des § 84 BetrVG können alle denkbaren tatsächlichen

Beschwerderecht der Arbeitnehmer

oder rechtlichen Beeinträchtigungen sein, die der Arbeitnehmer im Zusammenhang mit dem Arbeitsverhältnis erlebt bzw. empfindet.

Beispiele:
- **Tätigkeit:** z.B. einseitige Körperhaltung, Arbeit im Stehen, in gebückter Haltung, Überkopfarbeit, monotone Arbeit, ständig sich wiederholende Alleinarbeit mit wenig oder keinen Kontakten zu anderen Mitarbeitern, Arbeit unter Störung der Konzentration, usw.
- **Arbeitsplatz:** z.B. schlechte räumliche Verhältnisse, fehlende technische Hilfen, unzureichende Ausstattung des Arbeitsplatzes, Großraumbüro, usw.
- **Arbeitsumgebung:** z.B. Verschmutzung, Staub, Öl, Fett, Temperatur (Hitze, Kälte), Nässe, chemische Stoffe (Säure, Gase und Dämpfe; auch dadurch bedingte unangenehme Gerüche), Tabakrauch, Lärm, Erschütterung, Vibration, falsche Beleuchtung (Blendung oder Lichtmangel), Zugluft, Erkältungsgefahr, ungeeignete Schutzkleidung, Unfallgefährdung, usw.
- **Arbeitsorganisation:** z.B. ständig allein arbeiten, mangelhafte Form der Team- oder Gruppenarbeit, unklare Arbeitsanweisungen, häufige Störungen
- **Personalbemessung, Arbeitszeit:** z.B. personelle Unterbesetzung, zu viel Arbeit für zu wenig Personal, Termin- und Zeitdruck, Stress, ungünstige Arbeitszeiten, Überstunden, Schichtarbeit, Nachtarbeit, usw.
- **Betriebsklima:** z.B. schlechte Menschenführung durch Vorgesetzte, Schikanen, Ungleichbehandlung/Benachteiligung, Mobbing, sexuelle Belästigung, ausländerfeindliches Verhalten, usw.

Siehe auch Musterschreiben im Anhang zu diesem Stichwort.
Wer zuständige **Beschwerdestelle** im Sinn des § 84 BetrVG ist, ergibt sich aus dem jeweiligen 5
Organisationsaufbau des Betriebs. Im Betrieb kann eine besondere Stelle für die Entgegennahme von Beschwerden eingerichtet werden.
Ansonsten ist der Vorgesetzte in der Regel die erste Ansprechperson, es sei denn, er selbst ist der Verursacher der Beeinträchtigung.
Hilft der Vorgesetzte der Beschwerde nicht ab oder ist er der Verursacher der Beeinträchtigung, kann der Beschwerdeführer sich an den nächsthöheren Vorgesetzten wenden, ggf. den betrieblichen Instanzenweg bis hin zur Unternehmensleitung beschreiten.
Der Arbeitnehmer kann ein Betriebsratsmitglied (seines Vertrauens) zwecks Unterstützung 6
und Vermittlung **hinzuziehen** (§ 84 Abs. 1 Satz 2 BetrVG).
Der Arbeitgeber ist gemäß § 84 Abs. 2 BetrVG verpflichtet zu prüfen, ob die Beschwerde 7
berechtigt ist.
Ist dies der Fall, hat er ihr **abzuhelfen**, das heißt, den Beschwerdegrund durch geeignete Maßnahmen zu beseitigen (siehe auch → **Mobbing**, → **Sexuelle Belästigung**).
Auf jeden Fall hat der Arbeitgeber dem Beschwerdeführer einen **Bescheid** zu erteilen, also auch dann, wenn er der Beschwerde nicht abhelfen will.
Der Bescheid kann mündlich oder schriftlich erfolgen.
Wird die Beschwerde abgelehnt, ist die Ablehnung zu begründen.
Der Arbeitnehmer sollte in diesem Falle überlegen, ob er die Beschwerde zum Beispiel durch Einleitung des »**kollektiven Beschwerdeverfahrens**« nach § 85 BetrVG (siehe Rn. 10ff.) weiterführt.
Aus der Erhebung der Beschwerde dürfen dem Arbeitnehmer **keine Nachteile** entstehen (§ 84 8
Abs. 3 BetrVG). Dies gilt auch, wenn sich die Beschwerde als unbegründet erweist.
Maßnahmen des Arbeitgebers, die gegen das Benachteiligungsverbot verstoßen, sind **unwirksam** und haben ggf. **Schadensersatzansprüche** des Arbeitnehmers zur Folge.
Trotz dieser Regelung unterbleiben in der betrieblichen Praxis oft berechtigte Beschwerden gegen unzuträgliche Arbeitsbedingungen, weil die betroffenen Arbeitnehmer – oft zu Recht – Nachteile für sich und ihre berufliche Laufbahn befürchten. In einer solchen Situation stellt

Beschwerderecht der Arbeitnehmer

sich für den Betriebsrat die Frage, ob er selbst aktiv wird: denn auch Betriebsratsmitglieder können in ihrer Eigenschaft als Arbeitnehmer Beschwerde einlegen, wenn sie selbst davon betroffen sind, und damit das »**kollektive Beschwerdeverfahren**« nach § 85 BetrVG auslösen (siehe hierzu Rn. 10 ff.).

9 Durch → **Tarifvertrag** oder → **Betriebsvereinbarung** können (weitere) Einzelheiten der in §§ 84 und 85 BetrVG vorgesehenen Beschwerdeverfahren geregelt werden.

Insbesondere kann bestimmt werden, dass anstelle der → **Einigungsstelle** (§ 85 Abs. 2 BetrVG) eine betriebliche Beschwerdestelle tritt (§ 86 BetrVG).

Bedeutung für die Betriebsratsarbeit

10 Neben der Einlegung der Beschwerde bei der »zuständigen Stelle« des Betriebs nach § 84 BetrVG (siehe Rn. 1 ff.) kann der beschwerdeführende Arbeitnehmer sich auch an den Betriebsrat wenden – was generell zu empfehlen ist – und damit das »**kollektive Beschwerdeverfahren**« nach § 85 BetrVG auslösen.

Noch besser ist es, wenn **mehrere Arbeitnehmer** die Beschwerde beim Betriebsrat einlegen. Das ist zulässig. Hierzu ein Auszug aus LAG Baden-Württemberg v. 13. 3. 2000 – 15 TaBV 4/99, AiB 2000, 760: »*Soweit die Arbeitgeberin die Errichtung einer Einigungsstelle deshalb abgelehnt hat, weil eine unzulässige Popularbeschwerde vorliege, kann ihr nicht gefolgt werden. Eine Popularbeschwerde liegt nicht deshalb vor, weil sich vier Beschäftigte beschwert haben (vgl. Nebendahl/Lunk, NZA 1990, 676). Eine Popularbeschwerde wird dann erhoben, wenn von dem Beschwerdeführer lediglich geltend gemacht wird, Arbeitskollegen würden benachteiligt oder ungerecht behandelt, oder wenn ganz allgemein auf Missstände im Betrieb hingewiesen wird, ohne dass ein individueller Bezug zu dem einzelnen Beschwerdeführer gegeben wäre. Allein die Tatsache, dass die Beschwerde von mehreren Beschäftigten gleichzeitig erhoben wird, begründet noch nicht das Vorliegen einer unzulässigen Popularbeschwerde. Machen mehrere Beschäftigte, wenn auch gemeinsam, eine individuelle Beeinträchtigung geltend, erheben sie keine Popularbeschwerde. .... Vorliegend haben die drei Arbeiter und der eine Beamte keine vermeintliche Beeinträchtigung Dritter geltend gemacht. Vielmehr haben sie in ihrem an den Betriebsrat gerichteten Schreiben vom 30. September 1998 darauf hingewiesen, sie fühlten sich massiv überlastet, sie arbeiteten täglich bis zu drei Stunden und mehr über das planmäßige Dienstende hinaus, ihre persönliche Lebenssituation sei beeinträchtigt und sie seien nicht länger bereit, möglicherweise sogar ihre Gesundheit aufs Spiel zu setzen. Damit haben sich die vier Beschäftigten über ihre eigene Arbeitsüberlastung und nicht über die anderer Fachzusteller beschwert.*«

11 Der Betriebsrat ist verpflichtet, die Beschwerde entgegenzunehmen und – falls er sie für berechtigt erachtet – beim Arbeitgeber auf **Abhilfe** hinzuwirken (§ 85 Abs. 1 BetrVG).

12 Bestehen zwischen Betriebsrat und Arbeitgeber Meinungsverschiedenheiten über die Berechtigung der Beschwerde, so kann der Betriebsrat die → **Einigungsstelle** anrufen (§ 85 Abs. 2 Satz 1 BetrVG).

Diese entscheidet nach Durchführung eines Anhörungsverfahrens (auch der/die beschwerdeführende/n Arbeitnehmer ist/sind zu hören) über die **Berechtigung** der Beschwerde (§ 85 Abs. 2 Satz 2 BetrVG).

> **Beispiel:**
> Mehrere Arbeitnehmer einer Abteilung, die Überstunden machen sollen, beschweren sich beim Betriebsrat nach § 85 Abs. 1 BetrVG über die mit ständigen Überstunden verbundenen Arbeitsbelastungen und die zu geringe personelle Ausstattung der Abteilung.

Beschwerderecht der Arbeitnehmer

Der Betriebsrat hält die Beschwerde für berechtigt und wirkt beim Arbeitgeber auf Abhilfe hin (§ 85 Abs. 1 BetrVG).
Wenn der Arbeitgeber die Beschwerde zurückweist, kann der Betriebsrat die → Einigungsstelle anrufen (§ 85 Abs. 2 BetrVG). Diese entscheidet dann verbindlich darüber, ob die Beschwerde berechtigt ist oder nicht.

Zum Thema Beschwerde wegen **Arbeitsüberlastung / personelle Unterbesetzung** nachstehende Entscheidungen:
LAG Hamm (Westfalen) v. 21.8.2001 – 13 TaBV 78/01, NZA-RR 2002, 139: »*Die Einigungsstelle ist nicht offensichtlich unzuständig für die Behandlung einer Beschwerde einer Abteilungsleiterin, die sich über die personelle Unterbesetzung ihrer Abteilung und die damit verbundene Arbeitsüberlastung beschwert.*«
LAG Baden-Württemberg v. 13.3.2000 – 15 TaBV 4/99, AiB 2000, 760: »*Die Arbeitgeberin macht ohne Erfolg geltend, die Beschwerde der vier Frachtzusteller genüge schon nicht den Mindestanforderungen. Da unter einer Beschwerde jedes Vorbringen eines Arbeitnehmers zu verstehen ist, mit dem er darauf hinweist, dass er sich entweder vom Arbeitgeber, von Vorgesetzten oder anderen Arbeitnehmern des Betriebes benachteiligt, ungerecht behandelt oder in sonstiger Weise beeinträchtigt fühlt, und mit dem er Abhilfe des ihn persönlich belastenden Zustandes begehrt (vgl. Wiese, a. a. O., § 84 Anm. 7), ergibt sich vorliegend, dass sich die vier Beschwerdeführer über eine Überbelastung durch die Tätigkeit als Frachtzusteller in den ihnen übertragenen Frachtzustellbezirken beschwert haben und Abhilfe begehren. Da nicht die Art und Weise der Abhilfe den Gegenstand des Einigungsstellenverfahrens, sondern nur die Frage der Berechtigung der Beschwerde, wie sie von den Beschwerdeführern vorgebracht worden ist, bildet, kommt es nur auf deren Vorbringen an. Daraus folgt, dass sich die geltend gemachte Überbelastung aus der nach Auffassung der Beschwerdeführer zu geringen Anzahl der Zustellbezirke ergibt, die ihren Ausdruck in täglicher Mehrarbeit von mehreren Stunden findet, und sie eine gesundheitliche Beeinträchtigung befürchten. Dies wird ausdrucksvoll durch das Schreiben des Leiters des Zustellstützpunktes an den Betriebsrat vom 08. März 2000 unterstützt. Danach hat der Leiter des Zustellstützpunktes Sonderfahrten übernommen, um Rückstände aufzuarbeiten. Die vom Betriebsrat nach § 85 Abs. 2 BetrVG angerufene Einigungsstelle ist nicht vor diesem Hintergrund nicht offensichtlich unzuständig.*«
LAG Düsseldorf v. 21.12.1993 – 8 (5) TaBV 92/93, NZA 1994, 767: »*Für die Beschwerde eines Arbeitnehmers über seine totale Arbeitsüberlastung ist die Einigungsstelle nach §§ 85 Abs. 2 BetrVG, 98 Abs. 1 ArbGG nicht offensichtlich unzuständig.*«

Der Betriebsrat informiert den/die Beschwerdeführer/innen über die Entscheidung der Einigungsstelle. 12a
Auch die Belegschaft wird informiert (z. B. durch Info-Blatt, Aushang des Einigungsstellenspruchs – mit Begründung – am Schwarzen Brett, Abteilungsversammlung, Betriebsversammlung).
Stellt die Einigungsstelle durch Spruch fest, dass die Beschwerde berechtigt ist, ist der Arbeitgeber verpflichtet, der Beschwerde **abzuhelfen**, d. h., den Beschwerdegrund durch geeignete Maßnahmen zu beseitigen (§ 85 Abs. 3 Satz 2 BetrVG in Verbindung mit § 84 Abs. 2 BetrVG; vgl. BAG v. 22.11.2005 – 1 ABR 50/04, NZA 2006, 803). 13
Geschieht dies nicht, kann der Arbeitnehmer die Abhilfe der Beschwerde im Wege der **Klage** vor dem → **Arbeitsgericht** erzwingen. Dazu ist es – soweit ersichtlich – bislang aus nachvollziehbaren Gründen nicht gekommen: es dürfte nur wenig bis gar keine Arbeitnehmer geben, die ein derartiges Vorgehen gegen den Arbeitgeber riskieren. Deshalb stellt sich die Frage, ob auch der Betriebsrat ein Beschlussverfahren mit dem gleichen Ziel einleiten kann. Das ist strittig, aber zu bejahen, weil andernfalls die Vorschrift im Endeffekt leer läuft (zu Recht dafür

Beschwerderecht der Arbeitnehmer

DKKW-*Buschmann*, BetrVG, 15. Aufl., § 85 Rn. 26; a. A. Fitting, BetrVG, 27. Aufl., § 85 Rn. 9, 14).

Ggf. kommt eine Problemlösung auch in Form eines → **Koppelungsgeschäftes** zustande.

14 Der Arbeitgeber hat den Betriebsrat über die Behandlung der Beschwerde zu unterrichten, insbesondere über die Maßnahmen zur Abhilfe der Beschwerde (§ 85 Abs. 3 Satz 1 BetrVG). Auch dem Arbeitnehmer ist ein Bescheid zu erteilen (§ 85 Abs. 3 Satz 1 BetrVG in Verbindung mit § 84 Abs. 2 BetrVG).

15 Ein verbindlicher Spruch der → **Einigungsstelle** ist allerdings dann nicht möglich, wenn der Gegenstand der Beschwerde ein **Rechtsanspruch** ist (§ 85 Abs. 2 Satz 3 BetrVG).

Das ist beispielsweise der Fall, wenn der Arbeitgeber das vereinbarte oder tarifliche → **Arbeitsentgelt** nicht zahlt, den tariflichen → **Urlaub** nicht gewährt oder zu Unrecht eine → **Abmahnung** erteilt.

Über die Berechtigung individueller Rechtsansprüche soll – dies will die Vorschrift klarstellen – nicht die Einigungsstelle, sondern das → **Arbeitsgericht** entscheiden.

16 Nach h. M. ist in derartigen Fällen nicht nur eine Entscheidung der Einigungsstelle, sondern auch bereits die Anrufung der → **Einigungsstelle** ausgeschlossen (BAG v. 28. 6. 1984 – 6 ABR 5/83, NZA 1985, 189; vgl. z. B. Fitting, BetrVG, 27. Aufl., § 85 Rn. 6).

Diese Auffassung ist **abzulehnen**. Der Wortlaut des § 85 Abs. 2 Satz 3 BetrVG deutet eher darauf hin, dass – ähnlich wie beim → **Interessenausgleich** nach § 112 BetrVG – nur eine verbindliche Entscheidung der Einigungsstelle, nicht aber das Einigungsstellenverfahren als solches zu unterbleiben hat (so zutreffend DKKW-*Buschmann*, BetrVG, 15. Aufl., § 85 Rn. 12). Die Durchführung eines Einigungsstellenverfahrens (auch ohne verbindlichen Spruch) ist im Übrigen als Versuch, die Streitigkeit ohne Inanspruchnahme der staatlichen Gerichtsbarkeit innerbetrieblich zu lösen, ein durchaus sinnvolles Unterfangen.

17 Welche **Fallgestaltungen** vom Begriff des Rechtsanspruchs i. S. d. § 85 Abs. 2 Satz 3 BetrVG erfasst sind und damit nach herrschender Meinung ein Einigungsstellenverfahren ausschließen, ist umstritten:

Eindeutig zählen hierzu – in Gesetzen, Tarifverträgen, Betriebsvereinbarungen oder im Arbeitsvertrag geregelte – Rechtsansprüche, die der Arbeitnehmer mit einer **Leistungsklage** beim Arbeitsgericht durchsetzen könnte (z. B. Anspruch auf Lohn, Urlaub, Entgeltfortzahlung in Krankheitsfall usw.). Entsprechendes gilt für Rechtsansprüche, die von der Rechtsprechung entwickelt wurden und **anerkannt** sind (z. B. Anspruch auf Rücknahme einer unberechtigten Abmahnung. In diesen Fällen ist die Anrufung einer Einigungsstelle nach § 85 Abs. 1 BetrVG nicht möglich.

Dagegen ist die Einigungsstelle ohne Weiteres zuständig, wenn sich Arbeitnehmer über die **tatsächlichen Verhältnisse** bei der Arbeit beschweren: z. B. Zuweisung besonders schmutziger oder unangenehmer Arbeiten, Arbeitsüberlastung aufgrund zu geringer Personalausstattung, Schikanen durch Vorgesetzte.

Nach zutreffender Ansicht ist die Einigungsstelle auch zuständig für (Neben-)Ansprüche, die sich aus den allgemeinen Fürsorgepflichten des Arbeitgebers, aus den Grundsätzen von Recht und Billigkeit oder aus dem Gleichbehandlungsgrundsatz zwar ableiten lassen, die aber nicht klar gegeben, nicht allgemein anerkannt oder durch Klage nur schwer konkretisierbar und damit nur **schwer justiziabel** sind (so zutreffend Hessisches LAG v. 3. 3. 2009 – 4 TaBV 14/09, AiB 2009, 341 = AuR 2009, 181; DKKW-*Buschmann*, BetrVG, 15. Aufl., § 85 Rn. 18). Würde man den Arbeitnehmer auf den (unsicheren) Weg des Klageverfahrens verweisen, würde das Beschwerderecht des Arbeitnehmers nach § 85 BetrVG **weitgehend leer laufen**. Deshalb ist die Anrufung der Einigungsstelle nur dann ausgeschlossen, wenn **offensichtlich** ist, dass Gegenstand der Beschwerde ein im Klageweg verfolgbarer Rechtsanspruch ist – anders ausgedrückt: wenn der beschwerdeführende Arbeitnehmer mit der Beschwerde eindeutig und direkt einen Rechtsanspruch geltend macht (DKKW-*Buschmann*, BetrVG, 15. Aufl., § 85 Rn. 18, 19).

Beschwerderecht der Arbeitnehmer

Zur umstrittenen Frage, ob die Einigungsstelle nach § 85 Abs. 2 BetrVG im Falle einer Beschwerde des Arbeitnehmers gegen eine Abmahnung angerufen und tätig werden kann, siehe → **Abmahnung** Rn. 17.

18

Arbeitshilfen

Musterschreiben
Checklisten

- Arbeitnehmerbeschwerde nach § 85 BetrVG
- Ablauf eines Beschwerdeverfahrens nach § 85 BetrVG
- Beschwerde – Vorgehen des Betriebsrats

Rechtsprechung

1. Beschwerderecht des Arbeitnehmers (§§ 84, 85 BetrVG) – Einigungsstelle
2. Kein Einigungsstellenverfahren bei Geltendmachung eines Rechtsanspruchs
3. Beschwerde gegen Abmahnung – Einigungsstellenverfahren nach § 85 Abs. 2 BetrVG?

Beteiligungsrechte des Betriebsrats

Rechtliche Grundlagen

1 Das Betriebsverfassungsgesetz weist dem Betriebsrat in den §§ 80 bis 113 BetrVG ein breites Spektrum von **Aufgaben** zu (siehe → **Betriebsrat** Rn. 10 ff.).
Gleichzeitig stellt es ihm ein differenziertes Instrumentarium von **Beteiligungsrechten** – nämlich Informations-, Mitwirkungs- und Mitbestimmungsrechte – zur Verfügung.

2 Durch die Einräumung von Beteiligungsrechten soll gewährleistet werden, dass in der von der jeweiligen Vorschrift benannten »Angelegenheit« die Interessen der Arbeitnehmer »nicht unter die Räder kommen«.
Wenn also das Gesetz beispielsweise in § 87 Abs. 1 Nr. 3 BetrVG dem Betriebsrat ein Mitbestimmungsrecht bei geplanter → **Kurzarbeit** einräumt, so will es auf diesem Wege sicherstellen, dass sich die Einführung und Ausgestaltung der Kurzarbeit nicht nur nach den Interessen des Arbeitgebers, sondern auch nach den Belangen der Beschäftigten ausrichtet.

3 Hinzuweisen ist darauf, dass über die §§ 80 bis 113 BetrVG hinaus in einer Reihe von **anderen Gesetzen** Aufgaben und Beteiligungsrechte des Betriebsrats geregelt sind:

> **Beispiele:**
> § 14 Abs. 3 Arbeitnehmerüberlassungsgesetz
> § 9 Arbeitssicherheitsgesetz
> § 6 Abs. 4 Satz 2, 3 Arbeitszeitgesetz
> § 17 Kündigungsschutzgesetz
> § 99 Sozialgesetzbuch III
> § 323 Sozialgesetzbuch III
> § 22 Abs. 1 Sozialgesetzbuch VII
> § 193 Abs. 3 Sozialgesetzbuch VII
> § 93 Sozialgesetzbuch IX

4 Aufgaben und Beteiligungsrechte des Betriebsrats können sich auch aus tarifvertraglichen Regelungen ergeben (siehe → **Tarifvertrag**).

5 Die Beteiligungsrechte des Betriebsrats lassen sich nach Zweck, Inhalt und Wirkungsgrad – wie folgt – grob untergliedern:
- Informationsrechte,
- Mitwirkungsrechte,
- Mitbestimmungsrechte.

Informationsrechte

6 Der Betriebsrat hat einen Anspruch darauf, vom Arbeitgeber über alle die Angelegenheiten **rechtzeitig** und **umfassend** unterrichtet zu werden, die in den Zuständigkeits- und Aufgabenbereich des Betriebsrats fallen.

7 Die Informationsrechte des Betriebsrats sind im Einzelnen in folgenden Vorschriften geregelt:

Beteiligungsrechte des Betriebsrats

- allgemeines Informationsrecht: § 80 Abs. 2 BetrVG;
- besondere Informationsrechte: § 53 Abs. 2, § 89 Abs. 2 und 4, § 90 Abs. 1, § 92 Abs. 1, § 99 Abs. 1, § 100 Abs. 2, § 102 Abs. 1, § 105, § 106 Abs. 2, § 108 Abs. 3 und 5, § 111 BetrVG.

§ 80 Abs. 2 BetrVG hat den Charakter einer »**Generalklausel**«. Das heißt, diese Regelung ist in allen denjenigen Sachverhalten anzuwenden, die einerseits nicht ausdrücklich von den »besonderen« Informationsvorschriften erfasst sind und die andererseits aber dennoch in den Aufgaben- und Zuständigkeitsbereich des Betriebsrats fallen.
Dabei ist der Geltungsbereich des § 80 Abs. 2 BetrVG keineswegs auf die in § 80 Abs. 1 Nrn. 1 bis 9 BetrVG aufgezählten Aufgaben beschränkt.

Zu Form und Umfang der Informationsrechte des Betriebsrats bzw. der Informationsverpflichtung des Arbeitgebers: siehe → **Informationsrechte des Betriebsrats**.   8

Hinzuweisen ist darauf, dass das Betriebsverfassungsgesetz in einigen Fällen dem Arbeitgeber   9
Unterrichtungspflichten auferlegt, die er direkt gegenüber der Belegschaft zu erfüllen hat (vgl. z. B. §§ 43 Abs. 2, 81 ff., 110 BetrVG; siehe → **Arbeitnehmerrechte nach dem BetrVG**).

Auch wenn das Gesetz den Arbeitgeber verpflichtet, den Betriebsrat von sich aus, also **unauf-**   10
gefordert zu informieren, ist in der Praxis eine Neigung der Arbeitgeber festzustellen, dies nicht oder nicht ausreichend zu tun.

Ohne ausreichende Information über das Geschehen im → **Betrieb** und → **Unternehmen**, insbesondere über die Vorhaben und Planungen des Arbeitgebers, ist der Betriebsrat aber kaum in der Lage, seine Aufgaben sowie seine Mitwirkungs- und Mitbestimmungsrechte in ausreichender Weise wahrzunehmen.

Der Betriebsrat sollte daher seine Informationsrechte konsequent geltend machen und ggf. die notwendigen Schritte zur Durchsetzung dieser Rechte beschließen. Dazu zählen Verfahren nach
- § 23 Abs. 3 BetrVG (siehe → **Arbeitsgericht**),
- § 109 BetrVG (siehe → **Einigungsstelle** und → **Wirtschaftsausschuss**),
- § 121 BetrVG (siehe → **Ordnungswidrigkeitenverfahren**).

Gegebenenfalls kann der Betriebsrat auch versuchen, ein informationspflichtiges Vorhaben   11
des Arbeitgebers per Antrag auf Erlass einer **einstweiligen Verfügung** (siehe → **Arbeitsgericht** und → **Unterlassungsanspruch des Betriebsrats**) vorläufig zu stoppen.

Auch sollte nicht vergessen werden, dass die Nicht- oder Schlechtinformation durchaus eine   12
strafbare → **Behinderung der Betriebsratstätigkeit** im Sinne des § 119 Abs. 1 Nr. 2 BetrVG sein kann (siehe auch → **Strafverfahren**).

Mitwirkungsrechte

In einer Reihe von Sachverhalten weist das Gesetz dem Betriebsrat Mitwirkungsrechte zu.   13
In mitwirkungspflichtigen Fallgestaltungen ist der Arbeitgeber verpflichtet,
- mit dem Betriebsrat zu »**beraten**« (vgl. z. B. §§ 90 Abs. 2, 92 Abs. 1, 92 a Abs. 2, 96 Abs. 1, 97, 111 BetrVG);
- über die »**Vorschläge**« des Betriebsrats (vgl. z. B. §§ 90 Abs. 2, 92 Abs. 2, 92 a Abs. 1, 96 Abs. 1 BetrVG) mit dem »ernsten Willen zur Einigung zu verhandeln« (vgl. § 74 Abs. 1 BetrVG);
- den Betriebsrat »**anzuhören**« (§ 102 Abs. 1 BetrVG).

Der Arbeitgeber ist in mitwirkungspflichtigen Angelegenheiten allerdings nicht verpflichtet,   14
den Vorstellungen, Vorschlägen, Bedenken des Betriebsrats zu folgen. Vielmehr liegt das »**Letztentscheidungsrecht**« bei ihm.
Anders ausgedrückt: Der Arbeitgeber muss mit dem Betriebsrat reden und ernsthaft verhandeln (im Falle eines → **Interessenausgleichs** sogar bis zur Anrufung der → **Einigungsstelle**); dann hat er dem Mitwirkungsrecht des Betriebsrats Genüge getan.

Beteiligungsrechte des Betriebsrats

15 Missachtet der Arbeitgeber ein Mitwirkungsrecht des Betriebsrats, kann dieser seinen Beratungs- und Verhandlungsanspruch durch Arbeitsgerichtsverfahren durchsetzen. Insbesondere kann der Betriebsrat durch Antrag auf Erlass einer **einstweiligen Verfügung** (siehe → **Arbeitsgericht**) gegen den Arbeitgeber vorgehen z. B. mit dem Ziel, dass dieser eine technische Anlage so lange nicht in Betrieb nimmt, solange die nach § 90 Abs. 2 BetrVG erforderliche »Beratung« nicht erfolgt und abgeschlossen ist. Oder mit dem Antrag, dass Kündigungen und sonstige Maßnahmen zur Umsetzung einer → **Betriebsänderung** bis zum Abschluss des Einigungsstellenverfahrens über einen Interessenausgleich zu unterbleiben haben (siehe → **Unterlassungsanspruch des Betriebsrats** Rn. 20).

16 Im Falle des § 102 Abs. 1 BetrVG hat eine unterbliebene oder mangelhafte »Anhörung« des Betriebsrats die Nichtigkeit einer ausgesprochenen **Kündigung** zur Folge.
Die bei dieser Vorschrift verwendete Überschrift »Mitbestimmung bei Kündigungen« ist allerdings unzutreffend. Eine echte Mitbestimmung besteht nur, wenn dies zwischen den Betriebsparteien nach § 102 Abs. 6 BetrVG »freiwillig« vereinbart ist.

Mitbestimmungsrechte

17 In einigen Vorschriften räumt das BetrVG dem Betriebsrat Mitbestimmungsrechte ein.
18 Mitbestimmungsrechte zeichnen sich durch folgende Merkmale aus:
- Der Arbeitgeber darf ohne Beachtung der Rechte des Betriebsrats die Maßnahme nicht einseitig durchführen. Der Betriebsrat hat einen durch **einstweilige Verfügung** durchsetzbaren Unterlassungsanspruch (siehe → **Unterlassungsanspruch des Betriebsrats**).
- Mitbestimmungspflichtige Regelungen sind bei fehlender Einigung durch eine → **Einigungsstelle** (einigungsstellenfähige Angelegenheiten), in manchen Fällen durch Anrufung des → **Arbeitsgerichts** (§§ 93, 101, 104 BetrVG) erzwingbar.
- Die vorherige Zustimmung des Betriebsrats (bzw. ein zustimmungsersetzender Beschluss der Einigungsstelle) ist **Wirksamkeitsvoraussetzung** für Weisungen des Arbeitgebers gegenüber dem Arbeitnehmer.

18a Nach der vom BAG in ständiger Rechtsprechung vertretenen »Theorie der Wirksamkeitsvoraussetzung« führt die Verletzung von Mitbestimmungsrechten des Betriebsrats nicht zu individual-rechtlichen, zuvor noch nicht bestehenden Ansprüchen der betroffenen Arbeitnehmer. Der Arbeitnehmer hat deshalb auch bei Nichtbeachtung des Mitbestimmungsrechts **keinen Erfüllungsanspruch** auf Leistungen, die der Arbeitgeber nach dem Arbeitsvertrag nicht schuldet (BAG v. 21.11.2013 – 6 AZR 23/12; 25.4.2013 – 6 AZR 800/11).
Allerdings kann beispielsweise die Verletzung des Mitbestimmungsrechts aus § 87 Abs. 1 Nr. 10 BetrVG bei einer einseitigen Änderung einer im Betrieb geltenden Vergütungsordnung dazu führen, dass die betroffenen Arbeitnehmer eine Vergütung auf der Grundlage der zuletzt mitbestimmten Entlohnungsgrundsätze verlangen können (BAG v. 22.6.2010 – 1 AZR 853/08).

19 Nach ständiger Rechtsprechung des BAG darf der Betriebsrat sein Mitbestimmungsrecht nicht in der Weise ausüben, dass er dem Arbeitgeber das **alleinige Gestaltungsrecht** über den mitbestimmungspflichtigen Tatbestand eröffnet (BAG v. 26.4.2005 – 1 AZR 76/04; 8.6.2004 – 1 ABR 4/03; 3.6.2003 – 1 AZR 349/02; 23.3.1999 – 1 ABR 33/98). Zwar dürfen dem Arbeitgeber durch Betriebsvereinbarung gewisse Entscheidungsspielräume in mitbestimmungspflichtigen Angelegenheiten eingeräumt werden. Der Betriebsrat kann aber über sein Mitbestimmungsrecht im Interesse der Arbeitnehmer nicht in der Weise verfügen, dass er in der Substanz auf das ihm gesetzlich obliegende Mitbestimmung verzichtet. Das ist beispielsweise der Fall, wenn dem Arbeitgeber in einer mitbestimmungspflichtigen Angelegenheit für den Fall, dass sich die Betriebsparteien nicht einigen können, das **Letztentscheidungsrecht** eingeräumt wird. Das Mitbestimmungsrecht wird dann auf ein bloßes Mitwirkungsrecht reduziert

Beteiligungsrechte des Betriebsrats

(siehe Rn. 13 ff.). Das verstößt gegen das Gesetz. Eine Betriebsvereinbarung, die derartiges regelt, wäre unwirksam.
Unwirksam ist beispielsweise
- eine Betriebsvereinbarung, die dem Arbeitgeber das Recht gibt, einseitig Beginn und Ende der täglichen Arbeitszeit oder der Pausen festzulegen (Verstoß gegen § 87 Abs. 1 Nr. 2 BetrVG);
- eine Betriebsvereinbarung, in der dem Arbeitgeber pauschal und ohne Beschränkung die Befugnis eingeräumt wird, → **Überstunden** anzuordnen, wann immer er dies für erforderlich erachtet (Verstoß gegen § 87 Abs. 1 Nr. 3 BetrVG);
- eine Betriebsvereinbarung, die dem Arbeitgeber bei der Ausgestaltung einer Leistungsprämie das Letztentscheidungsrecht eröffnet (Verstoß gegen § 87 Abs. 1 Nr. 10, 11 BetrVG).

Nach Ansicht des BAG soll das Mitbestimmungsrecht aber durch den Abschluss einer Betriebsvereinbarung so ausgeübt werden können, dass es dem Arbeitgeber erlaubt wird, unter bestimmten, in der Vereinbarung **näher geregelten Voraussetzungen** die Maßnahme allein zu treffen (BAG v. 3.6.2003 – 1 AZR 349/02; vgl. auch LAG Köln v. 26.4.2013 – 4 Sa 1120/12). Dadurch dürfe aber das Mitbestimmungsrecht des Betriebsrats nicht in seiner Substanz verletzt werden.

Man kann die Mitbestimmungsrechte unterscheiden in »**Zustimmungsverweigerungsrechte**« und solche Mitbestimmungsrechte, die ein »**Initiativrecht**« des Betriebsrats einschließen. **19a**

Zustimmungsverweigerungsrecht (»Vetorecht«)

Dort, wo der Betriebsrat ein **Zustimmungsverweigerungsrecht** hat, hat der Arbeitgeber vor Durchführung der Maßnahme die Zustimmung des Betriebsrats einzuholen. Er darf das Vorhaben, wenn der Betriebsrat die Zustimmung verweigert, zunächst nicht realisieren. **20**
Vielmehr muss der Arbeitgeber, wenn er sein Vorhaben verwirklichen will,
- in manchen Angelegenheiten die → **Einigungsstelle** (z. B. im Falle des § 94 BetrVG: → **Personalfragebogen**),
- in anderen Angelegenheiten das → **Arbeitsgericht** (z. B. im Falle des § 99 BetrVG: siehe → **Einstellung**, → **Versetzung**, → **Eingruppierung/Umgruppierung** oder bei der geplanten Versetzung oder Kündigung von Betriebsratsmitgliedern und anderer durch § 103 BetrVG besonders geschützter Personen)

anrufen.
Erst und nur dann, wenn die Einigungsstelle oder das Arbeitsgericht die fehlende Zustimmung des Betriebsrats **ersetzt**, ist dem Arbeitgeber die Durchführung der Maßnahme gestattet. Wird der Zustimmungsersetzungsantrag des Arbeitgebers abgewiesen, hat die Maßnahme zu unterbleiben.

Der Betriebsrat hat im Bereich der Zustimmungsverweigerungsrechte gewissermaßen nur ein »halbes« Mitbestimmungsrecht (ein »**Vetorecht**«), das nur dann ausgelöst wird, wenn der Arbeitgeber in der fraglichen Angelegenheit aktiv wird. **21**
Wird der Arbeitgeber nicht aktiv, hat der Betriebsrat keine Möglichkeit, mit rechtlichen Mitteln Maßnahmen durchzusetzen, die er für richtig hält. So kann der Betriebsrat dem Arbeitgeber zwar vorschlagen, diesen oder jenen Arbeitnehmer einzustellen, erzwingen kann er diesen Vorschlag mit rechtlichen Mitteln jedoch nicht (vgl. Wortlaut des § 99 BetrVG). Möglicherweise kommt eine Problemlösung in Form eines → **Koppelungsgeschäftes** zustande.

Zu den Handlungsmöglichkeiten des Betriebsrats nach § 87 Abs. 1 Nr. 7 BetrVG i. V. m. § 3 Abs. 1 ArbSchG, wenn die Gesundheit der Arbeitnehmer durch eine zu geringe **Personalausstattung** und damit verbundene **Arbeitsüberlastung** gefährdet ist, siehe → **Arbeitsschutz** Rn. 77 b, 78 c sowie nachstehende Zitate: **21a**

Beteiligungsrechte des Betriebsrats

- Fitting, BetrVG, 27. Aufl., § 87 Rn. 279: »... *Welche Maßnahmen in Betracht kommen, hängt von dem Inhalt und der Reichweite der jeweiligen Rahmenvorschrift ab. Insofern kann sich das MBR ggfs. auch auf personelle Maßnahmen beziehen, die einer betrieblichen Regelung zugänglich sind.*«
- Auszug aus der rechtlichen Stellungnahme des Vorsitzenden einer Einigungsstelle: »... *Soweit von den Betriebsparteien thematisiert wurde, ob z. B. im Falle psychischer Gefährdungen durch Überlastung auch die Einstellung weiterer Mitarbeiter in einer bestimmten Abteilung gefordert werden kann, bestehen Bedenken.*

  Die Beseitigung der Gefährdungslage wird i. d. R. in unterschiedlicher Weise möglich sein, z. B. Reduzierung der Aufgaben, Änderung der Arbeitsabläufe, Umverteilung von Aufgaben auf andere Abteilungen oder Mitarbeiter, aber auch Einsatz weiterer Mitarbeiter (oder auch von Leiharbeitnehmern) bei gleichbleibender Organisation. Bei der Entscheidung, welche nach § 3 Abs. 1 ArbSchG erforderlichen Maßnahmen zu ergreifen sind, ist die Mitbestimmung gegeben. Jedoch ist im BetrVG ein Initiativrecht des Betriebsrats für die Einstellung von Mitarbeitern nicht vorgesehen. Im Gegenteil ergibt sich aus § 99 BetrVG lediglich ein Widerspruchsrecht des Betriebsrats. Die Einstellung von Mitarbeitern gehört zum Kerngehalt unternehmerischer Freiheit, die durch Art. 12 GG geschützt ist. ...

  Ein denkbarer Spruch der Einigungsstelle in einem solchen Fall könnte daher allenfalls dahingehend lauten, dass die Arbeitgeberin verpflichtet wird, den Personaleinsatz in der Abteilung um eine bestimmte Anzahl von Mitarbeitern zu erhöhen, nicht, dass eine Einstellung erfolgen muss.«

21b Wenn der Arbeitgeber es im Falle der Mitbestimmung in Form eines Zustimmungsverweigerungsrechts **unterlässt**, den Betriebsrat zu beteiligen (also seine Zustimmung zu der geplanten Maßnahme zu beantragen), kann und muss der Betriebsrat **aktiv** werden.

Beispiele:
- Der Arbeitgeber führt einen → Personalfragebogen ein, ohne die nach § 94 BetrVG erforderliche Zustimmung des Betriebsrats zu beantragen. In diesem Fall kann und sollte der Betriebsrat den Arbeitgeber auffordern, die Verwendung des Personalfragebogens zu unterlassen und ggf. beschließen, ein arbeitsgerichtliches Verfahren (Antrag auf Erlass einer einstweiligen Verfügung) einzuleiten (siehe → **Unterlassungsanspruch des Betriebsrats**).
- Der Arbeitgeber nimmt eine → **Einstellung** oder → **Versetzung** vor, ohne die nach § 99 BetrVG erforderliche Zustimmung des Betriebsrats zu beantragen. Der Betriebsrat kann und sollte beschließen, ein arbeitsgerichtliches Verfahren nach § 101 BetrVG (Aufhebung der Einstellung oder Versetzung) einzuleiten. Gegebenenfalls kommt auch ein Antrag auf Erlass einer einstweiligen Verfügung in Betracht, wenn es sich um eine befristete Einstellung oder Versetzung handelt (siehe → **Einstellung** Rn. 39, 40.
- Der Arbeitgeber unterlässt es, eine Eingruppierung bzw. Umgruppierung (Höhergruppierung) vorzunehmen und die nach § 99 BetrVG erforderliche Zustimmung des Betriebsrats zu beantragen (siehe → **Eingruppierung/Umgruppierung** Rn. 56 a).

Initiativmitbestimmungsrecht

22 In manchen Vorschriften heißt es allgemein: »*Der Betriebsrat hat ... mitzubestimmen*« (vgl. z. B. § 87 Abs. 1 BetrVG).

Hier besteht die Reichweite des Mitbestimmungsrechts nicht nur darin, die Zustimmung zu einer vom Arbeitgeber geplanten Maßnahme zu verweigern (mit der Folge, dass die Maßnahme nicht durchgeführt werden darf).

Vielmehr kann der Betriebsrat seinerseits – in geeigneten Fällen – dem Arbeitgeber eine Maßnahme vorschlagen und – falls der Arbeitgeber ablehnt – die → **Einigungsstelle** anrufen und

Beteiligungsrechte des Betriebsrats

versuchen, die Realisierung der Maßnahme auf diesem Wege zu erzwingen (Initiativmitbestimmungsrecht).

> **Beispiel:**
> Nach § 87 Abs. 1 Nr. 3 BetrVG hat der Betriebsrat ein Initiativmitbestimmungsrecht bei der Einführung von → **Kurzarbeit** als Alternative zu Entlassungen.
> 1. Wenn der Arbeitgeber z. B. wegen Auftragsmangels Kurzarbeit einführen will, muss er sich über das »Ob« und »Wie« der Kurzarbeit mit dem Betriebsrat einigen. Die einseitige Anordnung von Kurzarbeit ist unzulässig und unwirksam. Dem Betriebsrat steht ein mit einstweiliger Verfügung durchsetzbarer Unterlassungsanspruch zu. Die von der Anordnung betroffenen Arbeitnehmer behalten unter dem Gesichtspunkt des → **Annahmeverzuges** ihren vollen Entgeltanspruch. Im Nichteinigungsfall entscheidet auf Antrag die → **Einigungsstelle** (§ 87 Abs. 2 BetrVG).
> 2. Es kann jedoch auch aus Betriebsratssicht sinnvoll sein, in Sachen Kurzarbeit die Initiative (daher der Begriff »Initiativrecht«) zu ergreifen. Plant der Arbeitgeber beispielsweise Entlassungen wegen Auftragsmangel, kann der Betriebsrat die Einführung von Kurzarbeit verlangen. Lehnt der Arbeitgeber ab, kann der Betriebsrat ein Einigungsstellenverfahren einleiten (BAG v. 4. 3. 1986 – 1 ABR 15/84, AiB 1986, 142). Solange die Einigungsstelle über den Antrag des Betriebsrats nicht entschieden hat, darf der Arbeitgeber keine Entlassungen durchführen. Dem Betriebsrat steht ein einstweiliger Verfügung durchsetzbarer Unterlassungsanspruch zu (ArbG Bremen v. 25. 11. 2009 – 12 BVGa 1204/09 [rkr.], AiB 2010, 584 ff. und 622 ff.). Siehe auch Schoof, Personalabbau stoppen – Kurzarbeit einführen oder verlängern, AiB 2009, 610.

Ein **Initiativmitbestimmungsrecht** hat der Betriebsrat auch dort, wo es im Gesetz heißt: »*Der Betriebsrat kann ... verlangen*« (vgl. z. B. § 91 BetrVG [= sog. »korrigierendes Mitbestimmungsrecht«, siehe → **Arbeitsschutz**], §§ 93, 95 Abs. 2, 104 BetrVG). 23

In manchen Fällen ist zur Durchsetzung des Initiativmitbestimmungsrechts des Betriebsrats allerdings nicht die Einigungsstelle, sondern das → **Arbeitsgericht** anzurufen (vgl. z. B. §§ 93, 98 Abs. 5, 104 BetrVG). 24

Zusammenspiel von Informations-, Mitwirkungs- und Mitbestimmungsrechten

Zu beachten ist, dass bei komplexen betrieblichen Sachverhalten bzw. Streitigkeiten meist nicht nur eine einzelne, sondern eine Vielzahl von Vorschriften heranzuziehen ist. 25

> **Beispiel:**
> Der Arbeitgeber will die Fertigung auf computergestützte Bohr-, Dreh-, Fräs- und Schleiftechnik umstellen.
> In diesem Fall kann der Betriebsrat folgende Rechte haben (= keine erschöpfende Aufzählung):
> - *Informationsrechte* nach § 90 Abs. 1 und 2 BetrVG, § 92 Abs. 1 BetrVG, evtl. auch nach § 111 BetrVG (der → **Wirtschaftsausschuss** hat ein Informationsrecht nach § 106 Abs. 2 BetrVG);
> - *Mitwirkungsrechte* in Form von Vorschlags- und Beratungsrechten nach den vorgenannten Vorschriften und nach § 92 a BetrVG (Vorschläge des Betriebsrats zur Sicherung und Förderung der Beschäftigung); Anhörungs- und Widerspruchsrecht nach § 102 BetrVG und – weil es sich um eine Betriebsänderung i. S. d. § 111 Satz 3 Nr. 4 und 5 BetrVG handelt – Recht auf Verhandlungen über einen Interessenausgleich nach § 112 Abs. 1 bis 3 BetrVG (bei Nichteinigung über einen Interessenausgleich kann die Einigungsstelle angerufen werden; sie kann die Aufstellung eines Interessenausgleichs aber nicht beschließen; kommt es – ggf. nach mehreren Sitzungen – zu keiner Einigung, erklärt der Einigungsstellenvorsitzende das Scheitern der Verhandlungen; erst dann kann das Unternehmen mit der Umsetzung der Betriebsänderung beginnen);
> - *Mitbestimmungsrechte* nach
>   – § 87 Abs. 1 Nr. 2 BetrVG (wenn z. B. mit der Einführung der neuen Technik die Lage der Arbeitszeit verändert oder Schichtarbeit eingeführt werden soll);
>   – § 87 Abs. 1 Nr. 6 BetrVG (wenn die neue Technik geeignet ist, Leistung und Verhalten zu überwachen);

Beteiligungsrechte des Betriebsrats

- § 87 Abs. 1 Nr. 7 BetrVG (wenn Regelungen zum Schutze der Gesundheit erforderlich sind);
- § 91 BetrVG (wenn sich nach Inbetriebnahme der neuen Technik besondere Belastungen zeigen);
- §§ 97 Abs. 2, 98 BetrVG (wenn Maßnahmen der betrieblichen Berufsbildung notwendig sind)
- § 99 BetrVG (wenn Arbeitnehmer eingestellt, versetzt, ein- oder umgruppiert werden sollen);
- § 112 BetrVG (wenn aufgrund der Einführung der neuen Technik Arbeitnehmer entlassen werden sollen oder sonstige Nachteile haben: ein echtes Mitbestimmungsrecht besteht hier allerdings nur hinsichtlich der Aufstellung eines → **Sozialplans**: bei Nichteinigung beschließt die Einigungsstelle den Sozialplan, nicht in Bezug auf den → **Interessenausgleich**: die Einigungsstelle kann angerufen werden; sie kann aber einen Interessenausgleich nicht beschließen).

Unterlassungsanspruch des Betriebsrats und der Gewerkschaft

26 Missachtet der Arbeitgeber die Informations-, Mitwirkungs- und Mitbestimmungsrechte des Betriebsrats, steht diesem ein – mit **einstweiliger Verfügung** durchsetzbarer – Unterlassungs- und ggf. Beseitigungsanspruch zu (siehe → **Unterlassungsanspruch des Betriebsrats** Rn. 1 ff.).

> **Beispiel:**
> Der Betriebsrat verweigert die Zustimmung zu Mehrarbeit (vgl. § 87 Abs. 1 Nr. 3 BetrVG). Der Arbeitgeber vereinbart dennoch mit einigen Beschäftigten die Ableistung von Überstunden. Der Betriebsrat kann gegen dieses rechtswidrige Verhalten durch Antrag auf Erlass einer einstweiligen Verfügung beim Arbeitsgericht vorgehen (siehe → **Überstunden** und → **Unterlassungsanspruch des Betriebsrats**).

Auch die im Betrieb vertretene Gewerkschaft kann gegen einen betriebsverfassungswidrig handelnden Arbeitgeber nach Maßgabe des § 23 Abs. 3 BetrVG arbeitsgerichtlich vorgehen. Zu weiteren Einzelheiten siehe → **Gewerkschaft** Rn. 24 a und → **Unterlassungsanspruch des Betriebsrats** Rn. 1 ff.

Arbeitshilfen

Übersichten

- Beteiligungsrechte des Betriebsrats
- Mitbestimmungsrechte des Betriebsrats
- Durchsetzung der Beteiligungsrechte des Betriebsrats
- Bestimmungen des BetrVG zur Sicherung und Durchsetzung von Beteiligungsrechten
- Beteiligungsrechte des Betriebsrats und ihre Sicherung/Durchsetzung

Übersicht: Beteiligungsrechte des Betriebsrats

Beteiligungsrechte des Betriebsrats	
Informationsrechte	
Allgemeines Info-Recht: § 80 Abs. 2 BetrVG Besondere Info-Rechte: §§ 53 Abs. 2, 89 Abs. 2 und 4 bis 6, 90 Abs. 1, 92 Abs. 1, 99 Abs. 1, 100 Abs. 2, 102 Abs. 1, 105, 106 Abs. 2, 108 Abs. 3 und 5, 111 BetrVG	
Mitwirkungsrechte	**Mitbestimmungsrechte**
Beispiele: § 90 Abs. 2 BetrVG: Der Arbeitgeber hat mit dem Betriebsrat »zu beraten«, § 92 Abs. 2 BetrVG: Der Betriebsrat kann dem Arbeitgeber »Vorschläge« unterbreiten. § 102 BetrVG: Der Betriebsrat ist vor jeder Kündigung »zu hören«; der Betriebsrat kann Bedenken und Widerspruch erheben.	*Beispiele:* § 87 BetrVG: Der Betriebsrat hat »mitzubestimmen...« (=»Zustimmungsverweigerungsrecht« und »Initiativrecht«). § 91 BetrVG: Der Betriebsrat kann Maßnahmen »verlangen« (=»Initiativrecht«). § 99 BetrVG: Der Arbeitgeber hat die »Zustimmung« des Betriebsrats einzuholen (=»Zustimmungsverweigerungsrecht«).
Rechtswirkung	**Rechtswirkung**
In »mitwirkungspflichtigen« Angelegenheiten liegt das Letztentscheidungsrecht beim Arbeitgeber. Er muss den Betriebsrat zwar einschalten und »mit dem ernsten Willen zur Einigung« mit ihm verhandeln. Er ist jedoch nicht verpflichtet, die Vorschläge des Betriebsrats zu realisieren. Im Falle des § 102 BetrVG hat eine unterbliebene oder nicht ordnungsgemäße Anhörung des Betriebsrats Nichtigkeit der Kündigung zur Folge.	»Mitbestimmungspflichtige« Regelungen und Maßnahmen sind wirksam nur mit Zustimmung des Betriebsrats. Bei Nichteinigung über das »Ob« und »Wie« einer Regelung oder Maßnahme entscheidet auf Antrag entweder die Einigungsstelle (z. B. § 87 Abs. 2 BetrVG) oder das Arbeitsgericht (z. B. § 99 Abs. 4 BetrVG). Dort, wo der Betriebsrat »Initiativrechte« hat, kann er seinerseits die Einigungsstelle (z. B. § 87 Abs. 2 BetrVG) oder das Arbeitsgericht (z. B. § 104 BetrVG) anrufen.

Beteiligungsrechte des Betriebsrats

Übersicht: Mitbestimmungsrechte des Betriebsrats

Mitbestimmungsrechte zeichnen sich durch folgende Merkmale aus:
- Der Arbeitgeber darf ohne Zustimmung des Betriebsrats die Maßnahme nicht einseitig durchführen. Der Betriebsrat hat einen durch einstweilige Verfügung durchsetzbaren Unterlassungsanspruch (siehe → **Unterlassungsanspruch des Betriebsrats**).
- Die vorherige Zustimmung des Betriebsrats (bzw. ein zustimmungsersetzender Beschluss der Einigungsstelle) ist Wirksamkeitsvoraussetzung für Weisungen des Arbeitgebers gegenüber dem Arbeitnehmer.
- Mitbestimmungspflichtige Regelungen sind bei fehlender Einigung durch eine → **Einigungsstelle** (einigungsstellenfähige Angelegenheiten), in manchen Fällen durch Anrufung des → **Arbeitsgerichts** (vgl. §§ 93, 101, 104 BetrVG) erzwingbar.

Der Betriebsrat hat in einigen Fällen ein Initiativ-Mitbestimmungsrecht (Beispiele):
- § 87 Abs. 1 BetrVG: z. B. Arbeitszeit, Entlohnungssysteme
- § 93 BetrVG: Ausschreibung von Arbeitsplätzen
- § 95 Abs. 2 BetrVG: Auswahlrichtlinien in Betrieben mit mehr als 500 Arbeitnehmern

Der Betriebsrat hat in anderen Fällen nur ein Zustimmungsverweigerungsrecht (Beispiel):
- § 99 BetrVG: Zustimmungsverweigerungsrecht (wenn der Arbeitgeber eine Einstellung, Eingruppierung, Umgruppierung oder Versetzung vornehmen will)

In einigen Fällen nur besteht ein Mitbestimmungsrecht nur, wenn zuvor der Arbeitgeber tätig geworden ist (Beispiele):
- § 91 BetrVG: korrigierendes Mitbestimmungsrecht (wenn die Arbeitsplätze, der Arbeitsablauf oder die Arbeitsumgebung verändert worden sind)
- § 94 BetrVG: Personalfragebogen (wenn der Arbeitgeber einen solchen einführen will)
- § 95 Abs. 1 BetrVG: Auswahlrichtlinien in Betrieben mit bis zu 500 Arbeitnehmern (wenn der Arbeitgeber sie einführen will)
- § 97 Abs. 2 BetrVG: Einführung von Maßnahmen der betrieblichen Berufsbildung (wenn der Arbeitgeber tätigkeitsändernde Maßnahmen plant oder durchgeführt hat)
- § 112 BetrVG: Sozialplan (wenn Arbeitgeber eine Betriebsänderung nach § 111 BetrVG beabsichtigt)

Beteiligungsrechte des Betriebsrats

Übersicht: Durchsetzung der Beteiligungsrechte des Betriebsrats

»... das ist passiert ...«	»... diese Verfahren kann der Betriebsrat einleiten ...«
Der Arbeitgeber missachtet die »Informationsrechte« des Betriebsrats.	• Arbeitsgerichtsverfahren: Das Gericht verpflichtet den Arbeitgeber, die verlangte Information zu erteilen. Gegebenenfalls kommt ein »einstweiliges Verfügungsverfahren« in Betracht mit dem Ziel, dem Arbeitgeber die Durchführung seines informationspflichtigen Vorhabens bis zur Erfüllung der Informations- und Mitwirkungsrechte untersagen zu lassen. • Einigungsstellenverfahren im Falle des § 109 BetrVG. • Ordnungswidrigkeitenverfahren nach § 121 BetrVG.
Der Arbeitgeber missachtet die »Mitwirkungsrechte« des Betriebsrats.	• Arbeitsgerichtsverfahren: Das Gericht verpflichtet den Arbeitgeber, die Mitwirkungsrechte des Betriebsrats zu beachten (also z. B. über die Vorschläge des Betriebsrats in der betreffenden Angelegenheit zu verhandeln). Ggf. »einstweiliges Verfügungsverfahren«.
Der Arbeitgeber missachtet die »Mitbestimmungsrechte« des Betriebsrats.	• Arbeitsgerichtsverfahren. Ggf. »einstweiliges Verfügungsverfahren«.
Die Verhandlungen zwischen Arbeitgeber und Betriebsrat sind in einer »mitbestimmungspflichtigen« Angelegenheit gescheitert.	• Einigungsstellenverfahren (z. B. § 87 Abs. 2 BetrVG). • Gegebenenfalls Verfahren vor einer »tariflichen Schlichtungsstelle« (vgl. § 76 Abs. 8 BetrVG). • Arbeitsgerichtsverfahren (z. B. § 99 Abs. 4 BetrVG).
Bei »Behinderung der Betriebsratsarbeit« kann auch ein Strafverfahren nach § 119 Abs. 1 Nr. 2 BetrVG in Gang gesetzt werden (Strafantrag bei der Staatsanwaltschaft).	
Siehe auch → **Unterlassungsanspruch des Betriebsrats**.	

Beteiligungsrechte des Betriebsrats

Übersicht: Bestimmungen des BetrVG zur Sicherung und Durchsetzung von Beteiligungsrechten

Tatbestand	Rechtsfolge	Entscheidung
§ 23 Abs. 3 BetrVG: Grober Verstoß des Arbeitgebers gegen seine Verpflichtungen aus dem BetrVG.	Ordnungs- oder Zwangsgeld bis zu 10 000 Euro	Arbeitsgericht
§ 98 Abs. 5 BetrVG: Arbeitgeber weigert sich, einen Beschluss des Gerichts betr. Bestellung oder Abberufung von Ausbildungsbeauftragten Folge zu leisten.	Ordnungs- oder Zwangsgeld bis zu 10 000 Euro bzw. bis zu 250 Euro für jeden Tag der Zuwiderhandlung	Arbeitsgericht
§ 101 BetrVG: Arbeitgeber weigert sich, einem Beschluss des Gerichts betr. Aufhebung personeller Einzelmaßnahmen Folge zu leisten.	Zwangsgeld bis zu 250 Euro für jeden Tag der Zuwiderhandlung	Arbeitsgericht
§ 104 BetrVG: Arbeitgeber weigert sich, einem Beschluss des Gerichts betr. Entfernung betriebsstörender Arbeitnehmer Folge zu leisten.	Zwangsgeld bis zu 250 Euro für jeden Tag der Zuwiderhandlung	Arbeitsgericht
§ 109 BetrVG: Unternehmer weigert sich, eine Auskunft über wirtschaftliche Angelegenheiten zu erteilen.		Einigungsstelle
§ 119 BetrVG: Arbeitgeber oder andere Personen behindern oder beeinflussen die Wahl von Betriebsverfassungsorganen, behindern oder stören die Tätigkeit dieser Organe, begünstigen oder benachteiligen die Mitglieder dieser Organe.	Freiheitsstrafe bis zu einem Jahr oder Geldstrafe	Staatsanwaltschaft (Ermittlungsverfahren), Amtsgericht (Strafprozess)
§ 121 BetrVG: Arbeitgeber unterlässt es, seine Informationspflichten nach § 90 Abs. 1 und 2, § 92 Abs. 1, § 99 Abs. 1, § 106 Abs. 2, § 108 Abs. 5, § 110 oder § 111 BetrVG ordnungsgemäß zu erfüllen.	Bußgeld bis zu 10 000 Euro	Verwaltungsbehörden (Ermittlungsverfahren und Bußgeldbescheid), Amtsgericht

Beteiligungsrechte des Betriebsrats

Übersicht: Beteiligungsrechte des Betriebsrats und ihre Sicherung/Durchsetzung

Informationsrechte	Mitwirkungsrechte	Mitbestimmungsrechte
Beispiele: § 80 Abs. 2 BetrVG § 90 Abs. 1 BetrVG § 92 Abs. 1 BetrVG § 99 Abs. 1 BetrVG § 106 Abs. 2etrVG § 111 BetrVG »rechtzeitig« »umfassend« »Vorlage von Unterlagen«	Beispiele: § 90 Abs. 2 BetrVG § 92 Abs. 1 BetrVG § 92 Abs. 2 BetrVG § 92 a BetrVG § 102 BetrVG § 111 BetrVG »beraten« »verhandeln« »Vorschläge unterbreiten« »anhören« »Bedenken«	Beispiele: § 87 BetrVG § 91 BetrVG § 94 BetrVG § 97 Abs. 2 BetrVG § 99 BetrVG § 104 BetrVG § 112 Abs. 4 BetrVG »mitbestimmen« »verlangen« »Zustimmung verweigern«
»... wenn der Arbeitgeber die Informationsrechte missachtet ...« Anrufung des Arbeitsgerichts § 121 BetrVG: Ordnungswidrigkeitenanzeige bei der Verwaltungsbehörde § 109 BetrVG: Anrufung der Einigungsstelle (nur in wirtschaftlichen Angelegenheiten)	»... wenn der Arbeitgeber die Mitwirkungsrechte missachtet [2026]« Anrufung des Arbeitsgerichts: Das Gericht verpflichtet den Arbeitgeber zur Beachtung der Mitwirkungsrechte und untersagt ihm, in der Angelegenheit zu handeln, ohne mit dem Betriebsrat zu beraten/verhandelt zu haben; ggf. einstweilige Verfügung beantragen.	»... wenn der Arbeitgeber die Mitbestimmungsrechte missachtet [2026]« Anrufung des Arbeitsgerichts: Das Gericht verpflichtet den Arbeitgeber zur Beachtung der Mitbestimmungsrechte und untersagt ihm, in der Angelegenheit einseitig ohne Zustimmung des Betriebsrats zu handeln; ggf. einstweilige Verfügung beantragen.
	»... wenn Arbeitgeber und Betriebsrat sich nicht einigen« Das »Letztentscheidungsrecht« liegt beim Arbeitgeber.	»... wenn Arbeitgeber und Betriebsrat sich nicht einigen« Die Einigungsstelle (z.B. § 87 Abs. 2 BetrVG) bzw. das Arbeitsgericht entscheidet (auf Antrag).
Bei »Behinderung der Betriebsratsarbeit« können die Strafverfolgungsorgane (Staatsanwaltschaft) eingeschaltet werden (§ 119 BetrVG).		
Siehe auch → **Unterlassungsanspruch des Betriebsrats**.		

Rechtsprechung

1. Verletzung von Mitbestimmungsrechten führt zur Unwirksamkeit von Maßnahmen oder Rechtsgeschäften
2. Verletzung von Mitbestimmungsrechten: Führt das zu Ansprüchen der Arbeitnehmer?

Betrieb

Was ist das?

1. Das Betriebsverfassungsgesetz verwendet in unterschiedlichen Zusammenhängen die Begriffe **Betrieb,** → **Unternehmen** und → **Konzern.**

   Beispiele:
   - § 1 Abs. 1 Satz 1 BetrVG: »In *Betrieben* mit in der Regel mindestens fünf ständigen wahlberechtigten Arbeitnehmern, von denen drei wählbar sind, werden Betriebsräte gewählt.«
   - § 47 Abs. 1 BetrVG: »Bestehen in einem *Unternehmen* mehrere Betriebsräte, so ist ein Gesamtbetriebsrat zu errichten.«
   - § 54 Abs. 1 Satz 1 BetrVG: »Für einen *Konzern* (§ 18 Abs. 1 des Aktiengesetzes) kann durch Beschlüsse der einzelnen Gesamtbetriebsräte ein Konzernbetriebsrat errichtet werden.«
   - § 95 Abs. 2 Satz 1 BetrVG: »In *Betrieben* mit mehr als 500 Arbeitnehmern ...«
   - § 99 BetrVG: »In *Unternehmen* mit in der Regel mehr als 20 wahlberechtigten Arbeitnehmern ...«
   - § 102 Abs. 2 Nr. 3 BetrVG: »Der Betriebsrat kann ... der ordentlichen Kündigung widersprechen, wenn der zu kündigende Arbeitnehmer an einem anderen Arbeitsplatz im selben *Betrieb* oder in einem anderen *Betrieb* des *Unternehmens* weiterbeschäftigt werden kann.«
   - § 106 Abs. 1 Satz 1 BetrVG: »In *Unternehmen* mit in der Regel mehr als einhundert ständig beschäftigten Arbeitnehmern ist ein Wirtschaftsausschuss zu bilden.«
   - § 111 BetrVG: »In *Unternehmen* mit in der Regel mehr als 20 wahlberechtigten Arbeitnehmern ...«

2. »Betrieb« im Sinne des BetrVG ist die rechtlich unselbständige, organisatorisch aber selbständige Einheit, mit der der Unternehmer/Arbeitgeber durch Nutzung von **Arbeitskräften** und **sächlichen Mitteln** bestimmte **arbeitstechnische Zwecke** verfolgt (z. B. Herstellung von Produkten oder Erbringung von Dienstleistungen).

3. Anders ausgedrückt: Der Betrieb ist die Summe der Arbeitsbereiche/Abteilungen, in denen die jeweiligen Arbeits- und Produktionsprozesse stattfinden.

4. Die »**organisatorische**« **Selbständigkeit** ist ein Wesensmerkmal des betriebsratsfähigen Betriebs. Sie ist gegeben, wenn nach dem gesamten Erscheinungsbild von einer eigenständigen und einheitlichen Organisation mit einheitlicher Leitung gesprochen werden kann.

5. Liegt eine »organisatorische« Selbständigkeit in diesem Sinne nicht vor, so handelt es sich bei dem Gebilde um einen »**Betriebsteil**«, der nur ausnahmsweise unter den besonderen Voraussetzungen des § 4 BetrVG betriebsratsfähig ist (siehe → **Betriebsteil** und → **Kleinstbetrieb**). Ein Betriebsteil ist dem Hauptbetrieb zuzuordnen, wenn seine Belegschaft nach § 4 Abs. 1 Satz 2 BetrVG die Teilnahme an der dort stattfindenden Betriebsratswahl beschließt (BAG v. 17. 9. 2013 – 1 ABR 21/12).

Abgrenzung Betrieb / Unternehmen

Ist der Betrieb auch in »rechtlicher« Hinsicht selbständig, so ist er gleichzeitig → **Unternehmen** im Sinne des BetrVG.

Ein Unternehmen ist die »rechtlich« selbständige organisatorische Einheit (z. B. Aktiengesellschaft, GmbH, usw.; siehe → **Unternehmensrechtsformen**), in der der ideelle oder wirtschaftliche Zweck des Unternehmens verfolgt wird.

Beim gewerblichen Unternehmen besteht der wirtschaftliche Zweck in der Erziehung eines – aus der Sicht des Unternehmers – möglichst hohen Gewinns (Rendite, Profit). Der »Betrieb« ist vor diesem Hintergrund Mittel zum Zweck des »Unternehmens«: Der »optimale« Gewinn wird erreicht, indem der Betrieb »optimal« organisiert und geführt wird.

Betrieb und Unternehmen sind als organisatorische Gebilde deckungsgleich, wenn das Unternehmen aus »einem« Betrieb besteht (→ **Ein-Betriebs-Unternehmen**).

Anders ist dies im → **Mehr-Betriebs-Unternehmen** und → **Gemeinschaftsbetrieb**.

Interessant ist die Verwendung des Begriffs »Betrieb« im Rahmen des § 2 Abs. 2 BetrVG: »*Arbeitgeber und Betriebsrat arbeiten … vertrauensvoll … zum Wohl der Arbeitnehmer und des Betriebs zusammen.*«

Unter welchen Bedingungen Arbeitnehmer sich wohl fühlen, lässt sich recht schnell bestimmen.

Aber kann auch ein »Betrieb« sich wohl fühlen? Der Gesetzgeber hatte doch wohl eher das **Wohl des Inhabers** des Betriebs im Auge. Aber das hätte seltsam ausgesehen, wenn der Gesetzgeber formuliert hätte: »*Arbeitgeber und Betriebsrat arbeiten … vertrauensvoll … zum Wohl der Arbeitnehmer und zum Wohl des Arbeitgebers zusammen.*«

Bei einer solchen Formulierung wäre selbst dem oberflächlichen Leser rasch klar geworden, was der Betrieb tatsächlich ist: nämlich ein Ort heftiger Auseinandersetzungen um letztlich gegensätzliche Interessen. Ein Ort, an dem es aus der Sicht von Betriebsrat, Belegschaft und Gewerkschaft darum geht, im Wege ernsthafter und konsequenter Verhandlungen Kompromisse zu vereinbaren, mit denen auch die Beschäftigten »leben können«.

Abgrenzung zum Konzern

Ein → **Konzern** ist allgemein ausgedrückt der Zusammenschluss **mehrerer** → **Unternehmen** z. B. aufgrund eines Vertrages oder einer wechselseitigen Beteiligung.

Das BetrVG (§§ 54 ff., 73 a BetrVG) findet nur Anwendung auf den sog. **Unterordnungskonzern** i. S. d. § 18 Abs. 1 AktG, bei dem es sich um einen Zusammenschluss mehrerer Unternehmen unter einheitlicher Leitung eines »herrschenden« Unternehmens (= Konzernobergesellschaft = Muttergesellschaft) handelt.

Das herrschende Konzernunternehmen ist den anderen Unternehmen (= Tochtergesellschaften) in der Weise **übergeordnet**, dass diese von ihm **abhängig** sind.

Abhängigkeit bedeutet: Das »herrschende« Unternehmen kann auf die abhängigen Unternehmen »unmittelbar oder mittelbar« einen beherrschenden Einfluss ausüben (§ 17 Abs. 1 AktG).

Das BetrVG gilt nicht für den sog. **Gleichordnungskonzern** i. S. d. § 18 Abs. 2 AktG (siehe → **Konzern**).

Zum Betriebsbegriff im Sinne des § 23 Abs. 1 KSchG (**Kleinbetriebsklausel**) siehe → **Kleinstbetrieb**, → **Kündigungsschutz** und → **Kündigungsschutz vor Erfüllung der Wartezeit und im Kleinbetrieb**.

Betrieb

Bedeutung für die Betriebsratsarbeit

13 Durch den Begriff »Betrieb« im Sinne des BetrVG wird der **Zuständigkeitsbereich** des Betriebsrats abgesteckt. Von den Arbeitnehmern des »Betriebs« wird der Betriebsrat gewählt; ihre Interessen hat er zu vertreten.

14 Da die Interessen der in einem einzelnen Betrieb beschäftigten Arbeitnehmer von den Vorgängen auf der Ebene des → **Unternehmens** (siehe → **Unternehmensplanung**) und des → **Konzerns** betroffen werden, sind gesetzlich weitere Organe vorgesehen, deren Zuständigkeiten über den »Betrieb« hinausgehen und auch die **Unternehmens- und Konzernebene** erfassen. Hierzu zählen
- der → **Wirtschaftsausschuss**,
- der → **Gesamtbetriebsrat**,
- der → **Konzernbetriebsrat**,
- der → **Europäische Betriebsrat**
- und die Arbeitnehmervertreter im Aufsichtsrat (siehe → **Unternehmensmitbestimmung**).

Siehe auch
→ **Gesamt-Jugend- und Auszubildendenvertretung**,
→ **Konzern-Jugend- und Auszubildendenvertretung**.
Zur Gesamtschwerbehindertenvertretung und Konzernschwerbehindertenvertretung siehe
→ **Schwerbehindertenvertretung**.

Bedeutung für die Beschäftigten

15 In Betrieben mit mindestens fünf (und mehr) ständigen wahlberechtigten Arbeitnehmern (von denen drei wählbar sind) können die Beschäftigten einen → **Betriebsrat** wählen (§ 1 Abs. 1 BetrVG).

16 Wenn sie das nicht tun, erfolgt keine Vertretung durch einen Betriebsrat. Das heißt: Mitbestimmungsrechte eines – nicht existierenden – Betriebsrats z. B. bei → **Betriebsänderung**, → **Einstellung** oder → **Kündigung** sind nicht zu wahren.

17 Lediglich in Angelegenheiten, die »das Gesamtunternehmen oder mehrere Betriebe betreffen« (z. B. Altersversorgung, EDV-Angelegenheiten, Stilllegung von mehreren Betrieben usw.), besteht eine Zuständigkeit des → **Gesamtbetriebsrats** (§ 50 Abs. 1 BetrVG), so dass die Beschäftigten in betriebsratsfähigen, aber betriebsratslosen Betrieben insoweit in Vereinbarungen zwischen Gesamtbetriebsrat und Arbeitgeber einbezogen sind.

18 Beschäftigte in betriebsratsfähigen → **Betriebsteilen** haben nach § 4 Abs. 1 BetrVG die Möglichkeit, entweder einen eigenen Betriebsrat zu wählen oder an der Wahl des Betriebsrats des Hauptbetriebes teilzunehmen. Ein Betriebsteil ist dem Hauptbetrieb zuzuordnen, wenn seine Belegschaft nach § 4 Abs. 1 Satz 2 BetrVG die Teilnahme an der dort stattfindenden Betriebsratswahl beschließt (BAG v. 17. 9. 2013 – 1 ABR 21/12).

19 Beschäftigte in → **Kleinstbetrieben** mit weniger als fünf wahlberechtigten Arbeitnehmern werden gemäß § 4 Abs. 2 BetrVG dem Hauptbetrieb zugeordnet.

Betriebliche Altersversorgung

Was ist das?

Betriebliche Altersversorgung im Sinne des § 1 Abs. 1 BetrAVG liegt vor, wenn »*einem Arbeitnehmer Leistungen der Alters-, Invaliditäts- oder Hinterbliebenenversorgung aus Anlass seines Arbeitsverhältnisses vom Arbeitgeber zugesagt*« werden. 1

Betriebliche Altersversorgung liegt nach § 1 Abs. 2 BetrAVG auch vor, wenn 2
- der Arbeitgeber sich verpflichtet, bestimmte Beiträge in eine Anwartschaft auf Alters-, Invaliditäts- oder Hinterbliebenenversorgung umzuwandeln (**beitragsorientierte Leistungszusage**),
- der Arbeitgeber sich verpflichtet, Beiträge zur Finanzierung von Leistungen der betrieblichen Altersversorgung an einen **Pensionsfonds**, eine **Pensionskasse** oder eine **Direktversicherung** zu zahlen und für Leistungen zur Altersversorgung das planmäßig zuzurechnende Versorgungskapital auf der Grundlage der gezahlten Beiträge (Beiträge und die daraus erzielten Erträge), mindestens die Summe der zugesagten Beiträge, soweit sie nicht rechnungsmäßig für einen biometrischen Risikoausgleich verbraucht wurden, hierfür zur Verfügung zu stellen (**Beitragszusage mit Mindestleistung**), oder
- künftige Entgeltansprüche in eine wertgleiche Anwartschaft auf Versorgungsleistungen umgewandelt werden (siehe → **Entgeltumwandlung**).

Ein Rechtsanspruch auf Altersversorgung kann sich auch aus → **betrieblicher Übung** ergeben, aus einem Verstoß gegen ein → **Benachteiligungsverbot (AGG)** oder einer Verletzung des Grundsatzes der → **Gleichbehandlung** (§ 1 b Abs. 1 Satz 4 BetrAVG). 2a

Auch die Betriebsparteien haben bei der Aufstellung einer Versorgungsordnung durch Betriebsvereinbarung den Gleichbehandlungsgrundsatz zu beachten (BAG v. 17. 2. 1998 – 3 AZR 578/96, NZA 1998, 782). Gleiches gilt für die Tarifvertragsparteien (BAG v. 4. 4. 2000 – 3 AZR 729/98, NZA 2002, 917).

Beispielsweise verletzt eine allein an den unterschiedlichen Status von Arbeitern und Angestellten anknüpfende Ungleichbehandlung von Arbeitern und Angestellten in einer Versorgungsordnung den Gleichbehandlungsgrundsatz (BAG v. 10. 12. 2002 – 3 AZR 3/02, DB NZA 2004, 321). Allerdings könnten Versorgungsschuldner bis einschließlich 30. 6. 1993 darauf vertrauen, eine allein an den unterschiedlichen Status von Arbeitern und Angestellten anknüpfende Differenzierung sei noch zulässig.

Die Beachtung des Gleichbehandlungsgrundsatzes gilt auch für die Ermittlung der für die Berechnung einer Betriebsrente maßgeblichen Bemessungsgrundlagen (rentenfähiger Arbeitsverdienst; vgl. BAG v. 17. 2. 1998 – 3 AZR 578/96, a. a. O.). Einzelne Lohnbestandteile könnten unberücksichtigt bleiben, wenn es hierfür sachliche Gründe gibt. Die Grenze der zulässigen Gestaltung einer Betriebsvereinbarung sei überschritten, wenn eine Arbeitnehmergruppe tatsächlich keine oder keine angemessene Betriebsrente erhalten kann. Dagegen kann nach Ansicht des BAG die unterschiedliche Behandlung von gewerblichen Arbeitnehmern und Angestellten bei der Berechnung der Betriebsrente im Rahmen einer Gesamtversorgung zulässig

Betriebliche Altersversorgung

sein, wenn die Vergütungsstrukturen, die sich auf die Berechnungsgrundlagen der betrieblichen Altersversorgung auswirken, unterschiedlich sind (BAG v. 17.6.2014 – 3 AZR 757/12).

2b **Hinweis:**
Die schwarz-rote Regierungskoalition hat sich zur privaten und betrieblichen Altersvorsorge im **Koalitionsvertrag 2013** (S. 70, 71) wie folgt geäußert (S. 72,73):
»Private und betriebliche Altersvorsorge stärken
Die Alterssicherung steht im demografischen Wandel stabiler, wenn sie sich auf mehrere starke Säulen stützt. Deswegen werden wir die betriebliche Altersvorsorge stärken. Sie muss auch für Mitarbeiterinnen und Mitarbeiter von Klein- und Mittelbetrieben selbstverständlich werden. Daher wollen wir die Voraussetzungen schaffen, damit Betriebsrenten auch in kleinen Unternehmen hohe Verbreitung finden. Hierzu werden wir prüfen, inwieweit mögliche Hemmnisse bei den kleinen und mittleren Unternehmen abgebaut werden können. Wir werden auch im europäischen Kontext darauf achten, dass die guten Rahmenbedingungen für die betriebliche Altersvorsorge erhalten bleiben.«

Durchführungswege

3 Die Durchführung der betrieblichen Altersversorgung kann unmittelbar über den Arbeitgeber (**Direktzusage**; § 1 Abs. 1 BetrAVG) oder über einen der in § 1 b Abs. 2 bis 4 BetrAVG genannten Versorgungsträger (**Direktversicherung, Pensionskasse, Pensionsfonds, Unterstützungskasse**) erfolgen (§ 1 Abs. 1 Satz 2 BetrAVG).

Direktzusage (= unmittelbare Versorgungszusage; § 1 Abs. 1 BetrAVG)

4 Der Arbeitgeber verpflichtet sich, die dem Beschäftigten (oder seinen Angehörigen) zugesagten Versorgungsleistungen (z.B. monatliche Rente) im Versorgungsfall **selbst zu erbringen** (§ 1 Abs. 1 BetrAVG).
Träger der Versorgung ist also der Arbeitgeber selbst.
Die Versorgungsleistungen werden aus betrieblichen Mitteln finanziert. Die Arbeitnehmer leisten keine eigenen Beiträge.
Im Fall der Insolvenz des Arbeitgebers tritt der »**Pensions-Sicherungsverein**« ein (siehe Rn. 53, 54).

5 Eine staatliche Förderung durch Zulagen bzw. Sonderausgabenabzug (siehe → **Altersvorsorge**) bekommen Arbeitnehmer in diesem Durchführungsweg nicht. Sie können aber neben der Direktzusage eine – eigenfinanzierte – zusätzliche Altersvorsorge (siehe → **Altersvorsorge** und → **Entgeltumwandlung**) aufbauen (z.B. über eine vom Arbeitgeber abzuschließende Direktversicherung).
Anwartschaften aus einer Direktzusage können im Übrigen steuer- und beitragsfrei auf einen förderfähigen Pensionsfonds (siehe Rn. 18) übertragen werden.
Siehe auch **Übersicht** im Anhang zu diesem Stichwort.

Unterstützungskasse (§ 1 b Abs. 4 BetrAVG)

6 Die Altersversorgung wird von einer **rechtsfähigen Versorgungseinrichtung** durchgeführt.
Träger der Unterstützungskasse sind ein oder mehrere Arbeitgeber-Unternehmen. Das Vermögen der Unterstützungskasse wird durch Zuwendungen des/der Trägerunternehmen finanziert (es ist aber auch Finanzierung durch »Brutto-Entgeltumwandlung« – steuerfrei und bis 2008 beitragsfrei – möglich: siehe → **Entgeltumwandlung**).
Im Unterschied zur Pensionskasse (siehe Rn. 14) oder zum Pensionsfonds (siehe Rn. 18) gewährt die Unterstützungskasse **keinen Rechtsanspruch** auf ihre Leistungen (§ 1 b Abs. 4 BetrAVG).

Betriebliche Altersversorgung

Vielmehr bleibt der **Arbeitgeber** gegenüber dem Arbeitnehmer **zur Leistung verpflichtet** (wie bei der Direktzusage).
Im Fall der Insolvenz des Arbeitgebers tritt der »**Pensions-Sicherungsverein**« ein (siehe Rn. 53, 54). 7
Eine **staatliche Förderung** durch Zulagen bzw. Sonderausgabenabzug (siehe → **Altersvorsorge**) bekommen Arbeitnehmer in diesem Durchführungsweg nicht. 8
Sie können aber zusätzlich zu diesem Durchführungsweg eine – eigenfinanzierte – Altersvorsorge (siehe → **Entgeltumwandlung**) aufbauen (z. B. über eine Direktversicherung über den Arbeitgeber).
Anwartschaften aus einer Unterstützungskasse können im Übrigen steuer- und beitragsfrei auf einen förderfähigen Pensionsfonds (siehe Rn. 18) übertragen werden.
Siehe auch **Übersicht** im Anhang zu diesem Stichwort. 9

Direktversicherung (§ 1 Abs. 2 Nr. 2 und 4, § 1 b Abs. 2 BetrAVG)

Der Arbeitgeber schließt bei einem Versicherungsunternehmen eine **Lebensversicherung** auf das Leben des Arbeitnehmers ab und zahlt die Versicherungsbeiträge. 10
Es kommt auch (ggf. zusätzlich) eine Beitragszahlung durch die Arbeitnehmer in Form der → **Entgeltumwandlung** in Betracht.
Bei Eintritt des Versorgungsfalles erbringt nicht der Arbeitgeber selbst, sondern das **Versicherungsunternehmen** die Versorgungsleistung (§ 1 b Abs. 2 BetrAVG).
Der Arbeitnehmer oder seine Hinterbliebenen sind hinsichtlich der vorgesehenen Versicherungsleistungen **bezugsberechtigt**.
Eine Insolvenzversicherungspflicht des Arbeitgebers besteht im Regelfall nicht, weil die Versicherung (und nicht der Arbeitgeber) die Versorgungsleistungen erbringt. Etwas anderes gilt, wenn der Arbeitgeber die Ansprüche aus dem Versicherungsvertrag **abgetreten oder beliehen** hat (§ 7 Abs. 1 BetrAVG i. V. m. § 1 b Abs. 2 Satz 3 BetrAVG). 11
Beiträge, die durch → **Entgeltumwandlung** aufgebracht werden, können nach den Vorschriften über die zusätzliche kapitalgedeckte Altersvorsorge durch Zulagen bzw. Sonderausgabenabzug gefördert werden (siehe → **Altersvorsorge**). 12
Siehe auch **Übersicht** im Anhang zu diesem Stichwort. 13

Pensionskasse (§ 1 Abs. 2 Nr. 2 und 4, § 1 b Abs. 3 BetrAVG)

Bei der Pensionskasse handelt es sich um eine **rechtlich selbständige – versicherungsähnliche – Versorgungseinrichtung**, die von einem oder mehreren Arbeitgeber-Unternehmen gegründet und getragen wird. 14
Die Pensionskasse wird meist in der Form eines Versicherungsvereins auf Gegenseitigkeit betrieben und unterliegt der staatlichen **Versicherungsaufsicht**.
Die Arbeitnehmer sind Mitglieder der Pensionskasse und leisten ggf. Beiträge.
Im Versorgungsfall gewährt die Pensionskasse den Arbeitnehmern bzw. Hinterbliebenen die vorgesehenen Versorgungsleistungen. Sie haben hierauf einen im Versorgungsfall gegenüber der Pensionskasse geltend zu machenden **Rechtsanspruch** (vgl. § 1 b Abs. 3 BetrAVG).
Eine Insolvenzsicherungspflicht des Arbeitgebers besteht nicht, weil die Pensionskasse (und nicht der Arbeitgeber) die Versorgungsleistungen an den/die Versorgungsberechtigten zu erbringen hat. 15
Beiträge, die durch → **Entgeltumwandlung** aufgebracht werden, können nach den Vorschriften über die zusätzliche kapitalgedeckte Altersvorsorge durch Zulagen bzw. Sonderausgabenabzug gefördert werden (siehe → **Altersvorsorge**). 16
Siehe auch **Übersicht** im Anhang zu diesem Stichwort. 17

Betriebliche Altersversorgung

Pensionsfonds (§ 1 Abs. 2 Nr. 2 und 4, § 1 b Abs. 3 BetrAVG)

18 Der Pensionsfonds ist ein im Zuge der Rentenreform 2001 eingeführter weiterer Durchführungsweg.
Es handelt sich – wie bei der Pensionskasse – um eine **rechtlich selbständige Versorgungseinrichtung**, die von einem oder mehreren Arbeitgeber-Unternehmen gegründet und getragen wird. Die Finanzierung erfolgt durch den/die Arbeitgeber.
Die Arbeitnehmer haben – im Versorgungsfall – einen **Rechtsanspruch** gegen den Pensionsfonds (vgl. § 1 b Abs. 3 BetrAVG). Er leistet lebenslang eine monatliche Rente (ggf. auch Invaliditäts- und Hinterbliebenenrente).
Unterschied zur Pensionskasse: Der Pensionsfonds hat die Möglichkeit, das angesammelte Kapital relativ frei auf dem Kapitalmarkt (z. B. Aktien) zu investieren. Dadurch können einerseits eine **höhere Rendite** und damit eine höhere Versorgungsleistung erzielt werden. Andererseits besteht ein **höheres Risiko** und damit die Möglichkeit des **Kapitalverlustes**.
Tritt ein solcher Fall ein, muss der Arbeitgeber dafür einstehen, dass im Versorgungsfall mindestens die Summe der eingezahlten Beiträge für Versorgungsleistungen zur Verfügung steht. Diese Verpflichtung des Arbeitgebers ist insolvenzgesichert durch den »**Pensions-Sicherungsverein**« (siehe Rn. 53, 54).

19 Beiträge an den Pensionsfonds, die durch → **Entgeltumwandlung** aufgebracht werden, können nach den Vorschriften über die zusätzliche kapitalgedeckte Altersvorsorge **durch** Zulagen bzw. Sonderausgabenabzug gefördert werden (siehe → **Altersvorsorge**).

20 Anwartschaften aus einer – nicht förderfähigen – Direktzusage oder Unterstützungskasse können steuer- und beitragsfrei auf einen förderfähigen Pensionsfonds übertragen werden.

21 Siehe auch **Übersicht** im Anhang zu diesem Stichwort.

22 Der Arbeitgeber steht letztlich für die Erfüllung der von ihm zugesagten Leistungen auch dann ein, wenn die Durchführung nicht unmittelbar über ihn erfolgt (§ 1 Abs. 1 Satz 3 BetrAVG).
Bei Insolvenz des Arbeitgebers tritt in den Fällen des § 7 BetrAVG der »**Pensions-Sicherungsverein**« ein (siehe Rn. 53, 54).

Anspruch auf Erteilung einer arbeitgeberfinanzierten Versorgungszusage?

23 Der Arbeitgeber ist gesetzlich nicht verpflichtet, einem Arbeitnehmer Leistungen der Alters-, Invaliditäts- oder Hinterbliebenenversorgung zuzusagen und dies aus Eigenmitteln zu finanzieren.
Vielmehr handelt es sich im Falle der arbeitgeberfinanzierten Altersversorgungszusage um eine »**freiwillige Leistung**« (zum Anspruch des Arbeitnehmers auf betriebliche Altersversorgung durch Entgeltumwandlung siehe → **Entgeltumwandlung**).

24 Eine Verpflichtung des Arbeitgebers zur Erteilung (und Finanzierung) einer Versorgungszusage kann aber **begründet** werden
- durch einzelvertragliche Vereinbarung zwischen Arbeitgeber und Arbeitnehmer (z. B. als Teil des → **Arbeitsvertrages** oder durch gesonderte Abrede);
- durch vom Arbeitgeber gesetzte »Einheitsregelung« oder → **Gesamtzusage**, das heißt durch (ausdrücklich oder stillschweigend angenommene) Erklärung des Arbeitgebers gegenüber allen Beschäftigten oder Gruppen von Arbeitnehmern, er wolle ihnen eine Altersversorgung gewähren;
- durch → **betriebliche Übung** (§ 1 b Abs. 1 Satz 4 BetrAVG);
- durch → **Betriebsvereinbarung** oder
- durch erstreikbaren → **Tarifvertrag**.

25 Ein **Anspruch** auf Erteilung einer Versorgungszusage kann sich auch aus dem Grundsatz der → **Gleichbehandlung** bzw. aus dem Verbot der Benachteiligung i. S. d. § 1 AGG oder sonstigen

Betriebliche Altersversorgung

Vorschriften zum Schutz der Arbeitnehmer vor Benachteiligung (z. B. § 4 TzBfG) ergeben (§ 1 b Abs. 1 Satz 4 BetrAVG).

Ein Anspruch auf betriebliche Altersversorgung kann für einen einzelnen Arbeitnehmer insbesondere dann bestehen, wenn der Arbeitgeber ihn **ohne sachlichen Grund von Leistungen ausschließt**, die er anderen vergleichbaren Beschäftigten gewährt (§ 1 Abs. 1 Satz 4 BetrAVG). So ist z. B. der Ausschluss von **Teilzeitbeschäftigten** aus der betrieblichen Altersversorgung zumindest dann unzulässig, wenn in dem Unternehmen mehr Frauen als Männer beschäftigt sind (siehe → **Teilzeitarbeit**).

Soweit kein Verpflichtungsgrund besteht, folgt aus der Freiwilligkeit der Leistung, dass es im freien Ermessen des Arbeitgebers liegt, von welchen Voraussetzungen er den Anspruch auf Betriebsrente abhängig macht. 26

Jedoch kann auch insoweit der Grundsatz der → **Gleichbehandlung** das Ermessen des Arbeitgebers einschränken.

Anspruch auf arbeitnehmerfinanzierte betriebliche Altersversorgung durch Entgeltumwandlung (§ 1 Abs. 2 Nr. 3, § 1 a BetrAVG)

Der Arbeitnehmer kann vom Arbeitgeber verlangen, dass von seinen künftigen Entgeltansprüchen bis zu 4 % der jeweiligen – in Westdeutschland geltenden – jährlichen Beitragsbemessungsgrenze in der Rentenversicherung der Arbeiter und Angestellten (2016: 74400 Euro; 4 % davon = 2976 Euro) durch → **Entgeltumwandlung** für seine betriebliche Altersversorgung verwendet werden. 27

Soweit der Anspruch geltend gemacht wird, muss der Arbeitnehmer jährlich einen Betrag in Höhe von mindestens einem Hundertsechzigstel der jährlichen Bezugsgröße (West) nach § 18 Abs. 1 SGB IV (Stand 2016: 34860 geteilt durch 160 = 217,88 Euro) für seine betriebliche Altersversorgung **verwenden**. 28

Der Durchführung des Anspruchs des Arbeitnehmers wird durch Vereinbarung geregelt. Ist der Arbeitgeber zu einer Durchführung über einen **Pensionsfonds** oder eine **Pensionskasse** (§ 1 b Abs. 3 BetrAVG) bereit, ist die betriebliche Altersversorgung dort durchzuführen; andernfalls kann der Arbeitnehmer verlangen, dass der Arbeitgeber für ihn eine **Direktversicherung** (§ 1 b Abs. 2 BetrAVG) abschließt. 29

Falls der Arbeitnehmer bei fortbestehendem Arbeitsverhältnis kein → **Arbeitsentgelt** erhält, hat er das Recht, die Versicherung oder Versorgung mit **eigenen Beiträgen** fortzusetzen (§ 1 a Abs. 4 BetrAVG n. F.). Der Arbeitgeber steht auch für die Leistungen aus diesen Beiträgen ein. Die Regelungen über Entgeltumwandlung gelten entsprechend. 30

Siehe im Übrigen → **Entgeltumwandlung**.

Unverfallbarkeit und Durchführungen betrieblichen Altersversorgung (§ 1 b BetrAVG)

Infolge der Versorgungszusage erwirbt der begünstigte Arbeitnehmer zunächst eine »**Anwartschaft**«. 31

Anwartschaften können aber verloren gehen, wenn das Arbeitsverhältnis vor Eintritt des Versorgungsfalles endet.

Zum Schutz der Arbeitnehmer bestimmt § 1 b BetrAVG, dass Anwartschaften nach Eintritt bestimmter Bedingungen »**unverfallbar**« werden (siehe hierzu Rn. 33 ff.).

Bei Eintritt des Versorgungsfalles verwandelt sich die unverfallbare Anwartschaft in einen **Anspruch** auf Gewährung der zugesagten Leistungen (z. B.: monatliche Betriebsrente). 32

Im Einzelnen sieht § 1 b BetrAVG folgende Regelungen vor: 33

Direktzusage (§ 1 Abs. 1 BetrAVG): 34
- Dem Arbeitnehmer bleibt die Anwartschaft aus der Versorgungszusage erhalten, wenn das

Betriebliche Altersversorgung

Arbeitsverhältnis vor Eintritt des Versorgungsfalls, jedoch nach Vollendung des 25. Lebensjahres (die Altersgrenze wurde durch Gesetz zur Förderung der zusätzlichen Altersvorsorge vom 10.12.2007 [BGBl. I S. 2838] vom 30. auf das 25. Lebensjahr herabgesetzt) endet und die Versorgungszusage zu diesem Zeitpunkt mindestens fünf Jahre bestanden hat (**unverfallbare Anwartschaft**).

Das bedeutet: Ein vom Arbeitgeber zugesagter Anspruch auf eine Betriebsrente geht verloren, wenn der Arbeitnehmer bei Beendigung des Arbeitsverhältnisses das 25. Lebensjahr noch nicht vollendet hat.

Hat der Arbeitnehmer das 25. Lebensjahr zum Zeitpunkt der Beendigung des Arbeitsverhältnisses dagegen überschritten, muss die Betriebsrentenzusage bereits mehr als fünf Jahre lang existieren, um unverfallbar zu sein.

Ein Arbeitnehmer behält seine Anwartschaft auch dann, wenn er aufgrund einer Vorruhestandsregelung ausscheidet und ohne das vorherige Ausscheiden die Wartezeit und die sonstigen Voraussetzungen für den Bezug von Leistungen der betrieblichen Altersversorgung hätte erfüllen können.

35 Eine **Änderung der Versorgungszusage** oder ihre **Übernahme** durch eine andere Person unterbricht nicht den Ablauf der Fristen nach § 1 b Abs. 1 Satz 1 BetrAVG.

36 Der Verpflichtung aus einer Versorgungszusage stehen Versorgungsverpflichtungen gleich, die auf → **Betrieblicher Übung** oder dem Grundsatz der → **Gleichbehandlung** beruhen.

37 Der Ablauf einer vorgesehenen **Wartezeit** wird durch die Beendigung des Arbeitsverhältnisses nach Erfüllung der Voraussetzungen des § 1 b Abs. 1 Sätze 1 und 2 BetrAVG nicht berührt.

38 **Wechselt** ein Arbeitnehmer vom Geltungsbereich dieses Gesetzes in einen anderen Mitgliedstaat der Europäischen Union, bleibt die Anwartschaft in gleichem Umfange wie für Personen erhalten, die auch nach Beendigung eines Arbeitsverhältnisses innerhalb des Geltungsbereichs dieses Gesetzes verbleiben.

39 **Direktversicherung (§ 1 b Abs. 2 BetrAVG):**
- Der Arbeitgeber ist verpflichtet, wegen Beendigung des Arbeitsverhältnisses nach Erfüllung der in § 1 b Abs. 1 Satz 1 und 2 BetrAVG genannten Voraussetzungen (Vollendung des 25. Lebensjahres und fünfjähriges Bestehen der Versorgungszusage; siehe Rn. 34) das Bezugsrecht nicht mehr zu widerrufen.

Eine Vereinbarung, nach der das Bezugsrecht durch die Beendigung des Arbeitsverhältnisses nach Erfüllung der in § 1 b Abs. 1 und 2 BetrAVG genannten Voraussetzungen auflösend bedingt ist, ist **unwirksam**.

40 Hat der Arbeitgeber die Ansprüche aus dem Versicherungsvertrag **abgetreten** oder **beliehen**, so ist er verpflichtet, den Arbeitnehmer, dessen Arbeitsverhältnis nach Erfüllung der in § 1 b Abs. 1 Satz 1 und 2 BetrAVG genannten Voraussetzungen geendet hat, bei Eintritt des Versicherungsfalles so zu stellen, als ob die Abtretung oder Beleihung nicht erfolgt wäre.

41 Als Zeitpunkt der Erteilung der Versorgungszusage im Sinne des § 1 b Abs. 1 BetrAVG gilt der Versicherungsbeginn, frühestens jedoch der Beginn der Betriebszugehörigkeit.

42 **Pensionskasse, Pensionsfonds (§ 1 b Abs. 3 BetrAVG):**
- Wird die betriebliche Altersversorgung von einer rechtsfähigen Versorgungseinrichtung durchgeführt, die dem Arbeitnehmer oder seinen Hinterbliebenen auf ihre Leistungen einen Rechtsanspruch gewährt, so gilt § 1 b Abs. 1 BetrAVG entsprechend (Unverfallbarkeit der Anwartschaft nach Vollendung des 25. Lebensjahres und fünfjähriges Bestehen der Versorgungszusage; siehe Rn. 34).

Als Zeitpunkt der Erteilung der Versorgungszusage im Sinne des § 1 b Abs. 1 BetrAVG gilt der Versicherungsbeginn, frühestens jedoch der Beginn der Betriebszugehörigkeit.

43 **Unterstützungskasse (§ 1 b Abs. 4 BetrAVG):**
- Wird die betriebliche Altersversorgung von einer rechtsfähigen Versorgungseinrichtung

Betriebliche Altersversorgung

durchgeführt, die auf ihre Leistungen keinen Rechtsanspruch gewährt, so sind die nach Erfüllung der in § 1 b Abs. 1 Satz 1 und 2 BetrAVG genannten Voraussetzungen (Vollendung des 25. Lebensjahres und fünfjähriges Bestehen der Versorgungszusage; siehe Rn. 34) und vor Eintritt des Versorgungsfalles aus dem Unternehmen ausgeschiedene Arbeitnehmer und ihre Hinterbliebenen den bis zum Eintritt des Versorgungsfalles dem Unternehmen angehörenden Arbeitnehmern und deren Hinterbliebenen gleichgestellt.

Die Versorgungszusage gilt in dem Zeitpunkt als erteilt im Sinne des § 1 b Abs. 1 BetrAVG, von dem an der Arbeitnehmer zum Kreis der Begünstigten der Unterstützungskasse gehört.

Entgeltumwandlung (§ 1 b Abs. 5 BetrAVG):   44
- Soweit betriebliche Altersversorgung durch Entgeltumwandlung erfolgt, behält der Arbeitnehmer seine Anwartschaft ohne Rücksicht auf Lebensalter und Dauer der Versorgungszusage, wenn sein Arbeitsverhältnis vor Eintritt des Versorgungsfalles endet.

Das heißt: Es tritt **sofortige Unverfallbarkeit** ein (siehe → Entgeltumwandlung). Das kann z. B. von Bedeutung sein, wenn der Arbeitnehmer erwerbsunfähig wird.

Bei den Durchführungswegen nach § 1 b Abs. 2 und 3 BetrAVG (Direktversicherung, Pensionskasse, Pensionsfonds)   45
- ist dem Arbeitnehmer mit Beginn der Entgeltumwandlung ein **unwiderrufliches Bezugsrecht** einzuräumen,
- dürfen die **Überschussanteile** nur zur Verbesserung der Leistung verwendet werden,
- muss dem ausgeschiedenen Arbeitnehmer das **Recht zur Fortsetzung** der Versicherung oder Versorgung mit eigenen Beiträgen eingeräumt werden und
- muss das Recht zur **Verpfändung**, **Abtretung** oder **Beleihung** durch den Arbeitgeber ausgeschlossen werden.

Übergangsregelungen

§ 30 f Abs. 1 BetrAVG: Wenn Leistungen der betrieblichen Altersversorgung **vor dem 1. 1. 2001** zugesagt worden sind, ist § 1 b Abs. 1 BetrAVG (siehe Rn. 34) mit der Maßgabe anzuwenden, dass die Anwartschaft erhalten bleibt, wenn das Arbeitsverhältnis vor Eintritt des Versorgungsfalles, jedoch nach Vollendung des 35. Lebensjahres endet und die Versorgungszusage zu diesem Zeitpunkt
1. mindestens zehn Jahre oder
2. bei mindestens zwölfjähriger Betriebszugehörigkeit mindestens drei Jahre
bestanden hat.
In diesen Fällen bleibt die Anwartschaft auch erhalten, wenn die Zusage **ab dem 1. 1. 2001** fünf Jahre bestanden hat und bei Beendigung des Arbeitsverhältnisses das 30. Lebensjahr vollendet ist.

§ 1 b Abs. 5 BetrAVG (siehe Rn. 44) findet für Anwartschaften aus diesen Zusagen keine Anwendung.

§ 30 f Abs. 2 BetrAVG: Wenn Leistungen der betrieblichen Altersversorgung vor dem 1. 1. 2009 und nach dem 31. 12. 2000 zugesagt worden sind, ist § 1 b Abs. 1 Satz 1 BetrAVG (siehe Rn. 34) mit der Maßgabe anzuwenden, dass die Anwartschaft erhalten bleibt, wenn das Arbeitsverhältnis vor Eintritt des Versorgungsfalls, jedoch nach Vollendung des 30. Lebensjahres endet und die Versorgungszusage zu diesem Zeitpunkt fünf Jahre bestanden hat
in diesen Fällen bleibt die Anwartschaft auch erhalten, wenn die Zusage **ab dem 1. 1. 2009** fünf Jahre bestanden hat und bei Beendigung des Arbeitsverhältnisses das 25. Lebensjahr vollendet ist.

Betriebliche Altersversorgung

Weitere Regelungen des BetrAVG

47 Das BetrAVG sieht weitere wichtige Regelungen vor:
48 • zur **Höhe** der unverfallbaren Anwartschaft (§ 2 BetrAVG);
49 • zur **Abfindung** von unverfallbaren Anwartschaften im Falle des Ausscheidens (§ 3 Abs. 1 BetrAVG); dem Pensions-Sicherungsverein (§ 7 BetrAVG) werden in § 8 Abs. 2 BetrAVG weitere Möglichkeiten zur Abfindung von Anwartschaften eingeräumt (z. B. Abfindung ohne Zustimmung des Arbeitnehmers);
50 • zur **Übertragung** unverfallbarer Anwartschaften und laufender Leistungen auf den neuen Arbeitgeber im Falle der Beendigung des Arbeitsverhältnisses mit dem bisherigen Arbeitgeber (§ 4 BetrAVG);
51 • zum Schutz vor **Auszehrung** und **Anrechnung** (§ 5 BetrAVG);
52 • zur **vorzeitigen Rentengewährung** vor Vollendung des 65. Lebensjahres (§ 6 BetrAVG);
53 • zur **Insolvenzsicherung** (§ 7 BetrAVG): Die Sicherung wird übernommen vom »**Pensions-Sicherungsverein**« (Sitz in Köln), an den alle Arbeitgeber, die eine betriebliche Altersversorgung gewähren, Beiträge zu entrichten haben. Der Verein zahlt die Versorgungsleistung, die wegen Zahlungsunfähigkeit (siehe → **Insolvenzverfahren**) des Arbeitgebers nicht erbracht werden können. Insolvenzsicherung besteht gemäß § 7 Abs. 1 BetrAVG in folgenden Fällen:
– wenn im Falle einer **Direktzusage** wegen Insolvenz des Arbeitgebers Ansprüche aus einer unmittelbaren Versorgungszusage des Arbeitgebers nicht erfüllt werden können (§ 7 Abs. 1 Satz 1 BetrAVG),
– wenn Leistungen aus einer **Direktversicherung** aufgrund der in § 1 b Abs. 2 Satz 3 BetrAVG genannten Tatbestände (z. B. hat der Arbeitgeber die Ansprüche aus dem Versicherungsvertrag abgetreten oder beliehen) nicht gezahlt werden und der Arbeitgeber seiner Verpflichtung nach § 1 b Abs. 2 Satz 3 BetrAVG wegen der Eröffnung des Insolvenzverfahrens nicht nachkommt (§ 7 Abs. 1 Satz 2 BetrAVG),
– wenn eine **Unterstützungskasse** oder ein **Pensionsfonds** die nach ihrer Versorgungsregelung vorgesehene Versorgung nicht erbringt, weil über das Vermögen oder den Nachlass eines Arbeitgebers, der der Unterstützungskasse oder dem Pensionsfonds Zuwendungen leistet (Trägerunternehmen), das Insolvenzverfahren eröffnet worden ist (§ 7 Abs. 1 Satz 2 BetrAVG).
54 – Höchstgrenze der Insolvenzsicherung (§ 7 Abs. 3 BetrAVG): Ein Anspruch auf laufende Leistungen gegen den Träger der Insolvenzsicherung beträgt im Monat höchstens das **Dreifache der monatlichen Bezugsgröße** gemäß § 18 SGB IV (Stand 2016: monatliche Bezugsgröße = 2905 Euro mal drei = 8715 Euro in den alten Bundesländern; neue Bundesländer: monatliche Bezugsgröße = 2520 Euro mal drei = 7560 Euro);
55 • zu **Säumniszuschlägen** bei Verstößen gegen Meldepflicht und Verzinsung rückständiger Beiträge zur Insolvenzversicherung sowie Verjährung (§ 10 a BetrAVG);
56 • zur Verpflichtung des Arbeitgebers, alle drei Jahre eine **Anpassung** der laufenden Leistungen zu prüfen und nach »billigem Ermessen« über einen Ausgleich des Kaufkraftverlustes zu entscheiden (§ 16 BetrAVG).
Beispielsweise entfällt nach § 16 Abs. 3 Nr. 1 BetrAVG die Pflicht des Arbeitgebers zur Prüfung, wenn er sich zu einer jährlichen Rentenanpassung von mindestens 1 % verpflichtet.
Im Falle einer »zu Recht unterbliebenen Anpassung« ist der Arbeitgeber nicht verpflichtet, diese zu einem späteren Zeitpunkt nachzuholen (§ 16 Abs. 4 Satz 1 BetrAVG).
Eine Anpassung gilt als zu Recht unterblieben, wenn der Arbeitgeber dem Versorgungsempfänger die wirtschaftliche Lage des Unternehmens schriftlich darlegt, der Versorgungsempfänger nicht binnen drei Kalendermonaten nach Zugang der Mitteilung schriftlich

Betriebliche Altersversorgung

widersprochen hat und er auf die Rechtsfolgen eines nicht fristgemäßen Widerspruchs hingewiesen wurde (§ 16 Abs. 4 Satz 2 BetrAVG).

Kürzung bzw. Widerruf der Versorgungszusage

Zur Frage, unter welchen **Voraussetzungen** die Kürzung bzw. der Widerruf der Versorgungszusage zulässig ist, schweigt sich das BetrAVG aus (zur Mitbestimmung des Betriebsrats und zur Frage, ob eine betriebliche Altersversorgung durch »ablösende« Betriebsvereinbarung verschlechtert werden kann, siehe Rn. 66 ff.). 57

Grundsätzlich gilt, dass erworbene Rechte nur im Ausnahmefall bei Vorliegen besonderer Gründe (z. B. wirtschaftliche Notlage des Unternehmens oder schwere Pflichtverletzung des Arbeitnehmers) **entzogen** oder **gekürzt** werden können.

Werden Leistungen der betrieblichen Altersversorgung ohne Widerrufsvorbehalt zugesagt, so kommt ein Widerruf nur bei einer ernsthaften **Gefährdung der Existenz des Unternehmens** in Frage. 58

Aber auch bei einem vorbehaltenem Widerruf muss nach Eintritt der Unverfallbarkeit (gemäß § 1 Abs. 1 BetrAVG) eine **Bestandsgefährdung** des Unternehmens nachgewiesen werden. Sachliche Gründe allein reichen nicht aus. 59

Bei einem Eingriff in Anwartschaften auf Leistungen einer Unterstützungskasse beispielsweise gilt, dass die Widerrufsgründe umso schwerer wiegen müssen, je stärker die erreichten Besitzstände der Betroffenen sind und je gravierender der geplante Eingriff ist (sog. »**Drei-Stufen-Modell**«; grundlegend BAG v. 17. 4. 1985 – 3 AZR 72/83, NZA 1986, 57; 18. 4. 1989 – 3 AZR 299/87, NZA 1989, 846): 60

- in bereits erdiente, unverfallbare Anwartschaften kann nur eingegriffen werden, wenn die **Existenz des Unternehmens** gefährdet ist;
- dagegen sind **Zuwächse** weniger geschützt; hiernach sollen für einen Widerruf »**triftige Gründe**« ausreichen;
- bei noch nicht erdienten und von der weiteren Betriebszugehörigkeit abhängigen **Zuwachsraten** sollen »**sachlich-proportionale Gründe**« für einen Widerruf genügen.

Ein Eingriff in den – durch Betriebsvereinbarung näher geregelten – Umfang der **Rentenanpassung** (Erhöhung der Renten nicht mehr entsprechend der Entwicklung der tariflichen Entgelte, sondern nur noch entsprechend der Entwicklung der Lebenshaltungskosten) ist nach der BAG-Rechtsprechung regelmäßig bereits dann gerechtfertigt und wirksam, wenn es für ihn sachlich nachvollziehbare und **Willkür** ausschließende Gründe gibt (BAG v. 16. 7. 1996 – 3 AZR 398/95, DB 1997, 631). 61

Im Übrigen ist ein Widerruf von Versorgungsanwartschaften bzw. ein Eingriff in laufende Rentenzahlungen aus wirtschaftlichen Gründen nur in der jeweils **mildesten Form** zulässig (z. B. Stundung oder vorübergehendes Aussetzen der Leistungen hat Vorrang vor [endgültiger] Kürzung oder Streichung). 62

Letztlich tritt bei den Leistungsempfängern (Rentnern) bei einem Widerruf oder einer Kürzung der Leistungen wegen wirtschaftlicher Notlage kein Nachteil ein, weil in diesem Falle der **Pensions-Sicherungsverein** gemäß § 7 Abs. 1 BetrAVG anstelle des Arbeitgebers die ausfallenden Zahlungen zu erbringen hat. 63

Eine umfangreiche Rechtsprechung hat sich auch zu der Frage entwickelt, ob und unter welchen Voraussetzungen und in welchem Umfange eine bestehende Versorgungsordnung durch → **Betriebsvereinbarung** verändert bzw. **verschlechtert** werden kann (siehe Rn. 78). 64

Unternehmen werden (aus steuer- und haftungsrechtlichen Gründen) häufig in der Weise **aufgespalten**, dass das Vermögen (Grundstücke, Maschinen usw.) auf eine »**Anlagegesellschaft**« übertragen wird, während eine vermögenslose »**Betriebsgesellschaft**«, bei der die Arbeitnehmer beschäftigt sind, die Produktion betreibt. 65

Betriebliche Altersversorgung

Für diesen Fall bestimmt § 134 Abs. 2 Umwandlungsgesetz (UmwG), dass die »reiche Anlagegesellschaft« für diejenigen Ansprüche aus einer betrieblichen Altersversorgung haftet, die vor dem Wirksamwerden der Aufspaltung begründet worden sind (siehe → **Umwandlung von Unternehmen**).

Bedeutung für die Betriebsratsarbeit

66 Gemäß § 87 Abs. 1 Nr. 8 BetrVG hat der Betriebsrat ein **Mitbestimmungsrecht** bei »*Form, Ausgestaltung und Verwaltung von Sozialeinrichtungen, deren Wirkungsbereich auf den Betrieb, das Unternehmen oder den Konzern beschränkt ist*«.

67 Diese Vorschrift ist anwendbar, sofern die Altersversorgung durch Errichtung einer »Pensions- oder Unterstützungskasse« bzw. eines »Pensionsfonds« durchgeführt wird. Denn hierbei handelt es sich um eine »Sozialeinrichtung« im Sinne dieser Vorschrift (siehe → **Sozialeinrichtung**).

68 Wird die Altersversorgung dagegen im Wege der »Direktzusage« oder »Direktversicherung« gewährt, fehlt es am Merkmal der »Einrichtung«, so dass § 87 Abs. 1 Nr. 8 BetrVG ausscheidet. Allerdings besteht in diesem Falle nach allgemeiner Auffassung ein Mitbestimmungsrecht gemäß § 87 Abs. 1 Nr. 10 BetrVG. Hiernach hat der Betriebsrat mitzubestimmen bei »*Fragen der betrieblichen Lohngestaltung, insbesondere die Aufstellung von Entlohnungsgrundsätzen und die Einführung und Anwendung von neuen Entlohnungsmethoden sowie deren Änderung*« (siehe → **Arbeitsentgelt**).

69 Der Begriff »Lohn« im Sinne dieser Regelung ist in weitestem Sinne zu verstehen. Er erstreckt sich auf alle Leistungen des Arbeitgebers mit Entgeltcharakter, also auch auf Leistungen aus einer betrieblichen Altersversorgung, die nicht durch eine »Sozialeinrichtung« im Sinne des § 87 Abs. 1 Nr. 8 BetrVG erbracht werden (sog. »**Soziallohn**«).

70 Die **Reichweite** des Mitbestimmungsrechts des Betriebsrats bei betrieblicher Altersversorgung ist allerdings erheblich **eingeschränkt**. Denn eine Reihe von Entscheidungen des Arbeitgebers bleibt mitbestimmungsfrei.
Insbesondere entscheidet der Arbeitgeber allein,
- ob er überhaupt eine Altersversorgung einführen will (§ 88 Nr. 2 BetrVG: »Errichtung« von Sozialeinrichtungen nur durch »freiwillige« Betriebsvereinbarung);
- in welchem Umfang er finanzielle Mittel zur Verfügung stellt (sog. »**Dotierungsrahmen**«);
- über die abstrakte Festlegung des begünstigten Arbeitnehmerkreises.

71 Mitbestimmungsfrei ist nach Auffassung des BAG – wegen der damit verbundenen finanziellen Folgen – auch die **Wahl des Durchführungsweges** der Altersversorgung: Direktzusage, Direktversicherung, Unterstützungskasse, Pensionskasse, Pensionsfonds (BAG v. 12.6.1975 – 3 ABR 137/73, AuR 1975, 248 = BB 1975, 1064). Auch die Auswahl von Versicherungsunternehmen und der Wechsel des Versicherungsunternehmens sind ohne Mitbestimmung des Betriebsrats möglich, sofern der bisherige Verteilungsplan und die Beitragsbelastung der Beschäftigten unverändert bleiben (BAG v. 16.2.1993 – 3 ABR 29/92, DB 1993, 1240).

72 Dementsprechend verbleibt dem Betriebsrat nur noch ein Mitbestimmungsrecht über das »**Wie**« der Altersversorgung, also insbesondere über die Frage der **Verteilung** der Mittel auf die Begünstigten (Ausgestaltung des Leistungsplans: Welche Personen des begünstigten Arbeitnehmerkreises bekommen nach welchen Kriterien wie viel?).

73 Im Nichteinigungsfalle über das »Wie« können Arbeitgeber oder Betriebsrat die → **Einigungsstelle** anrufen (§ 87 Abs. 2 BetrVG).

74 Will der Arbeitgeber eine eingeführte **Versorgungsregelung verändern** (zum Beispiel durch Erhöhung oder Verringerung des Dotierungsrahmens), so unterliegt die Frage, nach welchen

Betriebliche Altersversorgung

Kriterien der neue finanzielle »Topf« auf die Begünstigten verteilt wird, ebenfalls der Mitbestimmung des Betriebsrats.
Insoweit steht dem Betriebsrat auch ein »**Initiativmitbestimmungsrecht**« (siehe → **Beteiligungsrechte des Betriebsrats**) zu. Das heißt, auch er kann Veränderungen der Versorgungsordnung verlangen und im Ablehnungsfalle die → **Einigungsstelle** nach § 87 Abs. 2 BetrVG anrufen. 75

Will der Betriebsrat beispielsweise den Leistungsplan zugunsten einer Arbeitnehmergruppe verändern, muss er allerdings gleichzeitig – falls der Arbeitgeber nicht zu einer entsprechenden Erhöhung des Dotierungsrahmens bereit ist – Kürzungen an anderer Stelle vorschlagen.

Nach der Rechtsprechung unterliegt eine Veränderung, insbesondere eine Verschlechterung der Versorgung im Wege einer »ablösenden« → **Betriebsvereinbarung** einer Reihe von **Beschränkungen** (BAG v. 16. 9. 1986 – GS 1/82, AiB 1987, 114 = NZA 1987, 168). 76
Es gelten im Wesentlichen die nachstehenden Grundsätze.

1. Wurde die Versorgungszusage durch »Einzelarbeitsvertrag« begründet, ist eine Veränderung allenfalls durch → **Änderungskündigung** gegenüber dem Arbeitnehmer (oder **Änderungsvertrag** mit ihm), nicht aber durch Betriebsvereinbarung möglich. 77
Entsprechendes gilt, wenn die Versorgungszusage auf einer → **betrieblichen Übung** oder dem Grundsatz der → **Gleichbehandlung** beruht oder sich aus einem Verstoß gegen ein → **Benachteiligungsverbot (AGG)** ergibt.

2. Vertraglich begründete Ansprüche, die auf eine vom Arbeitgeber gesetzte »**Einheitsregelung**« (z. B. Allgemeine Arbeitsbedingungen) oder → **Gesamtzusage** (= einseitige Erklärung des Arbeitgebers an die Belegschaft; z. B. durch Aushang am Schwarzen Brett) zurückgehen, können durch eine nachfolgende Betriebsvereinbarung in den Grenzen von Recht und Billigkeit beschränkt werden, wenn die Neuregelung insgesamt – bei kollektiver Betrachtung – **nicht ungünstiger** ist als die bisherige Regelung (BAG GS v. 16. 9. 1986 – 1/82, a. a. O.). 78
Eine Veränderung der Versorgungsordnung durch Betriebsvereinbarung ist also nur im Sinne einer »**Umstrukturierung**«, nicht aber im Sinne einer »**Verschlechterung**« zulässig.
Durch einen »**kollektiven Günstigkeitsvergleich**« muss sichergestellt werden, dass der wirtschaftliche Gesamtwert der Versorgung nicht verringert wird, sondern mindestens gleich bleibt (»hier wird etwas weggenommen, dort wird in gleichem Umfang etwas zurückgegeben«).
Unter dieser Voraussetzung können durch Betriebsvereinbarung Versorgungsansprüche, die auf einer Einheitsregelung oder Gesamtzusage beruhen, zu Lasten des einzelnen Arbeitnehmers **beeinträchtigt** werden (vorausgesetzt, eine solche Verschlechterung ist nicht aufgrund anderer Gesichtspunkte ausgeschlossen: z. B. Verstoß gegen eine im Einzelfall getroffene vertragliche Vereinbarung oder gegen den Gleichbehandlungsgrundsatz).
Entsprechendes gilt, wenn die betriebliche Altersversorgung in ihrem **Gesamtwert verbessert** wird.

3. Ist eine Betriebsvereinbarung demgegenüber **insgesamt ungünstiger** als die bisherige Regelung, so ist sie nur zulässig und wirksam, wenn und soweit der Arbeitgeber wegen eines **vorbehaltenen Widerrufs** oder **Wegfalls der Geschäftsgrundlage** eine Kürzung oder Streichung verlangen kann (BAG v. 16. 9. 1986 – GS 1/82, a. a. O.). 79
Zur eingeschränkten Möglichkeit des Widerrufs von Versorgungszusagen wegen **wirtschaftlicher Notlage** siehe Rn. 47 ff.

4. Ist die Versorgungsordnung durch Betriebsvereinbarung begründet worden, kann sie durch eine neue Betriebsvereinbarung zwar verändert bzw. verschlechtert werden. 80
Allerdings unterliegt mit Blick auf bereits entstandene **Versorgungsanwartschaften** und **Vertrauensschutzgesichtspunkte** auch eine solche Regelung der gerichtlichen Billigkeitskontrolle (BAG v. 17. 8. 1999 – 3 ABR 55/98, AiB 2000, 509 = NZA 2000, 498).

Besteht das Altersversorgungssystem in einem Unternehmen mit mehreren Betrieben (siehe 81

Betriebliche Altersversorgung

→ **Mehr-Betriebs-Unternehmen**), dann ist der → **Gesamtbetriebsrat** Träger des Mitbestimmungsrechts.
Der → **Konzernbetriebsrat** ist zuständig, sofern die Altersversorgung konzernweite Geltung hat.

Arbeitshilfen

Übersichten
- Direktzusage
- Unterstützungskasse
- Direktversicherung
- Pensionskasse
- Pensionsfonds

Übersicht: Direktzusage

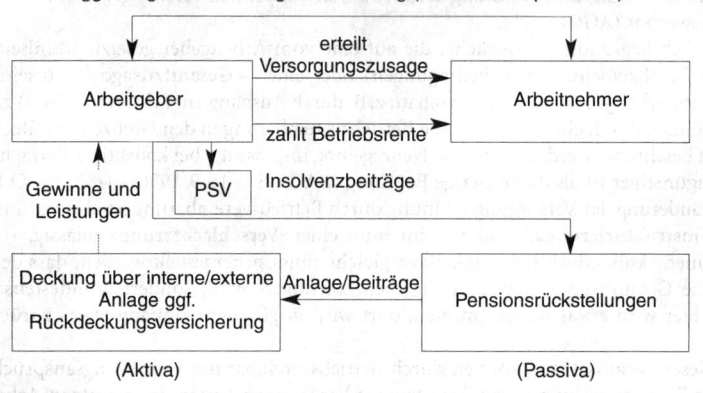

```
                ggf. Entgeltumwandlungsvereinbarung (deferred compensation)
                                    │
            ┌───────────────┐   erteilt    ┌───────────────┐
            │               │  Versorgungszusage │               │
            │  Arbeitgeber  │ ─────────────→│  Arbeitnehmer │
            │               │  zahlt Betriebsrente │               │
            └───────────────┘               └───────────────┘
              ↑        │
      Gewinne und   ┌─────┐  Insolvenzbeiträge
      Leistungen   │ PSV │
                    └─────┘
            ┌──────────────────────┐  Anlage/Beiträge  ┌───────────────────┐
            │ Deckung über interne/│ ←──────────────── │ Pensionsrück-     │
            │ externe Anlage ggf.  │                   │ stellungen        │
            │ Rückdeckungsversicherung│                │                   │
            └──────────────────────┘                   └───────────────────┘
                    (Aktiva)                                  (Passiva)
```

Übersicht: Unterstützungskasse

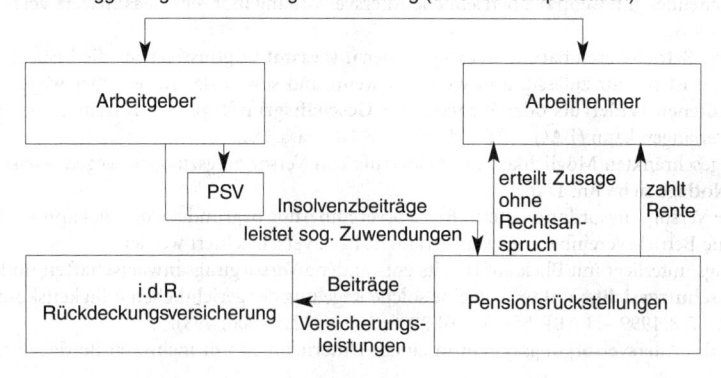

```
                ggf. Entgeltumwandlungsvereinbarung (deferred compensation)
                                    │
            ┌───────────────┐                ┌───────────────┐
            │  Arbeitgeber  │                │  Arbeitnehmer │
            └───────────────┘                └───────────────┘
                    │                              ↑    ↑
                ┌─────┐                     erteilt Zusage  zahlt
                │ PSV │  Insolvenzbeiträge  ohne Rechts-   Rente
                └─────┘                     anspruch
                    │  leistet sog. Zuwendungen
            ┌──────────────────────┐  Beiträge   ┌───────────────────┐
            │      i.d.R.          │ ──────────→│ Pensionsrück-     │
            │ Rückdeckungsversicherung│ ←────── │ stellungen        │
            └──────────────────────┘ Versicherungs-└─────────────────┘
                                      leistungen
```

Betriebliche Altersversorgung

Übersicht: Direktversicherung

ggf. Entgeltumwandlungsvereinbarung (deferred compensation)

Arbeitgeber — erteilt Zusage → Arbeitnehmer

Arbeitgeber → Versicherungsprämien → Direktversicherung

Direktversicherung → zahlt Rente → Arbeitnehmer

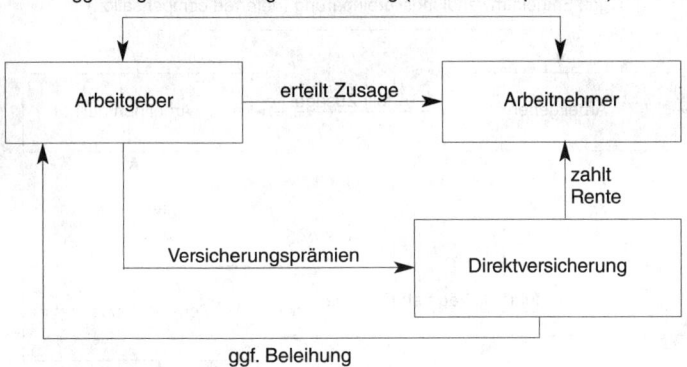

ggf. Beleihung

Übersicht: Pensionskasse

ggf. Entgeltumwandlungsvereinbarung (deferred compensation)

Arbeitgeber — erteilt Zusage → Arbeitnehmer

Arbeitnehmer tritt i.d.R. bei und zahlt eigene Prämien → Pensionskasse

Pensionskasse → zahlt Rente → Arbeitnehmer

Beleihung

Arbeitgeber → zahlt Prämien → Pensionskasse

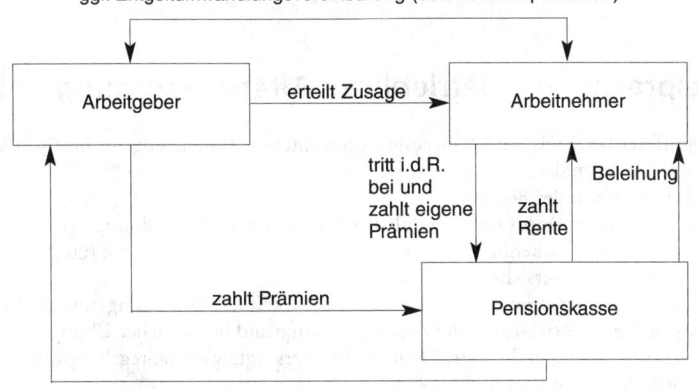

i.d.R. Beleihung, Vermietung von Grundstücken und Gebäuden ...

Betriebliche Altersversorgung

Übersicht: Pensionsfonds

```
                ggf. Entgeltumwandlungsvereinbarung (deferred compensation)

        ┌─────────────────┐    erteilt Zusage    ┌─────────────────┐
   →    │   Arbeitgeber   │ ──────────────────→  │   Arbeitnehmer  │
        └─────────────────┘                      └─────────────────┘
  P
  a
  s                                                    zahlt
  s                                                    Rente
  i
  v            führt Beiträge ab (Passiva)      ┌─────────────────┐
  a       ──────────────────────────────────→   │   Pensionsfonds │
                                                 └─────────────────┘
                                                          ↑
        ┌─────────────────┐                               │
   →    │   Kapitalmärkte │ ←─── An- und Verkauf von Aktiva
        └─────────────────┘
```

Rechtsprechung – Betriebliche Altersversorgung

1. Begriff der betrieblichen Versorgung wegen Alters – Abgrenzung zu sonstigen Versorgungsleistungen des Arbeitgebers
2. Geltungsbereich des BetrAVG
3. Auslegung einer Versorgungsvereinbarung bzw. Versorgungsordnung
4. Auslegung eines lückenhaften Versorgungstarifvertrags und von Versorgungsrichtlinien – Rückwirkende Versicherungspflicht?
5. Anspruch auf Versorgungszusage – Unverfallbarkeit der Versorgungsanwartschaft
6. Anspruch auf betriebliche Altersversorgung aufgrund betrieblicher Übung
7. Gleichbehandlung in der betrieblichen Altersversorgung – Maßregelungsverbot
8. Benachteiligungsverbot nach AGG
9. Feste Altersgrenze
10. Spätehenklausel – Diskriminierung wegen des Alters
11. Gleichbehandlung: Keine Benachteiligung von Teilzeitbeschäftigten
12. Gleichbehandlung von Männern und Frauen
13. Verzicht auf Versorgungsanwartschaften und -ansprüche – Abfindung einer unverfallbaren Anwartschaft (§ 3 BetrAVG)
14. Eingriff in Versorgungsanwartschaft – Abbau einer Überversorgung – Dreistufiges Prüfungsschema
15. Gesamtversorgungszusage – Anpassung wegen Äquivalenzstörung – Widerruf
16. Gesamtversorgungszusage – Anrechnung der gesetzlichen Rente und sonstiger Altersbezüge

Betriebliche Altersversorgung

17. Zusage einer beamtenähnlichen Versorgung – Anrechnung nach Beamtenversorgungsrecht
18. Ablösung einer betriebsvereinbarungsoffenen individualrechtlichen Regelung
19. Eingriff in laufende Betriebsrenten durch Tarifvertrag
20. Widerruf und Kürzung einer Versorgungszusage wegen wirtschaftlicher Notlage
21. Widerruf und Kürzung einer Versorgungszusage wegen schwerwiegender Pflichtverletzung – Einwand des Rechtsmissbrauchs
22. Pflichtmitgliedschaft in einem Betriebsrentenfonds mit europäischem Recht vereinbar
23. Höhe und Berechnung der Betriebsrente – Veränderungssperre (§ 2 Abs. 5 Satz 1 BetrAVG)
24. Unzulässige Verrechnung einer Betriebsrente mit einer Abfindung nach KSchG
25. Auszehrungsverbot (§ 5 BetrAVG)
26. Betriebsrente bei vorzeitigem Ausscheiden (§ 2 Abs. 1 BetrAVG)
27. Berechnung einer vorgezogen in Anspruch genommenen Betriebsrente – Vorzeitige Altersleistung (§ 6 BetrAVG)
28. Anpassung der Betriebsrenten (§ 16 BetrAVG) – Rentnergesellschaft
29. Anpassung aufgrund betrieblicher Übung
30. Anpassung von Betriebsrenten im Beitrittsgebiet
31. Leistungsordnungen Bochumer Verband, Essener Verband
32. Hinterbliebenenversorgung – Gleichstellung eingetragener Lebenspartner mit Ehegatten
33. Insolvenzverfahren – Insolvenzsicherung – Pensionssicherungsverein (§ 7 BetrAVG)
34. Ansprüche des Insolvenzverwalters – Insolvenzanfechtung
35. Betriebsübergang (§ 613 a BGB)
36. Entgeltumwandlung – Direktversicherung – »Zillmerung« von Versicherungstarifen
37. Direktversicherung – Widerruf vor und nach Eintritt der Unverfallbarkeit
38. Lebensversicherung: Überschussanteile und Sondergewinne
39. Pensionskasse – Gewinnzuschlag – Überschuss
40. Übertragung eines Versicherungsbestands von einer Pensionskasse auf ein Lebensversicherungsunternehmen
41. Pauschalsteuer
42. Zusatzversorgung im öffentlichen Dienst
43. Versorgungsanstalt des Bundes und der Länder (VBL)
44. Zusatzrente nach der Anordnung 54
45. Betriebliche Altersversorgung für Arbeitnehmer der früheren Deutschen Reichsbahn
46. Aufhebungsvertrag – Hinweispflicht des Arbeitgebers auf drohenden Versorgungsschaden
47. Schadensersatz wegen fehlerhafter Auskünfte über Versorgungsansprüche
48. Schadensersatz wegen Verlust der Versorgungsanwartschaft nach gerichtlicher Auflösung des Arbeitsverhältnisses
49. Fälligkeit der Betriebsrente
50. Sonstige Fragen
51. Betriebliche Altersversorgung bei vermuteter Arbeitsvermittlung / unerlaubter Arbeitnehmerüberlassung
52. Mitbestimmung beim Abbau einer Überversorgung
53. Eingriff in betriebliche Altersversorgung durch verschlechternde Betriebsvereinbarung
54. Kündigung einer Betriebsvereinbarung über betriebliche Altersversorgung
55. Verschlechterung einer Gesamtzusage durch Spruch der Einigungsstelle
56. Ausschlussfrist: Kein Verfall von Ansprüchen aus betrieblicher Altersversorgung
57. Verjährung betriebsrentenrechtlicher Ansprüche

Rechtsprechung – Betriebliche Altersversorgung – Mitbestimmung des Betriebsrats

1. Mitbestimmung des Betriebsrats bei der betrieblichen Altersversorgung
2. Eingriff in betriebliche Altersversorgung durch Betriebsvereinbarung?
3. Verschlechterung einer Gesamtzusage durch Spruch der Einigungsstelle
4. Anspruch auf Durchführung einer Betriebsvereinbarung über betriebliche Altersversorgung
5. Kündigung einer Betriebsvereinbarung über betriebliche Altersversorgung
6. Betriebsübergang: Wahrung des Besitzstandes
7. Regelungskompetenz der Betriebsparteien für die Betriebsrentner?
8. Zuständigkeit des Gesamtbetriebsrats im Bereich der betrieblichen Altersversorgung

Betriebliche Übung

Was ist das?

Arbeitsvertragliche Ansprüche können nicht nur durch deren ausdrückliche (schriftliche oder mündliche) Vereinbarung begründet werden (siehe → **Arbeitsvertrag**).
Sie können auch durch »**betriebliche Übung**« entstehen.
Unter einer betrieblichen Übung ist ein **gleichförmiges und wiederholtes Verhalten** des Arbeitgebers zu verstehen, aus dem die Arbeitnehmer schließen können, ihnen solle eine Leistung oder Vergünstigung auf Dauer eingeräumt werden.
Die betriebliche Übung gründet sich auf eine Willenserklärung des Arbeitgebers, die von den Arbeitnehmern ohne ausdrückliche Erklärung (stillschweigend) **angenommen** wird, was nach § 151 BGB möglich ist.
Auf diese Weise entstehen arbeitsvertragliche Ansprüche der Arbeitnehmer, die Leistung bzw. Vergünstigung auch **künftig** zu erhalten.
Für die Begründung eines solchen Anspruchs auf betriebliche Übung kommt es dabei nicht darauf an, ob der Arbeitgeber einen **Verpflichtungswillen** hatte. Maßgebend ist vielmehr, ob die Arbeitnehmer aus dem Erklärungsverhalten des Arbeitgebers unter Berücksichtigung von Treu und Glauben sowie aller Begleitumstände auf einen Bindungswillen des Arbeitgebers **schließen durften** und das entsprechende Angebot **stillschweigend annehmen** konnten.
Die Bindungswirkung tritt ein, wenn die Arbeitnehmer auf Grund des Verhaltens des Arbeitgebers darauf **vertrauen** dürfen, die Leistung solle auch für die Zukunft gewährt werden (ständige Rechtsprechung des BAG; vgl. z. B. BAG v. 23.04.1963 – 3 AZR 173/62, BB 1963, 938; 12.1.1994 – 5 AZR 41/93, NZA 1994, 694; 14.8.1996 – 10 AZR 69/96, AiB 1997, 60 = NZA 1996, 1323; 14.1.2004 – 10 AZR 251/03; 30.5.2006 – 1 AZR 111/05, NZA 2006, 1170; 28.6.2006 – 10 AZR 385/05, NZA 2006, 1174; 30.7.2008 – 10 AZR 606/07, NZA 2008, 1173; 1.4.2009 – 10 AZR 393/08, ZTR 2009, 485; 21.4.2010 – 10 AZR 163/09; 8.12.2010 – 10 AZR 671/09, NZA 2011, 628; 14.9.2011 – 10 AZR 526/10; 5.5.2015 – 1 AZR 806/131; 19.8.2015 – 5 AZR 450/14).
Hierzu BAG v. 19.8.2015 – 5 AZR 450/14: »*Unter einer betrieblichen Übung ist die regelmäßige Wiederholung bestimmter Verhaltensweisen des Arbeitgebers zu verstehen, aus denen die Arbeitnehmer schließen können, ihnen solle eine Leistung oder eine Vergünstigung auf Dauer eingeräumt werden. Aus diesem als Vertragsangebot zu wertenden Verhalten des Arbeitgebers, das von den Arbeitnehmern in der Regel stillschweigend angenommen wird (§ 151 BGB), erwachsen vertragliche Ansprüche auf die üblich gewordenen Leistungen. Entscheidend für die Entstehung eines Anspruchs ist nicht der Verpflichtungswille, sondern wie der Erklärungsempfänger die Erklärung oder das Verhalten des Arbeitgebers nach Treu und Glauben unter Berücksichtigung aller Begleitumstände (§§ 133, 157 BGB) verstehen musste und ob er auf einen Bindungswillen des Arbeitgebers schließen durfte.*«

Betriebliche Übung

> **Beispiel:**
> Der Arbeitgeber zahlt über mindestens drei Jahre, ohne dass dies ausdrücklich vereinbart war und ohne Freiwilligkeits- bzw. Widerrufsvorbehalt, ein zusätzliches (über den Tarifvertrag hinausgehendes) → **Weihnachtsgeld**. Die Arbeitnehmer nehmen diese Zahlung entgegen. Folge: Der Arbeitgeber ist infolge dieser »betrieblichen Übung« verpflichtet, die Zahlung auch in Zukunft zu erbringen, sofern nicht besondere Umstände zu einer anderen Auslegung des bisherigen Arbeitgeberverhaltens führen (vgl. z. B. BAG v. 23.04.1963 – 3 AZR 173/62, BB 1963, 938; 14.8.1996 – 10 AZR 69/96, AiB 1997, 60; 28.6.2006 – 10 AZR 385/05, NZA 2006, 1174; 30.7.2008 – 10 AZR 606/07, NZA 2008, 1173; 1.4.2009 – 10 AZR 393/08, ZTR 2009, 485; 8.12.2010 – 10 AZR 671/09, NZA 2011, 628).

3   Das Rechtsinstitut der betrieblichen Übung enthält ein **kollektives Element** (BAG v. 21.4.2010 – 10 AZR 163/09). Sie bezieht sich auf eine **Vielzahl** von Arbeitnehmern oder zumindest auf eine abgrenzbare Gruppe von Arbeitnehmern, ohne dass individuelle Besonderheiten die vertraglichen Beziehungen gestalten.

Auch wenn es an einer betrieblichen Übung fehlt, weil beispielsweise der Arbeitgeber eine Zahlung **nur an einen Arbeitnehmer** vorgenommen hat und damit das **kollektive Element fehlt**, kann für diesen ein Anspruch aufgrund einer **individuellen arbeitsvertraglichen konkludenten Abrede** entstanden sein. Dies ist der Fall, wenn der Arbeitnehmer aus einem tatsächlichen Verhalten des Arbeitgebers auf ein Angebot schließen konnte, das er gem. § 151 BGB durch schlüssiges Verhalten angenommen hat (BAG v. 13.5.2015 – 10 AZR 266/14; 14.9.2011 – 10 AZR 526/10; 21.4.2010 – 10 AZR 163/09). Wenn etwa über mehrere Jahre an einen Arbeitnehmer ein Jahresbonus **ohne Freiwilligkeitsvorbehalt** gezahlt wird, kann daraus auf ein Angebot des Arbeitgebers geschlossen werden, das vom Arbeitnehmer stillschweigend angenommen wird (§ 151 BGB).

4   Nach der ständigen Rechtsprechung des BAG ist die **Inbezugnahme von Tarifverträgen** (siehe → **Arbeitsvertrag: Bezugnahme auf Tarifverträge**) auch im Wege der betrieblichen Übung möglich (BAG v. 9.5.2007 – 4 AZR 275/06 m. w. N.).

Allerdings unterscheidet das BAG zwischen der
- Verpflichtung, aufgrund betrieblicher Übung einen **bestimmten Tarifvertrag weiterhin anzuwenden**, und der
- Verpflichtung, auch **künftige Tarifverträge** (z.B. künftige Tariferhöhungen) umzusetzen.

Es ist danach in jedem **Einzelfall** zu prüfen, ob durch die konkrete Verhaltensweise des Arbeitgebers eine betriebliche Übung im Sinne einer **dynamischen Bezugnahme** auf die einschlägigen Tarifverträge oder nur im Sinne der weiteren Anwendung eines bestimmten Tarifvertrags vereinbart worden ist (BAG v. 9.5.2007 – 4 AZR 275/06; 20.6.2001 – 4 AZR 290/00, EzA BGB § 242 Betriebliche Übung Nr. 45).

5   Bei einem **nicht tarifgebundenen Arbeitgeber** wird eine betriebliche Übung der Erhöhung der Löhne und Gehälter entsprechend der Tarifentwicklung in einem bestimmten Tarifgebiet nur entstehen, wenn es **deutliche Anhaltspunkte** im Verhalten des Arbeitgebers dafür gibt, dass er auf Dauer die von den Tarifvertragsparteien ausgehandelten Tariflohnerhöhungen übernehmen will (BAG v. 19.10.2011 – 5 AZR 359/10; LAG Hamm (Westfalen) v. 23.9.2015 – 10 Sa 647/15).

6   Ein Anspruch aufgrund betrieblicher Übung entsteht dann nicht, wenn der Arbeitgeber bei der Erbringung der Leistung ausdrücklich (z. B. in Form eines **Freiwilligkeits-** oder **Widerrufsvorbehalts**) darauf hinweist, dass aus ihrer Gewährung für die Zukunft kein Rechtsanspruch abgeleitet werden kann (siehe → **Übertarifliche Zulagen**).

Von einer betrieblichen Übung kann nach Ansicht des BAG trotz wiederholt gezahlter Leistungen auch dann nicht ausgegangen werden, wenn der Arbeitgeber die Leistungen erkennbar auf Grund einer anderen und sei es auch einer tatsächlich nicht bestehenden **Rechtspflicht** hat erbringen wollen (BAG v. 30.5.2006 – 1 AZR 111/05, NZA 2006, 1170).

Will sich der Arbeitgeber von Ansprüchen, die aus einer betrieblichen Übung entstanden sind, »**befreien**«, so ist dies nur auf dem Wege der Änderungsvereinbarung mit den betroffenen Arbeitnehmern bzw. durch → **Änderungskündigung** möglich.

Keine gegenläufige betriebliche Übung

Nach einer zeitweise vom 10. Senat des BAG vertretenen Auffassung konnte ein aufgrund betrieblicher Übung entstandener Anspruch auch durch eine »gegenläufige« betriebliche Übung wieder entfallen, wenn der Arbeitgeber eine bislang vorbehaltlos gewährte Leistung **fortan** nur noch unter einem **Freiwilligkeitsvorbehalt** (der z. B. in einem Aushang oder in der Lohnabrechnung erklärt wird) erbringt und die Arbeitnehmer der neuen Handhabung über den Zeitraum von **drei Jahren nicht widersprechen** (vgl. z. B. BAG v. 26. 3. 1997 – 10 AZR 612/96, NZA 1997, 1007; 4. 5. 1999 – 10 AZR 290/98, NZA 1999, 1162).

Folge: im vierten Jahr könne der Arbeitgeber die Weihnachtsgeldzahlung einseitig **kürzen** oder **widerrufen** (wobei Kürzung oder Widerruf »billigem Ermessen« gemäß § 315 BGB entsprechen mussten).

Die Beschäftigten mussten also der Änderung der bisherigen Handhabung ausdrücklich widersprechen, wenn sie den Wegfall des Anspruchs vermeiden wollten.

Mit der Entscheidung v. 18. 3. 2009 hat der 10. Senat des BAG seine Rechtsprechung zur »gegenläufigen betrieblichen Übung« zu Recht **aufgegeben** (BAG v. 18. 3. 2009 – 10 AZR 281/08, NZA 2009, 601). Die Annahme, durch eine dreimalige widerspruchslose Entgegennahme einer vom Arbeitgeber ausdrücklich unter dem Vorbehalt der **Freiwilligkeit** gezahlten Gratifikation werde die Verpflichtung des Arbeitgebers zur Gratifikationszahlung aus betrieblicher Übung beendet, sei mit dem **Klauselverbot für fingierte Erklärungen** in § 308 Nr. 5 BGB nicht zu vereinbaren. Die Vorschrift lautet: »*In Allgemeinen Geschäftsbedingungen ist insbesondere unwirksam ... eine Bestimmung, wonach eine Erklärung des Vertragspartners des Verwenders bei Vornahme oder Unterlassung einer bestimmten Handlung als von ihm abgegeben oder nicht abgegeben gilt, es sei denn, dass*
a) *dem Vertragspartner eine angemessene Frist zur Abgabe einer ausdrücklichen Erklärung eingeräumt ist und*
b) *der Verwender sich verpflichtet, den Vertragspartner bei Beginn der Frist auf die vorgesehene Bedeutung seines Verhaltens besonders hinzuweisen ...*«

Bedeutung für die Betriebsratsarbeit

Gelegentlich gibt es Versuche von Arbeitgebern, sich von Ansprüchen, die durch betriebliche Übung begründet wurden, durch → **Betriebsvereinbarung** mit dem Betriebsrat zu befreien. Dies ist unzulässig. Betriebsvereinbarungen können wegen des → **Günstigkeitsprinzips** arbeitsvertragliche Ansprüche nicht beseitigen. Dabei macht es keinen Unterschied, ob der Anspruch durch ausdrückliche bzw. konkludente (d. h. sich aus den Umständen ergebende) Vereinbarung oder durch eine betriebliche Übung begründet worden ist.

Zur Frage der Zulässigkeit einer **ablösenden Betriebsvereinbarung**: siehe auch → **betriebliche Altersversorgung** und → **Betriebsvereinbarung**.

Betriebliche Übung

Bedeutung für die Beschäftigten

11 Ansprüche, die durch betriebliche Übung begründet worden sind, kann der Arbeitnehmer notfalls im **Klagewege** vor dem Arbeitsgericht verfolgen.
12 Etwaige geltende vertragliche oder tarifliche → **Ausschlussfristen/Verfallfristen** (und natürlich auch die **Verjährungsfrist**; siehe → **Verjährung**) müssen eingehalten werden.
13 Gegenüber einer **Änderungskündigung**, mittels derer der Arbeitgeber Ansprüche aus einer betrieblichen Übung beseitigen will, kann der Arbeitnehmer **Änderungsschutzklage** beim Arbeitsgericht erheben (siehe → **Änderungskündigung**).
14 Zur früheren – vom BAG mit der Entscheidung vom 18.3.2009 (10 AZR 281/08, NZA 2009, 601) aufgegebenen – Rechtsprechung zum Wegfall eines Anspruchs aufgrund betrieblicher Übung durch eine vom Arbeitnehmer widerspruchslos hingenommene »**gegenläufige betriebliche Übung**« siehe Rn. 8.

Rechtsprechung

1. Entstehen von Ansprüchen aus einer betrieblichen Übung
2. Betriebliche Übung bei Umsetzung vermeintlicher arbeitsvertraglicher oder kollektivrechtlicher Verpflichtungen?
3. Betriebliche Übung durch jahrelange Anwendung tariflicher Vorschriften – Bezugnahme auf Tarifvertrag durch betriebliche Übung
4. Betriebliche Übung bei »Anwendung« einer nicht zustande gekommenen Betriebsvereinbarung
5. Umdeutung einer unwirksamen Betriebsvereinbarung in eine Gesamtzusage aufgrund betrieblicher Übung
6. Betriebliche Übung und »ablösende« Betriebsvereinbarung – Günstigkeitsprinzip
7. Betriebliche Übung und Schriftformklausel
8. Betriebliche Übung im öffentlichen Dienst?
9. Verbot der Anrechnung von Tariferhöhungen auf übertarifliche Zulagen aufgrund betrieblicher Übung?
10. Schichtenregelung durch betriebliche Übung?
11. Keine Änderung einer betrieblichen Übung durch »gegenläufige betriebliche Übung«
12. Eingruppierung in – kraft betrieblicher Übung geltende – Gehaltsgruppenordnung

Betriebliches Bündnis für Arbeit

Was ist das?

Als »betriebliches Bündnis für Arbeit« werden Vereinbarungen zwischen → **Arbeitgeber** und Belegschaft bzw. zwischen Arbeitgeber und → **Betriebsrat** bzw. zwischen Arbeitgeber und → **Gewerkschaft** bezeichnet, in denen bestimmte Rechtsansprüche von Arbeitnehmern – ggf. zeitlich befristet – »verschlechtert« und dafür als Gegenleistung eine – ebenfalls zeitlich befristete – Standort- und Arbeitsplatzgarantie geschaffen wird.
Andere Bezeichnungen für derartige »Bündnisse«: Beschäftigungspakt, Standortsicherungsvereinbarung oder »Zukunftstarifvertrag«.

Bei der »**Leistung** der Arbeitnehmer« handelt es sich regelmäßig um eine **handfeste Verschlechterung** der bisherigen Arbeitsbedingungen vor allem in Form von
- Entgeltkürzungen (z. B. Absenken des Tarifentgelts, Aussetzen von Tariferhöhungen, Streichen von Urlaubs- und Weihnachtsgeld; siehe → **Arbeitsentgelt**, → **Urlaub**, → **Weihnachtsgeld**) und
- unbezahlter Verlängerung der vertraglich bzw. tarifvertraglich geschuldeten regelmäßigen (Wochen-) → **Arbeitszeit**.

Die »**Gegenleistung des Arbeitgebers**« besteht in der Zusage, innerhalb der Laufzeit der Vereinbarung den Betrieb zu erhalten (Standortgarantie), Investitionen vorzunehmen und keine → **betriebsbedingten Kündigungen** auszusprechen.
Bei den zugesagten Gegenleistungen handelt es sich meist um Maßnahmen, die das Unternehmen »ohnehin auf dem Zettel hat«.
Zudem werden Zusagen des Unternehmens regelmäßig mit dem **Vorbehalt** versehen, dass unter gewissen Voraussetzungen (besonders bei Verschlechterung der wirtschaftlichen Lage des Unternehmens) das Bündnis für Arbeit vom Arbeitgeber aufgekündigt werden kann (sog. »Revisionsklausel« oder »Schlechtwetterklausel«).

> **Hinweis:**
> Wichtig ist, die »Gegenleistungen des Arbeitgebers« (z.B. Zusage von Investitionen zur Sicherung des Standortes) in »Zukunftstarifverträgen« so konkret zu formulieren, dass sie letztlich mit einer Klage durchgesetzt werden können, wenn der Arbeitgeber seine Zusagen nicht einhält.
> Zu empfehlen ist darüber hinaus die Vereinbarung einer auflösenden Bedingung bzw. einer Regelung, dass die Zugeständnisse auf Arbeitnehmerseite (siehe Rn. 2) in vollem Umfang zurück zu gewähren sind, wenn der Arbeitgeber seine Zusagen nicht binnen einer festzusetzenden Frist umsetzt. Der genau zu bezeichnende Rückgewähranspruch sollte zudem durch den Arbeitgeber für den Fall der Insolvenz in entsprechender Anwendung des § 8 a AltTZG (siehe → **Altersteilzeit**) und § 7 e SGB IV (siehe Übersicht im Anhang zu → **Arbeitszeitflexibilisierung**) gesichert werden (z.B. durch selbstschuldnerische Bürgschaft einer Bank).

Das »Betriebliche Bündnis für Arbeit« kommt in unterschiedlichen Formen vor, je nachdem, wer auf Arbeitnehmerseite »Vertragspartner« ist.
In manchen Fällen fordert der Arbeitgeber von den Beschäftigten direkt eine Veränderung

Betriebliches Bündnis für Arbeit

(Verschlechterung) der Vertragsbedingungen durch Abschluss eines neuen **veränderten** → **Arbeitsvertrages**.
In anderen Fällen ist der Betriebsrat am »Bündnis für Arbeit« beteiligt. Entweder in Form der Vereinbarung einer → **Regelungsabrede** oder durch Abschluss einer → **Betriebsvereinbarung**. Zunehmend werden »Bündnisse für Arbeit« in Form von Firmentarifverträgen oder firmenbezogenen Verbandstarifverträgen (siehe → **Tarifvertrag**) geschlossen (siehe auch → **Arbeitszeit** Rn. 7 und 8).

5   Der Begriff »Betriebliches Bündnis für Arbeit« beschönigt und verschleiert in doppelter Hinsicht die Realität. Er erweckt den Eindruck, es gehe 1. vorrangig um die Sicherung der Arbeitsplätze und 2. handele es sich um das Ergebnis einer freien Vereinbarung von gleichgewichtigen Vertragspartnern.
Die **Wirklichkeit sieht anders** aus.
Oft werden »Bündnisse für Arbeit« von – meist konzernangehörigen – Unternehmen als Instrument zur Realisierung einer noch **profitableren Kapitalverwertung** missbraucht. Dabei macht eine – immer häufiger von Kapitalanlagegesellschaften bzw. Hedgefonds (siehe → **Unternehmen** Rn. 2 a) gesteuerte – ferne Konzernleitung extrem hohe Renditevorgaben, die von der Unternehmensleitung vor Ort – vor allem durch Absenkung der Personalkosten – umgesetzt werden (müssen).
Es wird behauptet, der internationale Wettbewerb zwinge zu Einschnitten bei den Personalkosten. Deshalb sei eine Vereinbarung über Entgeltminderungen und unbezahlte Arbeitszeitverlängerungen erforderlich.
Weil man weiß, dass man unbezahlte Arbeitszeitverlängerung und Lohnkürzung mit »kollektivem Betteln« nicht durchsetzen kann, haben manche Arbeitgeber eine Art »**wildes Arbeitskampfinstrument**« entwickelt.
Beschäftigte, Betriebsräte und Gewerkschaften werden damit bedroht und erpresst, dass man im Falle der Ablehnung der Forderung Standort und Investitionen ins »billigere« Ausland verlagern werde.
Dieses Vorgehen hat in Zeiten, in denen die Angst vor dem Verlust des Arbeitsplatzes verbreitet ist, oft genug durchschlagende Wirkung.
Treffend hat das Gamillscheg (RdA 2005, 79) wie folgt auf den Punkt gebracht: »*Heute könnte man auf die Aussperrung freilich ganz verzichten, der Hinweis auf die Verlegung der Produktion nach Tschechien oder sonst wohin tut die gleichen Dienste.*«
Am Ende wird notgedrungen eine »Vereinbarung« über Entgeltminderungen und unbezahlte Arbeitszeitverlängerungen unterzeichnet.
Zwar ist in manchen Tarifverträgen die Verpflichtung des Unternehmens geregelt, die **Zahlen offen zu legen**, bevor über Einschnitte zu Lasten der Beschäftigten verhandelt wird.
Die Möglichkeit des Unternehmens, mit den Zahlen zu »jonglieren« und Arbeitnehmer, Betriebsrat oder Gewerkschaft mit unseriösen Mitteln unter Druck zu setzen, wird dadurch aber nicht ausgeschlossen.

6   Beim Thema »**Maximale Gewinne durch maximale Absenkung der Personalkosten**« steht neben der Streichung von Urlaubs- und Weihnachtsgeld die unbezahlte Arbeitszeitverlängerung nach dem Motto (»Zurück zur 40 und mehr Stunden-Woche«) auf Platz 1 der Rangliste.
Unbezahlte Arbeitszeitverlängerung bietet die Möglichkeit, die Personalkosten zugunsten der Renditesteigerung durch Abbau der infolge der Arbeitszeitverlängerung überflüssig gewordenen Beschäftigten direkt zu senken.
Aber selbst wenn man im Sinne eines »Bündnisses für Arbeit« die Belegschaftsstärke beibehält, ergeben sich Renditeeffekte. Zwar bleiben die absoluten Personalkosten zunächst gleich, aber die relativen Personalkosten sinken, wenn der Absatz und damit der Umsatzerlös gesteigert werden kann.

Betriebliches Bündnis für Arbeit

Als weitere hochrangige Maßnahme zur Personalkostensenkung gilt die von vielen Arbeitgebern und ihren Verbänden geforderte »**Flexibilisierung des Arbeitsentgelts**«.
Das bedeutet: Das Arbeitsentgelt wird unterteilt in ein vergleichsweise niedriges Fixentgelt und einen darauf aufbauenden variablen Vergütungsbestandteil, der vom Unternehmenserfolg abhängig gemacht wird, ggf. im Rahmen von Zielvereinbarungen.
Man lockt die Beschäftigten mit der Aussicht, auch ein höheres – ihr jetziges Entgeltniveau übersteigendes – (Ziel-)Entgelt erreichen zu können. Wenn die Zielvorgaben unterschritten werden, wird das Entgelt gekürzt (maximal bis auf das niedrige Fixum). Das **unternehmerische Risiko** wird voll auf die Beschäftigten **abgewälzt**.

Ob der Weg, die Beschäftigten immer mehr auszupressen, eine nachhaltige renditesteigernde Wirkung hat, darf allerdings bezweifelt werden. 7

Nach einer repräsentativen Studie des Instituts für Arbeitsmarkt- und Berufsforschung im Herbst 2003 stehen immerhin zwei Drittel aller Unternehmen Arbeitszeitverlängerungen ohne Entgeltausgleich unentschieden oder ablehnend gegenüber (IAB 2003). Sie sehen in der steigenden Belastung der Arbeitnehmer sowie der faktischen Lohnsenkung häufig einen Nachteil und befürchten geringe Akzeptanz bei den Mitarbeitern, **Motivationsprobleme** und **sinkende Stundenproduktivität**. Wer gegen seinen Willen unbezahlt länger arbeiten muss, arbeitet eben insgesamt langsamer.
Die Personalkostensenkungsstrategie erweist sich dann als ein »**Schuss nach hinten**«. Die Mitarbeiter hören auf, sich mit dem Unternehmen zu identifizieren.
Nach einer Gallup-Studie aus 2006 haben 87 % der Mitarbeiter eine geringe oder keine emotionale Bindung zu ihrem Unternehmen. Nur die restlichen 13 % der Arbeitnehmer in Deutschland haben eine hohe emotionale Bindung und sind damit als besonders produktiv für die Unternehmen einzuschätzen (Quelle: Gallup 2006).
Siehe auch → **Unternehmen** Rn. 2 d.

Natürlich können nicht alle Unternehmen »in einen Topf geworfen« werden. 8
In manchen Unternehmen geht es darum, durch zeitlich befristete »Entlastung« des Unternehmens von Personalkosten eine schwere **Unternehmenskrise** oder gar objektiv **drohende Insolvenz** (siehe → **Insolvenzverfahren**) abzuwenden.
Wenn eine solche Lage vom Unternehmen durch Offenlegung aller Zahlen nachgewiesen und auch eine Überprüfung durch → **Berater** bzw. → **Sachverständige** zugelassen wird, werden Beschäftigte, Betriebsrat und Gewerkschaft sich einer Lösung des Problems im Regelfall nicht verweigern. In einem solchen Falle haben sie schon immer eine »Entlastung« des Unternehmens durch befristete »Arbeitnehmerbeiträge« zugestanden, wenn dadurch das Unternehmen erhalten und Arbeitsplätze gesichert werden können.

Anrüchig und demzufolge umstritten sind betriebliche »Bündnisse für Arbeit« dort, wo Unternehmens- und Konzernleitungen versuchen, mit dem genannten **Erpressungsschema** (siehe Rn. 5) eine Absenkung der Personalkosten mit dem Ziel einer weiteren Erhöhung der ohnehin guten Renditen durchzusetzen. 9
In manchen Fällen wird eine strafrechtlich relevante Intensität (Nötigung, Erpressung) erreicht.

> **Beispiel:**
> Wenn ein Unternehmen androht, die Produktion nach Fernost zu verlagern, falls Belegschaft, Betriebsrat und Gewerkschaft nicht bereit sind, der geforderten unbezahlten Arbeitszeitverlängerung und Entgeltkürzung zuzustimmen, dann spricht vieles dafür, dass sich die arbeitgeberseitig handelnden Personen wegen Nötigung (§ 240 StGB) oder Erpressung (§ 253 StGB) persönlich strafbar machen.

Als typisches Beispiel für ein erpresserisches Vorgehen von Unternehmen kann der »**Fall** 10

Betriebliches Bündnis für Arbeit

Viessmann« herangezogen werden. Nachstehend ein Auszug aus AiB 1997, 47 (mit Anmerkung Unterhinninghofen):
»Die Heizungstechnik-Firma Viessmann Werke GmbH & Co KG hat ca. 3750 Beschäftigte im Raum Allendorf/Eder. Sie ist Mitglied im Arbeitgeberverband der hessischen Metallindustrie. Sie war ehemals ein fast »gewerkschaftsfreier« Betrieb, jetzt sind ca. 10 % der Beschäftigten in der IG Metall; 14 der 23 Betriebsratsmitglieder sind gewerkschaftlich nicht organisiert.
Im Herbst 1995 wurde die Belegschaft um ca. 450 Beschäftigte reduziert. Ein Versuch der Geschäftsleitung, die Einführung der 35-Stunden-Woche per 1. 10. 1995 zu verschieben, scheiterte am Einspruch des gesamten Betriebsrats.
Kurze Zeit später verlautete, dass die Firma ein neues Produkt aus »Kosten- und Wettbewerbsgründen« in Tschechien fertigen lassen wollte. Anfang 1996 kam es darüber zu Gesprächen zwischen der – nicht in der IG Metall organisierten – Betriebsratsmehrheit und der Geschäftsleitung mit dem Ziel, das Produkt in Allendorf fertigen zu lassen. Dabei kam bald die Idee auf den Tisch, die Arbeitszeit unbezahlt zu verlängern und dafür auf Kündigungen zu verzichten.
Die in der IG Metall organisierten Betriebsräte schlugen dagegen die Anwendung des Beschäftigungssicherungs-Tarifvertrages mit abgesenkter Arbeitszeit vor, was die Firma ohne Diskussion zurückwies.
Im März 1996 verabredeten Geschäftsleitung und Betriebsratsmehrheit in einer sog. Regelungsabrede: Verlängerung der Wochenarbeitszeit von 35 auf 38 Stunden, kein Lohnausgleich – also drei Stunden pro Woche ohne Bezahlung –, Laufzeit vom 1. 5. 1996 bis zum 30. 4. 1999, grundsätzlicher Ausschluss von betriebsbedingten Kündigungen in diesem Zeitraum, Fertigung des neuen Produkts in Allendorf.
Die Einigung stand unter dem Vorbehalt, dass die große Mehrzahl der Beschäftigten sich damit schriftlich einverstanden erklärte. Nach zum Teil massiver Beeinflussung durch Vorgesetzte und unter Hinweis auf sonst mögliche Arbeitsplatzgefährdungen stimmten über 95 % der Beschäftigten zu.
Daraufhin wurde die neue Regelung umgesetzt.«
Das von der IG Metall beim ArbG Marburg eingeleitete Verfahren gegen die Firma und die Betriebsratsmehrheit ging zwar aus eher formalen Gründen verloren (ArbG Marburg v. 7. 8. 1996 – 1 BV 10/96, AiB 1997, 47).
Das Gericht hat aber keinen Zweifel aufkommen lassen, dass das Vorgehen der Firma rechtswidrig ist und die Betriebsratsmehrheit ihre Pflichten objektiv in erheblicher und schwerwiegender Weise verletzt hat (siehe Auszug aus der Entscheidung unter Rn. 16).

11 Ein weiteres Beispiel für krass rechtsmissbräuchliches Unternehmerverhalten:
Die Firma **Philips Semiconductors GmbH**, ein Halbleiterhersteller mit Sitz in Hamburg (ca. 2300 Beschäftigte) und einem weiteren Betrieb in Böblingen (ca. 700 Beschäftigte) war per Anerkennungstarifvertrag an die Flächentarifverträge der Metallindustrie gebunden.
Im Frühjahr 2004 forderte die Geschäftsführung eine Absenkung der Personalkosten um 25 Prozent, unter anderem in Form unbezahlter Arbeitszeitverlängerung. Nur auf diese Weise könne das Unternehmen längerfristig in Deutschland gehalten werden. Der bestehende Anerkennungstarifvertrag sollte entsprechend abgesenkt werden.
Nach monatelanger Auseinandersetzung wurde Ende 2004 zwischen Geschäftsleitung und IG Metall Baden-Württemberg für den Standort Böblingen ein verschlechternder Tarifvertrag mit Kostensenkungen um ca. 14 % abgeschlossen. Vorausgegangen war die offene Drohung der Geschäftsführung, andernfalls den Betrieb schließen zu wollen.
Die Auseinandersetzungen am Standort Hamburg liefen weiter, weil sich erhebliche Teile der Belegschaft und des Betriebsrats zusammen mit der IG Metall Küste weigerten, den Forderungen der Geschäftsleitung auf Übernahme des Böblinger Tarifergebnisses nachzukommen.
Erst als die Geschäftsleitung den Schichtmitarbeitern am Standort Hamburg tariflich nicht abgesicherte monatlich gezahlte Entgeltbestandteile in der Größenordnung von mehreren

hundert Euro je Beschäftigten kündigte und anbot, die Zahlung wieder aufzunehmen, wenn die IG Metall der geforderten Kostensenkungsmaßnahmen zustimme, brach der Widerstand zusammen.
Ende 2005 wurde auch für den Standort Hamburg ein verschlechternder Änderungstarifvertrag abgeschlossen.
Im September 2006 wurde die Halbleitersparte mit den Standorten Hamburg und Böblingen rechtlich verselbständigt und zu 80,1 % an die US-Finanzinvestoren Kohlberg Kravis Roberts & Co., Silver Lake Partners und AlpInvest verkauft (Quelle: https://de.wikipedia.org/wiki/NXP_Semiconductors). Der Kaufpreis belief sich auf mehrere Milliarden Euro. Die neue Gesellschaft NXP Semiconductors Germany GmbH firmierte anfangs mit dem Namenszusatz »founded by Philips«.
Zwei Jahre später wurde die Halbleiterfabrik in Böblingen stillgelegt (*https://de.wikipedia.org/wiki/NXP_Semiconductors*).

Die Arbeitgeber und ihre Verbände (vor allem die Bundesvereinigung der deutschen Arbeitgeberverbände) fordern eine Ausweitung und gesetzliche Legalisierung der »Bündnisse für Arbeit«. Sie sollen verstärkt als Instrument zur »Modernisierung und Flexibilisierung« der Flächentarifverträge« genutzt werden – im Klartext: zum **Abbau des Tarifniveaus zulasten der Beschäftigten**. 12

Unterstützt wurden die Arbeitgeber(verbände) besonders von CDU/CSU und FDP. Sie haben immer wieder – bislang allerdings erfolglos – Initiativen zur gesetzlichen Verankerung der betrieblichen »Bündnisse für Arbeit« auf den Weg gebracht.
Unter anderem wurde gefordert, § 77 Abs. 3 BetrVG (siehe → **Betriebsvereinbarung** Rn. 6) und § 4 Abs. 3 TVG (siehe → **Tarifvertrag** Rn. 33) aufzuheben bzw. zu ändern.
2002 brachte die FDP den Entwurf eines »Gesetzes zur Sicherung betrieblicher Bündnisse für Arbeit« ein, der von der Bundestagsmehrheit abgelehnt wurde.
Das Gleiche wiederfuhr 2003 einem Gesetzentwurf der CDU/CSU-Bundestagsfraktion zur »Modernisierung des Arbeitsrechts«. Einzelvertragliche Abreden sollten als günstiger im Sinne des § 4 Abs. 3 TVG gelten, wenn Betriebsrat und zwei Drittel der Belegschaft zustimmen.
Außerdem: Arbeitgeber und Betriebsrat sollten in einer »Beschäftigungsvereinbarung« ohne Verstoß gegen § 77 Abs. 3 BetrVG vom Tarifvertrag »nach unten« abweichen können, wenn zwei Drittel der Belegschaft zustimmen und keine der Tarifparteien der Vereinbarung unter Nennung von Gründen innerhalb einer bestimmten Frist widerspricht.
Der Gesetzentwurf wurde im Rahmen eines Vermittlungsverfahrens im Dezember 2003 zwar abgelehnt. Es wurde aber die **Erwartung** ausgesprochen, dass die Tarifparteien eine neue Balance zwischen tarifvertraglichen und betrieblichen Regelungen vereinbaren.
Ungeachtet dessen kündigten CDU/CSU und FDP im Vorfeld der Bundestagswahl 2006 an, im Falle eines Wahlsieges betriebliche »Bündnisse für Arbeit« gesetzlich absichern zu wollen und ihnen eine zentrale Rolle bei der Tarifpolitik einzuräumen.
Die bis Ende 2013 regierende schwarz-gelbe Koalition hat allerdings richtigerweise derartige Initiativen unterlassen. In Ziff. I.3.1 des Koalitionsvertrages vom 26.10.2009 findet sich stattdessen ein »Bekenntnis zur Tarifautonomie«. Von Eingriffen in das BetrVG bzw. das Tarifvertragsgesetz ist nicht die Rede.
Derartige Eingriffe wären nach zutreffender Ansicht als **grundgesetzwidrig** anzusehen. Sie verstoßen gegen die durch Art. 9 Abs. 3 GG geschützte Koalitionsfreiheit und Tarifautonomie (vgl. Berg/Kocher/Schumann-*Berg*, Tarifvertragsgesetz und Arbeitskampfrecht, 5. Aufl. 2015, Teil 1 Grundlagen des Streik- und Tarifrechts Rn. 234 ff. m. w. N.).

Die politischen Auseinandersetzungen in 2003 um eine gesetzliche Verankerung von betrieblichen »Bündnissen für Arbeit« (insbesondere in Form der Aufhebung bzw. Änderung des § 77 Abs. 3 BetrVG und § 4 Abs. 3 TVG haben aber durchaus Wirkung hinterlassen. 12a
So hat beispielsweise die IG Metall mit den Metallarbeitgeberverbänden im sog. »**Pforzheimer**

Betriebliches Bündnis für Arbeit

Abkommen« von 2004 eine – rechtlich an sich »überflüssige« tarifliche Öffnungsklausel für – vom Flächen-/Verbandstarifvertrag abweichende firmentarifliche bzw. firmenbezogene verbandstarifliche Abweichungen »nach unten« vereinbart.
Das »Pforzheimer Abkommen« wurde inhaltsgleich in allen Tarifbezirken der Metall- und Elektroindustrie übernommen. Beispielsweise wurde für die Metall- und Elektroindustrie Norddeutschland Folgendes vereinbart:
»Die Betriebsparteien prüfen, ob die Maßnahmen im Rahmen der geltenden Bestimmungen ausgeschöpft sind, um Beschäftigung zu sichern und zu fördern. Die Tarifvertragsparteien beraten auf deren Wunsch die Betriebsparteien, welche Möglichkeiten hierzu im Rahmen der Tarifverträge bestehen.

Ist es unter Abwägung der sozialen und wirtschaftlichen Folgen erforderlich, durch abweichende Tarifregelung eine nachhaltige Verbesserung der Beschäftigungsentwicklung zu sichern, so werden die Tarifvertragsparteien nach gemeinsamer Prüfung mit den Betriebsparteien Ergänzungstarifverträge vereinbaren oder es wird einvernehmlich befristet von tariflichen Mindeststandards abgewichen (z. B. Kürzung von Sonderzahlungen, Stundung von Ansprüchen, Erhöhung oder Absenkung der Arbeitszeit mit oder ohne vollen Lohnausgleich (soweit nicht durch Beschäftigungssicherungstarifvertrag geregelt), Fortfall oder Absenkung der ERA-Strukturkomponente).

Voraussetzung hierfür ist eine umfassende Information mit den dazugehörigen Unterlagen. Die beteiligten Personen sind analog BetrVG zur Vertraulichkeit verpflichtet.

In die Gesamtbeurteilung sollen eventuelle Auswirkungen auf den Wettbewerb und die Beschäftigung in der Branche und der Region, soweit es um Betriebe gleicher Tarifzugehörigkeit geht, einfließen.«
Seit 2004 sind auf der Grundlage des »Pforzheimer Abkommens« in der Metall- und Elektroindustrie bundesweit mehr als 2000 »nach unten« abweichende – allerdings meist befristete – Firmentarifverträge abgeschlossen – genauer gesagt mit den Mitteln der Erpressung (siehe Rn. 5) erzwungen – worden (einerseits »handfeste« unbezahlte Arbeitszeitverlängerung und/oder Entgeltkürzungen – siehe Rn. 2 –, andererseits »letztlich nicht sichere« Standort- und Arbeitsplatzgarantien sowie Investitionszusagen – siehe Rn. 3).

13 Im Zusammenhang mit betrieblichen Bündnissen für Arbeit stellen sich einige zentrale arbeitsrechtliche Fragen, vor allem die Frage nach der **Wirksamkeit** und **Angreifbarkeit** der getroffenen Vereinbarungen.
Zu unterscheiden sind entsprechend der Gliederung unter Rn. 4 nachfolgende **Fallgestaltungen.**

»Betriebliches Bündnis für Arbeit« in Form tarifunterschreitender Änderungsverträge

13a Mit gewerkschaftlich nicht organisierten und damit nicht tarifgebundenen Arbeitnehmern können tarifunterschreitende Abänderungsverträge abgeschlossen werden. Derartige Verträge sind wirksam.
Das gilt auch, wenn der Arbeitgeber Mitglied im Arbeitgeberverband ist bzw. wenn der ursprüngliche Arbeitsvertrag eine Bezugnahmeklausel auf bestehende Tarifverträge enthält. Denn die Beziehungen der Vertragsparteien gründen sich ausschließlich auf vertragliche Abmachungen. Diese können jederzeit im beiderseitigem Einvernehmen geändert (d. h. auch verschlechtert) werden.
Etwas anderes gilt bei Gewerkschaftsmitgliedern. Wenn sowohl der Arbeitgeber als auch der Arbeitnehmer an den Tarifvertrag gebunden sind (sog. **beiderseitige Tarifbindung**), werden tarifunterschreitende Änderungsverträge vom Tarifvertrag **verdrängt** (§ 4 Abs. 3 und 4 TVG; siehe → **Günstigkeitsprinzip** Rn. 7 b und 10 und → **Tarifvertrag** Rn. 32).
Die Verdrängungswirkung des Tarifvertrags hält auch im Zeitraum der Nachbindung (§ 3 Abs. 3 TVG) und Nachwirkung (§ 4 Abs. 5 TVG) an (siehe → **Tarifvertrag** Rn. 32 a).

Betriebliches Bündnis für Arbeit

»Betriebliches Bündnis für Arbeit« in Form einer tarifunterschreitenden Regelungsabrede zwischen Arbeitgeber und Betriebsrat und Umsetzung durch vertragliche/betriebliche Einheitsregelung

Anders als eine Betriebsvereinbarung entfaltet eine → **Regelungsabrede** keine normative Wirkung für und gegen die Beschäftigten. Sie bindet nur Arbeitgeber und Betriebsrat. Deshalb betreibt der Arbeitgeber eine »Umsetzung« der Regelungsabrede dadurch, dass er den Beschäftigten eine arbeitsvertragliche Änderungsvereinbarung (vertragliche/betriebliche Einheitsregelung) mit dem Hinweis darauf vorlegt, dass dieses Vorgehen mit dem Betriebsrat so vereinbart ist.

13b

Ob die vom Arbeitgeber vorformulierten und von den Beschäftigten unterzeichneten Änderungsvereinbarungen wirksam sind oder nicht hängt davon ab, ob **beiderseitige Tarifbindung** vorliegt oder nicht. Hierfür gelten die Hinweise unter Rn. 13 a.

Unabhängig hiervon ist die Kombination von tarifunterschreitender Regelungsabrede und vertraglicher/betrieblicher Einheitsregelung rechtswidrig. Zwar wird die Regelungssperre des § 77 Abs. 3 BetrVG nicht tangiert, weil diese Vorschrift nur für **Betriebsvereinbarungen** gilt (siehe → **Betriebsvereinbarung** Rn. 6).

Eine vertragliche/betriebliche Einheitsregelung, die das Ziel verfolgt, normativ geltende Tarifbestimmungen zu verdrängen, verletzt aber die Tarifvertragsparteien in ihrer kollektiven Koalitionsfreiheit (Art. 9 Abs. 3 GG). Das gilt besonders dann, wenn die Unterschreitung des Tarifvertrages zwischen Arbeitgeber und Betriebsrat in Form einer Regelungsabrede vereinbart wird (BAG v. 20. 4. 1999 – 1 ABR 72/98, AiB 1999, 538 = NZA 1999, 887 = DB 1999, 1555).

Zur Abwehr eines derartigen Eingriffs in die kollektive Koalitionsfreiheit steht der → **Gewerkschaft** ein mit **einstweiliger Verfügung** durchsetzbarer **Unterlassungsanspruch** entsprechend § 1004 Abs. 1 BGB i. V. m. § 823 Abs. 1 BGB und Art. 9 Abs. 3 GG zu. Diese kann verlangen, dass der Arbeitgeber die Durchführung einer tarifunterschreitenden vertraglichen Einheitsregelung unterlässt (BAG v. 20. 4. 1999 – 1 ABR 72/98, a. a. O.; 17. 5. 2011 – 1 AZR 473/09, NZA 2011, 1169; siehe auch → **Gewerkschaft** Rn. 25).

Das BAG hat außerdem klargestellt, dass bei einem **Günstigkeitsvergleich** von tariflichen und vertraglichen Regelungen nach § 4 Abs. 3 TVG nur sachlich zusammenhängende Arbeitsbedingungen vergleichbar und deshalb zu berücksichtigen sind.

Die Vorschrift lässt es nicht zu, dass Tarifbestimmungen über die Höhe des Arbeitsentgelts und über die Dauer der regelmäßigen Arbeitszeit mit einer betrieblichen Arbeitsplatzgarantie verglichen werden (»Vergleich Äpfel mit Birnen«; vgl. BAG v. 20. 4. 1999 – 1 ABR 72/98, a. a. O.).

»Betriebliches Bündnis für Arbeit« in Form einer tarifunterschreitenden Betriebsvereinbarung

13c

Eine tarifunterschreitende Betriebsvereinbarung ist gemäß § 77 Abs. 3 BetrVG **nichtig**. Siehe hierzu → **Betriebsvereinbarung** Rn. 6 ff.

Der Gewerkschaft steht ein einklagbarer Anspruch zu, die Durchführung einer solchen Betriebsvereinbarung zu unterlassen (siehe → **Gewerkschaft** Rn. 25).

Der Unterlassungsanspruch kann und sollte durch Antrag auf Erlass einer **einstweiligen Verfügung** geltend gemacht werden (BAG v. 17. 5. 2011 – 1 AZR 473/09, NZA 2011, 1169).

»Betriebliches Bündnis für Arbeit« in Form eines Änderungstarifvertrages

13d

Ein auf das Unternehmen bezogener Änderungstarifvertrag (manchmal auch »Ergänzungstarifvertrag« genannt) ist zwar formalrechtlich zulässig und wirksam.

In schwerwiegenden **Erpressungsfällen** (siehe Rn. 5 und 9 ff.) fehlt dem Vertrag aber die innere **Legitimation**.

Zudem stellen sich arbeitskampfrechtliche Fragen. Denn die Drohung mit Betriebsschließung

Betriebliches Bündnis für Arbeit

bzw. Standortverlagerung führt zu einer eklatanten Verzerrung des Prinzips der Verhandlungs- und Kampfparität zu Lasten der Gewerkschaft und der Beschäftigten. Von einer für die Funktionsfähigkeit der Tarifautonomie unverzichtbaren Verhandlungs- und Kampfparität kann vor allem dann keine Rede sein, wenn man Gewerkschaft und Beschäftigte weiterhin an die **Friedenspflicht** aus dem ungekündigten (Flächen-)Tarifvertrag (siehe → **Arbeitskampf** Rn. 11 ff. und → **Tarifvertrag** Rn. 16) bindet, von dem die Firma »nach unten« abweichen will.
Daraus folgt nach richtiger Auffassung: Um das Gleichgewicht am Verhandlungstisch wieder herzustellen, muss der Gewerkschaft erlaubt sein, den Versuch zu unternehmen, **Gegendruck** zu erzeugen (sofern das betriebspolitisch überhaupt möglich ist, wenn es der Unternehmensleitung gelingt, große Teile der Belegschaft einzuschüchtern). Beispielsweise muss die Gewerkschaft zum »**Abwehrstreik**« bzw. zum Streik zur Durchsetzung von **Gegenforderungen** (Beschäftigungssicherung usw.) »legal« aufrufen können. Es wäre mit der Tarifautonomie nicht vereinbar, der Gewerkschaft ein solches Vorgehen mit Hinweis auf die Friedenspflicht aus dem ungekündigten (Flächen-)Tarifvertrag zu verwehren. Die Gewerkschaft muss so gestellt werden, wie sie stehen würde, wenn der Tarifvertrag, von dem das Unternehmen »nach unten« abweichen will, gekündigt wäre.

> **Beispiel:**
> Das an einen (ungekündigten) Flächentarifvertrag gebundene Unternehmen fordert einen abändernden Firmentarifvertrag mit Regelungen über Arbeitszeitverlängerung ohne Lohnausgleich. Es verbindet diese Forderung mit der Drohung, andernfalls werde man Standort und Investitionen verlagern.
> In diesem Fall muss davon ausgegangen werden, dass die an die Arbeitszeitregelung des Flächentarifvertrages gekoppelte Friedenspflicht (aus Gründen der Sicherung des Verhandlungsgleichgewichts) als ausgesetzt gilt. Das durch den Flächentarifvertrag (eigentlich verbindlich) geregelte Thema »Arbeitszeitdauer« wird arbeitskampffrei, solange die Drohung aufrechterhalten wird. Das Unternehmen muss sich gefallen lassen, dass die Gewerkschaft auf die Forderung nach Verlängerung der Arbeitszeit z. B. mit einem Aufruf zum Warnstreik reagiert.

Bedeutung für die Betriebsratsarbeit

14   Die Auseinandersetzungen um ein »betriebliches Bündnis für Arbeit« stellen den Betriebsrat vor hohe Anforderungen.
Einerseits möchte er die bisherigen Arbeitsbedingungen der Beschäftigten und den Erhalt der Arbeitsplätze sichern, andererseits steht er unter einem enormen (Erpressungs-)Druck des Arbeitgebers, der den Fortbestand des Betriebs davon abhängig macht, dass die Arbeitsbedingungen deutlich verschlechtert werden.
Die **Drohung** des Arbeitgebers, dass eine Zustimmungsverweigerung des Betriebsrats zu personalkostensenkenden Maßnahmen den Standort und die Arbeitsplätze gefährden würde, gehört inzwischen wohl zur (äußerst belastenden) **Alltagserfahrung** eines jeden Betriebsrats.

15   Trotz des Drucks sollte der Betriebsrat ein Ansinnen des Arbeitgebers, **tarifwidrig** → **Regelungsabreden** oder → **Betriebsvereinbarungen** abzuschließen, zurückweisen.
Der Betriebsrat sollte sich auch nicht an tarifwidrigen vertraglichen/betrieblichen **Einheitsregelungen** beteiligen (vor allem die Arbeitnehmer nicht dazu drängen, derartige Verträge zu unterschreiben).
Wenn **beiderseitige Tarifbindung** besteht, hat er die gewerkschaftlich organisierten Arbeitnehmer darüber zu informieren, dass eine Unterzeichnung eines tarifunterschreitenden Änderungsvertrages vom Tarifvertrag verdrängt wird (siehe Rn. 13 a).
Siehe auch → **Gewerkschaft** Rn. 25.

Betriebliches Bündnis für Arbeit

Zum Vorgehen der gewerkschaftlich nicht organisierten Betriebsratsmehrheit im »**Fall Viess-** 16 **mann**« (siehe Rn. 10) fand das ArbG Marburg v. 7. 8. 1996 – 1 BV 10/96 deutliche Worte. Es wertete das Vorgehen als Verletzung der durch Art. 9 Abs. 3 GG geschützten Tarifhoheit und Tarifautonomie sowie der durch § 4 Abs. 1 und Abs. 4 TVG geschützten Unabdingbarkeit der Tarifverträge. Nachstehend Auszüge aus der Entscheidung:
»*Das Gericht sieht es als besonders gravierend an, dass der Betriebsrat durch seine Verhandlungen und Vorgehensweisen daran mitgewirkt hat, die Entscheidung über die teilweise Abschaffung der Tarifverträge im Betrieb auf jeden einzelnen Arbeitnehmer zu verlagern. Tarifverträge haben eine besondere Schutzfunktion für die Arbeitnehmer. Sie enthalten ... Mindestarbeitsbedingungen. Sie dienen aber nicht dazu, Arbeitnehmer – insbesondere tarifgebundene Arbeitnehmer – durch eine Entscheidung über das teilweise Abbedingen des Tarifvertrages in Schwierigkeiten zu bringen ... Das Gericht hält es aber schon generell für bedenklich, wenn ein Betriebsrat auch gegenüber der nicht tarifgebundenen Belegschaft zusammen mit dem Arbeitgeber empfiehlt, den vertraglich vereinbarten Tarifvertrag teilweise abzubedingen.*«
Es sei bedenklich, wenn ein Betriebsrat daran mitwirke, geltende Tarifverträge abzuändern:
»*Zum einen greift hier der Betriebsrat in rechtswidriger Weise in die Rechte der Tarifvertragsparteien ein. Zum anderen aber stürzt er durch seine Mitwirkung die betroffenen Arbeitnehmer in rechtlich unzulässiger Weise in einen Entscheidungszwang, der den Arbeitnehmer sowohl in wirtschaftlicher wie auch in rechtlicher und insbesondere in menschlicher Hinsicht überfordert. Der Arbeitnehmer wird Ängsten und sozialen Zwängen ausgesetzt, vor denen er gerade durch den Tarifvertrag bewahrt werden soll. Der Betriebsrat hat mit seiner Vorgehensweise Konflikte in den Betrieb getragen, die durch die geltende Tarifordnung verhindert werden sollten. Gerade deshalb, weil der Betriebsrat bei der Belegschaft ein besonderes Vertrauen genießt ..., durften die Beteiligten ... in ihrer Funktion als Betriebsräte nicht daran mitwirken, dass Arbeitnehmer, insbesondere auch organisierte und damit zwingend tarifgebundene Arbeitnehmer, aus dem Schutz des Tarifvertrages partiell herausgedrängt werden sollten.*«
Die Sorge um die Zukunft der Arbeitsplätze rechtfertige nicht alle Mittel:
»*Das Gericht geht davon aus, dass die gravierendste Pflichtverletzung ... gerade darin bestand, dass er gemeinsam mit dem Arbeitgeber die Entscheidung von der kollektivrechtlichen, tariflichen Ebene auf die individualrechtliche Ebene verlegen wollte und durch seine Mitwirkung dafür gesorgt hat, dass diese Absicht auch erfolgreich umgesetzt werden konnte.*« ...
Das ArbG Marburg ging davon aus, dass zwischen Betriebsrat und Arbeitgeber eine → **Regelungsabrede** zustande gekommen sei (siehe → **Betriebsvereinbarung** Rn. 22). Denn der Betriebsrat habe sich verpflichtet, bei der Umsetzung der Regelung mitzuwirken und der Belegschaft die Annahme zu empfehlen.
Damit habe der Betriebsrat zwar nicht gegen § 77 Abs. 3 BetrVG verstoßen, da dieser nur bei einer Betriebsvereinbarung anwendbar sei (siehe → **Betriebsvereinbarung** Rn. 6 ff.). Durch die Übereinkunft mit dem Arbeitgeber habe der Betriebsrat aber letztlich an der Aushöhlung der grundgesetzlich geschützten Tarifautonomie und an der Veränderung des bestehenden Tarifsystems »mitgewirkt«. Ein solcher **Rechtsbruch** könne nicht gebilligt und geduldet werden:
»*Das Verhältnis von Tarifautonomie und Betriebsautonomie ist entscheidend geprägt durch den Tarifvorrang. Dieser findet sich sowohl im Betriebsverfassungsgesetz wie auch im Tarifvertragsgesetz. Der Gesetzgeber hat rechtlich verbindlich den Vorrang des Tarifvertrags festgelegt und dadurch die Möglichkeit des Betriebsrats entsprechend eingeschränkt. Mit diesen Grenzen soll insbesondere auch verhindert werden, dass die zur Regelung kollektiver Arbeitsbedingungen nebeneinander berufenen Tarifvertragsparteien und Betriebspartner in Konkurrenz zueinander treten. In § 87 Abs. 1 BetrVG ist die zwingende Mitbestimmung und damit die Zuständigkeit des Betriebsrats genau festgelegt worden. Daraus folgt, dass für die Regelung und den Umfang der*

Betriebliches Bündnis für Arbeit

17 wöchentlichen betrieblichen Arbeitszeit wie auch für die Regelung der Lohnhöhe allein die Tarifvertragsparteien zuständig sind.«
Wenn ein Arbeitgeber an den Betriebsrat herantritt und ihn auffordert, einer Unterschreitung der tariflich geregelten Arbeitsbedingungen (Arbeitsentgelt, Arbeitszeitdauer usw.) in Form einer Regelungsabrede oder Betriebsvereinbarung zuzustimmen, dann sollte der Betriebsrat ihn schlicht an die **Gewerkschaft** als Tarifvertragspartei verweisen (siehe Musterschreiben im Anhang zu diesem Stichwort).

Arbeitshilfen

Musterschreiben
- Abweichung vom Tarifvertrag: Antwortschreiben des Betriebsrats auf die Forderung des Arbeitgebers

Muster
- Beschäftigungssicherungstarifvertrag I
- Beschäftigungssicherungstarifvertrag II
- Sozialtarifvertrag
- Zentrale Eckpunkte für einen Beschäftigungssicherungs- und Sozialtarifvertrag

Rechtsprechung

1. Tarifliche Öffnungsklausel (Abweichung durch Arbeitsvertrag)
2. Tarifliche Öffnungsklausel (Abweichung durch betriebliche Regelung)
3. Klagerecht der Gewerkschaft bei tarifwidrigen betrieblichen Regelungen – Unterlassungs- und Beseitigungsanspruch – Einstweilige Verfügung

Betriebliches Eingliederungsmanagement (BEM)

Was ist das?

Sind Beschäftigte innerhalb eines Jahres **länger als sechs Wochen** ununterbrochen oder wiederholt arbeitsunfähig, klärt der Arbeitgeber
- mit dem → **Betriebsrat**, bei schwerbehinderten Menschen außerdem mit der → **Schwerbehindertenvertretung**,
- mit **Zustimmung** und Beteiligung der betroffenen Person
die **Möglichkeiten**,
- wie die Arbeitsunfähigkeit möglichst **überwunden** werden und
- mit welchen Leistungen oder Hilfen erneuter Arbeitsunfähigkeit **vorgebeugt** und der **Arbeitsplatz erhalten** werden kann (§ 84 Abs. 2 Satz 1 SGB IX; **betriebliches Eingliederungsmanagement – BEM**).

Zum **Präventionsverfahren** nach § 84 Abs. 1 SGB IX siehe Rn. 13 und → **Schwerbehinderte Menschen** Rn. 71.

Das Erfordernis eines betrieblichen Eingliederungsmanagements nach § 84 Abs. 2 SGB IX besteht für **alle Arbeitnehmer**, nicht nur für behinderte Menschen (BAG v. 12.7.2007 – 2 AZR 716/06, AiB 2008, 301).

Soweit erforderlich wird der **Werks- oder Betriebsarzt** hinzugezogen (§ 84 Abs. 2 Satz 2 SGB IX).

Die betroffene Person oder ihr gesetzlicher Vertreter ist zuvor auf die Ziele des betrieblichen Eingliederungsmanagements sowie auf Art und Umfang der hierfür erhobenen und verwendeten Daten **hinzuweisen** (§ 84 Abs. 2 Satz 3 SGB IX).

§ 84 Abs. 2 Satz 1 SGB IX lässt den Beschäftigten auch die **Wahl**, dem betrieblichen Eingliederungsmanagement **ohne Beteiligung** der Arbeitnehmervertretung (Betriebsrat, Schwerbehindertenvertretung) **zuzustimmen** (BVerwG v. 23.6.2010 – 6 P 8/09).

Kommen **Leistungen** zur Teilhabe oder begleitende Hilfen im Arbeitsleben in Betracht, werden vom Arbeitgeber die örtlichen gemeinsamen **Servicestellen** oder bei schwerbehinderten Beschäftigten das **Integrationsamt** hinzugezogen (§ 84 Abs. 2 Satz 4 SGB IX). Diese wirken darauf hin, dass die erforderlichen Leistungen oder Hilfen unverzüglich beantragt und innerhalb der Frist des § 14 Abs. 2 Satz 2 SGB IX erbracht werden (§ 84 Abs. 2 Satz 5 SGB IX). Der → **Betriebsrat**, bei schwerbehinderten Menschen außerdem die → **Schwerbehindertenvertretung**, können die Klärung verlangen (§ 84 Abs. 2 Satz 6 SGB IX). Sie wachen darüber, dass der Arbeitgeber die ihm nach dieser Vorschrift obliegenden Verpflichtungen erfüllt (§ 84 Abs. 2 Satz 7 SGB IX).

Der Arbeitgeber muss ein BEM-Verfahren nicht durchführen, wenn der **Arbeitnehmer nicht zugestimmt** hat. Nach § 84 Abs. 2 Satz 1 SGB IX ist die Zustimmung des Arbeitnehmers zu diesem Verfahren zwingend notwendige Voraussetzung. Wenn allerdings der Arbeitgeber den Arbeitnehmer nicht, zumindest nicht eindeutig, aufgefordert hat, mit ihr ein BEM-Verfahren durchzuführen, kann er sich in einem **Kündigungsschutzprozess** nicht spekulativ darauf berufen, der Arbeitnehmer hätte diesem Vorgehen ohnehin nicht zugestimmt (BAG v.

Betriebliches Eingliederungsmanagement (BEM)

12.7.2007 – 2 AZR 716/06, AiB 2008, 301; 24.3.2011 – 2 AZR 170/10). Die Belehrung nach § 84 Abs. 2 Satz 3 SGB IX gehört zu einem regelkonformen Ersuchen des Arbeitgebers um Zustimmung des Arbeitnehmers zur Durchführung eines BEM-Verfahrens. Sie soll dem Arbeitnehmer die Entscheidung ermöglichen, ob er ihm zustimmt oder nicht.
Die **Initiativlast** für die Durchführung eines BEM trägt der Arbeitgeber.
Stimmt der Arbeitnehmer trotz ordnungsgemäßer Aufklärung nicht zu, ist das Unterlassen eines BEM »**kündigungsneutral**« (BAG v. 24.3.2011 – 2 AZR 170/10).
Zu den Auswirkungen des § 84 Abs. 2 SGB IX im Kündigungsrecht siehe auch Rn. 18 ff. und → **Personenbedingte Kündigung** Rn. 24 a.

8   Das betriebliche Eingliederungsmanagement (BEM) ist von den berüchtigten »**Krankenrückkehrgesprächen**« (siehe → **Krankheit** Rn. 20) zu unterscheiden.
Krankenrückkehrgespräche werden von Arbeitgebern/Personalabteilungen initiiert mit dem Ziel, den durch Krankheit auffallenden Mitarbeiter (oft als »low performer« oder noch bösartiger als »zero performer« diskriminiert und diffamiert) **alsbald loszuwerden**. Beliebte Methode: man schüchtert den Arbeitnehmer durch Drohung mit einer Kündigung ein und legt ihm dann einen vorbereiteten Aufhebungsvertrag vor (der in vielen Fällen – leider – unterschrieben wird; zu den erheblichen – allein zu Lasten des Beschäftigten gehenden – arbeits- und sozialrechtlichen **Risiken** siehe → **Aufhebungsvertrag** Rn. 10 ff. und 14 ff.).
Praxistipp: Ruhe bewahren. Auf Anwesenheit eines Betriebsratsmitglieds bestehen. Niemals einen vom Arbeitgeber in einer solchen – extrem belastenden – Situation vorgelegten Aufhebungsvertrag unterschreiben!

9   Demgegenüber ist es gesetzliches Ziel des betrieblichen Eingliederungsmanagements (BEM), das **Arbeitsverhältnis** zugunsten des Beschäftigten zu **erhalten und zu sichern**. Hierzu ein Auszug aus BAG v. 30.9.2010 – 2 AZR 88/09: »... *Nach der Begründung des Regierungsentwurfs sollen durch das BEM krankheitsbedingte Kündigungen von Arbeitnehmern verhindert werden. Durch die gemeinsame Anstrengung aller Beteiligten soll ein betriebliches Eingliederungsmanagement geschaffen werden, das durch geeignete Gesundheitsprävention das Arbeitsverhältnis möglichst dauerhaft sichert (BT-Drucks.15/1783 S. 16). Die Gesetzesbegründung nennt die betriebliche Interessenvertretung ausdrücklich als eine von mehreren Beteiligten, mit denen eine gemeinsame Klärung möglicher Maßnahmen erfolgen soll, um kurzfristig Beschäftigungshindernisse zu überwinden und den Arbeitsplatz durch Leistungen und Hilfen zu erhalten (BT-Drucks.15/1783 S. 12). Durch die dem Arbeitgeber gemäß § 84 Abs. 2 SGB IX auferlegten besonderen Verhaltenspflichten soll damit möglichst frühzeitig einer Gefährdung des Arbeitsverhältnisses eines kranken Menschen begegnet und die dauerhafte Fortsetzung der Beschäftigung erreicht werden. Ziel des BEM ist – wie das der gesetzlichen Prävention nach § 84 Abs. 1 SGB IX – die frühzeitige Klärung, ob und ggf. welche Maßnahmen zu ergreifen sind, um eine möglichst dauerhafte Fortsetzung des Arbeitsverhältnisses zu fördern. Die in § 84 Abs. 2 SGB IX genannten Maßnahmen dienen damit letztlich der Vermeidung einer Kündigung und der Verhinderung von Arbeitslosigkeit erkrankter und kranker Menschen.*«

10 Ein betriebliches Eingliederungsmanagement (BEM) nach § 84 Abs. 2 SGB IX ist bei Vorliegen der sonstigen Voraussetzungen auch dann durchzuführen, wenn **keine betriebliche Interessenvertretung** i. S. v. § 93 SGB IX gebildet ist (BAG. v. 30.9.2010 – 2 AZR 88/09, NZA 2011, 39).

11 § 84 Abs. 2 SGB IX lässt dem Arbeitgeber Handlungsspielräume bei der Ausgestaltung des BEM. Der Betriebsrat hat dabei mitzubestimmen (BAG v. 13.3.2012 – 1 ABR 78/10, NZA 2012, 748 und v. 18.8.2009 – 1 ABR 45/08). Er kann dem Arbeitgeber Vorschläge unterbreiten und im Nichteinigungsfall er die → **Einigungsstelle** anrufen (§ 87 Abs. 2 BetrVG). Siehe Rn. 10, 11.

12 Die Rehabilitationsträger und die Integrationsämter können Arbeitgeber, die ein betriebliches

Betriebliches Eingliederungsmanagement (BEM)

Eingliederungsmanagement einführen, durch Prämien oder einen Bonus **fördern** (§ 84 Abs. 3 SGB IX).

Der Arbeitgeber hat bei Eintreten von **personen-, verhaltens- oder betriebsbedingten Schwierigkeiten** im Arbeits- oder sonstigen Beschäftigungsverhältnis mit einem Schwerbehinderten, die zur **Gefährdung des Verhältnisses** führen können, möglichst frühzeitig die Schwerbehindertenvertretung und den Betriebsrat sowie das Integrationsamt einzuschalten (**Präventionsverfahren** nach § 84 Abs. 1 SGB IX). **13**

Ziel ist es, alle Möglichkeiten und alle zur Verfügung stehenden Hilfen zur Beratung und mögliche finanzielle Leistungen zu erörtern, mit denen die Schwierigkeiten beseitigt werden können und das **Arbeitsverhältnis möglichst dauerhaft fortgesetzt** werden kann.

Die Durchführung des Präventionsverfahrens nach § 84 Abs. 1 SGB IX ist **keine formelle Wirksamkeitsvoraussetzung** für den Ausspruch einer Kündigung gegenüber einem schwerbehinderten Menschen. Die Vorschrift stellt aber eine Konkretisierung des dem gesamten Kündigungsschutzrecht innewohnenden **Verhältnismäßigkeitsgrundsatzes** dar und ist zugunsten eines Schwerbehinderten, dem gekündigt werden soll, zu berücksichtigen (BAG v. 7.12.2006 – 2 AZR 182/06).

Zu weiteren Einzelheiten siehe → **Schwerbehinderte Menschen** Rn. 71.

Bedeutung für die Betriebsratsarbeit

Der Betriebsrat kann nach zutreffender Ansicht des BAG verlangen, dass ihm der Arbeitgeber die **Arbeitnehmer benennt**, welche nach § 84 Abs. 2 SGB IX die Voraussetzungen für die Durchführung des **betrieblichen Eingliederungsmanagements** (BEM) erfüllen (BAG v. 7.2.2012 – 1 ABR 46/10, AiB 2012, 605). Die Benennung der Arbeitnehmer sei zur Durchführung der sich aus § 80 Abs. 1 Nr. 1 BetrVG, § 84 Abs. 2 S. 7 SGB IX ergebenden Überwachungsaufgabe **erforderlich**. Der Arbeitgeber müsse dem Betriebsrat die Namen der Arbeitnehmer mit Arbeitsunfähigkeitszeiten von mehr als sechs Wochen im Jahreszeitraum auch dann mitteilen, wenn diese der Weitergabe nicht zugestimmt haben. Die Überwachungsaufgabe des Betriebsrats nach § 80 Abs. 1 Nr. 1 BetrVG sei nicht von einer vorherigen Einwilligung der von der Vorschrift begünstigten Arbeitnehmer abhängig. Eine solche Einschränkung folge auch nicht aus § 84 Abs. 2 SGB IX. Der Übermittlung der Namen stünden auch keine **datenschutzrechtlichen Gründe** entgegen. Das Erheben von Daten über die krankheitsbedingten Fehlzeiten durch den Arbeitgeber und ihre Übermittlung an den Betriebsrat sei auch bei fehlender Zustimmung der betroffenen Arbeitnehmer nach § 28 Abs. 6 Nr. 3 BDSG 1990 zulässig. **14**

Bei der **Ausgestaltung** des betrieblichen Eingliederungsmanagements (BEM) ist **für jede einzelne Regelung** zu prüfen, ob ein Mitbestimmungsrecht besteht. Ein solches kann sich ergeben **15**
- bei allgemeinen **Verfahrensfragen** aus § 87 Abs. 1 Nr. 1 BetrVG,
- in Bezug auf die Nutzung und Verarbeitung von **Gesundheitsdaten** aus § 87 Abs. 1 Nr. 6 BetrVG und
- hinsichtlich der Ausgestaltung des Gesundheitsschutzes aus § 87 Abs. 1 Nr. 7 BetrVG ergeben, denn § 84 Abs. 2 SGB IX ist eine **Rahmenvorschrift** im Sinne dieser Bestimmung (BAG v. 13.3.2012 – 1 ABR 78/10, NZA 2012, 748).

Nachstehend der im Verfahren BAG v. 17.3.2015 – 1 ABR 49/13 gestellte – instruktive – Antrag eines von Einzel- und Gesamtbetriebsräten nach § 58 Abs. 2 BetrVG beauftragten → **Konzernbetriebsrats** (das BAG hat den Antrag zwar abgewiesen, aber nicht aus inhaltlichen Gründen, sondern weil der Konzernbetriebsrat mit den einzelnen konzernangehörigen

Betriebliches Eingliederungsmanagement (BEM)

Arbeitgeberinnen hätte verhandeln müssen und nicht mit der Konzernobergesellschaft; deshalb habe dem Antrag das nach § 256 ZPO erforderliche Rechtsschutzinteresse gefehlt):
»*Der Konzernbetriebsrat hat – soweit für die Rechtsbeschwerde von Bedeutung – zuletzt beantragt, festzustellen, dass folgende von ihm beabsichtigte Regelungen im Rahmen einer Betriebsvereinbarung zum betrieblichen Eingliederungsmanagement, abzuschließen zwischen ihm und den von ihm vertretenen Gesamt/Betriebsräten und den jeweilig zu 3. bis 8. beteiligten Arbeitgeberinnen, der Mitbestimmung unterliegen:*
a) Bestimmung der verantwortlichen Person/des Personenkreises, welche krankheitsbedingte Daten iSd. § 84 Abs. 2 SGB IX mit dem Ziel erhebt bzw. verarbeitet, die für ein Verfahren nach § 84 Abs. 2 SGB IX in Betracht kommenden Arbeitnehmerinnen und Arbeitnehmer zu ermitteln;
b) Bestimmung des Personenkreises, dem die Auswertung der krankheitsbedingten Fehlzeiten iSd. § 84 Abs. 2 SGB IX bekannt gegeben wird und Festlegung, welche Informationen dies sind (genau datierter Krankheitszeitraum oder lediglich Anzahl der Krankheitstage/Mitteilung Vor- und Zuname der betroffenen Personen und ggf. weiterer Daten – jedoch keine Krankheitsdaten);
c) das Vorgehen bei der ersten Kontaktaufnahme (durch wen wird die betroffene Person in welcher Form – schriftlich/mündlich – und mit welchem Inhalt unterrichtet);
d) in welcher Form und mit welchem Inhalt wird von wem die Zustimmung der betroffenen Personen zur Durchführung eines betrieblichen Eingliederungsmanagements eingeholt;
e) welche Personen sind in welchem Verfahrensstadium des betrieblichen Eingliederungsmanagements wie und mit welchen Kompetenzen zu beteiligen;
f) soweit ein Beauftragter für das betriebliche Eingliederungsmanagement eingesetzt wird, die Bestimmung der Person, Befugnisse und Aufgaben dieses Beauftragten;
g) die Zusammensetzung, Aufgaben und Befugnisse eines Teams, welches im Fall seiner Einsetzung den Beauftragten für das betriebliche Eingliederungsmanagement unterstützt;
h) Grundsätze/betriebliche Standards der Durchführung des betrieblichen Eingliederungsmanagements (wesentliche Inhalte der mit dem Betroffenen zu erörternden Themen, Möglichkeiten der Hinzuziehung weiterer Personen, regelmäßig in Betracht kommende Maßnahmen);
i) Abschluss eines Maßnahmeplans / Eingliederungsvereinbarung (durch wen, mit welchem wesentlichen Inhalt/Bindungswirkungen);
j) Personen sowie Umfang und Reichweite ihrer Befugnisse, soweit sie Maßnahmen im Rahmen des betrieblichen Eingliederungsmanagements durchführen;
k) durch wen werden wann externe Hilfen und Beratungen organisiert (insbesondere Hilfen durch Integrationsamt, Rehabilitationsträger, Betriebsarzt);
l) Zweck und Umfang der Erhebung und Nutzung im Rahmen des betrieblichen Eingliederungsmanagements zu erhebender/bekannt gewordener Daten und deren Speicherung/Nutzung (wer darf wann welche Daten erheben, wo sind bekannt gewordene Daten zu speichern, unter welchen Voraussetzungen und wann sind Daten zu vernichten);
m) Verschwiegenheitspflichten der mit dem betrieblichen Eingliederungsmanagement befassten Personen (wem wird wann gestattet, welche Informationen zu verwerten/zu verarbeiten und Dritten (welchem Personenkreis) zugänglich zu machen);
n) Qualifizierung der mit dem betrieblichen Eingliederungsmanagement befassten Personen;
o) Art und Weise sowie Zeitpunkt/Turnus der Information der Belegschaft über die Möglichkeiten der Inanspruchnahme und das betriebliche Verfahren des BEM. «

16 Soweit ein Mitbestimmungsrecht besteht, entscheidet im Falle der Nichteinigung auf Antrag die → **Einigungsstelle** (§ 87 Abs. 2 BetrVG).

17 Zu Einzelheiten einer Regelung siehe Musterbetriebsvereinbarung im Anhang (Arbeitshilfen).

Bedeutung für die Beschäftigten

Ob ein betriebliches Eingliederungsmanagement (BEM) durchgeführt wurde oder nicht, kann sich auf die Wirksamkeit einer wegen Krankheit ausgesprochenen → **personenbedingten Kündigung** auswirken, aber auch auf die Wirksamkeit einer → **betriebsbedingten Kündigung** (LAG Berlin-Brandenburg v. 4.1.2010 – 10 Sa 2071/09; siehe Rn. 18). 18

Die Durchführung des BEM ist nach Ansicht des BAG allerdings **keine formelle Wirksamkeitsvoraussetzung** für eine krankheitsbedingte Kündigung. § 84 Abs. 2 SGB IX sei aber auch kein bloßer Programmsatz. Die Norm konkretisiere vielmehr den **Verhältnismäßigkeitsgrundsatz** (BAG v. 10.12.2009 – 2 AZR 400/08, AuR 2010, 224 = DB 2010, 621).

Zwar sei das BEM **nicht selbst ein milderes Mittel**. Mit seiner Hilfe könnten aber mildere Mittel als die Kündigung, z. B. eine Umgestaltung des Arbeitsplatzes oder eine Weiterbeschäftigung auf einem anderen – ggf. **durch Umsetzungen freizumachenden – Arbeitsplatz**, erkannt und entwickelt werden.

Dabei werde das Verhältnismäßigkeitsprinzip allerdings nicht allein dadurch verletzt, dass **kein BEM durchgeführt** wurde.

Es müsse hinzukommen, dass überhaupt **Möglichkeiten** einer alternativen (Weiter-)Beschäftigung bestanden haben, die eine Kündigung vermieden hätten (BAG v. 10.12.2009 – 2 AZR 400/08, a. a. O.).

Ein unterlassenes BEM steht deshalb einer Kündigung nicht entgegen, wenn es sie auch nicht hätte verhindern können (BAG v. 12.7.2007 – 2 AZR 716/06, AiB 2008, 301).

Dem Arbeitgeber, der ein BEM unterlassen hat, ist die Darlegung gestattet, dass ein solches Verfahren, z. B. aus gesundheitlichen Gründen nicht zu einer Beschäftigungsmöglichkeit geführt hätte (BAG v. 23.4.2008 – 2 AZR 1012/06, DB 2008, 2091).

Die **Darlegungs- und Beweislast** dafür, dass ein BEM entbehrlich war, weil es wegen der gesundheitlichen Beeinträchtigungen des Arbeitnehmers unter keinen Umständen ein positives Ergebnis hätte erbringen können, trägt der Arbeitgeber (LAG Hamm [Westfalen] v. 26.4.2013 – 10 Sa 24/13).

Wenn der Arbeitgeber entgegen seiner gesetzlichen Pflicht **kein BEM durchgeführt** hat, darf er 19 aus seiner dem Gesetz widersprechenden Untätigkeit allerdings keine darlegungs- und beweisrechtlichen **Vorteile** ziehen.

Nachstehend ein Auszug aus den Entscheidungsgründen BAG v. 10.12.2009 – 2 AZR 400/08, a. a. O.:

»*In diesem Fall kann sich der Arbeitgeber nicht darauf beschränken vorzutragen, er kenne keine alternativen Einsatzmöglichkeiten für den erkrankten Arbeitnehmer und es gebe keine leidensgerechten Arbeitsplätze, die der Arbeitnehmer trotz seiner Erkrankung noch einnehmen könne. Er hat vielmehr von sich aus denkbare oder vom Arbeitnehmer (außergerichtlich) bereits genannte Alternativen zu würdigen und im Einzelnen darzulegen, aus welchen Gründen sowohl eine Anpassung des bisherigen Arbeitsplatzes an dem Arbeitnehmer zuträgliche Arbeitsbedingungen als auch die Beschäftigung auf einem anderen – leidensgerechten – Arbeitsplatz ausscheiden.*

Erst dann ist es Sache des Arbeitnehmers, sich hierauf substantiiert einzulassen und darzulegen, wie er sich selbst eine leidensgerechte Beschäftigung vorstellt.

Das Gleiche gilt, wenn der Arbeitgeber zur Erfüllung seiner Verpflichtung aus § 84 Abs. 2 SGB IX ein Verfahren durchgeführt hat, das nicht den gesetzlichen Mindestanforderungen an ein BEM genügt. Zwar enthält § 84 Abs. 2 SGB IX keine nähere gesetzliche Ausgestaltung des BEM. Dieses ist ein rechtlich regulierter »Suchprozess«, der individuell angepasste Lösungen zur Vermeidung zukünftiger Arbeitsunfähigkeit ermitteln soll. Gleichwohl lassen sich aus dem Gesetz gewisse Mindeststandards ableiten. Zu diesen gehört es, die gesetzlich dafür vorgesehenen Stellen, Ämter und Personen zu beteiligen und zusammen mit ihnen eine an den gesetzlichen Zielen des BEM ori-

Betriebliches Eingliederungsmanagement (BEM)

entierte Klärung ernsthaft zu versuchen. Ziel des BEM ist es festzustellen, aufgrund welcher gesundheitlichen Einschränkungen es zu den bisherigen Ausfallzeiten gekommen ist und ob Möglichkeiten bestehen, sie durch bestimmte Veränderungen künftig zu verringern, um so eine Kündigung zu vermeiden.«

20 Der Arbeitgeber muss ein BEM-Verfahren nicht durchführen, wenn der **Arbeitnehmer nicht zugestimmt** hat. Nach § 84 Abs. 2 Satz 1 SGB IX ist die Zustimmung des Arbeitnehmers zu diesem Verfahren notwendige Voraussetzung. Wenn der Arbeitgeber den Arbeitnehmer nicht, zumindest nicht eindeutig, aufgefordert hat, mit ihr ein BEM-Verfahren durchzuführen, kann er sich in einem **Kündigungsschutzprozess** nicht spekulativ darauf berufen, der Arbeitnehmer hätte diesem Vorgehen ohnehin nicht zugestimmt (BAG v. 12.7.2007 – 2 AZR 716/06, AiB 2008, 301). Das heißt: Hat der Arbeitgeber ein BEM deshalb nicht durchgeführt, weil der **Arbeitnehmer nicht eingewilligt** hat, kommt es darauf an, ob der Arbeitgeber den Arbeitnehmer zuvor auf die Ziele des BEM sowie auf Art und Umfang der hierfür erhobenen und verwendeten Daten **hingewiesen** hatte. Die Belehrung nach § 84 Abs. 2 Satz 3 SGB IX gehört zu einem regelkonformen Ersuchen des Arbeitgebers um Zustimmung des Arbeitnehmers zur Durchführung eines BEM. Sie soll dem Arbeitnehmer die Entscheidung ermöglichen, ob er ihm zustimmt oder nicht. Die **Initiativlast** für die Durchführung eines BEM trägt der Arbeitgeber (BAG v. 24.3.2011 – 2 AZR 170/10).

21 Stimmt der Arbeitnehmer trotz ordnungsgemäßer Aufklärung nicht zu, ist das Unterlassen eines BEM »**kündigungsneutral**«, das heißt, das Unterlassen darf im Rahmen des Kündigungsschutzprozesses weder für noch gegen den Gekündigten berücksichtigt werden (BAG v. 24.3.2011 – 2 AZR 170/10).

22 Nach zutreffender Ansicht des LAG Berlin-Brandenburg ist auch vor einer **betriebsbedingten Kündigung** das betriebliche Eingliederungsmanagement durchzuführen, um etwaige Weiterbeschäftigungsmöglichkeiten beurteilen zu können (LAG Berlin-Brandenburg v. 4.1.2010 – 10 Sa 2071/09). Da das betriebliche Eingliederungsmanagement auch dazu diene, zur Re-Integration arbeitsunfähiger Arbeitnehmer etwaige Möglichkeiten der Umorganisation zu prüfen und einer Kündigung entgegenzuwirken – einschließlich eines **Freimachens von Arbeitsplätzen durch Umsetzungen** –, reiche nicht aus, wenn lediglich eine Anpassung vergleichbarer Arbeitsplätze geprüft wird. Der Arbeitgeber müsse dem Arbeitnehmer vielmehr auch mitteilen, welche – auch besetzten – Arbeitsplätze aus seiner Sicht für eine Versetzungsmaßnahme in Betracht kommen. Sodann sei im Rahmen des betrieblichen Eingliederungsmanagements zu klären, ob bei einer etwaigen Versetzung ebenfalls mit erheblichen Arbeitsunfähigkeitszeiten zu rechnen ist oder eine positive Zukunftsprognose abgegeben werden kann, und ob eine solche Maßnahme möglich und dem Arbeitgeber zumutbar ist.

Arbeitshilfen

Muster
• Betriebliches Eingliederungsmanagement: Musterbetriebsvereinbarung

Rechtsprechung

1. Betriebliches Eingliederungsmanagement (BEM)
2. Mitbestimmung bei betrieblichem Eingliederungsmanagement (BEM)
3. Kündigung eines Arbeitnehmers trotz unterlassenem betrieblichen Eingliederungsmanagement (BEM)
4. Präventionsverfahren nach § 84 Abs. 1 SGB IX: Verletzung der Erörterungspflichten – Kündigungsschutz – Darlegungslast im Schadensersatzprozess

Betriebliches Vorschlagswesen

Was ist das?

1 Der Begriff des »betrieblichen Vorschlagswesens« umfasst alle **Verfahrensweisen und Methoden**, mit deren Hilfe Vorschläge von Arbeitnehmern zur Verbesserung des betrieblichen Arbeitsprozesses sowie der Produkte angeregt, gesammelt, ausgewertet und bewertet werden. Erfasst werden dabei nicht nur Vorschläge, die sich auf den **technischen Bereich** beziehen, sondern auch solche, die sich mit dem **sozialen und organisatorischen Gefüge des Betriebs** befassen (z. B. Vorschläge zur Verbesserung der Arbeitsorganisation oder des betrieblichen Gesundheits- und Umweltschutzes).

2 Zum **betrieblichen Vorschlagswesen** gehören beispielsweise:
- Ideenwettbewerbe,
- Ein- und Durchführung eines kontinuierlichen Verbesserungsprozesses (KVP; siehe Rn. 24),
- Einrichtung von »Qualitätszirkeln«,
- Bestellung eines Beauftragten für das betriebliche Vorschlagswesens,
- Schaffung von Sammel- und Auswertungsverfahren,
- Errichtung eines betrieblichen Prüfungsausschusses usw.

3 Der Arbeitgeber verfolgt mit der Einführung solcher Verfahrensweisen und Methoden vor allem folgende **Ziele**:
- Mobilisierung und Nutzung der Ideen der Beschäftigten,
- Vorantreiben des betrieblichen Rationalisierungsprozesses.

4 Siehe → **Rationalisierung**, → **Lean production**.

5 Manche Arbeitgeber stellen für die Förderung des betrieblichen Vorschlagswesens finanzielle Mittel zur Zahlung von **Prämien** zur Verfügung.

6 Eine **Verpflichtung** des Arbeitgebers, betriebliche Verbesserungsvorschläge zu prämieren, besteht im Regelfall nicht.

Von diesem Grundsatz gibt es jedoch **Ausnahmen**:

7 1. »Gesetz über Arbeitnehmererfindungen (ArbnErfG)«: Hiernach haben Arbeitnehmer, die eine patent- oder gebrauchsmusterfähige »**Erfindung**« (gebundene Erfindung und freie Erfindung; vgl. §§ 2, 4 Abs. 1 ArbnErfG) machen, unter näher geregelten Voraussetzungen einen Vergütungsanspruch gegen den Arbeitgeber.

8 Gleiches gilt für solche »**technischen Verbesserungsvorschläge**«, die zwar nicht patent- oder gebrauchsmusterfähig sind, dem Arbeitgeber, der den Vorschlag verwertet, aber dennoch eine mit einem Patent- oder Gebrauchsmusterrecht vergleichbare Vorzugsstellung bzw. Monopolstellung geben (§§ 3, 20 Abs. 1 ArbnErfG sog. »**qualifizierter technischer Verbesserungsvorschlag**«).

9 2. Nach der Rechtsprechung kommt auch dann ein Vergütungsanspruch des Arbeitnehmers in Betracht, wenn er einen »technischen Verbesserungsvorschlag« macht, der zwar kein »qualifizierter Verbesserungsvorschlag« im vorstehenden Sinne ist, der aber dennoch über seine

normalen Arbeitsvertragspflichten hinausgeht und dessen Verwertung dem Arbeitgeber einen nicht unerheblichen **Vorteil** bringt (sog. »**einfacher technischer Verbesserungsvorschlag**«).

3. Dies gilt auch für »**nichttechnische Verbesserungsvorschläge**« (im organisatorischen, kaufmännischen oder sozialen Bereich), wenn der Arbeitgeber sie verwertet und dadurch einen nicht unerheblichen Vorteil erlangt. 10

Zu Einzelheiten siehe → **Arbeitnehmererfindung**. 11

Bedeutung für die Betriebsratsarbeit

Nach § 87 Abs. 1 Nr. 12 BetrVG hat der Betriebsrat ein **Mitbestimmungsrecht** bei der Regelung von »*Grundsätzen über das betriebliche Vorschlagswesen*«. 12

Die Mitbestimmungsvorschrift erfasst zum einen die sog. **einfachen technischen und nichttechnischen Verbesserungsvorschläge** (siehe Rn. 9 und 10 sowie → **Arbeitnehmererfindung**), bei denen es sich um eine zusätzliche, vertraglich nicht geschuldete Leistung der Arbeitnehmer handelt. 13

Bei den **qualifizierten technischen Verbesserungsvorschlägen** (siehe Rn. 8) entfällt die Mitbestimmung hinsichtlich der Ermittlung der **Vergütung**, weil diese Frage durch § 20 Abs. 1 Satz 2 i. V. m. §§ 9, 12 ArbnErfG abschließend gesetzlich geregelt ist (vgl. § 87 Abs. 1 Eingangssatz BetrVG: »*Der Betriebsrat hat, soweit eine gesetzliche oder tarifliche Regelung nicht besteht, in folgenden Angelegenheiten mitzubestimmen …*«). 13a

Mitbestimmungspflichtig sind aber alle sonstigen regelungsbedürftigen Fragen, die für die Behandlung von solchen Verbesserungsvorschlägen von Bedeutung sein können (DKKW-*Klebe*, BetrVG, 15. Aufl., § 87 Rn. 361, 362; zu möglichen Reglungspunkten siehe Rn. 22).

In Bezug auf gebundene oder freie **Erfindungen** i. S. d. §§ 2, 4 ArbnErfG (siehe Rn. 7) besteht **kein Mitbestimmungsrecht**, weil die Handhabung von Erfindungen durch das ArbnErfG insgesamt abschließend geregelt sind. 13b

Soweit die Mitbestimmung nach § 87 Abs. 1 Nr. 12 BetrVG ausgeschlossen ist, sind Betriebsrat und Arbeitgeber nicht daran gehindert, eine freiwillige → **Betriebsvereinbarung** abzuschließen. 13c

Allerdings dürfen die Vorschriften des ArbnErfG nicht zum Nachteil der Arbeitnehmer geändert werden (§ 22 ArbnErfG).

Günstigere Regelungen sind dagegen möglich (siehe → **Günstigkeitsprinzip**).

Sofern es zu der **arbeitsvertraglichen Hauptpflicht** des Beschäftigten gehört, Verbesserungsvorschläge vorzulegen, kommt ein Mitbestimmungsrecht des Betriebsrats nach § 87 Abs. 1 Nr. 12 BetrVG nicht in Betracht. 14

Stattdessen kann ein Mitbestimmungsrecht des Betriebsrats nach § 87 Abs. 1 Nr. 10, 11 BetrVG bestehen, und zwar dann, wenn sich Verbesserungsvorschläge auf die Höhe des Arbeitsentgelts auswirken sollen (z. B. in Form von Prämien; siehe → **Arbeitsentgelt**).

Das Mitbestimmungsrecht erstreckt sich nicht auf solche Fragen und Sachverhalte, die abschließend im »Gesetz über Arbeitnehmererfindungen« (siehe → **Arbeitnehmererfindung**) geregelt sind (insoweit sind allerdings freiwillige Betriebsvereinbarungen möglich). 15

Der Mitbestimmung des Betriebsrats unterliegt die Einführung (und Abschaffung) von **Grundsätzen** über ein betriebliches Vorschlagswesen (also die Frage des »*Ob*«). Der Arbeitgeber kann insoweit **nicht einseitig** handeln. 16

Der Betriebsrat hat auch ein Initiativ-Mitbestimmungsrecht, kann also vom Arbeitgeber die Einführung solcher Grundsätze verlangen. Das gilt auch dann, wenn der Arbeitgeber an einem betrieblichen Vorschlagswesen gar nicht interessiert ist (DKKW-*Klebe*, BetrVG, 15. Aufl., § 87 Rn. 365). 17

Betriebliches Vorschlagswesen

18 Im Nichteinigungsfalle entscheidet die → **Einigungsstelle**.

19 Allerdings erstreckt sich das Mitbestimmungsrecht des Betriebsrats nicht auf die Frage der Bereitstellung **finanzieller Mittel** und das **Volumen** dieser Mittel. Insoweit kann nach h. M. der Arbeitgeber allein entscheiden (DKKW-*Klebe*, BetrVG, 15. Aufl., § 87 Rn. 365).

20 Demgegenüber besteht ein Mitbestimmungsrecht hinsichtlich aller Regelungen über die Ausgestaltung, also über das »**Wie**« des betrieblichen Vorschlagswesens.

21 Hierzu gehört insbesondere die Art und Weise der **Verteilung** des vom Arbeitgeber zur Verfügung gestellten finanziellen Volumens. Wenn es also darum geht, zu regeln, nach welchen Grundsätzen und Methoden die **Prämie bemessen** werden soll und **wie der Nutzen** eines Verbesserungsvorschlages **zu ermitteln** ist, ist dies mitbestimmungspflichtig.

Nach Auffassung des Bundesarbeitsgerichts soll allerdings der Arbeitgeber die **Bemessung der Prämie im Einzelfall** allein bestimmen können, z. B. in der Form, dass er festlegt, in welchem Verhältnis zum Jahresnutzen des Verbesserungsvorschlages die zu gewährende Prämie stehen soll (BAG v. 28.4.1981 – 1 ABR 53/79, AiB 1981, 80 = DB 1981, 1882; 16.3.1982 – 1 ABR 63/80, DB 1982, 1468; strittig: anderer Ansicht z. B. DKKW-*Klebe*, BetrVG, 15. Aufl., § 87 Rn. 370).

22 **Mitbestimmungspflichtig** sind auch Regelungen über
- die Bestimmung des **persönlichen Geltungsbereichs** der Betriebsvereinbarung (vorschlagsberechtigter und prämienberechtigter Personenkreis),
- die **Art** der unter den Geltungsbereich der Betriebsvereinbarung fallenden Vorschläge (= sachlicher Geltungsbereich), z. B. Vorschläge
  - zur Senkung der Unfallgefahren und Verbesserung des Gesundheitsschutzes,
  - zur Verbesserung des betrieblichen Umweltschutzes,
  - zur Einführung energie- und rohstoffsparender Maßnahmen,
  - zur Steigerung der Produktion und Produktivität,
  - zur Verbesserung der Produktqualität,
  - zur Einführung neuer Produkte,
  - zur Vereinfachung, Effektivierung und Erleichterung der Arbeitsorganisation, der Arbeitsverfahren und Arbeitsmethoden,
- die **Form** der Einreichung von Vorschlägen,
- die **Behandlung** des eingereichten Vorschlags durch die für das Vorschlagswesen zuständigen betrieblichen Organe,
- die Besetzung und Aufgaben dieser **Organe** (z. B. des Ausschusses zur Auswertung und Bewertung der Vorschläge),
- den Ablauf des **Prüfungsverfahrens**,
- die Einrichtung und Ausgestaltung eines **Beschwerdeverfahrens**,
- die **Bekanntmachung** von Verbesserungsvorschlägen,
- die Durchführung von **Ideenwettbewerben**,
- die Bestellung eines **Beauftragten** für das betriebliche Vorschlagswesen.

23 Das betriebliche Vorschlagswesen kann über das Mitbestimmungsrecht des Betriebsrats nach § 87 Abs. 1 Nr. 12 BetrVG zu einem wirksamen Instrument zur spürbaren **Förderung des Gesundheits- und Umweltschutzes** weiterentwickelt werden. Siehe auch → **Alternative Produktion**.

24 Besondere Bedeutung erlangt das Mitbestimmungsrecht des Betriebsrats beim betrieblichen Vorschlagswesen im Zusammenhang mit Unternehmenskonzepten, die auf eine Umsetzung der Prinzipien des **kontinuierlichen Verbesserungsprozesses (KVP)** abzielen (siehe → **Lean production**).

Ziel des kontinuierlichen Verbesserungsprozesses (japanischer Ausdruck: Kaizen) ist es, Verschwendung (z. B. in Form von Leer- und Wartezeiten) und damit unnötige Kosten zu ver-

meiden und Produktivität sowie Qualität zu steigern. Die Botschaft lautet: Es soll kein Tag ohne irgendeine Verbesserung für das Unternehmen vergehen.
Der kontinuierliche Verbesserungsprozess erfüllt die Voraussetzungen des Begriffs »Betriebliches Vorschlagswesen« (siehe Rn. 1). Deshalb findet § 87 Abs. 1 Nr. 12 BetrVG Anwendung. Das heißt, die Ausgestaltung der »Grundsätze« des kontinuierlichen Verbesserungsprozesses ist mitbestimmungspflichtig.

Zu **Regelungsschwerpunkten** einer Betriebsvereinbarung zum kontinuierlichen Verbesserungsprozess: siehe **Übersicht** »Regelungspunkte einer Betriebsvereinbarung zum betrieblichen Vorschlagswesen«. **25**

Arbeitshilfen

Übersicht • Regelungspunkte einer Betriebsvereinbarung zum betrieblichen Vorschlagswesen

Rechtsprechung

1. Mitbestimmungsrecht des Betriebsrats – Einrichtung einer paritätischen Kommission
2. Keine offensichtliche Unzuständigkeit der Einigungsstelle bei Regelung von KVP

Betriebsänderung

Was ist das?

1 Betriebsänderungen sind massive Eingriffe des **Unternehmers** in den Betriebsablauf und den Betriebsbestand (siehe Rn. 6 ff., 9 a).
Haben diese Eingriffe »*wesentliche Nachteile für die Belegschaft oder erhebliche Teile der Belegschaft*« (siehe Rn. 6 ff.) zur Folge, so finden in → **Unternehmen** (siehe Rn. 3) mit »in der Regel« (siehe Rn. 2, 2 a und 3) mehr als 20 wahlberechtigten Arbeitnehmern die §§ 111 bis 113 BetrVG Anwendung.
Das heißt: der Unternehmer hat den Betriebsrat rechtzeitig (schon im Planungsstadium) und umfassend über die geplante Betriebsänderung zu informieren (siehe → **Informationsrechte des Betriebsrats**) und mit ihm (über Alternativen) zu beraten.
Hält der Unternehmer an seiner Planung fest, hat er mit dem Betriebsrat über einen → **Interessenausgleich** zu verhandeln und einen → **Sozialplan** zu vereinbaren.
Der Sozialplan ist im Nichteinigungsfall über ein Einigungsstellenverfahren (siehe → **Einigungsstelle**) erzwingbar.
Demgegenüber kann zum Interessenausgleich zwar ebenfalls ein Einigungsstellenverfahren ausgeführt werden. Allerdings kann in diesem letztlich keine Entscheidung getroffen werden (siehe → **Interessenausgleich**).
Versucht der Unternehmer keinen Interessenausgleich mit dem Betriebsrat (»bis hin zur Einigungsstelle«), ist er gegenüber den von der Betriebsänderung nachteilig betroffenen (z. B. entlassenen oder versetzten) Arbeitnehmer zum → **Nachteilsausgleich** verpflichtet (z. B. Zahlung von → **Abfindungen**).
Unabhängig hiervon kann der Betriebsrat nach zutreffender h. M. Unterlassung verlangen, wenn der Unternehmer eine Betriebsänderung beginnt umzusetzen, bevor das Interessenausgleichsverfahren (incl. Verhandlung in der Einigungsstelle) abgeschlossen ist (siehe Rn. 28 und → **Unterlassungsanspruch des Betriebsrats**).
Der Unterlassungsanspruch kann durch Antrag auf eine **einstweilige Verfügung** geltend gemacht werden.

2 Bei der Ermittlung der maßgeblichen Unternehmensgröße (»*mehr als 20 in der Regel beschäftigte wahlberechtigte Arbeitnehmer*«) sind **Leiharbeitnehmer**, die länger als drei Monate im Unternehmen eingesetzt sind, mitzuzählen (BAG v. 18.10.2011 – 1 AZR 335/10, NZA 2012, 221).

2a Ist die → **Betriebsänderung** mit **Personalabbau** verbunden, ist zur Bestimmung des Begriffs »in der Regel« die bisherige Zahl der Arbeitnehmer maßgeblich, nicht die vom Unternehmer geplante »Zielzahl«.
Das heißt: die §§ 111 bis 113 BetrVG kommen immer dann zur Anwendung, wenn in dem Unternehmen **bisher** (also bis zum Zeitpunkt der Personalabbauentscheidung) regelmäßig mehr als 20 wahlberechtigte Arbeitnehmer beschäftigt waren (BAG v. 10.12.1996 – 1 ABR 43/96, NZA 1997, 733).

3 Zu beachten ist, dass § 111 BetrVG bei der Bestimmung der maßgeblichen Arbeitnehmerzahl auf das → **Unternehmen** abstellt, nicht den → **Betrieb**.

Betriebsänderung

Besteht etwa ein → **Unternehmen** aus mehreren Betrieben (siehe → **Mehr-Betriebs-Unternehmen**) mit jeweils weniger als 20 Beschäftigten, kommen die §§ 111 bis 113 BetrVG dennoch zur Anwendung, wenn insgesamt der Schwellenwert von »20 in der Regel beschäftigten wahlberechtigten Arbeitnehmern« überschritten wird.

Beispiel:
Ein Unternehmen besteht aus 10 Betrieben mit jeweils 8 Beschäftigten. Will das Unternehmen einen Betrieb, in dem ein Betriebsrat besteht, schließen, sind die §§ 111 bis 113 BetrVG anzuwenden. Denn im Unternehmen sind 80 Arbeitnehmer beschäftigt. Folge: Der Unternehmer hat mit den Betriebsrat des betroffenen Betriebes zu informieren, mit ihm über Alternativen zu beraten, über einen → Interessenausgleich (»bis hin zur Einigungsstelle«) zu verhandeln und einen → Sozialplan zu vereinbaren.

Zuständigkeit des Betriebsrats bzw. Gesamtbetriebsrats

Grundsätzlich ist der **Betriebsrat** des von der geplanten Betriebsänderung betroffenen Betriebs Träger der Rechte nach § 111 ff. BetrVG. 4
Besteht das Unternehmen allerdings aus mehreren Betrieben und ist ein **Gesamtbetriebsrat** errichtet, nimmt dieser die Rechte nach § 111 ff. BetrVG wahr, wenn es sich um eine Betriebsänderung handelt, die das gesamte Unternehmen oder mehrere Betriebe betreffen und nicht durch die einzelnen Betriebsräte innerhalb ihrer Betriebe geregelt werden können (BAG v. 3. 5. 2006 – 1 ABR 15/05, AiB 2007, 494 = NZA 2007, 1245). Beide Voraussetzungen müssen kumulativ vorliegen. Fehlt es an einer der beiden Voraussetzungen, sind die örtlichen Betriebsräte zuständig. Der Begriff des »Nichtregelnkönnens« setzt nach Ansicht des BAG nicht notwendig die objektive Unmöglichkeit einer betrieblichen Regelung voraus. Ausreichend, aber regelmäßig auch zu verlangen sei vielmehr, dass ein sachlich zwingendes Erfordernis für eine betriebsübergreifende Regelung besteht (BAG v. 3. 5. 2006 – 1 ABR 15/05, a. a. O.).
Der Gesamtbetriebsrat ist in diesem Fall insbesondere für die Verhandlungen über einen → **Interessenausgleich** zuständig, wobei daraus nicht ohne weiteres seine Zuständigkeit auch für die Aufstellung eines → **Sozialplans** folgt (BAG v. 3. 5. 2006 – 1 ABR 15/05, a. a. O.).
Vielmehr ist gesondert zu prüfen, ob der Ausgleich oder die Abmilderung der durch die Betriebsänderung entstehenden Nachteile zwingend unternehmenseinheitlich oder betriebsübergreifend geregelt werden muss.
Der Umstand, dass die **Mittel für den Sozialplan** von ein und demselben Arbeitgeber zur Verfügung gestellt werden müssen, genügt alleine nicht, um die Zuständigkeit des Gesamtbetriebsrats für den Abschluss des Sozialplanes zu begründen.
Etwas anderes gilt, wenn ein mit dem Arbeitgeber im Rahmen eines Interessenausgleichs vereinbartes, das gesamte Unternehmen betreffendes **Sanierungskonzept** nur auf der Grundlage eines bestimmten, auf das gesamte Unternehmen bezogenen Sozialplanvolumens realisiert werden kann (BAG v. 3. 5. 2006 – 1 ABR 15/05, a. a. O.).
Wenn in einem Unternehmen mit mehreren Betrieben der → **Gesamtbetriebsrat** für die »Behandlung« der Betriebsänderung zuständig ist (z. B. bei der Stilllegung mehrerer Betriebe), dann erstreckt sich seine Zuständigkeit auch auf **betriebsratslose Betriebe** (§ 50 Abs. 1 BetrVG). 5

Wesentliche Nachteile für die Belegschaft oder erhebliche Teile der Belegschaft (§ 111 Satz 1 BetrVG)

Die §§ 111 bis 113 BetrVG (Information, Beratung, Interessenausgleich, Sozialplan, Nachteilsausgleich) kommen dann zur Anwendung, wenn der Unternehmer eine Betriebsänderung 6

Betriebsänderung

plant, die »*wesentliche Nachteile für die Belegschaft oder erhebliche Teile der Belegschaft*« zur Folge haben können (§ 111 Satz 1 BetrVG).

7 »**Wesentliche Nachteile**« i. S. d. § 111 Satz 1 BetrVG sind z. B. Entlassung, Versetzung, Verdienstminderung, längere Anfahrtswege, Ortswechsel, Leistungsverdichtung, Qualifikationsverlust, auch psychische Belastungen durch zusätzliche Kontrollen mit oder ohne Verwendung technischer Einrichtungen.

»**Erhebliche Teile der Belegschaft**« sind betroffen, wenn die vorgenannten Nachteile in Betrieben mit in der Regel
- 21 bis 59 Arbeitnehmern mehr als 5 Arbeitnehmer,
- 60 bis 499 Arbeitnehmern 10 Prozent oder mehr als 25 Arbeitnehmer,
- 500 bis 599 Arbeitnehmern mindestens 30 Arbeitnehmer,
- ab 600 Arbeitnehmern mindestens 5 Prozent der Arbeitnehmer

betreffen. Diese Zahlenwerte sind von der Rechtsprechung unter Heranziehung und Ergänzung des § 17 Abs. 1 KSchG entwickelt worden (BAG v. 28. 3. 2006 – 1 ABR 5/05, NZA 2006, 932).

Dabei ist es im Gegensatz zu § 17 Abs. 1 KSchG nicht erforderlich, dass der Personalabbau innerhalb von **30 Kalendertagen** erfolgt.

In Kleinbetrieben mit bis zu 20 Arbeitnehmern müssen für eine Betriebsänderung iSd. § 111 BetrVG durch alleinigen Personalabbau mindestens sechs Arbeitnehmer betroffen sein (BAG v. 9. 11. 2010 – 1 AZR 708/09; siehe Rn. 12).

8 Zur Bestimmung der Zahl der »betroffenen« Arbeitnehmer sind Mitarbeiter **mitzuzählen,**
- die betriebsbedingt gekündigt werden sollen;
- die – vom Arbeitgeber veranlasst – einen Aufhebungsvertrag unterschreiben;
- die – vom Arbeitgeber veranlasst – selber kündigen;
- die in andere Betriebe des Unternehmens oder in Tochtergesellschaften versetzt werden sollen.

Nicht mitzuzählen sind Mitarbeiter,
- deren Arbeitsverhältnisse aufgrund einer Befristung des Arbeitsvertrages auslaufen; natürlich muss die Befristung wirksam sein i. S. d. Teilzeit- und Befristungsgesetzes (TzBfG), was oft nicht der Fall ist (siehe → **Befristeter Arbeitsvertrag**); wenn die Befristung unwirksam ist, zählt der Mitarbeiter mit;
- die aufgrund eines Altersteilzeit-Vertrages, der ja auch ein befristeter Vertrag ist, ausscheiden;
- die eine Änderungskündigung unter Vorbehalt (§ 2 KSchG) angenommen haben (die bleiben nämlich im bisherigen Unternehmen beschäftigt);
- die personen- oder verhaltensbedingt gekündigt werden sollen (es sei denn, es handelt sich um »vorgeschobene« Kündigungsgründe).

Werden die Maßnahmen (z. B. Personalabbau) in **mehreren Schritten** (**Wellen**) durchgeführt – also zeitlich »gestreckt«, ist bei der Ermittlung der Zahl der insgesamt Betroffenen darauf abzustellen, ob die Maßnahmen auf einer **einheitlichen unternehmerischen Planung** beruhen bzw. in einem inhaltlichen Zusammenhang stehen (BAG v. 28. 3. 2006 – 1 ABR 5/05, NZA 2006, 932).

9 Stellt der Betriebsrat erst im Nachhinein fest, dass es insgesamt zu Entlassungen in einer Größenordnung oberhalb der für einen → **Interessenausgleich** maßgeblichen »Schwellenwerte« (siehe hierzu Rn. 7), aber unterhalb der »Schwellenwerte« des § 112 a Abs. 1 Satz 1 Nr. 1 BetrVG (siehe hierzu → **Sozialplan** Rn. 33), dann sollte er die die Betroffenen darüber informieren, dass sie gemäß § 113 Abs. 3 BetrVG einen Anspruch auf Nachteilsausgleich (in Form einer → **Abfindung**) haben, weil der Unternehmer keinen Interessenausgleich mit dem Betriebsrat »versucht« hat, obwohl er dazu verpflichtet gewesen war (siehe hierzu → **Nachteilsausgleich**).

Betriebsänderung

Zeigt sich im Nachhinein, dass es Personalabbau in einer Größenordnung oberhalb der »Schwellenwerte« des § 112 a Abs. 1 Satz 1 Nr. 1 BetrVG (siehe hierzu → **Sozialplan** Rn. 33) gegeben hat, kann der Betriebsrat die Ausstellung eines → **Sozialplans** verlangen und ggf. die → **Einigungsstelle** nach § 112 Abs. 2 BetrVG anrufen, die dann nach § 112 Abs. 4, 5 BetrVG verbindlich entscheidet.

Die Betroffenen haben auch in diesem Falle gemäß § 113 Abs. 3 BetrVG einen Anspruch auf Nachteilsausgleich (in Form einer → **Abfindung**), weil der Unternehmer keinen Interessenausgleich mit dem Betriebsrat »**versucht**« hat (siehe hierzu → **Nachteilsausgleich**).

Betriebsänderungen i. S. d. § 111 Satz 3 Nr. 1 bis 5 BetrVG

§ 111 Satz 3 BetrVG enthält eine Auflistung von Tatbeständen, die **als Betriebsänderung gelten**.   9a
Hierzu zählen:
- die **Einschränkung** und **Stilllegung** des ganzen Betriebs oder von wesentlichen Betriebsteilen (§ 111 Satz 3 Nr. 1 BetrVG; siehe Rn. 10);
- die **Verlegung** des ganzen Betriebs oder von wesentlichen Betriebsteilen (§ 111 Satz 3 Nr. 2 BetrVG; siehe Rn. 10);
- der **Zusammenschluss** mit anderen Betrieben oder die **Spaltung** von Betrieben (§ 111 Satz 3 Nr. 3 BetrVG; siehe → **Betriebsaufspaltung und Zusammenlegung von Betrieben** und → **Umwandlung von Unternehmen**); von § 111 Satz 3 Nr. 3 BetrVG wird auch die **Ausgliederung eines Betriebsteils** auf ein anderes Unternehmen (Fremdfirma) etwa auf Grund eines → **Werkvertrages** erfasst (sog. **Outsourcing** bzw. **Inhouse-Outsourcing**: Die Erledigung der Aufgaben findet weiterhin im bisherigen Betrieb statt – nunmehr aber durch Arbeitnehmer der Fremdfirma).

> **Beispiel:**
> Die Logistik eines Unternehmens (Wareneingang, Warenverteilung, Warenausgang usw.) wird per Dienst- oder Werkvertrag auf eine Fremdfirma übertragen. Diese führt nunmehr die Logistikaufgaben mit eigenen Arbeitnehmern und unter Nutzung der an sie vermieteten bzw. verpachteten Betriebsmittel aus (sog. **Inhouse-Outsourcing**).

Ein solcher Vorgang erfüllt nicht nur den Tatbestand des § 613 a BGB (»**Übergang eines Betriebsteils**«; siehe → **Betriebsübergang**), sondern auch den Tatbestand einer Spaltung im Sinne vom § 111 Satz 3 Nr. 3 BetrVG (BAG v. 10. 12. 1996 – 1 ABR 32/96, AiB 1998, 170; LAG Bremen v. 21. 10. 2004 – 3 Sa 77/04). Anders als nach § 111 Satz 3 Nr. 1 BetrVG für eine Betriebsstilllegung (siehe Rn. 10) ist für eine Spaltung i. S. v. § 111 Satz 3 Nr. 3 BetrVG nicht erforderlich, dass »wesentliche« Betriebsteile betroffen sind (BAG v. 18. 3. 2008 – 1 ABR 77/06). Deshalb kommt es auf die Größe des abgespaltenen Betriebsteils und die Zahl der von der Spaltung betroffenen Arbeitnehmer nicht an. Maßgeblich ist allein, ob es sich um eine **veräußerungsfähige** bzw. **abspaltungsfähige Einheit** handelt (BAG v. 18. 3. 2008 – 1 ABR 77/06; 10. 12. 1996 – 1 ABR 32/96, a. a. O.; LAG Bremen v. 21. 10. 2004 – 3 Sa 77/04).

> **Beispiel:**
> Die Cafeteria (8 Arbeitnehmer) eines Einkaufsmarktes (mit insgesamt 188 Beschäftigten) wird auf eine Fremdfirma ausgegliedert (LAG Bremen v. 21. 10. 2004 – 3 Sa 77/04).

- die grundlegende **Änderung der Betriebsorganisation**, des Betriebszwecks oder der Betriebsanlagen (§ 111 Satz 3 Nr. 4 BetrVG): z. B. Einführung von → **Lean Production**, eines ganzheitlichen Produktionssystems (GPS), Verkürzung von Durchlaufzeiten, Schließung

Betriebsänderung

kleiner Filialen bei nur geringem Personalabbau (vgl. hierzu LAG Niedersachsen v. 12.1.2010 – 1 TaBV 73/09; LAG Berlin-Brandenburg v. 19.8.2009 – 26 TaBV 1185/09); zu weiteren Beispielen vgl. DKKW-*Däubler*, BetrVG, 15. Aufl., § 111 Rn. 104 ff.; vgl. auch BAG v. 18.3.2008 – 1 ABR 77/06, NZA 2008, 957: »*Eine Änderung der Betriebsorganisation iSv. § 111 S. 3 Nr. 4 BetrVG liegt vor, wenn der Betriebsaufbau, insbesondere hinsichtlich Zuständigkeiten und Verantwortung, umgewandelt wird. Grundlegend ist die Änderung, wenn sie sich auf den Betriebsablauf in erheblicher Weise auswirkt. Maßgeblich dafür ist der Grad der Veränderung (Bestätigung BAG v. 18.11.2003 – 1 AZR 637/02 = BAGE 108, 311). Es kommt entscheidend darauf an, ob die Änderung einschneidende Auswirkungen auf den Betriebsablauf, die Arbeitsweise oder die Arbeitsbedingungen der Arbeitnehmer hat. Die Änderung muss in ihrer Gesamtschau von erheblicher Bedeutung für den gesamten Betriebsablauf sein (hier verneint im Falle der Stilllegung einer technischen Anzeigenproduktion).*«

Die **Fremdvergabe** von bisher mit eigenen Arbeitnehmern erledigten Aufgaben an ein anderes Unternehmen (etwa auf Basis eines → **Dienstvertrages** oder → **Werkvertrages**) kann eine grundlegende Änderung der Betriebsorganisation zur Folge haben und damit eine Betriebsänderung nach § 111 Satz 3 Nr. 4 BetrVG sein.

Gleiches gilt für eine Fremdvergabe in Form des sog. **Crowdsourcing** (vgl. hierzu DKKW-*Däubler*, BetrVG, 15. Aufl., § 111 Rn. 111 a). Der Begriff Crowdsourcing ist eine Kombination von »wisdom of the crowd = die Weisheit der Vielen« und Outsourcing (= Auslagerung von Aufgaben an externe Dienstleister / Fremdfirmen).

Beim **externen Crowdsourcing** werden bisher mit eigenen Arbeitnehmern erledigte Aufgaben über digitale Plattformen (also über das Internet) an eine unbestimmte Zahl von Interessenten / Nutzern / Usern (sog. »Crowdworker« oder »Crowdsourcees«) ausgeschrieben (z.B. Softwareentwicklung, Ausarbeitung von Konzepten, usw.). Oft werden komplexe Aufgaben in Teilaufgaben zerlegt, die sodann ausgeschrieben werden. Wer mit Blick auf Qualität und Preis das beste Ergebnis liefert, erhält den Zuschlag.

Beim **internen Crowdsourcing** findet die Ausschreibung von Aufträgen innerhalb eines Unternehmens oder Konzerns statt.

Sowohl beim externen als auch beim interne Crowdsourcing kann es sich um eine grundlegende Änderung der Betriebsorganisation handeln (so dass § 111 Satz 3 Nr. 4 BetrVG Anwendung findet), aber auch um eine Betriebsänderung in Form grundlegend neuer Arbeitsmethoden i. S. d. § 111 Satz 3 Nr. 5 BetrVG.

Spektakulär sind an die Presse geratene Pläne des Konzerns IBM (Quelle: Handelsblatt vom 1.2.2012 – Jens Koenen). Nachstehend ein Auszug (siehe auch → **Werkvertrag** Rn. 10):

»*IBM baut in Deutschland Tausende Stellen ab (01.02.2012, 09:19 Uhr)*
IBM steht in Deutschland ein massiver Umbruch bevor. Auf Dauer könnten hierzulande bis zu 8000 Stellen gestrichen werden. Viele Projekte sollen künftig extern ausgeschrieben werden. […].
Das Projekt ist Teil des bereits laufenden Programms »Liquid«, zu Deutsch »flüssig«, das die alte, starre Arbeitsorganisation weltweit in eine neue, flexiblere oder eben auch flüchtigere Organisation transformieren soll. Das Projekt verfolgt vor allem zwei Ziele: die Produktionskosten zu senken, um den Gewinn pro Aktie weiter zu steigern – von gut zehn Dollar im Jahr 2010 auf 20 Dollar im Jahr 2015.
Zu diesem Zweck sollen künftig Kundenprojekte wie etwa die Beratung bei der Modernisierung von Unternehmenssoftware verstärkt von freien anstelle der bisher fest angestellten Mitarbeiter durchgeführt werden. IBM will solche Projekte auf Internetplattformen ausschreiben, wo sich dann auch die ehemals fest angestellten IT-Entwickler um die Jobs bewerben können. Nicht die Arbeit verschwindet, wohl aber die bisherige Form den festen Arbeitsplatzes. Sollte das Projekt reüssieren, will man es in anderen Landesgesellschaften wiederholen. […]«

Über den Stand der IBM-Pläne gibt ein lesenswertes Interview Auskunft, das der IG-Metall-Gewerkschaftssekretär Herbert Herbert Rehm 2014 mit der Betriebsratsvorsitzen-

den von IBM Deutschland EAS, Monika Monika Schäfer geführt hat (Quelle: *http://www.computerwoche.de/a/ibm-macht-ernst-mit-crowdworking,3068119*).
Lesenswert zum Thema Crowdsourcing ist das von Christiane Brenner (Mitglied des Vorstandes der IG Metall) herausgegebene Buch »Crowdwork – zurück in die Zukunft? Perspektiven digitaler Arbeit« (Bund-Verlag 2014).
- die Einführung **grundlegend neuer Arbeitsmethoden und Fertigungsverfahren** (§ 111 Satz 3 Nr. 5 BetrVG): z. B. Einführung von Gruppenarbeit, erheblicher Einsatz von Leiharbeitnehmern, Vergabe von Funktionen an Fremdfirmen auf Basis von Werkverträgen. Nach zutreffender Ansicht des ArbG Frankfurt am Main v. 8. 1. 2003 – 2 BVGa 587/02, AiB 2003, 697 ist auch die Einführung eines **Desk-Sharing** (= innerhalb einer Organisationseinheit – z. b. Abteilung, Betriebsteil oder Betrieb – ist die Zahl der Arbeitsplätze geringer als die Zahl der dort tätigen Beschäftigten) eine grundlegend neue Arbeitsmethode i. S. des § 111 Satz 3 Nr. 5 BetrVG. Sollen mit der Einführung des Desk-Sharing auch **bauliche Maßnahmen** durchgeführt werden, komme auch eine Anwendung des § 111 Satz 3 Nr. 4 BetrVG in Betracht. Das Desk-Sharing führe zu einem von den Beschäftigten zu leistenden regelmäßigen Reservierungs- und Koordinierungsaufwand, zum Verlust des persönlichen Arbeitsplatzes und damit eines persönlich gestaltbaren Arbeitsumfeldes. Es zwinge die betroffenen Arbeitnehmer zu einer grundlegenden Neustrukturierung ihres Arbeitsablaufs und ihrer Arbeitsorganisation. All dies eröffne ein breites Spektrum für Regelungen nach § 112 BetrVG (Interessenausgleich und Sozialplan). Außerdem würden Mitbestimmungsrechte des Betriebsrats nach § 87 Abs. 1 Nr. 1 und Nr. 6 BetrVG ausgelöst. Im Fall der Verletzung dieser Rechte stünde dem Betriebsrat gegenüber dem Arbeitgeber ein Anspruch auf Unterlassung der Einführung des Desk-Sharing zu, der ggf. auch im Wege einer einstweiligen Verfügung durchgesetzt werden könne.
Auch die werksweite Einführung eines standardisierten, in Phasen aufeinander aufbauenden **Verbesserungsverfahrens**, das die systematische Steigerung der Effektivität und Produktivität zum Ziel hat, kann eine Betriebsänderung im Sinne des § 111 Satz 3 Ziff. 5 BetrVG darstellen (LAG Schleswig-Holstein v. 22. 1. 2014 – 3 TaBV 38/13; Rechtsbeschwerde eingelegt unter dem Aktenzeichen 1 ABR 12/14). Auch wenn zu Beginn der Einführung eines derartigen Verfahrens mangels Vorliegens von Auswertungsergebnissen noch keine konkreten wirtschaftlichen Nachteile für die betroffenen Beschäftigten geplant sind, ist ein **Sozialplan** in der Einigungsstelle erzwingbar. Das gilt jedenfalls nach Scheitern der Interessenausgleichsverhandlungen. Es reiche aus, dass die in dem erzwingbaren Sozialplan als ausgleichsfähig geregelten Nachteile gerade objektiv durch diese Betriebsänderung **möglicherweise verursacht** werden.
Zu weiteren Beispielen vgl. DKKW-*Däubler*, BetrVG, 15. Aufl., § 111 Rn. 112 ff.

Liegt einer der Tatbestände des § 111 Satz 3 Nrn. 1 bis 5 BetrVG vor, ist **nicht mehr zu prüfen**, 9b
ob eine vom Unternehmer geplante Betriebsänderung die in § 111 Satz 1 BetrVG angeführten »... *wesentlichen Nachteile für die Belegschaft oder erhebliche Teile der Belegschaft* ...« zur Folge hat. Derartige Nachteile werden in den von § 111 Satz 3 Nrn. 1 bis 5 BetrVG genannten Fällen vom Gesetzgeber unterstellt / »fingiert« (vgl. DKKW-*Däubler*, BetrVG, 15. Aufl., § 111 Rn. 44).
Nach zutreffender Ansicht enthält § 111 Satz 3 BetrVG keinen abschließenden Charakter, 9c
sondern listet Beispiele auf (LAG Niedersachsen v. 12. 1. 2010 – 1 TaBV 73/09; vgl. auch DKKW-*Däubler*, BetrVG, 15. Aufl., § 111 Rn. 45, 46).

Ist ein Betriebsübergang (§ 613 a BGB) eine Betriebsänderung?

Nach Ansicht des BAG ist ein → **Betriebsübergang** als solcher keine Betriebsänderung i. S. d. 9d
§ 111 BetrVG (vgl. z. B. BAG v. 16. 6. 1987 – 1 ABR 41/85, NZA 1987, 671; 25. 1. 2000 – 1 ABR 1/99, NZA 2000, 1069).

Betriebsänderung

9e Deshalb besteht allein wegen des Betriebsübergangs kein Anspruch des Betriebsrats auf Verhandlungen über einen → **Interessenausgleich** und Aufstellung eines → **Sozialplans**.
Etwas anderes gilt, wenn im Zusammenhang mit dem Betriebsübergang – oder später – **betriebsändernde Maßnahmen** i. S. d. § 111 BetrVG in Aussicht genommen (»geplant«) werden: z. B. Einschränkung des Betriebs, Entlassungen, grundlegende Änderung der Betriebsorganisation oder Einführung grundlegend neuer Arbeitsmethoden und Fertigungsverfahren (BAG v. 25.1.2000 – 1 ABR 1/99, NZA 2000, 1069).

9f Etwas anderes gilt auch im Falle der **Ausgliederung eines Betriebsteils** auf ein anderes Unternehmen (sog. **Outsourcing**): Ein solcher Vorgang erfüllt nicht nur den Tatbestand des § 613a BGB (»**Übergang eines Betriebsteils**«), sondern auch den Tatbestand einer Spaltung im Sinne vom § 111 Satz 3 Nr. 3 BetrVG (BAG v. 10.12.1996 – 1 ABR 32/96, AiB 1998, 170; LAG Bremen v. 21.10.2004 – 3 Sa 77/04).

> **Beispiel:**
> Die Logistik wird auf eine Fremdfirma übertragen; die Anlagen bleiben aber im Betrieb (sog. Inhouse-Outsourcing).

Anders als nach § 111 Satz 3 Nr. 1 BetrVG für eine Betriebsstilllegung (siehe Rn. 10) ist für eine Spaltung i. S. v. § 111 Satz 3 Nr. 3 BetrVG nicht erforderlich, dass »**wesentliche**« Betriebsteile betroffen sind (BAG v. 18.3.2008 – 1 ABR 77/06). Deshalb kommt es auf die Größe des abgespaltenen Betriebsteils und die Zahl der von der Spaltung betroffenen Arbeitnehmer nicht an. Maßgeblich ist allein, ob es sich um eine **veräußerungsfähige** bzw. **abspaltungsfähige Einheit** handelt (BAG v. 18.3.2008 – 1 ABR 77/06; 10.12.1996 – 1 ABR 32/96, a. a. O.; LAG Bremen v. 21.10.2004 – 3 Sa 77/04).

> **Beispiel:**
> Die Cafeteria (8 Arbeitnehmer) eines Einkaufsmarktes (mit insgesamt 188 Beschäftigten) wird auf eine Fremdfirma ausgegliedert (LAG Bremen v. 21.10.2004 – 3 Sa 77/04).

Aus Vorstehendem folgt: Im Falle eines Teilbetriebsübergangs (= Spaltung) stehen dem Betriebsrat die Rechte nach §§ 111 bis 112a BetrVG zu:
- umfassendes Informations- und Beratungsrecht (§ 111 Satz 1 BetrVG);
- Hinzuziehung von → **Beratern** (§ 111 Satz 2 BetrVG; das Unternehmen hat mehr als 300 AN);
- Verhandlungen über → **Interessenausgleich** (also über das ob, wann und wie der Betriebsänderung); Hinzuziehung der Agentur für Arbeit; Einigungsstellenverfahren; vor Abschluss des Einigungsstellenverfahrens zum Interessenausgleich darf der Arbeitgeber die Ausgliederung nicht beginnen; ggf. Antrag des Betriebsrats auf einstweilige Verfügung auf Unterlassung der Spaltung;
- Verhandlungen über den → **Sozialplan** (also Abfindungen usw. für die von der Spaltung Betroffenen).

Versucht der Unternehmer im Falle der Spaltung keinen Interessenausgleich mit dem Betriebsrat, ist er gem. § 113 Abs. 3 BetrVG gegenüber den betroffenen Arbeitnehmern zum → **Nachteilsausgleich** verpflichtet (vgl. hierzu LAG Bremen v. 21.10.2004 – 3 Sa 77/04).

9g Dagegen ist die **teilweise Stilllegung** eines Betriebs nach Ansicht des BAG keine Spaltung iSv. § 111 Satz 3 Nr. 3 BetrVG (BAG v. 18.3.2008 – 1 ABR 77/06). Eine Spaltung iSv. § 111 Satz 3 Nr. 3 BetrVG setze voraus, dass zumindest **zwei neue Einheiten** entstehen. Dieses Erfordernis sei auch erfüllt, wenn ein abgespaltener Betriebsteil anschließend in einen anderen Betrieb – desselben Arbeitgebers oder eines Betriebsteilerwerbers – eingegliedert wird und dabei untergeht. Keine Spaltung liege jedoch vor, wenn sich die Maßnahme darin erschöpft, die betrieb-

Betriebsänderung

liche **Tätigkeit eines Betriebsteils zu beenden**, ohne dass dessen Substrat erhalten bliebe. Dann handele es sich um eine Stilllegung dieses Betriebsteils und nicht um eine Spaltung des Betriebs. Das ergebe die Auslegung des § 111 Satz 3 Nr. 3 BetrVG. Schon nach dem Wortlaut der Bestimmung setze der Begriff der »Spaltung« den Wechsel von einer zu mindestens zwei neuen Einheiten voraus. Nach dem allgemeinen Sprachgebrauch sei eine Spaltung die Teilung einer zuvor bestehenden Einheit. Es müssten durch sie zumindest zwei Spaltprodukte entstehen. Die bloße Verkleinerung einer Einheit sei begrifflich keine Spaltung.

Allerdings kommt nach Auffassung des BAG im Falle der teilweisen Stilllegung eines Betriebs eine Betriebsänderung in Form der **Änderung der Betriebsorganisation** iSv. § 111 Satz 3 Nr. 4 BetrVG in Betracht (BAG v. 18. 3. 2008 – 1 ABR 77/06). Diese liege vor, wenn der Betriebsaufbau, vor allem hinsichtlich Zuständigkeiten und Verantwortung, umgewandelt wird. Grundlegend sei die Änderung, wenn sie sich auf den Betriebsablauf in erheblicher Weise auswirkt. Maßgeblich dafür sei der **Grad der Veränderung** (so auch BAG v. 18. 11. 2003 – 1 AZR 637/02). Es komme entscheidend darauf an, ob die Änderung einschneidende Auswirkungen auf den Betriebsablauf, die Arbeitsweise oder die Arbeitsbedingungen der Arbeitnehmer hat. Die Änderung müsse in ihrer Gesamtschau von erheblicher Bedeutung für den gesamten Betriebsablauf sein. Das wurde in der Entscheidung BAG v. 18. 3. 2008 – 1 ABR 77/06 im Falle der Stilllegung einer technischen Anzeigenproduktion mit zehn Beschäftigten in einem Betrieb mit 390 Arbeitnehmern verneint.

9h

Auch unter sonstigen Gesichtspunkten hat das BAG in dem Vorgang **keine Betriebsänderung** gesehen. Er sei weder eine Betriebsspaltung iSv. § 111 Satz 3 Nr. 3 BetrVG (siehe Rn. 9 g), noch habe es sich um die Stilllegung eines wesentlichen Betriebsteils iSv. § 111 Satz 3 Nr. 1 BetrVG, einen sozialplanpflichtigen Personalabbau iSv. § 112 a Abs. 1 Satz 1 BetrVG oder um eine grundlegende Änderung der Betriebsorganisation iSv. § 111 Satz 3 Nr. 4 BetrVG gehandelt.

Nachstehend Auszüge aus der Entscheidung:
»Die Arbeitgeberin betreibt einen Zeitungsverlag. In ihrem Betrieb in I sind ca. 390 Mitarbeiter beschäftigt. Zehn Mitarbeiter waren in der zu dem Betrieb gehörenden technischen Anzeigenproduktion (Satzmitstellung). Mit Wirkung vom 1. März 2004 übertrug die Arbeitgeberin deren Aufgaben in einem Werkvertrag auf die C GmbH (CSI). Diese übernahm zwei der bislang in der Anzeigenproduktion beschäftigten Arbeitnehmer; die weiteren acht Mitarbeiter wurden entlassen. Die CSI ist seit 1997 am Markt tätig und beschäftigt etwa 20 Mitarbeiter. Sie übernahm von der Arbeitgeberin keine wesentlichen materiellen oder immateriellen Betriebsmittel, verpflichtete sich aber, für die Satzherstellung die bereits zuvor von ihr verwendeten Softwareprogramme CCI und Vi & Va zu benutzen.

Eine auf Betreiben des Betriebsrats errichtete Einigungsstelle beschloss am 11. Februar 2005 unter Beteiligung des Vorsitzenden und gegen die Stimmen der Arbeitgeberin einen Sozialplan. Dessen Gegenstand ist nach seinem § 1 der ›Schließung der eigenen Anzeigenproduktion (Satzherstellung) durch die Arbeitgeberin‹. Er sieht in § 2 für die zehn vormals in der Anzeigenproduktion beschäftigten, namentlich benannten Arbeitnehmer Abfindungen vor. Der Spruch wurde der Arbeitgeberin am 6. April 2005 zugestellt.

Am 20. April 2005 hat die Arbeitgeberin den Spruch der Einigungsstelle gerichtlich angefochten. Sie hat die Auffassung vertreten, eine sozialplanpflichtige Betriebsänderung habe nicht vorgelegen. Außerdem habe die Einigungsstelle ihr Ermessen überschritten, indem sie auch die beiden von der CSI übernommenen Mitarbeiter in den Sozialplan aufgenommen habe.

Die Arbeitgeberin hat beantragt festzustellen, dass der Spruch der Einigungsstelle vom 11. Februar 2005 unwirksam ist.

Das Arbeitsgericht hat den Antrag der Arbeitgeberin abgewiesen. Das Landesarbeitsgericht hat ihre Beschwerde zurückgewiesen. Mit der vom Landesarbeitsgericht zugelassenen Rechtsbeschwerde verfolgt die Arbeitgeberin ihren Antrag weiter.

Betriebsänderung

B. *Die Rechtsbeschwerde ist begründet. Die Vorinstanzen haben den Antrag der Arbeitgeberin zu Unrecht abgewiesen.*
Der Spruch der Einigungsstelle ist unwirksam. Sie war für die Aufstellung eines Sozialplans nicht zuständig. Voraussetzung für einen erzwingbaren Sozialplan, über dessen Aufstellung die Einigungsstelle gemäß § 112 Abs. 4 Satz 1 BetrVG dann zu entscheiden hat, wenn zwischen den Betriebsparteien keine Einigung zustande kommt, ist das Vorliegen einer Betriebsänderung iSv. § 111 Satz 1 BetrVG.
Die Übertragung der Aufgaben der Anzeigenproduktion von der Arbeitgeberin auf die CSI und die Entlassung von acht Arbeitnehmern war keine solche. Sie war weder eine Betriebsspaltung iSv. § 111 Satz 3 Nr. 3 BetrVG noch handelte es sich um die Stilllegung eines wesentlichen Betriebsteils iSv. § 111 Satz 3 Nr. 1 BetrVG, einen sozialplanpflichtigen Personalabbau iSv. § 112 a Abs. 1 Satz 1 BetrVG oder um eine grundlegende Änderung der Betriebsorganisation iSv. § 111 Satz 3 Nr. 4 BetrVG ...«

Wesentlicher Betriebsteil (§ 111 Satz 3 Nr. 1 und 2 BetrVG)

10 Ein Betriebsteil ist nach Ansicht des BAG dann »**wesentlich**« (im Sinne der Betriebsänderungsvarianten des § 111 Satz 3 Nr. 1 und 2 BetrVG: Einschränkung/Stilllegung bzw. Verlegung von wesentlichen Betriebsteilen), wenn dort
• mindestens **5 Prozent** der Gesamtbelegschaft des Betriebes tätig sind und
• durch die geplante Betriebsänderung die Zahlenwerte des § 17 KSchG (siehe Rn. 7) erfüllt werden (BAG v. 9.11.2010 – 1 AZR 708/09, AiB 2012, 132 = NZA 2011, 466).
Hierzu nachstehend ein Auszug aus der BAG-Entscheidung: »*Bei der Prüfung, wann die Einschränkung eines so näher bestimmten wesentlichen Betriebsteils ihrerseits »erhebliche Teile der Belegschaft« betrifft, können indes die Zahlenwerte des § 17 Abs. 1 KSchG nicht bezogen auf den Betriebsteil zugrunde gelegt werden. Ansonsten käme es zu erheblichen Verzerrungen, je nachdem, ob der Personalabbau nur einen wesentlichen Betriebsteil oder den gesamten Betrieb betrifft. Diese Ungereimtheiten können vermieden werden, indem man die Einschränkung eines wesentlichen Betriebsteils iSd. § 111 Satz 3 Nr. 1 BetrVG nur dann bejaht, wenn sie wesentliche Nachteile für erhebliche Teile der Belegschaft des Gesamtbetriebs zur Folge haben kann, ohne dass es darauf ankommt, ob die von den Nachteilen betroffenen Arbeitnehmer solche des eingeschränkten Betriebsteils sind oder in anderen Teilen des Gesamtbetriebs beschäftigt sind.«).*
Außer der rein »**quantitativen**« Bestimmung des Begriffs ist auch eine auf »**qualitative**« Gesichtspunkte gestützte Definition des Begriffs »wesentlicher Betriebsteil« möglich.
Das heißt, ein Betriebsteil ist auch dann wesentlich, wenn zwar nicht die Zahlenwerte des § 17 KSchG (siehe Rn. 7) erreicht werden, der Betriebsteil aber eine für den Gesamtbetrieb bzw. das Unternehmen wichtige Bedeutung hat.
Allerdings setzt das BAG die Grenzen **übertrieben hoch** an, wie nachstehender Auszug aus BAG v. 9.11.2010 – 1 AZR 708/09, AiB 2012, 132 zeigt:
»*Tatbestand: Die Parteien streiten über Ansprüche auf Nachteilsausgleich. Der Kläger war bei der Beklagten in deren Niederlassung N als Kraftfahrer beschäftigt. Die Beklagte betreibt eine Spedition mit zahlreichen Niederlassungen im Bundesgebiet, in denen sie insgesamt mehrere hundert Arbeitnehmer beschäftigt. In der Niederlassung N, in der ein eigener Betriebsrat besteht, beschäftigte die Beklagte insgesamt 13 Arbeitnehmer. Von den sechs Kraftfahrern waren fünf vollzeitbeschäftigt, der sechste bezog seit dem Jahre 2000 Altersruhegeld und war danach nur noch als Aushilfe tätig. Die übrigen sieben Mitarbeiter disponieren und organisieren im Wesentlichen über Fremdfirmen die Transportdienstleistungen. Die Beklagte erzielte in der Niederlassung N rund 13 Prozent ihres Umsatzes mit dem betriebseigenen Fuhrpark. Im Februar 2008 kündigte die Beklagte das Arbeitsverhältnis des Klägers sowie dreier weiterer von ihr beschäftigter Kraftfahrer mit Wirkung zum 28. Februar 2009 wegen beabsichtigter Stilllegung des eigenen Fuhrparks in der*

Betriebsänderung

Niederlassung N. Ein fünfter Kraftfahrer schied zum 30. November 2008 aufgrund einer vertraglich vereinbarten Altersgrenze aus dem Arbeitsverhältnis aus. Der Aushilfsfahrer wurde über den 28. Februar 2009 hinaus weiterbeschäftigt. Der Kläger hat [...] geltend gemacht, die Stilllegung des Fuhrparks der Niederlassung N stelle eine Betriebsänderung dar. Die Beklagte habe nicht hinreichend versucht, einen Interessenausgleich mit dem Betriebsrat zu vereinbaren, weil sie es unterlassen habe, die Einigungsstelle anzurufen. [...]
Entscheidungsgründe: [...] Ob ein Betriebsteil unabhängig von der quantitativen Betrachtung allein wegen seiner qualitativen Bedeutung für den Betrieb als »wesentlich« iSd. § 111 Satz 3 Nr. 1 BetrVG zu qualifizieren sein kann, bedarf keiner Entscheidung (offengelassen von BAG 7. August 1990 – 1 AZR 445/89 – zu III 1 und III 2 der Gründe m. w. N., AP BetrVG 1972 § 111 Nr. 34 = EzA BetrVG 1972 § 111 Nr. 27). Dem Fuhrpark der Niederlassung N kann keine besondere qualitative Bedeutung für den dortigen Betrieb beigemessen werden. Der Fuhrpark spielte in wirtschaftlicher Hinsicht eine nur untergeordnete Rolle; die Beklagte erwirtschaftete damit lediglich ca. 13 Prozent des Betriebsumsatzes. Auch sind nennenswerte Auswirkungen seiner Schließung auf die Tätigkeit der übrigen Beschäftigten nicht ersichtlich. Allein der Umstand, dass die Transportleistungen nunmehr ausschließlich an Fremdunternehmen vergeben werden, genügt hierfür nicht, weil bereits zuvor ein Großteil der Transporte nicht mit dem betriebseigenen Fuhrpark durchgeführt worden war. Der Charakter des Betriebs der Beklagten als Spedition ändert sich durch die Stilllegung des Fuhrparks gleichfalls nicht in entscheidender Weise, da sich hierdurch die Arbeit für die verbleibende Belegschaft nicht wesentlich verändert hat. Diese sind unverändert mit der Organisation und Disposition der Transportdienstleistungen befasst. Aus diesem Grund liegen im Übrigen auch die Voraussetzungen des § 111 Satz 3 Nr. 4 BetrVG nicht vor.

Bei den Varianten »**Zusammenschluss**« oder »**Spaltung**« von Betrieben (§ 111 Satz 3 Nr. 3 BetrVG) kommt es nicht auf die Zahl der betroffenen Beschäftigten an. Auch die Abspaltung eines kleinen Betriebsteils mit wenigen Beschäftigten (z. B. Werkskantine, Werkschutz etc.) kann eine Betriebsänderung sein (siehe Rn. 9 f).

Betriebsänderung durch »bloßen Personalabbau«

Eine Betriebsänderung stellt auch der »bloße Personalabbau« unter **Beibehaltung** der sachlichen Betriebsmittel dar (§ 111 Satz 2 Nr. 1 BetrVG: Einschränkung des Betriebs oder von wesentlichen Betriebsteilen).
Es müssen allerdings die **Größenordnungen** des § 17 KSchG erreicht sein (siehe Rn. 7).

> **Beachten:**
> Soll in einem Unternehmen mit mehreren Betrieben in einem **(Klein-)Betrieb** mit bis zu 20 Arbeitnehmern eine Betriebsänderung in Form eines »bloßen« Personalabbaus stattfinden, orientiert sich das BAG nicht an § 17 Abs. 1 KSchG, sondern greift auf die Schwelle des § 112 a Abs. 1 Nr. 1 BetrVG (mindestens sechs Arbeitnehmer) zurück (BAG v. 9.11.2010 – 1 AZR 708/09, AiB 2012, 132 = NZA 2011, 466). Das heißt: Eine Betriebsänderung durch alleinigen Personalabbau liegt in einem solchen Fall nur vor, wenn hiervon mindestens **sechs Arbeitnehmer** betroffen sind.

Wird diese Schwelle unterschritten, entfällt die Pflicht des Unternehmers, den Betriebsrat bzw. Gesamtbetriebsrat nach §§ 111 ff. BetrVG zu beteiligen, insbesondere auch die Pflicht zu Verhandlungen über einen → **Interessenausgleich**.
Folge: den betroffenen Arbeitnehmern steht kein Anspruch auf Nachteilsausgleich nach § 113 Abs. 3 BetrVG zu, wenn der Unternehmer Verhandlungen über einen Interessenausgleich unterlässt (siehe hierzu Rn. 39 und → **Nachteilsausgleich**).
Sozialplanpflichtig wird eine Betriebsänderung in Form eines »bloßen Personalabbaus« dann, wenn er in der Größenordnung des § 112 a BetrVG stattfindet, wobei es bei einem »stufen-

Betriebsänderung

weisen« Personalabbau (in Wellen) auf die geplante Gesamtzahl der Entlassenen ankommt (siehe hierzu → **Sozialplan** Rn. 33).

12b **Beachten:**
Wenn die vom Unternehmer geplante Maßnahme nicht nur »bloßer Personalabbau« ist, sondern gleichzeitig auch die Voraussetzungen eines **weiteren Betriebsänderungstatbestands** (z. B. nach § 111 Satz 3 Nr. 4 BetrVG) erfüllt, ist der Unternehmer verpflichtet, mit dem Betriebsrat über einen → **Interessenausgleich** zu verhandeln (incl. Einigungsstellenverfahren; vgl. § 112 Abs. 2 und 3 BetrVG) und ggf. im Wege eines Einigungsstellenverfahrens einen → **Sozialplan** aufzustellen (§ 112 Abs. 2 bis 5 BetrVG). Beispiel LAG Niedersachsen v. 12. 1. 2010 – 1 TaBV 73/09: »*Die Einsetzung einer Einigungsstelle ist im Blick auf den Abschluss eines Sozialplans nach Betriebsänderung nicht wegen offensichtlicher Unzuständigkeit unzulässig, wenn es innerhalb eines überschaubaren Zeitraums in einem Betriebsratsbezirk zur verstärkten Schließung kleinerer Filialen kommt, der den Schluss auf eine einheitliche unternehmerische Entscheidung zulässt. Dabei kann es sich auch bei nur geringem Personalabbau um eine grundlegende Änderung der Betriebsorganisation (§ 111 Satz 3 Nr. 4 BetrVG) oder eine sonstige Betriebsänderung außerhalb des Katalogs in Satz 3 des § 111 BetrVG handeln* (im Anschluss an LAG Berlin-Brandenburg vom 19. August 2009 – 26 TaBV 1185/09).« Versucht der Unternehmer in einem solchen Fall keinen Interessenausgleich mit dem Betriebsrat, steht diesem ein → **Unterlassungsanspruch** zu. Außerdem ist der Unternehmer gemäß § 113 Abs. 3 BetrVG zum → **Nachteilsausgleich** verpflichtet.

Berater (§ 111 Satz 2 BetrVG)

13 Der Betriebsrat kann in → **Unternehmen** mit mehr als 300 Arbeitnehmern zu seiner Unterstützung einen → **Berater** hinzuziehen (siehe Rn. 20).
Die Kosten des Beraters trägt nach § 40 Abs. 1 BetrVG der Arbeitgeber, wenn der Betriebsrat die Hinzuziehung des Beraters für erforderlich halten durfte (siehe auch → **Kosten der Betriebsratstätigkeit** Rn. 10 und → **Sachverständiger**).

Massenentlassung

14 Bei geplanten → **Massenentlassungen** in den in § 17 KSchG genannten Größenordnungen hat der Arbeitgeber Mitteilungs- und Anzeigepflichten nach dieser Vorschrift einzuhalten (siehe → **Kündigung**).
Der Europäische Gerichtshof (EuGH) hat aufgrund eines Vorlagebeschluss des ArbG Berlin v. 30. 4. 2003 – 36 Ca 19726/02 (ZIP 2003, 1264 und NZA 2005, 585) entschieden, dass für den Begriff der **Entlassung** im Sinne der europäischen Massenentlassungsrichtlinie 98/59/EG vom 20. 7. 1998 nicht das Datum der Beendigung des Arbeitsverhältnisses maßgeblich ist, sondern bereits der Zeitpunkt des Ausspruchs der Kündigung (EuGH v. 27. 1. 2005 – C–188/03, AiB 2005, 319 = NZA 2005, 213).
Die Entscheidung wirkt sich auf die Auslegung der §§ 17, 18 KSchG aus. Hiernach hat der Arbeitgeber der Agentur für Arbeit Anzeige zu erstatten, bevor er Arbeitnehmer in den in § 17 KSchG genannten Größenordnungen »entlässt«.
Das BAG hatte bislang in ständiger Rechtsprechung auf den Stichtag der Beendigung des Arbeitsverhältnisses abgestellt (vgl. z. B. BAG v. 24. 10. 1996 – 2 AZR 895/95, NZA 1997, 373).
Das BAG hat sich nunmehr der Rechtsauffassung des EuGH angeschlossen und seine bisherige gegenteilige Rechtsprechung aufgegeben (BAG v. 23. 3. 2006 – 2 AZR 343/05, NZA 2006, 971).
Deshalb ist die nach § 17 KSchG erforderliche Massenentlassungsanzeige schon *vor* Ausspruch der Kündigung zu erstatten. Geschieht dies nicht, ist die Kündigung **unwirksam**.
Allerdings galt eine durch das BAG »verfügte« Übergangsregelung. Eine erst nach Ausspruch der Kündigung erstattete Massenentlassungsanzeige bei der Agentur für Arbeit führt jedenfalls

dann nicht zur Unwirksamkeit der Kündigung, wenn sich der Arbeitgeber berechtigterweise auf den – auch bei einer Änderung der Rechtsprechung – zu beachtenden **Vertrauensschutz** berufen kann (BAG v. 23.3.2006 – 2 AZR 343/05, a. a. O.).
Sonderregelungen gelten bei einer Betriebsänderung im → **Insolvenzverfahren**. 15

Bedeutung für die Betriebsratsarbeit

Betriebsänderungen stellen hohe Anforderungen an die Arbeit des Betriebsrats. Immerhin 16
geht es um einen schwerwiegenden Eingriff in die Arbeits- und Lebenssituation meist einer Vielzahl von Beschäftigten.

Interessenvertretung bei geplanten Betriebsänderungen bedeutet, im Rahmen der nachfolgend 17
beschriebenen Rechte und darüber hinaus möglichst konkrete und realistische **Alternativen** zu Entlassung und sonstigen Nachteilen zu entwickeln (z. B. Beschäftigungspläne) und für deren Verwirklichung durch innerbetriebliche und gegebenenfalls auch außerbetriebliche Aktionen zu kämpfen.

Ggf. muss auch daran gedacht werden, auf die Ankündigung einer Betriebsveränderung mit den Mitteln einer betrieblichen – von der → **Gewerkschaft** geführten – Tarifbewegung für einen »**Sozialtarifvertrag**« zu reagieren, die den Beschäftigten deutlich mehr Durchsetzungsmöglichkeiten bietet, als dem Betriebsrat nach dem BetrVG zur Verfügung stehen (siehe Rn. 30 und → **Sozialplan** Rn. 10).

Plant der Unternehmer eine Betriebsänderung, so hat er bereits sehr frühzeitig den → **Wirt-** 18
schaftsausschuss umfassend zu informieren und mit ihm zu beraten (§ 106 Abs. 1 bis 3 BetrVG). Siehe auch → **Personalplanung** und → **Unternehmensplanung**).

Parallel dazu ist der Unternehmer verpflichtet, den Betriebsrat des betroffenen Betriebs über 19
die geplante Betriebsänderung »rechtzeitig« (siehe → **Informationsrechte des Betriebsrats**) und »umfassend« zu unterrichten und mit diesem zu beraten (§ 111 Satz 1 BetrVG).

Berater

Der Betriebsrat kann in → **Unternehmen** mit mehr als 300 Arbeitnehmern zu seiner Unter- 20
stützung einen oder ggf. mehrere → **Berater** hinzuziehen (§ 111 Satz 2 BetrVG).
Eine »nähere Vereinbarung« mit dem Arbeitgeber wie bei der Beauftragung eines → **Sachverständigen** nach § 80 Abs. 3 BetrVG ist nicht erforderlich.
Zu beachten ist, dass die Vorschrift bei der Ermittlung der Zahl der Arbeitnehmer auf das → **Unternehmen** abstellt, nicht etwa auf den → **Betrieb**. Das ist von Bedeutung, wenn ein Unternehmen aus mehreren Betrieben besteht (siehe auch Rn. 3 und → **Mehr-Betriebs-Unternehmen**).
Wenn beispielsweise ein Unternehmen, das aus zwei Betrieben mit jeweils 160 Arbeitnehmern besteht, in einem Betrieb eine Betriebsänderung durchführen will, kommt § 111 Satz 2 BetrVG zur Anwendung.
Denn das Unternehmen beschäftigt insgesamt mehr als 300 Arbeitnehmer. Der Betriebsrat des betroffenen Betriebs hat nach § 111 Satz 2 BetrVG Recht, einen Berater hinzuzuziehen.
Das Recht steht dem → **Gesamtbetriebsrat** zu, wenn die geplante Betriebsänderung sich auf beide Betriebe erstrecken soll.
Zur Zuständigkeit von Betriebsrat bzw. Gesamtbetriebsrats siehe auch Rn. 4.
Die Hinzuziehung eines → **Sachverständigen** nach Maßgabe des § 80 Abs. 3 BetrVG bleibt »unberührt« (§ 111 Satz 2 letzter Halbsatz BetrVG).
Steht z. B. in einem → **Unternehmen** mit weniger als 301 Arbeitnehmern eine Betriebsän-

Betriebsänderung

derung an, kann der Betriebsrat – allerdings nur nach »näherer Vereinbarung mit dem Arbeitgeber« – einen Sachverständigen beauftragen.
Der Berater unterliegt in demselben Umfang der → **Geheimhaltungspflicht** wie Betriebsratsmitglieder und Sachverständige (§ 80 Abs. 4 BetrVG). Die unbefugte Offenbarung eines Betriebs- oder Geschäftsgeheimnisses durch den Berater kann strafbar sein (§ 120 Abs. 1 Nr. 3 b BetrVG).
Der Arbeitgeber hat die Kosten nach § 40 Abs. 1 BetrVG zu tragen, sofern der Betriebsrat
- die Hinzuziehung des Beraters (Honorar, Spesen) »für erforderlich halten durfte« (siehe hierzu → **Kosten der Betriebsratstätigkeit** Rn. 10) und
- einen auch formell ordnungsgemäßen Beschluss über die Hinzuziehung des Beraters fasst (siehe Rn. 7 und → **Betriebsratssitzung**).

Interessenausgleich

21 Des Weiteren ist der Unternehmer gehalten, mit dem Betriebsrat in ernstgemeinte Verhandlungen über einen → **Interessenausgleich** einzutreten (§ 112 BetrVG).
In diesen Verhandlungen geht es um das »Ob«, »Wie«, »Wann« und den »Umfang« der Betriebsänderung, insbesondere um die Frage, ob Alternativen möglich sind (siehe → **Beschäftigungssicherung und -förderung**).

22 Im Falle der Nichteinigung über den »Interessenausgleich« kann zwar die → **Einigungsstelle** angerufen werden.
Diese kann jedoch keinen verbindlichen Spruch zum »Ob«, »Wie«, »Wann« und den »Umfang« der Betriebsänderung fällen. Das Letztentscheidungsrecht verbleibt insoweit beim Unternehmer (siehe → **Interessenausgleich**).

23 Wenn der Unternehmer von einem vereinbarten Interessenausgleich **abweicht** oder er einen Interessenausgleich mit dem Betriebsrat **nicht** »versucht«, entstehen für die betroffenen Beschäftigten Ansprüche auf → **Nachteilsausgleich** (§ 113 BetrVG).

Sozialplan

24 Schließlich muss der Unternehmer mit dem Betriebsrat einen → **Sozialplan** verhandeln und abschließen (§ 112 BetrVG).
Hierbei geht es um einen insbesondere finanziellen Härteausgleich in Form von → **Abfindungen** und dergleichen sowie um den Versuch, von Entlassung betroffene Arbeitnehmer möglichst bald in neue Arbeit zu bringen.

25 Kommt eine Einigung über den »Sozialplan« nicht zustande, so ist der Sozialplan durch verbindlichen Einigungsstellenspruch **erzwingbar**.
Dies gilt allerdings nicht, wenn ein Fall des § 112 a BetrVG vorliegt (siehe → **Sozialplan** Rn. 31 ff.).

26 Sonderregelungen gelten bei einer Betriebsänderung im → **Insolvenzverfahren** (siehe auch → **Sozialplan**).

Weitere Rechte des Betriebsrats

27 Neben den Rechten des Betriebsrats nach §§ 111 ff. BetrVG werden durch eine Betriebsänderung regelmäßig auch diejenigen Beteiligungsrechte ausgelöst, die der Betriebsrat im Bereich der → **personellen Angelegenheiten** (von § 92 BetrVG → **Personalplanung** bis §§ 102, 103 BetrVG → **Kündigung**) hat.
Gegebenenfalls ist auch an einzelne Tatbestände und Beteiligungsrechte aus dem Bereich der → **sozialen Angelegenheiten** (§ 87 BetrVG) und dem Bereich der Vorschriften über die → **Ges-**

Betriebsänderung

taltung von Arbeitsplatz, Arbeitsablauf und Arbeitsumgebung (§§ 90, 91 BetrVG) zu denken.

Kurzarbeit statt Entlassung

Von besonderer Bedeutung ist das Initiativ-Mitbestimmungsrecht des Betriebsrats nach § 87 Abs. 1 Nr. 3 BetrVG, anstelle von geplantem Personalabbau → **Kurzarbeit** einzuführen. Wenn der Arbeitgeber das ablehnt, kann der Betriebsrat die → **Einigungsstelle** anrufen (BAG v. 4.3.1986 – 1 ABR 15/84, DB 1986, 1395). 27a
Er kann den Arbeitgeber damit zwingen, eine geplante Betriebsänderung nicht oder nicht in der geplanten Weise durchzuführen (BAG v. 4.3.1986 – 1 ABR 15/84, a.a.O.; siehe auch → **Kurzarbeit** Rn. 47j und Schoof, Personalabbau stoppen – Kurzarbeit einführen oder verlängern, AiB 2009, 610).
Die Mitbestimmung bei der Einführung von Kurzarbeit wird nicht dadurch ausgeschlossen oder eingeschränkt, dass durch ihre Wahrnehmung Daten gesetzt werden, die die **unternehmerische Entscheidungsfreiheit**, seinen Betrieb nicht, nicht so oder auf andere Weise zu ändern, beschränkt (BAG v. 4.3.1986 – 1 ABR 15/84, a.a.O.).
Der Umstand, dass ein Interessenausgleich über eine Betriebsänderung nicht erzwingbar ist, besagt nicht, dass ein Recht des Betriebsrats, die Einführung von Kurzarbeit verlangen zu können, nach der Systematik des BetrVG ausgeschlossen sein muss (BAG v. 4.3.1986 – 1 ABR 15/84, a.a.O.).
Zur Sicherung seines Mitbestimmungsrechts steht dem Betriebsrat gegen den Arbeitgeber ein **Anspruch auf Unterlassung** von Kündigungen vor Ablauf des Mitbestimmungsverfahrens vor der Einigungsstelle zu.
Der Unterlassungsanspruch kann mit **einstweiliger Verfügung** gesichert werden (ArbG Bremen v. 25.11.2009 – 12 BVGa 1204/09 [rkr.], AiB 2010, 584 ff. und 622 ff.).
Das Kündigungsverbot wird allerdings meist **befristet** mit der Maßgabe, dass es dem Betriebsrat unbenommen bleibt, durch einen erneuten Antrag auf Erlass einer einstweiligen Verfügung eine Verlängerung des Kündigungsverbotes zu beantragen, wenn es innerhalb der festgesetzten Dauer des Kündigungsverbots nicht zu einem Abschluss des Einigungsstellenverfahrens über die Arbeitszeitabsenkung kommen sollte (ArbG Bremen v. 25.11.2009 – 12 BVGa 1204/09, a.a.O.; vgl. auch LAG Hamburg v. 24.6.1997, AiB 1998, 226 in dem ähnlich gelagerten Fall einer tariflich begründeten Mitbestimmung zur Absenkung der Arbeitszeit zum Zweck der Beschäftigungssicherung; siehe → **Beschäftigungssicherungstarifvertrag**).

Unterlassungsanspruch des Betriebsrats

Manche Unternehmen missachten das Recht des Betriebsrats, über einen → **Interessenausgleich** bis zum Abschluss des → **Einigungsstellenverfahrens** zu verhandeln. 28
Sie fangen an, die geplante Betriebsänderung **umzusetzen**, obwohl die Verhandlungen über den Interessenausgleich noch laufen.
Aufträge werden nicht mehr angenommen, Maschinen und ganze Produktionslinien werden abgebaut; Beschäftigten wird der Abschluss von → **Aufhebungsverträgen** angeboten, dem Betriebsrat werden nach § 102 Abs. 1 BetrVG → **betriebsbedingte Kündigungen** »auf den Tisch gelegt«.
In solchen Fällen steht dem Betriebsrat ein mit **einstweiliger Verfügung** (siehe → **Arbeitsgericht** Rn. 11) durchsetzbarer **Unterlassungsanspruch** zu.
Das Gericht kann dem Arbeitgeber betriebsändernde Maßnahmen untersagen, solange die Verhandlungen über den Interessenausgleich nicht abgeschlossen sind.
Die Rechtssituation ist allerdings **regional unterschiedlich**.

Betriebsänderung

Manche Gerichte weisen solche Anträge zurück (z. B. LAG Rheinland-Pfalz v. 24.11.2004 – 9 TaBV 29/04; LAG Sachsen-Anhalt v. 30.11.2004 – 11 TaBV 18/04; LAG Köln v. 27.5.2009 – 2 TaBVGa 7/09). Nach ihrer Ansicht sollen lediglich die Sanktionen des § 113 BetrVG (sog. → **Nachteilsausgleich**) ausgelöst werden, wenn der Unternehmer Verhandlungen über einen Interessenausgleich bis hin zur Einigungsstelle unterlässt.
Andere Gerichte geben entsprechenden Unterlassungsanträgen von Betriebsräten statt (z. B. LAG Berlin v. 7.9.1995 – 10 TaBV 5/95 und 9/95, AuR 1995, 470 = AuR 1996, 159; LAG Hamburg v. 27.6.1997 – 5 TaBV 5/97 (rkr.), AuR 1998, 87 = AiB 1998, 48; LAG Thüringen vom 26.9.2000 – 1 TaBV 14/2000; LAG Niedersachsen v. 4.5.2007 – 17 TaBVGa 57/07, AiB 2008, 348; Hessisches LAG v. 27.6.2007 – 4 TaBVGa 137/07, AuR 2008, 26; LAG Schleswig-Holstein v. 20.7.2007 – 3 TaBVGa 1/07, AuR 2008, 188 = AiB 2008, 349; LAG Hamm v. 30.7.2007 – 13 TaBVGa 16/07; LAG Hamm v. 30.4.2008 – 13 TaBVGa 8/08; LAG München v. 22.12.2008 – 6 TaBVGa 6/08, AiB 2009, 235 = AuR 2009, 142; LAG Hamm v. 28.06.2010 – 13 Ta 372/10). Diese Gerichte stellen zu Recht darauf ab, dass der Arbeitgeber nicht berechtigt ist, den Verhandlungsanspruch des Betriebsrats durch Schaffung vollendeter Tatsachen leer laufen zu lassen. Nach Art 8 EG Richtlinie 14/2002 sind effektive Konsultationen der Arbeitnehmervertreter vor grundlegenden Änderungen der Beschäftigungssituation durchzuführen. Der durch das BetrVG vorgegebene Rechtsschutz ist nicht effektiv genug, denn die Sanktion des § 113 Abs. 3 BetrVG stellt keine Absicherung der Beteiligungsrechte des Betriebsrats dar (LAG Hamm v. 30.7.2007 – 13 TaBVGa 16/07; ArbG Flensburg v. 24.1.2008 – 2 BV Ga 2/08, AiB 2008, 35, LAG Hamm v. 30.4.2008 – 13 TaBVGa 8/08, LAG München v. 22.12.2008 – 6 TaBVGa 6/08, AiB 2009, 235).
Das **Bundesarbeitsgericht** erhält keine Gelegenheit, die Rechtslage zu vereinheitlichen, weil im einstweiligen Verfügungsverfahren eine »dritte Instanz« nicht vorgesehen ist (siehe → **Arbeitsgericht** Rn. 11 und → **Unterlassungsanspruch des Betriebsrats**).

Gegenwehr lohnt sich

29 Die Rechte des Betriebsrats bei geplanten Betriebsänderungen sind allerdings in der letzten Konsequenz schwach.
Lediglich bei der Aufstellung eines → **Sozialplans** hat er ein echtes Mitbestimmungsrecht. Im Nichteinigungsfall entscheidet die → **Einigungsstelle** (§ 112 Abs. 4 BetrVG).
Soweit es um die Unternehmensentscheidung als solche (über das »ob, wann und wie« der Betriebsänderung) geht, werden dem Betriebsrat lediglich Informations- und Beratungsrechte eingeräumt Bei den Verhandlungen über einen → **Interessenausgleich** zum »ob, wann und wie« hat der Unternehmer »das letzte Wort«.
Zwar kann der Betriebsrat auch hierzu die → **Einigungsstelle** anrufen (§ 112 Abs. 3 BetrVG); diese kann aber keine Entscheidung über den Inhalt eines Interessenausgleichs treffen.
Vielmehr ist der Einigungsstellenvorsitzende darauf beschränkt, auf eine einvernehmliche Regelung hinzuwirken.
Gelingt ihm das nicht, weil die Unternehmensleitung an ihren Plänen festhält, erklärt er nach ein paar Sitzungen die Verhandlungen in der Einigungsstelle für **gescheitert**.
Das Unternehmen kann dann den Plan umsetzen.
Vor diesem Hintergrund kann deshalb der Kampf gegen arbeitnehmerinteressenschädliche Betriebsänderungen – wenn überhaupt – nur dann Erfolge/Teilerfolge erzielen, wenn es zu einer intensiven **Zusammenarbeit** der betriebsverfassungsrechtlichen Interessenvertretungsorgane mit der Belegschaft, dem gewerkschaftlichen Vertrauenskörper, der Gewerkschaft und ggf. politischer Instanzen sowie der Öffentlichkeit kommt.
Insbesondere ist es notwendig, nicht nur einen Abwehrkampf »gegen« die geplante Betriebsänderung zu führen, sondern einen Kampf »für« eine im Interesse der Beschäftigten liegende

Betriebsänderung

Alternative, die so ausgestaltet ist, dass sie auch von der Unternehmensleitung – nach entsprechender »Überzeugungsarbeit« – mitgetragen wird (siehe auch → **Interessenausgleich**). Unzählige Beispiele belegen, dass es sich lohnt, sich gegen eine arbeitsplatzvernichtende Unternehmensplanung mit gemeinsamen Aktionen aller Art zur Wehr zu setzen.
Auch wenn es am Ende oft nicht gelingt, die Arbeitsplätze zu erhalten – die Erfahrung von solidarischer Gegenwehr »vergisst man nie«.

Sozialtarifvertrag

Bei anstehenden Betriebsänderungen stellt sich auch die Frage einer **betrieblichen Tarifbewegung** für einen »Sozialtarifvertrag« (z. B. befristete Kündigungsverbote, Anspruch auf Qualifizierung der von Entlassung Betroffenen unter voller Fortzahlung der Vergütung, Anspruch auf → **Abfindung**). **30**

Das BAG hat klargestellt, dass entsprechende Forderungen der → **Gewerkschaft** erstreikt werden können, sofern diese Forderungen nicht bereits in einem bestehenden – Friedenspflicht auslösenden – Tarifvertrag geregelt sind (BAG v. 24. 4. 2007 – 1 AZR 252/06, AiB 2007, 732 = NZA 2007, 987; siehe → **Arbeitskampf** und **Checkliste** »Firmentarifvertrag« im Anhang zu den Stichworten → **Arbeitgeber** und → **Tarifvertrag**).

Voraussetzung für eine betriebliche Tarifbewegung für einen »Sozialtarifvertrag« ist, dass
- man der Unternehmensleitung glaubhaft machen kann, dass die Belegschaft mehrheitlich gewerkschaftlich organisiert und streikbereit ist und
- durch den Streik ein ausreichend hoher wirtschaftlicher Druck auf den Arbeitgeber erzeugt werden kann (was oft der Fall ist, weil ein Streik die Planungen des Unternehmens – vor allem den Zeitplan – gehörig durcheinander bringen kann).

Eine betriebliche Tarifbewegung für einen »Sozialtarifvertrag« (incl. Streik) kommt auch dann **30a** in Betracht, wenn die Aufstellung eines betriebsverfassungsrechtlichen Sozialplans an der Vorschrift des § 112 a BetrVG scheitert (siehe → **Sozialplan** Rn. 31 ff.).

Das heißt: Ein »Sozialtarifvertrag« kann auch dann – ggf. mit einem Streik – durchgeführt werden,
- wenn die Zahlenwerte des § 112 a Abs. 1 BetrVG unterschritten werden oder
- im Falle der Stilllegung eines Betriebs durch ein neu gegründetes – und deshalb nach § 112 a Abs. 2 BetrVG nicht sozialplanpflichtiges – Unternehmen.

Eine »tarifpolitische Behandlung« einer Betriebsänderung ist selbst dann möglich, wenn die **31** §§ 111 bis 113 BetrVG überhaupt keine Anwendung finden, weil in dem Unternehmen **weniger als 20 Arbeitnehmer** beschäftigt sind (vgl. den von Zabel in AiB 2002, 347 beschriebenen Fall: Ein zu einem zahlungskräftigen Konzern gehörendes Kleinunternehmen mit acht Beschäftigten [!] sollte stillgelegt werden; es konnte ein tariflicher Sozialplan mit erheblichen Abfindungen durchgesetzt werden).

Wenn ein vom Unternehmen angekündigter **Personalabbau** trotz aller Gegenvorschläge und **32** Aktivitäten des Betriebsrats und der Gewerkschaft nicht verhindert werden kann (zu den – eingeschränkten – Handlungsmöglichkeiten siehe → **Beschäftigungssicherung und -förderung**, → **Gewerkschaft**, → **Tarifvertrag**), sind die Bemühungen aller Beteiligten auf die Frage zu konzentrieren, was zu tun ist, um länger dauernde Arbeitslosigkeit zu verhindern.

Im Rahmen des gesetzlich vorgeschriebenen → **Sozialplans** nach § 112 BetrVG und/oder eines **33** ggf. mit Streik erzwingbaren Firmentarifvertrags bzw. firmenbezogenen Verbandstarifvertrages (»Sozialtarifvertrag«; siehe Rn. 30 und → **Gewerkschaft**, → **Tarifvertrag**) sind möglichst optimale sog. Transfermaßnahmen zugunsten der von Entlassung bedrohten Beschäftigten mit dem Arbeitgeber zu vereinbaren bzw. durchzusetzen (siehe → **Transferleistungen**).

Vor allem in Unternehmen, die Beschäftigte entlassen, weil sie sich davon eine noch höhere **34**

Betriebsänderung

Rendite versprechen, kann es für Beschäftigte, Betriebsrat und Gewerkschaft nur einen Grundsatz geben: »**wer entlässt, soll zahlen!**«
Dabei geht es vor allem darum,
- Beschäftigte, die aufgrund der Unternehmerentscheidung von Arbeitslosigkeit bedroht sind, müssen möglichst schnell und »reibungslos« in **neue gleichwertige Beschäftigung** gebracht werden; dazu sind – ausgehend von einem personenbezogenen Profiling – anspruchsvolle personenbezogene **Qualifizierungsmaßnahmen** unter voller Entgeltfortzahlung und auf Kosten des Arbeitgebers anzubieten und durchzuführen und
- den von Entlassung Betroffenen sind die vom Arbeitgeber verursachten **Nachteile angemessen abzugelten** (Abfindungen, längerfristiger Ausgleich der Differenz zwischen bisherigem Entgelt und Arbeitslosengeld, Erstattung von Umzugskosten usw.).

35 Dem Arbeitgeber bleibt es dabei unbenommen, die **Förderungsmöglichkeiten** des SGB III in Anspruch zu nehmen (siehe → **Transferleistungen**).

Bedeutung für die Beschäftigten

36 Werden im Zusammenhang mit Betriebsänderungen Kündigungen oder Änderungskündigungen ausgesprochen, so können die betroffenen Arbeitnehmer Kündigungsschutzklage beim Arbeitsgericht einreichen (siehe → **Kündigungsschutz**, → **ordentliche Kündigung**, → **Änderungskündigung**).

37 Ansprüche aus einem → **Sozialplan** kann der Arbeitnehmer ebenfalls durch Klage beim Arbeitsgericht geltend machen, wenn der Unternehmer die Erfüllung dieser Ansprüche verweigert bzw. verzögert. Auf die Einhaltung vertraglicher oder tariflicher → **Ausschlussfristen/Verfallfristen** ist zu achten.

Nachteilsausgleich (§ 113 BetrVG)

38 Weicht der Unternehmer von einem mit dem Betriebsrat vereinbarten → **Interessenausgleich** ohne zwingenden Grund ab, so ist er gegenüber denjenigen Arbeitnehmern zur Zahlung von → **Abfindungen** verpflichtet, die entlassen werden (§ 113 Abs. 1 BetrVG; siehe → **Nachteilsausgleich**).
Treten andere Nachteile wirtschaftlicher Art ein, so hat der Unternehmer diese Nachteile bis zu einem Zeitraum von zwölf Monaten auszugleichen (§ 113 Abs. 2 BetrVG).

39 Anspruch auf Abfindung und Ausgleich sonstiger Nachteile besteht nach § 113 Abs. 3 BetrVG auch dann, wenn der Unternehmer die Betriebsänderung durchführt, ohne mit dem Betriebsrat einen → **Interessenausgleich** »versucht« zu haben.

40 Die Ansprüche auf → **Nachteilsausgleich** sind nicht vom Betriebsrat, sondern von den betroffenen Arbeitnehmern, notfalls durch arbeitsgerichtliche Klage (siehe → **Arbeitsgericht**) innerhalb etwaiger vertraglicher oder tariflicher → **Ausschlussfristen/Verfallfristen** geltend zu machen.

Arbeitshilfen

Übersichten	• Beteiligung des Betriebsrats bei Betriebsänderungen • Betriebsänderung in Form des Outsourcing (= Spaltung eines Betriebs i. S. d. § 111 Satz 3 Nr. 3 BetrVG): Was spricht dafür, was spricht dagegen?
Checklisten	• Ablauf einer betrieblichen Tarifbewegung zur Durchsetzung eines Firmentarifvertrages siehe → **Arbeitskampf**
Musterschreiben	• Hinzuziehung eines Beraters nach § 111 Satz 2 BetrVG • Betriebsrat an Geschäftsleitung wegen Betriebsänderung (§ 111 BetrVG) in Form der Fremdvergabe von Lageraktivitäten / Logistik (Outsourcing) • Interessenausgleich • Sozialplan • Sozialtarifvertrag • Tarifvertrag zur Ausgliederung / Fremdvergabe / Outsourcing (Eckpunkte einer Vereinbarung)

Betriebsänderung

Übersicht: Beteiligung des Betriebsrats bei Betriebsänderungen

Der Unternehmer plant eine **Betriebsänderung** (= erhebliche Eingriffe in den Betrieb bzw. Betriebsablauf):
z.B.
- Stilllegung oder Teilstilllegung oder Verlagerung des Betriebs,
- grundlegende Rationalisierungsmaßnahmen organisatorischer oder technischer Art

↓

| Der Unternehmer hat den Wirtschaftsausschuss zu informieren (§ 106 Abs. 2, 3 BetrVG) | → | Der Wirtschaftsausschuss informiert den Betriebsrat bzw. Gesamtbetriebsrat (§ 106 Abs. 1 Satz 2 BetrVG) |

↓

Der Wirtschaftsausschuss berät die Angelegenheit im Auftrag und im Rahmen der Beschlüsse des Betriebsrats bzw. Gesamtbetriebsrats mit dem Unternehmer (§ 106 Abs. 1 Satz 2 BetrVG)

↓

Der Unternehmer hat – in Unternehmen mit i.d.R. mehr als 20 Arbeitnehmern – den Betriebsrat des betroffenen Betriebs über die geplante Betriebsänderung zu informieren (§ 111 Satz 1 BetrVG).

↓

Beratung zwischen Unternehmer und Betriebsrat (§ 111 Satz 1 BetrVG)

Der Betriebsrat kann zu seiner Unterstützung – in Unternehmen mit mehr als 300 Arbeitnehmern – einen »**Berater**« hinzuziehen (§ 111 Satz 2 BetrVG). Die Kosten hat der Arbeitgeber zu tragen (§ 40 Abs. 1 BetrVG).

Unternehmer und Betriebsrat verhandeln über einen »**Interessenausgleich**«; d.h. über das »Ob«, »Wann«, »Wie« der geplanten Betriebsänderung, insbesondere über Alternativen.	Unternehmer und Betriebsrat verhandeln über einen »**Sozialplan**«; d.h. über einen »Härteausgleich« für die Beschäftigten, die infolge der Betriebsänderung Nachteile (z.B. Entlassung, Versetzung) erleiden.
Bei Nichteinigung kann die Bundesagentur für Arbeit um Vermittlung gebeten werden.	Bei Nichteinigung kann die Bundesagentur für Arbeit um Vermittlung gebeten werden.
Bei Erfolglosigkeit der Vermittlung kann die Einigungsstelle angerufen werden.	Bei Erfolglosigkeit der Vermittlung kann die Einigungsstelle angerufen werden.
Die Einigungsstelle kann über Inhalt des »Interessenausgleichs« keinen verbindlichen Beschluss fassen. Das heißt, das Letztentscheidungsrecht liegt beim Unternehmer.	Die Einigungsstelle entscheidet – im Rahmen der Vorgaben des § 112 Abs. 5 BetrVG – verbindlich über Volumen und Inhalt des »Sozialplans«. Das heißt, der Unternehmer ist an den Beschluss der Einigungsstelle gebunden.

* Hinweis:
1. Solange die Verhandlungen über den »Interessenausgleich« laufen (incl. Einigungsstelle), darf der Unternehmer die geplante Betriebsänderung nicht umsetzen; insbesondere darf er keine Kündigungen aussprechen. Dem Betriebsrat steht nach zutreffender h.M. (z.B. LAG Schleswig-Holstein v. 20.7.2007 – 3 TaBVGa 1/07, AuR 2008, 188 = AiB 2008, 349; LAG Hamm v. 28.6.2010 – 13 Ta 372/10; LAG München v. 22.12.2008 – 6 TaBVGa 6/08, AiB 2009, 235) ein mit einstweiliger Verfügung durchsetzbarer Unterlassungsanspruch zu (strittig; a.A. z.B. LAG Köln v. 27.5.2009 – 2 TaBVGa 7/09).

2. Eine Regulierung der nachteiligen Folgen einer Betriebsänderung kann auch durch **Tarifvertrag** erfolgen (sog. »Sozialtarifvertrag«). Entsprechende Forderungen der Gewerkschaft (z.B. lange Kündigungsfristen, zweijähriger Qualifizierungsanspruch unter Fortzahlung der Vergütung für von Entlassung betroffene Beschäftigte und hohe Abfindungen) sind streikfähig, sofern diese Forderungen nicht bereits in einem bestehenden Tarifvertrag geregelt sind (relative Friedenspflicht; BAG v. 24.4.2007 – 1 AZR 252/06, AiB 2007, 732).

Betriebsänderung

Musterschreiben: Hinzuziehung eines Beraters nach § 111 Satz 2 BetrVG

Hinweis:
Im Falle einer Betriebsänderung i. S. d. § 111 BetrVG kann der Betriebsrat in → **Unternehmen** mit mehr als 300 Arbeitnehmern »zu seiner Unterstützung einen → **Berater** hinzuziehen« (§ 111 Satz 2 BetrVG), ohne dass es einer näheren Vereinbarung mit dem Arbeitgeber bedarf. Der Arbeitgeber trägt die Kosten des Beraters, sofern der Betriebsrat die Hinzuziehung »für erforderlich halten durfte« (§ 40 Abs. 1 BetrVG). Das Recht zur Hinzuziehung eines → **Sachverständigen** nach § 80 Abs. 3 BetrVG bleibt unberührt (§ 111 Satz 2 letzter Halbsatz BetrVG).
Zu beachten ist, dass § 111 Satz 2 BetrVG auf das → **Unternehmen** abstellt, nicht etwa auf den → **Betrieb**.

Beispiel:
Ein Unternehmen besteht aus vier Betrieben, in denen jeweils 100 Arbeitnehmer beschäftigt sind. Ein Betrieb soll geschlossen werden.
Die Voraussetzung »Unternehmen mit mehr als 300 Arbeitnehmern« ist erfüllt. Der Betriebsrat des von der Schließung bedrohten Betriebs kann nach § 111 Satz 2 BetrVG den Beschluss fassen, einen Berater hinzuziehen. Der Arbeitgeber hat die dadurch ausgelösten Kosten zu tragen, wenn die Hinzuziehung als erforderlich i. S. d. § 40 BetrVG anzusehen ist.

An die
Geschäftsleitung
Hinzuziehung eines Beraters nach § 111 BetrVG
Sehr geehrte Damen und Herren,
Sie haben uns in der Wirtschaftsausschusssitzung am … mitgeteilt, dass Sie einen Teil des Betriebs stilllegen wollen.
Sie machen anhand von vorgelegten Rentabilitätsberechnungen geltend, dass die Produktgruppe … am hiesigen Standort nicht mehr kostendeckend hergestellt werden kann. Deshalb werde eine Verlagerung der Fertigung ins Ausland ins Auge gefasst. Davon seien ca. 400 Arbeitsplätze betroffen.
Der Betriebsrat hat beschlossen, zu seiner Unterstützung Herrn Dr. …, Steuerberater und Betriebswirt, als Berater nach § 111 Satz 2 BetrVG zu beauftragen.
Ziel der Beratung: Unterstützung bei der Analyse der von Ihnen vorgelegten Unterlagen und der Ausarbeitung eines Entwurfs einer Betriebsvereinbarung zur Sicherung der Beschäftigung, ggf. zur Bildung einer Qualifizierungsgesellschaft für die von der Produktionsverlagerung betroffenen Beschäftigten sowie eines Sozialplans.
Herr Dr. … veranschlagt einen Beratungsaufwand von ca. acht Tagen zu einem Tagessatz von 1600 Euro (200 Euro pro Stunde mal 8 Stunden), sodass ein Gesamthonorar von ca. 12 800 Euro zzgl. Mehrwertsteuer und anfallender Reise- und ggf. Übernachtungskosten zu erwarten ist.
Wir bitten um Bestätigung, dass Sie die Kosten des Beraters gemäß §§ 40 Abs. 1, 111 Satz 2 BetrVG tragen werden.
Mit freundlichem Gruß
(Unterschrift Betriebsratsvorsitzender)

Rechtsprechung

1. Erforderliche Beschäftigtenzahl nach § 111 BetrVG (»Unternehmen mit in der Regel mehr als 20 wahlberechtigten Arbeitnehmern«)
2. Betriebsänderung im »Gemeinschaftsbetrieb«
3. Betriebsänderung in einem Betriebsteil
4. Betriebsänderung durch Einschränkung und Stilllegung des ganzen Betriebs oder von wesentlichen Betriebsteilen – Personalabbau als Betriebsänderung (§ 111 Satz 3 Nr. 1 BetrVG)

Betriebsänderung

5. Betriebsänderung durch stufenweisen Personalabbau über einen längeren Zeitraum
6. Betriebsänderung durch Spaltung (§ 111 Satz 3 Nr. 3 BetrVG) – Ausgliederung – Outsourcing
7. Betriebsänderung durch grundlegende Änderung der Betriebsorganisation (§ 111 Satz 3 Nr. 4 BetrVG)
8. Betriebsänderung durch grundlegend neue Arbeitsmethoden und Fertigungsverfahren (§ 111 Satz 3 Nr. 5 BetrVG)
9. Abgrenzung Betriebsstilllegung – Betriebsübergang (§ 613 a BGB)
10. Informations- und Beratungsrechte des Betriebsrats
11. Betriebsänderung im Insolvenzverfahren
12. Unterlassungsanspruch des Betriebsrats bzw. Gesamtbetriebsrats bei Verletzung von Betriebsratsrechten im Zusammenhang mit einer Betriebsänderung (§ 111 BetrVG)
13. Initiativ-Mitbestimmungsrecht bei Einführung von Kurzarbeit anstelle von Personalabbau – Unterlassungsanspruch – Einstweilige Verfügung
14. Tarifvertraglich geregelte Mitbestimmung bei der Absenkung der Arbeitszeit zum Zwecke der Beschäftigungssicherung (Metallindustrie) – Unterlassungsanspruch – Einstweilige Verfügung

Betriebsbedingte Kündigung

Was ist das?

Eine Kündigung ist betriebsbedingt, wenn sie damit begründet wird, dass eine Weiterbeschäftigung im Betrieb aufgrund **außerbetrieblicher Umstände** (z. B. Auftragsmangel) oder aus **innerbetrieblichen Gründen** (Rationalisierung, Umstrukturierung oder Stilllegung des Betriebes) nicht mehr möglich ist. 1
Vorausgegangen ist der Entschluss des Unternehmens, den Arbeitsplatz in Wegfall zu bringen.
Eine betriebsbedingte Kündigung ist also die **betriebliche** Reaktion auf die Verringerung des Arbeitsvolumens aufgrund einer **unternehmerischen Entscheidung** (Kittner/Däubler/Zwanziger, KSchR, 9. Aufl., § 1 KSchG Rn. 352 m. w. N.).
Zur → **personenbedingten Kündigung** und → **verhaltensbedingten Kündigung** siehe dort. 2
Eine ordentliche (fristgerechte) betriebsbedingte Kündigung ist »**sozial ungerechtfertigt**« und 3
unwirksam, wenn
- sie »*nicht durch dringende betriebliche Erfordernisse, die einer Weiterbeschäftigung des Arbeitnehmers in diesem Betrieb entgegenstehen, bedingt ist*« (§ 1 Abs. 2 Satz 1 KSchG ist; siehe Rn. 11 ff.) oder
- die »*Kündigung gegen eine Richtlinie nach § 95 BetrVG verstößt*« oder »*der Arbeitnehmer auf einem anderen Arbeitsplatz in demselben Betrieb oder in einem anderen Betrieb des Unternehmens weiterbeschäftigt werden kann*« (ggf. nach Umschulung/Fortbildung oder – mit Einverständnis des Arbeitnehmers – unter geänderten Arbeitsbedingungen) und der → **Betriebsrat** aus einem dieser Gründe der Kündigung ordnungsgemäß nach § 102 Abs. 3 BetrVG widersprochen hat (§ 1 Abs. 2 Sätze 2 und 3 KSchG; siehe Rn. 16) oder
- der »*Arbeitgeber bei der Auswahl des Arbeitnehmers die Dauer der Betriebszugehörigkeit, das Lebensalter, die Unterhaltspflichten und die Schwerbehinderung des Arbeitnehmers nicht oder nicht ausreichend berücksichtigt hat*« (§ 1 Abs. 3 Satz 1 KSchG; siehe Rn. 17 ff.).

Will der Arbeitnehmer geltend machen, dass eine ihm gegenüber ausgesprochene betriebs- 4
bedingte Kündigung
- sozial ungerechtfertigt (§ 1 KSchG) oder
- aus anderen Gründen rechtsunwirksam ist,

muss er innerhalb einer Frist von drei Wochen nach Zugang der schriftlichen Kündigung **Klage** beim → **Arbeitsgericht** erheben (§ 4 Satz 1 KSchG; siehe → **Fristen** und → **Kündigungsschutz**).
Soweit die Kündigung der **Zustimmung einer Behörde** bedarf (§ 9 MuSchG, § 18 Bundesel- 5
terngeld- und Elternzeitgesetz – BEEG, § 85 SGB IX), beginnt die Frist zur Anrufung des Arbeitsgerichts erst ab der Bekanntgabe der Entscheidung der Behörde an den Arbeitnehmer (§ 4 Satz 4 KSchG).
Der gesetzliche Unwirksamkeitsgrund des § 9 Abs. 1 MuSchG ist allerdings dann innerhalb der dreiwöchigen Klagefrist des § 4 Satz 1 KSchG vor dem Arbeitsgericht geltend zu machen, wenn der Arbeitgeber zum Zeitpunkt des Zugangs der Kündigung keine Kenntnis von den den Sonderkündigungsschutz begründenden Tatsachen hat.

Betriebsbedingte Kündigung

Dem Ablauf der dreiwöchigen Klagefrist steht § 4 Satz 4 KSchG in diesem Fall nicht entgegen (BAG v. 19.2.2009 – 2 AZR 286/07, NZA 2009, 980; siehe → **Kündigungsschutz** Rn. 29 a).

6 Zur Möglichkeit der **nachträglichen Zulassung** der Klage siehe → **Kündigungsschutz** Rn. 32.

7 Auf die fehlende soziale Rechtfertigung der Kündigung im Sinne des § 1 KSchG kann sich der Arbeitnehmer im Kündigungsschutzprozess allerdings nur dann berufen, wenn sein Arbeitsverhältnis in demselben → **Betrieb** oder → **Unternehmen** ohne Unterbrechung länger als sechs Monate bestanden hat (sog. **Wartezeit**; § 1 Abs. 1 KSchG).

> **Hinweis:**
> 8 Nach dem Willen der früheren Großen Koalition aus CDU, CSU und SPD sollte die Wartezeit verlängert werden. Nach Kritik nicht nur von Gewerkschaften, sondern – aus einem anderen Blickwinkel – auch von Wirtschaftsverbänden und Politikern der CDU/CSU wurde das Gesetzgebungsvorhaben Ende 2006 »auf Eis gelegt« (vgl. Deter, AuR 2006, 352 [353]).

9 Kündigungsschutz nach §§ 1 bis 14 KSchG besteht nicht für Arbeitnehmer, die in einem Kleinbetrieb bzw. Kleinunternehmen beschäftigt sind (§ 23 Abs. 1 Satz 3 KSchG; siehe → **Kündigungsschutz vor Erfüllung der Wartezeit und im Kleinbetrieb**).

10 Arbeitnehmer, die keinen Kündigungsschutz nach §§ 1 bis 14 KSchG haben, weil sie die **Wartezeit** nach § 1 Abs. 1 KSchG nicht erfüllen oder weil sie in einem **Kleinbetrieb/Kleinunternehmen** im Sinn des § 23 Abs. 1 KSchG beschäftigt sind, können sich unter Umständen dennoch mit Aussicht auf Erfolg gegen eine Kündigung zur Wehr setzen.

Das ist etwa dann der Fall, wenn die Kündigung gegen **sonstige Vorschriften** (z. B. § 102 Abs. 1 BetrVG [Anhörung des Betriebsrats], Maßregelungsverbot nach § 612 a BGB, gesetzliche oder tarifliche Bestimmungen über einen besonderen Kündigungsschutz) oder gegen »**Treu und Glauben**« verstößt (siehe → **Kündigungsschutz vor Erfüllung der Wartezeit und im Kleinbetrieb**).

11 Zu beachten ist, dass auch in diesen Fällen die **Klage** nach § 4 Satz 1 KSchG innerhalb einer **Frist** von drei Wochen nach Zugang der schriftlichen Kündigung beim Arbeitsgericht eingereicht werden muss (BAG v. 9.2.2006 – 6 AZR 283/05, NZA 2006, 1207; vgl. auch § 23 Abs. 1 Satz 2 KSchG: hiernach findet § 4 KSchG auch in Kleinbetrieben Anwendung).

Sozialwidrigkeit der Kündigung nach § 1 Abs. 2 Satz 1 KSchG

12 Eine betriebsbedingte Kündigung ist sozial ungerechtfertigt im Sinne des § 1 Abs. 2 Satz 1 KSchG und damit unwirksam,
- wenn die vom Arbeitgeber angegebenen inner- oder außerbetrieblichen Kündigungsgründe **nicht vorliegen** oder
- wenn diese Gründe zwar vorliegen, aber eine Kündigung **nicht erforderlich machen**.

Letzteres ist etwa der Fall, wenn der Arbeitnehmer auf einem anderen **freien Arbeitsplatz** im Betrieb oder einem anderen Betrieb des → **Unternehmens** – ggf. zu anderen Bedingungen – weiterbeschäftigt werden kann (ständige Rechtsprechung; vgl. z. B. BAG v. 15.12.1994 – 2 AZR 327/94, AiB 1995, 465). Dabei sind solche Arbeitsplätze in die Beurteilung einzubeziehen, bei denen im Zeitpunkt der Kündigung bereits feststeht, dass sie **in absehbarer Zeit** nach Ablauf der Kündigungsfrist **frei** werden, sofern die Überbrückung dieses Zeitraums dem Arbeitgeber **zumutbar** ist (BAG v. 15.12.1994 – 2 AZR 327/94, a. a. O.). Zumutbar sei – so das BAG – jedenfalls ein Zeitraum, den ein anderer Stellenbewerber zur Einarbeitung benötigen würde.

Die aus § 1 Abs. 2 KSchG folgende Verpflichtung des Arbeitgebers, dem Arbeitnehmer zur Vermeidung einer Beendigungskündigung – ggf. im Wege der Änderungskündigung – eine Weiterbeschäftigung zu geänderten, möglicherweise auch zu erheblich verschlechterten Ar-

beitsbedingungen anzubieten, bezieht sich nach Ansicht des BAG nicht auf freie Arbeitsplätze in einem im **Ausland** gelegenen Betrieb des Arbeitgebers (BAG v. 29. 8. 2013 – 2 AZR 809/12).
Im Einzelnen orientiert sich das Arbeitsgericht bei der **Prüfung** der sozialen Rechtfertigung einer betriebsbedingten Kündigung an folgender »Checkliste« (»10-Punkte-Prüfschema«; vgl. Kittner/Däubler/Zwanziger, KSchR, 9. Aufl., § 1 KSchG Rn. 355):

12a

- Hat der Arbeitgeber eine unternehmerische Entscheidung getroffen, die zum Wegfall der Beschäftigungsmöglichkeit führt?
- Liegen die für die unternehmerische Entscheidung angeführten außer- oder innerbetrieblichen Ursachen tatsächlich vor?
- Sind die außer- oder innerbetrieblichen Ursachen und die unternehmerische Entscheidung ursächlich für den Wegfall der Beschäftigungsmöglichkeit?
- Verstößt die unternehmerische Entscheidung gegen Gesetz, Vertrag, Betriebsvereinbarung, Tarifvertrag oder ist sie missbräuchlich (»offensichtlich unsachlich, unvernünftig oder willkürlich«)?
- Ist die Kündigung durch »**dringende**« betriebliche Erfordernisse »bedingt«? Können mildere Mittel (z. B. Versetzung) eine Kündigung vermeiden (»Verhältnismäßigkeitsgrundsatz«)? Gibt es einen freien oder demnächst frei werdenden Arbeitsplatz im → **Betrieb** oder in einem anderen Betrieb des → **Unternehmens**, auf dem der von Kündigung bedrohte Arbeitnehmer weiterbeschäftigt werden kann (ggf. nach zumutbaren Umschulungs- oder Fortbildungsmaßnahmen oder zu geänderten Arbeitsbedingungen mit Einverständnis des Betroffenen)? Siehe hierzu Rn. 33 ff.
- Fällt eine **Abwägung** der beiderseitigen Interessen zugunsten des Arbeitnehmers aus?
- Ergibt eine bei Ausspruch der Kündigung vorzunehmende Vorausschau (Prognose), dass die Kündigungsnotwendigkeit zum Zeitpunkt des Ablaufs der Kündigungsfrist besteht?
- Sind bei der Auswahl des zu Kündigenden soziale Gesichtspunkte (Dauer der Betriebszugehörigkeit, Lebensalter, Unterhaltspflichten, Schwerbehinderung) berücksichtigt bzw. ausreichend berücksichtigt (**soziale Auswahl**; siehe Rn. 17 ff.)?
- Welche Arbeitnehmer sind aufgrund berechtigter betrieblicher Bedürfnisse aus der sozialen Auswahl herauszunehmen?
- Ergeben sich aus der nach Ausspruch der Kündigung während der Kündigungsfrist eingetretenen tatsächlichen Entwicklung Anhaltspunkte für einen Anspruch auf Wiedereinstellung (siehe → **Wiedereinstellungsanspruch**)?

Das Arbeitsgericht prüft nicht die Notwendigkeit und Zweckmäßigkeit der – der Kündigung zugrunde liegenden – unternehmerischen Entscheidung.
Nur »**offensichtlich unsachliche, unvernünftige oder willkürliche Entscheidungen**« sollen im Rahmen eines Kündigungsschutzprozesses angreifbar sein (BAG v. 17. 6. 1999 – 2 AZR 522/98, AuR 1999, 353 = NZA 1999, 1095).

13

Bemerkenswert ist eine Entscheidung des BAG, wonach der Entschluss, die formale Arbeitgeberstellung aufzugeben, keine nur eingeschränkt überprüfbare Unternehmerentscheidung ist, wenn der Unternehmer gegenüber den Beschäftigten im Wesentlichen weiterhin selbst die für die Durchführung der Arbeit erforderlichen Weisungen erteilt (BAG v. 26. 9. 1996 – 2 AZR 200/96, AuR 1997, 85 = NZA 1997, 202).
In einem solchen Fall entfalle nicht die Beschäftigungsmöglichkeit im Betrieb. Vielmehr sollten nur die eigenen Beschäftigten durch ausgeliehene billigere Arbeitskräfte ersetzt werden. Eine Kündigung aus diesem Grund sei als »**Austauschkündigung**« gem. § 1 Abs. 1 und 2 KSchG sozial ungerechtfertigt und deshalb unwirksam.
Auch die Absicht des Arbeitgebers, die **Lohnkosten zu senken** und sich durch eine Beschäftigung von Arbeitnehmern nach ausländischem Recht von den Bindungen des deutschen Arbeits- und Sozialrechts zu lösen, rechtfertige jedenfalls keine Beendigungskündigung (BAG v. 26. 9. 1996 – 2 AZR 200/96, a. a. O.).

14

Betriebsbedingte Kündigung

15 Seltenheitswert haben Urteile wie die des ArbG Gelsenkirchen v. 28.10.1997: Hiernach widerspricht es dem Sozialstaatsgebot, wenn ein Arbeitgeber, der seit Jahren kontinuierlich herausragende Gewinnsteigerungen erzielt, zeitgleich ca. 50 % des ursprünglich vorhanden gewesenen Personalstands abbaut. Hier sei **Willkür** anzunehmen mit der Folge, dass betriebsbedingte Kündigungen sozialwidrig gemäß § 1 Abs. 2 KSchG sein können (ArbG Gelsenkirchen v. 28.10.1997 – 2 Ca 3762/96, AuR 1999, 38 = NZA 1998, 944).

Sozialwidrigkeit der Kündigung nach § 1 Abs. 2 Sätze 2 und 3 KSchG

16 Eine Kündigung ist nach § 1 Abs. 2 Sätze 2 und 3 KSchG auch dann sozial ungerechtfertigt und unwirksam, wenn
- die Kündigung gegen eine → **Auswahlrichtlinie** nach § 95 Abs. 1 und 2 BetrVG verstößt
- der Arbeitnehmer auf einem anderen Arbeitsplatz in demselben Betrieb oder in einem anderen Betrieb des → **Unternehmens** (ggf. nach Umschulung/Fortbildung oder – mit Einverständnis des Arbeitnehmers – unter geänderten Arbeitsbedingungen) **weiterbeschäftigt** werden kann

und der → **Betriebsrat** aus einem dieser Gründe der Kündigung ordnungsgemäß nach § 102 Abs. 3 BetrVG **widersprochen** hat.
Berücksichtigt werden nur die Gründe, die der Betriebsrat in seinem Widerspruch angegeben hat (BAG v. 6.6.1984 – 7 AZR 451/82, NZA 1985, 93; Kittner/Däubler/Zwanziger, KSchR, 9. Aufl., § 1 KSchG Rn. 496).
Liegen die in § 1 Abs. 2 Satz 2 und 3 KSchG genannten Voraussetzungen vor, ist die Kündigung allein aus diesem Grunde unwirksam, weil aufgrund der vom Betriebsrat in seinem Widerspruch vorgebrachten Umstände eine Kündigung nicht zwingend erforderlich ist.
Eine **Abwägung** der beiderseitigen Interessen (wie bei der Prüfung der Sozialwidrigkeit nach § 1 Abs. 2 Satz 1 KSchG; siehe Rn. 12) ist nicht erforderlich.
Insofern bezeichnet man die in § 1 Abs. 2 Satz 2 und 3 KSchG aufgeführten Gründe als »**absolute Sozialwidrigkeitsgründe**«.

16a
> **Hinweis:**
> Ein ordnungsgemäßer Widerspruch des Betriebsrats verschafft dem Arbeitnehmer außerdem die Möglichkeit, einen **Weiterbeschäftigungs- und -vergütungsanspruch** für die Zeit nach Ablauf der Kündigungsfrist bis zum rechtskräftigen Abschluss des Kündigungsschutzprozesses geltend zu machen (§ 102 Abs. 5 BetrVG; siehe → **Ordentliche Kündigung** Rn. 29 ff. und 35 ff.).

16b Zu beachten ist, dass sich der gekündigte Arbeitnehmer auf die absoluten Sozialwidrigkeitsgründe des § 1 Abs. 2 Satz 2 und 3 KSchG (Verstoß gegen Auswahlrichtlinie oder eine Weiterbeschäftigung ist möglich) **auch dann berufen** kann, wenn der Betriebsrat der Kündigung nicht widersprochen hat (BAG v. 17.5.1984 – 2 AZR 109/83, DB 1985, 1190; Kittner/Däubler/Zwanziger, KSchR, 9. Aufl., § 1 KSchG Rn. 498 m. w. N.).
Das Arbeitsgericht hat ein solches Vorbringen bei der Prüfung, ob eine Kündigung nach § 1 Abs. 2 Satz 1 KSchG sozial gerechtfertigt ist, zu berücksichtigen.
Denn wenn z. B. eine Weiterbeschäftigung auf einem anderen Arbeitsplatz möglich ist, steht ein **milderes Mittel** zur Verfügung. Eine dennoch ausgesprochene Kündigung würde wegen Verstoßes gegen den Verhältnismäßigkeitsgrundsatz unwirksam sein (siehe Rn. 12).
Das **Problem** ist nur, dass der gekündigte Arbeitnehmer ohne Unterstützung durch den Betriebsrat kaum in Lage ist, die notwendigen Tatsachen zu den absoluten Sozialwidrigkeitsgründen des § 1 Abs. 2 Satz 2 und 3 KSchG vorzutragen, weil er (anders als der Betriebsrat) keine Informationen z. B. über freie Arbeitsplätze im Betrieb oder in einem anderen Betrieb des Unternehmens (siehe Rn. 33) hat.

Betriebsbedingte Kündigung

Darlegungs- und Beweislast (§ 1 Abs. 2 Satz 4 KSchG)

Der Arbeitgeber hat die Tatsachen darzulegen und zu beweisen, die ihn zur Kündigung veranlasst haben (§ 1 Abs. 2 Satz 4 KSchG). Dazu gehört auch die Darlegung des Fehlens – alternativer – Beschäftigungsmöglichkeiten (BAG v. 30.09.2010 – 2 AZR 88/09, NZA 2011, 39).

16c

Sozialwidrigkeit der Kündigung nach § 1 Abs. 3 KSchG (soziale Auswahl)

Eine betriebsbedingte Kündigung ist trotz Vorliegen eines Kündigungsgrundes sozial ungerechtfertigt, wenn der Arbeitgeber bei der **Auswahl** des gekündigten Arbeitnehmers
- die Dauer der Betriebszugehörigkeit,
- das Lebensalter,
- die Unterhaltspflichten und
- die Schwerbehinderung

des Arbeitnehmers nicht oder nicht ausreichend berücksichtigt hat (§ 1 Abs. 3 Satz 1 KSchG, neu gefasst durch das Gesetz zu Reformen am Arbeitsmarkt vom 24.12.2003). Das gilt unabhängig davon, ob der Betriebsrat die fehlende oder fehlerhafte soziale Auswahl im Rahmen eines Widerspruchs nach § 102 Abs. 3 Nr. 1 BetrVG gerügt hat.
Ob **sonstige soziale Gesichtspunkte** (z. B. finanzielle Verpflichtungen, Vermittelbarkeit auf dem Arbeitsmarkt, Gesundheitszustand, arbeitsbedingte Erkrankungen) vom Arbeitsgericht im Rahmen der Wertung und Gewichtung der vier Grundmerkmale berücksichtigt werden dürfen, ist strittig (vgl. Kittner/Däubler/Zwanziger, KSchR, 9. Aufl., § 1 KSchG Rn. 635 ff.).

17

Die Berücksichtigung des **Lebensalters** als Sozialdatum stellt zwar eine an das Alter anknüpfende unterschiedliche Behandlung der Beschäftigten dar. Sie ist jedoch nach Ansicht des BAG nach § 10 Satz 1, 2 AGG gerechtfertigt (BAG v. 6.11.2008 – 2 AZR 523/07, NZA 2009, 361 und 2 AZR 701/07, BB 2008, 2568).
Auch die Bildung von Altersgruppen könne nach § 10 Satz 1, 2 AGG durch legitime Ziele gerechtfertigt sein. Davon sei regelmäßig auszugehen, wenn die Altersgruppenbildung bei Massenkündigungen aufgrund einer Betriebsänderung erfolgt.

17a

Die soziale Auswahl ist **auf den Betrieb beschränkt**, in dem der zu kündigende Arbeitnehmer beschäftigt ist. Nach ihrer Tätigkeit vergleichbare Arbeitnehmer in anderen Betrieben des Unternehmens sind auch dann nicht in die Auswahl einzubeziehen, wenn der Arbeitgeber gemäß dem → **Arbeitsvertrag** zu einer → **Versetzung** des Arbeitnehmers in andere Betriebe berechtigt sein sollte (BAG v. 15.12.2005 – 6 AZR 199/05, NZA 2006, 590).

18

In die soziale Auswahl nach § 1 Abs. 3 Satz 1 KSchG sind Arbeitnehmer nicht einzubeziehen, deren Weiterbeschäftigung, insbesondere wegen ihrer Kenntnisse, Fähigkeiten und Leistungen (sog. »**Leistungsträger**«) oder zur Sicherung einer ausgewogenen **Personalstruktur** des Betriebes, im berechtigten betrieblichen Interesse liegt (§ 1 Abs. 3 Satz 2 KSchG).

19

Die soziale Auswahl ist in **drei Stufen** vorzunehmen:
Stufe 1: Festlegung des Kreises der in die Sozialauswahl einzubeziehenden – vergleichbaren – Arbeitnehmer des Betriebs (nicht nur der Abteilung).
Vergleichbar sind alle Arbeitnehmer, deren Arbeit – ggf. nach kurzer Einarbeitungszeit (nicht nach längerer Umschulung) – von dem Arbeitnehmer wahrgenommen werden kann, dessen Arbeitsplatz weggefallen ist.
Ausgenommen sind z. B. Arbeitnehmer mit Sonderkündigungsschutz (siehe → **Kündigungsschutz [besonderer]**).
Stufe 2: Ermittlung der sozialen Schutzwürdigkeit jedes in die Auswahl einzubeziehenden Arbeitnehmers nach sozialen Gesichtspunkten.
Stufe 3: Feststellung, ob die Weiterbeschäftigung eines oder mehrerer bestimmter Arbeitneh-

20

Betriebsbedingte Kündigung

mer insbesondere wegen ihrer Kenntnisse, Fähigkeiten und Leistungen oder zur Sicherung einer ausgewogenen Personalstruktur des Betriebs, im berechtigten betrieblichen Interesse liegt (§ 1 Abs. 3 Satz 2 KSchG).
Diese Arbeitnehmer sind dann aus der Sozialauswahl herauszunehmen.

20a Auf Verlangen hat der Arbeitgeber dem Arbeitnehmer die Gründe, die zu der getroffenen Auswahl geführt haben, mitzuteilen (§ 1 Abs. 3 Satz 1 Halbsatz 2 KSchG).

21 Der Arbeitnehmer hat im Kündigungsschutzprozess die Tatsachen **darzulegen** und **zu beweisen**, die die Kündigung wegen fehlerhafter sozialer Auswahl als ungerechtfertigt erscheinen lassen (§ 1 Abs. 3 Satz 3 KSchG).

Auswahlrichtlinie (§ 1 Abs. 4 KSchG)

22 Wenn in einem → **Tarifvertrag** oder in einer → **Betriebsvereinbarung** nach § 95 BetrVG festgelegt ist, wie die sozialen Gesichtspunkte im Verhältnis zueinander zu bewerten (d. h. zu gewichten) sind, dann kann die Bewertung im Kündigungsschutzprozess nur noch auf **grobe Fehlerhaftigkeit** überprüft werden (§ 1 Abs. 4 KSchG; zur Problematik dieser fragwürdigen Regelung: siehe → **Auswahlrichtlinie**).

Interessenausgleich mit Namensliste (§ 1 Abs. 5 KSchG)

23 Die durch Gesetz vom 25.9.1996 eingeführte Bestimmung des § 1 Abs. 5 KSchG (Einschränkung des Kündigungsschutzes bei einem »Interessenausgleich mit Namensliste«) ist durch das »Gesetz ... zur Sicherung der Arbeitnehmerrechte« vom 19.12.1998 ersatzlos gestrichen, aber mit dem rot/grünen Gesetz zu Reformen am Arbeitsmarkt vom 24.12.2003 mit Wirkung ab 1.1.2004 wieder eingeführt worden.
Nach dieser Vorschrift gilt Folgendes: Sind bei einer Kündigung auf Grund einer → **Betriebsänderung** nach § 111 BetrVG die Arbeitnehmer, denen gekündigt werden soll, in einem → **Interessenausgleich** zwischen Arbeitgeber und Betriebsrat namentlich bezeichnet, so wird **vermutet**, dass die Kündigung durch dringende betriebliche Erfordernisse im Sinne des § 1 Abs. 2 KSchG bedingt ist (§ 1 Abs. 5 Satz 1 KSchG).
Die **soziale Auswahl** der Arbeitnehmer kann nur auf **grobe Fehlerhaftigkeit** überprüft werden (§ 1 Abs. 5 Satz 2 KSchG).
Vorstehendes gilt nicht, soweit sich die Sachlage nach Zustandekommen des Interessenausgleichs wesentlich geändert hat (§ 1 Abs. 5 Satz 3 KSchG).
Der Interessenausgleich mit Namensliste ersetzt die Stellungnahme des Betriebsrats nach § 17 Abs. 3 Satz 2 KSchG (§ 1 Abs. 5 Satz 4 KSchG).

24 > **Beachten:**
> Ein Interessenausgleich mit Namensliste führt zu einer **drastischen Einschränkung des Kündigungsschutzes** der Arbeitnehmer. Eine Kündigungsschutzklage wird im Regelfall scheitern, weil die Beschäftigten die gesetzliche Vermutung nicht widerlegen und eine grobe Fehlerhaftigkeit der Sozialauswahl nicht nachweisen können.

Der Arbeitgeber profitiert von der Namensliste, weil sein **Prozessrisiko** praktisch »auf Null« schrumpft; nämlich das Risiko, einen Kündigungsschutzprozess – ggf. in dritter Instanz – zu verlieren und dann den Annahmeverzugslohn nachzahlen zu müssen (siehe → **Annahmeverzug**; zum Prozessrisiko des Arbeitgebers siehe auch → **Abfindung** Rn. 6).
Der Betriebsrat sollte deshalb einer **Namensliste nicht zustimmen**.
Denn es ist nicht seine Aufgabe, die Rechtsposition gekündigter Arbeitnehmer zu verschlechtern.

Betriebsbedingte Kündigung

Etwas anderes kann allenfalls dann gelten, wenn der Arbeitgeber bereit ist, einen angemessenen »Preis« für den durch die Namensliste praktisch beseitigten Kündigungsschutz in Form von gut dotierten Sozialplanregelungen zu zahlen: höhere → **Abfindungen** als üblich, gut ausgestattete Transfergesellschaft (siehe → **Transferleistungen** Rn. 16) und weitere Maßnahmen zur Überführung der von Entlassung Betroffenen in neue gleichwertige Arbeit.
Außerdem ist es erforderlich, die Beschäftigten über die Auswirkungen eines Interessenausgleichs mit Namensliste zu informieren und die Aufnahme in die Namensliste vom **Einverständnis** jedes einzelnen Arbeitnehmers abhängig zu machen (auch wenn das in der Praxis schwer zu organisieren ist).

Zu beachten ist auch § 125 InsO: Hiernach führt ein zwischen Insolvenzverwalter und Betriebsrat vereinbarter Interessenausgleich mit Namensliste zu einer Einschränkung des Kündigungsschutzes derjenigen, die in der Namensliste benannt sind (siehe → **Insolvenzverfahren**). 25

Abfindungsanspruch (§ 1 a KSchG)

Kündigt der Arbeitgeber wegen dringender betrieblicher Erfordernisse nach § 1 Abs. 2 Satz 1 KSchG und erhebt der Arbeitnehmer bis zum Ablauf der Drei-Wochenfrist des § 4 Satz 1 KSchG keine Kündigungsschutzklage, hat der Arbeitnehmer mit dem Ablauf der Kündigungsfrist **Anspruch** auf eine → **Abfindung** (§ 1 a KSchG; eingefügt durch Gesetz zu Reformen am Arbeitsmarkt v. 24.12.2003 – BGBl. I S. 3002). 26
Der Anspruch setzt den Hinweis des Arbeitgebers in der Kündigungserklärung voraus, dass die Kündigung auf dringende betriebliche Erfordernisse gestützt ist und der Arbeitnehmer bei Verstreichenlassen der Klagefrist die Abfindung beanspruchen kann.
Die Höhe der → **Abfindung** beträgt **0,5 Monatsverdienste** für jedes Jahr des Bestehens des Arbeitsverhältnisses (§ 1 a Abs. 2 KSchG). Bei der Ermittlung der Dauer des Arbeitsverhältnisses ist ein Zeitraum von mehr als sechs Monaten auf ein volles Jahr aufzurunden. 27
Zur Bedeutung des § 1 a KSchG im Zusammenhang mit der Frage, ob eine Auflösung des Beschäftigungsverhältnisses durch Abwicklungsvertrag oder Aufhebungsvertrag den Eintritt einer Sperre des **Arbeitslosengeldes** nach § 159 SGB III 2012 zur Folge hat, siehe → **Abwicklungsvertrag** Rn. 3, → **Arbeitslosenversicherung: Arbeitslosengeld** Rn. 44 ff. und → **Aufhebungsvertrag** Rn. 4. 27a

Bedeutung für die Betriebsratsarbeit

Vor Ausspruch der Kündigung ist der Betriebsrat **anzuhören** (§ 102 Abs. 1 BetrVG). Geschieht dies nicht oder nicht ordnungsgemäß, ist eine dennoch ausgesprochene Kündigung unwirksam (siehe → **Kündigung** und → **ordentliche Kündigung**). 28
Der Betriebsrat kann nach § 102 Abs. 2 BetrVG **Bedenken** gegen die beabsichtigte Kündigung erheben und außerdem nach § 102 Abs. 3 BetrVG **Widerspruch** einlegen (siehe → **Kündigung** und → **Ordentliche Kündigung**). 29
Von rechtlicher Bedeutung ist nur ein auf § 102 Abs. 3 BetrVG gestützter **ordnungsgemäßer Widerspruch** (siehe Rn. 37).
Bedenken haben keine rechtliche, allenfalls eine faktische Wirkung (siehe → **Ordentliche Kündigung** Rn. 16).
Ein **Widerspruch** ist nur dann ordnungsgemäß, wenn er auf mindestens einen der in § 102 Abs. 3 Nrn. 1 bis 5 BetrVG aufgeführten Gründe gestützt wird 30
Der Widerspruch gegen eine betriebsbedingte Kündigung kann damit begründet werden,

Betriebsbedingte Kündigung

31 • dass der Arbeitgeber bei der »**Auswahl**« des zur Kündigung vorgesehenen Arbeitnehmers soziale Gesichtspunkte (z. B. Beschäftigungsdauer, Alter, Unterhaltsverpflichtungen, Schwerbehinderung) nicht oder nicht ausreichend berücksichtigt hat (§ 102 Abs. 3 Nr. 1 BetrVG).
Nach richtiger Ansicht kann der Betriebsrat den Widerspruch auch auf andere als die in § 1 Abs. 3 KSchG n. F. genannten Auswahlkriterien (Betriebszugehörigkeit, Lebensalter, Unterhaltspflichten und Schwerbehinderung) stützen (vgl. Fitting, BetrVG, 27. Aufl., § 102 Rn. 78; offenbar auch DKKW-*Bachner*, BetrVG, 15. Aufl., § 102 Rn. 210). Denn der Gesetzgeber hat nur § 1 Abs. 3 KSchG eingeschränkt, nicht aber § 102 Abs. 3 Nr. 1 BetrVG.
Der Betriebsrat kann den Widerspruch auch damit begründen, dass der Arbeitgeber den Kreis der aus der Sozialauswahl herausgenommenen Arbeitnehmer zu weit gezogen hat.
Nach abzulehnender Ansicht des 5. Senats des BAG v. 9. 7. 2003 – 5 AZR 305/02, NZA 2003, 1191 soll ein auf § 102 Abs. 3 Nr. 1 BetrVG gestützter Widerspruch des Betriebsrats nur dann einen Weiterbeschäftigungsanspruch nach § 102 Abs. 5 Satz 1 BetrVG auslösen, wenn er andere – weniger schutzbedürftige – Arbeitnehmer **benennt** oder diese anhand abstrakter Kriterien **bestimmbar** sind.
Die h. M. in der Literatur ist zu Recht anderer Auffassung (vgl. Kittner/Däubler/Zwanziger, KSchR, 9. Aufl., § 102 BetrVG Rn. 211 m. w. N.). Es ist nicht Aufgabe des Betriebsrats, Personalabbaustrategien des Arbeitgebers zu unterstützen und im »das Geschäft« zu Lasten der betroffenen Arbeitnehmer zu erleichtern.
Es bleibt zu hoffen, dass der 5. Senat des BAG seine Rechtsprechung korrigiert. Jedenfalls stößt sein Urteil v. 9. 7. 2003 auch bei Instanzgerichten auf Kritik. Beispielsweise hat sich das LAG Hamburg ausdrücklich gegen das BAG ausgesprochen und entschieden, dass ein ordnungsgemäßer Widerspruch des Betriebsrats bereits dann vorliegt, wenn er hinreichend bestimmt auf eine für die Arbeitgeberin abgrenzbare Arbeitnehmergruppe hinweist, die nach Auffassung des Betriebsrats in die soziale Auswahl hätte einbezogen werden müssen. Es sei nicht erforderlich, dass der Betriebsrat aus dieser Gruppe mindestens einen Arbeitnehmer benennt, der sozial weniger schutzbedürftig wäre (LAG Hamburg v. 25. 5. 2010 – 1 SaGa 3/10).

32 • dass die Kündigung gegen eine → **Auswahlrichtlinie** nach § 95 BetrVG (= Regelung, in der Auswahlkriterien festgelegt sind; mitbestimmungspflichtig!) verstößt (§ 102 Abs. 3 Nr. 2 BetrVG);

33 • dass der Betroffene auf einem **anderen – freien – Arbeitsplatz** im → **Betrieb** oder in einem anderen Betrieb des → **Unternehmens** weiterbeschäftigt werden kann (§ 102 Abs. 3 Nr. 3 BetrVG).
Strittig ist, ob ein Widerspruch »ordnungsgemäß« ist, wenn er damit begründet wird, dass der Arbeitnehmer auf seinem **bisherigen Arbeitsplatz** weiterbeschäftigt werden kann. Das BAG hat das bislang abgelehnt (BAG v. 12. 9. 1985 – 2 AZR 324/84, NZA 1986, 424; a. A. Fitting, BetrVG, 27. Aufl., § 102 Rn. 90; DKKW-*Bachner*, BetrVG, 15. Aufl., § 102 Rn. 225 m. w. N.; zum Meinungsstand vgl. auch Kittner/Däubler/Zwanziger, KSchR, 9. Aufl., § 102 BetrVG Rn. 224) bzw. offengelassen (BAG v. 11. 5. 2000 – 2 AZR 54/99, BB 2000, 2049).
Frei ist ein Arbeitsplatz, wenn er zwar nicht zum Zeitpunkt des Widerspruchs, aber voraussichtlich **bis** zum Ablauf der Kündigungsfrist **frei wird** (z. B. wegen Ausscheidens anderer Arbeitnehmer aufgrund eines → **befristeten Arbeitsvertrags**, wegen → **Altersteilzeit** oder wegen Inanspruchnahme einer Rente: siehe → **Rentenversicherung**).
Wird der Arbeitsplatz voraussichtlich erst nach Ablauf der Kündigungsfrist frei, kommt es darauf an, ob dem Arbeitgeber eine Überbrückung des Zeitraums **zuzumuten** ist (BAG v. 15. 12. 1994 – 2 AZR 327/94, AiB 1995, 465).
Als **frei** gelten auch Arbeitsplätze, die mit **Leiharbeitnehmern** besetzt sind (LAG Berlin-Brandenburg v. 3. 3. 2009 – 12 Sa 2468/08; LAG Bremen v. 2. 12. 1997 – 1 (2) Sa 340/96, 4 Sa

Betriebsbedingte Kündigung

341/96, 1 Sa 342/96, 4 Sa 82/97, 4 Sa 84/97, 4 Sa 87/97, 1 Sa 96/97, 4 Sa 98/97, BB 1998, 1211; strittig; vgl. Kittner/Däubler/Zwanziger, KSchR, 9. Aufl., § 102 BetrVG Rn. 222 und § 1 KSchG Rn. 517 m. w. N.).
Nach Ansicht des BAG kommt es darauf an, ob die Beschäftigung von Leiharbeitnehmern vorübergehend erfolgt (z.b. bei Auftragsspitzen oder Vertretungsbedarf) oder ob sie zur Abdeckung eines »nicht schwankenden, ständig vorhandenen (Sockel-)Arbeitsvolumens« eingesetzt werden. Hierzu ein Auszug aus BAG v. 15. 12 2011 – 2 AZR 42/10:
»*1. Die Vermutung der Betriebsbedingtheit der Kündigung nach § 1 Abs. 5 S 1 KSchG erstreckt sich nicht nur auf den Wegfall von Beschäftigungsmöglichkeiten im bisherigen Arbeitsbereich des Arbeitnehmers, sondern auch auf das Fehlen der Möglichkeit, diesen anderweitig einzusetzen. Will der Arbeitnehmer sie widerlegen, muss er substantiiert aufzeigen, dass im Betrieb ein vergleichbarer Arbeitsplatz oder ein solcher zu schlechteren, aber zumutbaren Arbeitsbedingungen frei war. Als ›frei‹ sind grundsätzlich nur solche Arbeitsplätze anzusehen, die zum Zeitpunkt des Zugangs der Kündigung unbesetzt sind.
2. Werden Leiharbeitnehmer lediglich zur Abdeckung von ›Auftragsspitzen‹ eingesetzt, liegt keine alternative Beschäftigungsmöglichkeit iSv. § 1 Abs. 2 S 2 KSchG vor. Der Arbeitgeber kann dann typischerweise nicht davon ausgehen, dass er für die Auftragsabwicklung dauerhaft Personal benötige. Es kann ihm deshalb regelmäßig nicht zugemutet werden, entsprechendes Stammpersonal vorzuhalten. An einem ›freien‹ Arbeitsplatz fehlt es in der Regel außerdem, soweit der Arbeitgeber Leiharbeitnehmer als ›Personalreserve‹ zur Abdeckung von Vertretungsbedarf beschäftigt. Das gilt unabhängig von der Vorhersehbarkeit der Vertretungszeiten.
3. Beschäftigt der Arbeitgeber Leiharbeitnehmer dagegen, um mit ihnen ein nicht schwankendes, ständig vorhandenes (Sockel-)Arbeitsvolumen abzudecken, kann von einer alternativen Beschäftigungsmöglichkeit iSv. § 1 Abs. 2 S 2 KSchG auszugehen sein, die vorrangig für sonst zur Kündigung anstehende Stammarbeitnehmer genutzt werden muss.«*
Ebenfalls als **frei** gelten Arbeitsplätze, an denen regelmäßig → **Überstunden** geleistet werden (vgl. Kittner/Däubler/Zwanziger, KSchR, 9. Aufl., § 102 BetrVG Rn. 223 und § 1 KSchG Rn. 519 m. w. N.).

- dass die Weiterbeschäftigung des Betroffenen – auch auf seinem bisherigen Arbeitsplatz – dann möglich ist, wenn er eine **Qualifizierungs- bzw. Fortbildungsmaßnahme** absolviert (§ 102 Abs. 3 Nr. 4 BetrVG).   34
- dass eine Weiterbeschäftigung möglich ist, wenn der → **Arbeitsvertrag verändert** wird (z. B. andere Tätigkeit, andere Entgeltgruppe) und der Betroffene sich mit der Veränderung (ggf. unter Vorbehalt; § 2 KSchG) einverstanden erklärt (§ 102 Abs. 3 Nr. 5 BetrVG).   35

Dabei genügt es nicht, den Wortlaut der in § 102 Abs. 3 BetrVG geregelten Tatbestände **nur zu wiederholen**.   36

> **Beispiel:**
> »... der Betriebsrat widerspricht der ordentlichen Kündigung nach § 102 Abs. 3 Nr. 3 BetrVG, weil Herr Kiel auf einem anderen Arbeitsplatz im Betrieb und Unternehmen weiterbeschäftigt werden kann.«

Ein solcher »Widerspruch« ist rechtlich wirkungslos!
Vielmehr muss der Widerspruch auf konkrete betriebliche Tatsachen gestützt werden.   36a

> **Beispiel:**
> »... der Betriebsrat erhebt Widerspruch gegen die beabsichtigte fristgerechte Kündigung des Mitarbeiters B. gemäß § 102 Abs. 3 Nr. 3 BetrVG.
> Begründung:
> Der bisherige Arbeitsplatz des Mitarbeiters B. ist zwar infolge der Änderung des Produktionsablaufs weggefallen.

Betriebsbedingte Kündigung

> Eine Kündigung ist jedoch nicht erforderlich, weil der Mitarbeiter in der Abteilung Endmontage auf dem Arbeitsplatz 7 weiterbeschäftigt werden kann. Dieser Arbeitsplatz ist durch das Ausscheiden des Mitarbeiters M. in den Vorruhestand frei geworden.
> Einarbeitungsmaßnahmen sind nicht erforderlich, weil Kollege B. in der Vergangenheit schon mehrfach den Mitarbeiter M. erfolgreich vertreten hat ...«

37 Nur ein **ordnungsgemäßer Widerspruch** verschafft dem Arbeitnehmer die Möglichkeit,
- sich in Kündigungsschutzverfahren auf den besonderen **zusätzlichen Sozialwidrigkeitsgrund** nach § 1 Abs. 2 Satz 2 und 3 KSchG (siehe hierzu → **Kündigungsschutz** Rn. 15 ff.) zu berufen und außerdem
- einen **Weiterbeschäftigungs- und -vergütungsanspruch** für die Zeit nach Ablauf der Kündigungsfrist bis zum rechtskräftigen Abschluss des Kündigungsschutzprozesses geltend zu machen (§ 102 Abs. 5 BetrVG; siehe → ordentliche Kündigung Rn. 29 ff.).

Bloße **Bedenken** des Betriebsrats i. S. d. § 102 Abs. 2 BetrVG lösen diese Wirkungen nicht aus! Sie haben rechtlich überhaupt keine Wirkung. Allenfalls eine faktische Wirkung, wenn die aufgeführten Bedenken den Arbeitgeber derart »bewegen«, dass er von einer Kündigung Abstand nimmt (was allerdings Seltenheitswert haben dürfte).
Arbeitgeber/Personalleiter schauen sich im Übrigen genau an, ob der Widerspruch des Betriebsrats mit einer den Anforderungen des § 102 Abs. 3 BetrVG genügenden Begründung versehen sind. Wenn das nicht der Fall ist, »lehnen sie sich entspannt zurück«. Sie müssen ein etwaiges Weiterbeschäftigungsverlangen des Arbeitnehmers nach § 102 Abs. 5 BetrVG und die damit verbundenen erheblichen finanziellen Folgen (siehe → **Abfindung** Rn. 6, → **Kündigungsschutz** Rn. 25 a und → ordentliche Kündigung Rn. 28 ff.) nicht fürchten.

38 Zu weiteren Einzelheiten siehe → **Kündigung**, → **Kündigungsschutz** und → **ordentliche Kündigung**.

Bedeutung für die Beschäftigten

39 Zu den **Rechten** des gekündigten Arbeitnehmers siehe → **Kündigungsschutz**.
40 Siehe auch → **Wiedereinstellungsanspruch**.
41 Wenn
- der Betriebsrat einer ordentlichen (= fristgemäßen) Kündigung ordnungsgemäß nach § 102 Abs. 3 BetrVG **widersprochen** hat und
- der gekündigte Arbeitnehmer **Kündigungsschutzklage** erhebt (die Klage ist nach § 4 KSchG innerhalb von drei Wochen nach Zugang der schriftlichen Kündigung von dem Gekündigten beim → **Arbeitsgericht** einzureichen!) und
- unter Hinweis auf den Widerspruch des Betriebsrats gemäß § 102 Abs. 5 Satz 1 BetrVG seine **Weiterbeschäftigung** über den Ablauf der Kündigungsfrist hinaus **verlangt**,

ist der Arbeitgeber verpflichtet, den Arbeitnehmer **über den Ablauf der Kündigungsfrist hinaus** zu unveränderten Arbeitsbedingungen bis zum rechtskräftigen Abschluss des Kündigungsschutzprozesses weiter zu beschäftigen und das bisherige Arbeitsentgelt weiter zu bezahlen.
Nach zutreffender Ansicht des BAG besteht das bisherige Arbeitsverhältnis bei Vorliegen der Voraussetzungen des § 102 Abs. 5 Satz 1 BetrVG **kraft Gesetzes** fort und wird nur auflösend bedingt durch die rechtskräftige Abweisung der Kündigungsschutzklage (BAG v. 7. 3. 1996 – 2 AZR 432/95, AiB 1996, 616; 10. 3. 1987 – 8 AZR 146/84, NZA 1987, 373; 12. 9. 1985 – 2 AZR 324/84, NZA 1986, 424).
Das gilt sogar dann, wenn der Arbeitnehmer den Kündigungsschutzprozess **verliert**! Dabei

Betriebsbedingte Kündigung

kommt es nicht darauf an, ob er den Arbeitnehmer tatsächlich weiter beschäftigt hat oder nicht. Eine Vergütungspflicht entfällt (für die Zukunft) nur dann, wenn der Arbeitgeber auf seinen Antrag hin nach § 102 Abs. 5 Satz 2 BetrVG vom Arbeitsgericht bzw. Landesarbeitsgericht von der Weiterbeschäftigungspflicht rechtskräftig **entbunden** wird (bis dahin aufgelaufene Arbeitsentgeltansprüche sind vom Arbeitgeber zu erfüllen; vgl. BAG v. 7.3.1996 – 2 AZR 432/95, a. a. O.; siehe auch Kündigung Rn. 46 a ff. und Rn. 50, 51).

Beispiel:
Ein Arbeitnehmer wird ordentlich zum 30.6.2014 gekündigt. Der Betriebsrat hatte gemäß § 102 Abs. 3 Nr. 3 BetrVG Widerspruch eingelegt mit der Begründung, dass eine Weiterbeschäftigung des Arbeitnehmers auf dem freien Arbeitsplatz xy möglich ist. Der Arbeitnehmer verlangt Weiterbeschäftigung und erhebt Kündigungsschutzklage. Eine Weiterbeschäftigung lehnt der Arbeitgeber ab. Er stellt aber keinen Antrag auf Entbindung von der Weiterbeschäftigungspflicht. Ein Jahr später – am 30.6.2015 – wird die Kündigungsschutzklage vom Landesarbeitsgericht rechtskräftig abgewiesen.
Dann steht zwar fest, dass das Arbeitsverhältnis zum 30.6.2014 wirksam beendet wurde. Dennoch muss der Arbeitgeber auch für die Zeit vom 1.7.2014 bis 30.6.2015 den vollen Lohn bezahlen; ggf. unter Abzug von Arbeitslosengeld, dass der Arbeitnehmer in dieser Zeit erhalten hat (die Agentur für Arbeit hat Anspruch gegen den Arbeitgeber auf Erstattung des gezahlten Arbeitslosengeldes; § 115 Abs. 1 SGB X).

Meldepflicht (§ 38 Abs. 1 SGB III 2012)

Nach § 38 Abs. 1 Satz 1 SGB III 2012 sind Personen, deren Arbeits- oder Ausbildungsverhältnis endet, verpflichtet, sich spätestens **drei Monate** vor dessen Beendigung persönlich bei der Agentur für Arbeit **arbeitssuchend** zu melden. **42**
Liegen zwischen der Kenntnis des Beendigungszeitpunkts und der Beendigung des Arbeits- oder Ausbildungsverhältnisses weniger als drei Monate, hat die Meldung innerhalb von **drei Tagen** nach Kenntnis des Beendigungszeitpunkts zu erfolgen. Zur Wahrung der Fristen reicht eine (ggf. auch telefonische) Anzeige unter Angabe der persönlichen Daten und des Beendigungszeitpunktes aus, wenn die persönliche Meldung nach terminlicher Vereinbarung nachgeholt wird.
Die Pflicht zur Meldung besteht unabhängig davon, ob der Fortbestand des Arbeits- oder Ausbildungsverhältnisses gerichtlich geltend gemacht oder vom Arbeitgeber in Aussicht gestellt wird.
Die Pflicht zur Meldung gilt nicht bei einem betrieblichen Ausbildungsverhältnis.
Erfolgt die Meldung nicht fristgerecht, hat das eine einwöchige Arbeitslosengeldsperre (**Sperrzeit**) nach § 159 Abs. 1 Satz 2 Nr. 7, Abs. 6 SGB III 2012 zur Folge.
Zu weiteren Einzelheiten siehe → **Arbeitslosenversicherung: Arbeitsförderung** Rn. 13 ff.

Arbeitshilfen

Checkliste	• »Ordentliche Kündigung« siehe → **Ordentliche Kündigung.**
Übersichten	• »Ordentliche Kündigung« siehe → **Ordentliche Kündigung.**
	• »Kündigungsschutz« siehe → **Kündigungsschutz.**
Musterschreiben	• Anhörung des Betriebsrats zu einer fristgerechten betriebsbedingten Kündigung (§ 102 Abs. 1 BetrVG)
	• Widerspruch nach § 102 Abs. 3 Nr. 1 BetrVG
	• Widerspruch nach § 102 Abs. 3 Nr. 2 BetrVG

Betriebsbedingte Kündigung

- Widerspruch nach § 102 Abs. 3 Nr. 3 BetrVG
- Widerspruch nach § 102 Abs. 3 Nr. 4 BetrVG
- Widerspruch nach § 102 Abs. 3 Nr. 5 BetrVG
- Ordentliche/fristgerechte betriebsbedingte Kündigung
- Einspruch des Arbeitnehmers beim Betriebsrat gegen Kündigung (§ 3 KSchG)
- Kündigungsschutzklage gegen eine ordentliche Kündigung
- Weiterbeschäftigungsverlangen des gekündigten Arbeitnehmers nach § 102 Abs. 5 BetrVG für den Fall, dass der Betriebsrat frist- und ordnungsgemäß Widerspruch gemäß § 102 Abs. 3 BetrVG gegen eine ordentliche Kündigung eingelegt hat
- Antrag auf Erlass einer einstweiligen Verfügung auf Weiterbeschäftigung

Rechtsprechung – Betriebsbedingte Kündigung

1. Prüfung der sozialen Rechtfertigung einer betriebsbedingten Kündigung – Zeitpunkt der Beurteilung
2. Freie Unternehmerentscheidung: nur eingeschränkte Überprüfung auf Missbrauch (= offensichtliche Unsachlichkeit, Unvernunft oder Willkür)
3. Willkürliche Unternehmerentscheidung: Personalabbau trotz Gewinnsteigerung – Missbrauch der unternehmerischen Organisationsfreiheit
4. Kündigung wegen geplanter Betriebsstilllegung – Abgrenzung zur Betriebsveräußerung
5. Dringende betriebliche Erfordernisse für eine Kündigung – Weiterbeschäftigungsmöglichkeit auf einem freien Arbeitsplatz im Unternehmen – Konzernweiter Kündigungsschutz? – Freier Arbeitsplatz im Ausland
6. Unzulässige Austauschkündigung
7. Betriebsbedingte Kündigung bei ruhendem Arbeitsverhältnis?
8. Dringende betriebliche Erfordernisse: weitere Einzelfälle
9. Beschränkung des Kündigungsrechts des Arbeitgebers wegen Verletzung seiner Beratungs- oder Begründungspflicht nach § 92 a BetrVG?
10. Verletzung der Persönlichkeitsrechte des Arbeitnehmers durch Ausspruch einer rechtsunwirksamen betriebsbedingten Kündigung?
11. Interessenausgleich mit Namensliste (§ 1 Abs. 5 KSchG): »Vermutung, dass Kündigung durch dringende betriebliche Erfordernisse bedingt ist«
12. Betriebsbedingte Kündigung und Kurzarbeit
13. Außerordentliche betriebsbedingte Kündigung mit Auslauffrist gegenüber einem ordentlich unkündbaren Arbeitnehmer
14. Anhörung und »Widerspruch« des Betriebsrats bei außerordentlicher Kündigung mit Auslauffrist gegenüber einem ordentlich unkündbaren Arbeitnehmer
15. Betriebsbedingte Änderungskündigung
16. Ausschluss betriebsbedingter Kündigung durch Arbeitsvertrag, Betriebsvereinbarung oder Tarifvertrag
17. Interessenausgleich mit Namensliste (§ 1 Abs. 5 KSchG): eingeschränkte Überprüfung der sozialen Auswahl auf »grobe Fehlerhaftigkeit«
18. Betriebsbedingte Kündigung und Massenentlassungsanzeige
19. Wiedereinstellungsanspruch nach betriebsbedingter Kündigung
20. Beteiligungsrechte des Betriebsrats bei Kündigung

Rechtsprechung – Betriebsbedingte Kündigung – Soziale Auswahl

1. Betriebsbezogenheit der Sozialauswahl – Betriebsübergreifende Sozialauswahl im Unternehmen?
2. Unternehmensübergreifende Sozialauswahl – Gemeinschaftsbetrieb
3. Soziale Auswahl – Auswahlkriterien (§ 1 Abs. 3 Satz 1 KSchG) – Punkteschema – Benachteiligungsverbot des AGG
4. Einbeziehung vergleichbarer Arbeitnehmer in die soziale Auswahl (§ 1 Abs. 3 Satz 2 KSchG) – Darlegungs- und Beweislast
5. Soziale Auswahl bei betriebsbedingter Änderungskündigung
6. Auswahlrichtlinien (§ 1 Abs. 4 KSchG): »grobe Fehlerhaftigkeit« der Sozialauswahl
7. Interessenausgleich mit Namensliste (§ 1 Abs. 5 KSchG): »grobe Fehlerhaftigkeit« der Sozialauswahl
8. Interessenausgleich mit Namensliste im Insolvenzverfahren (§ 125 Abs. 1 Satz 1 Nr. 2 InsO): »grobe Fehlerhaftigkeit« der Sozialauswahl
9. Soziale Auswahl bei Kündigung nach Widerspruch gegen Betriebsübergang
10. Soziale Auswahl bei Kündigung nach Einigungsvertrag
11. Sonstige Fragen zur sozialen Auswahl
12. Anhörung – Widerspruch des Betriebsrats (§ 102 Abs. 3 Nr. 1 BetrVG)
13. Soziale Auswahl: Punkteschema
14. Soziale Auswahl im Falle eines Widerspruchs des Arbeitnehmers bei Betriebsübergang
15. Beteiligungsrechte des Betriebsrats bei Kündigung

Rechtsprechung – Betriebsbedingte Kündigung – Widerspruch des Betriebsrats, Weiterbeschäftigungs- und Vergütungsanspruch

1. Widerspruchsgründe (§ 102 Abs. 3 BetrVG) – Ordnungsgemäßer Widerspruch als Voraussetzung des Weiterbeschäftigungs- und Vergütungsanspruchs des Arbeitnehmers nach § 102 Abs. 5 BetrVG
2. Weiterbeschäftigungs- und Vergütungsanspruch des Arbeitnehmers nach § 102 Abs. 5 BetrVG bis zur rechtskräftigen Abweisung der Kündigungsschutzklage
3. Zeitpunkt des Weiterbeschäftigungsverlangens des Arbeitnehmers
4. Durchsetzung des Weiterbeschäftigungsanspruchs – Einstweilige Verfügung
5. Keine einseitige »Freistellung« – Antrag des Arbeitgebers auf Entbindung von der Weiterbeschäftigungspflicht durch einstweilige Verfügung (§ 102 Abs. 5 Satz 2 BetrVG)
6. Annahmeverzug bei Widerspruch des Betriebsrats und Ablehnung des Weiterbeschäftigungsverlangens nach § 102 Abs. 5 BetrVG: Vergütungsansprüche des Arbeitnehmers
7. Wertausgleich gemäß § 812 Abs. 1 Satz 1, § 818 Abs. 2 BGB bei Weiterbeschäftigungsverhältnis außerhalb des § 102 Abs. 5 BetrVG
8. Annahmeverzug bei Abweisung des allgemeinen Weiterbeschäftigungsantrags außerhalb des § 102 Abs. 5 BetrVG
9. Erweiterung der Rechte des Betriebsrats nach § 102 Abs. 6 BetrVG

Betriebsbuße

Was ist das?

1 »Betriebsbußen« sind **Disziplinarmaßnahmen** des Arbeitgebers gegenüber einem Arbeitnehmer. Sie dienen der Durchsetzung der »betrieblichen Ordnung« (siehe → **Betriebsordnung**). Dies geschieht dadurch, dass der Arbeitnehmer, der gegen die betriebliche Ordnung verstoßen hat, mit einer »Strafe«, nämlich einer »Betriebsbuße« belegt wird.

2 Von der Betriebsbuße zu unterscheiden ist die → **Abmahnung**, mit der der Arbeitgeber einen Verstoß des Arbeitnehmers gegen seine »arbeitsvertraglichen« Verpflichtungen rügt.
Von Bedeutung ist diese Unterscheidung für die Frage, ob ein **Mitbestimmungsrecht** des Betriebsrats besteht oder nicht (siehe Rn. 14 ff.).

3 In der betrieblichen Praxis kommt die »Betriebsbuße« in verschiedenen **Formen** vor:
1. in Form einer schriftlichen **Beanstandung**, die viele Namen haben kann:
Missbilligung, Beanstandung, Rüge, förmliche Rüge, Mahnung, Abmahnung, Kündigungsandrohung, Tadel, Verwarnung, Verweis, strenger Verweis; oder
2. in Form von Maßnahmen der nachfolgenden Art:
Befristete Beförderungssperre, Geldbuße in Höhe eines Stunden- oder Tagesverdienstes, Entzug von Vergünstigungen, Abgruppierung, Kündigung.

> **Beispiel einer Betriebsbuße in Form einer »schriftlichen Beanstandung«:**
> Sehr geehrter Herr Schulz,
> Sie haben an der von Ihnen bedienten Maschine einen gewerkschaftlichen Aufkleber angebracht. Damit haben Sie gegen § 6 unserer Betriebsordnung vom 3.4.1998 verstoßen. Hiernach ist nämlich das Anbringen von Plakaten, Flugblättern, Aufklebern und sonstigem Material an den betrieblichen Einrichtungen untersagt.
> Wir erteilen Ihnen hiermit gemäß § 21 Abs. 1 der Betriebsordnung einen Verweis und fordern Sie auf, zukünftig die Vorschriften der Betriebsordnung zu beachten.
> Mit freundlichen Grüßen
> Geschäftsleitung

4 Das BAG hält Betriebsbußen dann für zulässig, wenn die Betriebsbuße aufgrund einer wirksam geschaffenen und bekannt gemachten »**Bußordnung**« verhängt wurde und dabei ein rechtsstaatliches, ordnungsgemäßes Verfahren eingehalten wird (BAG v. 17.10.1989 – 1 ABR 100/88, AiB 1990, 258 = NZA 1990, 193). Hierzu ein Auszug aus der Entscheidung: »*Das Bundesarbeitsgericht hat wiederholt ausgesprochen, dass das Mitbestimmungsrecht des Betriebsrats nach § 87 Abs. 1 Nr. 1 BetrVG auch das Recht beinhalte, sowohl bei der Aufstellung einer Bußordnung als auch bei der Verhängung einer Betriebsbuße im Einzelfall mitzubestimmen. [...] Gegen diese Rechtsprechung und gegen die Annahme einer »Strafgewalt« der Betriebspartner über die Arbeitnehmer sind wiederholt Bedenken geltend gemacht worden. Diese sind in der genannten Entscheidung des Siebten Senats vom 28. April 1982 (aaO) im Einzelnen dargelegt worden. Auch der Senat hat in seiner Entscheidung vom 22. Oktober 1985 (BAGE 50, 29 = AP Nr. 18 zu § 87 BetrVG 1972 Lohngestaltung) auf diese Bedenken verwiesen. Der Senat hält jedoch an der aufge-*

zeigten Rechtsprechung fest. Das von der Rechtsprechung des Bundesarbeitsgerichts bisher bejahte Recht der Betriebspartner zur Aufstellung einer Bußordnung und zur Verhängung von Betriebsbußen folgt aus der den Betriebspartnern in § 87 Abs. 1 Nr. 1 BetrVG gewährten Befugnis, Fragen der Ordnung des Betriebes und des Verhaltens der Arbeitnehmer im Betrieb gemeinsam und in der Regel durch Betriebsvereinbarung normativ zu regeln. [...] Betriebsbußen als Sanktion für einen Verstoß des Arbeitnehmers gegen die normativ geregelte Ordnung des Betriebes können jedoch nur verhängt werden, wenn eine von den Betriebspartnern vereinbarte Bußordnung besteht und diese Betriebsbußen für bestimmte Verstöße vorsieht. Solange es an einer solchen betrieblichen Bußordnung fehlt, fehlt auch für die Verhängung von Betriebsbußen jede Rechtsgrundlage. Vom Arbeitgeber gleichwohl verhängte Betriebsbußen sind unwirksam. Wenn Betriebsbußen als Sanktionen für Verstöße gegen die kollektive betriebliche Ordnung zulässig sind, dann stellen sie »Strafen« für ein von dieser Ordnung verbotenes Verhalten dar. Wie für Kriminalstrafen muß dann aber auch für Betriebsstrafen, Betriebsbußen, der Grundsatz gelten, daß solche Strafen nur zulässig sind, wenn zuvor der Straftatbestand einschließlich seiner Straffolge normiert worden ist. Der Grundsatz »nulla poena sine lege« muss auch hinsichtlich einer betrieblichen Strafgewalt und damit einer Betriebsbuße gelten. Damit setzt jede Betriebsbuße das Vorhandensein einer mitbestimmten Betriebsbußenordnung voraus, die den Anforderungen hinsichtlich der ausreichenden Bestimmtheit bußbewehrter Tatbestände und der verwirkten Buße genügt. Ohne eine solche Bußordnung kann eine Betriebsbuße auch nicht unter Beteiligung und Zustimmung des Betriebsrats verhängt werden. Ebensowenig wie ein Gericht ohne ein entsprechendes Strafgesetz eine Strafe aussprechen kann, können die Betriebspartner auch nicht gemeinsam ohne eine Bußordnung eine Betriebsbuße aussprechen.«

Zur **Mitbestimmung** des Betriebsrats sowohl bei der Schaffung einer »Bußordnung« als auch der Verhängung einer »Betriebsbuße« im Einzelfall siehe Rn. 8. 4a

Unstreitig unzulässig ist die Verhängung von »Betriebsbußen« in Form der → **Kündigung** oder Abgruppierung (siehe → **Eingruppierung/Umgruppierung**). Das wäre unvereinbar mit dem zwingenden gesetzlichen Kündigungsschutzrecht bzw. Tarifrecht. 5

Bußordnungen sind häufig in → **Betriebsordnungen** »eingebaut« in der Weise, dass die Auferlegung einer »Betriebsbuße« dann ausgelöst wird, wenn der Arbeitnehmer gegen einen Tatbestand der Betriebsordnung verstößt. 6

Dabei werden die Betriebsbußen oft nach Schwere gestaffelt: z. B. Verwarnung, Verweis, strenger Verweis usw.

Bedeutung für die Betriebsratsarbeit

Nach § 87 Abs. 1 Nr. 1 BetrVG hat der Betriebsrat **mitzubestimmen** in »Fragen der Ordnung des Betriebs und des Verhaltens der Arbeitnehmer im Betrieb«. 7

Dieses Mitbestimmungsrecht umfasst nach allgemeiner Auffassung nicht nur die Aufstellung von Ordnungs- und Verhaltensregeln (z. B. in Form einer → **Betriebsordnung**), sondern auch: 8
- die Schaffung einer »Bußordnung« (siehe Rn. 4) und
- die Verhängung der Betriebsbuße im Einzelfall (sofern eine »Bußordnung« im Mitbestimmungswege zustande gekommen ist).

Beachten: Solange eine mitbestimmte Betriebsbußenordnung nicht besteht, hat der Betriebsrat bei einer vom Arbeitgeber gleichwohl im Einzelfall verhängten Betriebsbuße nicht mitzubestimmen. 9

Vielmehr ist eine einseitig vom Arbeitgeber – ohne wirksame rechtliche Grundlage – verhängte

Betriebsbuße

Betriebsbuße schlicht **unwirksam** (BAG v. 17. 10. 1989 – 1 ABR 100/88, AiB 1990, 258 = NZA 1990, 193) und auf Klage des Arbeitnehmers aus der → **Personalakte** zu entfernen.

10 Dem Betriebsrat stellen sich, wenn der Arbeitgeber eine Betriebs- und Bußordnung einführen will (oder wenn der Betriebsrat eine bestehende Betriebs- und Bußordnung überprüfen will) folgende Aufgaben:
- Er prüft, ob die vom Arbeitgeber angestrebten Ordnungs- und Verhaltensregeln mit den Interessen der Arbeitnehmer und mit höherrangigem Recht (Grundgesetz, Menschenwürde, Persönlichkeitsrechte, sonstige öffentlich-rechtliche Vorschriften, Tarifverträge) vereinbar sind (siehe → **Betriebsordnung**).
- Er überprüft außerdem die Zulässigkeit und die Angemessenheit der vom Arbeitgeber geforderten »Bußordnung« (Prüfungskriterien: genügt das vorgesehene Bußverfahren rechtsstaatlichen Anforderungen [= Anhörung des Betroffenen usw.], sind die vorgesehenen Bußen zulässig und angemessen?).

11 Des Weiteren entstehen für den Betriebsrat Aufgaben und Mitbestimmungsrechte, wenn der Disziplinarfall eingetreten ist, d. h., wenn der Arbeitgeber gegenüber einem Arbeitnehmer im Einzelfall eine Betriebsbuße verhängen will.

12 In dem oben genannten Beispiel (siehe Rn. 3) bestehen Zweifel, ob das Interesse des Arbeitgebers an einer »aufkleberfreien« Maschine höher zu bewerten ist als das Interesse und das Recht des einzelnen Beschäftigten, seine Meinung frei zu äußern und sich auf diese Weise für seine Gewerkschaft zu betätigen.

Der Betriebsrat hätte also gute Gründe, seine Zustimmung zur Erteilung eines Verweises zu verweigern.

13 Verweigert der Betriebsrat seine Zustimmung zu der vom Arbeitgeber geforderten Betriebs- und Bußordnung ganz oder bezüglich einzelner Regelungen, so entscheidet auf Antrag die → **Einigungsstelle**.

Das Gleiche gilt bei der vom Arbeitgeber beabsichtigten Verhängung einer Betriebsbuße im Einzelfall (sofern eine wirksame Bußordnung überhaupt besteht; siehe Rn. 9).

14 Schwierigkeiten bereitet die Feststellung eines Mitbestimmungsrechtes bei Betriebsbußen in Form einer »**schriftlichen Beanstandung**«.

Denn nach allgemeiner Auffassung besteht kein Mitbestimmungsrecht bei einer → **Abmahnung**, die einer Betriebsbuße in Form der schriftlichen Beanstandung sehr ähnlich ist.

15 Für die Unterscheidung von »Abmahnung« und »Betriebsbuße« ist unerheblich die **Bezeichnung**, die der Arbeitgeber seiner Beanstandung gibt. So kann es sich bei einer als »Abmahnung« bezeichneten Beanstandung um eine »Betriebsbuße« handeln und umgekehrt.

16 Für die **Unterscheidung** maßgeblich sind vielmehr Ziel und Inhalt der Beanstandung:
- Rügt der Arbeitgeber einen Verstoß des Arbeitnehmers gegen seine **arbeitsvertraglichen Verpflichtungen,** will er lediglich von seinem Beanstandungsrecht als Arbeitsvertragspartei Gebrauch machen und zukünftiges vertragsgemäßes Verhalten durchsetzen. In diesem Falle bewegt sich der Vorgang auf der individualrechtlichen Ebene. Ein (kollektives) Mitbestimmungsrecht entfällt (BAG v. 17. 10. 1989 – 1 ABR 100/88, AiB 1990, 258).
- Rügt der Arbeitgeber dagegen einen Verstoß des Arbeitnehmers gegen die z. B. durch eine Betriebsordnung geregelte **betriebliche Ordnung** und ist aus dem Inhalt der Rüge ersichtlich, dass es ihm darum geht, die (mit dem Betriebsrat vereinbarte) betriebliche Ordnung durchzusetzen, so handelt es sich bei der Beanstandung um eine »Betriebsbuße«. In diesem Falle bewegt sich der Vorgang auf der kollektivrechtlichen Ebene, so dass ein Mitbestimmungsrecht gegeben ist.

17 Anders ausgedrückt: Mit der mitbestimmungsfreien »Abmahnung« will der Arbeitgeber in erster Linie zukünftiges arbeitsvertragskonformes Verhalten erzwingen (**Warnfunktion der Abmahnung**).

18 Mit der mitbestimmungspflichtigen Betriebsbuße dagegen will der Arbeitgeber nicht nur zu-

Betriebsbuße

künftiges, betriebsordnungskonformes Verhalten erzwingen, sondern auch vergangenes »ordnungswidriges« Verhalten »bestrafen« (**Strafcharakter der Betriebsbuße**).

Hat der Arbeitnehmer gleichzeitig gegen Arbeitsvertrag **und** kollektive Ordnung verstoßen (Beispiel: Arbeitnehmer kommt zu spät zur Arbeit und verstößt damit sowohl gegen seine Vertragspflichten als auch gegen eine Vorschrift in einer → **Betriebsordnung**, wonach die Arbeitnehmer »stets pünktlich zur Arbeit zu erscheinen haben«), dann soll der Arbeitgeber nach der BAG-Rechtsprechung ein **Wahlrecht** haben (BAG v. 30.1.1979 – 1 AZR 342/76, DB 1979, 1511). Das heißt, er soll wählen können, ob er eine mitbestimmungsfreie Abmahnung ausspricht oder eine mitbestimmungspflichtige Betriebsbuße verhängt.   19

Stellt sich das Verhalten des Arbeitnehmers jedoch ausschließlich als **Verstoß gegen die kollektive Ordnung** dar (Beispiel: Verstoß gegen eine Regelung zur Nutzung des Firmenparkplatzes), so darf der Arbeitgeber nur zu den in der »Bußordnung« vorgesehenen »Betriebsbußen«, nicht aber zu einer Abmahnung greifen (BAG v. 17.10.1989 – 1 ABR 100/88, AiB 1990, 258 = NZA 1990, 193).   20

Umgekehrt darf der Arbeitgeber keine Betriebsbuße auferlegen, wenn der Arbeitnehmer allein gegen den **Arbeitsvertrag**, nicht aber gleichzeitig gegen die kollektive Ordnung verstoßen hat.   21

Natürlich ist eine Betriebsbuße auch dann unzulässig und nichtig, wenn eine mitbestimmte »Bußordnung« überhaupt nicht existiert oder wenn die auferlegte Buße in der »Bußordnung« überhaupt nicht vorgesehen ist (BAG v. 17.10.1989 – 1 ABR 100/88, a. a. O.).   22

Sinnvoll und notwendig ist es, in der Betriebsvereinbarung, in der die Rechtsgrundlage für Betriebsbußen geschaffen wird (z. B. in der Betriebsordnung), gleichzeitig eine Regelung über die **Entfernung schriftlicher Beanstandungen** oder sonstiger Hinweise auf die Betriebsbuße aus der → **Personalakte** nach Ablauf bestimmter Fristen (gegebenenfalls differenziert nach der Schwere des Verstoßes) zu vereinbaren.   23

> **Beispiel:**
> »Verwarnungen sind nach sechs Monaten, strenge Verweise nach zwölf Monaten aus der Personalakte zu entfernen und zu vernichten ...«

Bedeutung für die Beschäftigten

Rechtliche Möglichkeiten des Arbeitnehmers, der eine ihm gegenüber schriftlich ausgesprochene und zur Personalakte genommene Betriebsbuße für ungerechtfertigt hält: 24
- **Gegendarstellung**, die nach § 83 Abs. 2 BetrVG zur Personalakte zu nehmen ist;
- **Beschwerde** nach §§ 84, 85 BetrVG (siehe insoweit auch → **Abmahnung**, → **Beschwerderecht des Arbeitnehmers**);
- **Klage auf Entfernung** der schriftlichen Betriebsbuße aus der → **Personalakte** und Vernichtung.

Auch gegenüber **sonstigen Betriebsbußen** (z. B. Beförderungssperre, Entzug von Vergünstigungen, Geldbuße) kann sich der Beschäftigte mit den vorgenannten Mitteln, insbesondere mit einer arbeitsgerichtlichen Klage zur Wehr setzen.   25

Betriebsbuße

Arbeitshilfen

Übersicht
Checkliste
Musterschreiben

- Betriebsbuße
- Betriebsbuße
- Gegendarstellung bzw. Aufforderung zur Entfernung eines schriftlichen Verweises (Betriebsbuße) aus der Personalakte

Übersicht: Betriebsbuße

Arbeitgeber will – auf der Grundlage einer mit dem Betriebsrat nach § 87 Abs. 1 Nr. 1 BetrVG vereinbarten »Betriebsbußenregelung« gegen einen Arbeitnehmer wegen eines angeblichen Verstoßes gegen die betriebliche Ordnung eine »Betriebsbuße« verhängen (z.B. in Form einer schriftlichen Beanstandung)

↓

Betriebsrat hat Mitbestimmungsrecht (§ 87 Abs. 1 Nr. 1 BetrVG)

↓

- Betriebsrat stimmt zu
- Betriebsrat lehnt ab: auf Antrag entscheidet die Einigungsstelle (§ 87 Abs. 2 BetrVG)

↓

- Einigungsstelle stimmt zu
- Einigungsstelle lehnt ab

↓

- Arbeitgeber kann Betriebsbuße gegenüber Arbeitnehmer erteilen
- Betriebsbuße kann nicht erteilt werden

↓

Handlungsmöglichkeiten des Arbeitnehmers, wenn Betriebsbuße ungerechtfertigt oder überzogen ist

↓

- Beschwerde beim Betriebsrat
- Gegendarstellung, die zur Personalakte zu nehmen ist
- Klage auf Entfernung der schriftlichen Beanstandung aus der Personalakte

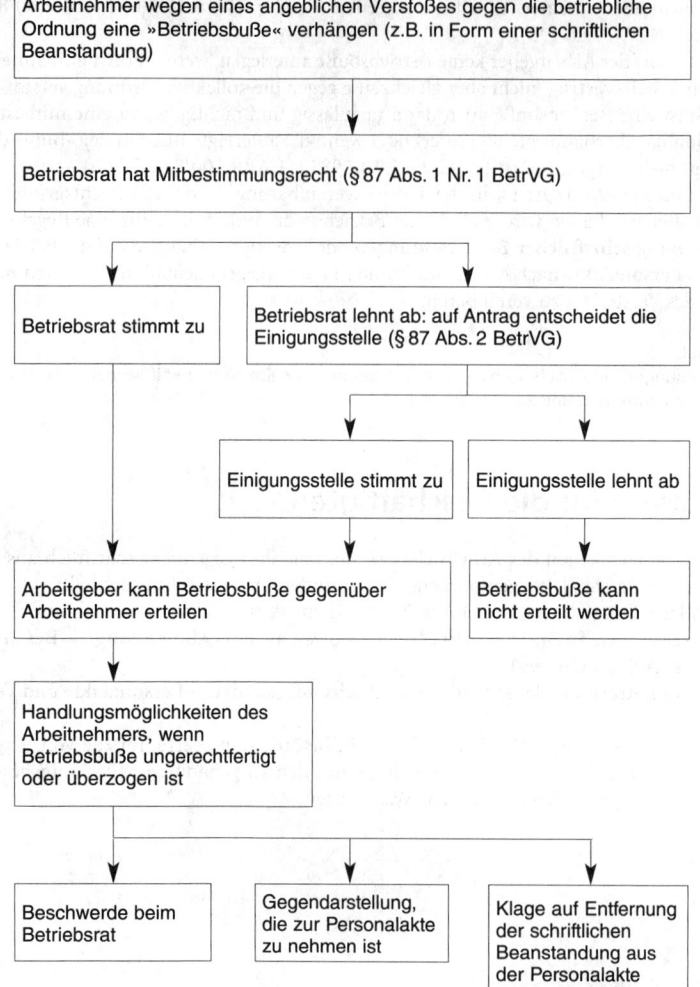

Rechtsprechung

1. Abgrenzung Abmahnung / Betriebsbuße
2. Mitbestimmung bei Betriebsbuße

Betriebsordnung

Was ist das?

1   Als Betriebsordnung wird eine betriebliche Regelung bezeichnet, in der eine Vielzahl von Vorschriften zu Fragen der **betrieblichen Ordnung** und des **Verhaltens** der Beschäftigten zusammengefasst sind (andere gebräuchliche Bezeichnungen: »Arbeitsordnung«, »Mitarbeiterordnung«, »Hausordnung«).

> Beispiele:
> Regelungen über
> - die Benutzung von Wasch- und Umkleideräumen,
> - Rauchen und Genuss von Alkohol im Betrieb,
> - das Tragen von Arbeitskleidung,
> - Passierscheine, Torkontrollen,
> - An- und Abmeldepflichten,
> - die Benutzung des Firmenparkplatzes,
> - die Behandlung des Arbeitszeugs,
> - Verteilung von Schriften auf dem Betriebsgelände,
> - die Benutzung von Stechuhren,
> - Anwesenheitskontrollen bei gleitender Arbeitszeit,
> - die Folgen bei Verstößen gegen die »Betriebsordnung«.

2   Bisweilen werden solche Fragen, statt in einer umfassenden Betriebsordnung, auch in besonderen »Ordnungen« geregelt (z. B. Kleiderordnung, Parkplatzordnung: vgl. hierzu BAG v. 7.2.2012 – 1 ABR 63/10, NZA 2012, 685).

Bedeutung für die Betriebsratsarbeit

3   Nach § 87 Abs. 1 Nr. 1 BetrVG hat der Betriebsrat in
    »Fragen der Ordnung des Betriebs und des Verhaltens der Arbeitnehmer im Betrieb«
    ein **Mitbestimmungsrecht**.
    Das heißt, will der Arbeitgeber in derartigen Fragen Regelungen treffen (z. B. in Form einer umfassenden Betriebsordnung oder in Form einer sonstigen Anordnung mit kollektivem Charakter), benötigt er hierzu die Zustimmung des Betriebsrats.
    Verweigert der Betriebsrat die Zustimmung, so muss der Arbeitgeber die → **Einigungsstelle** anrufen, wenn er sein Vorhaben realisieren will (§ 87 Abs. 2 BetrVG).

3a **Gegenstand** des Mitbestimmungsrechts ist nach Ansicht des BAG das betriebliche Zusammenleben und Zusammenwirken der Arbeitnehmer (BAG v. 25.9.2012 – 1 ABR 50/11, NZA 2013, 467). Dieses könne der Arbeitgeber kraft seiner Leitungsmacht durch Verhaltensregeln oder sonstige Maßnahmen beeinflussen und koordinieren. **Zweck** des Mitbestimmungsrechts

Betriebsordnung

sei es, die Arbeitnehmer hieran zu beteiligen. Sie sollen an der Gestaltung des betrieblichen Zusammenlebens **gleichberechtigt teilnehmen**.
Der Betriebsrat habe nach § 87 Abs. 1 Nr. 1 BetrVG allerdings nur bei Maßnahmen mitzubestimmen, die das sog. **Ordnungsverhalten** der Arbeitnehmer im Betrieb betreffen (BAG v. 25. 9. 2012 – 1 ABR 50/11, NZA 2013, 467; 22. 7. 2008 – 1 ABR 40/07, AiB 2008, 669; 8. 11. 1994 – 1 ABR 22/94, NZA 1995, 857).
Dagegen seien Maßnahmen, die das sog. **Arbeitsverhalten** regeln sollen (= Maßnahmen, mit denen die Arbeitspflicht unmittelbar konkretisiert und abgefordert wird), nicht mitbestimmungspflichtig (BAG v. 25. 9. 2012 – 1 ABR 50/11, a. a. O.; 22. 7. 2008 – 1 ABR 40/07, a. a. O.; 8. 11. 1994 – 1 ABR 22/94, a. a. O.).

Die Betriebsparteien haben bei betrieblichen Regelungen, die das **Persönlichkeitsrecht** der Arbeitnehmer berühren, die ihnen nach § 75 Abs. 2 Satz 1 BetrVG obliegende Pflicht zu beachten, die freie Entfaltung der Persönlichkeit der im Betrieb beschäftigten Arbeitnehmer zu schützen und zu fördern (BAG v. 9. 7. 2013 – 1 ABR 2/13 (A), NZA 2013, 1433). Eine Betriebsvereinbarung, die Arbeitnehmer in ihrem Persönlichkeitsrecht beeinträchtigt, muss **verhältnismäßig** sein. Nachstehend ein Auszug aus der Entscheidung: »*Nach dieser Bestimmung (§ 75 Abs. 2 Satz 1 BetrVG) haben die Betriebsparteien beim Abschluss von Betriebsvereinbarungen das aus Art. 2 Abs. 1 i. V. m. Art. 1 Abs. 1 GG abgeleitete allgemeine Persönlichkeitsrecht zu beachten (…). Dieses gewährleistet Elemente der Persönlichkeit, die nicht Gegenstand der besonderen Freiheitsgarantien des Grundgesetzes sind, diesen aber in ihrer konstituierenden Bedeutung für die Persönlichkeit nicht nachstehen. Die Zuordnung eines konkreten Rechtsschutzbegehrens zu den verschiedenen Aspekten des Persönlichkeitsrechts richtet sich vor allem nach der Art der Persönlichkeitsgefährdung (BVerfG 27. 2. 2008 – 1 BvR 370/07, 1 BvR 595/07(Rn. 151)…). Außerhalb des absoluten Kernbereichs privater Lebensgestaltung wird das allgemeine Persönlichkeitsrecht in den Schranken der verfassungsmäßigen Ordnung garantiert. Es kann deshalb durch verfassungsgemäße Gesetze eingeschränkt werden. Derartige Regelungen können auch die von den Betriebsparteien im Rahmen ihrer Regelungskompetenz geschlossenen Betriebsvereinbarungen enthalten. Der Gesetzgeber genügt insoweit seiner Pflicht, die Arbeitnehmer als Grundrechtsträger vor einer unverhältnismäßigen Beschränkung ihrer Grundrechte durch privatautonome Regelungen zu bewahren, indem er die Betriebsparteien in § 75 Abs. 2 Satz 1 BetrVG verpflichtet, die freie Entfaltung der Persönlichkeit der im Betrieb beschäftigten Arbeitnehmer zu schützen (BAG v. 26. 8. 2008 – 1 ABR 16/07 (Rn. 16 f.)) Das zulässige Maß einer Beschränkung des allgemeinen Persönlichkeitsrechts zugunsten schützenswerter Belange eines anderen Grundrechtsträgers richtet sich nach dem Grundsatz der Verhältnismäßigkeit (BAG v. 26. 8. 2008 – 1 ABR 16/07 (Rn. 17)). Dieser verlangt eine Regelung, die geeignet, erforderlich und unter Berücksichtigung der gewährleisteten Freiheitsrechte angemessen ist, um den erstrebten Zweck zu erreichen (BAG v. 29. 6. 2004 – 1 ABR 21/03). Den Betriebsparteien dürfen zur Zielerreichung keine anderen, gleich wirksamen und das Persönlichkeitsrecht der Arbeitnehmer weniger einschränkende Mittel zur Verfügung stehen. Eine Regelung ist verhältnismäßig im engeren Sinn, wenn die Schwere des Eingriffs bei einer Gesamtabwägung nicht außer Verhältnis zu dem Gewicht der ihn rechtfertigenden Gründe steht (BVerfG 4. 4. 2006 – 1 BvR 518/02).*«

Nach Ansicht des BAG genügt eine Betriebsvereinbarung (noch) den Anforderungen des Verhältnismäßigkeitsgrundsatzes, wenn sie **Taschenkontrollen** (auch von Mantel- und Jackentaschen) am Betriebstor vorsieht, um den Diebstahl kleinräumiger Produktionsgegenstände zu verhindern, vor Inkrafttreten der Betriebsvereinbarung innerhalb eines Jahres ein Schaden durch entwendete Gegenstände in Höhe von ca. 250 000 Euro entstanden war und die Auswahl der – an 30 Tagen im Jahr kontrollierten – Mitarbeiter (hier: 86) durch einen Zufallsgenerator erfolgt (BAG v. 9. 7. 2013 – 1 ABR 2/13 (A), a. a. O.).

Der Betriebsrat hat nach § 87 Abs. 1 Nr. 1 BetrVG u. a. auch mitzubestimmen
- bei der Ein- und Durchführung von **Ethik-Richtlinien** / Verhaltenskodex / »Code of Con-

3b

3c

3d

Betriebsordnung

duct« (BAG v. 22. 7. 2008 – 1 ABR 40/07, AiB 2008, 669 = NZA 2008, 1248);
- bei der Einführung und Ausgestaltung des Verfahrens, in dem Arbeitnehmer ihr Beschwerderecht nach § 13 AGG wahrnehmen können (siehe → **Benachteiligungsverbot [AGG]** Rn. 45; BAG v. 21. 7. 2009 – 1 ABR 42/08, NZA 2009, 1049);
- bei der Ein- und Durchführung eines **Sicherheitswettbewerbs**, der zu einem sicherheitsbewussten Verhalten anregen soll und der für die Verringerung von Unfallzahlen Prämien aussetzt (BAG v. 24. 3. 1981 – 1 ABR 32/78, DB 1981, 1882);
- bei der Anweisung des Arbeitgebers, Zeiten der Arbeitsunfähigkeit unabhängig von deren Dauer generell durch eine vor Ablauf des dritten Kalendertags nach Beginn der Arbeitsunfähigkeit vorzulegende **Arbeitsunfähigkeitsbescheinigung** nachzuweisen (BAG v. 25. 1. 2000 – 1 ABR 3/99, NZA 2000, 665);
- bei der Ein- und Durchführung **formalisierter Krankengespräche** zur Aufklärung eines überdurchschnittlichen Krankenstands mit einer nach abstrakten Kriterien ermittelten Mehrzahl von Arbeitnehmern (BAG v. 8. 11. 1994 – 1 ABR 22/94, NZA 1995, 857);
- bei der Einführung eines **Formulars** ein, auf dem die Arbeitnehmer die Notwendigkeit eines **Arztbesuches** während der Arbeitszeit vom Arzt bescheinigen lassen sollen (BAG v. 21. 1. 1997 – 1 ABR 53/96, AiB 1997, 539 = NZA 1997, 785);
- wenn der Arbeitgeber von Arbeitnehmern, deren Krankheitszeiten sechs Wochen überschreiten, **formularmäßig** die Vorlage einer ärztlichen Bescheinigung darüber verlangt, ob eine **Fortsetzungserkrankung** i. S. v. § 3 Abs. 1 EFZG vorliegt (Hess. LAG v. 6. 9. 2001 – 5 TaBV 5/01 (rkr.), DB 2002, 1224);
- wenn der Arbeitgeber »**Abmahnungsschreiben**« wegen **Krankheit** versendet (ArbG Köln v. 1. 9. 1977 – 13 BV 55/77; vgl. auch DKKW-*Klebe*, BetrVG, 15. Aufl., § 87 Rn. 67); man könnte allerdings auch der Ansicht sein, dass ein solches Arbeitgeberverhalten das Persönlichkeitsrecht des Arbeitnehmers verletzt und deshalb vom Betriebsrat nach § 80 Abs. 1 Nr. 1 BetrVG als krasser Rechtsmissbrauch zu beanstanden ist;
- bei der Einführung von **Namensschildern** an der Dienstkleidung der Mitarbeiter im Fahrdienst eines öffentlichen Verkehrsbetriebes (BAG v. 11. 6. 2002 – 1 ABR 46/01, AiB 2003, 629; LAG Nürnberg v. 21. 8. 2001 – 6 TaBV 8/01, DB 2002, 51);
- bei der Einführung einer **einheitlichen Arbeitskleidung** (BAG v. 1. 12. 1992 – 1 AZR 260/92, NZA 1993, 711);
- bei der Festlegung der **Nutzungsbedingungen von Parkflächen**, die der Arbeitgeber den Arbeitnehmern für das Abstellen ihrer Privat-Pkw zur Verfügung stellt (BAG v. 7. 2. 2012 – 1 ABR 63/10, NZA 2012, 685);
- bei Maßnahmen zur **Einschränkung sexueller Belästigungen** am Arbeitsplatz (ArbG Wesel v. 31. 3. 1993 – 3 BV 35/92 (rkr.), AiB 1993, 570);
- bei der Aufstellung einer **Betriebsbußenordnung** (BAG v. 17. 10. 1989 – 1 ABR 100/88, AiB 1990, 258 = NZA 1990, 193); zur Mitbestimmung des Betriebsrats bei einer aufgrund einer Betriebsbußenordnung verhängten → **Betriebsbuße** siehe Rn. 12.

4 Erlässt der Arbeitgeber im Bereich der betrieblichen Ordnung und des Verhaltens der Arbeitnehmer einseitig – ohne Zustimmung des Betriebsrats – gegenüber der Belegschaft **Anordnungen**, so sind diese **unwirksam**. Das nach § 106 GewO bestehende Direktionsrecht/Weisungsrecht des Arbeitgebers (siehe → **Arbeitsvertrag** Rn. 3, 58) ist durch Mitbestimmung des Betriebsrats nach § 87 Abs. 1 Nr. 1 BetrVG eingeschränkt.
Der Betriebsrat kann Unterlassung bzw. Rücknahme der Anordnung verlangen und ggf. ein entsprechendes arbeitsgerichtliches Verfahren einleiten (siehe → **Unterlassungsanspruch des Betriebsrats**).

5 Nicht von § 87 Abs. 1 Nr. 1 BetrVG erfasst werden **arbeitsbezogene Einzelanweisungen** an einen Arbeitnehmer, die die Konkretisierung der arbeitsvertraglichen Arbeitspflicht des Arbeitnehmers bezwecken (Beispiel: »Erledigen Sie erst diese Arbeit und danach jene Arbeit«).

Die Abgrenzung zu den mitbestimmungspflichtigen Verhaltensanordnungen mit kollektivem Charakter ist bisweilen schwierig. So ist es beispielsweise strittig, ob die Einführung von Tätigkeitsberichten für Außendienstmitarbeiter der Mitbestimmung des Betriebsrats unterliegt oder nicht.

Zu beachten ist, dass ein Mitbestimmungsrecht auch nach § 87 Abs. 1 Nr. 6 BetrVG bestehen kann; nämlich dann, wenn **technische Einrichtungen** (z. B. Stechuhr, elektronische Datenerfassungsgeräte, Videokameras usw.) eingeführt werden sollen, die die Überwachung von Verhalten und Leistung der Arbeitnehmer ermöglichen (siehe → **Datenschutz** und → **Überwachung von Arbeitnehmern**). 6

Einigen sich Arbeitgeber und Betriebsrat über die Einführung (das »Ob«) und den Inhalt (das »Wie«) einer Betriebsordnung oder einer sonstigen Anordnung mit kollektivem Charakter, so ist diese Einigung in Form einer → **Betriebsvereinbarung** schriftlich niederzulegen und bekannt zu machen (§ 77 BetrVG). 7

Bei Nichteinigung entscheidet auf Antrag des Arbeitgebers oder Betriebsrats die → **Einigungsstelle** über das »Ob« und »Wie« der Betriebsordnung. 8

Im Rahmen der **Verhandlungen** über das »Ob« und »Wie« einer vom Arbeitgeber angestrebten Regelung besteht die Hauptarbeit des Betriebsrats darin, zu untersuchen, ob eine solche Regelung den Interessen der Beschäftigten nützt oder ob sie ihnen schadet. Häufig folgen nämlich die »Vorschläge« des Arbeitgebers dem Prinzip: »dem Arbeitnehmer alle Pflichten, dem Arbeitgeber alle Rechte«. 9

Regelungsvorschläge des Arbeitgebers, die mit den **Interessen der Arbeitnehmer** nicht zu vereinbaren sind und die gegen **höherrangiges Recht** verstoßen (z. B. Persönlichkeitsrechte, Menschenwürde, Gesetze, Rechtsverordnungen, Unfallverhütungsvorschriften, Tarifverträge), müssen abgelehnt werden. 10

Bedeutung für die Beschäftigten

Eine mit Zustimmung des Betriebsrats bzw. durch Einigungsstellenspruch zustande gekommene Betriebsordnung (oder sonstige Anordnung mit kollektivem Charakter) ist grundsätzlich für die Arbeitnehmer verbindlich. 11

Das gilt nicht, wenn sie insgesamt oder in Teilen gegen **höherrangiges Recht** verstößt. Ebenfalls besteht keine Rechtsverbindlichkeit, soweit der → **Arbeitsvertrag** für den Arbeitnehmer »bessere« Regelungen enthält (→ **Günstigkeitsprinzip**).

Bei Verstoß gegen die Betriebsordnung kann eine so genannte → **Betriebsbuße** (Verwarnung, Verweis, Geldbuße usw.) nur dann verhängt werden, wenn dies in der Betriebsordnung selbst oder in einer gesonderten Betriebsvereinbarung (»Bußordnung«) mit Zustimmung des Betriebsrats festgelegt ist und der Betriebsrat der Verhängung der Betriebsbuße auch im jeweiligen Einzelfall zugestimmt hat bzw. eine → **Einigungsstelle** die fehlende Zustimmung des Betriebsrats ersetzt hat (vgl. § 87 Abs. 1 Nr. 1 und Abs. 2 BetrVG; siehe auch → **Betriebsbuße**). 12

Rechtsprechung

1. Mitbestimmung des Betriebsrats nach § 87 Abs. 1 Nr. 1 BetrVG
2. Mitbestimmung bei betrieblichem Eingliederungsmanagement (§ 84 Abs. 2 SGB IX)
3. Mitbestimmung bei Ethik-Richtlinien / Verhaltenskodex (»Code of Conduct«)
4. Mitbestimmung bei Einführung und Ausgestaltung eines Beschwerdeverfahrens nach § 13 AGG

Betriebsordnung

5. Mitbestimmung bei Sicherheitswettbewerb
6. Mitbestimmung bei Arbeitsunfähigkeitsbescheinigung
7. Mitbestimmung bei formalisierten Krankengesprächen
8. Mitbestimmung bei Formularen für Arztbesuche
9. Mitbestimmung bei Einführung von Namensschildern
10. Mitbestimmung bei betrieblicher Arbeitskleidung
11. Mitbestimmung bei Nutzungsbedingungen eines Firmenparkplatzes
12. Mitbestimmung bei Anweisung zur Angabe des Vornamens der Sachbearbeiter in Geschäftsbriefen
13. Mitbestimmung bei Tor- und Taschenkontrollen, Ehrlichkeitskontrollen und Einsatz von Privatdetektiven?
14. Mitbestimmung bei Videoüberwachung
15. Mitbestimmung bei Betriebsbuße
16. Sonstige Mitbestimmungsfälle
17. Unterlassungsanspruch des Betriebsrats bei Verstoß gegen das Mitbestimmungsrecht
18. Auswirkungen einer rechtskräftigen Feststellung, dass kein Mitbestimmungsrecht besteht

Betriebsräteversammlung

Was ist das?

In → **Mehr-Betriebs-Unternehmen** hat gemäß § 53 BetrVG mindestens einmal im Jahr eine Betriebsräteversammlung stattzufinden.
Zu dieser Versammlung lädt der → **Gesamtbetriebsrat** die Vorsitzenden der jeweils örtlichen Betriebsräte, die stellvertretenden Vorsitzenden sowie die »weiteren Mitglieder der Betriebsausschüsse« (§ 27 Abs. 1 BetrVG) ein.
Anstelle des vorgenannten Personenkreises können **andere Mitglieder** der örtlichen Betriebsräte an der Betriebsräteversammlung teilnehmen. Wer dies im Einzelnen ist, entscheidet der jeweilige örtliche Betriebsrat durch Beschluss mit einfacher Stimmenmehrheit.
In der Betriebsräteversammlung hat der Gesamtbetriebsrat einen **Tätigkeitsbericht** vorzutragen (§ 53 Abs. 2 Nr. 1 BetrVG).
Außerdem hat der einzuladende »Unternehmer«
- über das **Personal- und Sozialwesen** einschließlich des Stands der Gleichstellung von Frauen und Männern im Unternehmen und der Integration der im Unternehmen beschäftigten ausländischen Arbeitnehmer,
- über die **wirtschaftliche Lage und Entwicklung** des Unternehmens sowie
- über Fragen des **Umweltschutzes** im Unternehmen

zu berichten, soweit dadurch nicht Betriebs- und Geschäftsgeheimnisse (siehe → **Geheimhaltungspflicht**) gefährdet werden (§ 53 Abs. 2 Nr. 1 BetrVG).
Zu weiteren Einzelheiten siehe § 53 BetrVG.

Bedeutung für die Betriebsratsarbeit

Die Betriebsräteversammlung stellt ein wichtiges Instrument zur Herstellung von Durchsichtigkeit der Vorgänge im Gesamtunternehmen dar.
Darüber hinaus bietet die Betriebsräteversammlung die Möglichkeit, **Kontakte** mit den Mitgliedern der jeweils anderen Betriebsräte aufzunehmen, gemeinsam interessierende Fragen (z. B. Probleme der Produktionsverlagerung von einem Betrieb zum anderen, Überstunden in dem einen, Kurzarbeit in dem anderen Betrieb usw.) zu erörtern und Absprachen für **gemeinsame Vorgehensweisen** zu treffen.
Neben der Betriebsräteversammlung sind gesetzlich weitere Organe vorgesehen, die die örtlichen Interessenvertretungen nutzen können, um die **überbetriebliche Zusammenarbeit** zu organisieren. Hierzu zählen
- der → **Wirtschaftsausschuss**,
- der → **Gesamtbetriebsrat**,
- der → **Konzernbetriebsrat**,
- der → **Europäische Betriebsrat**

Betriebsräteversammlung

- und die Arbeitnehmervertreter im Aufsichtsrat (siehe → **Unternehmensmitbestimmung**).

Siehe auch
→ **Gesamt-Jugend- und Auszubildendenvertretung,**
→ **Konzern-Jugend- und Auszubildendenvertretung.**
Zur Gesamtschwerbehindertenvertretung und Konzernschwerbehindertenvertretung siehe
→ **Schwerbehindertenvertretung.**

Betriebsrat

Grundlagen

In allen → **Betrieben** mit »in der Regel mindestens fünf ständigen wahlberechtigten → Arbeitnehmern, von denen drei wählbar sind«, ist ein Betriebsrat zu wählen (vgl. § 1 BetrVG; siehe auch → **Betriebsratswahl** und → **Rechtsbegriffe**).   **1**

Dies gilt auch für gemeinsame Betriebe mehrerer Unternehmen (§ 1 Abs. 1 Satz 2 BetrVG; siehe → **Gemeinschaftsbetrieb**).   **2**

Ein gemeinsamer Betrieb mehrerer Unternehmen wird nach § 1 Abs. 2 BetrVG **vermutet**, wenn
- zur Verfolgung arbeitstechnischer Zwecke die Betriebsmittel (z. B. Maschinen, Werkzeuge usw.) sowie die Arbeitnehmer von den Unternehmen gemeinsam eingesetzt werden oder
- die Spaltung eines Unternehmens (siehe → **Betriebsspaltung und Zusammenlegung von Betrieben**) zur Folge hat, dass von einem Betrieb ein oder mehrere Betriebsteile einem an der Spaltung beteiligten anderen Unternehmen zugeordnet werden, ohne dass sich dabei die Organisation des betroffenen Betriebs wesentlich ändert.

Der Betriebsrat besteht gemäß § 9 Satz 1 BetrVG in Betrieben mit »in der Regel« (siehe → **Rechtsbegriffe**)   **3**

    5 bis   20 wahlberechtigten Arbeitnehmern aus einer Person,
  21 bis   50 wahlberechtigten Arbeitnehmern aus 3 Mitgliedern,
  51 bis 100 wahlberechtigten Arbeitnehmern aus 5 Mitgliedern,
101 bis 200 Arbeitnehmern aus 7 Mitgliedern,
201 bis 400 Arbeitnehmern aus 9 Mitgliedern,
401 bis 700 Arbeitnehmern aus 11 Mitgliedern,
701 bis 1000 Arbeitnehmern aus 13 Mitgliedern,
1001 bis 1500 Arbeitnehmern aus 15 Mitgliedern,
1501 bis 2000 Arbeitnehmern aus 17 Mitgliedern,
2001 bis 2500 Arbeitnehmern aus 19 Mitgliedern,
2501 bis 3000 Arbeitnehmern aus 21 Mitgliedern,
3001 bis 3500 Arbeitnehmern aus 23 Mitgliedern,
3501 bis 4000 Arbeitnehmern aus 25 Mitgliedern,
4001 bis 4500 Arbeitnehmern aus 27 Mitgliedern,
4501 bis 5000 Arbeitnehmern aus 29 Mitgliedern,
5001 bis 6000 Arbeitnehmern aus 31 Mitgliedern,
6001 bis 7000 Arbeitnehmern aus 33 Mitgliedern,
7001 bis 9000 Arbeitnehmern aus 35 Mitgliedern.

In Betrieben mit mehr als 9000 Arbeitnehmern erhöht sich die Zahl der Mitglieder des Betriebsrats für je angefangene weitere 3000 Arbeitnehmer um zwei Mitglieder (§ 9 Satz 2 BetrVG).   **4**

Zur Frage, ob **Leiharbeitnehmer** bei der Bestimmung der Größe des Betriebsrats im Entlei-   **4a**

Betriebsrat

herbetrieb zu berücksichtigen sind, siehe → **Arbeitnehmerüberlassung/Leiharbeit** und → **Betriebsratswahl**.

5   Hat ein Betrieb nicht die ausreichende Zahl von **wählbaren Arbeitnehmern,** so ist die Zahl der Betriebsratsmitglieder der nächstniedrigeren Betriebsgröße zugrunde zu legen (§ 11 BetrVG).

6   Der Betriebsrat »**soll**« sich möglichst aus Arbeitnehmern der einzelnen Organisationsbereiche und der verschiedenen Beschäftigungsarten der im Betrieb tätigen Arbeitnehmer zusammensetzen (§ 15 Abs. 1 BetrVG).

7   Das Geschlecht, das in der Belegschaft in der Minderheit ist, »**muss**« mindestens entsprechend seinem zahlenmäßigen Verhältnis im Betriebsrat vertreten sein, wenn dieser aus mindestens drei Mitgliedern (sog. **Geschlechterquote**; vgl. § 15 Abs. 2 BetrVG; siehe → **Betriebsratswahl** und → **Ersatzmitglieder des Betriebsrats**).

Rolle und Selbstverständnis des Betriebsrats

8   Der Betriebsrat vertritt die Interessen der Arbeitnehmer des Betriebs. Insbesondere nimmt er die durch das BetrVG der Belegschaft zugeordneten Beteiligungsrechte wahr (vgl. Überschrift des vierten Teils des BetrVG: »*Mitwirkung und Mitbestimmung der Arbeitnehmer*«).
Die **Interessen der Beschäftigten** (sicherer Arbeitsplatz, guter Lohn, vernünftige Arbeitszeit, menschengerechte Arbeitsbedingungen usw.) stehen zu den **Interessen des Arbeitgebers** (maximale Gewinnsteigerung durch »Drehen an der Personalkostenschraube«; Motto: »*so viel qualifiziertes und leistungsbereites und -fähiges Personal an Bord haben wie nötig, aber so wenig und so kostengünstig wie möglich*«; die Folgen: zu kurze Personaldecke, Ausdehnung der Arbeitszeit, Leistungsverdichtung durch Überhäufung mit Arbeit, Sparen beim Arbeitsschutz, usw.) in einem **prinzipiellen Gegensatz** (»*ein Euro mehr Lohn = ein Euro weniger Gewinn*«).

9   Der Betriebsrat ist »**einseitiger**« Vertreter der Interessen der Belegschaft.
Aus dem Gebot der »vertrauensvollen Zusammenarbeit« nach § 2 Abs. 1 BetrVG kann keinesfalls geschlossen werden, dass der Betriebsrat auch die Interessen des Arbeitgebers zu vertreten oder eine lediglich vermittelnde Rolle im Verhältnis zwischen Arbeitgeber und Belegschaft einzunehmen hat.
Dies wird auch vom BAG so gesehen, wie der nachfolgende Auszug aus dem Beschluss des BAG vom 21. 4. 1983 – 6 ABR 70/82, AiB 1984, 15 zeigt:
»... *Das geltende Arbeitsrecht wird ... durchgängig von zwei einander gegenüberstehenden Grundpositionen beherrscht, mit denen unterschiedliche Interessen von Arbeitgeber- und Arbeitnehmerseite verfolgt werden. Ohne diesen Interessengegensatz wären im Übrigen gesetzliche Regelungen über die Mitwirkung der Arbeitnehmerseite an sozialen, personellen oder wirtschaftlichen Entscheidungen des Arbeitgebers gegenstandslos. Auch das Betriebsverfassungsgesetz setzt diesen Interessengegensatz voraus. Im Betrieb hat der Betriebsrat die Interessen der von ihm repräsentierten Belegschaft wahrzunehmen.*
Das wird durch § 2 Abs. 1 BetrVG sowie auch durch § 74 Abs. 1 Satz 1 und § 76 BetrVG nur insoweit modifiziert, dass anstelle möglicher Konfrontation die Pflicht zur beiderseitigen Kooperation tritt. Dennoch bleibt der Betriebsrat Vertreter der Belegschaft gegenüber dem Arbeitgeber. Er ist zu vertrauensvoller Zusammenarbeit, nicht aber dazu verpflichtet, die Interessen der Belegschaft zurückzustellen. Damit obliegt dem Betriebsrat eine arbeitnehmerorientierte Tendenz der Interessenvertretung ...«
Die Rollen sind damit klar verteilt: Der Arbeitgeber vertritt seine (Profit-)Interessen, der Betriebsrat die Interessen der Arbeitnehmer. Die jeweiligen Interessen befinden sich in einem Gegensatz (»ein Euro mehr für die Arbeitnehmer = ein Euro weniger Profit«).
Ergänzend hierzu eine Entscheidung des BVerfG v. 27. 1. 1998 – 1 BvL 15/87, in der das Verhältnis von Arbeitnehmer- und Arbeitgeberseite ebenfalls realitätsgerecht beschrieben wird:

Betriebsrat

»Dem durch Art. 12 Abs. 1 GG geschützten Interesse des Arbeitnehmers an einer Erhaltung seines Arbeitsplatzes steht das Interesse des Arbeitgebers gegenüber, in seinem Unternehmen nur Mitarbeiter zu beschäftigen, die seinen Vorstellungen entsprechen, und ihre Zahl auf das von ihm bestimmte Maß zu beschränken.«

Vor diesem Hintergrund ist es nicht angebracht, Arbeitgeber und Betriebsrat als »Betriebspartner« zu bezeichnen, was leider vielfach geschieht (etwa in arbeitsgerichtlichen Entscheidungen).

Richtig ist stattdessen der Begriff »Betriebsparteien«.

Vertrauensvolle Zusammenarbeit bedeutet: die bestehenden Interessengegensätze zwischen Arbeitgeber und Arbeitnehmern sollen auf eine faire, jede **Schikane** ausschließende Weise ausgetragen werden.

Der Ausgleich der Interessengegensätze soll in gegenseitiger »**Ehrlichkeit und Offenheit**« erfolgen (BAG v. 22. 5. 1959 – 1 ABR 2/59, BB 1959, 848; LAG Niedersachsen v. 6. 4. 2004 – 1 TaBV 64/03, AiB 2005, 444), die Ausübung von Rechten darf nicht mutwillig oder rechtsmissbräuchlich sein (BAG v. 3. 10. 1978 – 6 ABR 102/76, DB 1979, 107).

Ein **Mindestmaß an gegenseitiger Rücksichtnahme** und der **respektvolle Umgang** miteinander muss gewahrt sein (LAG Niedersachsen v. 6. 4. 2004 – 1 TaBV 64/03, AiB 2005, 444). Treu und Glauben sollen das Verhalten beider Seiten prägen. Diese Grundlage würde etwa gestört, wenn nicht nur sachlich falsche, sondern böswillig abwertende Behauptungen aufgestellt werden, die geeignet sind, die jeweils andere Seite in den Augen der Belegschaft herabzusetzen.

Der Arbeitgeber ist nach dem Gebot der vertrauensvollen Zusammenarbeit gemäß § 2 Abs. 1 BetrVG verpflichtet, alles zu unterlassen, was der Wahrnehmung von Mitbestimmungsrechten entgegensteht. Der Arbeitgeber darf **keine vollendeten Fakten** schaffen. So hat er beispielsweise von einer einseitigen Einführung von Urlaubsgrundsätzen abzusehen, wenn die Konstituierung des Betriebsrats nahe bevorsteht und die Aufstellung der Urlaubsgrundsätze nicht unaufschiebbar ist (LAG Rheinland-Pfalz v. 19. 2. 2009 – 11 TaBV 29/08).

Keinesfalls darf das Gebot der »vertrauensvollen Zusammenarbeit« dahin **missverstanden** werden, der Betriebsrat müsse sich als »**neutraler Vermittler**« zwischen Arbeitgeber und Belegschaft oder gar als **Sachwalter der Interessen des Arbeitgebers** verstehen und verhalten. 9a

Mancher Arbeitgeber/Arbeitgeberberater wünscht sich den Betriebsrat aber in genau dieser Funktion, wie der nachstehende Auszug aus einem Arbeitgeberratgeber von Helmut Graf mit dem vielsagenden Titel »**Der reibungslose Umgang mit dem Betriebsrat**« (Verlag Moderne Industrie 1983) zeigt. 9b

Im Kapitel »*Steuerung und Nutzung des Betriebsrats*« (Seite 157 ff.) beglückwünscht der Autor die Unternehmen, denen es gelingt, »*den Betriebsrat in der Weise zu integrieren, dass er den Unternehmenszielen dient*« (Seite 170), indem er folgende **Funktionen** wahrnimmt (Seite 174 f.):

- *Ideelle Funktion: der Betriebsrat vermittelt Idee, Ideologie und Theorie der Betriebsgemeinschaft.*
- *Durchsetzungsfunktion: der Betriebsrat macht den Arbeitnehmern die Entscheidungen und Maßnahmen der Geschäftsleitung verständlich.*
- *Kontrollfunktion: Der Betriebsrat sorgt für die Betriebsordnung, die Betriebsdisziplin, das Arbeits- und Leistungsverhalten. Er meldet Stechuhrenbetrug, kontrolliert das Krankfeiern, überwacht die Einhaltung von Pausen und Arbeitszeiten und ist an der Qualitätsüberwachung beteiligt.*
- *Informierungsfunktion: Der Betriebsrat hält die Geschäftsleitung über die Vorgänge auf unterster Ebene auf dem Laufenden.*
- *Entlastungsfunktion: Der Betriebsrat kümmert sich um viele Kleinigkeiten, wie zum Beispiel:*

Betriebsrat

Erklärung der Lohnstreifen, Urlaubswünsche, Zustand der Aufenthaltsräume, Waschräume, Toiletten, Einhaltung von Unfallverhütungsvorschriften, Parkplatzprobleme.
- *Verwaltungsfunktion: Der Betriebsrat verwaltet alle Sozialeinrichtungen einschließlich der Füllung von Getränkeautomaten, Speisen, Kiosk- und Werksverkauf.*
- *Der Unternehmer hat es verstanden, dem Betriebsrat das unabdingbare Pendant zur Mitbestimmung, nämlich Mitverantwortung zu übertragen. Ein in vielen Fällen sehr erfolgreiches Management. Es ist nicht einzusehen, warum Mitverantwortung eine Einschränkung der Mitbestimmung sein soll«.*

9c Derartige Wunschvorstellungen stehen in krassem **Gegensatz** zu dem vom BetrVG und Bundesarbeitsgericht gezeichneten »**Leitbild**« der Betriebsratsarbeit.

Dieses lässt sich wie folgt beschreiben: **der Betriebsrat** ...

... **ist der gewählte »einseitige« Vertreter der Interessen der Beschäftigten, nicht des Arbeitgebers** ...
- die Lage der Beschäftigten (Arbeitsplatzsicherheit, Arbeitszeit, Arbeitsentgelt, Arbeitsschutz usw.) und ihre Anliegen, Forderungen, Sorgen und Nöte werden regelmäßig und systematisch erfasst (u. a. in Gesprächen, Versammlungen, Umfragen usw.) ...
- die Vorschläge der Beschäftigten werden aufgenommen, Problemlösungen werden mit ihnen entwickelt ...
- im Wege von Verhandlungen mit dem Arbeitgeber wird versucht, das »Beste« für die Beschäftigten herauszuholen ...
- die Beschäftigten werden über Verhandlungsstände und -ergebnisse zeitnah und umfassend informiert; berechtigte Kritik wird aufgenommen und in nachfolgende Verhandlungen mit dem Arbeitgeber eingebracht ...
- wenn nötig, wird das → **Arbeitsgericht** und/oder die → **Einigungsstelle** angerufen, ... manchmal bringt bereits die Ankündigung, dies zu tun, den Arbeitgeber »in Bewegung« ...

... **arbeitet mit der** → **Gewerkschaft zusammen** ...
- Betriebsrat und Gewerkschaft haben das gleiche Ziel: Wahrung und bestmögliche Durchsetzung der Interessen der Beschäftigten ...
- mit der → **Gewerkschaft** wird deshalb in allen Phasen einer betrieblichen Auseinandersetzung eng zusammengearbeitet; ihr »Know-how« wird genutzt ...
- ein wichtiges Thema ist die Frage der **Tarifbindung** des Unternehmens und was man tun kann, wenn im Unternehmen (noch) kein Tarifvertrag gilt oder die bisher tarifgebundene Firma aus dem Arbeitgeberverband austritt oder in sonstiger Weise versucht, sich von den Bindungen des Tarifvertrages »zu befreien« (siehe → **Arbeitgeber**, → **Arbeitgeberverband** und → **Tarifvertrag**) ...
- in manchen Fällen wird mit der Gewerkschaft darüber beraten, ob eine betriebliche Angelegenheit zum Gegenstand einer – von der Gewerkschaft getragenen **betrieblichen Tarifbewegung** (siehe → **Arbeitgeber** Rn. 5 und → **Tarifvertrag**) – gemacht werden sollte bzw. muss (weil die Gewerkschaft in einem hoch »organisierten« Betrieb über stärkere Durchsetzungsmöglichkeiten verfügt als der Betriebsrat) ...

> **Beispiel:**
> Eine Firma ist nicht tarifgebunden. Der Arbeitgeber möchte mit dem Betriebsrat über die Einführung von Entgeltgruppen verhandeln, was nach § 87 Abs. 1 Nr. 10 BetrVG mitbestimmungspflichtig ist, wobei über die eigentlich interessante Frage – die Höhe des Geldvolumens – der Arbeitgeber allein entscheiden kann (siehe hierzu → **Arbeitsentgelt** Rn. 66, 69, 72 a).

Betriebsrat

Im Betriebsrat wird diskutiert, ob es nicht besser ist, das Thema »tarifpolitisch« zu behandeln, also über die Gewerkschaft einen Tarifvertrag mit Entgeltgruppen und einer dazugehörigen Entgelttabelle zu fordern, der – wenn es sein muss – auch in Bezug auf die Entgelthöhe erstreikt werden kann (siehe → **Arbeitsentgelt** Rn. 72 a).

Weiteres Beispiel:
Im Falle einer vom Arbeitgeber geplanten Betriebsstilllegung und -verlagerung bzw. Massenentlassung (siehe → **Betriebsänderung**) kann die Gewerkschaft eine betriebliche Tarifbewegung starten mit dem Ziel, einen »Sozialtarifvertrag« (mit Regelungen z. B. über Abfindungen, Qualifizierungsansprüche usw.) durchzusetzen. Das BAG hat ein solches Vorgehen ausdrücklich für zulässig erklärt (BAG v. 24. 4. 2007 – 1 AZR 252/06, AiB 2007, 732; siehe → **Arbeitskampf**).

- der Betriebsrat hat ein »eigenes« Interesse daran, dass möglichst viele Beschäftigte Mitglied der Gewerkschaft sind/werden: in einen 80 %-Betrieb kann der Betriebsrat gegenüber dem Arbeitgeber »ganz anders auftreten« als in einen 10 %-Betrieb! Das bedeutet: mit den nichtorganisierten Beschäftigten und Neueingestellten muss über die Bedeutung des »Organisationsgrades« und den Gewerkschaftsbeitritt geredet werden ...
- in Tarifrunden wird dafür gesorgt, dass die Beschäftigten z. B. nach Warnstreikaufrufen der Gewerkschaft »vor das Tor gehen« ...
- klar ist, dass gewerkschaftlich organisierte Betriebsratsmitglieder – soweit es um gewerkschaftliche Angelegenheiten geht (Mitgliederwerbung, Durchführung einer betrieblichen Tarifbewegung, Aufruf zum Warnstreik usw.) – nicht als »Betriebsrat«, sondern als Gewerkschaftsmitglieder handeln, was natürlich zulässig ist (siehe auch → **Friedenspflicht** Rn. 6 und → **Gewerkschaft** Rn. 27 ff.).

... reagiert nicht nur auf Arbeitgebervorhaben, sondern entwickelt eigene Ziele und Vorhaben im Interesse der Beschäftigten ...

- der Betriebsrat wartet nicht nur »auf das, was vom Arbeitgeber kommt«, sondern überrascht ihn mit eigenen Vorschlägen zur Verbesserung der Situation der Arbeitnehmer (§ 80 Abs. 1 Nr. 2 BetrVG) ... er macht von seinen **Initiativ-Mitbestimmungsrechten** Gebrauch (z. B. bei der Gestaltung der betrieblichen Arbeitszeit nach § 87 Abs. 1 Nr. 2 BetrVG, im Arbeits- und Gesundheitsschutz nach § 87 Abs. 1 Nr. 7 BetrVG usw.)!
- die jeweilige Situation wird systematisch analysiert (wie ist die Lage? welche Probleme liegen vor? wie denkt und verhält sich der Arbeitgeber? wie denken und verhalten sich die Beschäftigten? ...
- konkrete Problemlösungen (Forderungen / Vorschläge) werden entwickelt ... Auch dabei werden die Beschäftigten beteiligt ... (Beispiel: in der Halle ... stinkt es nach Lösemitteln, Öl usw. ... was muss zum Schutz der Gesundheit getan werden: Verwendung von alternativen Löse- und Schmiermitteln ... Einbau einer wirksamen Absaugung ... usw. ...)
- Wege zur Umsetzung / Durchsetzung der Forderungen werden geplant (Arbeits- und Zeitplan) und dann Schritt für Schritt »abgearbeitet« ... mit den Beschäftigten »im Rücken« ...

... zeichnet sich durch Selbstbewusstsein, Konsequenz, Konfliktbereitschaft und -fähigkeit aus ...

- gegen Gesetzesverstöße des Arbeitgebers / der Vorgesetzten wird konsequent vorgegangen ...
- ein Unterlaufen tariflicher Bestimmungen wird nicht zugelassen ...
- der Betriebsrat ist auch mal bereit, das → **Arbeitsgericht** oder die → **Einigungsstelle** anzurufen und das Verfahren »durchzuziehen« ... das schafft Respekt und man lernt viel dabei ...
- der Betriebsrat handelt »geschäftsmäßig« – wie schon die »alten Römer«: »do ut des« = »Ich

803

Betriebsrat

gebe Dir, damit Du mir gibst« ...; siehe → **Koppelungsgeschäfte in der Betriebsverfassung**) ...

> **Beispiel:**
> Der Betriebsrat macht seine Zustimmung zu den beantragten Überstunden in der Abteilung ... davon abhängig, dass die dort befristet (oder als Leiharbeitnehmer) beschäftigten Arbeitnehmer in ein unbefristetes Arbeitsverhältnis übernommen werden (vgl. Hessisches LAG v. 13.10.2005 – 5/9 TaBV 51/05, AiB 2008, 210; die vom Arbeitgeber eingelegte Rechtsbeschwerde – vgl. BAG 1 AZR 66/05 – wurde von ihm zurückgenommen) ...

... **baut funktionierende und transparente Arbeitsstrukturen auf und überprüft regelmäßig ihre Effektivität** ...
- der Betriebsrat bildet Ausschüsse ... er gibt sich ggf. eine → **Geschäftsordnung** ...
- jedes Betriebsratsmitglied hat einen eigenen Job ... dabei gilt: jeder macht das, was er am »liebsten will« und deshalb »am besten kann« (»je nach seinen Stärken«) ...
- Betriebsratsbüro ...
- Ausstattung ...
- Internet, Intranet ...
- Literatur jeweils auf dem neuesten Stand ...
- usw. usw.

... **sorgt für Weiterbildung aller Betriebsratsmitglieder (§ 37 Abs. 6 und 7 BetrVG)** ...
- Wissen erleichtert die Arbeit ...
- Weiterbildung erzeugt neue Ideen ...
- Wissen macht (z. B. in Verhandlungen) sicherer ...
- Wissen ist (Durchsetzungs-) Macht ...

... **bezieht interessierte und sachkundige Beschäftigte sowie ggf. externe Sachverständige bei der Ausarbeitung von Problemlösungen ein** ...
- der Betriebsrat befragt und beteiligt Beschäftigte als Auskunftspersonen (§ 80 Abs. 2 BetrVG) ...
- er »nutzt« – wenn nötig – externe Sachverständige (§ 80 Abs. 3 bzw. § 111 Satz 2 BetrVG) ...

... **arbeitet mit den Beschäftigten zusammen und vergewissert sich immer wieder, ob er die Belegschaft noch »im Rücken« hat** ...
- der Betriebsrat führt regelmäßig Betriebsversammlungen / Abteilungsversammlungen / Teilversammlungen durch ...
- der/die Betriebsratsvorsitzende, die freigestellten Betriebsratsmitglieder oder vom Betriebsrat beauftragte »Bereichsbetriebsratsmitglieder« führen regelmäßig Rundgänge im Betrieb durch ...
- sie suchen das Gespräch mit den Beschäftigten – am Arbeitsplatz oder im Büro des Betriebsrats innerhalb und außerhalb der Sprechstundenzeiten (§ 39 BetrVG) ...
- der Betriebsrat informiert die Beschäftigten durch Anschläge an den »Schwarzen Brettern«, ggf. durch Herausgabe und Verteilung von Flugblättern aus aktuellem Anlass und ggf. durch ein regelmäßig erscheinendes »BR-Info« sowie auf einer »BR-Homepage« im unternehmenseigenen Intranet; siehe Rn. 39).

Betriebsrat

... geht mit dem Arbeitgeber (Vorstand, Geschäftsleitung) und seinen Repräsentanten (Betriebsleiter, Personalchef usw.) »professionell« um ...
- dem Betriebsrat ist klar: Mitglieder der Geschäftsleitung, Personalchef und sonstige Führungskräfte sind auch nur – manchmal sogar nette / sympathische – Menschen ... sie haben aber einen klaren Auftrag: höchstmögliche Rendite erzielen / ... und deshalb Kosten – vor allem Personalkosten – senken ... das bringt sie »automatisch« in einen Interessengegensatz zum »Kostenfaktor« Mensch ...
- der Betriebsrat (und seine Mitglieder) sind selbstbewusst, souverän, niemals unterwürfig! Sachlich und freundlich »im Ton« – hart in der Sache während der Verhandlungen ...
- der Betriebsrat (und seine Mitglieder) sind nicht überheblich / pöbelnd: billige Polemik (bei Verhandlungen mit dem Arbeitgeber oder in Betriebsversammlungen) sollten vermieden werden ...
- der Betriebsrat weist Erpressungsversuche des Arbeitgebers (»*Wenn Sie nicht zustimmen, werden wir Personal abbauen, den Betrieb schließen / verlagern usw.*«) zurück ...
- der Betriebsrat macht immer wieder darauf aufmerksam, dass die vom Arbeitgeber zu Lasten der Beschäftigten geplanten kostensenkenden Maßnahmen negative Auswirkungen auf Motivation und Produktivität haben werden, was nicht im Interesse des Arbeitgebers liegen kann ...
- der Betriebsrat weist den Arbeitgeber immer wieder darauf hin, dass das BetrVG den Betriebsrat verpflichtet, die Interessen der Belegschaft zu vertreten ... und dass es darum geht, ein vernünftiges Ergebnis zu erzielen, mit dem beide Seiten – also auch die Beschäftigten – leben können ... wenn es »passt«, → **Koppelungsgeschäfte** vorschlagen ... Bereitschaft zum Kompromiss signalisieren im Sinne von »der Betriebsrat wird sich bewegen, wenn sich auch der Arbeitgeber bewegt«.

Die Aufgaben des Betriebsrats (§ 80 Abs. 1 BetrVG)

Die Aufgaben des Betriebsrats lassen sich in drei Schwerpunkte untergliedern. 10

1. Überwachungsaufgaben
Der Betriebsrat hat darüber zu wachen, dass die zugunsten der Arbeitnehmer geltenden Gesetze, Verordnungen, Unfallverhütungsvorschriften, Tarifverträge und Betriebsvereinbarungen **eingehalten** werden, § 80 Abs. 1 Nr. 1 BetrVG. 11

Es kommt nicht von ungefähr, dass der Gesetzgeber die Überwachungsaufgabe im Rahmen des § 80 Abs. 1 BetrVG an die erste Stelle gesetzt hat. Denn in einem Verhältnis, das durch Interessengegensätze geprägt ist, ist die Maxime »Vertrauen ist gut, Kontrolle ist besser« durchaus angebracht. 12

Nach Ansicht des BAG ist mit der Überwachungsaufgabe des Betriebsrats kein Anspruch verbunden, vom Arbeitgeber die zutreffende Ausführung etwa von Gesetzen oder Tarifverträgen arbeitsgerichtlich geltend zu machen (BAG v. 10.6.1986 – 1 ABR 59/84, NZA 1987, 28). Dies sei vielmehr Sache der Arbeitnehmer. Auszug aus der Entscheidung: 12a

»*Nach dieser Vorschrift (§ 80 Abs. 1 Nr. 1 BetrVG) hat der Betriebsrat u. a. darüber zu wachen, dass die zugunsten der Arbeitnehmer geltenden Tarifverträge durchgeführt werden. ... Aus dieser Überwachungsaufgabe folge kein eigener Anspruch des Betriebsrats darauf, dass der Arbeitgeber die genannten Rechtsvorschriften, also auch einen Tarifvertrag, gegenüber seinen Arbeitnehmern auch einhält und durchführt. Der Betriebsrat könne nicht gerichtlich feststellen lassen, welche einzelvertraglichen Ansprüche der Arbeitnehmer nach einem Tarifvertrag habe. Er sei vielmehr darauf beschränkt, eine Nichtbeachtung oder fehlerhafte Durchführung des Tarifvertrages beim*

Betriebsrat

Arbeitgeber zu beanstanden und auf Abhilfe zu drängen, wobei das Betriebsverfassungsgesetz davon ausgehe, dass der Arbeitgeber einer berechtigten Beanstandung in aller Regel auch Rechnung tragen werde. [...] Würde das Überwachungsrecht des Betriebsrats nach § 80 Abs. 1 Nr. 1 BetrVG diesem auch das gerichtlich durchsetzbare Recht verleihen, vom Arbeitgeber ein den genannten Vorschriften entsprechendes Tun zu verlangen, so würde dies im Ergebnis bedeuten, dass Rechtsstreitigkeiten über Ansprüche der Arbeitnehmer aus den zu ihren Gunsten geltenden Vorschriften zwischen Arbeitgeber und Betriebsrat ausgetragen werden. Wenn die in einem solchen Verfahren ergehenden Entscheidungen auch keine bindende Wirkung für das jeweilige Arbeitsverhältnis zwischen Arbeitgeber und Arbeitnehmer hätten, könnte doch nicht außer Acht gelassen werden, dass solche Entscheidungen den Arbeitgeber faktisch zwängen, entsprechend den gerichtlichen Feststellungen oder Entscheidungen zu verfahren, will er nicht eine Vielzahl von Gerichtsverfahren riskieren, die von den Arbeitnehmern ohne großes Risiko angestrengt werden könnten. Der Umstand, dass der Arbeitgeber auf diese Weise zu einem gesetzes- bzw. tarifkonformen Verhalten veranlasst würde, spricht für sich allein betrachtet allerdings noch nicht gegen eine solche Befugnis des Betriebsrats. Zu berücksichtigen ist aber, dass der Betriebsrat solche Verfahren ohne jedes Risiko führen könnte, der Arbeitgeber auch dann, wenn der Antrag des Betriebsrats sich als unbegründet erweist, nicht nur seine, sondern auch die Kosten des Betriebsrats tragen müsste. Der Individualrechtsschutz des einzelnen Arbeitnehmers würde auf das Verhältnis Arbeitgeber/Betriebsrat verlagert. Das Betriebsverfassungsgesetz sieht eine solche Möglichkeit jedoch nur im Zusammenhang mit der Mitbestimmung des Betriebsrats bei der Ein- und Umgruppierung nach § 99 BetrVG vor. Auch hier wird die gerichtliche Entscheidung im Zustimmungsersetzungsverfahren regelmäßig praktische Wirkungen für das Arbeitsverhältnis des jeweiligen Arbeitnehmers haben, indem er in die Lohn- oder Gehaltsgruppe eingruppiert und aus dieser bezahlt wird, die sich im Zustimmungsersetzungsverfahren als die richtige herausgestellt hat. Gerade die Regelung in § 99 BetrVG macht deutlich, dass § 80 Abs. 1 Nr. 1 BetrVG eine entsprechende Befugnis des Betriebsrats nicht enthält. § 99 BetrVG wäre jedenfalls für Ein- und Umgruppierungen überflüssig, wenn der Betriebsrat schon nach § 80 Abs. 1 Nr. 1 BetrVG verlangen könnte, den einzelnen Arbeitnehmer tarifgerecht zu vergüten.«

12b Etwas anderes gilt in Bezug auf → **Betriebsvereinbarungen**.
Nach § 77 Abs. 1 BetrVG ist der Arbeitgeber verpflichtet, Betriebsvereinbarungen und Entscheidungen der Einigungsstelle **auszuführen** und gegen die Betriebsvereinbarung verstoßende Maßnahmen zu **unterlassen**.
Dem Betriebsrat steht ein Anspruch auf Durchführung von Betriebsvereinbarungen zu (BAG v. 16.11.2011 – 7 ABR 27/10, AP Nr. 103 zu § 77 BetrVG 1972).
Hierzu ein Auszug aus der Entscheidung: »*Nach § 77 Abs. 1 Satz 1 BetrVG hat der Arbeitgeber die Betriebsvereinbarung im Betrieb durchzuführen. Der Betriebsrat hat in diesem Zusammenhang (auch) einen Anspruch darauf, dass der Arbeitgeber gegen eine Betriebsvereinbarung verstoßende Maßnahmen unterlässt (vgl. BAG 29. April 2004 – 1 ABR 30/02 – zu B IV 2 a bb (1) der Gründe, BAGE 110, 252; 27. Oktober 1998 – 1 ABR 3/98 – zu B I 3 a der Gründe m. w. N., BAGE 90, 76). Der Betriebsrat kann die Durchführung einer Betriebsvereinbarung vom Arbeitgeber unabhängig davon verlangen, ob ein grober Pflichtenverstoß iSv. § 23 Abs. 3 BetrVG vorliegt (BAG 29. April 2004 – 1 ABR 30/02 – aaO).*«
Der Durchführungs- und Unterlassungsanspruch kann im arbeitsgerichtlichen Beschlussverfahren (siehe → **Arbeitsgericht**) – ggf. auch durch Antrag auf Erlass einer **einstweiligen Verfügung** – geltend gemacht werden (LAG Köln v. 12.6.2012 – 12 Ta 95/12; vgl. auch DKKW-Berg, BetrVG, 15. Aufl., § 77 Rn. 10).
Der Betriebsrat soll kein Recht haben, individuelle Ansprüche von Arbeitnehmern aus einer Betriebsvereinbarung gerichtlich geltend zu machen. Hierzu ein Auszug aus BAG v. 18.1.2005 – 3 ABR 21/04, NZA 2006, 167: »*Der Betriebsrat kann vom Arbeitgeber verlangen, dass die Betriebsvereinbarungen abredegemäß durchgeführt werden. Dieser Anspruch kann in einem Be-*

schlussverfahren durchgesetzt werden. Er erstreckt sich nicht nur auf die Wirksamkeit und die Fortgeltung von Betriebsvereinbarungen, sondern auch auf deren Auslegung, jedoch nicht auf die Auslegung der gesetzlichen Vorschriften und Tarifverträge. Der Betriebsrat hat nicht das Recht, im eigenen Namen die den einzelnen Arbeitnehmern zustehenden Betriebsrentenansprüche geltend zu machen.«

2. Schutzaufgaben

Aus der Tatsache, dass die Interessen von Arbeitgeber und Belegschaft grundsätzlich von **gegensätzlicher Natur** sind, folgt zwangsläufig, dass ein wesentlicher Teil der Aufgaben des Betriebsrats darin besteht, Verschlechterungen der Situation der Beschäftigten abzuwehren. Dies gilt in besonderem Maße für solche Personengruppen im Betrieb, die besonders schutzbedürftig sind (vgl. z. B. § 80 Abs. 1 Nr. 4 BetrVG).

13

3. Gestaltungsaufgaben

Der Betriebsrat hat nicht nur die Aufgabe, auf Maßnahmen des Arbeitgebers zu »**reagieren**«. Vielmehr fordert das BetrVG den Betriebsrat vielfach auf, aus eigenem Antrieb oder auf Anregung von Arbeitnehmern (§ 80 Abs. 1 Nr. 3 BetrVG) im Interesse der Beschäftigten tätig zu werden, d. h. zu »**agieren**«.

14

So soll der Betriebsrat **Maßnahmen**, die dem Betrieb und der Belegschaft dienen, beim Arbeitgeber **beantragen** (§ 80 Abs. 1 Nr. 2 BetrVG).
Er hat außerdem die Aufgabe,
- die Durchsetzung der tatsächlichen Gleichstellung von Frauen und Männern (siehe → **Gleichberechtigung/Gleichstellung von Frauen und Männern**), insbesondere bei der Einstellung, Beschäftigung, Aus-, Fort- und Weiterbildung und dem beruflichen Aufstieg zu fördern (§ 80 Abs. 1 Nr. 2 a BetrVG),
- die Vereinbarkeit von Familie und Erwerbstätigkeit (siehe → **Gleichberechtigung/Gleichstellung von Frauen und Männern**) zu fördern (§ 80 Abs. 1 Nr. 2 b BetrVG),
- Anregungen von Arbeitnehmern oder der → **Jugend- und Auszubildendenvertretung** entgegennehmen und, falls sie berechtigt erscheinen, mit dem Arbeitgeber über eine Erledigung verhandeln (§ 80 Abs. 1 Nr. 3 BetrVG),
- die Eingliederung der → **Schwerbehinderten Menschen** und sonstiger besonders schutzbedürftiger Personen zu fördern (§ 80 Abs. 1 Nr. 4 BetrVG),
- die Wahl der → **Jugend- und Auszubildendenvertretung** vorzubereiten und durchzuführen und mit dieser eng zusammenzuarbeiten; dabei kann er von der Jugend- und Auszubildendenvertretung Vorschläge und Stellungnahmen anfordern (§ 80 Abs. 1 Nr. 5 BetrVG),
- die Beschäftigung → **älterer Arbeitnehmer** im Betrieb zu fördern (§ 80 Abs. 1 Nr. 6 BetrVG),
- die Integration → **ausländischer Arbeitnehmer** im Betrieb und das Verständnis zwischen ihnen und den deutschen Arbeitnehmern zu fördern sowie Maßnahmen zur Bekämpfung von Rassismus und Fremdenfeindlichkeit im Betrieb zu beantragen (§ 80 Abs. 1 Nr. 7 BetrVG),
- die Beschäftigung im Betrieb zu fördern und zu sichern (§ 80 Abs. 1 Nr. 8 i. V. m. § 92 a BetrVG; siehe → **Beschäftigungssicherung und -förderung**) und
- Maßnahmen des → **Arbeitsschutzes** und des betrieblichen Umweltschutzes (siehe → **Umweltschutz im Betrieb**) zu fördern (§ 80 Abs. 1 Nr. 9 BetrVG).
Siehe auch **Übersicht** »Betriebsrat – Allgemeine Aufgaben«.

15

Betriebsrat

16 Damit der Betriebsrat dem Arbeitgeber **qualifizierte Konzepte** in Bezug auf seine Aufgaben nach § 80 Abs. 1 Nrn. 1 bis 9 BetrVG vorlegen kann, sollte er nach § 37 Abs. 6 BetrVG die Entsendung von Mitgliedern zu einer → **Schulungs- und Bildungsveranstaltung** beschließen, in der Kenntnisse zum jeweiligen Themenkreis vermittelt werden.

> **Hinweis:**
> Wenn der Betriebsrat **initiativ** wird, ist der für eine Kostentragung durch den Arbeitgeber erforderliche **betriebliche Bezug** gegeben (siehe hierzu → **Schulungs- und Bildungsveranstaltung** Rn. 6 und 7).

17 Falls erforderlich, sollte der Betriebsrat gem. § 80 Abs. 3 BetrVG die Hinzuziehung eines → **Sachverständigen** beschließen und den Arbeitgeber auffordern, dem zuzustimmen (»nähere Vereinbarung«). Wenn der Arbeitgeber eine »nähere Vereinbarung« verweigert, sollte der Betriebsrat die Einleitung eines arbeitsgerichtlichen Verfahrens und die Beauftragung eines Rechtsanwaltes beschließen. Gegebenenfalls muss auch an einen Antrag auf Erlass einer **einstweiligen Verfügung** gedacht werden.
Zu weiteren Einzelheiten siehe → **Sachverständiger**.
Zur Beauftragung eines **Sachverständigen** (z. B. **Betriebswirt**) gemäß § 111 Satz 2 BetrVG im Falle einer → **Betriebsänderung** in einem Unternehmen mit mehr als 300 Arbeitnehmern siehe → **Berater**. Eine »nähere Vereinbarung« mit dem Arbeitgeber ist nicht erforderlich.
Zu Beauftragung eines **Rechtsanwalts** nach § 40 Abs. 1 BetrVG siehe → **Kosten der Betriebsratstätigkeit** Rn. 4. Auch in diesem Fall ist eine »nähere Vereinbarung« mit dem Arbeitgeber nicht erforderlich.

Beteiligungsrechte des Betriebsrats und ihre Durchsetzung

18 Um dem Betriebsrat die Erfüllung seiner Aufgaben zu ermöglichen, stellt das BetrVG ihm ein Instrumentarium von Rechten zur Verfügung:

19 So verpflichtet das BetrVG den Arbeitgeber, den Betriebsrat über alle Angelegenheiten (Sachverhalte, Ereignisse, Planungen, Vorhaben usw.), die die Interessen der Arbeitnehmer in irgendeiner Weise – negativ oder positiv – berühren, rechtzeitig und umfassend zu informieren (siehe → **Informationsrechte des Betriebsrats**).

20 Darüber hinaus werden dem Betriebsrat in bestimmten Sachverhalten **Mitwirkungsrechte** und **Mitbestimmungsrechte** eingeräumt (siehe → **Beteiligungsrechte des Betriebsrats**).

21 Schließlich eröffnet das BetrVG dem Betriebsrat »**Rechtswege**«, die er beschreiten kann, wenn es zwischen ihm und dem Arbeitgeber zu keiner Einigung kommt oder der Arbeitgeber die Beteiligungsrechte des Betriebsrats missachtet oder verletzt (siehe → **Einigungsstelle**, → **Arbeitsgericht**, → **Strafverfahren**, → **Ordnungswidrigkeitenverfahren**).

Arbeitsteilung im Betriebsrat

22 An der Tätigkeit des Betriebsrats sind beteiligt:
- der/die Betriebsratsvorsitzende sowie der/die Stellvertreter/in (§ 26 BetrVG);
- die weiteren Mitglieder des Betriebsrats (Freigestellte und Nichtfreigestellte);
- die Ersatzmitglieder (§ 25 BetrVG);
- der Betriebsausschuss (§ 27 BetrVG);
- die weiteren Ausschüsse des Betriebsrats (§ 28 BetrVG; gegebenenfalls »paritätische« Ausschüsse, § 28 Abs. 3 BetrVG);
- der Wirtschaftsausschuss (§§ 106 ff. BetrVG).

23 Siehe hierzu auch: → **Geschäftsordnung des Betriebsrats**.

Betriebsrat

Der/die Betriebsratsvorsitzende und der/die Stellvertreter/in (§ 26 BetrVG)

Der/die Betriebsratsvorsitzende und der/die Stellvertreter/in werden vor Ablauf einer Woche nach dem Tag der → **Betriebsratswahl** in der konstituierenden Sitzung (§ 29 Abs. 1 BetrVG) von den Betriebsratsmitgliedern mit einfacher Stimmenmehrheit gewählt (§ 26 Abs. 1 BetrVG) Voraussetzung ist, dass Beschlussfähigkeit nach § 33 Abs. 2 BetrVG vorliegt (siehe → **Betriebsratssitzung** Rn. 22). 24

Die **Wahl** erfolgt in gesonderten Wahlgängen. Das heißt: in einem Wahlgang wird der/die Vorsitzende gewählt, in einem weiteren Wahlgang der/die Stellvertreter/in (vgl. Fitting, BetrVG, 27. Aufl., § 26 Rn. 12). Gewählt ist in dem jeweiligen Wahlgang das Betriebsratsmitglied, das die meisten Stimmen erhält.

Besondere Wahlvorschriften bestehen ansonsten nicht. Die Wahl kann offen oder geheim durchgeführt werden. Nach h. M. ist die Wahl geheim durchzuführen, wenn ein Betriebsratsmitglied das beantragt (vgl. Fitting, BetrVG, 27. Aufl., § 26 Rn. 9; DKKW-*Wedde*, BetrVG, 15. Aufl., § 26 Rn. 7). Nach Ansicht des ArbG Bielefeld ist eine nicht geheim durchgeführte Wahl eines Betriebsratsvorsitzenden und dessen Stellvertreter ist jedenfalls dann nicht unwirksam, wenn über den Antrag einer Minderheit von Betriebsratsmitgliedern auf Durchführung einer geheimen Wahl abgestimmt und der Antrag durch Mehrheitsbeschluss abgelehnt worden ist (ArbG Bielefeld v. 12.08.1998 – 3 BV 23/98, AiB 1999, 341 mit ablehnender Anmerkung von Wedde).

Der/die Betriebsratsvorsitzende und/oder der/die Stellvertreter/in können zu jedem Zeitpunkt mit einfacher Stimmenmehrheit **abberufen** werden (vgl. Fitting, BetrVG, 27. Aufl., § 26 Rn. 20).

Der/die Betriebsratsvorsitzende ist nicht »Vorgesetzter« der übrigen Betriebsratsmitglieder, sondern »Gleicher unter Gleichen«; er/sie hat allerdings einige besondere – und wichtige – **Aufgaben**: 25

- Vertretung des Betriebsrats im Rahmen seiner Beschlüsse;
- Entgegennahme von Erklärungen des Arbeitgebers für den Betriebsrat;
- in Betriebsräten mit weniger als neun Mitgliedern führt er/sie die »laufenden Geschäfte« (z. B. Koordination der Betriebsratsarbeit, Organisation des Betriebsratsbüros, Erledigung des Schriftverkehrs, Vorbereitung von Sitzungen und Beschlüssen des Betriebsrats, Vorbereitung von Betriebsratssitzungen sowie von Betriebs-, Teil- und Abteilungsversammlungen, Entgegennahme von Anträgen von Arbeitnehmern, die Einholung von Auskünften, Beschaffung von Unterlagen, Besprechung mit Gewerkschaftsvertretern; vgl. BAG v. 15.8.2012 – 7 ABR 16/11, NZA 2013, 284);
- keinesfalls gehört zu den »laufenden Geschäften« die Wahrnehmung von Mitwirkungs- und Mitbestimmungsrechten; dies ist allein Sache des Betriebsrats als Gremium; auch bei den Monatsgesprächen nach § 74 Abs. 1 BetrVG handelt es sich nicht um »laufende Geschäfte« (BAG v. 15.8.2012 – 7 ABR 16/11, a. a. O.; siehe Rn. 27);
- Einberufung und Leitung von → **Betriebsratssitzungen**;
- Leitung von → **Betriebsversammlungen**;
- Teilnahme an Sitzungen und Sprechstunden der → **Jugend- und Auszubildendenvertretung**.

Natürlich ergibt sich aus den Aufgaben des/der Betriebsratsvorsitzende/n faktisch auch eine **Leitungsfunktion**. Er/Sie kann wesentlich Einfluss nehmen auf die Ziele und Schwerpunktsetzungen der Betriebsratsarbeit. Wenn er/sie beispielsweise den Arbeits- und Gesundheitsschutz zur »Chefsache« macht, dann steigen die Aussichten, dass der Betriebsrat auch mal von seinem Initiativmitbestimmungsrecht auf diesem Gebiet nach § 87 Abs. 1 Nr. 7 BetrVG Gebrauch macht (siehe → **Arbeitsschutz** Rn. 70 ff.). Umgekehrt: wenn er/sie eine Angelegenheit

Betriebsrat

für unwichtig hält, werden es andere/einzelne Betriebsratsmitglieder schwerer haben, in dieser Angelegenheit voran zu kommen.

25a Der/die stellvertretende Betriebsratsvorsitzende nimmt die Aufgaben des Betriebsratsvorsitzenden wahr, wenn dieser **verhindert** ist.

Die weiteren Mitglieder des Betriebsrats

26 Ihre Tätigkeit beschränkt sich nicht nur darauf, an Betriebsratssitzungen und Betriebsversammlungen lediglich teilzunehmen.
Vielmehr ist es für eine effektive Betriebsratsarbeit vollkommen unverzichtbar, die **Arbeitsteilung** im Betriebsrat derart zu organisieren, dass alle Mitglieder des Betriebsrats aktiv und verantwortlich in die Betriebsratsarbeit einbezogen werden.
§ 37 Abs. 2 BetrVG und § 38 BetrVG schaffen hierzu die notwendigen Freiräume (Arbeitsbefreiung bzw. Freistellung unter Fortzahlung des Arbeitsentgelts; siehe → **Freistellung von Betriebsratsmitgliedern**).

Der Betriebsausschuss (§ 27 BetrVG)

27
- Betriebsräte ab neun Mitglieder müssen einen Betriebsausschuss haben.
- Der/die Betriebsratsvorsitzende und der/die Stellvertreter/in sind kraft Gesetzes Mitglieder des Betriebsausschusses.
Hinzu kommen – je nach Größe des Betriebsrats – weitere drei bis neun Mitglieder.
Die »weiteren Ausschussmitglieder« werden vom Betriebsrat aus seiner Mitte in geheimer Wahl nach den Grundsätzen der Verhältniswahl gewählt (§ 27 Abs. 1 Satz 3 BetrVG).
Wird nur ein Wahlvorschlag gemacht, gilt Mehrheitswahl (§ 27 Abs. 1 Satz 4 BetrVG).
Eine Abberufung erfordert eine Dreiviertelmehrheit, wenn die weiteren Ausschussmitglieder nach den Grundsätzen der Verhältniswahl gewählt wurden (§ 27 Abs. 1 Satz 5 BetrVG).
Wurde das Ausschussmitglied per Mehrheitswahl gewählt, genügt für die Abberufung die einfache Mehrheit der anwesenden Mitglieder des – beschlussfähigen – Betriebsrats.
- Der Betriebsausschuss führt die »**laufenden Geschäfte**« des Betriebsrats (zum Begriff »laufende Geschäfte«: siehe Rn. 24).
- Nach § 27 Abs. 2 BetrVG können dem Betriebsausschuss durch Beschluss des Betriebsrats (Schriftform erforderlich!) Aufgaben **zur selbständigen Erledigung** (z. B. Wahrnehmung von Mitwirkungs- und Mitbestimmungsrechten) übertragen werden. Dies gilt nicht für den Abschluss von → **Betriebsvereinbarungen** (§ 27 Abs. 2 zweiter Halbsatz BetrVG). Weil der Spruch einer → **Einigungsstelle** gemäß § 77 Abs. 1 BetrVG die Qualität einer Betriebsvereinbarung hat, ist auch die Anrufung der Einigungsstelle jedenfalls dann ausgeschlossen, wenn die Anrufung zum Abschluss einer Betriebsvereinbarung führen soll (LAG München v. 29.10.2009 – 4 TaBV 62/09; vgl. auch DKKW-*Wedde*, BetrVG, 15. Aufl., § 27 Rn. 37).
Von einer Übertragung von Aufgaben zur selbständigen Erledigung sollte im Übrigen zurückhaltend Gebrauch gemacht werden. Denn es besteht die Gefahr, dass »ein Betriebsrat im Betriebsrat« entsteht, d. h. eine Abkoppelung eines Teils des Betriebsrats vom Gesamtgremium.
Der Betriebsausschuss sollte sich darauf beschränken, die Beschlüsse des Betriebsrats vorzubereiten, Konzepte zu entwickeln usw.
Die Entscheidungen aber sollte der – natürlich optimal zu informierende –Betriebsrat treffen und damit auch verantworten.
- Nach Ansicht des BAG kann der Betriebsrat die Teilnahme an den **Monatsgesprächen** (§ 74 Abs. 1 BetrVG) dem Betriebsausschuss übertragen (BAG v. 15.8.2012 – 7 ABR 16/11, NZA 2013, 284). Nachstehend ein Auszug aus der Entscheidung: »*Bei den Besprechungen nach § 74*

Betriebsrat

Abs. 1 BetrVG handelt es sich nicht um »laufende Geschäfte« iSd. § 27 Abs. 2 Satz 1 BetrVG, für deren Wahrnehmung der Betriebsausschuss kraft gesetzlicher Zuweisung zuständig ist. § 27 Abs. 2 Satz 1 und Satz 2 BetrVG unterscheiden zwischen den »laufenden Geschäften«, deren Wahrnehmung dem Betriebsausschuss kraft Gesetzes übertragen ist, und den »»Aufgaben zur selbständigen Erledigung«, die ihm mittels qualifizierten Mehrheitsbeschlusses übertragen werden können. Während »laufende Geschäfte« regelmäßig interne, verwaltungsmäßige, organisatorische und ggf. wiederkehrende Aufgaben des Betriebsrats meinen, also etwa die Erledigung des Schriftverkehrs, Entgegennahme von Anträgen von Arbeitnehmern, die Einholung von Auskünften, die Vorbereitung von Betriebsratssitzungen sowie von Betriebs-, Teil- und Abteilungsversammlungen, betreffen »Aufgaben zur selbständigen Erledigung« regelmäßig Angelegenheiten aus dem Rechte- und Pflichtenkreis des Betriebsrats im Verhältnis zur Belegschaft, vor allem aber im Verhältnis zum Arbeitgeber, also die Beteiligungs- und Mitbestimmungsangelegenheiten im weitesten Sinn. Dies zeigt sich insbesondere an § 27 Abs. 2 Satz 2 Halbs. 2 BetrVG. Hiernach ist der Abschluss von Betriebsvereinbarungen ausdrücklich von einer Übertragung auf den Betriebsausschuss ausgenommen; Betriebsvereinbarungen betreffen aber – jedenfalls typischerweise – beteiligungs- und mitbestimmungspflichtige Sachverhalte. Danach zählen die Besprechungen zwischen Betriebsrat und Arbeitgeber iSd. § 74 Abs. 1 BetrVG nicht zu den laufenden Geschäften iSd. § 27 Abs. 2 Satz 1 BetrVG. Auch wenn die Besprechungen periodisch stattfinden (sollen), dienen sie nicht internen verwaltungs- und organisatorischen Zwecken des Betriebsrats, sondern – wie insbesondere die den Dialog flankierende Verhandlungspflicht nach § 74 Abs. 1 Satz 2 BetrVG zeigt – der Erörterung anstehender, betriebsverfassungsrechtlicher Probleme und dem Ziel, bei Konflikten möglichst frühzeitig eine gemeinsame Lösung zu finden. Sie sind, wie auch ihre systematische Stellung im Vierten Teil des BetrVG unter der Überschrift »Mitwirkung und Mitbestimmung der Arbeitnehmer« zeigt, Teil der materiellen Betriebsverfassung und sollen – als Ausprägung des Grundsatzes vertrauensvoller Zusammenarbeit des § 2 Abs. 1 BetrVG – den Informationsaustausch zwischen den Betriebsparteien und eine frühzeitige Konfliktklärung sicherstellen.«

Die weiteren Ausschüsse des Betriebsrats (§ 28 BetrVG)

- Der Betriebsrat kann in Betrieben mit mehr als 100 Arbeitnehmern Ausschüsse bilden und ihnen bestimmte Aufgaben übertragen. Hauptaufgabe der Ausschüsse ist es, für bestimmte Handlungsfelder (z. B. Arbeitsentgelt, Arbeitszeit, Arbeits- und Gesundheitsschutz, Berufsbildung, Gruppenarbeit, Rationalisierung, Sozialeinrichtungen) Regelungsvorschläge zu entwickeln und dem Betriebsrat vorzulegen.
- Die Ausschussmitglieder werden vom Betriebsrat aus seiner Mitte in geheimer Wahl nach den Grundsätzen der Verhältniswahl gewählt (§ 28 Abs. 1 Satz 2 BetrVG i. V. m. § 27 Abs. 1 Satz 3 BetrVG).
Wird nur ein Wahlvorschlag gemacht, gilt Mehrheitswahl (§ 28 Abs. 1 Satz 2 i. V. m. § 27 Abs. 1 Satz 4 BetrVG).
Eine Abberufung erfordert eine Dreiviertelmehrheit, wenn die weiteren Ausschussmitglieder nach den Grundsätzen der Verhältniswahl gewählt wurden (§ 28 Abs. 1 Satz 2 BetrVG i. V. m. § 27 Abs. 1 Satz 5 BetrVG).
Wurde das Ausschussmitglied per Mehrheitswahl gewählt, genügt für die Abberufung die einfache Mehrheit der anwesenden Mitglieder des – beschlussfähigen – Betriebsrats.
- Hinsichtlich der Frage der **selbständigen Erledigung von Aufgaben** gilt die gleiche Rechtslage wie beim Betriebsausschuss.
Es gelten aber auch die gleichen Bedenken (siehe Rn. 27).
- Die Einrichtung von »**paritätischen**«, also auch mit Vertretern des Arbeitgebers besetzten **Ausschüssen** ist zwar zulässig (§ 28 Abs. 2 BetrVG).
Es sollte jedoch deutlich gemacht werden, dass solche Ausschüsse keine Organe des Be-

28

Betriebsrat

triebsrats, sondern Einrichtungen außerhalb des Betriebsrats sind, die lediglich den Zweck haben, Verhandlungen mit dem Arbeitgeber zu »rationalisieren«. Insbesondere sollte eine Übertragung von Aufgaben zur selbständigen Erledigung auf einen solchen Ausschuss unterbleiben.

Den Betriebsparteien steht es im Übrigen frei, zu bestimmten Angelegenheiten einen gemeinsamen, paritätisch besetzten Ausschuss zu bilden, der die Aufgabe hat, Verhandlungen und Entscheidungen der Betriebsparteien **vorzubereiten** (vgl. Fitting, BetrVG, 27. Aufl., § 28 Rn. 40).

Beispiel:
Arbeitgeber und Betriebsrat bilden im Bereich des Arbeits- und Gesundheitsschutzes einen paritätisch besetzten »Steuerungskreis«, in dem alle im Zusammenhang mit Gefährdungsbeurteilung und Maßnahmen des Arbeitsschutzes auftretenden Fragen beraten und Lösungsvorschläge erarbeitet werden (siehe **Muster-Betriebsvereinbarung** im Anhang des Stichwortes → **Arbeitsschutz**).
Die Bildung eines solchen »vorbereitenden« Ausschusses ist auch in Betrieben ohne Betriebsausschuss möglich.

Zusammenarbeit mit der Jugend- und Auszubildendenvertretung (JAV)

28a Die JAV kann zu allen → **Betriebsratssitzungen** einen Vertreter (d. h. ein Mitglied der JAV) entsenden; gleichgültig, ob Angelegenheiten von Jugendlichen und Auszubildenden erörtert werden oder nicht (§ 67 Abs. 1 Satz 1 BetrVG).
Dementsprechend hat der Betriebsratsvorsitzende der JAV zu jeder Sitzung des Betriebsrats eine **Einladung** für den betreffenden JAV-Vertreter unter Mitteilung der **Tagesordnung** zuzuleiten (§ 29 Abs. 2 Satz 4 BetrVG).
Nach § 67 Abs. 3 BetrVG hat die JAV die Möglichkeit, Einfluss auf die Tagesordnung der Betriebsratssitzung zu nehmen.

28b Werden in der Betriebsratssitzung Angelegenheiten behandelt, die »**besonders**« Jugendliche und unter 25-jährige Auszubildende betreffen, dann hat die **gesamte JAV** zu diesen Tagesordnungspunkten ein Teilnahmerecht (§ 67 Abs. 1 Satz 2 BetrVG).

28c Sollen in der Betriebsratssitzung Beschlüsse gefasst werden, die »**überwiegend**« den von der JAV vertretenen Personenkreis betreffen, so haben alle Mitglieder der JAV volles **Stimmrecht** (§ 67 Abs. 2 BetrVG).

28d Die JAV kann die **Aussetzung** eines Betriebsratsbeschlusses für die Dauer einer Woche verlangen, wenn die Mehrheit der JAV-Mitglieder in diesem Beschluss eine **erhebliche Beeinträchtigung** wichtiger Interessen der Jugendlichen bzw. der unter 25 Jahre alten Auszubildenden sieht (§ 66 BetrVG).

28e Sofern der Betriebsrat mit dem Arbeitgeber Angelegenheiten erörtert und verhandelt, die »**besonders**« den von der JAV vertretenen Personenkreis betreffen, ist die JAV vom Betriebsrat **hinzuzuziehen** (§ 68 BetrVG). In diesem Fall ist die gesamte JAV auch zu den **Monatsgesprächen** zwischen Arbeitgeber und Betriebsrat nach § 74 Abs. 1 BetrVG einzuladen (DKKW-Berg, BetrVG, 15. Aufl., § 74 Rn. 8; Fitting, BetrVG, 27. Aufl., § 74 Rn. 7 a).
Zu weiteren Einzelheiten siehe → **Jugend- und Auszubildendenvertretung**.

Schwerbehindertenvertretung

28f Die Schwerbehindertenvertretung hat das Recht, an allen Sitzungen
- des Betriebsrats und seiner Ausschüsse (einschließlich des paritätischen Ausschusses nach § 28 Abs. 2 BetrVG (BAG v. 21. 4. 1993 – 7 ABR 44/92, AiB 1994, 48) und

Betriebsrat

- des → **Wirtschaftsausschusses** nach §§ 106 ff. BetrVG (BAG v. 4.6.1987 – 6 ABR 70/85, AiB 1988, 47) sowie
- des Arbeitsschutzausschusses (§ 11 Arbeitssicherheitsgesetz)

beratend teilzunehmen (§ 95 Abs. 4 SGB IX; vgl. auch § 32 BetrVG und § 29 Abs. 2 Satz 4 BetrVG: Verpflichtung zur Einladung der Schwerbehindertenvertretung zu den Sitzungen des Betriebsrats).

Sie kann beantragen, Angelegenheiten, die einzelne oder die schwerbehinderten Menschen als Gruppe besonders betreffen, auf die **Tagesordnung** der nächsten Sitzung zu setzen (§ 95 Abs. 4 Satz 1 SGB IX).

Erachtet die Schwerbehindertenvertretung einen Beschluss des Betriebsrates als eine **erhebliche Beeinträchtigung** wichtiger Interessen schwerbehinderter Menschen oder ist sie vom Arbeitgeber entgegen § 95 Abs. 2 Satz 1 SGB IX nicht beteiligt worden, wird auf ihren Antrag der Beschluss für die Dauer von einer Woche vom Zeitpunkt der Beschlussfassung an **ausgesetzt** (§ 95 Abs. 4 Satz 2 SGB IX).

Die Vorschriften des BetrVG über die Aussetzung von Beschlüssen gelten entsprechend (§ 95 Abs. 4 Satz 2 SGB IX; vgl. § 35 BetrVG).

Durch die Aussetzung wird eine Frist nicht verlängert (§ 95 Abs. 4 Satz 3 SGB IX).

Die Schwerbehindertenvertretung wird auch zu den »**Monats-Besprechungen**« nach § 74 Abs. 1 Satz 1 BetrVG zwischen dem Arbeitgeber und dem Betriebsrat hinzugezogen (§ 95 Abs. 5 SGB IX).   **28g**

Der Gesamtschwerbehindertenvertretung steht ein Teilnahmerecht an Monatsgesprächen zu, die der → **Gesamtbetriebsrat** mit der Geschäftsleitung gemäß § 74 Abs. 1 Satz 1 BetrVG führt (ArbG Hannover v. 7.02.2006 – 6 BV 13/05).

Übertragung von Aufgaben auf Arbeitsgruppen (§ 28 a BetrVG)

In Betrieben mit mehr als 100 Arbeitnehmern kann der Betriebsrat mit der Mehrheit der Stimmen seiner Mitglieder bestimmte Aufgaben auf **Arbeitsgruppen** übertragen (§ 28 a BetrVG).   **29**

Dies erfolgt nach Maßgabe einer mit dem Arbeitgeber abzuschließenden **Rahmenvereinbarung**.

Die Aufgaben müssen im Zusammenhang mit den von der Arbeitsgruppe zu erledigenden Tätigkeiten stehen.

Die Übertragung bedarf der Schriftform.

Für den **Widerruf** der Übertragung gelten § 28 a Abs. 1 Satz 1 erster Halbsatz BetrVG (Mehrheit der Stimmen der Mitglieder des Betriebsrats erforderlich) und § 28 a Abs. 1 Satz 3 BetrVG (Schriftform) entsprechend.

Die Arbeitsgruppe kann im Rahmen der ihr übertragenen Aufgaben Vereinbarungen mit dem Arbeitgeber schließen.   **30**

Eine Vereinbarung bedarf der Mehrheit der Stimmen der Gruppenmitglieder. § 77 BetrVG gilt entsprechend.

Können sich Arbeitgeber und Arbeitsgruppe in einer Angelegenheit nicht einigen, nimmt der Betriebsrat das Beteiligungsrecht wahr.   **31**

Der Wirtschaftsausschuss (§§ 106 ff. BetrVG)

In Unternehmen mit »in der Regel« mehr als 100 ständig beschäftigten Arbeitnehmern hat der Betriebsrat einen Wirtschaftsausschuss zu bilden (siehe → **Wirtschaftsausschuss**).   **32**

Besteht das Unternehmen aus mehreren Betrieben (siehe → **Mehr-Betriebs-Unternehmen**), so errichtet der → **Gesamtbetriebsrat** den Wirtschaftsausschuss (§ 107 Abs. 2 BetrVG).

Betriebsrat

33 Der Wirtschaftsausschuss hat die Aufgabe, vom Unternehmer Informationen über »wirtschaftliche Angelegenheiten« zu beschaffen, mit dem Unternehmer diese Angelegenheiten »zu beraten« und den Betriebsrat zu unterrichten.
Zu weiteren Einzelheiten siehe → **Wirtschaftsausschuss**.

Die Ersatzmitglieder (§ 25 BetrVG)

34
- Scheidet ein »ordentliches« Mitglied des Betriebsrats aus oder ist es zeitweise verhindert (siehe hierzu → **Betriebsratssitzung**), so rückt ein Ersatzmitglied ganz oder zeitweilig nach (§ 25 Abs. 1 BetrVG; siehe auch → **Ersatzmitglieder des Betriebsrats**).
Der Eintritt des Ersatzmitglieds vollzieht sich »automatisch« mit Beginn des Verhinderungsfalls. Er hängt nicht davon ab, dass die Verhinderung des ordentlichen Mitglieds dem Ersatzmitglied bekannt ist (BAG v. 8.9.2011 – 2 AZR 388/10, AiB 2012, 409 = NZA 2012, 400). Die Stellvertretung beschränkt sich keineswegs auf die Teilnahme an → **Betriebsratssitzungen**. Vielmehr nimmt das Ersatzmitglied für die Zeit der Stellvertretung alle anderen anstehenden Betriebsratsaufgaben wahr. Auszug aus BAG v. 8.9.2011 – 2 AZR 388/10: *»Ersatzmitglieder vertreten ordentliche Mitglieder des Betriebsrats nicht nur in einzelnen Amtsgeschäften, wie etwa in der Teilnahme an Betriebsratssitzungen. Sie rücken vielmehr gemäß § 25 Abs. 1 S. 2 BetrVG für die Dauer der Verhinderung eines Betriebsratsmitglieds in den Betriebsrat nach.«*
- Welche Person als Ersatzmitglied nachrückt, richtet sich nach dem der Betriebsratswahl zugrunde liegenden **Wahlverfahren** (Mehrheitswahl oder Verhältniswahl) und der in § 15 Abs. 2 BetrVG vorgesehenen »**Geschlechterquote**« (vgl. § 25 Abs. 2 BetrVG).
Siehe auch Übersicht »Regeln für das Nachrücken in den Betriebsrat« im Anhang zum Stichwort → **Ersatzmitglieder des Betriebsrats**.
- **Kündigungsschutz** von → **Ersatzmitgliedern**: Ersatzmitglieder haben zunächst den Kündigungsschutz des Wahlbewerbers nach § 15 Abs. 3 KSchG und § 103 BetrVG (siehe → **Kündigungsschutz [besonderer]**).
Darüber hinaus haben Ersatzmitglieder, die wegen Verhinderung eines ordentlichen Betriebsratsmitglieds nachgerückt sind, für die Dauer der Vertretung den gleichen Kündigungsschutz wie ordentliche Betriebsratsmitglieder.
Endet der Vertretungsfall, so tritt für die Dauer eines Jahres der nachwirkende Kündigungsschutz nach § 15 Abs. 1 Satz 2 KSchG ein. Der nachwirkende Kündigungsschutz **beginnt** nach Beendigung der Vertretung im Betriebsrat und beträgt unabhängig von der Dauer der Vertretung ein Jahr. Diese Frist beginnt bei jeder weiteren Vertretung erneut zu laufen. Der nachwirkende Kündigungsschutz besteht unabhängig davon, ob der Arbeitgeber bei Ausspruch der ordentlichen Kündigung von der Vertretungstätigkeit gewusst hat (BAG v. 18.5.2006 – 6 AZR 627/05, NZA 2006, 1037). Maßgebend ist der objektive Tatbestand. Im Streitfall muss allerdings das Ersatzmitglied den Vertretungsfall nachweisen. Deshalb sollte der Betriebsrat dem Arbeitgeber die jeweiligen Vertretungsfälle mitteilen (vgl. DKKW-*Buschmann*, BetrVG, 15. Aufl., § 25 Rn. 41). Nach abzulehnender Ansicht des 2. Senats des BAG soll der nachwirkende Kündigungsschutz nur eintreten, wenn das Ersatzmitglied in der Vertretungszeit konkrete Betriebsratsaufgaben tatsächlich wahrgenommen hat (BAG v. 19.4.2012 – 2 AZR 233/11, AiB 2013, 664). Bloß fiktive, in Wirklichkeit unterbliebene Aktivitäten des Ersatzmitglieds würden den nachwirkenden Kündigungsschutz nicht auslösen. Die Entscheidung ist mit § 15 Abs. 1 Satz 2 KSchG unvereinbar. Die Vorschrift knüpft für die Begründung des nachwirkenden Kündigungsschutzes an das Betriebsratsamt an und nicht daran, dass Betriebsratstätigkeit tatsächlich ausgeübt wurde (vgl. Wulff, AiB 2013, 665).

Betriebsrat

Die Rahmenbedingungen der Betriebsratsarbeit

- Die → **Kosten der Betriebsratstätigkeit** trägt der Arbeitgeber; er hat dem Betriebsrat die notwendigen Räumlichkeiten und sachlichen Mittel (Fachliteratur, Büromaterial usw.) zur Verfügung zu stellen (§ 40 BetrVG).
- Die Betriebsratsmitglieder sind für die ordnungsgemäße Durchführung der Betriebsratsaufgaben im erforderlichen Umfang von der Arbeit zu befreien, ohne dass dies ihr Arbeitsentgelt mindern darf (§ 37 Abs. 2 BetrVG). Sie sind allerdings verpflichtet, sich beim Verlassen des Arbeitsplatzes ordnungsgemäß **abzumelden** und sich wieder **zurückzumelden** (BAG v. 13.5.1997 – 1 ABR 2/97, AiB 1997, 661; siehe auch → **Freistellung von Betriebsratsmitgliedern**). Wie die Ab- und Rückmeldung bewirkt wird, steht dem Betriebsratsmitglied frei. Eine persönliche Meldung kann der Arbeitgeber nicht verlangen (BAG v. 29.6.2011 – 7 ABR 135/09, a.a.O.; 13.5.1997 – 1 ABR 2/97, a.a.O.). Zweck der Meldepflicht ist es, dem Arbeitgeber die Überbrückung des Arbeitsausfalls zu ermöglichen (BAG v. 29.6.2011 – 7 ABR 135/09, AiB 2012, 261 = NZA 2012, 47).
Auch ein Betriebsratsmitglied, das an seinem Arbeitsplatz während seiner Arbeitszeit Betriebsratsaufgaben erledigt (z. B. Ausarbeitung des Entwurfs einer Betriebsvereinbarung), ist grundsätzlich verpflichtet, sich beim Arbeitgeber abzumelden und die voraussichtliche Dauer der Betriebsratstätigkeit mitzuteilen.
Allerdings besteht keine vorherige Meldepflicht in Fällen, in denen eine vorübergehende Umorganisation der Arbeitseinteilung nicht ernsthaft in Betracht kommt (BAG v. 29.6.2011 – 7 ABR 135/09, NZA 2012, 47).
Maßgeblich sind die Umstände des Einzelfalls. Dazu gehören insbesondere die Art der Arbeitsaufgabe des Betriebsratsmitglieds und die voraussichtliche Dauer der Arbeitsunterbrechung.
In Fällen, in denen sich das Betriebsratsmitglied nicht vorher abmeldet, ist es verpflichtet, dem Arbeitgeber auf dessen Verlangen nachträglich die Gesamtdauer der in einem bestimmten Zeitraum geleisteten Betriebsratstätigkeit mitzuteilen (BAG v. 29.6.2011 – 7 ABR 135/09, a.a.O.).
- In Betrieben mit 200 und mehr Arbeitnehmern ist eine bestimmte Anzahl von Betriebsratsmitgliedern völlig von ihrer beruflichen Tätigkeit freizustellen (§ 38 BetrVG; siehe → **Freistellung von Betriebsratsmitgliedern**).
- Für Betriebsratstätigkeit, die aus betriebsbedingten Gründen außerhalb der Arbeitszeit stattfinden muss, ist **Arbeitsbefreiung** unter Fortzahlung der Vergütung innerhalb eines Monats zu gewähren (§ 37 Abs. 3 Satz 1 und 3 BetrVG).
Falls dies nicht möglich ist, ist die aufgewendete Zeit wie Mehrarbeit zu vergüten (§ 37 Abs. 3 Satz 3 BetrVG).
Betriebsbedingte Gründe liegen auch dann vor, wenn die Betriebsratstätigkeit wegen der unterschiedlichen Arbeitszeiten der Betriebsratsmitglieder nicht innerhalb der persönlichen Arbeitszeit stattfinden kann (§ 37 Abs. 3 Satz 2 BetrVG).
- Während der Amtszeit und noch ein Jahr danach sind das Arbeitsentgelt eines Betriebsratsmitglieds und seine berufliche Entwicklung an das Arbeitsentgelt und die betriebsübliche berufliche Entwicklung vergleichbarer Arbeitnehmer anzupassen (§ 37 Abs. 4 und 5 BetrVG).
Für freigestellte Betriebsratsmitglieder gelten darüber hinaus die besonderen Schutzvorschriften des § 38 Abs. 3 und 4 BetrVG (siehe → **Freistellung von Betriebsratsmitgliedern**).
- Betriebsratsmitglieder sind für → **Schulungs- und Bildungsveranstaltungen** unter Fortzahlung ihres Arbeitsentgelts freizustellen (§ 37 Abs. 6 und 7 BetrVG), wobei bei Schulungen nach § 37 Abs. 6 BetrVG der Arbeitgeber auch die anfallenden Kosten zu übernehmen hat.

Betriebsrat

Zum Ausgleich für Zeiten der Schulungsteilnahme, die z. B. wegen Schichtarbeit oder Teilzeitarbeit außerhalb der persönlichen Arbeitszeit stattfinden, besteht nach Maßgabe des § 37 Abs. 6 und 7 i. V. m. Abs. 3 BetrVG Anspruch auf Arbeitsbefreiung unter Fortzahlung der Vergütung.
- Nach § 80 Abs. 2 Satz 3 BetrVG hat der Arbeitgeber dem Betriebsrat sachkundige Arbeitnehmer als **Auskunftspersonen** »zur Verfügung zu stellen«.
- Unter den Voraussetzungen des § 80 Abs. 3 BetrVG können → **Sachverständige** hinzugezogen werden.
- Der Betriebsrat kann bei einer → **Betriebsänderung** zu seiner Unterstützung – in Unternehmen mit mehr als 300 Arbeitnehmern – einen → **Berater** hinzuziehen (§ 111 Satz 2 BetrVG). Die Kosten hat der Arbeitgeber zu tragen, sofern die Hinzuziehung als »erforderlich« anzusehen ist (§ 40 Abs. 1 BetrVG). Der Betriebsrat hat insoweit einen Beurteilungsspielraum.
- Eine **Behinderung oder Störung der Tätigkeit des Betriebsrats** stellt eine strafbare Handlung dar (Geldstrafe oder Freiheitsstrafe bis zu einem Jahr; § 119 Abs. 1 Nr. 2 BetrVG; siehe → **Behinderung der Betriebsratstätigkeit**). Die Strafvorschrift richtet sich nicht nur gegen den Arbeitgeber, sondern gegen jedermann (LG Braunschweig v. 22. 2. 2008 – 6 KLs 20/07): z. B. leitende Angestellte, Vorgesetzte und sogar Außenstehende.
- Die Mitglieder des Betriebsrats dürfen in der Ausübung der Betriebsratstätigkeit **weder gestört noch behindert** werden.

Auch ist es unzulässig, sie wegen ihrer Tätigkeit **zu benachteiligen** oder **zu begünstigen** (§ 78 BetrVG).

Wer ein **Mitglied** oder ein → **Ersatzmitglied** des Betriebsrats (oder anderer Organe der Betriebsverfassung) oder eine **Auskunftsperson** nach § 80 Abs. 2 Satz 3 BetrVG »um ihrer Tätigkeit willen« benachteiligt oder begünstigt, macht sich strafbar (§ 119 Abs. 1 Nr. 3 BetrVG). Allein die Entgegennahme einer vom Arbeitgeber angebotenen Begünstigung erfüllt zwar noch nicht den Straftatbestand des § 119 Abs. 1 Nr. 3 BetrVG. Wenn das Betriebsratsmitglied allerdings den Arbeitgeber zu der Begünstigung veranlasst, kann eine Bestrafung nach zutreffender Ansicht des LG Braunschweig wegen Anstiftung zur Begünstigung erfolgen (LG Braunschweig v. 22. 2. 2008 – 6 KLs 20/07).
- Betriebsratsmitglieder haben während ihrer Amtszeit und ein Jahr danach einen besonderen Kündigungsschutz (§ 15 KSchG, § 103 BetrVG); siehe → **Außerordentliche Kündigung** und → **Kündigungsschutz (besonderer)**.

Zum Kündigungsschutz von → **Ersatzmitgliedern**: siehe Rn. 34.

Das betriebsverfassungsgesetzliche Konfliktlösungsmodell

36 Das BetrVG geht zweifellos davon aus, dass das Verhältnis zwischen Arbeitgeber und Arbeitnehmern **konfliktgeladen** ist. Denn andernfalls wären Regelungen über die Überwachungsaufgaben des Betriebsrats, Arbeitskampfverbot, Kündigungsschutz usw. nicht erklärlich.

37 Als Konfliktursache wird jedoch nicht der **Interessengegensatz** zwischen Arbeitgeber und Arbeitnehmern ausdrücklich benannt (siehe Rn. 8 und 19).

Vielmehr ist verharmlosend von »**Meinungsverschiedenheiten**« die Rede (§ 74 Abs. 1 BetrVG: »*Arbeitgeber und Betriebsrat ... haben Vorschläge für die Beilegung von Meinungsverschiedenheiten zu machen*«).

Das **Konfliktlösungsverfahren** des BetrVG ist durch folgende Merkmale gekennzeichnet:
- Aufforderung zur »vertrauensvollen Zusammenarbeit« (§ 2 Abs. 1 BetrVG (siehe Rn. 9));
- Aufforderung zur Verhandlung mit dem »ernsten Willen zur Einigung« (§ 74 Abs. 1 BetrVG);
- Verbot von Arbeitskampfmaßnahmen und sonstiger Handlungen, die den »Arbeitsablauf

oder den Frieden des Betriebs« beeinträchtigen (§ 74 Abs. 2 BetrVG; zu Arbeitskampfmaßnahmen im Rahmen von Tarifauseinandersetzungen: siehe → **Arbeitskampf** und → **Friedenspflicht**);
- stattdessen: Anrufung einer Einigungsstelle (manchmal auch des **Arbeitsgerichts**), sofern in mitbestimmungspflichtigen Angelegenheiten eine Einigung nicht zustande kommt (siehe → **Einigungsstelle** und → **Arbeitsgericht**).

Ergänzt wird dieses Konzept durch 38
- eine Geheimhaltungspflicht in Bezug auf »Betriebs- und Geschäftsgeheimnisse« (§ 79 BetrVG; siehe → **Geheimhaltungspflicht**);
- die gesetzlich manifestierte Zweigleisigkeit der Interessenvertretung durch den – von der Belegschaft gewählten – Betriebsrat einerseits und die – mit ihren Mitgliedern im Betrieb vertretene – Gewerkschaft andererseits.

Dabei geht das Gesetz allerdings von einer engen Zusammenarbeit zwischen Betriebsrat und Gewerkschaft aus (§ 2 BetrVG); eine wichtige Rolle spielt insoweit in vielen größeren Betrieben die Arbeit der gewerkschaftlichen Vertrauensleute (siehe Rn. 42 und → **Gewerkschaft**).

Kommunikation mit der Belegschaft (Information und Dialog)

Der Betriebsrat hat das Recht und die Pflicht, die Belegschaft umfassend und pünktlich im 39 Rahmen seines Aufgabenbereichs über seine Tätigkeit **zu unterrichten** (BAG v. 21. 11. 1978 – 6 ABR 85/76, DB 1979, 751; siehe auch Rn. 17 a).

Das Gesetz macht aber in mehreren Vorschriften deutlich, dass es nicht nur um die (einseitige) Unterrichtung der Belegschaft durch den Betriebsrat geht, sondern um einen (zweiseitigen) **innerbetrieblichen Dialog** – um eine lebendige Kommunikation – zwischen Betriebsrat und den Beschäftigten.

Beispielsweise weist § 80 Abs. 1 Nr. 3 BetrVG dem Betriebsrat die Aufgabe zu, **Anregungen** von Arbeitnehmern entgegenzunehmen und, falls er sie für berechtigt hält, durch Verhandlungen mit dem Arbeitgeber auf eine Erledigung hinzuwirken.

§ 86 a Satz 1 BetrVG bestimmt, dass jeder Arbeitnehmer das Recht hat, dem Betriebsrat Themen zur Beratung **vorzuschlagen**.

Nach § 85 Abs. 1 BetrVG hat der Betriebsrat **Beschwerden** von Arbeitnehmern entgegenzunehmen und, falls er sie für berechtigt erachtet, beim Arbeitgeber auf Abhilfe hinzuwirken (und ggf. die → **Einigungsstelle** anzurufen; siehe → **Beschwerderecht der Arbeitnehmer**). Die dadurch entstehenden Kosten hat der Arbeitgeber nach § 40 Abs. 1 und 2 BetrVG zu tragen (siehe → **Kosten der Betriebsratstätigkeit**).

Welche Informationen der Betriebsrat für zweckmäßig hält, ist von ihm allein zu entscheiden. Er bedarf hierzu nicht der Zustimmung des Arbeitgebers (BAG v. 21. 11. 1978 – 6 ABR 85/76, a. a. O.).

Ebenso steht es allein im pflichtgemäßen Ermessen des Betriebsrats, welchen **Weg** er zur Weitergabe der Informationen an die Arbeitnehmer und für den Dialog mit ihnen benutzt. Ein wichtiger Informationsweg ist die → **Betriebsversammlung**, vor allem auch in Form der **Abteilungsversammlung** (§§ 42 ff. BetrVG).

Darüber hinaus stehen dem Betriebsrat je nach Betriebsgröße ein oder mehrere sog. »**Schwarze Bretter**« zu, die der Arbeitgeber bereitzustellen hat (BAG v. 21. 11. 1978 – 6 ABR 85/76, a. a. O.).

Der Betriebsrat ist aber grundsätzlich nicht darauf beschränkt, mit der Belegschaft allein auf Betriebsversammlungen, in Sprechstunden und durch Anschläge am Schwarzen Brett zu kommunizieren.

Hierzu ein Auszug aus BAG v. 9. 6. 1999 – 7 ABR 66/97:

Betriebsrat

»*Der Kontakt zwischen Betriebsrat und Arbeitnehmern ist nach dem Betriebsverfassungsgesetz weder institutionalisiert noch in sonstiger Weise vorgegeben. Das Betriebsverfassungsgesetz verweist den Betriebsrat für den innerbetrieblichen Dialog mit der Belegschaft nicht auf die Durchführung von Betriebsversammlungen oder Sprechstunden (BAG Beschluss vom 8. Februar 1977 – 1 ABR 82/74 – AP Nr. 10 zu § 80 BetrVG 1972). Es verlangt von ihm auch nicht, sich auf Aushänge am Schwarzen Brett zu beschränken oder die Belegschaft schriftlich zu informieren bzw. die Arbeitnehmer an ihren Arbeitsplätzen stets persönlich aufzusuchen. Welche Informations- und Kommunikationswege der Betriebsrat für zweckmäßig hält, ist von ihm nach pflichtgemäßen Ermessen zu entscheiden (BAG Beschluss vom 21. November 1978 – 6 ABR 85/76 – AP Nr. 15 zu § 40 BetrVG 1972). Er ist nicht darauf zu verweisen, dass die Arbeitnehmer ihrerseits den Kontakt mit ihm suchen können. Vielmehr muss er die Möglichkeit haben, von sich aus mit der Belegschaft in Verbindung treten zu können.*«

Deshalb kann der Betriebsrat nach zutreffender Ansicht des BAG gemäß § 40 Abs. 2 BetrVG einen Anspruch gegen den Arbeitgeber haben, eine an den Arbeitsplätzen der Arbeitnehmer vorhandene **Telefonanlage** durch eine vom Arbeitgeber zu veranlassende **gesonderte fernsprechtechnische Schaltung** für den innerbetrieblichen Dialog mit der Belegschaft nutzbar machen zu lassen (BAG v. 9.6.1999 – 7 ABR 66/97). Zur anderslautenden Entscheidung der Vorinstanz stellt das BAG fest: »*Es ist deshalb rechtsfehlerhaft, wenn das Landesarbeitsgericht das Kommunikations- und Informationsbedürfnis des Betriebsrats schon deshalb als erfüllt ansieht, weil die Arbeitnehmer in den Verkaufsstellen ihrerseits über die Möglichkeit verfügen, mit dem Betriebsrat über die vorhandene Telefonanlage in Kontakt zu treten. Eine derartige Verkürzung der Informationsrechte und -pflichten des Betriebsrats und die Beschränkung seiner innerbetrieblichen Kommunikationsbedürfnisse sieht das BetrVG nicht vor.*«

In Betracht kommt auch die Herausgabe eines zur Verteilung an die Belegschaft bestimmten Informationsblattes (**Betriebsrats-Info**). Ob der Arbeitgeber dafür die Kosten nach § 40 Abs. 1 BetrVG zu tragen hat, ist nach Ansicht des BAG nach den konkreten Verhältnissen des einzelnen Betriebs zu beurteilen. Abzuwägen sind die **Dringlichkeit** der Unterrichtung vor der nächsten ordentlichen Betriebsversammlung und die etwaige Unzulänglichkeit anderer Informationsmittel (Schwarzes Brett, mündliche Unterrichtung) einerseits, sowie die Kostenbelastung für den Arbeitgeber andererseits (BAG v. 21.11.1978 – 6 ABR 85/76, a. a. O.: »*Solche Rundschreiben, die in die Hand jedes Arbeitnehmers gelangen, erfüllen den Informationszweck u. U. am besten; der Arbeitnehmer kann sie nach Arbeitsende in Ruhe durchlesen. Sie sind sozusagen ein vervielfältigtes, jedem Arbeitnehmer persönlich zugänglich gemachtes* »*Schwarzes Brett*«*. Wenn sich die Kosten hierfür in Grenzen halten und dem Arbeitgeber nach Art und Größe des Betriebes zumutbar sind, lassen sie sich aus Gründen der umfassenden und aktuellen Unterrichtung der Belegschaft als erforderlich i. S. des § 40 Abs. 1 BetrVG bezeichnen.*«).

Ebenfalls möglich ist die regelmäßige **Kontaktaufnahme** mit Belegschaftsmitgliedern am **Arbeitsplatz** (z. B. durch regelmäßige **Betriebsbegehung**).

Entsprechendes gilt für die Nutzung eines unternehmens- oder betriebsinternen Intranets. Der Betriebsrat hat einen Anspruch darauf, Informationen und Beiträge im **Intranet** zu veröffentlichen (BAG v. 3.9.2003 – 7 ABR 12/03, AiB 2004, 692 = NZA 2004, 278).

Er entscheidet allein **ohne Zustimmung** des Arbeitgebers über den Inhalt der Bekanntmachungen und Informationen der Belegschaft, sofern er sich im Rahmen seiner Aufgaben und Zuständigkeiten hält (BAG v. 3.9.2003 – 7 ABR 12/03, a. a. O.).

Beteiligung der Belegschaft

40 Die **Beteiligung der Belegschaft** an der Gestaltung des betrieblichen Geschehens ist durch das BetrVG insbesondere in folgenden Formen vorgesehen:
- Wahl des Betriebsrats (siehe → **Betriebsratswahl**; §§ 7 ff. BetrVG);

Betriebsrat

- Möglichkeit des Betriebsrats, Aufgaben auf Arbeitsgruppen von Arbeitnehmern zu übertragen (z. B. Fragen der Lage der Arbeitszeit, des Urlaubs usw.; vgl. § 28 a BetrVG);
- Aufsuchen der **Sprechstunde** des Betriebsrats und sonstige Inspruchnahme des Betriebsrats während der Arbeitszeit (§ 39 BetrVG);
- Teilnahme- und Antragsrechte in Bezug auf → **Betriebsversammlungen** (§§ 42 ff. BetrVG);
- Unterstützung der Betriebsratsarbeit durch Einbeziehung von sachkundigen Arbeitnehmern als Auskunftspersonen (§ 80 Abs. 2 Satz 3 BetrVG).
  Auskunftspersonen dürfen in der Ausübung ihrer Tätigkeit nicht gestört oder behindert werden (§ 78 BetrVG).
  Für die Geheimhaltungspflicht der Auskunftspersonen gilt § 79 BetrVG entsprechend (§ 80 Abs. 4 BetrVG);
- die Verpflichtung des Betriebsrats zur Entgegennahme und Bearbeitung von »Anregungen« von Beschäftigten und die Verpflichtung zur Information der Beschäftigten »über den Stand der Verhandlungen« (§ 80 Abs. 1 Nr. 3 BetrVG);
- Ausübung von Informations-, Anhörungs- und Erörterungsrechten über Tätigkeit, Unfall- und Gesundheitsgefahren, geplante technische und arbeitsorganisatorische Veränderungen und Zusammensetzung des Arbeitsentgelts, Beurteilung der Leistung, berufliche Entwicklungsmöglichkeiten (§§ 81 ff. BetrVG);
- Rechte in Bezug auf die → **Personalakte** (§ 83 BetrVG);
- Ausübung von Beschwerderechten (§§ 84, 85 BetrVG; siehe → **Beschwerderecht der Arbeitnehmer**);
- Recht eines jeden Arbeitnehmers, dem Betriebsrat Themen zur Beratung vorzuschlagen (§ 86 a Satz 1 BetrVG). Wenn 5 % der Arbeitnehmer des Betriebes den Vorschlag unterstützen, hat der Betriebsrat diesen innerhalb von zwei Monaten auf die Tagesordnung einer → **Betriebsratssitzung** zu setzen (§ 86 a Satz 2 BetrVG).

Sinnvoll und möglich ist es auch, zu bestimmten wichtigen Fragen (z. B. Rationalisierungsprozesse) über die Ausschussarbeit (§ 28 BetrVG) und Übertragung von Aufgaben auf Arbeitsgruppen (§ 28 a BetrVG) hinaus bei Bedarf »**Arbeitskreise**« zu bilden, an denen Betriebsratsmitglieder, Vertrauensleute und Belegschaftsmitglieder als »sachkundige Auskunftspersonen« (z. B. EDV-Fachleute; vgl. § 80 Abs. 2 Satz 3 BetrVG) teilnehmen. So können etwa betriebliche Arbeitskreise zum »Arbeits- und Gesundheitsschutz« oder zur »Sicherung und Förderung der Beschäftigung« (§ 92 a BetrVG) der Betriebsratsarbeit neue Impulse geben (siehe auch → **Alternative Produktion** und → **Betriebliches Vorschlagswesen**). Erschwert wird eine solche Art der Zusammenarbeit allerdings durch das Fehlen entsprechender Freistellungsregelungen für Vertrauensleute und sonstige Belegschaftsmitglieder, die nicht Teilnehmer von Arbeitsgruppen i. S. d. § 28 a BetrVG oder Auskunftspersonen i. S. d. § 80 Abs. 2 Satz 3 BetrVG sind.

Je mehr Phantasie der Betriebsrat in der Frage der Information und Einbeziehung der Belegschaft entwickelt, desto erfolgreicher wird er sein. Ein starker Betriebsrat ist nur derjenige, der »**die Belegschaft im Rücken hat**«.
Einer »belegschaftsfernen« Stellvertreterpolitik wird es demgegenüber kaum gelingen, interessengerechte Konzepte zu entwickeln und gegenüber dem Arbeitgeber Verhandlungsdruck zu erzeugen.

41

Zusammenarbeit mit der Gewerkschaft

Eine weitere wichtige Handlungsebene des Betriebsrats ist die Zusammenarbeit mit der → **Gewerkschaft**.
Das BetrVG sieht hier Zutritts-, Teilnahme- und Beratungsrechte von Gewerkschaftsvertretern vor (siehe → **Gewerkschaften** Rn. 20).

42

Betriebsrat

Nicht geregelt ist die Zusammenarbeit mit den gewerkschaftlichen Vertrauensleuten. Das BetrVG schweigt sich in dieser Frage ganz einfach aus. Es bleibt der Aktivität und der Phantasie der Beschäftigten, des Betriebsrats und der Gewerkschaft überlassen, eine solche Vertrauensleutearbeit im Betrieb mit Leben zu erfüllen. So ist es beispielsweise rechtlich ohne weiteres zulässig,
- in die Tagesordnung von → **Betriebsversammlungen** regelmäßig den Tagesordnungspunkt: »Bericht des Vertrauenskörpers« aufzunehmen;
- Vertrauensleute als »sachverständige Auskunftspersonen« (§ 80 Abs. 2 Satz 3 BetrVG) zur an sich nicht öffentlichen → **Betriebsratssitzung** einzuladen;
- in Arbeitsschutzfragen sachkundige Vertrauensleute für die Position des »Sicherheitsbeauftragten« im Sinne des § 22 SGB VII vorzuschlagen;
- Vertrauensleute als Mitglieder des → **Wirtschaftsausschusses** zu benennen (nur »ein« Mitglied des Wirtschaftsausschusses muss Mitglied des Betriebsrats bzw. Gesamtbetriebsrats sein, vgl. § 107 Abs. 1 BetrVG).

Amtszeit (§ 21 BetrVG)

43 Die regelmäßige Amtszeit des Betriebsrats beträgt **vier Jahre** (§ 21 Satz 1 BetrVG).

Beginn der Amtszeit in einem Betrieb ohne Betriebsrat

44 Die Amtszeit des gewählten Betriebsrats in einem bisher betriebsratslosen Betrieb beginnt mit dem Zeitpunkt der Bekanntgabe des Wahlergebnisses (§ 21 Satz 2, § 18 WO).

> **Beispiel:**
> Das Wahlergebnis wird am 28.4.2014 um 12 Uhr bekannt gegeben. Die Amtszeit des gewählten Betriebsrats beginnt genau in diesem Moment (also um 12 Uhr des 28.4.2014).

Beginn der Amtszeit in einem Betrieb mit Betriebsrat

44a Wenn ein Betriebsrat besteht und seine Amtszeit zum Zeitpunkt der Bekanntgabe des Wahlergebnisses noch nicht abgelaufen ist, beginnt die Amtszeit des neugewählten Betriebsrats erst mit Ablauf des Tages (24 Uhr), an dem die Amtszeit des bisherigen Betriebsrats endet (§ 21 Satz 2 BetrVG). Eine »Überlappung« von Amtszeiten findet nicht statt.

> **Beispiel:**
> In einem Betrieb besteht ein Betriebsrat, dessen Amtszeit am 28.4.2014 (24 Uhr) endet. Zwei Wochen vorher – am 14.4.2014 – hat eine Neuwahl stattgefunden. Das Wahlergebnis wurde am 15.4.2014 bekannt gegeben.
> Die Amtszeit des neugewählten Betriebsrats beginnt (erst) am 29.4.2014.

> **Beachten:**
> Beschlüsse, die der neugewählte Betriebsrat vor Ablauf der Amtszeit des bisherigen Betriebsrats fasst, sind unwirksam (vgl. Fitting, BetrVG, 27. Aufl., § 21 Rn. 12).

Ende der Amtszeit im Regelfall

45 Die Amtszeit des Betriebsrats endet vier Jahre nach dem Beginn seiner Amtszeit (siehe Rn. 44, 44 a). Für die Fristberechnung sind zwei Fälle zu unterscheiden.
- Wenn die Amtszeit des Betriebsrats mit Ablauf der Amtszeit des vorherigen Betriebsrats

begonnen hatte (siehe Rn. 44 a), endet die Vierjahresfrist mit Ablauf des Kalendertages (also um 24 Uhr), der seiner Bezeichnung nach dem Kalendertag entspricht, an dem die Amtszeit des vorherigen Betriebsrats abgelaufen ist.

> **Beispiel:**
> Die Amtszeit eines Betriebsrats ist am 28.4.2010 (24 Uhr) abgelaufen. Die Amtszeit des in 2010 neugewählten Betriebsrats begann am 29.4.2010 und endete am 28.4.2014 (24 Uhr). Die Amtszeit des in 2014 neu gewählten Betriebsrats läuft vier Jahre später am 28.4.2018 (24 Uhr) ab.

- Wenn die Amtszeit des Betriebsrats mit Bekanntgabe des Wahlergebnisses begonnen hat (siehe Rn. 44), gilt für die Fristberechnung § 188 Abs. 2 i. V. m. § 187 Abs. 1 BGB. Der Tag der Bekanntgabe des Wahlergebnisses zählt nicht mit. Die Vierjahresfrist endet mit dem Ablauf des Tages (24 Uhr), der durch seine Bezeichnung dem Tag entspricht, in dem das fristauslösende Ereignis stattgefunden hat.

> **Beispiel:**
> Die Amtszeit des Betriebsrats hat am 28.4.2010 mit Bekanntgabe des Wahlergebnisses (z. B.) um 12 Uhr begonnen. Sie endet vier Jahre später am 28.4.2014 (24 Uhr). Die Amtszeit des neu gewählten Betriebsrats beginnt am 29.4.2014.

Die Amtszeit endet spätestens am 31. Mai des Jahres, in dem nach § 13 Abs. 1 BetrVG die regelmäßigen Betriebsratswahlen (= in den Jahren 2010, 2014, 2018 usw.) stattfinden (§ 21 Satz 3 BetrVG. Dieser Fall tritt ein, wenn keine Neuwahl des Betriebsrats erfolgt.

45a

Ende der Amtszeit in Sonderfällen

Wenn der Betriebsrat außerhalb des Zeitraums der regelmäßigen Betriebsratswahlen gewählt wurde, verkürzt oder verlängert sich der Vierjahreszeitraum nach Maßgabe des § 13 Abs. 3 BetrVG.
Zwei Fälle sind zu unterscheiden.
- Wenn der Betriebsrat zu Beginn des nächsten Zeitraums der regelmäßigen Betriebsratswahlen (also am 1. 3.) länger als ein Jahr im Amt ist, findet bereits in diesem Wahlzeitraum die nächste Betriebsratswahl statt (§ 13 Abs. 3 Satz 1 BetrVG). Die Amtszeit des Betriebsrats ist dann kürzer als vier Jahre. Sie endet – wenn ein neuer Betriebsrat gewählt wird – mit Bekanntgabe des Wahlergebnisses. Wird kein Betriebsrat gewählt, endet die Amtszeit mit Ablauf des 31.5. (§ 21 Satz 3 BetrVG).
- Die Amtszeit ist länger als vier Jahre, wenn der Betriebsrat zu Beginn des nächsten regelmäßigen Wahlzeitraums (also am 1. 3.) noch kein Jahr im Amt ist. In diesem Fall findet die nächste Betriebsratswahl erst im übernächsten regelmäßigen Wahlzeitraum statt (§ 13 Abs. 3 Satz 2 BetrVG). Die Amtszeit endet mit dem Zeitpunkt der Bekanntgabe des Wahlergebnisses (vgl. Fitting, BetrVG, 27. Aufl., § 21 Rn. 23).

46

> **Beispiel:**
> Der Betriebsrat ist am 21.9.2009 gewählt worden. Die nächste Betriebsratswahl fand gemäß § 13 Abs. 2 Satz 2 BetrVG erst im übernächsten regelmäßigen Wahlzeitraum des Jahres 2014 statt. Das Wahlergebnis wurde am 28.4.2014 um 12 Uhr bekannt gegeben. Mit diesem Zeitpunkt endete die Amtszeit des bisherigen Betriebsrats. Gleichzeitig (um 12 Uhr) begann die Amtszeit des neugewählten Betriebsrats (siehe Rn. 44). Sie endet – vier Jahre später – mit Ablauf des 28.4.2018 (24 Uhr; siehe Rn. 45).

Wird kein Betriebsrat gewählt, endet die Amtszeit mit Ablauf des 31.5. (§ 21 Satz 4 BetrVG).

Betriebsrat

47 Wenn in den Fällen des § 13 Abs. 2 Nr. 1 BetrVG (Anstieg oder Absinken der Arbeitnehmerzahl um mindestens 50 %) und des § 13 Abs. 2 Nr. 2 BetrVG (Absinken der Gesamtzahl der Betriebsratsmitglieder unter die nach § 9 BetrVG vorgeschriebene Zahl) ein neuer Betriebsrat gewählt wurde, endet die Amtszeit des bisherigen Betriebsrats mit dem Zeitpunkt der Bekanntgabe des Wahlergebnisses des neu gewählten Betriebsrats (§ 21 Satz 5 BetrVG).

47a Die Amtszeit endet (ohne Möglichkeit der Wahl eines neuen Betriebsrats), wenn die Zahl der »ständigen wahlberechtigten Arbeitnehmer« unter fünf sinkt oder der Betrieb weniger als drei wählbare Arbeitnehmer hat (§ 1 Abs. 1 BetrVG).

Übergangsmandat (§ 21 a BetrVG)

48 Wird ein Betrieb in der Weise aufgespalten, dass er seine »Identität« verliert und deshalb »untergeht«, so bleibt dessen Betriebsrat dennoch weiter im Amt und führt die Geschäfte für die ihm bislang zugeordneten Betriebsteile weiter, soweit sie die Voraussetzungen des § 1 Abs. 1 Satz 1 BetrVG erfüllen und nicht in einen Betrieb eingegliedert werden, in dem ein Betriebsrat besteht (siehe → **Betriebsspaltung und Zusammenlegung von Betrieben,** → **Betriebsübergang** und → **Umwandlung von Unternehmen**).
Der Betriebsrat hat insbesondere unverzüglich Wahlvorstände zu bestellen.
Das Übergangsmandat **endet,** sobald in den Betriebsteilen ein neuer Betriebsrat gewählt und das Wahlergebnis bekannt gegeben ist, spätestens jedoch sechs Monate nach Wirksamwerden der Spaltung.
Durch → **Tarifvertrag** oder → **Betriebsvereinbarung** kann das Übergangsmandat um weitere sechs Monate verlängert werden.

49 Wird dagegen (nur) ein → **Betriebsteil** in der Weise abgespalten, dass der bisherige Betrieb seine »Identität« behält, bleibt der bisherige Betriebsrat – unabhängig von § 21 a BetrVG – für den bisherigen (verkleinerten) Betrieb weiterhin bis zur nächsten regulären Betriebsratswahl im Amt.
Eine vorzeitige Neuwahl für den bisherigen (verkleinerten) Betrieb ist nur erforderlich, wenn aufgrund der Abspaltung die Voraussetzungen des § 13 Abs. 2 Nr. 1 BetrVG gegeben sind (Absinken der Zahl der regelmäßig beschäftigten Arbeitnehmer um die Hälfte, mindestens aber um fünfzig).
Für den abgespaltenen Teil hat der bisherige Betriebsrat – bis zur Neuwahl eines Betriebsrats, längstens für die Dauer von sechs Monaten – ein Übergangsmandat nach § 21 a Abs. 1 BetrVG (sofern der abgespaltene Betriebsteil betriebsratsfähig im Sinne des § 1 BetrVG ist und nicht in einen anderen Betrieb mit Betriebsrat eingegliedert wird).
Wird der abgespaltene Betriebsteil in einen Betrieb mit Betriebsrat eingegliedert, ist dort eine Neuwahl erforderlich, wenn die Voraussetzungen des § 13 Abs. 2 Nr. 1 BetrVG vorliegen (Arbeitnehmerzahl steigt um mehr als die Hälfte, mindestens aber um fünfzig).

50 Ein Übergangsmandat besteht auch, wenn Betriebe oder Betriebsteile »untergehen«, weil sie zu einem (neuen) Betrieb zusammengefasst werden. In diesem Falle nimmt der Betriebsrat des nach der Zahl der wahlberechtigten Arbeitnehmer größten Betriebs oder Betriebsteils das Übergangsmandat wahr.
Ansonsten gilt § 21 a Abs. 1 BetrVG entsprechend (Bestellung eines Wahlvorstandes, maximale Dauer des Übergangsmandats usw.).

51 Die Regelung des § 21 a Abs. 1 und 2 BetrVG über das Übergangsmandat des Betriebsrats gilt auch, wenn die Spaltung oder Zusammenlegung von Betrieben und Betriebsteilen im Zusammenhang mit einer Betriebsveräußerung (siehe → **Betriebsspaltung und Zusammenlegung von Betrieben** und → **Betriebsübergang**) oder einer Umwandlung nach dem Umwandlungsgesetz erfolgt (siehe → **Umwandlung von Unternehmen**).

Betriebsrat

Restmandat (§ 21 b BetrVG)

Geht ein Betrieb durch Stilllegung, Spaltung oder Zusammenlegung unter, so bleibt dessen Betriebsrat so lange im Amt, wie dies zur Wahrnehmung der damit im Zusammenhang stehenden Mitwirkungs- und Mitbestimmungsrechte erforderlich ist (sog. Restmandat; siehe → **Betriebsspaltung und Zusammenlegung von Betrieben** und → **Betriebsübergang**). Bei der Stilllegung, Spaltung oder Zusammenlegung handelt es sich regelmäßig um eine → **Betriebsänderung**, die Rechte des Betriebsrats nach § 111 BetrVG auslöst. 52

Weitere Organe der Interessenvertretung der Arbeitnehmer

Weitere betriebsverfassungsrechtliche Organe zur Vertretung der Interessen der Arbeitnehmer sind: 53
- der → **Gesamtbetriebsrat** (§§ 47 ff. BetrVG);
- der → **Konzernbetriebsrat** (§§ 54 ff. BetrVG);
- die → **Jugend- und Auszubildendenvertretung** (§§ 60 ff. BetrVG);
- die → **Gesamt-** und → **Konzern-Jugend- und Auszubildendenvertretung** (§§ 72 ff. BetrVG) und
- der → **Europäische Betriebsrat**.

Die Interessen der → **Schwerbehinderten Menschen** werden nicht nur durch den Betriebsrat, sondern auch durch die → **Schwerbehindertenvertretung** nach §§ 93 ff. SGB IX vertreten. 54

Hinzuweisen ist des Weiteren auf die »Arbeitnehmervertreter im Aufsichtsrat« eines Unternehmens, deren Aufgabe es im Rahmen der gesetzlich geregelten Aufgaben des Aufsichtsrats ebenfalls ist, Arbeitnehmerinteressen wahrzunehmen (siehe → **Unternehmensmitbestimmung**). 55

Arbeitshilfen

Übersichten
- Betriebsrat – Allgemeine Aufgaben
- Betriebsverfassung
- Informationssystem eines größeren Betriebsrats

Musterschreiben
- Geschäftsordnung für den Betriebsrat: siehe → **Geschäftsordnung des Betriebsrats**

Übersicht: Betriebsrat – Allgemeine Aufgaben

Der Betriebsrat hat nach § 80 Abs. 1 BetrVG folgende allgemeine Aufgaben:

1. darüber zu wachen, dass die zugunsten der Arbeitnehmer geltenden Gesetze, Verordnungen, Unfallverhütungsvorschriften, Tarifverträge und Betriebsvereinbarungen durchgeführt werden;
2. Maßnahmen, die dem Betrieb und der Belegschaft dienen, beim Arbeitgeber zu beantragen;
2 a. die Durchsetzung der tatsächlichen Gleichstellung von Frauen und Männern, insbesondere bei der Einstellung, Beschäftigung, Aus-, Fort- und Weiterbildung und dem beruflichen Aufstieg, zu fördern;
2 b. die Vereinbarkeit von Familie und Erwerbstätigkeit zu fördern;
3. Anregungen von Arbeitnehmern und der Jugend- und Auszubildendenvertretung entgegenzunehmen und, falls sie berechtigt erscheinen, durch Verhandlungen mit dem Arbeitgeber auf eine Erledigung hinzuwirken; er hat die betreffenden Arbeitnehmer über den Stand und das Ergebnis der Verhandlungen zu unterrichten;
4. die Eingliederung Schwerbehinderter und sonstiger besonders schutzbedürftiger Personen zu fördern;

Betriebsrat

5. die Wahl einer Jugend- und Auszubildendenvertretung vorzubereiten und durchzuführen und mit dieser zur Förderung der Belange der in § 60 Abs. 1 BetrVG genannten Arbeitnehmer eng zusammenzuarbeiten; er kann von der Jugend- und Auszubildendenvertretung Vorschläge und Stellungnahmen anfordern;
6. die Beschäftigung älterer Arbeitnehmer im Betrieb zu fördern;
7. die Integration ausländischer Arbeitnehmer im Betrieb und das Verständnis zwischen ihnen und den deutschen Arbeitnehmern zu fördern sowie Maßnahmen zur Bekämpfung von Rassismus und Fremdenfeindlichkeit im Betrieb zu beantragen;
8. die Beschäftigung im Betrieb zu fördern und zu sichern;
9. Maßnahmen des Arbeitsschutzes und des betrieblichen Umweltschutzes zu fördern.

Zur Durchführung seiner Aufgaben
- ist der Betriebsrats rechtzeitig und umfassend vom Arbeitgeber zu unterrichten (§ 80 Abs. 2 Satz 1 BetrVG); auch über die Beschäftigung von Personen, die nicht in einem Arbeitsverhältnis zum Arbeitgeber stehen (Fremdfirmenarbeitnehmer; § 80 Abs. 2 Satz 1 BetrVG);
- sind dem Betriebsrat auf Verlangen jederzeit die zur Durchführung seiner Aufgaben erforderlichen Unterlagen zur Verfügung zu stellen (§ 80 Abs. 2 Satz 2 BetrVG);
- ist der Betriebsausschuss oder ein nach § 28 BetrVG gebildeter Ausschuss berechtigt, in die Listen über die Bruttolöhne und -gehälter Einblick zu nehmen (§ 80 Abs. 2 Satz 2 zweiter Halbsatz BetrVG);
- kann der Betriebsrat nach § 37 Abs. 6 BetrVG die Entsendung von Mitgliedern zu einer → **Schulungs- und Bildungsveranstaltung** beschließen, in der Kenntnisse zu den in § 80 Abs. 1 Nr. 1 bis 9 BetrVG benannten Themen vermittelt werden; **Hinweis:** Wenn der Betriebsrat zu den jeweiligen Themen **initiativ** wird, ist der für eine Kostentragung durch den Arbeitgeber erforderliche **betriebliche Bezug** gegeben (siehe hierzu → **Schulungs- und Bildungsveranstaltung** Rn. 6 und 7);
- hat der Arbeitgeber dem Betriebsrat sachkundige Arbeitnehmer als Auskunftspersonen (siehe → **Informationsrechte des Betriebsrats** Rn. 4) zur Verfügung zu stellen, soweit dies zur ordnungsgemäßen Erfüllung der Aufgaben erforderlich ist; die Vorschläge des Betriebsrats hat der Arbeitgeber zu berücksichtigen, soweit betriebliche Notwendigkeiten nicht entgegenstehen (§ 80 Abs. 2 Satz 3 BetrVG); für die Geheimhaltungspflicht der Auskunftspersonen gilt § 80 Abs. 4 i. V. m. § 79 BetrVG;
- kann der Betriebsrat nach näherer Vereinbarung mit dem Arbeitgeber → **Sachverständige** hinzuziehen, soweit dies zur ordnungsgemäßen Erfüllung seiner Aufgaben erforderlich ist (§ 80 Abs. 3 BetrVG); im Falle einer Betriebsänderung kann der Betriebsrat – in Unternehmen mit mehr als 300 Arbeitnehmern – zu seiner Unterstützung einen oder – falls erforderlich – mehrere → **Berater** hinzuziehen (§ 111 Satz 2 BetrVG); für die Geheimhaltungspflicht des Sachverständigen und des Beraters gilt § 80 Abs. 4 i. V. m. § 79 BetrVG (vgl. § 111 Satz 2 zweiter Halbsatz BetrVG); die Kosten des Sachverständigen und des Beraters hat der Arbeitgeber zu tragen (§ 40 Abs. 1 BetrVG).

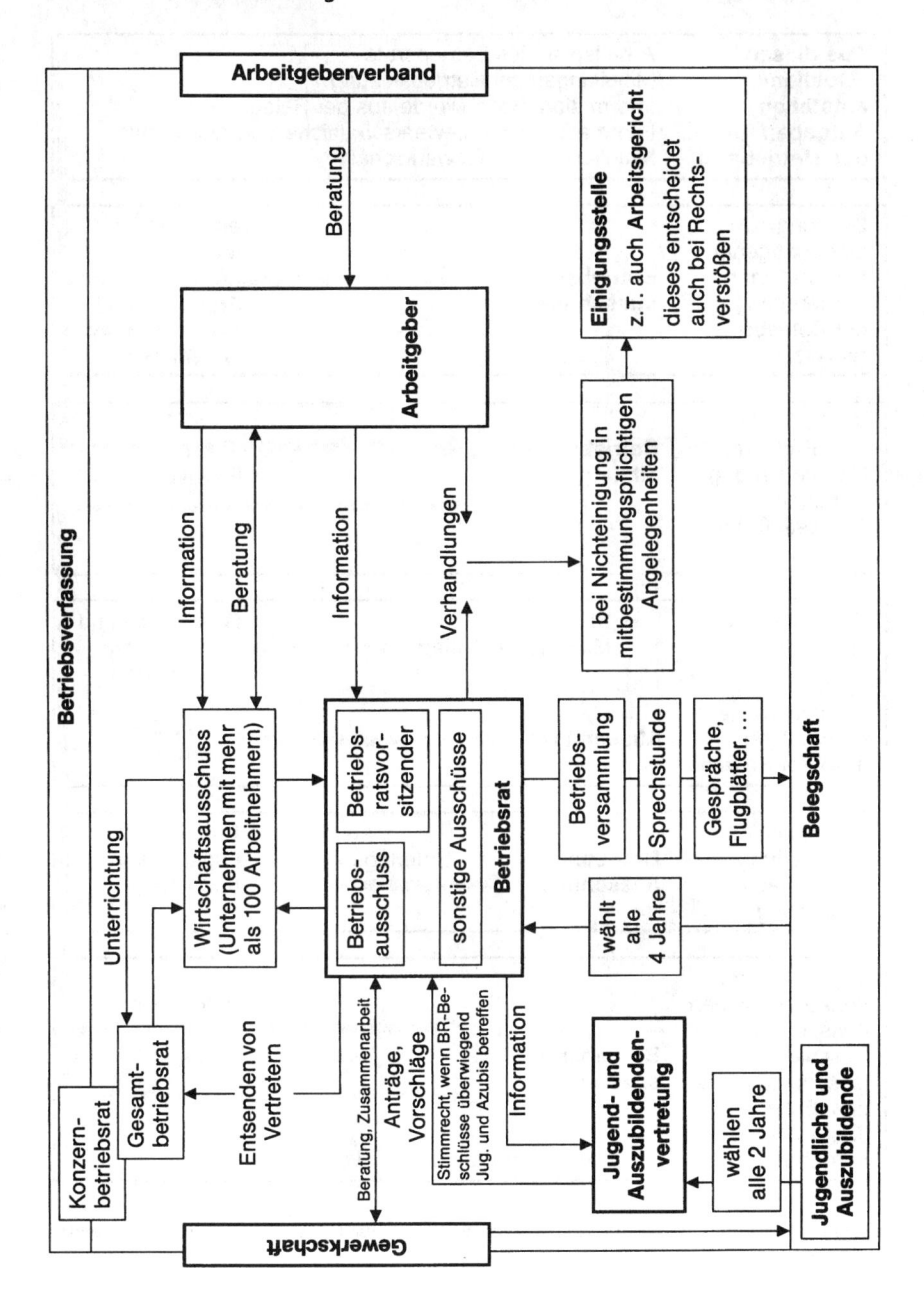

Betriebsrat

Übersicht: Betriebsverfassung

Betriebsverfassung

- **Arbeitgeberverband** → Beratung → **Arbeitgeber**
- Arbeitgeber ↔ Betriebsrat: Information, Beratung, Information, Verhandlungen
- Verhandlungen → bei Nichteinigung in mitbestimmungspflichtigen Angelegenheiten → **Einigungsstelle** (z. T. auch Arbeitsgericht dieses entscheidet auch bei Rechtsverstößen)

Betriebsrat (enthält: Betriebsratsvorsitzender, Betriebsausschuss, sonstige Ausschüsse)

- Wirtschaftsausschuss (Unternehmen mit mehr als 100 Arbeitnehmern)
- Betriebsversammlung
- Sprechstunde
- Gespräche, Flugblätter, …

Belegschaft wählt alle 4 Jahre den Betriebsrat

- Konzernbetriebsrat
- Gesamtbetriebsrat
- Entsenden von Vertretern
- Unterrichtung

Jugend- und Auszubildendenvertretung
- Beratung, Zusammenarbeit, Anträge, Vorschläge
- Stimmrecht, wenn BR-Beschlüsse überwiegend Jug. und Azubis betreffen
- Information

Jugendliche und Auszubildende wählen alle 2 Jahre

Gewerkschaft

Betriebsrat

Übersicht: Informationssystem eines größeren Betriebsrats

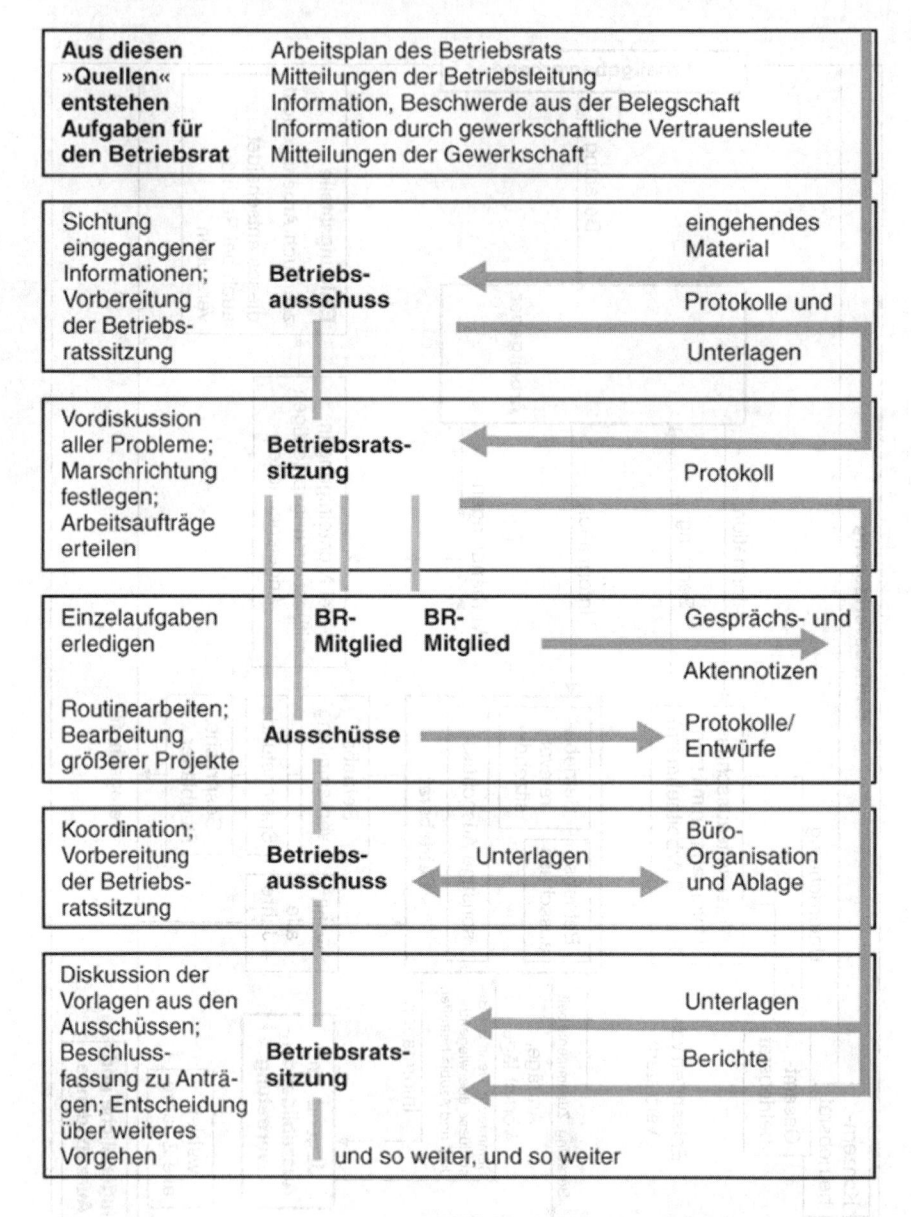

Aus diesen »Quellen« entstehen Aufgaben für den Betriebsrat	Arbeitsplan des Betriebsrats Mitteilungen der Betriebsleitung Information, Beschwerde aus der Belegschaft Information durch gewerkschaftliche Vertrauensleute Mitteilungen der Gewerkschaft	
Sichtung eingegangener Informationen; Vorbereitung der Betriebsratssitzung	**Betriebsausschuss** ←	eingehendes Material Protokolle und Unterlagen
Vordiskussion aller Probleme; Marschrichtung festlegen; Arbeitsaufträge erteilen	**Betriebsratssitzung** ←	Protokoll
Einzelaufgaben erledigen	**BR-Mitglied BR-Mitglied** →	Gesprächs- und Aktennotizen
Routinearbeiten; Bearbeitung größerer Projekte	**Ausschüsse** →	Protokolle/ Entwürfe
Koordination; Vorbereitung der Betriebsratssitzung	**Betriebsausschuss** ↔ Unterlagen	Büro-Organisation und Ablage
Diskussion der Vorlagen aus den Ausschüssen; Beschlussfassung zu Anträgen; Entscheidung über weiteres Vorgehen	**Betriebsratssitzung** ← und so weiter, und so weiter	Unterlagen Berichte

Aus: Fricke/Grimberg/Wolter (Hrsg.), Die kleine Betriebsratsbibliothek, Band 2: Betriebsratsarbeit perfekt organisiert, Bund-Verlag.

Rechtsprechung

1. Betriebsratsmitglieder handeln für den Betriebsrat
2. Betriebsratsinterne Wahlen – Wahlanfechtung
3. Betriebsratsvorsitzender
4. Betriebsausschuss und freizustellende Betriebsratsmitglieder
5. Betriebsratsausschuss (§ 28 BetrVG)
6. Übertragung von Aufgaben auf Betriebsausschuss oder Ausschuss nach § 28 BetrVG – Abgrenzung zu laufenden Geschäften (§ 27 Abs. 2 Satz 1 BetrVG)
7. Ausschüsse des Betriebsrats (§ 28 Abs. 1 BetrVG) – Wahl von Ersatzmitgliedern?
8. Erneute Besetzung der Ausschüsse nach Listenwechsel von Betriebsratsmitgliedern
9. Gemeinsamer Ausschuss von Arbeitgeber und Betriebsrat (§ 28 Abs. 2 BetrVG)
10. Befragung sachkundiger Arbeitnehmer (§ 80 Abs. 2 Satz 3 BetrVG)
11. Recht eines Betriebsratsmitglieds zur Einsicht in Unterlagen und gespeicherte Daten des Betriebsrats
12. Abmeldepflicht des Betriebsratsmitglieds zur Ausübung von Betriebsratstätigkeit und Rückmeldung
13. Pflicht zur Mitteilung über demnächst anfallende Betriebsratstätigkeiten?
14. Abmahnung eines Betriebsratsmitglieds
15. Verbot der Begünstigung und Benachteiligung von Betriebsratsmitgliedern
16. Freistellung und Entgeltfortzahlung während der Betriebsratstätigkeit
17. Anspruch auf bezahlten Freizeitausgleich bzw. Mehrarbeitsvergütung bei außerhalb der Arbeitszeit durchgeführter Betriebsratstätigkeit (§ 37 Abs. 3 BetrVG) – Ausgleich für Reisezeiten
18. Erstattung von Reisekosten
19. Arbeitsentgelt des Betriebsratsmitglieds – Entgeltschutz (§ 37 Abs. 4 BetrVG)
20. Tätigkeitsschutz – Berufliche Sicherung (§ 37 Abs. 5 BetrVG)
21. Darlegungslast bei Zweifeln des Arbeitgebers an der Erforderlichkeit der Betriebsratstätigkeit
22. Amtsausübung eines gekündigten Betriebsratsmitglieds – kein Hausverbot
23. Niederlegung des Betriebsratsamtes – Anfechtung der Niederlegung
24. Gebot der »vertrauensvollen Zusammenarbeit« (§ 2 Abs. 1 BetrVG)
25. Verbot der parteipolitischen Betätigung im Betrieb (§ 74 Abs. 2 BetrVG)
26. Amtsenthebung von Betriebsratsmitgliedern – Auflösung des Betriebsrats (§ 23 Abs. 1 BetrVG)
27. Parteipolitische Betätigung – kein Unterlassungsanspruch des Arbeitgebers gegenüber dem Betriebsrat
28. Betriebsübergang: Rechtsstellung des Betriebsrats
29. Übergangsmandat des Betriebsrats (§ 21 a BetrVG)
30. Restmandat des Betriebsrats (§ 21 b BetrVG)
31. Recht und Pflicht des Betriebsrats zur Information der Belegschaft
32. Zugangsrecht des Betriebsrats zu den einzelnen Arbeitsplätzen
33. Zugangsrecht eines vom Betriebsrat beauftragten Rechtsanwalts zum Betrieb
34. Einleitung des arbeitsgerichtlichen Beschlussverfahrens – Beauftragung eines Rechtsanwalts – Beschlussfassung
35. Haftung des vom Betriebsrat beauftragten Rechtsanwalts
36. Zusätzliche betriebsverfassungsrechtliche Vertretungen der Arbeitnehmer (§ 3 Abs. 1 Nr. 5 BetrVG)
37. Sonstiges

Betriebsrat

38. Personalratsmitglied
39. Betriebsratsbüro – Besitz- und Hausrecht des Betriebsrats am Betriebsratsbüro – Schwarzes Brett – Intranet – verbotene Eigenmacht des Arbeitgebers
40. PC- und Technik-Einsatz im Betriebsratsbüro – Internet – E-Mail
41. Wahl der freizustellenden Betriebsratsmitglieder
42. Ersatzfreistellung für ein ausgeschiedenes Betriebsratsmitglied
43. Ersatzmitglieder: Einladung zur Betriebsratssitzung bei rechtlicher Verhinderung des ordentlichen Betriebsratsmitglieds
44. Ersatzmitglieder und Wahlbewerber: Kündigungsschutz
45. Einladung eines Betriebsratsmitglieds zu den Sitzungen des Gesamtbetriebsrats
46. Entgeltanspruch eines nach § 38 BetrVG freigestellten Betriebsratsmitglieds
47. Höhergruppierung eines Personalratsmitglieds – keine Benachteiligung bei besserer Qualifikation von Mitbewerbern
48. Teilzeitbeschäftigte Betriebsratsmitglieder: Anspruch auf bezahlten Freizeitausgleich bei Teilnahme an Schulungs- und Bildungsveranstaltungen und bei sonstiger Betriebsratstätigkeit außerhalb der persönlichen Arbeitszeit
49. Beteiligung von Betriebsratsmitgliedern an Arbeitskämpfen
50. Einblick in Bruttolohn- und Gehaltslisten
51. Kündigungsschutz eines Ersatzmitglieds
52. Kündigungsschutz von Betriebsratsmitgliedern
53. Versetzung eines Betriebsratsmitglieds in einen anderen Betrieb des Unternehmens: Mitbestimmung nach § 103 BetrVG
54. Behinderung der Betriebsratstätigkeit: Unterlassungsanspruch des Betriebsrats
55. Zugangsrecht der Gewerkschaft zum Betrieb: einstweilige Verfügung
56. Kosten der Betriebsratstätigkeit
57. Rechtsstellung des Betriebsrats bei Auflösung eines Gemeinschaftsbetriebs

Betriebsratsbüro (Ausstattung, Hausrecht)

Überblick

Der Arbeitgeber hat dem Betriebsrat in erforderlichem Umfang **Räume, sachliche Mittel, Informations- und Kommunikationstechnik** (z. B. Telefon, ggf. Handy, Faxgerät, PC-Ausstattung mit E-Mail-Funktion, Internet- und ggf. Intranet-Zugang, Fotokopiergerät) sowie **Büropersonal** zur Verfügung zu stellen.
Rechtsgrundlage ist § 40 Abs. 2 BetrVG.
Die Bestimmung begründet eine »**Überlassungsverpflichtung**« des Arbeitgebers (siehe → **Kosten der Betriebsratstätigkeit**).
Dies bedeutet, dass der Betriebsrat oder ein einzelnes Betriebsratsmitglied nicht berechtigt sind, sich auf Kosten des Arbeitgebers Sachmittel (z. B. Bücher) selbst zu beschaffen (es sei denn, eine solche Berechtigung ist z. B. durch Betriebsvereinbarung oder Regelungsabrede zwischen Arbeitgeber und Betriebsrat verabredet worden).
Vielmehr muss der Betriebsrat die Mittel, die er für die Betriebsratsarbeit benötigt, beim Arbeitgeber geltend machen und im Ablehnungsfalle arbeitsgerichtliche Hilfe in Anspruch nehmen.

Erforderlichkeit

Die Überlassungsverpflichtung des Arbeitgebers beschränkt sich auf das, was für die sachgerechte Erfüllung der Betriebsratsaufgaben »erforderlich« ist (siehe → **Kosten der Betriebsratstätigkeit** Rn. 10).
Art und Umfang der Ausstattung des Betriebsratsbüros hängen dabei ganz wesentlich von der **Größe** des Betriebes bzw. des Betriebsrats ab.
Bei der Prüfung der Erforderlichkeit steht dem Betriebsrat ein **Beurteilungsspielraum** zu, den die Arbeitsgerichte zu beachten haben. Sie können die Entscheidung des Betriebsrats nur daraufhin kontrollieren, ob das verlangte Sachmittel der Wahrnehmung seiner gesetzlichen Aufgaben dienen soll und der Betriebsrat bei seiner Entscheidung berechtigten Interessen des Arbeitgebers und der Belegschaft angemessen Rechnung getragen hat (BAG v. 12.5.1999 – 7 ABR 36/97, NZA 1999, 1290; 16.5.2007 – 7 ABR 45/06, NZA 2007, 1117).

Mindestausstattung

Was sollte der Betriebsrat vom Arbeitgeber nach § 40 Abs. 2 BetrVG mindestens fordern?
- eine ausreichend große **Räumlichkeit** (gegebenenfalls mehrere Räume), die als Betriebsratsbüro genutzt werden kann (abschließbar, mit Heizung, Beleuchtung, Wasseranschluss und WC).
In dieser Räumlichkeit hat der Betriebsrat das **Hausrecht**.
Manche Arbeitgeber in kleineren Unternehmen verweigern dem Betriebsrat ein Büro mit der Behauptung, es sei im Moment und bis auf Weiteres kein freier Raum vorhanden. In

Betriebsratsbüro (Ausstattung, Hausrecht)

manchen Fällen konnte das Problem bis zur Bereitstellung eines »ordentlichen« Betriebsratsbüros dadurch gelöst werden, dass ein Bürocontainer (mit kompletter Ausstattung) »auf den Hof gestellt« und dem Betriebsrat als Büro zur Verfügung gestellt wurde.
- einen ausreichend großen **(Konferenz-)Tisch mit Stühlen**;
- eine sachgerechte, büromäßige **Möblierung** (u. a. Schreibtisch mit Tischlampe; Schreibmaschinentisch für PC und Zubehör; Schreibtischstuhl, abschließbarer Schrank; Regal für Bücher, Zeitschriften usw.);
- eine sachgerechte **Büroausstattung** (diverse Schreibmaterialien; Briefmarken; Stempel; Diktiergerät; Aktenordner, Ablageregister von A–Z;
- **Telefon** mit Amtsanschluss sowie ein **Faxgerät**;
- **Kopiergerät**;
- **Personalcomputer mit Zubehör:** Nach Auffassung des BAG kann die Überlassung eines Personalcomputers nebst Monitor und Drucker sowie Software zur Text- und Zahlenverarbeitung an den Betriebsrat erforderlich i. S. d. § 40 Abs. 2 BetrVG sein. Allerdings muss die Erforderlichkeit im Einzelnen konkret geprüft werden, wobei dem Betriebsrat ein gerichtlich nur eingeschränkt überprüfbarer **Beurteilungsspielraum** zusteht (BAG v. 16. 5. 2007 – 7 ABR 45/06, NZA 2007, 1117).
- **E-Mail:** Der Betriebsrat kann, sofern berechtigte Belange des Arbeitgebers nicht entgegenstehen, von diesem die Einrichtung eigener E-Mail-Adressen auch für die einzelnen Betriebsratsmitglieder verlangen. Durch die Entscheidung, seinen Mitgliedern eigene E-Mail-Adressen zum Zwecke der externen Kommunikation einzurichten, überschreitet der Betriebsrat seinen Beurteilungsspielraum nicht. Ebenso wie die Informationsbeschaffung kann die Kommunikation einzelner Betriebsratsmitglieder mit nicht zum Betrieb gehörenden Dritten Teil der Betriebsratstätigkeit sein. Berechtigte Kosteninteressen des Arbeitgebers stehen dem Verlangen beispielsweise dann nicht entgegen, wenn die Betriebsratsmitglieder an PC-Arbeitsplätzen beschäftigt sind, so dass es lediglich der Freischaltung des Internets und der Einrichtung einer E-Mail-Adresse bedarf (BAG v. 14. 7. 2010 – 7 ABR 80/08, AiB 2011, 54 = DB 2010, 2731).
- **Internet:** Auch der Zugang zum Internet ist nach zutreffender neuer BAG-Rechtsprechung im Regelfall als erforderlich i. S. d. § 40 Abs. 2 BetrVG anzusehen.
  In den Entscheidungen BAG v. 20. 1. 2010 – 7 ABR 79/08, AiB 2010, 687 und BAG v. 17. 2. 2010 – 7 ABR 81/09, DB 2010, 2676 heißt es: »*In Anbetracht der offenkundigen Dienlichkeit des Internet zur Aufgabenerfüllung des Betriebsrats ist es auch nicht erforderlich, dass dieser im Rechtsstreit konkrete, sich ihm aktuell stellende betriebsverfassungsrechtliche Aufgaben darlegt, zu deren Erledigung er Informationen aus dem Internet benötigt. Vielmehr ist bereits dann, wenn er überhaupt betriebsverfassungsrechtliche Aufgaben wahrnimmt, davon auszugehen, dass das Internet der Erfüllung dieser Aufgaben dient. Soweit der Senatsentscheidung vom 23. August 2006 (– 7 ABR 55/05 – Rn. 16, 17, AP BetrVG 1972 § 40 Nr. 88) etwas Anderes zu entnehmen ist, hält der Senat daran nicht fest.*«
  Der Betriebsrat kann vom Arbeitgeber die Bereitstellung eines **Internetanschlusses** jedenfalls dann verlangen, wenn er bereits über einen PC verfügt, im Betrieb ein Internetanschluss vorhanden ist, die Freischaltung des Internetzugangs für den Betriebsrat keine zusätzlichen Kosten verursacht und der Internetnutzung durch den Betriebsrat keine sonstigen berechtigten Belange des Arbeitgebers entgegenstehen (BAG v. 20. 1. 2010 – 7 ABR 79/08, a. a. O.; BAG v. 17. 2. 2010 – 7 ABR 81/09, a. a. O.).
- **Intranet:** Entsprechendes gilt für die Nutzung des unternehmens- oder betriebsinternen Intranets (BAG v. 3. 9. 2003 – 7 ABR 12/03, AiB 2004, 692).
  Der Arbeitgeber ist – ohne Vorliegen der Voraussetzungen der Nothilfe oder Notwehr – nicht berechtigt, vom Betriebsrat in das betriebsinterne Intranet eingestellte Seiten einseitig zu löschen (LAG Hamm v. 12. 3. 2004 – 10 TaBV 161/03).

- **Literatur** (aktuelle Auflagen!) und **Zeitschriften** (z. B. Arbeitsrecht im Betrieb);
- **Schwarze Bretter** an verschiedenen Stellen des Betriebes für die Bekanntmachungen des Betriebsrats (BAG v. 21.11.1978 – 6 ABR 85/76, DB 1979, 751);
- **Büropersonal**, vor allem eine Sekretärin, die vollzeitig (in größeren Betrieben) oder zeitweise (in kleineren Betrieben) dem Betriebsrat zur Verfügung steht und sein Vertrauen genießt (BAG v. 20.4.2005 – 7 ABR 14/04, AiB 2006, 56).

Dem Betriebsrat steht an Betriebsratsbüro und Ausstattung ein **Besitz- und Hausrecht** zu (BAG v. 20.10.1999 – 7 ABR 37/98; 18.9.1991 – 7 ABR 63/90, NZA 1992, 315; LAG Nürnberg v. 1.4.1999 – 6 Ta 6/99, NZA 2000, 335).

Das Besitz- und Hausrecht erstreckt sich auch auf **Schwarze Bretter** und das vom Betriebsrat genutzte **Intranet**.

Gegen unzulässige Einwirkungen des Arbeitgebers kann er einen **Unterlassungsanspruch** geltend machen, der mit **einstweiliger Verfügung** durchgesetzt werden kann.

Siehe auch → **EDV im Betriebsratsbüro**, → **Europäischer Betriebsrat** (§§ 16, 30 EBRG), → **Kosten der Betriebsratstätigkeit**, → **Literatur für die Betriebsratsarbeit**.

Bedeutung für die Betriebsratsarbeit

Es liegt auf der Hand, dass die **Effektivität** der Betriebsratsarbeit wesentlich mitbestimmt wird von Art und Umfang des »Handwerkszeugs« (und natürlich auch von der Art und Weise, wie der Betriebsrat damit umgeht).

Der Betriebsrat sollte **in gewissen Abständen prüfen**, ob das Betriebsratsbüro – gemessen an den zu bewältigenden Aufgaben – noch ausreichend ausgestattet ist.

Dabei ist vor allem zu beachten, dass es bei Gesetzestexten, Kommentaren und sonstiger Literatur »in der Natur der Sache liegt«, dass sie »veralten« und dementsprechend immer wieder auf den **neuesten Stand (neueste Auflage)** gebracht werden müssen.

Der Betriebsrat sollte durch Fassung der notwendigen Beschlüsse nach § 40 Abs. 2 BetrVG sicherstellen, dass er stets die aktuellsten Auflagen der einschlägigen Literatur zur Verfügung hat (siehe → **Literatur für die Betriebsratsarbeit**).

Rechtsprechung

1. Anspruch auf Betriebsratsbüro
2. Anspruch auf Ausstattung des Betriebsratsbüros
3. Anspruch auf Büropersonal
4. Anspruch auf Schwarzes Brett
5. Besitz- und Hausrecht des Betriebsrats am Betriebsratsbüro – Schwarzes Brett – Intranet – verbotene Eigenmacht des Arbeitgebers
6. Elektronisches Leserecht eines Betriebsratsmitglieds in Bezug auf Dateien und E-Mail-Korrespondenz des Betriebsrats
7. Anspruch auf Literatur
8. Anspruch auf Überlassung eines PC
9. Anspruch auf Nutzung des betrieblichen E-Mail-Systems
10. Anspruch auf Zugang zum Internet – Intranet
11. Unterlassungsanspruch des Betriebsrats bei Zugriff des Arbeitgebers auf den Betriebsrats-PC und das Betriebsrats-Intranet

Betriebsratsbüro (Ausstattung, Hausrecht)

12. Keine Kontrolle des Betriebsrats durch den betrieblichen Datenschutzbeauftragten
13. Bezug der Zeitschrift »Computer-Fachwissen [jetzt: Computer und Arbeit]« für Betriebsratsarbeit erforderlich
14. PC-Schulung nach § 37 Abs. 6 BetrVG

Betriebsratssitzung (Beschlussfassung)

Grundlagen

Die Beratungen und Entscheidungen (Beschlüsse) des Betriebsrats finden in »**Sitzungen**« des Betriebsrats (§ 29 BetrVG) statt.
Beratung und Beschlussfassung im »**Umlaufverfahren**« oder per Telefon sind unzulässig; auf diese Weise gefasste Beschlüsse sind unwirksam.

1

Einberufung und Leitung der Betriebsratssitzung (§ 29 Abs. 2 Satz 1 und 2 BetrVG)

Die Betriebsratssitzungen werden vom Betriebsratsvorsitzenden (im Verhinderungsfall durch den Stellvertreter) einberufen und geleitet (§ 29 Abs. 2 Satz 1 und 2 BetrVG).

2

Auf Antrag des Arbeitgebers oder eines Viertels der Mitglieder des Betriebsrats ist der Betriebsratsvorsitzende **verpflichtet**, eine Betriebsratssitzung einzuberufen und den beantragten Beratungsgegenstand auf die Tagesordnung zu setzen (§ 29 Abs. 3 BetrVG).

3

Zu den nachfolgenden Ausführungen siehe auch → **Geschäftsordnung des Betriebsrats**.

4

Einzuladende Personen (§§ 29 Abs. 2 bis 4, 31, 32 BetrVG)

Einzuladen sind:

5

- alle Mitglieder des Betriebsrats (§ 29 Abs. 2 BetrVG).
- die Vertretung der → **Schwerbehinderten Menschen** (§§ 29 Abs. 2, 32 BetrVG).
- ein Mitglied der → **Jugend- und Auszubildendenvertretung** (JAV) zu allen Betriebsratssitzungen (die JAV bestimmt, wer dies sein soll, und teilt dies dem Betriebsrat mit) sowie die gesamte JAV zu solchen Tagesordnungspunkten, die besonders Jugendliche und/oder → **Auszubildende** (unter 25 Jahre) betreffen (§ 29 Abs. 2, § 67 Abs. 1 und 2 BetrVG).
- ein Beauftragter einer »im Betriebsrat (mit mindestens einem Mitglied) vertretenen → **Gewerkschaft**«, wenn dies von einem Viertel der Mitglieder des Betriebsrats beantragt wird (§ 31 BetrVG).
  Der/die Betriebsratsvorsitzende soll nicht befugt sein, von sich aus den/die Gewerkschaftsbeauftragte/n zu Sitzungen des Betriebsrats einzuladen (Fitting, BetrVG, 27. Aufl., § 31 Rn. 5).
  Allerdings kann die Hinzuziehung nicht nur durch Beschluss des Betriebsrats (oder auf Antrag eines Viertels der Mitglieder des Betriebsrats), sondern auch generell in der → **Geschäftsordnung des Betriebsrats** vorgesehen werden (Fitting, BetrVG, 27. Aufl., § 31 Rn. 7).
- der → **Arbeitgeber**, wenn der Betriebsrat die Anwesenheit des Arbeitgebers für erforderlich hält oder wenn die Betriebsratssitzung »auf Verlangen« des Arbeitgebers stattfindet (§ 29 Abs. 4 BetrVG).
  Der Arbeitgeber kann einen Vertreter des → **Arbeitgeberverbandes** »mitbringen«.

Betriebsratssitzung (Beschlussfassung)

- **Ersatzmitglieder** des Betriebsrats (bzw. der JAV) sind einzuladen, wenn ein »ordentliches« Betriebsratsmitglied (oder JAV-Mitglied) »**verhindert**« ist.
 Der Eintritt des Ersatzmitglieds vollzieht sich »**automatisch**« mit Beginn des Verhinderungsfalls. Er hängt nicht davon ab, dass die Verhinderung des ordentlichen Mitglieds dem Ersatzmitglied bekannt ist (BAG v. 8.9.2011 – 2 AZR 388/10, AiB 2012, 409 = NZA 2012, 400).
 Das verhinderte Betriebsratsmitglied hat dem Betriebsratsvorsitzenden den Verhinderungsfall – mit Angabe des Verhinderungsgrundes – unverzüglich mitzuteilen (§ 29 Abs. 2 Satz 5 BetrVG). Bei einer verspäteten oder unterbliebenen Mitteilung kann und muss die Ladung ggf. sehr kurzfristig erfolgen (vgl. Fitting, BetrVG, 27. Aufl., § 29 Rn. 39).
 Ein **Verhinderungsfall** ist nur gegeben, wenn die Teilnahme an der Betriebsratssitzung aus tatsächlichen oder rechtlichen Gründen nicht möglich oder nicht zumutbar ist.
 Beispiele: Abwesenheit wegen Dienstreise, Freizeitausgleich bei flexibler Arbeitszeit (AZV-Tag) oder aufgrund von § 37 Abs. 3 Satz 1 BetrVG, Urlaub (bezahlt oder unbezahlt), krankheitsbedingter Arbeitsunfähigkeit, Kuraufenthalt, Teilnahme an einem Seminar, Beschäftigungsverbot nach dem Mutterschutzgesetz, Elternzeit.
 Will jedoch das aus tatsächlichen Gründen verhinderte Betriebsratsmitglied dennoch an der Sitzung teilnehmen, hat es das Recht hierzu (vgl. z. B. BAG v. 15.11.1984 – 2 AZR 341/83, DB 1985, 1028 (krankheitsbedingte Arbeitsunfähigkeit); 25.5.2005 – 7 ABR 45/05, AiB 2006, 322 (Elternzeit); vgl. auch DKKW-*Buschmann*, BetrVG, 15. Aufl. § 25 Rn. 17).
 Ob das auch im Falle eines **Beschäftigungsverbots** nach dem Mutterschutzgesetz gilt, ist – soweit ersichtlich – bislang noch nicht entschieden worden. Es dürfte zu differenzieren sein: Bei einem ärztlichen Beschäftigungsverbot nach § 3 Abs. 1 MuSchG handelt es sich um einen Fall der rechtlichen Verhinderung, bei dem eine Sitzungsteilnahme selbst dann nicht in Frage kommt, wenn das Betriebsratsmitglied dies will.
 Anders ist dies bei dem gesetzlichen Beschäftigungsverbot während des 6-Wochenzeitraums vor der Entbindung nach § 3 Abs. 2 MuSchG. Denn nach dieser Vorschrift kann die Mutter sich zur Arbeitsleistung (und damit auch zur Teilnahme an der Betriebsratssitzung) ausdrücklich bereit erklären (vgl. auch § 6 Abs. 1 Satz 3 MuSchG bei Tod des Kindes).
 Ein zwingender **Verhinderungsfall aus rechtlichen Gründen** liegt auch bei Entscheidungen vor, die das Betriebsratsmitglied selbst unmittelbar betreffen (»*Niemand darf Richter in eigener Sache sein*«; vgl. BAG v. 19.3.2003 – 7 ABR 15/02, NZA 2003, 870).
 Auf die Dauer der Verhinderung kommt es nicht an. Ein Verhinderungsfall liegt auch vor, wenn ein Betriebsratsmitglied nicht an der gesamten Betriebsratssitzung teilnehmen kann. Auch in diesem Fall ist ein Ersatzmitglied zu laden (Fitting, BetrVG, 27. Aufl., § 25 Rn. 17)
 Die **Reihenfolge des Nachrückens** von Ersatzmitgliedern richtet sich nach dem bei der Betriebsratswahl angewendeten Wahlverfahren (siehe → **Betriebsratswahl**).
 Nicht »irgendein«, sondern das »richtige« Ersatzmitglied ist einzuladen (§ 25 BetrVG; zwingende Vorschrift! Siehe → **Ersatzmitglieder des Betriebsrats**).
- Obwohl dies im BetrVG nicht ausdrücklich geregelt ist, ist auch der/die Stellvertreter/in einer verhinderten **Vertrauensperson der Schwerbehinderten** zur Betriebsratssitzung einzuladen (DKKW-*Wedde*, BetrVG, 15. Aufl., § 32 Rn. 7).
- Nach § 2 Abs. 2 Satz 2 Sprecherausschussgesetz kann der Betriebsrat dem Sprecherausschuss für → **leitende Angestellte** oder einzelnen seiner Mitglieder das Recht einräumen, an Betriebsratssitzungen teilzunehmen. Einmal im Jahr »soll« eine gemeinsame Sitzung von Betriebsrat und Sprecherausschuss stattfinden.

Betriebsratssitzung (Beschlussfassung)

Tagesordnung (§ 29 Abs. 2 Satz 2 und 3 BetrVG)

Der Betriebsratsvorsitzende setzt die Tagesordnung (also die zu behandelnden Angelegenheiten) fest. 6

Die Tagesordnung ist (am besten zusammen mit der Einladung) »rechtzeitig« (siehe Rn. 12) an alle – nach Maßgabe der oben aufgeführten Regeln – einzuladenden Personen zu übermitteln. 7
Der Arbeitgeber erhält eine Mitteilung über die Tagesordnung natürlich nur dann, wenn er zu der Betriebsratssitzung (gegebenenfalls auf sein Verlangen) eingeladen worden ist.
Allerdings wird ihm dann nicht die möglicherweise aus mehreren Punkten bestehende gesamte Tagesordnung, sondern nur das **Thema** mitgeteilt, zu dem er vom Betriebsrat eingeladen worden ist.

Die Tagesordnung soll die einzuladenden Mitglieder des Betriebsrats (sowie der anderen oben bezeichneten Interessenvertretungsorgane; siehe Rn. 5) in die Lage versetzen, sich ordnungsgemäß auf die Betriebsratssitzung **vorzubereiten**. 8

Dies bedeutet: Die sinnvollerweise schriftlich verfasste und übermittelte Tagesordnung muss **aussagekräftig** sein. Dies ist nur der Fall, wenn die zu behandelnde Angelegenheit konkret bezeichnet wird. 9

> **Beispiel:**
> »Beabsichtigte Kündigung des Mitarbeiters Franz Spiegel, Abteilung Arbeitsvorbereitung.«

Nicht aussagekräftig ist dagegen ein Tagesordnungspunkt »Personelles« oder »Verschiedenes«. 10
Zur Frage, ob zu Angelegenheiten, die unter einem derart allgemeinen Tagesordnungspunkt aufgerufen werden, ein wirksamer Beschluss gefasst werden kann, siehe Rn. 13.

Auch die Beifügung schriftlicher **Unterlagen** zu den jeweiligen Tagesordnungspunkten kann sinnvoll sein. 11
Allerdings muss sichergestellt sein, dass die **persönlichen Geheimnisse** der Arbeitnehmer (§ 120 Abs. 2 BetrVG) und der → **Datenschutz** streng gewahrt werden.
Unterlagen über persönliche Angelegenheiten von Arbeitnehmern dürfen nicht im Betrieb »herumfliegen«!

Zwischen Einladung (mit Tagesordnung) und Betriebsratssitzung muss eine angemessene Zeitspanne als **Vorbereitungszeit** liegen (die Einladung muss »**rechtzeitig**« erfolgen; vgl. § 29 Abs. 2 Satz 3 BetrVG). 12
Eine bestimmte Einladungsfrist ist zwar nicht vorgeschrieben, sie sollte aber mindestens einen Arbeitstag betragen.
Diese Frist kann unterschritten werden, wenn dies notwendig ist (z. B. Einladung zu einer erneuten Betriebsratssitzung am Nachmittag desselben Tages oder kurzfristige Einladung eines Ersatzmitglieds (siehe Rn. 5).

Beschlussfassung ohne Mitteilung der Tagesordnung (Rechtsprechungsänderung!)

Über eine Angelegenheit kann in der Betriebsratssitzung nur dann ein wirksamer Beschluss gefasst werden, wenn sie in der **Tagesordnung** mitgeteilt worden ist. 13

> **Beispiele:**
> TOP 5: »Beschlussfassung über Überstundenantrag des Arbeitgebers«
> TOP 6: »Beschlussfassung über geplante Kündigung des Herrn XY«

Die Beachtung des § 29 Abs. 2 Satz 3 BetrVG und die dort ausdrücklich angeordnete Ladung der Betriebsratsmitglieder einschließlich etwaiger Ersatzmitglieder unter Mitteilung der Tagesordnung ist nach ständiger Rechtsprechung des BAG Wirksamkeitsvoraussetzung für einen

Betriebsratssitzung (Beschlussfassung)

in der Sitzung gefassten Betriebsratsbeschluss (BAG v. 22. 1. 2014 – 7 AS 6/13; 9. 7. 2013 – 1 ABR 2/13, NZA 2013, 1433; 10. 10. 2007 – 7 ABR 51/06; 24. 5. 2006 – 7 AZR 201/05, NZA 2006, 1364; 28. 10. 1992 – 7 ABR 14/92, AiB 1993, 286).

14 Allerdings kann der Mangel einer fehlenden oder unvollständigen Tagesordnung **geheilt** werden.
Nach bisheriger BAG-Rechtsprechung galt Folgendes:
- War die Einladung zu einer Betriebsratssitzung **ohne Mitteilung** der Tagesordnung erfolgt, konnte nach bisheriger ständiger Rechtsprechung des BAG eine Beschlussfassung über eine in der Betriebsratssitzung erörterte Angelegenheit nur erfolgen, wenn der **vollzählig** versammelte Betriebsrat mit der Beschlussfassung einverstanden war (BAG v. 24. 5. 2006 – 7 AZR 201/05, a. a. O.; 28. 10. 1992 – 7 ABR 14/92, a. a. O.; 28. 4. 1988 – 6 AZR 405/86, AiB 1988, 346).
- Auch zu einem in der Tagesordnung nicht aufgeführten Punkt oder zu einem allgemeinen Tagesordnungspunkt »**Verschiedenes**« konnte der Betriebsrat nach bisheriger Rechtsprechung nur dann wirksame Beschlüsse fassen, wenn er vollzählig versammelt ist und kein Betriebsratsmitglied der Beschlussfassung widerspricht (BAG v. 28. 10. 1992 – 7 ABR 14/92, a. a. O.).
- In einer weiteren Entscheidung hatte das BAG seine Auffassung bekräftigt und sogar insofern verschärft, als der **vollzählig** versammelte Betriebsrat **einstimmig** sein Einverständnis erklären musste, den Beratungspunkt in die Tagesordnung aufzunehmen und darüber zu beschließen (BAG v. 24. 5. 2006 – 7 AZR 201/05, a. a. O.).

Demgegenüber wurde in der **Literatur** zutreffend die Ansicht vertreten, dass die Tagesordnung durch einen Beschluss der **Mehrheit** der Mitglieder des Betriebsrats ergänzt und damit der Weg zu einer Beschlussfassung freigemacht werden kann (vgl. Fitting, BetrVG, 27. Aufl., § 29 Rn. 48 m. w. N.; DKKW-*Wedde*, BetrVG, 15. Aufl., § 29 Rn. 20).
Dieser Meinung hatte sich zunächst der 1. Senat (BAG v. 9. 7. 2013 – 1 ABR 2/13 (A), NZA 2013, 1433) und aufgrund einer Anfrage nach § 45 Abs. 3 Satz 1 ArbGG dann auch der 7. Senat angeschlossen (BAG v. 22. 1. 2014 – 7 AS 6/13).
Daraufhin vollzog der 1. Senat die **Rechtsprechungsänderung** mit Entscheidung vom 15. 4. 2014 – 1 ABR 2/13 (B).
Der Leitsatz der Entscheidung lautet: »*Eine mangels Übermittlung der Tagesordnung verfahrensfehlerhafte Ladung zu einer Betriebsratssitzung kann durch die im Übrigen ordnungsgemäß geladenen Mitglieder und Ersatzmitglieder des Betriebsrats in der Betriebsratssitzung geheilt werden, wenn dieser beschlussfähig iSd. § 33 Abs. 2 BetrVG ist und die Anwesenden einstimmig beschließen, über einen Regelungsgegenstand zu beraten und abzustimmen. Nicht erforderlich ist, dass an dieser Sitzung alle Betriebsratsmitglieder teilnehmen.*«
Nach diesem spektakulär zu nennenden Wandel der Rechtsprechung gilt deshalb zukünftig Folgendes:
Trotz fehlender oder unvollständiger Tagesordnung kann in einer Angelegenheit (z. B. Entsendung eines Betriebsratsmitglieds zu einem Seminar, Beauftragung eines Rechtsanwalts, Widerspruch gegen eine Kündigung usw.) dann ein wirksamer Beschluss gefasst werden,
- wenn sämtliche Mitglieder des Betriebsrats einschließlich etwaiger Ersatzmitglieder **rechtzeitig geladen** worden sind,
- der Betriebsrat **beschlussfähig** i. S. d. § 33 Abs. 2 BetrVG ist (siehe Rn. 21) und
- die *anwesenden* **Betriebsratsmitglieder einstimmig beschließen**, über die Angelegenheit zu beraten und einen Beschluss zu fassen.

Nicht (mehr) erforderlich ist, dass in dieser Sitzung **alle Betriebsratsmitglieder anwesend** sind.

Betriebsratssitzung (Beschlussfassung)

Nichtöffentlichkeit (§ 30 Satz 4 BetrVG)

Die Betriebsratssitzung ist nicht öffentlich (§ 30 Satz 4 BetrVG). Anerkannt ist aber, dass der Betriebsrat neben den oben aufgezählten Personen zur Beratung einzelner Tagesordnungspunkte weitere Personen hinzuzuziehen kann, ohne gegen das Nichtöffentlichkeitsgebot zu verstoßen.

> **Beispiel:**
> Arbeitnehmer des Betriebs, die für bestimmte Angelegenheiten besonders sachkundig sind und die der Arbeitgeber nach § 80 Abs. 2 Satz 3 BetrVG »zur Verfügung zu stellen« hat (sog. »Auskunftspersonen«: z. B. EDV-Fachleute, Vertrauensleute, Sicherheitsfachkräfte, Sicherheitsbeauftragte), externe Sachverständige, Beamte der Gewerbeaufsicht oder der Berufsgenossenschaft, betriebsfremde Mitglieder des Gesamtbetriebsrats, von personellen Maßnahmen betroffene Arbeitnehmer.

Ein **Verstoß gegen das Gebot der Nichtöffentlichkeit** beeinträchtigt im Übrigen nach wohl. h.M. in der Literatur die Gültigkeit der vom Betriebsrat gefassten Beschlüsse nicht, es sei denn, es steht fest, dass der Beschluss bei Einhaltung der Nichtöffentlichkeit anders ausgefallen wäre (DKKW-*Wedde*, BetrVG, 15. Aufl., § 30 Rn. 16; Fitting, BetrVG, 27. Aufl., § 30 Rn. 22).
Das BAG hat in einem Fall der Teilnahme von → **Ersatzmitgliedern des Betriebsrats** an einer Betriebsratssitzung allerdings auf einen anderen Punkt abgestellt (BAG v. 30.9.2014 – 1 ABR 32/13): die zeitweise Anwesenheit von nicht zur Beschlussfassung herangezogenen Ersatzmitgliedern in der Betriebsratssitzung stelle zwar einen Verstoß gegen das Gebot der Nichtöffentlichkeit von Betriebsratssitzungen (§ 30 Satz 4 BetrVG) dar. Der Verstoß führe aber dann nicht zur Unwirksamkeit der während dieses Zeitraums gefassten Betriebsratsbeschlüsse, wenn **keines der Betriebsratsmitglieder** die Anwesenheit **beanstandet** hat.
Damit ist die in vielen Betrieben übliche und sinnvolle Praxis, Ersatzmitglieder zu Betriebsratssitzungen hinzuzuziehen (um sie auf dem Laufenden zu halten), machbar. Sie scheitert jedenfalls nicht an § 30 Satz 4 BetrVG, sofern alle Betriebsratsmitglieder einverstanden sind.

Zeitpunkt, Anzahl und Dauer der Betriebsratssitzungen (§ 30 BetrVG)

Betriebsratssitzungen finden grundsätzlich während der Arbeitszeit statt. Der Zeitpunkt ist dem Arbeitgeber vor der Sitzung mitzuteilen.
Hinsichtlich der Festsetzung der zeitlichen Lage der Sitzung ist zwar auf »betriebliche Notwendigkeiten« Rücksicht zu nehmen.
Solche »Notwendigkeiten« sind jedoch nur gegeben, wenn ebenso dringende wie zwingende betriebliche Gründe eine andere Terminierung der Sitzung erforderlich machen.
Anzahl und Dauer der jeweiligen Betriebsratssitzungen richten sich nach dem Arbeitsanfall und werden allein durch den Betriebsrat bzw. durch den einladenden Vorsitzenden entschieden.
Mindestens eine Betriebsratssitzung pro Woche dürfte als Minimum auch in kleineren Betrieben anzusehen sein (dort, wo es weniger »zu bereden« gibt, macht man kürzere, keinesfalls aber weniger Betriebsratssitzungen).

Beschlussfassung (§ 33 BetrVG)

Der Betriebsrat trifft seine Entscheidungen als Kollegialorgan durch Beschluss (§ 33 BetrVG). Weder der Betriebsratsvorsitzende noch sonstige Mitglieder des Betriebsrats noch Ausschüsse des Betriebsrats sind befugt, dort wo der Betriebsrat als Gremium zuständig ist, anstelle des Betriebsrats »Beschlüsse« zu fassen.
Ausnahme: Dem Betriebsausschuss oder sonstigen Ausschüssen des Betriebsrats (im Sinne des

Betriebsratssitzung (Beschlussfassung)

§ 28 BetrVG) werden vom Betriebsrat mit der Mehrheit der Stimmen seiner Mitglieder (im 15-köpfigen Betriebsrat müssen mindestens acht Mitglieder mit »Ja« stimmen) bestimmte Aufgaben »zur selbständigen Erledigung übertragen« (der Beschluss bedarf der Schriftform; vgl. §§ 27 Abs. 2, 28 Abs. 1 BetrVG).

21   Bei der Beschlussfassung müssen die Grundsätze des § 33 BetrVG beachtet werden:
1. Es muss »**Beschlussfähigkeit**« vorliegen; d. h., es muss mindestens die Hälfte der Mitglieder des Betriebsrats an der Beschlussfassung teilnehmen.

> **Beispiel:**
> Bei einem elfköpfigen Betriebsrat müssen sich mindestens sechs Mitglieder – ggf. auch Ersatzmitglieder (§ 33 Abs. 2 BetrVG) – an der Beschlussfassung beteiligen.

Ist allerdings die Gesamtzahl der Betriebsratsmitglieder auch nach Eintreten sämtlicher Ersatzmitglieder unter die vorgeschriebene Zahl gesunken, dann ist gemäß § 22 BetrVG bis zur in diesem Fall notwendigen Neuwahl des Betriebsrats (§ 13 Abs. 2 Nr. 2 BetrVG) bei der Feststellung der Beschlussfähigkeit von der Zahl der noch vorhandenen Betriebsratsmitglieder auszugehen.

Die Restgröße des Betriebsrats ist auch dann maßgeblich, wenn wegen einer vorübergehenden Verhinderung eines Betriebsratsmitgliedes die vorgeschriebene Gesamtzahl der Betriebsratsmitglieder (auch nach Einrücken aller Ersatzmitglieder) vorübergehend nicht erreicht werden kann (= entsprechende Anwendung des § 22 BetrVG).
Hierzu BAG v. 18. 8. 1982 – 7 AZR 437/80: »*Ist ein Betriebsrat für die Dauer der Äußerungsfristen des § 102 Abs. 2 BetrVG beschlussunfähig iS des § 33 Abs. 2 BetrVG, weil in dieser Zeit mehr als die Hälfte der Betriebsratsmitglieder an der Amtsausübung verhindert ist und nicht durch Ersatzmitglieder vertreten werden kann, so nimmt der Rest-Betriebsrat in entsprechender Anwendung des § 22 BetrVG die Mitbestimmungsrechte des § 102 Abs. 2 BetrVG wahr (analoge Anwendung des § 22 BetrVG bei zeitweiliger Verhinderung von Betriebsratsmitgliedern). Allerdings ist die Weiterführung der Betriebsratsgeschäfte durch die restlichen Betriebsratsmitglieder im Bereich des § 102 BetrVG nur dann erforderlich, wenn die Verhinderung der abwesenden Betriebsratsmitglieder bis nach Ablauf der Fristen des § 102 Abs. 2 BetrVG andauert.*«

2. Ein Beschluss muss mindestens von der **Mehrheit** der Stimmen der anwesenden Mitglieder des beschlussfähigen Betriebsrats – mit »Ja-Stimme« – getragen sein (bei einer JAV-Angelegenheit nach § 67 Abs. 2 BetrVG sind die Stimmen der JAV mitzuzählen!).
In manchen Fällen verlangt das Gesetz die Mehrheit der Stimmen der Mitglieder des Betriebsrats (vgl. z. B. § 27 Abs. 2, § 28 Abs. 1, § 36 BetrVG).
In einigen Fällen ist sogar eine Dreiviertelmehrheit erforderlich (vgl. z. B. § 27 Abs. 1 Satz 5 BetrVG).
3. Bei **Stimmengleichheit** ist ein Beschlussantrag abgelehnt.
4. **Stimmenthaltung** ist zulässig. Sie hat die Wirkung einer Ablehnung.

> **Beispiel:**
> 14 Mitglieder des 15-köpfigen Betriebsrats nehmen an der Beschlussfassung teil. 7 Mitglieder stimmen mit »Ja«; 6 Mitglieder stimmen mit »Nein«; 1 Mitglied enthält sich der Stimme.
> Der Beschlussantrag ist abgelehnt, weil nicht die Mehrheit der an der Beschlussfassung teilnehmenden Betriebsratsmitglieder zugestimmt hat.

22   Zum **Abstimmungsverfahren** siehe Übersicht im Anhang zu diesem Stichwort.
23   **Nichtig** (= **rechtsunwirksam**) sind Beschlüsse des Betriebsrats dann, wenn sie
1. einen gesetz- oder tarifwidrigen **Inhalt** haben (Verstoß gegen ein Gesetz, eine Verordnung, eine Unfallverhütungsvorschrift oder einen Tarifvertrag) oder

2. nicht ordnungsgemäß **zustande gekommen** sind. Das ist der Fall,
- wenn Beschlüsse außerhalb einer Betriebsratssitzung im »Umlaufverfahren« gefasst werden; der Betriebsrat muss sich als Gremium mit dem entsprechenden Sachverhalt in einer Betriebsratssitzung befasst und durch Abstimmung eine einheitliche Willensbildung herbeigeführt haben; ein »einsamer Beschluss« des Betriebsratsvorsitzenden reicht nicht aus.
- wenn nicht alle Betriebsratsmitglieder – oder im Verhinderungsfall eines »ordentlichen« Mitglieds nicht das »richtige« Ersatzmitglied – eingeladen worden sind; ein Beschluss ist aber dann nicht unwirksam, wenn der Betriebsratsvorsitzende erst zu Beginn der Sitzung von der Verhinderung Kenntnis erlangt und eine Ladung des Ersatzmitgliedes nicht mehr möglich ist (BAG v. 23. 8. 1984 – 2 AZR 391/83, NZA 1985, 254; 3. 8. 1999 – 1 ABR 30/98, AiB 200, 255; DKKW-*Wedde*, BetrVG, 15. Aufl., § 33 Rn. 15);
- wenn – ohne Einladung der → **Jugend- und Auszubildendenvertretung** (JAV) – über eine Angelegenheit Beschluss gefasst wurde, die überwiegend Jugendliche oder Auszubildende unter 25 Jahren betraf;
Die Beschlussfassung soll aber dennoch wirksam sein, wenn mit ihr einem Antrag der JAV entsprochen wurde und das Ergebnis durch die Stimmen der JAV nicht hätte beeinflusst werden können;
- wenn ein Beschluss in einer Angelegenheit gefasst wurde, die in der Tagesordnung nicht vorab mitgeteilt worden ist und der Mangel **nicht** durch einen **einstimmigen Beschluss der anwesenden** Mitglieder des beschlussfähigen Betriebsrats **geheilt** worden ist (BAG v. 15. 4. 2014 – 1 ABR 2/13 (B); vgl. auch BAG v. 22. 1. 2014 – 7 AS 6/13 und v. 9. 7. 2013 – 1 ABR 2/13 (A) (siehe hierzu Rn. 13, 14: Rechtsprechungsänderung!);
- wenn nicht mindestens die Hälfte der Mitglieder des Betriebsrats an der Beschlussfassung teilgenommen haben (siehe Rn. 21: fehlende Beschlussfähigkeit; vgl. § 33 Abs. 2 BetrVG, aber auch § 22 BetrVG);
- wenn ein Nichtberechtigter (z. B. ein wegen Fehlens eines Verhinderungsgrundes nicht vertretungsberechtigtes oder ein »falsches« Ersatzmitglied) an der Beschlussfassung teilgenommen hat und wenn durch die Mitwirkung das Ergebnis der Beschlussfassung beeinflusst wurde.
- wenn für den Beschluss Schriftform vorgeschrieben, aber nicht beachtet wurde (vgl. z. B. §§ 27 Abs. 2, 28 Abs. 1 BetrVG).

Hat der Betriebsrat einen **unwirksamen Beschluss** gefasst, kann die Unwirksamkeit durch erneute Beschlussfassung ggf. in einer weiteren Betriebsratssitzung **geheilt** werden. **23a**
Zu beachten ist, dass eine Heilung in manchen Fallgestaltungen nur innerhalb eines **begrenzten Zeitraums** möglich ist.
Nachstehend ein paar Beispiele.

Einstellung, Versetzung, Ein- und Umgruppierung oder Kündigung

Die Genehmigung eines unwirksamen Betriebsratsbeschlusses (z. B. zu einer Einstellung, Versetzung, Ein- und Umgruppierung oder Kündigung) durch nachträgliche (erneute) Beschlussfassung ist nicht (mehr) möglich, wenn die in § 99 Abs. 3 BetrVG bzw. § 102 Abs. 2, 3 BetrVG vorgesehenen **Fristen abgelaufen** sind.

Entsendung zu Schulungs- und Bildungsveranstaltungen

Der Betriebsrat kann die ohne ordnungsgemäße Beschlussfassung vorgenommene Entsendung von Betriebsratsmitgliedern zu einer → **Schulungs- und Bildungsveranstaltung** i. S. d. § 37 Abs. 6 BetrVG zwar durch nachträgliche (erneute) Beschlussfassung **genehmigen**. Der

Betriebsratssitzung (Beschlussfassung)

Beschluss muss aber vor Beginn der Schulung gefasst werden. Eine Genehmigung, die erst nach dem Besuch der Schulung beschlossen wird, begründet nach Ansicht des BAG keinen Anspruch des Betriebsrats nach § 40 Abs. 1 BetrVG auf Kostentragung durch den Arbeitgeber (BAG v. 8. 3. 2000 – 7 ABR 11/98, AiB 2001, 356). Auszug aus der Entscheidung: *»Nach § 40 Abs. 1, § 37 Abs. 6 BetrVG hat der Betriebsrat das Alleinbeurteilungsrecht über die Erforderlichkeit der Teilnahme eines seiner Mitglieder an einer bestimmten Schulungsveranstaltung. Dabei hat er auch die konkret betroffenen Interessen des Arbeitgebers gerade hinsichtlich der zeitlichen Lage zu berücksichtigen. Das gebietet eine Beschlussfassung vor dem Besuch der Veranstaltung. Eine Entscheidung nach einem Zeitpunkt, von dem an Freistellungen tatsächlich in Anspruch genommen und Kosten entstanden sind, ist rechtlich nicht möglich.«*

Einleitung eines arbeitsgerichtlichen Beschlussverfahrens – Beauftragung eines Rechtsanwalts

Auch fehlerhafte Beschlüsse über die Einleitung eines arbeitsgerichtlichen Beschlussverfahrens und die Beauftragung eines Rechtsanwalts als Verfahrensbevollmächtigten können durch nachträgliche (erneute) Beschlussfassung **genehmigt** werden. Die Genehmigung ist aber spätestens vor Abschluss der letzten mündlichen Verhandlungen in der ersten Instanz zu beschließen (BAG v. 16.11.2005 – 7 ABR 12/05, AiB 2006, 758 = NZA 2006, 553; nach Ansicht des LAG Düsseldorf v. 29.2.2008 – 2 TaBV 7/08 ist eine Genehmigung auch noch in der Rechtsmittelinstanz möglich, wenn der Mangel in der unteren Instanz unentdeckt geblieben ist). Der Nachweis über die nachträglich – rechtzeitig – erfolgte Beschlussfassung kann noch im Rechtsmittelverfahren erbracht werden (BAG v. 16.11.2005 – 7 ABR 12/05, a. a. O.; 18.2.2003 – 1 ABR 17/02, NZA 2004, 336).
Wird der Mangel der Beschlussfassung im Verlauf des erstinstanzlichen Verfahrens erkannt, hat das Arbeitsgericht den Betriebsrat nicht nur darauf und auf die Möglichkeit einer Heilung des Verfahrensmangels hinzuweisen, sondern ihm gleichzeitig Gelegenheit zu geben, die fehlende oder fehlerhafte Beschlussfassung nachzuholen (BAG v. 16.11.2005 – 7 ABR 12/05, a. a. O.). Nachstehend ein Auszug aus dieser Entscheidung:
*»1. Die Einleitung des arbeitsgerichtlichen Beschlussverfahrens und die Beauftragung des für ihn auftretenden Rechtsanwalts bedarf eines Beschlusses des Betriebsrats. Ist eine Beschlussfassung zunächst unterblieben oder fehlerhaft erfolgt, ist der Betriebsrat in dem Beschlussverfahren nicht ordnungsgemäß vertreten. Der für den Betriebsrat gestellte Antrag ist als unzulässig abzuweisen.
2. Der Betriebsrat kann die ohne ordnungsgemäße Beschlussfassung vorgenommene Einleitung eines Beschlussverfahrens und die Beauftragung eines Verfahrensbevollmächtigten genehmigen. Der durch die nicht ordnungsgemäße Beschlussfassung vermittelte Vertretungsmangel kann grundsätzlich in jeder Lage des Verfahrens geheilt werden. Die Genehmigung durch eine nachträgliche Beschlussfassung ist bis zu einer Prozessentscheidung möglich, durch die der Antrag wegen des Vertretungsmangels als unzulässig abgewiesen wird (Gemeinsamer Senat der obersten Gerichtshöfe des Bundes 17. April 1984 – GmS-OGB 2/83). Der Nachweis über die bis zum Zeitpunkt der Prozessentscheidung erfolgte Beschlussfassung kann noch im Rechtsmittelverfahren erfolgen.
3. Stellt sich heraus, dass die Beschlussfassung des Betriebsrats über die Einleitung des Beschlussverfahrens nicht ordnungsgemäß erfolgt ist, hat das **Gericht** den Betriebsrat nicht nur darauf und auf **die Möglichkeit einer Heilung des Verfahrensmangels hinzuweisen**, sondern ihm gleichzeitig Gelegenheit zu geben, die fehlende oder fehlerhafte Beschlussfassung nachzuholen.«*
Der Beschluss des Gemeinsamen Senats der obersten Gerichtshöfe des Bundes 17. April 1984 – GmS-OGB 2/83 lautet:
»Wird eine vollmachtlos eingelegte Berufung durch Prozessurteil als unzulässig verworfen, weil trotz gerichtlicher Fristsetzung keine Vollmacht für den Vertreter des Rechtsmittelklägers vorgelegt

Betriebsratssitzung (Beschlussfassung)

worden ist, so kann dieser Mangel im Revisionsverfahren nicht rückwirkend durch eine nunmehr erteilte Prozessvollmacht und die darin liegende Genehmigung der bisherigen Prozessführung geheilt werden.«

Bestellung eines externen Beisitzers der Einigungsstelle

Wenn der externe Beisitzer einer → **Einigungsstelle** (z. B. Gewerkschaftssekretär) ohne wirksamen Betriebsratsbeschluss bestellt wurde, kann dieser Mangel auch noch **nach Abschluss des Einigungsstellenverfahrens** durch erneuten ordnungsgemäßen Beschluss rückwirkend geheilt werden (siehe hierzu BAG v. 10. 10. 2007 – 7 ABR 51/06, AiB 2008, 418) mit der Folge, dass der Beisitzer seine Honoraransprüche erfolgreich durchsetzen kann (siehe auch → **Einigungsstelle** Rn. 8). Das BAG begründet dies damit, dass insoweit keine »Erforderlichkeitsprüfung« notwendig ist.

Keine Unwirksamkeit des Beschlusses hat im Regelfall ein Verstoß gegen das **Nichtöffentlichkeitsgebot** zur Folge (siehe Rn. 15 f.).   24

Ebenso wenig eine unterbliebene Protokollierung (es sei denn, Schriftform ist vorgeschrieben).

Zur Möglichkeit der Heilung eines unwirksamen Betriebsratsbeschlusses durch nachträgliche (erneute) Beschlussfassung siehe Rn. 23 a.

Ein nichtiger Betriebsratsbeschluss hat keinerlei Rechtswirkung und deshalb – oft unangenehme – Konsequenzen.   25

Beispiele:
- Der Betriebsrat beschließt (unwirksam), mit dem Arbeitgeber eine Betriebsvereinbarung über eine Erfolgsbeteiligung abzuschließen. Die Betriebsvereinbarung ist unwirksam. Der Arbeitgeber ist nicht verpflichtet, Rechtsansprüche von Beschäftigten aus dieser Betriebsvereinbarung zu erfüllen.
- Der Betriebsrat beschließt (unwirksam) die Einleitung eines arbeitsgerichtlichen Beschlussverfahrens. Der Antrag wird vom Arbeitsgericht als unzulässig abgewiesen. Zur Möglichkeit der Heilung durch nachträgliche Beschlussfassung siehe Rn. 23 a.
- Der Betriebsrat beschließt (unwirksam) die Beauftragung eines Rechtsanwaltes. Der Arbeitgeber ist nicht verpflichtet, den Betriebsrat von den Honorarforderungen freizustellen (siehe → **Kosten der Betriebsratstätigkeit** Rn. 7). Zur Möglichkeit der Heilung durch nachträgliche Beschlussfassung siehe Rn. 23 a.
- Der Betriebsrat beschließt (unwirksam) die Entsendung von Betriebsratsmitgliedern zu Schulungsveranstaltungen nach § 37 Abs. 6 BetrVG. Der Arbeitgeber ist nicht verpflichtet, den Betriebsrat von den Seminargebühren des Veranstalters freizustellen (siehe → **Kosten der Betriebsratstätigkeit** Rn. 8).
- Der Betriebsrat beschließt (unwirksam), gegen eine vom Arbeitgeber beabsichtigte ordentliche Kündigung nach § 102 Abs. 3 Nr. 3 BetrVG Widerspruch zu erheben. Der Widerspruch gilt als nicht erfolgt. Im Gegenteil: Die Zustimmung des Betriebsrats zur Kündigung »gilt als erteilt« (§ 102 Abs. 2 Satz 2 BetrVG). Ein Weiterbeschäftigungs- und -vergütungsanspruch des Gekündigten nach § 102 Abs. 5 BetrVG (siehe → **Ordentliche Kündigung** Rn. 29 ff.) entfällt.

Stellt der Arbeitgeber die Wirksamkeit des Betriebsratsbeschlusses in einem Rechtsstreit (ggf. auch erst in der dritten Instanz; vgl. BAG v. 30. 9. 2008 – 1 ABR 54/07, NZA 2009, 502)) in Abrede, obliegt es dem Betriebsrat bzw. dem Anspruchsteller (z. B. vom Betriebsrat beauftragter Rechtsanwalt, an den der Betriebsrat seinen Anspruch auf Freistellung von der Verbindlichkeit abgetreten hat), die Voraussetzungen für das Zustandekommen eines ordnungsgemäßen Betriebsratsbeschlusses **vorzutragen**.   25a

Legt der Betriebsrat die Einhaltung der Voraussetzungen für einen wirksamen Beschluss des Gremiums im Einzelnen und unter Beifügung von Unterlagen (Einladung, Tagesordnung,

Betriebsratssitzung (Beschlussfassung)

Sitzungsprotokoll) dar, ist nach zutreffender Ansicht des BAG ein sich daran anschließendes **pauschales Bestreiten** des Arbeitgebers mit Nichtwissen unbeachtlich (BAG v. 30. 9. 2008 – 1 ABR 54/07, a. a. O.).
Der Arbeitgeber müsse vielmehr konkret angeben, welche der zuvor vorgetragenen Tatsachen er bestreiten will.

Protokollierung (§ 34 BetrVG)

26 Betriebsratssitzungen müssen protokolliert werden (§ 34 BetrVG).
Das Protokoll (= Niederschrift) muss mindestens den **Wortlaut** der Beschlüsse und die **Stimmenmehrheit**, mit der sie gefasst worden sind, enthalten.
Das Protokoll ist vom Betriebsratsvorsitzenden (bei dessen Abwesenheit vom Stellvertreter) und einem weiteren Mitglied des Betriebsrats zu unterzeichnen.
Dem Protokoll ist eine **Anwesenheitsliste** beizufügen, in die sich alle Teilnehmer eigenhändig einzutragen haben (nicht nur die Betriebsratsmitglieder, sondern auch sonstige anwesende Personen: JAV-Mitglieder, Schwerbehindertenvertreter usw.).
Hat der Arbeitgeber oder ein **Gewerkschaftsvertreter** an der Sitzung teilgenommen, so ist ihnen derjenige Teil der Niederschrift auszuhändigen, der den Zeitraum ihrer Anwesenheit in der Sitzung betrifft.
Einwendungen gegen die Richtigkeit des Protokolls sind schriftlich und unverzüglich (= ohne schuldhaftes Verzögern; siehe → **Rechtsbegriffe**) zu erheben und dem Protokoll beizufügen.
Darüber hinaus ist es zulässig und üblich, zu Beginn der nächsten Betriebsratssitzung die Richtigkeit der Niederschrift zur Diskussion zu stellen und gegebenenfalls das Protokoll zu korrigieren.
Siehe »Muster-Protokoll einer Betriebsratssitzung« im Anhang zu diesem Stichwort.

Aussetzung von Beschlüssen (§ 35 BetrVG)

27 Ein Betriebsratsbeschluss ist nach § 35 BetrVG für die Dauer einer Woche auszusetzen, wenn
- die Mehrheit der → **Jugend- und Auszubildendenvertretung** (vgl. auch § 66 BetrVG) oder
- die → **Schwerbehindertenvertretung**

dies beantragt, weil sie in dem Beschluss eine **erhebliche Beeinträchtigung** wichtiger Interessen der durch sie vertretenen Arbeitnehmer sieht.
Innerhalb der Aussetzungsfrist soll eine Verständigung zwischen dem Betriebsrat (bzw. der Mehrheit des Betriebsrats) und den Antragstellern herbeigeführt werden, gegebenenfalls mit Hilfe der im Betrieb vertretenen → **Gewerkschaften**.
Nach Ablauf der Aussetzungsfrist ist über die Angelegenheit neu zu beschließen.
Ein nochmaliger Aussetzungsantrag kommt nur dann in Betracht, wenn durch die zweite Beschlussfassung der erste Beschluss »erheblich« abgeändert worden ist.

28 Zu beachten ist, dass durch eine von der Schwerbehindertenvertretung beantragte Aussetzung eines Betriebsratsbeschlusses eine vom Betriebsrat zu wahrende **Frist** – z. B. bei personellen Einzelmaßnahmen (§ 99 Abs. 3 BetrVG) oder Kündigung (§ 102 Abs. 2 Satz 1 BetrVG) – nicht verlängert wird (§ 95 Abs. 4 Satz 3 SGB IX). Gleiches dürfte für einen Aussetzungsantrag der Jugend- und Auszubildendenvertretung gelten (vgl. Fitting, BetrVG, 27. Aufl., § 35 Rn. 30; DKKW-*Wedde*, BetrVG, 15. Aufl., § 35 Rn. 11).
Das bedeutet: Der Betriebsrat muss sich bei einem Aussetzungsantrag vor Ablauf der dadurch ausgelösten Wochenfrist äußern, wenn er die in §§ 99 Abs. 3 und 102 Abs. 2 Satz 1 BetrVG angeordnete Rechtsfolge – »Schweigen gilt als Zustimmung« – vermeiden will.
Er sollte darüber hinaus den Arbeitgeber über den Aussetzungsantrag informieren und ihm vorschlagen, die vorgesehene Maßnahme bis zu einer erneuten Beschlussfassung zurückzu-

Betriebsratssitzung (Beschlussfassung)

stellen. Hierzu dürfte der Arbeitgeber unter dem Gesichtspunkt der vertrauensvollen Zusammenarbeit verpflichtet sein (so zutreffend Fitting, BetrVG, 27. Aufl., a. a. O.; DKKW-*Wedde*, BetrVG, 15. Aufl., a. a. O.).

Arbeitshilfen

Checklisten	• Vorbereitung der Betriebsratssitzung • Durchführung der Betriebsratssitzung • Zehn Verhaltensregeln zur Diskussionsleitung • Beschlussfassung: Abstimmungsverfahren
Musterschreiben	• Einladung zu einer Betriebsratssitzung mit Tagesordnung • Merkblatt zur Vorbereitung und Protokollierung einer Betriebsratssitzung / Ausschusssitzung (Formblatt) • Protokoll einer Betriebsratssitzung • Schreiben an Arbeitgeber betr. Beschluss über die Anrufung einer Einigungsstelle

Checkliste: Vorbereitung der Betriebsratssitzung

1. **Termin** der Sitzung festlegen:
   Datum, Uhrzeit.
2. **Ort** der Sitzung festlegen:
   Räumlichkeit freihalten.
3. **Tagesordnung** festlegen:
   • nicht zu viele Themen (besser mehrere Sitzungen durchführen),
   • Themen nach Wichtigkeit und Dringlichkeit auswählen,
   • bei der Auswahl der Themen nicht nur auf aktuelle Probleme »reagieren«, sondern auch langfristige Aufgaben »anpacken« (»agieren!«),
   • die wichtigsten und dringlichsten Themen vorziehen,
   • Themen genau bezeichnen.
4. Die einzelnen Themen arbeitsteilig für die Sitzung **vorbereiten** (Ausschüsse des Betriebsrats oder einzelne Betriebsratsmitglieder beauftragen!).
5. Für jedes **Thema** klären:
   • Wie ist die Ausgangslage?
   • Was will der Arbeitgeber?
   • Was will der Betriebsrat?
   • Was will die Jugend- und Auszubildendenvertretung?
   • Was will die Schwerbehindertenvertretung?
   • Was will der Vertrauenskörper?
   • Was wollen die betroffenen Beschäftigten?
   • Worüber besteht Einigkeit?
   • Was ist strittig?
   • Welche Informationen werden noch benötigt?
   • Welche Unterlagen müssen in der Sitzung vorliegen?
   • Welche »Auskunftspersonen« (Gewerkschaftssekretär, Vertrauensleute, sachverständige Belegschaftsmitglieder usw.) müssen eingeladen werden?
   • Welche Punkte müssen diskutiert werden?
   • Welche Konsequenzen (Forderungen, Konzeptionen usw.) müssen gezogen werden?
   • Was kann zur Durchsetzung der Konsequenzen unternommen werden?
6. **Einladung mit aussagekräftiger Tagesordnung** an:
   • Betriebsratsmitglieder (Wer ist anwesend? Wer ist verhindert?),

Betriebsratssitzung (Beschlussfassung)

- Jugend- und Auszubildendenvertretung,
- Schwerbehindertenvertretung,
- ggf. Ersatzmitglieder,
- Gewerkschaftssekretär,
- ggf. Arbeitgeber,
- sonstige Personen (z. B. Sachverständiger, sachkundige Auskunftsperson).

7. Einladung und Tagesordnung anfertigen und rechtzeitig **versenden**.
8. Ggf. **weitere Unterlagen** kopieren und der Einladung beifügen.
8. Sonstige Unterlagen und »**Sitzungstechnik**« für die Sitzung bereithalten (Akten, Listen, Tageslichtschreiber, Folien, Stellwände, Metaplan-Koffer usw.).

Checkliste: Durchführung der Betriebsratssitzung

1. **Sitzung eröffnen:**
   - Begrüßung durch den Betriebsratsvorsitzenden bzw. den Stellvertreter.
   - Wer leitet die Diskussion?
   - Wer führt die Rednerliste?
   - Wer führt Protokoll?
   - Wann werden Pausen gemacht?
   - Wie viel Zeit steht für die Sitzung insgesamt zur Verfügung?
   - Liegt Beschlussfähigkeit vor?
   - Anwesenheitsliste umlaufen lassen.
   - Sonstiges.
2. **Tagesordnung verlesen**; Änderungswünsche erfragen ?

   Hinweis:
   Der Betriebsrat konnte nach früherer BAG-Rechtsprechung die mitgeteilte Tagesordnung in der Betriebsratssitzung nur ändern, wenn der vollzählig versammelte Betriebsrat einstimmig sein Einverständnis erklärt, den Beratungspunkt in die Tagesordnung aufzunehmen und darüber zu beschließen (BAG v. 28.10.1992 – 7 ABR 14/92, AiB 1993, 286; 24.5.2006 – 7 AZR 201/05, NZA 2006, 1364).
   Nach neuerer Rechtsprechung des BAG (BAG v. 22.1.2014 – 7 AS 6/13; 9.7.2013 – 1 ABR 2/13, NZA 2013, 1433) kann trotz fehlender oder unvollständiger Tagesordnung in einer Angelegenheit dann ein wirksamer Beschluss gefasst werden,
   - *wenn sämtliche Mitglieder des Betriebsrats einschließlich erforderlicher Ersatzmitglieder rechtzeitig geladen sind,*
   - *der Betriebsrat beschlussfähig i. S. d. § 33 Abs. 2 BetrVG ist und*
   - *die anwesenden Betriebsratsmitglieder einstimmig beschlossen haben, über den Regelungsgegenstand die gefassten Beschlusses zu beraten und abzustimmen.*
   Nicht (mehr) erforderlich ist, dass in dieser Sitzung alle Betriebsratsmitglieder anwesend sind. Siehe → Betriebsratssitzung (Beschlussfassung) Rn. 13, 14.

3. **Protokoll** der letzten Sitzung zur Diskussion stellen und ggf. ändern/berichtigen.
4. **Tagesordnung** in der vorgesehenen Reihenfolge **bearbeiten**.
5. Nach dem Aufruf eines Tagesordnungspunkts wie folgt **vorgehen**:
   - Derjenige (z. B. Ausschuss), der das Thema vorbereitet hat, gibt eine kurze Einführung in das Thema. Ggf. Tageslichtschreiber und Folien verwenden.
   - Thema zur Diskussion stellen.
6. Aufgaben des **Diskussionsleiters**:
   - Teilnehmer zu Diskussionsbeiträgen auffordern (auch die »Stillen« einbeziehen);
   - Einhaltung der Rednerliste beachten;
   - darauf achten, dass nicht durcheinander geredet wird;
   - dafür sorgen, dass zum Thema diskutiert und nicht »vom Hölzchen zum Stöckchen« gesprungen wird; ggf. zum Thema zurückführen;

Betriebsratssitzung (Beschlussfassung)

- falls notwendig: Diskussionszwischenstand zusammenfassen und die Diskussion auf offene/strittige Fragen zuspitzen:
  - Worüber besteht Einigkeit?
  - Was ist strittig?
  - Was muss noch diskutiert werden?
- Diskussion beenden, wenn sie beginnt, sich »im Kreise zu drehen«.

7. Aufgaben der **Diskussionsteilnehmer**:
   - konstruktiv diskutieren: nicht nur darauf hinweisen, was schlecht läuft, sondern Verbesserungsvorschläge machen und Lösungswege aufzeigen;
   - andere ausreden lassen; anderen zuhören;
   - auch die Argumente des »politischen Gegners« ernst nehmen (Schubladendenken: »... der muss ja so reden« vermeiden);
   - auf die Vorschläge anderer sachlich eingehen; insbesondere die Ablehnung von Vorschlägen anderer mit Sachargumenten begründen (pauschale Negativbewertungen vermeiden); kurz fassen.

8. Am **Ende der Diskussion** zu einem Tagesordnungspunkt:
   - Diskussionsleiter stellt Diskussionsergebnis fest (die eigene ggf. abweichende Meinung von der [Mehrheits-]Meinung des Betriebsratsgremiums trennen);
   - wenn in der Sache ein Beschluss gefasst werden kann:
     - Beschlussantrag formulieren,
     - abstimmen lassen:
       Wer ist dafür?
       Wer ist dagegen?
       Wer enthält sich der Stimme?
     - ggf. über Gegenantrag abstimmen lassen (siehe Checkliste »Beschlussfassung: Abstimmungsverfahren«, auf wortlautgetreue Protokollierung des Beschlusses achten und (zumindest) Ja-Stimmen im Protokoll vermerken;
   - wenn in der Sache kein Beschluss gefasst werden kann:
     - Was muss für eine sachgerechte Beschlussfassung noch geklärt werden?
     - Bis wann muss spätestens ein Beschluss in der Sache gefasst werden? (**Fristen z. B. nach §§ 99 Abs. 3, 102 Abs. 2 BetrVG beachten!**)

9. **Arbeitsaufträge** gemeinsam formulieren und auf Betriebsratsausschüsse bzw. einzelne Betriebsratsmitglieder verteilen:
   - Was muss getan werden?
   - Wer macht das (nach Möglichkeit Teamarbeit)?
   - Bis wann muss das erledigt sein?

10. Den Termin der nächsten Betriebsratssitzung absprechen und festlegen (**auf Fristen achten!**).

11. Alle wesentlichen Punkte **protokollieren**; insbesondere Beschlüsse, Abstimmungsergebnisse, zu erledigende Aufgaben und die dafür verantwortlichen Personen bzw. Ausschüsse sowie Fristen schriftlich festhalten; Protokoll nach Möglichkeit unmittelbar nach der Sitzung fertig stellen, Anwesenheitsliste beifügen und Fotokopien an die Betriebsratsmitglieder (ggf. Protokollauszüge auch an andere Teilnehmer) aushändigen.

Checkliste: Zehn Verhaltensregeln zur Diskussionsleitung[1]

1. Zu jedem neuen Thema, zu jedem Tagesordnungspunkt mit einer kurzen Einführung anfangen (Was ist bisher passiert? Wie ist die Lage?). Das ist auch dann notwendig, wenn es vorher schriftliche Informationen gegeben hat.
2. Eine kleine Gliederung für das Thema vorschlagen – z. B.:
   a) Wie funktioniert die geplante Anlage?
   b) Wie sieht der Zeitplan aus?

---

1 Quelle: Fricke/Grimberg/Wolter (Hrsg.), Die kleine Betriebsratsbibliothek, Band 1: Die Betriebsratssitzung: Jetzt geht's ran! Bund-Verlag, S. 41.

Betriebsratssitzung (Beschlussfassung)

    c) Was sind die Folgen für die unmittelbar Betroffenen?
    d) Gibt es langfristige Folgen? In welchen Bereichen?
    e) Passiert was bei Entlohnung oder Arbeitsbelastung?
3. Diskussionsleitung streng nach dieser Gliederung. Immer nur zu einem Punkt sprechen lassen. Nicht zum Thema gehörende Redebeiträge notieren und auf später verschieben.
4. Trotzdem – die Diskussion auch mal laufen lassen. Nicht zu jedem Diskussionsbeitrag gleich einen Kommentar geben. Vor allem: Keine Zensuren verteilen (»Das find' ich richtig!«, »Das ist Unsinn«).
5. Kein Diskussionsbeitrag darf verloren oder untergehen. Deshalb sollen alle ihre eigenen Notizen machen. Nicht nur auf das Protokoll verlassen.
6. Allen helfen, die sich nicht an der Diskussion beteiligen. Rednerliste führen. Vielredner bremsen. Einzelne (vorsichtig) auch mal direkt ansprechen zu Themen, von denen sie auf jeden Fall etwas wissen.
7. Häufiger den erreichten Stand der Diskussion zusammenfassen (»Bis hierher sind wir uns einig, dass ...«).
8. Darauf achten, dass Arbeitsaufträge klar formuliert werden. (Welches Betriebsratsmitglied übernimmt welche Aufgabe? Welcher Ausschuss soll mit der Arbeit beauftragt werden? Wer besorgt wo eine Information?) Immer genaue Termine setzen!
9. Erkennen, wann eine Diskussion abgebrochen werden muss. Wenn sich Argumente wiederholen, die Diskussion sich im Kreis dreht – abbrechen und das weitere Vorgehen festlegen (Informationen beschaffen; Belegschaft befragen; Gewerkschaft einschalten; Ausschuss beauftragen).
10. Ist eine Diskussion über einen Punkt abgeschlossen – Zusammenfassung des Ergebnisses. Wenn nötig: Beschluss herbeiführen, abstimmen lassen, Protokollierung sicherstellen.

Checkliste: Beschlussfassung: Abstimmungsverfahren[2]

1. Beschlussfähigkeit feststellen: Ist mindestens die Hälfte der Betriebsratsmitglieder anwesend?

2. Abstimmung über einen Antrag ohne Alternativantrag:
Antrag formulieren und schriftlich festhalten (Protokoll)!
Gibt es andere Formulierungsvorschläge? Wenn nein: dann Abstimmung!
Wer ist für den Antrag? Anzahl der Ja-Stimmen aufschreiben!
Wer ist gegen den Antrag? Anzahl der Nein-Stimmen aufschreiben!
Enthaltungen? Ebenfalls aufschreiben!
Hat die Mehrheit der anwesenden Betriebsratsmitglieder[3] mit Ja gestimmt? Der Antrag ist angenommen!

3. Beschlussfassung über einen Antrag mit Alternative:
Ersten Antrag formulieren. Vertreter dieser Meinung fragen, ob sie mit der Formulierung einverstanden sind. Ja? Antrag aufschreiben!
Zweiten Antrag formulieren. Gibt es andere Formulierungsvorschläge? Nein? Antrag aufschreiben!
Weitestgehenden Antrag zur Abstimmung stellen (vorlesen). Wer ist für den Antrag? Anzahl der Ja-Stimmen aufschreiben!
Zweiten Antrag vorlesen. Wer ist für den Antrag? Anzahl der Ja-Stimmen aufschreiben!
Genauso bei allen noch anstehenden Anträgen.
Wenn über die Anträge abgestimmt ist – nach Enthaltungen fragen. Ebenfalls aufschreiben.
Der Antrag, der die Mehrheit der Stimmen bekommen hat, ist angenommen!
Hat kein Antrag die Mehrheit aller anwesenden Betriebsratsmitglieder[3] bekommen, dann muss so lange diskutiert und abgestimmt werden, bis ein Antrag die Hürde genommen hat!

---

2 Quelle: Fricke/Grimberg/Wolter (Hrsg.), Die kleine Betriebsratsbibliothek. Band 1: Die Betriebsratssitzung: Jetzt geht's ran! Bund-Verlag, Frankfurt, S. 45.

3 Beachten: In manchen Fällen verlangt das BetrVG die Mehrheit der Stimmen der Mitglieder des Betriebsrats (z. B. §§ 27 Abs. 2, 28 Abs. 1, 36 BetrVG) oder sogar Dreiviertelmehrheit (z. B. § 27 Abs. 1 Satz 5 BetrVG).

Betriebsratssitzung (Beschlussfassung)

Rechtsprechung

1. Anzahl, Dauer und zeitliche Lage der Betriebsratssitzungen
2. Einladung – Tagesordnung – Beschlussfassung – Rechtsprechungsänderung!
3. Beschluss durch »Restbetriebsrat« im Falle vorübergehender Beschlussunfähigkeit während laufender Äußerungsfristen (z. B. bei Kündigung)
4. Fehlender oder fehlerhafter Betriebsratsbeschluss – Heilung durch nachträgliche Genehmigung
5. Teilnahme des selbst betroffenen Betriebsratsmitglieds an Beschlussfassung
6. Einladung von Ersatzmitgliedern
7. Schwerbehindertenvertretung: Teilnahme an Sitzungen des Betriebsrats und seinen Ausschüssen
8. Verstoß gegen das Gebot der Nichtöffentlichkeit (§ 30 Satz 4 BetrVG)
9. Teilnahme des Arbeitgebers an der Betriebsratssitzung
10. Teilnahme an der Betriebsratssitzung außerhalb der persönlichen Arbeitszeit: Anspruch auf bezahlte Freistellung – Ausgleich für Reisezeiten
11. Teilzeitbeschäftigte Betriebsratsmitglieder: Anspruch auf Freizeitausgleich – Kinderbetreuungskosten

Betriebsratswahl

Grundlagen

1. In allen → **Betrieben** mit »in der Regel« mindestens fünf »ständigen« wahlberechtigten → **Arbeitnehmern**, von denen drei wählbar sind, ist ein → **Betriebsrat** zu wählen (§ 1 Abs. 1 Satz 1 BetrVG).
Zu den Begriffen »ständig« und »in der Regel« siehe → **Rechtsbegriffe**.
2. Zur Wahl des Betriebsrats in einem »gemeinsamen Betrieb mehrerer Unternehmen« (§ 1 Abs. 1 Satz 2 und Abs. 2 BetrVG) siehe → **Gemeinschaftsbetrieb**.
3. Die **regelmäßigen Betriebsratswahlen** finden alle vier Jahre (2014, 2018, 2022 usw.) in der Zeit vom 1. März bis 31. Mai statt.
Sie sind zeitgleich mit den regelmäßigen Wahlen nach § 5 Abs. 1 des Sprecherausschussgesetzes (siehe → **Leitende Angestellte**) einzuleiten (§ 13 Abs. 1 BetrVG).
4. Nach § 13 Abs. 2 BetrVG ist der Betriebsrat **außerhalb dieser Zeit** zu wählen, wenn
   - mit Ablauf von 24 Monaten, vom Tage der Wahl an gerechnet, die Zahl der regelmäßig beschäftigten Arbeitnehmer um die Hälfte, mindestens aber um fünfzig, gestiegen oder gesunken ist,
   - die Gesamtzahl der Betriebsratsmitglieder nach Eintreten sämtlicher Ersatzmitglieder unter die vorgeschriebene Zahl der Betriebsratsmitglieder gesunken ist,
   - der Betriebsrat mit der Mehrheit seiner Mitglieder seinen Rücktritt beschlossen hat,
   - die Betriebsratswahl mit Erfolg angefochten worden ist,
   - der Betriebsrat durch eine gerichtliche Entscheidung aufgelöst ist oder
   - im Betrieb ein Betriebsrat nicht besteht.
5. Hat außerhalb des für die regelmäßigen Betriebsratswahlen festgelegten Zeitraums eine Betriebsratswahl stattgefunden, so ist der Betriebsrat in dem auf die Wahl folgenden **nächsten Zeitraum** der regelmäßigen Betriebsratswahlen **neu zu wählen** (§ 13 Abs. 3 Satz 1 BetrVG). Das gilt jedoch nicht, wenn die Amtszeit des Betriebsrats zu Beginn des für die regelmäßigen Betriebsratswahlen festgelegten Zeitraums **noch nicht ein Jahr** betragen hat. In diesem Falle ist der Betriebsrat in dem **übernächsten Zeitraum** der regelmäßigen Betriebsratswahlen neu zu wählen (§ 13 Abs. 3 Satz 2 BetrVG).
6. **Wahlberechtigt** sind alle Arbeitnehmer des Betriebs, die zum Zeitpunkt der Wahl (Wahltag) das 18. Lebensjahr vollendet haben (§ 7 BetrVG).
7. **Wählbar** sind diejenigen Arbeitnehmer, die das 18. Lebensjahr vollendet haben und zum Zeitpunkt der Wahl (Wahltag) dem Betrieb mindestens sechs Monate angehören (§ 8 BetrVG). Besteht der Betrieb weniger als sechs Monate, sind diejenigen Arbeitnehmer wählbar, die bei Einleitung der Betriebsratswahl (= Aushang des Wahlausschreibens) im Betrieb beschäftigt sind.
8. Leiharbeitnehmer (siehe → **Arbeitnehmerüberlassung/Leiharbeit**) sind im Entleiherbetrieb **wahlberechtigt**, wenn sie länger als drei Monate im Betrieb eingesetzt werden und am Wahltag im Entleiherbetrieb tätig sind (§ 7 Satz 2 BetrVG).
Leiharbeitnehmer sind aber im Entleiherbetrieb **nicht wählbar** (§ 14 Abs. 2 Satz 1 AÜG; vgl.

Betriebsratswahl

auch BAG v. 17. 2. 2010 – 7 ABR 51/08). Dies gilt sowohl bei gewerbsmäßiger als auch in Fällen nicht gewerbsmäßiger Arbeitnehmerüberlassung (BAG v. 17. 2. 2010 – 7 ABR 51/08, NZA 2010, 832).

Leiharbeitnehmer zählen im Entleiherbetrieb: 9
Leiharbeitnehmer sind bei der für die **Größe des Betriebsrats** maßgeblichen Anzahl der Arbeitnehmer eines Betriebs grundsätzlich zu berücksichtigen (BAG v. 13. 3. 2013 – 7 ABR 69/11, AiB 2013, 659 = NZA 2013, 789). Das Gericht hat damit – zu Recht – seine bisher anderslautende Rechtsprechung (BAG v. 16. 4. 2003 – 7 ABR 53/02, AiB 2004, 113) aufgegeben. Auszug aus Pressemitteilung des BAG Nr. 18/13: »*Nach § 9 Satz 1 BetrVG richtet sich die Zahl der Mitglieder des Betriebsrats nach der Anzahl der im Betrieb in der Regel beschäftigten Arbeitnehmer. Bei 5 bis 100 Arbeitnehmern kommt es darüber hinaus auch auf die Wahlberechtigung an. Ab 101 Arbeitnehmern nennt das Gesetz diese Voraussetzung nicht mehr. In Betrieben mit in der Regel 701 bis 1000 Arbeitnehmern besteht der Betriebsrat aus 13 Mitgliedern, in Betrieben mit in der Regel 1001 bis 1500 Arbeitnehmern aus 15 Mitgliedern. Wie der Siebte Senat des Bundesarbeitsgerichts unter Aufgabe seiner früheren Rechtsprechung entschieden hat, zählen in der Regel beschäftigte Leiharbeitnehmer bei den Schwellenwerten des § 9 BetrVG im Entleiherbetrieb mit. Das ergibt die insbesondere an Sinn und Zweck der Schwellenwerte orientierte Auslegung des Gesetzes. Jedenfalls bei einer Betriebsgröße von mehr als 100 Arbeitnehmern kommt es auch nicht auf die Wahlberechtigung der Leiharbeitnehmer an. Anders als in den Vorinstanzen hatte daher beim Bundesarbeitsgericht die Anfechtung einer Betriebsratswahl durch 14 Arbeitnehmer Erfolg. In ihrem Betrieb waren zum Zeitpunkt der angefochtenen Wahl neben 879 Stammarbeitnehmern regelmäßig 292 Leiharbeitnehmer beschäftigt. Der Wahlvorstand hatte die Leiharbeitnehmer bei der Wahl nicht berücksichtigt und einen 13-köpfigen Betriebsrat wählen lassen. Unter Einbeziehung der Leiharbeitnehmer wäre dagegen ein 15-köpfiger Betriebsrat zu wählen gewesen.*«

> **Beachten:**
> Es ist davon auszugehen, dass die neue BAG-Rechtsprechung auch auf die Bestimmung der Zahl der nach § 38 BetrVG freizustellenden Betriebsratsmitglieder (siehe → **Freistellung von Betriebsratsmitgliedern**) zu übertragen ist, sodass die bisherige entgegenstehende Rechtsprechung (BAG v. 22. 10. 2003 – 7 ABR 3/03, AiB 2004, 239) nicht mehr zur Anwendung kommt. Betriebsräte in Entleiherbetrieben, in denen Leiharbeitnehmer eingesetzt sind, sollten daher – wenn diese bei der Bestimmung der Zahl der Freistellungen nicht berücksichtigt worden sind – entsprechende weitere Freistellungen beschließen.

> **Hinweise:**
> - Auch bei der Ermittlung der maßgeblichen Unternehmensgröße im Falle einer → **Betriebsänderung** (»mehr als 20 in der Regel beschäftigte wahlberechtigte Arbeitnehmer«) sind Leiharbeitnehmer, die länger als drei Monate im Unternehmen eingesetzt sind, mitzuzählen (BAG v. 18. 10. 2011 – 1 AZR 335/10, NZA 2012, 221).
> - Bei der Berechnung der für die Anwendung des **Kündigungsschutzgesetzes** maßgeblichen Betriebsgröße sind im Betrieb beschäftigte Leiharbeitnehmer zu berücksichtigen, wenn ihr Einsatz auf einem »in der Regel« vorhandenen Personalbedarf beruht (BAG v. 24. 1. 2013 – 2 AZR 140/12).

Zur Berücksichtigung von Leiharbeitnehmern bei der **Wahl des Aufsichtsrats** in einem Entleiher-Unternehmen siehe → **Unternehmensmitbestimmung** Rn. 14, 14 a. 9a

Beschäftigte in → **Altersteilzeit**, die sich zum Zeitpunkt des Erlasses des Wahlausschreibens 9b
bereits in der **Freistellungsphase** befinden, zählen nach Auffassung des BAG bei der Bestimmung der Betriebsratsgröße nicht mit (BAG v. 16. 4. 2003 – 7 ABR 53/02, AiB 2004, 113).

Auszubildende sind nicht zu berücksichtigen, wenn der Arbeitgeber von deren Einstellung 9c

Betriebsratswahl

bereits vor Erlass des Wahlausschreibens Abstand genommen hat (BAG v. 16.4.2003 – 7 ABR 53/02, AiB 2004, 113).

10 Die Einzelheiten des Wahlverfahrens sind in §§ 7 bis 20 BetrVG sowie in der dazu ergangenen Wahlordnung vom 11.12.2001 (BGBl. I S. 3494) geregelt.

Wahlvorstand

11 Die Betriebsratswahl wird durch einen Wahlvorstand organisiert.
12 In Betrieben ohne Betriebsrat wird der Wahlvorstand durch den → **Gesamt-** oder → **Konzernbetriebsrat** (§ 17 Abs. 1 BetrVG) bestellt oder – falls auf diesem Wege keine Bestellung erfolgt – durch eine **Betriebsversammlung**, zu der drei Wahlberechtigte oder eine im Betrieb vertretene → **Gewerkschaft** einladen können (§ 17 Abs. 2 und 3 BetrVG).
Findet trotz Einladung keine Betriebsversammlung statt oder wird kein Wahlvorstand gewählt, wird der Wahlvorstand auf Antrag von drei Wahlberechtigten oder einer im Betrieb vertretenen Gewerkschaft durch das → **Arbeitsgericht** bestellt (§ 17 Abs. 4 BetrVG).
13 Besteht bereits ein Betriebsrat, wird der Wahlvorstand durch den Betriebsrat oder – falls der Betriebsrat untätig bleibt – durch den Gesamt- oder Konzernbetriebsrat bestellt (§ 16 Abs. 3 BetrVG).
Ist **acht Wochen** vor Ende der Amtszeit des Betriebsrats eine Bestellung nicht erfolgt, wird der Wahlvorstand auf Antrag von drei Wahlberechtigten oder einer im Betrieb vertretenen Gewerkschaft durch das → **Arbeitsgericht** bestellt (§ 16 Abs. 2 BetrVG).
14 Zur Bestellung des Wahlvorstandes im gemeinsamen Betrieb mehrerer Unternehmen siehe → **Gemeinschaftsbetrieb.**
Zur Bestellung des Wahlvorstandes in **Kleinbetrieben** mit in der Regel 5 bis 50 (ggf. 100) wahlberechtigten Arbeitnehmern siehe **Übersicht** im Anhang zu diesem Stichwort.

> **Beachten:**
> 15 In Betrieben mit weiblichen und männlichen Arbeitnehmern »sollen« (siehe → **Rechtsbegriffe**) dem Wahlvorstand Frauen und Männer angehören (§ 16 Abs. 1 Satz 5 BetrVG).

16 In Betrieben mit in der Regel 5 bis 50 wahlberechtigten Arbeitnehmern wird der Betriebsrat in einem **vereinfachten** – einstufigen oder zweistufigen – **Wahlverfahren** gewählt (§ 14 a BetrVG, §§ 28 bis 35 WO bzw. § 36 WO; siehe **Übersichten** im Anhang zu diesem Stichwort auf DVD).
17 In Betrieben mit 51 bis 100 wahlberechtigten Arbeitnehmern können der Wahlvorstand und der Arbeitgeber die Anwendung des vereinfachten Wahlverfahrens **vereinbaren** (§ 14 a Abs. 5 BetrVG).

Wahlverfahren: Mehrheitswahl, Verhältniswahl

18 Die frühere Unterscheidung des Wahlverfahrens nach »Gruppenwahl« und »Gemeinsamer Wahl« entfällt. Das neue BetrVG unterscheidet nicht mehr zwischen **Arbeitern** und **Angestellten.**
19 Die Betriebsratswahl erfolgt entweder nach den Grundsätzen der Mehrheitswahl (= Personenwahl) oder der Verhältniswahl (= Listenwahl):
- **Mehrheitswahl** findet nach § 14 Abs. 2 Satz 2 BetrVG statt, wenn nur ein Wahlvorschlag (= Vorschlagsliste) eingereicht wird (vgl. §§ 20 bis 23 WO) oder wenn ein Betriebsrat im »vereinfachten Wahlverfahren« nach § 14 a BetrVG zu wählen ist (§§ 28 bis 37 WO).
- **Verhältniswahl** findet – sofern nicht das vereinfachte Wahlverfahren anzuwenden ist – statt, wenn mehrere Wahlvorschläge (= Vorschlagslisten) eingereicht werden.

Geschlechterquote (§ 15 Abs. 2 BetrVG)

Unabhängig von der Art des Wahlverfahrens ist nach § 15 Abs. 2 BetrVG sicherzustellen, dass das Geschlecht, das in der Belegschaft in der Minderheit ist, mindestens entsprechend seinem zahlenmäßigen Verhältnis im Betriebsrat vertreten ist, sofern dieser aus **mindestens drei Mitgliedern** besteht (Geschlechterquote nach § 15 Abs. 2 BetrVG, § 5 WO). 20

Der **Mindestanteil** der dem Minderheitengeschlecht zustehenden Betriebsratssitze wird gemäß § 5 Abs. 1 WO nach den Grundsätzen der Verhältniswahl (d'Hondtsches Höchstzahlverfahren) ermittelt.

Maßgeblich ist dabei die Zahl der am Tage des Erlasses des Wahlausschreibens im Betrieb beschäftigten Frauen und Männer (§ 5 Abs. 1 Satz 2 WO).

> **Beispiel:**
> Im Betrieb sind 150 Arbeitnehmer beschäftigt (110 Männer, 40 Frauen). Der zu wählende Betriebsrat besteht nach § 9 BetrVG aus 7 Mitgliedern.
>
> | | 110 Männer | 40 Frauen |
> | --- | --- | --- |
> | :1 | 110 | 40 |
> | :2 | 55 | 20 |
> | :3 | 36,66 | 13,33 |
> | :4 | 27,5 | 10 |
> | :5 | 22 | 8 |
> | :6 | 18,33 | 6,66 |
> | :7 | 15,71 | 5,71 |
>
> Ergebnis: Dem Minderheitengeschlecht (Frauen) stehen mindestens zwei Sitze zu.

Das Minderheitengeschlecht hat allerdings nur dann Anspruch auf einen Mindestsitz nach § 15 Abs. 2 BetrVG, wenn auf diese Gruppe nach dem Höchstzahlverfahren **mindestens eine Höchstzahl** entfällt (BAG v. 10.03.2004 – 7 ABR 49/03).

> **Beispiel:**
> Im Betrieb sind 71 Arbeitnehmer beschäftigt (64 Männer, 7 Frauen). Der zu wählende Betriebsrat besteht nach § 9 BetrVG aus 5 Mitgliedern.
>
> | | 64 Männer | 7 Frauen |
> | --- | --- | --- |
> | :1 | 64 | 7 |
> | :2 | 32 | |
> | :3 | 21,33 | |
> | :4 | 16 | |
> | :5 | 12,8 | |
>
> Dem Minderheitengeschlecht (Frauen) steht kein Mindestsitz zu, weil auf die Frauen keine der fünf Höchstzahlen entfällt.

> **Hinweis:**
> Wenn die niedrigste in Betracht kommende Höchstzahl auf beide Geschlechter zugleich entfällt, so entscheidet das **Los** darüber, welchem Geschlecht dieser Sitz zufällt (§ 5 Abs. 2 Satz 3 WO). 21

Die **Kosten der Betriebsratswahl** trägt der Arbeitgeber (§ 20 Abs. 3 BetrVG). 22

Eine → **Behinderung der Betriebsratswahl** ist strafbar (§ 119 Abs. 1 Nr. 1 BetrVG). Siehe auch → **Strafverfahren**. 23

Eine Orientierung über den Ablauf der Betriebsratswahl sowie insbesondere über die Aufgaben des Wahlvorstandes gibt die nachfolgende »**Übersicht**«. 24

Zum Kündigungsschutz von Mitgliedern des Betriebsrats, von Wahlbewerbern und Arbeitnehmern, die das Wahlverfahren eingeleitet haben sowie von Mitgliedern des Wahlvorstands siehe → **Kündigungsschutz (besonderer)** Rn. 9 ff. 25

Betriebsratswahl

Arbeitshilfen

Übersichten
- Einleitung und Durchführung der Betriebsratswahl
- Vereinfachtes Wahlverfahren in Betrieben mit in der Regel 5 bis 50 wahlberechtigten Arbeitnehmern (§ 14 a BetrVG)
- Die Wahlverfahren (Mehrheitswahl, Verhältniswahl, Geschlechterquote)

Rechtsprechung

1. Mindestgröße des Betriebs: Beschäftigtenzahl (»in der Regel«)
2. Bestellung / Wahl eines Wahlvorstands
2a. Abgrenzungsverfahren nach § 18 Abs. 2 BetrVG
3. Anspruch von Wahlvorstandsmitgliedern auf Freizeitausgleich
4. Wahlrecht – Wählbarkeit – Leiharbeitnehmer
5. Wählerliste
6. Größe des zu wählenden Betriebsrats: Altersteilzeit – Leiharbeit – Auszubildende
7. Berücksichtigung der für das Minderheitengeschlecht reservierten Betriebsratssitze (§ 15 Abs. 2 BetrVG)
8. Betriebsratswahl in einem Betriebsteil i. S. v. § 4 BetrVG – Zuordnung zum Hauptbetrieb
9. Betriebsratswahl in einem gemeinschaftlichen Betrieb mehrerer Unternehmen
10. Wahlausschreiben
11. Information ausländischer Arbeitnehmer
12. Wahlvorschläge – Vorschlagslisten
13. Stimmauszählung – Öffentlichkeit der Stimmauszählung – Nachweis der Stimmabgabe
14. Briefwahl
15. Zugangsrecht eines gekündigten Wahlbewerbers zum Betrieb – Einstweilige Verfügung
16. Annahme der Wahl durch gekündigte Betriebsratsmitglieder
17. Eingriff in laufendes Wahlverfahren durch einstweilige Verfügung?
18. Unterlassungsanspruch des Wahlvorstands – Einstweilige Verfügung
19. Anfechtbarkeit – Nichtigkeit der Betriebsratswahl
20. Wahlanfechtungsverfahren
21. Kosten der Betriebsratswahl
22. Kosten der Wahlvorstandsschulung
23. Kündigungsschutz
24. Ausschluss von Gewerkschaftsmitgliedern wegen Betriebsratskandidatur auf konkurrierender Liste
25. Einsicht in die Wahlakten
26. Wahlrecht der Auszubildenden
27. Behinderung der Betriebsratswahl

Betriebsspaltung und Zusammenlegung von Betrieben

Was ist das?

Zu den beliebtesten Tätigkeiten von Unternehmern bei der Jagd nach höheren Renditen scheint es zu gehören, Betriebe aufzuspalten oder zusammenzulegen, auf andere – ggf. neugegründete – Unternehmen zu übertragen (siehe → **Betriebsübergang**), Unternehmen zu spalten oder mit anderen Unternehmen zu verschmelzen (siehe → **Umwandlung von Unternehmen**). 1

Betriebsaufspaltung

Von Betriebsaufspaltung spricht man, wenn ein → **Betrieb** durch entsprechende organisatorische Maßnahmen in zwei oder mehrere organisatorisch selbständige Einheiten und damit in zwei oder mehrere Betriebe aufgeteilt wird, dass er seine bisherige »Identität« verliert und »untergeht«. 2

Beispiel 1:
Bisher wurden in dem Betrieb eines → **Unternehmens** (z. B. Firma »Metallbau-GmbH«) mit 300 Beschäftigten zwei Produktgruppen »unter einem Dach« gefertigt. Alle Betriebsbereiche (Produktion, Verwaltung, Vertrieb usw.) bildeten eine organisatorisch selbständige Einheit, also einen → **Betrieb**. Nunmehr wird die Herstellung einer Produktgruppe organisatorisch von der Herstellung der anderen Produktgruppe abgetrennt, so dass zwei eigenständige und selbständige Organisationsstrukturen (gegebenenfalls auf dem gleichen bisherigen Firmengelände in den gleichen Gebäuden) entstehen.
Ergebnis: Die Firma Metallbau-GmbH besteht nunmehr aus zwei → **Betrieben**. Der bisherige Betrieb ist »untergegangen«.

Vorher:

Firma »Metallbau GmbH«	
Betrieb	
Produktgruppe I	Produktgruppe II

Nachher:

Firma »Metallbau GmbH«	
Betrieb A	Betrieb B
Produktgruppe I	Produktgruppe II

Betriebsspaltung und Zusammenlegung von Betrieben

Betriebsabspaltung (Abspaltung eines Betriebsteils)

3   Wenn (nur) ein Betriebsteil abgespalten wird, der bisherige Betrieb aber seine »Identität« behält, handelt es sich um eine Betriebsabspaltung.

> **Beispiel 2:**
> Der bisher zum Betrieb gehörende Versand incl. Fuhrpark mit 20 Beschäftigten wird von der »Metallbau-GmbH« ausgegliedert und auf ein anderes Unternehmen – eine Spedition – übertragen. Der andere Betriebsteil mit 280 Beschäftigten (Produktion und Verwaltung) verbleibt bei der »Metallbau-GmbH«.

Zusammenlegung von Betrieben

4   Betriebe oder Betriebsteile können auch zu einem neuen Betrieb in der Weise zusammengefasst werden, dass die Ursprungsbetriebe ihre »Identität« verlieren und »untergehen«.

> **Beispiel 3:**
> Die »Metallbau-GmbH« veräußert einen Betrieb an die Firma »Multi-AG«. Im Anschluss daran wird der Betrieb von der »Multi-AG« komplett aufgelöst und mit einem anderen Betrieb der »Multi-AG« in der Weise zusammengelegt, dass beide Betriebe »untergehen« und ein neuer Betrieb entsteht.

Betriebsübergang / Umwandlung

5   Häufig ist eine Betriebsauf- oder -abspaltung mit einem → **Betriebsübergang** (zu den Rechtsfolgen für die Beschäftigten siehe Rn. 28 und → **Betriebsübergang**) oder einer Unternehmensteilung (= Unternehmensspaltung) bzw. Umwandlung (siehe → **Umwandlung von Unternehmen**) verbunden.

> **Beispiel 4:**
> Der im Beispiel 1 bezeichnete neu entstandene Betrieb B der Firma »Metallbau-GmbH« wird von der neu gegründeten Firma »Anlagenbau GmbH« übernommen.
> Damit liegen nicht nur zwei → **Betriebe** vor, sondern auch zwei → **Unternehmen**. Der Betrieb A wird von der »Metallbau GmbH« geführt, der Betrieb B von der »Anlagenbau GmbH«.
>
> **Vorher:**
>
> | Firma »Metallbau GmbH« | |
> | --- | --- |
> | Betrieb A
Produktgruppe I | Betrieb B
Produktgruppe II |
>
> **Nachher:**
>
> | Firma »Metallbau GmbH« | Firma »Anlagenbau-GmbH« |
> | --- | --- |
> | Betrieb
Produktgruppe I | Betrieb
Produktgruppe II |
>
> **Weiteres Beispiel 5:**
> Ein Unternehmen (z. B. Firma »Metallbau-GmbH«) wird aufgeteilt:
> - in eine »Besitzgesellschaft« (auch »Anlagegesellschaft« genannt), der das Betriebsvermögen gehört (Grundstücke, Maschinen usw.) und bei der keine oder nur wenige Arbeitnehmer beschäftigt sind, und
> - in eine »Produktionsgesellschaft« (auch »Betriebsgesellschaft« genannt), an die die Betriebs-

mittel seitens der Besitzgesellschaft verpachtet werden und auf die die Arbeitsverhältnisse der bei dem bisherigen Unternehmen (»Metallbau-GmbH«) beschäftigten Arbeitnehmer nach § 613 a BGB übergehen.

Vorher:

Firma »Metallbau GmbH«

Nachher:

Firma »Metallbau-Anlagegesellschaft«	Firma »Metallbau-Betriebsgesellschaft«

Denkbar ist schließlich auch eine »Unternehmensteilung« ohne Betriebsauf- oder -abspaltung. In diesem Fall kommt es zwar zur Bildung mehrerer → **Unternehmen**, die organisatorische Einheit »Betrieb« bleibt aber im Wesentlichen erhalten (§ 1 Abs. 2 Nr. 1 BetrVG; siehe → **Gemeinschaftsbetrieb**). 6

Zu den arbeits- und mitbestimmungsrechtlichen Folgen einer Unternehmensteilung oder -verschmelzung, die sich nach den Vorschriften des Umwandlungsgesetzes vollzieht: siehe → **Umwandlung von Unternehmen**. 7

Bedeutung für die Betriebsratsarbeit

Eine Betriebsaufspaltung, Abspaltung oder Zusammenlegung von Betrieben hat erhebliche Folgen. 8
Weil es sich bei diesen Vorgängen nach § 111 Satz 3 Nr. 3 BetrVG um eine → **Betriebsänderung** handelt, sind die insoweit bestehenden Betriebsratsrechte wahrzunehmen.
Außerdem stellt sich die Frage,
- ob der bisherige Betriebsrat im Amt bleibt,
- ob er oder ein anderer Betriebsrat für die Interessenvertretung der Beschäftigten für die Zeit nach der Betriebsaufspaltung, Abspaltung oder Zusammenlegung zuständig ist und
- ob ggf. eine Neuwahl erforderlich ist.

Einzelheiten regeln § 21 a BetrVG (**Übergangsmandat**) und § 21 b BetrVG (**Restmandat**).

Übergangsmandat (§ 21 a BetrVG)

Betriebsaufspaltung
Wenn der bisherige Betrieb aufgrund einer Aufspaltung in zwei oder mehr Betriebe seine »Identität« verliert, geht er unter (siehe **Beispiel 1**). 9
Die neu entstehenden Organisationseinheiten bilden neue Betriebe oder werden in bereits bestehende Betriebe eingegliedert.
Nach § 21 a Abs. 1 BetrVG hat der Betriebsrat des bisherigen Betriebs für die Beschäftigten der (neuen) Betriebsteile ein sog. **Übergangsmandat**, sofern die Betriebsteile betriebsratsfähig im Sinne des § 1 BetrVG sind (mindestens fünf ständige wahlberechtigte Arbeitnehmer, von denen drei wählbar sind) und sie nicht in einen anderen Betrieb mit Betriebsrat eingegliedert werden.
Übergangsmandat bedeutet: Der bisherige Betriebsrat führt die Geschäfte für die ihm bislang zugeordneten Betriebsteile weiter. 10

Betriebsspaltung und Zusammenlegung von Betrieben

Außerdem hat er unverzüglich für die (neuen) Betriebsteile einen **Wahlvorstand zu bestellen** und dadurch eine **Neuwahl** einzuleiten.

11 Das Übergangsmandat **endet**, sobald in den Betriebsteilen ein neuer Betriebsrat gewählt und das Wahlergebnis bekannt gegeben ist, spätestens jedoch sechs Monate nach Wirksamwerden der Aufspaltung.
Durch → **Tarifvertrag** oder → **Betriebsvereinbarung** kann das Übergangsmandat um weitere sechs Monate verlängert werden (§ 21 a Abs. 1 Satz 4 BetrVG).

11a Für den untergegangenen bisherigen Betrieb hat der Betriebsrat ein **Restmandat** nach § 21 b BetrVG (siehe Rn. 19).

Abspaltung

12 Wird dagegen (nur) ein Betriebsteil in der Weise abgespalten, dass der bisherige Betrieb seine »**Identität**« behält (siehe **Beispiel 2**), bleibt dieser bestehen.
Der bisherige Betriebsrat bleibt – unabhängig von § 21 a BetrVG – für den bisherigen (verkleinerten) Betrieb weiterhin bis zur nächsten regelmäßigen Betriebsratswahl im Amt.
Eine vorzeitige **Neuwahl** für den bisherigen (verkleinerten) Betrieb ist nur erforderlich, wenn aufgrund der Abspaltung die Voraussetzungen des § 13 Abs. 2 Nr. 1 BetrVG gegeben sind (Absinken der Zahl der regelmäßig beschäftigten Arbeitnehmer um die Hälfte, mindestens aber um fünfzig).

13 Für den abgespaltenen Betriebsteil hat der bisherige Betriebsrat ein **Übergangsmandat** nach § 21 a Abs. 1 BetrVG (sofern der abgespaltene Betriebsteil betriebsratsfähig im Sinne des § 1 BetrVG) und er nicht in einen anderen Betrieb mit Betriebsrat eingegliedert wird.
Außerdem steht ihm ein **Restmandat** nach § 21 b BetrVG zu (siehe Rn. 19).

Zusammenlegung von Betrieben

14 Nach § 21 a Abs. 2 BetrVG entsteht ein **Übergangsmandat** auch dann, wenn die bisherigen Betriebe oder Betriebsteile untergehen, weil sie zu einem **neuen Betrieb** zusammengefasst werden (siehe **Beispiel 3**).
Auch in diesem Fall ist eine **Betriebsratsneuwahl** erforderlich.
Der Betriebsrat des nach der Zahl der wahlberechtigten Arbeitnehmer größten Betriebs oder Betriebsteils nimmt das Übergangsmandat wahr und leitet die Neuwahl ein. § 21 a Abs. 1 BetrVG gilt entsprechend (Bestellung des Wahlvorstands, maximale Dauer des Übergangsmandats usw.).

15 Den Betriebsräten der untergegangenen Betriebe steht jeweils für »ihren« Betrieb ein **Restmandat** nach § 21 b BetrVG zu (siehe Rn. 19).

Eingliederung

16 Wird ein Betrieb bzw. Betriebsteil in einen anderen Betrieb eingegliedert und behält der aufnehmende Betrieb seine **Identität**, dann geht nur der eingegliederte Betrieb/Betriebsteil unter. Der bisherige Betriebsrat hat insoweit ein **Restmandat** nach § 21 b BetrVG (siehe Rn. 19).

17 Findet eine Eingliederung in einen Betrieb mit Betriebsrat statt, so entfällt ein Übergangsmandat des bisherigen Betriebsrats (vgl. Fitting, BetrVG, 27. Aufl., § 21 a Rn. 11, 14).
Die Beschäftigten des eingegliederten Betriebs/Betriebsteils werden zukünftig von dem Betriebsrat des aufnehmenden Betriebes vertreten (§ 21 a Abs. 2 Satz 2 i. V. m. Abs. 1 BetrVG).
Eine **Neuwahl** ist im aufnehmenden Betrieb nur erforderlich, wenn die Voraussetzungen des § 13 Abs. 2 Nr. 1 BetrVG vorliegen (Arbeitnehmerzahl steigt infolge der Eingliederung um mehr als die Hälfte, mindestens aber um fünfzig).

17a Besteht im aufnehmenden Betrieb kein Betriebsrat, hat der bisherige Betriebsrat nach § 21 a Abs. 2 BetrVG ein **Übergangsmandat** nicht nur in Bezug auf die Arbeitnehmer des eingeglie-

Betriebsspaltung und Zusammenlegung von Betrieben

derten Betriebes oder Betriebsteils, sondern nach richtiger Ansicht auch für die Arbeitnehmer des – bisher betriebsratslosen – aufnehmenden Betriebes (vgl. DKKW-*Buschmann*, BetrVG, 15. Aufl., § 21 a Rn. 38, 44; Fitting, BetrVG, 27. Aufl., § 21 a Rn. 11 a).

Betriebsübergang / Umwandlung

Die Regelungen des § 21 a Abs. 1 und 2 BetrVG gelten gemäß § 21 a Abs. 3 BetrVG auch, wenn die Spaltung oder Zusammenlegung von Betrieben und Betriebsteilen im Zusammenhang mit einer Betriebsveräußerung (siehe **Beispiele 4** und **5** sowie → **Betriebsübergang**) oder einer Umwandlung nach dem Umwandlungsgesetz erfolgt (siehe → **Umwandlung von Unternehmen**). 18

Restmandat (§ 21 b BetrVG)

Geht ein Betrieb durch Stilllegung, Spaltung oder Zusammenlegung unter, so steht dem bisherigen Betriebsrat ein sog. Restmandat zu (§ 21 b BetrVG). 19
Er bleibt so lange im Amt, wie dies zur Wahrnehmung der mit der Stilllegung, Spaltung oder Zusammenlegung im Zusammenhang stehenden Mitwirkungs- und Mitbestimmungsrechte erforderlich ist.
Bei der Stilllegung, Spaltung oder Zusammenlegung handelt es sich regelmäßig um eine → **Betriebsänderung** im Sinne des § 111 BetrVG.
Es sind die insoweit bestehenden Betriebsratsrechte wahrzunehmen, insbesondere Aufstellung eines → **Sozialplans** (§ 112 BetrVG).
Die ebenfalls erforderlichen Verhandlungen über einen → **Interessenausgleich** finden regelmäßig vor Durchführung der Stilllegung, Spaltung oder Zusammenlegung statt.
Denn es gilt der Grundsatz, dass eine Betriebsänderung erst dann umgesetzt werden darf, wenn die Verhandlungen über den Interessenausgleich – ggf. nach Anrufung der → **Einigungsstelle** – abgeschlossen sind (siehe → **Betriebsänderung** Rn. 28 und → **Interessenausgleich**).
Das Restmandat richtet sich gegen den ursprünglichen Inhaber des/der untergegangenen Betriebs/Betriebe.
Bilden nach einer »**Unternehmensteilung**« ohne Betriebsauf- oder -abspaltung die Unternehmen (nach wie vor) einen Betrieb (siehe → **Gemeinschaftsbetrieb**), dann ist eine Betriebsratsneuwahl nicht erforderlich. 20
Befinden sich die nach einer Betriebsauf- oder -abspaltung entstehenden Betriebe im Verbund eines → **Unternehmens** (siehe → **Mehr-Betriebs-Unternehmen**), so errichten die Betriebsräte einen → **Gesamtbetriebsrat** (§ 47 BetrVG). 21
Werden die nach einer Betriebsauf- oder -abspaltung bzw. Zusammenlegung entstehenden Betriebe rechtlich verselbständigt (so dass zwei oder mehrere → **Unternehmen** entstehen), so ist die Bildung eines Gesamtbetriebsrats nicht möglich. 22
Allerdings kann, wenn zwischen den Unternehmen (oder zu einem dritten Unternehmen) ein Beherrschungsverhältnis vorliegt, ein → **Konzern** und damit die Möglichkeit der Errichtung eines → **Konzernbetriebsrats** gegeben sein (§ 54 BetrVG).
Wird ein Betrieb oder Betriebsteil von einem anderen Unternehmen übernommen bzw. ist die Betriebsaufspaltung mit einer Unternehmensteilung verbunden, so findet ein Betriebsinhaberwechsel statt mit den Rechtsfolgen des § 613 a BGB (siehe → **Betriebsübergang**). 23
Der → **Wirtschaftsausschuss** hat bei Betriebsauf- oder -abspaltung, Zusammenlegung von Betrieben und Unternehmensteilung gemäß § 106 BetrVG Informations- und Beratungsrechte (§ 106 Abs. 3 Nr. 8 BetrVG). 24
Betriebsauf- oder -abspaltung und Zusammenlegung von Betrieben sind regelmäßig eine → **Betriebsänderung** (§ 111 Satz 2 Nr. 3 BetrVG), die die Rechte des Betriebsrats nach §§ 111 ff. BetrVG auslöst (siehe → **Interessenausgleich** und → **Sozialplan**). 25

Betriebsspaltung und Zusammenlegung von Betrieben

26 Zur Frage des »**Haftungs- und Berechnungsdurchgriffs**« bei der oben dargestellten Fallgestaltung, in der ein Unternehmen in eine »reiche« Besitzgesellschaft und eine »arme« Produktionsgesellschaft aufgespalten wird siehe → **Umwandlung von Unternehmen**.

27 Siehe auch Checkliste »Betriebsaufspaltung/Unternehmensteilung« im Anhang zu diesem Stichwort sowie »Eckpunkte einer Betriebsvereinbarung bei Outsourcing ...« unter Stichwort: → **Betriebsübergang**.

Bedeutung für die Beschäftigten

28 Wird ein Betrieb bzw. Betriebsteil im Zusammenhang mit einer Betriebsauf- oder -abspaltung oder Zusammenlegung von Betrieben von einem anderen (ggf. neu gegründeten) Unternehmen übernommen (Betriebsinhaberwechsel), findet § 613 a BGB Anwendung.
Die Arbeitsverhältnisse, die dem übernommen Betrieb bzw. Betriebsteil zuzuordnen sind, gehen auf den neuen Inhaber über (siehe → **Betriebsübergang**).
Dies gilt unabhängig davon, ob die Unternehmensteilung sich im Wege der Betriebsveräußerung (= »Einzelrechtsnachfolge« durch Verkauf und Übereignung) oder durch Umwandlung (= »Gesamtrechtsnachfolge« nach den Vorschriften des Umwandlungsgesetzes) vollzieht (siehe → **Umwandlung von Unternehmen**, vgl. auch § 324 Umwandlungsgesetz).

29 Sind Betriebsauf- oder -abspaltung oder Zusammenlegung nicht mit einem Arbeitgeberwechsel verbunden, bleibt das bisherige Unternehmen Arbeitsvertragspartei.
Es können sich aber für die Beschäftigten eine Reihe von Änderungen ergeben (z. B. Versetzung von einem Betrieb in den anderen usw.).
Insoweit hat der Arbeitgeber sowohl etwaige entgegenstehende arbeitsvertragliche Regelungen als auch die Informations-, Mitwirkungs- und Mitbestimmungsrechte des Betriebsrats zu beachten.

Arbeitshilfen

Checkliste • Spaltung oder Zusammenlegung von Betrieben und Unternehmen (Umstrukturierung)

Musterschreiben • Führungsvereinbarung für einen Gemeinschaftsbetrieb

Betriebsteil

Was ist das?

Betriebsteile im Sinne des § 4 Abs. 1 Satz 1 BetrVG sind »Abteilungen« eines → **Betriebes**, die sich in organisatorischer und räumlicher Hinsicht vom **Hauptbetrieb** unterscheiden lassen. Innerhalb des Betriebsteils werden Teilaufgaben für den Hauptbetrieb erfüllt. Das heißt, der Betriebsteil »dient« ganz oder überwiegend dem arbeitstechnischen Zweck des Hauptbetriebes.
Ohne Anbindung und Eingliederung in den Hauptbetrieb kann der Betriebsteil nicht bestehen. 1

Beispiele:
Reparaturwerkstatt eines Spediteurs, Auslieferungslager eines Betriebs, Verkaufs- und Kundendienststätte eines Handelsbetriebes.

Bedeutung für die Betriebsratsarbeit

Ein Betriebsrat kann in einem **Betriebsteil** nur dann gewählt werden, wenn er als »selbständiger Betrieb« i. S. d. § 4 Abs. 1 Satz 1 BetrVG anzusehen ist. Das ist der Fall, wenn 2
- in dem Betriebsteil mindestens fünf ständige wahlberechtigte Arbeitnehmer, von denen drei wählbar sein müssen, beschäftigt sind (§ 1 BetrVG)
- und der Betriebsteil **räumlich weit** vom Hauptbetrieb entfernt ist (weite Entfernung wurde von der Rechtsprechung z. B. angenommen bei 60 km Distanz und Mindestfahrzeit von einer Stunde oder 50 bzw. 80 km Distanz und ungünstigen Verkehrsverbindungen; nicht aber bei 22 km Entfernung bei gut ausgebautem Straßennetz)
- oder durch Aufgabenbereich und Organisation **eigenständig** ist (insoweit »verschwimmen« die Unterschiede zum → **Betrieb**).

Allerdings sieht § 4 Abs. 1 Satz 2 BetrVG eine **Sonderregelung** vor. 3
Hiernach können die Arbeitnehmer eines Betriebsteils, in dem kein eigener Betriebsrat besteht, mit Stimmenmehrheit formlos beschließen, an der Wahl des Betriebsrats im **Hauptbetrieb** teilzunehmen. In diesem Fall ist der Betriebsteil dem Hauptbetrieb zuzuordnen (BAG v. 17. 9. 2013 – 1 ABR 21/12, NZA 2014, 96).
§ 3 Abs. 3 Satz 2 BetrVG gilt entsprechend. Das heißt: die Abstimmung kann von mindestens drei wahlberechtigten Arbeitnehmern des Unternehmens oder einer im Unternehmen vertretenen → **Gewerkschaft** veranlasst werden.
Die Abstimmung kann auch vom Betriebsrat des Hauptbetriebs initiiert werden (§ 4 Abs. 1 Satz 3 BetrVG).
Der Beschluss der Arbeitnehmer des Betriebsteils ist dem Betriebsrat des Hauptbetriebs spätestens **zehn Wochen** vor Ablauf seiner Amtszeit mitzuteilen (§ 4 Abs. 1 Satz 4 BetrVG).

Betriebsteil

Für den **Widerruf** des Beschlusses gilt § 4 Abs. 1 Sätze 2 bis 4 BetrVG entsprechend (das heißt: erneute Abstimmung, die von mindestens drei wahlberechtigten Arbeitnehmern, der Gewerkschaft oder dem Betriebsrat des Hauptbetriebes veranlasst werden kann sowie Mitteilung des Beschlusses an den Betriebsrat des Hauptbetriebs).

4 In einem betriebsratsfähigen Betriebsteil haben die Beschäftigten also **drei Möglichkeiten** (BAG v. 17. 9. 2013 – 1 ABR 21/12, a. a. O.):
- sie bleiben betriebsratslos (mit allen negativen Folgen: keine Vertretung durch einen Betriebsrat; siehe Rn. 6);
- sie wählen einen eigenen Betriebsrat (§ 4 Abs. 1 Satz 1 BetrVG) oder
- sie beschließen, an der Wahl des Betriebsrats des Hauptbetriebes teilzunehmen (§ 4 Abs. 1 Satz 2 BetrVG).

5 Haben sich die Beschäftigten eines Betriebsteils entschieden, an der Wahl des Betriebsrats des Hauptbetriebes teilzunehmen, hat der **Wahlvorstand** dies durch entsprechende Maßnahmen sicherzustellen (Aufnahme in die Wählerliste, Briefwahl usw.).

Es besteht auch **Wählbarkeit** von Beschäftigten des Betriebsteils zum Betriebsrat des Hauptbetriebes, wenn die Voraussetzungen des § 8 BetrVG (Volljährigkeit und Betriebszugehörigkeit von mindestens sechs Monaten) vorliegen.

6 Ist der Betriebsrat des Hauptbetriebes gewählt, nimmt er in Bezug auf die Beschäftigten des Betriebsteils die Aufgaben und Rechte nach dem BetrVG wahr, also z. B. die Rechte in → **sozialen Angelegenheiten** (§ 87 BetrVG), bei → **Einstellungen**, → **Versetzungen** oder → **Ein- und Umgruppierungen** (§ 99 BetrVG), bei → **Kündigungen** (§ 102 BetrVG) oder → **Betriebsänderungen** (111 ff. BetrVG).

7 Ist der Betriebsteil **nicht betriebsratsfähig**, weil er die Voraussetzungen des § 1 Abs. 1 Satz 1 BetrVG (mindestens fünf ständige wahlberechtigte Arbeitnehmer, von denen drei wählbar sein müssen) und/oder die besonderen Voraussetzungen des § 4 Abs. 1 Satz 1 Nr. 1 oder 2 BetrVG nicht erfüllt, werden die dort Beschäftigten dem Hauptbetrieb **zugeordnet** (§ 4 Abs. 2 BetrVG). Sie nehmen »automatisch« (ohne besondere Abstimmung der Arbeitnehmer wie im Fall des § 4 Abs. 1 Satz 2 BetrVG; siehe Rn. 3) an der Wahl des Betriebsrats des Hauptbetriebes teil (siehe auch → **Kleinstbetrieb**). Das heißt: Der dortige Wahlvorstand hat sie bei der Wahl des Betriebsrats zu beteiligen (siehe Rn. 5).

8 **Beachten:**
Handelt es sich bei einer betriebsratsfähigen Einheit nicht um einen – dem Hauptbetrieb »dienenden« – Betriebsteil (siehe Rn. 1), sondern um einen »echten« → **Betrieb** i. S. d. § 1 BetrVG, besteht die Wahlmöglichkeit nach § 4 Abs. 1 Satz 2 BetrVG (siehe Rn. 3) nicht.

Wird kein eigener Betriebsrat gewählt, sind die Beschäftigten **vertretungslos** (unter Umständen besteht eine Zuständigkeit des Gesamtbetriebsrats; siehe → **Betrieb** und → **Gesamtbetriebsrat**).

Rechtsprechung

1. Begriffe: Betrieb – Nebenbetrieb – Betriebsteil – Hauptbetrieb
2. Betriebsteil – räumlich weite Entfernung
3. Beschluss über die Teilnahme an der Wahl im Hauptbetrieb
4. Betriebsteilübergreifende Sozialauswahl

Betriebsübergang

Was ist das?

Ein Betriebsübergang liegt vor, wenn ein → **Betrieb** oder → **Betriebsteil** durch Rechtsgeschäft 1
(z. B. Kaufvertrag, Pachtvertrag, Schenkungsvertrag) von dem bisherigen Inhaber (Betriebsveräußerer) auf einen neuen Inhaber (Betriebserwerber) übertragen wird.

Beispiel 1:
Zur Firma »Metallbau-GmbH« (= ein Unternehmen mit mehreren Betrieben) gehört ein Betrieb, in dem 300 Arbeitnehmer beschäftigt sind. Die »Metallbau-GmbH« veräußert diesen Betrieb an die Firma »Multi-AG«. Die »Multi-AG« führt den Betrieb unter ihrem Namen fort.

Beispiel 2:
An die »Multi-AG« wird nicht der ganze Betrieb veräußert, sondern nur ein Betriebsteil (der Fuhrpark mit 20 Beschäftigten). Die »Multi-AG« führt den Betriebsteil als eigenständigen Betrieb fort. Der andere Betriebsteil mit 280 Beschäftigten (Produktion und Verwaltung) verbleibt bei der »Metallbau-GmbH«.

Die **Rechtsfolgen** derartiger Vorgänge für die in dem übernommenen Betrieb bzw. Betriebsteil Beschäftigten sind in § 613 a BGB geregelt (siehe Rn. 10 ff.).
Unter welchen Voraussetzungen von einem Betriebsübergang oder Betriebsteilübergang i. S. d. 2
§ 613 a BGB im Einzelnen auszugehen ist, ist – jenseits von eindeutigen Fallgestaltungen wie Beispiel 1 und 2 – **umstritten** und immer wieder Gegenstand von Rechtsstreitigkeiten und Entscheidungen des BAG und des EuGH.
Der **aktuelle Stand der Rechtsprechung des BAG** – nach den Maßgaben des EuGH – wird in der nachstehenden Entscheidung recht gut zusammengefasst (BAG v. 21.5.2015 – 8 AZR 409/13):
»1. Ein Betriebsübergang oder Betriebsteilübergang iSv. § 613 a Abs. 1 BGB – wie auch iSd. Richtlinie 2001/23/EG vom 12. März 2001 (ABl. EG L 82 vom 22. März 2001 S. 16) – liegt vor, wenn ein neuer Rechtsträger eine bestehende wirtschaftliche Einheit unter Wahrung ihrer Identität fortführt.
2. Dabei muss es um eine auf Dauer angelegte Einheit gehen, deren Tätigkeit nicht auf die Ausführung eines bestimmten Vorhabens beschränkt ist. Um eine solche Einheit handelt es sich bei jeder hinreichend strukturierten und selbständigen Gesamtheit von Personen und Sachen zur Ausübung einer wirtschaftlichen Tätigkeit mit eigenem Zweck.
3. Den für das Vorliegen eines Übergangs maßgebenden Kriterien kommt je nach der ausgeübten Tätigkeit und je nach den Produktions- oder Betriebsmethoden unterschiedliches Gewicht zu. Bei der Prüfung, ob eine solche Einheit ihre Identität bewahrt, müssen sämtliche den betreffenden Vorgang kennzeichnenden Tatsachen berücksichtigt werden. Dazu gehören namentlich die Art des Unternehmens oder Betriebs, der etwaige Übergang der materiellen Betriebsmittel wie Gebäude und bewegliche Güter, der Wert der immateriellen Aktiva im Zeitpunkt des Übergangs, die etwaige Übernahme der Hauptbelegschaft durch den neuen Inhaber, der etwaige Übergang der Kundschaft sowie der Grad der Ähnlichkeit zwischen den vor und nach dem Übergang verrichteten Tätigkeiten

Betriebsübergang

und die Dauer einer eventuellen Unterbrechung dieser Tätigkeiten. Diese Umstände sind jedoch nur Teilaspekte der vorzunehmenden Gesamtbewertung und dürfen deshalb nicht isoliert betrachtet werden.

4. Kommt es im Wesentlichen auf die menschliche Arbeitskraft an, kann eine strukturierte Gesamtheit von Arbeitnehmern trotz des Fehlens nennenswerter materieller oder immaterieller Vermögenswerte eine wirtschaftliche Einheit darstellen. Wenn eine Einheit ohne nennenswerte Vermögenswerte funktioniert, kann die Wahrung ihrer Identität nach ihrer Übernahme nicht von der Übernahme derartiger Vermögenswerte abhängen. Die Wahrung der Identität der wirtschaftlichen Einheit ist in diesem Fall anzunehmen, wenn der neue Betriebsinhaber nicht nur die betreffende Tätigkeit weiterführt, sondern auch einen nach Zahl und Sachkunde wesentlichen Teil des Personals übernimmt.

5. Hingegen stellt die bloße Fortführung der Tätigkeit durch einen anderen (Funktionsnachfolge) ebenso wenig einen Betriebsübergang dar wie die reine Auftragsnachfolge.«

Betriebsübergang / Betriebsteilübergang = Ausgliederung / Outsourcing / Inhouse-Outsourcing

2a Tarifgebundene Unternehmen nutzen Outsourcing/Ausgliederung zunehmend als Möglichkeit, aus »teuren« tarifvertraglichen Verpflichtungen auszusteigen (vgl. Klebe, Werkverträge – ein neues Dumpingmodell? AiB 2012, 599; siehe auch → **Werkvertrag**).
Das heißt: Bislang von eigenen, nach Tarif bezahlten und damit aus Sicht der Unternehmensleitung »zu teuren« Mitarbeitern ausgeführte Arbeiten werden – etwa mit dem Instrument des Werkvertrags – auf andere (Zuliefer-)Unternehmen übertragen, die mit »billigeren« Arbeitskräften arbeiten. Es handelt sich um eine – neben der → **Arbeitnehmerüberlassung/Leiharbeit** stehende – weitere Form der Profitmaximierung durch »Lohndumping«.
Verbreitet ist das sog. **Inhouse-Outsourcing:** Ein betrieblicher Bereich (z. B. die Logistik) wird auf eine Fremdfirma übertragen, die Anlagen bleiben aber im Betrieb. Die Arbeiten übernehmen nun die Fremdfirmenmitarbeiter. Die bisher in diesem Bereich Beschäftigten werden versetzt oder entlassen oder von der Fremdfirma zu schlechteren Konditionen übernommen.
Wird ein **Betriebsteil** »outgesourct« (etwa aufgrund eines → **Werkvertrags**) findet nicht nur § 613 a BGB Anwendung. Es handelt sich regelmäßig nicht nur um eine Spaltung im Sinne vom § 111 Satz 2 Nr. 3 BetrVG und damit um eine → **Betriebsänderung**, die die Rechte des Betriebsrats nach §§ 111 bis 112 a BetrVG auslöst, sondern auch um den Anspruch betroffener Arbeitnehmer nach § 113 BetrVG auf → **Nachteilsausgleich**, falls der Arbeitgeber einen → **Interessenausgleich** mit dem Betriebsrat nicht versucht bzw. von einem mit dem Betriebsrat vereinbarten Interessenausgleich ohne zwingenden Grund abweicht (BAG v. 10. 12. 1996 – 1 ABR 32/96, AiB 1998, 170; LAG Bremen v. 21. 10. 2004 – 3 Sa 77/04).
Zu weiteren Einzelheiten siehe Rn. 7 c ff.

2b Arbeitgebernahe Autoren empfehlen den Betriebsübergang (= Ausgliederung oder Outsourcing) als »**Königsweg« der Tarifflucht** (vgl. etwa Löwisch/Rieble, Tarifvertragsgesetz, 3. Aufl. 2012, § 3 Rn. 360: *»Anders als im Nachbindungszeitraum (nach § 3 Abs. 3 TVG; der Verf.) ist die durch die Veränderungssperre (des § 613 a Abs. 1 Satz 2 BGB; der Verf.) ausgelöste quasi-zwingende Wirkung auf maximal ein Jahr begrenzt, so dass der Erwerber schnell – und einheitlich gegenüber allen Tarifverträgen – seine Arbeitsvertragsfreiheit zurück gewinnt. Das macht den Betriebsübergang zu einem »Königsweg« der Tarifflucht«*).
Das kommt nicht von ungefähr. § 613 a BGB bietet den Arbeitnehmern nur einen **eingeschränkten Schutz.** Wenn das betriebsübernehmende Unternehmen (= Betriebserwerber) entweder gar nicht oder an einen mit einer anderen Gewerkschaft vereinbarten – ggf. schlechteren – Tarifvertrag gebunden ist, gelten die bisherigen tariflich geregelten Arbeitsbedingungen

Betriebsübergang

nach § 613 a Abs. 1 Satz 2 BGB zwar individualrechtlich fort und dürfen vor Ablauf eines Jahres nicht zu Lasten der Arbeitnehmer verändert werden.
Die Vorschrift wirkt aber nur »**statisch**«. Das heißt: künftige Tariferhöhungen kommen im Arbeitsverhältnis nicht (mehr) zur Anwendung (es sei denn, der Arbeitsvertrag enthält eine nach dem 31.12.2001 vereinbarte »dynamische Bezugnahmeklausel«: »*Die Tarifverträge XY finden auf das Arbeitsverhältnis in ihrer jeweils geltenden Fassung Anwendung*«.
Außerdem: Nach Ablauf der einjährigen Veränderungssperre werden die Arbeitnehmer mit allerlei **Drohungen** (mit Betriebsschließung, Verlagerung ins Ausland usw.) zum Abschluss verschlechternder vertraglicher Vereinbarungen »bewegt«. Wie das geht, zeigt der nachstehende Auszug aus einem Bericht des Hamburger Abendblatts v. 19.2.2013 zu einer Attacke der Geschäftsführung der Hamburger Otto GmbH & Co. KG (»Otto-Versand«) auf die Arbeitsentgelte seiner Beschäftigten:
»*... Der Hamburger Handelskonzern Otto macht Ernst mit seinem Spar- und Umstrukturierungsprogramm Fokus. In einem ersten Schritt sollen rund 100 Hamburger Beschäftigte aus der Buchhaltung der Otto GmbH & Co. KG auf einen Teil ihres Gehalts verzichten. Geplant ist, die Mitarbeiter in eine neue Tochtergesellschaft auszugliedern. Dort werden sie in eine niedrigere Tarifgruppe eingestuft, wodurch sie monatlich im Schnitt rund 200 bis 300 Euro weniger als bisher verdienen dürften.*
Die Gründung einer solchen Gesellschaft sei eine Option, die derzeit geprüft werde, bestätigte Unternehmenssprecherin Ulrike Abratis dem Abendblatt. Konkret seien die Bereiche Debitoren- und Kreditorenmanagement, Warenbuchhaltung, Kontierung und Konzernverrechnung von der Maßnahme betroffen.
Die neue Tochtergesellschaft soll ... zum 1. Juli 2013 ihre Arbeit aufnehmen, die Gehaltseinbußen werden allerdings erst zwei Jahre später in vollem Umfang greifen. Bis Mitte 2014 werden die Beschäftigten noch ihr altes Gehalt beziehen, danach werden sie in die niedrigere Tarifgruppe eingestuft, erhalten aber noch eine Einmalzahlung, die die Einbußen für ein weiteres Jahr kompensiert.
Die betroffenen Beschäftigten wurden am Montag im Rahmen einer Mitarbeiterversammlung über die Sparmaßnahme informiert. Formal müssen sie dieser Umgruppierung noch zustimmen. Der Druck auf die Mitarbeiter ist allerdings enorm, da die Konzernspitze zuvor noch härtere Maßnahmen wie eine Verlagerung der Arbeitsplätze zum Versender Baur in Bayern, nach Berlin oder ins Ausland erwogen hatte.
Die Einsparungen in der Buchhaltung sind Teil des Spar- und Umstrukturierungsprogramms Fokus, mit dem der Otto-Konzern seine drei deutschen Versender Otto, Baur und Schwab konkurrenzfähiger aufstellen will. Insgesamt sollen im Rahmen des Projekts bis zu 700 Arbeitsplätze wegfallen. Unter anderem wird der Einkauf der Versender zentralisiert.
Otto leidet derzeit unter der Konkurrenz von Onlinehändlern wie Amazon oder Zalando ...«

Einer »Tariflucht durch Betriebsübergang/Ausgliederung/Outsourcing« können Arbeitnehmer und Gewerkschaft dadurch beggnen, dass im Rahmen einer **betrieblichen Tarifbewegung** – möglichst noch während der einjährigen Veränderungssperre – ein Firmentarifvertrag (z. B. ein »Anerkennungstarifvertrag« mit – über die Verbandstarifverträge hinausgehenden – Zusatzforderungen) verlangt und – ggf. mit den Mitteln des **Streiks** – durchgesetzt wird. Auf diese Weise kann – wenn die Beschäftigten mitmachen – die volle Tarifbindung nach Maßgabe des § 3 Abs. 1 TVG wieder hergestellt werden.   2c

§ 613 a BGB gilt (bundesweit) auch im → **Insolvenzverfahren**.   3

Von dem »Betriebsübergang« im Sinne des § 613 a BGB zu unterscheiden ist der bloße **Wechsel der Gesellschafter** eines Unternehmens, das eine »juristische Person« ist (z. B. Aktiengesellschaft, Gesellschaft mit beschränkter Haftung; siehe → **Unternehmensrechtsformen**).   4

Betriebsübergang

Beispiel 3:
Die »Multi-AG« kauft sämtliche Anteile an der »Metallbau-GmbH« und wird dadurch deren Alleingesellschafterin.
Dieser Vorgang wirkt sich auf die Arbeitsverhältnisse zwischen den Beschäftigten und der »Metallbau-GmbH« – rechtlich – nicht aus. Denn die Identität der »Metallbau-GmbH« als »juristische Person« bleibt erhalten. Sie ist nach wie vor »Arbeitgeber« im Sinne des Arbeits- und Sozialrechts, so dass eine Anwendung des § 613a BGB nicht in Betracht kommt.

5 Entsprechendes gilt bei einem **Formwechsel** des Unternehmens (z. B. Umwandlung des Unternehmens von einer GmbH in eine Aktiengesellschaft; siehe → **Umwandlung von Unternehmen**).
Auch hier scheidet eine Anwendung des § 613a BGB aus. Das heißt, die bisher geltenden arbeitsrechtlichen Regelungen gelten unverändert weiter.

6 Zur Anwendbarkeit des § 613a BGB bei der Umwandlung in Form der Verschmelzung oder Spaltung: siehe → **Umwandlung von Unternehmen**.

Betriebsstilllegung

7 Ein Betriebsübergang ist abzugrenzen von der **Betriebsstilllegung**. Betriebsveräußerung und Betriebsstilllegung schließen sich systematisch aus (BAG v. 12.2.1987 – 2 AZR 247/86; 16.5.2002 – 8 AZR 319/01). Das gilt auch im Falle einer **teilweisen Stilllegung** eines Betriebs (BAG v. 18.3.2008 – 1 ABR 77/06; siehe Rn. 7 d).
Unter einer Betriebsstilllegung versteht das BAG die Auflösung der zwischen Arbeitgeber und Arbeitnehmer bestehenden Betriebs- und Produktionsgemeinschaft. Sie findet ihre Veranlassung und zugleich ihren unmittelbaren Ausdruck darin, dass der Unternehmer die bisherige wirtschaftliche Betätigung in der ernstlichen Absicht einstellt, die Verfolgung des bisherigen Betriebszwecks dauernd oder für eine ihrer Dauer nach unbestimmte, wirtschaftlich nicht unerhebliche Zeitspanne nicht weiter zu verfolgen. Der Arbeitgeber muss endgültig entschlossen sein, den Betrieb stillzulegen.
Demgemäß ist von einer Stilllegung auszugehen, wenn der Arbeitgeber seine Stilllegungsabsicht unmissverständlich äußert, allen Arbeitnehmern kündigt, etwaige Mietverträge zum nächstmöglichen Zeitpunkt auflöst, die Betriebsmittel, über die er verfügen kann, veräußert und die **Betriebstätigkeit vollständig einstellt**.
Abgeschlossen ist die Stilllegung erst dann, wenn die Arbeitsverhältnisse der Arbeitnehmer beendet sind.
Eine Stilllegungsabsicht des Arbeitgebers liegt nicht vor, wenn dieser beabsichtigt, seinen **Betrieb zu veräußern**. Die Veräußerung des Betriebs allein ist – wie sich aus der Wertung des § 613a BGB ergibt – keine Stilllegung, weil die Identität des Betriebs gewahrt bleibt und lediglich ein Betriebsinhaberwechsel stattfindet.

Ist ein Betriebsübergang (§ 613a BGB) eine Betriebsänderung i. S. d. § 111 BetrVG?

7a Nach Ansicht des BAG ist ein → **Betriebsübergang** dann keine Betriebsänderung i. S. d. § 111 BetrVG, wenn der Betrieb als Ganzes auf einen neuen Inhaber übergeht (vgl. z. B. BAG v. 16.6.1987 – 1 ABR 41/85, NZA 1987, 671; 25.1.2000 – 1 ABR 1/99, NZA 2000, 1069). Deshalb besteht allein wegen des Betriebsübergangs kein Anspruch des Betriebsrats auf Verhandlungen über einen → **Interessenausgleich** und Aufstellung eines → **Sozialplans**. Zum Übergang eines **Betriebsteils** siehe Rn. 7c.

7b Etwas anderes gilt, wenn im Zusammenhang mit dem Betriebsübergang – oder später – **betriebsändernde Maßnahmen** i. S. d. § 111 BetrVG in Aussicht genommen (»geplant«) werden:

z. B. Einschränkung des Betriebs, Entlassungen, grundlegende Änderung der Betriebsorganisation oder Einführung grundlegend neuer Arbeitsmethoden und Fertigungsverfahren (BAG v. 25.1.2000 – 1 ABR 1/99, NZA 2000, 1069).

Etwas anderes gilt auch im Falle der **Ausgliederung eines Betriebsteils** auf ein anderes Unternehmen (sog. Outsourcing): Ein solcher Vorgang erfüllt nicht nur den Tatbestand des § 613 a BGB (»**Übergang eines Betriebsteils**«), sondern auch den Tatbestand einer **Spaltung** im Sinne vom § 111 Satz 2 Nr. 3 BetrVG (BAG v. 10.12.1996 – 1 ABR 32/96, AiB 1998, 170; LAG Bremen v. 21.10.2004 – 3 Sa 77/04).

7c

> **Beispiel:**
> Die Logistik wird auf eine Fremdfirma übertragen; die Anlagen bleiben aber im Betrieb (sog. Inhouse-Outsourcing).

Anders als nach § 111 Satz 3 Nr. 1 BetrVG für eine Betriebsstilllegung (siehe Rn. 7 und → **Betriebsänderung** Rn. 10) ist für eine Spaltung i. S. v. § 111 Satz 3 Nr. 3 BetrVG nicht erforderlich, dass »**wesentliche**« **Betriebsteile** betroffen sind (BAG v. 18.3.2008 – 1 ABR 77/06). Deshalb kommt es auf die Größe des abgespaltenen Betriebsteils und auf die Zahl der von der Spaltung betroffenen Arbeitnehmer nicht an. Maßgeblich ist allein, ob es sich um eine **veräußerungsfähige bzw. abspaltungsfähige Einheit** handelt (BAG v. 18.3.2008 – 1 ABR 77/06; 10.12.1996 – 1 ABR 32/96, a. a. O.; LAG Bremen v. 21.10.2004 – 3 Sa 77/04).

> **Beispiel:**
> Die Cafeteria (8 Arbeitnehmer) eines Einkaufsmarktes (mit insgesamt 188 Beschäftigten) wird auf eine Fremdfirma ausgegliedert (LAG Bremen v. 21.10.2004 – 3 Sa 77/04).

Aus Vorstehendem folgt: Im Falle eines Teilbetriebsübergangs (= Spaltung) stehen dem Betriebsrat die Rechte nach §§ 111, 112 BetrVG zu:
- umfassendes Informations- und Beratungsrecht (§ 111 Satz 1 BetrVG);
- Hinzuziehung von → **Beratern** (§ 111 Satz 2 BetrVG; das Unternehmen hat mehr als 300 Arbeitnehmer);
- Verhandlungen über → **Interessenausgleich** (also über das ob, wann und wie der Betriebsänderung); Hinzuziehung der Agentur für Arbeit; Einigungsstellenverfahren; vor Abschluss des Einigungsstellenverfahrens zum Interessenausgleich darf der Arbeitgeber die Ausgliederung nicht beginnen; ggf. Antrag des Betriebsrats auf einstweilige Verfügung auf Unterlassung der Spaltung;
- Verhandlungen über den → **Sozialplan** (also Abfindungen usw. für die von der Spaltung Betroffenen).

Versucht der Unternehmer im Falle der Spaltung keinen Interessenausgleich mit dem Betriebsrat, ist er gem. § 113 Abs. 3 BetrVG gegenüber den betroffenen Arbeitnehmern zum → **Nachteilsausgleich** verpflichtet (vgl. hierzu LAG Bremen v. 21.10.2004 – 3 Sa 77/04).

Dagegen ist die **teilweise Stilllegung** eines Betriebs nach Ansicht des BAG keine Spaltung i. S. v. § 111 Satz 3 Nr. 3 BetrVG (BAG v. 18.3.2008 – 1 ABR 77/06). Eine Spaltung i. S. v. § 111 Satz 3 Nr. 3 BetrVG setze voraus, dass zumindest **zwei neue Einheiten** entstehen. Dieses Erfordernis sei auch erfüllt, wenn ein abgespaltener Betriebsteil anschließend in einen anderen Betrieb – desselben Arbeitgebers oder eines Betriebsteilerwerbers – eingegliedert wird und dabei untergeht. Keine Spaltung liege jedoch vor, wenn sich die Maßnahme darin erschöpft, die betriebliche **Tätigkeit eines Betriebsteils zu beenden**, ohne dass dessen Substrat erhalten bliebe. Dann handele es sich um eine Stilllegung dieses Betriebsteils und nicht um eine Spaltung des Betriebs. Das ergebe die Auslegung des § 111 Satz 3 Nr. 3 BetrVG. Schon nach dem Wortlaut der Bestimmung setze der Begriff der »Spaltung« den Wechsel von einer zu mindes-

7d

Betriebsübergang

7e tens zwei neuen Einheiten voraus. Nach dem allgemeinen Sprachgebrauch sei eine Spaltung die Teilung einer zuvor bestehenden Einheit. Es müssten durch sie zumindest zwei Spaltprodukte entstehen. Die bloße Verkleinerung einer Einheit sei begrifflich keine Spaltung. Allerdings kommt nach Auffassung des BAG im Falle der teilweisen Stilllegung eines Betriebs eine Betriebsänderung in Form der **Änderung der Betriebsorganisation** i. S. v. § 111 Satz 3 Nr. 4 BetrVG in Betracht (BAG v. 18. 3. 2008 – 1 ABR 77/06). Diese liege vor, wenn der Betriebsaufbau, vor allem hinsichtlich Zuständigkeiten und Verantwortung, umgewandelt wird. Grundlegend sei die Änderung, wenn sie sich auf den Betriebsablauf in erheblicher Weise auswirkt. Maßgeblich dafür sei der **Grad der Veränderung** (so auch BAG v. 18. 11. 2003 – 1 AZR 637/02). Es komme entscheidend darauf an, ob die Änderung einschneidende Auswirkungen auf den Betriebsablauf, auf die Arbeitsweise oder auf die Arbeitsbedingungen der Arbeitnehmer hat. Die Änderung müsse in ihrer Gesamtschau von erheblicher Bedeutung für den gesamten Betriebsablauf sein. Das wurde in der Entscheidung BAG v. 18. 3. 2008 – 1 ABR 77/06 im Falle der Stilllegung einer technischen Anzeigenproduktion mit zehn Beschäftigten in einem Betrieb mit 390 Arbeitnehmern verneint.

Auch unter sonstigen Gesichtspunkten hat das BAG in dem Vorgang **keine Betriebsänderung** gesehen. Er sei weder eine Betriebsspaltung i. S. v. § 111 Satz 3 Nr. 3 BetrVG (siehe Rn. 7 d), noch habe es sich um die Stilllegung eines wesentlichen Betriebsteils i. S. v. § 111 Satz 3 Nr. 1 BetrVG, um einen sozialplanpflichtigen Personalabbau i. S. v. § 112 a Abs. 1 Satz 1 BetrVG oder um eine grundlegende Änderung der Betriebsorganisation i. S. v. § 111 Satz 3 Nr. 4 BetrVG gehandelt.

Nachstehend Auszüge aus der Entscheidung:

»*Die Arbeitgeberin betreibt einen Zeitungsverlag. In ihrem Betrieb in I sind ca. 390 Mitarbeiter beschäftigt. Zehn Mitarbeiter waren in der zu dem Betrieb gehörenden technischen Anzeigenproduktion (Satzherstellung) tätig. Mit Wirkung vom 1. März 2004 übertrug die Arbeitgeberin deren Aufgaben in einem Werkvertrag auf die C GmbH (CSI). Diese übernahm zwei der bislang in der Anzeigenproduktion beschäftigten Arbeitnehmer; die weiteren acht Mitarbeiter wurden entlassen. Die CSI ist seit 1997 am Markt tätig und beschäftigt etwa 20 Mitarbeiter. Sie übernahm von der Arbeitgeberin keine wesentlichen materiellen oder immateriellen Betriebsmittel, verpflichtete sich aber, für die Satzherstellung die bereits zuvor von ihr verwendeten Softwareprogramme CCI und Vi & Va zu benutzen.*

Eine auf Betreiben des Betriebsrats errichtete Einigungsstelle beschloss am 11. Februar 2005 unter Beteiligung des Vorsitzenden und gegen die Stimmen der Arbeitgeberin einen Sozialplan. Dessen Gegenstand ist nach seinem § 1 die ›Schließung der eigenen Anzeigenproduktion (Satzherstellung) durch die Arbeitgeberin‹. Er sieht in § 2 für die zehn vormals in der Anzeigenproduktion beschäftigten, namentlich benannten Arbeitnehmer Abfindungen vor. Der Spruch wurde der Arbeitgeberin am 6. April 2005 zugestellt.

Am 20. April 2005 hat die Arbeitgeberin den Spruch der Einigungsstelle gerichtlich angefochten. Sie hat die Auffassung vertreten, eine sozialplanpflichtige Betriebsänderung habe nicht vorgelegen. Außerdem habe die Einigungsstelle ihr Ermessen überschritten, indem sie auch die beiden von der CSI übernommenen Mitarbeiter in den Sozialplan aufgenommen habe.

Die Arbeitgeberin hat beantragt festzustellen, dass der Spruch der Einigungsstelle vom 11. Februar 2005 unwirksam ist.

Das Arbeitsgericht hat den Antrag der Arbeitgeberin abgewiesen. Das Landesarbeitsgericht hat ihre Beschwerde zurückgewiesen. Mit der vom Landesarbeitsgericht zugelassenen Rechtsbeschwerde verfolgt die Arbeitgeberin ihren Antrag weiter.

B. Die Rechtsbeschwerde ist begründet. Die Vorinstanzen haben den Antrag der Arbeitgeberin zu Unrecht abgewiesen.

Der Spruch der Einigungsstelle ist unwirksam. Sie war für die Aufstellung eines Sozialplans nicht zuständig. Voraussetzung für einen erzwingbaren Sozialplan, über dessen Aufstellung die Eini-

Betriebsübergang

gungsstelle gemäß § 112 Abs. 4 Satz 1 BetrVG dann zu entscheiden hat, wenn zwischen den Betriebsparteien keine Einigung zustande kommt, ist das Vorliegen einer Betriebsänderung i. S. v. § 111 Satz 1 BetrVG. Die Übertragung der Aufgaben der Anzeigenproduktion von der Arbeitgeberin auf die CSI und die Entlassung von acht Arbeitnehmern war keine solche. Sie war weder eine Betriebsspaltung i. S. v. § 111 Satz 3 Nr. 3 BetrVG noch handelte es sich um die Stilllegung eines wesentlichen Betriebsteils i. S. v. § 111 Satz 3 Nr. 1 BetrVG, einen sozialplanpflichtigen Personalabbau i. S. v. § 112 a Abs. 1 Satz 1 BetrVG oder um eine grundlegende Änderung der Betriebsorganisation i. S. v. § 111 Satz 3 Nr. 4 BetrVG ...«.

EU-Recht

Die Auslegung des § 613 a BGB wird maßgeblich beeinflusst durch die europäische Betriebsübergangsrichtlinie 77/187/EWG vom 14. 2. 1977 und die dazu ergangenen Entscheidungen des Europäischen Gerichtshofs (EuGH). 8

Die bundesdeutschen Gerichte sind bei der Auslegung des § 613 a BGB an die Bestimmungen der Betriebsübergangsrichtlinie **gebunden**.
Mit den berühmten Entscheidungen des EuGH v. 14. 4. 1994 und 11. 3. 1997 wurde eine Flut von Urteilen bundesdeutscher Arbeitsgerichte zur Bedeutung und Reichweite des Begriffs »Betriebsübergang« ausgelöst.
In der Entscheidung vom 14. 4. 1994 (Rs. C–392/92 [Christel Schmidt], AiB 1994, 506) ist der EuGH davon ausgegangen, dass schon die Übertragung einer bloßen Funktion (hier: Übertragung von Reinigungsarbeiten, die bislang von einer bei einer Sparkasse angestellten Putzfrau ausgeführt wurden, auf ein Reinigungsunternehmen; sog. **Funktionsnachfolge**) einen Betriebsübergang im Sinne der EG-Richtlinie darstelle. Auf einen Übergang von materiellen oder immateriellen Betriebsmitteln komme es nicht an.
Hiermit setzte sich der EuGH in Gegensatz zur Rechtsprechung des BAG, das einen Übergang materieller bzw. immaterieller Betriebsmittel verlangt hat.
Mit der Entscheidung v. 11. 3. 1997 (Rs. C–13/95 [Ayse Süzen], AiB 1997, 477) hat der EuGH seine Auffassung im Falle der Neuvergabe eines Reinigungsauftrages an ein anderes Unternehmen **modifiziert**.
Ein Betriebsübergang im Sinne der Richtlinie liege nicht vor, wenn eine Vergabe von Reinigungsarbeiten auf einen anderen Unternehmer weder mit einer Übertragung relevanter materieller oder immaterieller Betriebsmittel von dem einen auf den anderen Unternehmer noch mit der Übernahme eines nach Zahl und Sachkunde wesentlichen Teils des von dem einen Unternehmer zur Durchführung des Vertrags eingesetzten Personals durch den anderen Unternehmer verbunden ist.
Das heißt: die bloße Funktionsnachfolge im Sinne der EuGH-Entscheidung v. 14. 4. 1994 ist kein Betriebsübergang (mehr).
Siehe auch Rn. 9 zur Neufassung des Begriffs »Übergang« durch die EG-Richtlinie 98/50/EG.
Mit der Richtlinie 98/50/EG vom 29. 6. 1998 wurde der Begriff »Übergang« neu definiert: »... 9
als Übergang im Sinne der Richtlinie gilt der Übergang einer die Identität bewahrenden wirtschaftlichen Einheit im Sinne einer organisierten Zusammenfassung von Ressourcen zur Verfolgung einer wirtschaftlichen Haupt- oder Nebentätigkeit.«
Die Richtlinien 77/187 EWG und 98/50/EG sind sodann ohne weitere inhaltliche Änderungen aufgehoben und durch die Richtlinie 2001/23/EG vom 12. 3. 2001 zur Angleichung der Rechtsvorschriften der Mitgliedstaaten »über die Wahrung von Ansprüchen der Arbeitnehmer beim Übergang von Unternehmen, Betrieben oder Unternehmens- oder Betriebsteilen« neu gefasst worden.
Europarechtlich ist damit der Streit um den Begriff »Betriebsübergang« weitgehend geklärt.

Betriebsübergang

Ungeachtet dessen wird weiter über den Begriff des »Betriebsübergangs« im Sinne der Richtlinie bzw. des § 613 a BGB gestritten (siehe Rechtsprechung im Anhang zu diesem Stichwort).

Rechtsfolgen eines Betriebsübergangs

10 Liegt ein Betriebsübergang vor, werden die Rechtsfolgen des § 613 a BGB ausgelöst. Nachstehend ein **Überblick**.

Übergang des Arbeitsverhältnisses (§ 613 a Abs. 1 Satz 1 BGB)

11 Der neue Inhaber (in den oben aufgeführten Beispielsfällen: die »Multi-AG«) tritt in die Rechte und Pflichten aus den im Zeitpunkt des Betriebsübergangs bestehenden Arbeitsverhältnissen ein.
Die Arbeitsverhältnisse gehen also »**automatisch**« vom bisherigen Arbeitgeber auf den Betriebserwerber über (es sei denn, die Arbeitnehmer **widersprechen** dem Übergang gemäß § 613 a Abs. 6 BetrVG; siehe Rn. 40 ff.).

Weitergeltung tarifvertraglicher Regelungen (§ 613 a Abs. 1 Satz 2 BGB)

12 Diejenigen Rechte und Pflichten eines übergehenden Arbeitsverhältnisses, die aufgrund **beiderseitiger Tarifbindung** (des bisherigen Arbeitgebers und der gewerkschaftlich organisierten Arbeitnehmer) durch Rechtsnormen eines → **Tarifvertrags** (Verbands- oder Firmentarifvertrag) geregelt sind, werden nach § 613 a Abs. 1 Satz 2 BGB Inhalt des Arbeitsverhältnisses zwischen dem Betriebserwerber und den gewerkschaftlich organisierten Arbeitnehmern.
Die Tarifnormen werden – so formuliert es das BAG – in das Arbeitsverhältnis zwischen dem Betriebserwerber und dem gewerkschaftlich organisierten Arbeitnehmer »**transformiert**« (BAG v. 22. 4. 2009 – 4 AZR 100/08, NZA 2010, 41).
Sie gelten zwingend weiter und dürfen **vor Ablauf eines Jahres** nach dem Betriebsübergang nicht zum Nachteil des gewerkschaftlich organisierten Arbeitnehmers verändert werden – weder durch Änderungsvertrag noch durch → **Änderungskündigung** (sog. **Sperrfrist** bzw. Veränderungssperre).

13 Die Wirkungsweise der Transformation entspricht nach neuerer BAG-Rechtsprechung derjenigen, die bei einem Austritt des Veräußerers aus dem tarifschließenden Arbeitgeberverband hinsichtlich des zur Zeit des Austritts geltenden Verbandstarifvertrags nach § 3 Abs. 3 TVG (»Nachbindung«) eintreten würde (BAG v. 22. 4. 2009 – 4 AZR 100/08, a. a. O.; 26. 8. 2009 – 5 AZR 969/08, NZA 2010, 173; zur Nachbindung siehe → **Arbeitgeberverband** Rn. 11 ff., → **Tarifvertrag: Nachbindung und Nachwirkung** Rn. 3 ff. und → **Tarifvertrag** Rn. 36 ff.). Dabei entspreche das Ende der Sperrfrist nach § 613 a Abs. 1 Satz 2 und 4 BGB dem Ende der Nachbindung des Tarifvertrags nach § 3 Abs. 3 TVG.
Auszug aus BAG v. 26. 8. 2009 – 5 AZR 969/08, NZA 2010, 173: »*Der kollektivrechtliche Charakter bleibt beim Betriebsübernehmer erhalten und der Erwerber ist an die transformierten Regelungen in einer Weise gebunden, die der Nachbindung des aus einem tarifschließenden Arbeitgeberverband ausgetretenen Arbeitgebers gem. § 3 Abs. 3 TVG weitgehend entspricht, allerdings zeitlich begrenzt auf eine Dauer von einem Jahr. Damit wird der Erwerber für diesen Zeitraum im Hinblick auf die übergegangenen Arbeitsverhältnisse so gestellt, als sei er wie der Veräußerer zwingend an den normativen Teil des Tarifvertrags gebunden. Auf diese Weise werden die auf einer kollektivrechtlichen Ebene begründeten Rechte und Pflichten aus dem Arbeitsverhältnis für den Arbeitnehmer gesichert. Der Unterschied zu den individualvertraglich begründeten Rechten und Pflichten besteht in ihrer einseitig zwingenden Wirkung innerhalb der Sperrfrist. Die*

Betriebsübergang

transformierten Normen wirken in dieser Zeit vergleichbar wie Mindestarbeitsbedingungen i. S. v. § 4 Abs. 1, Abs. 3 TVG.«

Die frühere BAG-Rechtsprechung hatte angenommen, dass die bisher durch Tarifvertrag geregelten Rechtsnormen ihren kollektivrechtlichen Charakter mit dem Betriebsübergang verlieren und in individualrechtliche, arbeitsvertragliche Bestimmungen umgewandelt werden (BAG v. 13. 9. 1994 – 3 AZR 148/94, NZA 1995, 740; 24. 6. 1998 – 4 AZR 208/97, AiB 1999, 236).

Die Fortgeltung der »alten« Tarifnormen nach § 613 a Abs. 1 Satz 2 BGB ist grundsätzlich **unbefristet.** Das heißt: wenn es auch in der Zeit nach Ablauf der einjährigen Veränderungssperre zu keiner abweichenden Vereinbarung zwischen Betriebserwerber und Arbeitnehmer kommt, gelten die »alten« Tarifnormen für die zum Zeitpunkt des Betriebsübergangs beschäftigten gewerkschaftlich organisierten Arbeitnehmer weiter.

Eine Transformation und Fortgeltung der »alten« Tarifnormen nach § 613 a Abs. 1 Satz 2 BGB scheidet aus, wenn ein Fall des § 613 a Abs. 1 Satz 3 oder Satz 4 BGB vorliegt (siehe hierzu Rn. 22 ff.).

Vertragliche Veränderungen **zu Gunsten** des Beschäftigten sind jederzeit – auch innerhalb der einjährigen Sperrfist – möglich (BAG v. 22. 4. 2009 – 4 AZR 100/08, NZA 2010, 41).

Der Wechsel des Betriebsinhabers hat **nicht immer** eine Transformation der Tarifnormen nach Maßgabe des § 613 a Abs. 1 Satz 2 BGB – und der damit verbundenen individualrechtlichen Veränderbarkeit zum Nachteil des Arbeitnehmers nach Ablauf der einjährigen Veränderungssperre (siehe Rn. 12) – zur Folge.

Es kommt nämlich auch eine Fortgeltung der bisherigen Tarifverträge aufgrund beiderseitiger Tarifbindung des Betriebserwerbers und der gewerkschaftlich organisierten Arbeitnehmer nach Maßgabe des § 3 Abs. 1 TVG in Betracht.

Das ist dann der Fall, wenn im übernommenen Betrieb bisher aufgrund beiderseitiger Tarifbindung des bisherigen Arbeitgebers und der gewerkschaftlich organisierten Arbeitnehmer ein Verbandstarifvertrag (Flächentarifvertrag) Anwendung fand und auch der neue Arbeitgeber (Betriebsübernehmer) mit dem übernommenen Betrieb oder Betriebsteil an den Tarifvertrag – etwa durch Mitgliedschaft im gleichen Arbeitgeberverband – gebunden ist.

Eine Veränderung des Tarifvertrags durch individualrechtliche Maßnahmen – z. B. durch Änderungsvereinbarung – **zum Nachteil** der Arbeitnehmer scheidet aus, und zwar nicht nur für ein Jahr nach dem Betriebsübergang, sondern bis zum Ablauf des Tarifvertrags (etwa aufgrund einer Kündigung durch eine Tarifvertragspartei (siehe → **Tarifvertrag: Nachbindung und Nachwirkung**).

Die Bestimmungen des § 613 a Abs. 1 Sätze 2 bis 4 BGB haben lediglich eine **Auffangfunktion.** Sie stellen eine zusätzliche Sicherung der Beschäftigten für den Fall dar, dass eine Fortgeltung von Tarifverträgen nach § 3 Abs. 1 TVG ausscheidet (BAG v. 5. 2. 1991 – 1 ABR 32/90, AiB 1991, 432; 27. 7. 1994 – 7 ABR 37/93, AuR 1995, 105 = NZA 1995, 222).

Gehört der Betriebsübernehmer dagegen keinem oder einem anderen Verband an, findet § 613 a Abs. 1 Satz 2 BGB Anwendung.

Das heißt: Die in dem »alten« Tarifvertrag geregelten Rechte und Pflichten werden in das Arbeitsverhältnis zwischen Betriebserwerber und den gewerkschaftlich organisierten Arbeitnehmern **transformiert.**

Sie gelten zwar zwingend weiter, dürfen aber nach Ablauf eines Jahres (einjährige Veränderungssperre) durch individualrechtliche Maßnahmen – z. B. durch Änderungsvereinbarung – zum Nachteil der Arbeitnehmer verändert werden (siehe Rn. 12).

Eine Transformation und Fortgeltung nach § 613 a Abs. 1 Satz 2 BGB scheidet aus, wenn ein Fall des § 613 a Abs. 1 Satz 3 oder Satz 4 BGB vorliegt (siehe hierzu Rn. 22 ff.).

Auch wenn im übernommenen Betrieb ein zwischen bisherigem Arbeitgeber und Gewerkschaft vereinbarter **Firmentarifvertrag** zur Anwendung kam, findet in Bezug auf die nach § 3

Betriebsübergang

Abs. 1 TVG tarifgebundenen Arbeitnehmer – genauso wie beim Verbandstarifvertrag – gemäß § 613 a Abs. 1 Satz 2 BGB eine Transformation in das Arbeitsverhältnis mit dem neuen Betriebsinhaber statt (mit einjähriger Veränderungssperre).

17a Eine Besonderheit gilt im Falle einer Gesamtrechtsnachfolge infolge einer → **Umwandlung von Unternehmen**.

Ein **Firmentarifvertrag** zählt zu den Verbindlichkeiten i. S. d. § 20 Abs. 1 Nr. 1 UmwG. Geht ein Firmentarifvertrag gemäß § 20 Abs. 1 S. 1 UmwG durch Verschmelzung auf einen neuen Rechtsträger über, so ist insoweit für eine Anwendung der § 324 UmwG, § 613 a Abs. 1 S. 2 BGB kein Raum.

Das heißt: der Firmentarifvertrag gilt kollektivrechtlich weiter (BAG v. 24. 6. 1998 – 4 AZR 208/97, AiB 1999, 236). Der übernehmende Rechtsträger (= neuer Arbeitgeber) rückt in den mit dem übertragenden Rechtsträger (= bisheriger Arbeitgeber) abgeschlossenen Firmentarifvertrag ein. Der übernehmende Rechtsträger wird also Partei des für den übertragenden Rechtsträger geltenden Firmentarifvertrags.

Etwas anderes gilt, wenn zum Zeitpunkt der Umwandlung eine beiderseitige Tarifbindung des übertragenden Rechtsträgers und der gewerkschaftlich organisierten Arbeitnehmer an einen **Verbandstarifvertrag** bestand. In diesem Fall kommt § 613 a Abs. 1 Satz 2 BGB, der nach § 324 UmwG »unberührt« bleibt, als Auffangregelung zur Anwendung.

17b Die Fortgeltung der Tarifverträge nach § 613 a Abs. 1 Satz 2 BGB ist »**statisch**«. Die tariflichen Regelungen werden in der zum Zeitpunkt des Betriebsübergangs geltenden Fassung in das Arbeitsverhältnis mit dem Betriebserwerber übertragen (BAG v. 4. 8. 1999 – 5 AZR 642/98, NZA 2000, 154 ff.).

Das heißt: Spätere Tarifänderungen (z. B. Tariferhöhungen) und neue Tarifverträge gelten nicht für die auf den Betriebserwerber übergegangenen Arbeitsverhältnisse (es sei denn, sie werden arbeitsvertraglich »übernommen«; etwa durch dynamische arbeitsvertragliche Bezugnahmeklausel; siehe hierzu → **Arbeitsvertrag** Rn. 16 ff.).

17c Für **gewerkschaftlich nicht organisierte Arbeitnehmer** gilt die Fortgeltungsregelung des § 613 a Abs. 1 Satz 2 BGB nicht – und damit auch nicht die einjährige Veränderungssperre. Maßgeblich ist allein § 613 a Abs. 1 Satz 1 BGB: der neue Betriebsinhaber tritt in die Rechte und Pflichten der im Zeitpunkt des Betriebsübergangs bestehenden arbeitsvertraglichen Rechte und Pflichten ein.

Tarifverträge kommen nur dann zur Anwendung, wenn das arbeitsvertraglich vereinbart ist (etwa durch eine vertragliche Bezugnahmeklausel; siehe hierzu → **Arbeitsvertrag** Rn. 16 ff.). Vertragliche Änderungen – auch zum Nachteil des Arbeitnehmers – sind auch schon vor Ablauf eines Jahres nach Betriebsübergang möglich.

18 Nicht wenige – bisher durch Verbandszugehörigkeit oder Firmentarifvertrag tarifgebundene – Arbeitgeber versuchen, sich der Tarifbindung künftig dadurch zu entziehen, dass sie den Betrieb im Wege des Betriebsübergangs nach § 613 a BGB auf ein ggf. neugegründetes nicht tarifgebundenes Unternehmen (= neuer Inhaber) übertragen.

Nach Ablauf der einjährigen Veränderungssperre werden die Arbeitnehmer mit allerlei **Drohungen** zum Abschluss verschlechternder vertraglicher Vereinbarungen »bewegt«. Dieser Variante der »Tarifflucht« – von arbeitgebernaher Seite als »**Königsweg**« **der Tarifflucht** bezeichnet (siehe Rn. 2 b) – kann dadurch begegnet werden, dass im Rahmen einer **betrieblichen Tarifbewegung** – möglichst noch während der einjährigen Veränderungssperre – ein Firmentarifvertrag gefordert und – ggf. mit den Mitteln des **Streiks** – durchgesetzt wird (siehe → **Arbeitskampf**, → **Arbeitgeber**, → **Arbeitgeberverband** und → **Tarifvertrag**).

Auf diese Weise kann die volle Tarifbindung nach Maßgabe des § 3 Abs. 1 TVG wieder hergestellt werden.

Betriebsübergang

Weitergeltung von Betriebsvereinbarungen (§ 613 a Abs. 1 Satz 2 BGB)

Auch diejenigen Rechte und Pflichten eines übergehenden Arbeitsverhältnisses, die bisher durch → **Betriebsvereinbarung** geregelt waren, werden nach dem Betriebsübergang gemäß § 613 a Abs. 1 Satz 2 BGB in das Arbeitsverhältnis zwischen dem Beschäftigten und dem neuen Inhaber transformiert. **19**

Sie dürfen **vor Ablauf eines Jahres** nach der Betriebsänderung nicht zum Nachteil der Arbeitnehmer verändert werden (sog. Sperrfrist bzw. Veränderungssperre), weder durch Änderungsvertrag noch durch → **Änderungskündigung**).

Die h. M. ging bislang davon aus, dass die Normen der Betriebsvereinbarung gemäß § 613 a Abs. 1 Satz 2 BGB in individualrechtliche, arbeitsvertragliche Bestimmungen umgewandelt werden.

Wendet man die neuere Rechtsprechung zur Transformation von Tarifnormen auf Betriebsvereinbarungen an (siehe Rn. 12), so bleibt der normative Charakter der Bestimmungen der Betriebsvereinbarung erhalten.

Der Wechsel des Betriebsinhabers hat nicht immer eine Transformation der Betriebsvereinbarung nach Maßgabe des § 613 a Abs. 1 Satz 2 BGB – und der damit verbundenen individualrechtlichen Veränderbarkeit nach Ablauf eines Jahres – zur Folge. Es kommt nämlich auch eine **normative Fortgeltung** gemäß § 77 Abs. 4 BetrVG in Betracht (BAG v. 5.2.1991 – 1 ABR 32/90, AiB 1991, 432; 27.7.1994 – 7 ABR 37/93, AuR 1995, 105 = NZA 1995, 222). **19a**

Das ist der Fall, wenn die **Identität** des übernommenen Betriebs – wie im **Beispiel 1 – erhalten** bleibt.

Das heißt: Betriebsvereinbarungen (auch Gesamt- und Konzernbetriebsvereinbarungen; vgl. Fitting, BetrVG, 26. Aufl., § 77 Rn. 169 f.) gelten uneingeschränkt als kollektiv-rechtliche Normen (mit unmittelbarer und zwingender Wirkung; siehe → **Betriebsvereinbarung**) weiter. Eine Anwendung des § 613 a Abs. 1 Satz 2 bis 4 BetrVG scheidet aus. Auch hier wird die Auffangfunktion der Vorschrift deutlich (siehe Rn. 14).

Gleiches gilt im **Beispiel 2** (Übergang eines Betriebsteils): Auch hier gelten die »alten« Betriebsvereinbarungen bzw. Gesamt- und Konzernbetriebsvereinbarungen ohne Rückgriff auf § 613 a Abs. 1 Satz 2 bis 4 BetrVG normativ weiter, weil der übernommene Betriebsteil als neuer eigenständiger Betrieb von der »Multi-AG« fortgeführt wird (BAG v. 18.09.2002 – 1 ABR 54/01, AiB 2004, 41). **20**

Ist der Betriebsteilübergang allerdings so gestaltet, dass der übergehende Betriebsteil seine **Identität verliert** (weil er in einen bereits bestehenden Betrieb der »Multi-AG« eingegliedert wird), findet § 613 a Abs. 1 Satz 2 bis 4 BetrVG Anwendung. Die Normen der Betriebsvereinbarung werden in das Arbeitsverhältnis transformiert und können nach Ablauf eines Jahres (sog. Sperrfrist bzw. Veränderungssperre) durch individualrechtliche Maßnahmen – z. B. durch Änderungsvereinbarung – zum Nachteil der Arbeitnehmer **verändert** werden. **21**

Eine Transformation und Fortgeltung der Betriebsvereinbarung nach § 613 a Abs. 1 Satz 2 BGB scheidet aus, wenn ein Fall des § 613 a Abs. 1 Satz 3 oder Satz 4 BGB vorliegt (siehe hierzu Rn. 22 ff.).

Ausnahmeregelungen des § 613 Abs. 1 Sätze 3 und 4 BGB

1. Die Wirkung des § 613 a Abs. 1 Satz 2 BGB (Weitergeltung der »alten« Tarifverträge und Betriebsvereinbarungen mit einjähriger Sperrfrist/Veränderungssperre) tritt nicht ein, wenn »*die Rechte und Pflichten bei dem neuen Inhaber durch Rechtsnormen eines anderen Tarifvertrags oder durch eine andere Betriebsvereinbarung geregelt werden*« (§ 613 Abs. 1 Satz 3 BGB). Es gelten dann diese anderen Tarifverträge bzw. Betriebsvereinbarungen. **22**

Betriebsübergang

Die »alten« Normen (Tarifverträge und Betriebsvereinbarungen) werden **verdrängt**, gleichgültig, ob diese für die Arbeitnehmer besser oder schlechter sind.
Die »Verdrängung« der »alten« Normen gemäß § 613 a Abs. 1 Satz 3 BGB tritt allerdings nur insoweit ein, als die beim Betriebserwerber geltenden Tarifverträge bzw. Betriebsvereinbarungen **denselben Regelungsgegenstand** regeln (BAG v. 20. 04. 1994 – 4 AZR 342/93, AiB 1995, 194).
Soweit sich die Regelungsbereiche nicht decken, gelten die »alten« Tarifverträge bzw. Betriebsvereinbarungen nach § 613 a Abs. 1 Satz 2 BGB weiter.

23 Die Verdrängungswirkung eines beim Betriebsübernehmer bestehenden Tarifvertrags tritt zudem nur dann ein, wenn insoweit eine beiderseitige – sog. **kongruente – Tarifbindung** besteht. Kongruente Tarifbindung liegt vor, wenn nicht nur der Betriebsübernehmer an den Tarifvertrag gebunden ist, sondern auch die übernommenen Beschäftigten – was der Fall ist, wenn sie Mitglied derjenigen Gewerkschaft sind, die den Tarifvertrag abgeschlossen hat (vgl. ArbG Lübeck v. 15. 8. 1996 – 1 Ca 525/96, AiB 1997, 418; BAG v. 30. 8. 2000 – 4 AZR 581/99, NZA 2001, 510; 21. 2. 2001 – 4 AZR 18/00, NZA 2001, 1318; 11. 05. 2005 – 4 AZR 315/04, NZA 2005, 1362).

> **Beispiel:**
> Die Firma »Metallbau-GmbH« gehört im eingangs genannten Beispiel 1 dem Metallarbeitgeberverband an, mit dem die IG Metall Tarifverträge geschlossen hat. Die »Multi-AG« ist Mitglied des Chemiearbeitgeberverbandes. Die Mitgliedschaft erstreckt sich auch auf den übernommenen Betrieb. Wenn die Beschäftigten nach dem Betriebsübergang Mitglied der IG Metall bleiben, können die Chemie-Verbandstarifverträge die Bestimmungen der Metalltarifverträge mangels beiderseitiger Tarifgebundenheit nicht verdrängen (zur Möglichkeit einer Vereinbarung nach § 613 a Abs. 1 Satz 4 zweite Alternative BGB siehe Rn. 25). Tritt allerdings ein IG-Metaller in die IG Bergbau, Chemie, Energie (IG BCE) über, entsteht beiderseitige Tarifbindung an die Chemietarifverträge. Die Metall-Tarifverträge werden nach § 613 a Abs. 1 Satz 3 BGB verdrängt.

Es kommt im Übrigen nicht darauf an, ob die beim Betriebserwerber geltenden anderen Betriebsvereinbarungen und Tarifverträge schon zum Zeitpunkt des Betriebsübergangs bestanden.
Die »alten« Normen werden auch dann nach Maßgabe des § 613 a Abs. 1 Satz 3 BGB verdrängt, wenn eine Betriebsvereinbarung bzw. ein Tarifvertrag zu demselben Regelungsgegenstand erst **nach dem Betriebsübergang abgeschlossen** wird.
Das Gleiche gilt in Bezug auf Tarifverträge, wenn der neue Betriebsinhaber (Betriebserwerber) erst nach dem Betriebsübergang durch Beitritt in den Tarif-Arbeitgeberverband beiderseitige Tarifbindung an die Verbandstarifverträge herstellt (BAG v. 11. 05. 2005 – 4 AZR 315/04, NZA 2005, 1362).

> **Beispiel:**
> Die Firma »Metallbau-GmbH« gehörte im eingangs genannten Beispiel 1 dem Metallarbeitgeberverband an, mit dem die IG Metall Tarifverträge geschlossen hat. Die »Multi-AG« ist zum Zeitpunkt des Betriebsübergangs nicht tarifgebunden. Drei Monate nach dem Betriebsübergang tritt die »Multi-AG« mit dem übernommenen Betrieb dem Chemiearbeitgeberverband bei. Sechs Monate nach dem Betriebsübergang wird ein – bisher in der IG Metall organisierter – Arbeitnehmer Mitglied der IG Bergbau, Chemie, Energie (IG BCE). Folge: nach dem Betriebsübergang galten für diesen Beschäftigten nach § 613 a Abs. 1 Satz 2 BGB zunächst die Metalltarifverträge weiter. Mit dem Beitritt des Arbeitnehmers – also sechs Monate nach dem Betriebsübergang – wird beiderseitige Tarifgebundenheit an die Chemietarifverträge hergestellt. Diese treten nunmehr gemäß § 613 a Abs. 1 Satz 3 BGB an die Stelle der Metalltarifverträge (sofern sie die gleichen Sachverhalte regeln).

Betriebsübergang

2. Vor Ablauf der einjährigen Sperrfrist/Veränderungssperre können die Rechte und Pflichten (durch Änderungsvertrag oder → **Änderungskündigung**) geändert werden, wenn die im übernommenen Betrieb existierenden Betriebsvereinbarungen oder Tarifverträge innerhalb der Jahresfrist enden (§ 613a Abs. 1 Satz 4 erste Alternative BGB; Beispiel: Betriebsvereinbarung oder Tarifvertrag war befristet). 24
Das heißt: In diesem Fall wird die einjährige Sperrfrist/Veränderungssperre des § 613a Abs. 1 Satz 2 BGB verkürzt.
Eine Änderungsvereinbarung oder → **Änderungskündigung** zum Nachteil der Arbeitnehmer wird vor Ablauf eines Jahres nach Betriebsübergang möglich.

3. Eine Veränderung der fortgeltenden Rechte und Pflichten aus einem → **Tarifvertrag** ist vor Ablauf der einjährigen Veränderungssperre auch dann möglich, wenn bei »*fehlender beiderseitiger Tarifbindung*« zwischen dem neuen Inhaber und dem Arbeitnehmer die Anwendung eines anderen Tarifvertrags vereinbart wird (§ 613a Abs. 1 Satz 4 zweite Alternative BGB). 25
Die »**beiderseitige Tarifbindung**« fehlt, wenn im Geltungsbereich dieses anderen Tarifvertrags
- nur der Arbeitgeber oder
- nur der Arbeitnehmer oder
- keiner von beiden tarifgebunden, d. h. Mitglied im Verband bzw. der Gewerkschaft ist (wenn beide Seiten an den anderen Tarifvertrag gebunden sind, dann gilt dieser Tarifvertrag bereits nach § 613a Abs. 1 Satz 3 BGB; siehe hierzu Rn. 22 ff.).

> **Beispiel:**
> Die Firma »Metallbau-GmbH« gehört im obigen Fall Nr. 1 dem Metallarbeitgeberverband an, mit dem die IG Metall einen Verbandstarifvertrag geschlossen hat. Die »Multi-AG«, die den Betrieb übernimmt, ist nicht tarifgebunden oder Mitglied in einem Verband, für den eine andere Gewerkschaft zuständig ist. Eine Veränderung der Bestimmungen des fortgeltenden Metall-Verbandstarifvertrags zum Nachteil der IG-Metall-Mitglieder durch vertragliche Übernahme eines anderen (ggf. schlechteren) Tarifvertrags vor Ablauf der Veränderungssperre wäre zulässig. Unter gewissen Voraussetzungen soll auch eine → **Änderungskündigung** möglich sein, mit dem Ziel, den bereits für einen Teil der Belegschaft geltenden Tarifvertrag auf die übernommenen Beschäftigten zu erstrecken (zweifelhaft; vgl. hierzu Däubler, Tarifvertragsrecht, 3. Aufl., S. 648, Rn. 1561).

Haftung des alten und neuen Arbeitgebers (§ 613a Abs. 2 und 3 BGB)

Für Arbeitnehmerforderungen (z. B. Lohn/Gehalt), die vor dem Betriebsübergang entstanden sind, aber erst (innerhalb eines Jahres) nach dem Betriebsübergang fällig werden, haften der »alte« und der »neue« Inhaber als Gesamtschuldner (§ 613a Abs. 2 Satz 1 BGB), wobei die Haftung des »alten« Arbeitgebers dem Umfange nach eingeschränkt sein kann (vgl. § 613a Abs. 2 Satz 2 BGB). 26
§ 613a Abs. 2 BGB gilt nicht, wenn eine juristische Person oder eine Personenhandelsgesellschaft (siehe → **Unternehmensrechtsformen**) durch Umwandlung erlischt (§ 613a Abs. 3 BGB).
Siehe auch Übersicht »Haftung des alten und neuen Inhabers ...« im Anhang zu diesem Stichwort.

Kündigung wegen des Betriebsübergangs (§ 613a Abs. 4 BGB)

Kündigungen, die »wegen« des Übergangs des Betriebs oder eines Betriebsteils ausgesprochen werden, sind gemäß § 613a Abs. 4 BGB **unwirksam**. 27
Das Recht zur Kündigung aus anderen Gründen bleibt unberührt.

Betriebsübergang

»Wegen« des Betriebsübergangs ist eine Kündigung erfolgt, wenn das Motiv der Kündigung wesentlich durch den Betriebsinhaberwechsel bedingt ist.
Werden **andere Kündigungsgründe** herangezogen (Wegfall des Arbeitsplatzes, Auftragsmangel, Rationalisierung usw.), greift der Kündigungsausschluss des § 613a Abs. 4 Satz 1 BGB nicht ein (BAG v. 18.7.1996 – 8 AZR 127/94, AiB 1997, 483).
Vielmehr unterliegt eine so begründete Kündigung allein dem Prüfungsmaßstab des Kündigungsschutzgesetzes (siehe → **Kündigungsschutz**).

28 Unwirksam sind auch → **Aufhebungsverträge** sowie **Eigenkündigungen**, die vom Arbeitgeber veranlasst worden sind, um den Betriebsübergang zu ermöglichen (BAG v. 29.11.1988 – 3 AZR 250/87, DB 1989, 1140).

Bedeutung für die Betriebsratsarbeit

29 Nach einem Betriebsübergang oder Übergang eines Betriebsteils auf einen neuen Inhaber stellt sich die Frage, ob und von welchem Betriebsrat die betroffenen Beschäftigten vertreten werden und ob eine Neuwahl des Betriebsrats erforderlich ist (siehe auch → **Betriebsspaltung und Zusammenlegung von Betrieben**).
Diese Fragen werden durch Art und Umfang des jeweiligen Vorgangs bestimmt:

30 1. Am einfachsten liegen die Dinge im eingangs genannten **Beispiel 1**: der Betrieb wird komplett übertragen. Die »Multi-AG« tritt als neuer Arbeitgeber in die betriebsverfassungsrechtliche Stellung des bisherigen Arbeitgebers (= »Metallbau-GmbH«) ein.
Die **Identität** des Betriebes verändert sich nicht.
Der Betriebsrat bleibt im Amt. Eine **Neuwahl** des Betriebsrats ist nicht erforderlich.

31 Das Gleiche gilt bei einer bloß räumlichen Verlegung des übernommenen Betriebes, einer Änderung des Betriebszwecks unter Aufrechterhaltung der Betriebsorganisation, bei einem bloßen Wechsel der Gesellschafter (siehe **Beispiel 3**) und bei einer Änderung der Rechtsform des Unternehmens.

32 2. Wird nur ein **Betriebsteil** auf einen neuen Inhaber übertragen, tritt dieser insoweit in die betriebsverfassungsrechtliche Stellung des bisherigen Arbeitgebers (= »Metallbau-GmbH«) ein.

33 Wenn der übergegangene Betriebsteil vom bisherigen Betrieb »abgespalten« wird, kommt in Bezug auf den abgespaltenen Betriebsteil § 21a BetrVG zur Anwendung.
Hiernach hat der bisherige Betriebsrat ein **Übergangsmandat** (sofern der abgespaltene Betriebsteil betriebsratsfähig im Sinne des § 1 BetrVG ist und nicht in einen anderen Betrieb mit Betriebsrat eingegliedert wird).
Übergangsmandat bedeutet: Der bisherige Betriebsrat führt die Geschäfte für den abgespaltenen Betriebsteil weiter.
Außerdem hat er unverzüglich für den abgespaltenen Betriebsteil einen Wahlvorstand zu bestellen und dadurch eine **Neuwahl** einzuleiten.
Das Übergangsmandat **endet**, sobald in den Betriebsteilen ein neuer Betriebsrat gewählt und das Wahlergebnis bekannt gegeben ist, spätestens jedoch sechs Monate nach Wirksamwerden der Abspaltung.
Durch → **Tarifvertrag** oder → **Betriebsvereinbarung** kann das Übergangsmandat um weitere sechs Monate verlängert werden (§ 21a Abs. 1 Satz 4 BetrVG).

34 Wird der abgespaltene Betriebsteil in einen Betrieb mit Betriebsrat eingegliedert, so entfällt ein Übergangsmandat des bisherigen Betriebsrats.
Eine **Neuwahl** in dem übernehmenden Betrieb ist erforderlich, wenn die Voraussetzungen des

§ 13 Abs. 2 Nr. 1 BetrVG vorliegen (Arbeitnehmerzahl steigt infolge der Eingliederung um mehr als die Hälfte, mindestens aber um fünfzig).

Für den durch die Abspaltung »verkleinerten« bisherigen Betrieb ändert sich nichts, soweit dieser seine »**Identität**« behält (siehe **Beispiel 2**). 35

Der bisherige Betriebsrat bleibt – unabhängig von § 21 a BetrVG (Übergangsmandat) – weiterhin bis zur nächsten regulären Betriebsratswahl im Amt.

Eine vorzeitige **Neuwahl** für den bisherigen (verkleinerten) Betrieb ist nur erforderlich, wenn aufgrund der Abspaltung die Voraussetzungen des § 13 Abs. 2 Nr. 1 BetrVG gegeben sind (Absinken der Zahl der regelmäßig beschäftigten Arbeitnehmer um die Hälfte, mindestens aber um fünfzig).

3. Zur Frage, welche betriebsverfassungsrechtlichen Rechtsfolgen eintreten, wenn der bisherige Betrieb in der Weise **aufgespalten** wird, dass er seine **Identität verliert** und untergeht siehe → **Betriebsspaltung und Zusammenlegung von Betrieben**. 36

Zur Frage, ob und wie sich ein Betriebsübergang auf bisher beim Betriebsveräußerer geltende → **Betriebsvereinbarungen** auswirkt, siehe Rn. 19 ff. 37

Der Betriebsübergang als solcher stellt nach Ansicht des BAG keine → **Betriebsänderung** im Sinne des § 111 BetrVG dar (BAG v. 25. 1. 2000 – 1 ABR 1/99, NZA 2000, 1069). 38

Etwas anderes gilt, wenn im Zusammenhang mit dem Betriebsübergang – oder später – **betriebsändernde Maßnahmen** i. S. d. § 111 BetrVG in Aussicht genommen (»geplant«) werden: z. B. Einschränkung des Betriebs, Entlassungen, grundlegende Änderung der Betriebsorganisation oder Einführung grundlegend neuer Arbeitsmethoden und Fertigungsverfahren (BAG v. 25. 1. 2000 – 1 ABR 1/99, a. a. O.).

Etwas anderes gilt auch im Falle der **Ausgliederung eines Betriebsteils** auf ein anderes Unternehmen (sog. Outsourcing): Ein solcher Vorgang erfüllt nicht nur den Tatbestand des § 613 a BGB (»**Übergang eines Betriebsteils**«), sondern auch den Tatbestand einer Spaltung i. S. v. § 111 Satz 2 Nr. 3 BetrVG (BAG v. 10. 12. 1996 – 1 ABR 32/96, AiB 1998, 170; LAG Bremen v. 21. 10. 2004 – 3 Sa 77/04).

> **Beispiele:**
> - Die Logistik wird auf eine Fremdfirma übertragen; die Anlagen bleiben aber im Betrieb (sog. Inhouse-Outsourcing).
> - Die Cafeteria (8 Arbeitnehmer) eines Einkaufsmarktes (mit insgesamt 188 Beschäftigten) wird auf eine Fremdfirma ausgegliedert (LAG Bremen v. 21. 10. 2004 – 3 Sa 77/04).

In diesen Fällen stehen dem Betriebsrat die Informations-, Mitwirkungs- und Mitbestimmungsrechte nach §§ 111 bis 112 a BetrVG zu (siehe → **Betriebsänderung**, → **Betriebsspaltung und Zusammenlegung von Betrieben**, → **Interessenausgleich** und → **Sozialplan**). Betroffene Arbeitnehmer haben ggf. Anspruch auf → **Nachteilsausgleich** nach § 113 BetrVG. Zum Ganzen siehe auch Rn. 7 a ff.

Zu den Folgen eines **Widerspruchs eines Betriebsratsmitglieds** gegen den Übergang seines Arbeitsverhältnisses nach § 613 a Abs. 6 BGB siehe Rn. 51. 39

Bedeutung für die Beschäftigten

Unterrichtung der Arbeitnehmer (§ 613 a Abs. 5 BGB)

Der bisherige Arbeitgeber oder der neue Inhaber hat gemäß § 613 a Abs. 5 BGB – eingefügt durch Gesetz vom 23. 3. 2002 (BGBl. I S. 1163) mit Wirkung ab 1. 4. 2002 – die von einem Übergang betroffenen Arbeitnehmer vor dem Übergang »**in Textform**« zu unterrichten über: 40

Betriebsübergang

1. den Zeitpunkt oder den geplanten Zeitpunkt des Übergangs,
2. den Grund für den Übergang,
3. die rechtlichen, wirtschaftlichen und sozialen Folgen des Übergangs für die Arbeitnehmer und
4. die hinsichtlich der Arbeitnehmer in Aussicht genommenen Maßnahmen.

41 Die Unterrichtung dient dazu, dem betroffenen Arbeitnehmer eine ausreichende **Wissensgrundlage** für die Ausübung des Widerspruchsrechts nach § 613a Abs. 6 BetrVG (siehe Rn. 42 ff.) zu geben.

Widerspruch des Arbeitnehmers (§ 613a Abs. 6 BGB)

42 Die Rechtsprechung hatte schon vor Inkrafttreten des § 613a Abs. 6 BGB – eingefügt durch Gesetz vom 23.3.2002 (BGBl. I S. 1163) – dem Arbeitnehmer das Recht zugebilligt, dem Übergang seines Arbeitsverhältnisses auf den Betriebserwerber zu widersprechen mit der Folge, dass sein Arbeitsverhältnis nicht auf den Betriebserwerber übergeht, sondern beim bisherigen Betriebsinhaber verbleibt.

Das Widerspruchsrecht ist – mit Wirkung ab 1.4.2002 – in § 613a Abs. 6 BGB nunmehr ausdrücklich gesetzlich geregelt.

Hiernach kann der Arbeitnehmer dem Übergang des Arbeitsverhältnisses innerhalb eines Monats nach Zugang der Unterrichtung nach § 613a Abs. 5 BGB (siehe Rn. 40) schriftlich widersprechen (§ 613a Abs. 6 Satz 1 BGB).

43 Der Widerspruch kann gegenüber dem **bisherigen Arbeitgeber** oder dem **neuen Inhaber** erklärt werden (§ 613a Abs. 6 Satz 2 BGB).

44 Die Neuregelung erfolgte zur Umsetzung des Art. 7 Abs. 6 der **EG-Richtlinie 2001/23/EG** vom 12.3.2001 zur Angleichung der Rechtsvorschriften über die Wahrung von Rechtsansprüchen der Arbeitnehmer beim Übergang von Unternehmen, Betrieben oder Unternehmens- oder Betriebsteilen.

45 Die einmonatige Frist zur Erklärung eines Widerspruchs wird nur durch eine **ordnungsgemäße Unterrichtung** nach § 613a Abs. 5 BGB (siehe Rn. 40) in Gang gesetzt.

Eine unterbliebene oder fehlerhafte Unterrichtung führt nicht zum Fristbeginn (BAG v. 13.7.2006 – 8 AZR 303/05; 2.4.2009 – 8 AZR 220/07).

Eine Unterrichtung ist z. B. dann nicht ordnungsgemäß, wenn sie den Arbeitnehmer fehlerhaft über die **Haftung** des bisherigen Arbeitgebers und des neuen Betriebsinhabers über Verpflichtungen gemäß § 613a Abs. 2 BGB informiert. Die Widerspruchsfrist wird nicht ausgelöst (BAG v. 14.12.2006 – 8 AZR 763/05; 27.11.2008 – 8 AZR 199/07 und 8 AZR 1018/06; 23.7.2009 – 8 AZR 357/08).

45a Das Recht zum Widerspruch kann nach Ansicht des BAG allerdings **verwirken** (BAG v. 27.11.2008 – 8 AZR 199/07 und 8 AZR 1018/06; 23.7.2009 – 8 AZR 357/08).

Mit der Verwirkung, einem Sonderfall der unzulässigen Rechtsausübung wird die illoyal verspätete Geltendmachung von Rechten ausgeschlossen (§ 242 BGB). Sie dient dem Vertrauensschutz des Schuldners.

Ein solches Vertrauen kann sich bilden, wenn der Gläubiger längere Zeit seine Rechte nicht geltend macht (**Zeitmoment**).

Dabei muss der Berechtigte unter Umständen untätig geblieben sein, welche den Eindruck erweckt haben, dass er sein Recht nicht mehr geltend machen wolle, so dass der Verpflichtete sich darauf einstellen durfte, nicht mehr in Anspruch genommen zu werden (**Umstandsmoment**).

Das Erfordernis des Vertrauensschutzes auf Seiten des Verpflichteten muss das Interesse des Berechtigten derart überwiegen, dass dem Verpflichteten die Erfüllung des Anspruches nicht

mehr zuzumuten ist (BAG v. 27.11.2008 – 8 AZR 199/07 und 8 AZR 1018/06; 23.7.2009 – 8 AZR 357/08).
Das Zeitmoment bemisst in einem solchen Falle den Zeitraum, in welchem die möglichen die Verwirkung begründenden Vertrauensumstände gesetzt werden. Dieser beginnt grundsätzlich einen Monat nach einer Unterrichtung über den Betriebsübergang in Textform, wenn diese auch unvollständig oder fehlerhaft war. Denn dadurch gibt der Arbeitgeber zu erkennen, dass er mit der Unterrichtung die Monatsfrist für den Widerspruch in Gang setzen will und danach die Erklärung von Widersprüchen nicht mehr erwartet (BAG v. 27.11.2008 – 8 AZR 1018/06).

Rechtsfolge des Widerspruchs

Ein Übergang des Arbeitsverhältnisses auf den Betriebserwerber (siehe Rn. 11) findet nicht statt. Stattdessen wird das Arbeitsverhältnis mit dem »alten« Inhaber fortgesetzt. **46**

Der Widerspruch gegen den Übergang des Arbeitsverhältnisses (§ 613a Abs. 6 BGB) ist eine **riskante Sache**, denn der Widersprechende muss mit einer **Kündigung** des (bisherigen) Arbeitgebers rechnen (wegen fehlender Beschäftigungsmöglichkeit). **47**
Soweit der Betriebsveräußerer keinen Betrieb oder Betriebsteil mehr unterhält, ist eine betriebsbedingte Kündigung des bzw. der widersprechenden Arbeitnehmer mangels Beschäftigungsmöglichkeit regelmäßig sozial gerechtfertigt.
Eine solche Kündigung ist nicht nach § 613a Abs. 4 BGB nichtig (siehe hierzu Rn. 27). Eine Kündigungsschutzklage ist im Regelfall aussichtslos.
Wenn dagegen nur ein Teil des bisherigen Betriebs auf einen neuen Inhaber übergeht und Arbeitnehmer dem Übergang ihrer Arbeitsverhältnisse widersprechen, hat im Falle einer betriebsbedingten Kündigung eine **soziale Auswahl** unter den beim Betriebsveräußerer beschäftigten Arbeitnehmern stattzufinden.
Ggf. hat der Betriebsveräußerer einem widersprechenden Arbeitnehmer eine Weiterbeschäftigung zu geänderten Arbeitsbedingungen auf einem **freien Arbeitsplatz** anzubieten.

Verliert der Arbeitnehmer aufgrund seines Widerspruchs mit anschließender Kündigung seinen Arbeitsplatz muss er mit der Arbeitslosengeldsperre rechnen, wenn er keinen wichtigen Grund hatte (§ 159 SGB III 2012; siehe → **Arbeitslosenversicherung: Arbeitslosengeld** Rn. 44 ff.). **48**

Liegen die Voraussetzungen der §§ 111 ff. BetrVG vor, ist zwischen dem »alten« Inhaber und dem Betriebsrat ein → **Interessenausgleich** und → **Sozialplan** für die von Kündigung betroffenen Beschäftigten, die den Widerspruch erhoben haben, abzuschließen. **49**
Ein Widerspruch kann allerdings zum Verlust von Abfindungsansprüchen aus einem → **Sozialplan** führen, wenn er von seinem Geltungsbereich solche Mitarbeiter ausnimmt, die einen angebotenen zumutbaren Arbeitsplatz ablehnen.
Eine solche Regelung gilt nach Ansicht des BAG auch für den Fall, dass Arbeitnehmer dem Übergang ihres Arbeitsverhältnisses im Wege eines Betriebsüberganges nach § 613a BGB **widersprechen** (BAG v. 5.2.1997 – 10 AZR 553/96, AiB 1998, 52). Die Weiterarbeit beim Betriebserwerber nach einem Betriebsübergang im Sinne von § 613a BGB soll dem Arbeitnehmer in der Regel zumutbar sein.

Ein im Zusammenhang mit einer Umwandlung (siehe → **Umwandlung von Unternehmen**) erklärter Widerspruch des Arbeitnehmers ist wirkungslos, wenn der übertragende Rechtsträger infolge einer Verschmelzung erlischt. Denn ein Widerspruch des Arbeitnehmers kann nicht als einseitige Vertragsauflösung angesehen werden (LAG Düsseldorf v. 15.11.2002 – 9 Sa 945/02, AiB 2007, 247). **50**

Betriebsübergang

Widerspruch eines Betriebsratsmitglieds

51 Widerspricht ein Mitglied des Betriebsrats des übergehenden Betriebs dem Übergang seines Arbeitsverhältnisses auf den neuen Inhaber, scheidet es mit dem Betriebsübergang aus dem Betriebsrat aus.
Das gilt jedenfalls dann, wenn der **gesamte Betrieb** auf den neuen Inhaber übergeht – der Betrieb also seine Identität behält (siehe Rn. 30). Dann geht auch der Betriebsrat »über«. Das widersprechende Betriebsratsmitglied bleibt weiter bei dem bisherigen Betriebsinhaber angestellt. Seine Mitgliedschaft im »übergangenen« Betriebsrat erlischt nach § 24 Nr. 4 BetrVG (Verlust der Wählbarkeit; vgl. Fitting, BetrVG, 26. Aufl., § 1 Rn. 140).
Wenn der bisherige Inhaber das widersprechende Betriebsratsmitglied zu kündigen beabsichtigt, soll der auf den neuen Betriebsinhaber »übergegangene« Betriebsrat nach Ansicht des BAG bei einer Kündigung **nicht mehr zu beteiligen** sein (BAG v. 25. 5. 2000 – 8 AZR 416/99, NZA 2000, 1115).
Auch der besondere Kündigungsschutz nach § 15 Abs. 1 Satz 1 KSchG soll nicht mehr eingreifen, wohl aber der nachwirkende Kündigungsschutz gemäß § 15 Abs. 1 Satz 2 KSchG (siehe → **Kündigungsschutz [besonderer]**).
Allerdings kann nach § 15 Abs. 4 KSchG eine Kündigung gerechtfertigt sein. Denn die Vorschrift gilt nach der Rechtsprechung nicht nur bei Stilllegung eines Betriebs, sondern auch im Falle eines Betriebsübergangs, wenn der Mandatsträger dem Übergang seines Arbeitsverhältnisses widerspricht (vgl. BAG v. 25. 5. 2000 – 8 AZR 416/99, a. a. O.).
Wenn nur ein **Teilbetriebsübergang** stattfindet (siehe Rn. 32 ff.) und ein Betriebsratsmitglied dem übergehenden Betriebsteil zuzuordnen ist, gilt Folgendes:
- der Betriebsrat bleibt weiterhin beim bisherigen Betriebsinhaber im Amt (mit Übergangsmandat für den übergegangenen Betriebsteil);
- wenn das Betriebsratsmitglied dem Übergang seines Arbeitsverhältnisses widerspricht, bleibt er weiter beim bisherigen Inhaber angestellt und somit weiterhin Mitglied des Betriebsrats.

> **Beispiel:**
> Ein Betriebsratsmitglied ist in der Logistik der X-GmbH als Lagerarbeiter beschäftigt. Die Logistik wird an die Y-GmbH veräußert und geht auf diese Firma gemäß § 613 a BGB über. Wenn das Betriebsratsmitglied dem Übergang seines Arbeitsverhältnisses auf die Y-GmbH widerspricht, bleibt es weiter bei der X-GmbH angestellt und damit auch weiterhin Mitglied des dort bestehenden Betriebsrats.

Wenn der bisherige Inhaber das widersprechende Betriebsratsmitglied zu **kündigen** beabsichtigt, findet § 15 Abs. 5 KSchG entsprechende Anwendung. Auch in diesem Fall entfällt auf Dauer jede Beschäftigungsmöglichkeit für den Mandatsträger in der betreffenden übergegangenen Betriebsabteilung. Der Mandatsträger ist allerdings vorrangig in andere beim bisherigen Inhaber verbleibende Betriebsabteilungen zu übernehmen und weiter zu beschäftigen. Ist dies aber aus betrieblichen Gründen nicht möglich, kann eine betriebsbedingte Kündigung entsprechend § 15 Abs. 4 KSchG zulässig sein.

Wiedereinstellungsanspruch – Fortsetzungsverlangen

52 Nach richtiger Ansicht des BAG ist der Arbeitgeber nach den Grundsätzen von Treu und Glauben (§ 242 BGB) verpflichtet, einen Arbeitnehmer, den er zunächst wirksam aus dringenden Gründen gekündigt hat, **wieder einzustellen**, wenn sich nach dieser Kündigung eine neue Sachlage ergibt, die eine Weiterbeschäftigung des gekündigten Arbeitnehmer ermöglicht. Dies gilt jedenfalls dann, wenn die neue, die Weiterbeschäftigung ermöglichende Sachlage –

Betriebsübergang

etwa eine Fortführung des Betriebs durch einen Betriebserwerber – noch **während des Laufs der Kündigungsfrist** entsteht.

Eine vom Arbeitgeber mit einer Stilllegungsabsicht begründete **Kündigung** ist nur dann sozial gerechtfertigt, wenn die geplante Maßnahme sich nicht als Betriebsveräußerung (Betriebsübergang) darstellt, sondern als Betriebsstilllegung (BAG v. 30. 10. 2008 – 8 AZR 397/07, NZA 2009, 485; siehe auch Rn. 7).

Wenn sich vor Ablauf der Kündigungsfrist herausstellt, dass entgegen der ursprünglichen Planung ein Betrieb oder Betriebsteil nicht stillgelegt, sondern von einem neuen Betriebsinhaber übernommen werden soll, kann dem (zunächst) wirksam betriebsbedingt gekündigten Arbeitnehmer ein Wiedereinstellungsanspruch zustehen.

Das Fortsetzungs- und Wiedereinstellungsverlangen muss der Arbeitnehmer nach Ansicht des BAG allerdings, entsprechend der Frist zur Einlegung eines Widerspruchs (§ 613 a Abs. 6 BGB), binnen einer Frist von **einem Monat nach Kenntniserlangung** von den den Anspruch begründenden Tatsachen geltend machen (BAG v. 25. 10. 2007 – 8 AZR 989/06, NZA 2008, 357). Haben aber bisheriger Arbeitgeber oder Betriebserwerber gegen die Informationspflicht nach § 613 a Abs. 5 BGB dergestalt verstoßen, dass die Arbeitnehmer über einen erfolgenden oder bereits erfolgten Betriebsübergang überhaupt nicht unterrichtet wurden, so beginnt für ein Fortsetzungsverlangen der betroffenen Arbeitnehmer eine Frist nicht zu laufen.

Allerdings kann das Fortsetzungsverlangen des Arbeitnehmers wegen **Verwirkung** ausgeschlossen sein (BAG v. 27. 1. 2011 – 8 AZR 326/09, NZA 2011, 1162).

Noch nicht eindeutig geklärt ist, ob ein Wiedereinstellungsanspruch nach betriebsbedingter Kündigung auch entsteht, wenn die neue Sachlage erst **nach Ablauf der Kündigungsfrist** eintritt: ablehnend hierzu der 7. Senat des BAG (Urteil v. 6. 8. 1997 – 7 AZR 557/96, NZA 1998, 254; 28. 6. 2000 – 7 AZR 904/98, NZA 2000, 1097); offen gelassen vom 2. Senat (BAG v. 4. 12. 1997 – 2 AZR 140/97, AiB 1998, 408: »*Unentschieden bleibt, ob ein Wiedereinstellungsanspruch auch dann entstehen kann, wenn der Arbeitgeber erst nach Ablauf der Kündigungsfrist die Unternehmerentscheidung, die zur Entlassung geführt hat, aufhebt oder ändert (Abgrenzung zu BAG v. 6. 8. 1997 – 7 AZR 557/96, NZA 1998, 254).*«

Nach Ansicht des 8. Senats kommt ein Wiedereinstellungsanspruch ausnahmsweise in Betracht, wenn die Weiterbeschäftigungsmöglichkeit erst nach Ablauf der Kündigungsfrist **entsteht** (BAG v. 25. 10. 2007 – 8 AZR 989/06, AiB 2008, 611; 21. 8. 2008 – 8 AZR 201/07, NZA 2009, 29).

Die Rechtsprechung zum Wiedereinstellungsanspruch bedeutet für den Betriebsrat: Er muss den Arbeitgeber zur Wiedereinstellung auffordern, wenn der ursprüngliche Kündigungsgrund weggefallen ist, und die gekündigten Arbeitnehmer über ihren hieraus resultierenden Fortsetzungs- bzw. Wiedereinstellungsanspruch informieren.

Das sollte der Betriebsrat auch in Bezug auf solche gekündigten Arbeitnehmer tun, deren Kündigungsfrist bereits abgelaufen ist.

Arbeitshilfen

Übersichten
- Outsourcing: Was spricht dafür, was spricht dagegen?
- Geltung von Betriebsvereinbarungen bei Betriebsübergang gemäß § 613a Abs. 1 BGB
- Tarifbindung bei Betriebsübergang gemäß § 613a Abs. 1 BGB
- Haftung des alten und neuen Inhabers nach Betriebsübergang gemäß § 613a Abs. 2 BGB
- Betriebsübergang und Tarifvertrag

Betriebsübergang

Checkliste

Musterschreiben

- Spaltung oder Zusammenlegung von Betrieben und Unternehmen (Umstrukturierung)
- Outsourcing, Unternehmensteilung, Betriebsaufspaltung, Betriebsänderung, Betriebsübergang – Eckpunkte einer Vereinbarung

Übersicht: Outsourcing: Was spricht dafür, was spricht dagegen?[1]

Dafür	Dagegen
1. Strategie	**1. Strategie**
• Konzentration auf Kerngeschäft • Kleinere Organisation • Kooperation statt Hierarchie • Flexibilität • Risikotransfer • Standardisierung	• Entstehen nicht umkehrbarer Abhängigkeiten • Störung zusammengehörender Prozesse • Langfristige Kostensteigerung • Kommunikationsprobleme allgemein • Weniger informelle Kommunikation • Entscheidung schwer umkehrbar
2. Leistung	**2. Leistung**
• Hohe Kompetenz des Anbieters • Klar definierte Leistungen und Verantwortlichkeit • Raschere Verfügbarkeit von Kapazitäten	• Kompetenzverlust • Übervorteilung durch Informationsdefizite • Überwindung räumlicher Distanzen
3. Kosten	**3. Kosten**
• Kostenreduktion im laufenden Betrieb • Variable statt fixe Kosten • Kostentransparenz • Risikominimierung	• Transaktionskosten • Bezugsgrößenbestimmung für Entgelt • Kosten schwer zu berechnen • Drohende Preissteigerung
4. Personal	**4. Personal**
• Weniger Probleme bei Personalbeschaffung und Qualifizierung	• Motivationsprobleme • Soziale Folgekosten
5. Finanzen	**5. Finanzen**
• Finanzmittelbeschaffung • Auswirkung auf Jahresabschluss	• Geringere finanzielle Reserven

---

1 Quelle: IG Metall (Hrsg.), Handlungshilfen für Betriebsräte bei Unternehmensumwandlung.

Betriebsübergang

Übersicht: Geltung von Betriebsvereinbarungen bei Betriebsübergang gemäß § 613a Abs. 1 BGB

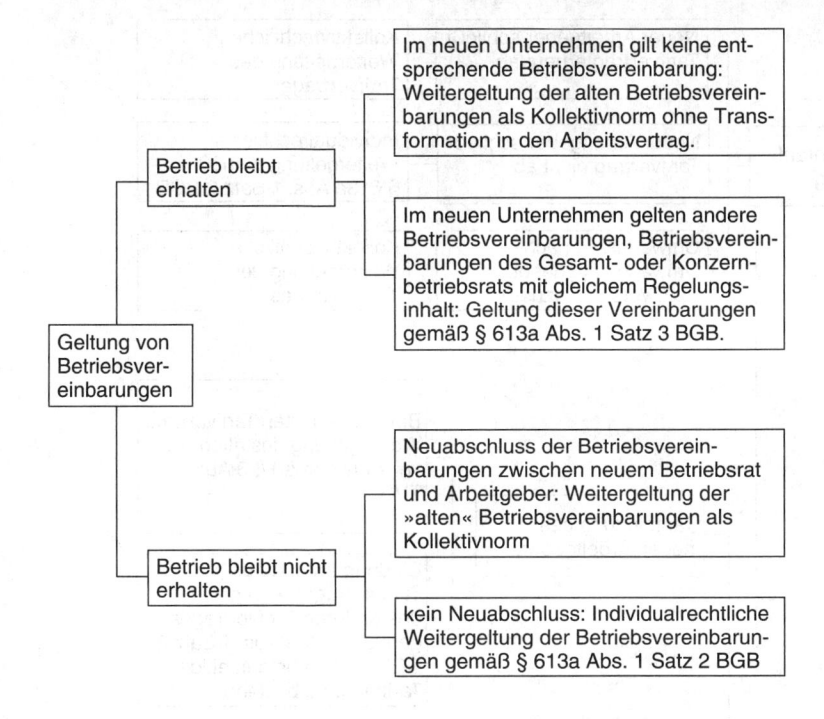

- **Geltung von Betriebsvereinbarungen**
  - **Betrieb bleibt erhalten**
    - Im neuen Unternehmen gilt keine entsprechende Betriebsvereinbarung: Weitergeltung der alten Betriebsvereinbarungen als Kollektivnorm ohne Transformation in den Arbeitsvertrag.
    - Im neuen Unternehmen gelten andere Betriebsvereinbarungen, Betriebsvereinbarungen des Gesamt- oder Konzernbetriebsrats mit gleichem Regelungsinhalt: Geltung dieser Vereinbarungen gemäß § 613a Abs. 1 Satz 3 BGB.
  - **Betrieb bleibt nicht erhalten**
    - Neuabschluss der Betriebsvereinbarungen zwischen neuem Betriebsrat und Arbeitgeber: Weitergeltung der »alten« Betriebsvereinbarungen als Kollektivnorm
    - kein Neuabschluss: Individualrechtliche Weitergeltung der Betriebsvereinbarungen gemäß § 613a Abs. 1 Satz 2 BGB

Betriebsübergang

Übersicht: Tarifbindung bei Betriebsübergang gemäß § 613a Abs. a BGB

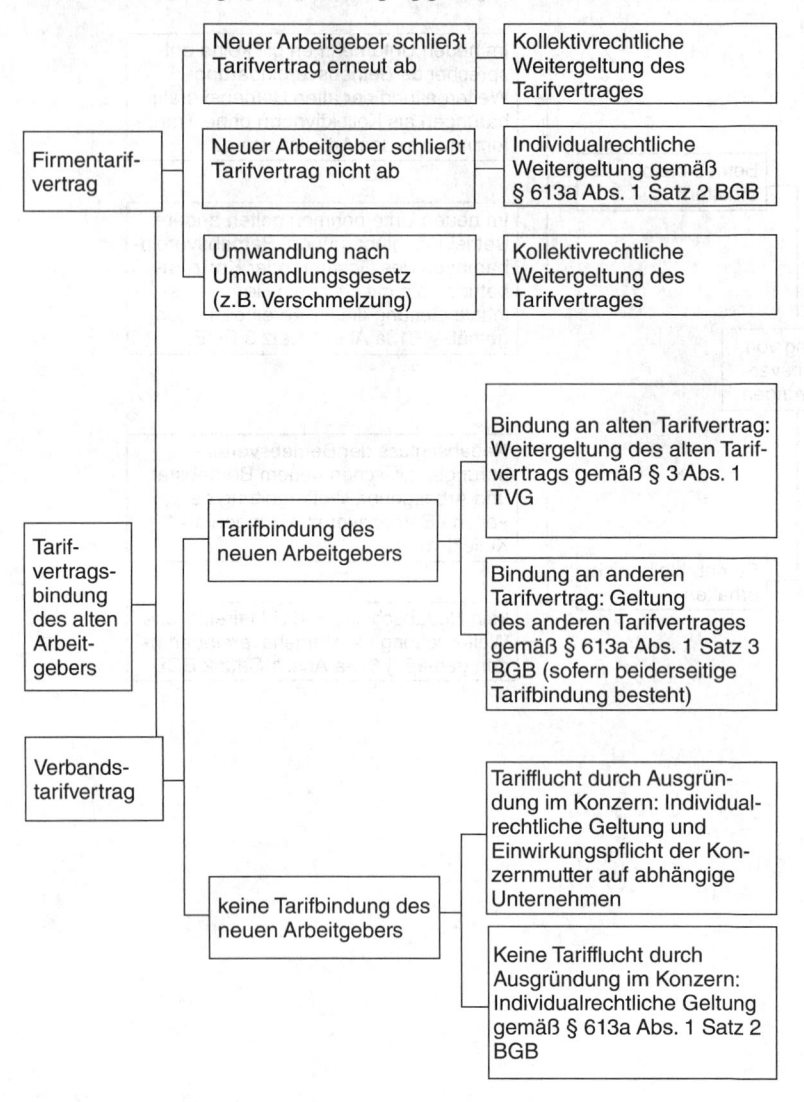

Firmentarifvertrag:
- Neuer Arbeitgeber schließt Tarifvertrag erneut ab → Kollektivrechtliche Weitergeltung des Tarifvertrages
- Neuer Arbeitgeber schließt Tarifvertrag nicht ab → Individualrechtliche Weitergeltung gemäß § 613a Abs. 1 Satz 2 BGB
- Umwandlung nach Umwandlungsgesetz (z.B. Verschmelzung) → Kollektivrechtliche Weitergeltung des Tarifvertrages

Tarifvertragsbindung des alten Arbeitgebers / Verbandstarifvertrag:

- Tarifbindung des neuen Arbeitgebers:
  - Bindung an alten Tarifvertrag: Weitergeltung des alten Tarifvertrags gemäß § 3 Abs. 1 TVG
  - Bindung an anderen Tarifvertrag: Geltung des anderen Tarifvertrages gemäß § 613a Abs. 1 Satz 3 BGB (sofern beiderseitige Tarifbindung besteht)

- keine Tarifbindung des neuen Arbeitgebers:
  - Tarifflucht durch Ausgründung im Konzern: Individualrechtliche Geltung und Einwirkungspflicht der Konzernmutter auf abhängige Unternehmen
  - Keine Tarifflucht durch Ausgründung im Konzern: Individualrechtliche Geltung gemäß § 613a Abs. 1 Satz 2 BGB

Betriebsübergang

Übersicht: Haftung des alten und neuen Inhabers nach Betriebsübergang gemäß § 613 a Abs. 2 BGB

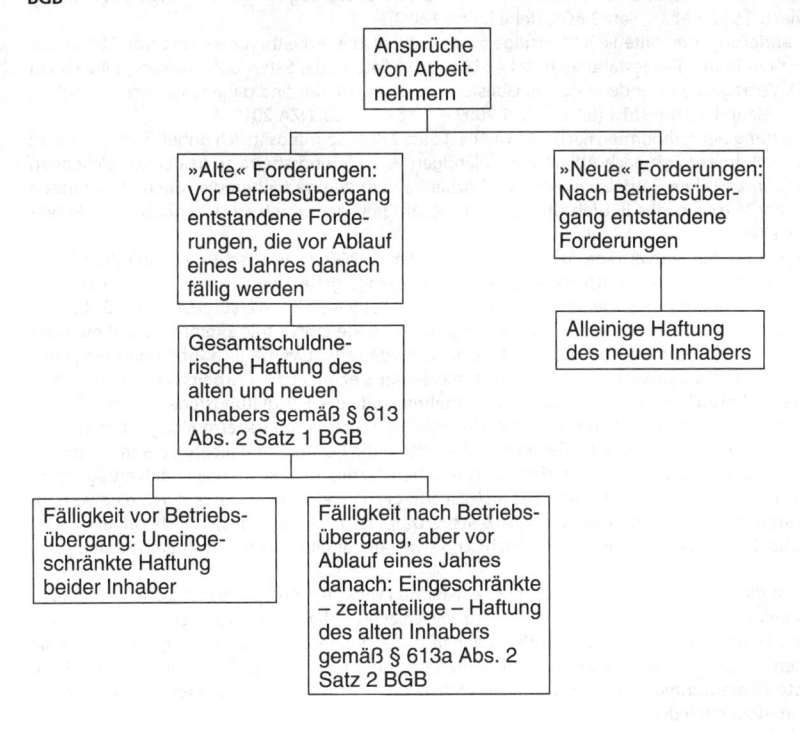

```
                        ┌──────────────┐
                        │  Ansprüche   │
                        │ von Arbeit-  │
                        │  nehmern     │
                        └──────┬───────┘
                ┌──────────────┴──────────────┐
    »Alte« Forderungen:                »Neue« Forderungen:
    Vor Betriebsübergang               Nach Betriebsüber-
    entstandene Forde-                 gang entstandene
    rungen, die vor Ablauf             Forderungen
    eines Jahres danach
    fällig werden
                │                              │
    Gesamtschuldne-                    Alleinige Haftung
    rische Haftung des                 des neuen Inhabers
    alten und neuen
    Inhabers gemäß § 613
    Abs. 2 Satz 1 BGB
    ┌───────────┴───────────┐
Fälligkeit vor Betriebs-   Fälligkeit nach Betriebs-
übergang: Uneinge-         übergang, aber vor
schränkte Haftung          Ablauf eines Jahres
beider Inhaber             danach: Eingeschränkte
                           – zeitanteilige – Haftung
                           des alten Inhabers
                           gemäß § 613a Abs. 2
                           Satz 2 BGB
```

Übersicht: Betriebsübergang und Tarifvertrag

Der bisher verbandsangehörige Arbeitgeber überträgt den Betrieb ganz oder teilweise auf ein (ggf. neu gegründetes) – nicht oder anderweitig tarifgebundenes – Unternehmen (§ 613 a BGB Abs. 1 Satz 2 bis 4 BGB):

Fall 1 (der neue Betriebsinhaber ist nicht tarifgebunden):
Diejenigen Rechte und Pflichten eines übergehenden Arbeitsverhältnisses, die zum Zeitpunkt des Betriebsübergangs aufgrund beiderseitiger Tarifgebundenheit des alten Arbeitgebers und der gewerkschaftlich organisierten Arbeitnehmer (§ 3 Abs. 1 TVG) durch Rechtsnormen eines Tarifvertrags geregelt sind, werden nach § 613 a Abs. 1 Satz 2 BGB in das Arbeitsverhältnis zwischen dem (nicht tarifgebundenen) Betriebserwerber und den – zum Zeitpunkt des Betriebsübergangs beschäftigten – gewerkschaftlich organisierten Arbeitnehmern **transformiert**. Sie gelten zwingend weiter und dürfen vor Ablauf eines Jahres nach dem Betriebsübergang nicht zum Nachteil des Arbeitnehmers verändert werden – weder durch Änderungsvertrag noch durch → **Änderungskündigung** (sog. **Veränderungssperre**).
Die Wirkung des § 613 a Abs. 1 Satz 2 BGB (Weitergeltung der »alten« Tarifverträge mit **einjähriger Veränderungssperre**) tritt nicht ein, wenn beim neuen Inhaber Tarifverträge bestehen, die die **gleichen Sachverhalte regeln** und an die **beide Seiten** (Betriebserwerber und Arbeitnehmer) **tarifgebunden** sind (§ 613 Abs. 1 Satz 3 BGB; siehe hierzu Fall 2).
Vor Ablauf eines Jahres können die Rechte und Pflichten geändert werden, wenn der Tarifvertrag innerhalb der Jahresfrist **abläuft** (z. B. weil er gekündigt wurde oder befristet war; § 613 a Abs. 1 Satz 4 BGB erste Alternative). Gleiches gilt, wenn die Anwendung eines anderen Tarifvertrages zwischen dem

Betriebsübergang

neuen Betriebsinhaber und dem Arbeitnehmer arbeitsvertraglich vereinbart wird (§ 613 a Abs. 1 Satz 4 BGB zweite Alternative; sind beide Seiten an den anderen Tarifvertrag tarifgebunden, dann gilt dieser bereits nach § 613 a Abs. 1 Satz 3 BGB; siehe hierzu Fall 2).

Eine **Veränderung** der »alten« Tarifverträge zum Nachteil des Arbeitnehmers sind vor Ablauf der Jahresfrist nur in den Fallgestaltungen des § 613 a Abs. 1 Satz 3 oder Satz 4 BGB zulässig (siehe hierzu Rn. 22 ff.). Vertragliche Veränderungen zu Gunsten des Beschäftigten sind dagegen jederzeit möglich, auch vor Ablauf der Jahresfrist (BAG v. 22.4.2009 – 4 AZR 100/08, NZA 2010, 41).

Die Fortgeltung der Tarifnormen nach § 613 a Abs. 1 Satz 2 BGB ist grundsätzlich **unbefristet**. Das heißt: wenn es auch in der Zeit nach Ablauf der einjährigen Veränderungssperre zu keiner abweichenden Vereinbarung zwischen Betriebserwerber und Arbeitnehmer kommt, gelten die »alten« Tarifnormen für die zum Zeitpunkt des Betriebsübergangs beschäftigten gewerkschaftlich organisierten Arbeitnehmer weiter.

Die Fortgeltung der Tarifverträge nach § 613 a Abs. 1 Satz 2 BGB ist »**statisch**«. Die tariflichen Regelungen werden in der zum Zeitpunkt des Betriebsübergangs geltenden Fassung in das Arbeitsverhältnis mit dem Betriebserwerber übertragen (BAG v. 4.8.1999 – 5 AZR 642/98, NZA 2000, 154 ff.). Das heißt: spätere Tarifänderungen (z. B. Tariferhöhungen) bzw. neue Tarifverträge kommen nicht mehr auf das Arbeitsverhältnis zur Anwendung (es sei denn, sie werden arbeitsvertraglich »übernommen«, etwa durch dynamische arbeitsvertragliche Bezugnahmeklausel; siehe hierzu → **Arbeitsvertrag** Rn. 16 ff.).

Für **gewerkschaftlich nicht organisierte Arbeitnehmer** gilt die Fortgeltungsregelung des § 613 a Abs. 1 Satz 2 BGB nicht – und damit auch nicht die einjährige Veränderungssperre. Maßgeblich ist allein § 613 a Abs. 1 Satz 1 BGB: der neue Betriebsinhaber tritt in die Rechte und Pflichten der im Zeitpunkt des Betriebsübergangs bestehenden arbeitsvertraglichen Rechte und Pflichten ein. Tarifverträge kommen nur dann zur Anwendung, wenn das arbeitsvertraglich vereinbart ist (etwa durch eine vertragliche Bezugnahmeklausel; siehe hierzu → **Arbeitsvertrag** Rn. 16 ff.). Vertragliche Änderungen – auch zum Nachteil des Arbeitnehmers – sind auch schon vor Ablauf eines Jahres nach Betriebsübergang möglich.

Oft werden die Arbeitnehmer nach Ablauf der einjährigen Veränderungssperre mit allerlei Drohungen zum Abschluss von – das bisherige Tarifniveau verschlechternden – vertraglichen Vereinbarungen »bewegt«. Dieser Variante der »**Tarifflucht**« können die Arbeitnehmer dadurch begegnen, dass sie zusammen mit ihrer Gewerkschaft einen Firmentarifvertrag fordern und ggf. erstreiken. Siehe hierzu **Checkliste Firmentarifvertrag** im Anhang zum Stichwort → **Arbeitgeber**. Auf diese Weise kann die volle Tarifbindung wieder hergestellt werden.

Fall 2 (der neue Betriebsinhaber ist an andere Tarifverträge mit der *gleichen Gewerkschaft* **– z. B. Firmentarifvertrag – gebunden):**

Die Wirkung des § 613 a Abs. 1 Satz 2 BGB (Weitergeltung der »alten« Tarifverträge mit **einjähriger Veränderungssperre**) tritt nicht ein, wenn »die Rechte und Pflichten bei dem neuen Inhaber durch Rechtsnormen eines anderen Tarifvertrags geregelt werden« (§ 613 a Abs. 1 Satz 3 BGB). Es gelten dann diese anderen Tarifverträge. Die »alten« Tarifverträge werden verdrängt.

Eine Verdrängung der »alten« Tarifverträge gemäß § 613 a Abs. 1 Satz 3 BGB erfolgt allerdings nur dann, wenn die beim Betriebserwerber geltenden anderen Tarifverträge denselben Gegenstand regeln (BAG v. 20.4.1994 – 4 AZR 342/93, AiB 1995, 194). Soweit sich die Regelungsbereiche nicht decken, gelten die Regelungen des »alten« Tarifvertrages nach § 613 a Abs. 1 Satz 2 BGB weiter.

§ 613 a Abs. 1 Satz 3 BGB setzt zudem voraus, dass beiderseitige Tarifbindung an die beim Betriebserwerber zur Anwendung kommenden Tarifverträge besteht (sog. **kongruente Tarifbindung**; vgl. ArbG Lübeck v. 15.8.1996 – 1 Ca 525/96, AiB 1997, 418; BAG v. 30.8.2000 – 4 AZR 581/99, NZA 2001, 510; 21.2.2001 – 4 AZR 18/00, NZA 2001, 1318; 11.5.2005 – 4 AZR 315/04, NZA 2005, 1362). Das ist hier der Fall: sowohl der neue Betriebsinhaber als auch die gewerkschaftlich organisierten Arbeitnehmer sind an die neuen Tarifverträge gebunden.

Fall 3 (der neue Betriebsinhaber ist an andere Tarifverträge mit einer *anderen Gewerkschaft* **gebunden):**

Es gilt das zum Fall 1 Gesagte: die bisher kraft beiderseitiger Tarifbindung (§ 3 Abs. 1 TVG) auf das Arbeitsverhältnis anzuwendenden Tarifnormen aus den bisherigen Verbandstarifverträgen gelten nach § 613 a Abs. 1 Satz 2 BGB weiter und dürfen **vor Ablauf eines Jahres** nicht zum Nachteil der

Betriebsübergang

gewerkschaftlich organisierten Beschäftigten verändert werden (weder durch Änderungskündigung noch durch Änderungsvereinbarung; sog. **Veränderungssperre**). Die mit der anderen Gewerkschaft abgeschlossenen (ggf. schlechteren) Tarifverträge gelten wegen des Erfordernisses der beiderseitigen Tarifbindung nur dann, wenn die Arbeitnehmer in die andere Gewerkschaft übertreten (§ 613 a Abs. 1 Satz 3 BGB; vgl. BAG v. 30. 8. 2000 – 4 AZR 581/99, NZA 2001, 510; 21. 2. 2001 – 4 AZR 18/00, NZA 2001, 1318; ArbG Lübeck v. 15. 8. 1996 – 1 Ca 525/96, AiB 1997, 418).

Rechtsprechung

1. Anwendbarkeit des § 613 a BGB – Betriebsübergangsrichtlinie
2. Begriff des Betriebsübergangs: Wechsel der Inhaberschaft – Funktionsnachfolge – Wahrung der Identität der wirtschaftlichen Einheit
3. Begriff des Betriebsübergangs: Weitere Einzelfälle
4. Betriebsübergang ins nahe Ausland
5. Abgrenzung Betriebsstilllegung (§ 111 Satz 3 Nr. 1 BetrVG) – Betriebsübergang
6. Zeitpunkt des Betriebsübergangs
7. Übergang des Arbeitsverhältnisses (§ 613 a Abs. 1 Satz 1 BGB) – Fortsetzungsverlangen gegenüber dem Betriebserwerber – Frist
8. Übergang eines Altersteilzeitarbeitsverhältnisses
9. Übergang des Kündigungsschutzes bei Übergang auf Kleinbetriebsinhaber?
10. Keine Umgehung der zwingenden gesetzlichen Rechtsfolgen des § 613 a Abs. 1 BGB
11. Weitergeltung von Tarifnormen (§ 613 a Abs. 1 Satz 2 bis 4 BGB)
12. Vertragliche Bezugnahme auf Tarifverträge – Gleichstellungsabrede
13. Weitergeltung von Betriebsvereinbarungen und Gesamtbetriebsvereinbarungen (§ 613 a Abs. 1 Satz 2 bis 4 BGB)
14. Ablösung einer Betriebsvereinbarung durch Betriebsvereinbarung beim Betriebserwerber
15. Weitergeltung einer betrieblichen Vergütungsordnung nach Betriebsübergang
16. Vereinbarungen zwischen Arbeitnehmer und Betriebserwerber
17. Gleichbehandlung der übernommenen Arbeitnehmer im Erwerberbetrieb?
18. Information der Arbeitnehmer (§ 613 a Abs. 5 BGB) – Widerspruchsrecht (§ 613 a Abs. 6 BGB) – Form – Frist
19. Widerspruch eines Mitglieds der Personalvertretung
20. Gesetzlich angeordnete Überleitung des Arbeitsverhältnisses – Ausschluss des Widerspruchsrechts
21. Kein Widerspruchsrecht bei gesellschaftsrechtlicher Gesamtrechtsnachfolge
22. Widerspruch des Arbeitnehmers und Kündigung durch den Betriebsveräußerer – Soziale Auswahl
23. Widerspruch des Arbeitnehmers und Anspruch aus Sozialplan?
24. Kündigung bei Betriebsübergang (§ 613 a Abs. 4 BGB)
25. Kündigung eines schwerbehinderten Arbeitnehmers bei Betriebsübergang
26. Aufhebungsvertrag und Eigenkündigung beim Betriebsübergang – Umgehung des § 613 a BGB – Wechsel in Auffanggesellschaft / Beschäftigungs- und Qualifizierungsgesellschaft
27. Befristung des Arbeitsvertrags zur Umgehung des § 613 a Abs. 4 BGB
28. Prozessvergleich zwischen Arbeitnehmer und Betriebsveräußerer nach dem Betriebsübergang
29. Wiedereinstellungsanspruch nach Kündigung – Betriebsübergang statt Stilllegung

Betriebsübergang

30. Rechtsstellung des Betriebsrats
31. Betriebsübergang – Betriebsänderung (§ 111 BetrVG) – Sozialplan (§ 112 BetrVG)
32. Betriebsteilübergang – Fremdvergabe (Outsourcing) – Betriebsänderung in Form der Spaltung (§ 111 Satz 3 Nr. 3 BetrVG)
33. Berufung des Betriebsveräußerers auf die Unwirksamkeit des Aufhebungsvertrags – Tariflicher Abfindungsanspruch
34. Betriebs-/Unternehmensübergang bei freiwilliger Liquidation des Unternehmens
35. Ausgleichsverpflichtung des bisherigen Betriebsinhabers gegenüber dem Betriebsübernehmer für »Alturlaubsansprüche«
36. Betriebsübergang bei Insolvenz des Arbeitgebers – Haftung des Betriebsübernehmers
37. Rundfunkfreiheit und Betriebsübergang
38. Klage gegen Betriebsveräußerer und Betriebserwerber – Gerichtsstand
39. Betriebsübergang während eines arbeitsgerichtlichen Beschlussverfahrens
40. Sonstiges
41. Betriebsübergang bei Umwandlung von Unternehmen
42. Betriebsübergang und betriebliche Altersversorgung
43. Betriebsübergang und tarifliche Ausschlussfrist
44. Betriebsübergang und Berechnung der Kündigungsfrist (§ 622 Abs. 2 BGB)
45. Betriebsübergang und Altersteilzeit
46. Betriebsübergang und Vorruhestandsregelungen

Betriebsvereinbarung

Was ist das?

Eine **Betriebsvereinbarung** ist ein zwischen Arbeitgeber und Betriebsrat (gegebenenfalls 1
→ **Gesamtbetriebsrat**, → **Konzernbetriebsrat**) geschlossener betriebsverfassungsrechtlicher Vertrag (§ 77 BetrVG).
Die Betriebsvereinbarung dient der generellen Regelung der betrieblichen und betriebsverfassungsrechtlichen Ordnung sowie der Gestaltung der individuellen Rechtsbeziehungen zwischen Arbeitgeber und Arbeitnehmern.
Anders ausgedrückt: Mit der Betriebsvereinbarung werden Rechte und Pflichten beider vertragschließenden Parteien (Arbeitgeber und Betriebsrat), aber auch und insbesondere mit **normativer Wirkung** geltende Rechte und Pflichten der Arbeitnehmer begründet.
In den Angelegenheiten, in denen »*der Spruch der Einigungsstelle die (fehlende) Einigung zwi-* 2
schen Betriebsrat und Arbeitgeber ersetzt« (§ 76 Abs. 5 BetrVG), also in mitbestimmungspflichtigen Angelegenheiten (vgl. z. B. § 87 Abs. 2 BetrVG), können Betriebsvereinbarungen auch gegen den Willen des Arbeitgebers durchgesetzt werden.
Insofern spricht man von »**erzwingbaren Betriebsvereinbarungen**«.
In nicht mitbestimmungspflichtigen Fragen kommen Betriebsvereinbarungen nur zustande, 3
wenn Einvernehmen zwischen Arbeitgeber und Betriebsrat hergestellt werden kann.
In diesem Fall spricht man von »**freiwilligen Betriebsvereinbarungen**«.

Beispiele:
- Vereinbarung über die Modalitäten eines Beschwerdeverfahrens gem. §§ 84, 85, 86 BetrVG (siehe → **Beschwerderecht des Arbeitnehmers**);
- Vereinbarung zusätzlicher, durch Gesetze, Rechtsverordnungen oder Unfallverhütungsvorschriften nicht vorgeschriebener Maßnahmen zur Verhütung von Arbeitsunfällen und Gesundheitsschädigungen (§ 88 Nr. 1 BetrVG; besteht eine Handlungspflicht des Arbeitgebers aufgrund einer konkretisierungsbedürftigen »Rahmenvorschrift«, hat der Betriebsrat nach § 87 Abs. 1 Nr. 7 BetrVG ein volles Initiativ-Mitbestimmungsrecht; siehe → **Arbeitsschutz**);
- Vereinbarungen zum betrieblichen → **Umweltschutz** (§ 88 Nr. 1 a BetrVG);
- Vereinbarungen über die Errichtung von → **Sozialeinrichtungen** (§ 88 Nr. 2 BetrVG);
- Maßnahmen zur Förderung der Vermögensbildung (z. B.: Ausgabe von Belegschaftsaktien; vgl. § 88 Nr. 3 BetrVG);
- Vereinbarungen zur Integration → **ausländischer Arbeitnehmer** sowie zur Bekämpfung von Rassismus und Fremdenfeindlichkeit im Betrieb (§ 88 Nr. 4 BetrVG);
- Vereinbarung darüber, dass → **Kündigungen** durch den Arbeitgeber der Zustimmung des Betriebsrats bedürfen (§ 102 Abs. 6 BetrVG).

Über die vorgenannten Beispiele hinaus können Betriebsvereinbarungen abgeschlossen wer- 4
den in allen sonstigen Angelegenheiten, die innerhalb des weit zu fassenden Rahmens des Betriebsverfassungsgesetzes liegen und die mit dem Inhalt der Arbeitsverhältnisse oder der betriebsverfassungsrechtlichen Gestaltung des Betriebs in weitestem Sinne zu tun haben – vor

Betriebsvereinbarung

allem in solchen Angelegenheiten, in denen der Betriebsrat Aufgaben (vgl. z. B. § 80 Abs. 1 BetrVG) und → **Beteiligungsrechte** hat.

5 Inhalt von Betriebsvereinbarungen können demnach insbesondere sein:
- Regelungen, die sich unmittelbar auf die Gestaltung der Arbeitsverhältnisse beziehen (sog. Abschlussnormen, Inhaltsnormen und Beendigungsnormen)

> **Beispiele:**
> »Arbeitsverträge sowie die einvernehmliche Änderung von Arbeitsverträgen bedürfen der Schriftform« (= Abschlussnorm)
> »Nach zehnjähriger Betriebszugehörigkeit hat der Beschäftigte Anspruch auf Gewährung eines zusätzlichen Urlaubstages, nach 15-jähriger Beschäftigungszeit ...« (= Inhaltsnorm)
> »Kündigungen bedürfen der Zustimmung des Betriebsrats« (§ 102 Abs. 6 BetrVG; = Beendigungsnorm)
> »Die Unterzeichnung eines → **Aufhebungsvertrages** oder einer → **Ausgleichsquittung** kann durch den Arbeitnehmer innerhalb einer Woche schriftlich und mündlich widerrufen werden« (= Beendigungsnorm)
> »Das Arbeitsverhältnis endet mit Vollendung des 65. Lebensjahres. Dies gilt nicht, wenn der Arbeitnehmer noch nicht die Voraussetzungen für den Bezug einer Rente aus der gesetzlichen Rentenversicherung erfüllt ...« (= Beendigungsnorm)

- Regelungen, die sich auf »**betriebliche**« Angelegenheiten beziehen

> **Beispiele:**
> »Betriebsvereinbarung über die Einführung von → **Gleitzeit**«
> »Betriebsvereinbarung über die Einführung von → **Kurzarbeit**«
> »Betriebsvereinbarung über die Einführung und Anwendung eines Personalinformationssystems«

- Regelungen zu »**betriebsverfassungsrechtlichen**« Angelegenheiten

> **Beispiel:**
> »Betriebsvereinbarung über die Errichtung eines paritätischen Ausschusses nach § 28 Abs. 2 BetrVG zur Verwaltung der Werkmietwohnungen«

Rahmenbetriebsvereinbarung – Einzelfallbetriebsvereinbarung

5a Betriebsvereinbarungen können als »Rahmenbetriebsvereinbarung« (mit allgemeinen Regelungen, die für alle zukünftigen Einzelfälle gelten) abgeschlossen werden und/oder durch »Einzelfallbetriebsvereinbarung«.

> **Beachten:**
> Auf keinen Fall darf durch eine Rahmenbetriebsvereinbarung die Mitbestimmung des Betriebsrats im konkreten Einzelfall ausgeschlossen oder eingeschränkt werden. Dieser Hinweis ist geboten, weil arbeitgebernahe »Berater« genau diese Empfehlung geben.

> **Beispiel:**
> In einer von dem **Anwaltsbüro Dr. Schreiner + Partner GbR** durchgeführten Fachtagung für Arbeitgeber mit dem Titel »Brennpunkt Betriebsrat« am 14.11.2013 in Berlin wurde u. a. zu folgendem Thema referiert:
> **Grenzen der Mitbestimmung: Aktuelle Rechtsprechung zu Brennpunkten des Betriebsverfassungsrechts**
> • Grenzen der Mitbestimmung in sozialen, personellen und wirtschaftlichen Angelegenheiten
> • Vermeidung von Einzelfallmitbestimmung durch Rahmenbetriebsvereinbarungen

Betriebsvereinbarung

Tarifvorrang (§ 77 Abs. 3 BetrVG)

Nach § 77 Abs. 3 Satz 1 BetrVG können Arbeitsentgelte und sonstige Arbeitsbedingungen (z. B. Dauer der Arbeitszeit), die durch → **Tarifvertrag geregelt sind oder üblicherweise geregelt** werden, nicht Gegenstand einer Betriebsvereinbarung sein.
Das gilt dann nicht, wenn der Tarifvertrag ergänzende (nach h. M. auch abweichende; vgl. Fitting, BetrVG, 27. Aufl., § 77 Rn. 121) Betriebsvereinbarungen zulässt (§ 77 Abs. 1 Satz 2 BetrVG; sog. **Öffnungsklausel**).
Wird unter Verstoß gegen § 77 Abs. 3 Satz 1 BetrVG eine Betriebsvereinbarung abgeschlossen, ist sie **unwirksam**.

6

Beispiel:
Der tarifgebundene Arbeitgeber möchte die manteltarifvertraglich geregelte regelmäßige wöchentliche Arbeitszeit (z. B. 37,5 Stunden) durch Betriebsvereinbarung (auf z. B. 42 Stunden) erhöhen. Eine solche Betriebsvereinbarung wäre unwirksam.

Die tarifvertragliche »Sperrwirkung« führt sogar zur Unwirksamkeit von Betriebsvereinbarungen, die »günstiger« sind als der Tarifvertrag (siehe → **Günstigkeitsprinzip**), es sei denn, der Tarifvertrag enthält eine Öffnungsklausel.

6a

Beispiel:
Der Tarifvertrag sieht eine Mehrarbeitszulage von 25 Prozent vor. Durch Betriebsvereinbarung wird die Mehrarbeitszulage auf 40 Prozent erhöht. Die Betriebsvereinbarung ist wegen Verstoßes gegen § 77 Abs. 3 BetrVG unwirksam.

Auf einen → **Sozialplan** ist § 77 Abs. 3 BetrVG nicht anzuwenden (§ 112 Abs. 1 Satz 4 BetrVG). Das heißt: Insoweit gilt die Sperrwirkung des Tarifvertrags nicht. Es können also tariflich geregelte Arbeitsentgelte und sonstige tariflichen Arbeitsbedingungen im Sozialplan abweichend vom Tarifvertrag geregelt werden – allerdings nur zugunsten der Arbeitnehmer. Dagegen darf ein Sozialplan tarifliche Regelungen nicht verschlechtern (BAG v. 6.12.2006 – 4 AZR 798/05, NZA 2007, 821; vgl. Fitting, BetrVG, 27. Aufl., §§ 112, 112 a Rn. 182, 183).

6b

§ 77 Abs. 3 Satz 1 BetrVG hat den **Zweck**, eine Aushöhlung der durch Art. 9 Abs. 3 GG garantierten Tarifautonomie von der betrieblichen Seite her zu verhindern, indem er der tarifvertraglichen Regelung der Arbeitsbedingungen den Vorrang einräumt (**Tarifvorrang**). Die Kernthemen des Arbeitsverhältnisses (Höhe des Arbeitsentgelts, Dauer der geschuldeten Arbeitszeit, Dauer des Urlaubs usw.), sollen durch Tarifvertrag geregelt werden, nicht durch Betriebsvereinbarung.

6c

Auf diese Weise wird ein allzu starkes Auseinanderfallen der Arbeitsbedingungen in den Betrieben, die vom Geltungsbereich des Tarifvertrags erfasst werden, vermieden.
Dies kommt auch den Arbeitgebern zugute. Denn der Tarifvertrag begründet während seiner Laufzeit eine relative Friedenspflicht und schafft in den tarifgebundenen Unternehmen/Betrieben gleiche Wettbewerbsbedingungen.
Nachstehend ein Auszug aus BAG v. 13.3.2012 – 1 AZR 659/10, NZA 2012, 990: »*Das Regelungssystem von § 77 Abs. 3 Satz 1, § 87 Abs. 1 Eingangshalbs. BetrVG bewirkt keinen Eingriff in die Koalitionsfreiheit nicht tarifgebundener Arbeitnehmer. Die Regelungssperre des § 77 Abs. 3 Satz 1 BetrVG ist geeignet und erforderlich, die Tarifnormen der vorrangig zur Ausgestaltung der Arbeitsbedingungen aufgerufenen Arbeitnehmer- und Arbeitgeberkoalitionen gegen eine konkurrierende betriebliche Rechtsetzung abzusichern. Diese würde den Bestand des Tarifvertragssystems gefährden und zugleich die den Koalitionen durch Art. 9 Abs. 3 GG zugewiesene Aufgabe, die Arbeitsbedingungen und Wirtschaftsbedingungen in eigener Verantwortung und im Wesentlichen ohne staatliche Einflussnahme zu gestalten, in Frage stellen. Die mit dem Tarifvorrang verbun-*

Betriebsvereinbarung

denen Auswirkungen für die nicht tarifgebundenen Arbeitnehmer erweisen sich auch nicht als unverhältnismäßig. Deren Schutzbedürfnis wird dadurch ausreichend Rechnung getragen, dass im Betrieb eines tarifgebundenen Arbeitgebers tarifliche Betriebsnormen für alle Arbeitnehmer im Geltungsbereich des Tarifvertrags Anwendung finden (§ 3 Abs. 2 TVG). Daneben ist der tarifgebundene Arbeitgeber betriebsverfassungsrechtlich verpflichtet, auch die tariflichen Inhaltsnormen (§ 3 Abs. 1 TVG) ungeachtet der Tarifbindung der Arbeitnehmer im Betrieb anzuwenden, soweit deren Gegenstände der erzwingbaren Mitbestimmung des § 87 Abs. 1 BetrVG unterliegen.«

7   Die Tarifsperre des § 77 Abs. 3 Satz 1 BetrVG »gegen Betriebsvereinbarungen« gilt auch dann, wenn sich der Tarifvertrag in »**Nachwirkung**« (§ 4 Abs. 5 TVG) befindet. In diesem Falle kommt nämlich die »**Tarifüblichkeitsklausel**« des § 77 Abs. 3 Satz 1 BetrVG (»... oder üblicherweise geregelt werden«) zur Anwendung. Etwas anderes gilt, wenn der Tarifvertrag ergänzende (nach h. M. auch abweichende; vgl. Fitting, BetrVG, 27. Aufl., § 77 Rn. 121) Betriebsvereinbarungen ausdrücklich zulässt (tarifliche Öffnungsklausel).

> **Beispiel:**
> Im Tarifvertrag ist die Dauer der regelmäßigen wöchentlichen Arbeitszeit auf (z. B.) 37,5 Stunden festgelegt.
> Es kommt also die Tarifsperre des § 77 Abs. 3 BetrVG zur Anwendung.
> In einem unter den Geltungsbereich des Tarifvertrags fallenden Betrieb wird die Arbeitszeit per Betriebsvereinbarung auf 40 Stunden/Woche erhöht. Die Betriebsvereinbarung ist wegen Verstoßes gegen § 77 Abs. 3 BetrVG unwirksam.
> Das Gleiche gilt, wenn der Tarifvertrag gekündigt wird und die Nachwirkung nach § 4 Abs. 5 TVG eintritt. Hiernach kann die nachwirkende Tarifregelung durch eine andere Abmachung ersetzt werden, wozu grundsätzlich auch eine Betriebsvereinbarung zählt.
> Dem Abschluss einer vom nachwirkenden Tarifvertrag abweichenden Betriebsvereinbarung steht aber nunmehr die »Tarifüblichkeitsklausel« des § 77 Abs. 3 Satz 1 BetrVG entgegen.
> Das heißt: Die per Nachwirkung geltende tarifliche Arbeitszeit kann nicht durch Betriebsvereinbarung auf 40 Stunden/Woche erhöht werden. Geschieht das dennoch, ist die Betriebsvereinbarung unwirksam.

8   Die Tarifsperre des § 77 Abs. 3 Satz 1 BetrVG kommt nach h. M. und ständiger BAG-Rechtsprechung (vgl. z. B. BAG v. 29. 4. 2004 – 1 ABR 30/02, NZA 2004, 670; 9. 12. 2003 – 1 ABR 52/02, EzA § 77 BetrVG 2001 Nr. 6; vgl. auch Fitting, BetrVG, 27. Aufl., § 77 Rn. 109 ff.) dann nicht zur Anwendung, wenn

- eine Angelegenheit vom Anwendungsbereich des § 87 Abs. 1 BetrVG (soziale Angelegenheiten) **erfasst** wird und
- **keine** abschließende und zwingende Tarifregelung existiert.

Es gilt dann der **eingeschränkte Tarifvorbehalt** des § 87 Abs. 1 Eingangssatz BetrVG (»... soweit eine tarifliche Regelung nicht besteht«).
Es entstehen dann folgende Konsequenzen:

- wenn **keine Tarifregelung** besteht, kann eine Betriebsvereinbarung in einer unter § 87 Abs. 1 BetrVG fallenden Angelegenheit im Mitbestimmungswege abgeschlossen werden (im Nichteinigungsfalle entscheidet gem. § 87 Abs. 2 BetrVG die → **Einigungsstelle**);
- wenn allerdings umgekehrt eine unter den Mitbestimmungskatalog des § 87 Abs. 1 BetrVG fallende Angelegenheit **abschließend und zwingend durch einen Tarifvertrag geregelt** ist, entfällt nicht nur die Mitbestimmung nach § 87 Abs. 1 BetrVG; es kommt auch die Tarifsperre des § 77 Abs. 1 Satz 1 BetrVG zum Zuge: eine vom Tarifvertrag abweichende Betriebsvereinbarung ist unzulässig und unwirksam (BAG v. 29. 4. 2004 – 1 ABR 30/02, NZA 2004, 670; 9. 12. 2003 – 1 ABR 52/02, EzA § 77 BetrVG 2001 Nr. 6; vgl. auch Fitting, BetrVG, 27. Aufl., § 77 Rn. 115); nachstehend ein Auszug aus BAG v. 29. 4. 2004 – 1 ABR 30/02, a. a. O.: »*Nach der ständigen Rechtsprechung des Bundesarbeitsgerichts greift die Sperre*

Betriebsvereinbarung

des § 77 Abs. 3 Satz 1 BetrVG nicht ein, soweit es um Angelegenheiten geht, die nach § 87 Abs. 1 BetrVG der erzwingbaren Mitbestimmung des Betriebsrats unterliegen. *Ein solches Mitbestimmungsrecht setzt freilich nach § 87 Abs. 1 Eingangssatz BetrVG voraus, dass insoweit keine zwingende tarifliche Regelung besteht, an die der Arbeitgeber gebunden ist. § 77 Abs. 3 Satz 1 BetrVG führt daher auch im Anwendungsbereich des § 87 Abs. 1 BetrVG dann zur – vollständigen oder partiellen – Unwirksamkeit einer betrieblichen Regelung, wenn dieser eine zwingende tarifliche Regelung entgegensteht.«*

- wenn der Tarifvertrag z. B. nach einer Kündigung **ablaufen** ist und nunmehr nur noch **nachwirkt** i. S. d. § 4 Abs. 5 TVG, steht einer abweichenden Regelung durch Betriebsvereinbarung im Anwendungsbereich des § 87 Abs. 1 BetrVG nicht mehr eine »zwingende tarifliche Regelung entgegen«. Deshalb kann in einer Angelegenheit, die vom **Mitbestimmungskatalog** des § 87 Abs. 1 BetrVG **erfasst** wird, die nachwirkende Tarifregelung durch eine andere Abmachung – auch durch eine Betriebsvereinbarung – ersetzt werden. Die »Tariffüblichkeitsklausel« des § 77 Abs. 3 Satz 1 BetrVG (siehe Rn. 6 d) steht dem nicht entgegen.

> **Beispiel (wirksame Betriebsvereinbarung):**
> Im Tarifvertrag ist geregelt, dass die tarifliche regelmäßige wöchentliche Arbeitszeit auf die Tage von Montag bis Freitag verteilt wird (5-Tage-Woche).
> Hierbei handelt es sich um ein Thema, das unter den Mitbestimmungstatbestand des § 87 Abs. 1 Nr. 2 BetrVG fällt (Lage und Verteilung der Arbeitszeit).
> Die Tarifsperre des § 77 Abs. 3 BetrVG wird durch den Tarifvorbehalt des § 87 Abs. 1 Eingangssatz BetrVG verdrängt.
> Solange die tarifliche Verteilungsregelung ungekündigt ist, ist nicht nur die Mitbestimmung des Betriebsrats zu dieser Frage ausgeschlossen, sondern auch der Abschluss einer abweichenden Betriebsvereinbarung.
> Wenn allerdings der Tarifvertrag (z. B. nach einer Kündigung) abläuft und damit die tarifliche Verteilungsregelung nunmehr in den Zustand der Nachwirkung übergeht (§ 4 Abs. 5 TVG), kann sie durch eine andere Abmachung ersetzt werden. Eine solche Abmachung kann in Fragen, die vom Mitbestimmungskatalog des § 87 Abs. 1 BetrVG erfasst werden (etwa die Verteilung der Arbeitszeit) auch eine Betriebsvereinbarung sein.

> **Anderes Beispiel (unwirksame Betriebsvereinbarung):**
> Im Tarifvertrag ist die Dauer der regelmäßigen wöchentlichen Arbeitszeit auf (z. B.) 37,5 Stunden festgelegt.
> Hierbei handelt es sich um ein Thema, das nicht von § 87 Abs. 1 Nr. 2 oder 3 BetrVG erfasst wird (der Betriebsrat hat nur über Lage und Verteilung der regelmäßigen Arbeitszeit mitzubestimmen, nicht über ihre Dauer).
> Es kommt also die Tarifsperre des § 77 Abs. 3 BetrVG zur Anwendung. Die Vorschrift wird nicht nicht durch § 87 BetrVG verdrängt.
> Nunmehr wird der Tarifvertrag gekündigt, so dass die Nachwirkung nach § 4 Abs. 5 TVG eintritt.
> Daraufhin wird die Arbeitszeit per Betriebsvereinbarung auf 40 Stunden/Woche erhöht. Die Betriebsvereinbarung ist wegen Verstoßes gegen § 77 Abs. 3 BetrVG unwirksam.

- wenn die nachwirkende »alte« Tarifregelung durch einen neuen Tarifabschluss wieder auflebt, wird eine in der Zwischenzeit vereinbarte – vom Tarifvertrag abweichende – Betriebsvereinbarung nach Maßgabe des § 77 Abs. 3 Satz 1 BetrVG unwirksam, und zwar auch dann, wenn der Regelungsgegenstand in den Mitbestimmungskatalog des § 87 Abs. 1 BetrVG fällt.

Ist die wegen Verstoßes gegen § 77 Abs. 3 BetrVG nichtige Betriebsvereinbarung für die Arbeitnehmer **günstiger** als der Tarifvertrag, kommt unter Umständen eine **Umdeutung** in eine arbeitsvertragliche Einheitsregelung (nur) dann in Frage, wenn und soweit besondere Um-

9

Betriebsvereinbarung

stände die Annahme rechtfertigen, der Arbeitgeber habe sich unabhängig von den Regelungen der Betriebsvereinbarung auf jeden Fall verpflichten wollen, die in der Betriebsvereinbarung vorgesehenen Leistungen zu erbringen (BAG v. 5. 3. 1997 – 4 AZR 532/95, NZA 1997, 951).

10 Die Gewerkschaft kann gegen eine Betriebsvereinbarung, die gegen den von ihr abgeschlossenen Tarifvertrag und damit gegen die Tarifsperre § 77 Abs. 3 Satz 1 BetrVG verstößt, durch Einleitung eines arbeitsgerichtlichen Verfahrens vorgehen.

Ihr steht gegen den tarifwidrig handelnden Arbeitgeber ein arbeitsgerichtlich durchsetzbarer **Unterlassungs-** und **Beseitigungsanspruch** zu (siehe → **Gewerkschaft** Rn. 25).

11 Betriebsvereinbarungen müssen stets vom beschlussfähigen (!) → **Betriebsrat** beschlossen werden (siehe hierzu → **Betriebsratssitzung** Rn. 21).

Voraussetzung einer wirksamen Beschlussfassung ist, dass die Angelegenheit, über die ein Beschluss gefasst werden soll, in der Tagesordnung zur anstehenden Betriebsratssitzung mitgeteilt worden ist (siehe → **Betriebsratssitzung** Rn. 13).

Über eine nicht in der Tagesordnung aufgeführte Angelegenheit kann nach neuerer BAG-Rechtsprechung (BAG v. 22. 1. 2014 – 7 AS 6/13; 9. 7. 2013 – 1 ABR 2/13, NZA 2013, 1433) allerdings dann ein wirksamer Beschluss gefasst werden,
- wenn sämtliche Mitglieder des Betriebsrats **rechtzeitig geladen** sind,
- der Betriebsrat **beschlussfähig** i. S. d. § 33 Abs. 2 BetrVG ist und
- die **anwesenden Betriebsratsmitglieder einstimmig beschlossen** haben, über den Regelungsgegenstand des später gefassten Beschlusses zu beraten und abzustimmen.

Nicht erforderlich ist, dass in dieser Sitzung **alle Betriebsratsmitglieder anwesend** sind. Das BAG hat seine insoweit vor allem vom 7. Senat bisher in ständiger Rechtsprechung vertretene Rechtsauffassung auf Anfrage des 1. Senats **aufgegeben** (BAG v. 22. 1. 2014 – 7 AS 6/13; 9. 7. 2013 – 1 ABR 2/13, a. a. O.).

Nachstehend der Tenor der Entscheidung des BAG v. 22. 1. 2014 – 7 AS 6/13: »*Der Siebte Senat hält an seiner Rechtsauffassung, ein Beschluss des Betriebsrats zu einem nicht in der Tagesordnung aufgeführten Punkt könne auch bei einstimmiger Beschlussfassung wirksam nur gefasst werden, wenn alle Betriebsratsmitglieder anwesend sind, nicht fest.*«

Zu weiteren Einzelheiten siehe → **Betriebsratssitzung (Beschlussfassung)** Rn. 13, 14.

11a Eine **Übertragung** der Beschlussfassung auf den Betriebsausschuss oder einen sonstigen Ausschuss des Betriebsrats ist ausgeschlossen (§ 27 Abs. 2 Satz 2 BetrVG bzw. § 28 Abs. 1 Satz 2 letzter Halbsatz BetrVG).

12 Die Betriebsvereinbarung bedarf der **Schriftform**.

Das heißt, sie ist nur wirksam, wenn sie von beiden Seiten (Arbeitgeber und Betriebsrat, vertreten durch den Betriebsratsvorsitzenden) unterzeichnet wird.

13 Die Betriebsvereinbarung muss vom Arbeitgeber in geeigneter Weise im Betrieb **zur Einsicht ausgelegt** werden.

14 Selbstverständlich sollte auch der Betriebsrat die Belegschaft über den wesentlichen Inhalt der Betriebsvereinbarung **informieren** (z. B. in einer Info-Schrift, auf einer Betriebsversammlung usw.).

15 Betriebsvereinbarungen haben gem. § 77 Abs. 4 Satz 1 BetrVG
- **unmittelbare Wirkung**, d. h., ihre Normen wirken mit In-Kraft-Treten der Betriebsvereinbarung »automatisch« auf die Arbeitsverhältnisse ein, ohne dass es gesonderter Einzelvereinbarungen zwischen Arbeitgeber und Arbeitnehmern bedarf;
- **zwingende Wirkung**, d. h., ihre Normen können nicht zum Nachteil der Arbeitnehmer – etwa durch einzelvertragliche Vereinbarung – verändert werden. Für den Arbeitnehmer günstigere Einzelvereinbarungen sind allerdings wirksam (siehe → **Günstigkeitsprinzip**).

16 Werden Arbeitnehmern durch die Betriebsvereinbarung Rechte eingeräumt, ist ein → **Verzicht** auf sie nur mit Zustimmung des Betriebsrats wirksam (§ 77 Abs. 4 Satz 2 BetrVG; siehe auch → **Ausgleichsquittung**).

Betriebsvereinbarung

Durch Betriebsvereinbarung begründete Arbeitnehmerrechte unterliegen nicht der → **Verwirkung** (§ 77 Abs. 4 Satz 3 BetrVG), auch wenn sie unter Umständen jahrelang nicht in Anspruch genommen worden sind.

→ **Ausschlussfristen/Verfallfristen** für die Geltendmachung von Rechten aus einer Betriebsvereinbarung können nicht durch arbeitsvertragliche Abrede, sondern nur durch Betriebsvereinbarung oder durch → **Tarifvertrag** geregelt werden (§ 77 Abs. 4 Satz 4 BetrVG). Dasselbe gilt für die Abkürzung von Verjährungsfristen (siehe → **Verjährung**).

Eine Betriebsvereinbarung **endet:**
- durch Zeitablauf (= befristete Betriebsvereinbarung) oder Erreichung des beabsichtigten Zwecks;
- durch Stilllegung des Betriebs (Ausnahme: solche Betriebsvereinbarungen, die über die Stilllegung hinaus fortwirken, z. B. Sozialplan, Betriebsvereinbarung über eine betriebliche Altersversorgung);
- wenn der Betrieb, in dem die Betriebsvereinbarung galt, in einen anderen Betrieb eingegliedert oder mit diesem verschmolzen wird und in dem anderen Betrieb der gleiche Sachverhalt durch Betriebsvereinbarung geregelt ist (z. B. im Zusammenhang mit einem → **Betriebsübergang**, vgl. § 613 a Abs. 1 Satz 3 BGB).
- durch Aufhebungsvereinbarung zwischen Arbeitgeber und Betriebsrat;
- durch Abschluss einer neuen Betriebsvereinbarung oder In-Kraft-Treten eines Tarifvertrages über denselben Regelungsgegenstand (§ 77 Abs. 3 BetrVG);
- durch Kündigung (§ 77 Abs. 5 BetrVG, siehe auch → **Nachwirkung einer Betriebsvereinbarung**): Die Kündigungsfrist beträgt drei Monate, es sei denn, eine andere Kündigungsfrist war vereinbart. Im → **Insolvenzverfahren** gilt die Sonderregelung des § 120 InsO.

Durch endgültigen und dauernden **Fortfall des Betriebsrats** (z. B. Absinken der Beschäftigtenzahl unter fünf wahlberechtigte Arbeitnehmer, § 1 BetrVG) endet die Betriebsvereinbarung nach h. M. nicht. Allerdings soll der Arbeitgeber berechtigt sein, die Betriebsvereinbarung durch Erklärung gegenüber den Beschäftigten **zu kündigen** (BAG v. 19.9.2002 – 1 ABR 54/01, AiB 2004, 41; vgl. auch DKKW-*Berg*, BetrVG, 15. Auflage, § 77 Rn. 107).

Teilkündigung einer Betriebsvereinbarung

Die Kündigung einzelner Vorschriften einer Betriebsvereinbarung (**Teilkündigung**) ist jedenfalls dann zulässig, wenn solches in der Betriebsvereinbarung ausdrücklich vorgesehen ist. Eine Teilkündigung kann aber auch ausdrücklich **ausgeschlossen** werden.
Trifft die Betriebsvereinbarung zu einer Teilkündigung **keine Regelung**, ist sie nach Ansicht des BAG dennoch dann zulässig, wenn der gekündigte Teil einen **selbständigen Regelungskomplex** betrifft, der ebenso in einer eigenständigen Betriebsvereinbarung geregelt werden könnte (BAG v. 6.11.2007 – 1 AZR 826/06). Wenn die Betriebsparteien in einem solchen Fall die Teilkündigung ausschließen wollen, müssten sie dies in der Betriebsvereinbarung deutlich zum Ausdruck bringen. Die Zulässigkeit der Teilkündigung einer Betriebsvereinbarung setze neben der Selbständigkeit des Regelungskomplexes nicht zusätzlich den erkennbaren Willen der Betriebsparteien voraus, ein rechtlich eigenständiges Schicksal der Regelungskomplexe zu ermöglichen. Vielmehr müssten umgekehrt Betriebsparteien, welche die Teilkündigung von selbständigen Regelungen zu unterschiedlichen Angelegenheiten in einer Betriebsvereinbarung verhindern wollen, dies in der Betriebsvereinbarung deutlich zurr Ausdruck bringen. Das **Aquivalenzgefüge** einer Betriebsvereinbarung werde anders als bei Tarifverträgen und Arbeitsverträgen durch die Teilkündigung selbständiger Regelungskomplexe in der Regel nicht gestört.

Betriebsvereinbarung

Fristlose Kündigung einer Betriebsvereinbarung

18b Eine Betriebsvereinbarung kann durch außerordentliche **fristlose Kündigung** beendet werden, wenn seine Fortsetzung bis zum vereinbarten Ende oder bis zum Ablauf der ordentlichen Kündigungsfrist einer Seite **nicht zugemutet** werden kann (BAG v. 28. 4. 1992 – 1 ABR 68/91).

Nachwirkung (§ 77 Abs. 6 BetrVG)

19 Regelungen in einer (z. B. durch Kündigung) beendeten Betriebsvereinbarung gelten nach § 77 Abs. 6 BetrVG in mitbestimmungspflichtigen Angelegenheiten, bei denen im Falle der Nichteinigung die → **Einigungsstelle** zu entscheiden hätte, so lange (auch für Neueingestellte!) weiter, bis sie durch eine »andere Abmachung« (z. B. durch arbeitsvertragliche Vereinbarung) ersetzt werden (sog. → **Nachwirkung**). Enthält eine vom Arbeitgeber gekündigte Betriebsvereinbarung Schichtplan- und außertarifliche Schicht-Zulagenregelungen, erfasst die Nachwirkung auch die Schicht-Zulagenregelungen, wenn die Zulagenzahlung auf die besonderen Erschwernisse und Belastungen der Schichtarbeit bezogen ist (BAG v. 9. 7. 2013 – 1 AZR 275/12). Die Nachwirkung kann **ausgeschlossen** werden. Die bloße Vereinbarung einer bestimmten Laufzeit der Betriebsvereinbarung (= befristete Betriebsvereinbarung) reicht dazu allerdings nicht aus. Vielmehr muss der Wille zum Ausschluss der Nachwirkung in der Betriebsvereinbarung ausdrücklich und eindeutig zum Ausdruck kommen.

20 »**Freiwillige Betriebsvereinbarungen**« (siehe Rn. 3) haben, wenn sie (z. B. durch Kündigung) beendet worden sind, keine Nachwirkung, es sei denn, Nachwirkung wurde **ausdrücklich vereinbart**, was zulässig ist (BAG v. 28. 4. 1998 – 1 ABR 43/97, NZA 1998, 1348).

21 Im Falle eines → **Betriebsübergangs** im Sinne des § 613 a BGB gilt Folgendes:
- Bleibt die **Identität** des Betriebs **erhalten**, gelten Betriebsvereinbarungen (auch Gesamt- und Konzernbetriebsvereinbarungen; vgl. Fitting, BetrVG, 27. Aufl., § 77 Rn. 169 f.) als kollektive Regelungen weiter. Eine Anwendung des § 613 a Abs. 1 Sätze 2 bis 4 BGB scheidet aus (siehe → **Betriebsübergang** Rn. 19 a).
- Geht die **Identität** des Betriebs **verloren** (z. B. Zusammenlegung mit dem Betrieb des Erwerbers), dann werden nach § 613 a Abs. 1 Satz 2 BGB die in der Betriebsvereinbarung geregelten Rechte und Pflichten »automatisch« Inhalt des kraft Gesetzes entstehenden Arbeitsverhältnisses zwischen den Arbeitnehmern und dem neuen Betriebsinhaber (siehe → **Betriebsübergang** Rn. 19)

  Die Rechte und Pflichten aus der Betriebsvereinbarung dürfen nicht vor Ablauf eines Jahres nach dem Zeitpunkt des Betriebsübergangs zum Nachteil des Arbeitnehmers verändert werden (**einjährige Veränderungssperre**), weder durch Änderungsvertrag noch durch → **Änderungskündigung**.
- Die Dauer des Veränderungsverbots verkürzt sich entsprechend, wenn die (alte) Betriebsvereinbarung vor Ablauf eines Jahres nach dem Betriebsübergang außer Kraft tritt (§ 613 a Abs. 1 Satz 4 BGB).
- Die »alte« Betriebsvereinbarung gilt nicht nach § 613 a Abs. 1 Satz 2 BetrVG weiter, wenn bei dem neuen Inhaber eine (andere) Betriebsvereinbarung über die gleichen Regelungsfragen besteht. In diesem Falle gelten die Regelungen der bei dem neuen Inhaber bestehenden Betriebsvereinbarung (§ 613 a Abs. 1 Satz 3 BGB; siehe → **Betriebsübergang** Rn. 22).

22 Von der Betriebsvereinbarung zu unterscheiden ist die sog. → **Regelungsabrede** (auch »**Betriebsabsprache**« oder »**betriebliche Einigung**« genannt). Regelungsabreden entfalten, anders als → **Betriebsvereinbarungen**, keine »normative« Wirkung.

Betriebsvereinbarung

Das heißt, mit der Regelungsabrede können keine unmittelbar (»automatisch«) wirkenden Rechte und Pflichten von Arbeitnehmern begründet werden.
Berechtigt und verpflichtet werden durch die Regelungsabrede vielmehr lediglich die Vertragsparteien selbst (d. h. Arbeitgeber und Betriebsrat).
Mit dieser zulässigen Form der Vereinbarung zwischen Arbeitgeber und Betriebsrat werden insbesondere **Einzelfall-Angelegenheiten** geregelt.

Durchführung der Betriebsvereinbarung (§ 77 Abs. 1 BetrVG)

Die **Durchführung** von Vereinbarungen zwischen Arbeitgeber und Betriebsrat, insbesondere von Betriebsvereinbarungen (§ 77 Abs. 1 BetrVG), ist nicht nur ein Recht, sondern eine Verpflichtung des Arbeitgebers. 23
Dem Betriebsrat steht sowohl ein Durchführungsanspruch zu als auch ein Anspruch darauf, dass der Arbeitgeber vereinbarungswidrige Maßnahmen **unterlässt** (BAG v. 16. 11. 2011 – 7 ABR 27/10, AP Nr. 103 zu § 77 BetrVG 1972). Hierzu ein Auszug aus der Entscheidung: »*Nach § 77 Abs. 1 Satz 1 BetrVG hat der Arbeitgeber die Betriebsvereinbarung im Betrieb durchzuführen. Der Betriebsrat hat in diesem Zusammenhang (auch) einen Anspruch darauf, dass der Arbeitgeber gegen eine Betriebsvereinbarung verstoßende Maßnahmen unterlässt (vgl. BAG 29. April 2004 – 1 ABR 30/02 – zu B IV 2 a bb (1) der Gründe, BAGE 110, 252; 27. Oktober 1998 – 1 ABR 3/98 – zu B I 3 a der Gründe m. w. N., BAGE 90, 76). Der Betriebsrat kann die Durchführung einer Betriebsvereinbarung vom Arbeitgeber unabhängig davon verlangen, ob ein grober Pflichtenverstoß iSv. § 23 Abs. 3 BetrVG vorliegt (BAG 29. April 2004 – 1 ABR 30/02 – aaO).*«
Den Durchführungs- und Unterlassungsanspruch kann der Betriebsrat durch Anrufung des → **Arbeitsgerichts** (auch im Wege des Antrags auf Erlass einer **einstweiligen Verfügung**) geltend machen (siehe → **Unterlassungsanspruch des Betriebsrats**).
Der Betriebsrat kann vom Arbeitgeber verlangen, dass die Betriebsvereinbarungen abredegemäß durchgeführt werden. Dieser Anspruch kann in einem **Beschlussverfahren** durchgesetzt werden. Er erstreckt sich nicht nur auf die Wirksamkeit und die Fortgeltung von Betriebsvereinbarungen, sondern auch auf deren **Auslegung**, jedoch nicht auf die Auslegung der gesetzlichen Vorschriften und Tarifverträge. Der Betriebsrat hat nicht das Recht, die den einzelnen Arbeitnehmern zustehenden Betriebsrentenansprüche geltend zu machen (BAG v. 18. 1. 2005 – 3 ABR 21/04, NZA 2006, 167).
Häufig ist in Betriebsvereinbarungen eine **Verfahrensregelung** für den Fall vorgesehen, dass es 23a
bei der Auslegung und Anwendung der Betriebsvereinbarung zu Meinungsverschiedenheiten zwischen Arbeitgeber und Betriebsrat kommt.

> **Beispiel (aus BAG v. 11. 2. 2014 – 1 ABR 76/12):**
> »§ 14 Paritätische Kommission
> Zur Klärung von Streitigkeiten über die Auslegung und Anwendung dieser BV und der Umsetzung des § 6 dieser BV wird eine paritätische Kommission gebildet, die aus je drei Vertretern der GF und des BR bestehen. Wird keine Einigung erzielt, ist eine Einigungsstelle anzurufen.«

Das BAG hält eine derartige Klausel für rechtlich wirksam und verbindlich. Sie führt zur Unzulässigkeit eines Antrags auf arbeitsgerichtliche Feststellung des Inhalts einer Norm der Betriebsvereinbarung, solange das vereinbarte Einigungsstellenverfahren nicht durchgeführt wurde. Auszug aus der Entscheidung BAG v. 11. 2. 2014 – 1 ABR 76/12: »*Ein Antrag im Beschlussverfahren zur Klärung einer betriebsverfassungsrechtlichen Meinungsverschiedenheit ist unzulässig, wenn sich die Betriebsparteien verpflichtet haben, in einem solchen Konfliktfall zunächst eine innerbetriebliche Einigung in einem von ihnen vereinbarten Verfahren zu versuchen. Ein solches Vorverfahren ist keine nach § 4 ArbGG unzulässige Schiedsvereinbarung, sondern eine*

Betriebsvereinbarung

Arbeitgeber und Betriebsrat durch § 76 Abs. 6 BetrVG eröffnete Möglichkeit, zwischen ihnen bestehende Meinungsverschiedenheiten vorrangig einer innerbetrieblichen Konfliktlösung zuzuführen und erst nach deren Scheitern der anderen Betriebspartei die Einleitung eines Beschlussverfahrens zu ermöglichen. Dies gilt auch dann, wenn Gegenstand einer im Konfliktfall anzurufenden Einigungsstelle keine Regelungs-, sondern eine Rechtsfrage ist, für die diese außerhalb der ihr gesetzlich zugewiesenen Kompetenzen keine Entscheidungsbefugnis hat. Eine von den Betriebsparteien begründete Zuständigkeit der Einigungsstelle für die gegenwärtige Auslegung einer Betriebsvereinbarung verpflichtet Arbeitgeber und Betriebsrat daher, zunächst deren Entscheidung herbeizuführen, bevor sie über diese Rechtsfrage die Gerichte für Arbeitssachen zur Streitentscheidung anrufen. Ein Antrag auf Feststellung des Inhalts einer betrieblichen Norm ist unzulässig, solange das vereinbarte Schlichtungsverfahren nicht durchgeführt worden ist.«

Das BAG hat zutreffend klargestellt, dass die Klausel einschränkend dahingehend auszulegen ist, dass von dieser Regelung nicht Beschlussverfahren des **einstweiligen Rechtsschutzes** erfasst werden (BAG v. 11.2.2014 – 1 ABR 76/12, Rn. 19). Der mit der Ausführung eines innerbetrieblichen Konfliktlösungsverfahrens verbundene Zeitaufwand dürfe die Gewährung von effektivem Rechtsschutz nicht beeinträchtigen. Dies wäre aber der Fall, wenn vor dem Antrag auf Erlass einer einstweiligen Verfügung das in der Klausel vorgesehene Verfahren durchgeführt werden müsste. Weder die Paritätische Kommission noch die Einigungsstelle seien zur Anordnung von vorläufigen Maßnahmen befugt. Effektiver Rechtsschutz könne in solchen Verfahren nur durch die staatlichen Gerichte gewährt werden.

Bedeutung für die Betriebsratsarbeit

24 Die Betriebsvereinbarung ist das **wichtigste betriebliche Instrument** zur Regelung der Beziehungen zwischen Arbeitgeber und Arbeitnehmern.
Der Betriebsrat sollte in allen wichtigen »Interessenbereichen« der Arbeitnehmer (Arbeitsentgelt, Arbeitsleistung, Arbeitszeit, Gesundheitsschutz, Persönlichkeitsschutz, Qualifikation usw.) den Abschluss von Betriebsvereinbarungen anstreben, soweit dem nicht die Regelungssperre des § 77 Abs. 3 BetrVG (Tarifvorrang) entgegensteht (siehe Rn. 6 ff.).
Denn die Existenz einer Betriebsvereinbarung, in der Arbeitnehmerrechte festgeschrieben sind, erhöht – in Verbindung mit einer effektiven Überwachungstätigkeit des Betriebsrats (§ 80 Abs. 1 Nr. 1 BetrVG) – die Rechtssicherheit und trägt wesentlich dazu bei, willkürliches und unberechenbares Verhalten des Arbeitgebers oder des Führungspersonals zu verhindern.

24a Nach zutreffender Ansicht des BAG darf der Betriebsrat sein Mitbestimmungsrecht nicht in der Weise ausüben, dass er dem Arbeitgeber das **alleinige Gestaltungsrecht** über den mitbestimmungspflichtigen Tatbestand eröffnet. Allerdings kann das Mitbestimmungsrecht durch den Abschluss einer Betriebsvereinbarung so ausgeübt werden, dass es dem Arbeitgeber erlaubt wird, unter bestimmten, in der Vereinbarung näher geregelten Voraussetzungen die Maßnahme allein zu treffen. Die Betriebsvereinbarung muss »detaillierte Regelungen« über die mit der einseitigen Anordnungsbefugnis verbundenen Verfahrens- und Verteilungsmodalitäten enthalten und dadurch der Betriebsrat die mitbestimmungspflichtige Angelegenheit »wesentlich mitgestaltet« haben (BAG v. 3.6.2003 – 1 AZR 349/02, AiB 2005, 48 = NZA 2003, 1155; vgl. auch LAG Köln v. 26.4.2013 – 4 Sa 1120/12). Das Gesetz fordere nicht, dass zu jeder einzelnen mitbestimmungspflichtigen Anordnung jeweils die Zustimmung des Betriebsrats eingeholt wird, wenn dieser seine Zustimmung – etwa für immer wieder auftretende Eilfälle – im Voraus erteilt hat. Dadurch dürfe aber das Mitbestimmungsrecht des Betriebsrats nicht in seiner Substanz verletzt werden.

25 Eine Betriebsvereinbarung ist – wenn sie zustande kommt – natürlich letztlich immer ein **Kompromiss**.

Betriebsvereinbarung

Das heißt, in ihr finden sich – aus der Sicht (und Interessenlage) der Beschäftigten – teils »gute«, teils »schlechte« Regelungen.
Der Verlauf der Kompromisslinie hängt von vielen Faktoren ab, insbesondere von dem **Kräfteverhältnis** zwischen Arbeitgeber einerseits und Interessenvertretung andererseits.
Dieses wiederum wird beeinflusst durch die Sorgfalt und Intensität, mit der der Betriebsrat »an die Sache rangeht«. »**Verhandlungsstärke**« entwickelt insbesondere derjenige Betriebsrat, der Verhandlungen mit dem Arbeitgeber sorgfältig vorbereitet (siehe → **Verhandlungen mit dem Arbeitgeber**) und der dabei die Zusammenarbeit mit den Beschäftigten (um deren Interessen es schließlich geht!) sucht und organisiert (durch Information und Diskussion z. B. in Betriebs- oder Abteilungsversammlungen, Gesprächen am Arbeitsplatz usw.).
Denn ein Betriebsrat, der die Belegschaft, weil er sie einbezieht, »im Rücken hat«, kann vom Arbeitgeber nicht so leicht »über den Tisch gezogen werden«. Der Arbeitgeber wird es sich nämlich mehr als einmal überlegen, ob es klug ist, sich mit einer informierten und den Betriebsrat unterstützenden Belegschaft anzulegen.
Bei dem Entwurf oder dem Abschluss einer Betriebsvereinbarung ist der in § 77 Abs. 3 BetrVG geregelte Vorrang des → **Tarifvertrages** zu beachten (siehe oben Rn. 6 ff.). 26
Denn der Verstoß gegen diese Vorschrift hat immerhin die Unwirksamkeit der Betriebsvereinbarung zur Folge, und zwar selbst dann, wenn die Betriebsvereinbarung für den Arbeitnehmer »günstiger« ist als der Tarifvertrag (siehe → **Günstigkeitsprinzip**).

Ablösung einer Betriebsvereinbarung durch eine neue Betriebsvereinbarung

Eine neue Betriebsvereinbarung löst eine ältere ab (**Ablösungsprinzip**). Das gilt auch dann, wenn die Neuregelung für den Arbeitnehmer ungünstiger ist. 26a
Allerdings rechtfertigt das Ablösungsprinzip nicht jeden Eingriff. So darf höherrangiges Recht – hierzu gehört auch der Gleichbehandlungsgrundsatz, der im Betriebsverfassungsrecht seinen Niederschlag in § 75 BetrVG gefunden hat – nicht verletzt werden.
Bei Eingriffen in Besitzstände sind die Grundsätze des **Vertrauensschutzes** und der **Verhältnismäßigkeit** zu beachten (BAG v. 10. 2. 2009 – 3 AZR 653/07, NZA 2009, 796).

Verschlechterung vertraglicher Ansprüche durch Betriebsvereinbarung?

Vielfach versuchen Arbeitgeber, sich von »sozialen Leistungen« zu befreien, die sie bislang den Arbeitnehmern aufgrund einer → **Gesamtzusage** (= einseitige Erklärung des Arbeitgebers an die Belegschaft, z. B. durch Aushang am schwarzen Brett) oder einer »**betrieblichen Einheitsregelung**« (z. B. Allgemeine Arbeitsbedingungen) gewährt haben. 27
An sich müsste der Arbeitgeber, da diese Leistungen Inhalt der Arbeitsverhältnisse geworden sind, gegenüber jedem Arbeitnehmer eine → **Änderungskündigung** aussprechen (die von jedem Arbeitnehmer mit einer Klage angegriffen werden kann). 28
Um sich diesen müheseligen Weg zu ersparen, treten manche Arbeitgeber an den Betriebsrat heran, um die Sache »mit einem Aufwasch« (nämlich in Form einer Betriebsvereinbarung) zu erledigen.
Nach der Rechtsprechung sind derartige Betriebsvereinbarungen im Regelfall wegen Verstoßes gegen das → **Günstigkeitsprinzip** dann unwirksam, wenn sie den wirtschaftlichen Gesamtwert der bisher den Arbeitnehmern gewährten »Sozialleistung« verringern (= »**verschlechternde**« **Betriebsvereinbarung**).
Zulässig sind dagegen so genannte »**umstrukturierende**« **Betriebsvereinbarungen**. Dies gilt jedenfalls dann, wenn sie in den Grenzen von »Recht und Billigkeit« bleiben. 29
Dies ist nur der Fall, wenn die Neuregelung bei kollektiver Betrachtungsweise insgesamt für die Arbeitnehmer nicht ungünstiger ist als die Altregelung (»wenn hier etwas weggenommen

Betriebsvereinbarung

wird, muss dort etwas in entsprechendem Umfang zugegeben werden«; vgl. BAG v. 16.9.1986 – GS 1/82, NZA 1987, 168).

30 Ansprüche, die durch »einzelvertragliche« Vereinbarung (→ **Arbeitsvertrag**), → **betriebliche Übung** oder unter dem Gesichtspunkt → **Gleichbehandlung** begründet worden sind, können durch Betriebsvereinbarung nicht »umstrukturiert« bzw. »verschlechtert« werden (→ **Günstigkeitsprinzip**).
Vielmehr bedarf es einer Änderungsvereinbarung oder → **Änderungskündigung**.
31 Zum Ganzen: Siehe auch → **Betriebliche Altersversorgung**.

Bedeutung für die Beschäftigten

32 Rechte, die durch Betriebsvereinbarung begründet werden, kann der einzelne Arbeitnehmer notfalls im Wege der Klage beim → **Arbeitsgericht** durchsetzen.
33 Andererseits ist der Arbeitnehmer verpflichtet, den durch die Betriebsvereinbarung begründeten **Pflichten** nachzukommen.

> **Beispiel:**
> In einer Betriebsvereinbarung wird festgelegt, dass in den kommenden zwei Wochen in bestimmten Abteilungen Überstunden gefahren werden.
> Folge: Die in diesen Abteilungen tätigen Arbeitnehmer sind – falls keine gesetzliche (Arbeitszeitgesetz!), tarifliche oder vertragliche Regelung entgegensteht – zur Ableistung der Überstunden verpflichtet. Dies gilt nur dann nicht, wenn in der Betriebsvereinbarung ausdrücklich »Freiwilligkeit« der Arbeitsleistung vereinbart wurde (siehe auch → **Überstunden**).

34 »Bessere« arbeitsvertragliche Vereinbarungen haben wegen des → **Günstigkeitsprinzips** Vorrang vor den Regelungen einer Betriebsvereinbarung.
35 Der vom Arbeitnehmer (z. B. in einer → **Ausgleichsquittung**) erklärte → **Verzicht** auf Rechte aus einer Betriebsvereinbarung ist nur mit Zustimmung des Betriebsrats wirksam. Die → **Verwirkung** solcher Rechte ist gänzlich ausgeschlossen (§ 77 Abs. 4 Satz 2 und 3 BetrVG).

Arbeitshilfen

Übersicht • Betriebsvereinbarung

Übersicht: Betriebsvereinbarung

1. Wer schließt die Betriebsvereinbarung ab?
   • Arbeitgeber und Betriebsrat (bzw. Gesamtbetriebsrat bzw. Konzernbetriebsrat); in mitbestimmungspflichtigen Angelegenheiten entscheidet ggf. die Einigungsstelle (§ 76 Abs. 5 BetrVG).
2. Welche Form muss beim Abschluss einer Betriebsvereinbarung gewahrt werden?
   • Schriftform: Beide Seiten müssen unterzeichnen (§ 77 Abs. 2 BetrVG).
3. Welchen Inhalt kann eine Betriebsvereinbarung haben?
   • Normen, die sich auf den Abschluss, den Inhalt und die Beendigung des Arbeitsverhältnisses beziehen (Sperrwirkung des § 77 Abs. 3 BetrVG beachten: Arbeitsentgelte und sonstige Arbeitsbedingungen, die durch Tarifvertrag geregelt sind oder üblicherweise geregelt werden, können nicht Gegenstand einer Betriebsvereinbarung sein! Das gilt nicht, wenn ein Tarifver-

Betriebsvereinbarung

trag ergänzende – oder abweichende [vgl. Fitting, BetrVG, 27. Aufl., § 77 Rn. 121] – Betriebsvereinbarungen zulässt).
- Normen über »betriebliche« und »betriebsverfassungsrechtliche« Fragen.

4. Welche Wirkung hat eine Betriebsvereinbarung?
   - Unmittelbare und zwingende Wirkung (§ 77 Abs. 4 Satz 1 BetrVG).
   - Verzicht auf Arbeitnehmerrechte aus einer Betriebsvereinbarung nur mit Zustimmung des Betriebsrats (§ 77 Abs. 4 Satz 2 BetrVG).
   - Verwirkung von Arbeitnehmerrechten aus einer Betriebsvereinbarung ist ausgeschlossen (§ 77 Abs. 4 Satz 3 BetrVG).
   - Ausschlussfristen und eine Verkürzung der Verjährungsfristen für die Geltendmachung von Arbeitnehmerrechten aus einer Betriebsvereinbarung sind nur zulässig, wenn ein Tarifvertrag oder eine Betriebsvereinbarung dies vorsieht (§ 77 Abs. 4 Satz 4 BetrVG).

5. In welcher Weise muss eine Betriebsvereinbarung bekannt gemacht werden?
   - Durch Auslegung an geeigneter Stelle im Betrieb.

6. Wer führt die Betriebsvereinbarung durch?
   - Der Arbeitgeber; das gilt auch, wenn die Vereinbarung auf einem Spruch der Einigungsstelle beruht (§ 77 Abs. 1 BetrVG).

7. Auf welche Weise wird eine Betriebsvereinbarung beendet?
   - Durch Ablauf eines ausdrücklich vereinbarten Zeitraums (befristete Betriebsvereinbarung) oder Erreichung des beabsichtigten Zwecks.
   - Durch Stilllegung des Betriebs (Ausnahme: Betriebsvereinbarungen, die ausdrücklich auch für den Fall der Betriebsstilllegung weitergelten sollen, z. B. Dauerregelungen in einem Sozialplan).
   - Durch Eingliederung des Betriebes, in dem die Betriebsvereinbarung galt, in einen anderen Betrieb, sofern der gleiche Sachverhalt dort durch Betriebsvereinbarung geregelt ist.
   - Durch Aufhebungsvereinbarung zwischen Arbeitgeber und Betriebsrat.
   - Durch Abschluss einer neuen Betriebsvereinbarung oder nach In-Kraft-Treten eines Tarifvertrages oder Gesetzes über dieselben Regelungsfragen (§§ 77 Abs. 3, 87 Abs. 1 Eingangssatz BetrVG).
   - Durch Kündigung; die Kündigungsfrist beträgt drei Monate, es sei denn, eine andere Kündigungsfrist ist vereinbart (§ 77 Abs. 5 BetrVG).

> **Hinweis:**
> Bei endgültigem und dauerhaftem Fortfall des Betriebsrats endet eine Betriebsvereinbarung nicht »automatisch«, sondern nur durch Kündigungserklärung des Arbeitgebers gegenüber den Beschäftigten.

8. Welche Rechtslage tritt ein, wenn eine Betriebsvereinbarung abgelaufen ist?
   - Nachwirkung in mitbestimmungspflichtigen Angelegenheiten, die im Nichteinigungsfalle durch die Einigungsstelle entschieden werden (§ 77 Abs. 6 BetrVG). Nachwirkung bedeutet: die Regelungen der Betriebsvereinbarung gelten so lange weiter, bis sie durch eine andere Abmachung ersetzt werden (z. B. eine andere Betriebsvereinbarung, aber auch eine arbeitsvertragliche Vereinbarung).
   - Keine Nachwirkung bei »freiwilliger Betriebsvereinbarung« (es sei denn, Nachwirkung ist vereinbart).

Rechtsprechung

1. Schriftform der Betriebsvereinbarung
2. Rechtscharakter einer kollektiven Regelung – Protokollnotizen
3. »Gemischte Vereinbarungen«
4. Auslegung von Betriebsvereinbarungen

Betriebsvereinbarung

5. Anrufung der Einigungsstelle bei Meinungsverschiedenheiten über Auslegung und Anwendung einer Betriebsvereinbarung
6. Verweisung auf andere Betriebsvereinbarung
7. Vorrang des Tarifvertrags – Regelungssperre des § 77 Abs. 3 BetrVG – Tarifliche Öffnungsklausel
8. Tarifliche Öffnungsklausel bei Fehlen eines Betriebsrats
9. Inhaltskontrolle: Diskriminierungsverbot – Einzelfälle
10. Rückwirkung einer Betriebsvereinbarung
11. Teilunwirksamkeit einer Betriebsvereinbarung
12. Umdeutung einer unwirksamen Betriebsvereinbarung in eine vertragliche Einheitsregelung?
13. Durchführung von Betriebsvereinbarungen (§ 77 Abs. 1 BetrVG – Unterlassungsanspruch des Betriebsrats bei Verstoß gegen Betriebsvereinbarung
14. Keine Ordnungshaft bei betriebsvereinbarungswidrigem Verhalten des Arbeitgebers
15. Ablösende Betriebsvereinbarung: Verschlechterung vertraglicher Ansprüche?
16. Ablösung von Allgemeinen Arbeitsbedingungen durch verschlechternde Betriebsvereinbarung
17. Ablösung einer Betriebsvereinbarung durch nachfolgende Betriebsvereinbarung: Zeitkollisionsregel – Ablösungsprinzip
18. Ablösung einer Betriebsvereinbarung durch Betriebsvereinbarung beim Betriebserwerber (Betriebsübergang)
19. Ablösung einer Betriebsvereinbarung durch Tarifvertrag
20. Betriebsvereinbarung für bereits ausgeschiedene Arbeitnehmer?
21. Verzicht des Arbeitnehmers auf Rechte aus der Betriebsvereinbarung: Zustimmung des Betriebsrats
22. Beschlussverfahren zur Feststellung der Wirksamkeit einer Betriebsvereinbarung – Einwand des Rechtsmissbrauchs
23. Kündigung einer Betriebsvereinbarung – Teilkündigung – Nachwirkung – teilmitbestimmte Betriebsvereinbarung
24. Sonstiges
25. Klagerecht der Gewerkschaft bei tarifwidrigen betrieblichen Regelungen – Unterlassungs- und Beseitigungsanspruch
26. Tarifvorbehalt des § 87 Abs. 1 Eingangssatz BetrVG (soziale Angelegenheiten)
27. Unterschiedliche Behandlung verschiedener Gruppen von Arbeitnehmern in Betriebsvereinbarung
28. Betriebsvereinbarungen über Beteiligung an Kosten der Arbeitskleidung
29. Betriebsvereinbarung über Belastung des Gleitzeitkontos mit arbeitskampfbedingten Ausfallzeiten
30. Eingriff in betriebliche Altersversorgung durch verschlechternde Betriebsvereinbarung
31. Betriebsvereinbarung über Erfassung und Verarbeitung von personenbezogenen Daten
32. Betriebsvereinbarung bei Betriebsübergang

Betriebsvereinbarung: Nachwirkung

Was ist das?

Nach **Ablauf** einer → **Betriebsvereinbarung** (z. B. nach einer Kündigung, einer Befristung oder aufgrund eines Aufhebungsvertrages) gelten gemäß § 77 Abs. 6 BetrVG ihre Regelungen in Angelegenheiten, »*in denen der Spruch der Einigungsstelle die Einigung zwischen Arbeitgeber und Betriebsrat ersetzen kann*«, weiter, bis sie durch eine **andere Abmachung** (z. B. arbeitsvertragliche Vereinbarung) **ersetzt** werden. 1

Das heißt: Nachwirkung tritt nur insoweit ein, als es sich bei dem in der abgelaufenen Betriebsvereinbarung geregelten Gegenstand um eine mitbestimmungspflichtige Angelegenheit handelt, bei der im Falle der Nichteinigung die → **Einigungsstelle** zu entscheiden hätte (sog. **erzwingbare Betriebsvereinbarungen**).

Nachwirkung bedeutet: Die Regelungen gelten zwar unmittelbar (normativ) weiter, verlieren aber ihre **zwingende** Wirkung.

Zur → **Nachbindung und Nachwirkung eines Tarifvertrages** gemäß § 3 Abs. 3 und § 4 Abs. 5 TVG siehe dort. 2

Freiwillige Betriebsvereinbarungen (siehe → **Betriebsvereinbarung**) haben, wenn sie z. B. nach einer Befristung oder Kündigung ablaufen, keine Nachwirkung, es sei denn, Nachwirkung wurde ausdrücklich **vereinbart**, was zulässig ist (BAG v. 28. 4. 1998 – 1 ABR 43/97, AiB 1999, 223). 3

Bei erzwingbaren Betriebsvereinbarungen (in mitbestimmungspflichtigen Angelegenheiten; siehe Rn. 1) kann die Nachwirkung ausdrücklich **ausgeschlossen** werden. 4

Allein die Vereinbarung einer bestimmten Laufzeit der Betriebsvereinbarung (= **befristete Betriebsvereinbarung**) schließt die Nachwirkung allerdings nicht aus.

Ist ein Ausschluss der Nachwirkung gewollt, muss dies in der befristeten Betriebsvereinbarung ausdrücklich und eindeutig zum Ausdruck kommen.

Wird eine Betriebsvereinbarung durch Aufhebungsvereinbarung beendet, ist es eine Frage der Auslegung, ob damit auch die Nachwirkung ausgeschlossen werden sollte (vgl. Fitting, BetrVG, 27. Aufl., § 77 Rn. 181).

Nachwirkung bei teilmitbestimmter Betriebsvereinbarung

Betriebsvereinbarungen mit teils erzwingbaren, teils freiwilligen Regelungen wirken grundsätzlich nur hinsichtlich derjenigen Gegenstände nach, die der zwingenden Mitbestimmung unterfallen. Dies setzt allerdings voraus, dass sich die Betriebsvereinbarung sinnvoll in einen nachwirkenden und einen nachwirkungslosen Teil aufspalten lässt. Andernfalls entfaltet zur Sicherung der Mitbestimmung die **gesamte Betriebsvereinbarung** Nachwirkung (BAG v. 9. 7. 2013 – 1 AZR 275/12; 5. 10. 2010 – 1 ABR 20/09). 5

Enthält beispielsweise eine vom Arbeitgeber gekündigte Betriebsvereinbarung Schichtplan- und außertarifliche Schicht-Zulagenregelungen, so erfasst die Nachwirkung auch die Schicht-

Betriebsvereinbarung: Nachwirkung

Zulagenregelungen, wenn die Zulagenzahlung auf die besonderen Erschwernisse und Belastungen der Schichtarbeit bezogen ist. Hierzu ein Auszug aus BAG v. 9.7.2013 – 1 AZR 275/12: »*Die Entscheidung der Beklagten, ab dem 1. Januar 2010 keine Mittel mehr für die in der BV-Endfertigung und der BV-Contibetrieb geregelten Zulagen mehr zur Verfügung zu stellen, hat die Zahlungsansprüche der von dieser Betriebsvereinbarung erfassten Arbeitnehmer nicht entfallen lassen. Die Nachwirkung der Schichtplanregelungen erfasst vereinbarungsgemäß auch die Zulagenregelungen.*
Die in den Betriebsvereinbarungen getroffenen Schichtplan- und Zulagenregelungen stehen nicht losgelöst nebeneinander, sondern in einem inneren Zusammenhang. Dies folgt aus dem Regelungszusammenhang und dem sich hieraus ergebenden Leistungszweck. Dabei ist zunächst zu berücksichtigen, dass die im Geltungsbereich der Betriebsvereinbarungen beschäftigten Arbeitnehmer abweichend von den tarifvertraglichen Vorschriften, die eine wöchentliche Arbeitszeit von 35 Stunden bei einer Fünftagewoche vorsehen, im Bereich Endfertigung in einer Sechstagewoche mit einer täglichen Arbeitszeit von 8,75 Stunden und im Fünf-Schicht-Contibetrieb an allen Wochentagen mit einer täglichen Arbeitszeit von 7,5 Stunden Schichtarbeit leisten. In beiden Schichtsystemen sind die meisten Urlaubstage als Betriebsurlaub bereits verplant, so dass den Arbeitnehmern nur wenige frei verfügbare Urlaubstage zur Verfügung stehen. Wenn die Betriebsvereinbarung, die hierfür Grundlage ist, zugleich bestimmt, dass eine außertarifliche Zulage bezahlt wird, die tarifliche Zuschläge für Spät- und Nachtschicht unberührt lässt, deutet dieser systematische Zusammenhang bereits darauf hin, dass die Zulagenzahlung auf die besonderen Erschwernisse der Schichtarbeit bezogen ist. Dies wird bestätigt durch die in beiden Betriebsvereinbarungen enthaltene Anrechnungsklausel, nach der die Zulage in einer noch zu vereinbarenden Prämienregelung aufgehen kann. Hinzu kommt, dass die Betriebsparteien für unterschiedliche Arbeitsbereiche gesonderte Bestimmungen über die Schichtplangestaltung sowie die Zulagenhöhe vereinbart haben.
Die differenzierte Ausgestaltung der Zulagenhöhe, die sich im Bereich Endfertigung auf 74,00 Euro und im Bereich Fünf-Schicht-Contibetrieb auf 130,00 Euro beläuft, trägt dabei erkennbar den unterschiedlichen Belastungen der Arbeitnehmer in den beiden Schichtsystemen Rechnung.
Diese Ausgestaltung der Arbeitszeit- und Zulagenregelung macht deutlich, dass der Wille der Betriebsparteien darauf gerichtet war, die Zulagen als Ausgleich für die besonderen Arbeitsbelastungen der Schichtarbeit zu gewähren. Dies wird von der Beklagten auch nicht in Abrede gestellt. Soweit sie geltend macht, die Bezahlung von Zulagen sei gesetzlich nicht gefordert und in der neuen Betriebsvereinbarung vom August 2011 auch nicht vorgesehen, ist dies unerheblich, da es den Betriebsparteien unbenommen ist, für die Erschwernisse besonderer Arbeitszeitregelungen einen Ausgleich in Form von Zulagen freiwillig zu vereinbaren. Wenn Betriebsparteien Arbeitszeit- und Zulagenregelungen derart zusammenführen, kann dies nur so verstanden werden, dass deren Regelungswille darauf gerichtet war, den betroffenen Arbeitnehmern die Zulage solange zukommen zu lassen, wie diese nach Maßgabe der Betriebsvereinbarung Schichtarbeit zu leisten haben.
Das hat zur Folge, dass sich bei einer Kündigung der Betriebsvereinbarung die Nachwirkung der erzwingbaren Schichtplanregelung auch auf die teilmitbestimmte Zulagenregelung erstreckt. Der Arbeitgeber kann sich in diesem Fall von der Verpflichtung, die Zulagen zu zahlen, nur lösen, indem er eine neue Arbeitszeitregelung mit dem Betriebsrat vereinbart. Eine solche Neuregelung kann der Arbeitgeber – wie hier geschehen – ggf. in einem Einigungsstellenverfahren herbeiführen. Gegen seinen Willen kann die Einigungsstelle keine kompensatorischen Leistungen für ungünstige Arbeitszeitregelungen vorsehen.«

Die Regelungen einer teilmitbestimmten Betriebsvereinbarung über **freiwillige Leistungen** (z. B. über ein zusätzliches Weihnachtsgeld) gelten nach Ablauf der Kündigungsfrist nicht weiter, wenn der Arbeitgeber mit der Kündigung beabsichtigt, die freiwillige Leistung **vollständig entfallen** zu lassen.

Dagegen wirkt eine teilmitbestimmte Betriebsvereinbarung über freiwillige Leistungen gemäß § 77 Abs. 6 BetrVG nach, wenn der Arbeitgeber mit der Kündigung beabsichtigt, das zur

Verfügung gestellte **Volumen zu reduzieren** und den **Verteilungsschlüssel zu ändern** (BAG v. 26.10.1993 – 1 AZR 46/93, AiB 1994, 310 = DB 1994, 987).

Eine nachwirkende Betriebsvereinbarung gilt auch für – im Nachwirkungszeitraum – neu eingestellte Arbeitnehmer. **6**

Rechtsprechung

1. Kündigung einer freiwilligen Betriebsvereinbarung – keine Nachwirkung
2. Nachwirkung einer teilmitbestimmten Betriebsvereinbarung
3. Vereinbarung der Nachwirkung
4. Ausschluss der Nachwirkung

Betriebsversammlung

Was ist das?

1 Die Betriebsversammlung (§§ 42 bis 46 BetrVG) ist ein »**Organ**« der **Betriebsverfassung**.
Sie besteht aus den → **Arbeitnehmern** des Betriebs (§ 42 Abs. 1 Satz 1 BetrVG).
Hierzu zählen alle Arbeitnehmer im Sinne des § 5 Abs. 1 BetrVG: Arbeiter und Angestellte einschließlich der Auszubildenden (unabhängig davon, ob sie im Betrieb, im Außendienst oder mit Telearbeit beschäftigt werden) sowie Heimarbeiter, die in der Hauptsache für den Betrieb arbeiten.
Auch **Leiharbeitnehmer** (siehe → **Arbeitnehmerüberlassung/Leiharbeit**) haben gemäß § 14 Abs. 2 AÜG ein Teilnahmerecht.
Das Gleiche gilt für Arbeitnehmer, die sich z. B. in Urlaub, Elternzeit oder auf Freischicht befinden oder aus sonstigen Gründen am Tage der Betriebsversammlung nicht zu arbeiten brauchen.

1a Arbeitnehmer organisatorisch oder räumlich abgegrenzter Betriebsteile sind vom Betriebsrat zu **Abteilungsversammlungen** zusammenzufassen, wenn dies für die Erörterung der besonderen Belange der Arbeitnehmer **erforderlich** ist (§ 42 Abs. 2 Satz 1 BetrVG).
Diese Form der Betriebsversammlung ist in besonderer Weise geeignet, die Anliegen der Beschäftigten intensiv und umfassend zum Gegenstand von Information und Diskussion zu machen.

2 **Hauptfunktionen** der Betriebsversammlung sind:
- die Unterrichtung der Arbeitnehmer über sie betreffende Fragen (durch den Betriebsrat, den Arbeitgeber, den Gewerkschaftsvertreter usw.);
- Aussprache insbesondere über den Tätigkeitsbericht des Betriebsrats, aber auch über andere zur Diskussion gestellte Themen.

3 Die **Einberufung** der Betriebsversammlung (Ort, Zeit) erfolgt durch Beschluss des Betriebsrats (§ 43 Abs. 1 Satz 1 BetrVG; Fitting, BetrVG, 27. Aufl., § 42 Rn. 28; DKKW-*Berg*, BetrVG, 15. Aufl., § 42 Rn. 18).
Gleiches gilt für die Festlegung der **Tagesordnung**.

Vier »ordentliche« Betriebsversammlungen im Jahr, Abteilungsversammlungen

4 Vier »ordentliche« Betriebsversammlungen im Jahr (eine pro Quartal) sind **mindestens** durchzuführen (§ 43 Abs. 1 Satz 1 BetrVG).

5 Der Betriebsrat hat, wenn die Voraussetzungen des § 42 Abs. 2 Satz 1 BetrVG vorliegen (siehe Rn. 1 a), in jedem Kalenderjahr zwei dieser Betriebsversammlungen als **Abteilungsversammlungen**, die möglichst gleichzeitig stattfinden sollen, vorzunehmen (§ 43 Abs. 1 Satz 2 und 3 BetrVG).

6 Wenn im vorangegangenen Kalenderhalbjahr keine Betriebs- oder Abteilungsversammlung stattgefunden hat und eine im Betrieb vertretene → **Gewerkschaft** die nunmehrige Einberu-

Betriebsversammlung

fung beantragt, ist der Betriebsrat verpflichtet, eine »ordentliche« Betriebsversammlung im Sinne des § 43 Abs. 1 Satz 1 BetrVG einzuberufen (§ 43 Abs. 4 BetrVG).

Zwei »weitere« Betriebsversammlungen (je eine pro Kalenderhalbjahr), Abteilungsversammlungen

Zwei »weitere« Betriebsversammlungen (je eine pro Kalenderhalbjahr) kann der Betriebsrat einberufen, wenn ihm dies aus besonderen Gründen »zweckmäßig« erscheint (§ 43 Abs. 1 Satz 4 BetrVG).
Der Betriebsrat hat bei der Beurteilung der Zweckmäßigkeit einen erheblichen Ermessensspielraum (BAG v. 23. 10. 1991 – 7 ABR 249/90). Allerdings darf er die betrieblichen Belange nicht außer Acht lassen (Fitting, BetrVG, 27. Aufl., § 43 Rn. 34).
Es müssen »**besondere Gründe**« vorliegen. Das ist z. B. anzunehmen, wenn die Arbeitnehmer über aktuell anstehende Probleme informiert werden sollen (z. B. Betriebsänderung, Kurzarbeit, Tariffragen; weitere Beispiele bei Fitting, BetrVG, 27. Aufl., § 43 Rn. 35).
Die »weiteren« Betriebsversammlungen können als **Abteilungsversammlungen** abgehalten werden (§ 42 Abs. 1 Satz 4 BetrVG), wenn dies aus besonderen Gründen »zweckmäßig« erscheint (§ 42 Abs. 2 Satz 1 BetrVG).

»Außerordentliche« Betriebsversammlungen

Darüber hinaus ist der Betriebsrat berechtigt, »außerordentliche« Betriebsversammlungen einzuberufen, wenn er dies für »**notwendig**« erachtet (§ 43 Abs. 3 BetrVG).
Die Notwendigkeit ist insbesondere dann anzunehmen, wenn in einer Frage von besonderer Bedeutung und Wichtigkeit die Durchführung einer außerordentlichen Betriebsversammlung **sachlich dringend geboten** ist (z. B. bei geplanter → **Kurzarbeit**, bevorstehenden Rationalisierungsmaßnahmen, drohenden → **Betriebsänderungen**, wichtigen tarifpolitischen Ereignissen usw.).

> **Beachten:**
> Bei außerordentlichen Betriebsversammlungen besteht im Regelfall **kein Vergütungsanspruch** der Beschäftigten (siehe aber Rn. 13 und § 44 Abs. 2 BetrVG).

Der Betriebsrat »muss« eine »außerordentliche« Betriebsversammlung einberufen, wenn dies ein Viertel der wahlberechtigten Arbeitnehmer oder der Arbeitgeber beantragen (§ 43 Abs. 3 BetrVG).

»Teilversammlung«

Die Betriebsversammlung kann als »Teilversammlung« durchgeführt werden, wenn wegen der »Eigenart des Betriebes« die gleichzeitige Versammlung aller Arbeitnehmer nicht stattfinden kann (§ 42 Abs. 1 Satz 2 BetrVG; z. B. in **Mehrschichtbetrieben**: siehe Rn. 23 f.).

Fortzahlung der Vergütung

Die Betriebsversammlung zur Bestellung eines Wahlvorstandes (§ 17 BetrVG; siehe → **Betriebsratswahl** Rn. 12), die »ordentlichen«, »weiteren« und die auf Wunsch des Arbeitgebers einberufenen Betriebsversammlungen finden grundsätzlich während der Arbeitszeit unter Fortzahlung der Vergütung statt.
Außerhalb der Arbeitszeit dürfen die vorstehend genannten Betriebsversammlungen nur

Betriebsversammlung

dann durchgeführt werden, wenn die Eigenart des Betriebes dies »zwingend« erfordert (§ 44 Abs. 1 Satz 1 BetrVG).

12 Die Zeit der Teilnahme an den vorstehend genannten Versammlungen einschließlich etwaiger zusätzlicher Wegezeit ist den Arbeitnehmern **wie Arbeitszeit zu vergüten.**
Dies gilt auch, wenn die Versammlung aus zwingenden Gründen außerhalb der Arbeitszeit stattfindet; etwaige **Fahrtkosten** hat der Arbeitgeber zu erstatten (§ 44 Abs. 1 Satz 2 und 3 BetrVG).

13 »Sonstige« Betriebsversammlungen (d. h. »**außerordentliche**« Versammlungen, die der Betriebsrat aufgrund eigener Entschließung oder auf Antrag eines Viertels der Arbeitnehmer einberuft; siehe Rn. 8) finden **ohne Vergütungsanspruch** der Beschäftigten **außerhalb der Arbeitszeit** statt, es sei denn, Arbeitgeber und Betriebsrat einigen sich auf die Durchführung während der Arbeitszeit (§ 44 Abs. 2 BetrVG).

Ablauf und Thema der Betriebsversammlung

14 Die **Leitung** der Betriebsversammlung obliegt dem/der Betriebsratsvorsitzenden (§ 42 Abs. 1 Satz 1 BetrVG; bei dessen/deren Verhinderung der/die Stellvertreter/in).
Bei dem Betriebsratsvorsitzenden liegt auch das **Hausrecht** während der Versammlung einschließlich der Zugangswege zum Versammlungsraum (LAG Hamm v. 17. 3. 2005 – 10 TaBV 51/05; vgl. auch Fitting, BetrVG, 27. Aufl., § 42 Rn. 36; DKKW-*Berg*, BetrVG, 15. Aufl., § 42 Rn. 21).
Die »**Abteilungsversammlung**« wird von einem vom Betriebsrat bestimmten Betriebsratsmitglied, das möglichst der betreffenden Abteilung angehören soll und das insoweit das Hausrecht ausübt, geleitet (§ 42 Abs. 2 Satz 2 BetrVG).

15 Der Betriebsrat hat in der Betriebsversammlung einen **Tätigkeitsbericht** abzugeben und zur Diskussion zu stellen (§ 43 Abs. 1 Satz 1 BetrVG).

16 Der → **Arbeitgeber** ist zu den Betriebs- und Abteilungsversammlungen unter Mitteilung der Tagesordnung einzuladen (§ 43 Abs. 2 Satz 1 BetrVG). Er ist berechtigt, in den Versammlungen zu sprechen (§ 43 Abs. 2 Satz 2 BetrVG).

17 Mindestens einmal in jedem Kalenderjahr hat der Arbeitgeber oder sein Vertreter nach § 43 Abs. 2 Satz 3 BetrVG in einer Betriebsversammlung über
- das Personal- und Sozialwesen einschließlich des Stands der Gleichstellung von Frauen und Männern im Betrieb sowie der Integration der im Betrieb beschäftigten → **ausländischen Arbeitnehmer,**
- über die wirtschaftliche Lage und Entwicklung des Betriebs
- sowie über den betrieblichen → **Umweltschutz**

zu berichten, soweit dadurch nicht Betriebs- oder Geschäftsgeheimnisse (siehe → **Geheimhaltungspflicht**) gefährdet werden.

18 Die Betriebsversammlung kann **Anträge** an den Betriebsrat richten sowie zu seinem Tätigkeitsbericht und seinen Beschlüssen **Stellung beziehen** (§ 45 Satz 2 BetrVG).
Natürlich können Belegschaftsmitglieder auch Fragen an den Arbeitgeber oder sonstige Teilnehmer richten oder Diskussionsbeiträge leisten.

19 Neben den betrieblichen Fragen können auch außerbetriebliche Angelegenheiten zum **Thema** der Betriebsversammlung gemacht werden (z. B. Tarifpolitik, Sozialpolitik, Wirtschaftspolitik, Umweltpolitik), sofern sie den Betrieb oder seine Arbeitnehmer unmittelbar betreffen (§ 45 BetrVG).

20 § 45 BetrVG stellt klar, dass auch Fragen der Gleichstellung von Frauen und Männern und der Vereinbarkeit von Familie und Erwerbstätigkeit sowie der Integration der im Betrieb beschäftigten ausländischen Arbeitnehmer in der Betriebs- und Abteilungsversammlung behandelt werden können.

Dauer der Betriebsversammlung und zeitliche Lage

Die Dauer der Betriebsversammlung richtet sich nach Art, Umfang und Schwierigkeit der auf der Betriebsversammlung behandelten Themen. 21
Eine bestimmte zeitliche Grenze existiert nicht.
Aus der Praxis sind mehrtägige Betriebsversammlungen bekannt (z. B. bei drohenden Massenentlassungen). Die Betriebsversammlung wird dann jeweils **unterbrochen** und am nächsten Tag **fortgesetzt**.
Die Betriebsversammlung sollte nicht kurz vor Feierabend, sondern eher in der ersten Hälfte der Tagesarbeitszeit beginnen. 22
In **Mehrschichtbetrieben** kann es zweckmäßig sein, die Betriebsversammlung im Überschneidungsbereich von zwei Schichten als »**Vollversammlung**« (§ 42 Abs. 1 Satz 2 BetrVG) durchzuführen. 23
Zulässig sind aber auch folgende Handhabungen:
- Vollversammlung regelmäßig während der Frühschicht (wenn sich zu dieser Zeit deutlich mehr Beschäftigte im Betrieb befinden als während der anderen Schichten), 24
- Vollversammlung abwechselnd in der Früh- und Spätschicht, **Teilversammlungen** während der jeweiligen anderen Schichten.

Dem Betriebsrat steht bei der Gestaltung – nach richtiger Auffassung – ein **Ermessensspielraum** zu (vgl. DKKW-*Berg*, BetrVG, 15. Aufl., § 44 Rn. 14 bis 16).

Externe Teilnehmer

Beauftragte einer im Betrieb vertretenen → **Gewerkschaft** haben einen eigenen Anspruch auf Einladung und beratende Teilnahme an der Betriebsversammlung (§ 46 Abs. 1 Satz 1 BetrVG). 25
Vertreter eines → **Arbeitgeberverbandes** haben ein Teilnahmerecht nur dann, wenn der Arbeitgeber an der Versammlung teilnimmt und er den Arbeitgeberverbandsvertreter hinzuzieht (§ 46 BetrVG). 26
Die Betriebsversammlung ist **nicht öffentlich** (§ 42 Abs. 1 Satz 2 BetrVG). 27
Dennoch besteht die Möglichkeit, solche **außerbetrieblichen Personen einzuladen**, für deren Teilnahme ein sachlicher Grund gegeben ist (z. B. Sachverständige, Referenten für ein nach § 45 BetrVG zulässiges Thema, Gesamtbetriebsratsmitglieder aus einem anderen Betrieb, Arbeitnehmervertreter im Aufsichtsrat usw.).
Wegen der Nichtöffentlichkeit der Betriebsversammlung ist eine unbefugte **Tonbandaufnahme** nach § 201 Strafgesetzbuch **strafbar**. 28
Unzulässig ist auch die Anfertigung von **Wortprotokollen** durch den Arbeitgeber oder einen Arbeitgeberbeauftragten. Gleiches gilt für das stichwortartige Festhalten des Inhalts von Wortbeiträgen einzelner Arbeitnehmer sowie das schriftliche Festhalten der Namen der Diskussionsredner. 29

Bedeutung für die Betriebsratsarbeit

Die Betriebsversammlung hat im Rahmen der Vertretung der Interessen der Beschäftigten einen wichtigen Stellenwert. Sie 30
- ermöglicht den unverzichtbaren **Informationsfluss** zwischen Betriebsrat und Belegschaft,
- verdeutlicht die unterschiedlichen/gegensätzlichen **Interessen** zwischen Belegschaft und Arbeitgeber,
- stärkt die **Verhandlungsposition** des Betriebsrats, wenn der Arbeitgeber sieht, dass der Betriebsrat »die Belegschaft im Rücken hat«,

Betriebsversammlung

- macht die Darstellung **gewerkschaftlicher Positionen und Strategien** zu betrieblichen und überbetrieblichen Problemlagen möglich und verstärkt damit die Erkenntnis über die Notwendigkeit des »Zusammenspiels« von Belegschaft, betrieblichen Interessenvertretungsorganen und Gewerkschaft.

31 Es ist sinnvoll, bei der Vorbereitung, Durchführung und Nachbereitung der Betriebsversammlung **arbeitsteilig** vorzugehen. So können beispielsweise die schriftliche Vorbereitung und der Vortrag des Tätigkeitsberichtes auf mehrere Betriebsratsmitglieder verteilt werden.

32 Soweit vorhanden, kann der **gewerkschaftliche Vertrauenskörper** unter gesondertem Tagesordnungspunkt einen eigenen Bericht abgeben (LAG Hamm v. 3.12.1986 – 3 Sa 1229/86, AiB 2001, 714 = DB 1987, 2659; LAG Düsseldorf v. 10.3.1981 – 11 Sa 1453/80, AiB 2001, 715 = DB 1981, 1729).

33 Natürlich sollten die jeweiligen Aktivitäten (einschließlich des etwaigen Referats des Gewerkschaftsvertreters) sinnvoll **aufeinander abgestimmt** sein.

34 Die Betriebsversammlung stellt allerdings nicht die alleinige »**Kontaktstelle**« zwischen Betriebsrat und Belegschaft dar.

Nicht vergessen werden dürfen:
- das Gespräch am Arbeitsplatz oder im Büro des Betriebsrats innerhalb und außerhalb der Sprechstundenzeiten (§ 39 BetrVG),
- die Information der Beschäftigten durch Anschläge an den »Schwarzen Brettern« (BAG v. 21.11.1978 – 6 ABR 85/76, DB 1979, 751),
- die Herausgabe von Flugblättern aus aktuellem Anlass und ein regelmäßig erscheinendes »BR-Info«,
- Einrichtung einer Betriebsrats-Homepage im Intranet (BAG v. 3.9.2003 – 7 ABR 12/0, AiB 2004, 692 = NZA 2004, 278: »*Der Betriebsrat kann nach § 40 Abs. 2 BetrVG einen Anspruch darauf haben, Informationen und Beiträge in einem vom Arbeitgeber im Betrieb eingerichteten Intranet zu veröffentlichen*«).

Zu empfehlen sind regelmäßige **Rundgänge** im Betrieb, etwa durch den/die Betriebsratsvorsitzende/n, freigestellte Betriebsratsmitglieder oder vom Betriebsrat beauftragte »Bereichsbetriebsratsmitglieder«.

Siehe auch → **Betriebsrat** Rn. 39 ff.

35 Auch **gewerkschaftliche Vertrauensleute** können bei der Herstellung und Aufrechterhaltung des Informationsflusses zwischen Belegschaft und Betriebsrat eine sinnvolle und wichtige Rolle spielen (siehe → **Gewerkschaft** Rn. 30 f.).

Arbeitshilfen

Übersicht	• Betriebsversammlung
Checklisten	• Vorbereitung, Durchführung und Nachbereitung der Betriebsversammlung
	• Hinweise auf die wichtigsten und häufigsten Schwächen und Fehler beim freien Reden
Musterschreiben	• Einladung an die Beschäftigten zur Betriebsversammlung (Aushang)
	• Einladung an die Geschäftsleitung zur Betriebsversammlung
	• Mitteilung an die Geschäftsleitung über den Zeitpunkt der nächsten Betriebsversammlung
	• Merkblatt zur Vorbereitung und Protokollierung der Betriebsversammlung

Betriebsversammlung

Übersicht: Betriebsversammlung

1. **Zulässige Formen der Betriebsversammlung:**
   - Betriebsversammlung: Alle Arbeitnehmer des Betriebs versammeln sich zum gleichen Zeitpunkt am gleichen Ort.
   - Teilversammlung: Ein Teil der Arbeitnehmer des Betriebs versammelt sich, weil wegen der Eigenart des Betriebs eine gleichzeitige Versammlung aller Arbeitnehmer nicht möglich ist (z. B. bei Schichtarbeit).
   - Abteilungsversammlung: Die Arbeitnehmer einer Abteilung werden zu einer solchen Versammlung einberufen, wenn dies zur sachgerechten Erörterung der Belange dieser Arbeitnehmer erforderlich ist.

2. **Aufgaben des Betriebsrats vor und in der Betriebsversammlung:**
   - Der Betriebsrat beruft die Betriebsversammlungen ein;
   - der Betriebsrat beschließt die Tagesordnung;
   - der Betriebsratsvorsitzende leitet die Betriebsversammlung, er übt auch das Hausrecht aus;
   - die Leitung der Abteilungsversammlung obliegt einem vom Betriebsrat beauftragten Betriebsratsmitglied, das der betreffenden Abteilung angehören soll;
   - der Betriebsrat hat einen Tätigkeitsbericht zu erstatten (über seine Arbeit im abgelaufenen Quartal);
   - er hat diesen Bericht zur Diskussion zu stellen.

3. **Zahl der Betriebsversammlungen:**
   - in jedem Quartal eine ordentliche Betriebsversammlung (zwei davon gegebenenfalls als Abteilungsversammlung);
   - in jedem Kalenderhalbjahr je eine weitere Betriebs- oder Abteilungsversammlung, wenn dies aus besonderen Gründen »zweckmäßig« erscheint;
   - zusätzliche außerordentliche Betriebsversammlungen muss der Betriebsrat einberufen auf Antrag des Arbeitgebers und auf Antrag eines Viertels der wahlberechtigten Arbeitnehmer; er kann eine solche Versammlung auch aufgrund eigener Entschließung einberufen, wenn er sie für notwendig erachtet. Beachten: im Regelfall kein Vergütungsanspruch der Beschäftigten (§ 44 Abs. 2 BetrVG);
   - auf Antrag einer im Betrieb vertretenen Gewerkschaft hat der Betriebsrat eine »ordentliche« Betriebsversammlung einzuberufen, wenn im vorangegangenen Kalenderhalbjahr keine Betriebs- oder Abteilungsversammlung stattgefunden hat.

4. **Zeitpunkt der Betriebsversammlung:**
   - Die ordentlichen, weiteren und die vom Arbeitgeber beantragten »außerordentlichen« Betriebsversammlungen finden – unter Fortzahlung der Vergütung – grundsätzlich während der Arbeitszeit statt;
   - ausnahmsweise finden die vorgenannten Betriebsversammlungen außerhalb der Arbeitszeit statt, wenn die Eigenart des Betriebs dies zwingend erfordert; auch in diesem Fall ist die Zeit der Teilnahme (und ggf. die Wegezeit) wie Arbeitszeit zu vergüten. Etwaige Fahrtkosten sind zu erstatten;
   - die außerordentlichen Betriebsversammlungen, die der Betriebsrat aufgrund eigener Entschließung oder auf Wunsch eines Viertels der Belegschaft einberuft, erfolgen – ohne Vergütungsanspruch – außerhalb der Arbeitszeit (es sei denn, Arbeitgeber und Betriebsrat einigen sich auf die Durchführung während der Arbeitszeit).

5. **Teilnehmer der Betriebsversammlung:**
   - der Betriebsrat;
   - die Arbeitnehmer;
   - Gewerkschaftsbeauftragter (Anspruch auf beratende Teilnahme);
   - der Arbeitgeber (er hat in jeder Versammlung Rederecht; mindestens einmal im Jahr hat er einen Bericht über das Personal- und Sozialwesen einschließlich des Standes der Gleichstellung von Frauen und Männern im Betrieb sowie der Integration der im Betrieb beschäftigten ausländischen Arbeitnehmer, über die Lage und Entwicklung des Betriebs sowie über den betrieblichen Umweltschutz zu geben);
   - ein Beauftragter des Arbeitgeberverbandes (wenn Arbeitgeber ihn hinzuzieht);

Betriebsversammlung

- sonstige vom Betriebsrat eingeladene Personen: z. B. betriebsfremde Gesamtbetriebsratsmitglieder, Sachverständige, Referenten, Rechtsanwalt usw.;
- die Betriebsversammlung ist im Übrigen nicht öffentlich.

6. **Themen der Betriebsversammlung:**
Angelegenheiten, die den Betrieb oder seine Arbeitnehmer unmittelbar betreffen; eingeschlossen sind: tarifpolitische, sozialpolitische, umweltpolitische und wirtschaftliche Themen, Fragen der Förderung der Gleichstellung von Frauen und Männern und der Vereinbarkeit von Familie und Erwerbstätigkeit sowie der Integration der im Betrieb beschäftigten ausländischen Arbeitnehmer.

7. **Rechte der Arbeitnehmer:**
   - Ein Viertel der wahlberechtigten Arbeitnehmer kann den Betriebsrat verpflichten, eine Betriebsversammlung einzuberufen und ein bestimmtes Thema auf die Tagesordnung zu setzen;
   - die Arbeitnehmer können dem Betriebsrat Anträge unterbreiten;
   - sie können zu den Beschlüssen des Betriebsrats Stellung nehmen;
   - die Zeit der Teilnahme an den ordentlichen, weiteren und vom Arbeitgeber beantragten außerordentlichen Betriebsversammlungen einschließlich etwaiger zusätzlicher Wegezeiten ist wie Arbeitszeit zu vergüten;
   - das Gleiche gilt, wenn die vorstehend genannten Betriebsversammlungen ausnahmsweise außerhalb der Arbeitszeit stattfinden; für diesen Fall sind auch Fahrtkosten durch den Arbeitgeber zu erstatten;
   - auch für sonstige, zusätzlich zu den vorgenannten Betriebs- oder Abteilungsversammlungen durchgeführte »außerordentliche« Versammlungen gilt: Finden diese Versammlungen im Einvernehmen mit dem Arbeitgeber während der Arbeitszeit statt, ist der Arbeitgeber nicht berechtigt, das Arbeitsentgelt der Arbeitnehmer zu kürzen.

Checkliste: Vorbereitung, Durchführung und Nachbereitung der Betriebsversammlung

I. Vorbereitung der Betriebsversammlung

1. **Termin** der Betriebsversammlung festlegen:
   - Datum, Uhrzeit.
2. **Ort** der Betriebsversammlung festlegen und sonstige organisatorische Vorbereitungen treffen:
   - Welcher Raum?
   - Lautsprecheranlage und Saalmikrophone;
   - Bestuhlung;
   - gegebenenfalls Tageslichtprojektor und Leinwand;
   - sonstige Maßnahmen zur attraktiven Gestaltung der Räumlichkeit (z. B. Fotoausstellung, Plakate, Transparente, Info- und Büchertisch).
3. **Arbeitgeber** über Termin und Ort informieren und ihn auffordern, die Räumlichkeit freizuhalten, die notwendigen technischen Einrichtungen zur Verfügung zu stellen und den Betriebsablauf so zu gestalten, dass jeder Arbeitnehmer an der Betriebsversammlung teilnehmen kann.
4. **Tagesordnung** festlegen:
   - Tätigkeitsbericht des Betriebsrats (in jeder »ordentlichen« Betriebsversammlung);
   - mindestens einmal im Jahr Bericht des Arbeitgebers;
   - Bericht des gewerkschaftlichen Vertrauenskörpers;
   - Bericht sonstiger betrieblicher Funktionsträger: Jugend- und Auszubildendenvertretung, Schwerbehindertenvertretung, Sicherheitsbeauftragte bzw. -fachkräfte, Betriebsarzt, »Umweltschutzbeauftragter« usw.;
   - gegebenenfalls Referat eines außerbetrieblichen Referenten (z. B. Gewerkschaftssekretär, Sachverständiger usw.) zu einem aktuellen Schwerpunktthema;
   - Reihenfolge der Tagesordnungspunkte für jede Versammlung (neu) bestimmen (nach Aktualität und Wichtigkeit);
   - Hinweis darauf, dass nach jedem Tagesordnungspunkt Möglichkeit der Aussprache besteht.

Betriebsversammlung

5. **Schriftlichen Tätigkeitsbericht erstellen:**
   - inhaltliche Schwerpunkte in einer Vorbereitungssitzung des Betriebsrats festlegen:
     - Themenliste erstellen,
     - unwichtige Punkte aussortieren,
     - inhaltliche Schwerpunkte in eine sinnvolle Reihenfolge bringen (auf klare und nachvollziehbare Gliederung achten),
     - zeitlichen Rahmen für jeden Punkt (in etwa) festlegen (was kann kurz, was muss ausführlicher dargestellt werden?),
     - Tätigkeitsbericht insgesamt nicht länger als 45 Minuten;
   - bei der Festlegung des Inhaltes des Tätigkeitsberichtes die Jugend- und Auszubildendenvertretung, die Schwerbehindertenvertretung, den gewerkschaftlichen Vertrauenskörper (Vertrauenskörperleitung) einbeziehen;
   - zu jedem inhaltlichen Schwerpunkt darstellen:
     - Was ist (im letzten Quartal) geschehen (z. B. betriebliche Probleme, Maßnahmen des Arbeitgebers, Anregungen oder Beschwerden von Beschäftigten usw.)?
     - Was hat der Betriebsrat in der betreffenden Angelegenheit gefordert?
     - Wie hat der Arbeitgeber auf die Forderungen bzw. Maßnahmen des Betriebsrats reagiert; wie lautete die Position des Arbeitgebers, mit welchen Methoden hat er »gearbeitet«?
     - Welche Schritte zur Durchsetzung seiner Forderungen haben der Betriebsrat und gegebenenfalls andere Gremien unternommen?
     - Was konnte erreicht werden? Wer und/oder was war für den (Teil-)Erfolg verantwortlich?
     - Was konnte nicht erreicht werden? Was war für den Misserfolg verantwortlich?
   - falls zum Zeitpunkt der Betriebsversammlung eine Angelegenheit noch »in Arbeit« ist:
     - Wie ist der Stand der Verhandlungen mit dem Arbeitgeber?
     - Worüber konnte Einigkeit erzielt werden?
     - Was ist strittig?
   - Ausblick in das nächste Quartal:
     - Welche Aufgaben sollen nach der Arbeitsplanung des Betriebsrats demnächst »angepackt« werden?
   - Tätigkeitsbericht arbeitsteilig erstellen (Ausschüsse, einzelne Betriebsratsmitglieder beauftragen), schriftliche Vorlagen und gut lesbare Folien (Grafiken) für Tageslichtprojektor anfertigen;
   - in der letzten Betriebsratssitzung vor der Betriebsversammlung die Endfassung des Tätigkeitsberichts beraten und beschließen;
   - festlegen, wer welche Teile des Tätigkeitsberichts in der Betriebsversammlung vorträgt (die »Neulinge« ermutigen).
6. **Schwerpunktthema** vorbereiten:
   Mit etwaigem (außerbetrieblichem) Referenten (z. B. Gewerkschaftssekretär) Ziel, Inhalt, Zeitpunkt und Dauer des Referats absprechen.
7. Auf **Bericht des Arbeitgebers** vorbereiten (soweit dieser insgesamt oder in Teilen bekannt ist, vgl. § 110 BetrVG).
8. Mit den **anderen Gremien** der Interessenvertretung (Jugend- und Auszubildendenvertretung, Schwerbehindertenvertretung, Vertrauenskörper) Absprachen treffen über Ziel, Inhalt, Dauer, Zeitpunkt von Redebeiträgen zum Tätigkeitsbericht sowie zu sonstigen in der Betriebsversammlung behandelten Themen.
9. **Einladung mit Tagesordnung** (Themen genau bezeichnen) anfertigen (attraktive Gestaltung) und im Betrieb aushängen (»Schwarze Bretter«).
10. Gesonderte schriftliche Einladung mit Tagesordnung an **Arbeitgeber, Gewerkschaftssekretär** und sonstige Personen (z. B. außerbetriebliche Referenten) anfertigen und rechtzeitig versenden.
11. Rechtzeitig vor Beginn der Betriebsversammlung kontrollieren, ob alle **organisatorischen und technischen Maßnahmen** (siehe oben Ziff. 2 und 3) erledigt worden sind. Funktionsfähigkeit der Technik (Tonanlage, Tageslichtprojektor usw.) prüfen!

Betriebsversammlung

II. Durchführung der Betriebsversammlung

Aufgaben des Versammlungsleiters:
- Eröffnung, Begrüßung.
- Kurze Orientierung über den Ablauf der Versammlung (insbesondere, wenn die ausgehängte Tagesordnung verändert werden musste).
- Tagesordnungspunkt 1 (Tätigkeitsbericht des Betriebsrats) aufrufen.
- Aussprache zu Tagesordnungspunkt 1 eröffnen und Diskussion leiten.
- Bei »verunglückten« Redebeiträgen unterstützend eingreifen (z. B. die beabsichtigte Aussage des Redners verdeutlichen; gegebenenfalls Nachfrage);
- erst mehrere Redebeiträge nacheinander zulassen (darauf achten, dass nicht auf jeden Redebeitrag sofort mit einer Antwort oder Gegenrede reagiert wird);
- Fragen an den zuständigen Adressaten (Betriebsrat, Arbeitgeber, Gewerkschaftssekretär usw.) weiterleiten (einfache Fragen gegebenenfalls selbst beantworten);
- Diskussion beenden, wenn keine weiteren Wortmeldungen vorliegen;
- die wichtigsten Punkte der Diskussion zu dem Tagesordnungspunkt noch einmal kurz (!) zusammenfassen.
- Tagesordnungspunkt 2 (z. B. Bericht des Arbeitgebers) aufrufen;
- Aussprache zu Tagesordnungspunkt 2 eröffnen und Diskussion leiten; ... (usw.: wie oben Nr. 4, 5).
- Nach Erledigung des letzten Tagesordnungspunktes (»Verschiedenes«): Betriebsversammlung schließen.

Berichte, Referate, Redebeiträge

Tätigkeitsbericht (verschiedene Betriebsratsmitglieder), Tageslichtprojektor und vorbereitete Folien nutzen.

Redebeiträge (Fragen, Meinungen) zum Tätigkeitsbericht (Betriebsratsmitglieder, Vertrauensleute, Belegschaftsangehörige usw.).

Bericht des Arbeitgebers

Redebeiträge

III. Nachbereitung der Betriebsversammlung

1. Unmittelbar nach der Betriebsversammlung Beschäftigte nach ihrer Meinung zu Form und Inhalt der Betriebsversammlung befragen.
2. In einer Betriebsratssitzung (gegebenenfalls gemeinsame Sitzung mit Vertrauensleuten bzw. Vertrauenskörperleitung) Betriebsversammlung auswerten:
   - Was ist gut gelaufen?
   - Wie sind Berichte, Redebeiträge und gegebenenfalls Referate bei der Belegschaft »angekommen«?
   - Was ist schlecht gelaufen?
   - Wie hat der Arbeitgeber sich verhalten? Wie hat er auf Berichte, Redebeiträge usw. reagiert?
   - Wie lauten die Reaktionen aus der Belegschaft?
3. Konsequenzen ziehen:
   - Was muss bei der Vorbereitung und Gestaltung der nächsten Betriebsversammlung anders/besser gemacht werden?
   - Die wichtigsten Punkte schriftlich festhalten und für die Vorbereitung und Durchführung der nächsten Betriebsversammlung nutzen.
   - Welche Arbeitsaufträge ergeben sich für Betriebsrat und die anderen Gremien der Interessenvertretung aus dem Verlauf der Versammlung?
   - Wer bearbeitet diese Aufträge bis wann?

Betriebsversammlung

Checkliste: Hinweise auf die wichtigsten und häufigsten Schwächen und Fehler beim freien Reden[1]

Der Auftritt hat nicht geklappt
- Der Redner hat schon während des Aufstehens oder bevor er seinen Platz am Rednerpult erreicht hat, begonnen zu reden.
- Der Redner hat keinen Blickkontakt zu seinen Zuhörern gesucht, bevor er zu reden begonnen hat.
- Der Redner hat die ersten Sätze zu schnell herausgesprudelt.

Um diese Fehler zu vermeiden, ist es wichtig, gerade während der ersten, entscheidenden Sekunden der Rede bewusst eine entspannte Standposition einzunehmen. Sie hilft einem tatsächlich über die ersten, schwierigsten Augenblicke hinweg!

Der Blickkontakt hat gefehlt
- Der Redner hat ununterbrochen auf sein Stichwortkonzept gestarrt, er hat meistens zur Decke hinauf oder auf den Fußboden geblickt. Möglicherweise hat er auch immer nur ein und denselben Zuhörer angesehen.

Um das abzustellen, muss richtig mit dem Stichwortkonzept gearbeitet werden: Das benötigte Stichwort aufnehmen, dann hochblicken, den Gedanken frei formulieren und dann erst wieder auf das Stichwortkonzept sehen. Das ist nur möglich, wenn das Stichwortkonzept übersichtlich aufgebaut ist. An verschiedenen Stellen des Raumes Leute heraussuchen, die einem auf Anhieb sympathisch sind, und sie dann im Wechsel ansehen, bis man sicher genug geworden ist, den Blick ganz frei wandern zu lassen.

Die Gestik hat gefehlt
- Der Redner hat ...... die Arme herunterhängen lassen,... die Arme auf dem Rücken oder vor der Brust verschränkt,... die Hände in den Hosentaschen,... sich am Rednerpult oder seinem Stichwortkonzept festgeklammert,... die Hände ineinander verschränkt,... mit seinem Kugelschreiber oder etwas anderem herumgefummelt.

Darauf achten, dass man bei der entspannten Standposition auch die Hände von Anfang an frei hat. Dafür die Arme anwinkeln, so dass die Hände etwa in Bauchnabelhöhe vor dem Körper in der Schwebe gehalten werden. Man selber kommt sich dabei blöd vor, aber es sieht locker und natürlich aus und es hilft, von Anfang an zu einer guten Gestik zu kommen.
Zu beachten ist ebenfalls, dass man möglichst nichts in den Händen hat (außer, wo es anders nicht geht, das Stichwortkonzept – in einer Hand). Auch Handbewegungen wie das Zusammenballen, ein angedeutetes Zugreifen, die flach ausgestreckte Hand können ein Ausdrucksmittel sein. Das muss aber nicht extra einstudiert werden, hält man die Hand nur offen, geht es von allein.
Auch während des Redebeitrages immer wieder daran denken, dass nur aus den angewinkelten Armen heraus eine lockere und natürliche Gestik möglich ist. Dabei die Arme unter Kontrolle halten, damit sie nicht nach einer kurzen Handbewegung wieder hinter dem Rücken oder sonst wo verschwinden.

Der Redner tänzelt hin und her
Gegen Körperbewegungen ist nichts einzuwenden. Es gibt aber Redner, die wie ein Boxer auf der Stelle tänzeln. Das macht die Zuhörer nervös und lenkt sie ab. Hier ist es wichtig, dass man sich an die entspannte Standposition am Beginn der Rede hält und dass man von Anfang an eine lockere Gestik zulässt. Auch dieses Tänzeln ist eine Art fehlgeleiteter Redeenergie, die in Gestik sinnvoller investiert wäre.

Der Redner spricht zu schnell
Auch hier: Gestik führt fast automatisch zu Pausen im Redefluss. Größere Abstände zwischen den einzelnen Abschnitten des Stichwortkonzeptes erinnern daran, dass hier »Erholungspausen« gemacht werden sollten. Vielleicht auch an verschiedenen Stellen des Stichwortkonzeptes mit rotem Filzschreiber das Wort »Pause« einfügen.

---

[1] Quelle: Fricke, Frei reden, 4. Aufl., Bund-Verlag, S. 122 ff.

Betriebsversammlung

Der Redner spricht mit zu gleichmäßigem, leierndem Tonfall
Selbst auf die Gefahr hin, dass die Wiederholung dieses Hinweises langweilig wird: Gestik sorgt für lebendigeres Sprechen.
Besonders problematisch ist es, wenn Sätze, die von ihrer Aussage her mitreißend sein sollen, in einem unbeteiligt erscheinenden Tonfall abgespult werden. Auch hier kann man sich als Erinnerung daran, mehr Kraft in die Stimme zu bringen, einen Hinweis ins Stichwortkonzept machen, indem man solche Stichworte dick und rot unterstreicht.
Nachdruck und Engagement sind nicht mit Lautstärke zu verwechseln. Auch sehr leise gesprochene Sätze können mit großem Nachdruck vorgebracht werden. Wichtig ist dabei, dass man nicht nur mit der Stimme, sondern mit dem ganzen Körper spricht, alle Muskeln anspannt.

Der Redner hat sich versprochen
Das macht überhaupt nichts. War es ein kleiner Versprecher, kann man ihn unbeachtet lassen und weiterreden. War es ein wichtiger Versprecher (der den ganzen Sinn des Gesagten umdreht), einfach noch einmal richtig wiederholen. Häufen sich die Versprecher, ist das meistens ein Zeichen dafür, dass man vor lauter Aufregung keine Luft mehr bekommt. Das verführt dann nämlich dazu, immer schneller und schneller zu sprechen, und damit steigt das Risiko weiterer Versprecher.

Der Redner ist stecken geblieben
Das beste Mittel gegen das Steckenbleiben ist ein sorgfältig vorbereitetes Stichwortkonzept, auf das man regelmäßig schaut, so dass man nie den Kontakt dazu verliert.
Bleibt man trotzdem einmal richtig stecken, reicht eine normale Überlegungspause also nicht aus, um wieder in Gang zu kommen, kann man neue Orientierung suchen, indem man den letzten Satz mit etwas anderen Worten noch einmal wiederholt. Dabei fällt einem fast immer ein, wie es weitergehen soll. Nützt das nichts, soll man ruhig zugeben, hängen geblieben zu sein. Das wirkt sehr menschlich und strahlt mehr Sicherheit aus, als wenn man hilf- und kopflos in seinen Unterlagen blättert und gar nichts mehr sagt. Merke: Es ist kein Zeichen von gutem Charakter, aber es ist so, dass Zuhörer nur über den lachen, der einen unsicheren Eindruck macht, nicht über den, der nur mal stecken geblieben ist.
Im Notfall überspringt man den Rest dieses Punktes und setzt beim nächsten Hauptstichwort neu an. Eine kurze Entspannung und festes Hinstellen ermöglichen einen ruhigen und sicheren Neuanfang.

Der Redner hat Schwierigkeiten, seinen Stichwortzettel zu lesen
Hier ist nicht derjenige gemeint, der zu klein oder unleserlich geschrieben hat, der ist nämlich selber schuld.
Es gibt aber verhältnismäßig viele Menschen, die auch bei deutlich und groß geschriebenen Worten nur sehr mühselig lesen können. Meist sind das so genannte Legastheniker (Menschen mit einer Lese- und Rechtschreibschwäche). Für diese Kolleginnen und Kollegen (meistens sind es übrigens Männer) ist es natürlich besonders schwer, anhand von Stichworten zu reden (mit einem voll ausgeschriebenen Text wäre es allerdings noch schwieriger).
Sie müssen versuchen, mit so wenig Stichworten wie möglich auszukommen, und dabei immer nur einzelne Worte aufschreiben. Das stellt dann besondere Anforderungen an das Gedächtnis.

Der Redebeitrag versickert im Sande
Das ist eine sehr häufig auftretende Schwierigkeit. Obwohl man einerseits froh ist, den Redebeitrag hinter sich zu haben, kommt man auf der anderen Seite nicht zum Schluss.
Deshalb muss der Schlusssatz immer besonders sorgfältig vorbereitet werden und wörtlich oder mit besonders vielen Stichworten aufgeschrieben werden. Die Formulierung selber, besonders auch die Betonung, muss dabei häufig und laut geprobt werden.

Der Redner benutzt Verlegenheitslaute oder -begriffe
Oft stellt man es erst anhand einer Tonbandaufnahme fest, dass man nach jedem halben Satz »äh« sagt, ständig »nicht wahr«, »sozusagen« oder »also« einbaut.
Das sind Angewohnheiten, die man nicht so leicht wieder los wird. Man muss schon eine ganze Menge Geduld aufbringen. Wichtig ist aber, erst einmal selber darauf aufmerksam geworden zu sein, dass man so etwas überhaupt tut, denn normalerweise fallen einem solche Verlegenheitslaute gar nicht auf.

Hat man es aber gemerkt, stellt man in einer ersten Phase immer wieder fest, dass einem schon wieder so etwas herausgerutscht ist. Später dann bemerkt man schon, bevor man wieder »nicht wahr« sagen will, dass sich diese blödsinnige Formel auf die Lippen drängt, und kann sie dann energisch runterschlucken (das ist durchaus wörtlich so gemeint, man muss dann einmal kurz schlucken). Und jetzt ist es nicht mehr weit, bis man sich diese Unart wieder abgewöhnt hat. Oft schafft man sich dann gleich die nächste an, deshalb muss man sich immer wieder kontrollieren.

Aber: Das Abgewöhnen dauert seine Zeit, und die muss man sich selber auch zugestehen.

Der Redner fühlt sich insgesamt unsicher und nervös und glaubt, das müssten die Zuhörer auch merken

Irrtum – die Zuhörer registrieren das kaum. Es ist uns äußerlich meist gar nicht anzumerken, dass wir innerlich so aufgeregt und nervös sind. Das sollte man mal gezielt durch Tonbandaufnahmen kontrollieren.

Das schreckliche Zittern in unserer Stimme, die scheinbar endlose Überlegungspause, der Schweißausbruch oder das Zittern der Knie, all das merken nur wir selber so stark, es kommt aber nicht über die Rampe. Nebenbei bemerkt ist es auf diesen Effekt auch zurückzuführen, dass man immer glaubt, man selber sei der einzige Mensch, der Redeangst hat, alle anderen machen ja einen so sicheren Eindruck. Merken wir uns also zum Schluss:

So beschissen, wie wir uns während der Rede fühlen, sehen wir niemals aus!

Betriebsversammlung

Musterschreiben: Merkblatt zur Vorbereitung und Protokollierung der Betriebsversammlung

- ☐ ordentliche bzw. weitere Betriebsversammlung (§ 43 Abs. 1 BetrVG)
- ☐ außerordentliche Betriebsversammlung (§ 43 Abs. 3 BetrVG)
- ☐ Teilversammlung
- ☐ Abteilungsversammlung

Seite ....
Datum: ....
Beginn: ....
Ende: ....

Tagesordnung: (TOP = Tagesordnungspunkt) **Redner/Referenten**

TOP 1: ....

TOP 2: ....

TOP 2: ....

TOP-Nr.:   **Notizen:**

Rechtsprechung

1. Eine Betriebsversammlung pro Quartal
2. Hausrecht auf der Betriebsversammlung
3. Betriebsversammlung im Schichtbetrieb
4. Teilversammlungen
5. Betriebsversammlung außerhalb der Arbeitszeit
6. »Weitere Betriebsversammlung« (§ 43 Abs. 1 Satz 4 BetrVG)
7. Außerordentliche Betriebsversammlung während der Arbeitszeit?

7 a. Teilnahme an Betriebsversammlung

8. Themen der Betriebsversammlung – gewerkschaftliche Vertrauensleutearbeit
9. Teilnahme von Referenten – Kostenerstattung
10. Teilnahme von Arbeitgebervertretern
11. Äußerung des Arbeitgebers zu den Kosten der Betriebsratstätigkeit auf Betriebsversammlung
12. Anfertigung von Aufzeichnungen durch den Arbeitgeber
13. Einberufung von Mitarbeiterversammlungen durch den Arbeitgeber
14. Sonstiges
15. Betriebsversammlung zur Wahl eines Wahlvorstands

Beurteilungsgrundsätze

Was ist das?

1 Der Begriff »Beurteilungsgrundsätze« wird in § 94 Abs. 2 BetrVG verwendet (»*Aufstellung allgemeiner Beurteilungsgrundsätze*«).
Es handelt sich um Richtlinien, mit deren Hilfe die **Leistung** und das **Verhalten** von Arbeitnehmern beurteilt werden sollen.
Die Beurteilung soll nicht in das Belieben jeweiliger Vorgesetzter, die nach unterschiedlichen Kriterien bewerten, gestellt werden.
Vielmehr sollen, um Beurteilungen vergleichbar zu machen, einheitliche Gesichtspunkte zugrunde gelegt werden.
Hierzu nachstehend die Entscheidung des BAG v. 17. 3. 2015 – 1 ABR 48/13: »*Allgemeine Beurteilungsgrundsätze i. S. v. § 94 Abs. 2 BetrVG sind Regelungen, die eine Bewertung des Verhaltens oder der Leistung der Arbeitnehmer verobjektivieren oder vereinheitlichen und an Kriterien ausrichten sollen, die für die Beurteilung jeweils erheblich sind. Beurteilungsgrundsätze sind stets auf die Person eines oder mehrerer bestimmter Arbeitnehmer bezogen.*«

2 **Beurteilungskriterien** sind beispielsweise:
- Sorgfalt der Arbeitsführung,
- Belastbarkeit,
- Verantwortungsbewusstsein,
- Selbständigkeit,
- Kooperationsfähigkeit,
- Einsatzbereitschaft,
- Weiterbildungsbereitschaft,
- Führungsqualitäten,
- Entscheidungsfähigkeit,
- Durchsetzungsfähigkeit.

3 Zu den Beurteilungsgrundsätzen zählen auch die jeweiligen **Methoden und Verfahren**, mittels deren der der Beurteilung zugrunde liegende Sachverhalt ermittelt wird.

> **Beispiele:**
> Fragebogen, psychologische Tests, graphologische Gutachten, Arbeitsproben, Überwachung, Kontrolle, Kreis der Beurteiler.

Zu den Beurteilungsgrundsätzen im Sinne des § 94 Abs. 2 BetrVG gehört nach zutreffender Ansicht des LAG Hamm auch die Festlegung des **Verfahrens, wie Beurteilungen zustande kommen** (LAG Hamm v. 11. 1. 2010 – 10 TaBV 99/09). Wenn etwa der Arbeitgeber den zur Beurteilung aufgerufenen Vorgesetzten vorgegeben habe, vor der abschließenden Beurteilung die Einhaltung des vorgegebenen Budgets zu überprüfen bzw. überprüfen zu lassen, damit sichergestellt ist, dass durch die Punktevergabe keine Budgetüberschreitung erfolgt, sei damit

Beurteilungsgrundsätze

die Festlegung des Verfahrens, wie eine Beurteilung zustande kommt, betroffen. Auch dies sei grundsätzlich mitbestimmungspflichtig.

Auch → **Zielvereinbarungen**, soweit sie die Grundlage für eine Leistungsbeurteilung bilden, sind als »allgemeiner Beurteilungsgrundsatz« anzusehen. 4

In der Praxis wird auch die **elektronische Datenverarbeitung** für die Beurteilung von Arbeitnehmern genutzt. 5

Ist beispielsweise ein Personalinformationssystem derart ausgestattet, dass nach katalogmäßigen Klassifikationsmerkmalen nach Eingabe von Leistungs- und Verhaltensdaten automatisch Fähigkeits- und Eignungsprofile erstellt werden, dann sind in ein solches System Beurteilungsgrundsätze eingearbeitet.

Bedeutung für die Betriebsratsarbeit

Der Betriebsrat hat nach § 94 Abs. 2 BetrVG ein Mitbestimmungsrecht bei der »Aufstellung allgemeiner Beurteilungsgrundsätze«. 6

Dieses Mitbestimmungsrecht hat die Qualität eines »**Zustimmungsverweigerungsrechts**«. 7

Das heißt, der Betriebsrat kann die Einführung von Beurteilungsgrundsätzen zwar nicht erzwingen.

Wenn der Arbeitgeber jedoch Beurteilungsgrundsätze aufstellen will, so hat der Betriebsrat mitzubestimmen darüber,
- ob solche Grundsätze überhaupt eingeführt werden sollen;
- wenn ja, welchen Inhalt sie haben sollen (welche Beurteilungskriterien sollen gelten, welche Gewichtung sollen sie haben, welche Beurteilungsverfahren sollen angewendet werden?).

Hierzu nachstehend die Entscheidung des BAG v. 17. 3. 2015 – 1 ABR 48/13: *»Nach § 94 Abs. 2 BetrVG bedarf die Aufstellung allgemeiner Beurteilungsgrundsätze der Zustimmung des Betriebsrats. Das Beteiligungsrecht ermöglicht es dem Betriebsrat nicht, von sich aus an den Arbeitgeber heranzutreten und von diesem die Aufstellung von allgemeinen Beurteilungsgrundsätzen zu verlangen. Entschließt sich der Arbeitgeber aber, allgemeine Beurteilungsprinzipien einzuführen, hat der Betriebsrat deren Inhalt mitzubestimmen. Die Art und Weise der Aufstellung ist nicht entscheidend. Gegenstand des Mitbestimmungsrechts ist danach die Frage, nach welchen Gesichtspunkten Arbeitnehmer insgesamt oder in Teilen ihrer Leistung oder ihres Verhaltens beurteilt werden sollen. Mit solchen allgemeinen Grundsätzen soll ein einheitliches Vorgehen bei der Beurteilung und ein Bewerten nach einheitlichen Maßstäben ermöglicht und so erreicht werden, dass die Beurteilungsergebnisse miteinander vergleichbar sind. Dem Mitbestimmungsrecht unterliegen die Festlegung der materiellen Beurteilungsmerkmale und die Grundlagen der Beurteilung. Es erstreckt sich auch auf die Ausgestaltung des Beurteilungsverfahrens. Vollzieht sich dieses auf der Grundlage von Mitarbeitergesprächen, werden diese vom Mitbestimmungsrecht nach § 94 Abs. 2 BetrVG erfasst.«*

Entsprechendes gilt, wenn der Arbeitgeber bestehende Beurteilungsgrundsätze **ändern** will. Auch insoweit bestimmt der Betriebsrat mit über »ob überhaupt« und das »Wie«. 8

Ein Mitbestimmungsrecht scheidet aus, wenn in einem für den Betrieb geltenden → **Tarifvertrag** (z. B. in einem Entgeltrahmentarifvertrag) allgemeine Beurteilungsgrundsätze abschließend geregelt sind. 9

Kommt eine Einigung zwischen Arbeitgeber und Betriebsrat nicht zustande, entscheidet auf Antrag die → **Einigungsstelle**. 10

Auch der Betriebsrat kann die Einigungsstelle anrufen, wenn er sich mit dem Arbeitgeber über die inhaltliche Gestaltung der Beurteilungsgrundsätze nicht einigen kann.

Die Aufstellung und Anwendung von Beurteilungsgrundsätzen ohne Zustimmung des Be- 11

Beurteilungsgrundsätze

triebsrats ist ein Vorgang, den der Betriebsrat durch ein Verfahren nach § 23 Abs. 3 BetrVG beenden kann (siehe auch → **Unterlassungsanspruch des Betriebsrats**).

Bedeutung für die Beschäftigten

12 Verwendet der Arbeitgeber ohne Zustimmung des Betriebsrats Beurteilungsgrundsätze, dann hat der danach beurteilte Arbeitnehmer Anspruch auf Entfernung der Beurteilung aus der → **Personalakte** sowie auf Nichtverwendung der Beurteilung bei personellen Entscheidungen (z. B. → **Versetzung**, Beförderung, → **Kündigung**).

Arbeitshilfen

Übersichten
- Leistungsbeurteilung (Punktesystem)
- Beurteilungsbogen für AT-Angestellte

Beurteilungsgrundsätze

Übersicht: Leistungsbeurteilung (Punktesystem)

Mitarbeiter:
Name, Vorname: ..., ...
Geburtsdatum: ... ...
Eintritt in das Unternehmen: ... ...
Personal-Nr.: ...
Kostenstelle: ...
Beschreibung der Aufgaben in Kurzform: ...

Beurteilender Vorgesetzter:
Name, Vorname: ..., ...
Funktion: ...
Vorgesetzter des Mitarbeiters seit: ... ...
Zeitraum der Beurteilung: ...

Leistungsmerkmale	Leistungsstufen							Punkte
	nicht zufrieden stellend	nicht immer zufrieden stellend	im Allgem. zufrieden stellend	im Allgem. gut	gut	sehr gut	hervorragend	
Arbeitsergebnis (Menge, Qualität)	0	6	12	18	24	30	36	
Arbeitsausführung (Einhaltung der Arbeitsmethoden)	0	4	8	12	16	20	24	
Arbeitssorgfalt (Behandlung der Betriebsmittel)	0	3	6	10	14	18	22	
Arbeitseinsatz (Zuverlässigkeit, Selbstständigkeit	0	3	6	9	12	15	18	
Kooperation (Teamfähigkeit)	0	3	6	9	12	15	18	

Datum des Mitarbeitergesprächs: ....
Unterschrift des beurteilenden Vorgesetzten: ...
Zur Kenntnis genommen: Unterschrift des Mitarbeiters: ...
Zur Kenntnis genommen: Unterschrift des Betriebsrats: ...

Rechtsprechung

1. Begriff »Allgemeine Beurteilungsgrundsätze« (§ 94 Abs. 2 BetrVG)
2. Mitbestimmung des Betriebsrats (§ 94 Abs. 2 BetrVG)

Bildschirmarbeit

Grundlagen

1 Mit der Bildschirmarbeitsverordnung (BildscharbV) vom 4. 12. 1996 (BGBl. I S. 1841) ist mit fast vierjähriger Verspätung (neben anderen EG-Richtlinien) die EG-Bildschirmrichtlinie 90/269/EWG vom 29. 5. 1990 in bundesdeutsches Recht umgesetzt worden.
Die Bildschirmarbeitsverordnung ist am 20. 12. 1996 in Kraft getreten.
Sie wurde durch Verordnungen vom 31. 10. 2006 (BGBl. I S. 2407) und 18. 12. 2008 (BGBl. I Nr. 62 S. 2768) geändert.

2 Die Verordnung gilt für »**Arbeit an Bildschirmgeräten**« (§ 1 BildscharbV). Sie ist nicht anzuwenden u. a. auf Bildschirmgeräte »für den ortsveränderlichen Gebrauch« (z. B. Laptops), es sei denn, diese werden regelmäßig an einem Arbeitsplatz eingesetzt (§ 1 Abs. 2 Nr. 4 BildscharbV).

3 **Bildschirmgerät** im Sinne der Verordnung ist »ein Bildschirm zur Darstellung alphanumerischer Zeichen oder zur Grafikdarstellung, ungeachtet des Darstellungsverfahrens« (§ 2 Abs. 1 BildscharbV).

4 Unter »**Bildschirmarbeitsplatz**« versteht die Verordnung einen Arbeitsplatz mit einem Bildschirmgerät, der ausgestattet sein kann mit
- Einrichtungen zur Erfassung von Daten (Tastatur, Maus, Scanner, Grafiktablett, Rechner),
- Software, die den Beschäftigten bei der Ausführung ihrer Aufgaben zur Verfügung steht (Betriebssystem, Anwendungsprogramme),
- Zusatzgeräten und Elementen, die zum Betreiben und Benutzen des Bildschirmgeräts gehören (Drucker, Modem),
- sonstigen Arbeitsmitteln (Arbeitsstuhl und -tisch, Vorlagenhalter, Fußstütze),

sowie die unmittelbare Arbeitsumgebung (z. B. Beleuchtung).

5 Die Bildschirmarbeitsverordnung gilt zugunsten derjenigen Beschäftigten, »*die gewöhnlich bei einem nicht unwesentlichen Teil ihrer normalen Arbeit ein Bildschirmgerät benutzen*« (§ 2 Abs. 3 BildscharbV). Zur »normalen Arbeit« zählt auch die Betriebsratsarbeit.

Pflichten des Arbeitgebers

6 Der Arbeitgeber hat im Rahmen seiner Verpflichtung nach § 5 Arbeitsschutzgesetz (siehe → **Arbeitsschutz**) die Arbeitsplatzbedingungen insbesondere im Hinblick auf Gefährdungen des Sehvermögens sowie körperliche Probleme und psychische Belastungen **zu ermitteln** und **zu beurteilen** (§ 3 BildscharbV).

7 Er hat zum Schutz der Beschäftigten geeignete Maßnahmen zu treffen, damit die Bildschirmarbeitsplätze den – in einem **Anhang** (siehe nachstehende Übersicht) geregelten – Anforderungen u. a. an Bildschirmgerät und Tastatur, sonstige Arbeitsmittel, Arbeitsumgebung und Software entsprechen (§ 4 Abs. 1 BildscharbV).

8 In Bezug auf die **Software** wird der Arbeitgeber nach Ziffer 20 und 21 des Anhangs verpflich-

Bildschirmarbeit

tet, »*die Grundsätze der Ergonomie*« (vgl. ISO-Normreihe 9241 Teil 10: diese setzt den weltweit gültigen Standard für ergonomische Gestaltung der Software) anzuwenden. Dabei hat er bei Entwicklung, Auswahl, Erwerb und Änderung von Software sowie bei der Gestaltung der Bildschirmtätigkeit nachfolgenden Grundsätzen insbesondere im Hinblick auf die **Benutzerfreundlichkeit** Rechnung zu tragen:
- Anpassung der Software an die auszuführenden Arbeiten;
- die Systeme müssen den Benutzern Angaben über die jeweiligen Dialogabläufe unmittelbar oder auf Verlangen machen;
- die Systeme müssen den Benutzern die Beeinflussung der Dialogabläufe ermöglichen, Fehler bei der Handhabung beschreiben und deren Beseitigung mit begrenztem Aufwand erlauben;
- die Software muss entsprechend den Kenntnissen und Erfahrungen der Benutzer im Hinblick auf die auszuführende Arbeitsaufgabe angepasst werden können.

Schließlich darf ohne Wissen der Benutzer keine Vorrichtung zur qualitativen oder quantitativen **Kontrolle** verwendet werden (Ziffer 22 des Anhangs). 9

Der Arbeitgeber hat sicherzustellen, dass – zur Verringerung der Belastungen – die tägliche Tätigkeit der Beschäftigten an Bildschirmgeräten regelmäßig durch **andere Arbeiten** (Mischarbeit) oder **Pausen** unterbrochen wird (§ 5 BildscharbV). 10

Für die **Untersuchung** der Augen und des Sehvermögens einschließlich des Zurverfügungstellens von speziellen **Sehhilfen** verweist § 6 BildscharbV auf die Vorschriften der Verordnung zur arbeitsmedizinischen Vorsorge (ArbMedVV) vom 18.12.2008 (BGBl. I S. 2768). 11
Siehe hierzu → **Arbeitsschutz** Rn. 40 b.
Der Arbeitgeber hat den Beschäftigten sog. **Angebotsuntersuchungen** nach Maßgabe des Teil 4 Abs. 2 des Anhangs zur ArbMedVV anzubieten (§ 5 Abs. 1 Satz 1 ArbMedVV).
Er muss die Untersuchung
- vor Aufnahme der Tätigkeit an Bildschirmgeräten (Erstuntersuchung)
- und danach in regelmäßigen Zeitabständen (Nachuntersuchungen)
- sowie bei Auftreten von Sehbeschwerden (Anhang zur ArbMedVV Teil 4 Abs. 2 Nr. 1 i. V. m. § 5 Abs. 2 ArbMedVV)

anbieten (§ 5 Abs. 1 Satz 2 ArbMedVV i. V. m. Anhang zur ArbMedVV Teil 4 Abs. 2 Nr. 1; früher § 6 Abs. 1 Satz 1 BildscharbV).
Ein Verstoß gegen diese Verpflichtung stellt nach § 10 Abs. 1 Nr. 4 ArbMedVV eine **Ordnungswidrigkeit** dar.
Ein Ausschlagen des Angebots durch den Beschäftigten entbindet den Arbeitgeber nicht von seiner Verpflichtung, die Untersuchungen weiterhin anzubieten (§ 5 Abs. 1 Satz 3 ArbMedVV).

Erweist sich auf Grund der Ergebnisse dieser Untersuchung eine **augenärztliche Untersuchung** als erforderlich, so ist diese zu ermöglichen (Anhang zur ArbMedVV Teil 4 Abs. 2 Nr. 1; früher § 6 Abs. 1 Satz 2 BildscharbV). 12
§ 5 Abs. 2 ArbMedVV gilt entsprechend für Sehbeschwerden.
Abweichend von § 3 Abs. 2 Satz 1 in Verbindung mit § 7 Abs. 1 ArbMedVV kann die Durchführung eines **Sehtests** auch durch andere fachkundige Personen erfolgen.

Falls die Untersuchung ergibt, dass **spezielle Sehhilfen** notwendig und normale Sehhilfen nicht geeignet sind, dann hat der Arbeitgeber den Beschäftigten spezielle Sehhilfen zur Verfügung zu stellen (Anhang zur ArbMedVV Teil 4 Abs. 2 Nr. 1; früher § 6 Abs. 2 BildscharbV a. F.). 13
Die **Kosten** hat der Arbeitgeber zu tragen (ArbG Dortmund v. 2.9.1998 – 4 Ca 3894/97, AiB 1999, 419 und ArbG Neumünster v. 20.1.2000 – 4 Ca 1034 b/99, AiB 2001, 244).
Spezielle Sehhilfen sind solche, die aus medizinischer Sicht für die Arbeit am Bildschirm für

Bildschirmarbeit

erforderlich gehalten werden, um beschwerdefreies, scharfes Sehen in der Mitteldistanz (zwischen 50 und 70 cm) ohne körperliche Zwangshaltungen zu gewährleisten.
Die Notwendigkeit solcher Sehhilfen ergibt sich häufig bei gleichzeitiger (oft altersbedingter) Weit- und Kurzsichtigkeit. In diesen Fällen ist für die Arbeit am Bildschirm eine sog. »Bifokalbrille« erforderlich.

Bedeutung für die Betriebsratsarbeit

14　Der Betriebsrat hat nach § 80 Abs. 1 Nr. 1 BetrVG darüber zu wachen, dass der Arbeitgeber seine Verpflichtungen nach der Bildschirmarbeitsverordnung erfüllt.

15　Sofern und soweit die Bildschirmarbeitsverordnung konkretisierungsbedürftige Rahmenvorschriften enthält, hat der Betriebsrat bei der Ausgestaltung der Rahmenvorschrift ein **Mitbestimmungsrecht** nach § 87 Abs. 1 Nr. 7 BetrVG.

> **Beispiele:**
> Form und Verfahren bei der Beurteilung der Arbeitsbedingungen an Bildschirmarbeitsplätzen (§ 3 BildscharbV);
> Art, Dauer und Form der Arbeitsunterbrechungen zur Verringerung der Belastungen (§ 5 BildscharbV);
> Festlegung der Zeitabstände (»regelmäßig«) augenärztlicher Untersuchungen (§ 6 BildscharbV).

16　Ggf. besteht auch ein Mitbestimmungsrecht nach § 91 BetrVG (siehe → **Arbeitsschutz**).

Bedeutung für die Beschäftigten

17　Die Beschäftigten haben einen Anspruch gegen den Arbeitgeber auf Einhaltung seiner Verpflichtungen nach der Bildschirmarbeitsverordnung (einschließlich der kostenfreien Zurverfügungstellung einer »Bildschirmbrille«; siehe Rn. 13).

18　Sollten an einem Bildschirmarbeitsplatz **Verstöße** gegen die Verordnung vorkommen (z. B. flimmernder Bildschirm, ungeeigneter Arbeitsstuhl, falsche Beleuchtung), empfiehlt es sich, den **Betriebsrat** darauf aufmerksam zu machen, damit dieser
- seiner Überwachungsverpflichtung nach § 80 Abs. 1 Nr. 1 BetrVG nachkommen und den Arbeitgeber zur Einhaltung der Verordnung auffordern kann
- und – soweit eine Rahmenvorschrift berührt wird – dem Arbeitgeber auf Grundlage seines Initiativmitbestimmungsrechts nach §§ 87 Abs. 1 Nr. 7, 91 BetrVG (siehe Rn. 15, 16) einen Vorschlag zur Ergreifung geeigneter **Schutzmaßnahmen** vorlegen und ggf. ein Einigungsstellenverfahren einleiten kann.

19　Zum Recht des Arbeitnehmers, Vorschläge zu machen, sich zu beschweren und ggf. sich an die zuständige Behörde (Gewerbeaufsichtsamt) zu wenden siehe § 17 ArbSchG und → **Arbeitsschutz**.

Bildschirmarbeit

Arbeitshilfen

Übersicht
- Bildschirmarbeitsverordnung (»Anhang über an Bildschirmarbeitsplätze zu stellende Anforderungen«)

Übersicht: Bildschirmarbeitsverordnung (»Anhang über an Bildschirmarbeitsplätze zu stellende Anforderungen«)

Bildschirmgerät und Tastatur
1. Die auf dem Bildschirm dargestellten Zeichen müssen scharf, deutlich und ausreichend groß sein sowie einen angemessenen Zeichen- und Zeilenabstand haben.
2. Das auf dem Bildschirm dargestellte Bild muss stabil und frei von Flimmern sein; es darf keine Verzerrungen aufweisen.
3. Die Helligkeit der Bildschirmanzeige und der Kontrast zwischen Zeichen und Zeichenuntergrund auf dem Bildschirm müssen einfach einstellbar sein und den Verhältnissen der Arbeitsumgebung angepasst werden können.
4. Der Bildschirm muss frei von störenden Reflexionen und Blendungen sein.
5. Das Bildschirmgerät muss frei und leicht drehbar und neigbar sein.
6. Die Tastatur muss vom Bildschirmgerät getrennt und neigbar sein, damit die Benutzer eine ergonomisch günstige Arbeitshaltung einnehmen können.
7. Die Tastatur und die sonstigen Eingabemittel müssen auf der Arbeitsfläche variabel angeordnet werden können. Die Arbeitsfläche vor der Tastatur muss ein Auflegen der Hände ermöglichen.
8. Die Tastatur muss eine reflexionsarme Oberfläche haben.
9. Form und Anschlag der Tasten müssen eine ergonomische Bedienung der Tastatur ermöglichen. Die Beschriftung der Tasten muss sich vom Untergrund deutlich abheben und bei normaler Arbeitshaltung lesbar sein.

Sonstige Arbeitsmittel
10. Der Arbeitstisch beziehungsweise die Arbeitsfläche muss eine ausreichend große und reflexionsarme Oberfläche besitzen und eine flexible Anordnung des Bildschirmgeräts, der Tastatur, des Schriftguts und der sonstigen Arbeitsmittel ermöglichen. Ausreichender Raum für eine ergonomisch günstige Arbeitshaltung muss vorhanden sein. Ein separater Ständer für das Bildschirmgerät kann verwendet werden.
11. Der Arbeitsstuhl muss ergonomisch gestaltet und standsicher sein.
12. Der Vorlagenhalter muss stabil und verstellbar sein sowie so angeordnet werden können, dass unbequeme Kopf- und Augenbewegungen so weit wie möglich eingeschränkt werden.
13. Eine Fußstütze ist auf Wunsch zur Verfügung zu stellen, wenn eine ergonomisch günstige Arbeitshaltung ohne Fußstütze nicht erreicht werden kann.

Arbeitsumgebung
14. Am Bildschirmarbeitsplatz muss ausreichender Raum für wechselnde Arbeitshaltungen und -bewegungen vorhanden sein.
15. Die Beleuchtung muss der Art der Sehaufgabe entsprechen und an das Sehvermögen der Benutzer angepasst sein; dabei ist ein angemessener Kontrast zwischen Bildschirm und Arbeitsumgebung zu gewährleisten. Durch die Gestaltung des Bildschirmarbeitsplatzes sowie Auslegung und Anordnung der Beleuchtung sind störende Blendwirkungen, Reflexionen oder Spiegelungen auf dem Bildschirm und den sonstigen Arbeitsmitteln zu vermeiden.
16. Bildschirmarbeitsplätze sind so einzurichten, dass leuchtende oder beleuchtete Flächen keine Blendung verursachen und Reflexionen auf dem Bildschirm so weit wie möglich vermieden werden. Die Fenster müssen mit einer geeigneten verstellbaren Lichtschutzvorrichtung ausgestattet sein, durch die sich die Stärke des Tageslichteinfalls auf den Bildschirmarbeitsplatz vermindern lässt.

Bildschirmarbeit

17. Bei der Gestaltung des Bildschirmarbeitsplatzes ist dem Lärm, der durch die zum Bildschirmarbeitsplatz gehörenden Arbeitsmittel verursacht wird, Rechnung zu tragen, insbesondere um eine Beeinträchtigung der Konzentration und der Sprachverständlichkeit zu vermeiden.
18. Die Arbeitsmittel dürfen nicht zu einer erhöhten Wärmebelastung am Bildschirmarbeitsplatz führen, die unzuträglich ist. Es ist für eine ausreichende Luftfeuchtigkeit zu sorgen.
19. Die Strahlung muss – mit Ausnahme des sichtbaren Teils des elektromagnetischen Spektrums – so niedrig gehalten werden, dass sie für Sicherheit und Gesundheit der Benutzer des Bildschirmgerätes unerheblich ist.

Zusammenwirken Mensch – Arbeitsmittel

20. Die Grundsätze der Ergonomie sind insbesondere auf die Verarbeitung von Informationen durch den Menschen anzuwenden.
21. Bei Entwicklung, Auswahl, Erwerb und Änderung von Software sowie bei der Gestaltung der Tätigkeit an Bildschirmgeräten hat der Arbeitgeber den folgenden Grundsätzen insbesondere im Hinblick auf die Benutzerfreundlichkeit Rechnung zu tragen:
21.1 Die Software muss an die auszuführende Arbeit angepasst sein.
21.2 Die Systeme müssen den Benutzern Angaben über die jeweiligen Dialogabläufe unmittelbar oder auf Verlangen machen.
21.3 Die Systeme müssen den Benutzern die Beeinflussung der jeweiligen Dialogabläufe ermöglichen sowie eventuelle Fehler bei der Handhabung beschreiben und deren Beseitigung mit begrenztem Arbeitsaufwand erlauben.
21.4 Die Software muss entsprechend den Kenntnissen und Erfahrungen der Benutzer im Hinblick auf die auszuführende Aufgabe angepasst werden können.
22. Ohne Wissen der Benutzer darf keine Vorrichtung zur qualitativen oder quantitativen Kontrolle verwendet werden.

Rechtsprechung

1. Begriff des Bildschirms i. S. d. Bildschirmarbeitsrichtlinie
2. Arbeit an Bildschirmgeräten – Augenärztliche Untersuchung
3. Kostentragungspflicht des Arbeitgebers für Sehhilfen
4. Mitbestimmung bei Bildschirmarbeit
5. Schulung nach § 37 Abs. 6 BetrVG: Seminar zur Bildschirmarbeitsverordnung

Bildungsurlaub

Was ist das?

Bildungsurlaub ist die aufgrund von **Ländergesetzen** geregelte Freistellung eines Arbeitnehmers von der Arbeit zum Zwecke der Teilnahme an Maßnahmen der beruflichen oder politischen (teilweise auch der allgemeinen) Bildung unter Fortzahlung des Arbeitsentgelts. Zu den gesetzlichen Regelungen zur **Berufsbildung** siehe → **Auszubildende** und → **Berufsbildung**. 1

Einen durch **Bundesgesetz** geregelten Anspruch auf bezahlte Freistellung zwecks Teilnahme an Bildungsmaßnahmen (Bildungsurlaub) haben 2
- Mitglieder des Betriebsrats (§ 37 Abs. 6 und 7 BetrVG),
- Mitglieder der Jugend- und Auszubildendenvertretung (§ 65 in Verbindung mit § 37 Abs. 6 und 7 BetrVG),
- Mitglieder des Seebetriebsrats (§ 116 Abs. 3 BetrVG),
- Vertrauenspersonen der schwerbehinderten Menschen (§ 96 Abs. 4 SGB IX),
- Betriebsärzte (§ 2 Abs. 3 ASiG),
- Fachkräfte für Arbeitssicherheit (§ 5 Abs. 3 ASiG).

Ein darüber hinausgehendes allgemeines Bundes-Bildungsurlaubsgesetz existiert nicht. 3
Einige → **Tarifverträge** sehen einen Anspruch auf – meist unbezahlte – Freistellung für Bildungsurlaub vor. 4
In folgenden **Bundesländern** wird schon **seit längerem** auf der Grundlage von Landesgesetzen ein Anspruch auf Freistellung unter Fortzahlung des Arbeitsentgelts für berufliche und politische Bildungsveranstaltungen, die von den jeweiligen Ländern anerkannt worden sind, gewährt: 5
Berlin, Brandenburg, Bremen, Hamburg, Hessen, Mecklenburg-Vorpommern, Niedersachsen, Nordrhein-Westfalen, Rheinland-Pfalz, Saarland, Sachsen-Anhalt, Schleswig-Holstein.
Im Bundesland **Baden-Württemberg** gilt das Bildungszeitgesetz Baden-Württemberg (BzG BW) vom 17.3.2015 (siehe Rn.7 a ff.). Das Gesetz ist am 1.7.2015 in Kraft getreten. 5a
Die Arbeitgeber »im Ländle« sind »not amused« – um nicht zu sagen: sie »spucken Gift und Galle«.
Hier ein Kommentar der **Landesvereinigung Baden-Württemberger Arbeitgeberverbände e.V.** zum Bildungszeitgesetz (http://www.agv-bw.de/swm/web.nsf/id/pa_agvbw_bildungsfreistellungsgesetz.html):
»Trotz massiven Widerstandes der Wirtschaft ist am 1. Juli 2015 das Bildungszeitgesetz Baden-Württemberg (BzG BW) in Kraft getreten.
Das Gesetz belastet die Unternehmen und die öffentlichen Haushalte mit zusätzlichen Kosten. Politische Weiterbildung und Weiterbildung zum Zwecke der Ausübung eines Ehrenamts auf Kosten der Arbeitgeber ergibt ordnungspolitisch keinen Sinn. Das Gesetz ist ineffizient und insbesondere schädlich für den Mittelstand. Es torpediert die vielen betrieblichen und tarifvertraglichen Modelle zur Weiterbildung. Zudem löst es kein einziges bildungs- und arbeitsmarkpolitisches Problem und erreicht die falschen Zielgruppen.

Bildungsurlaub

Auch der Verweis auf die vielfältigen Qualifizierungs- und Weiterbildungsanstrengungen der Betriebe haben die Landesregierung nicht umstimmen lassen, das BzG BW zu verabschieden. Selbst ein Vorschlag der Arbeitgeber- und Wirtschaftsverbände zu einem „Pakt für dauerhafte Vollbeschäftigung" wurde von der Landesregierung ignoriert, obwohl konkrete Maßnahmen vorgeschlagen wurden, etwa mehr benachteiligte Jugendliche in Ausbildung zu bringen, An- und Ungelernte verstärkt zu qualifizieren und Menschen mit Behinderung Ausbildung und Arbeit zu ermöglichen."

Ungeachtet dessen hat das **Bildungswerk der Baden-Württembergischen Wirtschaft e.V.** mit einer hübschen Broschüre schon mal ganz pragmatisch und renditeorientiert für Bildungsangebote auf Basis des neuen Bildungszeitgesetzes geworben (http://www.agv-bw.de/SWM/medien.nsf/gfx/3E79351CA964BA42C1257EDE002F0D82/$file/2015%20Broschuere%20Bildungszeitgesetz_BzG%20BW.pdf). In der Broschüre wird eingangs verkündet: »Gemeinsam finden wir einen Weg, das Gesetz in Ihrem Sinne sinnvoll und für alle Beteiligten Gewinn bringend zu nutzen."

5b Im Bundesland **Thüringen** gilt das Thüringer Bildungsfreistellungsgesetz (ThürBfG) vom 15.7.2015 (siehe Rn. 80 a ff.). Das Gesetz ist am 1.1.2016 in Kraft getreten.

6 Damit haben nur noch die Bundesländer **Bayern** und **Sachsen** kein Bildungsurlaubsgesetz.

6a Die Inanspruchnahme von Bildungsurlaub ist leider gering. Nur etwa **ein bis zwei Prozent** der anspruchsberechtigten Arbeitnehmer nehmen ihr Recht wahr (in Bremen bis zu 5 Prozent).

6b Informativ ist eine aktuelle Broschüre des DGB Bildungswerks Bund (Stand Januar 2016): https://www.dgb-bestellservice.de/besys_dgb/pdf/Bildungsurlaub/Broschuere_Bildungsurlaub.pdf

Baden-Württemberg: Bildungszeitgesetz Baden-Württemberg (BzG BW) vom 17.3.2015; in Kraft getreten am 1.7.2015

7a **Anspruchsberechtigt sind:**
- Arbeitnehmer,
- in Heimarbeit Beschäftigte und die ihnen gleichgestellten Personen sowie andere Personen, die wegen ihrer Unselbstständigkeit als arbeitnehmerähnliche Personen anzusehen sind. Arbeitnehmerähnliche Personen in diesem Sinne sind auch Menschen mit Behinderungen im Arbeitsbereich einer anerkannten Werkstatt für behinderte Menschen,
- die zu ihrer Ausbildung Beschäftigten und Studierende der Dualen Hochschule Baden-Württemberg,

soweit deren Tätigkeitsschwerpunkt im Land Baden-Württemberg liegt.
Das Gesetz gilt entsprechend für Beamte und Richter des Landes Baden-Württemberg.

7b **Ziel / Zweck des Bildungsurlaubs:** Berufliche und politische Weiterbildung sowie Qualifizierung zur Wahrnehmung ehrenamtlicher Tätigkeiten.

7c **Dauer und Gesamtumfang des Bildungsurlaubs:** Bis zu fünf Arbeitstage innerhalb eines Kalenderjahres. Wird regelmäßig an weniger als fünf Tagen in der Woche gearbeitet, verringert sich der Anspruch entsprechend.

Der Arbeitgeber kann den Anspruch nur ablehnen, wenn dringende betriebliche Belange im Sinne des § 7 BUrlG oder genehmigte Urlaubsanträge anderer Beschäftigter entgegenstehen. Als dringender betrieblicher Belang gilt auch, wenn im Betrieb des Arbeitgebers am 1. Januar eines Jahres insgesamt weniger als zehn Personen ausschließlich der zu ihrer Berufsbildung Beschäftigten beschäftigt sind oder wenn zehn Prozent der den Beschäftigten am 1. Januar eines Jahres zustehenden Bildungszeit bereits genommen oder bewilligt wurde.

Wird innerhalb eines Kalenderjahres der Bildungszeitanspruch nicht ausgeschöpft, kann der verbleibende Anspruch nicht auf das folgende Kalenderjahr übertragen werden.

Freistellungen, die z.B. aufgrund von Tarifverträgen, Betriebsvereinbarungen oder Einzelverträgen über Freistellungen zum Zwecke der Weiterbildung erfolgen, werden auf den Anspruch

Bildungsurlaub

auf Bildungszeit angerechnet, wenn durch die Freistellungen das in § 1 des Bildungszeitgesetzes niedergelegte Ziel erreicht werden kann und wenn während der Freistellung ein Anspruch auf Fortzahlung des Entgelts besteht. Eine Freistellung wird nicht angerechnet, wenn die Weiterbildung der Einarbeitung auf bestimmte betriebliche Arbeitsplätze oder überwiegend betriebsinternen Erfordernissen dient.
Wartezeit: Zwölf Monate nach Beginn des Beschäftigungsverhältnisses. 7d
Anmeldung des Bildungsurlaubs: So frühzeitig wie möglich, spätestens acht Wochen vor 7e
Beginn der Bildungsmaßnahme.

Berlin: Berliner Bildungsurlaubsgesetz (BiUrlG) vom 24.10.1990, zuletzt geändert durch Gesetz vom 17.5.1999

Anspruchsberechtigt sind: Arbeitnehmer, zur Berufsausbildung Beschäftigte, in Heimarbeit 8
Beschäftigte und ihnen Gleichgestellte sowie andere arbeitnehmerähnliche Personen.
Ziel / Zweck des Bildungsurlaubs: Politische Bildung und berufliche Weiterbildung (für 9
Auszubildende nur politische Bildung).
Dauer und Gesamtumfang des Bildungsurlaubs: Zehn Arbeitstage in zwei aufeinander fol- 10
genden Kalenderjahren. Für Arbeitnehmer bis 25 Jahre zehn Arbeitstage im Kalenderjahr. Bei
regelmäßiger Arbeit an mehr oder weniger als fünf Tagen in der Woche entsprechend mehr
oder weniger. In Betrieben mit bis zu 20 Arbeitnehmern kann die Freistellung von Beschäftigten über 25 Jahre verweigert werden, sobald die Gesamtzahl der Arbeitstage für Bildungsurlaub im laufenden Kalenderjahr das Zweieinhalbfache der Zahl der Arbeitnehmer erreicht.
Wartezeit: Sechs Monate nach Beginn des Beschäftigungsverhältnisses. 11
Anmeldung des Bildungsurlaubs: So früh wie möglich, in der Regel sechs Wochen vor Beginn 12
der Bildungsmaßnahme.
Verschiebung des Bildungsurlaubs: Wenn zwingende betriebliche Belange oder Bildungsur- 13
laubsanträge anderer – sozial vorrangiger – Arbeitnehmer vorliegen.

Brandenburg: Gesetz zur Regelung und Förderung der Weiterbildung im Land Brandenburg (Brandenburgisches Weiterbildungsgesetz – BbgWBG) vom 15.12.1993, zuletzt geändert durch Gesetz vom 24.5.2004

Anspruchsberechtigt sind: Arbeitnehmer, zur Berufsausbildung Beschäftigte, in Heimarbeit 14
Beschäftigte und ihnen wegen ihrer wirtschaftlichen Unselbstständigkeit gleichgestellte beschäftigte Personen.
Ziel / Zweck des Bildungsurlaubs: Berufliche, kulturelle und politische Weiterbildung. 15
Dauer und Gesamtumfang des Bildungsurlaubs: Zehn Arbeitstage in zwei aufeinander fol- 16
genden Kalenderjahren. Bei regelmäßiger Arbeit an mehr oder weniger als fünf Tagen in der
Woche entsprechend mehr oder weniger. In Betrieben mit mehr als 20 Arbeitnehmern kann
die Freistellung von Beschäftigten verweigert werden, sobald die Gesamtzahl der Arbeitstage
für Bildungsurlaub im laufenden Kalenderjahr das Zweieinhalbfache der Zahl der Beschäftigten erreicht. In Betrieben mit bis zu 20 Beschäftigten ist das Eineinhalbfache der Zahl der
Beschäftigten für eine Ablehnung maßgeblich.
Wartezeit: Sechs Monate nach Beginn des Beschäftigungsverhältnisses. 17
Anmeldung des Bildungsurlaubs: So früh wie möglich, spätestens jedoch sechs Wochen vor 18
Beginn der Bildungsmaßnahme.
Verschiebung des Bildungsurlaubs: Wenn zwingende betriebliche Belange oder Bildungsur- 19
laubsansprüche anderer – sozial vorrangiger – Arbeitnehmer entgegenstehen. Die Ablehnung
aus diesem Grund ist dem Beschäftigten so frühzeitig wie möglich, spätestens innerhalb von

Bildungsurlaub

14 Tagen nach der Inanspruchnahme des Bildungsurlaubs, unter Angabe der Gründe schriftlich mitzuteilen.

Bremen: Bremisches Bildungsurlaubsgesetz (BremBUG) vom 18.12.1974, zuletzt geändert durch Gesetz vom 23.3.2010

20 **Anspruchsberechtigt sind:** Arbeitnehmer, zur Berufsausbildung Beschäftigte, in Heimarbeit Beschäftigte und ihnen Gleichgestellte sowie andere arbeitnehmerähnliche Personen.
21 **Ziel / Zweck des Bildungsurlaubs:** Allgemeine, politische und berufliche Bildung.
22 **Dauer des Bildungsurlaubs:** Zehn Arbeitstage innerhalb von zwei aufeinander folgenden Kalenderjahren, bei Arbeit an vier oder sechs Tagen in der Woche entsprechend weniger oder mehr.
23 **Wartezeit:** Sechs Monate nach Beginn des Beschäftigungsverhältnisses.
24 **Anmeldung des Bildungsurlaubs:** So früh wie möglich, in der Regel sechs Wochen vor Beginn der Bildungsmaßnahme.
25 **Verschiebung des Bildungsurlaubs:** Wenn zwingende betriebliche Belange oder Bildungsurlaubsanträge anderer – sozial vorrangiger – Arbeitnehmer vorliegen.

Hamburg: Hamburgisches Bildungsurlaubsgesetz vom 21.1.1974, zuletzt geändert durch Gesetz vom 15.12.2009

26 **Anspruchsberechtigt sind:** Arbeitnehmer sowie zur Berufsausbildung Beschäftigte, deren Arbeitsverhältnis schwerpunktmäßig in Hamburg durchgeführt wird.
27 **Ziel / Zweck des Bildungsurlaubs:** Politische und berufliche Bildung in staatlich anerkannten Bildungsveranstaltungen.
28 **Dauer des Bildungsurlaubs:** Zehn Arbeitstage innerhalb von zwei aufeinander folgenden Kalenderjahren, bei regelmäßiger Arbeit an sechs Tagen in der Woche zwölf Werktage.
29 **Wartezeit:** Sechs Monate nach Beginn des Beschäftigungsverhältnisses.
30 **Anmeldung des Bildungsurlaubs:** So früh wie möglich, in der Regel sechs Wochen vor Beginn der Veranstaltung.
31 **Verschiebung des Bildungsurlaubs:** Wenn zwingende betriebliche Belange oder Bildungsurlaubsanträge anderer – sozial vorrangiger – Arbeitnehmer vorliegen.

Hessen: Hessisches Gesetz über den Anspruch auf Bildungsurlaub vom 28.7.1998, zuletzt geändert durch Gesetz vom 15.12.2009

32 **Anspruchsberechtigt sind:** Arbeitnehmer, zur Berufsausbildung Beschäftigte, in Heimarbeit Beschäftigte und ihnen Gleichgestellte sowie andere arbeitnehmerähnliche Personen.
33 **Ziel / Zweck des Bildungsurlaubs:** Politische Bildung und berufliche Weiterbildung (Jugendliche: nur politische Bildung) durch staatlich anerkannte Träger der Jugend- und Erwachsenenbildung.
34 **Dauer des Bildungsurlaubs:** Fünf Arbeitstage im Kalenderjahr bzw. sechs Tage bei regelmäßiger Arbeit an sechs Tagen pro Woche. Der Arbeitgeber kann die Gewährung weiteren Bildungsurlaubs im Kalenderjahr ablehnen, wenn mehr als die Hälfte der Arbeitnehmer des Betriebs an anerkannten Veranstaltungen teilgenommen haben.
35 **Wartezeit:** Sechs Monate nach Beginn des Beschäftigungsverhältnisses.
36 **Anmeldung des Bildungsurlaubs:** So früh wie möglich, in der Regel vier Wochen vor Beginn der Veranstaltung.
37 **Verschiebung des Bildungsurlaubs:** Wenn zwingende betriebliche Erfordernisse vorliegen. Dies gilt nicht bei Auszubildenden.

Bildungsurlaub

Mecklenburg-Vorpommern: Bildungsfreistellungsgesetz des Landes Mecklenburg-Vorpommern (Bildungsfreistellungsgesetz – BfG M-V) vom 7.5.2001

Anspruchsberechtigt sind: Arbeitnehmer, die in Mecklenburg-Vorpommern beschäftigt sind oder deren Arbeitsschwerpunkt in Mecklenburg-Vorpommern liegt, zur Berufsausbildung Beschäftigte, in Heimarbeit Beschäftigte und ihnen Gleichgestellte sowie andere arbeitnehmerähnliche Personen. Der Anspruch auf Freistellung entsteht nicht, wenn die für die Arbeitsentgelterstattung bereitgestellten Haushaltsmittel des Landes verausgabt sind oder nicht mehr in beantragtem Maße zur Verfügung stehen. 38

Ziel / Zweck des Bildungsurlaubs: Gesellschaftspolitische oder berufliche Weiterbildung; Weiterbildung, die zur Wahrnehmung von Ehrenämtern qualifiziert. Auszubildende können Bildungsurlaub lediglich zum Zwecke gesellschaftspolitischer Weiterbildung oder zur Weiterbildung, die zum Ausüben eines Ehrenamtes notwendig ist, nutzen. 39

Dauer und Gesamtumfang des Bildungsurlaubs: Fünf Tage pro Kalenderjahr, wenn die wöchentliche Arbeitszeit fünf Tage beträgt. Beträgt die wöchentliche Arbeitszeit regelmäßig mehr oder weniger Tage, erhöht bzw. verringert sich der Anspruch. Für Auszubildende beschränkt sich der Anspruch auf Freistellung während der gesamten Berufsausbildung auf fünf Arbeitstage. Vom Arbeitgeber organisierte anerkannte Weiterbildungsveranstaltungen werden auf den Freistellungsanspruch angerechnet, soweit sie nicht durch andere Gesetze oder Verordnungen vorgeschrieben werden. 40

Wartezeit: sechs Monate nach Beginn des Beschäftigungsverhältnisses. 41

Anmeldung des Bildungsurlaubs: So früh wie möglich, grundsätzlich mindestens sechs Wochen vor Beginn der Freistellung in schriftlicher Form. Der Nachweis zur Verfügung stehender Erstattungsmittel für den Arbeitgeber und über die Anerkennung der Veranstaltung, der Informationen über Inhalt, Zeitraum und durchführende Einrichtung einschließt, ist beizufügen. 42

Verschiebung des Bildungsurlaubs: Arbeitgeber können den Antrag ablehnen, wenn wichtige betriebliche oder dienstliche Belange entgegenstehen. Die Ablehnung ist so früh wie möglich, spätestens vier Wochen vor Beginn der Veranstaltung, unter Darlegung der Gründe schriftlich mitzuteilen. Der Arbeitgeber kann in dringenden Fällen seine Zustimmung zu einer bereits genehmigten Bildungsfreistellung zurücknehmen, wenn Ablehnungsgründe (z. B. Krankheit anderer Beschäftigter) unvorhersehbar auftreten. Entstehende Kosten (z. B. Stornierungsgebühren) trägt der Arbeitgeber. 43

Erstattung des fortzuzahlenden Arbeitsentgelts durch das Land: Das Land erstattet Arbeitgebern im Falle der Freistellung auf Antrag das für den Zeitraum der Bildungsfreistellung fortzuzahlende Arbeitsentgelt in Höhe des Bruttoarbeitsentgeltes zuzüglich der Arbeitgeberanteile nach Maßgabe des Landeshaushaltes im Rahmen der für den jeweiligen Bildungszweck bereitgestellten Haushaltsmittel des Landes. Der Antrag auf Erstattung ist vor Beginn der Bildungsfreistellung zu stellen. 44

Niedersachsen: Niedersächsisches Gesetz über den Bildungsurlaub für Arbeitnehmer und Arbeitnehmerinnen (Niedersächsisches Bildungsurlaubsgesetz – NBildUG) vom 25.1.1991, zuletzt geändert durch Gesetz vom 17.12.1999

Anspruchsberechtigt sind: Arbeitnehmer, zur Berufsausbildung Beschäftigte, in Heimarbeit Beschäftigte und ihnen Gleichgestellte, andere arbeitnehmerähnliche Personen sowie Beschäftigte in Werkstätten für Behinderte. 45

Ziel / Zweck des Bildungsurlaubs: Erwachsenenbildung (im Sinne des niedersächsischen »Gesetzes zur Förderung der Erwachsenenbildung«) in staatlich anerkannten Veranstaltungen. 46

Dauer und Gesamtumfang des Bildungsurlaubs: Fünf Arbeitstage im Kalenderjahr, bei re- 47

Bildungsurlaub

gelmäßiger Arbeit an mehr oder weniger als fünf Arbeitstagen pro Woche entsprechend mehr oder weniger. Der Bildungsurlaub kann angesammelt werden: für zwei Jahre ohne Zustimmung, für drei Jahre mit Zustimmung des Arbeitgebers. Der pro Kalenderjahr zu gewährende Bildungsurlaub ist auf eine bestimmte Gesamtzahl von Tagen begrenzt. Berechnungsformel: Zahl der am 30. April eines Jahres beschäftigten Arbeitnehmer mal 2,5 Arbeitstage = Gesamtzahl der zu gewährenden Bildungsurlaubstage. Wird die Gesamtzahl erreicht, kann der Arbeitgeber die Gewährung weiteren Bildungsurlaubs in diesem Kalenderjahr ablehnen.

48 **Wartezeit:** Sechs Monate nach Beginn des Beschäftigungsverhältnisses.
49 **Anmeldung des Bildungsurlaubs:** So früh wie möglich, in der Regel vier Wochen vor Beginn.
50 **Verschiebung des Bildungsurlaubs:** Wenn zwingende betriebliche Belange oder Bildungsurlaubsanträge anderer – sozial vorrangiger – Arbeitnehmer vorliegen. Bei Auszubildenden kann eine Verschiebung nur stattfinden, wenn besondere betriebliche Ausbildungsmaßnahmen anstehen.

Nordrhein-Westfalen: Gesetz zur Freistellung von Arbeitnehmern zum Zwecke der beruflichen und politischen Bildung – Arbeitnehmerweiterbildungsgesetz (AWbG) vom 6.11.1984, zuletzt geändert durch Gesetz vom 8.12.2009

51 **Anspruchsberechtigt sind:** Arbeitnehmer (ohne Auszubildende), in Heimarbeit Beschäftigte und ihnen Gleichgestellte sowie andere arbeitnehmerähnliche Personen.
52 **Ziel / Zweck des Bildungsurlaubs:** Berufliche und politische Weiterbildung.
53 **Dauer des Bildungsurlaubs:** Fünf Arbeitstage im Kalenderjahr oder zehn Arbeitstage innerhalb von zwei aufeinander folgenden Kalenderjahren, bei mehr oder weniger als fünf Arbeitstagen pro Woche entsprechend mehr oder weniger. Der Arbeitgeber kann nach § 4 Abs. 2 AwbG-NW bis zu zwei Tage auf den fünftägigen Bildungsurlaubsanspruch anrechnen, wenn er den Arbeitnehmer unter Fortzahlung des Arbeitsentgelts für die Teilnahme an einer betrieblich veranlassten Bildungsveranstaltung freistellt, mit der Folge, dass in diesem Falle nur noch drei Tage Bildungsurlaub verbleiben.
54 **Wartezeit:** Sechs Monate nach Beginn des Beschäftigungsverhältnisses.
55 **Anmeldung des Bildungsurlaubs:** So früh wie möglich, in der Regel vier Wochen vor Beginn der Bildungsmaßnahme.
56 **Verschiebung des Bildungsurlaubs:** Wenn zwingende betriebliche Belange oder Bildungsurlaubsanträge anderer – sozial vorrangiger – Arbeitnehmer vorliegen.

Rheinland-Pfalz: Landesgesetz über die Freistellung von Arbeitnehmerinnen und Arbeitnehmern für Zwecke der Weiterbildung (Bildungsfreistellungsgesetz – BfG) vom 30.3.1993, zuletzt geändert durch Gesetz vom 20.10.2010

57 **Anspruchsberechtigt sind:** In Rheinland-Pfalz beschäftigte Arbeitnehmer sowie Auszubildende. In Kleinbetrieben mit bis zu fünf Arbeitnehmern besteht kein Anspruch auf Bildungsurlaub.
58 **Ziel / Zweck des Bildungsurlaubs:** Berufliche und gesellschaftspolitische Weiterbildung in staatlich anerkannten und für jedermann zugänglichen Veranstaltungen.
59 **Dauer und Gesamtumfang des Bildungsurlaubs:** Zehn Arbeitstage in zwei aufeinander folgenden Kalenderjahren, bei regelmäßiger Arbeit an vier oder sechs Tagen in der Woche entsprechend weniger oder mehr. Auszubildende haben Anspruch auf drei Arbeitstage (während der gesamten Ausbildungszeit) für gesellschaftspolitische Weiterbildung, sofern dadurch nicht das Ausbildungsziel gefährdet wird. Wenn die Zahl der gewährten Bildungsurlaubstage in einem Kalenderjahr die Zahl der am 30. April beschäftigten Arbeitnehmer erreicht hat, kann

Bildungsurlaub

der Arbeitgeber weiteren Bildungsurlaub für dieses Kalenderjahr ablehnen. Folge: Der Anspruch wird auf den nächsten Zweijahreszeitraum verschoben.
Wartezeit: Arbeitnehmer nach zwei Jahren Beschäftigungszeit, Auszubildende nach zwölf   60
Monaten.
Anmeldung des Bildungsurlaubs: So früh wie möglich, in der Regel sechs Wochen vor Beginn   61
der Bildungsmaßnahme.
Verschiebung des Bildungsurlaubs: Wenn zwingende betriebliche Belange vorliegen.   62

Saarland: Saarländisches Bildungsfreistellungsgesetz (SBFG) vom 10.2.2010

Anspruchsberechtigt sind: Arbeitnehmer, Auszubildende, in Heimarbeit Beschäftigte und   63
ihnen Gleichgestellte sowie andere arbeitnehmerähnliche Personen, Beamte, Richter (Arbeitsstätten müssen im Saarland liegen).
Ziel / Zweck des Bildungsurlaubs: Berufliche und politische Weiterbildung in staatlich aner-   64
kannten und jedermann zugänglichen Bildungseinrichtungen.
Dauer und Gesamtumfang des Bildungsurlaubs: Drei Arbeitstage pro Kalenderjahr, wenn   65
der Arbeitnehmer seinerseits drei weitere Tage einbringt (z. B. unbezahlter Urlaub, vertraglicher oder tariflicher Urlaub oberhalb des gesetzlichen Mindesturlaubsanspruchs, Freizeitausgleich aufgrund geleisteter Überstunden).
In Sonderfällen besteht Anspruch auf Freistellung von bis zu fünf Arbeitstagen innerhalb eines Kalenderjahres: in den unmittelbar nach der Elternzeit folgenden zwei Kalenderjahren und innerhalb eines Kalenderjahres für Beschäftigte zur Teilnahme an Maßnahmen, die darauf gerichtet sind, den Schulabschluss nachzuholen.
In Betrieben mit bis zu 50 bzw. 100 Beschäftigten kann die Freistellung unter bestimmten Voraussetzungen abgelehnt werden (§ 5 Abs. 3 und 4 SBFG).
Wartezeit: Zwölf Monate nach Beginn des Beschäftigungsverhältnisses.   66
Anmeldung des Bildungsurlaubs: So früh wie möglich, in der Regel sechs Wochen vor Beginn   67
der Bildungsveranstaltung.
Verschiebung des Bildungsurlaubs: Wenn zwingende betriebliche Belange oder Bildungsur-   68
laubsanträge anderer – sozial vorrangiger – Arbeitnehmer vorliegen.

Sachsen-Anhalt: Gesetz zur Freistellung von der Arbeit für Maßnahmen der Weiterbildung (Bildungsfreistellungsgesetz) vom 4.3.1998

Anspruchsberechtigt sind: Arbeitnehmer, zur Berufsausbildung Beschäftigte, in Heimarbeit   69
Beschäftigte und ihnen Gleichgestellte sowie andere arbeitnehmerähnliche Personen. Für Arbeitslose gelten die Bestimmungen des Gesetzes entsprechend.
Ziel / Zweck des Bildungsurlaubs: Weiterbildung in – vom Kultusministerium anerkannten –   70
Bildungsveranstaltungen, die sich thematisch mit den Gestaltungsmöglichkeiten der Arbeitswelt und ihren gesellschaftlichen Auswirkungen befassen und von Einrichtungen der Weiterbildung oder Trägern von Weiterbildungsmaßnahmen durchgeführt werden.
Dauer und Gesamtumfang des Bildungsurlaubs: Fünf Arbeitstage im Kalenderjahr. Der   71
Anspruch von zwei Jahren kann zusammengefasst werden. Bei regelmäßiger Arbeit an mehr oder weniger als fünf Tagen in der Woche entsprechend mehr oder weniger. In Betrieben mit unter fünf Arbeitnehmern (am 30. April des Jahres) kann die Freistellung im laufenden Jahr verweigert werden. Gleiches gilt, sobald die Gesamtzahl der für Bildungsurlaub in Anspruch genommenen Arbeitstage im laufenden Kalenderjahr die Zahl der Arbeitnehmer am 30. April des Jahres erreicht hat.
Wartezeit: Sechs Monate nach Beginn des Beschäftigungsverhältnisses.   72

Bildungsurlaub

73 **Anmeldung des Bildungsurlaubs:** So früh wie möglich, in der Regel mindestens sechs Wochen vor Beginn der Bildungsmaßnahme.
74 **Verschiebung des Bildungsurlaubs:** Wenn zwingende betriebliche Belange oder bereits genehmigte Bildungsurlaubsanträge anderer Arbeitnehmer vorliegen.

Schleswig-Holstein: Bildungsfreistellungs- und Qualifizierungsgesetz (BFQG) für das Land Schleswig-Holstein vom 7.6.1990, zuletzt geändert durch Gesetz vom 16.12.2002

75 **Anspruchsberechtigt sind:** Arbeitnehmer, zur Berufsausbildung Beschäftigte, in Heimarbeit Beschäftigte und sonstige arbeitnehmerähnliche Personen, Beamte, Richter.
76 **Ziel / Zweck des Bildungsurlaubs:** Allgemeine, politische und berufliche Weiterbildung in staatlich anerkannten Veranstaltungen.
77 **Dauer des Bildungsurlaubs:** Fünf Arbeitstage im Jahr bzw. zehn Arbeitstage in zwei Kalenderjahren; bei mehr oder weniger als fünf Arbeitstagen in der Woche entsprechend mehr oder weniger.
78 **Wartezeit:** Sechs Monate nach Beginn des Beschäftigungsverhältnisses.
79 **Anmeldung des Bildungsurlaubs:** So früh wie möglich, in der Regel sechs Wochen vor Beginn der Weiterbildungsveranstaltung.
80 **Verschiebung des Bildungsurlaubs:** Wenn betriebliche Gründe oder Bildungsurlaubsanträge anderer – sozial vorrangiger – Arbeitnehmer vorliegen.

Thüringen: Thüringer Bildungsfreistellungsgesetz (ThürBfG) vom 15.7.2015; in Kraft getreten am 1.1.2016

80a **Anspruchsberechtigt sind:** Arbeitnehmer, die zu ihrer Berufsausbildung Beschäftigten, in Heimarbeit Beschäftigten und ihnen gleichgestellte Personen, Personen, die wegen ihrer wirtschaftlichen Unselbstständigkeit als arbeitnehmerähnliche Personen anzusehen sind, und Personen, die in anerkannten Werkstätten für behinderte Menschen oder für diese Einrichtungen in Heimarbeit tätig sind, Voraussetzung: ihre Arbeitsstätte liegt in Thüringen oder ihr Arbeitgeber hat seinen Betriebssitz in Thüringen. Für Beschäftigte in einem Betrieb eines Unternehmens, das weniger als fünf Beschäftigte hat, besteht kein Anspruch auf Bildungsfreistellung.
80b **Ziel / Zweck des Bildungsurlaubs:** staatlich anerkannte Bildungsveranstaltungen auf den Gebieten der gesellschaftspolitischen, arbeitsweltbezogenen oder ehrenamtsbezogenen Bildung.
80c **Dauer des Bildungsurlaubs:** Fünf Arbeitstage im Jahr; bei mehr oder weniger als fünf Arbeitstagen in der Woche entsprechend mehr oder weniger. Der Freistellungsanspruch kann einmalig aus dem Jahr seiner Entstehung in das folgende Jahr übertragen werden. Die Übertragung erfolgt auf Antrag des Beschäftigten nur in dem Umfang, wie der Arbeitgeber eine im laufenden Kalenderjahr beantragte Bildungsfreistellung abgelehnt oder seine Zustimmung zurückgenommen hat.
Auszubildende drei Arbeitstage. Der Freistellungsanspruch kann einmalig aus dem Jahr seiner Entstehung in das folgende Jahr übertragen werden. Die Übertragung erfolgt auf Antrag nur in dem Umfang in das folgende Kalenderjahr, wie der Freistellungsanspruch im laufenden Kalenderjahr nicht ausgeschöpft wurde. Die Freistellung erfolgt nicht während der schulischen Ausbildung.
80d **Wartezeit:** Sechs Monate nach Beginn des Beschäftigungsverhältnisses.
80e **Anmeldung des Bildungsurlaubs:** Der Anspruch auf Bildungsfreistellung ist gegenüber dem Arbeitgeber spätestens acht Wochen vor Beginn der Bildungsveranstaltung schriftlich geltend zu machen.

Bildungsurlaub

Verschiebung des Bildungsurlaubs: Der Arbeitgeber kann seine Zustimmung zu einer Bildungsfreistellung zurücknehmen, wenn nicht vorhersehbare betriebliche Belange, wie Krankheit anderer Beschäftigter, eingetreten sind, die den Arbeitgeber zum Zeitpunkt der Zustimmung zu einer Ablehnung des Antrags auf Bildungsfreistellung berechtigt hätten. In diesem Fall hat der Arbeitgeber dem Beschäftigten den Schaden zu ersetzen, den der Beschäftigte dadurch erleidet, dass er auf die bereits erteilte Zustimmung zu der Bildungsfreistellung vertraut hat. Ansonsten gilt: Auf Antrag des Beschäftigten erfolgt eine Übertragung des Freistellungsanspruchs auf das folgende Jahr (siehe oben Dauer des Bildungsurlaubs).   80f

Bedeutung für die Betriebsratsarbeit

Der Betriebsrat hat in Urlaubsfragen gemäß § 87 Abs. 1 Nr. 5 BetrVG ein **Mitbestimmungsrecht**. Nach h. M. findet § 87 Abs. 1 Nr. 5 BetrVG nicht nur auf den Erholungsurlaub Anwendung, sondern auf alle Formen des Urlaubs, also auch auf den **Bildungsurlaub**.   81

So hat der Betriebsrat beispielsweise mitzubestimmen, wenn der Arbeitgeber Einwände gegen die **zeitliche Lage** des geplanten Bildungsurlaubs erhebt. Kommt es zu keiner Einigung, kann die Einigungsstelle angerufen werden (§ 87 Abs. 2 BetrVG).   82

Zu den weiteren Einzelheiten des Mitbestimmungsrechts nach § 87 Abs. 1 Nr. 5 BetrVG: siehe → **Urlaub**.   83

> **Beachten:**
> Das Mitbestimmungsrecht entfällt, soweit in den Bildungsurlaubsgesetzen die Modalitäten des Bildungsurlaubs abschließend geregelt sind (Gesetzvorbehalt des § 87 Abs. 1 Eingangssatz BetrVG).   84

Bedeutung für die Beschäftigten

Ein Beschäftigter, der nach oben dargestellten Landesgesetzen Bildungsurlaub für den Besuch eines Seminars beantragt, hat nach h. M. kein Recht zur Selbstbeurlaubung. Vielmehr muss der Arbeitgeber die **Freistellung erklären.** Verweigert der Arbeitgeber die Freistellung, kann der Arbeitnehmer arbeitsgerichtliche Hilfe in Anspruch nehmen (ggf. auch Antrag auf Erlass einer einstweiligen Verfügung). Bei Streit über die **zeitliche Lage** kann (auch) der Betriebsrat tätig werden, indem er sein Mitbestimmungsrecht nach § 87 Abs. 1 Nr. 5 BetrVG nutzt (siehe Rn. 82).   85

Stellt der Arbeitgeber den Beschäftigten frei und besucht der Arbeitnehmer die Veranstaltung, besteht **Anspruch auf Entgeltfortzahlung**, und zwar auch dann, wenn der Arbeitgeber behauptet, die Bildungsveranstaltung habe nicht den landesgesetzlichen Anerkennungsbestimmungen entsprochen.   86

> **Hinweis zum Musterschreiben (siehe Arbeitshilfen):**   87
> - Die Mitteilung über die Inanspruchnahme von Bildungsurlaub muss nach den meisten Bildungsurlaubsgesetzen mindestens sechs Wochen vor Beginn der Bildungsveranstaltung erfolgen (in einigen Ländern gilt eine Ankündigungsfrist von vier Wochen). Beim Betriebsrat erkundigen!
> - Nach den meisten Bildungsurlaubsgesetzen kann der Freistellungsanspruch von zwei Jahren zusammengefasst werden (z. B. zwecks Teilnahme an einem zweiwöchigen Seminar); dabei ist regelmäßig ein Rückgriff auf den nicht in Anspruch genommenen Bildungsurlaub des Vorjahres

Bildungsurlaub

möglich, aber – nach manchen Gesetzen – auch ein Vorgriff auf den Anspruch des Folgejahres. Beim Betriebsrat erkundigen!

Arbeitshilfen

Übersicht
Musterschreiben
- Anspruch auf Bildungsurlaub
- Mitteilung über Inanspruchnahme von Bildungsurlaub (nach Bildungsurlaubs-/Freistellungsgesetzen der Länder)

Rechtsprechung

1. Bildungsurlaubsgesetz Hamburg
2. Bildungsurlaubsgesetz Hessen
3. Bildungsurlaubsgesetz Niedersachsen
4. Arbeitnehmerweiterbildungsgesetz NRW
5. Bildungsfreistellungsgesetz Rheinland-Pfalz
6. Mitbestimmung bei Bildungsurlaub

Bruttolohn- und -gehaltsliste

Was ist das?

Bei einer Bruttolohn- und -gehaltsliste handelt es sich um eine **listenförmige Zusammenstellung** der Bruttoentgelte, die der Arbeitgeber an die Arbeitnehmer zahlt. Wohl jedes Unternehmen dürfte heute derartige Listen »**EDV-mäßig**«, also unter Anwendung elektronischer Datenverarbeitungsanlagen erstellen. 1

Zu den Aufgaben des Betriebsrats zählt nach § 80 Abs. 1 Nr. 1 BetrVG u. a. die **Prüfung**, ob 2
- die gesetzlichen Entgeltregelungen (z. B. Entgeltfortzahlungsgesetz, Bundesurlaubsgesetz, usw.),
- die Entgeltbestimmungen der für den Betrieb und die Arbeitnehmer geltenden → **Tarifverträge** und
- die in → **Betriebsvereinbarungen** zulässigerweise (§ 77 Abs. 3 BetrVG; siehe → **Arbeitsentgelt**) vorgesehenen Entgeltregelungen (z. B. zu außer- und übertariflichen Leistungen) korrekt umgesetzt werden.

Außerdem hat der Betriebsrat darüber zu wachen, dass bei der Vergütung der Beschäftigten die **innerbetriebliche Lohngerechtigkeit** gewahrt und nicht gegen den arbeitsrechtlichen Gleichbehandlungsgrundsatz (siehe → **Gleichbehandlung**) und gesetzliche Benachteiligungsverbote (z. B. § 1 AGG, § 4 TzBfG, § 75 BetrVG) niedergelegten Grundsätze verstoßen wird (siehe z. B. → **Benachteiligungsverbot [AGG]**). 2a

Schließlich stehen dem Betriebsrat im Bereich der Entgeltgestaltung **Mitbestimmungsrechte** nach § 87 Abs. 1 Nr. 4, 10, 11 BetrVG zu (siehe → **Arbeitsentgelt** Rn. 53 ff.). 2b

Damit der Betriebsrat seine Überwachungsaufgabe nach § 80 Abs. 1 Nr. 1 BetrVG und seine Mitbestimmungsrechte wahrnehmen kann, verpflichtet das BetrVG den Arbeitgeber, dem Betriebsrat auf sein **Verlangen** die notwendigen Informationen zu erteilen, und zwar nach Maßgabe des § 80 Abs. 2 Satz 2 Halbsatz 2 BetrVG. Nach dieser Vorschrift ist 3
- der Betriebsausschuss (§ 27 BetrVG; siehe → **Betriebsrat** Rn. 27) oder
- ein anderer nach § 28 BetrVG gebildeter Ausschuss (siehe → **Betriebsrat** Rn. 28)

berechtigt, »*Einblick zu nehmen*« in die Listen über Bruttolöhne und -gehälter.

In Betriebsräten mit weniger als neun Mitgliedern (und damit ohne Betriebsausschuss) ist der **Betriebsratsvorsitzende** bzw. dessen Stellvertreter oder ein anderes vom Betriebsrat durch Beschluss beauftragtes Betriebsratsmitglied Träger des Rechts (BAG v. 16. 8. 1995 – 7 ABR 63/94; vgl. auch Fitting, BetrVG, 27. Aufl., § 80 Rn. 71).

BAG v. 16. 8. 1995 – 7 ABR 63/94:
»Nach ständiger Rechtsprechung des Bundesarbeitsgerichts hat in kleineren Betrieben anstelle des dort fehlenden Betriebsausschusses der die laufenden Geschäfte führende Betriebsratsvorsitzende bzw. dessen Stellvertreter oder ein anderes beauftragtes Betriebsratsmitglied, dem nicht die Führung der laufenden Geschäfte übertragen sein muss, dieses Einblicksrecht in die Bruttolohn- und -gehaltslisten der Arbeitnehmer.«

Das Einblicksrecht erstreckt sich auf **alle Entgeltbestandteile** (BAG v. 10. 2. 1987 – 1 ABR 43/84, NZA 1987, 385; 30. 09. 2008 – 1 ABR 54/07, NZA 2009, 502). 4

Bruttolohn- und -gehaltsliste

Die Angabe eines **Bruttogesamtbetrages** pro Arbeitnehmer reicht nicht aus. Damit der Betriebsrat Vergleiche anstellen kann, ist der Arbeitgeber verpflichtet, die Bruttolöhne und -gehälter getrennt für jeden Arbeitnehmer (alphabetisch geordnet) nach den einzelnen Entgeltbestandteilen **aufzuschlüsseln**.
Dabei kommt es nicht darauf an, auf welcher Rechtsgrundlage die Entgeltbestandteile beruhen: auf vertraglicher Vereinbarung (siehe → **Arbeitsvertrag**), → **Tarifvertrag**, → **Betriebsvereinbarung** oder **Gesetz**.
Anzugeben sind u. a.:
- das vertraglich vereinbarte bzw. tarifliche Grundentgelt (einschl. der entsprechenden tariflichen Entgeltgruppe),
- Zulagen aller Art einschließlich des Zahlungsgrundes (Leistungszulagen, Funktionszulagen, usw.),
- Leistungsentgeltbestandteile (Akkord, Prämie, Provision usw.),
- Vergütung für Mehrarbeit einschl. Mehrarbeitszuschläge,
- Zuschläge (z. B. für Nacht-, Sonn- und Feiertagsarbeit),
- erfolgsabhängige Vergütungen (Bonuszahlungen, Gewinnbeteiligung),
- Einmalzahlungen (z. B. Urlaubsgeld, Weihnachtsgeld, Gratifikationen),
- usw.

5 Das Einblicksrecht umfasst auch die Vergütung der → **Außertariflichen Angestellten**, soweit sie nicht → **Leitende Angestellte** sind.

6 Der Arbeitgeber hat die Voraussetzungen für eine **ungestörte Einsichtnahme** zu schaffen. Bei der Einsichtnahme dürfen keine Personen anwesend sein, die den Betriebsausschuss überwachen oder mit seiner Überwachung beauftragt sind (BAG v. 16. 8. 1995 – 7 ABR 62/94, NZA 1996, 330; vgl. auch Fitting, BetrVG, 27. Aufl., § 80 Rn. 76).

7 Der Arbeitgeber ist nach h. M. lediglich zur **Vorlage** zwecks Einsichtnahme, nicht aber zur **Aushändigung** (d. h. Überlassung) der Listen z. B. in Fotokopie verpflichtet.
Die Einblicksberechtigten können sich anlässlich der Einsichtnahme **Notizen** zu machen. Es können nach zutreffender Auffassung auch vorbereitete Arbeitnehmerlisten mitgebracht werden, in die die einzelnen Daten aus der Bruttolohn- und -gehaltsliste teilweise oder – wenn es zur Aufgabenerfüllung erforderlich ist – vollständig **handschriftlich übertragen** werden (vgl. DKKW-*Buschmann*, BetrVG, 15. Aufl., § 80 Rn. 135; zu letzterem a. A. Fitting, BetrVG, 27. Aufl., § 80 Rn. 76).
In vielen Fällen überlassen gut beratene Arbeitgeber den Betriebsräten die Listen über Bruttolöhne und -gehälter in Form von **Kopien** oder **EDV-Ausdrucken** bzw. ermöglichen dem Betriebsrat, über den Betriebsrats-PC Einblick in die Bruttoentgeltdatei des Unternehmens zu nehmen.
Diese Arbeitgeber haben erkannt, dass es sie letztlich »billiger« kommt, die **Listen auszuhändigen** als sich darüber zu ärgern, dass Interessenvertreter – wie es ihre Aufgabe ist – jeden Monat im Personalbüro sitzen, um zu prüfen, ob es bei der Lohn- und Gehaltszahlung »mit rechten Dingen« zugeht.

8 Das Einblicksrecht ist nicht davon abhängig, ob Arbeitnehmer damit **einverstanden** sind. Andernfalls kann der Betriebsrat seine Überwachungsaufgabe im Bereich des Arbeitsentgelts nicht erfüllen (vgl. Fitting, BetrVG, 27. Aufl., § 80 Rn. 77).

9 Auch das Bundesdatenschutzgesetz (siehe → **Datenschutz**) schränkt das Einblicksrecht nicht ein (vgl. DKKW-*Buschmann*, BetrVG, 15. Aufl., § 80 Rn. 137).

10 Als Teil der betriebswirtschaftlichen Kalkulation kann die Bruttolohn- und -gehaltsliste Betriebs- und Geschäftsgeheimnisse (siehe → **Geheimhaltungspflicht** Rn. 3) enthalten. Das schränkt aber das Einblicksrecht ebenfalls nicht ein.

11 Die Weitergabe der durch die Einsichtnahme gewonnen Informationen sind, soweit es sich um

Bruttolohn- und -gehaltsliste

Betriebs- und Geschäftsgeheimnisse handelt, an die Maßgaben des § 79 BetrVG gebunden (siehe → **Geheimhaltungspflicht** Rn. 3).
Der Betriebsrat ist berechtigt, einzelne Arbeitnehmer über seinen Kenntnisstand, insbesondere über einen Rechtsverstoß oder eine Benachteiligung bei der Vergütung **zu informieren** (BAG v. 26. 2. 1987 – 6 ABR 46/84, AiB 1988, 68; vgl. auch DKKW-*Buschmann*, BetrVG, 15. Aufl., § 80 Rn. 138). Auszug aus BAG v. 26. 2. 1987 – 6 ABR 46/84, a. a. O.: »*Entgegen der Auffassung der Rechtsbeschwerde kann der Betriebsrat seine Aufgaben nach den §§ 75, 80, 87 BetrVG auch bei Einhaltung der Verschwiegenheitspflicht wahrnehmen. Er kann nach Einsicht den Arbeitgeber auf von ihm festgestellte Ungleichbehandlungen hinweisen und auf Abhilfe bestehen. Er kann auch einzelnen Arbeitnehmern in abstrakter Form die rechtliche und tatsächliche Situation an ihrem Arbeitsplatz z. B. unter dem Gesichtspunkt der Gleichbehandlung erläutern, ohne ihnen die Daten bekanntzugeben, wie sie in der Betriebsratsinformation Extra 11 aufgezeichnet worden sind. Auch die Möglichkeit einer wechselseitigen Verständigung der Arbeitnehmer über ihre Gehaltsdaten bleibt unberührt.*«

12

Bedeutung für die Betriebsratsarbeit

Eine der vorrangigen Aufgaben des Betriebsrats ist es, nach § 80 Abs. 1 Nr. 1 BetrVG zu prüfen, ob es bei der **Vergütung** der Beschäftigten »**mit rechten Dingen zugeht**«.
Dazu ist es erforderlich, dass er von seinem Recht zum Einblick in die Bruttolohn- und -gehaltsliste nach § 80 Abs. 2 Satz 2 Halbsatz 2 BetrVG Gebrauch macht.
Stellt sich bei der Überprüfung z. B. heraus, dass Arbeitnehmer **falsch (zu niedrig) eingruppiert** sind, muss der Betriebsrat die betroffenen Arbeitnehmer **informieren** (siehe Rn. 12) und den Arbeitgeber in Ausübung seiner Überwachungsaufgabe nach § 80 Abs. 1 Nr. 1 BetrVG **zur Korrektur auffordern**.
Ein eigenes Initiativrecht zur Durchsetzung der »**richtigen**« Eingruppierung hat der Betriebsrat allerdings nicht. Insbesondere hat er kein eigenes Recht, die richtige Eingruppierung für die einzelnen Arbeitnehmer beim → **Arbeitsgericht** einzuklagen. Das müssen diese ggf. selbst tun.
Die Mitbestimmung des Betriebsrats nach § 99 BetrVG bei Eingruppierungen beschränkt sich auf ein **Zustimmungsverweigerungsrecht** (»**Veto-Recht**«). Das Recht wird nur ausgelöst, wenn der Arbeitgeber eine Ein- oder Umgruppierung vornimmt. In diesem Fall muss er den Betriebsrat nach § 99 Abs. 1 BetrVG beteiligen und insbesondere seine **Zustimmung beantragen**. Der Betriebsrat kann – innerhalb der Wochenfrist des § 99 Abs. 3 BetrVG – die Zustimmung mit einem der in § 99 Abs. 2 BetrVG aufgeführten Gründe verweigern, mit der Folge, dass der Arbeitgeber ein arbeitsgerichtliches **Zustimmungsersetzungsverfahren** nach § 99 Abs. 4 BetrVG durchzuführen hat.
Nimmt der Arbeitgeber keine Ein- oder Umgruppierung vor, obwohl er dazu verpflichtet ist, oder beteiligt er den Betriebsrat nicht nach § 99 Abs. 1 BetrVG, kann dieser nach § 101 BetrVG vorgehen und auf diese Weise sein Beteiligungsrecht **erzwingen**.
Zu weiteren Einzelheiten siehe → **Eingruppierung/Umgruppierung**.
Unabhängig von den Aktivitäten des Betriebsrats haben Arbeitnehmer jederzeit das Recht, eine falsche Eingruppierung zu beanstanden und ggf. arbeitsgerichtliche **Klage** zu erheben (siehe → **Eingruppierung/Umgruppierung** Rn. 62).
Vorstehendes gilt auch, wenn der Betriebsrat Verstöße gegen den arbeitsrechtlichen Gleichbehandlungsgrundsatz (siehe → **Gleichbehandlung**) oder gesetzliche Benachteiligungsverbote (siehe → **Benachteiligungsverbot** [AGG]) feststellt.
Er informiert die betroffenen Arbeitnehmer (siehe Rn. 12) und fordert den Arbeitgeber zur **Korrektur** auf.

13

14

14a

15

Bruttolohn- und -gehaltsliste

Geschieht dies nicht, bleibt den Arbeitnehmern (nicht dem Betriebsrat) nur der Klageweg (siehe Rn. 14 a).

16 Stellt der Betriebsrat bei der Einblicknahme in die Bruttolohn- und -gehaltsliste **Lohnungerechtigkeiten** fest (beispielsweise erhalten aus nicht nachvollziehbaren Gründen manche Arbeitnehmer übertarifliche Zulagen, andere nicht; oder: Zulagen sind unterschiedlich hoch), hat er den Arbeitgeber (ggf. nach Kündigung einer bestehenden Betriebsvereinbarung) aufzufordern, mit ihm über eine Veränderung des Lohnsystems zu verhandeln (soweit dem nicht die Tarifvorbehalte des § 77 Abs. 3 und § 87 Abs. 1 Einleitungssatz BetrVG entgegen stehen; siehe insoweit → **Betriebsvereinbarung** Rn. 6 ff.).

> **Beispiele:**
> - Eine andere gerechtere Verteilung von → **übertariflichen Zulagen** und sonstigen außertariflichen Entgeltbestandteilen (z. B. Gewinnbeteiligung).
> - Ein gerechteres System zur Ermittlung der Leistungszulage (z. B. Einführung einer methodischen Leistungsbeurteilung nach Maßgabe eines ggf. geltenden Tarifvertrages)
> - Die Einführung und gerechte Ausgestaltung eines Leistungsentgeltsystems, wenn Leistungsvorgaben gemacht werden (sollen).

Weil der Betriebsrat bei der betrieblichen Lohngestaltung ein **Initiativmitbestimmungsrecht** hat (siehe → **Arbeitsentgelt** Rn. 60 ff.), kann er – wenn der Arbeitgeber seine Vorschläge ablehnt – die → **Einigungsstelle** anrufen (§ 87 Abs. 2 BetrVG). Diese entscheidet dann **verbindlich**.

17 Ein besonderes Problem besteht in Bezug auf solche im Betrieb beschäftigte Personen, die in einem Arbeitsverhältnis zu einem anderen Arbeitgeber stehen, insbes. Leiharbeitnehmer (siehe → **Arbeitnehmerüberlassung/Leiharbeit**). Deren Arbeitsvergütung ist nicht in der Bruttolohn- und -gehaltsliste des Entleiherbetriebs aufgeführt. Dennoch sind vor allem hier Ungerechtigkeiten an der Tagesordnung, insbes. die Ungerechtigkeit, dass für gleiche Arbeit ungleiches Entgelt gezahlt wird.

Hier besteht besonderer Handlungsbedarf – sowohl für den Betriebsrat als auch für die im Betrieb vertretene Gewerkschaft. Es sollte der Versuch unternommen werden, den im AÜG vorgesehenen **Gleichbehandlungsgrundsatz** (»**equal pay**«) wieder herzustellen.

Handlungsbedarf besteht auch für angebliche Dienst- oder Werkvertragskräfte (die in Wirklichkeit Leiharbeitnehmer sind; siehe hierzu → **Dienstvertrag** und → **Werkvertrag**).

Immerhin hat der Betriebsrat über seinen **Unterrichtungsanspruch** nach § 80 Abs. 2 Satz 1 zweiter Halbsatz BetrVG (»... *die Unterrichtung erstreckt sich auch auf die Beschäftigung von Personen, die nicht in einem Arbeitsverhältnis zum Arbeitgeber stehen*«) »einen Fuß in der Tür«. So kann er beispielsweise durch Befragung der Leiharbeitnehmer deren Vergütung ermitteln und vom Arbeitgeber (Entleiher) eine Gleichbehandlung mit den Stammbeschäftigten fordern (zu entsprechenden positiven Praxisbeispielen siehe → **Arbeitnehmerüberlassung/Leiharbeit**).

18 Besonderes Augenmerk sollte der Betriebsrat auch auf die Vergütung von im Betrieb beschäftigten angeblich »**freien Mitarbeitern**« (die in Wirklichkeit »Scheinselbständige« und damit Arbeitnehmer sind) und »**Praktikanten**« (die in Wirklichkeit als Arbeitnehmer mit Anspruch auf reguläre Vergütung anzusehen sind) legen (siehe → **Arbeitnehmer**, → **Dienstvertrag** und → **Praktikum**).

Rechtsprechung

1. Allgemeiner Unterrichtungsanspruch des Betriebsrats (§ 80 Abs. 2 Satz 1 BetrVG)
2. Einblick in Bruttolohn- und -gehaltslisten (§ 80 Abs. 2 Satz 2 BetrVG)

Datenschutz

Grundlagen

1 Jede Erhebung, Verarbeitung und Nutzung von personenbezogenen Daten berührt und gefährdet das **Persönlichkeitsrecht** des Betroffenen.
Dies gilt umso mehr in einer Zeit, in der mit Hilfe der **elektronischen Datenverarbeitung (EDV)** derartige Daten praktisch unbegrenzt speicherbar und kombinierbar sind.
Das Bundesverfassungsgericht hat mit seinem »**Volkszählungsurteil**« vom 15.12.1983 (1 BvR 209/83, 269/83, 362/83, 420/83, 440/83, 484/83) ausdrücklich festgestellt, dass es unter den Bedingungen automatisierter Datenverarbeitung keine »belanglosen« Daten mehr gibt.
Jeder habe ein Recht, selbst zu entscheiden, wann und innerhalb welcher Grenzen er persönliche Sachverhalte offenbaren will.
Dieses **Recht auf »informationelle Selbstbestimmung«** habe den Rang eines **Grundrechts**.
Auszug aus dem Urteil:
»*... Mit dem Recht auf informationelle Selbstbestimmung wären eine Gesellschaftsordnung und eine diese ermöglichende Rechtsordnung nicht vereinbar, in der Bürger nicht mehr wissen können, wer was wann und bei welcher Gelegenheit über sie weiß. Wer unsicher ist, ob abweichende Verhaltensweisen jederzeit notiert und als Information dauerhaft gespeichert, verwendet oder weitergegeben werden, wird versuchen, nicht durch solche Verhaltensweisen aufzufallen. [...] Dies würde nicht nur die individuellen Entfaltungschancen des Einzelnen beeinträchtigen, sondern auch das Gemeinwohl, weil Selbstbestimmung eine elementare Funktionsbedingung eines auf Handlungsfähigkeit und Mitwirkungsfähigkeit seiner Bürger begründeten freiheitlichen demokratischen Gemeinwesens ist. Hieraus folgt: Freie Entfaltung der Persönlichkeit setzt unter den modernen Bedingungen der Datenverarbeitung den Schutz des Einzelnen gegen unbegrenzte Erhebung, Speicherung, Verwendung und Weitergabe seiner persönlichen Daten voraus. Dieser Schutz ist daher von dem Grundrecht des Art 2 Abs. 1 in Verbindung mit Art 1 Abs. 1 GG umfasst. Das Grundrecht gewährleistet insoweit die Befugnis des Einzelnen, grundsätzlich selbst über die Preisgabe und Verwendung seiner persönlichen Daten zu bestimmen.*«
Mit Urteil vom 27.2.2008 hat das BVerfG den hohen Stellenwert des Datenschutzes unterstrichen und ein Gesetz des Landes Nordrhein-Westfalen, das den Landesverfassungsschutz zu »**Online-Durchsuchungen**« ermächtigte, für verfassungswidrig und nichtig erklärt (BVerfG v. 27.2.2008 – 1 BvR 370/07 und 595/07).
Das Gesetz verstoße gegen das vom allgemeinen Persönlichkeitsrecht umfasste »Grundrecht auf Gewährleistung der Vertraulichkeit und Integrität informationstechnischer Systeme«.

2 Das Thema »Datenschutz« betrifft nicht nur das Verhältnis des Einzelnen zum **Staat**. Auch von »**nicht-öffentlichen Stellen**« werden unter Einsatz informationstechnischer Systeme (EDV, Internet, elektronische Post [E-Mail], usw.) personenbezogene Daten erhoben, verarbeitet und genutzt.
Wer eine elektronische Karte (EC- oder VISA-Karte, Krankenkasse-Karte bzw. Gesundheitskarte, Bahn-Card, Kaufhaus-Karten usw.) gebraucht oder sich im Internet »bewegt«, hinterlässt »Datenspuren«.

Datenschutz

Das damit verbundene **Gefahrenpotential** wird oft nicht gesehen oder unterschätzt.
Wer sich beispielsweise im Internet als »Kapitalismuskritiker, Linker, Gewerkschafter, Umweltschützer usw.« geoutet hat, läuft Gefahr, bei einer Bewerbung auf eine von einem Unternehmen ausgeschriebene Stelle »vorab aussortiert« zu werden.
In Teilbereichen ist der Mensch inzwischen »gläsern« – und die Entwicklung schreitet voran.
So ist es beispielsweise technisch möglich, mit einem sog. **Remote-Programm** die Eingaben eines PC-Anwenders in den Rechner unerkannt »live« zu verfolgen, zu speichern und zu verarbeiten.

Besondere Bedeutung hat das Thema »Datenschutz« im Verhältnis zwischen **Arbeitnehmer** 3
und Arbeitgeber.
Immer mal wieder geraten **Datenskandale** ans Licht der Öffentlichkeit. Sie zeigen, dass auch renommierte Unternehmen (z. B. Deutsche Bahn, Telekom, Lidl) vor einer »Durchleuchtung« der Beschäftigten ohne deren Wissen und Einwilligung nicht zurückschrecken.
So hat beispielsweise die **Deutsche Bahn** in den Jahren 2002 und 2003 angeblich mit dem Ziel, Korruption im Unternehmen aufzudecken, die Daten von rund 173 000 Beschäftigten (z. B. Wohnadressen, Telefonnummern und Bankverbindungen) ohne deren Wissen mit den Daten von etwa 80 000 Firmen, die Auftragnehmer der Bahn waren, abgeglichen.
Die Grundrechte auf »informationelle Selbstbestimmung« und »Gewährleistung der Vertraulichkeit und Integrität informationstechnischer Systeme« (siehe Rn. 1) werden aber **auch bedroht** beispielsweise durch die Möglichkeit

- gezielter **Auslese** von Beschäftigten (z. B. bei Einstellung, Versetzung oder Kündigung) nach von dem Betroffenen nicht erkennbaren Kriterien;
- der schnelleren und umfassenderen Erstellung von »**schwarzen Listen**«;
- totaler **Verhaltens- und Leistungskontrolle** und der Erstellung von **Verhaltens, Leistungs- und Krankheitsprofilen** von Beschäftigten (ggf. unter rechtswidriger Erhebung und Verarbeitung von Krankheitsdiagnosen);
- der **Verfälschung** von inhaltlichen Zusammenhängen infolge der mit EDV-mäßiger Verarbeitung verbundenen Formalisierung.

Mit dem Gesetz zum Schutz vor Missbrauch personenbezogener Daten bei der Datenverarbeitung (BDSG) vom 21.1.1977 (BGBl. I S. 201) wurde der Datenschutz erstmalig bundeseinheitlich geregelt. 4
Das Gesetz stand aber von Beginn an in der **Kritik**, weil den Forderungen von Unternehmen gegen einen wirksamen Datenschutz im nicht-öffentlichen Bereich allzu sehr nachgegeben wurden.
Nach jahrelangen Debatten und einer Vielzahl von Referentenentwürfen wurde das BDSG mit Gesetz vom 20.12.1990 (BGBl. I S. 2954) **neu gefasst**.
Am 24.7.1995 ist die »Europäische Datenschutzrichtlinie« 95/46/EG verabschiedet worden. 4a
Ziel der Richtlinie ist es, den freien Verkehr von Daten in der Europäischen Gemeinschaft durch Herstellung eines »gleichwertigen« Datenschutzniveaus in den EU-Ländern zu erleichtern.
Dabei wird ein »**hohes**« **Schutzniveau** angestrebt.
Mit mehrjähriger Verspätung ist die Europäische Datenschutzrichtlinie 95/46/EG durch eine 5
am 18.5.2001 erfolgte Novellierung des Bundesdatenschutzgesetzes (BSDG) in bundesdeutsches Recht umgesetzt worden (BGBl. I S. 904).
Mit Gesetz vom 14.1.2003 (BGBl. I S. 66) wurde das Bundesdatenschutzgesetz neu gefasst und auch danach **mehrfach verändert**, insbesondere

- durch das »Bürokratieabbaugesetz« vom 22.8.2006 (BGBl. I S. 1970): u. a. wurden neue Regelungen über den »Datenschutzbeauftragten« (siehe Rn. 35 ff.) geschaffen;
- durch Gesetz vom 14.8.2009 (BGBl. I S. 2814): u. a. wurde für den Datenschutzbeauftragten ein besonderer Kündigungsschutz eingeführt (§ 4 f Abs. 3 BDSG; siehe Rn. 40 a);

Datenschutz

außerdem wurden die Bestimmungen über die Datenverarbeitung »nicht öffentlicher Stellen« (insbes. Unternehmen des privaten Rechts) ausgebaut (§§ 27 ff. BDSG); hervorzuheben ist die Vorschrift über die Datenerhebung, -speicherung und -nutzung für Zwecke des Beschäftigungsverhältnisses (§ 32 BDSG; siehe Rn. 26 ff.);
- durch Gesetz vom 25. 2. 2015 (BGBl. I S. 162): u. a. Stärkung der Unabhängigkeit der Datenaufsicht im Bund durch Errichtung einer obersten Bundesbehörde. Die Gesetzesänderung tritt am 1.1.2016 in Kraft.

5a Die Bundesregierung hat am 25. 8. 2010 einen vom Bundesministerium des Inneren vorgelegten umstrittenen Gesetzentwurf zur Regelung eines »**Beschäftigtendatenschutzes**« beschlossen (zu den Inhalten des Gesetzentwurfs siehe »Hintergrundpapier des Bundesinnenministeriums zum Entwurf eines Gesetzes zur Regelung des Beschäftigtendatenschutzes im Anhang zu diesem Stichwort).

Zur **Kritik** aus Arbeitnehmer- bzw. Gewerkschaftssicht siehe etwa http://recht.verdi.de/beschaeftigtendatenschutz/faqs.

Der Bundesrat hat in seiner Sitzung am 5.11.2010 zahlreiche Änderungen beschlossen (*http://www.bundesrat.de/cln_152/SharedDocs/Drucksachen/2010/0501-600/535-10_28B_29, templateId=raw,property=publicationFile.pdf/535-10(B).pdf*).

Ob, wann und mit welchen Inhalten es zu einer gesetzlichen Neuregelung kommt, ist zurzeit (Stand: Ende September 2015) **nicht absehbar**.

Im **Koalitionsvertrag von CDU/CSU/SPD 2013** wird auf S. 70 angekündigt:
»Beschäftigtendatenschutz gesetzlich regeln
Die Verhandlungen zur Europäischen Datenschutzgrundverordnung verfolgen wir mit dem Ziel, unser nationales Datenschutzniveau – auch bei der grenzüberschreitenden Datenverarbeitung – zu erhalten und über das Europäische Niveau hinausgehende Standards zu ermöglichen. Sollte mit einem Abschluss der Verhandlungen über die Europäische Datenschutzgrundverordnung nicht in angemessener Zeit gerechnet werden können, wollen wir hiernach eine nationale Regelung zum Beschäftigtendatenschutz schaffen.
Informantenschutz im Arbeitsverhältnis
Beim Hinweisgeberschutz prüfen wir, ob die internationalen Vorgaben hinreichend umgesetzt sind.«

Beim Thema »Informantenschutz im Arbeitsverhältnis« gibt es in der Tat gesetzgeberischen Handlungsbedarf. Ziel sollte es sein, die allzu große Neigung bundesdeutscher Arbeitsgerichte zu stoppen, Kündigungen zu bestätigen, die von Arbeitgebern gegen Arbeitnehmer ausgesprochen werden, die Missstände im Unternehmen bekannt machen (sog. **Whistleblowing**; siehe hierzu → **Außerordentliche Kündigung** Rn. 5 a).

6 Nachstehend ein **Überblick** über die wichtigsten Bestimmungen des Bundesdatenschutzgesetzes (BDSG) vom 20.12.1990 (BGBl. I S. 2954), zuletzt geändert durch Gesetz vom 25. 2. 2015 (BGBl. I S. 162).

Bundesdatenschutzgesetz (BDSG)

6a **Ziel** des Bundesdatenschutzgesetzes ist es, den Einzelnen davor zu schützen, dass er durch den Umgang mit seinen personenbezogenen Daten in seinem **Persönlichkeitsrecht** beeinträchtigt wird (§ 1 BDSG).

7 Das Gesetz regelt die **Erhebung**, **Verarbeitung** und **Nutzung** personenbezogener Daten durch öffentliche und nicht öffentliche Stellen (§ 1 Abs. 2 BDSG).

7a **Öffentliche Stellen** sind die Behörden, Organe der Rechtspflege und sonstige öffentlich-rechtliche Einrichtungen des Bundes, der Länder und Gemeinden (§ 2 Abs. 1 und 2 BDSG).
Nicht öffentliche Stellen sind natürliche Personen und **Unternehmen** des privaten Rechts (§ 2 Abs. 4 BDSG).

Datenschutz

Für den nicht öffentlichen Bereich sind maßgeblich insbesondere die §§ 1 bis 11 BDSG (Allgemeine und gemeinsame Bestimmungen) und §§ 27 bis 38 a BDSG (Datenverarbeitung nicht öffentlicher Stellen und öffentlich-rechtlicher Wettbewerbsunternehmen). 8

Die §§ 27 bis 38 a BDSG finden Anwendung, soweit personenbezogene Daten unter Einsatz von **Datenverarbeitungsanlagen** verarbeitet, genutzt oder dafür erhoben werden oder die Daten in oder aus nicht automatisierten Dateien verarbeitet, genutzt oder dafür erhoben werden (§ 27 Abs. 1 Satz 1 BDSG).

Eine nicht automatisierte Datei ist jede nicht automatisierte Sammlung personenbezogener Daten, die gleichartig aufgebaut ist und nach bestimmten Merkmalen zugänglich ist und ausgewertet werden kann (§ 3 Abs. 2 BDSG).

Personenbezogene Daten sind alle Einzelangaben über persönliche oder sachliche Verhältnisse einer bestimmten oder bestimmbaren natürlichen Person (sog.»Betroffener«; vgl. § 3 Abs. 1 BDSG). 9

Bestimmbar ist eine natürliche Person (auch ohne Namensnennung) beispielsweise durch Telefonnummer, E-Mail-Adresse, IP-Adresse oder im Beschäftigungsverhältnis durch die Personal-Nr.

Die Daten juristischer Personen (Aktiengesellschaft, GmbH usw.; siehe → **Unternehmensrechtsformen**) unterliegen nicht dem Schutz des Bundesdatenschutzgesetzes.

Besondere Arten personenbezogener Daten sind Angaben über die rassische und ethnische Herkunft, politische Meinungen, religiöse oder philosophische Überzeugungen, Gewerkschaftszugehörigkeit, Gesundheit oder Sexualleben (§ 3 Abs. 9 BDSG). 10

In Bezug auf diese Daten sieht das Bundesdatenschutzgesetz **besondere Schutzvorschriften** vor (z. B. § 4 a Abs. 3 BDSG und § 28 Abs. 6 BDSG).

Organisationen, die politisch, philosophisch, religiös oder gewerkschaftlich ausgerichtet sind und keinen Erwerbszweck verfolgen, dürfen nach § 28 Abs. 9 BDSG besondere Arten personenbezogener Daten erheben, verarbeiten oder nutzen, soweit dies für die Tätigkeit der Organisation **erforderlich** ist (§ 28 Abs. 9 BDSG; siehe Rn. 32). 11

Erheben ist das Beschaffen von Daten über den Betroffenen (§ 3 Abs. 3 BDSG). Geschieht die Datenerhebung z. B. mit Hilfe eines Personalfragebogens, gelten die unter dem Stichwort → **Personalfragebogen** dargestellten allgemeinen arbeits- und betriebsverfassungsrechtlichen Regeln (also z. B. Mitbestimmungsrechte des Betriebsrats nach § 94 BetrVG). 12

Soweit Daten auf **unrechtmäßige Weise** (zum Beispiel unter Verstoß gegen das Mitbestimmungsrecht des Betriebsrats nach § 87 Abs. 1 Nr. 6 BetrVG – siehe Rn. oder § 94 Abs. 1 BetrVG) erhoben worden sind, ist auch ihre Verarbeitung und Nutzung unzulässig.

Verarbeiten ist das »Speichern, Verändern, Übermitteln, Sperren und Löschen« personenbezogener Daten (§ 3 Abs. 4 BDSG): 13
- **Speichern** ist das Erfassen, Aufnehmen oder Aufbewahren personenbezogener Daten auf einem Datenträger zum Zwecke ihrer weiteren Verarbeitung oder Nutzung.
- **Verändern** ist das inhaltliche Umgestalten gespeicherter personenbezogener Daten.
- **Übermitteln** ist das Bekanntgeben gespeicherter oder durch Datenverarbeitung gewonnener personenbezogener Daten an einen Dritten in der Weise, dass
  – die Daten an den Dritten weitergegeben werden oder
  – der Dritte zur Einsicht oder zum Abruf bereitgehaltene Dateien einsieht oder abruft.
- **Sperren** ist das Kennzeichnen gespeicherter personenbezogener Daten, um ihre weitere Verarbeitung oder Nutzung einzuschränken.
- **Löschen** ist das Unkenntlichmachen gespeicherter personenbezogener Daten.

Nutzen ist jede Verwendung personenbezogener Daten, soweit es sich nicht um Verarbeitung handelt (§ 3 Abs. 5 BDSG). 14

Anonymisieren ist das Verändern personenbezogener Daten derart, dass die Einzelangaben über persönliche oder sachliche Verhältnisse nicht mehr oder nur mit einem unverhältnis- 14a

Datenschutz

mäßig großen Aufwand an Zeit, Kosten und Arbeitskraft einer bestimmten oder bestimmbaren natürlichen Person zugeordnet werden können (§ 3 Abs. 6 BDSG).

14b **Pseudonymisieren** ist das Ersetzen des Namens und anderer Identifikationsmerkmale durch ein Kennzeichen zu dem Zweck, die Bestimmung des Betroffenen auszuschließen oder wesentlich zu erschweren (§ 3 Abs. 6a BDSG).

15 **Verantwortliche Stelle** i. S. d. Bundesdatenschutzgesetzes ist jede Person oder Stelle, die personenbezogene Daten für sich selbst erhebt, verarbeitet oder nutzt oder dies durch andere im Auftrag vornehmen lässt (§ 3 Abs. 7 BDSG).

15a **Empfänger** i. S. d. Bundesdatenschutzgesetzes ist nach § 3 Abs. 8 Satz 1 BDSG jede Person oder Stelle, die Daten erhält.

Dritter ist jede Person oder Stelle außerhalb der verantwortlichen Stelle (§ 3 Abs. 8 Satz 2 BDSG).

Dritte sind nicht der Betroffene sowie Personen und Stellen, die im Inland, in einem anderen Mitgliedstaat der Europäischen Union oder in einem anderen Vertragsstaat des Abkommens über den Europäischen Wirtschaftsraum personenbezogene Daten im Auftrag erheben, verarbeiten oder nutzen.

15b **Mobile personenbezogene Speicher- und Verarbeitungsmedien** sind gemäß § 3 Abs. 10 BDSG Datenträger,
- die an den Betroffenen ausgegeben werden,
- auf denen personenbezogene Daten über die Speicherung hinaus durch die ausgebende oder eine andere Stelle automatisiert verarbeitet werden können und
- bei denen der Betroffene diese Verarbeitung nur durch den Gebrauch des Mediums beeinflussen kann.

15c **Beschäftigte** i. S. d. Bundesdatenschutzgesetzes sind nach § 3 Abs. 11 BDSG:
- Arbeitnehmerinnen und Arbeitnehmer,
- zu ihrer Berufsbildung Beschäftigte,
- Teilnehmerinnen und Teilnehmer an Leistungen zur Teilhabe am Arbeitsleben sowie an Abklärungen der beruflichen Eignung oder Arbeitserprobung (Rehabilitandinnen und Rehabilitanden),
- Beschäftigte in anerkannten Werkstätten für behinderte Menschen,
- Beschäftigte nach dem Jugendfreiwilligendienstegesetz,
- Personen, die wegen ihrer wirtschaftlichen Unselbständigkeit als arbeitnehmerähnliche Personen anzusehen sind; zu diesen gehören auch die in Heimarbeit Beschäftigten und die ihnen Gleichgestellten,
- Bewerberinnen und Bewerber für ein Beschäftigungsverhältnis sowie Personen, deren Beschäftigungsverhältnis beendet ist,
- Beamtinnen, Beamte, Richterinnen und Richter des Bundes, Soldatinnen und Soldaten sowie Zivildienstleistende.

Datenvermeidung und Datensparsamkeit (§ 3 a BDSG)

16 Die Erhebung, Verarbeitung und Nutzung personenbezogener Daten und die Auswahl und Gestaltung von Datenverarbeitungssystemen sind an dem **Ziel** auszurichten, so wenig personenbezogene Daten wie möglich zu erheben, zu verarbeiten oder zu nutzen (§ 3 a Satz 1 BDSG).

Insbesondere sind personenbezogene Daten **zu anonymisieren** (siehe Rn. 14 a) oder **zu pseudonymisieren** (siehe Rn. 14 b), soweit dies nach dem Verwendungszweck möglich ist und keinen im Verhältnis zu dem angestrebten Schutzzweck unverhältnismäßigen Aufwand erfordert (§ 3 a Satz 1 BDSG).

Datenschutz

Zulässigkeit der Datenerhebung, -verarbeitung und -nutzung (§ 4 BDSG)

Die Erhebung, Verarbeitung und Nutzung personenbezogener Daten sind nur zulässig, soweit 17
- das Bundesdatenschutzgesetz selbst (etwa in § 28 BDSG; siehe Rn. 26 ff.) oder eine andere Rechtsvorschrift (siehe Rn. 33) dies **erlaubt** oder **anordnet**
- oder der Betroffene **eingewilligt** hat (§ 4 a BDSG; siehe Rn. 22 ff.).

Das bedeutet: Datenerhebung, -verarbeitung und -nutzung **ohne vorherige Einwilligung** des 18
Betroffenen sind nur bei Vorhandensein einer ausdrücklichen **gesetzlichen Ermächtigung** zulässig (siehe hierzu Rn. 26 ff.).

Personenbezogene Daten sind beim **Betroffenen** zu erheben (§ 4 Abs. 2 Satz 1 BDSG). 19
Ohne seine Mitwirkung dürfen sie nur erhoben werden, wenn
- eine Rechtsvorschrift dies vorsieht oder zwingend voraussetzt oder
- die zu erfüllende Verwaltungsaufgabe ihrer Art nach oder der Geschäftszweck eine Erhebung bei anderen Personen oder Stellen erforderlich macht oder die Erhebung beim Betroffenen einen unverhältnismäßigen Aufwand erfordern würde und keine Anhaltspunkte dafür bestehen, dass überwiegende schutzwürdige Interessen des Betroffenen beeinträchtigt werden.

Werden personenbezogene Daten beim Betroffenen erhoben, so ist er, sofern er nicht bereits 20
auf andere Weise Kenntnis erlangt hat, von der **verantwortlichen Stelle** über
- die Identität der verantwortlichen Stelle,
- die Zweckbestimmungen der Erhebung, Verarbeitung oder Nutzung und
- die Kategorien von Empfängern nur, soweit der Betroffene nach den Umständen des Einzelfalles nicht mit der Übermittlung an diese rechnen muss,

zu unterrichten (§ 4 Abs. 3 Satz 1 BDSG).

Werden personenbezogene Daten beim Betroffenen aufgrund einer Rechtsvorschrift erhoben 21
(siehe Rn. 26 ff.), die zur **Auskunft** verpflichtet, oder ist die Erteilung der Auskunft Voraussetzung für die Gewährung von Rechtsvorteilen, so ist der Betroffene hierauf, sonst auf die Freiwilligkeit seiner Angaben **hinzuweisen** (§ 4 Abs. 3 Satz 2 BDSG).
Soweit nach den Umständen des Einzelfalles erforderlich oder auf Verlangen ist er über die Rechtsvorschrift und über die Folgen der Verweigerung von Angaben **aufzuklären** (§ 4 Abs. 3 Satz 3 BDSG).

Einwilligung des Betroffenen (§ 4 a BDSG)

Die Einwilligung zur Erhebung, Verarbeitung und Nutzung personenbezogener Daten ist nur 22
wirksam, wenn sie auf der freien Entscheidung des Betroffenen beruht.
Er ist auf den vorgesehenen Zweck der Erhebung, Verarbeitung oder Nutzung sowie – soweit nach den Umständen des Einzelfalles erforderlich oder auf Verlangen – auf die Folgen der Verweigerung der Einwilligung **hinzuweisen**.
Die Einwilligung bedarf der **Schriftform**, soweit nicht wegen besonderer Umstände eine an- 23
dere Form angemessen ist. Soll die Einwilligung zusammen mit anderen Erklärungen schriftlich erteilt werden, ist sie besonders hervorzuheben.
Soweit **besondere Arten** personenbezogener Daten (§ 3 Abs. 9 BDSG; siehe Rn. 10) erhoben, 24
verarbeitet oder genutzt werden, muss sich die Einwilligung darüber hinaus **ausdrücklich** auf diese Daten beziehen.
Die §§ 4 b und c BDSG regeln die Übermittlung personenbezogener Daten **ins Ausland** sowie 25
an über- und zwischenstaatliche Stellen.
Die §§ 4 d und e BDSG sehen **Meldepflichten** für die verantwortliche Stelle (siehe Rn. 34) sowie Bestimmungen über eine **Vorabkontrolle** (bei Bestehen besonderer Risiken; siehe Rn. 34 a) vor.

Datenschutz

Datenerhebung, -verarbeitung und -nutzung für Zwecke des Beschäftigungsverhältnisses (§ 32 BDSG): sog. Arbeitnehmerdatenschutz

26 Die für das **Arbeitsleben** wichtigste gesetzliche Ermächtigung zur Datenerhebung, -verarbeitung und -nutzung – ohne Einwilligung des Betroffenen – enthält § 32 BDSG (eingefügt durch Gesetz vom 14. 8. 2009 – BGBl. I S. 2814; siehe Rn. 5).
Hiernach dürfen personenbezogene Daten eines Beschäftigten für **Zwecke des Beschäftigungsverhältnisses** erhoben, verarbeitet oder genutzt werden, wenn dies für die Entscheidung über die Begründung eines Beschäftigungsverhältnisses oder nach Begründung des Beschäftigungsverhältnisses für dessen Durchführung oder Beendigung erforderlich ist (§ 32 Abs. 1 Satz 1 BDSG).
Nach der Rechtsprechung ist das beispielsweise bei folgenden Daten der Fall: Geschlecht, Familienstand, Schule, Ausbildung in Lehr- und anderen Berufen, Fachschulausbildung/Fachrichtung/Abschluss, Sprachkenntnisse.
Auch die **Speicherung von Fehlzeitendaten** einzelner Arbeitnehmer soll noch im Rahmen der »Zweckbestimmung des Arbeitsverhältnisses« liegen und damit auch ohne Einwilligung des Betroffenen zulässig sein.
Allerdings hat der Arbeitgeber insoweit das **Mitbestimmungsrecht** des Betriebsrats nach § 87 Abs. 1 Nr. 6 BetrVG zu beachten (siehe Rn. 61 ff.).

27 Zur **Aufdeckung von Straftaten** dürfen personenbezogene Daten eines Beschäftigten nur dann erhoben, verarbeitet oder genutzt werden, wenn zu dokumentierende tatsächliche Anhaltspunkte den Verdacht begründen, dass der Betroffene im Beschäftigungsverhältnis eine Straftat begangen hat, die Erhebung, Verarbeitung oder Nutzung zur Aufdeckung erforderlich ist und das schutzwürdige Interesse des Beschäftigten an dem Ausschluss der Erhebung, Verarbeitung oder Nutzung nicht überwiegt, insbesondere Art und Ausmaß im Hinblick auf den Anlass nicht unverhältnismäßig sind (§ 32 Abs. 1 Satz 2 BDSG).

28 Die Bestimmungen des § 32 Abs. 1 BDSG (siehe Rn. 26 und 27) sind auch anzuwenden, wenn personenbezogene Daten erhoben, verarbeitet oder genutzt werden, **ohne dass sie automatisiert verarbeitet** oder in oder aus einer nicht automatisierten Datei verarbeitet, genutzt oder für die Verarbeitung oder Nutzung in einer solchen Datei erhoben werden (§ 32 Abs. 2 BDSG).

29 § 32 Abs. 3 BDSG stellt klar, dass die **Beteiligungsrechte des Betriebsrats** und sonstiger Interessenvertretungen der Beschäftigten unberührt bleiben (siehe Rn. 50 ff.).

Datenerhebung, -verarbeitung und -nutzung für weitere Zwecke (§§ 28 bis 31 BDSG)

30 Das Bundesdatenschutzgesetz regelt in §§ 28 bis 31 BDSG die Zulässigkeitsvoraussetzungen für die Erhebung und Speicherung personenbezogener Daten für **weitere Zwecke:**
- Datenerhebung und -speicherung für eigene Geschäftszwecke (§ 28 BDSG); dazu gehört die Erhebung und Verarbeitung beispielsweise von Kundendaten, Patientendaten (§ 28 Abs. 7 BDSG), Mitgliederdaten (siehe auch Rn. 32), aber auch die Verarbeitung und Nutzung von personenbezogenen Daten für Zwecke des Adresshandels oder der Werbung (§ 28 Abs. 3 BDSG);
- Geschäftsmäßige Datenerhebung und -speicherung zum Zweck der Übermittlung (§ 29 BDSG),
- Geschäftsmäßige Datenerhebung und -speicherung zum Zweck der Übermittlung in anonymisierter Form (§ 30 BDSG),
- Geschäftsmäßige Datenerhebung und -speicherung für Zwecke der Markt- oder Meinungsforschung (§ 30 a BDSG).

31 **Besondere Zweckbindung:** Personenbezogene Daten, die ausschließlich zu Zwecken der Datenschutzkontrolle, der Datensicherung oder zur Sicherstellung eines ordnungsgemäßen Be-

Datenschutz

triebs einer Datenverarbeitungsanlage gespeichert werden, dürfen nur für diese Zwecke verwendet werden (§ 31 BDSG).

Organisationen, die politisch, philosophisch, religiös oder gewerkschaftlich ausgerichtet sind und keinen Erwerbszweck verfolgen, dürfen nach § 28 Abs. 9 Satz 1 BDSG besondere Arten personenbezogener Daten (§ 3 Abs. 9 BDSG; siehe Rn. 10) erheben, verarbeiten oder nutzen, soweit dies für die Tätigkeit der Organisation **erforderlich** ist. 32

Dies gilt nur für personenbezogene Daten ihrer Mitglieder oder von Personen, die im Zusammenhang mit deren Tätigkeitszweck regelmäßig Kontakte mit ihr unterhalten (§ 28 Abs. 9 Satz 2 BDSG).

Die Übermittlung dieser personenbezogenen Daten an Personen oder Stellen außerhalb der Organisation ist nur unter den Voraussetzungen des § 4 a Abs. 3 BDSG (besondere **Einwilligung** des Betroffenen; siehe Rn. 22 ff.) oder zur Abwehr von Gefahren für die staatliche und öffentliche Sicherheit sowie zur Verfolgung von Straftaten zulässig (§ 28 Abs. 9 letzter Satz i. V. m. § 28 Abs. 2 Nr. 2 b BDSG).

Von anderen Rechtsvorschriften (außerhalb des BDSG) zugelassene Erhebung, Verarbeitung und Nutzung personenbezogener Daten (§ 4 Abs. 1 BDSG)

Andere Rechtsvorschriften im Sinne des § 4 Abs. 1 BDSG, nach welchen die Speicherung von personenbezogenen Daten – auch **ohne Einwilligung** des Betroffenen – zulässig ist, sind unter anderem Vorschriften aus dem Bereich des **Steuer- und Sozialversicherungsrechts**. 33

Meldepflicht (§§ 4 d und e BDSG)

Soweit Verfahren automatisierter Verarbeitungen verwendet werden, sind sie vor ihrer Inbetriebnahme von nicht öffentlichen verantwortlichen Stellen (= Unternehmen) der zuständigen **Aufsichtsbehörde** (§ 38 BDSG; siehe Rn. 43 ff.) **zu melden** (§ 4 d Abs. 1 BDSG). Den notwendigen Inhalt der Meldepflicht regelt § 4 e BDSG. 34

Die Meldepflicht entfällt, wenn die verantwortliche Stelle einen **Beauftragten für den Datenschutz** (siehe Rn. 35 ff.) bestellt hat oder wenn die verantwortliche Stelle personenbezogene Daten für eigene Zwecke erhebt, verarbeitet oder nutzt, hierbei höchstens neun Personen mit der Erhebung, Verarbeitung oder Nutzung personenbezogener Daten beschäftigt und entweder eine **Einwilligung** des Betroffenen (siehe Rn. 22 ff.) vorliegt (§ 4 d Abs. 2 BDSG) oder die Erhebung, Verarbeitung oder Nutzung für die Begründung, Durchführung oder Beendigung eines rechtsgeschäftlichen oder rechtsgeschäftsähnlichen Schuldverhältnisses mit dem Betroffenen **erforderlich** ist i. S. d. § 28 Abs. 1 BDSG (§ 4 d Abs. 3 BDSG).

Die Meldepflicht entfällt nicht, wenn die Voraussetzungen des § 4 d Abs. 4 BDSG vorliegen.

Vorabkontrolle (§ 4 d Abs. 5 und 6 BDSG)

Soweit automatisierte Verarbeitungen **besondere Risiken** für die Rechte und Freiheiten der Betroffenen aufweisen, unterliegen sie gemäß § 4 d Abs. 5 Satz 1 BDSG der Prüfung vor Beginn der Verarbeitung (Vorabkontrolle). 34a

Eine Vorabkontrolle ist insbesondere durchzuführen, wenn besondere Arten personenbezogener Daten (§ 3 Abs. 9 BDSG; siehe Rn. 10) verarbeitet werden oder die Verarbeitung personenbezogener Daten dazu bestimmt ist, die Persönlichkeit des Betroffenen zu bewerten einschließlich seiner Fähigkeiten, seiner Leistung oder seines Verhaltens.

Das gilt nicht, wenn eine **gesetzliche Verpflichtung** oder eine **Einwilligung** des Betroffenen (siehe Rn. 22 ff.) vorliegt oder die Erhebung, Verarbeitung oder Nutzung für die Begründung, Durchführung oder Beendigung eines rechtsgeschäftlichen oder rechtsgeschäftsähnlichen

Datenschutz

Schuldverhältnisses mit dem Betroffenen i. S. d. § 28 Abs. 1 BDSG (siehe Rn. 26 ff.) **erforderlich** ist (§ 4 d Abs. 5 Satz 2 BDSG).
Zuständig für die Vorabkontrolle ist der **Datenschutzbeauftragte** (§ 4 d Abs. 6 BDSG; siehe Rn. 35 ff.).
Dieser nimmt die Vorabkontrolle nach Empfang der Übersicht nach § 4 g Abs. 2 Satz 1 BDSG vor (§ 4 d Abs. 6 Satz 2 BDSG).
Er hat sich in Zweifelsfällen an die **Aufsichtsbehörde** (§ 38 BDSG) oder bei den Post- und Telekommunikationsunternehmen an den Bundesbeauftragten für den Datenschutz und die Informationsfreiheit zu wenden (§ 4 d Abs. 6 Satz 3 BDSG).

Beauftragter für den Datenschutz (§§ 4 f und g BDSG)

35 Die Durchsetzung des Datenschutzes soll ein Datenschutzbeauftragter sicherstellen.
Nach § 4 f Abs. 1 Satz 1 und 2 BDSG haben Unternehmen (»nicht öffentliche Stellen«), die personenbezogene Daten automatisiert (EDV-mäßig) verarbeiten, spätestens innerhalb eines Monats nach Aufnahme ihrer Tätigkeit einen Beauftragten für den Datenschutz **schriftlich zu bestellen**.
Dies gilt allerdings nur für Unternehmen, die mindestens zehn Personen mit der Verarbeitung personenbezogener Daten beschäftigen (§ 4 f Abs. 1 Satz 3 BDSG).
Werden personenbezogene Daten auf andere Weise (nicht automatisiert) erhoben, verarbeitet oder genutzt, ist ein Datenschutzbeauftragter zu bestellen, wenn »damit« in der Regel mindestens 20 Personen beschäftigt sind. Im Falle des § 4 f Abs. 1 letzter Satz BDSG ist ein Datenschutzbeauftragter unabhängig von der Anzahl der Arbeitnehmer zu bestellen.

36 Der Beauftragte für den Datenschutz wirkt auf die **Einhaltung** des Bundesdatenschutzgesetzes und anderer Vorschriften über den Datenschutz hin (§ 4 g Satz 1 BDSG).
Zu diesem Zweck kann sich der Beauftragte für den Datenschutz in Zweifelsfällen an die für die Datenschutzkontrolle zuständige Behörde – z. B. an die **Aufsichtsbehörde** nach § 38 BDSG – wenden (§ 4 g Satz 2 BDSG).

37 Zum Beauftragten für den Datenschutz darf nur bestellt werden, wer die zur Erfüllung seiner Aufgaben **erforderliche Fachkunde und Zuverlässigkeit** besitzt (§ 4 f Abs. 2 Satz 1 BDSG).
Das **Maß** der erforderlichen Fachkunde bestimmt sich insbesondere nach dem Umfang der Datenverarbeitung der verantwortlichen Stelle und dem Schutzbedarf der personenbezogenen Daten, die die verantwortliche Stelle erhebt oder verwendet (§ 4 f Abs. 2 Satz 2 BDSG).

38 Als Datenschutzbeauftragter kann eine im Unternehmen beschäftigte, aber auch eine externe Person bestellt werden (§ 4 f Abs. 2 Satz 3 BDSG).

39 Der Datenschutzbeauftragte ist der Leitung des Unternehmens **unmittelbar unterstellt**, allerdings in Ausübung seiner Fachkunde auf dem Gebiet des Datenschutzes **weisungsfrei** (§ 4 f Abs. 3 Satz 1 und 2 BDSG).
Er darf wegen der Erfüllung seiner Aufgaben **nicht benachteiligt** werden (§ 4 f Abs. 3 Satz 3 BDSG).

40 Die **Bestellung** zum Beauftragten für den Datenschutz kann auf Verlangen der Aufsichtsbehörde (§ 38 BDSG) oder in entsprechender Anwendung von § 626 BGB bei Vorliegen eines »wichtigen Grundes« **widerrufen** werden (§ 4 f Abs. 3 Satz 4 BDSG).
Zur **Abberufung** des Datenschutzbeauftragten auf Verlangen der Aufsichtsbehörde siehe Rn. 47.

40a Durch Gesetz vom 14. 8. 2009 (BGBl. I S. 2814) wurde ein **besonderer Kündigungsschutz** für den Datenschutzbeauftragten eingeführt.
Ist nach § 4 f Abs. 1 BDSG ein Beauftragter für den Datenschutz zu bestellen (siehe Rn. 35), so ist die Kündigung des Arbeitsverhältnisses unzulässig, es sei denn, dass Tatsachen vorliegen,

Datenschutz

welche den Arbeitgeber zur → **außerordentlichen Kündigung** nach § 626 BGB berechtigen (§ 4 f Abs. 3 Satz 5 BDSG).
Auch nach der **Abberufung** als Beauftragter für den Datenschutz besteht **Kündigungsschutz**. Eine Kündigung ist **innerhalb eines Jahres** nach der Beendigung der Bestellung unzulässig, es sei denn, der Arbeitgeber ist zur → **außerordentlichen Kündigung** berechtigt (§ 4 f Abs. 3 Satz 6 BDSG).

Zur Erhaltung der zur Erfüllung seiner Aufgaben erforderlichen Fachkunde hat der Arbeitgeber dem Datenschutzbeauftragten die Teilnahme an **Fort- und Weiterbildungsveranstaltungen** zu ermöglichen und deren **Kosten** zu übernehmen (§ 4 f Abs. 3 Satz 7 BDSG; eingefügt durch Gesetz vom 14. 8. 2009 – BGBl. I S. 2814).   **40b**

Der Datenschutzbeauftragte ist zur **Verschwiegenheit** über die Identität des Betroffenen sowie über Umstände, die Rückschlüsse auf den Betroffenen zulassen, verpflichtet, soweit er nicht davon durch den Betroffenen befreit wird (§ 4 f Abs. 4 BDSG).   **41**

Soweit der Datenschutzbeauftragte bei seiner Tätigkeit Kenntnis von Daten erhält, für die dem Leiter oder einer bei der öffentlichen oder nicht öffentlichen Stelle (§ 2 BDSG) beschäftigten Person aus beruflichen Gründen ein **Zeugnisverweigerungsrecht** zusteht, steht dieses Recht auch dem Datenschutzbeauftragten und dessen Hilfspersonal zu (§ 4 f Abs. 4 a Satz 1 BDSG). Über die Ausübung dieses Rechts entscheidet die Person, der das Zeugnisverweigerungsrecht aus beruflichen Gründen zusteht, es sei denn, dass diese Entscheidung in absehbarer Zeit nicht herbeigeführt werden kann (§ 4 f Abs. 4 a Satz 2 BDSG).
Soweit das Zeugnisverweigerungsrecht des Beauftragten für den Datenschutz reicht, unterliegen seine Akten und andere Schriftstücke einem **Beschlagnahmeverbot** (§ 4 f Abs. 4 a Satz 3 BDSG).   **41a**

Das Unternehmen hat den Datenschutzbeauftragten bei der Erfüllung seiner Aufgaben **zu unterstützen** und ihm insbesondere, soweit dies zur Erfüllung seiner Aufgaben erforderlich ist, Hilfspersonal sowie Räume, Einrichtungen, Geräte und Mittel zur Verfügung zu stellen. Betroffene können sich **jederzeit** an den Beauftragten für den Datenschutz wenden (§ 4 f Abs. 5 BDSG).   **42**

Datengeheimnis (§ 5 BDSG)

Personen, die mit der Datenverarbeitung beschäftigt sind, ist es nach § 5 BDSG untersagt, personenbezogene Daten **unbefugt** zu erheben, zu verarbeiten oder zu nutzen (Datengeheimnis).
Sie sind bei der Aufnahme ihrer Tätigkeit auf das Datengeheimnis **zu verpflichten**.
Das Datengeheimnis besteht auch nach **Beendigung** ihrer Tätigkeit fort.   **42a**

Werden personenbezogene Daten im Auftrag durch andere Stellen erhoben, verarbeitet oder genutzt, ist der **Auftraggeber** für die Einhaltung der Vorschriften dieses Gesetzes und anderer Vorschriften über den Datenschutz **verantwortlich** (§ 11 Abs. 1 BDSG).   **42b**

Aufsichtsbehörde (§ 38 BDSG)

Durch die Landesregierungen werden Aufsichtsbehörden bestimmt (§ 38 Abs. 6 BDSG). Diese **kontrollieren** die Ausführung des Bundesdatenschutzgesetzes sowie anderer Vorschriften über den Datenschutz (§ 38 Abs. 2 BDSG).
Die Aufsichtsbehörde darf die von ihr gespeicherten Daten nur für Zwecke der Aufsicht verarbeiten und nutzen.
Insbesondere darf die Aufsichtsbehörde zum Zweck der Aufsicht Daten an andere Aufsichtsbehörden **übermitteln**.   **43**

Datenschutz

Sie leistet den Aufsichtsbehörden anderer Mitgliedstaaten der Europäischen Union auf Ersuchen ergänzende Hilfe (**Amtshilfe**).

44 Stellt die Aufsichtsbehörde einen **Verstoß** gegen das Bundesdatenschutzgesetz oder andere Vorschriften über den Datenschutz fest, so ist sie befugt, die Betroffenen hierüber zu unterrichten, den Verstoß bei den für die Verfolgung oder Ahndung zuständigen Stellen anzuzeigen sowie bei schwerwiegenden Verstößen die **Gewerbeaufsichtsbehörde** zur Durchführung gewerberechtlicher Maßnahmen zu unterrichten (§ 38 Abs. 1 BDSG).

45 Die der Kontrolle unterliegenden Stellen und Personen sind gegenüber der Aufsichtsbehörde **auskunftspflichtig** (§ 38 Abs. 3 BDSG).

Die von der Aufsichtsbehörde mit der Kontrolle beauftragten Personen sind befugt, soweit es zur Erfüllung der der Aufsichtsbehörde übertragenen Aufgaben erforderlich ist, während der Betriebs- und Geschäftszeiten Grundstücke und Geschäftsräume der Stelle zu betreten und dort **Prüfungen** und **Besichtigungen** vorzunehmen (§ 38 Abs. 4 BDSG).

Sie können geschäftliche Unterlagen sowie die gespeicherten personenbezogenen Daten und die Datenverarbeitungsprogramme einsehen.

Der Auskunftspflichtige hat diese Maßnahmen zu dulden.

46 Die Aufsichtsbehörde kann Maßnahmen zur **Beseitigung** festgestellter Verstöße bei der Erhebung, Verarbeitung oder Nutzung personenbezogener Daten oder technischer oder organisatorischer Mängel anordnen (§ 38 Abs. 5 Satz 1 BDSG).

Bei schwerwiegenden Verstößen oder Mängeln, insbesondere solchen, die mit einer besonderen Gefährdung des Persönlichkeitsrechts verbunden sind, kann sie die Erhebung, Verarbeitung oder Nutzung oder den Einsatz einzelner Verfahren **untersagen**, wenn die Verstöße oder Mängel entgegen der Anordnung nach § 38 Abs. 5 Satz 1 BDSG und trotz der Verhängung eines Zwangsgeldes nicht in angemessener Zeit beseitigt werden (§ 38 Abs. 5 Satz 2 BDSG).

47 Die Aufsichtsbehörde kann die **Abberufung** des Datenschutzbeauftragten verlangen, wenn er die zur Erfüllung seiner Aufgaben erforderliche Fachkunde und Zuverlässigkeit nicht besitzt (§ 38 Abs. 5 Satz 3 BDSG).

48 Die Aufsichtsbehörde veröffentlicht regelmäßig, spätestens alle zwei Jahre, einen **Tätigkeitsbericht** (§ 38 Abs. 1 BDSG) und führt ein **Register** der nach § 4 d BDSG meldepflichtigen automatisierten Verarbeitungen (§ 38 Abs. 2 BDSG).

Das Register kann von jedem eingesehen werden.

Das Einsichtsrecht erstreckt sich nicht auf die Angaben nach § 4 e Satz 1 Nr. 9 BDSG sowie auf die Angabe der zugriffsberechtigten Personen.

48a Verstöße gegen das Bundesdatenschutz können nach Maßgabe der §§ 43, 44 BDSG als Ordnungswidrigkeit (siehe → **Ordnungswidrigkeitenverfahren**) oder als Straftat (siehe → **Strafverfahren**) geahndet werden.

49 Der Datenschutz kann durch → **Arbeitsvertrag**, → **Betriebsvereinbarung** oder → **Tarifvertrag** zugunsten der Betroffenen verschärft werden.

Insbesondere können die Zulässigkeitsvoraussetzungen für die Erhebung, Verarbeitung und Nutzung personenbezogener Daten enger als im Bundesdatenschutzgesetz vorgesehen gefasst werden.

Bedeutung für die Betriebsratsarbeit

50 Datenschutz beginnt für den Betriebsrat bereits bei der »**Erhebung**« von personenbezogenen Daten.

Geschieht dies mit Hilfe eines Personalfragebogens, hat der Betriebsrat nach § 94 Abs. 1 BetrVG ein volles **Mitbestimmungsrecht** (siehe → **Personalfragebogen**).

Datenschutz

Die Erhebung personenbezogener Daten durch **technische Einrichtungen** (Zeiterfassungsgerät, PC, usw.; siehe Rn. 62) ist zudem nach § 87 Abs. 1 Nr. 6 BetrVG mitbestimmungspflichtig (siehe Rn. 61 ff. und → **Überwachung von Arbeitnehmern**).

Was die »Erhebung«, »Verarbeitung« und »Nutzung« von personenbezogenen Daten anbetrifft, so hat der Betriebsrat gemäß § 80 Abs. 1 Nr. 1 BetrVG die Aufgabe, die Einhaltung des Bundesdatenschutzgesetzes zugunsten der Arbeitnehmer des Betriebs zu »überwachen«. 51

Zu diesem Zweck arbeitet er – auch wenn dies nicht gesetzlich geregelt ist – sinnvollerweise mit dem betrieblichen **Datenschutzbeauftragten** (§ 4 f BDSG; siehe Rn. 35 ff.) zusammen, der letztlich eine gleich gelagerte Aufgabenstellung hat. 52

Insbesondere sollte der Betriebsrat den Datenschutzbeauftragten einschalten, wenn er **Verstöße** gegen das Bundesdatenschutzgesetz feststellt.

Die Formen der **Zusammenarbeit** können in einer – freiwilligen – Betriebsvereinbarung geregelt werden.

Eine Beteiligung des Betriebsrats bei der **Bestellung** und **Abberufung** des betrieblichen Datenschutzbeauftragten ist unverständlicherweise nicht vorgesehen. 53

Wohl aber kommen Beteiligungsrechte des Betriebsrats nach § 99 und § 102 BetrVG in Betracht, sofern mit der Bestellung oder Abberufung eine → **Einstellung**, → **Eingruppierung/Umgruppierung**, → **Versetzung** oder → **Kündigung** verbunden ist.

> **Beispiel:**
> Werden einem im Betrieb beschäftigten Arbeitnehmer die Aufgaben eines betrieblichen Datenschutzbeauftragten übertragen, dann stellt dies in der Regel eine nach § 99 BetrVG mitbestimmungspflichtige → **Versetzung** dar.

Eine mitbestimmungspflichtige Einstellung liegt auch dann vor, wenn ein »externer« Datenschutzbeauftragter in den Betrieb »**eingegliedert**« wird. 54

Der Abschluss eines Arbeitsvertrages ist nicht erforderlich (siehe → **Einstellung**).

Der Betriebsrat kann die Zustimmung nach § 99 Abs. 2 Nr. 1 BetrVG verweigern, wenn der Bewerber die erforderliche **Fachkunde** und **Zuverlässigkeit** nicht besitzt (= Verstoß gegen ein Gesetz; vgl. BAG v. 22.3.1994 – 1 ABR 51/93, NZA 1994, 1049; Fitting, BetrVG, 25. Aufl. § 99 Rn. 165). 55

Soweit es sich bei dem Betriebsbeauftragten um einen → **leitenden Angestellten** handelt, besteht nur ein Recht auf rechtzeitige Information (nach § 105 BetrVG).

Damit der Betriebsrat seine Überwachungsaufgabe nach § 80 Abs. 1 Nr. 1 BetrVG wahrnehmen kann, hat der Arbeitgeber ihn nach § 80 Abs. 2 BetrVG rechtzeitig und umfassend über alle Formen der Verarbeitung und Nutzung der gespeicherten Daten der Arbeitnehmer **zu unterrichten**. 56

Unter anderem hat er den Betriebsrat zu informieren über
- eingesetzte Datenverarbeitungsanlagen einschließlich der benutzten »Software«,
- Bezeichnung und Art der Dateien,
- Art der gespeicherten Daten,
- den Zweck der Speicherung und Empfänger der Daten bei Übermittlung an Dritte,
- zugriffsberechtigte Personengruppen und Personen, die allein zugriffsberechtigt sind.

Auf Verlangen sind dem Betriebsrat sämtliche einschlägigen **Unterlagen vorzulegen** (§ 80 Abs. 2 BetrVG). 57

Der Arbeitgeber ist nicht berechtigt, dem Betriebsrat unter Hinweis auf datenschutzrechtliche Bestimmungen Informationen zu verweigern. Denn die betriebsverfassungsrechtlichen Regelungen werden in keiner Weise durch das Bundesdatenschutzgesetz eingeschränkt. 58

Im Übrigen ist der Betriebsrat (wie auch der → **Gesamtbetriebsrat**) datenschutzrechtlich **Teil** 59

Datenschutz

der »**speichernden Stelle**« (= das Unternehmen), so dass der Datenfluss zwischen Arbeitgeber und Betriebsrat (bzw. Gesamtbetriebsrat) keine Übermittlung von Daten an Dritte darstellt. Gleiches gilt für den Datenfluss zwischen Betriebsrat (bzw. Gesamtbetriebsrat) und seinen Ausschüssen und anderen Organen der Betriebsverfassung (z. B. → **Jugend- und Auszubildendenvertretung**).

60 Das Informationsrecht des Betriebsrats besteht auch dann, wenn die Erhebung und Verarbeitung der personenbezogenen Daten der Beschäftigten nicht im »eigenen« Unternehmen, sondern **bei einem anderen Unternehmen** erfolgt.

61 Das wichtigste rechtliche Instrument des Betriebsrats zum Schutz der Beschäftigten vor ungerechtfertigter Verhaltens- und Leistungskontrolle ist sein **Mitbestimmungsrecht gemäß § 87 Abs. 1 Nr. 6 BetrVG.**

Hiernach hat der Betriebsrat mitzubestimmen bei
»Einführung und Anwendung von technischen Einrichtungen, die dazu bestimmt sind, das Verhalten oder die Leistung der Arbeitnehmer zu überwachen.«

62 Durch die BAG-Rechtsprechung ist klargestellt, dass bereits die **objektive Möglichkeit** der Kontrolle das Mitbestimmungsrecht des Betriebsrats auslöst.

Auf eine **Überwachungsabsicht** des Arbeitgebers kommt es trotz des Wortlauts des § 87 Abs. 1 Nr. 6 BetrVG (»... *die dazu bestimmt sind*«...) nicht an (BAG v. 6. 12. 1983 – 1 ABR 43/81, DB 1983, 2689).

Daher werden vom Mitbestimmungsrecht erfasst praktisch alle denkbaren technischen Einrichtungen und Vorgänge, die **objektiv geeignet** sind, personenbezogene Verhaltens- und Leistungsdaten über die Arbeitnehmer zu erheben und/oder zu verarbeiten (siehe auch → **Überwachung von Arbeitnehmern**).

> **Beispiele:**
> - Stechuhr, die beim Betreten und Verlassen des Betriebs zu benutzen ist;
> - automatische Zeiterfassungsgeräte;
> - maschinenlesbare Magnetkarte, die beim Betreten und Verlassen des Betriebes oder von betrieblichen Räumlichkeiten benutzt werden muss; sofern die Karte allerdings lediglich die Funktion hat, die Tür zu öffnen, ohne dass Arbeitnehmerdaten gespeichert werden, handelt es sich nicht um eine mitbestimmungspflichtige Überwachungseinrichtung;
> - Magnetkarte beim Bezahlen in der Kantine oder der betriebseigenen Tankstelle;
> - PC und sonstige computergestützte Maschinen, sofern Daten der daran arbeitenden Beschäftigten gespeichert werden;
> - computergestützte Telefonanlage;
> - Produktografen oder Filmkameras;
> - Personalinformationssysteme.

63 Ein Mitbestimmungsrecht des Betriebsrats besteht auch dann, wenn Arbeitnehmerdaten nicht auf technischem Wege, sondern **manuell** z. B. durch Aufzeichnungen des Arbeitnehmers selbst oder von Vorgesetzten erhoben und dann zum Zwecke der Datenauswertung in ein elektronisches Datenverarbeitungssystem (»**Personalinformationssystem**«) **eingegeben** und **verarbeitet** werden.

> **Beispiel:**
> Die Vorgesetzten melden auf Meldezetteln die Abwesenheit von Arbeitnehmern an die Personalabteilung. Dort werden diese »Daten« in eine Fehlzeitendatei des betrieblichen Personalinformationssystems eingegeben. Ohne Zustimmung durch den Betriebsrat oder die Einigungsstelle (§ 87 Abs. 2 BetrVG) ist dies nicht zulässig.

64 **Ziel** der Ausübung des Mitbestimmungsrechts nach § 87 Abs. 1 Nr. 6 BetrVG ist es, in einer → **Betriebsvereinbarung** unter anderem festzuschreiben,

Datenschutz

- dass die Erhebung, Verarbeitung und Nutzung von personenbezogenen Daten auf möglichst wenige – im Einzelnen in der Betriebsvereinbarung zu benennende – Daten **beschränkt** wird;
- dass die Verwendung von gespeicherten Daten zum Zwecke der Verhaltens- und/oder Leistungskontrolle **unterbleibt**.

Angesichts der Kompliziertheit des Themas »elektronische Datenverarbeitung« kommt der Betriebsrat nicht umhin, nach § 80 Abs. 2 Satz 3 BetrVG sachkundige Arbeitnehmer als **Auskunftspersonen** (z. B. EDV-Experten aus der Abteilung »Datenverarbeitung«) sowie – falls Fragen offen bleiben – außerbetriebliche → **Sachverständige** gemäß § 80 Abs. 3 BetrVG (z. B. Technologieberatungsstellen des Deutschen Gewerkschaftsbundes) einzubeziehen, wenn es darum geht, einen Forderungskatalog zur optimalen Sicherung des Datenschutzes zu formulieren bzw. den Entwurf einer entsprechenden Betriebsvereinbarung auszuarbeiten.

Kommt es zwischen Betriebsrat und Arbeitgeber zu keiner Einigung über den Inhalt einer solchen Betriebsvereinbarung, entscheidet nach § 87 Abs. 2 BetrVG auf Antrag die → **Einigungsstelle**.

Mitbestimmungswidrig in Betrieb genommene technische Überwachungsanlagen kann der Betriebsrat im Wege des Antrages auf Erlass einer **einstweiligen Verfügung** (siehe → **Arbeitsgericht**) stilllegen lassen (siehe → **Unterlassungsanspruch des Betriebsrats**).

Werden im Betrieb technische Einrichtungen im Sinne des § 87 Abs. 1 Nr. 6 BetrVG verwendet, ohne dass hierüber eine Vereinbarung mit dem Betriebsrat herbeigeführt wurde (z. B. weil der Arbeitgeber nicht ordnungsgemäß informiert oder sich der Betriebsrat um Fragen des Datenschutzes bisher nicht gekümmert hat), so kann der Betriebsrat seine Mitbestimmungsrechte auch **nachträglich einfordern** und entsprechende Regelungen zum Schutz der Beschäftigten verlangen – und gegebenenfalls die → **Einigungsstelle** anrufen.

Nach Ansicht des BAG hat das **Initiativrecht** des Betriebsrats hinsichtlich des Mitbestimmungstatbestandes nach § 87 Abs. 1 Nr. 6 BetrVG nicht zum Inhalt, dass der Betriebsrat auch die Einführung einer technischen Kontrolleinrichtung verlangen kann (BAG v. 28.11.1989 – 1 ABR 97/88, AiB 1990, 475). Die Abschaffung einer solchen technischen Kontrolleinrichtung bedürfe daher ebenfalls nicht der Zustimmung des Betriebsrats.

Dieser Ansicht ist beispielsweise das ArbG Berlin entgegengetreten. Es hat entschieden, dass die Erstellung von **Personaleinsatzplänen** (**PEP**) in Excel von Microsoft (Office) vom Mitbestimmungsrecht des Betriebsrats nach § 87 Abs. 1 Nr. 6 BetrVG erfasst wird und ihm im Anwendungsbereich des § 87 Abs. 1 Nr. 6 BetrVG auch ein Initiativrecht zusteht (ArbG Berlin v. 20.3.2013 – 28 BV 2178/13).

Im Nichteinigungsfalle entscheidet die → **Einigungsstelle** (§ 87 Abs. 2 BetrVG).

Will der **Betriebsrat selbst** eine Datei mit personenbezogenen Daten der Beschäftigten aufbauen, so ist dies datenschutzrechtlich zulässig, weil sich die Datenerhebung und -verarbeitung für Zwecke der Betriebsratsarbeit nach allgemeiner Auffassung »im Rahmen der Zweckbestimmung des Arbeitsverhältnisses« bewegt (§ 28 Abs. 1 Nr. 1 BDSG).

Der Betriebsrat hat allerdings mit der **gleichen Sorgfalt** mit Arbeitnehmerdaten umzugehen, die das Bundesdatenschutzgesetz und andere Gesetze dem Arbeitgeber und den sonstigen mit Datenverarbeitung befassten Personen abverlangen.

So hat auch der Betriebsrat nach § 5 Satz 1 BDSG das »**Datengeheimnis**« der Arbeitnehmer zu wahren und eine »**unbefugte**« (d. h. über die »Zweckbestimmung des Arbeitsverhältnisses« hinausgehende) Erhebung, Verarbeitung und Nutzung der Daten **zu unterlassen**.

Sofern der Betriebsrat personenbezogene Daten an Dritte (z. B. → **Gewerkschaft**) übermitteln will, hat er neben der Geheimhaltungspflicht gemäß §§ 79, 99 Abs. 1 Satz 3, 102 Abs. 2 Satz 5 BetrVG auch die einschlägigen Vorschriften des Bundesdatenschutzgesetzes über die »Übermittlung« von personenbezogenen Daten zu beachten (§§ 28, 29 BDSG).

Datenschutz

72 Es ist allerdings nicht zulässig, die aufgrund des BetrVG gebotenen Informationsbeziehungen zwischen Betriebsrat und Gewerkschaft mit dem Hinweis auf den Datenschutz zu verbieten. Ebenso wenig können **gewerkschaftliche Beitragseinzugsverfahren** mit der Begründung für unzulässig erklärt werden, die Gewerkschaft erlange auf diese Weise Kenntnis von der Arbeitsentgelthöhe ihrer Mitglieder.

73 Der Betriebsrat unterliegt nicht der Überwachung durch den betrieblichen **Datenschutzbeauftragten** (BAG v. 11.11.1997 – 1 ABR 21/97, NZA 1998, 385; zum Datenschutzbeauftragten siehe Rn. 35 ff.).

Das BetrVG sieht den Betriebsrat als Organ, das seine Aufgaben eigenständig und unabhängig vom Arbeitgeber wahrnimmt.

Diese Eigenständigkeit und Unabhängigkeit würde gefährdet werden, falls der Datenschutzbeauftragte, der allein vom Arbeitgeber bestellt wird, Einblick in den internen Bereich des Betriebsrats hätte.

Denn: Auch wenn der betriebliche Datenschutzbeauftragte in fachlicher Hinsicht weisungsfrei ist (§ 4 f Abs. 3 BDSG), steht er letztlich doch in einem **Abhängigkeitsverhältnis** zum Arbeitgeber.

74 Zur Frage, ob der Betriebsrat Anspruch auf Überlassung eines Personal Computers (PC) für das Betriebsratsbüro hat: siehe → **EDV im Betriebsratsbüro – Internet – Intranet** und → **Kosten der Betriebsratstätigkeit**.

Bedeutung für die Beschäftigten

75 Es wurde bereits darauf hingewiesen, dass trotz des »Grundrechts auf informationelle Selbstbestimmung« (siehe Rn. 1) auch **ohne Einwilligung** des Arbeitnehmers (siehe Rn. 22 ff.) vom Arbeitgeber Daten über seine Person für Zwecke des Beschäftigungsverhältnisses erhoben, verarbeitet und genutzt werden dürfen (§ 32 BDSG; siehe Rn. 26 ff.) oder ein **sonstiger – gesetzlicher – Zulässigkeitstatbestand** (§ 4 Abs. 1 BDSG; siehe Rn. 33) vorliegt.

76 Allerdings hat der Arbeitnehmer im Falle der **Speicherung** seiner Daten eine Reihe von Rechten (§§ 33 bis 35 BDSG):

- So ist der Betroffene gemäß § 33 Abs. 1 BDSG bei erstmaliger Speicherung oder Übermittlung von Daten über die Speicherung bzw. Übermittlung sowie die Art der gespeicherten/übermittelten Daten zu **benachrichtigen** (zu Ausnahmen siehe § 33 Abs. 2 BDSG).
- Des Weiteren kann der Betroffene – wann immer er will – **Auskunft** verlangen über die gespeicherten Daten (auch über ihre Herkunft), den Zweck der Speicherung und die Personen und Stellen, an die seine Daten weitergegeben werden (§ 34 Abs. 1 BDSG).
  Die Auskunft ist grundsätzlich **unentgeltlich**.
  Ausnahme: Es kann aber ein Entgelt verlangt werden, wenn die Daten geschäftsmäßig zum Zwecke der Übermittlung gespeichert sind und der Betroffene die Auskunft gegenüber Dritten zu wirtschaftlichen Zwecken nutzen kann (§ 34 Abs. 5 BDSG).
- Schließlich hat der Betroffene unter anderem **Anspruch auf Berichtigung** unrichtiger Daten, **Löschung** von unzulässig gespeicherten Daten und **Sperrung** von Daten, deren Richtigkeit er bestritten hat und bei denen sich weder die Richtigkeit noch Unrichtigkeit feststellen lässt (§ 35 BDSG).
- Die Rechte des Betroffenen auf Auskunft und auf Berichtigung, Löschung und Sperrung können vertraglich **nicht ausgeschlossen oder eingeschränkt** werden (§ 6 Abs. 1 BDSG).
- Sind die Daten des Betroffenen automatisiert in der Weise gespeichert, dass mehrere Stellen speicherungsberechtigt sind, und ist der Betroffene nicht in der Lage festzustellen, welche

Stelle die Daten gespeichert hat, so kann er sich **an jede dieser Stellen wenden** (§ 6 Abs. 2 Satz 1 BDSG).
- Erleidet der Betroffene durch unzulässige oder unrichtige Erhebung, Verarbeitung oder Nutzung seiner Daten einen Schaden, so kann er **Schadenersatzansprüche** geltend machen (§ 7 BDSG).

Arbeitshilfen

Übersicht
Musterschreiben
- Arbeitnehmerdatenschutz – geplante Neuregelung
- Speicherung persönlicher Daten

Rechtsprechung

1. Unzulässige Beschaffung und Verarbeitung von Daten – Prozessuale Verwertung
2. Erfassung und Verarbeitung von Daten durch eine Telefonanlage – Mithören von Gesprächen
3. Datenschutzverpflichtung des Betriebsrats
4. Mitbestimmung bei elektronischer Datenerfassung (§ 87 Abs. 1 Nr. 6 BetrVG)
5. Initiativmitbestimmungsrecht des Betriebsrats bei der Einführung und Abschaffung von Überwachungseinrichtungen?
6. Videoüberwachung – Mitbestimmung – Beweisverwertungsverbot
7. Betriebliches Eingliederungsmanagement (§ 84 Abs. 2 SGB IX) – Gesundheitsdaten – Mitbestimmung bei der Ausgestaltung
8. Mitbestimmung bei Software zur Erstellung von Personaleinsatzplänen
9. Unterlassungsanspruch des Betriebsrats – Einstweilige Verfügung
10. Hinzuziehung von Sachverständigen (§ 80 Abs. 3 BetrVG)
11. Zusammenarbeit des Betriebsrats mit Aufsichtsbehörden – Datenschutz
12. Datenschutzbeauftragter: Bestellung – Mitbestimmung – Widerruf der Bestellung
13. Datenschutzbeauftragter: Keine Kontrolle des Betriebsrats
14. Zuständigkeit des Gesamtbetriebsrats
15. Zuständigkeit des Konzernbetriebsrats

Dienstliche Verwendung des privaten Pkw

Überblick

1. Benutzt ein Arbeitnehmer seinen Privat-Pkw mit Wissen und Wollen des Arbeitgebers für dienstliche Fahrten, hat er entsprechend der ggf. getroffenen Vereinbarung oder nach § 670 BGB Anspruch auf **Ersatz seiner Aufwendungen** (Betriebskosten, Reparaturen, usw.).
2. Der Aufwendungsersatz erfolgt in Höhe der tatsächlich angefallenen Kosten oder – wenn dies vereinbart ist – pauschaliert (z. B. in Form einer Kilometerpauschale).
3. Im Falle eines Unfalls haftet der Arbeitgeber für **Sachschäden** am dienstlich eingesetzten Privat-Pkw. Für den Aufwendungsersatzanspruch des Arbeitnehmers nach § 670 BGB kommen die **Grundsätze der beschränkten Arbeitnehmerhaftung** zur Anwendung (siehe → **Haftung des Arbeitnehmers**).
4. Für einen erlittenen **Personenschaden** gelten die Regelungen über den → **Arbeitsunfall** (Haftung des Arbeitgebers nur bei Vorsatz und bei Wegeunfall).
5. Siehe auch → **Dienstwagen zur privaten Nutzung**.

Rechtsprechung

1. Tariflich vorgesehener Widerruf einer Vereinbarung über Fahrgeld für dienstliche Benutzung des eigenen Pkw
2. Haftung des Arbeitgebers für Schäden am dienstlich eingesetzten Privat-Fahrzeug des Arbeitnehmers – Rückstufungsschaden
3. Haftung eines Arbeitnehmers bei Schädigung des für dienstlich veranlasste Fahrt verwendeten Privat-Pkw eines Arbeitskollegen
4. Einsatz eines Privatfahrzeugs im Rahmen einer Rufbereitschaft – Ersatz des Unfallschadens

Dienstreise

Was ist das?

Eine Dienstreise ist eine Fahrt des Arbeitnehmers an einen oder mehrere auswärtige Orte, an denen ein Dienstgeschäft zu erledigen ist (BAG v. 14. 11. 2006 – 1 ABR 5/06, NZA 2007, 458). Hierfür ist unerheblich, ob der Arbeitnehmer die Dienstreise von seiner Wohnung aus oder vom Sitz der Beschäftigungsbehörde aus antritt (BAG v. 11. 7. 2006 – 9 AZR 519/05, NZA 2007, 155).
Eine Dienstreise enthält typischerweise **drei Phasen**. Das sind Hin- und Rückreise, die Zeiten der Wahrnehmung des Dienstgeschäfts selbst und der Aufenthalt am Ort vor und nach Erledigung des Dienstgeschäfts (BAG v. 11. 7. 2006 – 9 AZR 519/05, a. a. O.).

Bei Dienstreisen stellt sich die Frage, ob die jeweiligen Zeiträume
- zur → **Arbeitszeit** im Sinne des § 2 Abs. 1 ArbZG gehören und
- vom Arbeitgeber **zu vergüten** sind.

Zur Frage, ob der Betriebsrat im Zusammenhang mit Dienstreisen **Mitbestimmungsrechte** hat, siehe Rn. 8 ff.

Dienstreisezeit: Arbeitszeit i. S. d. ArbZG?

Dienstreisezeiten zählen stets dann zur Arbeitszeit im Sinne des § 2 Abs. 1 ArbZG, wenn sie
- als solche zur arbeitsvertraglichen Leistung gehören (z. B. **Fahrertätigkeit**) oder
- jedenfalls **innerhalb** der regelmäßigen betrieblichen Arbeitszeit stattfinden (zwischen Beginn und Ende der betriebsüblichen Arbeitszeit).

Bei Dienstreisezeiten (vor allem die Zeit der Hin- und Rückreise), die **außerhalb** der regelmäßigen betriebsüblichen Arbeitszeit anfallen, kommt es auf die **Umstände** des Einzelfalles an.
Nach Ansicht des BAG gelten Dienstreisezeiten jedenfalls dann nicht als Arbeitszeit im Sinne von § 2 Abs. 1 ArbZG, wenn der Arbeitgeber lediglich die Benutzung eines öffentlichen Verkehrsmittels (z. B. Bahn) vorgibt und dem Arbeitnehmer **überlassen bleibt**, wie er die Zeit nutzt (BAG v. 11. 7. 2006 – 9 AZR 519/05, NZA 2007, 155).
Anders kann das z. B. sein, wenn der Arbeitgeber dem Arbeitnehmer Akten mit auf den Weg gibt mit der Maßgabe, sie zur Vorbereitung auf das Dienstgeschäft während der Reise durchzuarbeiten. Auszug aus der Entscheidung BAG v. 11. 7. 2006 – 9 AZR 519/05, a. a. O.: »*Wegezeiten können auf Grund der Umstände des Einzelfalles als Arbeitszeit zu beurteilen sein. Das kommt in Betracht, wenn der Arbeitnehmer sie zur Erledigung seiner Arbeitsaufgaben nutzen muss. Die Bearbeitung von Akten, E-Mails, Vor- und Nachbereitung des auswärtigen Termins ist dann Vollarbeit. Es macht keinen Unterschied, ob derartige Arbeiten am Schreibtisch im Betrieb/in der Dienststelle oder im Zug, Bus oder Flugzeug verrichtet werden.*«
Für die Beurteilung der Dienstreisezeit als Arbeitszeit im Sinne des öffentlich-rechtlichen **Arbeitsschutzes** ist nach Meinung des BAG letztlich maßgebend, ob der Arbeitnehmer sie im

Dienstreise

Interesse des Arbeitgebers aufwendet und wie hoch der Grad der Belastung des Arbeitnehmers ist (BAG v. 11.7.2006 – 9 AZR 519/05, a. a. O.).

Vergütung der Dienstreisezeit

4 Weder das Arbeitszeitgesetz noch die Arbeitszeit-Richtlinie 2003/88/EG regeln die Vergütung von Arbeitszeit. Zweck der Regelungen (z. B. über höchstzulässige Arbeitszeiten) ist der **Gesundheitsschutz** der Arbeitnehmer (§ 1 Nr. 1 ArbZG).

5 Zu prüfen ist deshalb, ob eine Vergütungspflicht von Dienstreisezeiten z. B. im → **Arbeitsvertrag**, in einer → **Gesamtzusage**, einer → **Betriebsvereinbarung** oder in einem einschlägigen → **Tarifvertrag** vorgesehen ist.

6 Ist das nicht der Fall, kann ein Anspruch aus § 612 Abs. 1 und 2 BGB ergeben. Hiernach ist, wenn eine Vergütung »den Umständen nach« zu erwarten ist, die »**übliche Vergütung**« zu zahlen.

Ist eine Vergütungsregelung nicht getroffen worden, sind die **Umstände des Einzelfalls** maßgeblich.

Einen Rechtssatz, dass solche Dienstreisezeiten (außerhalb der regelmäßigen Arbeitszeit) stets zu vergüten seien, gibt es nach Ansicht des BAG nicht (BAG v. 3.9.1997 – 5 AZR 428/96, NZA 1998, 540).

Bei der Prüfung der Umstände stehe dem Tatsachengericht ein **Beurteilungsspielraum** zu; es komme auch eine Vergütung nur eines Teils der Reisezeiten in Betracht (vgl. BAG v. 3.9.1997 – 5 AZR 428/96, a. a. O.).

Im Rahmen der Gesamtwürdigung sei auch darauf abzustellen, ob die Dienstreise für den Arbeitnehmer eine **besondere Belastung** darstellt (z. B. er lenkt selbst den PKW) oder nicht (z. B. er fährt mit der Bahn) und ob er während der Fahrt (z. B. mit der Bahn) arbeitet. Ist die Reisezeit mit keinerlei zusätzlichen Belastung verbunden, soll es sich nicht um vergütungspflichtige Arbeitszeit handeln.

6a Ein **Verstoß** gegen das Arbeitszeitgesetz oder die Arbeitszeit-Richtlinie führt nach der ständigen Rechtsprechung des BAG überdies lediglich zur Nichtigkeit der Dienstreiseanordnung nach § 134 BGB, nicht aber zur Nichtigkeit der Vergütungsregelung (BAG v. 11.7.2006 – 9 AZR 519/05, NZA 2007, 155).

Bedeutung für die Betriebsratsarbeit

7 Gesetzliche Bestimmungen und tarifvertragliche Regelungen zur Dienstreise fehlen weitestgehend (zu einer für den öffentlichen Dienst geltenden Tarifregelung vgl. BAG v. 11.7.2006 – 9 AZR 519/05, NZA 2007, 155).

Deshalb sind die **rechtlichen Unsicherheiten** in der Behandlung der Dienstreise, soweit sie außerhalb der geschuldeten regelmäßigen Arbeitszeit stattfindet, groß.

Es empfiehlt sich daher, die Modalitäten einer Dienstreise (Arbeitszeitfragen, Vergütung usw.) in einer → **Betriebsvereinbarung** zu regeln.

8 Die Beteiligungsrechte, insbesondere die **Mitbestimmungsrechte** des Betriebsrats beim Thema Dienstreise sind allerdings **beschränkt**.

Der Betriebsrat soll kein Mitbestimmungsrecht nach § 87 Abs. 1 Nr. 1 BetrVG haben, wenn der Arbeitgeber eine **Dienstreiseordnung** erlässt, in der die Erstattung von Dienstreisekosten und das Verfahren bei der Genehmigung und Abrechnung der Dienstreise geregelt werden (BAG v. 8.12.1981 – 1 ABR 91/79, DB 1982, 960).

9 Auch sollen betriebliche Regelungen über die Höhe des **Aufwendungsersatzes** bei Dienstrei-

sen und über entsprechende **Pauschalsätze** nicht mitbestimmungspflichtig sein (BAG v. 27.10.1998 – 1 ABR 3/98, NZA 1999, 381 [383]).
Aufwendungen sind kein »Lohn« i. S. d. § 87 Abs. 1 Nr. 10 BetrVG.
Ein Mitbestimmungsrecht soll auch dann nicht bestehen, wenn die betrieblichen Spesensätze die **Pauschbeträge übersteigen**, die lohnsteuerfrei bleiben.
Etwas anderes soll aber gelten, soweit aus Anlass von Dienstreisen Beträge gezahlt werden, die nicht den Zweck haben, entsprechende Kosten in pauschalierter Form abzugelten.
Solche betrieblichen Leistungen seien im Zweifel **Vergütung**, deren Regelung nach § 87 Abs. 1 Nr. 10 BetrVG mitbestimmungspflichtig ist (BAG v. 27.10.1998 – 1 ABR 3/98, a. a. O.).
Die **Anordnung** einer Dienstreise ist keine gem. § 87 Abs. 1 Nr. 1 BetrVG mitbestimmungspflichtige Regelung der Ordnung oder des Verhaltens der Arbeitnehmer im Betrieb (BAG v. 23.7.1996 – 1 ABR 17/96, AiB 1997, 351).
Bei der Anordnung einer Dienstreise steht dem Betriebsrat nach Ansicht des BAG auch kein Mitbestimmungsrecht nach § 87 Abs. 1 Nr. 2 BetrVG zu, wenn der Arbeitnehmer während der Fahrt (etwa mit der Bahn) keine Arbeitsleistungen zu erbringen hat (BAG v. 23.7.1996 – 1 ABR 17/96, a. a. O.; 14.11.2006 – 1 ABR 5/06, NZA 2007, 458).
Unter dieser Voraussetzung (keine Pflicht zur Erbringung von Arbeitsleistungen) stelle auch eine **außerplanmäßige Dienstreise**, die Reisezeiten außerhalb der normalen Arbeitszeit des Arbeitnehmers erforderlich macht, keine gemäß § 87 Nr. 3 BetrVG mitbestimmungspflichtige Verlängerung der betriebsüblichen Arbeitszeit dar (BAG v. 14.11.2006 – 1 ABR 5/06, a. a. O.).
Mitbestimmung nach § 87 Abs. 1 Nr. 2 und 3 BetrVG könne aber gegeben sein, wenn der betreffende Arbeitnehmer – etwa als **Außendienstmitarbeiter** – mangels festen Arbeitsorts seine vertraglich geschuldete Tätigkeit ohne dauernde Reisetätigkeit gar nicht erfüllen kann (BAG v. 14.11.2006 – 1 ABR 5/06, a. a. O.).
Gleiches gelte bei Mitarbeitern ohne Außendienstaufgaben, wenn der Arbeitgeber für die Dienstreise die **Benutzung eines PKW** und dessen Steuerung durch den Arbeitnehmer **anordnet**, weil der Arbeitgeber auf diese Weise vom Arbeitnehmer auch während der Reise bestimmte Tätigkeiten verlangt (BAG v. 14.11.2006 – 1 ABR 5/06, a. a. O.).

Rechtsprechung

1. Begriff »Dienstreise«
2. Dienstreisezeit als Arbeitszeit i. S. d. § 2 Abs. 1 ArbZG – Vergütung von Reisezeiten außerhalb der Arbeitszeit
3. Erstattung von Reisekosten
4. Mitbestimmung des Betriebsrats – Dienstreisezeit als Arbeitszeit i. S. d. § 87 Abs. 1 Nr. 2 BetrVG?

Dienstvertrag

Was ist das?

1. Der Dienstvertrag ist ein gegenseitiger Vertrag, mit dem derjenige, welcher **Dienste** zusagt, zur Leistung der versprochenen Dienste, der Auftraggeber zur Gewährung der vereinbarten **Vergütung** verpflichtet wird (§ 611 Abs. 1 BGB).
Gegenstand des Dienstvertrags können Dienste jeder Art sein (§ 611 Abs. 2 BGB).
2. Der Dienstvertrag ist vom → **Werkvertrag** und vom → **Arbeitsvertrag** zu unterscheiden.

Abgrenzung Dienstvertrag / Werkvertrag

3. Der durch einen Werkvertrag Verpflichtete schuldet dem »Besteller« ein bestimmtes **Arbeitsergebnis** bzw. einen bestimmten **Arbeitserfolg** (§ 631 BGB).

   Beispiele:
   - Eine Firma erhält den Auftrag, eine spezielle Software zu entwickeln.
   - Ein Handwerksbetrieb soll das Dach einer Halle neu eindecken.
   - Eine Servicefirma wird beauftragt, eine defekte Telefonanlage zu reparieren.

4. Demgegenüber ist Gegenstand des Dienstvertrages und → **Arbeitsvertrages** die Durchführung der vertraglich vereinbarten **Tätigkeit als solche**.

   Beispiele:
   - Das Unternehmen vereinbart mit einem freiberuflichen Softwareexperten, dass dieser einmal im Monat und im Bedarfsfall für Fragen der Mitarbeiter zur Verfügung steht.
   Einem Steuerberater werden die steuerlichen Angelegenheiten des Unternehmens übertragen.
   - Das Unternehmen beauftragt einen freiberuflichen Arzt durch Dienstvertrag, die Aufgaben eines Betriebsarztes (§§ 2 ff. ASiG) wahrzunehmen. Mit einem freiberuflichen Arbeitsschutzexperten wird vereinbart, dass dieser die Aufgaben einer Fachkraft für Arbeitssicherheit (§§ 5 ff. ASiG) durchführt.

5. Die Unterscheidung Dienstvertrag / Werkvertrag ist vor allem deshalb von Bedeutung, weil die gesetzlichen Gewährleistungsvorschriften nach §§ 633 ff. BGB nur für den → **Werkvertrag** gelten (§ 633 Abs. 1 BGB: »*Der Unternehmer hat dem Besteller das Werk frei von Sach- und Rechtsmängeln zu verschaffen.*«), nicht aber für den Dienstvertrag.
Der »Dienstverpflichtete« muss die geschuldete Tätigkeit zwar auch vertragsgemäß erbringen; es gelten aber für den Fall, dass dies nicht geschieht, die Bestimmungen über »**Leistungsstörungen**« (§§ 275 ff. BGB und §§ 320 ff. BGB).

Dienstvertrag

Abgrenzung Dienstvertrag / Arbeitsvertrag

Eine Abgrenzung ist vor allem wegen der gravierend unterschiedlichen **Rechtsfolgen** notwendig, die mit dem Arbeitsvertrag einerseits und dem Dienstvertrag andererseits verbunden sind (siehe Rn. 11). 6

Zunächst einmal ist eine Gemeinsamkeit festzustellen: sowohl durch den Dienstvertrag als auch den Arbeitsvertrag wird die Verpflichtung zur Durchführung einer **Tätigkeit** begründet, für die dann die vereinbarte Vergütung zu zahlen ist (siehe → **Arbeitsvertrag**).

Geschuldet wird also auch beim Arbeitsvertrag kein bestimmtes Arbeitsergebnis bzw. ein bestimmter Arbeitserfolg (wie beim → **Werkvertrag**; siehe Rn. 3), sondern die Ausübung der vereinbarten Tätigkeit.

Es kann praktisch jede »Dienstleistung« auf Grundlage eines Dienstvertrages, aber auch eines Arbeitsvertrages verrichtet werden.

Der Arbeitsvertrag ist damit eine – eine **besondere Form** – des Dienstvertrages.

Die Besonderheit des Arbeitsvertrages im Unterschied zum Dienstvertrag besteht darin, dass der Arbeitnehmer sich mit dem Abschluss des Arbeitsvertrages in eine »**persönliche Abhängigkeit**« zum Arbeitgeber begibt (BAG v. 25.9.2013 – 10 AZR 282/12). Er wird quasi zum »Untergebenen« des Arbeitgebers. 7

Demgegenüber ist der durch einen Dienstvertrag Verpflichtete »**Selbstständiger**« (siehe Rn. 8).

Die **persönliche Abhängigkeit** des durch einen Arbeitsvertrag verpflichteten Arbeitnehmers macht sich nach ständiger Rechtsprechung insbesondere an folgenden **Kriterien** fest (BAG v. 13.12.2005 – 1 ABR 51/04, AiB 2007, 52 = NZA 2006, 1369; siehe auch → **Arbeitnehmer** Rn. 4 und → **Einstellung** Rn. 1 ff.):

- Eingliederung in den Betrieb des Arbeitgebers und die von ihm bestimmte Arbeitsorganisation;
- die Eingliederung zeigt sich insbesondere darin, dass der Beschäftigte einem **Weisungsrecht** seines »Vertragspartners« (= Arbeitgeber) unterworfen ist; dieser hat das Recht, im Rahmen des Arbeitsvertrages die Tätigkeit des Beschäftigten nach Inhalt, Ort und Zeit vorbehaltlich gesetzlicher, tariflicher und sonstiger Regelungen zu bestimmen und Weisungen zu erteilen (so genanntes »**Direktionsrecht**«; § 106 GewO; siehe → **Arbeitsvertrag** Rn. 4); das Direktionsrecht entsteht mit Abschluss des Arbeitsvertrages »automatisch« (d.h. auch dann, wenn es nicht ausdrücklich vereinbart wurde); es endet mit Ablauf des Arbeitsverhältnisses;
- Notwendigkeit einer ständigen Zusammenarbeit mit anderen im Dienst des Arbeitgebers stehenden Personen;
- Unterordnung unter Personen, die ebenfalls für den Arbeitgeber tätig sind (Vorgesetzte).

Demgegenüber steht der durch einen Dienstvertrag Verpflichtete nicht in einer persönlichen Abhängigkeit zum Auftraggeber. Er kann **frei bestimmen**, wann, wo und wie er die versprochene Dienstleistung erbringt und ist deshalb als »**Selbständiger**« anzusehen (§ 84 Abs. 1 Satz 2 HGB: »*Selbständig ist, wer im wesentlichen frei seine Tätigkeit gestalten und seine Arbeitszeit bestimmen kann.*«). 8

Dementsprechend wird ein Dienstvertrag, der kein Arbeitsvertrag ist, als »**freier Dienstvertrag**« bezeichnet.

Die **Abgrenzung** zwischen einem »freien Dienstvertrag« und einem Arbeitsvertrag ist manchmal schwierig. Welches Rechtsverhältnis vorliegt, ist anhand einer Gesamtwürdigung aller maßgebenden Umstände des Einzelfalls zu ermitteln (BAG v. 25.9.2013 – 10 AZR 282/12). Denn natürlich geht auch der »freie« Dienstverpflichtete durch den Dienstvertrag bestimmte Verpflichtungen in Bezug auf Inhalt, Ort und Zeit der Tätigkeit ein. 9

Er begibt sich aber nicht in eine »persönliche Abhängigkeit« zum »Dienstberechtigten«.

Dienstvertrag

Letztlich sind entscheidend der **Grad der Abhängigkeit** vom Auftraggeber und das gesamte »Erscheinungsbild«.

So kann sich die persönliche Abhängigkeit auch aus einer sehr detaillierten und den Freiraum für die Erbringung der geschuldeten Leistung stark einschränkenden rechtlichen Vertragsgestaltung oder tatsächlichen Vertragsdurchführung ergeben (BAG v. 24.03.2004 – 5 AZR 233/03, ZTR 2004, 547).

Bei untergeordneten und **einfacheren Arbeiten** ist eher eine Eingliederung in die fremde Arbeitsorganisation – und damit persönliche Abhängigkeit – anzunehmen als bei »gehobenen Tätigkeiten«.

Ein Arbeitsverhältnis kann aber auch bei »**Diensten höherer Art**« (z. B. Chefarzt eines Krankenhauses) gegeben sein, selbst wenn dem Verpflichteten ein hohes Maß an Gestaltungsfreiheit, Eigeninitiative und fachlicher Selbständigkeit verbleibt (BAG v. 6.5.1998 – 5 AZR 347/97, AiB 1999, 110 = NZA 1998, 873).

10   Die **Bezeichnung** eines Vertrages als »Dienstvertrag« ist für die Abgrenzung nicht entscheidend.

Vielmehr kommt es auf den **wirklichen Willen** der Vertragsparteien an.

Wenn allerdings der Vertrag von den Vertragsparteien ausdrücklich als »Arbeitsvertrag« bezeichnet worden ist, ist davon auszugehen, dass die Parteien ein dem Arbeitsrecht voll unterliegendes Vertragsverhältnis eingehen wollten (BAG v. 12.9.1996 – 5 AZR 1066/94, NZA 1997, 194).

Anhaltspunkte für den Vertragswillen kann im Übrigen auch die **tatsächliche Durchführung** des Vertrages liefern.

Zeigt sich, dass der »Freie« in Wirklichkeit in persönlicher Abhängigkeit zum Auftraggeber steht (siehe Rn. 7), ist er als Arbeitnehmer anzusehen.

Widersprechen sich Vereinbarung und tatsächliche Durchführung, ist letztere maßgebend (BAG v. 25.9.2013 – 10 AZR 282/12).

11   Die **Rechtsfolgen** sind jedenfalls erheblich.

Wurde ein Arbeitsvertrag abgeschlossen, findet das gesamte Arbeitsrecht (individuelles Arbeitsrecht, Betriebsverfassungsrecht, Tarifrecht usw.) Anwendung.

Das heißt beispielsweise: der Arbeitnehmer hat Anspruch auf Urlaub, Entgeltfortzahlung im Krankheitsfall usw.

Wird dagegen auf Grundlage eines »freien Dienstvertrages« gearbeitet, ist der Dienstverpflichtete Selbständiger, für den das **Arbeitsrecht nicht gilt**, sondern (nur) die für den Dienstvertrag geltenden Bestimmungen des BGB (§§ 611 ff. BGB).

Zur Frage, ob die Beschäftigung eines »Dienstverpflichteten« eine mitbestimmungspflichtige → **Einstellung** im Sinne des § 99 BetrVG sein kann, siehe Rn. 18.

»Freie Mitarbeiter«

12   Werden im Betrieb Personen beschäftigt bzw. eingesetzt, auf die die Kriterien der »persönlichen Abhängigkeit« (siehe Rn. 7) nicht zutreffen, weil sie ihre Tätigkeit im Wesentlichen frei gestalten und Ort und Zeit der Arbeitsleistung frei bestimmen können, sind sie **Selbständige**. Selbständige in diesem Sinne sind beispielsweise die sog. »freien Mitarbeiter«, die auf Grundlage eines »freien Dienstvertrages« (siehe Rn. 8) im Betrieb tätig werden.

Kennzeichnend für den »freien Mitarbeiter« ist, dass er zwar in gewisser Weise in den Betrieb(sablauf) eingegliedert ist (»Mitarbeiter«!), er aber dennoch als Selbständiger Art, Ort und Zeit seiner Arbeitsleistung **frei bestimmen** kann.

13   Nicht selten werden allerdings vom Arbeitgeber im Betrieb tätige Personen **rechtsmissbräuchlich** als freie Mitarbeiter »geführt«, obwohl Anhaltspunkte zwingend darauf hindeuten,

Dienstvertrag

dass die Freiheit zur Bestimmung von Inhalt, Ort und Zeit der Arbeitsleistung in Wirklichkeit nicht besteht.

In einem solchen Fall ist von einer **Scheinselbständigkeit** und damit Arbeitnehmereigenschaft der betreffenden Person auszugehen mit der Folge, dass das **gesamte Arbeitsrecht** auf diese Personen Anwendung findet (BAG v. 16.7.1997 – 5 AZR 312/96, DB 1997, 2127 zur möglichen Arbeitnehmereigenschaft von angeblich freien / selbständigen sog. »Franchiseunternehmern«).

Arbeitnehmerähnliche Person

Ein selbständig Tätiger kann eine sog. »arbeitnehmerähnliche Person« bzw. ein »arbeitnehmerähnlicher Selbständiger« sein.

14

Das ist der Fall, wenn er zwar nicht – wie ein Arbeitnehmer – »persönlich«, aber **wirtschaftlich** von einem Auftraggeber **abhängig** ist.

Dazu zählen etwa »freie Mitarbeiter« (siehe Rn. 12), die **überwiegend** für einen Auftraggeber arbeiten, Heimarbeiter (siehe → **Heimarbeit**) und ggf. auch Handelsvertreter, die »Einfirmenvertreter« sind (§ 92 a HGB).

Für »arbeitnehmerähnliche Personen« gelten die **arbeitsrechtlichen Schutzvorschriften** (nur) dann, wenn dies in den Gesetzen ausdrücklich angeordnet ist oder wenn die konkreten Umstände des Einzelfalles eine analoge (= entsprechende) Anwendung einer arbeitsrechtlichen Schutzvorschrift erfordern.

Auf arbeitnehmerähnliche Personen finden beispielsweise Anwendung
- das Arbeitsschutzgesetz (§ 2 Abs. 2 Nr. 3 ArbSchG; siehe → **Arbeitsschutz**);
- das Bundesurlaubsgesetz (§ 2 Satz 2 BUrlG; siehe → **Urlaub**);
- das Allgemeine Gleichbehandlungsgesetz (§ 6 Abs. 1 Nr. 3 AGG; siehe → **Benachteiligungsverbot [AGG]**);
- das Betriebsrentengesetz, wenn der arbeitnehmerähnlichen Person Leistungen der betrieblichen Altersversorgung zugesagt worden sind (§ 17 Abs. 1 Satz 2 BetrAVG; siehe → **Betriebliche Altersversorgung**).

Die Arbeitsbedingungen arbeitnehmerähnlicher Personen können durch → **Tarifvertrag** geregelt werden (§ 12 a TVG).

Nach § 5 Abs. 2 Satz 2 Arbeitsgerichtsgesetz gelten arbeitnehmerähnliche Personen als Arbeitnehmer im Sinne des Arbeitsgerichtsgesetzes. Das heißt: für sie betreffende Rechtsstreitigkeiten sind die → **Arbeitsgerichte** zuständig.

Für **Heimarbeiter** gilt das Heimarbeitsgesetz (siehe → **Heimarbeit**), für **Handelsvertreter** – z. B. »Einfirmenvertreter – das Handelsgesetzbuch (HGB): vgl. §§ 84 ff. HGB, insbesondere § 92 a HGB.

Ein arbeitnehmerähnlich Tätiger steht – anders als der Arbeitnehmer – nicht in einem sozialversicherungspflichtigen Beschäftigungsverhältnis im Sinne des § 7 SGB IV.

Er kann aber als **arbeitnehmerähnlicher Selbständiger** nach § 2 Nr. 9 SGB VI in der → **Rentenversicherung** versicherungspflichtig sein.

Das ist anzunehmen, wenn er im Zusammenhang mit seiner selbständigen Tätigkeit regelmäßig keinen versicherungspflichtigen Arbeitnehmer beschäftigt und auf Dauer und im Wesentlichen nur für einen Auftraggeber tätig ist.

Dienstvertrag

Bedeutung für die Betriebsratsarbeit

15   In vielen Betrieben arbeiten Personen, die **nicht in einem Arbeitsverhältnis** zu dem Betriebsinhaber (= Arbeitgeber) stehen.
Es kann sich um »Leiharbeitnehmer« (siehe → **Arbeitnehmerüberlassung/Leiharbeit**), um »freie Mitarbeiter« handeln oder um Personal einer »Fremdfirma« (z. B. Leiharbeitnehmer oder »Werkvertragskräfte«; siehe → **Werkvertrag**).

16   Nach § 80 Abs. 2 Satz 1 (2. Halbsatz) BetrVG (eingefügt durch das BetrVerf-Reformgesetz 2001) hat der Arbeitgeber den Betriebsrat über »*die Beschäftigung von Personen, die nicht in einem Arbeitsverhältnis zum Arbeitgeber stehen*«, **zu unterrichten**.
Auf **Verlangen** des Betriebsrats hat der Arbeitgeber die »Rechtsnatur« des Vertragsverhältnisses durch **Unterlagen** zu belegen (§ 80 Abs. 2 Satz 2 BetrVG).

17   Der Betriebsrat des »Einsatzbetriebes« hat eine **doppelte Aufgabe**.
Zum einen geht es – in Ausübung seiner Überwachungsaufgabe nach § 80 Abs. 1 Nr. 1 BetrVG – darum, **Rechtsverstöße abzuwehren**, die darin bestehen, dass im Betrieb tätige Personen vom Arbeitgeber als »freie Mitarbeiter« geführt werden, obwohl sie in persönlicher Abhängigkeit zum Arbeitgeber stehen (siehe Rn. 7, 13) und deshalb als Arbeitnehmer anzusehen sind.
Zu den erheblichen Konsequenzen siehe Rn. 11.
Zum anderen ist der Betriebsrat gehalten **zu prüfen**, ob es sich bei dem Einsatz von »freien Mitarbeitern« oder »Fremdfirmenpersonal« um eine nach § 99 BetrVG mitbestimmungspflichtige → **Einstellung** handelt oder nicht.

18   § 99 BetrVG findet immer dann Anwendung, wenn eine Person in den Betrieb »**eingegliedert**« werden soll.
Auf die Art des Rechtsverhältnisses zwischen Betriebsinhaber und Mitarbeiter kommt es nicht an.
Es kann sich um ein Arbeitsverhältnis (siehe → **Arbeitsvertrag**) handeln, aber auch um ein Dienst- oder Werkvertragsverhältnis (siehe → **Werkvertrag**); es kann vereinsrechtlicher Art sein und es kann sogar – wie § 14 Abs. 3 AÜG für Leiharbeitnehmer (siehe → **Arbeitnehmerüberlassung/Leiharbeit**) zeigt – ganz fehlen.
Es kommt auch nicht darauf an, ob die vom Mitarbeiter durchzuführenden Aufgaben ihrer Art nach weisungsgebundene Tätigkeiten darstellen und im Zusammenwirken mit den im Betrieb schon beschäftigten Arbeitnehmern der Verwirklichung des arbeitstechnischen Zwecks des Betriebs dienen.
Maßgeblich ist vielmehr, ob der Betriebsinhaber die Personalhoheit in Form der **Entscheidungsbefugnis** in Bezug auf Zeit und Ort der Tätigkeit besitzt (BAG v. 13. 12. 2005 – 1 ABR 51/04, AiB 2007, 52 = NZA 2006, 1369).

19   Wendet man diese Grundsätze an, kann es sich bei dem Einsatz von »freien Mitarbeitern« (siehe Rn. 12) oder »arbeitnehmerähnlichen Personen« (siehe Rn. 14) um eine **Einstellung** im Sinne des § 99 BetrVG handeln; nämlich dann, wenn der Betriebsinhaber (= Arbeitgeber) Zeit und Ort der Tätigkeit bestimmen kann.
Der Arbeitgeber hat dann vor einem Einsatz die Zustimmung des Betriebsrats nach § 99 BetrVG einzuholen.
Geschieht das nicht, stehen dem Betriebsrat die Durchsetzungsrechte nach § 101 BetrVG zu (siehe → **Einstellung** Rn. 34 ff.).

20   Entsprechendes gilt beim Einsatz von Personal einer **Fremdfirma**.
Bei Personen, die als Mitarbeiter eines anderen Unternehmens auf der Grundlage eines → **Werkvertrages** zwischen beiden Unternehmen tätig werden, kommt es für die Frage der

Dienstvertrag

Anwendbarkeit des § 99 BetrVG ebenfalls darauf an, ob der Betriebsinhaber (= Arbeitgeber des Einsatzbetriebs) Zeit und Ort der Tätigkeit bestimmen kann.
Ist die Frage zu bejahen, ist der Betriebsrat des Einsatzbetriebs nach § 99 BetrVG zu beteiligen. Geschieht das nicht, stehen ihm die Durchsetzungsrechte nach § 101 BetrVG zu (siehe → **Einstellung** Rn. 34 ff.).
Arbeitet das Fremdfirmenpersonal dagegen nach **Anweisungen der Fremdfirma**, besteht kein Mitbestimmungsrecht.

> **Beispiel:**
> Im Betrieb bauen Mitarbeiter eines anderen Unternehmens eine von diesem gelieferte Anlage – z. B. eine Maschine – auf. Die Arbeitsanweisungen werden von Führungskräften der Fremdfirma (Vorgesetzte, Projektleiter) erteilt. Hier kommt eine Mitbestimmung des Betriebsrats des Einsatzbetriebs nicht in Betracht.

Nicht selten handelt es sich bei Werkvertragskräften in Wirklichkeit um »**Leiharbeitnehmer**« (zur Abgrenzung siehe → **Arbeitnehmerüberlassung/Leiharbeit** Rn. 4 und 35 ff.). Dann kommt § 14 Abs. 3 AÜG zur Anwendung. Hiernach ist der Betriebsrat des Einsatzbetriebes vor der Übernahme von Leiharbeitnehmern nach § 99 BetrVG zu beteiligen. Geschieht das nicht, stehen ihm die Durchsetzungsrechte nach § 101 BetrVG zu (siehe → **Einstellung** Rn. 34 ff.).
21

Zum **Missbrauch** der Leiharbeit und – neuerdings in verstärktem Maße – der Werkvertragsarbeit als Instrumente der »Profitmaximierung durch Lohndumping« siehe → **Arbeitnehmerüberlassung/Leiharbeit** Rn. 4 b und → **Werkvertrag** Rn. 5 a.
22

Rechtsprechung

1. Abgrenzung Arbeitsvertrag, Dienstvertrag, Werkvertrag
2. Abgrenzung Dienstvertrag, Werkvertrag, Arbeitnehmerüberlassung/Leiharbeit
3. Informationsrecht des Betriebsrats nach § 80 Abs. 2 Satz 1 Halbsatz 2 BetrVG

Dienstwagen zur privaten Nutzung

Was ist das?

1. Wenn der Arbeitgeber dem Arbeitnehmer ein Dienstfahrzeug zur privaten Nutzung zur Verfügung stellt, so stellt dies einen sog. **Sachbezug** dar, der Teil des vereinbarten → **Arbeitsentgelts** ist.
2. Meist sind die Überlassung des Dienstfahrzeugs zur privaten Nutzung und die Modalitäten der Nutzung durch ausdrückliche **arbeitsvertragliche Vereinbarung** (oder durch → **Betriebsvereinbarung**) geregelt.
3. Ist die Überlassung mit einem **Widerrufsvorbehalt** verbunden worden, so ist ein Widerruf nur nach billigem Ermessen (§ 315 BGB) zulässig.
4. Ist eine ausdrückliche Vereinbarung nicht getroffen worden, entsteht dennoch ein Anspruch des Arbeitnehmers auf **Überlassung** des Dienstfahrzeugs zur privaten Nutzung, wenn der Arbeitgeber weiß und duldet, dass der Arbeitnehmer den Wagen für die Hin- und Rückfahrt zwischen Wohnung und Arbeitsstelle nutzt, ihn auch am Wochenende in Händen hält und der Arbeitgeber keinen Kostenanteil einfordert, sondern vorbehaltlos alle anfallenden Pkw-Kosten trägt.
   Will der Arbeitgeber sich von der Vereinbarung **lösen**, bedarf es einer Änderungsvereinbarung oder einer → **Änderungskündigung**.
   Letztere kann der Arbeitnehmer durch Kündigungsschutzklage angreifen (siehe → **Kündigungsschutz**).
5. Das Recht zur privaten Nutzung eines überlassenen Dienstwagens besteht auch in Zeiten der **Arbeitsverhinderung** aus persönlichen Gründen gemäß § 616 BGB oder wegen krankheitsbedingter Arbeitsunfähigkeit, sofern sich aus den arbeitsvertraglichen Vereinbarungen nichts Abweichendes ergibt.
6. Es endet im Falle einer **längeren** krankheitsbedingten Arbeitsunfähigkeit grundsätzlich mit dem **Ende** des Entgeltfortzahlungszeitraums, es sei denn, Arbeitgeber und Arbeitnehmer haben etwas anderes vereinbart.
7. Das Überlassungsrecht endet spätestens mit der **Beendigung des Arbeitsverhältnisses**.
   Hat der Arbeitnehmer eine Kündigung mit der Kündigungsschutzklage angefochten, so gelten für die Rückgabe die Regeln des Weiterbeschäftigungsanspruchs nach § 102 Abs. 5 BetrVG (siehe → **Ordentliche Kündigung** Rn. 28 ff.).
   Wenn dem Arbeitnehmer ein Weiterbeschäftigungsanspruch zusteht, hat er auch Anspruch auf Überlassung des Dienstwagens zur privaten Nutzung.
8. Befindet sich der Arbeitgeber (z. B. nach einer unwirksamen Kündigung) in → **Annahmeverzug** und erfolgt deshalb keine Überlassung des Dienstwagens, hat der Arbeitnehmer gemäß § 615 BGB **Anspruch auf Wertersatz**.
9. Wird das Dienstfahrzeug unbrauchbar (z. B. durch Abnutzung oder Unfallschaden), muss der Arbeitgeber aufgrund des Überlassungsvertrags eine **Ersatzbeschaffung** vornehmen.
10. Eine Vereinbarung der Arbeitsvertragsparteien, wonach ein Arbeitnehmer für alle von ihm fahrlässig verschuldeten Unfallschäden am Dienstfahrzeug bis zur Höhe einer mit der Versi-

cherung vereinbarten **Selbstbeteiligung** von 1000 Euro haftet, ist wegen Verstoßes gegen die Grundsätze der beschränkten Arbeitnehmerhaftung unwirksam, weil sie dem Arbeitnehmer auch bei leichtester Fahrlässigkeit diese Haftung auferlegt (BAG v. 5. 2. 2004 – 8 AZR 91/03, NZA 2004, 649).

Die Grundsätze über die Beschränkung der Haftung des Arbeitnehmers bei betrieblich veranlassten Tätigkeiten (siehe → **Haftung des Arbeitnehmers**) sind einseitig zwingendes Arbeitnehmerschutzrecht. Von ihnen kann weder einzel- noch kollektivvertraglich zu Lasten des Arbeitnehmers abgewichen werden (BAG v. 5. 2. 2004 – 8 AZR 91/03, a. a. O.).

11 Ist der Arbeitnehmer berechtigt, einen Pkw betrieblich und privat unbeschränkt zu nutzen und entzieht der Arbeitgeber dem Arbeitnehmer zu Unrecht die vertragsmäßig eingeräumte Privatnutzung, kann der Arbeitnehmer gemäß §§ 325, 251 BGB **Schadensersatz** unter Beachtung seiner Schadensminderungspflicht verlangen (BAG v. 14. 12. 2010 – 9 AZR 631/09, NZA 2011, 569).

Der Schadensersatzanspruch besteht auch dann, wenn der Arbeitnehmer den PKW auf eine unberechtigte Aufforderung des Arbeitgebers hin ohne Widerspruch zurückgegeben hat. Hierin liegt kein Mitverschulden.

Der Arbeitnehmer kann mindestens den **Geldbetrag** verlangen, der aufzuwenden ist, um einen entsprechenden Pkw privat nutzen zu können. Dabei kann Schadensersatz bzw. Nutzungsausfallentschädigung in Geld mindestens in Höhe der **steuerlichen Bewertung** der privaten Nutzungsmöglichkeit (§ 6 Abs. 1 Nr. 4 EStG) verlangt werden (BAG v. 14. 12. 2010 – 9 AZR 631/09, a. a. O.).

12 Nutzt der Arbeitnehmer anstelle des zu Unrecht entzogenen Dienstwagens seinen gleichwertigen privaten Pkw, kann er nur die dafür tatsächlich aufgewendeten **Kosten** ersetzt verlangen. Das BAG hat offengelassen, ob der Wert der Privatnutzung an den Mietwagenkosten ausgerichtet werden kann (BAG v. 23. 6. 1984 – 8 AZR 537/92, AiB 1995, 196). Eine abstrakt nach der Tabelle Sanden/Danner/Küppersbusch ermittelte Nutzungsausfallentschädigung steht ihm nach Ansicht des BAG nicht zu (BAG v. 16. 11. 1995 – 8 AZR 240/95, AiB 1996, 681 = NZA 1996, 415; 27. 5. 1999 – 8 AZR 415/98, NZA 1999, 1038).

Es komme allenfalls mit Einschränkungen die so genannte ADAC-Kostentabelle in Betracht. Diese könne zur Schadensberechnung jedenfalls dann nicht herangezogen werden, wenn die dort in Ansatz gebrachten Kostenfaktoren (z. B. Anschaffungsrücklage) erheblich von dem in Rede stehenden Fall abweichen.

Vorrangig vor einer Schätzung nach § 287 ZPO sei eine **konkrete Darlegung** der vom Arbeitnehmer getragenen Kosten.

Eine konkrete Schadensberechnung sei nicht erforderlich, wenn es sich um einen **kurzfristigen Entzug** (z. B. ein Monat) handelt. Bei einer derart kurzen Zeitspanne könne dem Arbeitnehmer nicht zugemutet werden, sich einen Wagen zuzulegen, um die konkreten Kosten ermitteln zu können.

12a Die Überlassung des Dienstfahrzeugs zur privaten Nutzung unterliegt als sog. geldwerter Vorteil der **Lohnsteuer** (§ 8 Abs. 2 Sätze 2 bis 5 EStG).

Bedeutung für die Betriebsratsarbeit

13 Der Betriebsrat hat bei der Regelung Konditionen der privaten Nutzung von Firmenwagen ein **Mitbestimmungsrecht** nach § 87 Abs. 1 Nr. 1, 7, 10 BetrVG (ArbG Hamburg v. 7. 7. 1994 – 25 Bv 7/94, AiB 1994, 760; vgl. auch DKKW-*Klebe*, BetrVG, 15. Aufl., § 87 Rn. 67).

14 Ein von der beruflichen Tätigkeit vollständig freigestelltes Betriebsratsmitglied (siehe → **Freistellung von Betriebsratsmitgliedern**) hat Anspruch auf die weitere private Nutzung eines

Dienstwagen zur privaten Nutzung

Dienstwagens, wenn ihm vor der Freistellung zur Durchführung seiner arbeitsvertraglich geschuldeten Tätigkeit ein Dienstwagen überlassen worden war und er das Fahrzeug auch privat nutzen durfte.
Die Überlassung eines Dienstwagens zur privaten Nutzung ist als **Sachbezug** Teil des Vergütungsanspruchs.
Aus § 37 Abs. 2 BetrVG folgt, dass dem Arbeitnehmer dieser Anspruch wegen der Freistellung als Betriebsratsmitglied nicht entzogen werden darf (BAG v. 23. 6. 2004 – 7 AZR 514/03, NZA 2004, 1287).
Ein Mitglied des Betriebsrats hat nach Ansicht des BAG keinen Anspruch darauf, dass ihm ein **ausschließlich zur dienstlichen Nutzung** überlassenes Fahrzeug auch für Fahrten zwischen seiner Wohnung und dem Betrieb **zum Zwecke der Wahrnehmung von Betriebsratsaufgaben** überlassen wird (BAG v. 25. 2. 2009 – 7 AZR 954/07, AP Nr. 146 zu § 37 BetrVG 1972).

Arbeitshilfen

Musterschreiben • Vertragsklausel über Dienstwagen zur privaten Nutzung

Rechtsprechung

1. Anspruch auf private Nutzung eines Dienstwagens
2. Geldwerter Vorteil – Auskunftsanspruch des Arbeitnehmers
3. Inhaltskontrolle – Unzulässige Benachteiligung des Arbeitnehmers
4. Berücksichtigung des Dienstwagens bei betrieblicher Altersversorgung
5. Schadensersatzhaftung des Arbeitgebers wegen unterbliebener Überlassung eines Dienstwagens auch zur privaten Nutzung – Nutzungsausfallentschädigung
6. Haftung bei Beschädigung, Verschmutzung oder Nichtrückgabe des Dienstwagens
7. Reparatur des beschädigten Dienstwagens auf Veranlassung des Arbeitnehmers
8. Pfändbarkeit des Sachbezugs aus der Überlassung eines Dienstwagens zur privaten Nutzung? – Anrechnung des Sachbezugs auf das Arbeitseinkommen?
9. Mitbestimmung des Betriebsrats – Einigungsstelle
10. Benachteiligung eines Betriebsratsmitglieds durch Entzug des bisher genutzten Kundendienstfahrzeugs?

EDV im Betriebsratsbüro – Internet – Intranet

Rechtsgrundlagen

Der Arbeitgeber hat dem Betriebsrat in erforderlichem Umfang Räume, sachliche Mittel, Informations- und Kommunikationstechnik sowie Büropersonal zur Verfügung zu stellen (§ 40 Abs. 2 BetrVG; siehe → **Kosten der Betriebsratstätigkeit**). 1

Die Nutzung von EDV im Betriebsratsbüro eröffnet dem Betriebsrat eine Vielzahl von Möglichkeiten der Informationsbeschaffung, -verarbeitung und Kommunikation: von der Nutzung des PC als »bessere Schreibmaschine« zur

- Ausarbeitung und Veränderung von Betriebsvereinbarungsentwürfen und sonstigen Texten,
- Gestaltung von Flugblättern und Aushängen,
- Nutzung von juristischen und wirtschaftlichen Datenbanken und sonstiger elektronischer Informationsquellen (über Internet, Intranet oder CD-ROM) sowie
- Kommunikation per E-Mail.

Der Arbeitgeber hat dem Betriebsrat einen **PC mit Zusatzgeräten** sowie einen Zugang zum **Internet** und zum unternehmensinternen **Intranet** zur Verfügung zu stellen (§ 40 Abs. 2 BetrVG).

Auch besteht nach § 37 Abs. 6 BetrVG ein Anspruch auf **Schulung** zum Umgang mit neuen Informations- und Kommunikationstechniken.

PC-Ausstattung

Zu der nach § 40 Abs. 2 BetrVG dem Betriebsrat in erforderlichem Umfang zur Verfügung zu stellenden Informations- und Kommunikationstechnik zählt auch eine komplette PC-Ausstattung (insbesondere Rechner, Bildschirm, Drucker und die erforderliche Bürosoftware). 2

Bei der Prüfung der Erforderlichkeit steht dem Betriebsrat ein **Beurteilungsspielraum** zu, den die Gerichte zu beachten haben (siehe → **Kosten der Betriebsratstätigkeit**).

Sie können die Entscheidung des Betriebsrats nur daraufhin kontrollieren, ob das verlangte Sachmittel der Wahrnehmung seiner gesetzlichen Aufgaben dienen soll und der Betriebsrat bei seiner Entscheidung berechtigten Interessen des Arbeitgebers und der Belegschaft angemessen Rechnung getragen hat (BAG v. 12.5.1999 – 7 ABR 36/97, NZA 1999, 1290; 16.5.2007 – 7 ABR 45/06, NZA 2007, 1117).

Inzwischen hat sich die Arbeit mit dem PC als **Standard** in der Büroarbeit allgemein – und damit auch im Betriebsratsbüro – entwickelt. Deshalb dürfte die Erforderlichkeit wohl in den meisten Betrieben – selbst in kleineren Betrieben – zu bejahen sein. 2a

Dem folgt offenbar auch die neuere Rechtsprechung des zuständigen 7. BAG-Senats, wie der **Fall »Schlecker«** zeigt:

Die Arbeitgeberin – die Firma Schlecker – vertreibt bundesweit Drogeriewaren über Verkaufsstellen. Diese sind aufgrund einer tarifvertraglichen Vereinbarung nach Bezirken zugeordnet, die jeweils einen Betrieb bilden. Der im Bezirk 310 am 9.6.2009 erstmals gewählte fünfköpfige

Betriebsrat vertrat ca. 50 Arbeitnehmer, die seinerzeit in 14 räumlich voneinander entfernt gelegenen Verkaufsstellen beschäftigt waren. Der Betriebsrat verlangte von der Arbeitgeberin Überlassung eines PC nebst Zubehör, Software und Internetzugang. Die Arbeitgeberin lehnte ab.
Auf Antrag des Betriebsrats verpflichtete das ArbG Stuttgart v. 2. 10. 2009 – 18 BV 144/09 – die Arbeitgeberin, dem Betriebsrat die geltend gemachte Ausstattung zur Verfügung zu stellen.
Die Arbeitgeberin legte beim LAG Baden-Württemberg Beschwerde ein und bekam dort Recht (LAG Baden-Württemberg v. 29. 1. 2010 – 7 TaBV 8/09). Das LAG vertrat die falsche Auffassung, dass eine PC-Ausstattung nur dann als erforderlich anzusehen sei, wenn der Betriebsrat ohne eine solche Ausstattung die Wahrnehmung sich ihm stellender Aufgaben vernachlässigen müsste, was im Streitfall nicht zu erkennen sei.
Weil das LAG die Rechtsbeschwerde an das BAG unverständlicherweise nicht zuließ, legte der Betriebsrat Nichtzulassungsbeschwerde ein.
Das BAG gab der Nichtzulassungsbeschwerde statt (BAG v. 23. 6. 2010 – 7 ABN 21/10). Auch im anschließenden Rechtsbeschwerdeverfahren (BAG – 7 ABR 41/10) ließ der 7. Senat keinen Zweifel daran, dass der Anspruch des Betriebsrats berechtigt und somit die Entscheidung des LAG Baden-Württemberg nicht haltbar ist.
Die Firma Schlecker nahm daraufhin ihre zum LAG erhobene Beschwerde gegen den Beschluss des Arbeitsgerichts Stuttgart zurück, welcher dadurch rechtskräftig wurde.
Man wollte offenbar eine zugunsten des Betriebsrats ausfallende BAG-Entscheidung, auf die sich dann auch andere Betriebsräte bei Schlecker und sonstigen Unternehmen hätten berufen können, vermeiden.
Durch die Rücknahme der Beschwerde wurde die Rechtsbeschwerde des Betriebsrats gegen den Beschluss des LAG gegenstandslos, sodass das BAG das Rechtsbeschwerdeverfahren einstellte (BAG v. 21. 7. 2011 – 7 ABR 41/10).
Fazit: Auch »kleine Betriebsräte« haben Anspruch auf PC nebst Zubehör und Software.
Die bisherige »alte« – allzu einschränkende – Rechtsprechung zur Erforderlichkeit der Ausstattung des Betriebsratsbüros kann als **überholt** angesehen werden (vgl. auch die neuere positive Rechtsprechung des 7. BAG-Senats zur Nutzung von Internet und Intranet (BAG v. 20. 1. 2010 – 7 ABR 79/08, AiB 2010, 687; 17. 2. 2010 – 7 ABR 81/09, 7 ABR 58/09, 7 ABR 54/09, 7 ABR 92/09, 7 ABR 103/09 und 7 ABR 105/09; 14. 7. 2010 – 7 ABR 80/08, AiB 2011, 54).

E-Mail

3   Der Betriebsrat kann, sofern berechtigte Belange des Arbeitgebers nicht entgegenstehen, von diesem die Einrichtung eigener E-Mail-Adressen auch für die einzelnen Betriebsratsmitglieder verlangen (BAG v. 14. 7. 2010 – 7 ABR 80/08, AiB 2011, 54).
Durch die Entscheidung, seinen Mitgliedern eigene E-Mail-Adressen zum Zwecke der externen Kommunikation einzurichten, überschreitet der Betriebsrat seinen Beurteilungsspielraum nicht.
Ebenso wie die Informationsbeschaffung kann die Kommunikation einzelner Betriebsratsmitglieder mit nicht zum Betrieb gehörenden Dritten (z.B. Gewerkschaftssekretär) Teil der Betriebsratstätigkeit sein.
Berechtigte Kosteninteressen des Arbeitgebers stehen dem Verlangen beispielsweise dann nicht entgegen, wenn die Betriebsratsmitglieder an PC-Arbeitsplätzen beschäftigt sind, sodass es lediglich der Freischaltung des Internets und der Einrichtung einer E-Mail-Adresse bedarf (BAG v. 14. 7. 2010 – 7 ABR 80/08, a. a. O.).

EDV im Betriebsratsbüro – Internet – Intranet

Internet

Das Internet hat sich zu einer – auch für die Betriebsratsarbeit – wichtigen und gemäß § 40 Abs. 2 BetrVG erforderlichen Informationsquelle entwickelt. Es ist geeignet, dem Betriebsrat die zur Erfüllung seiner Aufgaben notwendigen Informationen zu vermitteln. Mit dessen Hilfe kann er sich schnell und umfassend über die arbeits- und betriebsverfassungsrechtlichen Entwicklungen in Rechtsprechung und Gesetzgebung unterrichten. 4

Der Betriebsrat sollte den Arbeitgeber auffordern, ihm einen **Zugang** zum Internet zu verschaffen (§ 40 Abs. 2 BetrVG). 5

Nach der neueren Rechtsprechung des BAG darf der Betriebsrat einen Zugang zum Internet zur sachgerechten Wahrnehmung der ihm obliegenden betriebsverfassungsrechtlichen Aufgaben regelmäßig nach § 40 Abs. 2 BetrVG für erforderlich halten, sofern dem keine berechtigten Interessen des Arbeitgebers entgegenstehen. Zur Begründung des Anspruchs bedarf es nicht der Darlegung konkreter, aktuell anstehender betriebsverfassungsrechtlicher Aufgaben, zu deren Erledigung Informationen aus dem Internet benötigt werden (BAG v. 20. 1. 2010 – 7 ABR 79/08, AiB 2010, 687; 17. 12. 2010 – 7 ABR 81/09, 7 ABR 58/08, 7 ABR 54/09, 7 ABR 92/09, 7 ABR 103/09 und 7 ABR 105/09; 14. 7. 2010 – 7 ABR 80/08, AiB 2011, 54). 6

Intranet – Hompage des Betriebsrats

Entsprechendes gilt für die Nutzung eines unternehmens- oder betriebsinternen **Intranets**. Es gehört zur Informations- und Kommunikationstechnik iSv. § 40 Abs. 2 BetrVG, die dem Betriebsrat vom Arbeitgeber im erforderlichen Umfang für die laufende Geschäftsführung zur Verfügung zu stellen ist (BAG v. 1. 12. 2004 – 7 ABR 18/04). 7

Der Betriebsrat hat einen Anspruch darauf, Informationen und Beiträge im Intranet zu veröffentlichen (BAG v. 3. 9. 2003 – 7 ABR 12/03, AiB 2004, 692).

Er hat auch das Recht, eine eigene **Hompage im Intranet** einzurichten, und zwar auch dann, wenn es sich um ein vom Arbeitgeber eingerichtetes **betriebsübergreifendes Intranet** handelt. Der Betriebsrat entscheidet allein **ohne Zustimmung** des Arbeitgebers über den Inhalt der Bekanntmachungen und Informationen der Belegschaft, sofern er sich im Rahmen seiner Aufgaben und Zuständigkeiten hält (BAG v. 3. 9. 2003 – 7 ABR 12/03, a. a. O.). Beispielsweise gehört die sachliche Information und Unterrichtung der Belegschaft über den Stand von **Tarifverhandlungen** zu den zulässigen tarifpolitischen Angelegenheiten im Sinne des § 74 Abs. 2 Satz 3 BetrVG.

Selbst wenn eine Veröffentlichung des Betriebsrats seine Zuständigkeit überschreitet, ist der Arbeitgeber – ohne Vorliegen der Voraussetzungen der Nothilfe oder Notwehr – **nicht berechtigt**, vom Betriebsrat in das betriebsinterne Intranet eingestellte Seiten **einseitig zu löschen** (LAG Hamm (Westfalen) v. 12. 3. 2004 – 10 TaBV 161/03). Insoweit gelten die gleichen Grundsätze wie bei Aushängen am Schwarzen Brett (zu den Rechten des Betriebsrats am »Schwarzen Brett« siehe → **Betriebsratsbüro (Ausstattung, Hausrecht)**.

Internetadressen mit Informationen für den Betriebsrat

Internetadressen der DGB-Gewerkschaften 8

- www.dgb.de
- www.evg-online.org
- www.gdp.de
- www.gew.de

EDV im Betriebsratsbüro – Internet – Intranet

- www.ngg.net
- www.igbau.de
- www.igbce.de
- www.igmetall.de
- www.verdi.de

Sonstige empfehlenswerte Internetadressen (= keine abschließende Aufzählung!)

- www.aktion-grundgesetz.de
- www.aib-web.de
- www.arbeitsrecht.de
- www.bmj.bund.de
- www.bmas.bund.de
- www.buchundmehr.de
- www.bundesregierung.de
- www.bund-verlag.de
- www.bundesarbeitsgericht.de
- www.bundesgesetzblatt.de
- www.bundesrecht.juris.de
- www.bundessozialgericht.de
- www.bverfg.de
- http://curia.europa.eu/jcms/jcms/j_6/
- www.dejure.org
- www.gesetze-im-internet.de
- www.lexetius.com

Fachzeitschrift

9   Der Bezug der auf die Betriebsratsarbeit zugeschnittenen Zeitschrift »**Computer und Arbeit**« (Bund-Verlag GmbH) ist nach zutreffender Ansicht des ArbG Wuppertal als erforderlich i. S. d. § 40 Abs. 2 BetrVG anzusehen (ArbG Wuppertal v. 19.6.1997 – 2 Bv 20/97, AiB 1997, 603).
Die elektronische Datenverarbeitung und insbesondere die neuen Medien, beispielsweise das Internet, sind besonders wichtige Gebiete, auf denen der Betriebsrat über umfangreiche Kenntnisse verfügen muss.
Die Zeitschrift »Computer und Arbeit [vormals: Computer-Fachwissen für Betriebs- und Personalräte]« vermittelt einen fortlaufenden, umfassenden Überblick über alle Fragen, die im Betrieb im Zusammenhang mit der elektronischen Datenverarbeitung und auch neuen Medien stehen.
Die Entscheidung des ArbG Wuppertal wurde zwar durch das LAG Düsseldorf aufgehoben (LAG Düsseldorf v. 30.09.1997 – 8 TaBV 44/97, BB 1998, 2002), allerdings nur deshalb, weil der Betriebsrat nicht genügend dargelegt hatte, welche **betrieblichen oder betriebsratsbezogenen Gründe** die Anschaffung einer solchen weiteren Fachzeitschrift für die sachgerechte Erfüllung von Betriebsratsaufgaben notwendig machen.
Der allgemeine Hinweis auf die Bedeutung der neuen Medien, auf die technische Ausstattung mit Personal Computern und rechnergestützten CNC-Bearbeitungszentren und auf ein in Planung befindliches rechnergestütztes Betriebsdatenerfassungssystem reiche hierfür allein nicht aus.

Schulung

Der Arbeitgeber hat die Kosten für die Teilnahme eines Betriebsratsmitglieds an einer Schulungsveranstaltung über den Einsatz eines PCs für die Erledigung von Betriebsratsaufgaben nach § 37 Abs. 6 i. V. m. § 40 Abs. 1 BetrVG zu tragen, wenn aktuelle oder absehbare betriebliche bzw. betriebsratsbezogene **Anlässe** die Schulung des entsandten Betriebsratsmitglieds erforderlich machen (BAG v. 19. 7. 1995 – 7 ABR 49/94, AiB 1995, 791; ebenso das ArbG Würzburg v. 4. 2. 1999 – 8 BV 19/98 W [rkr.], AiB 1999, 524 zur Teilnahme mindestens eines Betriebsratsmitglieds an einem Seminar »Keine Angst vor Computern« (siehe auch → **Schulungs- und Bildungsveranstaltungen** Rn. 6). 10

Inzwischen dürfte davon auszugehen sein, dass der Umgang mit PC und anderen Informations- und Kommunikationstechniken zum notwendigen Handwerkszeug eines jeden Betriebsratsmitglieds gehört, sodass die Erforderlichkeit einer Schulung, die entsprechende **Grundkenntnisse** vermittelt, auch ohne Darlegung eines betrieblichen bzw. betriebsratsbezogenen Anlasses unterstellt werden kann (siehe auch → **Schulungs- und Bildungsveranstaltungen** Rn. 5). Diesen Schritt hat allerdings die Rechtsprechung – soweit ersichtlich – bislang noch nicht vollzogen. Die zutreffenden Überlegungen, die die neuere BAG-Rechtsprechung zu PC-Ausstattung und Internetzugang (siehe Rn. 2 a und 6) angestellt hat, dürften auch auf das Thema Schulung übertragbar sein.

Datenschutz

Dem Arbeitgeber steht nicht das Recht zu, in die Dateien des Betriebsrats Einsicht zu nehmen (LAG Düsseldorf v. 7. 3. 2012 – 4 TaBV 11/12). Der Betriebsrat verwaltet seine Dateien genauso wie seine sonstigen schriftlichen Unterlagen eigenverantwortlich. Auf die Eigentumsverhältnisse an den Datenlaufwerken kommt es insoweit nicht an. 11

Allerdings soll der Betriebsrat keinen durch arbeitsgerichtliches Verfahren verfolgbaren Anspruch auf Einsicht in **Protokolldateien** für Zugriffe des Arbeitgebers auf das Betriebsratslaufwerk haben (LAG Düsseldorf v. 7. 3. 2012 – 4 TaBV 87/11). Es fehle dafür das Rechtsschutzinteresse. Wenn dem Betriebsrat bekannt werde, dass es bei seinem Laufwerk eine »undichte Stelle« gibt, liege es in seiner eigenen Verantwortung, diese zu schließen.

Der Betriebsrat unterliegt auch nicht der Überwachung durch den betrieblichen **Datenschutzbeauftragten** (BAG v. 11. 11. 1997 – 1 ABR 21/97, NZA 1998, 385). 12

Das BetrVG sieht den Betriebsrat als Organ, das seine Aufgaben eigenständig und unabhängig vom Arbeitgeber wahrnimmt.

Diese Eigenständigkeit und Unabhängigkeit würde gefährdet werden, falls der Datenschutzbeauftragte, der allein vom Arbeitgeber bestellt wird, Einblick in den internen Bereich des Betriebsrats hätte.

Denn: Auch wenn der betriebliche Datenschutzbeauftragte in fachlicher Hinsicht weisungsfrei ist (§ 4 f Abs. 3 BDSG), steht er letztlich doch in einem Abhängigkeitsverhältnis zum Arbeitgeber.

Zu weiteren Einzelheiten siehe → **Datenschutz** Rn. 50 ff., 70 ff. 13

Rechtsprechung

1. Anspruch des Betriebsrats auf Überlassung eines PC
2. Anspruch des Betriebsrats auf Nutzung eines E-Mail-Systems – Einrichtung eines Funktionspostfachs
3. Elektronisches Leserecht eines Betriebsratsmitglieds in Bezug auf Dateien und E-Mail-Korrespondenz des Betriebsrats
4. Anspruch des Betriebsrats auf Nutzung des Internets – Intranets – Einrichtung einer Homepage
5. Kein Zugriff des Arbeitgebers auf den Betriebsrats-PC und die Betriebsrats-Intranetseite
6. Keine Kontrolle des Betriebsrats durch den betrieblichen Datenschutzbeauftragten
7. Bezug der Zeitschrift »Computer und Arbeit« für Betriebsratsarbeit erforderlich
8. Schulung nach § 37 Abs. 6 BetrVG
9. Anspruch auf Betriebsratsbüro
10. Anspruch auf Büro- und Schreibkraft
11. Besitz- und Hausrecht des Betriebsrats
12. Anspruch auf Literatur

Ein-Betriebs-Unternehmen

Was ist das?

Der Begriff »Ein-Betriebs-Unternehmen« beschreibt ein → **Unternehmen**, das im Unterschied zum → **Mehr-Betriebs-Unternehmen** nur aus einem → **Betrieb** besteht.
Der Betrieb wird von dem → **Unternehmen** geführt.
»**Betrieb**« im Sinne des BetrVG ist die rechtlich unselbständige, organisatorisch aber selbständige Einheit, mit der der Unternehmer/Arbeitgeber durch Nutzung von Arbeitskräften und sächlichen Mitteln bestimmte arbeitstechnische Zwecke verfolgt (z. B. Herstellung von Produkten oder Erbringung von Dienstleistungen). Anders ausgedrückt: Der Betrieb ist die Summe der Arbeitsbereiche/Abteilungen, in denen die jeweiligen Arbeits- und Produktionsprozesse stattfinden.
Ist der Betrieb auch in »rechtlicher« Hinsicht selbständig, ist er gleichzeitig »**Unternehmen**« im Sinne des BetrVG. Ein Unternehmen ist die »rechtlich« selbständige organisatorische Einheit (z. B. Aktiengesellschaft, GmbH, usw.; siehe → **Unternehmensrechtsformen**), in der der ideelle oder wirtschaftliche Zweck des Unternehmens verfolgt wird. Beim gewerblichen Unternehmen besteht der wirtschaftliche Zweck in der Erzielung eines – aus der Sicht des Unternehmers – möglichst hohen Gewinns (Rendite, Profit). Der »Betrieb« ist vor diesem Hintergrund Mittel zum Zweck des »Unternehmens«: Der »optimale« Gewinn wird erreicht, indem der Betrieb »optimal« organisiert und geführt wird.
Betrieb und Unternehmen sind als organisatorische Gebilde deckungsgleich, wenn das Unternehmen aus »einem« Betrieb besteht.
Weitere Begrifflichkeiten:
Das »Unternehmen« ist »Arbeitgeber« im Sinne des BetrVG.
Der »Arbeitgeber« wird vertreten durch die Leitung des Unternehmens (z. B. Geschäftsführung einer GmbH; Vorstand einer Aktiengesellschaft).
Die Leitung des Unternehmens ist auch »Unternehmer« im Sinne des BetrVG (§§ 106 ff., 111 ff. BetrVG: hier ist nicht vom »Arbeitgeber«, sondern vom »Unternehmer« die Rede).
Der von einem Ein-Betriebs-Unternehmen geführte Betrieb unterscheidet sich vom sog. → **Gemeinschaftsbetrieb**: hierbei handelt es sich um einen Betrieb, der von mehreren Unternehmen gemeinsam geführt wird (§ 1 Abs. 1 Satz 2 und Abs. 2 BetrVG; siehe auch → **Betriebsspaltung und Zusammenlegung von Betrieben**).

Bedeutung für die Betriebsratsarbeit

Informationsgeber und Verhandlungspartei des Betriebsrats ist die Leitung des Unternehmens (z. B. Geschäftsführung einer GmbH; Vorstand einer Aktiengesellschaft; siehe auch → **Unternehmensrechtsformen**).
Die Leitung des Unternehmens (z. B. Geschäftsführung bzw. Vorstand) ist der richtige Adres-

Ein-Betriebs-Unternehmen

sat auch für die Informations- und Beratungsansprüche des vom Betriebsrat zu bildenden → **Wirtschaftsausschusses** (§§ 106 ff. BetrVG).

Interessenvertretung im Ein-Betriebs-Unternehmen

> **Beispiel: Firma »Metallbau GmbH«**
> - Betriebsrat (§§ 26 ff. BetrVG)
> - Wirtschaftsausschuss (§§ 106 ff. BetrVG)
> - Jugend- und Auszubildendenvertretung (§§ 60 ff. BetrVG)
> - Schwerbehindertenvertretung (§§ 94 ff. SGB IX)
> - Gewerkschaftlicher Vertrauenskörper

Eingruppierung/Umgruppierung

Was ist das?

In → **Unternehmen** »mit in der Regel mehr als zwanzig wahlberechtigten Arbeitnehmern« hat der Betriebsrat im Falle von Ein- und Umgruppierungen nach § 99 BetrVG ein Mitbestimmungsrecht. 1

Bei der Ermittlung des Schwellenwerts sind **Leiharbeitnehmer**, die länger als drei Monate im Unternehmen eingesetzt sind, zu berücksichtigen, obwohl sie nicht in einem Arbeitsverhältnis zum Entleiher stehen (so die auf § 99 BetrVG übertragbare Entscheidung des BAG v. 18.10.2011 – 1 AZR 335/10, NZA 2012, 221 zur Ermittlung des Schwellenwerts bei einer → **Betriebsänderung** nach § 111 BetrVG).

Eingruppierung ist die **erstmalige Einreihung** eines Arbeitnehmers (z. B. anlässlich einer → **Einstellung**) in eine bestimmte Entgeltgruppe (Lohn- oder Gehaltsgruppe) einer im Betrieb geltenden Entgeltgruppenordnung/Vergütungsordnung (siehe Rn. 7; vgl. BAG v. 11.9.2013 – 7 ABR 29/12; 11.11.2008 – 1 ABR 68/07, NZA 2009, 450). 1a

Maßgebend ist dabei die **Tätigkeit/Arbeit**, die der Arbeitnehmer aufgrund der arbeitsvertraglichen Vereinbarung ausüben soll (übertragene Tätigkeit/Arbeit).

Umgruppierung ist die Einreihung eines Arbeitnehmers in eine **andere als die bisherige** Entgeltgruppe. 2

Ihr liegt die Feststellung des Arbeitgebers zugrunde, dass die vom Arbeitnehmer auszuübende Tätigkeit nicht oder nicht mehr der bisherigen Entgeltgruppe entspricht, sondern den Merkmalen einer anderen, höheren oder niedrigeren Entgeltgruppe.

Anlässe für Umgruppierungen sind beispielsweise:
- dem Arbeitnehmer wird eine neue Tätigkeit zugewiesen, die den Tätigkeitsmerkmalen einer anderen Vergütungsgruppe entspricht (siehe auch Rn. 2 a und → **Versetzung**),
- bei gleichbleibender Tätigkeit des Arbeitnehmers ändert sich die Vergütungsordnung (BAG v. 11.9.2013 – 7 ABR 29/12),
- es wird eine »korrigierende Rückgruppierung« vorgenommen (siehe Rn. 5, 6, 41 und 61).

Aber auch wenn im Laufe des Arbeitsverhältnisses eine »**schleichende**« **Arbeitsanreicherung** stattfindet, weil dem Arbeitnehmer immer mehr und ggf. höherwertige Arbeiten übertragen werden, kann die ursprüngliche Eingruppierung unrichtig und eine Umgruppierung in eine höhere Entgeltgruppe erforderlich werden. 2a

Weil manche Arbeitgeber dies »vergessen«, sollte der Arbeitnehmer die Höhergruppierung durch Geltendmachung auslösen (siehe Geltendmachungsschreiben im Anhang zu diesem Stichwort).

Zu Handlungsmöglichkeiten des **Betriebsrats**, wenn der Arbeitgeber eine Umgruppierung pflichtwidrig unterlässt, siehe Rn. 23 b und 56 a.

Es ist zwischen **Eingruppierung** und **Einstufung** zu unterscheiden. 3
- Ein- bzw. umgruppiert wird der Arbeitnehmer nach der Tätigkeit, die er ausüben soll.
- Eingestuft wird die auszuübende Tätigkeit nach den in der Entgeltgruppenordnung festgelegten Merkmalen.

Eingruppierung/Umgruppierung

Hierzu BAG v. 12. 1. 2011 – 7 ABR 15/09, NZA-RR 2011, 5741: »*Die abstrakte Bewertung eines Arbeitsplatzes oder einer Tätigkeit ist keine personelle Einzelmaßnahme i. S. v. § 99 BetrVG. Sie ist unabhängig vom Arbeitsplatzinhaber oder von demjenigen, der die Tätigkeit ausübt. Gegenstand der Beurteilung ist nicht – wie bei der Eingruppierung – der Arbeitnehmer, sondern der Arbeitsplatz. Legt bereits der Tarifvertrag die Bewertung und Einordnung der von ihm erfassten Stellen verbindlich fest, indem dieser bestimmte Stellen für potenzielle Stelleninhaber bestimmten Entgeltgruppen zuordnet, hat der Arbeitgeber noch zu beurteilen, ob der einzelne Arbeitnehmer die konkrete im Tarifvertrag genannte Stelle tatsächlich innehat und die dort zu leistenden Tätigkeiten der Stellenbezeichnung entsprechen. Bei dieser Beurteilung ist der Betriebsrat nach § 99 BetrVG zu beteiligen.*«

4   Die **Richtigkeit** der Ein- und Umgruppierung entscheidet sich allein danach, ob die auf den Arbeitnehmer übertragene Arbeit die Merkmale der Entgeltgruppe erfüllt oder nicht (»Tarifautomatik«).
Die Ein- und Umgruppierung hat daher nur deklaratorische (feststellende) Bedeutung. Sie ist ein Akt der **Rechtsanwendung** verbunden mit der **Kundgabe einer Rechtsansicht** (und nicht – wie im Falle von Einstellung und Versetzung – ein Gestaltungsakt; vgl. BAG v. 11. 9. 2013 – 7 ABR 29/12; 11. 11. 2008 – 1 ABR 68/07, NZA 2009, 450). Die Richtigkeit der betreffenden Beurteilung unterliegt der Mitbeurteilung durch den Betriebsrat (siehe Rn. 23).

5   Manchmal wird ein Arbeitnehmer aufgrund vertraglicher Vereinbarung in eine höhere als die eigentlich nach Tarifvertrag zutreffende Entgeltgruppe »eingruppiert« und das entsprechende Entgelt gezahlt.
Hierbei handelt es sich um eine Form **übertariflicher Vergütung**.
Dies entbindet den Arbeitgeber allerdings nicht von einer »richtigen« Eingruppierung gemäß § 99 BetrVG, an der der Betriebsrat zu beteiligen ist.
Hat der Arbeitgeber eine übertarifliche Vergütung arbeitsvertraglich zugesagt, so kommt eine »korrigierende Rückgruppierung« (siehe Rn. 41 und 61) nicht in Betracht.
Vielmehr bedarf es einer Änderungsvereinbarung oder → **Änderungskündigung**, wobei Letztere im Regelfall nicht sozial gerechtfertigt (siehe → **Kündigungsschutz**) sein dürfte.

6   Ist dagegen die bisherige »zu hohe« Eingruppierung **irrtümlich** erfolgt, kann der Arbeitgeber eine »korrigierende Rückgruppierung« unter Beachtung des Mitbestimmungsrechts des Betriebsrats nach § 99 BetrVG vornehmen (BAG v. 16. 2. 2000 – 4 AZR 62/99, DB 2001, 596).

Vergütungsordnung/Entgeltgruppenordnung

7   Eine Vergütungsordnung ist ein kollektives, **mindestens zwei Vergütungsgruppen** enthaltendes **Entgeltschema**, das eine Zuordnung der Arbeitnehmer zu einer der Vergütungsgruppen nach bestimmten, generell beschriebenen Merkmalen vorsieht (BAG v. 11. 9. 2013 – 7 ABR 29/12; 11. 11. 2008 – 1 ABR 68/07, NZA 2009, 450; zur Mitbestimmung des Betriebsrats nach § 99 BetrVG siehe Rn. 27).
Die Verpflichtung des Arbeitgebers zur Ein- und Umgruppierung von Arbeitnehmern setzt eine im Betrieb geltende Vergütungsordnung voraus.
Woraus sich die **Geltung** der Vergütungsordnung ergibt, ist unerheblich. Sie kann in einem Tarifvertrag enthalten sein, auf einer Betriebsvereinbarung beruhen, aufgrund einzelvertraglicher Vereinbarungen im Betrieb allgemein zur Anwendung kommen oder vom Arbeitgeber einseitig geschaffen sein (BAG v. 11. 9. 2013 – 7 ABR 29/12; 4. 5. 2011 – 7 ABR 10/10; 12. 1. 2011 – 7 ABR 34/09).

8   Die Ein- und Umgruppierung der überwiegenden Zahl der Arbeitnehmer in Deutschland (auch der nicht tarifgebundenen) erfolgt nach Maßgabe von **tarifvertraglich** geregelten Entgeltgruppen (siehe → **Arbeitsentgelt** und → **Tarifvertrag**).
In Betrieben, in den ein tarifvertragliches Vergütungssystem nicht gilt (z. B. weil der Arbeit-

Eingruppierung/Umgruppierung

geber nicht tarifgebunden ist), kann eine Vergütungsordnung auch im Mitbestimmungswege nach § 87 Abs. 1 Nr. 10 BetrVG durch → **Betriebsvereinbarung** aufgestellt werden. Allerdings ist die Festlegung des Geldvolumens, das der Arbeitgeber für die Vergütung der Belegschaft insgesamt ausgeben will, nicht mitbestimmungspflichtig (zu Einzelheiten siehe → **Arbeitsentgelt** Rn. 72 a).
Tarifliche Entgeltgruppenregelungen können im Arbeitsverhältnis Anwendung finden aufgrund
- beiderseitiger Tarifbindung (siehe hierzu → **Tarifvertrag** Rn. 23 ff.),
- vertraglicher Bezugnahme (siehe → **Arbeitsvertrag** Rn. 16 ff.),
- einer → **Gesamtzusage** des Arbeitgebers,
- → **betrieblicher Übung** oder
- **einseitiger Anwendung** durch den tarifgebundenen Arbeitgeber in der Weise, dass er eine tarifliche Vergütungsordnung auch auf nicht tarifgebundene Arbeitnehmer (= gewerkschaftlich nicht organisierte Beschäftigte) anwendet (BAG v. 11.9.2013 – 7 ABR 29/12; 11.11.2008 – 1 ABR 68/07, a. a. O.).

Eine tarifliche Entgeltgruppenordnung ist zwar keine Betriebsnorm, die gemäß § 3 Abs. 2 TVG auf alle Beschäftigten (auch die gewerkschaftlich nicht organisierten Beschäftigten) Anwendung findet, wenn nur der Arbeitgeber tarifgebunden ist (siehe hierzu → **Tarifvertrag** Rn. 28). Es handelt sich um eine Inhaltsnorm, die unmittelbar und zwingend nur im Falle beiderseitiger Tarifbindung gilt.
Aber: Wenn ein tarifgebundener Arbeitgeber auf die Arbeitsverhältnisse der Arbeitnehmer unabhängig von deren Tarifbindung den einschlägigen Vergütungstarifvertrag **anwendet**, kann er von dieser Regel nicht ohne Sachgrund hinsichtlich der nicht tarifgebundenen Angehörigen einer einzelnen Arbeitnehmergruppe abweichen. Das BAG hat klargestellt (BAG v. 4.5.2011 – 7 ABR 10/10, NZA 2011, 1239): »*Soweit das Bundesarbeitsgericht bislang dahingehend verstanden werden konnte, dass eine betriebsverfassungsrechtliche Verpflichtung des Arbeitgebers zur Eingruppierung eines Arbeitnehmers in eine tarifliche Vergütungsordnung nur bestehe, wenn dieser selbst aufgrund beiderseitiger Tarifbindung, einzelvertraglicher Bezugnahme oder aus anderen Gründen einen Anspruch auf Anwendung des Tarifvertrags habe, hält der Senat daran nicht fest.*«
Außerdem nachstehend ein Auszug aus BAG v. 11.11.2008 – 1 ABR 68/07, a. a. O. zur Anwendung einer tariflichen Vergütungsordnung auf einen gewerkschaftlich nicht organisierten **Werkstudenten**:
»*Tatbestand: Die Arbeitgeberin stellt Computer her. Sie ist Mitglied im Verband der bayerischen Metall- und Elektroindustrie. Der Antragsteller ist der in ihrem Betrieb München gewählte Betriebsrat. Dieser Betrieb besteht aus der Verwaltung und sonstigen zentralen Bereichen. Die Arbeitgeberin wendet auf die Arbeitsverhältnisse der in ihren bayerischen Betrieben beschäftigten Arbeitnehmer unabhängig von deren Tarifbindung die Tarifverträge für die gewerblichen Arbeitnehmer und Angestellten der bayerischen Metall- und Elektroindustrie an, soweit es sich nicht um außertarifliche Angestellte im Sinne des Tarifrechts handelt. Auf Grundlage des gemeinsamen Lohn- und Gehaltsrahmentarifvertrags vom 24. Mai 2002 (LGRTV) wird über die Eingruppierung der Arbeitnehmer unter Beteiligung des Betriebsrats entschieden. Dies gilt nicht für Werkstudenten, die als befristete Aushilfskräfte – unabhängig von Ausbildungszwecken – beschäftigt werden. Sie nimmt die Arbeitgeberin jedenfalls in ihrem Münchener Betrieb – anders als im Betrieb A, einem Produktionsbetrieb – von der Anwendung der Tarifverträge und einer Eingruppierung aus; ihre Vergütung wird frei vereinbart. [...]*
Entscheidungsgründe:
[...] Der LGRTV gilt auch für Werkstudenten. Nach § 1 Nr. 3 seiner Bestimmungen gilt der LGRTV für alle Arbeitnehmer, die unter den persönlichen Geltungsbereich der Manteltarifverträge für die bayerische Metall- und Elektroindustrie fallen. [...]

Eingruppierung/Umgruppierung

Der LGRTV ist damit auch auf die Arbeitsverhältnisse der im Betrieb beschäftigten Werkstudenten anzuwenden.
a) Das gilt zunächst für solche Studenten, die kraft Gewerkschaftszugehörigkeit wegen § 4 Abs. 1, § 3 Abs. 1 TVG normativ an den LGRTV gebunden sind. Da auch die Arbeitgeberin tarifgebunden ist, hat sie diesen gegenüber den LGRTV zu beachten. Sie muss eine Beurteilung über die zutreffende Eingruppierung in das tarifliche Vergütungsschema vornehmen und die Zustimmung des Betriebsrats zu dieser Beurteilung einholen.
b) Das gilt ebenso für nicht tarifgebundene Studenten. Auch ihnen gegenüber hat die Arbeitgeberin die im LGRTV zum Ausdruck kommenden Entlohnungsgrundsätze zu beachten und deshalb unter Beteiligung des Betriebsrats eine Beurteilung ihrer Eingruppierung vorzunehmen.
aa) Dies folgt nicht schon aus § 3 Abs. 2 TVG. Die in einer tariflichen Vergütungsordnung zum Ausdruck kommenden Entlohnungsgrundsätze sind keine Normen über betriebliche Fragen im Sinne dieser Vorschrift. [...]
bb) Diese Verpflichtung der Arbeitgeberin folgt aus einem von ihr selbst im Betrieb praktizierten Entlohnungsgrundsatz. Die Arbeitgeberin wendet den LGRTV, soweit sie seinen persönlichen Geltungsbereich als eröffnet ansieht, unterschiedslos sowohl auf tarifgebundene als auch auf nicht tarifgebundene Arbeitnehmer an.
(1) Dass die Arbeitgeberin in dieser Weise verfährt, hat das Landesarbeitsgericht festgestellt und hat sie selbst in der Rechtsbeschwerdebegründung ausdrücklich bestätigt. Die Arbeitgeberin schließt mit sämtlichen Arbeitnehmern, die nicht AT-Angestellte und nicht Werkstudenten sind, unabhängig von deren Tarifbindung Arbeitsverträge, die auf die Tarifverträge der bayerischen Metall- und Elektroindustrie Bezug nehmen. Auf Werkstudenten hat sie den LGRTV nur deshalb nicht angewendet, weil sie unzutreffend davon ausging, diese würden von dessen persönlichen Geltungsbereich nicht erfasst. Damit gilt im Betrieb für alle Gruppen von Beschäftigten der Grundsatz, dass hinsichtlich der Vergütung nicht nach Bestehen oder Fehlen von Tarifbindung unterschieden wird.
(2) Diese Regel verpflichtet die Arbeitgeberin, den LGRTV auch auf nicht tarifgebundene Werkstudenten anzuwenden. Da sich der persönliche Geltungsbereich des LGRTV auf Werkstudenten erstreckt, richtet sich das Arbeitsverhältnis tarifgebundener Studenten nach den tariflichen Regelungen. Die selbst gesetzte Regel verlangt deren Anwendung auch auf die Arbeitsverhältnisse nicht tarifgebundener Studenten. An die gegenüber allen anderen nicht tarifgebundenen Arbeitnehmern praktizierte Regel ist die Arbeitgeberin nach dem Gleichbehandlungsgrundsatz auch gegenüber nicht tarifgebundenen Werkstudenten gebunden.«

9 Auch für → **Außertarifliche Angestellte** kann eine **Entgeltordnung aufgestellt** werden (siehe Rn. 19 ff.), in die AT-Angestellte dann einzugruppieren sind.

10 Wird die von neueingestellten Arbeitnehmern zu verrichtende Tätigkeit von einer Vergütungsordnung erfasst, ist der Arbeitgeber
- zur Eingruppierung der neueingestellten Arbeitnehmer in diese Vergütungsordnung und
- zur Beteiligung des Betriebsrats an dieser Eingruppierung nach § 99 BetrVG

verpflichtet.

11 Findet auf das Arbeitsverhältnis **keine Vergütungsordnung** Anwendung (zu den verschiedenen Möglichkeiten siehe Rn. 7), entfällt die Eingruppierung bzw. Umgruppierung und damit insoweit auch das Mitbestimmungsrecht des Betriebsrats nach § 99 BetrVG. Natürlich bleibt das Mitbestimmungsrecht nach § 99 BetrVG in Bezug auf die Einstellung bzw. Versetzung bestehen.

Eingruppierung/Umgruppierung

Tarifvertragliche Entgeltgruppen

Die tariflichen Entgeltgruppen sind üblicherweise in sog. Entgeltrahmentarifverträgen bzw. Lohn- oder Gehaltsrahmentarifverträgen geregelt.
Die Eingruppierung der Arbeitnehmer richtet sich nach den im Tarifvertrag beschriebenen Anforderungen an die Beschäftigten.
Übt ein Arbeitnehmer abwechselnd unterschiedliche Tätigkeiten aus, die unterschiedlichen Entgeltgruppen zuzuordnen sind, sehen manche Tarifverträge vor, dass die Eingruppierung in die Gruppe erfolgt, die der **überwiegenden Tätigkeit** entspricht (**quantitativer Maßstab**). Dies ist die Tätigkeit, die mehr als die Hälfte der Gesamtarbeitszeit in Anspruch nimmt.
Nach anderen Tarifverträgen wird ein **qualitativer Maßstab** zugrunde gelegt und auf die Tätigkeiten abgestellt, die für die einzugruppierende Arbeitsaufgabe **prägend** sind.
In diesem Fall kann eine höhere Eingruppierung auch dann in Frage kommen, wenn die prägende Tätigkeit weniger als 50 Prozent der Gesamtarbeitszeit in Anspruch nimmt.

> **Beispiel:**
> Zu den Aufgaben eines Chirurgen gehört es, zusätzlich zu vergleichsweise einfachen »Standardoperationen« hochkomplizierte »Spezialoperationen« auszuführen. Auf »Standardoperationen« entfällt 80 Prozent der Gesamtarbeitszeit, auf »Spezialoperationen« 20 Prozent.
> Bei einer »qualitativen« Betrachtung sind bei der Eingruppierung die bei den »Spezialoperationen« entstehenden Anforderungen maßgeblich, weil sie für das Arbeitsverhältnis prägend sind. Deshalb ist der Chirurg in die für »Spezialoperationen« maßgebliche höhere Entgeltgruppe einzugruppieren.

Die Einstufung der Tätigkeiten erfolgt im Allgemeinen unter Verwendung von allgemeinen Tätigkeitsmerkmalen (sog. **Oberbegriffe**).

> **Beispiele tariflicher Entgeltgruppen (Entgeltrahmenabkommen Metallindustrie Norddeutschland):**
> **Entgeltgruppe 2**
> Tätigkeiten, deren Ablauf und Ausführung im Einzelnen festgelegt sind.
> Erforderlich sind Arbeits- oder Materialkenntnisse oder Geschicklichkeit bei der Arbeitsausführung, die durch eine zweckgerichtete Einarbeitung und Übung von bis zu vier Wochen erlernt werden. Berufliche Vorbildung ist nicht erforderlich.
> [...]
> **Entgeltgruppe 5 (Eckentgelt)**
> Sachbearbeitende Aufgaben und/oder Facharbeiten, deren Erledigung weitgehend vorgegeben ist.
> Erforderlich sind Kenntnisse und Fertigkeiten, wie sie
> - in der Regel durch eine abgeschlossene fachspezifische mindestens dreijährige Berufsausbildung
> oder
> - durch eine abgeschlossene fachfremde Berufsausbildung und eine mehrjährige fachspezifische Berufserfahrung erworben werden
> oder
> - auf einem anderen Wege erworben wurden.
> [...]
> **Entgeltgruppe 9**
> Komplexe Aufgabengebiete im Rahmen von Richtlinien.
> Erforderlich sind Kenntnisse und Fertigkeiten, wie sie
> - in der Regel durch eine abgeschlossene Hochschulausbildung
> oder
> - durch eine abgeschlossene zweijährige Fachschulausbildung und eine mehrjährige Berufserfahrung sowie eine zusätzliche spezielle Weiterbildung erworben werden

Eingruppierung/Umgruppierung

oder
- auf einem anderen Wege erworben wurden.

16 Oft werden zu den jeweiligen Entgeltgruppen **Tätigkeitsbeispiele** (auch **Richtbeispiele** genannt) formuliert.
Enthält eine tarifliche Vergütungsgruppe sowohl allgemeine Oberbegriffe als auch konkrete Tätigkeitsbeispiele, dann ist regelmäßig zunächst zu prüfen, ob der Arbeitnehmer eine der genannten Beispieltätigkeiten ausübt.
Ist das der Fall, ist der Arbeitnehmer in die entsprechende Entgeltgruppe einzugruppieren. Denn die Tarifvertragsparteien bringen mit der Bezeichnung einer Tätigkeit in einem Beispielkatalog regelmäßig zum Ausdruck, dass der diese Tätigkeit ausübende Arbeitnehmer die Erfordernisse der entsprechenden Vergütungsgruppe erfüllt.
Es gilt der **Grundsatz**, dass bei Erfüllung eines Tätigkeitsbeispiels auch die allgemeinen Tätigkeitsmerkmale der entsprechenden Entgeltgruppe als erfüllt anzusehen ist (BAG v. 15.6.1994 – 4 AZR 327/93, AiB 1994, 701; 21.7.1993 – 4 AZR 486/92, AuR 1994, 71 = NZA 1994, 710).
Vorstehendes gilt auch dann, wenn eine Entgeltgruppe nur ein einziges Tätigkeitsbeispiel aufweist (BAG v. 21.10.1987 – 4 AZR 49/87, DB 1988, 1120) oder wenn im Anschluss an allgemeine Tätigkeitsmerkmale Beispieltätigkeiten angeführt werden, die mit dem Kürzel »z. B.« eingeleitet werden (BAG v. 21.7.1993 – 4 AZR 486/92, a. a. O.).

17 In einem Tarifvertrag kann ausdrücklich vorgesehen werden, dass für die Eingruppierung in erster Linie die Oberbegriffe maßgebend sind und Tätigkeitsbeispiele nur **ergänzenden Charakter** haben.
Allerdings kommt ihnen auch dann ausschlaggebende Bedeutung zu, wenn sie nur einmal in einer Entgeltgruppe erscheinen, weil wiederum davon auszugehen ist, dass die Tarifvertragsparteien für die Beispieltätigkeit annehmen, dass sie die allgemeinen Merkmale erfüllt (BAG v. 25.9.1991 – 4 AZR 87/91, NZA 1992, 273).
Auf die allgemeinen Merkmale muss dann wieder zurückgegriffen werden, wenn die vom Arbeitnehmer überwiegend ausgeübte bzw. prägende Tätigkeit von einem Tätigkeitsbeispiel **nicht oder nicht voll erfasst** wird.
Entspricht die vom Arbeitnehmer ausgeübte Tätigkeit einem Tätigkeitsbeispiel einer niedrigeren als der begehrten Entgeltgruppe, so kann diese Tätigkeit nicht unter die abstrakten Tätigkeitsmerkmale der angestrebten höheren Entgeltgruppe subsumiert werden. Deshalb ist eine Eingruppierung in die höhere Entgeltgruppe nicht möglich.

18 Enthält ein Tätigkeitsbeispiel **unbestimmte Rechtsbegriffe**, die nicht aus sich heraus ausgelegt werden können, sind die abstrakten Tätigkeitsmerkmale (Oberbegriffe) heranzuziehen.

Außertarifliche Angestellte

19 Außertarifliche Angestellte sind solche Arbeitnehmer, die von einer tariflichen Entgeltgruppenordnung nicht (mehr) erfasst werden (siehe → **Außertarifliche Angestellte**).
Der Betriebsrat hat bei der Aufstellung eines **Vergütungssystems für AT-Angestellte** (z. B. Bildung von Gehaltsgruppen) ein (Initiativ-)Mitbestimmungsrecht nach § 87 Abs. 1 Nr. 10 BetrVG (siehe hierzu → **Arbeitsentgelt** Rn. 60 ff.). Die Sperrwirkungen des § 77 Abs. 3 BetrVG und des § 87 Abs. 1 BetrVG (Eingangssatz: »*... soweit eine ... tarifliche Regelung nicht besteht ...*«) stehen dem nicht entgegen, weil die Arbeitsbedingungen von AT-Angestellten tarifvertraglich weder geregelt sind noch – i. S. d. § 77 Abs. 3 BetrVG – »üblicherweise« geregelt werden (siehe hierzu Betriebsvereinbarung Rn. 6). Das Mitbestimmungsrecht umfasst allerdings nicht die Höhe des Geldvolumens, das der Arbeitgeber für diesen Personenkreis insgesamt zur Verfügung stellen will (siehe auch Rn. 7 und → **Außertarifliche Angestellte** Rn. 8).

21 Kommt eine Betriebsvereinbarung über Arbeitsentgelte mit Entgeltgruppen für AT-Angestell-

te zustande und sollen AT-Entgelte in diese Gruppen **ein- oder umgruppiert** werden, ist der Betriebsrat nach § 99 BetrVG zu beteiligen.
Ist der Betriebsrat der Meinung, dass die beabsichtigte Eingruppierung gegen die Betriebsvereinbarung verstößt, kann er die Zustimmung nach § 99 Abs. 2 Nr. 1 BetrVG verweigern (siehe Rn. 22 ff. und 32 ff.).

Bedeutung für die Betriebsratsarbeit

Der Betriebsrat hat bei Ein- und Umgruppierungen nach § 99 BetrVG **Informations- und Mitbestimmungsrechte.** 22
Die Vorschrift findet allerdings nur Anwendung in → **Unternehmen** mit in der Regel (siehe → **Rechtsbegriffe**) mehr als zwanzig wahlberechtigten Arbeitnehmern (siehe auch Rn. 1).

Überblick: Betriebsratsrechte nach §§ 99 bis 101 BetrVG

Der Arbeitgeber hat den Betriebsrat vor jeder Ein- und Umgruppierung nach § 99 Abs. 1 23
BetrVG zu **unterrichten** und seine **Zustimmung** zu beantragen. Für den **Antrag** des Arbeitgebers auf Zustimmung zu einer der in § 99 Abs. 1 Satz 1 BetrVG bezeichneten personellen Maßnahme sieht das Gesetz **keine besondere Form** vor. Fehlt es an einem ausdrücklichen Zustimmungsersuchen, ist es nach Ansicht des BAG ausreichend, wenn der Betriebsrat der Mitteilung des Arbeitgebers entnehmen kann, dass er zu einer Zustimmung zu einer personellen Maßnahme iSd. § 99 Abs. 1 Satz 1 BetrVG aufgefordert wird (BAG v. 10.11.2009 – 1 ABR 64/08, DB 2010, 455). Maßgeblich seien insoweit die für die Auslegung von Willenserklärungen geltenden Grundsätze (§§ 133, 157 BGB). Dies gelte auch, wenn der Arbeitgeber die Zustimmung des Betriebsrats zu mehreren personellen Maßnahmen einholen will.
Der Betriebsrat hat gemäß § 99 Abs. 2 BetrVG das Recht, die **Zustimmung** zur vorgesehenen Ein- oder Umgruppierung zu **verweigern**, sofern einer der in § 99 Abs. 2 BetrVG aufgeführten Gründe vorliegt (vor allem der Grund: Verstoß gegen eine tarifliche Eingruppierungsbestimmung; siehe Rn. 44). Das Mitbestimmungsrecht bei Ein- und Umgruppierung hat nicht – wie bei → **Einstellung** und → **Versetzung** – mitgestaltenden Charakter, vielmehr handelt es sich um ein **Mitbeurteilungsrecht** (BAG v. 11.9.2013 – 7 ABR 29/12; 5.5.2010 – 7 ABR 70/08; 22.4.2009 – 4 ABR 14/08, AiB 2011, 122; 3.5.2006 – 1 ABR 2/05, NZA 2007, 47; 12.12.2006 – 1 ABR 13/06, AiB 2007, 431). Ob ein Arbeitnehmer **richtig eingruppiert** ist oder nicht, hängt nicht vom Willen des Arbeitgebers oder Betriebsrats ab, sondern ist eine Frage des **objektiven Rechts.**
Auszug aus BAG v. 27.6.2000 – 1 ABR 36/99, NZA 2001, 626: »*Eine Eingruppierung stellt keine Rechtsgestaltung dar, sondern einen gedanklichen Vorgang. Sie ist ein Akt der Rechtsanwendung und die Kundgabe des hierbei gefundenen Ergebnisses, dass nämlich die vom Arbeitnehmer zu verrichtenden Tätigkeiten den Tätigkeitsmerkmalen einer bestimmten Vergütungsgruppe entsprechen und daher der Arbeitnehmer in diese Gruppe einzuordnen ist. An diesem Akt der Rechtsanwendung ist der Betriebsrat nach § 99 Abs. 1 BetrVG zu beteiligen. Bei seinem Mitbestimmungsrecht handelt es sich um ein Mitbeurteilungsrecht im Sinne einer Richtigkeitskontrolle (st. Senatsrechtsprechung vgl. 20. Dezember 1988 – 1 ABR 68/87 – BAGE 60, 330; 20. März 1990 – 1 ABR 20/89 – BAGE 64, 254; 2. April 1996 – 1 ABR 50/95 – AP BetrVG 1972 § 99 Eingruppierung Nr. 7 = EzA BetrVG 1972 § 99 Nr. 138).*«
Verweigert der Betriebsrat seine Zustimmung, so hat er dies gemäß § 99 Abs. 3 BetrVG dem Arbeitgeber unter Angabe von **Gründen** (siehe Rn. 44 ff.) innerhalb **einer Woche** nach Unterrichtung **schriftlich** mitzuteilen (siehe Rn. 48). Der Arbeitgeber ist in diesem Falle ver-

Eingruppierung/Umgruppierung

pflichtet, ein arbeitsgerichtliches **Zustimmungsersetzungsverfahren** einzuleiten (§ 99 Abs. 4 BetrVG), in dem die von ihm vorgenommene Ein- bzw. Umgruppierung überprüft wird (siehe Rn. 50 ff.). Geschieht das nicht, kann der Betriebsrat den Arbeitgeber durch ein arbeitsgerichtliches **Verfahren nach § 101 BetrVG** zur Einleitung eines Zustimmungsersetzungsverfahrens zwingen (siehe Rn. 54 ff.).

23a Die **Zustimmung** des Arbeitnehmers zur Eingruppierung hat lediglich individualrechtliche Bedeutung, verdrängt aber nicht das betriebsverfassungsrechtliche Mitbestimmungsrecht des Betriebsrats.

23b Der Gesetzgeber hat dem Betriebsrat – was aus Arbeitnehmer- und Betriebsratssicht wünschenswert gewesen wäre – **kein Initiativrecht** für den Fall eingeräumt, dass erst später erkannt wird, dass eine vom Arbeitgeber vorgenommene Eingruppierung zu niedrig ist. Hierzu BAG v. 18. 6. 1991 – 1 ABR 53/90, NZA 1991, 852: »*Hält der Betriebsrat eine mit seiner erklärten oder ersetzten Zustimmung erfolgte Eingruppierung nicht oder nicht mehr für zutreffend, so kann er vom Arbeitgeber nicht verlangen, dass dieser eine erneute Eingruppierungsentscheidung unter seiner Beteiligung trifft.*« Der Betriebsrat kann in einem solchen Fall zwar von sich aus dem Arbeitgeber vorschlagen, den Arbeitnehmer höher zu gruppieren.

Über seine »Veto«-Mitbestimmung nach § 99 BetrVG kann er diesen Vorschlag jedoch nicht durchsetzen.

Deshalb hat der Betriebsrat bei einer erst zu einem späteren Zeitpunkt erkannten **Falscheingruppierung** keine Möglichkeit, per Antrag beim Arbeitsgericht die Eingruppierung bzw. Umgruppierung überprüfen zu lassen.

Vielmehr ist es Sache des Arbeitnehmers, im Wege der arbeitsgerichtlichen **Klage** die für richtig gehaltene Eingruppierung durchzusetzen. Weil die meisten Arbeitnehmer einen solchen Weg scheuen, weil sie Nachteile befürchten, bleibt es oft bei der unzutreffenden – zu niedrigen – Eingruppierung.

Allerdings kann der Betriebsrat nach **§ 101 BetrVG** vorgehen, wenn sich im Verlauf des Arbeitsverhältnisses die Arbeitsanforderungen derart verändern, dass der Arbeitgeber zur erneuten Vornahme einer Höhergruppierung verpflichtet ist (sog. **»schleichende« Arbeitsanreicherung**; siehe hierzu Rn. 2 a und Rn. 56 a).

> **Beispiel:**
> Ein Arbeitnehmer wurde vor 10 Jahren eingestellt und in eine bestimmte Entgeltgruppe eingruppiert. In der Zwischenzeit wurden ihm »peu à peu« weitere Aufgaben übertragen, ohne dass eine »eigentlich notwendige« Höhergruppierung erfolgt. Weil der Arbeitnehmer nicht klagt und der Betriebsrat kein Initiativrecht hat, bleibt es bei der ursprünglichen – zu niedrigen – Eingruppierung. Über ein arbeitsgerichtliches Beschlussverfahren nach § 101 BetrVG kann der Betriebsrat versuchen, eine Höhergruppierung durchzusetzen (siehe Rn. 56 a).

24 In Fällen einer »Falscheingruppierung« sollte der Betriebsrat auch über »Umwege« zur Realisierung einer korrekten Eingruppierung nachdenken (siehe hierzu → **Beschwerderecht der Arbeitnehmer** oder → **Koppelungsgeschäfte in der Betriebsverfassung**).

25 Die Eingruppierung ist von der auslösenden → **Einstellung** zu trennen.
Beide Maßnahmen sind gem. § 99 BetrVG mitbestimmungspflichtig.
Zu beiden Maßnahmen muss der Betriebsrat **entscheiden**, ob er seine Zustimmung erteilt.
Bei Zustimmungsverweigerung muss er die Begründung auf die jeweilige Maßnahme zuschneiden.
Er kann nicht die Zustimmung zur Einstellung mit der Begründung verweigern, die vorgesehene Eingruppierung sei unzutreffend.
Entsprechendes gilt für die Kombination von → **Versetzung** und Ein- und Umgruppierung.

26 Durch die Mitbestimmung (Mitbeurteilung) soll eine höhere Gewähr für die Richtigkeit der Ein-/Umgruppierung bewirkt werden (**Richtigkeitskontrolle**).

Eingruppierung/Umgruppierung

Wenn Arbeitgeber und Betriebsrat sich nicht einig sind, soll die Frage der arbeitsgerichtlichen Beurteilung zugeführt werden (**Zustimmungsersetzungsverfahren** nach § 99 Abs. 4 BetrVG; siehe Rn. 50 ff.).
Auf diese Weise kann eine einheitliche und gleichmäßige Anwendung der Entgeltgruppenordnung in gleichen und vergleichbaren Fällen angewendet und die Transparenz der im Betrieb vorgenommenen Eingruppierungen hergestellt werden.
Dies dient der **innerbetrieblichen Lohngerechtigkeit**.
Es bleibt aber die Frage, warum der Gesetzgeber dem Betriebsrat ein **Initiativrecht** zur Herstellung der innerbetrieblichen Lohngerechtigkeit verweigert hat (siehe Rn. 23 a).

Pflicht zur Ein- und Umgruppierung

Der Arbeitgeber hat bei Bestehen einer **Vergütungsordnung/Entgeltgruppenordnung** (siehe Rn. 7) und bei Vorliegen eines Ein- oder Umgruppierungsanlasses die betriebsverfassungsrechtliche Pflicht 27
- zur Eingruppierung des Arbeitnehmers und
- zur Beteiligung des Betriebsrats nach § 99 BetrVG.

Die Verpflichtung des Arbeitgebers zur Ein- und Umgruppierung setzt eine im Betrieb geltende Vergütungsordnung voraus (BAG v. 11. 9. 2013 – 7 ABR 29/12, DB 2014, 371). Nur wenn es gänzlich an einer Entgeltgruppenordnung fehlt, scheidet eine Eingruppierung bzw. Umgruppierung und damit insoweit auch eine Beteiligung des Betriebsrats nach § 99 BetrVG aus. 28

Der Betriebsrat hat in entsprechender Anwendung von § 101 BetrVG (siehe Rn. 54 ff.) einen Anspruch darauf, dass der **tarifgebundene Arbeitgeber** bei der Einstellung von Arbeitnehmern eine Entscheidung über die Eingruppierung der von ihnen ausgeübten Tätigkeiten **nach Maßgabe des einschlägigen Tarifvertrags** trifft und im Zustimmungsverweigerungsfall das in § 99 Abs. 1 Satz 1, Abs. 4 BetrVG vorgesehene Verfahren (siehe Rn. 50 ff.) ausführt. Die Pflicht des Arbeitgebers zur Eingruppierung besteht nach Ansicht des BAG **unabhängig von der Mitgliedschaft der Arbeitnehmer in der tarifvertragschließenden Gewerkschaft** (BAG v. 18. 10. 2011 – 1 ABR 25/10 und 1 ABR 34/10). Der Arbeitgeber sei im Verhältnis zum Betriebsrat verpflichtet, die Tätigkeit der Arbeitnehmer den im Tarifvertrag geregelten **Entgeltgruppen zuzuordnen**. Die dort bestimmte Vergütungsordnung sei der im Betrieb geltende **Entlohnungsgrundsatz** iSv. § 87 Abs. 1 Nr. 10 BetrVG. Diesen könnten weder der Arbeitgeber noch die Betriebsparteien auf die tarifgebundenen Arbeitnehmer beschränken. Die Bindung des Arbeitgebers an die tarifliche Entgeltstruktur begründe allerdings **keinen Anspruch** der nicht tarifgebundenen Arbeitnehmer auf den **Tariflohn** (BAG v. 18. 10. 2011 – 1 ABR 25/10 und 1 ABR 34/10). 28a

Eine Eingruppierung nach § 99 BetrVG umfasst die Entscheidung über die anzuwendende Vergütungsordnung sowie über die Einreihung in die zutreffende Vergütungsgruppe. 29
Eine Zustimmungsverweigerung des Betriebsrats und die gerichtliche Ersetzung der Zustimmung können sich jeweils nur auf die Eingruppierung in ihrer Gesamtheit beziehen (BAG 27. 6. 2000 – 1 ABR 36/99, NZA 2001, 626).

Die Eingruppierung fällt regelmäßig mit der → **Einstellung** eines Arbeitnehmers zusammen. 30
Eine Umgruppierung kann durch die Zuweisung einer anderen Tätigkeit infolge einer → **Versetzung** ausgelöst werden. 31
Ist der Arbeitgeber der Ansicht, dass die Eingruppierung in diesem Falle nicht zu ändern ist, muss er dennoch eine **erneute Eingruppierungsentscheidung** treffen und die Zustimmung des Betriebsrats gemäß § 99 BetrVG einholen.
Zu einer korrigierenden Umgruppierung / Rückgruppierung siehe Rn. 41 und 61.

Eingruppierung/Umgruppierung

32 Ein Mitbestimmungsrecht besteht auch bei der Ein- und Umgruppierung von → **außertariflichen Angestellten** (nicht aber von → **leitenden Angestellten**), wenn eine betriebliche Entgeltgruppenordnung für AT-Angestellte besteht.
Auch für die Feststellung, dass ein Arbeitnehmer AT-Angestellter und deshalb nicht in das tarifliche Entgeltschema einzugruppieren ist, muss der Arbeitgeber die Zustimmung des Betriebsrats einholen.

33 Das Mitbestimmungsrecht entfällt nicht deshalb, weil der Arbeitgeber bei seiner Prüfung zu dem Ergebnis gelangt, dass die zu bewertende Tätigkeit Anforderungen stellt, die die Eingruppierungsmerkmale der obersten Vergütungsgruppe übersteigen.

34 Ein Mitbestimmungsrecht besteht auch, wenn ein AT-Angestellter in die höchste tarifliche Entgeltgruppe **abgruppiert** werden soll.

35 Eine betriebsverfassungsrechtliche Pflicht des Arbeitgebers zur Eingruppierung bzw. Umgruppierung besteht auch in folgenden Fällen:
- bei »schleichender« Arbeitsanreicherung (siehe hierzu Rn. 2 a, 23 b und Rn. 56 a).
- Änderung der bisherigen tariflichen Entgeltordnung durch Abschluss eines geänderten bzw. neuen Tarifvertrages,
- Ablösung von bisher unterschiedlichen Lohn- und Gehaltsrahmentarifverträgen für Arbeiter und Angestellte durch einen gemeinsamen Entgeltgruppentarifvertrag,
- Abschluss eines Firmen-Entgeltgruppentarifvertrages,
- Geltung einer verbandstariflichen Entgeltordnung nach Beitritt des Arbeitgebers zu einem Arbeitgeberverband,
- Geltung einer anderen verbandstariflichen Entgeltordnung nach Wechsel des Arbeitgeberverbands.

36 Vereinbart der Arbeitgeber mit dem Arbeitnehmer anlässlich einer Einstellung oder Versetzung, ihn – übertariflich – nach einer **höheren Tarifgruppe** zu vergüten, als dies seiner Tätigkeit entspricht, dann ist dennoch eine Eingruppierung in die »richtige« Tarifgruppe vorzunehmen und der Betriebsrat zu beteiligen.
Allerdings muss nicht die Zustimmung zur Eingruppierung in die höhere Gruppe beantragt werden. Bei dem aus beiden Entgeltgruppen resultierenden Differenzbetrag handelt es sich um eine **übertarifliche Vergütung**, deren »Schicksal« sich allein nach individualrechtlichen Kriterien bestimmt.

37 Schließt sich unmittelbar an ein **befristetes Arbeitsverhältnis** ein weiteres Arbeitsverhältnis an, so wird eine erneute Eingruppierung nach § 99 BetrVG nicht erforderlich, wenn sich weder die Tätigkeit des Arbeitnehmers noch das maßgebliche Entgeltgruppenschema ändern.
Das gilt auch im Falle einer **Weiterbeschäftigung** zu unveränderten Arbeitsbedingungen gemäß § 102 Abs. 5 BetrVG nach einer Kündigung.
Wird dagegen einem Arbeitnehmer ein **neuer Arbeitsbereich** übertragen, der sich von dem bisherigen erheblich unterscheidet, so muss der Arbeitgeber die Eingruppierung überprüfen. Bei der erforderlichen Entscheidung ist der Betriebsrat auch dann zu beteiligen, wenn der Arbeitgeber die bisherige **Eingruppierung beibehalten** will.

38 Wird die im Betrieb Anwendung findende Vergütungsordnung durch eine **tarifliche Neuregelung** nicht nur redaktionell, sondern in der Struktur geändert, hat der Arbeitgeber die Arbeitnehmer unter Beteiligung des Betriebsrats nach Maßgabe des § 99 BetrVG neu einzugruppieren.
Wird eine tarifliche Entgeltgruppenordnung nur **teilweise** dahin abgeändert, dass eine Entgeltgruppe durch zwei neue Entgeltgruppen ersetzt wird, während die anderen Entgeltgruppen unverändert bleiben, ist eine Zustimmungsverweigerung zu der vom Arbeitgeber beabsichtigten Neueingruppierung eines bisher mit Zustimmung des Betriebsrats in die abgelöste Entgeltgruppe eingruppierten Arbeitnehmers unbeachtlich, mit der der Betriebsrat lediglich gel-

tend macht, der Arbeitnehmer erfülle – bei gleich bleibender Tätigkeit – die Voraussetzungen einer höheren (unveränderten) Entgeltgruppe.
Die Tarifvertragsparteien können die Rechte des Betriebsrats nicht einschränken, wenn die Änderung der bisherigen Entgeltstruktur objektiv eine **Umgruppierung** zur Folge hat.

Das Mitbestimmungsrecht des Betriebsrats erstreckt sich bei einer nach Entgelt- und Fallgruppen aufgebauten tariflichen Vergütungsordnung nicht nur auf die Bestimmung der Entgeltgruppe, sondern auch auf die Bestimmung der richtigen **Fallgruppe** dieser Entgeltgruppe, wenn damit unterschiedliche Rechtsfolgewirkungen verbunden sein können. 39

Hiervon ist auszugehen bei Fallgruppen, aus denen ein so genannter **Bewährungsaufstieg** vorgesehen ist.

Entsprechendes gilt, wenn die jeweiligen Entgeltgruppen unterteilt sind in an bestimmte Merkmale geknüpfte **Zusatzstufen**.

Die Entscheidung über die Gewährung einer **Zulage** ist als Ein- oder Umgruppierung nach § 99 BetrVG nur dann mitbestimmungspflichtig, wenn die Zulage eine **Zwischenstufe** zwischen Vergütungsgruppen darstellt. 40

Das ist nicht der Fall, wenn die Zulage nur in »angemessener« Höhe für eine unspezifische Kombination von Tätigkeiten geschuldet wird, deren Wertigkeit in beliebiger Weise die Merkmale einer tariflichen Vergütungsgruppe übersteigt.

Ein Mitbestimmungsrecht nach § 99 BetrVG besteht auch dann, wenn der Arbeitgeber eine **»korrigierende Rückgruppierung«** vornimmt, weil er der Meinung ist, dass der Arbeitnehmer »zu hoch« eingruppiert worden ist (BAG v. 20. 3. 1990 – 1 ABR 20/89, AiB 1990, 423; siehe auch Rn. 61). 41

Unterlässt der Arbeitgeber eine erforderliche Ein- oder Umgruppierung, kann der Betriebsrat gemäß § 101 BetrVG die Eingruppierung erzwingen. 42
Zum Verfahren nach § 101 BetrVG siehe Rn. 54 ff.

Führt der Arbeitgeber eine Ein- oder Umgruppierung durch, ohne den Betriebsrat nach § 99 BetrVG zu beteiligen, kommt ebenfalls § 101 BetrVG zur Anwendung. 43

Unterrichtung des Betriebsrats (§ 99 Abs. 1 BetrVG)

Der Arbeitgeber hat den Betriebsrat nach § 99 Abs. 1 Satz 1 BetrVG über die beabsichtigte personelle Einzelmaßnahme unter Vorlage der erforderlichen Unterlagen ausreichend zu unterrichten (BAG v. 29. 6. 2011 – 7 ABR 24/10, NZA-RR 2012, 18; 12. 1. 2011 – 7 ABR 25/09, NZA 2011, 1304). 43a

Der **Umfang** der vom Arbeitgeber geforderten Unterrichtung des Betriebsrats bestimmt sich nach dem Zweck der Beteiligung an der jeweiligen personellen Maßnahme (BAG v. 1. 6. 2011 – 7 ABR 18/10, AP Nr. 136 zu § 99 BetrVG 1972).

Die Unterrichtungs- und Vorlagepflichten nach § 99 Abs. 1 Satz 1 und Satz 2 BetrVG dienen dazu, dem Betriebsrat die Informationen zu verschaffen die er benötigt, um sein Recht zur **Stellungnahme** nach § 99 Abs. 2 BetrVG **sachgerecht ausüben zu können**. Der Arbeitgeber hat den Betriebsrat so zu unterrichten, dass dieser aufgrund der mitgeteilten Tatsachen in die Lage versetzt wird zu prüfen, ob einer der in § 99 Abs. 2 BetrVG genannten Zustimmungsverweigerungsgründe vorliegt (BAG v. 1. 6. 2011 – 7 ABR 18/10, a. a. O.; 27. 10. 2010 – 7 ABR 86/09, NZA 2011, 418).

In den Fällen der Ein- und Umgruppierung besteht das Mitbestimmungsrecht des Betriebsrats nach § 99 Abs. 1 und 2 BetrVG in einem Recht auf **Mitbeurteilung** der Rechtslage im Sinne einer Richtigkeitskontrolle (BAG v. 5. 5. 2010 – 7 ABR 70/08; siehe Rn. 23). Die Beteiligung des Betriebsrats nach § 99 BetrVG soll dazu beitragen, dass dabei **möglichst zutreffende Ergebnisse** erzielt werden.

Eingruppierung/Umgruppierung

43b Bei **Eingruppierungen** sind die vorgesehene Vergütungsgruppe mitzuteilen sowie die Gründe zu erläutern, warum diese Entgeltgruppe die richtige sein soll.
Bei **Umgruppierungen** gehört zu einer vollständigen Unterrichtung iSv. § 99 Abs. 1 Satz 1 BetrVG die Angabe der bisherigen und der vorgesehenen Vergütungsgruppe, ebenso sind die Gründe zu erläutern, weshalb der Arbeitnehmer anders als bisher einzureihen ist (BAG v. 5.5.2010 – 7 ABR 70/08, a.a.O.).

43c Grundsätzlich hat der Arbeitgeber auch über alle ihm bekannten Umstände zu informieren, welche die Wirksamkeit der **Vergütungsordnung** betreffen. Ein Grund für die Zustimmungsverweigerung zu einer Ein- und Umgruppierung kann nach § 99 Abs. 2 Nr. 1 BetrVG beispielsweise dann gegeben sein, wenn der Arbeitgeber die Ein- und Umgruppierung in einen nicht zur Anwendung kommenden Tarifvertrag vornehmen will (BAG v. 5.5.2010 – 7 ABR 70/08; 22.3.2005 – 1 ABR 64/03, NZA 2006, 383).

43d Nur eine ordnungsgemäße Unterrichtung des Betriebsrats setzt die **Wochenfrist** des § 99 Abs. 3 BetrVG **in Gang**. Dazu hat der Arbeitgeber den Betriebsrat nach § 99 Abs. 1 Satz 1 BetrVG über die beabsichtigte personelle Einzelmaßnahme unter Vorlage der erforderlichen Unterlagen ausreichend zu unterrichten (BAG v. 29.6.2011 – 7 ABR 24/10, NZA-RR 2012, 18; 12.1.2011 – 7 ABR 25/09, NZA 2011, 1304). Die Unterrichtung muss nicht nur vollständig, sondern auch zutreffend sein. Eine nicht den Tatsachen entsprechende Unterrichtung des Betriebsrats setzt die Frist des § 99 Abs. 3 Satz 1 BetrVG nicht in Lauf (BAG v. 1.6.2011 – 7 ABR 18/10).

> **Beachten:**
> Die Frist des § 99 Abs. 3 Satz 1 BetrVG wird grundsätzlich auch dann nicht in Lauf gesetzt, wenn es der Betriebsrat **unterlässt**, den Arbeitgeber auf die offenkundige Unvollständigkeit der Unterrichtung hinzuweisen (BAG v. 1.6.2011 – 7 ABR 18/10; 5.5.2010 – 7 ABR 70/08). Durfte der Arbeitgeber aber davon ausgehen, den Betriebsrat vollständig unterrichtet zu haben, kann es Sache des Betriebsrats sein, innerhalb der Frist um Vervollständigung der erteilten Auskünfte zu bitten.

43e Hat der Betriebsrat auf eine unvollständige oder unzutreffende Unterrichtung hin seine Zustimmung nach § 99 BetrVG verweigert, kann der Arbeitgeber nach Ansicht des BAG auch noch im **Zustimmungsersetzungsverfahren** (siehe Rn. 50) die fehlenden Informationen **nachholen** (BAG v. 29.6.2011 – 7 ABR 24/10, NZA-RR 2012, 18; 1.6.2011 – 7 ABR 18/10). Mit der Nachholung der Unterrichtung und der Vervollständigung bzw. Richtigstellung der Informationen werde die Wochenfrist des § 99 Abs. 3 Satz 1 BetrVG nunmehr **in Lauf gesetzt**. Für den Betriebsrat müsse allerdings erkennbar sein, dass der Arbeitgeber die Informationen während des Zustimmungsersetzungsverfahrens auch deswegen ergänzt oder richtigstellt, weil er seiner noch nicht ordnungsgemäß erfüllten Unterrichtungspflicht aus § 99 Abs. 1 Satz 1 und 2 BetrVG nachkommen möchte. Das müsse nicht ausdrücklich geschehen, sondern könne sich aus den Umständen der nachgereichten Informationen ergeben. Die ergänzende Information des Betriebsrats könne auch durch einen in einem gerichtlichen Zustimmungsersetzungsverfahren eingereichten Schriftsatz oder ihm beigefügte Anlagen erfolgen. Der Lauf der Frist des § 99 Abs. 3 Satz 1 BetrVG beginne in solch einem Fall aber erst dann, wenn die nachgereichte Mitteilung **beim Betriebsrat** – nicht bei dessen Verfahrensbevollmächtigten – **eingeht** (BAG v. 29.6.2011 – 7 ABR 24/10, NZA-RR 2012, 18).

Zustimmungsverweigerung – Zustimmungsverweigerungsgründe (§ 99 Abs. 2 BetrVG)

44 Der Betriebsrat hat gemäß § 99 Abs. 2 BetrVG das Recht, die **Zustimmung** zur vorgesehenen Ein- oder Umgruppierung zu **verweigern**, sofern einer der in § 99 Abs. 2 BetrVG aufgeführten

Gründe vorliegt (vor allem der Grund: Verstoß gegen eine tarifliche Eingruppierungsbestimmung; siehe Rn. 44).
Bei Ein- und Umgruppierung kommt als Zustimmungsverweigerungsgrund § 99 Abs. 2 Nr. 1 BetrVG in Frage.
Danach kann der Betriebsrat die Zustimmungsverweigerung damit begründen, dass die vom Arbeitgeber vorgesehene Eingruppierung gegen die Eingruppierungsbestimmungen eines auf das Arbeitsverhältnis anwendbaren **Tarifvertrages** (oder einer sonstigen Vergütungsordnung; siehe Rn. 7) verstößt.
Zu den **Anforderungen** an eine richtige Eingruppierung in tarifvertragliche Entgeltgruppen siehe Rn. 10 ff.

Die in § 99 Abs. 2 Nrn. 2 bis 6 BetrVG geregelten Zustimmungsverweigerungsgründe »passen« für Ein- und Umgruppierungen in der Regel nicht. **44a**
So kann eine Ein- oder Umgruppierung als solche z. B. nicht den Zustimmungsverweigerungsgrund nach § 99 Abs. 2 Nr. 3 BetrVG auslösen, weil hierdurch eine Benachteiligung anderer Arbeitnehmer nicht bewirkt werden kann.
Die Befürchtung des Betriebsrats, der Arbeitgeber könne die Arbeitsbedingungen der Beschäftigten »nach unten« an die ungünstigeren Regelungen neu eingestellter Arbeitnehmer anpassen, reicht im Übrigen nach Ansicht des BAG i. d. R. ohnehin nicht für eine Zustimmungsverweigerung aus (BAG v. 9. 7. 1996 – 1 ABR 55/95, NZA 1997, 447).

Der in § 99 Abs. 2 Nr. 4 BetrVG genannte Verweigerungsgrund (Benachteiligung des einzugruppierenden Arbeitnehmers) wird oft bereits von Nr. 1 erfasst. Ist der Betriebsrat der Auffassung, dass die Ein- oder Umgruppierung mit Blick auf den einschlägigen Entgeltgruppentarifvertrag **zu niedrig** ist, kann er die Zustimmungsverweigerung auf § 99 Abs. 2 Nr. 1 BetrVG stützen (»Verstoß gegen eine Bestimmung in einem Tarifvertrag«). **45**
Der Betriebsrat kann aber auch die Zustimmung zu einer aus seiner Sicht **zu hohen Eingruppierung** mit der Begründung verweigern, nur eine niedrigere als die vorgesehene Vergütungsgruppe sei zutreffend (zur Möglichkeit der vertraglichen Vereinbarung einer – übertariflichen – Eingruppierung siehe Rn. 60).

Der Betriebsrat kann die Zustimmung zu einer Eingruppierung gemäß § 99 Abs. 2 Nr. 1 BetrVG auch mit der Begründung verweigern, dass der Arbeitgeber den **falschen Tarifvertrag** anwendet. **46**
Dies gilt nicht nur bei Tarifpluralität (siehe → **Tarifvertrag** Rn. 58 ff.), sondern auch bei der Frage, inwieweit auf Grund einer tariflichen Öffnungsklausel ein spezieller Tarifvertrag zur Anwendung kommt.

Besteht eine nur für tarifgebundene Arbeitnehmer geltende tarifliche Entgeltgruppenordnung, dann kann der Betriebsrat der Eingruppierung der nicht tarifgebundenen Beschäftigten nicht mit der Begründung widersprechen, das vom Arbeitgeber herangezogene Entgeltgruppenschema sei nicht mit ihm nach § 87 Abs. 1 Nr. 10 BetrVG vereinbart worden. **47**

Form und Frist der Zustimmungsverweigerung (§ 99 Abs. 3 BetrVG)

Wenn der Betriebsrat beschließt, die Zustimmung zu der beantragten Ein- bzw. Umgruppierung zu verweigern, hat er dies dem Arbeitgeber **48a**
- innerhalb einer **Woche** nach ordnungsgemäßer Unterrichtung (siehe Rn. 43 a)
- unter **Angabe von Gründen**, die sich auf mindestens einen der in § 99 Abs. 2 Nrn. 1 bis 6 BetrVG aufgeführten Tatbestände stützen müssen (siehe Rn. 48 f)
- **schriftlich**

mitzuteilen.
Zur **Berechnung** der Wochenfrist: siehe → **Fristen**. Wird der Betriebsrat nicht ordnungsgemäß, d. h. vollständig und zutreffend über die beabsichtigte Einstellung (und Eingruppierung)

Eingruppierung/Umgruppierung

informiert, wird die Wochenfrist des § 99 Abs. 3 BetrVG **nicht in Lauf gesetzt**. Allerdings kann der Arbeitgeber eine unvollständige oder unzutreffende Unterrichtung **nachbessern** (sogar noch im Zustimmungsersetzungsverfahren nach § 94 Abs. 4 BetrVG; siehe Rn. 43 d und 43 e).

48b Nur eine form- und fristgerechte Zustimmungsverweigerung löst die Rechtsfolge des § 99 Abs. 4 BetrVG aus (nämlich die Verpflichtung des Arbeitgebers, ein arbeitsgerichtliches Zustimmungsersetzungsverfahren einzuleiten; siehe Rn. 50).

48c Lässt der Betriebsrat die Wochenfrist verstreichen, gilt seine **Zustimmung** zur Ein- bzw. Umgruppierung als **erteilt** (§ 99 Abs. 3 Satz 2 BetrVG; sog. **Zustimmungsfiktion**).

48d Die Betriebsparteien können die Wochenfrist nach Ansicht des BAG einvernehmlich **verlängern,** nicht aber gänzlich aufheben (BAG v. 29. 6. 2011 – 7 ABR 24/10, NZA-RR 2012, 18; 5. 5. 2010 – 7 ABR 70/08; 3. 5. 2006 – 1 ABR 2/05, NZA 2007, 47). Vielmehr müsse das Fristende anhand der getroffenen Abreden eindeutig bestimmbar sein. Andernfalls wäre die gesetzlich vorgesehene Möglichkeit eines Eintretens der Zustimmungsfiktion nach § 99 Abs. 3 Satz 2 BetrVG dauerhaft ausgeschlossen. Das sei mit dem Rechtssicherheitsinteresse gerade von Arbeitgeber und Betriebsrat selbst und im Übrigen mit den Belangen der betroffenen Arbeitnehmer nicht vereinbar.

Eine einvernehmliche Verlängerung der Frist ist allerdings wirkungslos, wenn sie erst **nach Ablauf** der gesetzlichen Wochenfrist getroffen wird (BAG v. 29. 6. 2011 – 7 ABR 24/10, a. a. O.). Sie kann nicht die nach § 99 Abs. 3 Satz 2 BetrVG bereits eingetretene Fiktion der als erteilt geltenden Zustimmung des Betriebsrats wieder beseitigen.

Erhebt der Betriebsrat innerhalb einer an sich wirksam verlängerten Zustimmungsverweigerungsfrist die berechtigte **Rüge,** dass die Unterrichtung unvollständig geblieben ist, beginnt die Frist des § 99 Abs. 3 Satz 1 BetrVG erst ab dem Zeitpunkt der Vervollständigung der Unterrichtung zu laufen (BAG v. 13. 3. 2013 – 7 ABR 39/11; 5. 5. 2010 – 7 ABR 70/08, a. a. O.).

48e Die Betriebsparteien können nicht vereinbaren, dass die Zustimmung des Betriebsrats **als verweigert gilt,** wenn zwischen ihnen bis zum Ablauf der Äußerungsfrist des § 99 Abs. 3 Satz 1 BetrVG kein Einvernehmen über eine vom Arbeitgeber beantragte Umgruppierung erzielt wird. Für den damit verbundenen Eingriff in das Zustimmungsersetzungsverfahren (§ 99 Abs. 4 BetrVG) fehlt ihnen die Regelungskompetenz (BAG v. 13. 3. 2013 – 7 ABR 39/11; 18. 8. 2009 – 1 ABR 49/08, NZA 2010, 112).

48f Nach der Rechtsprechung des BAG genügt der Betriebsrat der gesetzlichen **Begründungspflicht** iSv. § 99 Abs. 3 Satz 1 BetrVG, wenn es als **möglich erscheint,** dass er mit seiner schriftlich gegebenen Begründung einen der in § 99 Abs. 2 BetrVG aufgeführten Verweigerungsgründe geltend macht (BAG v. 16. 3. 2010 – 3 AZR 31/09, NZA 2010, 1028; 21. 7. 2009 – 1 ABR 35/08, NZA 2009, 1156).

Eine Begründung, die sich in der Benennung einer der **Nummern** des § 99 Abs. 2 BetrVG oder in der **Wiederholung** von deren Wortlaut erschöpft, ist allerdings **unbeachtlich.**

Gleiches gilt für eine Begründung, die offensichtlich auf **keinen** der gesetzlichen Verweigerungsgründe Bezug nimmt.

Die Begründung des Betriebsrats braucht nicht **schlüssig** zu sein.

Konkrete Tatsachen müssen nur für eine auf § 99 Abs. 2 Nr. 3 und Nr. 6 BetrVG gestützte Verweigerung angegeben werden (BAG v. 16. 3. 2010 – 3 AZR 31/09, a. a. O.; 21. 7. 2009 – 1 ABR 35/08, a. a. O.; 9. 12. 2008 – 1 ABR 79/07, NZA 2009, 627).

Vor diesem Hintergrund ist eine Zustimmungsverweigerung wie im nachstehenden Beispiel problematisch.

> **Beispiel:**
> »... der Betriebsrat verweigert gemäß § 99 Abs. 2 Nr. 1 BetrVG die Zustimmung zur Eingruppierung der Frau / des Herrn ..., weil die Eingruppierung gegen den Entgeltrahmentarifvertrag XY verstößt.«

Eingruppierung/Umgruppierung

Hier wird der Gesetzeswortlaut nur wiederholt. Immerhin wird ein bestimmter Tarifvertrag genannt, sodass die Zustimmungsverweigerung möglicherweise gerade noch »durchgeht«. Die Angabe konkreter Tatsachen wird zwar nur für eine auf § 99 Abs. 2 Nr. 3 und Nr. 6 BetrVG gestützte Zustimmungsverweigerung gefordert (die bei Ein- und Umgruppierung nicht in Betracht kommen), dennoch sollte der Betriebsrat auch bei den anderen Nrn. des § 99 Abs. 2 BetrVG ein Mindestmaßmaß an Tatsachen angeben und damit die Zustimmungsverweigerung »mit Leben erfüllen«, wie in nachstehendem Beispiel.

Beispiel einer Zustimmungsverweigerung nach § 99 Abs. 2 Nr. 1 BetrVG:
Eingruppierung von Frau ...
Sehr geehrte Damen und Herren,
der geplanten Einstellung von Frau ... als »Sachbearbeiterin im zentralen Rechnungswesen« stimmt der Betriebsrat zu.
Der Betriebsrat verweigert allerdings seine Zustimmung zu der von Ihnen beabsichtigten Eingruppierung von Frau ... in die Tarif-Entgeltgruppe 5 Grundstufe des Tarifvertrags ... (Zustimmungsverweigerung nach § 99 Abs. 2 Nr. 1 BetrVG).

Begründung:
Die von Ihnen vorgesehene Eingruppierung von Frau ... in die Tarif-Entgeltgruppe 5 Grundstufe widerspricht den Eingruppierungsbestimmungen des Tarifvertrags.
Frau ... soll als Sachbearbeiterin im zentralen Rechnungswesen tätig werden. Zu ihren Aufgaben gehört die Datenaufbereitung für den Rechnungsabschluss, das Pflegen der Stammdatei, das Vorbereiten der maschinellen Buchung und das Vorbereiten der Ergebnisrechnungen.
Nach Auffassung des Betriebsrats ist diese Arbeit in die Tarif-Entgeltgruppe 6 einzustufen (»schwierige sachbearbeitende Aufgabe, deren Erledigung überwiegend vorgegeben ist«). Erforderlich sind Kenntnisse und Fertigkeiten, wie man sie z. B. in einer dreijährigen kaufmännischen Berufsausbildung (Industriekauffrau) erwirbt. Außerdem erfordern die Datenaufbereitung und die Bearbeitung von Fehlerprotokollen eine mehrjährige Berufserfahrung.
Frau ... hat zwar die in der Entgeltgruppe 6 genannten Ausbildungsgänge nicht durchlaufen, weil sie eine kaufmännische Berufsausbildung nach zweieinhalb Jahren aus privaten Gründen abbrechen musste.
Frau ... hat die erforderliche Qualifikation aber ausweislich ihrer Bewerbungsunterlagen »auf einem anderen Wege erworben«, nämlich durch diverse Umschulungs- und Fortbildungsmaßnahmen bei unterschiedlichen Bildungseinrichtungen. Danach ist Frau ... mehrere Jahre bei der Firma ... mit der gleichen Aufgabenstellung betraut gewesen, was ihr die erforderliche Berufserfahrung eingebracht hat.
Die von Ihnen vorgesehene Eingruppierung in die Entgeltgruppe 5 verstößt damit gegen die Eingruppierungsbestimmungen des Tarifvertrags.
Mit freundlichen Grüßen,
Unterschrift Betriebsratsvorsitzende/r

Eine Zustimmungsverweigerung per **Telefax** reicht aus (BAG v. 11.6.2002 – 1 ABR 43/01, NZA 2003, 226). **48g**
Eine Mitteilung per **E-Mail** genügt, wenn diese den Erfordernissen der **Textform** nach § 126b BGB entspricht (BAG v. 10.3.2009 – 1 ABR 93/07, NZA 2009, 622).
Wenn der Betriebsrat die Zustimmung form- und fristgerecht verweigert, ist er nach Ablauf der Wochenfrist des § 99 Abs. 3 Satz 1 BetrVG nicht gehindert, seine Zustimmungsverweigerung ergänzend auf **rechtliche Argumente** zu stützen, die er im Verweigerungsschreiben noch nicht angeführt hatte (BAG v. 18.9.2002 – 1 ABR 56/01, NZA 2003, 622). **49**
Ein **Nachschieben** von Gründen tatsächlicher Art sowie die Einführung anderer Widerspruchsgründe i. S. des § 99 Abs. 2 BetrVG ist nicht möglich (BAG v. 17.11.2010 – 7 ABR 120/09, NZA-RR 2011, 415).

Eingruppierung/Umgruppierung

Beschluss des Betriebsrats

49a Eine Zustimmungsverweigerung des Betriebsrats ist nur dann wirksam, wenn sie **ordnungsgemäß** vom Betriebsrat **beschlossen** worden ist.
Siehe hierzu → **Betriebsratssitzung**.

Vorgehen des Betriebsrats

49b Der Betriebsrat könnte, wenn der Arbeitgeber die Zustimmung zu einer geplanten Eingruppierung/Umgruppierung beantragt, beispielsweise wie folgt vorgehen:
- Nach Eingang des Zustimmungsantrages des Arbeitgebers beruft der Betriebsratsvorsitzende eine Betriebsratssitzung ein (Einladung mit Mitteilung des Tagesordnungspunktes!). An → **Ersatzmitglieder** und sonstige einzuladende Personen denken (siehe → **Betriebsratssitzung**).
- Der Betriebsratsvorsitzende informiert die übrigen Betriebsratsmitglieder in der Sitzung über die vom Arbeitgeber geplante Versetzung (und Ein-/Umgruppierung).
- Erste Einschätzungen werden ausgetauscht.
- Beschluss des Betriebsrats: Vor abschließender Stellungnahme soll der Sachverhalt näher aufgeklärt werden (z. B. durch Gespräch mit dem/der Betroffenen, mit der Personalabteilung, mit den zuständigen Vertrauensleuten).
- Der Betriebsratsvorsitzende beruft noch innerhalb der Wochenfrist des § 99 Abs. 3 BetrVG eine weitere Sitzung ein (Einladung mit Tagesordnung!), in der die Angelegenheit nach Diskussion durch ordnungsgemäße Beschlussfassung (§ 33 BetrVG) entschieden wird.
- Im Falle der Zustimmungsverweigerung wird ein entsprechendes Schreiben (Begründung!) aufgesetzt, vom Betriebsratsvorsitzenden unterschrieben und noch innerhalb der Wochenfrist (!) an den Arbeitgeber übermittelt.

Gegebenenfalls reichen – bei entsprechender sorgfältiger Vorbereitung – Beratung und Beschlussfassung in *einer* Betriebsratssitzung aus.

Zustimmungsersetzungsverfahren (§ 99 Abs. 4 BetrVG)

50 Wenn der Betriebsrat die Zustimmung verweigert, muss der Arbeitgeber, wenn er an seiner Einstellungsabsicht festhalten will, nach § 99 Abs. 4 BetrVG ein Beschlussverfahren beim → **Arbeitsgericht** einleiten (**Zustimmungsersetzungsverfahren**).

Die verweigerte Zustimmung hat auf die Frage, ob die vom Arbeitgeber vorgenommene Eingruppierung/Umgruppierung **wirksam** ist oder nicht, keine Auswirkung. Der Arbeitnehmer hat unabhängig vom Mitbestimmungsverfahren nach § 99 BetrVG einen Rechtsanspruch auf die richtige Eingruppierung. Der Betriebsrat hat (nur) ein Mitbeurteilungsrecht (siehe Rn. 23). Ob eine Eingruppierung/Umgruppierung richtig ist oder nicht, ist eine Frage des objektiven Rechts und wird letztendlich im arbeitsgerichtlichen Gerichtsverfahren entschieden.

50a Voraussetzung für die gerichtliche **Ersetzung** der verweigerten Zustimmung zu einer personellen Einzelmaßnahme nach § 99 Abs. 4 BetrVG ist, dass der Arbeitgeber den Betriebsrat iSv. § 99 Abs. 1 Satz 1 und Satz 2 BetrVG **ausreichend unterrichtet** hat (siehe Rn. 48 c). Die vom Betriebsrat verweigerte Zustimmung darf – unabhängig von den dafür vorgebrachten Gründen – von den Gerichten nur ersetzt werden, wenn die **Frist** des § 99 Abs. 3 Satz 1 BetrVG **in Gang gesetzt** wurde. Dazu muss der Arbeitgeber die Anforderungen des § 99 Abs. 1 Satz 1 BetrVG sowie bei Einstellungen und Versetzungen auch diejenigen des § 99 Abs. 1 Satz 2 BetrVG erfüllt haben (BAG v. 1. 6. 2011 – 7 ABR 18/10; 28. 6. 2005 – 1 ABR 26/04).

Allerdings kann der Arbeitgeber nach Ansicht des BAG auch noch im Zustimmungserset-

Eingruppierung/Umgruppierung

zungsverfahren (siehe Rn. 50) die fehlenden Informationen **nachholen** (BAG v. 29. 6. 2011 – 7 ABR 24/10, NZA-RR 2012, 18; 1. 6. 2011 – 7 ABR 18/10; siehe Rn. 48 g).

Das Arbeitsgericht **ersetzt** die Zustimmung des Betriebsrats, wenn es zu dem Ergebnis gelangt, dass die vom Arbeitgeber vorgenommene Eingruppierung zutreffend ist und insofern ein Zustimmungsverweigerungsgrund nicht vorgelegen hat.   50b
Andernfalls weist das Gericht den Zustimmungsersetzungsantrag des Arbeitgebers ab.
In diesem Falle hat der Arbeitgeber, will er an der Beschäftigung des einzugruppierenden Arbeitnehmers festhalten, **erneut** eine Eingruppierung vorzunehmen (und zwar in eine andere Entgeltgruppe) und die Zustimmung des Betriebsrats einzuholen.
Das Mitbestimmungsverfahren nach § 99 BetrVG ist erst dann **abgeschlossen**, wenn es zu einer Eingruppierung geführt, für die eine vom Betriebsrat erteilte oder vom Gericht ersetzte Zustimmung vorliegt.

Der Arbeitnehmer kann unabhängig vom Mitbestimmungsverfahren nach § 99 BetrVG **Eingruppierungsklage** erheben, wenn er der Meinung ist, dass er falsch eingruppiert worden ist. Ein Beschluss des Arbeitsgerichts im Zustimmungsersetzungsverfahren gemäß § 99 Abs. 4 BetrVG hat für den Eingruppierungsrechtsstreit **keine präjudizielle** (= **bindende**) **Wirkung** (BAG v. 3. 5. 1994 – 1 ABR 58/93, AiB 1994, 762 = NZA 1995, 484; siehe Rn. 64).   51

Beantragt der Arbeitgeber nach § 99 Abs. 4 BetrVG die Ersetzung der Zustimmung des Betriebsrats zu einer Eingruppierung eines Arbeitnehmers und erklärt er das Beschlussverfahren für erledigt, weil der Arbeitnehmer im Laufe des Beschlussverfahrens aus dem Betrieb **ausgeschieden** ist, ist das Verfahren auch dann einzustellen, wenn der Betriebsrat der Erledigung widerspricht (BAG v. 10. 2. 1999 – 10 ABR 42/98, NZA 1999, 1225).   52

Vorläufige Ein- und Umgruppierung (§ 100 BetrVG)

Soll die Ein-/Umgruppierung sofort – noch vor der Erteilung oder gerichtlichen Ersetzung der Zustimmung des Betriebsrats – vollzogen werden, muss nach dem Gesetzeswortlaut eigentlich das in § 100 BetrVG vorgesehene Verfahren durchgeführt werden (»Vorläufige personelle Maßnahmen«).   53
Allerdings bestehen »rein praktisch« **kaum Ansatzpunkte** für eine Anwendung der Vorschrift, weil bei einer betriebsverfassungswidrigen Ein- oder Umgruppierung ohne Zustimmung des Betriebsrats bzw. ohne Zustimmungsersetzungsverfahren der Betriebsrat nach § 101 BetrVG vorgehen kann (vgl. hierzu DKKW-*Bachner*, BetrVG, 15. Aufl., § 100 Rn. 7; Fitting, BetrVG, 27. Aufl., § 100 Rn. 5).
Das BAG bezweifelt aufgrund des »deklaratorischen« Charakters der Ein- und Umgruppierung generell die Anwendbarkeit der Vorschrift (BAG v. 27. 1. 1987 – 1 ABR 66/85, NZA 1987, 489).

Verfahren zur Durchsetzung der Mitbestimmung; Zwangsgeld (§ 101 BetrVG)

Führt der Arbeitgeber ohne Zustimmung des Betriebsrats eine Ein- oder Umgruppierung durch, kann der Betriebsrat ein arbeitsgerichtliches Verfahren nach § 101 BetrVG einleiten. Hiernach kann der Betriebsrat beim Arbeitsgericht beantragen, dem Arbeitgeber aufzugeben, eine »*personelle Maßnahme aufzuheben*«. Kommt der Arbeitgeber dem nicht nach, kann der Betriebsrat die Verhängung eines **Zwangsgeldes** beantragen.   54

Bei Ein- und Umgruppierungen kann allerdings der Betriebsrat nach allgemeiner Ansicht entgegen dem Wortlaut des § 101 Satz 1 BetrVG wegen des »deklaratorischen« Charakters der Eingruppierung nicht ihre »**Aufhebung**« verlangen. Bei Ein- und Umgruppierungen hat § 101 BetrVG vielmehr die Funktion, das Mitbestimmungsrecht (Mitbeurteilungsrecht) des Betriebsrats nach § 99 BetrVG dadurch zu erzwingen, dass dem Arbeitgeber im Verfahren nach   55

Eingruppierung/Umgruppierung

§ 101 BetrVG aufgegeben wird, das Eingruppierungsverfahren unter Beteiligung des Betriebsrats auszuführen, und zwar so lange, bis es zu einer korrekten Ein- oder Umgruppierung kommt. Hierzu ein Auszug aus BAG v. 27.6.2000 – 1 ABR 36/99, NZA 2001, 626: »*Nach ständiger Rechtsprechung des Senats kann der Betriebsrat nach § 101 Satz 1 BetrVG nicht die* »*Aufhebung einer Eingruppierung*« *verlangen, wenn der Arbeitgeber die Eingruppierung unter Verletzung des Mitbestimmungsrechts durchgeführt hat. Da die Eingruppierung kein konstitutiver Akt, sondern die Kundgabe einer Rechtsansicht ist, kann sie nicht aufgehoben, sondern nur aufgegeben werden. In Fällen der Eingruppierung kann der Betriebsrat deshalb zur Sicherung seines Mitbestimmungsrechts nach § 101 Satz 1 BetrVG vom Arbeitgeber die Einholung seiner Zustimmung und bei Verweigerung derselben die Durchführung des arbeitsgerichtlichen Zustimmungsersetzungsverfahrens verlangen, solange nicht die Zustimmung vorliegt (Senat 20. Dezember 1988 – 1 ABR 68/87 – BAGE 60, 330; 3. Oktober 1989 – 1 ABR 66/88 – AP BetrVG 1972 § 99 Nr. 75 = EzA BetrVG 1972 § 99 Nr. 83; 23. November 1993 – 1 ABR 34/93 – AP BetrVG 1972 § 99 Nr. 111 = EzA BetrVG 1972 § 99 Nr. 119; 12. August 1997 – 1 ABR 13/97 – AP BetrVG 1972 § 99 Eingruppierung Nr. 14 = EzA BetrVG 1972 § 99 Umgruppierung Nr. 1).*«

56 Folgende Fälle sind zu **unterscheiden**:
1. Der Betriebsrat kann nach § 101 BetrVG vorgehen, wenn es der Arbeitgeber unterlässt, eine **Eingruppierung vorzunehmen**, obwohl er hierzu verpflichtet ist (siehe Rn. 28 ff.).
Der Betriebsrat kann gemäß § 101 BetrVG beantragen, dem Arbeitgeber aufzugeben,
 • den Arbeitnehmer einzugruppieren,
 • die Zustimmung des Betriebsrats zur vorgesehenen Eingruppierung einzuholen und
 • im Verweigerungsfalle durch das Arbeitsgericht ersetzen zu lassen.
2. Hat es der Arbeitgeber unterlassen, die **Zustimmung** des Betriebsrats zu einer Ein- oder Umgruppierung **einzuholen**, kann der Betriebsrat nach § 101 BetrVG beim Arbeitsgericht beantragen, dem Arbeitgeber aufzugeben, die Zustimmung des Betriebsrats zur vorgesehenen Eingruppierung einzuholen und im Verweigerungsfalle durch das Arbeitsgericht ersetzen zu lassen.
Ist z. B. der Arbeitgeber der irrigen Ansicht, er brauche bei der Einstellung eines → **außertariflichen Angestellten** den Betriebsrat in der Frage der Eingruppierung nicht zu beteiligen, weil dieser nicht unter die tarifliche Vergütungsordnung falle, kann der Betriebsrat, wenn er der Meinung ist, dass es sich um einen Tarif-Angestellten handelt, nach § 101 BetrVG vorgehen.
Das Gleiche gilt, wenn z. B. im Falle einer Versetzung der Arbeitgeber meint, keine neue Eingruppierungsentscheidung treffen zu müssen, weil er die bisherige Eingruppierung beibehalten wolle.
3. Unterlässt es der Arbeitgeber, trotz verweigerter Zustimmung ein **Zustimmungsersetzungsverfahren** nach § 99 Abs. 4 BetrVG (siehe Rn. 50 ff.) einzuleiten, kann der Betriebsrat den Arbeitgeber über ein Verfahren gemäß § 101 BetrVG dazu zwingen, dieses zu tun.
4. Ist der Arbeitgeber im – durchgeführten – Zustimmungsersetzungsverfahren (§ 99 Abs. 4 BetrVG) unterlegen, muss er seinen Antrag auf Zustimmung des Betriebsrats zur Eingruppierung **wiederholen**, wenn er den Arbeitnehmer weiterbeschäftigen will.
Dieser Antrag kann aber nur eine **andere Entgeltgruppe** als diejenige zum Gegenstand haben, zu der das Gericht bereits rechtskräftig die Ersetzung der Zustimmung versagt hat.
Der Betriebsrat kann die Fortsetzung des Beteiligungsverfahrens dadurch erzwingen, dass er dem Arbeitgeber nach § 101 BetrVG aufgeben lässt, nunmehr eine andere als die ursprünglich beabsichtigte Eingruppierung vorzunehmen und hierzu seine, des Betriebsrats, Zustimmung einzuholen.

56a Der Betriebsrat kann auch dann nach § 101 BetrVG vorgehen, wenn sich die dem Arbeitnehmer übertragene Arbeit im Laufe der Jahre so angereichert hat, dass der Arbeitgeber eine Höhergruppierung hätte vornehmen müssen (sog. »**schleichende**« **Arbeitsanreicherung** oder

»schleichende Versetzung«; vgl. Kuhn/Zimmermann, AiB 2000, 380, 383 f.; vgl. auch Fitting, BetrVG, 27. Aufl., § 99 Rn. 97 a).

Beispiel:
Ein Arbeitnehmer wurde vor vielen Jahren als Maschinenführer eingestellt und in die Entgeltgruppe 5 des einschlägigen Tarifvertrags eingruppiert. Inzwischen sind ihm peu à peu weitere eingruppierungsrelevante Aufgaben übertragen worden (z. B. Wartung und Reparatur der Maschinen usw.), sodass an eine Höhergruppierung in die Entgeltgruppe 6 zu denken wäre. Allerdings beantragt der Arbeitgeber beim Betriebsrat weder die Zustimmung zu einer Versetzung noch zu einer Umgruppierung. Er hofft darauf (oft mit Erfolg), dass sich weder der Betriebsrat noch der Arbeitnehmer »rühren«.

In einem solchen Fall kann es sich um eine nach § 99 BetrVG zustimmungspflichtige Versetzung handeln (Versetzung in Form der Übertragung weiterer Aufgaben; siehe → **Versetzung** Rn. 5). Außerdem kann die Erforderlichkeit einer Höhergruppierung bestehen, wenn die »Anreicherung« der Arbeit die Voraussetzungen einer höheren Tarifentgeltgruppe erfüllen. **Unterlässt** der Arbeitgeber die gebotene **Höhergruppierung**, kann der Betriebsrat gemäß § 101 BetrVG beim Arbeitsgericht beantragen, dem Arbeitgeber aufzugeben,
- den Arbeitnehmer einzugruppieren,
- die Zustimmung des Betriebsrats zur vorgesehenen Eingruppierung einzuholen und
- im Verweigerungsfalle durch das Arbeitsgericht ersetzen zu lassen.

Nachstehend hierzu ein Auszug aus BAG v. 4.5.2011 – 7 ABR 10/10, NZA 2011, 12391 (vgl. auch BAG v. 14.4.2010 – 7 ABR 91/08, DB 2010, 1536; 12.12.2000 – 1 ABR 23/00; 18.6.1991 – 1 ABR 53/90; Fitting, BetrVG, 27. Aufl., § 99 Rn. 97 a und § 101 Rn. 8): »*Der Betriebsrat kann in Fällen, in denen der Arbeitgeber die gebotene Ein- oder Umgruppierung eines Arbeitnehmers unterlässt, in entsprechender Anwendung von § 101 BetrVG zur Sicherung seines Mitbeurteilungsrechts nach § 99 Abs. 1 BetrVG beim Arbeitsgericht beantragen, dem Arbeitgeber aufzugeben, eine Ein- oder Umgruppierungsentscheidung vorzunehmen, ihn um Zustimmung zu ersuchen und im Falle der beachtlichen Zustimmungsverweigerung das arbeitsgerichtliche Zustimmungsersetzungsverfahren einzuleiten.*«

Voraussetzung hierfür ist eine betriebsverfassungsrechtliche **Pflicht** des Arbeitgebers zur Ein- oder Umgruppierung (siehe Rn. 28 ff.; vgl. auch BAG v. 26.10.2004 – 1 ABR 37/03). Eine solche Pflicht soll nach Ansicht des 7. Senats des BAG nicht für Ein- oder Umgruppierungen bestehen, die einen in der **Vergangenheit** liegenden, abgeschlossenen Zeitraum betreffen, sondern nur rechtsanwendende Akte mit **Gegenwarts- und Zukunftsbezug** (BAG v. 11.9.2013 – 7 ABR 29/12). An der gegenteiligen Ansicht des 1. Senats v. 3.5.1994 – 1 ABR 58/93 halte der – seit dem 1. Januar 2010 für betriebsverfassungsrechtliche Streitigkeiten über die Mitbestimmung bei personellen Einzelmaßnahmen allein zuständige – 7. Senat nicht fest.

Bedeutung für den Beschäftigten

Der Arbeitnehmer hat im Falle **beiderseitiger Tarifbindung** – unabhängig von der Auffassung des Arbeitgebers und Betriebsrats – einen Anspruch auf die Vergütung, die der Tarifvertrag für seine Tätigkeit vorsieht.

Bei fehlender Tarifbindung kann sich ein Anspruch auf Anwendung der tariflichen Entgeltgruppenordnung ergeben, wenn dies **vertraglich vereinbart** ist (ggf. aufgrund einer → **Gesamtzusage** des Arbeitgebers) oder die Anwendung auf

57

58

Eingruppierung/Umgruppierung

- einer → **betrieblichen Übung** oder
- einer **einseitigen Festlegung** durch den Arbeitgeber

beruht.

In letzterem Falle hat der Arbeitgeber bei der Eingruppierung den arbeitsrechtlichen Gleichbehandlungsgrundsatz (siehe → **Gleichbehandlung**) zu beachten.

Der Grundsatz der Vertragsfreiheit hat im Bereich der Vergütung nur dann Vorrang vor dem Gleichbehandlungsgrundsatz, wenn es sich um **individuell vereinbartes** → **Arbeitsentgelt** handelt.

Der Gleichbehandlungsgrundsatz ist jedoch anwendbar, wenn der Arbeitgeber die Vergütung nach einem bestimmten **erkennbaren und generalisierenden Prinzip** gewährt.

59 Bei einer mehrere Arbeitnehmer betreffenden Höhergruppierung darf der Arbeitgeber nicht das **Maßregelungsverbot** des § 612 a BGB verletzen (»*Der Arbeitgeber darf einen Arbeitnehmer bei einer Vereinbarung oder einer Maßnahme nicht benachteiligen, weil der Arbeitnehmer in zulässiger Weise seine Rechte ausübt*«).

Gruppiert ein Arbeitgeber alle Arbeitnehmer höher, die eine auf diese Höhergruppierung gerichtete Klage nicht erhoben bzw. eine solche zurückgenommen haben, und nimmt er nur diejenigen Arbeitnehmer von der Höhergruppierung aus, die ihre **Klage nicht zurücknehmen**, so verstößt dies gegen § 612 a BGB.

Dieser Verstoß führt zu einem **Anspruch** der betreffenden Arbeitnehmer auf die **höhere Vergütung** (BAG v. 23. 2. 2000 – 10 AZR 1/99, DB 2000, 1921).

60 Es ist möglich, arbeitsvertraglich eine Eingruppierung in eine Entgeltgruppe oberhalb der tariflich einschlägigen Entgeltgruppe, also eine **übertarifliche Eingruppierung**, zu vereinbaren.

Eine solche Vereinbarung kann **ausdrücklich** getroffen werden, aber auch **konkludent** etwa dadurch, dass der Arbeitgeber dem Arbeitnehmer wissentlich eine übertarifliche Vergütung mitgeteilt hat.

Eine einseitige Rückgruppierung durch den Arbeitgeber ist dann **nicht zulässig** (BAG v. 16. 2. 2000 – 4 AZR 62/99, DB 2001, 596).

Vielmehr ist eine Rückgruppierung auf das Niveau der einschlägigen Entgeltgruppe nur im Wege der Änderungsvereinbarung oder → **Änderungskündigung** möglich, wobei Letztere im Regelfall sozial ungerechtfertigt i. S. d. KSchG sein dürfte.

Der Arbeitnehmer hat im **Rechtsstreit** die Tatsachen darzulegen und ggf. zu beweisen, aus denen folgen soll, dass eine Vergütung nach einer tariflich nicht geschuldeten – höheren – Vergütungsgruppe vereinbart worden ist (BAG v. 17. 5. 2000 – 4 AZR 237/99, NZA 2001, 1316).

61 Stellt die Mitteilung der Vergütungsgruppe keine wissentliche, sondern eine irrtümliche Zubilligung einer übertariflichen Vergütung dar, so kann der Arbeitgeber eine erneute tarifvertragliche Zuordnung der zu bewertenden Tätigkeit auch zu Lasten des Arbeitnehmers vornehmen (»**korrigierende Rückgruppierung**«; vgl. BAG v. 16. 2. 2000 – 4 AZR 62/99, DB 2001, 596 zur Eingruppierung nach BAT).

Im Streitfall kann sich der Arbeitnehmer zunächst auf die ihm vom Arbeitgeber mitgeteilte Vergütungsgruppe berufen.

Sodann muss der Arbeitgeber die objektive Fehlerhaftigkeit der mitgeteilten Vergütungsgruppe darlegen und beweisen (BAG v. 17. 5. 2000 – 4 AZR 237/99, NZA 2001, 1316).

Hat der Arbeitgeber die Voraussetzungen für die sog. korrigierende Rückgruppierung dargelegt und ggf. bewiesen, so ist es Sache des Arbeitnehmers, die Tatsachen darzulegen und ggf. zu beweisen, aus denen folgt, dass ihm die begehrte höhere Vergütung zusteht (BAG 16. 2. 2000 – 4 AZR 62/99, a. a. O.).

Eine korrigierende Rückgruppierung bedarf der **Zustimmung des Betriebsrats** nach § 99 BetrVG (siehe Rn. 41).

Eingruppierung/Umgruppierung

Ist ein Arbeitnehmer der Meinung, zu niedrig eingruppiert zu sein, so kann und sollte er seinen Anspruch (= Differenzbetrag, der sich aus der falschen Eingruppierung ergibt) schriftlich beim Arbeitgeber **geltend machen** (siehe **Musterschreiben** im Anhang). Vertragliche und tarifliche Form- und Fristregelungen (siehe → **Ausschlussfristen/Verfallfristen**) bei der Geltendmachung sind zu beachten. 62

Bleibt die Geltendmachung erfolglos, kann der Arbeitnehmer seinen vermeintlichen Anspruch auf höhere Eingruppierung durch Erhebung einer **Eingruppierungsklage** gegen den Arbeitgeber beim → **Arbeitsgericht** verfolgen. 63
Im Prozess hat er die Tatsachen vorzutragen und im Streitfall zu beweisen, aus denen für das Gericht der rechtliche Schluss möglich ist, dass er die allgemeinen tariflichen Tätigkeitsmerkmale (**Oberbegriffe**) der höheren Entgeltgruppe (siehe Rn. 15) bzw. die Merkmale eines **Tätigkeits-** bzw. **Richtbeispiels** (siehe Rn. 16) erfüllt.
Der Arbeitnehmer muss insbesondere sehr **konkret darlegen**, welche Tätigkeiten er im Einzelnen ausübt, wann und in welcher Form der Arbeitgeber ihm die höherwertigen Aufgaben übertragen hat (BAG v. 8.3.2006 – 10 AZR 129/05, NZA 2007, 159), welchen **Schwierigkeitsgrad** bzw. **Wertigkeit** die Tätigkeiten haben, welche **Zeitanteile** sie an der Gesamttätigkeit haben usw.
Selbst wenn der Arbeitgeber in der Beschreibung des betreffenden Arbeitsplatzes zur Kennzeichnung der dort anfallenden Tätigkeiten einen **allgemeinen Tarifbegriff** (z. B. »selbstständig«) verwendet, so muss der Arbeitnehmer nach Ansicht des BAG dennoch konkrete Tätigkeiten angeben, die den tariflichen Begriffsinhalt erfüllen (BAG v. 21.7.1993 – 4 AZR 486/92, AuR 1994, 71 = NZA 1994, 710).
Nimmt der Arbeitnehmer z. B. ein tarifliches **Heraushebungsmerkmal** (z. B. »besondere Leistungen«) für seine Eingruppierung in Anspruch, so reicht zum schlüssigen Vortrag eine genaue Darstellung seiner eigenen Tätigkeit nicht aus.
Der Tatsachenvortrag muss vielmehr einen **wertenden Vergleich** mit den nicht unter das Heraushebungsmerkmal fallenden Tätigkeiten ermöglichen (BAG v. 20.10.1993 – 4 AZR 47/93, AuR 1994, 105 = NZA 1994, 514).
Das für den Prozess notwendige Tatsachenmaterial sollte der Arbeitnehmer im Wege der Selbstaufschreibung über einen längeren Zeitraum »**sammeln**«.
Auch **Beweismittel** (Zeugen, Urkunden) sollte er dokumentieren.

> **Hinweis:**
> Die Anforderungen der Gerichte an die **Darlegungslast** des auf Höhergruppierung klagenden Arbeitnehmers sind extrem hoch. Oft werden Klagen abgewiesen mit der Begründung, dass der Arbeitnehmer habe nicht schlüssig vorgetragen, dass er mit seiner Tätigkeit die Eingruppierungsmerkmale der begehrten Entgeltgruppe erfüllt. **Beweisanträge** des Arbeitnehmers (z. B. auf Einholung eines Sachverständigengutachtens) werden verworfen. Der Arbeitnehmer sollte in Rechtsmittel gegen das klageabweisende Urteil einlegt – das unter dem Gesichtspunkt »Verletzung des Grundrechts auf **rechtliches Gehör** (Art. 103 Abs. 1 GG)« rügen. Eine solche Rüge kann auch noch in der Revisionsinstanz (BAG) erhoben werden.

Ein **Klagerecht** steht dem Arbeitnehmer auch dann zu, wenn ein Beschlussverfahren nach § 99 Abs. 4 BetrVG oder § 101 BetrVG beim Arbeitsgericht anhängig oder rechtskräftig entschieden ist. Eine Entscheidung in diesen Verfahren ist für den Eingruppierungsrechtsstreit nicht bindend. 64
Soweit aber im Zustimmungsersetzungsverfahren nach § 99 Abs. 4 BetrVG eine bestimmte Entgeltgruppe als zutreffend ermittelt oder als unzutreffend ausgeschlossen wurde, kann der Arbeitnehmer seinen Entgeltanspruch unmittelbar auf die gerichtliche Entscheidung stützen.

Eingruppierung/Umgruppierung

Insoweit ist sein Anspruch nicht von einer weiteren Prüfung der tariflichen Eingruppierungsvoraussetzungen abhängig (BAG v. 3.5.1994 – 1 ABR 58/93, AiB 1994, 762).
Umgekehrt ist der Arbeitnehmer nicht gehindert, gegenüber dem Arbeitgeber eine **günstigere** als die im Beschlussverfahren gemäß § 99 Abs. 4 BetrVG angenommene Eingruppierung geltend zu machen (BAG v. 3.5.1994 – 1 ABR 58/93, a. a. O.).

Arbeitshilfen

Übersichten	• Mitbestimmungsrecht des Betriebsrats bei Ein- und Umgruppierung (§§ 99 – 101 BetrVG)
	• Eingruppierung/Umgruppierung (§ 99 BetrVG)
Checkliste	• Fragebogen zur Überprüfung der Eingruppierung
Musterschreiben	• Zustimmungsverweigerung des Betriebsrats bei Eingruppierung (I)
	• Zustimmungsverweigerung des Betriebsrats bei Eingruppierung (II)
	• Geltendmachung bei zu niedriger Eingruppierung

Übersicht: Mitbestimmungsrecht des Betriebsrats bei Ein- und Umgruppierung (§§ 99 – 101 BetrVG)

- §§ 99 bis 101 BetrVG gelten nur in Unternehmen mit in der Regel mehr als zwanzig wahlberechtigten Arbeitnehmern.
- Der Betriebsrat hat Anspruch auf ordnungsgemäße und vollständige Unterrichtung über die beabsichtigte Ein-/Umgruppierung (§ 99 Abs. 1 BetrVG).
- Der Betriebsrat kann die Zustimmung verweigern: fristgerecht (1 Woche), schriftlich und mit Angabe von Gründen. Die Zustimmungsverweigerung muss auf einen der in § 99 Abs. 2 BetrVG genannten Gründe gestützt und möglichst konkret begründet werden (eine bloße Wiederholung des Gesetzestextes des § 99 Abs. 2 BetrVG reicht nicht aus).
- Schweigen gilt als Zustimmung (§ 99 Abs. 3 Satz 2 BetrVG).
- Zustimmungsersetzungsverfahren (§ 99 Abs. 4 BetrVG): Verweigert der Betriebsrat die Zustimmung, so muss der Arbeitgeber sich die Zustimmung vom Arbeitsgericht ersetzen lassen. Gibt das Gericht dem Zustimmungsersetzungsantrag statt, darf der Arbeitgeber die Ein- bzw. Umgruppierung vornehmen. Lehnt das Gericht den Zustimmungsersetzungsantrag ab, muss der Arbeitgeber den Arbeitnehmer erneut nach Maßgabe der Entscheidung des Gerichts eingruppieren und die Zustimmung des Betriebsrats einholen. Das Recht des Arbeitnehmers, gegen eine aus seiner Sicht falsche Ein- bzw. Umgruppierung zu klagen, bleibt unberührt.
- Vorläufige Ein- und Umgruppierung (§ 100 BetrVG): Das BAG bezweifelt aufgrund des »deklaratorischen« Charakters der Ein- und Umgruppierung die Anwendbarkeit des § 100 BetrVG; vgl. BAG v. 27.1.1987 – 1 ABR 66/85, NZA 1987, 489; vgl. auch DKKW-*Bachner*, BetrVG, 15. Aufl., § 100 Rn. 7; Fitting, BetrVG, 27. Aufl., § 100 BetrVG Rn. 5).
- Verfahren zur Durchsetzung der Mitbestimmung; Zwangsgeld (§ 101 BetrVG): Bei Verstößen gegen sein Mitbestimmungsrecht (Unterlassung einer gebotenen Ein- oder Umgruppierung; Ein-/Umgruppierung ohne Zustimmung des Betriebsrats bzw. ohne Zustimmungsersetzung) kann der Betriebsrat ein arbeitsgerichtliches Verfahren zur Durchsetzung seiner Mitbestimmungsrechte gegen den Arbeitgeber einleiten.

Eingruppierung/Umgruppierung

Übersicht: Eingruppierung/Umgruppierung (§ 99 BetrVG)

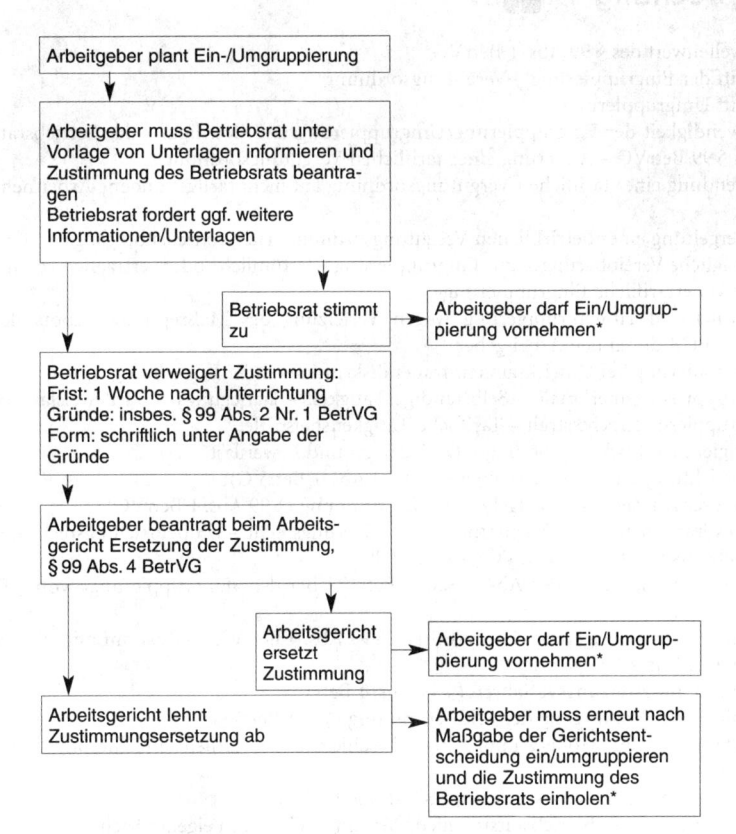

```
┌─────────────────────────────────────┐
│ Arbeitgeber plant Ein-/Umgruppierung │
└─────────────────┬───────────────────┘
                  ▼
┌─────────────────────────────────────┐
│ Arbeitgeber muss Betriebsrat unter   │
│ Vorlage von Unterlagen informieren und│
│ Zustimmung des Betriebsrats beantra- │
│ gen                                  │
│ Betriebsrat fordert ggf. weitere     │
│ Informationen/Unterlagen             │
└──────┬──────────────────┬───────────┘
       │                  ▼
       │         ┌──────────────────┐    ┌────────────────────────┐
       │         │ Betriebsrat stimmt│───▶│ Arbeitgeber darf Ein/Umgrup-│
       │         │ zu                │    │ pierung vornehmen*      │
       │         └──────────────────┘    └────────────────────────┘
       ▼
┌─────────────────────────────────────┐
│ Betriebsrat verweigert Zustimmung:   │
│ Frist: 1 Woche nach Unterrichtung    │
│ Gründe: insbes. § 99 Abs. 2 Nr. 1 BetrVG│
│ Form: schriftlich unter Angabe der   │
│ Gründe                               │
└─────────────────┬───────────────────┘
                  ▼
┌─────────────────────────────────────┐
│ Arbeitgeber beantragt beim Arbeits-  │
│ gericht Ersetzung der Zustimmung,    │
│ § 99 Abs. 4 BetrVG                   │
└──────┬──────────────────┬───────────┘
       │                  ▼
       │         ┌──────────────────┐    ┌────────────────────────┐
       │         │ Arbeitsgericht    │───▶│ Arbeitgeber darf Ein/Umgrup-│
       │         │ ersetzt           │    │ pierung vornehmen*      │
       │         │ Zustimmung        │    └────────────────────────┘
       │         └──────────────────┘
       ▼
┌─────────────────────────────────┐    ┌────────────────────────────┐
│ Arbeitsgericht lehnt             │───▶│ Arbeitgeber muss erneut nach│
│ Zustimmungsersetzung ab          │    │ Maßgabe der Gerichtsent-    │
└─────────────────────────────────┘    │ scheidung ein/umgruppieren  │
                                       │ und die Zustimmung des      │
                                       │ Betriebsrats einholen*      │
                                       └────────────────────────────┘
```

* Hinweis: Das Recht des Arbeitnehmers, gegen eine aus seiner Sicht zu niedrige Ein-/Umgruppierung zu klagen (Höhergruppierungsklage), bleibt unberührt. Eine Entscheidung im Zustimmungsersetzungsverfahren nach § 99 Abs. 4 BetrVG ist für den Eingruppierungsrechtsstreit nicht bindend.
Soweit aber im Zustimmungsersetzungsverfahren nach § 99 Abs. 4 BetrVG eine bestimmte Entgeltgruppe als zutreffend ermittelt oder als unzutreffend ausgeschlossen wurde, kann der Arbeitnehmer seinen Entgeltanspruch unmittelbar auf die gerichtliche Entscheidung stützen. Insoweit ist sein Anspruch nicht von einer weiteren Prüfung der tariflichen Eingruppierungsvoraussetzungen abhängig (BAG v. 3.5.1994 – 1 ABR 58/93, AiB 1994, 762 = NZA 1995, 484). Umgekehrt ist der Arbeitnehmer nicht gehindert, gegenüber dem Arbeitgeber eine günstigere als die im Beschlussverfahren gemäß § 99 Abs. 4 BetrVG angenommene Eingruppierung geltend zu machen (BAG v. 3.5.1994 – 1 ABR 58/93, a.a.O.).

Eingruppierung/Umgruppierung

Rechtsprechung

1. Schwellenwert des § 99 Abs. 1 BetrVG
2. Begriff der Eingruppierung – Vergütungsordnung
3. Begriff Umgruppierung
4. Notwendigkeit der Eingruppierung/Umgruppierung und Beteiligung des Betriebsrats nach § 99 BetrVG – Änderung einer tariflichen Vergütungsordnung
5. Anwendung einer tariflichen Vergütungsordnung auf nicht tarifgebundene Arbeitnehmer
6. Weitergeltung einer betrieblichen Vergütungsordnung nach Betriebsübergang
7. Vertragliche Vereinbarungen zur Eingruppierung – Irrtümliche oder vertraglich vereinbarte »übertarifliche Eingruppierung«
8. Anspruch auf Höhergruppierung wegen Verletzung des Maßregelungsverbots des § 612 a BGB durch den Arbeitgeber
9. Eingruppierung bei Unwirksamkeit frauendiskriminierender Leichtlohngruppen
10. Eingruppierungsmerkmale – Selbständige Tätigkeit – Darlegungs- und Beweislast im Eingruppierungsrechtsstreit – Tarifliche Tätigkeitsbeispiele
11. Korrigierende Rückgruppierung – Darlegungs- und Beweislast
12. Unterrichtungspflicht des Arbeitgebers (§ 99 Abs. 1 BetrVG)
13. Formloser Antrag des Arbeitgebers auf Zustimmung (§ 99 Abs. 1 BetrVG)
14. Mitbestimmungsrecht – Zustimmungsverweigerungsrecht – Mitbeurteilungsrecht des Betriebsrats (§ 99 Abs. 2 BetrVG) – Einzelfälle
15. Mitbestimmung nach § 99 Abs. 1 Satz 1 BetrVG bei der »Eingruppierung« von AT-Angestellten
16. Zustimmungsverweigerung: Form – Frist (§ 99 Abs. 3 BetrVG) – Zustimmungsfiktion (§ 99 Abs. 3 Satz 2 BetrVG)
17. Zustimmungsersetzungsverfahren (§ 99 Abs. 4 BetrVG)
18. Verfahren zur Erzwingung der Mitbestimmung (§ 101 BetrVG)
19. Durchsetzung einer Höhergruppierung bei »schleichender« Arbeitsanreicherung (§ 101 BetrVG)
20. Kein allgemeiner Unterlassungsanspruch des Betriebsrats
21. Verhinderung eines Betriebsratsmitglieds bei Entscheidung in eigener Sache
22. Sonstiges
23. Eingruppierungsklage bei vorausgegangenem Beschlussverfahren nach § 99 Abs. 4 BetrVG
24. Eingruppierungsfeststellungsklage
25. Leistungsklage
26. Verzugszinsen erst ab Rechtshängigkeit bei zweifelhafter Rechtslage
27. Streitgegenstand – Streitwert bei Eingruppierungsstreitigkeiten
28. Gleichbehandlung bei Eingruppierung – übertarifliche Vergütungsgruppen
29. Verbot der Diskriminierung bei Eingruppierung
30. Mitbestimmung bei Eingruppierung eines AT-Angestellten

Einigungsstelle

Was ist das?

Die Einigungsstelle ist ein »Organ der Betriebsverfassung«. 1
Sie hat die Aufgabe, »Meinungsverschiedenheiten zwischen Arbeitgeber und Betriebsrat« (§ 76 Abs. 1 BetrVG) – unter Ausschaltung des → **Arbeitskampfes** (§ 74 Abs. 2 BetrVG; siehe → **Friedenspflicht**) – durch Einbeziehung eines »neutralen« Schlichters (= Vorsitzender der Einigungsstelle) beizulegen, indem eine Regelung gefunden wird, die für beide Seiten tragbar ist (§ 76 Abs. 5 Satz 3 BetrVG: »*Die Einigungsstelle fasst ihre Beschlüsse unter angemessener Berücksichtigung der Belange des Betriebs und der betroffenen Arbeitnehmer*«).
Die Mitbestimmungsrechte des Betriebsrats und die Möglichkeit, im Nichteinigungsfalle die Einigungsstelle anzurufen, bilden das »**Rückgrat**« der Betriebsratsarbeit. Ohne Mitbestimmung und Einigungsstelle wäre Betriebsratsarbeit nicht mehr als »**kollektives Betteln**« (in Anlehnung an eine zutreffende Formulierung des BAG zum gewerkschaftlichen Streikrecht: »*Tarifverhandlungen ohne Streikrecht sind nicht mehr als kollektives Betteln*« (BAG v. 10.6.1980 – 1 AZR 168/79, DB 1980, 1274; siehe auch → **Arbeitskampf** Rn. 1 ff.).
Die Einigungsstelle wird auf Antrag einer Seite überall dort tätig, wo der Betriebsrat ein 2
Mitbestimmungsrecht besitzt und »*ein Spruch der Einigungsstelle die Einigung zwischen Arbeitgeber und Betriebsrat ersetzt*« (§ 76 Abs. 5 Satz 1 BetrVG).
Es gibt einen **Ausnahmefall**: Einigen sich Unternehmer und Betriebsrat im Fall einer → **Betriebsänderung** nach § 111 BetrVG nicht über einen **Interessenausgleich**, kann zwar die Einigungsstelle angerufen werden (§ 112 Abs. 2 und 3 BetrVG), diese kann aber keine Entscheidung treffen (siehe → **Interessenausgleich**).
Einigungsstellenverfahren sind in folgenden Fällen vorgesehen: 3
- § 37 Abs. 6 und 7 BetrVG
  Schulung für Betriebsratsmitglieder (Streit über zeitliche Lage)
- § 38 Abs. 2 BetrVG
  Freistellung von Betriebsratsmitgliedern (Streit über sachliche Vertretbarkeit der Freistellung)
- § 39 Abs. 1 BetrVG
  Sprechstunde des Betriebsrats (Streit über Zeit und Ort der Sprechstunde)
- § 47 Abs. 6 BetrVG
  Herabsetzung der Zahl der Mitglieder des Gesamtbetriebsrats
- § 55 Abs. 4 BetrVG
  Herabsetzung der Zahl der Mitglieder des Konzernbetriebsrats
- § 65 Abs. 1 BetrVG
  Schulung für Mitglieder der Jugend- und Auszubildendenvertretung (Streit über zeitliche Lage)
- § 69 BetrVG
  Sprechstunde der Jugend- und Auszubildendenvertretung (Streit über Zeit und Ort der Sprechstunde)

Einigungsstelle

- § 72 Abs. 6 BetrVG
  Herabsetzung der Zahl der Mitglieder der Gesamt-Jugend- und Auszubildendenvertretung
- § 85 Abs. 2 BetrVG
  Berechtigung der Beschwerde eines Arbeitnehmers
- § 87 Abs. 2 BetrVG
  Soziale Angelegenheiten
  - Ordnung des Betriebs und Verhalten der Arbeitnehmer
  - Lage und Verteilung der Arbeitszeit
  - Kurzarbeit und Überstunden
  - Art und Weise der Auszahlung der Arbeitsentgelte
  - Urlaubsfragen
  - Einführung und Anwendung von technischen Überwachungseinrichtungen
  - Gesundheitsschutz und Verhütung von Arbeitsunfällen und Berufskrankheiten
  - das »Wie« von Sozialeinrichtungen im Betrieb, Unternehmen, Konzern
  - Vermietung, Nutzung und Kündigung von Werkswohnungen
  - Fragen der betrieblichen Lohngestaltung
  - Festsetzung leistungsbezogener Arbeitsentgelte
  - Grundsätze über das betriebliche Vorschlagswesen
  - Grundsätze über die Durchführung von Gruppenarbeit
- § 91 BetrVG
  Maßnahmen zur Abwendung, Milderung oder zum Ausgleich von besonderen Belastungen durch Änderungen der Arbeitsplätze, des Arbeitsablaufs oder der Arbeitsumgebung
- § 94 Abs. 1 und 2 BetrVG
  Personalfragebogen, persönliche Angaben in Formulararbeitsverträgen, Beurteilungsgrundsätze
- § 95 Abs. 1 und 2 BetrVG
  Auswahlrichtlinien
- § 97 Abs. 2 BetrVG
  Einführung betrieblicher Berufsbildungsmaßnahmen
- § 98 Abs. 1, 3 und 4 BetrVG
  Durchführung betrieblicher Berufsbildungsmaßnahmen und Auswahl von Teilnehmern
- § 109 BetrVG
  Auskunftserteilung in wirtschaftlichen Angelegenheiten
- § 112 Abs. 2 und 3 BetrVG (bei Nichteinigung über einen Interessenausgleich kann die Einigungsstelle zwar angerufen werden; sie kann die Aufstellung eines Interessenausgleichs aber nicht beschließen; kommt es – ggf. nach mehreren Sitzungen – zu keiner Einigung, erklärt der Einigungsstellenvorsitzende das Scheitern der Verhandlungen; erst dann kann das Unternehmen mit der Umsetzung der Betriebsänderung beginnen)
- § 112 Abs. 2 bis 5 BetrVG
  Aufstellung eines Sozialplans
- § 116 Abs. 3 BetrVG
  Fragen betr. Seebetriebsrat
- § 9 Abs. 3 ASiG i. V. m. § 87 Abs. 1 Nr. 7 BetrVG
  Bestellung und Abberufung der Betriebsärzte und Sicherheitsfachkräfte sowie Erweiterung und Beschränkung ihrer Aufgaben

4   Ansonsten (in nicht mitbestimmungspflichtigen »freiwilligen« Angelegenheiten) kommt ein Einigungsstellenverfahren nur in Betracht, wenn Arbeitgeber und Betriebsrat sich über das Tätigwerden der Einigungsstelle einig sind (§ 76 Abs. 6 BetrVG).
Ein solcher Fall kommt aus nachvollziehbaren Gründen relativ selten vor.
Dem Arbeitgeber ist sein **Letztentscheidungsrecht** in den Bereichen, in denen der Betriebsrat

Einigungsstelle

kein Mitbestimmungsrecht hat, dann doch lieber als ein im Voraus nicht abschätzbarer Spruch der Einigungsstelle.

Einigungsstellenverfahren sind auch in **tarifvertraglichen Angelegenheiten** möglich, wenn dem Betriebsrat ein Mitbestimmungsrecht eingeräumt wird (was möglich ist). 3a

> **Beispiel § 13 Ziff. 1 und 3 Entgeltrahmenabkommen Metallindustrie Norddeutschland:**
> »Belastungszulagen sind zu zahlen, soweit bei Arbeiten Belastungen der Muskeln, der Sinne und Nerven, aus Umgebungseinflüssen im Einzelnen oder zusammen vorliegen, die in nennenswertem Maße über die normalerweise auftretenden Belastungen hinausgehen. [...] Die Höhe der Zulagen ist zwischen Arbeitgeber und Betriebsrat zu vereinbaren. Im Nichteinigungsfall entscheidet die betriebliche Einigungsstelle.«

Selbst wenn eine Tarifbestimmung keine ausdrückliche Regelung dazu enthält, was geschieht, wenn sich Arbeitgeber und Betriebsrat nicht einigen, führt die Auslegung des Tarifvertrags in der Regel zu dem Ergebnis, dass dann die Einigungsstelle entscheiden soll (BAG v. 9. 5. 1995 – 1 ABR 56/94, NZA 1996, 156; 4. 7. 1989 – 1 ABR 40/88, AiB 1990, 75 mit Anm. Schoof). Auszug aus BAG v. 9. 5. 1995 – 1 ABR 56/94, a. a. O.: »*Sieht ein Tarifvertrag eine Erschwerniszulage vor, deren Höhe vom Arbeitgeber im Einvernehmen mit dem Betriebsrat festgelegt werden soll, kann hierin die Einräumung eines echten Mitbestimmungsrechts liegen, wenn die tarifliche Regelung Voraussetzungen und Umfang der Zulage offen lässt. Wird bei dieser Rechtslage zwischen den Betriebspartnern kein Einvernehmen erzielt, kann die Einigungsstelle nach § 76 BetrVG angerufen werden und verbindlich entscheiden.*« 3b

Wenn eine Tariffrage nicht mitbestimmungspflichtig sein soll, bringen das die Tarifvertragsparteien in der Regel durch Einfügung eines ausdrücklichen »**Freiwilligkeitsvorbehalts**« zum Ausdruck. 3c

> **Beispiel § 13 Ziff. 4 Entgeltrahmenabkommen Metallindustrie Norddeutschland:**
> »Durch freiwillige Betriebsvereinbarung kann vereinbart werden, dass die Zulagen nicht als geldliche Zulagen gewährt, sondern durch entsprechende bezahlte Freistellung von der Arbeit ausgeglichen werden.«

Besetzung der Einigungsstelle

In der Einigungsstelle »sitzen« folgende Personen: 5
- ein **Vorsitzender**, auf den sich Arbeitgeber und Betriebsrat einigen müssen.
  Kommt insoweit eine Einigung nicht zustande, entscheidet auf Antrag das → **Arbeitsgericht** (§ 76 Abs. 2 Satz 2 BetrVG in Verbindung mit § 100 ArbGG; siehe Rn. 5 a);
- eine gleiche Anzahl von **Beisitzern**, die auf der einen Seite vom Betriebsrat, auf der anderen Seite durch den Arbeitgeber bestimmt werden.
  Kommt es über die Zahl der Beisitzer zum Streit, entscheidet auch insoweit auf Antrag das → **Arbeitsgericht** (§ 76 Abs. 2 Satz 3 BetrVG, § 100 ArbGG; siehe Rn. 5 a).
  Als Beisitzer kommen nicht nur betriebliche Vertreter, sondern auch »externe« Personen (z. B. auf Betriebsratsseite ein sachkundiger Gewerkschaftssekretär oder ein Rechtsanwalt) in Betracht.

Einigungsstelle

Beispiel:
Einigungsstelle, bestehend aus 7 Personen

1 Vorsitzender	
3 Arbeitgeberbeisitzer	3 Betriebsratsbeisitzer (z. B. zwei Betriebsratsmitglieder und ein Gewerkschaftssekretär)

Der **Einigungsstellenvorsitzende** ist letztlich das »Zünglein an der Waage«. Deshalb sollte der Betriebsrat bei der Auswahl des/der von ihm vorgeschlagenen Einigungsstellenvorsitzenden – in der Regel ein/e Richter/in am Arbeitsgericht, Landes- oder Bundesarbeitsgericht –äußerste Sorgfalt wahren und vorab Erfahrungswerte bei der Gewerkschaft und bei arbeitnehmernahen Rechtsanwälten einholen. Es gibt durchaus auffallende Unterschiede: manche Richter/innen kann man aus Arbeitnehmersicht vorschlagen, andere nicht. Von beiden Seiten akzeptiert sind meist solche Richter/innen, die sich bemühen, den Belangen beider Seiten soweit wie möglich gerecht zu werden und eine entsprechende Ausstrahlung haben.

Die **Zahl der Beisitzer** hängt von der tatsächlichen und rechtlichen Schwierigkeit der Angelegenheit und der Größe des Betriebs ab (vgl. Fitting, BetrVG, 27. Aufl., § 76 Rn. 19 ff.).
In keinem Fall akzeptabel ist eine 1:1 Besetzung.
In einfachen Fällen sollte die Besetzung mindestens 2:2 betragen, in Fällen mit mittlerem Schwierigkeitsgrad mindestens 3:3 und bei tatsächlich und rechtlich hohem Schwierigkeitsgrad mindestens 4:4.
Nachstehend ein Auszug aus der instruktiven Entscheidung des LAG Hamburg v. 13. 1. 1999 – 4 TaBV9/98, AiB 1999, 221:
»Maßgebend für die Anzahl der Beisitzer einer Einigungsstelle sind die Schwierigkeit des Streitgegenstandes und die zur Beilegung der Streitigkeit notwendigen Fachkenntnisse und betriebspraktischen Erfahrungen. Bei schwierigen oder komplexen Streitfällen, bei denen besondere Fachkenntnisse gefordert werden oder bei Streitfällen mit weitreichenden Auswirkungen, kann eine höhere Beisitzerzahl geboten sein.
Im Streitfall – Verhandlungen zum Abschluss einer Betriebsvereinbarung über die Einführung und Anwendung eines EDV-gestützten Redaktionssystems – hat das Gericht vier Beisitzer als notwendig erachtet
Gemäß § 76 Abs. 2 Satz 3 BetrVG entscheidet das Arbeitsgericht unter anderem auch dann, wenn kein Einverständnis über die Zahl der Beisitzer einer Einigungsstelle erzielt wird. Das Betriebsverfassungsgesetz selbst sagt anders als einige Personalvertretungsgesetze, worauf das Arbeitsgericht zu Recht hingewiesen hat, nichts über die Anzahl der Beisitzer aus. Ob mit der wohl überwiegenden Literatur und Rechtsprechung im Regelfall eine Besetzung mit zwei Beisitzern für jede Seite erforderlich, aber auch ausreichend ist, mag dabei im vorliegenden Streitfall dahinstehen. Dass eine Einigungsstelle mit nur einem Beisitzer auf jeder Seite nicht angemessen besetzt ist, hat das Landesarbeitsgericht Schleswig-Holstein im Beschluss vom 4. Februar 1997 – 1 TaBV 3/97 (LAGE § 76 BetrVG 1972 Nr. 44) zutreffend begründet. Ob andererseits im Regelfall je drei Beisitzer für eine Einigungsstelle benannt werden sollten (vgl. LAG Bremen, Beschluss vom 8. 09. 1983 – 2 TaBV 100/83, ArbuR 1984, S. 91, allerdings für den Abschluss eines Sozialplanes gemäß § 112 BetrVG), kann vorliegend ebenfalls unentschieden bleiben. Generell dürfte in Zweifel zu ziehen sein, ob das Abstellen auf den Regelfall angesichts der zur Beurteilung anstehenden ganz unterschiedlichen Sachverhalte überhaupt geeignet sein kann, eine verlässliche und der Rechtssicherheit dienende Hilfestellung zu bieten. So wird zu Recht auch in der Literatur davon ausgegangen, dass es für die Festlegung der Zahl der Beisitzer stets auf die Besonderheit des anstehenden Streitfalls anzukommen habe. Maßgebend für die Anzahl der Beisitzer sind jedenfalls zunächst die Schwierigkeit des

Einigungsstelle

Streitgegenstandes und die zur Beilegung der Streitigkeit notwendigen Fachkenntnisse und betriebspraktischen Erfahrungen. So kann insbesondere bei schwierigen oder komplexen Streitfällen, bei denen besondere Fachkenntnisse gefordert werden oder bei Streitfällen mit weitreichenden Auswirkungen eine höhere Beisitzerzahl geboten sein. Die erforderliche Anzahl der Beisitzer kann auch davon abhängen, ob das Einigungsstellenverfahren mehrere Arbeitnehmergruppen, Abteilungen oder Betriebe oder nur einen sehr begrenzten personellen oder betrieblichen Bereich betrifft. Dabei ist nicht in Zweifel zu ziehen die Tatsache, dass auch für ein Einigungsstellenverfahren mit Streitigkeiten von durchschnittlichem Umfang und Schwierigkeitsgrad regelmäßig sowohl betriebsbezogener Sachverstand als auch rechtliche und/oder sonstige Fachkenntnisse erforderlich sind. Wenn der Gesetzgeber eine Regelbesetzung gerade nicht vorgesehen hat, überzeugt auch das für die Regelbesetzung mit je zwei Beisitzern in erster Linie vorgetragene Argument der Gefährdung der Funktionsfähigkeit der Einigungsstelle durch eine zu große Anzahl von Mitgliedern nicht. Kommt es auf die jeweiligen Umstände des Einzelfalles an, ist letztlich auch der Auffassung nicht zu folgen, in der Regel seien mehr als drei Beisitzer unter dem Gesichtspunkt der Kosten und der Arbeitsfähigkeit der Einigungsstelle nicht vertretbar.«

Beispielsweise sollten bei einer nach § 87 Abs. 1 Nr. 7 BetrVG gebildeten Einigungsstelle zum Thema »Gefährdungsbeurteilung und Maßnahmen des Arbeitsschutzes« (siehe → **Arbeitsschutz** Rn. 70 ff.) auf Betriebsratsseite mindestens folgende Personen »sitzen«:

- Betriebsratsvorsitzender
- ein weiteres im Arbeitsschutz sachkundiges Betriebsratsmitglied
- ein externer »Arbeitsschutzexperte«
- der/die für den Betrieb zuständige Gewerkschaftssekretär/in.

Außerdem sollte der Betriebsrat einen Rechtsanwalt als **Verfahrensbevollmächtigten** beauftragen (siehe hierzu Rn. 5 b).

Arbeitsgerichtliches Verfahren zur Besetzung der Einigungsstelle (§ 76 Abs. 2 BetrVG, § 100 ArbGG)

5a Können sich Arbeitgeber und Betriebsrat über die Person des Einigungsstellenvorsitzenden oder die Zahl der Beisitzer nicht einigen, kann eine Entscheidung des Arbeitsgerichts beantragt werden (§ 76 Abs. 2 Sätze 2 und 3 BetrVG, § 100 ArbGG; Hinweis: das Verfahren zur Besetzung der Einigungsstelle war bislang in § 98 ArbGG geregelt; die Vorschrift wurde – ohne inhaltliche Änderung – durch das Tarifautonomiestärkungsgesetz vom 11. 8. 2014 – BGBl. I S. 1348 – auf § 99 ArbGG und durch das Gesetz zur Tarifeinheit vom 3. 7. 2015 – BGBl. I S. 1130 auf § 100 ArbGG verschoben; siehe auch → **Arbeitsgericht** Rn. 12 ff.).

Das Arbeitsgericht (der Kammervorsitzende entscheidet allein) bestimmt dann den/die Vorsitzende/n der Einigungsstelle und die Zahl der Beisitzer.

Der Antrag kann vom Arbeitsgericht wegen fehlender Zuständigkeit der Einigungsstelle nur dann zurückgewiesen werden, wenn die Einigungsstelle »**offensichtlich unzuständig**« ist (wenn also z. B. in der streitigen Angelegenheit »offensichtlich« kein Mitbestimmungsrecht besteht).

Zur Beschleunigung des Verfahrens hat das Arbeitsgericht die Einlassungs- und Ladungsfristen auf 48 Stunden abzukürzen.

Außerdem soll der Beschluss des Gerichts den Beteiligten innerhalb von zwei Wochen nach Eingang des Antrages – er muss innerhalb von vier Wochen – zugestellt werden (§ 100 Abs. 1 ArbGG).

Gegen die Entscheidung des Arbeitsgerichts kann **Beschwerde** beim Landesarbeitsgericht eingelegt werden.

Die Beschwerde ist innerhalb von zwei Wochen einzulegen und zu begründen.

Einigungsstelle

Ein Rechtsmittel gegen die Entscheidung des Landesarbeitsgerichts (der Kammervorsitzende entscheidet allein) ist nicht vorgesehen (§ 100 Abs. 2 ArbGG).

Verfahrensbevollmächtigter des Betriebsrats im Einigungsstellenverfahren (Rechtsanwalt)

5b Der Betriebsrat kann durch Beschluss einen Rechtsanwalt beauftragen, ihn im Einigungsstellenverfahren als Verfahrensbevollmächtigter zu vertreten (Ausarbeitung von Schriftsätzen, Vortrag in der Einigungsstelle zu tatsächlichen und rechtlichen Fragen usw.).
Die dadurch entstehenden Kosten hat der Arbeitgeber nach § 40 Abs. 1 BetrVG zu tragen, wenn der Betriebsrat die Hinzuziehung des Anwalts für **erforderlich** halten durfte (siehe → **Kosten der Betriebsratstätigkeit**).
Dies ist etwa dann der Fall, wenn der Regelungsgegenstand der Einigungsstelle **schwierige Rechtsfragen** aufwirft, die zwischen den Betriebsparteien umstritten sind, und kein Betriebsratsmitglied über den zur sachgerechten Interessenwahrnehmung notwendigen juristischen Sachverstand verfügt (BAG v. 14.2.1996 – 7 ABR 25/95, AiB 1996, 610; 21.06.1989 – 7 ABR 78/87, NZA 1990, 107).
Das Gleiche dürfte gelten, wenn es sich um eine in tatsächlicher Hinsicht schwierige Angelegenheit – etwa um einen komplexen Sachverhalt – handelt (vgl. Fitting, BetrVG, 27. Aufl., § 40 Rn. 37 und § 76 Rn. 72 m. w. N.; DKKW-*Berg*, BetrVG, 15. Aufl., § 76 Rn. 94; § 76a Rn 13 ff.).
Die Erforderlichkeit ist auch dann zu bejahen, wenn der Arbeitgeber in der Einigungsstelle durch einen Rechtsanwalt vertreten ist oder wenn ein Beisitzer der Arbeitgeberseite eine rechtlich sachkundige Person ist (z. B. der Personalchef oder ein Vertreter des → **Arbeitgeberverbandes**).
Voraussetzung für die Kostentragung durch den Arbeitgeber ist eine ordnungsgemäße **Beschlussfassung** des Betriebsrats (siehe hierzu → **Betriebsratssitzung** [Beschlussfassung] Rn. 13).

Ständige Einigungsstelle (§ 76 Abs. 1 Satz 2 BetrVG)

6 Die Einigungsstelle wird bei Bedarf (also bei Scheitern der Verhandlungen im konkreten Fall) gebildet (§ 76 Abs. 1 Satz 1 BetrVG).
Aufgrund einer freiwilligen → **Betriebsvereinbarung** (nicht erzwingbar!) kann eine ständige Einigungsstelle mit dem gleichen Vorsitzenden und einer bestimmten Zahl von Beisitzern gebildet werden (§ 76 Abs. 1 Satz 2 BetrVG).
Aus Arbeitnehmersicht ist das aber meist **wenig zweckmäßig**.
Besser ist es im Regelfall, in jedem Streitfall erneut die Frage zu klären, wer der Vorsitzende und wie groß die Zahl der Beisitzer sein soll.
Die betriebliche Praxis erzeugt Mitbestimmungsfälle unterschiedlichster Art mit unterschiedlichem Schwierigkeitsgrad, was Auswirkungen nicht nur auf die Person des Vorsitzenden hat (nicht jeder Vorsitzende ist für jedes Thema geeignet), sondern auch auf die notwendige Zahl der Beisitzer (in einfachen Fallgestaltungen genügen je zwei Beisitzer, bei schwierigen Angelegenheiten ist die Zahl der Beisitzer zu erhöhen).
Selbst wenn die Einrichtung einer ständigen Einigungsstelle auf eine bestimmte immer wiederkehrende Angelegenheit beschränkt wird (was zulässig ist), gerät das Mitbestimmungsverfahren dennoch in Gefahr, zu einer Routineveranstaltung zu verkümmern, in der ein angemessener Umgang mit den anstehenden Problemen nicht mehr stattfindet.

Einigungsstelle

Beispiel:
In einem Betrieb ist eine ständige Einigungsstelle zum Thema → **Überstunden** gebildet. Die Handhabung von Überstunden erfolgt nach folgendem Verfahren:
Am Donnerstag übergibt der Arbeitgeber dem Betriebsratsvorsitzenden kurz vor Beginn der Betriebsratssitzung einen Antrag auf Überstunden für Samstag.
Der Betriebsrat berät den Antrag, stimmt einigen Überstunden zu und lehnt andere ab.
Am Folgetag – Freitag – tritt die ständige Einigungsstelle zusammen und behandelt das Thema – meist unter Zeitdruck – »routinemäßig« (ohne sorgfältiges Abwägen des »Für und Wider«, ohne Prüfung von Alternativen usw.).

Das wichtige und starke Mitbestimmungsrecht des Betriebsrats bei Überstunden (auch ein »Pfund« im Zusammenhang mit → **Koppelungsgeschäften**) wird durch einen solchen routinemäßigen Ablauf entwertet. Denn der Arbeitgeber wird von dem (Zeit-)Druck entlastet, der mit der Errichtung einer Einigungsstelle verbunden ist (z. B. Streit um die Person des/der Vorsitzenden und die Zahl der Beisitzer; ggf. gerichtliches Einsetzungsverfahren nach § 100 ArbGG; siehe Rn. 5 a). Weniger Druck beim Arbeitgeber hat unmittelbar einer Minderung seiner Bereitschaft zur Folge, sich auf Gegenforderungen des Betriebsrats (z. B. Übernahme von befristet Beschäftigten statt Überstunden usw.) einzulassen.
Zudem ist es nicht ganz einfach, den Vorsitzenden einer ständigen Einigungsstelle, mit dem man schlechte Erfahrungen macht, weil er sich immer wieder allzu sehr von den Argumenten der Arbeitgeberseite beeindrucken lässt, wieder »los zu werden« (im Betriebsrat müsste immerhin ein Mehrheitsbeschluss gefasst werden, die freiwillige Betriebsvereinbarung kündigen; sie hat keine Nachwirkung).

Die Einigungsstelle hat **unverzüglich** (= ohne schuldhaftes Zögern; § 121 BGB) tätig zu werden (§ 76 Abs. 3 Satz 1 BetrVG). 7

Kosten des Einigungsstellenverfahrens (§ 76 a BetrVG)

Die Kosten des Einigungsstellenverfahrens, gleichgültig welches Ergebnis das Verfahren hat, hat der Arbeitgeber zu tragen (§ 76 a BetrVG). 8

Zu den Kosten zählen insbesondere der **Honoraranspruch** des Vorsitzenden der Einigungsstelle und eines etwaigen außerbetrieblichen Beisitzers (z. B. Gewerkschaftssekretär); aber auch die Ansprüche eines vom Betriebsrat beauftragten Verfahrensbevollmächtigten (siehe Rn. 5 b und 8 a). 8a

Die Honoraransprüche entstehen kraft Gesetzes, so dass eine ausdrückliche **Honorarvereinbarung** zwischen dem Arbeitgeber und dem Einigungsstellenvorsitzenden bzw. dem außerbetrieblichen Beisitzer nicht notwendig, aber möglich ist.
Auch die Geltendmachung von **Mehrwertsteuer** bedarf nicht der vorherigen Vereinbarung mit dem Arbeitgeber (BAG v. 14. 2. 1996 – 7 ABR 24/95, NZA 1996, 1225).
Fehlt eine Vereinbarung über die **Höhe** des Honorars, können der Einigungsstellenvorsitzende bzw. der außerbetriebliche Beisitzer die Höhe nach billigem Ermessen gemäß §§ 315, 316 BGB bestimmen. Dabei sind insbesondere der erforderliche Zeitaufwand, der Schwierigkeitsgrad der Streitigkeit und ein ggf. anfallender Verdienstausfall zu berücksichtigen (§ 76 Abs. 3 und 4 BetrVG).
Für den **Vorsitzenden** der Einigungsstelle können – je nach Fallgestaltung – Stundensätze bis 300 Euro angemessen sein (DKKW-*Berg*, BetrVG, 15. Aufl., § 76 a Rn. 31; Fitting, BetrVG, 27. Aufl., § 76 a Rn. 24 b).
Ein Stundensatz von **250 Euro** kann inzwischen als üblich angesehen werden.
Das BAG hat in einer Angelegenheit mittleren Schwierigkeitsgrades vor knapp zwei Jahrzehn-

Einigungsstelle

ten einen Stundensatz von 300 DM = 153 Euro anerkannt (BAG v. 28.8.1996 – 7 ABR 42/95, NZA 1997, 222).
Abgerechnet werden die Stunden, die für die
- Einigungsstellensitzung/en,
- Vor- und Nachbereitung sowie
- An- und Abreise (ggf. um einen Prozentsatz gemindert)

aufgewendet werden.

8b Für den **außerbetrieblichen Beisitzer** werden üblicherweise 70 Prozent (7/10) des Honorars des Vorsitzenden der Einigungsstelle als sachgerecht angesehen (BAG v. 14.2.1996 – 7 ABR 24/95, NZA 1996, 1225).
Praktisch erfolgt die Abrechnung in der Weise, dass der Vorsitzende der Einigungsstelle dem außerbetrieblichen Beisitzer seine Honorarrechnung **mitteilt**. Auf dieser Grundlage rechnet dann der außerbetriebliche Beisitzer ab (siehe **Musterschreiben** im Anhang zu diesem Stichwort).
Auch die **Auslagen** des Einigungsstellenvorsitzenden bzw. des außerbetrieblichen Beisitzers hat der Arbeitgeber zu erstatten (Fahrtkosten, usw.), sofern sie durch die Teilnahme an Sitzungen der Einigungsstelle entstanden sind oder ihre Grundlage in einer gesonderten Aufgabenzuweisung an ein Einigungsstellenmitglied haben (BAG v. 14.2.1996 – 7 ABR 24/95, a.a.O.).

8c Eine **Rechtsverordnung** über Vergütungshöchstsätze gemäß § 76 Abs. 4 BetrVG ist bislang nicht erlassen worden.

8d Beauftragt der Betriebsrat einen Rechtsanwalt als seinen **Verfahrensbevollmächtigten** in der Einigungsstelle (siehe Rn. 10), so hat der Arbeitgeber die dadurch entstehenden Kosten nach § 40 Abs. 1 BetrVG zu tragen, wenn der Betriebsrat die Beauftragung »für erforderlich halten durfte« (siehe → **Kosten der Betriebsratstätigkeit**; vgl. auch DKKW-*Berg*, BetrVG, 15. Aufl., § 76 Rn. 94, § 76 a Rn. 13; Fitting, BetrVG, 27. Aufl., § 40 Rn. 36 ff., § 76 a Rn. 8).
Der Betriebsrat ist berechtigt, einem Rechtsanwalt für die Wahrnehmung seiner Interessen vor der Einigungsstelle ein **Honorar** in Höhe der Vergütung eines betriebsfremden Beisitzers (siehe Rn. 8 b: 70 Prozent [7/10] des Vorsitzendenhonorars) zuzusagen, wenn der von ihm ausgewählte Rechtsanwalt seines Vertrauens nur gegen eine derartige Honorarzahlung zur Mandatsübernahme bereit ist und sich das Erfordernis einer derartigen Honorarvereinbarung daraus ergibt, dass der Gegenstandswert der anwaltlichen Tätigkeit nach billigem Ermessen zu bestimmen wäre (BAG v. 21.6.1989 – 7 ABR 78/87, NZA 1990, 107; vgl. DKKW-*Berg*, BetrVG, 15. Aufl., § 76 a Rn. 17).

8e Weitere Kosten können für ein **Sachverständigengutachten** anfallen, dessen Einholung die Einigungsstelle (ggf. durch Mehrheitsbeschluss) beschließt.
Hierzu ist die Einigungsstelle berechtigt (BAG v. 13.11.1991 – 7 ABR 70/90; 4.7.1989 – 1 ABR 40/88, AiB 1990, 75). Nachstehend ein Auszug aus BAG v. 13.11.1991 – 7 ABR 70/90:
»Zu den vom Arbeitgeber zu tragenden Kosten der Einigungsstelle zählen auch die Kosten für einen von der Einigungsstelle hinzugezogenen Sachverständigen, dessen Fachkenntnis sich mangels eigener Sachkunde der Einigungsstellenmitglieder als notwendig erweist, um eine angemessene, vor allem auch ermessensfehlerfreie Entscheidung treffen zu können.
Indessen sind auch diese Kosten nur dann vom Arbeitgeber zu tragen, wenn der Aufwand erforderlich war und dem Grundsatz der Verhältnismäßigkeit entsprach. Diese Einschränkung ist zwar im Gesetzeswortlaut nicht zum Ausdruck gekommen, insbesondere auch nicht in der Neufassung des § 76 a Abs. 1 BetrVG. Die Erforderlichkeit und Verhältnismäßigkeit der Kosten als Voraussetzung dafür, dass sie vom Arbeitgeber zu tragen sind, durchzieht jedoch das gesamte Betriebsverfassungsrecht als Grundsatz. Er hat im Betriebsverfassungsgesetz vielfach Ausdruck gefunden (vgl. § 20 Abs. 3 Satz 2, § 37 Abs. 2, § 37 Abs. 6 Satz 1, § 40 Abs. 2). Er ist insbesondere auch für die Kosten, die durch die Tätigkeit des Betriebsrats entstehen (§ 40 Abs. 1 BetrVG), allgemein aner-

Einigungsstelle

kannt und entspricht der ständigen Rechtsprechung des Bundesarbeitsgerichts. Aber auch für die Kosten einer Einigungsstelle selbst hat das Bundesarbeitsgericht diesen Grundsatz in ständiger Rechtsprechung herangezogen. Folglich kommt die Einholung eines Sachverständigengutachtens durch die Einigungsstelle nur in Betracht, wenn dies zur sachgerechten und vernünftigen Erledigung des Einigungsstellenverfahrens erforderlich ist.«
Einer »näheren Vereinbarung« mit dem Arbeitgeber nach § 80 Abs. 3 BetrVG bedarf es dabei nicht (vgl. LAG Rheinland-Pfalz v. 19. 4. 2005 – 5 TaBV 18/05; LAG Hamm v. 22. 2. 2008 – 10 TaBVGa 3/08: »Die Einigungsstelle kann die Hinzuziehung eines Sachverständigen anordnen, ohne auf eine Vereinbarung mit dem Arbeitgeber nach § 80 Abs. 3 BetrVG angewiesen zu sein. «).

Einleitung des Einigungsstellenverfahrens

Das Einigungsstellenverfahren kann erst dann eingeleitet werden, wenn die Verhandlungen zwischen Arbeitgeber und Betriebsrat »**gescheitert**« sind. | 9

Dies kann der Fall sein nach längeren intensiven Verhandlungsrunden.
Dies kann aber auch der Fall sein, wenn z. B. der Arbeitgeber eine Verhandlungsinitiative des Betriebsrats kurz und bündig ablehnt.

Will der Betriebsrat nach ergebnislosen Verhandlungen die Einigungsstelle anrufen, muss er das Scheitern der Verhandlungen per Betriebsratsbeschluss (§ 33 BetrVG; siehe → **Betriebsratssitzung**) feststellen. | 10

Gleichzeitig wird beschlossen,
- dass die Angelegenheit durch eine Einigungsstelle entschieden werden soll;
- dass eine bestimmte Person als Einigungsstellenvorsitzender tätig werden soll (vor der Beschlussfassung bei der Gewerkschaft nach einem geeigneten Vorsitzenden fragen und das Einverständnis des/der Betreffenden telefonisch oder schriftlich einholen);
- dass die Zahl der Beisitzer eine bestimmte Größenordnung haben soll;
- ggf., dass ein Rechtsanwalt den Betriebsrat als Verfahrensbevollmächtigter vor der Einigungsstelle vertreten soll (vgl. hierzu DKKW-*Berg*, BetrVG, 15. Aufl., § 76 Rn. 94, § 76 a Rn. 13 ff.; *Fitting*, BetrVG, 27. Aufl., § 40 Rn. 36 ff., § 76 a Rn. 8).

Der Beschlussinhalt wird sodann dem Arbeitgeber mitgeteilt (siehe **Musterschreiben** im Anhang zu diesem Stichwort). | 11

Steht schon fest, dass für den Betriebsrat ein externer Beisitzer tätig werden soll (z. B. ein Gewerkschaftssekretär) und ein Verfahrensbevollmächtigter (z. B. Rechtsanwalt), so wird dies dem Arbeitgeber zweckmäßigerweise ebenfalls mitgeteilt.

Können sich Arbeitgeber und Betriebsrat über die Person des/der Einigungsstellenvorsitzenden oder die Zahl der Beisitzer nicht einigen, kann von Arbeitgeber oder Betriebsrat eine Entscheidung des → **Arbeitsgerichts** beantragt werden (§ 76 Abs. 2 BetrVG, § 100 ArbGG; siehe Rn. 5 a). | 11a

Ablauf des Einigungsstellenverfahrens

Zum Ablauf des Einigungsstellenverfahrens: siehe **Übersicht** im Anhang zu diesem Stichwort. | 12
Das **Verfahren der Einigungsstelle** ist gesetzlich nur in **Grundzügen** geregelt. | 12a
§ 76 Abs. 3 BetrVG trifft lediglich Regelungen
- zur mündlichen Beratung,
- zur Abstimmung durch den Spruchkörper (Mehrheitsbeschluss; siehe Rn. 13),
- zur Abstimmungsmodus (siehe Rn. 13 b),
- zur schriftlichen Niederlegung der Beschlüsse und
- zur Zuleitung der Beschlüsse an die Betriebsparteien (Arbeitgeber und Betriebsrat).

Einigungsstelle

Durch freiwillige → **Betriebsvereinbarung** (nicht erzwingbar!) können **weitere Einzelheiten des Verfahrens geregelt werden** (§ 76 Abs. 4 BetrVG).

Damit gewährt das Gesetz der Einigungsstelle im Interesse einer effektiven Schlichtung einen weitgehenden Freiraum, der allerdings durch allgemein anerkannte elementare **Verfahrensgrundsätze** begrenzt wird. Diese ergeben sich aus dem Rechtsstaatsgebot des Grundgesetzes (Art. 20 Abs. 1, Abs. 3; Art. 28 Abs. 1 GG) und der Funktion der Einigungsstelle als eines Organs, das normative Regelungen erzeugt (BAG v. 18. 1. 1994 – 1 ABR 43/93; AiB 1994, 502; 29. 1. 2002 – 1 ABR 18/01, DB 2002, 1948).

Zu diesen Grundsätzen gehört nach der Rechtsprechung des BAG
- die rechtzeitige und ordnungsgemäße Unterrichtung der Einigungsstellenmitglieder über Ort und Zeit der Sitzungen (BAG v. 27. 6. 1995 – 1 ABR 3/95, NZA 1996, 161),
- die Gewährung rechtlichen Gehörs (BAG v. 11. 2. 1992 – 1 ABR 51/91, NZA 1992, 702),
- dass die abschließende mündliche Beratung und Beschlussfassung der Einigungsstelle in Abwesenheit der Betriebsparteien erfolgt (BAG v. 18. 1. 1994 – 1 ABR 43/93, a. a. O.; siehe auch Rn. 13 a) und
- die Bescheidung eines gestellten Befangenheitsantrages (BAG v. 11. 9. 2001 – 1 ABR 5/01, NZA 2002, 572).

Ein Verstoß der Einigungsstelle gegen diese Verfahrensgrundsätze hat unmittelbar die **Unwirksamkeit** eines von ihr getroffenen Sachbeschlusses zur Folge (BAG v. 29. 1. 2002 – 1 ABR 18/01, DB 2002, 1948).

12b Die mündliche Verhandlung in der Einigungsstelle ist »**parteiöffentlich**«.

Deshalb sind Betriebsratsmitglieder, die keine Mitglieder = Beisitzer der Einigungsstelle sind, berechtigt, bis unmittelbar vor Beginn der Schlussberatung **an den Verhandlungen der Einigungsstelle teilzunehmen** (BAG v. 18. 1. 1994 – 1 ABR 43/93; Hessisches LAG v. 3. 8. 2015 – 16 TaBV 200/14).

Nachstehend ein Auszug aus der Entscheidung des Hessischen LAG v. 3. 8. 2015 – 16 TaBV 200/14 (Hervorhebungen durch Verf.): »*Die Einigungsstelle ist ein betriebsverfassungsrechtliches Hilfsorgan eigener Art zu dem Zweck, die Mitbestimmung der Arbeitnehmer bei der Gestaltung der betrieblichen Ordnung zu gewährleisten. Sie ist dazu bestimmt, durch Zwangsschlichtung Pattsituationen im Bereich der paritätischen Mitbestimmung aufzulösen. Soweit ihr Spruch die Einigung zwischen Arbeitgeber und Betriebsrat ersetzt, hat er grundsätzlich keinen anderen Rechtscharakter als eine entsprechende Vereinbarung der Betriebspartner. Die Einigungsstelle soll die Einigung zwischen Arbeitgeber und Betriebsrat ersetzen. **Deshalb ist es nicht nur sinnvoll, sondern notwendig, dass die Beteiligten vor der Einigungsstelle selbst zu Wort kommen und ihre Positionen darlegen können.** Soweit die Einigungsstelle die Einigung der Parteien ersetzt, ist es von besonderer Bedeutung, dass die Betriebsparteien die Möglichkeit haben, ihre unterschiedlichen Auffassungen zu der Rechtsfrage und Lösungsvorschläge zunächst ungefiltert selber darstellen zu können, damit der unparteiische Vorsitzende sich ein Bild über den Streitstoff und die Lösungsmöglichkeiten machen kann. Das ist von besonderer Bedeutung, wenn die von beiden Seiten benannten Beisitzer in der Einigungsstelle betriebsfremd sind. Dementsprechend ist es so gut wie einhellige Meinung, dass die mündliche Verhandlung vor der Einigungsstelle parteiöffentlich ist.*«

12c Weil es sich bei der Teilnahme an Sitzungen der Einigungsstelle durch weitere Betriebsratsmitglieder (die keine Mitglieder der Einigungsstelle = Beisitzer sind) um **erforderliche Betriebsratstätigkeit** handelt, hat der Arbeitgeber die Betriebsratsmitglieder gem. § 37 Abs. 2 BetrVG **ohne Minderung des Arbeitsentgelts zu befreien**. Das gilt vor allem dann, wenn die Betriebsratsmitglieder durch einen Beschluss des Betriebsrats beauftragt werden, an den Sitzungen der Einigungsstelle als Parteiöffentlichkeit teilzunehmen. Der Arbeitgeber ist nicht berechtigt, die Teilnahme an der Einigungsstellensitzung abzulehnen bzw. die Teilnahme zulasten der Betriebsratsmitglieder als → **Urlaub** zu behandeln.

Einigungsstelle

Beschlussfassung in der Einigungsstelle (Abstimmung)

Die Einigungsstelle fasst ihre Beschlüsse mit Stimmenmehrheit durch Abstimmung. **13**
Das gilt sowohl für verfahrensleitende **Zwischenbeschlüsse** (z. B. ein Beweisbeschluss über die Hinzuziehung eines Sachverständigen, Anhörung von Zeugen oder Vertagung; vgl. LAG Köln v. 26.07.2005 – 9 TaBV 5/05, NZA-RR 2006, 187) als auch für Entscheidungen sachlich-inhaltlicher Art (zur Frage, ob Zwischenbeschlüsse selbständig angefochten werden können, siehe Rn. 14 a).

Ein Spruch der Einigungsstelle muss in seiner **Gesamtheit** von der Mehrheit der Einigungsstellenmitglieder getragen sein. Dass seine Einzelbestimmungen mit – möglicherweise unterschiedlichen – Mehrheiten beschlossen worden sind, reicht nicht aus. Dass der Spruch der Einigungsstelle in seiner Gesamtheit von der Mehrheit der Einigungsstellenmitglieder getragen wird, kann sich aus einer förmlichen **Schlussabstimmung**, aber auch ohne eine solche aus den näheren Umständen des Einzelfalls ergeben (BAG v. 18.4.1989 – 1 ABR 2/88, AiB 1989, 361).

Für Beschlussfassungen in der Sache ist das **zweistufige Abstimmungsverfahren** nach § 76 **13a**
Abs. 3 Satz 3 BetrVG vorgesehen.
Verfahrensleitende Zwischenbeschlüsse können in *einem* Abstimmungsgang unter sofortiger Beteiligung des Vorsitzenden der Einigungsstelle gefasst werden (DKKW-*Berg*, BetrVG, 15. Aufl., § 76 Rn. 130; Fitting, BetrVG, 27. Aufl., § 76 Rn. 87).
Weil die Beschlussfassungen auf Grund nichtöffentlicher mündlicher Beratung zu erfolgen haben (siehe Rn. 12 a; vgl. BAG v. 18.1.1994 – 1 ABR 43/93, AiB 1994, 502 = NZA 1994, 571), haben – bis auf den Vorsitzenden und die Beisitzer der Einigungsstelle – alle anderen Personen (z. B. Zeugen, Sachverständige, aber auch die Verfahrensbevollmächtigten) »**den Raum zu verlassen**«.

Bei der ersten Abstimmung hat sich der Vorsitzende zunächst der Stimme zu enthalten. **13b**
Kommt in der ersten Abstimmung eine Mehrheit nicht zustande, findet nach weiterer Beratung eine zweite Abstimmung – nunmehr mit der Stimme des Vorsitzenden – statt.

Mit einer sog. **Pairing-Abrede** vereinbaren die Beisitzer beider Seiten, dass sich ein Beisitzer **13c**
im Falle einer Beschlussfassung der Stimme enthält, wenn ein Beisitzer der anderen Seite nicht anwesend ist (LAG Köln v. 26.7.2005 – 9 TaBV 5/05, NZA-RR 2006, 187; vgl. auch Fitting, BetrVG, 27. Aufl., § 76 Rn. 78). Auf diese Weise soll eine paritätische Besetzung der Einigungsstelle sichergestellt und damit eine Abstimmung auch im Falle der Abwesenheit eines Beisitzers ermöglicht werden. Eine Pairing-Regelung bedarf der Zustimmung aller Beisitzer.

Der Beschluss wird schriftlich niedergelegt, vom Vorsitzenden **unterschrieben** und Arbeit- **13d**
geber und Betriebsrat **zugeleitet** (§ 76 Abs. 3 BetrVG).

Nach h. M. soll der Einigungsstellenvorsitzende nicht verpflichtet sein, den Spruch der Eini- **13e**
gungsstelle **zu begründen** (BVerfG v. 18.10.1986 – 1 BvR 1426/83, NJW 1988, 1135).
Man ist sich jedoch einig, dass eine Begründung jedenfalls **zweckmäßig** ist (vgl. Fitting, BetrVG, 27. Aufl., § 76 Rn. 131; DKKW-*Berg*, BetrVG, 15. Aufl., § 76 Rn. 133).
Das gilt insbesondere dann, wenn der Spruch nicht einstimmig gefasst wurde und deshalb mit einer gerichtlichen Anfechtung des Spruchs gerechnet werden muss (siehe hierzu Rn. 14).
Bei Lichte betrachtet ist die Begründung des Einigungsstellenspruchs eine Selbstverständlichkeit und nur dann entbehrlich, wenn beide Seiten hierauf ausdrücklich verzichten.
Ein Einigungsstellenvorsitzender, der gegen den Willen beider oder auch nur einer Seite eine Begründung ablehnt, schadet sich letztlich selbst, weil sich ein solches Verhalten natürlich »herumspricht«, sodass weitere Einsätze eher unwahrscheinlich sind.

Einigungsstelle

Befangenheit des Vorsitzenden der Einigungsstelle

13f Der Vorsitzende einer Einigungsstelle kann zu jedem Zeitpunkt des Einigungsstellenverfahrens **wegen Besorgnis der Befangenheit abgelehnt** werden.
Nach Ansicht des BAG finden die Vorschriften der Zivilprozessordnung (ZPO) über die Ablehnung eines **Schiedsrichters** (§§ 1036 ff. ZPO) entsprechende Anwendung, soweit dem nicht zwingende Grundsätze des Einigungsstellenverfahrens nach § 76 BetrVG entgegenstehen (BAG v. 17.11.2010 – 7 ABR 100/09).
Aus diesen Vorschriften der ZPO folgt:
Der Befangenheitsantrag kann nur von den **Betriebsparteien** (also Arbeitgeber oder Betriebsrat) gestellt werden (§ 1037 Abs. 2 Satz 1 ZPO), nicht von den Beisitzern der Einigungsstelle. Wenn der Betriebsrat einen solchen Antrag stellen will, bedarf es hierzu eines ordnungsgemäß zustande gekommenen **Beschlusses** (siehe → **Betriebsratssitzung**).
Der Befangenheitsantrag ist innerhalb einer Frist von **zwei Wochen** ab Kenntnis des Ablehnungsgrundes an die Einigungsstelle zu richten und muss **schriftlich begründet** werden (§ 1037 Abs. 2 Satz 1 ZPO).
Tritt der abgelehnte Vorsitzende von seinem Amt nicht zurück oder stimmt die andere Partei der Ablehnung nicht zu, so entscheidet die Einigungsstelle **in einmaliger Abstimmung** über den Ablehnungsantrag. Der Vorsitzende der Einigungsstelle nimmt an der Abstimmung nicht teil (BAG v. 17.11.2010 – 7 ABR 100/09 unter Verweis auf § 76 Abs. 3 Satz 3 Halbsatz 1 BetrVG). Die Entscheidung treffen also allein die **Beisitzer** der Einigungsstelle (Arbeitgeberseite und Betriebsratsseite).
Wird der Befangenheitsantrag abgelehnt – das ist auch der Fall, wenn es zu einem **Stimmenpatt** kommt (was regelmäßig der Fall sein dürfte) – kann die unterlegene Betriebspartei (Arbeitgeber oder Betriebsrat) innerhalb einer Frist von **einem Monat** das → **Arbeitsgericht** anrufen (§ 1037 Abs. 3 Satz 1 ZPO). Dieses entscheidet in erster und letzter Instanz in voller Kammerbesetzung über den Befangenheitsantrag (BAG v. 17.11.2010 – 7 ABR 100/09).
Ungeachtet der Anhängigkeit des arbeitsgerichtlichen Verfahrens kann die Einigungsstelle unter Beteiligung des wegen Befangenheit abgelehnten Einigungsstellenvorsitzenden beschließen, das Einigungsstellenverfahren **fortzusetzen** und es mit einem abschließenden **Spruch zu beenden** (§ 1037 Abs. 3 Satz 2 ZPO).
Alternativ kann (und sollte) die Einigungsstelle das Einigungsstellenverfahren bis zu einer Entscheidung des Arbeitsgerichts über den oder die geltend gemachten Ablehnungsgründe **aussetzen** (BAG v. 17.11.2010 – 7 ABR 100/09).

Anfechtung des Spruchs der Einigungsstelle

14 Der das Einigungsstellenverfahren abschließende Beschluss der Einigungsstelle kann von Arbeitgeber oder Betriebsrat durch Anrufung des → **Arbeitsgerichts angefochten** werden.
Soweit eine Überschreitung der »Grenzen des Ermessens« gerügt wird, muss der (schriftlich begründete) Antrag innerhalb einer Frist von zwei Wochen (siehe → **Fristen**) ab Zuleitung des Einigungsstellenspruchs beim Arbeitsgericht eingehen (§ 76 Abs. 5 Satz 4 BetrVG).
Eine Bindung an diese Zwei-Wochen-Frist besteht nicht, wenn geltend gemacht wird, dass der Beschluss der Einigungsstelle gegen geltendes Recht (z. B. Gesetz, Tarifvertrag) – insbesondere gegen elementare Verfahrensgrundsätze siehe Rn. 12 a) – verstößt.

14a Ein Zwischenbeschluss der Einigungsstelle – etwa ein Beweisbeschluss (z. B. Anhörung von Zeugen, Beauftragung eines Sachverständigengutachtens) kann nicht selbständig angefochten werden (BAG v. 4.7.1989 – 1 ABR 40/88, AiB 1990, 75 = NZA 1990, 29).

Einigungsstelle

Durchführung des Spruchs der Einigungsstelle

Der Arbeitgeber ist verpflichtet, den (rechtmäßigen) Beschluss der Einigungsstelle **durchzu-** 15
führen (§ 77 Abs. 1 BetrVG).
Unterlässt er dies, kann der Betriebsrat im Wege eines arbeitsgerichtlichen Verfahrens die Umsetzung des Einigungsstellenspruchs erzwingen.

Bedeutung für die Betriebsratsarbeit

Die Einigungsstelle ist – neben dem → **Arbeitsgericht** – das wichtigste betriebsverfassungs- 16
rechtliche **Konfliktregulierungsinstrument**, wenn es in den Verhandlungen zwischen Arbeitgeber und Betriebsrat »nicht mehr weitergeht« (siehe auch Rn. 1).
Die Einigungsstelle hat für die Arbeit der Interessenvertretung eine herausragende Bedeutung. 17
Bereits die Ankündigung, im Nichteinigungsfalle die Einigungsstelle »anrufen« zu wollen, hat schon so manchen Arbeitgeber zum Einlenken bewegt.
Denn Einigungsstellenverfahren sind für den Arbeitgeber nicht nur teuer (§ 76 a BetrVG).
Sie sind unter Umständen auch langwierig und binden eine Menge »Arbeitskraft«.
Letzteres gilt allerdings auch für den Betriebsrat. 18
Denn Einigungsstellenverfahren wollen sorgfältig vorbereitet sein (siehe insoweit die Arbeitshilfen im Anhang zu diesem Stichwort).
Sind die »Vorarbeiten« zufrieden stellend erledigt worden und besteht eine gewisse Wahr- 19
scheinlichkeit, die bisher durch Verhandlungen erreichten Positionen durch Einleitung eines Einigungsstellenverfahrens zu verbessern – und hat der Betriebsrat darüber hinaus auch noch die Unterstützung der Belegschaft –, dann sollte er mit Selbstbewusstsein »ans Werk gehen« und den zur Einleitung des Verfahrens erforderlichen **Beschluss** fassen.

> **Beispiel:**
> Beschluss des Betriebsrats über die Anrufung einer Einigungsstelle
> 1. Die Verhandlungen zu der Angelegenheit »…« sind gescheitert.
> 2. Die Angelegenheit soll durch eine Einigungsstelle nach § 76 BetrVG entschieden werden.
> 3. Als Vorsitzenden der Einigungsstelle schlägt der Betriebsrat Frau/Herrn … (Name, Funktionsbezeichnung, Anschrift) … vor.
> 4. Hinsichtlich der Zahl der Beisitzer schlägt der Betriebsrat je 3 (oder 4 oder 5 …) Beisitzer vor.
> 5. Als außerbetrieblicher Beisitzer auf Betriebsratsseite wird Frau/Herr … (Name), Sekretär/in der Gewerkschaft … tätig werden. Der Betriebsrat weist darauf hin, dass Frau/Herrn … gemäß § 76 a Abs. 3 BetrVG ein Anspruch auf Vergütung seiner/ihrer Tätigkeit zusteht.
> 6. Als Verfahrensbevollmächtigter des Betriebsrats (sowohl in der Einigungsstelle als auch in einem evtl. erforderlichen Arbeitsgerichtsverfahren nach § 76 Abs. 2 BetrVG, § 100 ArbGG über die Besetzung der Einigungsstelle) wird Herr/Frau Rechtsanwalt/Rechtsanwältin … beauftragt.

Eine ordnungsgemäße Beschlussfassung setzt voraus, dass eine Einladung der Mitglieder des 20
Betriebsrats und ggf. der Ersatzmitglieder erfolgt, dass die Angelegenheit in der Tagesordnung benannt wurde und dass Beschlussfähigkeit gegeben ist (siehe → **Betriebsratssitzung**).
Wurde die Anrufung der Einigungsstelle in der Tagesordnung nicht angegeben, kann dieser Mangel nach neuerer Rechtsprechung des BAG geheilt und ein wirksamer Beschluss gefasst werden,
- wenn sämtliche Mitglieder des Betriebsrats rechtzeitig **geladen** worden sind,
- der Betriebsrat **beschlussfähig** i. S. d. § 33 Abs. 2 BetrVG ist und
- die **anwesenden** Betriebsratsmitglieder **einstimmig** beschlossen haben, über den Regelungsgegenstand des später gefassten Beschlusses zu beraten und abzustimmen.

Einigungsstelle

Nicht (mehr) erforderlich ist, dass in dieser Sitzung **alle** Betriebsratsmitglieder anwesend sind (BAG v. 22. 1. 2014 – 7 AS 6/13; 9. 7. 2013 – 1 ABR 2/13, NZA 2013, 1433).
Zu weiteren Einzelheiten siehe → **Betriebsratssitzung** Rn. 13.

21 Häufig ist in Betriebsvereinbarungen die Einsetzung einer Einigungsstelle für den Fall vorgesehen, dass es bei der Auslegung und Anwendung der Betriebsvereinbarung zu Meinungsverschiedenheiten zwischen Arbeitgeber und Betriebsrat kommt.

> **Beispiel (aus BAG v. 11. 2. 2014 – 1 ABR 76/12):**
> »§ 14 Paritätische Kommission
> Zur Klärung von Streitigkeiten über die Auslegung und Anwendung dieser BV und der Umsetzung des § 6 dieser BV wird eine paritätische Kommission gebildet, die aus je drei Vertretern der GF und des BR bestehen. Wird keine Einigung erzielt, ist eine Einigungsstelle anzurufen.«

Das BAG hält eine derartige Klausel für rechtlich wirksam und verbindlich. Sie führt zur Unzulässigkeit eines Antrags auf arbeitsgerichtliche Feststellung des Inhalts einer Norm der Betriebsvereinbarung, solange das vereinbarte **Einigungsstellenverfahren nicht durchgeführt** wurde. Auszug aus der Entscheidung BAG v. 11. 2. 2014 – 1 ABR 76/12: »*Ein Antrag im Beschlussverfahren zur Klärung einer betriebsverfassungsrechtlichen Meinungsverschiedenheit ist unzulässig, wenn sich die Betriebsparteien verpflichtet haben, in einem solchen Konfliktfall zunächst eine innerbetriebliche Einigung in einem von ihnen vereinbarten Verfahren zu versuchen. Ein solches Vorverfahren ist keine nach § 4 ArbGG unzulässige Schiedsvereinbarung, sondern eine Arbeitgeber und Betriebsrat durch § 76 Abs. 6 BetrVG eröffnete Möglichkeit, zwischen ihnen bestehende Meinungsverschiedenheiten vorrangig einer innerbetrieblichen Konfliktlösung zuzuführen und erst nach deren Scheitern der anderen Betriebspartei die Einleitung eines Beschlussverfahrens zu ermöglichen. Dies gilt auch dann, wenn Gegenstand einer im Konfliktfall anzurufenden Einigungsstelle keine Regelungs-, sondern eine Rechtsfrage ist, für die diese außerhalb der ihr gesetzlich zugewiesenen Kompetenzen keine Entscheidungsbefugnis hat. Eine von den Betriebsparteien begründete Zuständigkeit der Einigungsstelle für die gegenwärtige Auslegung einer Betriebsvereinbarung verpflichtet Arbeitgeber und Betriebsrat daher, zunächst deren Entscheidung herbeizuführen, bevor sie über diese Rechtsfrage die Gerichte für Arbeitssachen zur Streitentscheidung anrufen. Ein Antrag auf Feststellung des Inhalts einer betrieblichen Norm ist unzulässig, solange das vereinbarte Schlichtungsverfahren nicht durchgeführt worden ist.*«

Das BAG hat zutreffend klargestellt, dass die Klausel einschränkend dahingehend auszulegen ist, dass von dieser Regelung nicht Beschlussverfahren des **einstweiligen Rechtsschutzes** erfasst werden (BAG v. 11. 2. 2014 – 1 ABR 76/12, Rn. 19). Der mit der Ausführung eines innerbetrieblichen Konfliktlösungsverfahrens verbundene Zeitaufwand dürfe die Gewährung von effektivem Rechtsschutz nicht beeinträchtigen. Dies wäre aber der Fall, wenn vor dem Antrag auf Erlass einer einstweiligen Verfügung das in der Klausel vorgesehene Verfahren vorgenommen werden müsste. Weder die Paritätische Kommission noch die Einigungsstelle seien zur Anordnung von vorläufigen Maßnahmen befugt. Effektiver Rechtsschutz könne in solchen Verfahren nur durch die staatlichen Gerichte gewährt werden.

Arbeitshilfen

Übersichten
- Erzwingbare Einigungsstellenverfahren
- Einleitung und Ablauf des Einigungsstellenverfahrens
- Schritte des Betriebsrats zur Anrufung der Einigungsstelle
- Beschlussfassung im Einigungsstellenverfahren

Einigungsstelle

Checklisten
- Was ist zu tun, wenn der Arbeitgeber die Einigungsstelle anruft?
- Vorbereitung der Einigungsstelle
- Die Einigungsstellensitzung
- Umsetzung der Einigungsstellenergebnisse

Musterschreiben
- Schreiben an Arbeitgeber betr. Beschluss über die Anrufung einer Einigungsstelle
- Einleitung eines Einigungsstellenverfahrens
- Antrag an das Arbeitsgericht auf Errichtung einer Einigungsstelle (§ 100 ArbGG)
- Abrechnung durch den Vorsitzenden der Einigungsstelle
- Abrechnung durch einen externen Beisitzer

Übersicht: Erzwingbare Einigungsstellenverfahren

Regelungsgegenstand	Anrufen kann	AG	BR
§ 37 Abs. 6, Abs. 7 BetrVG Der Arbeitgeber hält die betrieblichen Notwendigkeiten bei der Festlegung der zeitlichen Lage der Teilnahme von Betriebsratsmitgliedern an Schulungs- und Bildungsveranstaltungen für nicht ausreichend berücksichtigt.			∎
§ 38 Abs. 2 BetrVG Der Arbeitgeber hält den Beschluss des Betriebsrats über die Freistellung seiner Mitglieder von der beruflichen Tätigkeit für sachlich nicht vertretbar.			∎
§ 39 Abs. 1 BetrVG Zwischen Arbeitgeber und Betriebsrat kommt eine Einigung über Zeit und Ort der Sprechstunden während der Arbeitszeit nicht zustande.		∎	∎
§ 47 Abs. 6 BetrVG Zwischen Arbeitgeber und Gesamtbetriebsrat kommt eine Einigung über die Mitgliederzahl im Gesamtbetriebsrat nicht zustande.		∎	∎ (GBR)
§ 55 Abs. 4 i. V. m. § 47 Abs. 6 BetrVG Zwischen Konzernleitung und dem Konzernbetriebsrat kommt eine Einigung über die Mitgliederzahl im Konzernbetriebsrat nicht zustande.		∎	∎ (KBR)
§ 65 Abs. 1 i. V. m. § 37 BetrVG Nach Ansicht des Arbeitgebers sind bei der Festlegung der zeitlichen Lage der Teilnahme von Mitgliedern der Jugend- und Auszubildendenvertretung an Schulungs- und Bildungsveranstaltungen die betrieblichen Notwendigkeiten nicht ausreichend berücksichtigt.			∎
§ 69 Satz 2 und 3 i. V. m. § 39 Abs. 1 BetrVG Zwischen Arbeitgeber und Betriebsrat kommt eine Einigung über Ort und Zeit der Sprechstunde der Jugend- und Auszubildendenvertretung nicht zustande.		∎	∎
§ 72 Abs. 6 BetrVG Zwischen Arbeitgeber und Gesamtbetriebsrat kommt eine Einigung über die Mitgliederzahl der Gesamt-Jugend- und Auszubildendenvertretung nicht zustande.		∎	∎ (GBR)
§ 85 Abs. 2 BetrVG Zwischen Arbeitgeber und Betriebsrat bestehen Meinungsverschiedenheiten über die Berechtigung der Beschwerde eines oder mehrerer Arbeitnehmer.			∎
§ 87 Abs. 2 BetrVG Zwischen Arbeitgeber und Betriebsrat kommt es zu keiner Einigung über die Regelung einer der in § 87 Abs. 1 aufgezählten mitbestimmungspflichtigen Angelegenheiten: 1. Fragen der Ordnung des Betriebs und des Verhaltens der Arbeitnehmer im Betrieb;		∎	∎

Einigungsstelle

2. Beginn und Ende der täglichen Arbeitszeit einschließlich der Pausen sowie Verteilung der Arbeitszeit auf die einzelnen Wochentage;
3. vorübergehende Verkürzung oder Verlängerung der betriebsüblichen Arbeitszeit;
4. Zeit, Ort und Art der Auszahlung der Arbeitsentgelte;
5. Aufstellung allgemeiner Urlaubsgrundsätze und des Urlaubsplans sowie die Festsetzung der zeitlichen Lage des Urlaubs für einzelne Arbeitnehmer, wenn zwischen dem Arbeitgeber und den beteiligten Arbeitnehmern kein Einverständnis erzielt wird;
6. Einführung und Anwendung von technischen Einrichtungen, die dazu bestimmt sind, das Verhalten oder die Leistung der Arbeitnehmer zu überwachen;
7. Regelungen über die Verhütung von Arbeitsunfällen und Berufskrankheiten sowie über den Gesundheitsschutz im Rahmen der gesetzlichen Vorschriften oder der Unfallverhütungsvorschriften;
8. Form, Ausgestaltung und Verwaltung von Sozialeinrichtungen, deren Wirkungsbereich auf den Betrieb, das Unternehmen oder den Konzern beschränkt ist;
9. Zuweisung und Kündigung von Wohnräumen, die den Arbeitnehmern mit Rücksicht auf das Bestehen eines Arbeitsverhältnisses vermietet werden, sowie die allgemeine Festlegung der Nutzungsbedingungen;
10. Fragen der betrieblichen Lohngestaltung, insbesondere die Aufstellung von Entlohnungsgrundsätzen und die Einführung und Anwendung von neuen Entlohnungsmethoden sowie deren Änderung;
11. Festsetzung der Akkord- und Prämiensätze und vergleichbarer leistungsbezogener Entgelte, einschließlich der Geldfaktoren;
12. Grundsätze über das betriebliche Vorschlagswesen;
13. Grundsätze über die Durchführung von Gruppenarbeit; Gruppenarbeit i. S. d. Vorschrift liegt vor, wenn im Rahmen des betrieblichen Arbeitsablaufes eine Gruppe von Arbeitnehmern eine ihr übertragene Gesamtaufgabe im Wesentlichen eigenverantwortlich erledigt.

§ 91 BetrVG
Betriebsrat kann sich mit seiner Forderung nach angemessenen Maßnahmen zur Abwendung, zur Milderung oder zum Ausgleich von den gesicherten arbeitswissenschaftlichen Erkenntnissen offensichtlich widersprechenden Belastungen von Arbeitnehmern gegenüber dem Arbeitgeber nicht durchsetzen.

§ 94 Abs. 1 BetrVG
Zwischen Arbeitgeber und Betriebsrat kommt eine Einigung über den Inhalt des Personalfragebogens nicht zustande.

§ 94 Abs. 2 BetrVG
Zwischen Arbeitgeber und Betriebsrat kommt eine Einigung über die persönlichen Angaben in den schriftlichen Arbeitsverträgen, die allgemein im Betrieb verwendet werden, und die allgemeinen Beurteilungsgrundsätze nicht zustande.

§ 95 Abs. 1 BetrVG
In Betrieben mit 500 oder weniger Arbeitnehmern stimmt der Betriebsrat nicht den vom Arbeitgeber aufgestellten Richtlinien für die personelle Auswahl bei Einstellungen, Versetzungen, Umgruppierungen und Kündigungen zu.

§ 95 Abs. 2 BetrVG
In Betrieben mit mehr als 500 Arbeitnehmern kommt eine Einigung über die vom Arbeitgeber oder Betriebsrat vorgeschlagenen Auswahlrichtlinien nicht zustande.

Einigungsstelle

§ 97 Abs. 2 BetrVG
Der Arbeitgeber plant neue technische Anlagen, Arbeitsverfahren und Arbeitsabläufe oder Arbeitsplätze, die dazu führen, dass sich die Tätigkeit der betroffenen Arbeitnehmer ändern wird und ihre beruflichen Kenntnisse und Fähigkeiten zur Erfüllung ihrer Aufgaben nicht mehr ausreichen. Arbeitgeber und Betriebsrat können sich über die Einführung von Maßnahmen der betrieblichen Berufsbildung nicht einigen.

§ 98 Abs. 1, 3 und 4 BetrVG
Zwischen Arbeitgeber und Betriebsrat kommt eine Einigung über die Durchführung von Maßnahmen der betrieblichen Berufsbildung oder die vom Betriebsrat für betriebliche oder außerbetriebliche Berufsbildungsmaßnahmen vorgeschlagenen Arbeitnehmer nicht zustande.

§ 109 BetrVG
Arbeitgeber und Betriebsrat können sich nicht darüber einigen, ob eine Auskunft über wirtschaftliche Angelegenheiten des Unternehmens entgegen dem Verlangen des Wirtschaftsausschusses nicht, nicht rechtzeitig oder nur ungenügend erteilt ist.

§ 112 Abs. 2 und 3 BetrVG
Zwischen Arbeitgeber und Betriebsrat kommt ein Interessenausgleich über die geplante Betriebsänderung nicht zustande. Dann kann und sollte die Einigungsstelle zwar angerufen werden. Sie kann die Aufstellung eines Interessenausgleichs aber nicht beschließen. Kommt es – ggf. nach mehreren Sitzungen – zu keiner Einigung, erklärt der Einigungsstellenvorsitzende das Scheitern der Verhandlungen. Erst dann kann das Unternehmen mit der Umsetzung der Betriebsänderung beginnen.

§ 112 Abs. 2 bis 5 BetrVG
Zwischen Arbeitgeber und Betriebsrat kommt im Falle einer Betriebsänderung eine Einigung über den Sozialplan nicht zustande.

§ 116 Abs. 3 Nrn. 2, 4 und 8 BetrVG
Regelungsfragen zwischen Arbeitgeber und See-Betriebsrat betr. Freistellung, Unterkunft der Mitglieder des See-Betriebsrats und Sprechstunden sowie Bordversammlungen.

Übersicht: Einleitung und Ablauf des Einigungsstellenverfahrens

Beispiel:
Der Betriebsrat verlangt vom Arbeitgeber den Abschluss einer »Betriebsvereinbarung EDV«. Der Arbeitgeber lehnt nach längeren Verhandlungen ab.

1. Schritt: Beschluss des Betriebsrats:
1. Es wird festgestellt, dass die Verhandlungen in der Angelegenheit »Betriebsvereinbarung EDV« gescheitert sind.
2. Die Angelegenheit soll durch eine Einigungsstelle entschieden werden.
3. Vorsitzender der Einigungsstelle soll sein:
   Hinweis: Zuvor mit dem in Aussicht genommenen Einigungsstellenvorsitzenden Kontakt aufnehmen und fragen, ob er bereit ist, die Sache zu übernehmen.
   Herr/Frau _____
   Straße _____
   Wohnort _____
   Tel.: _____
4. Die Zahl der Beisitzer soll auf jeder Seite ... betragen.
5. Einer der Beisitzer der Betriebsratsseite soll Herr/Frau ... (Name, Anschrift), Sekretär/in der Gewerkschaft ... sein. Herr/Frau ... hat nach § 76 a Abs. 3 BetrVG Anspruch auf Vergütung.
6. Als Verfahrensbevollmächtigter des Betriebsrats (sowohl in der Einigungsstelle als auch in einem evtl. erforderlichen Arbeitsgerichtsverfahren nach § 76 Abs. 2 BetrVG, § 100 ArbGG über die

Einigungsstelle

Besetzung der Einigungsstelle) wird Herr/Frau Rechtsanwalt/Rechtsanwältin ... beauftragt (vgl. hierzu DKKW-*Berg*, BetrVG, 15. Aufl., § 76 Rn. 94; § 76 a Rn. 13 ff.; Fitting, BetrVG, 27. Aufl., § 40 Rn. 36 ff.; § 76 a Rn. 8; Hinweis: das Verfahren zur Besetzung der Einigungsstelle war bislang in § 98 ArbGG geregelt; die Vorschrift wurde ohne inhaltliche Veränderung durch das Tarifautonomiestärkungsgesetz vom 11. 8. 2014 – BGBl. I S. 1348 – auf § 99 ArbGG und sodann durch das Gesetz zur Tarifeinheit vom 3. 7. 2015 – BGBl. I S. 1130 auf § 100 ArbGG verschoben).

2. Schritt: Der Beschluss des Betriebsrats wird dem Arbeitgeber schriftlich mitgeteilt mit der Aufforderung, innerhalb einer Frist von z. B. einer Woche mitzuteilen, ob er mit dem Vorschlag des Betriebsrats betreffend Einigungsstellenvorsitzenden bzw. Zahl der Beisitzer einverstanden ist.

3. Schritt: Ist der Arbeitgeber mit dem Vorschlag einverstanden, wird der Einigungsstellenvorsitzende z. B. vom Betriebsrat entsprechend informiert (schriftlich) und gebeten, den weiteren Ablauf des Verfahrens zu übernehmen.

Lehnt der Arbeitgeber die Vorschläge des Betriebsrats ab oder reagiert er innerhalb der gesetzten Frist nicht, so beantragt der Betriebsrat bzw. der/die beauftragte Rechtsanwalt/Rechtsanwältin beim Arbeitsgericht die Bestellung eines Einigungsstellenvorsitzenden sowie die Benennung der Zahl der Beisitzer (gewerkschaftlichen Rechtsschutz oder geeigneten Rechtsanwalt in Anspruch nehmen).

Zum Ausgangsbeispiel:
Da die vom Betriebsrat angestrebte »Rahmenbetriebsvereinbarung EDV« ein mitbestimmungspflichtiger Vorgang ist, wird das Arbeitsgericht (durch den Vorsitzenden der zuständigen Kammer des Arbeitsgerichts) nach Anhörung aller Beteiligten (auch des Arbeitgebers) einen Einigungsstellenvorsitzenden bestellen und die Zahl der Beisitzer festlegen. Dabei ist das Gericht an die Vorschläge des Betriebsrats nicht gebunden. Vielmehr kann es eine Person als Einigungsstellenvorsitzenden bestellen, die weder vom Betriebsrat noch vom Arbeitgeber vorgeschlagen wurde.

4. Schritt: Nach seiner einvernehmlichen (oder gerichtlichen) Bestellung übernimmt der Einigungsstellenvorsitzende den weiteren Gang der Dinge (Termine setzen, Aufforderung an beide Seiten, ihre Konzepte und Vorstellungen vorzulegen bzw. vorzutragen usw.). Gemäß § 76 Abs. 3 Satz 1 BetrVG hat die Einigungsstelle »unverzüglich« tätig zu werden.

5. Schritt: Auf der Grundlage der unterschiedlichen Vorstellungen/Konzepte findet in der Einigungsstelle eine Beratung statt.

Für den Fall, dass der von beiden Seiten vorgetragene Sachverhalt strittig ist, kann die Einigungsstelle die Erhebung von Beweisen beschließen: z. B. Heranziehung von Urkunden und sonstigen schriftlichen Unterlagen, Anhörung von Zeugen, Ortsbesichtigungen.

In Fällen mit einem hohen sachlichen und/oder fachlichen Schwierigkeitsgrad kommen auch die Einholung von Sachverständigengutachten sowie die Anhörung von Sachverständigen in Betracht.

Für alle Beschlüsse der Einigungsstelle ist Stimmenmehrheit erforderlich (zum Abstimmungsverfahren: siehe unten 6. Schritt).

Der Vorsitzende der Einigungsstelle bemüht sich, gegebenenfalls nach getrennten Gesprächen mit jeder Seite, einen für beide Seiten tragbaren Kompromiss herbeizuführen.

6. Schritt: Nach Ende der Beratung findet, wenn eine einvernehmliche Lösung der strittigen Angelegenheit nicht erzielt werden kann, eine Abstimmung statt, für die folgendes Verfahren vorgeschrieben ist (§ 76 Abs. 3 BetrVG):

1. Es findet eine erste Abstimmung statt. Der Vorsitzende enthält sich der Stimme. Kommt ein Mehrheitsbeschluss zustande, so ist damit die strittige Angelegenheit entschieden.
2. Kommt kein Mehrheitsbeschluss zustande, so findet zunächst noch einmal eine weitere Beratung und dann eine zweite Abstimmung statt, an der der Vorsitzende der Einigungsstelle teilnimmt.

Bei der Beschlussfassung steht der Einigungsstelle ein gewisser Ermessensspielraum zu (§ 76 Abs. 5 Satz 3 BetrVG: »billiges Ermessen«). Ihr Ermessen ist aber insoweit eingeschränkt, als sie sowohl die Belange des Betriebs als auch der betroffenen Arbeitnehmer angemessen zu berücksichtigen hat (siehe auch § 112 Abs. 5 BetrVG).

Der Beschluss der Einigungsstelle wird vom Vorsitzenden schriftlich niedergelegt, ggf. begründet (nicht vorgeschrieben, aber zweckmäßig), unterschrieben und Betriebsrat sowie Arbeitgeber zugestellt.

7. Schritt: Ist eine Partei (Arbeitgeber oder Betriebsrat) der Auffassung, dass der Beschluss der Einigungsstelle die »Ermessensgrenzen« überschritten hat, so kann sie innerhalb einer Frist von zwei Wochen nach Zustellung des Beschlusses das Arbeitsgericht anrufen (§ 76 Abs. 5 Satz 4 BetrVG).

Einigungsstelle

Verstößt der Einigungsstellenspruch gegen geltendes Recht (z. B. gegen einen Tarifvertrag oder ein Gesetz), so kann dieser Rechtsverstoß auch noch nach Ablauf der Zwei-Wochen-Frist geltend gemacht werden.

8. Schritt: Der Arbeitgeber ist verpflichtet, den Spruch der Einigungsstelle umzusetzen (§ 77 Abs. 1 BetrVG). Unterlässt er dies, so kann der Betriebsrat im Wege des arbeitsgerichtlichen Beschlussverfahrens die Durchführung des Einigungsstellenspruchs erzwingen.

Einigungsstelle

Übersicht: Schritte des Betriebsrats zur Anrufung der Einigungsstelle[1]

Schritte des Betriebsrats zur Anrufung der Einigungsstelle

```
Verhandlung mit dem Arbeitgeber erfolglos
                    │
                    ▼
                         Ja
Betriebsrat fasst Beschluss über:  ◄──────  Zuständigkeit der
1. das Scheitern der Verhandlungen;         Einigungsstelle gegeben?
2. die Anrufung der Einigungsstelle                │
                    │                              │ Nein
                    ▼                              ▼
Betriebsrat bestimmt vorzuschlagenden Vorsitzenden    Unter Umständen freiwillige
Betriebsrat bestimmt vorzuschlagende Beisitzerzahl    Einigungsstelle
                    │
                    ▼
Betriebsrat erklärt gegenüber dem Arbeitgeber das Scheitern der Verhandlungen.
Betriebsrat macht Vorschläge für den Vorsitzenden der Einigungsstelle und
die Beisitzerzahl, Betriebsrat setzt Arbeitgeber eine Erklärungsfrist
```

- Arbeitgeber akzeptiert die Einigungsstelle
- Arbeitgeber lehnt den vorgeschlagenen Vorsitzenden und/oder die Zahl der Beisitzer ab
- Arbeitgeber erklärt die Einigungsstelle für unzuständig
- Arbeitgeber reagiert nicht in der gesetzten Frist

Gegenvorschläge des Arbeitgebers akzeptabel? — Ja / Nein

Einleitung des Einsetzungsverfahrens beim Arbeitsgericht durch den Betriebsrat zur Bestimmung eines Vorsitzenden und/oder der Zahl der Beisitzer

Arbeitsgericht stellt die offensichtliche Unzuständigkeit fest — Ja → Beschwerde beim LAG erfolgreich? — Ja / Nein

- Nein: Arbeitsgericht bestimmt Vorsitzenden und Zahl der Beisitzer
- Ja: LAG bestimmt Vorsitzenden und Zahl der Beisitzer
- Nein: keine Einigungsstelle

Betriebsrat benennt Beisitzer

---

[1] **Aus:** D. Hase u. a., Handbuch für die Einigungsstelle, 2. Auflage, Bund-Verlag, S. 53.

Einigungsstelle

Übersicht: Beschlussfassung im Einigungsstellenverfahren[2]

Beschlussfassung im Einigungsstellenverfahren (§ 76 Abs. 3 BetrVG)

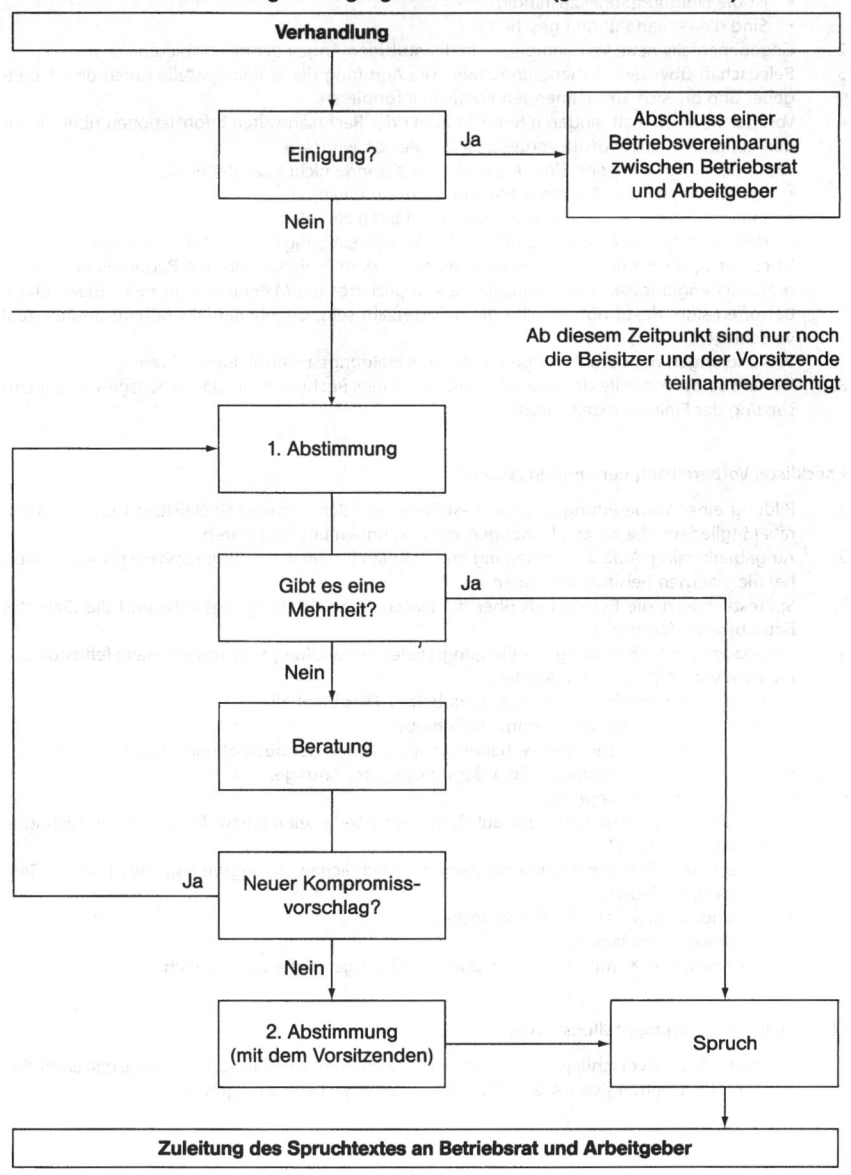

```
┌─────────────────────────────────────────────────────────────┐
│                       Verhandlung                           │
└─────────────────────────────────────────────────────────────┘
                │
                ▼
        ┌───────────────┐   Ja    ┌──────────────────────────┐
        │  Einigung?    │────────▶│  Abschluss einer          │
        └───────────────┘         │  Betriebsvereinbarung     │
            │ Nein                │  zwischen Betriebsrat     │
            ▼                     │  und Arbeitgeber          │
                                  └──────────────────────────┘
```

Ab diesem Zeitpunkt sind nur noch die Beisitzer und der Vorsitzende teilnahmeberechtigt

```
        ┌───────────────┐
   ┌───▶│ 1. Abstimmung │
   │    └───────────────┘
   │            │
   │            ▼
   │    ┌───────────────┐   Ja
   │    │ Gibt es eine  │─────────────────┐
   │    │  Mehrheit?    │                 │
   │    └───────────────┘                 │
   │        │ Nein                        │
   │        ▼                             │
   │    ┌───────────────┐                 │
   │    │   Beratung    │                 │
   │    └───────────────┘                 │
   │            │                         │
   │  Ja        ▼                         │
   └────┌───────────────┐                 │
        │ Neuer Kompromiss-│              │
        │   vorschlag?    │               │
        └───────────────┘                 │
                │ Nein                    │
                ▼                         ▼
        ┌───────────────────┐     ┌──────────────┐
        │  2. Abstimmung    │────▶│    Spruch    │
        │ (mit dem Vorsitzenden)│ └──────────────┘
        └───────────────────┘
```

Zuleitung des Spruchtextes an Betriebsrat und Arbeitgeber

---

[2] **Aus:** D. Hase u. a., Handbuch für die Einigungsstelle, 2. Auflage, Bund-Verlag, S. 112.

Einigungsstelle

Checkliste: Was ist zu tun, wenn der Arbeitgeber die Einigungsstelle anruft?[3]

1. Überprüfen, ob die Voraussetzungen zur Anrufung der Einigungsstelle gegeben sind:
   - Ist die Einigungsstelle zuständig?
   - Sind die Verhandlungen gescheitert?
2. Gegebenenfalls neue Verhandlungen in der strittigen Angelegenheit anbieten.
3. Belegschaft über den Verhandlungsstand, die Anrufung der Einigungsstelle durch den Arbeitgeber und die sich abzeichnenden Konflikte informieren.
4. Von der Gewerkschaft, anderen Betriebsräten oder Rechtsanwälten Informationen über die für den Einigungsstellenvorsitz vorgeschlagene Person einholen.
5. Wenn der vorgeschlagene Einigungsstellenvorsitzende nicht akzeptabel ist,
   - Gründe gegen den Arbeitgeber-Kandidaten sammeln,
   - Informationen über geeignete Gegenkandidaten einholen,
   - dem Arbeitgeber einen Gegenvorschlag für den Einigungsstellenvorsitz machen.
6. Überprüfen, ob die vorgeschlagene Beisitzerzahl dem Problem und den Bedürfnissen des Betriebsrats angemessen ist. Grundsatz: Je komplizierter die Materie und je mehr Beschäftigte betroffen sind, desto höher sollte die Beisitzerzahl sein. Gegebenenfalls höhere Beisitzerzahl vorschlagen.
7. Verhandlungen mit dem Arbeitgeber über die Einigungsstellenbildung führen.
8. Notfalls selbst mit Hilfe der Gewerkschaft oder eines Rechtsanwalts das Arbeitsgericht zur Einsetzung der Einigungsstelle anrufen.

Checkliste: Vorbereitung der Einigungsstelle[4]

1. Bildung einer Vorbereitungsgruppe, bestehend aus den Betriebsrats-Beisitzern und Betriebsrats-Mitgliedern, die an den bisherigen Verhandlungen beteiligt waren.
2. Aufgabenkatalog, Aufgabenverteilung und Zeitplan für die Vorbereitungsphase festlegen, hierbei die externen Beisitzer beteiligen.
3. Spätestens jetzt die Belegschaft über die Einschaltung der Einigungsstelle und die Ziele des Betriebsrats informieren.
4. Unterlagen zur Vorbereitung der Einigungsstellenverhandlung zusammenstellen; fehlende Unterlagen vom Arbeitgeber anfordern.
5. Sachdarstellung für den Vorsitzenden erarbeiten. Dies beinhaltet:
   - Kurzdarstellung des Unternehmens/Betriebes,
   - Darstellung des bisherigen Verhandlungsablaufs und der noch offenen Konfliktpunkte,
   - Anträge für die Einigungsstelle, x Begründung der Anträge.
6. Vorbereitung der Sitzung(en):
   - Wer soll neben den Beisitzern auf Betriebsrats-Seite teilnehmen (Prozessbevollmächtigte, Vortragende usw.)?
   - Arbeits- und Rollenverteilung für den voraussichtlichen Sitzungsverlauf zwischen den Teilnehmern festlegen.
   - Verhandlungstaktik und -stil absprechen.
   - Verfahrensvorschläge entwickeln.
   - Über mögliche Kompromisslinien und Kopplungsgeschäfte nachdenken.

Checkliste: Die Einigungsstellensitzung[5]

1. Eigene Verfahrensvorschläge einbringen (z. B. Sitzungsunterbrechung, Vertagung, getrennte Sitzungen, Hinzuziehung von Auskunftspersonen oder Sachverständigen usw.).

---

[3] Quelle: Detlef Hase/Reino von Neumann-Cosel/Rudi Rupp/Helmut Teppich: Handbuch für die Einigungsstelle. Ein praktischer Ratgeber, 2. Auflage, Bund-Verlag, Köln 1993, S. 73.
[4] Quelle: D. Hase u. a., Handbuch für die Einigungsstelle, a. a. O., S. 88.
[5] Quelle: D. Hase u. a., Handbuch für die Einigungsstelle, a. a. O., S. 117.

2. Eigenen Verhandlungsstil kontrollieren (hart in der Sache, verbindlich im Ton).
3. Zeitrahmen für die Sitzung(en) festlegen.
4. Honorarfrage und Kostenübernahme ansprechen.
5. Eigene Notizen über Verhandlungsverlauf und -ergebnisse machen.
6. Bei Streit über die Zuständigkeit die Position des Vorsitzenden in getrennter Beratung in Erfahrung bringen. Gegebenenfalls auf Ausklammerung der Zuständigkeitsfrage drängen, um erst mal eine einvernehmliche Lösung des Konflikts zu versuchen.
7. Auswirkungen der vorgesehenen Maßnahme auf die Beschäftigten darlegen; Argumentation der Arbeitgeberseite widerlegen.
8. Position des Vorsitzenden zur anstehenden Regelungsfrage in getrennten Beratungen ausloten.
9. Kompromissbereitschaft in kleinen Schritten signalisieren; dabei unverzichtbare Positionen des Betriebsrats verdeutlichen.
10. Anfechtungsdrohung der Arbeitgeberseite nicht überbewerten.
11. Vor dem Eingehen auf Kompromissangebote bzw. dem Einbringen eigener Kompromissangebote Rückkopplung unter den Betriebsrats-Beisitzern und mit dem Betriebsrat herstellen.
12. Auf geschlossenes und konsistentes Abstimmungsverhalten der Betriebsrats-Beisitzer achten.
13. Gegebenenfalls um eine schriftliche Begründung des Spruches durch den Vorsitzenden bitten.

Checkliste: Umsetzung der Einigungsstellenergebnisse[6]

1. Belegschaft über den Ausgang des Einigungsstellenverfahrens informieren (Fakten, Erläuterungen, Begründungen, Wertungen).
2. Überwachung der Einhaltung der getroffenen Regelungen durch
   - Auswertung von Unterlagen,
   - Stichproben,
   - Betriebsbegehungen,
   - Gespräche mit Beschäftigten.
3. Wenn sich der Arbeitgeber nicht an die getroffenen Regelungen hält,
   - Verstöße dokumentieren und Arbeitgeber abmahnen,
   - nach juristischem Rat gegebenenfalls Arbeitsgericht einschalten.
4. Stimmung in der Belegschaft über die Wirkung des Einigungsstellenergebnisses ermitteln.
5. Bei negativer Beurteilung der Einigungsstellenergebnisse oder ihrer Umsetzung durch Betriebsrat und Belegschaft Erfolgsaussichten für eine verbesserte Regelung abschätzen.
6. Gegebenenfalls Kündigung des Einigungsstellenergebnisses (Kündigungstermine und Fristen der Vereinbarung bzw. Dreimonatsfrist nach § 77 Abs. 5 BetrVG beachten!)

Musterschreiben: Einleitung eines Einigungsstellenverfahrens

An die
Geschäftsleitung
im Hause

Datum...

Bildung einer Einigungsstelle in der Angelegenheit ...

Sehr geehrte Damen und Herren,
in insgesamt ... Verhandlungen hat sich der Betriebsrat bemüht, mit der Geschäftsleitung in der oben genannten Angelegenheit zu einem für beide Seiten tragbaren Ergebnis zu kommen.
Nach der letzten Verhandlung vom ... ist der Betriebsrat zu dem Schluss gekommen, dass die innerbetrieblichen Möglichkeiten ausgeschöpft sind und eine Einigung nicht erzielt werden kann.
Aus diesem Grunde hat der Betriebsrat in seiner Sitzung vom ... beschlossen:
1. Die Verhandlungen zu der oben genannten Angelegenheit sind gescheitert.

---

6 Quelle: D. Hase u. a., Handbuch für die Einigungsstelle, a. a. O., S. 128.

Einigungsstelle

2. Die Angelegenheit soll durch eine Einigungsstelle nach § 76 BetrVG entschieden werden.
3. Als Vorsitzenden der Einigungsstelle schlägt der Betriebsrat Frau/Herrn ... (Name, Funktionsbezeichnung, Anschrift) ... vor.
4. Für jede Seite sollen ... Beisitzer/innen tätig werden (mindestens drei; für den Betriebsrat zwei betriebliche und ein/e außerbetriebliche/r Beisitzer/in).
5. Als außerbetriebliche/r Beisitzer/in auf Betriebsratsseite wird Frau/Herr ... (Name), Sekretär/in der Gewerkschaft ... tätig werden. Der Betriebsrat weist darauf hin, dass Frau/Herrn ... gemäß § 76a Abs. 3 BetrVG ein Anspruch auf Vergütung seiner/ihrer Tätigkeit zusteht.
6. Als Verfahrensbevollmächtigter des Betriebsrats (sowohl in der Einigungsstelle als auch in einem evtl. erforderlichen Arbeitsgerichtsverfahren nach § 76 Abs. 2 BetrVG, § 100 ArbGG über die Besetzung der Einigungsstelle) wird Herr/Frau Rechtsanwalt/Rechtsanwältin ... beauftragt (*Hinweis: Das Verfahren zur Besetzung der Einigungsstelle war bislang in § 98 ArbGG geregelt; die Vorschrift wurde ohne inhaltliche Veränderung durch das Tarifautonomiestärkungsgesetz vom 11.8.2014 – BGBl. I S. 1348 – auf § 99 ArbGG und sodann durch das Gesetz zur Tarifeinheit vom 3.7.2015 – BGBl. I S. 1130 auf § 100 ArbGG verschoben*).

Der Betriebsrat erwartet Ihre Stellungnahme zu den Vorschlägen zur Person des/ der Einigungsstellenvorsitzenden sowie der Zahl der Beisitzer/innen innerhalb einer Frist von sieben Tagen, also bis zum ....

Nach ergebnislosem Ablauf der Frist wird der Betriebsrat durch entsprechenden Antrag an das Arbeitsgericht die Person des/der Vorsitzenden und die Zahl der Beisitzer/innen festlegen lassen.

Mit freundlichen Grüßen
...
(Unterschrift Betriebsratsvorsitzende/r)

Rechtsprechung

1. Einigungsstellenverfahren und Grundgesetz
2. Bildung einer Einigungsstelle: Beschluss des Betriebsrats – Scheitern der Verhandlungen
3. Bildung der Einigungsstelle – Bestellungsverfahren nach § 100 ArbGG – Zuständigkeit der Einigungsstelle (Mitbestimmung) – »Offensichtliche Unzuständigkeit« der Einigungsstelle
4. Vorsitzender der Einigungsstelle – Besorgnis der Befangenheit
5. Beisitzer der Einigungsstelle
6. Rechtsanwalt als Verfahrensbevollmächtigter des Betriebsrats
7. Verfahrensgrundsätze – Parteiöffentlichkeit
8. Beschlussfassung in der Einigungsstelle
9. Zwischenbeschluss der Einigungsstelle – Beweiserhebung – Einholung eines Sachverständigengutachtens
10. Form des Einigungsstellenspruchs
11. Inhalt des Einigungsstellenspruchs – Notwendigkeit einer vollständigen Regelung – Inhaltskontrolle
12. Rückwirkung eines Einigungsstellenspruchs
13. Vergütungsanspruch des Vorsitzenden und des außerbetrieblichen Beisitzers
14. Einstweilige Verfügung gegen Durchführung eines Einigungsstellenspruchs
15. Anfechtung eines Einigungsstellenspruchs – Anfechtung eines Zwischenbeschlusses
16. Kosten des Einigungsstellenverfahrens
17. Kosten aus Anlass der Durchsetzung des Honorars nach § 76a BetrVG
18. Anrufung der Einigungsstelle bei Meinungsverschiedenheiten über Auslegung und Anwendung einer Betriebsvereinbarung

19. Sonstiges
20. Einigungsstellenspruch über Mitbestimmungspflichtigkeit einer Abmahnung?
21. Keine offensichtliche Unzuständigkeit der Einigungsstelle bei der Gestaltung von Bildschirmarbeitsplätzen
22. Einigungsstelle nur über Interessenausgleich
23. Keine offensichtliche Unzuständigkeit der Einigungsstelle bei Überschreitung der Fristen des – inzwischen aufgehobenen – § 113 Abs. 3 Sätze 2 und 3 BetrVG (altes Recht)
24. Offensichtliche Unzuständigkeit der Einigungsstelle über Interessenausgleich nach abgeschlossener Betriebsänderung

Einstellung

Was ist das?

1 In → **Unternehmen** »mit in der Regel mehr als zwanzig wahlberechtigten Arbeitnehmern« hat der Betriebsrat im Falle von Einstellungen nach § 99 BetrVG ein Mitbestimmungsrecht. Bei der Ermittlung des Schwellenwerts sind **Leiharbeitnehmer**, die länger als drei Monate im Unternehmen eingesetzt sind, zu berücksichtigen (so die auf § 99 BetrVG übertragbare Entscheidung des BAG v. 18. 10. 2011 – 1 AZR 335/10, NZA 2012, 221 zur Ermittlung des Schwellenwerts bei einer → **Betriebsänderung** nach § 111 BetrVG).

1a Einstellung im Sinne des § 99 BetrVG ist nach ständiger Rechtsprechung des BAG (nur) die **tatsächliche Beschäftigung** – Eingliederung (siehe Rn. 1 b) – im Betrieb (BAG v. 2. 10. 2007 – 1 ABR 60/06, AiB 2008, 225; 13. 12. 2005 – 1 ABR 51/04, AiB 2007, 52; 12. 11. 2002 – 1 ABR 60/01, AiB 2005, 188; 18. 10. 1994 – 1 ABR 9/94, NZA 1995, 281; 28. 4. 1992 – 1 ABR 73/91, AiB 1993, 239).

Nach überwiegender Meinung ist aber auch der Abschluss des → **Arbeitsvertrags** als Einstellung i. S. d. § 99 BetrVG anzusehen (vgl. DKKW-*Bachner*, BetrVG, 15. Aufl., § 99 Rn. 38; Fitting, BetrVG, 27. Aufl. § 99 Rn. 30 ff.).

Das BAG hat jedenfalls klargestellt, dass dann, wenn die Beschäftigung im Betrieb aufgrund eines Arbeitsvertrags erfolgen soll, der Betriebsrat bereits **vor Abschluss des Vertrags** über die geplante Beschäftigung zu unterrichten und die Zustimmung des Betriebsrats zu dieser auf der Grundlage des Arbeitsvertrags erfolgenden Beschäftigung im Betrieb einzuholen ist (BAG v. 28. 4. 1992 – 1 ABR 73/91, AiB 1993, 239; ebenso BAG v. 9. 12. 2008 – 1 ABR 74/07, DB 2009, 743 für den Fall des Abschlusses eines Änderungsvertrags). Zwar wäre dem Gebot des § 99 Abs. 1 Satz 1 BetrVG, den Betriebsrat »vor der Einstellung« zu unterrichten und seine Zustimmung zu der »geplanten Einstellung« einzuholen, dem Wortlaut nach auch Genüge getan, wenn die Beteiligung zwar nach Abschluss des Arbeits- bzw. Änderungsvertrags, aber noch vor der Aufnahme der Beschäftigung erfolgte. Gleichwohl würde eine erst zu diesem Zeitpunkt stattfindende Beteiligung dem Zweck des Mitbestimmungsrechts nicht in vollem Umfang gerecht. Zur Wirksamkeit des Mitbestimmungsrechts sei es vielmehr grundsätzlich erforderlich, dass die Beteiligung des Betriebsrats zu einer Zeit erfolgt, zu der noch keine abschließende und endgültige Entscheidung getroffen worden ist oder doch eine solche noch ohne Schwierigkeiten revidiert werden kann. Der Abschluss des Arbeits- bzw. Änderungsvertrags sei, jedenfalls sofern er nicht unter dem ausdrücklichen Vorbehalt der Zustimmung des Betriebsrats erfolgt, regelmäßig eine solche endgültige Entscheidung, die nicht mehr ohne Weiteres rückgängig gemacht werden kann (BAG v. 9. 12. 2008 – 1 ABR 74/07, a. a. O.; 28. 4. 1992 – 1 ABR 73/91, a. a. O.).

Wenn beide Vorgänge (Vertragsschluss und tatsächliche Beschäftigung) **zeitlich auseinanderfallen**, ist bereits die erste Maßnahme mitbestimmungspflichtig (Fitting, BetrVG, 27. Aufl. § 99 Rn. 32).

1b Nach der ständigen Rechtsprechung des BAG liegt eine **Einstellung** nach § 99 Abs. 1 BetrVG vor, wenn Personen in den Betrieb **eingegliedert** werden, um zusammen mit den dort schon

Einstellung

beschäftigten Arbeitnehmern dessen arbeitstechnischen Zweck durch weisungsgebundene Tätigkeit zu verwirklichen (BAG v. 2. 10. 2007 – 1 ABR 60/06, AiB 2008, 225; 13. 12. 2005 – 1 ABR 51/04, AiB 2007, 52; 12. 11. 2002 – 1 ABR 60/01, AiB 2005, 188; 18. 10. 1994 – 1 ABR 9/94, NZA 1995, 281).

Maßgebend ist, ob die zu verrichtenden Tätigkeiten ihrer Art nach **weisungsgebunden** und dazu bestimmt sind, der Verwirklichung des arbeitstechnischen Zwecks des Betriebs zu dienen, sodass sie vom Betriebsinhaber organisiert werden müssen. Ob den betreffenden Personen tatsächlich Weisungen hinsichtlich dieser Tätigkeiten gegeben werden – und ggf. von wem – ist unerheblich. Die Personen müssen derart in die Arbeitsorganisation des Betriebs eingegliedert werden, dass der Betriebsinhaber die für eine weisungsabhängige Tätigkeit typischen Entscheidungen auch über **Zeit und Ort der Tätigkeit** zu treffen hat. Er muss in diesem Sinne **Personalhoheit** besitzen und damit wenigstens einen **Teil der Arbeitgeberstellung** gegenüber den betreffenden Personen wahrnehmen (BAG v. 2. 10. 2007 – 1 ABR 60/06, a. a. O.; 13. 12. 2005 – 1 ABR 51/04, a. a. O.; 12. 11. 2002 – 1 ABR 60/01, a. a. O.; 18. 10. 1994 – 1 ABR 9/94, a. a. O.).

Auf das **Rechtsverhältnis**, in dem die eingegliederten Personen zum Betriebsinhaber stehen, kommt es nicht an (BAG v. 2. 10. 2007 – 1 ABR 60/06, a. a. O.; 13. 12. 2005 – 1 ABR 51/04, a. a. O.; 12. 11. 2002 – 1 ABR 60/01, a. a. O.; 18. 10. 1994 – 1 ABR 9/94, a. a. O.). Das Rechtsverhältnis zum Betriebsinhaber kann z. B. ein Arbeitsverhältnis (siehe → **Arbeitsvertrag**), ein Dienstvertragsverhältnis (siehe → **Dienstvertrag**) oder vereinsrechtlicher Art sein: z. B. ehrenamtlich tätige Rettungssanitäter des DRK (vgl. BAG v. 12. 11. 2002 – 1 ABR 60/01, AiB 2005, 188) oder Mitglieder der DRK-Schwesternschaft (BAG v. 9. 10. 2013 – 7 ABR 12/12; 23. 6. 2010 – 7 ABR 1/09, NZA 2010, 1302). Es kann sogar ganz fehlen – wie
- im Falle von **Leiharbeit** (siehe → **Arbeitnehmerüberlassung/Leiharbeit**),
- bei einer **Personalgestellung** (vgl. hierzu BAG v. 9. 10. 2013 – 7 ABR 12/12; 23. 6. 2010 – 7 ABR 1/09, a. a. O.) oder
- bei einem Einsatz im Rahmen eines Dienst- oder Werkvertragsverhältnisses zwischen Betriebsinhaber und Fremdfirma (siehe → **Dienstvertrag** und → **Werkvertrag**).

Das Mitbestimmungsrecht bei Einstellungen dient nach Ansicht des BAG vorrangig der Wahrung der Interessen der vom Betriebsrat vertretenen **Belegschaft** (BAG v. 23. 6. 2010 – 7 ABR 1/09, NZA 2010, 1302; 12. 11. 2002 – 1 ABR 60/01, AiB 2005, 188). Dies zeigten die Zustimmungsverweigerungsgründe des § 99 Abs. 2 Nr. 3, 5 und 6 BetrVG. Die Interessen der im Betrieb bereits Beschäftigten könnten auch durch die betriebliche Eingliederung von Personen berührt werden, die zwar nicht Arbeitnehmer sind, aber auf **Weisung** des Arbeitgebers gemeinsam mit den Arbeitnehmern zur Verwirklichung der Betriebszwecke tätig werden. Für die das Mitbestimmungsrecht nach § 99 BetrVG auslösende tatsächliche Betroffenheit der Belegschaft sei es in einem solchen Fall unerheblich, welchen rechtlichen Status die aufzunehmende Person hat. Die mögliche Gefährdung der vorhandenen Belegschaft beruhe auf der tatsächlichen Eingliederung eines neuen Mitarbeiters und hänge nicht davon ab, auf welcher Rechtsgrundlage dieser tätig werden soll.

Maßgeblich sei vielmehr, ob der Betriebsinhaber wenigstens **teilweise** die **Personalhoheit** in Form der Entscheidungsbefugnis in Bezug auf Zeit und Ort der Tätigkeit besitzt (BAG v. 9. 10. 2013 – 7 ABR 12/12; 2. 10. 2007 – 1 ABR 60/06; 13. 12. 2005 – 1 ABR 51/04, AiB 2007, 52).

Eine »Eingliederung« und damit eine zustimmungspflichtige Einstellung kann deshalb auch in der Beschäftigung von **Personal einer Fremdfirma** liegen, die aufgrund eines → **Dienstvertrags** oder → **Werkvertrags** mit weisungsgebundenen Tätigkeiten im Betrieb beauftragt werden, falls der Betriebsinhaber und nicht die beauftragte Fremdfirma das für ein Arbeitsverhältnis typische **Weisungsrecht** innehat und – über die eigenen Vorgesetzten – die Entscheidung über den Arbeitseinsatz nach Zeit und Ort trifft (BAG v. 2. 10. 2007 – 1 ABR 60/06; 13. 12. 2005 – 1 ABR 51/04, a. a. O.).

2

Einstellung

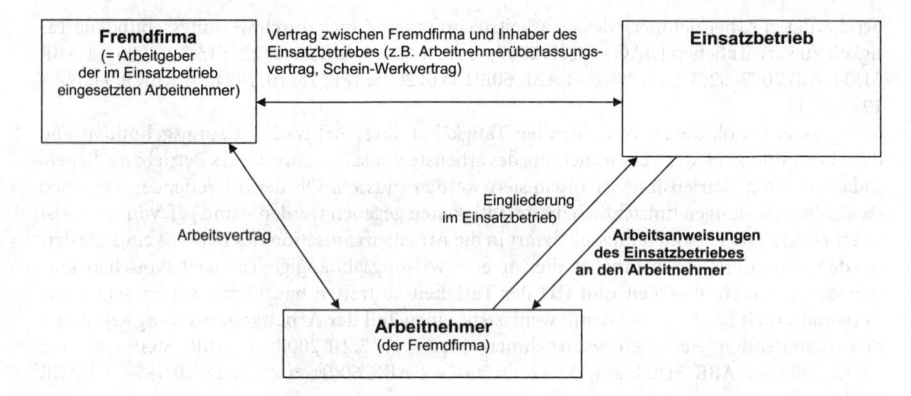

Fremdfirma
(= Arbeitgeber der im Einsatzbetrieb eingesetzten Arbeitnehmer)

Vertrag zwischen Fremdfirma und Inhaber des Einsatzbetriebes (z.B. Arbeitnehmerüberlassungsvertrag, Schein-Werkvertrag)

Einsatzbetrieb

Arbeitsvertrag

Eingliederung im Einsatzbetrieb

Arbeitsanweisungen des Einsatzbetriebes an den Arbeitnehmer

Arbeitnehmer
(der Fremdfirma)

Für eine mitbestimmungspflichtige **Eingliederung** in den Betrieb spricht (beispielsweise), wenn das Fremdfirmenpersonal
- der Aufsicht und den Arbeitsanweisungen der Mitarbeiter bzw. Vorgesetzten des Einsatzbetriebs unterworfen ist;
- den konkreten Arbeitsort innerhalb der Betriebsorganisation vom Einsatzbetrieb zugewiesen bekommt;
- in die Arbeitszeitregelungen, insbes. Schichtpläne, Rolliersysteme, Pausenregelung, eingebunden ist;
- die Zeiterfassungsgeräte des Einsatzbetriebes benutzt bzw. Stundenzettel vom Einsatzbetrieb abgezeichnet werden;
- mit Material, Werkzeugen, Maschinen und sonstigen Arbeitsmitteln des Einsatzbetriebs arbeitet;
- mit dem Stammpersonal des Einsatzbetriebes »vermischt« zusammenarbeitet und praktisch die gleichen Arbeiten verrichtet wie das Personal des Einsatzbetriebs (z. B. Gruppenarbeit, Arbeit am Band, Verkauf von Waren in einem Kaufhaus durch eigene Mitarbeiter/Innen und sog. Propagandisten/Innen);
- stets wiederkehrende und regelmäßig auszuführende Wartungs- und Reinigungsarbeiten ausführt, die von dem arbeitstechnischen Zweck des Einsatzbetriebs nicht getrennt werden können und bei Produktionsstillstand außerhalb der Schichtzeiten stattfinden;
- vom Einsatzbetrieb angelernt bzw. weiterqualifiziert wird;
- verpflichtet ist, Arbeitsunfähigkeit dem Einsatzbetrieb anzuzeigen.

3   Eine zustimmungspflichtige Einstellung (= Eingliederung) ist dagegen zu verneinen (und damit auch ein Mitbestimmungsrecht des Betriebsrats nach § 99 BetrVG), wenn **nur die Fremdfirma** (mit der der Arbeitnehmer einen Arbeitsvertrag abgeschlossen hat) die für das Arbeitsverhältnis typischen Entscheidungen in Bezug auf Zeit und Ort des Arbeitseinsatzes zu treffen hat (BAG v. 18. 10. 1994 – 1 ABR 9/94, NZA 1995, 281; 9. 7. 1991 – 1 ABR 45/90, AiB 1992, 356). Das ist bei einem »**typischen / echten**« → **Werkvertrag** der Fall (siehe auch → **Arbeitnehmerüberlassung/Leiharbeit** Rn. 4).
Demgegenüber geht bei dem »**atypischen** « **Werkvertragsverhältnis** ein Teil der Arbeitgeberstellung auf den Inhaber des Einsatzbetriebes über, sodass von einer Eingliederung und damit mitbestimmungspflichtigen Einstellung auszugehen ist (BAG v. 13. 12. 2005 – 1 ABR 51/04, AiB 2007, 52).

4   Auch die Beschäftigung von »**freien Mitarbeitern**« (siehe → **Arbeitnehmer** und → **Dienstvertrag** Rn. 12) ist keine nach § 99 BetrVG zustimmungspflichtige Einstellung, wenn dem Ar-

Einstellung

beitgeber des Einsatzbetriebes keinerlei Weisungsrechte z. B. im Hinblick auf Arbeitszeit und Arbeitsort gegenüber dem freien Mitarbeiter zustehen.

Etwas anderes gilt wiederum, wenn der »freie Mitarbeiter« nicht wirklich frei ist, weil der Arbeitgeber des Einsatzbetriebes Zeit und Ort der Tätigkeit bestimmen kann (siehe → **Dienstvertrag** Rn. 19). In diesem Falle findet § 99 BetrVG Anwendung.

In jedem Falle ist der Betriebsrat nach § 80 Abs. 2 Satz 1 (2. Halbsatz) BetrVG vom Arbeitgeber über »*die Beschäftigung von Personen, die nicht in einem Arbeitsverhältnis zum Arbeitgeber stehen*« (also z. B. Fremdfirmenpersonal, Leiharbeitnehmer, freie Mitarbeiter), **zu unterrichten** (siehe Rn. 12). **5**

Soll die Einstellung aufgrund eines → **Arbeitsvertrages** erfolgen, ist der Betriebsrat vor dem Abschluss des Arbeitsvertrags über die geplante Beschäftigung zu unterrichten und seine Zustimmung nach § 99 Abs. 1 BetrVG einzuholen. **6**

Eine Einstellung im Sinne des § 99 BetrVG ist auch **7**
- die Beschäftigung von **Leiharbeitnehmern** (§ 14 Abs. 3 AÜG; siehe → **Arbeitnehmerüberlassung/Leiharbeit**);
- die Vergabe von → **Heimarbeit** (§ 6 Abs. 1 und 2 BetrVG);
- die befristete oder unbefristete **Verlängerung** eines → **befristeten Arbeitsvertrags** (BAG v. 27. 10. 2010 – 7 ABR 86/09; 23. 6. 2009 – 1 ABR 30/08, NZA 2009, 1162);
- die befristete oder unbefristete Übernahme eines → **Auszubildenden** nach Beendigung eines Berufsausbildungsverhältnisses (LAG Hamm v. 14. 7. 1982 – 12 TaBV 27/82; anders die Übernahme nach § 78 a BetrVG; keine Neu-Einstellung, sondern es entsteht kraft Gesetzes ein Arbeitsverhältnis auf unbestimmte Zeit, wenn der Jugend- und Auszubildendenvertreter innerhalb der letzten drei Monate des Ausbildungsverhältnisses schriftlich seine Weiterbeschäftigung verlangt; siehe → **Jugend- und Auszubildendenvertretung**; vgl. auch Fitting, BetrVG, 27. Aufl., § 99 Rn. 52);
- die Beschäftigung von Aushilfskräften (z. B. Studenten in den Semesterferien; siehe → **Aushilfsarbeitsverhältnis**)
- die Beschäftigung von »Ein-Euro-Jobbern« (BAG v. 2. 10. 2007 – 1 ABR 60/06; siehe auch → **Arbeitslosengeld II [»Hartz IV«]**).

Auch die Eingliederung eines externen Datenschutzbeauftragten (siehe → **Datenschutz**) kann eine Einstellung i. S. d. § 99 BetrVG sein. **8**

Nach zutreffender Ansicht des Bundesarbeitsgerichts kann eine nach § 99 Abs. 1 Satz 1 BetrVG mitbestimmungspflichtige Einstellung auch vorliegen, wenn der Arbeitgeber einen zuvor ausgeschriebenen Arbeitsplatz im Wege einer **Verlängerung** der vertraglichen Arbeitszeit schon beschäftigter Arbeitnehmer besetzt. Das gilt jedenfalls dann, wenn die Verlängerung der Arbeitszeit **länger als einen Monat** dauern soll und mehr als 10 Stunden pro Woche beträgt (BAG v. 25. 1. 2005 – 1 ABR 59/03, AiB 2006, 384; 9. 12. 2008 – 1 ABR 74/07, DB 2009, 743). **9**

Dagegen löst die einvernehmliche **Verminderung** der vertraglichen Arbeitszeit betriebsangehöriger Arbeitnehmer das Mitbestimmungsrechte des Betriebsrats nach § 99 BetrVG nicht aus (BAG v. 25. 1. 2005 – 1 ABR 59/03, a. a. O.).

Keine Einstellung ist die **Wiederaufnahme eines »ruhenden« Arbeitsverhältnisses** (BAG v. 5. 4. 2001 – 2 AZR 580/99; z. B. Rückkehr eines Wehrpflichtigen/Zivildienstleistenden oder eines Arbeitnehmers aus der Elternzeit; siehe → **Elterngeld/Elternzeit**). **10**

Einstellung

Bedeutung für die Betriebsratsarbeit

11 Der Betriebsrat hat bei Einstellungen nach § 99 BetrVG **Informations-** und **Mitbestimmungsrechte**.

12 Die Vorschrift findet allerdings nur Anwendung in → **Unternehmen** mit in der Regel (siehe → **Rechtsbegriffe**) mehr als zwanzig wahlberechtigten Arbeitnehmern (siehe Rn. 1; dort auch zur Berücksichtigung von **Leiharbeitnehmern**).

Überblick: Betriebsratsrechte nach §§ 99 – 101 BetrVG

13 Der Arbeitgeber hat den Betriebsrat vor jeder Einstellung und → **Eingruppierung** gemäß § 99 Abs. 1 BetrVG zu **unterrichten** und seine **Zustimmung** zu beantragen (siehe Rn. 13 a ff.).
Für den **Antrag** des Arbeitgebers auf Zustimmung zu einer der in § 99 Abs. 1 Satz 1 BetrVG bezeichneten personellen Maßnahme sieht das Gesetz **keine besondere Form** vor. Fehlt es an einem ausdrücklichen Zustimmungsersuchen, ist es nach Ansicht des BAG ausreichend, wenn der Betriebsrat der Mitteilung des Arbeitgebers entnehmen kann, dass er zur Zustimmung zu einer personellen Maßnahme iSd. § 99 Abs. 1 Satz 1 BetrVG aufgefordert wird (BAG v. 10. 11. 2009 – 1 ABR 64/08, DB 2010, 455). Maßgeblich seien insoweit die für die Auslegung von Willenserklärungen geltenden Grundsätze (§§ 133, 157 BGB). Dies gelte auch, wenn der Arbeitgeber die Zustimmung des Betriebsrats zu mehreren personellen Maßnahmen einholen will.
Der Betriebsrat hat gemäß § 99 Abs. 2 BetrVG das Recht, die **Zustimmung** zur vorgesehenen Einstellung (und ggf. Eingruppierung) zu **verweigern**, sofern einer der in § 99 Abs. 2 BetrVG aufgeführten Gründe vorliegt (siehe Rn. 28 ff.).
Dabei ist die **Form** und die **Frist** des § 99 Abs. 3 BetrVG zu wahren (siehe Rn. 31 a ff.)
Eine Zustimmungsverweigerung hat zur Folge, dass der Arbeitgeber das → **Arbeitsgericht** anrufen muss, wenn er die Einstellung vornehmen will (**Zustimmungsersetzungsverfahren** nach § 99 Abs. 4 BetrVG; siehe Rn. 32).
Der Betriebsrat hat (leider) **kein Initiativrecht**. Das heißt, er kann zwar von sich aus dem Arbeitgeber die Vornahme von Einstellungen vorschlagen (z. B. weil Abteilungen personell unterbesetzt sind). Über sein Beteiligungsrecht nach § 99 BetrVG kann er diesen Vorschlag jedoch nicht durchsetzen.
Wenn es allerdings infolge der personellen Unterbesetzung zu Gesundheitsgefährdungen kommt, kann der Betriebsrat nach Maßgabe des § 87 Abs. 1 Nr. 7 BetrVG i. V. m. § 3 Abs. 1 ArbSchG **initiativ** werden (siehe → **Arbeitsschutz** Rn. 70 ff., 78 c).
Unter den Voraussetzungen des § 100 BetrVG kann der Arbeitgeber eine Einstellung **vorläufig vornehmen** (siehe Rn. 33).
Wenn der Arbeitgeber eine Einstellung ohne Zustimmung des Betriebsrats und ohne zustimmungsersetzenden Spruch des Arbeitsgerichts (§ 99 Abs. 4 BetrVG) vornimmt, kann der Betriebsrat nach § 101 BetrVG beim Arbeitsgericht beantragen, den Arbeitgeber zur **Aufhebung der personellen Maßnahme** zu verpflichten (siehe Rn. 34 ff.). Gleiches gilt, wenn der Arbeitgeber eine Versetzung entgegen einer gerichtlichen Entscheidung nach § 100 Abs. 2 Satz 3 oder Abs. 3 BetrVG aufrecht erhält.

14 Die **Zustimmung des Arbeitnehmers** zur Einstellung hat lediglich individualrechtliche Bedeutung, verdrängt aber nicht das betriebsverfassungsrechtliche Mitbestimmungsrecht des Betriebsrats.

15 Es muss beachtet werden, dass im Regelfall mit einer Einstellung eine → **Eingruppierung** verbunden ist (Ausnahme: z. B. Einstellung eines Leiharbeitnehmers, der ja von seinem Ar-

Einstellung

beitgeber – dem Verleihunternehmen – vergütet wird: siehe → **Arbeitnehmerüberlassung/Leiharbeit**).

Auch zur Eingruppierung muss der Arbeitgeber den Betriebsrat unterrichten und seine Zustimmung beantragen. Der Betriebsrat muss auch insoweit seine Stellungnahme abgeben (siehe → **Eingruppierung/Umgruppierung**). Dabei ist es natürlich zulässig, wenn der Betriebsrat seine Zustimmung zur Einstellung erteilt, aber zur beabsichtigten Eingruppierung verweigert.

Unterrichtung des Betriebsrats (§ 99 Abs. 1 BetrVG)

Der Arbeitgeber hat den Betriebsrat nach § 99 Abs. 1 Satz 1 BetrVG über die beabsichtigte personelle Einzelmaßnahme unter Vorlage der erforderlichen Unterlagen ausreichend zu unterrichten (BAG v. 29.6.2011 – 7 ABR 24/10, NZA-RR 2012, 18; 12.1.2011 – 7 ABR 25/09, NZA 2011, 1304).   **15a**

Der **Umfang** der vom Arbeitgeber geforderten Unterrichtung des Betriebsrats bestimmt sich nach dem Zweck der Beteiligung an der jeweiligen personellen Maßnahme (BAG v. 1.6.2011 – 7 ABR 18/10, AP Nr. 136 zu § 99 BetrVG 1972).

Die Unterrichtungs- und Vorlagepflichten nach § 99 Abs. 1 Satz 1 und Satz 2 BetrVG dienen dazu, dem Betriebsrat die Informationen zu verschaffen, die er benötigt, um sein Recht zur **Stellungnahme** nach § 99 Abs. 2 BetrVG **sachgerecht ausüben zu können**. Der Arbeitgeber hat den Betriebsrat so zu unterrichten, dass dieser aufgrund der mitgeteilten Tatsachen in die Lage versetzt wird, zu prüfen, ob einer der in § 99 Abs. 2 BetrVG genannten Zustimmungsverweigerungsgründe vorliegt (BAG v. 1.6.2011 – 7 ABR 18/10, a.a.O.; 27.10.2010 – 7 ABR 86/09, NZA 2011, 418).

Im Einzelnen hat der Arbeitgeber bei einer Einstellung die nachfolgend benannten **Unterrichtungspflichten**:   **16**

- der Arbeitgeber hat den Betriebsrat rechtzeitig, d.h. mindestens eine Woche vor der geplanten Einstellung, zu informieren;
- die Information muss umfassend und zutreffend sein, d.h., der Arbeitgeber muss seinen Informationsstand komplett an den Betriebsrat weitergeben.

Zu informieren ist über alle **persönlichen Tatsachen**, die für den Betriebsrat für seine Willensbildung über Zustimmung bzw. Zustimmungsverweigerung erforderlich sind. Dazu zählen u.a.

- die Personalien aller – auch der vom Arbeitgeber nicht zur Einstellung vorgesehenen – Bewerber (Name, Vorname, Alter, Familienstand, Berufsausbildung, fachliche Vorbildung);
- alle Umstände, die über fachliche und persönliche Qualifikation/Eignung für den vorgesehenen Arbeitsplatz Auskunft geben;
- sonstige persönliche Umstände: z.B. Schwerbehinderteneigenschaft, Schwangerschaft usw.;
- den Zeitpunkt der Ausführung der Maßnahme;
- Auswirkungen der geplanten Maßnahme auf die betrieblichen Abläufe/Arbeitsplätze.

Des Weiteren hat der Arbeitgeber dem Betriebsrat nach § 99 Abs. 1 Satz 2 BetrVG den in Aussicht genommenen Arbeitsplatz und die die vorgesehene Eingruppierung eine (z. B.) tarifliche Vergütungsordnung mitzuteilen (siehe → **Eingruppierung, Umgruppierung**).   **17**

Liegen **mehrere Bewerbungen** vor, hat der Arbeitgeber den Betriebsrat über die Personalien aller Bewerber zu informieren und ihm die **Bewerbungsunterlagen** aller Bewerber (also auch der vom Arbeitgeber nicht in die engere Wahl gezogenen Bewerber) vorzulegen.   **18**

Das folgt daraus, dass dem Betriebsrat im Rahmen des Verfahrens nach § 99 BetrVG nach zutreffender Ansicht des BAG das Recht zusteht, Anregungen für die **Auswahl der Bewerber** zu geben und Gesichtspunkte vorzubringen, die aus seiner Sicht für die Berücksichtigung eines anderen als des vom Arbeitgeber ausgewählten Stellenbewerbers sprechen, auch wenn ein

Einstellung

Widerspruch nach § 99 Abs. 2 BetrVG darauf nicht gestützt werden kann (BAG v. 14.12.2004 – 1 ABR 55/03, NZA 2005, 827).

19 Zu den vorzulegenden **Bewerbungsunterlagen** zählen: Bewerbungsschreiben, Lebenslauf, Zeugnisse, Lichtbild, Ergebnis von Auswahlprüfungen/Tests, sofern vorhanden der ausgefüllte Personalfragebogen (siehe → **Personalfragebogen**) und sonstige vom Bewerber eingereichte Schriftstücke (auch vertrauliche).
Auch solche Unterlagen, die der Arbeitgeber anlässlich der Bewerbung über die Person des Bewerbers erstellt hat, sind vorzulegen (BAG v. 14.12.2004 – 1 ABR 55/03, NZA 2005, 827).
Dies sind vor allem Schriftstücke, die er allein oder zusammen mit dem jeweiligen Bewerber erstellt hat, um (auch) auf ihrer Grundlage seine Auswahlentscheidung zu treffen, wie etwa Personalfragebögen, standardisierte Interview- oder Prüfungsergebnisse oder schriftliche Protokolle über Bewerbungsgespräche (BAG v. 17.6.2008 – 1 ABR 20/07, AiB 2010, 43).

19a Aufzeichnungen, die für die Auswahlentscheidung ohne jegliche Bedeutung sind, wie formlose, unstrukturierte **Gesprächsnotizen**, muss der Arbeitgeber nicht vorlegen (BAG v. 14.4.2015 – 1 ABR 58/13; 17.6.2008 – 1 ABR 20/07, a.a.O.). Hierzu ein Auszug aus BAG v. 14.4.2015 – 1 ABR 58/13: »*Das Betriebsverfassungsgesetz gewährt dem Betriebsrat kein Teilnahmerecht an den mit Bewerbern geführten Personalgesprächen. Sein hierdurch bewirktes Informationsdefizit muss der Arbeitgeber nicht durch eine Wiedergabe der mit den Bewerbern geführten Gespräche oder ihrer wesentlichen Inhalte ausgleichen. § 99 Abs. 1 Satz 1 BetrVG verlangt vom Arbeitgeber auch keine Rechtfertigung seiner Auswahl. Dem Betriebsrat sind nach § 99 Abs. 1 Satz 1 BetrVG zwar nicht nur die Unterlagen der nicht berücksichtigten Bewerber vorzulegen, sondern auch solche Schriftstücke, die der Arbeitgeber im Rahmen des Bewerbungsverfahrens über die Bewerber erstellt hat. Dies gibt der Normzweck des § 99 Abs. 1 BetrVG vor. Der Betriebsrat kann sein Recht, für die zu treffende Auswahl Anregungen zu geben, sachangemessen nur ausüben, wenn er die vom Arbeitgeber ermittelten und von diesem für auswahlrelevant gehaltenen Daten und Unterlagen kennt. Zu den danach vorzulegenden Bewerbungsunterlagen gehören Unterlagen, die der Arbeitgeber allein oder zusammen mit dem jeweiligen Bewerber anlässlich einer Bewerbung erstellt hat, aber nur, wenn der Arbeitgeber diese Schriftstücke bei seiner Auswahlentscheidung berücksichtigt. Aufzeichnungen, die hierfür ohne jegliche Bedeutung sind, muss der Arbeitgeber nicht vorlegen. Wurden anlässlich von Bewerbungsgesprächen von einer Personalsachbearbeiterin Notizen gefertigt, sind diese für die Auswahlentscheidung nicht von Bedeutung, wenn die Notizen nur als Erinnerungsstütze für die Besprechung mit ihrem Vorgesetzten und für die Abfassung des an den Betriebsrat gerichteten Unterrichtungsschreibens erstellt wurden.*«

20 Der Arbeitgeber hat dem Betriebsrat »unter **Vorlage** der erforderlichen **Unterlagen**« Auskunft über die Auswirkungen der geplanten Einstellung zu geben (§ 99 Abs. 1 Satz 1 Halbsatz 2 BetrVG).
»**Vorlage**« bedeutet: Aushändigung für mindestens eine Woche.

21 Beauftragt der Arbeitgeber ein **Personalberatungsunternehmen**, ihm geeignete Bewerber zur Einstellung auf einen bestimmten Arbeitsplatz vorzuschlagen, soll sich die Unterrichtungspflicht des Arbeitgebers nach § 99 Abs. 1 BetrVG auf die Personen und deren Bewerbungsunterlagen beschränken, die ihm das Personalberatungsunternehmen genannt hat (BAG v. 18.12.1990 – 1 ABR 15/90, NZA 1991, 482). Ist der Arbeitgeber entschlossen, bereits den ersten vorgeschlagenen Bewerber einzustellen, soll er dem Betriebsrat auch nur die Unterlagen dieses einen Bewerbers vorlegen müssen. Das BAG hat unentschieden gelassen, ob der Arbeitgeber dann, wenn für ihn ein Personalberatungsunternehmen mit einer Anzeige einen Arbeitnehmer mit einer bestimmten Qualifikation sucht, gegenüber dem Betriebsrat verpflichtet ist, vom Personalberatungsunternehmen die Vorlage der Bewerbungsunterlagen aller Personen zu verlangen, die sich auf die Annonce gemeldet haben.

22 Bei der Einstellung von **Leiharbeitnehmern** hat der Entleiher dem Betriebsrat deren Namen mitzuteilen (BAG v. 9.3.2011 – 7 ABR 137/09, AiB 2012, 58), ihren Einsatzbereich und

Einstellung

-umfang, den Einstellungstermin und die Einsatzdauer (BAG v. 1. 6. 2011 – 7 ABR 18/10, AP Nr. 136 zu § 99 BetrVG 1972) und die Anforderungen des vorgesehenen Arbeitsplatzes, die Qualifikation des Leiharbeitnehmers und die Auswirkungen des Einsatzes auf die betrieblichen Abläufe und die Stammmitarbeiter.

Außerdem muss er dem Betriebsrat gemäß § 14 Abs. 3 Satz 2 AÜG die schriftliche Erklärung des Verleihers nach § 12 Abs. 1 Satz 2 AÜG – also die Erklärung, ob der Verleiher die **Erlaubnis** nach § 1 AÜG besitzt – vorlegen (BAG v. 1. 6. 2011 – 7 ABR 18/10, a. a. O.) sowie den **Arbeitnehmerüberlassungsvertrag** zwischen Entleiher und Verleiher (vgl. Fitting, BetrVG, 27. Aufl., § 99 Rn. 178).

Dagegen soll der Entleiher nicht verpflichtet sein, dem Betriebsrat die **Höhe** des Entgelts mitzuteilen, das der Leiharbeitnehmer von seinem Arbeitgeber (dem Verleiher) erhält (BAG v. 1. 6. 2011 – 7 ABR 18/10, a. a. O.). Auch zur Vorlage des **Arbeitsvertrags** zwischen Leiharbeitnehmer und Verleiher sei der Entleiher nicht verpflichtet.

Zu weiteren Einzelheiten siehe → **Arbeitnehmerüberlassung/Leiharbeit** Rn. 42 a.

Ein Teilnahmerecht des Betriebsrats an **Vorstellungsgesprächen** besteht nach herrschender Meinung nicht (BAG v. 18. 7. 1978 – 1 ABR 8/75, DB 1978, 2320; vgl. auch DKKW-*Bachner*, BetrVG, 15. Aufl., § 99 Rn. 163). **23**

Nur eine **ordnungsgemäße Unterrichtung** des Betriebsrats durch den Arbeitgeber setzt die **Wochenfrist** des § 99 Abs. 3 BetrVG in Gang. **24**

Die Unterrichtung muss nicht nur **vollständig**, sondern auch **zutreffend** sein. Eine nicht den Tatsachen entsprechende Unterrichtung des Betriebsrats setzt die Frist des § 99 Abs. 3 Satz 1 BetrVG nicht in Lauf (BAG v. 1. 6. 2011 – 7 ABR 18/10).

Zur Berechnung der Wochenfrist: siehe → **Fristen**.

> **Beachten:** **25**
> Die Frist des § 99 Abs. 3 Satz 1 BetrVG wird grundsätzlich auch dann nicht in Lauf gesetzt, wenn es der Betriebsrat **unterlässt**, den Arbeitgeber auf die offenkundige Unvollständigkeit der Unterrichtung hinzuweisen (BAG v. 1. 6. 2011 – 7 ABR 18/10; 5. 5. 2010 – 7 ABR 70/08). Durfte der Arbeitgeber aber davon ausgehen, den Betriebsrat vollständig unterrichtet zu haben, kann es Sache des Betriebsrats sein, innerhalb der Frist um Vervollständigung der erteilten Auskünfte zu bitten.

Hat der Betriebsrat auf eine unvollständige oder unzutreffende Unterrichtung hin seine Zustimmung nach § 99 BetrVG verweigert, kann der Arbeitgeber nach Ansicht des BAG auch noch im Zustimmungsersetzungsverfahren (siehe Rn. 32) die fehlenden Informationen **nachholen** (BAG v. 29. 6. 2011 – 7 ABR 24/10, NZA-RR 2012, 18. 1. 6. 2011 – 7 ABR 18/10). Mit der Nachholung der Unterrichtung und der Vervollständigung bzw. Richtigstellung der Informationen werde die Wochenfrist des § 99 Abs. 3 Satz 1 BetrVG nunmehr **in Lauf gesetzt**. Für den Betriebsrat müsse allerdings erkennbar sein, dass der Arbeitgeber die Informationen während des Zustimmungsersetzungsverfahrens auch deswegen ergänzt oder richtigstellt, weil er seiner noch nicht ordnungsgemäß erfüllten Unterrichtungspflicht aus § 99 Abs. 1 Satz 1 und 2 BetrVG nachkommen möchte. Das müsse nicht ausdrücklich geschehen, sondern könne sich aus den Umständen der nachgereichten Informationen ergeben. Die ergänzende Information des Betriebsrats könne auch durch einen in einem gerichtlichen **Zustimmungsersetzungsverfahren** eingereichten Schriftsatz oder ihm beigefügte Anlagen erfolgen. Der Lauf der Frist des § 99 Abs. 3 Satz 1 BetrVG beginne in solch einem Fall aber erst dann, wenn die nachgereichte Mitteilung **beim Betriebsrat** – nicht bei dessen Verfahrensbevollmächtigten – **eingeht** (BAG v. 29. 6. 2011 – 7 ABR 24/10, NZA-RR 2012, 18). **26**

Einstellung

Hinweis:

27 Zu beachten ist das **Informationsrecht** des Betriebsrats nach § 80 Abs. 2 Satz 1 (2. Halbsatz) BetrVG (eingefügt durch das BetrVerf-Reformgesetz 2001).

Hiernach hat der Arbeitgeber den Betriebsrat über »*die Beschäftigung von Personen, die nicht in einem Arbeitsverhältnis zum Arbeitgeber stehen*« (also z. B. **Fremdfirmenpersonal**, Leiharbeitnehmer, Arbeitnehmer eines anderen Konzernunternehmens, arbeitnehmerähnliche Personen, freie Mitarbeiter) zu unterrichten.

Zweck der Vorschrift ist es, den Betriebsrat in die Lage zu versetzen zu prüfen, ob er für dieses Personal zuständig ist und ob ihm ggf. Mitwirkungs- oder Mitbestimmungsrechte (z. B. nach § 99 BetrVG, wenn eine Eingliederung dieser Personen in den Betrieb vorliegt; siehe Rn. 1 b) zustehen. Das heißt: Der Betriebsrat soll prüfen können, ob es sich bei der Beschäftigung von Fremdpersonal oder freien Mitarbeitern um eine mitbestimmungspflichtige Einstellung nach § 99 BetrVG handelt oder nicht. Dabei kommt es darauf an, ob eine »Eingliederung« im Sinne der BAG-Rechtsprechung vorliegt. Das ist der Fall, wenn das Fremdpersonal zusammen mit den Arbeitnehmern des Einsatzbetriebs den arbeitstechnischen Zweck des Betriebs durch weisungsgebundene Tätigkeit verwirklicht (siehe Rn. 1 b).

Zustimmungsverweigerungsrecht – Zustimmungsverweigerungsgründe (§ 99 Abs. 2 BetrVG)

28 Der Betriebsrat kann nach § 99 Abs. 2 BetrVG die **Zustimmung verweigern**, wenn
1. die Einstellung gegen ein **Gesetz**, eine Verordnung, eine Unfallverhütungsvorschrift oder gegen eine Bestimmung in einem → **Tarifvertrag** oder in einer → **Betriebsvereinbarung** oder gegen eine gerichtliche Entscheidung oder eine behördliche Anordnung **verstoßen** würde (siehe Musterschreiben im Anhang zu diesem Stichwort),
2. die Einstellung gegen eine **Richtlinie** nach § 95 BetrVG (siehe → **Auswahlrichtlinie**) verstoßen würde,
3. die durch Tatsachen begründete Besorgnis besteht, dass infolge der Einstellung im Betrieb beschäftigte Arbeitnehmer **gekündigt** werden oder **sonstige Nachteile** erleiden, ohne dass dies aus betrieblichen oder persönlichen Gründen gerechtfertigt ist; als Nachteil gilt bei unbefristeter Einstellung auch die Nichtberücksichtigung eines **gleich geeigneten befristet Beschäftigten** (siehe → **Befristeter Arbeitsvertrag**),
4. der von der personellen Maßnahme betroffene Arbeitnehmer durch die Einstellung **benachteiligt** wird, ohne dass dies aus betrieblichen oder in der Person des Arbeitnehmers liegenden Gründen gerechtfertigt ist (nach Ansicht des BAG kommt dieser Zustimmungsverweigerungsgrund bei einer Einstellung nicht in Frage; der zur Einstellung vorgesehene Bewerber könne nicht durch die Einstellung als solche benachteiligt sein, sondern allenfalls durch die Konditionen, zu denen er eingestellt werden solle; auf die Vertragsbedingungen erstrecke sich das Mitbestimmungsrecht des Betriebsrats aber nicht; vgl. BAG v. 5. 4. 2001 – 2 AZR 580/99, NZA 2001, 893),
5. eine nach § 93 BetrVG erforderliche **Ausschreibung** im Betrieb unterblieben ist (Beachten: Der Betriebsrat kann seine Zustimmung zu einer Einstellung wegen fehlender Ausschreibung grundsätzlich nur dann gemäß § 99 Abs. 2 Nr. 5 BetrVG verweigern, wenn er die Ausschreibung vor dem Zustimmungsersuchen des Arbeitgebers verlangt oder mit diesem eine Vereinbarung über die Ausschreibung zu besetzender Arbeitsplätze getroffen hat; vgl. BAG v. 14. 12. 2004 – 1 ABR 54/03, NZA 2005, 424; siehe Musterschreiben im Anhang zum Stichwort → **Ausschreibung von Arbeitsplätzen**) oder
6. die durch Tatsachen begründete Besorgnis besteht, dass der für die Einstellung in Aussicht genommene Bewerber oder Arbeitnehmer den **Betriebsfrieden** durch gesetzwidriges Ver-

Einstellung

halten oder durch grobe Verletzung der in § 75 Abs. 1 BetrVG enthaltenen Grundsätze, insbesondere durch rassistische oder fremdenfeindliche Betätigung, stören werde.

Einer Einstellung kann der Betriebsrat seine Zustimmung gemäß § 99 Abs. 2 Nr. 1 BetrVG nach Ansicht des BAG nur dann verweigern, wenn die Maßnahme selbst – also die Einstellung – gegen ein Gesetz, einen Tarifvertrag oder eine sonstige Norm verstößt. Es muss also die **Einstellung als solche untersagt** sein (BAG v. 12. 1. 2011 – 7 ABR 15/09, NZA-RR 2011, 574; 21. 7. 2009 – 1 ABR 35/08, NZA 2009, 1156; 14. 12. 2004 – 1 ABR 54/03, NZA 2005, 424; 28. 3. 2000 – 1 ABR 16/99, NZA 2000, 1294; 28. 6. 1994 – 1 ABR 59/93, NZA 1995, 387). 28a

Der Zustimmungsverweigerungsgrund »Gesetzverstoß« iSv. § 99 Abs. 2 Nr. 1 BetrVG setzt nach Ansicht des BAG voraus, dass die personelle **Maßnahme selbst** gesetzwidrig ist (BAG v. 12. 1. 2011 – 7 ABR 15/09, NZA-RR 2011, 574; 10. 8. 1993 – 1 ABR 22/93, NZA 1994, 187). Die **Verletzung der Unterrichtungspflicht** des § 99 Abs. 1 Satz 1 BetrVG durch den Arbeitgeber sei kein Gesetzesverstoß in diesem Sinn. Der Betriebsrat sei deshalb nicht berechtigt, die Zustimmung allein wegen mangelnder Unterrichtung zu verweigern. 28b

Ohne die gesetzlich vorgeschriebene Unterrichtung läuft allerdings die **Wochenfrist** des § 99 Abs. 3 Satz 1 BetrVG (noch) nicht an (siehe hierzu Rn. 28 a ff.).

Nach Ansicht des BAG ist auch ungenügend, wenn der Betriebsrat die Zustimmung mit der Begründung verweigert, dass einzelne **Vertragsbedingungen rechtswidrig** sind (BAG v. 21. 7. 2009 – 1 ABR 35/08, a. a. O.; 14. 12. 2004 – 1 ABR 54/03, a. a. O.; 28. 3. 2000 – 1 ABR 16/99, a. a. O.; 28. 6. 1994 – 1 ABR 59/93, a. a. O.). Das Mitbestimmungsrecht des Betriebsrats bei Einstellungen sei kein Instrument zur umfassenden Vertragsinhaltskontrolle. Der Zustimmungsverweigerungsgrund des § 99 Abs. 2 Nr. 1 BetrVG sei bei Einstellungen lediglich dann gegeben, wenn der Zweck der Verbotsnorm nur dadurch erreicht werden kann, dass die **Einstellung insgesamt unterbleibt**. 28c

Ein Zustimmungsverweigerungsgrund nach § 99 Abs. 2 Nr. 1 BetrVG ist beispielsweise gegeben, wenn die Einstellung als solche gegen ein **Beschäftigungsverbot** (z. B. nach den Bestimmungen des Mutterschutzgesetzes; siehe → **Mutterschutz**) oder ein durch Betriebsvereinbarung oder Tarifvertrag geregeltes **Einstellungsverbot** verstößt: 28d

> **Beispiel:**
> Im Tarifvertrag oder einer Betriebsvereinbarung ist eine Leiharbeitsquote von 5 % festgelegt. Wenn die Quote ausgeschöpft ist, darf der Arbeitgeber keine weiteren Leiharbeitnehmer beschäftigen.
> Möchte der Arbeitgeber dennoch weitere Leiharbeitnehmer einstellen, kann der Betriebsrat die Zustimmung verweigern.

Ebenfalls kann der Betriebsrat die Zustimmung nach § 99 Abs. 2 Nr. 1 BetrVG verweigern, wenn ein Leiharbeitnehmer dauerhaft eingesetzt werden soll. Nach § 1 Abs. 1 Satz 2 AÜG (eingefügt durch Änderungsgesetz vom 28. 4. 2011; siehe Rn. 1 a) ist seit dem 1. 12. 2011 nur noch ein »vorübergehender« Einsatz möglich (siehe hierzu → **Arbeitnehmerüberlassung/Leiharbeit**). 28e

Der Betriebsrat kann die Zustimmung zur **Einstellung eines Nicht-Behinderten** nach § 99 Abs. 2 Nr. 1 BetrVG verweigern mit der Begründung, dass der Arbeitgeber seiner Verpflichtung nach § 81 Abs. 1 SGB IX nicht ausreichend nachgekommen ist, nämlich zu prüfen, ob der freie Arbeitsplatz mit einem Schwerbehinderten besetzt werden kann (BAG v. 17. 6. 2008 – 1 ABR 20/07; 14. 11. 1989 – 1 ABR 88/88, AiB 1990, 169; siehe → **Schwerbehinderte Menschen** Rn. 42 und 98). 28f

Das gilt auch dann, wenn Arbeitsplatz mit einem **Leiharbeitnehmer** besetzt werden soll (BAG v. 23. 6. 2010 – 7 ABR 3/09, NZA 2010, 1361).

Ebenfalls in Betracht kommt eine Zustimmungsverweigerung nach § 99 Abs. 2 Nr. 1 BetrVG, 28g

Einstellung

wenn der Arbeitgeber, der die **Beschäftigungsquote** gemäß § 71 SGB IX (siehe Rn. 29) nicht erfüllt, einen Nicht-Schwerbehinderten einstellen will, obwohl die Bewerbung eines in gleicher Weise geeigneten Schwerbehinderten vorliegt.

28h Ein Zustimmungsverweigerungsgrund nach § 99 Abs. 2 Nr. 3 BetrVG kann etwa bestehen, wenn eine im Betrieb beschäftigte **Teilzeitkraft** eine Verlängerung ihrer Arbeitszeit nach § 9 TzBfG geltend gemacht und sich auf den freien Arbeitsplatz beworben hat. Sie würde durch die Einstellung eines Anderen (z. B. eines »externen« Bewerbers) einen Nachteil erleiden. Hierzu hat das BAG entschieden (BAG v. 1.6.2011 – 7 ABR 117/09, NZA 2011, 1435): »*Hat ein teilzeitbeschäftigter Arbeitnehmer den Anspruch auf Verlängerung seiner Arbeitszeit nach § 9 TzBfG geltend gemacht und beabsichtigt der Arbeitgeber, den entsprechenden freien Arbeitsplatz mit einem anderen Arbeitnehmer zu besetzen, steht dem Betriebsrat ein Zustimmungsverweigerungsrecht nach § 99 Abs. 2 Nr. 3 BetrVG zu. Bei einer anderweitigen Besetzung des freien Arbeitsplatzes könnte der an einer Aufstockung seiner Arbeitszeit interessierte Teilzeitarbeitnehmer den Nachteil erleiden, seinen Rechtsanspruch nach § 9 TzBfG nicht mehr durchsetzen zu können. Denn die Erfüllung des Anspruchs eines teilzeitbeschäftigten Arbeitnehmers aus § 9 TzBfG ist rechtlich unmöglich i. S. v. § 275 Abs. 1 und Abs. 4, § 280 Abs. 1 und Abs. 3, § 281 Abs. 2, § 283 Satz 1 BGB, wenn der Arbeitgeber den Arbeitsplatz endgültig mit einem anderen Arbeitnehmer besetzt. Der Arbeitnehmer hat dann wegen der unterbliebenen Verlängerung der Arbeitszeit einen Schadensersatzanspruch.*«

28i Beabsichtigt der Arbeitgeber, einen Arbeitnehmer einzustellen, obwohl ein Wiedereinstellungsanspruch eines zuvor gekündigten Arbeitnehmers in Bezug auf diesen Arbeitsplatz besteht, kann der Betriebsrat die Zustimmung zur Einstellung gemäß § 99 Abs. 2 Nr. 3 BetrVG verweigern (siehe → **Wiedereinstellung**).

Form und Frist der Zustimmungsverweigerung (§ 99 Abs. 3 BetrVG)

29 Wenn der Betriebsrat beschließt, die Zustimmung zu der beantragten Einstellung (und Eingruppierung) zu verweigern, hat er dies dem Arbeitgeber
- **innerhalb einer Woche** nach ordnungsgemäßer Unterrichtung (siehe Rn. 15 a)
- unter **Angabe von Gründen**, die sich auf mindestens einen der in § 99 Abs. 2 Nrn. 1 bis 6 BetrVG aufgeführten Tatbestände stützen müssen (vgl. Rn. 28)
- **schriftlich**

mitzuteilen.

Zur **Berechnung** der Wochenfrist: siehe → **Fristen**. Wird der Betriebsrat nicht ordnungsgemäß, das heißt vollständig und zutreffend über die beabsichtigte Einstellung (und Eingruppierung) informiert, wird die Wochenfrist des § 99 Abs. 3 BetrVG **nicht in Lauf gesetzt**. Allerdings kann der Arbeitgeber eine unvollständige oder unzutreffende Unterrichtung **nachbessern** (sogar noch im Zustimmungsersetzungsverfahren nach § 94 Abs. 4 BetrVG). Siehe Rn. 24 ff.

29a Nur eine form- und fristgerechte Zustimmungsverweigerung löst die Rechtsfolge des § 99 Abs. 4 BetrVG aus (nämlich die Verpflichtung des Arbeitgebers, ein arbeitsgerichtliches Zustimmungsersetzungsverfahren einzuleiten; siehe Rn. 32).

29b Lässt der Betriebsrat die Wochenfrist verstreichen, gilt seine **Zustimmung** zur Ein- bzw. Umgruppierung als **erteilt** (§ 99 Abs. 3 Satz 2 BetrVG; sog. **Zustimmungsfiktion**).

29c Die Betriebsparteien können die **Wochenfrist** nach Ansicht des BAG einvernehmlich **verlängern**, nicht aber gänzlich aufheben (BAG v. 29.6.2011 – 7 ABR 24/10, NZA-RR 2012, 18; 5.5.2010 – 7 ABR 70/08; 3.5.2006 – 1 ABR 2/05, NZA 2007, 47). Vielmehr müsse das Fristende anhand der getroffenen Abreden eindeutig bestimmbar sein. Andernfalls wäre die gesetzlich vorgesehene Möglichkeit eines Eintretens der Zustimmungsfiktion nach § 99 Abs. 3 Satz 2 BetrVG dauerhaft ausgeschlossen. Das sei mit dem Rechtssicherheitsinteresse gerade von Ar-

Einstellung

beitgeber und Betriebsrat selbst und im Übrigen mit den Belangen der betroffenen Arbeitnehmer nicht vereinbar.

Eine einvernehmliche Verlängerung der Frist ist allerdings wirkungslos, wenn sie erst **nach Ablauf** der gesetzlichen Wochenfrist getroffen wird (BAG v. 29. 6. 2011 – 7 ABR 24/10, a. a. O.). Sie kann nicht die nach § 99 Abs. 3 Satz 2 BetrVG bereits eingetretene Fiktion der als erteilt geltenden Zustimmung des Betriebsrats wieder beseitigen.

Erhebt der Betriebsrat innerhalb einer an sich wirksam verlängerten Zustimmungsverweigerungsfrist die berechtigte **Rüge**, dass die Unterrichtung unvollständig geblieben ist, beginnt die Frist des § 99 Abs. 3 Satz 1 BetrVG erst ab dem Zeitpunkt der Vervollständigung der Unterrichtung zu laufen (BAG v. 13. 3. 2013 – 7 ABR 39/11; 5. 5. 2010 – 7 ABR 70/08).

Die Betriebsparteien können nicht vereinbaren, dass die Zustimmung des Betriebsrats **als verweigert gilt**, wenn zwischen ihnen bis zum Ablauf der Äußerungsfrist des § 99 Abs. 3 Satz 1 BetrVG kein Einvernehmen über eine vom Arbeitgeber beantragte Umgruppierung erzielt wird. Für den damit verbundenen Eingriff in das Zustimmungsersetzungsverfahren (§ 99 Abs. 4 BetrVG) fehlt ihnen die Regelungskompetenz (BAG v. 13. 3. 2013 – 7 ABR 39/11; 18. 8. 2009 – 1 ABR 49/08, NZA 2010, 112). **29d**

Nach der Rechtsprechung des BAG genügt der Betriebsrat der gesetzlichen **Begründungspflicht** iSv. § 99 Abs. 3 Satz 1 BetrVG, wenn es als **möglich erscheint**, dass er mit seiner schriftlich gegebenen Begründung einen der in § 99 Abs. 2 BetrVG aufgeführten Verweigerungsgründe geltend macht (BAG v. 16. 3. 2010 – 3 AZR 31/09, NZA 2010, 1028; 21. 7. 2009 – 1 ABR 35/08, NZA 2009, 1156). **29e**

Eine Begründung, die sich in der Benennung einer der **Nummern** des § 99 Abs. 2 BetrVG oder in der **Wiederholung** von deren Wortlaut erschöpft, ist allerdings **unbeachtlich**. Gleiches gilt für eine Begründung, die offensichtlich auf **keinen** der gesetzlichen Verweigerungsgründe Bezug nimmt.

Die Begründung des Betriebsrats braucht nicht **schlüssig** zu sein.

Konkrete Tatsachen müssen nur für eine auf **§ 99 Abs. 2 Nr. 3** und **Nr. 6 BetrVG** gestützte Zustimmungsverweigerung angegeben werden (BAG v. 16. 3. 2010 – 3 AZR 31/09, a. a. O.; 21. 7. 2009 – 1 ABR 35/08, a. a. O.; 9. 12. 2008 – 1 ABR 79/07, NZA 2009, 627). Dies ergibt sich aus der Gesetzesformulierung, wenn »*die durch Tatsachen begründete Besorgnis besteht*« (BAG v. 11. 6. 2002 – 1 ABR 43/01, NZA 2003, 226). Hierzu ein Auszug aus der Entscheidung: »*Nach § 99 Abs. 2 Nr. 3 BetrVG kann der Betriebsrat seine Zustimmung zu einer beabsichtigten Einstellung verweigern, wenn »die durch Tatsachen begründete Besorgnis besteht«, dass in Folge der personelle Maßnahme im Betrieb beschäftigter Arbeitnehmer gekündigt werden oder sonstige Nachteile erleiden, ohne daß dies aus betrieblichen oder persönlichen Gründen gerechtfertigt wäre. Als Mindestvoraussetzung für eine beachtliche Zustimmungsverweigerung verlangt das Gesetz selbst die Angabe von besorgnisbegründenden »Tatsachen«. Zwar kommt es auf deren Richtigkeit nicht an, es genügt aber nicht, dass der Betriebsrat lediglich Vermutungen anstellt.*«

Vor diesem Hintergrund ist eine Zustimmungsverweigerung wie im nachstehenden Beispiel **unzureichend**. **30**

> **Beispiel:**
> »… der Betriebsrat verweigert gemäß § 99 Abs. 2 Nr. 3 BetrVG die Zustimmung zur Einstellung der Frau/des Herrn …, weil die Besorgnis besteht, dass im Betrieb beschäftigte Arbeitnehmer infolge der Einstellung Nachteile erleiden, ohne dass dies aus betrieblichen oder persönlichen Gründen gerechtfertigt ist.«

Zum einen wird lediglich der Wortlaut des in § 99 Abs. 2 Nr. 3 BetrVG genannten Verweigerungsgrundes **wiederholt**. Zum anderen werden keine konkreten Tatsachen angegeben, was

Einstellung

aber bei einer auf § 99 Abs. 2 Nr. 3 und Nr. 6 BetrVG gestützten Zustimmungsverweigerung erforderlich ist.
Auch wenn nur die Angabe konkreter Tatsachen nur für eine auf § 99 Abs. 2 Nr. 3 und Nr. 6 BetrVG gestützte Zustimmungsverweigerung gefordert wird, sollte der Betriebsrat auch bei den anderen Nummern des § 99 Abs. 2 BetrVG ein Mindestmaßmaß an Tatsachen angeben und damit die Zustimmungsverweigerung »**mit Leben erfüllen**«, wie in nachstehenden Beispielen gezeigt wird.

Beispiel 1:
An die
Geschäftsleitung   Datum …
Beabsichtigte Einstellung und Eingruppierung des Herrn Franz Kiel
Sehr geehrte Damen und Herren,
der Betriebsrat hat in seiner Sitzung vom … den Beschluss gefasst, die Zustimmung zur Einstellung des Herrn Franz Kiel gemäß § 99 Abs. 2 Nr. 3 BetrVG und die Zustimmung zur beabsichtigten Eingruppierung nach § 99 Abs. 2 Nr. 1 BetrVG zu verweigern.

Begründung:
1. Nach Ihrer Einstellungsmitteilung vom … soll Herr Kiel in der Abteilung »Zentrallager« den Arbeitsplatz 8 (»Stellvertretung des Lagerverwalters«) besetzen, der in Kürze durch das Ausscheiden des bisherigen Stelleninhabers Herrn Ruder frei werden wird.
Ausweislich Ihrer dem Betriebsrat vorliegenden schriftlichen Erklärung vom … haben Sie die frei werdende Stelle dem innerbetrieblichen Bewerber Herrn Walter Reling zugesagt.
Die Nichterfüllung dieser Zusage würde einen Nachteil im Sinne des § 99 Abs. 2 Nr. 3 BetrVG zulasten des Herrn Reling bedeuten.
Dieser Nachteil ist weder durch betriebliche noch durch persönliche Gründe gerechtfertigt. Im Gegenteil: Herr Reling hat Ende des vergangenen Monats eine innerbetriebliche Fortbildungsmaßnahme (EDV-Kurs »Lagerhaltung«) erfolgreich abgeschlossen. Diese Maßnahme hat Herrn Reling die Qualifikationen verschafft, die notwendig sind, um den Anforderungen des Arbeitsplatzes 8 zu genügen. Dies ist in dem Herrn Reling erteilten Abschlusszeugnis vom Leiter der Abteilung »Berufsbildung« ausdrücklich bestätigt worden.
2. Auch zu der von Ihnen angestrebten Eingruppierung versagt der Betriebsrat seine Zustimmung. Die Zustimmungsverweigerung wird auf § 99 Abs. 2 Nr. 1 BetrVG:
Die von Ihnen beabsichtigte Eingruppierung verstößt gegen § XY des Tarifvertrages YZ. Denn … (wird ausgeführt)

Mit freundlichen Grüßen,
Unterschrift Betriebsratsvorsitzende/r

Beispiel 2:
Beabsichtigte Einstellung und Eingruppierung von Herrn B.
Sehr geehrte Damen und Herren,
der Betriebsrat hat in seiner Sitzung vom … beschlossen, die Zustimmung zu der von Ihnen geplanten Einstellung von Herrn B. nach § 99 Abs. 2 Nr. 1 und 5 BetrVG und die Zustimmung zur geplanten Eingruppierung nach § 99 Abs. 2 Nr. 1 BetrVG zu verweigern.
Begründung:
1. Zustimmungsverweigerung (betr. Einstellung) nach § 99 Abs. 2 Nr. 1 BetrVG:
Die Einstellung von Herrn B. verstößt bereits deshalb gegen ein Gesetz im Sinne des § 99 Abs. 2 Nr. 1 BetrVG, weil Sie die Stelle ausweislich der anliegenden Stellenanzeige in der … Zeitung entgegen § 11 Allgemeines Gleichbehandlungsgesetz (AGG) nicht geschlechtsneutral, sondern nur für Männer ausgeschrieben haben (vgl. Fitting, BetrVG, § 99 Rn. 205).
Darüber hinaus stellt die Einstellung von Herrn B. einen Gesetzesverstoß dar, weil sie eine unzulässige Benachteiligung der weiblichen Bewerber im Sinn des § 7 Abs. 1 AGG ist. Das ergibt sich aus folgenden Umständen:
Trotz der gesetzwidrigen Ausschreibung des Arbeitsplatzes nur für Männer befanden sich

Einstellung

unter den zwanzig Bewerbungen fünf Bewerbungen von Frauen. Deren Qualifikation war nach den dem Betriebsrat vorliegenden Bewerbungsunterlagen der Qualifikation des Herrn B. mindestens gleichwertig; zum Teil waren die Abschlusszeugnisse sogar besser.
Das negative Bild wird dadurch komplettiert, dass der Personalleiter, Herr ..., bei dem monatlichen Gespräch mit dem Betriebsrat am ... geäußert hat, dass in die Konstruktionsabteilung »keine Frauen passten«.
Dem entspricht es, dass in der Konstruktionsabteilung, in der Herr B. tätig werden soll, ausschließlich männliche Ingenieure arbeiten, obwohl sich auch bei früheren Stellenausschreibungen weibliche Ingenieure beworben hatten.
2. Zustimmungsverweigerung (betr. Einstellung) nach § 99 Abs. 2 Nr. 5 BetrVG:
Die Zustimmungsverweigerung ist auch nach § 99 Abs. 2 Ziff. 5 BetrVG begründet. Der Betriebsrat hatte bereits mit Schreiben vom ... die betriebsinterne Ausschreibung aller neu zu besetzenden Stellen verlangt. Das ist unterblieben.
3. Zustimmungsverweigerung (betr. Eingruppierung) nach § 99 Abs. 2 Nr. 1 BetrVG:
Auch zu der von Ihnen angestrebten Eingruppierung versagt der Betriebsrat seine Zustimmung. Die Zustimmungsverweigerung wird gestützt auf § 99 Abs. 2 Nr. 1 BetrVG. Die von Ihnen geplante Einstufung der für Herrn B. vorgesehenen Tätigkeit verstößt gegen § XY des Tarifvertrages YZ. Denn ... (wird ausgeführt).
Mit freundlichen Grüßen
(Unterschrift Betriebsrat)

Siehe auch **Musterschreiben** im Anhang zu diesem Stichwort.
Eine Zustimmungsverweigerung per **Telefax** reicht aus (BAG v. 11. 6. 2002 – 1 ABR 43/01, NZA 2003, 226).   **31**
Eine Mitteilung per **E-Mail** genügt, wenn diese den Erfordernissen der **Textform** nach § 126 b BGB entspricht (BAG v. 10. 3. 2009 – 1 ABR 93/07, NZA 2009, 622).
Wenn der Betriebsrat die Zustimmung form- und fristgerecht verweigert, ist er nach Ablauf der Wochenfrist des § 99 Abs. 3 Satz 1 BetrVG nicht gehindert, seine Zustimmungsverweigerung ergänzend auf **rechtliche Argumente** zu stützen, die er im Verweigerungsschreiben noch nicht angeführt hatte (BAG v. 18. 9. 2002 – 1 ABR 56/01, NZA 2003, 622).   **31a**
Ein **Nachschieben** von Gründen tatsächlicher Art sowie die Einführung anderer Widerspruchsgründe i. S. des § 99 Abs. 2 BetrVG ist nicht möglich (BAG v. 17. 11. 2010 – 7 ABR 120/09, NZA-RR 2011, 315).

Beschluss des Betriebsrats

Eine Zustimmungsverweigerung des Betriebsrats ist nur dann wirksam, wenn sie **ordnungsgemäß** vom Betriebsrat **beschlossen** worden ist.   **31e**
Siehe hierzu → **Betriebsratssitzung**.

Vorgehen des Betriebsrats

Der Betriebsrat könnte, wenn der Arbeitgeber die Zustimmung zu einer geplanten Einstellung (und ggf. → **Eingruppierung**) beantragt, beispielsweise wie folgt vorgehen: **31f**
- Nach Eingang des Zustimmungsantrages des Arbeitgebers beruft der Betriebsratsvorsitzende eine Betriebsratssitzung ein (Einladung mit Mitteilung des Tagesordnungspunktes!). An → **Ersatzmitglieder** und sonstige einzuladende Personen denken (siehe → **Betriebsratssitzung**).
- Der Betriebsratsvorsitzende informiert die Sitzungsteilnehmer über die vom Arbeitgeber geplante Einstellung (und → **Eingruppierung**).
- Erste Einschätzungen werden ausgetauscht.
- Beschluss des Betriebsrats: Vor abschließender Stellungnahme soll der Sachverhalt näher

Einstellung

aufgeklärt werden; insbesondere sollen die Unterlagen der anderen Bewerber geprüft werden.
- Der Betriebsratsvorsitzende beruft noch innerhalb der Wochenfrist (!) des § 99 Abs. 3 BetrVG eine weitere Sitzung ein, in der die Angelegenheit nach Diskussion durch ordnungsgemäße Beschlussfassung (§ 33 BetrVG) entschieden wird.
- Der Beschluss wird dem Arbeitgeber mitgeteilt. Im Falle der Zustimmungsverweigerung wird ein entsprechendes Schreiben (Begründung der Zustimmungsverweigerung ist erforderlich!) aufgesetzt, von dem Betriebsratsvorsitzenden unterschrieben und – noch innerhalb der Wochenfrist (!) – an den Arbeitgeber übermittelt.

Gegebenenfalls reichen – bei entsprechender sorgfältiger Vorbereitung – auch Beratung und Beschlussfassung in *einer* Betriebsratssitzung aus.

Zustimmungsersetzungsverfahren (§ 99 Abs. 4 BetrVG)

32 Rechtsfolge einer ordnungsgemäßen Zustimmungsverweigerung:
Die verweigerte Zustimmung führt nach Ansicht des BAG zwar nicht zur **Unwirksamkeit** des mit dem Bewerber vereinbarten Arbeitsvertrags (BAG v. 2. 7. 1980 – 5 AZR 1241/79, DB 1981, 272; siehe auch Rn. 42).
Der Arbeitgeber darf die Einstellung aber zunächst nicht vornehmen (BAG. v. 2. 7. 1980 – 5 AZR 1241/79, a. a. O.; vgl. auch Fitting, BetrVG, 27. Aufl., § 99 Rn. 277 e), es sei denn, es liegen die Voraussetzungen des § 100 BetrVG vor (siehe Rn. 33).
Vielmehr muss er nach § 99 Abs. 4 BetrVG ein Beschlussverfahren beim Arbeitsgericht einleiten, wenn er an seiner Einstellungsabsicht festhalten will (**Zustimmungsersetzungsverfahren**).

Vorläufige Einstellung (§ 100 BetrVG)

33 Nach § 100 BetrVG darf der Arbeitgeber ausnahmsweise eine Einstellung »**vorläufig**« **durchführen**, wenn dies aus »sachlichen Gründen dringend erforderlich ist«.
Bestreitet allerdings der Betriebsrat »**unverzüglich**« (siehe → **Rechtsbegriffe**) die Dringlichkeit, so darf der Arbeitgeber die personelle Maßnahme nur aufrechterhalten, wenn er »*innerhalb von 3 Tagen*« (siehe → **Fristen**) beim → **Arbeitsgericht** ein Zustimmungsersetzungsverfahren einleitet und gleichzeitig die Feststellung beantragt, dass die Maßnahme tatsächlich »*aus sachlichen Gründen dringend erforderlich war*«.

> **Hinweis:**
> Viele Arbeitgeber ergänzen den Antrag nach § 99 Abs. 1 BetrVG auf Zustimmung zur Einstellung »formularmäßig« mit dem (kleingedruckten) Hinweis, dass man die Einstellung gemäß § 100 BetrVG vorläufig durchführen wolle. Man hofft darauf, dass der Betriebsrat nicht erkennt, dass er »unverzüglich« reagieren muss, wenn er meint, dass die Einstellung aus sachlichen Gründen nicht dringend erforderlich ist.

Mit anderen Worten: der Betriebsrat muss sich nicht nur mit der Frage befassen, ob er die Zustimmung zur Einstellung aus einem der in § 99 Abs. 2 BetrVG genannten Gründen verweigert (siehe Rn. 28 ff.), sondern auch damit, ob auch aus seiner Sicht die sofortige Einstellung aus sachlichen Gründen **dringend erforderlich** ist.
Hat der Arbeitgeber innerhalb von drei Tagen nach Bestreiten der Dringlichkeit beim Arbeitsgericht die Ersetzung der Zustimmung des Betriebsrats und die Feststellung beantragt, dass die Maßnahme aus sachlichen Gründen dringend erforderlich war, ist er zunächst dem Betriebsrat gegenüber berechtigt, die Maßnahme bis zum Ablauf von zwei Wochen nach einer rechts-

Einstellung

kräftigen Entscheidung des Gerichts aufrechtzuerhalten, mit der entweder der Zustimmungsersetzungsantrag abgewiesen oder festgestellt wird, dass offensichtlich die Maßnahme aus sachlichen Gründen nicht dringend erforderlich war (§ 100 Abs. 3 Satz 1 BetrVG). Nur wenn eine solche »**Negativ-Feststellung**« rechtskräftig getroffen worden ist, endet mit Ablauf von zwei Wochen nach Rechtskraft der Entscheidung die Berechtigung des Arbeitgebers, die Maßnahme als vorläufige aufrechtzuhalten. Diese Regelung entwertet deutlich das Zustimmungsverweigerungsrecht des Betriebsrats nach § 99 BetrVG.

Verfahren zur Durchsetzung der Mitbestimmung; Zwangsgeld (§ 101 BetrVG)

Führt der Arbeitgeber eine Einstellung durch, obwohl der Betriebsrat die Zustimmung ordnungsgemäß (fristgerecht, schriftlich und begründet) verweigert hat (und liegt auch kein Fall des § 100 BetrVG vor), kann der Betriebsrat nach § 101 BetrVG vorgehen. 34

Auf Antrag des Betriebsrats ordnet das → **Arbeitsgericht** unter Androhung eines **Zwangsgeldes** gegen den Arbeitgeber die »**Aufhebung**« der Einstellung an.

Das Gleiche gilt, 35
- wenn der Arbeitgeber eine Einstellung vornimmt, ohne den Betriebsrat überhaupt hiervon informiert oder seine Zustimmung beantragt zu haben (z. B. weil er irrigerweise der Ansicht ist, hierzu nicht verpflichtet zu sein),
- oder wenn der Arbeitgeber entgegen § 100 Abs. 2 Satz 3 BetrVG oder § 100 Abs. 3 BetrVG eine vorläufige Einstellung aufrechterhält.

§ 101 BetrVG sichert die Beteiligungsrechte des Betriebsrats nur unzureichend ab. Er gibt ihm 35a nur einen Aufhebungsanspruch (= Beseitigungsanspruch), der in einem ggf. lang andauernden arbeitsgerichtlichen Beschlussverfahren geltend gemacht werden muss. Eine **gesetzgeberische Fehlleistung**, weil rechtswidriges Handeln des Arbeitgebers jedenfalls über § 101 BetrVG kurzfristig nicht gestoppt werden kann. Der nachfolgende Auszug aus BAG v. 9.3.2011 – 7 ABR 137/09, AiB 2012, 58 spricht für sich: »*Bei einer längerfristigen, gar unbefristeten Einstellung oder Versetzung eines Mitarbeiters, die unter Missachtung von § 99 Abs. 1 Satz 1, § 100 Abs. 2 BetrVG erfolgt, hat der Betriebsrat den rechtswidrigen Zustand so lange hinzunehmen, bis sein Aufhebungsanspruch rechtskräftig tituliert ist. Das kann erhebliche Zeit in Anspruch nehmen. Der Gesetzgeber hat diese Möglichkeit, wie aus § 101 BetrVG abzulesen, bewusst in Kauf genommen. Ist die Maßnahme bereits vor Rechtskraft einer gerichtlichen Aufhebungsentscheidung faktisch wieder beendet, hat der betriebsverfassungswidrige Zustand folglich entsprechend weniger lang angedauert. Je kürzer die rechtswidrige Maßnahme währt, desto geringer ist der Rechtsverstoß. Vorbeugender Rechtsschutz müsste deshalb erst recht für längerfristig und unbefristet geplante Maßnahmen gewährt werden. Das wiederum ließe sich mit der ausdrücklichen Entscheidung des Gesetzgebers für den bloßen Beseitigungsanspruch in § 101 Satz 1 BetrVG nicht vereinbaren.*«

Immerhin hat das BAG in vorgenannter Entscheidung die Möglichkeit einer **einstweiligen Verfügung** gegen rechtswidriges Einstellungs- und Versetzungsverhalten des Arbeitgebers angedeutet. Allerdings müssen dafür die Voraussetzungen des § 23 Abs. 3 BetrVG dargelegt und glaubhaft gemacht werden (vgl. hierzu die instruktive Entscheidung des LAG Köln v. 13.8.2002 – 12 Ta 244/02, AiB 2003, 437).

Vorgehensweise des Betriebsrats, wenn er feststellt, dass im Betrieb Personen beschäftigt werden, über die er weder nach § 80 Abs. 2 Satz 1(2. Halbsatz) BetrVG noch nach § 99 Abs. 1 BetrVG unterrichtet worden ist:

Der Betriebsrat fordert den Arbeitgeber **schriftlich unter Fristsetzung** auf, die Unterrichtung 36 vorzunehmen und die Zustimmung nach § 99 BetrVG zu beantragen.

Einstellung

Für den Fall der Zuwiderhandlung droht der Betriebsrat rechtliche Schritte und die Beauftragung eines Rechtsanwaltes an.
Wenn der Arbeitgeber auf die Aufforderung nicht reagiert, fasst der Betriebsrat den Beschluss (siehe → **Betriebsratssitzung**), ein Verfahren nach § 101 BetrVG (Aufhebung der Einstellung) durchzuführen und den Rechtsanwalt XY mit seiner Vertretung zu beauftragen.
Nach richtiger Auffassung ist auch ein Antrag auf **einstweilige Verfügung** (siehe → **Arbeitsgericht**) möglich (siehe Rn. 38 und 39; vgl. auch DKKW-*Bachner*, BetrVG, 15. Aufl., § 101 Rn. 22).
Der vom Rechtsanwalt beim Arbeitsgericht einzureichende Antrag nach § 101 BetrVG muss nach dem Gesetzeswortlaut darauf gerichtet sein, dem Arbeitgeber aufzugeben, die Einstellung des/der Herrn/Frau ... aufzuheben.
Nach h. M. muss der Antrag und die Entscheidung des Arbeitsgerichts allerdings dahin gehen, dass dem Arbeitgeber **untersagt** wird, die Einstellung aufrechtzuerhalten (vgl. DKKW-*Bachner*, BetrVG, 15. Aufl., § 101 Rn. 7).

37
> **Hinweis:**
> Ein Antrag nach § 101 BetrVG bei Einstellungen ist natürlich betriebspolitisch brisant. Manch ein Arbeitgeber wird versuchen, den Betriebsrat vor der Belegschaft als jemanden hinzustellen, dem es darum geht, die Beschäftigung von (arbeitslosen) Menschen zu verhindern. Deshalb ist es erforderlich, dem/der Betroffenen und der Belegschaft klar zu machen, dass es seine Bemühungen darauf gerichtet sind, den Arbeitgeber zu rechtmäßigem Handeln zu bewegen.

38 Wenn der Betriebsrat ein Verfahren nach § 101 BetrVG nicht einleiten will (weil er den Streit nicht »auf dem Rücken des Betroffenen« austragen will), stehen ihm andere, z. B. die nachstehend aufgeführten **Handlungsmöglichkeiten** zu, um Rechtsverstöße des Arbeitgebers bei der Beschäftigung bzw. Einstellung von Personen zu ahnden und zukünftiges rechtmäßiges Verhalten des Arbeitgebers durchzusetzen:

- **Ordnungswidrigkeitenanzeige nach § 121 BetrVG:**
  Die Missachtung der Informationsrechte des Betriebsrats nach § 99 Abs. 1 BetrVG ist eine Ordnungswidrigkeit, die nach 121 BetrVG mit einer Geldbuße bis zu 10 000 Euro geahndet werden kann.
  Der Betriebsrat oder die im Betrieb vertretene → **Gewerkschaft** erstattet eine Ordnungswidrigkeitenanzeige bei der nach Landesrecht zuständigen Behörde.
  Das ist meist der Regierungspräsident, der Arbeitssenator oder der Arbeitsminister (siehe auch **Musterschreiben** bei Stichwort → **Ordnungswidrigkeitenverfahren**).

- **Strafantrag nach § 119 BetrVG:**
  Die wiederholte und beharrliche Missachtung der Informations- und Mitbestimmungsrechte des Betriebsrats stellt eine Behinderung der Tätigkeit des Betriebsrats dar, die mit Geldstrafe oder Freiheitsstrafe bestraft wird.
  Der Betriebsrat oder die im Betrieb vertretene → **Gewerkschaft** kann deshalb bei Polizei oder Staatsanwaltschaft einen Strafantrag gegen den Arbeitgeber stellen (§ 119 Abs. 1 Nr. 2 BetrVG; siehe **Musterschreiben** bei Stichwort → **Strafverfahren**).

- **Verfahren nach § 23 Abs. 3 BetrVG:**
  Die wiederholte Missachtung der Informations- und Mitbestimmungsrechte des Betriebsrats stellt einen **groben Verstoß** des Arbeitgebers gegen das BetrVG im Sinne des § 23 Abs. 3 BetrVG dar (siehe hierzu → **Unterlassungsanspruch des Betriebsrats**).
  Der Betriebsrat kann deshalb auf Grundlage des § 23 Abs. 3 BetrVG beim → **Arbeitsgericht** beantragen, dem Arbeitgeber aufzugeben, ihn zukünftig auch über die Beschäftigung von Personen, die nicht in einem Arbeitsverhältnis mit dem Arbeitgeber stehen, insbesondere

Einstellung

über Fremdfirmenpersonal, Leiharbeitnehmer und freie Mitarbeiter zu unterrichten (§ 80 Abs. 2 Satz 1 2. Halbsatz BetrVG).

Außerdem kann er beim Arbeitsgericht den Antrag einreichen, dem Arbeitgeber aufzugeben, ihn bei Einstellungen nach § 99 BetrVG zu unterrichten und die Zustimmung zur Einstellung zu beantragen.

Es ist nach zutreffender Ansicht auch ein Antrag auf **einstweilige Verfügung** zulässig (vgl. hierzu DKKW-*Bachner*, BetrVG, 15. Aufl., § 101 Rn. 19 ff.).

Es bleibt aber das Problem, dass ein solcher Antrag nur Erfolg hat, wenn das Arbeitsgericht einen groben Verstoß des Arbeitgebers gegen seine betriebsverfassungsrechtlichen Pflichten bejaht (was selten vorkommt). Eine grobe Pflichtverletzung i. S. v. § 23 Abs. 3 Satz 1 BetrVG soll dann nicht vorliegen, wenn der Arbeitgeber in einer **schwierigen und ungeklärten Rechtsfrage** eine bestimmte, sich später als unzutreffend herausstellende Rechtsansicht vertritt (BAG v. 26.7.2005 – 1 ABR 29/04, a.a.O.). Das gibt der Arbeitgeberlobby (z. B. BDA: www.arbeitgeber.de) die Möglichkeit, den Anwendungsbereich des § 23 Abs. 3 BetrVG klein zu halten, indem sie arbeitgeberfreundliche Juristen damit beauftragt, zu allen möglichen Fragestellungen die gewünschten Rechtsmeinungen zu verbreiten.

Hierzu der Auszug aus einer Entscheidung des 7. Senats des BAG in einem Fall der Einstellung eines Leiharbeitnehmers (BAG v. 9.3.2011 – 7 ABR 137/09, AiB 2012, 58): *»1. Der Unterlassungsantrag (des Betriebsrats; der Verf.) ist zulässig, aber unbegründet. Der Antrag, die Einstellung eines Leiharbeitnehmers zu unterlassen, dessen Name dem Betriebsrat nicht vorher mitgeteilt wurde, ist zulässig. Er ist insbesondere hinreichend bestimmt iSv. § 253 Abs. 2 Nr. 2 ZPO und ggf. vollstreckungsfähig gem. § 85 Abs. 1 Satz 1, Satz 3 ArbGG i. V. m. § 888 Abs. 1 Satz 1 ZPO. Wer »Leiharbeitnehmer« ist und welche tatsächliche Gegebenheiten unter »Einstellung in den Betrieb« zu verstehen sind, ist zwischen den Beteiligten nicht streitig. Der Gegenstand des Unterlassungsbegehrens steht damit hinreichend sicher fest. Bei einer dem Antrag stattgebenden Entscheidung kann die Arbeitgeberin eindeutig erkennen, welcher Handlung sie sich enthalten soll.*

Der Betriebsrat kann den Antrag nicht auf einen allgemeinen Unterlassungsanspruch stützen. Ihm steht kein allgemeiner, von den Voraussetzungen des § 23 Abs. 3 BetrVG unabhängiger Unterlassungsanspruch zur Seite, um eine gegen § 99 Abs. 1 Satz 1 BetrVG oder § 100 Abs. 2 BetrVG verstoßende personelle Einzelmaßnahme zu verhindern. Ein solcher allgemeiner Unterlassungsanspruch besteht auch dann nicht, wenn zu erwarten steht, dass der Arbeitgeber das Verfahren nach § 99 Abs. 1 Satz 1, § 100 Abs. 2 BetrVG vor der tatsächlichen Durchführung der Maßnahme nicht einhält. Mit den in § 100 Abs. 1 und Abs. 2, § 101 BetrVG getroffenen Grundentscheidungen des Gesetzgebers wäre ein von § 23 Abs. 3 BetrVG unabhängiger allgemeiner Unterlassungsanspruch des Betriebsrats bei personellen Einzelmaßnahmen systematisch nicht zu vereinbaren (ausführlich: BAG v. 23. Juni 2009 – 1 ABR 23/08 – Rn. 14 bis 26).

Die Voraussetzungen eines Unterlassungsanspruchs nach § 23 Abs. 3 Satz 1 BetrVG sind im Streitfall nicht gegeben. Es kann an dieser Stelle offenbleiben, ob die Arbeitgeberin ihrer Unterrichtungsverpflichtung gegenüber dem Betriebsrat nach § 99 Abs. 1 Satz 1 und Satz 2 BetrVG vor der Einstellung von Leiharbeitnehmern erst dann genügt, wenn sie (auch) den Namen des Leiharbeitnehmers mitteilt. Jedenfalls hat sie in der Vergangenheit nicht »grob« iSv. § 23 Abs. 3 Satz 1 BetrVG gegen ihre Verpflichtungen aus dem Betriebsverfassungsgesetz verstoßen.

Nach § 23 Abs. 3 Satz 1 BetrVG kann ua. der Betriebsrat dem Arbeitgeber bei einem groben Verstoß gegen seine Verpflichtungen aus dem BetrVG durch das Arbeitsgericht aufgeben lassen, eine Handlung zu unterlassen. Ein grober Verstoß des Arbeitgebers setzt sich aus dem BetrVG ergebenden Pflichten liegt vor, wenn es sich um eine objektiv erhebliche und offensichtlich schwerwiegende Pflichtverletzung handelt, wobei es auf ein Verschulden nicht ankommt. Allerdings scheidet ein grober Verstoß des Arbeitgebers dann aus, wenn er seine Rechtsposition

Einstellung

in einer schwierigen und ungeklärten Rechtsfrage verteidigt (BAG 19. Januar 2010 – 1 ABR 55/08 – Rn. 28 m. w. N., AP BetrVG 1972 § 23 Nr. 47 = EzA BetrVG 2001 § 23 Nr. 4).
Zutreffend hat das Beschwerdegericht bei seiner sachverhaltsbezogenen Prüfung einen objektiv erheblichen und offensichtlich schwerwiegenden Pflichtenverstoß der Arbeitgeberin mit der Begründung verneint, diese habe lediglich ihren Rechtsstandpunkt in einer schwierigen und ungeklärten Rechtslage verteidigt. Das ist im Hinblick auf das Fehlen einer höchstrichterlichen Entscheidung zu der verfahrensentscheidenden Problematik nicht zu beanstanden und trägt den in der angefochtenen Entscheidung ausführlich dargestellten unterschiedlichen Rechtsmeinungen im Schrifttum Rechnung.«

Wenn ein Verfahren nach § 23 Abs. 3 BetrVG (ausnahmsweise) erfolgreich ist und der Arbeitgeber gegen die gerichtliche Entscheidung verstößt, kann der Betriebsrat beantragen, den Arbeitgeber zu einem **Zwangsgeld** zu verurteilen. Das Zwangsgeld beträgt bis zu 10 000 Euro (§ 23 Abs. 3 Satz 5 BetrVG).

Allgemeiner Unterlassungsanspruch

39 Nach Ansicht des BAG steht dem Betriebsrat kein allgemeiner, von den Voraussetzungen des § 23 Abs. 3 BetrVG unabhängiger Unterlassungsanspruch zur Seite, um eine gegen § 99 Abs. 1 Satz 1 BetrVG oder § 100 Abs. 2 BetrVG verstoßende personelle Einzelmaßnahme zu verhindern (BAG v. 23. 6. 2009 – 1 ABR 23/08, NZA 2009, 1430). Auszug aus der Entscheidung: »*Im Übrigen ist ein effektiver Schutz der Mitbestimmungsrechte des Betriebsrats auf andere Weise zu erreichen.*
(a) Steht ein betriebsverfassungswidriges Verhalten des Arbeitgebers erstmals oder erneut zu erwarten – dies ist Voraussetzung auch für den allgemeinen Unterlassungsanspruch –, kann der Betriebsrat das Bestehen seines Mitbestimmungsrechts zunächst gem. § 256 Abs. 1 ZPO feststellen lassen. Drohen anschließend weitere Verstöße, kann er nunmehr – möglicherweise im Wege der einstweiligen Verfügung – nach § 23 Abs. 3 BetrVG vorgehen. In der Missachtung eines gerichtlich festgestellten Rechts des Betriebsrats wird regelmäßig eine grobe Pflichtverletzung des Arbeitgebers liegen. Der Unterlassungsanspruch aus § 23 Abs. 3 BetrVG wird durch den Aufhebungsanspruch nach § 101 BetrVG nicht verdrängt (BAG 7. August 1990 – 1 ABR 68/89 – zu B I 2 der Gründe, BAGE 65, 329 m. w. N.).
(b) Ferner erscheint auch eine einstweilige (Leistungs-)Verfügung zur Sicherung des gesetzlichen Aufhebungsanspruchs aus § 101 Satz 1 BetrVG nicht ausgeschlossen.«

Auch der 7. Senat des BAG hat in einem Fall der Einstellung eines Leiharbeitnehmers einen allgemeinen Unterlassungsanspruch abgelehnt (BAG v. 9. 3. 2011 – 7 ABR 137/09, AiB 2012, 58) – ein Auszug aus der Entscheidung findet sich unter Rn. 38.

40 **Kritik:** Dieser Rechtsprechung kann jedenfalls im Falle **zeitlich befristeter** Einstellungen (ggf. auch eines Leiharbeitnehmers oder eines Fremdfirmenmitarbeiters aufgrund eines »atypischen« Dienst- oder Werkvertragsverhältnisses; siehe → **Dienstvertrag** und → **Werkvertrag**) oder Versetzungen nicht gefolgt werden.
Die in §§ 99 bis 101 BetrVG vorgesehenen gerichtlichen Verfahren (Zustimmungsersetzungsverfahren nach § 99 Abs. 4 BetrVG, Verfahren nach § 100 Abs. 2 und 3 BetrVG und nach § 101 BetrVG) **erledigen** sich oft, weil die Einsatzdauer vor Ende des gerichtlichen Verfahrens abläuft. Dieses wird dann eingestellt.
Es entsteht – folgt man der Ansicht des BAG – zugunsten der Arbeitgeberseite ein **rechtsfreier Raum**. Diese Schutzlücke muss nach zutreffender Ansicht dadurch geschlossen werden, dass dem Betriebsrat bei kurzfristigen personellen Maßnahmen ein mit **einstweiliger Verfügung** durchsetzbarer Unterlassungsanspruch zugestanden wird (so etwa Fitting, BetrVG, 27. Aufl., § 99 Rn. 298).

Einstellung

Allgemeiner Feststellungsantrag nach § 256 Abs. 1 ZPO

Um sich die mit einem Verfahren nach § 101 BetrVG verbundenen Probleme im Falle des nur kurzfristigen Einsatzes von Fremdfirmenmitarbeitern auf Grund eines angeblichen Dienst- oder Werkvertrages zu ersparen, kann und sollte der Betriebsrat im Wege des **Feststellungsantrags beim Arbeitsgericht nach § 256 Abs. 1 ZPO** das Bestehen eines Mitbestimmungsrechts klären lassen. Etwa mit dem Antrag, »*festzustellen, dass der Einsatz von Mitarbeitern der Firma ... im Bereich der Abteilung ... der Mitbestimmung des Betriebsrats nach § 99 BetrVG unterliegt.*«

40a

Anders als im Fall des § 101 BetrVG erledigt sich ein solches Verfahren nicht, wenn der Einsatz eines bestimmten Fremdfirmenmitarbeiters beendet wird.
Wichtig ist, dass die Fallgestaltung, für die der Betriebsrat ein Mitbestimmungsrecht nach § 99 BetrVG geltend macht, hinreichend konkret beschrieben wird, wie etwa in dem Verfahren BAG v. 13. 5. 2014 – 1 ABR 50/12: Der Betriebsrat hatte zulässig beantragt, »*festzustellen, dass der Einsatz von Mitarbeitern der Firma LDI Logistik und Dienstleistungen GmbH im Bereich der Produktionslogistik der Mitbestimmung des Betriebsrats nach § 99 BetrVG unterliegt.*«

Bewertung der Beteiligungsrechte des Betriebsrats nach §§ 99 bis 101 BetrVG bei Einstellungen

Insgesamt betrachtet sind die §§ 99 bis 101 BetrVG geregelten Mitbestimmungsrechte des Betriebsrats bei Einstellungen (siehe im Einzelnen Rn. 13 und 28) ausgesprochen »**dürftig**« und in der Handhabung äußerst »**sperrig**«.

41

Der Gesetzgeber hat vor allem (auf Betreiben der Arbeitgeberlobby; siehe → **Arbeitgeberverband**) »vergessen«, dem Betriebsrat ein **Initiativmitbestimmungsrecht** an die Hand zu geben (vgl. auch Fitting, BetrVG, 27. Aufl., § 99 Rn. 1). Er kann dem Arbeitgeber im Rahmen der Beratungsgespräche nach § 92 BetrVG (Personalplanung) auch aus seiner Sicht erforderliche Maßnahmen vorschlagen. Der Betriebsrat hat aber kein Recht, etwa eine → **Einigungsstelle** oder das → **Arbeitsgericht** anzurufen, wenn er z. B. Neueinstellungen für notwendig hält, weil bestimmte Bereiche im Betrieb offenbar **personell unterbesetzt** sind mit der Folge einer ständigen Überforderung/Arbeitsüberlastung der dort Beschäftigten.
Der Gesetzgeber gesteht dem Betriebsrat in § 99 BetrVG nur ein »**Vetorecht**« (Zustimmungsverweigerungsrecht) zu. Das heißt: Er darf einer vom Arbeitgeber beabsichtigten Einstellung die **Zustimmung verweigern** (was allerdings nicht gerade zu den dringendsten Anliegen eines Betriebsrats gehören dürfte).
Und wenn er mal die Zustimmung zu einer Einstellung verweigert, schließt sich ein **langwieriges** Arbeitsgerichtsverfahren/Zustimmungsersetzungsverfahren nach § 99 Abs. 4 BetrVG an (siehe Rn. 32), wobei der Arbeitgeber die Maßnahme erst einmal vorläufig nach § 100 BetrVG umsetzen kann (siehe Rn. 33).
Das arbeitsgerichtliche Verfahren **erledigt** sich dann oft, weil es sich um eine befristete Einstellung bzw. um den befristeten Einsatz eines Leiharbeitnehmers gehandelt hat und die Befristung vor Abschluss des gerichtlichen Verfahrens abläuft (siehe Rn. 40).
Auch das Verfahren nach § 101 BetrVG (Aufhebung der personellen Maßnahme) ist in Bezug auf befristete Einstellungen bzw. den befristeten Einsatz von Leiharbeitnehmern ein »**stumpfes Schwert**«, weil es regelmäßig länger dauert als der Befristungszeitraum (siehe Rn. 34 ff. zur eingeschränkten Möglichkeit des Betriebsrats, bei betriebsverfassungswidrigem Verhalten des Arbeitgebers eine einstweilige Verfügung zu beantragen, siehe Rn. 38 bis 40).
Aus Arbeitnehmer-/Betriebsratssicht wäre es sachgerechter gewesen, wenn der Gesetzgeber dem Betriebsrat ein echtes **Initiativmitbestimmungsrecht** bei Einstellungen gegeben hätte (wie beispielsweise in sozialen Angelegenheiten nach § 87 BetrVG).

Einstellung

Beispiel:
»Bei Einstellungen hat der Betriebsrat mitzubestimmen. Im Nichteinigungsfall entscheidet die Einigungsstelle.«

Bleiben die Gewerkschaften. Sie könnten etwas tun. Beispielsweise könnte ein Initiativmitbestimmungsrecht bei Einstellungen im Rahmen einer betrieblichen Tarifbewegung als ernstgemeinte **Tarifforderung** ins Spiel gebracht werden (z. B. als Gegenforderung in einer vom Arbeitgeber ausgelösten Auseinandersetzung um die Absenkung des Tarifniveaus; siehe → **Betriebliches Bündnis für Arbeit**).
Die von arbeitgebernahen Juristen vertretene Ansicht, ein Initiativrecht des Betriebsrats bei Einstellungen würde die durch Art. 12 Abs. 1 GG garantierte **unternehmerische Freiheit** verletzen, ist jedenfalls nicht überzeugend und steht einem Streik für eine solche Tarifforderung nicht entgegen.
Das BAG hat solche Bedenken möglicherweise/vermutlich nicht. Es hat beispielsweise entschieden, dass die Beteiligungsrechte des Betriebsrats nach dem BetrVG generell und vor allem auch bei Einstellungen durch → **Tarifvertrag** erweitert und verstärkt werden können.
So sei etwa eine tarifliche Regelung, die dem Betriebsrat ein echtes Mitbestimmungsrecht bei der Frage zubilligt, welcher Bewerber einzustellen ist, zulässig, wenn im Streitfalle die → **Einigungsstelle** entscheiden soll (BAG v. 10. 2. 1988 – 1 ABR 70/86, NZA 1988, 699).
Offen gelassen hat das BAG, ob es zulässig ist, dem Betriebsrat durch Tarifvertrag ein Mitbestimmungsrecht bei der Entscheidung zuzubilligen, **ob** ein Arbeitnehmer eingestellt wird.
Das dürfte aber zu bejahen sein, wenn die tarifliche Regelung sicherstellt, dass im Nichteinigungsfalle die → **Einigungsstelle** entscheidet.
Auszug aus der BAG-Entscheidung v. 10. 2. 1988 – 1 ABR 70/86, a. a. O.: »... Insoweit ist entscheidungserheblich, dass dem Betriebsrat kein Mitbestimmungsrecht bei der Entscheidung zugebilligt wird, ob ein Arbeitnehmer eingestellt wird, sondern nur bei der Frage, welchem Bewerber der Vorzug zu geben ist. Auch durch diese Regelung wird zwar die unternehmerische Entscheidungsfreiheit eingeschränkt. Das ist aber unschädlich, weil bei fehlender Übereinstimmung von Arbeitgeber und Betriebsrat nach § 2 Abs. 6 RTV die Einigungsstelle verbindlich entscheidet. Diese ist verpflichtet, ihre Beschlüsse unter angemessener Berücksichtigung der Belange des Betriebs und der betroffenen Arbeitnehmer nach billigem Ermessen zu fassen. Bei Überschreitung des Ermessens steht der Rechtsweg zu den Arbeitsgerichten offen. Damit haben die Tarifvertragsparteien dafür Sorge getragen, dass in jedem Falle eine Übereinstimmung zwischen den gegenläufigen Interessen des Arbeitgebers und der bei ihm beschäftigten Arbeitnehmer, die sich beiderseits auf die Berufsfreiheit nach Art. 12 Abs. 1 GG berufen können, gewährleistet ist.«

Bedeutung für den Beschäftigten

42 Ein ohne Zustimmung des Betriebsrats zur Einstellung mit einem Bewerber abgeschlossener → **Arbeitsvertrag** ist nach Ansicht des BAG **voll wirksam** (BAG v. 5. 4. 2001 – 2 AZR 580/99, NZA 2001, 893; 2. 7. 1980 – 5 AZR 1241/79, DB 1981, 272; a. A. Fitting, BetrVG, 27. Aufl., § 99 Rn. 278: Arbeitsvertrag ist unwirksam).
Der Arbeitgeber darf den Bewerber allerdings **nicht beschäftigen**, solange die Zustimmung des Betriebsratsrats nicht vorliegt bzw. seine Zustimmung nicht durch das Arbeitsgericht ersetzt wird (§ 99 Abs. 4 BetrVG; siehe Rn. 32).

43 Eine vom Betriebsrat zu Recht verweigerte Zustimmung zur Einstellung des Bewerbers schließt einen **Anspruch** des Arbeitnehmers auf Einstellung aus (BAG v. 2. 7. 1980 – 5 AZR 1241/79, a. a. O.). Ob der Betriebsrat seine Zustimmung zu Recht verweigert hat, ist in dem auf

Einstellung

Klage des Arbeitnehmers gegen den Arbeitgeber durchzuführenden Einstellungsprozess zu prüfen.

Arbeitshilfen

Übersichten
- Einstellung (§ 99 BetrVG)
- Vorläufige Durchführung einer Einstellung (§ 99 BetrVG)
- Mitbestimmungsrechte des Betriebsrats bei Einstellung (§§ 99–101 BetrVG)

Checkliste
Musterschreiben
- Einstellung/Eingruppierung (§ 99 BetrVG)
- Antrag des Arbeitgebers auf Zustimmung zur Einstellung und Eingruppierung (§ 99 BetrVG)
- Zustimmungsverweigerung bei Einstellung nach § 99 Abs. 2 Nr. 1 und Eingruppierung nach § 99 Abs. 2 Nr. 1.BetrVG
- Zustimmungsverweigerung bei Einstellung nach § 99 Abs. 2 Nr. 3 BetrVG und Eingruppierung nach § 99 Abs. 2 Nr. 1 BetrVG
- Zustimmungsverweigerung bei Einstellung nach § 99 Abs. 2 Nr. 3 BetrVG wegen Nichtberücksichtigung eines befristet Beschäftigten und Eingruppierung nach § 99 Abs. 2 Nr. 1 BetrVG
- Zustimmungsverweigerung bei Einstellung nach § 99 Abs. 2 Nr. 5 BetrVG und Eingruppierung nach § 99 Abs. 2 Nr. 1 BetrVG
- Zustimmungsverweigerung des Betriebsrats des Entleihers bei Einstellung eines Leiharbeitnehmers wegen fehlender Arbeitnehmerüberlassungserlaubnis (§ 14 Abs. 3 AÜG, § 99 Abs. 2 Nr. 1 BetrVG)
- Zustimmungsverweigerung des Betriebsrats des Entleihers bei Einstellung eines Leiharbeitnehmers wegen nicht vorübergehender Arbeitnehmerüberlassung (§ 14 Abs. 3 AÜG, § 99 Abs. 2 Nr. 1 BetrVG)
- Zustimmungsverweigerung des Betriebsrats des Entleihers bei Einstellung eines Leiharbeitnehmers wegen Benachteiligung eines Arbeitnehmers (§ 14 Abs. 3 AÜG, § 99 Abs. 2 Nr. 3 BetrVG)
- Zustimmungsverweigerung des Betriebsrats des Entleihers bei Einstellung eines Leiharbeitnehmers wegen unterlassener Stellenausschreibung (§ 14 Abs. 3 AÜG, § 99 Abs. 2 Nr. 5 BetrVG)

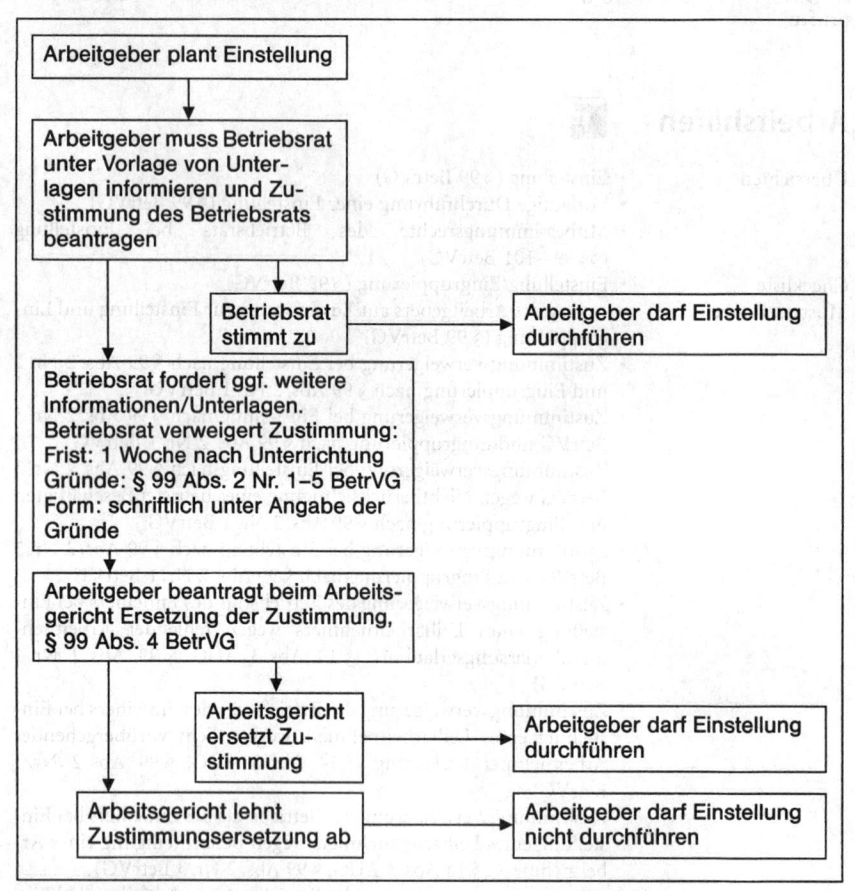

Einstellung

Übersicht: Einstellung (§ 99 BetrVG)

```
┌─────────────────────────────┐
│ Arbeitgeber plant Einstellung│
└──────────────┬──────────────┘
               ▼
┌─────────────────────────────┐
│ Arbeitgeber muss Betriebsrat│
│ unter Vorlage von Unter-    │
│ lagen informieren und Zu-   │
│ stimmung des Betriebsrats   │
│ beantragen                  │
└──────┬───────────────┬──────┘
       │               ▼
       │      ┌──────────────┐      ┌──────────────────────┐
       │      │ Betriebsrat  │─────▶│ Arbeitgeber darf     │
       │      │ stimmt zu    │      │ Einstellung durchführen│
       │      └──────────────┘      └──────────────────────┘
       ▼
┌─────────────────────────────┐
│ Betriebsrat fordert ggf.    │
│ weitere Informationen/      │
│ Unterlagen.                 │
│ Betriebsrat verweigert      │
│ Zustimmung:                 │
│ Frist: 1 Woche nach         │
│ Unterrichtung               │
│ Gründe: § 99 Abs. 2 Nr. 1–5 │
│ BetrVG                      │
│ Form: schriftlich unter     │
│ Angabe der Gründe           │
└──────────────┬──────────────┘
               ▼
┌─────────────────────────────┐
│ Arbeitgeber beantragt beim  │
│ Arbeitsgericht Ersetzung    │
│ der Zustimmung,             │
│ § 99 Abs. 4 BetrVG          │
└──────────────┬──────────────┘
               ▼
       ┌──────────────┐      ┌──────────────────────┐
       │ Arbeitsgericht│─────▶│ Arbeitgeber darf     │
       │ ersetzt Zu-  │      │ Einstellung durchführen│
       │ stimmung     │      └──────────────────────┘
       └──────────────┘
       ┌──────────────┐      ┌──────────────────────┐
       │ Arbeitsgericht│─────▶│ Arbeitgeber darf     │
       │ lehnt Zustim-│      │ Einstellung nicht    │
       │ mungsersetzung│     │ durchführen          │
       │ ab           │      └──────────────────────┘
       └──────────────┘
```

Beachten: Vorstehendes Ablaufschema gilt für die mit der Einstellung verbundene Eingruppierung entsprechend mit der Maßgabe, dass der Arbeitgeber – erneut – die Zustimmung des Betriebsrats zur Eingruppierung in eine – andere – Vergütungsgruppe beantragen muss, wenn das Arbeitsgericht den Zustimmungsersetzungsantrag ablehnt.

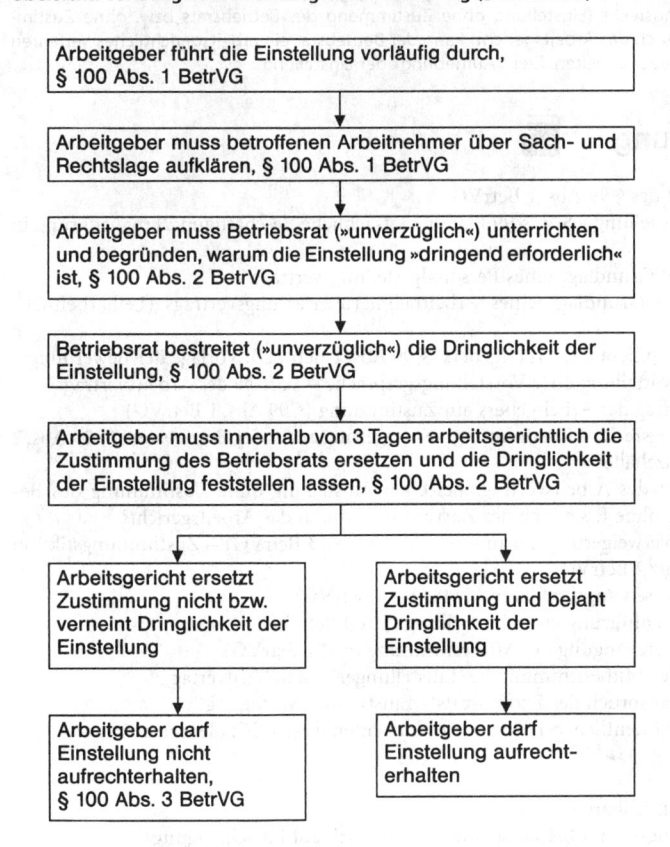

Einstellung

Übersicht: Vorläufige Durchführung einer Einstellung (§ 99 BetrVG)

```
┌─────────────────────────────────────────────────────────────┐
│ Arbeitgeber führt die Einstellung vorläufig durch,          │
│ § 100 Abs. 1 BetrVG                                         │
└─────────────────────────────────────────────────────────────┘
                              ↓
┌─────────────────────────────────────────────────────────────┐
│ Arbeitgeber muss betroffenen Arbeitnehmer über Sach- und    │
│ Rechtslage aufklären, § 100 Abs. 1 BetrVG                   │
└─────────────────────────────────────────────────────────────┘
                              ↓
┌─────────────────────────────────────────────────────────────┐
│ Arbeitgeber muss Betriebsrat (»unverzüglich«) unterrichten  │
│ und begründen, warum die Einstellung »dringend erforderlich«│
│ ist, § 100 Abs. 2 BetrVG                                    │
└─────────────────────────────────────────────────────────────┘
                              ↓
┌─────────────────────────────────────────────────────────────┐
│ Betriebsrat bestreitet (»unverzüglich«) die Dringlichkeit   │
│ der Einstellung, § 100 Abs. 2 BetrVG                        │
└─────────────────────────────────────────────────────────────┘
                              ↓
┌─────────────────────────────────────────────────────────────┐
│ Arbeitgeber muss innerhalb von 3 Tagen arbeitsgerichtlich   │
│ die Zustimmung des Betriebsrats ersetzen und die Dringlich- │
│ keit der Einstellung feststellen lassen, § 100 Abs. 2 BetrVG│
└─────────────────────────────────────────────────────────────┘
                    ↓                           ↓
┌─────────────────────────────┐  ┌─────────────────────────────┐
│ Arbeitsgericht ersetzt      │  │ Arbeitsgericht ersetzt      │
│ Zustimmung nicht bzw.       │  │ Zustimmung und bejaht       │
│ verneint Dringlichkeit der  │  │ Dringlichkeit der           │
│ Einstellung                 │  │ Einstellung                 │
└─────────────────────────────┘  └─────────────────────────────┘
                    ↓                           ↓
┌─────────────────────────────┐  ┌─────────────────────────────┐
│ Arbeitgeber darf            │  │ Arbeitgeber darf            │
│ Einstellung nicht           │  │ Einstellung aufrecht-       │
│ aufrechterhalten,           │  │ erhalten                    │
│ § 100 Abs. 3 BetrVG         │  │                             │
└─────────────────────────────┘  └─────────────────────────────┘
```

Übersicht: Mitbestimmungsrechte des Betriebsrats bei Einstellung (§§ 99 – 101 BetrVG)

- §§ 99 bis 101 BetrVG gelten nur in Unternehmen mit in der Regel mehr als zwanzig wahlberechtigten Arbeitnehmern.
- Der Betriebsrat hat Anspruch auf ordnungsgemäße und vollständige Unterrichtung über die beabsichtigte Einstellung und die damit einhergehende Eingruppierung (§ 99 Abs. 1 BetrVG).
- Der Betriebsrat kann die Zustimmung verweigern: fristgerecht (1 Woche), schriftlich und mit Angabe von Gründen. Die Zustimmungsverweigerung muss auf einen der in § 99 Abs. 2 BetrVG genannten Gründe gestützt und möglichst konkret begründet werden (eine bloße Wiederholung des Gesetzestextes des § 99 Abs. 2 BetrVG reicht nicht aus).
- Schweigen gilt als Zustimmung (§ 99 Abs. 3 Satz 2 BetrVG).
- Zustimmungsersetzungsverfahren (§ 99 Abs. 4 BetrVG): Verweigert der Betriebsrat die Zustimmung, so muss der Arbeitgeber sich die Zustimmung vom Arbeitsgericht ersetzen lassen.
- Vorläufige Einstellung (§ 100 BetrVG): Der Arbeitgeber kann die Einstellung sofort – noch vor der Erteilung oder gerichtlichen Ersetzung der Zustimmung des Betriebsrats – vorläufig durchführen, wenn dies aus sachlichen Gründen dringend erforderlich ist. Der Betriebsrat ist unverzüglich zu unterrichten. Bestreitet der Betriebsrat die Dringlichkeit der Einstellung, muss der Arbeitgeber innerhalb von drei Tagen das Arbeitsgericht anrufen, wenn er die Einstellung aufrechterhalten will (§ 100 Abs. 2 Satz 3 BetrVG).

Einstellung

- Verfahren zur Durchsetzung der Mitbestimmung; Zwangsgeld (§ 101 BetrVG): Bei Verstößen gegen sein Mitbestimmungsrecht (Einstellung ohne Zustimmung des Betriebsrats bzw. ohne Zustimmungsersetzung durch das Arbeitsgericht) kann der Betriebsrat ein arbeitsgerichtliches Verfahren gegen den Arbeitgeber einleiten. Ziel: »Aufhebung« der Einstellung.

Rechtsprechung

1. Schwellenwert des § 99 Abs. 1 BetrVG
2. Begriff der Einstellung i. S. d. § 99 BetrVG: tatsächliche Beschäftigung/Eingliederung in den Betrieb
3. Einstellung auf Grundlage eines Personalgestellungsvertrags
4. Einstellung auf Grundlage eines Arbeitnehmerüberlassungsvertrags (Leiharbeitnehmer)
5. Unterrichtungspflicht des Arbeitgebers (§ 99 Abs. 1 BetrVG): Vorlage der Bewerbungsunterlagen – Mitteilung über Vorstellungsgespräche – Vorlage des Arbeitsvertrags?
6. Formloser Antrag des Arbeitgebers auf Zustimmung (§ 99 Abs. 1 BetrVG)
7. Mitbestimmungsrecht – Zustimmungsverweigerungsrecht des Betriebsrats (§ 99 Abs. 2 BetrVG) – Einzelfälle
8. Unwirksamkeit des Arbeitsvertrags bei einer Einstellung ohne Zustimmung des Betriebsrats oder ohne Ersetzung der Zustimmung durch das Arbeitsgericht?
9. Zustimmungsverweigerung: Form – Frist (§ 93 Abs. 3 BetrVG) – Zustimmungsfiktion (§ 99 Abs. 3 Satz 2 BetrVG)
10. Zustimmungsersetzungsverfahren (§ 99 Abs. 4 BetrVG)
11. Vorläufige Durchführung einer Einstellung (§ 100 BetrVG)
12. Verfahren zur Erzwingung der Mitbestimmung (§ 101 BetrVG)
13. Erweiterung der Mitbestimmung bei Einstellungen durch Tarifvertrag
14. Unterlassungsanspruch des Betriebsrats – Einstweilige Verfügung
15. Einstellung im öffentlichen Dienst – Konkurrentenklage – Schadensersatz
16. Sonstiges
17. Streitwert
18. Einstellung von Leiharbeitnehmern
19. Diskriminierungsverbot bei Einstellung – Anspruch auf Entschädigung
20. Fragen des Arbeitgebers bei Einstellung nach Schwangerschaft, Schwerbehinderteneigenschaft, Vorstrafen
21. Frage nach früheren Arbeitsverhältnissen
22. Auskunftspflicht des Arbeitnehmers nach seiner Einstellung
23. Unterrichtung des Betriebsrats über Beschäftigung freier Mitarbeiter
24. Mitbestimmung bei Einstellung von gewerkschaftlichen Rechtsschutzsekretären
25. Unterlassungsanspruch des Betriebsrats bei Verstoß gegen eine tarifliche Arbeitszeitquote?

Elterngeld/Elternzeit

Was ist das?

Seit dem 1.1.2007 gilt das Bundeselterngeld- und Elternzeitgesetz (BEEG) vom 5.12.2006 (BGBl. I S. 2748) in der Fassung der Bekanntmachung vom 27.1.2015 (BGBl. I S. 33). Die Vorschriften über das Elterngeld (§§ 1 bis 14 BEEG) wurden durch das Gesetz zur Vereinfachung des Elterngeldvollzugs vom 10.9.2012 (BGBl. I S. 1878) verändert. Das Gesetz ist am 18.9.2012 in Kraft getreten. Die Neuregelungen sollen für Kinder gelten, die **ab 1. Januar 2013 geboren** werden (§ 27 Abs. 1 BEEG). Zweck des Gesetzes ist es, die Ermittlung des für das Elterngeld maßgeblichen Erwerbseinkommens zu vereinfachen. Damit soll die Verwaltung entlastet und die Beantragung von Elterngeld erleichtert werden.
Das BEEG hat das frühere Bundeserziehungsgeldgesetz (BErzGG) abgelöst. Die §§ 15 bis 21 BErzGG sind am 31.12.2006 außer Kraft getreten, die übrigen Bestimmungen am 31.12.2008. Für die **vor dem 1.1.2007** geborenen oder mit dem Ziel der Adoption aufgenommenen Kinder waren die Vorschriften des BErzGG über das Erziehungsgeld (§§ 1 bis 14 BErzGG) gemäß der Übergangsregelung des § 27 Abs. 1 BEEG weiter anzuwenden. Ein Anspruch auf Elterngeld bestand in diesen Fällen nicht.
Mit dem Gesetz zur Einführung eines Betreuungsgeldes (Betreuungsgeldgesetz) vom 15.2.2013 (BGBl. I Nr. 8 S. 254) wurde mit Wirkung ab 1.8.2013 ein Anspruch auf Zahlung eines **Betreuungsgeldes** geschaffen (§§ 4a bis 4d BEEG; siehe hierzu Rn. 26a). Das BVerfG hat mit Urteil v. 21.7.2015 – 1 BvF 2/13 entschieden, dass §§ 4a bis 4d BEEG nichtig sind (siehe Rn. 26b).
Das Gesetz zur Einführung des **Elterngeldes Plus** mit Partnerschaftsbonus und einer flexibleren Elternzeit vom 18.12.2014 (BGBl. I Nr. 62 S. 2325) regelt u.a. verbesserte Möglichkeiten zur Kombination von Erwerbstätigkeit und Familienarbeit, Verteilung der Elternzeit auf beide Elternteile und Verschiebung von Teilen der Elternzeit auf spätere Abschnitte (siehe Rn. 19 ff.).

Ein Schwerpunkt des BEEG bildet die Neuregelung eines **Elterngeldes** (§§ 1 bis 14 BEEG; siehe Rn. 4 ff.).
Jeder Elternteil, der seine Erwerbstätigkeit wegen Betreuung oder Erziehung eines Kindes unterbricht oder reduziert, erhält mit dem Elterngeld – anders als beim bisherigen Erziehungsgeld – einen am individuellen Einkommen orientierten Ausgleich für finanzielle Einschränkungen.
Hierdurch will man es Paaren erleichtern, zumindest in einem überschaubaren Zeitraum auch auf das höhere Einkommen zu verzichten.

Die §§ 15 bis 21 BEEG regeln die **Elternzeit** (siehe hierzu Rn. 38 ff.).

Elterngeld/Elternzeit

Elterngeld (§§ 1 bis 14 BEEG)

4 Elterngeld tritt für die ab dem 1.1.2007 geborenen Kinder an die Stelle des bisherigen Erziehungsgeldes nach dem BErzGG.

5 **Anspruch auf Elterngeld** hat gemäß § 1 Abs. 1 BEEG, wer
- einen Wohnsitz oder seinen gewöhnlichen Aufenthalt in Deutschland hat,
- mit seinem Kind in einem Haushalt lebt,
- dieses Kind selbst betreut und erzieht und
- keine oder keine volle Erwerbstätigkeit ausübt.

6 Bei **Mehrlingsgeburten** besteht nur ein Anspruch auf Elterngeld (§ 1 Abs. 1 Satz 2 BEEG). Anspruch auf Elterngeld besteht auch in den in § 1 Abs. 2 BEEG genannten Fällen (z. B. bei Abordnung ins Ausland) und gemäß § 1 Absatz 3 BEEG für denjenigen, der
- mit einem Kind in einem Haushalt lebt, das er mit dem Ziel der Annahme als Kind (**Adoption**) aufgenommen hat,
- ein Kind des Ehegatten, der Ehegattin, des Lebenspartners oder der Lebenspartnerin in seinen **Haushalt** aufgenommen hat, oder
- mit einem Kind in einem Haushalt lebt und die von ihm erklärte Anerkennung der **Vaterschaft** nach § 1594 Abs. 2 BGB noch nicht wirksam oder über die von ihm beantragte Vaterschaftsfeststellung nach § 1600 d BGB noch nicht entschieden ist.

7 Können die Eltern wegen einer schweren Krankheit, Schwerbehinderung oder Tod der Eltern ihr Kind nicht betreuen, haben **Verwandte bis dritten Grades** und deren Ehegatten, Ehegattinnen, Lebenspartner oder Lebenspartnerinnen Anspruch auf Elterngeld, wenn sie die übrigen Voraussetzungen nach § 1 Abs. 1 BEEG erfüllen und von anderen Berechtigten Elterngeld nicht in Anspruch genommen wird (§ 1 Abs. 4 BEEG).

8 Der Anspruch auf Elterngeld besteht auch dann, wenn die Betreuung und Erziehung des Kindes aus einem wichtigen Grund nicht sofort aufgenommen werden kann oder wenn sie unterbrochen werden muss (§ 1 Abs. 5 BEEG).

9 Eine Person ist **nicht voll erwerbstätig**, wenn
- ihre Arbeitszeit 30 Wochenstunden im Durchschnitt des Monats nicht übersteigt,
- sie eine Beschäftigung zur Berufsbildung ausübt oder
- sie eine geeignete Tagespflegeperson im Sinn des § 23 SGB VIII ist und nicht mehr als fünf Kinder in Tagespflege betreut (§ 1 Abs. 6 BEEG).

10 Für nicht freizügigkeitsberechtigte **Ausländer/innen** besteht Anspruch auf Elterngeld unter den Voraussetzungen des § 1 Abs. 7 BEEG. Allerdings verstößt der Ausschluss ausländischer Staatsangehöriger vom Bundeselterngeld, denen der Aufenthalt aus völkerrechtlichen, humanitären oder politischen Gründen erlaubt ist und die keines der § 1 Abs. 7 Nr. 3 Buchstabe b BEEG genannten Merkmale der Arbeitsmarktintegration erfüllen, gegen Art. 3 Abs. 1 und Art. 3 Abs. 3 Satz 1 GG und ist damit nichtig (BVerfG v. 10.7.2012 – 1 BvL 2/10, 1 BvL 3/10, 1 BvL 4/10, 1 BvL 3/11).

Höhe des Elterngeldes, wenn nach der Geburt kein Einkommen aus Erwerbstätigkeit erzielt wird (§ 2 Abs. 1 und 2 BEEG)

11 Elterngeld wird in Höhe von **67 Prozent** des Einkommens aus Erwerbstätigkeit vor der Geburt des Kindes gewährt. Es wird bis zu einem Höchstbetrag von **1800 Euro monatlich** für volle Monate gezahlt, in denen die berechtigte Person kein Einkommen aus Erwerbstätigkeit hat (§ 2 Abs. 1 Satz 1 BEEG).

Das Einkommen aus Erwerbstätigkeit errechnet sich nach Maßgabe der §§ 2 c bis 2 f BEEG aus der um die **Abzüge** für Steuern und Sozialabgaben verminderten Summe der positiven Einkünfte aus

Elterngeld/Elternzeit

1. nichtselbständiger Arbeit nach § 2 Absatz 1 Satz 1 Nr. 4 EStG
2. Land- und Forstwirtschaft, Gewerbebetrieb und selbständiger Arbeit nach § 2 Absatz 1 Satz 1 Nrn. 1 bis 3 EStG,

die im Inland zu versteuern sind und die die berechtigte Person durchschnittlich monatlich im Bemessungszeitraum nach § 2 b BEEG oder in Monaten der Bezugszeit nach § 2 Abs. 3 BEEG hat (§ 2 Abs. 1 Satz 2 BEEG).

Mit einem Elterngeld soll die Lebensgrundlage der Familie in dieser Frühphase der Elternschaft abgesichert werden.

Durch die Anknüpfung an das individuelle Einkommen soll das Elterngeld die wirtschaftliche Selbstständigkeit innerhalb der Partnerschaft und die partnerschaftliche Teilhabe von Müttern und Vätern an der Betreuungs- und Erziehungsarbeit fördern.

Der **Höchstbetrag** von 1800 Euro wird erreicht, wenn das monatliche Nettoeinkommen des berechtigten Elternteils vor der Geburt 2700 Euro betragen hat (67 % von 2700 = ca. 1800).

Ist das monatliche Nettoeinkommen vor der Geburt **geringer als 1000 Euro**, erhöht sich der Prozentsatz von 67 Prozent um 0,1 Prozentpunkte für je zwei Euro, um die dieses Einkommen den Betrag von 1000 Euro unterschreitet, auf **bis zu 100 Prozent** (§ 2 Abs. 2 BEEG). 12

> **Beispiel:**
> Das Elterngeld erhöht sich bei einem Einkommen von z. B. 600 Euro vor der Geburt von 67 Prozent auf 87 Prozent und beträgt statt 402 Euro nunmehr 522 Euro.

Die **Obergrenze** von 100 Prozent wird bei einem Nettoeinkommen von 340 Euro vor der Geburt erreicht. 13

Damit soll sichergestellt werden, dass Elterngeldberechtigte, die vor der Geburt mehr als 300 Euro verdient haben, auch nach der Geburt Elterngeld von mehr als 300 Euro erhalten.

War das Einkommen aus Erwerbstätigkeit vor der Geburt **höher als 1200 Euro**, sinkt der Prozentsatz von 67 Prozent um 0,1 Prozentpunkte für je 2 Euro, um die dieses Einkommen den Betrag von 1200 Euro überschreitet, auf **bis zu 65 Prozent** (§ 2 Abs. 2 Satz 2 BEEG). 13a

Höhe des Elterngeldes, wenn nach der Geburt Einkommen aus Erwerbstätigkeit erzielt wird (§ 2 Abs. 3 BEEG)

Elterngeld wird auch für Monate gezahlt, in denen ein Elternteil die Erwerbstätigkeit nicht unterbricht, sondern nur **einschränkt**. Maßstab für die Höhe des Elterngeldes ist auch in diesem Fall der tatsächliche Einkommensausfall. 14

Für Monate, in denen die berechtigte Person nach der Geburt des Kindes ein Einkommen aus Erwerbstätigkeit hat, das geringer ist als das Einkommen aus Erwerbstätigkeit vor der Geburt, wird Elterngeld in Höhe von **67 Prozent** (bzw. des bei Einkommen von unter 1000 Euro vor der Geburt nach § 2 Abs. 2 BEEG zu erhöhenden Prozentsatzes) **des Unterschiedsbetrags** dieser Einkommen gezahlt (§ 2 Abs. 3 Satz 1 BEEG).

Verglichen wird also das Einkommen vor der Geburt mit dem Einkommen nach der Geburt. Als in dem Zeitraum vor der Geburt des Kindes durchschnittlich erzieltes monatliches Einkommen aus Erwerbstätigkeit ist dabei **höchstens der Betrag von 2770 Euro** anzusetzen (§ 2 Abs. 3 Satz 2 BEEG).

> **Beispiel:**
> Hat eine Mutter vor der Geburt des Kindes 3500 Euro monatlich verdient und erzielt sie nach Wiederaufnahme der Erwerbstätigkeit im siebten Lebensmonat des Kindes 1750 Euro, stehen ihr für die ersten sechs Lebensmonate des Kindes 1800 Euro und ab dem siebten Lebensmonat 67 Prozent von (2770 − 1750 =) 1020 Euro zu, das sind 683,40 Euro.

Elterngeld/Elternzeit

Der Unterschiedsbetrag nach § 2 Abs. 3 Satz 1 BEEG ist für das Einkommen aus Erwerbstätigkeit in Monaten, in denen die berechtigte Person Elterngeld im Sinne des § 4 Absatz 2 Satz 2 BEEG in Anspruch nimmt, und in Monaten, in denen sie **Elterngeld Plus** im Sinne des § 4 Absatz 3 Satz 1 BEEG (siehe Rn. 21 a) in Anspruch nimmt, getrennt zu berechnen (§ 2 Abs. 3 Satz 2 BEEG.

15 Elterngeld wird **mindestens in Höhe von 300 Euro** gezahlt (§ 2 Abs. 4 Satz 1 BEEG). Dies gilt auch, wenn die berechtigte Person vor der Geburt des Kindes kein Einkommen aus Erwerbstätigkeit hat (§ 2 Abs. 4 Satz 2 BEEG).

Geschwisterbonus und Mehrlingszuschlag (§ 2 a BEEG)

16 Lebt die berechtigte Person in einem Haushalt mit
1. zwei Kindern, die noch nicht drei Jahre alt sind, oder
2. drei oder mehr Kindern, die noch nicht sechs Jahre alt sind,
wird das Elterngeld um 10 Prozent, mindestens jedoch um 75 Euro **erhöht** (Geschwisterbonus). Zu berücksichtigen sind alle Kinder, für die die berechtigte Person die Voraussetzungen des § 1 Abs. 1 und 3 BEEG erfüllt und für die sich das Elterngeld nicht nach § 2 Abs. 4 BEEG erhöht.
Für **angenommene Kinder**, die noch nicht 14 Jahre alt sind, gilt gemäß § 2 a Abs. 2 BEEG als Alter des Kindes der Zeitraum seit der Aufnahme des Kindes in den Haushalt der berechtigten Person. Dies gilt auch für Kinder, die die berechtigte Person entsprechend § 1 Abs. 3 Satz 1 Nr. 1 BEEG mit dem Ziel der Annahme als Kind in ihren Haushalt aufgenommen hat. Für Kinder mit Behinderung im Sinne von § 2 Abs. 1 Satz 1 SGB IX liegt die Altersgrenze nach § 2 a Abs. 1 Satz 1 BEEG bei 14 Jahren.
Der Anspruch auf den Geschwisterbonus **endet** mit Ablauf des Monats, in dem eine der in Absatz 1 genannten Anspruchsvoraussetzungen entfällt (§ 2 a Abs. 3 BEEG).
Bei **Mehrlingsgeburten** erhöht sich nach § 2 a Abs. 4 BEEG das Elterngeld um je 300 Euro für das zweite und jedes weitere Kind (Mehrlingszuschlag). Dies gilt auch, wenn ein Geschwisterbonus nach § 2 a Abs. 1 BEEG gezahlt wird.

17 Zur **Ermittlung** des maßgeblichen **Einkommens** aus Erwerbstätigkeit vor der Geburt werden in §§ 2 b bis f BEEG detaillierte Regelungen getroffen; und zum Bemessungszeitraum (§ 2 b BEEG), Einkommen aus nichtselbständiger Erwerbstätigkeit (§ 2 c BEEG), Einkommen aus selbständiger Erwerbstätigkeit (§ 2 d BEEG) und zu den Abzügen für Steuern (§ 2 e BEEG) und Sozialabgaben (§ 2 f BEEG).

18 Zur **Anrechnung** von anderen Leistungen auf das Elterngeld (z. B. Mutterschaftsgeld, Zuschuss zum Mutterschaftsgeld) siehe § 3 BEEG.

Art und Dauer des Bezugs – Basiselterngeld – Elterngeld Plus (§ 4 BEEG)

19 Elterngeld kann in der Zeit vom Tag der Geburt **bis zur Vollendung des 14. Lebensmonats** des Kindes bezogen werden (§ 4 Abs. 1 Satz 1 BEEG).
Abweichend hiervon kann **Elterngeld Plus** nach § 4 Abs. 3 BEEG (siehe Rn. 21 a) auch nach dem 14. Lebensmonat bezogen werden, solange es ab dem 15. Lebensmonat in aufeinander folgenden Lebensmonaten von zumindest einem Elternteil in Anspruch genommen wird (§ 4 Abs. 1 Satz 2 BEEG; eingefügt durch Gesetz vom 18. 12. 2014 – BGBl. I S. 2325).

20 Für **angenommene Kinder** und Kinder im Sinne des § 1 Abs. 3 Nr. 1 BEEG kann Elterngeld ab Aufnahme bei der berechtigten Person für die Dauer von bis zu 14 Monaten, längstens bis zur Vollendung des achten Lebensjahres des Kindes bezogen werden.

21 Elterngeld wird in **Monatsbeträgen** für die Lebensmonate des Kindes gezahlt (§ 4 Abs. 2 Satz 1 BEEG). Es wird allein nach den Vorgaben der §§ 2 bis 3 BEEG ermittelt (**Basiselterngeld**),

Elterngeld/Elternzeit

soweit nicht Elterngeld nach § 4 Abs. 3 BEEG (**Elterngeld Plus**) in Anspruch genommen wird (§ 4 Abs. 2 Satz 2 BEEG).
Der Anspruch endet mit dem Ablauf des Monats, in dem eine Anspruchsvoraussetzung entfallen ist (§ 4 Abs. 2 Satz 3 BEEG). Die Eltern können die jeweiligen Monatsbeträge **abwechselnd** oder **gleichzeitig** beziehen (§ 4 Abs. 2 Satz 4 BEEG).
Statt für einen Monat Elterngeld im Sinne des § 4 Abs. 2 Satz 2 BEEG (siehe Rn. 21) zu beanspruchen, kann die berechtigte Person jeweils zwei Monate lang ein Elterngeld beziehen, das nach den §§ 2 bis 3 BEEG und den zusätzlichen Vorgaben des § 4 Abs. 3 Sätze 2 und 3 BEEG ermittelt wird (§ 4 Abs. 3 Satz 1 BEEG; sog. **Elterngeld Plus**).   21a
Das Elterngeld Plus beträgt monatlich höchstens die Hälfte des Elterngeldes § 4 Abs. 2 Satz 2 BEEG, das der berechtigten Person zustünde, wenn sie während des Elterngeldbezugs keine Einnahmen im Sinne des § 2 oder des § 3 BEEG hätte oder hat (§ 4 Abs. 3 Satz 2 BEEG). Für die Berechnung des Elterngeld Plus halbieren sich:
- der Mindestbetrag für das Elterngeld nach § 2 Absatz 4 Satz 1 BEEG,
- der Mindestgeschwisterbonus nach § 2 a Absatz 1 Satz 1 BEEG,
- der Mehrlingszuschlag nach § 2 a Absatz 4 BEEG sowie
- die von der Anrechnung freigestellten Elterngeldbeträge nach § 3 Absatz 2 BEEG (§ 4 Abs. 3 Satz 2 BEEG).

Die Eltern haben gemeinsam Anspruch auf **zwölf Monatsbeträge** (§ 4 Abs. 4 Satz 1 BEEG).   22
Erfolgt für zwei Monate eine Minderung des Einkommens aus Erwerbstätigkeit, können sie für zwei weitere Monate Elterngeld im Sinne des § 4 Abs. 2 Satz 2 BEEG beanspruchen (**Partnermonate**; vgl. § 4 Abs. 4 Satz 2 BEEG).
Wenn beide Elternteile in vier aufeinander folgenden Lebensmonaten gleichzeitig
- nicht weniger als 25 und nicht mehr als 30 Wochenstunden im Durchschnitt des Monats erwerbstätig sind und
- die Voraussetzungen des § 1 BEEG erfüllen,

hat jeder Elternteil für diese Monate Anspruch auf vier weitere Monatsbeträge Elterngeld Plus (**Partnerschaftsbonus**; vgl. § 4 Abs. 4 Satz 3 BEEG).
Ein Elternteil kann höchstens **zwölf Monatsbeträge** Elterngeld im Sinne des § 4 Abs. 2 Satz 2   23
BEEG zuzüglich der vier nach § 4 Abs. 4 Satz 3 BEEG zustehenden Monatsbeträge **Elterngeld Plus** beziehen (§ 4 Abs. 5 Satz 1 BEEG). Er kann Elterngeld nur beziehen, wenn er es **mindestens für zwei Monate** in Anspruch nimmt (§ 4 Abs. 5 Satz 2 BEEG).
Lebensmonate des Kindes, in denen einem Elternteil nach § 3 Absatz 1 Satz 1 Nummer 1 bis 3 BEEG anzurechnende Leistungen zustehen, gelten als Monate, für die dieser Elternteil Elterngeld im Sinne des § 4 Abs. 2 Satz 2 BEEG bezieht (§ 4 Abs. 5 Satz 3 BEEG).
Ein Elternteil kann abweichend von § 4 Abs. 5 Satz 1 BEEG **zusätzlich** auch die weiteren   24
Monatsbeträge Elterngeld nach § 4 Abs. 4 Satz 2 BEEG beziehen, wenn für zwei Monate eine Minderung des Einkommens aus Erwerbstätigkeit erfolgt und wenn
- bei ihm die Voraussetzungen für den Entlastungsbetrag für Alleinerziehende nach § 24 b Absatz 1 und 2 des Einkommensteuergesetzes vorliegen und der andere Elternteil weder mit ihm noch mit dem Kind in einer Wohnung lebt,
- mit der Betreuung durch den anderen Elternteil eine Gefährdung des Kindeswohls im Sinne von § 1666 Absatz 1 und 2 des Bürgerlichen Gesetzbuchs verbunden wäre oder
- die Betreuung durch den anderen Elternteil unmöglich ist, insbesondere weil er wegen einer schweren Krankheit oder Schwerbehinderung sein Kind nicht betreuen kann; für die Feststellung der Unmöglichkeit der Betreuung bleiben wirtschaftliche Gründe und Gründe einer Verhinderung wegen anderweitiger Tätigkeiten außer Betracht (§ 4 Abs. 6 Satz 1 Nummer 1 bis 3 BEEG).

Ist ein Elternteil im Sinne des § 4 Abs. 5 Satz 1 Nummer 1 bis 3 BEEG in vier aufeinander   25
folgenden Lebensmonaten nicht weniger als 25 und nicht mehr als 30 Wochenstunden im

Elterngeld/Elternzeit

26   Durchschnitt des Monats erwerbstätig, kann er für diese Monate abweichend von Absatz 5 Satz 1 vier weitere Monatsbeträge Elterngeld Plus beziehen (§ 4 Abs. 6 Satz 2 BEEG).
Die vorstehenden Regelungen gelten entsprechend für anspruchsberechtigte Personen im Sinne des § 1 Abs. 3 und 4 BEEG, z. B. Personen, die mit einem Kind in einem Haushalt leben, das sie mit dem Ziel der Annahme als Kind (Adoption) aufgenommen haben (§ 4 Abs. 7 Satz 1 BEEG).
Nicht sorgeberechtigte Elternteile und Personen, die nach § 1 Absatz 3 Satz 1 Nummer 2 und 3 BEEG Elterngeld beziehen können, bedürfen der Zustimmung des sorgeberechtigten Elternteils (§ 4 Abs. 7 Satz 1 BEEG).

Betreuungsgeld (§§ 4 a bis 4 d BEEG)

26a   Anspruch auf Betreuungsgeld haben Eltern, deren Kind ab dem 1. 8. 2012 geboren wurde und die für ihr Kind **keine frühkindliche Betreuung** in öffentlich bereitgestellten Tageseinrichtungen oder Kindertagespflegeeinrichtungen (§ 24 Abs. 2 SGB VIII) in Anspruch nehmen (§ 4 a Abs. 1 BEEG).
Für Eltern, die ihr Kind wegen einer schweren Krankheit, Schwerbehinderung oder Tod der Eltern nicht betreuen können gilt § 4 a Abs. 2 BEEG.
Das Betreuungsgeld beträgt für jedes Kind **150 Euro pro Monat** (§ 4 b BEEG).
Andere staatliche Leistungen (z. B. Arbeitslosengeld II, Sozialhilfe) werden auf das Betreuungsgeld **angerechnet** (§ 4 c BEEG).
Das Betreuungsgeld kann in der Zeit vom ersten Tag des **15. Lebensmonats bis zur Vollendung des 36. Lebensmonats** des Kindes bezogen werden (§ 4 d Abs. 1 Satz 1 BEEG).
Vor dem 15. Lebensmonat wird Betreuungsgeld nur gewährt, wenn die Eltern die Monatsbeträge des Elterngeldes, die ihnen für ihr Kind nach § 4 Absatz 2 und 3 BEEG (siehe Rn. 22 ff.) zustehen, bereits bezogen haben (§ 4 d Abs. 1 Satz 2 BEEG).
Für jedes Kind wird höchstens für **22 Lebensmonate** Betreuungsgeld gezahlt (§ 4 d Abs. 1 Satz 3 BEEG).
Für **angenommene Kinder** und Kinder im Sinne des § 1 Abs. 3 Satz 1 Nr. 1 BEEG (= ein mit dem Ziel der Adoption aufgenommenes Kind) kann Betreuungsgeld ab dem ersten Tag des 15. Monats nach Aufnahme bei der berechtigten Person längstens bis zur Vollendung des dritten Lebensjahres des Kindes bezogen werden (§ 4 d Abs. 2 BEEG).
Für einen Lebensmonat eines Kindes kann nur ein Elternteil Betreuungsgeld beziehen (§ 4 d Abs. 3 Satz 1 BEEG). Lebensmonate des Kindes, in denen einem Elternteil nach § 4 c BEEG anzurechnende Leistungen zustehen, gelten als Monate, für die dieser Elternteil Betreuungsgeld bezieht (§ 4 d Abs. 3 Satz 2 BEEG).
Der Anspruch **endet** mit dem Ablauf des Monats, in dem eine Anspruchsvoraussetzung entfallen ist (§ 4 d Abs. 4 BEEG).
Das BVerfG hat mit Urteil v. 21. 7. 2015 – 1 BvF 2/13 entschieden:

26b   »§§ 4 a bis 4 d Bundeselterngeld- und Elternzeitgesetz in der Fassung des Gesetzes zur Einführung eines Betreuungsgeldes (Betreuungsgeldgesetz) vom 15. Februar 2013 (Bundesgesetzblatt I Seite 254) sind mit Artikel 72 Absatz 2 des Grundgesetzes unvereinbar und nichtig. Nach Ansicht des BVerfG besitzt der Bund für die Einführung eines Betreuungsgeldes nicht die erforderliche Gesetzgebungskompetenz. Zwar könnten die angegriffenen Regelungen der öffentlichen Fürsorge nach Art. 74 Abs. 1 Nr. 7 GG zugeordnet werden, auf die sich die konkurrierende Gesetzgebung erstreckt. Die in Art. 72 Abs. 2 GG genannten Voraussetzungen für die Inanspruchnahme dieser Kompetenz durch den Bund lägen jedoch nicht vor.«

Elterngeld/Elternzeit

Zusammentreffen von Ansprüchen (§ 5 BEEG)

Erfüllen beide Elternteile die Anspruchsvoraussetzungen für Elterngeld und Betreuungsgeld, bestimmen sie, wer von ihnen **welche Monatsbeträge** der jeweiligen Leistung in Anspruch nimmt (§ 5 Abs. 1 BEEG). 27

Beanspruchen beide Elternteile zusammen mehr als die ihnen nach § 4 Absatz 4 BEEG oder nach § 4 Absatz 4 in Verbindung mit § 4 Absatz 7 BEEG zustehenden Monatsbeträge Elterngeld oder mehr als die ihnen zustehenden 22 Monatsbeträge Betreuungsgeld, besteht der Anspruch eines Elternteils, der nicht über die Hälfte der Monatsbeträge hinausgeht, **ungekürzt**; der Anspruch des anderen Elternteils wird **gekürzt** auf die verbleibenden Monatsbeträge (§ 5 Abs. 2 Satz 1 BEEG). 28

Beanspruchen beide Elternteile mehr als die Hälfte der Monatsbeträge Elterngeld oder Betreuungsgeld, steht ihnen jeweils die Hälfte der Monatsbeträge der jeweiligen Leistung zu (§ 5 Abs. 2 Satz 2 BEEG).

§ 5 Absätze 1 und 2 BEEG gelten in den Fällen des § 1 Abs. 3 und 4 BEEG (siehe Rn. 27 und 28) oder des § 4a Absatz 1 Nummer 1 in Verbindung mit § 1 Absatz 3 und 4 BEEG entsprechend (§ 5 Abs. 3 Satz 1 BEEG). 29

Wird eine Einigung mit einem nicht sorgeberechtigten Elternteil oder einer Person, die nach § 1 Abs. 3 Nr. 2 und 3 BEEG Elterngeld oder nach § 4a Absatz 1 Nummer 1 in Verbindung mit § 1 Absatz 3 Satz 1 Nummer 2 und 3 BEEG Betreuungsgeld beziehen kann, nicht erzielt, kommt es allein auf die Entscheidung des **sorgeberechtigten Elternteils** an (§ 5 Abs. 3 Satz 2 BEEG).

Auszahlung (§ 6 BEEG)

Elterngeld und Betreuungsgeld werden im Laufe des Monats gezahlt, für den sie bestimmt sind. 30

Antragstellung (§ 7 BEEG)

Elterngeld oder Betreuungsgeld ist **schriftlich zu beantragen** (§ 7 Abs. 1 Satz 1 BEEG). 31

Sie werden **rückwirkend** nur für die letzten drei Monate vor Beginn des Monats geleistet, in dem der Antrag auf die jeweilige Leistung eingegangen ist (§ 7 Abs. 1 Satz 2 BEEG).

In dem Antrag auf Elterngeld oder Betreuungsgeld ist anzugeben, **für welche Monate** Elterngeld im Sinne des § 4 Absatz 2 Satz 2 BEEG, für welche Monate Elterngeld Plus oder für welche Monate Betreuungsgeld beantragt wird (§ 7 Abs. 1 Satz 3 BEEG).

Die im Antrag getroffenen Entscheidungen können bis zum Ende des Bezugszeitraums **geändert** werden (§ 7 Abs. 2 Satz 1 BEEG).

Eine Änderung kann rückwirkend nur für die letzten drei Monate vor Beginn des Monats verlangt werden, in dem der Änderungsantrag eingegangen ist (§ 7 Abs. 2 Satz 2 BEEG).

Sie ist außer in den Fällen besonderer Härte unzulässig, soweit Monatsbeträge bereits ausgezahlt sind (§ 7 Abs. 2 Satz 3 BEEG).

Abweichend von § 7 Abs. 2 Sätze 2 und 3 BEEG kann für einen Monat, in dem bereits Elterngeld Plus bezogen wurde, nachträglich Elterngeld nach § 4 Absatz 2 Satz 2 BEEG beantragt werden (§ 7 Abs. 2 Satz 4 BEEG).

Im Übrigen finden die für die Antragstellung geltenden Vorschriften auch auf den Änderungsantrag Anwendung (§ 7 Abs. 2 Satz 5 BEEG).

Nach § 7 Abs. 3 Satz 1 BEEG ist der Antrag außer in den Fällen des § 4 Absatz 6 BEEG und der Antragstellung durch eine allein sorgeberechtigte Person von der Person, die ihn stellt, und zur Bestätigung der Kenntnisnahme auch von der anderen berechtigten Person zu unterschreiben.

Elterngeld/Elternzeit

Die andere berechtigte Person kann gleichzeitig einen Antrag auf das von ihr beanspruchte Elterngeld oder Betreuungsgeld stellen oder der Behörde anzeigen, wie viele Monatsbeträge sie für die jeweilige Leistung beansprucht, wenn mit ihrem Anspruch die Höchstgrenzen nach § 4 Absatz 4 überschritten würden (§ 7 Abs. 3 Satz 2 BEEG).
Liegt der Behörde weder ein Antrag auf Elterngeld oder Betreuungsgeld noch eine Anzeige der anderen berechtigten Person nach § 7 Abs. 3 Satz 2 BEEG vor, erhält der Antragsteller oder die Antragstellerin die Monatsbeträge der jeweiligen Leistung ausgezahlt; die andere berechtigte Person kann bei einem späteren Antrag abweichend von § 5 Absatz 2 BEEG nur die unter Berücksichtigung von § 4 Absatz 4 BEEG oder § 4 d Absatz 1 Satz 3 BEEG verbleibenden Monatsbeträge der jeweiligen Leistung erhalten (§ 7 Abs. 3 Satz 3 BEEG).

Auskunftspflicht, Nebenbestimmungen (§ 8 BEEG)

32 Soweit im Antrag auf Elterngeld Angaben zum voraussichtlichen Einkommen aus Erwerbstätigkeit gemacht wurden, sind nach Ablauf des Bezugszeitraums für diese Zeit das **tatsächliche Einkommen** aus Erwerbstätigkeit und die **Arbeitszeit nachzuweisen** (§ 8 Abs. 1 BEEG). Elterngeld wird in den Fällen, in denen die berechtigte Person nach ihren Angaben im Antrag im Bezugszeitraum voraussichtlich kein Einkommen aus Erwerbstätigkeit haben wird, unter dem **Vorbehalt des Widerrufs** für den Fall gezahlt, dass sie entgegen ihren Angaben im Antrag Einkommen aus Erwerbstätigkeit hat (§ 8 Abs. 2 Satz 1 BEEG).
Weitere Fälle der vorläufigen Zahlung von Elterngeld und Betreuungsgeld regeln § 8 Abs. 2 Satz 3 und Abs. 3 BEEG.

Einkommens- und Arbeitszeitnachweis, Auskunftspflicht des Arbeitgebers (§ 9 BEEG)

33 Soweit es zum Nachweis des Einkommens aus Erwerbstätigkeit oder der wöchentlichen Arbeitszeit erforderlich ist, hat der **Arbeitgeber** der nach § 12 BEEG zuständigen Behörde für bei ihm Beschäftigte das Arbeitsentgelt, die für die Ermittlung der nach den §§ 2 e und 2 f BEEG erforderlichen Abzugsmerkmale für Steuern und Sozialabgaben sowie die Arbeitszeit **auf Verlangen zu bescheinigen**; das Gleiche gilt für ehemalige Arbeitgeber (§ 9 Satz 1 BEEG).
Für die in → Heimarbeit Beschäftigten und die ihnen Gleichgestellten (§ 1 Abs. 1 und 2 des Heimarbeitsgesetzes) tritt an die Stelle des Arbeitgebers der Auftraggeber oder Zwischenmeister (§ 9 Satz 2 BEEG).

Verhältnis zu anderen Sozialleistungen (§ 10 BEEG)

34 § 10 BEEG regelt das Verhältnis des Elterngeldes zu anderen Sozialleistungen (z. B. → **Arbeitslosengeld II** oder → **Sozialhilfe**).
Das Elterngeld und vergleichbare Leistungen der Länder sowie die nach § 3 BEEG auf das Elterngeld angerechneten Einnahmen
- bleiben bei Sozialleistungen, deren Zahlung von anderen Einkommen abhängig ist, bis zu einer Höhe von insgesamt 300 Euro im Monat als Einkommen unberücksichtigt (§ 10 Abs. 1 BEEG).
- dürfen bis zu einer Höhe von 300 Euro nicht dafür herangezogen werden, um auf Rechtsvorschriften beruhende Leistungen anderer, auf die kein Anspruch besteht, zu versagen (§ 10 Abs. 2 BEEG).

Elterngeld/Elternzeit

Unterhaltspflichten (§ 11 BEEG)

Unterhaltsverpflichtungen werden durch die Zahlung des Elterngelds, des Betreuungsgeldes und jeweils vergleichbarer Leistungen der Länder nur insoweit berührt, als die Zahlung 300 Euro monatlich übersteigt (§ 11 Satz 1 BEEG). Soweit die berechtigte Person Elterngeld Plus bezieht, werden die Unterhaltspflichten insoweit berührt, als die Zahlung 150 Euro übersteigt (§ 11 Satz 2 BEEG). Die in § 11 Sätze 1 und 2 BEEG genannten Beträge vervielfachen sich bei Mehrlingsgeburten mit der Zahl der geborenen Kinder (§ 11 Satz 3 BEEG). 35

Rechtsweg bei Streitigkeiten (§ 13 BEEG)

Die Vorschrift legt fest, dass bei Streitigkeiten über das Elterngeld das **Sozialgericht** zuständig ist. Widerspruch und Anfechtungsklage haben keine aufschiebende Wirkung. 36

Bußgeldvorschriften (§ 14 BEEG)

Durch § 14 BEEG werden Ordnungswidrigkeiten geregelt, die mit einer Geldbuße bis zu 2000 Euro geahndet werden können (§ 14 Abs. 1 und 2 BEEG). 37

Elternzeit (§§ 15 bis 21 BEEG)

Elternzeit (früher Erziehungsurlaub) ist die **unbezahlte Freistellung** einer Arbeitnehmerin oder eines Arbeitnehmers zum Zwecke der Betreuung eines Kindes. 38
Das Arbeitsverhältnis ruht während der Elternzeit. 39
Eltern erhalten auf Antrag vom Staat **Elterngeld** (für ab dem 1.1.2007 geborene Kinder; siehe 4 ff.). 40

Anspruch auf Elternzeit (§ 15 BEEG)

Arbeitnehmerinnen und Arbeitnehmer haben Anspruch auf Elternzeit, wenn sie 41
1. a) mit ihrem Kind,
   b) mit einem Kind, für das sie die Anspruchsvoraussetzungen nach § 1 Abs. 3 oder 4 BEEG (siehe Rn. 6, 7) erfüllen, oder
   c) mit einem Kind, das sie in Vollzeitpflege nach § 33 SGB VIII aufgenommen haben, in einem Haushalt leben und
2. dieses Kind selbst betreuen und erziehen.

Nicht sorgeberechtigte Elternteile und Personen, die nach § 15 Satz 1 Nr. 1 Buchstabe b und c BEEG Elternzeit nehmen können, bedürfen der Zustimmung des sorgeberechtigten Elternteils (§ 15 Abs. 1 Satz 2 BEEG). 42

Anspruch auf Elternzeit haben Arbeitnehmerinnen und Arbeitnehmer auch, wenn sie mit ihrem **Enkelkind** in einem Haushalt leben und dieses Kind selbst betreuen und erziehen und 42a
1. ein Elternteil des Kindes minderjährig ist oder
2. ein Elternteil des Kindes sich in einer Ausbildung befindet, die vor Vollendung des 18. Lebensjahres begonnen wurde und die Arbeitskraft des Elternteils im Allgemeinen voll in Anspruch nimmt (§ 15 Abs. 1 a Satz 1 BEEG).
Der Anspruch besteht nur für Zeiten, in denen keiner der Elternteile des Kindes selbst Elternzeit beansprucht (§ 15 Abs. 1 a Satz 1 BEEG).
Der Anspruch auf Elternzeit besteht **bis zur Vollendung des dritten Lebensjahres** eines Kindes (§ 15 Abs. 2 Satz 1 BEEG). 43
Ein **Anteil von bis zu 24 Monaten** kann zwischen dem dritten Geburtstag und dem vollen-

Elterngeld/Elternzeit

deten achten Lebensjahr des Kindes in Anspruch genommen werden (§ 15 Abs. 2 Satz 2 BEEG).
Die Zeit der **Mutterschutzfrist** nach § 6 Abs. 1 MuSchG (acht bzw. 12 Wochen nach der Geburt) wird angerechnet (§ 15 Abs. 2 Satz 3 BEEG).
Bei einem **angenommenen Kind** und bei einem **Kind in Vollzeit- oder Adoptionspflege** kann Elternzeit von insgesamt bis zu drei Jahren ab Aufnahme bei der berechtigten Person, längstens bis zur Vollendung des achten Lebensjahres des Kindes genommen werden (§ 15 Abs. 2 Satz 4 BEEG; eine zeitliche Aufteilung entsprechend § 15 Abs. 2 Sätze 2 und 4 BEEG ist möglich).

44 Der Anspruch auf Elternzeit kann nicht durch Vertrag ausgeschlossen oder beschränkt werden (§ 15 Abs. 2 Satz 5 BEEG).

45 Die Elternzeit kann – auch **anteilig** – von jedem Elternteil allein oder von beiden Elternteilen gemeinsam genommen werden (§ 15 Abs. 3 Satz 1 BEEG).
Diese Regelung gilt entsprechend für Adoptiveltern und Adoptivpflegeeltern (§ 15 Abs. 3 Satz 2 BEEG).

Elternteilzeitarbeit (= Tätigkeit während der Elternzeit; § 15 Abs. 4 BEEG)

46 Arbeitnehmer können während der Elternzeit eine **Erwerbstätigkeit bis zu 30 Wochenstunden** im Durchschnitt des Monats ausüben (§ 15 Abs. 4 Satz 1 BEEG); und zwar sowohl bei dem bisherigen Arbeitgeber als auch bei einem anderen Arbeitgeber oder als Selbständiger (§ 15 Abs. 4 Satz 3 BEEG).
Die Tätigkeit bei einem anderen Arbeitgeber oder als Selbständiger bedarf der **Zustimmung** des Arbeitgebers (§ 15 Abs. 4 Satz 3 BEEG). Dieser kann sie nur innerhalb von **vier Wochen** nach Antragstellung aus dringenden betrieblichen Gründen schriftlich ablehnen (§ 15 Abs. 4 Satz 4 BEEG).
Erfolgt keine frist- und formgerechte Ablehnung, entfällt das Zustimmungserfordernis (BAG v. 26. 6. 1997 – 8 AZR 506/95, DB 1997, 2128).
Der Arbeitnehmer kann dann die Teilzeittätigkeit bei dem anderen Arbeitgeber bzw. als Selbstständiger aufnehmen.
Verweigert der Arbeitgeber die Zustimmung, muss der Arbeitnehmer das → **Arbeitsgericht** anrufen. Unter Umständen ist der Erlass einer **einstweiligen Verfügung** möglich.

47 Soll die Elternteilzeitarbeit beim bisherigen Arbeitgeber stattfinden, kann der Arbeitnehmer **Verringerung** der Arbeitszeit nach § 15 Abs. 5 bis Abs. 7 BEEG beantragen (siehe Rn. 48 ff.).

Antrag auf Verringerung der Arbeitszeit und der Ausgestaltung (§ 15 Abs. 5 bis 7 BEEG)

48 Der Arbeitnehmer kann eine Verringerung der Arbeitszeit und ihre Verteilung beantragen.
Ein solcher Antrag ist auch dann zulässig, wenn zunächst nur die **völlige Freistellung** von der vertraglichen Arbeit (Elternzeit) in Anspruch genommen und keine Verringerung der Arbeitszeit beantragt worden war (BAG v. 19. 4. 2005 – 9 AZR 233/04, NZA 2005, 1354).
Über den Antrag sollen sich beide Seiten innerhalb von **vier Wochen** einigen (§ 15 Abs. 5 Satz 1 und 2 BEEG).
Der Antrag kann mit der schriftlichen Mitteilung nach § 15 Abs. 7 Satz 1 Nr. 5 BEEG über den Anspruch auf Elternzeit (sieben Wochen vor Beginn der Tätigkeit) **verbunden** werden (§ 15 Abs. 5 Satz 3 BEEG).

49 Nach § 15 Abs. 5 Satz 4 BEEG bleibt das Recht des Arbeitnehmers unberührt,
  • sowohl seine vor der Elternzeit bestehende → **Teilzeitarbeit** (bis zu 30 Stunden) unverändert während der Elternzeit fortzusetzen
  • als auch nach der Elternzeit zu der Arbeitszeit zurückzukehren, die er vor Beginn der

Elterngeld/Elternzeit

Elternzeit hatte.

Der Arbeitnehmer kann gegenüber dem Arbeitgeber, soweit eine Einigung nach § 15 Abs. 5 BEEG nicht möglich ist, unter den Voraussetzungen des § 15 Abs. 7 BEEG während der Gesamtdauer der Elternzeit **zweimal** eine Verringerung seiner Arbeitszeit beanspruchen (§ 15 Abs. 6 BEEG).   50

Für den Anspruch auf Verringerung der Arbeitszeit gelten nach § 15 Abs. 7 BEEG folgende **Voraussetzungen:**   51
- Der Arbeitgeber beschäftigt, unabhängig von der Anzahl der Personen in Berufsbildung, in der Regel mehr als 15 Arbeitnehmer.
- Das Arbeitsverhältnis des Arbeitnehmers in demselben Betrieb oder Unternehmen besteht ohne Unterbrechung länger als sechs Monate.
- Die vertraglich vereinbarte regelmäßige Arbeitszeit soll für mindestens zwei Monate auf einen Umfang von nicht weniger als 15 und nicht mehr als 30 Wochenstunden verringert werden.
- Dem Anspruch stehen keine dringenden betrieblichen Gründe entgegen.
- Der Anspruch wurde dem Arbeitgeber
  - für den Zeitraum bis zum vollendeten dritten Lebensjahr des Kindes **sieben Wochen** und
  - für den Zeitraum zwischen dem dritten Geburtstag und dem vollendeten achten Lebensjahr des Kindes **13 Wochen**

  vor Beginn der Teilzeittätigkeit schriftlich mitgeteilt.

Antragsverfahren (§ 15 Abs. 7 Satz 2 bis 5 BEEG)

Der Antrag auf Elternzeit muss den **Beginn** und **Umfang** der verringerten Arbeitszeit enthalten. Die gewünschte **Verteilung** der verringerten Arbeitszeit soll im Antrag angegeben werden. Falls der Arbeitgeber die beanspruchte Verringerung oder Verteilung der Arbeitszeit ablehnen will, muss er dies innerhalb von **vier Wochen** mit schriftlicher Begründung tun.   52

Hat ein Arbeitgeber die Verringerung der Arbeitszeit
- in einer Elternzeit zwischen der Geburt und dem vollendeten dritten Lebensjahr des Kindes nicht spätestens vier Wochen nach Zugang des Antrags oder
- in einer Elternzeit zwischen dem dritten Geburtstag und dem vollendeten achten Lebensjahr des Kindes nicht spätestens acht Wochen nach Zugang des Antrags

schriftlich abgelehnt, gilt die Zustimmung als erteilt und die **Verringerung** der Arbeitszeit entsprechend den Wünschen der Arbeitnehmerin oder des Arbeitnehmers als festgelegt.

Haben Arbeitgeber und Arbeitnehmerin oder Arbeitnehmer über die **Verteilung** der Arbeitszeit kein Einvernehmen nach § 15 Abs. 5 Satz 2 BEEG erzielt und hat der Arbeitgeber nicht innerhalb der in § 15 Abs. 5 Satz 5 BEEG genannten Fristen die gewünschte Verteilung schriftlich abgelehnt, gilt die Verteilung der Arbeitszeit entsprechend den Wünschen der Arbeitnehmerin oder des Arbeitnehmers als festgelegt.

Soweit der Arbeitgeber den Antrag auf Verringerung oder Verteilung der Arbeitszeit rechtzeitig ablehnt, kann die Arbeitnehmerin oder der Arbeitnehmer **Klage** vor dem → **Arbeitsgericht** erheben.

Unter Umständen ist auch ein Antrag auf Erlass einer **einstweiligen Verfügung** möglich.

Inanspruchnahme der Elternzeit (§ 16 BEEG)

Wer Elternzeit beanspruchen will, muss sie   53
- für den Zeitraum bis zum vollendeten dritten Lebensjahr des Kindes spätestens sieben Wochen und

Elterngeld/Elternzeit

- für den Zeitraum zwischen dem dritten Geburtstag und dem vollendeten achten Lebensjahr des Kindes spätestens 13 Wochen

vor Beginn der Elternzeit schriftlich vom Arbeitgeber verlangen (§ 16 Abs. 1 Satz 1 BEEG).

54 **Hinweis:**
Der **Kündigungsschutz** nach § 18 Abs. 1 Satz 1 BEEG beginnt ab dem Zeitpunkt, von dem an Elternteilzeit verlangt worden ist, frühestens jedoch **acht Wochen** vor Beginn einer Elternzeit bis zum vollendeten dritten Lebensjahr des Kindes und frühestens 14 Wochen vor Beginn einer Elternzeit zwischen dem dritten Geburtstag und dem vollendeten achten Lebensjahr des Kindes (siehe Rn. 71 ff.).

55 Verlangt die Arbeitnehmerin oder der Arbeitnehmer Elternzeit nach § 16 Abs. 1 Satz 1 Nummer 1 BEEG, muss sie oder er gleichzeitig erklären, für **welche Zeiten** innerhalb von zwei Jahren Elternzeit genommen werden soll (§ 16 Abs. 1 Satz 2 BEEG).
Bei dringenden Gründen ist ausnahmsweise auch eine angemessene **kürzere Frist** möglich (§ 16 Abs. 1 Satz 3 BEEG).

56 Nimmt die Mutter die Elternzeit im Anschluss an die **Mutterschutzfrist**, wird die Zeit der Mutterschutzfrist nach § 6 Abs. 1 MuSchG auf den Zweijahreszeitraum nach § 16 Abs. 1 Satz 2 BEEG angerechnet (§ 16 Abs. 1 Satz 4 BEEG).

57 Nimmt die Mutter die Elternzeit im Anschluss an einen auf die Mutterschutzfrist folgenden **Erholungsurlaub**, werden die Zeit der Mutterschutzfrist nach § 6 Abs. 1 MuSchG und die Zeit des Erholungsurlaubs auf den Zweijahreszeitraum nach § 16 Abs. 1 Satz 2 BEEG angerechnet (§ 16 Abs. 1 Satz 5 BEEG).

58 Jeder Elternteil kann seine Elternzeit auf **drei Zeitabschnitte** verteilen; eine Verteilung auf weitere Zeitabschnitte ist nur mit der Zustimmung des Arbeitgebers möglich. Der Arbeitgeber kann die Inanspruchnahme eines dritten Abschnitts einer Elternzeit innerhalb von acht Wochen nach Zugang des Antrags aus dringenden betrieblichen Gründen ablehnen, wenn dieser Abschnitt im Zeitraum zwischen dem dritten Geburtstag und dem vollendeten achten Lebensjahr des Kindes liegen soll (§ 16 Abs. 1 Satz 6 und 7 BEEG).

59 Der Arbeitgeber hat dem Arbeitnehmer die Elternzeit zu **bescheinigen** (§ 16 Abs. 1 Satz 8 BEEG). Bei einem Arbeitgeberwechsel ist bei der Anmeldung der Elternzeit auf Verlangen des neuen Arbeitgebers eine Bescheinigung des früheren Arbeitgebers über bereits genommene Elternzeit durch die Arbeitnehmerin oder den Arbeitnehmer vorzulegen (§ 16 Abs. 1 Satz 9 BEEG).

60 Können Arbeitnehmerinnen aus einem von ihnen nicht zu vertretenden Grund eine sich unmittelbar an die Mutterschutzfrist des § 6 Abs. 1 MuSchG anschließende Elternzeit nicht rechtzeitig verlangen, können sie dies innerhalb einer Woche nach Wegfall des Grundes **nachholen** (§ 16 Abs. 2 BEEG).

61 Die Elternzeit kann **vorzeitig beendet** oder im Rahmen des § 15 Abs. 2 BEEG verlängert werden, wenn der Arbeitgeber **zustimmt** (§ 16 Abs. 3 Satz 1 BEEG).

62 Die vorzeitige Beendigung der Elternzeit wegen der **Geburt eines weiteren Kindes** oder in **Fällen besonderer Härte**, insbesondere bei Eintritt einer schweren Krankheit, Schwerbehinderung oder Tod eines Elternteils oder eines Kindes der berechtigten Person oder bei erheblich gefährdeter wirtschaftlicher Existenz der Eltern nach Inanspruchnahme der Elternzeit, kann der Arbeitgeber unbeschadet von § 16 Abs. 3 Satz 3 BEEG nur innerhalb von **vier Wochen** aus dringenden betrieblichen Gründen schriftlich ablehnen (§ 16 Abs. 3 Satz 2 BEEG).

63 Die Elternzeit kann zur Inanspruchnahme der Schutzfristen des § 3 Abs. 2 und des § 6 Abs. 1 MSchG (siehe → **Mutterschutz** Rn. 6 und 11) auch ohne Zustimmung des Arbeitgebers vorzeitig beendet werden; in diesen Fällen soll die Arbeitnehmerin dem Arbeitgeber die Beendigung der Elternzeit rechtzeitig mitteilen (§ 16 Abs. 3 Satz 3 BEEG).

Eine **Verlängerung** der Elternzeit kann verlangt werden, wenn ein vorgesehener Wechsel der 64
Anspruchsberechtigten aus einem wichtigen Grund nicht erfolgen kann (§ 16 Abs. 3 Satz 4
BEEG).
Stirbt das Kind während der Elternzeit, endet diese spätestens drei Wochen nach dem Tod des 65
Kindes (§ 16 Abs. 4 BEEG).
Eine **Änderung** in der Anspruchsberechtigung hat der Arbeitnehmer dem Arbeitgeber unver- 66
züglich mitzuteilen (§ 16 Abs. 5 BEEG).

Urlaub (§ 17 BEEG)

Der Arbeitgeber kann den Erholungsurlaub, der dem Arbeitnehmer für das Urlaubsjahr aus 67
dem Arbeitsverhältnis zusteht, für jeden vollen Kalendermonat, für den der Arbeitnehmer
Elternzeit nimmt, **um ein Zwölftel kürzen** (§ 17 Abs. 1 BEEG).
Das gilt nicht, wenn der Arbeitnehmer während der Elternzeit bei seinem Arbeitgeber **Teilzeitarbeit** leistet (siehe Rn. 46).
Der Arbeitgeber ist nicht verpflichtet, dem Arbeitnehmer **vor Antritt** des Erziehungsurlaubs
mitzuteilen, dass er den Erholungsurlaub anteilig kürzen will (BAG v. 28. 7. 1992 – 9 AZR
340/91, AuR 1993, 61).
Hat der Arbeitnehmer den ihm zustehenden Urlaub vor dem Beginn der Elternzeit nicht oder 68
nicht vollständig erhalten, so hat der Arbeitgeber den **Resturlaub** nach der Elternzeit im
laufenden oder im nächsten Urlaubsjahr zu gewähren (§ 17 Abs. 2 BEEG).
Der so übertragene Urlaub **verfällt** nach Ansicht des BAG auch dann mit Ablauf des nächsten
Urlaubsjahres, wenn der Urlaub wegen der Inanspruchnahme eines zweiten Erziehungsurlaubs nicht genommen werden konnte (BAG v. 21. 10. 1997 – 9 AZR 267/96, AiB 1998, 350).
Endet das Arbeitsverhältnis während der Elternzeit oder setzt der Arbeitnehmer im Anschluss 69
an die Elternzeit das Arbeitsverhältnis nicht fort, so hat der Arbeitgeber den noch nicht
gewährten **Urlaub abzugelten** (§ 17 Abs. 3 BEEG).
Hat der Arbeitnehmer vor dem Beginn der Elternzeit **mehr Urlaub erhalten**, als ihm nach § 17 70
Abs. 1 BEEG zusteht, so kann der Arbeitgeber den Urlaub, der dem Arbeitnehmer nach dem
Ende der Elternzeit zusteht, um die zu viel gewährten Urlaubstage kürzen (§ 17 Abs. 4 BEEG).

Kündigungsschutz (§ 18 BEEG)

Der Arbeitgeber darf das Arbeitsverhältnis ab dem Zeitpunkt, von dem an Elternzeit **verlangt** 71
worden ist, nicht kündigen (§ 18 Abs. 1 Satz 1 BEEG).
Der Kündigungsschutz **beginnt**
- frühestens acht Wochen vor Beginn einer Elternzeit bis zum vollendeten dritten Lebensjahr
  des Kindes und
- frühestens 14 Wochen vor Beginn einer Elternzeit zwischen dem dritten Geburtstag und
  dem vollendeten achten Lebensjahr des Kindes (§ 18 Abs. 1 Satz 2 BEEG; siehe → **Kündigungsschutz [besonderer]**).
Verlangt der Arbeitnehmer vom Arbeitgeber Elternzeit, so greift der Kündigungsschutz nach 72
§ 18 Abs. 1 Satz 1 BEEG schon dann sofort ein, wenn das **Verlangen** acht Wochen vor Beginn
der Elternzeit oder während der Acht-Wochen-Frist erfolgt (BAG v. 17. 2. 1994 – 2 AZR
616/93, NZA 1994, 656). Entsprechendes dürfte für die 14-Wochen-Frist gelten.
Erfolgt das Verlangen **früher** als acht Wochen vor Beginn der Elternzeit, so ist der Kündigungsschutz nach § 18 Abs. 1 Satz 1 BEEG nicht bereits mit dem Verlangen gegeben, sondern setzt
erst ab dem Acht-Wochen-Zeitpunkt vor Beginn der Elternzeit ein. Entsprechendes dürfte für
die 14-Wochen-Frist gelten.

Elterngeld/Elternzeit

73 Während der Elternzeit darf der Arbeitgeber das Arbeitsverhältnis nicht kündigen (§ 18 Abs. 1 Satz 3 BEEG).
In besonderen Fällen kann ausnahmsweise eine Kündigung für **zulässig erklärt** werden (§ 18 Abs. 1 Satz 4 BEEG).
Die **Zulässigkeitserklärung** erfolgt durch die für den Arbeitsschutz zuständige oberste Landesbehörde oder die von ihr bestimmte Stelle (§ 18 Abs. 1 Satz 5 BEEG).
Die Bundesregierung hat hierzu mit Zustimmung des Bundesrates »Allgemeine Verwaltungsvorschriften« zum Kündigungsschutz bei Elternzeit« erlassen (§ 18 Abs. 1 Satz 6 BEEG).

74 Mit **Bekanntgabe** der Zulässigerklärung an den Arbeitnehmer beginnt nach § 4 Satz 4 KSchG die gemäß § 4 Satz 1 KSchG einzuhaltende **dreiwöchige Frist** zur Erhebung der Kündigungsschutzklage (siehe → **Kündigungsschutz**). Die Vorschrift lautet: »*Soweit die Kündigung der Zustimmung einer Behörde bedarf, läuft die Frist zur Anrufung des Arbeitsgerichts erst von der Bekanntgabe der Entscheidung der Behörde an den Arbeitnehmer ab.*«
Das heißt: Wenn die schriftliche Kündigung dem Arbeitnehmer **vor Bekanntgabe** der Zulässigerklärung zugegangen ist (erst Kündigung – dann Bekanntgabe), beginnt die Klagefrist des § 4 Satz 1 KSchG erst mit Bekanntgabe der Zulässigerklärung an den Arbeitnehmer.

75 Geht umgekehrt die Zulässigerklärung der Behörde dem Arbeitnehmer **vor Ausspruch der Kündigung** zu (erst Bekanntgabe – dann Kündigung), beginnt die Klagefrist erst mit Zugang der schriftlichen Kündigung.

75a Eine diesem gegenüber ausgesprochene Kündigung ohne Bekanntgabe einer Zulässigkeitserklärung der Behörde an den Arbeitnehmer setzt den Lauf der Dreiwochenfrist wegen § 4 Satz 4 KSchG nicht in Gang. Der Arbeitnehmer kann deshalb ohne die Begrenzung durch die Dreiwochenfrist das Fehlen einer Zulässigerklärung nach § 18 Abs. 1 Satz 4 BEEG – bis zur Grenze der → **Verwirkung** – jederzeit geltend machen, wenn ihm die diesbezügliche Entscheidung der zuständigen Behörde – welchen Inhalts auch immer – nicht bekanntgegeben worden ist (BAG v. 3.7.2003 – 2 AZR 487/02; ebenso BAG v. 13.2.2008 – 2 AZR 864/06 zur Kündigung eines Schwerbehinderten; vgl. auch Kittner/Däubler/Zwanziger, KSchR, 9. Aufl., § 4 Rn. 20).

76 Kündigungsschutz in vorstehendem Sinn besteht auch, wenn Beschäftigte
- während der Elternzeit bei demselben Arbeitgeber Teilzeitarbeit leisten (siehe Rn. 46) oder,
- ohne Elternzeit in Anspruch zu nehmen, Teilzeitarbeit leisten und Anspruch auf Elterngeld (siehe Rn. 4 ff.) während des Zeitraums nach § 4 Abs. 1 Sätze 1 und 3 BEEG haben.

77 Das Kündigungsverbot des § 18 Abs. 1 BEEG bezieht sich auf **jede Art von Kündigung**, auf die ordentliche (fristgerechte) sowie die außerordentliche (fristlose) Kündigung; es ist auch unerheblich, aus welchem Grund der Arbeitgeber das Arbeitsverhältnis beenden will (BAG v. 17.2.1994 – 2 AZR 616/93, NZA 1994, 656).
Auch eine → **Änderungskündigung** wird erfasst.

78 Die Kündigung ist auch dann – mangels Genehmigung der für den Arbeitsschutz zuständigen Behörde – gemäß § 18 BEEG, § 134 BGB nichtig, wenn die oder der Elternzeitberechtigte **in einem zweiten Arbeitsverhältnis** den Rest der beim früheren Arbeitgeber noch nicht vollständig genommenen Elternzeit gemäß §§ 15, 16 BEEG geltend gemacht hat (BAG v. 11.3.1999 – 2 AZR 19/98, NZA 1999, 1047).

79 Die Kündigungsverbote nach § 9 Abs. 1 MuSchG (bis vier Monate nach der Entbindung) und § 18 BEEG bestehen nebeneinander, so dass der Arbeitgeber bei Vorliegen von **Mutterschaft** und zusätzlich **Elternzeit** für eine Kündigung der Zulässigkeitserklärung der Arbeitsschutzbehörde nach beiden Vorschriften bedarf (BAG v. 31.3.1993 – 2 AZR 595/92, AuA 1994, 28).
Will der Arbeitgeber im **Überlappungszeitraum** kündigen, benötigt er also zwei Zulässigkeitserklärungen der zuständigen Behörde (§ 9 Abs. 3 MuSchG und § 18 Abs. 1 Satz 2 BEEG).
Fehlt bei Ausspruch der Kündigung eine der beiden Erklärungen, ist die Kündigung nichtig.

Kündigung zum Ende der Elternzeit (§ 19 BEEG)

Der Arbeitnehmer/die Arbeitnehmerin können das Arbeitsverhältnis zum Ende der Elternzeit nur unter Einhaltung einer Kündigungsfrist von drei Monaten kündigen (§ 19 BEEG). 80

Zur Berufsbildung Beschäftigte (§ 20 Abs. 1 BEEG)

Die zu ihrer Berufsbildung Beschäftigten gelten als Arbeitnehmer im Sinne dieses Gesetzes. Die Elternzeit wird auf Berufsbildungszeiten nicht angerechnet. 81

Heimarbeiter (§ 20 Abs. 2 BEEG)

Anspruch auf Elternzeit haben auch die in → **Heimarbeit** Beschäftigten und die ihnen Gleichgestellten (§ 1 Abs. 1 und 2 des Heimarbeitsgesetzes), soweit sie am Stück mitarbeiten. Für sie tritt an die Stelle des Arbeitgebers der Auftraggeber oder Zwischenmeister und an die Stelle des Arbeitsverhältnisses das Beschäftigungsverhältnis. 82

Befristete Arbeitsverträge (§ 21 BEEG)

Ein **sachlicher Grund**, der die Befristung eines Arbeitsverhältnisses rechtfertigt, liegt vor, wenn ein Arbeitnehmer zur Vertretung eines anderen Arbeitnehmers für die Dauer eines Beschäftigungsverbotes nach dem Mutterschutzgesetz, einer Elternzeit, einer auf Tarifvertrag, Betriebsvereinbarung oder einzelvertraglicher Vereinbarung beruhenden Arbeitsfreistellung zur Betreuung eines Kindes oder für diese Zeiten zusammen oder für Teile davon eingestellt wird (§ 21 Abs. 1 BEEG). 83
Über die Dauer der Vertretung hinaus ist die Befristung für notwendige Zeiten einer **Einarbeitung** zulässig (§ 21 Abs. 2 BEEG).
Die **Dauer der Befristung** des Arbeitsvertrages muss kalendermäßig bestimmt oder bestimmbar oder den vorgenannten Zwecken zu entnehmen sein (§ 21 Abs. 3 BEEG). 84
Der Arbeitgeber kann den befristeten Arbeitsvertrag unter Einhaltung einer Frist von mindestens drei Wochen, jedoch frühestens zum Ende der Elternzeit, **kündigen**, wenn die Elternzeit ohne Zustimmung des Arbeitgebers **vorzeitig endet** und der Arbeitnehmer die vorzeitige Beendigung seiner Elternzeit mitgeteilt hat (§ 21 Abs. 4 BEEG). 85
Das gilt entsprechend, wenn der Arbeitgeber die vorzeitige Beendigung der Elternzeit in den Fällen des § 16 Abs. 3 Satz 2 BEEG nicht ablehnen darf.
Das Kündigungsschutzgesetz ist im Falle einer Kündigung nach § 21 Abs. 4 BEEG nicht anzuwenden (§ 21 Abs. 5 BEEG).
§ 21 Abs. 4 BEEG gilt nicht, soweit seine Anwendung vertraglich ausgeschlossen ist (§ 21 Abs. 6 BEEG).
Wird im Rahmen arbeitsrechtlicher Gesetze oder Verordnungen auf die **Zahl** der beschäftigten Arbeitnehmer abgestellt, so sind bei der Ermittlung dieser Zahl Arbeitnehmer, die sich in der Elternzeit befinden oder zur Betreuung eines Kindes freigestellt sind, nicht mitzuzählen, solange für sie ein **Vertreter** eingestellt ist (§ 21 Abs. 7 Satz 1 BEEG). 86
Dies gilt nicht, wenn der Vertreter nicht mitzuzählen ist (§ 21 Abs. 7 Satz 1 BEEG).
§ 21 Abs. 7 Sätze 1 und 2 BEEG gilt entsprechend, wenn im Rahmen arbeitsrechtlicher Gesetze oder Verordnungen auf die Zahl der Arbeitsplätze abgestellt wird.
Zur Kürzung von Einmalzahlungen wegen Inanspruchnahme von Elternzeit siehe → **Weihnachtsgeld und sonstige Sondervergütungen**. 87

Bedeutung für die Betriebsratsarbeit

88 Zunächst hat der Betriebsrat die Aufgabe, dafür zu sorgen, dass die Arbeitnehmer über ihre Rechte nach dem BEEG, insbesondere über den Anspruch auf Elternzeit und ggf. Verringerung der Arbeitszeit, informiert werden und darüber zu wachen, dass die Bestimmungen des Gesetzes durchgeführt werden (§ 80 Abs. 1 Nr. 1 BetrVG).
Des Weiteren hat er die Aufgabe, dem Arbeitgeber Vorschläge über die Handhabung der Elternzeit im Sinne einer Förderung der → **Gleichberechtigung/Gleichstellung von Frauen und Männern** (§ 80 Abs. 1 Nr. 2 a BetrVG) und der Vereinbarkeit von Familie und Erwerbstätigkeit (§ 80 Abs. 1 Nr. 2 b BetrVG) zu unterbreiten.

89 Wird mit einem Arbeitnehmer oder einer Arbeitnehmerin nach Antritt ihrer Elternzeit vereinbart, dass sie auf ihrem bisherigen Arbeitsplatz aushilfsweise eine **befristete Teilzeitbeschäftigung** aufnehmen soll (siehe Rn. 46), so liegt hierin eine → **Einstellung** i. S. des § 99 BetrVG, die der Zustimmung des Betriebsrats bedarf.
Schutzwerte Interessen an einer solchen Teilzeitbeschäftigung während der Elternzeit sind im Mitbestimmungsverfahren angemessen zu berücksichtigen (BAG v. 28. 4. 1998 – 1 ABR 63/97, AiB 1999, 229).

90 Im Falle einer arbeitgeberseitigen **Kündigung** ist nicht nur die Zustimmung der Behörde erforderlich.
Der Arbeitgeber hat auch die Rechte des Betriebsrats nach § 102 BetrVG (und ggf. nach § 103 BetrVG) zu wahren.

Arbeitshilfen

Musterschreiben
- Inanspruchnahme der Elternzeit (§ 16 BEEG)
- Antrag auf Verringerung der Arbeitszeit bei Elternzeit (= Elternteilzeitarbeit; § 15 Abs. 4 bis 7 BEEG)

Rechtsprechung

1. Anspruch auf Elterngeld (§§ 1 bis 14 BEEG) – Gleichbehandlungsgrundsatz (Art. 3 GG)
2. Berechnung des Elterngeldes
3. Betreuungsgeld (§§ 3 a bis 4 d BEEG) verfassungswidrig
4. Elternzeit (§ 15 ff. BEEG) – Inanspruchnahme der Elternzeit (§ 16 Abs. 1 BEEG) – Verlängerung der Elternzeit
5. Teilzeittätigkeit während der Elternzeit (Elternteilzeit; § 15 Abs. 4 BEEG)
6. Vorzeitige Beendigung der Elternzeit (§ 16 Abs. 3 BEEG)
7. Urlaubsanspruch bei Elternzeit – Kürzung des Urlaubsanspruchs (§ 17 Abs. 1 BEEG)
8. Anspruch auf Urlaubsgeld trotz Elternzeit?
9. Kündigungsschutz (§ 18 BEEG)
10. Betriebsübergang und Elternzeit
11. Sonstiges
12. Mitbestimmung: Teilzeitbeschäftigung beim bisherigen Arbeitgeber während Elternzeit als Einstellung
13. Befristung eines Arbeitsvertrags mit Ersatzkraft für die Dauer eines Erziehungsurlaubs

Elterngeld/Elternzeit

14. Zuschuss zum Mutterschaftsgeld während der Elternzeit
15. Kürzung von Sonderzahlungen (Weihnachtsgeld) wegen Elternzeit
16. Elternzeit und Sozialplan
17. Elternzeit und Berechnung des Insolvenzgeldes
18. Erwähnung der Elternzeit im Zeugnis?

Entgeltfortzahlung an Feiertagen

Grundlagen

1   Am 1.6.1994 ist das Gesetz über die Zahlung des Arbeitsentgelts an Feiertagen und im Krankheitsfall (**Entgeltfortzahlungsgesetz – EFZG**) vom 26.5.1994 (BGBl. I S. 1014) in Kraft getreten.
    Es hat das Feiertagslohnzahlungsgesetz sowie die bis dahin in verschiedenen Gesetzen verstreuten Regelungen über die Entgeltsicherung im Krankheitsfall abgelöst.

2   Das EFZG regelt die Entgeltfortzahlung an Feiertagen sowie im Krankheitsfall und bei Maßnahmen der medizinischen Vorsorge oder Rehabilitation einheitlich für Arbeiter, Angestellte und Auszubildende (siehe auch → **Entgeltfortzahlung im Krankheitsfall und bei Vorsorge/Rehabilitation**).

3   Ebenfalls geregelt wird die wirtschaftliche Sicherung an Feiertagen und im Krankheitsfall für die im Bereich der → **Heimarbeit** Beschäftigten (§§ 10, 11 EFZG).

Anspruch auf Entgeltfortzahlung an gesetzlichen Feiertagen (§ 2 Abs. 1 EFZG)

4   Der Arbeitgeber hat dem → **Arbeitnehmer** (= Arbeiter, Angestellte und zu ihrer Berufsbildung Beschäftigte; vgl. § 1 Abs. 2 EFZG) gemäß § 2 Abs. 1 EFZG für Arbeitszeit, die infolge eines gesetzlichen Feiertages ausfällt, das Arbeitsentgelt zu zahlen, das er erhalten hätte, wenn er ohne den Feiertag gearbeitet hätte (**Entgeltausfallprinzip**; siehe Rn. 24).
    Die Vorschrift stellt eine Ausnahme von dem Grundsatz »Ohne Arbeit kein Lohn« dar.
    Sie will vermeiden, dass das Beschäftigungsverbot an gesetzlichen Feiertagen gemäß § 9 Abs. 1 ArbZG (siehe → **Sonn- und Feiertagsarbeit**) einen Entgeltausfall bei den Arbeitnehmern zur Folge hat.

5   Wenn der Arbeitnehmer an einem Feiertag **tatsächlich gearbeitet** hat, kommt § 2 EFZG nicht zur Anwendung.
    In diesem Falle erhält er das nach Tarifvertrag oder Arbeitsvertrag vorgesehene Entgelt (ggf. mit Feiertagszuschlägen, wenn diese im Arbeits- oder Tarifvertrag vorgesehen sind).
    Dabei ist gleichgültig, ob die Tätigkeit am Feiertag gemäß § 9 Abs. 1 ArbZG (Beschäftigungsverbot an Feiertagen) **unerlaubt oder erlaubt** war, weil eine Ausnahme vom Beschäftigungsverbot vorgelegen hat (siehe → **Arbeitszeit**).

6   Der Zahlungsanspruch gemäß § 2 EFZG ist unabhängig von der Dauer des Arbeitsverhältnisses.
    Eine **Wartezeit** – wie bei der → **Entgeltfortzahlung im Krankheitsfall und bei Vorsorge/Rehabilitation** (§ 3 Abs. 3, § 9 Abs. 1 EFZG) – besteht nicht.

7   Anspruch auf Entgeltfortzahlung nach § 2 EFZG besteht nur dann, wenn die Arbeitszeit infolge eines gesetzlichen (nicht eines kirchlichen) Feiertages ausfällt.
    Ist der Arbeitnehmer aus persönlichen Gründen an der Arbeit an einem kirchlichen Feiertag gehindert (z. B. aus religiöser Überzeugung oder weil er eine kirchliche Funktion wahrzuneh-

Entgeltfortzahlung an Feiertagen

men hat), kommt u. U. ein Anspruch gemäß § 616 BGB in Betracht (siehe → **Persönliche Arbeitsverhinderung**).

Gesetzliche Feiertage

Durch das Bundesgesetz über den Einigungsvertrag vom 23. 9. 1990 (BGBl. II S. 885, 890) ist der 3. Oktober als Tag der Deutschen Einheit zum gesetzlichen Feiertag erklärt worden. 8
Gesetzliche Feiertage sind nach Maßgabe der Feiertagsgesetze der Länder **bundeseinheitlich** auch folgende Tage: Neujahr, Karfreitag, Ostermontag, 1. Mai, Christi Himmelfahrt, Pfingstmontag, erster und zweiter Weihnachtstag. 9
Ostersonntag ist kein gesetzlicher Feiertag (BAG v. 17. 3. 2010 – 5 AZR 317/09).
Die nachfolgend genannten Tage sind nur in einigen Bundesländern gesetzliche Feiertage: 10
- Tag der heiligen drei Könige (6. Januar: Baden-Württemberg, Bayern, Sachsen-Anhalt),
- Fronleichnam (22. Juni: Baden-Württemberg, Bayern, Hessen, Nordrhein-Westfalen, Rheinland-Pfalz, Saarland, Sachsen in einigen Gemeinden der Landkreise Bautzen, Hoyerswerda und Kamenz sowie in Thüringen in Gemeinden mit überwiegend katholischer Bevölkerung),
- Mariä Himmelfahrt (15. August: Bayern in Gemeinden mit überwiegender katholischer Bevölkerung und Saarland),
- Reformationstag (31. Oktober: Brandenburg, Mecklenburg-Vorpommern, Sachsen, Sachsen-Anhalt, Thüringen),
- Allerheiligen (1. November: Baden-Württemberg, Bayern, Nordrhein-Westfalen, Rheinland-Pfalz, Saarland und in Thüringen in Gemeinden mit überwiegend katholischer Bevölkerung),
- Buß- und Bettag (Sachsen, in den übrigen Bundesländern wurde dem Buß- und Bettag der Status des gesetzlichen Feiertages als Kompensation für die Einführung der Pflegeversicherung entzogen),
- Im Stadtkreis Augsburg ist der 8. August (Friedensfest) gesetzlicher Feiertag.

Befinden sich Wohnsitz des Arbeitnehmers, Unternehmenssitz und Einsatzort in verschiedenen Bundesländern, ist für die Frage der Anwendung des § 2 EFZG die **Feiertagsregelung am Arbeitsort** maßgebend. 11
Deshalb ist § 2 EFZG beispielsweise am Tag der heiligen drei Könige (6. 1.) anzuwenden, wenn ein in Hamburg wohnhafter und beschäftigter Arbeitnehmer sich auf einem Montageeinsatz in Bayern befindet.
Umgekehrt besteht Arbeitspflicht eines bayrischen Arbeitnehmers, der zu einem Arbeitseinsatz nach Hamburg abgeordnet ist.

Ursachenzusammenhang

Gemäß § 2 EFZG hat der Arbeitgeber dem Beschäftigten für Arbeitszeit, die infolge eines gesetzlichen Feiertags ausfällt, das Arbeitsentgelt fortzuzahlen. 12
Der Feiertag muss die **alleinige Ursache** des Arbeitsausfalls sein (monokausaler Zusammenhang).
Für die Feststellung, ob ein feiertagsbedingter Arbeitsausfall vorliegt, kommt es allein darauf an zu fragen, welche Arbeitszeitregelung für den Arbeitnehmer gegolten hätte, wenn der betreffende Tag kein Feiertag gewesen wäre. Es ist also zu fragen, ob an einem Tag gearbeitet worden wäre, wenn es sich bei diesem Tag nicht um einen Feiertag gehandelt hätte. Wenn das zu bejahen ist, ist der Feiertag die alleinige Ursache für den Arbeitsausfall.
Kein Anspruch auf Entgeltfortzahlung gemäß § 2 Abs. 1 EFZG besteht, wenn die Arbeit auch aus einem anderen Grund ausfällt.

Entgeltfortzahlung an Feiertagen

13　Der Arbeitgeber trägt insoweit die **Darlegungs- und Beweislast**.
Ein Anspruch auf Feiertagsvergütung kann z. B. entfallen, wenn der Feiertag auf einen Tag fällt, an dem aufgrund der Festsetzung der **zeitlichen Lage der Arbeitszeit** keine Arbeitspflicht besteht.
Hat ein Teilzeitbeschäftigter kraft vertraglicher Vereinbarung oder Betriebsvereinbarung immer nur von Montag bis Mittwoch zu arbeiten, besteht z. B. für den Karfreitag kein Anspruch auf Feiertagsentgelt.
Das Gleiche gilt, wenn nach einer Betriebsvereinbarung im wöchentlichen Wechsel jeweils von Montag bis Freitag und von Montag bis Donnerstag gearbeitet wird. Fällt auf den hiernach arbeitsfreien Freitag ein gesetzlicher Feiertag, so löst dies keinen Anspruch auf Zahlung von Feiertagsvergütung aus (BAG v. 24. 1. 2001 – 4 AZR 538/99, NZA 2001, 1026).
Wenn dagegen nach einem Schichtplan immer auch an Freitagen gearbeitet wird, dann ist die am Karfreitag ausfallende Arbeitszeit zu vergüten.
Nach h. M. ist die ganze – wegen des Feiertags ausfallende – **Schicht** zu vergüten (oder in Form von Plusstunden gutzuschreiben), nicht nur die Stunden, die in den Feiertag »hineinreichen« (BAG v. 26. 01. 1962 – 1 AZR 409/60 und 1 AZR 461/60, DB 1962, 443).

> **Beispiel:**
> In einem Betrieb wird im Drei-Schichtsystem (Früh-, Spät- und Nachtschicht) jeweils 8 Stunden pro Schicht gearbeitet, Die Nachtschicht beginnt um 22 Uhr und endet um 6 Uhr des Folgetages.
> Die am Gründonnerstag um 22 Uhr anfallende Nachtschicht wird wegen des nachfolgenden Karfreitags komplett abgesagt; ebenso die am Ostermontag um 22 Uhr (an sich) beginnende Nachtschicht.

Es sind nicht nur 6 Stunden (0 Uhr bis 6 Uhr am Karfreitag) zu vergüten, sondern volle 8 Stunden. Entsprechendes gilt für die Nachtschicht, die am Ostermontag eigentlich um 22 Uhr beginnen und am Dienstag um 6 Uhr enden würde, aber wegen des Feiertags (Ostermontag) komplett abgesagt wird. Auch diese Schicht ist mit vollen 8 Stunden zu bezahlen.

Entgeltfortzahlung bei Arbeitsunfähigkeit an einem Feiertag oder Sonntag

13a　Wenn der Arbeitnehmer an einem **Feiertag** arbeitsunfähig erkrankt, richtet sich die Entgeltfortzahlung
- entweder nach § 4 Abs. 2 i. V. m. § 2 Abs. 1 EFZG (wenn die Arbeit »gleichzeitig infolge des Feiertags« ausfällt)
- oder nach § 4 Abs. 1 EFZG, wenn der Arbeitnehmer an dem Feiertag hätte arbeiten müssen.

Hätte der Erkrankte am Feiertag nicht arbeiten müssen, erhält er das nach § 4 Abs. 2 EFZG i. V. m. § 2 Abs. 1 EFZG zu berechnende Arbeitsentgelt, das er ohne Krankheit und ohne feiertagsbedingten Arbeitsausfall bekommen hätte.
Hierzu zählt z. B. auch eine Vergütung für Überstunden (inkl. Zuschläge), wenn diese ohne den Feiertag angefallen wären.
Hätte der arbeitsunfähig erkrankte Arbeitnehmer dagegen – z. B. nach einem Schichtplan – an dem Feiertag arbeiten müssen, dann fällt die Arbeit allein aufgrund der Arbeitsunfähigkeit aus. Dem Arbeitnehmer sind dann – ohne Rückgriff auf § 4 Abs. 2 EFZG – aufgrund des Entgeltausfallprinzips nach § 4 Abs. 1 EFZG zusätzlich zur Grundvergütung auch die dann ggf. nach Arbeits- oder Tarifvertrag anfallenden Feiertagszuschläge zu zahlen (BAG v. 14. 1. 2009 – 5 AZR 89/08, DB 2009, 909).
→ **Tarifverträge** können allerdings Abweichendes regeln (§ 4 Abs. 4 EFZG; vgl. Rn. 191 ff.).

13b　Vorstehendes gilt auch, wenn der arbeitsunfähig erkrankte Arbeitnehmer an einem **Sonntag** hätte arbeiten müssen. Dann sind ihm aufgrund des Entgeltausfallprinzips nach § 4 Abs. 1

EFZG auch die ggf. nach Arbeits- oder Tarifvertrag anfallenden Sonntagszuschläge zu zahlen (BAG v. 14.1.2009 – 5 AZR 89/08, DB 2009, 909).

Zusammentreffen von Feiertag und → Kurzarbeit

Fällt ein gesetzlicher Feiertag in eine Kurzarbeitsperiode, gilt gemäß § 2 Abs. 2 EFZG die Arbeitszeit als durch den Feiertag ausgefallen. Deshalb ist Feiertagsvergütung zu zahlen. Die Verpflichtung der Agentur für Arbeit zur Zahlung von Kurzarbeitergeld tritt zurück. 14

Die Vorschrift stellt eine Durchbrechung des Prinzips dar, dass der Vergütungsanspruch voraussetzt, dass der Feiertag die alleinige Ursache des Arbeitsausfalls ist.

Zweck der Vorschrift ist es zu verhindern, dass durch entsprechende Gestaltungen die Belastungen für Feiertagsvergütung auf die Bundesagentur für Arbeit abgewälzt werden.

Der Arbeitgeber hat Feiertagsvergütung allerdings nur **in Höhe des Kurzarbeitergeldes** zu zahlen, das der Arbeitnehmer ohne den Feiertag bezogen hätte.

Der Arbeitgeber muss die **Sozialversicherungsbeiträge** allein tragen.

Nach Ansicht des BAG ist die **Lohnsteuer** von der Feiertagsvergütung einzubehalten und abzuführen, ohne dass der Arbeitgeber dafür einen Ausgleich an den Arbeitnehmer zahlen müsste (BAG v. 8.5.1984 – 3 AZR 194/82, NZA 1985, 62).

Dies widerspricht dem Entgeltfortzahlungsprinzip des § 2 EFZG, nach dem der Arbeitnehmer das zu erhalten hat, was er ohne den Feiertag erhalten hätte.

Zusammentreffen von Feiertag, → Kurzarbeit und → Krankheit

Treffen Feiertag, Kurzarbeit und Krankheit zusammen, hat der erkrankte Arbeitnehmer gemäß § 4 Abs. 2 i. V. m. § 3 EFZG für den Feiertag Anspruch auf Entgeltfortzahlung im Krankheitsfalle (§ 4 Abs. 2 EFZG). 15

Die Höhe der Entgeltfortzahlung bemisst sich gemäß § 4 Abs. 2 EFZG nach § 2 EFZG. Sie ist begrenzt auf das Entgelt, das er ohne die Krankheit erhalten hätte. Deshalb bekommt er Feiertagsentgelt nur **in Höhe des Kurzarbeitergeldes** (zur Frage, ob Lohnsteuer und Sozialversicherungsbeiträge vom Arbeitgeber zu übernehmen sind siehe Rn. 14).

Letztlich wird dadurch eine Besserstellung des Erkrankten gegenüber den übrigen Arbeitnehmern vermieden.

Unentschuldigtes Fernbleiben vor und nach Feiertagen (§ 2 Abs. 3 EFZG)

Der Anspruch auf Entgeltfortzahlung entfällt gemäß § 2 Abs. 3 EFZG, wenn der Beschäftigte am letzten Arbeitstag vor oder am ersten Arbeitstag nach einem Feiertag unentschuldigt fehlt. 16

Die Vorschrift geht auf den sog. »**Bummelerlass**« v. 16.3.1940 zurück, der aus kriegswirtschaftlichen Gründen zur »Straffung der Arbeitsdisziplin« beschlossen wurde. 17

Dass eine solche Strafvorschrift noch zeitgemäß und angemessen ist, muss bezweifelt werden. Es sollte ausreichen, dem Arbeitnehmer, der unentschuldigt der Arbeit fernbleibt, das Entgelt für die Zeit des unentschuldigten Fehlens zu entziehen.

§ 2 Abs. 3 EFZG wird, um eine unzulässige **Ungleichbehandlung** zu vermeiden, nicht nur bei denjenigen Arbeitnehmern angewendet, die nach Stunden- oder Tageslohn vergütet werden (meist Arbeiter), sondern auch bei jenen, die ein festes Wochen- oder Monatsentgelt beziehen (meist Angestellte). 18

Bei Letzteren können – wie bei Stunden- und Tageslöhnen – Vergütungsabzüge sowohl für den Tag des unentschuldigten Fernbleibens als auch für den Feiertag vorgenommen werden; etwa nach der Formel: Monatsentgelt geteilt durch Arbeitstage mal zwei Tage (Fehltag + Feiertag).

Entgeltfortzahlung an Feiertagen

18a Dem Arbeitgeber kann ein Anspruch auf **Rückzahlung** gemäß §§ 812 ff. BGB zustehen, wenn er Feiertagsentgelt gezahlt hat, obwohl er hierzu nach § 2 Abs. 3 EFZG nicht verpflichtet war.

19 Das Fernbleiben von der Arbeit ist **unentschuldigt**, wenn objektiv eine Vertragsverletzung vorliegt und subjektiv dem Arbeitnehmer ein Verschulden an der Arbeitsversäumnis zur Last fällt (BAG v. 28. 10. 1966 – 3 AZR 186/66, DB 1967, 288).

Eine objektive Vertragsverletzung ist nicht gegeben, wenn der Arbeitnehmer berechtigt war, der Arbeit fernzubleiben (Urlaub, Krankheit, persönliche Arbeitsverhinderung i. S. d. § 616 BGB).

An einem subjektiven Verschulden fehlt es, wenn der Arbeitnehmer das Fernbleiben nicht zu vertreten hat (z. B. weil der Arbeitsplatz aus Witterungsgründen nicht erreichbar war).

Gleiches gilt, wenn das Fernbleiben nicht vorwerfbar ist. Das ist z. B. der Fall, wenn der Arbeitnehmer ohne Fahrlässigkeit irrtümlich annimmt, nicht zur Arbeit verpflichtet zu sein (z. B. weil er meint, ein persönlicher Verhinderungsgrund i. S. d. § 616 BGB sei gegeben).

20 Zur Frage, ob ein Entgeltfortzahlungsanspruch besteht, wenn ein Arbeitskampf vor einem Feiertag endet bzw. nach einem Feiertag beginnt, siehe → **Arbeitskampf** Rn. 104 ff.

21 Hat der Arbeitnehmer am letzten Arbeitstag vor oder am ersten Arbeitstag nach einem gesetzlichen Feiertag nur einen Teil der Arbeitszeit unentschuldigt versäumt, hat er jedenfalls dann keinen Anspruch auf Feiertagsbezahlung, wenn er nicht wenigstens die **Hälfte** der für den Arbeitstag maßgebenden Arbeitszeit leistet.

Nach anderer Auffassung kommt es nicht auf die Dauer des Fernbleibens, sondern auf die Umstände des Einzelfalles an, die darüber entscheiden, ob ein »Fernbleiben« im Gesetzessinne vorliegt oder »nur« eine Verspätung oder ein vorzeitiges Verlassen des Betriebes.

Die Arbeitsversäumnis braucht mit dem Feiertag nicht in einem ursächlichen oder inneren Zusammenhang zu stehen; auch auf die Lage der tatsächlichen Arbeitszeit bzw. der Arbeitsversäumnis innerhalb des jeweiligen Arbeitstages kommt es nicht an (BAG v. 28. 10. 1966 – 3 AZR 186/66, DB 1967, 288).

22 Erster und letzter Arbeitstag nach und vor dem Feiertag ist derjenige, an dem eine Arbeitspflicht des Arbeitnehmers bestand. Maßgeblich ist nicht der betriebliche Arbeitstag, sondern der Tag, an dem der Arbeitnehmer **individuell** zur Arbeit verpflichtet war.

Liegen zwischen Arbeitstag und Feiertag ein Wochenende oder Urlaubstage, so entfällt dennoch die Feiertagsbezahlung, wenn der Arbeitnehmer an dem Arbeitstag unentschuldigt fehlt. Gleiches gilt, wenn z. B. im Rahmen eines Schichtsystems zwischen Arbeitstag und Feiertag ein Freischichttag liegt.

Wird in einem Betrieb zwischen Weihnachten und Neujahr nicht gearbeitet, so verliert ein Arbeitnehmer seinen Anspruch auf Feiertagsbezahlung für alle in die Betriebsruhe fallenden Wochenfeiertage, wenn er am letzten Tag vor oder am ersten Tag nach der Betriebsruhe unentschuldigt fehlt.

23 Der Arbeitgeber hat **darzulegen** und **zu beweisen**, dass der Arbeitnehmer an dem Arbeitstag vor oder nach dem Feiertag ferngeblieben ist, dass er zur Arbeit verpflichtet war und sich nicht entschuldigt hat.

Der Arbeitnehmer muss sich zu den Behauptungen im Einzelnen äußern und insbesondere vortragen,

- dass er mindestens die Hälfte der für ihn maßgeblichen Arbeitszeit an dem Arbeitstag gearbeitet hat
- oder dass keine Arbeitsverpflichtung bzw. keine objektive Vertragsverletzung an dem Arbeitstag und/oder auch kein subjektives Verschulden, sondern ein Entschuldigungstatbestand vorgelegen hat.

Entgeltfortzahlung an Feiertagen

Höhe des Feiertagsentgelts

Der Arbeitgeber ist gemäß § 2 Abs. 1 EFZG verpflichtet, dem Arbeitnehmer für Arbeitszeit, die infolge eines gesetzlichen Feiertags ausfällt, das Arbeitsentgelt zu zahlen, das er ohne den Arbeitsausfall erhalten hätte (»**Entgeltausfallprinzip**«). 24
Der Arbeitnehmer ist also so zu stellen, als hätte es keinen feiertagsbedingten Arbeitsausfall gegeben.
Hieraus folgt, dass der Arbeitgeber bei feiertagsbedingtem Arbeitsausfall auf einem für den Arbeitnehmer geführten **Zeitkonto** keine Negativbuchungen vornehmen und damit das vorhandene Zeitguthaben kürzen darf, wenn das Zeitkonto nur in anderer Form den Vergütungsanspruch des Arbeitnehmers ausdrückt (BAG v. 14. 8. 2002 – 5 AZR 417/01, NZA 2003, 232).
Aus dem Entgeltausfallprinzip folgt auch, dass der Arbeitnehmer Anspruch auf Mehrarbeitsvergütung incl. Zuschläge zu beanspruchen hat, wenn er ohne den feiertagsbedingten Arbeitsausfall **Mehrarbeit** zu leisten gehabt hätte.
Entgeltfortzahlungspflicht besteht auch, wenn ein Arbeitnehmer aufgrund einer Vereinbarung regelmäßig zusätzlich vergütete Arbeitsleistungen (z. B. Fahrleistungen zu einer Baustelle und wieder zurück) zu erbringen hat und diese Arbeitsleistungen infolge eines Feiertages ausfallen. Der Arbeitnehmer soll durch den Arbeitsausfall am Feiertag weder schlechter noch besser gestellt werden.
Zur Feiertagsvergütung zählen alle Leistungen des Arbeitgebers, die **Entgeltcharakter** haben (Geld- und Naturalvergütung, Grundentgelt, Zulagen und Zuschläge, Sondervergütungen usw.). 25
Auch tariflich vorgesehene **Nahauslösungen** sind (zumindest in Bezug auf den steuerpflichtigen Teil) i. d. R. Arbeitsverdienst und daher auch für Feiertage fortzuzahlen.
Nicht zum fortzuzahlenden Arbeitsentgelt gehört der reine **Aufwendungsersatz**, der an die tatsächliche Arbeitsleistung anknüpft: Fahrtkosten, Spesen, Schmutzzulagen, Essensgeldzuschüsse. 25a

Festes Wochen- oder Monatsentgelt

Der Arbeitnehmer, der **feste Bezüge** für einen bestimmten längeren Zeitabschnitt (Woche, Monat) erhält, ohne dass die Höhe der Bezüge von der Zahl der Arbeitsstunden abhängt, erleidet durch den Arbeitsausfall an einem gesetzlichen Wochenfeiertag in der Regel keinen Verdienstausfall. Auf die Anspruchsgrundlage des § 2 EFZG kommt es in diesem Fall nicht an. Es besteht keine Notwendigkeit zur gesonderten Berechnung des Feiertagsentgelts. 26
Etwas anderes gilt, wenn zusätzlich zum festen Wochen- oder Monatsentgelt weitere **variable Entgeltbestandteile** anfallen (Mehrarbeitsvergütung, Provision, Leistungszulagen). Dann gelten die nachstehenden Grundsätze.

Provision

Der hauptberuflich auf Provisionsbasis angestellte Versicherungsvermittler hat Anspruch auf Feiertagsvergütung, ohne dass im Einzelnen festgestellt werden muss, welche Provisionen ihm durch den Feiertag entgangen sind. 27
Die Feiertagsvergütung beträgt 1/25 des monatlichen Durchschnittsprovisionseinkommens der letzten zwölf Monate vor dem Feiertag (BAG v. 4. 6. 1969 – 3 AZR 243/68, AP Nr. 27 zu § 1 FeiertagslohnzahlungsG).

Entgeltfortzahlung an Feiertagen

Pauschalierung

28 Die Feiertagsvergütung kann durch einen Zuschlag zum laufenden Stundenlohn pauschaliert werden. Eine Vereinbarung, durch die das Feiertagsentgelt in Form einer Pauschale gewährt wird, muss jedoch eindeutig erkennen lassen, dass die Pauschale geeignet ist, den Anspruch – auch zeitgerecht – auszugleichen.

Mehrarbeitsvergütung

29 Hätte der Arbeitnehmer ohne den Feiertag Überstunden zu leisten gehabt, zählt auch die Mehrarbeitsvergütung (inkl. etwaiger Zuschläge) zum fortzuzahlenden Feiertagsentgelt.
Wenn vor und nach dem Feiertag Überstundenarbeit geleistet wurde, spricht das dafür, dass auch an dem Feiertag Überstunden angefallen wären.
Werden Arbeitnehmer regelmäßig samstags zu Mehrarbeit herangezogen, nicht aber an einem Samstag, der auf einen Feiertag fällt, so haben sie Anspruch auf Feiertagsentgelt in Höhe der entgangenen Mehrarbeitsvergütung.

Teilzeitarbeit, variable Arbeitszeit

30 Die für die Berechnung des Feiertagsentgelts maßgebliche Stundenzahl richtet sich bei →**Teilzeitarbeit**, die gleichmäßig auf die Woche verteilt ist, nach der üblichen Handhabung in Wochen ohne Feiertag.

30a Bei variabler → **Teilzeitarbeit** oder bei Arbeit entsprechend dem Arbeitsanfall i. S. d. § 12 TzBfG (**Arbeit auf Abruf**) ist auf die durchschnittliche Stundenzahl in einem Wochenzeitraum, ggf. in einem längeren Zeitraum abzustellen, um die Stundenzahl zu ermitteln, die maßgebend für die Feiertagsvergütung ist, wenigstens aber drei Stunden (§ 12 Abs. 1 TzBfG).

31 Wird aufgrund einer Tarifvorschrift über die Gestaltung der Arbeitszeit 40 Stunden wöchentlich oder acht Stunden täglich gearbeitet und erfolgt der Ausgleich zu einer festgelegten geringeren individuellen regelmäßigen wöchentlichen Arbeitszeit durch **Freischichten**, so ist die wegen eines Feiertages ausgefallene Arbeitszeit mit acht Stunden zu vergüten (BAG v. 2.12.1987 – 5 AZR 602/86, NZA 1988, 538 zum Manteltarifvertrag für die Arbeitnehmer in der niedersächsischen Metallindustrie vom 18. Juli 1984).

Leistungsentgelt

32 Manche Tarifverträge sehen Vorschriften über die Berechnung der Feiertagsvergütung bei Leistungsentgelt vor.
Fehlt es an einer kollektivrechtlichen Regelung, kann das Gericht den durch den Feiertag entstandenen Lohnausfall durch eine **Schätzung** entsprechend § 287 Abs. 2 ZPO zu ermitteln. Es liegt im Bereich des dem Tatsachengericht nach § 287 Abs. 2 ZPO zustehenden Ermessensspielraums, wenn es den Durchschnittsverdienst der letzten vier Wochen vor dem jeweiligen Feiertag zugrunde legt.
Bei stärkeren Schwankungen kann es erforderlich sein, einen längeren Bemessungszeitraum zu wählen.
Arbeitet eine **Akkordkolonne** von 20 Arbeitnehmern mit jeweils 17 Arbeitnehmern an sechs Wochentagen und ist für den Arbeitgeber nicht erkennbar, wie die Kolonne den Arbeitseinsatz und die Verteilung des Akkordverdienstes geregelt hat, so gilt für die Lohnzahlung an Feiertagen Folgendes: Jedes Kolonnenmitglied erhält 1/20 des Tagesverdienstes, den die Kolonne ohne die Feiertagsruhe erzielt hätte (BAG v. 28.2.1984 – 3 AZR 103/83, DB 1984, 1885).

Unabdingbarkeit (§ 12 EFZG)

Aus § 12 EFZG folgt, dass § 2 EFZG nicht zum **Nachteil** des Arbeitnehmers abbedungen werden kann, weder durch einzelvertragliche Vereinbarung noch durch tarifliche Regelung. Geschieht dies dennoch, ist die Vereinbarung bzw. Regelung als Gesetzesverstoß gemäß § 134 BGB unwirksam. 33

Eine Vereinbarung über **unbezahlten Urlaub** für einen Zeitraum, in dem ein gesetzlicher Feiertag liegt, stellt eine gemäß § 12 EFZG unzulässige vertragliche Abbedingung dar, wenn der in den Sonderurlaub fallende Feiertag nicht bezahlt werden soll. 34

Die Arbeitsvertragsparteien können den Vergütungsanspruch des Arbeitnehmers für regelmäßige **zusätzliche Arbeitsleistungen** nicht für Tage, an denen die Arbeit wegen eines Feiertags ausfällt, ausschließen. 35
Auch hierin läge eine nach § 12 EFZG unzulässige Abweichung von der Entgeltfortzahlungspflicht nach § 2 EFZG.
Gleiches gilt, wenn die Arbeitsleistung wegen krankheitsbedingter Arbeitsunfähigkeit ausfällt (BAG v. 16.1.2002 – 5 AZR 303/00, DB 2002, 950).

Die Entgeltfortzahlungspflicht an Feiertagen kann auch nicht dadurch umgangen werden, dass vereinbart wird, die ausgefallene Arbeit **vor- und nachzuarbeiten**. 36

Der Anspruch auf die im Monatsgehalt eines Arbeitnehmers enthaltene Feiertagsvergütung kann nicht durch die Vereinbarung ausgeschlossen werden, dass der Arbeitnehmer, für den im Allgemeinen die Fünf-Tage-Woche gilt, in Wochen mit einem gesetzlichen Feiertag die an diesem Tag ausfallende Arbeit ohne besondere Vergütung an einem sonst arbeitsfreien Tag leisten muss. 37
Vielmehr ist die Arbeit an dem sonst freien Tag im Grundsatz **zusätzlich** zu bezahlen (BAG v. 25.3.1966 – 3 AZR 358/65, DB 1966, 1318).
Dieser Zahlungsanspruch kann im Wege einer **Pauschalregelung** durch eine Gesamtvergütung abgegolten werden.
Eine Pauschalvereinbarung sollte aus Gründen der Rechtsklarheit ausdrücklich getroffen werden.
Sie kann sich aber auch aus den Umständen ergeben. Dann muss für den Arbeitnehmer deutlich erkennbar sein, dass mit der Gesamtvergütung der erwähnte zusätzliche Anspruch abgegolten ist.
Darlegungs- und beweispflichtig ist insoweit der Arbeitgeber.

Fälligkeit, Ausschlussfristen, Verjährung

Die Fälligkeit des Anspruchs aus § 2 EFZG richtet sich nach den getroffenen Vereinbarungen (→ **Arbeitsvertrag**, → **Tarifvertrag**, → **Betriebsvereinbarung**). 38

Nach zweifelhafter Ansicht des BAG können vertragliche oder tarifliche → **Ausschlussfristen/Verfallfristen** auch Ansprüche aus § 2 EFZG erfassen. 39
Die Unabdingbarkeitsvorschrift des § 12 EFZG (siehe Rn. 33) soll dem nicht entgegenstehen (BAG v. 16.1.2002 – 5 AZR 430/00, NZA 2002, 746).
Das ist nicht nachvollziehbar, wie folgendes Beispiel zeigt:

> **Beispiel:**
> Eine Vereinbarung »*Der Anspruch auf Entgeltfortzahlung an Feiertagen nach § 2 EFZG besteht nur für die Dauer von drei Monaten*« wäre vermutlich wegen Verstoßes gegen § 12 EFZG unwirksam. Wieso soll eine Vereinbarung »*Ansprüche auf Entgeltfortzahlung an Feiertagen nach § 2 EFZG müssen innerhalb einer Ausschlussfrist von drei Monaten geltend gemacht werden; andernfalls verfallen sie*« wirksam sein?

Entgeltfortzahlung an Feiertagen

40 Der Anspruch auf Feiertagsentgelt verjährt gemäß § 195 BGB in drei Jahren (siehe → **Verjährung**).

Rechtsprechung

1. Anspruch auf Feiertagsvergütung (§ 2 Abs. 1 EFZG) – Entgeltausfallprinzip
2. Feiertagsvergütung bei Kurzarbeit (§ 2 Abs. 2 EFZG)
3. Unentschuldigtes Fehlen vor oder nach dem Feiertag (§ 2 Abs. 3 EFZG)
4. Unabdingbarkeit (§ 12 EFZG) – Ausschlussfristen
5. Sonstiges
6. Feiertagsvergütung im Arbeitskampf

Entgeltfortzahlung im Krankheitsfall und bei Vorsorge/Rehabilitation

Grundlagen

Am 1.6.1994 ist das Gesetz über die Zahlung des Arbeitsentgelts an Feiertagen und im Krankheitsfall (**Entgeltfortzahlungsgesetz – EFZG**) vom 26.5.1994 (BGBl. I S. 1014) in Kraft getreten. Es hat das Feiertagslohnzahlungsgesetz sowie die bis dahin in verschiedenen Gesetzen verstreuten Regelungen über die Entgeltsicherung im Krankheitsfall abgelöst. 1

Das EFZG regelt die → **Entgeltfortzahlung an Feiertagen** sowie im **Krankheitsfall** und bei Maßnahmen der medizinischen **Vorsorge** oder **Rehabilitation** (Kur) einheitlich für Arbeiter, Angestellte und Auszubildende. 2

Ebenfalls geregelt wird die wirtschaftliche Sicherung an Feiertagen und im Krankheitsfall für die im Bereich der → **Heimarbeit** Beschäftigten (§§ 10, 11 EFZG). 2a

Durch das »Gesetz ... zur Sicherung der Arbeitnehmerrechte« vom 19.12.1998 (in Kraft ab dem 1.1.1999) sind die aufgrund des »Arbeitsrechtlichen Beschäftigungsförderungsgesetzes« v. 25.9.1996 vorgenommenen – zu Lasten der Arbeitnehmer gehenden – Verschlechterungen des Entgeltfortzahlungsgesetzes (und damit in Zusammenhang stehende Vorschriften des Bundesurlaubsgesetzes) weitgehend wieder rückgängig gemacht worden: u. a. Wiederherstellung des vollen Entgeltfortzahlungsanspruches (von 80 % auf 100 %); Streichung der Verrechnungsmöglichkeit von Krankheitstagen mit Urlaub. 3

Zuvor schon hatten die → **Gewerkschaften** im Rahmen von Tarifauseinandersetzungen gegen den massiven Widerstand der Arbeitgeber und ihrer Verbände in vielen Branchen die 100 %ige Entgeltfortzahlung durch Abschluss von neuen → **Tarifverträgen** durchgesetzt. 4

Zu den wichtigsten Bestimmungen des EFZG nachstehend ein **Überblick**. 5

Wartezeit (§ 3 Abs. 3 EFZG)

Der Anspruch auf Entgeltfortzahlung im Krankheitsfall (und bei Vorsorge und Rehabilitation: § 9 Abs. 1 EFZG in Verbindung mit § 3 Abs. 3 EFZG) entsteht, wenn keine anders lautende tarifliche oder vertragliche Regelung vorliegt, erst nach einer »Wartezeit« von vier Wochen, das heißt nach vierwöchiger ununterbrochener Dauer des Arbeitsverhältnisses (§ 3 Abs. 3 EFZG). Wird ein Auszubildender im Anschluss an das **Berufsausbildungsverhältnis** in ein Arbeitsverhältnis übernommen, entsteht keine neue Wartezeit (BAG v. 20.8.2003 – 5 AZR 436/02, NZA 2004, 206). 6

Anspruch auf Entgeltfortzahlung im Krankheitsfall – Verschulden (§ 3 EFZG)

Gemäß § 3 Abs. 1 Satz 1 EFZG hat ein arbeitsunfähig erkrankter Arbeitnehmer gegen den Arbeitgeber einen Anspruch auf Fortzahlung des Arbeitsentgelts bis zur Dauer von **sechs Wochen**, sofern er die Arbeitsunfähigkeit **nicht verschuldet** hat. 7

Als **Verschulden** gilt nach allgemeiner Ansicht nur ein **gröblicher Verstoß** gegen das von einem verständigen Menschen im eigenen Interesse zu erwartende Verhalten (so genanntes 8

Entgeltfortzahlung im Krankheitsfall und bei Vorsorge/Rehabilitation

»**Verschulden gegen sich selbst**«), so dass es unbillig wäre, die Folgen dieses Verstoßes auf den Arbeitgeber abzuwälzen.

Als gröblicher Verstoß wird nur besonders leichtfertiges, grob fahrlässiges oder vorsätzliches Verhalten angesehen (z. B. Verkehrsunfall infolge Trunkenheit).

Eine unbillige Belastung des Arbeitgebers wird nur in **Extremfällen** angenommen, da andernfalls das Ziel der wirtschaftlichen Sicherung der Arbeitnehmer im Krankheitsfalle unterlaufen würde.

Beispielsweise hat das BAG v. 18.3.2015 – 10 AZR 99/14 im Falle einer durch **Alkoholabhängigkeit** ausgelösten Arbeitsunfähigkeit (**Rückfall**) entschieden: »*Eine Arbeitsunfähigkeit ist nur dann verschuldet i. S. v. § 3 Abs. 1 Satz 1 EFZG, wenn ein Arbeitnehmer in erheblichem Maße gegen das von einem verständigen Menschen in seinem eigenen Interesse zu erwartende Verhalten verstößt. Nur dann verliert er seinen Anspruch auf Entgeltfortzahlung. Bei einem alkoholabhängigen Arbeitnehmer fehlt es suchtbedingt auch im Fall eines Rückfalls nach einer Therapie regelmäßig an einem solchen Verschulden.*«

9 Eine nicht rechtswidrige **Sterilisation** oder ein nicht rechtswidriger **Schwangerschaftsabbruch** wird einer nicht verschuldeten Arbeitsunfähigkeit gleichgesetzt (§ 3 Abs. 2 EFZG).

Erneute Arbeitsunfähigkeit wegen »derselben« Krankheit (§ 3 Abs. 1 Satz 2 EFZG)

10 Wird der Beschäftigte wegen »**derselben**« Krankheit erneut arbeitsunfähig (eine solche »Fortsetzungserkrankung« liegt vor, wenn die erneute Erkrankung auf dem gleichen »Grundleiden« beruht), entsteht ein erneuter Anspruch auf Entgeltfortzahlung bis zu sechs Wochen, wenn
- der Arbeitnehmer vor der erneuten Arbeitsunfähigkeit mindestens sechs Monate nicht infolge derselben Krankheit arbeitsunfähig war:

> **Beispiel:**
> Sechswöchige Arbeitsunfähigkeit im Januar/Februar und dann wegen derselben Krankheit wiederum sechswöchige Arbeitsunfähigkeit im November/Dezember: Auch für den zweiten Arbeitsunfähigkeitszeitraum ist Entgeltfortzahlung zu leisten, weil (mindestens) sechs Monate zwischen den beiden Zeiträumen liegen.
> **Anderes Beispiel:**
> Arbeitsunfähigkeit wegen derselben Krankheit im März (drei Wochen), im Mai (vier Wochen), im Juli (zwei Wochen). Entgeltfortzahlung ist nur für insgesamt sechs Wochen (drei Wochen im März und drei Wochen im Mai) zu leisten, nicht aber für die 4. Woche im Mai und die Arbeitsunfähigkeit im Juli.

- oder seit dem Beginn der ersten Arbeitsunfähigkeit infolge derselben Krankheit eine Frist von zwölf Monaten abgelaufen ist:

> **Beispiel:**
> Beginn der ersten Arbeitsunfähigkeit (für sechs Wochen) am 1. März. Erneute Arbeitsunfähigkeitwegen derselben Krankheit im Juli (zwei Wochen), im November (drei Wochen), im März des Folgejahres (vier Wochen): Entgeltfortzahlung ist zwar nicht während der Arbeitsunfähigkeit im Juli und November zu leisten (weil zwischen den Krankheitszeiträumen weniger als sechs Monate liegen), wohl aber wegen der Arbeitsunfähigkeit im März des Folgejahres (weil der Zwölfmonatszeitraum ab Beginn der ersten Arbeitsunfähigkeitsperiode abgelaufen ist).
> **Anderes Beispiel:**
> Kein Anspruch auf erneute Entgeltfortzahlung besteht, wenn der Arbeitnehmer durchgängig länger als zwölf Monate arbeitsunfähig krank ist (weil keine erneute Arbeitsunfähigkeit vorliegt).

Entgeltfortzahlung im Krankheitsfall und bei Vorsorge/Rehabilitation

Erneute Arbeitsunfähigkeit wegen anderer Erkrankungen

Liegt der erneuten Arbeitsunfähigkeit eine »**andere**« **Krankheit** zugrunde (Beispiel: bei der ersten Krankheit: Bronchitis; bei der zweiten Krankheit: Magengeschwür), dann entsteht nach § 3 Abs. 1 Satz 1 EFZG ein neuer Anspruch auf Entgeltfortzahlung bis zur Dauer von wiederum sechs Wochen (eine Ausnahme kann bei einem »missglückten Arbeitsversuch« bestehen).

Strittig ist, ob dies auch dann gilt, wenn die »andere« Krankheit zu einer schon bestehenden, mit Arbeitsunfähigkeit verbundenen Krankheit **hinzutritt**.

Nach h. M. ist der Entgeltfortzahlungsanspruch in diesem Fall auf sechs Wochen seit Beginn der Arbeitsunfähigkeit begrenzt (»Grundsatz der Einheit des Verhinderungsfalles«; vgl. BAG v. 2. 2. 1994 – 5 AZR 345/93, DB 1994, 1039 = NZA 1994, 547; ErfK-*Dörner/Reinhard*, § 3 EFZG Rn. 43; a. A. Wedde/Kunz, § 3 EFZG Rn. 138).

Diese Ansicht ist mit dem Wortlaut des § 3 Abs. 1 EFZG kaum vereinbar. Denn hiernach setzt eine Zusammenfassung mehrerer Arbeitsunfähigkeitsfälle zu (nur) einem Entgeltfortzahlungsfall voraus, dass sie auf »derselben« Krankheit beruhen.

Ein neuer Entgeltfortzahlungsanspruch bis zur Dauer von – wiederum – sechs Wochen entsteht auch dann, wenn der Beschäftigte den **Arbeitgeber wechselt** und wegen derselben oder einer anderen Krankheit beim neuen Arbeitgeber arbeitsunfähig wird.

Anspruch auf Entgeltfortzahlung bei medizinischer Vorsorge oder Rehabilitation (§ 9 EFZG)

Für eine Arbeitsverhinderung, die infolge einer Maßnahme der medizinischen Vorsorge und Rehabilitation eintritt, gelten die Regelungen über die Entgeltfortzahlung im Krankheitsfalle gemäß § 9 EFZG entsprechend.

Das heißt, es besteht ein Anspruch auf 100 %ige Entgeltfortzahlung bis zur Dauer von **sechs Wochen**.

Voraussetzung ist, dass die Maßnahme von einem **Sozialleistungsträger bewilligt** worden sind und in einer Einrichtung der medizinischen Vorsorge und Rehabilitation durchgeführt werden (für privat Versicherte gilt das Gleiche, wenn die Kurmaßnahme **ärztlich verordnet** worden ist und in einer Vorsorge- und Reha-Einrichtung durchgeführt wird).

Nicht (mehr) erforderlich ist, dass es sich um eine stationäre Maßnahme handelt. Durch das Gesetz vom 19. 6. 2001 wurde die Beschränkung des § 9 Abs. 1 Satz 1 EFZG auf stationäre Behandlungen mit Wirkung ab 1. 7. 2001 ersatzlos gestrichen.

Deshalb werden auch **ambulante Behandlungen** in einer Einrichtung der medizinischen Vorsorge oder Rehabilitation von § 9 EFZG erfasst.

Der Entgeltfortzahlungszeitraum **beginnt** mit Antritt der Vorsorge- und Reha-Maßnahme auch dann neu, wenn die Maßnahme wegen desselben Grundleidens gewährt wird, auf dem eine frühere Arbeitsunfähigkeit beruhte.

Etwas anderes gilt nur dann, wenn während der Vorsorge- und Reha-Maßnahme **zusätzlich Arbeitsunfähigkeit** besteht.

In diesem Fall richten sich die Dauer der Entgeltfortzahlung und die Frage, ob ein neuer Anspruch entsteht, nach § 3 Abs. 1 EFZG (siehe Rn. 7 ff.).

Höhe des Anspruchs auf Entgeltfortzahlung (§ 4 EFZG)

Die Höhe der Entgeltfortzahlung beträgt nach der Neufassung des § 4 Abs. 1 EFZG wieder 100 Prozent des dem Arbeitnehmer – bei der für ihn maßgebenden regelmäßigen Arbeitszeit – zustehenden → **Arbeitsentgelts**.

Entgeltfortzahlung im Krankheitsfall und bei Vorsorge/Rehabilitation

Zu zahlen ist das Entgelt, das er ohne krankheitsbedingten Arbeitsausfall verdient hätte (»**Entgeltausfallprinzip**«).

Bei der Berechnung des Arbeitsentgelts werden **Überstundenvergütungen** jedoch nicht mehr berücksichtigt (§ 4 Abs. 1 a Satz 1 EFZG).

Zum fortzuzahlendem Arbeitsentgelt zählen alle Leistungen des Arbeitgebers, die **Entgeltcharakter** haben (Geld- und Naturalvergütung, Grundentgelt, Zulagen und Zuschläge, Sondervergütungen usw.).

Auch tariflich vorgesehene **Nahauslösungen** sind (zumindest in Bezug auf den steuerpflichtigen Teil) in der Regel Arbeitsverdienst und daher auch fortzuzahlen.

17 Unberücksichtigt bleiben Leistungen für **Aufwendungen** des Arbeitnehmers, die infolge der Krankheit nicht anfallen und auf die deshalb – nach den getroffenen Vereinbarungen – kein Anspruch besteht (z. B. Fahrtkosten, Spesen, Schmutzzulagen).

Bei **Leistungsvergütung** (z. B. Akkord, Prämie) ist der Berechnung des Arbeitsentgeltes der Durchschnittsverdienst zugrunde zu legen, der in der für den Beschäftigten maßgeblichen regelmäßigen Arbeitszeit erzielbar ist (§ 4 Abs. 1 a Satz 2 EFZG).

18 Die Höhe der Entgeltfortzahlung berechnet sich aus der für den Arbeitnehmer maßgebenden regelmäßigen, durch die Arbeitsunfähigkeit ausgefallenen Arbeitszeit (**Zeitfaktor**) und dem – dem Arbeitnehmer für diese Zeit zustehenden – Arbeitsentgelt (**Geldfaktor**).

19 Wenn der Arbeitnehmer ein **festes Monatsgehalt** bezieht (Monatsgehalt bzw. Monatslohn), bestehen hinsichtlich der Berechnung der Entgeltfortzahlung keine besonderen Probleme. Schwankungen der individuellen regelmäßigen Arbeitszeit spielen keine Rolle. Das Monatsentgelt ist in gleich bleibender Höhe bis zur Dauer von sechs Wochen weiterzuzahlen.

Etwas anderes kann gelten, wenn das feste Monatsgehalt auch die Vergütung für eine bestimmte, arbeitsvertraglich vereinbarte Zahl von **Mehrarbeitsstunden** einschließlich tariflicher Überstundenzuschläge beinhaltet.

In diesem Falle ist bei der Entgeltfortzahlung im Krankheitsfall gemäß § 4 Abs. 1 a EFZG der **Überstundenzuschlag** für die vereinbarten Mehrarbeitsstunden nicht entgeltfortzahlungspflichtig und deshalb aus dem Monatsentgelt herauszurechnen.

20 Ist Vergütung auf **Stundenlohnbasis** vereinbart, ist zur Berechnung des fortzuzahlenden Arbeitsentgelts die Zahl der durch die Arbeitsunfähigkeit ausfallenden Arbeitsstunden (**Zeitfaktor**) mit dem hierfür jeweils geschuldeten Arbeitsentgelt (**Geldfaktor**) zu multiplizieren.

Bei **Schwankungen** der individuellen regelmäßigen Arbeitszeit ist zur Bestimmung der »regelmäßigen« Arbeitszeit im Sinne des § 4 Abs. 1 EFZG eine vergangenheitsbezogene Betrachtung zulässig und geboten.

Maßgebend ist der Durchschnitt der vergangenen zwölf Monate.

21 In → **Tarifverträgen** kann eine »abweichende Bemessungsgrundlage« des (100 %ig) fortzuzahlenden Arbeitsentgelts festgelegt werden (§ 4 Abs. 4 EFZG; vgl. BAG v. 20. 1. 2010 – 5 AZR 53/09, NZA 2010, 455).

Hiervon ist in vielen Tarifverträgen insofern Gebrauch gemacht worden, als das fortzuzahlende Arbeitsentgelt aus dem Durchschnittsverdienst eines »**Referenzzeitraums**« (= meist die letzten drei – oder mehr – abgerechneten Monate vor Eintritt der Arbeitsunfähigkeit) ermittelt wird.

Kürzung von Sondervergütungen wegen Krankheit (§ 4 a EFZG)

22 Nach § 4 a EFZG ist eine Vereinbarung (z. B. arbeitsvertragliche Vereinbarung) zulässig, die eine Kürzung von Sondervergütungen (z. B. → **Weihnachtsgeld**) für Zeiten der Arbeitsunfähigkeit infolge Krankheit vorsieht (ggf. anders lautende →**Tarifverträge** beachten; diese haben Vorrang!).

Dabei darf die vorgesehene Kürzung für jeden Krankheitstag nicht höher sein als 25 Prozent des Arbeitsentgelts, das im Jahresdurchschnitt auf einen Arbeitstag entfällt.
Siehe auch → **Krankheit**.

Zusammentreffen von Krankheit (oder Vorsorge- und Reha-Maßnahmen) und »freien Tagen«

Nach Ansicht des BAG wird ein Anspruch auf Arbeitszeitausgleich bereits durch die Freistellung von der Arbeitspflicht **erfüllt** (BAG v. 11.9.2003 – 6 AZR 374/02, NZA 2004, 738). **23**

Der Arbeitnehmer sei in diesem Falle nicht mehr verpflichtet, im Freistellungszeitraum die nach dem Arbeitsvertrag geschuldete Arbeitsleistung zu erbringen.

Er könne über diesen Zeitraum frei verfügen, ohne dass die Pflicht des Arbeitgebers zur Zahlung der entsprechenden Vergütung entfalle.

Eine nachträglich eintretende krankheitsbedingte Arbeitsunfähigkeit im Freistellungszeitraum mache die Erfüllung des Ausgleichsanspruchs nicht hinfällig.

Der Arbeitnehmer trage das Risiko, die durch Arbeitsbefreiung als Arbeitszeitausgleich gewonnene Freizeit auch tatsächlich nach seinen Vorstellungen nutzen zu können.

Missliche Konsequenz dieser zweifelhaften Rechtsprechung ist, dass dem Arbeitnehmer der zum Zwecke des Arbeitszeitausgleichs genommene **freie Tag praktisch verloren** geht.

Damit entsteht eine andere Situation als beim Zusammenfallen von **Urlaub** und krankheitsbedingter Arbeitsunfähigkeit: nach § 9 BUrlG werden, wenn der Arbeitnehmer während des Urlaubs erkrankt, die durch ärztliches Zeugnis nachgewiesenen Tage der Arbeitsunfähigkeit nicht auf den Urlaub angerechnet (siehe Rn. 28 f.).

Das heißt: der Urlaub bleibt dem Arbeitnehmer insoweit erhalten.

Es hätte nahe gelegen, die durch § 9 BUrlG vorgenommene Risikoverteilung zugunsten des Arbeitnehmers auf den Fall des Zusammenfallens von Arbeitszeitausgleich und Arbeitsunfähigkeit anzuwenden.

Das BAG bevorzugt aber die für den Arbeitgeber günstigere Variante.

Immerhin anerkennt die Rechtsprechung die Möglichkeit, durch → **Arbeitsvertrag**, → **Betriebsvereinbarung** oder → **Tarifvertrag** zu regeln, dass der freie Tag – wie bei Urlaub – erhalten bleibt, wenn der Arbeitnehmer arbeitsunfähig erkrankt.

Zusammentreffen von Krankheit (oder Vorsorge- und Reha-Maßnahmen) und einem Feiertag oder Sonntag

Wenn der Arbeitnehmer an einem **Feiertag** arbeitsunfähig erkrankt, richtet sich die Entgeltfortzahlung **23a**
- entweder nach § 4 Abs. 2 i. V. m. § 2 Abs. 1 EFZG (wenn die Arbeit »gleichzeitig infolge des Feiertags« ausfällt)
- oder nach § 4 Abs. 1 EFZG, wenn der Arbeitnehmer an dem Feiertag hätte arbeiten müssen.

Hätte der Erkrankte am Feiertag nicht arbeiten müssen, erhält er das nach § 4 Abs. 2 EFZG i. V. m. § 2 Abs. 1 EFZG zu berechnende Arbeitsentgelt, das er ohne Krankheit und ohne feiertagsbedingten Arbeitsausfall bekommen hätte.

Hierzu zählt z. B. auch eine Vergütung für Überstunden (inkl. Zuschläge), wenn diese ohne den Feiertag angefallen wären.

Hätte der arbeitsunfähig erkrankte Arbeitnehmer dagegen – z. B. nach einem Schichtplan – an dem Feiertag arbeiten müssen, dann fällt die Arbeit allein aufgrund der Arbeitsunfähigkeit aus. Dem Arbeitnehmer sind – ohne Rückgriff auf § 4 Abs. 2 EFZG – aufgrund des Entgeltausfallprinzips nach § 4 Abs. 1 EFZG zusätzlich zur Grundvergütung auch die dann ggf. nach Arbeits-

Entgeltfortzahlung im Krankheitsfall und bei Vorsorge/Rehabilitation

oder Tarifvertrag anfallenden Feiertagszuschläge zu zahlen (BAG v. 14.1.2009 – 5 AZR 89/08, DB 2009, 909).

→ **Tarifverträge** können allerdings Abweichendes regeln (§ 4 Abs. 4 EFZG; vgl. Rn. 21 ff.).

23b Vorstehendes gilt auch, wenn der arbeitsunfähig erkrankte Arbeitnehmer an einem **Sonntag** hätte arbeiten müssen.
Dann sind ihm aufgrund des Entgeltausfallprinzips nach § 4 Abs. 1 EFZG auch die ggf. nach Arbeits- oder Tarifvertrag anfallenden Sonntagszuschläge zu zahlen (BAG v. 14.1.2009 – 5 AZR 89/08, DB 2009, 909).

Zusammentreffen von Krankheit (oder Vorsorge- und Reha-Maßnahmen) und → Kurzarbeit

24 Fällt die krankheitsbedingte Arbeitsunfähigkeit in eine Kurzarbeitsperiode, so berechnet sich das fortzuzahlende Arbeitsentgelt auf der Basis der **verkürzten Arbeitszeit**, sofern der Erkrankte von der Kurzarbeit betroffen gewesen wäre (§ 4 Abs. 3 EFZG).

25 Erkrankt ein Arbeitnehmer während des Bezuges von Kurzarbeitergeld, erhält er – zusätzlich zum fortzuzahlenden Arbeitsentgelt (für die nicht durch Kurzarbeit ausgefallene Arbeit) – für die Dauer von bis zu sechs Wochen Kurzarbeitergeld (»Kranken-Kurzarbeitergeld« nach § 98 Abs. 2 SGB III 2012).
Besteht die Arbeitsunfähigkeit weiter fort, zahlt die Krankenkasse nach Ablauf des Entgeltfortzahlungszeitraums **Krankengeld**.
Dieses wird nach dem regelmäßigen Arbeitsentgelt berechnet, das zuletzt vor Eintritt des Arbeitsausfalls erzielt wurde (§ 47 b Abs. 3 SGB V; siehe auch Beispiel Rn. 26).

26 Soweit ein Beschäftigter arbeitsunfähig erkrankt, **bevor** die Voraussetzungen für **Kurzarbeitergeld** (siehe → **Kurzarbeit**) vorliegen, erhält er für die Dauer der Entgeltfortzahlung zusätzlich zum Arbeitsentgelt (für die nicht durch Kurzarbeit ausgefallene Arbeit) als **Krankengeld** den Betrag des Kurzarbeitergeldes, den er erhalten hätte, wenn er nicht arbeitsunfähig gewesen wäre (§ 47 b Abs. 4 SGB V).
Der Arbeitgeber hat das Krankengeld kostenlos zu errechnen und auszuzahlen. Der Arbeitnehmer hat die erforderlichen Angaben zu machen.

> **Beispiel:**
> Ein Arbeitnehmer ist seit Montag, den 1.2.2016 – voraussichtlich für längere Zeit – arbeitsunfähig krank.
> Drei Wochen später – am 22.2.2016 – beginnt eine zwischen Arbeitgeber und Betriebsrat vereinbarte sechsmonatige Kurzarbeitsperiode, in der nur noch an drei Tagen in der Woche gearbeitet wird; zwei Arbeitstage fallen aus. Von dem Arbeitsausfall wäre auch der weiterhin arbeitsunfähige Arbeitnehmer betroffen. Er hat für die Zeit ab 1.2.2016 Anspruch auf folgende Leistungen:
> - für die Zeit vom 1.2. bis 21.2.2016 (= »erste« drei Wochen): Entgeltfortzahlung in Höhe des Arbeitsentgelts, das ihm entsprechend der für ihn maßgebenden regelmäßigen Arbeitszeit zusteht (§ 4 Abs. 1 EFZG);
> - für die Zeit vom 22.2. bis 13.3.2016 (= »zweite« drei Wochen):
>   – Entgeltfortzahlung auf der Basis der verkürzten Arbeitszeit (§ 4 Abs. 3 EFZG)
>   – plus Krankengeld in Höhe des Betrages des Kurzarbeitergeldes, den er erhalten hätte, wenn er nicht arbeitsunfähig gewesen wäre (§ 47 b Abs. 4 SGB V; der Krankengeldanspruch nach dieser Vorschrift besteht, solange Anspruch auf Fortzahlung des Arbeitsentgelts im Krankheitsfall nach dem Entgeltfortzahlungsgesetz besteht)
> - für die Zeit nach Ablauf der Entgeltfortzahlung ab 14.3.2016: Krankengeld. Dieses wird nach dem regelmäßigen Arbeitsentgelt berechnet, das zuletzt vor Eintritt des Arbeitsausfalls erzielt wurde (§ 47 b Abs. 3 SGB V; siehe Rn. 25).

Entgeltfortzahlung im Krankheitsfall und bei Vorsorge/Rehabilitation

Zusammentreffen von Krankheit (oder Vorsorge- und Reha-Maßnahmen), Feiertag und → Kurzarbeit

Beim Zusammenfallen von Krankheit (oder Vorsorge- und Reha-Maßnahmen), Feiertag und → **Kurzarbeit** steht dem Betroffenen – für den Feiertag – ein Entgeltanspruch **nur in Höhe des Kurzarbeitergeldes** zu. 27

Erfolgt dagegen im Arbeitsbereich des kranken Arbeitnehmers keine Kurzarbeit (wäre er also nicht von der Kurzarbeit betroffen), ist ein ungekürztes Feiertagsentgelt zu zahlen (siehe auch → **Entgeltfortzahlung an Feiertagen**).

Zusammentreffen von Krankheit (oder Vorsorge- und Reha-Maßnahmen) und → Urlaub

Die durch ärztliches Attest nachgewiesenen Tage der Arbeitsunfähigkeit werden **nicht** auf den → **Urlaub** angerechnet (§ 9 BUrlG). 28

Der Betroffene hat für diese Tage Anspruch auf Entgeltfortzahlung nach dem EFZG.

Eine Anrechnung von Maßnahmen der medizinischen Vorsorge und Rehabilitation auf den Urlaub ist unzulässig, soweit ein Entgeltfortzahlungsanspruch nach den Vorschriften des EFZG besteht (§ 10 BUrlG). 29

Ein solcher Entgeltfortzahlungsanspruch besteht nicht, wenn im Anschluss an eine Maßnahme der medizinischen Vorsorge und Rehabilitation vom Arzt eine »Schonungsmaßnahme« verschrieben wird.

Der Beschäftigte hat dann allerdings einen Anspruch auf Gewährung von Erholungsurlaub (§ 7 Abs. 1 Satz 2 BUrlG).

Zusammentreffen von Krankheit (oder Vorsorge- und Reha-Maßnahmen) und → Bildungsurlaub

Ein Anspruch auf Entgeltfortzahlung nach dem EFZG besteht auch, wenn ein nach Ländergesetzen gewährter – bezahlter – → **Bildungsurlaub** wegen Krankheit oder Vorsorge- und Reha-Maßnahmen nicht angetreten werden kann oder vorzeitig abgebrochen werden muss. 30

Anzeige und Nachweispflichten (§ 5 EFZG)

Im Falle der krankheitsbedingten Arbeitsunfähigkeit obliegen dem Arbeitnehmer Anzeige- und Nachweispflichten (§ 5 EFZG; siehe Rn. 40 ff.). 31

Schadensersatzanspruch gegen Dritten (§ 6 EFZG)

Beruht die Arbeitsunfähigkeit des Beschäftigten auf einer Schädigung durch einen Dritten, so gehen die Schadensersatzansprüche des Erkrankten gegenüber einem Dritten insoweit auf den Arbeitgeber über, als dieser Entgeltfortzahlung geleistet hat (§ 6 EFZG). 32

Leistungsverweigerungsrecht des Arbeitgebers (§ 7 EFZG)

Der Arbeitgeber kann Entgeltfortzahlung ablehnen, wenn der Erkrankte den Übergang seines Schadensersatzanspruches gegen den Dritten auf den Arbeitgeber vereitelt (§ 7 Abs. 1 Nr. 2 EFZG). 33

Entgeltfortzahlung im Krankheitsfall und bei Vorsorge/Rehabilitation

Heimarbeit (§§ 10 und 11 EFZG)

34 §§ 10, 11 EFZG regeln die wirtschaftliche Sicherung der im Bereich der → **Heimarbeit** Beschäftigten **im Krankheitsfall bzw. an Feiertagen.**

Unabdingbarkeit (§ 12 EFZG)

35 Von den Vorschriften des EFZG kann – abgesehen von den Bestimmungen des § 4 Abs. 4 EFZG (= Festlegung einer anderweitigen Bemessungsgrundlage durch → **Tarifvertrag**; siehe Rn. 21) – nicht zuungunsten (wohl aber zugunsten) der Beschäftigten abgewichen werden (sog. Unabdingbarkeit).
Geschieht dies dennoch, ist die Vereinbarung bzw. Regelung als Gesetzesverstoß gemäß § 134 BGB unwirksam.
Beispielsweise ist eine Vereinbarung nichtig, die den Beschäftigten verpflichtet, die durch krankheitsbedingte Arbeitsunfähigkeit oder eine Vorsorge- und Reha-Maßnahme ausgefallene Arbeit nachzuarbeiten.

Fälligkeit, Ausschlussfristen, Verjährung

35a Die Fälligkeit des Anspruchs auf Entgeltfortzahlung richtet sich nach den getroffenen Vereinbarungen (→ **Arbeitsvertrag**, → **Tarifvertrag**, → **Betriebsvereinbarung**).

35b Nach zweifelhafter Ansicht des BAG können vertragliche oder tarifliche → **Ausschlussfristen/Verfallfristen** auch gesetzliche Ansprüche auf Entgeltfortzahlung erfassen. Die Unabdingbarkeitsvorschrift des § 12 EFZG (siehe Rn. 35) soll dem nicht entgegenstehen (BAG v. 16. 1. 2002 – 5 AZR 430/00, NZA 2002, 746).
Das ist nicht nachvollziehbar, wie folgendes Beispiel zeigt:

> **Beispiel:**
> Eine Vereinbarung »*Der Anspruch auf Entgeltfortzahlung nach §§ 3, 9 EFZG besteht nur für die Dauer von drei Monaten*« wäre vermutlich wegen Verstoßes gegen § 12 EFZG unwirksam.
> Wieso soll eine Vereinbarung »*Ansprüche auf Entgeltfortzahlung nach §§ 3, 9 EFZG müssen innerhalb einer Ausschlussfrist von drei Monaten geltend gemacht werden; andernfalls verfallen sie*« wirksam sein?

35c Der Anspruch auf Feiertagsentgelt verjährt gemäß § 195 BGB in drei Jahren (siehe → **Verjährung**).

Krankengeld

36 Nach Ablauf der – sechswöchigen – Entgeltfortzahlung durch den Arbeitgeber (siehe Rn. 7 ff. und 13 ff.), zahlt – bei Fortdauer der krankheitsbedingten Arbeitsunfähigkeit – die Krankenkasse Krankengeld (siehe → **Krankengeld**, → **Krankheit** und → **Krankenversicherung**).

Aufwendungsausgleich

37 Vom Inkrafttreten des EFZG unberührt blieben die §§ 10 bis 19 des »alten« Lohnfortzahlungsgesetzes (LohnFG). Sie galten zunächst weiter.
Die Vorschriften sahen einen **Erstattungsanspruch** der Arbeitgeber mit nicht mehr als 20 Arbeitnehmern (ohne Auszubildende) gegen die Krankenkasse in Höhe von 80 Prozent der Aufwendungen für Entgeltfortzahlung gemäß §§ 3, 9 EFZG vor.
Das LohnFG ist inzwischen durch das Gesetz über den Ausgleich von Arbeitgeberaufwendun-

gen für Entgeltfortzahlung (Aufwendungsausgleichsgesetz – AAG) vom 22.12.2005 (BGBl. I S. 3686) abgelöst worden.
Der Aufwendungsausgleich wurde mit Wirkung ab 1.1.2006 neu geregelt.
Für den Ersatz der Aufwendungen nach dem EFZG in Höhe von 80 Prozent bleibt es bei einer Kleinunternehmensregelung (sog. **U1-Verfahren**).
Allerdings wurde der Schwellenwert von 20 auf 30 Arbeitnehmer erhöht (§ 1 Abs. 1 AAG).
Die Erstattung von Arbeitgeber-Aufwendungen nach §§ 11, 14 Abs. 1 MuSchG (sog. **U2-Verfahren**) erfolgt demgegenüber nunmehr in vollem Umfang und an Arbeitgeber aller Größenordnungen (§ 1 Abs. 2 AAG).
Die zur Durchführung der U1– und U2-Verfahren erforderlichen Mittel werden von den am Ausgleich beteiligten Arbeitgeber durch **Umlagen** aufgebracht (§ 7 AAG).

Bedeutung für die Betriebsratsarbeit

Der Betriebsrat hat zunächst die Aufgabe, darüber zu wachen, dass der Arbeitgeber seine Verpflichtungen aus dem EFZG und ggf. tarifvertraglichen Regelungen einhält (§ 80 Abs. 1 Nr. 1 BetrVG). 38

Ein **Mitbestimmungsrecht** nach § 87 Abs. 1 Nr. 1 BetrVG besteht insoweit, als es um Regelungen geht, die die Ordnung des Betriebs oder das Verhalten der Arbeitnehmer betreffen und die durch das EFZG bzw. durch Tarifvertrag nicht abschließend geregelt sind (vgl. § 87 Abs. 1 Eingangssatz BetrVG; siehe → **Betriebsordnung** Rn. 3 c). 39

> **Beispiele:**
> - Führt der Arbeitgeber ein **Formular** ein, auf dem die Arbeitnehmer die Notwendigkeit eines Arztbesuches während der Arbeitszeit vom Arzt **bescheinigen** lassen sollen, trifft er damit eine Regelung der betrieblichen Ordnung, bei der der Betriebsrat nach § 87 Abs. 1 Ziff. 1 BetrVG mitzubestimmen hat (BAG v. 21.1.1997 – 1 ABR 53/96, AiB 1997, 539).
> - Die Anweisung des Arbeitgebers, Zeiten der Arbeitsunfähigkeit unabhängig von deren Dauer generell durch eine **vor Ablauf** des dritten Kalendertags nach Beginn der Arbeitsunfähigkeit vorzulegende **Arbeitsunfähigkeitsbescheinigung** nachzuweisen, unterliegt der Mitbestimmung (BAG v. 25.1.2000 – 1 ABR 3/99, NZA 2000, 665).
> - Verlangt der Arbeitgeber von einem bestimmten Kreis seiner Arbeitnehmer, deren Krankheitszeiten innerhalb eines Bezugszeitraums sechs Wochen überschreiten, **formularmäßig** die Vorlage einer ärztlichen Bescheinigung darüber, ob eine **Fortsetzungserkrankung** i. S. v. § 3 Abs. 1 EFZG vorliegt, so besteht für diese Verfahrensweise ein Mitbestimmungsrecht gem. § 87 Abs. 1 Ziff. 1 BetrVG (Hess. LAG v. 6.9.2001 – 5 TaBV 5/01 (rkr.), DB 2002, 1224).
> - Die Ein- und Durchführung formalisierter **Krankengespräche** zur Aufklärung eines überdurchschnittlichen Krankenstands mit einer nach abstrakten Kriterien ermittelten Mehrzahl von Arbeitnehmern ist nach § 87 Abs. 1 Ziff. 1 BetrVG mitbestimmungspflichtig (BAG v. 8.11.1994 – 1 ABR 22/94, NZA 1995, 857).
> - Das generelle Versenden von »**Abmahnungsschreiben**« wegen Krankheit unterliegt der Mitbestimmung (ArbG Köln v. 1.9.1977 – 13 BV 55/77; vgl. auch DKKW-Klebe, BetrVG, 15. Aufl., § 87 Rn. 67). Man könnte allerdings auch der Ansicht sein, dass ein solches Arbeitgeberverhalten das Persönlichkeitsrecht des Arbeitnehmers verletzt und deshalb vom Betriebsrat nach § 80 Abs. 1 Nr. 1 BetrVG als krasser Rechtsmissbrauch zu beanstanden ist.

Soweit derartige oder ähnliche Verhaltensweisen des Arbeitgebers ohne Zustimmung des Betriebsrats erfolgen, steht diesem ein mit **einstweiliger Verfügung** durchsetzbarer Unterlassungs- und Beseitigungsanspruch zu (siehe → **Unterlassungsanspruch des Betriebsrats**).

Bedeutung für die Beschäftigten

40 Im Falle der krankheitsbedingten Arbeitsunfähigkeit obliegen dem Arbeitnehmer Anzeige- und Nachweispflichten (§ 5 EFZG).

Anzeigepflicht (§ 5 Abs. 1 Satz 1 EFZG)

41 Der arbeitsunfähig Erkrankte ist verpflichtet, dem Arbeitgeber die Arbeitsunfähigkeit sowie deren voraussichtliche Dauer »unverzüglich« (= ohne schuldhaftes Zögern; siehe → **Rechtsbegriffe**) mitzuteilen (§ 5 Abs. 1 Satz 1 EFZG).

Die Anzeigepflicht betrifft nicht nur den Fall der Ersterkrankung, sondern ebenso den Fall, dass eine Erkrankung über die mitgeteilte voraussichtliche Dauer hinaus weiter anhält (BAG v. 16.08.1991 – 2 AZR 604/90, AiB 1992, 655 = NZA 1993, 17).

Die Anzeige kann in jeder geeigneten **Form** erfolgen: durch Telefonat, schriftlich oder per Fax, durch dritte Personen usw.

41a Die wiederholte Verletzung der Meldepflicht bei krankheitsbedingter Arbeitsverhinderung kann nach erfolgloser Abmahnung eine verhaltensbedingte ordentliche **Kündigung** rechtfertigen (BAG v. 16.8.1991 – 2 AZR 604/90, AiB 1992, 655; Hessisches LAG v. 18.1.2011 – 12 Sa 522/10). Das soll auch im Falle der Verletzung der Anzeigepflicht bei **Folgeerkrankungen** gelten.

Nachweispflicht (§ 5 Abs. 1 Satz 2 EFZG)

42 Dauert die Erkrankung voraussichtlich länger als drei Tage (= Kalendertage), hat der Arbeitnehmer spätestens an dem ersten Arbeitstag nach Ablauf der drei Kalendertage *(= »darauf folgender Arbeitstag«)* eine ärztliche **Arbeitsunfähigkeitsbescheinigung** dem Arbeitgeber unaufgefordert vorzulegen (§ 5 Abs. 1 Satz 2 EFZG).

Das heißt: Bei kürzeren Erkrankungen besteht keine Vorlagepflicht, es sei denn, der Arbeitgeber verlangt Vorlage nach § 5 Abs. 1 Satz 3 EFZG (siehe Rn. 46).

Für die Einhaltung der Frist (»Vorlage spätestens an dem darauf folgenden Arbeitstag«) ist nicht die Absendung maßgeblich, sondern der **Zugang** der Arbeitsunfähigkeitsbescheinigung beim Arbeitgeber.

Nach h. M. (vgl. etwa ErfK-*Dörner/Reinhard*, § 5 EFZG Rn. 11; a. A. Wedde/Kunz, § 5 Rn. 22) ist der **erste Tag** der Arbeitsunfähigkeit bei der Fristberechnung dann **mitzurechnen**, wenn an diesem Tag krankheitsbedingt überhaupt keine Arbeitsleistung erbracht wurde (vgl. § 187 Abs. 2 BGB).

Die Arbeitsunfähigkeitsbescheinigung muss in diesem Fall am **vierten Tag** nach Beginn der krankheitsbedingten Arbeitsunfähigkeit vorgelegt werden, wenn es sich um einen Arbeitstag handelt (= »*darauf folgender Arbeitstag*« i. S. d. § 5 Abs. 1 Satz 2 EFZG).

> **Beispiele:**
> - Der Arbeitnehmer bleibt ab Dienstag wegen Krankheit zu Hause. Am Freitag (= der »darauf folgende« Arbeitstag) muss er eine Arbeitsunfähigkeitsbescheinigung vorlegen.
> - Tritt die Arbeitsunfähigkeit am Freitag vor Aufnahme der Arbeit ein, hat die Vorlage am Montag (= der »darauf folgende« Arbeitstag i. S. d. § 5 Abs. 1 Satz 2 EFZG) zu erfolgen.

43 Wenn die krankheitsbedingte Arbeitsunfähigkeit erst **nach Arbeitsbeginn** (z. B. kurz vor Ende der Arbeitsschicht) eintritt, dürfte es unter Anwendung des § 187 Abs. 1 BGB richtig sein,

Entgeltfortzahlung im Krankheitsfall und bei Vorsorge/Rehabilitation

diesen Tag bei der Berechnung der Frist nicht mitzuzählen (allerdings ist Vorsicht geboten, weil es soweit ersichtlich – hierzu keine entsprechende – Rechtsprechung gibt).
Beginnt die krankheitsbedingte Arbeitsunfähigkeit an einem Mittwoch oder Donnerstag und fällt der **vierte Tag** deshalb auf einen Samstag oder Sonntag, verlängert sich die Frist nach § 193 BGB auf den nächsten Werktag.
Das heißt: die Arbeitsunfähigkeitsbescheinigung muss erst am folgenden Montag (= »darauf folgender Arbeitstag« i. S. d. § 5 Abs. 1 Satz 2 EFZG) vorgelegt werden.
Entsprechendes gilt, wenn der vierte Tag auf einen **Feiertag** fällt.
Verschiedentlich wird die Meinung vertreten, dass der »*darauf folgende Arbeitstag*« i. S. d. § 5 Abs. 1 Satz 2 EFZG dann ein Samstag/Sonntag/Feiertag sein kann, wenn der Betroffene nach einem **Schichtplan** an diesen Tagen hätte arbeiten müssen (vgl. ErfK-*Dörner/Reinhard*, § 5 EFZG Rn. 10).
Es dürfte richtiger sein, auch in diesem Fall § 193 BGB anzuwenden und die Frist auf den nächsten Werktag zu verlängern (siehe → **Fristen**).
Nach § 5 Abs. 1 Satz 3 EFZG kann der Arbeitgeber die Vorlage der Arbeitsunfähigkeitsbescheinigung schon früher, ggf. schon am ersten krankheitsbedingten Fehltag **verlangen** (BAG v. 14. 11. 2012 – 5 AZR 886/11, AiB 2013, 466 = NZA 2013, 322; zum Mitbestimmungsrecht des Betriebsrats nach § 87 Abs. 1 Nr. 1 BetrVG siehe Rn. 39).
Die Verletzung der Nachweispflicht kann nach Ansicht des BAG eine ordentliche Kündigung und unter besonderen Umständen sogar eine außerordentliche **Kündigung** rechtfertigen (BAG v. 15. 01. 1986 – 7 AZR 128/83, NZA 1987, 93). Angesichts des regelmäßig geringeren Gewichts dieser Pflichtverletzung bedürfe es allerdings der Feststellung erschwerender Umstände des Einzelfalles, die ausnahmsweise die Würdigung rechtfertigen, dem Arbeitgeber sei die Fortsetzung des Arbeitsverhältnisses bis zum Ablauf der ordentlichen Kündigungsfrist bzw. bis zum vereinbarten Beendigungszeitpunkt nicht zumutbar gewesen. In jedem Fall kommt eine Kündigung nur nach erfolgloser vorheriger **Abmahnung** in Betracht (ArbG Frankfurt v. 11. 1. 2006 – 22 Ca 3594/05).

44

45

46

46a

> **Hinweis:**
> Nach § 92 SGB V beschließt der aus den Kassenärztlichen Bundesvereinigungen, der Deutschen Krankenhausgesellschaft und dem Spitzenverband Bund der Krankenkassen bestehende »**Gemeinsame Bundesausschuss**« die zur Sicherung der ärztlichen Versorgung erforderlichen **Richtlinien** über die Gewährung für eine ausreichende, zweckmäßige und wirtschaftliche Versorgung der Versicherten.
> Unter anderem beschließt der »Gemeinsame Bundesausschuss« **Richtlinien über die Beurteilung der Arbeitsunfähigkeit**.
> In der Richtlinie des Gemeinsamen Bundesauschusses über die Beurteilung der Arbeitsunfähigkeit und die Maßnahmen zur stufenweisen Wiedereingliederung nach § 92 Abs. 1 Satz 2 Nr. 7 SGB V (Arbeitsunfähigkeits-Richtlinie; zuletzt geändert am 17. 12. 2015 – veröffentlicht im Bundesanzeiger BAnz AT 3.3.2016 B3 – in Kraft getreten am 4.3.2016) wurde die **Arbeitsunfähigkeitsbescheinigung** (»gelber Schein«) neu gestaltet.

46b

Folgebescheinigung (§ 5 Abs. 1 Satz 4 EFZG)

Dauert die Arbeitsunfähigkeit länger als in der Bescheinigung des Arztes angegeben, ist eine erneute ärztliche Bescheinigung vorzulegen (§ 5 Abs. 1 Satz 4 EFZG).

47

Entgeltfortzahlung im Krankheitsfall und bei Vorsorge/Rehabilitation

Leistungsverweigerungsrecht des Arbeitgebers (§ 7 EFZG)

48 Solange der Beschäftigte seine Nachweispflicht (Vorlage der Arbeitsunfähigkeitsbescheinigung) nicht erfüllt, kann der Arbeitgeber Entgeltfortzahlung verweigern (§ 7 Abs. 1 EFZG). Das gilt nicht, wenn der Arbeitnehmer die Verletzung der Nachweispflicht nicht zu vertreten hat (§ 7 Abs. 2 EFZG).

Der Arbeitgeber ist in jedem Fall zur Nachzahlung verpflichtet, wenn der Erkrankte seiner Nachweispflicht – wenn auch verspätet – nachkommt.

Mitteilungspflicht bei Erkrankung im Ausland (§ 5 Abs. 2 EFZG)

49 Erkrankt der Arbeitnehmer während eines Auslandsaufenthaltes (z. B. Urlaub), hat er dem Arbeitgeber die Arbeitsunfähigkeit, deren voraussichtliche Dauer und die Anschrift in der schnellstmöglichen Weise (Telefonanruf, Fax, E-Mail) mitzuteilen.

Etwaige **Kosten** der Mitteilung hat der Arbeitgeber zu tragen.

Mitteilungspflichten bestehen auch gegenüber der gesetzlichen Krankenkasse (vgl. § 5 Abs. 2 Satz 3 bis 5 EFZG).

Bei Rückkehr ins Inland muss der Betroffene seine Rückkehr ebenfalls gegenüber Arbeitgeber und Krankenkasse »unverzüglich« (siehe → **Rechtsbegriffe**) anzeigen.

Beweiswert der Arbeitsunfähigkeitsbescheinigung

50 Der Arbeitnehmer muss im Streitfalle die Arbeitsunfähigkeit als Anspruchsvoraussetzung für Entgeltfortzahlung **beweisen**.

Er genügt seiner Beweislast im Regelfall durch Vorlage einer **Arbeitsunfähigkeitsbescheinigung**.

Der Arbeitgeber kann den Beweiswert der Arbeitsunfähigkeitsbescheinigung »**erschüttern**«, wenn sich aufgrund von Tatsachen ernsthafte Zweifel an der Arbeitsunfähigkeit aufdrängen.

Das kann beispielsweise der Fall sein, wenn der Arbeitnehmer
- die Arbeitsunfähigkeit ankündigt oder
- nach Ablehnung eines Urlaubsantrages – mit Arbeitsunfähigkeit »droht«;
- während der bescheinigten Arbeitsunfähigkeit »schwarzarbeitet« oder
- während der bescheinigten Arbeitsunfähigkeit ganztägig mit seinem Eigenheimbau beschäftigt ist.

51 Wer arbeitsunfähig krankgeschrieben ist, muss allerdings nicht zu Hause im Bett liegen (es sei denn, der Arzt hat **absolute Bettruhe** verordnet).

Der arbeitsunfähig Erkrankte kann alles tun, was seine Genesung nicht gefährdet oder verzögert.

Unter dieser Voraussetzung kann der Kranke z. B. einkaufen und spazieren gehen.

Auch der Besuch eines Restaurants oder Kinos ist beispielsweise für denjenigen, der wegen einer Sehnenscheidenentzündung krankgeschrieben ist, zulässig.

Umgekehrt ist z. B. der stundenlange Aufenthalt eines an schwerer Bronchitis Erkrankten in einer verräucherten Gaststätte zu vermeiden.

Ebenfalls die Ausübung von Tätigkeiten und bezahlten Nebentätigkeiten, die den Genesungsprozess beeinträchtigen.

Kündigung wegen Krankheit

Zur Frage, ob ein krankheitsbedingte Arbeitsausfall ein Grund für eine Kündigung sein kann, siehe → **Personenbedingte Kündigung.** 52

Rechtsprechung

1. Wartezeit (§ 3 Abs. 3 EFZG)
2. Entgeltfortzahlung: Anspruchsvoraussetzungen
3. Dauer der Entgeltfortzahlung (§ 3 Abs. 1 EFZG)
4. Fortsetzungserkrankung
5. Entgeltfortzahlung trotz Beendigung des Arbeitsverhältnisses (§ 8 EFZG)
6. Nachweis der Arbeitsunfähigkeit (§ 5 Abs. 1 Satz 2 EFZG)
7. Nachweis der Arbeitsunfähigkeit bei Erkrankung im Ausland (§ 5 Abs. 2 EFZG)
8. Höhe der Entgeltfortzahlung – Entgeltausfallprinzip – Flexible Arbeitszeit – Überstunden – Abweichende tarifliche Berechnungsgrundlage
9. Höhe der Entgeltfortzahlung: 80 % oder 100 %
10. Unabdingbarkeit (§ 12 EFZG)
11. Keine Verrechnung der Kosten der Entgeltfortzahlung mit Leistungen einer Unfallversicherung
12. Aufwendungsausgleich (AAG; früher §§ 10 bis 19 Lohnfortzahlungsgesetz)
13. Rückforderung von Krankenbezügen bei rückwirkender Rentenbewilligung
14. Internationales Privatrecht: Entgeltfortzahlung bei Flugbegleitern
15. Sonstiges
16. Nachweis der Arbeitsunfähigkeit und Mitbestimmung
17. Anrechnung von »Kur-Tagen« auf Tarifurlaub (§ 10 BUrlG a. F.)?
18. Kündigung wegen Verletzung der Anzeige- und Nachweispflicht nach § 5 Abs. 1 EFZG
19. Kündigung wegen krankheitsbedingter Arbeitsunfähigkeit
20. Anspruch auf Krankengeld
21. Zuschuss zum Krankengeld

Entgeltumwandlung

Grundlagen

1. Ab 1.1.2002 besteht ein Anspruch des Arbeitnehmers, Teile des Arbeitsentgelts in Beiträge zur betrieblichen → **Altersvorsorge** umzuwandeln.
Der Arbeitnehmer kann nach § 1 a Abs. 1 Satz 1 BetrAVG vom Arbeitgeber verlangen, dass von seinen künftigen Entgeltansprüchen **bis zu 4 Prozent** der jeweiligen – in **Westdeutschland** geltenden – jährlichen **Beitragsbemessungsgrenze** in der Rentenversicherung der Arbeiter und Angestellten (2016: 74 400 Euro; 4 Prozent davon = 2976 Euro jährlich = 248 Euro monatlich) durch Entgeltumwandlung für seine betriebliche Altersversorgung verwendet werden. Der Arbeitgeber ist nach Ansicht des BAG weder nach § 1 a BetrAVG noch aufgrund seiner Fürsorgepflicht verpflichtet, den Arbeitnehmer von sich aus auf seinen Anspruch auf Entgeltumwandlung nach § 1 a BetrAVG **hinzuweisen** (BAG v. 21.1.2014 – 3 AZR 807/11). Deshalb fehle es an einer für einen Schadensersatzanspruch erforderlichen Pflichtverletzung des Arbeitgebers, wenn ein solcher Hinweis unterbleibt.

2. Soweit der Anspruch geltend gemacht wird, muss der Arbeitnehmer jährlich einen Betrag in Höhe von mindestens einem Hundertsechzigstel der **Bezugsgröße West** nach § 18 Abs. 1 SGB IV (2016: 34 860 Euro: 160 = 217,88 Euro jährlich = 18,16 Euro monatlich) für seine betriebliche Altersversorgung verwenden (§ 1 a Abs. 1 Satz 4 BetrAVG).

3. Soweit der Arbeitnehmer Teile seines regelmäßigen Entgelts für betriebliche Altersversorgung verwendet, kann der Arbeitgeber verlangen, dass während eines laufenden Kalenderjahres gleich bleibende monatliche Beträge verwendet werden (§ 1 a Abs. 1 Satz 5 BetrAVG).

4. Besteht bereits eine durch Entgeltumwandlung finanzierte betriebliche Altersversorgung, ist der Anspruch des Arbeitnehmers auf Entgeltumwandlung ausgeschlossen (§ 1 a Abs. 2 BetrAVG).

5. Die durch Umwandlung von Entgeltteilen erworbenen Anwartschaften werden zukünftig **sofort unverfallbar** (§ 1 b Abs. 5 BetrAVG) und gehen unmittelbar in das Arbeitnehmervermögen über. Damit ist gesetzlich sichergestellt, dass die Anwartschaft beim **Betriebswechsel** nicht verloren geht.

6. Soweit Entgeltansprüche auf einem → **Tarifvertrag** beruhen, kann für diese gemäß § 17 Abs. 5 BetrAVG eine Entgeltumwandlung nur vorgenommen werden, soweit dies durch Tarifvertrag vorgesehen oder durch Tarifvertrag zugelassen ist.
Mittlerweile existieren in den **meisten Branchen** Tarifverträge, die eine Umwandlung von tariflichen Entgeltbestandteilen ermöglichen.

7. Die **Durchführung** des Anspruchs auf Entgeltumwandlung wird gemäß § 1 a Abs. 1 Satz 2 BetrVG durch **Vereinbarung** geregelt.

8. Ist der Arbeitgeber zu einer Durchführung über einen **Pensionsfonds** oder eine **Pensionskasse** (§ 1 b Abs. 3 BetrAVG; siehe → betriebliche Altersversorgung) bereit, ist die betriebliche Altersversorgung dort durchzuführen (§ 1 a Abs. 1 Satz 3 BetrAVG).
Andernfalls kann der Arbeitnehmer verlangen, dass der Arbeitgeber für ihn eine **Direktversicherung** (§ 1 b Abs. 2 BetrAVG) abschließt (§ 1 a Abs. 1 Satz 3 BetrAVG).

Entgeltumwandlung

Siehe auch → **Betriebliche Altersversorgung.**

»Netto-Entgeltumwandlung«

Aufwendungen für die betriebliche Altersversorgung, die durch »Netto-Entgeltumwandlung« vom Arbeitnehmer getragen werden (also Aufwendungen aus bereits versteuertem und verbeitragtem Einkommen), werden in das neue System der Förderung der → **Altersvorsorge** durch **Zulagen** und **Sonderausgabenabzug** einbezogen. 9

Insbesondere kann der Arbeitnehmer, soweit er einen Anspruch auf Entgeltumwandlung für betriebliche Altersversorgung nach § 1 a Abs. 1 BetrAVG hat, verlangen, dass die Voraussetzungen für eine Förderung nach den §§ 10 a, 82 Abs. 2 des Einkommensteuergesetzes erfüllt werden, wenn die betriebliche Altersversorgung über einen **Pensionsfonds**, eine **Pensionskasse** oder eine **Direktversicherung** durchgeführt wird (§ 1 a Abs. 3 BetrAVG).

»Brutto-Entgeltumwandlung«

Die Finanzierung des Aufwandes zur betrieblichen Altersvorsorge kann in Form der »Brutto-Entgeltumwandlung« geleistet werden. 10

Anreiz dazu besteht, weil in Bezug auf den umgewandelten Betrag weder Beiträge zur Sozialversicherung (Arbeitgeber- und Arbeitnehmeranteile!) anfallen noch Lohnsteuer (eine Versteuerung erfolgt erst bei Zufluss der späteren Altersvorsorgeleistung: sog. **nachgelagerte Besteuerung**).

Arbeitnehmer und Arbeitgeber können (und sollten) vereinbaren, dass der Arbeitgeber den Umwandlungsbetrag **aufstockt**, soweit er durch die Brutto-Entgeltumwandlung die Arbeitgeberanteile zu den Sozialversicherungsbeiträgen einspart (ca. 20 % des Umwandlungsbetrages). 11

Denn auch diese Arbeitgeberleistungen stehen wirtschaftlich dem Arbeitnehmer zu (der allein aus der Sozialversicherung anspruchsberechtigt ist), so dass nicht einzusehen ist, weshalb dem Arbeitgeber diese Ersparnis zu Gute kommen sollte.

Es ist allenfalls gerechtfertigt, eine etwaige (geringe) – durch die Entgeltumwandlung ausgelöste – **Kostenbelastung** des Arbeitgebers mit den ersparten Arbeitgeberanteilen zu verrechnen.

Um die Beiträge zur Sozialversicherung stabil zu halten und das Beitragsaufkommen nicht länger zu belasten, wurde die Möglichkeit der beitragsfreien Brutto-Entgeltumwandlung ursprünglich nur noch bis Ende 2008 zugelassen (§ 115 SGB IV a. F.). 12

Aufgrund von Forderungen von Gewerkschaften, Arbeitgeberverbänden und der Versicherungswirtschaft wurde durch Gesetz zur Förderung der zusätzlichen Altersvorsorge vom 10.12.2007 (BGBl. I S. 2838) die Beitragsfreiheit in der Sozialversicherung durch eine Änderung des § 14 Abs. 1 Satz 2 SGB IV **unbefristet fortgeschrieben.**

Die Vorschrift lautet: »*Arbeitsentgelt sind auch Entgeltteile, die durch Entgeltumwandlung nach § 1 Abs. 2 Nr. 3 des Betriebsrentengesetzes für betriebliche Altersversorgung in den Durchführungswegen Direktzusage oder Unterstützungskasse verwendet werden, soweit sie 4 vom Hundert der jährlichen Beitragsbemessungsgrenze der allgemeinen Rentenversicherung übersteigen.*«

Das heißt, **Sozialversicherungsbeiträge** fallen nur für Entgeltumwandlungsbeträge oberhalb von 4 % der jährlichen Beitragsbemessungsgrundlage (siehe Rn. 1) an; Beträge bis zu 4 % bleiben **beitragsfrei.**

Zusätzlich zu dem Höchstbetrag von 4 Prozent der jährlichen Beitragsbemessungsgrenze (siehe Rn. 1) können nach § 3 Nr. 63 EStG weitere **1800 Euro** pro Kalenderjahr steuerfrei für Altersvorsorge verwendet werden (sofern § 40 b EStG a. F. nicht weiter genutzt wird). 12a

Entgeltumwandlung

Für 2016 können also insgesamt 4776 Euro (= 2976 + 1800 Euro) steuerfrei in eine Altersversorgung eingebracht werden (siehe Rn. 1).
Die steuerfreien 1800 Euro sind jedoch **sozialversicherungspflichtig**.

Zusätzliche Aufwendungen des Arbeitgebers

13 Der Aufwand des Arbeitgebers in einen **Pensionsfonds** oder in eine **Pensionskasse**, der im Rahmen einer freiwilligen Zusage zusätzlich zu den Aufwendungen des Arbeitnehmers aufgrund Entgeltumwandlung aufgebracht wird, ist bis zu der Grenze von 4 Prozent der jährlichen Beitragsbemessungsgrenze der Rentenversicherung (siehe Rn. 1) dauerhaft **steuer- und beitragsfrei** gestellt.
Diese Grenze gilt allerdings für **Arbeitgeber- und Arbeitnehmerbeiträge** aus Entgeltumwandlung **zusammen**.
Wird der Betrag durch die Zuwendungen des Arbeitgebers **voll ausgeschöpft**, kann der Arbeitnehmer diese Art der Förderung nicht mehr in Anspruch nehmen.

Arbeitshilfen

Musterschreiben
- Antrag auf Entgeltumwandlung
- Vereinbarung über Entgeltumwandlung

Rechtsprechung

1. Pflicht zur Entgeltumwandlung
2. Anspruch auf Entgeltumwandlung – Aufklärungspflicht des Arbeitgebers
3. Entgeltumwandlungsvereinbarung
4. Unverfallbarkeit
5. »Zillmerung«
6. Sonstiges

Ersatzmitglieder des Betriebsrats

Wer ist das?

Scheidet ein »ordentliches« Mitglied des Betriebsrats **dauerhaft** aus, so rückt ein Ersatzmitglied als ordentliches Mitglied für den Rest der Amtszeit des Betriebsrats in den Betriebsrat nach (§ 25 Abs. 1 Satz 1 BetrVG). 1

Wenn ein ordentliches Betriebsratsmitglied **zeitweilig** »**verhindert**« ist (z.b. wegen Krankheit oder Urlaub; siehe Rn. 2), rückt das Ersatzmitglied für die Dauer der Verhinderung nach (§ 25 Abs. 1 Satz 2 BetrVG; siehe Rn. 2). Es ist in dieser Zeit Stellvertreter des verhinderten Betriebsratsmitglieds – mit allen Rechten und Pflichten eines ordentlichen Betriebsratsmitglieds. 1a

Der Eintritt des Ersatzmitglieds vollzieht sich »**automatisch**« mit Beginn des Verhinderungsfalls.
Er hängt nicht davon ab, dass die Verhinderung des ordentlichen Mitglieds dem Ersatzmitglied **bekannt** ist (BAG v. 8. 9. 2011 – 2 AZR 388/10, AiB 2012, 409 = NZA 2012, 400).
Der Verhinderungsfall (und damit auch der Kündigungsschutz des Ersatzmitglieds nach § 15 Abs. 1 Satz 1 KSchG; siehe Rn. 11) setzt beispielsweise im Falle von Krankheit oder Urlaub regelmäßig **mit dem üblichen Arbeitsbeginn** am ersten Krankheitstag bzw. am ersten Urlaubstag des verhinderten Betriebsratsmitglieds ein (BAG v. 8. 9. 2011 – 2 AZR 388/10, a. a. O.).

Die Vertretung des verhinderten Betriebsratsmitglieds beschränkt sich keineswegs auf die Teilnahme an → **Betriebsratssitzungen**. Vielmehr nimmt das Ersatzmitglied für die Zeit der Stellvertretung alle anderen anstehenden Betriebsratsaufgaben wahr. Auszug aus BAG v. 8. 9. 2011 – 2 AZR 388/10: »*Ersatzmitglieder vertreten ordentliche Mitglieder des Betriebsrats nicht nur in einzelnen Amtsgeschäften, wie etwa in der Teilnahme an Betriebsratssitzungen. Sie rücken vielmehr gemäß § 25 Abs. 1 S 2 BetrVG für die Dauer der Verhinderung eines Betriebsratsmitglieds in den Betriebsrat nach.*« 1b

Kann ein ordentliches Betriebsratsmitglied an einer → **Betriebsratssitzung** nicht teilnehmen, hat es dies dem Betriebsratsvorsitzenden unter Angabe des Verhinderungsgrundes unverzüglich mitzuteilen (§ 29 Abs. 2 Satz 4 BetrVG).
Der Vorsitzende hat dann das **Ersatzmitglied einzuladen** (§ 29 Abs. 2 Satz 5 BetrVG).
Entsprechendes gilt im Falle der Verhinderung eines Mitglieds der → **Jugend- und Auszubildendenvertretung**.

Bei einer verspäteten oder unterbliebenen Mitteilung des Verhinderungsfalls kann und muss die Ladung ggf. sehr kurzfristig erfolgen (vgl. Fitting, BetrVG, 27. Aufl., § 29 Rn. 39). 2

Ein **Verhinderungsfall** ist nur gegeben, wenn es dem ordentlichen Betriebsratsmitglied aus tatsächlichen oder rechtlichen Gründen (BAG v. 6. 11. 2013 – 7 ABR 84/11; siehe auch Rn. 4) objektiv **nicht möglich** oder **nicht zumutbar** ist, an einer → **Betriebsratssitzung** teilzunehmen oder eine sonstige anstehende Betriebsratsaufgabe zu übernehmen.

Ersatzmitglieder des Betriebsrats

Beispiele:
Abwesenheit wegen Urlaub (bezahlt oder unbezahlt), krankheitsbedingter Arbeitsunfähigkeit, Kuraufenthalt, Teilnahme an einem Seminar, Beschäftigungsverbot nach dem Mutterschutzgesetz, Elternzeit.

Ein Betriebsratsmitglied ist nach Ansicht des BAG nicht deshalb zeitweilig verhindert, weil es **arbeitsfrei** hat (BAG v. 27. 9. 2012 – 2 AZR 955/11). Anders als im Falle bewilligten Erholungsurlaubs sei einem Betriebsratsmitglied die Wahrnehmung von Betriebsratsaufgaben (etwa Teilnahme an einer Betriebsratssitzung) **außerhalb der persönlichen Arbeitszeit** nicht grundsätzlich unzumutbar.

Auch eine vom Arbeitgeber angeordnete Freistellung eines Betriebsratsmitglieds von seinen arbeitsvertraglichen Pflichten (ggf. mit Erteilung eines Hausverbots) stellt keinen Verhinderungsfall dar (BAG v. 8. 9. 2011 – 2 AZR 388/10).

Betriebsbedingte Gründe können einen Verhinderungsfall grundsätzlich nicht begründen. Ausnahme: Die Teilnahme etwa an einer Betriebsratssitzung ist unter Berücksichtigung der Interessen des Betriebsratsmitglieds wie auch des Arbeitgebers (Kosteninteresse) **unzumutbar** (vgl. Fitting, BetrVG, 27. Aufl., § 25 Rn. 17).

Beispiel:
Das »ordentliche« Mitglied des Betriebsrats befindet sich auf Dienstreise oder auf einem Montageeinsatz.

3   Will ein wegen **Unzumutbarkeit** an sich zeitweilig verhindertes Betriebsratsmitglied dennoch Betriebsratstätigkeit ausüben (z. B. an einer → **Betriebsratssitzung** teilnehmen), hat es das Recht hierzu (BAG v. 15. 11. 1984 – 2 AZR 341/83, DB 1985, 1028 [krankheitsbedingte Arbeitsunfähigkeit]; 25. 5. 2005 – 7 ABR 45/04, AiB 2006, 322 [Elternzeit]; vgl. auch DKKW-Buschmann, 15. Aufl. § 25 Rn. 17).

Für den Fall der zeitweiligen Verhinderung wegen **Urlaubs** hat das BAG v. 8. 9. 2011 – 2 AZR 388/10, AiB 2012, 409 klargestellt:

»*Wird einem ordentlichen Betriebsratsmitglied Erholungsurlaub bewilligt, führt dies nicht nur zum Ruhen seiner Verpflichtung zur Arbeitsleistung, sondern zugleich zur Suspendierung seiner Amtspflichten. Dem Betriebsratsmitglied wird während seines Erholungsurlaubs die Verrichtung seiner Amtspflichten zwar nicht ohne Weiteres objektiv unmöglich, grundsätzlich aber unzumutbar. Das Betriebsratsmitglied gilt im Fall des Erholungsurlaubs jedenfalls so lange als zeitweilig verhindert im Sinne von § 25 Abs. 1 S. 2 BetrVG, wie es nicht seine Bereitschaft, während des Urlaubs Betriebsratstätigkeiten zu verrichten, positiv anzeigt … Zudem sprechen Gründe der Praktikabilität und Rechtssicherheit dafür, dass mit der Urlaubsgewährung regelmäßig eine Suspendierung der Pflicht zur Wahrnehmung des Betriebsratsamts einhergeht. Hinge die Beurteilung, ob einem Betriebsratsmitglied während des Urlaubs eine Betriebsratstätigkeit persönlich zumutbar ist oder nicht, von den Umständen des Einzelfalls ab, würde dies die Feststellung einer Verhinderung erheblich erschweren. Dies wiederum würde zum einen die Funktionsfähigkeit des Betriebsrats beeinträchtigen. Zum anderen wären Betriebsratsbeschlüsse, die in Abwesenheit eines beurlaubten Betriebsratsmitglieds gefasst werden, mit einem nicht unerheblichen Risiko der Unwirksamkeit behaftet. Eine Einzelfallbetrachtung liefe zudem darauf hinaus, Umstände zu erforschen, die der privaten Urlaubsgestaltung und damit dem engsten persönlichen Lebensbereich des Betriebsratsmitglieds zuzuordnen sind. Es bedarf deshalb einfacher, klarer Kriterien für die Feststellung einer zeitweiligen Verhinderung. Diesem Verlangen der Rechtssicherheit ist am ehesten Genüge getan, wenn die Urlaubsgewährung grundsätzlich zur Verhinderung des Betriebsratsmitglieds führt, es sei denn, dieses hätte seine Bereitschaft zur Betriebsratstätigkeit positiv, ggf. kon-*

Ersatzmitglieder des Betriebsrats

kludent angezeigt. Solange eine solche – positive – Anzeige nicht vorliegt, ist das beurlaubte Betriebsratsmitglied iSv. § 25 Abs. 1 Satz 2 BetrVG als verhindert anzusehen.«
Es geht somit allein um die Frage, ob ein Betriebsratsmitglied, das z.B. wegen Urlaubs oder Elternzeit an sich **verhindert** ist, dennoch an einer Betriebsratssitzung teilnehmen und damit den zunächst vorliegenden Verhinderungstatbestand beenden kann. Das wird von den Gerichten zutreffend bejaht.
Keinesfalls kann aus der BAG-Entscheidung der Schluss gezogen werden, ein Betriebsratsmitglied könne nach Belieben entscheiden, ob es an einer Betriebsratssitzung teilnimmt oder nicht (so aber missverständlich bis falsch Fitting, BetrVG, 27. Aufl., § 25 Rn. 21).
Im Gegenteil: Das BAG sieht in einem solchen Verhalten eine Pflichtverletzung, die zum Ausschluss aus dem Betriebsrat führen kann, wie nachstehende Entscheidung des BAG v. 23. 6. 2010 – 7 ABR 103/08 zeigt:
»… Eine Pflicht des Arbeitgebers zur Tragung derartiger Kosten kann dabei nicht allein mit dem Hinweis verneint werden, das in einer Pflichtenkollision stehende Betriebsratsmitglied könne sich gemäß § 25 Abs. 1 Satz 2 BetrVG für verhindert erklären (vgl. dazu, dass ein Betriebsratsmitglied allein wegen der Inanspruchnahme von Elternzeit nicht an der Ausübung seines Betriebsratsamts verhindert ist, BAG 25. Mai 2005 – 7 ABR 45/04 – zu B I 2 c der Gründe). Die Erfüllung von Betriebsratsaufgaben steht nicht im Belieben der einzelnen Betriebsratsmitglieder. Diese sind hierzu vielmehr gesetzlich verpflichtet und können im Falle einer groben Verletzung ihrer Pflichten nach § 23 Abs. 1 Satz 1 BetrVG aus dem Betriebsrat ausgeschlossen werden.«
Dem steht auch nicht die von Fitting BetrVG, 27. Aufl., § 25 Rn. 21 herangezogene Entscheidung des BAG v. 14. 12. 2010 – 1 ABR 19/10, AiB 2011, 330 entgegen: Dort ging es nicht um das Thema »zeitweilige Verhinderung eines Betriebsratsmitglieds«, sondern um die Frage, ob sich ein Gericht auf die Aussage eines ehrenamtlichen Richters verlassen kann, er sei verhindert, an einer Sitzung des Gerichts teilzunehmen. Im Gerichtsverfahren gelten ganz andere Regeln – u.a. werden ehrenamtliche Richter auf eine gewissenhafte Amtsführung vereidigt! Aus dieser Entscheidung zu schließen, ein Betriebsratsmitglied könne »in eigener Verantwortung« darüber entscheiden, »*welche seiner beruflichen, privaten oder betriebsverfassungsrechtlichen Pflichten er im Kollisionsfall den Vorrang gibt*« (Fitting, BetrVG, 27. Aufl., § 25 Rn. 21) ist mit der BAG-Rechtsprechung zu § 25 BetrVG nicht vereinbar.

Will ein z. B. wegen Urlaub an sich verhindertes Betriebsratsmitglied dennoch Betriebsratstätigkeiten ausüben, ist es verpflichtet, dem einladenden Betriebsratsvorsitzenden hiervon **Mitteilung** zu machen, damit beispielsweise die Einladung des Ersatzmitglieds zu einer Betriebsratssitzung unterbleiben bzw. rückgängig gemacht werden kann. **3a**
Solange diese Mitteilung nicht erfolgt, ist das »**automatisch**« mit Beginn des Verhinderungsfalls nachgerückte Ersatzmitglied »im Amt« (z. B. im Falle des Erholungsurlaubs mit Beginn des ersten Urlaubstages; vgl. BAG v. 8. 9. 2011 – 2 AZR 388/10, a. a. O.; LAG Düsseldorf v. 26. 4. 2010 – 16 Sa 59/10).
Es erwirbt ab diesem Zeitpunkt den **Sonderkündigungsschutzschutz** nach § 15 Abs. 1 Satz 1 KSchG für die Dauer der Verhinderung des Betriebsratsmitglieds bzw. bis zu dem Zeitpunkt, zu dem das wegen Unzumutbarkeit an sich verhinderte Betriebsratsmitglied anzeigt, dennoch Betriebsratstätigkeiten ausüben zu wollen (siehe Rn. 11).

Ob ein wegen eines Beschäftigungsverbots nach dem **Mutterschutzgesetz** an sich verhindertes Betriebsratsmitglied an einer Betriebsratssitzung teilnehmen und damit den Verhinderungsfall ausschließen kann, ist – soweit ersichtlich – bislang noch nicht entschieden worden. **3b**
Es dürfte zu differenzieren sein: Bei einem ärztlichen Beschäftigungsverbot nach § 3 Abs. 1 MuSchG handelt es sich um einen Fall der rechtlichen Verhinderung (siehe Rn. 4), bei dem eine Sitzungsteilnahme selbst dann nicht in Frage kommt, wenn das Betriebsratsmitglied dies will.

Ersatzmitglieder des Betriebsrats

Anders ist dies bei dem gesetzlichen Beschäftigungsverbot während des 6-Wochenzeitraums vor der Entbindung nach § 3 Abs. 2 MuSchG.
Denn nach dieser Vorschrift kann die Mutter sich zur Arbeitsleistung (und damit auch zur Teilnahme an der Betriebsratssitzung) ausdrücklich bereit erklären (vgl. auch § 6 Abs. 1 Satz 3 MuSchG bei Tod des Kindes).

4 Ein zwingender Verhinderungsfall aus **rechtlichen Gründen** liegt bei Entscheidungen vor, die das Betriebsratsmitglied selbst unmittelbar betreffen (*»Niemand darf Richter in eigener Sache sein«*; vgl. BAG v. 19. 3. 2003 – 7 ABR 15/02, NZA 2003, 870).
Zeitweilig verhindert ist deshalb ein Mitglied des Betriebsrats bei einer Beratung und Beschlussfassung, in der es um seine persönliche Rechtsstellung als Arbeitnehmer (z. B. Kündigung, Versetzung) oder als Mitglied des Betriebsrats (z. B. Ausschlussantrag nach § 23 Abs. 1 BetrVG) geht.

5 Kein Verhinderungsfall aus rechtlichen Gründen ist gegeben, wenn der Betriebsrat im Rahmen **betriebsratsorganisatorischer Fragen** über Funktion und Aufgabe einzelner Mitglieder entscheidet (z. B. Freistellung nach § 38 BetrVG, Teilnahme an Seminaren, Bestimmung der Mitglieder des Wirtschaftsausschusses, des Gesamtbetriebsrats usw.).
Hier kann das jeweils betroffene Mitglied an der Sitzung teilnehmen und mitbestimmen.

6 Liegt kein Verhinderungsfall vor, ist ein Ersatzmitglied wegen des Grundsatzes der **Nichtöffentlichkeit** (§ 30 Satz 4 BetrVG; siehe → **Betriebsratssitzung**) nach überwiegender Ansicht nicht berechtigt, an Betriebsratssitzungen teilzunehmen (obwohl an sich ein Bedürfnis hierfür vorliegt: Ersatzmitglieder könnten sich durch regelmäßige Teilnahme an den Betriebsratssitzungen »auf dem Laufenden« halten).
Ein Verstoß gegen das Gebot der Nichtöffentlichkeit führt allerdings dann **nicht zur Unwirksamkeit** eines Betriebsratsbeschlusses, wenn keines der Betriebsratsmitglieder den Verstoß beanstandet hat (BAG v. 30. 9. 2014 – 1 ABR 32/13; siehe auch → **Betriebsratssitzung** Rn. 16).

7 Welche Person als Ersatzmitglied nachrückt, richtet sich nach dem der Betriebsratswahl zugrunde liegenden **Wahlverfahren** unter Berücksichtigung der **Geschlechterquote** nach § 15 Abs. 2 BetrVG (§ 25 Abs. 2 BetrVG).
Nicht »irgendein«, sondern das »richtige« Ersatzmitglied ist einzuladen.
§ 25 Abs. 2 BetrVG (zwingende Vorschrift!) sieht folgende Regelung vor:
- **Verhältniswahl:** Die Ersatzmitglieder werden unter Berücksichtigung des § 15 Abs. 2 BetrVG (Geschlechterquote) der Reihe nach aus den nicht gewählten Arbeitnehmern derjenigen Vorschlagslisten entnommen, denen die zu ersetzenden Mitglieder angehören.
  Ist eine Vorschlagsliste erschöpft, so ist das Ersatzmitglied derjenigen Vorschlagsliste zu entnehmen, auf die nach den Grundsätzen der Verhältniswahl der nächste Sitz entfallen würde.
- **Mehrheitswahl:** Ist das ausgeschiedene oder verhinderte Mitglied nach den Grundsätzen der Mehrheitswahl gewählt, so bestimmt sich die Reihenfolge der Ersatzmitglieder unter Berücksichtigung des § 15 Abs. 2 BetrVG (Geschlechterquote) nach der Höhe der erreichten Stimmenzahlen.

> **Beispiele:**
> Siehe Übersicht »Ersatzmitglieder des Betriebsrats: Regeln für das Nachrücken in den Betriebsrat« im Anhang zu diesem Stichwort.

8 Die ordnungsgemäße **Einladung** des Ersatzmitglieds im Falle der Verhinderung eines ordentlichen Betriebsratsmitgliedes ist Voraussetzung für eine **wirksame Beschlussfassung** in der Betriebsratssitzung (BAG v. 3. 8. 1999 – 1 ABR 30/98, AiB 2000, 355 = NZA 2000, 440).
Das gilt jedoch nicht, wenn der einladende Betriebsratsvorsitzende keine Kenntnis von der Verhinderung hatte oder wenn die Verhinderung eines ordentlichen Betriebsratsmitgliedes so

Ersatzmitglieder des Betriebsrats

plötzlich eingetreten ist, dass eine Einladung des Ersatzmitgliedes nicht möglich war (BAG v. 23. 8. 1984 – 2 AZR 391/83, NZA 1985, 254; 3. 8. 1999 – 1 ABR 30/98, AiB 2000, 255; DKKW-*Wedde*, BetrVG, 15. Aufl., § 33 Rn. 15).
Unwirksamkeit eines Betriebsratsbeschlusses kann auch dann eintreten, wenn ein Verhinderungsfall **nicht vorgelegen** hat oder ein »**falsches**« **Ersatzmitglied** (z. B. keine Berücksichtigung der Geschlechterquote) eingeladen wurde. 9
Allerdings dürfte das dann nicht gelten, wenn sich der einladende Betriebsratsvorsitzende über das Vorliegen eines Verhinderungsfalles oder über die Reihenfolge des Nachrückens entschuldbar geirrt hat.

Kündigungsschutz von Ersatzmitgliedern

Ersatzmitglieder haben zunächst den Kündigungsschutz des Wahlbewerbers nach § 15 Abs. 3 KSchG und § 103 Abs. 1 und 2 BetrVG (siehe → **Kündigungsschutz [besonderer]**). Das heißt: eine ordentliche Kündigung ist ausgeschlossen; eine außerordentliche Kündigung bedarf der Zustimmung des Betriebsrats bzw. der arbeitsgerichtlichen Zustimmungsersetzung (§ 103 Abs. 1 und 2 BetrVG; siehe → **Kündigungsschutz [besonderer]**). 10
Darüber hinaus haben Ersatzmitglieder, die wegen Verhinderung eines ordentlichen Betriebsratsmitglieds **vorübergehend nachgerückt** sind (siehe 2 ff.), **für die Zeit der Vertretung** den gleichen **vollen Kündigungsschutz** nach § 15 Abs. 1 Satz 1 KSchG wie ordentliche Betriebsratsmitglieder (BAG v. 19. 4. 2012 – 2 AZR 233/11, AiB 2013, 664; 8. 9. 2011 – 2 AZR 388/10, AiB 2012, 409). 11
Das heißt: eine ordentliche Kündigung ist ausgeschlossen; eine außerordentliche Kündigung bedarf der Zustimmung des Betriebsrats bzw. der arbeitsgerichtlichen Zustimmungsersetzung (§ 103 Abs. 1 und 2 BetrVG; siehe → **Kündigungsschutz [besonderer]**).
Für die Beurteilung, ob dem Ersatzmitglied besonderer Kündigungsschutz zusteht, kommt es auf die Verhältnisse bei **Zugang** und nicht bei Abgabe der Kündigungserklärung an (BAG v. 8. 9. 2011 – 2 AZR 388/10).
Der Kündigungsschutz nach § 15 Abs. 1 Satz 1 KSchG hängt nach zutreffender Ansicht des BAG nicht davon ab, dass das Ersatzmitglied während der Vertretungszeit tatsächlich **Betriebsratsaufgaben erledigt** (BAG v. 8. 9. 2011 – 2 AZR 388/10, a. a. O.). Er stehe ihm auch dann zu, wenn während der Vertretungszeit **keinerlei Betriebsratstätigkeit anfällt**. Es genügt insoweit die Möglichkeit, dass dem Ersatzmitglied Betriebsratsaufgaben zufallen könnten.
Der Verhinderungsfall und damit der Sonderkündigungsschutz des »automatisch« nachgerückten Ersatzmitglieds wird regelmäßig mit dem betriebsüblichen Arbeitsbeginn des Tages ausgelöst, an dem das verhinderte Betriebsratsmitglied die Arbeit – ohne Verhinderungsfall – hätte aufnehmen können (BAG v. 8. 9. 2011 – 2 AZR 388/10). Bei gleitender Arbeitszeit kommt es auf diesen Zeitpunkt an, nicht etwa auf den Beginn der später einsetzenden Kernarbeitszeit.

> **Beispiel:**
> Nach den im Betrieb geltenden Arbeitszeitregelungen hätte das z.B. wegen Urlaub oder Krankheit verhinderte Betriebsratsmitglied um 6 Uhr seine Arbeit aufnehmen können. Die Kernarbeitszeit beginnt um 9 Uhr.
> Wenn dem um 6 Uhr automatisch nachgerückten Ersatzmitglied z.B. um 8 Uhr eine ordentliche Kündigung ausgehändigt wird, ist diese nach § 15 Abs. 1 Satz 1 KSchG unwirksam. Gleiches gilt im Falle einer um 8 Uhr übergebenen außerordentlichen Kündigung, wenn keine Zustimmung des Betriebsrats nach § 103 Abs. 1 BetrVG vorliegt.

Endet der Vertretungsfall, so tritt für die Dauer eines Jahres der **nachwirkende Kündigungsschutz** nach § 15 Abs. 1 Satz 2 KSchG ein. Das heißt: eine ordentliche Kündigung ist ausgeschlossen; eine außerordentliche Kündigung bedarf allerdings nicht der Zustimmung des Be- 12

Ersatzmitglieder des Betriebsrats

triebsrats bzw. der arbeitsgerichtlichen Zustimmungsersetzung. § 103 BetrVG findet für den nachwirkenden Kündigungsschutz nach § 15 Abs. 1 Satz 2 KSchG keine Anwendung. Der nachwirkende Kündigungsschutz auch zugunsten der vorübergehend tätig gewordenen Ersatzmitglieder beruht auf dem Umstand, dass sie während des Vertretungszeitraums vollwertige Mitglieder des Betriebsrats geworden sind und sie darüber hinaus auch bei nur kurzer Vertretungstätigkeit in **Konflikte** mit dem Arbeitgeber geraten sein können, so dass auch für sie gelten muss, dass sie nicht um den Bestand ihrer Arbeitsverhältnisse fürchten müssen, jedenfalls nicht durch ordentliche Kündigung (BAG v. 18.5.2006 – 6 AZR 627/05, NZA 2006, 1037). Andernfalls könnte das Ersatzmitglied seine Vertretung nicht unbefangen wahrnehmen.

Der nachwirkende Kündigungsschutz **beginnt** nach Beendigung der Vertretung im Betriebsrat und beträgt unabhängig von der Dauer der Vertretung ein Jahr. Diese Frist beginnt bei jeder weiteren Vertretung erneut zu laufen. Der nachwirkende Kündigungsschutz besteht unabhängig davon, ob der Arbeitgeber bei Ausspruch der ordentlichen Kündigung von der Vertretungstätigkeit gewusst hat (BAG v. 18.5.2006 – 6 AZR 627/05, a. a. O.). Maßgebend ist der objektive Tatbestand. Im Streitfall muss allerdings das Ersatzmitglied den Vertretungsfall nachweisen. Deshalb sollte der Betriebsrat dem Arbeitgeber die jeweiligen Vertretungsfälle mitteilen (vgl. DKKW-*Buschmann*, BetrVG, 15. Aufl., § 25 Rn. 41). Nach abzulehnender Ansicht des BAG soll der nachwirkende Kündigungsschutz nur eintreten, wenn das Ersatzmitglied in der Vertretungszeit **konkrete Betriebsratsaufgaben tatsächlich wahrgenommen hat** (BAG v. 19.4.2012 – 2 AZR 233/11, AiB 2013, 664). Bloß fiktive, in Wirklichkeit unterbliebene Aktivitäten des Ersatzmitglieds würden den nachwirkenden Kündigungsschutz nicht auslösen. Die Entscheidung ist mit § 15 Abs. 1 Satz 2 KSchG unvereinbar. Die Vorschrift knüpft für die Begründung des nachwirkenden Kündigungsschutzes an das Betriebsratsamt an und nicht daran, dass Betriebsratstätigkeit tatsächlich ausgeübt wurde (vgl. Wulff, AiB 2013, 665).

Arbeitshilfen

Übersicht
- Ersatzmitglieder des Betriebsrats: Regeln für das Nachrücken in den Betriebsrat

Übersicht: Ersatzmitglieder des Betriebsrats: Regeln für das Nachrücken in den Betriebsrat

Welche Person als Ersatzmitglied nachrückt, richtet sich nach dem der (letzten) Betriebsratswahl zugrunde liegenden **Wahlverfahren** unter Berücksichtigung der **Geschlechterquote** nach § 15 Abs. 2 BetrVG (§ 25 Abs. 2 BetrVG).
Nicht »irgendein«, sondern **das »richtige« Ersatzmitglied** ist einzuladen.
Dabei ist danach zu unterscheiden, ob die Betriebsratswahl als **Mehrheitswahl** (eine Vorschlagsliste) oder als **Verhältniswahl** (mehrere Vorschlagslisten) ausgeführt wurde.
Nach § 25 Abs. 2 BetrVG (zwingende Vorschrift!) gilt Folgendes:

I. Betriebsratswahl wurde als *Mehrheitswahl* ausgeführt (eine Vorschlagsliste)

Ist ein Betriebsratsmitglied ausgeschieden oder verhindert, rückt das Ersatzmitglied mit der höchsten Stimmenzahl nach. Eine andere Reihenfolge kann sich aber aus § 15 Abs. 2 BetrVG, §§ 5, 22 WO (**Geschlechterquote**) ergeben (§ 25 Abs. 2 BetrVG).

> **Beispiel:**
> Im Betrieb sind 150 Arbeitnehmer beschäftigt (110 Männer, 40 Frauen). Der zu wählende Betriebsrat besteht nach § 9 BetrVG aus 7 Mitgliedern

Ersatzmitglieder des Betriebsrats

1. Schritt: Berechnung der Mindestsitze nach § 15 Abs. 2 BetrVG, § 5 WO

	110 Männer	40 Frauen
:1	110	40
:2	55	20
:3	36,66	
:4	27,5	
:5	22	
	018,33	

Das Minderheitengeschlecht (Frauen) bekommt mindestens zwei Sitze.

Hinweis:
Wenn die niedrigste in Betracht kommende Höchstzahl auf beide Geschlechter zugleich entfällt, entscheidet das Los darüber, welchem Geschlecht dieser Sitz zufällt (§ 5 Abs. 2 Satz 3 WO).

2. Schritt: Auszählung der Stimmen und Verteilung der dem Minderheitengeschlecht nach § 15 Abs. 2 BetrVG, § 5 WO zustehenden Mindestsitze (vgl. § 2 Abs. 1 WO)

F 1:	140
M 1:	128
M 2:	119
M 3:	118
M 4:	112
F 2:	108
F 3:	101
M 5:	78
M 6:	60
F 4:	50
M 7:	40

Die beiden Sitze des Minderheitengeschlechts (Frauen) entfallen – nach der Reihenfolge der jeweiligen Höchstzahlen – auf F 1 und F 2.

Hinweis:
Bei Stimmengleichheit in Bezug auf den zuletzt zu vergebenden Sitz entscheidet das Los (§ 22 Abs. 3 WO).

3. Schritt: Verteilung der weiteren Sitze (§ 22 Abs. 2 WO)
Die fünf weiteren Sitze entfallen – nach der Reihenfolge der jeweiligen Höchstzahlen – auf M 1, M 2, M 3, M 4 und F 3.

Hinweis:
Bei Stimmengleichheit in Bezug auf den zuletzt zu vergebenden Sitz entscheidet das Los (§ 22 Abs. 3 WO).

Ergebnis: Gewählt sind

F 1:	140
M 1:	128
M 2:	119
M 3:	118
M 4:	112
F 2:	108
F 3:	101
M 5	78
M 6:	60
F 4:	50
M 7:	40

Ersatzmitglieder des Betriebsrats

4. Schritt: Feststellen, wer als Ersatzmitglied bei Verhinderung eines ordentlichen Betriebsratsmitglieds nachrückt.
Ist M 1 verhindert, rückt M 5 nach (weil er die nächsthöchste Stimmenzahl hat; die Geschlechterquote ist mit F 1, F 2 und F 3 mehr als erfüllt).
Ist F 1 verhindert, rückt M 5 nach (weil er die nächsthöchste Stimmenzahl hat; die Geschlechterquote ist mit F 2 und F 3 immer noch erfüllt).
Sind F 1 und F 2 verhindert, rücken M 5 und F 4 nach (weil nur so die Geschlechterquote erfüllt werden kann).

II. Betriebsratswahl wurde als *Verhältniswahl* ausgeführt (mehrere Vorschlagslisten)
1. Ist ein Betriebsratsmitglied ausgeschieden oder verhindert, rückt das »nächste« Ersatzmitglied von der gleichen Liste nach. Eine andere Reihenfolge kann sich aber aus § 15 Abs. 2 BetrVG, §§ 5, 15 Abs. 5 WO (**Geschlechterquote**) ergeben (§ 25 Abs. 2 BetrVG).
2. Sind alle Ersatzmitglieder aus der gleichen Liste ausgeschieden oder verhindert oder gibt es keine, rückt das erste Ersatzmitglied von derjenigen anderen Liste nach, auf die nach dem d'Hondtschen Höchstzahlverfahren der nächste Sitz entfallen wäre. Auch dann ist die Geschlechterquote zu berücksichtigen.

Beispiel:
Im Betrieb sind 150 Arbeitnehmer beschäftigt (110 Männer, 40 Frauen). Der zu wählende Betriebsrat besteht nach § 9 BetrVG aus 7 Mitgliedern.
1. Schritt: Berechnung der Mindestsitze nach § 15 Abs. 2 BetrVG, 5 WO

	110 Männer	40 Frauen
:1	110	40
:2	55	20
:3	36,66	
:4	27,5	
:5	22	
	18,33	

Das Minderheitengeschlecht (Frauen) bekommt mindestens zwei Sitze.

Hinweis:
Wenn die niedrigste in Betracht kommende Höchstzahl auf beide Geschlechter zugleich entfällt, entscheidet das Los darüber, welchem Geschlecht dieser Sitz zufällt (§ 5 Abs. 2 Satz 3 WO).

2. Schritt: Verteilung der Betriebsratssitze auf die Listen nach Auszählung der Stimmen (entsprechend dem d'Hondtschen Höchstzahlverfahren)

Liste 1: 90 Stimmen			Liste 2: 60 Stimmen		
Reihenfolge der Kandidaten		Höchstzahlen	Reihenfolge der Kandidaten		Höchstzahlen
F 1	:1	90	M 6	:1	60
M 1	:2	45	F 4	:2	30
M 2	:3	30	M 7	:3	20
M 3	:4	22,5	M 8		
M 4	:5		M 9		
F 2	:6		M 10		
M 5	:7		F 5		
F 3	:8		M 11		

Die Liste 1 erhält vier Sitze, die Liste 2 drei Sitze.

3. Schritt: Prüfung, ob das Minderheitengeschlecht über alle Listen hinweg die nach § 15 Abs. 2 BetrVG, § 5 WO vorgeschriebene Mindestanzahl an Sitzen (oder mehr) erreicht hat (§ 15 Abs. 5 WO)
Weil sich unter den sieben Höchstzahlen zwei Frauen befinden (F 1 von Liste 1 und F 2 von Liste 2), ist eine Korrektur nach § 15 Abs. 5 WO nicht erforderlich.

4. Schritt: Feststellen, wer als Ersatzmitglied bei Verhinderung eines ordentlichen Betriebsratsmitglieds nachrückt
Ist M 1 verhindert, rückt M 4 nach (Nachrücken von der gleichen Liste).
Ist M 6 verhindert, rückt M 8 nach (Nachrücken von der gleichen Liste).
Ist F 1 verhindert, rückt F 2 nach (Nachrücken von der gleichen Liste).
Ist F 4 verhindert, rückt F 5 nach (Nachrücken von der gleichen Liste).
Sind F 1 und F 2 verhindert, rückt F 3 (für F 1) nach (Nachrücken von der gleichen Liste).
Sind F 1, F 2 und F 3 verhindert, rückt F 5 (für F 1) nach (weil die Liste 1 keine Frau mehr hat, aber nach der Geschlechterquote mindestens zwei Frauen im Betriebsrat vertreten sein müssen).
Sind F 4 und F 5 verhindert, rückt F 2 (für F 4) nach (weil die Liste 2 keine Frau mehr hat, aber nach der Geschlechterquote mindestens zwei Frauen im Betriebsrat vertreten sein müssen).

Rechtsprechung

1. Keine Anfechtung der Betriebsratswahl wegen falscher Reihenfolge der Ersatzmitglieder
2. Zeitweilige Verhinderung des ordentlichen Betriebsratsmitglieds
3. Entsendung eines Ersatzmitglieds in den Gesamtbetriebsrat
4. Schulung nach § 37 Abs. 6 BetrVG
5. Schulung nach § 37 Abs. 7 BetrVG
6. Kündigungsschutz eines Wahlbewerbers
7. Kündigungsschutz für Ersatzmitglieder
8. Versetzungsschutz für Ersatzmitglieder
9. Sonstiges

Europäischer Betriebsrat

Was ist das?

1 Besondere Probleme für die Arbeit der Interessenvertretung treten auf, wenn ein Unternehmen oder ein Konzern **international** (z. B. **europaweit**) operiert.

> **Beispiel:**
> Ein Unternehmen mit Sitz in der Bundesrepublik Deutschland unterhält vier Betriebe, und zwar je einen Betrieb in der Bundesrepublik, in Frankreich, Irland und Spanien. In den Betrieben werden mit vergleichbarem Maschinenpark vergleichbare Produkte hergestellt.
> **Mögliche Probleme:**
> Die Arbeitnehmer und ihre Interessenvertretungen werden nicht über die den gesamten Unternehmenskomplex betreffenden Fragen und Planungsprozesse informiert. Vielmehr werden sie erst dann »eingeschaltet«, wenn die wichtigsten strategischen Entscheidungen bereits getroffen sind und es darum geht, die Entscheidungen in den Betrieben umzusetzen.
> Auf die Gestaltung der unternehmerischen Planungen und Entscheidungen im Sinne der Interessen der Beschäftigten Einfluss zu nehmen ist praktisch nicht möglich. Die jeweiligen Interessenvertretungen »agieren« nicht, sie vermögen nur zu »reagieren«. Zumal ihnen noch nicht einmal bekannt ist, was konkret in den jeweils anderen Betrieben geschieht.
> Hieraus resultiert die Gefahr, dass die Interessenvertretungen und Arbeitnehmer der jeweiligen Betriebe »nach Strich und Faden« gegeneinander ausgespielt werden, ohne dass eine hinreichende Möglichkeit der Gegenwehr besteht: Lehnt beispielsweise die Interessenvertretung des einen Betriebes Überstunden oder Schichtarbeit ab, wird sie mit der Drohung unter Druck gesetzt, die Arbeit gänzlich in einen anderen – in einem anderen Staat befindlichen – Betrieb des Unternehmens zu verlagern.

2 Das jeweilige **nationale Recht** (z. B. das deutsche Betriebsverfassungsrecht) vermag die für die Arbeitnehmer und ihre Vertretungen entstehenden Probleme nicht zu lösen.
3 Die → **Gewerkschaften** haben daher – insbesondere für den Bereich der Europäischen Gemeinschaft – seit langem die Schaffung von gesetzlichen Grundlagen für einen »**Europäischen Betriebsrat**« gefordert.
4 Die **Aufgabe** eines solchen Gremiums besteht darin,
 • schon im Vorfeld unternehmerischer Entscheidungen (also bereits im Planungsstadium) **Informationen** von der Unternehmensleitung einzufordern;
 • den **Informationsfluss** zwischen den jeweiligen Interessenvertretungen herzustellen;
 • gemeinsame **Konzepte** und **Vorgehensweisen** mit dem Ziel zu entwickeln, auf die unternehmerischen Planungen/Entscheidungen im Sinne der Interessen der Beschäftigten Einfluss zu nehmen bzw. unternehmerische Spaltungsstrategien abzuwehren.
5 Am 22. 9. 1994 wurde vom »Rat der Arbeits- und Sozialminister« der Europäischen Union eine Richtlinie zur Bildung von »Europäischen Betriebsräten« verabschiedet (Richtlinie 94/45/EG). Die Richtlinie wurde zunächst auf Norwegen, Island und Liechtenstein (Abkommen über den Europäischen Wirtschaftsraum; vgl. § 2 Abs. 3 EBRG) und mit einer weiteren Richtlinie vom 15. 12. 1997 (97/74/EG) auf Großbritannien und Nordirland ausgedehnt.

Europäischer Betriebsrat

Die Richtlinie 94/45/EG wurde durch die Richtlinie 2009/38/EG vom 6.5.2009 abgelöst.

Zur Mitbestimmung der Arbeitnehmer in einer Europäischen Aktiengesellschaft (Societas Europaea – SE) siehe → **Unternehmensmitbestimmung** und → **Unternehmensrechtsformen** Rn. 3 a. 5a

Der bundesdeutsche Gesetzgeber hat die EG-Richtlinie 94/45/EG mit dem Gesetz über Europäische Betriebsräte (EBRG) v. 28.10.1996 (BGBl. I S. 1548, 2022) umgesetzt. Das Gesetz ist am 1.11.1996 in Kraft getreten. 6

Durch Änderungsgesetz vom 14.6.2011 (BGBl. I S. 1050) wurde das EBRG an die »neue« Richtlinie 2009/38/EG **angepasst**.

Die Änderungen sind am 18.6.2011 in Kraft getreten.

Das EBRG wurde durch Gesetz vom 7.12.2011 (BGBl. I Nr. 66 S. 2650) in der seit dem 18.6.2011 geltenden Fassung (neu) bekannt gemacht.

Nach § 1 Abs. 1 EBRG werden zur Stärkung des Rechts auf grenzübergreifende Unterrichtung und Anhörung der Arbeitnehmer in gemeinschaftsweit tätigen → **Unternehmen** und Unternehmensgruppen 7

- **Europäische Betriebsräte** (nachfolgend Euro-BR; siehe Rn. 35) oder
- **Verfahren zur Unterrichtung und Anhörung der Arbeitnehmer** (siehe Rn. 35 a)

vereinbart (siehe Rn. 34 ff.).

Kommt es nicht zu einer Vereinbarung, wird ein **Euro-BR kraft Gesetzes** errichtet (siehe Rn. 37 ff.).

Im Jahre 2009 gab es nach einer Erhebung des Europäischen Gewerkschaftsinstituts (Brüssel) 938 europaweit tätige Unternehmen mit einem Euro-BR, davon fast 160 mit Sitz in Deutschland (http://www.ewcdb.eu/documents/wwwewcdbeustats.pdf). 8

Damit haben mehr als ein Drittel der Euro-BR-pflichtigen Unternehmen einen Euro-BR. Sie beschäftigen etwa zwei Drittel der unter die Richtlinie fallenden Arbeitnehmer.

Der Euro-BR ist **zuständig** in Angelegenheiten, die das gemeinschaftsweit tätige Unternehmen oder die gemeinschaftsweit tätige Unternehmensgruppe insgesamt oder **mindestens zwei Betriebe** oder **zwei Unternehmen in verschiedenen Mitgliedstaaten** betreffen (§ 1 Abs. 2 Satz 1 EBRG). 9

Bei Unternehmen und Unternehmensgruppen nach § 2 Absatz 2 ist der Euro-BR nur in solchen Angelegenheiten zuständig, die sich auf das Hoheitsgebiet der Mitgliedstaaten erstrecken, soweit kein größerer Geltungsbereich vereinbart wird (§ 1 Abs. 2 Satz 2 EBRG).

Die **grenzübergreifende Unterrichtung und Anhörung** der Arbeitnehmer erstreckt sich in einem Unternehmen auf alle in einem Mitgliedstaat liegenden Betriebe sowie in einer Unternehmensgruppe auf alle Unternehmen, die ihren Sitz in einem Mitgliedstaat haben, soweit kein größerer Geltungsbereich vereinbart wird (§ 1 Abs. 3 EBRG). 9a

Unterrichtung im Sinne des EBRG bezeichnet die Übermittlung von Informationen durch die »zentrale Leitung« (siehe Rn. 9 d) oder eine andere geeignete Leitungsebene an die Arbeitnehmervertreter, um ihnen Gelegenheit zur Kenntnisnahme und Prüfung der behandelten Frage zu geben (§ 1 Abs. 4 Satz 1 EBRG). 9b

Die Unterrichtung erfolgt zu einem Zeitpunkt, in einer Weise und in einer inhaltlichen Ausgestaltung, die dem **Zweck** angemessen sind und es den Arbeitnehmervertretern ermöglichen, die möglichen **Auswirkungen** eingehend zu bewerten und gegebenenfalls Anhörungen mit dem zuständigen Organ des gemeinschaftsweit tätigen Unternehmens oder der gemeinschaftsweit tätigen Unternehmensgruppe vorzubereiten (§ 1 Abs. 4 Satz 2 EBRG).

Anhörung im Sinne des EBRG bezeichnet den Meinungsaustausch und die Einrichtung eines Dialogs zwischen den Arbeitnehmervertretern und der zentralen Leitung oder einer anderen geeigneten Leitungsebene 9c

- zu einem Zeitpunkt,

Europäischer Betriebsrat

- in einer Weise und
- in einer inhaltlichen Ausgestaltung,

die es den Arbeitnehmervertretern auf der Grundlage der erhaltenen Informationen ermöglichen, innerhalb einer angemessenen Frist zu den vorgeschlagenen Maßnahmen, die Gegenstand der Anhörung sind, eine **Stellungnahme** abzugeben, die innerhalb des gemeinschaftsweit tätigen Unternehmens oder der gemeinschaftsweit tätigen Unternehmensgruppe berücksichtigt werden kann (§ 1 Abs. 5 Satz 1 EBRG).

Die Anhörung muss den Arbeitnehmervertretern gestatten, mit der **zentralen Leitung zusammenzukommen** und eine mit Gründen versehene Antwort auf ihre etwaige Stellungnahme zu erhalten (§ 1 Abs. 5 Satz 2 EBRG).

9d »**Zentrale Leitung**« im Sinne des EBRG ist ein gemeinschaftsweit tätiges → **Unternehmen** oder das herrschende Unternehmen einer gemeinschaftsweit tätigen **Unternehmensgruppe** (§ 1 Abs. 6 EBRG; siehe hierzu Rn. 12, 13, 18, 19).

9e Unterrichtung und Anhörung des Euro-BR sind spätestens gleichzeitig mit der der **nationalen Arbeitnehmervertretungen** (Betriebsrat, Gesamtbetriebsrat, Konzernbetriebsrat) durchzuführen (§ 1 Abs. 7 EBRG).

9f Das EBRG gilt (nur) für gemeinschaftsweit tätige → **Unternehmen** mit Sitz im Inland – also in **Deutschland** – und für **Unternehmensgruppen**, deren herrschendes Unternehmen seinen Sitz im Inland (= Deutschland) hat (§ 2 Abs. 1 EBRG).

10 Hat das Unternehmen bzw. das herrschende Unternehmen einer Unternehmensgruppe seinen Sitz **in einem anderen Mitgliedstaat** der Europäischen Union, so richtet sich die Bildung eines Euro-BR (oder alternativ: die Einführung eines Verfahrens zur Unterrichtung und Anhörung der Arbeitnehmer; siehe Rn. 35 a) nach den Vorschriften dieses anderen Mitgliedstaates.

10a »**Mitgliedstaaten**« im Sinne des EBRG sind die Mitgliedstaaten der Europäischen Union sowie die anderen Vertragsstaaten des Abkommens über den Europäischen Wirtschaftsraum (§ 2 Abs. 3 EBRG).

10b Für den Fall, dass die »**zentrale Leitung**« nicht in einem Mitgliedstaat der Europäischen Union liegt (sondern z. B. in den USA), regelt § 2 Abs. 2 EBRG Folgendes:

Besteht eine »**nachgeordnete Leitung**« für in Mitgliedstaaten liegende Betriebe oder Unternehmen, findet das EBRG Anwendung, wenn die nachgeordnete Leitung im Inland (= Deutschland) liegt.

Gibt es keine nachgeordnete Leitung, findet das EBRG Anwendung, wenn die zentrale Leitung einen Betrieb oder ein Unternehmen im Inland (= Deutschland) als ihren **Vertreter** benennt.

Wird **kein Vertreter** benannt, findet das EBRG Anwendung, wenn der Betrieb oder das Unternehmen im Inland (= Deutschland) liegt, in dem verglichen mit anderen in den Mitgliedstaaten liegenden Betrieben des Unternehmens oder Unternehmen der Unternehmensgruppe die meisten Arbeitnehmer beschäftigt sind.

Die vorgenannten Stellen gelten als »**zentrale Leitung**« im Sinne des EBRG.

11 Hinsichtlich der in § 2 Abs. 4 EBRG geregelten Sachverhalte (z. B. Berechnung der Arbeitnehmerzahl) gilt das EBRG jedoch auch dann, wenn die »zentrale Leitung« nicht im Inland (= Deutschland) liegt.

12 »**Gemeinschaftsweit tätig**« ist nach § 3 Abs. 1 EBRG ein → **Unternehmen**, das
- mindestens 1000 Arbeitnehmer in den Mitgliedstaaten
- und davon jeweils mindestens 150 Arbeitnehmer in mindestens zwei Mitgliedstaaten beschäftigt.

13 »**Gemeinschaftsweit tätig**« ist gemäß § 3 Abs. 2 EBRG eine **Unternehmensgruppe**, wenn
- sie mindestens 1000 Arbeitnehmer in den Mitgliedstaaten beschäftigt,
- ihr mindestens zwei Unternehmen in mindestens zwei Mitgliedstaaten angehören und
- die Unternehmen jeweils mindestens 150 Arbeitnehmer in mindestens zwei Mitgliedstaaten beschäftigen.

Europäischer Betriebsrat

Zur **Berechnung** der vorstehend genannten Arbeitnehmerzahlen regelt § 4 EBRG Folgendes: In Betrieben und Unternehmen des Inlands errechnen sich die im Rahmen des § 3 EBRG zu berücksichtigenden Arbeitnehmerzahlen nach der Anzahl der im **Durchschnitt** während der letzten zwei Jahre beschäftigten Arbeitnehmer im Sinne des § 5 Abs. 1 BetrVG. 14

Maßgebend für den **Beginn der Zweijahres-Frist** nach § 4 Satz 1 EBRG ist der Zeitpunkt, in dem die »zentrale Leitung« die Initiative zur Bildung des besonderen Verhandlungsgremiums ergreift oder der »zentralen Leitung« in den Voraussetzungen des § 9 Abs. 2 EBRG entsprechender Antrag der Arbeitnehmer oder ihrer Vertreter zugeht.

Nach § 5 Abs. 1 EBRG hat die »zentrale Leitung« **auf Verlangen** einer Arbeitnehmervertretung (z. B. Betriebsrat, Gesamtbetriebsrat) die für die Aufnahme von Verhandlungen zur Bildung eines Europäischen Betriebsrats erforderlichen **Informationen** zu erheben und an die Arbeitnehmervertretung weiterzuleiten. 15

Zu den erforderlichen Informationen gehören insbesondere
- die durchschnittliche Gesamtzahl der Arbeitnehmer und
- ihre Verteilung auf die Mitgliedstaaten, die Unternehmen und Betriebe sowie
- über die Struktur des Unternehmens oder der Unternehmensgruppe.

Ein Betriebsrat oder ein Gesamtbetriebsrat kann den **Auskunftsanspruch** nach § 5 Abs. 1 EBRG gegenüber der örtlichen Betriebs- oder Unternehmensleitung geltend machen; diese ist verpflichtet, die erforderlichen Informationen und Unterlagen bei der »zentralen Leitung« einzuholen (§ 5 Abs. 2 EBRG) 16

Jede Leitung eines Unternehmens einer gemeinschaftsweit tätigen Unternehmensgruppe sowie die »zentrale Leitung« sind verpflichtet, die Informationen nach § 5 Abs. 1 EBRG zu erheben und zur Verfügung zu stellen (§ 5 Abs. 3 EBRG). 17

Der Begriff »**Unternehmen**« im Sinne des EBRG entspricht dem betriebsverfassungsgesetzlichen Begriff; siehe → **Unternehmen**. 18

Der Begriff »**Unternehmensgruppe**« geht über den Konzernbegriff des BetrVG (siehe → **Konzern**) hinaus. 19

Nach § 6 Abs. 1 EBRG genügt für das im Konzern »herrschende Unternehmen« die bloße **Möglichkeit**, auf das oder die abhängigen Unternehmen (= Tochtergesellschaften) einen beherrschenden Einfluss auszuüben.

Ein solcher Einfluss wird gemäß § 6 Abs. 2 EBRG **vermutet**, wenn ein Unternehmen in Bezug auf ein anderes Unternehmen unmittelbar oder mittelbar
- mehr als die Hälfte der Mitglieder des Verwaltungs-, Leitungs- oder Aufsichtsorgans des anderen Unternehmens bestellen kann oder
- über die Mehrheit der mit den Anteilen am anderen Unternehmen verbundenen Stimmrechte verfügt oder
- die Mehrheit des gezeichneten Kapitals dieses Unternehmens besitzt.

Erfüllen **mehrere Unternehmen** eines der in § 6 Abs. 2 Satz 1 Nr. 1 bis 3 EBRG genannten Kriterien, bestimmt sich das herrschende Unternehmen nach Maßgabe der dort bestimmten Rangfolge.

Bei der Anwendung des § 6 Abs. 2 EBRG müssen den **Stimm- und Ernennungsrechten** eines Unternehmens die Rechte aller von ihm abhängigen Unternehmen sowie aller natürlichen oder juristischen Personen, die zwar im eigenen Namen, aber für Rechnung des Unternehmens oder eines von ihm abhängigen Unternehmens handeln, **hinzugerechnet** werden (§ 6 Abs. 3 EBRG).

Investment- und Beteiligungsgesellschaften im Sinne des Artikels 3 Abs. 5 Buchstabe a oder c der Verordnung (EG) Nr. 139/2004 des Rates vom 20. Januar 2004 über die Kontrolle von Unternehmenszusammenschlüssen (ABl. L 24 vom 29. 1. 2004, S. 1) gelten nicht als herrschende Unternehmen gegenüber einem anderen Unternehmen, an dem sie Anteile halten, an dessen Leitung sie jedoch nicht beteiligt sind (§ 6 Abs. 4 EBRG).

Europäischer Betriebsrat

Gehören einer Unternehmensgruppe ein oder mehrere gemeinschaftsweit tätige Unternehmen an, so wird ein **Euro-BR** nur bei dem **herrschenden Unternehmen** errichtet, es sei denn, es wird – z. B. zwischen dem »besonderen Verhandlungsgremium« (siehe Rn. 23) und dem herrschenden Unternehmen – etwas anderes vereinbart (§ 7 EBRG).

Errichtung eines Euro-BR

20 Zu unterscheiden sind **drei Arten** des Zustandekommens eines Euro-BR.
1. Errichtung des Euro-BR durch Vereinbarung vor dem 22. 9. 1996 (§ 41 EBRG; siehe Rn. 21)
2. Errichtung des Euro-BR oder Schaffung eines Verfahrens zur Unterrichtung und Anhörung der Arbeitnehmer durch Vereinbarung zwischen »besonderem Verhandlungsgremium« und »zentraler Leitung« (§§ 8 ff. EBRG; siehe Rn. 22 ff.)
3. Errichtung des Euro-BR kraft Gesetzes (§§ 21 ff. EBRG; siehe Rn. 37 ff.)

1. Errichtung des Euro-BR durch Vereinbarung vor dem 22. 9. 1996 (§ 41 EBRG)

21 Soweit in einem Unternehmen/einer Unternehmensgruppe (= Konzern) ein Europäischer Betriebsrat vor dem 22. 9. 1996 aufgrund einer »**Vereinbarung** über grenzübergreifende Unterrichtung und Anhörung« errichtet worden ist, geht diese Vereinbarung dem EBRG vor (eine solche Vereinbarung war nach Art. 13 der EU-Richtlinie möglich).
Das heißt: Die Bestimmungen des EBRG sind nicht anzuwenden, solange die Vereinbarung wirksam ist.
Die Wirksamkeit kann durch Kündigung oder Aufhebungsvereinbarung **beendet** werden.
Allerdings geht die Vereinbarung dem EBRG nur vor, wenn sie alle in den Mitgliedstaaten beschäftigten Arbeitnehmer (des Unternehmens/der Unternehmensgruppe) erfasst (wobei die Einbeziehung innerhalb von sechs Monaten nach dem 22. 9. 1996 nachgeholt werden konnte) und den Arbeitnehmern in denjenigen Mitgliedstaaten eine »angemessene Beteiligung an der Unterrichtung und Anhörung« ermöglicht, in denen das Unternehmen/die Unternehmensgruppe einen Betrieb hat.
Zu weiteren Einzelheiten siehe § 41 EBRG.

2. Errichtung des Euro-BR oder Schaffung eines Verfahrens zur Unterrichtung und Anhörung der Arbeitnehmer durch Vereinbarung zwischen »besonderem Verhandlungsgremium« und »zentraler Leitung« (§§ 8 ff. EBRG)

22 Ein Euro-BR kann auch aufgrund des in den §§ 8 bis 16 EBRG vorgesehenen Verfahrens errichtet bzw. alternativ ein Verfahren zur grenzüberschreitenden Unterrichtung und Anhörung der Arbeitnehmer geschaffen werden.

23 Entscheidende Bedeutung insoweit hat das »**besondere Verhandlungsgremium**« nach § 8 EBRG.
Es hat gemäß § 8 Abs. 1 EBRG die (einzige) Aufgabe, mit der »zentralen Leitung« eine **Vereinbarung** über die Bildung und Tätigkeit eines Euro-BR (bzw. die Einführung eines Verfahrens zur grenzüberschreitenden Unterrichtung und Anhörung der Arbeitnehmer) abzuschließen (§§ 17 bis 20 EBRG).
Die »zentrale Leitung« hat dem »besonderen Verhandlungsgremium« rechtzeitig alle zur Durchführung seiner Aufgaben erforderlichen **Auskünfte** zu erteilen und die erforderlichen **Unterlagen** zur Verfügung zu stellen (§ 8 Abs. 2 EBRG).
Die »zentrale Leitung« und das »besondere Verhandlungsgremium« arbeiten vertrauensvoll zusammen (§ 8 Abs. 3 Satz 1 EBRG).
Zeitpunkt, Häufigkeit und Ort der Verhandlungen werden zwischen der »zentralen Leitung« und dem »besonderen Verhandlungsgremium« einvernehmlich festgelegt (§ 8 Abs. 3 Satz 2 EBRG).

Europäischer Betriebsrat

Bevor das »besondere Verhandlungsgremium« tätig werden kann, ist es selbst erst einmal **zu errichten**. 24
Um die Errichtung in Gang zu bringen, ergreift nach § 9 Abs. 1 EBRG entweder die »**zentrale Leitung**« selbst die Initiative, oder sie wird tätig aufgrund eines **Antrags**
- von Belegschaftsvertretern aus mindestens zwei Betrieben oder Unternehmen in mindestens zwei Mitgliedstaaten
- oder von mindestens 100 Arbeitnehmern aus zwei Betrieben oder Unternehmen in mindestens zwei Mitgliedstaaten.

Werden **mehrere Anträge** gestellt, werden die Unterschriften zusammengezählt. 25
Der **Antrag** auf Bildung des »besonderen Verhandlungsgremiums« ist an die »**zentrale Leitung**« zu richten. 26
Er kann aber bei der im **Inland** liegenden Betriebs- oder Unternehmensleistung **eingereicht** werden.
Diese hat ihn unverzüglich an die »zentrale Leitung« weiterzureichen und die Antragsteller hierüber zu informieren (§ 9 Abs. 2 EBRG).
Die »zentrale Leitung« hat die Antragsteller, die örtlichen Betriebs- und Unternehmensleitungen sowie die in den inländischen Betrieben vertretenen Gewerkschaften über die Bildung des »Besonderen Verhandlungsgremiums« und seine Zusammensetzung **zu unterrichten** (§ 9 Abs. 3 EBRG). 27
Die **Zusammensetzung** des »Besonderen Verhandlungsgremiums« richtet sich nach § 10 Abs. 1 EBRG. 28
Für jeden Anteil der in einem Mitgliedstaat beschäftigten Arbeitnehmer, der **10 Prozent** der Gesamtzahl der in allen Mitgliedstaaten beschäftigten Arbeitnehmer der gemeinschaftsweit tätigen Unternehmen oder Unternehmensgruppen oder einen Bruchteil davon beträgt, wird ein Mitglied aus diesem Mitgliedstaat in das »besondere Verhandlungsgremium« entsandt.
Es können **Ersatzmitglieder** bestellt werden (§ 10 Abs. 2 EBRG).
Die **Bestellung** der inländischen Arbeitnehmervertreter erfolgt gemäß § 11 Abs. 1 EBRG in gemeinschaftsweit tätigen Unternehmen, je nach Fallgestaltung, durch den → **Betriebsrat** (wenn in dem gemeinschaftsweit tätigen Unternehmen nur ein Betriebsrat besteht) bzw. durch den → **Gesamtbetriebsrat** (wenn das Unternehmen im Inland mehrere Betriebe hat). 29
In einer gemeinschaftsweit tätigen Unternehmensgruppe bestellt der → **Konzernbetriebsrat** die inländischen Mitglieder des »besonderen Verhandlungsgremiums« (§ 11 Abs. 2 EBRG).
Besteht kein Konzernbetriebsrat, kommt § 11 Abs. 3 EBRG zur Anwendung.
Zu Mitgliedern des »besonderen Verhandlungsgremiums« können auch die in § 5 Abs. 3 BetrVG genannten Angestellten (siehe → **Leitende Angestellte**) bestellt werden (§ 11 Abs. 4 EBRG).
Frauen und Männer sollen entsprechend ihrem zahlenmäßigen Verhältnis bestellt werden (§ 11 Abs. 5 EBRG).
Stehen die Namen der inländischen Mitglieder des »besonderen Verhandlungsgremiums« fest, sind sie der »**zentralen Leitung**« mit den jeweiligen Anschriften und der jeweiligen Betriebszugehörigkeit mitzuteilen (§ 12 Satz 1 EBRG). 30
Die »zentrale Leitung« ihrerseits hat die örtlichen Betriebs- und Unternehmensleitungen, die dort bestehenden Arbeitnehmervertretungen sowie die in den inländischen Betrieben vertretenen Gewerkschaften über diese Angaben **zu unterrichten** (§ 12 Satz 2 EBRG).
Sodann lädt die »zentrale Leitung« zu einer **konstituierenden Sitzung** ein und unterrichtet die örtlichen Betriebs- und Unternehmensleitungen (§ 13 Abs. 1 Satz 1 EBRG). 31
Die »zentrale Leitung« unterrichtet zugleich die zuständigen europäischen → **Gewerkschaften und** → **Arbeitgeberverbände** über den Beginn der Verhandlungen und die Zusammensetzung des »besonderen Verhandlungsgremiums« (§ 13 Abs. 1 Satz 2 EBRG).

Europäischer Betriebsrat

Das »besondere Verhandlungsgremium« wählt aus seiner Mitte eine/n **Vorsitzende/n** und kann sich eine **Geschäftsordnung** geben (§ 13 Abs. 1 Satz 3 EBRG).
Vor und nach jeder Verhandlung mit der zentralen Leitung hat das besondere Verhandlungsgremium das Recht, eine **Sitzung** durchzuführen und zu dieser einzuladen (§ 13 Abs. 2 EBRG).
§ 8 Abs. 3 Satz 2 EBRG gilt entsprechend (siehe Rn. 23).
Beschlüsse des »besonderen Verhandlungsgremiums« werden, soweit in diesem Gesetz nichts anderes bestimmt ist, mit der Mehrheit der Stimmen seiner Mitglieder gefasst (§ 13 Abs. 3 EBRG).

32   Das »besondere Verhandlungsgremium« kann sich durch → **Sachverständige** seiner Wahl unterstützen lassen, soweit dies zur ordnungsgemäßen Erfüllung seiner Aufgaben erforderlich ist (§ 13 Abs. 4 Satz 1 EBRG).
Sachverständige können auch Beauftragte von → **Gewerkschaften** sein (§ 13 Abs. 4 Satz 2 EBRG).
Die Sachverständigen und Gewerkschaftsvertreter können auf Wunsch des »besonderen Verhandlungsgremiums« **beratend** an den Verhandlungen teilnehmen (§ 13 Abs. 4 Satz 3 EBRG).

32a Kommen die »zentrale Leitung« und das »besondere Verhandlungsgremium« überein, die nach § 17 auszuhandelnde Vereinbarung auf nicht in einem Mitgliedstaat (**Drittstaat**) liegende Betriebe oder Unternehmen zu erstrecken, können sie vereinbaren, Arbeitnehmervertreter aus diesen Staaten in das »besondere Verhandlungsgremium« einzubeziehen und die Anzahl der auf den jeweiligen Drittstaat entfallenden Mitglieder sowie deren Rechtsstellung festlegen (§ 14 EBRG).

33   Die anfallenden **Kosten** (z. B. für Errichtung und Tätigkeit des Gremiums, Reise- und Aufenthaltskosten der Mitglieder, Kosten eines Sachverständigen) trägt die »**zentrale Leitung**«. Sie hat für die Sitzungen Räume, sachliche Mittel, Dolmetscher und Büropersonal **zur Verfügung zu stellen** (§ 16 Abs. 1 EBRG).
Anstelle der »zentralen Leitung« kann ein Mitglied des »besonderen Verhandlungsgremiums« auch »**seinen**« **Arbeitgeber** auf (volle) Kostenerstattung **in Anspruch nehmen**. Dieser haftet als **Gesamtschuldner** (§ 16 Abs. 2 EBRG).

Gestaltungsfreiheit (§ 17 EBRG)

34   In der »Vereinbarung« zwischen »zentraler Leitung« und »besonderem Verhandlungsgremium« kann die **Form** der »grenzübergreifenden Unterrichtung und Anhörung der Arbeitnehmer« **frei gestaltet** werden (§ 17 EBRG).
Es kann ein Euro-BR nach Maßgabe des § 18 EBRG errichtet, aber auch ein Unterrichtungs- und Anhörungsverfahren gemäß § 19 EBRG eingeführt werden.

35   Soll ein **Euro-BR** errichtet werden, dann haben »zentrale Leitung« und »besonderes Verhandlungsgremium« gemäß § 18 EBRG schriftlich »insbesondere« Folgendes zu regeln:
- Bezeichnung der erfassten Betriebe und Unternehmen,
- Zusammensetzung des Euro-BR, Anzahl der Mitglieder, Ersatzmitglieder, Sitzverteilung, Mandatsdauer,
- Aufgaben und Befugnisse des Euro-BR sowie das Verfahren zu seiner Unterrichtung und Anhörung; dieses Verfahren kann auf die Beteiligungsrechte der nationalen Arbeitnehmervertretungen abgestimmt werden, soweit deren Rechte hierdurch nicht beeinträchtigt werden,
- Ort, Häufigkeit, Dauer der Sitzungen,
- die Einrichtung eines Ausschusses des Euro-BR einschließlich seiner Zusammensetzung, der Bestellung seiner Mitglieder, seiner Befugnisse und Arbeitsweise
- die für den Euro-BR zur Verfügung zu stellenden finanziellen und sachlichen Mittel,
- Klausel zur Anpassung der Vereinbarung an Strukturveränderungen, Geltungsdauer der

Europäischer Betriebsrat

Vereinbarung und das Verfahren der Neuverhandlung einschließlich der notwendigen sowie Übergangsregelungen.

Soll anstelle eines Euro-BR ein **Verfahren zur Unterrichtung und Anhörung der Arbeitnehmer** eingeführt werden, haben »zentrale Leitung« und »besonderes Verhandlungsgremium« gemäß § 19 Satz 1 EBRG schriftlich zu vereinbaren, unter welchen Voraussetzungen die Arbeitnehmervertreter das Recht haben, die ihnen übermittelten Informationen gemeinsam zu beraten und wie sie ihre Vorschläge oder Bedenken mit der »zentralen Leitung« oder einer anderen geeigneten Leitungsebene **erörtern** können.   35a

Die Unterrichtung muss sich insbesondere auf **grenzübergreifende Angelegenheiten** erstrecken, die **erhebliche Auswirkungen** auf die Interessen der Arbeitnehmer haben (§ 19 Satz 2 EBRG).

§ 20 EBRG sieht **Übergangsregelungen** vor.   35b

Hiernach gilt eine nach § 18 oder 19 EBRG bestehende Vereinbarung fort, wenn vor ihrer Beendigung das Antrags- oder Initiativrecht nach § 9 Abs. 1 EBRG ausgeübt worden ist.

Das Antragsrecht kann auch ein auf Grund einer Vereinbarung bestehendes Arbeitnehmervertretungsgremium ausüben.

Die Fortgeltung endet, wenn die Vereinbarung durch eine neue Vereinbarung ersetzt oder ein Euro-BR kraft Gesetzes (§§ 21 ff. EBRG; siehe Rn. 37 ff.) errichtet worden ist.

Die Fortgeltung endet auch dann, wenn das »besondere Verhandlungsgremium« einen Beschluss nach § 15 Abs. 1 EBRG fasst (siehe Rn. 36).

§ 15 Abs. 2 EBRG gilt entsprechend (siehe Rn. 36).

§ 20 Sätze 1 bis 4 EBRG finden keine Anwendung, wenn in der bestehenden Vereinbarung eine Übergangsregelung enthalten ist (§ 20 Satz 5 EBRG).

Das »besondere Verhandlungsgremium« kann mit $2/3$-Mehrheit seiner Mitglieder beschließen, **keine Verhandlungen** aufzunehmen bzw. diese zu beenden (§ 15 Abs. 1 Satz 1 EBRG).   36

Es sollte dies aber nicht tun, denn ein **neuer Antrag** auf Bildung eines »besonderen Verhandlungsgremiums« kann **frühestens zwei Jahre** nach der Beschlussfassung gestellt werden, es sei denn, es wird schriftlich eine kürzere Frist festgelegt (§ 15 Abs. 2 EBRG).

3. Errichtung des Euro-BR kraft Gesetzes (§§ 21 ff. EBRG)

Ein Euro-BR kraft Gesetzes ist nach Maßgabe der §§ 22 und 23 EBRG zu errichten,   37
- wenn die zentrale Leitung **innerhalb von sechs Monaten** nach Antrag zur Bildung eines »besonderen Verhandlungsgremiums« (gemäß § 9 EBRG) die Aufnahme von Verhandlungen über eine Vereinbarung nach §§ 17, 18, 19 EBRG verweigert (§ 21 Abs. 1 Satz 1 EBRG),
- oder wenn **innerhalb von drei Jahren** nach Antragstellung (gemäß § 9 EBRG) keine Vereinbarung nach § 18 EBRG (zur Errichtung und Tätigkeit eines Euro-Betriebsrats) oder § 19 EBRG zustande kommt (§ 21 Abs. 1 Satz 2 EBRG),
- oder wenn die »zentrale Leitung« oder das »besondere Verhandlungsgremium« das vorzeitige **Scheitern der Verhandlungen** erklärt (§ 21 Abs. 1 Satz 2 EBRG).

Erfolgte die Bildung des »besonderen Verhandlungsgremiums« nicht auf Antrag (von Arbeitnehmern oder Betriebsräten), sondern auf **Initiative der** »zentralen Leitung«, beginnt die Sechs-Monats-Frist bzw. die Drei-Jahres-Frist mit dem erstmaligen diesbezüglichen Tätigwerden der »zentralen Leitung« (§ 21 Abs. 1 Satz 3 EBRG).   38

Ein Euro-BR ist nicht zu errichten, wenn das »besondere Verhandlungsgremium« vor Ablauf der vorstehend genannten Fristen den Beschluss nach § 15 Abs. 1 EBRG fasst, keine Verhandlungen aufzunehmen oder diese zu beenden (§ 21 Abs. 2 EBRG; siehe Rn. 36).   39

Die **Zusammensetzung** des Euro-BR kraft Gesetzes richtet sich nach 22 EBRG.   40

Der Euro-BR setzt sich aus Arbeitnehmern des gemeinschaftsweit tätigen Unternehmens oder der gemeinschaftsweit tätigen Unternehmensgruppe zusammen (§ 22 Abs. 1 Satz 1 EBRG).

Es können **Ersatzmitglieder** bestellt werden (§ 22 Abs. 1 Satz 2 EBRG).

Europäischer Betriebsrat

Für jeden Anteil der in einem Mitgliedstaat beschäftigten Arbeitnehmer, der 10 Prozent der Gesamtzahl der in allen Mitgliedstaaten beschäftigten Arbeitnehmer der gemeinschaftsweit tätigen Unternehmen oder Unternehmensgruppen oder einen Bruchteil davon beträgt, wird ein Mitglied aus diesem Mitgliedstaat in den Euro-BR entsandt (§ 22 Abs. 2 EBRG).

41 Die **Bestellung** der inländischen Arbeitnehmervertreter erfolgt gemäß § 23 Abs. 1 EBRG in gemeinschaftsweit tätigen **Unternehmen**, je nach Fallgestaltung, durch den → **Betriebsrat** (wenn in dem gemeinschaftsweit tätigen Unternehmen nur ein Betriebsrat besteht) bzw. durch den → **Gesamtbetriebsrat** (wenn das Unternehmen im Inland mehrere Betriebe hat). In einer gemeinschaftsweit tätigen Unternehmensgruppe bestellt der → **Konzernbetriebsrat** die inländischen Mitglieder des Euro-BR (§ 23 Abs. 2 Satz 1 EBRG).
Besteht kein Konzernbetriebsrat, kommt § 23 Abs. 3 EBRG zur Anwendung.
Für die **Abberufung** gelten § 23 Abs. 1 bis 3 EBRG **entsprechend** (§ 23 Abs. 4 EBRG).
Eine ausgewogene Vertretung der Arbeitnehmer nach ihrer Tätigkeit sollte so weit als möglich berücksichtigt werden; **Frauen und Männer** sollen entsprechend ihrem zahlenmäßigen Verhältnis bestellt werden (§ 23 Abs. 5 EBRG).
Für → **Leitende Angestellte** gilt § 23 Abs. 6 EBRG.

42 Stehen die Namen der inländischen Mitglieder des Euro-BR fest, sind sie der »**zentralen Leitung**« mit den jeweiligen Anschriften und der jeweiligen Betriebszugehörigkeit mitzuteilen (§ 24 Satz 1 EBRG).
Die »zentrale Leitung« ihrerseits hat die örtlichen Betriebs- und Unternehmensleitungen, die dort bestehenden Arbeitnehmervertretungen sowie die in den inländischen Betrieben vertretenen Gewerkschaften über diese Angaben zu unterrichten (§ 24 Satz 2 EBRG).

Geschäftsführung des Euro-BR (§§ 25 bis 28 EBRG)

43 Die »zentrale Leitung« lädt unverzüglich nach Benennung der Mitglieder (siehe Rn. 42) zur **konstituierenden Sitzung** des Euro-BR ein (§ 25 Abs. 1 Satz 1 EBRG).
Der Euro-BR wählt aus seiner Mitte eine/n **Vorsitzende/n** und dessen/deren **Stellvertreter/in** (§ 25 Abs. 1 Satz 2 EBRG).

44 Der/die Vorsitzende des Euro-BR oder im Falle seiner Verhinderung der/die Stellvertreter/in vertritt den Euro-BR im Rahmen der von ihm gefassten **Beschlüsse** (§ 25 Abs. 2 Satz 1 EBRG).
Zur **Entgegennahme von Erklärungen**, die dem Euro-BR gegenüber abzugeben sind, ist der/die Vorsitzende oder im Falle seiner Verhinderung der/die Stellvertreter/in berechtigt (§ 25 Abs. 2 Satz 2 EBRG).

45 Der Euro-BR bildet nach § 26 EBRG aus seiner Mitte einen **Ausschuss**.
Der Ausschuss besteht aus dem/der Vorsitzenden und mindestens zwei, höchstens vier weiteren zu wählenden Ausschussmitgliedern.
Die weiteren Ausschussmitglieder sollen in verschiedenen Mitgliedstaaten beschäftigt sein.
Der Ausschuss führt die **laufenden Geschäfte** (siehe hierzu → Betriebsrat Rn. 24) des Euro-BR.

46 Der Euro-BR hat gemäß § 27 EBRG das Recht, im Zusammenhang mit der Unterrichtung durch die »zentrale Leitung« nach § 29 EBRG (siehe Rn. 48) eine **Sitzung** durchzuführen und zu dieser einzuladen.
Das Gleiche gilt bei einer Unterrichtung über außergewöhnliche Umstände nach § 30 EBRG (siehe Rn. 50).
Der Zeitpunkt und der Ort der Sitzungen sind mit der »zentralen Leitung« abzustimmen.
Mit Einverständnis der »zentralen Leitung« kann der Euro-BR **weitere Sitzungen** durchführen.
Die Sitzungen des Euro-BR sind **nicht öffentlich**.

Europäischer Betriebsrat

Die **Beschlüsse** des Euro-BR werden, soweit im EBRG nichts anderes bestimmt ist, mit der Mehrheit der Stimmen der anwesenden Mitglieder gefasst (§ 28 Satz 1 EBRG). Sonstige Bestimmungen über die Geschäftsführung sollen in einer schriftlichen → **Geschäftsordnung** getroffen werden, die der Euro-BR mit der Mehrheit der Stimmen seiner Mitglieder beschließt (§ 28 Satz 1 EBRG). 47

Mitwirkungsrechte des Euro-BR (§§ 29 bis 31 EBRG)

Der Euro-BR hat gemäß § 29 EBRG Anspruch darauf, dass die »zentrale Leitung« ihn **einmal im Kalenderjahr** über die Entwicklung der Geschäftslage und die Perspektiven des Unternehmens/der Unternehmensgruppe unter rechtzeitiger Vorlage der erforderlichen »**Unterlagen**« (siehe → **Rechtsbegriffe**) unterrichtet (siehe Rn. 9 b) und ihn **anhört** (siehe Rn. 9 c). 48

Zur Entwicklung der Geschäftslage und der Perspektiven gehören »insbesondere«:
- die Struktur des Unternehmens/der Unternehmensgruppe,
- die wirtschaftliche und finanzielle Lage,
- die voraussichtliche Entwicklung der Geschäfts-, Produktions- und Absatzlage,
- die Beschäftigungslage und ihre voraussichtliche Entwicklung,
- die Investitionen (Investitionsprogramm),
- grundlegende Änderungen der Organisation,
- die Einführung neuer Arbeits- und Fertigungsverfahren,
- die Verlegung von Unternehmen, Betrieben oder wesentlichen Betriebsteilen sowie Verlagerung der Produktion,
- Zusammenschlüsse oder Spaltungen von Unternehmen oder Betrieben,
- die Einschränkung oder Stilllegung von Unternehmen, Betrieben oder wesentlichen Betriebsteilen,
- Massenentlassungen.

Aus dem Begriff »insbesondere« ergibt sich, dass die Auflistung **nicht abschließend** ist. 49

Über **außergewöhnliche Umstände**, die erhebliche Auswirkungen auf die Beschäftigten haben, hat die »zentrale Leitung« den Euro-BR (bzw. den geschäftsführenden Ausschuss nach § 26 Abs. 1 EBRG; vgl. § 30 Abs. 2 EBRG) rechtzeitig unter Vorlage der erforderlichen Unterlagen zu unterrichten und ihn – auf Verlangen – **anzuhören** (§ 33 Abs. 1 EBRG). 50

Außergewöhnliche Umstände sind »insbesondere«:
- die Verlegung von Unternehmen, Betrieben oder wesentlichen Betriebsteilen oder
- die Stilllegung von Unternehmen, Betrieben oder wesentlichen Betriebsteilen oder
- Massenentlassungen.

Informationen, die der Euro-BR (oder der Ausschuss; vgl. § 30 Abs. 2 EBRG) von der »zentralen Leitung« erhalten hat, hat er (in geeigneter Form) an die örtlichen Arbeitnehmervertreter weiterzugeben (bzw. an die Beschäftigten unmittelbar, falls keine Arbeitnehmervertretung besteht; § 36 Abs. 1 EBRG). 51

Zu informieren sind auch Sprecherausschüsse der → **leitenden Angestellten** (§ 36 Abs. 2 EBRG), sofern nicht ein nach § 23 Abs. 6 EBRG bestimmter leitender Angestellter selbst an der Sitzung des Euro-BR mit der »zentralen Leitung« teilgenommen hat.

Einschränkungen der Pflicht zur Unterrichtung und Anhörung des Euro-BR ergeben sich in Tendenzunternehmen (siehe → **Tendenzbetrieb**) nach Maßgabe des § 31 EBRG. 52

Dauer der Mitgliedschaft im Euro-BR, Änderung der Zusammensetzung, Übergang zu einer Vereinbarung (§§ 32 und 33 EBRG)

Die Dauer der Mitgliedschaft im Euro-BR beträgt **vier Jahre**, wenn sie nicht durch **Abberufung** oder aus anderen Gründen **vorzeitig endet** (§ 32 Abs. 1 Satz 1 EBRG). 53

Europäischer Betriebsrat

54
Die Mitgliedschaft **beginnt** mit der Bestellung (§ 32 Abs. 1 Satz 2 EBRG).
Nach § 32 Abs. 2 EBRG hat die »zentrale Leitung« **alle zwei Jahre**, vom Tage der konstituierenden Sitzung des Euro-BR (§ 25 Abs. 1 EBRG) an gerechnet, zu prüfen, ob sich die **Arbeitnehmerzahlen** in den einzelnen Mitgliedstaaten derart geändert haben, dass sich eine andere Zusammensetzung des Euro-BR nach § 22 Abs. 2 EBRG errechnet.
Sie hat das Ergebnis dem Euro-BR mitzuteilen.

Ist danach eine **andere Zusammensetzung** des Euro-BR erforderlich, veranlasst dieser bei den zuständigen Stellen, dass die Mitglieder des Euro-BR in den Mitgliedstaaten **neu bestellt** werden, in denen sich eine gegenüber dem vorhergehenden Zeitraum abweichende Anzahl der Arbeitnehmer-Vertreter ergibt.

Mit der Neubestellung **endet** die Mitgliedschaft der bisher aus diesen Mitgliedstaaten stammenden Arbeitnehmervertreter im Euro-BR.

Vorstehendes gilt entsprechend bei Berücksichtigung eines bisher im Euro-BR nicht vertretenen Mitgliedstaats.

55
Vier Jahre nach der konstituierenden Sitzung (siehe Rn. 43) hat der Euro-BR nach § 33 EBRG mit der Mehrheit der Stimmen seiner Mitglieder einen Beschluss darüber zu fassen, ob mit der »zentralen Leitung« eine Vereinbarung nach § 17 EBRG (siehe Rn. 34 bis 35 a) ausgehandelt werden soll.

Beschließt der Euro-BR die Aufnahme von Verhandlungen, hat er die Rechte und Pflichten des »besonderen Verhandlungsgremiums« (die §§ 8, 13, 14 und 15 Abs. 1 sowie die §§ 16 bis 19 EBRG gelten entsprechend).

Das Amt des Euro-BR **endet**, wenn eine Vereinbarung nach § 17 EBRG (siehe Rn. 34) geschlossen worden ist.

Gemeinsame Bestimmungen (§§ 34 bis 40 EBRG)

56
»Zentrale Leitung« und Euro-BR arbeiten gemäß § 34 EBRG vertrauensvoll zum Wohl der Arbeitnehmer und des Unternehmens oder der Unternehmensgruppe zusammen.

Das gilt entsprechend für die Zusammenarbeit zwischen »zentraler Leitung« und Arbeitnehmervertretern im Rahmen eines Verfahrens zur Unterrichtung und Anhörung (siehe hierzu Rn. 35 a).

Zum Begriff der vertrauensvollen Zusammenarbeit siehe → **Betriebsrat** Rn. 9.

57
§ 35 EBRG sieht Regelungen zur **Geheimhaltung** und **Vertraulichkeit** vor.
Im Einzelnen gilt Folgendes:
Die Pflicht der »zentralen Leitung«, über die im Rahmen der §§ 18 und 19 EBRG vereinbarten oder die sich aus den §§ 29 und 30 Abs. 1 EBRG ergebenden Angelegenheiten zu unterrichten, besteht nur, soweit dadurch nicht Betriebs- oder Geschäftsgeheimnisse (siehe hierzu → **Geheimhaltungspflicht**) des Unternehmens oder der Unternehmensgruppe gefährdet werden (§ 35 Abs. 1 EBRG).

Die Mitglieder und Ersatzmitglieder eines Euro-BR sind verpflichtet, Betriebs- oder Geschäftsgeheimnisse, die ihnen wegen ihrer Zugehörigkeit zum Euro-BR bekannt geworden und von der »zentralen Leitung« ausdrücklich als geheimhaltungsbedürftig bezeichnet worden sind, nicht zu offenbaren und nicht zu verwerten (§ 35 Abs. 2 Satz 1 EBRG).

Dies gilt auch nach dem **Ausscheiden** aus dem Euro-BR (§ 35 Abs. 2 Satz 2 EBRG).

Die Verpflichtung **gilt nicht** gegenüber Mitgliedern eines Euro-BR (§ 35 Abs. 2 Satz 3 EBRG).

Sie gilt ferner nicht gegenüber den **örtlichen Arbeitnehmervertretern** der Betriebe oder Unternehmen, wenn diese auf Grund einer Vereinbarung nach § 18 EBRG (siehe Rn. 35) oder nach § 36 EBRG (siehe Rn. 58) über den Inhalt der Unterrichtungen und die Ergebnisse der Anhörungen zu unterrichten sind, den Arbeitnehmervertretern im Aufsichtsrat sowie gegen-

über Dolmetschern und Sachverständigen, die zur Unterstützung herangezogen werden (§ 35 Abs. 2 Satz 4 EBRG).
Die **Pflicht zur Vertraulichkeit** nach § 35 Abs. 2 Satz 1 und 2 EBRG gilt gemäß § 35 Abs. 3 EBRG entsprechend für
- die Mitglieder und Ersatzmitglieder des »besonderen Verhandlungsgremiums«,
- die Arbeitnehmervertreter im Rahmen eines Verfahrens zur Unterrichtung und Anhörung (§ 19 EBRG; siehe Rn. 35 a),
- die Sachverständigen und Dolmetscher sowie
- die örtlichen Arbeitnehmervertreter.

Die **Ausnahmen** von der Pflicht zur Vertraulichkeit nach § 35 Abs. 2 Satz 3 und 4 EBRG gelten gemäß § 35 Abs. 4 EBRG entsprechend für
- das »besondere Verhandlungsgremium« gegenüber Sachverständigen und Dolmetschern,
- die Arbeitnehmervertreter im Rahmen eines Verfahrens zur Unterrichtung und Anhörung gegenüber Dolmetschern und Sachverständigen, die vereinbarungsgemäß zur Unterstützung herangezogen werden und gegenüber örtlichen Arbeitnehmervertretern, sofern diese nach der Vereinbarung (§ 19 EBRG; siehe Rn. 35 a) über die Inhalte der Unterrichtungen und die Ergebnisse der Anhörungen zu unterrichten sind.

Nach § 36 Abs. 1 EBRG berichtet der Euro-BR oder der Ausschuss (§ 30 Abs. 2 EBRG) den **örtlichen Arbeitnehmervertretern** oder, wenn es diese nicht gibt, den Arbeitnehmern der Betriebe oder Unternehmen über die Unterrichtung und Anhörung. 58

Nach Maßgabe des § 36 Abs. 2 EBRG erfolgt auch eine Berichterstattung an – in Betrieben oder Unternehmen bestehende – Sprecherausschüsse der – **leitenden Angestellten**.

Ändert sich die Struktur des gemeinschaftsweit tätigen Unternehmens oder der gemeinschaftsweit tätigen Unternehmensgruppe wesentlich und bestehen hierzu keine Regelungen in geltenden Vereinbarungen oder widersprechen sich diese, nimmt die »zentrale Leitung« von sich aus oder auf Antrag der Arbeitnehmer oder ihrer Vertreter (§ 9 Abs. 1 EBRG) die **Verhandlung** über eine Vereinbarung nach § 18 oder § 19 EBRG auf (§ 37 Abs. 1 Satz 1 EBRG). 59
Als wesentliche Strukturänderungen gelten »insbesondere«
- Zusammenschluss von Unternehmen oder Unternehmensgruppen,
- Spaltung von Unternehmen oder der Unternehmensgruppe,
- Verlegung von Unternehmen oder der Unternehmensgruppe in einen anderen Mitgliedstaat oder Drittstaat oder Stilllegung von Unternehmen oder der Unternehmensgruppe,
- Verlegung oder Stilllegung von Betrieben, soweit sie Auswirkungen auf die Zusammensetzung des Europäischen Betriebsrats haben können.

Abweichend von § 10 EBRG (siehe Rn. 28) entsendet jeder von der Strukturänderung betroffene Euro-BR aus seiner Mitte drei weitere Mitglieder in das »besondere Verhandlungsgremium« (§ 37 Abs. 2 EBRG).
Für die Dauer der Verhandlung bleibt nach § 37 Abs. 3 EBRG jeder von der Strukturänderung betroffene Euro-BR bis zur Errichtung eines neuen Euro-BR im Amt (**Übergangsmandat**).
Mit der »zentralen Leitung« kann vereinbart werden, nach welchen Bestimmungen und in welcher Zusammensetzung das Übergangsmandat wahrgenommen wird.
Kommt es nicht zu einer Vereinbarung mit der »zentralen Leitung«, wird das Übergangsmandat durch den jeweiligen Euro-BR entsprechend der für ihn im Unternehmen oder der Unternehmensgruppe geltenden Regelung wahrgenommen.
Das Übergangsmandat **endet** auch, wenn das »besondere Verhandlungsgremium« einen Beschluss nach § 15 Absatz 1 EBRG (siehe Rn. 36) fasst.
Kommt es nicht zu einer Vereinbarung nach § 18 oder § 19 EBRG (siehe Rn. 34 bis 35 a), ist in den Fällen des § 21 Abs. 1 EBRG ein Euro-BR kraft Gesetzes nach den §§ 22 und 23 EBRG (siehe Rn. 37 ff.) zu errichten (§ 37 Abs. 4 EBRG).
Der Euro-BR kann Mitglieder zur Teilnahme an → **Schulungs- und Bildungsveranstaltungen** 60

Europäischer Betriebsrat

bestimmen, soweit diese Kenntnisse vermitteln, die für die Arbeit des Euro-BR erforderlich sind (§ 38 Abs. 1 Satz 1 EBRG).

Er hat die **Teilnahme** und **zeitliche Lage** rechtzeitig der »zentralen Leitung« mitzuteilen (§ 38 Abs. 1 Satz 2 EBRG). Bei der Festlegung der zeitlichen Lage sind die **betrieblichen Notwendigkeiten** zu berücksichtigen (§ 38 Abs. 1 Satz 3 EBRG).

Der Euro-BR kann die sich aus § 38 Abs. 1 EBRG ergebenden Aufgaben auf den Ausschuss nach § 26 EBRG übertragen (§ 38 Abs. 1 Satz 4 EBRG).

Für das »besondere Verhandlungsgremium« (siehe Rn. 23) und dessen Mitglieder gelten vorstehende Regelungen (§ 38 Abs. 1 Satz 1 bis 3 EBRG) entsprechend (§ 38 Abs. 2 EBRG).

61 Die durch die Errichtung und Tätigkeit des Euro-BR und des Ausschusses nach § 26 EBRG) entstehenden **Kosten** trägt die »zentrale Leitung« (§ 39 Abs. 1 Satz 1 EBRG).

Sie hat insbesondere für die Sitzungen und die laufende Geschäftsführung in erforderlichem Umfang Räume, sachliche Mittel und Büropersonal, für die Sitzungen außerdem Dolmetscher zur Verfügung zu stellen (§ 39 Abs. 1 Satz 2 EBRG).

Sie trägt auch die erforderlichen **Reise- und Aufenthaltskosten** der Mitglieder des Euro-BR und des Ausschusses (§ 39 Abs. 1 Satz 3 EBRG).

Anstelle der »zentralen Leitung« kann ein Mitglied des Euro-BR auch »**seinen**« **Arbeitgeber** auf (volle) Kostenerstattung in Anspruch nehmen.

Dieser haftet als **Gesamtschuldner** (§ 39 Abs. 1 Satz 4 EBRG in Verbindung mit § 16 Abs. 2 EBRG).

62 Der Euro-BR und der Ausschuss (§ 26 EBRG) können sich durch → **Sachverständige** ihrer Wahl unterstützen lassen, soweit dies zur ordnungsgemäßen Erfüllung seiner Aufgaben **erforderlich** ist (§ 39 Abs. 2 Satz 1 EBRG). Sachverständige können auch Beauftragte von → **Gewerkschaften** sein (§ 39 Abs. 2 Satz 2 EBRG).

Werden Sachverständige hinzugezogen, beschränkt sich die Kostentragungspflicht auf **einen** Sachverständigen, es sei denn, eine Vereinbarung nach § 18 oder § 19 EBRG (siehe Rn. 35, 35 a) sieht etwas anderes vor (§ 39 Abs. 2 Satz 3 EBRG).

63 Für die Mitglieder eines Euro-BR, die im Inland (= Deutschland) beschäftigt sind, gelten § 37 Abs. 1 bis 5 BetrVG (siehe → **Betriebsrat** Rn. 35) und die §§ 78 und 103 BetrVG sowie § 15 Abs. 1 und 3 bis 5 KSchG (siehe → **Kündigungsschutz, besonderer**) entsprechend (§ 40 Abs. 1 EBRG).

Für nach § 38 EBRG erforderliche Fortbildungen gilt § 37 Absatz 6 Satz 1 und 2 BetrVG entsprechend (siehe → **Schulungs- und Bildungsveranstaltungen**).

Diese Bestimmungen gelten nach § 40 Abs. 2 EBRG entsprechend für die inländischen Mitglieder des »besonderen Verhandlungsgremiums« (siehe Rn. 23) und die Arbeitnehmervertreter im Rahmen eines Verfahrens zur Unterrichtung und Anhörung (siehe Rn. 35 a).

Rechtsprechung

1. Bildung eines Europäischen Betriebsrats: Auskunftspflichten der Unternehmen
2. Bestellung der inländischen Arbeitnehmervertreter im Europäischen Betriebsrat – gerichtliche Überprüfung
3. Auslandsreisekosten zur Bildung eines Europäischen Betriebsrats
4. Unterlassungsanspruch eines Europäischen Betriebsrats

Europäisches Recht

Grundlagen

Das auf der Ebene der **Europäischen Union (EU)** geschaffene Recht nimmt immer größeren Einfluss auf das nationale Recht. 1

Auch die Arbeit des **Betriebsrats** sowie die **Arbeitsbedingungen** der Beschäftigten werden durch die Rechtsetzung auf europäischer Ebene maßgeblich beeinflusst. Beispielhaft seien genannt: 2
- die Richtlinie über »bestimmte Aspekte der Arbeitszeitgestaltung« (siehe → **Arbeitszeit**);
- die Richtlinie zur »Verbesserung der Arbeitsumwelt« (siehe → **Arbeitsschutz**);
- die Richtlinie zur Angleichung der Rechtsvorschriften der Mitgliedstaaten »über die Wahrung von Ansprüchen der Arbeitnehmer beim Übergang von Unternehmen, Betrieben oder Unternehmens- oder Betriebsteilen« (siehe → **Betriebsübergang**);
- die Richtlinie zur Bildung von »Europäischen Betriebsräten« (siehe → **Europäischer Betriebsrat**);
- die Rechtsverordnung über die »freiwillige Beteiligung gewerblicher Unternehmen an einem Gemeinschaftssystem für das Umweltmanagement und die Umweltbetriebsprüfung« (siehe → **Öko-Audit**).

Zum besseren Verständnis der Zusammenhänge zwischen europäischem und nationalem Recht soll nachstehend ein kleiner **Einblick in** »**Europa**« gegeben werden. 3

Grundlagen und Instrumente des Europäischen Rechts sind: 4
- die **Gründungsverträge** (sog. primäres Unionsrecht).
Am Anfang standen der Vertrag über die Bildung der Europäischen Gemeinschaft für Kohle und Stahl (EGKS-Vertrag) vom 18.4.1951 und die am 25.3.1957 in Rom unterzeichneten Verträge: der Vertrag zur Gründung der Europäischen Wirtschaftsgemeinschaft (EWG-Vertrag), der Vertrag über die Europäische Atomgemeinschaft (EURATOM-Vertrag) und das Abkommen über gemeinsame Organe für die Europäischen Gemeinschaften, mit dem für EWG, EURATOM und EGKS eine gemeinsame parlamentarische Versammlung, ein gemeinsamer Gerichtshof und ein gemeinsamer Wirtschafts- und Sozialausschuss geschaffen wurde. Die Verträge vom 25.3.1957 werden auch als »**Römische Verträge**« bezeichnet. Sie traten am 1.1.1958 in Kraft.
Durch die »**Einheitliche Europäische Akte**« (**EEA**) vom 28.2.1986 sind die Gründungsverträge in erheblichem Umfang weiterentwickelt worden. Insbesondere wurden Weichen in Richtung einer Weiterentwicklung des »Binnenmarktes« gestellt (z. B. Abschaffung von Grenzkontrollen, Beseitigung von »technischen Schranken« für den freien Verkehr von Waren, Dienstleistungen und Kapital).
Der EWG-Vertrag wurde durch den »**Maastrichter Vertrag**« vom 7.2.1992 unter dem Titel Vertrag zur Gründung der Europäischen Gemeinschaft (**EG-Vertrag – EGV**) neu gefasst. Der »Maastrichter Vertrag« trat am 1.11.1993 in Kraft. Mit ihm wurde die Europäische Union (EU) als übergeordneter Verbund für die Europäischen Gemeinschaften, die Ge-

Europäisches Recht

meinsame Außen- und Sicherheitspolitik sowie die Zusammenarbeit in den Bereichen Justiz und Inneres gegründet.

> **Hinweis:**
> Der EG-Vertrag wurde durch den »Vertrag von Lissabon« vom 13.12.2007 in Vertrag zur Gründung der Europäischen Union (EU-Vertrag – EUV) umbenannt.

Mit dem »**Amsterdamer Vertrag**« vom 2.10.1997 wurden die Verträge EGKS-Vertrag, der EURATOM-Vertrag und EG-Vertrag zusammengefasst und teilweise geändert. Er trat am 1.5.1999 in Kraft.

Der **EGKS-Vertrag** lief am 23.7.2002 aus. Seine Regelungsgegenstände wurden zunächst in den EG-Vertrag und mit Wirkung ab 1.12.2009 in den AEU-Vertrag (AEUV) überführt.

Mit dem »**Vertrag von Nizza**« vom 26.2.2001 wurden der EG-Vertrag, der EURATOM-Vertrag und der bei der Unterzeichnung noch in Kraft befindliche EGKS-Vertrag sowie einige damit zusammenhängende Rechtsakte geändert. U. a. wurde festgelegt, dass in vielen Bereichen Beschlüsse mit qualifizierter Mehrheit statt mit Einstimmigkeit wirksam werden konnten. Der »Vertrag von Nizza« trat am 1.2.2003 in Kraft.

Am 1.12.2009 trat der **Vertrag über die Arbeitsweise der Europäischen Union (AEU-Vertrag – AEUV)** vom 13.12.2007 (»**Vertrag von Lissabon**«) in Kraft. Mit diesem Vertrag wurde der EG-Vertrag in Vertrag zur Gründung der Europäischen Union (EU-Vertrag – EUV) umbenannt. Die Europäische Gemeinschaft (EG) wurde aufgelöst. Ihre Funktionen wurden auf die Europäische Union (EU) übertragen.

Der **Vertrag über die Europäische Union (EUV)** bildet zusammen mit dem Vertrag über die Arbeitsweise der Europäischen Union (**AEUV**) das sog. **primäre Unionsrecht** (im Unterschied zum sog. **sekundären Unionsrecht**, das durch die Organe der EU geschaffen wird, insbesondere durch Verordnungen und Richtlinien).

- Mit dem **Vertrag über eine Verfassung für Europa (VVE)** vom 29.10.2004 sollte das politische System der Europäischen Union grundlegend reformiert werden. Insbesondere sollte er der Europäischen Union eine einheitliche Struktur und Rechtspersönlichkeit geben und die bis dahin geltenden Grundlagenverträge ablösen. Die EU sollte zusätzliche Kompetenzen erhalten, ihr institutionelles Gefüge sollte mit dem Ziel geändert werden, sie demokratischer und handlungsfähiger zu machen. Der VVE konnte allerdings nach gescheiterten Referenden in Frankreich und den Niederlanden keine Rechtskraft erlangen.
- **Charta der Grundrechte der Europäischen Union**, die am 7.12.2000 erstmals proklamiert wurde, aber nach dem Scheitern des Europäischen Verfassungsvertrages (wegen gescheiterter Referenden in Frankreich und den Niederlanden) erst am 1.12.2009 gemeinsam mit dem »Vertrag von Lissabon« (siehe oben) in Kraft trat.

> **Hinweis:**
> Die sog. »konsolidierten Fassungen« des EUV, AEUV und der Charta der Grundrechte der Europäischen Union sind abrufbar unter http://eur-lex.europa.eu/JOHtml.do?uri=OJ:C:2010:083: SOM:DE:HTML

- Von besonderer Bedeutung für das weitere Zusammenwachsen der europäischen Länder und Rechtssysteme ist die Europäische Gemeinschaftscharta der sozialen Grundrechte der Arbeitnehmer (»**Sozialcharta**«) vom 8./9.12.1989. Auf sie wird in Art. 151 AEUV Bezug genommen.
- die **Assoziierungsabkommen** der Gemeinschaft mit Drittstaaten. Hierbei handelt es sich um Verträge, die die wirtschaftlichen Beziehungen zwischen der Gemeinschaft und den Drittstaaten vertiefen sollen.

Europäisches Recht

- die **Verordnungen** (Art. 288 Satz 2 AEUV).
  Diese werden vom »Rat« (siehe Rn. 5) erlassen.
  Das »Europäische Parlament« ist gem. Art. 14 Abs. 1 EUV an der Rechtsetzung durch den »Rat« beteiligt (siehe Rn. 5).
  Beispiel: Verordnung (EU) Nr. 492/2011 des Europäischen Parlaments und des Rates über die Freizügigkeit der Arbeitnehmer innerhalb der Union vom 5.4.2011.
  Verordnungen gelten bei In-Kraft-Treten in den Mitgliedstaaten **unmittelbar**, das heißt **ohne besonderen Übertragungsakt.**
  Verordnungen sind für Bürger und staatliche Organe in gleichem Maße verbindlich wie das jeweilige nationale Recht.
- die **Richtlinien** (Art. 288 Satz 3 AEUV).
  Sie werden ebenfalls vom »Rat« (siehe Rn. 5) erlassen und sind hinsichtlich des zu erreichenden Ziels für die jeweiligen Mitgliedstaaten verbindlich. Das »Europäische Parlament« ist gem. Art. 14 Abs. 1 EUV an der Rechtsetzung durch den »Rat« beteiligt (siehe Rn. 5).
  Im Unterschied zur »Verordnung« müssen Richtlinien aber durch einen nationalen Akt (z. B. durch Gesetz oder Rechtsverordnung) **in nationales Recht umgesetzt** werden, um Verbindlichkeit für die Bürger der Mitgliedstaaten zu erlangen.
  Es gibt allerdings von diesem Grundsatz eine wichtige Ausnahme: Erfolgt die Umsetzung in nationales Recht nicht innerhalb der regelmäßig gesetzten Frist, kann sich der Bürger vor Behörden und Gerichten auf die Richtlinie berufen und Ansprüche aus der Richtlinie geltend machen (sofern es sich um eine hinreichend konkrete und damit umsetzbare Regelung handelt).
- die **Beschlüsse** (Art. 288 Satz 3 AEUV).
  Hierbei handelt es sich um Entscheidungsakte des »Rates« oder der »Kommission«, die für diejenigen, an die sich die Entscheidung richtet, unmittelbar verbindlich sind.
  Adressat von Entscheidungen können Bürger (auch Unternehmen), aber auch Mitgliedstaaten sein. Beispielsweise kann die Kommission im Wege der Entscheidung gegen Unternehmen vorgehen, die unzulässige Preisabsprachen vornehmen.
- **Empfehlungen und Stellungnahmen** (Art. 288 Satz 4 AEUV) sind nicht verbindliche Akte.
- **völkerrechtliche Verträge** (z. B. Europäisches Gerichtsstands- und Vollstreckungsabkommen).

Organe der Europäischen Gemeinschaft sind nach Art. 13 EUV: 5
- das **Europäische Parlament** (Art. 14 EUV).
  Das Europäische Parlament besteht aus Abgeordneten, die für jeweils fünf Jahre von der Bevölkerung der Mitgliedstaaten unmittelbar gewählt werden.
  Es hat – anders als die nationalen Parlamente – nicht den Charakter eines Gesetzgebers, ist aber an der Rechtsetzung durch den »Rat« beteiligt.
  Art. 14 Abs. 1 EUV: *»Das Europäische Parlament wird gemeinsam mit dem Rat als Gesetzgeber tätig und übt gemeinsam mit ihm die Haushaltsbefugnisse aus. Es erfüllt Aufgaben der politischen Kontrolle und Beratungsfunktionen nach Maßgabe der Verträge. Es wählt den Präsidenten der Kommission.«*
  In bestimmten Angelegenheiten kann sich der »Rat« – allerdings nur einstimmig (und nicht nur mit Mehrheit) – über ein entgegenstehendes Votum des Europäischen Parlaments hinwegsetzen.
- Der **Europäische Rat** (Art. 15 EUV) besteht aus den Regierungschefs der Mitgliedstaaten sowie dem Präsidenten des Europäischen Rates und dem Präsidenten der Kommission. Er tritt zweimal pro Halbjahr zusammen, um die politische Zusammenarbeit auf Europaebene voranzutreiben. Der Europäische Rat ist nicht zu verwechseln mit dem »Rat«, der gemäß Art. 16 EUV das Recht setzende Organ der Europäischen Union ist.

Europäisches Recht

- der **Rat** (Art. 16 EUV).
  Er hat die Befugnis, Recht zu setzen in Form von Verordnungen, Richtlinien (siehe Rn. 4) und ist damit das zentrale Steuerungsorgan der Gemeinschaft.
  Der Rat besteht aus den jeweiligen – für die zu regelnde Angelegenheit zuständigen – Fachministern der Mitgliedstaaten (über Fragen des Arbeitsrechts entscheiden z. B. die Arbeitsminister, über Agrarfragen die Landwirtschaftsminister).
  In besonders wichtigen Angelegenheiten können auch die jeweiligen Regierungschefs zusammentreten und als Rat europäisches Recht setzen.
- die **Europäische Kommission** (Art. 17 EUV).
  Sie hat die Aufgabe, das Gesamtinteresse der Europäischen Union wahrzunehmen und die europäische Einigung durch entsprechende Initiativen voranzutreiben.
  Die Kommission besitzt jedoch keine Rechtsetzungsbefugnis. Stattdessen hat sie die Aufgabe und das Recht, dem Rat den Erlass von Rechtsvorschriften (Rechtsverordnungen, Richtlinien) vorzuschlagen und entsprechende Entwürfe auszuarbeiten.
  Die Kommission hat des Weiteren die Aufgabe, die Einhaltung des EG-Vertrages und der auf seiner Grundlage vom Rat erlassenen Verordnungen und Richtlinien zu überwachen. Notfalls kann die Kommission einen Mitgliedstaat beim Europäischen Gerichtshof verklagen.
  Die Kommission besteht aus Kommissaren, die von den Regierungen der Mitgliedstaaten einvernehmlich bestellt werden.
- der **Gerichtshof der Europäischen Union** (Art. 19 EUV; Art. 267 AEUV).
  Der Europäische Gerichtshof besteht aus Richtern, die von den nationalen Regierungen einvernehmlich bestellt werden.
  Er entscheidet über Streitigkeiten zwischen Organen der Gemeinschaft bzw. zwischen der Gemeinschaft und den Mitgliedstaaten.
  Auch einzelne Bürger (hierzu zählen auch Unternehmen) von Mitgliedstaaten können den Europäischen Gerichtshof anrufen, soweit einzelne Organe der Europäischen Gemeinschaft »Entscheidungen« erlassen, von denen sie betroffen sind.
  Außerdem können Gerichte der Mitgliedstaaten, wenn es in einem Rechtsstreit auf die Auslegung europäischen Rechts (Gründungsverträge, Rechtsverordnungen, Richtlinien) ankommt, die Angelegenheit dem Europäischen Gerichtshof vorlegen.
  Letztinstanzliche nationale Gerichte sind in solchen Fällen zur Vorlage verpflichtet.
  Der Europäische Gerichtshof nimmt eine für das nationale Gericht verbindliche Auslegung vor.
  Verstößt eine Regelung in einem nationalen Gesetz gegen EU-Recht (Verordnung oder Richtlinie), kann der Europäische Gerichtshof die Gerichte verpflichten, die Bestimmung **unangewendet** zu lassen (EuGH v. 22. 11. 2005 – C–144/04, NZA 2005, 1345 zu § 14 Abs. 3 TzBfG (a. F.; siehe → **Befristeter Arbeitsvertrag** Rn. 35 und EuGH v. 19. 1. 2010 – C–555/07, AiB 2010, 265 = NZA 2010, 85 zu § 622 Abs. 2 Satz 2 BGB; siehe → **Kündigungsfristen** Rn. 5).
- die **Europäische Zentralbank** (Art. 282 AEUV).
- der **Rechnungshof** (Art. 285 AEUV), dessen Aufgabe es ist, die Rechnungsprüfung wahrzunehmen.

6   Zusätzlich zu den vorstehend genannten Organen der Europäischen Gemeinschaft existieren **weitere Einrichtungen**, die im Wesentlichen Beratungs- und Kontrollaufgaben haben:
  - Der **Wirtschafts- und Sozialausschuss** (Art. 300 Abs. 2 AEUV) hat das Recht, zu bestimmten Rechtsetzungsvorhaben gegenüber dem »Rat« und der »Kommission« **Stellungnahmen** abzugeben. Der Ausschuss besteht zu je einem Drittel aus Vertretern der Arbeitgeber, der Gewerkschaften und sonstiger Interessengruppen (z. B. Landwirte, Händler, Verbraucher).
  - Der **Soziale Dialog** zwischen Arbeitgeberverbänden und Gewerkschaften (Art. 154, 155

AEUV) kann **Regelungsvorschläge** ausarbeiten, die dann vom Rat auf Vorschlag der Kommission als europäisches Recht (Richtlinien) beschlossen werden können.
- In dem **Ausschuss der Regionen** (Art. 300 Abs. 3 AEUV) werden im Falle von grenzüberschreitenden Vorhaben Vertreter von regionalen und lokalen Gebietskörperschaften **angehört**.

Für das **Arbeits- und Sozialrecht von besonderer Bedeutung** sind die **Art. 151 bis 153 des AEUV**:

Artikel 151 (ex-Artikel 136 EGV)
Die Union und die Mitgliedstaaten verfolgen eingedenk der sozialen Grundrechte, wie sie in der am 18. Oktober 1961 in Turin unterzeichneten Europäischen Sozialcharta und in der Gemeinschaftscharta der sozialen Grundrechte der Arbeitnehmer von 1989 festgelegt sind, folgende Ziele: die Förderung der Beschäftigung, die Verbesserung der Lebens- und Arbeitsbedingungen, um dadurch auf dem Wege des Fortschritts ihre Angleichung zu ermöglichen, einen angemessenen sozialen Schutz, den sozialen Dialog, die Entwicklung des Arbeitskräftepotenzials im Hinblick auf ein dauerhaft hohes Beschäftigungsniveau und die Bekämpfung von Ausgrenzungen. Zu diesem Zweck führen die Union und die Mitgliedstaaten Maßnahmen durch, die der Vielfalt der einzelstaatlichen Gepflogenheiten, insbesondere in den vertraglichen Beziehungen, sowie der Notwendigkeit, die Wettbewerbsfähigkeit der Wirtschaft der Union zu erhalten, Rechnung tragen. Sie sind der Auffassung, dass sich eine solche Entwicklung sowohl aus dem eine Abstimmung der Sozialordnungen begünstigenden Wirken des Binnenmarkts als auch aus den in den Verträgen vorgesehenen Verfahren sowie aus der Angleichung ihrer Rechts- und Verwaltungsvorschriften ergeben wird.

Artikel 152
Die Union anerkennt und fördert die Rolle der Sozialpartner auf Ebene der Union unter Berücksichtigung der Unterschiedlichkeit der nationalen Systeme. Sie fördert den sozialen Dialog und achtet dabei die Autonomie der Sozialpartner. Der Dreigliedrige Sozialgipfel für Wachstum und Beschäftigung trägt zum sozialen Dialog bei.

Artikel 153 (ex-Artikel 137 EGV)
(1) Zur Verwirklichung der Ziele des Artikels 151 unterstützt und ergänzt die Union die Tätigkeit der Mitgliedstaaten auf folgenden Gebieten:
a) Verbesserung insbesondere der Arbeitsumwelt zum Schutz der Gesundheit und der Sicherheit der Arbeitnehmer,
b) Arbeitsbedingungen,
c) soziale Sicherheit und sozialer Schutz der Arbeitnehmer,
d) Schutz der Arbeitnehmer bei Beendigung des Arbeitsvertrags,
e) Unterrichtung und Anhörung der Arbeitnehmer
f) Vertretung und kollektive Wahrnehmung der Arbeitnehmer- und Arbeitgeberinteressen, einschließlich der Mitbestimmung, vorbehaltlich des Absatzes 5,
g) Beschäftigungsbedingungen der Staatsangehörigen dritter Länder, die sich rechtmäßig im Gebiet der Union aufhalten,
h) berufliche Eingliederung der aus dem Arbeitsmarkt ausgegrenzten Personen, unbeschadet des Artikels 166,
i) Chancengleichheit von Männern und Frauen auf dem Arbeitsmarkt und Gleichbehandlung am Arbeitsplatz,
j) Bekämpfung der sozialen Ausgrenzung,
k) Modernisierung der Systeme des sozialen Schutzes, unbeschadet des Buchstabens c.
(2) Zu diesem Zweck können das Europäische Parlament und der Rat
a) unter Ausschluss jeglicher Harmonisierung der Rechts- und Verwaltungsvorschriften der Mitgliedstaaten Maßnahmen annehmen, die dazu bestimmt sind, die Zusammenarbeit zwischen den Mitgliedstaaten durch Initiativen zu fördern, die die Verbesserung des Wissensstands, die

Entwicklung des Austauschs von Informationen und bewährten Verfahren, die Förderung innovativer Ansätze und die Bewertung von Erfahrungen zum Ziel haben;
b) in den in Absatz 1 Buchstaben a bis i genannten Bereichen unter Berücksichtigung der in den einzelnen Mitgliedstaaten bestehenden Bedingungen und technischen Regelungen durch Richtlinien Mindestvorschriften erlassen, die schrittweise anzuwenden sind. Diese Richtlinien sollen keine verwaltungsmäßigen, finanziellen oder rechtlichen Auflagen vorschreiben, die der Gründung und Entwicklung von kleinen und mittleren Unternehmen entgegenstehen. Das Europäische Parlament und der Rat beschließen gemäß dem ordentlichen Gesetzgebungsverfahren nach Anhörung des Wirtschafts- und Sozialausschusses und des Ausschusses der Regionen. In den in Absatz 1 Buchstaben c, d, f und g genannten Bereichen beschließt der Rat einstimmig gemäß einem besonderen Gesetzgebungsverfahren nach Anhörung des Europäischen Parlaments und der genannten Ausschüsse. Der Rat kann einstimmig auf Vorschlag der Kommission nach Anhörung des Europäischen Parlaments beschließen, dass das ordentliche Gesetzgebungsverfahren auf Absatz 1 Buchstaben d, f und g angewandt wird.
(3) Ein Mitgliedstaat kann den Sozialpartnern auf deren gemeinsamen Antrag die Durchführung von aufgrund des Absatzes 2 angenommenen Richtlinien oder gegebenenfalls die Durchführung eines nach Artikel 155 erlassenen Beschlusses des Rates übertragen. In diesem Fall vergewissert sich der Mitgliedstaat, dass die Sozialpartner spätestens zu dem Zeitpunkt, zu dem eine Richtlinie umgesetzt oder ein Beschluss durchgeführt sein muss, im Wege einer Vereinbarung die erforderlichen Vorkehrungen getroffen haben; dabei hat der Mitgliedstaat alle erforderlichen Maßnahmen zu treffen, um jederzeit gewährleisten zu können, dass die durch diese Richtlinie oder diesen Beschluss vorgeschriebenen Ergebnisse erzielt werden.
(4) Die aufgrund dieses Artikels erlassenen Bestimmungen
– berühren nicht die anerkannte Befugnis der Mitgliedstaaten, die Grundprinzipien ihres Systems der sozialen Sicherheit festzulegen, und dürfen das finanzielle Gleichgewicht dieser Systeme nicht erheblich beeinträchtigen;
– hindern die Mitgliedstaaten nicht daran, strengere Schutzmaßnahmen beizubehalten oder zu treffen, die mit den Verträgen vereinbar sind.
(5) Dieser Artikel gilt nicht für das Arbeitsentgelt, das Koalitionsrecht, das Streikrecht sowie das Aussperrungsrecht.

8 Besonders hervorzuheben ist die Regelung des Art. 153 Abs. 4 AEUV, der es den Mitgliedstaaten ermöglicht, den mit EU-Verordnungen und Richtlinien (z. B. Arbeitsschutz-Richtlinien) beschriebenen Standard **zu verbessern**, soweit dies mit dem EU-Vertrag und AEU-Vertrag (AEUV) vereinbar ist.
Anders ausgedrückt: **Verordnungen und Richtlinien** nach Art. 153 AEUV (ex Art. 137 EGV) sind Mindestvorschriften, die durch nationales Recht nicht verschlechtert, aber zugunsten eines wirksameren Arbeits- und Sozialrechts verbessert werden können.

Bedeutung für die Betriebsratsarbeit

9 Durch die vom »Rat der Arbeits- und Sozialminister« am 22. 9. 1994 erlassene Richtlinie zur Bildung von Europäischen Betriebsräten (Richtlinie 94/45/EG) wurde ein wichtiger Schritt in Richtung »Interessenvertretung in europaweit agierenden Unternehmen und Konzernen« getan.
Die Umsetzung der Richtlinie ist in der Bundesrepublik Deutschland erfolgt durch das Gesetz über Europäische Betriebsräte (EBRG) vom 7. 12. 2011 (BGBl. I Nr. 66 S. 2650).
Die Richtlinie 94/45/EG wurde durch die Richtlinie 2009/38/EG vom 6. 5. 2009 abgelöst (vgl. hierzu Kittner, Arbeits- und Sozialordnung, 40. Aufl. 2015 S. 604 ff.).

Zu weiteren Einzelheiten siehe → **Europäischer Betriebsrat**.

Art. 151 bis 153 des Vertrags über die Arbeitsweise der Europäischen Union (AEUV) – siehe Rn. 7 und 8 – liefern für die Betriebsratsarbeit eine Menge Anregungen für Maßnahmen zur Verbesserung der arbeits- und sozialrechtlichen Situation der Beschäftigten.

Auf dem Gebiet des **Umweltschutzes** bietet die Verordnung (EG) Nr. 761/2001 des Europäischen Parlaments und des Rates vom 19. 3. 2001 über die freiwillige Beteiligung von Organisationen an einem Gemeinschaftssystem für das Umweltmanagement und die Umweltbetriebsprüfung (EMAS) eine gute Grundlage für umweltpolitische Initiativen des Betriebsrats (siehe → **Öko-Audit** und → **Umweltschutz im Betrieb**). Die Verordnung ist am 27. 4. 2001 in Kraft getreten.

Familienpflegezeit

Grundlagen

1 Ende 2011 waren etwa 2,6 Millionen Menschen in Deutschland **pflegebedürftig** und haben Leistungen aus der → **Pflegeversicherung** bezogen (Quelle: Statistisches Bundesamt; Bundesfamilienministerium). Schätzungen zufolge wird die Zahl der Pflegebedürftigen bis zum Jahr 2050 auf 5,5 Millionen steigen.
Zur Zeit (Ende 2011) werden zwei Drittel der Pflegebedürftigen zu Hause durch ambulante Dienste oder von ihren Angehörigen versorgt. Für pflegende Angehörige, die berufstätig sind, entstehen **extreme Belastungen**.

2 Mit dem Ziel, die Vereinbarkeit von Familie, Pflege und Beruf zu verbessern, wurde Ende 2011 von der schwarz-gelben Koalition (CDU/CSU/FDP) – ergänzend zum Pflegezeitgesetz (siehe hierzu → **Pflegezeit**) – das »Gesetz über die Familienpflegezeit« (Familienpflegezeitgesetz – FPfZG) vom 6.12.2011 (BGBl. I S. 2564) verabschiedet.
Das Gesetz ist am 1.1.2012 in Kraft getreten.

2a Weil sich das FPfZG als wirkungslos – ja geradezu als gesetzgeberischer Flop – erwies (insbesondere weil kein Rechtsanspruch des Arbeitnehmers auf (teilweise) Freistellung von der Arbeit zum Zwecke der Familienpflege (Familienpflegezeit) vorgesehen war; siehe Rn. 3), wurde es durch das von der Großen Koalition (CDU/CSU/SPD) verabschiedete »**Gesetz zur besseren Vereinbarkeit von Familie, Pflege und Beruf**« **(FPfZG)** vom 23.12.2014 (BGBl. I Nr. 64 S. 2462) mit Wirkung ab 1.1.2015 grundlegend verändert.

3 Einer der »Geburtsfehler« des »schwarz-gelben« FPfZG bestand darin, dass dem Arbeitnehmer kein Rechtsanspruch auf Freistellung zum Zwecke der Familienpflege gewährt wurde. Vielmehr war Familienpflegezeit **vom Einverständnis des Arbeitgebers abhängig**, was den »Gebrauchswert« des sog. »Gesetzes« drastisch reduziert hat. Es war nicht mehr als
- eine Anregung/ein Vorschlag des Staates an die freie Unternehmerschaft, Anträge von Mitarbeitern auf Abschluss eines Familienpflegezeitvertrages **wohlwollend zu prüfen**,
- eine **PR-Aktion** der schwarz-gelben Regierung in der Hoffnung, dass es ein paar Unternehmen gibt, die dieser Anregung folgen,
- eine perfekte Umsetzung **neoliberalen Denkens** (»... *die Freiheit der Unternehmerschaft ist unantastbar*«).

Man setzte darauf, dass die Unternehmer **von selbst auf die Idee kommen**, dass Familienpflegezeit eine tolle Sache für sie (und ihre Geschäftsbilanz) ist, weil sie sich durch familienfreundliche Maßnahmen als attraktive Arbeitgeber präsentieren können. Fehlzeiten und Kündigungen würden reduziert, die Motivation der Mitarbeiter erhöht, die Arbeitszufriedenheit verbessert, die Produktivität gesteigert und das betriebliche Erfahrungswissen bleibe erhalten (vgl. Broschüre Deutsche Seniorenliga e.V. (Hrsg.) – gefördert vom Bundesfamilienministerium – »Familienpflegezeit – eine Information für Beschäftigte«, S. 13).
In den ersten zwölf Monaten nach Inkrafttreten des »schwarz-gelben« FPfZG am 1.12.2012 nahmen weniger als 200 Deutsche Familienpflegezeit in Anspruch (Quelle: Die Welt online

Familienpflegezeit

vom 28.12.2012; http://www.welt.de/politik/deutschland/article112270668/Kaum-genutzt-Ministerin-Schroeders-Pflegezeit-floppt.html).
Aber auch das neue Familienpflegezeitgesetz (siehe Rn. 2 a) steht in der Kritik: zwar wird in § 2 FPfZG ein **Rechtsanspruch** auf teilweise Freistellung von der Arbeit formuliert. Die Finanzierung der Freistellung zur Pflege von Angehörigen obliegt aber weiterhin letztlich dem Arbeitnehmer. Er bekommt auf Antrag ein – immerhin zinsloses – **Darlehen**, das nach Ende der Familienpflegezeit zurückzuzahlen ist. Der Arbeitgeber hat mit der Finanzierung nichts zu tun, was zu Recht als Abschied von der paritätischen Finanzierung der Pflegeversicherung »durch die Hintertür« gewertet wird (Kittner, AiB plus 4/11, S. 9).

Nachstehend ein paar Hinweise zu einzelnen Bestimmungen des **neuen Familienpflegezeit-** 4
gesetzes (FPfZG) vom 23.12.2014 (BGBl. I Nr. 64 S. 2462).

Ziel des Gesetzes (§ 1 FPfZG)

Mit der Einführung der Familienpflegezeit soll die **Vereinbarkeit** von Beruf und familiärer 5
Pflege **verbessert** werden (§ 1 FPfZG).

Rechtsanspruch auf teilweise Freistellung von der Arbeit (§ 2 FPfZG)

§ 2 FPfZG regelt den Rechtsanspruch auf Familienpflegezeit: 6
- Beschäftigte sind von der Arbeitsleistung für **längstens 24 Monate (Höchstdauer) teilweise freizustellen**, wenn sie einen pflegebedürftigen nahen Angehörigen in häuslicher Umgebung pflegen (§ 2 Abs. 1 Satz 1 FPfZG).
- Der Anspruch besteht nicht gegenüber Arbeitgebern mit in der Regel **25 oder weniger Beschäftigten** ausschließlich der zu ihrer Berufsbildung Beschäftigten (§ 2 Abs. 1 Satz 4 FPfZG).
- Während der Familienpflegezeit muss die verringerte **Arbeitszeit wöchentlich mindestens 15 Stunden** betragen (§ 2 Abs. 1 Satz 2 FPfZG).
- Bei unterschiedlichen wöchentlichen Arbeitszeiten oder einer unterschiedlichen Verteilung der wöchentlichen Arbeitszeit darf die wöchentliche Arbeitszeit im Durchschnitt eines Zeitraums von bis zu einem Jahr 15 Stunden nicht unterschreiten (**Mindestarbeitszeit**; § 2 Abs. 1 Satz 3 FPfZG).
- Pflegezeit und Familienpflegezeit dürfen gemeinsam 24 Monate je pflegebedürftigem nahen Angehörigen nicht überschreiten (Gesamtdauer; § 2 Abs. 2 FPfZG).
- Die §§ 5 bis 8 des Pflegezeitgesetzes gelten entsprechend (§ 2 Abs. 3 FPfZG; siehe hierzu Rn. 7, 19, 20, 21 und → **Pflegezeit**).
- Die Familienpflegezeit wird auf **Berufsbildungszeiten** nicht angerechnet (§ 2 Abs. 4 FPfZG).
- Beschäftigte sind von der Arbeitsleistung für längstens 24 Monate (Höchstdauer) teilweise freizustellen, wenn sie einen **minderjährigen pflegebedürftigen nahen Angehörigen** in häuslicher oder außerhäuslicher Umgebung **betreuen** (§ 2 Abs. 5 Satz 1 FPfZG). Die Inanspruchnahme dieser Freistellung ist jederzeit im Wechsel mit der Freistellung nach Absatz 1 im Rahmen der Gesamtdauer nach Absatz 2 möglich (§ 2 Abs. 5 Satz 2 FPfZG). § 2 Abs. 1 Satz 2 bis 4 FPfZG und § 2 Absätze 2 bis 4 FPfZG gelten entsprechend (§ 2 Abs. 5 Satz 3 FPfZG). Beschäftigte können diesen Anspruch **wahlweise** statt des Anspruchs auf Familienpflegezeit nach § 2 Abs. 1 FPfZG geltend machen (§ 2 Abs. 5 Satz 4 FPfZG).

Anspruchsberechtigte »**Beschäftigte**« im Sinne des Familienpflegezeitgesetzes sind nach § 2 7
Abs. 3 FPfZG i. V. m. § 7 Abs. 1 PflegeZG
- → **Arbeitnehmer**,
- die zu ihrer Berufsbildung Beschäftigten (siehe → **Auszubildende/Berufsausbildungsverhältnis**),

Familienpflegezeit

- Personen, die wegen ihrer wirtschaftlichen Unselbständigkeit als arbeitnehmerähnliche Personen anzusehen sind (siehe → **Arbeitnehmer** Rn. 6); zu diesen gehören auch die in → **Heimarbeit** Beschäftigten und die ihnen Gleichgestellten (§ 7 Abs. 1 PflegeZG).

8 **Nahe Angehörige** im Sinne des FPfZG sind nach § 2 Abs. 3 FPfZG i. V. m. § 7 Abs. 3 PflegeZG
- Großeltern, Eltern, Schwiegereltern, Stiefeltern,
- Ehegatten, Lebenspartner, Partner einer eheähnlichen oder lebenspartnerschaftsähnlichen Gemeinschaft, Geschwister, Schwägerinnen und Schwäger,
- Kinder, Adoptiv- oder Pflegekinder, die Kinder, Adoptiv- oder Pflegekinder des Ehegatten oder Lebenspartners, Schwiegerkinder und Enkelkinder.

9 **Pflegebedürftig** im Sinne des FPfZG sind nach § 2 Abs. 3 FPfZG i. V. m. § 7 Abs. 4 PflegeZG Personen, die die Voraussetzungen nach den §§ 14 und 15 SGB XI erfüllen.

Das sind nach § 14 SGB XI Personen, die wegen einer körperlichen, geistigen oder seelischen Krankheit oder Behinderung für die gewöhnlichen und regelmäßig wiederkehrenden Verrichtungen im Ablauf des täglichen Lebens auf Dauer, **voraussichtlich für mindestens sechs Monate**, in erheblichem oder höherem Maße (§ 15 SGB XI; siehe → **Pflegeversicherung** Rn. 12) der Hilfe bedürfen.

Inanspruchnahme der Familienpflegezeit (§ 2 a FPfZG)

10 Wer Familienpflegezeit nach § 2 FPfZG beanspruchen will, muss dies dem Arbeitgeber spätestens **acht Wochen** vor dem gewünschten Beginn **schriftlich** ankündigen und gleichzeitig erklären, für welchen Zeitraum und in welchem Umfang innerhalb der Gesamtdauer nach § 2 Abs. 2 FPfZG die Freistellung von der Arbeitsleistung in Anspruch genommen werden soll. Dabei ist auch die gewünschte **Verteilung der Arbeitszeit** anzugeben (§ 2a Abs. 1 Satz 1 FPfZG).

Förderung der Familienpflegezeit (§ 3 FPfZG)

11 Für die Dauer der Freistellungen nach § 2 FPfZG (siehe Rn. 6) oder nach § 3 PflegeZG (siehe → **Pflegezeit**) gewährt das Bundesamt für Familie und zivilgesellschaftliche Aufgaben Beschäftigten auf Antrag ein in **monatlichen Raten** zu zahlendes **zinsloses Darlehen** nach Maßgabe des § 3 Abs. 2 bis 5 FPfZG (§ 3 Abs. 1 Satz 1 FPfZG).

Die monatlichen Darlehensraten werden in **Höhe** der Hälfte der Differenz zwischen den pauschalierten monatlichen Nettoentgelten vor und während der Freistellung gewährt (§ 3 Abs. 2 FPfZG).

12 Der **Berechnung** wird die im jeweiligen Kalenderjahr geltende Verordnung über die pauschalierten Nettoentgelte für das Kurzarbeitergeld zugrunde gelegt (§ 3 Abs. 3 FPfZG; siehe → **Kurzarbeit/Kurzarbeitergeld**).

13 Das Darlehen ist vorrangig vor dem Bezug von bedürftigkeitsabhängigen Sozialleistungen in Anspruch zu nehmen und von den Beschäftigten zu beantragen (§ 3 Abs. 6 FPfZG).

Mitwirkungspflicht des Arbeitgebers (§ 4 FPfZG)

14 Der Arbeitgeber hat dem Bundesamt für Familie und zivilgesellschaftliche Aufgaben für bei ihm Beschäftigte den Arbeitsumfang sowie das Arbeitsentgelt vor der Freistellung nach § 3 Abs. 1 FPfZG **zu bescheinigen**, soweit dies zum Nachweis des Einkommens aus Erwerbstätigkeit oder der wöchentlichen Arbeitszeit der die Förderung beantragenden Beschäftigten erforderlich ist (§ 4 Satz 1 FPfZG). Für die in → **Heimarbeit** Beschäftigten und die ihnen Gleichgestellten tritt an die Stelle des Arbeitgebers der Auftraggeber oder Zwischenmeister (§ 4 Satz 2 FPfZG).

Familienpflegezeit

Ende der Förderfähigkeit (§ 5 FPfZG)

Die Förderfähigkeit der Familienpflegezeit **endet** mit dem Ende der Freistellung nach § 3 Abs. 1 FPfZG (§ 5 Abs. 1 Satz 1 FPfZG). 15
Die Förderfähigkeit endet auch dann, wenn der Beschäftigte während der Freistellung nach § 2 FPfZG den Mindestumfang der wöchentlichen Arbeitszeit aufgrund gesetzlicher oder kollektivvertraglicher Bestimmungen oder aufgrund von Bestimmungen, die in Arbeitsrechtsregelungen der Kirchen enthalten sind, **unterschreitet** (§ 5 Abs. 1 Satz 2 FPfZG).
Die Unterschreitung der Mindestarbeitszeit aufgrund von → **Kurzarbeit** oder eines **Beschäftigungsverbotes** (z. B. bei → **Mutterschutz**) lässt die Förderfähigkeit unberührt (§ 5 Abs. 1 Satz 3 FPfZG).
Der Darlehensnehmer hat dem Bundesamt für Familie und zivilgesellschaftliche Aufgaben jede Änderung in den Verhältnissen, die für den Anspruch auf Gewährung des zinslosen Darlehens nach § 3 Abs. 1 FPfZG erheblich sind, **unverzüglich mitzuteilen** (§ 5 Abs. 2 FPfZG).

Rückzahlung des Darlehens (§ 6 FPfZG)

Das Darlehen ist von dem Darlehensnehmer nach Maßgabe des § 6 FPfZG in gleichbleibenden monatlichen Raten zurückzuzahlen (siehe auch Rn. 18). Die Rückzahlung beginnt in dem Monat, der auf das Ende der Förderung der Freistellung folgt. Eine Verschiebung des Zahlungsbeginns ist auf Antrag möglich. 16

Härtefallregelung (§ 7 FPfZG)

§ 7 Abs. 1 und 2 FPfZG regelt die Möglichkeit, die Rückzahlung des Darlehens (zinslos) **zu stunden** und/oder **teilweise zu erlassen**. 17
Unter den Voraussetzungen des § 7 Abs. 3 FPfZG **erlischt** die Darlehensschuld.

Antrag auf Förderung – Darlehensbescheid – Antrag und Nachweis in besonderen Fällen (§ 8 bis 10 FPfZG)

Die §§ 8 bis 10 FPfZG regeln u. a. Einzelfragen in Bezug auf die Darlehensbeantragung und die Erteilung des Darlehensbescheides. 18
Im Darlehensbescheid sind nach § 9 Abs. 1 Satz 1 FPfZG anzugeben:
- Höhe des Darlehens
- Höhe der monatlichen Darlehensraten sowie Dauer der Leistung der Darlehensraten
- Höhe und Dauer der Rückzahlungsraten und
- Fälligkeit der ersten Rückzahlungsrate.

Kündigungsschutz (§ 2 Abs. 3 FPfZG i. V. m. § 5 PflegeZG)

Der Arbeitgeber darf das Beschäftigungsverhältnis von der Ankündigung bis zur Beendigung einer Freistellung nach § 2 FPfZG **nicht kündigen** (§ 2 Abs. 3 FPfZG i. V. m. § 5 Abs. 1 PflegeZG). 19
In besonderen Fällen kann eine Kündigung von der für den Arbeitsschutz zuständigen obersten Landesbehörde oder der von ihr bestimmten Stelle **ausnahmsweise für zulässig erklärt** werden; die Bundesregierung kann hierzu mit Zustimmung des Bundesrates allgemeine Verwaltungsvorschriften erlassen (§ 2 Abs. 3 FPfZG i. V. m. § 5 Abs. 2 PflegeZG).

Familienpflegezeit

Vertretung der Pflegeperson durch befristete Einstellung (§ 2 Abs. 3 FPfZG i. V. m. § 6 PflegeZG)

20 Wenn zur Vertretung eines Beschäftigten für die Dauer der Familienpflegezeit ein Arbeitnehmer eingestellt wird, liegt hierin ein **sachlicher Grund** für die Befristung des Arbeitsverhältnisses (§ 2 Abs. 3 FPfZG i. V. m. § 6 Abs. 1 Satz 1 Pflegezeitgesetz; siehe auch → **Befristeter Arbeitsvertrag** Rn. 20).
Über die Dauer der Vertretung hinaus ist die Befristung für notwendige Zeiten einer **Einarbeitung** zulässig (§ 2 Abs. 3 FPfZG i. V. m. § 6 Abs. 1 Satz 2 PflegeZG).
Die Dauer der Befristung des Arbeitsvertrages muss kalendermäßig bestimmt oder bestimmbar sein oder dem Zweck der Vertretung zu entnehmen sein (§ 2 Abs. 3 FPfZG i. V. m. § 6 Abs. 2 PflegeZG).
Der Arbeitgeber kann den befristeten Arbeitsvertrag unter Einhaltung einer Frist von zwei Wochen **kündigen**, wenn die Familienpflegezeit **vorzeitig endet** (§ 2 Abs. 3 FPfZG i. V. m. § 6 Abs. 3 Satz 1 PflegeZG; siehe Rn. 6).
Das Kündigungsschutzgesetz ist in diesen Fällen nicht anzuwenden (§ 2 Abs. 3 FPfZG i. V. m. § 6 Abs. 3 Satz 2 PflegeZG).
Das Recht zur Kündigung durch den Arbeitgeber besteht nicht, wenn sie **vertraglich ausgeschlossen** ist (§ 2 Abs. 3 FPfZG i. V. m. § 6 Abs. 3 Satz 3 PflegeZG).

Unabdingbarkeit

21 Von den Vorschriften des FPfZG darf nicht zu Ungunsten des Beschäftigten abgewichen werden (§ 2 Abs. 3 FPfZG i. V. m. § 8 PflegeZG).

Arbeitslosenversicherung

22 Pflegepersonen bleiben während der Familienpflegezeit nach Maßgabe des SGB III **arbeitslosenversichert**. Die **Beiträge** hierzu werden aus dem reduzierten Arbeitsentgelt vom Arbeitgeber abgeführt.
Wird eine Pflegeperson (später) arbeitslos, bleiben bei der Ermittlung des für die Höhe des Arbeitslosengeldes bedeutsamen »**Bemessungszeitraums**«, nach § 150 Abs. 2 Satz 1 Nr. 4 SGB III 2012 Zeiten einer Familienpflegezeit nach dem Familienpflegezeitgesetz, wenn wegen der Pflege das Arbeitsentgelt oder die durchschnittliche wöchentliche Arbeitszeit gemindert war, außer Betracht; insoweit gilt § 151 Abs. 3 Nr. 2 SGB III 2012 nicht.

Kranken- und Pflegeversicherung

23 Pflegepersonen bleiben während der Familienpflegezeit **kranken- und pflegeversichert**. Die **Beiträge** hierzu werden aus dem reduzierten Arbeitsentgelt vom Arbeitgeber abgeführt.

Rentenversicherung

24 Die **Beiträge** zur Rentenversicherung führt der Arbeitgeber während der Familienpflegezeit auf Basis des reduzierten Arbeitsentgeltes ab.

Unfallversicherung

25 Nach § 44 Abs. 1 Satz 6 SGB XI sind Pflegepersonen **während der pflegerischen Tätigkeit** nach Maßgabe der §§ 2, 4, 105, 106, 129, 185 SGB VII in den Versicherungsschutz der gesetzlichen Unfallversicherung einbezogen.

Freistellung von Betriebsratsmitgliedern

Was ist das?

Einem Arbeitnehmer, der in den Betriebsrat gewählt worden ist, ist es nicht mehr möglich, seinen arbeitsvertraglichen Verpflichtungen in gleichem Umfang nachzukommen wie bisher. Das BetrVG trägt diesem Umstand in § 37 Abs. 2 und § 38 BetrVG Rechnung, indem es den Mitgliedern des Betriebsrats die Möglichkeit der **»Arbeitsbefreiung« unter Fortzahlung des Arbeitsentgelts** verschafft, damit sie ihre Betriebsratsaufgaben ordnungsgemäß wahrnehmen können. 1

Arbeitsbefreiung nach § 37 Abs. 2 BetrVG

Hiernach sind Mitglieder des Betriebsrats von ihrer beruflichen Tätigkeit **ohne Minderung des Arbeitsentgelts** (siehe Rn. 7) **zu befreien,** wenn und soweit es nach Art und Umfang des Betriebs zur ordnungsgemäßen Durchführung ihrer Aufgaben **erforderlich** ist. 2

Mit dieser Regelung ist klargestellt, dass die Wahrnehmung der Betriebsratsaufgaben grundsätzlich **Vorrang** vor der Erfüllung der arbeitsvertraglichen Verpflichtungen hat! 3

Voraussetzung eines Freistellungsanspruchs nach § 37 Abs. 2 BetrVG ist, dass das Betriebsratsmitglied **Betriebsratsaufgaben** wahrnimmt (z. B. Teilnahme an Betriebsrats- und Ausschusssitzungen, auch Vorbereitung auf Sitzungen [z. B. Lesen von Unterlagen], Durchführung von Sprechstunden, Gespräche mit Arbeitnehmern am Arbeitsplatz, Vorbereitung, Durchführung und Nachbereitung von Betriebsversammlungen usw.). 4

Des Weiteren muss die Arbeitsbefreiung zur Durchführung dieser Aufgaben **»erforderlich«** sein. 5

Die Frage der »Erforderlichkeit« ist von dem Betriebsratsmitglied zu entscheiden. Es besteht ein **Beurteilungsspielraum.** Das heißt: Das Betriebsratsmitglied hat sich gewissermaßen »in den Kopf eines vernünftigen Dritten« hineinzuversetzen, der gewissenhaft unter Abwägung der Belange der Belegschaft, des Betriebsrats und des Arbeitgebers alle Umstände des Einzelfalles (z. B. Größe und Art des Betriebes, Menge und Schwierigkeit der »anliegenden« Probleme, Aktivität des Betriebsratsgremiums, Dringlichkeit der Aufgabe) in seine Überlegungen einbezieht und sie – ruhig und vernünftig – würdigt (vgl. DKKW-*Klebe*, BetrVG, 15. Aufl., § 37 Rn. 26).

Gegenstand der **Erforderlichkeitsprüfung** ist nach Ansicht des BAG nicht nur die Notwendigkeit der zu verrichtenden Betriebsratsarbeit, sondern auch, ob diese Betriebsratsarbeit die Nichtleistung der beruflichen Tätigkeit zu einem bestimmten Zeitpunkt erforderlich macht (BAG v. 11.6.1997 – 7 AZR 229/96, ZTR 1997, 524). Grundsätzlich seien die Dringlichkeit der beruflichen Tätigkeit und der Verrichtung von Betriebsratsarbeit – etwa Teilnahme an einer **Betriebsratssitzung** – gegeneinander abzuwägen. Deshalb könnten betriebsbedingte Gründe unter Umständen eine **zeitliche Verlegung** der Betriebsratsarbeit notwendig machen. Dazu ein Auszug aus der Entscheidung BAG v. 11.6.1997 – 7 AZR 229/96, a. a. O.: »*In Fällen eines dringenden betrieblichen Bedürfnisses an der Arbeitsleistung ist das Betriebsratsmitglied nicht von* 5a

Freistellung von Betriebsratsmitgliedern

der Abwägung entbunden, ob seine Teilnahme an der Betriebsratssitzung so wichtig ist, dass sie auch die Nichtleistung der dringenden beruflichen Tätigkeit im Sinne des § 37 Abs. 2 BetrVG erforderlich macht. Im Zweifel wird die Teilnahme an der Betriebsratssitzung den Vorrang haben. Wenn aber in der Sitzung wichtigen oder keine sonstigen Fragen zu behandeln sind, die die Teilnahme gerade dieses Betriebsratsmitglieds erfordern, kann es in Fällen einer betrieblichen Unabkömmlichkeit des Betriebsratsmitglieds durchaus sachgerecht sein, das Betriebsratsmitglied als an der Teilnahme verhindert anzusehen, so dass an seiner Stelle ein Ersatzmitglied an der Betriebsratssitzung teilnimmt.«

5b Ein **Beschluss** des Betriebsrats über die Freistellung eines Betriebsratsmitglieds zur Wahrnehmung von Betriebsratsaufgaben allein genügt nicht, um die Voraussetzungen des § 37 Abs. 2 BetrVG – erforderliche Betriebsratstätigkeit – zu bejahen (BAG v. 31. 8. 1994 – 7 AZR 893/93, AiB 1995, 293; 6. 8. 1981 – 6 AZR 505/78, AP Nr. 39 zu § 37 BetrVG 1972).

5c Die Teilnahme als Zuhörer an einer **Gerichtsverhandlung** soll nach zweifelhafter Ansicht des BAG nur im Ausnahmefall eine erforderliche Betriebsratstätigkeit sein (BAG v. 31. 8. 1994 – 7 AZR 893/93, AiB 1995, 293; 31. 5. 1989 – 7 AZR 277/88, a. a. O.; 19. 5. 1983 – 6 AZR 290/81). Es gehöre nicht zu den Amtsobliegenheiten eines Betriebsratsmitglieds, durch seine Anwesenheit in der Gerichtsverhandlung einen Betriebsangehörigen **zu unterstützen**, selbst wenn dieser darum gebeten habe (BAG v. 19. 5. 1983 – 6 AZR 290/81). Der Betriebsrat habe nicht für die Wahrnehmung der arbeitsvertraglichen Rechte der einzelnen Arbeitnehmer zu sorgen, soweit dies nicht gesetzlich vorgesehen ist. Die Vorschriften des § 82 Abs. 2 Satz 2, § 83 Abs. 1 Satz 2, § 84 Abs. 1 Satz 2 BetrVG über Mitwirkungs- und Beschwerderechte des Arbeitnehmers im Betrieb seien auf gerichtliche Verfahren zwischen Arbeitnehmer und Arbeitgeber nicht übertragbar. Vielmehr betreffen diese Bestimmungen persönliche Anliegen der Arbeitnehmer, die innerbetrieblich zu lösen seien. Die Teilnahme an einem Gerichtstermin z. B. in einem Kündigungsschutzverfahren gehöre nur dann zu den Aufgaben des Betriebsrats, wenn davon ausgegangen werden könne, dass der Betriebsrat die dort zu erwartenden Informationen in weiteren, konkret anstehenden Anhörungsverfahren oder etwa in naher Zukunft für die gezielte Wahrnehmung anderer gesetzlicher oder betriebsverfassungsrechtlicher Aufgaben einsetzen kann (BAG v. 31. 8. 1994 – 7 AZR 893/93, AiB 1995, 293; 31. 5. 1989 – 7 AZR 277/88, AiB 1990, 257; 19. 5. 1983 – 6 AZR 290/81). Nachstehend ein Auszug aus BAG v. 31. 8. 1994 – 7 AZR 893/93, a. a. O.: »... *nicht freigestellte Betriebsratsmitglieder sind nach § 37 Abs. 2 BetrVG im Gegensatz zu freigestellten Betriebsratsmitgliedern nur aus konkretem Anlass vorübergehend von ihrer vertraglichen Arbeitsverpflichtung befreit. Nicht die Stellung als Mitglied des Betriebsrats, sondern allein die anlassbezogene gezielte Wahrnehmung einer betriebsverfassungsrechtlichen oder sonstigen gesetzlichen Aufgabe rechtfertigt die Arbeitsbefreiung. Demnach ist das Vorliegen von Amtsobliegenheiten im Falle einer Teilnahme an einer Gerichtsverhandlung zu verneinen, wenn sie lediglich der Erkenntnisgewinnung für ein bereits abgeschlossenes Beteiligungsverfahren nach § 102 BetrVG dient. Das gilt auch, soweit der Betriebsrat von der Teilnahme den Erhalt von Angaben über die allgemeine wirtschaftliche Lage des Unternehmens erwartet. Ein solcher Informationsanspruch unabhängig von den Aufgaben nach dem Betriebsverfassungsgesetz steht allein den Mitgliedern eines nach § 106 BetrVG gebildeten Wirtschaftsausschusses zu, den der Unternehmer rechtzeitig und umfassend über die wirtschaftlichen Angelegenheiten des Unternehmens zu unterrichten hat (§ 106 Abs. 2 BetrVG).«*

5d Ein Arbeitgeber soll nach Ansicht des BAG berechtigt sein, ohne Mitwirkung des Betriebsrats ein nicht freigestelltes Betriebsratsmitglied wegen Versäumung der Arbeitszeit **abzumahnen**, wenn es eine Betriebsratstätigkeit wahrgenommen hat, die es nicht für erforderlich iS von BetrVG § 37 Abs. 2 halten konnte (BAG v. 6. 8. 1981 – 6 AZR 505/78, AP Nr. 39 zu § 37 BetrVG 1972). Hat allerdings das Betriebsratsmitglied die Erforderlichkeit gewissenhaft geprüft (siehe Rn. 5) und sich dabei geirrt, dürfen ihm hieraus keine Nachteile entstehen. Ist etwa ein Betriebsratsmitglied der objektiv fehlerhaften Ansicht, eine erforderliche Betriebsratsaufgabe

Freistellung von Betriebsratsmitgliedern

wahrzunehmen, kommt eine Abmahnung des Arbeitgebers wegen einer dadurch bedingten Versäumnis der Arbeitszeit nicht in Betracht, wenn es sich um die Verkennung schwieriger oder ungeklärter Rechtsfragen handelt (BAG v. 31. 8. 1994 – 7 AZR 893/93, AiB 1995, 293). Dazu ein Auszug aus der Entscheidung: »*Soweit die Versäumung der Arbeitszeit auf einer Verkennung des Begriffes der Erforderlichkeit i. S. des § 37 Abs. 2 BetrVG beruht, wird dem Betriebsratsmitglied ebenso wie dem Betriebsrat selbst ein revisionsrechtlich nur eingeschränkt nachprüfbarer Beurteilungsspielraum zugestanden (BAG v. 10. 11. 1993 – 7 AZR 682/92, aa0, zu 5 b aa der Gründe). Dieser ist erst überschritten, wenn das Betriebsratsmitglied bei eigener gewissenhafter Überprüfung und bei ruhiger und vernünftiger Würdigung aller Umstände die Versäumung von Arbeitszeit für die Verrichtung einer Betriebsratstätigkeit nicht mehr für erforderlich halten durfte. Kommt es zu einer Überschreitung des Beurteilungsspielraumes und ist dies für die Arbeitsversäumnis kausal, ist eine Abmahnung unter dem Gesichtspunkt ihrer Warnfunktion nur dann gerechtfertigt, sofern eine hinreichende Gefahr der Wiederholung eines willensgesteuerten objektiven Überschreitens des Beurteilungsspielraums besteht.*«

Eine **Zustimmung** des Arbeitgebers zur Arbeitsbefreiung nach § 37 Abs. 2 BetrVG ist nicht notwendig. **6**

Das Betriebsratsmitglied, das »nach gewissenhafter Prüfung« die Erforderlichkeit der Arbeitsbefreiung bejaht, ist also berechtigt, auch gegen den Willen des Arbeitgebers bzw. des Vorgesetzten den Arbeitsplatz zu verlassen.

Es ist allerdings verpflichtet, sich beim Verlassen des Arbeitsplatzes ordnungsgemäß **abzumelden** und sich wieder **zurückzumelden** (BAG v. 13. 5. 1997 – 1 ABR 2/97, AiB 1997, 661). Wie die Ab- und Rückmeldung bewirkt wird, steht dem Betriebsratsmitglied frei. Eine persönliche Meldung kann der Arbeitgeber nicht verlangen (BAG v. 29. 6. 2011 – 7 ABR 135/09, a. a. O.; 13. 5. 1997 – 1 ABR 2/97, a. a. O.).

Zweck der Meldepflicht ist es, dem Arbeitgeber die Überbrückung des Arbeitsausfalls zu ermöglichen (BAG v. 29. 6. 2011 – 7 ABR 135/09, AiB 2012, 261 = NZA 2012, 47).

Das Betriebsratsmitglied hat dem Arbeitgeber bzw. Vorgesetzten mitzuteilen, dass seine Abwesenheit durch die Wahrnehmung von Betriebsratsaufgaben bedingt ist, sowie **Ort** und voraussichtliche **Dauer** der Betriebsratstätigkeit (BAG v. 29. 6. 2011 – 7 ABR 135/09, a. a. O.; 15. 3. 1995 – 7 AZR 643/94, AiB 1995, 735). Warum dem Arbeitgeber auch der Ort mitgeteilt werden soll, erschließt sich nicht so recht. **6a**

Unstrittig ist jedenfalls, dass Angaben auch zur **Art** der Betriebsratstätigkeit nicht verlangt werden können (BAG v. 29. 6. 2011 – 7 ABR 135/09, a. a. O.; 15. 3. 1995 – 7 AZR 643/94, AiB 1995, 735). Insbesondere ist das Betriebsratsmitglied, das in Wahrnehmung betriebsverfassungsrechtlicher Aufgaben einen Arbeitnehmer an seinem Arbeitsplatz aufsucht, nicht verpflichtet, den Namen des betreffenden Arbeitnehmers zu nennen.

Wenn ein Betriebsratsmitglied **an seinem Arbeitsplatz** während seiner Arbeitszeit Betriebsratsaufgaben erledigt, ist es zwar ebenfalls grundsätzlich verpflichtet, sich beim Arbeitgeber abzumelden und die voraussichtliche Dauer der Betriebsratstätigkeit mitzuteilen. Allerdings besteht nach zutreffender Ansicht des BAG keine vorherige Meldepflicht in Fällen, in denen eine vorübergehende **Umorganisation** der Arbeitseinteilung **nicht ernsthaft in Betracht kommt** (BAG v. 29. 6. 2011 – 7 ABR 135/09, a. a. O.; Beispiel: das Betriebsratsmitglied arbeitet an seinem PC-Arbeitsplatz den Entwurf einer Betriebsvereinbarung aus). Maßgeblich seien dabei die Umstände des Einzelfalls. Dazu gehörten vor allem die Art der Arbeitsaufgabe des Betriebsratsmitglieds und die voraussichtliche Dauer der Arbeitsunterbrechung. In Fällen, in denen sich das Betriebsratsmitglied nicht vorher abmeldet, sei es verpflichtet, dem Arbeitgeber auf dessen Verlangen nachträglich die Gesamtdauer der in einem bestimmten Zeitraum geleisteten Betriebsratstätigkeit mitzuteilen. **6b**

Freistellung von Betriebsratsmitgliedern

Entgeltfortzahlung

7 § 37 Abs. 2 BetrVG begründet keinen eigenständigen Vergütungsanspruch, sondern **sichert den Entgeltanspruch** des Betriebsratsmitglieds aus § 611 Abs. 1 BGB i. V. m. dem Arbeitsvertrag sowie dem ggf. anzuwendenden Tarifvertrag, indem er dem Arbeitgeber den Einwand des nicht erfüllten Vertrags nimmt (BAG v. 29. 4. 2015 – 7 AZR 123/13). Das **Verbot der Entgeltminderung** soll die Bereitschaft des Arbeitnehmers zur Übernahme eines Betriebsratsamts fördern, indem es ihm die Befürchtung nimmt, Einkommenseinbußen durch die Wahrnehmung eines Ehrenamts zu erleiden. Der – unabhängig von einer etwaigen Freistellung nach § 38 BetrVG – für alle Betriebsratsmitglieder geltende § 37 Abs. 2 BetrVG konkretisiert hinsichtlich der Vergütung das allgemeine Benachteiligungsverbot des § 78 Satz 2 BetrVG.

7a Das **Verbot der Minderung des Arbeitsentgelts** bedeutet, dass dem Betriebsratsmitglied das Arbeitsentgelt weiterzuzahlen ist, das es verdient hätte, wenn es keine Betriebsratstätigkeit geleistet, sondern gearbeitet hätte (BAG v. 29. 4. 2015 – 7 AZR 123/13). Es kommt das **Entgeltausfallprinzip** zur Anwendung: Die Berechnung der geschuldeten Vergütung erfordert eine **hypothetische Betrachtung**, welches Arbeitsentgelt das Betriebsratsmitglied ohne die Arbeitsbefreiung verdient hätte. Zur Berechnung der hypothetischen Vergütung ist die Methode zu wählen, die dem Lohnausfallprinzip am besten gerecht wird. Dabei sind die Besonderheiten des jeweiligen Vergütungsbestandteils zu berücksichtigen. Gegebenenfalls ist bei **schwankenden Bezügen eine Schätzung** nach den Grundsätzen des § 287 Abs. 2 ZPO vorzunehmen (BAG v. 29. 4. 2015 – 7 AZR 123/13). Beispielsweise ist bei der Berechnung der Höhe eines umsatzabhängigen **Jahresbonus** der **Zielerreichungsgrad** zugrunde zu legen, den das Betriebsratsmitglied hypothetisch in diesem Jahr ohne die Arbeitsbefreiung zur Wahrnehmung von Betriebsratsaufgaben erreicht hätte (BAG v. 29. 4. 2015 – 7 AZR 123/13).

7b Zum **Arbeitsentgelt** iSv. § 37 Abs. 2 BetrVG gehören alle Vergütungsbestandteile, nicht dagegen **Aufwendungsersatz** (BAG v. 29. 4. 2015 – 7 AZR 123/13).

7c Der Arbeitgeber soll für die Prüfung des Entgeltfortzahlungsanspruchs auch Angaben zur **Art** der durchgeführten Betriebsratstätigkeit fordern können, wenn aufgrund der betrieblichen Situation und der geltend gemachten Zeitaufwände erhebliche Zweifel an der **Erforderlichkeit** der Betriebsratstätigkeit bestehen (BAG v. 15. 3. 1995 – 7 AZR 643/94, AiB 1995, 735).

8 Zu den **Rechtsansprüchen** der Betriebsratsmitglieder gemäß § 37 Abs. 3 bis 5 BetrVG siehe Rn. 29 ff.

Freistellung nach § 38 BetrVG

9 § 38 BetrVG sieht vor, dass ab einer bestimmten Betriebsgröße eine bestimmte Mindestanzahl von Betriebsratsmitgliedern völlig von der arbeitsvertraglichen Verpflichtung zur Arbeitsleistung zu befreien ist. »Mindestens« freizustellen sind in einem Betrieb mit »in der Regel« (siehe → Rechtsbegriffe)

200 bis	500 Arbeitnehmern	ein Betriebsratsmitglied
501 bis	900 Arbeitnehmern	2 Betriebsratsmitglieder
901 bis	1500 Arbeitnehmern	3 Betriebsratsmitglieder
1501 bis	2000 Arbeitnehmern	4 Betriebsratsmitglieder
2001 bis	3000 Arbeitnehmern	5 Betriebsratsmitglieder
3001 bis	4000 Arbeitnehmern	6 Betriebsratsmitglieder
4001 bis	5000 Arbeitnehmern	7 Betriebsratsmitglieder
5001 bis	6000 Arbeitnehmern	8 Betriebsratsmitglieder
6001 bis	7000 Arbeitnehmern	9 Betriebsratsmitglieder
7001 bis	8000 Arbeitnehmern	10 Betriebsratsmitglieder
8001 bis	9000 Arbeitnehmern	11 Betriebsratsmitglieder
9001 bis	10 000 Arbeitnehmern	12 Betriebsratsmitglieder

Freistellung von Betriebsratsmitgliedern

In Betrieben mit über 10 000 Arbeitnehmern ist für je angefangene weitere 2000 Arbeitnehmer **10**
ein weiteres Betriebsratsmitglied freizustellen.
Maßgeblich ist nicht die Zahl der zum Zeitpunkt der letzten Betriebsratswahl beschäftigten **10a**
Arbeitnehmer, sondern die **aktuelle Arbeitnehmerzahl** (vgl. Fitting, BetrVG, 27. Aufl., § 38
Rn. 15). Wenn sich also z. B. die Zahl der Arbeitnehmer über die nächste Schwelle erhöht,
erhöht sich auch die Zahl der Freizustellenden. Der Betriebsrat muss dann einen entsprechenden Beschluss fassen.
Bei der Bestimmung der Zahl der Freistellungen im Entleiherbetrieb waren die im Betrieb **11**
eingesetzten **Leiharbeitnehmer** (siehe → **Arbeitnehmerüberlassung/Leiharbeitnehmer**)
nach abzulehnender bisheriger Ansicht des BAG nicht zu berücksichtigen (BAG v. 22. 10. 2003
– 7 ABR 3/03, AiB 2004, 239). Diese Rechtsprechung dürfte als überholt anzusehen sein,
nachdem das BAG neuerdings entschieden hat, dass Leiharbeitnehmer bei der für die Größe
des Betriebsrats maßgeblichen Anzahl der Arbeitnehmer eines Betriebs grundsätzlich zu berücksichtigen sind (BAG v. 13. 3. 2013 – 7 ABR 69/11, AiB 2013, 659 = NZA 2013, 789; vgl.
auch DKKW-*Klebe*, BetrVG, 15. Aufl., § 38 Rn. 8).
Es ist davon auszugehen, dass diese Entscheidung auch auf die Bestimmung der Zahl der nach
§ 38 BetrVG freizustellenden Betriebsratsmitglieder zu übertragen ist. Betriebsräte in Entleiherbetrieben, in denen Leiharbeitnehmer eingesetzt sind, sollten daher – wenn diese bei der
Bestimmung der Zahl der Freistellungen nicht berücksichtigt worden sind – entsprechende
weitere Freistellungen beschließen.
Inzwischen hat z.B. das LAG Rheinland-Pfalz zutreffend entschieden, dass bei der Ermittlung
der Zahl der in der Regel beschäftigten Arbeitnehmer nach § 38 Abs. 1 BetrVG vom Arbeitgeber regelmäßig eingesetzte **Leiharbeitnehmer zu berücksichtigen** sind (LAG Rheinland-Pfalz v. 14. 7. 2015 – 8 TaBV 34/14; Rechtsbeschwerde eingelegt: BAG 7 ABR 51/15).

> **Hinweise:**
> - Bei der Ermittlung der maßgeblichen Unternehmensgröße im Falle einer → **Betriebsänderung** (»*mehr als 20 in der Regel beschäftigte wahlberechtigte Arbeitnehmer*«) sind Leiharbeitnehmer, die länger als drei Monate im Unternehmen eingesetzt sind, mitzuzählen (BAG v. 18. 10. 2011 – 1 AZR 335/10, NZA 2012, 221).
> - Nach zutreffender Ansicht des BAG sind auch bei der Berechnung der für die Anwendung des Kündigungsschutzgesetzes maßgeblichen Betriebsgröße im Betrieb beschäftigte Leiharbeitnehmer zu berücksichtigen, wenn ihr Einsatz auf einem »in der Regel« vorhandenen Personalbedarf beruht (BAG v. 24. 1. 2013 – 2 AZR 140/12).

Freistellungen können auch in Form von **Teilfreistellungen** erfolgen (§ 38 Abs. 1 Satz 3 **12**
BetrVG).
Diese dürfen zusammengenommen nicht den Umfang der Freistellungen nach § 38 Abs. 1
Sätze 1 und 2 BetrVG überschreiten (§ 38 Abs. 1 Satz 4 BetrVG).
Welches bzw. welche Betriebsratsmitglied(er) freizustellen sind, entscheidet der Betriebsrat **13**
durch **Wahl** (§ 38 Abs. 2 BetrVG).
Jedes Betriebsratsmitglied kann einen Wahlvorschlag einreichen. **14**
Vor der Wahl hat eine Beratung mit dem Arbeitgeber stattzufinden, an der der gesamte Be- **15**
triebsrat teilnimmt (nicht nur einzelne Betriebsratsmitglieder). Die Beratung erfolgt sinnvollerweise nach Vorlage des Wahlvorschlags bzw. der Wahlvorschläge.
Die Wahl hat »geheim«, also mit Hilfe von Stimmzetteln zu erfolgen, die nicht erkennen lassen, **16**
welcher Wähler den Stimmzettel ausgefüllt hat.
Ist nur ein Betriebsratsmitglied freizustellen, wird dieses vom – beschlussfähigen – Betriebsrat **17**
mit einfacher Stimmmehrheit (= Mehrheit der anwesenden Betriebsratsmitglieder) gewählt.

1133

Freistellung von Betriebsratsmitgliedern

18 Wenn nur ein Wahlvorschlag zur Abstimmung gestellt wird, erfolgt die Wahl nach den Grundsätzen der **Mehrheitswahl**. Jedes Betriebsratsmitglied kann aus der Vorschlagsliste so viele Bewerber wählen, wie Freistellungen vorzunehmen sind (wenn z. B. drei Betriebsratsmitglieder freizustellen sind, hat jedes wählende Betriebsratsmitglied drei Stimmen).
Gewählt ist, wer die meisten Stimmen auf sich vereinigt.

19 Stehen mehrere Wahlvorschläge zur Wahl, dann gelten die Grundsätze der **Verhältniswahl**. Gewählt werden nicht Personen, sondern Wahlvorschläge. Daher steht jedem Wähler nur eine Stimme zu, mit der er sich für einen der vorgelegten Wahlvorschläge entscheiden muss.
Durch Anwendung des d'Hondtschen Höchstzahlsystems wird dann ermittelt, wie viele Freistellungen auf die jeweiligen Wahlvorschläge entfallen.

> **Beispiel:**
> Betrieb mit 600 Arbeitnehmern. Der Betriebsrat besteht aus elf Mitgliedern. Zwei Betriebsratsmitglieder sind freizustellen. Bei der Wahl der Freigestellten werden zwei Wahlvorschläge vorgelegt. Wahlvorschlag Nr. 1 erhält sechs Stimmen. Wahlvorschlag Nr. 2 erhält fünf Stimmen.
> Also ist – nach d'Hondt – wie folgt zu rechnen:
> Wahlvorschlag Nr. 1: 6 Stimmen
> $6 : 1 = 6$
> $6 : 2 = 3$
> $6 : 3 = 2$
> Wahlvorschlag Nr. 2: 5 Stimmen
> $5 : 1 = 5$
> $5 : 2 = 2,5$
> Ergebnis: Auf jeden Wahlvorschlag entfällt eine der beiden zu vergebenden Freistellungen (Höchstzahl 6 und 5). Der auf den beiden Wahlvorschlägen jeweils an erster Stelle Genannte »erhält« die Freistellung.

20 Dem Arbeitgeber sind die Namen der Freizustellenden mitzuteilen (§ 38 Abs. 2 Satz 3 BetrVG).
Hält der Arbeitgeber eine Freistellung für sachlich nicht vertretbar, so kann er innerhalb einer Frist von zwei Wochen nach der Bekanntgabe die → **Einigungsstelle** anrufen.
Der Spruch der Einigungsstelle ersetzt die Einigung zwischen Arbeitgeber und Betriebsrat.
Bestätigt die Einigungsstelle die Bedenken des Arbeitgebers, so hat sie bei der Bestimmung eines anderen freizustellenden Betriebsratsmitglieds auch den mit der Verhältniswahl verbundenen Minderheitenschutz im Sinne des § 38 Abs. 2 Satz 1 BetrVG (vgl. hierzu BAG v. 25. 4. 2001 – 7 ABR 26/00, AiB 2003, 183) zu beachten (§ 38 Abs. 2 Satz 6 BetrVG).
Ruft der Arbeitgeber die Einigungsstelle nicht an, so gilt sein Einverständnis mit den Freistellungen nach Ablauf der zweiwöchigen Frist als erteilt.

21 Eine **Anfechtung** der Wahl der Freigestellten ist in entsprechender Anwendung des § 19 Abs. 2 BetrVG innerhalb von zwei Wochen durch Anrufung des → **Arbeitsgerichts** möglich.

21a Bei **Ausscheiden** eines nach § 38 Abs. 2 Satz 1 BetrVG im Wege der Verhältniswahl in die Freistellung gewählten Betriebsratsmitglieds ist das ersatzweise freizustellende Mitglied in entsprechender Anwendung des § 25 Abs. 2 Satz 1 BetrVG der Vorschlagsliste zu entnehmen, der das zu ersetzende Mitglied angehörte (BAG v. 25. 4. 2001 – 7 ABR 26/00, AiB 2003, 183; 14. 11. 2001 – 7 ABR 31/00, NZA 2002, 755).
Bei Erschöpfung der Liste ist das ersatzweise freizustellende Mitglied im Wege der Mehrheitswahl zu wählen (BAG v. 25. 4. 2001 – 7 ABR 26/00, a. a. O.; 14. 11. 2001 – 7 ABR 31/00, a. a. O.).

22 Für die **Abberufung** von freigestellten Betriebsratsmitgliedern gilt Folgendes: Erfolgte die Wahl der Freigestellten nach den Grundsätzen der Mehrheitswahl (oder war nur ein Betriebsratsmitglied freizustellen), genügt für die Abberufung die einfache Stimmenmehrheit des Betriebsrats.

Freistellung von Betriebsratsmitgliedern

Sind die Freigestellten nach den Grundsätzen der Verhältniswahl gewählt worden, so erfolgt die Abberufung durch Beschluss des Betriebsrats, der in geheimer Abstimmung gefasst wird und einer Mehrheit von drei Vierteln der Stimmen der Mitglieder des Betriebsrats bedarf (§ 38 Abs. 2 letzter Satz BetrVG i. V. m. § 27 Abs. 1 Satz 5 BetrVG).

Eine **Erhöhung** der Zahl der Freistellungen über die Tabelle des § 38 Abs. 1 BetrVG hinaus ist möglich, wenn dies zur ordnungsgemäßen Erfüllung der Betriebsratsaufgaben erforderlich ist. Dies ergibt sich aus dem Wort »mindestens« in § 38 Abs. 1 BetrVG sowie aus dem Umstand, dass es sich bei § 38 BetrVG um einen Unterfall des § 37 Abs. 2 BetrVG handelt. 23

Allerdings kann der Betriebsrat nach überwiegender Meinung über die Erhöhung nicht allein entscheiden.

Vielmehr benötigt er entweder die Zustimmung des Arbeitgebers oder, falls dieser ablehnt, einen zustimmenden Beschluss des → **Arbeitsgerichts**.

Auch im Betrieb **mit weniger als 200 Arbeitnehmern** kann dem Betriebsrat ein Anspruch auf völlige oder teilweise Freistellung eines oder mehrerer Betriebsratsmitglieder zustehen, wenn dies zur ordnungsgemäßen Erfüllung der Aufgaben des Betriebsrats erforderlich ist. 24

Bei Streit zwischen Arbeitgeber und Betriebsrat entscheidet auch hier das → **Arbeitsgericht**.

Durch → **Tarifvertrag** oder »freiwillige« (d. h. durch Einigungsstelle nicht erzwingbare) → **Betriebsvereinbarung** kann die Freistellung gänzlich anders als in § 38 BetrVG vorgesehen geregelt werden (vgl. § 38 Abs. 1 Satz 3 BetrVG). 25

> **Beispiele aus der Praxis:**
> - Freistellung aller Betriebsratsmitglieder;
> - Voll- oder Teilfreistellung eines Betriebsratsmitglieds in einem Betrieb mit weniger als 200 Arbeitnehmern.

Aufgrund des § 38 Abs. 1 BetrVG ist das Betriebsratsmitglied nur von seiner beruflichen Tätigkeit, d. h. der Pflicht zur vertraglichen Arbeitsleistung, grundsätzlich aber nicht von seiner Verpflichtung freigestellt, während der vertraglichen Arbeitszeit im Betrieb **anwesend** zu sein und sich für dort anfallende Betriebsratstätigkeit bereitzuhalten (BAG v. 31. 5. 1989 – 7 AZR 277/88, AiB 1990, 257). 25a

Der Freistellungsregelung des § 38 Abs. 1 BetrVG liegt die **Vermutung** des Gesetzgebers zugrunde, dass in Betrieben der dort genannten Größenordnung erforderliche Betriebsratstätigkeit im Sinne von § 37 Abs. 2 BetrVG (siehe Rn. 5) regelmäßig in einem solchen Umfang anfällt, dass sie die Arbeitszeit eines oder mehrerer Betriebsratsmitglieder voll in Anspruch nimmt. Soweit ein gemäß § 38 Abs. 1 BetrVG freigestelltes Betriebsratsmitglied innerhalb des Betriebs Betriebsratsarbeit verrichtet, ist daher grundsätzlich nicht zu prüfen, ob diese **erforderlich** ist (BAG v. 31. 5. 1989 – 7 AZR 277/88, a. a. O.). 25b

Anders verhält es sich nach Ansicht des BAG bei Tätigkeiten **außerhalb des Betriebs** (BAG v. 31. 5. 1989 – 7 AZR 277/88, a. a. O.). Insoweit sei eine Erforderlichkeitsprüfung notwendig. Dafür würden dieselben Maßstäbe gelten wie für nicht freigestellte Betriebsratsmitglieder (siehe Rn. 5). Denn grundsätzlich müsse auch das freigestellte Betriebsratsmitglied im Betrieb erreichbar sein und für erforderliche Betriebsratsarbeit zur Verfügung stehen, weil hierfür sonst weitere (nicht freigestellte) Betriebsratsmitglieder herangezogen werden müssten. Von dieser Anwesenheitspflicht sei daher auch das gemäß § 38 Abs. 1 BetrVG freigestellte Betriebsratsmitglied nur entbunden, soweit seine Abwesenheit vom Betrieb zur Erfüllung der Aufgaben des Betriebsrats erforderlich ist. Insoweit bestehe kein Unterschied zu Betriebsratsmitgliedern, die nicht gemäß § 38 Abs. 1 BetrVG freigestellt sind. 25c

Die Teilnahme als Zuhörer an einer **Gerichtsverhandlung** soll für ein freigestelltes Betriebsratsmitglied nur im Ausnahmefall eine erforderliche Betriebsratstätigkeit sein (BAG v. 25d

Freistellung von Betriebsratsmitgliedern

31. 8. 1994 – 7 AZR 893/93, AiB 1995, 293; 31. 5. 1989 – 7 AZR 277/88, a. a. O.; 19. 5. 1983 – 6 AZR 290/81; siehe auch Rn. 5 b).

26 Zu den **Rechtsansprüchen** eines freigestellten Betriebsratsmitglieds nach §§ 37 Abs. 3 bis 5, 38 Abs. 3 und 4 BetrVG Rn. 29 ff.

Bedeutung für die Betriebsratsarbeit

27 Über § 37 Abs. 2 BetrVG eröffnen sich auch für diejenigen Betriebsratsmitglieder, die nicht nach § 38 BetrVG völlig von der Arbeit freigestellt sind, Möglichkeiten der aktiven Beteiligung an der Betriebsratsarbeit.

Über eine vernünftige **Arbeitsteilung** innerhalb des Betriebsrats sollten die Voraussetzungen dafür geschaffen werden.

28 Dabei ist es nicht selten erforderlich, dem Arbeitgeber (und den Vorgesetzten) klarzumachen, dass Betriebsratsarbeit nicht nur aus der Teilnahme an mehr oder weniger oft stattfindenden → **Betriebsratssitzungen** besteht.

Bisweilen ist es angebracht, den Arbeitgeber und gegebenenfalls Vorgesetzte auf das in §§ 78, 119 BetrVG enthaltene Verbot der → **Behinderung der Betriebsratsarbeit** hinzuweisen.

29 Findet Betriebsratsarbeit aus betriebsbedingten Gründen **außerhalb der Arbeitszeit** statt, besteht Anspruch auf entsprechende Arbeitsbefreiung unter Fortzahlung des Arbeitsentgelts (§ 37 Abs. 3 Satz 1 BetrVG).

Betriebsbedingte Gründe liegen auch vor, wenn die Betriebsratstätigkeit wegen der unterschiedlichen Arbeitszeiten der Betriebsratsmitglieder nicht innerhalb der persönlichen Arbeitszeit erfolgen kann (§ 37 Abs. 3 Satz 2 BetrVG).

Die Arbeitsbefreiung ist vor Ablauf eines Monats zu gewähren.

Ist dies aus betriebsbedingten Gründen nicht möglich, so ist die aufgewendete Zeit wie Mehrarbeit ggf. einschließlich tariflicher Mehrarbeitszuschläge (siehe → **Überstunden**) zu vergüten (§ 37 Abs. 3 Satz 3 BetrVG).

29a Die Regelungen des § 37 Abs. 3 BetrVG gelten auch für nach § 38 BetrVG **freigestellte Betriebsratsmitglieder**, wenn sie Betriebsratstätigkeit aus betriebsbedingten Gründen außerhalb der Arbeitszeit vornehmen (BAG v. 21. 5. 1974 – 1 AZR 477/73, AP Nr. 14 zu § 37 BetrVG 1972; vgl. auch Fitting, BetrVG, 27. Aufl., § 38 Rn. 90, 97, 109).

> **Beispiel:**
> In einem Betrieb wird in mehreren Schichten gearbeitet. Ein freigestelltes Betriebsratsmitglied, das seine Betriebsratstätigkeit üblicherweise in der Frühschicht abwickelt, muss in einer Teil-Betriebsversammlung für die Spät- oder Nachtschichtarbeitnehmer anwesend sein. Er hat einen Ausgleichsanspruch nach § 37 Abs. 3 BetrVG.

Das nach § 38 BetrVG freigestellte Betriebsratsmitglied bestimmt selbst, wann es den ihm nach § 37 Abs. 3 Satz 1 BetrVG zustehenden Freizeitausgleich nimmt. Ist das wegen der anfallenden erforderlichen Betriebsratstätigkeit innerhalb eines Monats nicht möglich, besteht Anspruch auf Abgeltung wie Mehrarbeit nach § 37 Abs. 3 Satz 3 BetrVG (Fitting, BetrVG, 27. Aufl., § 37 Rn. 90, 97, 109).

30 Durch § 37 Abs. 4 BetrVG wird gewährleistet, dass arbeitsbefreite bzw. freigestellte Betriebsratsmitglieder sowohl während ihrer Amtszeit als auch **ein Jahr** nach Ende der Amtszeit bei der Bemessung ihres → **Arbeitsentgelts** und sonstiger allgemeiner Zuwendungen des Arbeitgebers nicht schlechter gestellt werden dürfen als vergleichbare Arbeitnehmer mit betriebsüblicher beruflicher Entwicklung (**Entgeltschutz**).

Freistellung von Betriebsratsmitgliedern

Der Zeitraum für die Weiterzahlung des nach § 37 Abs. 4 BetrVG zu bemessenden Arbeitsentgelts erhöht sich auf **zwei Jahre** nach Ablauf der Amtszeit für solche Betriebsratsmitglieder, die drei volle aufeinander folgende Amtszeiten freigestellt waren (§ 38 Abs. 3 BetrVG). 31

Endet die Freistellung, ist das Betriebsratsmitglied nach § 37 Abs. 5 BetrVG gegen die Zuweisung einer unterwertigen beruflichen Tätigkeit geschützt. 32
Das heißt, der Arbeitgeber ist verpflichtet, dem Betriebsratsmitglied zumindest eine solche Tätigkeit zu verschaffen, die der Tätigkeit vor Beginn der Freistellung bzw. Amtszeit **gleichwertig** ist, es sei denn, »*zwingende betriebliche Notwendigkeiten*« stehen dem entgegen.

Dieses Recht auf **Tätigkeitsschutz** besteht für die Dauer bis zu einem Jahr nach Beendigung der Amtszeit (§ 37 Abs. 5 BetrVG). 33
Der Zeitraum erhöht sich auf zwei Jahre nach Ablauf der Amtszeit für solche Betriebsratsmitglieder, die drei volle aufeinander folgende Amtszeiten freigestellt waren (§ 38 Abs. 3 BetrVG).

Darüber hinaus besteht Anspruch auf Zuweisung einer **höherwertigen Tätigkeit**, wenn vergleichbare Arbeitnehmer unter Berücksichtigung der betriebsüblichen beruflichen Entwicklung eine solche höherwertige Tätigkeit ausüben. 34
Voraussetzung ist allerdings, dass das Betriebsratsmitglied über die notwendige Qualifikation verfügt.

Ist dies nicht der Fall, verbleibt es bei dem Anspruch auf Zuweisung einer **gleichwertigen Tätigkeit**. 35
Dem Betriebsratsmitglied ist aber – gemäß § 37 Abs. 4 BetrVG – das der höherwertigen Tätigkeit entsprechende Entgelt zu zahlen (siehe Rn. 30).

Freigestellte Betriebsratsmitglieder dürfen von inner- und außerbetrieblichen Maßnahmen der → **Berufsbildung** nicht ausgeschlossen werden (§ 38 Abs. 4 Satz 1 BetrVG) 36

Außerdem hat der Arbeitgeber dem freigestellten Betriebsratsmitglied – innerhalb eines Jahres nach Beendigung der Freistellung (nicht der Amtszeit!) – im Rahmen der betrieblichen Möglichkeiten Gelegenheit zu geben, eine wegen der Freistellung unterbliebene betriebsübliche **berufliche Entwicklung nachzuholen** (§ 38 Abs. 4 Satz 2 BetrVG). 37
Der Zeitraum erhöht sich auf zwei Jahre nach Ablauf der Freistellung für solche Betriebsratsmitglieder, die drei volle aufeinander folgende Amtszeiten freigestellt waren (§ 38 Abs. 4 Satz 3 BetrVG).

Der Arbeitgeber ist nicht nach § 40 Abs. 1 BetrVG verpflichtet, einem freigestellten Betriebsratsmitglied die **Kosten** für die regelmäßigen Fahrten von seinem **Wohnort zum Betriebsratsbüro** abzüglich der ersparten Fahrtkosten vom Wohnort zum bisherigen Arbeitsort zu erstatten (BAG v. 13. 6. 2007 – 7 ABR 62/06, AiB 2008, 53). 38

Arbeitshilfen

Übersicht	• Freistellung nach § 38 BetrVG
Musterschreiben	• Freistellung eines Betriebsratsmitgliedes nach § 38 BetrVG: Unterrichtung des Arbeitgebers über geplante Freistellung und Einladung zur »Beratung«
	• Freistellung eines Betriebsratsmitgliedes nach § 38 BetrVG: Bekanntgabe des/der Namen des/der Freizustellenden an den Arbeitgeber

Freistellung von Betriebsratsmitgliedern

Übersicht: Freistellung nach § 38 BetrVG

1. Der Betriebsrat stellt fest, wie viele Betriebsratsmitglieder nach § 38 Abs. 1 BetrVG mindestens freizustellen sind. Auch Teilfreistellungen sind möglich.
2. Will der Betriebsrat über die gesetzliche Mindestzahl der Freizustellenden hinausgehen, braucht er entweder die Zustimmung des Arbeitgebers oder einen Beschluss des Arbeitsgerichts.
3. Zwischen Betriebsrat und Arbeitgeber findet – ggf. auf der Grundlage des bzw. der Wahlvorschläge – eine Beratung statt.
4. Nach der Beratung mit dem Arbeitgeber findet die – geheime – Wahl der Freizustellenden statt: Verhältniswahl, wenn mehrere Wahlvorschläge eingereicht werden; Mehrheitswahl, wenn nur ein Wahlvorschlag gemacht wird oder nur ein Betriebsratsmitglied freizustellen ist.
5. Die Namen der gewählten Freizustellenden werden dem Arbeitgeber schriftlich mitgeteilt.
6. Hält der Arbeitgeber eine Freistellung für sachlich nicht vertretbar, kann er innerhalb von zwei Wochen nach Bekanntgabe der Namen die Einigungsstelle anrufen.
7. Entscheidung der Einigungsstelle: entweder Bestätigung der Wahl der Freigestellten oder Freistellung anderer Betriebsratsmitglieder.
8. Ruft der Arbeitgeber die Einigungsstelle nicht oder nicht fristgerecht an, so gilt sein Einverständnis mit der Freistellung nach Ablauf der zweiwöchigen Frist als erteilt. Die Freistellung kann dann vollzogen werden.

Rechtsprechung

1. Arbeitsbefreiung (§ 37 Abs. 2 BetrVG) – Abmelden – Zurückmelden
2. Teilnahme eines Betriebsratsmitglieds an einer Gerichtsverhandlung
3. Freistellung nach § 38 BetrVG
4. Berücksichtigung von Leiharbeitnehmern bei der für Freistellung im Entleiherbetrieb nach § 38 BetrVG maßgeblichen Arbeitnehmerzahl?
5. Berücksichtigung von in Privatbetrieben eingesetzten Arbeitnehmern des öffentlichen Dienstes bei der für Freistellung nach § 38 BetrVG maßgeblichen Arbeitnehmerzahl
6. Erhöhung oder Verringerung der Zahl der Freistellungen – Teilfreistellung
7. Wahl der freizustellenden Betriebsratsmitglieder – Beratung mit dem Arbeitgeber
8. Ersatzfreistellung für ausgeschiedenes Betriebsratsmitglied
9. Abberufung freigestellter Betriebsratsmitglieder
10. Erneute Freistellung nach Listenwechsel von Betriebsratsmitgliedern
11. Anfechtung der Wahl freizustellender Betriebsratsmitglieder
12. Zeiterfassung bei freigestellten Betriebsratsmitgliedern
13. Entgeltanspruch eines nach § 38 BetrVG freigestellten Betriebsratsmitglieds – Mehrarbeitsvergütung – Dienstwagen zur privaten Nutzung
14. Fahrtkostenerstattung
15. Urlaub und tarifliche Altersfreizeit für ein freigestelltes Betriebsratsmitglied
16. Anspruch auf bezahlten Freizeitausgleich bzw. Mehrarbeitsvergütung bei außerhalb der Arbeitszeit durchgeführter Betriebsratstätigkeit (§ 37 Abs. 3 BetrVG)
17. Arbeitsentgelt des Betriebsratsmitglieds – Entgeltschutz (§ 37 Abs. 4 BetrVG)
18. Tätigkeitsschutz – Berufliche Sicherung (§ 37 Abs. 5 BetrVG)

Friedenspflicht

Was ist das?

Nach § 74 Abs. 2 Satz 1 BetrVG sind »*Maßnahmen des Arbeitskampfes zwischen Arbeitgeber und Betriebsrat unzulässig*«. 1
Weder darf der Betriebsrat aus Anlass betrieblicher Streitigkeiten die Beschäftigten zum **Streik** aufrufen, noch darf der Arbeitgeber **aussperren**.
Zwischen den Betriebsparteien besteht **Friedenspflicht**.
Eine andere Rechtslage gilt im Tarifvertragsrecht. Tarifauseinandersetzungen zwischen den 2
Tarifvertragsparteien (→ **Gewerkschaft** und → **Arbeitgeberverband** bzw. einzelner → **Arbeitgeber**) dürfen notfalls im Wege des Arbeitskampfes ausgetragen werden.
Das heißt: Gewerkschaften können Tarifforderungen gegen den Arbeitgeber oder Arbeitgeberverband aufstellen und im Falle der Nichteinigung die Arbeitnehmer zum Streik aufrufen.
Das gewerkschaftliche Streikrecht genießt sogar den Schutz des Art. 9 Abs. 3 Grundgesetz (siehe → **Arbeitskampf**).
Allein während der Laufzeit eines → **Tarifvertrages** ist es der Gewerkschaft aufgrund der sog. »relativen Friedenspflicht« untersagt, zu Streiks mit dem Ziel aufzurufen, den vereinbarten Tarifvertrag zu verändern (siehe → **Arbeitskampf** Rn. 11 ff.).
Das **Konfliktlösungsmodell des BetrVG** ist folgendes: 3
- Zunächst werden Arbeitgeber und Betriebsrat aufgefordert, mit dem »ernsten Willen zur Einigung« zu verhandeln (§ 74 Abs. 1 BetrVG)
- Kommt eine Einigung nicht zustande, so entscheidet dort, wo der Betriebsrat »Mitbestimmungsrechte« hat, eine → **Einigungsstelle** oder das → **Arbeitsgericht**.
- Dort, wo dem Betriebsrat nur »Mitwirkungsrechte« zustehen, hat der Arbeitgeber das (Letzt-)Entscheidungsrecht (siehe → **Beteiligungsrechte des Betriebsrats**).

Formal betrachtet trifft das Arbeitskampfverbot des § 74 Abs. 2 Satz 1 BetrVG beide Seiten 4
(Betriebsrat und Arbeitgeber) gleichermaßen.
Faktisch trifft das Arbeitskampfverbot jedoch allein die Betriebsratsseite und damit die Belegschaft.
Denn in der Regel ist der Betriebsrat in der Situation desjenigen, der Druckmittel braucht, um berechtigte Forderungen durchzusetzen oder Arbeitnehmerinteressen gefährdende Vorhaben des Arbeitgebers abzuwehren.
Der Arbeitgeber benötigt kein Druckmittel in Form von Arbeitskampfmaßnahmen. 5
Seine **Verfügungsmacht** über Betrieb und Arbeitsplätze verschafft ihm hinreichend wirksame Möglichkeiten zur Durchsetzung seiner (Rendite-)Interessen.
Wenn es sein muss, werden Betriebsrat und Belegschaft mit Drohungen »auf Linie gebracht« (Androhung der Stilllegung oder Verlagerung des Betriebes, Androhung der Fremdvergabe von Arbeit usw.). Hierzu zwei Zitate:
»*Dabei ist zu beachten, dass der Betriebsrat über seine betriebsverfassungsrechtlichen Beteiligungsrechte Einfluss auf unternehmerische Entscheidung nehmen kann, wirtschaftlich jedoch in jedem*

Friedenspflicht

Fall am kürzeren Hebel sitzt ...« (LAG Niedersachsen v. 6. 4. 2004 – 1 TaBV 64/03, AiB 2005, 444).

»Heute könnte man auf die Aussperrung freilich ganz verzichten, der Hinweis auf die Verlegung der Produktion nach Tschechien oder sonst wohin tut die gleichen Dienste« (Gamillscheg, RdA 2005, 79).

6 Das Arbeitskampfverbot richtet sich an den Betriebsrat als **Organ** der Betriebsverfassung. Es untersagt auch seinen Mitgliedern, sich in ihrer Eigenschaft als **Betriebsratsmitglied** an einem Arbeitskampf zu beteiligen.
Beteiligen sich dagegegen Mitglieder des Betriebsrats als **Arbeitnehmer** bzw. als **Gewerkschaftsmitglied** aktiv an gewerkschaftlichen Arbeitskampfmaßnahmen, so stellt dies keinen Verstoß gegen das betriebsverfassungsrechtliche Arbeitskampfverbot dar (§ 74 Abs. 2 Satz 1 zweiter Halbsatz BetrVG und § 74 Abs. 3 BetrVG; siehe auch → **Arbeitskampf**).

> **Beispiel:**
> Unzulässig wäre es, wenn die Mitglieder des Betriebsrats durch Verteilung eines »Betriebsrats-Infos« zur Teilnahme an einem von der Gewerkschaft organisierten Warnstreik oder einer Urabstimmung aufrufen.
> Erfolgt der Aufruf dagegen von den gleichen Personen etwa auf einem Flugblatt der Gewerkschaft bzw. des gewerkschaftlichen Vertrauenskörpers unter Weglassung des Hinweises auf ihre Betriebsratseigenschaft, so liegt kein Verstoß gegen das Arbeitskampfverbot vor.

7 Über das Arbeitskampfverbot hinaus haben »Arbeitgeber und Betriebsrat Betätigungen zu unterlassen, durch die der **Arbeitsablauf** oder der **Frieden des Betriebs** beeinträchtigt werden« (§ 74 Abs. 2 Satz 2 BetrVG).
Auch diese Regelung trifft formal betrachtet Betriebsrat und Arbeitgeber. Faktisch ist es aber meist der Betriebsrat, der durch diese Regelung in seinen Handlungsmöglichkeiten eingeschränkt wird.

8 Schließlich weist § 74 Abs. 2 Satz 3 BetrVG Arbeitgeber und Betriebsrat an, *»jede parteipolitische Betätigung im Betrieb zu unterlassen«.*
Die Betonung liegt hier auf dem Begriff »**parteipolitisch**«.
Verboten ist beispielsweise die Werbung im Betrieb für eine bestimmte politische Partei.
Äußerungen **allgemeinpolitischer Art** ohne Bezug zu einer Partei werden von § 74 Abs. 2 Satz 3 BetrVG nicht erfasst (BAG v. 17. 3. 2010 – 7 ABR 95/08, AiB 2011, 540 = NZA 2010, 1133).
Nicht verboten, sondern ausdrücklich erlaubt (§ 74 Abs. 2 Satz 3 zweiter Halbsatz BetrVG) ist die Behandlung von Angelegenheiten tarifpolitischer, sozialpolitischer, umweltpolitischer und wirtschaftlicher Art, soweit sie den Betrieb oder seine Arbeitnehmer unmittelbar betreffen.
Der Betriebsrat kann also beispielsweise den Stand von Tarifverhandlungen oder die jeweils aktuelle Regierungspolitik (z.B. zu Leiharbeit, Mindestlohn, Datenschutz usw.) zum betrieblichen Thema machen, ohne gegen das Verbot »parteipolitischer« Betätigung zu verstoßen.
Dem entspricht § 45 BetrVG. Hiernach ist die Behandlung
- tarifpolitischer, sozialpolitischer, umweltpolitischer oder wirtschaftlicher Themen,
- von Fragen der Frauenförderung und der Vereinbarkeit von Familie und Beruf und
- von Fragen der Integration der im Betrieb beschäftigten ausländischen Arbeitnehmer

in einer → **Betriebsversammlung** (oder Abteilungsversammlung) zulässig, wenn die Themen einen Bezug zum Betrieb und den Beschäftigten haben (was meistens der Fall ist).

Friedenspflicht

Bedeutung für die Betriebsratsarbeit

Die vorstehenden Verbote bzw. Gebote behindern zweifellos mehr die Arbeit des Betriebsrats als die Vorhaben des Arbeitgebers. 9
Die Bedeutung und Reichweite der gesetzlichen »Friedenspflicht« wird allerdings häufig überschätzt.
Dies zeigt sich daran, dass nicht wenige Betriebsratsmitglieder sich (zu Unrecht) für verpflichtet halten, im Falle einer »spontanen Arbeitsniederlegung« (häufig als »wilder Streik« diskriminiert) die streikenden Arbeitnehmer zur Wiederaufnahme der Arbeit aufzufordern.
Nach h. M. besteht eine solche Verpflichtung nicht. So ist von Gerichten zu Recht darauf hingewiesen worden, dass in § 74 Abs. 2 BetrVG eine »**Unterlassungspflicht**«, nicht aber eine Pflicht zu »positivem Tun« geregelt ist (vgl. DKKW-*Berg*, BetrVG, 15. Aufl., § 74 Rn. 45, Fitting, BetrVG, 27. Auflage, § 74 Rn. 14 m. w. N.).
Im Übrigen würde die Arbeitsaufforderung des Betriebsrats an Beschäftigte auch gegen § 77 10 Abs. 1 Satz 2 BetrVG verstoßen: Hiernach ist es dem Betriebsrat nämlich untersagt, durch einseitige Handlungen in die **Leitung** des Betriebs einzugreifen.
Die Arbeitsaufforderung ist aber eine typische Leitungsaufgabe und somit dem Arbeitgeber und den von ihm beauftragten Vorgesetzten vorbehalten.
Allerdings gehört es zu den Aufgaben des Betriebsrats, im Falle einer »spontanen Arbeitsniederlegung« mit dem Arbeitgeber **Verhandlungen** aufzunehmen, mit dem Ziel, die (häufig vom Arbeitgeber gesetzte) Ursache der Arbeitsniederlegung zu beseitigen. 11
Mit der auch im Interesse des Arbeitgebers liegenden Folge, dass mit der Beseitigung der Ursachen auch die Arbeitsniederlegung beendet wird.

Bedeutung für die Beschäftigten

Die aus § 74 Abs. 2 Satz 1 BetrVG folgende Friedenspflicht richtet sich zwar nur an Arbeitgeber 12 und Betriebsrat, nicht aber an die Beschäftigten. Dennoch unterliegen auch die Arbeitnehmer einer »Friedenspflicht«.
Diese ergibt sich nämlich unmittelbar aus dem → **Arbeitsvertrag**. Dieser Vertrag verpflichtet den Beschäftigten, betriebsstörende, rechtlich nicht begründete Aktivitäten im Betrieb zu unterlassen.
Die arbeitsvertragliche »Friedenspflicht« tritt zurück im Falle von Arbeitskampfmaßnahmen, 13 die eine → **Gewerkschaft** im Rahmen von Tarifauseinandersetzungen ausruft.
Das heißt, die Beschäftigten haben das Recht, an gewerkschaftlichen Kampfmaßnahmen teilzunehmen, wenn die kampfführende Gewerkschaft sie dazu auffordert.
Anders ausgedrückt: Die arbeitsvertragliche Arbeitspflicht wird durch das gewerkschaftliche Streikrecht für die Dauer des Arbeitskampfes aufgehoben (»**suspendiert**«).
Siehe → **Arbeitskampf** Rn. 93.
Die arbeitsvertragliche Arbeitsverpflichtung gilt auch außerhalb von Tarifkämpfen dann nicht, 14 wenn dem Arbeitnehmer ein Leistungsverweigerungsrecht (siehe → **Zurückbehaltungsrecht**) zusteht.
Dieses Recht ist gegeben, wenn der Arbeitgeber seinerseits seine Vertragspflichten nicht erfüllt (§ 273 BGB).
Allerdings ist die Inanspruchnahme eines solchen Leistungsverweigerungsrechts problematisch.

Friedenspflicht

Denn der Arbeitgeber wird dieses Recht in den meisten Fällen nicht anerkennen und eine fristlose Kündigung wegen »Arbeitsverweigerung« androhen und gegebenenfalls aussprechen.
Der Betroffene kann sich gegen die Kündigung zwar mit der Kündigungsschutzklage zur Wehr setzen (mit der Begründung, er habe ein Recht zur Leistungsverweigerung gehabt).
Während der Laufdauer des Rechtsstreits trägt er aber alle mit einer Kündigung verbundenen Nachteile.
Außerdem ist es ungewiss, ob das Arbeitsgericht seiner Argumentation folgt.

15   Ein Leistungsverweigerungsrecht steht Arbeitnehmern auch unter den Voraussetzungen des § 14 AGG im Falle einer Belästigung und sexuellen Belästigung zu (siehe → **Benachteiligungsverbot [AGG]** und → **Sexuelle Belästigung**).

Fristen

Wochenfrist

Bei → **Einstellung**, → **Eingruppierung/Umgruppierung**, → **Versetzung** und → **ordentlicher Kündigung** hat der Betriebsrat »innerhalb einer Woche« nach Unterrichtung durch den Arbeitgeber seine Stellungnahme zu der geplanten personellen Maßnahme abzugeben (§§ 99 Abs. 3, 102 Abs. 3 BetrVG). 1

Die **Wochenfrist berechnet** sich wie folgt: 2
- Die ordnungsgemäße Unterrichtung durch den Arbeitgeber setzt die Wochenfrist in Gang (siehe aber Rn. 2 a).
- Der Tag des Eingangs der (gegebenenfalls auch mündlichen!) Information zählt nicht mit (§§ 187 Abs. 1, 188 Abs. 2 BGB). Also läuft die Frist beginnend mit dem nächsten Tag sieben Tage später ab.

> **Beispiele:**
> - Mittwoch Eingang der Information: am nächsten Mittwoch läuft die Frist ab.
> - Freitag Eingang der Information: am nächsten Freitag läuft die Frist ab.

- Fällt der letzte Tag der Frist auf einen Feiertag, Samstag oder Sonntag, so verlängert sich die Frist auf den nächstfolgenden Werktag (= Arbeitstag), vgl. § 193 BGB.

> **Beispiele:**
> - Mittwoch Eingang der Information; bei dem nachfolgenden Mittwoch handelt es sich um einen Feiertag: Fristablauf am – auf den Feiertag folgenden – Donnerstag.
> - Freitag Eingang der Information; bei dem folgenden Freitag handelt es sich um den Karfreitag: Fristablauf am Osterdienstag.

- Ansonsten wird durch »innerhalb« der Frist liegende Feiertage, Samstage oder Sonntage keine Fristverlängerung bewirkt.

> **Beispiel:**
> - Dienstag vor Ostern Eingang der Information: Fristablauf am Osterdienstag!

Ein Kündigungsanhörungsschreiben geht dem Betriebsrat erst **am folgenden Tage** zu, wenn es vom Arbeitgeber zu einer Zeit in ein für den Betriebsrat bestehendes Postfach gelegt wird, zu dem (z. B. nach Dienstschluss) nicht mehr mit der Leerung dieses Postfachs am selben Tag gerechnet werden kann (BAG v. 12. 12. 1996 – 2 AZR 803/95, AiB 1998, 112). 3

Der Betriebsrat darf die Wochenfrist des § 102 Abs. 2 Satz 1 BetrVG grundsätzlich **voll ausschöpfen** (BAG v. 12. 12. 1996 – 2 AZR 803/95, AiB 1998, 112). Das hat manchmal Auswirkungen auf die Frage, zu welchem Zeitpunkt der Arbeitgeber kündigen kann (siehe → **Kündigung** Rn. 45 a und → **Kündigungsfristen** Rn. 15). 4

Die Frist endet um **24.00 Uhr** des letzten Fristtages (nicht schon bei Dienstschluss der Personalabteilung; vgl. BAG v. 12. 12. 1996 – 2 AZR 803/95, AiB 1998, 112). 5

Eine einseitige **Abkürzung** der Wochenfrist durch den Arbeitgeber ist selbst in Eilfällen un- 6

Fristen

zulässig; eine einverständliche Abkürzung der Anhörungsfrist unterliegt Bedenken (BAG v. 12.12.1996 – 2 AZR 803/95, AiB 1998, 112).

7   Die Anhörungsfrist kann zwar durch Vereinbarung zwischen Betriebsrat und Arbeitgeber **verlängert** werden. Jedoch besteht selbst im Falle von Massenentlassungen kein Anspruch des Betriebsrats auf Abschluss einer solchen Vereinbarung. Die Berufung des Arbeitgebers auf die Einhaltung der Anhörungsfrist kann bei Massenentlassungen aber **rechtsmissbräuchlich** sein (BAG v. 14.8.1986 – 2 AZR 561/85, NZA 1987, 601).

8   Strittig ist, ob die Kündigungsanhörungsfrist während vereinbarter **Betriebsferien** ausgesetzt ist mit der Folge, dass die infolge der Betriebsferien fehlenden Anhörungstage an deren Ende anzuhängen sind (so z.B. Fitting, BetrVG, 27. Aufl. § 102 Rn. 7 und 68 m.w.N.). Eine Entscheidung des BAG hierzu liegt bislang nicht vor, so dass Vorsicht anzuraten ist. Besser ist es, mit dem Arbeitgeber eine entsprechende Fristverlängerung ausdrücklich und schriftlich zu vereinbaren, was zulässig, aber nicht erzwingbar ist (BAG v. 14.8.1986 – 2 AZR 561/85, NZA 1987, 601).

Zwei- und Mehrwochenfrist

9   In manchen gesetzlichen Vorschriften sind Fristen von zwei und mehr Wochen vorgesehen.

> **Beispiele:**
> - § 19 Abs. 2 BetrVG (Zweiwochenfrist bzgl. der Anfechtung der Betriebsratswahl).
> - § 76 Abs. 5 BetrVG (Zweiwochenfrist bzgl. der Anfechtung eines Spruchs der Einigungsstelle).
> - § 4 Satz 1 KSchG (Dreiwochenfrist bzgl. Erhebung einer Kündigungsschutzklage).
> - § 17 Satz 1 Teilzeit- und Befristungsgesetz (Dreiwochenfrist bzgl. Erhebung einer Feststellungsklage wegen unzulässiger Befristung eines Arbeitsverhältnisses).

10 Auch insoweit richten sich **Beginn und Ende** der Fristen – wie bei der Wochenfrist – nach §§ 187 Abs. 1, 188 Abs. 2, 193 BGB (siehe Rn. 1 ff.). Die jeweiligen Fristen enden um **24.00 Uhr** des letzten Fristtages (BAG v. 12.12.1996 – 2 AZR 803/95, AiB 1998, 112).

> **Beispiele:**
> - Anfechtung der Betriebsratswahl, § 19 Abs. 2 BetrVG: Mittwoch Bekanntgabe des Wahlergebnisses; Fristablauf am Mittwoch – zwei Wochen später.
> - Erhebung einer Kündigungsschutzklage (§ 4 Satz 1 KSchG): Zugang der Kündigung am Donnerstag; Fristablauf am Donnerstag – drei Wochen später.

Dreitagesfrist

11 Bei → **außerordentlicher Kündigung** hat die Stellungnahme des Betriebsrats (Bedenken) »unverzüglich, spätestens jedoch innerhalb von drei Tagen« zu erfolgen (§ 102 Abs. 2 Satz 3 BetrVG; zum Begriff »unverzüglich«: siehe → **Rechtsbegriffe**).

12 Eine **weitere** »Dreitagesfrist« findet sich in § 100 Abs. 2 Satz 3 BetrVG (Zustimmungsersetzungsantrag des Arbeitgebers beim Arbeitsgericht zur Durchsetzung »vorläufiger« personeller Maßnahmen).

13 Bei der **Berechnung** der »Dreitagesfrist« gelten die §§ 187 Abs. 1, 188 Abs. 1, 193 BGB. Die Frist endet um 24.00 Uhr des letzten Fristtages.

Beispiele (»Bedenken gegen fristlose Kündigung«):
- Montag Eingang der Information nach § 102 Abs. 1 BetrVG:
  Fristablauf am folgenden Donnerstag (denn: der Tag des Eingangs der Information wird nicht mitgezählt; § 187 Abs. 1 BGB).
- Mittwoch Eingang der Information nach § 102 Abs. 1 BetrVG:
  Fristablauf am nachfolgenden Montag (denn: der letzte Tag der »Dreitagesfrist« fällt auf einen Samstag; also verlängert sich die Frist auf den nächstfolgenden Werk[Arbeits]tag: § 193 BGB).
- Freitag Eingang der Information nach § 102 Abs. 1 BetrVG:
  Fristablauf ebenfalls am nachfolgenden Montag (denn: innerhalb der Frist liegende Samstage, Sonntage oder Feiertage verlängern die Frist nicht; etwas anderes gilt nur, wenn der »letzte« Tag der Frist auf einen Samstag, Sonntag oder Feiertag fällt; siehe vorstehenden Beispielsfall).

Rechtsprechung

1. Unwirksamkeit einer »zu früh« ausgesprochenen Kündigung
2. Berechnung der Wochenfrist des § 102 Abs. 2 Satz 1 BetrVG
3. Volle Ausschöpfung der Wochenfrist
4. Anhörungsfrist bei außerordentlichen Kündigung mit notwendiger Auslauffrist
5. Anhörungsfrist für Betriebsrat bei Massenentlassungen – Verlängerung der Frist durch Vereinbarung – rechtsmissbräuchliches Verhalten des Arbeitgebers

Gefahrstoffe

Rechtliche Grundlagen

1 Wichtigstes Normenwerk zum Schutz von Mensch und Umwelt vor den **schädlichen Wirkungen von Gefahrstoffen** ist die auf der Grundlage des Chemikaliengesetzes erlassene Gefahrstoffverordnung (GefStoffV).
2 Die »alte« Gefahrstoffverordnung vom 26.10.1993 (**GefStoffV 1993**; BGBl. I S. 1782) ist wiederholt geändert und sodann durch die Verordnung zum Schutz vor Gefahrstoffen (GefStoffV 2005) mit ihren Anhängen I bis V vom 23.12.2004 (BGBl. I S. 3758) abgelöst worden.
Mit der **GefStoffV 2005**, die am 1.1.2005 in Kraft getreten ist, ist das Gefahrstoffrecht umfassend neu gestaltet worden.
Die Neuregelung erfolgte zur Umsetzung mehrerer **EG-Richtlinien** zum Arbeitsschutz (Richtlinien 98/24/EG, 99/38/EG, 2003/18/EG, Richtlinie 99/39/EG (»Krebs-Richtlinie«) und Richtlinie 2003/18/EG (»Asbest-Richtlinie«) in nationales Recht. Zudem sollten die Voraussetzungen für die Ratifizierung der Übereinkommen Nr. 170 und Nr. 184 der Internationalen Arbeitsorganisation (ILO) geschaffen werden.
3 Zu den wichtigsten Neuerungen der GefStoffV 2005 gehörte die Neufassung der Bestimmungen über die Gefährdungsbeurteilung und die Einführung eines **Schutzstufenmodells** (Schutzstufen 1 bis 4; siehe hierzu Rn. 22 ff. der Vorauflage).
4 Aus Anlass der GefStoffV 2005 wurde auch die bisherige Technische Regel für Gefahrstoffe 900 über »Grenzwerte in der Luft am Arbeitsplatz« (TRGS 900) überarbeitet.
Es gibt nur noch eine Art von Luftgrenzwert, den gesundheitsbasierten **Arbeitsplatzgrenzwert** (AGW; § 3 Abs. 6 GefStoffV 2005 bzw. § 2 Abs. 7 GefStoffV 2010).
Dieser tritt an die Stelle der früheren Grenzwerte (**MAK-Werte** über die »Maximale Arbeitsplatzkonzentration« in der Luft am Arbeitsplatz und **TRK-Werte** über die »Technische Richtkonzentration« in der Luft am Arbeitsplatz).
5 Der frühere **BAT-Wert** (= »Biologischer Arbeitsplatztoleranzwert« betr. die Konzentration eines Stoffs im Körper) wird ersetzt durch den »**biologischen Grenzwert**« (§ 3 Abs. 7 GefStoffV 2005 bzw. § 2 Abs. 8 GefStoffV 2010).

Gefahrstoffverordnung 2010 (GefStoffV 2010)

5a Die GefStoffV 2005 wurde inzwischen einer erneuten Überarbeitung unterzogen und durch die Verordnung zum Schutz vor Gefahrstoffen (GefStoffV 2010) vom 26.11.2010 (BGBl. I S. 1643, 1644) abgelöst.
Auslöser waren u.a. zwei **EG-Verordnungen**, nämlich die »EG-CLP-Verordnung« (VO EG 1272/2008) und die am 20.1.2009 in Kraft getretene »EG-REACH Verordnung« (VO EG 1907/2006).
Auch der Ausschuss für Gefahrstoffe (siehe Rn. 57 ff.) hatte Veränderungsbedarf geltend gemacht.
Die GefStoffV 2010 ist am 1.12.2010 in Kraft getreten.

Gefahrstoffe

Sie wurde geändert durch Verordnungen vom 24.4.2013 (BGBl. I Nr. 20 S. 944) und 15.7.2013 (BGBl. I Nr. 40 S. 2514). Eine weitere Änderung erfolgte durch die Verordnung zur Neuregelung der Anforderungen an den Arbeitsschutz bei der Verwendung von Arbeitsmitteln und Gefahrstoffen vom 3.2.2015 (BGBl. I 2015 Nr. 4 S. 49): die Änderung betrifft u.a. §§ 2, 6 und 11 GefStoffV.
Nachstehend ein **Überblick** über die wichtigsten Bestimmungen der GefStoffV 2010.   **6**
»**Gefahrstoffe**« im Sinne der GefStoffV sind nach § 2 Abs. 1 GefStoffV   **7**
1. gefährliche Stoffe und Zubereitungen nach § 3 GefStoffV 2010,
2. Stoffe, Zubereitungen und Erzeugnisse, die explosionsfähig sind,
3. Stoffe, Zubereitungen und Erzeugnisse, aus denen bei der Herstellung oder Verwendung Stoffe nach Nummer 1 oder Nummer 2 entstehen oder freigesetzt werden,
4. Stoffe und Zubereitungen, die die Kriterien nach den Nummern 1 bis 3 nicht erfüllen, aber auf Grund ihrer physikalisch-chemischen, chemischen oder toxischen Eigenschaften und der Art und Weise, wie sie am Arbeitsplatz vorhanden sind oder verwendet werden, die Gesundheit und die Sicherheit der Beschäftigten gefährden können,
5. alle Stoffe, denen ein Arbeitsplatzgrenzwert zugewiesen worden ist.
»**Krebserzeugend**«, »**erbgutverändernd**« oder »**fruchtbarkeitsgefährdend**« sind gemäß § 2   **8**
Abs. 3 GefStoffV 2010
1. Stoffe, die die Kriterien für die Einstufung als krebserzeugend, erbgutverändernd oder fruchtbarkeitsgefährdend erfüllen nach Anhang VI der Richtlinie 67/548/EWG des Rates vom 27. Juni 1967 zur Angleichung der Rechts- und Verwaltungsvorschriften für die Einstufung, Verpackung und Kennzeichnung gefährlicher Stoffe (ABl. L 196 vom 16.8.1967, S. 1), die zuletzt durch die Richtlinie 2009/2/EG (ABl. L 11 vom 16.1.2009, S. 6) geändert worden ist,
2. Zubereitungen, die einen oder mehrere der in Nummer 1 genannten Stoffe enthalten, wenn die Konzentration eines oder mehrerer dieser Stoffe die Konzentrationsgrenzen für die Einstufung einer Zubereitung als krebserzeugend, erbgutverändernd oder fruchtbarkeitsgefährdend übersteigt,
3. Stoffe, Zubereitungen oder Verfahren, die in den nach § 20 Absatz 4 GefStoffV 2010 bekannt gegebenen Regeln und Erkenntnissen als krebserzeugend, erbgutverändernd oder fruchtbarkeitsgefährdend bezeichnet werden.
»**Stoffe**« im Sinne der Gefahrstoffverordnung sind chemische Elemente (z. B. Fluor, Chlor,   **9**
Kohlenstoff, Wasserstoff) oder chemische Verbindungen (z. B. Fluorkohlenstoff, Fluorchlorkohlenwasserstoff), die festgelegte Eigenschaften haben.
»**Zubereitungen**« sind aus zwei oder mehreren »Stoffen« hergestellte Gemische, Gemenge   **10**
oder Lösungen (z. B. Kühlschmiermittel).
Nach 3 GefStoffV 2010 sind Stoffe und Zubereitungen »**gefährlich**«, wenn sie folgende Eigen-   **11**
schaften aufweisen:
- explosionsgefährlich,
- brandfördernd,
- hochentzündlich,
- leichtentzündlich,
- entzündlich,
- sehr giftig,
- giftig,
- gesundheitsschädlich,
- ätzend,
- reizend,
- sensibilisierend,
- krebserzeugend,
- fortpflanzungsgefährdend (reproduktionstoxisch),

Gefahrstoffe

- erbgutverändernd,
- umweltgefährlich.

12 Hersteller und Einführer sind verpflichtet, gefährliche Stoffe und Zubereitungen nach Maßgabe des § 4 GefStoffV 2010 **einzustufen, zu kennzeichnen** und **zu verpacken.**

13 Hersteller, Einführer oder erneut Inverkehrbringer sind nach § 5 GefStoffV verpflichtet, den Abnehmern spätestens mit der ersten Lieferung nach Maßgabe der Richtlinie 1999/45/EG kostenlos ein **Sicherheitsdatenblatt** in deutscher Sprache zu übermitteln.

Die zu beachtenden Anforderungen ergeben sich aus Artikel 31 in Verbindung mit Anhang II der Verordnung (EG) Nr. 1907/2006.

Ist nach diesen Vorschriften die Übermittlung eines Sicherheitsdatenblatts nicht erforderlich, richten sich die **Informationspflichten** nach Artikel 32 der Verordnung (EG) Nr. 1907/2006.

14 § 16 GefStoffV 2010 regelt **Herstellungs- und Verwendungsbeschränkungen** für bestimmte Stoffe, Zubereitungen und Erzeugnisse.

Die Vorschrift verweist dabei auf Artikel 67 in Verbindung mit dem Anhang XVII der Verordnung (EG) Nr. 1907/2006, sieht aber weitere Herstellungs- und Verwendungsbeschränkungen nach Maßgabe des Anhangs II zur GefStoffV 2010 vor sowie ein Verwendungsverbot für Biozid-Produkte.

15 Von besonderer Bedeutung sind die Bestimmungen der GefStoffV 2010 über
- die **Gefährdungsbeurteilung** (§ 6 GefStoffV 2010; siehe Rn. 16 ff.),
- die **Grundpflichten** des Arbeitgebers (§ 7 GefStoffV 2010; siehe Rn. 21 ff.) sowie
- vom Arbeitgeber zu ergreifende **Schutzmaßnahmen** (§§ 8 bis 13 GefStoffV 2010; siehe Rn. 32 ff.).

Gefährdungsbeurteilung (§ 6 GefStoffV 2010)

16 Bei der Beurteilung der Arbeitsbedingungen nach § 5 ArbSchG (siehe → **Arbeitsschutz**), hat der Arbeitgeber zunächst festzustellen, ob die Beschäftigten Tätigkeiten mit Gefahrstoffen ausüben oder ob Gefahrstoffe bei diesen Tätigkeiten entstehen oder freigesetzt werden (**Feststellungspflicht**; § 6 Abs. 1 Satz 1 GefStoffV 2010).

17 Ist dies der Fall, so hat der Arbeitgeber gemäß § 6 Abs. 1 Satz 2 GefStoffV 2010 alle hiervon ausgehenden **Gefährdungen** für die Gesundheit und Sicherheit der Beschäftigten unter folgenden Gesichtspunkten **zu beurteilen:**

1. gefährliche Eigenschaften der Stoffe oder Zubereitungen, einschließlich ihrer physikalisch-chemischen Wirkungen,
2. Informationen des Herstellers oder Inverkehrbringers zum Gesundheitsschutz und zur Sicherheit insbesondere im Sicherheitsdatenblatt,
3. Art und Ausmaß der Exposition unter Berücksichtigung aller Expositionswege; dabei sind die Ergebnisse der Messungen und Ermittlungen nach § 7 Absatz 8 GefStoffV 2010 zu berücksichtigen,
4. Möglichkeiten einer Substitution (siehe Rn. 24),
5. Arbeitsbedingungen und Verfahren, einschließlich der Arbeitsmittel und der Gefahrstoffmenge,
6. Arbeitsplatzgrenzwerte und biologische Grenzwerte,
7. Wirksamkeit der ergriffenen oder zu ergreifenden Schutzmaßnahmen,
8. Erkenntnisse aus arbeitsmedizinischen Vorsorgeuntersuchungen nach der Verordnung zur arbeitsmedizinischen Vorsorge.

18 Die Bestimmungen des § 6 Abs. 2 bis 14 GefStoffV 2010 legen dem Arbeitgeber weitere Handlungspflichten bei der Durchführung der Gefährdungsbeurteilung auf.

So darf z. B. die Gefährdungsbeurteilung gemäß § 6 Abs. 11 GefStoffV 2010 nur von **fachkun-**

Gefahrstoffe

digen Personen durchgeführt werden. Verfügt der Arbeitgeber nicht selbst über die entsprechenden Kenntnisse, so hat er sich fachkundig beraten zu lassen.

Fachkundige Personen können insbesondere der **Betriebsarzt** und die **Fachkraft für Arbeitssicherheit** sein.

Fachkundig ist gemäß § 2 Abs. 16 GefStoffV 2010, wer zur Ausübung einer in dieser Verordnung bestimmten Aufgabe befähigt ist.

Die Anforderungen an die Fachkunde sind abhängig von der jeweiligen Art der Aufgabe.

Zu den Anforderungen zählen eine entsprechende Berufsausbildung, Berufserfahrung oder eine zeitnah ausgeübte entsprechende berufliche Tätigkeit sowie die Teilnahme an spezifischen Fortbildungsmaßnahmen.

Der Arbeitgeber kann bei der Festlegung der Schutzmaßnahmen eine **Gefährdungsbeurteilung übernehmen**, die ihm der Hersteller oder Inverkehrbringer mitgeliefert hat, sofern die Angaben und Festlegungen in dieser Gefährdungsbeurteilung den Arbeitsbedingungen und Verfahren, einschließlich der Arbeitsmittel und der Gefahrstoffmenge, im eigenen Betrieb entsprechen (§ 6 Abs. 7 GefStoffV 2010). 19

Der Arbeitgeber hat gemäß § 6 Abs. 12 GefStoffV 2010 ein **Verzeichnis** der im Betrieb verwendeten Gefahrstoffe zu führen, in dem auf die entsprechenden Sicherheitsdatenblätter verwiesen wird. 20

Dies gilt nicht für Gefahrstoffe, die bei Tätigkeiten nach § 6 Abs. 13 GefStoffV 2010 nur zu einer **geringen Gefährdung** der Beschäftigten führen.

Das Verzeichnis muss allen betroffenen Beschäftigten und ihren Vertretern **zugänglich** sein.

Grundpflichten des Arbeitgebers (§ 7 GefStoffV 2010)

Der Arbeitgeber darf eine Tätigkeit mit Gefahrstoffen **erst aufnehmen lassen**, nachdem eine Gefährdungsbeurteilung vorgenommen wurde und die erforderlichen Schutzmaßnahmen nach §§ 8 ff. GefStoffV 2010 getroffen wurden (§ 7 Abs. 1 GefStoffV 2010). 21

Verstößt der Arbeitgeber gegen diese Verpflichtung und hält er eine Gesundheitsschädigung des Arbeitnehmers für möglich, nimmt diese aber »billigend in Kauf« (= bedingter Vorsatz), kommt eine **Schadensersatzhaftung** des Arbeitgebers wegen **vorsätzlicher** Verletzung von Körper und Gesundheit gemäß § 280 Abs. 1 BGB i. V. m. §§ 241 Abs. 2, 618 Abs. 1 BGB und § 253 Abs. 2 BGB (ggf. auch nach §§ 823 ff. BGB) in Betracht. Außerdem hat er dem geschädigten Arbeitnehmer ein angemessenes **Schmerzensgeld** zu zahlen (§ 253 Abs. 2 BGB).

Hinweis 21a

Die Haftung des Arbeitgebers ist zwar nach § 104 Abs. 1 SGB VII (früher: § 636 Abs. 1 Satz 1 RVO) ausgeschlossen, wenn der Personenschaden durch einen → **Arbeitsunfall** oder eine → **Berufskrankheit** verursacht wurde (sog. »**Haftungsprivileg**«; siehe auch → **Arbeitsschutz** Rn. 105 ff., → **Haftung des Arbeitgebers** Rn. 10 ff. und → **Unfallversicherung**). Stattdessen tritt die gesetzliche Unfallversicherung (= Berufsgenossenschaft) ein (die Berufsgenossenschaft muss allerdings kein Schmerzensgeld zahlen).

Eine Haftungsfreistellung des Arbeitgebers nach § 104 SGB VII kommt aber nur bei **fahrlässiger Begehung** in Betracht.

Handelt der Arbeitgeber **vorsätzlich**, haftet er dem geschädigten Arbeitnehmer gemäß § 280 Abs. 1 BGB i. V. m. §§ 241 Abs. 2, 618 Abs. 1 BGB und § 253 Abs. 2 BGB (ggf. auch nach §§ 823 ff. BGB) auf Schadensersatz und Schmerzensgeld. Dabei reicht ein sog. **bedingter Vorsatz** aus (= der Schadenseintritt wird für möglich gehalten und billigend in Kauf genommen).

Der Arbeitgeber haftet auch dann, wenn nicht er selbst, aber der **Vorgesetzte**, der die gesundheitsgefährdende Arbeit angewiesen hat, mindestens bedingt vorsätzlich gehandelt hat. Das für die Schadensersatzhaftung notwendige **Verschulden** (= mindestens bedingt vorsätzliches Verhalten) des Vorgesetzten wird dem Arbeitgeber gem. § 278 Satz 1 BGB zugerechnet. Nach

Gefahrstoffe

dieser Vorschrift hat der Arbeitgeber das Verschulden von Personen, derer er sich zur Erfüllung seiner Verbindlichkeiten gegenüber dem Arbeitnehmer bedient (Erfüllungsgehilfen), in gleichem Umfange zu vertreten wie eigenes Verschulden.

So kann nach zutreffender Ansicht des BAG beispielsweise die Anweisung an einen Arbeitnehmer, mit **asbesthaltigem Material** ohne Schutzmaßnahmen zu arbeiten, die bewusste Inkaufnahme von Gesundheitsschäden des Arbeitnehmers beinhalten und einen Anspruch auf Schadenersatz und Schmerzensgeld begründen (BAG v. 20. 6. 2013 – 8 AZR 471/12; 28. 4. 2011 – 8 AZR 769/09, AiB 2012, 273).

Allein der Verstoß des Arbeitgebers oder des Vorgesetzten gegen Unfallverhütungsvorschriften indiziert nach Ansicht des BAG noch kein vorsätzliches Verhalten (BAG v. 19. 2. 2009 – 8 AZR 188/08, DB 2009, 1134).

21b Den gefährdeten Beschäftigten stehen im Übrigen die **Vorschlags- und Beschwerderechte** nach § 17 ArbSchG und ggf. ein → **Zurückbehaltungsrecht** nach § 273 BGB zu (siehe Rn. 73).

22 Gemäß § 7 Abs. 2 GefStoffV 2010 hat der Arbeitgeber, um die Gesundheit und die Sicherheit der Beschäftigten bei allen Tätigkeiten mit Gefahrstoffen zu gewährleisten, die erforderlichen **Maßnahmen** nach dem Arbeitsschutzgesetz und zusätzlich die nach der GefStoffV 2010 erforderlichen Maßnahmen zu ergreifen.

Dabei hat er die nach § 20 Absatz 4 GefStoffV 2010 bekannt gegebenen **Regeln und Erkenntnisse** zu beachten.

Bei **Einhaltung** dieser Regeln und Erkenntnisse ist in der Regel davon auszugehen, dass die Anforderungen dieser Verordnung erfüllt sind.

Von diesen Regeln und Erkenntnissen kann **abgewichen** werden, wenn durch andere Maßnahmen zumindest in vergleichbarer Weise der Schutz der Gesundheit und die Sicherheit der Beschäftigten **gewährleistet** werden.

Rangfolge von Schutzmaßnahmen (§ 7 Abs. 3 und 4 GefStoffV 2010)

23 Der Arbeitgeber hat gemäß § 7 Abs. 3 GefStoffV 2010 auf der Grundlage des Ergebnisses der Substitutionsprüfung nach § 6 Absatz 1 Satz 2 Nummer 4 GefStoffV 2010 vorrangig eine **Substitution** durchzuführen (siehe auch Rn. 17).

Das heißt: Er hat Gefahrstoffe oder Verfahren durch Stoffe, Zubereitungen oder Erzeugnisse oder Verfahren zu ersetzen, die unter den jeweiligen Verwendungsbedingungen für die Gesundheit und Sicherheit der Beschäftigten nicht oder weniger gefährlich sind.

24 Der Arbeitgeber hat nach § 7 Abs. 4 GefStoffV 2010 Gefährdungen der Gesundheit und der Sicherheit der Beschäftigten bei Tätigkeiten mit Gefahrstoffen **auszuschließen**.

Ist dies nicht möglich, hat er sie auf ein Minimum **zu reduzieren**.

Diesen Geboten hat der Arbeitgeber durch die Festlegung und Anwendung geeigneter **Schutzmaßnahmen** Rechnung zu tragen. Dabei hat er folgende **Rangfolge** zu beachten:
1. Gestaltung geeigneter **Verfahren und technischer Steuerungseinrichtungen** von Verfahren, den Einsatz emissionsfreier oder emissionsarmer Verwendungsformen sowie Verwendung geeigneter Arbeitsmittel und Materialien nach dem **Stand der Technik**,

> **Beispiel:**
> Verarbeitung von Gefahrstoffen in geschlossenen Kreisläufen

2. Anwendung kollektiver **Schutzmaßnahmen technischer Art an der Gefahrenquelle**, wie angemessene Be- und Entlüftung, und Anwendung geeigneter organisatorischer Maßnahmen,

> **Beispiel:**
> Absaugung, Frischluftzufuhr

Gefahrstoffe

3. sofern eine Gefährdung nicht durch Maßnahmen nach den Nummern 1 und 2 verhütet werden kann, Anwendung von individuellen Schutzmaßnahmen, die auch die Bereitstellung und Verwendung von **persönlicher Schutzausrüstung** umfassen.

> **Beispiel:**
> Schutzhandschuhe, Atemschutzmasken, Vollschutzkleidung

Hinweis zu Rn. 23 und 24: Es gilt nicht nur im Gefahrstoffrecht, sondern im Arbeits- und Gesundheitsschutz generell gemäß § 4 Nrn. 2 bis 5 ArbSchG die beschriebene Rangfolge von Arbeitsschutzmaßnahmen nach Maßgabe des sog. **STOP-Prinzips**: Substituieren – Technische Maßnahmen – Organisatorische Maßnahmen – Personell (persönliche Schutzausrüstung – PSA). 24a

Der Arbeitgeber ist nach der genannten Rangordnung verpflichtet, die **jeweils wirksamste Maßnahme** durchzuführen und innerhalb der Rangstufen das nach dem **Stand der Technik** Mögliche zu tun. 25
Anders ausgedrückt: Wenn Maßnahmen nach § 7 Abs. 4 Nr. 1 GefStoffV 2010 **möglich** sind, dann darf sich der Arbeitgeber nicht – z. B. aus Kostengründen – mit **weniger wirksamen Maßnahmen** nach § 7 Abs. 4 Nr. 2 oder 3 GefStoffV 2010 »begnügen«.
Der **Stand der Technik** ist der Entwicklungsstand fortschrittlicher Verfahren, Einrichtungen oder Betriebsweisen, der die praktische Eignung einer Maßnahme zum Schutz der Gesundheit und zur Sicherheit der Beschäftigten gesichert erscheinen lässt (§ 2 Abs. 11 Satz 1 GefStoffV).
Bei der Bestimmung des Standes der Technik sind insbesondere vergleichbare Verfahren, Einrichtungen oder Betriebsweisen heranzuziehen, die mit Erfolg **in der Praxis erprobt** worden sind (§ 2 Abs. 11 Satz 2 GefStoffV).
Gleiches gilt für die Anforderungen an die **Arbeitsmedizin** und die **Arbeitsplatzhygiene** (§ 2 Abs. 11 Satz 3 GefStoffV).

Beschäftigte müssen gemäß § 7 Abs. 5 GefStoffV 2010 die bereitgestellte **persönliche Schutzausrüstung** verwenden, solange eine Gefährdung besteht. 26
Die Verwendung von belastender persönlicher Schutzausrüstung darf keine Dauermaßnahme sein.
Sie ist für jeden Beschäftigten auf das unbedingt erforderliche Minimum zu beschränken.
Der Arbeitgeber stellt sicher, dass
- die persönliche Schutzausrüstung an einem dafür vorgesehenen Ort sachgerecht aufbewahrt wird,
- die persönliche Schutzausrüstung vor Gebrauch geprüft und nach Gebrauch gereinigt wird und
- schadhafte persönliche Schutzausrüstung vor erneutem Gebrauch ausgebessert oder ausgetauscht wird (§ 7 Abs. 6 GefStoffV 2010).

Der Arbeitgeber hat nach § 7 Abs. 7 GefStoffV 2010 die Funktion und die Wirksamkeit der **technischen Schutzmaßnahmen** regelmäßig, mindestens jedoch jedes dritte Jahr, **zu überprüfen**. 27
Das Ergebnis der Prüfungen ist **aufzuzeichnen** und vorzugsweise zusammen mit der Dokumentation nach § 6 Absatz 8 GefStoffV 2010 **aufzubewahren**.

Arbeitsplatzgrenzwerte (§ 7 Abs. 8 GefStoffV 2010)

Der Arbeitgeber stellt gemäß § 7 Abs. 8 GefStoffV 2010 sicher, dass die **Arbeitsplatzgrenzwerte** eingehalten werden. 28
Er hat die Einhaltung durch **Arbeitsplatzmessungen** oder durch andere geeignete Methoden zur Ermittlung der Exposition zu überprüfen.

Gefahrstoffe

Ermittlungen sind auch durchzuführen, wenn sich die Bedingungen ändern, welche die Exposition der Beschäftigten beeinflussen können.

Die **Ermittlungsergebnisse** sind **aufzuzeichnen, aufzubewahren** und den Beschäftigten und ihrer Vertretung **zugänglich** zu machen.

Werden Tätigkeiten entsprechend einem verfahrens- und stoffspezifischen Kriterium ausgeübt, das nach § 20 Absatz 4 GefStoffV 2010 bekannt gegeben worden ist, kann der Arbeitgeber in der Regel davon ausgehen, dass die **Arbeitsplatzgrenzwerte eingehalten** werden; in diesem Fall findet § 7 Abs. 8 Satz 2 GefStoffV 2010 (Verpflichtung zur Überprüfung durch Arbeitsplatzmessungen oder andere geeignete Methoden) keine Anwendung.

Der **Arbeitsplatzgrenzwert** ist der Grenzwert für die zeitlich gewichtete **durchschnittliche Konzentration** eines Stoffs in der Luft am Arbeitsplatz in Bezug auf einen gegebenen **Referenzzeitraum**.

Er gibt an, bis zu welcher Konzentration eines Stoffs akute oder chronische schädliche Auswirkungen auf die Gesundheit von Beschäftigten im Allgemeinen **nicht zu erwarten** sind (§ 2 Abs. 7 GefStoffV).

29 Sofern Tätigkeiten mit Gefahrstoffen ausgeübt werden, für die **kein Arbeitsplatzgrenzwert** vorliegt, hat der Arbeitgeber regelmäßig die Wirksamkeit der ergriffenen technischen Schutzmaßnahmen durch geeignete Ermittlungsmethoden zu überprüfen, zu denen auch **Arbeitsplatzmessungen** gehören können (§ 7 Abs. 9 GefStoffV 2010).

30 § 7 Abs. 10 GefStoffV 2010 stellt klar, dass derjenige, der Arbeitsplatzmessungen von Gefahrstoffen durchführt, **fachkundig** (siehe Rn. 19) sein und über die **erforderlichen Einrichtungen** verfügen muss.

Wenn ein Arbeitgeber eine für Messungen von Gefahrstoffen an Arbeitsplätzen **akkreditierte Messstelle beauftragt**, kann der Arbeitgeber in der Regel davon ausgehen, dass die von dieser Messstelle gewonnenen Erkenntnisse zutreffend sind.

31 Der Arbeitgeber hat bei allen Ermittlungen und Messungen die nach § 20 Absatz 4 GefStoffV 2010 bekannt gegebenen **Verfahren**, **Messregeln** und **Grenzwerte** zu beachten, bei denen die entsprechenden Bestimmungen der **Richtlinien** 98/24/EG, 2004/37/EG und 2009/148/EG berücksichtigt worden sind (§ 7 Abs. 11 GefStoffV 2010).

Schutzmaßnahmen (§§ 8 bis 13 GefStoffV 2010)

32 Die GefStoffV 2010 unterscheidet zwischen
- allgemeinen Schutzmaßnahmen (§ 8 GefStoffV 2010; siehe hierzu Rn. 33 ff.),
- zusätzlichen Schutzmaßnahmen (§ 9 GefStoffV 2010; siehe hierzu Rn. 36 ff.),
- besonderen Schutzmaßnahmen bei Tätigkeiten mit krebserzeugenden, erbgutverändernden und fruchtbarkeitsgefährdenden Gefahrstoffen (§ 10 GefStoffV 2010; siehe hierzu Rn. 47),
- besonderen Schutzmaßnahmen gegen physikalisch-chemische Einwirkungen, insbesondere gegen Brand- und Explosionsgefährdungen (§ 11 GefStoffV 2010; siehe hierzu Rn. 48),
- zusätzlichen besonderen Schutzmaßnahmen Tätigkeiten mit explosionsgefährlichen Stoffen und organischen Peroxiden (§ 12 GefStoffV 2010; siehe hierzu Rn. 49),
- Notfallmaßnahmen bei Betriebsstörungen, Unfällen und Notfällen (§ 13 GefStoffV 2010; siehe hierzu Rn. 50).

Allgemeine Schutzmaßnahmen (§ 8 GefStoffV 2010)

33 Zu den allgemeinen Schutzmaßnahmen nach § 8 GefStoffV 2010 gehören u. a.:
1. geeignete Gestaltung des Arbeitsplatzes und geeignete Arbeitsorganisation,
2. Bereitstellung geeigneter Arbeitsmittel für Tätigkeiten mit Gefahrstoffen und geeignete

Gefahrstoffe

Wartungsverfahren zur Gewährleistung der Gesundheit und Sicherheit der Beschäftigten bei der Arbeit,
3. Begrenzung der Anzahl der Beschäftigten, die Gefahrstoffen ausgesetzt sind oder ausgesetzt sein können,
4. Begrenzung der Dauer und der Höhe der Exposition,
5. angemessene Hygienemaßnahmen, insbesondere zur Vermeidung von Kontaminationen, und die regelmäßige Reinigung des Arbeitsplatzes,
6. Begrenzung der am Arbeitsplatz vorhandenen Gefahrstoffe auf die Menge, die für den Fortgang der Tätigkeiten erforderlich ist,
7. geeignete Arbeitsmethoden und Verfahren, welche die Gesundheit und Sicherheit der Beschäftigten nicht beeinträchtigen oder die Gefährdung so gering wie möglich halten, einschließlich Vorkehrungen für die sichere Handhabung, Lagerung und Beförderung von Gefahrstoffen und von Abfällen, die Gefahrstoffe enthalten, am Arbeitsplatz.

Weitere allgemeine Schutzmaßnahmen hat der Arbeitgeber nach Maßgabe des § 8 Abs. 2 bis 8 GefStoffV 2010 zu ergreifen. 34

U. a. hat er gemäß den Ergebnissen der Gefährdungsbeurteilung nach § 6 GefStoffV 2010 sicherzustellen, dass die Beschäftigten in Arbeitsbereichen, in denen sie Gefahrstoffen ausgesetzt sein können, keine **Nahrungs- oder Genussmittel** zu sich nehmen (§ 8 Abs. 3 GefStoffV 2010).
Der Arbeitgeber hat hierfür vor Aufnahme der Tätigkeiten geeignete Bereiche einzurichten.
Außerdem hat der Arbeitgeber zudem gemäß § 8 Abs. 4 bis 7 GefStoffV 2010 **sicherzustellen**,
- dass durch Verwendung verschließbarer Behälter eine sichere Lagerung, Handhabung und Beförderung von Gefahrstoffen auch bei der Abfallentsorgung gewährleistet ist (§ 8 Abs. 4 GefStoffV 2010),
- dass Gefahrstoffe so aufbewahrt oder gelagert werden, dass sie weder die menschliche Gesundheit noch die Umwelt gefährden (§ 8 Abs. 5 GefStoffV 2010). Er hat dabei wirksame Vorkehrungen zu treffen, um Missbrauch oder Fehlgebrauch zu verhindern. Insbesondere dürfen Gefahrstoffe nicht in solchen Behältern aufbewahrt oder gelagert werden, durch deren Form oder Bezeichnung der Inhalt mit Lebensmitteln verwechselt werden kann. Sie dürfen nur übersichtlich geordnet und nicht in unmittelbarer Nähe von Arznei-, Lebens- oder Futtermitteln, einschließlich deren Zusatzstoffe, aufbewahrt oder gelagert werden. Bei der Aufbewahrung zur Abgabe oder zur sofortigen Verwendung muss eine Kennzeichnung nach § 8 Abs. 2 GefStoffV 2010 deutlich sichtbar und lesbar angebracht sein.
- dass Gefahrstoffe, die nicht mehr benötigt werden, und entleerte Behälter, die noch Reste von Gefahrstoffen enthalten können, sicher gehandhabt, vom Arbeitsplatz entfernt und sachgerecht gelagert oder entsorgt werden (§ 8 Abs. 6 GefStoffV 2010).
- dass als giftig, sehr giftig, krebserzeugend Kategorie 1 oder 2, erbgutverändernd Kategorie 1 oder 2 oder fortpflanzungsgefährdend Kategorie 1 oder 2 eingestufte Stoffe und Zubereitungen unter Verschluss oder so aufbewahrt oder gelagert werden, dass nur fachkundige und zuverlässige Personen Zugang haben (§ 8 Abs. 7 Satz 1 GefStoffV 2010).

Tätigkeiten mit diesen Stoffen und Zubereitungen sowie mit atemwegssensibilisierenden Stoffen und Zubereitungen dürfen nur von **fachkundigen oder besonders unterwiesenen Personen** ausgeführt werden (§ 8 Abs. 7 Satz 2 GefStoffV 2010). § 8 Abs. 7 Sätze 1 und 2 GefStoffV 2010 gelten nicht für Kraftstoffe an Tankstellen (§ 8 Abs. 7 Satz 3 GefStoffV 2010).
Der Arbeitgeber hat bei Tätigkeiten mit Gefahrstoffen nach **Anhang I** Nummer 2 bis 5 sowohl 35
die §§ 6 ff. GefStoffV 2010 als auch die betreffenden Vorschriften des Anhangs I Nummer 2 bis 5 zu beachten (§ 8 Abs. 8 GefStoffV 2010).

Gefahrstoffe

Zusätzliche Schutzmaßnahmen (§ 9 GefStoffV 2010)

36 Sind die allgemeinen Schutzmaßnahmen nach § 8 GefStoffV 2010 nicht ausreichend, um Gefährdungen durch **Einatmen, Aufnahme über die Haut oder Verschlucken** entgegenzuwirken, hat der Arbeitgeber zusätzlich diejenigen Maßnahmen nach § 9 Abs. 2 bis 7 GefStoffV 2010 zu ergreifen, die auf Grund der Gefährdungsbeurteilung nach § 6 GefStoffV 2010 erforderlich sind (§ 9 Abs. 1 GefStoffV 2010).
Dies gilt insbesondere, wenn
- Arbeitsplatzgrenzwerte oder biologische Grenzwerte überschritten werden,
- bei hautresorptiven oder haut- oder augenschädigenden Gefahrstoffen eine Gefährdung durch Haut- oder Augenkontakt besteht oder
- bei Gefahrstoffen ohne Arbeitsplatzgrenzwert und ohne biologischen Grenzwert eine Gefährdung auf Grund der ihnen zugeordneten Gefährlichkeitsmerkmale nach § 3 GefStoffV 2010 und der inhalativen Exposition angenommen werden kann.

37 Der Arbeitgeber hat nach § 9 Abs. 2 Satz 1 GefStoffV 2010 sicherzustellen, dass Gefahrstoffe in einem **geschlossenen System** hergestellt und verwendet werden, wenn
- die Substitution der Gefahrstoffe nach § 7 Abs. 3 GefStoffV 2010 durch solche Stoffe, Zubereitungen, Erzeugnisse oder Verfahren, die bei ihrer Verwendung nicht oder weniger gefährlich für die Gesundheit und Sicherheit sind, technisch nicht möglich ist und
- eine erhöhte Gefährdung der Beschäftigten durch inhalative Exposition gegenüber diesen Gefahrstoffen besteht.

Ist die Anwendung eines geschlossenen Systems **technisch nicht möglich**, so hat der Arbeitgeber dafür zu sorgen, dass die Exposition der Beschäftigten nach dem Stand der Technik und unter Beachtung von § 7 Abs. 4 GefstoffV 2010 so weit wie möglich verringert wird (§ 9 Abs. 2 Satz 2 GefStoffV 2010).

38 Bei einer **Überschreitung eines Arbeitsplatzgrenzwerts** muss der Arbeitgeber nach § 9 Abs. 3 Satz 1 GefStoffV 2010 unverzüglich die Gefährdungsbeurteilung nach § 6 GefStoffV 2010 erneut durchführen und entsprechende **Schutzmaßnahmen** ergreifen, um den Arbeitsplatzgrenzwert einzuhalten.
Wird trotz Ausschöpfung aller technischen und organisatorischen Schutzmaßnahmen der Arbeitsplatzgrenzwert nicht eingehalten, hat der Arbeitgeber unverzüglich persönliche Schutzausrüstung bereitzustellen (§ 9 Abs. 3 Satz 2 GefStoffV 2010).
Dies gilt insbesondere für **Abbruch-, Sanierungs- und Instandhaltungsarbeiten** (§ 9 Abs. 3 Satz 3 GefStoffV 2010).

39 Besteht trotz Ausschöpfung aller technischen und organisatorischen Schutzmaßnahmen bei hautresorptiven, haut- oder augenschädigenden Gefahrstoffen eine Gefährdung durch Haut- oder Augenkontakt, hat der Arbeitgeber unverzüglich persönliche Schutzausrüstung bereitzustellen (§ 9 Abs. 4 GefStoffV 2010).

40 Der Arbeitgeber hat nach § 9 Abs. 5 GefStoffV 2010 **getrennte Aufbewahrungsmöglichkeiten** für die Arbeits- oder Schutzkleidung einerseits und die Straßenkleidung andererseits zur Verfügung zu stellen.
Durch Gefahrstoffe **verunreinigte Arbeitskleidung** hat der Arbeitgeber zu reinigen.

41 Der Arbeitgeber hat geeignete Maßnahmen zu ergreifen, die gewährleisten, dass Arbeitsbereiche, in denen eine **erhöhte Gefährdung** der Beschäftigten besteht, nur den Beschäftigten zugänglich sind, die sie zur Ausübung ihrer Arbeit oder zur Durchführung bestimmter Aufgaben betreten müssen (§ 9 Abs. 6 GefStoffV 2010).

42 Wenn Tätigkeiten mit Gefahrstoffen von einer oder einem Beschäftigten **allein ausgeübt** werden, hat der Arbeitgeber nach § 9 Abs. 7 GefStoffV 2010 zusätzliche Schutzmaßnahmen zu ergreifen oder eine angemessene Aufsicht zu gewährleisten. Dies kann auch durch den Einsatz technischer Mittel sichergestellt werden.

Gefahrstoffe

Nicht besetzt. 43–46

Besondere Schutzmaßnahmen bei Tätigkeiten mit krebserzeugenden, erbgutverändernden und fruchtbarkeitsgefährdenden Gefahrstoffen (§ 10 GefStoffV 2010)

Besondere Schutzmaßnahmen hat der Arbeitgeber bei Tätigkeiten mit krebserzeugenden, erbgutverändernden und fruchtbarkeitsgefährdenden Gefahrstoffen der Kategorie 1 oder 2 nach Maßgabe des § 10 GefStoffV 2010 zu ergreifen. 47

Insbesondere hat er die Bestimmungen des § 10 Abs. 3 bis 5 GefStoffV 2010 und des **Anhangs II** Nummer 6 zu erfüllen.

Beispielsweise darf nach § 10 Abs. 5 GefStoffV 2010 in Arbeitsbereichen, in denen Tätigkeiten mit krebserzeugenden, erbgutverändernden oder fruchtbarkeitsgefährdenden Stoffen der Kategorie 1 oder 2 durchgeführt werden, dort **abgesaugte Luft nicht zurückgeführt** werden.

Abweichend hiervon darf die in einem Arbeitsbereich abgesaugte Luft dorthin zurückgeführt werden, wenn sie unter Anwendung behördlicher oder berufsgenossenschaftlich anerkannter Verfahren oder Geräte ausreichend von solchen Stoffen **gereinigt** ist.

Die Luft muss dann so geführt oder gereinigt werden, dass krebserzeugende, erbgutverändernde oder fruchtbarkeitsgefährdende Stoffe nicht in die Atemluft anderer Beschäftigter gelangen.

Besondere Schutzmaßnahmen gegen physikalisch-chemische Einwirkungen, insbesondere gegen Brand- und Explosionsgefährdungen (§ 11 GefStoffV 2010)

Besondere Schutzmaßnahmen hat der Arbeitgeber gemäß § 11 GefStoffV 2010 auf der Grundlage der Gefährdungsbeurteilung nach § 6 GefStoffV 2010 gegen physikalisch-chemische Einwirkungen, insbesondere gegen Brand- und Explosionsgefährdungen zu ergreifen. 48

Insbesondere hat er Maßnahmen zu ergreifen, um bei Tätigkeiten mit Gefahrstoffen Brand- und Explosionsgefährdungen zu vermeiden oder diese so weit wie möglich zu verringern.

Dies gilt vor allem für Tätigkeiten mit explosionsgefährlichen, brandfördernden, hochentzündlichen, leichtentzündlichen und entzündlichen Stoffen oder Zubereitungen, einschließlich ihrer Lagerung.

Ferner gilt dies für Tätigkeiten mit anderen Gefahrstoffen, insbesondere mit explosionsfähigen Gefahrstoffen und Gefahrstoffen, die chemisch miteinander reagieren können oder chemisch instabil sind, soweit daraus Brand- oder Explosionsgefährdungen entstehen können.

Zur Vermeidung von Brand- und Explosionsgefährdungen muss der Arbeitgeber Maßnahmen in der **Rangfolge** des § 11 Abs. 2 GefStoffV 2010 ergreifen:
- gefährliche Mengen oder Konzentrationen von Gefahrstoffen, die zu Brand- oder Explosionsgefährdungen führen können, sind zu vermeiden,
- Zündquellen, die Brände oder Explosionen auslösen können, sind zu vermeiden,
- schädliche Auswirkungen von Bränden oder Explosionen auf die Gesundheit und Sicherheit der Beschäftigten und anderer Personen sind zu verringern.

Arbeitsbereiche, Arbeitsplätze, Arbeitsmittel und deren Verbindungen untereinander müssen so konstruiert, errichtet, zusammengebaut, installiert, verwendet und instand gehalten werden, dass keine Brand- und Explosionsgefährdungen auftreten (§ 11 Abs. 3 GefStoffV 2010).

Über die vorstehenden Bestimmungen hinaus hat der Arbeitgeber **Anhang I** Nummer 1 zu beachten (§ 11 Abs. 4 GefStoffV 2010).

Gefahrstoffe

Tätigkeiten mit organischen Peroxiden (§ 11 Abs. 4 GefStoffV 2010)

49 Bei Tätigkeiten mit explosionsgefährlichen Stoffen oder organischen Peroxiden hat der Arbeitgeber gemäß § 11 Abs. 4 GefStoffV 2010 auf der Grundlage der Gefährdungsbeurteilung nach § 6 GefStoffV 2010 zum Schutz der Beschäftigten, anderer Personen und von Sachgütern zusätzlich besondere Maßnahmen zu ergreifen, insbesondere verfahrenstechnische, organisatorische und bauliche Schutzmaßnahmen, einschließlich einzuhaltender Abstände.
Dabei ist der **Anhang III** zu beachten.

Betriebsstörungen, Unfälle und Notfälle (§ 13 GefStoffV 2010)

50 § 13 GefStoffV 2010 regelt die Pflichten des Arbeitgebers bei Betriebsstörungen, Unfällen und Notfällen.

Betriebsanweisung (§ 14 Abs. 1 GefStoffV 2010)

51 Der Arbeitgeber stellt nach Maßgabe des § 14 Abs. 1 GefStoffV 2010 sicher, dass den Beschäftigten eine schriftliche Betriebsanweisung, die der Gefährdungsbeurteilung nach § 6 GefStoffV 2010 (siehe Rn. 16 ff.) Rechnung trägt, in für die Beschäftigten **verständlicher Form und Sprache** zugänglich gemacht wird.
Die Betriebsanweisung muss bei jeder maßgeblichen Veränderung der Arbeitsbedingungen **aktualisiert** werden (§ 14 Abs. 1 Satz 3 GefStoffV 2010).

Unterweisung, Unterrichtung (§ 14 Abs. 2, 3 GefStoffV 2010)

52 Der Arbeitgeber hat gemäß § 14 Abs. 2 GefStoffV 2010 sicherzustellen, dass die Beschäftigten anhand der Betriebsanweisung (siehe Rn. 51) über alle auftretenden Gefährdungen und entsprechende Schutzmaßnahmen **mündlich unterwiesen** werden.
Teil dieser Unterweisung ist ferner eine allgemeine arbeitsmedizinisch-toxikologische Beratung.
Diese dient auch zur Information der Beschäftigten über die Voraussetzungen, unter denen sie Anspruch auf arbeitsmedizinische **Vorsorgeuntersuchungen** nach der Verordnung zur arbeitsmedizinischen Vorsorge haben, und über den Zweck dieser Vorsorgeuntersuchungen.
Die Beratung ist unter **Beteiligung des Arztes** nach § 7 Absatz 1 der Verordnung zur arbeitsmedizinischen Vorsorge durchzuführen, falls dies erforderlich sein sollte.
Die Unterweisung muss vor Aufnahme der Beschäftigung und danach **mindestens jährlich arbeitsplatzbezogen** durchgeführt werden.
Sie muss in für die Beschäftigten **verständlicher Form und Sprache** erfolgen.
Inhalt und Zeitpunkt der Unterweisung sind schriftlich festzuhalten und von den Unterwiesenen durch Unterschrift zu bestätigen.

53 Weitere Pflichten zur **Unterrichtung** und Beratung der Beschäftigten obliegen dem Arbeitgeber nach § 14 Abs. 3 GefStoffV 2010.

Arbeitsmedizinische Vorsorge

54 Die arbeitsmedizinische Vorsorge richtet sich nach den Bestimmungen der Verordnung zur arbeitsmedizinischen Vorsorge (ArbMedVV) vom 18. 12. 2008 (BGBl. I S. 2768).
Siehe hierzu → **Arbeitsschutz** Rn. 40 b.
In Teil 1 des **Anhangs** zur ArbMedVV werden die Voraussetzungen für die Durchführung von Pflicht- und Angebotsuntersuchungen für Tätigkeiten mit Gefahrstoffen geregelt.

Gefahrstoffe

Fremdfirmen (§ 15 GefStoffV 2010)

Sollen in einem Betrieb Fremdfirmen Tätigkeiten mit Gefahrstoffen ausüben, hat der Arbeitgeber als Auftraggeber gemäß § 15 GefStoffV 2010 sicherzustellen, dass nur solche Fremdfirmen herangezogen werden, die über die **Fachkenntnisse und Erfahrungen** verfügen, die für diese Tätigkeiten erforderlich sind.

Der Arbeitgeber als Auftraggeber hat die Fremdfirmen über Gefahrenquellen und spezifische Verhaltensregeln **zu informieren**.

Kann bei Tätigkeiten von Beschäftigten eines Arbeitgebers eine Gefährdung von Beschäftigten anderer Arbeitgeber durch Gefahrstoffe nicht ausgeschlossen werden, so haben alle betroffenen Arbeitgeber bei der Durchführung ihrer Gefährdungsbeurteilungen nach § 6 GefStoffV 2010 **zusammenzuwirken** und die **Schutzmaßnahmen abzustimmen**. Dies ist zu dokumentieren.

Die Arbeitgeber haben dabei sicherzustellen, dass Gefährdungen der Beschäftigten aller beteiligten Unternehmen durch Gefahrstoffe wirksam begegnet wird. Jeder Arbeitgeber ist dafür **verantwortlich**, dass seine Beschäftigten die gemeinsam festgelegten Schutzmaßnahmen anwenden.

Besteht bei Tätigkeiten von Beschäftigten eines Arbeitgebers eine erhöhte Gefährdung von Beschäftigten anderer Arbeitgeber durch Gefahrstoffe, ist durch die beteiligten Arbeitgeber ein **Koordinator** zu bestellen.

Verbote und Beschränkungen

§ 16 GefStoffV regelt Herstellungs- und Verwendungsbeschränkungen u. a. nach Maßgabe des **Anhangs II**.

§ 17 GefStoffV sieht **Ausnahmen** von Beschränkungsregelungen nach der Verordnung (EG) Nr. 1907/2006 für die Herstellung und das Verwenden chrysotilhaltiger Diaphragmen für die Chloralkalielektrolyse und für die Verwendung von Bleiverbindungen vor.

Vollzugsregelungen

Die Handlungsmöglichkeiten der zuständigen Behörden (= Gewerbeaufsichtsämter) sind in §§ 18, 19 GefStoffV 2010 geregelt.

Ausschuss für Gefahrstoffe (AGS)

Nach § 20 Abs. 1 GefStoffV 2010 wird beim Bundesministerium für Arbeit und Soziales ein Ausschuss für Gefahrstoffe (AGS) gebildet, in dem geeignete Vertreter der → **Arbeitgeber**, der → **Gewerkschaften**, der Länderbehörden, der Träger der gesetzlichen → **Unfallversicherung** und weitere geeignete Personen, insbesondere aus der Wissenschaft, vertreten sein sollen. Die Gesamtzahl der Mitglieder soll 21 Personen nicht überschreiten; für jedes Mitglied ist ein Stellvertreter zu benennen. Die Mitgliedschaft im Ausschuss ist ehrenamtlich.

Zu den **Aufgaben des Ausschusses** gehört es:
- dem Stand der Technik, Arbeitsmedizin und Arbeitshygiene entsprechende Regeln aufzustellen und zu sonstigen gesicherten Erkenntnissen für Tätigkeiten mit Gefahrstoffen, einschließlich deren Einstufung und Kennzeichnung, zu gelangen,
- Regeln aufzustellen und zu Erkenntnissen zu gelangen, wie die in dieser Verordnung gestellten Anforderungen erfüllt werden können,
- das Bundesministerium für Arbeit und Soziales in allen Fragen zu Gefahrstoffen zu beraten und

Gefahrstoffe

- Arbeitsplatzgrenzwerte, biologische Grenzwerte und andere Beurteilungsmaßstäbe für Gefahrstoffe vorzuschlagen und regelmäßig zu überprüfen, wobei Folgendes zu berücksichtigen ist:
bei der Festlegung der Grenzwerte ist sicherzustellen, dass der Schutz der Gesundheit der Beschäftigten gewahrt ist;
außerdem ist für jeden Stoff, für den ein Arbeitsplatzgrenzwert oder ein biologischer Grenzwert in Rechtsakten der Europäischen Union festgelegt worden ist, unter Berücksichtigung dieses Grenzwerts ein nationaler Grenzwert vorzuschlagen.

59 Das Arbeitsprogramm des Ausschusses für Gefahrstoffe wird mit dem Bundesministerium für Arbeit und Soziales abgestimmt, wobei die **Letztentscheidungsbefugnis** beim Bundesministerium für Arbeit und Soziales liegt (§ 20 Abs. 3 Satz 2 GefStoffV 2010).

60 Das Bundesministerium für Arbeit und Soziales kann die vom Ausschuss für Gefahrstoffe aufgestellten Regeln und gewonnenen Erkenntnisse im Gemeinsamen Ministerialblatt **bekannt geben** (§ 20 Abs. 4 GefStoffV 2010).

Ordnungswidrigkeiten und Straftaten

61 Die §§ 21 bis 24 GefStoffV 2010 sehen Regelungen vor über die Verfolgung von Verstößen gegen die GefStoffV (Ordnungswidrigkeiten und Straftaten).

Anhänge I und II

62 Weitere zahlreiche Regelungen sehen die Anhänge I und II der GefStoffV 2010 vor:
Anhang I (zu § 8 Absatz 8, § 11 Absatz 3 GefStoffV 2010) Besondere Vorschriften für bestimmte Gefahrstoffe und Tätigkeiten,
Anhang II (zu § 16 Absatz 2 GefStoffV 2010) Besondere Herstellungs- und Verwendungsbeschränkungen für bestimmte Stoffe, Zubereitungen und Erzeugnisse,
Anhang III (zu § 11 Absatz 4 GefStoffV) Spezielle Anforderungen an Tätigkeiten mit organischen Peroxiden.

Bedeutung für die Betriebsratsarbeit

63 Eine zentrale Aufgabe des Betriebsrats auf dem Gebiet des Arbeits- und Gesundheitsschutzes besteht darin, **darüber zu wachen**, dass der Arbeitgeber die Verpflichtungen einhält, die sich aus der Gefahrstoffverordnung ergeben (§ 80 Abs. 1 Nr. 1 BetrVG).

64 Darüber hinaus hat er die Aufgabe, **Maßnahmen zu beantragen**, die dem Wohl, insbesondere dem Schutz der Gesundheit der Beschäftigten dienen (§ 80 Abs. 1 Nr. 2 BetrVG).

65 Damit der Betriebsrat seine Aufgaben im Bereich der Gefahrstoffe erfüllen kann, stellt ihm das BetrVG eine Reihe von **Informations-, Mitwirkungs- und Mitbestimmungsrechten** zur Seite.
Zu nennen sind insbesondere die Informations- und Mitwirkungsrechte nach §§ 80 Abs. 2, 89, 90 BetrVG sowie die Mitbestimmungsrechte nach §§ 87 Abs. 1 Nr. 7 und 91 BetrVG (siehe → **Arbeitsschutz**).

66 Die auf dem Gebiet des Arbeitsschutzes (neben § 91 BetrVG) wichtigste Mitbestimmungsvorschrift des § 87 Abs. 1 Nr. 7 BetrVG gewährt Mitbestimmung allerdings nur »im Rahmen der gesetzlichen Vorschriften und Unfallverhütungsvorschriften« (siehe → **Arbeitsschutz** Rn. 70 ff.).
Für den Gefahrstoffbereich bedeutet dies: Ein Mitbestimmungsrecht besteht nur dort, wo die

Gefahrstoffe

Regelungen der Gefahrstoffverordnung (oder einschlägige Unfallverhütungsvorschriften) **Beurteilungs-, Ermessens- und Handlungsspielräume** offen lassen, die sodann im Mitbestimmungswege von Arbeitgeber und Betriebsrat zu »füllen« sind.
Anders ausgedrückt: Wenn die Vorschriften dem Arbeitgeber eine Verpflichtung auferlegen, ihm aber die **Wahl** lassen, dieser Verpflichtung auf diese oder auf jene Weise nachzukommen, dann hat der Betriebsrat insoweit ein Mitbestimmungsrecht (einschließlich des **Initiativrechts**).
Verpflichtet dagegen eine Vorschrift den Arbeitgeber, eine Maßnahme »so und nicht anders« durchzuführen, entfällt eine Mitbestimmung des Betriebsrats (siehe → **Arbeitsschutz**). Er hat dann seine Überwachungsaufgabe nach § 80 Abs. 1 Nr. 1 BetrVG wahrzunehmen (siehe Rn. 63).

Beispiele:
- Die Auswahl unter verschiedenen geeigneten persönlichen Schutzausrüstungen (vgl. § 7 Abs. 4 Satz 4 Nr. 4 GefStoffV 2010 i. V. m. der PSA-Benutzungsverordnung; siehe → **Arbeitsschutz**) ist nach § 87 Abs. 1 Nr. 7 BetrVG mitbestimmungspflichtig.
- Gleiches dürfte gelten, sofern nach dem Stand der Technik verschiedene Schutzmaßnahmen innerhalb der jeweiligen Rangstufen-Ebene des § 7 Abs. 4 GefStoffV 2010 möglich sind (z. B. Auswahl zwischen verschiedenen möglichen Absaugsystemen).
- Es besteht kein Regelungsspielraum des Arbeitgebers und damit auch kein Mitbestimmungsrecht des Betriebsrats, wenn der Gewerbeaufsichtsbeamte eine bestimmte Schutzmaßnahme zwingend anordnet. Lässt die Anordnung dagegen dem Arbeitgeber verschiedene Handlungsmöglichkeiten, hat der Betriebsrat wiederum nach § 87 Abs. 1 Nr. 7 BetrVG mitzubestimmen.

Können sich Arbeitgeber und Betriebsrat über die gemäß § 87 Abs. 1 Nr. 7 BetrVG mitbestimmungspflichtigen Regeln und Maßnahmen nicht einigen, kann die → **Einigungsstelle** angerufen werden (§ 87 Abs. 2 BetrVG). Diese entscheidet dann verbindlich. 67

Gleiches gilt, wenn der Mitbestimmungstatbestand des § 91 BetrVG (siehe → **Arbeitsschutz** Rn. 82 ff.) zum Zuge kommt und Arbeitgeber und Betriebsrat keine Einigung über die zu treffenden Maßnahmen erzielen können. 68

Eine weitere wichtige Handlungsmöglichkeit ergibt sich für den Betriebsrat, wenn ein oder mehrere Arbeitnehmer eine Beschwerde nach §§ 84, 85 BetrVG bei ihm einreichen. Dadurch wird das sog. **kollektive Beschwerdeverfahren** ausgelöst. 68a
Notfalls kann der Betriebsrat die → **Einigungsstelle** anrufen, die dann über die Berechtigung der Beschwerde entscheidet.
Siehe Rn. 72 a und → **Beschwerderecht des Arbeitnehmers**.

Bedeutung für die Beschäftigten

Auch die mit Gefahrstoffen umgehenden Beschäftigten haben **Pflichten**: z. B. die Pflicht zum Tragen persönlicher Schutzausrüstung gemäß § 7 Abs. 5 GefStoffV 2010. 69
Sie dürfen in Arbeitsbereichen, in denen die Gefahr einer Kontamination durch Gefahrstoffe besteht, keine Nahrungs- und Genussmittel zu sich nehmen (§ 8 Abs. 3 GefStoffV 2010).

Diesen Pflichten stehen gegenüber **Unterrichtungs- und Anhörungsrechte** der Beschäftigten (insbesondere über Gefahren und Schutzmaßnahmen) nach §§ 81, 82 BetrVG und insbesondere gemäß § 14 GefStoffV 2010 (Betriebsanweisung, Unterweisung usw.). 70

Nach § 17 ArbSchG sind die Beschäftigten berechtigt, dem Arbeitgeber **Vorschläge** zu allen Fragen der Sicherheit und des Gesundheitsschutzes zu machen. 71

Gefahrstoffe

72 Den Beschäftigten steht ein **Beschwerderecht** zu (§ 17 Abs. 2 Satz 1 ArbSchG). Hilft der Arbeitgeber einer Beschwerde nicht ab, können sich die Beschäftigten an die zuständige Behörde (**Gewerbeaufsicht**) wenden.
Hierdurch dürfen ihnen **keine Nachteile** entstehen (§ 17 Abs. 2 Satz 2 ArbSchG).

72a Ein weiteres Beschwerderecht steht dem Arbeitnehmer nach §§ 84, 85 BetrVG zu. Er kann die Beschwerde nach § 85 BetrVG beim Betriebsrat einreichen.
Hält der Betriebsrat die Beschwerde für **berechtigt**, hat er beim Arbeitgeber auf **Abhilfe** hinzuwirken.
Bestehen zwischen Betriebsrat und Arbeitgeber Meinungsverschiedenheiten über die Berechtigung der Beschwerde, kann der Betriebsrat die → **Einigungsstelle** anrufen (§ 85 Abs. 2 BetrVG).
Diese entscheidet dann über die Berechtigung der Beschwerde.
Wenn die Einigungsstelle beschließt, dass die Beschwerde berechtigt ist, ist der Arbeitgeber nach § 85 Abs. 3 Satz 2 i. V. m. § 84 Abs. 2 BetrVG **verpflichtet**, der Beschwerde durch geeignete Maßnahmen abzuhelfen.
Zu weiteren Einzelheiten siehe → **Beschwerderecht des Arbeitnehmers**.

73 Das in § 21 Abs. 6 der »alten« GefStoffV 1993 (siehe Rn. 2) vorgesehene Recht des Beschäftigten, die **Arbeit zu verweigern**, wenn infolge der Überschreitung der maßgeblichen Grenzwerte eine unmittelbare Gefahr für Leben oder Gesundheit besteht, ist in die GefStoffV 2005 und 2010 nicht aufgenommen worden.
Ein solches Recht ergibt sich allerdings schon aus allgemeinem bürgerlichen Recht (§ 273 BGB; siehe → **Zurückbehaltungsrecht**).

Haftung des Arbeitgebers auf Schadenersatz und Schmerzensgeld

74 Wenn ein Arbeitnehmer bei der Arbeit durch Gefahrstoffeinwirkung verletzt oder gar getötet wird, stellt sich die Frage, ob der Arbeitgeber nach § 280 Abs. 1 BGB i. V. m. §§ 241 Abs. 2, 618 Abs. 1 BGB und § 253 Abs. 2 BGB (ggf. auch nach §§ 823 ff. BGB) auf Schadensersatz und Schmerzensgeld **haftet**.
Nach § 104 SGB VII ist die Haftung des Arbeitgebers ausgeschlossen, wenn der Personenschaden durch einen → **Arbeitsunfall** oder eine → **Berufskrankheit** verursacht wurde. Stattdessen tritt die gesetzliche Unfallversicherung (= Berufsgenossenschaft) ein (siehe → **Unfallversicherung**; die Berufsgenossenschaft muss allerdings kein Schmerzensgeld zahlen).
Es gilt jedoch eine **Ausnahme**: Der Arbeitgeber haftet dann auf **Schadensersatz** und **Schmerzensgeld** (§§ 823, 253 Abs. 2 BGB), wenn er den Unfall bzw. die Berufskrankheit **vorsätzlich** (**bedingter Vorsatz** – der Schadenseintritt wird für möglich gehalten und billigend in Kauf genommen – reicht aus) herbeigeführt hat.
So kann nach zutreffender Ansicht des BAG beispielsweise die Anweisung an einen Arbeitnehmer, mit **asbesthaltigem Material** ohne Schutzmaßnahmen zu arbeiten, die bewusste Inkaufnahme von Gesundheitsschäden des Arbeitnehmers beinhalten und einen Anspruch auf Schadenersatz und Schmerzensgeld begründen (BAG v. 20. 6. 2013 – 8 AZR 471/12; 28. 4. 2011 – 8 AZR 769/09, AiB 2012, 273). Der Arbeitgeber haftet auch dann, wenn nicht er selbst, aber der **Vorgesetzte**, der die gesundheitsgefährdende Arbeit angewiesen hat, mindestens bedingt vorsätzlich gehandelt hat. Das für die Schadensersatzhaftung notwendige **Verschulden** (= mindestens bedingt vorsätzliches Verhalten) des Vorgesetzten wird dem Arbeitgeber § 278 Satz 1 BGB zugerechnet.
Zu weiteren Einzelheiten siehe Rn. 21 a, → **Arbeitsschutz** Rn. 105 ff. und → **Haftung des Arbeitgebers** Rn. 10 ff.

Gefahrstoffe

Haftung des Herstellers eines fehlerhaften Produktes

Nach einer beachtenswerten Entscheidung des Landgerichts Itzehoe vom 19. 3. 1998 (Az. 6 O 391/96, AiB 1999, 355) haftet der Hersteller eines fehlerhaften Produktes (hier: nitrithaltiges Kühlschmiermittel) nach den Grundsätzen der **Produzentenhaftung/Produkthaftung** gemäß §§ 823, 253 Abs. 2 BGB für Gesundheitsschäden, die durch das Inverkehrbringen des Produktes unter schuldhafter Verletzung seiner Produktbeobachtungs- und Warnpflicht verursacht werden.

Er ist den Hinterbliebenen eines infolge des Umgangs mit dem fehlerhaften Produkt an Krebs gestorbenen Arbeitnehmers auf **Schadensersatz** sowie auf Zahlung von **Schmerzensgeld** verpflichtet.

Im zugrundeliegenden Fall hatte ein Dreher in einem Metallbetrieb vom 1. 2. bis 31. 12. 1987 an einer Rundschleifmaschine gearbeitet, an der ein wasserlösliches Kühlschmiermittel eingesetzt worden war.

Dieses enthielt u. a. 18 % Natriumnitrit und 20 % Triethanolamin.

Der Arbeitnehmer verstarb am 20. 12. 1993 an den Folgen eines Dickdarmkarzinoms.

Seine **Hinterbliebenen klagten** gegen den Hersteller des Kühlschmiermittels auf Schadensersatz und Schmerzensgeld.

Der Hersteller bestritt, dass die Krebserkrankung auf sein Produkt zurückzuführen sei. Es kämen auch **andere Ursachen** in Betracht. So habe der Verstorbene z. B. seit seiner Jugend in nicht unerheblichem Umfang als Nebenerwerbswinzer gearbeitet. Hierbei sei er durch den Einsatz von Pflanzenschutzmitteln erheblich belastet worden, weil der Einsatz von Maschinen mit Kabinen aufgrund der Hanglage des Weinbergs nicht möglich gewesen sei. Sicherlich habe der Verstorbene auch keinen Schutzanzug getragen.

Das LG Itzehoe hat den Hersteller des Kühlschmiermittels auf die Klage der Hinterbliebenen auf **Schadensersatz** (Ersatz der Bestattungskosten und des Unterhaltsschadens) sowie auf Zahlung von **Schmerzensgeld** in Höhe von insgesamt 354 900 DM (davon 150 000 DM Schmerzensgeld) verurteilt.

Nach Ansicht des LG Itzehoe kehrt sich im Schadensersatzprozess die **Beweislast** um, wenn der Hersteller ein fehlerhaftes Produkt in Verkehr bringt und solche Gesundheitsschäden entstehen, wie sie typischerweise durch den Fehler des Produkts hervorgerufen werden können.

Dann müsse der Produkthersteller beweisen, dass der Fehler seines Produkts sich in dem Schaden nicht verwirklicht hat.

Der Hersteller eines fehlerhaften Produkts könne sich nicht mit der unbewiesenen Behauptung entlasten, der Gesundheitsschaden sei durch Umgang mit anderen gesundheitsschädlichen Produkten anderer Hersteller verursacht worden.

Denn er hafte im Falle einer Mitverursachung mit den anderen Herstellern mindestens als **Gesamtschuldner**.

Das OLG Schleswig-Holstein hat das Urteil des LG Itzehoe **aufgehoben** und die Klage abgewiesen (OLG Schleswig-Holstein v. 7. 4. 2005 – 11 U 132/98).

Das Urteil erging nach Durchführung einer extrem langwierigen Beweisaufnahme in Form der Einholung von mehreren **Sachverständigengutachten** (der erste Beweisbeschluss des OLG datiert vom 29. 2. 2000, das letzte Gutachten wurde am 25. 2. 2005 erstattet!).

Das OLG hat zwar bestätigt, dass der beklagte Hersteller des Kühlschmiermittels gegen seine Produktbeobachtungspflicht verstoßen hat.

Die hinterbliebenen Kläger hätten aber **nicht beweisen können**, dass der Verstoß ursächlich war für den Eintritt des Schadens (haftungsbegründende Kausalität).

Beweiserleichterungen für die Kausalitätsfrage, die bis zur Beweislastumkehr reichen können, könnten zwar bei Überschreitung der im Rahmen einer Betriebsgenehmigung durch Verwal-

Gefahrstoffe

tungsvorschriften oder durch Bestimmungen und Auflagen festgelegten Emissions- und Immissionswerte gerechtfertigt sein (BGH v. 17.6.1997 – VI ZR 372/95, NJW 1997, 2748).
Insoweit könnte auf die (damaligen) TRGS 552 und TRGS 611 verwiesen werden, wonach Nitrosaminverbindungen als krebserzeugend eingestuft wurden und in Kühlschmiermitteln nicht verwendet werden durften.
Diese Regeln seien aber erst 1996 und 1997 erlassen worden.
Eine Revision hat das OLG Schleswig-Holstein nicht zugelassen.
Der BGH hat die von den Hinterbliebenen eingelegte Nichtzulassungsbeschwerde zurückgewiesen (BGH v. 7.2.2006 – VI ZR 86/05).

76 **Hinweis:**
Nach den Vorschriften des Produkthaftungsgesetzes vom 15.12.1989 (BGBl. I S. 2198) haftet der Hersteller eines fehlerhaften Produktes, das nach dem 1.1.1990 in den Verkehr gebracht worden ist, auch ohne Verschulden für – durch das fehlerhafte Produkt verursachte – Personen- oder Sachschäden (allerdings besteht nach diesem Gesetz kein Anspruch des Geschädigten auf Schmerzensgeld).

77 Zur Novellierung des Schadensersatzrechts und zum Anspruch auf Schmerzensgeld siehe → **Haftung des Arbeitgebers** Rn. 13.

78 Zur → **Verjährung** von Ansprüchen gegen den Hersteller eines fehlerhaften Produktes: siehe → **Berufskrankheit**.

Arbeitshilfen

Checkliste • Gefahrstoffe

Rechtsprechung – Arbeitsschutz

1. Asbestose
2. Karzinogene
3. Arbeitsverweigerungsrecht
4. Schadensersatz- und Schmerzensgeldanspruch gegen den Arbeitgeber bei (bedingt) vorsätzlicher Gesundheitsschädigung
5. Produkthaftung des Herstellers eines fehlerhaften Kühlschmiermittels

Geheimhaltungspflicht

Was heißt das?

Die **Mitglieder** und → **Ersatzmitglieder des Betriebsrats** (und anderer Organe der Betriebsverfassung) sind nach § 79 Abs. 1 Satz 1 BetrVG verpflichtet, **Betriebs- oder Geschäftsgeheimnisse** (siehe Rn. 3), die ihnen wegen ihrer Zugehörigkeit zum Betriebsrat bekannt geworden und vom Arbeitgeber **ausdrücklich als geheimhaltungsbedürftig bezeichnet** worden sind (siehe Rn. 5 a), nicht »zu offenbaren« und nicht »zu verwerten«.

Dies gilt auch nach dem **Ausscheiden** aus dem Betriebsrat (§ 79 Abs. 1 Satz 2 BetrVG).

Betriebs- oder Geschäftsgeheimnisse (sog. materielles Geheimnis)

Betriebs- oder Geschäftsgeheimnisse sind Tatsachen, Umstände und Vorgänge, die nicht offenkundig, sondern nur einem begrenzten Personenkreis zugänglich sind und an deren Nichtverbreitung der Rechtsträger ein berechtigtes Interesse hat (BVerfG v. 14. 3. 2006 – 1 BvR 2087/03).

Es müssen also folgende Voraussetzungen vorliegen: Es muss sich um Tatsachen, Umstände und Vorgänge handeln,
- die im Zusammenhang mit dem technischen Betrieb oder der wirtschaftlichen Betätigung des Unternehmens stehen *und*
- die nicht offenkundig sind (ist die Angelegenheit bereits einem größeren, nicht abgrenzbaren Personenkreis bekannt oder kann sich jeder Interessierte ohne besondere Mühe Kenntnis verschaffen, liegt kein Geheimnis [mehr] vor) *und*
- an deren Geheimhaltung der Arbeitgeber ein »berechtigtes« Interesse hat (das ist dann der Fall, wenn eine Bekanntgabe der Angelegenheit einen Nachteil gegenüber der Konkurrenz oder den Verlust eines Vorteils zur Folge hätte).

Kein »berechtigtes Interesse des Arbeitgebers besteht beispielsweise bei unlauteren und gesetzwidrigen Vorgängen (z. B. Umweltverseuchung durch Überschreitung von Grenzwerten, Herstellung und Vertrieb verbotener Produkte, Steuerhinterziehung, Nichtabführung von Sozialversicherungsbeiträgen usw.).

Wenn es nur an einer der vorstehend genannten Voraussetzungen fehlt, liegt kein Betriebs- oder Geschäftsgeheimnis vor!

> **Beispiele:**
> Betriebsgeheimnisse: Konstruktionszeichnungen, neue Produktionsverfahren, Unterlagen über Mängel der hergestellten Produkte, Diensterfindungen, Rezeptur einer Reagenz usw.
> Geschäftsgeheimnisse: Kunden- und Lieferantenkarteien, Absatzplanung, Unterlagen über Kalkulation und Preisgestaltung, unter Umständen auch Lohn- und Gehaltslisten, sofern ihr Inhalt Rückschlüsse auf die Kalkulation zulässt (BAG v. 26. 2. 1987 – 6 ABR 46/84, AiB 1988, 68 = NZA 1988, 63).

Auszug aus BAG v. 26. 2. 1987 – 6 ABR 46/84, a. a. O.: »*Nach Auffassung des Senats lässt sich die*

Geheimhaltungspflicht

Frage, ob die Lohn- oder Gehaltsstruktur eines Betriebes oder eines Teils eines Betriebes zu den Geschäftsgeheimnissen zu zählen ist, nicht generell, sondern nur unter Berücksichtigung der Besonderheiten des betroffenen Unternehmensbereichs beantworten. Die Voraussetzung eines objektiv berechtigten wirtschaftlichen Interesses zur Anerkennung bestimmter Tatsachen als Betriebs- oder Geschäftsgeheimnis und der Schutzzweck der Bestimmungen des § 79 BetrVG lassen erkennen, dass nicht in jedem Fall Lohn- und Gehaltsdaten, die stets ein Teil der betriebswirtschaftlichen Kalkulation über Umsätze und Gewinnmöglichkeiten sind, als Geschäftsgeheimnisse bezeichnet werden können. Vielmehr muss die Geheimhaltung der Daten gerade dieses Betriebs bzw. eines Teils eines Betriebs oder einer bestimmten Arbeitnehmergruppe für den wirtschaftlichen Erfolg des Betriebs insofern von Vorteil sein, als die Konkurrenz mit deren Kenntnis ihre eigene Wettbewerbsfähigkeit steigern könnte. Denn mit § 79 BetrVG soll die ungestörte Ausübung des Gewerbes auch gerade aufgrund Dritten nicht zugänglicher Kenntnisse, Erfahrungen und Unterlagen und damit die Wettbewerbsfähigkeit des Betriebsinhabers geschützt werden. Sind hingegen die zu den Kalkulationsgrundlagen hinzuzurechnenden Bruttogehaltsdaten für die Reaktion der Konkurrenz auf dem Markt unergiebig, so besteht kein objektiv berechtigtes wirtschaftliches Interesse an der Geheimhaltung. Ein dennoch geäußerter Wille des Unternehmers ist sowohl für die Schaffung des Straftatbestandes in § 17 UWG als auch für die Begründung einer besonderen Schweigepflicht des Betriebsrats unerheblich.«

4   Keine Betriebs- oder Geschäftsgeheimnisse sind beispielsweise Daten und Zahlen aus dem → **Jahresabschluss** einer »Kapitalgesellschaft« (siehe → **Unternehmensrechtsformen**). Dies ergibt sich bereits aus dem Umstand, dass diese Daten zu veröffentlichen sind (sog. **Publizitätspflicht**).
Strittig ist, ob und inwieweit die Daten aus den Jahresabschlüssen von nicht publizitätspflichtigen Unternehmen (= Einzelunternehmen und Personengesellschaften: OHG und KG) Geschäftsgeheimnisse sind.

5   Keine Betriebs- oder Geschäftsgeheimnisse sind die **Auswirkungen** unternehmerischer Planungen und Maßnahmen auf die Arbeitnehmer.

> **Beispiel:**
> Der Arbeitgeber teilt dem Betriebsrat mit, dass er die Einführung einer neuen Produktionstechnik plant. Er verbindet die genaue Beschreibung der technischen Einzelheiten mit dem Hinweis, dass diese Informationen gemäß § 79 BetrVG geheim zu halten seien. Auf Fragen des Betriebsrats, welche Auswirkungen sich auf die Arbeitnehmer ergeben würden, teilt der Arbeitgeber mit, dass einige Beschäftigte entlassen, andere versetzt werden sollen.
> Selbst wenn die Einzelheiten der neuen Produktionstechnik als ein Betriebsgeheimnis anzusehen sein sollten (was nur der Fall ist, wenn die oben genannten Voraussetzungen allesamt vorliegen), dann ist der Betriebsrat durch § 79 BetrVG keineswegs gehindert, die Beschäftigten über die vom Arbeitgeber geplanten »personellen Maßnahmen« zu informieren.

Vorstehendes wird durch eine rechtskräftige Entscheidung des LAG Schleswig-Holstein v. 20. 5. 2015 – 3 TaBV 35/14 bestätigt. Hiernach kann ein dem Betriebsrat mitgeteilter geplanter interessenausgleichspflichtiger **Personalabbau** und dessen Umfang nicht per se zu einem Betriebs- oder Geschäftsgeheimnis im Sinne des § 79 BetrVG deklariert werden. Etwas anderes gelte nur in Bezug auf einzelne bestimmte Tatsachen und nur dann, wenn der Arbeitgeber an deren Geheimhaltung ein konkretes sachliches und objektiv berechtigtes wirtschaftliches Interesse hat.
Das LAG hatte die Rechtsbeschwerde zugunsten des unterlegenen Arbeitgebers ausdrücklich zugelassen (*»Die Rechtsbeschwerde war gem. §§ 92 Abs. 1, 72 Abs. 2 ArbGG zuzulassen. Die hier streitigen Rechtsfragen sind höchstrichterlich noch nicht entschieden und von grundsätzlicher Bedeutung.«*). Eingelegt wurde eine Rechtsbeschwerde aber nicht. Offenbar befürchteten der

Geheimhaltungspflicht

Arbeitgeber und seine Prozessbevollmächtigten, dass die exzellent begründete LAG-Entscheidung vom BAG bestätigt werden würde.

Formelles Geheimnis

Die Verschwiegenheitspflicht nach § 79 BetrVG besteht nur dann, wenn der Arbeitgeber das Betriebs- oder Geschäftsgeheimnis (siehe Rn. 3) **ausdrücklich als geheimhaltungsbedürftig bezeichnet** hat. 5a
Erst durch die **ausdrückliche Kennzeichnung** als geheimhaltungsbedürftig durch den Arbeitgeber wird die Geheimhaltungspflicht des Betriebsrats **ausgelöst** (sog. formelles Geheimnis; vgl. BAG v. 13. 2. 2007 – 1 ABR 14/06; vgl. auch DKKW-*Buschmann*, BetrVG, 15. Aufl., § 79 Rn. 14; Fitting, BetrVG, 27. Aufl., § 79 Rn. 5). Die Bezeichnung einer Angelegenheit als »vertraulich« dürfte nicht ausreichen.
Ist den Mitgliedern bzw. Ersatzmitgliedern des Betriebsrats das Betriebs- oder Geschäftsgeheimnis nicht **wegen ihrer Zugehörigkeit** zum Betriebsrat bekannt geworden, sondern **auf anderem Wege**, entfällt zwar eine Schweigepflicht nach § 79 Abs. 1 BetrVG, eine Verschwiegenheitsverpflichtung kann sich aber aus dem → **Arbeitsvertrag** ergeben oder aus § 17 UWG. 5b

Verpflichteter Personenkreis

Die Geheimhaltungspflicht der Mitglieder und Ersatzmitglieder des Betriebsrats **gilt nicht gegenüber** (anderen) Mitgliedern des Betriebsrats (§ 79 Abs. 1 Satz 3 BetrVG). 6
Es besteht also, gleichgültig ob ein Betriebs- oder Geschäftsgeheimnis vorliegt oder nicht, keine Geheimhaltungspflicht **innerhalb** des Betriebsrats.
Auch **gegenüber** 7
- dem Gesamtbetriebsrat,
- dem Konzernbetriebsrat,
- der Bordvertretung,
- dem Seebetriebsrat und
- den Arbeitnehmervertretern im Aufsichtsrat

sowie **im Verfahren** vor der Einigungsstelle, der tariflichen Schlichtungsstelle (§ 76 Abs. 8 BetrVG) oder einer betrieblichen Beschwerdestelle (§ 86 BetrVG) sind die Mitglieder oder Ersatzmitglieder des Betriebsrats **nicht zur Geheimhaltung verpflichtet** (§ 79 Abs. 1 Satz 4 BetrVG).
Die Maßgaben des § 79 Abs. 1 BetrVG gelten nach § 79 Abs. 2 BetrVG »**sinngemäß**« für die Mitglieder und Ersatzmitglieder der anderen in dieser Vorschrift aufgeführten **Gremien**: 7a
- Gesamtbetriebsrat,
- Konzernbetriebsrat,
- Jugend- und Auszubildendenvertretung,
- Gesamt-Jugend- und Auszubildendenvertretung,
- Konzern-Jugend- und Auszubildendenvertretung,
- Wirtschaftsausschuss,
- Bordvertretung,
- Seebetriebsrat,
- nach § 3 Abs. 1 BetrVG gebildete Vertretungen der Arbeitnehmer,
- Einigungsstelle,
- tariflichen Schlichtungsstelle (§ 76 Abs. 8 BetrVG),
- betriebliche Beschwerdestelle (§ 86 BetrVG)

sowie für die Vertreter von Gewerkschaften oder von Arbeitgebervereinigungen.
Das heißt: Es besteht – gleichgültig ob ein Betriebs- oder Geschäftsgeheimnis vorliegt oder

Geheimhaltungspflicht

nicht – keine Geheimhaltungspflicht **innerhalb** der in § 79 Abs. 2 BetrVG genannten Gremien und Stellen.

Außerdem besteht keine Geheimhaltungspflicht **gegenüber** den in § 79 Abs. 1 Satz 4 BetrVG aufgeführten Gremien und Stellen (siehe Rn. 7).

8 Die Jugend- und Auszubildendenvertretung, Gesamt-Jugend- und Auszubildendenvertretung und Konzern-Jugend- und Auszubildendenvertretung, der Wirtschaftsausschuss, die nach § 3 Abs. 1 BetrVG gebildeten Vertretungen der Arbeitnehmer sowie die Vertreter von Gewerkschaften oder von Arbeitgebervereinigungen sind in § 79 Abs. 1 Satz 4 BetrVG **nicht genannt**. Daraus folgt, dass die Mitglieder und Ersatzmitglieder des Betriebsrats **ihnen gegenüber** Betriebs- und Geschäftsgeheimnisse nicht offenbaren dürfen (vgl. Fitting, BetrVG, 27. Aufl., § 79 Rn. 25).

Allerdings sind Einzelfragen dieser sog. »**Einbahnstraße**« der Geheimhaltungspflicht differenziert zu betrachten:

Beispielsweise wird allgemein angenommen, dass gegenüber den **nach § 3 Abs. 1 BetrVG gebildeten Arbeitnehmervertretungen** Betriebs- und Geschäftsgeheimnisse offenbart werden dürfen, obwohl sie in § 79 Abs. 1 Satz 4 BetrVG nicht genannt sind (Fitting, BetrVG, 27. Aufl., § 79 Rn. 25, 28). Das folgt daraus, dass
- die nach § 3 Abs. 1 Nr. 1 BetrVG gebildete Arbeitnehmervertretung ein Betriebsrat ist, sodass § 79 Abs. 1 BetrVG unmittelbar zu Anwendung kommt,
- die nach § 3 Abs. 1 Nr. 2 und 3 BetrVG gebildeten Vertretungen an die Stelle des Betriebsrats treten.

Eine Geheimhaltungspflicht besteht auch nicht gegenüber **Vertretern von Gewerkschaften**, die etwa vom Betriebsrat als Rechtsberater, Prozessvertreter oder Verfahrensbevollmächtigter in Einigungsstellenverfahren beauftragt werden. Hier kommt das anwaltliche Vertretungsrecht zur Anwendung, das eine Verschwiegenheitspflicht zwischen Mandant und Anwalt (natürlich) nicht vorsieht. Im Übrigen ist der Geheimnisschutz durch § 203 Abs. 1 Nr. 3 StGB gewährleistet (Fitting, BetrVG, 27. Aufl., § 79 Rn. 27).

Dagegen besteht eine Verschwiegenheitspflicht der **Arbeitnehmervertreter im Aufsichtsrat** nach Ansicht des BAG grundsätzlich auch dann **gegenüber** dem Betriebsrat, wenn ein Arbeitnehmervertreter **zugleich** Mitglied des Betriebsrats ist (BAG v. 23. 10. 2008 – 2 ABR 59/07).

9 Eine Geheimhaltungsverpflichtung nach § 79 BetrVG besteht nur, wenn die Angelegenheit den Mitgliedern und Ersatzmitgliedern des Betriebsrats (oder eines anderen in § 79 BetrVG genannten Organs) »*wegen ihrer Zugehörigkeit*« zu diesem Organ bekannt geworden ist.

Ist dies nicht der Fall, kann sich allerdings eine Verschwiegenheitsverpflichtung **aus einem anderen Rechtsgrunde** ergeben (z. B. aus dem Arbeitsvertrag oder aus § 17 UWG; siehe Rn. 13).

10 § 79 BetrVG ist entsprechend anzuwenden auf **Auskunftspersonen** (§ 80 Abs. 2 BetrVG), → **Berater** (§ 111 Satz 2 BetrVG) und → **Sachverständige** (§ 80 Abs. 3, § 108 Abs. 2 Satz 3, § 109 Satz 3 BetrVG) und auf die nach § 107 Abs. 3 Satz 3 BetrVG in den »erweiterten« → **Wirtschaftsausschuss** berufenen Arbeitnehmer (§ 107 Abs. 3 Satz 4 BetrVG).

Eine Geheimhaltungspflicht besteht auch für die vom Unternehmer nach § 108 Abs. 2 Satz 2 BetrVG zu Sitzungen des Wirtschaftsausschusses **hinzugezogenen Arbeitnehmer** (§ 120 Abs. 1 Nr. 4 BetrVG).

Persönliche Geheimnisse von Arbeitnehmern

11 Eine weitere Verschwiegenheitsverpflichtung der Mitglieder des Betriebsrats besteht hinsichtlich der »persönlichen Geheimnisse« von Arbeitnehmern, die ihnen im Rahmen von personellen Maßnahmen – z. B. → **Einstellung** oder → **Kündigung** – bekannt geworden sind (§ 99 Abs. 1 Satz 3, § 102 Abs. 2 Satz 5 BetrVG).

Geheimhaltungspflicht

§ 79 Abs. 1 Satz 2 bis 4 BetrVG gilt insoweit entsprechend (siehe Rn. 1 a, 6 und 7).
Eine besonders weit reichende Verschwiegenheitspflicht ergibt sich für ein Betriebsratsmitglied, das von einem Arbeitnehmer zu einer Verhandlung nach § 82 Abs. 2 BetrVG bzw. zu einer Einsichtnahme in die → **Personalakte** nach § 83 Abs. 1 BetrVG hinzugezogen wird. Das Betriebsratsmitglied hat über den Inhalt der Verhandlung bzw. der Personalakte strikt Stillschweigen zu bewahren. Die Verschwiegenheitspflicht besteht **gegenüber jedermann**, also auch gegenüber den anderen Mitgliedern des Betriebsrats!
Von dieser Verpflichtung kann der Arbeitnehmer das Betriebsratsmitglied allerdings **befreien**. 12

Weitere Verschwiegenheitspflichten: 13
- die Geheimhaltungspflicht des Arbeitnehmers aufgrund des → **Arbeitsvertrags**;
- die Schweigepflicht der → **Schwerbehindertenvertretung** nach §§ 96 Abs. 7, 97 Abs. 6 SGB IX;
- die Verschwiegenheitspflicht eines Aufsichtsratsmitgliedes nach § 116 Aktiengesetz i. V. m. § 93 Aktiengesetz (siehe → **Unternehmensmitbestimmung**);
- die Verschwiegenheitsverpflichtung, die sich aus § 5 Bundesdatenschutzgesetz ergibt (»**Datengeheimnis**«): Den mit Datenverarbeitung beschäftigten Personen (dazu gehören auch die Mitglieder/Ersatzmitglieder des Betriebsrats!) ist es nach dieser Vorschrift untersagt, »personenbezogene Daten unbefugt zu erheben, zu verarbeiten oder zu nutzen« (siehe → **Datenschutz**).

Die unbefugte Offenbarung oder Verwertung eines »Betriebs- oder Geschäftsgeheimnisses« ist unter den Voraussetzungen des § 120 Abs. 1, 3 und 4 BetrVG und ggf. § 17 UWG **strafbar**. 14
Ebenso macht sich nach § 120 Abs. 2 BetrVG strafbar, wer ein »**persönliches Geheimnis**« eines Arbeitnehmers unbefugt offenbart. 15
Die Straftaten nach § 120 BetrVG werden nur auf **Antrag** der Verletzten (= Arbeitgeber bzw. Arbeitnehmer) verfolgt (§ 120 Abs. 5 BetrVG). 16
Bestraft wird nur »**vorsätzliches**« Handeln. Fahrlässigkeit genügt nicht.
Vorsätzlich handelt, wer mit Strafe bedrohten Tatbestand kennt und ihn verwirklichen will (= unbedingter Vorsatz) oder wer es für möglich hält, dass er den Straftatbestand verwirklicht und dies billigend in Kauf nimmt (= bedingter Vorsatz).
Hat der Täter irrtümlich angenommen, sein Handeln sei erlaubt, so bleibt er straffrei, wenn dieser so genannte **Verbotsirrtum** unvermeidbar war.
War er vermeidbar, kann die Strafe gemildert werden (§ 17 Strafgesetzbuch).
Vom Regelungsgegenstand des § 79 BetrVG ist **zu unterscheiden** derjenige des § 106 Abs. 2 BetrVG: 17
Während § 79 BetrVG die Frage beantwortet, in welchem Umfang das Recht der Mitglieder des Betriebsrats (oder der anderen in dieser Vorschrift genannten Organe) beschränkt ist, Informationen an Dritte weiterzugeben, regelt § 106 Abs. 2 BetrVG, unter welchen Voraussetzungen der Unternehmer berechtigt ist, die Erteilung von Informationen an den → **Wirtschaftsausschuss** zu verweigern.
Ein solches Informationsverweigerungsrecht hat der Unternehmer nur, wenn konkrete Anhaltspunkte dafür bestehen, dass durch die Erteilung der Auskunft an die Mitglieder des Wirtschaftsausschusses Betriebs- oder Geschäftsgeheimnisse **gefährdet** werden. 18
Verweigert der Unternehmer gegenüber dem Wirtschaftsausschuss eine Auskunft mit Hinweis auf eine angebliche Gefährdung von Betriebs- oder Geschäftsgeheimnissen, kann ein **Einigungsstellenverfahren** unter den Voraussetzungen des § 109 BetrVG eingeleitet werden mit dem Ziel, die Erteilung der Auskunft zu erzwingen (siehe → **Wirtschaftsausschuss**). 19

Bedeutung für die Betriebsratsarbeit

20 Der Betriebsrat darf sich durch § 79 BetrVG auf keinen Fall zu einer »**Geheimratspolitik**« gegenüber der Belegschaft verleiten lassen.
Dem Arbeitgeber sollte von vornherein klar und deutlich gesagt werden, dass der Betriebsrat nicht daran denkt, **negative Auswirkungen** von Arbeitgebervorhaben auf die Beschäftigten geheim zu halten.

21 Die Reichweite der Geheimhaltungspflicht nach § 79 BetrVG wird von manchen Betriebsräten überschätzt.
Die Summe der oben dargelegten **Begrenzungen** der Geheimhaltungspflicht lässt diese Pflicht auf wenige Ausnahmefälle (siehe unter Rn. 3 aufgeführte Beispiele) zusammenschrumpfen.

22 In Zweifelsfällen: Rat der → **Gewerkschaft** einholen. Ihr gegenüber besteht trotz der Formulierung des § 79 Abs. 1 Satz 4 BetrVG (in der Gewerkschaftsvertreter nicht aufgeführt sind) keine Geheimhaltungsverpflichtung, soweit es um die Wahrnehmung betriebsverfassungsrechtlicher Aufgaben und Befugnisse der Gewerkschaft geht, aber auch um die Beratung des Betriebsrats in rechtlichen Zweifelsfragen. Gewerkschaftsvertreter unterliegen ihrerseits der **Geheimhaltungspflicht** nach § 79 Abs. 2 BetrVG. Soweit ein Gewerkschaftssekretär für den Betriebsrat als Rechtsberater, Prozessvertreter oder Verfahrensbevollmächtigter in Einigungsstellenverfahren tätig wird, gelten die gleichen Grundsätze wie im **Anwaltsrecht**: im Verhältnis zum Gewerkschaftssekretär besteht keine Verschwiegenheitspflicht (siehe Rn. 8).

Rechtsprechung

1. Begriff Betriebs- und Geschäftsgeheimnis
2. Verschwiegenheitspflicht des Betriebsrats (§ 79 BetrVG)
3. Ist ein geplanter interessenausgleichspflichtiger Personalabbau ein Geschäftsgeheimnis?
4. Verschwiegenheitspflicht eines Arbeitnehmervertreters im Aufsichtsrat
5. Verschwiegenheitspflicht des Arbeitnehmers

Gemeinschaftsbetrieb

Was ist das?

Dieser Begriff beschreibt ein Gebilde, in dem mehrere → **Unternehmen** *einen* → **Betrieb** im Sinne des § 1 Abs. 1 BetrVG bilden und betreiben (siehe auch → **Ein-Betriebs-Unternehmen** und → **Mehr-Betriebs-Unternehmen**). 1

> **Beispiel:**
> Ein → **Ein-Betriebs-Unternehmen** (»Metallbau-GmbH« mit 100 Beschäftigten) wird aufgeteilt in zwei – rechtlich selbstständige – Unternehmen (siehe auch → **Betriebsspaltung und Zusammenlegung von Betrieben**):
> 1. »Metallbau-Verwaltungs-GmbH« (10 Beschäftigte),
> 2. »Metallbau-Produktions-GmbH« (90 Beschäftigte).
> Sind mit dieser Aufteilung auch zwei → **Betriebe** entstanden oder bilden die beiden neuen Unternehmen nach wie vor *einen* Betrieb im Sinne des BetrVG?

Nach § 1 Abs. 2 BetrVG – neu gefasst durch das Betriebsverfassungsreformgesetz vom 23. 7. 2001 (BGBl. I S. 1852) – wird ein gemeinsamer Betrieb mehrerer Unternehmen (Gemeinschaftsbetrieb) **vermutet**, wenn 2
1. zur Verfolgung arbeitstechnischer Zwecke die Betriebsmittel sowie die Arbeitnehmer von den Unternehmen gemeinsam eingesetzt werden oder
2. die Spaltung eines Unternehmens zur Folge hat, dass von einem Betrieb ein oder mehrere Betriebsteile einem an der Spaltung beteiligten anderen Unternehmen zugeordnet werden, ohne dass sich dabei die Organisation des betroffenen Betriebs wesentlich ändert.

Die gesetzliche Vermutung kann **widerlegt** werden, wobei den Arbeitgeber (= die beteiligten Unternehmen) die Beweislast trifft. 3

Das BAG hat den Regelungsgehalt und Zweck des § 1 Abs. 2 BetrVG wie folgt beschrieben (BAG v. 13. 2. 2013 – 7 ABR 36/11, NZA-RR 2013, 521): »*... In dieser Vorschrift hat der Gesetzgeber den Begriff des gemeinsamen Betriebs mehrerer Unternehmen nicht eigenständig definiert, sondern unter Zugrundelegung des von der Rechtsprechung entwickelten Begriffs geregelt, dass unter den genannten Voraussetzungen ein gemeinsamer Betrieb mehrerer Unternehmen – widerlegbar – vermutet wird. Die Vermutungstatbestände dienen dem Zweck, Betriebsräten und Wahlvorständen den in der Praxis oft schwer zu erbringenden Nachweis einer Führungsvereinbarung zu ersparen (vgl. BT-Drucks. 14/5741 S. 33). Die von der Rechtsprechung zum Gemeinschaftsbetrieb entwickelten Grundsätze gelten daher auch nach dem Inkrafttreten des Betriebsverfassungsreformgesetzes weiter, wobei das Bestehen eines einheitlichen Leitungsapparats unter den Voraussetzungen des § 1 Abs. 2 BetrVG vermutet wird. Greifen die Vermutungstatbestände nicht ein, besteht dennoch ein gemeinsamer Betrieb, wenn sich mehrere Unternehmen – ausdrücklich und konkludent – zur Führung eines gemeinsamen Betriebs rechtlich verbunden haben (vgl. BAG 17. August 2005 – 7 ABR 62/04 – zu B III 2 der Gründe m. w. N.). [...] Steht fest, dass die* 3a

Gemeinschaftsbetrieb

organisatorischen Voraussetzungen für einen Gemeinschaftsbetrieb nicht vorliegen, kommt es auf die Vermutung eines einheitlichen Leitungsapparats nach § 1 Abs. 2 BetrVG nicht an (vgl. BAG 22. Juni 2005 – 7 ABR 57/04 – zu B II 2 b der Gründe.«

4   Schon vor der Neufassung des § 1 BetrVG (siehe Rn. 2) hatte das BAG die Existenz eines Gemeinschaftsbetriebes anerkannt, wenn die beteiligten Unternehmen ausdrücklich eine **Führungsvereinbarung** getroffen haben oder sich aus den **Umständen** des Einzelfalles ergibt, dass der Kern der Arbeitgeberfunktionen im sozialen und personellen Bereich von derselben institutionellen Leitung ausgeübt wird (BAG v. 14. 9. 1988 – 7 ABR 10/87, AiB 1989, 165 = NZA 1989, 190).

5   **Kriterien**, die für einen gemeinsamen Einsatz von Arbeitnehmern und Betriebsmitteln (§ 1 Abs. 2 Nr. 1 BetrVG) bzw. die Beibehaltung der Betriebsstrukturen nach einer Unternehmensspaltung (§ 1 Abs. 2 Nr. 2 BetrVG) und damit für einen Gemeinschaftsbetrieb sprechen, sind beispielsweise:
- gemeinsame räumliche Unterbringung,
- gemeinsame Nutzung von Betriebsmitteln,
- personelle, technische und organisatorische Verknüpfung der Arbeitsabläufe,
- räumliche Nähe von verschiedenen Funktionsbereichen (Produktion, Verwaltung, Vertrieb),
- gemeinsame Nutzung zentraler Betriebseinrichtungen (Lohn- und Gehaltsbuchhaltung, Buchhaltung, Sekretariat, Druckerei, Kantine, betriebliche Altersversorgung),
- arbeitgeberübergreifender Einsatz des Personals,
- gemeinsame Urlaubspläne,
- gemeinsame Wahrnehmung von Ausbildungsaufgaben,
- Zusammengehörigkeitsgefühl der Belegschaften,
- Personenidentität der Mitglieder der Unternehmensorgane (Geschäftsführung, Vorstand, Gesellschafter),
- Personenidentität der Leitungsebene unterhalb der Geschäftsführung/des Vorstandes.

6   **Fehlt** es in o. g. Beispiel (Rn. 1) an einer Führungsvereinbarung und auch an den Voraussetzungen der gesetzlichen Vermutungsregelung des § 1 Abs. 2 BetrVG bzw. wurde die **Vermutung widerlegt**, liegt kein Gemeinschaftsbetrieb vor.
Die beiden Unternehmen bilden dann jeweils einen → **Betrieb** (siehe auch → **Ein-Betriebs-Unternehmen**).
Werden die beiden Unternehmen durch ein drittes Unternehmen (etwa eine Holdinggesellschaft) beherrscht, bilden die Unternehmen einen → **Konzern**.
Zu den weiteren Konsequenzen einer solchen Unternehmensteilung: siehe → **Betriebsspaltung und Zusammenlegung von Betrieben**, → **Umwandlung von Unternehmen**.

Bedeutung für die Betriebsratsarbeit

7   Wenn die Voraussetzungen des § 1 Abs. 2 BetrVG vorliegen, muss – solange der Gegenbeweis für das Bestehen mehrerer Betriebe i. S. d. § 1 Abs. 1 Satz 1 BetrVG nicht geführt ist – ein Betriebsrat für den Gemeinschaftsbetrieb gewählt werden (wenn die sonstigen Voraussetzungen für eine Neuwahl nach § 13 BetrVG gegeben sind: z. B. Über- oder Unterschreiten der Zahl der regelmäßig beschäftigten Arbeitnehmer um die Hälfte; vgl. § 13 Abs. 2 Nr. 1 BetrVG).

8   Die Bestellung des **Wahlvorstandes** erfolgt
- im Falle des § 1 Abs. 2 Nr. 2 BetrVG (Spaltung eines Unternehmens) durch den **bisherigen** → **Betriebsrat**,
- im Falle des § 1 Abs. 2 Nr. 1 BetrVG (gemeinsamer Einsatz von Arbeitnehmern und Be-

Gemeinschaftsbetrieb

triebsmitteln) durch **gemeinsamen Beschluss** der beteiligten bisherigen Betriebsräte, des Gesamtbetriebsrats oder des Konzernbetriebsrats (§ 16 Abs. 3 BetrVG) oder
- ggf. durch das → **Arbeitsgericht** (§ 16 Abs. 2 BetrVG).

Der Betriebsrat in einem Gemeinschaftsbetrieb vertritt die Interessen aller in den jeweiligen Unternehmen beschäftigten Arbeitnehmer.

9

> **Beispiel:**
> Die Firmen »Metallbau-Verwaltungs-GmbH« und »Metallbau-Produktions-GmbH« bilden einen Gemeinschaftsbetrieb. Beabsichtigt etwa die Firma »Metallbau-Verwaltungs-GmbH« einen bei ihr tätigen Arbeitnehmer zu kündigen, so ist der (»Gemeinschafts-«)Betriebsrat nach § 102 Abs. 1 BetrVG anzuhören. Gleiches gilt, wenn die Firma »Metallbau-Produktions-GmbH« die Kündigung eines bei ihr beschäftigten Arbeitnehmers plant.

Der Betriebsrat hat einen → **Wirtschaftsausschuss** zu bilden, dessen Zuständigkeit sich dann auf alle, den Gemeinschaftsbetrieb führende Unternehmen erstreckt.
Dies gilt jedenfalls dann, wenn in den Unternehmen zusammengerechnet »in der Regel« (siehe → **Rechtsbegriffe**) mehr als 100 Arbeitnehmer ständig beschäftigt sind (BAG v. 1.8.1990 – 7 ABR 91/88, NZA 1991, 643).

10

Wenn mehrere Unternehmen nicht in der oben beschriebenen Weise zu einem Gemeinschaftsbetrieb verbunden sind, so ist in **jedem Unternehmen** ein Betriebsrat zu wählen, wenn die Voraussetzungen des § 1 Abs. 1 BetrVG vorliegen.
Wenn zwischen den Unternehmen oder zu einem weiteren (dritten) Unternehmen ein Beherrschungsverhältnis besteht, kommt die Errichtung eines → **Konzernbetriebsrats** in Betracht.

11

Wird ein von zwei Unternehmen geführter Gemeinschaftsbetrieb **aufgelöst** (z. B. weil eines der beiden Unternehmen seine betriebliche Tätigkeit einstellt), führt dies grundsätzlich nicht zur Beendigung der **Amtszeit** des für den Gemeinschaftsbetrieb gewählten Betriebsrats. Dieser nimmt für die verbleibenden Arbeitnehmer des anderen Unternehmens weiterhin die ihm nach dem BetrVG zustehenden Rechte und Pflichten wahr (BAG v. 19.11.2003 – 7 AZR 11/03, NZA 2004, 435).
Das gilt auch, wenn von einem mehrköpfigen Betriebsrat nur noch ein Betriebsratsmitglied im Amt ist (BAG v. 19.11.2003 – 7 AZR 11/03, a. a. O.).
Wenn ein Gemeinschaftsbetrieb dadurch aufgelöst wird, dass die ursprünglich getroffene **Führungsvereinbarung beendet** und der Gemeinschaftsbetrieb in zwei oder mehrere – weiter bestehende – Betriebsteile gespalten wird, ist eine **Neuwahl** des Betriebsrats erforderlich, sofern die Betriebsteile betriebsratsfähig sind und die Voraussetzungen des § 13 Abs. 2 BetrVG vorliegen.
Der bisherige Betriebsrat hat ein **Übergangsmandat** nach § 21 a BetrVG (siehe hierzu → **Betriebsrat**).
Soweit allerdings der bisherige Gemeinschaftsbetrieb im Falle einer »kleineren« Abspaltung in seinen wesentlichen Strukturen weiter besteht (Betriebsidentität bleibt erhalten; vgl. hierzu Fitting, BetrVG, 27. Aufl., § 21 a Rn. 9), bleibt der bisherige Betriebsrat bis zum Ende seiner regulären Amtszeit im Amt (vgl. DKKW-*Buschmann*, BetrVG, 15. Aufl., § 21 a Rn. 32).
Das Übergangsmandat bezieht sich dann nur auf den **abgespaltenen Teil**.
Die Auflösung eines Gemeinschaftsbetriebs durch Spaltung stellt im Übrigen eine → **Betriebsänderung** dar, die die Rechte des Betriebsrats nach §§ 111 ff. BetrVG auslöst (vgl. DKKW-*Buschmann*, BetrVG, 15. Aufl., § 21 a Rn. 24; siehe → **Interessenausgleich** und → **Sozialplan**).

12

Gemeinschaftsbetrieb

Bedeutung für die Beschäftigten

13 Arbeitsvertragspartei der Beschäftigten und damit → **Arbeitgeber** im Sinne des Arbeitsvertragsrechts sind die jeweiligen Unternehmen im Gemeinschaftsbetrieb.
In o. g. Beispiel (Rn. 1) ist demgemäß die Firma »Metallbau-Verwaltungs-GmbH« Arbeitsvertragspartei der bei ihr tätigen 10 Arbeitnehmer.
Demgegenüber ist die Firma »Metallbau-Produktions-GmbH« Arbeitsvertragspartei der dort beschäftigten 90 Arbeitnehmer.

14 Wird beispielsweise ein Beschäftigter der »Metallbau-Produktions-GmbH« gekündigt und will der Betroffene **Kündigungsschutzklage** erheben, so muss die Klage gegen die »Metallbau-Produktions-GmbH« gerichtet werden.

Arbeitshilfen

Musterschreiben   • Führungsvereinbarung für einen Gemeinschaftsbetrieb

Rechtsprechung

1. Gemeinschaftsbetrieb i. S. d. § 1 Abs. 2 BetrVG
2. Betriebsratswahl im Gemeinschaftsbetrieb
3. Aufsichtsratswahl im Gemeinschaftsbetrieb
4. Bildung eines Wirtschaftsausschusses im Gemeinschaftsbetrieb
5. Auflösung eines Gemeinschaftsbetriebs – Rechtsstellung des Betriebsrats
6. Mitbestimmung des Betriebsrats im Gemeinschaftsbetrieb
7. Vergütungsordnungen im Gemeinschaftsbetrieb
8. Kündigungsschutz im Gemeinschaftsbetrieb
9. Besonderer Kündigungsschutz für Betriebsratsmitglieder im Gemeinschaftsbetrieb
10. Schutz von JAV-Mitgliedern im Gemeinschaftsbetrieb (§ 78 a BetrVG)
11. Sozialplan im Gemeinschaftsbetrieb
12. Gemeinschaftsbetrieb und Betriebsübergang
13. Sonstiges
14. Bildung einer Einigungsstelle bei Auflösung eines von zwei Unternehmen betriebenen Gemeinschaftsbetriebs
15. Gleichbehandlung im Gemeinschaftsbetrieb

Geringfügige Beschäftigungsverhältnisse (»Mini-Jobs«)

Grundlagen

Nach § 8 Abs. 1 SGB IV (neu gefasst durch das Zweite Gesetz für moderne Dienstleistungen am Arbeitsmarkt vom 23. 12. 2002; BGBl. I S. 4621; »Hartz II«) liegt eine **geringfügige Beschäftigung** vor, wenn 1
- das Arbeitsentgelt aus dieser Beschäftigung regelmäßig im Monat **450 Euro** (dieser Betrag gilt seit 1. 1. 2013) nicht übersteigt (§ 8 Abs. 1 Nr. 1 SGB IV; die bisher geltende Begrenzung der Wochenstundenzahl auf weniger als 15 Stunden ist gestrichen worden!)
- oder wenn die Beschäftigung innerhalb eines Kalenderjahres auf längstens **zwei Monate** oder **50 Arbeitstage** nach ihrer Eigenart begrenzt zu sein pflegt oder im Voraus vertraglich begrenzt ist, es sei denn, dass die Beschäftigung berufsmäßig ausgeübt wird oder ihr Entgelt 450 Euro im Monat übersteigt (§ 8 Abs. 1 Nr. 2 SGB IV).

Zu beachten ist § 115 SGB IV (eingefügt durch das Tarifautonomiestärkungsgesetz vom 11. 8. 2014 – BGBl. I S. 1348). Die Grenzwerte der sog. »Zeit-Geringfügigkeit« wurden befristet bis Ende 2018 ausgeweitet. In der Vorschrift heißt es: *»Vom 1. Januar 2015 bis einschließlich 31. Dezember 2018 gilt § 8 Absatz 1 Nummer 2 mit der Maßgabe, dass die Beschäftigung innerhalb eines Kalenderjahres auf längstens drei Monate oder 70 Arbeitstage nach ihrer Eigenart begrenzt zu sein pflegt oder im Voraus vertraglich begrenzt ist, es sei denn, dass die Beschäftigung berufsmäßig ausgeübt wird und ihr Entgelt 450 Euro im Monat übersteigt.*

> **Hinweis:** 1a
> Im **Koalitionsvertrag von CDU/CSU/SPD 2013** wird angekündigt (S. 73):
> *»Minijobs*
> *Wir werden dafür sorgen, dass geringfügig Beschäftigte besser über ihre Rechte informiert werden. Zudem wollen wir die Übergänge aus geringfügiger in reguläre sozialversicherungspflichtige Beschäftigung erleichtern.«*

Geringfügige Beschäftigung: Sozialversicherung, Steuern

Der Arbeitgeber zahlt für geringfügige Beschäftigungen (außerhalb von Privathaushalten; hierzu siehe Rn. 7 ff.) eine **Pauschalabgabe** von insgesamt **30 Prozent** des Arbeitsentgelts. Davon entfallen **13 Prozent** auf die gesetzliche **Krankenversicherung** (§ 249 b Satz 1 SGB V; bei Mini-Jobs in Privathaushalten beträgt die Abgabe 5 Prozent; siehe Rn. 7 a). 2
15 Prozent gehen an die gesetzliche **Rentenversicherung** (§ 168 Abs. 1 Nr. 1 b SGB VI; bei Mini-Jobs in Privathaushalten beträgt die Abgabe 5 Prozent; siehe Rn. 7 a).
2 Prozent werden als **Pauschalsteuer** abgeführt (§ 40 a Abs. 2 EStG).
Eine Pauschalabgabe für Arbeitslosen- und Pflegeversicherung wird nicht erhoben. 2a
Geringfügig Beschäftigte mit einem »450-Euro-Job« i. S. d. § 8 Abs. 1 Nr. 1 SGB IV zahlen keine Lohnsteuer. 2b
Bis Ende 2012 bestand für geringfügig Beschäftigte mit einem »450-Euro-Job« auch keine 2c

Geringfügige Beschäftigungsverhältnisse (»Mini-Jobs«)

eigene **Versicherungspflicht in der Rentenversicherung** (§ 5 Abs. 2 Nr. 2 SGB VI a. F.). Das hat sich mit Wirkung vom 1.1.2013 geändert. Folge: der Mini-Jobber ist nunmehr auch **beitragspflichtig** nach § 1 Nr. 1 SGB VI. Er hat einen **Eigenanteil** in Höhe von 3,7 Prozent bzw. von 13,7 Prozent (bei »450-Euro-Jobs« in Privathaushalten) zu tragen. Das entspricht der Differenz zwischen dem allgemeinen Beitragssatz der gesetzlichen Rentenversicherung (Stand 2016: 18,7 Prozent) und dem 15-prozentigen Pauschalbeitrag des Arbeitgebers (§ 168 Abs. 1 Nr. 1 b SGB VI). Der Eigenanteil wird von dem 450-Euro-Verdienst abgezogen und zusammen mit dem vom Arbeitgeber zu tragenden Pauschalbeitrag in Höhe von 15 Prozent (bzw. 5 Prozent bei »450-Euro-Jobs« in Privathaushalten) abgeführt.

Vorteile der Rentenversicherungspflicht: der Minijobber erwirbt Pflichtbeitragszeiten in der Rentenversicherung (wichtig für die Erfüllung der bei den jeweiligen Rentenarten geltenden verschiedenen Wartezeiten; siehe → **Rentenversicherung**). Außerdem begründen Pflichtbeitragszeiten Ansprüche u. a. auf einen früheren Rentenbeginn, auf Leistungen zur Rehabilitation und in Bezug auf eine Rente wegen Erwerbsminderung.

Geringfügig Beschäftigte mit einem »450-Euro-Job« i. S. d. § 8 Abs. 1 Nr. 1 SGB IV werden auf ihren **Antrag** hin von der Rentenversicherungspflicht **befreit** (§ 6 Abs. 1 b Satz 1 SGB VI). Der schriftliche Befreiungsantrag ist dem Arbeitgeber zu übergeben. § 8 Abs. 2 SGB IV ist mit der Maßgabe anzuwenden, dass eine Zusammenrechnung mit einer nicht geringfügigen Beschäftigung nur erfolgt, wenn diese versicherungspflichtig ist. Der Antrag kann bei mehreren geringfügigen Beschäftigungen nur einheitlich gestellt werden und ist für die Dauer der Beschäftigungen bindend. Mit der Befreiung entfallen die Beitragspflicht des Mini-Jobbers und die vorgenannten Vorteile.

Allerdings verbleibt es bei der Verpflichtung des Arbeitgebers, einen Pauschalbetrag von 15 Prozent für die Rentenversicherung zu zahlen (§ 172 Abs. 3 SGB VI).

3   Die Vergütungen aus mehreren geringfügigen Beschäftigungen nach § 8 Abs. 1 Nr. 1 oder Nr. 2 SGB IV sind **zusammenzurechnen** (§ 8 Abs. 2 Satz 1 SGB IV).

Wenn der Gesamtverdienst aus mehreren geringfügigen Beschäftigungen zwischen 450,01 und 850 Euro (diese Beträge gelten ab 1.1.2013) beträgt, gilt die **Gleitzonen-Regelung** (siehe Rn. 12 ff.).

Übersteigt das Gesamtarbeitsentgelt 850 Euro, besteht – auch für den Arbeitnehmer – volle Beitragspflicht zur Sozialversicherung.

4   Nicht zusammenzurechnen ist – anders als bisher – dagegen der Verdienst aus **einer** (einzelnen) geringfügigen Beschäftigung nach § 8 Abs. 1 Nr. 1 SGB IV mit dem Verdienst aus einer nicht geringfügigen Beschäftigung (§ 8 Abs. 2 Satz 1 SGB IV).

Das heißt: ein Mini-Job bis monatlich 450 Euro kann auch neben einer – bei einem anderen Arbeitgeber ausgeübten – **Hauptbeschäftigung** eingegangen werden.

Der im Mini-Job erzielte Verdienst ist steuer- und sozialabgabenfrei (früher wurde die Vergütung aus dem Mini-Job mit dem Verdienst aus dem Haupt-Job zusammengerechnet mit der Folge, dass der Gesamtverdienst voll der Steuerpflicht und Beitragspflicht zur Sozialversicherung unterfiel).

5   Werden allerdings **mehrere** geringfügige Beschäftigungen neben einem Haupt-Job ausgeübt, werden – wie früher – die Verdienste **zusammengerechnet**.

Der Gesamtverdienst unterliegt auch in diesem Fall, wenn er 850 Euro übersteigt, auch für den Arbeitnehmer der vollen Beitragspflicht zur Sozialversicherung.

6   Eine geringfügige Beschäftigung liegt nicht mehr vor, sobald die Voraussetzungen des § 8 Abs. 1 SGB IV (siehe Rn. 1) **entfallen** (§ 8 Abs. 2 Satz 2 SGB IV).

Wird bei der Zusammenrechnung nach § 8 Abs. 2 Satz 1 SGB IV festgestellt, dass die Voraussetzungen einer geringfügigen Beschäftigung nicht mehr vorliegen, tritt die **Versicherungspflicht** erst mit dem Tage der Bekanntgabe der Feststellung durch die Einzugsstelle oder einen Träger der Rentenversicherung ein (§ 8 Abs. 2 Satz 3 SGB IV).

Geringfügige Beschäftigungsverhältnisse (»Mini-Jobs«)

Geringfügige Beschäftigung in Privathaushalten (§ 8 a SGB IV)

Die Geringfügigkeitsgrenzen des § 8 SGB IV (insbes. die Einkommensgrenze von 450 Euro) gelten nach § 8 a Satz 1 SGB IV auch bei geringfügiger Beschäftigung in Privathaushalten (haushaltsnahe Dienstleistungen). 7

Eine solche Beschäftigung liegt vor, wenn diese durch einen privaten Haushalt begründet ist und die Tätigkeit sonst gewöhnlich durch Mitglieder des Privathaushalts erledigt wird (§ 8 a Satz 2 SGB IV).

§ 8 a SGB IV findet keine Anwendung auf haushaltsnahe Dienstleistungen, die durch Dienstleistungsagenturen oder andere Unternehmen erbracht werden (vgl. BT-Drucksache 15/26, S. 24).

Bei geringfügiger Beschäftigung in Privathaushalten gelten in Bezug auf die Abgaben (Sozialversicherung, Steuern) nachfolgende Regelungen. 7a

Die vom Arbeitgeber zu tragende **Pauschale** beträgt insgesamt (nur) **12 Prozent**. Davon entfallen jeweils **5 Prozent** an die gesetzliche **Krankenversicherung** (§ 249 b Satz 2 SGB V) und die **Rentenversicherung** (§ 168 Abs. 1 Nr. 1 c, § 172 Abs. 3 a SGB VI) sowie **2 Prozent** auf die **Steuer** (§ 40 a Abs. 2 EStG).

Siehe im Übrigen Rn. 2 a bis 2 c. 7b

Der Arbeitgeber hat die Beschäftigung im Privathaushalt in Form einer vereinfachten Meldung (»**Haushaltscheck**«) der Einzugsstelle (siehe Rn. 9) mitzuteilen (§ 28 a Abs. 7 SGB IV). 8

Er hat der Einzugsstelle eine Einzugsermächtigung zum Einzug des Gesamtsozialversicherungsbeitrags zu erteilen.

Der Haushaltsscheck ist vom Arbeitgeber und vom Beschäftigten zu unterschreiben.

Der Aufwand für haushaltsnahe Dienstleistungen kann vom privaten Arbeitgeber nach Maßgabe des § 35 a Abs. 1 und 2 EStG steuerlich abgesetzt werden.

Einzugsstelle (§ 28 i SGB IV)

Einzugsstelle für die bei geringfügiger Beschäftigung vom Arbeitgeber abzuführenden Kranken- und Rentenversicherungsbeiträge (siehe Rn. 2 und Rn. 7 a bei haushaltsnahen Dienstleistungen) ist die Deutsche Rentenversicherung Knappschaft-Bahn-See als Träger der Rentenversicherung (§ 28 i Satz 5 SGB IV und § 71 Abs. 1 Satz 1 Nr. 11 SGB X). 9

Die Einzugsstelle leitet die Abgabenanteile weiter. Der Rentenbeitrag geht an die → **Rentenversicherung** (§ 28 k Abs. 1 SGB IV), der Krankenversicherungsbeitrag an den Gesundheitsfonds (§ 28 k Abs. 2 SGB IV).

Der vom Arbeitgeber zu entrichtende **Pauschalbeitrag** darf – was die darin enthaltenden Sozialversicherungsbeiträge angeht – nicht durch Vereinbarung auf den Arbeitnehmer abgewälzt werden. 10

Das verstößt gegen § 32 SGB I. Hiernach sind Vereinbarungen, die zum Nachteil des Sozialleistungsberechtigten von den Vorschriften des SGB I abweichen, nichtig (vgl. Krause, AuR 1999, 390).

Etwas anderes gilt nach zweifelhafter Ansicht des BAG für den **2 %igen Steueranteil** (= 8 Euro bei einem Verdienst von 450 Euro). Wenn eine Bruttolohnvereinbarung vorliegt, könne der Arbeitgeber, dem steuerrechtlich das Wahlrecht zwischen einer Pauschalbesteuerung und einer Besteuerung nach individuellen Merkmalen zusteht, den Arbeitnehmer intern mit der Pauschalsteuer belasten (BAG v. 5. 8. 1987 – 5 AZR 22/86, NZA 1988, 157; 1. 2. 2006 – 5 AZR 628/04, NZA 2006, 682). 11

Geringfügige Beschäftigungsverhältnisse (»Mini-Jobs«)

Gleitzonen-Jobs (§ 20 Abs. 2 SGB IV)

12 Sonderreglungen gelten bei sog. Gleitzonen-Jobs (auch »450 bis 850 Euro-Jobs« bzw. **Midi-Jobs** genannt) mit einem Bruttomonatsentgelt zwischen 450,01 bis 850 Euro (diese Beträge gelten seit 1.1.2013; sog. **Gleitzone**; vgl. § 20 Abs. 2 SGB IV).
Bei **mehreren Beschäftigungsverhältnissen** ist das insgesamt erzielte Arbeitsentgelt maßgebend (§ 20 Abs. 2 zweiter Halbsatz SGB IV).

13 Bei einem Gleitzonen-Job ist der **Arbeitgeberanteil** zur Sozialversicherung (→ **Arbeitslosenversicherung**, → **Krankenversicherung**, → **Pflegeversicherung**, → **Rentenversicherung**) vom Arbeitgeber in **voller Höhe** zu entrichten.

> **Arbeitgeberanteil zur Sozialversicherung (Beispiel; Stand 2016):**
> Ein Arbeitnehmer erzielt ein monatliches Bruttoarbeitsentgelt von 500,00 Euro. Der Arbeitgeberanteil beträgt:
> 1. Rentenversicherung (Beitragssatz 18,7 %): 500,00 Euro mal 9,35 % = 46,75 Euro.
> 2. Arbeitslosenversicherung (Beitragssatz 3 %): 500,00 Euro mal 1,5 % = 7,50 Euro.
> 3. Krankenversicherung (der allgemeine Beitragssatz der Krankenkassen beträgt seit dem 1.1.2009 14,6 %; siehe → **Krankenversicherung**): 500,00 Euro mal 7,3 % = 36,50 Euro.
> 4. Pflegeversicherung (Beitragssatz 2,35 %): 500,00 Euro mal 1,175 % = 5,88 Euro.

14 Dagegen trägt der Arbeitnehmer nur einen **reduzierten Beitragsanteil**.
Er steigt **gleitend** bis zum vollen Arbeitnehmeranteil am Gesamtsozialversicherungsbeitrag. Die für den reduzierten Arbeitnehmeranteil maßgebliche beitragspflichtige Einnahme wird nach der in § 163 Abs. 10 SGB VI geregelten **Formel** ermittelt (§ 344 Abs. 4 SGB III 2012, § 226 Abs. 4 SGB V, § 163 Abs. 10 SGB VI, § 57 Abs. 1 SGB XI i. V. m. § 226 Abs. 4 SGB V).

15 Der Arbeitnehmer kann durch schriftliche Erklärung auf die Reduzierung seines Rentenbeitrages **verzichten** (§ 163 Abs. 10 Satz 6 und 7 SGB VI). Er würde dann eine entsprechend höhere Rente bekommen.

16 Die Regelungen der Gleitzone gelten nicht, wenn der gesamte Verdienst **über 850 Euro** liegt. Dann gelten auch für den Arbeitnehmer die »normalen« Sozialversicherungsbeiträge (siehe → **Sozialversicherung**).

17 Die Gleitzonenregelung gilt auch nicht für Personen, die zu ihrer **Berufsausbildung** beschäftigt sind (siehe → **Auszubildende/Berufsausbildungsverhältnis**; vgl. § 344 Abs. 4 Satz 3 SGB III, § 226 Abs. 4 Satz 7 SGB V, § 163 Abs. 10 Satz 8 SGB VI; § 57 Abs. 1 SGB XI i. V. m. § 226 Abs. 4 Satz 7 SGB V).

18 Für die **Einziehung** der Sozialversicherungsbeiträge ist die Einzugsstelle Deutsche Rentenversicherung Knappschaft-Bahn-See als Träger der Rentenversicherung zuständig (siehe Rn. 9).

19 Die Besteuerung des Arbeitsentgelts bei einem Gleitzonen-Job erfolgt entsprechend dem erzielten Jahreseinkommen.

Sittenwidrig niedriger Stundenlohn – Lohnwucher (§ 138 BGB) – Mindestlohn (MiLoG)

20 Nicht selten werden im Bereich der Mini-Jobs (»450-Euro-Jobs«) den Arbeitnehmern sittenwidrig niedrige Stundenlöhne i. S. d. § 138 BGB zugemutet (siehe → **Arbeitsentgelt** Rn. 2 a und → **Mindestlohn** Rn. 3).
Der »Hartz«-Gesetzgeber hat die bis Ende 2002 geltende »15-Wochenstundenregelung« in § 8 Abs. 1 SGB IV gestrichen (siehe Rn. 1).
Dadurch stand es dem »Minijob-Arbeitgeber« frei zu bestimmen, für welche Arbeitszeit er 450 Euro monatlich an den Arbeitnehmer zahlt.
Wenn die Arbeitszeit eines »450-Euro-Jobbers« etwa 80 Stunden im Monat betrug, entstand ein Stundenlohn von nur 5,63 Euro (450 Euro geteilt durch 80).

Geringfügige Beschäftigungsverhältnisse (»Mini-Jobs«)

Das konnte bereits ein sittenwidrig niedriger Stundenlohn sein.
Eine solche Handhabung ist nach Inkrafttreten des Mindestlohngesetzes (MiLoG) vom 11.8.2014 (BGBl. I S. 1348) nicht mehr möglich, weil der Mindestlohn mit Wirkung ab 1.1.2015 auf **8,50 Euro je Zeitstunde** festgesetzt wurde (siehe → **Mindestlohn**).
Der Anwendungsbereich des § 138 BGB ist allerdings durch den gesetzlichen Mindestlohn nicht gänzlich weggefallen. Denn es sind Fallkonstellationen denkbar, in denen der gezahlte Stundenlohn zwar höher liegt als 8,50 Euro, aber dennoch sittenwidrig niedrig ist (etwa wenn das gezahlte Entgelt noch nicht einmal zwei Drittel des in der Branche üblichen Tariflohns beträgt (BAG v. 16.5.2012 – 5 AZR 268/11, NZA 2012, 974; siehe hierzu → **Arbeitsentgelt** Rn. 2a).

Gesamtbetriebsrat

Was ist das?

1. Besteht ein → **Unternehmen** aus mehreren → **Betrieben** (siehe → **Mehr-Betriebs-Unternehmen**), dann ist von den örtlichen Betriebsräten ein Gesamtbetriebsrat zu errichten (§ 47 Abs. 1 BetrVG, zwingende Verpflichtung!).
   Zur Bildung eines **unternehmenseinheitlichen Betriebsrats** nach § 3 Abs. 1 Nr. 1 a, Abs. 2 BetrVG durch → **Tarifvertrag** oder **Betriebsvereinbarung** siehe Rn. 25 a ff.

2. Die **Errichtung** des Gesamtbetriebsrats geschieht dadurch, dass jeder Betriebsrat mit bis zu drei Mitgliedern eines seiner Mitglieder, jeder Betriebsrat mit mehr als drei Mitgliedern zwei seiner Mitglieder in den Gesamtbetriebsrat entsendet (§ 47 Abs. 2 Satz 1 BetrVG).
   Die **Geschlechter** sollen angemessen berücksichtigt werden (§ 47 Abs. 2 Satz 2 BetrVG).
   Der Status »**Arbeiter/Angestellte**« spielt nach Aufgabe des Gruppenprinzips durch das BetrVerfReformG vom 23. 7. 2001 (BGBl. I S. 1852) keine Rolle mehr.

3. Der Betriebsrat hat für jedes Mitglied des Gesamtbetriebsrats mindestens ein **Ersatzmitglied** zu bestellen und die **Reihenfolge des Nachrückens** festzulegen (§ 47 Abs. 3 BetrVG).

4. Durch → **Tarifvertrag** oder → **Betriebsvereinbarung** kann die Mitgliederzahl des Gesamtbetriebsrats abweichend geregelt werden (§ 47 Abs. 4 BetrVG).

5. Gehören nach Anwendung des § 47 Abs. 2 Satz 1 BetrVG dem Gesamtbetriebsrat **mehr als vierzig Mitglieder** an und besteht keine tarifliche Regelung nach § 47 Abs. 4 BetrVG, so ist zwischen Gesamtbetriebsrat und Arbeitgeber eine → **Betriebsvereinbarung** über die Mitgliederzahl des Gesamtbetriebsrats abzuschließen, in der bestimmt wird, dass Betriebsräte mehrerer Betriebe eines Unternehmens, die regional oder durch gleichartige Interessen miteinander verbunden sind, gemeinsam Mitglieder in den Gesamtbetriebsrat entsenden.
   Kommt eine Einigung nicht zustande, so entscheidet eine für das Gesamtunternehmen zu bildende → **Einigungsstelle**.

6. Mindestens ein Viertel der wahlberechtigten Arbeitnehmer des Unternehmens, der Arbeitgeber, der Gesamtbetriebsrat oder eine im Unternehmen vertretene Gewerkschaft können beim Arbeitsgericht den **Ausschluss** eines Mitglieds aus dem Gesamtbetriebsrat wegen grober Verletzung seiner gesetzlichen Pflichten beantragen (§ 48 BetrVG).

7. Die Mitgliedschaft im Gesamtbetriebsrat **endet** mit dem Erlöschen der Mitgliedschaft im Betriebsrat, durch Amtsniederlegung, durch Ausschluss aus dem Gesamtbetriebsrat auf Grund einer gerichtlichen Entscheidung oder Abberufung durch den Betriebsrat (§ 49 BetrVG).

8. Ist ein Gesamtbetriebsrat zu errichten, so hat der **Betriebsrat der Hauptverwaltung** des Unternehmens oder, soweit ein solcher Betriebsrat nicht besteht, der Betriebsrat des nach der Zahl der wahlberechtigten Arbeitnehmer größten Betriebs zu der Wahl des Vorsitzenden und des stellvertretenden Vorsitzenden des Gesamtbetriebsrats **einzuladen** (§ 51 Abs. 2 BetrVG).
   Der Vorsitzende des einladenden Betriebsrats hat die **Sitzung zu leiten**, bis der Gesamtbetriebsrat aus seiner Mitte einen **Wahlleiter** bestellt hat.
   Die Wahl des/der **Gesamtbetriebsratsvorsitzenden** und des/der **Stellvertreters/in** erfolgt

Gesamtbetriebsrat

nach Maßgabe des § 51 Abs. 1 i. V. m. 26 Abs. 1 BetrVG (siehe → **Betriebsrat** Rn. 24). Sie werden von den Mitgliedern des Gesamtbetriebsrats mit einfacher Stimmenmehrheit gewählt. Voraussetzung ist, dass **Beschlussfähigkeit** nach § 51 Abs. 3 Satz 3 BetrVG vorliegt (siehe Rn. 17).

Die Wahl erfolgt **in gesonderten Wahlgängen**. Das heißt: in einem Wahlgang wird der/die Vorsitzende gewählt, in einem weiteren Wahlgang der/die Stellvertreter/in (vgl. Fitting, BetrVG, 27. Aufl., § 51 Rn. 14). Gewählt ist in dem jeweiligen Wahlgang das Gesamtbetriebsratsmitglied, das die meisten Stimmen erhält.

Der/die Vorsitzende und/oder der/die Stellvertreter/in können jederzeit von den Mitgliedern des Gesamtbetriebsrats mit einfacher Stimmenmehrheit **abberufen** werden (vgl. Fitting, BetrVG, 27. Aufl., § 51 Rn. 16).

Nach Abschluss des Wahlvorganges übernimmt der **Gesamtbetriebsratsvorsitzende** die weitere Leitung der Sitzung und beruft die weiteren Sitzungen ein (§ 51 Abs. 2 Satz 2 i. V. m. § 29 Abs. 2 BetrVG).

Ein Gesamtbetriebsrat mit mindestens 9 Mitgliedern hat einen **Gesamtbetriebsausschuss** zu bilden (§ 51 Abs. 1 Satz 2 BetrVG). **9**

Dieser besteht aus dem Vorsitzenden des Gesamtbetriebsrats, dessen Stellvertreter und bei Gesamtbetriebsräten mit
- 9 bis 16 Mitgliedern aus 3 weiteren Ausschussmitgliedern,
- 17 bis 24 Mitgliedern aus 5 weiteren Ausschussmitgliedern,
- 25 bis 36 Mitgliedern aus 7 weiteren Ausschussmitgliedern,
- mehr als 36 Mitgliedern aus 9 weiteren Ausschussmitgliedern.

Für die **Geschäftsführung** des Gesamtbetriebsrats gelten im Übrigen die in § 51 Abs. 1 Satz 1 BetrVG aufgeführten Vorschriften entsprechend. **10**

So können z. B. – in Unternehmen mit mehr als 100 Arbeitnehmern – **weitere Ausschüsse** gebildet werden (§ 51 Abs. 1 Satz 1 i. V. m. § 28 Abs. 1 Satz 1 und 3 BetrVG).

Die »**Generalklausel**« des § 51 Abs. 5 BetrVG stellt klar, dass die Vorschriften über die Rechte und Pflichten des Betriebsrats entsprechend für den Gesamtbetriebsrat gelten, sofern sich aus besonderen Vorschriften nichts anderes ergibt. **10a**

Das bedeutet beispielsweise, dass der Gesamtbetriebsrat in Angelegenheiten, für die er zuständig ist (siehe Rn. 24), nach Maßgabe des § 80 Abs. 3 BetrVG einen → **Sachverständigen** hinzuziehen kann (vgl. auch Fitting, BetrVG, 27. Aufl., § 51 Rn. 62 ff.).

Über § 59 Abs. 1 BetrVG kommt § 51 Abs. 5 BetrVG auch für den Konzernbetriebsrat zu Anwendung (siehe → **Konzernbetriebsrat** Rn. 14 a).

Der Gesamtbetriebsrat hat nicht – wie die örtlichen Betriebsräte – eine feste Amtszeit. Vielmehr ist er – einmal ins Leben gerufen – eine **Dauereinrichtung** mit wechselnden Mitgliedern (siehe auch → **Konzernbetriebsrat** Rn. 11). **11**

Beschlussfassung im Gesamtbetriebsrat

Die Beschlüsse des Gesamtbetriebsrats werden – von Ausnahmen abgesehen – mit der **einfachen Mehrheit** der Stimmen der anwesenden Mitglieder gefasst (§ 51 Abs. 3 Satz 1 BetrVG). Dabei kommt es nicht auf die Zahl der Mitglieder des Gesamtbetriebsrats, sondern allein auf deren »**Stimmengewicht**«. (§ 47 Abs. 7 BetrVG). **12**

Jedes Mitglied des Gesamtbetriebsrats hat so viele Stimmen, wie in dem Betrieb, in dem es gewählt wurde, wahlberechtigte Arbeitnehmer in die **Wählerliste** eingetragen sind. **13**

Entsendet ein Betriebsrat nur ein Mitglied in den Gesamtbetriebsrat (siehe Rn. 2), stehen diesem **alle Stimmen** zu. **13a**

Entsendet ein Betriebsrat zwei Mitglieder in den Gesamtbetriebsrat (siehe Rn. 2), so stehen ihnen die Stimmen **anteilig** zu. **14**

Gesamtbetriebsrat

Beispiel:
Betrieb 1: 40 Arbeitnehmer; der Betriebsrat entsendet das Mitglied A in den Gesamtbetriebsrat.
Betrieb 2: 300 Arbeitnehmer; der Betriebsrat entsendet die Mitglieder B und C in den Gesamtbetriebsrat.
Betrieb 3: 400 Arbeitnehmer; der Betriebsrat entsendet die Mitglieder D und E in den Gesamtbetriebsrat.
Der Gesamtbetriebsrat hat also 5 Mitglieder. Bei einer Abstimmung haben die Mitglieder folgende Stimmengewichte:
A   40 Stimmen
B: 150 Stimmen
C: 150 Stimmen
D: 200 Stimmen
E: 200 Stimmen

15 Ist ein Mitglied des Gesamtbetriebsrats **für mehrere Betriebe** entsandt worden (z. B. im Falle einer abweichenden Regelung durch → **Tarifvertrag** oder → **Betriebsvereinbarung**), so hat es so viele Stimmen, wie in den Betrieben, für die es entsandt ist, wahlberechtigte Arbeitnehmer in die Wählerlisten eingetragen sind (§ 47 Abs. 8 BetrVG).
Sind mehrere Mitglieder für mehrere Betriebe entsandt worden, so stehen ihnen die Stimmen **anteilig** zu (§ 47 Abs. 8 i. V. m. Abs. 7 Satz 2 BetrVG).

16 Für Mitglieder des Gesamtbetriebsrats, die aus einem gemeinsamen Betrieb mehrerer Unternehmen (siehe → **Gemeinschaftsbetrieb**) entsandt worden sind, können durch → **Tarifvertrag** oder → **Betriebsvereinbarung** Regelungen getroffen werden, die von § 47 Abs. 7 und 8 BetrVG abweichen (§ 47 Abs. 9 BetrVG).

17 **Beschlussfähigkeit** ist gegeben, wenn mindestens die Hälfte der Mitglieder des Gesamtbetriebsrats an der Beschlussfassung teilnimmt und die teilnehmenden Mitglieder mindestens die Hälfte des »Stimmengewichts« aller Gesamtbetriebsratsmitglieder repräsentieren (§ 51 Abs. 3 Satz 3 BetrVG).

18 Bei **Stimmengleichheit** ist ein Beschlussantrag **abgelehnt** (§ 51 Abs. 3 Satz 2 BetrVG). Auch bei der Feststellung der Stimmengleichheit ist das »Stimmengewicht« maßgeblich.

19 In den Fällen, in denen für einen Beschluss »**absolute**« **Stimmenmehrheit** erforderlich ist (z. B. Übertragung von Aufgaben zur selbstständigen Erledigung auf den Gesamtbetriebsausschuss; § 51 Abs. 1 Satz 1 in Verbindung mit § 27 Abs. 2 BetrVG), müssen – neben dem Vorhandensein der Beschlussfähigkeit – dem Beschluss so viele Mitglieder zustimmen, dass die Summe ihrer »Stimmengewichte« mehr als die Hälfte aller im Gesamtbetriebsrat vertretenen »Stimmengewichte« beträgt.

Gesamtjugend- und Auszubildendenvertretung

20 Die → **Gesamt-Jugend- und Auszubildendenvertretung** hat nach § 73 Abs. 2 BetrVG i. V. m. § 67 Abs. 2 BetrVG **Stimmrecht** im Gesamtbetriebsrat, wenn der zu fassende Beschluss »überwiegend« jugendliche und auszubildende Arbeitnehmer betrifft.
In die Abstimmung bringt jedes Mitglied der Gesamt-Jugend- und Auszubildendenvertretung so viele **Stimmen** ein, wie ihm nach § 72 Abs. 7 BetrVG zustehen (Zahl der jugendlichen und auszubildenden Arbeitnehmer gemäß Wählerliste!).

Gesamtschwerbehindertenvertretung

21 Die Gesamtschwerbehindertenvertretung nach § 97 Abs. 1 SGB IX (siehe → **Schwerbehindertenvertretung** Rn. 34 ff.) kann an allen Sitzungen des Gesamtbetriebsrats beratend teilnehmen (vgl. § 52 BetrVG).

Gesamtbetriebsrat

Mindestens einmal in jedem Kalenderjahr hat der Gesamtbetriebsrat die Vorsitzenden und die stellvertretenden Vorsitzenden der Betriebsräte sowie die weiteren Mitglieder der Betriebsausschüsse zu einer → **Betriebsräteversammlung** einzuberufen (§ 53 BetrVG). 22

Zuständigkeit des Gesamtbetriebsrats (§ 50 BetrVG)

In § 50 BetrVG ist die Frage der »**Arbeitsteilung**« zwischen Gesamtbetriebsrat und örtlichen Betriebsräten geregelt, insbesondere die Frage der Zuständigkeit des Gesamtbetriebsrats. Der Gesamtbetriebsrat ist den örtlichen Betriebsräten **nicht übergeordnet** (§ 50 Abs. 1 Satz 2 BetrVG). 23
Vielmehr werden die betriebsverfassungsrechtlichen Aufgaben grundsätzlich von den durch Wahl legitimierten **örtlichen Betriebsräten** in eigener Zuständigkeit und Verantwortung wahrgenommen.
Eine **Zuständigkeit des Gesamtbetriebsrats** besteht (nur dann), 24
1. wenn es um die Behandlung von Angelegenheiten geht, die das Gesamtunternehmen oder mehrere Betriebe betreffen und die nicht durch die einzelnen Betriebsräte innerhalb ihrer Betriebe geregelt werden können (§ 50 Abs. 1 BetrVG; sog. **originäre Zuständigkeit**); die Zuständigkeit des Gesamtbetriebsrats erstreckt sich insoweit auch auf Betriebe ohne Betriebsrat;

> **Beispiele:**
> Regelungsprobleme einer unternehmensweit geltenden → **betrieblichen Altersversorgung**; Vereinbarung einer unternehmenseinheitlichen Gratifikationsordnung; Vereinbarung eines → **Interessenausgleichs** und → **Sozialplans** bei der Stilllegung aller Betriebe des Unternehmens; ansonsten ist in Bezug auf den Sozialplan im Regelfall der örtliche Betriebsrat zuständig (BAG v. 3. 5. 2006 – 1 ABR 15/05; siehe auch → **Betriebsänderung**).

Keine originäre Zuständigkeit des Gesamtbetriebsrats besteht z.B. bei der Wahrnehmung der Überwachungsaufgabe nach § 80 Abs. 1 Nr. 1 BetrVG (BAG v. 16. 8. 2011 – 1 ABR 22/10) oder von Mitbestimmungsrechten bei der Gestaltung des betrieblichen → **Arbeitsschutzes** nach § 87 Abs. 1 Nr. 7 BetrVG (z.B. Verhandlungen über eine Betriebsvereinbarung zur Gefährdungsbeurteilung und zu Maßnahmen des Arbeitsschutzes und ggf. Anrufung der Einigungsstelle). Die in den jeweiligen Betrieben auftretenden Probleme sind in aller Regel unterschiedlicher Art und verlangen eine an die jeweiligen betrieblichen Verhältnisse angepasste Lösung. Das kann nur der jeweilige örtliche Betriebsrat gewährleisten. So sieht das auch das BAG. Nachstehend ein Auszug aus BAG v. 8. 6. 2004 – 1 ABR 4/03. »*Nach der Kompetenzzuweisung des Betriebsverfassungsgesetzes ist in erster Linie der von den Arbeitnehmern unmittelbar durch Wahl legitimierte Betriebsrat für die Ausübung der gesetzlichen Mitbestimmungsrechte zuständig. Er hat die Interessen der Belegschaft des einzelnen Betriebs gegenüber dem Unternehmer wahrzunehmen. Diese Aufgabe weisen § 50 Abs. 1 Satz 1 BetrVG dem Gesamtbetriebsrat und § 58 Abs. 1 Satz 1 BetrVG dem Konzernbetriebsrat nur für den Fall zu, dass die zu regelnde Angelegenheit nicht auf den einzelnen Betrieb oder zumindest das Unternehmen beschränkt ist und deshalb die Interessen der Arbeitnehmer nicht mehr auf der betrieblichen Ebene bzw. der Ebene des Unternehmens gewahrt werden können (BAG 11. Dezember 2001 – 1 AZR 193/01). Dazu muss ein zwingendes Erfordernis nach einer betriebs- bzw. unternehmensübergreifenden Regelung vorliegen. Deren bloße Zweckmäßigkeit kann in den Angelegenheiten der zwingenden Mitbestimmung die Zuständigkeit des Gesamt- oder Konzernbetriebsrats nicht begründen.*«
Zu weiteren Fallgestaltungen ausführlich Fitting, BetrVG, 27. Aufl., § 50 Rn. 35 ff. und DKKW-Trittin, 15. Aufl., § 50 Rn. 94 ff.).

Gesamtbetriebsrat

2. oder wenn ein örtlicher Betriebsrat mit der Mehrheit der Stimmen seiner Mitglieder den Gesamtbetriebsrat **beauftragt**, eine Angelegenheit für ihn zu behandeln (§ 50 Abs. 2 BetrVG). Betriebsräte sollten von einer Beauftragung des Gesamtbetriebsrats nur im Ausnahmefall Gebrauch machen. Sie ist etwa dann sinnvoll, wenn es dem örtlichen Betriebsrat in einer Angelegenheit »an Mächtigkeit / Durchsetzungskraft fehlt« und es angebracht erscheint, die ggf. besseren Verhandlungsmöglichkeiten des Gesamtbetriebsrats zugunsten der Belegschaft zu nutzen. Keinesfalls darf bei den Beschäftigten der Eindruck entstehen, man wolle die Verantwortung für die Gestaltung der Arbeitsbedingungen auf ein außerbetriebliches Gremium »abschieben«. Zudem sollte im Falle einer Beauftragung in Erwägung gezogen werden, dem Gesamtbetriebsrat nur ein Verhandlungsmandat zu erteilen, sich die Entscheidungsbefugnis aber vorzubehalten (vgl. hierzu Fitting, BetrVG, 27. Aufl., § 50 Rn. 69).

25 Weitere Aufgaben ergeben sich für den Gesamtbetriebsrat aus einigen Mitbestimmungsgesetzen (siehe → **Unternehmensmitbestimmung**) sowie den dazu erlassenen Wahlordnungen:

> **Beispiele:**
> - Bestellung des Unternehmenswahlvorstandes für die Wahl der Aufsichtsratsmitglieder der Arbeitnehmer.
> - Entgegennahme eines Antrages auf Abberufung eines Aufsichtsratsmitgliedes der Arbeitnehmer und Anfechtung der Wahl von Aufsichtsratsmitgliedern der Arbeitnehmer.

Bildung eines unternehmenseinheitlichen Betriebsrats (§ 3 Abs. 1 Nr. 1 a und Abs. 2 BetrVG)

25a Nach § 3 Abs. 1 Nr. 1 a, Abs. 2 BetrVG ist die Bildung eines unternehmenseinheitlichen Betriebsrats durch → **Tarifvertrag** oder → **Betriebsvereinbarung** möglich, wenn dies einer sachgerechten Wahrnehmung der Interessen der Arbeitnehmer dient. Bei der Prüfung der Sachdienlichkeit ist nach Ansicht des BAG von besonderer Bedeutung, wo die mitbestimmungspflichtigen Entscheidungen im Betrieb getroffen werden (BAG v. 24. 4. 2013 – 7 ABR 71/11, DB 2013, 1913). Außerdem seien weitere Gesichtspunkte – etwa die gebotene Ortsnähe der Betriebsvertretung – zu berücksichtigen. Den Betriebsparteien stehe ein Einschätzungsspielraum hinsichtlich des Vorliegens der gesetzlichen Voraussetzungen sowie ein Beurteilungs- und ein Ermessensspielraum hinsichtlich der inhaltlichen Gestaltung einer Regelung zu. Ob die Betriebsparteien hierbei die gesetzlichen Vorgaben eingehalten oder überschritten haben, unterliege im Streitfall der gerichtlichen Überprüfung.

25b Für den Abschluss einer Betriebsvereinbarung nach § 3 Abs. 1 Nr. 1 a, Abs. 2 BetrVG ist der **Gesamtbetriebsrat** zuständig. Es besteht kein Vetorecht eines örtlichen Betriebsrats (BAG v. 24. 4. 2013 – 7 ABR 71/11, a. a. O.).

25c Vom Gesetz abweichende Arbeitnehmervertretungsstrukturen werden in der Regel gemäß § 3 Abs. 1 BetrVG durch → **Tarifvertrag** geschaffen. Die Bestimmung eröffnet den Tarifparteien keine beliebige Ausgestaltung, sondern bindet sie an das Vorliegen der gesetzlichen Tatbestandsvoraussetzungen (BAG v. 13. 3. 2013 – 7 ABR 70/11, NZA 2013, 738; 29. 7. 2009 – 7 ABR 27/08, NZA 2009, 1424). Werden diese nicht gewahrt, ist der Tarifvertrag **unwirksam** und eine auf dieser Grundlage vorgenommene Betriebsratswahl **anfechtbar** (BAG v. 13. 3. 2013 – 7 ABR 70/11, a. a. O.).

Bedeutung für die Betriebsratsarbeit

Die wesentlichste Aufgabe des Gesamtbetriebsrats besteht (neben seinen gesetzlichen Aufgaben nach § 50 BetrVG, siehe Rn. 24) darin, Strategien des Unternehmers (Arbeitgebers) entgegenzuwirken, die darauf abzielen, die Belegschaften und Betriebsräte der einzelnen Betriebe **gegeneinander auszuspielen.**

26

> **Beispiel:**
> Der Betriebsrat des Betriebes A verweigert die Zustimmung zu Überstunden, weil nach seiner Ansicht Neueinstellungen erforderlich sind. Der Arbeitgeber droht die Verlagerung der Produktion in andere Betriebe des Unternehmens an.

Hier gibt es Handlungsbedarf, der über den Gesamtbetriebsrat organisiert werden kann und muss.
Die Institution des Gesamtbetriebsrats bietet den örtlichen Betriebsräten die Möglichkeit und Chance, **Informationen auszutauschen** und eine von gemeinsamen Prinzipien getragene, über den »Tellerrand« des Einzelbetriebs hinausweisende **Strategien** zur Sicherung und Förderung der Interessen der Arbeitnehmer zu entwickeln.
Siehe auch → **Konzernbetriebsrat** und → **Europäischer Betriebsrat.**

27

Rechtsprechung

1. Errichtung eines Gesamtbetriebsrats – Dauer des Amtes
2. Entsendung von Betriebsratsmitgliedern in den Gesamtbetriebsrat
3. Wahl der weiteren Mitglieder des Gesamtbetriebsausschusses
4. Entsendung eines Ersatzmitglieds in den Gesamtbetriebsrat
5. Bestellung der inländischen Arbeitnehmervertreter im Europäischen Betriebsrat
6. Zuständigkeit des Gesamtbetriebsrats (§ 50 BetrVG)
7. Keine Änderung der gesetzlichen Zuständigkeitsverteilung durch Tarifvertrag
8. Anspruch des Gesamtbetriebsrats auf Schreibkraft zur Protokollführung
9. Einladung eines Betriebsratsmitglieds zu den Sitzungen des Gesamtbetriebsrats
10. Teilnahme der Gesamtschwerbehindertenvertretung an Monatsgesprächen des Gesamtbetriebsrats
11. Entsendung von Gesamtbetriebsratsmitgliedern zu Schulungen
12. Gesamtbetriebsvereinbarung
13. Bildung eines unternehmenseinheitlichen Betriebsrats (§ 3 BetrVG)
14. Sonstiges

Gesamt-Jugend- und Auszubildendenvertretung

Was ist das?

1. Bestehen in einem Unternehmen mit mehreren Betrieben (siehe → **Mehr-Betriebs-Unternehmen**) mehrere → **Jugend- und Auszubildendenvertretungen (JAV)**, so ist eine Gesamt-Jugend- und Auszubildendenvertretung (Gesamt-JAV) zu errichten.
Dies geschieht dadurch, dass jede JAV einen Vertreter in die Gesamt-JAV **entsendet** (§ 72 BetrVG).
2. Die JAV hat für das Mitglied der Gesamt-JAV mindestens ein **Ersatzmitglied** zu bestellen und die Reihenfolge des **Nachrückens** festzulegen (§ 72 Abs. 3 BetrVG).
3. Durch → **Tarifvertrag** oder → **Betriebsvereinbarung** kann die Mitgliederzahl der Gesamt-JAV abweichend von § 72 Abs. 2 BetrVG geregelt werden (§ 72 Abs. 4 BetrVG).
4. Gehören nach Anwendung des § 72 Abs. 2 BetrVG der Gesamt-JAV mehr als zwanzig Mitglieder an und besteht keine tarifliche Regelung nach § 72 Abs. 4 BetrVG, so ist zwischen → **Gesamtbetriebsrat** und Arbeitgeber eine → **Betriebsvereinbarung** über die Mitgliederzahl der Gesamt-JAV abzuschließen, in der bestimmt wird, dass JAVen mehrerer Betriebe eines Unternehmens, die regional oder durch gleichartige Interessen miteinander **verbunden** sind, **gemeinsam** Mitglieder in die Gesamt-JAV entsenden (§ 72 Abs. 5 BetrVG).
Kommt eine Einigung nicht zustande, so entscheidet eine für das Gesamtunternehmen zu bildende → **Einigungsstelle** (§ 72 Abs. 6 BetrVG).
Die Gesamt-JAV kann nach Verständigung des Gesamtbetriebsrats **Sitzungen** abhalten (§ 73 Abs. 1 Satz 1 BetrVG).
An den Sitzungen kann der **Vorsitzende** des Gesamtbetriebsrats oder ein beauftragtes Mitglied des Gesamtbetriebsrats teilnehmen (§ 73 Abs. 1 Satz 2 BetrVG).

Beschlussfassung in der Gesamt-JAV

5. Bei einer Beschlussfassung in einer Sitzung der Gesamt-JAV hat jedes Mitglied der Gesamt-JAV gemäß § 72 Abs. 7 BetrVG so viele Stimmen, wie in dem Betrieb, in dem es gewählt wurde, Jugendliche/Auszubildende in die Wählerliste eingetragen sind (sog. **Stimmengewicht**; vgl. hierzu auch → **Gesamtbetriebsrat** Rn. 12 ff.).
Ist ein Mitglied der Gesamt-JAV – im Falle des § 72 Abs. 5 BetrVG – für **mehrere Betriebe** entsandt worden, so hat es so viele Stimmen, wie in den Betrieben, für die es entsandt ist, Jugendliche/Auszubildende in die Wählerlisten eingetragen sind.
Sind – im Falle einer abweichenden Regelung nach § 72 Abs. 4 BetrVG – mehrere Mitglieder der JAV entsandt worden, so stehen diesen die Stimmen **anteilig** zu.
Besondere Regelungen über das Stimmengewicht können durch → **Tarifvertrag** oder → **Betriebsvereinbarung** getroffen werden, wenn Mitglieder aus der JAV in einem gemeinsamen Betrieb mehrerer Unternehmen (siehe → **Gemeinschaftsbetrieb**) in die **Gesamt-JAV** entsandt worden sind (§ 72 Abs. 8 BetrVG).
6. Die Gesamt-JAV hat nach § 73 Abs. 2 BetrVG i. V. m. § 67 Abs. 2 BetrVG **Stimmrecht** im

Gesamt-Jugend- und Auszubildendenvertretung

→ **Gesamtbetriebsrat**, wenn der zu fassende Beschluss »**überwiegend**« jugendliche und auszubildende Arbeitnehmer betrifft.

In die Abstimmung bringt jedes Mitglied der Gesamt-Jugend- und Auszubildendenvertretung so viele Stimmen ein, wie ihm nach § 72 Abs. 7 BetrVG zustehen (Zahl der jugendlichen und auszubildenden Arbeitnehmer gemäß Wählerliste!).

Zuständigkeit der Gesamt-JAV

Die Gesamt-JAV ist für solche Angelegenheiten zuständig, die die Jugendlichen und Auszubildenden des gesamten Unternehmens oder mehrerer Betriebe des Unternehmens betreffen und die nicht durch die einzelnen Betriebsräte innerhalb ihrer Betriebe geregelt werden können (§ 73 Abs. 2 BetrVG i. V. m. § 50 Abs. 1 BetrVG; sog. **originäre Zuständigkeit**).

Die Gesamt-JAV ist insoweit auch zuständig für **Betriebe ohne JAV** (§ 73 Abs. 2 BetrVG i. V. m. § 50 Abs. 1 BetrVG).

Möglich ist auch die Behandlung einer Angelegenheit, die der Gesamt-JAV durch eine »örtliche« JAV **übertragen** worden ist (§ 73 Abs. 2 BetrVG i. V. m. § 50 Abs. 2 BetrVG).

Erfüllen kann die Gesamt-JAV diese Aufgaben nur durch und über den → **Gesamtbetriebsrat**.

Für die Gesamt-JAV gelten im Übrigen die in § 73 Abs. 2 BetrVG aufgeführten Vorschriften **entsprechend** (siehe → **Jugend- und Auszubildendenvertretung**).

Siehe auch → **Konzern-Jugend- und Auszubildendenvertretung**.

Gesamtzusage

Was ist das?

1. Bei einer Gesamtzusage handelt es sich um eine (**einseitige**) **Erklärung** des Arbeitgebers an die Belegschaft oder bestimmte Belegschaftsgruppen, mit der er die Gewährung **zusätzlicher Leistungen verspricht** (z. B. Zahlung außer- bzw. übertariflicher Zulagen).
   Eine solche Erklärung erfolgt meist in allgemeiner Form (z. B. durch Aushang am »**Schwarzen Brett**«).

   > **Beispiel:**
   > In einem Aushang an den »Schwarzen Brettern« teilt der Arbeitgeber mit, dass bei Überschreitung eines bestimmten Jahresüberschusses eine Gewinnbeteiligung an die Beschäftigten in Höhe eines bestimmten Prozentsatzes des Monatsentgelts gezahlt werde.

2. In diesem Versprechen liegt ein »**Angebot**« des Arbeitgebers zum Abschluss einer arbeitsvertraglichen Vereinbarung im Sinne einer Ergänzung des bestehenden → **Arbeitsvertrages**.
   Enthält etwa ein **Aushang** des Arbeitgebers **am Schwarzen Brett** detaillierte Bestimmungen darüber, wann und unter welchen Voraussetzungen **Urlaubsgeldzahlung** geleistet werden soll, und werden diese eingeleitet mit den Worten, es gelte »ab sofort folgende Regelung«, wird dem Willen Ausdruck gegeben, sich nach den in ihr festgelegten Voraussetzungen **dauerhaft zu binden** (BAG v. 21.1.2003 – 9 AZR 546/01).

3. Zwar kommt im Allgemeinen ein Vertrag bzw. eine Vertragsergänzung nur zustande, wenn das Angebot »**angenommen**« wird (§§ 145 ff. BGB).
   Im Falle einer – die Arbeitnehmer **begünstigenden** – Gesamtzusage kommt die vertragliche Vereinbarung jedoch zustande, ohne dass die Annahme von den Beschäftigten **erklärt** werden müsste.
   Denn in diesem Fall ist eine Annahmeerklärung »*nach der Verkehrssitte nicht zu erwarten*« (§ 151 BGB).
   Auszug aus BAG v. 11.12.2007 – 1 AZR 869/06:
   »*Eine Gesamtzusage ist die an alle Arbeitnehmer des Betriebs oder einen nach abstrakten Merkmalen bestimmten Teil von ihnen in allgemeiner Form gerichtete ausdrückliche Erklärung des Arbeitgebers, bestimmte Leistungen erbringen zu wollen. Eine ausdrückliche Annahme des in der Erklärung enthaltenen Angebots i. S. v. § 145 BGB wird dabei nicht erwartet. Ihrer bedarf es nicht. Das in der Zusage liegende Angebot wird gem. § 151 BGB angenommen und ergänzender Inhalt des Arbeitsvertrags. Gesamtzusagen werden bereits dann wirksam, wenn sie gegenüber den Arbeitnehmern in einer Form verlautbart werden, die den einzelnen Arbeitnehmer typischerweise in die Lage versetzt, von der Erklärung Kenntnis zu nehmen. Auf dessen konkrete Kenntnis kommt es nicht an. Die Arbeitnehmer erwerben einen einzelvertraglichen Anspruch auf die zugesagten Leistungen, wenn sie die betreffenden Anspruchsvoraussetzungen erfüllen. Von der seitens der Arbeitnehmer angenommenen, vorbehaltlosen Zusage kann sich der Arbeitgeber individualrechtlich nur durch Änderungsvertrag oder wirksame Änderungskündigung lösen.*«

Allein aus der tatsächlichen Gewährung von Leistungen kann allerdings nicht auf den für eine 4
Gesamtzusage erforderlichen **Verpflichtungswillen** des Arbeitgebers geschlossen werden,
wenn die Leistungen erkennbar erbracht werden, um Verpflichtungen aus einer → **Betriebsvereinbarung** zu erfüllen. Die Umsetzung einer vermeintlich wirksamen Betriebsvereinbarung dürfen die Arbeitnehmer nicht dahin verstehen, der Arbeitgeber wolle sich unabhängig von der Wirksamkeit und Fortgeltung rechtsgeschäftlich zur Erbringung der in der Betriebsvereinbarung vorgesehenen Leistungen verpflichten (BAG v. 28.6.2005 – 1 AZR 213/04, EzA § 77 BetrVG 2001 Nr. 12).

Die Gesamtzusage wird mit ihrer **Veröffentlichung** wirksam. Von diesem Moment an wird sie 5
Bestandteil der → **Arbeitsverträge**.

Das heißt: Es wird – im Rahmen der in der Gesamtzusage ggf. formulierten Voraussetzungen –
ein Anspruch der Arbeitnehmer begründet, die versprochene **Leistung auch zukünftig** zu
erhalten.

Hiervon kann sich der Arbeitgeber nicht durch einseitigen **Widerruf** (BAG v. 4.6.2008 – 4
AZR 421/07, NZA 2008, 1360), sondern nur durch → **Änderungskündigung** oder Änderungsvereinbarung mit den Beschäftigten wieder lösen.

Der Arbeitgeber ist bei der Gewährung an den allgemeinen **Gleichbehandlungsgrundsatz** 6
gebunden.

Das heißt: Eine etwaige Ungleichbehandlung durch Begünstigung nur von Teilen der Belegschaft muss sachlich gerechtfertigt sein.

Andernfalls ist die Ungleichbehandlung unwirksam mit der Folge, dass die Nichtbegünstigten
Anspruch darauf haben, ebenfalls bedacht zu werden (siehe → **Gleichbehandlung** Rn. 68).

Die Gesamtzusage unterliegt im Übrigen der **Inhaltskontrolle** nach §§ 305 ff. BGB (siehe 7
→ **Arbeitsvertrag** Rn. 34 ff.).

Von der Gesamtzusage zu unterscheiden ist die vom Arbeitgeber einseitig vorformulierte sog. 8
»**vertragliche Einheitsregelung**«.

Diese wird, wenn sie nicht nur begünstigende, sondern den Arbeitnehmer auch **belastende
Bestimmungen** enthält, nur dann Bestandteil des Arbeitsvertrages, wenn sie vom Arbeitgeber
und Arbeitnehmer ausdrücklich oder konkludent durch Angebot und Annahme (§§ 145 ff.
BGB) vereinbart worden sind (ggf. durch vertragliche **Bezugnahmeklausel**; siehe → **Arbeitsvertrag** Rn. 16 ff.).

Auch »Vertragliche Einheitsregelungen« sind der **Inhaltskontrolle** nach §§ 305 ff. BGB unterworfen (siehe → **Arbeitsvertrag** Rn. 34 ff.).

Bedeutung für die Betriebsratsarbeit

Durch eine Gesamtzusage werden nicht selten **Mitbestimmungsrechte** des Betriebsrats nach 9
§ 87 Abs. 1 Nr. 8 BetrVG (siehe → **Sozialeinrichtung**) und nach § 87 Abs. 1 Nr. 10 BetrVG
(betriebliche Lohngestaltung; siehe → **Arbeitsentgelt** Rn. 65 und → **Übertarifliche Zulagen**)
berührt.

Das Mitbestimmungsrecht erstreckt sich auf die Frage, nach welchen Kriterien die versprochene zusätzliche Leistung auf den begünstigten Personenkreis verteilt wird (»**Verteilungsgrundsätze**«; siehe → **Übertarifliche Zulagen** Rn. 10).

Mitbestimmungsfrei ist, ob und in welchem Umfang, zu welchem Zweck und an welchen 10
Personenkreis zusätzliche Leistungen erbracht werden (siehe → **Übertarifliche Zulagen**
Rn. 9).

Zum **Gleichbehandlungsgrundsatz** siehe Rn. 6. 11

Gesamtzusage

Rechtsprechung

1. Begriff Gesamtzusage
2. Voraussetzungen – Verpflichtungswille des Arbeitgebers – Widerruf
3. Gesamtzusage – Weihnachtsgratifikation
4. Gesamtzusage – betriebliche Altersversorgung
5. Gesamtzusage – Gleichbehandlung
6. Abgrenzung Gesamtzusage – Betriebsvereinbarung
7. Umdeutung einer unwirksamen Betriebsvereinbarung in eine Gesamtzusage
8. Ablösung einer Gesamtzusage durch Betriebsvereinbarung?

Geschäftsordnung des Betriebsrats

Was ist das?

Nach § 36 BetrVG »soll« der Betriebsrat sich eine schriftliche Geschäftsordnung geben. Die Geschäftsordnung enthält Bestimmungen über die **innere Organisation** der Betriebsratsarbeit.
Insbesondere werden durch die Geschäftsordnung diejenigen Sachverhalte konkretisiert, die in §§ 26 ff. BetrVG geregelt sind.

In der Geschäftsordnung können beispielsweise genauer bestimmt werden:
- Fragen der **Arbeitsteilung**: insbesondere die Aufgaben, Pflichten und Kompetenzen des Betriebsratsvorsitzenden sowie seines Stellvertreters (§ 26 BetrVG), des Betriebsausschusses (§ 27 BetrVG) bzw. der weiteren Ausschüsse (§ 28 BetrVG), der nach § 38 BetrVG Freigestellten und der weiteren Mitglieder des Betriebsrats;
- der Begriff »**laufende Geschäfte**« (§ 27 BetrVG); siehe → **Betriebsrat**;
- die Einzelheiten über die → **Betriebsratssitzung** (§ 29 BetrVG) und die → **Betriebsversammlung** (§§ 42 ff. BetrVG).

Zu beachten ist, dass von den Vorschriften der §§ 26 ff. BetrVG **nicht abgewichen** werden darf, soweit diese **zwingenden Charakter** haben (z. B. ist die Bildung eines Betriebsausschusses in einem neun- und mehrköpfigen Betriebsrat zwingend vorgeschrieben, vgl. § 27 Abs. 1 BetrVG; ebenso verbindlich sind die Regelungen über die Beschlussfassung im Betriebsrat, vgl. § 33 BetrVG).

Bedeutung für die Betriebsratsarbeit

Die Erstellung einer Geschäftsordnung macht durchaus Sinn.
Schon die **Debatte** um den Inhalt der Geschäftsordnung ist ein Vorgang, der das Bewusstsein aller Betriebsratsmitglieder für die Notwendigkeit bestmöglicher Organisation der Betriebsratsarbeit schärft.
Hinzu kommt, dass eine Geschäftsordnung dazu beitragen kann, die **Organisation** der Betriebsratsarbeit für alle Betriebsratsmitglieder, insbesondere auch für neu eintretende Ersatzmitglieder, **transparent** zu machen.
Außerdem stellt eine Geschäftsordnung ein Stück **Rechtssicherheit** dar: Jedes Mitglied weiß um seine Rechte und Pflichten und kann die Einhaltung der Geschäftsordnung einfordern.

Arbeitshilfen

Musterschreiben
- Geschäftsordnung für den Betriebsrat

Gestaltung von Arbeitsplatz, Arbeitsablauf und Arbeitsumgebung

1 Das Betriebsverfassungsgesetz unterscheidet vier Bereiche, innerhalb deren dem Betriebsrat → **Beteiligungsrechte**, (Informations-, Mitwirkungs- und Mitbestimmungsrechte) zustehen:
- soziale Angelegenheiten, §§ 87 bis 89 BetrVG;
- Gestaltung von Arbeitsplatz, Arbeitsablauf und Arbeitsumgebung, §§ 90, 91 BetrVG;
- personelle Angelegenheiten, §§ 92 bis 105 BetrVG;
- wirtschaftliche Angelegenheiten, §§ 106 bis 113 BetrVG.

2 Der Betriebsrat hat bei der Gestaltung von Arbeitsplatz, Arbeitsablauf und Arbeitsumgebung nach § 90 BetrVG **Informationsrechte** und **Mitwirkungsrechte** in Form des **Beratungsrechts**, wenn der Arbeitgeber Investitionen und/oder die Durchführung betriebs- und arbeitsorganisatorischer Maßnahmen plant.

3 Insbesondere ist der Betriebsrat zu beteiligen
- bei baulichen Vorhaben des Arbeitgebers;
- bei der Planung und Einführung neuer Techniken (Ersatzinvestitionen, Erweiterungsinvestitionen und Rationalisierungsinvestitionen);
- bei der Planung und Einführung neuer und Veränderung bisheriger Arbeitsverfahren und Arbeitsabläufe (organisatorische Rationalisierung);
- bei der Planung der Einrichtung und Gestaltung der bisherigen sowie neuer Arbeitsplätze.

4 Zu beachten ist, dass der Betriebsrat »rechtzeitig« (siehe → **Informationsrechte des Betriebsrats** und → **Rechtsbegriffe**), das heißt schon in der »Planungsphase«, zu beteiligen ist (siehe auch → **Unternehmensplanung**).

5 Hat der Arbeitgeber eine der vorstehenden Maßnahmen durchgeführt und ist festzustellen, dass diese Maßnahmen gegen »gesicherte arbeitswissenschaftliche Erkenntnisse über die menschengerechte Gestaltung der Arbeit« verstoßen und die betroffenen Arbeitnehmer in besonderer Weise belasten, dann steht dem Betriebsrat gemäß § 91 BetrVG ein »**korrigierendes Mitbestimmungsrecht**« zu (siehe → **Arbeitsschutz** Rn. 82 ff.).
Das heißt, er kann Maßnahmen zur Abwendung, Milderung oder zum Ausgleich der Belastung verlangen. Lehnt der Arbeitgeber ab, entscheidet auf Antrag die → **Einigungsstelle**.

6 Des Weiteren ist zu beachten, dass bei den oben genannten Vorhaben des Arbeitgebers nicht nur die §§ 90, 91 BetrVG, sondern eine Vielzahl **weiterer Vorschriften** in Betracht kommen. Je komplexer ein Vorhaben des Arbeitgebers ist, desto mehr Vorschriften des Betriebsverfassungsgesetzes können berührt sein.
Von besonderer Bedeutung sind im Zusammenhang mit der Gestaltung von Arbeitsplatz, Arbeitsablauf und Arbeitsumgebung vor allem die **Mitbestimmungsrechte** des Betriebsrats nach
- § 87 Abs. 1 Nr. 2 BetrVG (siehe → **Arbeitszeit** Rn. 75 ff.),
- § 87 Abs. 1 Nr. 6 BetrVG (siehe → **Rationalisierung** Rn. 8 und → **Überwachung von Arbeitnehmern** Rn. 5) und
- § 87 Abs. 1 Nr. 7 BetrVG (siehe → **Arbeitsschutz** Rn. 70 ff.).

Siehe auch § 111 Satz 2 Nr. 4 und 5 BetrVG (→ **Betriebsänderung**).

Gewerkschaft

Was ist das?

Der **Gewerkschaftsbegriff** ist von der Rechtsprechung für das gesamte Arbeitsrecht einheitlich geprägt worden.   **1**
Eine Gewerkschaft ist hiernach eine Vereinigung von Arbeitnehmern, die folgende **Merkmale** aufweist:
1. Es muss sich um einen freiwilligen Zusammenschluss von Arbeitnehmern auf überbetrieblicher Ebene handeln.
2. Die Arbeitnehmervereinigung muss so organisiert sein, dass sie unabhängig vom Wechsel ihrer Mitglieder besteht.
3. Sie muss gegnerfrei sein, das heißt, in ihr dürfen nur Arbeitnehmer, nicht aber gleichzeitig Arbeitgeber des in Frage kommenden Organisationsbereiches Mitglied sein.
4. Die Arbeitnehmervereinigung muss außerdem unabhängig vom sozialen Gegenspieler (Arbeitgeber, Arbeitgeberverbände) sein.
5. Ihre innere Struktur sowie ihre Willensbildung haben demokratischen Erfordernissen zu entsprechen. Insbesondere sind die Mitglieder der Vereinigung an der Willensbildung zu beteiligen.
6. Die Arbeitnehmervereinigung muss das geltende Tarifrecht anerkennen und es sich zur Aufgabe gemacht haben, die Arbeitsbedingungen ihrer Mitglieder durch Abschluss von Tarifverträgen zu gestalten.
7. Dabei muss eine grundsätzliche Bereitschaft zum Einsatz von Arbeitskampfmitteln gegeben sein.
8. Schließlich muss die Arbeitnehmervereinigung über eine gewisse »soziale Mächtigkeit« verfügen. Das heißt, sie muss insbesondere von ihrer Mitgliederzahl und Leistungsfähigkeit der Organisation (größere Zahl Hauptamtlicher, Finanzkraft) in der Lage sein, so viel Druck auf den sozialen Gegenspieler (Arbeitgeberverband bzw. einzelner Arbeitgeber) auszuüben, dass dieser sich auf Tarifverhandlungen einlassen muss.

Tariffähigkeit

Eine Arbeitnehmervereinigung, die die Voraussetzungen des **Gewerkschaftsbegriffs** nicht erfüllt, ist **nicht tariffähig**.   **1a**
Schließt sie dennoch mit einem Arbeitgeber oder Arbeitgeberverband Tarifverträge ab, sind diese unwirksam (Hessisches LAG v. 1. 8. 2005 – 16 Sa 9/05, AuR 2006, 214).
Ist eine nicht tariffähige Vereinigung Mitglied einer Tarifgemeinschaft, ist das von der Tarifgemeinschaft mit Arbeitgebern vereinbarte gesamte Tarifwerk nichtig (differenzierend Hessisches LAG v. 1. 8. 2005 – 16 Sa 9/05, a. a. O.: »*Es bleibt unentschieden, ob Tarifverträge, die die CGD »in Tarifgemeinschaft« mit dem Deutschen Handels- und Industrieangestelltenverband (DHV) abgeschlossen hatte, insgesamt nichtig sind oder ob diese Tarifverträge, soweit sie den DHV und seine Mitglieder betreffen, wirksam bleiben*«).

Gewerkschaft

1b Streitigkeiten um die **Tariffähigkeit** von Arbeitnehmer- oder Arbeitgebervereinigungen können in einem besonderen arbeitsgerichtlichen Beschlussverfahren nach §§ 2 a Abs. 1 Nr. 4, 97 Abs. 1 ArbGG geklärt werden.
Für ein solches Verfahren ist das **Landesarbeitsgericht** zuständig, in dessen Bezirk die Vereinigung ihren Sitz hat (§ 97 Abs. 2 ArbGG; eingefügt durch das Tarifautonomiestärkungsgesetz vom 11. 8. 2014 – BGBl. I S. 1348).
Das Verfahren wird auf **Antrag** einer räumlich und sachlich zuständigen Vereinigung von Arbeitnehmern oder von Arbeitgebern oder der obersten Arbeitsbehörde des Bundes oder der obersten Arbeitsbehörde eines Landes, auf dessen Gebiet sich die Tätigkeit der Vereinigung erstreckt, eingeleitet (§ 97 Abs. 2 ArbGG).
Der rechtskräftige Beschluss über die Tariffähigkeit einer Vereinigung wirkt **für und gegen jedermann** (§ 97 Abs. 3 Satz 1 ArbGG).
Eine **Wiederaufnahme des Verfahrens** findet auch dann statt, wenn die Entscheidung über die Tariffähigkeit darauf beruht, dass ein Beteiligter absichtlich unrichtige Angaben oder Aussagen gemacht hat (§ 97 Abs. 4 Satz 1 ArbGG). § 581 ZPO findet keine Anwendung (§ 97 Abs. 4 Satz 2 ArbGG).
Hängt die Entscheidung eines Rechtsstreits davon ab, ob eine Vereinigung tariffähig oder ob die Tarifzuständigkeit der Vereinigung gegeben ist, so hat das Gericht das Verfahren bis zur Erledigung des Beschlussverfahrens nach § 2 a Abs. 1 Nr. 4 ArbGG **auszusetzen** (§ 97 Abs. 5 Satz 1 ArbGG).
Nach § 97 Abs. 5 Satz 1 ArbGG ist ohne Rücksicht auf Verfahrensart und Gegenstand jedes Verfahren **auszusetzen**, in dem sich die Frage der Tariffähigkeit einer Vereinigung als Vorfrage stellt.
Das gilt auch, wenn einer Gewerkschaft lediglich die Fähigkeit zum Abschluss von **Firmentarifverträgen** abgesprochen wird (BAG v. 25. 9. 1996 – 1 ABR 25/96, NZA 1997, 668).
Bei einer Aussetzung des Verfahrens sind die Parteien des Rechtsstreits auch im Beschlussverfahren nach § 2 a Abs. 1 Nr. 4 ArbGG **antragsberechtigt** (§ 97 Abs. 5 Satz 2 ArbGG).

Tarifzuständigkeit

1c Auch für **Streitigkeiten um die Tarifzuständigkeit** einer Arbeitnehmer- oder Arbeitgebervereinigung findet das in §§ 2 a Abs. 1 Nr. 4, 97 ArbGG vorgesehene besondere arbeitsgerichtliche Beschlussverfahren statt.

2 Das BAG hat klargestellt, dass eine Arbeitnehmervereinigung für den von ihr beanspruchten Zuständigkeitsbereich entweder insgesamt oder überhaupt nicht tariffähig ist (BAG v. 28. 3. 2006 – 1 ABR 58/04, NZA 2006, 1112).
Eine **partielle Tariffähigkeit** gibt es nicht.

3 Um tariffähig zu sein, muss eine Arbeitnehmervereinigung über eine **Durchsetzungskraft** verfügen, die erwarten lässt, dass sie als Tarifpartei vom sozialen Gegenspieler wahr- und ernstgenommen wird.
Nach Ansicht des BAG ist von der erforderlichen Durchsetzungskraft einer Arbeitnehmervereinigung dann auszugehen, wenn sie bereits in nennenswertem Umfang → **Tarifverträge** geschlossen hat.
Das gilt sowohl für den Abschluss eigenständiger »originärer« Tarifverträge als auch für den Abschluss von Anschlusstarifverträgen (siehe → **Tarifvertrag** Rn. 6 a).
Die **Indizwirkung** geschlossener Tarifverträge entfällt allerdings, wenn es sich um Schein- oder Gefälligkeitstarifverträge oder um Tarifverträge handelt, die auf einem einseitigen Diktat der Arbeitgeberseite beruhen.
Hierfür bedarf es aber besonderer Anhaltspunkte (BAG v. 28. 3. 2006 – 1 ABR 58/04, NZA 2006, 1112).

Gewerkschaft

Mit dieser Begründung hat das BAG die Christliche Gewerkschaft Metall (**CGM**) als tariffähige Gewerkschaft anerkannt.
Das Gericht ist dabei davon ausgegangen, dass der CGM etwa 550 eigenständige Tarifverträge und ca. 3000 Anschlusstarifverträge abgeschlossen hat und dass im CGM höchstens zwei Prozent der bundesweit in der Metall- und Elektroindustrie, im Metallhandwerk sowie in sonstigen Metallbetrieben beschäftigten Arbeitnehmer organisiert sind.

Die »Gewerkschaft für Kunststoffgewerbe- und Holzverarbeitung im Christlichen Gewerkschaftsbund (**GKH**)« ist keine Gewerkschaft im Rechtssinne. **3a**
Dieser Verein wurde im März 2003 gegründet. Kurz darauf vereinbarte er mit dem »Deutschen Handels- und Industrieangestellten-Verband (DHV)« eine Tarifgemeinschaft. Diese schloss bundesweit Tarifverträge mit Innungsverbänden des Tischler-, Schreiner- und Modellbauerhandwerks.
Einem Teil dieser Tarifverträge lagen Vereinbarungen zugrunde, die Innungsverbände zuvor mit der nicht tariffähigen Christlichen Gewerkschaft Deutschlands (CGD; vgl. hierzu Rn. 3 c) vereinbart hatten.
Die IG Metall hatte beim → **Arbeitsgericht** beantragt festzustellen, dass die GKH nicht tariffähig ist.
Die Vorinstanzen (ArbG Paderborn und LAG Hamm) hatten den Antrag abgewiesen (LAG Hamm v. 13. 3. 2009 – 10 TaBV 89/08).
Auf die Rechtsbeschwerde der IG Metall hat das BAG die Entscheidung des LAG Hamm aufgehoben und zur neuen Anhörung zurückverwiesen (BAG v. 5. 10. 2010 – 1 ABR 88/09, AiB 2011, 410 = NZA 2011, 300). Tarifverträge könne nur eine tariffähige Arbeitnehmervereinigung schließen. Dazu müsse sie über **Durchsetzungskraft** gegenüber dem sozialen Gegenspieler verfügen. Sie müsse auch organisatorisch in der Lage sein, die Aufgaben einer Tarifvertragspartei zu erfüllen. Die Tariffähigkeit kommt in erster Linie in der Zahl der Mitglieder und der Leistungsfähigkeit der Organisation zum Ausdruck. Bei Zweifeln an der Durchsetzungs- und Leistungsfähigkeit einer Arbeitnehmervereinigung kann eine nennenswerte Zahl eigenständig abgeschlossener Tarifverträge ihre Tariffähigkeit indizieren. Aufgrund der bisher getroffenen Feststellungen könne die Tariffähigkeit der GKH nicht abschließend beurteilt werden. Die GKH habe ihre Mitgliederzahl nicht offengelegt und die Leistungsfähigkeit ihrer Organisation nicht ausreichend dargestellt. Die gemeinsam mit dem DHV abgeschlossenen Tarifverträge indizierten weder Durchsetzungsfähigkeit noch organisatorische Leistungsfähigkeit der GKH (BAG v. 5. 10. 2010 – 1 ABR 88/09, a. a. O.).
Mit Beschluss vom 23. 9. 2011 – 10 TaBV 14/11, NZA-RR 2012, 25 hat das LAG Hamm dann rechtskräftig entschieden, dass die GKH nicht tariffähig und damit keine Gewerkschaft ist.

Die im Bereich der **Leiharbeit** tätige »Tarifgemeinschaft Christlicher Gewerkschaften für Zeitarbeit und Personalserviceagenturen (**CGZP**)« ist keine Spitzenorganisation, die in eigenem Namen Tarifverträge abschließen kann (BAG v. 14. 12. 2010 – 1 ABR 19/10, AiB 2011, 330 = NZA 2011, 289; Vorinstanzen: ArbG Berlin v. 1. 4. 2009 – 35 BV 17008/08; AuR 2009, 276 = NZA 2009, 740; LAG Berlin-Brandenburg v. 7. 12. 2009 – 23 TaBV 1016/09, AiB 2010, 409 = AuR 2010, 172). **3b**
Nach zutreffender Ansicht des BAG erfüllt sie die hierfür erforderlichen tarifrechtlichen Voraussetzungen nicht.
Tarifverträge könnten auf Arbeitnehmerseite nur von einer tariffähigen Gewerkschaft oder einem Zusammenschluss solcher Gewerkschaften (Spitzenorganisation) abgeschlossen werden.
Solle eine Spitzenorganisation selbst als Partei Tarifverträge abschließen, müsse das zu ihren satzungsmäßigen Aufgaben gehören (§ 2 Abs. 3 TVG).
Dazu müssten die sich zusammenschließenden Gewerkschaften ihrerseits tariffähig sein und der Spitzenorganisation ihre Tariffähigkeit vollständig vermitteln.

Gewerkschaft

Dies sei nicht der Fall, wenn die Befugnis zum Abschluss von Tarifverträgen durch die Spitzenorganisation auf einen Teil des Organisationsbereichs der Mitgliedsgewerkschaften beschränkt wird.
Zudem dürfe der Organisationsbereich einer Spitzenorganisation nicht über den ihrer Mitgliedsgewerkschaften hinausgehen.
Die CGZP sei keine Spitzenorganisation nach § 2 Abs. 3 TVG, weil sich ihre Mitgliedsgewerkschaften (CGB, DHV und GÖD) nicht im Umfang ihrer Tariffähigkeit zusammengeschlossen haben.
Außerdem gehe der in der Satzung der CGZP festgelegte Organisationsbereich für die gewerbliche Arbeitnehmerüberlassung über den ihrer Mitgliedsgewerkschaften hinaus (BAG v. 14.12.2010 – 1 ABR 19/10, a. a. O.).
Rechtsfolgen der BAG-Entscheidung: Die von der CGZP mit Verleih-Arbeitgebern (= Verleihunternehmen) bzw. dem Arbeitgeberverband Mittelständischer Personaldienstleister e. V. (AMP) geschlossenen »Tarifverträge« sind unwirksam.
Eine Abweichung vom gesetzlichen Equal-Pay-Gebot durch Tarifvertrag »nach unten« hat damit nicht stattgefunden.
Leiharbeitnehmer, deren Arbeitsverhältnisse unter einen »CGZP-Tarifvertrag« fielen, haben damit nach dem Equal-Pay-Gebot Anspruch auf Entgeltnachzahlung gegen ihren Arbeitgeber (= Verleihunternehmen) in Höhe der **Differenz** zwischen dem »CGZP-Lohn« und der beim Entleiher für eine vergleichbare Tätigkeit gezahlten i. d. R. höheren Vergütung.
Zu weiteren Einzelheiten siehe → **Arbeitnehmerüberlassung/Leiharbeit** Rn. 23 a.

3c Einigen weiteren **Vereinigungen** wurde die Gewerkschaftseigenschaft von der Rechtsprechung abgesprochen. Hierzu zählen insbesondere:
- Deutscher Arbeitnehmer-Verband Marl (BAG v. 14.3.1978 – 1 ABR 2/76, AP Nr. 30 zu § 2 TVG; bestätigt durch BVerfG v. 20.10.1981 – 1 BvR 404/78, AP Nr. 31 zu § 2 TVG),
- Christliche Gewerkschaft Bergbau, Chemie und Energie (BAG v. 14.3.1978 – 1 ABR 2/75, AP Nr. 3 zu § 97 ArbGG 1953; 25.11.1986 – 1 ABR 22/85, NZA 1987, 492; 16.1.1990 – 1 ABR 10/89, NZA 1990, 623),
- Christliche Gewerkschaft Holz und Bau (BAG v. 16.1.1990 – 1 ABR 93/88, NZA 1990, 626 = AP Nr. 38 zu § 2 TVG),
- Verband deutscher Zahntechniker (BAG v. 1.2.1983 – 1 ABR 33/78, DB 1983, 1660 = AP Nr. 14 zu § 322 ZPO),
- Berliner Akademiker Bund (BAG v. 9.7.1968 – 1 ABR 2/67, DB 1968, 1715, AP Nr. 25 zu § 2 TVG),
- Arbeitnehmerverband land- und ernährungswirtschaftlicher Berufe (BAG v. 10.9.1985 – 1 ABR 32/83, NZA 1986, 332 = AP Nr. 34 zu § 2 TVG),
- Gewerkschaft der Kraftfahrer Deutschlands (LAG Berlin v. 21.6.1996 – 6 TaBV 2/96, AuR 1997, 38),
- Bedienstete der Technischen Überwachung (BTÜ) (BAG v. 6.6.2000 – 1 ABR 10/99, NZA 2001, 160),
- Christliche Gewerkschaft Deutschlands (CGD) (ArbG Gera v. 17.10.2002 – 2 BV 3/00 [rkr.], AuR 2003, 198 und 2004, 149; vgl. auch Hessisches LAG v. 1.8.2005 – 16 Sa 9/05 AuR 2006, 214),
- »medsonet. Die Gesundheitsgewerkschaft« (Mitglied des Christlichen Gewerkschaftsbundes Deutschland – CGB) (BAG v. 11.6.2013 – 1 ABR 33/12; LAG Hamburg v. 21.3.2012 – 3 TaBV 7/11; ArbG Hamburg v. 17.5.2011 – 1 BV 5/10, AuR 2011, 194 und AuR 2011, 271).

3d Lange umstritten war die Gewerkschaftseigenschaft der Gewerkschaft der Flugsicherung (**GdF**).
Das LAG Rheinland-Pfalz hat sie verneint (22.6.04 – 11 Sa 2096/03), das Hessische LAG bejaht (22.7.04 – 9 SaGa 593/04, NZA-RR 2005, 262 = AP Nr. 168 zu Art. 9 GG Arbeitskampf).

Gewerkschaft

In einem weiteren Verfahren hatte zunächst des ArbG Offenbach mit Beschluss vom 2.6.2005 und dann das Hessische LAG mit Beschluss vom 29.6.2006 (9 TaBV 161/05) festgestellt, dass die GdF tariffähig ist. Zuvor hatten zunächst die Deutsche Flugsicherung (DFL) und dann die Gewerkschaft ver.di und der DGB ihre Beschwerde gegen den Beschluss des ArbG Offenbach zurückgenommen.
Die Unabhängige Flugbegleiter Organisation (**UFO**) ist vom BAG als Gewerkschaft anerkannt worden (BAG v. 14.12.2004 – 1 ABR 51/03, NZA 2005, 697). 3e

DGB Gewerkschaften

In den acht Einzelgewerkschaften des Deutschen Gewerkschaftsbundes (DGB) sind insgesamt   4
6,095 Millionen Mitglieder organisiert (Stand: 31.12.2015; Quelle: http://www.dgb.de/uberuns/dgb-heute/mitgliederzahlen).
Am 31.12.1990 belief sich die Mitgliederzahl auf ca. 7,938 Millionen.
Nach der »Wende« und dem damit verbundenen Zusammenschluss von West- und Ostgewerkschaften stieg die Mitgliederzahl auf den historischen Höchststand von ca. 11,016 Millionen (Stand: 31.12.1991).
Derzeit scheint es, dass die Talsohle durchschritten wird und es wieder aufwärts geht (Mitgliederzuwächse bei IG Metall, GEW und GdP).
Einzelgewerkschaften des DGB sind (in Klammern: Mitgliederanteil an der Gesamtmitgliederzahl; Stand: 31.12.2015):   5
- die Industriegewerkschaft Metall (IG Metall; 37,3 %)
- die Vereinigte Dienstleistungsgewerkschaft ver.di (33,4 %)
- die Industriegewerkschaft Bergbau, Chemie, Energie (IG BCE; 10,7 %)
- die Industriegewerkschaft Bauen – Agrar – Umwelt (IG BAU; 4,5 %)
- die Gewerkschaft Erziehung und Wissenschaft (GEW; 4,6 %)
- die Eisenbahn- und Verkehrsgewerkschaft (EVG; sie entstand am 30.11.2010 aus den Gewerkschaften TRANSNET und GDBA; 3,2 %)
- die Gewerkschaft Nahrung – Genuss – Gaststätten (NGG; 3,3 %)
- die Gewerkschaft der Polizei (GdP; 2,9 %).

Die Deutsche Angestelltengewerkschaft (DAG) ist mit Wirkung ab 1.5.2001 Teil der zum DGB   6
gehörenden Vereinigten Dienstleistungsgewerkschaft ver.di geworden.

Berufsgruppengewerkschaften

Neben den Einzelgewerkschaften des DGB bestehen – zum Teil seit langem – einige sog.   6a
»Berufsgruppengewerkschaften«.
Hierzu zählen etwa der Marburger Bund (Ärzte), die Gewerkschaft Deutscher Lokomotivführer – GDL (Lokführer), Gewerkschaft der Flugsicherung – GdF (Flugleiter, Flugsicherungstechniker und -Ingenieure), die Gewerkschaft Unabhängige Flugbegleiter Organisation – UFO (Fluglotsen; vgl. Rn. 3 d) und die Vereinigung Cockpit – VC (Piloten).
Diese Gewerkschaften sind dazu übergegangen, bisherige Tarifgemeinschaften mit den DGB-Gewerkschaften zu verlassen und eigenständige und besser ausgestattete Tarifverträge für ihre Mitglieder zu fordern.
Auf Grund der besonderen Stellung ihrer Mitglieder im Unternehmen (»Funktionseliten«) gelingt es den Berufsgruppengewerkschaften meist, mit Streik bzw. Streikandrohung Tarifverträge **oberhalb des Niveaus** der von den DGB-Gewerkschaften abgeschlossenen Tarifverträge durchzusetzen.
Erleichtert wird das »Geschäft« der Berufsgewerkschaften dadurch, dass sie nach ihrem Selbstverständnis tarifpolitisch auf andere Arbeitnehmer keine Rücksicht zu nehmen brauchen,

Gewerkschaft

Ärzte z. B. nicht auf Krankenpfleger/innen, Lokomotivführer nicht auf sonstige Bahnbedienstete, usw.

Sie können ihre vergleichsweise hohe Durchsetzungsmacht auf die von ihnen vertretene Berufsgruppe konzentrieren und müssen deren strukturelle Stärke nicht – wie die DGB-Gewerkschaften – zugunsten aller Beschäftigten einsetzen.

Die tarifpolitischen, tarif- und arbeitskampfrechtlichen Folgen dieser Entwicklung sind noch nicht absehbar.

6b Das gilt umso mehr, als das BAG inzwischen die bisherige jahrzehntelange Rechtsprechung zur sog. **Tarifeinheit** (»ein Betrieb – ein Tarifvertrag«) auch im Falle von »Tarifpluralität« zu Recht aufgegeben und das **Nebeneinander** von unterschiedlichen Tarifverträgen verschiedener Gewerkschaften in einem Betrieb zugelassen hat.

Die frühere BAG-Rechtsprechung ist in der Literatur auf fast **einhellige Kritik** gestoßen (Nachweise bei Däubler-*Zwanziger*, Tarifvertragsgesetz, § 4 Rn. 943; Berg/Kocher/ Schumann-*Berg*, Tarifvertragsgesetz und Arbeitskampfrecht, 5. Aufl. 2015, § 4 Rn. 91 ff.).

Ihr wurde u. a. vorgeworfen, dass sie die Koalitionsfreiheit der »verdrängten« Gewerkschaft verletzt und **Tarifflucht in** »**Billigtarifverträge**« begünstigt (vgl. Beispiele bei Nauditt, AuR 2002, 255 ff.).

Der 4. Senat des BAG (»Tarifsenat«) hat inzwischen in Übereinstimmung mit dem ebenfalls für diese Rechtsfrage zuständigen 10. Senat beschlossen, die bisherige Rechtsprechung zur Tarifeinheit bei Tarifpluralität aufzugeben (BAG v. 27. 1. 2010 – 4 AZR 549/08 (A); 23. 6. 2010 – 10 AS 3/10; 7. 7. 2010 – 4 AZR 549/08). Der Grundsatz der Tarifeinheit und die Verdrängung eines Tarifvertrags durch einen anderen »spezielleren« Tarifvertrag seien gesetzlich nicht vorgesehen. Die frühere Rechtsprechung bringe die verdrängte Gewerkschaft und ihre Mitglieder um ihren Tarifschutz und sei mit dem Grundrecht der Koalitionsfreiheit nicht vereinbar.

Zu weiteren Einzelheiten → **Tarifvertrag** Rn. 58 ff.

6c Die DGB-Gewerkschaften **kritisieren** das tarifpolitische Handeln der Berufsgruppengewerkschaften.

Ein solidarisches gemeinsames tarifpolitisches Handeln aller Berufsgruppen einer Branche gegenüber den Arbeitgebern werde schwieriger.

Es bestehe die Gefahr, dass die Durchsetzung von Sonderinteressen bestimmter – starker – Berufsgruppen zu Lasten der übrigen Beschäftigten geht (dazu Hensche, Blätter für deutsche und internationale Politik 2007, S. 1029 ff.; zu den arbeitskampfrechtlichen Problemen des Streiks der Gewerkschaft Deutscher Lokomotivführer – GDL vgl. LAG Sachsen v. 2. 11. 2007, AuR 2008, 64 = NZA 2008, 59).

Andererseits können Tarifabschlüsse durchsetzungsstarker Berufsgruppengewerkschaften Ansporn für die in den DGB-Gewerkschaften organisierten Beschäftigten sein, ebenfalls solche Tarifverträge durchzusetzen.

Die Möglichkeiten der **tarifpolitischen Zusammenarbeit** (z. B. Bildung von Tarifgemeinschaften) sollten jedenfalls ausgelotet werden.

6d Ungeachtet dessen startete der DGB gemeinsam mit der Bundesvereinigung der Deutschen Arbeitgeberverbände (BDA) und mit Unterstützung der Einzelgewerkschaften (ver.di, Transnet bzw. EVG, IG Metall usw.) im Frühjahr 2010 eine **gesetzliche Initiative** für eine Wiedereinführung der »Tarifeinheit« auch im Falle von Tarifpluralität durch Gesetz.

6e Ziel der Gesetzesinitiative aus DGB-Sicht war es, einen »**Überbietungswettbewerb**« durch Berufsgruppengewerkschaften (auch Spartengewerkschaften genannt (siehe → **Gewerkschaft** Rn. 6 a) wie z. B. Vereinigung Cockpit e. V., Gewerkschaft Deutscher Lokomotivführer (GDL) oder Marburger Bund – Bundesverband der angestellten und beamteten Ärzte Deutschlands e. V. (MB) – und das Entstehen neuer Berufsgruppengewerkschaften zu erschweren.

Aus Sicht des DGB gefährden Berufsgruppengewerkschaften die solidarische Interessenvertretung aller Beschäftigten.

Gewerkschaft

Vergünstigungen, die sie für ihre Mitglieder durchsetzen, würden sich angesichts enger werdender Verteilungsspielräume zum Nachteil der anderen Beschäftigten auswirken. Das müsse verhindert werden.

Den Arbeitgebern ging es um eine **Einschränkung des Streikrechts** (zu Lasten der Minderheits-Gewerkschaft; siehe Rn. 61 a) und damit darum, das tarifpolitische Kräfteverhältnis weiter zu ihren Gunsten zu verschieben. 6f

Sie malten das Schreckgespenst von Tarifchaos und dauernden Streiks in den Betrieben an die Wand.

Die für die Tarifautonomie grundlegende Friedenspflicht während der Laufzeit eines Tarifvertrags würde untergraben, wenn für jede Berufsgruppe jederzeit neue Tarifkonflikte entstehen können.

Außerdem könne die Geltung mehrerer Tarifverträge in einem Betrieb zu praktischen Problemen führen.

BDA und DGB hatten für ihre Gesetzesinitiative (zunächst) Zustimmung nicht nur aus dem schwarz-gelben Regierungslager erhalten, sondern erstaunlicherweise auch von SPD und sogar von der Partei Die Linke. 6g

Die von der BDA/DGB-Initiative betroffenen Berufsgruppengewerkschaften holten mehrere **Rechtsgutachten** ein: Reichold, Rechtsgutachten zur Verfassungsmäßigkeit eines von BDA und DGB geplanten »Gesetzes zum Erhalt der Tarifeinheit« (August 2010); Däubler, Die gemeinsame Initiative von DGB und BDA zur Schaffung einer neuen Form von »Tarifeinheit« – Verfassungsrechtliche und völkerrechtliche Probleme – Rechtsgutachten (August 2010); Rieble, Gutachten zur Verfassungsmäßigkeit eines Gesetzes zur Regelung der Tarifeinheit im Auftrag der vorgenannten Berufsgruppengewerkschaften (August 2010). 6h

Diese kommen zu dem zutreffenden Ergebnis, dass der von BDA/DGB vorgeschlagene Gesetzentwurf unverhältnismäßig und daher **verfassungswidrig** ist (Verstoß gegen Art. 9 Abs. 3 GG).

Es wurden allerdings auch Gutachten erstattet, die eine gesetzliche Regelung der Tarifeinheit im Sinne der BDA/DGB-Initiative als **grundgesetzkonform** ansehen, weil dem Gesetzgeber bei der Ausgestaltung der in Art. 9 Abs. 3 GG garantierten Koalitionsfreiheit und Tarifautonomie ein weiter Regelungsspielraum zustehe (Scholz, Gutachten im Auftrag der BDA).

Nach Bekanntwerden der BDA/DGB-Initiative hatte sich in den Gewerkschaften eine juristische und politische Debatte um die Sinnhaftigkeit einer gesetzlichen Regelung entwickelt. 6i

Vor allem im Bereich der **Gewerkschaft ver.di** wurde die Initiative von vielen Gliederungen/Gremien kritisiert und der ver.di-Bundesvorstand aufgefordert, sich aus der Initiative zurückzuziehen.

Es setzte sich zunehmend die richtige Auffassung durch, die neue BAG-Rechtsprechung zur Tarifpluralität zu akzeptieren und sich mit den Berufsgruppengewerkschaften tarif-, betriebs- und organisationspolitisch auseinander zu setzen oder – noch besser – mit ihnen geeignete Formen der Kooperation (etwa in Tarifgemeinschaften) zu versuchen.

Die Debatte führte dazu, dass der ver.di-Gewerkschaftsrat auf Empfehlung des Bundesvorstandes Ende Mai 2011 beschloss: *»ver.di wird die gemeinsame Initiative des Deutschen Gewerkschaftsbundes (DGB) und der Bundesvereinigung der Deutschen Arbeitgeberverbände (BDA) für eine gesetzliche Regelung der Tarifeinheit nicht weiter mittragen und überdies den DGB-Bundesvorstand auffordern, die Initiative nicht weiter zu unterstützen«.*

Dieser Aufforderung ist der DGB kurz darauf nachgekommen. Der **DGB-Bundesvorstand** fasste am 7. 6. 2011 den Beschluss: *»Das politische Ziel der Tarifeinheit ist und bleibt richtig, um die Tarifpolitik zu stärken und die Tarifautonomie sicherzustellen. Der DGB sieht allerdings unter den gegebenen Bedingungen keine Möglichkeit, die Initiative von BDA und DGB weiterzuverfolgen.«*

Die Bundesvereinigung der deutschen Arbeitgeberverbände (BDA) »bedauerte« den Rückzug

Gewerkschaft

des DGB aus der Initiative. BDA-Hauptgeschäftsführer Reinhard Göhner: »*Unser gemeinsamer Vorschlag zur gesetzlichen Regelung bleibt nach meiner Überzeugung notwendig und richtig.*« (Quelle: Der Tagesspiegel vom 8.6.2011).

Bundeskanzlerin Angela Merkel (CDU) hatte den Arbeitgebern Ende 2011 versprochen, ein Gesetzgebungsverfahren im Sinne der DGB/BdA-Initiative auf den Weg zu bringen. Allerdings konnte sich die bis 2013 regierende schwarz-gelbe Koalition nicht einigen. Die federführende Arbeitsministerin Ursula von der Leyen (CDU) sprach sich für ein solches Gesetz aus, die FDP-Minister Rainer Brüderle und Sabine Leutheusser-Schnarrenberger äußerten Skepsis.

Nach Ansicht des BDA-Hauptgeschäftsführers Göhner »*gibt es einen Konsens in der Regierung über die prinzipielle Notwendigkeit einer gesetzlichen Regelung, aber leider noch keinen konkreten Vorschlag*« (Der Tagesspiegel vom 8.6.2011).

Das änderte sich nach der Bundestagswahl 2013. Im **Koalitionsvertrag von CDU/CSU/SPD 2013** wurde auf S. 70 angekündigt:

»*Tarifeinheit gesetzlich regeln*
Um den Koalitions- und Tarifpluralismus in geordnete Bahnen zu lenken, wollen wir den Grundsatz der Tarifeinheit nach dem betriebsbezogenen Mehrheitsprinzip unter Einbindung der Spitzenorganisationen der Arbeitnehmer und Arbeitgeber gesetzlich festschreiben. Durch flankierende Verfahrensregelungen wird verfassungsrechtlich gebotenen Belangen Rechnung getragen.«

Das Bundeskabinett (CDU/CSU/SPD) hat diese Verabredung umgesetzt und am 11.12.2014 den **Entwurf eines Gesetzes zur Tarifeinheit** beschlossen. Federführend war und ist SPD-Bundesarbeitsministerin Andrea Nahles.

Der nachstehende Auszug aus der Begründung des Gesetzentwurfs zeigt, dass die Bundesregierung darauf setzt, dass die Arbeitsgerichte einen **Streik der Minderheitsgewerkschaft** für ihren (nach dem Mehrheitsprinzip verdrängten) Tarifvertrag als **unverhältnismäßig und damit unzulässig** ansehen werden:

»*Die Regelungen zur Tarifeinheit ändern nicht das Arbeitskampfrecht. Über die Verhältnismäßigkeit von Arbeitskämpfen, mit denen ein kollidierender Tarifvertrag erwirkt werden soll, wird allerdings im Einzelfall im Sinne des Prinzips der Tarifeinheit zu entscheiden sein. Der Arbeitskampf ist Mittel zur Sicherung der Tarifautonomie. Der Arbeitskampf dient nicht der Sicherung der Tarifautonomie, soweit dem Tarifvertrag, der mit ihm erwirkt werden soll, eine ordnende Funktion offensichtlich nicht mehr zukommen würde, weil die abschließende Gewerkschaft keine Mehrheit der organisierten Arbeitnehmerinnen und Arbeitnehmer im Betrieb haben würde. Im Rahmen der Prüfung des Verhältnismäßigkeitsgrundsatzes sind alle Umstände des Einzelfalles zu berücksichtigen. Dazu können auch Strukturen des Arbeitgebers und die Reichweite von Tarifverträgen gehören.*«

Der **Bundesrat** hat den Gesetzentwurf am 6.2.2015 »durchgewinkt« und in einer Pressemeldung verkündet: »*... Ziel des Gesetzentwurfs ist es, Arbeitskämpfe konkurrierender Gewerkschaften im selben Unternehmen (...) zu verhindern.*«

Der **wissenschaftliche Dienst des Bundestages** (!) ist in einem Gutachten zu der Einschätzung gelangt, dass das Gesetz gegen Art. 9 Abs. 3 des Grundgesetzes verstoßen wird. Das Gesetz stelle einen »Eingriff in die kollektive Koalitionsfreiheit dar, der sachlich nicht gerechtfertigt sein dürfte«(http://www.handelsblatt.com/finanzen/steuern-recht/recht/wissenschaftlicher-dienst-tarifeinheit-verstoesst-gegen-grundgesetz/11441546.html).

Diese Einschätzung wurde und wird von namhaften **Verfassungsrechtlern** geteilt (u. a. Prof. Dr. Dr. Udo Di Fabio, Rechtsgutachten für den Marburger Bund: http://www.marburgerbund.de/artikel/allgemein/pressemitteilungen/2014/gesetzlich-auferlegter-zwang-zur-tarifeinheit-ist-verfassungswidrig oder Prof. Dr. Wolfgang Däubler (http://www.deutschlandradiokultur.de/konkurrenz-unter-gewerkschaften-verfassungswidrig-und.1008.de.html?dram:article_id=305827).

Gewerkschaft

Das Gesetz würde zudem neue **Umsetzungsprobleme** schaffen (z. B. wie stellt man die Mehrheit fest) und Abgrenzungsstreitigkeiten zwischen DGB-Gewerkschaften untereinander und zu anderen Gewerkschaften verschärfen. Das dürfte die Arbeitgeberseite freuen, nach dem Motto: »wenn zwei sich streiten ...«.

Ungeachtet der Kritik an dem Gesetzesvorhaben hat der Bundestag das **Tarifeinheitsgesetz** 6j verabschiedet (Gesetz zur Tarifeinheit vom 3.7.2015 – BGBl. I S. 1130). Das Gesetz ist am 10.7.2015 in Kraft getreten.

Kern des Gesetzes ist die neue Vorschrift des **§ 4a TVG (Tarifkollision)** und dort vor allem § 4a Abs. 2 TVG, nachstehend im Wortlaut:

»Der Arbeitgeber kann nach § 3 an mehrere Tarifverträge unterschiedlicher Gewerkschaften gebunden sein. Soweit sich die Geltungsbereiche nicht inhaltsgleicher Tarifverträge verschiedener Gewerkschaften überschneiden (kollidierende Tarifverträge), sind im Betrieb nur die Rechtsnormen des Tarifvertrags derjenigen Gewerkschaft anwendbar, die zum Zeitpunkt des Abschlusses des zuletzt abgeschlossenen kollidierenden Tarifvertrags im Betrieb die meisten in einem Arbeitsverhältnis stehenden Mitglieder hat. Kollidieren die Tarifverträge erst zu einem späteren Zeitpunkt, ist dieser für die Mehrheitsfeststellung maßgeblich.«

Zu Einzelheiten siehe → **Tarifvertrag: Tarifkonkurrenz – Tarifpluralität – Tarifkollision**.

Die **Bundesvereinigung der deutschen Arbeitgeberverbände (BDA)** begrüßte das Gesetz 6k (http://www.arbeitgeber.de/www/arbeitgeber.nsf/id/CA8F5DDD453A1D91C1257DAB00332 DEC?open&ccm=200016 11.12.2014). **Roland Wolf**, Leiter der Abteilung Arbeits- und Tarifrecht bei der Bundesvereinigung der Deutschen Arbeitgeberverbände (BDA) sagt im Interview am 3.4.2014 (www.mittelstandswiki.de): »*... Müsste er eine Wunschliste für arbeitsrechtliche Änderungen aufstellen, stünde an erster Stelle die Tarifeinheit und an zweiter eine Regelung zur Verhandlungslösung bei der Mitbestimmung, verriet uns der BDA-Funktionär.*«

Ver.di, NGG und GEW lehnten und lehnen das Gesetz ab. Sie hatten während des Gesetzgebungsverfahrens eine Unterschriftenaktion gegen das Gesetzesvorhaben gemacht: https://www.verdi.de/themen/geld-tarif/tarifeinheit. Der Text lautet:

»Tarifeinheit: JA – Eingriff ins Streikrecht: NEIN
Initiative unterzeichnen
Wir fordern die Bundesregierung auf, von einer gesetzlichen Regelung der Tarifeinheit abzusehen! Wir bekennen uns zum Prinzip, dass Gewerkschaften die Solidarität aller Beschäftigtengruppen organisieren. Ziel ist der Grundsatz »Ein Betrieb, ein Tarifvertrag« im Sinne von Flächentarifverträgen, die den Wettbewerb in einer Branche über Löhne und Arbeitsbedingungen ausschließen. Die so verstandene Tarifeinheit hat einen hohen Stellenwert für die Gewährleistung einer solidarischen und einheitlichen Interessenvertretung aller Beschäftigten in den Betrieben und Dienststellen. Tarifeinheit begrenzt die Konkurrenz, sichert die Durchsetzungsfähigkeit der Belegschaften und fördert die Akzeptanz der Tarifautonomie. Der von der Bundesregierung vorgelegte Referentenentwurf wird diesen Grundsätzen nicht gerecht, da er bei einer Kollision mehrerer Tarifverträge vorsieht, nur den Tarifvertrag der Mehrheit gelten zu lassen. Die anderen sind tariflos und ihr Streikrecht steht unter dem Vorbehalt der Verhältnismäßigkeit. Dies ist unzweifelhaft auch eine indirekte Einschränkung des Streikrechts. Wer die Tarifautonomie stärken will, darf auch Streiks als grundgesetzlich garantiertes Freiheitsrecht aus Artikel 9 Absatz 3 GG nicht einschränken. Wir lehnen jegliche Eingriffe in das Streikrecht ab!«

84787 Menschen hatten den Text bis zur Schließung der Aktion unterzeichnet (Stand: 1.10.2015).

Nach Vorliegen des Referentenentwurfs hatte sich der DGB-Vorsitzende Hoffmann befürwortend geäußert, verlangte aber Modifikationen.

In ähnlicher Weise meldeten sich auch die Vorstände von DGB-Einzelgewerkschaften z. B. der IG Metall oder der IGBCE zu Wort (Beispiel: Pressemitteilung der IG Metall vom 11.12.2014: http://www.igmetall.de/internet/pressemitteilungen–2014–15004.htm Pressemitteilung

Gewerkschaft

Nr. 47/2014). In einer Erklärung des IG Metall-Vorsitzenden Wetzel vom 13.11.2014 (http://www.igmetall.de/gesetzliche-regelung-zur-tarifeinheit–14830.htm) heißt es:
»*IG Metall-Vorsitzender Detlef Wetzel warnt in diesem Zusammenhang jedoch vor einer grundlegenden Kritik an dem Gesetzentwurf, wie sie derzeit in Form von Unterschriftenaktionen geschieht.*

Akteure einzelner DGB-Gewerkschaften, die sich gegen den Gesetzesentwurf zur Regelung der Tarifeinheit stellen, müssen sich über eines klar sein: Mit der Ablehnung des Mehrheitsprinzips unterstützen sie – gewollt oder ungewollt – neoliberale Wunschträume über eine Spaltung der Arbeitnehmerseite, erklärte Detlef Wetzel.«

Mehrere Verwaltungsstellen der **IG Metall** hatten sich demgegenüber gegen den Kurs des IG Metall-Vorstandes ausgesprochen – in Form von Beschlüssen von Delegiertenversammlungen und durch Anträgen an den 23. Ordentlichen Gewerkschaftstag vom 18. bis 24.10.2015 in Frankfurt am Main. Am Ende votierte der IG Metall-Gewerkschaftstag aber mehrheitlich für das Gesetz.

6l Nach zutreffender Ansicht Vieler (u. a. Berg/Kocher/Schumann-*Berg*, Tarifvertragsgesetz und Arbeitskampfrecht, 5. Aufl. 2015, § 4 a Rn. 6 ff.) ist § 4 a TVG allein schon deshalb **verfassungswidrig**, weil die angeordnete Verdrängung des »Minderheitstarifvertrages« durch »Mehrheitstarifvertrag« den ein sachlich nicht gerechtfertigter **Eingriff in die Koalitionsfreiheit** ist und damit Art. 9 Abs. 3 GG verletzt (strittig; zum Meinungsstand Berg/Kocher/Schumann-*Berg*, a. a. O., § 4 a Rn. 6 ff.).

Ob die Tarifbestimmung darüber hinaus das ebenfalls durch Art. 9 Abs. 3 GG geschützte **Streikrecht** einer Minderheitsgewerkschaft zur Durchsetzung des von ihr angestrebten Tarifvertrags ausschließt, ist ebenfalls umstritten (zum Meinungsstand vgl. Berg/Kocher/Schumann-*Berg*, a. a. O.; § 4 a Rn. 107 ff. – vor allem Fußnoten 154 und 155).

Von Kritikern des Tarifeinheitsgesetzes wird die Gefahr gesehen, dass ein Streik für einen Tarifvertrag, der nach Maßgabe des § 4 a Abs. 2 TVG nicht zur Anwendung kommt, nicht gestreikt werden kann, weil das den im Arbeitskampfrecht geltenden Verhältnismäßigkeitsgrundsatz verletzen könnte. Auch in der Gesetzesbegründung (BT-Drucks 18/4062, S. 12) wird diese Erwartung zum Ausdruck gebracht. In Berg/Kocher/Schumann-*Berg*, a. a. O., § 4 a Rn. 107 ff., 110 wird die Ansicht vertreten, dass ein Streik zur Durchsetzung eines kollidierenden Tarifvertrags zulässig sei, solange keine Tarifkollision i. S. d. § 4 a Abs. 2 Satz 2 TVG vorliege und damit auch der Mehrheitstarifvertrag nicht identifiziert werden könne.

6m Letztlich wird man abwarten müssen, wie die Gerichte (Arbeitsgerichte / Bundesverfassungsgericht) entscheiden.

Beim BVerfG sind aktuell mehrere **Verfassungsbeschwerden** von Berufsgruppengewerkschaften gegen das Tarifeinheitsgesetz (§ 4 a TVG) anhängig (u. a. Az. 1 BvR 1571/15; 1BvR 1582/15; 1 BvR 1588/15 und 1 BvR 1707/15 und 1 BvR 1803/15).

Nach Aussage des BVerfG wird hierüber bis Ende 2016 entschieden werden (siehe hierzu nachstehende Pressemitteilung).

Mit **Anträgen auf einstweilige Anordnung** sollte zudem verhindert werden, dass das im Juli in Kraft getretene Gesetz bis zu einer Entscheidung angewendet wird.

Die Anträge wurden vom BVerfG mit Beschluss vom 6.10.2015 – 1 BvR 1571/15, 1 BvR 1588/15, 1 BvR 1582/15 abgelehnt.

Hierzu ein Auszug aus der Pressemitteilung des BVerfG Nr. 73/2015 vom 9.10.2015: »*Mit heute veröffentlichtem Beschluss hat der Erste Senat des Bundesverfassungsgerichts drei Anträge auf Erlass einer einstweiligen Anordnung gegen das Tarifeinheitsgesetz abgelehnt. Soll ein Gesetz außer Vollzug gesetzt werden, gelten besonders hohe Hürden. Vorliegend sind jedoch keine entsprechend gravierenden, irreversiblen oder nur schwer revidierbaren Nachteile feststellbar, die den Erlass einer einstweiligen Anordnung unabdingbar machten. Derzeit ist nicht absehbar, dass den Beschwerdeführern bei Fortgeltung des Tarifeinheitsgesetzes bis zur Entscheidung in der Haupt-*

Gewerkschaft

sache das Aushandeln von Tarifverträgen längerfristig unmöglich würde oder sie im Hinblick auf ihre Mitgliederzahl oder ihre Tariffähigkeit in ihrer Existenz bedroht wären. Im Hauptsacheverfahren, dessen Ausgang offen ist, strebt der Erste Senat eine Entscheidung bis zum Ende des nächsten Jahres an. ... Es bleibt den Beschwerdeführern unbenommen, bei einer erheblichen Änderung der tatsächlichen Umstände einen erneuten Antrag auf Erlass einer einstweiligen Anordnung zu stellen. Die Sicherungsfunktion der einstweiligen Anordnung kann es auch rechtfertigen, dass der Senat ohne einen entsprechenden Antrag der Beschwerdeführer eine solche von Amts wegen erlässt.«

Zu weiteren Einzelheiten des Tarifeinheitsgesetzes siehe → **Arbeitsgericht** Rn. 2a und 11c, → **Arbeitskampf** Rn. 1e, → **Tarifvertrag** Rn. 65a ff. und → **Tarifvertrag: Tarifkonkurrenz – Tarifpluralität – Tarifkollision.**

Aufgaben und Betätigungsfelder der Gewerkschaften

Hauptaufgaben und Betätigungsfelder der Gewerkschaften sind: 7
- die Tarifpolitik (Abschluss von Tarifverträgen; siehe → **Tarifvertrag**),
- die Zusammenarbeit mit dem Betriebsrat und der Belegschaft im Rahmen der Betriebsverfassung,
- die Einwirkung auf Politik und Gesetzgebung mit dem Ziel der Verbesserung der Arbeits- und Lebensbedingungen,
- die Vertretung ihrer Mitglieder vor den Arbeits- und Sozialgerichten,
- die Wahrnehmung von Aufgaben und Rechten in vielen Bereichen des Arbeits-, Sozial- und Wirtschaftslebens (z. B. Entsendung von ehrenamtlichen Richtern zu den Arbeits- und Sozialgerichten, Entsendung von Vertretern in die Organe der Sozialversicherung usw.).

In den vorgenannten Bereichen treten die Gewerkschaften den Arbeitgeberverbänden als ihrem »sozialen Gegenspieler« gegenüber (siehe → **Arbeitgeberverband**). 8

Koalitionsfreiheit (Art. 9 Abs. 3 GG)

Art. 9 Abs. 3 GG garantiert jedem das Recht, einer Gewerkschaft beizutreten und sich für die Gewerkschaft und in der Gewerkschaft zu betätigen (sog. **Koalitionsfreiheit**). 9
Aber auch die **Gewerkschaften selbst** sind durch Art. 9 Abs. 3 Satz 1 GG in ihrer Existenz, ihrer organisatorischen Autonomie und ihrer Betätigung geschützt.

Art. 9 Abs. 3 GG schützt eine Gewerkschaft auch darin, der Arbeitgeberseite in einer konkreten Tarifvertragsverhandlungssituation Angaben über ihren **Organisationsgrad** und die Verteilung ihrer Mitglieder in bestimmten Betrieben **vorzuenthalten**. Verlangt ein Arbeitgeber während laufender Tarifvertragsverhandlungen von seinen Arbeitnehmern die Offenlegung ihrer Gewerkschaftszugehörigkeit, handelt es sich um eine **gegen die gewerkschaftliche Koalitionsbetätigungsfreiheit gerichtete Maßnahme** (BAG v. 18.11.2014 – 1 AZR 257/13). 9a

Auch die Mitgliederwerbung ist Teil der durch Art. 9 Abs. 3 Satz 1 GG geschützten Betätigungsfreiheit der Gewerkschaften. 10
Sie haben grundsätzlich ein sog. »**koalitionsrechtliches Zutrittsrecht**« zu Betrieben, um dort – auch durch betriebsfremde Beauftragte – Mitglieder zu werben (BAG v. 22.6.2010 – 1 AZR 179/09, AiB 2011, 137 = NZA 2010, 1365; 28.2.2006 – 1 AZR 460/04 und – 1 AZR 461/04, NZA 2006, 798; DKKW-*Berg*, BetrVG, 15. Aufl., § 2 Rn. 105 ff., 120 ff.; zum Zutrittsrecht zwecks Wahrnehmung betriebsverfassungsrechtlicher Aufgaben siehe Rn. 20 ff.).
Dies gilt unabhängig davon, ob die Gewerkschaft in dem Betrieb bereits Mitglieder hat.
Nach Ansicht des BAG ist das Zutrittsrecht allerdings nicht unbeschränkt.
Ihm können die verfassungsrechtlich geschützten **Belange des Arbeitgebers**, insbesondere

Gewerkschaft

dessen Interesse an einem störungsfreien Arbeitsablauf und der Wahrung des Betriebsfriedens entgegenstehen.
Maßgeblich sind die **Umstände des Einzelfalls** (BAG v. 22.6.2010 – 1 AZR 179/09, a.a.O.; 28.2.2006 – 1 AZR 460/04 und – 1 AZR 461/04, a.a.O.).

10a Das BAG kommt nach einer Abwägung der beiderseitigen Grundrechtspositionen (Gewerkschaft: Art. 9 Abs. 3 GG; Arbeitgeber: Art. 12 Abs. 1, 13 und 14 Abs. 1 GG) zu folgenden Ergebnissen (BAG v. 22.6.2010 – 1 AZR 179/09, a.a.O.):
- Der Arbeitgeber muss den Zutritt betriebsfremder Gewerkschaftsbeauftragter dulden, wenn eine zuständige Gewerkschaft **einmal im Kalenderhalbjahr** in Pausenzeiten gewerkschaftliche Werbemaßnahmen im Betrieb durchführen will.
- Verlangt die Gewerkschaft **häufiger** Zutritt, hat sie die Notwendigkeit weiterer betrieblicher Werbemaßnahmen im Einzelnen aufzuzeigen (Beispiel einer Begründung: Wegen Schichtarbeit erreicht man bei den beiden »Standardterminen« nicht alle Beschäftigten). Erfüllt die Gewerkschaft die ihr obliegende Darlegungslast, hat der Arbeitgeber im Einzelnen vorzutragen, aus welchen Gründen seine verfassungsrechtlich geschützten Rechtsgüter vorrangig sind.
- Die Gewerkschaft muss den Besuchstermin angemessene Zeit zuvor **ankündigen**, um dem Arbeitgeber Gelegenheit zu geben, mittels organisatorischer Maßnahmen etwaige Störungen des Betriebsfriedens und des Betriebsablaufs zu verhindern. Dabei ist von einer Regelfrist von einer Woche auszugehen ist. Dies ist bereits bei der Antragstellung zu beachten.«

10b Die Gewerkschaft, aber auch das einzelne Mitglied kann im Betrieb jedenfalls auch dann während der Arbeitszeit **Mitgliederwerbung** betreiben, wenn dadurch keine erheblichen Störungen des Arbeitsablaufs eintreten (BVerfG v. 14.11.1995 – 1 BvR 601/92, NZA 1996, 381).

10c Werbung, die im Rahmen gängiger Kontakte und Unterhaltungen zwischen Arbeitskollegen während der Arbeitszeit stattfindet, ist in jedem Fall **zulässig** (strittig; vgl. DKKW-*Berg*, BetrVG, 15. Aufl., § 2 Rn. 122).

11 Zum geschützten Betätigungsrecht der Gewerkschaft gehört auch und insbesondere das Recht, die Arbeits- und Wirtschaftsbedingungen durch Abschluss von → **Tarifverträgen** mit den Arbeitgebern und ihren Verbänden zu gestalten (**Tarifautonomie**).
Auch das **Streikrecht** ist durch Art. 9 Abs. 3 Grundgesetz verfassungsrechtlich garantiert.

12 Alle Abreden und Maßnahmen, die die Koalitionsfreiheit einschränken, sind nach Art. 9 Abs. 3 Grundgesetz unzulässig und unwirksam.

> **Beispiele:**
> - Ein Arbeitnehmer, der gewerkschaftliche Funktionen oder Mandate wahrnimmt (z.B. Delegierter zum Gewerkschaftstag, Mitglied der Tarifkommission oder anderer wichtiger Gewerkschaftsgremien), hat gegen den Arbeitgeber einen Anspruch auf unbezahlte Freistellung zu einer Tagung dieser Gremien (Landgericht Köln v. 11.1.1990 – 8 Sa 1020/89). Der Anspruch kann mit Hilfe einer einstweiligen Verfügung durchgesetzt werden (ArbG Wilhelmshaven v. 22.5.1989 – 1 Ga 14/89)
> - Gewerkschaftliche Vertrauensleute dürfen wegen ihrer gewerkschaftlichen Betätigung nicht benachteiligt oder gemaßregelt werden (siehe auch § 75 BetrVG).
> Ein Gewerkschaftssekretär darf als Zeuge in einem Verfahren, in dem der Arbeitgeber Beteiligter ist, die Nennung der Namen der von dem Arbeitgeber beschäftigten gewerkschaftsangehörigen Arbeitnehmer, die ihm aufgrund seiner Stellung als zuständiger Sekretär für den Betrieb bekannt geworden sind, verweigern, wenn die Arbeitnehmer damit nicht einverstanden sind. Insoweit steht dem Gewerkschaftssekretär ein Aussageverweigerungsrecht nach § 383 Abs. 1 Nr. 6 ZPO zu (LAG Hamm v. 10.8.1994 – 3 TaBV 92/94, DB 1994, 2193).

12a **Streikrecht, Streikbereitschaft** und **Streikfähigkeit** bilden das »**Rückgrat**« einer Gewerkschaft.
Würde man den Gewerkschaften das durch Art. 9 Abs. 3 GG gewährleistete Streikrecht neh-

Gewerkschaft

men, entstünde ein Gebilde, das von der Arbeitgeberseite nicht mehr ernst genommen würde. Dass die Arbeitnehmer und ihre Gewerkschaften auf das Streikrecht angewiesen sind, hat das BAG einmal zutreffend wie folgt ausgedrückt: »**Tarifverhandlungen ohne Streikrecht sind nicht mehr als kollektives Betteln**« (BAG v. 10. 6. 1980 – 1 AZR 168/79, DB 1980, 1274; siehe auch → **Arbeitskampf** Rn. 1 ff.).

Die **Durchsetzungskraft** der Gewerkschaften in ihrem Kerngeschäft (der Tarifpolitik) wird durch tatsächliche Entwicklungen in der Wirtschaft und Gesellschaft, aber auch durch Eingriffe der Gesetzgebung und der Rechtsprechung immer wieder geschwächt/angegriffen/ausgehöhlt.

Mit erheblichen – für die Gewerkschaft und die Arbeitnehmer nachteiligen – Folgen für das von der Rechtsprechung als oberstes Gebot des Arbeitskampfes herausgehobene **Paritätsprinzip** (das Kräftegleichgewicht am Verhandlungstisch; siehe → **Arbeitskampf** Rn. 1).

Nachstehend hierzu ein paar Stichworte – eine keineswegs abschließende Liste.

Tatsächliche Entwicklungen und Aktivitäten der Unternehmer/Verbände

- Anhaltende Massenarbeitslosigkeit führt zu Ängsten und sinkender Streikbereitschaft (vor allem in Krisenzeiten).
- Spaltung der Belegschaften: Stammbelegschaft, Randbelegschaften (Leiharbeitnehmer, Werkvertragskräfte).
- Spaltung der Betriebsräte (durch Installation und Förderung arbeitgeberfreundlicher Fraktionen/Personen).
- Tarifflucht durch Verbandsaustritt und OT-Wechsel; Ziel: man will sich zukünftige Tarifänderungen (Tariferhöhungen) »ersparen«.
- Tarifflucht durch Unternehmensspaltungen/Ausgliederungen: durch Verbandszugehörigkeit oder Firmentarifvertrag tarifgebundene Arbeitgeber versuchen, sich der Tarifbindung zukünftig dadurch zu entziehen, dass sie den Betrieb im Wege des Betriebsübergangs nach § 613a BGB auf ein ggf. neugegründetes, nicht tarifgebundenes Unternehmen (= neuer Inhaber) übertragen. Nach Ablauf der einjährigen Veränderungssperre werden die Arbeitnehmer mit allerlei Drohungen zum Abschluss verschlechternder vertraglicher Vereinbarungen »bewegt«. Diese Variante der Tarifflucht wird von arbeitgebernaher Seite als »Königsweg« der Tarifflucht bezeichnet (Löwisch/Rieble, Tarifvertragsgesetz, 3. Aufl. 2012, § 3 Rn. 360: »*Anders als im Nachbindungszeitraum (nach § 3 Abs. 3 TVG; der Verf.) ist die durch die Veränderungssperre (des § 613a Abs. 1 Satz 2 BGB; der Verf.) ausgelöste quasi-zwingende Wirkung auf maximal ein Jahr begrenzt, so dass der Erwerber schnell – und einheitlich gegenüber allen Tarifverträgen – seine Arbeitsvertragsfreiheit zurück gewinnt. Das macht den Betriebsübergang zu einem »Königsweg« der Tarifflucht.*«
- Die anhaltende Tarifflucht hat zu einer dramatischen Abnahme der Tarifbindung von Unternehmen geführt. Es kommt nicht von ungefähr, dass auch Gewerkschaften einen gesetzlichen Mindestlohn fordern.
- Zurückweisung von tarifpolitischen Initiativen der Gewerkschaften mit der Ankündigung, man könne Produktion und Investition ins billigere Ausland verlagern, wenn es hier zu teuer werde. Die Drohung mit Standortverlagerung hat die Arbeitgeberseite zu einem äußerst wirksamen Arbeitskampfinstrument entwickelt. Der Arbeitsrechtler Gamillscheg hat das auf den Punkt gebracht (RdA 2005, 79): »*Heute könnte man auf die Aussperrung freilich ganz verzichten, der Hinweis auf die Verlegung der Produktion nach Tschechien oder sonst wohin tut die gleichen Dienste.*«
- Unternehmen/Verbände drehen – im Bewusstsein ihrer Stärke – in Tarifbewegungen den Spieß um: sie greifen den erreichten tariflichen Besitzstand an und setzen mit Erpressung

Gewerkschaft

eine Verschlechterung des Tarifniveaus durch. Dabei werden die Tarifverträge nicht gekündigt, sondern man droht mit Standortverlagerung.
- Und wenn es mal zu einem Streik kommt: Systematisch vom Arbeitgeber organisierter Streikbruch in Form des Einsatzes einer Ersatzbelegschaft bestehend aus Leiharbeitnehmern, Werkvertragskräften und/oder befristet für die Dauer des Streiks eingestellten Arbeitnehmern (Beispiel Neupack-Streik; siehe → **Arbeitskampf** Rn. 35).

Lobbytätigkeit der Unternehmensverbände

- Allen voran BDA, Gesamtmetall usw. ...
- Aktivitäten der »Initiative Neue soziale Marktwirtschaft« ...
- Ein Heer von Juristen (Professoren, Anwaltskanzleien, Verbandsjuristen, usw.), die ihre Bestimmung darin sehen, arbeitgeberfreundliche Rechtspositionen an den Universitäten im Rahmen der Juristenausbildung, in Arbeitsrechtszeitschriften und in Fachtagungen/Seminaren für Arbeitgeber/Personalleiter zu verbreiten. Ein Beispiel ist das »Zentrum für Arbeitsbeziehungen und Arbeitsrecht (ZAAR) – eine Einrichtung, deren erklärtes Ziel es ist, Arbeitgeberideologien und an Arbeitgeberinteressen ausgerichtete Rechtspositionen zu fördern. Dort wirken die Professoren Dr. Volker Rieble, Dr. Richard Giesen, Dr. Abbo Junker (siehe auch → Literatur für die Betriebsratsarbeit). Das ZAAR wird getragen von der Stiftung für Arbeitsbeziehungen und Arbeitsrecht (StAR). Diese wurde am 21.8.2003 im Zusammenwirken mit der Ludwig-Maximilians-Universität (LMU) in München errichtet. Betreiber und Träger der Stiftung: der Metall-Arbeitgeberverband Süd-West-Metall (Präsident Dr. Ottmar Zwiebelhofer – Hauptgeschäftsführer Dr. Ullrich Brocker), der Bundesarbeitgeberverband Chemie (Vizepräsident Egbert Voscherau – Hauptgeschäftsführer Hans-Paul Frey) und die Vereinigung der bayrischen Wirtschaft und der bayrischen Metall- und Elektroindustrie (Präsident Randolf Rodenstock – Hauptgeschäftsführer Stephan Götzl).
- Dagegen ist die Gruppe der arbeitnehmer-/gewerkschaftsnahen Juristen überschaubar. Das Zahlenverhältnis dürfte dem von Römern und Bewohnern des berühmten Gallier-Dorfs (Asterix und Obelix) entsprechen.

Eingriffe des Gesetzgebers

- Blüm/Kohl 1986: Entzug des Kurzarbeitergeldes bei Fernwirkungen eines Arbeitskampfes (früher: § 116 AFG; heute: §§ 100, 160 SGB III 2012; siehe → **Arbeitskampf** Rn. 70).
- Schröder/Clement: Beseitigung aller Fesseln der Leiharbeit; Einführung der Möglichkeit, das Equal-Pay-Gebot durch verschlechternde Tarifverträge zu unterlaufen (§ 3 Abs. 1 Nr. 3, § 9 Nr. 2 AÜG; siehe → **Arbeitnehmerüberlassung/Leiharbeit** Rn. 23 ff.).
- Koalitionsvertrag der CDU/CSU/SPD 2013: Gesetz zur Einschränkung des Streikrechts einer Minderheitsgewerkschaft (»Tarifeinheitsgesetz«; siehe oben Rn. 6 i und j).
- Die Polizeigesetze der Bundesländer sind so ausgestaltet, dass sie im Streikfall Eingriffe der Polizei zugunsten der Arbeitgeberseite erlauben (z. B. Durchsetzung einer einstweiligen Streikgassenverfügung des Arbeitsgerichts).

Untätigkeit des Gesetzgebers

- Nur der Streikbruch durch Leiharbeitnehmer soll laut Koalitionsvertrag der CDU/CSU/SPD 2013 gesetzlich verboten werden (nachdem schon in den Leiharbeitstarifverträgen ein Verbot geregelt ist). Die Arbeitgeber sind schon viel weiter: Streikbruch durch Einsatz von

Gewerkschaft

befristet für die Dauer des Streiks eingestellten Arbeitnehmern und/oder Werkvertragskräften.
* Weigerung, den von den Unternehmen vorangetriebenen Austausch »eigener« Arbeitnehmer durch Beschäftigte von Fremdfirmen (Werkvertragsarbeit) durch wirksame Regeln zu stoppen (laut Koalitionsvertrag der CDU/CSU/SPD 2013 sollen nur »*rechtswidrige Vertragskonstruktionen bei Werkverträgen*« verhindert werden: das behindert in keinster Weise die Praxis der Verlagerung von bisher selbst wahrgenommenen Funktionen auf Fremdfirmen/Zulieferer); die Rechtsabteilung von Daimler, BMW usw. werden schon dafür sorgen, dass die »rechtswidrige Vertragskonstruktionen« vermieden werden.

Eingriffe der Rechtsprechung

* Mit Art. 9 Abs. 3 GG nicht vereinbare Einschränkungen des Streikrechts (nur tariflich regelbare Ziele, keine Streiks gegen arbeitnehmerschädliche Unternehmerentscheidungen: Betriebsstilllegung, Verlagerung, Ausgliederung usw.).
* Beseitigung der Mitbestimmungsrechte des Betriebsrats in Betrieben, die von Streik/Aussperrung oder Fernwirkungen betroffen sind: keine Mitbestimmung bei Einstellungen und Versetzungen zum Zwecke des Streikbruchs, keine Mitbestimmung beim Streikbruch in Form von Überstunden »Arbeitswilliger«, keine Mitbestimmung beim »Ob« der arbeitskampfbedingten Kurzarbeit, usw.
* Zulassung der sog. Abwehraussperrung, aber auch Zulassung von Aussperrungsexzessen bei Firmentarifauseinandersetzungen: beispielsweise hat das ArbG Detmold v. 28. 10. 2009 – 1 Ga 20/09 eine Aussperrung von 91 Tagen als Antwort auf einen 58 Tagen dauernden Streik angesehen.
* Arbeitgeberfreundliche »Streikgassenverfügungen« von manchen Arbeitsgerichten, die den Streikbruch durch Leiharbeitnehmer, befristet Eingestellte usw. möglich machen/sicherstellen.
* Die »gewerkschaftsfreundlichen Gegenleistungen« der BAG-Rechtsprechung (relativ streikfreundliche Entscheidungen zu Unterstützungsstreik, »Flash-Mob« und Sozialtarifvertragsstreiks) können die »paritätswidrige« Gesetzgebung und Rechtsprechung etwa zu »Kalter Aussperrung« nicht kompensieren (zumal Unterstützungsstreik und Flash-Mob nur schwer zu realisieren sind).
* Das BVerfG sieht immerhin die Gefahr einer Paritätsverletzung, tut aber nichts dagegen. Zitat aus BVerfG zu kalter Aussperrung: BVerfG v. 4. 7. 1995 – 1 BvF 2/86, AiB 1995, 595 = NZA 1995, 754:
  »*1. § 116 Abs. 3 Satz 1 AFG (heute; § 160 Abs. 3 Satz 1 SGB III 2012) ist mit dem Grundgesetz vereinbar. Treten in der Folge dieser Regelung strukturelle Ungleichheiten der Tarifvertragsparteien auf, die ein ausgewogenes Aushandeln der Arbeits- und Wirtschaftsbedingungen nicht mehr zulassen und durch die Rspr. nicht ausgeglichen werden können, muss der Gesetzgeber Maßnahmen zur Wahrung der Tarifautonomie treffen.*
  2. Das Grundrecht der Koalitionsfreiheit bedarf der Ausgestaltung durch die Rechtsordnung, soweit es die Beziehungen zwischen Trägern widerstreitender Interessen zum Gegenstand hat. Dem Gesetzgeber kommt dabei ein weiter Handlungsspielraum zu. Bei der Beurteilung, ob die Parität zwischen den Tarifvertragsparteien gestört ist und welche Auswirkungen eine Regelung auf das Kräfteverhältnis hat, steht ihm eine Einschätzungsprärogative zu.
  3. Das auch den Schutz von Arbeitskampfmaßnahmen mitumfassende Grundrecht der Koalitionsfreiheit (vgl. BVerfG v. 3. 2. 1993 – 1 BvR 1213/85, BVerfGE 88, 103) bedarf der Ausgestaltung durch die Rechtsordnung, soweit es die Beziehungen zwischen Trägern widerstreitender Interessen zum Gegenstand hat. Bei der sich an Sinn und Zweck des Art 9 Abs. 3 GG sowie an seiner Einbettung in die verfassungsrechtliche Ordnung orientierten

Gewerkschaft

einfachrechtlichen Ausgestaltung des Rechts der Koalitionsfreiheit hat der Gesetzgeber einen weiten Handlungsspielraum: Solange die Tarifautonomie als ein Bereich gewahrt bleibt, in dem die Tarifvertragsparteien ihre Angelegenheiten grundsätzlich selbstverantwortlich und ohne staatliche Einflussnahme regeln können (vgl. BVerfG v. 3.1.1979 – 1 1 BvR 532/77, BVerfGE 50, 290), ist der Gesetzgeber nicht gehindert, die Rahmenbedingungen von Arbeitskämpfen zu ändern, sei es aus Gründen des Gemeinwohls, sei es, um gestörte Paritäten wieder herzustellen (vgl. BVerfG v. 26.6.1991 – 1 1 BvR 779/85, BVerfGE 84, 212)

4. *Bei der Beurteilung der Frage, ob die Regelung den Gewerkschaften die Fähigkeit nimmt, einen wirksamen Arbeitskampf zu führen, ist von der Einschätzung durch den Gesetzgeber auszugehen, da dem Gesetzgeber die politische Verantwortung für eine zutreffende Erfassung und Bewertung der maßgebenden Faktoren zusteht. Das BVerfG kann sich nicht durch eine eigene Einschätzung an seine Stelle setzen. Die Grenze der Verfassungswidrigkeit ist daher erst dann überschritten, wenn sich deutlich erkennbar abzeichnet, dass eine Fehleinschätzung vorgelegen hat oder die angegriffene Maßnahme von vornherein darauf hinauslief, ein vorhandenes Gleichgewicht der Kräfte zu stören oder ein Ungleichgewicht zu verstärken.*

5. *Stellt sich trotz einer zunächst verfassungsrechtlich zulässigen Regelung eine nachhaltige Störung der Funktionsfähigkeit der Tarifautonomie ein, so ist diese Entwicklung in dem Maße korrekturbedürftig, in dem sich zeigt, dass strukturelle Ungleichgewichte auftreten, die ein ausgewogenes Aushandeln der Arbeits- und Wirtschaftsbedingungen nicht mehr zulassen und die in dem der Rechtsprechung gezogenen Rahmen nicht ausgeglichen werden können.«*

Einflussnahme »arbeitgeberfreundlicher« Medien (»Kampf um die Köpfe«)

- Streikfeindliche Berichterstattung.
- ... und per Fernsehen jede Menge »Opium fürs Volk«.

Die Folgen der Gesamtentwicklung sind unübersehbar

Der letzte größere Streik hat im Bereich der Metallindustrie 2003 in Ostdeutschland stattgefunden: Versuch der Durchsetzung der 35-Stundenwoche auch in den neuen Bundesländern. Der Streik endete mit einer Niederlage. Besonders bedrückend: die IG Metall wurde von mehreren Gesamtbetriebsratsvorsitzenden der Automobilindustrie öffentlich aufgefordert, den Streik zu beenden. Und das, obwohl die Fernwirkungen des Ost-Streiks in den West-Betrieben nicht zu einem Verlust des Anspruchs der (in den West-Betrieben) beschäftigten Arbeitnehmer auf Kurzarbeitergeld geführt hätten (siehe → **Arbeitskampf** Rn. 70).

Erfreulich ist, dass die Gewerkschaften ihre Anstrengungen zur Stärkung von **Streikbereitschaft und -fähigkeit** in den Betrieben verstärken mit dem Ziel, das in eine deutliche Schieflage geratene »Kräfteverhältnis« (Parität) mit der Arbeitgeberseite wieder ein wenig ausgewogener zu gestalten:

> **Beispiele:**
> - Verstärkung der betriebspolitischen Arbeit in den Betrieben
> - Beteiligung der Beschäftigten
> - Tarifprojekte (z.B. Tarif macht stark ...),
> - Ausprobieren neuer Arbeitskampfformen: Unterstützungsstreik (Beispiel Werft: Unterstützungsstreik der Stammbelegschaft für einen Streik bei einem Zulieferer), Flash-Mob im Einzelhandel usw.
> - Sozialtarifvertragsstreiks
> - Tarifpolitische Aktivitäten in kleinen und mittleren nicht tarifgebundenen Unternehmen (z.B. Neupack-Streik ...)

Gewerkschaft

Gewerkschaftlicher Organisationsgrad im Betrieb

Entscheidend für die **Durchsetzungsfähigkeit** einer Gewerkschaft ist die Frage, ob und wie viele Mitglieder sie in den Betrieben hat. In einem tarifvertragslosen Betrieb mit beispielsweise 300 Beschäftigten, in dem nur 10 % der Arbeitnehmer organisiert sind, wird es nicht möglich sein, einen »guten« Firmentarifvertrag (siehe Checklisten im Anhang zu den Stichwörtern → **Arbeitgeber** und → **Tarifvertrag**) gegen einen verhandlungsunwilligen Arbeitgeber durchzusetzen; insbesondere wird die Durchführung eines Warnstreiks (um den Forderungen Nachdruck zu verleihen) in diesem Betrieb nicht möglich sein. 13

Ganz anders sieht das naturgemäß in einem Betrieb aus, der z. B. zu 90 % organisiert ist. Die Höhe des Organisationsgrades wirkt sich natürlich auch auf die Ergebnisse von Tarifauseinandersetzungen um einen Flächen-/Verbandstarifvertrag (siehe → **Tarifvertrag**) aus. Wenn die Gewerkschaft in den Tarifverhandlungen mit dem Arbeitgeberverband auf viele mitgliederstarke und damit »arbeitskampffähige« Betriebe verweisen kann, werden die erzielten Ergebnisse besser sein als im umgekehrten Fall. 14

Dass die Tarifverträge z. B. in der Metallindustrie für die Beschäftigten vergleichsweise bessere Regelungen (z. B. höheres Arbeitsentgelt, kürzere Arbeitszeit) aufweisen als Tarifverträge in manchen anderen Bereichen, ist nicht auf ein besseres Verhandlungsgeschick von Gewerkschaftsfunktionären zurückzuführen, sondern vor allem auf den relativ hohen **Organisationsgrad** in vielen Betrieben der Metallindustrie.

Das Ganze lässt sich auf die schlichte Formel bringen: hoher Organisationsgrad = größere Durchsetzungskraft = bessere Tarifverträge. 15

Den **Zusammenhang** zwischen Organisationsgrad, Durchsetzungs- und Arbeitskampffähigkeit und Tarifergebnissen kennen auch die Arbeitgeber und ihre Verbände: 16

- Um den Organisationsgrad niedrig zu halten, werden die Tarifergebnisse (durch entsprechende Verweisungs-/Gleichstellungsklauseln im → **Arbeitsvertrag**) an die nichtorganisierten Arbeitnehmer weitergegeben (der Erfolg dieses Vorgehens ist – leider – groß: viele Beschäftigte bleiben, da sie die Leistungen des Tarifvertrages auch ohne Zahlung eines Mitgliedsbeitrages bekommen, der Gewerkschaft fern).
- Außerdem wollen die Arbeitgeber in jeder Tarifrunde sehen, »welche Karten die Gewerkschaft auf der Hand hat«; das heißt, ob sie in der Lage ist, Druck auszuüben. Anders ausgedrückt: Die Bereitschaft der Arbeitgeber, über gewerkschaftliche Forderungen zu verhandeln und sich auf einen Kompromiss einzulassen, steigt in dem Maße, in dem es der Gewerkschaft gelingt, die Fähigkeit zur Anwendung gewerkschaftlicher Kampfmittel (vom Warnstreik bis hin zum Erzwingungsstreik; siehe → **Arbeitskampf**) glaubhaft zu machen.

Zu der Frage, ob sog. **Differenzierungsklauseln** in Tarifverträgen zugunsten der gewerkschaftlich organisierten Arbeitnehmer (auch »**Bonusregelungen**« genannt) zulässig sind, siehe → **Tarifvertrag: Tarifbindung**. 16a

Eine Gewerkschaft hat nach zutreffender Ansicht des LAG Köln gegen ein Unternehmen keinen Anspruch darauf, dass dieses die Umsetzung einer mit einer anderen Gewerkschaft vereinbarten Bonusregelung unterlässt (LAG Köln v. 17. 1. 2008 – 6 Sa 1354/07, DB 2008, 1979). 16b

Mit Rücksicht auf den durch Art. 9 Abs. 3 Satz 1 GG gewährleisteten Koalitionspluralismus könne nicht jede Maßnahme, die sich faktisch als Behinderung der Tätigkeit einer konkurrierenden Koalition darstellt (hier: Umsetzung einer Sondervereinbarung zugunsten der Mitglieder einer Gewerkschaft), durch einen Unterlassungsanspruch verhindert werden.

Das Abwehrrecht der einen Gewerkschaft gehe dem Betätigungsrecht der anderen Gewerkschaft nicht zwingend vor.

Zur Frage, welcher → **Tarifvertrag** auf ein Arbeitsverhältnis Anwendung findet, wenn der 16c

1207

Gewerkschaft

Arbeitgeber an mehrere – mit verschiedenen Gewerkschaften abgeschlossene – Tarifverträge gebunden ist, siehe → **Tarifvertrag** Rn. 58 ff.).
Besonders zu beachten ist die vom 4. Senat des BAG beschlossene Änderung der bisherigen ständigen Rechtsprechung zur »Tarifeinheit bei Tarifpluralität« (BAG v. 27. 1. 2010 – 4 AZR 549/08 (A), ZA 2010, 645); siehe Rn. 6 b ff. und → **Tarifvertrag** Rn. 61).

16d Zu **Internetadressen** der DGB-Gewerkschaften: siehe → **EDV im Betriebsratsbüro – Internet – Intranet.**

Bedeutung für die Betriebsratsarbeit

17 Die Interessenvertretung der Arbeitnehmer erfolgt »**arbeitsteilig**«: zum einen, durch den → **Betriebsrat** als von den Arbeitnehmern des Betriebs gewähltes Organ der Betriebsverfassung, zum anderen durch die Gewerkschaft, bei der es sich um einen überbetrieblich ausgerichteten freiwilligen Zusammenschluss von Arbeitnehmern handelt.
Die Gewerkschaft ist nur dann »im Betrieb vertreten«, wenn ihr mindestens ein Arbeitnehmer des Betriebes als Mitglied angehört.
Weil aber beide Institutionen – Betriebsrat und Gewerkschaft – letztlich die gleiche Aufgabenstellung haben (Interessenvertretung der Arbeitnehmer), geht das BetrVG von einer **engen Zusammenarbeit** zwischen Betriebsrat und Gewerkschaft aus (§ 2 Abs. 1 BetrVG).

18 Insgesamt betrachtet besteht die betriebsverfassungsrechtliche Hauptaufgabe der im Betrieb vertretenen Gewerkschaft darin, den
- → **Betriebsrat,**
- → **Gesamtbetriebsrat,**
- → **Konzernbetriebsrat** und die
- → **Jugend- und Auszubildendenvertretung,**
- → **Gesamt-Jugend- und Auszubildendenvertretung,**
- → **Konzern-Jugend- und Auszubildendenvertretung**

bei ihrer Arbeit zu unterstützen (§ 2 Abs. 1 BetrVG).

19 Besondere Aufgaben und Befugnisse der im Betrieb vertretenen Gewerkschaft sind insbesondere in folgenden Vorschriften des BetrVG geregelt (keine abschließende Aufzählung):

- § 14 Abs. 3   Einreichung eigener Wahlvorschläge für die Betriebsratswahl (siehe auch § 63 Abs. 2 BetrVG: Jugend- und Auszubildendenvertretung)
- § 16 Abs. 1   Entsendungsrecht in den Wahlvorstand, wenn der Gewerkschaft kein stimmberechtigtes Wahlvorstandsmitglied angehört (siehe auch § 63 Abs. 2 BetrVG: Jugend- und Auszubildendenvertretung)
- § 16 Abs. 2   Antrag beim Arbeitsgericht auf Bestellung eines Wahlvorstandes, wenn acht Wochen (drei Wochen in Kleinbetrieben; vgl. § 17 a Nr. 1 BetrVG) vor Ablauf der Amtszeit des amtierenden Betriebsrats noch kein Wahlvorstand besteht (siehe auch § 63 Abs. 2 BetrVG: Jugend- und Auszubildendenvertretung)
- § 17 Abs. 30
- § 17 a Nr. 3   Einberufung einer Betriebsversammlung zur Bestellung eines Wahlvorstandes in einem betriebsratslosen Betrieb
- § 17 Abs. 40
- § 17 a Nr. 4   Antrag beim Arbeitsgericht auf Bestellung eines Wahlvorstandes, wenn gemäß § 17 Abs. 2 und 3 BetrVG kein Wahlvorstand bestellt wurde
- § 18 Abs. 1   Antrag beim Arbeitsgericht auf Ersetzung eines untätigen Wahlvorstandes (siehe auch § 63 Abs. 3 BetrVG: Jugend- und Auszubildendenvertretung)

Gewerkschaft

- § 18 Abs. 2 — Antrag beim Arbeitsgericht auf Feststellung, ob eine betriebsratsfähige Organisationseinheit vorliegt
- § 19 Abs. 2 — Anfechtung der Betriebsratswahl beim Arbeitsgericht (siehe auch § 63 Abs. 2 BetrVG: Jugend- und Auszubildendenvertretung)
- § 23 Abs. 1 — Antrag beim Arbeitsgericht auf Auflösung des Betriebsrats (siehe auch § 65 Abs. 1 BetrVG: Jugend- und Auszubildendenvertretung) oder Ausschluss eines Betriebsratsmitgliedes (siehe auch §§ 48, 56, 65 Abs. 1, 73 Abs. 2 BetrVG)
- § 23 Abs. 3 — Antrag beim Arbeitsgericht gegen den Arbeitgeber bei groben Verstößen gegen seine betriebsverfassungsrechtlichen Verpflichtungen
- § 31 — Teilnahme an Betriebsratssitzungen auf Antrag eines Viertels der Mitglieder des Betriebsrats (siehe auch §§ 51 Abs. 1, 59 Abs. 1, 65 Abs. 1, 73 Abs. 2 BetrVG)
- § 35 Abs. 1 — Hilfe bei Verständigung nach Aussetzung eines Betriebsratsbeschlusses (siehe auch §§ 51 Abs. 1, 59 Abs. 1, 66 Abs. 1, 73 Abs. 2 BetrVG)
- § 37 Abs. 7 — Teilnahme an den Beratungen bei der Anerkennung von Schulungs- und Bildungsveranstaltungen
- § 43 Abs. 4 — Antrag beim Betriebsrat auf Einberufung einer Betriebsversammlung, wenn im vorhergehenden Kalenderjahr keine Betriebsversammlung bzw. Abteilungsversammlung durchgeführt worden ist
- § 46 Abs. 1 — Teilnahme an Betriebs- und Abteilungsversammlungen (siehe auch § 71 BetrVG: Jugend- und Auszubildendenversammlung)
- § 46 Abs. 2 — Mitteilung von Zeitpunkt und Tagesordnung der Betriebs- oder Abteilungsversammlung an die »im Betriebsrat vertretene« Gewerkschaft (siehe auch § 71 BetrVG Jugend- und Auszubildendenversammlung)
- § 53 Abs. 3 — Teilnahme an Betriebsräteversammlungen
- § 119 Abs. 2 — Strafantragsrecht bei Straftaten gegen Betriebsverfassungsorgane

Zutrittsrecht des Gewerkschaftsbeauftragten zum Betrieb

Zu unterscheiden sind das **betriebsverfassungsrechtliche** und das **koalitionsrechtliche Zutrittsrecht** (siehe hierzu Rn. 10 ff., 22). 20

Das **betriebsverfassungsrechtliche Zugangsrecht** des Gewerkschaftsbeauftragten zur Wahrnehmung von Aufgaben nach dem BetrVG (z. B. Beratung des Betriebsrats) besteht nach Maßgabe der folgenden Vorschriften 20a

- § 2 Abs. 2 BetrVG (allgemeines betriebsverfassungsrechtliches Zutrittsrecht): damit die im Betrieb vertretene Gewerkschaft ihre im BetrVG genannten »Aufgaben und Befugnisse« wahrnehmen kann, ist ihrem Beauftragten (also dem/der Gewerkschaftssekretär/in) – nach Unterrichtung des Arbeitgebers oder seines Vertreters – **Zugang zum Betrieb** zu gewähren, soweit dem nicht unumgängliche Notwendigkeiten des Betriebsablaufs, zwingende Sicherheitsvorschriften oder der Schutz von Betriebsgeheimnissen entgegenstehen (§ 2 Abs. 2 BetrVG);
- § 17 Abs. 3 BetrVG (Betriebsversammlung zur Wahl eines Wahlvorstands);
- § 31 BetrVG (Betriebsratssitzung);
- § 46 BetrVG (Betriebsversammlung).

Die unberechtigte Verweigerung des Zutritts durch den Arbeitgeber kann ein »**grober Verstoß**« gegen seine Verpflichtungen aus dem BetrVG i. S. d. § 23 Abs. 3 BetrVG sein.

Außerdem kann die unberechtigte Zutrittsverweigerung eine **strafbare → Behinderung der Betriebsratswahl** oder → **Behinderung der Betriebsratstätigkeit** sein (§ 119 Abs. 1 Nr. 1 und

Gewerkschaft

2 BetrVG; vgl. OLG Stuttgart v. 21.12.1977 – 2 Ws 21/77, DB 1978, 592). Die **Polizei** ist zwar in zivil-/arbeitsrechtlichen Streitigkeiten nur »subsidiär« zuständig, wenn gerichtlicher Schutz nicht rechtzeitig zu erlangen ist. Allerdings gehört zu ihren »originären« Aufgaben die Verhinderung von Straftaten – z. B. nach § 119 BetrVG, sodass es Sinn machen kann, die Polizei einzuschalten (manchmal klappt das).
Der Zutritt kann auch durch Antrag der Gewerkschaft auf **einstweilige Verfügung** erzwungen werden (ArbG Elmshorn v. 16.6.2003 – 2 BVGa 35 d/03, AiB 2004, 40; Fitting, BetrVG, 27. Aufl., § 2 Rn. 94).
Ebenso hat das LAG Mecklenburg-Vorpommern v. 11.11.2013 – 5 TaBVGa 2/13 entschieden zum Zugangsrecht auf Anforderung und zur Unterstützung des Wahlvorstandes.

21 Nach h. M. besteht – über § 2 Abs. 2 BetrVG hinausgehend – ein **Zutrittsrecht des Gewerkschaftsbeauftragten** immer dann, wenn ein in einem »**inneren Zusammenhang zum BetrVG**« stehender Sachverhalt gegeben ist.
Dies ist insbesondere dann der Fall, wenn der Betriebsrat bei der Gewerkschaft um Unterstützung nachsucht, z. B. in Form einer Einladung durch den Betriebsratsvorsitzenden oder Vorsitzenden eines Betriebsratsausschusses (= so genanntes »akzessorisches Zugangsrecht«).

22 Zu dem unmittelbar aus Art. 9 Abs. 3 GG resultierenden **koalitionsrechtlichen Zutrittsrecht** des Gewerkschaftsbeauftragten zum Betrieb (z. B. zum Zwecke der Mitgliederwerbung) siehe Rn. 10 ff.

Unterlassungsanspruch bei Verstößen gegen das AGG

23 Bei einem groben Verstoß des Arbeitgebers gegen seine Verpflichtungen aus dem Allgemeinen Gleichbehandlungsgesetz (siehe → **Benachteiligungsverbot [AGG]**) kann eine im Betrieb vertretene Gewerkschaft die in § 23 Abs. 3 BetrVG vorgesehenen Rechte gerichtlich geltend machen (§ 17 Abs. 2 Satz 1 AGG).

24 Mit dem Antrag dürfen allerdings nicht Ansprüche von benachteiligten Beschäftigten verfolgt werden (§ 17 Abs. 2 Satz 2 AGG).
Das müssen diese selber tun (siehe z. B. → **Ältere Arbeitnehmer**, → **Ausländische Arbeitnehmer**, → **Mobbing**, → **Sexuelle Belästigung**).

Unterlassungsanspruch bei Verstößen des Arbeitgebers gegen das BetrVG (§ 23 Abs. 3 BetrVG)

24a Nach § 23 Abs. 3 BetrVG können der Betriebsrat oder eine im Betrieb vertretene → **Gewerkschaft** bei »**groben Verstößen**« des Arbeitgebers gegen seine Verpflichtungen aus dem BetrVG ein Arbeitsgerichtsverfahren (siehe → **Arbeitsgericht**) anstrengen.
Insbesondere kann je nach Lage des Falles beantragt werden, den Arbeitgeber zu verpflichten,
- eine Handlung zu unterlassen bzw.
- die Vornahme einer Handlung zu dulden bzw.
- eine Handlung vorzunehmen.

Wenn das Arbeitsgericht den Arbeitgeber durch Beschluss entsprechend verpflichtet (das vom Betriebsrat bzw. der Gewerkschaft eingeleitete Verfahren also erfolgreich ist), der Arbeitgeber aber die gerichtliche Entscheidung nicht umsetzt, können Betriebsrat und/oder Gewerkschaft beantragen, dem Arbeitgeber ein **Ordnungsgeld** bzw. ein **Zwangsgeld** aufzugeben (§ 23 Abs. 3 Sätze 2 bis 4 BetrVG). Das Höchstmaß des Ordnungsgeldes und Zwangsgeldes beträgt 10 000 Euro.
Zu weiteren Einzelheiten siehe → **Unterlassungsanspruch des Betriebsrats** Rn. 1 ff.

Gewerkschaft

Koalitionsrechtlicher Unterlassungs- und Beseitigungsanspruch gegen tarifwidrige betriebliche Regelungen

Nach der zutreffenden Rechtsprechung des BAG steht der im Betrieb vertretenen Gewerkschaft im Falle tarifwidriger betrieblicher Regelungen (z. B. Verlängerung der tariflichen Arbeitszeit) gegen den (durch Verbandsmitgliedschaft) tarifgebundenen Arbeitgeber ein Unterlassungsanspruch zu (BAG v. 17. 5. 2011 – 1 AZR 473/09, NZA 2011, 1169; 20. 4. 1999 – 1 ABR 72/98, AiB 1999, 538). 25

Der Anspruch richtet sich gegen tarifwidrige
- → **Betriebsvereinbarungen,**
- → **Regelungsabreden** zwischen Arbeitgeber und Betriebsrat und
- sog. **vertragliche/betriebliche Einheitsregelungen** (Beispiel: der Arbeitgeber fordert alle Arbeitnehmer oder Arbeitnehmergruppen auf, Änderungsverträge mit zu deren Nachteil vom Tarifvertrag abweichenden Bestimmungen zu unterschreiben; gegen tarifwidrige Bestimmungen in Arbeitsverträgen einzelner Arbeitnehmer soll der Unterlassungsanspruch von der Gewerkschaft nicht geltend gemacht werden können; gehen allerdings tarifwidrige Arbeitsvertragsänderungen auf eine → **Regelungsabrede** zwischen Arbeitgeber und Betriebsrat zurück, ist im Zweifel von einer betrieblichen Einheitsregelung auszugehen (DKKW-*Berg,* BetrVG, 15. Aufl., § 77 Rn. 212).

Das BAG sieht in derartigen tarifwidrigen Regelungen zu Recht einen rechtswidrigen Eingriff in die **Koalitionsfreiheit** der Gewerkschaft (Art. 9 Abs. 3 GG), den die Gewerkschaft gemäß § 1004 Abs. 1 BGB i. V. m. § 823 Abs. 1 BGB und Art. 9 Abs. 3 GG mit dem Unterlassungsanspruch abwehren könne.

Das Gericht hat mit der Entscheidung vom 20. 4. 1999 – 1 ABR 72/98 einen zuvor bestehenden Meinungsstreit im Sinne einer Stärkung der Koalitionsfreiheit und Tarifautonomie beendet (ausführlich dazu DKKW-*Berg,* BetrVG, 15. Aufl., § 77 Rn. 197 ff.).

Die Gewerkschaft kann nach richtiger Ansicht des BAG vom Arbeitgeber auch die **Beseitigung** des durch die tarifwidrige betriebliche Regelung verursachten rechtswidrigen Zustandes verlangen (BAG v. 17. 5. 2011 – 1 AZR 473/09, a. a. O.). Sie habe allerdings keinen eigenen Anspruch darauf, dass der Arbeitgeber Entgeltnachteile ausgleicht, die Arbeitnehmern aufgrund einer tarifwidrigen Regelung entstanden sind (BAG v. 17. 5. 2011 – 1 AZR 473/09, a. a. O.).

Gewerkschaften können damit durch Einleitung eines arbeitsgerichtlichen Verfahrens verhindern, dass Tarifverträge auf betrieblicher Ebene unterlaufen und ausgehöhlt werden.

Der Unterlassungsanspruch kann (und sollte) durch Antrag auf Erlass einer **einstweiligen Verfügung** geltend gemacht werden (BAG v. 17. 5. 2011 – 1 AZR 473/09, a. a. O.). Das BAG hat klargestellt, dass die Gewerkschaft eine Beeinträchtigung ihrer kollektiven Koalitionsfreiheit im Wege des einstweiligen Rechtsschutzes durch eine einstweilige Regelungsverfügung nach § 940 ZPO verhindern oder zumindest verkürzen kann. Sie könne zu der Zeit, zu der sie Kenntnis von der tarifwidrigen Regelung erhält, im Wege des einstweiligen Rechtsschutzes die Unterlassung der Anwendung der tarifwidrigen Regelung und eine Erklärung des Arbeitgebers verlangen, die auf die Beseitigung des faktischen Geltungsanspruchs der tarifwidrigen Regelung gegenüber der Belegschaft zielt. Das folge aus dem Gebot effektiver Rechtsschutzgewährung (BAG v. 17. 5. 2011 – 1 AZR 473/09, a. a. O.).

Nach einer abzulehnenden Entscheidung des 4. Senats des BAG bedarf eine gewerkschaftliche Unterlassungsklage der **namentlichen Nennung** der Arbeitnehmer, die Mitglied der Gewerkschaft sind (BAG v. 19. 3. 2003 – 4 AZR 271/02, NZA 2003, 1221). 25a

Es wird verkannt, dass es gar nicht darum geht, individuelle Ansprüche von Gewerkschaftsmitgliedern durchzusetzen, sondern darum, die Errichtung einer tarifwidrigen Konkurrenzordnung im Betrieb und damit eine Verletzung der Koalitionsfreiheit der Gewerkschaft zu verhindern.

Gewerkschaft

Zwar kann der tarifgebundene Arbeitgeber mit nichtorganisierten Arbeitnehmern wirksame tarifunterschreitende arbeitsvertragliche Vereinbarungen treffen.
Der Versuch, auch Gewerkschaftsmitglieder zur Unterschrift unter tarifwidrige arbeitsvertragliche Vereinbarungen zu bewegen, ist aber unzulässig und verletzt (auch) die Rechte der Gewerkschaft.
Es muss ausreichen, dass die Gewerkschaft ihr Vertretensein im Betrieb mit Mitgliedern im Vollstreckungsverfahren nachweist.
Im Übrigen ist eine namentliche Nennung gewerkschaftlich organisierter Arbeitnehmer jedenfalls dann nicht erforderlich, wenn die Gewerkschaft gegen eine tarifwidrige → **Betriebsvereinbarung** vorgeht (denn dies betrifft auch Nichtorganisierte).

Feststellungs- und Einwirkungsklage gegen den Arbeitgeberverband bei tarifwidrigem Handeln eines verbandsangehörigen Unternehmens

25b Die Klage einer Gewerkschaft gegen einen Arbeitgeberverband, auf sein Mitglied zur Beachtung der tarifvertraglichen Vorgaben **einzuwirken**, bedarf nach zutreffender Ansicht des BAG nicht einer vorherigen rechtskräftigen Entscheidung über den Inhalt der tariflichen Verpflichtung, um deren Einhaltung es geht (BAG v. 17.11.2010 – 4 AZR 118/09, NZA-RR 2011, 365; 10.6.2009 – 4 AZR 77/08, ZTR 2010, 73). Das gelte jedenfalls dann, wenn in dem Rechtsstreit sowohl über die Einwirkungsverpflichtung als auch über die ausdrücklich zum Streitgegenstand erhobene umstrittene Auslegungsfrage entschieden wird.

Die Gewerkschaft kann also im Falle eines tarifwidrigen Handelns eines Mitgliedsunternehmens des Arbeitgeberverbandes gegen den Verband eine **kombinierte Feststellungs- und Einwirkungsklage** in der Weise erheben, dass sie
1. gemäß § 9 TVG beantragt, festzustellen, dass die strittige Tarifbestimmung mit dem von ihr (der Gewerkschaft) angenommenen Inhalt auszulegen ist und
2. hilfsweise für den Fall des Obsiegens mit dem Hauptantrag beantragt, den Arbeitgeberverband zu verurteilen, auf sein Mitgliedsunternehmen entsprechend einzuwirken.

26 Zum Vorrang des Tarifvertrages gegenüber Betriebsvereinbarungen gemäß § 77 Abs. 3 BetrVG siehe → **Betriebsvereinbarung** und → **Tarifvertrag**.

Zusammenarbeit Betriebsrat – Gewerkschaft

27 Die Zusammenarbeit zwischen Betriebsrat und Gewerkschaft sollte nicht nur als rechtliche Verpflichtung, sondern als Selbstverständlichkeit begriffen werden.
Denn beide verfolgen im Grundsatz nicht nur dasselbe Ziel, nämlich die bestmögliche Vertretung von Arbeitnehmerinteressen.
Beide sind auf dem Weg zur Erreichung dieses Ziels auch **aufeinander angewiesen**: Ein Betriebsrat ohne Unterstützung durch die Gewerkschaft »geht unter«; eine Gewerkschaft ohne Verankerung im Betrieb(srat) ist zumindest für diesen Betrieb kaum handlungsfähig.

28 In manchen Fallkonstellationen muss auch daran gedacht werden, auf betriebliche Probleme bzw. Arbeitgebervorhaben mit einer – von der → **Gewerkschaft** geführten – betrieblichen Tarifbewegung zu reagieren, die den Beschäftigten deutlich mehr Durchsetzungsmöglichkeiten bietet, als dem Betriebsrat nach dem BetrVG zur Verfügung stehen.
Kündigt etwa der Arbeitgeber eine → **Betriebsänderung** mit Entlassungen an, kann der Arbeitgeber von der → **Gewerkschaft** aufgefordert werden, alle anstehenden Fragen in Form eines Firmentarifvertrages (sog. »**Sozialtarifvertrag**«) zu regeln; also alle Fragen, die auch in einem Sozialplan zu regeln sind: z. B. längere Kündigungsfristen, befristete Kündigungsverbote, Anspruch auf Qualifizierung der von Entlassung Betroffenen unter voller Fortzahlung der Vergütung, Abfindungsregelungen usw.

Gewerkschaft

Lehnt der Arbeitgeber ab, können die Tarifforderungen mit Streik (siehe → **Arbeitskampf**) durchgesetzt werden (BAG v. 24. 4. 2007 – 1 AZR 252/06, AiB 2007, 732).
Voraussetzung ist, dass keine »relative Friedenspflicht« (siehe → **Arbeitskampf**) aus einem bestehenden (Verbands-)Tarifvertrag besteht.
Außerdem ist eine aufeinander abgestimmte Zusammenarbeit von Gewerkschaft, Betriebsrat und den Beschäftigten sowie ein ausreichend **hoher gewerkschaftlicher Organisationsgrad** notwendig.
Eine »tarifpolitische Behandlung« einer → **Betriebsänderung** ist selbst dann möglich, wenn die §§ 111 bis 113 BetrVG überhaupt keine Anwendung finden, weil in dem Unternehmen weniger als 20 Arbeitnehmer beschäftigt sind (vgl. den von Zabel in AiB 2002, 347 beschriebenen Fall: Ein zu einem zahlungskräftigen Konzern gehörendes Kleinunternehmen mit acht Beschäftigten [!] sollte stillgelegt werden; es konnte ein tariflicher Sozialplan mit erheblichen Abfindungen durchgesetzt werden).

Gewerkschaftlicher Organisationsgrad im Betrieb

Auch für die »**Stärke**« **des Betriebsrats** ist die Frage des gewerkschaftlichen Organisationsgrades (siehe Rn. 13) von entscheidender Bedeutung. 29
In einem Betrieb mit hohem gewerkschaftlichem Organisationsgrad kann der Betriebsrat deutlich selbstbewusster auftreten als in einem »gewerkschaftsfreien« Betrieb.
Der Betriebsrat sollte keine Gelegenheit auslassen, die Beschäftigten über den Zusammenhang von Organisationsgrad und Verhandlungsstärke des Betriebsrats aufzuklären.
Eine wichtige Funktion kommt im Rahmen der betrieblichen Interessenvertretung den von 30 den Gewerkschaftsmitgliedern im Betrieb gewählten **gewerkschaftlichen Vertrauensleuten** zu. Diese sind Arbeitnehmer des Betriebs.
Sie sind entsprechend den Zielsetzungen der Gewerkschaften insbesondere zuständig für die Wahrnehmung der Interessen der Mitglieder der Gewerkschaft im Betrieb, für die Werbung von (noch) Nichtorganisierten, für die Willensbildung im Rahmen der Tarifpolitik der Gewerkschaft sowie für die Vermittlung der Ergebnisse der Tarifpolitik an die Arbeitnehmer.
Die gewerkschaftlichen Vertrauensleute stellen darüber hinaus ein wichtiges Bindeglied zwischen Belegschaft und Betriebsrat einerseits und Gewerkschaft andererseits dar. 31
Im Verhältnis zum Betriebsrat sind sie diesem weder über- noch untergeordnet.
Eine funktionierende Zusammenarbeit zwischen Betriebsrat, Vertrauenskörper und Gewerkschaft vermag den durch die **Zweigleisigkeit** der Interessenvertretung (Betriebsrat/Gewerkschaft) bewirkten Nachteilen (Gefahr des Gegeneinanderarbeitens; Beispiel: Die Gewerkschaft kämpft für Arbeitszeitverkürzung; der Betriebsrat stimmt Arbeitszeitverlängerungen in Form von Überstunden oder sogar unter Verstoß gegen § 77 Abs. 3 BetrVG zu) ein Stück entgegenzuwirken.

Bedeutung für die Beschäftigten

Gewerkschaften sind aus der Erkenntnis heraus gegründet worden, dass der einzelne Arbeitnehmer gegenüber dem Arbeitgeber als Besitzer/Eigentümer der Produktionsmittel und damit der Arbeitsplätze unterlegen ist und dass erst der Zusammenschluss möglichst vieler Arbeitnehmer in Gewerkschaften die Voraussetzung für eine **menschengerechte Gestaltung** und fortlaufende **Verbesserung** der Arbeits- und Lebensbedingungen schafft. 32
Viele nicht organisierte Beschäftigte rechtfertigen ihren Nichtbeitritt damit, dass ihnen auch ohne Mitgliedschaft in der Gewerkschaft die Leistungen des Tarifvertrages vom Arbeitgeber 33

Gewerkschaft

gewährt würden (über **arbeitsvertragliche Bezugnahme** auf den Tarifvertrag; siehe → **Arbeitsvertrag** Rn. 16 ff.).

Dabei wird übersehen, dass sich die Qualität der Arbeits- und Lebensbedingungen wesentlich verbessern ließe, wenn sich nicht 30, 40 oder 50, sondern 100 Prozent der Arbeitnehmer in Gewerkschaften organisieren würden.

Genau dieses wollen die Arbeitgeber – offenbar mit Erfolg – dadurch verhindern, dass sie die Leistungen des Tarifvertrags an Nichtorganisierte weitergeben.

34 Zu den Versuchen der Gewerkschaften, eine Begünstigung ihrer Mitglieder durch die Vereinbarung von sog. tariflichen Differenzierungsklauseln (auch »**Bonusregelungen**« genannt) durchzusetzen, siehe → **Tarifvertrag: Differenzierungsklausel – Stichtagsregelung**.

Arbeitshilfen

Übersichten
Checklisten
- Durchsetzung von tarifvertraglichen Rechten: siehe → Tarifvertrag
- Wie kommt ein Firmentarifvertrag zustande?: siehe → Arbeitgeber

Rechtsprechung

1. Voraussetzungen der Gewerkschaftseigenschaft: Tariffähigkeit
2. Koalitionsfreiheit und Arbeitskampf
3. Tarifzuständigkeit der Gewerkschaft
4. Geltung der Tarifverträge erst nach Eintritt in Gewerkschaft – Nachbindung (§ 3 Abs. 3 TVG – Nachwirkung (§ 4 Abs. 5 TVG)
5. Gewerkschaftliche Einwirkungsklage gegen den Arbeitgeberverband bei tarifwidrigem Verhalten eines Verbandsmitglieds
6. Klagerecht der Gewerkschaft bei tarifwidrigen betrieblichen Regelungen – Unterlassungs- und Beseitigungsanspruch – Einstweilige Verfügung
7. Tarifliche Differenzierungsklauseln (Bonusregelungen) zugunsten gewerkschaftlich organisierter Arbeitnehmer
8. Tarifkonkurrenz – Tarifpluralität – »Tarifeinheit« (Rechtsprechungsänderung!) – Kollision tariflich begründeter Ansprüche mit einzelvertraglichen Vereinbarungen
9. Tarifkollision (§ 4 a TVG)
10. Anspruch gegen die Gewerkschaft auf Abschluss eines Tarifvertrags
11. Anspruch gegen die Gewerkschaft auf Zustimmung zu einer vom Tarifvertrag abweichenden Betriebsvereinbarung
12. Keine einstweilige Verfügung gegen gewerkschaftliche Demonstration
13. Anspruch auf Freistellung zwecks Teilnahme an gewerkschaftlichen Konferenzen und Tagungen
14. Betätigungsfreiheit der Gewerkschaften: Unterschriftenaktion
15. Frage nach Mitgliedschaft in der Gewerkschaft
16. Koalitionsrechtliches Zutrittsrecht der Gewerkschaft zum Betrieb – Mitgliederwerbung im Betrieb und per E-Mail
17. Betriebsverfassungsrechtliches Zugangsrecht der Gewerkschaft zum Betrieb – Einstweilige Verfügung

18. DGB-Rechtsschutz GmbH – Vertretungsbefugnis von Gewerkschaftsvertretern (Postulationsfähigkeit)
19. Rechtsschutz durch Gewerkschaft – Prozesskostenhilfe
20. Aussetzung des Rechtsstreits über die Geltung von Betriebsvereinbarungen bis zur Klärung der Tariffähigkeit einer Gewerkschaft
21. Aussageverweigerungsrecht des Gewerkschaftssekretärs
22. Beschlagnahme von vertraulichen Gewerkschaftsunterlagen
23. Rechtsweg bei kritischen Äußerungen eines Gewerkschaftssekretärs
24. Vergütung der Gewerkschaftsbeschäftigten
25. Betriebsratswahl
26. Mitgliedschaft in der Gewerkschaft kein Auswahlkriterium für Einstellung
27. Abführung von Aufsichtsratstantiemen nach Gewerkschaftssatzung
28. Sonstiges
29. Gewerkschaftliches elektronisches Kommunikationsnetzwerk – Datenschutz

Gleichbehandlung

Grundlagen

1 Der **Gleichheitssatz** des Art. 3 Abs. 1 Grundgesetz (*»Alle Menschen sind vor dem Gesetz gleich«*) gilt auch im Arbeitsleben (sog. »allgemeiner arbeitsrechtlicher Gleichbehandlungsgrundsatz«).
Er enthält ein **Willkürverbot** und verbietet es, ohne sachlichen Grund
- gleiche Sachverhalte ungleich und
- ungleiche Sachverhalte gleich

zu behandeln.
Ob ein sachlicher Grund für Gleich- oder Ungleichbehandlung vorliegt, ist aufgrund einer am »Gerechtigkeitsdenken orientierten Betrachtung« zu beurteilen (BAG v. 16.11.2000 – 6 AZR 338/99, NZA 2001, 796).

2 Die **Gleichberechtigung von Mann und Frau** wird durch Art. 3 Abs. 2 Grundgesetz in besonderer Weise gefordert und geschützt:
»Männer und Frauen sind gleichberechtigt. Der Staat fördert die tatsächliche Durchsetzung der Gleichberechtigung von Frauen und Männern und wirkt auf die Beseitigung bestehender Nachteile hin.«
Neben dem Verbot, das unterschiedliche **Geschlecht** als Anknüpfungspunkt für unterschiedliche Behandlung heranzuziehen, wird der Staat verpflichtet, dafür zu sorgen, dass Frauen und Männer nicht nur formal gleichberechtigt sind, sondern auch **gleiche Chancen** zu haben.
Konkretisiert wird der Gleichberechtigungsgrundsatz für den Bereich des Arbeitslebens in einer Reihe von speziellen Vorschriften: z. B. §§ 1 bis 18 Allgemeines Gleichbehandlungsgesetz (AGG) vom 14.8.2006 (→ **Benachteiligungsverbot [AGG]**), § 75 BetrVG, § 61 b Arbeitsgerichtsgesetz (siehe → **Gleichberechtigung / Gleichstellung von Frauen und Männern**).

3 Art. 3 Abs. 3 GG regelt ein weiteres spezielles Diskriminierungs- und Benachteiligungsverbot:
»Niemand darf wegen seines Geschlechts, seiner Abstammung, seiner Rasse, seiner Sprache, seiner Heimat und Herkunft, seines Glaubens, seiner religiösen oder politischen Anschauungen benachteiligt oder bevorzugt werden. Niemand darf wegen seiner Behinderung benachteiligt werden.«
Auch diese Vorschrift wird durch das Allgemeine Gleichbehandlungsgesetz (AGG) konkretisiert (siehe → **Benachteiligungsverbot [AGG]**).

4 Spezielle gesetzliche **Benachteilungs- und Diskriminierungsverbote** bestehen im Bereich des Arbeitslebens
- für alle Beschäftigten nach Maßgabe der Bestimmungen des Allgemeinen Gleichbehandlungsgesetzes (AGG) vom 14.8.2006 (siehe → **Benachteiligungsverbot [AGG]**),
- für befristet Beschäftigte (§ 4 Abs. 2 TzBfG; siehe → **Befristeter Arbeitsvertrag**),
- für Teilzeitbeschäftigte (§ 4 Abs. 1 TzBfG; siehe → **Teilzeitarbeit**),
- für → **Schwerbehinderte Menschen** (§ 81 Abs. 2 SGB IX i. V. m. den Bestimmungen des AGG) und
- für die Betriebsverfassung (§ 75 BetrVG; siehe Rn. 11 ff.).

5 An die in Art. 3 Grundgesetz aufgestellten Grundsätze haben sich sowohl die **staatlichen**

Gleichbehandlung

Stellen (Gesetzgeber, Regierung, Behörden usw.) als auch die **Tarifvertragsparteien** sowie die Betriebsparteien zu halten.
Ob die Tarifvertragsparteien bei der tariflichen Normsetzung unmittelbar oder mittelbar grundrechtsgebunden sind, ist strittig (BAG v. 12.12.2012 – 10 AZR 718/11, NZA 2013, 577; 13.8.2009 – 6 AZR 177/08, ZTR 2009, 633).
Es handelt sich aber um einen Theoriestreit ohne praktische Auswirkung, weil Einigkeit darin besteht, dass auch die Tarifvertragsparteien bei der Normsetzung den Gleichbehandlungsgrundsatz zu beachten haben (siehe aber Rn. 5 a).
Die Schutzpflichtfunktion der Grundrechte verpflichtet die Arbeitsgerichte dazu, Tarifregelungen die Durchsetzung zu verweigern, die zu gleichheits- und sachwidrigen Differenzierungen führen und deshalb Art. 3 GG verletzen.
Auszug aus BAG v. 12.12.2012 – 10 AZR 718/11, a. a. O.: *»Es kann dahinstehen, ob die Tarifvertragsparteien bei der tariflichen Normsetzung unmittelbar grundrechtsgebunden sind. Jedenfalls verpflichtet die Schutzpflichtfunktion der Grundrechte dazu, den einzelnen Grundrechtsträger vor einer unverhältnismäßigen Beschränkung seiner Freiheitsrechte und einer gleichheitswidrigen Regelbildung auch durch privatautonom legitimierte Normsetzung zu bewahren. Die Tarifvertragsparteien haben daher bei der tariflichen Normsetzung sowohl den allgemeinen Gleichheitsgrundsatz des Art. 3 Abs. 1 GG und die Diskriminierungsverbote des Art. 3 Abs. 2 und Abs. 3 GG als auch die Freiheitsgrundrechte wie Art. 12 GG zu beachten (BAG 23. März 2011 – 10 AZR 701/09 – Rn. 21, AP TVG § 1 Tarifverträge: Verkehrsgewerbe Nr. 19; 8. Dezember 2010 – 7 AZR 438/09 – Rn. 29, BAGE 136, 270; 27. Mai 2004 – 6 AZR 129/03 – zu II 2 der Gründe, BAGE 111, 8).«*
Den Tarifvertragsparteien kommt nach ständiger BAG-Rechtsprechung aufgrund der durch Art. 9 Abs. 3 GG geschützten Tarifautonomie ein **weiter Gestaltungsspielraum** zu.
Wie weit dieser reicht, hänge von den im Einzelfall vorliegenden Differenzierungsmerkmalen ab, wobei den Tarifvertragsparteien in Bezug auf die tatsächlichen Gegebenheiten und betroffenen Interessen eine Einschätzungsprärogative – d. h. ein Beurteilungsspielraum – zustehe. Sie bräuchten nicht die zweckmäßigste, vernünftigste und gerechteste Lösung wählen. Vielmehr genüge es, wenn für die getroffene Regelung ein **sachlich vertretbarer Grund** bestehe (BAG v. 12.12.2012 – 10 AZR 718/11; 13.8.2009 – 6 AZR 177/08, a. a. O.; 16.11.2000 – 6 AZR 338/99, NZA 2001, 796). Ist das bei einer Tarifbestimmung nicht der Fall, ist sie **unwirksam**.
Auszug aus BAG v. 12.12.2012 – 10 AZR 718/11, a. a. O.: *»Allerdings steht den Tarifvertragsparteien bei ihrer Normsetzung aufgrund der durch Art. 9 Abs. 3 GG geschützten Tarifautonomie ein weiter Gestaltungsspielraum zu, über den Arbeitsvertrags- und Betriebsparteien nicht in gleichem Maße verfügen. Ihnen kommt eine Einschätzungsprärogative zu, soweit die tatsächlichen Gegebenheiten, die betroffenen Interessen und die Regelungsfolgen zu beurteilen sind. Darüber hinaus verfügen sie über einen Beurteilungs- und Ermessensspielraum hinsichtlich der inhaltlichen Gestaltung der Regelung. Die Tarifvertragsparteien sind nicht verpflichtet, die jeweils zweckmäßigste, vernünftigste oder gerechteste Lösung zu wählen. Es genügt, wenn für die getroffene Regelung ein sachlich vertretbarer Grund vorliegt. Ein Verstoß gegen den Gleichheitssatz ist vor diesem Hintergrund erst dann anzunehmen, wenn die Tarifvertragsparteien es versäumt haben, tatsächliche Gemeinsamkeiten oder Unterschiede der zu ordnenden Lebensverhältnisse zu berücksichtigen, die so bedeutsam sind, dass sie bei einer am Gerechtigkeitsgedanken orientierten Betrachtungsweise hätten beachtet werden müssen. Die Tarifvertragsparteien dürfen bei der Gruppenbildung generalisieren und typisieren. Die Differenzierungsmerkmale müssen allerdings im Normzweck angelegt sein und dürfen ihm nicht widersprechen Auch bei der Prüfung, ob eine Tarifnorm gegen Art. 12 Abs. 1 GG verstößt, ist der weite Gestaltungsspielraum der Tarifvertragsparteien zu berücksichtigen. Dieser ist erst überschritten, wenn die Regelung auch unter Berücksichtigung der grundgesetzlich gewährleisteten Tarifautonomie (Art. 9 Abs. 3 GG) und der daraus resultierenden*

Gleichbehandlung

Einschätzungsprärogative der Tarifvertragsparteien die berufliche Freiheit der Arbeitnehmer unverhältnismäßig eingeschränkt.«

5a Der arbeitsrechtliche Gleichbehandlungsgrundsatz findet keine Anwendung, wenn ein Arbeitgeber mit einer Gewerkschaft im Rahmen von Tarifverhandlungen vereinbart, für deren Mitglieder bestimmte **Zusatzleistungen** (hier: Erholungsbeihilfe für Gewerkschaftsmitglieder) zu erbringen (BAG v. 21. 5. 2014 – 4 AZR 50/13, 4 AZR 120/13 ua; siehe auch → **Tarifvertrag: Differenzierungsklausel – Stichtagsregelung**). Aufgrund der **Angemessenheitsvermutung** von Verträgen tariffähiger Vereinigungen finde eine Überprüfung anhand des arbeitsrechtlichen Gleichbehandlungsgrundsatzes nicht statt. Zu dieser Entscheidung nachstehend ein Auszug aus der Pressemitteilung des BAG Nr. 24/14: »*Die Klägerinnen und Kläger, die nicht Mitglieder der IG Metall sind, verlangen von ihrem Arbeitgeber, der beklagten Adam Opel AG, eine ›Erholungsbeihilfe‹ iHv. 200,00 Euro. Im Rahmen von Sanierungsvereinbarungen zwischen Opel und dem zuständigen Arbeitgeberverband einerseits sowie der Gewerkschaft IG Metall andererseits waren im Jahre 2010 ua. eine Reihe von Vereinbarungen, darunter auch entgeltabsenkende Tarifverträge geschlossen worden. Die IG Metall hatte gegenüber Opel die Zustimmung hierzu von einer ›Besserstellung‹ ihrer Mitglieder abhängig gemacht. Zur Erfüllung dieser Bedingung trat Opel einem Verein bei, der satzungsgemäß ›Erholungsbeihilfen‹ an IG-Metall-Mitglieder leistet. Nach der Beitrittsvereinbarung hatte Opel dem Verein einen Betrag von 8,5 Mio. Euro zu zahlen. Der Verein sicherte die Auszahlung von Erholungsbeihilfen an die bei Opel beschäftigten IG Metall-Mitglieder und die nach dem Einkommensteuergesetz vorgesehene Pauschalversteuerung zu. Anders als die IG Metall-Mitglieder erhielten die Klägerinnen und Kläger keine Erholungsbeihilfe. Für ihr Zahlungsbegehren haben sie sich auf den arbeitsrechtlichen Gleichbehandlungsgrundsatz berufen.*

Der Vierte Senat des Bundesarbeitsgerichts hat ebenso wie die Vorinstanz die Klagen abgewiesen, weil der Anwendungsbereich des arbeitsrechtlichen Gleichbehandlungsgrundsatzes nicht eröffnet ist. Die Beitrittsvereinbarung war Bestandteil des ›Sanierungspakets‹ der Tarifvertragsparteien. Solche Vereinbarungen sind nicht am arbeitsrechtlichen Gleichbehandlungsgrundsatz zu überprüfen. Das gilt unabhängig davon, ob die Leistungen für die Gewerkschaftsmitglieder in einem Tarifvertrag oder einer sonstigen schuldrechtlichen Koalitionsvereinbarung geregelt worden sind.«

6 Die in Deutschland geltenden gesetzlichen Benachteiligungs- und Diskriminierungsverbote beruhen zum großen Teil auf **EG-Richtlinien** zur Durchsetzung der Gleichbehandlung. Siehe hierzu → **Benachteiligungsverbot (AGG)** Rn. 6.

Allgemeines Gleichbehandlungsgesetz (AGG)

7 In Umsetzung der EG-Richtlinien hat der bundesdeutsche Gesetzgeber das Allgemeine Gleichbehandlungsgesetz (AGG) vom 14. 8. 2006 (BGBl. I S. 1897) beschlossen. Das AGG ist am 18. 8. 2006 in Kraft getreten.

8 Ziel des AGG ist, **Benachteiligungen** aus Gründen der **Rasse** oder wegen der **ethnischen Herkunft**, des **Geschlechts**, der **Religion** oder **Weltanschauung**, einer **Behinderung**, des **Alters** oder der **sexuellen Identität** zu verhindern oder zu beseitigen (§ 1 AGG).
Der Schwerpunkt des Gesetzes liegt in der Bekämpfung von Benachteiligungen im Bereich des Arbeitslebens (besonders §§ 1 bis 18 AGG).
Von den Regelungen erfasst wird aber auch das Zivilrecht, also die Rechtsbeziehungen zwischen Privatpersonen – vor allem Verträge mit Lieferanten, Dienstleistern oder Vermietern (§§ 19 bis 21 AGG).

9 Von den Vorschriften des AGG kann nicht zu Ungunsten der geschützten Personen **abgewichen** werden (§ 31 AGG).

10 Zu weiteren Einzelheiten siehe → **Benachteiligungsverbot (AGG)**.

Gleichbehandlung

Siehe auch
→ Ältere Arbeitnehmer,
→ Ausländische Arbeitnehmer,
→ Gleichberechtigung / Gleichstellung von Frauen und Männern,
→ Mobbing,
→ Schwerbehinderte Menschen,
→ Sexuelle Belästigung.

Betriebsverfassungsrechtliches Benachteiligungsverbot (§ 75 Abs. 1 BetrVG)

Eine weitere wichtige Vorschrift zur Durchsetzung der Gleichbehandlung und des Kampfes gegen Benachteiligungen und Diskriminierungen ist § 75 BetrVG (neu gefasst durch das AGG). 11

Mit dieser Vorschrift werden die grundgesetzlichen Regelungen zur Gleichbehandlung und die Bestimmungen des Allgemeinen Gleichbehandlungsgesetzes (AGG) für den Bereich des Arbeitslebens aufgenommen und durch **weitere Benachteiligungsverbote** ergänzt.

Nach § 75 Abs. 1 BetrVG haben Arbeitgeber und Betriebsrat darüber zu wachen, dass alle im Betrieb tätigen Personen nach den Grundsätzen von Recht und Billigkeit behandelt werden, insbesondere, dass jede Benachteiligung von Personen aus Gründen ihrer **Rasse** oder wegen ihrer **ethnischen Herkunft**, ihrer **Abstammung** oder sonstigen **Herkunft**, ihrer **Nationalität**, ihrer **Religion** oder **Weltanschauung**, ihrer **Behinderung**, ihres **Alters**, ihrer **politischen oder gewerkschaftlichen Betätigung oder Einstellung** oder wegen ihres **Geschlechts** oder ihrer **sexuellen Identität** unterbleibt.

Der Schutz des § 75 BetrVG geht insofern über den des Art. 3 Abs. 3 Grundgesetz hinaus, als auch die Nationalität, das Lebensalter, die politische Betätigung (und nicht nur die »Anschauung«, vgl. Art. 3 Abs. 3 Grundgesetz) sowie die gewerkschaftliche Betätigung und Einstellung (insoweit handelt es sich um eine Konkretisierung des Art. 9 Abs. 3 Grundgesetz) ausdrücklich als Anknüpfungspunkt für unterschiedliche Behandlung untersagt wird. 12

Mit den Merkmalen »politische Betätigung« sowie »gewerkschaftliche Betätigung und Einstellung« geht § 75 Abs. 1 BetrVG auch über den Anwendungsbereich des § 1 AGG hinaus.

Im Übrigen folgt aus dem Wort »insbesondere«, dass jede gegen die Grundsätze von Recht und Billigkeit verstoßende Benachteiligung unzulässig ist.

§ 75 Abs. 2 Satz 1 BetrVG verpflichtet Arbeitgeber und Betriebsrat im Übrigen, die **freie Entfaltung der Persönlichkeit** der im Betrieb Beschäftigten zu schützen und zu fördern (siehe auch Art. 2 Abs. 1 Grundgesetz). 13

Außerdem werden Arbeitgeber und Betriebsrat durch § 75 Abs. 2 Satz 2 BetrVG verpflichtet, die Selbstständigkeit und Eigeninitiative der Arbeitnehmer und → **Arbeitsgruppen (§ 28 a BetrVG)** zu fördern.

Aus § 75 Abs. 1 BetrVG ergibt sich zunächst eine **Überwachungsverpflichtung**, die sowohl dem Arbeitgeber als auch dem Betriebsrat obliegt. 14

Darüber hinaus hat der Arbeitgeber bei der Ausübung seines Direktionsrechts (siehe → **Arbeitsvertrag** Rn. 3 ff.) und der Gestaltung der Abläufe im Betrieb seine Maßnahmen an den Grundsätzen des § 75 Abs. 1 BetrVG auszurichten. 15

Der Arbeitgeber muss also bei seinen Planungen, Vorhaben und Maßnahmen prüfen, ob sie mit den Grundsätzen des § 75 Abs. 1 BetrVG, insbesondere dem Gleichbehandlungsgrundsatz, vereinbar sind.

Ihm ist es beispielsweise verwehrt, einzelne Arbeitnehmer oder Gruppen von Arbeitnehmern ohne sachlichen Grund von allgemeinen begünstigenden Regelungen auszunehmen oder schlechter zu stellen.

Insbesondere ist ihm untersagt, die in Art. 3 Abs. 3 Grundgesetz, § 1 AGG und § 75 Abs. 1 AGG

Gleichbehandlung

genannten Kriterien für eine unterschiedliche Behandlung bzw. Benachteiligung heranzuziehen.

16 Auch die Arbeitnehmer sind zur Beachtung der Grundsätze des § 75 Abs. 1 BetrVG verpflichtet.

Verstöße gegen diese Grundsätze (z. B. ausländerfeindliches Verhalten) können beispielsweise die Folgen des § 104 BetrVG auslösen: Der Betriebsrat kann die »Entfernung betriebsstörender Arbeitnehmer« verlangen.

Allgemeiner arbeitsrechtlicher Gleichbehandlungsgrundsatz

17 Der arbeitsrechtliche Gleichbehandlungsgrundsatz (Art. 3 Abs. 1 GG; siehe Rn. 1) soll nach h. M. dann nicht anwendbar sein, wenn der schlechter gestellte Arbeitnehmer einverstanden ist.

Die vertragliche Vereinbarung (z. B. eines geringeren Arbeitsentgelts bei gleicher Tätigkeit) soll Vorrang vor der Anwendung des Gleichbehandlungsgrundsatzes haben (**Vorrang der Vertragsfreiheit**).

Dies soll aber beispielsweise im Bereich des → **Arbeitsentgelts** nur dann gelten, wenn es sich um eine individuell vereinbarte Vergütung handelt.

Gewährt der Arbeitgeber dagegen die Leistungen (z. B. eine freiwillige Gehaltserhöhung) nach einem bestimmten erkennbaren und **generalisierenden Prinzip** bzw. nach abstrakten Regeln, kommt der arbeitsrechtliche Gleichbehandlungsgrundsatz zur Anwendung mit der Folge, dass eine Ungleichbehandlung nur zulässig ist, wenn hierfür ein sachlicher Grund vorliegt (BAG v. 19. 11. 1992 – 10 AZR 290/91, AiB 1993, 560; 15. 11. 1994 – 5 AZR 682/93, AiB 1995, 360).

18 Ein Vorrang individueller Vereinbarungen gilt generell nicht, wenn eine Ungleichbehandlung bzw. Benachteiligung gegen ein **spezielles Benachteiligungs- oder Diskriminierungsverbot** verstößt (z. B. Verstoß gegen Art. 3 Abs. 2 und 3 GG, gegen die Bestimmungen des Allgemeinen Gleichbehandlungsgesetzes (AGG), gegen die Grundsätze des § 75 Abs. 1 BetrVG oder gegen sonstige gesetzliche Benachteiligungs- und Diskriminierungsverbote: z. B. § 4 TzBfG; § 81 Abs. 2 SGB IX).

Für den Anwendungsbereich des AGG wird das ausdrücklich geregelt: nach § 7 Abs. 2 AGG sind Bestimmungen in Vereinbarungen, die gegen das Benachteiligungsverbot verstoßen, unwirksam.

Außerdem wird klargestellt, dass von den Vorschriften des AGG nicht zuungunsten der geschützten Personen abgewichen werden kann (§ 31 AGG).

Gleichbehandlung und Kündigung

19 Der arbeitsrechtliche Gleichbehandlungsgrundsatz (Art. 3 Abs. 1 GG) ist auch bei → **Kündigungen** anzuwenden (strittig; vgl. Kittner/Däubler/Zwanziger, KSchR, 9. Aufl., Art. 3 GG Rn. 68 ff.).

Allerdings werden oft unterschiedliche Sachverhalte vorliegen, sodass eine sachliche Rechtfertigung für eine Ungleichbehandlung vorliegen kann.

Wenn aber mehrere Arbeitnehmer den **gleichen Kündigungsgrund** gesetzt haben (z. B. Teilnahme an einem »wilden Streik«), kann es gegen den Gleichbehandlungsgrundsatz verstoßen, einzelne Beschäftigte »herauszugreifen«.

Selbst wenn er den Gleichbehandlungsgrundsatz für nicht anwendbar hält, wird der Arbeitgeber im Rahmen der bei Kündigungen vorzunehmenden Interessenabwägung besonders darzulegen haben, weshalb ihm die Weiterbeschäftigung gerade des gekündigten Arbeitnehmers unzumutbar sein soll.

20 Klar ist, dass eine Kündigung dann unwirksam ist, wenn sie gegen eines der in Art. 3 Abs. 2 und

Gleichbehandlung

3 GG bzw. § 75 Abs. 1 BetrVG oder in sonstigen Vorschriften (z. B. § 1 AGG, § 4 TzBfG; § 81 Abs. 2 SGB IX) geregelten »**Benachteiligungs- bzw. Diskriminierungsverbote**« verstößt.

> **Beispiel:**
> Einem Arbeitnehmer wird mit der Begründung gekündigt, im Betrieb könne man keine Gewerkschaftsmitglieder gebrauchen. Die Kündigung ist wegen Verstoßes gegen das Benachteiligungsverbot des § 75 Abs. 1 BetrVG unwirksam.

In manchen Fällen wird der Arbeitgeber versuchen, das Benachteiligungsverbot des § 75 Abs. 1 BetrVG zu umgehen, indem er, um z. B. den missliebigen Gewerkschafter loszuwerden, andere Kündigungsgründe vorschiebt.   **21**

In diesem Fall stellt sich für den Betroffenen das Problem, einen Verstoß gegen den Gleichbehandlungsgrundsatz bzw. das Benachteiligungsverbot **nachzuweisen**.

Die Rechtsprechung löst dieses Problem zum Teil auf, indem sie eine **Umkehr der Beweislast** annimmt, wenn der Betroffene Indizien darlegt, die auf eine verbotene Diskriminierung schließen lassen.

Dann muss der Arbeitgeber beweisen, dass er dem Betroffenen nicht wegen seiner gewerkschaftlichen Mitgliedschaft bzw. Betätigung gekündigt hat.

> **Beispiel:**
> In einer Betriebsversammlung übt ein Arbeitnehmer in einem Redebeitrag deutliche Kritik an dem Verhalten des Arbeitgebers. Er lässt dabei erkennen, dass er Gewerkschaftsmitglied ist. Am nächsten Tag teilt ihm der Arbeitgeber, der schon bei früheren Anlässen aus seiner antigewerkschaftlichen Einstellung keinen Hehl gemacht hatte, mit, dass er ihn wegen Auftragsmangels zu kündigen beabsichtige.

Gleichbehandlung in einem Unternehmen mit mehreren Betrieben

Aus Art. 3 Abs. 1 GG folgt die Notwendigkeit einer überbetrieblichen Anwendung des arbeitsrechtlichen Gleichbehandlungsgrundsatzes auf ein Unternehmen mit mehreren Betrieben (BAG v. 17.11.1998 – 1 AZR 147/98, NZA 1999, 606).   **22**

In einem solchen Unternehmen haben alle Beschäftigten in den jeweiligen Betrieben den gleichen Arbeitgeber (siehe → **Mehr-Betriebs-Unternehmen**).

Es ist zu prüfen, ob die Beschäftigten in den jeweiligen Betrieben gleich zu behandeln sind oder ob eine Ungleichbehandlung sachlich gerechtfertigt ist.

> **Beispiel:**
> Die Arbeitnehmer des einen Betriebs erhalten eine übertarifliche Leistung, die Beschäftigten eines anderen Betriebs nicht. Wenn keine sachliche Rechtfertigung vorliegt, ist die Ungleichbehandlung unzulässig. Die schlechter gestellte Belegschaft hat Anspruch auf Zahlung der Prämie.

Eine Gleichbehandlung soll nach Auffassung des BAG beispielsweise nicht geboten sein, wenn der Arbeitgeber die Prämie in betriebsratslosen Betrieben zahlt, während dies in den Betrieben mit Betriebsrat (noch) nicht geschieht, weil dort noch keine Einigung mit dem Betriebsrat erreicht wurde (BAG v. 25.4.1995 – 9 AZR 690/93, NZA 1995, 1063; zweifelhaft).   **23**

Gleichbehandlung in einem Gemeinschaftsbetrieb

Wenn zwei oder mehrere → **Unternehmen** gemeinsam einen → **Gemeinschaftsbetrieb** führen, dann sollen nach Auffassung des BAG die Arbeitnehmer des einen Unternehmens nicht   **24**

Gleichbehandlung

Gleichbehandlung mit den Arbeitnehmern des anderen Unternehmens verlangen können (BAG v. 19. 11. 1992 – 10 AZR 290/91, AiB 1993, 560).

Bedeutung für die Betriebsratsarbeit

25 Der Betriebsrat hat gemäß § 80 Abs. 1 Nr. 1 BetrVG die Aufgabe und Verpflichtung, darüber zu wachen, dass der Arbeitgeber
- den arbeitsrechtlichen Gleichbehandlungsgrundsatz (siehe Rn. 17),
- die Grundsätze des § 75 Abs. 1 BetrVG (siehe Rn. 11) und
- die weiteren speziellen gesetzlichen Benachteiligungsverbote (z. B. nach Art. 3 Abs. 2 und 3 Grundgesetz, nach dem Allgemeinen Gleichbehandlungsgesetz (siehe → **Benachteiligungsverbot [AGG]**), § 4 Abs. 1 und 2 TzBfG, § 81 Abs. 2 SGB IX)

im Betrieb beachtet.

26 Der Betriebsrat hat nicht nur eine Überwachungsverpflichtung, sondern auch ein Überwachungsrecht (siehe auch § 80 Abs. 1 Nr. 1 BetrVG).
Das heißt: Er kann unabhängig von einem konkreten Anlass oder von konkreten Verdachtsmomenten prüfen, ob der arbeitsrechtliche Gleichbehandlungsgrundsatz bzw. die Grundsätze des § 75 Abs. 1 BetrVG z. B. bei der Entgeltgestaltung eingehalten werden (z. B. Prüfung der → **Bruttolohn- und Gehaltslisten**; vgl. auch § 80 Abs. 2 Satz 2 BetrVG).
Prüfungsschema zum allgemeinen arbeitsrechtlichen Gleichbehandlungsgrundsatz:
1. Liegt eine Ungleichbehandlung gleicher Sachverhalte oder eine Gleichbehandlung ungleicher Sachverhalte vor (siehe Rn. 1)?
2. Ist der Gleichbehandlungsgrundsatz anwendbar (siehe Rn. 17)?
3. Wenn ja: Ist eine etwaige Ungleichbehandlung / Gleichbehandlung sachlich gerechtfertigt?
4. Was ist zu tun, um eine sachwidrige / willkürliche Ungleichbehandlung / Gleichbehandlung von einzelnen Arbeitnehmern oder Gruppen von Arbeitnehmern zu beenden?

Instrumente des Betriebsrats zur Überwachung und Durchsetzung des Gleichbehandlungsgrundsatzes im Bereich der Entgeltgestaltung (innerbetriebliche Lohngerechtigkeit) sind u. a.:
- das Recht zur Einsichtnahme in die Bruttolohn- und Gehaltslisten, § 80 Abs. 2 BetrVG;
- das Mitbestimmungsrecht bei der betrieblichen Lohngestaltung nach § 87 Abs. 1 Nrn. 10, 11 BetrVG und
- das Mitbestimmungsrecht bei Ein- und Umgruppierung nach § 99 BetrVG.

Siehe → **Arbeitsentgelt** und → **Eingruppierung/Umgruppierung,** → **Übertarifliche Zulagen,** → **Weihnachtsgeld und sonstige Sondervergütungen.**

27 Stellt der Betriebsrat eine sachlich nicht gerechtfertigte Ungleichbehandlung von Beschäftigten fest, hat er das Recht und die Pflicht, dies gegenüber dem Arbeitgeber zu beanstanden und eine Gleichstellung der schlechter gestellten mit den besser gestellten Arbeitnehmern zu verlangen (»**Gleichbehandlung nach oben**«).
Lehnt der Arbeitgeber das ab, kann der Betriebsrat (oder eine im Betrieb vertretene → **Gewerkschaft**) nach § 23 Abs. 3 BetrVG vorgehen (siehe → **Unterlassungsanspruch des Betriebsrats**).
Hiernach kann bei einem groben Verstoß des Arbeitgebers gegen seine Verpflichtungen aus dem Betriebsverfassungsgesetz (z. B. nach § 75 BetrVG) beim → **Arbeitsgericht** beantragt werden, dem Arbeitgeber aufzugeben, eine Handlung zu unterlassen oder eine Handlung vorzunehmen.

28 Der Anspruch aus § 23 Abs. 3 BetrVG kann nach zutreffender Ansicht auch mittels einer **einstweiligen Verfügung** durchgesetzt werden (vgl. Fitting, BetrVG, 27. Aufl., § 23 Abs. 3 Rn. 76).

Gleichbehandlung

Mit dem Antrag nach § 23 Abs. 3 BetrVG dürfen allerdings nicht Ansprüche des Benachteiligten verfolgt werden (§ 17 Abs. 2 Satz 2 AGG). Das müssen diese selber tun.   **29**

Liegt eine **Beschwerde** eines Arbeitnehmers nach § 84 BetrVG vor, kann der Betriebsrat nach § 85 BetrVG vorgehen: Hält er die Beschwerde für berechtigt, hat er den Arbeitgeber aufzufordern, der Beschwerde abzuhelfen; ggf. kann der Betriebsrat die → **Einigungsstelle** nach § 85 Abs. 2 BetrVG anrufen (siehe → **Beschwerderecht des Arbeitnehmers**).   **30**

Zur Frage, ob dem Betriebsrat bei der Errichtung, personellen Besetzung und Ausgestaltung des Verfahrens der Beschwerdestelle nach § 13 AGG ein Mitbestimmungsrecht zusteht, siehe → **Benachteiligungsverbot (AGG)**.   **31**

Nicht nur der Arbeitgeber, sondern auch der Betriebsrat selbst ist in seinen Handlungen (also z. B. bei der Ausübung von Mitwirkungs- und Mitbestimmungsrechten, beim Abschluss von → **Betriebsvereinbarungen** und → **Regelungsabreden** usw.) an den arbeitsrechtlichen Gleichbehandlungsgrundsatz, die speziellen gesetzlichen Benachteiligungsverbote und die Grundsätze des § 75 BetrVG gebunden.   **32**

Betriebsvereinbarungen und sonstige Abreden (z. B. → **Regelungsabreden**) zwischen Arbeitgeber und Betriebsrat, die hiergegen verstoßen, sind unwirksam.

Bedeutung für die Beschäftigten

Zu den Rechten von Beschäftigten, die entgegen den Bestimmungen des Allgemeinen Gleichbehandlungsgesetzes diskriminiert werden, siehe → **Benachteiligungsverbot (AGG)**.   **33**

Werden Arbeitnehmer z. B. beim → **Arbeitsentgelt** unter Verstoß gegen den arbeitsrechtlichen Gleichbehandlungsgrundsatz (siehe Rn. 17) oder die Grundsätze des § 75 Abs. 1 BetrVG (siehe Rn. 11) benachteiligt, können sie »**Gleichbehandlung nach oben**« (also Gleichbehandlung mit den besser gestellten Arbeitnehmern) verlangen und ggf. Klage beim → **Arbeitsgericht** erheben.   **34**

Vertragliche oder tarifvertragliche → **Ausschlussfristen/Verfallfristen** sind einzuhalten.

Bei gleichheitswidrigen oder gegen spezielle gesetzliche Diskriminierungsverbote verstoßenden leistungsgewährenden Tarifnormen (siehe → **Tarifvertrag**) hängt es von der »Konstruktion« der tarifvertraglichen Regelung ab, ob ein Anspruch der benachteiligten Arbeitnehmer auf »**Gleichbehandlung nach oben**« besteht oder nicht.   **35**

Wird durch eine Tarifnorm ein Rechtsanspruch grundsätzlich begründet, aber eine bestimmte Arbeitnehmergruppe gleichheitswidrig und damit rechtsunwirksam ausgenommen, haben die benachteiligten Arbeitnehmer einen Anspruch auf Maßgabe der »anspruchsbegründenden« Tarifnorm – also auf »**Gleichbehandlung nach oben**«.

Beispiele:
- Eine tarifvertragliche Bestimmung, die für einzelne Arbeitsstunden in einer bestimmten zeitlichen Lage Spätarbeits- und Nachtarbeitszuschläge vorsieht, kann Teilzeitkräfte von diesem Anspruch nicht wirksam ausnehmen. Eine entgegenstehende Vorschrift ist wegen Verstoßes gegen § 4 Abs. 1 TzBfG nichtig. Die durch benachteiligten Teilzeitkräfte haben einen tariflichen Anspruch auf diejenigen Zuschläge, die vollzeitbeschäftigte Arbeitnehmer für Spät- und Nachtarbeit erhalten (BAG v. 15. 12. 1998 – 3 AZR 239/97, NZA 1999, 882).
- Wegen Verstoßes gegen § 4 Abs. 1 Satz 2 TzBfG ist unwirksam auch eine Regelung in einem Sanierungstarifvertrag, die eine Kürzung des Weihnachtsgeldes um 500 Euro einheitlich für Voll- und Teilzeitbeschäftigte vorsieht, weil der auf diese Weise errechnete Betrag unter der Summe liegt, die dem Anteil der Teilzeitarbeit im Verhältnis zur Vollzeitarbeit entspricht. Der Verstoß gegen das Benachteiligungsverbot führt zur Unwirksamkeit der tariflichen Berechnungsweise und damit zur Wiederherstellung der tariflichen Grundregelung, wonach Teilzeitbeschäftigte einen Anspruch auf

Gleichbehandlung

ein Weihnachtsgeld haben, das sich nach dem Verhältnis ihrer vertraglichen Arbeitszeit zur tariflichen Arbeitszeit eines entsprechenden Vollzeitbeschäftigten bemisst (BAG v. 24. 5. 2000 – 10 AZR 629/99, NZA 2001, 216).

Ist aber bereits die anspruchsbegründende Tarifnorm wegen Verstoßes gegen den arbeitsrechtlichen Gleichbehandlungsgrundsatz oder ein spezielles gesetzliches Diskriminierungsverbot unwirksam, haben weder die benachteiligten noch die begünstigten Arbeitnehmer einen tariflichen Anspruch.

Unter Umständen kann aber ein Anspruch der benachteiligten Beschäftigten aufgrund des arbeitsrechtlichen Gleichbehandlungsgrundsatzes bestehen.

Beispiel:
Eine Tarifregelung billigte nur Angestellten, nicht aber Arbeitern einen Anspruch auf einen Zuschuss zum Kurzarbeitergeld zu. Eine Firma zahlte in einer Kurzarbeitsphase dem gemäß nur den Angestellten, nicht aber den Arbeitern den tariflichen Zuschuss.
Die Tarifregelung wurde vom BAG wegen Verstoßes gegen den arbeitsrechtlichen Gleichbehandlungsgrundsatz als insgesamt nichtig angesehen. Weder den benachteiligten Arbeiter noch den Angestellten stehe ein tariflicher Anspruch zu.
Allerdings hat das Gericht den benachteiligten Arbeitern dennoch einen Zahlungsanspruch zuerkannt, weil der Arbeitgeber den Angestellten den Zuschuss trotz Nichtigkeit der Tarifnorm tatsächlich gewährt hat und eine Rückforderung z. B. wegen Ablaufs von → Ausschlussfristen/Verfallfristen ausgeschlossen war. Deshalb müsse er den Arbeitern diesen Zuschuss auch gewähren. Dies gebiete der arbeitsrechtliche Gleichbehandlungsgrundsatz (BAG v. 28. 5. 1996 – 3 AZR 752/95, NZA 1997, 101).

Rechtsprechung

1. Allgemeiner arbeitsrechtlicher Gleichbehandlungsgrundsatz
2. Betriebsverfassungsrechtlicher Gleichbehandlungsgrundsatz (§ 75 Abs. 1 BetrVG)
3. Betriebsübergreifende Gleichbehandlung im Unternehmen
3 a. Gleichbehandlung im Gemeinschaftsbetrieb?
4. Gleichbehandlung im Konzern?
5. Muss der Arbeitgeber dem Arbeitnehmer die Gründe für die Ungleichbehandlung mitteilen?
6. Gleichbehandlung bei Zulagen
7. Gleichbehandlung bei Zahlung einer Abfindung
8. Gleichbehandlung bei Betriebsübergang
9. Gleichbehandlung: weitere Einzelfälle
10. Gleichbehandlung »nach unten«? – Anspruch auf Anwendung einer gleichheitswidrigen Norm?
11. Benachteiligungs- und Diskriminierungsverbot (AGG)
12. Bindung der Tarifvertragsparteien an den Gleichheitssatz
13. Gleichbehandlung von Arbeitern und Angestellten bei tariflichen Kündigungsfristen
14. Verbot der Entgeltdiskriminierung bei befristet Beschäftigten
15. Gleichbehandlung von Teilzeit- und Vollzeitbeschäftigten beim Arbeitsentgelt
16. Ungleichbehandlung beim Weihnachtsgeld
17. Gleichbehandlung in der betrieblichen Altersversorgung
18. Gleichbehandlung von Teilzeit- und Vollzeitbeschäftigten in betrieblicher Altersversorgung

19. Unterschiedliches Rentenzugangsalter für Männer und Frauen in betrieblicher Altersversorgung
20. Gleichbehandlung bei der Aufstellung eines Sozialplans

Gleichberechtigung/Gleichstellung von Frauen und Männern

Grundlagen

1. Nach Art. 3 Abs. 2 Satz 1 Grundgesetz sind **Männer und Frauen gleichberechtigt**.
Eine Bevorzugung oder Benachteiligung »*wegen des Geschlechtes*« ist unzulässig (Art. 3 Abs. 3 Grundgesetz).
Das heißt: das Geschlecht darf kein Anknüpfungspunkt für unterschiedliche Behandlung von Männern und Frauen sein (grundlegend: BVerfG v. 28. 1. 1992 – 1 BvR 1025/82, AiB 1992, 281 = NZA 1992, 270).
Ausnahme: Eine unterschiedliche Behandlung ist beispielsweise aus Gründen des Gesundheitsschutzes oder des Schutzes ungeborenen Lebens geboten.
2. 1994 wurde Art. 3 Abs. 2 Grundgesetz um eine weitere Vorschrift ergänzt:
»*Der Staat fördert die tatsächliche Durchsetzung der Gleichberechtigung von Frauen und Männern und wirkt auf die Beseitigung bestehender Nachteile hin*«.
3. Diese Vorschrift verpflichtet alle staatlichen Stellen auf Bundes-, Landes- und kommunaler Ebene zu einer **Gleichstellungspolitik**, die darauf abzielt und geeignet ist, eine tatsächliche Realisierung der Gleichberechtigung zu bewirken (z. B. Maßnahmen zur Herstellung gleicher Ausgangschancen von Frauen und Männern).
Die als Staatsziel formulierte Regelung stellt allerdings kein einklagbares Grundrecht dar. Sie verpflichtet den Staat, gewährt aber keinen Individualanspruch auf ein entsprechendes staatliches Handeln.
3a. Im **Koalitionsvertrag von CDU/CSU/SPD 2013** heißt es auf S. 102, 103:
»*Frauenquote/Gleichstellung im Erwerbsleben*
Frauen in Führungspositionen: Wir wollen den Anteil weiblicher Führungskräfte in Deutschland erhöhen. Deshalb werden wir zu Beginn der 18. Wahlperiode des Deutschen Bundestages Geschlechterquoten in Vorständen und Aufsichtsräten in Unternehmen gesetzlich einführen.
Aufsichtsräte von voll mitbestimmungspflichtigen und börsennotierten Unternehmen, die ab dem Jahr 2016 neu besetzt werden, sollen eine Geschlechterquote von mindestens 30 Prozent aufweisen. Wir werden eine Regelung erarbeiten, dass bei Nichterreichen dieser Quote die für das unterrepräsentierte Geschlecht vorgesehenen Stühle frei bleiben.
Wir werden börsennotierte oder mitbestimmungspflichtige Unternehmen gesetzlich verpflichten, ab 2015 verbindliche Zielgrößen für die Erhöhung des Frauenanteils im Aufsichtsrat, Vorstand und in den obersten Management-Ebenen festzulegen und zu veröffentlichen und hierüber transparent zu berichten. Die ersten Zielgrößen müssen innerhalb der 18. Wahlperiode des Deutschen Bundestages erreicht werden und dürfen nicht nachträglich nach unten berichtigt werden.
Darüber hinaus werden wir Maßnahmen für die Privatwirtschaft ergreifen, die eine Förderung von Frauen in allen Betriebshierarchien zum Ziel haben.
Die Koalition wird im Einflussbereich des Bundes eine gezielte Gleichstellungspolitik vorantreiben, um den Anteil von Frauen in Führungspositionen und in Gremien zu erhöhen und Entgeltungleichheit abzubauen. Dazu entwickeln wir einen Gleichstellungsindex und führen für die Bun-

Gleichberechtigung/Gleichstellung von Frauen und Männern

desverwaltung eine proaktive Umsetzung des Bundesgleichstellungsgesetzes und des Bundesgremienbesetzungsgesetzes ein.

Auch für die wissenschaftlichen Führungsgremien wollen wir einen Anteil von mindestens 30 Prozent erreichen. Generell werden wir den Frauenanteil im Wissenschaftssystem durch am Kaskadenmodell orientierte Zielquoten nachhaltig erhöhen.«

Die Koalitionsvereinbarung wurde umgesetzt durch das **Gesetz für die gleichberechtigte Teilhabe von Frauen und Männern in Führungspositionen in der Privatwirtschaft und im öffentlichen Dienst** vom 24. 4. 2015 (BGBl. I Nr. 17 S. 642). Das Gesetz ist am 1. 5. 2015 in Kraft getreten.

Ziel des Gesetzes ist es, den Anteil von Frauen an Führungspositionen (Unternehmensleitung, oberste Management-Ebenen, Aufsichtsrat) deutlich zu erhöhen und letztlich eine Geschlechterparität herzustellen.

Durch das »Artikel-Gesetz« wurden fast 20 verschiedene Gesetze ergänzt / geändert (u.a. Aktiengesetz, GmbHG, Mitbestimmungsgesetz).

Nachstehend einige ausgewählte Bestimmungen im Wortlaut (Hervorhebungen durch Verf.):

- § 76 Abs. 4 AktG: *Der **Vorstand** von Gesellschaften, die börsennotiert sind oder der Mitbestimmung unterliegen, legt für den Frauenanteil in den beiden **Führungsebenen unterhalb des Vorstands** Zielgrößen fest. Liegt der Frauenanteil bei Festlegung der Zielgrößen unter 30 Prozent, so dürfen die Zielgrößen den jeweils erreichten Anteil nicht mehr unterschreiten. Gleichzeitig sind Fristen zur Erreichung der Zielgrößen festzulegen. Die Fristen dürfen jeweils nicht länger als fünf Jahre sein.*
- § 96 Abs. 2 und 3 AktG:
*(2) Bei börsennotierten Gesellschaften, für die das Mitbestimmungsgesetz, das Montan-Mitbestimmungsgesetz oder das Mitbestimmungsergänzungsgesetz gilt, setzt sich der **Aufsichtsrat** zu mindestens 30 Prozent aus Frauen und zu mindestens 30 Prozent aus Männern zusammen. Der Mindestanteil ist vom Aufsichtsrat insgesamt zu erfüllen. Widerspricht die Seite der Anteilseigner- oder Arbeitnehmervertreter auf Grund eines mit Mehrheit gefassten Beschlusses vor der Wahl der Gesamterfüllung gegenüber dem Aufsichtsratsvorsitzenden, so ist der Mindestanteil für diese Wahl von der Seite der Anteilseigner und der Seite der Arbeitnehmer getrennt zu erfüllen. Es ist in allen Fällen auf volle Personenzahlen mathematisch auf- beziehungsweise abzurunden. Verringert sich bei Gesamterfüllung der höhere Frauenanteil einer Seite nachträglich und widerspricht sie nun der Gesamterfüllung, so wird dadurch die Besetzung auf der anderen Seite nicht unwirksam. Eine Wahl der Mitglieder des Aufsichtsrats durch die Hauptversammlung und eine Entsendung in den Aufsichtsrat unter Verstoß gegen das Mindestanteilsgebot ist nichtig. Ist eine Wahl aus anderen Gründen für nichtig erklärt, so verstoßen zwischenzeitlich erfolgte Wahlen insoweit nicht gegen das Mindestanteilsgebot. Auf die Wahl der Aufsichtsratsmitglieder der Arbeitnehmer sind die in Satz 1 genannten Gesetze zur Mitbestimmung anzuwenden.*
*(3) Bei börsennotierten Gesellschaften, die aus einer grenzüberschreitenden Verschmelzung hervorgegangen sind und bei denen nach dem Gesetz über die Mitbestimmung der Arbeitnehmer bei einer grenzüberschreitenden Verschmelzung das Aufsichts- oder Verwaltungsorgan aus derselben Zahl von Anteilseigner- und Arbeitnehmervertretern besteht, müssen in dem **Aufsichts- oder Verwaltungsorgan** Frauen und Männer jeweils mit einem Anteil von mindestens 30 Prozent vertreten sein. Absatz 2 Satz 2, 4, 6 und 7 gilt entsprechend.*
- § 111 Abs. 5 AktG: *Der **Aufsichtsrat** von Gesellschaften, die börsennotiert sind oder der Mitbestimmung unterliegen, legt für den **Frauenanteil im Aufsichtsrat und im Vorstand** Zielgrößen fest. Liegt der Frauenanteil bei Festlegung der Zielgrößen unter 30 Prozent, so dürfen die Zielgrößen den jeweils erreichten Anteil nicht mehr unterschreiten. Gleichzeitig sind Fristen zur Erreichung der Zielgrößen festzulegen. Die Fristen dürfen jeweils nicht länger als fünf Jahre*

Gleichberechtigung/Gleichstellung von Frauen und Männern

sein. Soweit für den Aufsichtsrat bereits eine Quote nach § 96 Absatz 2 gilt, sind die Festlegungen nur für den Vorstand vorzunehmen.
- Entsprechende Regelungen wurden u.a. für die **GmbH** (§§ 36, 52 Abs. 2 GmbHG) und **andere Unternehmensrechtsformen** geschaffen (u.a. Kommanditgesellschaften auf Aktien, eingetragene Genossenschaften und Versicherungsvereine auf Gegenseitigkeit mit in der Regel mehr als 500 Arbeitnehmern).
- § 5 a MontanMitbestG: *Unter den in § 4 Abs. 1 Satz 2 Buchstabe b MontanMitbestG bezeichneten Mitgliedern des Aufsichtsrates eines in § 1 MontanMitbestG genannten, börsennotierten Unternehmens müssen im Fall des § 96 Abs. 2 Satz 3 AktienG Frauen und Männer jeweils mit einem Anteil von mindestens 30 Prozent vertreten sein.*
- § 5 a MontanMitbestErgG: *Unter den Aufsichtsratsmitgliedern der Arbeitnehmer eines in § 1 MontanMitbestErgG genannten, börsennotierten Unternehmens müssen im Fall des § 96 Absatz 2 Satz 3 AktienG Frauen und Männer jeweils mit einem Anteil von mindestens 30 Prozent vertreten sein.*
- § 4 Abs. 4 DrittelbG: *Unter den Aufsichtsratsmitgliedern der Arbeitnehmer sollen Frauen und Männer entsprechend ihrem zahlenmäßigen Verhältnis im Unternehmen vertreten sein.*
- § 7 Abs. 3 MitbestG: *Unter den Aufsichtsratsmitgliedern der Arbeitnehmer eines in § 1 Absatz 1 genannten, börsennotierten Unternehmens müssen im Fall des § 96 Absatz 2 Satz 3 des Aktiengesetzes Frauen und Männer jeweils mit einem Anteil von mindestens 30 Prozent vertreten sein.*
- § 18 a MitbestG sieht Regelungen für den Fall vor, dass die Auszählung der Stimmen und ihre Verteilung auf die Bewerber ergeben, dass die Vorgaben des § 7 Abs. 3 MitbestG nicht erreicht worden sind.

Zu den **Auswirkungen** des Gesetzes nachstehend eine Information des Bundesministeriums für Familie, Senioren, Frauen und Jugend (*http://www.bmfsfj.de/BMFSFJ/gleichstellung,did=88098.html?view=renderPrint*):

»Zum 1. Januar 2016 gilt die **fixe Geschlechterquote von 30 Prozent** für neu zu besetzende Aufsichtsratsposten in etwa 100 großen Unternehmen. Etwa 3500 weitere Unternehmen sind verpflichtet, sich eigene **Zielgrößen** zur Erhöhung des Frauenanteils in Aufsichtsräten, Vorständen und obersten Management-Ebenen zu setzen. Und auch für den öffentlichen Dienst gilt für die Besetzung von Aufsichtsgremien, in denen dem Bund mindestens drei Sitze zustehen, ab 2016 eine Geschlechterquote von mindestens 30 Prozent für alle Neubesetzungen dieser Sitze. «

3b Im **Koalitionsvertrag von CDU/CSU/SPD 2013** heißt es auf S. 102, 103 weiter:
»*Entgeltgleichheit*
Die Koalitionspartner sind sich einig, dass die bestehende Lohndifferenz zwischen Männern und Frauen nicht zu akzeptieren ist.
Gemeinsam mit den Tarifpartnern wollen wir die Feststellung des Wertes von Berufsfeldern, von Arbeitsbewertungen und die Bewertung von Fähigkeiten, Kompetenzen und Erfahrungen voranbringen.
Ziel muss es sein, unter anderem die Arbeit in der Pflege, Betreuung und frühkindlicher Bildung weiter aufzuwerten.
Um das Prinzip »Gleicher Lohn für gleiche oder gleichwertige Arbeit« besser zur Geltung zu bringen, wollen wir mehr Transparenz herstellen, unter anderem durch eine Verpflichtung für Unternehmen ab 500 Beschäftigte, im Lagebericht nach dem HGB auch zur Frauenförderung und Entgeltgleichheit von gesetzlichen Kriterien Stellung zu nehmen. Darauf aufbauend wird für Arbeitnehmerinnen und Arbeitnehmer ein individueller Auskunftsanspruch festgelegt.
Unternehmen werden dazu aufgefordert, mit Hilfe verbindlicher Verfahren und gemeinsam mit den Beschäftigten und unter Beteiligung der Interessenvertreterinnen und Interessenvertreter im Betrieb in eigener Verantwortung erwiesene Entgeltdiskriminierung zu beseitigen.

Gleichberechtigung/Gleichstellung von Frauen und Männern

Wir wollen eine Initiative gemeinsam mit den Tarifpartnern starten, um die Muster von struktureller Entgeltungleichheit in Tarifverträgen zu erkennen und zu überwinden.
Geschlechtergerechte Berufswahl: Die Berufs- und Studienfachwahl von jungen Frauen und Männern ist von traditionellen Rollenbildern geprägt. Der Berufs- und Studienberatung sowie der Berufsorientierung in der Schule kommt eine große Bedeutung zu. Gerade vor dem Hintergrund des Fachkräftemangels bei mathematisch-naturwissenschaftlich-technischen Berufen und Sozial-, Bildungs- und Gesundheitsberufen wollen wir eine geschlechtergerechte Berufsberatung. Sie muss verbindlich Informationen über alle Berufs- und Verdienstmöglichkeiten für Mädchen und Jungen bieten.«

Eine Analyse der tatsächlichen Verhältnisse ergibt, dass in der Frage der Gleichberechtigung bzw. Gleichstellung zwar »Einiges in Bewegung ist«, dass aber nach wie vor – und vor allem im Bereich des Arbeitslebens – eine erhebliche **Lücke zwischen Verfassungsanspruch und Wirklichkeit** klafft.

Einige Beispiele für versteckte oder offene Benachteiligung (**Diskriminierung**) der Frauen:
- Schon bei der Suche nach einem Ausbildungsplatz werden Mädchen häufig auf »frauentypische« Berufe verwiesen.

  Ausbildungsplätze im gewerblich-technischen Bereich werden – trotz gleicher oder sogar höherer Qualifikation der Bewerberinnen – meist ausschließlich Jungen angeboten.
- Frauen bekommen im Schnitt ein um ein Drittel niedrigeres Arbeitsentgelt als Männer.

  Das liegt nicht nur daran, dass Frauen überwiegend auf angeblich »leichte« und damit schlecht bezahlte Tätigkeiten abgedrängt werden.

  Viele Frauen bekommen auch nicht den »gleichen Lohn für gleiche Arbeit«, obwohl eine derartige Ungleichbehandlung ein klarer Rechtsverstoß ist (§ 2 Abs. 1 Nr. 2 und § 8 Abs. 2 Allgemeines Gleichbehandlungsgesetz – AGG; früher § 612 Abs. 3 BGB; siehe → **Gleichbehandlung**).

  Nach einer Mitteilung der Organisation für wirtschaftliche Zusammenarbeit (OECD) Anfang 2012 liegen die Löhne von Frauen und Männern in keinem anderen Land in Europa so weit auseinander wie in Deutschland.

  Vollzeitbeschäftigte Frauen in Deutschland erhalten im Durchschnitt 21,6 Prozent weniger Arbeitsentgelt als Männer (Quelle: http://www.handelsblatt.com/politik/konjunktur/).

  Der OECD-Schnitt liegt demgegenüber bei einem Minus von (nur) 16 Prozent.
- Nach wie vor werden Frauen als »**industrielle Reservearmee**« genutzt.

  Bei Arbeitskräftemangel werden sie verstärkt mit schlechter Bezahlung (z. B. als Leiharbeitnehmerinnen oder geringfügig Beschäftigte) eingestellt; bei Arbeitskräfteüberhang sind sie die ersten, die »freigestellt« (d. h. entlassen) werden.
- Im Zusammenhang mit Maßnahmen der betrieblichen Weiterbildung sowie bei der Frage des beruflichen Aufstiegs kommen Frauen wesentlich seltener zum Zuge als Männer.
- Auch in Führungspositionen sind Frauen unterrepräsentiert.

Nach der Rechtsprechung des Europäischen Gerichtshofs (EuGH) sind Maßnahmen zulässig, die die Frauen spezifisch **begünstigen** und darauf ausgerichtet sind, in der sozialen Wirklichkeit bestehende faktische Ungleichheiten zu beseitigen oder zu verringern.

Dieses Prinzip ist in das Allgemeine Gleichbehandlungsgesetz (AGG) vom 14.8.2006 (BGBl. I S. 1897; → **Benachteiligungsverbot [AGG]**) aufgenommen worden.

Nach § 7 AGG ist eine unterschiedliche Behandlung wegen eines in § 1 AGG genannten Grundes (hierzu zählt auch das Geschlecht) zulässig, wenn durch geeignete und angemessene – positive – Maßnahmen bestehende **Nachteile verhindert** oder **ausgeglichen** werden sollen.

Allerdings verstößt nach einem Urteil des Europäischen Gerichtshofs eine **Quotenregelung** gegen europäisches Recht, wenn sie – bei Vorliegen gleicher Qualifikation – Frauen bei Beförderungen bis zum Erreichen einer bestimmten Quote »automatisch« (d. h. ohne Einzel-

bzw. Härtefallprüfung) den **Vorrang** einräumt (EuGH v. 17.10.1995 – C–450/93, NZA 1995, 1095).

7 Auf der Basis entsprechender **EG-Richtlinien** sind einige – auf eine Herstellung der Gleichberechtigung abzielende – Vorschriften
- zunächst in das Bürgerliche Gesetzbuch (BGB): vgl. § 611 a BGB (Verbot der Benachteiligung wegen des Geschlechts unter anderem bei der Begründung des Arbeitsverhältnisses mit Anspruch auf Entschädigung), § 611 b BGB (Verpflichtung des Arbeitgebers zur geschlechtsneutralen Ausschreibung), § 612 Abs. 3 BGB (gleicher Lohn für gleiche/gleichwertige Arbeit) und
- dann im Wesentlichen inhaltsgleich in das Allgemeine Gleichbehandlungsgesetz (AGG) vom 14.8.2006 (BGBl. I S. 1897), in Kraft getreten am 18.8.2006

aufgenommen worden (siehe Rn. 38 ff. und → **Benachteiligungsverbot [AGG]**).

8 Die in Rn. 7 genannten Bestimmungen des Bürgerlichen Gesetzbuches (BGB) wurden zeitgleich mit Inkrafttreten des AGG aufgehoben.

9 Für Beschäftigte in Behörden, Verwaltungen und Unternehmen des Bundes sowie in Bundesgerichten gilt das Gesetz zur Gleichstellung von Frauen und Männern (**Bundesgleichstellungsgesetz – BGleiG**) vom 24.4.2015 (BGBl. I Nr. 17 S. 642).

In diesem Gesetz finden sich Regelungen insbesondere über:
- **Maßnahmen zur Gleichstellung von Frauen und Männern** (u.a. Arbeitsplatzausschreibung, Bewerbungsgespräche, Auswahlentscheidungen bei Einstellung, beruflichem Aufstieg und der Vergabe von Ausbildungsplätzen, Qualifikation von Bewerberinnen und Bewerbern, Fortbildung, Dienstreisen)
- **Gleichstellungsplan**
- **Vereinbarkeit von Familie, Pflege und Berufstätigkeit für Frauen und Männer** (u.a. Arbeitszeiten und sonstige Rahmenbedingungen, Teilzeitbeschäftigung, Telearbeit, mobiles Arbeiten und Beurlaubung zur Wahrnehmung von Familien- oder Pflegeaufgaben, Wechsel zur Vollzeitbeschäftigung, beruflicher Wiedereinstieg, Verbot von Benachteiligungen)
- **Gleichstellungsbeauftragte**, Stellvertreterin und Vertrauensfrau (u. a. Wahl, Rechtstellung, Aufgaben, Information, Mitwirkung, Einspruchsrecht)

10 Die Gleichstellung von Frauen und Männern bzw. die Förderung von Frauen zur Herstellung von Chancengleichheit ist im Übrigen Regelungsgegenstand von **weiteren gesetzlichen Vorschriften**.

Beispielsweise sollen die Leistungen der **aktiven Arbeitsförderung** in ihrer zeitlichen, inhaltlichen und organisatorischen Ausgestaltung die Lebensverhältnisse von Frauen und Männern berücksichtigen, die aufsichtsbedürftige Kinder betreuen und erziehen oder pflegebedürftige Angehörige betreuen oder nach diesen Zeiten wieder in die Erwerbstätigkeit zurückkehren wollen (§ 8 Abs. 1 SGB III 2012).

Der Arbeitgeber ist nach §§ 6, 7 TzBfG u. a. verpflichtet,
- den Arbeitnehmern, auch in leitenden Positionen, **Teilzeitarbeit** nach Maßgabe des TzBfG zu ermöglichen (§ 6 TzBfG);
- einen Arbeitsplatz, den er öffentlich oder innerhalb des Betriebes ausschreibt, auch als Teilzeitarbeitsplatz auszuschreiben, wenn sich der Arbeitsplatz hierfür eignet (§ 7 Abs. 1 TzBfG);
- einen Arbeitnehmer, der ihm den Wunsch nach einer Veränderung von Dauer und Lage seiner vertraglich vereinbarten Arbeitszeit angezeigt hat, über entsprechende Arbeitsplätze zu informieren, die im Betrieb oder Unternehmen besetzt werden sollen (§ 7 Abs. 2 TzBfG);
- den Betriebsrat über Teilzeitarbeit im Betrieb und Unternehmen zu informieren, insbesondere über vorhandene oder geplante Teilzeitarbeitsplätze und über die Umwandlung von Teilzeitarbeitsplätzen in Vollzeitarbeitsplätze oder umgekehrt. Ihm sind auf Verlangen die

Gleichberechtigung/Gleichstellung von Frauen und Männern

erforderlichen Unterlagen zur Verfügung zu stellen (§ 7 Abs. 3 TzBfG; vgl. auch § 92 Abs. 3 BetrVG).
Mit In-Kraft-Treten des Arbeitszeitrechtsgesetzes vom 6.6.1994 (BGBl. I S. 1165) sind einige – bisher geltende gesetzliche – Beschäftigungsverbote für Frauen (z. B. im Baugewerbe bei der »Beförderung von Roh- und Werkstoffen«) weitgehend weggefallen. 11
Das in § 19 der »alten« Arbeitszeitordnung geregelte **Nachtarbeitsverbot** für »Arbeiterinnen« war bereits durch Entscheidung des Bundesverfassungsgerichts vom 28.1.1992 – 1 BvR 1025/82 (AiB 1992, 281 = NZA 1992, 270) für verfassungswidrig erklärt worden.
Das am 1.7.1994 in Kraft getretene Arbeitszeitgesetz, das die Arbeitszeitordnung (AZO) abgelöst hat, sieht dementsprechend ein solches Verbot nicht mehr vor (siehe → **Arbeitszeit** und → **Nachtarbeit**).
Damit bestehen **Beschäftigungsverbote** für Frauen nur noch im Bergbau unter Tage und nach den Vorschriften des Mutterschutzgesetzes (siehe → **Mutterschutz**). 12
Zu erwähnen sind schließlich gesetzgeberische Aktivitäten zur Bekämpfung **sexueller Belästigung am Arbeitsplatz**. 13
Mit dem »Zweiten Gleichberechtigungsgesetz« vom 24.6.1994 (BGBl. I S. 1406) wurde zunächst das Gesetz zum Schutz der Beschäftigten vor sexueller Belästigung am Arbeitsplatz (Beschäftigtenschutzgesetz) in Kraft gesetzt.
Die Bestimmungen des Beschäftigtenschutzgesetzes wurden sodann – im Wesentlichen inhaltsgleich – in das Allgemeine Gleichbehandlungsgesetz (AGG) vom 14.8.2006 aufgenommen (siehe → **Benachteiligungsverbot [AGG]** und → **Sexuelle Belästigung**).
Das Beschäftigtenschutzgesetz wurde zeitgleich mit Inkrafttreten des AGG aufgehoben.

Bedeutung für die Betriebsratsarbeit

Das BetrVG befasst sich in mehreren Bestimmungen mit dem Thema »Gleichstellung von Frauen und Männern«. 14
Nachstehend ein **Überblick**.
In Betrieben mit weiblichen und männlichen Arbeitnehmern »sollen« (siehe → **Rechtsbegriffe**) dem **Wahlvorstand** Frauen und Männer angehören (§ 16 Abs. 1 Satz 6 BetrVG). 15
Der Betriebsrat hat dies bei der Bestellung des Wahlvorstandes für die → **Betriebsratswahl** und für die Wahl der → **Jugend- und Auszubildendenvertretung** (§ 63 Abs. 2 Satz 2 BetrVG) zu beachten.
Nach § 15 Abs. 2 BetrVG **muss** das Geschlecht, das in der Belegschaft in der Minderheit ist, im Betriebsrat mindestens entsprechend seinem Anteil in der Belegschaft vertreten sein, wenn der Betriebsrat aus mindestens drei Mitgliedern besteht (**Geschlechterquote**).
Die Geschlechterquote ist auch im Falle des Nachrückens von → **Ersatzmitgliedern** zu beachten (§ 25 Abs. 1 BetrVG).
Teilzeitbeschäftigte Betriebsratsmitglieder (meist Frauen) werden bei Betriebsratstätigkeit außerhalb ihrer persönlichen Arbeitszeit (§ 37 Abs. 3 BetrVG) und bei Teilnahme an → **Schulungs- und Bildungsveranstaltungen** nach § 37 Abs. 6 und 7 BetrVG mit Vollzeitbeschäftigten gleichbehandelt. 16
Das heißt: Betriebsratstätigkeit und Teilnahme an Schulungen außerhalb der persönlichen Arbeitszeit sind durch **Arbeitsbefreiung** unter Fortzahlung der Vergütung auszugleichen, ggf. wie **Mehrarbeit** zu vergüten (§ 37 Abs. 3 BetrVG).
§ 45 BetrVG stellt klar, dass Fragen der **Förderung der Gleichstellung** von Frauen und Männern und der Vereinbarkeit von Familie und Erwerbstätigkeit Thema von → **Betriebsversammlungen** sein können. 17

Gleichberechtigung/Gleichstellung von Frauen und Männern

Der Arbeitgeber hat nach § 43 Abs. 2 Satz 3 BetrVG mindestens einmal in jedem Kalenderjahr in einer → **Betriebsversammlung** über das Personal- und Sozialwesen einschließlich des **Stands der Gleichstellung** von Frauen und Männern im Betrieb zu berichten.

Benachteiligungsverbot (§ 75 Abs. 1 BetrVG)

18   Nach § 75 Abs. 1 BetrVG (neu gefasst durch das Allgemeine Gleichbehandlungsgesetz – [AGG] vom 14. 8. 2006; siehe → **Benachteiligungsverbot [AGG]**) hat – neben dem Arbeitgeber – auch der Betriebsrat darüber zu wachen, dass alle im Betrieb tätigen Personen nach den Grundsätzen von Recht und Billigkeit behandelt werden, vor allem, dass jede Benachteiligung von Personen aus Gründen ihrer Rasse oder wegen ihrer ethnischen Herkunft, ihrer Abstammung oder sonstigen Herkunft, ihrer Nationalität, ihrer Religion oder Weltanschauung, ihrer Behinderung, ihres Alters, ihrer politischen oder gewerkschaftlichen Betätigung oder Einstellung oder wegen ihres Geschlechts oder ihrer sexuellen Identität unterbleibt.
Zum Benachteiligungsverbot nach §§ 1, 7 AGG siehe Rn. 6 ff. und → **Benachteiligungsverbot (AGG)**

Aufgaben des Betriebsrats

19   Der Betriebsrat hat die Aufgabe,
- **darüber zu wachen**, dass der Arbeitgeber den arbeitsrechtlichen Gleichbehandlungsgrundsatz (Art. 3 Abs. 1 GG), die Grundsätze des § 75 BetrVG und die weiteren speziellen gesetzlichen Benachteiligungsverbote (z. B. nach Art. 3 Abs. 2 und 3 GG, nach dem Allgemeinen Gleichbehandlungsgesetz (AGG), § 4 Abs. 1 und 2 TzBfG, § 81 Abs. 2 SGB IX) beachtet (§ 80 Abs. 1 Nr. 1 BetrVG),
- die Durchsetzung der tatsächlichen **Gleichstellung** von Frauen und Männern, insbesondere bei der Einstellung, Beschäftigung, Aus-, Fort- und Weiterbildung und dem beruflichen Aufstieg, **zu fördern** (§ 80 Abs. 1 Nr. 2 a BetrVG);
- die **Vereinbarkeit von Familie und Erwerbstätigkeit zu fördern** (§ 80 Abs. 1 Nr. 2 b BetrVG).

20   Der Betriebsrat kann dem Arbeitgeber nach § 92 Abs. 3 BetrVG **Vorschläge** für Maßnahmen zur Förderung der Gleichstellung von Frauen und Männern machen.

21   Nach § 92 Abs. 3, 92 a Abs. 1 BetrVG kann der Betriebsrat vorschlagen, **Teilzeitarbeitsplätze** neu einzurichten und/oder Vollzeitstellen in Teilzeitarbeitsplätze umzuwandeln.
Der Betriebsrat kann gemäß § 93 BetrVG verlangen, dass zu besetzende Arbeitsplätze innerbetrieblich ausgeschrieben werden (siehe → **Ausschreibung von Arbeitsplätzen**). Durch dieses Verlangen wird die Verpflichtung des Arbeitgebers nach § 7 Abs. 1 TzBfG ausgelöst, den zu besetzenden Arbeitsplatz auch als Teilzeitarbeitsplatz auszuschreiben, wenn er sich dafür eignet (Fitting, BetrVG, 27. Aufl., § 93 Rn. 16). Erfolgt entgegen dem Verlangen des Betriebsrats keine Ausschreibung als Teilzeitarbeitsplatz, kann der Betriebsrat nach § 99 Abs. 2 Nr. 5 BetrVG die Zustimmung zur Einstellung einer Vollzeitkraft verweigern.
Zu den Verpflichtungen des Arbeitgebers nach §§ 6, 7 TzBfG siehe Rn. 10.

22   Die Bußgeldvorschrift des § 121 BetrVG (siehe → **Ordnungswidrigkeitenverfahren**) kommt zur Anwendung, wenn der Arbeitgeber den Betriebsrat entgegen § 92 Abs. 1 und Abs. 3 BetrVG über die Aufstellung und Durchführung von Maßnahmen zur Förderung der Gleichstellung von Frauen und Männern und der Vereinbarkeit von Familie und Erwerbstätigkeit nicht, wahrheitswidrig, unvollständig oder verspätet unterrichtet.

23   **Ziel** von betrieblichen Aktivitäten auf dem Gebiet der »tatsächlichen Gleichstellung von Frauen und Männern« ist, durch entsprechende betriebliche Regelungen zwischen Arbeitgeber und

Gleichberechtigung/Gleichstellung von Frauen und Männern

Betriebsrat ein bestehendes Ungleichgewicht der Chancen von Frauen und Männern zu beseitigen und damit die Lücke zwischen Verfassungsanspruch und Wirklichkeit zu schließen. Keinesfalls geht es darum, die Diskriminierung und Benachteiligung der Frauen durch eine solche der Männer zu ersetzen.

Damit der Betriebsrat dem Arbeitgeber ein **qualifiziertes Konzept** zur Förderung der Gleichstellung und der Vereinbarkeit von Familie und Erwerbstätigkeit nach Maßgabe des § 80 Abs. 1 Nr. 2 a und 2 b BetrVG vorlegen kann, sollte er nach § 37 Abs. 6 BetrVG die Entsendung von Mitgliedern zu einer → **Schulungs- und Bildungsveranstaltung** beschließen, in der Kenntnisse zu diesem Themenkreis vermittelt werden. 23a

> **Hinweis:**
> Wenn der Betriebsrat **initiativ** wird, ist der für eine Kostentragung durch den Arbeitgeber erforderliche **betriebliche Bezug** gegeben (siehe hierzu → Schulungs- und Bildungsveranstaltung Rn. 6 und 7).

Falls erforderlich, sollte der Betriebsrat gem. § 80 Abs. 3 BetrVG die Hinzuziehung eines → **Sachverständigen** beschließen und den Arbeitgeber auffordern, dem zuzustimmen (»nähere Vereinbarung«). Wenn der Arbeitgeber eine »nähere Vereinbarung« verweigert, sollte der Betriebsrat die Einleitung eines arbeitsgerichtlichen Verfahrens und die Beauftragung eines Rechtsanwaltes beschließen. Zu weiteren Einzelheiten siehe → **Sachverständiger**.
Zur Errichtung eines »**Gleichstellungsausschusses**« und »**Ausschusses Vereinbarkeit von Familie und Beruf/Erwerbstätigkeit**« nach § 28 BetrVG siehe Rn. 36.

Informations-, Mitwirkungs- und Mitbestimmungsrechte

Der Betriebsrat besitzt über seine Informations-, Mitwirkungs- und Mitbestimmungsrechte eine Menge Möglichkeiten, in der Frage der Gleichstellung von Frauen und Männern bzw. zur Förderung von Frauen zur Herstellung von Chancengleichheit **initiativ** zu werden. 24
So kann der Betriebsrat Einsicht in die → **Bruttolohn- und -gehaltsliste** verlangen, um zu prüfen, ob die Frauen im Bereich des → **Arbeitsentgelts** gleichbehandelt werden (§ 80 Abs. 2 Satz 2 zweiter Halbsatz BetrVG). 25
Mit Hilfe seines **(Initiativ-)Mitbestimmungsrechts** nach § 87 Abs. 1 Nr. 2 BetrVG kann der Betriebsrat Regelungen zur Durchsetzung einer frauen- und familienfreundlichen → **Arbeitszeit** verlangen. 26
Im Nichteinigungsfalle entscheidet die → **Einigungsstelle** (§ 87 Abs. 2 BetrVG).
Über § 87 Abs. 1 Nr. 10, 11 BetrVG hat der Betriebsrat auch bei der Gestaltung des → **Arbeitsentgelts** »einen Fuß in der Tür«.
Der Betriebsrat kann nach § 92 Abs. 1 BetrVG Informationen darüber verlangen, inwieweit die gesetzlichen Gebote zur Verwirklichung der Gleichstellung im Rahmen der → **Personalplanung** berücksichtigt werden. 27
Dies schließt das Recht des Betriebsrats ein, die für eine Bestandsaufnahme zur Situation der Frauen im Betrieb erforderlichen Informationen vom Arbeitgeber abzufordern (siehe »**Checkliste** Gleichstellung von Frauen und Männern« auf DVD).
Auf der Grundlage seiner Vorschlags- und Beratungsrechte nach § 92 Abs. 3 BetrVG kann der Betriebsrat Vorschläge zu einer **frauenfördernden Personalplanung** vorlegen (z. B. die Aufstellung und Durchführung eines **Gleichstellungsplans** etwa entsprechend § 11 des – nur für Bundesbedienstete geltenden – Gesetzes zur Gleichstellung von Frauen und Männern vom 30.11.2001; siehe Rn. 9). 28
Er hat einen Anspruch darauf, dass der Arbeitgeber über diese Vorschläge »*mit dem ernsten Willen zur Einigung*« **verhandelt** (§ 74 Abs. 1 BetrVG).

Gleichberechtigung/Gleichstellung von Frauen und Männern

29 Der Betriebsrat kann nach § 93 BetrVG in Verbindung mit § 11 Allgemeines Gleichbehandlungsgesetz (AGG; früher § 611 b BGB) eine geschlechtsneutrale innerbetriebliche Stellenausschreibung (siehe → **Ausschreibung von Arbeitsplätzen**) verlangen.
Zur Verpflichtung des Arbeitgebers, zu besetzende Arbeitsplätze auch **als Teilzeitarbeitsplätze auszuschreiben,** siehe Rn. 10, 21.
Siehe auch → **Benachteiligungsverbot (AGG)** Rn. 37.

30 Bei der Aufstellung von **Personalfragebögen** und → **Beurteilungsgrundsätzen** kann der Betriebsrat über sein Mitbestimmungsrecht nach § 94 BetrVG dafür sorgen, dass solche Fragen und Beurteilungsgrundsätze, die Frauen diskriminieren bzw. benachteiligen, unterbleiben.
Bei Nichteinigung entscheidet die → **Einigungsstelle.**

31 Dem Betriebsrat steht nach § 95 Abs. 2 BetrVG ein Initiativmitbestimmungsrecht bei → **Auswahlrichtlinien** zu (allerdings nur in Betrieben mit mehr als 500 Arbeitnehmern).
Er kann durch Ausübung dieses Rechts eine Regelung »auf den Weg bringen« (notfalls bis hin zur → **Einigungsstelle**), in der festgelegt wird, dass bis zur Erreichung einer bestimmten **Quote** Frauen – bei gleicher Qualifikation – bei Einstellung und Beförderung bevorzugt zu berücksichtigen sind (eine »automatische« Bevorzugung ohne Einzel- bzw. Härtefallprüfung ist allerdings unzulässig; vgl. EuGH v. 17. 10. 1995 – C–450/93, NZA 1995, 109).
In Betrieben mit bis zu 500 Arbeitnehmern hat der Betriebsrat bei der Gestaltung von Auswahlrichtlinien nur dann Mitbestimmungsmöglichkeiten, wenn der Arbeitgeber solche Richtlinien einzuführen beabsichtigt (§ 95 Abs. 1 BetrVG). Ist das der Fall, entscheidet im Nichteinigungsfall die → **Einigungsstelle** (§ 95 Abs. 2 BetrVG).

32 Auch im Rahmen der → **Berufsbildung** (Erstausbildung, Fortbildung, Umschulung) kann der Betriebsrat »frauenfördernde« Vorschläge machen (§§ 96, 97 BetrVG).

33 Über sein Mitbestimmungsrecht nach § 97 Abs. 2 BetrVG kann der Betriebsrat Einfluss auf die **Einführung** von Berufsbildungsmaßnahmen und nach § 98 Abs. 1 BetrVG auf **Form und Inhalt** der Maßnahmen nehmen.
Auch kann er vom Arbeitgeber verlangen, dass alle Bildungsmaßnahmen nach Ziel, Inhalt und Methoden so gestaltet werden, dass sie auch für Mädchen und Frauen attraktiv und geeignet sind.
Im Nichteinigungsfalle entscheidet die → **Einigungsstelle** (§ 98 Abs. 4 BetrVG).
Der Betriebsrat kann der Bestellung von – für die Ausbildung von Mädchen und Frauen ungeeigneten – Ausbildern widersprechen bzw. die Abberufung solcher Ausbilder verlangen (§ 98 Abs. 2 BetrVG).
Im Nichteinigungsfalle entscheidet das → **Arbeitsgericht** (§ 98 Abs. 5 BetrVG).
Nach § 98 Abs. 3 BetrVG kann der Betriebsrat »frauenfördernden« Einfluss auf die **Auswahl** von Teilnehmern an Berufsbildungsmaßnahmen nehmen.
Lehnt der Arbeitgeber die Vorschläge des Betriebsrats ab, entscheidet die → **Einigungsstelle** (§ 98 Abs. 4 BetrVG).

34 Der Betriebsrat kann nach § 99 Abs. 2 Nr. 1, 3, 4 BetrVG die Zustimmung zur → **Einstellung,** → **Ein- und Umgruppierung,** → **Versetzung** von Männern verweigern, wenn weibliche Bewerber unter Verstoß gegen § 75 BetrVG oder gegen das Allgemeine Gleichbehandlungsgesetz (AGG; früher §§ 611 a und b BGB, 612 Abs. 3 BGB) benachteiligt werden (siehe Musterschreiben bei Stichwort → **Einstellung**; zu den Rechten der benachteiligten Bewerberinnen siehe Rn. 38 ff.).
Sein Zustimmungsverweigerungsrecht kann der Betriebsrat auch nutzen, um die Falscheingruppierung von Frauen abzuwehren.

35 Falls erforderlich, kann der Betriebsrat (oder eine im Betrieb vertretene → **Gewerkschaft**) nach § 23 Abs. 3 BetrVG vorgehen (siehe → **Unterlassungsanspruch des Betriebsrats**).
Hiernach kann bei einem **groben Verstoß** des Arbeitgebers gegen seine Verpflichtungen aus dem Betriebsverfassungsgesetz (z. B. nach § 75 BetrVG) beim → **Arbeitsgericht** beantragt wer-

Gleichberechtigung/Gleichstellung von Frauen und Männern

den, dem Arbeitgeber aufzugeben, eine Handlung zu unterlassen oder eine Handlung vorzunehmen.

§ 17 Abs. 2 Satz 1 AGG stellt ausdrücklich klar, dass der Betriebsrat oder eine im Betrieb vertretene Gewerkschaft die in § 23 Abs. 3 BetrVG genannten Rechte auch bei einem groben Verstoß des Arbeitgebers gegen seine Verpflichtungen aus dem Allgemeinen Gleichbehandlungsgesetz (AGG) geltend machen kann.

Der Betriebsrat oder die Gewerkschaft können also z. B. beantragen, dem Arbeitgeber **aufzugeben**,
- eine gegen § 1 AGG verstoßende Benachteiligung von weiblichen Beschäftigten zu unterlassen oder
- eine Stelle geschlechtsneutral auszuschreiben (§ 11 AGG) oder
- seinen Verpflichtungen gemäß § 12 AGG nachzukommen (z. B. Ergreifung von Maßnahmen zum Schutz vor Benachteiligung).

Der Anspruch aus § 23 Abs. 3 BetrVG kann nach zutreffender Ansicht auch mittels einer **einstweiligen Verfügung** durchgesetzt werden (vgl. Fitting, BetrVG, 27. Aufl., § 23 Rn. 76). Mit dem Antrag nach § 23 Abs. 3 BetrVG dürfen allerdings nicht Ansprüche des Benachteiligten verfolgt werden (§ 17 Abs. 2 Satz 2 AGG). Das müssen diese selber tun.

Um den Themen »Gleichstellung von Frauen und Männern« und »Vereinbarkeit von Familie und Beruf/Erwerbstätigkeit« das notwendige Gewicht und die erforderliche Kontinuität zu verleihen, ist es sinnvoll, gemäß § 28 BetrVG einen »**Gleichstellungsausschuss**« und einen »**Ausschuss Vereinbarkeit von Familie und Beruf/Erwerbstätigkeit**« zu errichten.

Diese Ausschüsse haben die Aufgabe,
- eine Bestandsaufnahme zur Situation der Frauen im Betrieb bzw. zu Problemen in Bezug auf das Thema »Vereinbarkeit von Familie und Beruf/Erwerbstätigkeit« durchzuführen;
- zusammen mit dem gewerkschaftlichen Vertrauenskörper Aktionen vorzubereiten mit dem Ziel, Problembewusstsein zu entwickeln und Vorurteile abzubauen (Betriebsversammlungen, Abteilungsversammlungen, Info-Schriften usw.);
- einen konkreten Forderungskatalog zu entwickeln und den Entwurf einer entsprechenden → **Betriebsvereinbarung** zu erstellen.
  Insoweit bietet es sich an, einen Blick in das für Beschäftigte in Behörden, Verwaltungen und Unternehmen des Bundes sowie in Bundesgerichten geltende Gesetz zur Gleichstellung von Frauen und Männern vom 24. 4. 2015 (Bundesgleichstellungsgesetz – BGleiG; siehe Rn. 9) zu werfen. Hierin befinden sich Regelungen, deren Übernahme – und ggf. Verbesserung – auch für privatwirtschaftliche Unternehmen in Betracht kommen;
- Verhandlungen mit dem Arbeitgeber über den Abschluss einer Betriebsvereinbarung vorzubereiten;
- die Einhaltung von Regelungen (Gesetze und ggf. der abgeschlossenen Betriebsvereinbarung) zur Gleichstellung und zur Vereinbarkeit von Familie und Beruf/Erwerbstätigkeit zu kontrollieren.

Natürlich sind sämtliche Aktivitäten **mit dem Betriebsrat abstimmen**. Die Ausschüsse leisten Vorarbeiten, informieren den Betriebsrat und legen ihm Vorschläge vor. Der Betriebsrat fasst die notwendigen Beschlüsse.

Bedeutung für die Beschäftigten

38 Gegen eine Benachteiligung wegen des Geschlechts kann sich der/die Betroffene durch Inanspruchnahme seiner/ihrer Rechte nach dem Allgemeinen Gleichbehandlungsgesetz (AGG) vom 14.8.2006 (siehe → **Benachteiligungsverbot [AGG]**) zur Wehr setzen. Ihnen stehen verschiedene Rechte zu. Nachstehend ein **Überblick**.

Beschwerderecht (§ 13 AGG)

39 Die Beschäftigten haben das Recht, sich bei den zuständigen Stellen des → **Betriebs** oder des → **Unternehmens zu beschweren**, wenn sie sich im Zusammenhang mit ihrem Beschäftigungsverhältnis vom Arbeitgeber, von Vorgesetzten, anderen Beschäftigten oder Dritten wegen eines in § 1 AGG genannten Grundes benachteiligt fühlen (§ 13 Abs. 1 Satz 1 AGG).
Die Beschwerdestelle hat die Beschwerde zu prüfen und das Ergebnis der oder dem beschwerdeführenden Beschäftigten mitzuteilen (§ 13 Abs. 1 Satz 2 AGG).
Zur Frage, ob dem Betriebsrat ein Mitbestimmungsrecht bei der Errichtung und Ausgestaltung der Beschwerdestelle bzw. des Beschwerdeverfahrens zusteht, siehe → **Benachteiligungsverbot (AGG)** Rn. 66.
Das Beschwerderecht des/der Arbeitnehmers/in nach §§ 84, 85 BetrVG (siehe → **Beschwerderecht des Arbeitnehmers**) und die Rechte des Betriebsrats (z. B. Anrufung der → **Einigungsstelle** nach § 85 BetrVG) bleiben unberührt (§ 13 Abs. 2 AGG).
Nach § 85 BetrVG können sich Arbeitnehmer/innen beim Betriebsrat beschweren, wenn sie sich benachteiligt fühlen. Die Beschwerde kann und sollte von mehreren Arbeitnehmern/innen erhoben werden.
Hält der Betriebsrat die Beschwerde für berechtigt, hat er beim Arbeitgeber auf **Abhilfe** hinzuwirken.
Ist der Arbeitgeber der Meinung, dass die Beschwerde nicht berechtigt ist, kann der Betriebsrat die → **Einigungsstelle** anrufen (§ 85 Abs. 2 BetrVG).
Diese klärt den Sachverhalt auf, bewertet ihn und entscheidet letztlich durch Beschluss (ggf. durch Mehrheitsbeschluss mit der Stimme des Vorsitzenden der Einigungsstelle), ob die Beschwerde **berechtigt** ist oder nicht.
Wenn die Einigungsstelle beschließt, dass die Beschwerde berechtigt ist, ist der Arbeitgeber nach § 85 Abs. 3 Satz 2 i. V. m. § 84 Abs. 2 BetrVG verpflichtet, der Beschwerde durch geeignete **Maßnahmen** abzuhelfen.
Geschieht dies nicht, kann der/die Arbeitnehmer/in die Abhilfe der Beschwerde im Wege der **Klage** vor dem → **Arbeitsgericht** erzwingen.
Ob auch der Betriebsrat ein Beschlussverfahren mit dem gleichen Ziel einleiten kann, ist strittig (zu Recht dafür DKKW-*Buschmann*, BetrVG, 15. Aufl., § 85 Rn. 26; a. A. Fitting, BetrVG, 27. Aufl., § 85 Rn. 9, 14).
Die Anrufung der Einigungsstelle bzw. eine Entscheidung ist ausgeschlossen, wenn Gegenstand der Beschwerde ein **Rechtsanspruch** des Arbeitnehmers ist (§ 85 Abs. 2 Satz 3 BetrVG).
Zu weiteren Einzelheiten siehe → **Beschwerderecht des Arbeitnehmers**.

Leistungsverweigerungsrecht (§ 14 AGG)

40 Liegt eine Benachteiligung in Form einer **Belästigung** oder → **sexuellen Belästigung** vor, haben die betroffenen Beschäftigten darüber hinaus ein Leistungsverweigerungsrecht, wenn der Arbeitgeber keine oder offensichtlich ungeeignete Maßnahmen zur Unterbindung der Belästigung ergreift.

Gleichberechtigung/Gleichstellung von Frauen und Männern

In diesem Fall sind die betroffenen Beschäftigten berechtigt, ihre Tätigkeit ohne Verlust des Arbeitsentgelts einzustellen, soweit dies zu ihrem Schutz erforderlich ist (§ 14 Satz 1 AGG). § 273 BGB bleibt unberührt (§ 14 Satz 2 AGG; siehe → **Zurückbehaltungsrecht des Arbeitnehmers**).

Eine Belästigung ist eine Benachteiligung, wenn unerwünschte Verhaltensweisen, die mit einem in § 1 AGG genannten Grund in Zusammenhang stehen, bezwecken oder bewirken, dass die **Würde** der betreffenden Person verletzt und ein von Einschüchterungen, Anfeindungen, Erniedrigungen, Entwürdigungen oder Beleidigungen gekennzeichnetes Umfeld geschaffen wird (§ 3 Abs. 3 AGG).

Anspruch auf Schadensersatz und Entschädigung (§ 15 AGG)

Bei einem Verstoß gegen das Benachteiligungsverbot ist der Arbeitgeber verpflichtet, den hierdurch entstandenen **Schaden zu ersetzen** (§ 15 Abs. 1 Satz 1 AGG). 41
Dies gilt nicht, wenn der Arbeitgeber die Pflichtverletzung nicht zu vertreten hat (§ 15 Abs. 1 Satz 2 AGG).
Ein Schadensersatzanspruch besteht also nur dann, wenn der Arbeitgeber schuldhaft, das heißt vorsätzlich oder fahrlässig gehandelt hat (§ 276 BGB).
Wegen eines Schadens, der nicht Vermögensschaden ist (sog. immaterieller Schaden; vgl. § 253 42
BGB), kann der oder die Beschäftigte eine angemessene **Entschädigung** in Geld verlangen (§ 15 Abs. 2 Satz 1 AGG).
Dem Gericht steht bei der Festsetzung der Höhe der Entschädigung ein **Beurteilungsspielraum** zu, um die Besonderheiten jedes einzelnen Falls zu berücksichtigen.
Die Entschädigung muss geeignet sein, eine abschreckende Wirkung gegenüber dem Arbeitgeber zu erzielen.
Die Entschädigung darf bei einer **Nichteinstellung drei Monatsgehälter** nicht übersteigen, wenn der oder die Beschäftigte auch bei benachteiligungsfreier Auswahl nicht eingestellt worden wäre (§ 15 Abs. 2 Satz 2 AGG).
Wäre der/die Bewerber/in bei benachteiligungsfreier Auswahl eingestellt worden, kann Anspruch auf eine **höhere Entschädigung** bestehen.
Der Anspruch auf eine Entschädigung setzt **kein Verschulden des Arbeitgebers** voraus.
Ansprüche auf Schadensersatz und/oder Entschädigung müssen innerhalb einer **Frist** von 43
zwei Monaten schriftlich geltend gemacht werden, es sei denn, die Tarifvertragsparteien haben etwas anderes – also z. B. eine längere oder kürzere → **Ausschlussfrist/Verfallfrist** zur Geltendmachung von Ansprüchen – vereinbart (§ 15 Abs. 4 Satz 1 AGG).
Die Frist **beginnt** zu dem Zeitpunkt, in dem der oder die Beschäftigte von der Benachteiligung Kenntnis erlangt hat (§ 15 Abs. 4 Satz 2 AGG; vgl. hierzu BAG v. 15. 3. 2012 – 8 AZR 160/11).
Eine **Klage** auf Entschädigung nach § 15 AGG muss nach § 61 b ArbGG innerhalb von **drei** 44
Monaten, nachdem der Anspruch schriftlich geltend gemacht worden ist, erhoben werden (§ 61 b Abs. 1 ArbGG).
Wenn **mehrere Bewerber/Bewerberinnen** Entschädigungsansprüche nach § 15 AGG wegen 45
Benachteiligung bei der Begründung eines Arbeitsverhältnisses oder beim beruflichen Aufstieg gerichtlich geltend machen, so wird auf Antrag des Arbeitgebers das **Arbeitsgericht**, bei dem die erste Klage erhoben wurde, **auch für die anderen Klagen zuständig** (§ 61 b Abs. 2 Satz 1 ArbGG).
Die Rechtsstreitigkeiten sind von Amts wegen an dieses Gericht zu verweisen (§ 61 b Abs. 2 Satz 2 ArbGG). Sie sind zur gleichzeitigen Verhandlung und Entscheidung zu verbinden (§ 61 b Abs. 2 Satz 3 ArbGG).
Die früher in § 61 b ArbGG (a. F.) vorgesehene Anspruchsdeckelung und Quotelung der Entschädigungsansprüche im Fall von Klagen mehrerer Bewerber/innen ist gestrichen worden,

Gleichberechtigung/Gleichstellung von Frauen und Männern

nachdem der Europäische Gerichtshof diese Regelung **beanstandet** hatte (EuGH vom 22.4.1997 – C–180/95, NZA 1997, 645).
Auf Antrag des Arbeitgebers findet die mündliche Verhandlung nicht vor Ablauf von sechs Monaten nach Erhebung der ersten Klage statt (§ 61 b Abs. 3 ArbGG).

46 Wichtig ist die Bestimmung des § 22 AGG über die **Beweislast**.
Wenn im Streitfall der/die Kläger/in **Indizien** beweist, die eine Benachteiligung wegen Geschlechts vermuten lassen, trägt der beklagte Arbeitgeber die Beweislast dafür, dass kein Verstoß gegen das Benachteiligungsverbot vorgelegen hat.
Gelingt der **Gegenbeweis** nicht, ist der Arbeitgeber auf Schadenersatz und/oder Entschädigung zu verurteilen.

> **Beispiel:**
> Ein Arbeitgeber schreibt einen Arbeitsplatz innerbetrieblich oder durch Stellenanzeige in einer Zeitung nur für Männer aus. Dies kann ein Indiz dafür sein, dass er eine oder mehrere nicht eingestellte Bewerberinnen wegen des Geschlechts benachteiligt hat. In diesem Fall können die nicht berücksichtigten Bewerberinnen den Arbeitgeber auf Schadensersatz nach § 15 Abs. 1 AGG und Entschädigung nach § 15 Abs. 2 AGG verklagen. Wenn die benachteiligende Stellenausschreibung von der/den Klägerinnen im Prozess vorgelegt und damit bewiesen werden kann, trägt der Arbeitgeber nach § 22 AGG die Beweislast dafür, dass die Nichteinstellung nicht gegen die Bestimmungen des AGG zum Schutz vor Benachteiligungen verstoßen hat (Umkehr der Beweislast). Kann der Arbeitgeber diesen Beweis nicht führen, wird er verurteilt.

47 Ansprüche gegen den Arbeitgeber, die sich **aus anderen Rechtsvorschriften** ergeben, werden durch das AGG nicht berührt (§ 15 Abs. 5 AGG).
In Betracht kommen besonders Ansprüche auf Unterlassung nach § 1004 BGB oder auf Ersatz des materiellen Schadens nach den §§ 252, 823 BGB.

48 Ein Anspruch auf Begründung eines Arbeitsverhältnisses oder auf beruflichen Aufstieg aufgrund des Verstoßes gegen das Benachteiligungsverbot besteht nicht, es sei denn, ein solcher ergibt sich aus einem anderen Rechtsgrund (§ 15 Abs. 6 AGG).
Ein anderer Rechtsgrund kann z. B. eine vertragliche oder tarifliche Regelung (z. B. tariflicher Bewährungsaufstieg) sein oder ein → **Wiedereinstellungsanspruch** nach Wegfall des Kündigungsgrundes.

Arbeitshilfen

Checkliste   • Fragen zur Gleichstellung von Frauen und Männern im Betrieb

Rechtsprechung

1. Unvereinbarkeit des Nachtarbeitsverbots für Arbeiterinnen gemäß § 19 Abs. 1 Arbeitszeitordnung (AZO) mit GG Art 3 Abs. 1 und 3 Grundgesetz
2. Quotenregelung
3. Benachteiligung wegen des Geschlechts (AGG) – Anspruch auf Entschädigung (§ 15 Abs. 2 AGG)
4. Beweislast (§ 22 AGG)
5. Auskunftsklage
6. Rechte des Betriebsrats bei grobem Verstoß des Arbeitgebers gegen seine Pflichten nach dem AGG (§ 17 Abs. 2 AGG)

Gleitzeit

Was ist das?

Gleitende Arbeitszeit liegt vor, wenn dem Arbeitnehmer die Möglichkeit eingeräumt wird, innerhalb bestimmter täglicher **Gleitspannen**, die einer festen Mindestarbeitszeit (= **Kernarbeitszeit**) vor- und nachgelagert sind, den **Beginn** und das **Ende** der täglichen Arbeitszeit **selbst zu bestimmen**, wobei innerhalb eines bestimmten Ausgleichszeitraums die regelmäßige betriebliche Arbeitszeit erreicht werden muss.

Einfache Gleitzeit

Eine »gemäßigte« Form der variablen Arbeitszeitgestaltung stellt die **einfache Gleitzeit** dar. Hier wird lediglich der **Beginn** der täglichen Arbeitszeit variabel gestaltet. Es wird z. B. festgelegt, dass die Arbeit zwischen 7 und 9 Uhr begonnen werden kann und muss. Ansonsten sind die Arbeitnehmer verpflichtet, eine bestimmte **Sollarbeitszeit** (z. B. 8 Stunden) zu arbeiten.
Die Sollarbeitszeit bestimmt die **Zeitspanne** zwischen Beginn und Ende der täglichen Arbeitszeit. Es entstehen keine Zeitguthaben oder -schulden. Eine Erfassung auf einem Arbeitszeitkonto ist nicht erforderlich.

Qualifizierte Gleitzeit

Einen deutlich höheren Flexibilisierungsgrad bzw. ein Mehr an Zeitsouveränität zugunsten der Arbeitnehmer weist die **qualifizierte Gleitzeit** auf.
Den Beschäftigten wird die Möglichkeit eingeräumt, innerhalb bestimmter täglicher **Gleitspannen**, die einer festen Mindestarbeitszeit (= Kernarbeitszeit) vor- und nachgelagert sind, Beginn und Ende der Arbeit (und damit die Dauer der täglichen Arbeitszeit) zu bestimmen, wobei innerhalb eines bestimmten Ausgleichszeitraums die regelmäßige tarifliche Arbeitszeit erreicht werden muss.
Im Falle der qualifizierten Gleitzeit können in einem festzulegenden Rahmen Plus- und Minusstunden angesammelt werden, die entweder elektronisch oder manuell erfasst und in einem **Arbeitszeitkonto** gespeichert werden (z. B. 70 Plusstunden/70 Minusstunden; zu den weiteren Inhalten einer Betriebsvereinbarung siehe Checkliste »Gleitzeit« im Anhang zu diesem Stichwort; siehe auch → **Arbeitszeitflexibilisierung**).
Chancen und Nachteile von Gleitzeitarbeit aus der Sicht der Beschäftigten:
- Chancen:
  - ein Stück Freiheit bei der Gestaltung der persönlichen Arbeitszeit;
  - Verbesserung der Möglichkeit, Erwerbsarbeit und Privatbereich (Hausarbeit, Betreuung und Erziehung der Kinder, Hobbys) aufeinander abzustimmen;
  - Verbesserung der Möglichkeit, die Arbeitszeit an den persönlichen Tagesrhythmus anzupassen;

Gleitzeit

- druck- und stressfreie Wegezeiten;
- Verbesserung der Möglichkeit, öffentliche Verkehrsmittel bei der Fahrt zur und von der Arbeit zu nutzen; dadurch positive Folgen für Straßenverkehr und Umwelt.
- Nachteile:
  - Unterlaufen tariflicher Mehrarbeitsbestimmungen;
  - gesetzliche, tarifliche oder betriebliche Regelungen über bezahlte Freistellung (z. B. wegen Arztbesuch, Pflege erkrankter Familienangehöriger, Behördengänge; vgl. § 616 BGB) werden nicht in Anspruch genommen werden, sondern mit Gleitzeitsalden verrechnet werden;
  - Verfall von Gleitzeitguthaben;
  - Missbrauch der Gleitzeit als Ersatz für – nach Tarifvertrag – zuschlagpflichtige Schichtarbeit;
  - Missbrauch der Gleitzeit als eine Form »kapazitätsorientierter variabler Arbeitszeit« (Kapovaz/Arbeit auf Abruf; siehe → **Teilzeitarbeit**);
  - Mitbestimmungsrechte des Betriebsrats bei der Regelung der betrieblichen Arbeitszeit können unterlaufen werden.

Bedeutung für die Betriebsratsarbeit

5   Der Betriebsrat hat bei der Einführung, Ausgestaltung wie auch Abschaffung einer betrieblichen Gleitzeitregelung gemäß § 87 Abs. 1 Nr. 2 BetrVG ein volles **Mitbestimmungsrecht** (einschließlich des »**Initiativrechtes**«; siehe → **Beteiligungsrechte des Betriebsrats**). Denn im Rahmen einer betrieblichen »Gleitzeit-Vereinbarung« ist notwendigerweise auch die Frage von »*Beginn und Ende der täglichen Arbeitszeit*« (§ 87 Abs. 1 Nr. 2 BetrVG) zu regeln.

6   Bei den Verhandlungen über die inhaltliche Gestaltung der »**Gleitzeit-Betriebsvereinbarung**« geht es aus der Sicht des Betriebsrats darum, einerseits die oben genannten Nachteile der Gleitzeit zu minimieren und andererseits die positiven Effekte für die Beschäftigten zu verstärken (siehe Checkliste »Gleitzeit« im Anhang zu diesem Stichwort).

7   Zu beachten sind gesetzliche Vorgaben und etwaige – vorrangige – **tarifvertragliche Gleitzeitbestimmungen** und sonstige Tarifregelungen (siehe Rn. 14 ff.).

8   Schwierigkeiten macht oft die Feststellung der Zuschlagspflichtigkeit (Tarifvertrag) und Zustimmungspflichtigkeit (§ 87 Abs. 1 Nr. 3 BetrVG) von **Mehrarbeit** im Rahmen eines Gleitzeitsystems.
Denn immerhin gehört es zu den wesentlichen Merkmalen der Gleitzeit, dass Beschäftigte die tägliche Sollarbeitszeit eigenverantwortlich verlängern oder unterschreiten können.
Andererseits steht dem Betriebsrat bei der Unterschreitung und Überschreitung der betrieblichen Arbeitszeit ein Mitbestimmungsrecht zu.
Zudem ist Mehrarbeit nach den einschlägigen Tarifverträgen vergütungs- und zuschlagspflichtig (siehe auch Hinweise zum Arbeitszeitkonto unter Stichwort → **Arbeitszeitflexibilisierung** Rn. 10 ff.).

9   Letztlich wird man darauf abstellen müssen, ob die **Überschreitung** der täglichen **Sollarbeitszeit** (die unter Beachtung der tariflichen/arbeitsvertraglichen Arbeitszeit durch Betriebsvereinbarung festgelegt werden muss!) vom Beschäftigten – in Anwendung der Gleitzeitregelung – **selbst entschieden** wurde oder ob sie auf **Anordnung** des Arbeitgebers bzw. des Vorgesetzten erfolgte.
Nur im letzten Fall hat der Arbeitgeber die Zustimmung des Betriebsrats einzuholen.
Und auch nur dann hat der Arbeitgeber die geleistete Arbeit als **Mehrarbeit zu vergüten** und –

Gleitzeit

vorausgesetzt, es liegt eine entsprechende Vertrags- oder Tarifbestimmung vor – Mehrarbeitszuschläge zu zahlen.

Zustimmungspflicht (und ggf. Vergütungs- sowie Zuschlagspflicht) dürfte auch dann bestehen, wenn die festgelegte tägliche »Gleitzeitspanne« sowie die »Rahmenarbeitszeit« **überschritten** werden soll, gleichgültig ob dies auf Eigeninitiative des Beschäftigten (mit Duldung des Arbeitgebers) geschieht oder auf Anordnung des Arbeitgebers. 10

Um Unklarheiten in der Handhabung der Gleitzeit zu vermeiden, sollte in der Gleitzeit-Betriebsvereinbarung der Komplex »**Mehrarbeit**« (siehe → **Überstunden**) sowohl im Hinblick auf das Mitbestimmungsrecht des Betriebsrats nach § 87 Abs. 1 Nr. 3 BetrVG als auch unter Beachtung der einschlägigen tariflichen Mehrarbeitsregelungen klar geregelt werden (siehe Checkliste »Gleitzeit« und → **Arbeitszeit**). 11

Können sich Betriebsrat und Arbeitgeber über den Inhalt der Betriebsvereinbarung nicht einigen, kann die → **Einigungsstelle** angerufen werden (§ 87 Abs. 2 BetrVG). Diese entscheidet dann über das »Ob« und »Wie« der betrieblichen Gleitzeitregelung. 12

Sieht eine Betriebsvereinbarung zwingend einen täglichen Gleitzeitrahmen vor, so können der Betriebsrat und – bei groben Verstößen auch – eine im Betrieb (mit mindestens einem Mitglied) vertretene Gewerkschaft vom Arbeitgeber verlangen, dass dieser die **Überschreitung** des Gleitzeitrahmens durch Arbeitnehmer **verhindert** (BAG v. 29.4.2004 – 1 ABR 30/02, NZA 2004, 670). 13

Beim Abschluss einer → **Betriebsvereinbarung** über Gleitzeit müssen etwaige gesetzliche und tarifliche **Vorgaben** beachtet werden (§ 87 Abs. 1 Eingangssatz BetrVG). 14
So darf eine Gleitzeitregelung nicht gegen die Maßgaben des ArbZG verstoßen (z. B. keine Überschreitung der werktäglichen Höchstarbeitszeit; Beschäftigungsverbot an Sonn- und Feiertagen; siehe → **Arbeitszeit**).

Eine Betriebsvereinbarung darf insbesondere nicht gegen die **Regelungssperre** des § 77 Abs. 3 Satz 1 BetrVG verstoßen. 15
Sieht etwa ein im Betrieb anwendbarer → **Tarifvertrag** zwingend den vollständigen Ausgleich von Zeitguthaben innerhalb eines bestimmten Zeitraums vor, dann ist die Regelung in einer Betriebsvereinbarung unwirksam, nach der Arbeitszeitguthaben, die am Ende eines Ausgleichszeitraum noch nicht ausgeglichen sind, auf den folgenden Ausgleichszeitraum übertragen werden können (BAG v. 29.4.2004 – 1 ABR 30/02, NZA 2004, 670).

Zwar greift die Sperre des § 77 Abs. 3 Satz 1 BetrVG nicht ein, soweit es sich um Angelegenheiten handelt, die der Mitbestimmung des Betriebsrats nach § 87 Abs. 1 BetrVG unterliegen (siehe → **Betriebsvereinbarung** Rn. 10). 16
Mitbestimmung besteht aber nach § 87 Abs. 1 Eingangssatz BetrVG nicht, soweit die Angelegenheit **abschließend und zwingend** durch den Tarifvertrag geregelt ist.
In diesem Falle führt § 77 Abs. 3 Satz 1 BetrVG zur Unwirksamkeit einer dennoch abgeschlossenen Betriebsvereinbarung (obwohl das Thema – wie hier die ungleichmäßige Verteilung der regelmäßigen wöchentlichen Arbeitszeit – ohne Bestehen einer tariflichen Regelung in den Mitbestimmungskatalog des § 87 BetrVG fällt).
Unwirksamkeit der Betriebsvereinbarung tritt nicht ein, wenn der Tarifvertrag durch eine »**Öffnungsklausel**« den Abschluss abweichender oder ergänzender Betriebsvereinbarungen ausdrücklich zulässt (§ 77 Abs. 3 Satz 2 BetrVG).
Auch wenn ein Tarifvertrag sich (nur noch) im Stadium der Nachwirkung gemäß § 4 Abs. 5 TVG (siehe → **Tarifvertrag: Nachbindung und Nachwirkung**) befindet, ist eine ggf. abweichende Regelung durch Betriebsvereinbarung möglich.
Allerdings entfällt die Wirksamkeit der Betriebsvereinbarung wieder, wenn der Tarifvertrag durch Neuabschluss wieder volle (zwingende) Geltung erhält.

Mit § 77 Abs. 3 BetrVG ist es auch nicht vereinbar, in der Betriebsvereinbarung einen **Verfall** von erarbeiteten Stunden – und damit auch des entsprechenden Arbeitsentgeltanspruchs – 17

Gleitzeit

vorzusehen, die über die zugelassene Höchstgrenze des Zeitguthabens hinaus gearbeitet werden (sog. »**Kappung**« der Arbeitszeit).
Eine solche Regelung betrifft das Arbeitsentgelt und den Umfang der zu vergütenden Arbeitszeit, also Arbeitsbedingungen, die üblicherweise tariflich geregelt sind und somit nicht Gegenstand einer → **Betriebsvereinbarung** sein können (LAG Baden-Württemberg v. 25. 5. 2011 – 14 Sa 19/11, n. v.).
Arbeitnehmer haben Anspruch auf Arbeitsentgelt für jede Stunde, die sie mit Wissen und Wollen bzw. Duldung des Arbeitgebers/Vorgesetzten gearbeitet haben (einschließlich eines etwaig zu zahlenden Mehrarbeitszuschlags). Eine in einer Betriebsvereinbarung vorgesehene »Kappungsregelung« verstößt deshalb auch gegen § 611 Abs. 1 BGB (ArbG Heilbronn v. 23. 2. 2011 – 6 Ca 167/10 (rkr.), AiB 2012, 139 mit Anm. Petri; zu Unrecht a. A. LAG Schleswig-Holstein v. 12. 1. 2012 – 5 Sa 269/11).
Etwas anderes gilt, wenn der Arbeitnehmer gegen den erklärten Willen des Arbeitgebers Arbeitsstunden leistet.
In diesem Falle dürfte davon auszugehen sein, dass ein Anspruch auf Arbeitsentgelt oder bezahlten Freizeitausgleich gar nicht entsteht.

18 Der Betriebsrat kann gemäß § 77 Abs. 1 Satz 1 BetrVG vom Arbeitgeber die **Durchführung** getroffener Vereinbarungen und die **Unterlassung** von betriebsvereinbarungswidrigen Maßnahmen verlangen.
Der → **Gewerkschaft** steht dieses Recht zu, wenn die Voraussetzungen des § 23 Abs. 3 BetrVG vorliegen (grober Verstoß).
Sieht etwa eine Betriebsvereinbarung zwingend einen **täglichen Gleitzeitrahmen** vor, können der Betriebsrat und bei groben Verstößen auch eine im Betrieb vertretene Gewerkschaft vom Arbeitgeber verlangen, dass dieser die Überschreitung des Gleitzeitrahmens durch Arbeitnehmer verhindert (BAG v. 29. 4. 2004 – 1 ABR 30/02, NZA 2004, 670).
Entsprechendes gilt, wenn in einer Gleitzeitvereinbarung vorgesehen ist, dass die Sollzeit am Ende eines Abrechnungszeitraums um höchstens zehn Stunden über- oder unterschritten werden darf und Zeitguthaben von mehr als zehn Stunden **verfallen**. Der Arbeitgeber hat dafür Sorge zu tragen, dass die Vereinbarung auch von den Arbeitnehmern eingehalten wird und dass ein Verfall von Gleitzeitguthaben verhindert wird. Gegebenenfalls muss er erneut mit dem Betriebsrat gemäß § 87 Abs. 1 Nr. 3 BetrVG eine Vereinbarung über **Überstunden** treffen.
Zur Frage, ob die Betriebsparteien durch Betriebsvereinbarung überhaupt einen Verfall von Arbeitsstunden wirksam regeln können, siehe Rn. 17.

Arbeitshilfen

Checkliste • Gleitzeit: Regelungspunkte in einer Betriebsvereinbarung

Rechtsprechung

1. Gleitzeitbetriebsvereinbarung – Verfall von Arbeitszeitguthaben
2. Verstöße gegen Gleitzeitbetriebsvereinbarung – Unterlassungsanspruch
3. Manipulationen beim Nachweis der Arbeitszeit – fristlose Kündigung

Gruppenarbeit

Was ist das?

In den Betrieben arbeiten Arbeitnehmer in den unterschiedlichsten Formen zusammen. **1**
Der Gesetzgeber hat hierauf durch Ergänzungen des BetrVG (eingefügt durch das BetrVerf-ReformG 2001) reagiert.

Der Betriebsrat kann nach § 28 a BetrVG bestimmte – ihm obliegende Aufgaben – auf »Ar- **2**
beitsgruppen« übertragen (siehe → **Arbeitsgruppe [§ 28 a BetrVG]**).

Nach § 75 Abs. 2 Satz 2 BetrVG haben Arbeitgeber und Betriebsrat die Selbständigkeit und **3**
Eigeninitiative der Arbeitnehmer und »Arbeitsgruppen« zu fördern.

Im Falle von **Gruppenarbeit** steht dem Betriebsrat nach § 87 Abs. 1 Nr. 13 BetrVG ein **Mit-** **4**
bestimmungsrecht in Bezug auf »*Grundsätze über die Durchführung von Gruppenarbeit*« zu
(siehe Rn. 13 ff.).

Gruppenarbeit i. S. d. des § 87 Abs. 1 Nr. 13 BetrVG liegt vor, wenn **5**
- im Rahmen des betrieblichen Arbeitsablaufs
- eine Gruppe von Arbeitnehmern
- eine ihr übertragene Gesamtaufgabe
- im Wesentlichen eigenverantwortlich erledigt.

Aus dem – letztgenannten – Merkmal der Eigenverantwortlichkeit folgt, dass von der Mit- **6**
bestimmungsvorschrift (nur) die sog. »**teilautonome Gruppenarbeit**« erfasst wird.
Teilautonome Gruppenarbeit liegt vor, wenn die Gruppe Entscheidungsbefugnisse hat in Bezug auf die Durchführung der übertragenen Gesamtaufgabe (z. B. Planung, Steuerung, Koordinierung und Kontrolle).
Es genügt, wenn die Gruppe in Bezug auf die Gestaltung des Arbeitsprozesses Eigenverantwortlichkeit besitzt.
Nicht erforderlich ist eine Verantwortlichkeit (auch) für das Arbeitsergebnis.

Fehlt es an der Möglichkeit, die übertragene Gesamtaufgabe »im Wesentlichen eigenverant- **7**
wortlich zu erledigen«, scheidet ein Mitbestimmungsrecht des Betriebsrats nach § 87 Abs. 1
Nr. 13 BetrVG aus. Wohl kann aber Raum für eine Anwendung des § 28 a BetrVG gegeben sein
(siehe → **Arbeitsgruppe [§ 28 a BetrVG]**).
Generell kann gesagt werden, dass im Falle von Gruppenarbeit i. S. d. § 87 Abs. 1 Nr. 13
BetrVG stets auch § 28 a BetrVG angewandt werden kann.
Umgekehrt gilt dies nicht, weil Formen von »Arbeitsgruppen« existieren, die – mangels eigener Entscheidungskompetenz – keine Gruppenarbeit i. S. d. § 87 Abs. 1 Nr. 13 BetrVG ausüben.

Bei Gruppenarbeit im Sinne des § 87 Abs. 1 Nr. 13 BetrVG stehen sich **unterschiedliche/ge-** **8**
gensätzliche Interessen des Unternehmens einerseits und der Beschäftigten anderseits gegenüber:

Dem **Unternehmen** geht es um eine ständig wachsende Effizienz der Arbeit, insbesondere um **9**
- höhere Produktivität,
- höhere Flexibilität,

Gruppenarbeit

- bessere Anlagennutzung,
- bessere Qualität,
- Kostenreduzierung.

10   Erreicht werden sollen diese Ziele im Wege eines **kontinuierlichen Verbesserungsprozesses (KVP)** durch die Gruppe selbst.
Zu diesem Zweck werden die Fähigkeiten der Gruppe zur Kommunikation, Kooperation, Konflikt- und Problemlösung (sog. Schlüsselqualifikationen) gefördert.
Die Gruppen sollen sich gegenseitig als »Kunden« ansehen, dem termingerecht nur beste Qualität geliefert wird.
Um die Beschäftigten zu motivieren, lassen sich manche Unternehmen Einiges einfallen: kooperative Umgangsformen, Schaffung bzw. Verstärkung eines »Wir-Gefühls«, Leistungsanreize.
Die Produktivitätseffekte durch Gruppenarbeit sind – das zeigen die Erfahrungen – beachtlich: Produktivitätssteigerungen bis zu 30 % sind keine Seltenheit.

11   Die **Beschäftigten** wollen demgegenüber:
- mehr Selbstbestimmung (weniger Hierarchie),
- bessere und abwechslungsreiche Arbeitsinhalte,
- höhere Arbeitszufriedenheit,
- höhere Qualifikation,
- bessere Arbeitsbedingungen (Arbeitsentgelt, Arbeitszeit, Arbeits- und Gesundheitsschutz usw.),
- begrenzte, stabile Leistungsabforderung ohne Gesundheitsverschleiß,
- bessere Sozialbeziehungen (weniger Hierarchie, mehr Kommunikation und Beteiligung).

Bedeutung für die Betriebsratsarbeit

12   Zur Möglichkeit des Betriebsrats in einem Betrieb mit mehr als 100 Arbeitnehmern, mit der Mehrheit der Stimmen seiner Mitglieder bestimmte Aufgaben auf Arbeitsgruppen zu übertragen (§ 28 a Abs. 1 Satz 1 BetrVG) siehe Rn. 7 und → **Arbeitsgruppe (§ 28 a BetrVG)**.

13   Der Betriebsrat hat nach § 87 Abs. 1 Nr. 13 BetrVG ein **Mitbestimmungsrecht** in Bezug auf die Regelung von »*Grundsätzen über die Durchführung von Gruppenarbeit*«.
Gruppenarbeit in diesem Sinne liegt vor, wenn im Rahmen des betrieblichen Arbeitsablaufs eine Gruppe von Arbeitnehmern eine ihr übertragene Gesamtaufgabe im Wesentlichen **eigenverantwortlich** erledigt (siehe Rn. 5, 6).

14   Der Betriebsrat hat kein Mitbestimmungsrecht in Bezug auf die Frage, **ob** im Betrieb die Arbeitsform »**teilautonome Gruppenarbeit**« eingeführt wird.
Er kann dies zwar vorschlagen, die Entscheidung hierüber trifft aber der Arbeitgeber allein (also mitbestimmungsfrei).

15   Ein Mitbestimmungsrecht wird erst dann ausgelöst, wenn sich der Arbeitgeber zur **Einführung** von Gruppenarbeit entschließt.
Dann hat der Betriebsrat in Bezug auf die Aufstellung von **Grundsätzen** (= allgemeine Regelungen) über die **Durchführung** von Gruppenarbeit mitzubestimmen.
Das heißt, der Betriebsrat kann
- Regelungsvorschläge ausarbeiten (siehe hierzu Übersicht und Checkliste im Anhang),
- mit dem Arbeitgeber in Verhandlungen eintreten und
- bei Scheitern der Verhandlungen die → **Einigungsstelle** anrufen (§ 87 Abs. 2 BetrVG).

16   **Zweck** der Mitbestimmungsvorschrift ist es zum einen, dem Betriebsrat ein wirksames In-

Gruppenarbeit

strument zur Förderung der Selbständigkeit und Eigeninitiative der Arbeitnehmer und Arbeitsgruppen (§ 75 Abs. 2 Satz 2 BetrVG) zu verschaffen. Andererseits soll er den mit der Gruppenarbeit verbundenen **Gefahren** (Gefahr der Selbstausbeutung, Ausgrenzung von leistungsgeminderten Arbeitnehmern) durch eigene – im Einigungsstellenverfahren durchsetzbare – Regelungsvorschläge entgegenwirken.

Durch die Einführung von Gruppenarbeit werden viele Bereiche berührt, zu denen das BetrVG weitere → **Beteiligungsrechte des Betriebsrats** vorsieht:
- Veränderung der Arbeitsorganisation (§§ 90, 111, 112 BetrVG),
- Arbeitszeitgestaltung (§ 87 Abs. 1 Nr. 2, 3 BetrVG),
- Arbeits- und Gesundheitsschutz (§ 87 Abs. 1 Nr. 7 BetrVG),
- Eingruppierung (§ 99 BetrVG),
- Entgeltgestaltung (§ 87 Abs. 1 Nr. 10, 11 BetrVG),
- Urlaubsplanung (§ 87 Abs. 1 Nr. 5 BetrVG),
- berufliche Bildung (§§ 96 bis 98 BetrVG),
- betriebliches Vorschlagswesen (§ 87 Abs. 1 Nr. 12 BetrVG),
- Personalplanung (§ 92 BetrVG) in Verbindung mit personellen Einzelmaßnahmen (§§ 99, 102 BetrVG).

Klar ist, dass die Beteiligungsrechte des Betriebsrats nicht durch **individualrechtliche Vereinbarung** zwischen Arbeitgeber und Gruppe bzw. Gruppenmitgliedern ausgehebelt bzw. umgangen werden können (zur Übertragung von Aufgaben nach § 28 a BetrVG siehe Rn. 7 und → **Arbeitsgruppe [§ 28 a BetrVG]**).

Aufgabe des Betriebsrats ist es, Einführung und Durchführung von Gruppenarbeit zusammen mit Betroffenen und Gewerkschaft im Sinne der Interessen der Beschäftigten mitzugestalten. Insbesondere geht es darum, die wichtigsten mit dem Thema Gruppenarbeit verbundenen Aspekte in einer → **Betriebsvereinbarung** so zu regeln, dass nicht nur die Effizienz der Arbeit, sondern ebenso die Attraktivität der Arbeit und das Arbeitsklima positiv beeinflusst und die Risiken der Gruppenarbeit minimiert werden (»qualifizierte« Gruppenarbeit).

Dabei stehen folgende **Ziele** im Vordergrund:
- Schaffung von Dispositions- und Entscheidungsspielräumen der Beschäftigten,
- Ermöglichung qualifizierter und abwechslungsreicher Arbeit,
- Schutz vor unangemessener Leistungs- und Verhaltenskontrolle,
- Schutz der Gesundheit
- Schutz vor Leistungsverdichtung und zu hohen Belastungen (»Selbstausbeutung«),
- keine Ausgrenzung leistungsgeminderter Arbeitnehmer,
- Regelungen zur Erweiterung der Qualifikation,
- Vereinbarung eines angemessenen Arbeitsentgelts,
- Vereinbarung einer angemessenen Gestaltung der Arbeitszeit.

Bei der Gestaltung und Durchführung der Gruppenarbeit müssen natürlich **gesetzliche Vorgaben** beachtet werden. § 13 Abs. 3 TzBfG bestimmt für den Fall, dass sich Gruppen von Arbeitnehmern auf bestimmten Arbeitsplätzen in festgelegten Zeitabschnitten abwechseln, ohne dass eine Arbeitsplatzteilung i. S. d. § 13 Abs. 1 TzBfG (siehe → **Teilzeitarbeit**) vorliegt, Folgendes:
- Ist ein Arbeitnehmer an der Arbeitsleistung verhindert, sind die anderen Arbeitnehmer nur dann zur **Vertretung** verpflichtet, wenn dies für den jeweiligen Vertretungsfall **vereinbart** wird.
  Eine vorab – im Arbeitsvertrag – vereinbarte Vertretungsverpflichtung ist nur für den Fall eines dringenden betrieblichen Erfordernisses zulässig.
  Außerdem besteht eine Vertretungsverpflichtung im konkreten Fall nicht, wenn die Vertretung dem Arbeitnehmer nicht zumutbar ist (zum Beispiel wegen dringender persönlicher Hinderungsgründe).

Gruppenarbeit

- Eine arbeitgeberseitige → **Kündigung** des Arbeitsverhältnisses des einen Arbeitnehmers wegen Ausscheidens anderer beteiligter Arbeitnehmer ist unwirksam.
Das Recht zur → **Änderungskündigung** oder Kündigung aus anderen Anlässen bleibt unberührt.

23 Ebenso zu beachten sind **tarifvertragliche Vorgaben** insbesondere zur → **Arbeitszeit** (siehe auch → **Arbeitszeitflexibilisierung**) und zum → **Arbeitsentgelt** (§ 77 Abs. 3 BetrVG).
Es bietet sich – auch aus Arbeitnehmersicht – der Entlohnungsgrundsatz **Prämienentgelt** möglichst in Form der **Standardprämie** (siehe → **Arbeitsentgelt** Rn. 36) an.
Der Entlohnungsgrundsatz **Zeitentgelt** ist eher ungeeignet, weil bei der Ausgestaltung kein Mitbestimmungsrecht besteht.
Auch der Entlohnungsgrundsatz **Akkordlohn** sollte nicht vereinbart werden. Es geht nicht darum, in möglichst kurzer Zeit möglichst viele Produkte herzustellen, sondern – etwa in Form des Prämienentgelts – einen Anreiz für eine Steigerung der Effizienz der Arbeit in Form der besseren Anlagennutzung, der Verbesserung der Qualität, der Vermeidung unnötiger Kosten usw. zu schaffen.

24 Bei der Auswahl des Entlohnungsgrundsatzes, der Anwendung von Entlohnungsmethoden (z. B. Verfahren zur Ermittlung von Vorgabezeiten) und der Festsetzung von Prämiensätzen hat der Betriebsrat gemäß § 87 Abs. 1 Nrn. 10 und 11 BetrVG ein volles **Mitbestimmungsrecht** einschließlich des **Initiativrechts** (siehe → **Arbeitsentgelt**).
Dem Betriebsrat steht damit ein Instrument zur Verfügung, mit dem er mittelbar Einfluss auf die **Personalbesetzung** der Gruppe (Gruppengröße, Gruppenzusammensetzung) und das von der Gruppe zu erbringende **Arbeitspensum** nehmen kann.

25 Regelungspunkte einer **Prämienlohn-Betriebsvereinbarung** sind insbesondere:
- Bedingungen des Prämienlohns,
- Höhe des Prämienlohns,
- Gruppengröße und Gruppenzusammensetzung bei Gruppenprämie,
- das von der Gruppe zu erbringende Arbeitspensum,
- Erholungs- und Bedürfniszeiten,
- Beteiligungszeiten,
- Methoden der Datenermittlung,
- Reklamationsrechte der Arbeitnehmer und des Betriebsrats (siehe im Übrigen → **Arbeitsentgelt**).

26 Zur Durchsetzung einer → **Betriebsvereinbarung über Gruppenarbeit** bietet sich folgende systematische **Vorgehensweise** an:
1. Der Betriebsrat macht sich sachkundig durch Besuch von Schulungen sowie Lektüre geeigneter Unterlagen, durch Kontakt mit der Gewerkschaft und Gesprächen mit anderen Betriebsräten, die bereits einschlägige Erfahrungen gesammelt haben.
2. Der Betriebsrat verlangt vom Arbeitgeber Informationen über den (geplanten) Aufbau der Gruppenarbeit und die Auswirkungen auf Arbeitsabläufe und Beschäftigte.
3. Der Betriebsrat verlangt Aushändigung aller die Einführung und Gestaltung von Gruppenarbeit betreffenden schriftlichen Unterlagen (Untersuchungen, Berichte der Planungsabteilung bzw. von Unternehmensberatern usw.).
4. Der Betriebsrat vereinbart mit dem Arbeitgeber, dass er zu allen Projektsitzungen betr. Gruppenarbeit eingeladen wird.
5. Ggf. wird eine mit Betriebsrats- und Arbeitgebervertretern besetzte paritätische Kommission gebildet (§ 28 Abs. 3 BetrVG), in der alle Maßnahmen vor ihrer Umsetzung vorberaten werden.
6. Wegen der Kompliziertheit vieler Fragen fordert der Betriebsrat vom Arbeitgeber eine Vereinbarung, auf deren Grundlage er einen externen → **Sachverständigen** seiner Wahl (z. B. Technologieberatungsstelle des DGB) hinzuziehen kann (§ 80 Abs. 3 BetrVG).

Gruppenarbeit

7. Der Betriebsrat organisiert ein Kommunikations- und Arbeitssystem mit interessierten Beschäftigten, Vertrauensleuten, Gewerkschaftsvertretern, externen Sachverständigen. Ziel: Erstellung eines Forderungskatalogs zur Ausgestaltung der Gruppenarbeit.
8. Auf der Grundlage des aufgestellten Forderungskatalogs entwirft der Betriebsrat eine Betriebsvereinbarung zur Gruppenarbeit.
9. Der Betriebsrat fordert den Arbeitgeber auf, in Verhandlungen einzutreten.
10. Ggf. erklärt der Betriebsrat die Verhandlungen für gescheitert und ruft unter Berufung auf diejenigen Vorschriften, die ihm Mitbestimmungsrechte einräumen, die → **Einigungsstelle** an.

Arbeitshilfen

Übersicht · Eckpunkte einer Betriebsvereinbarung zu Gruppenarbeit
Checkliste · Gestaltungshinweise bei Einführung von Gruppenarbeit

Günstigkeitsprinzip

Was ist das?

1 Der **Inhalt des Arbeitsverhältnisses** zwischen Arbeitgeber und Arbeitnehmer wird nicht nur durch den (mündlichen oder schriftlichen) → **Arbeitsvertrag** bestimmt, sondern auch durch weitere rechtliche Regelungen; nämlich durch
- staatliche Rechtsnormen (Gesetze: z. B. Arbeitszeitgesetz, Entgeltfortzahlungsgesetz, Kündigungsschutzgesetz und Rechtsverordnungen: z. B. Arbeitsstättenverordnung, Gefahrstoffverordnung),
- Unfallverhütungsvorschriften (siehe → **Arbeitsschutz** Rn. 3),
- → **Tarifverträge** und
- → **Betriebsvereinbarungen**.

Alle diese Regelungen – einschließlich des Arbeitsvertrages – werden »**Rechtsquellen**« genannt (siehe **Übersicht** »Rangfolge der Rechtsquellen« im Anhang zu diesem Stichwort).

1a Staatliche Rechtsnormen werden zunehmend auch von **Europäischem Recht** (Verordnungen, Richtlinien) geprägt. Hierzu folgende Hinweise:
- Verordnungen (Art. 288 Satz 2 AEUV).

Diese werden vom »Rat« (Art. 16 EUV) erlassen.
Sie gelten bei In-Kraft-Treten in den Mitgliedstaaten unmittelbar, das heißt ohne besonderen Übertragungsakt. Verordnungen sind für Bürger und staatliche Organe in gleichem Maße verbindlich wie das jeweilige nationale Recht.
- Richtlinien (Art. 288 Satz 3 AEUV).

Sie werden ebenfalls vom »Rat« erlassen und sind hinsichtlich des zu erreichenden Ziels für die jeweiligen Mitgliedstaaten verbindlich.
Im Unterschied zur »Verordnung« müssen Richtlinien aber durch einen nationalen Akt (z. B. durch Gesetz oder Rechtsverordnung) in nationales Recht umgesetzt werden, um Verbindlichkeit für die Bürger der Mitgliedstaaten zu erlangen.
Es gibt allerdings von diesem Grundsatz eine wichtige Ausnahme: Erfolgt die Umsetzung in nationales Recht nicht innerhalb der regelmäßig gesetzten Frist, kann sich der Bürger vor Behörden und Gerichten auf die Richtlinie berufen und Ansprüche aus der Richtlinie geltend machen (sofern es sich um eine hinreichend konkrete und damit umsetzbare Regelung handelt).
- Verstößt eine Regelung in einem nationalen Gesetz gegen EU-Recht (Verordnung oder Richtlinie), kann der **Europäische Gerichtshof** die Gerichte verpflichten, die Bestimmung unangewendet zu lassen (EuGH v. 22. 11. 2005 – C–144/04, NZA 2005, 1345 zu § 14 Abs. 3 TzBfG (a. F.; siehe → **Befristeter Arbeitsvertrag** Rn. 35 und EuGH v. 19. 1. 2010 – C–555/07, AiB 2010, 265 = NZA 2010, 85 zu § 622 Abs. 2 Satz 2 BGB; siehe → **Kündigungsfristen** Rn. 5).

2 Die Rechtsquelle »**Tarifvertrag**« beeinflusst allerdings ein Arbeitsvertragsverhältnis **nur dann**,
- wenn beide Arbeitsvertragsparteien an den Tarifvertrag zwingend gebunden sind (siehe Rn. 8) oder

Günstigkeitsprinzip

- im Arbeitsvertrag Bezug auf einen Tarifvertrag genommen worden ist (siehe → **Arbeitsvertrag: Bezugnahme auf Tarifverträge**).

Die Rechtsquelle »**Betriebsvereinbarung**« ist denkbar nur in Betrieben, in denen ein Betriebsrat besteht (siehe → **Betriebsvereinbarung**).

Nicht selten sehen die verschiedenen »Rechtsquellen« (Arbeitsvertrag, Gesetz, Tarifvertrag und Betriebsvereinbarung) zu ein und derselben Frage voneinander **abweichende Regelungen** vor.

Beispiele:
1. Ein Tarifvertrag weist für eine bestimmte Tätigkeit einen Stundenlohn von 12 Euro aus. In einem Arbeitsvertrag wird für diese Tätigkeit ein Stundenlohn von 15 Euro vereinbart.
2. Gleicher Fall wie zuvor (Tariflohn = 12 Euro), aber im Arbeitsvertrag ist ein Stundenlohn von 10 Euro vereinbart.
3. Ein Tarifvertrag sieht die 35-Stunden-Woche vor. Arbeitgeber und Arbeitnehmer vereinbaren eine 40-Stunden-Woche.
4. Nach dem Bundesurlaubsgesetz steht dem Arbeitnehmer ein Urlaubsanspruch von 24 Werktagen (= vier Wochen, weil der Samstag insoweit als Werktag gilt) pro Kalenderjahr zu. In vielen Tarifverträgen ist demgegenüber ein Urlaubsanspruch von 30 Arbeitstagen (= sechs Wochen) geregelt.
5. In einem Tarifvertrag sind zehn Entgeltgruppen geregelt. Jeder Entgeltgruppe ist ein bestimmtes Tarifentgelt zugeordnet. In einem vom Geltungsbereich des Tarifvertrags erfassten Betrieb vereinbaren Arbeitgeber und Betriebsrat in einer Betriebsvereinbarung weitere Entgeltgruppen (»Zwischenlohngruppen«) und das dafür jeweils maßgebliche Arbeitsentgelt.

Diese Beispiele zeigen, dass es notwendig ist zu klären, welche der jeweiligen Regelungen den **Vorrang** hat.

Im Einzelnen lassen sich die nachstehend beschriebenen **Fallgruppen** bilden.

Verhältnis Arbeitsvertrag zu Gesetz, Tarifvertrag, Betriebsvereinbarung

In Bezug auf den Einzelarbeitsvertrag haben Gesetze, Tarifverträge und Betriebsvereinbarungen regelmäßig nur »**einseitig**« **zwingenden Charakter**.

Das heißt, ein Arbeitsvertrag darf zwar nicht zu Lasten des Arbeitnehmers von einer der genannten Normen abweichen.

Wohl aber ist es zulässig, dass der Arbeitsvertrag für den Arbeitnehmer günstigere Regelungen enthält (sog. **Günstigkeitsprinzip**).

Dieses Prinzip ist zwar nur für das **Verhältnis Arbeitsvertrag/Tarifvertrag** in § 4 Abs. 3 TVG ausdrücklich gesetzlich geregelt (*»Abweichende Abmachungen sind nur zulässig, soweit sie durch den Tarifvertrag gestattet sind oder eine Änderung der Regelungen zugunsten des Arbeitnehmers enthalten«*).

Es findet nach allgemeiner Auffassung (vgl. etwa Fitting, BetrVG, 27. Aufl., § 77 Rn. 126) aber auch im Verhältnis
- **Arbeitsvertrag/Gesetz** bzw.
- **Arbeitsvertrag/Betriebsvereinbarung**

Anwendung.

Beispiele:
- Nach § 3 Abs. 2 BurlG besteht Anspruch auf Erholungsurlaub für die Mindestdauer von 24 Werktagen im Kalenderjahr (siehe→ **Urlaub** Rn. 1). Durch Arbeitsvertrag kann eine längere Urlaubsdauer vereinbart werden.
- In einer Betriebsvereinbarung wird die Verpflichtung zur Ableistung von Überstunden begründet. Das ist nach h. M. zulässig (BAG v. 3. 6. 2003 – 1 AZR 349/02, AiB 2005, 48 = NZA 2003, 1155; Fitting,

Günstigkeitsprinzip

BetrVG, 27. Aufl., § 87 Rn. 141). Wenn allerdings im Arbeitsvertrag eines Arbeitnehmers ein Freiwilligkeitsvorbehalt vereinbart ist, der ihn berechtigt, die Leistung von Überstunden abzulehnen, dann hat diese Vereinbarung nach dem Günstigkeitsprinzip Vorrang vor der Regelung in der Betriebsvereinbarung (BAG v. 3. 6. 2003 – 1 AZR 349/02, a. a. O.; Fitting, a. a. O.).

7a Ist eine arbeitsvertragliche Vereinbarung ungünstiger als ein **Gesetz**, führt das zur **Unwirksamkeit** der Vereinbarung, es sei denn, das Gesetz lässt eine ungünstigere Vereinbarung zu.

7b Dagegen wird eine Vertragsabrede, die ungünstiger ist als eine **Betriebsvereinbarung** oder ein **Tarifvertrag**, für die Laufzeit nur »**verdrängt**« (BAG v. 1. 7. 2009 – 4 AZR 250/08, AP Nr. 51 zu § 4 TVG Nachwirkung; 12. 12. 2007 – 4 AZR 998/06, NZA 2008, 649). Es tritt nach Ansicht des BAG keine Unwirksamkeit der ungünstigeren arbeitsvertraglichen Vereinbarung ein, aber der Tarifvertrag hat während seiner Laufzeit Vorrang.

Nachstehend ein Auszug aus BAG v. 12. 12. 2007 – 4 AZR 998/06, a. a. O.: »*Bei einer Kollision tariflich begründeter Ansprüche eines Arbeitnehmers mit – ungünstigeren – einzelvertraglichen Vereinbarungen führt die zwingende Wirkung des Tarifvertrages lediglich dazu, dass die vertraglichen Vereinbarungen für die Dauer der Wirksamkeit des Tarifvertrages verdrängt werden. Endet die Wirksamkeit des Tarifvertrages, können die individualvertraglichen Vereinbarungen (erneut) Wirkung erlangen. Untertarifliche Vertragsbedingungen bleiben während der Zeit der Wirkung eines Tarifvertrages von dessen normativer Kraft verdrängt, können jedoch bei vollständigem Wegfall der günstigeren Tarifnormen (etwa durch Betriebsübergang oder Ende des Tarifvertrages unter Ausschluss der Nachwirkung) dann wieder Wirkung erlangen, wenn sie nicht erneut durch übergeordnete Normen (etwa eines anderen, nunmehr geltenden Tarifvertrages, z. B. nach § 613a Abs. 1 S 3 BGB) verdrängt werden.*«

Ob die »**verdrängte**« vertragliche Vereinbarung automatisch wieder »auflebt«, wenn die Laufzeit der Betriebsvereinbarung bzw. des Tarifvertrags endet, ist strittig (vgl. Rn. 10).

Verhältnis Arbeitsvertrag zu Tarifvertrag

8 Nach § 4 Abs. 3 TVG sind von einem Tarifvertrag »abweichende Abmachungen nur zulässig, soweit sie entweder durch den Tarifvertrag gestattet sind (Öffnungsklausel) oder eine Änderung der Regelungen **zugunsten des Arbeitnehmers** enthalten (Günstigkeitsprinzip).
Voraussetzung für eine Anwendung des § 4 Abs. 3 TVG ist, dass die Tarifbestimmungen, mit dem die abweichende arbeitsvertragliche Regelung zu vergleichen ist, im Arbeitsverhältnis zwischen Arbeitgeber und Arbeitnehmer mit **zwingender, normativer Wirkung** gelten.
§ 4 Abs. 3 TVG kann nicht herangezogen werden, wenn der Tarifvertrag im Arbeitsverhältnis nur aufgrund arbeitsvertraglicher Vereinbarung (z.B. aufgrund einer Bezugnahmeklausel) gilt (siehe Rn. 8a und 10c).
Die **Abschluss-, Inhalts- und Beendigungsnormen** eines Tarifvertrags haben in einem Arbeitsverhältnis nur dann zwingende Wirkung, wenn beide Vertragsparteien (Arbeitgeber und Arbeitnehmer) an den Tarifvertrag gebunden sind (**beiderseitige Tarifbindung**).
Bei sog. tariflichen **Betriebsnormen** genügt die Tarifbindung nur des Arbeitgebers (§ 3 Abs. 2 TVG; siehe → **Tarifvertrag** Rn. 28 und → **Tarifvertrag: Tarifbindung**)
Eine **beiderseitige zwingende, normative Bindung** an einen Tarifvertrag besteht in folgenden Fällen:
- der Arbeitnehmer ist Mitglied der tarifvertragschließenden Gewerkschaft *und* der Arbeitgeber ist Mitglied im tarifvertragschließenden Arbeitgeberverband oder selbst Tarifvertragspartei (§ 3 Abs. 1 TVG; siehe → **Tarifvertrag** Rn. 24 und → **Tarifvertrag: Tarifbindung**),
- der Tarifvertrag gilt z. B. nach einem Verbandsaustritt des Arbeitgebers zwingend weiter (§ 3 Abs. 3 TVG; siehe → **Tarifvertrag** Rn. 36 ff. und → **Tarifvertrag: Tarifbindung**),

Günstigkeitsprinzip

- der Tarifvertrag ist für **allgemeinverbindlich** erklärt worden (§ 5 TVG; siehe → **Tarifvertrag** Rn. 66 und → **Tarifvertrag: Allgemeinverbindlicherklärung**),
- der Tarifvertrag kommt im Arbeitsverhältnis nach Maßgabe des § 3 Arbeitnehmerentsendegesetz (AEntG) zur Anwendung, weil er entweder nach § 5 TVG für allgemeinverbindlich erklärt wurde oder durch eine Rechtsverordnung nach § 7 AEntG auf alle unter seinen Geltungsbereich fallenden nicht an ihn gebundenen Arbeitgeber und Arbeitnehmer erstreckt wurde (siehe → **Arbeitnehmerentsendung** Rn. 11 ff. und Rn. 17 ff.),
- ein Tarifvertrag über Mindeststundenentgelte in der Leiharbeit wird nach § 3 a Abs. 2 Arbeitnehmerüberlassungsgesetz (AÜG) durch Rechtsverordnung als verbindliche Lohnuntergrenze für alle unter seinen Geltungsbereich fallenden Verleiher und Leiharbeitnehmer festgelegt (siehe → **Arbeitnehmerüberlassung/Leiharbeit** Rn. 1 a).

Zu weiteren Einzelheiten siehe → **Tarifvertrag** Rn. 23 ff. und → **Tarifvertrag: Tarifbindung**.

Keine zwingende Tarifbindung besteht, wenn die unter Rn. 8 dargestellten Voraussetzungen nicht vorliegen, sondern ein Tarifvertrag nur deshalb auf das Arbeitsverhältnis Anwendung findet, weil auf ihn im → **Arbeitsvertrag** Bezug genommen worden ist (siehe → **Arbeitsvertrag: Bezugnahme auf Tarifverträge**). 8a

> **Beispiel:**
> Ein Arbeitnehmer ist nicht Mitglied der tarifvertragschließenden Gewerkschaft. Im Arbeitsvertrag ist aber vereinbart, dass die Tarifverträge der Metallindustrie in der jeweils gültigen Fassung anzuwenden sind (sog. dynamische Bezugnahmeklausel; siehe → Arbeitsvertrag: Bezugnahme auf Tarifverträge).

In einem solchen Fall kann der Arbeitsvertrag jederzeit durch arbeitsvertragliche Vereinbarung – auch zum Nachteil des Arbeitnehmers – **geändert** werden (vorausgesetzt, der Arbeitnehmer ist mit einer solchen verschlechternden Vertragsänderung einverstanden).
Das nur bei beiderseitiger – und damit zwingender – Tarifgebundenheit (siehe Rn. 8) durchgreifende Günstigkeitsprinzip nach § 4 Abs. 3 TVG steht dem nicht entgegen (siehe auch Rn. 7).

Günstigkeitsvergleich – Sachgruppen

Um festzustellen, welche »Rechtsquelle« (siehe Rn. 1) für den Arbeitnehmer günstiger ist, ist ein **Günstigkeitsvergleich** vorzunehmen. 8b
Dabei ist nach h. M. weder ein Einzelvergleich (nur einzelne Regelungen werden verglichen) noch ein Gesamtvergleich (das gesamte jeweilige Vertragswerk wird verglichen) durchzuführen, sondern ein auf **Sachgruppen** bezogener Günstigkeitsvergleich (BAG v. 15. 4. 2015 – 4 AZR 587/13; 20. 4. 1999 – 1 ABR 72/98, AiB 1999, 538).
Beispielsweise bildet nach Ansicht des BAG die **Dauer** der vom Arbeitnehmer zu erbringenden Arbeitsleistung und das ihm dafür zustehende **Arbeitsentgelt** grundsätzlich eine **einheitliche Sachgruppe**, da beide Hauptleistungspflichten in einem engen, inneren sachlichen Zusammenhang stünden (BAG v. 15. 4. 2015 – 4 AZR 587/13).
So ist etwa ein für eine tariflich geltende Arbeitszeit von 35 Wochenstunden arbeitsvertraglich vereinbartes **Monatsentgelt** von 2000 Euro günstiger als ein tarifliches Monatsentgelt von nur 1900 Euro.
Wenn allerdings der Tarifvertrag neben einem monatlichen Grundentgelt von 1900 Euro noch eine **Leistungszulage** von 10 % vorsieht, so dass das gesamte tarifliche Monatsentgelt 2090 Euro beträgt, ist die tarifliche Vergütung günstiger.
Gelegentlich wird von Arbeitgeberseite die Auffassung vertreten, dass die arbeitsvertragliche 8c
Verlängerung der tariflichen Arbeitszeit günstiger sei, weil der Beschäftigte mehr Geld verdienen könne. Deshalb sei eine solche Vereinbarung nach dem Günstigkeitsprinzip zulässig.

Günstigkeitsprinzip

Dieser falschen Auffassung ist die Arbeitsgerichtsbarkeit zu Recht entgegengetreten. So heißt es beispielsweise in einem Urteil des LAG Baden-Württemberg v. 28.5.1996 – 8 Sa 160/95, AiB 1997, 121:
»*Die arbeitsvertragliche Verlängerung der Arbeitszeit über die tarifliche Arbeitszeit hinaus verstößt gegen zwingende tarifliche Normen und ist nichtig. Sie ist für den Arbeitnehmer nicht vorteilhaft, eine Verlängerung kraft Günstigkeitsprinzip scheidet aus. Die über die tarifliche Arbeitszeit hinaus geleistete Arbeit ist Mehrarbeit. Dafür sind die entsprechende Vergütung und Zuschläge zu zahlen. Die Geltendmachung der Vergütung ist nicht treuwidrig*«.

8d Ist **nicht zweifelsfrei feststellbar**, dass eine einzelvertragliche Regelung für den Arbeitnehmer günstiger ist, bleibt es bei der aufgrund beiderseitiger Tarifbindung (siehe Rn. 8) zwingenden, normativen Geltung des Tarifvertrags (BAG v. 15.4.2015 – 4 AZR 587/13).

Wenn etwa im maßgebenden Zeitraum nach den normativ geltenden Tarifverträgen zwar die **Arbeitszeit länger**, aber das dem Arbeitnehmer hierfür zustehende **Monatsentgelt höher** ist, ist eine einzelvertragliche Regelung mit kürzerer Arbeitszeit, aber auch niedrigerem Arbeitsentgelt nicht zweifelsfrei günstiger iSv. § 4 Abs. 3 TVG.

8e **Keine einheitliche Sachgruppe** bilden z.b. die Kombinationen »**Arbeitszeit und Beschäftigungsgarantie**« oder »**Arbeitsentgelt und Beschäftigungsgarantie**«. Das hat das BAG klargestellt: Eine Verlängerung der tariflich geregelten Arbeitszeit ist auch dann nicht günstiger für den Beschäftigten, wenn der Arbeitgeber sich im Gegenzug verpflichtet, für einen gewissen Zeitraum keine Kündigung auszusprechen (BAG v. 20.4.1999 – 1 ABR 72/98, AiB 1999, 538; ebenso z.b. ArbG Stuttgart/Kammern Ludwigshafen v. 20.2.1998 – 20 BV 21/97, AiB 1998, 281 und ArbG Marburg v. 7.8.1996 – 1 BV 6/96, AiB 1997, 47 zum berühmt berüchtigten »Viessmann-Fall«). Eine solche Beschäftigungsgarantie könne nicht in den nach § 4 Abs. 3 TVG vorzunehmenden Günstigkeitsvergleich einbezogen werden. § 4 Abs. 3 TVG lasse es nicht zu, dass Tarifbestimmungen über die Höhe des **Arbeitsentgelts** und über die Dauer der regelmäßigen **Arbeitszeit** mit einer betrieblichen **Arbeitsplatzgarantie** verglichen werden. Ein von Arbeitgeberseite im Vorfeld dieser Entscheidung **breit angelegter Versuch**, tarifvertragliche Regelungen z.b. zur Dauer der Arbeitszeit oder des Arbeitsentgelts unter Nutzung des § 4 Abs. 3 TVG dadurch auszuhebeln, dass man den Arbeitnehmern eine zeitlich befristete Beschäftigungssicherung anbot, wurde vom BAG zum Glück gestoppt. Wäre die Entscheidung anders (zugunsten der Arbeitgeberseite) ausgefallen, hätte das das Ende der durch Art. 9 Abs. 3 GG geschützten **Tarifautonomie** und des **Tarifvertragssystems** eingeläutet.

9 Im **Beispiel 1** (siehe Rn. 4) ist demnach nach dem Günstigkeitsprinzip der arbeitsvertraglich vereinbarte Stundenlohn von 15 Euro maßgeblich.

10 Dagegen wird – wenn beide Vertragsparteien zwingend an den Tarifvertrag gebunden sind (siehe Rn. 8) – die ungünstigere arbeitsvertragliche Vereinbarung im **Beispiel 2** (siehe Rn. 4) »**verdrängt**« (BAG v. 1.7.2009 – 4 AZR 250/08, AP Nr. 51 zu § 4 TVG Nachwirkung; 12.12.2007 – 4 AZR 998/06, NZA 2008, 649).

10a Die Verdrängungswirkung des Tarifvertrags hält auch im Zeitraum der **Nachbindung** (siehe Rn. 36 ff.) und **Nachwirkung** (siehe Rn. 43) an.

Strittig ist, ob eine durch den Tarifvertrag verdrängte ungünstigere arbeitsvertragliche Regelung »**automatisch**« **wieder auflebt**, wenn der Tarifvertrag in den Zustand der **Nachwirkung** (§ 4 Abs. 5 TVG; siehe → **Tarifvertrag** Rn. 43) übergeht.

Das ist nach zutreffender Ansicht des BAG nicht der Fall. Tarifliche Regelungen, die sich in Nachwirkung befinden, können gemäß § 4 Abs. 5 TVG (siehe Rn. 43) nur dann zum Nachteil des Arbeitnehmer geändert werden, wenn sie durch eine »**andere Abmachung**« ersetzt werden (BAG v. 1.7.2009 – 4 AZR 250/08, AP Nr. 51 zu § 4 TVG Nachwirkung; 12.12.2007 – 4 AZR 998/06, NZA 2008, 649). Nachstehend ein Auszug aus BAG v. 1.7.2009 – 4 AZR 250/08, a.a.O.: »*Aus dem Erfordernis der »anderen Abmachung« zur Ablösung des nachwirkenden Tarifvertrages ergibt sich, dass frühere arbeitsvertragliche Vereinbarungen, die während der zwin-*

Günstigkeitsprinzip

genden und unmittelbaren Geltung eines Tarifvertrages verdrängt wurden, nicht automatisch wieder aufleben und das Arbeitsverhältnis im Nachwirkungszeitraum abweichend vom abgelaufenen Tarifvertrag gestalten können. Auch in seiner Entscheidung vom 12. Dezember 2007 ist der Senat davon ausgegangen, dass die verdrängten arbeitsvertraglichen Vereinbarungen nur dann »automatisch« wieder Wirkung erlangen können, wenn die günstigeren Tarifnormen vollständig, also ohne Nachwirkung wegfallen (12. Dezember 2007 – 4 AZR 998/06 – Rn. 41, AP TVG § 4 Nr. 29 = EzA TVG § 4 Nr. 44: »Ende des Tarifvertrages unter Ausschluss der Nachwirkung«).«

Das bedeutet: Ein »automatisches« Wiederaufleben der durch den Tarifvertrag verdrängten ungünstigeren arbeitsvertraglichen Regelung findet nur in dem seltenen Ausnahmefall statt, dass die Nachwirkung des Tarifvertrages **ausgeschlossen** wurde.

Ansonsten ist es nach Auffassung des BAG v. 1.7.2009 – 4 AZR 250/08, a. a. O. für die Annahme einer »**anderen Abmachung**« i. S. d. § 4 Abs. 5 TVG nicht erforderlich, dass diese erst abgeschlossen wird, *nachdem* die Nachwirkung eingetreten ist. Die Abrede müsse aber vom Regelungswillen der Parteien her darauf gerichtet sein, eine bestimmte bestehende Tarifregelung in Anbetracht ihrer absehbar bevorstehenden Beendigung und des darauf folgenden Eintritts der Nachwirkung abzuändern (das wurde in dem vom BAG entschiedenen Fall für eine vor dem Eintritt der Nachwirkung abgeschlossene Vereinbarung von untertariflichem Lohn verneint).

11

Demgegenüber wird in der Literatur zutreffend die Ansicht vertreten, dass eine tarifvertragsersetzende andere Abmachung nur dann Wirkung entfaltet, wenn sie *nach* Eintritt der Nachwirkung zwischen Arbeitgeber und Arbeitnehmer vereinbart wird (vgl. Berg/Kocher/Schumann-*Berg*, Tarifvertragsgesetz und Arbeitskampfrecht, 5. Aufl. 2015, § 4 Rn. 330 m. w. N.)

Eine ungünstigere arbeitsvertragliche Vereinbarung hat Vorrang vor der besseren Tarifregelung, wenn der Tarifvertrag (nicht wegen beiderseitiger Tarifbindung; siehe Rn. 8), sondern nur aufgrund einer **arbeitsvertraglichen Bezugnahme** zur Anwendung kommt (siehe Rn. 8 a).

12

> **Beispiel:**
> Im Arbeitsvertrag zwischen einem tarifgebundenen Arbeitgeber und einem gewerkschaftlich nicht organisierten Arbeitnehmer ist ein Stundenlohn von 12 Euro vereinbart und es wird »ansonsten« auf die Tarifverträge XY Bezug genommen. Die vertragliche Stundenlohnabrede ist maßgeblich, auch wenn der in Bezug genommene Tarifvertrag einen Stundenlohn von 15 Euro vorsieht.

Dagegen hätte im Beispielsfall der Arbeitnehmer Anspruch auf den tariflichen Stundenlohn von 15 Euro, wenn er und der Arbeitgeber an den Tarifvertrag zwingend gebunden wären (z. B. weil der Arbeitgeber Mitglied im tarifvertragschließenden Arbeitgeberverband ist und der Arbeitnehmer Mitglied der Gewerkschaft; siehe Rn. 8).

Auch im **Beispiel 3** (siehe Rn. 4) wird die arbeitsvertragliche Regelung infolge der zwingenden Wirkung des Tarifvertrags verdrängt, wenn beiderseitige Tarifgebundenheit besteht.

13

Etwas anderes würde gelten, wenn der Tarifvertrag eine arbeitsvertragliche Arbeitszeitverlängerung zulässt (Öffnungsklausel nach § 4 Abs. 3 TVG; vgl. beispielsweise Tarifverträge in der Metallindustrie: hiernach sind im Rahmen einer bestimmten Quote [13 % bzw. 18 % der im Betrieb beschäftigten Arbeitnehmer] Verträge mit einer regelmäßigen Wochenarbeitszeit von bis zu 40 Stunden zulässig).

Verhältnis Gesetz/Tarifvertrag

Grundsätzlich gilt: Tarifvertragliche Normen, die für den Arbeitnehmer günstiger sind, haben Vorrang gegenüber der – schlechteren – gesetzlichen Regelung.

14

Günstigkeitsprinzip

Das entspricht – jedenfalls aus Sicht der Arbeitnehmers – dem eigentlichen Zweck von Tarifverträgen: der gesetzliche Mindestschutz soll verbessert werden.

15 Tarifvertragliche Regelungen dürfen nur dann zu Lasten der Beschäftigten von gesetzlichen Regelungen abweichen, wenn das Gesetz eine solche Abweichung zulässt (zu der besonders problematischen Abweichungsregelung der §§ 3 Abs. 1 Nr. 3, 9 Nr. 2 Arbeitnehmerüberlassungsgesetz siehe → **Arbeitnehmerüberlassung/Leiharbeit**).

16 Häufig ist das Verhältnis Gesetz/Tarifvertrag ausdrücklich im Gesetz geregelt:

> **Beispiele:**
> - §§ 3 Abs. 1 Nr. 3, 9 Nr. 2 Arbeitnehmerüberlassungsgesetz: *»... Ein Tarifvertrag kann abweichende Regelungen zulassen ...«*
> - §§ 7, 12 Arbeitszeitgesetz: *»In einem Tarifvertrag oder auf Grund eines Tarifvertrags in einer Betriebsvereinbarung kann zugelassen werden, ...«*
> - § 12 Entgeltfortzahlungsgesetz: *»Abgesehen von § 4 Abs. 4 kann von den Vorschriften dieses Gesetzes nicht zuungunsten des Arbeitnehmers abgewichen werden.«*
> - § 13 Abs. 1 Satz 1 Bundesurlaubsgesetz: *»Von den vorstehenden Vorschriften mit Ausnahme der §§ 1, 2 und 3 Abs. 1 kann in Tarifverträgen abgewichen werden.«*
> - § 13 Abs. 1 Satz 3 Bundesurlaubsgesetz: *»Im Übrigen kann, abgesehen von § 7 Abs. 2 Satz 2, von den Bestimmungen dieses Gesetzes nicht zuungunsten des Arbeitnehmers abgewichen werden.«*
> - § 622 Abs. 4 Bürgerliches Gesetzbuch (Kündigungsfristen): *»Von den Abs. 1 bis 3 abweichende Regelungen können durch Tarifvertrag vereinbart werden.«*

17 Im **Beispiel 4** (siehe Rn. 4) gilt demnach, wenn der Tarifvertrag auf das Arbeitsverhältnis Anwendung findet (siehe insoweit Rn. 8 und → **Tarifvertrag** Rn. 23 ff.), die gegenüber dem Bundesurlaubsgesetz günstigere Tarifregelung.

Verhältnis Gesetz/Betriebsvereinbarung

18 Auch hier gilt: Eine Betriebsvereinbarung darf eine gesetzliche Regelung zugunsten des Arbeitnehmers verbessern, nicht aber seine Rechtsposition verschlechtern.

Verhältnis Tarifvertrag/Betriebsvereinbarung

19 Dieses Verhältnis ist durch § 77 Abs. 3 BetrVG ausdrücklich geregelt.
Hiernach können *»Arbeitsentgelte und sonstige Arbeitsbedingungen, die durch Tarifvertrag geregelt sind oder üblicherweise geregelt werden, nicht Gegenstand einer Betriebsvereinbarung sein«*.

20 Dies bedeutet: Nicht nur ungünstigere Regelungen in einer Betriebsvereinbarung, sondern auch dem Arbeitnehmer günstigere Betriebsvereinbarungen sind grundsätzlich unzulässig und unwirksam, sofern der Tarifvertrag nicht selbst eine Abweichung gestattet (siehe hierzu Rn. 21).
Zweck des § 77 Abs. 3 GG ist es, die durch Art. 9 Abs. 3 GG garantierte Tarifautonomie zu schützen (siehe auch Rn. 26).

21 Eine Betriebsvereinbarung im Bereich der »Arbeitsentgelte und sonstigen Arbeitsbedingungen« ist dann ausnahmsweise wirksam, wenn der Tarifvertrag den Abschluss ergänzender oder abweichender (= h. M.) Betriebsvereinbarungen ausdrücklich zulässt (sog. **»Öffnungsklausel«**, vgl. § 77 Abs. 3 [2. Halbsatz] BetrVG).

> **Beachten:**
> 22 Die Sperrwirkung des § 77 Abs. 3 BetrVG gilt nach h. M. in solchen Angelegenheiten nicht, die nach § 87 Abs. 1 BetrVG der erzwingbaren Mitbestimmung des Betriebsrats unterliegen.

Günstigkeitsprinzip

Beispiele:
- Beginn und Ende der täglichen Arbeitszeit, der Pausen und der Verteilung der Arbeitszeit auf die einzelnen Wochentage (§ 87 Abs. 1 Nr. 2 BetrVG),
- vorübergehende Verkürzung oder Verlängerung der betriebsüblichen Arbeitszeit (§ 87 Abs. 1 Nr. 3 BetrVG),
- Fragen der betrieblichen Lohngestaltung (§ 87 Abs. 1 Nr. 10 BetrVG; z. B. Bildung von Entgeltgruppen).

Allerdings kommt in derartigen Fällen der (eingeschränkte) **Tarifvorrang des § 87 Abs. 1 (Eingangssatz) BetrVG** zur Anwendung.
Hiernach besteht – in den von § 87 Abs. 1 BetrVG aufgelisteten Fallgestaltungen – kein Mitbestimmungsrecht, wenn die jeweilige Angelegenheit durch einen für den Betrieb zwingend geltenden Tarifvertrag eigenständig und abschließend geregelt ist.
Das bedeutet umgekehrt: Wenn ein Tarifvertrag nur noch kraft → **Nachwirkung** gemäß § 4 Abs. 5 TVG gilt, ist die Mitbestimmung in den Angelegenheiten des § 87 BetrVG nicht ausgeschlossen und damit auch nicht der Abschluss von Betriebsvereinbarungen.
Allerdings entfällt die Wirksamkeit der Betriebsvereinbarung wieder, wenn der Tarifvertrag durch Neuabschluss wieder volle (zwingende) Geltung erhält.
Im **Beispiel 5** (siehe Rn. 4) ist die Betriebsvereinbarung nach § 77 Abs. 3 BetrVG unwirksam (sofern nicht eine tarifliche Öffnungsklausel vorliegt).
Zwar greift die Sperre des § 77 Abs. 3 Satz 1 BetrVG nicht ein, soweit es sich um Angelegenheiten handelt, die der Mitbestimmung des Betriebsrats nach § 87 Abs. 1 BetrVG unterliegen (wie z. B. die Bildung von Entgeltgruppen nach § 87 Abs. 1 Nr. 10 BetrVG; siehe → **Arbeitsentgelt** Rn. 72 a und → **Betriebsvereinbarung** Rn. 10).
Mitbestimmung besteht aber nach § 87 Abs. 1 Eingangssatz BetrVG nicht, soweit die Angelegenheit wie im Beispiel 5 abschließend und zwingend durch den Tarifvertrag geregelt ist.
In diesem Falle führt § 77 Abs. 3 Satz 1 BetrVG zur Unwirksamkeit einer dennoch abgeschlossenen Betriebsvereinbarung.
Die Betriebsvereinbarung im Beispiel 5 ist außerdem auch deshalb unwirksam, weil die Regelung der **Höhe** des → **Arbeitsentgelts** nach zutreffender h. M. nicht der Mitbestimmung des Betriebsrats im Rahmen des § 87 Abs. 1 Nr. 10 BetrVG (Lohngestaltung) unterliegt (siehe → **Arbeitsentgelt** Rn. 66).

23

§ 77 Abs. 3 BetrVG soll nicht verletzt sein, wenn auf der Grundlage arbeitsvertraglicher Vereinbarungen (siehe → **Arbeitsvertrag**), einer → **Gesamtzusage** des Arbeitgebers (= einseitige Erklärung an die Belegschaft z. B. durch Aushang am schwarzen Brett) oder einer → **betrieblichen Übung Zwischenlohngruppen** gebildet und die darauf entfallenden Geldbeträge als übertarifliche Zulage gezahlt werden.
Der Arbeitgeber hat allerdings bei der »**Verteilung**« des übertariflichen Zulagenvolumens die Mitbestimmungsrechte des Betriebsrats nach § 87 Abs. 1 Nrn. 10, 11 BetrVG zu wahren (BAG v. 18. 10. 1994 – 1 ABR 17/94, NZA 1995, 390; siehe auch → **übertarifliche Zulagen**).

24

Verhältnis Tarifvertrag/Sozialplan

Im Verhältnis Tarifvertrag/Sozialplan findet die Sperrvorschrift des § 77 Abs. 3 BetrVG keine Anwendung (§ 112 Abs. 1 Satz 4 BetrVG). Stattdessen gilt das Günstigkeitsprinzip (BAG v. 6. 12. 2006 – 4 AZR 798/05, NZA 2007, 821; vgl. auch Fitting, BetrVG, 27. Aufl., §§ 112, 112 a Rn. 183).
Das heißt, ein → **Sozialplan** kann tarifvertragliche Regelungen verbessern, nicht aber verschlechtern.
Hierzu ein Auszug aus BAG v. 6. 12. 2006 – 4 AZR 798/05, a. a. O.: »*Ein Tarifvertrag, der ohne*

25

Günstigkeitsprinzip

weiteres nur für die bei der tarifschließenden Gewerkschaft organisierten Arbeitnehmer des Betriebes gilt, und ein für alle betroffenen Arbeitnehmer des Betriebes unabhängig von ihrer Gewerkschaftszugehörigkeit geltender Sozialplan sind prinzipiell nebeneinander möglich. Dies ist insbesondere im Bereich der sog. tariflichen Rationalisierungsschutzabkommen, bei denen sich die Anwendungsbereiche zumindest teilweise auf Fälle der Betriebsänderungen iSv. § 111 Satz 3 BetrVG erstrecken, häufig der Fall. Die Tarifautonomie i. V. m. § 2 Abs. 1 TVG deckt aber auch die Befugnis zum Abschluss entsprechender Firmentarifverträge ab. Die dabei möglicherweise entstehende Konkurrenz zu betriebsverfassungsrechtlichen Sozialplänen ist nach allgemeiner Meinung nach dem Günstigkeitsprinzip zu lösen.«

Bedeutung für die Betriebsratsarbeit

26 Für die Betriebsratsarbeit bedeutungsvoll ist insbesondere das durch § 77 Abs. 3 BetrVG geregelte Verhältnis von Betriebsvereinbarung und Tarifvertrag (»**Sperrwirkung**« des Tarifvertrages; siehe Rn. 19 ff.).
Zweck dieser Regelung ist es, einer Aushöhlung der Tarifautonomie durch Abschluss von abweichenden Betriebsvereinbarungen entgegenzuwirken.
Das heißt, die wesentlichen materiellen Arbeitsbedingungen sollen nicht durch Betriebsvereinbarungen auf Betriebsebene, sondern – wie es Art. 9 Abs. 3 des Grundgesetzes vorsieht – durch die Tarifvertragsparteien (= Gewerkschaften und Arbeitgeberverbände bzw. einzelner Arbeitgeber) in Form von Tarifverträgen geregelt werden (**Tarifautonomie**).

27 Zum Tarifvorrang gemäß § 87 Abs. 1 Eingangssatz BetrVG: siehe Rn. 22 und → **Betriebsvereinbarung**.

28 Insgesamt gesehen kommt den **Arbeitnehmern** der sowohl in § 77 Abs. 3 als auch § 87 Abs. 1 Eingangssatz BetrVG geregelte Tarifvorrang und vor allem das System der Verbands-/Flächentarifverträge zugute.
Auf diese Weise wird ein allzu starkes Auseinanderdriften der Arbeitsbedingungen in den jeweiligen Betrieben einer Branche vermieden.
Außerdem ist zu bedenken, dass im Bereich der Tarifpolitik tarifvertragliche Forderungen notfalls mit dem Mittel des **Streiks** bis hin zu einem akzeptablen Kompromiss durchgesetzt werden können (siehe → **Arbeitskampf**).
Dem Betriebsrat ist der Einsatz des Streiks zur Durchsetzung von Forderungen demgegenüber nicht möglich (siehe → **Friedenspflicht**).

29 Übrigens: Auch die **Arbeitgeber/Unternehmer** profitieren vom Flächentarifvertrag.
So befreit der Tarifvertrag als kollektive Regelung den Arbeitgeber von der Notwendigkeit, die Arbeitsbedingungen (Arbeitszeit, Arbeitsentgelt, Urlaub usw.) mit jedem einzelnen Arbeitnehmer gesondert zu vereinbaren.
Außerdem bestehen innerhalb des regionalen Geltungsbereichs des Flächentarifvertrages für die tarifgebundenen Unternehmen gleiche Wettbewerbsbedingungen.
Schließlich sind die Unternehmen während der Laufzeit des Tarifvertrages in Bezug auf diejenigen Gegenstände, die durch den Tarifvertrag geregelt sind, vor Streiks »geschützt« (= sog. relative Friedenspflicht; siehe → **Arbeitskampf**).

30 Zur Frage, ob »Leistungen«, die der Arbeitgeber aufgrund
- einer → **Gesamtzusage**,
- einer »vertraglichen Einheitsregelung« (siehe → **Gesamtzusage** Rn. 7) oder
- einer → **Betrieblichen Übung**

gewährt, durch Betriebsvereinbarung »**abgelöst**« werden können, siehe → **Betriebliche Altersversorgung**, → **Betriebliche Übung** und → **Betriebsvereinbarung**.

Günstigkeitsprinzip

Arbeitshilfen

Übersichten
- Aufbau Arbeitsrecht
- Rangfolge der Rechtsquellen

Übersicht: Aufbau Arbeitsrecht

Rechtsetzung durch		Zuständige Gerichtsbarkeit
alle 47 Mitglieder des Europarats (fast alle europäischen Länder sowie Russland, Türkei, Zypern, Armenien, Aserbaidschan und Georgien; nicht Weißrussland und Vatikanstaat)	Europäische Menschenrechtskonvention (EMRK)	Europäischer Gerichtshof für Menschenrechte - EGMR (Straßburg)
Europaparlament EU-Kommission	EU-Recht EU-Verordnungen und Richtlinien	Europäischer Gerichtshof - EUGH (Luxemburg)
Bundestag u. Bundesrat	Grundgesetz	Bundesverfassungsgericht
Bundestag und Bundesrat	Gesetze BGB (§§ 611 ff) AGG, KSchG, BetrVG, ...	Arbeitsgerichte (ggf. auch Sozialgericht: z.B. Kurzarbeitergeld, Insolvenzgeld, usw.)
Regierung bzw. Minister und Bundesrat	Verordnungen z.B. GefStoffV	Arbeitsgerichte, (ggf. Verwaltungsgerichte)
Berufsgenossenschaften	Unfallverhütungsvorschriften (§ 15 SGB VII)	Sozialgerichte
Tarifvertragsparteien (Gewerkschaften und Arbeitgeberverbände bzw. einzelner Arbeitgeber)	Tarifverträge Art. 9 Abs. 3 GG und §§ 1 - 8 TVG	Arbeitsgerichte
Arbeitgeber und Betriebsrat oder Einigungsstelle	Betriebsvereinbarungen - § 77 Abs. 3 BetrVG (Sperrwirkung des Tarifvertrags)	Arbeitsgerichte
Arbeitgeber u. Arbeitnehmer	Einzelarbeitsverträge vgl. §§ 611 - 630 BGB	Arbeitsgerichte

§ 80 BetrVG: „Der Betriebsrat hat ... darüber zu wachen, dass die zugunsten der Arbeitnehmer geltenden Gesetze, Verordnungen, Unfallverhütungsvorschriften, Tarifverträge und Betriebsvereinbarungen durchgeführt werden ..."

Beachten: Günstigkeitsprinzip (Ausnahme: § 77 Abs. 3 BetrVG zum Verhältnis Tarifvertrag / Betriebsvereinbarung)

Günstigkeitsprinzip

Übersicht: Rangfolge der Rechtsquellen

- Grundgesetz
- Gesetze/ Rechtsverordnung
- Tarifvertrag
- Betriebsvereinbarung
- Arbeitsvertrag

Grundsätze:

1. Grundsätzlich hat die ranghöhere Rechtsquelle Vorrang vor der rangniedrigeren.
2. Die rangniedrigere Rechtsquelle darf die ranghöhere Norm zugunsten des Arbeitnehmers verbessern (Günstigkeitsprinzip). Ausnahme: Arbeitsentgelte und sonstige Arbeitsbedingungen, die durch Tarifvertrag geregelt sind oder üblicherweise geregelt werden, können nicht Gegenstand einer Betriebsvereinbarung sein (§ 77 Abs. 3 BetrVG).
3. Die rangniedrigere Rechtsquelle darf die ranghöhere dann zu Lasten des Arbeitnehmers verschlechtern, wenn dies die ranghöhere Rechtsquelle ausdrücklich erlaubt (Öffnungsklausel).
4. Beachten: Verstößt eine Regelung in einem Gesetz gegen **EU-Recht (Verordnung, Richtlinie)**, kann der **Europäische Gerichtshof** die Gerichte verpflichten, die Bestimmung unangewendet zu lassen (EuGH v. 22. 11. 2005 – C-144/04, NZA 2005, 1345 zu § 14 Abs. 3 TzBfG (a.F.; siehe → **Befristeter Arbeitsvertrag** Rn. 35 und EuGH v. 19. 1. 2010 – C-555/07, AiB 2010, 265 = NZA 2010, 85, zu § 622 Abs. 2 Satz 2 BGB; siehe → **Kündigungsfristen** Rn. 5).

Rechtsprechung

1. Günstigkeitsprinzip: Verhältnis Arbeitsvertrag zu Tarifvertrag und Betriebsvereinbarung – Einzelfälle
2. Verhältnis Tarifvertrag – Betriebsvereinbarung (§ 77 Abs. 3 BetrVG)
3. Verhältnis Tarifvertrag – Sozialplan

Haftung des Arbeitgebers

Grundlagen

Der Arbeitgeber muss dem Arbeitnehmer nach § 670 BGB diejenigen **Aufwendungen** ersetzen, die der Arbeitnehmer bei Ausübung der Arbeit gemacht hat und die er für erforderlich halten durfte (z. B. Reisekosten, Kosten für Beschaffung und Reparatur von Werkzeugen). 1
Fehlt es an einer Regelung bzw. Vereinbarung über Aufwendungspauschalen, muss der Arbeitnehmer Notwendigkeit und Umfang der Aufwendungen **darlegen** und – im Streitfall – **beweisen**. 2
Der Arbeitnehmer hat Anspruch auf einen **Vorschuss** (§§ 675, 559 BGB).

Sachschäden des Arbeitnehmers

Hat der Arbeitgeber den Schaden **schuldhaft** (= vorsätzlich oder fahrlässig) verursacht, haftet er dem Arbeitnehmer auf **Schadensersatz**. 3
Aber auch bei Fehlen eines Verschuldens des Arbeitgebers kommt eine Arbeitgeberhaftung unter dem Gesichtspunkt der »**Gefährdungshaftung**« in Betracht. Und zwar auch dann, wenn der Arbeitnehmer den Sachschaden selbst verursacht hat. 4
Nach der Rechtsprechung des BAG hat nämlich ein Arbeitnehmer in entsprechender Anwendung des § 670 BGB Anspruch auf Ersatz von Schäden an seinem Eigentum (z. B. Privat-PKW), das er mit Billigung des Arbeitgebers für dienstliche Zwecke einsetzt und der Schaden nicht dem privaten Lebensbereich des Arbeitnehmers, sondern dem **Betätigungsbereich des Arbeitgebers** zuzurechnen ist.
Dies ist im Falle des Einsatzes eines Privat-PKWs der Fall, wenn ohne den Einsatz des Arbeitnehmerfahrzeugs der Arbeitgeber ein eigenes Fahrzeug einsetzen und damit die Unfallgefahr tragen müsste (BAG v. 8. 5. 1980 – 3 AZR 82/79, DB 1981, 115).
Wird der Privat-PKW des Arbeitnehmers nicht bei einer Dienstfahrt, sondern in der Zeit zwischen zwei am selben Tag durchzuführenden Dienstfahrten **während des Parkens** in der Nähe des Betriebs beschädigt, gehört auch dieses Vorhalten des Kraftwagens während der Innendienstzeit des Arbeitnehmers **zum Einsatz im Betätigungsbereich** des Arbeitgebers. Der anderweitig nicht ersetzte Sachschaden ist vom Arbeitgeber auszugleichen (BAG v. 14. 12. 1995 – 8 AZR 875/94, AiB 1996, 681).
Es gelten im Übrigen – wenn der Arbeitnehmer den Schaden an eigenen Sachen selbst verursacht hat – die vom BAG entwickelten Grundsätze über die **Beschränkung der Arbeitnehmerhaftung** (BAG v. 27. 9. 1994 – GS 1/89 (A), NZA 1994, 1083) entsprechend (siehe hierzu → **Haftung des Arbeitnehmers** Rn. 4 ff.). 5
Diese Grundsätze führen zu einer an den Umständen des Schadensfalles auszurichtenden **Verteilung des Schadensrisikos**.
Dabei spielt insbesondere eine Rolle, ob der Arbeitnehmer den Schaden an seinem Eigentum vorsätzlich, mit grober, mittlerer oder leichter Fahrlässigkeit verursacht hat.

Haftung des Arbeitgebers

Beispiel:
Der Arbeitnehmer nutzt sein Privatfahrzeug mit Billigung des Arbeitgebers für Dienstfahrten. Während einer solchen Dienstfahrt beschädigt er »leicht fahrlässig« einen Kotflügel seines PKW. Folge: Der Arbeitgeber hat den Schaden zu ersetzen (§ 670 BGB).
Hat dagegen der Arbeitnehmer den Schaden an seinem Privat-PKW »grob fahrlässig« verursacht, scheidet eine Haftung des Arbeitgebers im Regelfall aus. Bei »mittlerer Fahrlässigkeit« findet eine Schadensteilung statt.

6   Die Grundsätze der beschränkten Arbeitnehmerhaftung gelten auch dann, wenn über das Fahrzeug des Arbeitnehmers mit dem Arbeitgeber ein **Mietvertrag** abgeschlossen worden war (BAG v. 17.7.1997 – 8 AZR 480/95, NZA 1997, 1346).

7   Nach richtiger Auffassung haftet der Arbeitgeber auch für den **Rückstufungsschaden**, den der Arbeitnehmer bei seiner Haftpflicht- und Kaskoversicherung hat, wenn er mit Billigung des Arbeitgebers seinen PKW dienstlich nutzt und dabei einen Unfall verursacht (LAG Köln v. 03.07.1991 – 15 Sa 305/91). Durch die Zahlung einer **Kilometerpauschale** für jeden dienstlich gefahrenen Kilometer liege keine Abgeltung des Unfallrisikos. Das BAG hat allerdings gegenteilig entschieden. Wenn der Arbeitgeber eine Kilometerpauschale zahle, komme eine Haftung für den Rückstufungsschaden nur dann in Betracht, wenn dies **vereinbart** ist (BAG v. 30.4.1992 – 8 AZR 409/91, NZA 1993, 262).
Auch hier gilt aber eine **Risikoverteilung** gemäß den Grundsätzen der beschränkten Arbeitnehmerhaftung (siehe Rn. 5 und → **Haftung des Arbeitnehmers**).

8   Die Ersatzpflicht umfasst regelmäßig auch den **Nutzungsausfallschaden**, es sei denn, die Ersatzfähigkeit ist in einer Vereinbarung ausdrücklich ausgeschlossen worden (zur Nutzungsausfallentschädigung bei unberechtigtem **Entzug eines Firmenwagens** durch den Arbeitgeber: siehe Rn. 17).

9   Eine Haftung des Arbeitgebers scheidet auch dann aus, wenn der Arbeitnehmer für die Nutzung seines Eigentums (z. B. Kleidung oder Privat-PKW) für dienstliche Zwecke eine **besondere Vergütung** erhält (z. B. Schmutzzulage, Gefahrenzulage) und davon auszugehen ist, dass damit die Haftung des Arbeitgebers ausgeschlossen werden sollte.

Personenschäden des Arbeitnehmers

10 Wenn ein Arbeitnehmer aufgrund gesundheitsgefährdender oder sogar -schädlicher Arbeitsbedingungen erkrankt, verletzt oder gar getötet wird, stellt sich die Frage, ob der Arbeitgeber auf **Schadensersatz** und **Schmerzensgeld** haftet.
Die Haftung des Arbeitgebers ist zwar nach § 104 Abs. 1 SGB VII (früher: § 636 Abs. 1 Satz 1 RVO) ausgeschlossen, wenn der Personenschaden durch einen → **Arbeitsunfall** oder eine → **Berufskrankheit** verursacht wurde (sog. »**Haftungsprivileg**«; siehe auch → **Unfallversicherung**).
Stattdessen tritt die gesetzliche → **Unfallversicherung** (= Berufsgenossenschaft) ein. Die Berufsgenossenschaft muss allerdings kein Schmerzensgeld zahlen.

11 Der Arbeitgeber haftet dem Arbeitnehmer gegenüber allerdings dann auf **Schadensersatz** und **Schmerzensgeld** (Anspruchsgrundlage: § 280 Abs. 1 BGB i. V. m. §§ 241 Abs. 2, 618 Abs. 1 BGB, § 253 Abs. 2 BGB; ggf. auch §§ 823 ff. BGB), wenn er den Unfall bzw. die Berufskrankheit **vorsätzlich** herbeigeführt hat. **Bedingter Vorsatz** (= der Schadenseintritt wird für möglich gehalten und billigend in Kauf genommen) reicht aus.

Beispiel:
Dem Arbeitgeber – Chef einer Spedition – ist bekannt, dass die Lenkung eines LKW defekt ist und ein Unfall möglich ist. Der LKW wird dennoch für eine Fahrt eingesetzt. Der Arbeitgeber spekuliert darauf, dass alles gut geht und falls nicht, die Versicherung für alle Schäden aufkommen wird.

Haftung des Arbeitgebers

Während der vom Arbeitgeber angeordneten Fahrt versagt die Lenkung. Es kommt zu einem Unfall, bei dem der bei dem Arbeitgeber als Arbeitnehmer angestellte Fahrer schwer verletzt wird. Der Fahrer macht Schadensersatz- und Schmerzensgeldansprüche nach § 280 Abs. 1 BGB i. V. m. §§ 241 Abs. 2, 618 Abs. 1 BGB gegen den Arbeitgeber geltend. Er würde einen Rechtsstreit gewinnen, wenn er dem Arbeitgeber bedingten Vorsatz nachweisen könnte (was natürlich schwer ist).

Der Arbeitgeber haftet auch dann, wenn nicht er selbst, aber der **Vorgesetzte**, der die gesundheitsgefährdende Arbeit angewiesen hat, mindestens bedingt vorsätzlich gehandelt hat. Das für die Schadensersatzhaftung notwendige **Verschulden** (= mindestens bedingt vorsätzliches Verhalten) des Vorgesetzten wird dem Arbeitgeber § 278 Satz 1 BGB zugerechnet. Nach dieser Vorschrift hat der Arbeitgeber das Verschulden von Personen, derer er sich zur Erfüllung seiner Verbindlichkeiten gegenüber dem Arbeitnehmer bedient (Erfüllungsgehilfen), in gleichem Umfange zu vertreten wie eigenes Verschulden. 11a

So kann nach zutreffender Ansicht des BAG beispielsweise die Anweisung eines Vorgesetzten an einen Arbeitnehmer, mit **asbesthaltigem Material** ohne Schutzmaßnahmen zu arbeiten, die bewusste Inkaufnahme von Gesundheitsschäden des Arbeitnehmers beinhalten und einen Anspruch auf Schadenersatz und Schmerzensgeld begründen (BAG v. 20. 6. 2013 – 8 AZR 471/12; 28. 4. 2011 – 8 AZR 769/09, AiB 2012, 273). 11b

Zu weiteren Einzelheiten siehe → **Arbeitsschutz** Rn. 105 ff.

In vielen Wirtschaftsbereichen haben unzählige Arbeitnehmer in den letzten Jahrzehnten auf Anordnung des Arbeitgebers bzw. des Vorgesetzten Arbeiten unter **gesundheitsgefährlichen Bedingungen** (z. B. Lärm, Gefahrstoffe wie Asbest, Lösemittel, Kühlschmierstoffe, Schleifstaub usw.) ausführen müssen (viele sind erkrankt, haben bleibende Gesundheitsschäden davongetragen oder sind gar inzwischen verstorben). 11c

Wenn ein Arbeitnehmer darlegen und beweisen kann, dass der Arbeitgeber oder irgendeiner seiner Vorgesetzten ihm die Tätigkeit zugewiesen hat,
- obwohl ihm bekannt war, dass der Arbeitnehmer damit der Einwirkung von gesundheitsgefährlichen Bedingungen ausgesetzt war
- und er eine Gesundheitsschädigung des Arbeitnehmers zumindest billigend in Kauf genommen hat (sog. **bedingter Vorsatz**),

dann hat der Arbeitnehmer gegen den Arbeitgeber (= Unternehmen, bei dem der Arbeitnehmer angestellt war) gemäß § 280 Abs. 1 BGB i. V. m. §§ 241 Abs. 2, 278, 618 Abs. 1 BGB einen Anspruch auf **Schadensersatz** (z. B. Behandlungskosten, Verdienstausfall, usw.) und **Schmerzensgeld** (§ 352 Abs. 2 BGB).

Die im Arbeitsleben typischen gesundheitsgefährdenden oder gar schädigenden Faktoren sind beispielhaft in § 5 Abs. 3 ArbSchG aufgeführt: 11d

»Eine Gefährdung kann sich insbesondere ergeben durch
1. *die Gestaltung und die Einrichtung der Arbeitsstätte und des Arbeitsplatzes,*
2. *physikalische, chemische und biologische Einwirkungen,*
3. *die Gestaltung, die Auswahl und den Einsatz von Arbeitsmitteln, insbesondere von Arbeitsstoffen, Maschinen, Geräten und Anlagen sowie den Umgang damit,*
4. *die Gestaltung von Arbeits- und Fertigungsverfahren, Arbeitsabläufen und Arbeitszeit und deren Zusammenwirken,*
5. *unzureichende Qualifikation und Unterweisung der Beschäftigten,*
6. *psychische Belastungen bei der Arbeit.«*

Wenn also beispielsweise ein Arbeitnehmer durch schikanöses Verhalten des Vorgesetzten (z. B. Diskriminierung, → **Mobbing**) einer Gesundheitsgefährdung ausgesetzt ist, kann er gegen den Arbeitgeber (= Unternehmen) eine Klage auf **Feststellung** erheben, dass dieser verpflichtet ist, ihm sämtliche materiellen und immateriellen Schäden, welche er durch das Verhalten des Vorgesetzten erleidet, unter Zugrundelegung einer Haftungsquote von 100 % zu

Haftung des Arbeitgebers

ersetzen, soweit die Ansprüche nicht auf Sozialversicherungsträger oder sonstige Dritte übergehen.

11e Eine rechtliche Hürde für den Schadensersatzanspruch kann sein, dass die Ansprüche des Arbeitnehmers **verjährt** sein können (siehe → **Verjährung**). In Asbest-Fällen beispielsweise liegen die gesundheitsschädlichen Einwirkungen manchmal Jahrzehnte zurück. Nach § 197 Abs. 1 Nr. 1 BGB gilt für Schadensersatzansprüche, die auf der vorsätzlichen Verletzung des Lebens, des Körpers, der Gesundheit, der Freiheit oder der sexuellen Selbstbestimmung beruhen, eine Verjährungsfrist von 30 Jahren. Gemäß § 199 Abs. 2 BGB gilt: »*Schadensersatzansprüche, die auf der Verletzung des Lebens, des Körpers, der Gesundheit oder der Freiheit beruhen, verjähren ohne Rücksicht auf ihre Entstehung und die Kenntnis oder grob fahrlässige Unkenntnis in 30 Jahren von der Begehung der Handlung, der Pflichtverletzung oder dem sonstigen, den Schaden auslösenden Ereignis an.*« Daraus folgt: wenn die Einwirkung von Asbest länger als 30 Jahre zurückliegt – also ausgehend von 2014 vor 1984 stattgefunden hat – sind Schadensersatzansprüche verjährt.

11f **Vertraglich** vereinbarte → **Ausschlussfristen/Verfallfristen** stehen einer Haftung des Arbeitgebers auf Schadensersatz und Schmerzensgeld wegen (bedingt) vorsätzlicher Schädigung nicht entgegen.

Dem steht die Vorschrift des § 202 Abs. 1 BGB entgegen (BAG v. 20. 6. 2013 – 8 AZR 280/12). Sie lautet: »*Die Verjährung kann bei Haftung wegen Vorsatzes nicht im Voraus durch Rechtsgeschäft erleichtert werden.*«

Diese Vorschrift soll allerdings nach abzulehnender Ansicht des BGB nicht auf **tarifvertragliche Ausschlussfristen** anzuwenden sein, die (unverständlicherweise) auch Schadensersatzansprüche wegen vorsätzlich begangener Handlungen erfassen (BAG v. 20. 6. 2013 – 8 AZR 280/12; 18. 8. 2011 – 8 AZR 187/10).

In einigen Tarifverträgen ist (zum Glück) Gegenteiliges geregelt.

> **Beispiel (§ 16 Ziff. 1.4 Manteltarifvertrag Metallindustrie Hamburg/Schleswig-Holstein):**
> 1.4 Die Ausschlussfristen gelten nicht für Ansprüche aus vorsätzlich begangener unerlaubter Handlung.

12 Anspruch Schadensersatz- und Schmerzensgeld nach §§ 823, 253 Abs. 2 BGB besteht gegen den Arbeitgeber auch dann, wenn er den Unfall auf einem nach § 8 Abs. 2 Nr. 1 bis 4 SGB VII versicherten Weg (= **Wegeunfall**) **außerhalb des Betriebs** herbeigeführt hat (§ 104 Abs. 1 SGB VII).

13
> **Hinweis:**
> Durch die Novellierung des Schadensersatzrechts mit Gesetz vom 19. 7. 2002 (BGBl. I S. 2674) ist der Anspruch auf **Schmerzensgeld** mit Wirkung ab 1. 8. 2002 neu geregelt worden.

Es besteht gemäß § 253 Abs. 2 BGB gegen denjenigen, der wegen einer Verletzung des Körpers, der Gesundheit, der Freiheit oder der sexuellen Selbstbestimmung Schadensersatz zu leisten hat, ein Anspruch auf eine »billige Entschädigung« auch wegen des Schadens, der kein Vermögensschaden ist (= Schmerzensgeld). § 847 BGB (a. F.) wurde aufgehoben.

Gemäß § 253 Abs. 1 BGB kann eine Entschädigung auch in sonstigen gesetzlich besonders bestimmten Fällen beansprucht werden (vgl. z. B. § 651 f Abs. 2 BGB: Entschädigung wegen nutzlos aufgewendeter Urlaubszeit bei Vereitelung oder erheblicher Beeinträchtigung einer Urlaubsreise).

Haftung des Arbeitgebers

Freistellungsanspruch des Arbeitnehmers gegen den Arbeitgeber

Fügt der Arbeitnehmer bei Ausübung der Arbeit einem außenstehenden **Dritten** einen **Personenschaden** zu, dann hat der Arbeitgeber den Arbeitnehmer von Ansprüchen des Dritten **freizustellen**, wenn die Voraussetzungen einer Haftungsbegrenzung oder eines Haftungsausschlusses nach den Grundsätzen über die **Beschränkung der Arbeitnehmerhaftung** vorliegen (siehe hierzu Rn. 5 und → **Haftung des Arbeitnehmers** Rn. 4 ff.). 14

Entsprechendes gilt bei **Sachschäden**. 15

> **Beispiel:**
> Der Arbeitnehmer nutzt sein Privatfahrzeug mit Billigung des Arbeitgebers für Dienstfahrten. Während einer solchen Dienstfahrt stößt er mit einem anderen Fahrzeug zusammen. Hat er den Unfall »leicht fahrlässig« verursacht, haftet er dem Unfallgegner auf vollen Ersatz der an dessen Fahrzeug entstandenen Schäden. Er hat aber gegen seinen Arbeitgeber einen Anspruch, ihn von den Forderungen des Unfallgegners freizustellen. Hat dagegen der Arbeitnehmer den Unfall »grob fahrlässig« verursacht, scheidet ein Freistellungsanspruch gegen den Arbeitgeber im Regelfall aus.

Ein Freistellungsanspruch gegen den Arbeitgeber nach vorstehenden Grundsätzen besteht auch dann, wenn der Arbeitnehmer Eigentum eines **Arbeitskollegen** beschädigt (Sachschaden). 16

Verletzt der Arbeitnehmer bei der Arbeit einen Arbeitskollegen (= Personenschaden), handelt es sich um einen → **Arbeitsunfall**.
Hier ist die Haftung des Schädigers (wie die des Arbeitgebers: siehe Rn. 10 ff.) gemäß § 105 SGB VII ausgeschlossen (stattdessen erbringt die Berufsgenossenschaft die gesetzlich vorgesehenen Leistungen), es sei denn, der Unfall wurde **vorsätzlich** oder auf einem nach § 8 Abs. 2 Nr. 1 bis 4 SGB VII versicherten Weg (= **Wegeunfall**) herbeigeführt.
In diesem Falle haftet der Schädiger nach allgemeinen zivilrechtlichen Grundsätzen auf **Schadensersatz** (§ 823 BGB) und ggf. auf **Schmerzensgeld** (§ 253 Abs. 2 BGB). Siehe Rn. 11 ff. und 12.

Entzug eines auch zur privaten unentgeltlichen Nutzung überlassenen Firmenwagens

Entzieht der Arbeitgeber dem Arbeitnehmer vertragswidrig den zur privaten unentgeltlichen Nutzung überlassenen Firmenwagen, dann ist er dem Arbeitnehmer gemäß §§ 325, 251 BGB zum **Schadensersatz** verpflichtet. 17

Der Arbeitnehmer kann, wenn er seinen eigenen gleichwertigen privaten PKW nutzt, nur die dafür aufgewendeten **Kosten** ersetzt verlangen.

Zu den im Zuge einer **konkreten Schadensberechnung** tatsächlich entstandenen Aufwendungen gehören z. B. der Wertverlust, Steuern und Versicherung, Kosten notwendiger und nützlicher Reparaturen und Wartungsarbeiten sowie Treibstoff.

Eine abstrakt nach der Tabelle Sanden/Danner/Küppersbusch ermittelte **Nutzungsausfallentschädigung** soll dem Arbeitnehmer nicht zustehen (BAG v. 16. 11. 1995 – 8 AZR 240/95, AiB 1996, 681 = NZA 1996, 415).

Allerdings kann der Wert der Nutzungsausfallentschädigung der Tabelle von Sanden/Danner/Küppersbusch zumindest dann entnommen werden, wenn es sich um einen **kurzfristigen Entzug** (hier ein Monat) handelt und der Arbeitnehmer nicht über einen PKW verfügt, den er anstelle des vorenthaltenen Dienstfahrzeugs nutzen kann.

Bei einer derart kurzen Zeitspanne kann dem Arbeitnehmer nicht zugemutet werden, sich einen Wagen zuzulegen, um die konkreten Kosten ermitteln zu können (LAG Rheinland-Pfalz v. 19. 11. 1996 – 4 Sa 733/96, NZA 1997, 942).

Eine einzelvertragliche Vereinbarung dahin, dass der Arbeitnehmer den ihm überlassenen

Haftung des Arbeitgebers

Firmenwagen auch privat nutzen darf, kann sich aus den **Umständen** ergeben: z. B. dann, wenn der Arbeitgeber weiß, dass der Arbeitnehmer den Wagen für die Heimfahrt mitnimmt, ihn auch am Wochenende in Händen hält und der Arbeitgeber keinen Kostenanteil einfordert, sondern vorbehaltlos alle anfallenden PKW-Kosten trägt (LAG Rheinland-Pfalz v. 19.11.1996 – 4 Sa 733/96, a. a. O.).

18 Verursacht ein **Berufskraftfahrer** in Ausübung einer betrieblichen Tätigkeit unverschuldet einen Verkehrsunfall und wird wegen dieses Unfalls gegen ihn ein staatsanwaltschaftliches Ermittlungsverfahren eingeleitet, hat ihm der Arbeitgeber die erforderlichen **Kosten der Verteidigung** zu ersetzen.

Erforderliche Kosten der Verteidigung sind grundsätzlich die gesetzlichen Gerichts- und Anwaltsgebühren.

19 Arbeitsrechtlich ist ein Berufskraftfahrer ohne besondere Vereinbarung und Vergütung nicht zum Abschluss einer **Rechtsschutzversicherung** verpflichtet (BAG v. 16.3.1995 – 8 AZR 260/94, BB 1995, 1488).

Durchgriffshaftung

20 Nach § 13 Abs. 2 GmbHG haftet den Gläubigern einer GmbH nur das Gesellschaftsvermögen. Eine **persönliche Haftung** der Gesellschafter für Verbindlichkeiten der GmbH scheidet grundsätzlich aus.

Die Rechtsprechung lässt aber ausnahmsweise eine »Durchgriffshaftung« gegen den oder die Gesellschafter zu, wenn schwerwiegende Gesichtspunkte aus Treu und Glauben (§ 242 BGB) dies erfordern, also **Rechtsmissbrauch** vorliegt (BAG v. 24.9.1974 – 3 AZR 589/73, AP Nr. 1 zu § 13 GmbHG).

Siehe auch → Sozialplan Rn. 19 (Haftung der herrschenden Gesellschaft im **Konzern** für Arbeitnehmeransprüche gegen eine Tochtergesellschaft bzw. Haftung der vermögenden »Anlagegesellschaft« für Ansprüche der bei der vermögenslosen »Produktionsgesellschaft« beschäftigten Arbeitnehmer).

Bedeutung für die Betriebsratsarbeit

21 Der Betriebsrat hat in der Frage der Arbeitgeberhaftung **keine Mitwirkungs- oder Mitbestimmungsrechte**, es sei denn, ein → **Tarifvertrag** sieht solche Rechte vor.

22 Ungeachtet dessen kann der Betriebsrat versuchen, Fragen des Aufwendungsersatzes und der Arbeitgeberhaftung durch Abschluss **freiwilliger** → **Betriebsvereinbarungen** zu regeln.

> **Beispiele:**
> - Regelungen über Aufwendungsersatz (Reisekosten usw.) und Vorschusszahlung;
> - Regelungen über Erstattungspflicht des Arbeitgebers bei arbeitsbedingten Schäden am Eigentum des Arbeitnehmers (z. B. Kleidung);
> - Regelungen betr. Nutzung von Privat-PKWs für dienstliche Zwecke incl. Regelungen über Rechtsfolgen im Falle von Schäden (z. B. Arbeitgeber hat auch den Rückstufungsschaden zu übernehmen).

23 Ist ein Schadensersatzfall eingetreten, gehört es natürlich zu den Aufgaben des Betriebsrats, den Arbeitnehmer bei der Geltendmachung berechtigter Forderungen zu unterstützen (etwaige → **Ausschlussfristen/Verfallfristen** beachten!).

Haftung des Arbeitgebers

Darüber hinaus sollte dem Betroffenen der Weg zu einer umfassenden **rechtlichen Beratung** bzw. **Prozessvertretung** gezeigt werden (z. B. gewerkschaftlicher Rechtsschutz).

Bedeutung für die Beschäftigten

Manchmal wird übersehen, dass Ersatzansprüche für Schäden, die bei Ausübung der Arbeit am Eigentum des Arbeitnehmers (insbesondere bei dienstlich genutztem Privat-PKW) eintreten, gegen den Arbeitgeber auch dann bestehen können, wenn der **Arbeitnehmer selbst** den Schaden verursacht hat. 24

Die Grundsätze über die **Beschränkung der Arbeitnehmerhaftung** (siehe → **Haftung des Arbeitnehmers** Rn. 4 ff.) werden entsprechend angewendet, um zu klären, ob der Schaden vom Arbeitgeber ganz, teilweise oder gar nicht zu ersetzen ist.

Ansprüche auf Aufwendungs- und Schadensersatz (auch Schmerzensgeld) muss der Arbeitnehmer innerhalb der ggf. geltenden vertraglichen oder tariflichen → **Ausschlussfristen/Verfallfristen** und gesetzlichen Verjährungsfristen (siehe → **Verjährung**) geltend machen. 25

Der Betroffene muss auch dann die **Initiative ergreifen** und den Arbeitgeber notfalls beim → **Arbeitsgericht verklagen**, wenn er einen Anspruch auf **Freistellung** von der Haftung gegenüber einem **Dritten** durchsetzen will. 26

Arbeitshilfen

Übersicht • Arbeitgeberhaftung

Übersicht: Arbeitgeberhaftung

I. Schäden am Eigentum des Arbeitnehmers (Sachschaden)
Hat der Arbeitgeber den Schaden schuldhaft verursacht, haftet er dem Arbeitnehmer auf Schadensersatz.
Bei fehlendem Verschulden des Arbeitgebers muss er dem Arbeitnehmer einen Sachschaden dann ersetzen, wenn die Sache (z. B. Privat-PKW) mit Billigung des Arbeitgebers ohne besondere Vergütung im Betätigungsbereich des Arbeitgebers eingesetzt war. Ein solcher Einsatz z. B. eines Privat-PKWs im Betätigungsbereich des Arbeitgebers ist gegeben, wenn der Arbeitgeber – ohne den Einsatz des Privat-PKW – ein eigenes Fahrzeug einsetzen und damit dessen Unfallgefahr tragen müsste.
Hat der Arbeitnehmer den Sachschaden selbst verursacht, ist ein etwaiges Mitverschulden – entsprechend den Grundsätzen über die Beschränkung der Arbeitnehmerhaftung – zu berücksichtigen (siehe → **Haftung des Arbeitnehmers**). Maßgeblich für Haftung bzw. Umfang der Haftung des Arbeitgebers ist in diesem Fall eine Abwägung der »Gesamtumstände« des Schadensfalles:
- Schadensanlass, Schadensfolgen, Schadenshöhe, Gefährlichkeit der Arbeit, Stellung des Arbeitnehmers im Betrieb, Höhe des Arbeitsentgelts, Mitverschulden des Arbeitgebers, aber auch Grad des Verschuldens des Arbeitnehmers:
- bei Vorsatz und grober Fahrlässigkeit muss der Arbeitnehmer den Schaden selbst tragen, es sei denn, besondere Umstände (z. B. eine Vereinbarung über alleinige Haftung des Arbeitgebers auch im Falle der groben Fahrlässigkeit) sprechen dagegen,
- bei »mittlerer« Fahrlässigkeit findet im Regelfall Schadensteilung statt,
- bei leichter Fahrlässigkeit haftet im Regelfall der Arbeitgeber für den Schaden.

Haftung des Arbeitgebers

II. Personenschaden

Erleidet der Arbeitnehmer bei der Arbeit einen Personenschaden, so entfällt eine Haftung des Arbeitgebers (§ 104 SGB VII), es sei denn, er hat den Versicherungsfall (Arbeitsunfall oder Berufskrankheit) vorsätzlich (bedingter Vorsatz reicht aus!) oder auf einem nach § 8 Abs. 2 Nr. 1 bis 4 SGB VII versicherten Weg herbeigeführt. Stattdessen tritt der Unfallversicherungsträger (= Berufsgenossenschaft) ein. Die Berufsgenossenschaft muss allerdings kein Schmerzensgeld zahlen.
Bei vorsätzlicher oder grob fahrlässiger Verursachung des Personenschadens durch den Arbeitgeber hat die Berufsgenossenschaft einen Anspruch auf Ersatz der erbrachten Aufwendungen bis zur Höhe des zivilrechtlichen Schadensersatzanspruches (§ 110 Abs. 1 SGB VII). Sie kann auf ihren Regressanspruch ganz oder teilweise verzichten (§ 110 Abs. 2 SGB VII). Nach § 111 SGB VII besteht auch eine Regresshaftung des Unternehmens, wenn ein Organvertreter (z. B. Mitglied der Geschäftsführung einer GmbH) den Personenschaden vorsätzlich oder grob fahrlässig verursacht hat.

III. Freistellungsanspruch des Arbeitnehmers

Hat der Arbeitnehmer einen außenstehenden »Dritten« geschädigt (Sach- oder Personenschaden), dann hat der Dritte einen vollen – unbegrenzten – Anspruch gegenüber dem Arbeitnehmer. Dieser hat allerdings gegenüber seinem Arbeitgeber einen Anspruch auf »Freistellung« von den Ansprüchen des Dritten (bzw. einen Ersatzanspruch, falls schon Schadensersatz an den Dritten geleistet wurde), wenn die Voraussetzungen für eine Haftungsbegrenzung oder einen Haftungsausschluss nach obenstehenden Kriterien vorliegen.
Entsprechendes gilt, wenn der Arbeitnehmer einem Arbeitskollegen einen Sachschaden zufügt.
Fügt der Arbeitnehmer dagegen einem Kollegen einen Personenschaden zu, ist seine Haftung nach § 105 SGB VII ausgeschlossen (es sei denn, es liegt Vorsatz oder ein Wegeunfall vor). Die Berufsgenossenschaft tritt ein. Sie hat nach Maßgabe des § 110 Abs. 1 SGB VII einen Regressanspruch gegen den vorsätzlich oder grob fahrlässig handelnden Schädiger. Die Berufsgenossenschaft kann auf ihren Regressanspruch ganz oder teilweise verzichten (§ 110 Abs. 2 SGB VII). Ist die Haftung des Arbeitnehmers – insbesondere im Falle grober Fahrlässigkeit – wegen besonderer Umstände nach den Grundsätzen über die Arbeitnehmerhaftung zu begrenzen (siehe → **Haftung des Arbeitnehmers**), dann wirkt sich das zu seinen Gunsten aus. Ggf. hat er gegenüber dem Arbeitgeber einen Anspruch auf Freistellung von den Regressansprüchen der Berufsgenossenschaft.

Rechtsprechung

1. Schadensersatz- und Schmerzensgeldanspruch des Arbeitnehmers gegen den Arbeitgeber bei (bedingt) vorsätzlicher Gesundheitsschädigung und Wegeunfall – Kein Haftungsausschluss nach §§ 104–106 SGB VII (früher: §§ 636 ff. RVO)
2. Ausschlussfrist bei vorsätzlichem Handeln des Arbeitgebers oder seines Erfüllungsgehilfen?
3. Schadensersatz bei Beschädigung des – auf dem Firmenparkplatz stehenden – Pkw des Arbeitnehmers durch Dritte?
4. Freistellungsanspruch des Arbeitnehmers gegen den Arbeitgeber – Fälligkeit des Freistellungsanspruchs
5. Schadensersatz wegen Verletzung des Persönlichkeitsrechts
6. Schadensersatz wegen Verletzung der Rücksichtnahmepflicht (§ 241 Abs. 2 BGB)
7. Schadensersatz wegen Auflösungsverschulden (§ 628 Abs. 2 BGB)
8. Schadensersatz wegen Verletzung von Aufklärungspflichten oder Falschauskunft
9. Aufwendungsersatz (§ 670 BGB)
10. Weitere Einzelfälle
11. Haftung der Gesellschafter oder Geschäftsführer einer GmbH – Haftung vor Eintragung einer Aktiengesellschaft oder GmbH in das Handelsregister
12. Haftung des Komplementärs einer Kommanditgesellschaft – Nachhaftung

Haftung des Arbeitgebers

13. Nachweisgesetz: Information der Arbeitnehmer über anzuwendende Tarifverträge – Tarifliche Ausschlussfristen – Schadensersatzhaftung des Arbeitgebers bei Verletzung der Hinweispflicht
14. Schadensersatzhaftung des Arbeitgebers wegen unterbliebener Überlassung eines Dienstwagens auch zur privaten Nutzung
15. Haftung des Arbeitgebers für Schäden am dienstlich eingesetzten Fahrzeug des Arbeitnehmers – Rückstufungsschaden
16. Schadensersatzhaftung des Arbeitgebers bei vorzeitiger Beendigung des Berufsausbildungsverhältnisses (§ 16 BBiG)
17. Haftung des Arbeitgebers auf Schadensersatz und Schmerzensgeld wegen Mobbing
18. Schadensersatzhaftung des Arbeitgebers bei Verletzung der Zeugnispflicht
19. Schadensersatzhaftung des Arbeitgebers wegen steuerlicher Benachteiligung nach gewonnenem Kündigungsprozess (Verzugsschaden)
20. Ausfallhaftung im qualifiziert faktischen Konzern

Haftung des Arbeitnehmers

Grundlagen

1 Nach allgemeinem Zivilrecht haftet derjenige, der einem anderen schuldhaft (das heißt: vorsätzlich oder fahrlässig) einen Schaden zufügt, auf vollen **Ersatz des eingetretenen Schadens**, gleichgültig wie hoch dieser Schaden ist (vgl. z. B. § 823 Abs. 1 BGB).
Eine **Haftungsminderung** findet im Wesentlichen nur statt, wenn ein **Mitverschulden** des Geschädigten vorliegt (§ 254 BGB).

2 Würde man diese Haftungsregel unverändert auf das Arbeitsverhältnis anwenden, wären viele Beschäftigte tagtäglich einem **unübersehbaren Haftungsrisiko** ausgesetzt.

> **Beispiel:**
> Ein übermüdeter Maschinenführer, der einen Moment nicht aufpasst und dadurch eine 250 000 Euro teure Anlage zu Bruch fährt, würde über Jahrzehnte hinaus mit den Schadensersatzfolgen seiner Unachtsamkeit belastet.

3 Ein solches Ergebnis wäre nicht gerechtfertigt.
Das Arbeitsverhältnis ist **einerseits** geprägt durch die Gestaltungs- und Entscheidungsfreiheit des Arbeitgebers, sein Weisungsrecht gegenüber dem Arbeitnehmer und seine sozialen Schutzpflichten, **andererseits** durch die Einbindung des Beschäftigten in das betriebliche Geschehen, seine Weisungsabhängigkeit und soziale Schutzbedürftigkeit.

4 Aufgrund dieser Besonderheiten hat die – frühere – Rechtsprechung die Haftung des Arbeitnehmers für von diesem verursachte Sach- und Vermögensschäden des Arbeitgebers beschränkt, allerdings nur bei denjenigen Beschäftigten, die so genannte »**gefahrgeneigte**« **Tätigkeiten** verrichtet hatten.
Als »gefahrgeneigt« wurde in der Praxis meist nur die Tätigkeit des Kraftfahrers angesehen.

5 Seit dem Beschluss des Großen Senats des Bundesarbeitsgerichts vom 27. 9. 1994 (GS 1/89 (A), NZA 1994, 1083) kommt es auf das Merkmal »gefahrgeneigt« nicht mehr an.
Das heißt: Eine **Beschränkung der Arbeitnehmerhaftung** tritt auch dann ein, wenn die schadensverursachende Tätigkeit **nicht** »gefahrgeneigt« ist.
Es reicht aus, dass die Tätigkeit durch den Betrieb **veranlasst** ist und aufgrund des Arbeitsverhältnisses geleistet wird.
Hinsichtlich des **Umfangs** der Haftungseinschränkung hat das Bundesarbeitsgericht folgende Grundsätze aufgestellt:

6 Ob überhaupt und gegebenenfalls in welchem Umfang der Arbeitnehmer an den Schadensfolgen zu beteiligen ist, richtet sich neben einem etwaigen **Mitverschulden** des Arbeitgebers (§ 254 BGB) im Rahmen einer **Abwägung der Gesamtumstände**, – unter Berücksichtigung von Schadensanlass und Schadensfolgen –, nach Billigkeits- und Zumutbarkeitsgesichtspunkten.
Zu den Umständen, denen je nach Lage des Einzelfalles ein unterschiedliches Gewicht beizumessen ist, gehören beispielsweise der **Grad** des dem Arbeitnehmer zur Last fallenden **Ver-**

Haftung des Arbeitnehmers

schuldens (Vorsatz, grobe, mittlere, leichte Fahrlässigkeit), die Gefährlichkeit der Arbeit, die Höhe des Schadens, ein vom Arbeitgeber einkalkuliertes oder durch Versicherung abdeckbares Risiko, die Stellung des Arbeitnehmers im Betrieb, die Höhe des Arbeitsentgelts, in dem möglicherweise eine Risikoprämie enthalten ist.
Unter Umständen sind auch die **persönlichen Verhältnisse** des Beschäftigten (z. B. Dauer der Betriebszugehörigkeit, Lebensalter, Familienverhältnisse, bisheriges Verhalten) zu berücksichtigen.

> **Beispiel:**
> Die Haftung des Maschinenführers in o. g. Beispiel (Rn. 2) richtet sich nach den Umständen des Falles. Hat er beispielsweise den Schaden leicht fahrlässig verursacht, kann eine Haftung völlig entfallen. Bei grob fahrlässiger oder gar vorsätzlicher Schadensverursachung haftet der Arbeitnehmer im Regelfall in voller Höhe. Allerdings kann auch bei grober Fahrlässigkeit die Haftung eingeschränkt oder ausgeschlossen sein (z. B. bei deutlichem Missverhältnis zwischen Höhe des Arbeitsentgelts und Schadensrisiko; vgl. BAG v. 23.1.1997, NZA 1998, 140). Auch eine Schadensteilung zwischen Arbeitgeber und Arbeitnehmer kommt in Betracht (z. B. bei mittlerer Fahrlässigkeit). Letztlich ist eine Gesamtwürdigung erforderlich, die auch andere für oder gegen die Haftung des Arbeitnehmers sprechende Umstände einbezieht und gewichtet.

Die Rechtsprechung des BAG wurde durch die Neufassung des § 276 BGB (durch das Gesetz zur Modernisierung des Schuldrechts vom 26.11.2001 – BGBl. I S. 3138) ausdrücklich bestätigt. 7

Zwar heißt es in der Vorschrift, dass der Schuldner (also auch der Arbeitnehmer) grundsätzlich **Vorsatz** und (jede) **Fahrlässigkeit** zu vertreten hat (fahrlässig handelt, wer die im Verkehr erforderliche Sorgfalt außer Acht lässt; vgl. § 276 Abs. 2 BGB).
Etwas anderes gilt aber dann, »*wenn eine strengere oder mildere Haftung bestimmt*« ist oder »*aus dem sonstigen Inhalt des Schuldverhältnisses zu entnehmen*« ist (§ 276 Abs. 1 zweiter Halbsatz BGB).
Ist streitig, ob der Arbeitnehmer die Pflichtverletzung zu vertreten hat, trägt der Arbeitgeber die **Beweislast**. 8
Das ergibt sich aus § 619 a BGB (eingefügt durch Gesetz zur Modernisierung des Schuldrechts vom 26.11.2001), wurde aber auch schon von der bisherigen BAG-Rechtsprechung so angenommen.
Die vorstehenden Grundsätze über die Haftungseinschränkung finden entsprechende Anwendung, wenn der Arbeitnehmer bei Ausführung der Arbeit sein eigenes **Eigentum** beschädigt. 9
Das heißt, der Arbeitgeber hat dem Betroffenen – je nach Lage des Falles – den entstandenen Sachschaden entweder gar nicht, teilweise oder ganz zu ersetzen.

> **Beispiel:**
> Auf Veranlassung des Arbeitgebers benutzt der Arbeitnehmer während einer Dienstfahrt den eigenen Pkw. Dieser wird bei einem vom Arbeitnehmer leicht fahrlässig verursachten Unfall beschädigt. Folge: Der Arbeitgeber hat den Schaden vollständig zu ersetzen.

Freistellungsanspruch

Auf die Haftungsbeschränkung nach vorstehenden Grundsätzen kann sich der Arbeitnehmer nicht gegenüber einem **Dritten** berufen, dem er einen Personen- und Sachschaden zugefügt hat. 10
Allerdings kann er vom Arbeitgeber verlangen, dass dieser ihn ganz oder teilweise von den Schadensersatzansprüchen des Dritten **freistellt**, wenn haftungseinschränkende »Gesamtumstände« (siehe Rn. 6) vorliegen.

1269

Haftung des Arbeitnehmers

11 Lehnt der Arbeitgeber ab, kann der Arbeitnehmer seinen Freistellungsanspruch beim → **Arbeitsgericht** einklagen bzw. einen Ersatzanspruch geltend machen, wenn er gegenüber dem Dritten bereits Schadensersatz geleistet hat.
Wenn der Arbeitnehmer einen **Arbeitskollegen** schädigt, gilt das Nachfolgende (Rn. 12 bis 16), je nachdem, ob ein Personen- oder ein Sachschaden eintritt.

Personenschaden

12 Im Falle eines Personenschadens ist eine Haftung des Arbeitnehmers nach § 105 SGB VII **ausgeschlossen**, wenn es sich um einen von ihm verursachten Arbeitsunfall handelt (es sei denn, es liegt **Vorsatz** oder ein **Wegeunfall** vor; siehe → **Haftung des Arbeitgebers** Rn. 10 ff.).
Bei Arbeitsunfällen tritt nämlich insoweit die gesetzliche → **Unfallversicherung** (z. B. Berufsgenossenschaft) ein.

13 Allerdings besteht – anders als im Zivilrecht (§ 253 Abs. 2 BGB) – gegen den Unfallversicherungsträger kein Anspruch auf **Schmerzensgeld** (siehe → **Haftung des Arbeitgebers**).

14 Der Unfallversicherungsträger kann bei vorsätzlicher oder grob fahrlässiger Verursachung des Personenschadens vom Schädiger Ersatz der erbrachten Aufwendungen bis zur Höhe des zivilrechtlichen Schadenersatzanspruches verlangen (**Regressanspruch**; § 110 Abs. 1 SGB VII).

15 Ist die Haftung des Arbeitnehmers – insbesondere im Falle grober Fahrlässigkeit – wegen besonderer Umstände nach den Grundsätzen über die eingeschränkte Arbeitnehmerhaftung **zu begrenzen** (siehe Rn. 5 ff.), dann wirkt sich das zu seinen Gunsten aus.
Ggf. hat er im Falle der Schädigung eines Arbeitskollegen gegenüber dem Arbeitgeber einen Anspruch auf **Freistellung** von den Regressansprüchen der Berufsgenossenschaft.
Die Berufsgenossenschaft kann auch auf die Geltendmachung von Regressansprüchen »*nach billigem Ermessen*« **verzichten** (§ 110 Abs. 2 SGB VII).

> **Hinweis:**
> Die Berufsgenossenschaft kann nach § 111 SGB VII auch das Unternehmen in Regress nehmen, wenn ein Organvertreter (z. B. Mitglied der Geschäftsführung einer GmbH) den Personenschaden vorsätzlich oder grob fahrlässig verursacht hat.

Die persönliche Haftung des Organvertreters nach § 110 SGB VII bleibt davon unberührt.

Sach- und Vermögensschaden

16 Hat der Arbeitnehmer einen Sach- oder Vermögensschaden verursacht, haftet er gegenüber dem geschädigten Arbeitskollegen **uneingeschränkt**.
Er hat aber gegenüber dem Arbeitgeber einen Anspruch auf **Haftungsfreistellung**, wenn haftungseinschränkende »Gesamtumstände« vorliegen (siehe Rn. 4 ff.).

Gesetzliche Haftungsbeschränkung?

17 Trotz der Beschränkung der Arbeitnehmerhaftung bleibt für die Arbeitnehmer immer noch ein erhebliches **Haftungsrisiko** bestehen.
Seit vielen Jahren wird deshalb eine gesetzliche Regelung zur Einschränkung der Arbeitnehmerhaftung gefordert.
Ein **Gesetzentwurf der SPD-Bundestagsfraktion** von 1989 beispielsweise enthielt folgende Bestandteile:
- Beschränkung der Haftung auf Vorsatz und grobe Fahrlässigkeit;
- Haftungsbeschränkung nicht nur bei gefahrgeneigten, sondern bei allen betriebli-

Haftung des Arbeitnehmers

chen/dienstlichen Tätigkeiten (dieser Gesichtspunkt ist mittlerweile durch die oben dargestellte Rechtsprechung anerkannt worden);
- Haftungsbegrenzung auf drei Nettomonatsvergütungen bei grober Fahrlässigkeit;
- Freistellungsanspruch gegenüber Arbeitgeber, wenn Dritte Schadensersatz verlangen (auch dies ist – wie oben dargestellt – bereits heute geltendes »Richterrecht«);
- Regelung entsprechend Insolvenzgeld, falls Freistellungsanspruch wegen Zahlungsunfähigkeit des Arbeitgebers nicht durchgesetzt werden kann;
- nur anteilige (keine gesamtschuldnerische) Haftung des Einzelnen, wenn mehrere Beschäftigte einen Schaden grob fahrlässig verursacht haben (z. B. bei Gruppenarbeit);
- Unzulässigkeit arbeitsvertraglicher Ausweitung der Haftung.

Bislang ist eine gesetzliche Regelung nicht zustande gekommen. 18

Tarifvertragliche Regelungen über die Einschränkung der Arbeitnehmerhaftung existieren – soweit ersichtlich – nur im Zusammenhang mit Einzelfragen. Beispiel: Regelungen über **Mankohaftung** (Kassenfehlbestand) oder **Ausschuss** (Schrottproduktion). 19

Siehe auch → **Haftung des Arbeitgebers**. 20

Bedeutung für die Betriebsratsarbeit

Der Betriebsrat hat in der Frage der Arbeitnehmerhaftung **keine Mitwirkungs-** oder **Mitbestimmungsrechte**, es sei denn, ein Tarifvertrag sieht solche Rechte vor. 21

Ungeachtet dessen sollte der Betriebsrat versuchen, den Arbeitgeber dazu zu bewegen, die Arbeitnehmerhaftung weitestgehend durch Abschluss entsprechender **Versicherungen** abzudecken (nach Möglichkeit ohne oder nur mit geringer Selbstbeteiligung des Arbeitnehmers im Schadensfall). 22

Arbeitsvertragliche Regelungen (z. B. in Formular-Arbeitsverträgen) über eine **Erweiterung der Arbeitnehmerhaftung** sollte es im Betrieb nicht geben. 23

Schließlich sollte überlegt werden, ob eine **freiwillige** → **Betriebsvereinbarung** mit – über das aktuell geltende »Richterrecht« hinausgehenden – haftungseinschränkenden bzw. haftungsausschließenden Regelungen möglich ist (siehe **Musterbetriebsvereinbarung** im Anhang zu diesem Stichwort). 24

Ist ein Schadensersatzfall eingetreten, gehört es natürlich zu den Aufgaben des Betriebsrats, den Arbeitnehmer **zu unterstützen** (z. B.: Gespräche mit dem Arbeitgeber führen). 25

Darüber hinaus sollte dem Betroffenen der Weg zu einer umfassenden **rechtlichen Beratung** bzw. **Prozessvertretung** gezeigt werden (z. B. gewerkschaftlicher Rechtsschutz).

Bedeutung für die Beschäftigten

Macht der Arbeitgeber gegenüber dem Beschäftigten Schadensersatzansprüche geltend, so sollte der Arbeitnehmer den Anspruch **nicht einfach akzeptieren**. 26

Vielmehr sollte er unter Berufung auf die oben dargestellten Grundsätze über die Einschränkung der Arbeitnehmerhaftung versuchen, den **Anspruch abzuwehren**.

Oft wird der Arbeitgeber versuchen, seinen vermeintlichen Ersatzanspruch durch **Aufrechnung** gegenüber dem Arbeitsentgeltanspruch des Arbeitnehmers zu befriedigen, d. h. durch Lohneinbehalte. 27

Es ist dann **Sache des Beschäftigten**, der diese Vorgehensweise für ungerechtfertigt hält, »hinter seinem Geld herzulaufen«, notfalls in Form einer arbeitsgerichtlichen **Klage**.

Haftung des Arbeitnehmers

Etwaige vertragliche oder tarifliche → **Ausschlussfristen/Verfallfristen** oder **Verjährungsfristen** (siehe → **Verjährung**) sind zu beachten.

28 Der Betroffene muss auch dann die Initiative ergreifen und den Arbeitgeber notfalls beim → **Arbeitsgericht** verklagen, wenn er einen Anspruch auf **Freistellung** von der Haftung gegenüber einem **Dritten** (vgl. Rn. 10) durchsetzen will.

Arbeitshilfen

Übersicht
Musterschreiben
- Arbeitnehmerhaftung
- Betriebsvereinbarung über die Beschränkung der Arbeitnehmerhaftung

Übersicht: Arbeitnehmerhaftung

I. Haftung nach allgemeinem Zivilrecht (BGB)
Nach allgemeinem Zivilrecht haftet derjenige, der einem anderen schuldhaft (= vorsätzlich oder fahrlässig) einen Sach- oder Personenschaden zufügt, diesem gegenüber auf Ersatz des Schadens (§ 823 BGB) und darüber hinaus auf Schmerzensgeld (§ 253 Abs. 2 BGB).
Eine Haftungsminderung tritt nur bei Mitverschulden des Geschädigten ein (§ 254 BGB).

II. Begrenzung der Haftung im Arbeitsrecht

1. Sach- und Vermögensschaden
Das Bundesarbeitsgericht hat die Haftung des Arbeitnehmers gegenüber dem Arbeitgeber für einen verursachten Sach- oder Vermögensschaden eingeschränkt; dabei kommt es – entgegen früherer Rechtsprechung – nicht mehr auf die »Gefahrgeneigtheit der Arbeit« an (BAG v. 27.9.1994 – GS 1/89 (A), NZA 1994, 1083).
Maßgeblich für Haftung bzw. Umfang der Haftung des Arbeitnehmers ist vielmehr eine Abwägung der »Gesamtumstände« des Schadensfalles:
- Schadensanlass, Schadensfolgen, Schadenshöhe, Gefährlichkeit der Arbeit, Stellung des Arbeitnehmers im Betrieb, Höhe des Arbeitsentgelts, Mitverschulden des Arbeitgebers, aber auch Grad des Verschuldens des Arbeitnehmers:
  – bei Vorsatz und grober Fahrlässigkeit kann volle Haftung in Betracht kommen, es sei denn, andere Umstände sprechen dagegen
  – bei »normaler« Fahrlässigkeit: ggf. Schadensteilung
  – bei leichter Fahrlässigkeit: im Regelfall überhaupt keine Haftung des Arbeitnehmers

2. Personenschaden
Fügt der Arbeitnehmer bei der Arbeit dem Arbeitgeber oder einem Arbeitskollegen einen Personenschaden zu, so entfällt eine Haftung (§ 105 SGB VII), es sei denn, er hat den Personenschaden vorsätzlich (bedingter Vorsatz reicht aus) oder auf einem nach § 8 Abs. 2 Nr. 1 bis 4 SGB VII versicherten Weg herbeigeführt. Stattdessen tritt der Unfallversicherungsträger (= Berufsgenossenschaft) ein. Die Berufsgenossenschaft muss allerdings kein Schmerzensgeld zahlen.
Bei vorsätzlicher oder grob fahrlässiger Verursachung des Personenschadens hat die Berufsgenossenschaft gegen den Arbeitnehmer einen Anspruch auf Ersatz der erbrachten Aufwendungen bis zur Höhe des zivilrechtlichen Schadensersatzanspruches (§ 110 Abs. 1 SGB VII). Die Berufsgenossenschaft kann auf ihren Regressanspruch ganz oder teilweise verzichten (§ 110 Abs. 2 SGB VII).
Ist die Haftung des Arbeitnehmers – insbesondere im Falle grober Fahrlässigkeit – wegen besonderer Umstände nach den Grundsätzen über die Arbeitnehmerhaftung zu begrenzen (siehe oben), dann wirkt sich das zu seinen Gunsten aus. Ggf. hat er gegenüber dem Arbeitgeber einen Anspruch auf Freistellung von den Regressansprüchen der Berufsgenossenschaft.

3. Freistellungsanspruch des Arbeitnehmers

Hat der Arbeitnehmer einen außenstehenden »Dritten« geschädigt (Sach- oder Personenschaden), dann hat der Dritte einen vollen – unbegrenzten – Anspruch gegenüber dem Arbeitnehmer. Dieser hat allerdings gegenüber seinem Arbeitgeber einen Anspruch auf »Freistellung« von den Ansprüchen des Dritten (bzw. einen Ersatzanspruch, falls schon Schadensersatz an den Dritten geleistet wurde), wenn die Voraussetzungen für eine Haftungsbegrenzung oder einen Haftungsausschluss nach obenstehenden Kriterien vorliegen.

Entsprechendes gilt, wenn der Arbeitnehmer einem Arbeitskollegen einen Sachschaden zufügt. Fügt der Arbeitnehmer dagegen einem Kollegen einen Personenschaden zu, ist seine Haftung nach § 105 SGB VII ausgeschlossen (es sei denn, es liegt Vorsatz oder ein Wegeunfall vor). Die Berufsgenossenschaft tritt ein. Sie hat nach Maßgabe des § 110 Abs. 1 SGB VII einen Regressanspruch gegen den vorsätzlich oder grob fahrlässig handelnden Schädiger. Die Berufsgenossenschaft kann auf ihren Regressanspruch ganz oder teilweise verzichten (§ 110 Abs. 2 SGB VII).

Musterschreiben: Betriebsvereinbarung über die Beschränkung der Arbeitnehmerhaftung

Zwischen der Geschäftsleitung der Firma ... und dem Betriebsrat wird folgende Betriebsvereinbarung abgeschlossen:

1. Eine Haftung der Arbeitnehmer des Betriebes gegenüber dem Arbeitgeber für einen Sach- oder Vermögensschaden, der im Zusammenhang mit der Ausführung der vertraglich geschuldeten Arbeit eingetreten ist, ist ausgeschlossen, es sei denn, der Sachschaden wurde vorsätzlich verursacht.
   Alternative:
   Die Haftung des Arbeitnehmers wird auf Vorsatz und grobe Fahrlässigkeit beschränkt. Bei grob fahrlässiger Schadensverursachung wird die Haftung auf drei Monatsnettovergütungen begrenzt.
2. Soweit Dritte den Arbeitnehmer auf Ersatz eines Sachschadens, der im Zusammenhang mit der Ausführung der vertraglich geschuldeten Arbeit eingetreten ist, in Anspruch nehmen, stellt der Arbeitgeber den Arbeitnehmer von einem solchen Anspruch frei, es sei denn, der Sachschaden wurde vorsätzlich verursacht.
3. Die vorstehenden Regelungen sind Bestandteil des Arbeitsvertrages.
4. Für Personenschäden gelten die Bestimmungen des Siebten Buches des Sozialgesetzbuches (Gesetzliche Unfallversicherung).

Ort ..., Datum ...

...
Firma

...
Betriebsrat

Rechtsprechung

1. Beschränkung der Arbeitnehmerhaftung bei allen, nicht nur bei gefahrgeneigten Arbeiten
2. Mitverschulden des Arbeitgebers
3. Freistellungsanspruch des Arbeitnehmers – Fälligkeit des Freistellungsanspruchs
4. Haftung auf Schadensersatz und Schmerzensgeld – Haftungsausschluss nach § 105 Abs. 1, § 106 Abs. 1 SGB VII
5. Mankohaftung (Kassenfehlbestand)
6. Haftung auf Ersatz von Detektivkosten
7. Sonstige Einzelfälle
8. Schuldanerkenntnis des Arbeitnehmers
9. Nichtigkeit einer formularmäßigen Bürgschaft zur Sicherung aller künftigen Ansprüche aus einem Arbeitsverhältnis

Haftung des Arbeitnehmers

10. Rechtsweg bei Inanspruchnahme des Arbeitnehmers durch Versicherungsunternehmen
11. Haftung bei Privatnutzung des Firmen-Pkw
12. Haftung eines Arbeitnehmers bei Schädigung des für dienstlich veranlasste Fahrt verwendeten Privat-Pkw eines Arbeitskollegen
13. Schadensersatzpflicht des Auszubildenden bei vorzeitigem Abbruch der Berufsausbildung?
14. Haftung des Arbeitnehmers wegen Stellung eines Insolvenzantrages?
15. Tarifliche Ausschlussfrist: Verfall von Schadensersatzansprüchen des Arbeitgebers
16. Keine Haftung für Personenschäden bei Arbeitsunfall

Handelsregister

Was ist das?

Das Handelsregister ist ein **öffentliches Verzeichnis**, in dem Einzelunternehmen, Personengesellschaften (z. B. OHG, KG), Kapitalgesellschaften (z. B. GmbH, AG) sowie eine Reihe sie betreffender Daten eingetragen sind (siehe auch → **Unternehmensrechtsformen**). Einzelheiten sind in §§ 8 ff. Handelsgesetzbuch (HGB) geregelt.
Das Handelsregister wird von den **Amtsgerichten** elektronisch geführt (§ 8 Abs. 1 HGB). Zuständig ist jeweils das Amtsgericht, in dessen Bezirk das Unternehmen seinen Sitz hat.
In der »Abteilung A« des Handelsregisters werden die Einzelunternehmen und Personengesellschaften, in »Abteilung B« die Kapitalgesellschaften eingetragen.
Eintragungen ins Handelsregister werden nicht nur bei der **Gründung** des Unternehmens, sondern auch anlässlich später stattfindender **eintragungspflichtiger Ereignisse** vorgenommen.
Zu den eintragungspflichtigen Angelegenheiten gehören u. a.:
- der vollständige Name des Unternehmens, Sitz und Geschäftsgegenstand des Unternehmens,
- Höhe des Grund- bzw. Stammkapitals (bei Kapitalgesellschaften),
- Namen und Wohnorte der Mitglieder der Leitung des Unternehmens (Vorstandsmitglieder, Geschäftsführer) bzw. der persönlich haftenden Gesellschafter,
- Namen und Wohnorte der Prokuristen,
- Hinweise zu den Rechtsverhältnissen des Unternehmens (Rechtsform, Vertretungsbefugnisse, Änderungen des Gesellschaftsvertrages bzw. der Satzung usw.),
- Datum der jeweiligen Eintragungen.

Die Unternehmen sind darüber hinaus verpflichtet, eine Reihe von **Unterlagen** zum Handelsregister einzureichen.
Welche Unterlagen dies im Einzelnen sind, hängt von der → **Unternehmensrechtsform** ab.
Eine Gesellschaft mit beschränkter Haftung (GmbH) muss beispielsweise unter anderem einreichen:
- den Gesellschaftsvertrag (§ 8 Abs. 1 Nr. 1 GmbHG);
- eine Liste, aus der Name, Vorname, Stand und Wohnort der Gesellschafter sowie der Betrag der auf jeden entfallenden Stammeinlage ersichtlich ist (§ 8 Abs. 1 Nr. 3 GmbHG);
- die nach Ablauf eines jeden Geschäftsjahres aufzustellenden Jahresabschlüsse (§ 325 HGB; siehe → **Jahresabschluss**).

Nach § 9 Abs. 1 und 6 HGB ist die **Einsichtnahme** in das Handelsregister und Unternehmensregister (siehe Rn. 11) sowie in die dort eingereichten Dokumente (hierzu zählt z. B. auch der → **Jahresabschluss**) »*jedem zu Informationszwecken*« gestattet.
Ein Grund für die Einsichtnahme muss nicht dargelegt werden.
Von den Eintragungen und den eingereichten Dokumenten kann ein **Ausdruck** (= Fotokopien) verlangt werden (§ 9 Abs. 4 HGB).
Seit dem 1.1.2007 müssen grundsätzlich bei allen Registergerichten der Länder der Bundes-

Handelsregister

republik Deutschland Anmeldungen zur Eintragung in das Register und Dokumente in **elektronischer Form** eingereicht werden (§ 12 HGB).
Diese Verpflichtung geht zurück auf die EG-Richtlinie 2003/58/EG vom 15.7.2003, die zum 1.1.2007 den elektronischen Rechtsverkehr mit den Registergerichten und die elektronische Registerführung vorschreibt.
Die Einreichung in elektronischer Form erfolgt über die virtuelle Poststelle der betreffenden Amtsgerichte.

10   Die Bundesländer betreiben nach § 8 a Abs. 2 HGB unter www.handelsregister.de ein gemeinsames Internetportal (**Registerportal**).

Unternehmensregister

11   Auf der Grundlage von § 8 b HGB wurde – ebenfalls ab 2007 – unter der Federführung des Bundesministeriums der Justiz bzw. des von diesem beauftragten Betreibers ein elektronisch geführtes »**Unternehmensregister**« eingerichtet.
Über die Internetseite des Registers (www.unternehmensregister.de) sollen die Eintragungen und Dokumente der Handels-, Genossenschafts- und Partnerschaftsregister, aber auch weitere veröffentlichungspflichtige Unternehmensdaten (z. B. gesellschaftsrechtliche Bekanntmachungen, Veröffentlichungen nach dem Wertpapierhandelsgesetz) online zugänglich gemacht werden (§ 8 b Abs. 2 HGB).

12   Durch diese Maßnahmen soll die »**Markttransparenz**« gesteigert werden.

Bedeutung für die Betriebsratsarbeit

13   Im Grunde muss der Unternehmer alle Angelegenheiten, die beim Handelsregister »registriert« sind, nach §§ 106 und 108 Abs. 5 BetrVG dem → **Wirtschaftsausschuss** und dem → **Betriebsrat** unaufgefordert mitteilen (z. B. Informationen über die Eigentumsverhältnisse, zur Person der Gesellschafter und der Mitglieder des Vertretungsorgans des Unternehmens, zur Höhe des Stamm- bzw. Grundkapitals, zum → **Jahresabschluss** usw.).
Man könnte also meinen, eine Einsicht ins Handelsregister (§ 9 Abs. 1 HGB, siehe Rn. 7) erübrige sich.

14   Dennoch kann die gelegentliche **Einsichtnahme** ins Handelsregister, Unternehmensregister sinnvoll sein.
Denn so mancher Unternehmer hat »Schwierigkeiten«, der Interessenvertretung auch nur ein Minimum an Daten allgemeiner Art zum Unternehmen zur Verfügung zu stellen.
Durch Einsichtnahme können einige solcher Grunddaten über das Unternehmen recht schnell und kurzfristig beschafft werden.

15   Unabhängig hiervon ist es zur Klärung des Verhältnisses zwischen Interessenvertretung und Unternehmer natürlich unerlässlich, dass Betriebsrat und Wirtschaftsausschuss ihre betriebsverfassungsrechtlichen **Informationsansprüche** konsequent gegenüber dem Unternehmer geltend machen (notfalls durch Einleitung eines Einigungsstellenverfahrens nach § 109 BetrVG; siehe → **Wirtschaftsausschuss** Rn. 26).

Heimarbeit

Was ist das?

Eine besondere gesetzliche Regelung hat die so genannte Heimarbeit als eine besondere Form 1
der Erwerbstätigkeit erfahren.
Insbesondere im Heimarbeitsgesetz (HAG) vom 14. 3. 1951 (BGBl. I S. 191), aber auch in
anderen Gesetzen (siehe 6) werden **Mindestarbeitsbedingungen** der »in Heimarbeit Beschäftigten« geregelt.
»In Heimarbeit beschäftigte« Personen sind Heimarbeiter, Hausgewerbetreibende und ihnen
Gleichgestellte (§ 1 HAG).
»**Heimarbeiter**« ist, wer in selbst gewählter Arbeitsstätte (z. B. in der eigenen Wohnung) allein 2
oder mit seinen Familienangehörigen im Auftrag eines Gewerbetreibenden (oder eines Zwischenmeisters, vgl. § 2 Abs. 3 HAG) erwerbsmäßig Arbeiten verrichtet, deren Ergebnisse von
dem Auftraggeber verwertet werden (§ 2 Abs. 1 HAG).
»**Hausgewerbetreibender**« ist, wer Vorstehendes in eigener Betriebsstätte zusammen mit 3
höchstens zwei fremden Hilfskräften oder Heimarbeitern macht (§ 2 Abs. 2 HAG).
Unter gewissen Voraussetzungen (§ 1 Abs. 2 bis Abs. 6 HAG) kann zugunsten von in ähnlicher 4
Weise Erwerbstätigen eine »**Gleichstellung**« erfolgen, so dass auch diese Personen unter den
Schutz des Heimarbeitsgesetzes fallen (z. B. Hausgewerbetreibende mit mehr als zwei Hilfskräften können »gleichgestellt« werden).
Das **Rechtsverhältnis** zwischen Auftraggeber und »in Heimarbeit Beschäftigten« wird im 5
Heimarbeitsgesetz näher geregelt (Entgeltregelung, Entgeltschutz, Arbeitszeitschutz, Gefahrenschutz, Kündigungsschutz und -fristen usw.).
Darüber hinaus finden sich eine Reihe von weiteren Regelungen **in anderen Gesetzen** (z. B. 6
§ 12 BUrlG, § 19 JArbSchG, § 127 SGB IX, §§ 7 Abs. 4, 8 Abs. 5, 9 Abs. 4 MuSchG, § 6 Abs. 1
und 2 BetrVG, §§ 10, 11 EFZG).
Nach Ansicht des BAG v. 24. 3. 1998 – 9 AZR 218/97, AiB 1998, 1669 ist § 613 a BGB (siehe
→ **Betriebsübergang**) auf Heimarbeitsverhältnisse nicht anzuwenden.
Telearbeit (= online-Arbeitsplatz zu Hause, aber auch in mobiler Form bzw. in ausgegliederten Büros) ist im Regelfall nicht als Heimarbeit, sondern als ausgelagerte abhängige Arbeit
anzusehen (weil das Merkmal »selbst gewählte Arbeitsstätte« oft nicht gegeben ist).
Für diese Arbeit gelten nicht die Vorschriften des HAG, sondern die allgemeinen arbeitsrechtlichen Bestimmungen wie bei jedem anderen Beschäftigten des Unternehmens auch (siehe
→ **Telearbeit**).
Von besonderer Bedeutung sind die Bestimmungen des HAG über die Aufgaben des sog. 7
Heimarbeitsausschusses nach § 4 HAG. Eine Aufgabe besteht darin, **Mindestlöhne** und sonstige Vertragsbedingungen für Heimarbeiter nach Maßgabe des § 19 HAG festzusetzen (§ 18
HAG). § 19 HAG regelt dazu folgende Voraussetzungen (Hervorhebungen durch Verf.):
*»(1) Bestehen Gewerkschaften oder Vereinigungen der Auftraggeber für den Zuständigkeitsbereich
eines Heimarbeitsausschusses nicht oder umfassen sie nur eine Minderheit der Auftraggeber oder
Beschäftigten, so kann der* **Heimarbeitsausschuss** *nach Anhörung der Auftraggeber und Beschäf-*

Heimarbeit

tigten, für die eine Regelung getroffen werden soll, **Entgelte und sonstige Vertragsbedingungen** *mit bindender Wirkung für alle Auftraggeber und Beschäftigten seines Zuständigkeitsbereichs festsetzen, wenn unzulängliche Entgelte gezahlt werden oder die sonstigen Vertragsbedingungen unzulänglich sind. Als unzulänglich sind insbesondere Entgelte und sonstige Vertragsbedingungen anzusehen, die unter Berücksichtigung der sozialen und wirtschaftlichen Eigenart der Heimarbeit unter den tarifvertraglichen Löhnen oder sonstigen durch Tarifvertrag festgelegten Arbeitsbedingungen für gleiche oder gleichwertige Betriebsarbeit liegen. Soweit im Zuständigkeitsbereich eines Heimarbeitsausschusses Entgelte und sonstige Vertragsbedingungen für Heimarbeit derselben Art tarifvertraglich vereinbart sind, sollen in der bindenden Festsetzung keine für die Beschäftigten günstigeren Entgelte oder sonstigen Vertragsbedingungen festgesetzt werden.*

(2) Die bindende Festsetzung bedarf der **Zustimmung der zuständigen Arbeitsbehörde** *und der Veröffentlichung im Wortlaut an der von der zuständigen Arbeitsbehörde bestimmten Stelle. Der persönliche Geltungsbereich der bindenden Festsetzung ist unter Berücksichtigung der Vorschriften des § 1 zu bestimmen. Sie tritt am Tag nach der Veröffentlichung in Kraft, wenn in ihr nicht ein anderer Zeitpunkt bestimmt ist. Beabsichtigt die zuständige Arbeitsbehörde die Zustimmung zu einer bindenden Festsetzung insbesondere wegen Unzulänglichkeit der Entgelte oder der sonstigen Vertragsbedingungen (Absatz 1 Satz 2) zu versagen, so hat sie dies dem Heimarbeitsausschuss unter Angabe von Gründen mitzuteilen und ihm vor ihrer Entscheidung über die Zustimmung Gelegenheit zu geben, die bindende Festsetzung zu ändern.*

(3) Die bindende Festsetzung hat die **Wirkung eines allgemeinverbindlichen Tarifvertrags** *und ist in das beim Bundesministerium für Arbeit und Soziales geführte Tarifregister einzutragen. Von den Vorschriften einer bindenden Festsetzung kann nur zugunsten des Beschäftigten abgewichen werden. Ein Verzicht auf Rechte, die auf Grund einer bindenden Festsetzung eines Beschäftigten entstanden sind, ist nur in einem von der Obersten Arbeitsbehörde des Landes oder der von ihr bestimmten Stelle gebilligten Vergleich zulässig. Die Verwirkung solcher Rechte ist ausgeschlossen. Ausschlussfristen für ihre Geltendmachung können nur durch eine bindende Festsetzung vorgesehen werden; das gleiche gilt für die Abkürzung von Verjährungsfristen. Im Übrigen gelten für die bindende Festsetzung die gesetzlichen Vorschriften über den Tarifvertrag sinngemäß, soweit sich aus dem Fehlen der Vertragsparteien nicht etwas anderes ergibt.*

(4) Der Heimarbeitsausschuss kann nach Anhörung der Auftraggeber und Beschäftigten bindende **Festsetzungen ändern oder aufheben.** *Die Absätze 1 bis 3 gelten entsprechend.*

(5) Die Absätze 1 bis 4 gelten entsprechend für die Festsetzung von **vermögenswirksamen Leistungen** *im Sinne des Fünften Vermögensbildungsgesetzes.«*

8 Zu weiteren **gesetzlichen Regelungen** in Bezug auf
- einen allgemeinen **gesetzlichen Mindestlohn** (eingeführt mit Wirkung ab 1.1.2015 durch das Tarifautonomiestärkungsgesetz vom 11.8.2014 – BGBl. I S. 1348) siehe → **Mindestlohn**,
- die Erstreckung tariflich vereinbarter **Branchenmindestlöhne** durch Rechtsverordnung auf nicht tarifgebundene Arbeitgeber und Arbeitnehmer siehe → **Arbeitnehmerentsendung**
- die Festsetzung einer **Lohnuntergrenze** für die **Leiharbeit** (§ 3 a AÜG) siehe → **Arbeitnehmerüberlassung/Leiharbeit**,
- **Lohnwucher** (§ 138 BGB) siehe → **Arbeitsentgelt**.

Heimarbeit

Bedeutung für die Betriebsratsarbeit

Nach § 5 Abs. 1 Satz 2 BetrVG sind → **Arbeitnehmer** im Sinne des Betriebsverfassungsgesetzes 9
auch die »in Heimarbeit Beschäftigten« (also »Heimarbeiter«, »Hausgewerbetreibende« und »Gleichgestellte«; siehe Rn. 1 ff.), sofern sie »*in der Hauptsache*« für den Betrieb arbeiten.
Das ist der Fall, wenn die Beschäftigung für den Betrieb dem Umfange nach größer ist als die Leistung von Heimarbeit für andere Auftraggeber.
Diese gesetzliche Voraussetzung stellt sicher, dass Heimarbeiter und Hausgewerbetreibende nur einem Betrieb **zugeordnet** werden.
Weil die in der Hauptsache für den Betrieb in Heimarbeit Beschäftigten als Arbeitnehmer im 10
Sinne des Betriebsverfassungsgesetzes gelten, nehmen sie an der → **Betriebsratswahl** teil.
Ihre Interessen werden vom Betriebsrat genauso vertreten wie die Interessen anderer Arbeit- 11
nehmer:

> **Beispiele:**
> Die Vergabe von Heimarbeit an eine Person ist als mitbestimmungspflichtige → **Einstellung** (§§ 99 bis 101 BetrVG) anzusehen, wenn feststeht, dass diese Person »in der Hauptsache« für den Betrieb tätig wird.
> Bei einer beabsichtigten → **Kündigung** des Heimarbeitsverhältnisses (§ 29 HAG) ist der Betriebsrat nach § 102 BetrVG zu beteiligen.

Besonderer Kündigungsschutz

Die **Kündigung** des Beschäftigungsverhältnisses eines in Heimarbeit beschäftigten Mitglieds 12
eines → **Betriebsrats** (oder einer → **Jugend- und Auszubildendenvertretung**) ist unzulässig, es sei denn, es liegen
- die Voraussetzungen einer → **außerordentlichen Kündigung** aus wichtigem Grund (§ 626 BGB; § 22 BBiG) und
- die nach § 103 BetrVG erforderliche **Zustimmung** des Betriebsrats (bzw. eine gerichtliche Zustimmungsersetzung)

vor (§ 29 a Abs. 1 HAG).
Den gleichen Kündigungsschutz – allerdings zeitlich begrenzt bis zur Bekanntgabe des Wahl- 13
ergebnisses – haben ein in Heimarbeit beschäftigtes Mitglied eines **Wahlvorstands** vom Zeitpunkt seiner Bestellung an und ein in Heimarbeit beschäftigter **Wahlbewerber** vom Zeitpunkt der Aufstellung des Wahlvorschlags an (§ 29 a Abs. 2 HAG).

Nachwirkender Kündigungsschutz

Nach Beendigung der Amtszeit eines in Heimarbeit beschäftigten Mitglieds des Betriebsrats 14
(oder der Jugend- und Auszubildendenvertretung) ist die Kündigung **innerhalb eines Jahres**, jeweils vom Zeitpunkt der Beendigung der Amtszeit an gerechnet, unzulässig, es sei denn, es liegen die Voraussetzungen einer → **außerordentlichen Kündigung** aus wichtigem Grund (§ 626 BGB; § 15 BBiG) vor (§ 29 a Abs. 1 Satz 2 HAG).
Der nachwirkende Kündigungsschutz gilt nicht, wenn die Beendigung der Mitgliedschaft auf einer gerichtlichen Entscheidung (z. B. nach § 23 Abs. 1 BetrVG) beruht (§ 29 a Abs. 1 Satz 2 letzter Halbsatz HAG).
Bei Mitgliedern des **Wahlvorstandes** und **Wahlbewerbern** ist die Kündigung **innerhalb von** 15
sechs Monaten nach Bekanntgabe des Wahlergebnisses unzulässig, es sei denn, es liegen die

Heimarbeit

Voraussetzungen einer → **außerordentlichen Kündigung** aus wichtigem Grund (§ 626 BGB; § 22 BBiG) vor (§ 29 a Abs. 2 Satz 2 HAG).

16 Der nachwirkende Kündigungsschutz gilt nicht für Mitglieder des Wahlvorstandes, wenn dieser nach § 18 Abs. 1 BetrVG durch gerichtliche Entscheidung durch einen anderen Wahlvorstand ersetzt worden ist (§ 29 a Abs. 2 Satz 2 letzter Halbsatz HAG).

17 Wird die **Vergabe von Heimarbeit eingestellt**, so ist die Kündigung des Beschäftigungsverhältnisses der Mitglieder des Betriebsrats (oder der Jugend- und Auszubildendenvertretung), des Wahlvorstandes oder von Wahlbewerbern frühestens zum Zeitpunkt der Einstellung der Vergabe zulässig, es sei denn, dass die Kündigung zu einem früheren Zeitpunkt durch zwingende betriebliche Erfordernisse bedingt ist (§ 29 a Abs. 3 HAG).

Rechtsprechung

1. Begriff des »in Heimarbeit Beschäftigten« (§ 1 Abs. 1 HAG) – Abgrenzung zum selbstständigen Unternehmer
2. Heimarbeit und Betriebsübergang (§ 613 a BGB)

Informationsrechte des Betriebsrats

Rechtliche Grundlagen

Der Betriebsrat hat einen Anspruch darauf, vom Arbeitgeber über all die Angelegenheiten **rechtzeitig** und **umfassend** unterrichtet zu werden, die in den Zuständigkeits- und Aufgabenbereich des Betriebsrats fallen.
Die Informationsrechte des Betriebsrats sind im Einzelnen in folgenden Vorschriften geregelt:
- allgemeines Informationsrecht: § 80 Abs. 2 BetrVG;
- besondere Informationsrechte: § 53 Abs. 2, § 89 Abs. 2 und 4 bis 6, § 90 Abs. 1, § 92 Abs. 1, § 99 Abs. 1, § 100 Abs. 2, § 102 Abs. 1, § 105, § 106 Abs. 2, § 108 Abs. 3 und 5, § 111 BetrVG.

§ 80 Abs. 2 BetrVG hat den Charakter einer »**Generalklausel**«.
Das heißt, diese Regelung ist in allen denjenigen Sachverhalten anzuwenden, die einerseits nicht ausdrücklich von den »besonderen« Informationsvorschriften erfasst sind und die andererseits aber dennoch in den Aufgaben- und Zuständigkeitsbereich des Betriebsrats fallen. Dabei ist der Geltungsbereich des § 80 Abs. 2 BetrVG keineswegs auf die in § 80 Abs. 1 Nrn. 1 bis 9 BetrVG aufgezählten Aufgaben beschränkt.

Informationspflicht des Arbeitgebers nach § 80 Abs. 2 Satz 1 Halbsatz 1 BetrVG

§ 80 Abs. 2 Satz 1 Halbsatz 1 BetrVG lautet: »*Zur Durchführung seiner Aufgaben nach diesem Gesetz ist der Betriebsrat rechtzeitig und umfassend vom Arbeitgeber zu unterrichten …*«
Der Unterrichtungsanspruch aus § 80 Abs. 2 Satz 1 BetrVG besteht nach zutreffender Ansicht des BAG nicht nur dann, wenn allgemeine Aufgaben oder Beteiligungsrechte des Betriebsrats bereits feststehen. Vielmehr soll es dem Betriebsrat auch ermöglicht werden, in eigener Verantwortung zu prüfen, ob sich überhaupt Aufgaben i. S. d. BetrVG ergeben und er zu ihrer Wahrnehmung tätig werden muss (BAG v. 23. 3. 2010 – 1 ABR 81/08, NZA 2011, 811). Dabei genüge eine gewisse Wahrscheinlichkeit für das Bestehen von Aufgaben. Die Grenzen des Unterrichtungsanspruchs lägen dort, wo ein Beteiligungsrecht offensichtlich nicht in Betracht kommt. Daraus folge eine **zweistufige Prüfung** darauf hin, ob überhaupt eine Aufgabe des Betriebsrats gegeben und ob im Einzelfall die begehrte Information zu ihrer Wahrnehmung erforderlich ist (BAG v. 17. 9. 2013 – 1 ABR 26/12; 14. 5. 2013 – 1 ABR 4/12; 16. 8. 2011 – 1 ABR 22/10; 23. 3. 2010 – 1 ABR 81/08, a. a. O.). Beides habe der Betriebsrat so darzulegen, dass anhand seiner Angaben der Arbeitgeber und im Streitfall das Arbeitsgericht prüfen könnten, ob die Voraussetzungen der Vorlagepflicht vorliegen (BAG v. 16. 8. 2011 – 1 ABR 22/10).
Die Anforderungen an die Darlegungslast setzt das BAG allerdings allzu hoch. So hat es den Antrag eines Betriebsrats abgewiesen, ihm alle ab einem bestimmten Zeitpunkt erteilten → **Abmahnungen**, mit Ausnahme des Bereichs der leitenden Angestellten und der Geschäftsführung, in anonymisierter Form vorzulegen (BAG v. 17. 9. 2013 – 1 ABR 26/12; die Vorinstanzen hatten dem Antrag zutreffend stattgegeben: ArbG Siegen v. 13. 4. 2011 – 1 BV 30/10 und LAG Hamm (Westfalen) v. 17. 2. 2012 – 10 TaBV 63/11). Der Betriebsrat habe nicht dargelegt, dass die Vorlage der Abmahnungen zur Aufgabenwahrnehmung erforderlich ist. Er habe lediglich

Informationsrechte des Betriebsrats

eine Vielzahl von Abmahnungen vorgelegt, aber nicht aufgezeigt, aus welchen Gründen er die Vorlage weiterer Abmahnungen zur Wahrnehmung und Ausübung der auf diese Sachverhalte bezogenen Mitbestimmungsrechte benötigt. Sollte er der Auffassung sein, dass die den Abmahnungen zugrunde liegenden Anweisungen des Arbeitgebers nach § 87 Abs. 1 BetrVG **mitbestimmungspflichtig** waren und er ihn gleichwohl nicht beteiligt hat, kann er die seiner Auffassung nach gebotenen Maßnahmen ohnehin ergreifen. Es sei weder vorgetragen noch offenkundig, dass hierzu ein weitergehender Informationsbedarf des Betriebsrats besteht. Als Globalantrag erweise sich der Antrag des Betriebsrats als unbegründet (BAG v. 17. 9. 2013 – 1 ABR 26/12).

Diese Entscheidung ist abzulehnen. Zwar hat der Betriebsrat bei Abmahnungen wegen eines Verstoßes gegen arbeitsvertragliche Verpflichtungen kein Mitbestimmungsrecht (siehe → **Abmahnung**), wohl aber bei Maßnahmen des Arbeitgebers i. S. d. § 87 Abs. 1 Nr. 1 BetrVG – also bei Maßnahmen, die die Ordnung des Betriebs oder das Verhalten der Arbeitnehmer im Betrieb betreffen (z. B. Verweise, Betriebsbußen usw.; siehe → **Betriebsbuße**). Um die Frage zu klären, ob ein missbilligendes Schreiben des Arbeitgebers an den Arbeitnehmer den einen (nicht mitbestimmungspflichtigen) Fall betrifft oder den anderen (mitbestimmungspflichtigen) Fall, muss der Betriebsrat Kenntnis von dem Schreiben haben. Auf sein Verlangen muss der Arbeitgeber ihm deshalb gemäß § 80 Abs. 2 Satz 2 BetrVG derartige Schreiben vorlegen.

2b Zu den Begriffen »rechtzeitig« und »umfassend« siehe Rn. 12 ff. und Rn. 20 ff.

2c Nach zutreffender Ansicht des LAG Hamm kann der Betriebsrat gemäß § 80 Abs. 2 S. 1 Halbs. 1 BetrVG Auskunft über den Inhalt abgeschlossener → **Zielvereinbarungen** des Arbeitgebers mit seinen Kundenberatern verlangen, wenn in den Planungsgesprächen nicht nur bloße Einschätzungen vorgenommen, sondern anhand der in den zurückliegenden Jahren gemachten Erfahrungen und konkreter Erwartungen »vorstellbare Ertragsziele« formuliert werden sollen und die Arbeitsvertragsparteien davon ausgehen, dass die Ziele »regelmäßig im Laufe des Jahres erwirtschaftet werden« können. Vor diesem Hintergrund ist es nicht ausgeschlossen, dass das praktizierte System bei den betroffenen Mitarbeitern in ihrer alltäglichen Kundenbetreuung dauerhaft Stresssituationen verursacht, die zu Gesundheitsgefährdungen führen können, zumal wenn sie sich normalerweise allmonatlich auch noch einem sogenannten Zielabgleichungsgespräch stellen müssen (LAG Hamm v. 9. 3. 2012 – 13 TaBV 100/10).

2d Es steht dem Arbeitgeber grundsätzlich frei zu entscheiden, in welcher **Form** er den Auskunftsanspruch des Betriebsrats erfüllt. Insbesondere bei umfangreichen, komplexen Informationen kann aber nach § 2 Abs. 1 BetrVG (vertrauensvolle Zusammenarbeit; siehe hierzu → **Betriebsrat** Rn. 9) eine schriftliche Auskunft notwendig sein (BAG v. 10. 10. 2006 – 1 ABR 68/05, AiB 2007, 422).

Der Auskunftsanspruch des Betriebsrats setzt nicht voraus, dass der Arbeitgeber über die begehrten Informationen in urkundlicher Form oder in Gestalt einer elektronischen Datei bereits verfügt. Der Anspruch kann schon dann bestehen, wenn der Arbeitgeber die entsprechenden Daten entweder **tatsächlich kennt** oder sie, weil sie einfach zugänglich sind, doch **zur Kenntnis nehmen könnte** (BAG v. 30. 9. 2008 – 1 ABR 54/07, NZA 2009, 502; 6. 5. 2003 – 1 ABR 13/02, AiB 2003, 749).

Deshalb kann der Arbeitgeber seiner Informationsverpflichtung nicht dadurch entgehen, dass er behauptet, er habe zu der betreffenden Angelegenheit selbst keine Kenntnisse (BAG v. 6. 5. 2003 – 1 ABR 13/02, a. a. O.). Der Arbeitgeber hat seinen Betrieb so zu organisieren, dass er die Durchführung der geltenden Gesetze, Tarifverträge und Betriebsvereinbarungen selbst gewährleisten kann. Er muss sich deshalb über die genannten Daten in Kenntnis setzen und kann dem Betriebsrat die Auskunft hierüber nicht z. B. mit der Begründung verweigern, er wolle die tatsächliche Arbeitszeit der Arbeitnehmer wegen einer im Betrieb eingeführten »**Vertrauensarbeitszeit**« (siehe hierzu → **Arbeitszeitflexibilisierung** Rn. 54) bewusst nicht erfassen (BAG v. 6. 5. 2003 – 1 ABR 13/02, a. a. O.).

Informationsrechte des Betriebsrats

Zu den Begriffen »rechtzeitig« und »umfassend« siehe Rn. 12 ff. und Rn. 20 ff.

Informationspflicht des Arbeitgebers nach § 80 Abs. 2 Satz 1 Halbsatz 2 BetrVG

Die Informationspflicht des Arbeitgebers nach § 80 Abs. 2 BetrVG ist durch das BetrVerf-ReformG vom 23.7.2001 (BGBl. I S. 1852) **erweitert** worden.
Er hat den Betriebsrat nach § 80 Abs. 2 Satz 1 Halbsatz 2 BetrVG auch über die »*Beschäftigung von Personen, die nicht in einem Arbeitsverhältnis mit dem Arbeitgeber stehen*« (z. B. **Fremdfirmenarbeitnehmer**, freie Mitarbeiter) zu unterrichten. Der Betriebsrat soll dadurch in die Lage versetzt werden zu prüfen, ob er für dieses Personal zuständig ist und ihm ggf. weitere Rechte zustehen (z. B. Zustimmungsverweigerungsrechte nach § 99 BetrVG: siehe auch → **Arbeitnehmerüberlassung/Leiharbeit, Dienstvertrag** und → **Einstellung und Werkvertrag**).
Mit der neuen Vorschrift wurde gesetzgeberisch nachvollzogen, was das BAG zuvor schon – ohne die Neuregelung – auf Grundlage des alten § 80 Abs. 2 BetrVG entschieden hat.

2e

Beispiele:
- BAG v. 31.1.1989 – 1 ABR 72/87: »Werden im Betrieb des Arbeitgebers Arbeitnehmer von Fremdfirmen beschäftigt, so kann der Betriebsrat verlangen, dass ihm die Verträge mit den Fremdfirmen, die Grundlage dieser Beschäftigung sind, zur Einsicht zur Verfügung gestellt werden. Der Betriebsrat kann auch verlangen, dass ihm die Listen zur Verfügung gestellt werden, aus denen sich die Einsatztage und Einsatzzeiten der einzelnen Arbeitnehmer der Fremdfirmen ergeben.«
- BAG v. 9.7.1991 – 1 ABR 45/90: »Nach § 80 Abs. 2 Satz 2 BetrVG sind dem Betriebsrat auf Verlangen die zur Durchführung seiner Aufgaben erforderlichen Unterlagen zur Verfügung zu stellen. Der Arbeitgeber ist nicht verpflichtet, von sich aus dem Betriebsrat die Unterlagen zu überlassen. Der Arbeitgeber ist nach § 80 Abs. 2 Satz 2 BetrVG verpflichtet, dem Betriebsrat auf Verlangen Verträge mit Fremdfirmen über den Einsatz von Fremdarbeitnehmern im Betrieb vorzulegen. Das hat der Senat im Beschluss vom 31. Januar 1989 (– 1 ABR 72/87 – AP Nr. 33 zu 80 BetrVG 1972) bereits entschieden. Er hat dies damit begründet, die Vorlage solcher Verträge sei erforderlich, damit der Betriebsrat prüfen kann, ob ihm hinsichtlich des Einsatzes von Fremdarbeitnehmern Überwachungsrechte nach § 80 Abs. 1 Nr. 1 BetrVG oder Mitbestimmungsrechte nach § 99 BetrVG zustehen. Daran ist festzuhalten. Der Betriebsrat hat aber keinen Anspruch auf die rechtzeitige Vorlage künftiger Verträge des Arbeitgebers mit Drittfirmen über den Einsatz von Fremdarbeitnehmern. Er kann nicht die Vorlage von Unterlagen verlangen, die noch gar nicht existieren und bei denen nicht absehbar ist, ob sie je existieren werden.«
- BAG v. 15.12.1998 – 1 ABR 9/98: »Der Betriebsrat hat nach § 80 Abs. 2 BetrVG Anspruch auf Unterrichtung auch hinsichtlich der Beschäftigung freier Mitarbeiter. Der Arbeitgeber schuldet insoweit diejenigen Angaben, die der Betriebsrat benötigt, um beurteilen zu können, ob und inwieweit Mitbestimmungsrechte in Betracht kommen. Der Betriebsrat muss sein Auskunftsbegehren nach Art und Umfang konkretisieren. Ist dies wegen der großen Zahl freier Mitarbeiter und der Vielfalt von Beschäftigungsmodalitäten unmöglich, kann er zunächst eine Gesamtübersicht zu einem von ihm bestimmten Stichtag verlangen. Es wird festgestellt, dass die Arbeitgeberin verpflichtet ist, den Betriebsrat einmalig zu einem von diesem bestimmten Stichtag über die Beschäftigung freier Mitarbeiter für die zur Betriebsstätte Hamburg gehörenden Redaktionen, insbesondere der X-Zeitung, sowie weitere On-Line-Redaktionen unter Angabe der Personalien, des Aufgabengebietes, des Arbeitsplatzes, der festgelegten Arbeitszeiten – soweit vorhanden – und der Art der Entlohnung (z. B. Pauschalvergütung, Zeilenhonorar, Stundensatz, Tariflohn/Gehalt) unter Vorlage von Unterlagen, soweit vorhanden, zu unterrichten.«

Vorlage von Unterlagen auf Verlangen des Betriebsrats (§ 80 Abs. 2 Satz 2 Halbsatz 1 BetrVG)

§ 80 Abs. 2 Satz 2 Halbsatz 1 BetrVG lautet: »*Dem Betriebsrat sind auf Verlangen jederzeit die zur Durchführung seiner Aufgaben erforderlichen Unterlagen zur Verfügung zu stellen...*«

3

Informationsrechte des Betriebsrats

Dem Betriebsrat sind Unterlagen nur dann zur Verfügung zu stellen, wenn der Betriebsrat das **verlangt**. Der Arbeitgeber ist nicht verpflichtet, dem Betriebsrat von sich aus – unaufgefordert – Unterlagen zu überlassen (BAG v. 9. 7. 1991 – 1 ABR 45/90, AiB 1992, 356).

3a Strittig ist, ob diese Bestimmung den Arbeitgeber verpflichtet, auf Verlangen des Betriebsrats (noch) **nicht vorhandene Unterlagen herzustellen** und ihm dann zur Verfügung zu stellen. Nach abzulehnender Ansicht des BAG besteht eine solche Verpflichtung nicht (BAG v. 30. 9. 2008 – 1 ABR 54/07, NZA 2009, 502; 6. 5. 2003 – 1 ABR 13/02, AiB 2003, 749). Dem Betriebsrat seien nur solche Unterlagen zur Verfügung zu stellen, die der Arbeitgeber – zumindest in Form einer **elektronischen Datei** – tatsächlich besitzt. In diesem Falle kann ein Ausdruck der Unterlagen erfolgen bzw. Sichtbarmachung auf einem Lesegerät oder PC-Monitor (vgl. Fitting, BetrVG, 27. Aufl., § 92 Rn. 31). Der Betriebsrat könne dagegen nicht verlangen, dass der Arbeitgeber **nicht vorhandene Unterlagen** für ihn erst **herstellt**.

Mit dem Wortlaut des § 80 Abs. 2 Satz 2 erster Halbsatz BetrVG lässt sich diese Auffassung nicht begründen: in der Vorschrift ist von Vorlage der »erforderlichen« Unterlagen die Rede, nicht der »vorhandenen« Unterlagen (so zutreffend DKKW-*Buschmann*, BetrVG, 15. Aufl., § 80 Rn. 113). Was erforderlich ist, leitet sich aus den Aufgaben des Betriebsrats beispielsweise nach § 80 Abs. 1 Nr. 1 BetrVG, darüber zu wachen, dass der Arbeitgeber Gesetze, Verordnungen, Unfallverhütungsvorschriften, Tarifverträge und Betriebsvereinbarungen einhält. Die Rechtsprechung verschafft dem Arbeitgeber die Möglichkeit, die Überwachungsfunktion des Betriebsrats allein dadurch zu beschränken, dass er es unterlässt, Unterlagen überhaupt zu erstellen (z. B. aus Kosteneinsparungsgründen oder um dem Betriebsrat seine Aufgabenerfüllung zu erschweren). Das kann nicht der Sinn und Zweck des § 80 Abs. 2 BetrVG sein. Damit wird der gegen Gesetz und Recht verstoßende Arbeitgeber begünstigt.

Immerhin hat das BAG klargestellt, dass der Arbeitgeber im Betrieb anfallende Daten (etwa zur gesetzlichen oder tariflichen → **Arbeitszeit**) zur Kenntnis nehmen und den Betriebsrat darüber in geeigneter Form informieren muss (BAG v. 6. 5. 2003 – 1 ABR 13/02, AiB 2003, 749). Der Arbeitgeber könne sich dieser Verpflichtung nicht dadurch entziehen, dass er die Daten (etwa die tatsächliche Arbeitszeit der Arbeitnehmer) bewusst nicht erfassen wolle.

In diesem Zusammenhang ist auf die Verpflichtung des Arbeitgebers nach § 16 Abs. 2 ArbZG hinzuweisen, bezogen auf jeden Arbeitnehmer die über die werktägliche Arbeitszeit des § 3 Satz 1 ArbZG (= acht Stunden) hinausgehende Arbeitszeit **aufzeichnen** (§ 16 Abs. 2 ArbZG; dazu zählen auch alle Arbeitsstunden an Sonn- und Feiertagen: siehe → **Arbeitszeit** Rn. 54, 55). Bei dieser Aufzeichnung handelt es sich um eine **Unterlage**, die dem Betriebsrat nach § 80 Abs. 2 Satz 2 Halbsatz 1 BetrVG **auf sein Verlangen** vorzulegen ist, damit er prüfen kann, ob die Vorschriften des ArbZG über die werktägliche Höchstarbeitszeit eingehalten werden. Seiner Vorlagepflicht kann sich der Arbeitgeber nicht dadurch entziehen, dass er seiner Aufzeichnungspflicht nach § 16 Abs. 2 ArbZG (gesetzwidrig) nicht nachkommt.

Nachstehend einige weitere Entscheidungen zum Thema »Vorlage von Unterlagen« (§ 80 Abs. 2 Satz 2 Halbsatz 1 BetrVG):

- **Vorlage von Formulararbeitsverträgen:** BAG v. 19. 10. 1999 – 1 ABR 75/98 (*»Verwendet der Arbeitgeber mit dem Betriebsrat abgestimmte Formulararbeitsverträge, hat dieser nur dann einen Anspruch auf Vorlage der ausgefüllten Arbeitsverträge, um die Einhaltung des Nachweisgesetzes zu überwachen, wenn er konkrete Anhaltspunkte für die Erforderlichkeit weiterer Informationen darlegt.«*). Im Umkehrschluss bedeutet das, dass ein Anspruch auf Vorlage der ausgefüllten (!) Arbeitsverträge dann besteht, wenn die vom Arbeitgeber verwendeten Formulararbeitsverträge *nicht* mit dem Betriebsrat abgestimmt sind.
- **Vorlage der Arbeitnehmerüberlassungsverträge zwischen Arbeitgeber (Entleiher) und Verleihern; keine Vorlage der Arbeitsverträge zwischen Verleiher und Leiharbeitnehmern:** BAG v. 6. 6. 1978 – 1 ABR 66/75, DB 1978, 1841; 1. 6. 2011 7 ABR 18/10.

Informationsrechte des Betriebsrats

- Vorlage von → Dienstverträgen zwischen Arbeitgeber und »freien Mitarbeitern«: BAG v. 15.12.1998 – 1 ABR 9/98.
- Vorlage von → Werkverträgen zwischen Arbeitgeber und Fremdfirmen: BAG v. 31.1.1989 – 1 ABR 72/87); 9.7.1991 – 1 ABR 45/90.

Zu den Begriffen »jederzeit«, »Unterlagen« und »zur Verfügung stellen« siehe Rn. 10 f., Rn. 23 ff. und Rn. 26.

3b

Auskunftspersonen (§ 80 Abs. 2 Satz 3 BetrVG)

Des Weiteren ist der Arbeitgeber nach § 80 Abs. 2 Satz 3 BetrVG verpflichtet, dem Betriebsrat – soweit zur Aufgabenerfüllung erforderlich – sachkundige Arbeitnehmer als **Auskunftspersonen** zur Verfügung zu stellen.

4

Die Vorschläge des Betriebsrats insoweit hat er zu berücksichtigen, sofern nicht betriebliche Notwendigkeiten entgegenstehen.

Wer eine Auskunftsperson nach § 80 Abs. 2 Satz 3 BetrVG »um ihrer Tätigkeit willen« benachteiligt oder begünstigt, macht sich nach § 119 Abs. 1 Nr. 3 BetrVG **strafbar**. Die Strafvorschrift richtet sich nicht nur gegen den Arbeitgeber, sondern gegen jedermann (Landgericht Braunschweig v. 22.2.2008 – 6 KLs 20/07): z. B. leitende Angestellte, Vorgesetzte und sogar Außenstehende.

Form und Umfang der Informationsrechte

Um **Form und Umfang** der Informationsrechte des Betriebsrats bzw. die Informationsverpflichtung des Arbeitgebers zu beschreiben, verwendet das Gesetz – in den jeweiligen Vorschriften – **Rechtsbegriffe** (u.a. Einblick nehmen, rechtzeitig, jederzeit, umfassend, unverzüglich, Vorlage von Unterlagen), deren Bedeutung erläuterungsbedürftig und strittig ist. Nachfolgend einige Hinweise zu den wichtigsten Rechtsbegriffen.

5

Einblick nehmen

Der Begriff »Einblick nehmen« wird verwendet in § 80 Abs. 2 Satz 2 Halbsatz 2 BetrVG: Danach ist der Betriebsausschuss oder ein anderer nach § 28 BetrVG gebildeter Ausschuss (oder in kleinen Betriebsräten: der Betriebsratsvorsitzende oder ein anderes beauftragtes Mitglied des Betriebsrats) berechtigt, »*Einblick zu nehmen*« in die Listen über Bruttolöhne und -gehälter (siehe → **Bruttolohn- und -gehaltsliste**).

6

Das Einblicksrecht ist nicht davon abhängig, dass der Betriebsrat dafür einen besonderen **Anlass** darlegt (BAG v. 30.6.1981 – 1 ABR 26/79).

Der Arbeitgeber ist nach h. M. lediglich zur **Vorlage** zwecks Einsichtnahme, nicht aber zur Aushändigung (d. h. Überlassung) der Listen z. B. in Fotokopie verpflichtet.

Der Betriebsrat hat aber das Recht, sich anlässlich der Einsichtnahme **Notizen** zu machen.

Bei der Einsichtnahme dürfen keine Personen anwesend sein, die den Betriebsrat **überwachen** oder mit seiner Überwachung beauftragt sind (BAG v. 16.8.1995 – 7 ABR 62/94, NZA 1996, 330).

Das Recht zur Einsicht in die Listen über Bruttolöhne und -gehälter nach § 80 Abs. 2 Satz 2 Halbsatz 2 BetrVG dient der Prüfung, ob bei der Einkommensgestaltung im Betrieb die einschlägigen → **Tarifverträge** sowie die in § 75 Abs. 1 BetrVG niedergelegten Rechtsgrundsätze (z. B. **Gleichbehandlungsgrundsatz**) beachtet werden.

7

Das Einblicksrecht erstreckt sich auf **alle Entgeltbestandteile** (Grundentgelt, Zulagen und Zuschläge, leistungsbezogene und/oder ergebnisabhängige Entgeltbestandteile, Urlaubs-und Weihnachtsgeld, usw.; vgl. BAG v. 10.2.1987 – 1 ABR 43/84, NZA 1987, 385).

Informationsrechte des Betriebsrats

8   In vielen Fällen überlassen Arbeitgeber den Betriebsräten die Listen über Bruttolöhne und -gehälter in Form von **Kopien oder EDV-Ausdrucken**. Diese Arbeitgeber haben erkannt, dass es sie letztlich »billiger« kommt, die **Listen auszuhändigen** als sich darüber zu ärgern, dass Interessenvertreter – wie es ihre Aufgabe ist – jeden Monat im Personalbüro sitzen, um zu prüfen, ob es bei der Lohn- und Gehaltszahlung »mit rechten Dingen« zugeht.

Einsicht nehmen

9   Gemäß § 108 Abs. 3 BetrVG sind die Mitglieder des → **Wirtschaftsausschusses** berechtigt, in die vom Unternehmer vorzulegenden Unterlagen »Einsicht zu nehmen«.
Nach h. M. ist der Unternehmer gemäß § 106 Abs. 2 BetrVG trotz des Wortlautes von § 108 Abs. 3 BetrVG (»Einsicht nehmen«) verpflichtet, ihnen Unterlagen mit umfangreichen Daten und Zahlen schon vor der jeweiligen Wirtschaftsausschusssitzung **zeitweise zu überlassen**, d. h. auszuhändigen.
Andernfalls ist eine sinnvolle Ausübung des Einsichtsrechts nach § 108 Abs. 3 BetrVG und eine effektive Vorbereitung auf die Wirtschaftsausschusssitzung nicht möglich (BAG v. 20. 11. 1984 – 1 ABR 64/82, AiB 1985, 128).

Jederzeit

10   Nach § 80 Abs. 2 Satz 2 Halbsatz 1 BetrVG hat der Arbeitgeber dem Betriebsrat auf dessen Verlangen »jederzeit« die für die Durchführung der Betriebsratsaufgaben erforderlichen **Unterlagen** vorzulegen.

11   Durch den Begriff »jederzeit« wird ausgedrückt, dass die Verpflichtung des Arbeitgebers zur Vorlage von Unterlagen immer dann besteht, wenn der Betriebsrat die Vorlage **verlangt**.
Der Betriebsrat braucht dem Arbeitgeber keine Gründe für sein Verlangen anzugeben.

Rechtzeitig

12   Nach §§ 80 Abs. 2 Satz 1 Halbsatz 1, 90 Abs. 1 und 2, 92 Abs. 1, 105, 106 Abs. 2, 111 BetrVG ist der Arbeitgeber/Unternehmer verpflichtet, den Betriebsrat (bzw. Wirtschaftsausschuss im Falle des § 106 Abs. 2 BetrVG) »**rechtzeitig**« **zu unterrichten**.

13   Die Konkretisierung des Begriffs »rechtzeitig« leitet sich ab aus der Funktion des Betriebsrats. Er soll im Sinne der Interessen der Beschäftigten **Vorhaben/Planungen** des Arbeitgebers durch Ausübung seiner Mitwirkungsrechte bzw. Mitbestimmungsrechte (siehe → **Beteiligungsrechte des Betriebsrats**) beeinflussen.
Dies ist nur möglich, wenn ihm – vor endgültiger Entscheidung des Arbeitgebers – genügend Zeit zur Verfügung steht (bzw. gestellt wird), um eigene **Alternativvorschläge** auszuarbeiten und in die Beratungen/Verhandlungen einzubringen.

14   Konkret zu bestimmen ist der Begriff »rechtzeitig« nur bei einer näheren Betrachtung des jeweiligen unternehmerischen Planungs- und Entscheidungsprozesses.

15   Diesen Prozess kann man wie folgt untergliedern (siehe → **Unternehmensplanung**):
   • **Zielsetzung** (z. B. Einführung neuer Techniken, Personalkostensenkung, »Verbesserung« der Arbeitsorganisation, Produktionssteigerung).
   • **Grobplanung** (= Planungsauftrag z. B. an die Planungsabteilung oder an eine externe Unternehmensberatungsfirma; Ergebnis der Grobplanung: Der Unternehmensleitung werden mehrere Alternativvorschläge vorgelegt).

Informationsrechte des Betriebsrats

Beispiel:
Variante 1: Stilllegung eines Betriebs
Variante 2: Teilstilllegung des Betriebs
Variante 3: Fortführung des Betriebs mit grundlegender Veränderung des Betriebsablaufs einschließlich neuer Technologien
Die Unternehmensleitung trifft am Ende der Grobplanungsphase eine Entscheidung (z. B. für die Variante 2).

- Feinplanung: (= Die Variante, für die sich die Unternehmensleitung entschieden hat, wird bis hin »zum letzten Arbeitsplatz« durchgeplant).
- Entscheidung: Die Unternehmensleitung »verabschiedet« einen bestimmten »Plan« (der Plan ist das Ergebnis der Planung!).
- Durchführung des Plans: Von oben nach unten wird die Realisierung des Plans angeordnet.
- Kontrolle (= Soll/Ist-Vergleich): Von unten nach oben wird der Vollzug der jeweiligen Schritte zur Realisierung gemeldet. Stellt die Unternehmensleitung ein Auseinanderfallen von »Soll« und »Ist« fest, wird entweder der »Plan« geändert oder Einfluss auf die Durchführung genommen (durch entsprechende Anordnungen).

Schon in der Phase der Bildung von Unternehmenszielen (**Zielsetzung**) entstehen Informationsrechte der Interessenvertretung. 16
Denn nach § 106 BetrVG ist der Unternehmer verpflichtet, den → **Wirtschaftsausschuss** (der ein Organ des Betriebsrats bzw. Gesamtbetriebsrats ist) schon sehr frühzeitig über Fragen und Ziele der Unternehmenspolitik zu unterrichten (und mit ihm zu beraten) und zwar **bevor** (!) eine konkrete betriebliche »Grobplanung« der ins Auge gefassten Maßnahmen eingeleitet wird.
Der Betriebsrat des von der Planung betroffenen Betriebs ist spätestens in der Phase der 17
»**Grobplanung**« zu informieren, d. h. in der Phase, in der der Unternehmer verschiedene Wege (Varianten, Alternativen) zur Erreichung des Zieles prüft.
Denn das BetrVG will – wie oben ausgeführt – den Betriebsrat in die Lage versetzen, eigene Vorschläge zu entwickeln und sie so frühzeitig beim Unternehmer »anzubringen«, dass sie noch den »**Plan**« **beeinflussen** können. Würde die Information erst nach der Verabschiedung eines »Grobplans« oder gar »Feinplans« erfolgen, würde der Betriebsrat vor **vollendete Tatsachen** gestellt werden. Er hätte nur noch geringe Möglichkeiten, auf den weiteren Geschehensablauf einzuwirken.
In Bezug auf die Personalplanung hat das BAG beispielsweise entschieden, dass der Betriebsrat 18
unterrichtet werden muss, wenn Überlegungen des Arbeitgebers das **Stadium der Planung** erreicht haben (BAG v. 19. 6. 1984 – 1 ABR 6/83, NZA 1984, 3293). Solange der Arbeitgeber nur Möglichkeiten einer Personalreduzierung »erkundet«, diese Möglichkeiten ersichtlich aber nicht nutzen will, brauche er dem Betriebsrat keine Einsicht in einen Bericht zu gewähren, der sich mit Rationalisierungsmöglichkeiten befasst (zweifelhaft).
Die Verpflichtung des Arbeitgebers zur »rechtzeitigen Information« ist nicht mit einer **einmaligen Information** erledigt. 19
Vielmehr muss der Arbeitgeber den Betriebsrat **fortlaufend** über den jeweiligen Stand des Gesamtprozesses unterrichten.

Beispiel:
Im Zuge der Einführung eines neuen technischen Systems hat der Arbeitgeber fortlaufend zu informieren
- über die grobe Zielsetzung sowie darüber, dass er eine Grobplanung mit den Vorgaben XY in Auftrag gegeben hat;
- über die Alternativ-Vorschläge der Planungsabteilung;
- über die Entscheidung der Unternehmensleitung für eine bestimmte (vielleicht vom Betriebsrat bereits beeinflusste) Alternative;

Informationsrechte des Betriebsrats

- über den Feinplanungsauftrag einschließlich der Vorgaben für die Feinplanung;
- über die Feinplan-Entscheidung;
- über Maßnahmen zur Durchführung des Plans;
- über Ergebnisse und Konsequenzen der Kontrolle.

Umfassend

20 Den Begriff »umfassend« verwendet das BetrVG in den §§ 80 Abs. 2 Satz 1 Halbsatz 1, 92 Abs. 1, 106 Abs. 2, 111 BetrVG.
Diese Vorschriften verpflichten den Arbeitgeber zur »*umfassenden*« Information.

21 »Umfassende Information« bedeutet, dass der Betriebsrat über alle – von den vorgenannten Vorschriften erfassten – **Vorgänge** in Betrieb und Unternehmen und **Vorhaben** des Arbeitgebers/Unternehmers, die in irgendeiner Weise mit den Aufgaben des Betriebsrats zu tun haben, zu informieren ist.
Hierzu gehört auch die Information durch **Unterlagen**, die vorzulegen bzw. zur Verfügung zu stellen sind.

22 Der Begriff »*umfassend*« schließt die **Vollständigkeit und Verständlichkeit** der Information ein.
Keine »umfassende« Information ist die Verkündung von »**Halbwahrheiten**«.
Ebenso wenig »*umfassend*« ist eine Informationspolitik, die den Betriebsrat mit Informationsmaterial »zuschüttet«, so dass die für die Beschäftigten und den Betriebsrat wichtigen Fragen nur schwer erkennbar sind oder sogar verborgen bleiben.

Unterlagen

23 Der Begriff »**Unterlagen**« findet sich in den §§ 80 Abs. 2 Satz 2 Halbsatz 1, 90 Abs. 1, 92 Abs. 1, 99 Abs. 1, 106 Abs. 2, 108 Abs. 3 BetrVG.

24 »Unterlagen« sind alle Informationsmaterialien, die der Arbeitgeber in Angelegenheiten, für die der Betriebsrat nach den vorgenannten Vorschriften zuständig ist, in Besitz hat bzw. die er – z. B. durch EDV-Ausdruck – herstellen kann.

> **Beispiele:**
> - vom Arbeitgeber verwendete Formulararbeitsverträge, die nicht mit dem Betriebsrat abgestimmt waren;
> - Arbeitnehmerüberlassungsverträge zwischen Entleiher (= Arbeitgeber) und Verleihern; nach h. M. nicht aber die Arbeitsverträge zwischen Verleiher und Leiharbeitnehmern;
> - Dienstverträge zwischen Arbeitgeber und »freien Mitarbeitern«;
> - Werkverträge zwischen Arbeitgeber und Fremdfirmen;
> - Aufzeichnungen nach § 16 Abs. 2 Satz 1 ArbZG;
> - Statistiken des Arbeitgebers über Arbeitsunfälle, Überstunden, Nachtarbeit;
> - Listen von Arbeitnehmern, die besonderen Schutzgesetzen unterliegen wie z. B. Schwangere, Jugendliche, schwerbehinderte Menschen;
> - Bruttolohn- und -gehaltslisten;
> - vom Arbeitgeber eingeholte Gutachten (z. B. von Unternehmensberatungsfirmen);
> - schriftlich fixierte Daten zur Lage und Entwicklung des Unternehmens, schriftliche Investitionspläne, Wirtschaftsprüferbericht;
> - Stellenpläne, Stellenbeschreibungen.

25 Einige Vorschriften verpflichten den Arbeitgeber, dem Betriebsrat Unterlagen »zur Verfügung zu stellen« (§ 80 Abs. 2 Satz 2 Halbsatz 1 BetrVG).
Nach anderen Bestimmungen muss er Unterlagen »vorlegen« (§§ 90 Abs. 1, 99 Abs. 1, 106

Informationsrechte des Betriebsrats

Abs. 2 BetrVG) oder die Unterrichtung des Betriebsrats »anhand von Unterlagen« vornehmen (§ 92 Abs. 1 BetrVG).

»**Zur Verfügung stellen**« i. S. d. § 80 Abs. 2 Satz 2 Halbsatz 1 BetrVG bedeutet, dass der Arbeitgeber dem Betriebsrat die Unterlagen im Original, in Durchschrift oder als Fotokopie **auf Dauer zu überlassen** (= **auszuhändigen**) hat. 26

Mit umfasst ist die Berechtigung des Betriebsrats, sich selbst **Auszüge**, **Abschriften** oder **Fotokopien** der Unterlagen anzufertigen. 27

Zur strittigen Frage, ob der Betriebsrat nach § 80 Abs. 2 Satz 2 Halbsatz 1 BetrVG verlangen kann, dass der Arbeitgeber **nicht vorhandene Unterlagen herstellt** siehe Rn. 2 b und 3 a. 28

»Vorlage« von Unterlagen bedeutet mehr, als die Gelegenheit zur Einsichtnahme zu geben. 29

»Vorlage« schließt die Verpflichtung des Arbeitgebers mit ein, die Unterlagen – unter Umständen befristet – auszuhändigen.

Beispielsweise hat der Arbeitgeber nach der Rechtsprechung des BAG dem Betriebsrat bei → **Einstellungen** die Unterlagen aller Bewerber auszuhändigen und bis zur Beschlussfassung, längstens für eine Woche, zu überlassen (BAG v. 14. 12. 2004 – 1 ABR 55/03, NZA 2005, 827). 30

Die Unterrichtung über die **Personalplanung** hat nach § 92 Abs. 1 BetrVG »**anhand von Unterlagen**« zu erfolgen. Das bedeutet nach zutreffender Ansicht, dass die Unterlagen dem Betriebsrat **dauerhaft zu überlassen** sind (Fitting, BetrVG, 27. Aufl., § 92 Rn. 34 a). Denn nur eine dauerhafte Aushändigung der Unterlagen ermöglicht es dem Betriebsrat, sich in die Materie der Personalplanung so einzuarbeiten, dass er seine in diesem Bereich bestehenden Mitwirkungsrechte sinnvoll und effektiv wahrnehmen kann (Fitting, BetrVG, a. a. O.; siehe auch → **Personalplanung**). 31

Demgegenüber wird die Ansicht vertreten, dass dem Betriebsrat nur ein Anspruch auf zeitweise Überlassung der Unterlagen zusteht (Sächsisches LAG v. 9. 12. 2011 – 3 TaBV 25/10), *»Der Betriebsrat hat gemäß § 92 Abs. 1 S. 1 BetrVG einen Anspruch darauf, festzustellen, dass die Arbeiterin verpflichtet ist, die jeweils aktuellen Stellen- und Stellenbesetzungspläne für den Betrieb für die Dauer von zwei Wochen ausgedruckt überlassen zu bekommen, ohne dass der Betriebsrat berechtigt ist, Kopien hiervon zu fertigen.«*).

Bloßes Vorlesen, Zitieren oder zur Einsicht vorlegen reicht jedenfalls nicht aus.

Entsprechendes gilt in Bezug auf die dem → **Wirtschaftsausschuss** nach § 106 Abs. 2 BetrVG vorzulegenden Unterlagen (siehe Rn. 9). 32

Bedeutung für die Betriebsratsarbeit

Auch wenn das Gesetz den Arbeitgeber verpflichtet, den Betriebsrat von sich aus, also »unaufgefordert« zu informieren, ist in der Praxis eine Neigung der Arbeitgeber festzustellen, dies nicht oder nicht ausreichend zu tun. 33

Ohne ausreichende Information über das Geschehen in → **Betrieb**, → **Unternehmen**, und → **Konzern**, insbesondere über die Vorhaben und Planungen des Arbeitgebers, ist der Betriebsrat aber kaum in der Lage, seine Aufgaben sowie seine Mitwirkungs- und Mitbestimmungsrechte in ausreichender Weise wahrzunehmen.

Der Betriebsrat sollte daher seine Informationsrechte konsequent geltend machen und ggf. **gerichtlich** durchsetzen, notfalls über Verfahren nach 34
- § 23 Abs. 3 BetrVG (→ **Arbeitsgericht**),
- § 109 BetrVG (→ **Einigungsstelle**),
- § 121 BetrVG (→ **Ordnungswidrigkeitenverfahren**).

Ggf. kann der Betriebsrat versuchen, ein informationspflichtiges Vorhaben des Arbeitgebers 35

Informationsrechte des Betriebsrats

per Antrag auf Erlass einer **einstweiligen Verfügung** (siehe → **Arbeitsgericht** und → **Unterlassungsanspruch des Betriebsrats**) vorläufig zu stoppen.

36 Auch sollte nicht vergessen werden, dass die Nicht- oder Schlechtinformation durchaus eine strafbare Behinderung der Betriebsratsarbeit im Sinne des § 119 Abs. 1 Nr. 2 BetrVG (→ **Strafverfahren**) sein kann.

Bedeutung für die Beschäftigten

37 Arbeitgeber, die die Informationsrechte des Betriebsrats missachten, offenbaren, dass sie an einer Berücksichtigung der Belange der Beschäftigten nicht interessiert sind.

Ohne ausreichende Information ist der Betriebsrat nicht in der Lage, die **Anliegen der Beschäftigten** angemessen und wirksam zu vertreten.

Die Beschäftigten sollten deshalb – schon im Eigeninteresse – ihren Betriebsrat bei der Durchsetzung seiner Informationsrechte unterstützen.

38 Hinzuweisen ist darauf, dass das Betriebsverfassungsgesetz in einigen Fällen dem Arbeitgeber Unterrichtungspflichten auferlegt, die er direkt gegenüber der Belegschaft zu erfüllen hat: siehe §§ 43 Abs. 2, 81 ff., 110 BetrVG (siehe → **Arbeitnehmerrechte nach dem BetrVG**).

Arbeitshilfen

Übersicht
- »Beteiligungsrechte des Betriebsrats« siehe → **Beteiligungsrechte des Betriebsrats**

Rechtsprechung

1. Unterrichtung des Betriebsrats in deutscher Sprache
2. Allgemeiner Unterrichtungsanspruch des Betriebsrats (§ 80 Abs. 2 Satz 1 Halbsatz 1 BetrVG)
3. Unterrichtungsanspruch des Betriebsrats über Fremdpersonal (§ 80 Abs. 2 Satz 1 Halbsatz 2 BetrVG), u. a. freie Mitarbeiter, Werkvertragskräfte
4. Vorlage von Unterlagen (§ 80 Abs. 2 Satz 2 Halbsatz 1 BetrVG), u. a. Formulararbeitsverträge, Arbeitnehmerüberlassungsverträge, Dienst- und Werkverträge
5. Anspruch auf Einblick in Bruttolohn- und -gehaltslisten (§ 80 Abs. 2 Satz 2 Halbs. 2 BetrVG)
6. Befragung sachkundiger Arbeitnehmer (§ 80 Abs. 2 Satz 3 BetrVG)
7. Unterrichtung bei Personalplanung (§ 92 BetrVG) – Aushändigung von Unterlagen
8. Vorlage von Unterlagen an den Wirtschaftsausschuss
9. Unterrichtung des Betriebsrats über wirtschaftliche Angelegenheiten eines Unternehmens mit bis zu 100 Arbeitnehmern?
10. Grobe Pflichtverletzung des Arbeitgebers
11. Ordnungswidrigkeit nach § 121 BetrVG
12. Anspruch des Betriebsrats auf Vorlage ausgefüllter Formulararbeitsverträge?
13. Informationsrechte des Betriebsrats im Insolvenzverfahren

Insiderrecht

Grundlagen

Am 1.8.1994 ist erstmalig für die Bundesrepublik Deutschland ein gesetzlich geregeltes »Insiderrecht« in Kraft getreten.
Nach dem Wertpapierhandelsgesetz (WpHG) vom 25.7.1994 (BGBl. I S. 1749), das die »Europäische Richtlinie zur Koordinierung der Vorschriften betreffend Insidergeschäfte« vom 13.11.1989 in deutsches Recht umsetzt, ist es einem »Insider«, z. B. einem Mitglied des Aufsichtsrats eines Unternehmens (zum Insiderbegriff: siehe Rn. 4), unter Androhung von Freiheitsstrafe bis zu fünf Jahren oder Geldstrafe verboten, sein Insiderwissen **in unlauterer Weise** für Geschäfte mit Wertpapieren dieses Unternehmens **zu nutzen**.

Nach § 14 Abs. 1 WpHG ist es **verboten**,
- unter Verwendung einer Insiderinformation Insiderpapiere für eigene oder fremde Rechnung oder für einen anderen zu erwerben oder zu veräußern,
- einem anderen eine Insiderinformation unbefugt mitzuteilen oder zugänglich zu machen,
- einem anderen auf der Grundlage einer Insiderinformation den Erwerb oder die Veräußerung von Insiderpapieren zu empfehlen oder einen anderen auf sonstige Weise dazu zu verleiten.

Neben der **Strafbarkeit** von Insidergeschäften (§ 38 WpHG) können auch **Schadensersatzverpflichtungen** entstehen und der **Gewinn** aus einem verbotenen Insidergeschäft **abgeschöpft** werden.

»**Insider**« können z. B. Mitglieder des Vorstands, der Geschäftsführung oder des Aufsichtsrats eines Wertpapier »emittierenden« (d. h. ausgebenden) Unternehmens (oder eines mit dem Emittenten verbundenen Unternehmens), Wirtschaftsprüfer, Steuerberater, Rechtsanwälte, Notare, Unternehmensberater und auch Betriebsratsmitglieder sein.

»**Insiderpapiere**« sind nach § 12 Abs. 1 WpHG Finanzinstrumente (z. B. Aktien),
- die an einer inländischen Börse zum Handel zugelassen oder in den regulierten Markt oder in den Freiverkehr einbezogen sind,
- die in einem anderen Mitgliedstaat der Europäischen Union oder einem anderen Vertragsstaat des Abkommens über den Europäischen Wirtschaftsraum zum Handel an einem organisierten Markt zugelassen sind oder
- deren Preis unmittelbar oder mittelbar von Finanzinstrumenten abhängt.

Der **Zulassung** zum Handel an einem organisierten Markt oder der Einbeziehung in den regulierten Markt oder in den Freiverkehr steht gleich, wenn der Antrag auf Zulassung oder Einbeziehung gestellt oder öffentlich angekündigt ist (§ 12 Abs. 2 WpHG).

»**Insiderinformation**« sind konkrete Informationen über nicht öffentlich bekannte Umstände, die sich auf einen oder mehrere Emittenten von Insiderpapieren oder auf die Insiderpapiere selbst beziehen und die geeignet sind, im Falle ihres öffentlichen Bekanntwerdens den Börsen- oder Marktpreis der Insiderpapiere erheblich zu beeinflussen (§ 13 Abs. 1 Satz 1 WpHG).

Eine **Bewertung**, die ausschließlich auf Grund öffentlich bekannter Umstände erstellt wird, ist

Insiderrecht

keine Insiderinformation, selbst wenn sie den Kurs von Insiderpapieren erheblich beeinflussen kann (§ 13 Abs. 2 WpHG).

Insolvenzgeld

Was ist das?

Rechtsgrundlage für den Bezug von Insolvenzgeld ist das Dritte Buch des Sozialgesetzbuchs – Arbeitsförderung – (SGB III) vom 24. März 1997 (BGBl. I S. 594). Durch das Gesetz zur Verbesserung der Eingliederungschancen am Arbeitsmarkt vom 20.12.2011 (BGBl. I S. 2854 – Nr. 69) wurde das SGB III umfassend überarbeitet – teils redaktionell, teils inhaltlich.
Viele Regelungsschwerpunkte (z. B. Kurzarbeitergeld, Arbeitslosengeld, Insolvenzgeld) sind in eine neue, andere Paragrafenfolge eingegliedert worden. In der nachstehenden Darstellung erhalten die neuen Bestimmungen des SGB III den Zusatz »2012« (SGB III 2012).
Nach § 165 SGB III 2012 haben Arbeitnehmer gegen die Bundesagentur für Arbeit **Anspruch** auf Insolvenzgeld, wenn sie bei Vorliegen eines der nachstehend genannten »**Insolvenzereignisse**«, nämlich bei
- Eröffnung des → Insolvenzverfahrens über das Vermögen des Arbeitgebers,
- Abweisung des Antrags auf Eröffnung des Insolvenzverfahrens mangels Masse oder
- vollständiger Beendigung der Betriebstätigkeit im Inland, wenn ein Antrag auf Eröffnung des Insolvenzverfahrens nicht gestellt worden ist oder ein Insolvenzverfahren offensichtlich mangels Masse nicht in Betracht kommt (siehe hierzu Rn. 14)

für die dem Insolvenzereignis vorausgehenden **drei Monate** des Arbeitsverhältnisses (= **Insolvenzgeldzeitraum**) noch Ansprüche auf → **Arbeitsentgelt** haben.
Der Arbeitgeber ist verpflichtet, einen Beschluss des Insolvenzgerichts über die Abweisung des Antrags auf Insolvenzeröffnung mangels Masse dem → **Betriebsrat** oder, wenn kein Betriebsrat besteht, den Arbeitnehmern unverzüglich bekannt zu geben (§ 165 Abs. 5 SGB III 2012).
Hat der Arbeitnehmer in Unkenntnis eines Insolvenzereignisses **weitergearbeitet** oder die Arbeit aufgenommen, besteht der Anspruch auf Insolvenzgeld für die dem Tag der Kenntnisnahme vorausgehenden drei Monate des Arbeitsverhältnisses (§ 165 Abs. 3 SGB III 2012).
Die Zahlung von Insolvenzgeld setzt einen **Antrag** des Arbeitnehmers voraus (§ 324 Abs. 3 SGB III 2012).
Siehe hierzu und zur **zweimonatigen Antragsfrist** Rn. 13 ff.
Auch der **Erbe** des Arbeitnehmers hat Anspruch auf Insolvenzgeld (§ 165 Abs. 4 SGB III 2012).
Zu den – durch Insolvenzgeld abgesicherten – Ansprüchen auf Arbeitsentgelt gehören grundsätzlich alle Ansprüche auf **Bezüge aus dem Arbeitsverhältnis** (§ 165 Abs. 2 SGB III 2012; zu Einmalzahlungen wie Urlaubs- und Weihnachtsgeld siehe Rn. 11).
Allerdings hat der Arbeitnehmer nach § 166 Abs. 1 Nr. 1 SGB III 2012 **keinen Anspruch** auf Insolvenzgeld für Ansprüche auf Arbeitsentgelt, die
- er wegen der Beendigung des Arbeitsverhältnisses oder für die Zeit nach der Beendigung des Arbeitsverhältnisses hat,
- er durch eine nach der Insolvenzordnung angefochtene Rechtshandlung oder eine Rechtshandlung erworben hat, die im Falle der Insolvenzeröffnung anfechtbar wäre oder
- der Insolvenzverwalter wegen eines Rechts zur Leistungsverweigerung nicht erfüllt.

Insolvenzgeld

6 Sofern trotz Anspruchsausschluss Insolvenzgeld gezahlt wurde, ist es vom Arbeitnehmer zu erstatten (§ 166 Abs. 2 SGB III 2012).

Arbeitszeitguthaben

7 Das Guthaben aus einem Arbeitszeitkonto wird von der Bundesagentur für Arbeit nur für den Insolvenzgeldzeitraum geschuldet, wenn es **in diesem Zeitraum erarbeitet** oder bestimmungsgemäß (etwa durch **Freizeitausgleich**) verwendet wurde (BSG v. 25.6.2002 – B 11 AL 90/01 R, AuR 2002, 374).

Es kommt nicht darauf an, ob der Arbeitnehmer im Insolvenzgeldzeitraum **tatsächlich gearbeitet** hat oder Plusstunden im Arbeitszeitkonto durch Freizeitnahme »abgefeiert« hat (§ 165 Abs. 2 Satz 2 SGB III 2012).

Dagegen besteht für Arbeitsstunden, die **vor** dem dreimonatigen Insolvenzgeldzeitraum geleistet und auf einem Arbeitszeitkonto **gutgeschrieben** und dann im Insolvenzgeldzeitraum fällig geworden sind, kein Anspruch auf Insolvenzgeld (BSG v. 25.6.2002 – B 11 AL 90/01 R, a.a.O.).

Leistet der Arbeitgeber nach Ablauf des Insolvenzgeldzeitraums **Zahlungen** auf Arbeitsentgelt, so sind diese vorrangig Ansprüchen (etwa aus einem Arbeitszeitkonto) zuzurechnen, die vor dem Insolvenzgeldzeitraum liegen (BSG v. 25.6.2002 – B 11 AL 90/01 R, a.a.O.).

Insolvenzsicherung von Arbeitszeitguthaben

Aus Vorstehenden folgt die Notwendigkeit, die Ansprüche der Arbeitnehmer aus einem Arbeitszeitguthaben (Arbeitszeitkonto) gegen Insolvenz des Arbeitgebers zu sichern (z.B. durch **Bürgschaft** einer Bank oder durch Überweisung der zu sichernden Summe auf ein »insolvenzsicheres« Treuhandkonto [»doppelseitige Treuhand«]).

Eine Verpflichtung des Arbeitgebers zur Insolvenzsicherung von Wertguthaben aus **Langzeitkonten** ergibt sich aus § 7e SGB IV (neu gefasst durch Gesetz zur Verbesserung der Rahmenbedingungen für die Absicherung flexibler Arbeitszeitregelungen vom 21.12.2008; siehe Übersicht im Anhang zu → **Arbeitszeitflexibilisierung** und → **Insolvenzverfahren** Rn. 101 ff.).

Für **Kurzzeitkonten** gilt die Vorschrift nicht. Dennoch kann der Betriebsrat versuchen, mit dem Arbeitgeber auch für solche Konten eine Insolvenzschutzregelung abzuschließen. Flexiblen Arbeitszeitregelungen ohne Insolvenzsicherung sollte der Betriebsrat nicht zustimmen. Er hat ein Druckmittel, weil er bei **flexiblen Arbeitszeitregelungen** nach § 87 Abs. 1 Nr. 2 BetrVG ein volles Mitbestimmungsrecht hat.

Zur Absicherung von Wertguthaben bei → **Altersteilzeit** siehe dort Rn. 88 ff.

Urlaubsentgelt

8 Wurde im Insolvenzgeldzeitraum **Urlaub** genommen, wird das (laufende) Urlaubsentgelt innerhalb des Insolvenzgeldzeitraums wie normales Arbeitsentgelt über Insolvenzgeld erstattet.

Urlaubsabgeltung

9 Nach früherer Rechtsprechung des Bundessozialgerichts (BSG) wurde der **Urlaubsabgeltungsanspruch** den letzten Tagen vor der Beendigung des Arbeitsverhältnisses zugeordnet (BSG v. 30.11.1977 – 12 RAr 99/76, AuR 1978, 283 = BB 1978, 1216).

Das heißt: Das Urlaubsentgelt und zusätzliches tarifliches Urlaubsgeld für die Urlaubstage, die

Insolvenzgeld

bei einer Rückrechnung (vom letzten Tag des Arbeitsverhältnisses) in den Zeitraum vor Insolvenzeröffnung fielen, wurden über Insolvenzgeld erstattet.
Allerdings waren bei der Ermittlung des Insolvenzgeldanspruchs nur die Urlaubstage zu berücksichtigen, die bis zur Beendigung des Arbeitsverhältnisses »**erdient**« wurden. Beispiel: Beendigung des Arbeitsverhältnisses zum 30. 9. eines Jahres. In diesem Falle wurden nur $^9/_{12}$ des Jahresurlaubsanspruchs den letzten Tagen des Arbeitsverhältnisses zugeordnet.
Das BSG hat mit einer Entscheidung v. 20. 2. 2002 seine frühere Rechtsprechung aufgegeben und den Anspruch auf Urlaubsabgeltung generell für **nicht mehr insolvenzgeldfähig** erklärt (BSG v. 20. 2. 2002 – B 11 AL 71/01 R, NZA 2002, 786).   10
Der Anspruch auf Urlaubsabgeltung werde als Anspruch, den der Arbeitnehmer »*wegen der Beendigung des Arbeitsverhältnisses*« hat, vom Ausschluss des § 166 Abs. 1 Nr. 1 SGB III 2012 erfasst.

Einmalzahlungen (z. B. Urlaubsgeld, Weihnachtsgeld)

Wenn Urlaubsgeld oder Weihnachtsgeld nach dem Arbeits- oder Tarifvertrag an einem **Stichtag** (z. B. 31. 5. bzw. 1. 12. eines Jahres) auszuzahlen ist, wird es in voller Höhe über Insolvenzgeld von der Agentur für Arbeit gezahlt, sofern der Stichtag der Auszahlung in den **Dreimonatszeitraum** fällt, andernfalls überhaupt nicht (BSG v. 21. 7. 2005 – B 11 a/11 AL 53/04 R, NZA-RR 2006, 437 für den Fall einer Jahressonderzahlung; vgl. auch BSG v. 23. 3. 2006 – B 11 a AL 65/05 R, NZA 2006, 1147 für zusätzliches Urlaubsgeld).   11
Liegt der Auszahlungsstichtag außerhalb des Dreimonatszeitraums, werden Einmalzahlungen nur dann beim Insolvenzgeld berücksichtigt, wenn es sich um sog. **aufgestautes Arbeitsentgelt** (das nach Arbeitsvertrag oder Tarifvertrag auch bei vorzeitigem Ausscheiden **gezwölftelt** gezahlt wird; siehe → **Weihnachtsgeld** Rn. 17) handelt.
In diesem Falle lässt sich die Einmalzahlung dem Dreimonatszeitraum zuordnen, so dass bis zu $^3/_{12}$ der Einmalzahlung als Insolvenzgeld auszuzahlen sind.
Zu beachten ist, dass das der Berechnung des Insolvenzgeldes zugrunde liegende monatliche Bruttoentgelt auf die monatliche Beitragsbemessungsgrenze begrenzt wird (siehe Rn. 12).

Höhe des Insolvenzgeldes (§ 167 SGB III 2012)

Insolvenzgeld wird in Höhe des Nettoarbeitsentgeltes geleistet, das sich ergibt, wenn das auf die monatliche **Beitragsbemessungsgrenze** in der Arbeitslosenversicherung (§ 341 Abs. 4 SGB III 2012) begrenzte Bruttoarbeitsentgelt um die gesetzlichen Abzüge gemindert wird.   12
Die monatliche Beitragsbemessungsgrenze beträgt im Jahr 2016 in den alten Bundesländern 6200 Euro, in den neuen Bundesländern 5400 Euro.
Wenn die Summe aus Bruttomonatsentgelt und Sondervergütung im Auszahlungsmonat diese Beträge übersteigt, kommt es bezüglich des überschießenden Betrags zu einem **Insolvenzgeldausfall**.
Die Differenz muss zur **Insolvenztabelle angemeldet** werden.

> **Beispiel (Stand 2016):**
> Das monatliche Bruttoentgelt für einen in Westdeutschland beschäftigten Arbeitnehmer beträgt 4000 Euro. Nach dem Arbeitsvertrag hat er eine jährliche Gewinnbeteiligung in Höhe eines vollen Bruttomonatsentgelts (4000 Euro) zu beanspruchen, die am 31. März fällig wird. Der Bruttoentgeltanspruch für März beträgt also 8000 Euro.
> Die Firma stellt ab 1. März 2015 die Zahlungen ein. Am 1. April wird das Insolvenzverfahren eröffnet.
> Insolvenzgeld für den Monat März wird in Höhe des Nettoentgelts gezahlt, das sich aus einem Bruttobetrag von 6200 Euro (= Beitragsbemessungsgrenze [West]) ergibt. Den Differenzbetrag zu

1295

Insolvenzgeld

> 8000 Euro in Höhe von 1800 Euro muss der Arbeitnehmer als Insolvenzforderung beim Insolvenzverwalter anmelden.

Die **Deckelung** auf die Beitragsbemessungsgrenze ist durch das Dritte Gesetz für moderne Dienstleistungen am Arbeitsmarkt vom 23.12.2003 (Hartz III; BGBl. I S. 2848) eingeführt worden.
Ob die Anknüpfung der Deckelung an die für Ost- und Westdeutschland unterschiedlich hohe monatliche Beitragsbemessungsgrenze mit dem **Gleichbehandlungsgrundsatz** (Art. 3 Abs. 1 GG) vereinbar ist, erscheint angesichts des Umstandes, dass die Monatsentgelte in Ostdeutschland in weiten Bereichen an das Westniveau West herangeführt worden sind, **zweifelhaft**.

Antrag auf Insolvenzgeld, Frist (§ 324 Abs. 3 SGB III 2012)

13   Das Insolvenzgeld ist innerhalb einer **Ausschlussfrist von zwei Monaten** nach dem Insolvenzereignis (siehe Rn. 1 a) bei der Agentur für Arbeit zu beantragen (§ 324 Abs. 3 Satz 1 SGB III 2012). Zuständig ist die Agentur für Arbeit, in deren Bezirk die für den Arbeitgeber zuständige Lohnabrechnungsstelle liegt (§ 327 Abs. 3 SGB III 2012).

14   Hat der Arbeitnehmer die Frist aus Gründen **versäumt**, die er nicht zu vertreten hat, wird Insolvenzgeld geleistet, wenn der Antrag innerhalb von zwei Monaten nach Wegfall des Hinderungsgrundes gestellt wird (§ 324 Abs. 3 Satz 2 SGB III 2012).
Der Arbeitnehmer hat die Versäumung der Frist zu vertreten, wenn er sich nicht mit der erforderlichen Sorgfalt um die Durchsetzung seiner Ansprüche bemüht hat (§ 324 Abs. 3 Satz 3 SGB III 2012).
Im Falle einer vollständigen **Beendigung der Betriebstätigkeit** beginnt die Frist, wenn keine dem Betriebszweck dienenden Arbeiten mehr verrichtet werden, wozu reine Erhaltungs-, Abwicklungs- oder Liquidationsarbeiten nicht zählen; keine zwingende Voraussetzung einer vollständigen Beendigung ist eine Gewerbeabmeldung oder Löschung der Firma im Handelsregister (HessLSG v. 24.4.2006 – L 9 AL 118/04).

Vorschuss

15   Die Agentur für Arbeit kann einen Vorschuss auf das Insolvenzgeld leisten, wenn die Eröffnung des Insolvenzverfahrens beantragt, das Arbeitsverhältnis beendet ist und die Voraussetzungen für den Anspruch auf Insolvenzgeld **mit hinreichender Wahrscheinlichkeit** erfüllt werden (§ 168 SGB III 2012).

Anspruchsübergang

16   Ansprüche auf Arbeitsentgelt, die einen Anspruch auf Insolvenzgeld begründen, gehen mit Antrag auf Insolvenzgeld auf die **Bundesagentur für Arbeit** über (§ 169 SGB III 2012).
Die übergegangenen Ansprüche kann die Bundesanstalt nur als Insolvenzgläubiger (§ 38 InsO) im Insolvenzverfahren geltend machen (§ 55 Abs. 3 InsO, neu gefasst durch Gesetz vom 26.10.2001 [BGBl. I S. 2710]).

Verfügung über das Arbeitsentgelt

17   Hat der Arbeitnehmer vor seinem Antrag auf Insolvenzgeld Ansprüche auf Arbeitsentgelt einem Dritten **übertragen**, steht der Anspruch auf Insolvenzgeld diesem zu (§ 170 SGB III 2012).

18   Der neue Gläubiger (oder Pfandgläubiger, § 170 Abs. 2 SGB III 2012) hat keinen Anspruch auf

Insolvenzgeld

Insolvenzgeld für Ansprüche auf Arbeitsentgelt, die im vor dem Insolvenzereignis ohne Zustimmung der Agentur für Arbeit zur **Vorfinanzierung** des Arbeitsentgelts (z. B. durch eine Bank) übertragen oder verpfändet wurden.
Die Agentur für Arbeit darf der Übertragung oder Verpfändung der Arbeitsentgeltansprüche **nur zustimmen**, wenn Tatsachen die Annahme rechtfertigen, dass durch die Vorfinanzierung der Arbeitsentgelte ein **erheblicher Teil der Arbeitsplätze erhalten** bleibt (§ 170 Abs. 4 SGB III).

Verfügungen über das Insolvenzgeld

Nach Stellung des Antrages auf Insolvenzgeld kann der Anspruch auf Insolvenzgeld wie Arbeitseinkommen gepfändet, verpfändet oder übertragen werden. 19
Eine Pfändung des Anspruchs vor diesem Zeitpunkt wird erst mit dem **Antrag** auf Insolvenzgeld wirksam (§ 171 SGB III 2012).

Sozialversicherung

Die Agentur für Arbeit entrichtet für die Insolvenzgeldmonate die noch offenen Pflichtbeiträge zur gesetzlichen Kranken-, Renten- und Pflegeversicherung sowie Arbeitslosenversicherung (§ 175 SGB III 2012). 20

Steuern

Das Insolvenzgeld ist lohnsteuerfrei. 21
Es wird aber – wie alle Lohnersatzleistungen – bei der Ermittlung des Steuersatzes berücksichtigt, der auf das übrige steuerpflichtige Einkommen angewendet wird (**Progressionsvorbehalt**, § 32 b EStG).
Deshalb können steuerliche Nachzahlungen anfallen.

Insolvenzgeldbescheinigung (§ 314 SGB III 2012)

Der Insolvenzverwalter hat gemäß § 314 Abs. 1 SGB III 2012 auf Verlangen der Agentur für Arbeit für jeden Arbeitnehmer, für den ein Anspruch auf → **Insolvenzgeld** in Betracht kommt, die **Höhe** 22
- des → **Arbeitsentgelts** für die letzten der Eröffnung des Insolvenzverfahrens vorausgehenden drei Monate des Arbeitsverhältnisses sowie
- der gesetzlichen Abzüge und
- der zur Erfüllung der Ansprüche auf Arbeitsentgelt erbrachten Leistungen

zu bescheinigen.
Das Gleiche gilt hinsichtlich der Höhe von Entgeltteilen, die gemäß § 1 Abs. 2 Nr. 3 des Betriebsrentengesetzes (BetrAVG; siehe → **Betriebliche Altersversorgung**) umgewandelt und vom Arbeitgeber nicht an den Versorgungsträger abgeführt worden sind.
Dabei ist anzugeben, ob der Entgeltteil in einem Pensionsfonds, in einer Pensionskasse oder in einer Direktversicherung angelegt und welcher Versorgungsträger für die betriebliche Altersversorgung gewählt worden ist.
Der Insolvenzverwalter hat auch zu bescheinigen, inwieweit die Ansprüche auf Arbeitsentgelt gepfändet, verpfändet oder abgetreten sind.
Dabei hat er den von der Bundesagentur vorgesehenen **Vordruck** zu benutzen.
Wird die Insolvenzgeldbescheinigung durch den Insolvenzverwalter nach § 36 a SGB I übermittelt, sind zusätzlich die Anschrift und die Daten des Überweisungsweges mitzuteilen.

Insolvenzgeld

In den Fällen, in denen ein Insolvenzverfahren nicht eröffnet wird (siehe → **Insolvenzverfahren** Rn. 13) oder nach § 207 InsO eingestellt worden ist (siehe → **Insolvenzverfahren** Rn. 42 a), sind die Pflichten des Insolvenzverwalters vom **Arbeitgeber** zu erfüllen (§ 314 Abs. 2 SGB III 2012).

Arbeitshilfen

Übersicht • Insolvenzgeld

Übersicht: Insolvenzgeld

I. Anspruchsvoraussetzungen (§ 165 ff. SGB III 2012)
Insolvenzgeld wird gezahlt, wenn der Arbeitgeber zahlungsunfähig ist und der Arbeitnehmer das ihm zustehende Arbeitsentgelt nicht erhalten hat.
Anspruch auf Insolvenzgeld hat der Arbeitnehmer für Arbeitsentgeltansprüche aus den letzten drei Monaten des Arbeitsverhältnisses vor
- Insolvenzeröffnung oder
- Abweisung des Antrags auf Eröffnung des Insolvenzverfahrens mangels Masse oder
- vollständiger Beendigung der Betriebstätigkeit, wenn ein Antrag auf Eröffnung des Insolvenzverfahrens nicht gestellt worden ist und ein Insolvenzverfahren mangels Masse nicht in Betracht kommt.

Das Insolvenzgeld muss spätestens innerhalb von zwei Monaten nach Insolvenzeröffnung, Abweisung des Antrags auf Eröffnung des Insolvenzverfahrens mangels Masse oder Beendigung der Betriebstätigkeit **beantragt** werden (§ 324 Abs. 3 SGB III 2012).

II. Höhe des Insolvenzgeldes (§ 167 SGB III 2012)
Das Insolvenzgeld wird an den Arbeitnehmer in Höhe des rückständigen Netto-Entgelts geleistet, das sich ergibt, wenn das auf die monatliche Beitragsbemessungsgrenze (§ 341 Abs. 4 SGB III 2012) begrenzte Bruttoarbeitsentgelt (Stand 2016: 6200 Euro [West]; 5400 Euro [Ost]) um die gesetzlichen Abzüge gemindert wird.

III. Sozialversicherung
Die Agentur für Arbeit entrichtet für die Insolvenzgeld-Monate auch die noch offenen Pflichtbeiträge zur gesetzlichen Kranken-, Renten- und Pflegeversicherung sowie Beiträge zur Arbeitslosenversicherung (§ 175 SGB III 2012).

IV. Steuern
Das Insolvenzgeld ist lohnsteuerfrei. Allerdings wird es bei der Ermittlung des Steuersatzes berücksichtigt, der auf das übrige steuerpflichtige Einkommen angewendet wird (Progressionsvorbehalt; § 32 b EStG). Deshalb können steuerliche Nachzahlungen anfallen.

Rechtsprechung

1. Anspruch auf Insolvenzgeld – Insolvenzereignis
2. Insolvenzgeldzeitraum (Dreimonatszeitraum)
3. Insolvenzgeld: Beginn der Antragsfrist
4. Insolvenzgeld und Arbeitszeitguthaben
5. Insolvenzgeld bei variablem Arbeitsentgelt – Zielentgelt

Insolvenzgeld

6. Insolvenzgeld und Entgeltumwandlung
7. Insolvenzgeld und Urlaubsabgeltung
8. Insolvenzgeld und zusätzliches Urlaubsgeld
9. Insolvenzgeld und Jahressonderzahlung (Weihnachtsgeld)
10. Insolvenzgeld und tarifliche Lohnverzichtsvereinbarung
11. Insolvenzgeld und Lohnsteuer
12. Insolvenzgeld und Beitragsbemessungsgrenze
13. Insolvenzgeld-Umlage
14. Insolvenzgeld – tarifliche Jahressonderzahlung – Zuordnung zum Insolvenzgeldzeitraum – Fälligkeit – Verschiebung – Auszahlungszeitpunkt
15. Insolvenzgeld – Berücksichtigung vereinbarter variabler Entgeltbestandteile
16. Bemessung des Insolvenzgeldes – Begrenzung des Bruttoarbeitsentgelts auf die monatliche Beitragsbemessungsgrenze
17. Insolvenzgeldanspruch– GmbH-Geschäftsführer
18. Insolvenzgeldanspruch – neues Insolvenzereignis – Überwachung des Insolvenzplanverfahrens – Beendigung der Zahlungsunfähigkeit
19. Rang der Ansprüche der Bundesagentur für Arbeit aus übergegangenem Recht für gezahltes Insolvenzgeld im Insolvenzverfahren – Inanspruchnahme des beherrschenden Unternehmens – Schadensersatzanspruch bei Insolvenzverschleppung

Insolvenzverfahren

Grundlagen

1 Seit dem 1.1.1999 gilt bundesweit ein einheitliches, durch die Vorschriften der **Insolvenzordnung (InsO)** vom 5.10.1994 (BGBl. I S. 2866) geregeltes Insolvenzverfahren. Die Konkursordnung, die Vergleichsordnung, das Gesetz über den Sozialplan im Konkurs und Vergleichsverfahren sowie die Gesamtvollstreckungsordnung wurden abgelöst.
Die **arbeitsrechtlichen Bestimmungen** der InsO über Kündigungen und Betriebsänderungen (§§ 113, 120 bis 122, 125 bis 128 InsO; siehe Rn. 74 ff., 112 ff.) sind für Konkursverfahren in Westdeutschland bereits am 1.10.1996 in Kraft gesetzt worden.
Die Insolvenzordnung wurde im weiteren Verlauf mehrfach geändert bzw. ergänzt; beispielsweise durch das
- Gesetz zur Änderung der Insolvenzordnung und anderer Gesetze vom 26.10.2001 (BGBl. I S. 2710);
- Gesetz vom 20.12.2001 (BGBl. I S. 2854);
- Gesetz vom 15.7.2013 (BGBl. I Nr. 38 S. 2379).

2 Wichtigste politische **Ziele** der Neuordnung des Insolvenzrechts durch die Insolvenzordnung (InsO) waren:
- Verbesserung der Möglichkeiten zur Sanierung von zahlungsunfähigen Unternehmen: u. a. durch Erleichterung der Kündigung der Arbeitnehmer durch den Insolvenzverwalter (siehe Rn. 74 ff., 112 ff.) und durch Aufstellung eines Insolvenzplans (§§ 217 ff InsO; siehe Rn. 60 ff.) mit einer Beschränkung der Absonderungsrechte;
- Schaffung des neuen Instruments der Restschuldbefreiung für zahlungsunfähig gewordene natürliche Personen (§§ 286 ff. InsO; siehe Rn. 66).

3 Nachstehend ein **Überblick** zu den wichtigsten Regelungen der Insolvenzordnung.

4 **Ziel** des Insolvenzverfahrens ist nach § 1 Satz 1 InsO, die Gläubiger gemeinschaftlich zu befriedigen, indem das Vermögen des Schuldners verwertet und der Erlös verteilt oder in einem **Insolvenzplan** eine abweichende Regelung insbesondere zum Erhalt des Unternehmens getroffen wird. Dem »redlichen« Schuldner wird Gelegenheit gegeben, sich von seinen restlichen Verbindlichkeiten zu befreien (§§ 1 Satz 2, 286 ff. InsO).

5 Zuständiges **Insolvenzgericht** ist das Amtsgericht für den Bezirk desjenigen Landgerichts, das im Bezirk des Amtsgerichts seinen Sitz hat (§ 2 InsO); örtlich zuständig ist das Insolvenzgericht, in dessen Bezirk der Schuldner seinen Sitz hat (§ 3 InsO).

Antrag auf Eröffnung des Insolvenzverfahrens (§ 13 InsO)

6 Die Eröffnung des Insolvenzverfahrens setzt einen Antrag voraus.
Antragsberechtigt sind die Gläubiger und der Schuldner (§ 13 InsO).
Antrag auf Eröffnung eines Insolvenzverfahrens über das Vermögen einer juristischen Person (z. B. GmbH oder Aktiengesellschaft) oder einer Gesellschaft ohne Rechtspersönlichkeit (z. B. OHG, siehe → **Unternehmensrechtsformen**) kann außer den Gläubigern jedes Mitglied des

Insolvenzverfahren

Vertretungsorgans (bzw. bei Gesellschaften ohne Rechtspersönlichkeit oder einer KGaA jeder persönlich haftende Gesellschafter) sowie jeder Abwickler stellen (§ 15 InsO).
Bei einer juristischen Person ist im Fall der Führungslosigkeit auch jeder Gesellschafter, bei einer Aktiengesellschaft oder einer Genossenschaft ist zudem auch jedes **Mitglied des Aufsichtsrats** zur Antragstellung berechtigt (§ 15 Abs. 1 Satz 2 InsO).
Allgemeiner Eröffnungsgrund ist **Zahlungsunfähigkeit** des Schuldners (§ 16 InsO) bzw. bei Antrag durch den Schuldner auch die drohende Zahlungsunfähigkeit (§ 18 InsO). Zahlungsunfähigkeit ist in der Regel anzunehmen, wenn der Schuldner seine Zahlungen einstellt. 7
Bei juristischen Personen (siehe → **Unternehmensrechtsformen**) ist neben der Zahlungsunfähigkeit auch die **Überschuldung** ein Eröffnungsgrund. 8
Überschuldung liegt vor, wenn das Vermögen des Schuldners die bestehenden Verbindlichkeiten nicht mehr deckt.
Dabei ist der Liquidationswert zugrunde zu legen.
Ausnahme: Bei der Bewertung des Vermögens ist die Fortführung der Gesellschaft (das heißt: der im Regelfall höhere Fortführungswert) zugrunde zu legen, wenn die Fortführung nach den Umständen überwiegend wahrscheinlich ist (§ 19 InsO).

Antragspflicht bei juristischen Personen und Gesellschaften ohne Rechtspersönlichkeit (§ 15 a InsO) – Strafbarkeit

Wird eine **juristische Person** (z. B. GmbH oder Aktiengesellschaft) zahlungsunfähig oder überschuldet, haben die Mitglieder des Vertretungsorgans (= Geschäftsführung der GmbH bzw. Vorstand der Aktiengesellschaft) oder die Abwickler **ohne schuldhaftes Zögern**, spätestens aber **drei Wochen** nach Eintritt der Zahlungsunfähigkeit oder Überschuldung, einen Insolvenzantrag zu stellen (§ 15 Abs. 1 Satz 1 InsO). 8a
Im Fall der Führungslosigkeit einer GmbH ist auch jeder Gesellschafter, im Fall der Führungslosigkeit einer Aktiengesellschaft oder einer Genossenschaft ist auch jedes Mitglied des Aufsichtsrats zur Stellung des Antrags verpflichtet, es sei denn, diese Person hat von der Zahlungsunfähigkeit und der Überschuldung oder der Führungslosigkeit keine Kenntnis (§ 15 Abs. 3 InsO).
Mit **Freiheitsstrafe** bis zu drei Jahren oder mit **Geldstrafe** wird bestraft, wer einen Insolvenzantrag entgegen den Maßgaben des § 15 a Abs. 1 bis 3 InsO nicht, nicht richtig oder nicht rechtzeitig stellt (§ 15 Abs. 4 InsO).
Handelt der Täter **fahrlässig**, ist die Strafe Freiheitsstrafe bis zu einem Jahr oder Geldstrafe (§ 15 Abs. 5 InsO).

Vorläufige Maßnahmen des Insolvenzgerichts (§ 21 InsO)

Das Insolvenzgericht hat alle erforderlichen Maßnahmen zu treffen, um eine nachteilige Veränderung der Vermögenslage des Schuldners bis zur Entscheidung über den Antrag zu verhindern. 9
Insbesondere kann das Gericht einen **vorläufigen Insolvenzverwalter** bestellen, dem Schuldner ein allgemeines **Verfügungsverbot** auferlegen (oder anordnen, dass Verfügungen des Schuldners nur mit Zustimmung des vorläufigen Insolvenzverwalters wirksam werden) oder Maßnahmen der **Zwangsvollstreckung** gegen den Schuldner untersagen oder einstweilen einstellen.

Insolvenzverfahren

Vorläufiger Insolvenzverwalter (§ 22 InsO)

10 Wird ein vorläufiger Insolvenzverwalter bestellt und dem Schuldner ein allgemeines Verfügungsverbot auferlegt, geht die Verwaltungs- und Verfügungsbefugnis auf den vorläufigen Insolvenzverwalter über.
Der vorläufige Insolvenzverwalter hat
- das Vermögen des Schuldners zu sichern und zu erhalten,
- ein vom Schuldner betriebenes Unternehmen fortzuführen (falls das Insolvenzgericht einer Stilllegung nicht zustimmt),
- zu prüfen, ob das Vermögen des Schuldners die Kosten des Verfahrens decken wird.

11 Das Insolvenzgericht kann ihn beauftragen, als **Sachverständiger** zu prüfen, ob ein Eröffnungsgrund vorliegt und welche Aussichten für eine Fortführung des Unternehmens bestehen.

12 Falls dem Schuldner kein allgemeines Verfügungsverbot auferlegt wird, bestimmt das Insolvenzgericht im Einzelnen die Pflichten des vorläufigen Insolvenzverwalters.

Abweisung mangels Masse (§ 26 InsO)

13 Das Insolvenzgericht weist den Antrag auf Eröffnung des Insolvenzverfahrens ab, wenn das Vermögen des Schuldners voraussichtlich nicht ausreicht, die **Kosten** des Insolvenzverfahrens zu decken.
Die Abweisung unterbleibt, wenn ein ausreichender Geldbetrag vorgeschossen wird (§ 26 Abs. 1 InsO).

14 Zur Einstellung des Insolvenzverfahrens mangels Masse (§ 207 InsO) siehe Rn. 42 a.

Eröffnung des Insolvenzverfahrens (§§ 27 bis 34 InsO)

15 Das Gericht eröffnet das Insolvenzverfahren, wenn die erforderlichen Voraussetzungen (Eröffnungsgrund und ein die Verfahrenskosten deckendes Vermögen des Schuldners oder ein geleisteter Vorschuss) vorliegen.

16 Das Gericht ernennt einen **Insolvenzverwalter** (§§ 27, 56 ff. InsO).

17 Der Eröffnungsbeschluss enthält neben näheren Angaben über den Schuldner auch Name und Anschrift des Insolvenzverwalters.

18 Im Eröffnungsbeschluss werden die Gläubiger aufgefordert, ihre Forderungen innerhalb einer festzusetzenden **Frist** (mindestens zwei Wochen, höchstens drei Monate) beim Insolvenzverwalter anzumelden.
Außerdem werden sie aufgefordert, dem Insolvenzverwalter unverzüglich mitzuteilen, welche **Sicherungsrechte** sie an beweglichen Sachen oder an Rechten des Schuldners in Anspruch nehmen.

19 Schließlich sind im Eröffnungsbeschluss Schuldner des Schuldners aufzufordern, nicht mehr an den Schuldner zu leisten, sondern an den Insolvenzverwalter (§ 27 Abs. 3 InsO).

20 Im Eröffnungsbeschluss bestimmt das Insolvenzgericht Termine für **Gläubigerversammlungen** (§ 29 InsO), und zwar
- einen Berichtstermin (in dem auf der Grundlage eines Berichts des Insolvenzverwalters über den Fortgang des Insolvenzverfahrens beschlossen wird, § 156 InsO) sowie
- einen Prüfungstermin (in dem die angemeldeten Forderungen geprüft werden, § 176 InsO).

Insolvenzverfahren

Insolvenzverwalter (§§ 56 ff. InsO)

Zum Insolvenzverwalter kann nur eine für den jeweiligen Einzelfall geeignete, insbesondere geschäftskundige und von den Gläubigern und dem Schuldner unabhängige Person bestellt werden (§ 56 Abs. 1 InsO). 21

In der ersten Gläubigerversammlung kann eine andere Person als Insolvenzverwalter **gewählt** werden (§ 57 Satz 1 InsO). 22
Das Insolvenzgericht kann die Bestellung des Gewählten nur bei fehlender Eignung versagen (§ 57 Satz 1 InsO).

Durch die Eröffnung des Insolvenzverfahrens geht das Recht des Schuldners, das zur Insolvenzmasse gehörende Vermögen zu verwalten und über es zu verfügen, auf den Insolvenzverwalter über (§ 80 Abs. 1 InsO). 23

Der Insolvenzverwalter hat nach § 148 Abs. 1 InsO unmittelbar nach Verfahrenseröffnung das gesamte zur Insolvenzmasse gehörige Vermögen in **Besitz und Verwaltung** zu nehmen. 24
Zu seinen **Aufgaben** gehört u. a.,
- ein Verzeichnis der Massegegenstände (§ 151 InsO), ein Verzeichnis aller Gläubiger (§ 152 InsO) und eine Vermögensübersicht (§ 153 InsO) aufzustellen und den Beteiligten spätestens eine Woche vor dem Berichtstermin (§ 156 InsO) in der Geschäftsstelle zur Einsicht auszulegen (§ 154 InsO),
- im Berichtstermin über die wirtschaftliche Lage des Schuldners und ihre Ursachen zu berichten (§ 156 InsO),
- die Insolvenzmasse zu verwalten und nach Maßgabe der §§ 159 ff. InsO zu verwerten sowie die notwendigen Rechtshandlungen (ggf. nach Zustimmung der Gläubigerversammlung; § 160 InsO),
- über die Rechte der Aussonderungsberechtigten (§§ 47, 48 InsO) und Absonderungsberechtigten (§§ 49 ff. und §§ 165 ff. InsO), die Abwicklung noch nicht erfüllter gegenseitiger Verträge (§§ 103 ff. InsO), die Kündigung von Dienst- und Arbeitsverhältnissen (§ 113 InsO) und ggf. Betriebsvereinbarungen (§ 120 InsO), die Anfechtung von Rechtshandlungen vor Insolvenzeröffnung (§§ 129 ff. InsO) zu entscheiden (zur Anfechtung von Lohnzahlungen durch den zahlungsunfähigen Gemeinschuldner siehe Rn. 24 a),
- eine Forderungstabelle anzulegen und zu führen (§§ 174, 175 InsO; die Forderungen werden nach Maßgabe der §§ 176 ff. InsO geprüft und festgestellt),
- die Befriedigung der Insolvenzgläubiger durch Verteilung gemäß §§ 187 ff. InsO vorzunehmen; Formen der Verteilung sind die Abschlagsverteilung (§ 187 InsO), Schlussverteilung (§ 196 InsO) und Nachtragsverteilung (§§ 203 ff. InsO),
- ggf. einen Insolvenzplan (§§ 217 ff. InsO) aufzustellen (siehe Rn. 60 ff.).

Insolvenzanfechtung von Lohnzahlungen (§§ 129 ff. InsO)

Die Anfechtungstatbestände in §§ 129 ff. InsO ermöglichen es dem Insolvenzverwalter, vor Eröffnung des Insolvenzverfahrens vorgenommene Schmälerungen der Insolvenzmasse **rückgängig** zu machen. 24a
Nach § 130 Abs. 1 InsO kann der Insolvenzverwalter eine »**Rechtshandlung**, die einem Insolvenzgläubiger eine Sicherung oder Befriedigung gewährt oder ermöglicht hat«, **anfechten**,
- wenn sie in den letzten drei Monaten vor dem Antrag auf Eröffnung des Insolvenzverfahrens vorgenommen worden ist, wenn zur Zeit der Handlung der Schuldner zahlungsunfähig war und wenn der Gläubiger zu dieser Zeit die Zahlungsunfähigkeit kannte oder
- wenn sie nach dem Eröffnungsantrag vorgenommen worden ist und wenn der Gläubiger zur Zeit der Handlung die Zahlungsunfähigkeit oder den Eröffnungsantrag kannte.

Der Kenntnis der Zahlungsunfähigkeit oder des Eröffnungsantrags steht die **Kenntnis von**

Insolvenzverfahren

Umständen gleich, die zwingend auf die Zahlungsunfähigkeit oder den Eröffnungsantrag schließen lassen (§ 130 Abs. 2 InsO).

Gegenüber einer dem Schuldner zur Zeit der Handlung nahestehenden Person im Sinne von § 138 InsO wird gemäß § 130 Abs. 2 InsO **vermutet**, dass sie die Zahlungsunfähigkeit oder den Eröffnungsantrag kannte (BAG v. 6.10.2011 – 6 AZR 262/10, NZA 2012, 330). Nach § 133 InsO können in den letzten 10 Jahren vor dem Insolvenzantrag erfolgte Entgeltzahlungen angefochten werden, wenn der Arbeitgeber mit dem Vorsatz, seine Gläubiger zu benachteiligen, gehandelt hat und der Arbeitnehmer im Zeitpunkt der Zahlung diesen **Vorsatz kannte**. Eine solche sog. **Vorsatzanfechtung** ist auch möglich, wenn das Entgelt als Gegenleistung für die in engem zeitlichem Zusammenhang erbrachte gleichwertige Arbeitsleistung gezahlt wird und damit ein **Bargeschäft** iSd. § 142 InsO vorliegt.

Diese Bestimmungen werden von Insolvenzverwaltern auch auf **Lohnzahlungen an die Beschäftigten** angewandt.

Das heißt: sie fechten Lohnzahlungen, die vom Gemeinschuldner (= Arbeitgeber) in den letzten drei Monaten vor dem Antrag auf Eröffnung des Insolvenzverfahrens oder danach vorgenommen worden sind, an und fordern Rückzahlung. Dabei werden von den Rückzahlungsforderungen

- sowohl Lohnzahlungen erfasst, die Entgeltansprüche im Insolvenzgeldzeitraum (= letzte drei Monate vor Insolvenzeröffnung; siehe → **Insolvenzgeld** Rn. 1) betreffen
- als auch Lohnzahlungen für Zeiträume außerhalb – also meist vor Beginn – des Dreimonatszeitraums.

Soweit es sich um Zahlungen handelt, die Entgeltansprüche im Insolvenzgeldzeitraum (= letzte drei Monate vor Insolvenzeröffnung; siehe → **Insolvenzgeld** Rn. 1) betreffen, findet die *»gegen den Arbeitnehmer begründete«* Anfechtung gegen die Bundesagentur für Arbeit statt (§ 169 Satz 3 SGB III 2012).

Für die Entscheidung über Rückzahlungsansprüche nach Anfechtung sind die → **Arbeitsgerichte** zuständig (BAG v. 27.2.2008 – 5 AZB 43/07, NZA 2008, 549 = AP Nr. 8 zu § 3 ArbGG 1979).

Vertragliche oder tarifliche → **Ausschlussfristen/Verfallfristen** stehen einem durch Anfechtung begründeten Rückforderungsanspruch des Insolvenzverwalters nicht entgegen (BAG v. 19.11.2003 – 10 AZR 110/03, NZA 2004, 208 = AP Nr. 1 zu § 129 InsO).

Nach zutreffender Ansicht des ArbG Marburg verursacht eine um drei Monate verzögerte Vergütungszahlung alleine bei Arbeitnehmern noch keine Kenntnis, die zwingend auf eine Zahlungsunfähigkeit der Arbeitgeberin schließen lässt (ArbG Marburg v. 26.9.2008 – 2 Ca 204/08, DB 2008, 2602).

Dies gilt umso mehr, wenn der Arbeitgeber seit Monaten immer wieder in Zahlungsverzug geraten war, aber die Vergütungsrückstände dann stets wieder ausgleicht.

Aus der **Kenntnis von Liquiditätsengpässen** des Arbeitgebers folgt nicht zwingend die Kenntnis einer Zahlungsunfähigkeit.

Arbeitnehmer dürfen in diesen Fällen darauf vertrauen, dass der Arbeitgeber wie in der Vergangenheit ihren Zahlungsverzug begleichen wird.

Der Insolvenzverwalter kann ohne Hinzutreten weiterer Umstände keinen Rückforderungsanspruch für nachgezahlte Vergütungen gegen die Arbeitnehmer durchsetzen.

Der Insolvenzverwalter muss nicht nur alle objektiven, sondern auch alle subjektiven Voraussetzungen der Anfechtung **darlegen und beweisen** (BAG v. 6.10.2011 – 6 AZR 262/10, NZA 2012, 330). Dazu hat er im Rechtsstreit die Tatsachen vorzutragen und zu beweisen, aus denen sich die Kenntnis des Anfechtungsgegners von der Zahlungsunfähigkeit oder dem Eröffnungsantrag ergibt.

Ob der Arbeitnehmer bei einer Entgeltzahlung seines Arbeitgebers **wusste**, dass dessen Zahlungsunfähigkeit drohte (§ 133 Abs. 1 InsO), kann regelmäßig nur mittelbar aus objektiven

Insolvenzverfahren

Tatsachen hergeleitet werden und ist deshalb im Rahmen einer Gesamtwürdigung unter Berücksichtigung der maßgeblichen **Umstände des Einzelfalls** auf der Grundlage des gesamten Inhalts der Verhandlungen und des Ergebnisses einer etwaigen Beweisaufnahme nach freier Überzeugung zu entscheiden (BAG v. 6. 10. 2011 – 6 AZR 262/10, NZA 2012, 330). Die subjektiven Voraussetzungen der **Vorsatzanfechtung** sind nach zutreffender Ansicht des BAG nicht stets schon dann zu bejahen, wenn der Arbeitgeber zahlungsunfähig war und der Arbeitnehmer dies wusste (BAG v. 29. 1. 2014 – 6 AZR 345/12). Ob der Arbeitgeber mit Benachteiligungsvorsatz gehandelt hat und der Arbeitnehmer davon Kenntnis hatte, könne nur aus **Indizien** hergeleitet werden. Ein Indiz von besonderer Bedeutung sei die Kenntnis der Zahlungsunfähigkeit des Arbeitgebers. Das Indiz der Zahlungsunfähigkeit und ihrer Kenntnis müsse einzelfallbezogen auf seine Beweiskraft hin geprüft werden. Das gelte sowohl für den Gläubigerbenachteiligungsvorsatz aufseiten des Schuldners als auch für die Kenntnis des Anfechtungsgegners davon. Bei Zahlungen im Rahmen eines **Bargeschäfts** oder in bargeschäftsähnlicher Lage sei darauf zu achten, dass die Vorsatzanfechtung nicht über ihren Normzweck hinaus ausgedehnt und dass dem vom Gesetzgeber beabsichtigten **Stufenverhältnis** von § 130 Abs. 1 Satz 1 Nr. 1 und § 133 InsO Rechnung getragen wird. Erfolgt die Entgeltzahlung im Wege des Bargeschäfts, könne sich auch bei Kenntnis der eigenen Zahlungsunfähigkeit der Wille des Arbeitgebers darauf **beschränken**, eine gleichwertige Gegenleistung für die zur Fortführung des Unternehmens nötige Arbeitsleistung zu erbringen, ohne dass ihm eine damit verbundene Gläubigerbenachteiligung bewusst wird.

Zur Anfechtung von Lohnzahlungen für Zeiträume außerhalb des dreimonatigen Insolvenzgeldzeitraums durch (manche) Insolvenzverwalter siehe auch nachstehende Information des Deutschen Gewerkschaftsbundes (*www.dgb.de*): **24b**

»Durch Fälle aus dem Rechtsschutz und durch Informationen aus den Gewerkschaften, aber auch durch Medienberichte und eine kleine Anfrage der Linken im Deutschen Bundestag ist offenbar geworden, dass zunehmend von Insolvenzverwaltern Lohnzahlungen angefochten werden, die **unmittelbar vor der Insolvenz erfolgt sind und die Ansprüche außerhalb des 3-monatigen Insolvenzgeldzeitraums betreffen.** *Zwar wird üblicherweise ein seriöser Verwalter nicht zum Mittel der Rückforderung von Arbeitsentgelt greifen – schon um bei Weiterführung des Betriebes sicherzustellen, dass die Beschäftigten nicht demotiviert werden. Allerdings scheint sich bei »kleineren« Insolvenzen eine entsprechende Praxis abzuzeichnen. Dort steht aber nicht die Sanierung im Vordergrund. Es geht vielmehr manchen Anwaltskanzleien offenbar darum, über die Rückforderung die Kosten des Insolvenzverwalters abzudecken und den Betrieb anschließend mangels Masse zu schließen. Zusätzlich führt dann ein Anwalt das Verfahren über Prozesskostenhilfe. Setzt sich diese Praxis durch, kann es für alle Insolvenzverwalter notwendig werden, zu diesem Schritt zu greifen, um Schadensersatzforderungen oder Abberufungsverlangen zu entgehen. Den Betroffenen bleibt dann nach der Rückzahlung nur, die Forderungen als Insolvenzforderung anzumelden – mit geringen Chancen auf Erfolg. Deshalb ist eine Gesetzesänderung notwendig. Ansprüche auf Entgelt und Aufwendungsersatz müssen grundsätzlich von der Möglichkeit der Anfechtung ausgenommen werden. Zumindest müssten die Zahlung und Fortzahlung von Entgelt sowie von Aufwendungsersatz im Rahmen eines Arbeitsverhältnisses grundsätzlich Bargeschäften im Sinne des § 142 InsO gleichgestellt werden, auch wenn die Zahlung nach Fälligkeit erfolgt. Dies könnte etwa im Wege der Ergänzung des § 142 InsO durch eine entsprechende gesetzliche Fiktion geschehen. … Bis zur politischen Klärung muss versucht werden, die Ansprüche der Beschäftigten gegen die Anfechtung zu schützen. … Empfohlenes Vorgehen:*
1. Bei Geltendmachung von Lohnansprüchen durch den Insolvenzverwalter sollte in der Zurückweisung bereits auf den Rechtsweg zu den Arbeitsgerichten hingewiesen werden – damit konnten in einzelnen Fällen Verfahren schon beendet werden.
2. Für den Fall der Klage des Insolvenzverwalters vor dem Amtsgericht sollte unter Hinweis auf

Insolvenzverfahren

BAG Urteil v. 27.2.2008 – 5 AZB 43/07 zum Rechtsweg vor den Arbeitsgerichten die Zuständigkeit des Amtsgerichts bestritten und Verweisung an das Arbeitsgericht beantragt werden.
3. Alternativ: Eine negative Feststellungsklage könnte vor dem Arbeitsgericht mit Begründung der Zuständigkeit unter Hinweis auf BAG Entscheidung v. 27.2. 2008 – 5 AZB 43/07 erhoben werden. Vorschlag für einen Antrag: »Es wird festgestellt, dass die durch den Insolvenzverwalter ... erklärte Anfechtung der Lohnzahlung vom ... in Höhe von ... durch ... (Insolvenzschuldner) an ... (Insolvenzgläubiger) dem Grund und der Höhe nach nicht begründet ist.« Für die Begründetheit des Antrages sowohl bei 2. (für den Fall, dass dem Verweisungsantrag nicht stattgegeben wird) und 3. ist Dreh- und Angelpunkt, ob der Arbeitnehmer die (drohende) Zahlungsunfähigkeit des Arbeitgebers kannte oder kennen musste. Mögliche Kriterien dafür, dass das nicht der Fall war:
- *Arbeitsverhältnis ist zum Zeitpunkt des Insolvenzantrages bereits geraume Zeit beendet und es handelt sich um rückständige Lohnansprüche aus der Zeit des AV, sodass der Arbeitnehmer gar nicht wissen konnte, ob auch anderen Arbeitnehmern ihre Lohnzahlungen vorenthalten wurden;*
- *es handelt sich nicht um Ansprüche aus mehreren Monaten (Indiz für drohende Zahlungsunfähigkeit) sondern nur aus einem Monat (dem letzten vor Ausscheiden);*
- *es handelt sich um Ansprüche aus Überstunden oder Sonderzahlungen, die vom Arbeitgeber zunächst bestritten worden sind;*
- *die Ansprüche resultierten aus länger zurückliegenden Zeiten – je länger zurückliegend desto besser – denn dann ist das Arbeitsverhältnis noch eine ganze Weile vor der Insolvenz ordnungsgemäß abgewickelt worden;*
- *bereits in der Vergangenheit kam es zu wiederholten verzögerten Auszahlungen, die aber immer ausgeglichen wurden und denen Zeiten folgten, in denen die Abrechnung ordnungsmäßig war;*
- *der Arbeitgeber selbst hat beteuert, dass es sich lediglich um einen vorübergehenden Engpass handelt.*

Zusätzlich muss die Anfechtung der Höhe nach überprüft werden: ist die Zahlung nach Vollstreckung erfolgt, ficht der Insolvenzverwalter häufig über den gesamten gezahlten Betrag, also einschließlich der Vollstreckungskosten, an«.

25 Der Insolvenzverwalter steht unter der **Aufsicht** des Insolvenzgerichts (§ 58 Abs. 1 InsO). Es kann ihn aus wichtigem Grund **entlassen** (§ 59 Abs. 1 InsO).
Der Insolvenzverwalter haftet allen Beteiligten auf **Schadensersatz**, wenn er schuldhaft seine gesetzlichen Pflichten verletzt (§§ 60 bis 62 InsO).
Für seine Tätigkeit erhält der Insolvenzverwalter eine **Vergütung** sowie **Erstattung** seiner Auslagen (§§ 63, 64 InsO).
Bei Beendigung seines Amtes hat er der Gläubigerversammlung **Rechnung zu legen** (§ 66 InsO).

Eigenverwaltung (§§ 270 bis 285 InsO)

26 Das Insolvenzgericht hat die Möglichkeit, in dem Beschluss über die Eröffnung des Insolvenzverfahrens sog. Eigenverwaltung durch den Schuldner anzuordnen.
In diesem Falle ist der Schuldner berechtigt, unter der **Aufsicht** eines sog. Sachwalters die Insolvenzmasse zu verwalten und über sie zu verfügen.

Bekanntmachung des Eröffnungsbeschlusses (§ 30 InsO)

27 Der Eröffnungsbeschluss ist sofort öffentlich bekannt zu machen, sowohl in dem für öffentliche Bekanntmachungen des Gerichts bestimmten Blatt (§ 9 InsO) als auch im Bundesanzeiger.

Insolvenzverfahren

Den Gläubigern und Schuldnern des Schuldners und dem Schuldner selbst wird der Beschluss besonders zugestellt. 28

Gegebenenfalls erfolgt eine Mitteilung an das Handels-, Genossenschafts- und Vereinsregister (§ 31 InsO) sowie eine Eintragung des Eröffnungsbeschlusses in das Grundbuch (§ 32 InsO) und das Schiffsregister, Schiffsbauregister und Register für Pfandrechte an Luftfahrzeugen (§ 33 InsO). 29

Anmeldung der Forderungen der Insolvenzgläubiger (§§ 174 ff. InsO)

Die Insolvenzgläubiger haben ihre Forderungen innerhalb der im Eröffnungsbeschluss genannten **Frist** (mindestens zwei Wochen, höchstens drei Monate, § 28 Abs. 1 Satz 2 InsO) **beim Insolvenzverwalter** (nicht beim Insolvenzgericht) schriftlich **anzumelden**. Dabei sind der Grund und der Betrag der Forderung anzugeben. 30

Urkunden, aus denen sich die Forderung ergibt, sollen in Abdruck beigefügt werden (§ 174 Abs. 1 und 2 InsO).

Der Insolvenzverwalter hat die Forderungen in eine **Tabelle** einzutragen (§ 175 InsO). 31

Im **Prüfungstermin** werden die angemeldeten Forderungen ihrem Betrag und Rang nach geprüft. Bestrittene Forderungen werden einzeln erörtert (§ 176 InsO). 32

Forderungen, die nach Ablauf der Anmeldefrist (siehe Rn. 30) angemeldet wurden, werden ebenfalls im Prüfungstermin geprüft. 33

Ggf. findet auf Kosten des Säumigen ein **besonderer Prüfungstermin** statt oder eine Prüfung im schriftlichen Verfahren.

Gleiches gilt, wenn die Forderung erst nach dem Prüfungstermin angemeldet wurde (§ 177 InsO).

»Nachzügler« sind nach der zutreffenden Ansicht des BAG (BAG v. 12.9.2013 – 6 AZR 907/11, DB 2013, 2849) mit Forderungen, die bei rechtskräftiger Bestätigung eines Insolvenzplans unbekannt waren, grundsätzlich nicht ausgeschlossen. Die Insolvenzordnung sieht nicht vor, dass Ansprüche, die im Insolvenzverfahren nicht angemeldet wurden, nach rechtskräftiger Bestätigung des Insolvenzplans und Aufhebung des Insolvenzverfahrens nicht mehr gegen den Insolvenzschuldner geltend gemacht werden können. »Nachzügler« müssen ihre Forderungen jedoch zunächst rechtskräftig durch das Prozessgericht **feststellen** lassen, bevor sie ihre Ansprüche durch **Leistungsklage** gegenüber dem Schuldner durchsetzen können (BAG v. 12.9.2013 – 6 AZR 907/11, a.a.O.). 33a

Gläubiger im Insolvenzverfahren

Folgende Gläubiger werden in der Insolvenzordnung unterschieden: Aussonderungsberechtigte Gläubiger, absonderungsberechtigte Gläubiger, Massegläubiger, Insolvenzgläubiger und nachrangige Insolvenzgläubiger. 34

Insolvenzgläubiger (§ 38 InsO) sind solche (natürlichen oder juristischen) Personen, die einen zur Zeit der Eröffnung des Insolvenzverfahrens begründeten Vermögensanspruch gegen den Schuldner haben (siehe auch Rn. 47). 35

Inhaber von Forderungen i.S.d. § 39 InsO (z.B. Zinsforderungen der Insolvenzgläubiger) sind sog. **nachrangige Insolvenzgläubiger** (siehe auch Rn. 48).

Sie werden erst befriedigt, wenn die Insolvenzgläubiger i.S.d. § 38 InsO vollständig befriedigt sind (was praktisch nicht vorkommt).

Aussonderungsberechtigte Gläubiger (§§ 47, 48 InsO) sind solche, die geltend machen können, dass ein Gegenstand nicht zur Insolvenzmasse gehört (z.B. Eigentümer einer an den Schuldner ausgeliehenen Sache). Sie sind **keine Insolvenzgläubiger**. 36

Ist der Gegenstand vom Schuldner oder Insolvenzverwalter unberechtigt veräußert worden,

Insolvenzverfahren

kann der Aussonderungsberechtigte Abtretung des Rechts auf die Gegenleistung verlangen, soweit diese noch aussteht.
Er kann die Gegenleistung aus der Insolvenzmasse verlangen, soweit sie **unterscheidbar** in der Masse vorhanden ist.

37 **Absonderungsberechtigte Gläubiger (§§ 49 bis 52 InsO)** sind Gläubiger, die ein Sicherungsrecht an einem unbeweglichen Gegenstand (z. B. Hypothek oder Grundschuld auf ein Grundstück) oder an einem beweglichen Gegenstand (z. B. Pfandrecht, Sicherungseigentum) besitzen.
Die Verwertung von unbeweglichen oder beweglichen Gegenständen der Masse, an denen ein Absonderungsrecht besteht, durch den Insolvenzverwalter regeln die §§ 165 ff. InsO.

38 Die absonderungsberechtigten Gläubiger sind, soweit ihnen der Schuldner auch persönlich haftet, gleichzeitig Insolvenzgläubiger bzw. nachrangige Insolvenzgläubiger im Sinne der §§ 38, 39 InsO (siehe Rn. 35, 47 f.).
Sie sind zur anteilsmäßigen Befriedigung aus der Insolvenzmasse jedoch nur berechtigt, soweit sie auf eine abgesonderte Befriedigung verzichten oder bei ihr ausgefallen sind (§ 52 InsO).

39 **Massegläubiger (§§ 53 bis 55 InsO)** sind solche Gläubiger, deren Forderungen aus der Insolvenzmasse vorweg zu begleichen sind (sog. Masseverbindlichkeiten).

Masseverbindlichkeiten

39a Zu den Masseverbindlichkeiten zählen zum einen die **Kosten** des Insolvenzverfahrens nach § 54 InsO (siehe Rn. 40), zum anderen die in § 55 InsO bezeichneten **sonstigen Masseverbindlichkeiten** (siehe Rn. 41) und die Ansprüche aus einem nach Insolvenzeröffnung aufgestellten → **Sozialplan** (siehe Rn. 42 und 91 ff.).

Kosten des Insolvenzverfahrens (§ 54 InsO)

40 Kosten des Insolvenzverfahrens (§ 54 InsO) sind
- die Gerichtskosten für das Insolvenzverfahren.
- die Vergütungen und Auslagen des vorläufigen Insolvenzverwalters, des Insolvenzverwalters und der Mitglieder des Gläubigerausschusses.

Sonstige Masseverbindlichkeiten (§ 55 InsO)

41 Aus der Insolvenzmasse vorweg zu begleichen sind zum einen nach § 55 Abs. 1 InsO die Verbindlichkeiten,
- die durch Handlungen des Insolvenzverwalters (siehe Rn. 21 ff.) oder in anderer Weise durch die Verwaltung, Verwertung und Verteilung der Insolvenzmasse begründet werden, ohne zu den Kosten des Insolvenzverfahrens nach § 54 InsO zu gehören (§ 55 Abs. 1 Nr. 1 InsO);
- aus gegenseitigen Verträgen, soweit deren Erfüllung zur Insolvenzmasse verlangt wird oder für die Zeit nach Eröffnung des Insolvenzverfahrens erfolgen muss (§ 55 Abs. 1 Nr. 2 InsO); hierzu gehören z. B. **Arbeitsentgeltansprüche** aus nach Insolvenzeröffnung fortbestehenden Arbeitsverhältnissen (siehe Rn. 45).
- aus einer ungerechtfertigten Bereicherung der Masse (§ 55 Abs. 1 Nr. 3 InsO).

Zum anderen zählen gemäß § 55 Abs. 2 Satz 1 InsO zu den sonstigen Masseverbindlichkeiten ab der Eröffnung des Insolvenzverfahrens auch Verbindlichkeiten, die von einem **vorläufigen Insolvenzverwalter** (siehe Rn. 10) begründet worden sind, auf den die Verfügungsbefugnis über das Vermögen des Schuldners übergegangen ist.
Gleiches gilt für Verbindlichkeiten aus einem **Dauerschuldverhältnis** (z. B. Arbeitsverhältnis),

Insolvenzverfahren

soweit der vorläufige Insolvenzverwalter für das von ihm verwaltete Vermögen die Gegenleistung in Anspruch genommen hat (§ 55 Abs. 2 Satz 2 InsO).
Zur Rechtsstellung der Bundesagentur für Arbeit in Bezug auf Ansprüche auf Arbeitsentgelt, die einen Anspruch auf → **Insolvenzgeld** begründen siehe Rn. 46 a.
Des Weiteren gehören gemäß § 123 Abs. 2 InsO zu den Masseverbindlichkeiten 42
- die Ansprüche aus einem nach Insolvenzeröffnung aufgestellten → **Sozialplan** (wobei für die Berichtigung der Sozialplanforderungen nicht mehr als ein Drittel der Masse verwendet werden darf; siehe Rn. 91 ff.) und
- der für den Schuldner und seine Familie beschlossene **Unterhalt** (§ 100 InsO).

Einstellung des Insolvenzverfahrens mangels Masse (§ 207 InsO)

Stellt sich nach der Eröffnung des Insolvenzverfahrens heraus, dass die Insolvenzmasse nicht ausreicht, um die **Kosten** des Verfahrens zu decken, so stellt das Insolvenzgericht das Verfahren ein (§ 207 Abs. 1 Satz 1 InsO). 42a
Die Einstellung unterbleibt, wenn ein ausreichender Geldbetrag vorgeschossen wird oder die Kosten nach § 4 a InsO gestundet werden; § 26 Abs. 3 InsO gilt entsprechend (§ 207 Abs. 1 Satz 2 InsO).
Vor der Einstellung sind die Gläubigerversammlung, der Insolvenzverwalter und die Massegläubiger zu hören (§ 207 Abs. 2 InsO).
Soweit Barmittel in der Masse vorhanden sind, hat der Verwalter vor der Einstellung die Kosten des Verfahrens, von diesen zuerst die Auslagen, nach dem Verhältnis ihrer Beträge zu berichtigen (§ 207 Abs. 3 Satz 1 InsO).
Zur Verwertung von Massegegenständen ist er nicht mehr verpflichtet (§ 207 Abs. 3 Satz 2 InsO).

Anzeige der Masseunzulänglichkeit (§ 208 InsO)

Sind zwar die Kosten des Insolvenzverfahrens gedeckt, reicht jedoch die Insolvenzmasse nicht aus, um die fälligen sonstigen Masseverbindlichkeiten zu erfüllen, hat der Insolvenzverwalter dem Insolvenzgericht anzuzeigen, dass **Masseunzulänglichkeit** vorliegt (§ 208 Abs. 1 Satz 1 InsO). 43
Das Gleiche gilt, wenn die Masse voraussichtlich nicht ausreichen wird, die bestehenden sonstigen Masseverbindlichkeiten im Zeitpunkt der Fälligkeit zu erfüllen (§ 208 Abs. 1 Satz 2 InsO).

Rangfolge der Berichtigung der Masseverbindlichkeiten bei Masseunzulänglichkeit (§ 209 InsO)

Falls die Masse zur Befriedigung aller Massegläubiger nicht ausreicht, werden die Masseverbindlichkeiten nach folgender **Rangfolge** berichtigt (§ 209 InsO): 44
- Zuerst werden die Kosten des Insolvenzverfahrens ausgeglichen.
- Bleibt dann noch Masse übrig, werden die Masseverbindlichkeiten, die nach der Anzeige der Masseunzulänglichkeit begründet (§ 208 InsO) worden sind, ohne zu den Kosten des Verfahrens zu gehören, berichtigt (sog. **Neu-Masseverbindlichkeiten**).
  Hierzu zählen auch die in § 209 Abs. 2 InsO genannten Verbindlichkeiten (z. B. aus einem gegenseitigen Vertrag, dessen Erfüllung der Insolvenzverwalter nach §§ 103 ff. InsO gewählt hat).
- Wenn dann noch Masse übrig ist, werden die übrigen Masseverbindlichkeiten, unter diesen

Insolvenzverfahren

zuletzt der nach §§ 100, 101 Abs. 1 Satz 3 InsO bewilligte Unterhalt für den Schuldner und seine Familie, berichtigt (sog. **Alt-Masseverbindlichkeiten**).

- Reicht die Masse nicht aus, um die **gleichrangig** auf einer der vorgenannten Stufen stehenden Forderungen vollständig zu erfüllen, erfolgt Berichtigung innerhalb der Rangstufe im Verhältnis der Geldbeträge (§ 209 Abs. 1 Satz 1 InsO).

> **Beispiel:**
> Jeder Massegläubiger innerhalb einer Rangstufe erhält eine Zahlung in Höhe von 50% seiner Forderung.

Arbeitsentgeltansprüche der Arbeitnehmer

45 Arbeitsentgeltansprüche sind für die Zeit nach Eröffnung des Insolvenzverfahrens als **Masseverbindlichkeiten** (nach § 55 Abs. 1 Nr. 2 InsO; siehe Rn. 41) zu berichtigen. Hierzu zählen z. B. auch Ansprüche auf Urlaubsentgelt/Urlaubsabgeltung.
Wird ein Arbeitnehmer vom Insolvenzverwalter nach Anzeige der Masseunzulänglichkeit zur Arbeitsleistung herangezogen, mindert sich sein urlaubsrechtlicher Anspruch auf Freistellung von der Arbeitspflicht nicht.
Urlaubsentgelt/Urlaubsabgeltung sind jedoch nur anteilig als Neumasseverbindlichkeit zu berichtigen (BAG v. 21. 11. 2006 – 9 AZR 97/06, NZA 2007, 696).
Zur Berechnung ist bei einem in der 5-Tage-Woche beschäftigten Arbeitnehmer das für den gesamten Jahresurlaub zustehende Urlaubsentgelt durch 260 zu dividieren und mit den nach der Anzeige der Masseunzulänglichkeit geleisteten Arbeitstagen zu multiplizieren, an denen er zur Beschäftigung herangezogen worden ist.
Bei einer auf mehr oder weniger Arbeitstage in der Woche verteilten Arbeitszeit **erhöht** oder verringert sich der Divisor entsprechend.

46 **Arbeitsentgeltansprüche**, die vor Insolvenzeröffnung entstanden sind und nicht durch → **Insolvenzgeld** berichtigt werden, können nur als (**einfache**) **Insolvenzforderungen** nach § 38 InsO (siehe Rn. 47 f.) geltend gemacht werden.

46a Gehen nach § 55 Abs. 2 InsO durch den vorläufigen Insolvenzverwalter begründete Ansprüche auf Arbeitsentgelt nach § 187 SGB III (= solche Ansprüche, die einen Anspruch auf → **Insolvenzgeld** begründen; siehe auch Rn. 41) auf die Bundesagentur für Arbeit über, so kann die Bundesagentur diese nur als Insolvenzgläubiger (siehe Rn. 47) geltend machen (§ 55 Abs. 3 Satz 1 InsO).
Das gilt entsprechend für die in § 208 Abs. 1 SGB III bezeichneten Ansprüche (Gesamtsozialversicherungsbeitrag), soweit diese gegenüber dem Schuldner bestehen bleiben (§ 55 Abs. 3 Satz 2 InsO).

Befriedigung der Insolvenzgläubiger (§§ 38, 39 InsO)

47 Wenn nach vollständiger Befriedigung der Massegläubiger noch Verteilungsmasse vorhanden ist, erfolgt hieraus die Befriedigung der Insolvenzgläubiger i. S. d. § 38 InsO (und ggf. der nachrangigen Insolvenzgläubiger i. S. d. § 39 InsO; siehe Rn. 48).
Die Insolvenzgläubiger i. S. d. § 38 InsO werden **gleich behandelt**. Das heißt, ihre Forderungen stehen gleichrangig auf einer Stufe (die bis zum 31. 12. 1998 noch geltenden Vorrechte des § 61 Konkursordnung wurden von der Insolvenzordnung nicht übernommen).
Reicht die Masse für die Befriedigung der Insolvenzgläubiger nicht aus, werden die Forderungen **anteilig berichtigt**.

Insolvenzverfahren

Beispiel:
Jeder Insolvenzgläubiger wird in Höhe von 10% seiner Forderungen befriedigt.

Falls die Insolvenzgläubiger im Sinne des § 38 InsO voll befriedigt werden können (was regelmäßig nicht der Fall ist), erfolgt eine Berichtigung der Forderungen der **nachrangigen Insolvenzgläubiger** (z. B. Zinsforderungen der einfachen Insolvenzgläubiger) in der in § 39 InsO vorgesehenen Rangfolge (bei gleichem Rang nach dem Verhältnis der Beträge). 48

Gläubigerausschuss (§§ 67 bis 73 InsO)

Vor der ersten Gläubigerversammlung (siehe Rn. 54 ff.) kann das Insolvenzgericht einen Gläubigerausschuss einsetzen. 49

Im Gläubigerausschuss sollen die absonderungsberechtigten Gläubiger, die Insolvenzgläubiger mit den höchsten Forderungen und die Kleingläubiger vertreten sein. 50

Dem Ausschuss soll ein **Vertreter der Arbeitnehmer** angehören, wenn diese als Insolvenzgläubiger mit nicht unerheblichen Forderungen beteiligt sind.

Zu Mitgliedern des Gläubigerausschusses können auch Personen bestellt werden, die keine Gläubiger sind (z. B. ein **Gewerkschaftssekretär**).

Die Mitglieder des Gläubigerausschusses haben die Aufgabe, den Insolvenzverwalter zu unterstützen und seine Tätigkeit zu überwachen. 51

Sie haben sich über den Gang der Geschäfte zu informieren, Bücher und Geschäftspapiere einzusehen und Geldverkehr und -bestand prüfen zu lassen.

Bei besonders bedeutsamen Geschäften hat der Insolvenzverwalter die **Zustimmung** des Gläubigerausschusses einzuholen (§ 160 InsO). 52

Ein Mitglied des Gläubigerausschusses kann durch Beschluss des Insolvenzgerichts aus wichtigem Grund **entlassen** werden (§ 70 InsO). 53

Bei schuldhafter Pflichtverletzung ist es zum **Ersatz** des verursachten **Schadens** verpflichtet (§ 71 InsO).

Gläubigerversammlung (§§ 74 bis 79 InsO)

Die Gläubigerversammlung wird vom Insolvenzgericht einberufen. 54

Zur Teilnahme sind alle absonderungsberechtigten Gläubiger, alle Insolvenzgläubiger, der Insolvenzverwalter und der Schuldner berechtigt.

Auf Antrag des Insolvenzverwalters oder des Gläubigerausschusses muss die Gläubigerversammlung vom Insolvenzgericht einberufen werden. 55

Gleiches gilt bei einem Antrag von absonderungsberechtigten Gläubigern (§§ 49 bis 51 InsO) oder nicht nachrangigen Insolvenzgläubigern (§ 38 InsO), wenn die in § 75 Abs. 1 Nr. 3 und 4 InsO genannten quantitativen Voraussetzungen vorliegen.

Die Gläubigerversammlung ist berechtigt, vom Insolvenzverwalter einzelne Auskünfte und einen Bericht über Sachstand und Geschäftsführung zu verlangen. 56

Ist ein Gläubigerausschuss nicht bestellt, kann die Gläubigerversammlung den Geldverkehr und -bestand des Insolvenzverwalters prüfen lassen (§ 79 InsO).

Die Gläubigerversammlung hat das **Recht**, 57
- einen vom Insolvenzgericht bestellten Insolvenzverwalter abzuwählen und einen neuen Insolvenzverwalter zu wählen (§ 57 InsO),
- zu entscheiden, ob ein Gläubigerausschuss eingesetzt werden soll bzw. ob ein vom Insolvenzgericht bereits eingesetzter Gläubigerausschuss beibehalten werden soll (§ 57 Abs. 1 InsO),

Insolvenzverfahren

58 • vom Insolvenzgericht bestellte Mitglieder des Gläubigerausschusses abzuwählen oder andere oder zusätzliche Mitglieder des Gläubigerausschusses zu wählen (§ 57 Abs. 2 InsO).
Die Gläubigerversammlung beschließt, ob das Unternehmen des Schuldners stillgelegt oder **vorläufig fortgeführt** wird (§ 157 InsO).
Sie kann den Insolvenzverwalter beauftragen, einen **Insolvenzplan** nach §§ 217 ff. InsO (siehe Rn. 60 ff.) auszuarbeiten und ihm das Ziel des Plans vorgeben.

59 Falls ein Gläubigerausschuss nicht besteht, hat der Insolvenzverwalter gemäß § 160 InsO die **Zustimmung** der Gläubigerversammlung **zu bedeutsamen Geschäften** einzuholen (z. B. Veräußerung des Unternehmens oder Betriebes, Aufnahme eines die Insolvenzmasse erheblich belastenden Darlehens, Aufnahme eines Rechtsstreites mit erheblichem Streitwert).
Eine **Veräußerung** des Unternehmens oder Betriebs an »*besonders Interessierte*« (z. B. dem Schuldner nahe stehende Personen) bedarf stets der **Zustimmung** der Gläubigerversammlung (§ 162 InsO).

Insolvenzplan (§§ 217 bis 269 InsO)

60 § 217 InsO legt den Grundsatz fest, dass die Befriedigung der absonderungsberechtigten Gläubiger und der Insolvenzgläubiger, die Verwertung der Insolvenzmasse und deren Verteilung an die Beteiligten sowie die Haftung des Schuldners nach der Beendigung des Insolvenzverfahrens in einem Insolvenzplan abweichend von den Vorschriften der Insolvenzordnung geregelt werden können.
§ 1 InsO hebt hervor, dass in dem Insolvenzplan eine Regelung insbesondere zum **Erhalt des Unternehmens** getroffen wird.

61 Dabei wird den Beteiligten ein weitgreifender **Gestaltungsspielraum** zur Überwindung der Insolvenz eingeräumt.

62 Die Festlegung einer **Mindestquote** für die Gläubiger (wie im früheren Vergleichsverfahren, vgl. § 7 Abs. 1 Satz 2 der bis zum 31. 12. 98 geltenden VerglO) ist in der Insolvenzordnung nicht vorgesehen.

63 In einem vom Insolvenzgericht bestimmten Termin wird der Insolvenzplan und das Stimmrecht der Gläubiger erörtert und anschließend über den Plan **abgestimmt** (§ 235 InsO).

Einstellung des Insolvenzverfahrens (§§ 211 bis 216 InsO)

64 Bei Vorliegen der Voraussetzungen der §§ 211, 214 InsO kann bzw. muss das Insolvenzverfahren eingestellt werden; beispielsweise
  • nach Verteilung der Insolvenzmasse und Anzeige der Masseunzulänglichkeit (§ 211 InsO),
  • auf Antrag des Schuldners bei Wegfall des Insolvenzeröffnungsgrundes (§ 212 InsO) oder
  • mit Zustimmung der Gläubiger (§ 213 InsO).

Vergütung und Erstattung der Auslagen des (auch vorläufigen) Insolvenzverwalters und der Mitglieder des Gläubigerausschusses

65 Die Höhe der Vergütung und der zu erstattenden Auslagen werden vom Insolvenzgericht festgesetzt.
Durch Rechtsverordnung können Vergütung und Erstattung der Auslagen näher geregelt werden (§§ 63, 64, 65, 73 InsO).

Insolvenzverfahren

Restschuldbefreiung (§§ 286 bis 303 InsO)

Ist der Schuldner eine natürliche Person, so kann er von den im Insolvenzverfahren nicht erfüllten Verbindlichkeiten gegenüber den Insolvenzgläubigern befreit werden (die Vorschriften wurden im Sinne einer Verbesserung der Schuldnerstellung neu gefasst durch Gesetz vom 26.10.2001 [BGBl. I S. 2710]).

Auf Antrag werden dem Schuldner die Kosten des Insolvenzverfahrens bis zur Erteilung der Restschuldbefreiung gestundet, soweit sein Vermögen voraussichtlich nicht ausreichen wird, um diese Kosten zu decken (§§ 4a bis 4d InsO).

Außerdem kann ihm ein Rechtsanwalt seiner Wahl beigeordnet werden (§ 4a Abs. 2 InsO).

Die Insolvenzordnung sieht in §§ 304 bis 334 InsO Regelungen vor über

- ein sog. **Verbraucherinsolvenzverfahren** und sonstige Kleinverfahren (§§ 304, 314 InsO),
- ein **Nachlassinsolvenzverfahren** (§§ 315, 331 InsO),
- ein Insolvenzverfahren über das Gesamtgut einer fortgesetzten **Gütergemeinschaft** (§ 332 InsO) sowie ein Insolvenzverfahren über das gemeinschaftlich verwaltete Gesamtgut einer Gütergemeinschaft (§§ 333, 334 InsO).

Für **grenzüberschreitende Insolvenzen** gelten die §§ 335 ff. InsO (eingefügt durch Gesetz vom 14.3.2003 [BGBl. I S. 345]).

Es gilt der Grundsatz, dass das Insolvenzverfahren und seine Wirkungen – soweit in den §§ 336 ff. InsO nichts anderes bestimmt ist – dem Recht des Staats unterliegen, in dem das Verfahren eröffnet worden ist (§ 335 InsO).

In Abweichung von diesem Grundsatz bestimmt § 337 InsO, dass die Wirkungen des Insolvenzverfahrens auf ein Arbeitsverhältnis dem Recht unterliegen, das nach der Verordnung (EG) Nr. 593/2008 des Europäischen Parlaments und des Rates vom 17. Juni 2008 über das auf vertragliche Schuldverhältnisse anzuwendende Recht (**Rom I-Verordnung**; ABl. L 177 vom 4.7.2008, S. 6) für das Arbeitsverhältnis maßgebend ist (§ 337 InsO).

Nach Art. 3 Abs. 1 Rom I-Verordnung unterliegt der Arbeitsvertrag dem von den Parteien **gewählten Recht**.

Die Rechtswahl muss ausdrücklich sein oder sich mit hinreichender Sicherheit aus den Bestimmungen des Vertrags oder aus den Umständen des Falles ergeben.

Die Parteien können die Rechtswahl für den ganzen Vertrag oder nur für einen Teil treffen.

Bei Arbeitsverträgen und Arbeitsverhältnissen darf die Rechtswahl der Parteien nicht dazu führen, dass dem Arbeitnehmer der **Schutz entzogen** wird, der ihm durch die zwingenden Bestimmungen des Rechts gewährt wird, das nach Art. 8 Abs. 2, 3 und 4 Rom I-Verordnung mangels einer Rechtswahl anzuwenden wäre (Art. 8 Abs. 1 Rom I-Verordnung).

Wurde von den Parteien **keine Rechtswahl getroffen**, unterliegen Arbeitsverträge und Arbeitsverhältnisse dem Recht des Staates,

- in dem der Arbeitnehmer in Erfüllung des Vertrages gewöhnlich seine Arbeit verrichtet, selbst wenn er vorübergehend in einen anderen Staat entsandt ist (Art. 8 Abs. 2 Rom I-Verordnung), oder
- in dem sich die Niederlassung befindet, die den Arbeitnehmer eingestellt hat (Art. 8 Abs. 2 Rom I-Verordnung). Wenn sich allerdings aus der Gesamtheit der Umstände ergibt, dass der Arbeitsvertrag oder das Arbeitsverhältnis engere Verbindungen zu einem anderen Staat aufweist, ist das Recht dieses anderen Staates anzuwenden (Art. 8 Abs. 4 Rom I-Verordnung).

Insolvenzverfahren

Bedeutung für die Betriebsratsarbeit

68 Der schlimmste Fall der Unternehmenskrise ist die Insolvenz.
Dabei geht es aus Sicht von Arbeitnehmern, Gewerkschaft und Betriebsrat darum, jedenfalls die lebensfähigen Betriebsteile und damit möglichst viele Arbeitsplätze zu erhalten und mit dem Insolvenzverwalter zugunsten der von Entlassung betroffenen Beschäftigten Vereinbarungen über möglichst effektive und finanziell ausreichend ausgestattete Transfermaßnahmen (insbesondere Qualifizierung und Abfindung) zu treffen (siehe → **Betriebsänderung**, → **Interessenausgleich**, → **Sozialplan**, → **Transferleistungen**).

69 Im Vorfeld einer Insolvenz – also in »guten Zeiten« – muss der Betriebsrat darauf achten, dass der Arbeitgeber seiner gesetzlichen oder tariflichen Verpflichtung nachkommt, Arbeitnehmeransprüche aus Arbeitszeitguthaben (= sog. **Wertguthaben**) bei flexiblen Arbeitszeitmodellen (siehe → **Arbeitszeitflexibilisierung**) oder bei → **Altersteilzeit** im Blockmodell gegen Insolvenz des Arbeitgebers zu sichern (z. B. durch Einrichtung eines Treuhandkontos, Verpfändung von Wertpapieren, selbstschuldnerische Bürgschaft einer Bank/Sparkasse).
Eine gesetzliche Verpflichtung des Arbeitgebers zur **Insolvenzsicherung** von Arbeitszeit-Wertguthaben aus **Langzeitkonten** besteht nach § 7 e SGB IV seit dem 1.1.2009 (siehe Rn. 101 ff.).
Wertguthaben aus Altersteilzeit sind nach § 8 a AltTZG bereits seit dem 1.7.2004 vor dem Verlust durch Insolvenz zu schützen (siehe Rn. 104 ff.).
Eine Verpflichtung zur Insolvenzsicherung von Wertguthaben kann sich daneben auch aus **Tarifverträgen** ergeben (z. B. Tarifverträge über Altersteilzeit).
Eine besondere gesetzliche Insolvenzsicherung besteht nach §§ 7, 14 Gesetz zur Verbesserung der betrieblichen Altersversorgung (BetrAVG) in Bezug auf Arbeitnehmeransprüche aus einer → **betrieblichen Altersversorgung** (siehe dort Rn. 53, 54).

70 Die **Rechtsstellung des Betriebsrats** wird durch die Eröffnung des Insolvenzverfahrens nicht berührt.
Der Betriebsrat bleibt so lange im Amt, solange noch beteiligungspflichtige Angelegenheiten anstehen bzw. abzuwickeln sind.

71 An die Stelle des Arbeitgebers tritt der **Insolvenzverwalter**.

72 Auch die Informations-, Mitwirkungs- und Mitbestimmungsrechte des Betriebsrats bleiben bestehen.

> **Beispiele:**
> Der Insolvenzverwalter muss den Betriebsrat vor Ausspruch von Kündigungen nach § 102 Abs. 1 BetrVG anhören.
> Er muss mit dem Betriebsrat über einen Interessenausgleich verhandeln und einen Sozialplan abschließen.

73 Eine **Einschränkung** der Rechte und Handlungsmöglichkeiten des Betriebsrats ergibt sich aber aus den §§ 120, 121, 122, 125, 126, 128 InsO. Nachstehend ein Überblick.

Betriebsvereinbarungen (§ 120 InsO)

74 Wird die Insolvenzmasse durch → **Betriebsvereinbarungen** belastet, »sollen« Insolvenzverwalter und Betriebsrat über eine »*einvernehmliche Herabsetzung der Leistungen beraten*« (§ 120 Abs. 1 Satz 1 InsO).
Der Betriebsrat ist nicht verpflichtet, einer Herabsetzung zuzustimmen.

75 Kündigt der Insolvenzverwalter eine die Insolvenzmasse belastende **Betriebsvereinbarung**, so

Insolvenzverfahren

beträgt die **Kündigungsfrist** – abweichend von § 77 Abs. 5 BetrVG – auch dann **drei Monate**, wenn eine längere Kündigungsfrist vereinbart ist (§ 120 Abs. 1 Satz 2 InsO).
Soweit die gekündigte Betriebsvereinbarung mitbestimmungspflichtige Angelegenheiten regelt, wirken diese Regelungen gemäß § 77 Abs. 6 BetrVG nach (siehe → **Betriebsvereinbarung** Rn. 19, 20 und → **Nachwirkung einer Betriebsvereinbarung**).
Unberührt bleibt das Recht, eine Betriebsvereinbarung **aus wichtigem Grund** ohne Einhaltung einer Kündigungsfrist zu kündigen (§ 120 Abs. 2 InsO). 75a
Die Eröffnung eines Insolvenzverfahrens bzw. eine Belastung der Insolvenzmasse durch die Betriebsvereinbarung rechtfertigt allerdings keine fristlose Kündigung.

Betriebsänderung und Vermittlungsersuchen an die Bundesagentur für Arbeit (§ 121 InsO)

Der Vorstand der Bundesagentur für Arbeit kann im Rahmen von Verhandlungen über einen → **Interessenausgleich** und → **Sozialplan** nur dann nach § 112 Abs. 2 Satz 1 BetrVG tätig werden, wenn er gemeinsam von Insolvenzverwalter und Betriebsrat um Vermittlung gebeten wird. 76

Gerichtliche Zustimmung zur Durchführung einer Betriebsänderung (§ 122 InsO)

Kommt drei Wochen nach Beginn der Verhandlungen über einen → **Interessenausgleich** (oder nach schriftlicher Aufforderung zur Aufnahme von Verhandlungen) kein Interessenausgleich zustande, kann der Insolvenzverwalter die **Zustimmung** des → **Arbeitsgerichts** zur Durchführung der Betriebsänderung beantragen, ohne dass das Verfahren nach § 112 Abs. 2 BetrVG (= Vermittlungsversuch des Vorstandes der Bundesagentur für Arbeit und → **Einigungsstelle** über den Interessenausgleich) vorausgegangen ist (§ 122 Abs. 1 Satz 1 InsO). § 113 Abs. 3 BetrVG (Nachteilsausgleich) findet insoweit keine Anwendung (§ 122 Abs. 1 Satz 2 InsO): Das heißt: es entstehen keine Ansprüche auf → **Nachteilsausgleich** (siehe auch → **Interessenausgleich** Rn. 21). 77
Das Arbeitsgericht erteilt die **Zustimmung** zur Durchführung der Betriebsänderung ohne vorausgegangenes Verfahren nach § 112 Abs. 2 BetrVG, wenn die wirtschaftliche Lage des Unternehmens (auch unter Berücksichtigung der Belange des Beschäftigten) dies **erfordert** (§ 122 Abs. 2 Satz 1 InsO). 78
Der Antrag des Insolvenzverwalters ist nach Maßgabe des § 61 a Abs. 3 bis 6 ArbGG vorrangig zu erledigen (§ 122 Abs. 2 Satz 3 InsO).
Gegen die Entscheidung des Arbeitsgerichts findet – abweichend vom Arbeitsgerichtsgesetz – eine Beschwerde an das Landesarbeitsgericht nicht statt (§ 122 Abs. 3 Satz 1 InsO). 79
Eine **Rechtsbeschwerde** an das Bundesarbeitsgericht ist nur möglich, wenn sie vom Arbeitsgericht ausdrücklich zugelassen wurde (z. B. bei grundsätzlicher Bedeutung der Rechtssache; § 122 Abs. 3 Satz 2 InsO).

Interessenausgleich und Kündigungsschutz (§ 125 InsO)

Wird ein **Interessenausgleich mit Namensliste** der zur Kündigung vorgesehenen Beschäftigten zwischen Insolvenzverwalter und Betriebsrat vereinbart, gilt gemäß § 125 Abs. 1 Satz 1 InsO Folgendes: 80
- Es wird »**vermutet**«, dass die Kündigung der in der Namensliste genannten Arbeitnehmer **betriebsbedingt erforderlich** ist.
Aus der Vermutungsregelung folgt eine **Beweislastumkehr**.

Insolvenzverfahren

Der Gekündigte muss darlegen und beweisen, dass die betriebsbedingte Kündigung nicht erforderlich ist.

Kann er den Beweis nicht führen, bleibt es bei der »vermuteten« Erforderlichkeit der Kündigung.

- Die **Sozialauswahl** kann vom Arbeitsgericht nur im Hinblick auf Dauer der Betriebszugehörigkeit, Lebensalter, Unterhaltspflicht und – das folgt aus § 1 Abs. 3 KSchG n. F. – Schwerbehinderung und insoweit nur auf **grobe Fehler** überprüft werden.

Die Sozialauswahl ist nicht als grob fehlerhaft anzusehen, wenn eine ausgewogene Personalstruktur erhalten oder geschaffen wird (werden sollte).

Nach Ansicht des BAG ist die im Insolvenzverfahren eröffnete Möglichkeit, über einen Interessenausgleich mit Namensliste eine **ausgewogene Personalstruktur** zu schaffen, mit dem **Antidiskriminierungsrecht** der Europäischen Union vereinbar (BAG v. 19. 12. 2013 – 6 AZR 790/12). Sie sei durch das legitime Ziel, ein insolventes Unternehmen zu sanieren, gerechtfertigt. Die Arbeitsgerichte hätten aber zu prüfen, ob die Altersgruppenbildung im konkreten Interessenausgleich gem. § 10 AGG gerechtfertigt ist. Der kündigende Insolvenzverwalter sei darlegungs- und beweispflichtig für die sanierungsbedingte Erforderlichkeit der Altersgruppenbildung.

81 Die Reduzierung des Kündigungsschutzes nach § 125 Abs. 1 Satz 1 InsO tritt nicht ein, wenn nach Zustandekommen des Interessenausgleichs mit Namensliste eine wesentliche **Änderung der Sachlage** eingetreten ist (§ 125 Abs. 1 Satz 2 InsO).

82 § 125 Abs. 2 InsO bestimmt, dass der Interessenausgleich zwischen Insolvenzverwalter und Betriebsrat die **Stellungnahme** des Betriebsrats nach § 17 Abs. 3 Satz 2 KSchG (= Stellungnahme zur Massenentlassungsanzeige; siehe → **Kündigung** Rn. 59 und → **Massenentlassung** Rn. 6) ersetzt.

83 **Anmerkung:** Ein Interessenausgleich mit (auch vom Betriebsrat unterzeichneter) Namensliste hat eine massive Beeinträchtigung des Kündigungsschutzes der Betroffenen zur Folge. Betriebsräte sollten deshalb generell eine derartige Namensliste nicht vereinbaren. Denn es gehört nicht zu den Aufgaben eines Betriebsrats, den Kündigungsschutz von Arbeitnehmern zu verschlechtern.

Das gilt auch, wenn es darum geht, einen **Teilbereich** des insolventen Unternehmens mit einer verkleinerten Belegschaft (ggf. mit einem neuen Arbeitgeber, der den Betrieb übernehmen will) **fortzuführen**.

Der Betriebsrat sollte auch in einer solchen Situation dafür sorgen, dass diejenigen, die nach Ansicht des Insolvenzverwalters bzw. des Übernehmers das Unternehmen verlassen sollen, »fehlerfrei« und fair behandelt werden.

Beschlussverfahren zum Kündigungsschutz (§ 126 InsO)

84 Kommt drei Wochen nach Beginn der Verhandlungen über einen Interessenvergleich (oder nach schriftlicher Aufforderung zur Aufnahme von Verhandlungen) **kein Interessenausgleich** nach § 125 Abs. 1 InsO (d. h. mit Namensliste) zustande, kann der Insolvenzverwalter beim Arbeitsgericht Feststellung beantragen, dass die **Kündigung** der im Antrag bezeichneten Arbeitnehmer **sozial gerechtfertigt** ist.

Im Rechtsstreit kann die **soziale Auswahl** nur im Hinblick auf Betriebszugehörigkeit, Alter und Unterhaltspflichten **überprüft** werden.

85 Gegen die Entscheidung des Gerichts findet keine Beschwerde an das Landesarbeitsgericht statt.

Rechtsbeschwerde an das Bundesarbeitsgericht ist nur möglich, wenn sie vom Arbeitsgericht zugelassen wurde (z. B. bei grundsätzlicher Bedeutung der Rechtssache; § 122 Abs. 3 InsO).

Insolvenzverfahren

Klage des Arbeitnehmers (§ 127 InsO)

Kündigt der Insolvenzverwalter einem Arbeitnehmer, der im Antrag des Insolvenzverwalters nach § 126 Abs. 1 InsO genannt ist, und erhebt der Arbeitnehmer **Kündigungsschutzklage** (auch Änderungsschutzklage: siehe → **Änderungskündigung**), ist das Ergebnis des Verfahrens nach § 126 InsO bindend für beide Seiten, d. h. für Arbeitnehmer und Insolvenzverwalter. Dies gilt nicht, wenn sich die Sachlage nach Schluss der letzten mündlichen Verhandlung (im Verfahren nach § 126 InsO) **wesentlich geändert** hat. 86

Ist Kündigungsschutzklage schon vor **Rechtskraft der Entscheidung** im Verfahren nach § 126 InsO erhoben worden, ist der Kündigungsschutzprozess auf Antrag des Insolvenzverwalters **auszusetzen** (§ 127 Abs. 2 InsO). 87

Betriebsveräußerung/Betriebsübergang (§ 128 InsO)

§§ 125 bis 127 InsO gelten gemäß § 128 Abs. 1 InsO auch dann, wenn die Betriebsänderung, die dem Interessenausgleich nach § 125 Abs. 1 InsO bzw. dem Feststellungsantrag nach § 126 Abs. 1 InsO zugrunde liegt, erst nach Veräußerung des Betriebs erfolgen soll. Der **Erwerber** ist am Verfahren nach § 126 InsO **zu beteiligen**. 88

Gemäß § 128 Abs. 2 InsO wird im Falle eines → **Betriebsübergangs** nach § 613 a BGB, wenn ein Interessenausgleich mit Namensliste nach § 125 Abs. 1 InsO vorliegt, **widerlegbar vermutet**, dass die Kündigung nicht »wegen des Betriebsübergangs« (§ 613 a Abs. 4 BGB) erfolgt. Stellt das Arbeitsgericht in einem Verfahren nach § 126 Abs. 1 Satz 1 InsO auf Antrag des Insolvenzverwalters fest, dass die **Kündigung sozial gerechtfertigt** ist, so ist damit gleichzeitig festgestellt, dass die Kündigung *nicht »wegen des Betriebsübergangs«* (§ 613 a Abs. 4 BGB) erfolgt ist (§ 128 Abs. 2 InsO). 89

Für einen **vor oder nach Eröffnung** des Insolvenzverfahrens abgeschlossenen → **Sozialplan** gilt nach §§ 123, 124 InsO Folgendes: 90

Sozialplan nach Eröffnung des Insolvenzverfahrens (§ 123 InsO)

In einem → **Sozialplan**, der nach Eröffnung des Insolvenzverfahrens aufgestellt worden ist, kann ein **Gesamtvolumen von zweieinhalb Monatsverdiensten** der von Entlassung betroffenen Arbeitnehmer vorgesehen werden (§ 123 Abs. 1 InsO). 91

Eine **Überschreitung** dieses Gesamtbetrages führt zur **Unwirksamkeit** des Sozialplans, das heißt, es muss ein neuer Sozialplan vereinbart werden.

> **Beispiel:**
> 100 Arbeitnehmer sollen entlassen werden, deren Monatsverdienst jeweils 2000,- Euro beträgt. Das Gesamtsozialplanvolumen darf 500 000,- Euro nicht überschreiten.

Die Verbindlichkeiten aus einem solchen Sozialplan sind **Masseverbindlichkeiten** (§ 123 Abs. 2 Satz 1 InsO; siehe Rn. 42). 92

Es darf aber für die Berichtigung der Sozialplanforderungen **nicht mehr als ein Drittel der Masse** verwendet werden, die ohne einen Sozialplan für die Verteilung an die Insolvenzgläubiger zur Verfügung stünde (§ 123 Abs. 2 Satz 2 InsO). 93

Diese Einschränkung gilt nicht, wenn ein **Insolvenzplan** (§§ 217 bis 269 InsO; siehe Rn. 60 ff.) zustande kommt (§ 123 Abs. 2 Satz 2 InsO).

Übersteigt der Gesamtbetrag aller Sozialplanforderungen die **Grenze von einem Drittel der Masse**, so sind die einzelnen Forderungen **anteilig zu kürzen** (§ 123 Abs. 2 Satz 3 InsO). 94

So oft hinreichende Barmittel in der Masse vorhanden sind, soll der Insolvenzverwalter mit 95

Insolvenzverfahren

Zustimmung des Insolvenzgerichtes **Abschlagszahlungen** auf die Sozialplanforderungen leisten (§ 123 Abs. 3 Satz 1 InsO).
Eine **Zwangsvollstreckung** in die Masse wegen einer Sozialplanforderung ist **unzulässig** (§ 123 Abs. 3 Satz 2 InsO).

Sozialplan vor Eröffnung des Insolvenzverfahrens (§ 124 InsO)

96 Ein Sozialplan, der vor der Eröffnung des Insolvenzverfahrens, jedoch nicht früher als **drei Monate** vor dem Antrag auf Eröffnung des Insolvenzverfahrens aufgestellt worden ist, kann sowohl vom Insolvenzverwalter als auch vom Betriebsrat **widerrufen** werden (§ 124 Abs. 1 InsO).

97 Wird der Sozialplan widerrufen, können Arbeitnehmer, denen Forderungen aus dem Sozialplan zustanden, bei der Aufstellung eines Sozialplans im Insolvenzverfahren (nach § 123 InsO) **berücksichtigt** werden (§ 124 Abs. 2 InsO).

98 Leistungen, die ein Arbeitnehmer vor der Eröffnung eines Insolvenzverfahrens aus dem widerrufenen Sozialplan erhalten hat, können **nicht** wegen des Widerrufs **zurückgefordert** werden (§ 124 Abs. 3 Satz 1 InsO).
Derartige Leistungen an einen von Entlassung betroffenen Arbeitnehmer sind bei der Aufstellung eines neuen Sozialplans bei der Berechnung des Gesamtbetrages der Sozialplanforderungen nach § 123 Abs. 1 InsO bis zur Höhe von **zweieinhalb Monatsverdiensten** abzusetzen (§ 124 Abs. 3 Satz 2 InsO).

99 Forderungen aus einem Sozialplan, der **nicht widerrufen** wird (siehe Rn. 97) oder der früher als **drei Monate** vor dem Antrag auf Eröffnung des Insolvenzverfahrens aufgestellt worden ist, sind **Insolvenzforderungen** im Sinne des § 38 InsO (siehe Rn. 47), die erst dann (ggf. teilweise) befriedigt werden (können), wenn die Forderungen der Massegläubiger (§ 53 InsO; siehe Rn. 39) vollständig erfüllt worden sind.

Bedeutung für die Beschäftigten

100 Besonderheiten gelten in Bezug auf die Frage, ob und inwieweit Arbeitnehmeransprüche aus Arbeitszeitguthaben (siehe → **Arbeitszeitflexibilisierung** Rn. 10 ff.) oder bei → **Altersteilzeit** im Blockmodell (= sog. **Wertguthaben**) und bei → **betrieblicher Altersversorgung** gegen Insolvenz des Arbeitgebers gesichert sind.

Insolvenzsicherung von Arbeitszeitguthaben bei flexiblen Arbeitszeitregelungen (§ 7 e SGB IV)

101 Bei flexiblen Arbeitszeitregelungen, die ein Arbeitszeitkonto vorsehen (siehe → **Arbeitszeitflexibilisierung** Rn. 10 ff.), sind Guthabenstunden ab einem bestimmten Umfang vom Arbeitgeber gegen Insolvenz abzusichern (zum Insolvenzschutz bei → **Altersteilzeit** siehe dort Rn. 81 ff.).
Dies ergibt sich aus § 7 e SGB IV, eingefügt durch das Gesetz zur Verbesserung der Rahmenbedingungen für die Absicherung flexibler Arbeitszeitregelungen vom 21.12.2008 (BGBl. I S. 2940). Das Gesetz ist am 1.1.2009 in Kraft getreten.
Die Regelung gilt allerdings nur für »**Langzeitkonten**« (siehe → **Arbeitszeitflexibilisierung** Rn. 13).
Zu weiteren Einzelheiten siehe → **Arbeitszeitflexibilisierung** Rn. 13 g bis 13 p.

102 Zur Umsetzung des § 7 e SGB IV ist der Arbeitgeber von Betriebsrat und Gewerkschaft auf-

Insolvenzverfahren

zufordern, eine wirksame Form der **Insolvenzsicherung** von Zeitguthaben einschließlich des darauf entfallenden Arbeitgeberanteils am Gesamtsozialversicherungsbeitrag vorzunehmen (z. B. durch ein Treuhandkonto oder eine unwiderrufliche selbstschuldnerische Bürgschaft der Hausbank des Arbeitgebers; siehe Rn. 101 b).
Etwaige **Kosten** hat der Arbeitgeber zu tragen.

Kommt es wegen eines nicht geeigneten oder nicht ausreichenden Insolvenzschutzes zu einer Verringerung oder einem Verlust des Wertguthabens, **haftet der Arbeitgeber** für den entstandenen Schaden (§ 7 e Abs. 7 Satz 1 SGB IV).
Ist der Arbeitgeber eine juristische Person (z. B. GmbH, AG; siehe → **Unternehmensrechtsformen**) oder eine Gesellschaft ohne Rechtspersönlichkeit (z. B. OHG, KG), haften auch die organschaftlichen Vertreter (z. B. Geschäftsführer einer GmbH, Vorstand einer AG) **gesamtschuldnerisch** für den Schaden (§ 7 e Abs. 7 Satz 2 SGB IV).
Der Arbeitgeber oder ein organschaftlicher Vertreter haften nicht, wenn sie den Schaden **nicht zu vertreten** haben (§ 7 e Abs. 7 Satz 3 SGB IV).

102a

Arbeitszeitkonten und Insolvenzgeld (§ 165 ff. SGB III 2012)

Für Guthaben aus einem Arbeitszeitkonto ist nach Ansicht des Bundessozialgerichts nur dann → **Insolvenzgeld** (§§ 165 ff. SGB III 2012) zu zahlen, wenn es im Dreimonatszeitraum vor Insolvenzeröffnung oder Abweisung mangels Masse (= Insolvenzgeldzeitraum) **erarbeitet** oder bestimmungsgemäß (etwa durch **Freizeitausgleich**) verwendet wurde (BSG v. 25. 6. 2002 – B 11 AL 90/01 R, AuR 2002, 374).
Es kommt nicht darauf an, ob der Arbeitnehmer im Insolvenzgeldzeitraum **tatsächlich gearbeitet** hat oder Plusstunden im Arbeitszeitkonto durch Freizeitnahme »abgefeiert« hat (§ 165 Abs. 2 Satz 2 SGB III 2012).
Dagegen besteht für Arbeitsstunden, die **vor** dem dreimonatigen Insolvenzgeldzeitraum geleistet und auf einem Arbeitszeitkonto **gutgeschrieben** und dann im Insolvenzgeldzeitraum fällig geworden sind, kein Anspruch auf Insolvenzgeld (BSG v. 25. 6. 2002 – B 11 AL 90/01 R, a. a. O.).
Leistet der Arbeitgeber nach Ablauf des Insolvenzgeldzeitraums **Zahlungen** auf Arbeitsentgelt, so sind diese vorrangig Ansprüchen (etwa aus einem Arbeitszeitkonto) zuzurechnen, die vor dem Insolvenzgeldzeitraum liegen (BSG v. 25. 6. 2002 – B 11 AL 90/01 R, a. a. O.).
Siehe auch → **Insolvenzgeld**.

103

Insolvenzsicherung von Arbeitszeitguthaben

Aus Vorstehendem folgt die Notwendigkeit, die Ansprüche der Arbeitnehmer aus einem Arbeitszeitguthaben (Arbeitszeitkonto) gegen Insolvenz des Arbeitgebers zu sichern (z. B. durch **Bürgschaft** einer Bank oder durch Überweisung der zu sichernden Summe auf ein »insolvenzsicheres« Treuhandkonto [»doppelseitige Treuhand«]).
Eine Verpflichtung des Arbeitgebers zur Insolvenzsicherung von Wertguthaben aus **Langzeitkonten** ergibt sich aus § 7 e SGB IV (neu gefasst durch Gesetz zur Verbesserung der Rahmenbedingungen für die Absicherung flexibler Arbeitszeitregelungen vom 21. 12. 2008; siehe Übersicht im Anhang zu → **Arbeitszeitflexibilisierung**).
Für **Kurzzeitkonten** gilt die Vorschrift nicht. Dennoch kann der Betriebsrat versuchen, mit dem Arbeitgeber auch für solche Konten eine Insolvenzschutzregelung abzuschließen. Flexiblen Arbeitszeitregelungen ohne Insolvenzsicherung sollte der Betriebsrat nicht zustimmen. Er hat ein Druckmittel, weil er bei **flexiblen Arbeitszeitregelungen** nach § 87 Abs. 1 Nr. 2 BetrVG ein volles **Mitbestimmungsrecht** hat.
Zur Absicherung von Wertguthaben bei → **Altersteilzeit** siehe dort Rn. 88 ff.

103a

Insolvenzverfahren

Insolvenzsicherung von Wertguthaben bei Altersteilzeit (§ 8 a AltTZG)

104 Die Verpflichtung des Arbeitgebers zur Insolvenzsicherung von Wertguthaben bei Altersteilzeit (Blockmodell) richtet sich nach § 8 a Altersteilzeitgesetz (AltTZG). Die Vorschrift ist am 1.7.2004 in Kraft getreten.
Zu Einzelheiten siehe → **Altersteilzeit** Rn. 81 ff.

105 Nach Ansicht des BAG besteht keine persönliche Haftung der Mitglieder von Geschäftsleitungen und Vorständen eines Unternehmens nach § 823 Abs. 2 BGB, die es entgegen § 8 a AltTZG unterlassen, die Ansprüche der Altersteilzeiter gegen Insolvenz abzusichern (BAG v. 23.2.2010 – 9 AZR 44/09, NZA 2010, 1418 und 23.2.2010 – 9 AZR 71/09, BB 2010, 2698). § 8 a AltTZG sei nur im Verhältnis zum **Arbeitgeber** (GmbH, Aktiengesellschaft, usw.) Schutzgesetz i. S. v. § 823 Abs. 2 BGB. Sie begründe keine persönliche Haftung der gesetzlichen **Vertreter** juristischer Personen. Die organschaftlichen Vertreter seien keine Normadressaten.
Teilt allerdings z. B. der Geschäftsführer einer GmbH dem Betriebsrat **wahrheitswidrig** mit, dass die Insolvenzsicherung erfolgt sei, kann dies seine **Schadensersatzpflicht** nach § 823 Abs. 2 BGB i. V. m. § 263 StGB (Betrug) begründen.
Der Geschäftsführer **haftet dann persönlich** für den Schaden, der dem Arbeitnehmer durch die (teilweise) Nichterfüllung seines erarbeiteten Wertguthabens in der Insolvenz entsteht, weil das vor Insolvenzeröffnung erarbeitete Wertguthaben nach § 108 Abs. 2 InsO nur als Insolvenzforderung anteilig berichtigt wird (BAG v. 13.2.2007 – 9 AZR 207/06, NZA 2007, 878). Unverständlicherweise hat es der Gesetzgeber unterlassen, in § 8 a AltTZG eine **Haftungsregelung** aufzunehmen, die der Regelung des § 7 e Abs. 7 SGB IV entspricht (= persönliche Haftung der Mitglieder von Geschäftsleitungen und Vorständen eines Unternehmens bei **Langzeit-Arbeitszeitkonten**; siehe Übersicht im Anhang zu → **Arbeitszeitflexibilisierung**).

106 bis 110 Nicht besetzt.

Insolvenzsicherung von Ansprüchen aus einer betrieblichen Altersversorgung (§ 7 BetrAVG)

111 Ansprüche aus einer **betrieblichen Altersversorgung**, die wegen der Insolvenz vom Arbeitgeber nicht erfüllt werden können, sind durch das Gesetz zur Verbesserung der betrieblichen Altersversorgung (BetrAVG) geschützt.
Es tritt der **Pensionssicherungsverein** ein (§ 7 BetrAVG).
Zu Einzelheiten siehe → **Betriebliche Altersversorgung** Rn. 53, 54.

Kündigung durch den Insolvenzverwalter (§ 113 InsO)

112 Die Rechtsposition der Beschäftigten bei einer → **Kündigung** durch den Insolvenzverwalter wird bestimmt (und beeinträchtigt) durch § 113 InsO und die §§ 125, 126, 127, 128 InsO (siehe hierzu Rn. 80 bis 89).

113 Ein Arbeitsverhältnis kann im Falle der Insolvenz des Arbeitgebers vom Insolvenzverwalter – aber auch vom Arbeitnehmer – ohne Rücksicht auf eine vereinbarte Vertragsdauer (siehe → **Befristeter Arbeitsvertrag**) oder einen gesetzlich geregelten bzw. vertraglich oder tarifvertraglich vereinbarten Ausschluss des Rechts zur ordentlichen Kündigung (siehe → **Kündigungsschutz [besonderer]**) gekündigt werden (§ 113 Satz 1 InsO).

114 Die beiderseitige **Kündigungsfrist** beträgt nach § 113 Satz 2 InsO **drei Monate zum Monatsende**, wenn nicht eine kürzere Frist maßgeblich ist (z. B. nach § 622 Abs. 1 BGB; siehe → **Kündigungsfristen** Rn. 3).
Dies gilt auch dann, wenn gesetzlich oder arbeits- oder tarifvertraglich eine längere Kündi-

Insolvenzverfahren

gungsfrist vorgesehen ist oder wenn die → **ordentliche Kündigung** durch Gesetz, Arbeitsvertrag oder Tarifvertrag ganz ausgeschlossen ist (siehe Rn. 113 und 115).
Nach Ansicht des BAG wird eine längere **tarifliche Kündigungsfrist** durch die Drei-Monats-Frist des § 113 Satz 2 InsO verdrängt (BAG v. 16.6.1999 – 4 AZR 191/98, NZA 1999, 1331).
Auch ein **tariflicher Kündigungsschutz** (z. B. für ältere, langjährig beschäftigte Arbeitnehmer) soll einer Kündigung durch den Insolvenzverwalter nach § 113 InsO nicht entgegenstehen (BAG v. 19.1.2000 – 4 AZR 70/99, AiB 2000, 693).
Die **Tarifautonomie** (Art. 9 Abs. 3 GG) werde durch § 113 InsO nicht verletzt.
Demgegenüber hatten die Arbeitsgerichte Stuttgart v. 4.8.1997 – 18 Ca 1752/97 (DB 1997, 2543) und München v. 14.10.1998 – 29 b Ca 219/08 (NZA-RR 1999, 18) die Auffassung vertreten, dass die Bestimmung des § 113 InsO insoweit gegen Art. 9 Abs. 3 Grundgesetz verstoße, als sie in tarifliche Regelungen über Kündigungsfristen bzw. den Ausschluss von ordentlichen Kündigungen eingreife.
Das Bundesverfassungsgericht hat allerdings entsprechende Vorlagen der beiden Arbeitsgerichte als unzulässig verworfen (BVerfG v. 8.2.1999 – 1 BvL 25/97, NZA 1999, 597 und v. 21.5.1999 – 1 BvL 22/98, NZA 1999, 923).
§ 113 InsO verdrängt nach Ansicht des BAG auch Unkündbarkeitsklauseln in → **Betriebsvereinbarungen** (BAG v. 22.9.2005 – 6 AZR 526/04, NZA 2006, 658) und tariflichen Standortsicherungsvereinbarungen (BAG v. 17.11.2005 – 6 AZR 107/05, NZA 2006, 661).
Auch § 323 Abs. 1 Umwandlungsgesetz (UmwG), nach dem im Fall einer Unternehmensspaltung sich die kündigungsrechtliche Stellung der betroffenen Arbeitnehmer auf Grund der Spaltung für die Dauer von zwei Jahren ab dem Zeitpunkt ihres Wirksamwerdens nicht verschlechtert, soll eine Kündigung durch den Insolvenzverwalter nach § 113 InsO nicht ausschließen (BAG v. 22.9.2005 – 6 AZR 526/04, NZA 2006, 658).

115

Als **Ausgleich** für die insolvenzbedingte vorzeitige Beendigung des Arbeitsverhältnisses gewährt § 113 Satz 3 InsO einen **verschuldensunabhängigen Schadensersatzanspruch** (BAG v. 27.2.2014 – 6 AZR 301/12). Nach Ansicht des BAG ist § 113 InsO eine in sich geschlossene Regelung, die dem Arbeitnehmer keinen Anspruch darauf gewährt, dass der Insolvenzverwalter von der dreimonatigen Kündigungsfrist des § 113 Satz 2 InsO keinen oder nur eingeschränkten Gebrauch macht, wenn die Beendigung des Arbeitsverhältnisses sozialversicherungsrechtliche Nachteile nach sich zieht (BAG v. 27.2.2014 – 6 AZR 301/12). Das Gesetz sehe insoweit allein den Schadensersatzanspruch nach § 113 Satz 3 InsO vor. Zu dieser Entscheidung ein Auszug aus der Pressemitteilung des BAG Nr. 9/14: »... *Die Klägerin war im Versandhandel als Einkäuferin beschäftigt. Über das Vermögen ihrer Arbeitgeberin wurde am 1. September 2009 das Insolvenzverfahren eröffnet. Der Insolvenzverwalter kündigte gemäß § 113 Satz 2 InsO das Arbeitsverhältnis wegen Betriebsstilllegung zum 31. Mai 2010. Hätte er die vertraglich vereinbarte Kündigungsfrist eingehalten, wäre das Arbeitsverhältnis erst zum 30. Juni 2010 beendet worden. Die Klägerin befand sich im Zeitpunkt der Kündigung in Elternzeit. Durch die Beendigung des Arbeitsverhältnisses verlor sie die Möglichkeit, sich weiter beitragsfrei in der gesetzlichen Krankenversicherung zu versichern (§ 192 SGB V). Dies war dem Insolvenzverwalter bekannt. Die Klägerin begehrt die Feststellung, dass das Arbeitsverhältnis erst zum 30. Juni 2010 beendet worden ist. Sie hat die Auffassung vertreten, der Insolvenzverwalter habe ermessensfehlerhaft von der Möglichkeit, die Kündigungsfrist nach § 113 Satz 2 InsO abzukürzen, Gebrauch gemacht. Sie habe unter Berücksichtigung der Wertentscheidung des Art. 6 GG Anspruch auf Einhaltung der vertraglichen Kündigungsfrist.*
Die Vorinstanzen haben die Klage abgewiesen. Die Revision der Klägerin hatte vor dem Sechsten Senat des Bundesarbeitsgerichts keinen Erfolg. Der Insolvenzverwalter muss den Zeitpunkt der Beendigung des Arbeitsverhältnisses nicht an den sich aus § 192 SGB V ergebenden sozialversicherungsrechtlichen Folgen ausrichten. Dass § 113 InsO für die vorzeitige Beendigung des Arbeitsverhältnisses nur einen Schadenersatzanspruch vorsieht, steht im Einklang mit Art. 6 GG.«

115a

1321

Insolvenzverfahren

116 **Klagefrist beachten:** Will ein Beschäftigter gegen eine Kündigung des Insolvenzverwalters klagen, muss er dies nach § 4 KSchG in jedem Falle **innerhalb von drei Wochen** nach Zugang der schriftlichen Kündigung tun, und zwar auch dann, wenn er sich auf andere Unwirksamkeitsgründe als die in § 1 Abs. 2 und 3 KSchG genannten beruft (z. B. fehlende Anhörung des Betriebsrats; siehe → **Kündigungsschutz**)!
Andernfalls wird die Kündigung wirksam.
Nach Ablauf der Dreiwochenfrist ist nur noch in Ausnahmefällen eine »*nachträgliche Zulassung*« der Klage (§ 5 KSchG) möglich.

Betriebsübergang (§ 613 a BGB)

117 § 613 a BGB findet auch im Insolvenzverfahren Anwendung.
Das heißt, der neue Inhaber tritt in die Rechte und Pflichten aus den im Zeitpunkt des Betriebsübergangs bestehenden Arbeitsverhältnissen ein (siehe → **Betriebsübergang**).

118 Für Ansprüche, die <u>vor</u> Insolvenzeröffnung entstanden sind, haftet der Übernehmer eines Betriebs oder Betriebsteils (bei Zugrundelegung der bisherigen BAG-Rechtsprechung; vgl. BAG v. 17. 1. 1980 – 3 AZR 160/79, AuR 1980, 55 = AP Nr. 18 zu § 613 a BGB = AiB 1993, 115) allerdings nicht.
Vielmehr sind diese Ansprüche nach den **Verteilungsgrundsätzen des Insolvenzverfahrens** zu behandeln.

119 §§ 125 bis 127 InsO gelten gemäß § 128 Abs. 1 InsO auch dann, wenn die → **Betriebsänderung**, die dem → **Interessenausgleich** nach § 125 Abs. 1 InsO bzw. dem Feststellungsantrag nach § 126 Abs. 1 InsO zugrunde liegt, erst <u>nach</u> Veräußerung des Betriebs erfolgen soll.
Der Erwerber ist am Verfahren nach § 126 InsO zu beteiligen.
Im Falle eines Betriebsübergangs wird, wenn ein Interessenausgleich mit Namensliste nach § 125 Abs. 1 InsO vereinbart wurde, widerlegbar **vermutet**, dass die Kündigung nicht »wegen des Betriebsübergangs« (§ 613 a Abs. 4 BGB) erfolgt (§ 128 Abs. 2 InsO).
Stellt das Arbeitsgericht in einem Verfahren nach § 126 Abs. 1 Satz 1 InsO auf Antrag des Insolvenzverwalters fest, dass die Kündigung **sozial gerechtfertigt** ist, so ist damit gleichzeitig festgestellt, dass die Kündigung nicht »wegen des Betriebsübergangs« (§ 613 a Abs. 4 BGB) erfolgt ist (§ 128 Abs. 2 InsO).

Insolvenzgeld (§§ 165 ff. SGB III 2012)

120 Insolvenzgeld wird von der Agentur für Arbeit auf Antrag (!) für rückständiges Arbeitsentgelt aus den letzten drei Monaten vor dem Insolvenzereignis (= Eröffnung des Insolvenzverfahrens, Abweisung des Eröffnungsantrags mangels Masse oder völlige Einstellung der Betriebstätigkeit, wenn ein Insolvenzantrag nicht gestellt wird und ausreichende Masse nicht vorhanden ist) gezahlt (siehe → **Insolvenzgeld** Rn. 1).
Antragsfrist beachten: der Antrag muss spätestens innerhalb von **zwei Monaten** nach dem Insolvenzereignis bei der Agentur für Arbeit gestellt werden (§ 324 Abs. 3, 327 Abs. 3 Satz 2 SGB III 2012; siehe → **Insolvenzgeld** Rn. 13).
Insolvenzgeld wird in Höhe des Nettoentgeltes gezahlt, das sich ergibt, wenn das auf die monatliche Beitragsbemessungsgrenze (Stand 2014: 5950 Euro [West]; 5000 Euro [Ost]) begrenzte Bruttoarbeitsentgelt um die gesetzlichen Abzüge gemindert wird (§ 185 Abs. 1 SGB III; siehe → **Insolvenzgeld** Rn. 12).
Die Agentur für Arbeit übernimmt die **Beiträge** zur Arbeitslosen-, Kranken-, Renten- und Pflegeversicherung (§ 208 SGB III in Verbindung mit § 28 d SGB IV; siehe → **Insolvenzgeld** Rn. 20).
Zu weiteren Einzelheiten siehe → **Insolvenzgeld**.

Insolvenzverfahren

Zur **Anfechtung von Lohnzahlungen** durch den Insolvenzverwalter gemäß § 130 InsO in
Bezug auf Auszahlungen, die der in Zahlungsschwierigkeiten steckende Arbeitgeber in den
letzten drei Monaten vor dem Antrag auf Eröffnung des Insolvenzverfahrens bzw. nach dem
Eröffnungsantrag getätigt hat, siehe Rn. 24 a und b.

121

Arbeitshilfen

Checklisten
- Insolvenzverfahren
- Was tun bei Zahlungsunfähigkeit des Arbeitgebers?

Musterschreiben
- Interessenausgleich im Insolvenzverfahren
- Sozialplan im Insolvenzverfahren
- Gesellschaftsvertrag einer Transfergesellschaft: siehe → **Transferleistungen**
- Vertrag zwischen Transfergesellschaft, Arbeitgeber und Arbeitnehmer: siehe → **Transferleistungen**

Checkliste: Insolvenzverfahren[1]

I. Fristen
1. Verjährung (§§ 195 ff. BGB).
2. Ausschluss-/Verfallfristen nach Tarifvertrag oder Arbeitsvertrag
   - schriftliche Geltendmachung
   - gerichtliche Geltendmachung.
3. Insolvenzfristen: im Eröffnungsbeschluss aufgeführt (veröffentlicht in der Tageszeitung; Nachfrage bei Gericht).
4. 3-Wochen-Frist für Kündigungsschutzklagen. Gemäß § 4 Satz 1 KSchG gilt die 3-Wochen-Frist auch dann, wenn sich der Arbeitnehmer in der Klage auf andere als die in § 1 Abs. 2 und 3 des KSchG bezeichneten Gründe beruft.
5. 2-Monatsfrist beim Insolvenzgeldantrag.
6. 1-Monat-Widerspruchsfrist bei Betriebsübergang nach § 613 a BGB.
7. Arbeitslosengeld wird ab Antragstellung gezahlt.

II. Vor Antrag auf Eröffnung eines Insolvenzverfahrens
1. Erkennen der Krisensymptome und Darstellung derselben.
2. Sanierungsüberlegungen; Unternehmen bleibt bestehen; Auffanggesellschaften, ...
3. Überlegungen zum Produkt, zum Management, zum Vertrieb, zur Technik, zum Personal, ...
4. Sachverständigenbeauftragung (§ 80 Abs. 3 BetrVG); kritische Durchleuchtung des Unternehmens; Ursachenforschung.
5. Wirtschaftsausschussarbeit verstärken (§§ 106 ff. BetrVG); Auswertung der Bilanzen, der Gewinn- und Verlustrechnung und sonstiger Unterlagen.
6. Wer kann wie helfen (Gewerkschaften, Politik, Wirtschaftsministerien, Banken, Verbände, Agentur für Arbeit ...).
7. Fördermittel-Suche (z. B. §§ 110 und 111 SGB III 2012, Bund, Land, Kommune, EU, ...).
8. Übernehmer- und Interessenten-Suche beginnen.
9. Überlegungen zum Zurückbehaltungsrecht.
10. Beobachtung und Kalkulation des Insolvenzgeld-Zeitraums (3 Monate ...).

---

1 Aus: Bichlmeier/Engberding/Oberhofer, Insolvenzhandbuch: Ein rechtlicher und betriebswirtschaftlicher Leitfaden, Handbücher für die Unternehmenspraxis, Bund-Verlag, Frankfurt.

Insolvenzverfahren

11. Verhalten von Geschäftsführern, Vorständen, Aufsichtsrat und Managern beobachten ....
12. Überlegungen zum Arbeitnehmer-Insolvenz-Antrag und den anfallenden Kosten.
13. Rechtsschutzfragen klären.
14. Ausarbeitung eines Arbeitsplans mit Aufgabenverteilung.
15. Protokolle anfertigen.

III. Nach Antrag auf Eröffnung eines Insolvenzverfahrens
1. Fristen beachten (siehe oben).
2. Überlegungen zum vorläufigen Insolvenzverwalter und Insolvenzverwalter. Kontaktaufnahme zum Insolvenzgericht und zu möglichen Insolvenzverwaltern; Rückfragen wegen Rechtsschutz; Einflussnahme auf die Insolvenzverwalterbestellung – jeder Gläubiger kann dem Gericht Vorschläge unterbreiten.
3. Überlegungen zum Gläubigerausschuss; Mitteilung von Vorschlägen an das Insolvenzgericht.
4. Überlegungen zum Massekostenvorschuss.
5. Überlegungen zur Insolvenzgeld-Vorfinanzierung.
6. Überlegungen zum Sachverständigen und seiner Finanzierung.
7. Nachforschungen:
   - welche Banken sind beteiligt (Poolführer feststellen),
   - welche Kreditversicherer sind beteiligt,
   - Lieferanten (Poolführer feststellen),
   - Kunden,
   - Einkaufs-/Verkaufsverbände,
   - Sicherheitensituation (Abtretungen, Leasing/Miete/Pacht, Grundschulden, Eigentumsvorbehalte, Sicherungsübereignungen),
   - wem gehört das Anlagevermögen,
   - Gesellschafter,
   - Geschäftsführer,
   - Kapitalersatz ersetzende Darlehen,
   - Kapital ersetzende Nutzungsüberlassung; Pachtzins ...
   - Durchgriffshaftungslage i. w. S.
   - Unternehmensverbund, Konzern, Patronatserklärungen, Bürgschaften, ...,
   - Quasigeschäftsführung/Quasigesellschafter: Banken, Sanierer, Unternehmensberater, ...,
   - Insolvenzantragsverzögerung/Insolvenzverschleppung,
   - Insolvenzstraftaten,
   - gibt es »laufende« Sozialpläne,
   - offene und fällige Forderungen der Arbeitnehmer auflisten,
   - Insolvenzgeldfristen feststellen und beobachten,
   - Feststellung sonstiger Fristen (Ausschluss- und Verfallfristen, Verjährungsfristen ...),
   - Feststellung »laufender« Kündigungsprozesse; keine Vergleiche mehr schließen.
8. Betriebsversammlungen.
9. Gespräche mit dem Insolvenzgericht und dem vorläufigen Insolvenzverwalter führen.
10. Überlegungen zur eventuell beantragten Eigenverwaltung.
11. Überlegungen zu einem Insolvenzplan.

IV. Ab Eröffnung des Insolvenzverfahrens
1. Fristen beachten (siehe oben).
2. Anfertigung eines Adressenblattes mit Insolvenzdaten.
3. Gespräche mit dem Insolvenzgericht / Insolvenzrichter und Rechtspfleger.
4. Gespräche mit dem Insolvenzverwalter – er ist der Quasi-Arbeitgeber und wie ein Arbeitgeber verpflichtet und wie ein solcher zu behandeln.
5. Sanierung
   - Weiterproduktion; Massekredit,
   - Prüfung: Fortführung möglich, ja oder nein,
   - Ausarbeitung eines eigenen Insolvenzplanes

Insolvenzverfahren

- oder Einbringung eigener sonstiger Vorstellungen zur Sanierung oder übertragenden Sanierung.
- Wiederum: Abklärung, ob ein Sachverständiger bestellt werden soll und seine Finanzierung regeln.
6. Juristischer Teil der Abwicklung (Klärung: Wer wird beauftragt; Kosten),
   - Ausfüllen eines Insolvenz-Aufnahmebogens (siehe dazu auch Adressenblatt ...),
   - Klagen (Feststellungs- und Leistungsklagen),
   - Forderungsanmeldungen, wer, wann, wie, ...
   - Geltendmachungen, wer, wann, wie, ...
   - Insolvenzgeldanträge, wer, wann, wie; kommt die Agentur für Arbeit in die Firma?
   - Interessenausgleich – Beachtung des Insolvenzarbeits- und Betriebsverfassungsrechts,
   - Sozialplan – Beachtung der §§ 123, 124 InsO,
   - § 613 a BGB-Debatte führen; ggf. hierzu eine § 37 Abs. 6 BetrVG – Schulung durchführen,
   - Vollmachten für die 1. Gläubigerversammlung organisieren.

V. Adressenblatt mit Insolvenzdaten (Aufnahmebogen InsO)
1. Unternehmen/Arbeitgeber = Gemeinschuldner
   - Eröffnung des Konkurs-/Gesamtvollstreckungsverfahren über das Vermögen der Firma ...
   - Unternehmen/genaue Bezeichnung/Str./Ort
   - Gesellschafter
   - Geschäftsführer/Vorstand
   - Branche und Produkt
   - bei Konzernen etc.: Verbünde/verwandte Unternehmen (Mütter, Töchter etc.)
2. Betriebsrat/GBR/KBR
   - Anzahl der Mitglieder
   - Vorsitzender
   - Stellvertretender Vorsitzender
   - Telefon
   - Fax
   - Privatanschriften
   - GBR
   - KBR
   - Gewerkschaft: Namen, Anschrift, Tel./Fax
3. Insolvenzgericht (Name des Richters, des Rechtspflegers, Adresse des Gerichts, Telefon/Telefax) Aktenzeichen: ... Antragstellung am ... Eröffnung am ... Vorläufige Verwaltung von ... bis ... durch ...
4. Insolvenzverwalter (Name, Adresse, Telefon, Handy, Tel. privat, Telefax)
5. Gläubigerausschussmitglieder (Name, Adresse, Telefon, Telefax):
6. Agentur für Arbeit (Insolvenzgeld und ALG-Stelle; Name, Adresse, Telefon)
7. Krankenkassen, Rentenversicherung, BG (wenn nötig)
8. Pensionssicherungsverein (PSV) Köln wg. Betriebsrenten
9. Sachverständige
10. Interessenten

VI. Zur Sache
1. Hauptgläubiger
2. Sicherungsgläubiger
3. Anfechtungsmöglichkeiten
4. Aufrechnungsmöglichkeiten
5. Banken + Poolführerin
6. Kreditversicherer
7. Werthaltige Vermögensgegenstände; wem gehört das Anlagevermögen?
8. Hauptkunden und -lieferanten
9. Aufzeichnungen zur Durchgriffshaftung
   - Spaltungen und Fusionen u. Ä. im Vorfeld der Insolvenz,

Insolvenzverfahren

- Outsourcing und Ausgründungen,
- gesamtschuldnerische Haftung (§§ 133, 134 UmwG, § 613 a Abs. 2 BGB ...),
- Patronate, Bürgschaften,
- Kapitalersatz u. a.,
- Darstellung der Konzernsituation insbesondere der Voraussetzungen des qualifizierten faktischen Konzerns als »Haftungsinstrumentarium«,
10. Haftung und Strafrecht
11. Sanierungsprüfung
    - Sachverständiger
    - Interessenten
    - »Auffanglösungen«
12. Sozialplan und Interessenausgleich. Existiert ein »Altsozialplan«? Wer unterliegt dem »Altsozialplan«?
13. Anzahl der Beschäftigten
    - Gekündigte Arbeitnehmer
    - Freigestellte Arbeitnehmer
    - Fortführungskonzept mit Arbeitnehmern
    - Arbeitnehmer, die in eine Transfergesellschaft wollen

VII. Aufnahmebogen Arbeitnehmer

Datum
1. Name ... Vorname ... Geburtsdatum ... Alter ... Adresse ...
   Telefon und Telefax ...
   Bankverbindung ... mit Kontonummer ... und BLZ ... unterhaltsberechtigte Personen ... Familienstand ... sonstige wichtige Angaben zur Person ...
2. Beschäftigt seit ... als ...
   Arbeitsentgelt ... Arbeitszeit ... gekündigt am ... zum ...
3. Frist ist eingehalten ... Frist ist nicht eingehalten ... Fristlos ...
   Die Kündigungsfrist beträgt nach § 622 BGB ... nach Tarifvertrag ... nach Arbeitsvertrag ... (Kein) schriftlicher Arbeitsvertrag ... Kündigungsschreiben liegt (nicht) vor ...
   Die Kündigung ging zu am ... Kündigungsschutzklage (nicht) gewünscht ... § 174 BGB (Vollmacht) ...
4. Der Betriebsrat wurde gemäß § 102 BetrVG (nicht) gehört. Ein Interessenausgleich (ohne/mit Namensliste) wurde (nicht) vereinbart. Es wurde (nicht) nach dem InsO-Arbeitsrecht/BetrVG-Recht verfahren.
5. Ein besonderer Kündigungsschutz (Mutterschutzgesetz, Bundeselterngeld- und Elternzeitgesetz, SGB IX (Schwerbehindertenrecht), Arbeitsplatzschutzgesetz, § 15 KSchG, Tarifvertrag etc.) liegt (nicht) vor.
6. § 613 a BGB.
7. Verfahrensziel: ...
8. Offene Forderungen (nicht) insolvenzgeldgesichert.
9. Insolvenzgeldantrag gestellt am ...
10. Offene Forderungen nicht insolvenzgeldgesichert und zwar
    - Masseverbindlichkeiten einschließlich Sozialplanforderungen gemäß § 123 InsO
    - Insolvenzforderungen
    - nachrangige Insolvenzforderungen z. B.: ...
    Lohn/Gehalt/Ausbildungsvergütung (nebst Zulagen, Prämien, freiwilligen Leistungen usw.)
    Sonderzahlungen/Urlaubsgeld/Urlaub/Urlaubsentgelt/Urlaubsabgeltung
11. Ansprüche gegen Dritte aus Durchgriffshaftung (Ausfallhaftung)

Insolvenzverfahren

Checkliste: Was tun bei Zahlungsunfähigkeit des Arbeitgebers?

I. Betriebsrat
1. Arbeitgeber zur sofortigen umfassenden Information auffordern. Insbesondere zur Frage, ob nur vorübergehende oder dauernde Zahlungsunfähigkeit vorliegt. Zahlungsunfähigkeit (auch drohende Zahlungsunfähigkeit) ist ein Grund für die Eröffnung eines Insolvenzverfahrens.
2. Gewerkschaft informieren. Beratung anfordern.
3. Bei Krankenkasse anfragen, ob Sozialversicherungsbeiträge abgeführt wurden und – falls nicht –, ob Krankenkasse beabsichtigt, Antrag auf Eröffnung eines Insolvenzverfahrens zu stellen.
4. Auch prüfen, ob der Arbeitgeber die ggf. arbeitsvertraglich oder tarifvertraglich vereinbarten vermögenswirksamen Leistungen an die jeweiligen Banken/Bausparkassen abgeführt hat.
5. Unverzüglich Betriebsversammlung einberufen, in welcher der Arbeitgeber über die Situation zu informieren hat.
6. Mit Arbeitgeber Verhandlungen aufnehmen über mögliche Lösungswege (z. B. im Falle nur vorübergehender Zahlungsunfähigkeit: Einführung von Kurzarbeit, ggf. Null-Kurzarbeit). Arbeitgeber zur Anzeige der Kurzarbeit (§ 99 Abs. 1 SGB III 2012) und zum Antrag auf Kurzarbeitergeld (§ 323 Abs. 2 SGB III 2012) auffordern. Falls sich der Arbeitgeber weigert: Auch der Betriebsrat kann Kurzarbeit anzeigen (§ 99 Abs. 1 Satz 2 SGB III 2012) und Kurzarbeitergeld beantragen (§ 323 Abs. 2 Satz 2 SGB III 2012).
7. Bei Anzeichen voraussichtlich dauerhafter Zahlungsunfähigkeit, also bei (drohender) Insolvenz, müssen zusammen mit Gewerkschaft und ggf. politischen Instanzen über Strategien und Maßnahmen zum Erhalt des Unternehmens/Betriebes beraten werden. Hierzu zählen u. a. die Suche nach Übernahme-Interessenten sowie Verhandlungen über einen → **Interessenausgleich** und → **Sozialplan**.

II. Beschäftigte
1. Insolvenzgeld (§§ 165 ff. SGB III 2012): Insolvenzgeld wird von der Agentur für Arbeit auf Antrag (!) für rückständiges Arbeitsentgelt aus den **letzten drei Monaten vor dem Insolvenzereignis** (= Eröffnung des Insolvenzverfahrens, Abweisung des Eröffnungsantrags mangels Masse oder völlige Einstellung der Betriebstätigkeit, wenn ein Insolvenzantrag nicht gestellt wird und ausreichende Masse nicht vorhanden ist) gezahlt.
Antragsfrist beachten: der Antrag muss spätestens innerhalb von zwei Monaten nach dem Insolvenzereignis gestellt werden. Insolvenzgeld wird in Höhe des Nettoentgeltes gezahlt, das sich ergibt, wenn das auf die monatliche Beitragsbemessungsgrenze (§ 341 Abs. 4 SGB III 2012) begrenzte Bruttoarbeitsentgelt (Stand 2014: 5950 Euro [West]; 5000 Euro [Ost]) um die gesetzlichen Abzüge gemindert wird. Die Agentur für Arbeit übernimmt die Beiträge zur Arbeitslosen-, Kranken-, Renten- und Pflegeversicherung.
Die Agentur für Arbeit kann einen **Vorschuss** leisten, wenn die Eröffnung des Insolvenzverfahrens beantragt, das Arbeitsverhältnis beendet ist und die Voraussetzungen für den Anspruch auf Insolvenzgeld mit hinreichender Wahrscheinlichkeit erfüllt werden (§ 186 InsO).

2. Weiterarbeiten ohne Lohn?
Diese Frage muss sorgfältig zusammen mit Betriebsrat und Gewerkschaft beraten werden. Auch die Frage, ob von den Beschäftigten ein sog. → **Zurückbehaltungsrecht** nach § 273 BGB ausgeübt werden sollte, um die Zahlung offener Lohnansprüche zu erzwingen. Nach der Rechtsprechung des Bundesarbeitsgerichts (BAG) besteht ein solches Recht nicht, wenn nur ein geringfügiger Lohnrückstand besteht oder nur eine kurzfristige Verzögerung der Lohnzahlung zu erwarten ist oder dem Arbeitgeber durch die Ausübung des Zurückbehaltungsrechts ein unverhältnismäßig hoher Schaden entsteht oder der Entgeltanspruch auf andere Weise gesichert werden kann (dazu zählt Kurzarbeitergeld bzw. Insolvenzgeld nicht; vgl. BAG v. 25.10.1984 – 2 AZR 417/83, DB 1985, 763).
Im Übrigen gilt: Weiterarbeit ohne Lohn allenfalls bis zum sog. »**Insolvenzereignis**« (= Eröffnung des Insolvenzverfahrens oder Abweisung des Eröffnungsantrages mangels Masse oder völlige Einstellung der Betriebstätigkeit), längstens für drei Monate vor dem Insolvenzereignis. Arbeitsentgeltansprüche für die dem »Insolvenzereignis« vorausgehenden letzten drei Monate des Arbeitsverhältnisses sind durch das → **Insolvenzgeld** gesichert.

Insolvenzverfahren

Außerdem: Keine Weiterarbeit, wenn zu befürchten steht, dass der Insolvenzverwalter die Auszahlung des Lohnes durch den Arbeitgeber (= Gemeinschuldner) nach § 130 InsO anficht und den Lohn von den Arbeitnehmern zurückfordert (siehe hierzu → **Insolvenzverfahren** Rn. 24 a und b).

3. **Rückständige Entgeltansprüche** in jedem Fall – auch wenn → **Insolvenzgeld** beantragt wurde – gegenüber dem Arbeitgeber bzw. – nach Insolvenzeröffnung – beim Insolvenzverwalter schriftlich geltend machen. Vertragliche oder tarifliche → **Ausschlussfristen/Verfallfristen** beachten.

4. **Arbeitslosengeld**
Im Falle einer Arbeitseinstellung (siehe → **Zurückbehaltungsrecht**) persönlich arbeitslos melden und Arbeitslosengeld beantragen. Die Agentur für Arbeit muss auch dann zahlen, wenn das Arbeitsverhältnis ohne Arbeitsleistung und Entgeltzahlung fortbesteht (§ 157 Abs. 3 SGB III 2012; sog. **Gleichwohlzahlung**). Maßgeblich für die Bemessung des Arbeitslosengeldes ist das durchschnittlich auf den Tag entfallende beitragspflichtige Arbeitsentgelt, das der Arbeitslose im Bemessungszeitraum (= letzte 52 Wochen des Beschäftigungsverhältnisses; § 150 Abs. 1 SGB III 2012) erzielt hat. Arbeitsentgelte, auf die der Arbeitslose beim Ausscheiden aus dem Beschäftigungsverhältnis Anspruch hatte, gelten als erzielt, wenn sie zugeflossen oder nur wegen Zahlungsunfähigkeit des Arbeitgebers nicht zugeflossen sind (§ 151 Abs. 1 SGB III 2012).
Anspruch auf Arbeitslosengeld (Gleichwohlzahlung) besteht auch, wenn der Insolvenzverwalter Beschäftigte kündigt und sie ohne Bezüge von der Arbeit **frei stellt**.
Die Differenz zwischen Arbeitslosengeld und Arbeitsentgeltanspruch ist beim Arbeitgeber bzw. – nach Insolvenzeröffnung – beim Insolvenzverwalter geltend zu machen. Vertragliche oder tarifliche Verfallfristen beachten.

5. **Aufhebungsverträge**
mit Abfindungsanspruch mit (vorläufigem) Insolvenzverwalter nur abschließen, wenn Abfindung bei Vertragsschluss sofort ausgezahlt wird. Außerdem vorher (z. B. bei der Gewerkschaft) Beratung einholen über mögliche Folgen eines Aufhebungsvertrages mit Abfindung (u. a. Ruhen des Anspruchs auf Arbeitslosengeld und Sperrzeit; siehe → **Abfindung**, → **Arbeitslosengeld** und → **Aufhebungsvertrag**).

Rechtsprechung

1. EU-Richtlinie: Schutz der Arbeitnehmer bei Zahlungsunfähigkeit des Arbeitgebers
2. Schadensersatzanspruch wegen Stellung eines Insolvenzantrages durch Arbeitnehmer?
2 a. Kein Ausschluss nicht angemeldeter, unbekannter Forderungen
3. Unterbrechung eines Kündigungsschutzrechtsstreits durch Eröffnung des Insolvenzverfahrens
4. Informationsrechte des Betriebsrats im Insolvenzverfahren
5. Kündigung im Insolvenzverfahren: Anhörung des Betriebsrats (§ 102 Abs. 1 BetrVG)
6. Kündigung im Insolvenzverfahren: Freistellung der Arbeitnehmer durch Insolvenzverwalter
7. Kündigung im Insolvenzverfahren: Zurückweisung wegen fehlender Vorlage der Vollmacht bzw. Einwilligung des vorläufigen Insolvenzverwalters
8. Kündigungsschutzklage im Insolvenzverfahren: Klagefrist (§ 113 InsO)
9. Kündigung im Insolvenzverfahren: Kündigungsfrist
10. Schadensersatzanspruch bei vorzeitiger Kündigung des Insolvenzverwalters (§ 113 Satz 3 InsO)
11. Kündigung im Insolvenzverfahren trotz Unkündbarkeitsklausel in Betriebsvereinbarung oder Tarifvertrag
12. Kündigung im Insolvenzverfahren: Beteiligung des Betriebsrats (§§ 122 – 126 InsO)

Insolvenzverfahren

13. Kündigung im Insolvenzverfahren: drastische Einschränkung des Kündigungsschutzes durch Interessenausgleich mit Namensliste (§ 125 Abs. 1 Satz 1 InsO)
14. Kündigung im Insolvenzverfahren: weitere Einzelfragen
14 a. Rücktritt vom Aufhebungsvertrag wegen Nichtzahlung der vereinbarten Abfindung – Insolvenzverfahren
15. Betriebsänderung im Insolvenzverfahren
16. Anspruch auf Nachteilsausgleich bei nicht versuchtem Interessenausgleich (§ 113 Abs. 3 BetrVG)
17. Sozialplan im Insolvenzverfahren
18. Abfindung im Insolvenzverfahren
19. Insolvenzforderungen – Masseforderungen – Masseunzulänglichkeit
20. Vergütungsansprüche aus Arbeitsverträgen als Masseverbindlichkeiten nach Freigabe von Betriebsmitteln durch den Insolvenzverwalter
21. Insolvenzanfechtung (§ 129 ff. InsO) – Rückforderung von Arbeitsentgelt durch den Insolvenzverwalter
22. Haftung des Insolvenzverwalters – Klage gegen Insolvenzverwalter
23. Schadensersatzanspruch gegen den gesetzlichen Vertreter des insolventen Arbeitgebers
24. Ansprüche der Bundesagentur für Arbeit
25. Sonstige Fragen
26. Altersteilzeit im Insolvenzverfahren
27. Betriebsübergang im Insolvenzverfahren
28. Insolvenzgeld und Arbeitszeitguthaben
29. Insolvenzgeld und variables Arbeitsentgelt
30. Insolvenzgeld und Entgeltumwandlung
31. Insolvenzgeld und Urlaubsabgeltung
32. Insolvenzgeld und zusätzliches Urlaubsgeld
33. Insolvenzgeld und Jahressonderzahlung (Weihnachtsgeld)
34. Insolvenzgeld und tarifliche Lohnverzichtsvereinbarung
35. Zeugnisanspruch des Arbeitnehmers nach Insolvenzeröffnung

Interessenausgleich

Was ist das?

1 Nach §§ 111, 112 BetrVG ist der Unternehmer, der eine → **Betriebsänderung** plant, u. a. verpflichtet, mit dem → **Betriebsrat** über einen »Interessenausgleich« zu verhandeln.

2 Wenn es sich bei der geplanten Betriebsänderung um Maßnahmen handelt, die das **gesamte Unternehmen** oder mehrere Betriebe betreffen und notwendigerweise nur einheitlich oder betriebsübergreifend geregelt werden können, ist nach § 50 Abs. 1 Satz 1 BetrVG der → **Gesamtbetriebsrat** für die Verhandlungen über einen → **Interessenausgleich** »originär« zuständig (BAG v. 3.5.2006 – 1 ABR 15/05, AiB 2007, 494 = NZA 2007, 1245).
Aus der Zuständigkeit des Gesamtbetriebsrats für den Abschluss eines → **Interessenausgleichs** folgt allerdings nicht ohne weiteres seine Zuständigkeit auch für den Abschluss eines → **Sozialplanes**. Die Zuständigkeit insoweit bleibt bei den örtlichen Betriebsräten, es sei denn, es besteht ein **zwingendes Bedürfnis** nach einer betriebsübergreifenden Regelung (siehe → **Sozialplan** Rn. 2).

Unterschied Interessenausgleich – Sozialplan

3 Den Begriff »Interessenausgleich« muss man im Unterschied zum Begriff → **Sozialplan** sehen:
- Bei den Verhandlungen über einen »Interessenausgleich« geht es um das »**Ob**«, »**Wann**« und »**Wie**« der vom Unternehmer geplanten Betriebsänderung (BAG v. 3.5.2006 – 1 ABR 15/05, a. a. O.; 20.4.1994 – 10 AZR 186/93, AiB 1994, 638 = NZA 1995, 89).
Der Unternehmer bringt in die Verhandlungen sein »Interesse« ein (z. B. Stilllegung eines Betriebsteils sowie Entlassungen).
Der Betriebsrat legt demgegenüber dem Unternehmer ein Konzept vor, in dem die »Interessen« der Beschäftigten formuliert sind (z. B. → **Kurzarbeit** nach § 87 Abs. 1 Nr. 3 BetrVG und/oder Arbeitszeitabsenkung nach → **Beschäftigungssicherungstarifvertrag** statt Entlassung, umschulen statt entlassen, Aufnahme zusätzlicher Produktion und sonstige Maßnahmen zur Sicherung der Beschäftigung; siehe den Maßnahmenkatalog des § 92a Abs. 1 BetrVG unter → **Beschäftigungssicherung und -förderung**).
- Beim »Sozialplan« geht es um den **Ausgleich** bzw. die **Milderung** von Nachteilen, die sich aus der Umsetzung der Betriebsänderung ergeben; also z. B. um Regelungen zugunsten der von Entlassung/Versetzung betroffenen Arbeitnehmer, insbesondere um Durchführung von Qualifizierungsmaßnahmen zwecks Erhöhung der Arbeitsmarktchancen und einen finanziellen Härteausgleich in Form von Abfindungen bzw. um eine Überbrückungshilfe (BAG v. 3.5.2006 – 1 ABR 15/05, a. a. O.; BAG v. 28.10.1992 – 10 AZR 129/92, AiB 1993, 578 = AuR 1993, 149; siehe → **Abfindung** und → **Sozialplan**).

»Interessenausgleich« und »Sozialplan« haben also eine unterschiedliche Zielrichtung. Dennoch stehen beide Vereinbarungen in einem untrennbaren **Zusammenhang**:
In je stärkerem Maße es gelingt, die vom Unternehmer geplante Betriebsänderung im Wege des »Interessenausgleichs« in Bahnen zu lenken, die für die Beschäftigten weniger schädlich

Interessenausgleich

sind, desto kleiner wird der Personenkreis, für den durch Abschluss eines »Sozialplans« **Abfindungszahlungen** und sonstige Ausgleichsleistungen durchgesetzt werden müssen.
Das heißt: Der Interessenausgleich geht dem → **Sozialplan** zeitlich und inhaltlich voraus. 4
Wenn er zustande kommt, ist er Grundlage für die Verhandlungen über den Sozialplan.
Wenn allerdings die Verhandlungen über einen Interessenausgleich **scheitern** (ggf. nach Anrufung der → **Einigungsstelle**; siehe Rn. 11 und 18), hat der Betriebsrat dennoch Anspruch auf Aufstellung eines **Sozialplans**.
Grundlage für die Verhandlungen über den Sozialplan ist – wenn es zu keiner Einigung über den Interessenausgleich kommt – die **unternehmerische Entscheidung** über das »Ob«, »Wann« und »Wie« der geplanten Betriebsänderung.

> **Beachten:**
> Ein Interessenausgleich ist zwar »einigungsstellenfähig«, aber letztlich **nicht erzwingbar**. In der Einigungsstelle über den Interessenausgleich kann zwar – ggf. in mehreren Sitzungen – verhandelt werden. Die Einigungsstelle kann aber **keinen (Mehrheits-)Beschluss** über das »Ob«, »Wann« und »Wie« der Betriebsänderung fassen. Das »Letztentscheidungsrecht« liegt vielmehr beim Unternehmer (siehe Rn. 11).

Anders ist die Rechtslage beim → **Sozialplan**. Wenn sich die Betriebsparteien nicht einigen können, entscheidet nach § 112 Abs. 4 BetrVG die Einigungsstelle (mit Stimmenmehrheit) über die Aufstellung eines Sozialplans.
Hierzu ein Auszug aus BAG v. 16.8.2011 – 1 AZR 44/10, AP Nr. 55 zu § 113 BetrVG 1972:
»Nach § 76 Abs. 1 Satz 1 BetrVG ist zur Beilegung von Meinungsverschiedenheiten zwischen Arbeitgeber und Betriebsrat bei Bedarf eine Einigungsstelle zu bilden. [...] Das Gesetz beschränkt in § 112 Abs. 4 Satz 1 BetrVG die Entscheidung der Einigungsstelle auf die Aufstellung eines Sozialplans. Dies entspricht dem Inhalt der jeweils betroffenen Beteiligungsrechte. Das auf den Abschluss eines Interessenausgleichs gerichtete Einigungsstellenverfahren ist nicht auf eine autoritäre Auflösung der zwischen den Betriebspartnern bestehenden Meinungsverschiedenheiten über die beabsichtige Betriebsänderung gerichtet. Wegen des lediglich als Beratungsrecht ausgestalteten Beteiligungsrechts des Betriebsrats hinsichtlich der Durchführung der Betriebsänderung ist die Einigungsstelle insoweit auf eine moderierende Funktion zwischen den Betriebspartnern beschränkt, während der Betriebsrat bei der Aufstellung eines Sozialplans ein erzwingbares Mitbestimmungsrecht hat, das durch einen Einigungsstellenspruch durchgesetzt werden kann.«

Beschäftigungssichernde Vorschläge des Betriebsrats (§ 92 a BetrVG)

Auch § 92 a Abs. 1 BetrVG gibt dem Betriebsrat lediglich ein **Mitwirkungsrecht**, kein echtes 5 (Initiativ-)Mitbestimmungsrecht.
Nach dieser Vorschrift kann (und soll) der Betriebsrat dem Arbeitgeber Vorschläge zur Sicherung und Förderung der Beschäftigung machen.
Diese können insbesondere eine → **Arbeitszeitflexibilisierung**, die Förderung von → **Teilzeitarbeit** und → **Altersteilzeit**, neue Formen der Arbeitsorganisation, Änderungen der Arbeitsverfahren und Arbeitsabläufe, die Qualifizierung der Arbeitnehmer (siehe → **Berufsbildung**), Alternativen zur Ausgliederung von Arbeit oder ihrer Vergabe an andere Unternehmen (siehe → **Betriebsübergang**) sowie zum Produktions- und Investitionsprogramm (siehe → **Alternative Produktion**) zum Gegenstand haben (siehe → **Beschäftigungssicherung und -förderung**).
Der Arbeitgeber hat die Vorschläge mit dem Betriebsrat **zu beraten** (§ 92 a Abs. 2 Satz 1 6 BetrVG).
Hält der Arbeitgeber die Vorschläge des Betriebsrats für ungeeignet, hat er dies **zu begründen**

Interessenausgleich

(§ 92a Abs. 2 Satz 2 BetrVG; in Betrieben mit mehr als 100 Arbeitnehmern hat die Begründung **schriftlich** zu erfolgen).
Zu den Beratungen kann der Arbeitgeber oder der Betriebsrat einen **Vertreter der Bundesagentur** für Arbeit hinzuziehen (§ 92a Abs. 2 Satz 2 BetrVG).
Das war es auch schon. Initiativen des Betriebsrats nach § 92a BetrVG sind noch nicht einmal »einigungsstellenfähig« (wie der Interessenausgleich). Der Arbeitgeber muss seine Ablehnung begründen, mehr nicht.
§ 92a BetrVG ist ein Beispiel **erfolgreicher Lobbytätigkeit** der Arbeitgeberverbände beim Gesetzgeber.

6a Immerhin kann der Betriebsrat mit dem Ziel, dem Arbeitgeber ein **qualifiziertes Konzept** zur Sicherung und Förderung der Beschäftigung nach Maßgabe des § 92a BetrVG vorzulegen, nach § 37 Abs. 6 BetrVG die Entsendung von Mitgliedern zu einer → **Schulungs- und Bildungsveranstaltung** beschließen, in der Kenntnisse zum Themenkreis des § 92a BetrVG vermittelt werden.

> **Hinweis:**
> wenn der Betriebsrat **initiativ** wird, ist der für eine Kostentragung durch den Arbeitgeber erforderliche **betriebliche Bezug** gegeben (siehe hierzu → Schulungs- und Bildungsveranstaltung Rn. 6 und 7).

6b Zum (Inititiativ-)Mitbestimmungsrecht des Betriebsrats bei → **Kurzarbeit** siehe dort Rn. 47j.
7 Der Betriebsrat kann in → **Unternehmen** mit mehr als 300 Arbeitnehmern zu seiner Unterstützung einen → **Berater** hinzuziehen; die Kosten des Beraters trägt nach § 40 Abs. 1 BetrVG der Arbeitgeber (siehe auch → **Betriebsänderung** und → **Sachverständiger**).

Betriebliche Tarifbewegung

8 In manchen Fallkonstellationen muss daran gedacht werden, auf eine vom Arbeitgeber angekündigte Betriebsänderung auch mit den Mitteln einer von der → **Gewerkschaft** geführten betrieblichen Tarifbewegung zu reagieren.

8a Strittig ist, ob der **Streik** für eine Tarifforderung, die auf **Rücknahme** einer Entscheidung zur Stilllegung eines Betriebes gerichtet ist, zulässig ist (verneinend z. B. das LAG Hamm v. 31.5.2000 – 18 Sa 958/2000, NZA-RR 2000, 535 ff.; LAG Schleswig-Holstein v. 27.3.2003 – 5 Sa 137/03, AiB 2004, 565; bejahend Zachert, DB 2001, 1198; Kühling/Bertelsmann, NZA 2005, 1017; *Berg/Kocher/Schumann-Wankel/Schoof*, Tarifvertragsgesetz und Arbeitskampfrecht, 5. Aufl. 2015, § 1 TVG Rn. 166 ff.; Oberberg/Schoof, Erstreikbarkeit eines Ergänzungstarifvertrages für den Betrieb eines verbandsangehörigen AG, AiB 2002, 169 m. w. N.).
Das BAG hat die Frage in der Entscheidung zum Sozialtarifvertragsstreik v. 24.4.2007 **offengelassen** (BAG v. 24.4.2007 – 1 AZR 252/06, AiB 2007, 732 = NZA 2007, 987).
Zum Meinungsstreit siehe → **Arbeitskampf** Rn. 5 ff.

8b Erstreikt werden kann nach zutreffender Ansicht des BAG jedenfalls der Abschluss eines »**Sozialtarifvertrages**« (BAG v. 24.4.2007 – 1 AZR 252/06, a.a.O.; Muster eines »Sozialtarifvertrages« im Anhang zu den Stichworten → **Betriebsänderung** und → **Sozialplan**).
Eine betriebliche Tarifbewegung bietet den Beschäftigten wegen des insoweit bestehenden Streikrechts deutlich mehr Durchsetzungsmöglichkeiten, als dem Betriebsrat nach dem BetrVG zur Verfügung stehen (siehe → **Arbeitskampf**, → **Betriebsänderung** und → **Gewerkschaft** und Checkliste »**Firmentarifvertrag**« im Anhang zu den Stichworten → **Arbeitgeber** und → **Tarifvertrag**).
Die **Rechte des Betriebsrats** nach §§ 111, 112 BetrVG auf Verhandlungen über einen Interessenausgleich (siehe Rn. 9 ff.) und Abschluss eines → **Sozialplans** werden durch eine betrieb-

Interessenausgleich

liche Tarifbewegung für einen »Sozialtarifvertrag« nicht unberührt (siehe hierzu → **Arbeitskampf** Rn. 7).

Bedeutung für die Betriebsratsarbeit

Das BetrVG räumt dem Betriebsrat bzw. Gesamtbetriebsrat (siehe Rn. 2) im Hinblick auf den Interessenausgleich **kein echtes Mitbestimmungsrecht** ein. 9
Es beschränkt sich darauf, den Unternehmer zu verpflichten, mit dem Betriebsrat bzw. Gesamtbetriebsrat über eine Lösung des Interessenkonflikts »*mit dem ernsten Willen zur Einigung*« (vgl. § 74 Abs. 1 BetrVG) **zu verhandeln**.
Der Unternehmer muss sich insbesondere auf ein **Verfahren** vor der → **Einigungsstelle** einlassen (§ 112 Abs. 2 und 3 BetrVG).
Solange der Verfahrensweg mit dem Ziel des Interessenausgleiches bis hin zur Einigungsstelle nicht abgeschlossen ist, darf der Unternehmer die **Betriebsänderung nicht durchführen**. 10
Manche Unternehmen **missachten** das Recht des Betriebsrats bzw. Gesamtbetriebsrats, über einen → **Interessenausgleich** bis zum Abschluss des Einigungsstellenverfahrens (siehe Rn. 4) zu verhandeln.
Sie fangen an, die geplante Betriebsänderung umzusetzen, obwohl die Verhandlungen über den Interessenausgleich noch laufen.
Aufträge werden nicht mehr angenommen, Maschinen und ganze Produktionslinien werden abgebaut; Beschäftigten wird der Abschluss von → **Aufhebungsverträgen** angeboten, dem Betriebsrat werden nach § 102 Abs. 1 BetrVG → **betriebsbedingte Kündigungen** »auf den Tisch gelegt«.

Unterlassungsanspruch des Betriebsrats

In solchen Fällen steht dem Betriebsrat ein mit **einstweiliger Verfügung** (siehe → **Arbeitsgericht** Rn. 11) durchsetzbarer **Unterlassungsanspruch** zu. 10a
Das Gericht kann dem Arbeitgeber betriebsändernde Maßnahmen untersagen, solange die Verhandlungen über den Interessenausgleich – einschließlich Einigungsstellenverfahren nach § 112 Abs. 3 BetrVG – nicht abgeschlossen sind (siehe → **Unterlassungsanspruch des Betriebsrats**).
Die Rechtssituation ist allerdings **regional unterschiedlich**.
Manche Gerichte weisen solche Anträge zurück (z. B. LAG Rheinland-Pfalz v. 24. 11. 2004 – 9 TaBV 29/04; LAG Sachsen-Anhalt v. 30. 11. 2004 – 11 TaBV 18/04; LAG Köln v. 27. 5. 2009 – 2 TaBVGa 7/09).
Nach ihrer Ansicht sollen lediglich die Sanktionen des § 113 BetrVG (sog. → **Nachteilsausgleich**) ausgelöst werden, wenn der Unternehmer Verhandlungen über einen Interessenausgleich bis hin zur Einigungsstelle unterlässt.
Andere Gerichte geben entsprechenden Unterlassungsanträgen von Betriebsräten statt (z. B. LAG Berlin v. 7. 9. 1995 – 10 TaBV 5/95 und 9/95, AuR 1995, 470 = AuR 1996, 159; LAG Hamburg v. 27. 6. 1997 – 5 TaBV 5/97 (rkr.), AuR 1998, 87 = AiB 1998, 48; LAG Thüringen vom 26. 9. 2000 – 1 TaBV 14/2000; LAG Niedersachsen v. 4. 5. 2007 – 17 TaBVGa 57/07, AiB 2008, 348; Hessisches LAG v. 27. 6. 2007 – 4 TaBVGa 137/07, AuR 2008, 26; LAG Schleswig-Holstein v. 20. 7. 2007 – 3 TaBVGa 1/07, AuR 2008, 188 = AiB 2008, 349; LAG Hamm v. 30. 7. 2007 – 13 TaBVGa 16/07; LAG Hamm v. 30. 4. 2008 – 13 TaBVGa 8/08; LAG München v. 22. 12. 2008 – 6 TaBVGa 6/08, AiB 2009, 235 = AuR 2009, 142; LAG Hamm v. 28. 6. 2010 – 13 Ta 372/10).

Interessenausgleich

Diese Gerichte stellen zu Recht darauf ab, dass der Arbeitgeber nicht berechtigt ist, den Verhandlungsanspruch des Betriebsrats durch Schaffung vollendeter Tatsachen **leer laufen** zu lassen.
Nach Art. 8 EG Richtlinie 14/2002 sind **effektive Konsultationen** der Arbeitnehmervertreter vor grundlegenden Änderungen der Beschäftigungssituation durchzuführen.
Der durch das BetrVG vorgegebene Rechtsschutz ist nicht effektiv genug, denn die Sanktion des § 113 Abs. 3 BetrVG stellt keine Absicherung der Beteiligungsrechte des Betriebsrats dar (LAG Hamm v. 30. 7. 2007 – 13 TaBVGa 16/07; ArbG Flensburg v. 24. 1. 2008 – 2 BV Ga 2/08, AiB 2008, 35; LAG Hamm v. 30. 4. 2008 – 13 TaBVGa 8/08; LAG München v. 22. 12. 2008 – 6 TaBVGa 6/08, AiB 2009, 235).
Das BAG erhält keine Gelegenheit, die Rechtslage zu vereinheitlichen, weil im einstweiligen Verfügungsverfahren eine »**dritte Instanz**« nicht vorgesehen ist (siehe → **Arbeitsgericht** Rn. 11).

Scheitern der Verhandlungen über den Interessenausgleich – Einigungsstelle (§ 112 Abs. 3 BetrVG)

11 Scheitern die Verhandlungen über den Interessenausgleich in der → **Einigungsstelle** (siehe Rn. 18), so kann diese keinen für den Unternehmer verbindlichen Beschluss fassen. Insbesondere kann die Einigungsstelle **keinen »Interessenausgleich« beschließen** (§ 112 Abs. 4 BetrVG: aus dieser Vorschrift ergibt sich, dass die Einigungsstelle einen verbindlichen Spruch nur über die Aufstellung eines → **Sozialplans** fällen kann).
Vielmehr stellt der/die Vorsitzende der Einigungsstelle das **Scheitern** seiner Einigungsversuche fest und stellt das Einigungsstellenverfahren ein, wenn es ihm – ggf. nach mehreren Sitzungen der Einigungsstelle – nicht gelingt, eine Einigung herbeizuführen. Eines förmlichen Beschlusses der Einigungsstelle bedarf es nicht (BAG v. 16. 8. 2011 – 1 AZR 44/10, AP Nr. 55 zu § 113 BetrVG 1972; vgl. auch DKKW-*Däubler*, BetrVG, 15. Aufl., §§ 112, 112 a Rn. 14).
Erst im Anschluss daran ist der Unternehmer nunmehr befugt, die von ihm geplanten betriebsändernden Maßnahmen **durchzuführen** (z. B. Nichtannahme von Aufträgen, Abbau von Maschinen, Anhörung des Betriebsrats nach § 102 Abs. 1 BetrVG zu Kündigungen).

12 Kommt es zu keiner Einigung über die Aufstellung und Ausgestaltung eines **Sozialplans**, entscheidet die → **Einigungsstelle** ggf. per (Mehrheits-)Beschluss mit der Stimme des Vorsitzenden (§ 112 Abs. 4 BetrVG; siehe → **Sozialplan**). Siehe auch Rn. 4.

Keine Zustimmung des Betriebsrats

13 Der Betriebsrat sollte davon absehen, der Betriebsänderung im Rahmen des Interessenausgleichs ausdrücklich zuzustimmen.
Das gilt unabhängig davon, ob der Arbeitgeber Zugeständnisse beim »Ob«, »Wann« und »Wie« der Betriebsänderung und bei der Ausgestaltung des Sozialplans macht.
Mit einer Zustimmung setzt sich der Betriebsrat ohne Not dem Verdacht aus, nicht auf der Seite der Beschäftigten zu stehen, sondern dem Unternehmer bei der Durchsetzung von arbeitnehmerschädlichen Maßnahmen zu helfen.
Deshalb sollte in einem Interessenausgleich nicht formuliert werden: »*Der Betriebsrat stimmt der geplanten Betriebsänderung zu*«, sondern: »*Der Betriebsrat nimmt die geplante Betriebsänderung zur Kenntnis*«.

Interessenausgleich

Kurzarbeit statt Entlassung

Ist die geplante Betriebsänderung mit Entlassungen verbunden (z. B. Massenentlassung wegen Auftragsmangel), kann der Betriebsrat mit dem **Alternativvorschlag** kontern, anstelle der vorgesehenen Entlassungen → **Kurzarbeit** (oder Arbeitszeitabsenkung nach einem ggf. einschlägigen → **Beschäftigungssicherungstarifvertrag**: siehe Rn. 19) einzuführen. **14**

Der Betriebsrat hat bei der Einführung (und Ausgestaltung) von Kurzarbeit gemäß § 87 Abs. 1 Nr. 3 BetrVG ein Mitbestimmungsrecht auch in Form des **Initiativrechts** (siehe → **Beteiligungsrechte des Betriebsrats** und → **Kurzarbeit**). **14a**

Lehnt der Arbeitgeber den Vorschlag des Betriebsrats ab, kann dieser nach § 87 Abs. 2 BetrVG ein Einigungsstellenverfahren erzwingen.

Schließt sich die → **Einigungsstelle** der Auffassung des Betriebsrats an und beschließt die Einführung von Kurzarbeit, entfällt der Grund für die vom Arbeitgeber geplante Entlassung. Insofern kann das Einigungsstellenverfahren nach § 112 Abs. 2 BetrVG über den Interessenausgleich sinnvollerweise erst dann abgeschlossen werden, wenn die Einigungsstelle gemäß § 87 Abs. 2 BetrVG verbindlich über das »Ob« und »Wie« der Kurzarbeit entschieden hat. Daraus folgt, dass das Einigungsstellenverfahren über den Interessenausgleich **auszusetzen** ist, solange das andere Einigungsstellenverfahren zum Thema Kurzarbeit nicht abgeschlossen ist.

Zur Sicherung und Durchsetzung seines Mitbestimmungsrechts steht dem Betriebsrat gegen den Arbeitgeber ein Anspruch auf **Unterlassung von Kündigungen** vor Ablauf des Mitbestimmungsverfahrens vor der Einigungsstelle zu. **14b**

Der Unterlassungsanspruch kann nach zutreffender Ansicht des ArbG Bremen mit **einstweiliger Verfügung** in der Weise gesichert werden, dass es dem Arbeitgeber untersagt wird, Kündigungen auszusprechen, solange das Einigungsstellenverfahren zu Kurzarbeit nicht beendet ist (ArbG Bremen v. 25.11.2009 – 12 BVGa 1204/09 [rkr.], AiB 2010, 584 ff. und 622 ff.; vgl. auch Fitting, BetrVG, 27. Aufl., § 102 Rn. 97). Siehe → **Kurzarbeit** Rn. 47j).

Es muss im Falle der Kurzarbeit sichergestellt sein, dass die Voraussetzungen für die Zahlung von **Kurzarbeitergeld** nach §§ 95 ff. SGB III 2012 erfüllt werden. **14c**

Eine entsprechende Prüfung durch die Agentur für Arbeit kann der Betriebsrat auslösen, indem er gemäß § 99 SGB III 2012 die Kurzarbeit bei der Agentur für Arbeit anzeigt (siehe → **Kurzarbeit**).

Tarifliche Arbeitszeitabsenkung statt Entlassung

In manchen Branchen gelten → **Beschäftigungssicherungstarifverträge**, die den Betriebsparteien bzw. der → **Einigungsstelle** die Möglichkeit einräumen, als Alternative zu Entlassungen die regelmäßige wöchentliche **Arbeitszeit** der Arbeitnehmer **abzusenken**. **15**

In den meisten Beschäftigungssicherungstarifverträgen ist ein **Initiativmitbestimmungsrecht** des Betriebsrats vorgesehen. Das heißt: Lehnt der Arbeitgeber die Vorschläge des Betriebsrats ab, kann er die in dem Tarifvertrag vorgesehene → **Einigungsstelle** anrufen. Diese entscheidet dann darüber, ob die Arbeitszeit in dem vom Betriebsrat vorgeschlagenen Umfang abgesenkt und damit der tarifliche Kündigungsschutz für die Laufzeit der beschlossenen Arbeitszeitsenkung ausgelöst wird.

> **Beispiel:**
> Metallindustrie: Absenkung der Arbeitszeit von 35 Stunden auf bis zu 30 Stunden pro Woche ohne Lohnausgleich durch erzwingbare Betriebsvereinbarung (Einigungsstelle) bei gleichzeitigem Verbot betriebsbedingter Kündigungen während der Laufzeit der Betriebsvereinbarung. Verbunden mit der Möglichkeit, die Einmalzahlungen (Urlaubsgeld und Weihnachtsgeld) so auf die einzelnen Monate umzulegen, dass die monatlichen Einkommenseinbußen möglichst gering sind.

Interessenausgleich

15a Dem Betriebsrat steht zur Sicherung und Durchsetzung seines tariflich begründeten Mitbestimmungsrechts ein Anspruch auf **Unterlassung von Kündigungen** vor Ablauf des Mitbestimmungsverfahrens vor der tariflichen Einigungsstelle zu. Der Unterlassungsanspruch kann für die Zeit bis zum Abschluss des Einigungsstellenverfahrens mit **einstweiliger Verfügung** durchgesetzt werden (vgl. LAG Hamburg v. 24. 6. 1997 – 3 TaBV 4/97, AiB 1998, 226; ArbG Bremen v. 25. 11. 2009 – 12 BVGa 1204/09 [rkr.], AiB 2010, 584 ff. und 622 ff.).

15b **Hinweis:**
Weil eine Arbeitszeitabsenkung nach den meisten Beschäftigungssicherungstarifverträgen mit einer entsprechenden Absenkung des Arbeitsentgelts verbunden ist (**Arbeitszeitabsenkung ohne Lohnausgleich**), sollte der Betriebsrat vorrangig die Einführung von → **Kurzarbeit** fordern, sofern nach den Regelungen des SGB III Anspruch auf **Kurzarbeitergeld** besteht. Die richtige Reihenfolge ist also: erst Kurzarbeit mit Kurzarbeitergeld; dann Arbeitszeitabsenkung nach Beschäftigungssicherungstarifvertrag.

Interessenausgleich mit Namensliste

16 Die durch Gesetz vom 25. 9. 1996 eingeführte Bestimmung des § 1 Abs. 5 KSchG (»Interessenausgleich mit Namensliste«) ist durch das »Gesetz … zur Sicherung der Arbeitnehmerrechte« vom 19. 12. 1998 ersatzlos gestrichen, aber mit dem Gesetz zu Reformen am Arbeitsmarkt vom 24. 12. 2003 mit Wirkung ab 1. 1. 2004 wieder eingeführt worden.
Die Vorschrift verschafft den Betriebsparteien die Möglichkeit, den **Kündigungsschutz** der von Entlassung betroffenen Arbeitnehmer durch einen »Interessenausgleich mit Namensliste« **auszuhebeln**. Nach § 1 Abs. 5 KSchG gilt Folgendes:
Sind bei einer Kündigung auf Grund einer → **Betriebsänderung** nach § 111 BetrVG die Arbeitnehmer, denen gekündigt werden soll, in einem → **Interessenausgleich** zwischen Arbeitgeber und Betriebsrat namentlich bezeichnet, so wird **vermutet**, dass die Kündigung durch dringende betriebliche Erfordernisse im Sinne des § 1 Abs. 2 KSchG bedingt ist.
Die **soziale Auswahl** der Arbeitnehmer kann nur auf grobe Fehlerhaftigkeit überprüft werden. Vorstehendes gilt nicht, soweit sich die Sachlage nach Zustandekommen des Interessenausgleichs wesentlich geändert hat.
Der Interessenausgleich mit Namensliste ersetzt die **Stellungnahme** des Betriebsrats nach § 17 Abs. 3 Satz 2 KSchG.

16a Ein Interessenausgleich mit Namensliste führt zu einer **drastischen Einschränkung des Kündigungsschutzes** der Arbeitnehmer.
Der Arbeitgeber profitiert hiervon, weil sein Risiko, Kündigungsschutzprozesse ggf. in dritter Instanz zu verlieren und den Annahmeverzugslohn nachzahlen zu müssen (siehe → **Annahmeverzug**), fast »auf Null« schrumpft.
Der Betriebsrat sollte deshalb einer **Namensliste nicht zustimmen**. Denn es ist grundsätzlich nicht seine Aufgabe, die Rechtsposition gekündigter Arbeitnehmer zu verschlechtern.
Etwas anderes kann allenfalls dann gelten, wenn der Arbeitgeber bereit ist, einen **angemessenen »Preis«** in Form von gut dotierten Sozialplanregelungen zu zahlen (mindestens doppelt so hohe Abfindungen als üblich, Transfergesellschaft und weitere Maßnahmen zur Überführung der von Entlassung Betroffenen in neue gleichwertige Arbeit usw.).
Außerdem ist es erforderlich, die Beschäftigten über die Auswirkungen eines Interessenausgleichs mit Namensliste zu informieren und die Aufnahme in die Namensliste vom **Einverständnis** jedes einzelnen Arbeitnehmers abhängig zu machen (auch wenn das in der Praxis schwer zu organisieren ist).

16b Nach Ansicht des BAG ist die im → **Insolvenzverfahren** nach § 125 Abs. 1 InsO eröffnete Möglichkeit, über einen Interessenausgleich mit Namensliste eine **ausgewogene Personal-**

Interessenausgleich

struktur zu schaffen, mit dem Antidiskriminierungsrecht der Europäischen Union vereinbar (BAG v. 19.12.2013 – 6 AZR 790/12).

Wirkungen eines Interessenausgleichs

Kommt zwischen Betriebsrat und Unternehmer ein Interessenausgleich über die Betriebsänderung zustande, so ist der Unternehmer grundsätzlich zur **Einhaltung** der vereinbarten Regelungen und Maßnahmen verpflichtet. 17
Ein Interessenausgleich entfaltet allerdings nach h. M. **keine normative Wirkung** für die Arbeitsverhältnisse (BAG v. 14.11.2006 – 1 AZR 40/06, NZA 2007, 339; Fitting, BetrVG, 27. Aufl., §§ 112, 112a Rn. 43 ff.; a.A. DKKW-*Däubler*, BetrVG, 15. Aufl., §§ 112, 112a Rn. 23 ff.).
Er sei eine »Kollektivvereinbarung eigener Art«. Er begründe deshalb – im Gegensatz zum Sozialplan – keine vom einzelnen Arbeitnehmer einklagbaren Rechte.
Dies lasse sich aus der Vorschrift des § 113 Abs. 1 BetrVG ableiten: hiernach sei der Unternehmer, der von einem Interessenausgleich – ohne zwingenden Grund – abweichen will, gegenüber den betroffenen Arbeitnehmern zum → **Nachteilsausgleich** verpflichtet. Daraus folge: die Bindungswirkung des Interessenausgleichs ende, wenn ein zwingender Grund zur Abweichung vorliegt. Es müssten dann neue Verhandlungen aufgenommen werden.
Etwas anderes gelte, wenn der Interessenausgleich zugleich Bestimmungen enthält, die nach ihrem Inhalt und Rechtscharakter eine **Sozialplanregelung** darstellen, weil sie nicht das »Ob«, »Wann« und »Wie« der Betriebsänderung regeln, sondern den Ausgleich und die Abmilderung der den Arbeitnehmern hierdurch entstehenden wirtschaftlichen Nachteile. In diesem Falle könnten sich hieraus Ansprüche der Arbeitnehmer ergeben (BAG v. 14.11.2006 – 1 AZR 40/06, a.a. O.; vgl. auch Fitting, BetrVG, 27. Aufl., §§ 112, 112a Rn. 47).
Nach zutreffender Ansicht des LAG München v. 16.7.1997 – 9 TaBV 54/97, AuR 1998, 89 hat ein vereinbarter Interessenausgleich zwar nicht die Wirkung einer Betriebsvereinbarung. Er habe jedoch als rechtsgeschäftliche Vereinbarung **Bindungswirkung zwischen den Betriebsparteien**. Der Betriebsrat habe gegen den Arbeitgeber zumindest einen Anspruch auf Einhaltung derjenigen Regelungen im Interessenausgleich, deren Verletzung im Rahmen des § 113 BetrVG keinen Anspruch von Arbeitnehmern auf einen → **Nachteilsausgleich** auslöst (vgl. auch DKKW-*Däubler*, BetrVG, 15. Aufl., §§ 112, 112a Rn. 23 ff.).

Ablauf des Interessenausgleichsverfahrens

Das Verfahren von der Ankündigung der Betriebsänderung bis hin zum Abschluss der Verhandlungen über einen »Interessenausgleich« verläuft in folgenden Etappen (siehe auch → **Sozialplan** Rn. 20; Sonderregelungen gelten im → **Insolvenzverfahren**): 18
- Zunächst hat der Unternehmer den Wirtschaftsausschuss nach § 106 BetrVG sowie den Betriebsrat des betroffenen Betriebs (§ 111 BetrVG) über die geplante Betriebsänderung **zu informieren** und mit ihnen jeweils zu beraten.
Der Betriebsrat zieht ggf. einen → **Berater** hinzu (in → **Unternehmen** mit mehr als 300 Arbeitnehmern).
- Daran anschließend werden zwischen Unternehmer und Betriebsrat formelle Verhandlungen über einen Interessenausgleich aufgenommen.

> **Beispiel:**
> Der Unternehmer will Teilstilllegung des Betriebes mit Entlassungen; der Betriebsrat schlägt Fortführung vor mit neuen Produkten, neuen Investitionen, Änderung der Arbeitsabläufe, Versetzungsregelungen, Qualifikationsprogrammen usw.

Interessenausgleich

- Kommt es zu einer Einigung, die für beide Seiten tragbar ist, wird diese schriftlich niedergelegt und vom Unternehmer und Betriebsrat (durch den Betriebsratsvorsitzenden) unterschrieben.
- Kommt es zu keiner Einigung, so kann von jeder Seite der Vorstand der Bundesagentur für Arbeit um Vermittlung gebeten werden (§ 112 Abs. 2 Satz 1 BetrVG).
Der Vorstand der Bundesagentur kann die Aufgabe auf andere Bedienstete der Bundesagentur übertragen.
- Unterbleibt die Einschaltung des Vorstandes der Bundesagentur für Arbeit (oder eines beauftragten Bediensteten) oder bleibt sein Vermittlungsversuch erfolglos, kann von jeder Seite die → **Einigungsstelle** angerufen werden (§ 112 Abs. 2 Satz 2 BetrVG).
- Über die Bildung der Einigungsstelle entscheidet notfalls das → **Arbeitsgericht**, falls sich Unternehmer und Betriebsrat nicht über den Vorsitzenden und die Zahl der Beisitzer einigen können (siehe → **Einigungsstelle**).
- Auf Ersuchen des/der Vorsitzenden der Einigungsstelle nimmt ein Mitglied des Vorstands der Bundesagentur für Arbeit oder ein vom Vorstand der Bundesagentur für Arbeit benannter Bediensteter an der Verhandlung in der Einigungsstelle teil (§ 112 Abs. 2 Satz 3 BetrVG).
- Der Unternehmer einerseits und der Betriebsrat andererseits »sollen« der Einigungsstelle Vorschläge zur Beilegung der »Meinungsverschiedenheiten« über den Interessenausgleich machen (§ 112 Abs. 3 Satz 1 BetrVG). Das heißt: sie haben ihre jeweiligen Konzepte darzustellen.
- Die Einigungsstelle – genauer der/die Vorsitzende der Einigungsstelle – hat den Versuch zu unternehmen, eine Einigung zwischen Unternehmer und Betriebsrat herbeizuführen (§ 112 Abs. 3 Satz 2 BetrVG).
Die Einigungsstelle kann gegebenenfalls ein von dem/der Vorsitzenden entwickeltes alternatives Konzept zwar beraten, nicht aber gegen den Willen des Unternehmers beschließen (siehe Rn. 11).
- Kommt es im Rahmen des Einigungsstellenverfahrens zu einer Einigung zwischen Unternehmer und Betriebsrat, so ist diese schriftlich niederzulegen und zu unterschreiben (§ 112 Abs. 3 Satz 3 BetrVG).
- Kommt es zu keiner Einigung, so stellt der/die Vorsitzende das Einigungsstellenverfahren über den Interessenausgleich ein.
Der Unternehmer kann nunmehr seine geplanten Maßnahmen realisieren.
Er ist nur noch verpflichtet, mit dem Betriebsrat einen → **Sozialplan** zu vereinbaren.
Die Aufstellung eines Sozialplanes ist »erzwingbar«.
Das heißt, im Falle der Nichteinigung über einen Sozialplan entscheidet die → **Einigungsstelle** mit verbindlicher Wirkung (§ 112 Abs. 4 BetrVG).

19 Aus dem Vorstehenden ergeben sich für den Betriebsrat folgende Konsequenzen:
- Der Kampf um einen möglichst »guten« Interessenausgleich hat aus beschäftigungspolitischen Gründen **Vorrang** vor dem Sozialplan.
Wichtigstes Ziel ist es, die bisherige »Kopfzahl« der Belegschaft so weit wie möglich zu halten, das heißt, Entlassungen zu verhindern.
Dies kann bei »vorübergehendem« Auftragsmangel erreicht werden durch Einführung von → **Kurzarbeit** (§ 87 Abs. 1 Nr. 3 BetrVG, §§ 95 ff. SGB III 2012) und der in § 92 a BetrVG aufgeführten – alternativen – Maßnahmen (siehe Rn. 5, 6 und → **Beschäftigungssicherung und -förderung**).

Beispiel:
In einigen Branchen bestehen sog. → **Beschäftigungssicherungstarifverträge**, die die Möglichkeit vorsehen, die tarifliche Wochenarbeitszeit der Beschäftigten (wenn auch ohne Lohnausgleich) ab-

zusenken, um Entlassungen zu vermeiden (siehe auch Rn. 15). Es ist besser und letztlich auch solidarischer, die Arbeitszeit aller Belegschaftsangehörigen um (z. B.) 10 Prozent zu verkürzen, anstatt 10 Prozent der Beschäftigten zu entlassen.

- Erst wenn feststeht, dass trotz aller betriebspolitischen und rechtlichen Anstrengungen Entlassungen nicht verhindert werden können, darf über mögliche Formen des Personalabbaus nachgedacht werden.
Dann sind im Rahmen der Verhandlungen über den → **Sozialplan** Auffanglösungen zu regeln.
Hierzu zählt etwa die befristete Übernahme der betroffenen Beschäftigten in eine zu gründende »Beschäftigungs- und Qualifizierungsgesellschaft« (heute spricht man von »Transfergesellschaft«; siehe → **Transferleistungen** Rn. 16).
Ziel einer solchen Maßnahme ist es, den Personalabbau sozial- und arbeitsmarktpolitisch durch sinnvolle Bündelung und effektiven Einsatz der Instrumente der Arbeitsförderung zu flankieren (u. a. Förderung der Teilnahme von Arbeitnehmern an Transfer-/Eingliederungsmaßnahmen durch Zuschüsse der Bundesagentur für Arbeit nach § 110 SGB III 2012, »Transferkurzarbeitergeld« nach § 111 SGB III 2012, Arbeitsbeschaffungsmaßnahmen, Fortbildung und Umschulung usw.), um die Chancen der Betroffenen zu erhöhen, einen anderen – gleichwertigen – Arbeitsplatz auf dem sog. ersten Arbeitsmarkt zu finden.
Gegebenenfalls kann auch versucht werden, eine eigene Produktions- oder Dienstleistungsstruktur unter dem Dach der Transfergesellschaft (Beschäftigungs- und Qualifizierungsgesellschaft) aufzubauen und dort, wo die Voraussetzungen für die marktfähige Ausgliederung eines Aufgabenbereichs vorliegen, die Ausgründung in ein selbständiges Unternehmen zu unterstützen.

Bedeutung für die Beschäftigten

Ein Interessenausgleich hat nach abzulehnender h. M. keine normative Wirkung für die Arbeitsverhältnisse (BAG v. 14. 11. 2006 – 1 AZR 40/06, NZA 2007, 339; siehe Rn. 17). Werden Arbeitnehmer unter Verstoß gegen die »Ob, Wann und Wie – Regelungen« eines Interessenausgleichs **gekündigt**, soll die Kündigung jedenfalls mit dieser Begründung nicht erfolgreich vor dem Arbeitsgericht angefochten werden können (andere Umstände – z. B. fehlende soziale Rechtfertigung im Sinne des § 1 KSchG; fehlende Anhörung des Betriebsrats nach § 102 BetrVG usw. – können dagegen sehr wohl die Unwirksamkeit der Kündigung zur Folge haben). 20

Den betroffenen Arbeitnehmern steht nach § 113 BetrVG ein Anspruch auf »Nachteilsausgleich« zu, wenn der Unternehmer von einem Interessenausgleich *ohne zwingenden Grund* abweicht oder wenn der Unternehmer die Betriebsänderung durchführt, ohne mit dem Betriebsrat einen Interessenausgleich »versucht« zu haben (siehe → **Nachteilsausgleich**). 21

Zu der durch § 1 Abs. 5 KSchG geschaffenen Möglichkeit, den Kündigungsschutz der von Entlassung betroffenen Arbeitnehmer durch einen »**Interessenausgleich mit Namensliste**« auszuhebeln, siehe Rn. 16. 22

Zu beachten ist auch § 125 InsO: Hiernach führt ein zwischen Insolvenzverwalter und Betriebsrat vereinbarter Interessenausgleich mit Namensliste zu einer Einschränkung des Kündigungsschutzes derjenigen, die in der Namensliste benannt sind (siehe → **Insolvenzverfahren**). 23

Interessenausgleich

Interessenausgleich bei Umwandlung

24 Im Zuge der Umwandlung eines Unternehmens (durch Verschmelzung, Spaltung oder Vermögensübertragung) stellt sich die Frage, welche Beschäftigten welchen Unternehmen/Betrieben **zuzuordnen** sind.
Ist die Zuordnung der Beschäftigten zu bestimmten Betrieben oder Betriebsteilen in einem anlässlich der Umwandlung geschlossenen Interessenausgleich durch **namentliche Bezeichnung** der Betroffenen erfolgt, kann die Zuordnung vom → **Arbeitsgericht** nur bei »grober Fehlerhaftigkeit« verändert werden (§ 323 Abs. 2 Umwandlungsgesetz; siehe → **Umwandlung von Unternehmen**).

Arbeitshilfen

Checkliste
- Interessenausgleich: Verhandlung über das »Ob«, »Wann« und »Wie« der geplanten Betriebsänderung

Musterschreiben
- Interessenausgleich: Musterbetriebsvereinbarung (gemäß § 112 Abs. 1 BetrVG)

Rechtsprechung

1. Unterschied Interessenausgleich/Sozialplan
2. Schriftform des Interessenausgleichs – Interessenausgleich mit Namensliste
3. Interessenausgleich/Sozialplan: Zuständigkeit des Betriebsrats oder des Gesamtbetriebsrats?
4. Verbindlichkeit des Interessenausgleichs – Anspruch des Betriebsrats auf Einhaltung des Interessenausgleichs?
5. Hinzuziehung eines Sachverständigen für Interessenausgleichs- und Sozialplanverhandlungen durch einstweilige Verfügung
6. Einigungsstelle über Interessenausgleich
7. Betriebsändernde Maßnahmen vor Abschluss der Verhandlungen über einen Interessenausgleich – Unterlassungsanspruch des Betriebsrats – Einstweilige Verfügung
8. Interessenausgleich mit Namensliste (§ 1 Abs. 5 KSchG): »Vermutung, dass Kündigung durch dringende betriebliche Erfordernisse bedingt ist«
9. Interessenausgleich mit Namensliste (§ 1 Abs. 5 KSchG): »grobe Fehlerhaftigkeit« der Sozialauswahl
10. Interessenausgleich mit Namensliste im Insolvenzverfahren (§ 125 Abs. 1 Satz 1 Nr. 2 InsO): »grobe Fehlerhaftigkeit« der Sozialauswahl
11. Nachteilsausgleich (§ 113 BetrVG)
12. Erforderliche Beschäftigtenzahl nach § 111 BetrVG: »in der Regel mehr als 20 wahlberechtigte Arbeitnehmer«
13. Stufenweiser Personalabbau über einen längeren Zeitraum

ISO 9000

Was ist das?

Das Bemühen einer Unternehmensleitung, ein möglichst optimales Betriebsergebnis zu erzielen, führt in immer mehr Betrieben zu Veränderungen im Bereich der **Qualitätssicherung**. Dem zugrunde liegt die Erkenntnis, dass Qualitätssicherung in Form der althergebrachten Kontrolle von End- und Zwischenprodukten ein recht kostspieliges Unterfangen ist. Je später ein Fehler entdeckt wird, desto teurer wird seine Beseitigung. Augenfälliges Beispiel sind die kostenträchtigen **Rückrufaktionen** der Hersteller von Massenprodukten (Autos und dergl.). 1

Ziel einer neuen Qualitätssicherungsstrategie ist es, in allen Phasen des Prozesses von der Bestellung bis zur Auslieferung (Design/Entwicklung, Arbeitsvorbereitung, Materialbeschaffung, Fertigung, Montage, Lieferung, Wartung) konsequent und systematisch **Fehlervermeidung** zu betreiben. 2
Anders ausgedrückt: Es geht darum, Fehler so rechtzeitig zu erkennen, dass diese von vornherein vermieden bzw. mit geringem Aufwand behoben werden können.

Die **Normenreihe ISO 9000** ist eine Handlungsanleitung, nach welcher eine derartige umfassende Qualitätssicherungsstrategie organisiert werden kann. 3
ISO steht für **International Standardisation Organisation**. 4
Diese Organisation, in der die Bundesrepublik durch das DIN (Deutsches Institut für Normung e. V.) vertreten ist, hat es sich zur Aufgabe gemacht, die unterschiedlichen nationalen Normungen anzugleichen und weltweit zu harmonisieren.
Im Jahre 1987 wurden die Regeln der Normenreihe ISO 9000 bis 9004 festgelegt.
Mit diesen Regeln wird ein branchen- und produktunabhängiges System der Qualitätssicherung aufgestellt.
Garant der Qualitätssicherung ist ein systematisiertes – in der Normenreihe ISO 9000 im Einzelnen dargestelltes – **Qualitätsmanagement**.
Die Normenreihe ISO 9000 (insbesondere 9001) war mit ihren 20 Elementen des Qualitätsmanagements (siehe Rn. 7) auf die Standardprozesse der produzierenden Industrie (u. a. Entwicklung, Produktion, Montage, Kundendienst) zugeschnitten. Eine Übertragung auf die anders verlaufenden Prozesse z. B. in Dienstleistungsunternehmen war erschwert. Das führte zu einer Weiterentwicklung der Normung zur **Normenreihe EN ISO 9000**. Im Jahr 2012 beschlossen die ISO-Mitgliedskörperschaften eine formale weltweite Überprüfung der ISO 9001. Die Neufassung der Norm ist im September 2015 veröffentlicht worden. Zertifizierungsstellen gewähren eine dreijährige Übergangsfrist, innerhalb der die Qualitätsmanagementsysteme auf die neue Normung umgestellt sein müssen (zu weiteren Einzelheiten siehe https://de.wikipedia.org/wiki/Qualit%C3%A4tsmanagementnorm).
Die nachstehende Darstellung bezieht sich auf die ursprüngliche Fassung der Normenreihe DIN ISO 9000 ff.
Die Normenreihe DIN ISO 9000 ist unterteilt in die ISO Normen 9000, 9001, 9002, 9003 und 9004. 5

ISO 9000

6 Die Norm 9000 ist eine Art **Leitlinie** für die anderen Normen. Sie hilft bei der Auswahl und Interpretation der übrigen Normen.

7 Die Norm 9001 ist die **umfassendste Regelung**. Sie unterteilt das gesamte System der Qualitätssicherung in die nachfolgend genannten 20 Qualitätssicherungselemente, die erarbeitet und dokumentiert werden müssen:
1. Verantwortung der obersten Leitung
2. Qualitätsmanagementsystem
3. Vertragsüberprüfung
4. Designlenkung
5. Lenkung der Dokumente
6. Beschaffung
7. Lenkung der vom Auftraggeber (Kunden) bereitgestellten Produkte
8. Identifikation und Rückverfolgbarkeit von Produkten
9. Prozesslenkung (in Produktion und Montage)
10. Prüfungen
11. Prüfmittel
12. Prüfstatus
13. Lenkung fehlerhafter Produkte
14. Korrekturmaßnahmen
15. Handhabung, Lagerung, Verpackung und Versand
16. Qualitätsaufzeichnungen
17. Interne Qualitätsaudits (= Prüfungen)
18. Schulung
19. Kundendienst
20. Statistische Methoden

8 Die Norm 9002 befasst sich schwerpunktmäßig mit den Bereichen **Produktion und Montage**. Die Bereiche Design/Produktentwicklung und Kundendienst (siehe oben Nrn. 4 und 19) werden ausgeblendet.

9 Die Norm 9003 beschränkt sich auf die Regelung der Qualitätssicherungselemente für den Bereich der »**Endprüfung**«. Nicht erfasst werden die in o. g. Nrn. 3, 4, 6, 7, 9, 14, 17, 19 dargestellten Qualitätssicherungsbereiche.

10 In der Norm 9004 schließlich werden Hinweise für die **Entwicklung und Einführung** eines Qualitätssicherungssystems im Unternehmen gegeben.
Außerdem enthält die Norm einen Leitfaden für die Übertragung des Qualitätssicherungssystems auf **Dienstleistungsunternehmen**.

11 Die Normenreihe ISO 9000 hat nicht den Charakter einer verbindlichen Rechtsvorschrift. Vielmehr liegt der Aufbau eines Qualitätssicherungssystems im **freien Ermessen** des Unternehmens.

12 Allerdings gibt es eine Reihe von Gründen, die ein Unternehmen veranlassen, den Betrieb entsprechend den Regeln der ISO 9000 umzustrukturieren und sich dies »**zertifizieren**« zu lassen (siehe Rn. 13 ff.).

13 Zum einen ergibt sich ein »**mittelbarer**« Zwang zur Anwendung von ISO 9000 aus einer Vielzahl von Gesetzen und Verordnungen, die in unterschiedlichen Ausprägungen qualitätssichernde Maßnahmen verlangen (Beispiele: Bauproduktegesetz, Gerätesicherheitsgesetz, Medizin-Produktegesetz, Gesetz betr. elektromagnetische Verträglichkeit, Eichordnung, Zulassungsverordnung Post).

14 Zum anderen gehen immer mehr Unternehmen dazu über, von ihren Zulieferern die Einführung eines Qualitätsmanagements entsprechend ISO 9000 zu verlangen.

15 Die Normenreihe ISO 9000 ist mittlerweile in über 170 Ländern als Qualitätssicherungs- und -managementsystem akzeptiert. Bis Ende 2009 wurden weltweit über 1 Mio. Zertifikate ba-

sierend auf der Norm ISO 9001 erteilt. In Deutschland besaßen 2012 rund 51 000 Organisationen eine solche Zertifizierung (https://de.wikipedia.org/wiki/Qualit%C3%A4tsmanagementnorm).
Strukturiert ein Unternehmen seinen Bereich Qualitätssicherung nach den Regeln von ISO 9000 um, erhält es ein so genanntes »**Zertifikat**«.
Der Prozess zur Erlangung eines solchen Zertifikats durchläuft zwei Stufen:

1. Stufe

Das Unternehmen baut ein Qualitätssicherungs- und -managementsystem auf. Dabei werden – je nach angewandter Normenreihe (ISO 9001, 9002, 9003) – die erforderlichen Qualitätssicherungselemente erarbeitet, dokumentiert (**Qualitätssicherungshandbuch**) und den Beschäftigten zugänglich gemacht.
Bei der Erstellung des Qualitätssicherungshandbuchs sind zwei Wege denkbar:
- das Handbuch wird »oben« im kleinen Kreis erstellt und dann nach »unten« durchgesetzt; oder:
- »oben« werden nur die Qualitätssicherungsgrundsätze erarbeitet. Die Ausfüllung der Grundsätze mit konkreten Inhalten erfolgt durch die Beschäftigten im Rahmen eines betrieblichen Diskussions- und Arbeitsprozesses.

Der zweitgenannte Weg bringt sowohl den Beschäftigten **Vorteile** (sie gestalten den Prozess mit) als auch dem Unternehmen: Durch Mitgestaltung entsteht bei den Beschäftigten »automatisch« Akzeptanz, das heißt der Wille, die im Handbuch festgeschriebenen Richtlinien auch tatsächlich einzuhalten bzw. umzusetzen.

2. Stufe

Ist der Aufbau des Qualitätssicherungs- und -managementsystems abgeschlossen und praktisch erprobt, schließt sich die Phase des **Zertifizierungsverfahrens** an:
Eine staatlich anerkannte Zertifizierungsstelle nimmt auf Anforderung der Unternehmensleitung ein so genanntes **Audit** (= **Prüfung**) vor.
Es wird geprüft, ob das Qualitätssicherungs- und -managementsystem den Regeln der Normenreihe ISO 9000 entspricht und ob dieses System in der betrieblichen Wirklichkeit auch tatsächlich umgesetzt wird.
Ist dies der Fall, erteilt die Zertifizierungsstelle für die Dauer von drei Jahren ein »Zertifikat«. Durch **jährliche** »**Nachaudits**« wird geprüft, ob die zertifizierte Qualitätssicherung aufrechterhalten wird.
Nach drei Jahren erfolgt ein »**Wiederholungsaudit**«, wenn das Zertifikat für weitere drei Jahre verlängert werden soll.
Mit dem Zertifikat verfügt das Unternehmen über ein Dokument, mit welchem es gegenüber Kunden, Versicherungen, Behörden und sonstigen Stellen den **Nachweis einer umfassenden Qualitätssicherung** führen kann.
Die Umstrukturierung des Unternehmens/Betriebs entsprechend den Anforderungen der Normenreihe ISO 9000 hat oft erhebliche **Auswirkungen auf die Beschäftigten**.

> **Beispiele:**
> - Die Arbeitsabläufe und Kommunikationsstrukturen werden genau durchleuchtet und analysiert. Die Beschäftigten fühlen sich kontrolliert. Schwachstellen werden ebenso sichtbar wie das »geheime« Wissen der Beschäftigten;
> - die Arbeitsabläufe werden verändert (z. B. Einführung von Gruppenarbeit);

ISO 9000

- durch Optimierung der Arbeitsabläufe ergeben sich Rationalisierungseffekte mit entsprechenden personellen Konsequenzen für die Beschäftigten (Versetzungen, Kündigungen);
- bestimmte Arbeitsvorgänge werden mit dem Ziel automatisiert, eine bessere Produktqualität zu erzielen;
- in der Wareneingangsprüfung und Endkontrolle gehen Arbeitsplätze verloren, weil in allen Stufen des Prozesses Qualitätssicherung integriert wird;
- es kann zu Einstellungen kommen (z. B. Qualitätssicherungsbeauftragter);
- die Zeitvorgaben beim Leistungsentgelt werden verändert, weil Qualitätssicherung in die einzelnen Prozess- und Produktionsschritte als zusätzliche Aufgabenstellung integriert wird;
- ggf. ändert sich auch die Eingruppierung, weil eine höhere Verantwortung für die Qualität hinzukommt;
- ggf. entsteht Leistungsverdichtung, weil in der gleichen Arbeitszeit zusätzliche Qualitätssicherungsaufgaben erledigt werden müssen;
- die von ISO 9001 – 9003 geforderte Rückverfolgbarkeit eines Produkts (siehe oben Nr. 8) führt zum Aufbau eines detaillierten Kontrollsystems (z. B. in Form eines elektronischen BDE-Systems = Betriebliche Datenerfassung);
- Verantwortungsbereiche und Zuständigkeiten werden verändert;
- Beschäftigte werden zu Schulungen abgeordnet, deren Ziel es ist, das Qualitätsbewusstsein sowie die fachlichen Fähigkeiten und Fertigkeiten zu fördern;
- leistungsschwächeren Beschäftigten, die den Qualitätsanforderungen nicht gerecht werden, drohen Konsequenzen;
- das betriebliche Vorschlagswesen wird verändert.

24 Alternativen zu ISO 9000: 1987 wurde vom US-Wirtschaftsministerium ein jährlich vom US-Präsidenten verliehener Preis für umfassendes Qualitätsmanagement geschaffen (Malcolm Baldridge National Quality Award).

Der Baldridge Award verfolgt einen wesentlich umfassenderen Zielkatalog als die Qualitätsnormenreihe ISO 9000. Bei der Normenreihe ISO 9000 geht es darum, dem Kunden zu signalisieren, dass eine gewisse Qualitätssicherheit des Lieferanten gewährleistet ist.

Die Qualitätskategorien des Baldridge Award gehen über ein derartiges Qualitätssicherheitsdenken hinaus und zielen auf die **Verbesserung der Wettbewerbsfähigkeit des Unternehmens** ab.

Im Einzelnen werden im Bereich der sieben **Qualitätskategorien** des Baldridge Award folgende Fragen gestellt:

1. Führungsqualität: Inwieweit ist die Unternehmensführung persönlich in den Qualitätsprozess integriert? In welcher Form wird die Kundenorientierung in den Führungsprozess eingebunden?
2. Information und Analyse: Enthalten die Informationssysteme des Unternehmens aussagefähige Daten über Qualitätsaspekte? Vergleicht das Unternehmen sich regelmäßig mit den Leistungen seiner Konkurrenten (sog. Benchmarking)? Bilden die vorhandenen Daten (insbesondere die qualitäts- und kundenbezogenen) die Grundlagen wichtiger Entscheidungen?
3. Qualitätsplanung: Inwieweit sind die Qualitäts- und Kundenzufriedenheitsaspekte in der strategischen und operativen Planung des Unternehmens berücksichtigt?
4. Personalmanagement: Wie werden die Mitarbeiter/-innen in den Qualitätsprozess integriert? Fließen Qualitätsaspekte in die Weiterbildungsmaßnahmen für die Mitarbeiter/-innen ein? Wie werden die Beiträge einzelner Mitarbeiter zur Qualitätssteigerung honoriert? Wird die Mitarbeiterzufriedenheit gemanagt und gemessen?
5. Management der Prozessqualität: Wie werden Qualitätsaspekte bei der Entwicklung neuer Produkte und Dienstleistungen berücksichtigt? Wodurch wird sichergestellt, dass der Produktionsprozess den Qualitätsanforderungen entspricht und einem dauerhaften Verbes-

serungsprozess unterliegt? Wie werden die Lieferungen in den Qualitätssicherungsprozess einbezogen?
6. Qualität und operative Ergebnisse: Welche Produkt- und Dienstleistungsqualität erreicht das Unternehmen im Vergleich zu seiner Konkurrenz? Welche Produktqualität erreicht das Unternehmen im Vergleich zu seiner Konkurrenz? Wie hoch ist das Qualitätsniveau der Lieferanten?
7. Kundenorientierung und Kundenzufriedenheit: Wie gelangt das Unternehmen an Informationen über zukünftige Kundenbedürfnisse? Mit welchen Methoden untersucht das Unternehmen die Kundenzufriedenheit? Welches Niveau der Kundenzufriedenheit erzielt das Unternehmen im Vergleich zur Konkurrenz?

Eine weitere Entwicklung im Bereich des Qualitätsmanagements heißt **Return on Quality** (ROQ). 25

Entsprechend dem betriebswirtschaftlichen Begriff Return on Investment (»Wie hoch verzinst sich das investierte Kapital?«) fragt ROQ: »Was bekomme ich (über höhere Preise, größeren Umsatz, höheren Marktanteil, geringere Garantiekosten usw.) zurück für meine Bemühungen, die Qualität der Produkte und Prozesse zu steigern?«

ROQ wendet sich gegen eine allzu bürokratische, pingelige Handhabung von Qualitätssicherungskonzepten.

Das bisherige Qualitätsmanagement wird radikal hinterfragt und neu aufgebaut.

Im Zentrum steht dabei die Frage: Was will der Kunde?

Quelle: ISO 9000, Hrsg. IG Metall Vorstand Abt. Automation/Technologie/Humanisierung der Arbeit, Frankfurt/M. 1994.

Bedeutung für die Betriebsratsarbeit

Aus den vorstehend dargestellten möglichen Auswirkungen auf Arbeitsablauf und Beschäftigte erwachsen für den Betriebsrat eine Vielzahl von Schutz- und Gestaltungsaufgaben. 26

Da Aufbau und Umsetzung eines umfassenden Qualitätssicherungssystems mit der Akzeptanz durch die Beschäftigten stehen und fallen, hat der Betriebsrat genügend Argumente, um seine **frühzeitige Einbeziehung** zu fordern. 27

Außerdem kann sich der Betriebsrat – zur Untermauerung seines Anspruchs auf Beteiligung – auf eine **Vielzahl** von Vorschriften des BetrVG berufen, insbesondere auf 28
- Informationsrechte nach §§ 80 Abs. 2, 90, 106 BetrVG;
- Mitwirkungsrechte (Beratungs- und Vorschlagsrechte) nach §§ 90, 92, 96 ff., 106 BetrVG;
- Mitbestimmungsrechte nach § 87 Abs. 1 BetrVG (Ordnung und Verhalten, Arbeitszeit, Leistungs- und Verhaltenskontrolle, Entlohnungsfragen, Vorschlagswesen), § 91 BetrVG (Arbeitsablaufänderungen), § 95 BetrVG (Auswahlrichtlinien), § 98 BetrVG (Bildungsmaßnahmen), § 99 BetrVG (Einstellung, Ein- und Umgruppierung, Versetzung).

Ist die Umstrukturierung des Betriebs derart gravierend, dass eine → **Betriebsänderung** anzunehmen ist, stehen dem Betriebsrat auch die Rechte nach §§ 111 ff. zu (siehe → **Interessenausgleich**, → **Sozialplan**). 29

Will der Betriebsrat Einfluss auf die Gestaltung des Qualitätssicherungssystems nehmen, bietet sich folgende **Vorgehensweise** an: 30
1. Der Betriebsrat macht sich sachkundig durch Besuch von Schulungen sowie Lektüre geeigneter Unterlagen, durch Kontakt mit Gewerkschaft und Gesprächen mit anderen Betriebsräten, die bereits einschlägige Erfahrungen gesammelt haben (Seminare über »ISO 9000« vermitteln »erforderliche« Kenntnisse im Sinne des § 37 Abs. 6 BetrVG, sofern

im Betrieb das Qualitätssicherungsmanagement eingeführt werden soll, vgl. LAG Rheinland-Pfalz v. 29.11.1996, AiB 1997, 533).
2. Der Betriebsrat verlangt vom Arbeitgeber Informationen über den (geplanten) Aufbau des Qualitätssicherungssystems und die Auswirkungen auf Arbeitsabläufe und Beschäftigte.
3. Der Betriebsrat verlangt Aushändigung aller Normen und – soweit schon vorhanden – ein Exemplar des Qualitätssicherungshandbuchs. Dieses ist vom Arbeitgeber stets auf dem neuesten Stand zu halten. Dem Betriebsrat sind jeweilige Änderungen unaufgefordert mitzuteilen.
4. Der Betriebsrat vereinbart mit dem Arbeitgeber, dass er zu allen Projektsitzungen eingeladen wird und dass er alle Audit-Berichte (= Prüfberichte) erhält.
5. Ggf. wird eine mit Betriebsrats- und Arbeitgebervertretern besetzte paritätische Kommission gebildet (§ 28 Abs. 3 BetrVG), in der alle Maßnahmen vor ihrer Umsetzung beraten werden.
6. Mit dem Arbeitgeber wird vereinbart, dass der zu bestellende interne und ggf. auch externe Qualitätssicherungsbeauftragte in geeigneter Weise den Betriebsrat informiert und mit ihm zusammenarbeitet.
7. Wegen der Kompliziertheit vieler Fragen fordert der Betriebsrat vom Arbeitgeber eine Vereinbarung, auf deren Grundlage er einen externen → **Sachverständigen** seiner Wahl hinzuziehen kann (§ 80 Abs. 3 BetrVG).
8. Der Betriebsrat organisiert ein Kommunikations- und Arbeitssystem mit interessierten Beschäftigten, Vertrauensleuten, Gewerkschaftsvertretern, externen Sachverständigen. Ziel: Erstellung eines Forderungskatalogs.
9. Der Betriebsrat entwirft auf der Grundlage des Forderungskatalogs eine → **Betriebsvereinbarung**.
10. Der Betriebsrat fordert den Arbeitgeber auf, in Verhandlungen einzutreten.
11. Ggf. ruft der Betriebsrat unter Berufung auf diejenigen Vorschriften, die ihm Mitbestimmungsrechte einräumen, die → **Einigungsstelle** an.

Jahresabschluss

Was ist das?

Jedes → **Unternehmen** (= Einzelunternehmen, Personengesellschaft, Kapitalgesellschaft; siehe → **Unternehmensrechtsformen**) ist verpflichtet, nach Ende eines jeden Geschäftsjahres einen »Jahresabschluss« zu erstellen (§ 242 HGB). 1
Bei Einzelunternehmen und Personengesellschaften (z. B. Offene Handelsgesellschaft oder Kommanditgesellschaft) besteht der Jahresabschluss aus einer »**Bilanz**« und einer »**Gewinn- und Verlustrechnung**« (§ 242 HGB). 2
Bei Kapitalgesellschaften (z. B. Aktiengesellschaft oder Gesellschaft mit beschränkter Haftung) setzt sich der Jahresabschluss aus einer »Bilanz«, einer »Gewinn- und Verlustrechnung« und einem »**Anhang**« zusammen (§ 264 HGB). 3

Bilanz

Die »Bilanz« ist eine Gegenüberstellung von Vermögen und Schulden des Unternehmens zu einem bestimmten **Stichtag** (= der Tag am Ende des Geschäftsjahres; vgl. § 242 Abs. 1 HGB). 4
Anders ausgedrückt: In der Bilanz wird die Frage beantwortet, wie hoch an einem bestimmten Stichtag der Wert des gesamten **Vermögens** (»**Aktiva**«) und wie hoch an diesem Stichtag demgegenüber der Stand der **Schulden** (»**Passiva**«) ist. 5
Außerdem: Die Passivseite der Bilanz legt dar, woher die Mittel gekommen sind (Eigenkapital oder Fremdkapital), mit denen die auf der Aktivseite der Bilanz aufgeführten Vermögenswerte **finanziert** worden sind.
§ 266 HGB schreibt vor, wie die Bilanz im Einzelnen **aufzugliedern** ist (Gliederungsschema). 6
Siehe im Anhang **Übersicht** »Gliederung der Bilanz« (§ 266 HGB).

Gewinn- und Verlustrechnung

Bei der »Gewinn- und Verlustrechnung« handelt es sich um eine Gegenüberstellung von **Erträgen** (= **Einnahmen**) und **Aufwendungen** (= **Kosten**), die im Laufe des Geschäftsjahres angefallen sind (§ 242 Abs. 2 HGB). 7
In § 275 HGB finden sich die **Gliederungsschemata**, nach denen die Gewinn- und Verlustrechnung aufzustellen ist. 8
Insoweit sind zwei Verfahren zulässig: das »**Gesamtkostenverfahren**« und das »**Umsatzkostenverfahren**«.
Siehe im Anhang **Übersicht** »Gliederung der Gewinn- und Verlustrechnung« (§ 275 HGB).

Jahresabschluss

Anhang

9 Der »Anhang« ist eine **Erläuterung** von Bilanz sowie Gewinn- und Verlustrechnung. Der Anhang ist zu erstellen von Kapitalgesellschaften (z. B. Aktiengesellschaft oder Gesellschaft mit beschränkter Haftung) und stellt einen Bestandteil des Jahresabschlusses dar (§§ 264, 284 ff. HGB).

Lagebericht

10 Von Kapitalgesellschaften muss zusätzlich zum »Jahresabschluss« ein so genannter »Lagebericht« erstellt werden (§§ 264, 289 HGB). In diesem Lagebericht ist ein den tatsächlichen Verhältnissen entsprechendes Bild des **Geschäftsverlaufs** und der **Lage** des Unternehmens zu vermitteln. Außerdem soll der Lagebericht auf
- wichtige Vorgänge, die »nach« dem Schluss des Geschäftsjahres eingetreten sind,
- die voraussichtliche Entwicklung des Unternehmens sowie
- den Bereich der Forschung und Entwicklung

eingehen.

11 An die Gestaltung des Jahresabschlusses und des Lageberichts werden unterschiedlich hohe Anforderungen gestellt, je nachdem, ob es sich um eine **kleine, mittelgroße oder große Kapitalgesellschaft** handelt. Die Größenklassen sind in § 267 HGB im Einzelnen umschrieben.

12 Jahresabschluss und Lagebericht von
- mittleren und großen Kapitalgesellschaften (§§ 316 ff. HGB),
- Konzernen (§ 316 HGB)

sind durch einen **Abschlussprüfer** zu prüfen.
Das Gleiche gilt für den Jahresabschluss von **großen Einzelunternehmen** sowie **großen Personengesellschaften** und **Konzernen** im Sinne des Gesetzes über die Rechnungslegung von bestimmten Unternehmen und Konzernen vom 15. 8. 1969 (»Publizitätsgesetz«; BGBl. I 1969, 1189; BGBl. I 1970, 1113).

13 Der Abschlussprüfer hat einen Bericht zu erstellen (= »**Wirtschaftsprüferbericht**«; § 321 HGB). In diesem Bericht ist unter anderem darzustellen, ob die Buchführung, der Jahresabschluss und der Lagebericht den gesetzlichen Vorschriften entsprechen.
Dabei sind die Posten des Jahresabschlusses aufzugliedern und ausreichend zu erläutern. Zudem sind nachteilige Veränderungen der Vermögens-, Finanz- und Ertragslage gegenüber dem Vorjahr und Verluste, die das Jahresergebnis nicht unwesentlich beeinflusst haben, aufzuführen und ausreichend zu erläutern.

14 Der Jahresabschluss von Kapitalgesellschaften ist zum Handelsregister bzw. dem Betreiber des »elektronischen Bundesanzeigers« einzureichen (= sog. **Offenlegung**, vgl. § 325 HGB) und kann dort von jedermann **eingesehen** werden (§ 9 Abs. 1 HGB; siehe → **Handelsregister**).
Kleine Kapitalgesellschaften müssen nur die Bilanz sowie den auf die Bilanz bezogenen Anhang einreichen (§ 326 HGB).
Für mittelgroße Kapitalgesellschaften regelt § 327 HGB einige Erleichterungen bei der Offenlegung.

15 Eine Veröffentlichungspflicht besteht auch bei Einzelunternehmen und Personengesellschaften sowie Konzernen, die dem Gesetz über die Rechnungslegung von bestimmten Unternehmen und Konzernen vom 15. 8. 1969 (»Publizitätsgesetz«; BGBl. I 1969, 1189; BGBl. I 1970, 1113) unterliegen, was der Fall ist, wenn sie zwei der drei folgenden **Kriterien** erfüllen: Bilanzsumme über 65 Millionen Euro, über 130 Millionen Euro Umsatz, mehr als 5000 Beschäftigte.

Jahresabschluss

Bedeutung für die Betriebsratsarbeit

Nach § 108 Abs. 5 BetrVG hat der Unternehmer dem → **Wirtschaftsausschuss** unter Beteiligung des Betriebsrats den Jahresabschluss »*zu erläutern*«.
Der Begriff »erläutern« bedeutet mehr als eine kurze Mitteilung.
Vielmehr muss der Unternehmer die einzelnen Aussagen und Zahlen des Jahresabschlusses im Einzelnen **erklären** und ihre Zusammenhänge darlegen (ggf. unter Hinzuziehung sachkundiger Arbeitnehmer: z. B. Bilanzbuchhalter).
Fragen von Mitgliedern des Betriebsrats oder Wirtschaftsausschusses hat er sachgemäß und nachvollziehbar zu beantworten.

16

Nach h. M. sind auch der »**Lagebericht**« (siehe Rn. 10) sowie der »**Wirtschaftsprüferbericht**« (siehe Rn. 13) dem Wirtschaftsausschuss nach § 106 Abs. 2 in Verbindung mit § 108 Abs. 3 BetrVG zur Einsichtnahme vorzulegen (Fitting, BetrVG, 27. Aufl., § 108 Rn. 29 und 32 m. w. N.).
Nach Ansicht des BAG ist der Wirtschaftsprüfungsbericht dem Wirtschaftsausschuss jedenfalls dann vorzulegen, wenn ein wirksamer Spruch der → **Einigungsstelle** den Unternehmer zur Vorlage des Wirtschaftsprüfungsberichts verpflichtet (BAG v. 8. 8. 1989 – 1 ABR 61/88).
Daraus folgt: Weigert sich der Unternehmer unsinnigerweise, den Wirtschaftsprüferbericht vorzulegen, sollte nach § 109 BetrVG ein Einigungsstellenverfahren eingeleitet werden (siehe hierzu → **Einigungsstelle**).

17

Vorlage zur Einsicht bedeutet in diesem Zusammenhang **Überlassung** für eine bestimmte Zeit (siehe → **Informationsrechte des Betriebsrats**).
Der Wirtschaftsprüferbericht ist insofern für die Interessenvertretung interessant, als er unter anderem eine nähere Erläuterung der Positionen von Bilanz und Gewinn- und Verlustrechnung enthält (siehe Rn. 4 ff.).

18

Auch wenn der Jahresabschluss als **vergangenheitsbezogene Rechnung** (»**Schnee von gestern**«) keine sichere Aussage über die zukünftige Entwicklung des Unternehmens zulässt, sollten Wirtschaftsausschuss und Betriebsrat dennoch von ihrem Recht nach § 108 Abs. 5 BetrVG konsequent Gebrauch machen.
Denn für die Begründung von **Forderungen** bzw. die **Abwehr von Kostensenkungsvorhaben** des Unternehmers kann es durchaus sinnvoll sein, unter Auswertung der bisherigen Jahresabschlüsse die **Gewinnentwicklung** im Unternehmen z. B. im Rahmen einer → **Betriebsversammlung** darzustellen.
Eine Geheimhaltungsverpflichtung insoweit besteht jedenfalls bei Kapitalgesellschaften nicht (siehe → **Geheimhaltungspflicht**).

19

Hinzuweisen ist im Zusammenhang mit dem Vorstehenden darauf, dass die wirkliche **Finanzkraft des Unternehmens** in der Regel weit höher zu veranschlagen ist, als dies im ausgewiesenen »Jahresüberschuss« oder gar »Jahresfehlbetrag« zum Ausdruck kommt.
Eine wichtige Größe insoweit ist der so genannte »**Cashflow**« (auch »**Umsatzüberschuss**«) genannt).
Er stellt den finanziellen Überschuss des abgelaufenen Geschäftsjahres dar und weist aus, wie viel »flüssige Mittel« dem Unternehmen (außer etwaigen Fremdmitteln [z. B. Krediten] bzw. Eigenkapitalzuflüssen) zur Finanzierung von Investitionen und sonstigen Vorhaben tatsächlich zur Verfügung stehen.
Es existieren im Detail unterschiedliche »Cashflow«-Berechnungen.
Verbreitet ist das nachfolgende Berechnungsmodell.
Hiernach wird der »Cashflow« ermittelt aus der Summe von:
- Jahresüberschuss (ersichtlich aus der Gewinn- und Verlustrechnung),

20

Jahresabschluss

- Abschreibungen auf Sach- und Finanzanlagen (ersichtlich aus der Gewinn- und Verlustrechnung),
- Veränderung der Pensionsrückstellungen (ersichtlich aus der Passiv-Seite der Bilanz),
- Veränderung des Sonderpostens mit Rücklageanteil (ersichtlich aus der Passiv-Seite der Bilanz).

21 Siehe auch »Checkliste: Kennzifferninformationssystem« unter Stichwort → **Wirtschaftsausschuss.**

Arbeitshilfen

Übersichten
- Jahresabschluss
- Gliederung der Bilanz (§ 266 HGB)
- Gliederung der Gewinn- und Verlustrechnung (§ 275 HGB)

Übersicht: Jahresabschluss

Bilanz	Gewinn- und Verlustrechnung	Anhang
= Gegenüberstellung von Vermögen und Schulden zu einem bestimmten Stichtag. §§ 242, 266 ff. HGB	= Gegenüberstellung von Aufwendungen und Erträgen im abgelaufenen Geschäftsjahr, §§ 242, 275 ff. HGB	= Erläuterung der Bilanz und der Gewinn- und Verlustrechnung, §§ 284 ff. HGB
		Lagebericht = realistische Darstellung des Geschäftsverlaufs und der Lage des Unternehmens; der Lagebericht soll auch eingehen auf bedeutsame Vorgänge nach Schluss des Geschäftsjahres, auf die voraussichtliche Entwicklung des Unternehmens, auf die Bereiche Forschung und Entwicklung sowie auf Zweigniederlassungen, § 289 HGB
Alle Einzelunternehmen und Gesellschaften (= Personengesellschaften und Kapitalgesellschaften) haben die Pflicht, eine »Bilanz« und eine »Gewinn- und Verlustrechnung« aufzustellen. Die Ausgestaltung hängt von der jeweiligen Unternehmensform und Größe ab.		Nur Kapitalgesellschaften müssen zusätzlich einen »Anhang« und einen »Lagebericht« erstellen.
Bei mittelgroßen und großen Kapitalgesellschaften sowie Unternehmen im Sinne des Publizitätsgesetzes ist der Jahresabschluss durch einen Abschlussprüfer zu prüfen.		
Der »*Wirtschaftsprüferbericht*« gehört zu den Unterlagen, die dem Wirtschaftsausschuss nach §§ 106 Abs. 2, 108 Abs. 3 BetrVG zur Einsichtnahme vorzulegen, d. h. auszuhändigen sind.		

Rechtsprechung

1. Vorlage des Wirtschaftsprüferberichts
2. Hinzuziehung eines Sachverständigen bei der Erläuterung des Jahresabschlusses

Jugend- und Auszubildendenvertretung

Rechtsgrundlagen

Sind in einem → **Betrieb** »in der Regel« (siehe → **Rechtsbegriffe**) mindestens fünf Arbeitnehmer beschäftigt, 1
- die das 18. Lebensjahr noch nicht vollendet haben (= jugendliche Arbeitnehmer) oder
- die zu ihrer Berufsausbildung beschäftigt sind (siehe → **Auszubildende** und → **Berufsbildung**) und das 25. Lebensjahr noch nicht vollendet haben,

dann ist eine Jugend- und Auszubildendenvertretung (JAV) **zu wählen** (§ 60 BetrVG).
Auszubildende, deren praktische Berufsbildung in einer **sonstigen Berufsbildungseinrichtung** außerhalb der schulischen und betrieblichen Berufsbildung (§ 2 Abs. 1 Nr. 3 BBiG) mit in der Regel mindestens fünf Auszubildenden stattfindet und die nicht wahlberechtigt zum Betriebsrat und zur Jugend- und Auszubildendenvertretung der Berufsbildungseinrichtung sind (außerbetriebliche Auszubildende), wählen nach § 51 BBiG eine **besondere Interessenvertretung**. 2

Das Bundesministerium für Bildung und Forschung kann durch **Rechtsverordnung**, die nicht der Zustimmung des Bundesrats bedarf, die Fragen bestimmen, auf die sich die Beteiligung erstreckt, die Zusammensetzung und die Amtszeit der Interessenvertretung, die Durchführung der Wahl, insbesondere die Feststellung der Wahlberechtigung und der Wählbarkeit sowie Art und Umfang der Beteiligung (§ 52 BBiG).

Wahl der JAV

Die **regelmäßigen Wahlen** der JAV finden alle **zwei Jahre** (2012, 2014, 2016 usw.) in der Zeit vom 1. Oktober bis 30. November statt (§ 64 Abs. 1 Satz 1 BetrVG). 3
Für die Wahl der JAV **außerhalb dieser Zeit** gilt § 13 Abs. 2 Nr. 2 bis 6 und Abs. 3 BetrVG (siehe → **Betriebsratswahl**) entsprechend (§ 64 Abs. 1 Satz 2 BetrVG).
Die JAV besteht nach § 62 Abs. 1 BetrVG in Betrieben mit »in der Regel« (siehe → **Rechtsbegriffe**) 4

    5 bis   20 Jugendlichen/Auszubildenden aus einer Person,
  21 bis   50 Jugendlichen/Auszubildenden aus 3 Mitgliedern,
  51 bis 150 Jugendlichen/Auszubildenden aus 5 Mitgliedern,
151 bis 300 Jugendlichen/Auszubildenden aus 7 Mitgliedern,
301 bis 500 Jugendlichen/Auszubildenden aus 9 Mitgliedern,
501 bis 700 Jugendlichen/Auszubildenden aus 11 Mitgliedern,
701 bis 1 000 Jugendlichen/Auszubildenden aus 13 Mitgliedern,
mehr als 1 000 Jugendlichen/Auszubildenden aus 15 Mitgliedern.

Die JAV »soll« sich möglichst aus Vertretern der verschiedenen Beschäftigungsarten und Ausbildungsberufe der im Betrieb tätigen Jugendlichen/Auszubildenden zusammensetzen (§ 62 Abs. 2 BetrVG). 5

Jugend- und Auszubildendenvertretung

6   Das **Geschlecht**, das unter den Jugendlichen/Auszubildenden in der Minderheit ist, »muss« nach § 62 Abs. 3 BetrVG mindestens entsprechend seinem zahlenmäßigen Verhältnis in der JAV vertreten sein, wenn diese aus mindestens drei Mitgliedern besteht (Geschlechterquote; siehe hierzu → **Betriebsratswahl**).
Die Geschlechterquote ist auch im Falle des Nachrückens von **Ersatzmitgliedern** zu beachten (§ 65 Abs. 1 i. V. m. § 25 Abs. 1 BetrVG; siehe → **Ersatzmitglieder des Betriebsrats**).

7   Die JAV wird in geheimer und unmittelbarer **Wahl** gewählt (§ 63 Abs. 1 BetrVG).

8   Die Wahl der JAV wird durch einen **Wahlvorstand** organisiert, der vom → **Betriebsrat** spätestens acht Wochen vor Ablauf der Amtszeit der JAV bestellt wird (§ 63 Abs. 1 BetrVG).
Der Betriebsrat bestellt auch den Vorsitzenden des Wahlvorstandes (§ 63 Abs. 1 BetrVG).
Für die Wahl der JAV gelten § 14 Abs. 2 bis 5, § 16 Abs. 1 Satz 4 bis 6, § 18 Abs. 1 Satz 1 und Abs. 3 sowie die §§ 19 und 20 BetrVG entsprechend (siehe hierzu → **Betriebsratswahl**).

9   Bestellt der Betriebsrat den Wahlvorstand nicht oder nicht **spätestens sechs Wochen** vor Ablauf der Amtszeit der JAV oder kommt der Wahlvorstand seiner Verpflichtung nach § 18 Abs. 1 Satz 1 BetrVG zur unverzüglichen Einleitung der Wahl nicht nach, so gelten
- § 16 Abs. 2 Satz 1 und 2 BetrVG (Bestellung durch das → **Arbeitsgericht**),
- § 16 Abs. 3 Satz 1 (Bestellung durch den → **Gesamtbetriebsrat** oder → **Konzernbetriebsrat**) und
- § 18 Abs. 1 Satz 2 BetrVG (Ersetzung des untätigen Wahlvorstandes durch das → **Arbeitsgericht**)

entsprechend.

10 Der Antrag beim → **Arbeitsgericht** kann auch von jugendlichen Arbeitnehmern gestellt werden.

11 In Betrieben mit in der Regel **fünf bis fünfzig** Jugendlichen/Auszubildenden gilt § 14 a BetrVG entsprechend (§ 63 Abs. 4 BetrVG).
Das heißt: die Wahl wird im **vereinfachten Wahlverfahren** durchgeführt (vgl. hierzu → **Betriebsratswahl**).
Die Frist zur Bestellung des Wahlvorstands durch den Betriebsrat beträgt in diesem Falle vier Wochen (anstelle der Acht-Wochen-Frist; siehe Rn. 8); im Falle des § 63 Abs. 3 Satz 1 BetrVG drei Wochen (anstelle der Sechs-Wochen-Frist; siehe Rn. 9).

12 In Betrieben mit in der Regel **51 bis 100** Jugendlichen/Auszubildenden gilt § 14 a Abs. 5 BetrVG entsprechend (§ 63 Abs. 5 BetrVG).
Das heißt: Wahlvorstand und Arbeitgeber können das vereinfachte Wahlverfahren **vereinbaren**.

13 »**Wahlberechtigt**« zur Wahl der JAV sind gemäß § 61 Abs. 1 BetrVG die unter Rn. 1 genannten Arbeitnehmer (Jugendliche und unter 25-jährige Auszubildende).
Maßgebend insoweit ist das Alter am Wahltag.

14 Die Auszubildenden, die 18 Jahre und älter sind, aber noch keine 25 Jahre alt sind, haben demgemäß ein »**Doppelwahlrecht**«.
Denn nach § 7 BetrVG sind alle Arbeitnehmer, die das 18. Lebensjahr vollendet haben, wahlberechtigt zur → **Betriebsratswahl**.

15 »**Wählbar**« sind alle Arbeitnehmer des Betriebs, die das 25. Lebensjahr noch nicht vollendet haben.
Das heißt, auch jugendliche Arbeitnehmer (unter 18 Jahre) und solche unter 25 Jahre alte Arbeitnehmer, die keine Auszubildenden sind, sind wählbar.
Eine bestimmte Dauer der Betriebszugehörigkeit ist nicht erforderlich (§ 61 Abs. 2 Satz 1 BetrVG).

16 Der Wahlbewerber darf, um wählbar zu sein, am Tage des Beginns der Amtszeit (siehe Rn. 20; nicht entscheidend ist das Alter am Wahltag) das **25. Lebensjahr** noch nicht vollendet haben.

Jugend- und Auszubildendenvertretung

Ohne Auswirkung auf seine Mitgliedschaft in der JAV ist es, wenn ein Mitglied während seiner Amtszeit 25 Jahre alt wird. 17
Es bleibt **bis zum Ende der Amtszeit** der JAV Mitglied dieses Gremiums (§ 64 Abs. 3 BetrVG).
Eine **Doppelmitgliedschaft** im Betriebsrat und in der JAV ist ausgeschlossen. 18
Das heißt: Ein Betriebsratsmitglied ist zur JAV nicht wählbar (§ 61 Abs. 2 Satz 2 BetrVG).
Wird ein Mitglied der JAV zum Betriebsratsmitglied gewählt (was zulässig ist), erlischt mit der Annahme der Wahl sein Amt als Mitglied der JAV. 19
Ist ein JAV-Mitglied **Ersatzmitglied** des Betriebsrats, erlischt sein Amt als Mitglied der JAV automatisch, wenn es auf Dauer in den Betriebsrat nachrückt (§ 65 in Verbindung mit § 24 Abs. 1 Nr. 4 BetrVG).
Nach zweifelhafter Ansicht des BAG soll dies auch gelten, wenn das JAV-Mitglied nur vorübergehend für ein zeitweilig verhindertes Betriebsratsmitglied nachrückt (BAG v. 21. 8. 1979 – 6 AZR 789/77, DB 1980, 454; ebenso Fitting, BetrVG, 27. Aufl., § 61 Rn. 14; a. A. DKKW-Trittin, BetrVG, 15. Aufl., § 61 Rn. 16).

Amtszeit

Die regelmäßige Amtszeit der JAV beträgt **zwei Jahre** (§ 64 Abs. 2 BetrVG). 20
Die Amtszeit **beginnt** mit der Bekanntgabe des Wahlergebnisses oder, wenn zu diesem Zeitpunkt noch eine JAV besteht, mit Ablauf von deren Amtszeit.
Die Amtszeit **endet** spätestens am 30. November des Jahres, in dem die regelmäßigen Wahlen stattfinden.
Für die Wahl der JAV außerhalb der Zeit der regelmäßigen Wahlen der JAV (siehe Rn. 3) gilt § 13 Abs. 2 Nr. 2 bis 6 und Abs. 3 BetrVG (siehe → **Betriebsratswahl**) entsprechend (§ 64 Abs. 1 Satz 2 BetrVG).
Das heißt in Bezug auf das **Ende der Amtszeit** der JAV beispielsweise:
- im Fall des § 13 Abs. 2 Nr. 2 BetrVG (Gesamtzahl der JAV-Mitglieder ist nach Eintreten sämtlicher Ersatzmitglieder unter die vorgeschriebene Zahl der JAV-Mitglieder gesunken) **endet** die Amtszeit mit der Bekanntgabe des Wahlergebnisses der neu gewählten JAV;
- im Fall des § 13 Abs. 3 Satz 2 BetrVG (die Amtszeit der JAV hat zu Beginn der regelmäßigen JAV-Wahlen – also am 1. Oktober – noch nicht ein Jahr betragen; mit der Folge, dass die JAV erst in dem übernächsten Zeitraum der regelmäßigen Wahlen neu zu wählen ist) **endet** die Amtszeit spätestens am 30. November des Jahres, in dem die JAV neu zu wählen ist.

Geschäftsführung und Aufgaben

Auf die Geschäftsführung der JAV sind die meisten Vorschriften über die Geschäftsführung des Betriebsrats anzuwenden (§ 65 Abs. 1 BetrVG). 21
Insbesondere hat die mehrköpfige JAV eine(n) **Vorsitzende(n)** sowie eine(n) **stellvertretende(n) Vorsitzende(n)** zu wählen.
Die JAV kann in Betrieben mit mehr als 100 jugendlichen und auszubildenden Arbeitnehmern auch **Ausschüsse** bilden (§ 65 i. V. m. § 28 Abs. 1 BetrVG).
Aufgabe der JAV ist es, die Interessen der Jugendlichen und der unter 25-jährigen Auszubildenden zu vertreten. 22
Im Einzelnen ist es ihre Aufgabe (§ 70 Abs. 1 BetrVG),
- Maßnahmen, die den jugendlichen und auszubildenden Arbeitnehmern dienen, insbesondere in Fragen der Berufsbildung und der Übernahme der Ausgebildeten in ein Arbeitsverhältnis, beim Betriebsrat (nicht beim Arbeitgeber!) zu beantragen (§ 70 Abs. 1 Nr. 1 BetrVG);
- Maßnahmen zur Durchsetzung der tatsächlichen Gleichstellung der weiblichen und männ-

Jugend- und Auszubildendenvertretung

lichen jugendlichen bzw. auszubildenden Arbeitnehmer entsprechend § 80 Abs. 1 Nr. 2 a und 2 b BetrVG beim Betriebsrat zu beantragen (§ 70 Abs. 1 Nr. 1 a BetrVG);
- darüber zu wachen, dass die zugunsten der jugendlichen und auszubildenden Arbeitnehmer geltenden Gesetze, Verordnungen, Unfallverhütungsvorschriften, Tarifverträge und Betriebsvereinbarungen durchgeführt und eingehalten werden (§ 70 Abs. 1 Nr. 2 BetrVG).
- Anregungen der jugendlichen und auszubildenden Arbeitnehmer insbesondere in Fragen der Berufsbildung entgegenzunehmen und, falls sie berechtigt erscheinen, beim Betriebsrat(!) auf eine Erledigung hinzuwirken;
die JAV hat die jugendlichen und auszubildenden Arbeitnehmer über die Behandlung der Angelegenheit in der JAV, im Betriebsrat und in den Verhandlungen zwischen Betriebsrat und Arbeitgeber zu unterrichten (§ 70 Abs. 1 Nr. 3 BetrVG);
- die Integration von jugendlichen und auszubildenden ausländischen Arbeitnehmern zu fördern und entsprechende Maßnahmen beim Betriebsrat zu beantragen (§ 70 Abs. 1 Nr. 4 BetrVG).

Zusammenarbeit mit dem Betriebsrat

23 Zur Erfüllung ihrer Aufgaben ist die JAV auf **Informationen** angewiesen.
Diese Informationen (einschließlich entsprechender Unterlagen) hat ihr nicht der Arbeitgeber, sondern der → **Betriebsrat(!)** zu geben (§ 70 Abs. 2 Satz 1 BetrVG).
Vom Betriebsrat kann die JAV auch die Überlassung von **Unterlagen** verlangen (§ 70 Abs. 2 Satz 2 BetrVG).

24 Die JAV hat das Recht, nach »Verständigung des Betriebsrats« während der Arbeitszeit eigene **JAV-Sitzungen** durchzuführen (§ 65 Abs. 2 BetrVG).
»Verständigung« bedeutet lediglich »**vorherige Information**«. Die JAV benötigt nicht etwa die Zustimmung des Betriebsrats zu solchen Sitzungen.
Auch der **Arbeitgeber** ist über den Zeitpunkt der Sitzung von der JAV zu informieren. Eine Zustimmung des Arbeitgebers ist nicht erforderlich.
Allerdings ist bei der Terminierung der Sitzung auf **betriebliche Notwendigkeiten** Rücksicht zu nehmen (§ 30 BetrVG gilt entsprechend; vgl. § 65 Abs. 1 BetrVG).
Der Betriebsratsvorsitzende oder ein anderes vom Betriebsrat beauftragtes Betriebsratsmitglied kann an den Sitzungen der JAV **teilnehmen** (§ 65 Abs. 2 Satz 2 BetrVG).

25 Die JAV kann zu allen → **Betriebsratssitzungen** einen **Vertreter** (d. h. ein Mitglied der JAV) entsenden; gleichgültig, ob Angelegenheiten von Jugendlichen und Auszubildenden erörtert werden oder nicht (§ 67 Abs. 1 Satz 1 BetrVG).
Dementsprechend hat der Betriebsratsvorsitzende der JAV zu jeder Sitzung des Betriebsrats eine **Einladung** für den betreffenden JAV-Vertreter unter Mitteilung der **Tagesordnung** zuzuleiten (§ 29 Abs. 2 Satz 4 BetrVG); siehe auch → **Betriebsratssitzung**.

26 Nach § 67 Abs. 3 BetrVG hat die JAV die Möglichkeit, Einfluss auf die Tagesordnung der Betriebsratssitzung zu nehmen.

27 Werden in der Betriebsratssitzung Angelegenheiten behandelt, die »**besonders**« Jugendliche und unter 25-jährige Auszubildende betreffen, dann hat die **gesamte JAV** zu diesen Tagesordnungspunkten ein Teilnahmerecht (§ 67 Abs. 1 Satz 2 BetrVG).

28 Sollen in der Betriebsratssitzung Beschlüsse gefasst werden, die »**überwiegend**« den von der JAV vertretenen Personenkreis betreffen, so haben alle Mitglieder der JAV volles **Stimmrecht** (§ 67 Abs. 2 BetrVG).

29 Die JAV kann die **Aussetzung** eines Betriebsratsbeschlusses für die Dauer einer Woche verlangen, wenn die Mehrheit der JAV-Mitglieder in diesem Beschluss eine **erhebliche Beeinträchtigung** wichtiger Interessen der Jugendlichen bzw. der unter 25 Jahre alten Auszubildenden sieht (§ 66 BetrVG).

Sofern der Betriebsrat mit dem Arbeitgeber Angelegenheiten erörtert und verhandelt, die 30
»besonders« den von der JAV vertretenen Personenkreis betreffen, ist die JAV vom Betriebsrat
hinzuzuziehen (§ 68 BetrVG). In diesem Fall ist die gesamte JAV auch zu den **Monatsgesprächen** zwischen Arbeitgeber und Betriebsrat nach § 74 Abs. 1 BetrVG einzuladen (DKKW-*Berg*, BetrVG, 15. Aufl., § 74 Rn. 8; *Fitting*, BetrVG, 27. Aufl., § 74 Rn. 7 a.)

Die JAV kann in Absprache mit dem Betriebsrat **Sprechstunden** sowie Jugend- und Auszu- 31
bildendenversammlungen durchführen (§§ 69, 71 BetrVG).

Gesamt- und Konzern-Jugend- und Auszubildendenvertretung

In einem Unternehmen mit mehreren JAV ist eine → **Gesamt-Jugend- und Auszubildenden-** 32
vertretung (Gesamt-JAV) zu errichten.

Bestehen in einem → **Konzern** (§ 18 Abs. 1 des Aktiengesetzes) mehrere Gesamt-JAV (bzw. 33
JAV in konzernangehörigen → **Ein-Betriebs-Unternehmen** (§ 73 a Abs. 1 Satz 3 BetrVG),
kann durch Beschlüsse der einzelnen Gesamt-JAV (bzw. der JAV in konzernangehörigen Ein-
Betriebs-Unternehmen) eine → **Konzern-Jugend- und Auszubildendenvertretung (Kon-**
zern-JAV) errichtet werden, wenn ein »Quorum« von 75 % erreicht wird (§ 73 a Abs. 1
BetrVG).

Bedeutung für die Betriebsratsarbeit

Adressat von Aktivitäten der JAV ist nicht der Arbeitgeber unmittelbar, sondern der → **Be-** 34
triebsrat.
Der JAV stehen im Verhältnis zum Arbeitgeber weder Informationsrechte noch Mitwirkungs-
oder Mitbestimmungsrechte zu.

Der Erfolg von **Initiativen der JAV** ist damit in erheblichem Maße davon abhängig, ob der 35
Betriebsrat sich diese Initiativen **zu eigen macht** oder nicht.
Es ist daher konsequent, dass § 80 Abs. 1 Nrn. 3 und 5 BetrVG dem Betriebsrat die **Zusam-**
menarbeit mit der JAV zur besonderen Aufgabe macht.

Rechtsstellung der Mitglieder der JAV

Auf die JAV und ihre Mitglieder ist eine Vielzahl von **Vorschriften** anzuwenden, die für den 36
Betriebsrat und seine Mitglieder gelten (§ 65 Abs. 1 BetrVG).
Es gelten z. B. in vollem Umfang die Bestimmungen des § 37 BetrVG:
- Anspruch auf bezahlte Freistellung für JAV-Arbeit (§ 37 Abs. 2 BetrVG),
- Anspruch auf Freizeitausgleich, wenn JAV-Arbeit außerhalb der Arbeitszeit stattfindet; ggf.
  Anspruch auf Mehrarbeitsvergütung (§ 37 Abs. 3 BetrVG);
- Teilnahme an → **Schulungs- und Bildungsveranstaltungen** nach § 37 Abs. 6 und 7
  BetrVG.

Nach allgemeiner Ansicht steht den Mitgliedern der JAV bei Schulungen nach § 37 Abs. 7
BetrVG (siehe Rn. 30 ff.) – obwohl ihre regelmäßige Amtszeit kürzer ist als die der Betriebs-
ratsmitgliedern – der **volle Freistellungsanspruch** von drei Wochen bzw. vier Wochen für
»Neulinge« zu (*Fitting*, BetrVG, 27. Aufl., § 65 Rn. 18).

Die nach § 37 Abs. 6 und Abs. 7 BetrVG erforderlichen Beschlüsse fasst nicht die JAV, sondern
der → **Betriebsrat**.

Jugend- und Auszubildendenvertretung

37 JAV-Mitglieder haben den gleichen Kündigungsschutz wie Betriebsratsmitglieder (§ 103 BetrVG, § 15 KSchG; siehe → **Kündigungsschutz [besonderer]**).

Übernahme in ein Arbeitsverhältnis (§ 78 a BetrVG)

38 Für Mitglieder der JAV (oder anderer Gremien: z. B. Betriebsrat), die auf der Grundlage eines Berufsausbildungsvertrages beschäftigt sind, gilt die Sonderregelung des § 78 a BetrVG.
Nach § 78 a Abs. 2 Satz 1 BetrVG gilt zwischen einem Auszubildenden, der Mitglied der Jugend- und Auszubildendenvertretung oder eines der anderen dort genannten Betriebsverfassungsorgane ist, und dem Arbeitgeber im Anschluss an das Berufsausbildungsverhältnis ein Arbeitsverhältnis auf unbestimmte Zeit als begründet, wenn der Auszubildende in den letzten drei Monaten vor Beendigung des Berufsausbildungsverhältnisses vom Arbeitgeber schriftlich die **Weiterbeschäftigung verlangt**.
Zweck der Vorschrift ist nach Ansicht des BAG, die **Ämterkontinuität** der in § 78 a Abs. 1 BetrVG genannten Arbeitnehmervertretungen zu gewährleisten und den Amtsträger vor nachteiligen Folgen bei seiner Amtsführung während des Berufsausbildungsverhältnisses schützen (BAG v. 5. 12. 2012 – 7 ABR 38/11; 15. 12. 2011 – 7 ABR 40/10). Die Vorschrift stelle eine besondere gesetzliche Ausformung des betriebsverfassungsrechtlichen Benachteiligungsverbots von Amtsträgern in § 78 Satz 2 BetrVG dar.
Durch ein form- und fristgerechtes Übernahmeverlangen des Auszubildenden entstehe zwischen dem Arbeitgeber und einem Mitglied der in § 78 a Abs. 1 BetrVG genannten Arbeitnehmervertretungen nach § 78 a Abs. 2 Satz 1 BetrVG ein **unbefristetes Vollzeitarbeitsverhältnis im Ausbildungsberuf** (BAG v. 5. 12. 2012 – 7 ABR 38/11; 15. 12. 2011 – 7 ABR 40/10).

38a Die Bestimmungen des § 78 a Abs. 1 und 2 BetrVG gelten auch, wenn das Berufsausbildungsverhältnis **vor Ablauf eines Jahres** nach Beendigung der Amtszeit der Jugend- und Auszubildendenvertretung oder des Betriebsrats **endet** (§ 78 a Abs. 3 BetrVG).

38b § 78 a BetrVG gilt auch für → **Ersatzmitglieder** des Betriebsrats oder der JAV, sofern sie dauerhaft oder vorübergehend **nachgerückt** sind (BAG v. 15. 1. 1980 – 6 AZR 726/79, DB 1980, 1649 = AP Nr. 8 zu § 78 a BetrVG 1972; Fitting, BetrVG, 27. Aufl., § 78 a Rn. 11).

Mitteilungspflicht des Arbeitgebers (§ 78 a Abs. 1 BetrVG)

39 Beabsichtigt der Arbeitgeber, einen Auszubildenden, der Mitglied der Jugend- und Auszubildendenvertretung (oder des Betriebsrats) ist, nach Beendigung des Berufsausbildungsverhältnisses **nicht** in ein unbefristetes Vollzeitarbeitsverhältnis im erlernten Beruf zu übernehmen, so hat er dies – spätestens – **drei Monate** vor Beendigung des Berufsausbildungsverhältnisses dem Auszubildenden **schriftlich mitzuteilen** (§ 78 a Abs. 1 BetrVG).
Eine frühere Unterrichtung ist zulässig.
Kommt der Arbeitgeber seiner Mitteilungspflicht nicht oder verspätet nach, so führt das nicht zur Begründung eines Arbeitsverhältnisses. Vielmehr muss der Auszubildende, um dieses Ziel zu erreichen, form- und fristgerecht seine **Weiterbeschäftigung** gemäß § 78 a Abs. 2 BetrVG **verlangen** (siehe Rn. 41 ff.).
Nach § 78 a Abs. 5 BetrVG findet nämlich § 78 a Abs. 2 bis 4 BetrVG unabhängig davon Anwendung, ob der Arbeitgeber seiner Mitteilungspflicht nachgekommen ist oder nicht.

Übernahme zu geänderten (schlechteren) Bedingungen

40 Häufig ist der Arbeitgeber nur bereit, den Auszubildenden zu anderen als den sich aus § 78 a BetrVG ergebenden Arbeitsbedingungen in ein Arbeitsverhältnis zu übernehmen. Beispielsweise bietet er dem Auszubildenden lediglich

Jugend- und Auszubildendenvertretung

- ein befristetes Arbeitsverhältnis oder
- ein Teilzeitarbeitsverhältnis oder
- ein Arbeitsverhältnis unterhalb des Niveaus des erlernten Berufs

an.
Der Auszubildende kann das Angebot **hilfsweise für den Fall annehmen**, dass
- kein unbefristetes Arbeitsverhältnis gemäß § 78 a Abs. 2 BetrVG entsteht oder entstanden ist oder
- ein nach § 78 Abs. 2 BetrVG begründetes Arbeitsverhältnis gemäß § 78 a Abs. 4 BetrVG aufgelöst wird.

> **Beachten:**
> Nach Ansicht des BAG muss der Auszubildende seine (hilfsweise) Bereitschaft dem Arbeitgeber **unverzüglich** nach dessen Nichtübernahmeerklärung (§ 78 a Abs. 1 BetrVG; siehe Rn. 39), spätestens mit seinem Übernahmeverlangen nach § 78 a Abs. 2 BetrVG (siehe Rn. 41 ff.), mitteilen (BAG v. 8.9.2010 – 7 ABR 33/09; 6.11.1996 – 7 ABR 54/95, AiB 1997, 604). Eine Einverständniserklärung (erst) im gerichtlichen Verfahren über den **Auflösungsantrag** nach § 78 a Abs. 4 Satz 1 Nr. 2 BetrVG soll nicht genügen (siehe auch Rn. 60).

Das BAG meint zudem, dass sich der Auszubildende nicht darauf beschränken darf, **pauschal** sein Einverständnis mit allen in Betracht kommenden Beschäftigungen zu erklären oder die Bereitschaftserklärung mit einem Vorbehalt verbinden (BAG v. 15.11.2006 – 7 ABR 15/06, NZA 2007, 1381). Vielmehr müsse der Auszubildende die angedachte Beschäftigungsmöglichkeit **so konkret beschreiben**, dass der Arbeitgeber erkennen kann, wie sich der Auszubildende seine Weiterarbeit vorstellt.

> **Beispiel eines Schreibens, mit der der Auszubildende auf eine Nichtübernahmeerklärung des Arbeitgebers reagiert (Quelle: IG Metall Arbeitshilfe Übernahme von JAV-Mitgliedern):**
> Vorname: Datum
> Name:
> Anschrift:
> An die
> Geschäftsleitung
> Personalabteilung
> *Antrag auf Weiterbeschäftigung gemäß § 78 a Abs. 2 BetrVG*
> Sehr geehrte Damen und Herren,
> Bezugnehmend auf Ihre Nichtübernahmeerklärung vom … teile ich hiermit hilfsweise für den Fall, dass nach dem Ende meiner Ausbildung eine Weiterbeschäftigung gemäß § 78 a Abs. 2 BetrVG nicht möglich ist, mit, auch mit einer Beschäftigung auf folgender Stelle (genaue Beschreibung einer oder mehrerer konkreter möglichst freier Stellen im Betrieb) und zu folgenden Bedingungen (genaue Beschreibung) einverstanden zu sein.
> Ich stehe für eine Beschäftigung auf der/den benannten Stellen zur Verfügung, wenn Ihnen meine Übernahme in ein unbefristetes Vollzeitarbeitsverhältnis in dem von mir erlernten Beruf im Anschluss an meine Ausbildung nicht zuzumuten ist. Diesbezüglich bitte ich um eine entsprechende Benachrichtigung.
> Mit freundlichen Grüßen
> Unterschrift

> **Beispiel eines Schreibens für den Fall, dass der Arbeitgeber ein konkretes Angebot zur Weiterbeschäftigung zu von § 78 a BetrVG abweichenden Bedingungen gemacht hat (Quelle: IG Metall Arbeitshilfe Übernahme von JAV-Mitgliedern):**
> Vorname: Datum
> Name:
> Anschrift:

Jugend- und Auszubildendenvertretung

> An die
> Geschäftsleitung
> Personalabteilung
> *Ihr Vertragsangebot vom* ....
> Sehr geehrte Damen und Herren,
> hiermit erkläre ich, das mir angebotene Arbeitsverhältnis (genaue Bezeichnung) für den Fall anzunehmen, dass kein unbefristetes Arbeitsverhältnis gemäß § 78 a Abs. 2 BetrVG entsteht oder entstanden ist oder ein nach § 78 Abs. 2 BetrVG begründetes Arbeitsverhältnis gemäß § 78 a Abs. 4 BetrVG aufgelöst wird.
> Mit freundlichen Grüßen
> Unterschrift

40a Kommt es nach der Bereitschaftserklärung zum **Abschluss eines Arbeitsvertrags**, wird hierdurch die Entstehung eines Arbeitsverhältnisses aus § 78 a BetrVG abbedungen bzw. abgeändert, wenn die Vereinbarung **nach** Bestehen der Abschlussprüfung getroffen wird (BAG v. 15.11.2006 – 7 ABR 15/06, NZA 2007, 1381).

40b Ist der Auszubildende mit einer vom Arbeitgeber angebotenen Weiterbeschäftigung zu geänderten Bedingungen **nicht einverstanden** (weil er nur an einer Beschäftigung in einem ausbildungsgerechten Vollzeitarbeitsverhältnis im Ausbildungsberuf interessiert ist), muss er form- und fristgerecht seine Weiterbeschäftigung gemäß § 78 a Abs. 2 BetrVG verlangen (siehe Rn. 41 ff.).
Er soll sich dann allerdings im anschließenden gerichtlichen Verfahren nach § 78 a Abs. 4 BetrVG (siehe Rn. 47 ff.) nicht darauf berufen können, dem Arbeitgeber sei die Beschäftigung zu geänderten Bedingungen zumutbar (BAG v. 15.11.2006 – 7 ABR 15/06, NZA 2007, 1381; siehe auch Rn. 60).

Weiterbeschäftigungsverlangen des JAV-lers (§ 78 Abs. 2 BetrVG)

41 Verlangt ein Auszubildender **innerhalb der letzten drei Monate vor Beendigung** des Berufsausbildungsverhältnisses **schriftlich** vom Arbeitgeber die **Weiterbeschäftigung**, so gilt nach § 78 a Abs. 2 Satz 1 BetrVG zwischen Auszubildendem und Arbeitgeber im Anschluss an das Berufsausbildungsverhältnis ein **unbefristetes Vollzeitarbeitsverhältnis im erlernten Beruf** als begründet (BAG v. 5.12.2012 – 7 ABR 38/11; 15.12.2011 – 7 ABR 40/10;13.11.1987 – 7 AZR 246/87, NZA 1989, 439; Fitting, BetrVG, 27. Aufl., § 78 a Rn. 30).
Es kommt also aufgrund des form- und fristgerechten Verlangens **kraft Gesetzes »automatisch«** ein ausbildungsrechtes unbefristetes Vollzeitarbeitsverhältnis zustande.
Von seiner Weiterbeschäftigungspflicht kann sich der Arbeitgeber nur »**befreien**«, wenn er ein arbeitsgerichtliches Verfahren nach § 78 a Abs. 4 BetrVG einleitet und nachweist, dass ihm unter Berücksichtigung aller Umstände die Weiterbeschäftigung im Rahmen eines unbefristeten Vollzeitarbeitsverhältnisses **nicht zumutbar** ist (siehe Rn. 47).

> Beispiel eines Schreibens, mit dem der Auszubildende seine Weiterbeschäftigung in einem unbefristeten Vollzeitarbeitsverhältnis im erlernten Beruf verlangt (Quelle: IG Metall Arbeitshilfe Übernahme von JAV-Mitgliedern):
> Vorname: Datum
> Name:
> Anschrift:
> An die
> Geschäftsleitung
> Personalabteilung
> *Antrag auf Weiterbeschäftigung gemäß § 78 a Abs. 2 BetrVG*
> Sehr geehrte Damen und Herren,

Jugend- und Auszubildendenvertretung

gemäß § 78 a Abs. 2 BetrVG beantrage ich hiermit in meiner Eigenschaft als Jugend- und Auszubildendenvertreter/-in (oder anderes Mandat i. S. v. § 78 a Abs. 2 BetrVG) die Übernahme in ein unbefristetes Vollzeitarbeitsverhältnis in dem von mir erlernten Beruf im Anschluss an meine Ausbildung.
Mit freundlichen Grüßen
Unterschrift

§ 78 a BetrVG findet auch dann Anwendung, wenn das Betriebsrats- oder JAV-Mitglied die Abschlussprüfung – endgültig – **nicht besteht.** 42
Wenn er seine Weiterbeschäftigung **form- und fristgerecht verlangt** hat, wird ein unbefristetes Vollzeitarbeitsverhältnis begründet.
Die Voraussetzung »im erlernten Beruf« gilt allerdings in diesem Falle nicht.
Die Weiterbeschäftigung ist **nicht unzumutbar** i. S. d. § 78 a Abs. 4 Satz 1 Nr. 2 BetrVG, wenn sie auf einem **Arbeitsplatz mit geringeren Anforderungen** erfolgen kann (Fitting, BetrVG, 27. Aufl., § 78 a Rn. 24, 50).

Nach Ansicht des BAG ist ein Weiterbeschäftigungsverlangen nach § 78 a Abs. 2 BetrVG **unwirksam**, wenn es **früher als drei Monate** vor Ausbildungsende beim Arbeitgeber eingeht (BAG v. 5. 12. 2012 – 7 ABR 38/11; 15. 12. 2011 – 7 ABR 40/10; 15. 1. 1980 – 6 AZR 621/78, DB 1980, 1648; ebenso ErfK-*Kania*, BetrVG, § 78 a Rn. 4; Fitting, BetrVG, 27. Aufl., § 78 a Rn. 19). 43
Die Begrenzung des Übernahmeverlangens auf den Dreimonatszeitraum diene dem **Schutz** (!) des Auszubildenden. Er solle sich nicht vorzeitig darauf festlegen, nach Beendigung des Berufsausbildungsverhältnisses ein Arbeitsverhältnis einzugehen. Das stimme mit den gesetzgeberischen Wertungen in § 5 Abs. 1 Satz 2 BBiG aF und § 12 Abs. 1 Satz 2 BBiG überein. Daneben diene der Dreimonatszeitraum aber auch der Rechtssicherheit und der Planungssicherheit des Arbeitgebers.

Die **Sechsmonatsfrist** des § 12 Abs. 1 Satz 2 BBiG soll nach abzulehnender Meinung des BAG nicht entsprechend anzuwenden sein (BAG v. 5. 12. 2012 – 7 ABR 38/11; 15. 12. 2011 – 7 ABR 40/10; nach § 12 Abs. 1 Satz 2 BBiG können sich Auszubildende innerhalb der letzten sechs Monate des Berufsausbildungsverhältnisses dazu verpflichten, nach dessen Beendigung mit den Ausbildenden ein Arbeitsverhältnis einzugehen). § 78 a Abs. 2 Satz 1 BetrVG sei nicht planwidrig lückenhaft. Die Interessenlage der von beiden Bestimmungen geregelten Fälle sei auch nicht identisch. Die Dreimonatsfrist könne deshalb nicht auf sechs Monate verlängert werden. Der Gesetzgeber habe das BetrVG mit dem BetrVG-Reformgesetz vom 23. 7. 2001 (BGBl. I S. 1852) umfassend reformiert, diese Novelle aber nicht zum Anlass genommen, die Dreimonatsfrist des § 78 a Abs. 2 Satz 1 BetrVG an die Sechsmonatsfrist des § 12 Abs. 1 Satz 2 BBiG anzupassen. 43a

Die Berufung des Arbeitgebers auf die Nichtbeachtung des Dreimonatszeitraums kann allerdings gegen den Grundsatz von **Treu und Glauben** (§ 242 BGB) verstoßen. Das ist nach Meinung des BAG aber nur dann anzunehmen, wenn besondere außergewöhnliche Umstände vorliegen (BAG v. 5. 12. 2012 – 7 ABR 38/11). Das sei der Fall, wenn das Verhalten des Arbeitgebers darauf abziele, den Auszubildenden von der form- und fristgerechten Geltendmachung des Weiterbeschäftigungsverlangens abzuhalten, obwohl die entstehenden Nachteile für den Arbeitgeber vorhersehbar waren und es ihm möglich und zumutbar gewesen wäre, sie abzuwenden. 43b

Ein Arbeitgeber soll jedenfalls dann nicht verpflichtet sein, den Auszubildenden vor Beendigung des Ausbildungsverhältnisses darauf hinzuweisen, dass sein vorzeitiges Übernahmeverlangen rechtlich unbeachtlich ist, wenn der Auszubildende zum einen durch die **Gewerkschaft** sachkundig vertreten ist und zum anderen dem Arbeitgeber aufgrund wiederholter **Pflichtverstöße** des Auszubildenden nicht zuzumuten ist, diesen bei der Wahrnehmung etwaiger Rechte ihm gegenüber zu unterstützen (BAG v. 5. 12. 2012 – 7 ABR 38/11; zweifelhaft). 43c

Jugend- und Auszubildendenvertretung

43d **Fazit:** Durch ein »**zu früh**« geltend gemachtes Weiterbeschäftigungsverlangen wird nach derzeitiger – abzulehnender – BAG-Rechtsprechung kein Arbeitsverhältnis begründet. Das Weiterbeschäftigungsverlangen nach § 78 a Abs. 2 Satz 1 BetrVG muss deshalb innerhalb des Dreimonatszeitraums **wiederholt** werden.

43e Das Weiterbeschäftigungsverlangen muss dem Arbeitgeber **spätestens am letzten Tag** des Berufsausbildungsverhältnisses zugehen.

44 § 78 a Abs. 2 BetrVG verlangt nicht, dass das Weiterbeschäftigungsverlangen **begründet** wird.

45 **Unterlässt** es ein Auszubildender, seine Weiterbeschäftigung form- und fristgerecht zu verlangen, scheidet er mit Ende des Berufsausbildungsverhältnisses aus dem Betrieb aus (sofern nicht dennoch ein Arbeitsverhältnis vereinbart wird).

46 Weigert sich der Arbeitgeber trotz form- und fristgerechtem Weiterbeschäftigungsverlangen den Auszubildenden nach Ende des Berufsausbildungsverhältnisses zu beschäftigen, kann der Auszubildende seinen Anspruch mit Antrag auf **einstweilige Verfügung** geltend machen (HessLAG v. 14. 8. 1987 – 14 SaGA 967/87, BB 1987, 2160; Fitting, BetrVG, 27. Aufl., § 78 a Rn. 64).

Entbindung von der Pflicht zur Weiterbeschäftigung (§ 78 a Abs. 4 BetrVG) – Unzumutbarkeit der Weiterbeschäftigung

47 Will der Arbeitgeber die »automatische« Begründung eines Arbeitsverhältnisses aufgrund eines Weiterbeschäftigungsverlangens verhindern oder ein bereits begründetes Arbeitsverhältnis wieder lösen, muss er spätestens bis zum Ablauf von zwei Wochen nach Beendigung des Berufsausbildungsverhältnisses gemäß § 78 a Abs. 4 Satz 1 BetrVG beim → **Arbeitsgericht** beantragen,
- **festzustellen**, dass ein Arbeitsverhältnis nach § 78 a Abs. 2 oder 3 BetrVG nicht begründet wird (§ 78 a Abs. 4 Satz 1 Nr. 1 BetrVG), oder
- das bereits nach § 78 a Abs. 2 oder 3 BetrVG begründete Arbeitsverhältnis **aufzulösen**, wenn Tatsachen vorliegen, auf Grund derer dem Arbeitgeber unter Berücksichtigung aller Umstände die Weiterbeschäftigung **nicht zugemutet** werden kann (§ 78 a Abs. 4 Satz 1 Nr. 2 BetrVG).

48 In dem als **Beschlussverfahren** durchzuführenden arbeitsgerichtlichen Verfahren sind neben dem antragstellenden Arbeitgeber und dem betroffenen Auszubildenden auch der → **Betriebsrat** und die JAV **Beteiligte** (§ 78 a Abs. 4 Satz 2 BetrVG).

49 Der **Feststellungsantrag** nach § 78 a Abs. 4 Satz 1 Nr. 1 BetrVG kann frühestens nach Zugang des Weiterbeschäftigungsverlangens des Auszubildenden und spätestens am letzten Tag des Berufsausbildungsverhältnisses gestellt werden.
Nach Ende des Berufsausbildungsverhältnisses kann nur noch **Auflösung** des bereits begründeten Arbeitsverhältnisses nach § 78 a Abs. 4 Satz 1 Nr. 2 BetrVG beantragt werden.
Dieser Antrag muss spätestens bis zum Ablauf von **zwei Wochen** nach Beendigung des Berufsausbildungsverhältnisses beim Arbeitsgericht eingegangen sein. Wenn der Arbeitgeber die Zweiwochenfrist versäumt, ist der Auflösungsantrag vom Arbeitsgericht als unbegründet abzuweisen (vgl. Fitting, BetrVG, 27. Aufl., § 78 a Rn. 38).

50 Ein vor Ende des Berufsausbildungsverhältnisses gestellter Feststellungsantrag nach § 78 a Abs. 4 Satz 1 Nr. 1 BetrVG, über den bei Ende des Ausbildungsverhältnisses noch nicht rechtskräftig entschieden ist, wandelt sich automatisch in einen **Auflösungsantrag** nach § 78 a Abs. 4 Satz 1 Nr. 2 BetrVG um (BAG v. 11. 1. 1995 – 7 AZR 574/94, NZA 1995, 647).
Ein Arbeitsverhältnis kommt also – bei form- und fristgerechtem Weiterbeschäftigungsverlangen – zunächst kraft Gesetzes zustande.
Es endet erst mit **Rechtskraft eines Auflösungsurteils** (heute h. M.; vgl. BAG v. 29. 11. 1989 – 7

Jugend- und Auszubildendenvertretung

ABR 67/88, NZA 1991, 233; 11.1.1995 – 7 AZR 574/94, a.a.O., Fitting, BetrVG, 27. Aufl., § 78a Rn. 41).

Strittig ist, ob der Arbeitgeber von der Pflicht zur tatsächlichen Weiterbeschäftigung während des laufenden Rechtsstreits per Antrag auf **einstweilige Verfügung** befreit werden kann (so z. B. LAG Köln v. 31.3.2005 – 5 Ta 52/05; Fitting, BetrVG, 27. Aufl., § 78a Rn. 45). Das ist schon deshalb abzulehnen, weil die Vorschrift – im Gegensatz zu § 102 Abs. 5 BetrVG (siehe → **Kündigung** Rn. 47 und → **Ordentliche Kündigung** Rn. 31) – eine solche Möglichkeit nicht vorsieht (so zutreffend DKKW-*Bachner*, BetrVG, 15. Aufl., § 78a Rn. 53). 51

Der Feststellungsantrag nach § 78a Abs. 4 Satz 1 Nr. 1 BetrVG ist begründet, wenn der Auszubildende seine Weiterbeschäftigung **nicht** form- und fristgerecht **verlangt** hat (dann entsteht nach Ende des Ausbildungsverhältnisses kein Arbeitsverhältnis). 52

Der Feststellungsantrag ist auch dann begründet – ebenso wie der Auflösungsantrag nach § 78a Abs. 4 Satz 1 Nr. 2 BetrVG –, wenn Tatsachen vorliegen, auf Grund derer dem Arbeitgeber unter Berücksichtigung aller Umstände die Weiterbeschäftigung **nicht zugemutet** werden kann. 53

Die Weiterbeschäftigung ist dem Arbeitgeber regelmäßig zumutbar, wenn zum Zeitpunkt der Beendigung des Berufsausbildungsverhältnisses im Ausbildungsbetrieb ein **freier Arbeitsplatz** vorhanden ist, auf dem der Auszubildende mit seiner durch die Ausbildung erworbenen Qualifikation dauerhaft beschäftigt werden kann (BAG v. 15.11.2006 – 7 ABR 15/06, NZA 2007, 1381). 54

Der Arbeitgeber kann verpflichtet sein, für ihn einen mit einem **Leiharbeitnehmer** besetzten, dauerhaften und ausbildungsadäquaten Arbeitsplatz **freizumachen** (BAG v. 17.2.2010 – 7 ABR 89/08, DB 2010, 1355).

Ob das dem Arbeitgeber gemäß § 78a Abs. 4 Satz 1 BetrVG zumutbar ist, richtet sich nach den Umständen des Einzelfalls.

Dabei können das berechtigte betriebliche Interesse an der Weiterbeschäftigung des Leiharbeitnehmers oder vertragliche Verpflichtungen des Arbeitgebers gegenüber dem Verleiher für eine Unzumutbarkeit der Weiterbeschäftigung des Auszubildendenvertreters auf diesem Arbeitsplatz sprechen (BAG v. 17.2.2010 – 7 ABR 89/08, a.a.O.).

Unzumutbarkeit der Weiterbeschäftigung kann z. B. vorliegen, wenn personen- oder verhaltensbedingte Gründe, die eine → **Außerordentliche Kündigung** nach § 626 BGB rechtfertigen würden, vorliegen. 55

Ein im Vergleich zu anderen Auszubildenden schlechteres **Prüfungsergebnis** bzw. eine geringere **Qualifikation** begründet keine Unzumutbarkeit. 56

Auf **betriebsbedingte Gründe** kann der Arbeitgeber seinen Antrag nur ausnahmsweise stützen. 57

Sie müssen von derartigem Gewicht sein, dass dem Arbeitgeber eine Weiterbeschäftigung »schlechterdings« nicht zugemutet werden kann.

Dies soll der Fall sein, wenn es an einem **freien Arbeitsplatz fehlt** (BAG v. 6.11.1996 – 7 ABR 54/95, AiB 1997, 604 und BAG v. 12.11.1997 – 7 ABR 73/96, AiB 1998, 704).

Allerdings ist der Arbeitgeber verpflichtet, alle zumutbaren Vorkehrungen zu treffen, um eine Weiterbeschäftigung in einem unbefristeten Vollzeitarbeitsverhältnis **zu ermöglichen**.

Hierzu zählt auch der Abbau von Überstunden.

Der Arbeitgeber ist aber nicht verpflichtet, einen neuen, **nicht benötigten Arbeitsplatz** einzurichten oder durch **Kündigung** eines anderen Arbeitnehmers einen vorhandenen Arbeitsplatz **frei zu machen** (BAG v. 16.8.1995 – 7 ABR 52/94, AiB 1996, 728 = NZA 1996, 493).

Abzulehnen ist die BAG-Rechtsprechung, soweit sie für die Frage der Unzumutbarkeit auf den Zeitpunkt der Beendigung des Ausbildungsverhältnisses abstellt (BAG v. 29.11.1989 – 7 ABR 67/88, NZA 1991, 233; 12.11.1997 – 7 ABR 73/96, AiB 1998, 704; 15.11.2006 – 7 ABR 15/06, NZA 2007, 1381) und damit – später – **absehbar frei werdende Arbeitsplätze** (z. B. Aus- 58 scheiden von befristet Beschäftigten, Altersteilzeitlern oder von Leiharbeitnehmern) unberücksichtigt lässt. Deshalb ist entgegen der Ansicht des BAG – jedenfalls im Falle eines Auflösungsantrages – auf den **Zeitpunkt der letzten mündlichen Verhandlung in der Tatsacheninstanz** abzustellen (vgl. DKKW-*Bachner*, BetrVG, 15. Aufl., § 78 a Rn. 39; Fitting, BetrVG, 27. Aufl., § 78 a Rn. 46).

59 Abzulehnen ist auch die Ansicht des BAG, dass Beschäftigungsmöglichkeiten **in anderen → Betrieben des → Unternehmens** bei der Beurteilung der Zumutbarkeit nicht zu berücksichtigen sind (BAG v. 15. 11. 2006 – 7 ABR 15/06, NZA 2007, 1381). Diese Einschränkung ist mit Wortlaut und Inhalt des § 78 a BetrVG nicht vereinbar. In der Vorschrift kommt der Begriff »Betrieb« nicht vor. Vielmehr regelt sie die Frage, ob zwischen dem »Arbeitgeber« (der auch ein Unternehmen mit mehreren Betrieben sein kann) und dem Auszubildenden ein Arbeitsverhältnis zustande kommt oder nicht. Arbeitgeber ist das Unternehmen – nicht der Betrieb. Zudem lässt die Vorschrift die Pflicht des Arbeitgebers zur Weiterbeschäftigung des Auszubildenden nur dann entfallen, wenn ihm die Weiterbeschäftigung unter Berücksichtigung aller Umstände (!) **nicht zugemutet** werden kann. Wieso soll es dem Arbeitgeber unzumutbar sein, einen ausgebildeten JAV-ler auf einem freien Arbeitsplatz in einem anderen, vom gleichen Arbeitgeber (= Unternehmen) geführten Betrieb zu beschäftigen? Zumindest hätte das BAG die Zumutbarkeit der Weiterbeschäftigung in einem anderen Betrieb für den Fall bejahen müssen, dass der Auszubildende damit – und mit dem damit einhergehenden Verlust des Amtes in der JAV oder einen anderen in § 78 a Abs. 1 BetrVG genannten Gremiums – **einverstanden** ist. Es hätte nahe gelegen, den Rechtsgedanken des § 103 Abs. 3 BetrVG auf diese Fallgestaltung entsprechend anzuwenden. Hiernach entfällt der besondere Versetzungsschutz von Mitgliedern des Betriebsrats oder der JAV, wenn es mit der Versetzung einverstanden ist (siehe hierzu **→ Versetzung** Rn. 33 ff.).
Es scheint, dass sich der 7. Senat des BAG wohl allzu sehr von dem Interesse der Arbeitgeber(verbände) hat leiten lassen, den Anwendungsbereich des § 78 a BetrVG – gegen jede Sinnhaftigkeit – zu beschränken.
Demgegenüber wird zu Recht die Ansicht vertreten, dass eine Weiterbeschäftigung auch dann zumutbar i. S. d. § 78 a Abs. 4 BetrVG ist, wenn zwar nicht im bisherigen Betrieb, aber in einem **anderen Betrieb des → Unternehmens** geeignete Arbeitsplätze zur Verfügung stehen (LAG Niedersachsen v. 10. 4. 1997 – 14 TaBV 89/96; 26. 4. 1996 – 16 TaBV 107/95; LAG Rheinland-Pfalz v. 5. 7. 1996 – 3 TaBV 62/95; ebenso Fitting, BetrVG, 27. Aufl., § 78 a Rn. 54; DKKW-Bachner, BetrVG, 15. Aufl., § 78 a Rn. 38).
Nachstehend die zutreffenden Leitsätze der Entscheidung des LAG Rheinland-Pfalz v. 5. 7. 1996 – 3 TaBV 62/95:
»1. Der Auflösungsantrag nach § 78 a Abs. 4 BetrVG ist begründet, wenn die Weiterbeschäftigung des Auszubildenden dem Arbeitgeber unzumutbar geworden ist. Diese Voraussetzung ist erfüllt, wenn zum Zeitpunkt der Beendigung des Berufsausbildungsverhältnisses keine freien, ausbildungsgerechten Arbeitsplätze vorhanden sind (im Anschluss an BAG in ständiger Rechtsprechung, vgl BAG, Beschluss vom 24. 07. 91, 7 ABR 68/90, EzA § 78 a BetrVG 1972 Nr 21).
2. Bei der Prüfung dieser Voraussetzungen ist auf die Verhältnisse im Unternehmen, und nicht auf die im Betrieb abzustellen. Dem Arbeitgeber ist die Fortsetzung des Arbeitsverhältnisses zumutbar, wenn er im Bereich des Unternehmens über freie Arbeitsplätze verfügt. Eine Beschränkung auf den Betrieb, dem der Auszubildende angehört, würde den durch § 78 a Abs. 4 BetrVG angestrebten, besonderen Schutz des Jugendvertreter nicht gerecht.
3. § 78 a BetrVG soll einmal die Kontinuität der Arbeit der Jugendvertreter sichern; zum anderen soll er aber auch die Mitglieder der Jugendvertretung vor Nachteilen bewahren, die sich aus ihrer Tätigkeit in diesem betriebsverfassungsrechtlichen Organ ergeben können. Die erforderliche unternehmensbezogene Prüfung des Auflösungsantrages kann sich zwar nicht auf die Kontinuität der Jugendvertretung auswirken. Dass dieser Schutzzweck deshalb nicht erfüllt werden kann, recht-

Jugend- und Auszubildendenvertretung

fertigt es jedoch nicht, den weiteren Schutzzweck zu vernachlässigen. Die Mitglieder betriebsverfassungsrechtlicher Organe setzen sich durch ihre Tätigkeit nicht selten der Gefahr aus, das Mißfallen des Arbeitgebers zu erregen. Sie sind deshalb in besonderem Maße sanktionsbedroht, was es rechtfertigt, ihnen einen besonderen Schutz angedeihen zu lassen.
4. Diese Überlegungen verbieten es, die Weiterbeschäftigungsmöglichkeiten der Arbeitgeberin allein im Bereich der Ausbildungsstelle zu suchen. Nur damit wird den Jugendvertretern ein Bestandsschutz zugestanden, der im Bereich des § 1 KSchG allen Arbeitnehmern grundsätzlich zusteht.«
Das LAG Niedersachsen v. 10. 4. 1997 – 14 TaBV 89/96 hat Gleiches entschieden:
»1. Die Prüfungspflicht für eine Weiterbeschäftigungsmöglichkeit im Rahmen von § 78 a Abs. 4 BetrVG ist nicht auf den Ausbildungsbetrieb beschränkt, sondern erstreckt sich auch auf andere Betriebe desselben Unternehmens. Sofern es dort einen freien und zu besetzenden Arbeitsplatz gibt, für den der frühere Auszubildende geeignet ist, ist eine Weiterbeschäftigung für den Arbeitgeber nicht unzumutbar.
2. Einer solchen Auslegung des § 78 a Abs. 4 BetrVG steht nicht entgegen, dass mit einer Weiterbeschäftigung in einem anderen Betrieb desselben Unternehmens der Verlust des Amtes als Jugend- und Auszubildendenvertreter wegen Ausscheidens aus dem Betrieb verbunden ist.«

Ist ein freier Arbeitsplatz, auf dem der Auszubildende mit seiner durch die Ausbildung erworbenen Qualifikation dauerhaft beschäftigt werden kann, nachweislich nicht vorhanden, so ist die Weiterbeschäftigung dem Arbeitgeber dennoch regelmäßig **zumutbar**, wenn eine **anderweitige unbefristete Beschäftigungsmöglichkeit** im Ausbildungsbetrieb besteht, mit deren Ausübung sich der Auszubildende zuvor **rechtzeitig einverstanden** erklärt hat (BAG v. 15. 11. 2006 – 7 ABR 15/06, NZA 2007, 1381).

60

Rechtzeitig bedeutet: Ist ein JAV-ler (**hilfsweise**) bereit, zu anderen als den sich aus § 78 a BetrVG ergebenden Arbeitsbedingungen in ein Arbeitsverhältnis übernommen zu werden, so muss er dies dem Arbeitgeber **unverzüglich** nach dessen Erklärung nach § 78 a Abs. 1 BetrVG, spätestens mit seinem Übernahmeverlangen nach § 78 a Abs. 2 BetrVG, **mitteilen**.
Eine Einverständniserklärung (erst) im gerichtlichen Verfahren über den Auflösungsantrag nach § 78 a Abs. 4 Satz 1 Nr. 2 BetrVG soll nicht genügen (BAG v. 8. 9. 2010 – 7 ABR 33/09; 6. 11. 1996 – 7 ABR 54/95, AiB 1997, 604).
Nach Ansicht des BAG reicht auch eine (nur) **pauschale Bereitschaftserklärung** des Auszubildenden zur Übernahme eine Beschäftigung in anderen als den sich aus § 78 a BetrVG ergebenden Arbeitsbedingungen nicht aus (BAG v. 15. 11. 2006 – 7 ABR 15/06, NZA 2007, 1381). Der Auszubildende müsse vielmehr die angedachte Beschäftigungsmöglichkeit so **konkret beschreiben**, dass der Arbeitgeber erkennen kann, wie sich der Auszubildende seine Weiterarbeit vorstellt.
Kommt es nach der Bereitschaftserklärung zum Abschluss eines Arbeitsvertrags, wird hierdurch die Entstehung eines Arbeitsverhältnisses aus § 78 a BetrVG abbedungen bzw. abgeändert, wenn die Vereinbarung nach Bestehen der Abschlussprüfung getroffen wird (BAG v. 15. 11. 2006 – 7 ABR 15/06, a. a. O.).
Lehnt der Auszubildende die ihm vom Arbeitgeber angebotene anderweitige Beschäftigung ab, kann er sich im anschließenden Verfahren nach § 78 a Abs. 4 BetrVG nicht darauf berufen, dem Arbeitgeber sei die Beschäftigung zumutbar (BAG v. 15. 11. 2006 – 7 ABR 15/06, a. a. O.).
Hat der Auszubildende rechtzeitig (also unverzüglich in oben genanntem Sinne) erklärt, gegebenenfalls auch zu anderen Bedingungen zu arbeiten, muss der Arbeitgeber **prüfen**, ob die anderweitige Beschäftigung möglich und zumutbar ist.
Unterlässt er die Prüfung oder verneint er zu Unrecht die Möglichkeit und Zumutbarkeit, so kann das nach § 78 a Abs. 2 BetrVG entstandene Arbeitsverhältnis nicht nach § 78 a Abs. 4 BetrVG **aufgelöst** werden (BAG v. 6. 11. 1996 – 7 ABR 54/95, a. a. O.).
Nach zutreffender anderer Ansicht entsteht ein **Arbeitsverhältnis zu anderen Bedingungen** bereits dann, wenn ein solcher anderweitiger Arbeitsplatz **vorhanden** ist und der Auszubil-

Jugend- und Auszubildendenvertretung

dende sein **Einverständnis** erklärt (HessLAG v. 6.1.1987 – 7 Sa 1151/86, NZA 1987, 532; Fitting, BetrVG, 27. Aufl., § 78 a Rn. 57 m. w. N.).

Entgelt- und Tätigkeitsschutz nach Übernahme

61 Auf das nach § 78 a Abs. 2 Satz 1 BetrVG **begründete Arbeitsverhältnis** ist § 37 Abs. 4 und 5 BetrVG entsprechend anzuwenden (§ 78 a Abs. 2 Satz 2 BetrVG).
Das heißt: Das → **Arbeitsentgelt** des Auszubildenden darf einschließlich eines Zeitraums von einem Jahr nach Beendigung der Amtszeit nicht geringer bemessen werden als das **Arbeitsentgelt vergleichbarer Arbeitnehmer** mit betriebsüblicher beruflicher Entwicklung.
Dies gilt auch für allgemeine Zuwendungen des Arbeitgebers.
Soweit nicht zwingende betriebliche Notwendigkeiten entgegenstehen, darf der Auszubildende einschließlich eines Zeitraums von einem Jahr nach Beendigung der Amtszeit nur mit Tätigkeiten beschäftigt werden, die den Tätigkeiten vergleichbarer Arbeitnehmer **gleichwertig** sind (siehe → **Betriebsrat**).

Rechtsprechung

1. Anspruch von JAV-Mitgliedern auf Weiterbeschäftigung nach Beendigung der Berufsausbildung (§ 78 a BetrVG) – Zumutbarkeit der Weiterbeschäftigung
2. Entbindung des Arbeitgebers von der Weiterbeschäftigungspflicht durch einstweilige Verfügung?
3. Entgeltanspruch des JAV-Mitglieds nach Übernahme in ein Arbeitsverhältnis
4. Weiterbeschäftigungsverlangen – Geltendmachung des Anspruchs auf Vergütung wegen Annahmeverzugs
5. Kosten der anwaltlichen Vertretung eines JAV-Mitglieds in einem Verfahren nach § 78 a Abs. 4 BetrVG
6. Wahlberechtigung und Wählbarkeit von Auszubildenden in Ausbildungsbetrieben

Kleinstbetrieb

Was ist das?

Betriebe mit **weniger als fünf** ständigen wahlberechtigten Arbeitnehmern sind sog. **Kleinstbetriebe**.
Hier gilt § 4 Abs. 2 BetrVG:
»*Betriebe, die die Voraussetzungen des § 1 Abs. 1 Satz 1 nicht erfüllen, sind dem Hauptbetrieb zuzuordnen*«.

Das heißt: die Beschäftigten dieser Betriebe nehmen an der **Wahl** des Betriebsrats des **Hauptbetriebes** teil.

Der **Wahlvorstand** hat dies durch entsprechende Maßnahmen sicherzustellen (Aufnahme in die Wählerliste, Briefwahl usw.).

Es besteht auch **Wählbarkeit** von Beschäftigten des Kleinstbetriebes zum Betriebsrat des Hauptbetriebes, wenn die Voraussetzungen des § 8 BetrVG (Volljährigkeit und Betriebszugehörigkeit von mindestens sechs Monaten) vorliegen.

Ist der **Betriebsrat des Hauptbetriebes** gewählt, nimmt er in Bezug auf die Beschäftigten des Kleinstbetriebes die Aufgaben und Informations-, Mitwirkungs- und Mitbestimmungsrechte nach dem BetrVG wahr.

Wenn es also beispielsweise um – die Beschäftigten des Kleinstbetriebs betreffende – Fragen des → **Arbeitsentgelts** oder der → **Arbeitszeit** geht, hat der Arbeitgeber den Betriebsrat des Hauptbetriebes nach § 87 BetrVG zu beteiligen (siehe auch → **Soziale Angelegenheiten**).

Bei → **Einstellungen**, → **Versetzungen** und → **Ein- und Umgruppierungen** hat der Arbeitgeber die nach § 99 BetrVG erforderliche Zustimmung des Betriebsrats des Hauptbetriebes zu beantragen.

Soll ein in einem Kleinstbetrieb Beschäftigter gekündigt werden, hat der Arbeitgeber den Betriebsrat des Hauptbetriebes nach § 102 Abs. 1 BetrVG anzuhören.

Dieser kann nach § 102 Abs. 3 BetrVG **Widerspruch** gegen eine → **ordentliche Kündigung** einlegen und damit dem gekündigten Arbeitnehmer einen Anspruch auf Weiterbeschäftigung und Vergütung bis zum rechtskräftigen Abschluss des Kündigungsschutzprozesses **verschaffen** (hierfür ist des Weiteren erforderlich, dass der Arbeitnehmer Kündigungsschutzklage erhebt und seine Weiterbeschäftigung verlangt; siehe hierzu **Kündigungsschutz** Rn. 58 und → **Ordentliche Kündigung** Rn. 28 ff. und 35 ff.).

Will die Unternehmensleitung sowohl den Hauptbetrieb als auch den zugeordneten Kleinstbetrieb **stilllegen** und auch die dort beschäftigten Arbeitnehmer entlassen oder versetzen, muss er den Betriebsrat des Hauptbetriebes nach Maßgabe des § 111 BetrVG beteiligen und mit ihm Verhandlungen über einen → **Interessenausgleich** und → **Sozialplan** nach § 112 BetrVG aufnehmen.

Wenn allerdings nur der Kleinstbetrieb geschlossen oder verlegt werden soll, stellt sich die Frage, ob hierin eine Betriebsänderung i. S. d. § 111 BetrVG zu sehen ist. Das wäre der Fall, wenn es sich um einen »**wesentlichen Betriebsteil**« i. S. d. § 111 BetrVG Satz 3 Nr. 1 und 2

Kleinstbetrieb

BetrVG handelt. Es ist strittig, ob es dabei auf die Zahl der Beschäftigten ankommt oder auf qualitative Gesichtspunkte. Siehe hierzu → **Betriebsänderung** Rn. 10.

5   Dass in dem Kleinstbetrieb weniger als fünf Arbeitnehmer beschäftigt sind, schließt die Anwendung der §§ 99 und 111 ff. BetrVG (die nur in → **Unternehmen** mit in der Regel **mehr als 20 wahlberechtigten Arbeitnehmern** Anwendung finden) nicht aus.
Denn die §§ 99, 111 ff. BetrVG gelten auch in Klein- und Kleinstbetrieben mit weniger als 21 wahlberechtigten Arbeitnehmern, wenn in dem → **Unternehmen**, zu dem diese Betriebe gehören, **insgesamt** mehr als 20 wahlberechtigte Arbeitnehmer beschäftigt sind und ein Betriebsrat (im Hauptbetrieb) gewählt ist.

Kündigungsschutz

6   §§ 1 bis 14 KSchG gelten nicht in **Kleinbetrieben** bzw. **Kleinunternehmen** mit einer Beschäftigtenzahl unterhalb der Schwelle des § 23 Abs. 1 Satz 2 und 3 KSchG (neu gefasst durch Gesetz zu Reformen am Arbeitsmarkt v. 24.12.2003, BGBl. I S. 3002).

> **Beachten:**
> Die Schwellenwerte des § 23 Abs. 1 Satz 2 und 3 KSchG beziehen sich nach zutreffender h. M. nicht auf den → **Betrieb**, sondern auf das → **Unternehmen** (verfassungskonforme Auslegung der Vorschrift; vgl. Kittner/Däubler/Zwanziger, KSchR, 9. Aufl., § 23 KSchG Rn. 13 m. w. N.).

Das heißt: der volle Kündigungsschutz nach §§ 1 bis 14 KSchG gilt auch für Beschäftigte beispielsweise in Kleinbetrieben mit bis zu zehn Arbeitnehmern, wenn das → **Unternehmen**, zu dem diese Kleinbetriebe gehören, insgesamt mehr als zehn Arbeitnehmer beschäftigt. Deshalb gilt z. B. bei Handelsunternehmen (Filialkette) mit mehreren hundert oder tausend Beschäftigten (z. B. Aldi, Edeka, Lidl, Penny, Rewe, Rossmann, Schlecker usw.) der volle Kündigungsschutz nach §§ 1 bis 14 KSchG für die in den einzelnen Filialbetrieben tätigen Arbeitnehmer auch dann, wenn in der einzelnen Filiale weniger als zehn Arbeitnehmer beschäftigt sind.
Zur Berechnung der Schwellenwerte nach § 23 Abs. 1 Satz 2 und 3 KSchG siehe → **Kündigungsschutz** Rn. 4 ff. und → **Kündigungsschutz vor Erfüllung der Wartezeit und im Kleinbetrieb**.

6a   Arbeitnehmer in Kleinbetrieben bzw. Kleinunternehmen mit einer Beschäftigtenzahl unterhalb der Schwelle des § 23 Abs. 1 Satz 2 KSchG sind aber nicht gänzlich ohne **Kündigungsschutz**.
Es sind zum einen die allgemeinen Vorschriften über die Kündigung (z. B. Schriftform der Kündigung, → **außerordentliche Kündigung** nur aus wichtigem Grund, Einhaltung der → **Kündigungsfristen** usw.) einzuhalten.
Zum anderen darf eine Kündigung nicht gegen verfassungsrechtlich gebotene Mindestanforderungen (»Treu und Glauben«, § 242 BGB) verstoßen.
Das BVerfG hat klargestellt, dass auch in Kleinstbetrieben mit einem bis fünf Arbeitnehmern ein **Mindest-Kündigungsschutz** besteht (BVerfG v. 27.1.1998 – 1 BvL 15/87 und 22/87, AiB 1998, 304 und DB 1998, 82):
- Eine Kündigung darf nicht willkürlich sein oder auf sachfremden Motiven beruhen.
- Bei der Auswahl der zu kündigenden Beschäftigten muss ein gewisses Maß an sozialer Rücksichtnahme gewahrt sein.
- Ein durch langjährige Mitarbeit erdientes Vertrauen in den Fortbestand des Arbeitsverhältnisses muss bei der Beurteilung der Wirksamkeit der Kündigung berücksichtigt werden.

7   Wenn eine Kündigung diesen Anforderungen nicht entspricht, verstößt sie gegen »**Treu und Glauben**« (§ 242 BGB) und ist unwirksam (BAG v. 21.2.2001 – 2 AZR 15/00, NZA 2001, 833).

Zu weiteren Einzelheiten siehe → **Kündigungsschutz vor Erfüllung der Wartezeit und im Kleinbetrieb.**

Rechtsprechung

1. Begriffe: Betrieb – Nebenbetrieb – Betriebsteil – Hauptbetrieb
2. Betriebsteil – räumliche Entfernung
3. Beschluss über die Teilnahme an der Wahl im Hauptbetrieb
4. Betriebsteilübergreifende Sozialauswahl

Konzern

Was ist das?

1 Das Betriebsverfassungsgesetz verwendet in unterschiedlichen Zusammenhängen die Begriffe → **Betrieb**, → **Unternehmen** und Konzern.

> **Beispiele:**
> - § 1 Abs. 1 Satz 1 BetrVG: »In Betrieben mit in der Regel mindestens fünf ständigen wahlberechtigten Arbeitnehmern, von denen drei wählbar sind, werden Betriebsräte gewählt.«
> - § 47 Abs. 1 BetrVG: »Bestehen in einem Unternehmen mehrere Betriebsräte, so ist ein Gesamtbetriebsrat zu errichten.«
> - § 54 Abs. 1 Satz 1 BetrVG: »Für einen Konzern (§ 18 Abs. 1 des Aktiengesetzes) kann durch Beschlüsse der einzelnen Gesamtbetriebsräte ein Konzernbetriebsrat errichtet werden.«

2 Ein **Konzern** ist allgemein ausgedrückt der Zusammenschluss mehrerer Unternehmen z. B. aufgrund eines **Vertrages** oder einer **wechselseitigen Beteiligung**.

3 Das BetrVG (§§ 54 ff., 73 a BetrVG) findet nur Anwendung auf den sog. **Unterordnungskonzern** i. S. d. § 18 Abs. 1 AktG, bei dem es sich um einen Zusammenschluss mehrerer Unternehmen unter einheitlicher Leitung eines »herrschenden« Unternehmens (= Konzernobergesellschaft = Muttergesellschaft) handelt (zum sog. **Gleichordnungskonzern** siehe § 18 Abs. 2 AktG und Rn. 9).

Das herrschende Konzernunternehmen ist den anderen Unternehmen (= Tochtergesellschaften) in der Weise übergeordnet, dass diese von ihm **abhängig** sind. Abhängigkeit bedeutet: Das »herrschende« Unternehmen kann auf die abhängigen Unternehmen »unmittelbar oder mittelbar« einen **beherrschenden Einfluss** ausüben (§ 17 Abs. 1 AktG).

4 Das Beherrschungsverhältnis im Unterordnungskonzern kann vertraglich, nämlich durch »**Beherrschungs- und Gewinnabführungsvertrag**« gemäß § 291 AktG begründet werden (= sog. qualifizierter Vertragskonzern; vgl. § 18 Abs. 1 Satz 2 AktG).

> **Beispiel:**
> In einem Unternehmensvertrag zwischen der »Chemie-GmbH« und der »Multi-AG« wird die Leitung der »Chemie-GmbH« der »Multi-AG« unterstellt.

5 Das Beherrschungsverhältnis kann sich auch aus einer **Mehrheitsbeteiligung** eines Unternehmens an einem anderen Unternehmen ergeben (= sog. faktischer Konzern). Allerdings ist erforderlich, dass die für den Konzernbegriff notwendige einheitliche Leitung auch tatsächlich ausgeübt wird: In diesem Fall spricht man von einem qualifiziert faktischen Konzern.

Bis zum Beweis des Gegenteils wird **vermutet**, dass das in Mehrheitsbesitz stehende Unternehmen von den anderen abhängig ist (§ 17 Abs. 2 AktG) und mit ihm einen Unterordnungskonzern bildet (§ 18 Abs. 1 Satz 3 AktG).

Beispiel:
Die »Multi-AG« ist Mehrheitsgesellschafterin der »Metall-GmbH« und übt Einfluss auf die Unternehmenspolitik der »Metall-GmbH« aus.

Unter Umständen kann ein Beherrschungsverhältnis auch bei einer **Minderheitsbeteiligung** 6
vorliegen, z. B. dann, wenn sie durch eine personelle Verflechtung zwischen den Unternehmen ergänzt wird (vgl. DKKW-*Trittin*, BetrVG, 15. Aufl., vor § 54 Rn. 28 ff.).
Bei Aktiengesellschaften kann ein Unterordnungskonzern auch durch **Eingliederungsbe-** 7
schluss der Hauptversammlung der einzugliedernden Gesellschaft nach § 319 AktG entstehen (§ 18 Abs. 1 Satz 2 AktG).
Möglich ist auch die Konstruktion eines »Konzerns im Konzern« (= sog. **mehrstufiger Kon-** 8
zern). Hier beherrscht eine Muttergesellschaft eine von ihr abhängige Tochtergesellschaft, unter deren Einfluss eine oder mehrere abhängige »Enkelgesellschaften« stehen.

Beispiel:
Die »Multi-AG« beherrscht die »Metall-GmbH«. Die »Metall-GmbH« wiederum beherrscht ihrerseits zwei weitere Unternehmen, nämlich die »S-GmbH« und die »T-GmbH«.

Sind zwei oder mehrere Unternehmen unter einheitlicher Leitung miteinander verbunden, 9
ohne dass das eine Unternehmen von dem anderen abhängig ist, handelt es sich um einen sog. **Gleichordnungskonzern** im Sinne des § 18 Abs. 2 AktG.

Bedeutung für die Betriebsratsarbeit

In einem **Unterordnungskonzern** im Sinne des § 18 Abs. 1 AktG (siehe Rn. 3) »kann« gemäß 10
§ 54 Abs. 1 BetrVG ein → **Konzernbetriebsrat** gebildet werden.
Im **mehrstufigen Konzern** (siehe Rn. 8) kann sowohl auf der Ebene der Muttergesellschaft 11
(= Konzernobergesellschaft) als auch auf der Ebene der Tochtergesellschaft, die ihrerseits mit den »Enkelgesellschaften« einen (Unter-)Konzern bildet, ein Konzernbetriebsrat errichtet werden.
Dies gilt jedenfalls dann, wenn der Tochtergesellschaft eigene, von den Weisungen der Muttergesellschaft **freie Entscheidungskompetenzen** zustehen und sie von diesen Kompetenzen auch Gebrauch macht.
In einem **Gleichordnungskonzern** im Sinne des § 18 Abs. 2 AktG ist die Bildung eines Kon- 12
zernbetriebsrats nicht möglich (§ 54 Abs. 1 BetrVG).

Bedeutung für die Beschäftigten

Im Konzern ist nicht der Konzern als solcher, sondern das jeweilige → **Unternehmen Arbeit-** 13
geber.
Wenn z. B. eine Tochtergesellschaft in Zahlungsschwierigkeiten gerät, stellt sich die Frage, ob die dort angestellten Arbeitnehmer fällige, aber nicht beglichene Ansprüche gegen die Konzernobergesellschaft (= Muttergesellschaft) geltend machen können.
Die Rechtsprechung bejaht eine **Durchgriffshaftung** der Muttergesellschaft nicht nur im Falle eines qualifizierten Vertragskonzerns (wenn ein Beherrschungs- und Gewinnabführungsvertrag vorliegt; siehe Rn. 4), sondern unter gewissen Voraussetzungen auch bei einem **qualifi-**

Konzern

ziert faktischen Konzern (siehe Rn. 5) – nämlich wenn die Leitung in einer für das Tochterunternehmen nachteiligen Weise ausgeübt wurde (BAG v. 8. 3. 1994 – 9 AZR 197/92, AiB 1994, 699).

Auch der ein abhängiges Unternehmen beherrschende **alleinige Unternehmensgesellschafter** (also eine einzelne natürliche Person) kann von den Arbeitnehmern des abhängigen Unternehmens nach den Grundsätzen der Haftung im qualifiziert faktischen Konzern auf Zahlung rückständigen Arbeitsentgelts und auf Ausgleich von Sozialplananprüchen in Anspruch genommen werden (BAG v. 8. 3. 1994 – 9 AZR 197/92, a. a. O.; vgl. auch BAG v. 1. 8. 1995 – 9 AZR 378/94, NZA 1996, 311).

14 Zur Frage des **Berechnungs- und Haftungsdurchgriffs** gegen die herrschende Muttergesellschaft bei der Aufstellung eines Sozialplans siehe → **Betriebsspaltung und Zusammenlegung von Betrieben** und → **Sozialplan**.

Arbeitshilfen

Musterschreiben	• Outsourcing, Unternehmensteilung, Betriebsaufspaltung, Betriebsänderung, Betriebsübergang: Eckpunkte einer Vereinbarung

Musterschreiben: Outsourcing, Unternehmensteilung, Betriebsaufspaltung, Betriebsänderung, Betriebsübergang: Eckpunkte einer Vereinbarung

Eckpunkte einer Vereinbarung (Betriebsvereinbarung, Interessenausgleich, Sozialplan oder Firmentarifvertrag)

1. Anlass und Geltungsbereich
Beschreibung der Umstrukturierungsmaßnahme und Bezeichnung der Betriebsteile/Betriebe/Unternehmen, die von der geplanten Maßnahme erfasst werden.
Klären, ob die beteiligten Unternehmen (abgebendes und übernehmendes Unternehmen) einen Konzern bilden.

2. Aufsichtsrat
Bisheriger Aufsichtsrat existiert, wenn Voraussetzungen des § 325 Umwandlungsgesetz vorliegen, weiter.
Ggf. Neubildung des Aufsichtsrats in Tochterunternehmen (wenn die gesetzlichen Voraussetzungen vorliegen; siehe → **Unternehmensmitbestimmung**).

3. Tarifvertrag
Tarifbindung der ausgegliederten Betriebsteile/Betriebe an die bisher geltenden Tarifverträge ist sicherzustellen (entweder durch Mitgliedschaft im → **Arbeitgeberverband** oder durch Abschluss eines Anerkennungstarifvertrages oder Haustarifvertrags mit der zuständigen Gewerkschaft; siehe → **Tarifvertrag**).

4. Betriebsverfassung
Betriebsrat: Fortbestand des bisherigen Betriebsrats möglich, wenn die Identität des Betriebes erhalten bleibt oder die Voraussetzungen eines → **Gemeinschaftsbetriebes** (= mehrere Unternehmen führen gemeinsam an einem Standort einen Betrieb) vorliegen.
Ansonsten: Übergangsmandat des bisherigen Betriebsrats bis zur Neuwahl von Betriebsräten in den beteiligten Betrieben/Unternehmen klarstellen.
Wirtschaftsausschuss auf Konzernebene: Falls beteiligte Unternehmen nach der Ausgliederung einen Konzern bilden, anstreben, dass auf Konzernebene ein Wirtschaftsausschuss gebildet wird, der die Rechte nach §§ 106 ff. BetrVG hat.

Konzern

5. Betriebsvereinbarungen
Fortgeltung der bisherigen Betriebsvereinbarungen auch in den ausgegliederten Betriebsteilen/Betrieben sicherstellen.

6. Arbeitsplatzsicherung
- keine betriebsbedingten Kündigungen (auch nicht bei Widerspruch gegen Betriebsübergang);
- Anspruch auf Wiedereinstellung beim abgebenden Unternehmen, falls im ausgegliederten Betrieb vom übernehmende Unternehmen Personal abgebaut wird;
- Sicherstellung eines konzernweiten Kündigungsschutzes (falls die beteiligten Betriebe/Unternehmen im Konzernverbund bleiben) z. B.
  - beim **Widerspruchsrecht des Betriebsrats** nach § 102 Abs. 3 BetrVG

   Beispiel:
   Erweiterung des § 102 Abs. 3 Nr. 1 BetrVG: »Der Betriebsrat kann der Kündigung widersprechen, wenn der Arbeitgeber bei der Auswahl des zu kündigenden Arbeitnehmers soziale Gesichtspunkte nicht oder nicht ausreichend berücksichtigt hat; **in die soziale Auswahl sind nicht nur vergleichbare Arbeitnehmer des Betriebs, sondern auch des Unternehmens und anderer Unternehmen des Konzerns** einzubeziehen«

   Beispiel:
   Erweiterung des § 102 Abs. 3 Nr. 3 BetrVG: »Der Betriebsrat kann der Kündigung widersprechen, wenn der zu kündigende Arbeitnehmer an einem anderen Arbeitsplatz im selben Betrieb oder in einem anderen Betrieb des Unternehmens **oder in einem anderen Unternehmen des Konzerns** weiterbeschäftigt werden kann«.
   Klarstellung, dass auch in diesen Fällen dem gekündigten Arbeitnehmer die Rechte nach § 102 Abs. 5 BetrVG (Weiterbeschäftigungs- und -vergütungsanspruch bis zum rechtskräftigen Abschluss des Kündigungsschutzprozesses) zustehen.

  - bei der **Ausgestaltung des Kündigungsschutzes** nach § 1 KSchG (z. B. Erweiterung des Kündigungsschutzes in vorstehendem Sinne z. B. bei der sozialen Auswahl oder beim Thema »Weiterbeschäftigung«).

7. Stellenausschreibung, Versetzung innerhalb und außerhalb des Konzerns
- konzernweite Stellenausschreibung;
- Versetzung nur mit Zustimmung des Betroffenen (ggf. Regelungen über Zumutbarkeit) und der Betriebsräte im abgebenden und aufnehmenden Betrieb;
- bei Versetzung in ein anderes Unternehmen: bisheriger Besitzstand (z. B. Einkommen) bleibt erhalten.

8. Wahrung des Besitzstandes, Sozialplan
- ggf. Regelungen über Wahrung des Besitzstandes
- wenn Sozialplan erforderlich ist, regeln, dass – falls → Konzern vorliegt – bei der Bemessung der Sozialplanleistungen die wirtschaftliche/finanzielle Lage der Konzernmutter zugrunde gelegt wird und nicht die ggf. schwächere Ausstattung des ausgegliederten Unternehmens. Ggf. auch Einstandspflicht bzw. Durchgriffshaftung der Konzernmutter klarstellen.

9. Umsetzung der Vereinbarung
Alle an der Umstrukturierung beteiligten Tochterunternehmen und Konzernmutter unterschreiben die Vereinbarung.
Die Konzernmutter verpflichtet sich, die Umsetzung in den Tochterunternehmen zu überwachen und ggf. durchzusetzen.

10. Laufzeit, Kündigungsfrist, Nachwirkung

Konzern

Rechtsprechung

1. Politische Partei als Konzern?
2. Unterordnungskonzern bei Gemeinschaftsunternehmen
3. Konzernvermutung bei Holding-Aktiengesellschaft im Mitbestimmungsrecht
4. Kündigungsschutz des Arbeitnehmers einer Konzernholding
5. Ausfallhaftung im qualifiziert faktischen Konzern
6. Zuständigkeit der Gerichte für Arbeitssachen bei Inanspruchnahme der Konzernobergesellschaft

Konzernbetriebsrat

Was ist das?

In einem »**Unterordnungskonzern**« im Sinne des § 18 Abs. 1 Aktiengesetz »kann« gemäß § 54 Abs. 1 BetrVG ein Konzernbetriebsrat gebildet werden (siehe → **Konzern**). 1

Die Errichtung des Konzernbetriebsrats erfolgt durch Beschluss der in den Konzernunternehmen bestehenden **Gesamtbetriebsräte**. 2

Wenn es in einem Konzernunternehmen keinen Gesamtbetriebsrat gibt, weil dieses Unternehmen nur aus einem Betrieb besteht (= → **Ein-Betriebs-Unternehmen**), entscheidet der Betriebsrat (§ 54 Abs. 2 BetrVG).

Die **Initiative** zur Bildung eines Konzernbetriebsrats kann nicht nur von dem Gesamtbetriebsrat (bzw. Betriebsrat) des herrschenden Unternehmens (= Konzernobergesellschaft bzw. Muttergesellschaft), sondern auch von einem Gesamtbetriebsrat eines beherrschten Konzernunternehmens (bzw. Betriebsrat in einem Ein-Betriebs-Unternehmen) ergriffen werden. 3

Die **Errichtung** des Konzernbetriebsrats erfordert zustimmende Beschlüsse der Gesamtbetriebsräte (bzw. der Betriebsräte in Ein-Betriebs-Unternehmen), die **mehr als 50 Prozent** aller in den Konzernunternehmen – zum Zeitpunkt der Beschlussfassung – beschäftigten Arbeitnehmer vertreten (§ 54 Abs. 1 Satz 2 BetrVG). 4

> **Beispiel:**
> In einem Konzern sind in jedem der fünf Konzernunternehmen (X-AG = herrschendes Unternehmen; A-GmbH, B-AG, C-GmbH, D-GmbH & Co KG = beherrschte Unternehmen) jeweils 2000, also insgesamt 10 000 Arbeitnehmer beschäftigt.
> Ein Konzernbetriebsrat kann nur errichtet werden, wenn die Gesamtbetriebsräte bzw. die Betriebsräte von mindestens drei Konzernunternehmen (= 6000 Arbeitnehmer) dieses beschließen.

In einem **mehrstufigen Konzern** → (siehe → Konzern Rn. 8) wird der Konzernbetriebsrat bei der Konzernspitze (= herrschendes Unternehmen = Muttergesellschaft) durch die bei den Konzernunternehmen (= Muttergesellschaft, Tochtergesellschaften und Enkelgesellschaften) bestehenden Gesamtbetriebsräte (und Betriebsräte in Ein-Betriebs-Unternehmen) gebildet, nicht etwa durch den ggf. bei einer Tochtergesellschaft bestehenden Konzernbetriebsrat. 5

In den Konzernbetriebsrat entsendet jeder Gesamtbetriebsrat (oder Betriebsrat in einem Ein-Betriebs-Unternehmen) zwei seiner Mitglieder (§ 55 Abs. 1 Satz 1 BetrVG). 6

Die **Geschlechter** sollen angemessen berücksichtigt sein (§ 55 Abs. 1 Satz 2 BetrVG).

Durch → **Tarifvertrag** oder → **Betriebsvereinbarung** kann die Mitgliederzahl des Konzernbetriebsrats abweichend geregelt werden (§ 55 Abs. 4 BetrVG). 7

§ 47 Abs. 5 bis 9 BetrVG gilt entsprechend (siehe → Gesamtbetriebsrat).

Für jedes Mitglied des Konzernbetriebsrats ist vom Gesamtbetriebsrat (oder vom Betriebsrat eines Ein-Betriebs-Unternehmens) ein **Ersatzmitglied** zu bestellen und die Reihenfolge des Nachrückens festzulegen (§ 55 Abs. 2 BetrVG). 8

Mindestens ein Viertel der wahlberechtigten Arbeitnehmer der Konzernunternehmen, der 9

Konzernbetriebsrat

Arbeitgeber, der Konzernbetriebsrat oder eine im Konzern vertretene Gewerkschaft können beim Arbeitsgericht den **Ausschluss** eines Mitglieds aus dem Konzernbetriebsrat wegen grober Verletzung seiner gesetzlichen Pflichten beantragen (§ 56 BetrVG).

10 Die Mitgliedschaft im Konzernbetriebsrat **endet** mit dem Erlöschen der Mitgliedschaft im Gesamtbetriebsrat (oder in dem Betriebsrat eines Ein-Betriebs-Unternehmens), durch Amtsniederlegung, durch Ausschluss aus dem Konzernbetriebsrat auf Grund einer gerichtlichen Entscheidung oder Abberufung durch den Gesamtbetriebsrat (§ 57 BetrVG).

11 Der Konzernbetriebsrat hat nicht – wie der örtliche Betriebsrat – eine feste Amtszeit. Vielmehr ist er – einmal ins Leben gerufen – eine **Dauereinrichtung** mit wechselnden Mitgliedern (siehe auch → **Gesamtbetriebsrat** Rn. 11).

12 Ist ein Konzernbetriebsrat zu errichten, so hat der Gesamtbetriebsrat des **herrschenden Unternehmens** oder, soweit ein solcher Gesamtbetriebsrat nicht besteht, der Gesamtbetriebsrat des nach der Zahl der wahlberechtigten Arbeitnehmer größten Konzernunternehmens zu der Wahl des Vorsitzenden und des stellvertretenden Vorsitzenden des Konzernbetriebsrats **einzuladen** (§ 59 Abs. 2 BetrVG).

Der Vorsitzende des einladenden Gesamtbetriebsrats hat die **Sitzung zu leiten**, bis der Konzernbetriebsrat aus seiner Mitte einen **Wahlleiter** bestellt hat (§ 59 Abs. 2 BetrVG).

Die Wahl des/der **Konzernbetriebsratsvorsitzenden** und des/der **Stellvertreters/in** erfolgt nach Maßgabe des § 59 Abs. 1 i. V. m. 26 Abs. 1 BetrVG (siehe → **Betriebsrat** Rn. 24). Sie werden von den Mitgliedern des Konzernbetriebsrats mit einfacher Stimmenmehrheit gewählt.

Voraussetzung ist, dass **Beschlussfähigkeit** nach § 59 Abs. 1 i. V. m. 51 Abs. 3 Satz 3 BetrVG vorliegt (siehe → **Gesamtbetriebsrat** Rn. 17).

Die Wahl erfolgt **in gesonderten Wahlgängen**. Das heißt: in einem Wahlgang wird der/die Vorsitzende gewählt, in einem weiteren Wahlgang der/die Stellvertreter/in. Gewählt ist in dem jeweiligen Wahlgang das Konzernbetriebsratsmitglied, das die meisten Stimmen erhält.

Der/die Vorsitzende und/oder der/die Stellvertreter/in können jederzeit von den Mitgliedern des Konzernbetriebsrats mit einfacher Stimmenmehrheit **abberufen** werden.

Nach Abschluss des Wahlvorganges übernimmt der/die **Konzernbetriebsratsvorsitzende** die weitere Leitung der Sitzung und beruft die weiteren Sitzungen ein (§ 59 Abs. 1 i. V. m. § 29 Abs. 2 BetrVG).

13 Ein Konzernbetriebsrat mit mindestens 9 Mitgliedern hat einen **Konzernbetriebsausschuss** zu bilden (§ 59 Abs. 1 i. V. m. § 51 Abs. 1 Satz 2 BetrVG).
Dieser besteht aus dem Vorsitzenden des Konzernbetriebsrats, dessen Stellvertreter und bei Konzernbetriebsräten mit
- 9 bis 16 Mitgliedern aus 3 weiteren Ausschussmitgliedern,
- 17 bis 24 Mitgliedern aus 5 weiteren Ausschussmitgliedern,
- 25 bis 36 Mitgliedern aus 7 weiteren Ausschussmitgliedern,
- mehr als 36 Mitgliedern aus 9 weiteren Ausschussmitgliedern.

14 Für die **Geschäftsführung** des Konzernbetriebsrats gelten im Übrigen die in § 59 Abs. 1 BetrVG aufgeführten Vorschriften entsprechend.
So können z. B. – in Konzernen mit mehr als 100 Arbeitnehmern – **weitere Ausschüsse** gebildet werden (§ 59 Abs. 1 i. V. m. § 28 Abs. 1 Satz 1 und 3 BetrVG).

14a Die für den → **Gesamtbetriebsrat** geltende »**Generalklausel**« des § 51 Abs. 5 BetrVG kommt über § 59 Abs. 1 BetrVG auch für den Konzernbetriebsrat zur Anwendung.
Das heißt: die Vorschriften über die Rechte und Pflichten des Betriebsrats gelten entsprechend für den Konzernbetriebsrat, sofern sich aus besonderen Vorschriften nichts anderes ergibt.
Das bedeutet beispielsweise, dass der Konzernbetriebsrat in Angelegenheiten, für die er zuständig ist (siehe Rn. 19), nach Maßgabe des § 80 Abs. 3 BetrVG einen → **Sachverständigen** hinzuziehen kann (vgl. Fitting, BetrVG, 27. Aufl., § 51 Rn. 62 ff., § 59 Rn. 30).

Konzernbetriebsrat

Beschlussfassung im Konzernbetriebsrat

Jedem Mitglied des Konzernbetriebsrats stehen die **Stimmen** der Mitglieder des entsendenden Gesamtbetriebsrats (oder des entsendenden Betriebsrats eines Ein-Betriebs-Unternehmens) je zur Hälfte zu (§ 55 Abs. 3 BetrVG; zur Ermittlung des **Stimmengewichts** siehe → **Gesamtbetriebsrat** Rn. 12 ff.).
Im Übrigen finden die für den Gesamtbetriebsrat geltenden Bestimmungen des § 51 Abs. 3 BetrVG entsprechende Anwendung (§ 59 Abs. 1 BetrVG; siehe auch hierzu die Hinweise unter → **Gesamtbetriebsrat** Rn. 12, 17 und 18).

15

Konzernjugend- und Auszubildendenvertretung

Die → **Konzern-Jugend- und Auszubildendenvertretung** hat nach §§ 73 b Abs. 2, 67 Abs. 2 BetrVG **Stimmrecht** im Konzernbetriebsrat, wenn der zu fassende Beschluss »**überwiegend**« jugendliche und auszubildende Arbeitnehmer betrifft.
In die **Abstimmung** bringt jedes Mitglied der Konzern-Jugend- und Auszubildendenvertretung so viele Stimmen ein, wie ihm nach § 73 a Abs. 3 BetrVG zustehen (Zahl der jugendlichen und auszubildenden Arbeitnehmer gemäß Wählerliste).

16

Konzern-Schwerbehindertenvertretung

Die Konzern-Schwerbehindertenvertretung (§ 97 Abs. 2 SGB IX; siehe → **Schwerbehindertenvertretung** Rn. 38 ff.) kann an allen Sitzungen des Konzernbetriebsrats beratend teilnehmen (§ 59 a BetrVG).

17

Zuständigkeit des Konzernbetriebsrats (§ 58 BetrVG)

In § 58 BetrVG ist die Frage der »**Arbeitsteilung**« zwischen Konzernbetriebsrat und Gesamtbetriebsräten (bzw. Betriebsräten in Ein-Betriebs-Unternehmen) geregelt.
Der Konzernbetriebsrat ist den Gesamtbetriebsräten oder den örtlichen Einzelbetriebsräten **nicht übergeordnet** (§ 58 Abs. 1 Satz 2 BetrVG).
Eine Zuständigkeit des Konzernbetriebsrats besteht (nur dann),
1. wenn es um die Behandlung von Angelegenheiten geht, die den Konzern oder mehrere Konzernunternehmen betreffen und die nicht durch die einzelnen Gesamtbetriebsräte (bzw. Betriebsräte in Ein-Betriebs-Unternehmen) innerhalb ihrer Unternehmen geregelt werden können (§ 58 Abs. 1 BetrVG; sog. **originäre Zuständigkeit**); insoweit ist der Konzernbetriebsrat auch zuständig für Unternehmen, die keinen Gesamtbetriebsrat gebildet haben, und für Betriebe von Konzernunternehmen ohne Betriebsrat;

18

19

> Beispiele:
> Regelungsprobleme einer konzernweit geltenden → **betrieblichen Altersversorgung**; Vereinbarung einer konzerneinheitlichen Gratifikationsordnung.

2. wenn ein Gesamtbetriebsrat mit der Mehrheit der Stimmen seiner Mitglieder den Konzernbetriebsrat **beauftragt**, eine Angelegenheit für ihn zu behandeln (§ 58 Abs. 2 BetrVG). Gleiches gilt, wenn der Betriebsrat in einem konzernangehörigen → **Ein-Betriebs-Unternehmen** einen solchen Beschluss fasst.
Der Gesamtbetriebsrat (bzw. der Betriebsrat) kann sich dabei die Entscheidungsbefugnis vorbehalten (§ 58 Abs. 2 Satz 2 BetrVG).

Konzernbetriebsrat

20 Weitere Aufgaben ergeben sich für den Konzernbetriebsrat aus einigen **Mitbestimmungsgesetzen** (siehe → **Unternehmensmitbestimmung**) sowie den dazu erlassenen Wahlordnungen:

> **Beispiele:**
> 1. Bestellung des Hauptwahlvorstandes für die Wahl der Aufsichtsratsmitglieder der Arbeitnehmer des herrschenden Unternehmens eines Konzerns.
> 2. Entgegennahme eines Antrages auf Abberufung eines Aufsichtsratsmitgliedes der Arbeitnehmer und die Anfechtung der Wahl von Aufsichtsratsmitgliedern der Arbeitnehmer.

21 Informationsgeber und Verhandlungspartei des Konzernbetriebsrats ist im Falle des § 58 Abs. 1 BetrVG (originäre Zuständigkeit) auf Arbeitgeberseite die Leitung des herrschenden Unternehmens (z. B. Vorstand bei der Aktiengesellschaft; Geschäftsführung bei der GmbH). Etwas anderes gilt, wenn der Konzernbetriebsrat in einer **Auftragsangelegenheit** nach § 58 Abs. 2 BetrVG für die Betriebsräte und Gesamtbetriebsräte der konzernangehörigen Unternehmen handelt. Dann ist die **Verhandlungspartei** auf Arbeitgeberseite nicht die Konzernobergesellschaft, sondern es sind die **Arbeitgeber**, denen gegenüber ein etwaiges Mitbestimmungsrecht von der jeweils zuständigen Arbeitnehmervertretung auszuüben ist (BAG v. 17.3.2015 – 1 ABR 49/13).

Bedeutung für die Betriebsratsarbeit

22 Auch wenn es sich lediglich um eine »**Kann-Bestimmung**« (siehe → **Rechtsbegriffe**) handelt, ist die Errichtung eines Konzernbetriebsrats doch im Regelfall **notwendig**.
Denn nur auf diese Weise ist es möglich, Informationen über **konzernweite Strategien** der Konzernleitung zu erhalten und sicherzustellen, dass die Interessen der Belegschaften der Konzernunternehmen angemessen berücksichtigt werden.
Insbesondere geht es darum, durch Informationsaustausch und Verabredung gemeinsamer **Vorgehensweisen** etwaigen Versuchen der Konzernleitung entgegenzuwirken, die Belegschaften und Betriebsräte bzw. Gesamtbetriebsräte **gegeneinander auszuspielen**.

23 Von **Informationsaustausch der Betriebsräte in einem Konzern** halten manche Arbeitgeber offenbar gar nichts. Das zeigt der nachstehende Fall, der einer vom BAG entschiedenen Fallgestaltung nachgebildet ist (BAG v. 9.9.2015 – 7 ABR 69/13):
»Die B-GmbH ist eine Tochtergesellschaft des X-Konzerns. In ihrem Betrieb ist ein Betriebsrat gebildet, dessen Vorsitzender Herr A ist. Beim X-Konzern ist ein Konzernbetriebsrat errichtet. Herr A ist Mitglied des Konzernbetriebsrats.
Im Mai 2011 schloss die Geschäftsleitung der B-GmbH mit dem Betriebsrat eine **Betriebsvereinbarung über den Einsatz von Leiharbeitnehmern** in einem ihrer Bereiche ab. Diese Betriebsvereinbarung schickte der Betriebsratsvorsitzende A im Dateianhang einer E-Mail vom 9.12.2011 an alle Arbeitnehmer des X-Konzerns mit dem Hinweis, die angehängte Betriebsvereinbarung solle eine mögliche Hilfestellung für alle Betriebsräte des Konzerns sein. Man werde auch zukünftig Mails mit Anregungen und Anhängen verschicken.
Daraufhin erteilte die Geschäftsleitung der B-GmbH dem Betriebsratsvorsitzenden A mit Schreiben vom 14.12.2011 eine »Abmahnung als Betriebsrat«. Sie wurde zu seiner Personalakte genommen. In dem Schreiben heißt es:
»Sehr geehrter Herr A,
am 9.12.2011 haben Sie sich mit einer E-Mail an alle Mitarbeiter des X-Konzerns gewandt. Hierbei haben Sie die BV Leiharbeit der B-GmbH versandt. Ihr Verhalten stellt einen Verstoß gegen die vertrauensvolle Zusammenarbeit dar. Aufgrund ihrer Position sind Sie lediglich berech-

Konzernbetriebsrat

tigt, sich an Mitarbeiter der B-GmbH zu wenden. Sie sind nicht berechtigt, Betriebsvereinbarungen der B-GmbH an Mitarbeiter außerhalb der B-GmbH zu versenden. Hierbei handelt es sich um externe Dritte, selbst wenn sie dem X-Konzern angehören. Für Ihr Fehlverhalten mahnen wir Sie hiermit ab. Sollten Sie erneut gegen das Prinzip der vertrauensvollen Zusammenarbeit verstoßen und sich in entsprechender Art und Weise pflichtwidrig verhalten, müssen Sie damit rechnen, dass wir Ihren Ausschluss als Betriebsratsmitglied beim Arbeitsgericht beantragen werden (§ 23 BetrVG). Gegebenenfalls könnte sogar eine Kündigung des Arbeitsverhältnisses in Betracht kommen ...«

Auf Antrag des Betriebsratsvorsitzenden A im arbeitsgerichtlichen Beschlussverfahren (siehe hierzu → **Arbeitsgericht**) hat das BAG die B-GmbH verpflichtet, die Abmahnung aus seiner Personalakte zu entfernen. Nachstehend ein Auszug aus BAG v. 9.9.2015 – 7 ABR 69/13:

»Der Abmahnungsentfernungsantrag des Betriebsratsvorsitzenden ist begründet. Der Anspruch auf Entfernung der Abmahnung aus der Personalakte folgt aus einer entsprechenden Anwendung von §§ 242, 1004 Abs. 1 Satz 1 BGB. Eine Prüfung dieses – individualrechtlichen – Anspruchs kann im vorliegenden Beschlussverfahren erfolgen. Nach § 48 Abs. 1 ArbGG iVm. § 17 Abs. 2 Satz 1 GVG ist die Sache in der zulässigen Verfahrensart des Beschlussverfahrens unter allen in Betracht kommenden rechtlichen Gesichtspunkten zu entscheiden.

a) Arbeitnehmer können in entsprechender Anwendung von §§ 242, 1004 Abs. 1 Satz 1 BGB die Entfernung einer zu Unrecht erteilten Abmahnung aus ihrer Personalakte verlangen. Der Anspruch besteht, wenn die Abmahnung entweder inhaltlich unbestimmt ist, unrichtige Tatsachenbehauptungen enthält, auf einer unzutreffenden rechtlichen Bewertung des Verhaltens des Arbeitnehmers beruht oder den Grundsatz der Verhältnismäßigkeit verletzt, und auch dann, wenn selbst bei einer zu Recht erteilten Abmahnung kein schutzwürdiges Interesse des Arbeitgebers mehr an deren Verbleib in der Personalakte besteht (BAG 4. Dezember 2013 – 7 ABR 7/12 – Rn. 58; 19. Juli 2012 – 2 AZR 782/11 – Rn. 13 mwN, BAGE 142, 331).

b) Es kann dahinstehen, ob der Betriebsratsvorsitzende durch das Versenden der E-Mail vom 9. Dezember 2011 gegen betriebsverfassungsrechtliche Pflichten verstoßen hat. Das Landesarbeitsgericht hat zutreffend erkannt, dass die Abmahnung vom 14. Dezember 2011 bereits deswegen aus der Personalakte des Betriebsratsvorsitzenden zu entfernen ist, weil die Arbeitgeberin den Vorwurf einer Amtspflichtverletzung mit der Androhung einer Kündigung des Arbeitsverhältnisses sanktioniert hat. Da mit der Abmahnung eine Verletzung einer arbeitsvertraglichen Pflicht nicht gerügt wird, liegt in der Kündigungsandrohung eine unzutreffende rechtliche Bewertung des Verhaltens des Betriebsratsvorsitzenden durch die Arbeitgeberin.

aa) Verletzt ein Betriebsratsmitglied ausschließlich betriebsverfassungsrechtliche Amtspflichten, sind nach ständiger Rechtsprechung des Senats (BAG 26. Januar 1994 – 7 AZR 640/92 – zu A II 2 der Gründe mwN; 10. November 1993 – 7 AZR 682/92 – zu 5 a der Gründe; 15. Juli 1992 – 7 AZR 466/91 – zu 2 b aa der Gründe, BAGE 71, 14) vertragsrechtliche Sanktionen wie der Ausspruch einer außerordentlichen Kündigung oder einer individualrechtlichen Abmahnung, mit der kündigungsrechtliche Konsequenzen in Aussicht gestellt werden, ausgeschlossen.

bb) Danach ist die Abmahnung vom 14. Dezember 2011 aus der Personalakte des Betriebsratsvorsitzenden zu entfernen.«

Weil die Abmahnung schon aus formellen Gründen unwirksam war, hat das BAG (leider) **offen gelassen**, ob die Weitergabe der Betriebsvereinbarung zur Leiharbeit durch den Betriebsratsvorsitzenden zulässig gewesen ist. Das ist indessen unzweifelhaft zu bejahen. Der Vorwurf des Arbeitgebers, die Weitergabe der Betriebsvereinbarung verstoße gegen die von § 2 Abs. 1 BetrVG geforderte **vertrauensvolle Zusammenarbeit** (vgl. hierzu → **Betriebsrat** Rn. 9), ist mit Sinn und Zweck der Vorschriften des BetrVG über die Zusammenarbeit von Betriebsräten in einem Konzern nicht vereinbar und geradezu abwegig.

Konzernbetriebsrat

> **Hinweis:**
> Natürlich stand auch § 79 BetrVG (Geheimhaltungspflicht) einer Weitergabe der Betriebsvereinbarung über Leiharbeit nicht entgegen. Solches hatte noch nicht einmal der Arbeitgeber behauptet. Denn es handelte sich bei der Betriebsvereinbarung natürlich nicht um ein Betriebs- oder Geschäftsgeheimnis (siehe hierzu → **Geheimhaltungspflicht**). Im Übrigen besteht nach § 79 Abs. 1 Satz 3 BetrVG selbst bei Vorliegen eines Betriebs- oder Geschäftsgeheimnisses keine Geheimhaltungspflicht u. a. gegenüber dem Konzernbetriebsrat.

24 Unverständlich ist es, dass das BetrVG einen → **Wirtschaftsausschuss** nur in → **Unternehmen**, nicht aber auf der Ebene der Konzernspitze (= Muttergesellschaft) vorsieht (§ 106 BetrVG).
Denn gerade auf dieser Ebene werden die wichtigsten Grundentscheidungen im Bereich der wirtschaftlichen Angelegenheiten mit Folgewirkungen für die einzelnen Konzernunternehmen getroffen.
In der Praxis wird dem Mangel durch die Bildung eines Konzernwirtschaftsausschusses auf **freiwilliger Basis** begegnet. Dieser hat allerdings nicht die Rechtsstellung nach §§ 106 bis 109 BetrVG.

25 In Unternehmen und Konzernen, die europaweit operieren, sind die Vorschriften des Gesetzes über den → **Europäischen Betriebsrat** zu beachten.

26 Zur **Struktur** der Interessenvertretung der Beschäftigten in einem Konzern siehe nachstehende **Übersicht**.

Arbeitshilfen

Übersicht   • Interessenvertretung im Konzern

Übersicht: Interessenvertretung im Konzern

Interessenvertretung im Konzern
(Beispiel)

Konzernobergesellschaft
»Multi-AG«
= Ein-Betriebs-Unternehmen
Vorstand
evtl. Aufsichtsrat
Aktionäre

- Konzernbetriebsrat
- Konzern-Jugend- und Auszubildendenvertretung
- Konzern-Schwerbehindertenvertretung

- Betriebsrat
- Wirtschaftsausschuss
- Arbeitnehmervertreter im Aufsichtsrat
- Jugend- und Auszubildendenvertretung
- Schwerbehindertenvertretung
- Vertrauenskörper

Tochtergesellschaft
»Metall-GmbH«
= Ein-Betriebs-Unternehmen
Geschäftsführung
evtl. Aufsichtsrat
Gesellschafter

- Betriebsrat
- Wirtschaftsausschuss
- Arbeitnehmervertreter im Aufsichtsrat
- Jugend- und Auszubildendenvertretung
- Schwerbehindertenvertretung
- Vertrauenskörper

Tochtergesellschaft
»Chemie-GmbH«
= Mehr-Betriebs-Unternehmen
Geschäftsführung
evtl. Aufsichtsrat
Gesellschafter

Betrieb A | Betrieb B | Betrieb C

- Gesamtbetriebsrat
- Wirtschaftsausschuss
- Arbeitnehmervertreter im Aufsichtsrat
- Gesamt-Jugend und Auszubildendenvertretung
- Gesamt-Schwerbehindertenvertretung
- örtliche Betriebsräte
- örtliche Jugend- und Auszubildendenvertretungen
- örtliche Schwerbehindertenvertretungen
- örtliche Vertrauenskörper

Konzernbetriebsrat

Rechtsprechung

1. Errichtung eines Konzernbetriebsrats – Ende des Amts des Konzernbetriebsrats
2. Kostentragung bei nicht wirksamer Errichtung eines Konzernbetriebsrats
3. Gemeinschaftsunternehmen: Entsendung von Mitgliedern in mehrere Konzernbetriebsräte
4. Zuständigkeit des Konzernbetriebsrats (§ 58 BetrVG)
5. Kündigungsschutz bei vertraglicher Verpflichtung zur Arbeitsleistung mit ausländischen, konzernzugehörigen Unternehmen
6. Informationsanspruch des Betriebsrats über Konzernstruktur vor Errichtung eines Europäischen Betriebsrats
7. Auslandsreisekosten aus Anlass der Bildung eines Europäischen Betriebsrats
8. Keine Ansprüche aus betrieblicher Übung bei unrichtiger Anwendung einer Konzernbetriebsvereinbarung

Konzern-Jugend- und Auszubildendenvertretung

Rechtsgrundlagen

Bestehen in einem Konzern i. S. d. § 18 Abs. 1 AktG (siehe → **Konzern** Rn. 3) mehrere Gesamt-Jugend- und Auszubildendenvertretungen (bzw. Jugend- und Auszubildendenvertretungen in konzernangehörigen → **Ein-Betriebs-Unternehmen**; vgl. § 73 a Abs. 1 Satz 3 BetrVG), kann durch **Beschlüsse** der einzelnen Gesamt-JAV eine Konzern-Jugend- und Auszubildendenvertretung (Konzern-JAV) errichtet werden (§ 73 a Abs. 1 BetrVG). Besteht in einem Konzernunternehmen keine Gesamt-JAV, sondern nur eine JAV, so fasst diese den Errichtungsbeschluss (§ 73 a Abs. 1 Satz 3 BetrVG). **1**

Die Errichtung der Konzern-JAV erfordert die Zustimmung der Gesamt-JAVen der Konzernunternehmen, in denen insgesamt **mindestens 75 %** der in § 60 Abs. 1 BetrVG genannten jugendlichen und auszubildenden Arbeitnehmer beschäftigt sind (§ 73 a Abs. 1 BetrVG). Maßgeblich ist die Zahl der zur Zeit der Beschlussfassung in den jeweiligen Konzernunternehmen beschäftigten jugendlichen und auszubildenden Arbeitnehmer i. S. d. § 60 Abs. 1 BetrVG. **2**

In die Konzern-JAV **entsendet** jede Gesamt-JAV (bzw. im Falle des § 73 a Abs. 1 Satz 3 BetrVG die JAV) eines ihrer Mitglieder (§ 73 a Abs. 2 Satz 1 BetrVG). Sie hat für jedes Mitglied mindestens ein **Ersatzmitglied** zu bestellen und die **Reihenfolge** des Nachrückens festzulegen (§ 73 a Abs. 2 Satz 2 BetrVG). **3**

Die Konzern-JAV kann »nach Verständigung« des Konzernbetriebsrats **Sitzungen** abhalten (§ 73 b Abs. 1 Satz 1 BetrVG). An den Sitzungen kann der Vorsitzende oder ein beauftragtes Mitglied des Konzernbetriebsrats teilnehmen.(§ 73 b Abs. 1 Satz 2 BetrVG). **4**

Beschlussfassung in der Konzern-JAV

Bei einer **Beschlussfassung** in Sitzungen der Konzern-JAV hat jedes Mitglied der Konzern-JAV so viele Stimmen, wie die Mitglieder der entsendenden Gesamt-JAV (bzw. im Falle des § 73 a Abs. 1 Satz 3 BetrVG der entsendenden JAV) insgesamt Stimmen haben (§ 73 a Abs. 3 BetrVG). § 72 Abs. 4 bis 8 BetrVG gilt entsprechend (siehe → **Gesamt-Jugend und Auszubildendenvertretung** Rn. 5). **5**

Die Konzern-JAV hat nach §§ 73 b Abs. 2, 67 Abs. 2 BetrVG **Stimmrecht** im → **Konzernbetriebsrat**, wenn der zu fassende Beschluss »überwiegend« jugendliche und auszubildende Arbeitnehmer betrifft. In die **Abstimmung** bringt jedes Mitglied der Konzern-JAV so viele Stimmen ein, wie ihm nach § 73 a Abs. 3 BetrVG zustehen (Zahl der jugendlichen und auszubildenden Arbeitnehmer gemäß Wählerliste). **6**

Konzern-Jugend- und Auszubildendenvertretung

Zuständigkeit der Konzern-JAV

7 Die Konzern-JAV ist zuständig für Angelegenheiten, die den Konzern oder mehrere Konzernunternehmen betreffen und nicht durch die einzelnen Gesamtbetriebsräte (bzw. Betriebsräte, wenn kein Gesamtbetriebsrat besteht) innerhalb ihrer Unternehmen geregelt werden können (§ 73 b Abs. 2 i. V. m. § 58 Abs. 1 BetrVG; sog. **originäre Zuständigkeit**).
Insoweit ist die Konzern-JAV zuständig für Unternehmen, die **keine Gesamt-JAV** gebildet haben, und für **Betriebe ohne JAV**.
Möglich ist auch die Behandlung einer Angelegenheit, die der Konzern-JAV durch eine Gesamt-JAV (oder die JAV in einem konzernangehörigen → **Ein-Betriebs-Unternehmen**) **übertragen** worden ist (§ 73 b Abs. 2 i. V. m. § 58 Abs. 2 BetrVG).

8 **Erfüllen** kann die Konzern-JAV diese **Aufgaben** nur durch und über den → **Konzernbetriebsrat**.

9 Für die Konzern-JAV gelten im Übrigen die in § 73 b Abs. 2 BetrVG aufgeführten Vorschriften entsprechend.

Koppelungsgeschäfte in der Betriebsverfassung

Was ist das?

Von »Koppelungsgeschäften« spricht man, wenn der Betriebsrat seine **Zustimmung** zu einer mitbestimmungspflichtigen Maßnahme des Arbeitgebers davon abhängig macht, dass dieser eine – ggf. nicht mitbestimmungspflichtige – **Gegenleistung** erbringt bzw. sich dazu wirksam verpflichtet (z. B. in einer vertraglichen Zusage gegenüber den Arbeitnehmern oder in einer Betriebsvereinbarung).
Der Betriebsrat will zu den Vorhaben des Arbeitgebers nicht nur »Ja« oder »Nein« sagen, sondern will mit dem Arbeitgeber über ein »Paket« verhandeln, das auch Zugeständnisse des Arbeitgebers zu Gunsten der **Belange der Beschäftigten** enthält.
Ist der Arbeitgeber hierzu nicht bereit, wird die Zustimmung zur mitbestimmungspflichtigen Maßnahme **verweigert** (siehe auch → Überstunden Rn. 16).
Der Betriebsrat nutzt also seine Mitbestimmungsrechte, um in anderen, betrieblich bislang ungelösten Fragen und Auseinandersetzungen Ergebnisse zugunsten der Arbeitnehmer zu erzielen.
Er bringt den Arbeitgeber unter einen gewissen Druck.
Dieser muss sich entscheiden, ob er sich auf Verhandlungen mit dem Betriebsrat über die Koppelungsforderung(en) einlässt und diesen ganz oder teilweise nachgibt (zur Frage der Zulässigkeit von Koppelungsgeschäften siehe Rn. 5 ff.).

> **Beispiel:**
> Der Arbeitgeber will Überstunden anordnen und beantragt nach § 87 Abs. 1 Nr. 3 BetrVG die Zustimmung des Betriebsrats. Der Betriebsrat macht seine Zustimmung davon abhängig, dass
> - eine Betriebsvereinbarung mit Regelungen zugunsten der Überstunden leistenden Arbeitnehmer abgeschlossen wird (siehe Muster Betriebsvereinbarungen unter Stichwort → Überstunden) und/oder
> - befristet beschäftigte Arbeitnehmer unbefristet übernommen werden.

Der Arbeitgeber ist im Beispielsfall **nicht berechtigt**, die mitbestimmungspflichtige Maßnahme ohne Zustimmung des Betriebsrats **durchzuführen**.
Das gilt auch dann, wenn er der Ansicht ist, die Koppelungsforderung des Betriebsrats sei unzulässig/rechtsmissbräuchlich.
Es gibt **kein Alleinentscheidungsrecht** des Arbeitgebers in mitbestimmungspflichtigen Angelegenheiten nach § 87 BetrVG.
Wenn der Arbeitgeber dennoch die mitbestimmungspflichtige Maßnahme ergreift, kann der Betriebsrat beim Arbeitsgericht einen per Antrag auf **einstweilige Verfügung** durchsetzbaren Unterlassungsanspruch geltend machen (siehe → Unterlassungsanspruch des Betriebsrats).
Zudem ist die Maßnahme nach h. M. und ständiger Rechtsprechung unwirksam (Theorie der Wirksamkeitsvoraussetzung; vgl. BAG v. 20.8.1991 – 1 AZR 326/90, AiB 1992, 148 = NZA

Koppelungsgeschäfte in der Betriebsverfassung

1992, 225; DKKW-*Klebe*, BetrVG, 15. Aufl., § 87 Rn. 5; Fitting, BetrVG, 27. Aufl., § 87 Rn. 599 m. w. N.).

3 Die **Verhandlungsposition** des Betriebsrats erfährt eine Stärkung in den Fällen, in denen der Arbeitgeber unter Zeitdruck steht.
Diese Fallgestaltung tritt vor allem bei Anträgen des Arbeitgebers auf Zustimmung zu → **Überstunden** auf.
Oft werden solche Anträge »auf den letzten Drücker« beim Betriebsrat eingereicht, um diesen seinerseits unter Druck zu setzen.
Manchmal handelt es sich um einen echten, nicht vom Arbeitgeber selbstorganisierten, sondern z. B. vom Kunden produzierten »**Eilfall**«.
Hierzu hat allerdings das BAG in ständiger Rechtsprechung immer wieder klargestellt, dass die **Mitbestimmung** des Betriebsrats auch in Eilfällen besteht (BAG v. 9.7.2013 – 1 ABR 19/12, NZA 2014, 99; 17.11.1998 – 1 ABR 12/98, NZA 1999, 662).
Das folgt aus dem Umstand, dass § 87 BetrVG keine Einschränkungen und – anders als im Bereich der personellen Einzelmaßnahmen (§ 100 BetrVG) – keine Regelungen über vorläufige Maßnahmen enthält (vgl. Fitting, BetrVG, 27. Aufl., § 87 Rn. 23).
Das heißt: Auch in Eilfällen darf der Arbeitgeber Überstunden ohne Zustimmung des Betriebsrats weder anordnen noch »dulden«.
Nur in absoluten **Notfällen** (z. B. Brand, Überschwemmung) wird eine vorübergehende Beschränkung des Mitbestimmungsrechts des Betriebsrats als zulässig angesehen mit der Maßgabe, dass der Arbeitgeber den Betriebsrat nachträglich unverzüglich zu unterrichten und bei Widerspruch des Betriebsrats die → **Einigungsstelle** anzurufen hat (vgl. Fitting, BetrVG, 27. Aufl., § 87 Rn. 25).

4 Gelegentlich kommt ein Koppelungsgeschäft im Bereich des § 87 BetrVG auch in Form der »**aufschiebend bedingten Zustimmung**« vor.
Hier stimmt der Betriebsrat einer z. B. nach § 87 BetrVG mitbestimmungspflichtigen Maßnahme des Arbeitgebers für den Fall zu, dass der Arbeitgeber eine andere, ggf. nicht mitbestimmungspflichtige Maßnahme durchführt.
Auch in diesem Fall muss sich der Arbeitgeber zwischen Verhandlungsbereitschaft und -beweglichkeit oder Anrufung der → **Einigungsstelle** entscheiden.
Diese Variante des Koppelungsgeschäfts sollte der Betriebsrat jedoch eher nicht anwenden.
Denn Arbeitgeber neigen dazu, die Zustimmung als erteilt und die Bedingung als rechtsmissbräuchliche Koppelung anzusehen.
Das ist zwar rechtlich falsch, weil eine aufschiebend bedingte Zustimmung keine Zustimmung im Sinne einer Einigung zwischen Arbeitgeber und Betriebsrat ist. Der Betriebsrat hat aber erst mal den »schwarzen Peter«.

Zulässigkeit von Koppelungsgeschäften

5 Die Zulässigkeit von »Koppelungsgeschäften« ist **umstritten**.
Nach einer in der Literatur vertretenen Ansicht sollen Koppelungsgeschäfte nur dann zulässig sein, wenn die Koppelungsforderungen des Betriebsrats vom **Normzweck** der jeweiligen Mitbestimmungsvorschrift erfasst werden.
Andernfalls seien die Koppelungsforderungen »normzweckwidrig« und damit unzulässig (»Normzwecktheorie«; vgl. z. B. Rieble/Klebeck, NZA 2006, 758; GK-Wiese, BetrVG, 10. Aufl. 2014, § 87 Rn. 361 m. w. N.; a. A. Fitting, BetrVG, 27. Aufl., § 87 Rn. 27).
Das Gebot der vertrauensvollen Zusammenarbeit (siehe hierzu → **Betriebsrat** Rn. 9) als Konkretisierung des § 242 BGB (»Treu und Glauben«) binde den Betriebsrats an Inhalt und Zweck der Normen des BetrVG.
Eine normzweckwidrige Rechtsausübung sei **rechtsmissbräuchlich**.

Koppelungsgeschäfte in der Betriebsverfassung

So sei beispielsweise vom Normzweck des § 87 Abs. 1 Nr. 3 BetrVG nicht mehr gedeckt, wenn der Betriebsrat die Zustimmung zu Überstunden verweigert, um zusätzliche Überstundenzuschläge oder sonstige materielle Leistungen oder **Neueinstellungen** durchzusetzen (GK-Wiese, a. a. O.).
Dagegen liege eine zulässige Koppelung vor, wenn der Betriebsrat die Zustimmung zu Überstunden von einem entsprechenden **Freizeitausgleich** abhängig mache.
Die h. M. in der Literatur hält Koppelungsgeschäfte dagegen mit zutreffender Begründung für **zulässig** (so etwa Fitting, BetrVG, 27. Aufl., § 87 Rn. 27; DKKW-*Klebe*, BetrVG, 15. Aufl., § 87 Rn. 16 m. w. N.; Däubler, Das Arbeitsrecht 2, Rn. 317; Zumbeck, AiB 2005, 288 ff. m. w. N.; Bachner, AiB 2008, 210; Schoof, AuR 2007, 289 ff.; ders. AiB 2008, 322). Zu weiteren Einzelheiten siehe Rn. 8 ff.

Arbeits- und Landesarbeitsgerichte

Die Arbeits- und Landesarbeitsgerichte haben bislang **unterschiedlich entschieden**. 6
Das LAG Köln hat dem Betriebsrat das Recht abgesprochen, seine Zustimmung zur Einführung von Kurzarbeit davon abhängig zu machen, dass der Arbeitgeber für den Fall, dass die Agentur für Arbeit kein **Kurzarbeitergeld** leisten sollte, das Arbeitsentgelt in voller Höhe zahlt (LAG Köln v. 14. 6. 1989 – 2 TaBv 17/89, NZA 1989, 939). 6a
Insoweit stehe dem Betriebsrat kein Mitbestimmungsrecht zu.
Dem Betriebsrat sei es mit Blick auf das Gebot der vertrauensvollen Zusammenarbeit (siehe hierzu → **Betriebsrat** Rn. 9) verwehrt, seine Zustimmung von Zugeständnissen abhängig zu machen, die er im Rahmen der Mitbestimmung nicht erwirken könne.
Auch das ArbG Hannover hält Koppelungsgeschäfte für unzulässig (ArbG Hannover v. 19. 2. 2004 – 10 BVGa 1/04, DB 2004, 2223).
Die **überwiegende Rechtsprechung** bejaht dagegen zu Recht die Zulässigkeit von Koppelungsgeschäften. 6b
So ist der Betriebsrat nach Ansicht des ArbG Hamburg nicht daran gehindert, seine Zustimmung zu vom Arbeitgeber geplanten Überstunden von der Erbringung zusätzlicher Leistungen an die betroffenen Arbeitnehmer abhängig zu machen, auch wenn diese über die von den anzuwendenden Tarifverträgen bzw. Betriebsvereinbarungen für den Fall der Mehrarbeit vorgesehenen Leistungen hinausgehen (ArbG Hamburg v. 6. 4. 1993 – 5 BV 14/92 (rkr.), AiB 1994, 120 mit Anm. Wolmerath).
Lehne der Arbeitgeber die Erbringung von zusätzlichen Leistungen ab, habe er, wenn er die Überstunden gleichwohl anordnen möchte, mit dem Betriebsrat weiter zu verhandeln; ggf. habe er die → **Einigungsstelle** anzurufen.
Nach Ansicht des LAG Nürnberg darf der Betriebsrat seine Zustimmung zu Überstunden an die Zahlung einer **Lärmzulage** binden (LAG Nürnberg v. 6. 11. 1990 – 4 TaBV 13/90 (rkr.), AiB 1991, 120 mit Anm. Grimberg).
Das Hessische LAG hält den Betriebsrat für berechtigt, die Zustimmung zu Überstunden an die **Verlängerung befristeter Arbeitsverträge** zu koppeln (HessLAG v. 13. 10. 2005 – 5/9 TaBV 51/05, AuR 2007, 315 = AiB 2008, 210; die vom Arbeitgeber eingelegte Rechtsbeschwerde – vgl. BAG 1 AZR 66/05 – wurde von ihm zurückgenommen).
Der Betriebsrat verhalte sich weder rechtsmissbräuchlich noch verstoße er gegen das Gebot der vertrauensvollen Zusammenarbeit nach § 2 Abs. 1 BetrVG (siehe hierzu → **Betriebsrat** Rn. 9).
Das HessLAG wendet sich ausdrücklich gegen eine zu »enge inhaltliche Begrenzung« der Koppelungsforderungen auf den **Normzweck** der jeweiligen Mitbestimmungsvorschrift (siehe hierzu Rn. 5).
Es reiche aus, dass die Koppelungsforderungen des Betriebsrats einen »*sachlichen Bezug zum Zweck des Mitbestimmungsrechts haben, in dessen Rahmen er um Zustimmung angegangen wird*«

Koppelungsgeschäfte in der Betriebsverfassung

bzw. »*in einem Zusammenhang mit dem jeweils betroffenen Mitbestimmungstatbestand des § 87 BetrVG stehen*«.

Eine sachgerechte Beurteilung der Berechtigung des Überstunden-Wunsches des Arbeitgebers sei ohne Blick auf die **personelle Ausstattung** des Betriebs gar nicht möglich.

Der Betriebsrat habe das Recht, durch Betrachtung über den Tag hinaus dafür Sorge zu tragen, dass die Mitarbeiter vor **Überforderung** geschützt und damit der Zweck des Mitbestimmungsrechts erreicht wird (HessLAG v. 13.10.2005 – 5/9 TaBV 51/05 (rkr.), a. a. O.).

Einen Schritt weiter ist das LAG Hamm in einer Entscheidung vom 9.2.2007 gegangen.

Das Gericht hat es als zulässig angesehen, dass der Betriebsrat seine Zustimmung zu Überstunden daran koppelt, dass der Arbeitgeber eine **Kündigung** bzw. einen Zustimmungsersetzungsantrag nach § 103 BetrVG zu einer Kündigung zurücknimmt (LAG Hamm v. 9.2.2007 – 10 TaBV 54/06, AuR 2007, 316).

Die Zustimmungsverweigerung sei im Rahmen des § 87 BetrVG nicht an bestimmte Gründe gebunden.

Es gebe **kein Verbot** von Koppelungsgeschäften, mit denen der Betriebsrat seine Zustimmung zu einer mitbestimmungspflichtigen Maßnahme von Zusagen des Arbeitgebers abhängig macht, die mit dem Inhalt des Mitbestimmungsrechts nichts zu tun haben.

Die Zustimmung des Betriebsrats gelte in diesen Fällen ebenso wenig wegen Rechtsmissbrauchs erteilt, wie dies umgekehrt bei einer entsprechenden Ablehnung seiner Vorschläge durch den Arbeitgeber der Fall wäre (LAG Hamm v. 9.2.2007 – 10 TaBV 54/06, a. a. O.).

Auch das LAG Düsseldorf hat entschieden, dass der Arbeitgeber dem vom Betriebsrat im Wege der einstweiligen Verfügung verfolgten **Unterlassungsanspruch** nicht den Einwand des »unzulässigen Koppelungsgeschäfts« entgegenhalten kann, wenn der Betriebsrat die Erteilung seiner Zustimmung zur Veränderung von Lage und Verteilung der Arbeitszeit von der Gewährung einer finanziellen »**Kompensation**« an die betroffenen Arbeitnehmer abhängig macht (LAG Düsseldorf v. 12.12.2007 – 12 TaBVGa 8/07, AuR 2008, 270).

Mit gleichen Erwägungen hat das ArbG Berlin einem Arbeitgeber im Wege der **einstweiligen Verfügung** untersagt, die Arbeitnehmer (Aushilfskräfte) nach – vom Betriebsrat nicht genehmigten Arbeitszeit- und Pausenplänen – einzusetzen (Arb Berlin v. 21.11.2008 – 28 BVGa 18414/08). Der Betriebsrat hatte seine nach § 87 Abs. 1 Nr. 2 BetrVG erforderliche Zustimmung von der Erfüllung von Gegenforderungen (**höhere Vergütung der betroffenen Aushilfskräfte**) abhängig gemacht, was das ArbG Berlin zutreffend für zulässig erachtet hat.

Bundesarbeitsgericht

7   Das BAG hat sich, soweit ersichtlich, zu – vom Betriebsrat ins Spiel gebrachten – Koppelungsgeschäften bislang nur im Zusammenhang mit Fallgestaltungen aus dem Bereich des § 87 Abs. 1 Nr. 10 BetrVG (Mitbestimmung bei der betrieblichen **Lohngestaltung**) geäußert.

Über die Frage der Zulässigkeit von Koppelungsgeschäften zu entscheiden bestand allerdings jeweils kein Anlass.

In einem Fall ging es um die vom Arbeitgeber geplante **Kürzung übertariflicher Zulagen** im Zusammenhang mit einer Tariferhöhung (BAG v. 10.2.1988 – 1 ABR 56/86, AiB 1988, 192).

Der Betriebsrat wollte über den Umfang der Kürzung verhandeln und machte seine Zustimmung zur (mitbestimmungspflichtigen) **Verteilung** des nach einer Kürzung verbleibenden Restvolumens der Zulagen davon abhängig, dass es zu einer **geringeren Kürzung** als vom Arbeitgeber geplant komme. Dabei hatte der Betriebsrat dem Arbeitgeber in den Verhandlungen erklärt, dass er wegen der Verteilung an sich keine Bedenken habe. Das BAG sah in dem Verhalten des Betriebsrats eine Zustimmung zur Verteilung der Kürzung. Es sei also eine Einigung in der mitbestimmungspflichtigen Frage zustande gekommen. Deshalb könne der Arbeitgeber die Maßnahme ausführen.

Koppelungsgeschäfte in der Betriebsverfassung

Um einen ähnlichen Sachverhalt ging es in einem anderen Fall (BAG v. 26. 5. 1998 – 1 AZR 704/97, NZA 1998, 1292). Auch hier hatte der Betriebsrat nicht der Verteilung, sondern der **Kürzung der freiwilligen Leistung** widersprochen.
Beide Entscheidungen können für die hier diskutierten Fallgestaltungen nicht herangezogen werden.
Zum einen wird in den oben unter Rn. 3 aufgeführten Fällen davon ausgegangen, dass der Betriebsrat die Zustimmung zu einer mitbestimmungspflichtigen Maßnahme verweigert, wenn der Arbeitgeber die geforderte Gegenleistung nicht erbringt.
Zum anderen ist die Mitbestimmung (z. B.) bei Überstunden oder Kurzarbeit – anders als die Mitbestimmung bei übertariflichen Zulagen – nicht in einen mitbestimmungsfreien und einen mitbestimmungspflichtigen Teil aufspaltbar (darauf weist das HessLAG v. 13. 10. 2005 – 5/9 TaBV 51/05 [rkr.], AuR 2007, 315 – siehe Rn. 6 b – richtigerweise hin).
Allerdings hat das BAG mit einem umgekehrten – **vom Arbeitgeber initiierten** – Koppelungsgeschäft kein Problem gehabt (BAG v. 18. 9. 2007 – 3 AZR 639/06, NZA 2008, 56).

7a

Ein Arbeitgeber – der bundesweit Einrichtungshäuser betreibt, in denen jeweils Betriebsräte bestehen – hatte mit dem Gesamtbetriebsrat eine Gesamtbetriebsvereinbarung (GBV) mit Regelungen zur Flexibilisierung der Arbeitszeit und zur Arbeitseinsatzplanung vereinbart. Als **Gegenleistung** hatte sich der Arbeitgeber in der GBV verpflichtet, für die Beschäftigten derjenigen Betriebe, in denen die GBV umgesetzt wird, eine um 10,23 Euro höhere monatliche Prämie auf eine zum Zwecke der **betrieblichen Altersversorgung** abgeschlossene Direktversicherung zu zahlen.
Der Betriebsrat des Einrichtungshauses in K lehnte die Übernahme der Arbeitszeitregelungen der GBV ab. Den Beschäftigten dieses Betriebes wurde daraufhin die Zahlung der zusätzlichen Altersversorgungsprämie verweigert.
Das BAG wies die Klage eines Mitarbeiters des Einrichtungshauses in K ab. Die **Verknüpfung** von Regelungen zur Arbeitszeit und Arbeitseinsatzplanung mit Leistungen der betrieblichen Altersversorgung sei nicht zu beanstanden. Regelungen zur flexibleren Gestaltung der Arbeitszeit ermöglichten einen **kostengünstigeren Personaleinsatz** und dienten damit den wirtschaftlichen Interessen des Arbeitgebers. Dieser könne als Gegenleistung das Arbeitsentgelt (zugunsten der unter die Regelungen zur Arbeitszeit und Arbeitseinsatzplanung fallenden Arbeitnehmer) erhöhen, und zwar auch in der Weise, dass er zusätzliche Beiträge zur betrieblichen Altersversorgung leistet (BAG v. 18. 9. 2007 – 3 AZR 639/06, a. a. O.).
Offen gelassen hat das BAG (weil der klagende Mitarbeiter hierzu nichts vorgetragen hat bzw. nichts vortragen konnte), ob dieses Vorgehen gegenüber den Beschäftigten des Betriebes in K, dessen Betriebsrat die Übernahme der Arbeitszeitregelung abgelehnt hatte, eine unzulässige **Maßregelung** i. S. d. des § 612a BGB bzw. § 16 AGG, § 5 TzBfG bzw. § 78 Satz 2 BetrVG darstellt.

Koppelungsgeschäfte sind zulässig

Die »Normzwecktheorie« (siehe Rn. 5) und die ihr folgende Rechtsprechung (siehe Rn. 6 a) sind **abzulehnen**.
Für ein Verbot von Koppelungsgeschäften fehlt es an einer rechtlichen Grundlage (so zutreffend Fitting, BetrVG, 27. Aufl., § 87 Rn. 27; DKKW-*Klebe*, BetrVG, 15. Aufl., § 87 Rn. 16; Däubler, Das Arbeitsrecht 2, Rn. 317; Zumbeck, AiB 2005, 288 ff. m. w. N.; Bachner, AiB 2008, 210; Schoof, AuR 2007, 289 ff.; ders. AiB 2008, 322).
Im Bereich des § 87 BetrVG folgt das schon aus einem gesetzessystematischen Vergleich der Mitbestimmungsvorschriften des § 87 BetrVG einerseits und § 99 BetrVG andererseits.
In § 99 Abs. 2 BetrVG hat der Gesetzgeber einen eng umrissenen Katalog von Zustimmungs-

8

Koppelungsgeschäfte in der Betriebsverfassung

verweigerungsgründen normiert. Daran fehlt es im Bereich des § 87 BetrVG. Der Betriebsrat kann sogar mit einem **bloßen Nein** auf den Antrag des Arbeitgebers reagieren. Der Arbeitgeber ist dann verpflichtet, gemäß § 87 Abs. 2 BetrVG die → **Einigungsstelle** anzurufen.
Das gilt selbst dann, wenn der Betriebsrat schweigt. Schweigen bedeutet keine Zustimmung zu der vom Arbeitgeber geplanten Maßnahme (vgl. Fitting, BetrVG, 27. Aufl., § 87 Rn. 582).
Das spricht dafür, dass der Gesetzgeber dem Betriebsrat im Bereich der sozialen Angelegenheiten einen **weiten Verhandlungsspielraum** einräumen wollte.

9 Im Übrigen ist der Arbeitgeber einem Betriebsrat, der Koppelungsforderungen erhebt, keineswegs hilflos ausgeliefert.
Es bleibt stets das Korrektiv der → **Einigungsstelle** (im Bereich der §§ 87 und 112 BetrVG) bzw. des → **Arbeitsgerichts** (§ 99 Abs. 4 BetrVG).
Außerdem stehen dem Arbeitgeber, wenn wirklich einmal rechtsmissbräuchliches Verhalten des Betriebsrats angenommen werden muss (siehe hierzu Beispiele unter Rn. 20), die Sanktionsmittel des § 23 Abs. 1 BetrVG zur Verfügung.

10 Für die Zulässigkeit von Koppelungsgeschäften sprechen auch die folgenden Überlegungen. Niemand kann ernsthaft bestreiten, dass das Verhältnis von Arbeitgeber und Arbeitnehmern von einem grundlegenden **Interessengegensatz** geprägt ist:
- »Mehr Lohn = höhere Kosten = weniger Rendite«.
- »Weniger Lohn = geringere Kosten = höhere Rendite«.

Wenn Arbeitgeber von notwendigen »Maßnahmen zur Kostensenkung« reden, meinen sie vor allem »Maßnahmen zur Erhöhung der Rendite« (siehe → **Unternehmen**).
Gegensätzliche Interessen zeigen sich in vielen – allen – »Angelegenheiten« des betrieblichen Alltags:
- bei der Personalbemessung (siehe → **Personalplanung**),
- bei der Regulierung des → **Arbeitsentgelts**,
- bei der Festlegung der Dauer der regelmäßigen → **Arbeitszeit**,
- bei der Gestaltung der Arbeitsbedingungen (siehe → **Arbeitsschutz**) usw.

Selbst beim Thema »Standorterhalt« besteht ein gemeinsames Interesse von Arbeitgeber und Arbeitnehmern am **Erhalt des Betriebs** nur so lange, wie er den je nach Unternehmensphilosophie ausgerichteten kurz-, mittel- oder langfristigen Renditeerwartungen der Unternehmens- oder Konzernleitung genügt.
Ist das nicht mehr der Fall und entschließt sich die Unternehmens- oder Konzernleitung zur Stilllegung, verwandelt sich das »gemeinsame Interesse« in einen **knallharten Gegensatz**.

11 Der Betriebsrat ist nach der Konzeption des BetrVG weder »Interessenvertreter des Arbeitgebers« noch »neutraler Vermittler« zwischen den gegensätzlichen Interessen von Arbeitgeber und Arbeitnehmer, sondern schlicht und einfach – einseitiger – **Vertreter der Interessen der Belegschaft** (siehe → **Betriebsrat** Rn. 9).
Dies wird auch vom BAG so gesehen (BAG v. 21.4.1983 – 6 ABR 70/82, AiB 1984, 15 = DB 1984, 248):
*»... Das geltende Arbeitsrecht wird ... durchgängig von zwei einander gegenüberstehenden Grundpositionen beherrscht, mit denen unterschiedliche Interessen von Arbeitgeber- und Arbeitnehmerseite verfolgt werden. Ohne diesen Interessengegensatz wären im Übrigen gesetzliche Regelungen über die Mitwirkung der Arbeitnehmerseite an sozialen, personellen oder wirtschaftlichen Entscheidungen des Arbeitgebers gegenstandslos. Auch das Betriebsverfassungsgesetz setzt diesen Interessengegensatz voraus. Im Betrieb hat der Betriebsrat die Interessen der von ihm repräsentierten Belegschaft wahrzunehmen.
Das wird durch § 2 Abs. 1 BetrVG sowie auch durch § 74 Abs. 1 Satz 1 und § 76 BetrVG nur insoweit modifiziert, dass anstelle möglicher Konfrontation die Pflicht zur beiderseitigen Kooperation tritt. Dennoch bleibt der Betriebsrat Vertreter der Belegschaft gegenüber dem Arbeitgeber. Er*

Koppelungsgeschäfte in der Betriebsverfassung

ist zu vertrauensvoller Zusammenarbeit, nicht aber dazu verpflichtet, die Interessen der Belegschaft zurückzustellen. Damit obliegt dem Betriebsrat eine arbeitnehmerorientierte Tendenz der Interessenvertretung ...«

Bei der Austragung der im betrieblichen Alltag an vielen Stellen auftretenden Interessenkonflikte soll im **Verhandlungswege eine Lösung** gesucht und gefunden werden. 12

§ 74 Abs. 1 Satz 2 BetrVG: Arbeitgeber und Betriebsrat *»haben über strittige Fragen mit dem ernsten Willen zur Einigung zu verhandeln und Vorschläge für die Beilegung von Meinungsverschiedenheiten zu machen«*.

Eine mutwillige oder gar rechtsmissbräuchliche Nutzung von Rechtspositionen sollen beide Seiten unterlassen (BAG v. 3. 10. 1978 – 6 ABR 102/76, DB 1976, 107 = AP Nr. 14 zu § 40 BetrVG 1972).

Auch sollen die Verhandlungen in gegenseitiger »Ehrlichkeit und Offenheit« erfolgen (BAG v. 22. 5. 1959 – 1 ABR 2/59, BB 1959, 848 = AP Nr. 3 zu § 23 BetrVG).

Darüber hinaus sollen die Interessenkonflikte anders als in der Tarifpolitik nicht durch → **Arbeitskampf**, sondern durch Anrufung des → **Arbeitsgerichts** oder der → **Einigungsstelle** gelöst werden – das stellt § 74 Abs. 2 Satz 1 BetrVG klar.

Aus dem Gebot der **vertrauensvollen Zusammenarbeit** (§ 2 Abs. 1 BetrVG; siehe → **Betriebsrat** Rn. 9) kann allerdings weder eine Pflicht des Betriebsrats, sich ohne Widerworte und Gegenvorstellungen den Regelungsvorhaben des Arbeitgebers zu unterwerfen, noch ein Anspruch des Arbeitgebers auf »gegenforderungsfreie« Verhandlungen abgeleitet werden. 13

Im Gegenteil: Nach § 80 Abs. 1 Nr. 2 BetrVG gehört es zu den allgemeinen **Aufgaben** des Betriebsrats, *»Maßnahmen, die dem Betrieb und den Arbeitnehmern dienen, beim Arbeitgeber zu beantragen«*.

Der Betriebsrat hat deshalb nicht nur das Recht, sondern auch die Pflicht, die Belange von Arbeitnehmern konsequent – auch und gerade in Form von Forderungen und ggf. Koppelungsgeschäften – in die Verhandlungen einzubringen und ein **möglichst gutes Verhandlungsergebnis** für die Arbeitnehmer zu erreichen.

Das entspricht geradezu dem Grundprinzip der vertrauensvollen Zusammenarbeit, das auch vom »Geben und Nehmen« der Betriebsparteien lebt (LAG Niedersachsen v. 6. 4. 2004 – 1 TaBV 64/03, AiB 2005, 444 = DB 2004, 1735).

Dabei liegt es in der Natur der Sache, dass in einem durch Interessengegensätze geprägtem Verhältnis Verhandlungen zur Lösung der Konflikte mit einer **gewissen Härte** verbunden sind. 14

Beide Seiten legen »offen und ehrlich« ihre jeweiligen Vorstellungen zur Lösung des Konflikts »auf den Verhandlungstisch«.

Und dann wird »in der Form verbindlich, aber in der Sache hart« um einen **Kompromiss** gerungen, mit dem am Ende beide Seiten leben können.

Zu einer solchen – den beiderseitigen Interessen einigermaßen gerecht werdenden – Lösung kann es nur kommen, wenn beide Seiten über gewisse **Druckmittel** verfügen (wobei nach § 74 Abs. 2 Satz 1 BetrVG der → **Arbeitskampf** – also die Aussperrung durch den Arbeitgeber und der Aufruf zum Streik durch den Betriebsrat – ausscheidet).

Jeder weiß, dass der Arbeitgeber über einen gut gefüllten »**Werkzeugkoffer**« verfügt, um seine Interessen durchzusetzen. 15

Das wirksamste Druckmittel ist sein Eigentum am Betrieb und die damit verbundene Verfügungsmacht über den Betrieb und die Arbeitsplätze. Bei Kapitalgesellschaften ist diese Machtposition auf das Management übertragen.

Drohungen des Arbeitgebers, dass eine Zustimmungsverweigerung des Betriebsrats Nachteile für die Arbeitnehmer zur Folge haben würde, gehören zur (äußerst belastenden) **Alltagserfahrung** eines jeden Betriebsrats.

Beschäftigte, Betriebsräte und Gewerkschaften werden damit **bedroht und erpresst**, dass man

Koppelungsgeschäfte in der Betriebsverfassung

im Falle der Ablehnung von Arbeitgeberforderungen zur Senkung der Personalkosten Standort und Investitionen ins »billigere« Ausland verlagern werde.
Dieses Vorgehen hat in Zeiten, in denen die **Angst** vor dem Verlust des Arbeitsplatzes verbreitet ist, oft genug durchschlagende Wirkung.
Treffend hat das Gamillscheg (RdA 2005, 79) wie folgt auf den Punkt gebracht: »*Heute könnte man auf die Aussperrung freilich ganz verzichten, der Hinweis auf die Verlegung der Produktion nach Tschechien oder sonst wohin tut die gleichen Dienste.*«
Kluge Unternehmer versuchen natürlich, ihre **Renditeziele** zunächst »auf die weiche Tour« zu realisieren.
Mit motivations- und leistungssteigernden **Einbindungsstrategien** wird versucht, bei der Belegschaft und dem Betriebsrat den Glauben an die »Betriebsgemeinschaft« zu erzeugen (»Wir sitzen alle in einem Boot«/Corporate Identity/alle Beschäftigte sollen Teil des »Unternehmenskörpers« sein und sich in ihrem Bereich selbst wie »kleine Unternehmer« betätigen, denen es nur »um das Eine geht«).
Aber: Wenn es sein muss (wenn es z. B. darum geht, zur Durchsetzung einer höheren Rendite die Arbeitsbedingungen zu Lasten der Arbeitnehmer zu verschlechtern: Lohnkürzungen, unbezahlte Arbeitszeitverlängerung usw.), wird der »**Knüppel aus dem Sack**« geholt, um etwaigen Widerstand der Belegschaft (oder von Teilen der Belegschaft), des Betriebsrats und der Gewerkschaft zu brechen.
Mit der Drohung, andernfalls den Standort und Investitionen in »Billiglohnländer« zu verlagern, haben Unternehmer im Bereich der Metall- und Elektroindustrie seit 2004 mehr als zweitausend »nach unten« abweichende Firmentarifverträge mit Regelungen über Lohnkürzung und unbezahlte Arbeitszeitverlängerung **erzwungen**.

16 Die – angesichts des dem Arbeitgeber zur Verfügung stehenden Potentials – eher bescheiden anmutenden **Druckmittel des Betriebsrats** sind seine **Mitbestimmungsrechte** und die daraus resultierende Rechtsfolge: Der Arbeitgeber darf die von ihm beabsichtigte Maßnahme ohne Zustimmung des Betriebsrats – bzw. ohne Zustimmung der im Nichteinigungsfall anzurufenden »Konfliktlösungsstellen« (→ **Einigungsstelle** bzw. → **Arbeitsgericht**) – nicht durchführen.

17 Bei den Anstrengungen des Betriebsrats, die Interessen der Arbeitnehmer – auch in Form von Koppelungsgeschäften – möglichst wirksam zur Geltung zu bringen, handelt es sich um ein **ethisch und moralisch hochwertiges Verhalten**.
Dieses Vorgehen mit Begriffen wie »Rechtsmissbrauch« in Verbindung zu bringen, ist schlicht **abwegig**.
Die Ausübung eines Rechts ist nach allgemeinem Verständnis dann missbräuchlich, wenn sie zwar formell dem Gesetz entspricht, die Geltendmachung jedoch wegen der besonderen Umstände des Einzelfalls gegen **Treu und Glauben** verstößt (§ 242 BGB).
Was Treuwidrigkeit im Zusammenhang mit der Ausübung von Rechtspositionen bedeutet, beschreibt § 226 BGB (**Schikaneverbot**): Hiernach ist die Ausübung eines Rechts unzulässig, wenn sie nur den Zweck haben kann, einem anderen Schaden zuzufügen. Die Schädigungsabsicht muss der einzige Zweck sein.
Dass Koppelungsgeschäfte des Betriebsrats nichts mit »Schikane« zu tun haben, zeigt auch folgende Überlegung.
Gäbe es die Institution des Betriebsrats nicht und wären die **Arbeitnehmer unmittelbare Träger** der dem Betriebsrat zustehenden (Mit-)Bestimmungsrechte, müsste der Arbeitgeber seine Vorhaben (z. B. Verlängerung oder Verkürzung der betriebsüblichen Arbeitszeit) direkt mit den Arbeitnehmern verhandeln.
Bei einer derartigen Konstruktion der Betriebsverfassung hätte niemand einen Zweifel daran, dass die Arbeitnehmer das privatautonome Recht hätten, ihre Zustimmung von **Gegenleistungen** aller Art abhängig zu machen.

Koppelungsgeschäfte in der Betriebsverfassung

Die auch im Interesse der Arbeitgeber liegende Übertragung von Rechtspositionen der Arbeitnehmer auf die sie repräsentierende Institution des Betriebsrats sollte nicht zu einem **Verlust an Privatautonomie** bei den Arbeitnehmern führen, sondern die Austragung der Interessengegensätze zwischen Arbeitgeber und Arbeitnehmern in geordnete Bahnen lenken.

Im Übrigen: Dass beide Seiten von der jeweils anderen Zugeständnisse verlangen, ist **Kern jeder Verhandlung** und wird auch nicht in Zweifel gezogen, wenn die Verhandlungsposition für den Arbeitgeber günstig ist (so zu Recht Zumbeck, AiB 2005, 289, 290).

Ein Koppelungsverbot oder gar ein Verstoß gegen das Gebot der vertrauensvollen Zusammenarbeit bzw. ein Rechtsmissbrauch liegt auch dann nicht vor, wenn der Betriebsrat Zugeständnisse des Arbeitgebers fordert, über die wegen der **Tarifsperre** des § 77 Abs. 3 BetrVG keine Betriebsvereinbarung abgeschlossen werden könnte (siehe hierzu → **Betriebsvereinbarung** Rn. 6 ff.). 18

Allerdings führt der Gesetzesverstoß zur Unwirksamkeit der aufgrund der Koppelungsforderung zustande gekommenen → **Betriebsvereinbarung**.

Dagegen wäre eine **vertragliche Zusage** gegenüber den Arbeitnehmern ohne weiteres zulässig.

> **Beispiel:**
> Der Betrieb wird vom Geltungsbereich eines Tarifvertrages mit Regelungen über einen Mehrarbeitszuschlag erfasst.
> Der Betriebsrat macht seine Zustimmung zu Überstunden von der Verdopplung der tariflichen Mehrarbeitszuschläge abhängig.
> Eine Regelung in einer Betriebsvereinbarung wäre zwar gemäß § 77 Abs. 3 BetrVG unwirksam. Der Arbeitgeber kann sich aber gegenüber den Arbeitnehmern – etwa in Form einer → **Gesamtzusage** – arbeitsvertraglich wirksam verpflichten.

Insgesamt hat es den Anschein, dass sich diejenigen, die in »normzweckwidrigen« Koppelungsforderungen des Betriebsrats einen Rechtsmissbrauch sehen (siehe Rn. 5), sich von einem **rechtspolitischen Denkmuster** leiten lassen. 19

Weil Koppelungsforderungen des Betriebsrats geeignet sind, den Arbeitgeber unter Druck zu setzen, ein solcher Druck aber – aus Sicht der »Normzwecktheoretiker« – **unerwünscht** ist, soll der Betriebsrat in seinen Handlungsmöglichkeiten beschränkt werden.

Er soll am liebsten nur »Ja« oder »Nein« zu der beantragten mitbestimmungspflichtigen Maßnahme sagen (können) bzw. nur minimalen Verhandlungsspielraum haben.

Zu einer solchen Beschränkung der durch das BetrVG gewährleistetem Mitbestimmungs- und Handlungsmöglichkeiten des Betriebsrats ist allerdings nur der Gesetzgeber in der Lage.

Das haben die Arbeitgeberverbände BDA und BDI offenbar erkannt. Sie fordern – bislang allerdings ohne Erfolg – eine gesetzliche Regelung, die es dem Arbeitgeber gestattet, geplante mitbestimmungspflichtige Maßnahmen in **Eilfällen** oder nach Ablauf einer neu zu schaffenden Frist **vorläufig umzusetzen** (vgl. Ziff. III. 3 des Berichts der von BDA und BDI Anfang 2004 eingesetzten »gemeinsamen Kommission Mitbestimmung«: »Mitbestimmungsverfahren beschleunigen, Missbräuche unterbinden«; siehe hierzu auch Zumbeck, AiB 2005, 288, 290).

Bislang ist der Gesetzgeber diesen – abzulehnenden – Forderungen zu Recht nicht nachgekommen.

Unzulässige Koppelungen: In die Schublade des Rechtsmissbrauchs können nach alledem allenfalls solche Koppelungen gesteckt werden, 20
- die den alleinigen Zweck haben, den Arbeitgeber zu schikanieren (Verstoß gegen § 226 BGB);
- mit denen eine gegen § 78 Satz 2 BetrVG verstoßende Begünstigung von einzelnen Betriebsratsmitgliedern durchgesetzt werden soll;
- die offensichtlich gegen die Grundsätze des § 75 BetrVG verstoßen (z. B. im Falle von

Koppelungsgeschäfte in der Betriebsverfassung

Kurzarbeit wird ein Zuschuss zum Kurzarbeitergeld nur für Männer oder nur für deutsche Arbeitnehmer gefordert).
Dabei dürfte es sich sämtlich um Fallgestaltungen handeln, die in der betrieblichen Praxis in aller Regel nicht vorkommen.

Bedeutung für die Betriebsratsarbeit

21 Der Betriebsrat ist nicht nur berechtigt, sondern aufgrund seiner Rolle und Aufgabenstellung geradezu verpflichtet, seine Beteiligungsrechte zur **bestmöglichen Wahrnehmung** der Interessen der Arbeitnehmer einzusetzen (siehe auch → **Überstunden** Rn. 16).
Dazu gehört auch die Verknüpfung seiner Mitbestimmungsrechte mit **Gegenforderungen** zu Gunsten der Beschäftigten.
Von einem Verstoß gegen das Gebot der vertrauensvollen Zusammenarbeit (siehe hierzu → **Betriebsrat** Rn. 9) oder gar von Rechtsmissbrauch kann nicht die Rede sein.
Im Gegenteil: Eine aktive und selbstbewusste Betriebsrats-Politik im Interesse der Beschäftigten (siehe → **Betriebsrat** Rn. 8 ff.) ist vor dem Hintergrund des Interessengegensatzes von »Kapital und Arbeit« und des erforderlichen Ausgleichs der Interessen **originärer Sinn und Zweck von Betriebsratsarbeit**.
Koppelungen sind geradezu das »*Lebenselixier einer vernünftigen Zusammenarbeit zwischen den Betriebsparteien*« (Grimberg, AiB 1991, 120).
Ihre Grenze finden Koppelungsgeschäfte an den Grundsätzen des § 226 BGB (Schikaneverbot; siehe Rn. 17), der §§ 75 und 78 Satz 2 BetrVG.

22 Von besonderer praktischer Bedeutung sind Koppelungsgeschäfte – »Paketlösungen« – im Bereich des § 87 BetrVG (**soziale Angelegenheiten**).

> **Beispiele (siehe auch Rn. 1):**
> - Der Arbeitgeber will → **Überstunden** anordnen und beantragt nach § 87 Abs. 1 Nr. 3 BetrVG die Zustimmung des Betriebsrats.
>   Der Betriebsrat macht seine Zustimmung davon abhängig, dass
>   – neue Arbeitnehmer eingestellt werden;
>   – Kündigungen gegenüber Arbeitnehmer zurückgenommen werden;
>   – eine »Freiwilligkeitsklausel« vereinbart wird: Arbeitnehmer haben das Recht, die Ableistung von Überstunden abzulehnen; ihnen dürfen hieraus keine Nachteile entstehen (siehe aber → **Überstunden** Rn. 46);
>   – Maßnahmen zur Reduzierung von Leistungsdruck, Stress und sonstigen Belastungen/Gesundheitsgefährdungen durchgeführt werden;
>   – Maßnahmen zur Verbesserung des Betriebsklimas erfolgen (z. B. → **Abmahnung**, Fortbildung, ggf. → **Versetzung** oder → **Kündigung** von schikanierenden Vorgesetzten; vgl. auch § 104 BetrVG);
>   – Zulagen gezahlt oder sonstige Leistungen erbracht werden;
>   – sonstige Maßnahmen (nun endlich) durchgeführt werden, die der Betriebsrat in der Vergangenheit zugunsten der Arbeitnehmer gefordert hat, die aber vom Arbeitgeber immer abgelehnt worden sind.
> - Der Arbeitgeber will → **Nachtarbeit** einführen und beantragt nach § 87 Abs. 1 Nr. 2 BetrVG die Zustimmung des Betriebsrats.
>   Der Betriebsrat macht seine Zustimmung davon abhängig,
>   – dass die Spät- und Nachtschichtarbeitnehmer eine (außer- oder übertarifliche) Nachtschichtzulage bzw. einen entsprechenden bezahlten Zeitausgleich erhalten;
>   – eine Betriebsvereinbarung mit (weiteren) Regelungen zugunsten der Nachtarbeitnehmer abgeschlossen wird (siehe Musterbetriebsvereinbarung zum Stichwort → **Nachtarbeit**.

Koppelungsgeschäfte in der Betriebsverfassung

- Der Arbeitgeber will → **Kurzarbeit** einführen und beantragt nach § 87 Abs. 1 Nr. 3 BetrVG die Zustimmung des Betriebsrats.
  Der Betriebsrat macht seine Zustimmung davon abhängig, dass
  - die Beschäftigten einen Zuschuss zum Kurzarbeitergeld erhalten;
  - der Arbeitgeber den vollen Lohn zu zahlen hat, wenn die Agentur für Arbeit die Gewährung von Kurzarbeitergeld ablehnt oder widerruft;
  - während der Kurzarbeit und für einen bestimmten Zeitraum danach keine betriebsbedingten Kündigungen ausgesprochen werden bzw. Kündigungen der Zustimmung des Betriebsrats bzw. der Einigungsstelle entsprechend § 102 Abs. 6 BetrVG bedürfen;
  - eine Betriebsvereinbarung mit (weiteren) Regelungen zugunsten der kurzarbeitenden Arbeitnehmer abgeschlossen wird (siehe Musterbetriebsvereinbarung zum Stichwort → Kurzarbeit).
- Der Arbeitgeber will eine technische Einrichtung im Sinne des § 87 Abs. 1 Nr. 6 BetrVG einführen und anwenden (z. B. eine neue Hard- oder Software; siehe → **Überwachung von Arbeitnehmern**).
  Der Betriebsrat macht seine Zustimmung davon abhängig, dass
  - bestimmte Weiterbildungsmaßnahmen durchgeführt werden (vgl. auch § 97 Abs. 2 BetrVG);
  - die Arbeitszeit von Bildschirmarbeitern verkürzt wird (z. B. bezahlte Erholungszeiten);
  - Kosten für Sehhilfen und sonstige Arbeitserleichterungen übernommen werden (vgl. § 6 Abs. 2 BildschirmarbeitsVO);
  - keine Kündigungen oder Abgruppierungen erfolgen;
  - eine Betriebsvereinbarung mit (weiteren) Regelungen zugunsten der Arbeitnehmer abgeschlossen wird.

Koppelungsgeeignete Fallgestaltungen können sich auch im Zusammenhang mit dem Zustimmungsverweigerungsrecht des Betriebsrats bei **personellen Einzelmaßnahmen** nach § 99 Abs. 2 BetrVG ergeben.

Beispiele:
- Der Arbeitgeber will einen Arbeitnehmer befristet einstellen und beantragt nach § 99 Abs. 1 BetrVG die Zustimmung des Betriebsrats. Dieser stellt – noch innerhalb der Wochenfrist des § 99 Abs. 3 BetrVG – seine Zustimmung für den Fall in Aussicht, dass
  - eine unbefristete Einstellung erfolgt;
  - Leiharbeitnehmer übernommen werden;
  - eine Kündigung gegenüber einem anderen Arbeitnehmer zurückgenommen wird.
- Wenn der Arbeitgeber hierzu nicht bereit sei, werde er die Zustimmung zur Einstellung aus einem der in § 99 Abs. 2 Nrn. 1 bis 6 BetrVG vorgesehenen Gründe verweigern.
  Der Arbeitgeber will einen Arbeitnehmer versetzen. Die bisher von diesem Arbeitnehmer erledigten Arbeiten sollen von den verbleibenden Mitarbeitern übernommen werden.
  Der Betriebsrat fordert (innerhalb der Wochenfrist des § 99 Abs. 3 BetrVG) zur Verhinderung von Leistungsverdichtung eine Wiederbesetzung durch Neueinstellung.

Die Drucksituation des Arbeitgebers besteht darin, dass er gemäß § 99 Abs. 4 BetrVG ein arbeitsgerichtliches Zustimmungsersetzungsverfahren einleiten müsste, wenn er der Forderung des Betriebsrats nicht nachkommen will und der Betriebsrat die Zustimmung zur personellen Maßnahme form- und fristgerecht und aus einem in § 99 Abs. 2 Nr. 1 bis 6 BetrVG genannten Grund verweigert (zu den Anforderungen an eine ordnungsgemäße Zustimmungsverweigerung siehe → **Einstellung** und → **Versetzung**).
§ 100 BetrVG gibt dem Arbeitgeber zwar die Möglichkeit, die vorgesehene personelle Maßnahme **vorläufig durchzuführen**, wenn dies aus sachlichen Gründen dringend erforderlich ist.
Wenn der Betriebsrat aber die Dringlichkeit bestreitet, muss der Arbeitgeber, wenn er die Maßnahme aufrechterhalten will, binnen drei Tagen das Arbeitsgericht anrufen.

Koppelungsgeschäfte in der Betriebsverfassung

Nimmt der Arbeitgeber die Einstellung oder Versetzung vor ohne das in § 99 Abs. 4 bzw. § 100 BetrVG vorgesehene arbeitsgerichtliche Verfahren einzuleiten, handelt er **rechtswidrig**.
Der Betriebsrat kann nach § 101 BetrVG beim Arbeitsgericht beantragen, die personelle Maßnahme **aufzuheben** (siehe hierzu → **Einstellung** und → **Versetzung**).

24 Koppelungsforderungen sind natürlich auch in **sonstigen Fallgestaltungen** denkbar, in denen dem Betriebsrat Beteiligungs- und Mitbestimmungsrechte zustehen.

> **Beispiel:**
> Der Betriebsrat macht seine Zustimmung zu einem »Interessenausgleich mit Namensliste« (siehe → **Betriebsbedingte Kündigung** Rn. 23 ff. und → **Interessenausgleich** Rn. 15, 16) von der Zahlung besonders hoher Sozialplanabfindungen abhängig.
> Der Betriebsrat hat zwar in Bezug auf den Interessenausgleich keine echte Mitbestimmung.
> Er kann den Arbeitgeber aber mit einer Zustimmungsverweigerung dazu bringen, den in § 112 BetrVG beschriebenen Instanzenweg bis hin zur Anrufung der → **Einigungsstelle** zu beschreiten.
> Außerdem kann der Betriebsrat den Umstand nutzen, dass der Arbeitgeber ein hohes Interesse an einer »Namensliste« hat, weil auf diese Weise der individuelle Kündigungsschutz der Arbeitnehmer praktisch beseitigt ist (vgl. § 1 Abs. 5 KSchG) und damit das Prozessrisiko des Arbeitgebers enorm reduziert wird.
> Aus letztgenanntem Grunde sollte sich der Betriebsrat nur in Ausnahmefällen auf einen »Interessenausgleich mit Namensliste« einlassen und auch nur dann, wenn die betroffenen Beschäftigten über die Auswirkungen informiert werden und einverstanden sind.
> Denn es ist grundsätzlich nicht Aufgabe des Betriebsrats, die Rechtsposition gekündigter Arbeitnehmer zu verschlechtern (siehe auch → **Interessenausgleich** Rn. 16).

Rechtsprechung

1. Koppelungsgeschäfte unzulässig
2. Koppelungsgeschäfte zulässig
3. Koppelungsforderungen des Arbeitgebers

Kosten der Betriebsratstätigkeit

Rechtsgrundlagen

Die durch die Tätigkeit des Betriebsrats entstehenden **Kosten** sind vom Arbeitgeber zu tragen (§ 40 Abs. 1 BetrVG).
Zu den Voraussetzungen der Kostentragungspflicht des Arbeitgebers siehe Rn. 10 und 10 a.
Der Arbeitgeber hat darüber hinaus dem Betriebsrat für Sitzungen, Sprechstunden und die laufende Geschäftsführung in erforderlichem Umfang Räume, sachliche Mittel, Informations- und Kommunikationstechnik und Büropersonal **zur Verfügung zu stellen** (§ 40 Abs. 2 BetrVG).

»Kostentragungspflicht« des Arbeitgebers nach § 40 Abs. 1 BetrVG

§ 40 Abs. 1 BetrVG begründet eine **»Geldzahlungspflicht«** des Arbeitgebers. Der Arbeitgeber ist verpflichtet, die durch die Tätigkeit des Betriebsrats entstehenden Kosten zu übernehmen. Die Vorschrift erfasst sowohl die vom Betriebsrat als Organ als auch die vom einzelnen Betriebsratsmitglied im Rahmen der Betriebsratsarbeit verursachten Kosten.
Der Betriebsrat wird von der Rechtsprechung in Bezug auf die ihm nach § 40 Abs. 1 und 2 BetrVG zustehenden Ansprüche als **»partiell-vermögensfähig«** angesehen (BAG v. 24. 10. 2001 – 7 ABR 20/00, AiB 2004, 569).
Vom Betriebsrat veranlasste **Kosten** entstehen beispielsweise durch die
- Hinzuziehung eines **Dolmetschers**,
- Beauftragung eines **Rechtsanwalts** zur Vertretung des Betriebsrats in Verfahren vor dem →**Arbeitsgericht** oder einer →**Einigungsstelle** (BAG v. 25. 6. 2014 – 7 ABR 70/12; 11. 11. 2009 – 7 ABR 26/08, NZA 2010, 353), aber auch in einem »**Beratungsfall**« außerhalb eines Arbeitsgerichts- oder Einigungsstellenverfahrens, wenn die Betriebsparteien darüber streiten, ob und in welchem Umfang dem Betriebsrat in einer konkreten Angelegenheit Mitbestimmungsrechte zustehen oder nicht (BAG v. 25. 6. 2014 – 7 ABR 70/12).
Das Gleiche gilt nach der zutreffenden Entscheidung des BAG v. 25. 6. 2014 – 7 ABR 70/12, wenn zwischen den Betriebsparteien ein **konkreter Streit** über das Bestehen und den Umfang von Mitbestimmungsrechten hinsichtlich eines bestimmten Regelungsgegenstands besteht und der Betriebsrat **zur Klärung einen Rechtsanwalt beauftragt**.
Das heißt: Beauftragt der Betriebsrat einen Rechtsanwalt mit seiner rechtlichen Vertretung im Verfahren vor der Einigungsstelle oder vor den Arbeitsgerichten oder in einem konkreten Streit über das Bestehen und den Umfang von Mitbestimmungsrechten, bedarf es **keiner »näheren Vereinbarung«** gem. § 80 Abs. 3 BetrVG mit dem Arbeitgeber (siehe →**Sachverständiger**). Vielmehr hat der Arbeitgeber die Kosten unmittelbar nach § 40 Abs. 1 BetrVG zu tragen, wenn der Beschluss des Betriebsrats über die Beauftragung ordnungsgemäß gefasst wurde (siehe →**Betriebsratssitzung**) und der Betriebsrat die Beauftragung für »erforderlich« i. S. d. § 40 Abs. 1 BetrVG halten durfte (siehe hierzu Rn. 10).
Natürlich ist es auch in diesem Fall sinnvoll, wenn Betriebsrat und Rechtsanwalt vor Auf-

Kosten der Betriebsratstätigkeit

nahme der Beratungstätigkeit eine Honorarvereinbarung mit einer Festlegung des Stundensatzes (z. B. 250 Euro pro Stunde) treffen und vom Arbeitgeber eine »Deckungszusage« einholen (man vermeidet dadurch späteren Streit mit dem Arbeitgeber über die Höhe des Honorars).

Beachten:
Ein ordnungsgemäßer Betriebsratsbeschluss ist nach Ansicht des BAG nicht nur vor der **erstmaligen Beauftragung** eines Anwalts notwendig, sondern grundsätzlich auch, bevor dieser im Namen des Betriebsrats ein **Rechtsmittel** einlegt (BAG v. 18.3.2015 – 7 ABR 4/13). Fehle ein solcher Beschluss, könne zwar das Rechtsmittel bei entsprechender Verfahrensvollmacht wirksam eingelegt sein. Eine Pflicht zur Tragung der Anwaltskosten für ein Rechtsmittel werde ohne entsprechenden Beschluss jedoch nicht ausgelöst.

- Einschaltung eines → **Sachverständigen** (»*nach näherer Vereinbarung mit dem Arbeitgeber*«; vgl. § 80 Abs. 3 BetrVG),
- Hinzuziehung eines → **Beraters** im Falle einer → **Betriebsänderung** nach § 111 Satz 2 BetrVG (in Unternehmen mit mehr als 300 Arbeitnehmern ist eine »*nähere Vereinbarung mit dem Arbeitgeber*« *nicht erforderlich*),
- Entsendung von Betriebsratsmitgliedern zu → **Schulungs und Bildungsveranstaltungen** nach § 37 Abs. 6 BetrVG.

Voraussetzung der Kostentragung durch den Arbeitgeber ist, dass der Betriebsrat von ihm veranlasste Kosten (z. B. Beauftragung eines Rechtsanwalts) zum Zwecke der sachgerechten Erfüllung der Betriebsratsaufgaben »*für erforderlich halten durfte*« (siehe Rn. 10) und er einen **ordnungsgemäßen Beschluss** fasst (BAG v. 18.3.2015 – 7 ABR 4/13; siehe Rn. 10a).

Erstattungsanspruch

5   Der Arbeitgeber hat auch **Aufwendungen zu erstatten**, die dem einzelnen Betriebsratsmitglied im Zusammenhang mit seiner Betriebsratstätigkeit enstanden sind (vgl. Fitting, BetrVG, 27. Aufl., § 40 Rn. 60 ff.). Hierzu zählen beispielsweise

- Reisekosten (Fahrt-, Unterbringungs- und Verpflegungskosten) z. B. wegen Teilnahme an einer Sitzung des → **Gesamtbetriebsrats**,
- Kosten, die einem Betriebsratsmitglied durch die Führung eines Rechtsstreits in einer betriebsverfassungsrechtlichen Angelegenheit entstehen,
- Kosten einer Kinderbetreuung, die dadurch entstehen, dass ein teilzeitbeschäftigtes Betriebsratsmitglied an einer Betriebsratssitzung außerhalb der persönlichen Arbeitszeit teilnimmt,
- Telefon- und Portokosten.

6   Sowohl der Betriebsrat als auch das einzelne Betriebsratsmitglied können Zahlung eines **Vorschusses** verlangen.

6a Geldbeträge, die vom Betriebsratsmitglied verauslagt worden sind, hat der Arbeitgeber nachträglich zu erstatten und – bei Zahlungsverzug – **zu verzinsen**.

7   Lehnt der Arbeitgeber eine Kostenübernahme ab, können der Betriebsrat **und** das Betriebsratsmitglied das → **Arbeitsgericht** anrufen. Hierzu BAG v. 28.6.1995 – 7 ABR 55/94, AuR 1995, 419 = AiB 1995, 731: »*Wenn die an einer Schulung teilnehmenden Betriebsratsmitglieder gegenüber dem Veranstalter vertragliche Verpflichtungen eingegangen sind, beruht eine daraus resultierende Zahlungspflicht auf ihrer Amtstätigkeit. Das berechtigt sie, die Arbeitgeberin im Beschlussverfahren auf Freistellung in Anspruch zu nehmen.*«

Kosten der Betriebsratstätigkeit

Freistellungsanspruch

Ist der Betriebsrat eine **Verpflichtung gegenüber einem Dritten** eingegangen (**Beispiel**: nach einem entsprechenden Beschluss des Betriebsrats beauftragt der Betriebsratsvorsitzende einen **Rechtsanwalt**), hat er einen Anspruch gegen den Arbeitgeber auf **Freistellung** von der Verbindlichkeit.

7a

Entsprechendes gilt, wenn das **einzelne Betriebsratsmitglied** eine Verbindlichkeit gegenüber einem Dritten – etwa einem Seminarveranstalter – eingegangen ist.

Lehnt der Arbeitgeber eine Freistellung des Betriebsrats bzw. eines Betriebsratsmitglieds von eingegangenen Verbindlichkeiten ab (z. B. weil er der Meinung ist, dass die Entsendung eines Betriebsratsmitglieds zu einer Schulung oder die Beauftragung des Rechtsanwalts nicht erforderlich war), kann der Betriebsrat bzw. das Betriebsratsmitglied beim → **Arbeitsgericht** den Antrag stellen, den Arbeitgeber zu verpflichten, ihn von der Verbindlichkeit freizustellen (vgl. z. B. BAG v. 27. 3. 1979 – 6 ABR 15/77; 28. 6. 1995 – 7 ABR 55/94, AuR 1995, 419 = AiB 1995, 731 [**Kosten einer Schulung**]; BAG v. 13. 5. 1998 – 7 ABR 65/96, NZA 1998, 900 [**Kosten eines Sachverständigen**]; BAG v. 18. 3. 2015 – 7 ABR 4/13; 19. 3. 2003 – 7 ABR 15/02, NZA 2003, 871 und 29. 7. 2009 – 7 ABR 95/07, NZA 2009, 1223 [**Rechtsanwaltskosten**]).

Zum Beispiel eines Antrages auf Freistellung von Schulungskosten und Erstattung von Fahrtkosten (aus BAG v. 4. 6. 2003 – 7 ABR 42/02, AiB 2005, 248) siehe → **Schulungs- und Bildungsveranstaltungen** Rn. 25.

Abtretung des Freistellungsanspruchs

Alternativ kann der Betriebsrat den Beschluss fassen, seinen **Freistellungsanspruch** gegen den Arbeitgeber an den Dritten (z. B. Schulungsveranstalter, Sachverständiger, Berater oder Rechtsanwalt) **abzutreten**. In diesem Fall verwandelt sich der Freistellungsanspruch in einen **Zahlungsanspruch** des Dritten gegen den Arbeitgeber (BAG v. 18. 3. 2015 – 7 ABR 4/13; 13. 5. 1998 – 7 ABR 65/96, AiB 1998, 644 = NZA 1998, 900; 24. 10. 2001 – 7 ABR 20/00, AiB 2002, 569; 29. 7. 2009 – 7 ABR 95/07, NZA 2009, 1223).

7b

Ein Betriebsratsbeschluss könnte etwa wie folgt gefasst werden: »*Der durch die Hinzuziehung des/der Herrn/Frau ... als Sachverständige/r in der Angelegenheit ... gegen den Arbeitgeber entstehende Anspruch auf Freistellung von den Kosten wird an Herrn/Frau ... abgetreten.*«

Der vom Betriebsrat beauftragte Dritte kann dann den Arbeitgeber direkt auf Zahlung in Anspruch nehmen.

Lehnt der Arbeitgeber Zahlung ab, kann der beauftragte Dritte selbst ein arbeitsgerichtliches Beschlussverfahren (siehe Rn. 9a) einleiten mit dem Antrag, den Arbeitgeber zu verpflichten, an ihn die entsprechende Zahlung zu leisten (BAG v. 13. 5. 1998 – 7 ABR 65/96, a. a. O.).

Zu den Kosten eines vom Betriebsrat gem. § 80 Abs. 3 Satz 1 BetrVG hinzugezogenen → **Sachverständigen** nachstehender Auszug aus BAG v. 13. 5. 1998 – 7 ABR 65/96, a. a. O.: »*Die Kosten eines vom Betriebsrat gemäß § 80 Abs. 3 Satz 1 BetrVG hinzugezogenen Sachverständigen gehören, soweit sie erforderlich sind, zu den gemäß § 40 Abs. 1 BetrVG vom Arbeitgeber zu tragenden Kosten der Betriebsratstätigkeit (BAG Beschluss vom 25. 4. 1978 – 6 ABR 9/75, AP Nr. 11 zu § 80 BetrVG 1972; BAG Beschluss vom 26. 2. 1992 – 7 ABR 51/90, BAGE 70, 1 = AP Nr. 48 zu § 80 BetrVG 1972). Durch die Vereinbarung nach § 80 Abs. 3 Satz 1 BetrVG entsteht ein gesetzliches Schuldverhältnis zwischen ihm und dem Betriebsrat. Gläubiger ist der Betriebsrat, der insoweit als vermögensfähig anzusehen ist (Richardi, BetrVG, 7. Aufl., § 40 Rz. 39). Inhaltlich kann sich der Anspruch auf Zahlung an einen Dritten oder auf Freistellung von einer Verbindlichkeit gegenüber einem Dritten richten. Der Dritte wird nur dann Gläubiger eines Zahlungsanspruchs, wenn ihm der Betriebsrat seinen Anspruch abtritt, wobei sich der abgetretene Freistellungsanspruch in einen Zahlungsanspruch umwandelt. Dazu bedarf es eines entsprechenden Beschlusses des Betriebsrats.*

7c

Kosten der Betriebsratstätigkeit

Ohne einen Beschluss erwirkt der Gläubiger keinen gegen den Arbeitgeber durchsetzbaren Anspruch. Feststellungen des Landesarbeitsgerichts dazu fehlen ebenso wie entsprechendes Vorbringen der Beteiligten.«

8 Das Vorstehende (Rn. 7 a bis 7 c) gilt auch, wenn ein **einzelnes Betriebsratsmitglied** eine Verpflichtung gegenüber einem Dritten eingegangen ist (z. B. verbindliche Anmeldung zu einem Seminar nach § 37 Abs. 6 oder 7 BetrVG). Auch in diesem Falle ist der Arbeitgeber verpflichtet, das Betriebsratsmitglied von den Forderungen des Dritten (hier des Seminarveranstalters) **freizustellen**. Das Betriebsratsmitglied kann seinen Freistellungsanspruch an den Dritten (etwa an den Veranstalter eines Seminars) **abtreten**.

9 Sind Zahlungen an den Dritten durch das Betriebsratsmitglied bereits erbracht worden, verwandelt sich der Freistellungsanspruch in einen entsprechenden bei Verzug zu verzinsenden **Zahlungs- bzw. Erstattungsanspruch** gegen den Arbeitgeber (BAG v. 27.3.1979 – 6 ABR 15/77; Fitting, BetrVG, 27. Aufl., § 40 Rn. 93).

9a Ansprüche auf
- Übernahme der Kosten (siehe Rn. 7)
- bzw. – wenn eine Verpflichtung bereits begründet wurde (z. B. Beauftragung eines Rechtsanwalts) – auf Freistellung von einer Verbindlichkeit (siehe Rn. 7 a)
- bzw. – wenn Zahlungen an den Dritten bereits erbracht wurden – auf Erstattung (siehe Rn. 9)

sind im arbeitsgerichtlichen **Beschlussverfahren** geltend zu machen (siehe hierzu → **Arbeitsgericht** Rn. 7 ff.).

Das gilt auch für Kostenübernahme- oder Freistellungsansprüche eines einzelnen Betriebsratsmitglieds (siehe hierzu Rn. 5 und 6).

Der Betriebsrat kann sowohl die ihm als Gremium durch Beschluss begründeten Kostenübernahme- oder Freistellungsansprüche (z. B. Beauftragung eines Rechtsanwalts) als auch die Ansprüche eines einzelnen Betriebsratsmitglieds im eigenen Namen im arbeitsgerichtlichen Beschlussverfahren geltend machen.

Das Beschlussverfahren ist auch dann die richtige Verfahrensart, wenn ein Dritter (z. B. beauftragter Rechtsanwalt), an den der Betriebsrat seinen Freistellungsanspruch **abgetreten** hat, seinen Zahlungsanspruch (siehe Rn. 7 b) beim Arbeitsgericht anhängig macht.

10 Nach der Rechtsprechung sind nicht alle Kosten, die der Betriebsrat verursacht, vom Arbeitgeber zu tragen, sondern nur solche, die der Betriebsrat zum Zwecke der sachgerechten Erfüllung der Betriebsratsaufgaben »**für erforderlich halten durfte**« (BAG v. 29.7.2009 – 7 ABR 95/07, NZA 2009, 1223).

Der Betriebsrat entscheidet über die Erforderlichkeit nach pflichtgemäßem Ermessen. Ihm steht ein **Beurteilungsspielraum** zu.

Allerdings hat der Betriebsrat nach Ansicht des BAG die Prüfung der Erforderlichkeit nicht allein anhand seiner subjektiven Bedürfnisse vorzunehmen.

Er sei vielmehr gehalten, die Interessen der Belegschaft an einer sachgerechten Ausübung des Betriebsratsamts einerseits und die berechtigten Interessen des Arbeitgebers an der Begrenzung seiner Kostentragungspflicht andererseits gegeneinander **abzuwägen** (BAG v. 29.7.2009 – 7 ABR 95/07, a. a. O.).

So habe der Betriebsrat beispielsweise im Falle der Einleitung eines arbeitsgerichtlichen Beschlussverfahrens (siehe → **Arbeitsgericht**) wie jeder, der auf Kosten eines anderen handeln kann, die Maßstäbe einzuhalten, die er gegebenenfalls bei eigener Kostentragung anwenden würde, wenn er selbst bzw. seine beschließenden Mitglieder die Kosten tragen müssten. Das bedeute, dass die Kostentragungspflicht des Arbeitgebers bei einer offensichtlich aussichtslosen oder mutwilligen Rechtsverfolgung des Betriebsrats entfalle.

Offensichtlich aussichtslos sei die Rechtsverfolgung, wenn die Rechtslage unzweifelhaft ist und das eingeleitete Beschlussverfahren zu einem Unterliegen des Betriebsrats führen muss.

Kosten der Betriebsratstätigkeit

Mutwilligkeit könne vorliegen, wenn das Interesse des Arbeitgebers an der Begrenzung seiner Kostentragungspflicht missachtet wird. Der Betriebsrat dürfe bei der Wahl der Rechtsdurchsetzung unter mehreren gleich geeigneten Möglichkeiten nur die für den Arbeitgeber kostengünstigere Lösung für erforderlich halten. Dies könne z. B. dazu führen, dass der Betriebsrat bei der Einleitung eines arbeitsgerichtlichen Beschlussverfahrens anstelle von mehreren Einzelverfahren die Durchführung eines Gruppenverfahrens in Betracht ziehen muss.
Wähle der Betriebsrat mutwillig einen kostenträchtigeren Weg, müsse der Arbeitgeber nur die Kosten für die Rechtsverfolgung bzw. -verteidigung des Betriebsrats tragen, die dieser für erforderlich halten durfte (BAG v. 29. 7. 2009 – 7 ABR 95/07, a. a. O.).

Eine weitere wichtige Voraussetzung für die Kostentragung durch den Arbeitgeber ist, dass der Betriebsrat die kostenwirksame Maßnahme (z. B. Beauftragung eines **Rechtsanwalts**; siehe Rn. 4) in einer ordnungsgemäß einberufenen → **Betriebsratssitzung** beschließt (BAG v. 18. 3. 2015 – 7 ABR 4/13).   10a

Es gehört zum »Standardprogramm« eines jeden Arbeitgeberanwalts, im Verfahren vor dem → **Arbeitsgericht** das Vorliegen eines **ordnungsgemäßen Betriebsratsbeschlusses** zu bestreiten.

Zur ordnungsgemäßen Beschlussfassung hat das BAG folgende **Grundsätze** aufgestellt (BAG v. 29. 7. 2009 – 7 ABR 95/07, NZA 2009, 1223):

- Der Betriebsrat muss sich als Gremium mit dem entsprechenden Sachverhalt in einer Betriebsratssitzung befasst und durch Abstimmung eine einheitliche Willensbildung herbeigeführt haben. Ein »einsamer Beschluss« des Betriebsratsvorsitzenden reicht nicht aus.
- Ein wirksamer Betriebsratsbeschluss kann nur in einer → **Betriebsratssitzung** gefasst werden, zu der die Mitglieder des Betriebsrats gem. § 29 Abs. 2 Satz 3 BetrVG rechtzeitig unter Mitteilung der Tagesordnung geladen worden sind.
  Die Ladung aller Betriebsratsmitglieder einschließlich etwaiger → **Ersatzmitglieder** unter gleichzeitiger Mitteilung der Tagesordnung ist eine wesentliche Voraussetzung für das ordnungsgemäße Zustandekommen eines Betriebsratsbeschlusses.
- Nach neuerer Rechtsprechung des BAG kann trotz fehlender oder unvollständiger Tagesordnung in einer Angelegenheit dann ein wirksamer Beschluss gefasst werden,
  - wenn sämtliche Mitglieder des Betriebsrats **rechtzeitig geladen** sind,
  - der Betriebsrat **beschlussfähig** i. S. d. § 33 Abs. 2 BetrVG ist (siehe Rn. 21) und
  - die **anwesenden** Betriebsratsmitglieder **einstimmig** beschlossen haben, über den Regelungsgegenstand des später gefassten Beschlusses zu beraten und abzustimmen.

  Nicht (mehr) erforderlich ist, dass in dieser Sitzung **alle** Betriebsratsmitglieder anwesend sind (BAG v. 22. 1. 2014 – 7 AS 6/13; 9. 7. 2013 – 1 ABR 2/13, NZA 2013, 1433). Siehe → **Betriebsratssitzung (Beschlussfassung)** Rn. 13, 14.
- Stellt der Arbeitgeber die Wirksamkeit des Betriebsratsbeschlusses in einem Rechtsstreit (ggf. auch erst in der dritten Instanz; vgl. BAG v. 30. 9. 2008 – 1 ABR 54/07, NZA 2009, 502) in Abrede, obliegt es dem Betriebsrat bzw. dem Anspruchsteller (z. B. ein vom Betriebsrat beauftragter Rechtsanwalt, an den der Betriebsrat seinen Anspruchs auf Freistellung von der Verbindlichkeit abgetreten hat; siehe Rn. 7), die Voraussetzungen für das Zustandekommen eines ordnungsgemäßen Betriebsratsbeschlusses **darzulegen**.
  Legt der Betriebsrat die Einhaltung der Voraussetzungen für einen wirksamen Beschluss des Gremiums im Einzelnen und unter Beifügung von **Unterlagen** (Einladung, Tagesordnung, Sitzungsprotokoll) dar, ist nach zutreffender Ansicht des BAG ein sich daran anschließendes **pauschales Bestreiten** des Arbeitgebers mit Nichtwissen **unbeachtlich** (BAG v. 30. 9. 2008 – 1 ABR 54/07, a. a. O.).
  Der Arbeitgeber müsse vielmehr konkret angeben, welche der zuvor vorgetragenen Tatsachen er bestreiten will.

Kosten der Betriebsratstätigkeit

- Zur Möglichkeit des Betriebsrats, einen unwirksamen Beschluss durch erneute Beschlussfassung zu genehmigen siehe → **Betriebsratssitzung (Beschlussfassung)** Rn. 23 a.

»Überlassungsverpflichtung« des Arbeitgebers nach § 40 Abs. 2 BetrVG

11 § 40 Abs. 2 BetrVG begründet eine »**Überlassungsverpflichtung**« des Arbeitgebers. Er muss dem Betriebsrat »*in erforderlichem Umfang*« *Räume, Sachmittel, Informations- und Kommunikationstechnik* (z. B. Telefon, ggf. Handy, Faxgerät, PC-Ausstattung mit E-Mail-Funktion, Internet- und ggf. Intranet-Zugang, Fotokopiergerät) »*zur Verfügung stellen*«.
Dies bedeutet, dass der Betriebsrat oder ein einzelnes Betriebsratsmitglied nicht berechtigt sind, sich auf Kosten des Arbeitgebers Sachmittel (z. B. Bücher) selbst zu beschaffen (es sei denn, eine solche Berechtigung ist z. B. durch → **Betriebsvereinbarung** oder → **Regelungsabrede** zwischen Arbeitgeber und Betriebsrat verabredet worden).
Vielmehr muss der Betriebsrat die Mittel, die er für die Betriebsratsarbeit benötigt, in einer ordnungsgemäß einberufenen → **Betriebsratssitzung** beschließen (siehe auch Rn. 10 a) und beim Arbeitgeber geltend machen.
Lehnt der Arbeitgeber ab, kann der Betriebsrat **arbeitsgerichtliche Hilfe** in Anspruch nehmen.
Auch im Rahmen des § 40 Abs. 2 BetrVG beschränkt sich die Überlassungsverpflichtung des Arbeitgebers auf das, was für die sachgerechte Erfüllung der Betriebsratsaufgaben »**erforderlich**« ist (siehe Rn. 10).
Art und Umfang der Ausstattung des Betriebsrats hängen dabei ganz wesentlich von der Größe des Betriebes ab. Bei der Prüfung der Erforderlichkeit steht dem Betriebsrat ein **Beurteilungsspielraum** zu, den die Gerichte zu beachten haben.
Sie können die Entscheidung des Betriebsrats nur daraufhin kontrollieren, ob das verlangte Sachmittel der Wahrnehmung seiner gesetzlichen Aufgaben dienen soll und der Betriebsrat bei seiner Entscheidung berechtigten Interessen des Arbeitgebers und der Belegschaft angemessen Rechnung getragen hat (BAG v. 12. 5. 1999 – 7 ABR 36/97, NZA 1999, 1290; 16. 5. 2007 – 7 ABR 45/06, NZA 2007, 1117).
Zu weiteren Einzelheiten siehe → **Betriebsratsbüro (Ausstattung, Hausrecht)** und → **EDV im Betriebsratsbüro – Internet – Intranet**.

12 Neben § 40 BetrVG finden sich spezielle Kostentragungs-Sonderregelungen in
- § 20 Abs. 3 BetrVG: Der Arbeitgeber trägt die Kosten der → **Betriebsratswahl**, das gilt auch für Kosten einer Wahlvorstandsschulung.
- § 76 a BetrVG: Der Arbeitgeber trägt die Kosten der → **Einigungsstelle**.

13 Siehe auch → **Berater**, → **Europäischer Betriebsrat**, → **Sachverständiger**, → **Schulungs- und Bildungsveranstaltungen**.

Bedeutung für die Betriebsratsarbeit

14 Es liegt auf der Hand, dass die **Effektivität** der Betriebsratsarbeit wesentlich mitbestimmt wird von Art und Umfang des »Handwerkszeugs« (und natürlich auch von der Art und Weise, wie der Betriebsrat damit umgeht).

15 Der Betriebsrat sollte in gewissen Abständen **prüfen**, ob das Betriebsratsbüro – gemessen an den zu bewältigenden Aufgaben – noch ausreichend ausgestattet ist.
Dabei ist insbesondere zu beachten, dass es bei Gesetzestexten, Kommentaren und sonstiger **Literatur** »in der Natur der Sache liegt«, dass sie »veralten«
Der Betriebsrat sollte deshalb durch Fassung der notwendigen Beschlüsse nach § 40 Abs. 2

Kosten der Betriebsratstätigkeit

BetrVG sicherstellen, dass er stets die aktuellsten Auflagen der einschlägigen Literatur zur Verfügung hat (siehe → **Literatur für die Betriebsratsarbeit**).
Lehnt der Arbeitgeber die vom Betriebsrat nach § 40 BetrVG geltend gemachten Ansprüche ab, dann kann der Betriebsrat die Einleitung eines arbeitsgerichtlichen Verfahrens beschließen. (siehe → **Arbeitsgericht**).

16

Arbeitshilfen

Musterschreiben • Bestellung von Literatur für die Betriebsratsarbeit

Rechtsprechung

1. Kostentragungspflicht des Arbeitgebers nach § 40 Abs. 1 BetrVG – Wirksamer Betriebsratsbeschluss – Rechtsprechungsänderung!
2. Anspruch eines Betriebsratsmitglieds auf Erstattung aufgewendeter Kosten – Zinsanspruch – Beschlussverfahren
3. Anspruch des Betriebsrats bzw. eines Betriebsratsmitglieds gegen den Arbeitgeber auf Freistellung von einer eingegangenen Verbindlichkeit – Abtretung des Freistellungsanspruchs – Beschlussverfahren
4. Kosten einer Schulungs- und Bildungsveranstaltung für Betriebsräte (§ 37 Abs. 6 BetrVG)
5. Kosten der Hinzuziehung eines Rechtsanwalts
6. Kosten der Hinzuziehung eines Sachverständigen (§ 80 Abs. 3 BetrVG)
7. Kosten der Hinzuziehung eines Beraters (§ 111 Satz 2 BetrVG)
8. Kosten des Einigungsstellenverfahrens (§ 76 a BetrVG)
9. Reisekosten von Betriebsratsmitgliedern
10. Kosten für Dolmetscher und Übersetzungen – Schulung in der Muttersprache
11. Kinderbetreuungskosten eines alleinerziehenden Betriebsratsmitglieds
12. Unterlassungsanspruch des Betriebsrats gegen Bekanntgabe der Kosten der Betriebsratstätigkeit
13. Betriebsratskosten im Insolvenzverfahren
14. Sonstiges
15. Anspruch auf Bürokraft (§ 40 Abs. 2 BetrVG)
16. Fachliteratur für den Betriebsrat (§ 40 Abs. 2 BetrVG)
17. Personal Computer für den Betriebsrat (§ 40 Abs. 2 BetrVG)
18. Farbdrucker (§ 40 Abs. 2 BetrVG)
19. Kosten der Betriebsratswahl (§ 20 Abs. 3 BetrVG)
20. Rechtsanwaltskosten der Gewerkschaft bei Betriebsratswahl
21. Haftung des Betriebsrats bzw. eines Betriebsratsmitglieds für Honoraransprüche eines beauftragten Sachverständigen/Beraters?
22. Kostentragung bei nicht wirksamer Errichtung eines Konzernbetriebsrats

Krankengeld

Grundlagen

I. Anspruch auf Krankengeld

Nach § 44 ff. SGB V haben Versicherte im Falle krankheitsbedingter Arbeitsunfähigkeit oder stationärer Behandlung Anspruch auf Krankengeld.
Die Krankengeldzahlung setzt ein nach Auslaufen der vom Arbeitgeber zu leistenden sechswöchigen → **Entgeltfortzahlung im Krankheitsfall und bei Vorsorge/Rehabilitation.**

II. Dauer der Krankengeldzahlung

Krankengeld wird zwar grundsätzlich ohne zeitliche Begrenzung gewährt. Für den Fall der Arbeitsunfähigkeit wegen derselben Krankheit wird Krankengeld aber **längstens für 78 Wochen innerhalb von drei Jahren** (gerechnet vom Tage des Beginns der Arbeitsunfähigkeit) gezahlt (§ 48 Abs. 1 Satz 1 SGB V).
Tritt während der Arbeitsunfähigkeit eine weitere Krankheit hinzu, wird die Leistungsdauer **nicht verlängert** (§ 48 Abs. 1 Satz 2 SGB V).
Unter den Voraussetzungen des § 48 Abs. 2 SGB V besteht nach Beginn eines **neuen Dreijahreszeitraums** ein **neuer Anspruch** auf Krankengeld wegen derselben Krankheit.

III. Höhe des Krankengeldes

Das Krankengeld beträgt **70 Prozent** des Bruttoarbeitsentgelts (unter Berücksichtigung der Einmalzahlungen), soweit es der Beitragsberechnung unterliegt (= sog. kumuliertes »Regelentgelt«), **maximal aber 90 Prozent** des kumulierten Nettoarbeitsentgelts (§ 47 Abs. 1 Sätze 1 und 2 SGB V).
Das Krankengeld wird auf der Grundlage von **Kalendertagen** ermittelt (ein Kalendermonat = 30 Kalendertage).
Einmalzahlungen (z. B. Urlaubsgeld, Weihnachtsgeld) werden dadurch in die Berechnung einbezogen, dass der 360. Teil des einmalig gezahlten Arbeitsentgelts, das in den letzten 12 Kalendermonaten vor Beginn der Arbeitsunfähigkeit nach § 23 a SGB IV der Beitragsberechnung zugrunde gelegen hat, dem Regelentgelt hinzugerechnet wird (sog. Hinzurechnungsbetrag; vgl. § 47 Abs. 2 Satz 6 SGB V).
Das kumulierte Regelentgelt wird nur bis zur Höhe des Betrages der **kalendertäglichen Beitragsbemessungsgrenze** in der Kranken- und Pflegeversicherung berücksichtigt (§ 47 Abs. 6 SGB V); für 2016 beträgt diese 141,25 Euro (= 50850 Euro : 360).
Das kalendertägliche Krankengeld darf nicht mehr als das laufende kalendertägliche Nettoentgelt **vor Eintritt der Arbeitsunfähigkeit** betragen (§ 47 Abs. 1 Satz 4 SGB V).
Das **tägliche Höchstkrankengeld** beträgt: 98,88 Euro (= 50850 Euro geteilt durch 360 Tage mal 70 %; Stand: 2016).

Krankengeld

Berechnungsbeispiel Krankengeld (Stand: 2016):
Ein Arbeitnehmer ist ab 10.4.2016 arbeitsunfähig krank.
Er hat im letzten abgerechneten Monat vor Eintritt der Arbeitsunfähigkeit (= März 2016) ein Bruttoentgelt von 2400 Euro erzielt.
Im Mai 2015 hatte er ein zusätzliches Urlaubsentgelt von 1200 Euro und im November 2015 ein Weihnachtsgeld von 2400 Euro erhalten.

1. **Laufendes kalendertägliches Regelentgelt,
berechnet aus dem Entgelt im März 2016:**
2400,- Euro : 30 Kalendertage = 80,- Euro

2. **Hinzurechnungsbetrag aus Einmalzahlungen im 12-Monats-Zeitraum
April 2015 bis März 2016:**
3600,- Euro : 360 = = 10,- Euro

Kumuliertes kalendertägliches Regelentgelt: = 90,- Euro
Das kumulierte kalendertägliche Regelentgelt überschreitet nicht die tägliche Beitragsbemessungsgrenze im Jahr 2016 in Höhe von 141,25 Euro (= 50850 Euro : 360).

3. **Ermittlung des kalendertäglichen Krankengeldes**
a) 70 % des kumulierten kalendertäglichen Regelentgelts von 90,- Euro = 63,- Euro
b) Das Krankengeld ist aber begrenzt auf maximal 90 % des kumulierten
kalendertäglichen Nettoarbeitsentgelts:
Laufendes kalendertägliches Nettoentgelt aus 2400,- Euro (brutto)
= 1740,- Euro : 30 Kalendertage = 58,- Euro
plus Netto-Hinzurechnungsbetrag aus Einmalzahlungen:
10,- Euro mal 58 : 80 (§ 47 Abs. 1 Satz 3 SGB V) = 7,25 Euro

Kumuliertes kalendertägliches Nettoentgelt: = 65,25 Euro
90 % von 65,25 Euro = 58,73 Euro
c) Da das laufende kalendertägliche Nettoarbeitsentgelt nicht überschritten werden darf (§ 47 Abs. 1 Satz 4 SGB V), beträgt das **kalendertägliche (Brutto-)Krankengeld 58,- Euro.**

III. Sozialversicherung

Vom (Brutto-)Krankengeld werden Beiträge in die Arbeitslosen-, Renten- und Pflegeversicherung abgeführt.

IV. Steuern

Das Krankengeld ist steuerfrei. Es wird aber bei der Ermittlung des Steuersatzes berücksichtigt, der auf das übrige steuerpflichtige Einkommen angewendet wird (Progressionsvorbehalt; vgl. § 32 b EStG). Deshalb können steuerliche Nachzahlungen anfallen.

Krankenversicherung

Gesetzliche Grundlagen

1 Die gesetzliche Krankenversicherung ist Teil des staatlichen Sozialversicherungssystems. Dieses setzt sich aus mehreren Zweigen zusammen:
- → **Arbeitslosenversicherung/Arbeitsförderung** (Sozialgesetzbuch III),
- **Krankenversicherung** (Sozialgesetzbuch V),
- → **Rentenversicherung** (Sozialgesetzbuch VI),
- → **Unfallversicherung** (Sozialgesetzbuch VII),
- → **Pflegeversicherung** (Sozialgesetzbuch XI).

1a Rechtsgrundlage ist das Sozialgesetzbuch Fünftes Buch – Gesetzliche Krankenversicherung (SGB V) vom 20.12.1988 (BGBl. I S. 2477), zuletzt geändert durch Gesetz vom 23.12.2014 (BGBl. I Nr. 64 S. 2475).
Das SGB V ist im Verlauf mehrfach geändert worden, u. a. durch das
- »Gesundheits-Strukturgesetz« vom 22.11.1992 (BGBl. I S. 2266),
- »Gesetz zur Modernisierung der gesetzlichen Krankenversicherung« vom 14.11.2003 (BGBl. I S. 2190),
- »Gesetz zur Stärkung des Wettbewerbs in der gesetzlichen Krankenversicherung (GKV-Wettbewerbsstärkungsgesetz)« vom 26.3.2007 (BGBl. I S. 378),
- »Gesetz zur nachhaltigen und sozial ausgewogenen Finanzierung der gesetzlichen Krankenversicherung (GKV-Finanzierungsgesetz – GKV-FinG)« vom 22.12.2010 (BGBl. I S. 2309),
- »Gesetz zur Verbesserung der Rechte von Patientinnen und Patienten vom 20.2.2013 (BGBl. I S. 277),
- »Gesetz zur Weiterentwicklung der Finanzstruktur und der Qualität in der gesetzlichen Krankenversicherung (GKV-FQWG)« vom 21.7.2014 (BGBl. I S. 1133),
- »Gesetz zur Stärkung der Versorgung in der gesetzlichen Krankenversicherung (GKV-Versorgungsstärkungsgesetz – GKV-VSG)« vom 16.7.2015 (BGBl. I Nr. 30 S. 1211): siehe Rn. 14,
- »Gesetz zur Stärkung der Gesundheitsförderung und der Prävention (Präventionsgesetz – PrävG)« vom 17.7.2015 (BGBl. I Nr. 31 S. 1368).

2 Nachstehend sollen einige – auch für die Betriebsratsarbeit wichtige – Hinweise zur gesetzlichen Krankenversicherung gegeben werden. Es handelt sich keineswegs um eine erschöpfende Darstellung.

Wahl der Krankenkasse (§§ 173 ff. SGB V)

3 Seit dem 1. Januar 1996 können Versicherungspflichtige in der gesetzlichen Krankenversicherung die Krankenkasse (Orts-, Betriebs-, Innungskrankenkasse oder Ersatzkasse) **frei wählen** (§ 173 SGB V).

Krankenversicherung

Betriebs- oder Innungskrankenkassen sind allerdings nur wählbar, wenn sie sich durch Satzungsbeschluss für Betriebsfremde geöffnet haben.

Beiträge

Finanziert wird die gesetzliche Krankenversicherung durch Beiträge, die von den Arbeitgebern und Arbeitnehmern aufgebracht werden.
Der **allgemeine Beitragssatz** wurde früher von der jeweiligen Krankenkasse (Selbstverwaltung) festgelegt.
Der Beitrag wurde von Arbeitgebern und Arbeitnehmern **paritätisch je zur Hälfte** getragen.
Die Beitragssätze variierten – je nach Krankenkasse – stark. Sie lagen zwischen 12 und 16 Prozent.
Grund war vor allem die unterschiedliche Versichertenstruktur (viele Versicherte mit hohem bzw. niedrigem Krankheitsrisiko).
Mit dem »Gesetz zur Stärkung des Wettbewerbs in der gesetzlichen Krankenversicherung« (GKV-Wettbewerbsstärkungsgesetz) vom 26. 3. 2007 (BGBl. I S. 378) wurde den Krankenkassen mit Wirkung ab 1. 1. 2009 die Befugnis zur individuellen Festsetzung ihres jeweiligen Beitragssatzes genommen.
Die Beitragsfestsetzung erfolgte zunächst durch **Rechtsverordnung** der Bundesregierung: mit der »Verordnung zur Festlegung der Beitragssätze in der gesetzlichen Krankenversicherung (GKV-Beitragssatzverordnung – GKV-BSV)« vom 29. 10. 2008 (BGBl. I S. 2109) hat die Bundesregierung den allgemeinen Beitragssatz mit Wirkung ab dem 1. 1. 2009 auf 15,5 Prozent festgelegt.
Nach Aufhebung der Verordnung durch das »Gesetz zur nachhaltigen und sozial ausgewogenen Finanzierung der Gesetzlichen Krankenversicherung« (GKV-Finanzierungsgesetz – GKV-FinG) vom 22. 12. 2010 (BGBl. I S. 2309 Nr. 68) ergab sich der allgemeine Beitragssatz von 15,5 Prozent nunmehr unmittelbar aus dem Gesetz, nämlich aus § 241 SGB V (»*Der allgemeine Beitragssatz beträgt 15,5 Prozent der beitragspflichtigen Einnahmen der Mitglieder*«).
Der Beitrag war gemäß § 249 Abs. 1 SGB V in Höhe von **7,3 Prozentpunkten** vom Arbeitgeber zu tragen, in Höhe von **8,2 Prozentpunkten** (7,3 Prozent + 0,9 Prozentpunkte) vom Arbeitnehmer.
Die jahrzehntelange **paritätische Finanzierung** der Krankenversicherung wurde damit zugunsten der Interessen der Arbeitgeberseite **beendet**.
Mit dem »Gesetz zur Weiterentwicklung der Finanzstruktur und der Qualität in der gesetzlichen Krankenversicherung« (GKV-FQWG) vom 21. 7. 2014 (BGBl. I S. 1133) wurde das Beitragsrecht mit Wirkung ab 1. 1. 2015 erneut verändert:
- seitdem gilt ein gesetzlicher **Beitragssatz von 14,6 Prozent** (§ 241 SGB V);
- hinzukommen ggf. **kassenindividuelle Zusatzbeiträge** (§ 242 SGB V; siehe Rn. 6). Die meisten Krankenkassen erheben Zusatzbeiträge zwischen 0,3 und 1,3 Prozent (*http://www.krankenkassen.de/gesetzliche-krankenkassen/krankenkasse-beitrag/kein-zusatzbeitrag/*).

Für Mitglieder, die keinen Anspruch auf → **Krankengeld** haben, gilt gemäß § 243 SGB V ein **ermäßigter Beitragssatz**. Er beträgt 14,0 Prozent der beitragspflichtigen Einnahmen der Mitglieder.
Der **Arbeitgeber** trägt die Hälfte der Beiträge aus dem Arbeitsentgelt nach dem allgemeinen Beitragssatz: also 7,3 % (§ 249 Abs. 1 SGB V).
Der **Arbeitnehmer** trägt die übrigen Beiträge: also die andere Hälfte des Beitrags (7,3 Prozent) plus ggf. den kassenindividuellen Zusatzbeitrag (§§ 242, 249 Abs. 1 SGB V).
Der Arbeitgeber trägt den Beitrag allein für Beschäftigte, soweit Beiträge für **Kurzarbeitergeld** zu zahlen sind (§ 249 Abs. 2 SGB V).

Krankenversicherung

5   Für **Gleitzonen-Jobs** (auch »450– bis 850-Euro-Jobs« bzw. **Midi-Jobs** genannt) gilt die Beitragsregelung des § 249 Abs. 3 SGB V; für **geringfügige Beschäftigung** § 249 b SGB V.
Alle Beitragseinnahmen der gesetzlichen Krankenkassen fließen in den sog. »**Gesundheitsfonds**« ein (§ 271 SGB V).
Aus den Mitteln des Gesundheitsfonds erhalten die Krankenkassen Zuweisungen aus dem Gesundheitsfonds zur Deckung ihrer Ausgaben: eine Grundpauschale, alters-, geschlechts- und risikoadjustierte Zu- und Abschläge zum Ausgleich der unterschiedlichen Risikostrukturen und Zuweisungen für sonstige Ausgaben (§ 266 SGB V).
Der Bund leistet zur pauschalen Abgeltung der Aufwendungen der Krankenkassen für versicherungsfremde Leistungen 11,5 Milliarden Euro für das Jahr 2013 und ab dem Jahr 2014 jährlich 14 Milliarden Euro in monatlich zum ersten Bankarbeitstag zu überweisenden Teilbeträgen an den Gesundheitsfonds (§ 221 SGB V).

6   Soweit der Finanzbedarf einer Krankenkasse durch die Zuweisungen aus dem »Gesundheitsfonds« nicht gedeckt ist, hat sie in ihrer Satzung zu bestimmen, dass von ihren Mitgliedern – den Arbeitnehmern – ein einkommensunabhängiger **Zusatzbeitrag** erhoben wird (§ 242 Abs. 1 Satz 1 SGB V). Die Krankenkassen haben den einkommensabhängigen Zusatzbeitrag als Prozentsatz der beitragspflichtigen Einnahmen jedes Mitglieds zu erheben (§ 242 Abs. 1 Satz 2 SGB V; sog. **kassenindividueller Zusatzbeitragssatz**).

7   Der an die Krankenkasse abzuführende Beitrag wird durch die sog. **Beitragsbemessungsgrenze** »gedeckelt« (§ 223 Abs. 3 i. V. m. § 6 Abs. 7 SGB V).

> **Hinweis:**
> Die Jahresarbeitsentgeltgrenze nach § 6 Abs. 7 SGB V entspricht der Beitragsbemessungsgrenze. Sie wird durch die in jedem Jahr ergehende Sozialversicherungs-Rechengrößenverordnung festgelegt und liegt aktuell **bundeseinheitlich** bei monatlich 4237,50 Euro bzw. jährlich 50 850 Euro (Stand 2016; vgl. Sozialversicherungs-Rechengrößenverordnung 2016 vom 30.11.2015 – BGBl. I Nr. 48 S. 2137; siehe auch → **Sozialversicherung**).

Bei einem Bruttoentgelt oberhalb dieser Grenze steigt der abzuführende Krankenversicherungsbeitrag nicht mehr. Das heißt: Der über diesen Grenzbetrag hinausgehende Teil eines Einkommens ist beitragsfrei.

> **Beispiel (Stand 2016):**
> Ein Arbeitnehmer erzielt ein monatliches Bruttoentgelt von 6000,00 Euro. Der Krankenversicherungsbeitrag beläuft sich auf 15,5 % (14,6 % allgemeiner Beitragssatz nach § 241 SGB V plus beispielsweise 0,9 % kassenindividueller Zusatzbeitragssatz nach § 242 SGB V).
> Abzuführen sind 15,5 % von 4237,50 Euro = 656,81 Euro.
> Davon trägt der Arbeitgeber 309,34 Euro (= 7,3 % von 4237,50 Euro), der Arbeitnehmer 347,48 Euro (= 8,2 % von 4237,50 Euro).
> Der zu Lasten des Arbeitnehmers gehende Betrag wird vom Bruttoentgelt abgezogen.

8   In der gesetzlichen Krankenversicherung ist die Beitragsbemessungsgrenze von der **Versicherungspflichtgrenze** (= Jahresarbeitsentgeltgrenze nach § 6 Abs. 6 SGB V) zu unterscheiden.
Das ist der Betrag, bis zu dem ein Arbeitnehmer der Versicherungspflicht unterliegt.
Bei einem höheren Entgelt kann der Arbeitnehmer in die **private Krankenversicherung** wechseln.
Die Versicherungspflichtgrenze ist 2003 von der Beitragsbemessungsgrenze **abgekoppelt** worden (§ 6 Abs. 7 SGB V) mit dem Ziel, die Zahl der gesetzlich Versicherten zu vergrößern und dadurch die Finanzierungsbasis der gesetzlichen Krankenversicherung zu verbreitern.
Die Versicherungspflichtgrenze liegt seitdem **höher** als die Beitragsbemessungsgrenze. Sie be-

Krankenversicherung

trägt im Jahr 2016 bundeseinheitlich 56 250 Euro bzw. 4687,50 Euro monatlich (siehe auch → **Sozialversicherung**).

Familienversicherung (§ 10 SGB V)
Ehepartner, Lebenspartner und Kinder des Versicherten (Kinder bis zu einem bestimmten Alter) sind **mitversichert**, sofern sie kein regelmäßiges monatliches Einkommen von mehr als einem **Siebtel** der monatlichen Bezugsgröße nach § 18 SGB IV (Stand 2016: 2905 Euro : 7 = 415 Euro) bzw. – im Falle geringfügiger Beschäftigung (siehe → **Teilzeitarbeit**) – von mehr als 450 Euro haben (§ 10 Abs. 1 Satz 1 Nr. 5 SGB V).

Leistungen der gesetzlichen Krankenversicherung (§§ 11 ff. SGB V) sind unter anderem:
- Maßnahmen zur Vorsorge und Früherkennung von bestimmten Krankheiten (für Kinder in den ersten 6 Lebensjahren und – neu – eine Untersuchung zu Beginn der Pubertät, für Frauen ab dem 20. und für Männer ab dem 45. Lebensjahr),
- zahnmedizinische Vorsorgemaßnahmen, Schutzimpfungen, soweit sie von der ständigen Impfkommission vorgeschlagen und von den Satzungen und Verträgen der einzelnen Krankenkassen übernommen worden sind,
- kieferorthopädische Behandlung für Versicherte in der Regel bis zum 18. Lebensjahr,
- Zuschüsse zu den Kosten für medizinisch notwendige zahnprothetische Leistungen bei Zahnersatz und Zahnkronen,
- ärztliche und zahnärztliche Behandlung mit freier Wahl unter den zugelassenen Vertragsärzten und Vertragszahnärzten,
- Arznei-, Verband- und Heilmittel sowie Hilfsmittel, wie Hörgeräte und Rollstühle,
- Behandlung im Krankenhaus,
- Kostenübernahme und Zuschüsse bei notwendigen Kuren,
- Haushaltshilfe, wenn der Versicherte im Krankenhaus behandelt bzw. eine Kur antreten muss und dadurch der Haushalt nicht weitergeführt werden kann; häusliche Krankenpflege, wenn dadurch ein Krankenhausaufenthalt vermieden oder verkürzt werden kann oder so die ärztliche Behandlung gesichert wird; häusliche Pflege für Wöchnerinnen,
- Mutterschaftshilfe bei Schwangerschaft und Entbindung.

Außerdem erbringt die Krankenkasse folgende Geldleistungen an den Versicherten:
- **Krankengeld** (§§ 44 ff. SGB V) im Anschluss an die sechswöchige Entgeltfortzahlung durch den Arbeitgeber:
Das Krankengeld beträgt **70 Prozent** des sog. Regelentgelts.
Das ist das vor der Arbeitsunfähigkeit erzielte beitragspflichtige regelmäßige Arbeitsentgelt oder Arbeitseinkommen bis zur Beitragsbemessungsgrenze (2016: 4237,50 Euro monatlich, 50 850 Euro jährlich), jedoch **nicht mehr als 90 Prozent** des letzten Nettoarbeitsentgelts (siehe unten Berechnungsbeispiel).
Einmalzahlungen (z. B. Urlaubsgeld, Weihnachtsgeld usw.) sind bei der Berechnung des Krankengeldes zu berücksichtigen (Neufassung des § 47 Abs. 1 und 2 SGB V durch das Einmalzahlungs-Neuregelungsgesetz vom 1. 2. 2000; vgl. auch BVerfG v. 24. 5. 2000 – 1 BvL 1/98, 1 BvL 4/98, 1 BvL 15/99, DB 2000, 1519).
Für die Berechnung des für das Krankengeld maßgeblichen **Regelentgelts** ist der 360. Teil des einmalig gezahlten Arbeitsentgelts, das in den letzten zwölf Kalendermonaten vor Beginn der Arbeitsunfähigkeit nach § 23 a SGB IV der Beitragsberechnung zugrunde gelegen hat, dem nach § 47 Abs. 2 Satz 1 bis 5 SGB V berechneten Arbeitsentgelt hinzuzurechnen (§ 47 Abs. 2 Satz 6 SGB V n. F.).
Das **tägliche Höchstkrankengeld** beträgt: 98,88 Euro (= 50 850 Euro geteilt durch 360 Tage mal 70 Prozent; Stand: 2016).

Krankenversicherung

Krankengeld wird zwar grundsätzlich ohne zeitliche Begrenzung gewährt. Für den Fall der Arbeitsunfähigkeit wegen derselben Krankheit wird Krankengeld aber **längstens für 78 Wochen innerhalb von 3 Jahren** (gerechnet vom Tage des Beginns der Arbeitsunfähigkeit) gezahlt (§ 48 Abs. 1 Satz 1 SGB V).
Tritt während der Arbeitsunfähigkeit eine weitere Krankheit hinzu, wird die Leistungsdauer nicht verlängert (§ 48 Abs. 1 Satz 2 SGB V).
Unter den Voraussetzungen des § 48 Abs. 2 SGB V besteht nach Beginn eines neuen Dreijahreszeitraums ein **neuer Anspruch** auf Krankengeld wegen derselben Krankheit.
Wenn Versicherungspflicht in der Arbeitslosen-, Renten- und Pflegeversicherung besteht, werden vom (Brutto-)Krankengeld **Beiträge** an diese Sozialversicherungszweige abgeführt.

> **Berechnungsbeispiel Krankengeld (Stand: 2016):**
> siehe → **Krankengeld**, III. Höhe des Krankengeldes.

- **Krankengeld bei Erkrankung des Kindes (§ 45 SGB V):**
  Versicherte haben nach § 45 Abs. 1 SGB V Anspruch auf Krankengeld, wenn es nach ärztlichem Zeugnis erforderlich ist, dass sie wegen Beaufsichtigung, Betreuung oder Pflege eines erkrankten Kindes (bis zur Vollendung des 12. Lebensjahres) der Arbeit fernbleiben.
  Dauer des Anspruchs: in jedem Kalenderjahr **für jedes Kind bis zu 10 Tage**.
  Wenn der Versicherte das Kind **allein erzieht**, verdoppelt sich der Anspruch auf **höchstens 20 Tage**.
  Bei mehreren versicherten Kindern ist der Anspruch auf insgesamt **25 Arbeitstage**, bei Alleinerziehenden auf 50 Arbeitstage pro Kalenderjahr begrenzt.
  Versicherte mit Anspruch auf Krankengeld nach § 45 Abs. 1 SGB V haben für die Dauer dieses Anspruchs gegen ihren Arbeitgeber Anspruch auf unbezahlte **Freistellung** von der Arbeitsleistung, soweit nicht aus dem gleichen Grund Anspruch auf bezahlte Freistellung besteht (z. B. aufgrund der Bestimmungen eines → **Tarifvertrages**).
- **Mutterschaftsgeld (§ 13 MuSchG i. V. m. § 24 i SGB V)** für den Zeitraum von 6 Wochen vor bis 8 Wochen nach der Geburt (**Schutzfrist**); bei Mehrlings- und Frühgeburten für die ersten 12 Wochen nach der Entbindung.
  Die **Höhe** der Leistung richtet sich nach dem durchschnittlichen Entgelt der letzten 3 Monate bzw. der letzten 13 Wochen vor Beginn der gesetzlichen Schutzfrist.
  Maximal zahlt die Krankenkasse **13 Euro je Kalendertag**.
  Der Arbeitgeber zahlt für die Zeit der Schutzfrist den Differenzbetrag zu dem durchschnittlichen Nettolohn dazu (sog. **Zuschuss zum Mutterschaftsgeld**; § 14 MuSchG).
  Siehe auch → **Mutterschutz**.

Zuzahlungen der Versicherten (§ 61 ff. SGB V)

12 Die Versicherten müssen sich – zum Zwecke der Kostendämpfung im Gesundheitswesen – an den Kosten in Form von **Zuzahlungen** beteiligen (z. B. für Arzneimittel und Fahrtkosten).
Kinder und Jugendliche unter 18 Jahren sind (außer bei Zahnersatz und Fahrtkosten) von Zuzahlungen **befreit**.
Ganz oder teilweise befreit sind auch einkommensschwache Versicherte (§§ 61, 62 SGB V; z. B. Sozialhilfeempfänger und Versicherte, deren Einkommen eine festgelegte Einkommensgrenze nicht überschreitet; sog. **Sozialklausel**).

Stufenweise Wiedereingliederung (§ 74 SGB V)

Können arbeitsunfähige Versicherte nach ärztlicher Feststellung ihre bisherige Tätigkeit teilweise verrichten und können sie durch eine stufenweise Wiederaufnahme ihrer Tätigkeit voraussichtlich besser wieder in das Erwerbsleben eingegliedert werden, soll der Arzt auf der Bescheinigung über die Arbeitsunfähigkeit **Art und Umfang der möglichen Tätigkeiten** angeben und dabei in geeigneten Fällen die Stellungnahme des Betriebsarztes oder mit Zustimmung der Krankenkasse die Stellungnahme des Medizinischen Dienstes (§ 275 SGB V) einholen.

Siehe auch → **Krankheit**.

Gesetz zur Stärkung der Versorgung in der gesetzlichen Krankenversicherung (GKV-Versorgungsstärkungsgesetz – GKV-VSG) vom 16.7.2015 (BGBl. I Nr. 30 S. 1211)

Durch das Gesetz wurden u. a. Leistungsansprüche der Versicherten erweitert (Beispiele):
- Versicherte, bei denen die medizinische Indikation zu einem planbaren Eingriff gestellt wird, bei dem insbesondere die Gefahr einer Indikationsausweitung nicht auszuschließen ist, haben Anspruch darauf, eine unabhängige **ärztliche Zweitmeinung** einzuholen (§ 27b SGB V).
- Bei Art, Dauer, Umfang, Beginn und Durchführung der Leistungen der medizinischen Rehabilitation sowie der Bestimmung der Rehabilitationseinrichtung haben die Versicherten künftig ein größeres **Wunsch- und Wahlrecht** (§ 40 Abs. 3 SGB V i. V. m. § 9 SGB IX).
- Versicherte, die einer Pflegestufe nach § 15 SGB XI zugeordnet sind oder Eingliederungshilfe nach § 53 SGB XII erhalten oder dauerhaft erheblich in ihrer Alltagskompetenz nach § 45a SGB XI eingeschränkt sind, haben Anspruch auf Leistungen zur **Verhütung von Zahnerkrankungen** (§ 22a SGB V).
- Versicherte haben künftig einen Anspruch auf **Krankengeld** schon von dem Tag an, an dem die Arbeitsunfähigkeit ärztlich festgestellt worden ist (§ 46 Satz 1 Nr. 2 SGB V). Bisher entstand der Anspruch auf Krankengeld erst vom darauffolgenden Tag an. Die Neuregelung kommt Versicherten zu Gute, die wegen derselben Krankheit regelmäßig nur einen Arbeitstag arbeitsunfähig sind (beispielsweise wegen einer Chemotherapie oder bestimmter Formen der Dialyse).

Krankheit

Grundlagen

1   Im Falle krankheitsbedingter Arbeitsunfähigkeit und bei Maßnahmen der medizinischen Vorsorge oder Rehabilitation hat der Arbeitnehmer gegen den Arbeitgeber Anspruch auf **Entgeltfortzahlung** nach den Bestimmungen des Entgeltfortzahlungsgesetzes – EFZG (siehe → **Entgeltfortzahlung im Krankheitsfall und bei Vorsorge- und Reha-Maßnahmen**).

1a Ein Arbeitgeber, der wegen des Verdachts einer vorgetäuschten Arbeitsunfähigkeit einem **Detektiv** die Überwachung eines Arbeitnehmers überträgt, handelt rechtswidrig, wenn sein Verdacht nicht auf konkreten Tatsachen beruht. Für dabei heimlich hergestellte Abbildungen gilt dasselbe. Eine solche rechtswidrige Verletzung des allgemeinen Persönlichkeitsrechts kann einen **Geldentschädigungsanspruch** (»**Schmerzensgeld**«) begründen (BAG v. 19.2.2015 – 8 AZR 1007/13).

Krankengeld (§§ 44 ff. SGB V)

2   Im Anschluss an die sechswöchige Entgeltfortzahlung erhält der arbeitsunfähig kranke Arbeitnehmer von seiner Krankenkasse Krankengeld.
Es beträgt 70 Prozent des sog. Regelentgelts, jedoch nicht mehr als 90 Prozent des letzten Nettoarbeitsentgelts (Berechnungsbeispiel siehe → Krankengeld und → **Krankenversicherung**; dort auch zu weiteren Leistungen der gesetzlichen Krankenversicherung).

Stufenweise Wiedereingliederung (§ 74 SGB V)

2a Können arbeitsunfähige Versicherte nach ärztlicher Feststellung ihre bisherige Tätigkeit teilweise verrichten und können sie durch eine **stufenweise Wiederaufnahme** ihrer Tätigkeit voraussichtlich besser wieder in das Erwerbsleben eingegliedert werden, soll der Arzt auf der Bescheinigung über die Arbeitsunfähigkeit **Art und Umfang der möglichen Tätigkeiten** angeben und dabei in geeigneten Fällen die Stellungnahme des Betriebsarztes oder mit Zustimmung der Krankenkasse die Stellungnahme des Medizinischen Dienstes (§ 275 SGB V) einholen.
Ein Wiedereingliederungsverhältnis ist **nicht als Teil des Arbeitsverhältnisses** zu werten, sondern stellt neben diesem ein **Vertragsverhältnis eigener Art (sui generis)** dar. Anders als das Arbeitsverhältnis ist das Wiedereingliederungsverhältnis nicht durch den Austausch von Leistung und Gegenleistung gekennzeichnet, sondern durch den Rehabilitationszweck. Die Tätigkeit des Arbeitnehmers ist auf die Wiedererlangung der Arbeitsfähigkeit und nicht auf die Erfüllung der vertraglich geschuldeten Arbeitsleistung gerichtet (BAG v. 24.9.2014 – 5 AZR 611/12).
Wird ein Arbeitnehmer zur Wiedereingliederung beschäftigt, so **ruhen** während dieser Zeit die arbeitsvertraglichen Hauptleistungspflichten. Ein Vergütungsanspruch des Arbeitnehmers gegen den Arbeitgeber für die im Rahmen der Wiedereingliederung ausgeübte Tätigkeit besteht

Krankheit

grundsätzlich nicht (BAG v. 29.1.1992 – 5 AZR 37/91, NZA 1992, 643; 19.4.1994 – 9 AZR 462/92, DB 1994, 1880). Während des Wiedereingliederungsverhältnisses ist der Urlaubsanspruch nicht erfüllbar, da der Arbeitgeber den Arbeitnehmer wegen des Ruhens der Hauptleistungspflichten nicht von der Arbeitspflicht befreien kann (BAG v. 19.4.1994 – 9 AZR 462/92, a.a.O.).

Krankheit und → Urlaub (§ 9 BUrlG)

Die durch ärztliches Attest nachgewiesenen Tage der Arbeitsunfähigkeit werden **nicht** auf den Urlaub **angerechnet**. 3
Der Betroffene hat insoweit Anspruch auf Entgeltfortzahlung nach dem EFZG.

Krankheit und → Bildungsurlaub

Ein Anspruch auf Entgeltfortzahlung nach dem EFZG besteht auch, wenn ein nach Ländergesetzen gewährter – bezahlter – Bildungsurlaub wegen Krankheit **nicht angetreten** werden kann oder **vorzeitig abgebrochen** werden muss. 4

Krankheit und Feiertag

Wenn der Beschäftigte an einem Feiertag arbeitsunfähig erkrankt ist, ist er in Bezug auf das Arbeitsentgelt zu behandeln **wie die gesunden Beschäftigten**. 5
Hätte der Erkrankte am Feiertag **nicht arbeiten müssen**, erhält er das nach § 4 Abs. 2 i.V.m. 6
§ 2 EFZG zu berechnende Arbeitsentgelt, das er ohne Krankheit und ohne feiertagsbedingten Arbeitsausfall bekommen hätte.
Hätte er dagegen – z.B. nach einem Schichtplan – an dem Feiertag **arbeiten müssen**, dann 7
sind ihm nach richtiger Auffassung auch die dann ggf. angefallenen – tariflichen – Feiertagszuschläge zu zahlen (strittig).

Zusammentreffen von Krankheit und → Kurzarbeit

Fällt die krankheitsbedingte Arbeitsunfähigkeit in eine Kurzarbeitsperiode, so berechnet sich 8
das fortzuzahlende Arbeitsentgelt auf der Basis der **verkürzten Arbeitszeit**, sofern der Erkrankte von der Kurzarbeit betroffen gewesen wäre (§ 4 Abs. 3 EFZG).
Erkrankt ein Arbeitnehmer **während** des Bezuges von Kurzarbeitergeld, erhält er – zusätzlich 9
zum fortzuzahlenden Arbeitsentgelt (für die nicht durch Kurzarbeit ausgefallene Arbeit) – für die Dauer von bis zu sechs Wochen Kurzarbeitergeld (»**Kranken-Kurzarbeitergeld**« nach § 98 Abs. 2 SGB III 2012).
Besteht die Arbeitsunfähigkeit weiter fort, zahlt die Krankenkasse nach Ablauf des Entgeltfortzahlungszeitraums → **Krankengeld**.
Dieses wird nach dem regelmäßigen Arbeitsentgelt berechnet, das zuletzt vor Eintritt des Arbeitsausfalls erzielt wurde (§ 47b Abs. 3 SGB V; siehe auch Beispiel Rn. 10).
Soweit ein Beschäftigter arbeitsunfähig erkrankt, **bevor** die Voraussetzungen für **Kurzarbei-** 10
tergeld (siehe → **Kurzarbeit**) vorliegen, erhält er für die Dauer der Entgeltfortzahlung zusätzlich zum Arbeitsentgelt (für die nicht durch Kurzarbeit ausgefallene Arbeit) als **Krankengeld** den Betrag des Kurzarbeitergeldes, den er erhalten hätte, wenn er nicht arbeitsunfähig gewesen wäre (§ 47b Abs. 4 Satz 1 SGB V).
Der Arbeitgeber hat in diesem Falle das Krankengeld kostenlos zu errechnen und **auszuzahlen** (§ 47b Abs. 4 Satz 2 SGB V). Der Arbeitnehmer hat die erforderlichen Angaben zu machen.

Krankheit

Beispiel:
Ein Arbeitnehmer ist seit Montag, den 1.2.2016 – voraussichtlich für längere Zeit – arbeitsunfähig krank.
Drei Wochen später – am 22.2.2016 – beginnt eine zwischen Arbeitgeber und Betriebsrat vereinbarte sechsmonatige Kurzarbeitsperiode, in der nur noch an drei Tagen der Woche gearbeitet wird; zwei Arbeitstage fallen aus. Von dem Arbeitsausfall wäre auch der weiterhin arbeitsunfähige Arbeitnehmer betroffen. Er hat für die Zeit ab 1.2.2016 Anspruch auf folgende Leistungen:
- für die Zeit vom 1.2. bis 21.2.2016 (= »erste« drei Wochen): Entgeltfortzahlung in Höhe des Arbeitsentgelts, das ihm entsprechend der für ihn maßgebenden regelmäßigen Arbeitszeit zusteht (§ 4 Abs. 1 EFZG);
- für die Zeit vom 22.2. bis 13.3.2016 (= »zweite« drei Wochen):
  - Entgeltfortzahlung auf der Basis der verkürzten Arbeitszeit (§ 4 Abs. 3 EFZG)
  - plus Krankengeld in Höhe des Betrages des Kurzarbeitergeldes, den er erhalten hätte, wenn er nicht arbeitsunfähig gewesen wäre (§ 47 b Abs. 4 SGB V; der Krankengeldanspruch nach dieser Vorschrift besteht, solange Anspruch auf Fortzahlung des Arbeitsentgelts im Krankheitsfall nach dem Entgeltfortzahlungsgesetz besteht)
- für die Zeit nach Ablauf der Entgeltfortzahlung ab 14.3.2016: Krankengeld. Dieses wird nach dem regelmäßigen Arbeitsentgelt berechnet, das zuletzt vor Eintritt des Arbeitsausfalls erzielt wurde (§ 47 b Abs. 3 SGB V; siehe Rn. 25).

11 Beim **Zusammenfallen von Krankheit, Feiertag und → Kurzarbeit** steht dem Betroffenen für den Feiertag ein Entgeltanspruch nur in Höhe des Kurzarbeitergeldes zu (sofern der kranke Arbeitnehmer in die Kurzarbeit einbezogen worden wäre; andernfalls ist ein ungekürztes Feiertagsentgelt zu zahlen).

Kürzung von Sondervergütungen wegen Krankheit

12 Nach § 4a EFZG ist eine Vereinbarung (z. B. arbeitsvertragliche Vereinbarung) zulässig, die eine Kürzung von Sondervergütungen (siehe → **Weihnachtsgeld und sonstige Sondervergütungen**) für Zeiten der Arbeitsunfähigkeit infolge Krankheit vorsieht (ggf. anderslautende Tarifverträge beachten; diese haben Vorrang!).
Dabei darf die vorgesehene Kürzung für jeden Krankheitstag nicht höher sein als **25 Prozent** des Arbeitsentgelts, das im Jahresdurchschnitt auf einen Arbeitstag entfällt.

13 Derartige Vereinbarungen über eine Kürzung von Sondervergütungen sind, mögen sie auch zulässig sein, abzulehnen, weil sie zu einer nicht gerechtfertigten »**Doppelbestrafung**« des Erkrankten führen: Dieser muss zusätzlich zu seiner (von ihm nicht verschuldeten) Krankheit auch noch eine finanzielle Einbuße hinnehmen.

14 Wenn eine betriebliche Regelung die Möglichkeit vorsieht, eine Sondervergütung nur bei **Arbeitern**, nicht aber bei **Angestellten** wegen krankheitsbedingter Fehlzeiten zu kürzen (um den höheren Krankenstand der Arbeiter zu senken), ist eine solche Regelung nichtig, wenn nicht ausgeschlossen werden kann, dass der hohe Krankenstand der Arbeiter auf gesundheitsschädlichen Arbeitsbedingungen beruht (BVerfG v. 1.9.1997 – 1 BvR 1929/95, NZA 1997, 1339).

15 In vielen → **Tarifverträgen** über Sondervergütungen sind **Kürzungen wegen Krankheit** richtigerweise generell (sowohl bei Arbeitern als auch bei Angestellten) **ausgeschlossen** worden (z. B. Tarifverträge über betriebliche Sonderzahlungen der Metallindustrie).

Krankheit

Abmahnung, Kündigung

Nach Ansicht des BAG kann die wiederholte **Verletzung der Anzeigepflicht** gemäß § 5 Abs. 1 Satz 1 EFZG nach vergeblicher → **Abmahnung** eine → **verhaltensbedingte Kündigung** rechtfertigen (vgl. z. B. BAG v. 16. 8. 1991 – 2 AZR 604/90, AiB 1992, 655).
Das Gleiche soll gelten, wenn der Arbeitnehmer seiner **Nachweispflicht** gemäß § 5 Abs. 1 Satz 2 EFZG (rechtzeitige Vorlage einer **Arbeitsunfähigkeitsbescheinigung**) nicht oder nicht rechtzeitig nachkommt (BAG v. 15. 1. 1986 – 7 AZR 128/83, NZA 1987, 93).
Zur Frage, ob ein krankheitsbedingter Arbeitsausfall ein Grund für eine **Kündigung** sein kann, siehe → **Personenbedingte Kündigung**.

16

17

Bedeutung für den Betriebsrat

Krankheit ist ein Thema, das den Betriebsrat in vielfacher Hinsicht fordert.
Zum einen geht es darum, dass der Betriebsrat Initiativen zur Verbesserung der Arbeitsbedingungen ergreift mit dem Ziel, das **Entstehen** von arbeitsbedingten Erkrankungen zu verhindern.
Der Betriebsrat kann sich dabei auf eine Vielzahl von Arbeitsschutzgesetzen und auf **Mitbestimmungsrechte** stützen, vor allem auf § 87 Abs. 1 Nr. 7 BetrVG (siehe → **Arbeitsschutz** Rn. 70 ff.).
Zum anderen hat der Betriebsrat die Aufgabe sicherzustellen, dass niemand wegen Krankheit **diskriminiert** wird oder sonstige **Nachteile** erleidet.

18
19

20

Beispiele:
- Kürzung von Sondervergütungen wegen krankheitsbedingter Fehlzeiten.
- »Anwesenheitsprämien«, die die Arbeitnehmer »motivieren« sollen, die Zahl der Fehltage gering zu halten.
- Veröffentlichung von abteilungsbezogenen Krankheitsquoten im Betrieb (siehe hierzu Rn. 30).
- »Krankenrückkehrgespräche« mit dem Ziel, den Arbeitnehmer dazu zu »bewegen«, krankheitsbedingte Fehlzeiten in Zukunft zu »unterlassen«. Nach Ablauf einer jeden Erkrankung wird der Beschäftigte zu einem Gespräch mit dem Vorgesetzten bzw. dem Personalleiter »zitiert«. Der Druck auf den Arbeitnehmer wird von Gespräch zu Gespräch erhöht. Am Ende steht die Drohung mit → **Kündigung**; diese könne vermieden werden, wenn der Arbeitnehmer den (bereits vorbereiteten) → **Aufhebungsvertrag** unterschreibe.
- Bespitzelung von Kranken durch Detektive.
- Unangemeldete Hausbesuche bei Kranken durch Vorgesetzte oder vom Arbeitgeber beauftragte »Personalbetreuer«.

All diese Maßnahmen sind geeignet, das **Betriebsklima** zu vergiften. Zu einer **Verbesserung der Arbeitsbedingungen** und damit des gesundheitlichen Wohlbefindens der Belegschaft tragen sie nicht bei.
Es mag sein, dass sich mit diesen Maßnahmen für einen gewissen Zeitraum der betriebliche **Krankenstand** absenken lässt.
Ein reales Bild des tatsächlichen Ausmaßes der Erkrankungen entsteht nicht.
Im Gegenteil: Weil viele Beschäftigte sich Sorgen um ihren Arbeitsplatz machen, werden krankheitsbedingte »Auszeiten« nicht genommen und demzufolge Krankheiten auch nicht auskuriert.
Ein über die gesamte Belegschaft gelegtes »**Misstrauenssystem**« durch Kontrollen, Rückkehrgespräche und dergleichen ist auch nicht notwendig.

21

22

23

Krankheit

Wenn wirklich einmal berechtigter Anlass besteht, an der Arbeitsunfähigkeit eines krankgemeldeten Arbeitnehmers zu zweifeln, hat der Arbeitgeber die Möglichkeit, eine Überprüfung durch den **Medizinischen Dienst der Krankenkassen** zu veranlassen (§ 275 SGB V).

Betriebliches Eingliederungsmanagement (§ 84 Abs. 2 SGB IX)

24 Von den abzulehnenden »**Krankenrückkehrgesprächen**« (siehe Rn. 20) zu unterscheiden sind Aktivitäten von Arbeitgeber und Betriebsrat (ggf. unter Beteiligung der Schwerbehindertenvertretung) zur Realisierung eines **betrieblichen Eingliederungsmanagements (BEM)** im Sinne des § 84 Abs. 2 SGB IX.

Hiernach ist der Arbeitgeber verpflichtet, wenn Beschäftigte innerhalb eines Jahres länger als sechs Wochen ununterbrochen oder wiederholt arbeitsunfähig sind, mit dem Betriebsrat (bei → **schwerbehinderten Menschen** außerdem mit der → **Schwerbehindertenvertretung**) – mit **Zustimmung** und Beteiligung der betroffenen Person – die Möglichkeiten zu klären, wie die Arbeitsunfähigkeit möglichst überwunden werden und mit welchen Leistungen oder Hilfen erneuter Arbeitsunfähigkeit vorgebeugt und der Arbeitsplatz erhalten werden kann (betriebliches Eingliederungsmanagement).

Soweit erforderlich wird der **Werks- oder Betriebsarzt** hinzugezogen.

Die betroffene Person oder ihr gesetzlicher Vertreter ist zuvor auf die Ziele des betrieblichen Eingliederungsmanagements sowie auf Art und Umfang der hierfür erhobenen und verwendeten Daten **hinzuweisen**.

Die Rehabilitationsträger und die Integrationsämter können Arbeitgeber, die ein betriebliches Eingliederungsmanagement einführen, durch Prämien oder einen Bonus **fördern** (§ 84 Abs. 3 SGB IX).

24a Der Betriebsrat kann nach zutreffender Ansicht des BAG verlangen, dass ihm der Arbeitgeber die **Arbeitnehmer benennt,** welche nach § 84 Abs. 2 SGB IX die Voraussetzungen für die Durchführung des betrieblichen Eingliederungsmanagements (BEM) erfüllen (BAG v. 7.2.2012 – 1 ABR 46/10, AiB 2012, 605). Die Benennung der Arbeitnehmer sei zur Durchführung der sich aus § 80 Abs. 1 Nr. 1 BetrVG, § 84 Abs. 2 S. 7 SGB IX ergebenden Überwachungsaufgabe **erforderlich**. Der Arbeitgeber müsse dem Betriebsrat die Namen der Arbeitnehmer mit Arbeitsunfähigkeitszeiten von mehr als sechs Wochen im Jahreszeitraum auch dann mitteilen, wenn diese der Weitergabe nicht zugestimmt haben. Die Überwachungsaufgabe des Betriebsrats nach § 80 Abs. 1 Nr. 1 BetrVG sei nicht von einer vorherigen Einwilligung der von der Vorschrift begünstigten Arbeitnehmer abhängig. Eine solche Einschränkung folge auch nicht aus § 84 Abs. 2 SGB IX. Der Übermittlung der Namen stünden auch keine **datenschutzrechtlichen Gründe** entgegen. Das Erheben von Daten über die krankheitsbedingten Fehlzeiten durch den Arbeitgeber und ihre Übermittlung an den Betriebsrat sei auch bei fehlender Zustimmung der betroffenen Arbeitnehmer nach § 28 Abs. 6 Nr. 3 BDSG 1990 zulässig.

24b Bei der **Ausgestaltung** des betrieblichen Eingliederungsmanagements (BEM) ist für jede einzelne Regelung zu prüfen, ob ein **Mitbestimmungsrecht** besteht. Ein solches kann sich bei allgemeinen Verfahrensfragen aus § 87 Abs. 1 Nr. 1 BetrVG, in Bezug auf die Nutzung und Verarbeitung von Gesundheitsdaten aus § 87 Abs. 1 Nr. 6 BetrVG und hinsichtlich der Ausgestaltung des Gesundheitsschutzes aus § 87 Abs. 1 Nr. 7 BetrVG ergeben, denn § 84 Abs. 2 SGB IX ist eine Rahmenvorschrift iSd. Bestimmung (BAG v. 13.3.2012 – 1 ABR 78/10, NZA 2012, 748).

Krankheit

Weitere Mitbestimmungsrechte

Zum Schutz der arbeitsunfähig Erkrankten vor unangemessenen Maßnahmen des Arbeitgebers stehen dem Betriebsrat **Mitbestimmungsrechte** zu, die sich in erster Linie aus § 87 Abs. 1 Nr. 1 BetrVG (Fragen der Ordnung des Betriebs und des Verhaltens der Arbeitnehmer) ergeben:

Will beispielsweise der Arbeitgeber ein **Formular** einführen, auf dem Beschäftigte die Notwendigkeit eines **Arztbesuches** während der Arbeitszeit durch den Arzt bescheinigen lassen sollen, so bedarf dies der Zustimmung des Betriebsrats (BAG v. 21.1.1997 – 1 ABR 53/96, AiB 1997, 539 = NZA 1997, 785).

Ebenfalls mitbestimmungspflichtig ist – die nach § 5 Abs. 1 Satz 3 EFZG mögliche – Anweisung des Arbeitgebers, Zeiten der Arbeitsunfähigkeit unabhängig von deren Dauer generell durch eine vor Ablauf des dritten Kalendertags nach Beginn der Arbeitsunfähigkeit vorzulegende **Bescheinigung nachzuweisen** (BAG v. 25.1.2000 – 1 ABR 3/99, NZA 2000, 665).

Ein Mitbestimmungsrecht des Betriebsrats besteht auch, wenn der Arbeitgeber nach einem bestimmten Schema **Krankengespräche** zur Aufklärung der Ursachen des betrieblichen Krankenstandes mit den Beschäftigten oder einer nach abstrakten Kriterien ermittelten Mehrzahl der Arbeitnehmer führen will (BAG v. 8.11.1994 – 1 ABR 22/94, NZA 1995, 857).

Auch das generelle Versenden von »**Abmahnungsschreiben**« wegen Krankheit unterliegt der Mitbestimmung (ArbG Köln v. 1.9.1977 – 13 BV 55/77; vgl. auch DKKW-*Klebe*, BetrVG, 15. Aufl., § 87 Rn. 67).

Will der Arbeitgeber einem Arbeitnehmer »krankheitsbedingt« **kündigen**, stehen dem Betriebsrat die Rechte nach § 102 BetrVG zu: Recht auf »Anhörung«, Äußerung von »Bedenken« und Erhebung eines »Widerspruchs« (siehe → **Personenbedingte Kündigung**).

Manche Arbeitgeber veröffentlichen den **Krankenstand** der einzelnen Abteilungen z. B. über im Betrieb installierte Bildschirme nach folgendem Muster.

Krankheitsquote					
Abteilungen	2012	2013			
		Januar		Februar	
	Prozent	Prozent	Fehltage	Prozent	Fehltage
A	4 %	5 %	40	4 %	50
B	3 %	3 %	50	3 %	40
C	6 %	4 %	80	5 %	100
D	8 %	6 %	120	6 %	90
E	2 %	3 %	30	5 %	40
F	0 %	0 %	0	1 %	10

Zu einer solchen Handhabung stellt sich die Frage, ob dadurch berechtigte Interessen der Arbeitnehmer verletzt werden und ob sie gegen die Grundsätze des § 75 BetrVG (Grundsätze für die Behandlung von Betriebsangehörigen nach **Recht und Billigkeit**; Wahrung des **Persönlichkeitsrechts**) verstößt.

Das ist zu bejahen: Arbeitsunfähig kranke Mitarbeiter werden auf subtile Art als »Krankmacher« bzw. »Blaumacher« **an den Pranger gestellt**.

Zwar werden keine Namen genannt, sondern (nur) Quoten. Aber diese werden heruntergebrochen auf Bereiche.

Zweck dieser Form der Veröffentlichung ist, einen Wettbewerb der Abteilungen um den niedrigsten Krankenstand zu erzeugen. Das Führungspersonal eines Bereichs mit hohem Krankenstand wird den Druck auf die erkrankten Arbeitnehmer erhöhen. Weil diese sich davor

Krankheit

fürchten, erscheinen sie zur Arbeit, obwohl sie krank sind. Krankheiten werden nicht auskuriert, sondern verschleppt usw., was weder im Interesse der Kranken, noch des Unternehmens noch der Allgemeinheit ist.
Außerdem werden die kranken Mitarbeiter ausgegrenzt (sog. »low performer«, die man »mitschleppt«) und in einen Gegensatz zu den »Guten« (sog. »high performer«) gestellt.
Ob eine Verletzung des Persönlichkeitsrechts vorliegt, ist letztlich eine Frage der **Abwägung** der Interessen des Arbeitgebers einerseits und der Beschäftigten andererseits (siehe hierzu Fitting, BetrVG, 27. Aufl., § 75 Rn. 142 mit Hinweisen auf BAG-Rechtsprechung).
Folgende Fälle sind zu unterscheiden:
- Fall 1: Wenn der Arbeitgeber eine auf den ganzen Betrieb bezogene Krankheitsquote veröffentlichen würde, wäre dagegen wohl nichts einzuwenden (auch wenn das ebenfalls aus Sicht der erkrankten Mitarbeiter unschön wäre).
- Fall 2: Demgegenüber wäre eine Veröffentlichung der Namen der kranken Mitarbeiter zweifellos eine krasse Verletzung des durch § 75 Abs. 2 BetrVG und Bundesdatenschutzgesetz geschützten Persönlichkeitsrechts.
  Hierzu eine Mitteilung des Innenministeriums des Landes Baden-Württemberg (*http://www.datenschutz-help.de/hinweis%2032.htm*):
  »Der Aufsichtsbehörde liegen Informationen vor, wonach in Betrieben Listen am »Schwarzen Brett« ausgehängt oder den Gehaltsabrechnungen beigelegt worden sind, aus denen die Namen der einzelnen Beschäftigten sowie deren jährliche Krankheitstage hervorgehen. Nach dem Bundesdatenschutzgesetz (§ 28 Abs. 2 Nr. 1 Satz 2) und nach arbeitsrechtlichen Grundsätzen sind personenbezogene Daten, die sich auf arbeitsrechtliche Rechtsverhältnisse beziehen, vertraulich zu behandeln. Dies bedeutet, dass ein Arbeitgeber, wenn er seinen Arbeitnehmern den Krankenstand vor Augen halten will, allenfalls zusammengefasste Angaben hierzu machen darf, die sich nicht auf einzelne Arbeitnehmer beziehen lassen.
  Wenn ein Arbeitgeber auf Mitarbeiter einwirken will, muss dies im Rahmen des jeweiligen Arbeitsverhältnisses direkt gegenüber dem einzelnen Arbeitnehmer geschehen (etwa in Personalgesprächen). Eine Anprangerung durch Aushang am »Schwarzen Brett« oder durch Verteilen von Listen an die Arbeitnehmer ist demgegenüber unzulässig und stellt eine unverhältnismäßige, das Persönlichkeitsrecht der Arbeitnehmer verletzende Maßnahme dar. Auch im Verhältnis zum einzelnen Arbeitnehmer dürfen grundsätzlich keine Angaben über krankheitsbedingte Fehlzeiten gemacht werden, die sich auf namentlich benannte oder bestimmbare Vergleichspersonen beziehen.«
- Der Ausgangsfall (Veröffentlichung von abteilungsbezogenen Krankheitsquoten im Betrieb über Bildschirme) liegt »zwischen Fall 1 und Fall 2«, aber mit größerer Nähe zu Fall 2. Denn durch das Herunterbrechen der Krankheitsquote auf betriebliche Bereiche werden die erkrankten Mitarbeiter erheblich stärker unter Druck gesetzt und in ein schlechtes Bild gerückt als durch Veröffentlichung einer betrieblichen Gesamtquote.

Rechtsprechung gibt es – soweit ersichtlich – zu dieser Fallgestaltung seltsamerweise nicht.
Was kann der Betriebsrat tun?
- Der Betriebsrat sollte den Arbeitgeber auffordern, die Veröffentlichung von abteilungsbezogenen Krankheitsquoten zu unterlassen.
  Die Veröffentlichung unterliegt der **Mitbestimmung** des Betriebsrats nach § 87 Abs. 1 Nr. 6 BetrVG, denn die Krankheitsdaten sind Verhaltensdaten im Sinne dieser Vorschrift (vgl. Fitting, BetrVG, 27. Aufl., § 87 Rn. 223).
  Die Daten werden mittels einer technischen Einrichtung verarbeitet (Server) und über Fernseher im Betrieb veröffentlicht. Dadurch wird ein ständiger Druck auf die erkrankten Mitarbeiter ausgeübt.
  Wenn der Betriebsrat zu dieser Form der Verwendung der Krankheitsdaten nicht zugestimmt hat, ist das Verhalten der Firma mitbestimmungswidrig.

Krankheit

Folge: Der Betriebsrat kann Unterlassung verlangen und den Unterlassungsanspruch durch Antrag auf Erlass einer einstweiligen Verfügung geltend machen (siehe → **Überwachung von Arbeitnehmern**).
- Ein weiterer Ansatzpunkt: Bei dem nächsten Antrag der Geschäftsleitung auf Überstunden / Sonderschichten macht der Betriebsrat seine Zustimmung nach § 87 Abs. 1 Nr. 3 BetrVG davon abhängig, dass die Veröffentlichung der Krankheitsquoten eingestellt wird. Wenn der Arbeitgeber das für rechtsmissbräuchlich hält und Überstunden einseitig anordnet, leitet der Betriebsrat ein Unterlassungsverfahren ein (siehe → **Koppelungsgeschäfte in der Betriebsverfassung**).
- Eine weitere Handlungsmöglichkeit: Der Betriebsrat könnte **Beschwerden** von Arbeitnehmern über die Veröffentlichung von Krankheitsquoten entgegennehmen und nach § 85 BetrVG den Arbeitgeber zur »Abhilfe« auffordern und ggf. die Einigungsstelle anrufen, die dann die Berechtigung der Beschwerde prüft (siehe → **Beschwerderecht der Arbeitnehmer**).
- Und schließlich: Der Betriebsrat könnte eine – für den Arbeitgeber möglicherweise lästige – **Initiative** zur betrieblichen Gesundheitsförderung starten u. a. durch Nutzung seiner Initiativ-Mitbestimmung nach § 87 Abs. 1 Nr. 7 BetrVG (siehe → **Arbeitsschutz** Rn. 70 ff.). Das müsste natürlich groß angelegt werden: z. B. Mitarbeiterbefragung zu den Arbeitsbedingungen, Verhalten von Vorgesetzten, usw.

Rechtsprechung

1. Mitbestimmung des Betriebsrats
2. Betriebliches Eingliederungsmanagement (BEM) nach § 84 Abs. 2 SGB IX – Überwachungsrecht des Betriebsrats – Mitbestimmung bei der Ausgestaltung
3. Krankheitsbedingte Kündigung trotz unterlassenem betrieblichen Eingliederungsmanagement (BEM) nach § 84 Abs. 2 SGB IX?
4. Unterlassungsanspruch des Betriebsrats bei Veröffentlichung von Fehlzeitenlisten
5. Entbindung des behandelnden Arztes von der Schweigepflicht gegenüber Arbeitgeber
6. Arbeitsunfähigkeit während des Urlaubs
7. Kein Verfall des Urlaubs- bzw. Urlaubsabgeltungsanspruchs bei krankheitsbedingter Arbeitsunfähigkeit im Urlaubsjahr bzw. Übertragungszeitraum (Rechtsprechungsänderung!)
8. Tarifliche Urlaubsabgeltung bei lang anhaltender Arbeitsunfähigkeit
9. Freistellung und Entgeltfortzahlung bei Pflege eines erkrankten Kindes
10. Kürzung einer Anwesenheitsprämie wegen Krankheit?
11. Ansprüche aus Arbeitsverhältnis nach Aussteuerung und Antrag auf Arbeitslosengeld?
12. Betriebliches Eingliederungsmanagement – Überwachungsrecht des Betriebsrats
13. Stufenweise Wiedereingliederung (§ 74 SGB V)
14. Überwachung durch Detektiv – Schmerzensgeld – Erstattung von Detektivkosten durch Arbeitnehmer
15. Zuschuss zum Krankengeld – Bruttokrankengeld
16. Einzelfragen
17. Anspruch auf Entgeltfortzahlung
18. Anzeige und Nachweis der Arbeitsunfähigkeit
19. Unabdingbarkeit: Keine Verpflichtung zur Nacharbeit – Kein Abzug vom Zeitkonto
20. Kürzung des 13. Monatsentgelts nur für Arbeiter (nicht für Angestellte) wegen erhöhter Krankheitsquote?

Krankheit

21. Kündigung wegen Krankheit
22. Kündigung wegen krankheitsbedingter Leistungsminderung?
23. Krankheitsbedingte Kündigung: Wiedereinstellungsanspruch
24. Außerordentliche krankheitsbedingte Kündigung – Tarifvertraglicher Kündigungsschutz – Rechte des Betriebsrats
25. Annahmeverzug des Arbeitgebers nach Kündigung trotz Arbeitsunfähigkeit
26. Kündigung wegen »Androhung« einer künftigen Erkrankung?
27. Kündigung wegen Nebentätigkeit während einer Arbeitsunfähigkeit?
28. Kündigung wegen Verletzung der Anzeigepflicht und Nachweispflicht bei Erkrankung?
29. Kündigung wegen Alkoholkrankheit, Alkoholmissbrauch?
30. Anfechtung eines Aufhebungsvertrages wegen unzulässiger Kündigungsandrohung (Verdacht auf Vortäuschung einer Erkrankung)

Kündigung

Was ist das?

Eine Kündigung ist eine »**einseitige**« **Willenserklärung** einer Vertragspartei, mit der diese ein auf Dauer angelegtes Vertragsverhältnis (siehe → **Arbeitsvertrag**) zu der anderen Vertragspartei beenden will. 1

Eine andere Möglichkeit, ein Vertragsverhältnis zu beenden, besteht in dem Abschluss eines von beiden Vertragsparteien vereinbarten → **Aufhebungsvertrages**. 2

Wird ein Arbeitsvertrag zulässigerweise befristet (oder auflösend bedingt vereinbart; § 21 TzBfG), dann endet das Vertragsverhältnis mit Ablauf der Befristung (bzw. mit Eintritt der Bedingung), ohne dass es einer Kündigung bedarf (siehe → **Auflösend bedingter Arbeitsvertrag** und → **Befristeter Arbeitsvertrag**). 3

Schriftform (§ 623 BGB)

Nach § 623 BGB bedarf die Beendigung des Arbeitsverhältnisses durch Kündigung oder → **Aufhebungsvertrag** zu ihrer Wirksamkeit der **Schriftform**. Auch die Befristung des Arbeitsvertrages (bzw. die Vereinbarung einer auflösenden Bedingung) ist nur bei Einhaltung der Schriftform wirksam (§§ 14 Abs. 4, 21 TzBfG). 4

Schriftform ist nur gewahrt, wenn die Kündigung **eigenhändig unterschrieben** ist (§ 126 Abs. 1 BGB).
Eine Kündigung per Fax (auch Computerfax) oder E-Mail ist unwirksam (LAG Düsseldorf v. 25.6.2012 – 14 Sa 185/12). Es fehlt an der erforderlichen eigenhändigen Unterschrift. Das Gleiche gilt für eine nur als Kopie ausgehändigte Kündigung, es sei denn, der Gekündigte erhält bei der Übergabe Einsicht in die original unterschriebene Kündigung (BAG v. 4.11.2004 – 2 AZR 17/04; LAG Hamm v. 4.12.2003 – 4 Sa 900/03, DB 2004, 1565).
Die **elektronische Form** ist nach § 623 zweiter Halbsatz BGB ausgeschlossen. Eine Kündigung per SMS ist deshalb unwirksam (LAG Hamm v. 17.8.2007 – 10 Sa 512/07).

Zurückweisung der Kündigung wegen Nichtvorlage einer Vollmacht (§ 174 BGB)

Nach § 174 Satz 1 BGB ist eine Kündigung, die von einem **Vertreter** des Arbeitgebers ausgesprochen bzw. unterschrieben wird, unwirksam, wenn der Vertreter eine Vollmachtsurkunde nicht vorlegt und der Gekündigte die Kündigung aus diesem Grund **unverzüglich zurückweist**. 5
Die Zurückweisung bedarf keiner bestimmten **Form**. Das Fehlen einer vollständigen Unterschrift unter einer schriftlichen Zurückweisung (z. B. Unterzeichnung nur mit einer Paraphe) kann allenfalls dann von Bedeutung sein, wenn es darauf schließen ließe, eine zurechenbare Willenserklärung, die Kündigung nach § 174 Satz 1 BGB zurückzuweisen, sei (noch) gar nicht beabsichtigt gewesen (BAG v. 25.9.2014 – 2 AZR 567/13).
Das Zurückweisungsrecht ist nach § 174 Satz 2 BGB ausgeschlossen, wenn der Vollmachtgeber

Kündigung

demjenigen, gegenüber dem das einseitige Rechtsgeschäft (= die Kündigung des Arbeitsverhältnisses) vorgenommen werden soll, die Bevollmächtigung (vorher) mitgeteilt hatte. Hierzu ein Auszug aus BAG v. 25.9.2014 – 2 AZR 567/13 (Hervorhebungen durch den Verf.):
»§ 174 BGB dient dazu, bei einseitigen Rechtsgeschäften klare Verhältnisse zu schaffen. Der Erklärungsempfänger ist zur Zurückweisung der Kündigung berechtigt, wenn er keine Gewissheit darüber hat, dass der Erklärende tatsächlich bevollmächtigt ist und sich der Arbeitgeber dessen Erklärung deshalb zurechnen lassen muss. Der Empfänger einer einseitigen Willenserklärung soll nicht nachforschen müssen, welche Stellung der Erklärende hat und ob damit das Recht zur Kündigung verbunden ist oder üblicherweise verbunden zu sein pflegt. Er soll vor der Ungewissheit geschützt werden, ob eine bestimmte Person bevollmächtigt ist, das Rechtsgeschäft vorzunehmen. Gewissheit können eine **Vollmachtsurkunde** oder ein **In-Kenntnis-Setzen** schaffen. Das In-Kenntnis-Setzen nach § 174 Satz 2 BGB muss ein gleichwertiger Ersatz für die Vorlage einer Vollmachtsurkunde sein.

Ein In-Kenntnis-Setzen in diesem Sinne liegt auch dann vor, wenn der Arbeitgeber bestimmte Mitarbeiter – z.B. durch die Bestellung zum **Prokuristen, Generalbevollmächtigten** oder **Leiter der Personalabteilung** – in eine Stelle berufen hat, mit der üblicherweise ein Kündigungsrecht verbunden ist. Dabei reicht die interne Übertragung einer solchen Funktion nicht aus. Erforderlich ist, dass sie auch nach außen im Betrieb ersichtlich ist oder eine sonstige Bekanntmachung erfolgt. Der Erklärungsempfänger muss davon in Kenntnis gesetzt werden, dass der Erklärende die Stellung tatsächlich innehat.

Kündigt ein **Prokurist**, kann die Zurückweisung der Kündigung nach § 174 BGB selbst dann ausgeschlossen sein, wenn der Erklärungsempfänger keine Kenntnis von der Erteilung der Prokura bzw. der Prokuristenstellung hat. Ist die Prokura bereits länger als fünfzehn Tage im Handelsregister eingetragen, wird die nach § 174 Satz 2 BGB erforderliche Kenntnis des Erklärungsempfängers von der Bevollmächtigung im Interesse der Sicherheit und Leichtigkeit des Rechtsverkehrs durch § 15 Abs. 2 HGB fingiert. Aufgrund der Regelung in § 15 Abs. 2 Satz 1 HGB muss sich der Erklärungsempfänger so behandeln lassen, als ob er die länger als fünfzehn Tage eingetragene Tatsache kennt. Eine direkte Kundgabe der Bevollmächtigung und der Person des Bevollmächtigten durch den Vollmachtgeber ist in diesen Fällen aufgrund der Publizität des Handelsregisters entbehrlich.

Eine Zurückweisung der Kündigung scheidet nach § 174 Satz 2 BGB auch dann aus, wenn der kündigende **Personalleiter zugleich (Gesamt-)Prokurist** ist und die im Handelsregister publizierte Prokura sein – alleiniges – Handeln nicht deckt. Es genügt, dass der Kündigungsempfänger aufgrund der – ihm bekannten – Stellung des Kündigenden als Personalleiter von einer ordnungsgemäßen Bevollmächtigung zum alleinigen Ausspruch von Kündigungen ausgehen muss. Ob der Personalleiter zugleich eine ausreichende Vertretungsmacht als (Gesamt-)Prokurist besitzt, ist grundsätzlich ohne Belang.«

Ist in einer größeren Verwaltung die Personalabteilung lediglich für die Sachbearbeitung und für Grundsatzfragen zuständig, während die Federführung in Personalfragen den einzelnen **Abteilungsleitern** vorbehalten bleibt, so sind gegenüber den Arbeitnehmern ihrer Abteilung die einzelnen Abteilungsleiter, nicht jedoch der Leiter der Personalabteilung kündigungsbefugt.

Die Abteilungsleiter können deshalb nach § 174 Satz 2 BGB bei entsprechender Kenntnis des Arbeitnehmers ohne Vollmachtsvorlage kündigen (BAG v. 7.11.2002 – 2 AZR 493/01, NZA 2003, 520).

6   Die Zurückweisung der Kündigung wegen unterlassener Vollmachtsvorlage muss **unverzüglich**, binnen weniger Tage nach Erhalt der Kündigung erfolgen.
Eine Zurückweisung nach einer Zeitspanne von mehr als einer Woche ist ohne das Vorliegen besonderer Umstände des Einzelfalls nicht mehr unverzüglich i. S. d. § 174 Satz 1 BGB (BAG v. 8.12.2011 – 6 AZR 354/10, DB 2012, 579). Eine Zurückweisung hat das BAG in folgendem Fall

Kündigung

noch als unverzüglich angesehen: Die Kündigung war dem Arbeitnehmer am Freitag, dem 27. April 2012, seine Zurückweisung dem Arbeitgeber am 2. Mai 2012 zugegangen. Dazwischen lagen nicht mehr als fünf Tage, einschließlich eines Wochenendes und des Feiertags am 1. Mai.

Weitere Unwirksamkeitsgründe

Zu weiteren Gründen, die zur Unwirksamkeit einer Kündigung führen, siehe → **Kündigungsschutz** Rn. 53 ff.

6a

Teilkündigung

Die Kündigung nur von Teilen des Arbeitsvertrages (= **Teilkündigung**) ist **unzulässig**. Will der Arbeitgeber ein Arbeitsverhältnis nur teilweise verändern, muss er zur → **Änderungskündigung** greifen oder mit dem Arbeitnehmer, falls dieser einverstanden ist, einen Änderungsvertrag abschließen.

7

Kündigungsarten

Im Hinblick auf die Kündigung eines → **Arbeitsvertrages** unterscheidet das Gesetz drei Kündigungsarten:
- die → **Ordentliche Kündigung** (= fristgerechte Kündigung),
- die → **Außerordentliche Kündigung** (= fristlose Kündigung),
- die ordentliche oder außerordentliche → **Änderungskündigung**.

8

Druckkündigung

Eine Kündigung wird als Druckkündigung bezeichnet, wenn **Dritte** (z. B. Mitarbeiter, Betriebsrat, Geschäftspartner, Kunden etc.) unter Androhung von Nachteilen für den Arbeitgeber von diesem die Entlassung eines bestimmten Arbeitnehmers verlangen (BAG v. 31.1.1996 – 2 AZR 158/95, NZA 1996, 58; 19.6.1986 – 2 AZR 563/85, NZA 1987, 21; LAG Hamburg v. 3.4.2009 – 6 Sa 47/08).

8a

Dabei sind nach Ansicht des BAG **zwei Fallgruppen** zu unterscheiden:
Das Verlangen des Dritten könne gegenüber dem Arbeitgeber durch ein Verhalten des Arbeitnehmers oder einen in dessen Person liegenden Grund objektiv gerechtfertigt sein. In diesem Falle liege es im **Ermessen** des Arbeitgebers, ob er eine personen- oder verhaltensbedingte Kündigung ausspreche (BAG v. 31.1.1996 – 2 AZR 158/95, a. a. O.; 19.6.1986 – 2 AZR 563/85, a. a. O.).
Fehle es an einer objektiven Rechtfertigung der Drohung des/der Dritten, komme eine Kündigung aus betriebsbedingten Gründen in Betracht, wobei allerdings das bloße Verlangen Dritter, einem bestimmten Arbeitnehmer zu kündigen, nicht ohne Weiteres geeignet sei, eine Kündigung zu rechtfertigen (BAG v. 31.1.1996 – 2 AZR 158/95, a. a. O.; 19.6.1986 – 2 AZR 563/85, a. a. O.; LAG Hamburg v. 3.4.2009 – 6 Sa 47/08). Vielmehr habe sich der Arbeitgeber **schützend** vor den Arbeitnehmer zu stellen und alles ihm Zumutbare zu versuchen, um Dritte von deren Drohung abzubringen. Nur dann, wenn diese Versuche des Arbeitgebers keinen Erfolg hätten, die Belegschaft also beispielsweise ernsthaft die Zusammenarbeit mit dem betroffenen Arbeitnehmer verweigere, könne eine betriebsbedingte Kündigung gerechtfertigt sein.

Kündigung

Kündigungsfristen (§ 622 BGB)

9 Im Falle einer ordentlichen Kündigung bzw. ordentlichen Änderungskündigung sind nach § 622 BGB → **Kündigungsfristen** einzuhalten (siehe dort).

Wiedereinstellungsanspruch

10 Fällt nach Ausspruch der Kündigung der angegebene Kündigungsgrund noch innerhalb der laufenden → **Kündigungsfrist** weg, kann ein Anspruch auf → **Wiedereinstellung** bestehen (siehe dort).

Kündigungsschutz (§§ 1, 4 KSchG)

11 Die Kündigung eines Arbeitsverhältnisses durch den Arbeitgeber unterliegt den Vorschriften des Kündigungsschutzgesetzes (siehe → **Kündigungsschutz**).
Die Kündigung kann mit der Kündigungsschutzklage angegriffen werden.
Die Klage muss innerhalb einer Frist von drei Wochen nach Zugang der schriftlichen Kündigung beim Arbeitsgericht eingehen (§ 4 Satz 1 KSchG; siehe → **Fristen** und → **Kündigungsschutz** Rn. 25).

12 Die Kündigung ist insbesondere dann unzulässig und unwirksam, wenn sie nicht sozial gerechtfertigt ist im Sinne des § 1 KSchG (siehe → **Kündigungsschutz** Rn. 14 ff.).

Wartezeit (§ 1 Abs. 1 KSchG)

13 Auf die fehlende soziale Rechtfertigung der Kündigung kann sich der Arbeitnehmer im Kündigungsschutzprozess allerdings nur dann berufen, wenn sein Arbeitsverhältnis in demselben → **Betrieb** oder → **Unternehmen** ohne Unterbrechung länger als **sechs Monate** bestanden hat (sog. Wartezeit; § 1 Abs. 1 KSchG; siehe auch → **Kündigungsschutz** Rn. 12).

14 **Hinweis:**
Nach dem Willen der früheren großen Koalition aus CDU, CSU und SPD sollte die Wartezeit verlängert werden. Nach Kritik nicht nur von Gewerkschaften, sondern – aus einem anderen Blickwinkel – auch von Wirtschaftsverbänden und Politikern der CDU/CSU wurde das Gesetzgebungsvorhaben Ende 2006 »auf Eis gelegt« (vgl. Deter, AuR 2006, 352 [353]).

Kleinbetriebe, Kleinunternehmen (§ 23 Abs. 1 KSchG)

15 Vom Kündigungsschutz nach §§ 1 bis 14 KSchG sind auch ausgenommen Arbeitnehmer in Kleinbetrieben bzw. Kleinunternehmen, in denen nicht mehr als die in § 23 Abs. 1 Satz 2 bis 4 KSchG genannte Mindestzahl von Arbeitnehmern beschäftigt ist.

16 **Beachten:**
Die Schwellenwerte des § 23 Abs. 1 Satz 2 und 3 KSchG beziehen sich nach h. M. nicht auf den → **Betrieb**, sondern das → **Unternehmen** (verfassungskonforme Auslegung der Vorschrift; vgl. Kittner/Däubler/Zwanziger, KSchR, 9. Aufl., § 23 KSchG Rn. 13).

Das heißt: der Kündigungsschutz nach §§ 1 ff. KSchG gilt auch für Beschäftigte in Kleinbetrieben mit bis zu zehn Arbeitnehmern, wenn diese zu einem → **Unternehmen** mit insgesamt mehr als zehn Arbeitnehmern gehören.
Das ist etwa der Fall bei **Handelsunternehmen** mit vielen kleinen Filialen wie z. B. Aldi, H&M, Lidl, Penny, Rewe, Schlecker usw. Erhält eine Mitarbeiterin eine ordentliche Kündigung,

Kündigung

überprüft das → **Arbeitsgericht**, ob die Kündigung sozial gerechtfertigt ist i. S. d. § 1 KSchG (siehe Rn. 1, 14 ff.), vorausgesetzt, die Mitarbeiterin erhebt innerhalb der Klagefrist von drei Wochen Kündigungsschutzklage (siehe Rn. 25 ff.).
Arbeitnehmer, die keinen Kündigungsschutz nach §§ 1 bis 14 KSchG haben, weil sie die Wartezeit nach § 1 Abs. 1 KSchG nicht erfüllen oder sie in einem Kleinbetrieb/Kleinunternehmen im Sinn des § 23 Abs. 1 KSchG beschäftigt sind, können sich unter Umständen dennoch mit Aussicht auf Erfolg gegen eine Kündigung zur Wehr setzen.
Das ist etwa dann der Fall, wenn die Kündigung gegen sonstige Vorschriften (z. B. § 102 Abs. 1 BetrVG [Anhörung des Betriebsrats], gesetzliche oder tarifliche Bestimmungen über einen besonderen Kündigungsschutz) oder gegen »Treu und Glauben« verstößt (siehe → **Kündigungsschutz vor Erfüllung der Wartezeit und im Kleinbetrieb**).

Besonderer Kündigungsschutz

In bestimmten Fällen und für bestimmte Personen gilt ein besonderer Kündigungsschutz (siehe → **Kündigungsschutz [besonderer]**). 17

Massenentlassung

Bei geplanter Entlassung einer Vielzahl von Arbeitnehmern (siehe → **Massenentlassung**) obliegen dem Arbeitgeber Informations- und Anzeigepflichten gegenüber der Agentur für Arbeit (§ 17 KSchG). 18
Im Rahmen des § 17 Abs. 1 KSchG stehen den (anzeigepflichtigen) Entlassungen andere Formen der Beendigung des Arbeitsverhältnisses gleich, die vom Arbeitgeber veranlasst wurden. Hierzu zählen Aufhebungsverträge, aber auch vom Arbeitgeber veranlasste Eigenkündigungen, wenn sie in zeitlichem Zusammenhang mit der Massenentlassung erfolgen.
Nach der zutreffenden Entscheidung des Europäischen Gerichtshofs (EuGH v. 27. 1. 2005 – C–188/03 – [Junk/Kühnel], EzA KSchG § 17 Nr. 13) darf der Arbeitgeber die Kündigung erst <u>nach</u> Erstattung der Massenentlassungsanzeige gemäß § 17 Abs. 1 KSchG aussprechen. 19
Unter »Entlassung« im Sinne des § 17 Abs. 1 Satz 1 KSchG ist der **Ausspruch der Kündigung** des Arbeitsverhältnisses zu verstehen.
Kündigt der Arbeitgeber, ohne zuvor die Massenentlassung angezeigt zu haben, werden die Arbeitsverhältnisse durch die entsprechende Kündigung **nicht aufgelöst** (BAG v. 16. 6. 2005 – 6 AZR 451/04, NZA 2005, 1109).
Das Gleiche gilt, wenn der Arbeitgeber die Kündigung vor Ende des Konsultationsverfahrens im Sinne des Artikels 2 der Richtlinie 98/59 (= Beteiligung des Betriebsrats gemäß § 17 Abs. 2 und 3 KSchG; siehe Rn. 56 ff.) ausspricht (EuGH v. 27. 1. 2005 – C–188/03, a. a. O.).
Der Arbeitgeber ist also verpflichtet, vor Ausspruch der Kündigung eine Massenentlassung bei der Agentur für Arbeit anzuzeigen und den Betriebsrat gemäß § 17 Abs. 2 und 3 KSchG zu beteiligen.
Andernfalls ist die Kündigung nichtig.
Das BAG hat allerdings in mehreren Entscheidungen klargestellt, dass es der Grundsatz des **Vertrauensschutzes** verbietet, eine **vor** Verkündung der Entscheidung des EuGH v. 27. 1. 2005 ausgesprochene Kündigung für rechtsunwirksam zu halten (BAG v. 23. 3. 2006 – 2 AZR 343/05, NZA 2006, 971; 6. 7. 2006 – 2 AZR 520/05, NZA 2007, 266; 13. 7. 2006 – 6 AZR 198/06, NZA 2007, 25; 24. 8. 2006 – 8 AZR 317/05, NZA 2007, 1287).
Zu den Rechten des Betriebsrats bei einer → **Massenentlassung** siehe Rn. 56 ff. und → **Betriebsänderung**, → **Interessenausgleich** und → **Sozialplan**; zur Möglichkeit der Gewerkschaft, einen Tarifvertrag zur Regelung der Folgen einer Massenentlassung (z. B. Qualifizie- 20

Kündigung

rungs- und Abfindungsansprüche) zu fordern und ggf. mit Streik durchzusetzen, siehe → **Arbeitskampf** und → **Gewerkschaft**.

Freistellung für Stellensuche (§ 629 BGB)

21 Nach einer Kündigung hat der Arbeitgeber dem Arbeitnehmer gemäß § 629 BGB auf Verlangen eine »angemessene Zeit« zur Stellensuche (»*Aufsuchen eines anderen Dienstverhältnisses*«) zu gewähren.
Es kommt nicht darauf an, ob die Kündigung vom Arbeitgeber oder vom Arbeitnehmer erklärt wurde.

22 § 629 BGB regelt nur einen Freistellungsanspruch, nicht die Frage, ob der Arbeitgeber zur **Entgeltfortzahlung** verpflichtet ist.
Dies richtet sich nach § 616 BGB. Hiernach besteht Anspruch auf Entgeltfortzahlung, wenn der Arbeitnehmer »für eine verhältnismäßig nicht erhebliche Zeit« an der Arbeitsleistung verhindert wird (siehe → **Persönliche Arbeitsverhinderung**.
Für die Bestimmung des vergütungspflichtigen Zeitraums dürfte es vor allem auf die Dauer des Arbeitsverhältnisses ankommen (je länger das gekündigte Arbeitsverhältnis gedauert hat, desto länger ist der vergütungspflichtige Zeitraum), aber auch auf sonstige Umstände (bei einem Arbeitnehmer mit Führerschein und Pkw wird ein kürzerer Zeitraum anzunehmen sein als bei einem Arbeitnehmer, der auf öffentliche Verkehrsmittel angewiesen ist).
§ 616 BGB kann durch → **Tarifvertrag** verändert (auch eingeschränkt) werden (siehe → **Persönliche Arbeitsverhinderung** Rn. 11, 12).

23 § 629 BGB gilt nach h. M. auch im Falle eines → **befristeten Arbeitsvertrages** oder eines → **auflösend bedingten Arbeitsvertrages**.
Im Falle eines vom Arbeitgeber veranlassten → **Aufhebungsvertrages** mit Auslauffrist ist die Vorschrift ebenfalls anzuwenden.
In diesen Fällen besteht der Freistellungsanspruch ab dem Zeitpunkt, der sich bei Anwendung der maßgeblichen → **Kündigungsfrist** durch Rückrechnung vom Ende des befristeten bzw. auflösend bedingten Arbeitsverhältnisses ergeben würde.

24 | **Hinweis:**
Im Rahmen der **Hartz-Reform** sollte ursprünglich ein neuer § 629 a BGB geschaffen werden.

Hiernach sollte der Arbeitgeber verpflichtet sein, den Arbeitnehmer nach der Kündigung oder der Vereinbarung eines → **Aufhebungsvertrags** auf Verlangen für eine angemessene Zeit zur Stellensuche, zur Teilnahme an Vermittlungsaktivitäten, Maßnahmen der Eignungsfeststellung, Trainingsmaßnahmen oder an einer beruflichen Weiterbildungsmaßnahme der Bundesagentur für Arbeit **freizustellen**.
Je nach Beschäftigungsdauer sollte für die Dauer von vier bzw. sieben bzw. höchstens zehn Arbeitstagen Anspruch auf Entgeltfortzahlung bestehen.
Durch eine Änderung des § 7 BUrlG sollte der Arbeitgeber zur Urlaubsgewährung verpflichtet werden, wenn der Arbeitnehmer dies für die Stellensuche und zur Teilnahme an Vermittlungsaktivitäten der Bundesagentur für Arbeit verlangt.
Beide Gesetzesvorhaben wurden im Zuge der Beratungen im Vermittlungsausschuss des Bundesrates gestrichen.
Übrig geblieben ist lediglich die in das Erste Gesetz für moderne Dienstleistungen am Arbeitsmarkt vom 23.12.2002 (BGBl. I S. 4607; »Hartz I«) aufgenommene **Obliegenheit** der Arbeitgeber (»Soll-Vorschrift«), Arbeitnehmer vor der Beendigung des Arbeitsverhältnisses frühzeitig über die Notwendigkeit eigener Aktivitäten bei der Suche nach einer anderen Beschäftigung sowie über die Verpflichtung unverzüglicher Meldung bei der Agentur für Arbeit zu

informieren, sie hierzu freizustellen und die Teilnahme an erforderlichen Qualifizierungsmaßnahmen zu ermöglichen (§ 2 Abs. 2 Satz 2 Nr. 3 SGB III 2012).
Eine Einschränkung der – arbeitsrechtlichen – Rechte des Arbeitnehmers nach § 629 BGB (Freistellung zur Stellensuche; siehe Rn. 21) ist mit dieser – sozialrechtlichen – Regelung nicht verbunden.

Pflicht zur »Arbeitssuchendmeldung« (§ 38 Abs. 1 SGB III 2012)

Nach § 38 Abs. 1 Satz 1 SGB III 2012 sind Personen, deren Arbeits- oder Ausbildungsverhältnis endet, verpflichtet, sich spätestens drei Monate vor dessen Beendigung persönlich bei der Agentur für Arbeit **arbeitssuchend** zu melden. 25
Zu weiteren Einzelheiten siehe Rn. 70 und → **Arbeitslosenversicherung: Arbeitsförderung** Rn. 13 ff.
Nicht besetzt. 26–31
Von der Meldung als »arbeitssuchend« nach § 38 Abs. 1 SGB IIII 2012 zu unterscheiden ist die 32
»**Arbeitslosmeldung**« nach § 141 SGB III 2012 (siehe Rn. 71).
Zur **allgemeinen Meldepflicht** des Arbeitslosen nach § 309 SGB III 2012 siehe Rn. 72. 33

Bedeutung für die Betriebsratsarbeit

Vor dem Ausspruch einer Kündigung hat der Arbeitgeber die Rechte des Betriebsrats nach 34
§ 102 BetrVG und – wenn Mitglieder von Betriebsverfassungsorganen oder Wahlbewerber oder die → **Schwerbehindertenvertretung** (§ 96 Abs. 3 SGB IX) gekündigt werden sollen – nach § 103 BetrVG zu beachten.

Anhörungsverfahren (§ 102 Abs. 1 BetrVG)

Will der Arbeitgeber das Arbeitsverhältnis zu einem Arbeitnehmer kündigen, ist er verpflichtet, den Betriebsrat vor Ausspruch der Kündigung »zu hören« und ihm die Gründe für die Kündigung mitzuteilen (§ 102 Abs. 1 Satz 1 und 2 BetrVG). 35
Eine Kündigung, die ohne Anhörung des Betriebsrats ausgesprochen wird, ist **nichtig**.
Bei einer Kündigung in der **Wartezeit** des § 1 Abs. 1 KSchG (sechs Monate) ist eine Anhörung 35a
des Betriebsrats ebenfalls notwendig. Allerdings soll die Mitteilungspflicht des Arbeitgebers nicht an den objektiven Merkmalen der Kündigungsgründe des noch nicht anwendbaren § 1 KSchG zu messen sein, sondern allein an den Umständen, aus denen der Arbeitgeber **subjektiv** seinen Kündigungsentschluss herleitet (BAG v. 12. 9. 2013 – 6 AZR 121/12). Der erst nach Ablauf der Wartezeit eintretende Kündigungsschutz dürfe durch die Anforderungen, die an eine Anhörung nach § 102 BetrVG gestellt werden, nicht vorverlagert werden. Eine Vermengung der formellen Wirksamkeitsvoraussetzungen der Anhörung mit der Überprüfung der Kündigungsgründe aufgrund der Prozesssituation bezwecke § 102 BetrVG nicht.
Eine Kündigung ist nicht nur unwirksam, wenn der Arbeitgeber das Arbeitsverhältnis gekündigt hat, ohne den Betriebsrat überhaupt anzuhören, sondern auch dann, wenn er ihn nicht 36
richtig beteiligt hat, er vor allem seiner Unterrichtungspflicht nicht ausführlich genug nachgekommen ist (BAG v. 10. 11. 2005 – 2 AZR 44/05, NZA 2006, 655).
Klagefrist beachten: Der Arbeitnehmer kann die Unwirksamkeit der Kündigung wegen fehlender oder mangelhafter Anhörung (neben anderen Unwirksamkeitsgründen) im Kündigungsschutzprozess geltend machen. 36a
Voraussetzung ist allerdings, dass er fristgerecht – also innerhalb von **drei Wochen** nach

Kündigung

Zugang der schriftlichen Kündigung – Kündigungsschutzklage erhebt (§§ 4 Satz 1, 13 KSchG; neu gefasst durch das Gesetz zu Reformen am Arbeitsmarkt vom 24.12.2003 [BGBl. I S. 3002]; siehe → **Kündigungsschutz**).
Andernfalls wird die Kündigung nach § 7 KSchG trotz des Anhörungsmangels wirksam.

36b Die Anhörung des Betriebsrats nach § 102 Abs. 1 und Abs. 2 BetrVG vollzieht sich in zwei aufeinanderfolgenden Verfahrensabschnitten.
Diese sind nach ihrem Zuständigkeits- und Verantwortungsbereich voneinander abzugrenzen.
Zunächst muss der **Arbeitgeber** unter Beachtung der in § 102 Abs. 1 BetrVG beschriebenen Erfordernisse das Anhörungsverfahren einleiten (**1. Stufe**; siehe Rn. 36 d ff.).
Im Anschluss daran ist es Aufgabe des **Betriebsrats**, sich mit der beabsichtigten Kündigung zu befassen und darüber zu entscheiden, ob und wie er Stellung nehmen will (**2. Stufe**; siehe Rn. 41 ff.).

36c Nur wenn dem Arbeitgeber bei der ihm obliegenden Einleitung des Anhörungsverfahrens (Stufe 1) ein Fehler unterläuft, liegt darin eine Verletzung des § 102 Abs. 1 BetrVG mit der Folge der **Unwirksamkeit** der Kündigung.
Mängel, die im Verantwortungsbereich des Betriebsrats (Stufe 2) entstehen, führen grundsätzlich auch dann nicht zur Unwirksamkeit der Kündigung wegen fehlerhafter Anhörung, wenn der Arbeitgeber im Zeitpunkt der Kündigung **weiß oder erkennen kann**, dass der Betriebsrat die Angelegenheit nicht fehlerfrei behandelt hat.
Etwas anderes kann **ausnahmsweise** dann gelten, wenn in Wahrheit keine Stellungnahme des Gremiums »Betriebsrat«, sondern erkennbar z. B. nur eine persönliche Äußerung des Betriebsratsvorsitzenden vorliegt oder der Arbeitgeber den Fehler des Betriebsrats durch unsachgemäßes Verhalten selbst veranlasst hat (BAG v. 6.10.2005 – 2 AZR 316/04, NZA 2006, 990).

> **Beispiel:**
> Der Arbeitgeber teilt dem Betriebsratsvorsitzenden mit, dass er dem Arbeitnehmer H. wegen häufigen Zuspätkommens fristgerecht kündigen will. Der Betriebsratsvorsitzende stimmt sofort zu. Unmittelbar danach übergibt der Arbeitgeber dem Arbeitnehmer das Kündigungsschreiben. Die Kündigung ist wegen nicht ordnungsgemäßer Anhörung unwirksam.

Ein solcher grober Mangel in der Willensbildung des Betriebsrats führt allerdings dann nicht zur Unwirksamkeit der Kündigung, wenn der Arbeitgeber die Kündigung erst **nach Ablauf der Wochenfrist** des § 102 Abs. 2 Satz 1 BetrVG (im Falle einer → **ordentlichen Kündigung**) bzw. der **Dreitagesfrist** des § 102 Abs. 2 Satz 3 BetrVG (im Falle einer → **außerordentlichen Kündigung**) ausspricht.

Anhörungsverfahren (Stufe 1): Einleitung des Anhörungsverfahrens durch den Arbeitgeber (§ 102 Abs. 1 BetrVG)

36d Voraussetzung einer ordnungsgemäßen Anhörung ist es, dass der Arbeitgeber den Betriebsrat über die vorgesehene Kündigung unterrichtet.
Nur dann wird die Anhörungsfrist ausgelöst – also die Frist, die dem Betriebsrat für seine Stellungnahme zusteht (2. Stufe: »Bedenken«, »Widerspruch«; siehe → **Fristen**).

36e Die Unterrichtung kann schriftlich, aber auch mündlich erfolgen. Auch eine nur mündliche Information setzt den Lauf der Anhörungsfrist in Gang.
Eine mündliche Information ist für den Arbeitgeber allerdings **riskant**.
Er ist in einem späteren Kündigungsschutzprozess darlegungs- und beweispflichtig dafür, dass die Unterrichtung des Betriebsrats ordnungsgemäß war.
Kann er das nicht, geht das zu seinen Lasten.
Folge: Die Anhörung und damit die Kündigung sind unwirksam.

Kündigung

Der Arbeitgeber muss dem Betriebsrat nach Ansicht des BAG auch keine **Unterlagen** vorlegen. Selbst bei einem ungewöhnlich komplexen Kündigungssachverhalt führe die Nichtvorlage von Unterlagen nicht zur Unwirksamkeit der Anhörung (BAG v. 6. 2. 1997 – 2 AZR 265/96, AiB 1997, 668). 36f

Eine andere Frage ist, ob der Betriebsrat die Vorlage von Unterlagen gemäß § 80 Abs. 2 BetrVG (siehe → **Informationsrechte des Betriebsrats**) verlangen kann. Dies ist natürlich zu bejahen (vgl. Fitting, BetrVG, 27. Aufl., § 102 Rn. 26 und DKKW-*Bachner*, BetrVG, 15. Aufl., § 102 Rn. 50 m. w. N.).

Die Unterrichtung hat zu Händen des **Betriebsratsvorsitzenden** (bzw. zu Händen des Vorsitzenden eines vom Betriebsrat gebildeten Personalausschusses) oder – bei seiner Abwesenheit zu Händen des stellvertretenden Betriebsratsvorsitzenden – zu erfolgen. 36g

Sind beide **abwesend** und hat der Betriebsrat keine Vorkehrungen getroffen, ist jedes Betriebsratsmitglied zur Entgegennahme von Erklärungen des Arbeitgebers berechtigt und verpflichtet (BAG v. 27. 6. 1985 – 2 AZR 412/84, AiB 1986, 117).

Die Unterrichtung ist **nur dann ordnungsgemäß**, wenn 36h
- sie während der Arbeitszeit des Betriebsratsvorsitzenden (bzw. des Vorsitzenden des Personalausschusses) oder – bei seiner Verhinderung – des Stellvertreters und
- in den Betriebsräumen stattfindet.

> **Hinweis:**
> Es kommt gelegentlich vor, dass z. B. bei einer beabsichtigten fristlosen außerordentlichen Kündigung der Betriebsratsvorsitzende, der sich gerade auf einem Seminar befindet, telefonisch unterrichtet wird.

Wenn der Betriebsratsvorsitzende diese Form der Unterrichtung in dem Telefongespräch ausdrücklich zurückweist, wird das Anhörungsverfahren nicht eingeleitet.

Nur wenn die telefonische Unterrichtung widerspruchslos hingenommen wird, beginnt die Frist zu laufen (BAG v. 27. 8. 1982 – 7 AZR 30/80, DB 1983, 181 = AP Nr. 25 zu § 102 BetrVG 1972).

Eine **ordnungsgemäße Anhörung** setzt mindestens voraus eine Mitteilung über: 37
- die **Person** des zu kündigenden Arbeitnehmers:
  Hierzu gehören – nicht nur bei der betriebsbedingten Kündigung – neben dem Namen auch die »Sozialdaten« des Betroffenen (Dauer der Beschäftigung in Betrieb und Unternehmen, Alter, Familienstand, Kinderzahl, Unterhaltsverpflichtungen, Umstände, die einen besonderen Kündigungsschutz begründen können, z. B. Schwerbehinderung, oder in sonstiger Hinsicht für die Beurteilung der beabsichtigten Kündigung von Bedeutung sind, z. B. Alleinerziehung, Vermittelbarkeit auf dem Arbeitsmarkt, Gesundheitszustand, insbesondere Vorliegen eines Arbeitsunfalls, einer Berufskrankheit oder einer sonstigen durch die Arbeit im Betrieb verursachten Erkrankung).
  Die in § 1 Abs. 3 KSchG vorgesehene Einschränkung der Sozialauswahl auf die vier Grunddaten »Betriebszugehörigkeit, Lebensalter, Unterhaltspflichten und Schwerbehinderung« begrenzt nicht die Informationspflicht des Arbeitgebers im Rahmen des Anhörungsverfahrens nach § 102 Abs. 1 BetrVG.
- die **Kündigungsart**: → **ordentliche Kündigung**, → **außerordentliche Kündigung** oder → **Änderungskündigung**.
- **Kündigungszeitpunkt**:
  Für den Betriebsrat muss erkennbar sein, wann die Kündigung ausgesprochen werden soll (BAG v. 7. 10. 1993 – 2 AZR 423/93, AuR 1994, 107; 27. 11. 1003 – 2 AZR 653/02).
- **Kündigungsfrist und -termin** (= der Termin, zu dem die Kündigung ausgesprochen und wirksam werden soll):

Kündigung

Eine falsche Berechnung der → **Kündigungsfrist** und damit ein falscher **Kündigungstermin** allein führt nach h. M. nicht zur Unwirksamkeit der Kündigung (LAG Schleswig-Holstein v. 23. 2. 1995 – 4 Sa 506/94, BB 1995, 1593; Fitting, BetrVG, 27. Aufl., § 102 Rn. 25; a. A. offenbar DKKW-*Bachner*, BetrVG, 15. Aufl., § 102 Rn. 254).

- die **Kündigungsgründe**:
Der Arbeitgeber muss den Betriebsrat über alle Gesichtspunkte informieren, die ihn zur Kündigung des Arbeitsverhältnisses veranlasst haben (BAG v. 10. 11. 2005 – 2 AZR 44/05, NZA 2006, 655); dabei ist die Mitteilungspflicht des Arbeitgebers bei der Betriebsratsanhörung zur Kündigung »subjektiv determiniert« (= begrenzt/festgelegt). Hierzu BAG v. 21. 11. 2013 – 2 AZR 797/11, DB 2014, 367: »*Für die Mitteilung der Kündigungsgründe i. S. d. § 102 Abs. 1 Satz 2 BetrVG gilt der Grundsatz der »subjektiven Determinierung« (BAG 19. 7. 2012 – 2 AZR 352/11 (41); 9. 6. 2011 – 2 AZR 323/10 (45); jeweils m. w. N.). Der Arbeitgeber muss dem Betriebsrat die Umstände mitteilen, die seinen Kündigungsentschluss tatsächlich bestimmt haben. Dem kommt er dann nicht nach, wenn er schon aus seiner eigenen Sicht dem Betriebsrat einen unrichtigen oder unvollständigen Sachverhalt darstellt (BAG 12. 8. 2010 – 2 AZR 945/08 (18); 7. 11. 2002 – 2 AZR 599/01 – zu B I 1 a der Gründe m. w. N.).*«
Das heißt: Der Betriebsrat ist ordnungsgemäß angehört, wenn ihm der Arbeitgeber die aus seiner subjektiven Sicht tragenden Kündigungsgründe mitgeteilt hat.
Dazu gehören auch die dem Arbeitgeber bekannten, dem Kündigungsgrund widerstreitenden Umstände.
Eine Mitteilung von Scheingründen oder die unvollständige Mitteilung der Kündigungsgründe unter bewusstem Verschweigen des wahren Kündigungssachverhalts genügt deshalb den Anforderungen an eine ordnungsgemäße Anhörung des Betriebsrats nicht.
Kündigungsgründe, die dem Betriebsrat nicht mitgeteilt wurden, können im späteren Kündigungsschutzprozess **nicht nachgeschoben** werden (das heißt: das Gericht darf diese Gründe nicht gegen den Arbeitnehmer verwerten).
Ausnahme: Der Arbeitgeber kann (weitere) Kündigungsgründe, die bei Ausspruch der Kündigung bereits vorlagen, ihm aber erst später bekannt wurden, nach erneuter Anhörung des Betriebsrats im Prozess nachschieben.
Hinzu kommen – je nach Fallgestaltung – noch **weitere Umstände** über die der Arbeitgeber den Betriebsrat unterrichten muss: So muss
  - bei der → **betriebsbedingten Kündigung** über das Fehlen einer Weiterbeschäftigungsmöglichkeit und die vorzunehmende **soziale Auswahl** (dabei sind nicht nur die vier Grunddaten »Betriebszugehörigkeit, Lebensalter, Unterhaltspflichten und Schwerbehinderung« zu berücksichtigen, sondern auch sonstige Sozialdaten; und zwar nicht nur bei dem von der geplanten Kündigung Betroffenen, sondern auch bei den in den Vergleich einbezogenen Arbeitnehmern mit vergleichbarer Tätigkeit),
  - bei der → **personenbedingten Kündigung** wegen Krankheit über die Fehlzeiten, die Zukunftsprognose und die wirtschaftlichen Belastungen,
  - bei der → **verhaltensbedingten Kündigung** über vorherige → **Abmahnungen** und etwaige Gegendarstellungen des Arbeitnehmers sowie Umstände, die den Arbeitnehmer entlasten,
  - bei einer → **Änderungskündigung** über den Inhalt des Änderungsangebots informiert werden.

37a Bei einer beabsichtigten → **außerordentlichen Kündigung** hat der Arbeitgeber den Betriebsrat über
- den Kündigungsgrund,
- den Zeitpunkt, zu dem der Arbeitgeber Kenntnis der Tatsachen erhalten hat, die der Kündigung zu Grunde liegen (§ 626 Abs. 2 BGB),
- die Aspekte, die eine Unzumutbarkeit der Fortsetzung des Arbeitsverhältnisses begründen,

Kündigung

- die Elemente einer umfassenden Interessenabwägung
zu unterrichten.

Soll eine → **außerordentliche Kündigung** mit einer → **ordentlichen Kündigung** verbunden werden (»... *kündigen wir das Arbeitsverhältnis außerordentlich (fristlos), hilfsweise ordentlich (fristgerecht) zum* ...«; siehe Rn. 41 b), muss der Arbeitgeber dem Betriebsrat die notwendigen Mitteilungen zu beiden Kündigungsarten machen.   **37b**

Wenn ein Arbeitgeber eine weitere Kündigung (ggf. mit der gleichen Kündigungsbegründung) aussprechen will (etwa weil er Zweifel hat, dass die zuerst ausgesprochene Kündigung wirksam war), muss er für die »**Wiederholungskündigung**« erneut ein Anhörungsverfahren nach § 102 Abs. 1 BetrVG einleiten.   **37c**

Verständigen sich Arbeitgeber und Arbeitnehmer in einem »Personalgespräch« über einen sog. → **Abwicklungsvertrag** – also darüber, dass eine Kündigung durch den Arbeitgeber und anschließend der Abschluss einer Abwicklungsvereinbarung erfolgen solle –, dann ist der Betriebsrat vor Ausspruch der Kündigung nach § 102 Abs. 1 BetrVG zu hören (BAG v. 28. 6. 2005 – 1 ABR 25/04, NZA 2006, 48).   **38**

Ein Anhörung des Betriebsrats ist auch bei einer Kündigung »vor Vertragsantritt« oder während der Probezeit bzw. in den ersten sechs Monaten des Arbeitsverhältnisses (= Wartezeit nach § 1 Abs. 1 KSchG; siehe Rn. 13 und → **Kündigungsschutz** Rn. 12) erforderlich (BAG v. 16. 9. 2004 – 2 AZR 511/03).   **39**

Allerdings ist nach Ansicht des BAG bei der Intensität der Unterrichtung des Betriebsrats über die Kündigungsgründe dem Umstand Rechnung zu tragen, dass die Wartezeit der beiderseitigen Überprüfung der Arbeitsvertragsparteien dient. Es kann deshalb bei einer solchen Kündigung ausreichend sein, wenn der Arbeitgeber, der keine auf Tatsachen gestützte und durch Tatsachen konkretisierbaren Kündigungsgründe benennen kann, dem Betriebsrat nur seine subjektiven Wertungen, die ihn zur Kündigung des Arbeitnehmers veranlassen, mitteilt (BAG v. 16. 9. 2004 – 2 AZR 511/03).

Eine Anhörung des Betriebsrats nach § 102 Abs. 1 BetrVG ist nicht erforderlich, wenn das Arbeitsverhältnis nicht durch Kündigung des Arbeitgebers enden soll, sondern   **40**
- durch Zeitablauf (siehe → **Befristeter Arbeitsvertrag**),
- → **Aufhebungsvertrag** (dagegen ist beim → **Abwicklungsvertrag** eine Anhörung erforderlich; siehe Rn. 38),
- Eigenkündigung des Arbeitnehmers oder
- Anfechtung des → **Arbeitsvertrages** z. B. wegen arglistiger Täuschung (§ 123 BGB).

Anhörungsverfahren (Stufe 2): Stellungnahme des Betriebsrats (Bedenken, Widerspruch)

Der Betriebsrat kann gegen jede ordentliche oder außerordentliche Kündigung oder Änderungskündigung »**Bedenken**« erheben (§ 102 Abs. 2 BetrVG und Rn. 42).   **41**

Zusätzlich zur Geltendmachung von »Bedenken« kann der Betriebsrat gegen jede ordentliche Kündigung oder Änderungskündigung »**Widerspruch**« einlegen (§ 102 Abs. 3 BetrVG und Rn. 43).   **41a**

Das ist nicht nur ein Recht des Betriebsrats, sondern – aufgrund seiner Funktion als Interessenvertreter des von einer Kündigung bedrohten Arbeitnehmers – seine Pflicht.

Zu seinen Pflichten gehört es, die Rechtsposition des gekündigten Arbeitnehmers zu verbessern.

Das ist nur durch Erhebung eines ordnungsgemäßen Widerspruchs im Sinne des § 102 Abs. 3 BetrVG möglich.

Nur ein Widerspruch verschafft dem Arbeitnehmer einen Weiterbeschäftigungs- und -ver-

1429

Kündigung

gütungsanspruch für die Zeit nach Ablauf der Kündigungsfrist bis zum rechtskräftigen Abschluss des Kündigungsschutzprozesses (§ 102 Abs. 5 BetrVG; siehe hierzu Rn. 46 ff.).

41b Wenn der Arbeitgeber dem Betriebsrat im Rahmen des Anhörungsverfahrens eine Mitteilung über eine geplante »**außerordentliche, hilfsweise ordentliche Kündigung**« vorlegt, handelt es sich um die Anhörung zu zwei Kündigungen!
Die hilfsweise ausgesprochene → **ordentliche Kündigung** soll zum Zuge kommen, wenn die → **außerordentliche Kündigung** »nicht durchgeht«.
Der Betriebsrat kann gegenüber der beabsichtigten »außerordentlichen Kündigung« »**Bedenken**« äußern und gegenüber der angekündigten »hilfsweisen ordentlichen Kündigung« »**Widerspruch**« einlegen.
Zu den insoweit geltenden Stellungnahmefristen siehe Rn. 45.

Bedenken (§ 102 Abs. 2 BetrVG)

42 Mit »Bedenken« macht der Betriebsrat alle in Betracht kommenden Gesichtspunkte geltend, die geeignet sind, den Arbeitgeber zu bewegen, die Kündigung nicht auszusprechen.

> **Beispiele:**
> - Detailliertes Bestreiten des vom Arbeitgeber behaupteten Kündigungsgrundes.
> - Infragestellen der Berechtigung/Rechtmäßigkeit der beabsichtigten Kündigung.
> - Hinweis auf anderweitige Weiterbeschäftigungsmöglichkeiten.
> - Hinweis auf soziale Gesichtspunkte.
> - Hinweise auf die Folgen der Kündigung für den Betroffenen und seine Familie.
> - Besonders bei personen- und verhaltensbedingter bzw. außerordentlicher Kündigung: Unverhältnismäßigkeit zwischen Kündigungsanlass und Kündigungsfolgen.

Besondere Rechtsfolgen schließen sich an die Erhebung der »Bedenken« nicht an.
Vor allem wird kein Weiterbeschäftigungs- und -vergütungsanspruch des Beschäftigten nach § 102 Abs. 5 BetrVG (siehe Rn. 46) begründet.

Widerspruch gegen → ordentliche Kündigung (§ 102 Abs. 3 BetrVG)

43 Mit einem »Widerspruch« macht der Betriebsrat einen oder mehrere der **in § 102 Abs. 3 Nrn. 1 bis 5 BetrVG aufgeführten Widerspruchsgründe** geltend.
Ist der Widerspruch ordnungsgemäß begründet und wird er form- und fristgerecht eingelegt, wird zugunsten des Arbeitnehmers ein **Weiterbeschäftigungs- und Weitervergütungsanspruch** für die Zeit nach Ablauf der Kündigungsfrist bis zum rechtskräftigen Abschluss des Kündigungsschutzprozesses (!) geschaffen (§ 102 Abs. 5 BetrVG; siehe Rn. 46 ff.).
Die Auflistung der möglichen Widerspruchsgründe ist abschließend (LAG München v. 2. 3. 1994 – 5 Sa 908/92, NZA 1994, 1000).
Beruft sich der Betriebsrat auf andere Gründe, handelt es sich um bloße »**Bedenken**« im Sinne des § 102 Abs. 2 BetrVG, die keinen Weiterbeschäftigungs- und -vergütungsanspruch auslösen.

> **Beispiel:**
> Der Arbeitgeber will einen Arbeitnehmer fristgerecht kündigen, weil dieser mehrfach seinen Vorgesetzten beleidigt habe. Der Betriebsrat begründet seinen Widerspruch damit, dass eine Kündigung schon deshalb nicht gerechtfertigt sei, weil der Vorgesetzte den Mitarbeiter immer wieder provoziert und diskriminiert habe. Eine Abmahnung reiche völlig aus.

Ein solcher »Widerspruch« ist keiner. Der Betriebsrat macht lediglich (rechtlich wirkungslose) »Bedenken« (siehe Rn. 42) geltend.

Kündigung

Zu weiteren Einzelheiten siehe → **Ordentliche Kündigung**.
Die Widerspruchsbegründung muss auf mindestens einen der in § 102 Abs. 3 BetrVG genannten Tatbestände gestützt werden.
Es genügt allerdings nicht, den Wortlaut der in § 102 Abs. 3 BetrVG geregelten Tatbestände nur **zu wiederholen!**

44

> **Beispiel:**
> »... der Betriebsrat erhebt Widerspruch gegen die beabsichtigte fristgerechte Kündigung des Mitarbeiters B. gemäß § 102 Abs. 3 Nr. 3 BetrVG, weil dieser auf einem anderen Arbeitsplatz im Betrieb weiterbeschäftigt werden kann«.

Ein solcher »Widerspruch« ist wirkungslos! Es ist notwendig, den Widerspruch mit **konkreten betrieblichen Tatsachen** zu begründen (siehe auch Rn. 50a).

> **Beispiel:**
> »... der Betriebsrat erhebt Widerspruch gegen die beabsichtigte fristgerechte Kündigung des Mitarbeiters B. gemäß § 102 Abs. 3 Nr. 3 BetrVG.
> Begründung:
> Der bisherige Arbeitsplatz des Mitarbeiters B ist zwar infolge der Änderung des Produktionsablaufs weggefallen.
> Die Kündigung ist jedoch nicht erforderlich, weil der Mitarbeiter in der Abteilung ›Endmontage‹ auf dem Arbeitsplatz 7 weiterbeschäftigt werden kann.
> Dieser Arbeitsplatz ist durch das Ausscheiden des Mitarbeiters M. in den Vorruhestand frei geworden.
> Einarbeitungsmaßnahmen sind nicht erforderlich, weil Kollege B. in der Vergangenheit schon mehrfach den Mitarbeiter M. erfolgreich vertreten hat ...«

Weitere Muster-Widerspruchsschreiben:

siehe
- → **Änderungskündigung**,
- → **Betriebsbedingte Kündigung**,
- → **Ordentliche Kündigung**,
- → **Personenbedingte Kündigung** und
- → **Verhaltensbedingte Kündigung**.

Form und Frist der Stellungnahme des Betriebsrats

»Bedenken« und »Widerspruch« sind **schriftlich** innerhalb der **Anhörungsfristen** des § 102 Abs. 2 und 3 BetrVG einzulegen (siehe auch → **Fristen**).

45

Wochenfrist (bei → ordentlicher Kündigung)

Bei ordentlicher Kündigung hat der Betriebsrat seine Stellungnahme »**innerhalb einer Woche**« nach Unterrichtung durch den Arbeitgeber abzugeben (§ 102 Abs. 3 BetrVG).
Die ordnungsgemäße Unterrichtung durch den Arbeitgeber setzt die Wochenfrist in Gang.

> **Hinweis:**
> Ein Kündigungsanhörungsschreiben geht dem Betriebsrat erst am folgenden Tage zu, wenn es vom Arbeitgeber zu einer Zeit in ein für den Betriebsrat bestehendes Postfach gelegt wird, zu

Kündigung

dem (z. B. nach Dienstschluss) nicht mehr mit der Leerung dieses Postfachs am selben Tag gerechnet werden kann (BAG v. 12.12.1996 – 2 AZR 803/95, AiB 1998, 112).

Der Tag des Eingangs der (gegebenenfalls auch mündlichen!) Information zählt bei der Berechnung der Wochenfrist nicht mit (§§ 187 Abs. 1, 188 Abs. 2 BGB).
Somit läuft die Frist beginnend mit dem nächsten Tag sieben Tage später ab.

Beispiele:
- Mittwoch Eingang der Information nach § 102 Abs. 1 BetrVG: die Frist läuft am nächsten Mittwoch ab.
- Freitag Eingang der Information nach § 102 Abs. 1 BetrVG: die Frist läuft am nächsten Freitag ab.

Die Wochenfrist **endet um 24.00 Uhr** des letzten Fristtages (nicht schon bei Dienstschluss der Personalabteilung; vgl. BAG v. 12.12.1996 – 2 AZR 803/95, AiB 1998, 112).
Der Betriebsrat ist nicht verpflichtet, sofort eine Stellungnahme zur Kündigungsabsicht des Arbeitgebers abzugeben. Siehe Rn. 45 a und → **Kündigungsfristen** Rn. 16.

Dreitagesfrist (bei → außerordentlicher Kündigung)

Bei außerordentlicher (fristloser) Kündigung hat die Stellungnahme des Betriebsrats (Bedenken) »unverzüglich, spätestens jedoch innerhalb von drei Tagen« zu erfolgen (§ 102 Abs. 2 Satz 3 BetrVG).
Bei der Berechnung der »Dreitagesfrist« gelten die §§ 187 Abs. 1, 188 Abs. 1, 193 BGB.

Beispiele:
- Montag Eingang der Information nach § 102 Abs. 1 BetrVG:
  Fristablauf am folgenden Donnerstag (denn: der Tag des Eingangs der Information wird nicht mitgezählt; § 187 Abs. 1 BGB).
- Mittwoch Eingang der Information nach § 102 Abs. 1 BetrVG:
  Fristablauf am nachfolgenden Montag (denn: der letzte Tag der »Dreitagesfrist« fällt auf einen Samstag; also verlängert sich die Frist auf den nächstfolgenden Werk[Arbeits]tag: § 193 BGB).
- Freitag Eingang der Information nach § 102 Abs. 1 BetrVG:
  Fristablauf ebenfalls am nachfolgenden Montag (denn: innerhalb der Frist liegende Samstage, Sonntage oder Feiertage verlängern die Frist nicht; etwas anderes gilt nur, wenn der »letzte« Tag der Frist auf einen Samstag, Sonntag oder Feiertag fällt; siehe vorhergehenden Beispielsfall).

Die Dreitagesfrist endet um 24.00 Uhr des letzten Fristtages.
Im Falle einer geplanten »**außerordentlichen, hilfsweise ordentlichen Kündigung**« (siehe Rn. 41 b) sollte sich der Betriebsrat innerhalb der »Dreitagesfrist« nur gegenüber der beabsichtigten außerordentlichen Kündigung äußern und gegenüber der angekündigten »hilfsweisen ordentlichen Kündigung« die »Wochenfrist« für den »Widerspruch« ausschöpfen.
Wenn sich der Betriebsrat innerhalb der »Dreitagesfrist« nur zu der außerordentlichen Kündigung äußert und der Arbeitgeber dennoch unmittelbar nach Eingang der Stellungnahme bereits die »außerordentliche, hilfsweise ordentliche Kündigung« ausspricht (ohne die Wochenfrist für die ordentliche Kündigung abzuwarten), ist die »hilfsweise« ausgesprochene ordentliche Kündigung mangels ordnungsgemäßer Anhörung des Betriebsrats unwirksam.

Kündigung

Volle Ausschöpfung der Wochenfrist

Der Betriebsrat kann dem von einer → **ordentlichen Kündigung** bedrohten Arbeitnehmer in bestimmten Fällen allein dadurch eine Verlängerung des Arbeitsverhältnisses verschaffen, dass er die nach § 102 Abs. 2 und 3 BetrVG zustehende Wochenfrist voll ausschöpft (was zulässig ist; vgl. BAG v. 12.12.1996 – 2 AZR 803/95, AiB 1998, 112).

45a

> **Beispiel:**
> Der Arbeitgeber will einem Arbeitnehmer zum 30. September 2014 (= ein Dienstag) kündigen.
> Dem Arbeitnehmer steht eine Kündigungsfrist von drei Monaten zum Monatsende zu.

Eine fristgerechte Kündigung zum 30. September 2014 ist im Beispielsfall nur möglich, wenn dem Beschäftigten die Kündigung spätestens am 30. Juni 2014 (ein Montag) zugeht. Wenn die Kündigungsanhörung (z. B.) erst am 24. Juni 2014 (= ein Dienstag) beim Betriebsrat eingeht und er – unter voller Ausschöpfung der Wochenfrist – am 1. Juli 2014 (= ein Dienstag) Widerspruch einlegt, kann die Kündigung wegen der dreimonatigen Kündigungsfrist erst zum 31. Oktober 2014 ausgesprochen werden.
Der zur Kündigung vorgesehene Arbeitnehmer »**gewinnt**« auf diese Weise einen **vollen Monat** mit Anspruch auf Arbeitsentgelt.
Hätte der Betriebsrat den Widerspruch dem Arbeitgeber schon (z. B.) am Montag, den 30. Juni 2014 übermittelt, hätte dieser noch am selben Tag dem Arbeitnehmer eine Kündigung – zum 30. September 2014 – übergeben können.

Beschluss des Betriebsrats

Ein Kündigungswiderspruch des Betriebsrats ist nur dann wirksam, wenn er vom Betriebsrat ordnungsgemäß **beschlossen** worden ist.
Zu den Voraussetzungen eines ordnungsgemäßen Betriebsratsbeschlusses siehe → **Betriebsratssitzung**.

45b

Vorgehen des Betriebsrats

Der Betriebsrat sollte, wenn die Information des Arbeitgebers zu einer von ihm beabsichtigten → **ordentlichen Kündigung** vorliegt, wie folgt vorgehen (Beispiel):

45c

- Nach Eingang der Information des Arbeitgebers beruft der Betriebsratsvorsitzende eine → **Betriebsratssitzung** ein (Einladung mit Tagesordnung!)
An → **Ersatzmitglieder** und sonstige einzuladende Personen denken!
- Der Betriebsratsvorsitzende informiert die übrigen Betriebsratsmitglieder in der Sitzung über die vom Arbeitgeber beabsichtigte Kündigung.
- Erste Einschätzungen werden ausgetauscht.
- Der Betriebsrat fasst den Beschluss: »*Vor abschließender Stellungnahme soll der Sachverhalt näher aufgeklärt werden ...*« (z. B. durch Gespräch mit dem/der Betroffenen und mit der Personalabteilung).
- In einer weiteren Betriebsratssitzung noch innerhalb der Wochenfrist (Einladung mit Tagesordnung! wird die Angelegenheit nach Diskussion durch Beschlussfassung (§ 33 BetrVG) entschieden.
- Dem Arbeitgeber wird die – schriftliche und begründete – Stellungnahme des Betriebsrats (»Bedenken« und »Widerspruch«) – ebenfalls noch innerhalb der Wochenfrist(!) – übermittelt.

Kündigung

Ggf. reicht – bei entsprechend sorgfältiger Vorbereitung – auch Beratung und Beschlussfassung in einer Betriebsratssitzung aus.

Information des Gekündigten über den Widerspruch und die damit verbundenen Rechtsfolgen (§ 102 Abs. 4 BetrVG)

45d Wird dem Arbeitnehmer trotz Widerspruch des Betriebsrats gekündigt (was möglich ist), hat ihm der Arbeitgeber mit der Kündigung eine **Abschrift** der Stellungnahme des Betriebsrats zuzuleiten (§ 102 Abs. 4 BetrVG).
Wenn das (immer wieder) nicht geschieht, kann der Betriebsrat nach § 23 Abs. 3 BetrVG wegen »grober Pflichtverletzung« gegen den Arbeitgeber vorgehen (vgl. Fitting, BetrVG, 27. Aufl., § 102 Rn. 100).
In der Literatur wird außerdem zu Recht die Auffassung vertreten, dass ein **Unterlassen** der Verpflichtung des Arbeitgebers aus § 102 Abs. 4 BetrVG die **Unwirksamkeit der Kündigung** zur Folge hat (vgl. z. B. Düwell, NZA 1988, 866; vgl. auch DKKW-*Bachner*, BetrVG, 15. Aufl., § 102 Rn. 251; a. A. ist die h. M.: vgl. z. B. Fitting, BetrVG, 27. Aufl., § 102 Rn. 100 m. w. N.: es sollen nur **Schadensersatzansprüche** in Frage kommen; seltsamerweise ist das Thema – soweit ersichtlich – bislang höchstrichterlich nicht entschieden worden).
Auch der Betriebsrat sollte nach Ausspruch der Kündigung tätig werden und den Gekündigten über folgende »**drei Punkte**« informieren:
- über den **Widerspruch** des Betriebsrats (Kopie aushändigen!),
- über die Notwendigkeit, innerhalb von drei Wochen nach Zugang der Kündigung beim Arbeitsgericht **Kündigungsschutzklage** zu erheben, wenn er die Kündigung anfechten will (siehe Rn. 11 und → **Kündigungsschutz** Rn. 25 ff.),
- über die Notwendigkeit, ausdrücklich und nachweisbar und gestützt auf den Widerspruch des Betriebsrats seine **Weiterbeschäftigung** bis zum rechtskräftigen Abschluss des Kündigungsschutzprozesses zu **verlangen**, wenn er den besonderen Weiterbeschäftigungs- und Vergütungsanspruch nach § 102 Abs. 5 BetrVG (siehe Rn. 46 ff.) geltend machen will.

Am besten fertigt der Betriebsrat ein kleines Merkblatt mit den vorstehenden drei Punkten und dem **Musterschreiben** »Weiterbeschäftigungsverlangen nach § 102 Abs. 5 BetrVG« (siehe Rn. 46 b) an, das dem Gekündigten ausgehändigt wird.

Rechtsfolgen eines ordnungsgemäßen »Widerspruchs« gegen eine → ordentliche Kündigung

1. Absoluter Sozialwidrigkeitsgrund (§ 1 Abs. 2 Sätze 2 und 3 KSchG)

46 Zum einen wird mit einem ordnungsgemäßen »Widerspruch« des Betriebsrats die Rechtsposition des Gekündigten im Kündigungsschutzprozess unterstützt.
Nach § 1 Abs. 2 Sätze 2 und 3 KSchG ist eine → **ordentliche Kündigung** nämlich auch dann sozial ungerechtfertigt, wenn
- sie gegen eine → **Auswahlrichtlinie** nach § 95 BetrVG verstößt oder wenn der Betroffene auf einem anderen freien bzw. demnächst frei werdenden Arbeitsplatz im Betrieb oder in einem anderen Betrieb des Unternehmens weiterbeschäftigt werden kann (ggf. nach zumutbaren Umschulungs- oder Fortbildungsmaßnahmen oder zu geänderten Arbeitsbedingungen mit Einverständnis des Betroffenen) und
- der Betriebsrat der Kündigung aus einem dieser Gründe innerhalb der Wochenfrist des § 102 Abs. 2 Satz 1 des BetrVG schriftlich widersprochen hat.

Berücksichtigt werden nur die Gründe, die der Betriebsrat in seinem Widerspruch angegeben hat (BAG v. 6.6.1984 – 7 AZR 451/82, NZA 1985, 93; Kittner/Däubler/Zwanziger, KSchR, 9. Aufl., § 1 KSchG Rn. 496).

Liegen die in § 1 Abs. 2 Sätze 2 und 3 KSchG genannten Voraussetzungen vor, ist die Kündigung allein aus diesem Grunde unwirksam.
Eine Abwägung der beiderseitigen Interessen (wie bei der Prüfung der Sozialwidrigkeit nach § 1 Abs. 2 Satz 1 KSchG; siehe z. B. → **Betriebsbedingte Kündigung** Rn. 12) ist nicht erforderlich.
Insofern bezeichnet man die in § 1 Abs. 2 Sätze 2 und 3 KSchG aufgeführten Gründe als »**absolute Sozialwidrigkeitsgründe**«.
§ 1 Abs. 2 Sätze 2 und 3 KSchG kommt nicht nur bei der → **betriebsbedingten Kündigung**, sondern auch bei der → **personenbedingten Kündigung** und → **verhaltensbedingten Kündigung** in Betracht.
Zu beachten ist, dass sich der gekündigte Arbeitnehmer auf die absoluten Sozialwidrigkeitsgründe des § 1 Abs. 2 Sätze 2 und 3 KSchG (Verstoß gegen Auswahlrichtlinie oder eine Weiterbeschäftigung ist möglich) auch dann berufen kann, wenn der Betriebsrat der Kündigung nicht widersprochen hat (BAG v. 17.5.1984 – 2 AZR 109/83, DB 1985, 1190; Kittner/Däubler/Zwanziger, KSchR, 9. Aufl., § 1 KSchG Rn. 498 m. w. N.).
Das Arbeitsgericht hat ein solches Vorbringen bei der Prüfung, ob eine Kündigung nach § 1 Abs. 2 Satz 1 KSchG sozial gerechtfertigt ist, zu berücksichtigen (zum Glück für den Gekündigten!). Denn wenn z. B. eine Weiterbeschäftigung auf einem anderen Arbeitsplatz möglich ist, steht ein milderes Mittel zur Verfügung.
Eine dennoch ausgesprochene Kündigung würde wegen Vorstoßes gegen den Verhältnismäßigkeitsgrundsatz (»Ultima-Ratio-Prinzip«; siehe → **Betriebsbedingte Kündigung** Rn. 12) unwirksam sein.
Das Problem ist nur, dass der gekündigte Arbeitnehmer ohne Unterstützung durch den Betriebsrat kaum in Lage ist, die notwendigen Tatsachen zu den absoluten Sozialwidrigkeitsgründen des § 1 Abs. 2 Sätze 2 und 3 KSchG vorzutragen, weil er (anders als der Betriebsrat) keine Informationen z. B. über freie Arbeitsplätze im Betrieb oder in einem anderen Betrieb des Unternehmens (siehe hierzu → **Betriebsbedingte Kündigung** Rn. 33) hat.

2. Weiterbeschäftigungsanspruch (§ 102 Abs. 5 BetrVG)
Zum anderen wird durch einen ordnungsgemäßen »Widerspruch« ein besonderer Weiterbeschäftigungsanspruch (und Weitervergütungsanspruch; siehe Rn. 50) zugunsten des Betroffenen begründet (§ 102 Abs. 5 BetrVG).
Wenn nämlich der Gekündigte
- **Kündigungsschutzklage** erhebt (die Klage ist nach § 4 KSchG innerhalb von drei Wochen nach Zugang der schriftlichen Kündigung von dem Gekündigten beim → **Arbeitsgericht** einzureichen!) und
- unter Hinweis auf den **Widerspruch** des Betriebsrats seine **Weiterbeschäftigung** über den Ablauf der Kündigungsfrist hinaus **verlangt**,

dann ist der Arbeitgeber zur Weiterbeschäftigung (und Weiterzahlung des → **Arbeitsentgelts**; siehe Rn. 50) bei unveränderten Arbeitsbedingungen bis zum rechtskräftigen Abschluss des Kündigungsschutzprozesses verpflichtet!
Nach zutreffender Ansicht des BAG besteht das bisherige Arbeitsverhältnis bei Vorliegen der Voraussetzungen des § 102 Abs. 5 Satz 1 BetrVG **kraft Gesetzes** fort und wird, (erst) bedingt durch die rechtskräftige Abweisung der Kündigungsschutzklage aufgelöst. (BAG v. 7.3.1996 – 2 AZR 432/95, AiB 1996, 616; 10.3.1987 – 8 AZR 146/84, NZA 1987, 373; 12.9.1985 – 2 AZR 324/84, NZA 1986, 424).
Der Arbeitgeber ist auch dann zur Weitervergütung verpflichtet, wenn der Arbeitnehmer den Kündigungsschutzprozess **verliert** (BAG v. 7.3.1996 – 2 AZR 432/95, a. a. O.; 10.3.1987 – 8 AZR 146/84, a. a. O.; 12.9.1985 – 2 AZR 324/84, a. a. O.). Auch in diesem Falle hat der Ar-

Kündigung

beitnehmer Anspruch auf Zahlung des Arbeitsentgelts für die Zeit nach Ablauf der Kündigungsfrist bis zum rechtskräftigen Ende des Kündigungsschutzprozesses.
Dabei kommt es nicht darauf an, ob er den Arbeitnehmer tatsächlich weiter beschäftigt hat oder nicht.
Eine Vergütungspflicht entfällt (für die Zukunft) nur dann, wenn der Arbeitgeber auf seinen Antrag hin nach § 102 Abs. 5 Satz 2 BetrVG vom Arbeitsgericht bzw. Landesarbeitsgericht von der Weiterbeschäftigungspflicht rechtskräftig **entbunden** wird (bis dahin aufgelaufene Arbeitsentgeltansprüche sind vom Arbeitgeber unter dem Gesichtspunkt des → **Annahmeverzugs** zu erfüllen; vgl. BAG v. 7. 3. 1996 – 2 AZR 432/95, a. a. O.).
Siehe auch Rn. 50 und → **Ordentliche Kündigung** Rn. 28 ff., 35 ff.

46b Das Weiterbeschäftigungsverlangen muss **spätestens am ersten Arbeitstag** nach Ablauf der → **Kündigungsfrist** erklärt werden (BAG v. 11. 5. 2000 – 2 AZR 54/99, AiB 2001, 179; nach Ansicht von Ritting, BetrVG, 27. Aufl., § 102 Rn. 106 muss der Antrag *innerhalb* der Kündigungsfrist gestellt werden).
Es sollte aus Beweisgründen schriftlich und im Beisein eines Betriebsratsmitglieds beim Arbeitgeber eingereicht werden (Empfang durch Arbeitgeber bzw. Personalabteilung quittieren lassen!).
Nachstehend ein **Muster:**

An Firma   Ort ..., Datum ...
...
Weiterbeschäftigungsverlangen nach § 102 Abs. 5 BetrVG

Sehr geehrte Damen und Herren,
mit Schreiben vom ... haben Sie das zwischen uns bestehende Arbeitsverhältnis zum ... gekündigt.
Der Betriebsrat hat der Kündigung frist- und ordnungsgemäß widersprochen.
Ich habe gegen die Kündigung zwischenzeitlich Kündigungsschutzklage beim zuständigen Arbeitsgericht eingereicht.
Auf der Grundlage von § 102 Abs. 5 BetrVG verlange ich hiermit Weiterbeschäftigung zu unveränderten Arbeitsbedingungen über den Ablauf der Kündigungsfrist hinaus mindestens bis zum rechtskräftigen Abschluss des Kündigungsschutzprozesses.

Mit freundlichem Gruß

...
(Unterschrift Arbeitnehmer)
Durchschrift an den Betriebsrat zur Kenntnisnahme

Das vorstehende Schreiben sollte der gekündigte Arbeitnehmer selbst dann beim Arbeitgeber einreichen, wenn er sich noch nicht klar geworden ist, ob er überhaupt weiterbeschäftigt werden will oder es ihm mehr darauf ankommt, jedenfalls eine angemessene → **Abfindung** zu erhalten.
Auch hierfür ist ein Weiterbeschäftigungsverlangen nützlich. Es führt zu einer deutlichen Verbesserung der Verhandlungsposition des Gekündigten bei den im Verlauf des Kündigungsschutzprozesses (z. B. im Gütetermin vor dem Arbeitsgericht) geführten Verhandlungen um einen »Abfindungsvergleich« (siehe → **Abfindung** Rn. 6 a und → **Kündigungsschutz** Rn. 25 a).

47 Der Arbeitgeber kann das auf § 102 Abs. 5 Satz 1 BetrVG gestützte Weiterbeschäftigungsverlangen des Arbeitnehmers nicht einfach ablehnen.
Vielmehr muss er sich durch Antrag auf **einstweilige Verfügung** von der Weiterbeschäftigungspflicht **entbinden** lassen, wenn er der Ansicht ist, dass

Kündigung

- die Kündigungsschutzklage keine hinreichende Aussicht auf Erfolg bietet oder mutwillig erscheint (§ 102 Abs. 5 Satz 2 Nr. 1 BetrVG) oder
- die Weiterbeschäftigung des Arbeitnehmers zu einer unzumutbaren wirtschaftlichen Belastung des Arbeitgebers führen würde (§ 102 Abs. 5 Satz 2 Nr. 2 BetrVG) oder
- der Widerspruch des Betriebsrats »offensichtlich unbegründet« war (§ 102 Abs. 5 Satz 2 Nr. 3 BetrVG).

In der Praxis kommt es oft genug vor, dass der Arbeitgeber dem Weiterbeschäftigungsverlangen nicht nachkommt und auch keinen Antrag auf Entbindung von der Weiterbeschäftigungspflicht nach § 102 Abs. 5 Satz 2 BetrVG stellt.

Dieses Verhalten stellt nicht nur eine **Verletzung der individuellen Rechte** des gekündigten Arbeitnehmers (Weiterbeschäftigungsanspruch nach § 102 Abs. 5 BetrVG) dar.

Es handelt sich auch um einen »**groben Pflichtverstoß**« im Sinne des § 23 Abs. 3 BetrVG. Denn bei der Antragstellung auf Entbindung von der Weiterbeschäftigungspflicht handelt es sich um eine »*Verpflichtung des Arbeitgebers aus diesem Gesetz*« i. S. d. § 23 Abs. 3 BetrVG.

Außerdem missachtet der Arbeitgeber den Widerspruch des Betriebsrats (zu dessen Rechtsfolgen der Weiterbeschäftigungsanspruch nach § 102 Abs. 5 BetrVG gehört) und damit die durch § 23 Abs. 3 BetrVG geschützten kollektivrechtlichen Rechte des Betriebsrats bei einer Kündigung.

Deshalb kann der Betriebsrat durch Einleitung eines arbeitsgerichtlichen Verfahrens nach § 23 Abs. 3 BetrVG vorgehen, wenn der Arbeitgeber dem Gekündigten die Weiterbeschäftigung verwehrt ohne sich von der Weiterbeschäftigungspflicht durch das Arbeitsgericht entbinden zu lassen.

Auch ein Antrag auf Erlass einer **einstweiligen Verfügung** dürfte zulässig sein.

Aus unerfindlichen Gründen ist bislang ein vom Betriebsrat nach § 23 Abs. 3 BetrVG ausgelöstes Verfahren noch nicht bekannt geworden und damit auch noch keine arbeitsgerichtlichen Entscheidungen.

Auch die Kommentarliteratur zum BetrVG schweigt sich zu dieser Handlungsmöglichkeit des Betriebsrats weitgehend aus (in DKKW-Bachner, BetrVG, 15. Aufl., § 102 Rn. 298 findet sich immerhin der Hinweis: »*... wegen der kollektivrechtlichen Bedeutung des Wiederspruchs handelt es sich auch um einen groben Pflichtverstoß im Sinne des § 23 Abs. 3 BetrVG*«).

Natürlich hat auch der gekündigte Arbeitnehmer die Möglichkeit, seine Weiterbeschäftigung durch Antrag auf **einstweilige Verfügung** (siehe → Arbeitsgericht Rn. 11) durchzusetzen. Er kann aber auch davon absehen und sich darauf beschränken, den mit dem Weiterbeschäftigungsanspruch verbundenen **Vergütungsanspruch einzuklagen** (siehe Rn. 50).

3. Weitervergütungsanspruch (§ 102 Abs. 5 BetrVG)

Unabhängig von der Frage, ob der gekündigte Arbeitnehmer über den Ablauf der Kündigungsfrist hinaus tatsächlich weiterbeschäftigt wird oder nicht, entsteht durch das Weiterbeschäftigungsverlangen des Arbeitnehmers aufgrund eines ordnungsgemäßen (!) Widerspruchs des Betriebsrats unter dem Gesichtspunkt des → **Annahmeverzuges** ein Anspruch auf Fortzahlung der Vergütung bis zum rechtskräftigen Abschluss des Kündigungsschutzprozesses.

Das heißt: Der Arbeitgeber muss auch dann die volle Vergütung bis zum rechtskräftigen Abschluss des Kündigungsschutzprozesses zahlen (ggf. abzüglich erhaltenen Arbeitslosengeldes), wenn keine Weiterbeschäftigung erfolgt.

Das gilt sogar dann, wenn die Kündigungsschutzklage rechtskräftig abgewiesen wird – wenn also der Arbeitnehmer den Kündigungsschutzprozess **verliert** (BAG v. 7. 3. 1996 – 2 AZR 432/95, AiB 1996, 616; 10. 3. 1987 – 8 AZR 146/84, NZA 1987, 373; 12. 9. 1985 – 2 AZR 324/84, NZA 1986, 424)!

Nachstehend ein Beitrag von Wilfried Löhr-Steinhaus (= Direktor des Arbeitsgerichts Bonn) in AiB 2013, 139:

Kündigung

»Widerspruch des Betriebsrats lohnt sich für den Arbeitnehmer
Die Formalien für einen wirksamen Widerspruch des Betriebsrats gegen eine vom Arbeitgeber beabsichtigte Kündigung gem. § 102 BetrVG sind nicht streng. Zunächst muss der Beschluss des Betriebsrats eingeholt und, wenn möglich, der betroffene Arbeitnehmer angehört werden. Dann muss der Widerspruch detailliert begründet und die Frist des § 102 Abs. 2 BetrVG eingehalten werden.

Der Aufwand lohnt sich. Wenn es richtig gemacht wird, ist der wirksame Widerspruch des Betriebsrats gegen eine Kündigung gem. § 102 BetrVG eine wichtige Unterstützung des Arbeitnehmers in einem späteren Kündigungsschutzverfahren.

Der Widerspruch bringt Zusatzinformationen für das Gericht. Der Arbeitgeber ist gem. § 102 Abs. 4 BetrVG verpflichtet, der Kündigung den Widerspruch des Betriebsrats beizufügen. Hat der Betriebsrat sauber gearbeitet und den Streit über die Wirksamkeit der Kündigung, gfls. auch unter Hinweis auf bestehende Betriebsvereinbarungen, präzise und anschaulich dargestellt, wird der Rechtsstreit schon durch den Widerspruch auf die aus Sicht des Arbeitnehmers wichtigen Argumente und Tatsachen gelenkt.

Der Widerspruch kann die Prozesssituation verbessern. Nach Erhebung der Kündigungsschutzklage wird die Kündigung vom Gericht anhand des Vortrags der Parteien auf ihre soziale Rechtfertigung überprüft. Dabei spielt es rechtlich keine Rolle, ob der Betriebsrat der Kündigung widersprochen, keine Stellungnahme abgegeben oder gar der Kündigung zugestimmt hat. Ganz ohne Einfluss auf die Rechtsfindung des Gerichts wird die Stellungnahme des Betriebsrats jedoch nicht bleiben und damit die Prozesssituation des Arbeitnehmers verbessern.

Was bringt der Weiterbeschäftigungsanspruch? Der wirksam erhobene Widerspruch begründet den Anspruch des gekündigten Arbeitnehmers auf vorläufige Weiterbeschäftigung während des Kündigungsschutzverfahrens. Der Weiterbeschäftigungsanspruch besteht über das Ende der Kündigungsfrist hinaus bis zum rechtskräftigen Abschluss des Kündigungsschutzverfahrens, d. h. auch erst in der zweiten Instanz. Aus dem Ende der Kündigungsfrist, beispielsweise zum 28. 2. 2013 kann erstinstanzlich auf diesem Weg ein Weiterbeschäftigungsanspruch bis April 2013 oder zweitinstanzlich sogar bis Oktober 2013 werden. Und das auch im Falle des Unterliegens mit der Kündigungsschutzklage. Während der Zeit der Weiterbeschäftigung hat der Arbeitnehmer Anspruch auf Vergütung. Lehnt der Arbeitgeber die Weiterbeschäftigung ab, besteht gleichwohl der Vergütungsanspruch wegen des Annahmeverzugs des Arbeitgebers. Daher kann der Widerspruch bares Geld in der Tasche des Arbeitnehmers bedeuten.

Nur ein wirksamer Widerspruch hilft. Nur, wenn der Betriebsrat sorgfältig arbeitet und nicht lediglich Floskeln abarbeitet, ist der Widerspruch wirksam und begründet den Weiterbeschäftigungsanspruch. Dies wird leider zu oft übersehen. Immer wieder finden sich Widersprüche wie »Die Kündigung verletzt die notwendige Sozialauswahl.« oder »Die Kündigung berücksichtigt weder die ohnehin dünne Personallage der Abteilung noch bestehende Weiterbeschäftigungsmöglichkeiten.« Oder es wird nur auf das Gesetz verwiesen: »Der Betriebsrat widerspricht der Kündigung gem. § 102 Abs. 3 Nr. 1 BetrVG«. Solche Floskeln nutzen dem Arbeitnehmer ebenso wenig wie ein verspäteter Widerspruch.

Nur konkrete Gründe und die Einhaltung der Fristen helfen im Kündigungsschutzprozess und verbessern die Lage des betroffenen Beschäftigten.«

50b Eine **Vergütungspflicht** entfällt (für die Zukunft) nur dann, wenn der Arbeitgeber auf seinen Antrag hin nach § 102 Abs. 5 Satz 2 BetrVG vom Arbeitsgericht bzw. Landesarbeitsgericht von der Weiterbeschäftigungspflicht rechtskräftig entbunden wurde (bis dahin aufgelaufene Arbeitsentgeltansprüche sind vom Arbeitgeber zu erfüllen; vgl. BAG v. 7. 3. 1996 – 2 AZR 432/95, a. a. O.).

51 Im Falle der **Entbindung** von der Weiterbeschäftigungsverpflichtung nach § 102 Abs. 5 Satz 2 BetrVG besteht eine Vergütungspflicht des Arbeitgebers über den Zeitpunkt der Rechtskraft

Kündigung

der Entbindungsentscheidung hinaus unter dem Gesichtspunkt des → **Annahmeverzuges** nur dann, wenn der Gekündigte den Kündigungsschutzprozess **gewinnt**.

Zustimmungsverweigerungsrecht des Betriebsrats (§ 102 Abs. 6 BetrVG)

Nach § 102 Abs. 6 BetrVG kann durch »freiwillige« → **Betriebsvereinbarung** ein echtes Mitbestimmungsrecht (Zustimmungsverweigerungsrecht) des Betriebsrats bei Kündigungen geschaffen werden mit der Maßgabe, dass bei Streit über die Berechtigung der Zustimmungsverweigerung eine → **Einigungsstelle** entscheidet. 52

Bei nur sehr wenigen Arbeitgebern besteht allerdings – aus naheliegenden Gründen – eine Bereitschaft zum Abschluss einer derartigen Betriebsvereinbarung.
Man ist doch mehr an einer Alleinentscheidung in Kündigungsfragen interessiert. Dementsprechend hat § 102 Abs. 6 BetrVG in der Praxis kaum Bedeutung.

Verhalten von Betriebsräten bei Kündigungen

Dass Betriebsräte ihre gesetzlichen Möglichkeiten zum Schutz der von Kündigung betroffenen Arbeitnehmer oft nicht ausschöpfen, lässt eine von der »**Max-Planck-Gesellschaft**« **1979** im Wege der Befragung von Arbeitgebern durchgeführte Untersuchung zum Verhalten von Betriebsräten bei → **ordentlichen Kündigungen** aller Art (betriebsbedingte, personenbedingte und verhaltensbedingte Kündigungen) vermuten. 54

Hiernach hatten Betriebsräte in **66 Prozent** der untersuchten Fälle der Kündigung ausdrücklich **zugestimmt**.
In weiteren **20 Prozent** der Fälle hat man die **Wochenfrist verstreichen** lassen (was nach § 102 Abs. 2 Satz 2 BetrVG als Zustimmung zu werten ist).
In **6 Prozent** der Fälle wurden »**Bedenken**« erhoben und nur in **8 Prozent** der Kündigungsfälle wurde ein »**Widerspruch**« gemäß § 102 Abs. 3 BetrVG eingelegt.
In **25 Prozent** der Zustimmungsfälle soll die Kündigung nicht nur vom Arbeitgeber, sondern auch **vom Betriebsratsvorsitzenden unterschrieben** worden sein!
Gerade das letztgenannte Verhalten ist nur mit einem grundsätzlichen Miss- und Fehlverständnis über Funktion und Aufgaben des Betriebsrats (siehe hierzu → **Betriebsrat**) zu erklären.
Eine Untersuchung neueren Datums mit den gleichen Fragestellungen liegt seltsamerweise nicht vor.
Es bleibt zu hoffen, dass sich die Prozentzahlen mittlerweile zugunsten der Arbeitnehmer verändert haben.
Nicht besetzt. 55

Massenentlassung

Bei geplanter → **Massenentlassung** (siehe Rn. 18 f. und → **Betriebsänderung**) werden weitere Rechte der Interessenvertretung ausgelöst: 56
- Informations- und Beratungsrechte des → **Wirtschaftsausschusses** nach § 106 BetrVG;
- Informations- und Beratungsrechte des Betriebsrats nach §§ 111 ff. BetrVG sowie nach § 17 Abs. 2 und 3 KSchG (siehe hierzu Rn. 57 ff.);
- Recht des Betriebsrats auf Verhandlung über einen → **Interessenausgleich** und den Abschluss eines → **Sozialplans** nach § 112 BetrVG.

Nach § 17 Abs. 2 Satz 1 KSchG hat der Arbeitgeber dem Betriebsrat »rechtzeitig die zweckdienlichen Auskünfte zu erteilen«. Er hat den Betriebsrat schriftlich insbesondere zu unterrichten über 57

1439

Kündigung

1. die Gründe für die geplanten Entlassungen,
2. die Zahl und die Berufsgruppen der zu entlassenden Arbeitnehmer,
3. die Zahl und die Berufsgruppen der in der Regel beschäftigten Arbeitnehmer,
4. den Zeitraum, in dem die Entlassungen vorgenommen werden sollen,
5. die vorgesehenen Kriterien für die Auswahl der zu entlassenden Arbeitnehmer,
6. die für die Berechnung etwaiger Abfindungen vorgesehenen Kriterien.

58 Arbeitgeber und Betriebsrat haben insbesondere die Möglichkeiten zu beraten, Entlassungen zu vermeiden oder einzuschränken und ihre Folgen zu mildern (§ 17 Abs. 2 Satz 2 KSchG).
Der Agentur für Arbeit hat der Arbeitgeber eine Abschrift der Mitteilung an den Betriebsrat zuzuleiten.
Die Abschrift muss mindestens die in oben stehenden Nrn. 1 bis 5 genannten Angaben enthalten.

59 Der Betriebsrat hat gemäß § 17 Abs. 3 Satz 2 KSchG das Recht, eine an die Arbeitsverwaltung gerichtete Stellungnahme zu verfassen.
Der Arbeitgeber muss die Stellungnahme der **Massenentlassungsanzeige** beifügen.

60 Werden in einem → **Interessenausgleich**, der im → **Insolvenzverfahren** zwischen Insolvenzverwalter und Betriebsrat vereinbart wurde, die für die Entlassung vorgesehenen Beschäftigten namentlich benannt (»Interessenausgleich mit Namensliste«), so ersetzt ein solcher Interessenausgleich die Stellungnahme des Betriebsrats zur Massenentlassungsanzeige (§ 125 Abs. 2 InsO).

61 Klar ist, dass die Unterrichtungspflicht des Arbeitgebers nach § 17 Abs. 1 KSchG die – weiter gehenden – Informationsrechte des Betriebsrats nach §§ 102, 111 BetrVG nicht verdrängt.

62 Der Betriebsrat kann dem Arbeitgeber nach § 92 a Abs. 1 BetrVG Vorschläge zur Sicherung und Förderung der Beschäftigung machen.
Diese können insbesondere eine flexible Gestaltung der Arbeitszeit (siehe → **Arbeitszeitflexibilisierung**), die Förderung von → **Teilzeitarbeit** und → **Altersteilzeit**, neue Formen der Arbeitsorganisation, Änderungen der Arbeitsverfahren und Arbeitsabläufe, die Qualifizierung der Arbeitnehmer (siehe → **Berufsbildung**), Alternativen zur Ausgliederung von Arbeit und ihrer Vergabe an andere Unternehmen sowie zum Produktions- und Investitionsprogramm zum Gegenstand (siehe → **Alternative Produktion**) haben (siehe → **Beschäftigungssicherung und -förderung**).

63 Der Arbeitgeber hat die Vorschläge mit dem Betriebsrat zu beraten (§ 92 a Abs. 2 BetrVG).
Hält der Arbeitgeber die Vorschläge des Betriebsrats für ungeeignet, hat er dies zu begründen. In Betrieben mit mehr als 100 Arbeitnehmern hat die **Begründung schriftlich** zu erfolgen.

64 Zu den Beratungen kann der Arbeitgeber oder der Betriebsrat einen Vertreter der Bundesagentur für Arbeit hinzuziehen.

65 Als weitere Handlungsmöglichkeit gegen Personalabbau kann der Betriebsrat von seinem Initiativmitbestimmungsrecht zur Einführung von → **Kurzarbeit** Gebrauch machen (§ 87 Abs. 1 Nr. 3 BetrVG).

66 In einigen Branchen bestehen → **Tarifverträge**, auf deren Grundlage die Dauer der tariflichen Arbeitszeit zum Zwecke der Beschäftigungssicherung abgesenkt werden kann (siehe → **Beschäftigungssicherungstarifvertrag**).

Bedeutung für den Beschäftigten

67 Zu den Rechten des gekündigten Arbeitnehmers nach dem KSchG siehe → **Kündigungsschutz**.

Kündigung

Eine Kündigung kann auch **aus sonstigen Gründen** unwirksam sein. Das ist z. B. der Fall, 68
wenn
- der Betriebsrat nicht angehört worden ist (§ 102 Abs. 1 KSchG; siehe Rn. 35 ff.);
- die Schriftform nach § 623 BGB nicht gewahrt ist (siehe Rn. 4),
- sie von einem Vertreter des Arbeitgebers ohne Vorlage einer Vollmacht ausgesprochen wurde und der Arbeitnehmer die Kündigung mit Hinweis auf die fehlende Vollmacht unverzüglich nach § 174 BGB zurückweist (BAG v. 11. 3. 1999 – 2 AZR 427/98, NZA 1999, 818; siehe Rn. 5),
- die Kündigung gegen das gesetzliche Maßregelungsverbot (§ 612 a BGB) verstößt (LAG Schleswig-Holstein v. 28. 6. 2005 – 5 Sa 64/05, AiB 2006, 61),
- die Kündigung gegen ein gesetzliches Diskriminierungsverbot verstößt (z. B. § 1 AGG; Art. 3 Abs. 2 und 3 GG, § 75 BetrVG) oder gegen den Grundsatz von Treu und Glauben (§ 242 BGB); Beispiele: rechtsmissbräuchliche Kündigung in der Probezeit wegen Homosexualität (BAG v. 23. 6. 1994 – 2 AZR 617/93, AiB 1995, 189); unzulässige Kündigung einer transsexuellen Person aus einem mit der Geschlechtsumwandlung zusammenhängenden Grund (EuGH v. 30. 4. 1996 – C–13/94, NZA 1996, 695); Kündigung wegen einer symptomlosen HIV-Infektion ist unwirksam, wenn der Arbeitgeber durch angemessene Vorkehrungen den Einsatz des Arbeitnehmers trotz seiner Behinderung ermöglichen kann (BAG v. 19. 12. 2013 – 6 AZR 190/12);
- die Kündigung »wegen eines Betriebsübergangs« ausgesprochen wurde (§ 613 a Abs. 4 BGB; siehe → **Betriebsübergang**).

Wenn 69
- der Betriebsrat einer ordentlichen (= fristgemäßen) Kündigung ordnungsgemäß nach § 102 Abs. 3 BetrVG **widersprochen** hat und
- der gekündigte Arbeitnehmer **Kündigungsschutzklage** erhebt (die Klage ist nach § 4 KSchG innerhalb von drei Wochen nach Zugang der schriftlichen Kündigung von dem Gekündigten beim → **Arbeitsgericht** einzureichen!) und
- unter Hinweis auf den Widerspruch des Betriebsrats gemäß § 102 Abs. 5 Satz 1 BetrVG seine **Weiterbeschäftigung** über den Ablauf der Kündigungsfrist hinaus **verlangt**,

ist der Arbeitgeber verpflichtet, den Arbeitnehmer **über den Ablauf der Kündigungsfrist hinaus** zu unveränderten Arbeitsbedingungen bis zum rechtskräftigen Abschluss des Kündigungsschutzprozesses weiter zu beschäftigen und das bisherige Arbeitsentgelt weiter zu bezahlen. Das gilt sogar dann, wenn der Arbeitnehmer den Kündigungsschutzprozess **verliert**! Dabei kommt es nicht darauf an, ob er den Arbeitnehmer tatsächlich weiter beschäftigt hat oder nicht. Eine Vergütungspflicht entfällt (für die Zukunft) nur dann, wenn der Arbeitgeber auf seinen Antrag hin nach § 102 Abs. 5 Satz 2 BetrVG vom Arbeitsgericht bzw. Landesarbeitsgericht von der Weiterbeschäftigungspflicht rechtskräftig entbunden wurde (bis dahin aufgelaufene Arbeitsentgeltansprüche sind vom Arbeitgeber zu erfüllen; vgl. (BAG v. 7. 3. 1996 – 2 AZR 432/95, AiB 1996, 616; 10. 3. 1987 – 8 AZR 146/84, NZA 1987, 373; 12. 9. 1985 – 2 AZR 324/84, NZA 1986, 424).

> **Beispiel:**
> Ein Arbeitnehmer wird ordentlich zum 30. 6. 2015 gekündigt. Der Betriebsrat hatte gemäß § 102 Abs. 3 Nr. 3 BetrVG Widerspruch eingelegt, mit der Begründung, dass eine Weiterbeschäftigung des Arbeitnehmers auf dem freien Arbeitsplatz xy möglich ist. Der Arbeitnehmer verlangt Weiterbeschäftigung und erhebt Kündigungsschutzklage. Eine Weiterbeschäftigung lehnt der Arbeitgeber ab. Er stellt aber keinen Antrag auf Entbindung von der Weiterbeschäftigungspflicht. Ein Jahr später – am 30. 6. 2016 – wird die Kündigungsschutzklage vom Landesarbeitsgericht rechtskräftig abgewiesen.
> Dann steht zwar fest, dass das Arbeitsverhältnis zum 30. 6. 2015 wirksam beendet wurde. Dennoch muss der Arbeitgeber auch für die Zeit vom 1. 7. 2015 bis 30. 6. 2016 den vollen Lohn bezahlen;

Kündigung

ggf. unter Abzug von Arbeitslosengeld, das der Arbeitnehmer in dieser Zeit erhalten hat (die Agentur für Arbeit hat Anspruch gegen den Arbeitgeber auf Erstattung des gezahlten Arbeitslosengeldes; § 115 Abs. 1 SGB X).

Meldepflicht (§ 38 Abs. 1 SGB III 2012)

70 Nach § 38 Abs. 1 Satz 1 SGB III 2012 sind Personen, deren Arbeits- oder Ausbildungsverhältnis endet, verpflichtet, sich spätestens **drei Monate** vor dessen Beendigung persönlich bei der Agentur für Arbeit **arbeitssuchend** zu melden.
Liegen zwischen der Kenntnis des Beendigungszeitpunkts und der Beendigung des Arbeits- oder Ausbildungsverhältnisses weniger als drei Monate, hat die Meldung innerhalb von **drei Tagen** nach Kenntnis des Beendigungszeitpunkts zu erfolgen.
Zur Wahrung der Fristen reicht eine (ggf. auch telefonische) Anzeige unter Angabe der persönlichen Daten und des Beendigungszeitpunktes aus, wenn die persönliche Meldung nach terminlicher Vereinbarung nachgeholt wird.
Die Pflicht zur Meldung besteht unabhängig davon, ob der Fortbestand des Arbeits- oder Ausbildungsverhältnisses gerichtlich geltend gemacht oder vom Arbeitgeber in Aussicht gestellt wird.
Die Pflicht zur Meldung gilt nicht bei einem betrieblichen Ausbildungsverhältnis.
Erfolgt die Meldung nicht fristgerecht, hat das eine einwöchige Arbeitslosengeldsperre (**Sperrzeit**) nach § 159 Abs. 1 Satz 2 Nr. 7, Abs. 6 SGB III 2012 zur Folge (siehe → **Arbeitslosenversicherung: Arbeitslosengeld** Rn. 44 ff.).
Zu weiteren Einzelheiten siehe → **Arbeitslosenversicherung: Arbeitsförderung** Rn. 13 ff.

71 Von der Meldung als »arbeitssuchend« nach § 38 Abs. 1 SGB III 2012 zu unterscheiden ist die »**persönliche Arbeitslosmeldung**« nach § 141 SGB III 2012 (siehe → **Kündigung** Rn. 32).
Sie ist Anspruchsvoraussetzung für den Bezug von Arbeitslosengeld (§ 137 Abs. 1 Nr. 2 SGB III 2012).
In bestimmten Fällen kann es Sinn machen, sich erst eine gewisse Zeit nach Eintritt der Arbeitslosigkeit »arbeitslos« zu melden: z. B. um die nachteiligen Folgen einer Arbeitslosengeldsperre (**Sperrzeit**) (siehe → **Arbeitslosenversicherung: Arbeitslosengeld** Rn. 44 ff.) zu vermeiden (§ 148 Abs. 2 Satz 2 SGB III 2012) oder wenn ein bevorstehender Geburtstag zu einer Verlängerung der Dauer des Arbeitslosengeldbezugs führen würde (§ 147 Abs. 2 SGB III 2012).
Siehe auch → **Arbeitslosenversicherung: Arbeitsförderung** Rn. 20.

72 Schließlich ist auf die **allgemeine Meldepflicht** des Arbeitslosen nach § 309 SGB III 2012 hinzuweisen (Meldung nach Aufforderung durch die Agentur für Arbeit zum Zwecke der Berufsberatung, Vermittlung in Ausbildung oder Arbeit, Vorbereitung aktiver Arbeitsförderungsleistungen, Vorbereitung von Entscheidungen im Leistungsverfahren und Prüfung des Vorliegens der Voraussetzungen für den Leistungsanspruch).
Kommt er dieser Meldepflicht trotz Belehrung über die Rechtsfolgen nicht nach, tritt nach § 159 Abs. 1 Satz 2 Nr. 6 SGB III 2012 eine **Sperrzeit** ein. Sie beträgt eine Woche (§ 159 Abs. 6 SGB III 2012).

Arbeitshilfen

Übersichten
- Änderungskündigung: siehe → **Änderungskündigung**
- Ordentliche (= fristgemäße) Kündigung: siehe → **Ordentliche Kündigung**

Kündigung

Checklisten	• Außerordentliche Kündigung: siehe → **Außerordentliche Kündigung**
	• »Ordentliche Kündigung«: siehe → **Ordentliche Kündigung**
	• »Außerordentliche Kündigung«: siehe → **Außerordentliche Kündigung**
Musterschreiben	• Stellungnahme des Betriebsrats zu einer vom Arbeitgeber beabsichtigten Änderungskündigung (mit der eine Versetzung und Umgruppierung durchgesetzt werden soll): siehe → **Änderungskündigung**
	• Vorbehaltserklärung nach § 2 KSchG: siehe → **Änderungskündigung**
	• Musterklage gegen eine Änderungskündigung (»Änderungsschutzklage«): siehe → **Änderungskündigung**
	• Muster-Widerspruchsschreiben nach § 102 Abs. 3 Nr. 1 bis 5 BetrVG gegen ordentliche Kündigung: siehe → **Betriebsbedingte Kündigung**, → **Personenbedingte Kündigung**, → **Verhaltensbedingte Kündigung**
	• Weiterbeschäftigungsverlangen des gekündigten Arbeitnehmers nach § 102 Abs. 5 BetrVG: siehe → **Kündigungsschutz**
	• Muster-Kündigungsschutzklage gegen eine ordentliche Kündigung: siehe → **Kündigungsschutz**
	• Muster-Kündigungsschutzklage gegen eine außerordentliche, hilfsweise ausgesprochene ordentliche Kündigung: siehe → **Außerordentliche Kündigung**

Rechtsprechung – Kündigung

1. Schriftform
2. Zugang der Kündigung
3. Zurückweisung der Kündigung wegen Nichtvorlage einer Vollmacht (§ 174 BGB)

Rechtsprechung – Kündigung – Anhörung des Betriebsrats

1. Fehlende oder fehlerhafte Anhörung (§ 102 Abs. 1 BetrVG) – Unwirksamkeit der Kündigung
2. Anhörung des richtigen Betriebsrats
3. Beschluss durch »Restbetriebsrat« im Falle vorübergehender Beschlussunfähigkeit während laufender Äußerungsfristen (z. B. bei Kündigung)
4. Subjektive Sicht des Arbeitgebers – Bewusste Irreführung des Betriebsrats durch den Arbeitgeber – Abwegige Angaben
5. Mängel im Verantwortungsbereich des Betriebsrats
6. Anforderungen an ordnungsgemäße Anhörung: Form
7. Anforderungen an ordnungsgemäße Anhörung: Kündigungsart

Kündigung

8. Anforderungen an ordnungsgemäße Anhörung: Zeitpunkt der beabsichtigten Kündigung
9. Anforderungen an ordnungsgemäße Anhörung: Kündigungsfrist und -termin
10. Anforderungen an ordnungsgemäße Anhörung: Krankheitsbedingte Kündigung
11. Anforderungen an ordnungsgemäße Anhörung: Sozialdaten – Soziale Auswahl
12. Anforderungen an ordnungsgemäße Anhörung: Betriebs(teil)übergang und Widerspruch des Arbeitnehmers
13. Anforderungen an ordnungsgemäße Anhörung: Interessenausgleich mit Namensliste
14. Anforderungen an ordnungsgemäße Anhörung: Weitere Fallgestaltungen
15. Anhörung des Betriebsrats zu einer Kündigung innerhalb der ersten sechs Monate des Arbeitsverhältnisses
16. Erneute Anhörung des Betriebsrats – Anhörung nach § 102 BetrVG und § 103 BetrVG
17. Anhörungsfrist (§ 102 Abs. 2 BetrVG)
18. Anhörungsfrist für Betriebsrat bei Massenentlassungen – Verlängerung der Frist durch Vereinbarung – Rechtsmissbräuchliches Verhalten des Arbeitgebers
19. Anhörung bei Zustimmungsbedürftigkeit nach § 102 Abs. 6 BetrVG
20. Keine einzelvertragliche Erweiterung der Rechte des Betriebsrats bei Kündigungen
21. Kein Nachschieben von nicht mitgeteilten Kündigungsgründen im Kündigungsschutzprozess
22. Kündigungsschutzprozess: Abgestufte Darlegungslast zur Betriebsratsanhörung
23. Fehlende oder fehlerhafte Anhörung: Verwirkung des Rechts, sich auf Unwirksamkeit der Kündigung zu berufen
24. Sonstiges

Rechtsprechung – Kündigung – Widerspruch des Betriebsrats, Weiterbeschäftigungs- und Vergütungsanspruch

1. Ordnungsgemäßer Widerspruch als Voraussetzung des Weiterbeschäftigungs- und Vergütungsanspruchs nach § 105 Abs. 5 BetrVG
2. Weiterbeschäftigungs- und Vergütungsanspruch des Arbeitnehmers bis zur rechtskräftigen Abweisung der Kündigungsschutzklage
3. Zeitpunkt des Weiterbeschäftigungsverlangens des Arbeitnehmers
4. Durchsetzung des Weiterbeschäftigungsanspruchs – Einstweilige Verfügung
5. Keine einseitige »Freistellung« – Antrag des Arbeitgebers auf Entbindung von der Weiterbeschäftigungspflicht durch einstweilige Verfügung (§ 102 Abs. 5 Satz 2 BetrVG)
6. Annahmeverzug bei Widerspruch des Betriebsrats und Ablehnung des Weiterbeschäftigungsverlangens nach § 102 Abs. 5 BetrVG: Vergütungsansprüche des Arbeitnehmers
7. Wertausgleich gemäß § 812 Abs. 1 Satz 1, § 818 Abs. 2 BGB bei Weiterbeschäftigungsverhältnis außerhalb des § 102 Abs. 5 BetrVG
8. Annahmeverzug bei Abweisung des allgemeinen Weiterbeschäftigungsantrags außerhalb des § 102 Abs. 5 BetrVG
9. Erweiterung der Rechte des Betriebsrats nach § 102 Abs. 6 BetrVG

Kündigungsfristen

Rechtliche Grundlagen

Beim Ausspruch einer ordentlichen Kündigung eines Arbeitsverhältnisses sind vom kündigenden Arbeitgeber bzw. Arbeitnehmer Kündigungsfristen einzuhalten. 1
Zu unterscheiden sind
- gesetzliche Kündigungsfristen nach § 622 BGB (siehe Rn. 2 ff.) oder – im Insolvenzfall – nach § 113 Satz 2 InsO (siehe Rn. 13 und → **Insolvenzverfahren** Rn. 114)
- tarifvertraglich geregelte Kündigungsfristen (siehe Rn. 7 ff.; zur Anwendbarkeit eines Tarifvertrages auf ein Arbeitsverhältnis siehe → **Tarifvertrag** Rn. 23 ff.),
- arbeitsvertraglich vereinbarte Kündigungsfristen (siehe Rn. 10 ff.).

Gesetzliche Kündigungsfristen

Die gesetzlichen Kündigungsfristen sind in § 622 BGB geregelt. 2
Diese Vorschrift ist durch das Gesetz zur Vereinheitlichung der Kündigungsfristen von Arbeitern und Angestellten (Kündigungsfristengesetz) vom 7. 10. 1993 (BGBl. I S. 1668), in Kraft getreten am 15. 10. 1993, neu gefasst worden.
Hierzu war der Gesetzgeber verpflichtet, nachdem das Bundesverfassungsgericht in mehreren Entscheidungen zu § 622 BGB (a. F.) festgestellt hatte, dass die unterschiedliche Behandlung von Arbeitern und Angestellten im Bereich der gesetzlichen Kündigungsfristen **verfassungswidrig** ist.
Nach § 622 Abs. 1 und 2 BGB gelten folgende Regelungen: 3
1. Das Arbeitsverhältnis eines Arbeitnehmers (Arbeiter oder Angestellter) kann mit einer Frist von **vier Wochen** zum 15. oder zum Ende eines Kalendermonats gekündigt werden.
2. Für die **arbeitgeberseitige** Kündigung beträgt die Kündigungsfrist, wenn das Arbeitsverhältnis in dem Betrieb oder Unternehmen
    2 Jahre bestanden hat, 1 Monat zum Ende eines Kalendermonats,
    5 Jahre bestanden hat, 2 Monate zum Ende eines Kalendermonats,
    8 Jahre bestanden hat, 3 Monate zum Ende eines Kalendermonats,
    10 Jahre bestanden hat, 4 Monate zum Ende eines Kalendermonats,
    12 Jahre bestanden hat, 5 Monate zum Ende eines Kalendermonats,
    15 Jahre bestanden hat, 6 Monate zum Ende eines Kalendermonats,
    20 Jahre bestanden hat, 7 Monate zum Ende eines Kalendermonats.
Diese Staffelung der Kündigungsfristen verletzt nach Ansicht des BAG nicht das Verbot der **mittelbaren Altersdiskriminierung** (BAG v. 18. 9. 2014 – 6 AZR 636/13). Zwar führe die Differenzierung der Kündigungsfrist nach der Dauer der Betriebszugehörigkeit zu einer mittelbaren Benachteiligung jüngerer Arbeitnehmer. Die Verlängerung der Kündigungsfristen durch § 622 Abs. 2 Satz 1 BGB verfolge jedoch das rechtmäßige Ziel, länger beschäftigten und damit betriebstreuen, typischerweise älteren Arbeitnehmern durch längere Kündigungsfristen einen verbesserten Kündigungsschutz zu gewähren. Zur Erreichung dieses Ziels sei die Ver-

Kündigungsfristen

längerung auch in ihrer konkreten Staffelung angemessen und erforderlich iSd. Art. 2 Abs. 2 Buchst. b Ziff. i) RL 2000/78/EG. Darum liege keine mittelbare Diskriminierung wegen des Alters vor.

4   Zeiten eines **Berufsausbildungsverhältnisses**, aus dem der Auszubildende in ein Arbeitsverhältnis übernommen wurde, werden bei der Berechnung der Beschäftigungsdauer berücksichtigt.
Das Gleiche gilt für Beschäftigungszeiten, die im Falle eines → **Betriebsübergangs** bei dem früheren Arbeitgeber zurückgelegt wurden.

5   Nach § 622 Abs. 2 Satz 2 BGB werden bei der Berechnung der Beschäftigungsdauer Zeiten, die **vor der Vollendung des 25. Lebensjahres** des Arbeitnehmers liegen, nicht berücksichtigt.
Diese Regelung verstößt nach zutreffender Ansicht des LAG Brandenburg v. 24. 7. 2007 – 7 Sa 561/07, DB 2007, 2542 und LAG Düsseldorf v. 21. 11. 2007 – 12 Sa 1311/07, DB 2007, 2655 gegen **europäisches Recht** (Art. 6 Richtlinie 2000/78/EG vom 27. 11. 2000).
Hiernach darf das **Alter** kein Anknüpfungspunkt für unterschiedliche Behandlung sein, es sei denn, sie ist objektiv und angemessen und durch ein legitimes Ziel gerechtfertigt.
Das LAG Düsseldorf v. 21. 11. 2007 – 12 Sa 1311/07 hat die Sache dem Europäischen Gerichtshof vorgelegt.
Mit Urteil vom 19. 1. 2010 hat der EuGH entschieden, dass die Nichtberücksichtigung der Beschäftigungsjahre vor Vollendung des 25. Lebensjahres **europarechtswidrig** ist (EuGH v. 19. 1. 2010 – C–555/07, AiB 2010, 265 = NZA 2010, 85).
Der EuGH hat die bundesdeutschen Gerichte verpflichtet, § 622 Abs. 2 Satz 2 BGB unangewendet zu lassen (siehe auch → **Kündigungsschutz** Rn. 42).
Das BAG hat sich dem **angeschlossen** (BAG v. 1. 9. 2010 – 5 AZR 700/09, AiB 2011, 335 = NZA 2010, 1409; BAG v. 29. 9. 2011 – 2 AZR 177/10, NZA 2012, 754). Die Unanwendbarkeit von § 622 Abs. 2 Satz 2 BGB bewirkt eine »**Anpassung nach oben**«. Das heißt: bei der Berechnung der Kündigungsfristen sind sämtliche im Betrieb oder Unternehmen zurückgelegten Beschäftigungszeiten zu berücksichtigen (BAG v. 29. 9. 2011 – 2 AZR 177/10, a. a. O.).

> **Beispiel:**
> Ein Arbeitnehmer ist zum Zeitpunkt der Kündigung zehn Jahre bei einem Arbeitgeber beschäftigt (wobei fünf Beschäftigungsjahre vor Vollendung des 25. Lebensjahres liegen).
> Wendet man § 622 Abs. 2 Satz 2 BGB an, steht ihm eine Kündigungsfrist von nur zwei Monaten zum Monatsende zu (Berücksichtigung von nur fünf Beschäftigungsjahren).
> Ohne die Einschränkung des § 622 Abs. 2 Satz 2 BGB ergibt sich eine Kündigungsfrist von vier Monaten zum Monatsende.

Der Gesetzgeber hat es seltsamerweise bislang nicht für nötig gehalten, § 622 Abs. 2 Satz 2 BGB zu streichen. In der unter Federführung des Bundesministeriums der Justiz – unter http://www.gesetze-im-internet.de/ veröffentlichten – BGB-Version findet sich noch nicht einmal ein Hinweis auf die Nichtanwendbarkeit der Vorschrift.

6   Während einer vereinbarten **Probezeit**, längstens für die Dauer von sechs Monaten, kann das Arbeitsverhältnis mit einer Frist von zwei Wochen gekündigt werden (§ 622 Abs. 3 BGB; siehe → **Probearbeitsverhältnis**).

Tarifvertragliche Kündigungsfristen

7   Nach § 622 Abs. 4 BGB können durch → **Tarifvertrag** vom Gesetz abweichende Kündigungsfristregelungen vereinbart werden, und zwar sowohl längere als auch kürzere Fristen.

7a   Soweit eine tarifvertragliche Regelung hinsichtlich der Berechnung der Kündigungsfrist rein **deklaratorisch** auf die gesetzliche Anrechnungsvorschrift des § 622 Abs. 2 Satz 2 BGB verweist

Kündigungsfristen

(siehe Rn. 5), geht dieser Verweis für Kündigungen, die nach dem 2.12.2006 erklärt wurden, ins Leere, weil die gesetzliche Vorschrift **europarechtswidrig** und nicht mehr anzuwenden ist (BAG v. 29.9.2011 – 2 AZR 177/10, NZA 2012, 754).

Eine Tarifvorschrift, die **eigenständig (konstitutiv)** anordnet, dass bei der Berechnung der Kündigungsfrist Beschäftigungszeiten vor Vollendung des 25. Lebensjahres nicht zu berücksichtigen sind, ist wegen Verstoßes gegen das durch § 7 Abs. 1, § 1 AGG konkretisierte **Verbot der Altersdiskriminierung** nach § 7 Abs. 2 AGG unwirksam (BAG v. 29.9.2011 – 2 AZR 177/10, a. a. O.).

Die Nichtigkeit der Tarifvorschrift führt zu einer »**Anpassung nach oben**«. Das heißt: bei der Berechnung der Kündigungsfristen sind sämtliche im Betrieb oder Unternehmen zurückgelegten Beschäftigungszeiten zu berücksichtigen (BAG v. 29.9.2011 – 2 AZR 177/10, a. a. O.). Das gilt auch, wenn die unwirksame Tarifnorm durch eine **Bezugnahmeklausel** Inhalt des Arbeitsvertrags geworden ist (siehe hierzu → **Arbeitsvertrag** Rn. 16 ff.). Die Unwirksamkeit der in Bezug genommenen Tarifvorschrift schlägt auf die vertragliche Vereinbarung durch (BAG v. 29.9.2011 – 2 AZR 177/10, a. a. O.).

Tarifliche Kündigungsfristregelungen dürfen auch nicht gegen die vom Bundesverfassungsgericht (BVerfG) aufgestellten Grundsätze über das Verbot einer sachlich nicht gerechtfertigten **Ungleichbehandlung** von **Arbeitern** und **Angestellten** verstoßen werden. **8**
Das Gericht hat entschieden, dass § 622 Abs. 2 BGB (a. F.) mit dem allgemeinen Gleichheitssatz (Art. 3 Abs. 1 GG) unvereinbar ist, soweit hiernach die Kündigungsfristen für Arbeiter kürzer sind als für Angestellte (BVerfG v. 30.5.1990 – 1 BvL 2/83, NZA 1990, 721). Der Gesetzgeber wurde verpflichtet, § 622 BGB neu zu regeln, was auch geschehen ist (siehe Rn. 2). Ob eine unterschiedliche tarifliche Kündigungsfristenregelung für Arbeiter und Angestellte zulässig ist, die sich auf qualitative Begründungen wie Qualifikation, Ausbildung, Notwendigkeit erhöhter personalwirtschaftlicher Flexibilität im Produktionssektor zurückführen lässt, hat das Bundesverfassungsgericht **offen gelassen**.

Das BAG hat in einigen Entscheidungen tarifvertragliche Kündigungsfristenregelungen, die **8a** (entsprechend der früheren Fassung des § 622 Abs. 2 Satz 1 BGB) für Arbeiter eine kürzere **Grundkündigungsfrist** (zwei Wochen) vorgesehen haben als für Angestellte (sechs Wochen zum Quartalsende), als verfassungskonform angesehen, wenn wegen produkt-, mode- und saisonbedingter Auftragsschwankungen ein Bedürfnis des Unternehmers nach **flexibler Personalplanung** im produktiven Bereich bestehe (BAG v. 11.8.1994 – 2 AZR 9/94, AiB 1995, 192).

Eine andere Beurteilung hat das BAG im Falle der **verlängerten Kündigungsfristen** für länger **8b** beschäftigte Arbeiter und Angestellte vorgenommen.
Auszug aus der Entscheidung BAG v. 11.8.1994 – 2 AZR 9/94, a. a. O.:
»*Die vorliegende tarifliche Regelung ist insoweit nicht mit Art. 3 Abs. 1 GG zu vereinbaren, als auf der vergleichbaren, früher für Angestellte geltenden zweiten und vierten Stufe der Wartefristen nach 8 bzw. 12 Jahren Betriebszugehörigkeit – siehe § 9 Nr. 3 MTV für die Angestellten der Nordrheinischen Textilindustrie vom 27. November 1969, wonach die Übernahme der gesetzlichen Regelung erfolgt – für die Klägerin als Arbeiterin überhaupt keine Verlängerung der Kündigungsfrist vorgesehen ist. Das führt bei der vorliegenden Fallkonstellation zu dem Ergebnis, dass für einen Angestellten der Textilindustrie bei 16 Jahren Betriebszugehörigkeit eine Kündigungsfrist von 6 Monaten zum Quartal, für die Klägerin jedoch nur eine solche von 2 Monaten zum Monatsende gelten würde. Ein derartig krasser Unterschied ist auch mit vorliegenden branchenspezifischen Interessen nicht mehr sachlich zu rechtfertigen. [...] Zunächst vielleicht erhebliche Unterschiede zwischen Arbeitern und Angestellten hinsichtlich ihrer Schutzbedürftigkeit oder einem betrieblichen Interesse an einer flexiblen Personalplanung und -anpassung können deshalb jedenfalls eine solche Diskrepanz, wie sie hier vorliegt, nämlich einer mehr als dreifachen Verlängerung – auf-*

Kündigungsfristen

grund des unterschiedlichen Termins zum Monatsende bzw. Quartalsende ergibt sich eine weitere Verlängerung – nicht rechtfertigen.«

8c An die Stelle von tariflichen Bestimmungen, die unwirksam sind, weil sie ohne sachliche Rechtfertigung für Arbeiter und Angestellte unterschiedlich lange Kündigungsfristen vorsehen, treten die **Kündigungsfristregelungen** des § 622 BGB (BAG v. 11.8.1994 – 2 AZR 9/94, a.a.O.; siehe Rn. 3).

9 Der von den → **Gewerkschaften** angestoßene tarifpolitische Trend geht zutreffenderweise – nicht nur bei den Kündigungsfristen – in Richtung einer umfassenden **Gleichbehandlung** von Arbeitern und Angestellten.

Vertraglich vereinbarte Kündigungsfristen

10 Gemäß § 622 Abs. 5 Satz 1 Nr. 1 BGB kann einzelvertraglich eine Kündigungsfrist, die **kürzer** ist als »vier Wochen zum 15. oder zum Ende eines Kalendermonats«, nur vereinbart werden bei einem → **Aushilfsarbeitsverhältnis**, das nicht länger als drei Monate dauert.

11 Eine Kündigungsfrist von **vier Wochen ohne Enddatum** (»zum 15. oder zum Ende eines Kalendermonats«) kann einzelvertraglich vereinbart werden, wenn ein Arbeitgeber bis zu 20 Arbeitnehmer (ohne Auszubildende) beschäftigt (§ 622 Abs. 5 Satz 1 Nr. 2 BGB). Bei der Feststellung der Zahl der Beschäftigten werden Teilzeitbeschäftigte gemäß § 622 Abs. 5 Satz 2 BGB anteilig berücksichtigt (bis 20 Std./Woche mit 0,5; bis 30 Std./Woche mit 0,75).

12 Die einzelvertragliche – auch formulararbeitsvertragliche – Vereinbarung **längerer** als der in § 622 Abs. 1 bis 3 BGB genannten **Kündigungsfristen** ist möglich (§ 622 Abs. 5 Satz 3 BGB).

> **Beispiele:**
> - Die für Arbeitgeber und Arbeitnehmer geltende Grundkündigungsfrist nach § 622 Abs. 1 BGB kann einzelvertraglich z.B. von vier auf sechs Wochen verlängert werden.
> - Die für eine Kündigung durch den Arbeitgeber nach § 622 Abs. 2 BGB geltenden Kündigungsfristen können zugunsten des Arbeitnehmers einzelvertraglich verlängert werden.
> - Die Probezeit-Kündigungsfrist nach § 622 Abs. 3 BGB kann einzelvertraglich z.B. von zwei auf vier Wochen verlängert werden.

Eine **vertragliche Kündigungsfrist** kann sich gegen die maßgebliche **gesetzliche Kündigungsfrist** nur durchsetzen, wenn sie in jedem Fall zu einer **späteren Beendigung** des Arbeitsverhältnisses führt. Es genügt nicht, dass die vertragliche Regelung für längere Zeit innerhalb eines Kalenderjahres den besseren Schutz gewährt (BAG v. 29.1.2015 – 2 AZR 280/14). Das BAG hat offengelassen, ob eine einheitliche, von der Dauer der Betriebszugehörigkeit unabhängige, einzelvertragliche Kündigungsfrist solange **Vorrang** genießen kann, bis sie schließlich mit einer für den Arbeitnehmer günstigeren Frist gemäß der Stufenregelung des § 622 Abs. 2 S 1 BGB kollidiert (BAG v. 29.1.2015 – 2 AZR 280/14).

12a § 622 Abs. 6 BGB stellt klar, dass für die Kündigung durch den Arbeitnehmer **keine längere Kündigungsfrist** vereinbart werden kann als für die Kündigung durch den Arbeitgeber.

> **Beispiel:**
> Unzulässig wäre es, wenn die für Arbeitgeber und Arbeitnehmer geltende Grundkündigungsfrist (§ 622 Abs. 1 BGB) nur zu Lasten des Arbeitnehmers z.B. von vier auf sechs Wochen verlängert wird.

12b Nach Ansicht des BAG soll es zulässig sein, die eigentlich nur für die Kündigung des Arbeitgebers geltenden verlängerten Kündigungsfristen nach § 622 Abs. 2 BGB durch Vertrag auch auf eine **Kündigung durch den Arbeitnehmer anzuwenden** (BAG v. 29.8.2001 – 4 AZR 337/00, DB 2002, 538 = NZA 2002, 1346).

Kündigungsfristen

Die BAG-Rechtsprechung überzeugt nicht.
§ 622 Abs. 2 BGB ist eine **Schutzvorschrift** zugunsten des Arbeitnehmers. Das BAG schaltet diesen Gesetzeszweck aus. Zwar lässt § 622 Abs. 5 Satz 3 BGB eine einzelvertragliche Verlängerung auch der Kündigungsfristen nach § 622 Abs. 2 BGB zu. Dieser Vorschrift ist aber nicht der gesetzgeberische Wille zu entnehmen, dem Arbeitgeber die Möglichkeit zu geben, die Schutzfunktion des § 622 Abs. 2 BGB zu beseitigen.
Das ist aber praktisch der Fall, wenn die in dieser Vorschrift aufgeführten Kündigungsfristen einzelvertraglich auf den Arbeitnehmer erstreckt werden.
Derartige arbeitsvertragliche Regelungen werden den Arbeitnehmern oft in Form von **Formulararbeitsverträgen aufgenötigt** und durch ebenfalls im Formularvertrag geregelte **Vertragsstrafen** abgesichert.
Eine Praxis, die **allein dem Arbeitgeber nützt**, die Mobilität und Flexibilität der Beschäftigten aber massiv behindert und damit das Grundrecht der Arbeitnehmer auf **Berufsfreiheit** (Art. 12 Abs. 1 GG) in nicht gerechtfertigter Weise einschränkt.
Das BAG hat solche Bedenken seltsamerweise nicht. Es sieht noch nicht einmal eine **unangemessene Benachteiligung** i. S. d. § 307 Abs. 1 BGB (BAG v. 25. 9. 2008 – 8 AZR 717/07, NZA 2009, 370; 28. 05. 2009 – 8 AZR 896/07, NZA 2009, 1337).
Die Vorinstanzen waren da zu Recht deutlich anderer Auffassung. Nachstehend ein Auszug aus der Entscheidung des LAG Sachsen-Anhalt 22. 08. 2007 – 4 Sa 118/07 (aufgehoben durch BAG v. 28. 5. 2009 – 8 AZR 896/07, a. a. O.):
»… *Dabei stellt bereits die für den Kläger vereinbarte Verlängerung der Kündigungsfristen für sich allein eine ungewöhnliche und den Kläger belastende Regelung dar, mit der der Kläger nicht zu rechnen hatte. Die Verlängerung der Kündigungsfristen ist im Bereich niedriger Löhne sowie gering qualifizierter Arbeitnehmer die Ausnahme und durch ein berechtigtes Interesse des Arbeitgebers in der Regel nicht gedeckt, da dem Arbeitgeber die Einstellung eines neuen Arbeitnehmers im Laufe der gesetzlichen Kündigungsfristen regelmäßig zumutbar und möglich sein dürfte. Demgegenüber ist diese Vertragsgestaltung für den Arbeitnehmer mit erheblichen Nachteilen verbunden, da ihm ein Wechsel seines Arbeitsplatzes bei Einhaltung einer mehrmonatigen Kündigungsfrist in der Regel unmöglich gemacht wird. Dies gilt jedenfalls im Bereich niedrig bezahlter Tätigkeiten – wie hier bei einem Stundenlohn von 6 Euro, für die neue Arbeitskräfte in der Regel kurzfristig gesucht werden und das mehrmonatige Zuwarten eines Arbeitgebers auf einen an eine längere Kündigungsfrist gebundenen, neu einzustellenden Arbeitnehmer die Ausnahme darstellen dürfte. Der Kläger musste nicht damit rechnen, dass diese ihn belastende Regelung auch bei Wahrung der gesetzlichen Kündigungsfrist durch eine Vertragsstrafe sanktioniert werden würde.«*

Kündigungsfrist im Insolvenzverfahren

Im → **Insolvenzverfahren** beträgt die beiderseitige Kündigungsfrist nach § 113 Satz 2 InsO **drei Monate zum Monatsende**, wenn nicht eine kürzere Frist maßgeblich ist (z. B. nach § 622 Abs. 1 BGB; siehe Rn. 3).
Die Drei-Monatsfrist gilt auch dann, wenn gesetzlich oder arbeits- oder tarifvertraglich eine **längere Kündigungsfrist** vorgesehen ist oder wenn die → **ordentliche Kündigung** durch Gesetz, Arbeitsvertrag oder Tarifvertrag ganz **ausgeschlossen** ist (vgl. z. B. BAG v. 19. 1. 2000 – 4 AZR 70/99, AiB 2000, 693; zur Frage der Vereinbarkeit des § 113 Satz 2 InsO mit Art. 9 Abs. 3 Grundgesetz siehe → **Insolvenzverfahren** Rn. 115).

13

Kündigungsfristen

Bestimmtheit der Kündigungserklärung

13a Eine Kündigung muss nach Ansicht des BAG **bestimmt** und **unmissverständlich** erklärt werden (BAG v. 20.6.2013 – 6 AZR 805/11). Der Empfänger einer ordentlichen Kündigungserklärung müsse erkennen können, wann das Arbeitsverhältnis enden soll. Regelmäßig genüge hierfür die Angabe des Kündigungstermins oder der Kündigungsfrist. Ausreichend sei aber auch ein Hinweis auf die maßgeblichen gesetzlichen Fristenregelungen, wenn der Erklärungsempfänger hierdurch unschwer ermitteln kann, zu welchem Termin das Arbeitsverhältnis enden soll.

Falsch berechnete Kündigungsfrist

14 Gelegentlich berechnet der Arbeitgeber die Kündigungsfrist falsch.
Ob dieser Fehler innerhalb der dreiwöchigen Klagefrist nach § 4 KSchG geltend gemacht werden muss, ist zwischen den Senaten des BAG **umstritten**.
Nach zweifelhafter Ansicht des **5. Senats des BAG** wird der Fehler der falschen Kündigungsfrist nach § 7 KSchG geheilt, wenn die Drei-Wochen-Frist versäumt wird (BAG v. 1.9.2010 – 5 AZR 700/09, AiB 2011, 335). Das soll insbesondere dann gelten, wenn eine Auslegung der falschen in die richtige Kündigungsfrist ausscheidet, was etwa der Fall sein soll, wenn im Kündigungsschreiben ein bestimmtes (falsches) Kündigungsdatum genannt wird. BAG v. 1.9.2010, a.a.O.: »*Ist eine ordentliche Kündigung ohne weiteren Zusatz zu einem bestimmten Datum erklärt worden, steht das Bestimmtheitsgebot der Auslegung der Kündigungserklärung als eine Kündigung zu einem anderen Termin entgegen.*«
Wenn der Arbeitnehmer in einem solchen Fall nicht innerhalb der Drei-Wochen-Frist Klage erhebe, kommt nach Ansicht des 5. Senats § 7 KSchG (siehe → **Kündigungsschutz** Rn. 35) zur Anwendung: die mit zu kurzer Frist ausgesprochene Kündigung gilt als rechtswirksam und beendet das Arbeitsverhältnis zum »falschen Termin« (BAG v. 1.9.2010 – 5 AZR 700/95, a.a.O.). Eine vom Arbeitgeber mit zu kurzer Kündigungsfrist erklärte ordentliche Kündigung könne aus diesem Grund auch nicht in eine Kündigung zum richtigen Kündigungstermin **umgedeutet** (vgl. § 140 BGB) werden. Eine Umdeutung komme nur in Betracht, wenn der Arbeitnehmer die fehlerhafte Kündigungsfrist mit der fristgebundenen Klage nach § 4 Satz 1 KSchG angegriffen hat und nicht die Fiktionswirkung des § 7 KSchG eingetreten ist.

> **Beispiel:**
> Eine ausdrücklich zum 31.7.2016 erklärte Kündigung des Arbeitgebers kann weder nach ihrem Inhalt noch nach den sonstigen Umständen als eine Kündigung zum 30.9.2016 ausgelegt werden. Wenn die Kündigungsschutzklage nicht binnen drei Wochen nach Zugang der schriftlichen Kündigung erhoben wird, gilt die mit zu kurzer Frist ausgesprochene Kündigung nach Ansicht des Zehnten Senats gemäß § 7 KSchG als rechtswirksam und beendet das Arbeitsverhältnis zum »falschen« Termin (BAG v. 1.9.2010 – 5 AZR 700/09, AiB 2011, 335). Eine Umdeutung nach § 140 BGB scheidet aus, weil sie eine unwirksame Kündigungserklärung voraussetzt.

Wenn allerdings eine vom Arbeitgeber mit fehlerhafter Kündigungsfrist zu einem bestimmten Datum erklärte Kündigung mit dem Zusatz »**fristgemäß zum**« versehen ist, kann sie nach Ansicht des 5. Senats als Kündigung zum richtigen Kündigungszeitpunkt ausgelegt werden, wenn es dem Arbeitgeber, für den Arbeitnehmer erkennbar, wesentlich um die Einhaltung der maßgeblichen Kündigungsfrist ging und sich das in das Kündigungsschreiben aufgenommene Datum lediglich als das Ergebnis einer fehlerhaften Berechnung der zutreffenden Kündigungsfrist erweist (BAG v. 15.5.2013 – 5 AZR 130/12).
Der 2. und 6. Senat des BAG hatten demgegenüber entschieden, dass die Nichteinhaltung der Kündigungsfrist stets auch noch **außerhalb der Klagefrist** des § 4 KSchG geltend gemacht

werden könne (BAG v. 15.12.2005 – 2 AZR 148/05; 6.7.2006 – 2 AZR 215/05; 9.2.2006 – 6 AZR 283/05, NZA 2006, 1207; 22.7.2010 – 6 AZR 480/09, NZA 2010, 1142).
Hier ein Auszug aus BAG v. 9.2.2006 – 6 AZR 283/05: »*Wird geltend gemacht, bei der ordentlichen Kündigung habe der Arbeitgeber die Kündigungsfrist nicht eingehalten, so ist der Arbeitnehmer nicht auf die Klagefrist des § 4 KSchG n. F. beschränkt. Die unzutreffende Berechnung der Kündigungsfrist durch den Arbeitgeber macht die Kündigung nicht insgesamt unwirksam, sondern betrifft nur den Zeitpunkt ihrer Wirksamkeit. Das hat der Zweite Senat am 15. Dezember 2005 – 2 AZR 148/05 – entschieden (DB 2006, 1116, auch zur Veröffentlichung in der Amtlichen Sammlung vorgesehen). Der Zweite Senat hat zum einen auf den Wortlaut der Norm abgestellt: Nicht die Wirksamkeit der Kündigung an sich ist im Streit, sondern nur der Zeitpunkt, zu dem die Kündigung wirkt. Zum anderen hat er darauf verwiesen, dass sich eine Kündigungserklärung in aller Regel als eine zum nächstzulässigen Zeitpunkt gewollte auslegen lässt. Dem schließt sich der erkennende Senat an.*«

Und ein Auszug aus BAG v. 22.7.2010 – 6 AZR 480/09, NZA 2010, 1142:
»*Die Nichteinhaltung der Kündigungsfrist kann auch außerhalb der 3-Wochenfrist des § 4 KSchG noch geltend gemacht werden. Der Arbeitnehmer, der lediglich die Einhaltung der Kündigungsfrist verlangt, stellt nicht in Frage, dass das Arbeitsverhältnis durch die Kündigung als solche aufgelöst wird. Er strebt nur die Beendigung des Arbeitsverhältnisses zu einem anderen Zeitpunkt als der Arbeitgeber an (BAG 15. Dezember 2005 – 2 AZR 148/05 – Rn. 15 ff., BAGE 116, 336; bestätigt durch BAG 6. Juli 2006 – 2 AZR 215/05 – Rn. 12 ff., AP KSchG 1969 § 4 Nr. 57).*«

Angesichts der **unklaren Rechtslage** ist dringend zu raten, auf jeden Fall **innerhalb der Drei-Wochen-Frist zu klagen**, wenn eine zu kurze Kündigungsfrist geltend werden soll. 15
Aber auch wenn die Drei-Wochen-Frist bereits abgelaufen ist, sollte dennoch Klage erhoben werden. Denn möglicherweise setzt sich ja die für den Arbeitnehmer günstigere Auffassung des 2. und 6. Senats durch.
Eine aktuelle Entscheidung des 2. Senats lässt darauf schließen, dass man die Ansicht des 5. Senats zur Umdeutung (siehe Rn. 14) für den Fall teilt, dass nicht innerhalb der **Dreiwochenfrist** des § 4 Satz 1 KSchG Klage erhoben wird (BAG v. 29.1.2015 – 2 AZR 280/14). In der Entscheidung wird bestätigt, dass eine mit zu kurzer Kündigungsfrist ausgesprochene Kündigung (z. B. zum 30. Juni 2015) nach § 140 BGB in eine Kündigung zum richtigen Kündigungszeitpunkt (z. B. zum 31. Juni 2015) **umgedeutet** werden kann. Eine Umdeutung sei **nicht deshalb ausgeschlossen**, weil die zum falschen Kündigungszeitpunkt erklärte Kündigung nach § 7 KSchG als **von Anfang an rechtswirksam** gälte (dazu BAG v. 1.9.2010 – 5 AZR 700/09; siehe Rn. 14), sofern der gekündigte Arbeitnehmer **innerhalb der Klagefrist** des § 4 Satz 1 KSchG Klage erhebt und sich in den **zeitlichen Grenzen des § 6 Satz 1 KSchG** auf die Nichteinhaltung der Kündigungsfrist beruft. Im Übrigen gebe es im Ausgangsfall keinen Anhalt dafür, dass der Arbeitgeber eine Beendigung des Arbeitsverhältnisses ausschließlich zu dem falschen Kündigungstermin gewollt hätte. Die Überzeugung des Arbeitgebers, er habe mit zutreffender Frist gekündigt, hindert nicht die Annahme, er hätte bei Kenntnis der objektiven Fehlerhaftigkeit der seiner Kündigung beigelegten Frist das Arbeitsverhältnis nicht fortsetzen, sondern zum nächstzulässigen Termin beenden wollen.

Bedeutung für die Betriebsratsarbeit

Der Betriebsrat prüft im Rahmen des Anhörungsverfahrens nach § 102 Abs. 1 BetrVG natürlich auch, ob der Arbeitgeber die **Kündigungsfrist richtig berechnet** hat und ob der vom Arbeitgeber geplante Beendigungszeitpunkt realisiert werden kann. 16
Das hängt auch davon ab, ob der Betriebsrat die ihm nach § 102 Abs. 2 und 3 BetrVG zuste-

Kündigungsfristen

hende **Anhörungsfrist** von einer Woche (siehe → **Fristen**) **voll ausschöpft** (was zulässig ist; vgl. BAG v. 12.12.1996 – 2 AZR 803/95, AiB 1998, 112).

> **Beispiel:**
> Der Arbeitgeber will einen Beschäftigten mit der vierwöchigen Grundfrist des § 622 Abs. 1 BGB zum 31. Juli 2014 (= ein Donnerstag) kündigen.

Der Kündigungstermin in diesem Beispiel (31. Juli 2014) kann nur eingehalten werden, wenn dem Beschäftigten die Kündigung spätestens am 3. Juli 2014 (= ein Donnerstag) zugeht.
Wenn aber der Betriebsrat die Kündigungsanhörung beispielsweise erst am 27. Juni 2014 (ein Freitag) erhält und er – unter Ausschöpfung der Wochenfrist – am 4. Juli 2014 (ein Freitag) Widerspruch einlegt, kann das Arbeitsverhältnis frühestens zum nächstmöglichen Kündigungszeitpunkt (= der 15. des Folgemonats August 2014) beendet werden.
Der zur Kündigung vorgesehene Arbeitnehmer »**gewinnt**« auf diese Weise einen **halben Monat** mit Anspruch auf Arbeitsentgelt.
Hätte der Betriebsrat den Widerspruch dem Arbeitgeber schon (z. B.) am Donnerstag, den 3. Juli 2014 übermittelt, hätte dieser noch am selben Tag dem Arbeitnehmer eine Kündigung – zum 31. Juli 2014 – übergeben können.

> **Weiteres Beispiel:**
> Der Arbeitgeber will einem Arbeitnehmer zum 30. September 2014 (= ein Dienstag) kündigen.
> Dem Arbeitnehmer steht eine Kündigungsfrist von drei Monaten zum Monatsende zu.

Eine fristgerechte Kündigung zum 30. September 2014 ist im Beispielsfall nur möglich, wenn dem Beschäftigten die Kündigung spätestens am 30. Juni 2014 (ein Montag) zugeht.
Wenn die Kündigungsanhörung (z. B.) erst am 24. Juni 2014 (= ein Dienstag) beim Betriebsrat eingeht und er – unter voller Ausschöpfung der Wochenfrist – am 1. Juli 2014 (= ein Dienstag) Widerspruch einlegt, kann die Kündigung wegen der dreimonatigen Kündigungsfrist erst zum 31. Oktober 2014 ausgesprochen werden.
Der zur Kündigung vorgesehene Arbeitnehmer »**gewinnt**« auf diese Weise einen **vollen Monat** mit Anspruch auf Arbeitsentgelt.
Hätte der Betriebsrat den Widerspruch dem Arbeitgeber schon (z. B.) am Montag, den 30. Juni 2014 übermittelt, hätte dieser noch am selben Tag dem Arbeitnehmer eine Kündigung – zum 30. September 2014 – übergeben können.

Arbeitshilfen

Übersicht • Kündigungsfristen nach § 622 Abs. 1 bis 3 BGB

Kündigungsfristen

Übersicht: Kündigungsfristen nach § 622 Abs. 1 bis 3 BGB[1]

Betriebs-/ Unternehmens-zugehörigkeit*	Kündigungs-frist		Gilt für**
Probezeit (maximal 6 Monate)	2 Wochen		Arbeitgeber und Arbeitnehmer
bis zu 2 Jahre	4 Wochen	zum 15. oder Monatsende	
2 Jahre	1 Monat	zum Monatsende	Arbeitgeber
5 Jahre	2 Monate	zum Monatsende	
8 Jahre	3 Monate	zum Monatsende	
10 Jahre	4 Monate	zum Monatsende	
12 Jahre	5 Monate	zum Monatsende	
15 Jahre	6 Monate	zum Monatsende	
20 Jahre	7 Monate	zum Monatsende	

* Nach § 622 Abs. 2 Satz 2 BGB werden bei der Berechnung der Beschäftigungsdauer Zeiten, die vor der Vollendung des 25. Lebensjahres des Arbeitnehmers liegen, nicht berücksichtigt. Der EuGH hat entschieden, dass die Nichtberücksichtigung der Beschäftigungsjahre vor Vollendung des 25. Lebensjahres **europarechtswidrig** ist (EuGH v. 19. 1. 2010 – C-555/07). Die bundesdeutschen Gerichte wurden verpflichtet, § 622 Abs. 2 Satz 2 BGB unangewendet zu lassen. Das BAG hat sich dem angeschlossen (BAG v. 1. 9. 2010 – 5 AZR 700/09, AiB 2011, 335).

** Will der Arbeitnehmer kündigen, gilt – unabhängig von Beriebszugehörigkeit und Lebensalter – eine Kündigungsfrist von vier Wochen zum 15. oder zum Ende eines Kalendermonats. Die längeren Kündigungsfristen finden nur bei einer arbeitgeberseitigen Kündigung Anwendung. Nach abzulehnender h.M. soll es zulässig sein, diese Fristen durch einzelvertragliche Vereinbarung – auch durch Formulararbeitsvertrag – auf eine Kündigung durch den Arbeitnehmer zu erstrecken (§ 622 Abs. 5 Satz 3, Abs. 6 BGB; vgl. z.B. BAG v. 28. 05. 2009 – 8 AZR 896/07, NZA 2009, 1337.

Rechtsprechung

1. Bestimmtheit einer ordentlichen Kündigung – Kündigungsfrist
2. Falsch berechnete Kündigungsfrist – Klagefrist
3. Berechnung der Beschäftigungsdauer für verlängerte Kündigungsfrist (§ 622 Abs. 2 BGB)
3 a. Verlängerte Kündigungsfrist (§ 622 Abs. 2 BGB): keine mittelbare Diskriminierung wegen des Alters
4. § 622 Abs. 2 Satz 2 BGB (Nichtberücksichtigung der Beschäftigungsjahre vor dem 25. Lebensjahr bei Berechnung der Kündigungsfrist) ist europarechtswidrig und nicht anzuwenden – Unwirksamkeit tarifvertraglicher Regelungen
5. Vom Gesetz abweichende tarifliche Kündigungsfristen

---

1 Beachten: Ein → **Tarifvertrag** kann andere Kündigungsfristen vorsehen. Siehe auch: Kündigungsfristen im → **Insolvenzverfahren**, § 113 InsO.

Kündigungsfristen

6. Gesetzliche Kündigungsfristen: unterschiedliche Behandlung von Arbeitern und Angestellten in § 622 BGB (a. F.)
7. Tarifliche Kündigungsfristen: unterschiedliche Behandlung von Arbeitern und Angestellten?
8. Tarifliche Kündigungsfristen: konstitutive Regelung oder deklaratorische Verweisung auf gesetzliche Kündigungsfristen
9. Kein wirksamer Verzicht auf tarifliche Kündigungsfrist
10. Arbeitsvertragliche Vereinbarungen zur Kündigungsfrist (§ 622 Abs. 5 und 6 BGB)
11. Kündigungsfrist bei Kündigung vor Dienstantritt
12. Kündigungsfrist in der Probezeit
13. Kündigung zum Schluss eines Kalendervierteljahres – Auslegung einer »zum 1. April« ausgesprochenen Kündigung
14. Klage gegen »falsche« Kündigungsfrist außerhalb der Klagefrist des § 4 Satz 1 KSchG
15. Kündigungsfristen im Insolvenzverfahren (§ 113 InsO)

Kündigungsschutz

Rechtliche Grundlagen

Der **Schutz** der Arbeitnehmer vor **Kündigung** ist insbesondere im Kündigungsschutzgesetz 1
(KSchG) geregelt (§§ 1 ff. KSchG).
Nach § 1 Abs. 1 und Abs. 2 Satz 1 KSchG ist eine → **ordentliche Kündigung** »sozial ungerechtfertigt« und unwirksam, wenn sie nicht durch Gründe, die
- in der Person des Arbeitnehmers liegen (siehe → **Personenbedingte Kündigung**) oder
- in seinem Verhalten (siehe → **Verhaltensbedingte Kündigung**) oder
- durch dringende betriebliche Erfordernisse, die einer Weiterbeschäftigung des Arbeitnehmers in diesem Betrieb entgegenstehen (siehe → **Betriebsbedingte Kündigung**)

bedingt ist.
Der Kündigungsschutz gilt nur für Arbeitnehmer, die zum Zeitpunkt des Zugangs der Kündigung länger als **sechs Monate** in demselben → **Betrieb** oder → **Unternehmen** beschäftigt sind (**Wartezeit**; § 1 Abs. 1 KSchG).
Der Kündigungsschutz entfällt in »**Kleinbetrieben**« i. S. d. § 23 Abs. 1 Satz 2 bis 4 KSchG.
Zu weiteren Einzelheiten siehe Rn. 4 ff., 12 ff. und 14.ff.
Seltsamerweise wird nur gegen etwa **12 % aller Arbeitgeberkündigungen** Kündigungsschutzklage erhoben (Böckler impuls 19/08, 6). 1a
Viele gekündigte Arbeitnehmer verzichten auf die mit einer Kündigungsschutzklage verbundene – ziemlich hohe – Chance, wenigstens mit einer → **Abfindung** »nach Hause zu gehen«.
Immerhin werden etwa 50 % der Kündigungsschutzverfahren durch einen – vom Richter oft schon im »Gütetermin« (siehe → **Arbeitsgericht** Rn. 4) vorgeschlagenen – Abfindungsvergleich beendet werden (Pfarr u. a., BB 2004, 106, 108).
Dass der Arbeitgeber sich hierauf einlässt, hat mit dem vergleichsweise hohen »Prozess- und Kostenrisiko« zu tun, das er in Kündigungsschutzverfahren trägt (siehe hierzu → **Abfindung** Rn. 6).
Selbst in scheinbar »aussichtslosen« Fällen gelingt es nicht selten, den Arbeitgeber zur Zahlung einer Abfindung »zu bewegen«.
Bestimmte Arbeitnehmer haben einen besonderen Kündigungsschutz (z. B. Arbeitnehmerinnen in Mutterschutz, Arbeitnehmer in Elternzeit, schwerbehinderte Arbeitnehmer, aber auch 2
Mitglieder des Betriebsrats und anderer Mandatsträger; siehe → **Kündigungsschutz [besonderer]**).
Diese Beschäftigten können nicht »ordentlich«, sondern nur dann gekündigt werden, wenn die Voraussetzungen für eine → **außerordentliche Kündigung** aus wichtigem Grund i. S. d. § 626 Abs. 1 BGB gegeben sind.
Der Kündigungsschutz nach §§ 1 ff. KSchG (= erster Abschnitt des KSchG) und §§ 15, 16 3
KSchG (= Zweiter Abschnitt des KSchG) gilt gemäß § 23 Abs. 1 Satz 1 KSchG für alle Betriebe bzw. Unternehmen und Verwaltungen des privaten und öffentlichen Rechts.

Kündigungsschutz

Arbeitnehmer in Kleinbetrieben (§ 23 Abs. 1 Satz 2 bis 4 KSchG)

4 Vom Kündigungsschutz nach §§ 1 ff. KSchG sind ausgenommen Arbeitnehmer in Kleinbetrieben bzw. Kleinunternehmen, in denen nicht mehr als die in § 23 Abs. 1 Satz 2 bis 4 KSchG genannte Mindestzahl von Arbeitnehmern beschäftigt ist.

5 § 23 Abs. 1 KSchG hat eine wechselvolle Geschichte erlebt. Mit dem Arbeitsrechtlichen Beschäftigungsförderungsgesetz v. 25. 9. 1996 wurde der in § 23 Abs. 1 KSchG genannte **Schwellenwert** von fünf auf zehn Arbeitnehmer **angehoben**, mit Gesetz zur Sicherung der Arbeitnehmerrechte v. 19. 12. 1998 wieder auf fünf Arbeitnehmer **abgesenkt** und durch das Gesetz zu Reformen am Arbeitsmarkt v. 24. 12. 2003 mit Wirkung ab 1. 1. 2004 erneut auf **zehn Arbeitnehmer angehoben** (siehe Rn. 6).

6 Der Arbeitnehmer kann den Kündigungsschutz nach §§ 1 ff. KSchG geltend machen, wenn im Betrieb/Unternehmen in der Regel **mehr als zehn Arbeitnehmer** (ohne Auszubildende) beschäftigt sind (Umkehrschluss aus § 23 Abs. 1 Satz 3 KSchG).

7 Bei der Bestimmung der Größe des Betriebs/Unternehmens werden **Teilzeitbeschäftigte** nach § 23 Abs. 2 Satz 4 KSchG **anteilig berücksichtigt** (bis 20 Std./Woche mit 0,5; bis 30 Std./Woche mit 0,75). Der Kündigungsschutz nach §§ 1 bis 14 KSchG beginnt somit – falls Teilzeit-Arbeitnehmer beschäftigt sind – bei einer Beschäftigtenzahl von »**10,25 Arbeitnehmern**«.

Nach zutreffender Ansicht des BAG sind bei der Berechnung der Betriebsgröße auch im Betrieb beschäftigte **Leiharbeitnehmer** zu berücksichtigen, wenn ihr Einsatz auf einem »in der Regel« vorhandenen Personalbedarf beruht (BAG v. 24. 1. 2013 – 2 AZR 140/12).

> **Beachten:**
> 8 Die Schwellenwerte des § 23 Abs. 1 Satz 2 und 3 KSchG beziehen sich nach zutreffender h. M. in der Literatur, aber auch nach Ansicht von Arbeitsgerichten (z. B. ArbG Hamburg v. 10. 3. 1997 – 27 Ca 192/96, AiB 1998, 120) nicht auf den → **Betrieb**, sondern auf das → *Unternehmen* (verfassungskonforme Auslegung der Vorschrift; vgl. Kittner/Däubler/Zwanziger, KSchR, 9. Aufl., § 23 KSchG Rn. 13 m. w. N.; das BAG ist offenbar anderer – unklarer – Ansicht: BAG v. 28. 10. 2010 – 2 AZR 392/08).

Das heißt: Der Kündigungsschutz nach §§ 1 ff. KSchG gilt entgegen der unklaren Ansicht des BAG v. 28. 10. 2010 – 2 AZR 392/08 auch für Beschäftigte in Kleinbetrieben mit bis zu zehn Arbeitnehmern, wenn diese zu einem → **Unternehmen** mit insgesamt mehr als zehn Arbeitnehmern gehören.

Deshalb gilt z. B. bei **Handelsunternehmen (Filialkette)** mit mehreren hundert oder tausend Beschäftigten (z. B. Aldi, Edeka, Lidl, Penny, Rewe, Rossmann usw.) der volle Kündigungsschutz nach §§ 1 bis 14 KSchG für die in den einzelnen Filialbetrieben tätigen Arbeitnehmer auch dann, wenn in der einzelnen Filiale weniger als zehn Arbeitnehmer beschäftigt sind.

9 In Kleinbetrieben/Kleinunternehmen mit in der Regel **bis zu fünf** (5,0) **Arbeitnehmern** (ohne Auszubildende) gelten nur die §§ 4 bis 7 und § 13 Abs. 1 Satz 1 und 2 KSchG (§ 23 Abs. 1 Satz 2 KSchG).

Das heißt: ein gekündigter Arbeitnehmer kann sich zwar nicht auf die §§ 1 bis 3 und 8 bis 14 KSchG berufen.

Er muss aber die **Klagefrist** von drei Wochen nach Zugang der schriftlichen Kündigung (§ 4 KSchG) einhalten, wenn er die Unwirksamkeit der Kündigung aus sonstigen Gründen (z. B. wegen Verstoßes gegen besondere Kündigungsschutzbestimmungen) geltend machen oder sich gegen eine → **außerordentliche Kündigung** (§ 13 Abs. 1 Satz 2 KSchG) wehren will.

10 In Kleinbetrieben/Kleinunternehmen mit in der Regel **mehr als fünf** (also ab 5,25) **bis zu zehn** (10,0) **Arbeitnehmern** (ohne Auszubildende) ist der Kündigungsschutz »gespalten« (§ 23 Abs. 2 Satz 2 und 3 KSchG).

Das Kündigungsschutzgesetz gilt – mit Ausnahme der §§ 4 bis 7 KSchG (dreiwöchige Kla-

Kündigungsschutz

gefrist des § 4 Satz 1 KSchG beachten!) – nicht für Arbeitnehmer, deren Arbeitsverhältnis **nach dem 31.12.2003** begonnen hat.
Dagegen haben Arbeitnehmer, deren Arbeitsverhältnis **vor dem 1.1.2004** schon bestanden hat, weiterhin (vollen) Kündigungsschutz nach §§ 1 ff. KSchG.

> **Beispiel:** 11
> In einem Betrieb bzw. Kleinunternehmen sind vor dem 31.12.2003 sechs Vollzeit-Arbeitnehmer beschäftigt.
> **Fall 1:** Nach dem 31.12.2003 werden vier weitere Vollzeit-Arbeitnehmer eingestellt. Nur die schon am 31.12.2003 beschäftigten Arbeitnehmer haben Kündigungsschutz nach §§ 1 ff. KSchG. Die vier neu eingestellten Arbeitnehmer haben keinen Kündigungsschutz nach § 1 bis 3 und 8 bis 14 KSchG. Wollen sie aber dennoch gegen die Kündigung klagen (z. B. wegen Bestehen eines besonderen Kündigungsschutzes), müssen sie in jedem Fall die Klagefrist von drei Wochen (§ 4 Satz 1 KSchG) einhalten!
> **Fall 2:** Werden nach dem 31.12.2003 zusätzlich zu den sechs bereits Beschäftigten weitere sieben Teilzeit- und Vollzeit-Arbeitnehmer eingestellt, haben ab der Einstellung des 10,25-sten Arbeitnehmers auch diese vollen Kündigungsschutz.
> **Fall 3:** Erfolgen keine Neueinstellungen, sondern wird von den sechs – vor dem 31.12.2003 beschäftigten – Arbeitnehmern ein Vollzeit-Arbeitnehmer gekündigt, verlieren die verbleibenden fünf »Alt-Arbeitnehmer« ab dem Ausscheiden des sechsten Arbeitnehmers ihren Kündigungsschutz (es sei denn, es ist eine Neueinstellung, also die Beibehaltung der »Regelzahl« von mehr als fünf Arbeitnehmern geplant; insoweit offenbar a. A. BAG v. 21.9.2006 – 2 AZR 840/05). Der zur Kündigung anstehende (sechste) Arbeitnehmer kann sich auf das Kündigungsschutzgesetz berufen.
> **Fall 4:** Werden von den sechs vor dem 31.12.2003 beschäftigten Arbeitnehmern zwei oder mehr Beschäftigte – gleichzeitig oder nacheinander – gekündigt, können sich alle zur Kündigung Anstehenden auf das Kündigungsschutzgesetz berufen, wenn die jeweilige Kündigung zu einem Zeitpunkt erfolgt, in dem (noch) sechs Arbeitnehmer im Betrieb beschäftigt sind.

Wartezeit (§ 1 Abs. 1 KSchG)

Der Kündigungsschutz nach §§ 1 ff. KSchG greift erst ein, wenn der gekündigte Arbeitnehmer 12
zum Zeitpunkt des Zugangs der Kündigung länger als **sechs Monate** in demselben → **Betrieb** oder → **Unternehmen** beschäftigt ist (sog. Wartezeit; § 1 Abs. 1 KSchG).
Die Wartezeit wird auch durch Zeiten der Berufsausbildung (siehe → **Auszubildende/Berufsausbildungsverhältnis**) oder die vor einem → **Betriebsübergang** bei dem Betriebsveräußerer absolvierten Beschäftigungszeiten erfüllt, nicht aber z. B. durch die in einem anderen Konzernunternehmen zurückgelegten Beschäftigungszeiten.
Zeiten eines **früheren Arbeitsverhältnisses** sind zu berücksichtigen, wenn ein enger zeitlicher und sachlicher Zusammenhang zwischen den Arbeitsverhältnissen besteht (BAG v. 23.10.2008 – 2 AZR 131/07).

> **Hinweis:**
> Nach dem Willen der früheren Großen Koalition aus CDU, CSU und SPD sollte die Wartezeit verlängert werden. Nach Kritik nicht nur von Gewerkschaften, sondern – aus einem anderen Blickwinkel – auch von Wirtschaftsverbänden und Politikern der CDU/CSU wurde das Gesetzgebungsvorhaben Ende 2006 »auf Eis gelegt« (vgl. Deter, AuR 2006, 352 [353]). 13

Arbeitnehmer, die keinen Kündigungsschutz nach §§ 1 bis 14 KSchG haben, weil sie die **Wartezeit** nach § 1 Abs. 1 KSchG nicht erfüllen oder sie in einem **Kleinbetrieb/Kleinunternehmen** im Sinne des § 23 Abs. 1 KSchG beschäftigt sind, können sich unter Umständen dennoch mit Aussicht auf Erfolg gegen eine Kündigung zur Wehr setzen. 13a
Das ist etwa dann der Fall, wenn die Kündigung gegen **sonstige Vorschriften** (z. B. § 102 Abs. 1

Kündigungsschutz

BetrVG [Anhörung des Betriebsrats], Maßregelungsverbot nach § 612 a BGB, gesetzliche oder tarifliche Bestimmungen über einen besonderen Kündigungsschutz) oder gegen »Treu und Glauben« verstößt (siehe → **Kündigungsschutz vor Erfüllung der Wartezeit und im Kleinbetrieb**).
Zu beachten ist, dass auch in diesen Fällen die **Klage** nach § 4 Satz 1 KSchG innerhalb einer **Frist von drei Wochen** nach Zugang der schriftlichen Kündigung beim Arbeitsgericht eingereicht werden muss (BAG v. 9.2.2006 – 6 AZR 283/05; vgl. auch § 23 Abs. 1 Satz 2 KSchG: hiernach findet § 4 KSchG auch in Kleinbetrieben Anwendung).

Sozialwidrigkeit der Kündigung (§ 1 KSchG)

Sozialwidrigkeit nach § 1 Abs. 2 Satz 1 KSchG

14 Nach § 1 Abs. 2 Satz 1 KSchG ist eine → **ordentliche Kündigung** »sozial ungerechtfertigt« und unwirksam, wenn sie nicht durch Gründe, die in der Person des Arbeitnehmers liegen oder in seinem Verhalten oder durch **dringende betriebliche Erfordernisse**, die einer Weiterbeschäftigung des Arbeitnehmers in diesem Betrieb entgegenstehen, bedingt ist.
Zu weiteren Einzelheiten siehe → **Betriebsbedingte Kündigung** Rn. 11 ff., → **Personenbedingte Kündigung** Rn. 10 ff. und → **Verhaltensbedingte Kündigung** Rn. 13 ff.

Sozialwidrigkeit nach § 1 Abs. 2 Sätze 2 und 3 KSchG

15 Eine Kündigung ist auch dann sozial ungerechtfertigt und unwirksam,
- wenn sie gegen eine → **Auswahlrichtlinie** verstößt oder
- wenn der Arbeitnehmer auf einem anderen Arbeitsplatz in demselben Betrieb oder in einem anderen Betrieb des → **Unternehmens** (ggf. nach Umschulung/Fortbildung oder – mit Einverständnis des Arbeitnehmers – unter geänderten Arbeitsbedingungen) weiterbeschäftigt werden kann

und der → **Betriebsrat** der Kündigung ordnungsgemäß nach § 102 Abs. 3 BetrVG widersprochen hat (§ 1 Abs. 2 Sätze 2 und 3 KSchG).

16 Berücksichtigt werden nur die Gründe, die der Betriebsrat in seinem Widerspruch angegeben hat (BAG v. 6.6.1984 – 7 AZR 451/82, NZA 1985, 93; Kittner/Däubler/Zwanziger, KSchR, 9. Aufl., § 1 KSchG Rn. 496).
Liegen die in § 1 Abs. 2 Sätze 2 und 3 KSchG genannten Voraussetzungen vor, ist die Kündigung allein aus diesem Grunde unwirksam, weil aufgrund der vom Betriebsrat in seinem Widerspruch vorgebrachten Umstände eine Kündigung nicht zwingend erforderlich ist. Eine Abwägung der beiderseitigen Interessen (wie bei der Prüfung der Sozialwidrigkeit nach § 1 Abs. 2 Satz 1 KSchG; siehe z. B. → **Betriebsbedingte Kündigung** Rn. 12) ist nicht erforderlich.
Insofern bezeichnet man die in § 1 Abs. 2 Sätze 2 und 3 KSchG aufgeführten Gründe als »**absolute Sozialwidrigkeitsgründe**«.

16a § 1 Abs. 2 Sätze 2 und 3 KSchG kommt nicht nur bei der → **betriebsbedingten Kündigung**, sondern auch bei der → **personenbedingten Kündigung** und → **verhaltensbedingten Kündigung** in Betracht.

16b **Hinweis:**
Ein ordnungsgemäßer Widerspruch des Betriebsrats verschafft dem Arbeitnehmer außerdem die Möglichkeit, einen Weiterbeschäftigungs- und -vergütungsanspruch für die Zeit **nach Ablauf der Kündigungsfrist** bis zum rechtskräftigen Abschluss des Kündigungsschutzprozesses geltend zu machen (§ 102 Abs. 5 BetrVG; siehe → **Ordentliche Kündigung** Rn. 29 ff.).

Kündigungsschutz

Zu beachten ist, dass sich der gekündigte Arbeitnehmer auf die absoluten Sozialwidrigkeitsgründe des § 1 Abs. 2 Sätze 2 und 3 KSchG (Verstoß gegen Auswahlrichtlinie oder eine Weiterbeschäftigung ist möglich) auch dann berufen kann, wenn der Betriebsrat der Kündigung **nicht widersprochen** hat (BAG v. 22. 5. 1986 – 2 AZR 612/85; 17. 5. 1984 – 2 AZR 109/83, DB 1985, 1190; Kittner/Däubler/Zwanziger, KSchR, 9. Aufl., § 1 KSchG Rn. 494 ff. m. w. N.). Das Arbeitsgericht hat ein solches Vorbringen bei der Prüfung, ob eine Kündigung nach § 1 Abs. 2 Satz 1 KSchG sozial gerechtfertigt ist, zu berücksichtigen (zum Glück für den Gekündigten!). Denn wenn z. B. eine Weiterbeschäftigung auf einem **anderen Arbeitsplatz möglich** ist, steht ein milderes Mittel zur Verfügung. 16c

Eine dennoch ausgesprochen Kündigung würde wegen Vorstoßes gegen den Verhältnismäßigkeitsgrundsatz (»Ultima-Ratio-Prinzip«; siehe Rn. 12) unwirksam sein.

Das Problem ist nur, dass der gekündigte Arbeitnehmer ohne **Unterstützung** durch den Betriebsrat kaum in Lage ist, die notwendigen Tatsachen zu den absoluten Sozialwidrigkeitsgründen des § 1 Abs. 2 Sätze 2 und 3 KSchG vorzutragen, weil er (anders als der Betriebsrat) keine Informationen z. B. über **freie Arbeitsplätze** im Betrieb oder in einem anderen Betrieb des Unternehmens (siehe Rn. 33) hat.

Sozialwidrigkeit nach § 1 Abs. 3 KSchG (Soziale Auswahl)
Eine → **betriebsbedingte Kündigung** ist trotz Vorliegen eines Kündigungsgrundes sozial ungerechtfertigt, wenn der Arbeitgeber bei der **Auswahl** des gekündigten Arbeitnehmers 17
- die Dauer der Betriebszugehörigkeit,
- das Lebensalter,
- die Unterhaltspflichten und
- die Schwerbehinderung

des Arbeitnehmers nicht oder nicht ausreichend berücksichtigt hat (§ 1 Abs. 3 Satz 1 KSchG, neu gefasst durch das Gesetz zu Reformen am Arbeitsmarkt vom 24. 12. 2003). Das gilt unabhängig davon, ob der Betriebsrat die fehlende oder fehlerhafte soziale Auswahl im Rahmen eines Widerspruchs nach § 102 Abs. 3 Nr. 1 BetrVG gerügt hat.

Ob **sonstige soziale Gesichtspunkte** (z. B. finanzielle Verpflichtungen, Vermittelbarkeit auf dem Arbeitsmarkt, Gesundheitszustand, arbeitsbedingte Erkrankungen) vom Arbeitsgericht im Rahmen der Wertung und Gewichtung der vier Grundmerkmale berücksichtigt werden dürfen, ist strittig (vgl. Kittner/Däubler/Zwanziger, KSchR, 9. Aufl., § 1 KSchG Rn. 635 ff.).

Die Berücksichtigung des **Lebensalters** als Sozialdatum stellt zwar eine an das Alter anknüpfende unterschiedliche Behandlung der Beschäftigten dar. Sie ist jedoch nach Ansicht des BAG nach § 10 Satz 1, 2 AGG **gerechtfertigt** (BAG v. 6. 11. 2008 – 2 AZR 523/07 und 2 AZR 701/07). Auch die Bildung von **Altersgruppen** könne nach § 10 Satz 1, 2 AGG durch legitime Ziele gerechtfertigt sein. Davon sei regelmäßig auszugehen, wenn die Altersgruppenbildung bei Massenkündigungen aufgrund einer Betriebsänderung erfolgt. 17a

Die soziale Auswahl ist **auf den Betrieb beschränkt**, in dem der zu kündigende Arbeitnehmer beschäftigt ist. 17b

Nach ihrer Tätigkeit vergleichbare Arbeitnehmer in anderen Betrieben des Unternehmens sind auch dann nicht in die Auswahl einzubeziehen, wenn der Arbeitgeber gemäß dem → **Arbeitsvertrag** zu einer Versetzung des Arbeitnehmers in andere Betriebe berechtigt sein sollte (BAG v. 15. 12. 2005 – 6 AZR 199/05, NZA 2006, 590).

In die soziale Auswahl nach § 1 Abs. 3 Satz 1 KSchG sind Arbeitnehmer nicht einzubeziehen, deren Weiterbeschäftigung, insbesondere wegen ihrer Kenntnisse, Fähigkeiten und Leistungen (sog. »**Leistungsträger**«) oder zur Sicherung einer ausgewogenen **Personalstruktur** des Betriebes, im berechtigten betrieblichen Interesse liegt (§ 1 Abs. 3 Satz 2 KSchG). 17c

Die soziale Auswahl ist in **drei Stufen** vorzunehmen: 17d

Kündigungsschutz

Stufe 1: Festlegung des Kreises der in die Sozialauswahl einzubeziehenden – vergleichbaren – Arbeitnehmer des Betriebs (nicht nur der Abteilung).
Vergleichbar sind alle Arbeitnehmer, deren Arbeit – ggf. nach kurzer Einarbeitungszeit (nicht nach längerer Umschulung) – von dem Arbeitnehmer wahrgenommen werden kann, dessen Arbeitsplatz weggefallen ist.
Ausgenommen sind z. B. Arbeitnehmer mit Sonderkündigungsschutz (siehe → **Kündigungsschutz [besonderer]**).
Stufe 2: Ermittlung der sozialen Schutzwürdigkeit jedes in die Auswahl einzubeziehenden Arbeitnehmers nach sozialen Gesichtspunkten.
Stufe 3: Feststellung, ob die Weiterbeschäftigung eines oder mehrerer bestimmter Arbeitnehmer insbesondere wegen ihrer Kenntnisse, Fähigkeiten und Leistungen oder zur Sicherung einer ausgewogenen Personalstruktur des Betriebs, im berechtigten betrieblichen Interesse liegt (§ 1 Abs. 3 Satz 2 KSchG).
Diese Arbeitnehmer sind dann aus der Sozialauswahl herauszunehmen.
Siehe auch → **Betriebsbedingte Kündigung** Rn. 17 ff.

Auswahlrichtlinie (§ 1 Abs. 4 KSchG)

18 Wenn in einem → **Tarifvertrag** oder in einer → **Betriebsvereinbarung** nach § 95 BetrVG (→ **Auswahlrichtlinie**) festgelegt ist, wie die sozialen Gesichtspunkte im Verhältnis zueinander zu bewerten (d. h. zu gewichten) sind, dann kann die Bewertung im Kündigungsschutzprozess nur noch auf **grobe Fehlerhaftigkeit** überprüft werden (§ 1 Abs. 4 KSchG; zur Problematik dieser fragwürdigen Regelung: siehe → **Auswahlrichtlinie**).

Interessenausgleich mit Namensliste (§ 1 Abs. 5 KSchG)

18a Sind bei einer Kündigung auf Grund einer → **Betriebsänderung** nach § 111 BetrVG die Arbeitnehmer, denen gekündigt werden soll, in einem → **Interessenausgleich** zwischen Arbeitgeber und Betriebsrat namentlich bezeichnet, so wird **vermutet**, dass die Kündigung durch dringende betriebliche Erfordernisse im Sinne des § 1 Abs. 2 KSchG bedingt ist (§ 1 Abs. 5 Satz 1 KSchG).
Die **soziale Auswahl** der Arbeitnehmer kann nur auf **grobe Fehlerhaftigkeit** überprüft werden (§ 1 Abs. 5 Satz 2 KSchG).
Das bedeutet: Der Kündigungsschutz des Arbeitnehmers wird durch einen Interessenausgleich mit Namensliste **drastisch eingeschränkt**.
Das Prozess- und Kostenrisiko des Arbeitgebers im Kündigungsschutzrechtsstreit (siehe Rn. 25a) sinkt »auf Null«.
Weil es nicht Aufgabe des Betriebsrats ist, den Kündigungsschutz der Arbeitnehmer zu verschlechtern, sollte er eine Namensliste im Regelfall ablehnen.
Eine Ausnahme kann allenfalls dann gerechtfertigt sein, wenn der Arbeitgeber bereit ist, als Gegenleistung für den Wegfall des Prozess- und Kostenrisikos **besonders hohe Sozialplanabfindungen** zu zahlen und die Arbeitnehmer mit der Aufnahme in die Namensliste **einverstanden** sind (siehe auch → **Interessenausgleich** Rn. 16).

18b Die Einschränkung des Kündigungsschutzes nach § 1 Abs. 5 Satz 1 und 2 KSchG gilt nicht, soweit sich die Sachlage nach Zustandekommen des Interessenausgleichs **wesentlich geändert** hat (§ 1 Abs. 5 Satz 3 KSchG).

18c Der Interessenausgleich mit Namensliste ersetzt die Stellungnahme des Betriebsrats nach § 17 Abs. 3 Satz 2 KSchG bei einer → **Massenentlassung** (§ 1 Abs. 5 Satz 4 KSchG).

18d Zu weiteren Einzelheiten und zur Problematik eines Interessenausgleichs mit Namensliste siehe → **Betriebsbedingte Kündigung** Rn. 23 ff. und → **Interessenausgleich** Rn. 15, 16.

Kündigungsschutz

Abfindungsanspruch bei betriebsbedingter Kündigung (§ 1 a KSchG)

Kündigt der Arbeitgeber wegen dringender betrieblicher Erfordernisse nach § 1 Abs. 2 Satz 1 KSchG und erhebt der Arbeitnehmer bis zum Ablauf der Drei-Wochenfrist des § 4 Satz 1 KSchG keine Kündigungsschutzklage, hat der Arbeitnehmer mit dem Ablauf der Kündigungsfrist **Anspruch** auf eine → **Abfindung** (§ 1 a KSchG; eingefügt durch Gesetz zu Reformen am Arbeitsmarkt v. 24.12.2003). 19

Der Anspruch setzt den Hinweis des Arbeitgebers in der Kündigungserklärung voraus, dass die Kündigung auf dringende betriebliche Erfordernisse gestützt ist und der Arbeitnehmer bei Verstreichenlassen der Klagefrist die Abfindung beanspruchen kann.

Die **Höhe** der Abfindung beträgt 0,5 Monatsverdienste für jedes Jahr des Bestehens des Arbeitsverhältnisses (§ 1 a Abs. 2 KSchG). 20

Bei der Ermittlung der Dauer des Arbeitsverhältnisses ist ein Zeitraum von mehr als sechs Monaten auf ein volles Jahr aufzurunden.

Das Verstreichenlassen der Klagefrist löst im Regelfall keine **Arbeitslosengeldsperre** nach § 159 Abs. 1 Satz 2 Nr. 1 SGB III 2012 aus (sog. Sperrzeit bei Arbeitsaufgabe; siehe hierzu → **Arbeitslosengeld** Rn. 45). Etwas anderes kann gelten, wenn die Höhe der zugesagten Abfindung die in § 1 a Abs. 2 KSchG geregelte Grenze überschreitet (siehe → **Arbeitslosengeld**, → **Abwicklungsvertrag**, → **Aufhebungsvertrag**). 21

Änderungskündigung (§ 2 KSchG)

Bei Ausspruch einer → **Änderungskündigung** kann der Arbeitnehmer diese nach § 2 KSchG unter dem **Vorbehalt** annehmen, dass die Änderung der Arbeitsbedingungen nicht sozial ungerechtfertigt ist. 22

Er muss den Vorbehalt innerhalb der **Kündigungsfrist**, spätestens innerhalb von **drei Wochen** nach Zugang der schriftlichen Änderungskündigung erklären und – ebenfalls innerhalb der Drei-Wochenfrist – Änderungsschutzklage beim Arbeitsgericht einreichen (§ 4 Satz 1 und 2 KSchG).

Zu weiteren Einzelheiten siehe → **Änderungskündigung**.

Kündigungseinspruch beim Betriebsrat (§ 3 KSchG)

Nach § 3 KSchG kann der Gekündigte binnen einer Woche nach Erhalt der Kündigung »**Einspruch**« beim Betriebsrat einlegen. 23

Der Betriebsrat hat in diesem Falle mit dem Arbeitgeber eine Verständigung zu versuchen, wenn er den Einspruch für begründet hält.

> Beachten:
> Der Einspruch beim Betriebsrat ersetzt keinesfalls die fristgerechte Erhebung der Kündigungsschutzklage (innerhalb der Dreiwochenfrist; siehe hierzu Rn. 26)! Eine Klage ist auf jeden Fall notwendig, wenn der Gekündigte sich gegen die Kündigung zur Wehr setzen will. 24

Kündigungsschutzklage (§ 4 KSchG)

Will der Gekündigte geltend machen, dass die Kündigung sozial ungerechtfertigt oder aus sonstigen Gründen rechtsunwirksam ist, dann muss er Kündigungsschutzklage beim → **Arbeitsgericht** einreichen (vgl. § 4 Satz 1 KSchG). 25

Das gilt auch, wenn sich der Arbeitnehmer gegen eine → **Änderungskündigung** (§§ 2 und 4 Satz 2 KSchG) sowie eine → **außerordentliche Kündigung** (§ 13 KSchG) zur Wehr setzen will.

Kündigungsschutz

25a Auch wenn man im Regelfall durch Kündigungsschutzklage (siehe → **Kündigungsschutz**) den Arbeitsplatz nicht erhalten kann (weil das Kündigungsschutzgesetz keinen echten Bestandsschutz bietet), lohnt sich oft eine Klage.
Denn man hat die Chance, wenigstens eine → **Abfindung** zu erhalten (siehe → **Abfindung** Rn. 5 und 6).
Die meisten gekündigten Beschäftigten nehmen diese **Chance nicht wahr**. Seltsamerweise wird nur gegen etwa **12 %** aller Arbeitgeberkündigungen Kündigungsschutzklage erhoben (Böckler impuls 19/08, 6). Viele gekündigte Arbeitnehmer verzichten auf die mit einer Kündigungsschutzklage verbundene – ziemlich hohe – Chance, wenigstens mit einer → **Abfindung** »nach Hause zu gehen«.
Das ist nicht nachvollziehbar.
Immerhin werden etwa **50 Prozent** der Kündigungsschutzverfahren durch einen – vom Richter oft schon im »Gütetermin« (siehe → **Arbeitsgericht** Rn. 4) vorgeschlagenen – Abfindungsvergleich beendet (Pfarr u. a., BB 2004, 106, 108).
Selbst in scheinbar »aussichtslosen« Fällen gelingt es nicht selten, den Arbeitgeber zur Zahlung einer Abfindung »zu bewegen«.
Dass der Arbeitgeber sich hierauf einlässt, hat mit dem vergleichsweise hohen »**Prozess- und Kostenrisiko**« zu tun, das er in Kündigungsschutzverfahren trägt (siehe hierzu → **Abfindung** Rn. 6).
Verliert der Arbeitgeber den – unter Umständen Jahre dauernden – Kündigungsschutzprozess (ggf. drei Instanzen: Arbeitsgericht, Landesarbeitsgericht, Bundesarbeitsgericht), muss er nicht nur die **Prozesskosten** tragen (1. Instanz: Gerichtskosten und eigene Rechtsanwaltskosten; 2. und 3. Instanz: alle Gerichts- und Anwaltskosten; siehe → **Arbeitsgericht**), sondern auch das ausgefallene Arbeitsentgelt unter dem Gesichtspunkt des → **Annahmeverzuges** unter Abzug des **Arbeitslosengeldes nachzahlen**.
Vertragliche oder tarifliche → **Ausschlussfristen/Verfallfristen** stehen der Nachzahlungspflicht des Arbeitgebers nicht entgegen. Das BAG hat – veranlasst durch einen Beschluss des BVerfG v. 1. 12. 2010 – 1 BvR 1682/07 (siehe → **Ausschlussfristen/Verfallfristen** Rn. 7 c) – die zum Nachteil der Arbeitnehmer gehende bisherige Rechtsprechung des 5. und 9. Senats (vgl. z. B. BAG v. 26. 4. 2006 – 5 AZR 403/05, NZA 2006, 845) geändert und entschieden, dass ein Arbeitnehmer mit der Erhebung einer Bestandsschutzklage (Kündigungsschutz- oder Befristungskontrollklage nach § 17 KSchG) die von deren Ausgang abhängigen Vergütungsansprüche »gerichtlich geltend« macht und damit auch die **zweite Stufe** einer tariflichen Ausschlussfrist wahrt (BAG v. 19. 9. 2012 – 5 AZR 627/11, NZA 2013, 101). Nach bisheriger Rechtsprechung des 5. und 9. Senats musste der Arbeitnehmer im Falle einer zweistufigen Ausschlussfrist parallel zur Bestandsschutzklage Zahlungsklage erheben, um die zweite Stufe zu wahren (BAG v. 26. 4. 2006 – 5 AZR 403/05, NZA 2006, 845; 17. 11. 2009 – 9 AZR 745/08, AP Nr. 194 zu § 4 TVG Ausschlussfristen).
Das **Arbeitslosengeld**, das der gekündigte Arbeitnehmer erhalten hat, muss der Arbeitgeber, wenn er den Kündigungsschutzprozess verliert, an die Agentur für Arbeit erstatten (§ 11 Nr. 3 KSchG; § 115 SGB X).
Während eines Kündigungsschutzprozesses laufen also **erhebliche**, vom Arbeitgeber im Falle des Unterliegens zu tragende **Geldbeträge** auf.
Eine Kündigung kann aus verschiedensten Gründen **unwirksam** sein. Viele Arbeitgeber machen bei Ausspruch einer Kündigung eines Arbeitsverhältnisses **Fehler** (etwa bei der Anhörung des Betriebsrats oder bei der im Falle einer → **betriebsbedingten Kündigung** zu treffenden sozialen Auswahl). Die Unwirksamkeitsgründe herauszuarbeiten ist Aufgabe des Prozessvertreters des Arbeitnehmers (gewerkschaftlicher Rechtsschutzsekretär, Rechtsanwalt). Je mehr Gründe für die Unwirksamkeit der Kündigung sprechen, desto höher wird die im Wege der unvermeidlichen Vergleichsverhandlungen erzielbare Abfindung sein.

Kündigungsschutz

Übrigens: der von einem **Vertreter** des Arbeitgebers gekündigte Arbeitnehmer bzw. sein Prozessvertreter kann das Prozess- und Kostenrisiko des Arbeitgebers dadurch erhöhen, dass er die ausgesprochene Kündigung »mangels Vollmachtsvorlage« gemäß § 174 BGB »unverzüglich« zurückweist (siehe → **Kündigung** Rn. 5).

Besonders teuer wird ein lange dauernder Kündigungsschutzprozess für den Arbeitgeber, wenn
- der Betriebsrat der → **ordentlichen Kündigung** ordnungsgemäß nach § 102 Abs. 3 BetrVG **widersprochen** hat,
- der gekündigte Arbeitnehmer innerhalb der Klagefrist von drei Wochen (§ 4 KSchG) **Kündigungsschutzklage** erhebt und
- er mit Bezugnahme auf den Widerspruch des Betriebsrats nach § 102 Abs. 5 Satz 1 BetrVG seine **Weiterbeschäftigung** bis zum rechtskräftigen Abschluss des Kündigungsschutzprozesses **verlangt**.

In diesem Fall muss der Arbeitgeber das Arbeitsentgelt über den Ablauf der Kündigungsfrist hinaus bis zum rechtskräftigen Ende des Kündigungsschutzprozesses zahlen – und zwar auch dann, wenn er den Arbeitnehmer nicht weiterbeschäftigt und sogar dann, wenn der Arbeitnehmer den Kündigungsschutzprozess **verliert**! Ausnahme: der Arbeitgeber wird nach § 102 Abs. 5 Satz 2 BetrVG vom Arbeitsgericht von der Weiterbeschäftigungspflicht entbunden. Zu weiteren Einzelheiten siehe → **Kündigung** Rn. 50 und → **Ordentliche Kündigung** Rn. 29 ff., 35).

Klagefrist (§ 4 Satz 1 KSchG)

Nach § 4 Satz 1 KSchG muss die Klage innerhalb einer Frist von **drei Wochen** nach Zugang der schriftlichen Kündigung beim → **Arbeitsgericht** eingegangen sein! 26

> **Beispiel:**
> An einem Freitag hat der Arbeitgeber dem Arbeitnehmer eine Kündigung ausgehändigt. Spätestens am Freitag drei Wochen später muss die Kündigungsschutzklage beim Arbeitsgericht eingegangen sein (bis spätestens 24.00 Uhr: jedes Arbeitsgericht hat einen Nachtbriefkasten).

Dies gilt – im Gegensatz zur früheren Rechtslage – nach § 4 Satz 1, 13 Abs. 1 Satz 2 KSchG auch dann, wenn geltend gemacht wird, dass die Kündigung »**aus anderen Gründen**« rechtsunwirksam ist: 27

> **Beispiele:**
> - Fehlende oder fehlerhafte Anhörung des Betriebsrats (§ 102 Abs. 1 BetrVG; siehe → **Kündigung**).
> - Bestehen eines besonderen Kündigungsschutzes (siehe → **Kündigungsschutz [besonderer]**).
> - Verstoß gegen § 613 a Abs. 4 BGB (siehe → **Betriebsübergang**).
> - Der Arbeitnehmer weist die von einem Vertreter des Arbeitgebers ohne Vorlage einer Vollmacht ausgesprochene Kündigung mit Hinweis auf die fehlende Vollmacht unverzüglich nach § 174 BGB zurück (BAG v. 11.3.1999 – 2 AZR 427/98, NZA 1999, 818; siehe → **Kündigung**).
> - Verstoß gegen das gesetzliche Maßregelungsverbot des § 612 a BGB (BAG v. 9.2.1995, NZA 1996, 249; LAG Schleswig-Holstein v. 28.6.2005 – 5 Sa 64/05, AiB 2006, 61).
> - Verstoß gegen Treu und Glauben (z. B. rechtsmissbräuchliche Kündigung in der Probezeit wegen Homosexualität; vgl. BAG v. 23.6.1994, AiB 1995, 189).
> - Verstoß gegen ein Diskriminierungsverbot (z. B. unzulässige Kündigung einer transsexuellen Person aus einem mit der Geschlechtsumwandlung zusammenhängenden Grund; vgl. EuGH v. 30.4.1996 – C 13/94, NZA 1996 C 13/94, 695).

Kündigungsschutz

28 Es gibt einen **Ausnahmefall**: ist eine Kündigung unwirksam, weil die **Schriftform** nach § 623 BGB nicht gewahrt ist, kann dieser Mangel auch noch zu einem späteren Zeitpunkt – außerhalb der dreiwöchigen Klagefrist – geltend gemacht werden (BAG v. 28.6.2007 – 6 AZR 873/06, NZA 2007, 972; LAG Köln v. 19.3.2008 – 7 Sa 919/07).
Denn nach § 4 Satz 1 KSchG wird die Klagefrist nur durch eine schriftliche Kündigung ausgelöst (»... *nach Zugang der schriftlichen Kündigung* ...«).
Allerdings sollte der Gekündigte nicht allzu lange Zeit verstreichen lassen, weil das Klagerecht unter Umständen »verwirken« kann (siehe → **Verwirkung**).

29 Soweit die Kündigung der **Zustimmung einer Behörde** bedarf (vgl. z. B. § 9 MuSchG [siehe → **Mutterschutz**], § 18 BEEG [siehe → **Elterngeld/Elternzeit**], §§ 85 ff. SGB IX [siehe → **Schwerbehinderte Menschen**]), läuft die Klagefrist erst von der Bekanntgabe der Entscheidung an den Arbeitnehmer, wenn die Zustimmung der Behörde dem Arbeitnehmer erst **nach Ausspruch** der Kündigung zugeht (§ 4 Satz 4 KSchG; vgl. BAG v. 3.7.2003 – 2 AZR 487/02, AiB 2004, 698; 13.2.2008 – 2 AZR 864/06, NZA 2008, 1055; Kittner/Däubler/Zwanziger, KSchR, 9. Aufl., § 4 KSchG Rn. 119).

29a Der gesetzliche Unwirksamkeitsgrund des § 9 Abs. 1 Satz 1 MuSchG ist allerdings dann innerhalb der dreiwöchigen Klagefrist des § 4 Satz 1 KSchG vor dem Arbeitsgericht geltend zu machen, wenn der Arbeitgeber zum Zeitpunkt des Zugangs der Kündigung **keine Kenntnis** von den den Sonderkündigungsschutz begründenden Tatsachen hat.
Dem Ablauf der Klagefrist steht nach Ansicht des BAG § 4 Satz 4 KSchG in diesem Fall nicht entgegen (BAG v. 19.2.2009 – 2 AZR 286/07, NZA 2009, 980).
Die Kündigung einer schwangeren Arbeitnehmerin ist nach § 9 Abs. 1 Satz 1 MuSchG nämlich **ohne behördliche Zustimmung** zulässig, wenn dem Arbeitgeber die Schwangerschaft zum Zeitpunkt der Kündigung nicht bekannt war und sie ihm auch nicht später oder von der Arbeitnehmerin verschuldet verspätet nach Kündigungszugang mitgeteilt worden ist.
Um den Sonderkündigungsschutz zu erlangen, muss die Arbeitnehmerin den Arbeitgeber also nach Maßgabe des § 9 Abs. 1 Satz 1 MuSchG von der Schwangerschaft **in Kenntnis** setzen. Andernfalls sind die Voraussetzungen des Sonderkündigungsschutzes nach § 9 Abs. 1 MuSchG und damit die Notwendigkeit einer behördlichen Zustimmung zum Zeitpunkt des Zugangs der Kündigung nicht gegeben. Die Klagefrist nach § 4 Satz 1 KSchG wird in einem solchen Falle bereits mit dem **Zugang** der Kündigung bei der Arbeitnehmerin in Gang gesetzt.
Erlangt der Arbeitgeber erst **nach Zugang der Kündigung Kenntnis** von der Schwangerschaft der Arbeitnehmerin, ist § 4 Satz 4 KSchG nicht (mehr) anwendbar (BAG v. 19.2.2009 – 2 AZR 286/07, a. a. O.).

29b Wird die zustimmende Entscheidung der Behörde dem Arbeitnehmer bereits **vor Ausspruch** der Kündigung bekannt gegeben, beginnt die dreiwöchige Klagefrist mit **Zugang** der schriftlichen Kündigung (vgl. Kittner/Däubler/Zwanziger, KSchR, 9. Aufl., § 4 KSchG Rn. 14).

30 Zur **nachträglichen Zulassung der Klage** gemäß § 5 KSchG, wenn eine Schwangerschaft erst nach Ablauf der Klagefrist erkannt wird, siehe Rn. 32 ff.

31 Ob der Arbeitnehmer auch dann innerhalb der Drei-Wochenfrist klagen muss, wenn er geltend machen will, dass er mit einer zu **kurzen Kündigungsfrist** gekündigt worden ist, hängt von der Auslegung der Kündigungserklärung ab (siehe hierzu → **Kündigungsfristen** Rn. 15). Unter Umständen kommt nach zweifelhafter Ansicht des BAG § 7 KSchG (siehe Rn. 35) zur Anwendung: die mit zu kurzer Frist ausgesprochene Kündigung gilt als rechtswirksam und beendet das Arbeitsverhältnis zum »falschen Termin« (BAG v. 1.9.2010 – 5 AZR 700/96, AiB 2011, 335 = NZA 2010, 1409). Eine vom Arbeitgeber mit zu kurzer Kündigungsfrist erklärte ordentliche Kündigung könne aus diesem Grund auch nicht in eine Kündigung zum richtigen Kündigungstermin **umgedeutet** (§ 140 BGB) werden.

Kündigungsschutz

Beispiel:
Eine ausdrücklich zum 31. Juli 2016 erklärte Kündigung des Arbeitgebers kann weder nach ihrem Inhalt noch nach den sonstigen Umständen als eine Kündigung zum 30. September 2016 ausgelegt werden. Die mit zu kurzer Frist ausgesprochene Kündigung gilt nach § 7 KSchG als rechtswirksam und beendet das Arbeitsverhältnis zum »falschen« Termin, wenn die Kündigungsschutzklage nicht binnen drei Wochen nach Zugang der schriftlichen Kündigung erhoben worden ist (BAG v. 1.9.2010 – 5 AZR 700/09, AiB 2011, 335).

Angesichts der kompliziert anmutenden Rechtsprechung ist dringend zu raten, auf jeden Fall innerhalb der Drei-Wochenfrist zu klagen, wenn eine zu kurze Kündigungsfrist geltend werden soll.

Nachträgliche Zulassung einer verspäteten Klage (§ 5 KSchG)

Eine nachträgliche Zulassung der Kündigungsschutzklage bei **Fristversäumung** kommt nach § 5 Abs. 1 Satz 1 KSchG nur **ausnahmsweise** dann in Betracht, wenn der Arbeitnehmer nach erfolgter Kündigung trotz Anwendung aller ihm nach Lage der Umstände zuzumutenden Sorgfalt verhindert war, die Klage innerhalb von drei Wochen nach Zugang der schriftlichen Kündigung zu erheben. 32

Eine Kündigungsschutzklage kann unter Umständen nachträglich zugelassen werden, wenn der Arbeitgeber einen Arbeitnehmer arglistig von einer Klageerhebung abhält bzw. wenn der Arbeitnehmer unter Hinweis auf eine Rücknahme der Kündigung veranlasst wird, von einer Klageerhebung abzusehen (BAG v. 19.02.2009 – 2 AZR 286/07, NZA 2009, 980). Verzichtet dagegen ein Arbeitnehmer auf die Erhebung einer Kündigungsschutzklage, weil der Arbeitgeber ihm eine **Abfindung in Aussicht** gestellt hat, die jedoch wegen später gescheiterter Vergleichsverhandlungen nicht gezahlt wird, soll darin kein Umstand liegen, der eine nachträgliche Klagezulassung rechtfertigen kann (BAG v. 19.02.2009 – 2 AZR 286/07, a.a.O.; zweifelhaft).

Hat die Arbeitnehmerin von ihrer **Schwangerschaft** aus einem von ihr nicht zu vertretenden Grund erst nach Ablauf der Drei-Wochen-Frist des § 4 Satz 1 KSchG Kenntnis erlangt, so ist auf ihren Antrag die Klage **nachträglich zuzulassen** (§ 5 Abs. 1 Satz 1 KSchG). 32a

Nach § 5 Abs. 2 Satz 1 KSchG ist die Erhebung der Kündigungsschutzklage mit dem Antrag auf nachträgliche Zulassung zu verbinden. 33
Ist die Klage **bereits eingereicht**, so ist auf sie im Antrag Bezug zu nehmen. Der Antrag muss ferner die Angabe der die nachträgliche Zulassung begründenden Tatsachen und der Mittel für deren Glaubhaftmachung enthalten (§ 5 Abs. 2 Satz 2 KSchG).
Der Antrag ist nur **innerhalb von zwei Wochen** nach Behebung des Hindernisses zulässig (§ 5 Abs. 3 Satz 1 KSchG).
Nach Ablauf von **sechs Monaten**, vom Ende der versäumten Frist an gerechnet, kann der Antrag nicht mehr gestellt werden (§ 5 Abs. 3 Satz 3 KSchG).

Verlängerte Anrufungsfrist (§ 6 KSchG)

Hat ein Arbeitnehmer innerhalb von drei Wochen nach Zugang der schriftlichen Kündigung im Klagewege geltend gemacht, dass eine rechtswirksame Kündigung nicht vorliege, so kann er sich in diesem Verfahren bis zum Schluss der mündlichen Verhandlung erster Instanz zur Begründung der Unwirksamkeit der Kündigung auch auf innerhalb der Klagefrist nicht geltend gemachte Gründe berufen (§ 6 Satz 1 KSchG). 34
Das → **Arbeitsgericht** soll ihn hierauf hinweisen (§ 6 Satz 2 KSchG).

Kündigungsschutz

Folgen der Fristversäumung (§ 7 KSchG)

35 Wird die Rechtsunwirksamkeit einer Kündigung nicht rechtzeitig geltend gemacht (§ 4 Satz 1, §§ 5 und 6 KSchG), so gilt die Kündigung als von Anfang an **rechtswirksam** (§ 7 erster Halbsatz KSchG).

36 Wird eine Änderungsschutzklage nicht rechtzeitig eingereicht, **erlischt** ein vom Arbeitnehmer nach § 2 KSchG erklärter **Vorbehalt** mit der Folge, dass die mit der → **Änderungskündigung** angestrebte Änderung der Arbeitsbedingungen als vereinbart gilt (§ 7 zweiter Halbsatz KSchG; vgl. Kittner/Däubler/Zwanziger, KSchR, 9. Aufl., § 7 KSchG Rn. 4).

Wiederherstellung der früheren Arbeitsbedingungen (§ 8 KSchG)

36a Stellt das Gericht im Falle des § 2 KSchG (siehe Rn. 22) fest, dass die Änderung der Arbeitsbedingungen sozial ungerechtfertigt ist, so gilt die Änderungskündigung als von Anfang an rechtsunwirksam (§ 8 KSchG). Der Arbeitnehmer ist somit zu den ursprünglichen Arbeitsbedingungen weiter zu beschäftigen. Etwaige Differenzen zwischen den ursprünglichen zu den zwischenzeitlich geänderten Bedingungen (z. B. geringeres Entgelt), sind auszugleichen (siehe → **Änderungskündigung** Rn. 28; vgl. auch Kittner/Däubler/Zwanziger, KSchR, 9. Aufl., § 8 KSchG Rn. 2).

Auflösung des Arbeitsverhältnisses mit Verurteilung zur Zahlung einer Abfindung (§§ 9, 10 KSchG)

37 Stellt das Gericht fest, dass das Arbeitsverhältnis durch die (Kündigung nicht aufgelöst ist (weil die Kündigung nicht sozial gerechtfertigt ist), ist jedoch dem Arbeitnehmer die Fortsetzung des Arbeitsverhältnisses nicht zuzumuten, so hat das Gericht auf **Antrag des Arbeitnehmers** das Arbeitsverhältnis **aufzulösen** und den Arbeitgeber zur Zahlung einer angemessenen → **Abfindung** zu verurteilen (§ 9 Abs. 1 Satz 1 KSchG). Die Auflösung setzt nicht voraus, dass ein wichtiger Grund i. S. v. § 626 Abs. 1 BGB vorliegt, der dem Arbeitnehmer die Fortsetzung des Arbeitsverhältnisses selbst bis zum Ablauf der Kündigungsfrist unzumutbar machen würde. Es reicht aus, dass ihm die Fortsetzung des Arbeitsverhältnisses auf unbestimmte Dauer unzumutbar ist. Dafür wiederum genügt nach Ansicht des BAG nicht allein die Sozialwidrigkeit der Kündigung (BAG v. 11. 7. 2013 − 2 AZR 241/12). Es bedürfe vielmehr **zusätzlicher**, vom Arbeitnehmer darzulegender Umstände. Diese müssten im Zusammenhang mit der Kündigung oder doch dem Kündigungsschutzprozess stehen. Auflösungsgründe könnten sich demnach aus den Modalitäten der Kündigung als solcher und aus weiteren Handlungen des Arbeitgebers ergeben, die mit der Kündigung einhergehen.
Stellt der gekündigte Arbeitnehmer nach § 9 Abs. 1 Satz 1 KSchG den Antrag auf Auflösung des Arbeitsverhältnisses, kommt eine Verurteilung des Arbeitgebers zur Zahlung einer Abfindung auch dann in Betracht, wenn die Kündigung nicht nur sozialwidrig, sondern **auch aus anderen Gründen nichtig** ist (z. B. wegen Nichtanhörung des Betriebsrats oder wegen Vorliegens eines besonderen gesetzlichen oder tariflichen Kündigungsschutzes).
Es wird allerdings unter Hinweis auf § 13 Abs. 3 KSchG die Auffassung vertreten, dass die Kündigung jedenfalls **auch sozialwidrig** sein muss und dass das Arbeitsgericht dies feststellen muss (vgl. Kittner/Däubler/Zwanziger; KSchR, 9. Aufl., § 9 KSchG Rn. 5 m. w. N.; zweifelhaft). Dem gekündigten Arbeitnehmer ist deshalb zu raten, in der Kündigungsschutzklage − neben der Berufung auf andere Unwirksamkeitsgründe (z. B. fehlerhafte Anhörung des Betriebsrats; § 102 Abs. 1 BetrVG) − auch geltend zu machen, dass die Kündigung sozial ungerechtfertigt i. S. d. § 1 KSchG ist (siehe hierzu Rn. 14 ff.).

38 Eine arbeitsgerichtliche Auflösung des Arbeitsverhältnisses kann auch auf **Antrag des Arbeit-**

gebers erfolgen, wenn Gründe vorliegen, die eine den Betriebszwecken dienliche weitere Zusammenarbeit zwischen Arbeitgeber und Arbeitnehmer nicht erwarten lassen (§ 9 Abs. 1 Satz 2 KSchG).
Eine Auflösung kommt aber nur in Betracht, wenn die Rechtsunwirksamkeit der Kündigung allein auf der **Sozialwidrigkeit** beruht, nicht jedoch auch auf **anderen Gründen** i. S. d. § 13 Abs. 3 KSchG.
Ist etwa die Kündigung wegen § 85 SGB IX i. V. m. § 134 BGB nichtig (siehe → **Schwerbehinderte Menschen**), kann das Arbeitsverhältnis auf Antrag des Arbeitgebers nicht aufgelöst werden (BAG v. 28. 5. 2009 – 2 AZR 949/07).

Arbeitnehmer und Arbeitgeber können den Antrag auf Auflösung des Arbeitsverhältnisses bis zum Schluss der letzten mündlichen Verhandlung in der **Berufungsinstanz** stellen (§ 9 Abs. 1 Satz 3 KSchG). **39**

Das Gericht hat für die Auflösung des Arbeitsverhältnisses den **Zeitpunkt** festzusetzen, an dem es bei sozial gerechtfertigter Kündigung geendet hätte (§ 9 Abs. 2 KSchG). **40**

Als Abfindung ist ein Betrag **bis zu zwölf Monatsverdiensten** festzusetzen (§ 10 Abs. 1 KSchG). **41**
Als Monatsverdienst gilt, was dem Arbeitnehmer bei der für ihn maßgebenden regelmäßigen Arbeitszeit in dem Monat, in dem das Arbeitsverhältnis endet, an Geld und Sachbezügen zusteht (§ 10 Abs. 3 KSchG).
Hat der Arbeitnehmer das fünfzigste Lebensjahr vollendet und hat das Arbeitsverhältnis mindestens fünfzehn Jahre bestanden, so ist ein Betrag **bis zu fünfzehn Monatsverdiensten**, hat der Arbeitnehmer das fünfundfünfzigste Lebensjahr vollendet und hat das Arbeitsverhältnis mindestens zwanzig Jahre bestanden, so ist ein Betrag **bis zu achtzehn Monatsverdiensten** festzusetzen (§ 10 Abs. 2 Satz 1 KSchG).
Dies gilt jedoch nicht, wenn der Arbeitnehmer in dem Zeitpunkt, den das Gericht nach § 9 Abs. 2 KSchG für die Auflösung des Arbeitsverhältnisses festsetzt, das in der Vorschrift des Sechsten Buches Sozialgesetzbuch über die **Regelaltersrente** bezeichnete Lebensalter (siehe → **Rentenversicherung**) erreicht hat (§ 10 Abs. 2 Satz 2 KSchG).

§ 10 Abs. 2 KSchG ist – soweit an das Alter angeknüpft wird – nach allgemeiner Ansicht mit **europäischem Recht**, insbesondere der Richtlinie 2000/78/EG vom 27. 11. 2000 vereinbar. **42**
Hiernach ist eine unterschiedliche Behandlung wegen des Alters dann zulässig, wenn, wenn sie objektiv und angemessen und durch ein legitimes Ziel gerechtfertigt ist.
Die Richtlinie ist durch das Allgemeine Gleichbehandlungsgesetz (AGG) vom 14. 8. 2006 in bundesdeutsches Recht umgesetzt worden (siehe → **Benachteiligungsverbot [AGG]**).
§ 10 Abs. 2 KSchG wurde nicht geändert.
Stattdessen wurde in § 10 Satz 3 Nr. 6 AGG klargestellt, dass in einem → **Sozialplan** die Höhe der → **Abfindung** nach Betriebszugehörigkeit **und Alter** gestaffelt werden kann.
Auch das Bundesarbeitsgericht geht davon aus, dass z. B. Sozialpläne eine nach Lebensalter oder Betriebszugehörigkeit gestaffelte Abfindungsregelung vorsehen können (BAG v. 26. 5. 2009 – 1 AZR 198/08, NZA 2009, 849). Es sei sogar zulässig, für rentenberechtigte Arbeitnehmer Sozialplanleistungen zu reduzieren oder ganz auszuschließen. Die damit verbundene unterschiedliche Behandlung wegen des Alters sei durch § 10 Satz 3 Nr. 6 AGG gedeckt. Diese Bestimmung verstoße auch nicht gegen das gemeinschaftsrechtliche Verbot der Altersdiskriminierung. Die Regelung sei i. S. v. Art. 6 Abs. 1 Satz 1 der Richtlinie 2000/78/EG durch ein vom nationalen Gesetzgeber verfolgtes legitimes Ziel gerechtfertigt. Es entspreche einem allgemeinen sozialpolitischen Interesse, dass Sozialpläne danach unterscheiden können, welche wirtschaftlichen Nachteile den Arbeitnehmern drohen, die durch eine Betriebsänderung ihren Arbeitsplatz verlieren.

Kündigungsschutz

Anrechnung auf entgangenen Zwischenverdienst (§ 11 KSchG)

43 Besteht nach der Entscheidung des Gerichts das Arbeitsverhältnis fort, so muss sich der Arbeitnehmer gemäß § 11 KSchG auf das Arbeitsentgelt, das ihm der Arbeitgeber für die Zeit nach der Entlassung schuldet, **anrechnen** lassen,
- was er durch anderweitige Arbeit verdient hat,
- was er hätte verdienen können, wenn er es nicht böswillig unterlassen hätte, eine ihm zumutbare Arbeit anzunehmen,
- was ihm an öffentlich-rechtlichen Leistungen infolge Arbeitslosigkeit aus der Sozialversicherung, der Arbeitslosenversicherung, der Sicherung des Lebensunterhalts nach dem SGB II oder der Sozialhilfe für die Zwischenzeit gezahlt worden ist. Diese Beträge hat der Arbeitgeber der Stelle zu erstatten, die sie geleistet hat.

44 Siehe auch → **Annahmeverzug**.

Neues Arbeitsverhältnis (§ 12 KSchG)

45 Besteht nach der Entscheidung des Gerichts das Arbeitsverhältnis fort, ist jedoch der Arbeitnehmer inzwischen ein neues Arbeitsverhältnis eingegangen, so kann er **binnen einer Woche** nach der Rechtskraft des Urteils durch Erklärung gegenüber dem alten Arbeitgeber die Fortsetzung des Arbeitsverhältnisses bei diesem **verweigern** (§ 12 KSchG).
Die Frist wird auch durch eine vor ihrem Ablauf zur Post gegebene schriftliche Erklärung gewahrt.
Mit dem Zugang der Erklärung erlischt das Arbeitsverhältnis.
Macht der Arbeitnehmer von seinem »**Lossagungsrecht**« Gebrauch, so ist ihm entgangener Verdienst nur für die Zeit zwischen der Entlassung und dem Tage des Eintritts in das neue Arbeitsverhältnis zu gewähren.
§ 11 KSchG findet entsprechende Anwendung (siehe Rn. 43).

Außerordentliche, sittenwidrige und sonstige Kündigungen (§ 13 KSchG)

46 Die Vorschriften über das Recht zur → **außerordentlichen Kündigung** eines Arbeitsverhältnisses (§ 626 BGB) werden durch das KSchG nicht berührt (§ 13 Abs. 1 Satz 1 KSchG).
Die Rechtsunwirksamkeit einer außerordentlichen Kündigung kann jedoch nur nach Maßgabe des § 4 Satz 1 KSchG (Einhaltung der **Klagefrist von drei Wochen**) und der §§ 5 bis 7 KSchG (nachträgliche Zulassung der Klage und verlängerte Anrufungsfrist) geltend gemacht werden (siehe Rn. 26 ff.).

47 Stellt das Gericht fest, dass die außerordentliche Kündigung unbegründet ist, ist jedoch dem Arbeitnehmer die Fortsetzung des Arbeitsverhältnisses nicht zuzumuten, so hat auf Antrag des Arbeitnehmers das Gericht das Arbeitsverhältnis **aufzulösen** und den Arbeitgeber zur Zahlung einer angemessenen → **Abfindung** zu verurteilen.
Die Vorschriften der §§ 10 bis 12 KSchG **gelten entsprechend** (siehe Rn. 41 ff. und → **Außerordentliche Kündigung**).

48 Dem Arbeitgeber steht **kein Recht** zu, die Auflösung des Arbeitsverhältnisses gegen Zahlung einer Abfindung zu beantragen.
Er muss den zu Unrecht Gekündigten weiterbeschäftigen.

49 Verstößt eine Kündigung **gegen die guten Sitten**, so muss der Arbeitnehmer ihre Unwirksamkeit ebenfalls innerhalb von drei Wochen nach Zugang der schriftlichen Kündigung durch Klage geltend machen (§ 4 Satz 1 KSchG).
Die Vorschriften des § 9 Abs. 1 Satz 1 und Abs. 2 und der §§ 10 bis 12 KSchG finden entsprechende Anwendung (siehe Rn. 37 ff. und 41 ff.).

Kündigungsschutz

Das heißt: Ist die Klage begründet (liegt also ein Verstoß gegen die guten Sitten vor), hat das Arbeitsgericht auf Antrag des Arbeitnehmers das Arbeitsverhältnis **aufzulösen** und den Arbeitgeber zur Zahlung einer angemessenen → **Abfindung** zu verurteilen.
Dem Arbeitgeber steht **kein Recht** zu, die Auflösung des Arbeitsverhältnisses gegen Zahlung einer Abfindung zu beantragen.
Er muss den zu Unrecht Gekündigten weiterbeschäftigen.
Die §§ 1 bis 14 KSchG finden – mit Ausnahme der §§ 4 bis 7 KSchG (!) – keine Anwendung auf eine Kündigung, die bereits **aus anderen** als den in § 1 Abs. 2 und 3 KSchG bezeichneten **Gründen rechtsunwirksam** ist (§ 13 Abs. 3 KSchG). 50

> **Beispiele:**
> - Nichtanhörung des Betriebsrats nach § 102 BetrVG,
> - Bestehen eines besonderen Kündigungsschutzes (siehe → **Kündigungsschutz [besonderer]**),
> - Verstoß gegen § 613 a Abs. 4 BGB (siehe → **Betriebsübergang**).

Das heißt zum einen, dass die **Klagefrist** von drei Wochen nach Zugang der schriftlichen Kündigung – im Gegensatz zur bisherigen Rechtslage – auch in diesen Fällen einzuhalten ist (siehe Rn. 27). 51
Zum anderen folgt aus § 13 Abs. 3 KSchG, dass in diesen Fällen ein Antrag auf **Auflösung** des Arbeitsverhältnisses gegen Zahlung einer Abfindung nach §§ 9, 10 KSchG weder vom Arbeitgeber noch vom Arbeitnehmer beantragt werden kann.
Vielmehr ist der Arbeitnehmer weiterzubeschäftigen, wenn das Gericht die Unwirksamkeit der Kündigung »aus anderen Gründen« feststellt.
Auch ein »Lossagungsrecht« nach § 12 KSchG (siehe Rn. 45) steht dem Arbeitnehmer nicht zu.
Eine Auflösung des Arbeitsverhältnisses im Vergleichswege (Abfindungsvergleich; siehe → **Abfindung**) ist natürlich möglich.

Angestellte in leitender Stellung (§ 14 KSchG)

Keine Anwendung finden die §§ 1 bis 13 KSchG auf die Kündigung, die gegenüber Mitgliedern des Vertretungsorgans eines Unternehmens (Geschäftsführung, Vorstand) ausgesprochen wird (§ 14 Abs. 1 KSchG). 52
Dagegen haben → **leitende Angestellte** nach Maßgabe des § 14 Abs. 2 KSchG **Kündigungsschutz**.

Weitere Unwirksamkeitsgründe

Zu beachten sind weitere, in anderen Gesetzen geregelte Unwirksamkeitsgründe: 53
- Der Anspruch eines Arbeitnehmers auf eine Rente wegen Alters (siehe → **Rentenversicherung**) oder die Möglichkeit der Inanspruchnahme von → **Altersteilzeit** nach den Vorschriften des Altersteilzeitgesetzes (AltTZG) stellen keine Umstände dar, die eine Kündigung bzw. Änderungskündigung sozial rechtfertigen könnten im Sinne des § 1 Abs. 2 Satz 1 KSchG (§ 41 Satz 1 SGB VI und § 8 Abs. 1 AltTZG).
- Bei der sozialen Auswahl darf die Möglichkeit der Inanspruchnahme von Altersteilzeit nicht zum Nachteil des Arbeitnehmers berücksichtigt werden (§ 8 Abs. 1 zweiter Halbsatz AltTZG).
- § 7 Abs. 1 b SGB IV stellt klar, dass die Möglichkeit eines Arbeitnehmers zur Vereinbarung flexibler Arbeitszeiten nicht als Kündigungsbegründung im Sinne des § 1 Abs. 2 Satz 1 KSchG herangezogen werden kann.
- Nach § 11 TzBfG ist die Kündigung eines Arbeitsverhältnisses wegen der Weigerung eines

Kündigungsschutz

Arbeitnehmers, von einem Vollzeit- in ein Teilzeitarbeitsverhältnis oder umgekehrt zu wechseln, unwirksam.

54 Eine Kündigung ist **auch unwirksam**, wenn
- die Schriftform nach § 623 BGB nicht gewahrt ist (siehe → **Kündigung** Rn. 4),
- sie von einem Vertreter des Arbeitgebers ohne Vorlage einer Vollmacht ausgesprochen wurde und der Arbeitnehmer die Kündigung mit Hinweis auf die fehlende Vollmacht unverzüglich nach § 174 BGB zurückweist (BAG v. 11. 3. 1999 – 2 AZR 427/98, NZA 1999, 818; siehe → **Kündigung** Rn. 5, 6),
- der Betriebsrat nicht oder nicht ordnungsgemäß angehört wurde (§ 102 Abs. 1 BetrVG; siehe → **Kündigung** Rn. 34 ff.),
- die Kündigung gegen das gesetzliche Maßregelungsverbot (§ 612 a BGB) verstößt (LAG Schleswig-Holstein v. 28. 6. 2005 – 5 Sa 64/05, AiB 2006, 61),
- die Kündigung gegen ein gesetzliches Diskriminierungsverbot verstößt (z. B. § 1 AGG; Art. 3 Abs. 2 und 3 GG, § 75 BetrVG) oder gegen den Grundsatz von Treu und Glauben (§ 242 BGB); Beispiele: rechtsmissbräuchliche Kündigung in der Probezeit wegen Homosexualität (BAG v. 23. 6. 1994 – 2 AZR 617/93, AiB 1995, 189); unzulässige Kündigung einer transsexuellen Person aus einem mit der Geschlechtsumwandlung zusammenhängenden Grund (EuGH v. 30. 4. 1996 – C–13/94, NZA 1996, 695); unzulässige Kündigung wegen symptomloser HIV-Infektion (BAG v. 19. 12. 2013 – 6 AZR 190/12).
- die Kündigung wegen eines Betriebsübergangs ausgesprochen wurde (§ 613 a Abs. 4 BGB; siehe → **Betriebsübergang**).

Druckkündigung

54a Eine Kündigung wird als Druckkündigung bezeichnet, wenn **Dritte** (z. B. Mitarbeiter, Betriebsrat, Geschäftspartner, Kunden etc.) unter Androhung von Nachteilen für den Arbeitgeber, von diesem die Entlassung eines bestimmten Arbeitnehmers verlangen (BAG v. 31. 1. 1996 – 2 AZR 158/95, NZA 1996, 58; 19. 6. 1986 – 2 AZR 563/85, NZA 1987, 21; LAG Hamburg v. 3. 4. 2009 – 6 Sa 47/08).
Dabei sind nach Ansicht des BAG **zwei Fallgruppen** zu unterscheiden:
Das Verlangen des Dritten könne gegenüber dem Arbeitgeber durch ein Verhalten des Arbeitnehmers oder einen in dessen Person liegenden Grund objektiv gerechtfertigt sein. In diesem Falle liege es im **Ermessen** des Arbeitgebers, ob er eine personen- oder verhaltensbedingte Kündigung ausspreche (BAG v. 31. 1. 1996 – 2 AZR 158/95, a. a. O.; 19. 6. 1986 – 2 AZR 563/85, a. a. O.).
Fehle es an einer objektiven Rechtfertigung der Drohung des/der Dritten, komme eine Kündigung aus betriebsbedingten Gründen in Betracht, wobei allerdings das bloße Verlangen Dritter, einem bestimmten Arbeitnehmer zu kündigen, nicht ohne Weiteres geeignet sei, eine Kündigung zu rechtfertigen (BAG v. 31. 1. 1996 – 2 AZR 158/95, a. a. O.; 19. 6. 1986 – 2 AZR 563/85, a. a. O.; LAG Hamburg v. 3. 4. 2009 – 6 Sa 47/08). Vielmehr habe sich der Arbeitgeber **schützend** vor den Arbeitnehmer zu stellen und alles ihm Zumutbare zu versuchen, um Dritte von deren Drohung abzubringen. Nur dann, wenn diese Versuche des Arbeitgebers keinen Erfolg hätten, die Belegschaft also beispielsweise ernsthaft die Zusammenarbeit mit dem betroffenen Arbeitnehmer verweigere, könne eine betriebsbedingte Kündigung gerechtfertigt sein.

55 Bestimmte Personen haben einen »besonderen Kündigungsschutz« (siehe → **Kündigungsschutz [besonderer]**):
- Betriebsratsmitglieder und Mitglieder anderer Betriebsverfassungsorgane, Wahlbewerber sowie Arbeitnehmer, die zu einer Betriebsversammlung zur Wahl eines Betriebsrats einla-

Kündigungsschutz

den oder die Bestellung eines Wahlvorstandes durch das Arbeitsgericht beantragen (§ 15 KSchG, § 103 BetrVG): siehe → **Kündigungsschutz (besonderer)**;
- schwerbehinderte Menschen und Gleichgestellte (§§ 85 ff. SGB IX) sowie Vertrauenspersonen der Schwerbehinderten (§ 96 Abs. 3 SGB IX): siehe → **Schwerbehinderte Menschen**);
- in Heimarbeit Beschäftigte, die Mitglied des Betriebsrats oder eines anderen betriebsverfassungsrechtlichen Organs sind (§ 29 a Heimarbeitsgesetz): siehe → **Heimarbeit**;
- Arbeitnehmerinnen während ihrer Schwangerschaft und bis zum Ablauf von vier Monaten nach der Entbindung (§ 9 MuSchG): siehe → **Mutterschutz**;
- Arbeitnehmer in Elternzeit (§ 18 BEEG): siehe → **Elterngeld/Elternzeit**;
- Arbeitnehmer, die → **Pflegezeit** oder → **Familienpflegezeit** zur Pflege naher Angehöriger in Anspruch nehmen (§ 5 PflegeZG und § 9 Abs. 3 FPfZG);
- Auszubildende (§ 22 BBiG): siehe → **Auszubildende**;
- Wehrdienstleistende (§§ 2, 16 a Arbeitsplatzschutzgesetz): siehe → **Kündigungsschutz (besonderer)** Rn. 40 ff.; dort auch zur Bedeutung dieser Vorschriften nach Aussetzung der Wehrpflicht durch das Gesetz vom 28. 4. 2011 (BGBl. I, S. 678);
- Soldaten auf Zeit, die an einer Eignungsübung teilnehmen, haben einen besonderen Kündigungsschutz nach § 2 Eignungsübungsgesetz;
- Mitglieder des Bundestages und der Landtage sowie Wahlbewerber und Mandatsträger im Bereich der Gemeinden und Landkreise: siehe → **Kündigungsschutz (besonderer)**;
- Betriebsärzte (§§ 2 ff. ASiG; vgl. auch BAG v. 24. 3. 1988, DB 1989, 227) oder Fachkräfte für Arbeitssicherheit (§§ 5 ff. ASiG): siehe → **Kündigungsschutz (besonderer)**;
- Sicherheitsbeauftragte dürfen nach § 22 Abs. 3 SGB VII »wegen der Erfüllung der ihnen übertragenen Aufgaben nicht benachteiligt werden«. Dieses Benachteiligungsverbot dürfte auch einer Kündigung entgegenstehen, die wegen der engagierten Wahrnehmung der Aufgaben ausgesprochen wird;
- Umweltschutzbeauftragte (siehe Übersicht unter → **Umweltschutz im Betrieb**): Immissionsschutzbeauftragter (§ 58 Abs. 2 BImSchG), Störfallbeauftragter (§ 58 d BImSchG), Betriebsbeauftragter für Abfall (§ 55 Abs. 3 KrW-/AbfG; vgl. hierzu BAG v. 26. 3. 2009 – 2 AZR 633/07), Gewässerschutzbeauftragter (§ 21 f Abs. 2 WHG): siehe → **Kündigungsschutz (besonderer)**;
- Datenschutzbeauftragter (§ 4 f BDSG): siehe → **Datenschutz**.

In vielen → **Tarifverträgen** ist ein besonderer Kündigungsschutz für → **Ältere Arbeitnehmer**, 56 die schon länger im Betrieb beschäftigt sind, geregelt.

Sonderregelungen, die den Kündigungsschutz einschränken, gelten im → **Insolvenzverfahren** 57 (insbesondere § 113 InsO sowie §§ 125 bis 128 InsO).

Widerspruch des Betriebsrats (§ 102 Abs. 3 BetrVG) – Weiterbeschäftigungsanspruch nach § 102 Abs. 5 BetrVG

Wenn der Betriebsrat gegen eine vom Arbeitgeber beabsichtigte → **ordentliche Kündigung** 58 ordnungsgemäß Widerspruch nach § 102 Abs. 3 BetrVG eingelegt, verschafft er dem Gekündigten die Möglichkeit,
- sich im Kündigungsschutzprozess auf den besonderen Sozialwidrigkeitsgrund des § 1 Abs. 2 Sätze 2 und 3 KSchG zu berufen (siehe Rn. 15 ff.) und außerdem
- einen Weiterbeschäftigungs- und -vergütungsanspruch für die Zeit nach Ablauf der Kündigungsfrist bis zum rechtskräftigen Abschluss des Kündigungsschutzprozesses geltend zu machen (§ 102 Abs. 5 BetrVG; siehe → **Ordentliche Kündigung** Rn. 29 ff., 35).

Kündigungsschutz

Wenn nämlich
- der Betriebsrat einer ordentlichen (= fristgemäßen) Kündigung ordnungsgemäß nach § 102 Abs. 3 BetrVG **widersprochen** hat und
- der gekündigte Arbeitnehmer **Kündigungsschutzklage** erhebt (die Klage ist nach § 4 KSchG innerhalb von drei Wochen nach Zugang der schriftlichen Kündigung von dem Gekündigten beim → **Arbeitsgericht** einzureichen!) und
- unter Hinweis auf den Widerspruch des Betriebsrats gemäß § 102 Abs. 5 Satz 1 BetrVG seine **Weiterbeschäftigung** über den Ablauf der Kündigungsfrist hinaus **verlangt**,

ist der Arbeitgeber verpflichtet, den Arbeitnehmer **über den Ablauf der Kündigungsfrist hinaus** zu unveränderten Arbeitsbedingungen bis zum rechtskräftigen Abschluss des Kündigungsschutzprozesses weiter zu beschäftigen und das bisherige Arbeitsentgelt **weiter zu bezahlen**.

Nach zutreffender Ansicht des BAG besteht das bisherige Arbeitsverhältnis bei Vorliegen der Voraussetzungen des § 102 Abs. 5 Satz 1 BetrVG **kraft Gesetzes** fort und wird (erst) durch die rechtskräftige Abweisung der Kündigungsschutzklage aufgelöst(BAG v. 7.3.1996 – 2 AZR 432/95, AiB 1996, 616; 10.3.1987 – 8 AZR 146/84, NZA 1987, 373; 12.9.1985 – 2 AZR 324/84, NZA 1986, 424).

Der Arbeitgeber ist auch dann zur Weitervergütung verpflichtet, wenn der Arbeitnehmer den Kündigungsschutzprozess **verliert** (BAG v. 7.3.1996 – 2 AZR 432/95, a. a. O.; 10.3.1987 – 8 AZR 146/84, a. a. O.; 12.9.1985 – 2 AZR 324/84, a. a. O.). Auch in diesem Falle hat der Arbeitnehmer Anspruch auf Zahlung des Arbeitsentgelts für die Zeit nach Ablauf der Kündigungsfrist bis zum rechtskräftigen Ende des Kündigungsschutzprozesses.

Dabei kommt es nicht darauf an, ob er den Arbeitnehmer tatsächlich weiter beschäftigt hat oder nicht.

Eine Vergütungspflicht entfällt (für die Zukunft) nur dann, wenn der Arbeitgeber auf seinen Antrag hin nach § 102 Abs. 5 Satz 2 BetrVG vom Arbeitsgericht bzw. Landesarbeitsgericht von der Weiterbeschäftigungspflicht rechtskräftig **entbunden** wird (bis dahin aufgelaufene Arbeitsentgeltansprüche sind vom Arbeitgeber zu erfüllen; vgl. BAG v. 7.3.1996 – 2 AZR 432/95, a. a. O.; siehe auch → **Kündigung** Rn. 46 a ff. und Rn. 50, 51).

> **Beispiel:**
> Ein Arbeitnehmer wird ordentlich zum 30.6.2015 gekündigt. Der Betriebsrat hatte gemäß § 102 Abs. 3 Nr. 3 BetrVG Widerspruch eingelegt, mit der Begründung, dass eine Weiterbeschäftigung des Arbeitnehmers auf dem freien Arbeitsplatz xy möglich ist. Der Arbeitnehmer verlangt Weiterbeschäftigung und erhebt Kündigungsschutzklage. Eine Weiterbeschäftigung lehnt der Arbeitgeber ab. Er stellt aber keinen Antrag auf Entbindung von der Weiterbeschäftigungspflicht. Ein Jahr später – am 30.6.2016 – wird die Kündigungsschutzklage vom Landesarbeitsgericht rechtskräftig abgewiesen.
> Dann steht zwar fest, dass das Arbeitsverhältnis zum 30.6.2015 wirksam beendet wurde. Dennoch muss der Arbeitgeber auch für die Zeit vom 1.7.2015 bis 30.6.2016 das volle Arbeitsentgelt bezahlen; ggf. unter Abzug von Arbeitslosengeld, das der Arbeitnehmer in dieser Zeit erhalten hat (die Agentur für Arbeit hat Anspruch gegen den Arbeitgeber auf Erstattung des gezahlten Arbeitslosengeldes; § 115 Abs. 1 SGB X).

Siehe auch → **Betriebsbedingte Kündigung**, → **Personenbedingte Kündigung** und → **Verhaltensbedingte Kündigung**.

Kündigungsschutz

Allgemeiner Weiterbeschäftigungsanspruch

Auch ohne Vorliegen der Voraussetzungen des § 102 Abs. 5 BetrVG kann dem gekündigten Arbeitnehmer ein – notfalls mit einer **einstweiligen Verfügung** (siehe → **Arbeitsgericht**) durchsetzbarer – Weiterbeschäftigungsanspruch zustehen (BAG v. 27.2.1985 – GS 1/84, AiB 1985, 164 = NZA 1985, 702).
Nämlich dann,
- wenn die Kündigung »offensichtlich« unwirksam ist, weil sich schon auf Grund des unstreitigen Verhaltens oder von Äußerungen des Arbeitgebers jedem Kundigen die Unwirksamkeit der Kündigung geradezu aufdrängen muss. Die Unwirksamkeit der Kündigung muss ohne jeden vernünftigen Zweifel in rechtlicher und in tatsächlicher Hinsicht offen zu Tage liegen (BAG v. 27.2.1985 – GS 1/84, a. a. O.). Beispiel: aus Äußerungen des Arbeitgebers ergibt sich, dass eine Anhörung des Betriebsrats nach § 102 Abs. 1 BetrVG unterblieben ist oder dass der Arbeitnehmer von einem »besonderen Kündigungsschutz« erfasst wird (z. B. Schwerbehinderte, Schwangere usw.; siehe → **Kündigungsschutz [besonderer]**) oder
- wenn mit dem die erste Instanz abschließenden Urteil des → **Arbeitsgerichts** festgestellt wird, dass die Kündigung unwirksam ist (BAG v. 27.2.1985 – GS 1/84, a. a. O.).

58a

Wiedereinstellungsanspruch

Nach der BAG-Rechtsprechung steht dem gekündigten Arbeitnehmer trotz wirksamer Kündigung ein Anspruch auf Wiedereinstellung zu, wenn der Kündigungsgrund noch vor, unter Umständen auch nach Ablauf der → **Kündigungsfrist** wegfällt und dem Arbeitgeber die unveränderte Fortsetzung des Arbeitsverhältnisses zuzumuten ist (BAG v. 4.12.1997 – 2 AZR 140/97, AiB 1998, 408).

59

> **Beispiel:**
> Der Arbeitgeber kündigt mit der Begründung, er könne den/die Arbeitnehmer nach Ablauf der Kündigungsfrist wegen geplanter Betriebsstilllegung nicht weiter beschäftigen. Noch während der Kündigungsfrist kommt es entgegen der ursprünglichen Planung zu einer Betriebsveräußerung und damit zu einer Fortführung des Betriebs.

Ein Wiedereinstellungsanspruch kommt nicht nur bei einer wirksamen → **betriebsbedingten Kündigung,** sondern auch bei → **personenbedingter Kündigung** und → **verhaltensbedingter Kündigung** in Betracht.
Siehe auch → **Wiedereinstellungsanspruch.**

60

Meldepflicht (§ 38 Abs. 1 SGB III 2012)

Personen, deren Arbeits- oder Ausbildungsverhältnis endet, sind verpflichtet, sich spätestens drei Monate vor dessen Beendigung persönlich bei der Agentur für Arbeit **arbeitssuchend** zu melden (§ 38 Abs. 1 Satz 1 SGB III 2012; siehe → **Arbeitslosenversicherung: Arbeitsförderung** Rn. 13 ff.).
Liegen zwischen der Kenntnis des Beendigungszeitpunkts und der Beendigung des Arbeits- oder Ausbildungsverhältnisses weniger als drei Monate, hat die Meldung innerhalb von **drei Tagen** nach Kenntnis des Beendigungszeitpunkts zu erfolgen.
Zur Wahrung der Fristen reicht eine (ggf. auch telefonische) Anzeige unter Angabe der persönlichen Daten und des Beendigungszeitpunktes aus, wenn die persönliche Meldung nach terminlicher Vereinbarung nachgeholt wird.
Die Pflicht zur Meldung besteht unabhängig davon, ob der Fortbestand des Arbeits- oder

61

Kündigungsschutz

Ausbildungsverhältnisses gerichtlich geltend gemacht oder vom Arbeitgeber in Aussicht gestellt wird.
Die Pflicht zur Meldung gilt nicht bei einem betrieblichen Ausbildungsverhältnis.
Kommt der Arbeitnehmer seiner Meldepflicht nicht fristgerecht nach, tritt nach § 159 Abs. 1 Satz 2 Nr. 7, Abs. 6 SGB III 2012 eine einwöchige **Arbeitslosengeldsperre** ein (siehe hierzu → **Arbeitslosenversicherung: Arbeitslosengeld** Rn. 44 ff.).

62 Von der Meldung als »arbeitssuchend« nach § 38 Abs. 1 SGB IIII 2012 zu unterscheiden ist die »**persönliche Arbeitslosmeldung**« nach § 141 SGB III 2012 (siehe → **Kündigung** Rn. 32).
Siehe auch → **Arbeitslosenversicherung: Arbeitsförderung** Rn. 20.

Arbeitshilfen

Übersichten	• Kündigungsschutz
	• Beteiligung des Betriebsrats bei Kündigung nach § 102 BetrVG
	• Rechte des Betriebsrats bei Kündigung (§ 102 BetrVG)
	• Weiterbeschäftigung und Weitervergütung nach Widerspruch des Betriebsrats gegen ordentliche Kündigung (§ 102 Abs. 5 BetrVG)
Musterschreiben	• Einspruch beim Betriebsrat gegen Kündigung nach § 3 KSchG
	• Kündigungsschutzklage gegen eine ordentliche Kündigung
	• Weiterbeschäftigungsverlangen des gekündigten Arbeitnehmers nach § 102 Abs. 5 BetrVG für den Fall, dass der Betriebsrat frist- und ordnungsgemäß Widerspruch gemäß § 102 Abs. 3 BetrVG gegen eine ordentliche Kündigung eingelegt hat
	• Antrag auf Erlass einer einstweiligen Verfügung wegen Weiterbeschäftigung
	• Widerspruchsschreiben nach § 102 Abs. 3 Nr. 1 bis 5 BetrVG

Übersicht: Kündigungsschutz

Rechte des Betriebsrats:	Rechte des Gekündigten:
Ordentliche Kündigung	
§ 102 BetrVG • Anhörung • Bedenken • Widerspruch	• Kündigungsschutzklage • (§ 4 Satz 1 KSchG) • Einspruch beim Betriebsrat (§ 3 KSchG; ersetzt nicht die fristgerechte Erhebung der Kündigungsschutzklage!) • Weiterbeschäftigungsanspruch nach § 102 Abs. 5 BetrVG, wenn Betriebsrat ordnungsgemäß Widerspruch erhoben hat
Außerordentliche Kündigung	
§ 102 BetrVG • Anhörung • Bedenken	• Kündigungsschutzklage (§§ 4, 13 KSchG)

Kündigungsschutz

Rechte des Betriebsrats:	Rechte des Gekündigten:
Änderungskündigung	
§ 102 BetrVG, ggf. auch § 99 BetrVG • Anhörung • Bedenken • Widerspruch • ggf. Zustimmungsverweigerung nach § 99 BetrVG	• Änderungsschutzklage • (§ 4 Satz 2 KSchG) • Vorbehaltserklärung (§ 2 KSchG) • evtl. Anspruch auf Weiterbeschäftigung an altem Arbeitsplatz

Hinweise:
- Jede Kündigung (auch die Eigenkündigung) bedarf der Schriftform, § 623 BGB.
- Der Kündigungsschutz nach §§ 1 bis 3 und 8 bis 14 KSchG gilt nur in Betrieben bzw. Unternehmen (vgl. Kittner/Däubler/Zwanziger, KSchR, 9. Aufl. 2014, § 23 KSchG Rn. 13), in denen mehr als die in § 23 Abs. 1 Satz 2 bis 4 KSchG genannte Mindestzahl von Arbeitnehmern beschäftigt ist. Z. B. gilt der Kündigungsschutz nach den genannten Vorschriften bei Arbeitnehmern, deren Arbeitsverhältnis nach dem 31.12.2003 begonnen hat, nur in Betrieben bzw. Unternehmen mit mehr als 10 Arbeitnehmern (§ 23 Abs. 1 Satz 3 KSchG). Bei der Berechnung der Zahl der Arbeitnehmer sind Teilzeitbeschäftigte – je nach Dauer der regelmäßigen wöchentlichen Arbeitszeit – mit dem Faktor 0,5 bzw. 0,75 zu berücksichtigen.
- Der Kündigungsschutz greift erst ein, wenn der Gekündigte zum Zeitpunkt des Zugangs der Kündigung länger als sechs Monate ohne Unterbrechung in dem Betrieb/Unternehmen beschäftigt ist (Wartezeit nach § 1 Abs. 1 KSchG).
- Klagefrist: drei Wochen ab Zugang der schriftlichen Kündigung (§ 4 Satz 1 KSchG).

Kündigungsschutz

Übersicht: Beteiligung des Betriebsrats bei Kündigung nach § 102 BetrVG

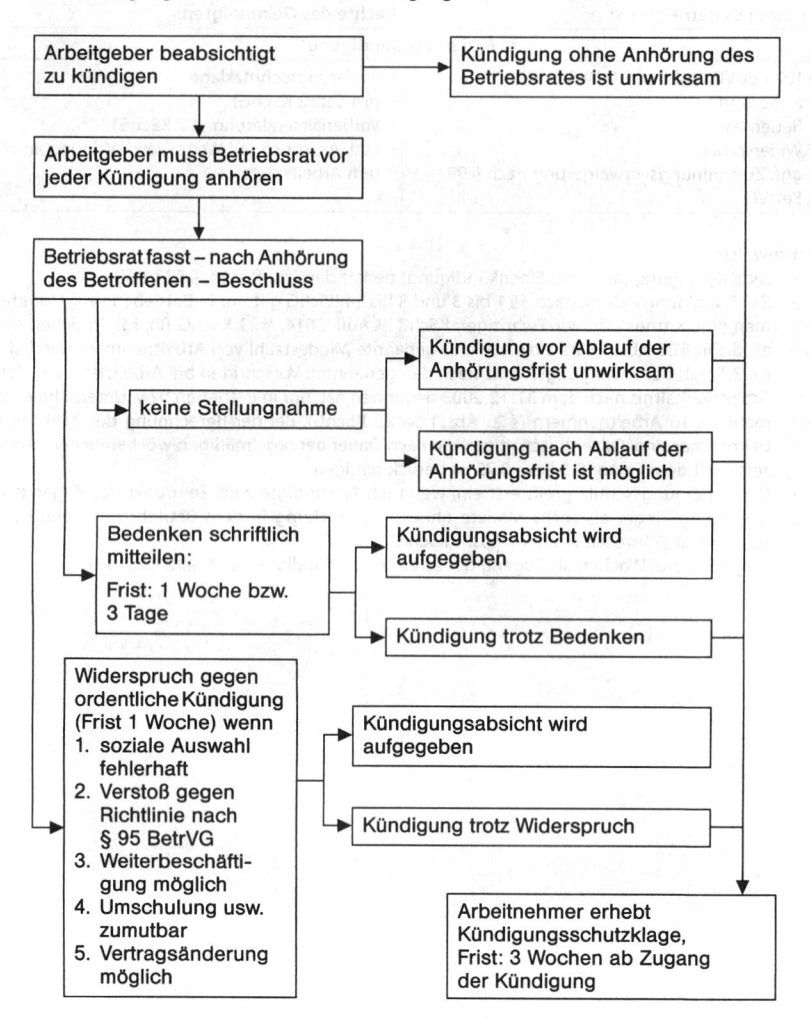

```
┌─────────────────────────┐      ┌─────────────────────────────┐
│ Arbeitgeber beabsichtigt│─────▶│ Kündigung ohne Anhörung des │
│ zu kündigen             │      │ Betriebsrates ist unwirksam │
└────────────┬────────────┘      └─────────────────────────────┘
             ▼
┌─────────────────────────┐
│ Arbeitgeber muss        │
│ Betriebsrat vor jeder   │
│ Kündigung anhören       │
└────────────┬────────────┘
             ▼
┌─────────────────────────┐
│ Betriebsrat fasst –     │
│ nach Anhörung des       │
│ Betroffenen – Beschluss │
└────────────┬────────────┘
             │
      ┌──────┴─────────────────┐
      ▼                        ▼
┌───────────────────┐   ┌─────────────────────────┐
│ keine             │──▶│ Kündigung vor Ablauf der│
│ Stellungnahme     │   │ Anhörungsfrist unwirksam│
└───────────────────┘   └─────────────────────────┘
                        ┌─────────────────────────┐
                        │ Kündigung nach Ablauf   │
                        │ der Anhörungsfrist      │
                        │ ist möglich             │
                        └─────────────────────────┘

┌───────────────────┐   ┌─────────────────────────┐
│ Bedenken          │──▶│ Kündigungsabsicht wird  │
│ schriftlich       │   │ aufgegeben              │
│ mitteilen:        │   └─────────────────────────┘
│ Frist: 1 Woche    │   ┌─────────────────────────┐
│ bzw. 3 Tage       │──▶│ Kündigung trotz Bedenken│
└───────────────────┘   └─────────────────────────┘

┌───────────────────┐   ┌─────────────────────────┐
│ Widerspruch gegen │──▶│ Kündigungsabsicht wird  │
│ ordentliche       │   │ aufgegeben              │
│ Kündigung         │   └─────────────────────────┘
│ (Frist 1 Woche)   │   ┌─────────────────────────┐
│ wenn              │──▶│ Kündigung trotz         │
│ 1. soziale        │   │ Widerspruch             │
│    Auswahl        │   └─────────────────────────┘
│    fehlerhaft     │
│ 2. Verstoß gegen  │   ┌─────────────────────────┐
│    Richtlinie     │   │ Arbeitnehmer erhebt     │
│    nach § 95      │──▶│ Kündigungsschutzklage,  │
│    BetrVG         │   │ Frist: 3 Wochen ab      │
│ 3. Weiterbeschäf- │   │ Zugang der Kündigung    │
│    tigung möglich │   └─────────────────────────┘
│ 4. Umschulung usw.│
│    zumutbar       │
│ 5. Vertragsände-  │
│    rung möglich   │
└───────────────────┘
```

1476

Kündigungsschutz

Übersicht: Rechte des Betriebsrats bei Kündigung (§ 102 BetrVG)

- Der Betriebsrat hat Anspruch auf ordnungsgemäße und vollständige Unterrichtung über die beabsichtigte Kündigung (**Anhörung**, § 102 Abs. 1 BetrVG).
- Eine ohne ordnungsgemäße Anhörung des Betriebsrat ausgesprochene Kündigung ist unwirksam (§ 102 Abs. 1 Satz 3 BetrVG).
- Der Betriebsrat kann gegen eine vom Arbeitgeber beabsichtigte ordentliche Kündigung **Bedenken** und **Widerspruch** erheben (§ 102 Abs. 2 und 3 BetrVG; Frist: eine Woche); nur ein Widerspruch löst den Weiterbeschäftigungs- und Vergütungsanspruch des Arbeitnehmers gemäß § 102 Abs. 5 BetrVG aus.
- Der Betriebsrat kann gegen eine beabsichtigte außerordentliche Kündigung **Bedenken** erheben (§ 102 Abs. 2 Satz 3 BetrVG; Frist: unverzüglich, spätestens innerhalb von drei Tagen). Es kann aber auch der Begriff Widerspruch verwendet werden (= eine qualifizierte Form von Bedenken; vgl. BAG v. 4. 2. 1993 – 2 AZR 469/92, EzA § 626 nF BGB Nr. 144; Fitting, BetrVG, 27. Aufl., § 102 Rn. 72). Ein Weiterbeschäftigungs- und Vergütungsanspruch des Arbeitnehmers gemäß § 102 Abs. 5 BetrVG entsteht dadurch aber nicht, weil diese Bestimmung nur im Falle einer ordentlichen Kündigung zur Anwendung kommt.[1]
- Zur sog. außerordentlichen Kündigung mit Auslauffrist siehe Fußnote 1.
- Schweigen gilt im Falle einer beabsichtigten ordentlichen Kündigung als Zustimmung (§ 102 Abs. 2 Satz 2 BetrVG).
- Der **Widerspruch** gegen eine beabsichtigte ordentliche Kündigung muss fristgerecht (eine Woche), schriftlich und mit Angabe von Gründen erfolgen. Der Widerspruch muss auf einen der in § 102 Abs. 3 BetrVG genannten Gründe gestützt und konkret begründet werden (eine bloße Wiederholung des Gesetzestextes des § 102 Abs. 3 BetrVG reicht nicht aus).
- Ein ordnungsgemäßer Widerspruch des Betriebsrats gegen eine beabsichtigte ordentliche Kündigung löst gemäß § 102 Abs. 5 Satz 1 BetrVG einen **Weiterbeschäftigungs- und Vergütungsanspruch** des Arbeitnehmers aus, wenn dieser fristgemäß Kündigungsschutzklage erhebt und ausdrücklich seine Weiterbeschäftigung über den Ablauf der Kündigungsfrist hinaus bis zum rechtskräftigen Abschluss des Rechtsstreits verlangt (siehe **Musterschreiben** »Weiterbeschäftigungsverlangen des gekündigten Arbeitnehmers nach § 102 Abs. 5 BetrVG«). Wenn der Arbeitgeber von der Weiterbeschäftigungspflicht nicht nach § 102 Abs. 5 Satz 2 BetrVG vom Arbeitsgericht entbunden wurde, steht dem Arbeitnehmer – auch wenn er tatsächlich nicht weiterbeschäftigt wird – ein Anspruch auf Zahlung des Arbeitsentgelts bis zum rechtskräftigen Abschluss des Kündigungsschutzprozesses zu. Das gilt auch dann, wenn er den Kündigungsschutzprozess verliert!

---

1 Eine außerordentliche Kündigung mit Auslauffrist gegenüber einem tariflich unkündbaren Arbeitnehmer steht hinsichtlich der Betriebsratsbeteiligung einer ordentlichen Kündigung gleich (BAG v. 12. 1. 2006 – 2 AZR 242/05, ZTR 2006, 338; 5. 2. 1998 – 2 AZR 227/97, NZA 1998, 771). Der Betriebsrat kann also gegen eine solche Kündigung innerhalb einer Woche mit einem der in § 102 Abs. 3 BetrVG genannten Gründe Widerspruch erheben. Handelt es sich um eine betriebsbedingte außerordentliche Kündigung, findet auch § 1 Abs. 3 KSchG (soziale Auswahl) Anwendung (BAG v. 5. 2. 1998 – 2 AZR 227/97, a. a. O.).

Kündigungsschutz

Übersicht: Weiterbeschäftigung und Weitervergütung nach Widerspruch des Betriebsrats gegen ordentliche Kündigung (§ 102 Abs. 5 BetrVG)[2]

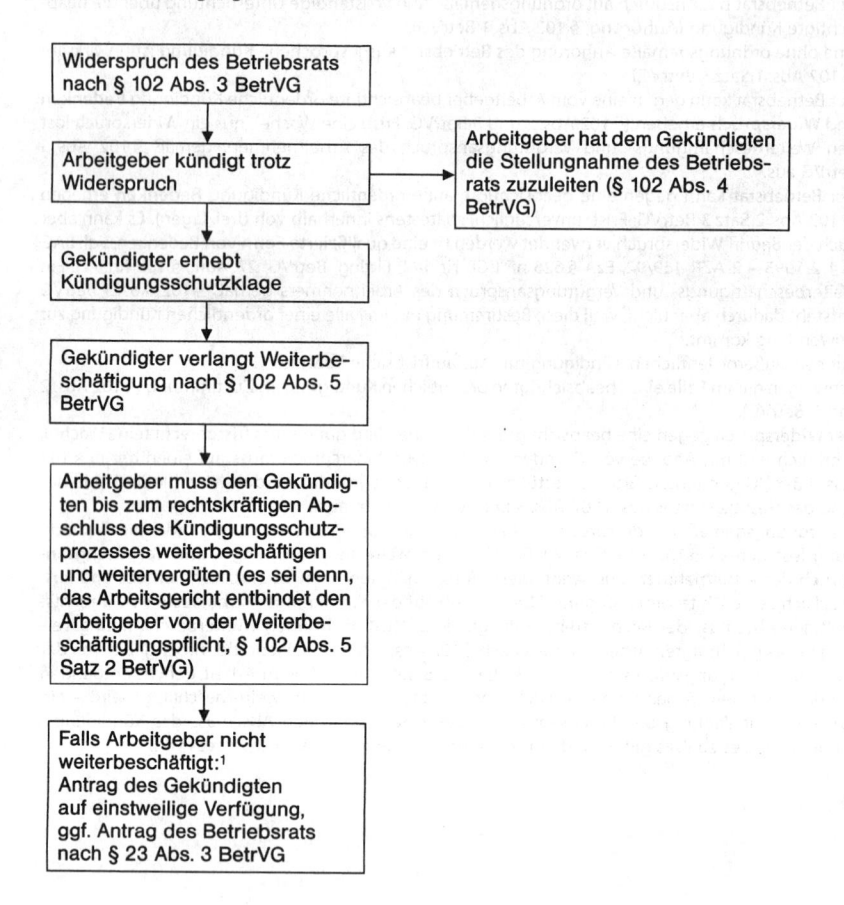

```
┌─────────────────────────────┐
│ Widerspruch des Betriebsrats│
│ nach § 102 Abs. 3 BetrVG    │
└──────────────┬──────────────┘
               ▼
┌─────────────────────────────┐      ┌──────────────────────────────────┐
│ Arbeitgeber kündigt trotz   │─────▶│ Arbeitgeber hat dem Gekündigten  │
│ Widerspruch                 │      │ die Stellungnahme des Betriebs-  │
└──────────────┬──────────────┘      │ rats zuzuleiten (§ 102 Abs. 4    │
               ▼                     │ BetrVG)                          │
┌─────────────────────────────┐      └──────────────────────────────────┘
│ Gekündigter erhebt          │
│ Kündigungsschutzklage       │
└──────────────┬──────────────┘
               ▼
┌─────────────────────────────┐
│ Gekündigter verlangt Weiter-│
│ beschäftigung nach § 102    │
│ Abs. 5 BetrVG               │
└──────────────┬──────────────┘
               ▼
┌─────────────────────────────┐
│ Arbeitgeber muss den Gekün- │
│ digten bis zum rechtskräfti-│
│ gen Abschluss des Kündi-    │
│ gungsschutzprozesses weiter-│
│ beschäftigen und weiterver- │
│ güten (es sei denn, das Ar- │
│ beitsgericht entbindet den  │
│ Arbeitgeber von der Weiter- │
│ beschäftigungspflicht, § 102│
│ Abs. 5 Satz 2 BetrVG)       │
└──────────────┬──────────────┘
               ▼
┌─────────────────────────────┐
│ Falls Arbeitgeber nicht     │
│ weiterbeschäftigt:[1]       │
│ Antrag des Gekündigten      │
│ auf einstweilige Verfügung, │
│ ggf. Antrag des Betriebsrats│
│ nach § 23 Abs. 3 BetrVG     │
└─────────────────────────────┘
```

---

[2] Hinweis: Wenn der Arbeitgeber von der Weiterbeschäftigungspflicht nicht nach § 102 Abs. 5 Satz 2 BetrVG vom Arbeitsgericht entbunden wurde, steht dem Arbeitnehmer – auch wenn er tatsächlich nicht weiterbeschäftigt wird – ein Anspruch auf Zahlung des Arbeitsentgelts bis zum rechtskräftigen Abschluss des Kündigungsschutzprozesses zu. Das gilt auch dann, wenn er den Kündigungsschutzprozess verliert!

Rechtsprechung

1. Geltungsbereich des KSchG – Kleinbetriebsklausel (§ 23 Abs. 1 KSchG)
2. Wartezeit (§ 1 Abs. 1 KSchG)
3. Sozial ungerechtfertigte Kündigungen (§ 1 KSchG) – Zeitpunkt der Beurteilung der sozialen Rechtfertigung einer Kündigung
4. Soziale Rechtfertigung einer Änderungskündigung
5. Soziale Rechtfertigung einer betriebsbedingten Kündigung
6. Soziale Rechtfertigung einer personenbedingten Kündigung
7. Soziale Rechtfertigung einer verhaltensbedingten Kündigung
8. Verhältnismäßigkeitsgrundsatz – Beschäftigung auf einem anderen freien Arbeitsplatz – Betriebliches Eingliederungsmanagement (BEM)
9. Anspruch auf Abfindung nach § 1 a KSchG
10. Kündigungsschutzklage – Klagefrist (§ 4 KSchG) – Beginn der Klagefrist mit Zugang der Kündigung – Nachträgliche Zulassung (§ 5 KSchG)
11. Verlängerte Anrufungsfrist (§ 6 KSchG) – Hinweispflicht des Arbeitsgerichts
12. Konzernweiter Kündigungsschutz?
13. Kündigungsschutzklage und allgemeine Feststellungsklage nach § 256 ZPO
14. Kündigungsschutzklage: Allgemeiner Weiterbeschäftigungsanspruch – Weiterbeschäftigungsantrag
15. Kündigungsschutzklage: Weiterbeschäftigungs- und Weitervergütungsanspruch nach § 102 Abs. 5 BetrVG
16. Kündigungsschutzprozess: Wiederholungskündigung, Trotzkündigung
17. Druckkündigung
18. Sittenwidrige Kündigung
19. Kündigungsschutz für leitende Angestellte
20. Kündigungsschutz für Mitglied des Vertretungsorgans einer juristischen Person
21. Kündigungsschutzprozess: Auflösung des Arbeitsverhältnisses durch Urteil (§§ 9, 10 KSchG) – Abfindung
22. Fälligkeit von Ansprüchen für die Zeit nach der streitigen Beendigung des Arbeitsverhältnisses
23. Anrechnung von Verdienst auf die Vergütung nach gewonnenem Kündigungsprozess
24. Arbeitsaufforderung durch Arbeitgeber nach gewonnenem Kündigungsschutzprozess – Sonderkündigungsrecht des Arbeitnehmers (§ 12 KSchG)
25. Kündigungsschutzklage: Zuständigkeit des Arbeitsgerichts
26. Kündigungsschutzklage: Rubrumsberichtigung aufgrund Auslegung der Klage (falsche Bezeichnung des Beklagten)
27. Kündigungsschutzprozess: Weitere Einzelfragen
28. Streitwert
29. Kündigungsschutz für Mitglieder des Betriebsrats, der JAV, des Wahlvorstands sowie für Wahlbewerber, Auszubildende, Wehr- und Zivildienstleistende, Schwangere und Mütter, Arbeitnehmer in Elternzeit, schwerbehinderte Menschen und Gleichgestellte
30. Kündigungsschutz im Kleinbetrieb
31. Klagefrist bei außerordentlicher Kündigung eines Berufsausbildungsverhältnisses
32. Kündigungsschutz eines kirchlichen Arbeitnehmers – Selbstbestimmungsrecht der Kirche – Berücksichtigung von Grundrechten
33. Geltendmachung des Urlaubs- und Urlaubsabgeltungsanspruchs durch Kündigungsschutzklage?
34. Kündigung im Insolvenzverfahren

Kündigungsschutz

35. Anzeigepflichtige Massenentlassung (§ 17 KSchG)
36. Wiedereinstellungsanspruch nach betriebsbedingter Kündigung
37. Wiedereinstellungsanspruch nach krankheitsbedingter Kündigung
38. Wiedereinstellungsanspruch nach verhaltensbedingter Kündigung
39. Verjährung von Annahmeverzugslohnansprüchen während Kündigungsschutzprozess

Rechtsprechung – Kündigung – Widerspruch des Betriebsrats, Weiterbeschäftigungs- und Vergütungsanspruch

1. Widerspruchsgründe (§ 102 Abs. 3 BetrVG) – Ordnungsgemäßer Widerspruch als Voraussetzung des Weiterbeschäftigungs- und Vergütungsanspruchs des Arbeitnehmers nach § 102 Abs. 5 BetrVG
2. Weiterbeschäftigungs- und Vergütungsanspruch des Arbeitnehmers nach § 102 Abs. 5 BetrVG bis zur rechtskräftigen Abweisung der Kündigungsschutzklage
3. Zeitpunkt des Weiterbeschäftigungsverlangens des Arbeitnehmers
4. Durchsetzung des Weiterbeschäftigungsanspruchs – Einstweilige Verfügung
5. Keine einseitige »Freistellung« – Antrag des Arbeitgebers auf Entbindung von der Weiterbeschäftigungspflicht durch einstweilige Verfügung (§ 102 Abs. 5 Satz 2 BetrVG)
6. Annahmeverzug bei Widerspruch des Betriebsrats und Ablehnung des Weiterbeschäftigungsverlangens nach § 102 Abs. 5 BetrVG: Vergütungsansprüche des Arbeitnehmers
7. Wertausgleich gemäß § 812 Abs. 1 Satz 1, § 818 Abs. 2 BGB bei Weiterbeschäftigungsverhältnis außerhalb des § 102 Abs. 5 BetrVG
8. Annahmeverzug bei Abweisung des allgemeinen Weiterbeschäftigungsantrags außerhalb des § 102 Abs. 5 BetrVG
9. Erweiterung der Rechte des Betriebsrats nach § 102 Abs. 6 BetrVG

Kündigungsschutz (besonderer)

Grundlagen

Eine Kündigung ist nicht nur dann unwirksam, wenn sie sozial ungerechtfertigt ist im Sinne des § 1 KSchG (siehe → **Kündigungsschutz**).
Der Arbeitnehmer kann auch **sonstige Unwirksamkeitsgründe** geltend machen.

Beispiele:
- Nichteinhaltung der nach § 623 BGB vorgeschriebenen Schriftform (siehe → **Kündigung** Rn. 4).
- Der Arbeitnehmer weist die von einem Vertreter des Arbeitgebers ohne Vorlage einer Vollmacht ausgesprochene Kündigung mit Hinweis auf die fehlende Vollmacht unverzüglich nach § 174 BGB zurück (BAG v. 11. 3. 1999 – 2 AZR 427/98, NZA 1999, 818).
- Fehlende oder fehlerhafte Anhörung des Betriebsrats (siehe → **Kündigung**).
- Verstoß gegen das Maßregelungsverbot des § 612 a BGB (LAG Schleswig-Holstein v. 28. 6. 2005 – 5 Sa 64/05, AiB 2006, 61).
- Verstoß gegen § 613 a Abs. 4 BGB (keine Kündigung »wegen« des Betriebsübergangs; siehe → **Betriebsübergang**).
- Verstoß gegen Treu und Glauben (z. B. rechtsmissbräuchliche Kündigung in der Probezeit wegen Homosexualität; vgl. BAG v. 23. 6. 1994 – 2 AZR 617/93, AiB 1995, 189).
- Verstoß gegen ein Diskriminierungsverbot (z. B. unzulässige Kündigung einer transsexuellen Person aus einem mit der Geschlechtsumwandlung zusammenhängenden Grund; vgl. EuGH v. 30. 4. 1996 – C–13/94, NZA 1996, 695).
- Außerachtlassen verfassungsrechtlich gebotener Mindestanforderungen bei einer Kündigung in einem Kleinbetrieb mit bis zu fünf bzw. zehn Arbeitnehmern (siehe → **Kündigungsschutz vor Erfüllung der Wartezeit und im Kleinbetrieb**).

Für bestimmte Personen besteht darüber hinaus ein **besonderer gesetzlicher bzw. tariflicher Kündigungsschutz** (siehe Rn. 9 ff.).

Klagefrist (§ 4 KSchG)

Zu beachten ist in jedem Fall, dass Unwirksamkeitsgründe und der – nachfolgend beschriebene – besondere Kündigungsschutz nach der Neufassung des § 4 Satz 1 KSchG nur dann erfolgreich geltend gemacht werden können, wenn innerhalb einer Frist von **drei Wochen** nach Zugang der schriftlichen Kündigung **Kündigungsschutzklage** beim Arbeitsgericht eingereicht wird (§ 4 Satz 1 KSchG).

Es gibt einen **Ausnahmefall**: ist eine Kündigung unwirksam, weil die **Schriftform** nach § 623 BGB nicht gewahrt ist, kann dieser Mangel auch noch zu einem späteren Zeitpunkt – außerhalb der drei-wöchigen Klagefrist – geltend gemacht werden (BAG v. 28. 6. 2007 – 6 AZR 873/06, NZA 2007, 972).

Denn nach § 4 Satz 1 KSchG wird die Klagefrist nur durch eine schriftliche Kündigung ausgelöst (»... nach Zugang der schriftlichen Kündigung ...«).

Kündigungsschutz (besonderer)

Allerdings sollte der Gekündigte nicht allzu lange Zeit verstreichen lassen, weil das Klagerecht unter Umständen »verwirken« kann (siehe → **Verwirkung**).

4   Soweit die Kündigung der **Zustimmung einer Behörde** bedarf (vgl. z. B. § 9 MuSchG [siehe → **Mutterschutz**], § 18 BEEG [siehe → **Elterngeld/Elternzeit**], §§ 85 ff. SGB IX [siehe → **Schwerbehinderte Menschen**]), läuft die Klagefrist erst von der Bekanntgabe der Entscheidung an den Arbeitnehmer, wenn die Zustimmung der Behörde dem Arbeitnehmer erst nach Ausspruch der Kündigung zugeht (§ 4 Satz 4 KSchG; vgl. BAG v. 3. 7. 2003 – 2 AZR 487/02, AiB 2004, 698).

4a Der gesetzliche Unwirksamkeitsgrund des § 9 Abs. 1 MuSchG ist allerdings dann innerhalb der dreiwöchigen Klagefrist des § 4 Satz 1 KSchG vor dem Arbeitsgericht geltend zu machen, wenn der Arbeitgeber zum Zeitpunkt des Zugangs der Kündigung **keine Kenntnis** von den den Sonderkündigungsschutz begründenden Tatsachen hat.
Dem Ablauf der Klagefrist steht nach Ansicht des BAG § 4 Satz 4 KSchG in diesem Fall nicht entgegen (BAG v. 19. 2. 2009 – 2 AZR 286/07, NZA 2009, 980).
Die Kündigung einer schwangeren Arbeitnehmerin ist nach § 9 Abs. 1 Satz 1 MuSchG nämlich ohne behördliche Zustimmung zulässig, wenn dem Arbeitgeber die Schwangerschaft zum Zeitpunkt der Kündigung nicht bekannt war und sie ihm auch nicht später oder von der Arbeitnehmerin verschuldet verspätet nach Kündigungszugang mitgeteilt worden ist.
Um den Sonderkündigungsschutz zu erlangen, muss die Arbeitnehmerin den Arbeitgeber also von der Schwangerschaft **in Kenntnis gesetzt** haben.
Andernfalls sind die Voraussetzungen des Sonderkündigungsschutzes nach § 9 Abs. 1 MuSchG und damit die Notwendigkeit einer behördlichen Zustimmung zum Zeitpunkt des Zugangs der Kündigung nicht gegeben.
Die Klagefrist nach § 4 Satz 1 KSchG wird deshalb in einem solchen Falle bereits mit dem **Zugang** der Kündigung bei der Arbeitnehmerin in Gang gesetzt.
Erlangt der Arbeitgeber erst **nach** Zugang der Kündigung Kenntnis von der Schwangerschaft der Arbeitnehmerin, ist § 4 Satz 4 KSchG nicht (mehr) anwendbar (BAG v. 19. 2. 2009 – 2 AZR 286/07, a. a. O.).

5   Wird die Entscheidung der Behörde dem Arbeitnehmer **vor** Ausspruch der Kündigung bekannt gegeben, beginnt die dreiwöchige Klagefrist mit **Zugang** der schriftlichen Kündigung (vgl. Kittner/Däubler/Zwanziger, KSchR, 9. Aufl., § 4 KSchG Rn. 14, 19).

Nachträgliche Zulassung einer verspäteten Klage (§ 5 KSchG)

6   Unter den Voraussetzungen des § 5 KSchG kann bei Fristversäumung ein Antrag auf **nachträgliche Zulassung** der Klage beim Arbeitsgericht gestellt werden (siehe → **Kündigungsschutz** Rn. 32 ff.).
Das gilt auch, wenn eine Frau von ihrer **Schwangerschaft** aus einem von ihr nicht zu vertretenden Grund erst nach Ablauf der Frist des § 4 Satz 1 KSchG Kenntnis erlangt hat (siehe → **Mutterschutz**).

Verlängerte Anrufungsfrist (§ 6 KSchG)

7   Wurde die Klage rechtzeitig erhoben, kann sich der Arbeitnehmer bis zum Schluss der letzten mündlichen Verhandlung vor dem Arbeitsgericht auch auf **andere**, nicht innerhalb der Drei-Wochenfrist geltend gemachte Unwirksamkeitsgründe berufen (§ 6 KSchG; sog. »**verlängerte Anrufungsfrist**«).

Kündigungsschutz (besonderer)

Folgen der Fristversäumung (§ 7 KSchG)

Wird die Rechtsunwirksamkeit einer Kündigung nicht rechtzeitig geltend gemacht, so gilt die Kündigung als **von Anfang an rechtswirksam** (§ 7 KSchG).   8

Mitglieder des Betriebsrats, der Jugend- und Auszubildendenvertretung und der Schwerbehindertenvertretung (§ 15 Abs. 1 Satz 1 KSchG, § 96 Abs. 3 SGB IX)

Die Kündigung eines Mitglieds   9
- des → **Betriebsrats**,
- der → **Jugend- und Auszubildendenvertretung**,
- der → **Schwerbehindertenvertretung** (§ 96 Abs. 3 SGB IX),
- der Bordvertretung oder des Seebetriebsrats

ist unzulässig, es sei denn, es liegen die Voraussetzungen einer **außerordentlichen Kündigung** aus wichtigem Grund (§ 626 BGB; § 22 BBiG) und die nach § 103 BetrVG erforderliche **Zustimmung** des Betriebsrats (bzw. zustimmungsersetzender Beschluss des → Arbeitsgerichts; siehe → **Außerordentliche Kündigung**) vor (§ 15 Abs. 1 Satz 1 KSchG). Zum Kündigungsschutz von Ersatzmitgliedern siehe → **Ersatzmitglieder des Betriebsrats** Rn. 11.

Eine → **außerordentliche Kündigung** kommt nur dann in Betracht, wenn derart schwerwiegende Gründe vorliegen, dass dem Kündigenden eine Fortsetzung des Arbeitsverhältnisses noch nicht einmal bis zum Ablauf der Kündigungsfrist **zugemutet** werden kann (§ 626 Abs. 1 BGB).   10

Dabei stellt das BAG bei der Zumutbarkeitsprüfung auf die → **Kündigungsfrist** ab, die ohne den besonderen Kündigungsschutz nach § 15 Abs. 1 KSchG gelten würde (BAG v. 18. 2. 1993 – 2 AZR 526/92, AiB 1994, 190).

Zu den möglichen **Kündigungsgründen** siehe → **Außerordentliche Kündigung**.

Häufige Krankheit ist beispielsweise kein Grund, der eine außerordentliche Kündigung eines Betriebsratsmitglieds rechtfertigen kann (BAG v. 18. 2. 1993 – 2 AZR 526/92, a. a. O.).

Gilt für ein Mitglied des Betriebsrats oder eine andere durch § 15 KSchG geschützte Person zusätzlich auch ein besonderer **tariflicher Kündigungsschutz**, kommen insoweit die Grundsätze der sog. außerordentlichen Kündigung mit Auslauffrist zur Anwendung (siehe Rn. 58 und → **Außerordentliche Kündigung** Rn. 8 ff.).

Eine außerordentliche Kündigung kann nur innerhalb einer **Ausschlussfrist** von **zwei Wochen** nach dem Tage, an dem der zur Kündigung Berechtigte (= Arbeitgeber oder eine andere zur Kündigung berechtigte Person) von dem Kündigungsgrund Kenntnis erlangt, ausgesprochen werden (§ 626 Abs. 2 BGB, § 22 Abs. 4 BBiG).   11

Wird diese Ausschlussfrist versäumt, ist eine außerordentliche Kündigung nicht mehr möglich.

> **Beachten:**
> Nach Ansicht des BAG kommt die Ausschlussfrist des § 626 Abs. 2 BGB im Falle einer außerordentlichen Kündigung mit Auslauffrist gegenüber einem tariflich unkündbaren Arbeitnehmer nicht zur Anwendung, weil der Kündigungsgrund (z. B. Wegfall der Beschäftigungsmöglichkeit) einen **Dauertatbestand** darstellt (BAG v. 5. 2. 1998 – 2 AZR 227/97, NZA 1998, 771; 12.01.2006 – 2 AZR 242/05, ZTR 2006, 338).

Eine außerordentliche Kündigung bedarf außerdem der **Zustimmung des Betriebsrats** nach § 103 BetrVG (siehe → **Außerordentliche Kündigung** Rn. 30).   12

Verweigert der Betriebsrat seine Zustimmung, so kann das → **Arbeitsgericht** sie auf Antrag des Arbeitgebers ersetzen.

Kündigungsschutz (besonderer)

13 Der Arbeitgeber muss die Zustimmung des Betriebsrats so rechtzeitig beantragen, dass er bei Nichterteilung der Zustimmung noch **innerhalb der Zweiwochenfrist** des § 626 Abs. 2 BGB die Ersetzung der Zustimmung beim → **Arbeitsgericht** beantragen kann.
Die Zustimmung des Betriebsrats gilt als **verweigert** (Unterschied zu § 102 Abs. 2 Satz 2 BetrVG beachten!), wenn er sich nicht innerhalb von **drei Tagen** nach Antrag des Arbeitgebers äußert.

14 Eine Kündigung kann erst ausgesprochen werden, wenn der Beschluss über die Ersetzung der vom Betriebsrat verweigerten Zustimmung (§ 103 Abs. 2 BetrVG) **rechtskräftig** bzw. **unanfechtbar** ist.
Eine vor diesem Zeitpunkt erklärte Kündigung ist nicht nur schwebend unwirksam, sondern unheilbar nichtig (BAG v. 9. 7. 1998 – 2 AZR 142/98, DB 1998, 2124).

Nachwirkender Kündigungsschutz (§ 15 Abs. 1 Satz 2 KSchG, § 96 Abs. 3 SGB IX)

15 Nach **Beendigung der Amtszeit** ist die Kündigung eines Mitgliedes
- des → **Betriebsrats** (siehe auch → **Ersatzmitglieder des Betriebsrats**),
- der → **Jugend- und Auszubildendenvertretung**,
- der → **Schwerbehindertenvertretung** (§ 96 Abs. 3 SGB IX) oder
- des Seebetriebsrats

innerhalb eines Jahres (die Kündigung eines Mitglieds der Bordvertretung innerhalb von sechs Monaten), jeweils vom Zeitpunkt der Beendigung der Amtszeit an gerechnet, unzulässig, es sei denn, es liegen die Voraussetzungen einer → **außerordentlichen Kündigung** aus wichtigem Grund (§ 626 BGB; § 22 BBiG) vor (§ 15 Abs. 1 Satz 2 KSchG).
Eine **Zustimmung** des Betriebsrats nach § 103 BetrVG bzw. ein zustimmungsersetzender Beschluss des → **Arbeitsgerichts** ist in diesem Falle **nicht erforderlich**.

16 Zum nachwirkenden Kündigungsschutz von Ersatzmitgliedern siehe → **Ersatzmitglieder des Betriebsrats** Rn. 11.

17 Der nachwirkende Kündigungsschutz gilt nicht, wenn die Beendigung der Mitgliedschaft in einem der genannten Gremien auf einer **gerichtlichen Entscheidung** (z. B. nach § 23 Abs. 1 BetrVG) beruht (§ 15 Abs. 1 Satz 2 zweiter Halbsatz KSchG).

Mitglieder eines Wahlvorstandes und Wahlbewerber (§ 15 Abs. 3 Satz 1 KSchG)

18 Bis zur Bekanntgabe des **Wahlergebnisses** ist die Kündigung eines Mitglieds eines **Wahlvorstands** vom Zeitpunkt seiner Bestellung an und eines **Wahlbewerbers** vom Zeitpunkt der Aufstellung des Wahlvorschlags an unzulässig, es sei denn, es liegen
- die Voraussetzungen einer → **außerordentlichen Kündigung** aus wichtigem Grund (§ 626 BGB; § 22 BBiG) und
- die nach § 103 BetrVG erforderliche **Zustimmung** des Betriebsrats (bzw. eine gerichtliche Zustimmungsersetzung; siehe Rn. 12 ff. und → **Außerordentliche Kündigung** Rn. 29 ff.)

vor (§ 15 Abs. 3 Satz 1 KSchG).
Besteht in dem Betrieb **noch kein Betriebsrat,** muss der Arbeitgeber, bevor er eine außerordentliche Kündigung wirksam aussprechen kann, in entsprechender Anwendung des § 103 Abs. 2 BetrVG ein **Zustimmungsverfahren beim Arbeitsgericht** erfolgreich durchgeführt haben (BAG v. 31. 7. 2014 – 2 AZR 505/13; 12. 8. 1976 – 2 AZR 303/75; 30. 5. 1978 – 2 AZR 637/76; vgl. auch Fitting, BetrVG, 27. Aufl., § 103 Rn. 11).

19 § 15 Abs. 3 Satz 1 KSchG gilt auch für Ersatzmitglieder, weil diese stets auch Wahlbewerber sind (siehe → **Ersatzmitglieder des Betriebsrats** Rn. 11).

20 Der besondere Kündigungsschutz eines Wahlbewerbers setzt voraus, dass **Wählbarkeit** bestanden hat (BAG v. 26. 9. 1996 – 2 AZR 528/95, NZA 1997, 666).

Kündigungsschutz (besonderer)

Arbeitnehmer, die für das Amt des Wahlvorstands zur Vornahme einer Betriebsratswahl kandidieren oder vorgeschlagen werden, sind nach Ansicht des BAG keine Wahlbewerber im gesetzlichen Sinne (BAG v. 31. 7. 2014 – 2 AZR 505/13). Das ergebe die Auslegung der einschlägigen Vorschriften. 20a

Nachwirkender Kündigungsschutz (§ 15 Abs. 3 Satz 2 KSchG)

Eine Kündigung eines Mitglieds des Wahlvorstands oder eines Wahlbewerbers ist innerhalb von **sechs Monaten** nach Bekanntgabe des **Wahlergebnisses** unzulässig, es sei denn, es liegen die Voraussetzungen einer → **außerordentlichen Kündigung** aus wichtigem Grund (§ 626 BGB; § 22 BBiG) vor (§ 15 Abs. 3 Satz 2 KSchG). 21
Zum nachwirkenden Kündigungsschutz von Ersatzmitgliedern siehe → **Ersatzmitglieder des Betriebsrats** Rn. 11.
Der nachwirkende Kündigungsschutz gilt nicht für Mitglieder des Wahlvorstands, wenn dieser durch gerichtliche Entscheidung nach § 18 Abs. 1 BetrVG durch einen anderen Wahlvorstand ersetzt worden ist (§ 15 Abs. 3 Satz 2 zweiter Halbsatz KSchG). 21a

Arbeitnehmer, die eine Betriebsratswahl eingeleitet haben (§ 15 Abs. 3 a Satz 1 KSchG)

Die Kündigung eines Arbeitnehmers, der 22
- zu einer Betriebs-, Wahl- oder Bordversammlung nach § 17 Abs. 3, § 17 a Nr. 3 Satz 2, § 115 Abs. 2 Nr. 8 Satz 1 BetrVG **einlädt** oder
- die Bestellung eines Wahlvorstands nach § 16 Abs. 2 Satz 1, § 17 Abs. 4, § 17 a Nr. 4, § 63 Abs. 3, § 115 Abs. 2 Nr. 8 Satz 2 oder § 116 Abs. 2 Nr. 7 Satz 5 BetrVG **beantragt**,

ist vom Zeitpunkt der Einladung oder Antragstellung an bis zur Bekanntgabe des **Wahlergebnisses** unzulässig, es sei denn, es liegen die Voraussetzungen einer → **außerordentlichen Kündigung** aus wichtigem Grund (§ 626 BGB; § 15 BBiG) vor (§ 15 Abs. 3 a Satz 1 KSchG).
Der Kündigungsschutz gilt für die **ersten drei** in der Einladung oder Antragstellung aufgeführten Arbeitnehmer (§ 15 Abs. 3 a Satz 1 zweiter Halbsatz KSchG). 23
Wird ein Betriebsrat (eine Jugend- und Auszubildendenvertretung, eine Bordvertretung oder ein Seebetriebsrat) nicht gewählt, besteht der Kündigungsschutz vom Zeitpunkt der Einladung oder Antragstellung an **drei Monate** (§ 15 Abs. 3 a Satz 2 KSchG). 24

Stilllegung eines Betriebs (§ 15 Abs. 4 KSchG)

Wird der Betrieb stillgelegt, so ist die Kündigung der in § 15 Abs. 1 bis 3 KSchG genannten Personen **frühestens zum Zeitpunkt der Stilllegung** zulässig, es sei denn, dass aus zwingenden betrieblichen Erfordernissen zu einem früheren Zeitpunkt gekündigt werden muss (§ 15 Abs. 4 KSchG). 25
§ 15 Abs. 4 KSchG kommt nach Ansicht des BAG auch zur Anwendung, wenn im Fall eines Betriebsübergangs ein Betriebsratsmitglied dem Übergang des Arbeitsverhältnisses widerspricht und eine Weiterbeschäftigung beim bisherigen Betriebsinhaber unmöglich ist (BAG v. 25. 5. 2000 – 8 AZR 416/99, NZA 2000, 1115; siehe → **Betriebsübergang** Rn. 51). 26
Die Kündigung wegen Betriebsstilllegung ist über den Wortlaut des § 15 Abs. 4 KSchG hinaus nur gerechtfertigt, wenn auch keine Weiterbeschäftigungsmöglichkeit in einem **anderen Betrieb** des → **Unternehmens** besteht (BAG v. 13. 8. 1992 – 2 AZR 22/92, AiB 1993, 325). 27
Der Betriebsrat ist vor Ausspruch der Kündigung nach § 102 BetrVG **anzuhören** (siehe → **Kündigung**). 28
Eine Zustimmung des Betriebsrats nach § 103 BetrVG bzw. ein zustimmungsersetzender Be-

Kündigungsschutz (besonderer)

schluss des → **Arbeitsgerichts** ist nicht erforderlich, weil es sich um keine außerordentliche Kündigung handelt (BAG v. 20.1.1984 – 7 AZR 443/82, NZA 1984, 38).

28a Zur sog. **außerordentlichen Kündigung mit Auslauffrist** gegenüber einem tariflich unkündbaren Arbeitnehmer siehe Rn. 58 und → **Außerordentliche Kündigung** Rn. 8 ff.

Stilllegung einer Betriebsabteilung (§ 15 Abs. 5 KSchG)

29 Wird eine der in den § 15 Abs. 1 bis 3 KSchG genannten Personen in einer Betriebsabteilung beschäftigt, die stillgelegt wird, so ist sie **in eine andere Betriebsabteilung zu übernehmen** (§ 15 Abs. 5 Satz 1 KSchG).

Der Arbeitgeber ist verpflichtet, die Übernahme in eine andere Betriebsabteilung notfalls durch **Freikündigen** eines geeigneten Arbeitsplatzes sicherzustellen (BAG v. 18.10.2000 – 2 AZR 494/99, NZA 2001, 321 = DB 2001, 1729).

30 Ist die Übernahme in eine andere Betriebsabteilung aus betrieblichen Gründen **nicht möglich**, so findet auf ihre Kündigung die Vorschrift des § 15 Abs. 4 KSchG über die Kündigung bei Stilllegung des Betriebs sinngemäß Anwendung (§ 15 Abs. 5 Satz 2 KSchG).

Das heißt: die Kündigung ist frühestens **zum Zeitpunkt der Stilllegung** zulässig, es sei denn, dass zwingende betriebliche Erfordernisse die Kündigung zu einem früheren Zeitpunkt notwendig machen (§ 15 Abs. 4 KSchG).

Neues Arbeitsverhältnis; Auflösung des alten Arbeitsverhältnisses (§ 16 KSchG)

31 Stellt das Gericht die Unwirksamkeit der Kündigung einer der in § 15 Abs. 1 bis 3 a KSchG genannten Personen (siehe Rn. 9 bis 24) fest, so kann diese Person, falls sie inzwischen ein neues Arbeitsverhältnis eingegangen ist, binnen **einer Woche** nach Rechtskraft des Urteils durch Erklärung gegenüber dem alten Arbeitgeber die Weiterbeschäftigung bei diesem verweigern.

Im Übrigen finden §§ 11, 12 Satz 2 bis 4 KSchG entsprechende Anwendung (siehe → **Kündigungsschutz** Rn. 43 ff.).

Kündigungsschutz nach § 78 BetrVG

32 Arbeitnehmer, die in der besonderen Schutzvorschrift des § 78 BetrVG (siehe → **Behinderung der Betriebsratsarbeit**) genannt, aber von den Kündigungsschutzregelungen des § 15 KSchG und § 103 BetrVG nicht erfasst werden (z. B. Mitglieder der → **Einigungsstelle**, einer tariflichen Schlichtungsstelle, einer betrieblichen Beschwerdestelle, des → **Wirtschaftsausschusses**), haben einen besonderen Kündigungsschutz, wenn die außerordentliche oder ordentliche Kündigung wegen ihrer **betriebsverfassungsrechtlichen Tätigkeit** ausgesprochen wird.

Hierfür kann – aufgrund der Umstände – eine tatsächliche **Vermutung** sprechen. Die Kündigung ist dann wegen Verstoßes gegen das gesetzliche Verbot des § 78 BetrVG nichtig (§ 134 BGB).

Schwerbehinderte Menschen und Gleichgestellte

33 Schwerbehinderte Menschen und Gleichgestellte (§§ 2 Abs. 3, 68 Abs. 3 SGB IX) haben nach §§ 85 ff. SGB IX einen besonderen Kündigungsschutz (siehe → **Schwerbehinderte Menschen** Rn. 74 ff.).

34 Vertrauenspersonen der schwerbehinderten Menschen (siehe → **Schwerbehindertenvertretung**) haben nach § 96 Abs. 3 SGB IX den **gleichen Kündigungsschutz** wie Betriebsratsmitglieder.

Kündigungsschutz (besonderer)

Das heißt: Für sie gelten sowohl die §§ 15, 16 KSchG (siehe Rn. 9 ff.) als auch § 103 BetrVG (siehe Rn. 12 ff. und → **Außerordentliche Kündigung** Rn. 30).
Dieser Kündigungsschutz gilt nach richtiger Ansicht auch für Mitglieder des **Wahlvorstands**, der die Wahl zur Schwerbehindertenvertretung organisiert, und für **Wahlbewerber**. 35

In Heimarbeit Beschäftigte, die Mitglied des Betriebsrats oder eines anderen betriebsverfassungsrechtlichen Organs sind

Der Kündigungsschutz richtet sich nach § 29 a Heimarbeitsgesetz: siehe → **Heimarbeit** Rn. 10 ff. 36

Arbeitnehmerinnen während ihrer Schwangerschaft und bis zum Ablauf von vier Monaten nach der Entbindung

Es besteht ein besonderer Kündigungsschutz nach § 9 MuSchG: siehe → **Mutterschutz** Rn. 21 ff. 37

Arbeitnehmer in Elternzeit

Der Kündigungsschutz richtet sich nach § 18 BEEG: siehe → **Elterngeld/Elternzeit** Rn. 71 ff. 38

Arbeitnehmer, die Pflegezeit oder Familienpflegezeit zur Pflege naher Angehöriger in Anspruch nehmen

Der Kündigungsschutz richtet sich nach § 5 PflegeZG (siehe → **Pflegezeit** Rn. 8) bzw. § 2 Abs. 3 FPfZG i. V. m. § 5 PflegeZG (siehe → **Familienpflegezeit** Rn. 27). 38a

Auszubildende

Auszubildende können nur unter den Voraussetzungen des § 22 BBiG gekündigt werden: siehe → **Auszubildende** Rn. 27 ff. 39

Wehrdienstleistende (§ 2 Arbeitsplatzschutzgesetz)

Von der Zustellung des Einberufungsbescheides bis zur Beendigung des Grundwehrdienstes sowie während einer Wehrübung darf der Arbeitgeber das Arbeitsverhältnis nicht kündigen (§ 2 Abs. 1 Arbeitsplatzschutzgesetz). 40

> **Hinweis:**
> Die Wehrpflicht wurde durch Gesetz vom 28.4.2011 (BGBl. I. S. 678) ausgesetzt. Die Regelungen des Arbeitsplatzschutzgesetzes haben aber weiterhin Bedeutung, weil Wehrdienst nach § 54 Wehrpflichtgesetz auf freiwilliger Basis möglich ist und im Spannungs- und Verteidigungsfall ohnehin Wehrpflicht besteht.

Im Übrigen darf der Arbeitgeber das Arbeitsverhältnis nicht aus Anlass des Wehrdienstes kündigen (§ 2 Abs. 1 Satz 1 Arbeitsplatzschutzgesetz). 41
Muss er aus dringenden betrieblichen Erfordernissen (§ 1 Abs. 2 KSchG) Arbeitnehmer entlassen, so darf er bei der Auswahl der zu Entlassenden den Wehrdienst eines Arbeitnehmers nicht zu dessen Ungunsten berücksichtigen.
Ist streitig, ob der Arbeitgeber aus Anlass des Wehrdienstes gekündigt oder bei der Auswahl der

Kündigungsschutz (besonderer)

zu Entlassenden den Wehrdienst zu Ungunsten des Arbeitnehmers berücksichtigt hat, so trifft die Beweislast den Arbeitgeber.

42 Das Recht zur Kündigung aus wichtigem Grunde bleibt unberührt (§ 2 Abs. 3 Satz 1 Arbeitsplatzschutzgesetz).
Die Einberufung des Arbeitnehmers zum Wehrdienst ist kein wichtiger Grund zur Kündigung.

43 Dies gilt im Falle des Grundwehrdienstes von mehr als sechs Monaten nicht für unverheiratete Arbeitnehmer in Betrieben mit in der Regel **fünf oder weniger Arbeitnehmern** ausschließlich der zu ihrer Berufsbildung Beschäftigten, wenn dem Arbeitgeber infolge Einstellung einer Ersatzkraft die Weiterbeschäftigung des Arbeitnehmers nach Entlassung aus dem Wehrdienst nicht zugemutet werden kann (bei der Feststellung der Zahl der beschäftigten Arbeitnehmer sind teilzeitbeschäftigte Arbeitnehmer mit einer regelmäßigen wöchentlichen Arbeitszeit von nicht mehr als 20 Stunden mit 0,5 und nicht mehr als 30 Stunden mit 0,75 zu berücksichtigen). Eine zulässige Kündigung darf jedoch nur unter Einhaltung einer Frist von zwei Monaten für den Zeitpunkt der Entlassung aus dem Wehrdienst ausgesprochen werden.

44 Geht dem Arbeitnehmer nach der Zustellung des Einberufungsbescheids oder während des Wehrdienstes eine Kündigung zu, so beginnt die **Klagefrist** des § 4 Satz 1 KSchG erst **zwei Wochen nach Ende** des Wehrdienstes (§ 2 Abs. 4 Arbeitsplatzschutzgesetz).

45 Der Ausbildende darf die **Übernahme eines Auszubildenden** in ein Arbeitsverhältnis auf unbestimmte Zeit nach Beendigung des Berufsausbildungsverhältnisses nicht aus Anlass des Wehrdienstes ablehnen (§ 2 Abs. 5 Satz 1 Arbeitsplatzschutzgesetz).
Ist streitig, ob der Arbeitgeber eine Übernahme aus Anlass des Wehrdienstes abgelehnt hat, so trifft die Beweislast den Arbeitgeber (§ 2 Abs. 5 Satz 2 Arbeitsplatzschutzgesetz).

Soldaten auf Zeit

46 Der Kündigungsschutz nach § 2 Arbeitsplatzschutzgesetz gilt auch im Falle des Wehrdienstes eines Wehrpflichtigen als Soldat auf Zeit für die zunächst auf sechs Monate festgesetzte Dienstzeit und für die endgültig auf insgesamt nicht mehr als zwei Jahre festgesetzte Dienstzeit (§ 16a Arbeitsplatzschutzgesetz).

47 Soldaten auf Zeit, die an einer **Eignungsübung** teilnehmen, haben einen besonderen Kündigungsschutz nach § 2 Eignungsübungsgesetz (EÜG).

Zivildienstleistende

48 Nach § 78 Zivildienstgesetz (ZDG) ist die Kündigungsschutzregelung des § 2 Arbeitsplatzschutzgesetz (siehe Rn. 40 ff.) für anerkannte Kriegsdienstverweigerer entsprechend anzuwenden.

> **Hinweis:**
> Aus Anlass der Aussetzung der Wehrpflicht (siehe Rn. 40) wurde der Zivildienst abgeschafft und durch den **Bundesfreiwilligendienst** ersetzt (Bundesfreiwilligendienstgesetz – BFDG) vom 28.4.2011 (BGBl. I S. 687). Ein besonderer Kündigungsschutz für Freiwillige besteht nicht. Das Zivildienstgesetz kommt nur noch im Spannungs- und Verteidigungsfall zur Anwendung.

Mitglieder des Bundestages und der Landtage sowie Wahlbewerber

49 Nach § 2 Abs. 3 des Gesetzes über die Rechtsverhältnisse der Mitglieder des Deutschen Bundestages (Abgeordnetengesetz – AbgG) vom 18.2.1977 (neu gefasst durch Bekanntmachung vom 21.2.1996; BGBl. I S. 326) ist eine Kündigung oder Entlassung wegen der Annahme oder Ausübung des Mandats unzulässig.

Kündigungsschutz (besonderer)

Eine Kündigung ist im Übrigen nur aus wichtigem Grund zulässig.
Der Kündigungsschutz beginnt mit der Aufstellung des Bewerbers durch das dafür zuständige Organ der Partei oder mit der Einreichung des Wahlvorschlages.
Er gilt ein Jahr nach Beendigung des Mandats fort (nicht gewählte Wahlbewerber haben keinen nachwirkenden Kündigungsschutz).
Entsprechende Regelungen gelten – nach den **Ländergesetzen** – auch für Wahlbewerber und gewählte Abgeordnete der Landtage (zum Teil wird auch für nicht gewählte Wahlbewerber ein nachwirkender Kündigungsschutz eingeräumt). 50
Für Mandatsträger im Bereich der Gemeinden und Landkreise bestehen nach Ländergesetzen besondere Regelungen zum Schutz vor Benachteiligung oder Kündigung.

Betriebsärzte, Fachkräfte für Arbeitssicherheit

Betriebsärzte (§§ 2 ff. ASiG; vgl. auch BAG v. 24. 3. 1988, DB 1989, 227) oder Fachkräfte für Arbeitssicherheit (§§ 5 ff. ASiG) können nur mit Zustimmung des Betriebsrats bestellt und abberufen werden (§ 9 Abs. 3 ASiG; siehe → **Arbeitsschutz** Rn. 45 a). 51
Die fehlende und auch nicht ersetzte Zustimmung des Betriebsrats zur Abberufung eines **Betriebsarztes** nach § 9 Abs. 3 ASiG führt zumindest dann zur Unwirksamkeit der dem Betriebsarzt ausgesprochenen Beendigungskündigung, wenn diese auf Gründe gestützt wird, die sachlich mit der Tätigkeit als Betriebsarzt im untrennbaren Zusammenhang stehen (BAG v. 24. 3. 1988 – 2 AZR 369/87, AiB 1989, 91 = DB 1989, 227).
Entsprechendes dürfte im Falle einer Abberufung und Kündigung einer **Fachkraft für Arbeitssicherheit** gelten.

Sicherheitsbeauftragte

Sicherheitsbeauftragte (siehe → **Arbeitsschutz** Rn. 46) dürfen nach § 22 Abs. 3 SGB VII »*wegen der Erfüllung der ihnen übertragenen Aufgaben nicht benachteiligt werden*«. Dieses Benachteiligungsverbot dürfte auch einer Kündigung entgegenstehen, die wegen der engagierten Wahrnehmung der Aufgaben ausgesprochen wird. 52

Umweltschutzbeauftragte (siehe Übersicht unter → Umweltschutz im Betrieb)

- Immissionsschutzbeauftragte (§ 58 Abs. 2 BImSchG), 53
- Störfallbeauftragte (§ 58 d BImSchG),
- Betriebsbeauftragte für Abfall (§ 55 Abs. 3 KrW-/AbfG; vgl. hierzu BAG v. 26. 3. 2009 – 2 AZR 633/07, NZA 2011, 166),
- Gewässerschutzbeauftragte (§ 21 f Abs. 2 WHG)

dürfen, falls sie Arbeitnehmer des Betriebs sind, nicht gekündigt werden, es sei denn, dass die Voraussetzungen für eine → **Außerordentliche Kündigung** aus wichtigem Grund nach § 626 BGB vorliegen.
Dieser Kündigungsschutz besteht im Falle der Abberufung auch noch für die Dauer von einem Kalenderjahr nach Abberufung des Betriebsbeauftragten (vgl. z. B. § 58 Abs. 2 Satz 2 BImSchG).
Legt ein zum **Immissionsschutzbeauftragten** bestellter Arbeitnehmer dieses Amt durch einseitige Erklärung nieder, löst das jedenfalls dann nicht den nachwirkenden Kündigungsschutz des § 58 Abs. 2 Satz 2 BImSchG aus, wenn die Amtsniederlegung nicht durch ein Verhalten des Arbeitgebers, etwa durch Kritik an seiner Amtsführung oder Behinderung in der Wahrnehmung seiner Amtspflichten, veranlasst worden, sondern allein von dem Arbeitnehmer selbst ausgegangen ist (BAG v. 22. 7. 1992 – 2 AZR 85/92, NZA 1993, 557). 54

Kündigungsschutz (besonderer)

Nach dem Wortlaut des § 58 Abs. 2 Satz 2 BImSchG setzt der nachwirkende Kündigungsschutz des Immissionsschutzbeauftragten nur »**nach der Abberufung**« ein.
Hier unterscheidet sich die Kündigungsschutzregelung für Beauftragte von dem Kündigungsschutz für Mitglieder des Betriebsrats (und anderer Betriebsverfassungsorgane).
§ 15 Abs. 1 Satz 2 KSchG lässt den nachwirkenden Kündigungsschutz »nach Beendigung der Amtszeit« beginnen.
Nach dieser Vorschrift kommt es nicht darauf an, ob die Beendigung der Amtszeit vom Arbeitgeber in irgendeiner Weise veranlasst worden ist.

55 Kein besonderer Kündigungsschutz, sondern nur ein Benachteiligungsverbot ist vorgesehen für den **Gefahrgutbeauftragten** (§ 7 Abs. 1 Gefahrgutbeauftragtenverordnung), den **Tierschutzbeauftragten** (§ 8 b Abs. 6 Tierschutzgesetz) und den **Strahlenschutzbeauftragten** (§ 32 Abs. 5 Strahlenschutzverordnung).
Das Benachteiligungsverbot ist allerdings bei der Beurteilung der Wirksamkeit einer Kündigung mit zu berücksichtigen, wenn anzunehmen ist, dass die Kündigung wegen der Wahrnehmung der Aufgaben ausgesprochen wurde.

56 Der **Datenschutzbeauftragte** (siehe → Datenschutz Rn. 35 ff.) genießt einen besonderen Schutz vor Abberufung durch Widerruf der Bestellung.
Diese ist nur aus wichtigem Grund entsprechend § 626 BGB möglich (§ 4 f Abs. 3 Satz 3 BDSG).
Durch Gesetz vom 14.8.2009 (BGBl. I S. 2814) wurde ein besonderer Kündigungsschutz für den Datenschutzbeauftragten eingeführt.
Ist nach § 4 f Abs. 1 BDSG ein Beauftragter für den Datenschutz zu bestellen, so ist die Kündigung des Arbeitsverhältnisses unzulässig, es sei denn, dass Tatsachen vorliegen, welche den Arbeitgeber zur → **außerordentlichen Kündigung** nach § 626 BGB berechtigen (§ 4 f Abs. 3 Satz 5 BDSG).
Auch nach der **Abberufung** als Beauftragter für den Datenschutz besteht Kündigungsschutz.
Eine Kündigung ist innerhalb eines Jahres nach der Beendigung der Bestellung unzulässig, es sei denn, der Arbeitgeber ist zur → **außerordentlichen Kündigung** berechtigt (§ 4 f Abs. 3 Satz 6 BDSG).

Tariflicher Kündigungsschutz für ältere Arbeitnehmer

57 In vielen → **Tarifverträgen** ist ein besonderer Kündigungsschutz für → **Ältere Arbeitnehmer**, die schon länger im Betrieb beschäftigt sind, geregelt.
Oft wird die ordentliche Kündigung ausgeschlossen oder nur unter bestimmten Voraussetzungen zugelassen.
So besteht z. B. im Bereich der Metall- und Elektroindustrie in Norddeutschland (Schleswig-Holstein, Hamburg, Mecklenburg-Vorpommern, Bremen und nordwestliches Niedersachsen) ein besonderer Kündigungsschutz für Arbeitnehmer ab der Vollendung des 55. Lebensjahres.
Die Tarifregelung lautet:
»*Kündigungsschutz älterer Beschäftigter*
3.1 Einem Beschäftigten, der das 55. Lebensjahr vollendet, aber noch nicht die Regelaltersrentengrenze erreicht hat sowie eine Betriebszugehörigkeit von mindestens fünf Jahren hat, kann nur noch aus wichtigem Grunde (§ 626 BGB) gekündigt werden. Dies gilt nicht bei Zustimmung der Tarifvertragsparteien.
3.2 Ausgenommen von Ziff. 3.1 sind Beschäftigte in Unternehmen mit in der Regel weniger als 21 wahlberechtigten Beschäftigten im Sinne des Betriebsverfassungsgesetzes.
3.3 Ziff. 3.1 gilt nicht bei Änderungskündigungen ausschließlich zum Zwecke der innerbetrieblichen Versetzung, bei Versetzungen im Rahmen des Unternehmens bzw. Konzerns, wenn damit

Kündigungsschutz (besonderer)

keine Änderung des Wohnsitzes erforderlich wird und der neue Arbeitsplatz ohne zusätzliche Erschwernisse zu erreichen ist«.

Nach Ansicht des BAG kann gegenüber einem tariflich »ordentlich« nicht kündbaren Arbeitnehmer aus betriebsbedingten Gründen ausnahmsweise eine → **Außerordentliche Kündigung** unter Einhaltung der ordentlichen Kündigungsfrist (= **Auslauffrist**) zulässig sein, wenn 58
- der Arbeitsplatz des Arbeitnehmers dauerhaft weggefallen ist und
- der Arbeitgeber den Arbeitnehmer auch unter Einsatz aller zumutbaren Mittel, ggf. durch Umorganisation seines Betriebes, nicht weiterbeschäftigen kann (BAG v. 5. 2. 1998 – 2 AZR 227/97, NZA 1998, 771; BAG v. 17. 9. 1998 – 2 AZR 419/97, NZA 1999, 258; BAG v. 11. 3. 1999 – 2 AZR 427/98, NZA 1999, 818).

Im Fall des Ausschlusses der ordentlichen Kündigung auf Grund tarifvertraglicher Vereinbarungen kann nach Ansicht des BAG auch **krankheitsbedingte Arbeitsunfähigkeit** eines Arbeitnehmers als wichtiger Grund i. S. d. § 626 BGB in Betracht kommen und eine außerordentliche Kündigung mit einer Auslauffrist entsprechend der gesetzlichen oder tariflichen → **Kündigungsfrist** rechtfertigen (BAG v. 12. 01. 2006 – 2 AZR 242/05, ZTR 2006, 338; 25. 3. 2004 – 2 AZR 399/03, DB 2004, 2537 = NZA 2004, 1216). An eine Kündigung wegen Erkrankung eines Arbeitnehmers ist allerdings schon bei einer ordentlichen Kündigung ein strenger Maßstab anzulegen, so dass nur in eng begrenzten Ausnahmefällen die Fortsetzung des Arbeitsverhältnisses mit dem kranken Arbeitnehmer für den Arbeitgeber i. S. d. § 626 Abs. 1 BGB unzumutbar sein kann (BAG v. 12. 01. 2006 – 2 AZR 242/05, a. a. O.).

Nach Ansicht des BAG kommt die **Ausschlussfrist** des § 626 Abs. 2 BGB im Falle einer außerordentlichen Kündigung mit Auslauffrist gegenüber einem tariflich unkündbaren Arbeitnehmer nicht zur Anwendung, weil der Kündigungsgrund (z. B. Wegfall der Beschäftigungsmöglichkeit) einen Dauertatbestand darstellt (BAG v. 5. 2. 1998 – 2 AZR 227/97, NZA 1998, 771; 12. 01. 2006 – 2 AZR 242/05, ZTR 2006, 338). 58a

Beachten:
In Bezug auf die Beteiligung des Betriebsrats steht die außerordentliche Kündigung mit einer Auslauffrist einer ordentlichen Kündigung gleich. § 102 Abs. 3 bis 5 BetrVG gilt entsprechend (BAG v. 12. 01. 2006 – 2 AZR 242/05, ZTR 2006, 338; 5. 2. 1998 – 2 AZR 227/97, NZA 1998, 771). Der Betriebsrat kann also gegen eine solche Kündigung innerhalb einer Woche mit einem der in § 102 Abs. 3 BetrVG genannten Gründe Widerspruch erheben. 58b

Zu den Folgen eines Widerspruchs siehe → **Kündigung** Rn. 46 ff. und → **Ordentliche Kündigung** Rn. 28 ff.
Handelt es sich um eine außerordentliche betriebsbedingte Kündigung, unterliegt sie auch dem Prüfungsmaßstab des § 1 Abs. 3 KSchG (**soziale Auswahl**; vgl. BAG v. 5. 2. 1998 – 2 AZR 227/97, a. a. O.).

Beschäftigungssicherungstarifverträge

Besondere Kündigungsschutzregelungen (z. B. zeitlich befristeter Ausschluss betriebsbedingter Kündigungen) finden sich auch in → **Beschäftigungssicherungstarifverträgen**. 59

Insolvenzverfahren

Ein Arbeitsverhältnis kann im Falle der Insolvenz des Unternehmens (siehe → **Insolvenzverfahren**) vom Insolvenzverwalter – aber auch vom Arbeitnehmer – ohne Rücksicht auf eine vereinbarte Vertragsdauer (siehe → **Befristeter Arbeitsvertrag**) oder einen gesetzlich geregelten bzw. vertraglich oder tarifvertraglich vereinbarten Ausschluss des Rechts zur ordentlichen 60

Kündigungsschutz (besonderer)

Kündigung gekündigt werden (§ 113 Satz 1 InsO). Die beiderseitige **Kündigungsfrist** beträgt nach § 113 Satz 2 InsO **drei Monate,** wenn nicht eine kürzere Frist maßgeblich ist (z. B. nach § 622 Abs. 1 BGB; siehe → **Kündigungsfristen** Rn. 3).
Tarifliche Kündigungsverbote entfalten ab Insolvenzeröffnung keine Wirkung mehr (BAG v. 19. 1. 2000 – 4 AZR 70/99, AiB 2000, 693; 17. 11. 2005 – 6 AZR 107/05, NZA 2006, 661). Dies verstoße nicht gegen Art. 9 Abs. 3 GG (Tarifautonomie). Auch eine etwaig längere tarifliche Kündigungsfrist wird durch die Drei-Monats-Frist des § 113 Satz 2 InsO verdrängt (BAG v. 16. 6. 1999 – 4 AZR 191/98, NZA 1999, 1331).

61 § 113 InsO verdrängt auch Unkündbarkeitsklauseln in Betriebsvereinbarungen (BAG v. 22. 9. 2005 – 6 AZR 526/04, NZA 2006, 658).

62 Auch § 323 Abs. 1 Umwandlungsgesetz (UmwG), nach dem im Fall einer **Unternehmensspaltung** sich die kündigungsrechtliche Stellung der betroffenen Arbeitnehmer auf Grund der Spaltung für die Dauer von zwei Jahren ab dem Zeitpunkt ihres Wirksamwerdens nicht verschlechtert (siehe → **Umwandlung von Unternehmen** Rn. 53), soll eine Kündigung durch den Insolvenzverwalter nach § 113 InsO nicht ausschließen (BAG v. 22. 9. 2005 – 6 AZR 526/04).

Rechtsprechung

1. Kündigungsschutz eines Betriebsratsmitglieds: Zustimmungserfordernis nach § 103 BetrVG
2. Vertretung des Betriebsrats und das betroffenen Betriebsratsmitglieds im Beschlussverfahren nach § 103 Abs. 2 BetrVG durch den gleichen Rechtsanwalt: Anwaltsgebühren
3. Zurückweisung eines Zustimmungsersuchens nach § 103 BetrVG durch den Betriebsrat wegen Nichtvorlage einer Vollmacht (§ 174 BGB)
4. Zurückweisung der außerordentlichen Kündigung durch das Betriebsratsmitglieds wegen Nichtvorlage der Zustimmung des Betriebsrats in Schriftform
5. Kündigungsschutz eines Betriebsratsmitglieds und Ersatzmitglieds (§ 15 Abs. 1 Satz 1 KSchG)
6. Nachwirkender Kündigungsschutz eines Betriebsratsmitglieds und Ersatzmitglieds (§ 15 Abs. 1 Satz 2 KSchG)
7. Kündigungsschutz eines Wahlvorstandsmitglieds (§ 15 Abs. 3 KSchG)
8. Kündigungsschutz eines Wahlbewerbers (§ 15 Abs. 3 KSchG)
9. Kündigung eines Betriebsratsmitglieds (oder eines anderen Mandatsträgers) wegen Stilllegung des Betriebs oder einer Betriebsabteilung (§ 15 Abs. 4 und 5 KSchG)
10. Gesetzlicher Kündigungsausschluss
11. Tarifvertraglicher Kündigungsausschluss – Außerordentliche Kündigung mit Auslauffrist
12. Anhörung und »Widerspruch« des Betriebsrats bei außerordentlicher Kündigung mit Auslauffrist
13. Ausschluss betriebsbedingter Kündigung durch Betriebsvereinbarung
14. Arbeitsvertraglicher Kündigungsausschluss
15. Betriebsvereinbarung: Kündigung nur mit Zustimmung des Betriebsrats (§ 102 Abs. 6 BetrVG)
16. Tarifvertrag: Kündigung nur mit Zustimmung des Betriebsrats
17. Kündigungsschutz des Immissionsschutzbeauftragten, Abfallbeauftragten und anderer Betriebsbeauftragter
18. Nichtigkeit der Kündigung wegen Verstoß gegen Maßregelungsverbot nach § 612 a BGB
19. Weitere besondere Unwirksamkeitsgründe
20. Kündigung im Insolvenzverfahren trotz Unkündbarkeitsklausel

Kündigungsschutz (besonderer)

21. Kündigungsschutz im öffentlichen Dienst: Kündigung nur mit Zustimmung des Personalrats
22. Erneute Anhörung des Betriebsrats bei Ausscheiden eines Betriebsratsmitglieds während des Zustimmungsersetzungsverfahrens (§ 103 BetrVG) aufgrund einer Neuwahl des Betriebsrats?
23. Kündigung eines Auszubildenden
24. Kündigung eines befristeten Arbeitsverhältnisses
25. Kündigungsschutz einer Schwangeren
26. Kündigungsschutz bei Mutterschaft
27. Kündigungsschutz bei Elternzeit (Erziehungsurlaub)
28. Kündigungsschutz eines Schwerbehinderten (oder Gleichgestellten)
29. Außerordentliche Kündigung wegen krankheitsbedingter Minderung der Leistungsfähigkeit
30. Außerordentliche Kündigung eines Schwerbehinderten nach Personalvertretungsrecht
31. Kündigungsschutz eines schwerbehinderten Funktionsträgers

Kündigungsschutz vor Erfüllung der Wartezeit und im Kleinbetrieb

Grundlagen

Wartezeit (§ 1 Abs. 1 KSchG)

1 Der Kündigungsschutz nach §§ 1 bis 12 KSchG gilt nicht für Arbeitnehmer, die zum Zeitpunkt des Zugangs der Kündigung noch nicht länger als **sechs Monate** in demselben → **Betrieb** oder → **Unternehmen** beschäftigt sind (**Wartezeit**; § 1 Abs. 1 KSchG).
Zur Möglichkeit, eine vor Ablauf der Wartezeit ausgesprochene Kündigung **aus sonstigen Gründen** durch Klage beim Arbeitsgericht anzugreifen (z. B. fehlende Anhörung des Betriebsrats) siehe Rn. 3 a, 7 ff. und 14.

2 **Hinweis:**
Nach dem Willen der früheren Großen Koalition aus CDU, CSU und SPD sollte die Wartezeit verlängert werden. Nach Kritik nicht nur von Gewerkschaften, sondern – aus einem anderen Blickwinkel – auch von Wirtschaftsverbänden und Politikern der CDU/CSU wurde das Gesetzgebungsvorhaben Ende 2006 »auf Eis gelegt« (vgl. Deter, AuR 2006, 352 [353]).

3 Die Wartezeit wird auch durch Zeiten der **Berufsausbildung** oder die vor einem → **Betriebsübergang** bei dem Betriebsveräußerer absolvierten Beschäftigungszeiten erfüllt, nicht aber z. B. durch die in einem anderen Konzernunternehmen zurückgelegten Beschäftigungszeiten.

3a Der Arbeitgeber hat den Betriebsrat nach § 102 Abs. 1 BetrVG »vor jeder Kündigung«, also auch bei einer Kündigung innerhalb der Wartezeit des § 1 Abs. 1 KSchG **anzuhören**.
Geschieht dies nicht, ist die Kündigung unwirksam (§ 102 Abs. 1 Satz 3 BetrVG).
Allerdings soll die Mitteilungspflicht des Arbeitgebers nicht an den objektiven Merkmalen der Kündigungsgründe des noch nicht anwendbaren § 1 KSchG zu messen sein, sondern allein an den Umständen, aus denen der Arbeitgeber **subjektiv** seinen Kündigungsentschluss herleitet (BAG v. 12.9.2013 – 6 AZR 121/12). Der erst nach Ablauf der Wartezeit eintretende Kündigungsschutz dürfe durch die Anforderungen, die an eine Anhörung nach § 102 BetrVG gestellt werden, nicht vorverlagert werden. Eine Vermengung der formellen Wirksamkeitsvoraussetzungen der Anhörung mit der Überprüfung der Kündigungsgründe aufgrund der Prozesssituation bezwecke § 102 BetrVG nicht.
Zur Geltendmachung der Unwirksamkeit muss nach § 4 Satz 1 KSchG innerhalb von **drei Wochen** nach Zugang der schriftlichen Kündigung **Klage** erhoben werden (siehe Rn. 14).

Kleinbetriebsschwelle (§ 23 Abs. 1 KSchG)

4 Der Kündigungsschutz nach §§ 1 bis 3 und 8 bis 14 KSchG entfällt auch für Arbeitnehmer, die in Betrieben bzw. Unternehmen mit bis zu **fünf Arbeitnehmern** beschäftigt sind (§ 23 Abs. 1 Satz 2 KSchG).
Auszubildende werden bei der Bestimmung der Arbeitnehmerzahl nicht mitgerechnet.

Kündigungsschutz vor Erfüllung der Wartezeit und im Kleinbetrieb

Teilzeitbeschäftigte werden je nach Dauer ihrer regelmäßigen wöchentlichen Arbeitszeit mit 0,5 bzw. 0,75 berücksichtigt (§ 23 Abs. 1 Satz 4 KSchG).
Der Kündigungsschutz nach §§ 1 bis 3 und 8 bis 14 KSchG gilt gemäß § 23 Abs. 1 Satz 3 KSchG auch nicht in Betrieben/Unternehmen mit bis zu **zehn Arbeitnehmern** für solche Arbeitnehmer, deren Arbeitsverhältnis nach dem 31.12.2003 begonnen hat (siehe Beispiele bei → **Kündigungsschutz** Rn. 11).   5

Beachten:
Die Schwellenwerte des § 23 Abs. 1 Satz 2 und 3 KSchG beziehen sich nach zutreffender h. M. in der Literatur, aber auch nach Ansicht von Arbeitsgerichten (z. B. ArbG Hamburg v. 10.3.1997 – 27 Ca 192/96, AiB 1998, 120) nicht auf den → **Betrieb**, sondern auf das → **Unternehmen** (verfassungskonforme Auslegung der Vorschrift; vgl. Kittner/Däubler/Zwanziger, KSchR, 9. Aufl., § 23 KSchG Rn. 13 m. w. N.; das BAG ist offenbar anderer – unklarer – Ansicht: BAG v. 28.10.2010 – 2 AZR 392/08).   6

Das heißt: Der Kündigungsschutz nach §§ 1 ff. KSchG gilt entgegen der unklaren Ansicht des BAG v. 28.10.2010 – 2 AZR 392/08 auch für Beschäftigte in Kleinbetrieben mit bis zu zehn Arbeitnehmern, wenn diese zu einem → **Unternehmen** mit insgesamt mehr als zehn Arbeitnehmern gehören.
Deshalb gilt z. B. bei **Handelsunternehmen (Filialkette)** mit mehreren hundert oder tausend Beschäftigten (z. B. Aldi, Edeka, Lidl, Penny, Rewe, Rossmann, Schlecker usw.) der volle Kündigungsschutz nach §§ 1 bis 14 KSchG für die in den einzelnen Filialbetrieben tätigen Arbeitnehmer auch dann, wenn in der einzelnen Filiale weniger als zehn Arbeitnehmer beschäftigt sind.

Eingeschränkter Kündigungsschutz

Arbeitnehmer, die die Wartezeit des § 1 Abs. 1 KSchG noch nicht erfüllt haben oder die in Kleinbetrieben/Kleinunternehmen mit bis zu fünf bzw. bis zu zehn Arbeitnehmern beschäftigt sind (§ 23 Abs. 1 KSchG), sind nicht gänzlich ohne Kündigungsschutz.   7
Für sie gelten zum einen die **allgemeinen Vorschriften** über die → **Kündigung** (Schriftform der Kündigung, → **Außerordentliche Kündigung** nur aus wichtigem Grund, Einhaltung der → **Kündigungsfristen**, usw.) und den → **besonderen Kündigungsschutz**.   8
So ist eine **Kündigung** z. B. unwirksam, wenn   9
- der Betriebsrat nicht angehört worden ist (§ 102 Abs. 1 KSchG; siehe Rn. 3 a),
- die Schriftform nach § 623 BGB nicht gewahrt ist,
- sie von einem Vertreter des Arbeitgebers ohne Vorlage einer Vollmacht ausgesprochen wurde und der Arbeitnehmer die Kündigung mit Hinweis auf die fehlende Vollmacht unverzüglich nach § 174 BGB zurückweist (BAG v. 11.3.1999 – 2 AZR 427/98, NZA 1999, 818),
- die Kündigung gegen das gesetzliche Maßregelungsverbot (§ 612 a BGB) verstößt (LAG Schleswig-Holstein v. 28.6.2005 – 5 Sa 64/05, AiB 2006, 61),
- die Kündigung gegen ein gesetzliches Diskriminierungsverbot verstößt (z. B. § 1 AGG; Art. 3 Abs. 2 und 3 GG, § 75 BetrVG) oder gegen den Grundsatz von Treu und Glauben (§ 242 BGB); Beispiele: rechtsmissbräuchliche Kündigung in der Probezeit wegen Homosexualität (BAG v. 23.6.1994 – 2 AZR 617/93, AiB 1995, 189); unzulässige Kündigung einer transsexuellen Person aus einem mit der Geschlechtsumwandlung zusammenhängenden Grund (EuGH v. 30.4.1996 – C–13/94, NZA 1996, 695); Kündigung wegen einer symptomlosen HIV-Infektion ist unwirksam, wenn der Arbeitgeber durch angemessene Vorkehrungen den Einsatz des Arbeitnehmers trotz seiner Behinderung ermöglichen kann (BAG v. 19.12.2013 – 6 AZR 190/12);

Kündigungsschutz vor Erfüllung der Wartezeit und im Kleinbetrieb

- die Kündigung »wegen eines Betriebsübergangs« ausgesprochen wurde (§ 613 a Abs. 4 BGB; siehe → **Betriebsübergang**).

10 Darüber hinaus ist der Arbeitnehmer vor Erfüllung der Wartezeit und im Kleinbetrieb durch die zivilrechtlichen Generalklauseln vor einer **sitten- oder treuwidrigen Kündigung** des Arbeitgebers geschützt (BVerfG v. 21.6.2006 – 1 BvR 1659/04, NZA 2006, 913).
Die Kündigung darf nicht gegen verfassungsrechtlich gebotene **Mindestanforderungen** verstoßen (BVerfG v. 27.1.1998 – 1 BvL 15/87, AiB 1998, 304 = NZA 1998, 470):
- eine Kündigung darf nicht willkürlich sein oder auf sachfremden Motiven beruhen,
- bei der Auswahl der zu kündigenden Beschäftigten muss ein gewisses Maß an sozialer Rücksichtnahme gewahrt sein,
- ein durch langjährige Mitarbeit erdientes Vertrauen in den Fortbestand des Arbeitsverhältnisses muss bei der Beurteilung der Wirksamkeit der Kündigung berücksichtigt werden.

11 Eine Kündigung, die diesen Anforderungen nicht entspricht, verstößt gegen **Treu und Glauben** (§ 242 BGB) und ist deshalb unwirksam (BAG v. 21.2.2001 – 2 AZR 15/00, AiB 2002, 774 = NZA 2001, 833).
Bisweilen wird von einem »Kündigungsschutz 2. Klasse« gesprochen.

Soziale Auswahl

12 Ist bei einem Vergleich der Sozialdaten (die grundsätzlich von dem gekündigten Arbeitnehmer im Prozess darzulegen sind) evident, dass dieser erheblich sozial schutzbedürftiger ist als ein vergleichbarer weiterbeschäftigter Arbeitnehmer, so spricht dies zunächst dafür, dass der Arbeitgeber das gebotene **Mindestmaß** an sozialer Rücksichtnahme außer Acht gelassen hat (BAG v. 21.2.2001 – 2 AZR 15/00, a.a.O.).

13 Setzt der Arbeitgeber dem schlüssigen Sachvortrag des Arbeitnehmers weitere (betriebliche, persönliche etc.) Gründe entgegen, die ihn zu der getroffenen Auswahl bewogen haben, so hat unter dem Gesichtspunkt von Treu und Glauben eine **Abwägung** zu erfolgen.
Dabei ist zu prüfen, ob auch unter Einbeziehung der vom Arbeitgeber geltend gemachten Gründe die Kündigung die sozialen Belange des betroffenen Arbeitnehmers in treuwidriger Weise unberücksichtigt lässt.
Der unternehmerischen Freiheit des Arbeitgebers im Kleinbetrieb kommt bei dieser Abwägung nach Ansicht des BAG ein erhebliches Gewicht zu (BAG v. 21.2.2001 – 2 AZR 15/00, a.a.O.).

Klage und Klagefrist (§ 4 Satz 1 KSchG)

14 Die Unwirksamkeit der Kündigung kann durch Klage beim → **Arbeitsgericht** geltend gemacht werden.
Die Klage muss innerhalb einer **Frist von drei Wochen** nach Zugang der schriftlichen Kündigung beim Arbeitsgericht eingereicht werden (§§ 4 Satz 1, 23 Abs. 1 Satz 2 KSchG; vgl. BAG v. 9.2.2006 – 6 AZR 283/05).
Das ergibt sich für Arbeitnehmer, die die sechsmonatige Wartefrist des § 1 Abs. 1 KSchG noch nicht erfüllt haben (siehe Rn. 1) aus § 13 Abs. 4 KSchG i.V.m. § 4 Satz 1 KSchG und für Arbeitnehmer in Kleinbetrieben / Kleinunternehmen (siehe Rn. 4 ff.) aus § 23 Abs. 1 Satz 2 KSchG i.V.m. § 4 Satz 1 KSchG.
Wenn eine Kündigung nur **mündlich** ausgesprochen wurde (und deshalb unwirksam ist; siehe Rn. 9), läuft die Klagefrist nicht an.
Soweit die Kündigung der **Zustimmung einer Behörde** bedarf (vgl. § 9 MuSchG, § 18 BEEG, § 85 SGB IX), läuft die Frist zur Anrufung des Arbeitsgerichts erst von der Bekanntgabe der Entscheidung der Behörde an den Arbeitnehmer ab (§ 4 Satz 4 KSchG).

Hierzu und zur Möglichkeit der **nachträglichen Zulassung** der Klage siehe → **Kündigungsschutz** Rn. 29 ff.

Rechtsprechung

1. Geltungsbereich des KSchG (§ 23 Abs. 1 KSchG; Kleinbetriebsklausel)
2. Anhörung des Betriebsrats zu einer Kündigung innerhalb der ersten sechs Monate des Arbeitsverhältnisses (Wartezeit)
3. Kündigungsschutz im Kleinbetrieb (Kleinbetriebsklausel) – Mindestkündigungsschutz – Treu und Glauben
4. Kündigungsschutz im Kleinbetrieb (Kleinbetriebsklausel) – Altersdiskriminierung
5. Kündigung vor Erfüllung der Wartezeit – Mindestkündigungsschutz – Treu und Glauben
6. Klagefrist gem. §§ 4, 7 KSchG
7. Setzt Kündigung Abmahnung voraus?
8. Tarifliche Kündigungsfristen

Kurzarbeit, Kurzarbeitergeld

Was ist das?

1 Der Arbeitgeber hat grundsätzlich das Betriebs- und Wirtschaftsrisiko zu tragen (BAG v. 22.12.1980 – 1 ABR 2/79, DB 1981, 321). Das bedeutet, dass er den → **Arbeitsvertrag** auch dann erfüllen und insbesondere das → **Arbeitsentgelt** zahlen muss, wenn er die Arbeitnehmer ohne sein Verschulden aus betriebstechnischen Gründen nicht beschäftigen kann (Betriebsrisiko) oder wenn die Fortsetzung des Betriebes wegen Auftrags- oder Absatzmangels sinnlos wird (Wirtschaftsrisiko).

Das Betriebs- und Wirtschaftsrisiko kann allerdings durch **Einführung von Kurzarbeit** – also durch vorübergehende Verkürzung der regelmäßigen Arbeitszeit (und damit auch des Arbeitsentgeltanspruchs der Beschäftigten) – **gemildert** werden.

Hierzu bedarf es jedoch einer besonderen **Rechtsgrundlage** (Arbeitsvertrag, Tarifvertrag, Betriebsvereinbarung, ggf. Änderungskündigung; siehe Rn. 3 a ff.).

1a **Zweck** der Kurzarbeit ist es, die Unternehmen im Falle rückläufiger Auftragslage oder gar von Auftragseinbrüchen in die Lage zu versetzen, die Personalkosten ohne Durchführung von Entlassungen abzusenken.

Die mit Kurzarbeit verbundenen Entgelteinbußen bei den betroffenen Arbeitnehmern werden durch das von der Bundesagentur für Arbeit zu gewährende **Kurzarbeitergeld** teilweise ausgeglichen (siehe Rn. 6 ff.).

Kurzarbeit schafft für Arbeitgeber und Belegschaft eine »**win-win-Situation**«. Die Beschäftigten behalten ihren Arbeitsplatz. Das Unternehmen vermeidet Entlassungskosten (z. B. Sozialplanabfindungen) und kann nach Ende der Krise mit einer »eingespielten« Belegschaft weiterarbeiten.

Wertvolles Mitarbeiter-Know-how bleibt erhalten und steht sofort wieder zur Verfügung, sobald sich die Auftragslage verbessert.

Die zeit- und kostenintensive Suche nach neuem, geeignetem Personal, das dann erst noch eingearbeitet werden muss, entfällt.

Die Einführung von Kurzarbeit bietet sich damit klar als **Alternative zur Entlassung** an. Die enorme Bedeutung der Kurzarbeit hat sich in der **Krise 2008/2009** erwiesen (siehe Rn. 3). Ohne die Entlastung des Arbeitsmarktes durch Kurzarbeit wäre es unstreitig zu einem massiven Anstieg der Arbeitslosigkeit gekommen. Im September 2009 etwa wurde an 1 074 000 Arbeitnehmer Kurzarbeitergeld gezahlt. Die Inanspruchnahme hatte im Mai 2009 mit 1 516 000 konjunkturellen Kurzarbeitern ihren Höhepunkt erreicht. Der durchschnittliche Arbeitszeitausfall über alle Kurzarbeiter betrug im September 2009 31,3 % (*www.pub.arbeitsagentur.de*).

1b Kurzarbeit kommt in verschiedenen **Formen** vor.

> **Beispiele:**
> - Verkürzung der wöchentlichen Arbeitszeit von 40 Stunden auf 20 Stunden, verteilt auf fünf Arbeitstage;

Kurzarbeit, Kurzarbeitergeld

- Verkürzung der wöchentlichen Arbeitszeit dergestalt, dass nur an zwei Tagen statt wie bisher an fünf Tagen gearbeitet wird;
- Verkürzung der Arbeitszeit auf »Null«: Das heißt, im Kurzarbeitszeitraum wird überhaupt nicht gearbeitet.

Wird Kurzarbeit wirksam eingeführt (siehe Rn. 3 a ff.), reduziert sich die **Arbeitsverpflichtung** für die betroffenen Arbeitnehmer um die Zahl der ausfallenden Stunden. 2
Gleichzeitig entfallen in entsprechendem Umfang die **Arbeitsentgeltansprüche** gegen den Arbeitgeber.
Allerdings bleibt der Arbeitgeber weiterhin zur Zahlung von Feiertags- und Urlaubsentgelt (ggf. plus tariflichem Urlaubsgeld; siehe → **Urlaub**) sowie (tariflichem) → **Weihnachtsgeld** verpflichtet.
An die Stelle des ausgefallenen Arbeitsentgelts treten die **Kurzarbeitergeldleistungen** der Agentur für Arbeit, die vom Arbeitgeber auszuzahlen sind (siehe Rn. 6 ff.).

Aus Anlass der Finanz- und Wirtschaftskrise 2008/2009 wurden weitreichende Änderungen 3
der Bestimmungen über das konjunkturelle **Kurzarbeitergeld** (siehe Rn. 7 a ff.) vorgenommen (§ 421 t SGB III a. F. = § 419 SGB III 2012).
Ziel dieser Maßnahmen war, den von der Krise betroffenen Unternehmen einen Anreiz zu geben, als Alternative zu Entlassungen Kurzarbeit durchzuführen (»**Kurzarbeit statt Entlassung**«).
Die Änderungen wurden zunächst befristet bis zum 31.12.2010 und dann durch das »Beschäftigungschancengesetz« vom 24.10.2010 (BGBl. I S. 1417) bis zum 31.3.2012 verlängert.
Unter anderem wurde geregelt:
- ein »erheblicher Arbeitsausfall« liegt auch dann vor, wenn im jeweiligen Kalendermonat weniger als ein Drittel der im Betrieb beschäftigten Arbeitnehmer von einem Entgeltausfall betroffen ist, soweit dieser jeweils mehr als zehn Prozent ihres monatlichen Bruttoentgelts betrifft;
es genügte also der Nachweis eines mehr als 10-prozentigen Entgeltausfalls in einem Kalendermonat, um Kurzarbeitergeld zu erhalten;
damit haben bei wirksamer Einführung von Kurzarbeit (siehe Rn. 3 a ff.) alle Arbeitnehmer mit einem Arbeitsausfall von mehr als 10 Prozent Anspruch auf Kurzarbeitergeld;
- Verlängerung der gesetzlichen sechsmonatigen Frist für den Bezug von Kurzarbeitergeld auf 24 Monate (siehe Rn. 7 a und 14);
- Erstattung der Hälfte der Sozialversicherungsbeiträge (in den ersten sechs Kurzarbeitsmonaten), die der Arbeitgeber für die Ausfallzeit zu tragen hat, durch die Bundesagentur für Arbeit;
- volle Erstattung der Sozialversicherungsbeiträge ab dem ersten Kurzarbeitsmonat, wenn die kurzarbeitenden Arbeitnehmer an Qualifizierungsmaßnahmen teilnehmen;
- volle Erstattung der Sozialversicherungsbeiträge ab dem siebten Kurzarbeitsmonat (auch ohne Durchführung von Qualifizierungsmaßnahmen).

Diese Regelungen hatten wesentlich dazu beigetragen, dass in der Krise 2008/2009 in Deutschland **Massenentlassungen** weitgehend **unterblieben** sind.
Mit dem von der schwarz/gelben Koalition verabschiedeten Gesetz zur Verbesserung der Eingliederungschancen am Arbeitsmarkt vom 20.12.2011 (BGBl. I S. 2854 – Nr. 69) wurden die Sonderregelungen mit Wirkung zum 31.12.2011 aufgehoben.
Fortgeführt wurde § 421 t Abs. 2 Nr. 3 SGB III (a. F.). Die Bestimmung wurde als nunmehr unbefristet geltende Regelung in § 106 Abs. 2 Satz 3 SGB III 2012 aufgenommen: Bei der Berechnung der Nettoentgeltdifferenz nach § 106 Abs. 1 SGB III 2012 (siehe Rn. 8) bleiben auf Grund von kollektivrechtlichen Beschäftigungssicherungsvereinbarungen (siehe → **Beschäftigungssicherungstarifvertrag**) durchgeführte **vorübergehende Änderungen** (also Absen-

Kurzarbeit, Kurzarbeitergeld

kung) der vertraglich vereinbarten Arbeitszeit außer Betracht. Das heißt: das Kurzarbeitergeld wird nach dem vor der Arbeitszeitabsenkung gezahlten vollen tariflichen Entgelt bemessen. § 421 Abs. 7 SGB III (a. F.), wonach sich eine Absenkung der Arbeitszeit (und des Arbeitsentgelts) aufgrund einer kollektivrechtlichen Beschäftigungssicherungsvereinbarung nicht nachteilig auf die Höhe des **Arbeitslosengeldes** auswirkt (§ 419 Abs. 7 SGB III 2012 = früher: § 412 Abs. 7 SGB III a. F.), galt nur noch für Zeiten bis **zum 31. 3. 2012** (siehe auch → **Arbeitslosenversicherung: Arbeitslosengeld** Rn. 26 a).

Forderungen u. a. der Gewerkschaften, die während der Krise 2008/2009 für das Kurzarbeitergeld geltenden Sonderregelungen **wieder in Kraft zu setzen,** sind – wenn man von der zwischenzeitlich erfolgten Verlängerung der gesetzlichen sechsmonatigen Regelbezugsdauer auf 12 Monate absieht (siehe Rn. 14) – bislang nicht umgesetzt worden.

Allerdings enthält der **Koalitionsvertrag von CDU/CSU/SPD 2013** auf S. 66 folgende Ankündigung:

»*Sonderregelungen in der Kurzarbeit*
Das Instrument der Kurzarbeit hat in der Krise enorm dazu beigetragen, wertvolle Fachkräfte in den Betrieben zu halten. Wir sind uns einig, in einer mit der Krise in den Jahren 2009 / 2010 vergleichbaren wirtschaftlichen Situation schnell zu handeln und kurzfristig die bewährten Sonderregelungen zur Förderung der Kurzarbeit und damit zur Sicherung von Arbeitsplätzen durch Gesetz wieder in Kraft zu setzen.«

Einführung von Kurzarbeit

3a Will der Arbeitgeber die Arbeitszeit und damit das Arbeitsentgelt der Arbeitnehmer durch Einführung von Kurzarbeit kürzen, so ist er hierzu nicht kraft seines **Direktionsrechts** nach § 106 GewO (siehe → **Arbeitsvertrag** Rn. 3 ff.) berechtigt.

Die Anzeige von Kurzarbeit bei der Agentur für Arbeit und die Gewährung von Kurzarbeitergeld bilden keine entsprechende Ermächtigungsgrundlage.

Vielmehr bedarf es einer **besonderen** vertragsrechtlichen Rechtsgrundlage.

In Betracht kommt
- eine einzelvertragliche Vereinbarung (siehe Rn. 3 b),
- eine tarifvertragliche Ermächtigung (siehe Rn. 3 c) oder
- eine → **Betriebsvereinbarung** (siehe Rn. 3 d; zum Sonderfall der Kurzarbeit bei geplanter Massenentlassung siehe Rn. 5).

Eine bloße **Zustimmung** des Betriebsrats zur Kurzarbeit nach § 87 Abs. 1 Nr. 3 BetrVG (ohne Abschluss einer → **Betriebsvereinbarung**) oder eine → **Regelungsabrede** zwischen Arbeitgeber und Betriebsrat bilden keine ausreichende Rechtsgrundlage für die Einführung von Kurzarbeit.

Die arbeitsvertraglichen Rechte der Arbeitnehmer – insbesondere ihre Entgeltansprüche – werden dadurch nicht berührt. Es fehlt die normative Wirkung.

Eine Zustimmung des Betriebsrats zur Kurzarbeit oder eine → **Regelungsabrede** genügen allerdings, wenn der Arbeitgeber einzelvertraglich (siehe Rn. 3 b) oder durch Tarifvertrag (siehe Rn. 3 c) **ermächtigt** ist, Kurzarbeit ohne Abschluss einer Betriebsvereinbarung einzuführen (BAG v. 14. 2. 1991 – 2 AZR 415/90, AiB 1993, 727).

Fehlt es an einer vertraglichen oder tarifvertraglichen Ermächtigung zur Einführung von Kurzarbeit, ist der Arbeitgeber – in Betrieben **ohne Betriebsrat** – gehalten, eine → **Änderungskündigung** gegenüber den betroffenen Arbeitnehmern auszusprechen, wenn er Kurzarbeit einführen will.

Es gelten dann die Regeln des Kündigungsrechts (→ **Kündigungsfristen**, → **Kündigungsschutz**).

Zur Situation in Betrieben **mit Betriebsrat** siehe Rn. 3 d.

Führt der Arbeitgeber Kurzarbeit ohne ausreichende Rechtsgrundlage und deshalb unwirksam ein, haben die betroffenen Arbeitnehmer unter den Voraussetzungen des § 615 BGB (siehe → **Annahmeverzug**) Anspruch auf volles **Arbeitsentgelt**.

Arbeitsvertragliche Ermächtigung zur Einführung von Kurzarbeit

In Betrieben ohne Betriebsrat und ohne Geltung einer tariflichen Ermächtigung (siehe Rn. 3 c) kann der Arbeitgeber Kurzarbeit nur dann wirksam einführen, wenn ihm dieses Recht im → **Arbeitsvertrag** bzw. aufgrund einer gesonderten **einzelvertraglichen Vereinbarung** eingeräumt wird. **3b**

Eine vertragliche Ermächtigung zur Einführung von Kurzarbeit ist durch den Grundsatz der **Vertragsfreiheit** gedeckt.

Eine Vereinbarung kann auch **konkludent** dadurch erfolgen, dass die Arbeitnehmer entsprechend der Anordnung des Arbeitgebers tatsächlich Kurzarbeit leisten (in **Betrieben mit Betriebsrat** ist derartiges nur auf der Grundlage einer → **Betriebsvereinbarung** zulässig).

Fehlt es an einer vertraglichen Vereinbarung bzw. tarifvertraglichen Ermächtigung, kann Kurzarbeit in Betrieben ohne Betriebsrat nur im Wege der → **Änderungskündigung** eingeführt werden.

Es gelten dann die Regeln des Kündigungsrechts (→ **Kündigungsfristen**, → **Kündigungsschutz**).

Tarifvertragliche Ermächtigung zur Einführung von Kurzarbeit

Der **tarifgebundene Arbeitgeber** kann durch → **Tarifvertrag** zur Einführung der Kurzarbeit ermächtigt werden. **3c**

Allerdings ist eine Tarifbestimmung wegen Verstoßes gegen kündigungsrechtliche Gesetzesbestimmungen unwirksam, wenn sie dem Arbeitgeber die Einführung von Kurzarbeit durch einseitige Anordnung erlaubt, ohne Regelungen über **Voraussetzungen**, **Umfang** und **Höchstdauer** der Kurzarbeit zu treffen (BAG v. 27. 1. 1994 – 6 AZR 541/93, DB 1995, 279). Liegt eine wirksame Tarifermächtigung vor, bedarf es keiner → **Änderungskündigung** bzw. Änderungsvereinbarung mit den von der Kurzarbeit betroffenen Arbeitnehmern, sofern der Tarifvertrag auf die Arbeitsverhältnisse Anwendung findet (siehe hierzu → **Tarifvertrag** Rn. 23 ff.).

Unabhängig hiervon hat der Arbeitgeber die **Mitbestimmungsrechte** des Betriebsrats nach § 87 Abs. 1 Nr. 3 BetrVG zu wahren (siehe Rn. 47 ff.).

Das → **Günstigkeitsprinzip** soll einer tariflichen Ermächtigung zur Einführung von Kurzarbeit nicht entgegenstehen, weil Kurzarbeit gegenüber einer ansonsten notwendigen Kündigung die günstigere Alternative darstellt.

Etwas anderes gilt, wenn die Einbeziehung in Kurzarbeit durch arbeitsvertragliche Regelung **ausgeschlossen** wurde (das ist z. B. bei Verträgen über → **Altersteilzeit** nicht selten der Fall).

Einführung von Kurzarbeit durch → Betriebsvereinbarung bzw. Spruch der → Einigungsstelle

Das BetrVG stellt dem Arbeitgeber in Betrieben mit Betriebsrat eine weitere Möglichkeit zur Verfügung, Kurzarbeit ohne → **Änderungskündigung** auch dann einzuführen, wenn weder eine vertragliche Vereinbarung mit jedem einzelnen Arbeitnehmer (siehe Rn. 3 b) noch eine tarifliche Ermächtigung (siehe Rn. 3 c) vorliegt. **3d**

Rechtsgrundlage kann eine auf Grundlage der Mitbestimmung des Betriebsrats gemäß § 87 Abs. 1 Nr. 3 BetrVG (siehe Rn. 47 ff.) abgeschlossene → **Betriebsvereinbarung** oder eine Ent-

Kurzarbeit, Kurzarbeitergeld

scheidung der → **Einigungsstelle** sein (zur Frage, ob eine → **Regelungsabrede** zwischen Arbeitgeber und Betriebsrat ausreicht, siehe Rn. 3 a).

Eine Betriebsvereinbarung (bzw. ein Spruch der Einigungsstelle) ist gemäß § 87 Abs. 1 Eingangssatz BetrVG (**Tarifvorbehalt**) ausgeschlossen, wenn ein für den Betrieb zwingend geltender Tarifvertrag die Einführung und Ausgestaltung der Kurzarbeit abschließend regelt (Letzteres kommt allerdings kaum vor; meist lassen tarifliche Kurzarbeitsklauseln Regelungsspielräume für die Betriebsparteien).

Nach Ansicht des BAG kann eine **Kurzarbeits-Betriebsvereinbarung** aufgrund ihrer unmittelbaren – normativen – Wirkung eine Kürzung der Arbeitszeit und damit des Entgeltanspruchs bewirken (BAG v. 16. 12. 2008 – 9 AZR 164/08, NZA 2009, 1246; BAG v. 14. 2. 1991 – 2 AZR 415/90, AiB 1993, 727 = NZA 1991, 607; siehe auch Rn. 47a).

An die Betriebsvereinbarung sind aber **Mindestanforderungen** zu stellen.

Sie erfüllt nur dann die Anforderungen an eine wirksame Ausübung des Mitbestimmungsrechtes, wenn in ihr wenigstens die tatbestandlichen Vorgaben vorgezeichnet sind, innerhalb derer dem Arbeitgeber später dann ein gewisser Freiraum bei der Einzelfallregelung zustehen kann.

Die in einer Betriebsvereinbarung gegebene **Ermächtigung** des Betriebsrats an den Arbeitgeber, den Kurzarbeitsumfang und den betroffenen Personenkreis eigenständig zu bestimmen, beinhaltet einen rechtswidrigen **Verzicht** auf sein Mitbestimmungsrecht.

Die Betriebsvereinbarung entfaltet insoweit keine Rechtswirksamkeit.

Der Arbeitgeber ist in einem solchen Fall verpflichtet, die konkrete Durchführung der Kurzarbeit noch mit jedem Arbeitnehmer gesondert zu regeln.

Ist die Kurzarbeits-Betriebsvereinbarung **wirksam**, wird der Arbeitnehmer von der Pflicht zur Arbeitsleistung befreit.

Der Arbeitgeber wird von der **Verpflichtung entbunden**, den Arbeitnehmer im vereinbarten Kurzarbeitszeitraum im Umfang der arbeitsvertraglich vereinbarten Arbeitszeit **zu beschäftigen**.

Der Abschluss einer Betriebsvereinbarung über die Einführung von Kurzarbeit **befreit** den Arbeitgeber zwar **nicht** von der mit dem Betriebs- und Wirtschaftsrisiko verbundenen **Entgeltzahlungspflicht**.

Sie wird aber – nach Ablauf ggf. geltender tariflicher **Ankündigungsfristen** (siehe Rn. 4 a) – **suspendiert**, wenn die Bundesagentur für Arbeit **Kurzarbeitergeld** (siehe Rn. 6 ff.) gewährt.

3e Zahlt die Bundesagentur für Arbeit **kein Kurzarbeitergeld**, so verliert der Arbeitgeber nach fragwürdiger Ansicht des BAG lediglich eine staatliche Hilfe zur Verringerung seines Wirtschaftsrisikos (BAG v. 11. 7. 1990 – 5 AZR 557/89, AiB 1991, 94).

Der Vergütungsanspruch der Arbeitnehmer gegen den Arbeitgeber bleibe bestehen, beschränke sich aber auf die **Höhe des Kurzarbeitergeldes**, wenn die Arbeitszeit durch die Betriebsvereinbarung wirksam verkürzt wird.

Entsprechendes soll für den Fall des **Widerrufs** der Gewährung von Kurzarbeitergeld gelten. In diesem Falle lebe das vom Arbeitgeber zu tragende Wirtschaftsrisiko zwar wieder auf. Der Arbeitnehmer dürfe aber nicht bessergestellt werden, als wenn die Bundesagentur für Arbeit den Bewilligungsbescheid nicht widerrufen hätte (BAG v. 11. 7. 1990 – 5 AZR 557/89, a. a. O.). Der Widerrufsbescheid der Agentur für Arbeit habe dem Arbeitgeber nur den Anspruch auf Erstattung des Kurzarbeitergeldes genommen. Er führe jedoch nicht zum nachträglichen Wegfall der mit dem Betriebsrat vereinbarten Kurzarbeit. Die Betriebsvereinbarung hierüber bleibe bestehen.

Diese Rechtsprechung **überzeugt nicht**.

Wenn die Agentur für Arbeit Kurzarbeitergeld ablehnt, weil es an den Voraussetzungen fehlt (z. B. an der Erheblichkeit des Arbeitsausfalls i. S. d. § 96 SGB III 2012), dann spricht das dafür, dass die Einführung von Kurzarbeit nicht notwendig war.

Kurzarbeit, Kurzarbeitergeld

Also ist der Arbeitgeber so zu behandeln, als wäre Kurzarbeit nicht eingeführt worden. Dann wäre er unter dem Gesichtspunkt des → **Annahmeverzuges** nach § 615 BGB zur Zahlung des **vollen Lohnes** verpflichtet.
Angesichts der anderslautenden BAG-Rechtsprechung sollte der Betriebsrat in den Verhandlungen über eine Kurzarbeits-Betriebsvereinbarung eine Regelung – besser noch eine → **Gesamtzusage** an die Beschäftigten – verlangen, die klargestellt, dass die Arbeitnehmer Anspruch auf das volle Entgelt haben, falls die Agentur für Arbeit die Gewährung von Kurzarbeitergeld ablehnt oder widerruft.
Ein anderer Weg wäre die Einführung der Kurzarbeit unter die **Bedingung** zu stellen, dass die Agentur für Arbeit Kurzarbeitergeld gewährt (siehe auch → **Koppelungsgeschäfte in der Betriebsverfassung** Rn. 22).
Einer Einführung der Kurzarbeit durch → **Betriebsvereinbarung** soll das → **Günstigkeitsprinzip** nicht entgegenstehen (siehe auch Rn. 3 c). 　　　　　　　　　　　　　　　　　　　　　　　　　　　　　　　**3f**
Etwas anderes dürfte gelten, wenn im Arbeitsvertrag ausdrücklich die **volle Entgeltzahlungspflicht** auch für den Fall der Verkürzung der regelmäßigen Arbeitszeit **vereinbart** ist.

Mitbestimmung des Betriebsrats (§ 87 Abs. 1 Nr. 3 BetrVG)

Die Einführung und Ausgestaltung von Kurzarbeit unterliegt dem **Initiativ-Mitbestimmungsrecht** des Betriebsrats nach § 87 Abs. 1 Nr. 3 BetrVG (siehe Rn. 47 ff.). 　　　　　　　　　　　**4**

Tarifbestimmungen zur Kurzarbeit

Zu beachten sind ggf. geltende **tarifliche Ankündigungsfristen** (auch »Ansagefrist« genannt). 　**4a**

> **Beispiel (§ 5 Ziff. 4 Manteltarifvertrag für die Metall- und Elektroindustrie Hamburg/Schleswig-Holstein):**
> »Zur Herabsetzung der Arbeitszeit bedarf es nicht der Einhaltung der Kündigungsfrist. Zwischen der erstmaligen Unterrichtung des Betriebsrats und der Beschäftigten und der endgültigen Einführung der vereinbarten Kurzarbeit hat jedoch eine Frist von zwei Kalenderwochen zu liegen. Auf die Ankündigungsfrist kann durch Vereinbarung zwischen Arbeitgeber und Betriebsrat verzichtet werden, wenn die Ereignisse, die zur Kurzarbeit führen, außergewöhnlich und nicht vorhersehbar waren.«

Tarifliche Ankündigungsfristen schließen eine vorzeitige Einführung von Kurzarbeit **vor Ablauf der Ankündigungsfrist** aus (es sei denn, es liegt – wie im vorstehenden Beispiel – der tariflich vorgesehene Ausnahmefall eines von den Betriebsparteien vereinbarten »Verzichts« auf die Einhaltung der Ankündigungsfrist vor).
Die Rechtswirkungen der Kurzarbeit (insbesondere Entgeltkürzung) treten erst **nach Ablauf der Frist** ein.
Bis zum Ablauf der Ankündigungsfrist haben die Arbeitnehmer, falls die Arbeitszeit dennoch verkürzt wird, unter dem Gesichtspunkt des → **Annahmeverzuges** Anspruch auf volles Arbeitsentgelt. Eine → **Betriebsvereinbarung**, die eine tarifvertraglich festgelegte Ankündigungsfrist (siehe Rn. 4 a) missachtet, ist insoweit (teil)unwirksam.
Die Teilunwirksamkeit führt i. d. R. nicht zur Unwirksamkeit der Betriebsvereinbarung in ihrer Gesamtheit.
Tarifliche Ankündigungsfristen sind auch im Falle »arbeitskampfbedingter Kurzarbeit« (»Kalte Aussperrung«; siehe → **Arbeitskampf** Rn. 65 ff.) zu beachten (strittig). 　　　　　　　　　　**4b**
Manche Tarifverträge sehen einen Anspruch auf einen **Zuschuss zum Kurzarbeitergeld** vor. 　**4c**
Dabei wird das Kurzarbeitergeld (siehe Rn. 6 ff.) meist bis zu einem bestimmten Prozentsatz

Kurzarbeit, Kurzarbeitergeld

des bisherigen Nettoentgelts, teilweise auch des bisherigen Bruttoentgelts unter Anrechnung des Kurzarbeitergeldes **aufgestockt**.
Der Zuschuss zum Kurzarbeitergeld bleibt gemäß § 106 Abs. 2 Satz 2 SGB III »*bei der Berechnung des Istentgelts außer Betracht*«; das heißt, er wird zusätzlich zum Kurzarbeitergeld gezahlt.

4d Eine Tarifbestimmung, die einen Anspruch auf Zuschuss nur **Angestellten**, nicht aber **Arbeitern** (oder umgekehrt) gewährt, verstößt gegen Art. 3 Abs. 1 GG und ist **unwirksam** (BAG v. 28. 5. 1996 – 3 AZR 752/95, NZA 1997, 101).
Zahlt der Arbeitgeber dennoch an die im Tarifvertrag vorgesehene Arbeitnehmergruppe einen Zuschuss, hat auch die andere Gruppe aufgrund des Gleichbehandlungsgrundsatzes (siehe → **Gleichbehandlung**) einen Zahlungsanspruch.

4e Sieht eine Tarifregelung einen Anspruch auf einen Zuschuss zum Kurzarbeitergeld vor, wenn das Arbeitsverhältnis vor Einführung der Kurzarbeit vom Arbeitgeber oder vom Arbeitnehmer aus welchen Gründen auch immer **gekündigt** wurde, so verstößt die Tarifbestimmung jedenfalls insoweit gegen Art. 3 Abs. 1 GG, als sie den Arbeitnehmern keinen Anspruch auf Zuschuss zum Kurzarbeitergeld einräumt, die bereits vor Einführung von Kurzarbeit einen → **Aufhebungsvertrag** geschlossen haben. Auch diesen Arbeitnehmern steht der Zuschuss zum Kurzarbeitergeld zu (BAG v. 7. 11. 1995 – 3 AZR 870/94, NZA 1996, 778).

5 Nach § 19 KSchG kann die Bundesagentur für Arbeit bei geplanter → **Massenentlassung** für den Zeitraum einer von der Agentur für Arbeit verfügten befristeten »**Entlassungssperre**« (längstens zwei Monate, vgl. § 18 Abs. 2 KSchG) **Kurzarbeit** genehmigen.
Strittig ist, ob der Betriebsrat auch für diesen Sonderfall der Kurzarbeit ein **Mitbestimmungsrecht** hat. Nach richtiger Auffassung ist diese Frage zu bejahen (vgl. Fitting, BetrVG, 27. Aufl., § 87 Rn. 155; DKKW-*Klebe*, BetrVG, 15. Aufl., § 87 Rn. 131; m. w. N.).

Anspruch auf Kurzarbeitergeld (§§ 95 ff. SGB III 2012)

6 Die **Entgelteinbußen** der Beschäftigten bei Kurzarbeit werden zum Teil ausgeglichen durch das so genannte »**Kurzarbeitergeld**«, das die Agentur für Arbeit zu zahlen verpflichtet ist, wenn die gesetzlichen Voraussetzungen vorliegen.
Rechtsgrundlage für die Gewährung von Kurzarbeitergeld ist das Dritte Buch des Sozialgesetzbuchs – Arbeitsförderung – (SGB III) vom 24. März 1997 (BGBl. I S. 594).
Durch das Gesetz zur Verbesserung der Eingliederungschancen am Arbeitsmarkt vom 20. 12. 2011 (BGBl. I S. 2854 – Nr. 69) wurde das SGB III umfassend überarbeitet – teils redaktionell, teils inhaltlich.
Viele Regelungsschwerpunkte (z. B. Kurzarbeitergeld, Arbeitslosengeld, Insolvenzgeld) sind in eine neue, andere Paragrafenfolge eingegliedert worden. In der nachstehenden Darstellung erhalten die neuen Bestimmungen des SGB III den Zusatz »2012« (**SGB III 2012**).
Zu unterscheiden sind das
- konjunkturelle Kurzarbeitergeld (§§ 95 ff. SGB III 2012; siehe Rn. 16 ff.),
- Saison-Kurzarbeitergeld (§ 101 SGB III 2012; siehe Rn. 32 a ff.) und
- Transferkurzarbeitergeld (§ 111 SGB III 2012; siehe → **Transferleistungen** Rn. 12 ff.).

7 Beachten:
Die Agentur für Arbeit befindet nicht darüber, »ob«, »wann«, »in welchem Umfang« und »in welcher Weise« Kurzarbeit eingeführt werden soll (dies vereinbaren Arbeitgeber und Betriebsrat im Mitbestimmungsverfahren nach § 87 Abs. 1 Nr. 3 BetrVG, ggf. erfolgt ein Spruch der → **Einigungsstelle**; siehe Rn. 49).
Vielmehr entscheidet die Agentur für Arbeit ausschließlich über die Frage, ob die Voraussetzungen für die Gewährung von **Kurzarbeitergeld** gegeben sind!

Kurzarbeit, Kurzarbeitergeld

Bezugsdauer (§§ 104, 109 Abs. 1 Nr. 2 SGB III 2012)

Die gesetzliche Bezugsdauer für konjunkturelles Kurzarbeitergeld beträgt gemäß § 104 Abs. 1 **8**
SGB III 2012 (neu gefasst durch Gesetz vom 21.12.2015 – BGBl. I Nr. 55 S. 2557) **mit Wirkung ab 1.1.2016** längstens **zwölf Monate**.
Bislang galt eine gesetzliche Bezugsdauer von **sechs Monaten**.
In den vergangenen Jahren wurde die (bisherige) gesetzliche sechsmonatige Bezugsdauer mehrfach durch **Rechtsverordnungen**, die jeweils am Jahresende erlassen wurden, auf zwölf Monate verlängert.

> **Beispiele:**
> - Verordnung über die Bezugsdauer für das Kurzarbeitergeld vom 7.12.2012 (BGBl. I S. 2570) in der Fassung der Verordnung vom 31.10.2013 (BGBl. I S. 3905): Die gesetzliche Bezugsdauer wurde für Arbeitnehmer, deren Anspruch auf Kurzarbeitergeld **bis zum 31.12.2014 entstanden** war, auf zwölf Monate verlängert.
> - Verordnung über die Bezugsdauer für das Kurzarbeitergeld vom 7.12.2012 (BGBl. I S. 2570) in der Fassung der Verordnung vom 13.11.2014 (BGBl. I S. 1749): Die gesetzliche Bezugsdauer beträgt für Arbeitnehmer, deren Anspruch auf Kurzarbeitergeld **bis zum 31.12.2015 entstanden** war, ebenfalls zwölf Monate.

Mit dieser Handhabung waren **Rechtsunsicherheiten** für Unternehmen, Betriebsräte und Arbeitnehmer verbunden. Man wusste erst am Jahresende, wie es im Folgejahr weiter geht. Deshalb ist es zu begrüßen, dass nunmehr eine zwölfmonatige Bezugsdauer in das Gesetz (§ 104 Abs. 1 SGB III 2012 n.F.) aufgenommen wurde.
Zur Möglichkeit der **Verlängerung** der Bezugsdauer durch Rechtsverordnung auf bis zu **24 Monate** siehe Rn. 10.
Die Bezugsdauer gilt einheitlich für alle in einem Betrieb beschäftigten Arbeitnehmer. Sie **9** beginnt mit dem ersten Kalendermonat, für den in einem Betrieb vom Arbeitgeber Kurzarbeitergeld gezahlt wird (§ 104 Abs. 1 Satz 3 SGB III 2012).
Wird innerhalb der Bezugsfrist für einen zusammenhängenden Zeitraum von mindestens einem Monat Kurzarbeitergeld nicht geleistet, verlängert sich die Bezugsdauer um diesen Zeitraum (§ 104 Abs. 2 SGB III 2012).
Sind seit dem letzten Kalendermonat, für den Kurzarbeitergeld geleistet worden ist, drei Monate vergangen und liegen die Anspruchsvoraussetzungen erneut vor, beginnt eine **neue Bezugsdauer** (§ 104 Abs. 3 SGB III 2012).
Die gesetzliche zwölfmonatige Bezugsdauer des § 104 Abs. 1 SGB III 2012 (siehe Rn. 8) kann **10** gemäß § 109 Abs. 1 Nr. 2 SGB III 2012 (neu gefasst durch Gesetz vom 21.12.2015 – BGBl. I Nr. 55 S. 2557) vom Bundesministerium für Arbeit und Soziales durch **Rechtsverordnung** auf **24 Monate** verlängert werden, wenn außergewöhnliche Verhältnisse auf dem gesamten Arbeitsmarkt vorliegen.
Von dieser gesetzlichen Ermächtigung wurde in der Vergangenheit **immer wieder Gebrauch gemacht**.
Verlängerungen der Regelbezugsdauer erfolgten beispielsweise für die Zeit ab 1.1.2009 aus Anlass der **Finanz- und Wirtschaftskrise 2008/2009**:
- Mit der Verordnung vom 26.11.2008 (BGBl. I S. 2332) wurde die Bezugsdauer bei Arbeitnehmern, deren Anspruch auf Kurzarbeitergeld bis zum 31.12.2009 entstanden war, auf **18 Monate** festgelegt. Bis zum 31.12.2008 galt eine Bezugsdauer von zwölf Monaten – festgelegt durch Verordnung vom 19.12.2006 (BGBl. I S. 3267).
- Mit der Änderungsverordnung vom 29.5.2009 (BGBl. I S. 1223) wurde die Bezugsdauer auf **24 Monate** verlängert. Auch diese Regelung galt nur für Arbeitnehmer, deren Anspruch auf Kurzarbeitergeld bis zum 31.12.2009 entstanden war.

Kurzarbeit, Kurzarbeitergeld

- Durch die Zweite Verordnung zur Änderung der Verordnung über die Bezugsfrist für das Kurzarbeitergeld vom 8.12.2009 (BGBl. I S. 3855) wurde die Bezugsdauer für Arbeitnehmer, deren Anspruch auf Kurzarbeitergeld in der Zeit vom 1.1.2010 bis zum 31.12.2010 entstanden war, auf **18 Monate** festgelegt.

11   **Saison-Kurzarbeitergeld** (siehe Rn. 32 a ff.) wird nach § 104 Abs. 3 SGB III 2012 für die Dauer des Arbeitsausfalls während der **Schlechtwetterzeit** (= **1.12. bis 31.3.**) geleistet. Zeiten des Bezuges von Saison-Kurzarbeitergeld werden nicht auf die Bezugsdauer nach § 104 Abs. 1 SGB III 2012 (siehe Rn. 8) angerechnet.
Sie gelten nicht als Zeiten der Unterbrechung im Sinne des § 104 Abs. 3 SGB III 2012 (siehe Rn. 9).

12   Beim sog. **Transferkurzarbeitergeld** nach § 111 SGB III 2012 (siehe Rn. 33 ff.) beträgt die Bezugsfrist längstens **zwölf Monate** (§ 111 Abs. 1 Satz 2 SGB III 2012).

Höhe des Kurzarbeitergeldes (§§ 105, 106 SGB III 2012)

13   Das Kurzarbeitergeld beträgt nach § 105 SGB III 2012 bei allen Formen (siehe Rn. 6)
- **60 Prozent** des durch Kurzarbeit ausgefallenen Netto-Arbeitsentgelts (= sog. **Nettoentgeltdifferenz**) bzw.
- **67 Prozent**, wenn der Betreffende oder sein nicht getrennt lebender Ehegatte ein Kind zu versorgen hat.

Die **Nettoentgeltdifferenz** entspricht dem Unterschiedsbetrag zwischen dem »pauschalierten Nettoentgelt aus dem **Sollentgelt**« und dem »pauschalierten Nettoentgelt aus dem **Istentgelt**«.
Das **pauschalierte Nettoentgelt** wird vom Bundesministerium für Arbeit und Soziales auf Grundlage des § 109 Abs. 1 Nr. 1 SGB III 2012 durch Verordnung festgelegt.
Ab 1.1.2016 gelten die Werte gemäß Verordnung über die pauschalierten Nettoentgelte für das Kurzarbeitergeld für das Jahr 2016 vom 11.12.2015 (SGB-III-EntGV 2016; BGBl. I S. 2254).
Sollentgelt ist das Bruttoarbeitsentgelt, das der Arbeitnehmer ohne den Arbeitsausfall (und vermindert um das Entgelt für Mehrarbeit) erzielt hätte.
Istentgelt ist das Bruttoarbeitsentgelt, das der Arbeitnehmer im Anspruchszeitraum tatsächlich erzielt hat.
Sollentgelt und Istentgelt sind auf den nächsten durch 20 teilbaren Euro-Betrag zu runden (§ 106 Abs. 1 SGB III 2012).

> **Berechnungsbeispiel Kurzarbeitergeld (Stand 2016):**
> Ein Arbeitnehmer (Steuerklasse III) hat vor Einführung der Kurzarbeit ein monatliches Bruttoentgelt von 2480 Euro erzielt.
> Nach Einführung von Kurzarbeit erhält er nur noch ein monatliches Bruttoentgelt von 1540 Euro. Daraus ergibt sich gem. SGB3EntGV 2016 eine Nettoentgeltdifferenz von monatlich 646,94 Euro.
> Beträgt der Leistungssatz 67 Prozent, setzt sich sein verfügbares monatliches Einkommen aus dem tatsächlichen Nettoentgelt (das sich aus 1540 Euro brutto ergibt) + dem Kurzarbeitergeld in Höhe von 433,45 Euro zusammen.
> Bei einem Leistungssatz von 60 Prozent besteht sein verfügbares monatliches Einkommen aus dem tatsächlichen Nettoentgelt (das sich aus 1540 Euro brutto ergibt) + dem Kurzarbeitergeld in Höhe von 388,16 Euro.
>
> | | ohne Arbeits- und Entgeltausfall in Euro monatlich | mit Arbeits- und Entgeltausfall in Euro monatlich |
> |---|---|---|
> | Bruttoentgelt | 2480,00 | 1540,00 |
> | Nettoentgelt (pauschaliert, Steuerklasse III) | 1863,54 | 1216,60 |
> | Nettoentgeltdifferenz | 646,94 | |

Kurzarbeit, Kurzarbeitergeld

Kurzarbeitergeld 67%	433,45
Kurzarbeitergeld 60%	388,16

Der durch den Arbeitsausfall bedingte Entgeltausfall kann auch 100 Prozent des monatlichen Bruttoentgelts betragen (»**Null-Kurzarbeit**«; vgl. § 96 Abs. 1 Nr. 4 SGB III 2012; siehe auch Rn. 17). **14**
Arbeitsentgelt, das unter Anrechnung des Kurzarbeitergeldes gezahlt wird, wird bei der Berechnung des Ist-Entgelts nicht berücksichtigt (§ 106 Abs. 2 Satz 2 SGB III 2012). Das betrifft Fälle, in denen der Arbeitgeber aufgrund von Regelungen in einem Tarifvertrag oder einer Betriebsvereinbarung einen **Zuschuss zum Kurzarbeitergeld** zahlt.
Nach § 106 Abs. 2 Satz 3 SGB III 2012 bleiben bei der Berechnung der Nettoentgeltdifferenz nach § 106 Abs. 1 SGB III 2012 auf Grund von kollektivrechtlichen Beschäftigungssicherungsvereinbarungen (siehe → **Beschäftigungssicherungstarifvertrag**) durchgeführte vorübergehende Änderungen der vertraglich vereinbarten Arbeitszeit (und eine damit verbundene Absenkung des Arbeitsentgelts) außer Betracht.
Das heißt: Das Kurzarbeitergeld wird nach dem vor der Arbeitszeitabsenkung gezahlten vollen tariflichen Entgelt bemessen.

Beachten:
Bei (z. B.) tariflichen Beschäftigungssicherungsvereinbarungen gelingt es in der Regel nicht, einen (jedenfalls teilweisen) **Lohnausgleich** für die abgesenkte Arbeitszeit durchzusetzen. Entsprechend dem Umfang der Arbeitszeitabsenkung sinkt auch das Arbeitsentgelt.
Deshalb macht es eher Sinn, zuerst Kurzarbeit mit Kurzarbeitergeld durchzuführen und erst nach Ablauf der Bezugsdauer für Kurzarbeitergeld in eine Arbeitszeitabsenkung zum Zwecke der (weiteren) Beschäftigungssicherung zu wechseln.

Wird während des Bezugs von Kurzarbeitergeld eine (**neue**) **Beschäftigung** oder selbständige Tätigkeit aufgenommen und daraus eine Vergütung erzielt, wird das Istentgelt um diese Vergütung **erhöht** (§ 106 Abs. 3 SGB III 2012), was eine Verminderung der Nettoentgeltdifferenz und damit des Kurzarbeitergeldes zur Folge hat.

Sozialversicherung

Während des Bezugs von Kurzarbeitergeld besteht die **Sozialversicherungspflicht** fort (Arbeitslosenversicherung: § 24 Abs. 3 Nr. 1 SGB III 2012; Krankenversicherung: § 192 Abs. 1 Nr. 4 SGB V; Rentenversicherung: § 1 Satz 1 Nr. 1 SGB VI, Pflegeversicherung: § 20 Abs. 1 Nr. 1 SGB XI). **15**
Die **Beiträge** zur Sozialversicherung für das während der Kurzarbeit erzielte (gekürzte) Arbeitsentgelt (= Istentgelt) zahlen Arbeitgeber und Arbeitnehmer je zur Hälfte (siehe → **Sozialversicherung**).
Die Sozialversicherungsbeiträge in Bezug auf das so genannte **fiktive Arbeitsentgelt** (= das infolge Kurzarbeit ausfallende Arbeitsentgelt) zahlt dagegen der Arbeitgeber allein. Das fiktive Arbeitsentgelt beträgt 80 % des Unterschiedsbetrages zwischen Soll- und Istentgelt (§ 232 a Abs. 2 SGB V; siehe Übersicht »Sozialversicherungsbeiträge für Bezieher von Kurzarbeitergeld« im Anhang zu diesem Stichwort).

Kurzarbeit, Kurzarbeitergeld

Steuern

15a Das Kurzarbeitergeld ist **lohnsteuerfrei** (§ 3 Nr. 2 EStG).
Es wird aber bei der Ermittlung des Steuersatzes berücksichtigt, der letztlich auf das übrige im Kalenderjahr erzielte steuerpflichtige Einkommen angewendet wird (**Progressionsvorbehalt**; vgl. § 32 b EStG).
Deshalb können steuerliche **Nachzahlungen** zu Lasten der Beschäftigten anfallen.
Der Arbeitgeber hat das ausgezahlte Kurzarbeitergeld im Lohnkonto einzutragen und nach Maßgabe des § 41 EStG **zu bescheinigen**.

Voraussetzungen des Anspruchs auf konjunkturelles Kurzarbeitergeld (§§ 95 ff. SGB III 2012)

16 Arbeitnehmer haben nach § 95 SGB III 2012 Anspruch auf Kurzarbeitergeld, wenn
- ein erheblicher Arbeitsausfall mit Entgeltausfall vorliegt;
- die betrieblichen Voraussetzungen erfüllt sind;
- die persönlichen Voraussetzungen erfüllt sind;
- der Arbeitsausfall der Agentur für Arbeit angezeigt worden ist.

Erheblicher Arbeitsausfall (§ 96 SGB III 2012)

17 Ein Arbeitsausfall ist gemäß § 96 Abs. 1 SGB III 2012 im Falle des **konjunkturellen Kurzarbeitergeldes erheblich**, wenn
- er auf wirtschaftlichen Gründen (z. B. Auftragsmangel, aber u. U. auch Veränderung der betrieblichen Strukturen; vgl. § 96 Abs. 2 SGB III 2012) oder einem unabwendbaren Ereignis (z. B. ungewöhnliche Witterung oder behördliche Anordnung, vgl. § 96 Abs. 3 SGB III 2012) beruht;
- er vorübergehend ist (abweichend hiervon wird das sog. **Transferkurzarbeitergeld** nach § 111 SGB III 2012 bei voraussichtlich dauerhaftem Arbeitsausfall gezahlt; siehe → **Transferleistungen**);
- er nicht vermeidbar ist (siehe hierzu Rn. 18 ff.);
- im jeweiligen Kalendermonat (Anspruchszeitraum)
  - mindestens ein Drittel der im Betrieb (oder in einer Betriebsabteilung; vgl. § 97 Satz 2 SGB III 2012) beschäftigten Arbeitnehmer
  - von einem Entgeltausfall von jeweils mehr als 10 Prozent ihres monatlichen Bruttoentgelts betroffen ist.

  Der Entgeltausfall kann auch jeweils 100 Prozent des monatlichen Bruttoentgelts betragen (»**Kurzarbeit Null**«).
  Bei den Berechnungen sind Auszubildende nicht mitzuzählen.
  Zu beachten ist: die »10-Prozent-Grenze« des Entgeltausfalls bezieht sich nicht auf den einzelnen Arbeitnehmer, sondern auf den **Betrieb**.
  Deshalb können auch kurzarbeitende Beschäftigte mit einem monatlichen Bruttoentgeltausfall von 10 Prozent oder weniger Anspruch auf Kurzarbeitergeld haben (wenn insgesamt auf den Betrieb bezogen der monatliche Bruttoentgeltausfall mehr als 10 Prozent beträgt).

17a Beim **Saison-Kurzarbeitergeld** (§ 101 SGB III 2012; siehe Rn. 32 a) gilt ein eigenständiger »Erheblichkeits-Begriff« (§ 101 Abs. 5 SGB III 2012).
Die Einschränkungen des § 96 Abs. 1 Nr. 4 SGB III 2012 (»ein-Drittel-Regelung« und »10-Prozent-Grenze«) kommen nicht zur Anwendung (siehe Rn. 32 e).

18 Ein Arbeitsausfall ist **nicht vermeidbar** i. S. d. § 96 Abs. 1 Nr. 3 SGB III 2012, wenn alle zu-

Kurzarbeit, Kurzarbeitergeld

mutbaren Vorkehrungen getroffen wurden, um den Arbeitsausfall zu verhindern (§ 96 Abs. 4 Satz 1 SGB III 2012).

Umgekehrt gilt ein Arbeitsausfall als vermeidbar, wenn er branchenüblich, betriebsüblich oder saisonbedingt ist oder er ausschließlich auf betriebsorganisatorischen Gründen beruht (§ 96 Abs. 4 Satz 2 Nr. 1 SGB III 2012).   19

Das Gleiche gilt, wenn der Arbeitsausfall durch Gewährung von (bezahltem) → **Urlaub** ganz oder teilweise verhindert werden kann, es sei denn, vorrangige Urlaubswünsche der Arbeitnehmer stehen dem entgegen (§ 96 Abs. 4 Satz 2 Nr. 2 SGB III 2012).   20

Schließlich ist ein Arbeitsausfall vermeidbar, der durch Nutzung der im Betrieb zulässigen **Arbeitszeitschwankungen** (Plus- und Minusstunden) ganz oder teilweise vermieden werden kann (§ 96 Abs. 4 Satz 2 Nr. 3 SGB III 2012).   21

Unter Arbeitszeitschwankung ist beispielsweise die ungleichmäßige Verteilung der Arbeitszeit in einem **Ausgleichszeitraum** (z. B. zwölf Monate) aufgrund eines → **Tarifvertrages** und/oder einer → **Betriebsvereinbarung** zu verstehen.

Die **Auflösung** eines Arbeitszeitguthabens (Arbeitszeitkonto; siehe → **Arbeitszeitflexibilisierung**) kann gemäß § 96 Abs. 4 Satz 3 Nr. 1 bis 5 SGB III 2012 nicht verlangt werden, soweit es   22
- vertraglich ausschließlich zur Überbrückung von Arbeitsausfällen außerhalb der Schlechtwetterzeit (vgl. § 101 Abs. 1 SGB III 2012) bestimmt ist und den Umfang von 50 Stunden nicht übersteigt,
- ausschließlich für die in § 7 c Absatz 1 SGB IV genannten Zwecke bestimmt ist (z. B. Verwendung zur Entgeltzahlung während einer Pflegezeit oder einer vorzeitige Freistellung eines Arbeitnehmers vor einer altersbedingten Beendigung des Arbeitsverhältnisses (z. B. im Rahmen einer Vereinbarung über → **Altersteilzeit**)),
- zur Vermeidung der Inanspruchnahme von Saison-Kurzarbeitergeld (vgl. § 101 Abs. 1 SGB III 2012) angespart worden ist und den Umfang von 150 Stunden nicht übersteigt,
- den Umfang von 10 Prozent der Jahresarbeitszeit des Arbeitnehmers (ohne Mehrarbeit) übersteigt oder
- länger als ein Jahr unverändert bestanden hat.

Besteht in einem Betrieb eine Vereinbarung (z. B. → **Betriebsvereinbarung**), in der geregelt ist, dass mindestens 10 Prozent der Jahresarbeitszeit (ohne Mehrarbeit) für **unterschiedlichen Arbeitsanfall** eingesetzt wird, dann gilt ein Arbeitsausfall, der im Rahmen dieser Regelung nicht mehr ausgeglichen werden kann, als nicht vermeidbar.   22a

Insoweit kann also – sofern die sonstigen Voraussetzungen vorliegen – Kurzarbeitergeld gewährt werden (§ 96 Abs. 4 letzter Satz SGB III 2012).

Betriebliche Voraussetzungen für die Zahlung von Kurzarbeitergeld (§ 97 SGB III 2012)

Die betrieblichen Voraussetzungen sind erfüllt, wenn im Betrieb regelmäßig mindestens **ein Arbeitnehmer** beschäftigt ist (§ 97 Satz 1 SGB III 2012).   23

§ 97 Satz 2 SGB III 2012 stellt klar, dass im Sinne der Vorschriften über das Kurzarbeitergeld auch eine »**Betriebsabteilung**« als Betrieb gilt.

Persönliche Voraussetzungen für die Zahlung von Kurzarbeitergeld (§ 98 SGB III 2012)

Die persönlichen Voraussetzungen sind gemäß § 98 Abs. 1 SGB III 2012 **erfüllt**, wenn   24
- der Arbeitnehmer nach Beginn des Arbeitsausfalls eine versicherungspflichtige Beschäftigung fortsetzt oder aus zwingenden Gründen aufnimmt oder im Anschluss an die Beendigung ein Berufsausbildungsverhältnis aufnimmt,
- das Arbeitsverhältnis nicht gekündigt oder durch Aufhebungsvertrag aufgelöst ist,
- der Arbeitnehmer nicht vom Kurzarbeitergeldbezug ausgeschlossen ist.

Kurzarbeit, Kurzarbeitergeld

Die persönlichen Voraussetzungen sind auch erfüllt, wenn der Arbeitnehmer während des Bezugs von Kurzarbeitergeld **arbeitsunfähig** wird, solange Anspruch auf → **Entgeltfortzahlung im Krankheitsfall** besteht oder ohne den Arbeitsausfall bestehen würde (§ 98 Abs. 2 SGB III 2012).
Die persönlichen Voraussetzungen sind nach § 98 Abs. 3 SGB III 2012 nicht erfüllt bei Arbeitnehmern
- während der Teilnahme an einer **beruflichen Weiterbildungsmaßnahme** mit Bezug von Arbeitslosengeld oder Übergangsgeld, wenn diese Leistung nicht für eine neben der Beschäftigung durchgeführte Teilzeitmaßnahme gezahlt wird, sowie
- während des Bezugs von **Krankengeld**.

Ebenfalls nicht erfüllt sind die persönlichen Voraussetzungen, wenn und solange Arbeitnehmer bei einer Vermittlung nicht in der von der Agentur für Arbeit verlangten und gebotenen Weise **mitwirken** würde (§ 98 Abs. 4 Satz 1 SGB III 2012).

Arbeitnehmer, die von einem erheblichen Arbeitsausfall mit Entgeltausfall betroffen sind, sind in die Vermittlungsbemühungen der Agentur für Arbeit einzubeziehen (§ 98 Abs. 4 Satz 2 SGB III 2012).

Hat der Arbeitnehmer trotz Belehrung über die Rechtsfolgen eine von der Agentur für Arbeit angebotene zumutbare Beschäftigung nicht angenommen oder nicht angetreten, ohne für dieses Verhalten einen wichtigen Grund zu haben, sind die Vorschriften über die **Sperrzeit** beim Arbeitslosengeld (siehe → **Arbeitslosenversicherung: Arbeitslosengeld** Rn. 44 ff.) entsprechend anzuwenden (§ 98 Abs. 4 Satz 3 SGB III 2012).

Anzeige des Arbeitsausfalls (§ 99 SGB III 2012)

25 Der Arbeitsausfall ist nach §§ 95 Nr. 4, 99 SGB III 2012 der Agentur für Arbeit **anzuzeigen**. Dabei ist das Vorliegen eines »erheblichen Arbeitsausfalls« sowie der »betrieblichen Voraussetzungen« **glaubhaft zu machen**.
Die Anzeige erfolgt **schriftlich** bei der Agentur für Arbeit, in deren Bezirk der **Betrieb seinen Sitz** hat (§ 99 Abs. 1 Satz 1 SGB III 2012).

26 Die Anzeige kann vom → **Arbeitgeber** oder vom → **Betriebsrat** erstattet werden (§ 99 Abs. 1 Satz 2 SGB III 2012).
Eine Anzeige durch den Betriebsrat ist insbesondere dann geboten, wenn er von seinem **Initiativ-Mitbestimmungsrecht** nach § 87 Abs. 1 Nr. 3 BetrVG mit dem Ziel Gebrauch macht, Kurzarbeit als Alternative zu – vom Arbeitgeber geplante – Entlassungen durchzusetzen (siehe hierzu Rn. 47 j).
Erstattet der Arbeitgeber die Anzeige des Arbeitsausfalls, hat er die **Stellungnahme** des Betriebsrats beizufügen (§ 99 Abs. 1 Satz 3 SGB III 2012).

27 Die Anzeige markiert den **Beginn** der Gewährung von Kurzarbeitergeld.
Es wird frühestens von dem Kalendermonat an geleistet, in dem die Anzeige bei der Agentur für Arbeit **eingegangen** ist (§ 99 Abs. 2 Satz 1 SGB III 2012).
Beruht der Arbeitsausfall auf einem **unabwendbaren Ereignis** (z. B. ungewöhnliche Witterung oder behördliche Anordnung; vgl. § 96 Abs. 3 SGB III), gilt die Anzeige für den entsprechenden Monat als erstattet, wenn sie unverzüglich (ohne schuldhaftes Verzögern) erstattet worden ist (§ 99 Abs. 2 Satz 2 SGB III 2012).

28 Für die Anzeige des Arbeitsausfalls bei Transferkurzarbeitergeld (siehe → **Transferleistungen** Rn. 12 ff.) gilt § 99 Abs. 1, 2 Satz 1 und Abs. 3 SGB III 2012 entsprechend (§ 111 Abs. 6 SGB III 2012).
Die Anzeige über den Arbeitsausfall hat bei der Agentur für Arbeit zu erfolgen, in deren Bezirk der personalabgebende Betrieb seinen Sitz hat (§ 111 Abs. 6 Satz 1 SGB III 2012).

Anerkennungsbescheid der Agentur für Arbeit (§ 99 Abs. 3 SGB III 2012)

Die Agentur für Arbeit hat dem Anzeigenden (Arbeitgeber oder Betriebsrat; siehe Rn. 26) unverzüglich einen **Bescheid** darüber zu erteilen, ob
- ein »erheblicher Arbeitsausfall« i. S. d. § 96 SGB III 2012 (bzw. im Fall von Transferkurzarbeitergeld ein »dauerhafter unvermeidbarer Arbeitsausfall«; siehe → **Transferleistungen** Rn. 13, 14) und
- die »betrieblichen Voraussetzungen« nach § 97 SGB III 2012

vorliegen (§ 99 Abs. 3 SGB III).
Gegen einen ablehnenden Bescheid können Arbeitgeber oder Betriebsrat **Widerspruch** einlegen und ggf. **Klage** beim Sozialgericht erheben.
Möglich ist auch ein – beim Sozialgericht einzureichender – Antrag auf Erlass einer »**einstweiligen Anordnung**«.

29

Antrag auf Gewährung von Kurzarbeitergeld (§§ 323 Abs. 2, 324 Abs. 2 Satz 2, 325 Abs. 3 SGB III 2012)

Kurzarbeitergeld wird nur auf **Antrag** gewährt (§ 323 Abs. 2 Satz 1 SGB III 2012).
Der Antrag ist **nachträglich** für den jeweiligen Kalendermonat zu stellen, in dem Kurzarbeit durchgeführt wird (§ 324 Abs. 2 Satz 2, 325 Abs. 3 SGB III 2012).
Antragsberechtigt ist der → **Arbeitgeber**, aber auch der → **Betriebsrat** (§ 323 Abs. 2 Satz 2 SGB III 2012).
Die Arbeitnehmer stellen keinen Antrag bei der Agentur für Arbeit. Vielmehr wird die Kurzarbeitergeldzahlung komplett **durch den Arbeitgeber abgewickelt**. Er errechnet das Kurzarbeitergeld und zahlt es mit der monatlichen Entgeltabrechnung (darin wird das Kurzarbeitergeld ausgewiesen) an die Beschäftigten aus. Er bekommt das gezahlte Kurzarbeit dann auf seinen Antrag die Zahlung durch die Agentur für Arbeit erstattet.
Zur Bedeutung der Kurzarbeitsanzeige insoweit siehe Rn. 27.
Stellt der Arbeitgeber den Antrag, hat er eine **Stellungnahme** des Betriebsrats beizufügen (§ 323 Abs. 2 Satz 1 und 2 SGB III 2012).
Der Antrag ist nach § 325 Abs. 3 Halbsatz 1 SGB III 2012 innerhalb einer **Ausschlussfrist von drei Kalendermonaten** zu stellen.
Die **Frist beginnt** mit Ablauf des Monats, in dem die Tage liegen, für die Kurzarbeitergeld beantragt wird (§ 325 Abs. 3 Halbsatz 2 SGB III 2012).

30

31

Bewilligungsbescheid der Agentur für Arbeit

Auf den Antrag auf Gewährung von Kurzarbeitergeld erteilt die Agentur für Arbeit einen Bescheid, mit dem das beantragte Kurzarbeitergeld **bewilligt** oder **abgelehnt** wird.
Im Falle der Ablehnung können Arbeitgeber, Betriebsrat, aber auch die durch die Ablehnung betroffenen Arbeitnehmer **Widerspruch** einlegen und ggf. **Klage** beim Sozialgericht erheben.

32

Saison-Kurzarbeitergeld (§ 101 SGB III 2012)

Arbeitnehmer haben nach § 101 Abs. 1 SGB III 2012 in der Zeit vom 1.12. bis 31.3. (**Schlechtwetterzeit**) Anspruch auf Saison-Kurzarbeitergeld, wenn
- sie in einem Betrieb beschäftigt sind, der dem Baugewerbe oder einem Wirtschaftszweig angehört, der von saisonbedingtem Arbeitsausfall betroffen ist,
- der Arbeitsausfall erheblich ist (siehe Rn. 17 a und Rn. 32 e),

32a

Kurzarbeit, Kurzarbeitergeld

- die betrieblichen Voraussetzungen des § 97 SGB III 2012 (siehe Rn. 23) sowie die persönlichen Voraussetzungen des § 98 SGB III 2012 (siehe Rn. 24) erfüllt sind und
- der Arbeitsausfall der Agentur für Arbeit nach § 99 SGB III 2012 angezeigt worden ist (siehe Rn. 25 ff.).

32b Ein Betrieb des **Baugewerbes** ist ein Betrieb, der gewerblich überwiegend Bauleistungen auf dem Baumarkt erbringt (§ 101 Abs. 2 Satz 1 SGB III 2012).

Bauleistungen sind alle Leistungen, die der Herstellung, Instandsetzung, Instandhaltung, Änderung oder Beseitigung von Bauwerken dienen (§ 101 Abs. 2 Satz 2 SGB III 2012).

Betriebe, die **überwiegend** Bauvorrichtungen, Baumaschinen, Baugeräte oder sonstige Baubetriebsmittel ohne Personal Betrieben des Baugewerbes gewerblich zur Verfügung stellen oder überwiegend Baustoffe oder Bauteile für den Markt herstellen, sowie Betriebe, die Betonentladegeräte gewerblich zur Verfügung stellen, sind nicht Betriebe im Sinne des § 101 Abs. 2 Satz 1 SGB III 2012 (§ 101 Abs. 2 Satz 3 SGB III 2012).

32c Erbringt ein Betrieb Bauleistungen auf dem Baumarkt, wird **vermutet**, dass er ein Betrieb des Baugewerbes im Sinne des § 101 Abs. 2 Satz 1 SGB III 2012 ist (§ 101 Abs. 3 Satz 1 SGB III 2012).

Das gilt nicht, wenn gegenüber der Bundesagentur für Arbeit nachgewiesen wird, dass Bauleistungen arbeitszeitlich nicht überwiegen (§ 101 Abs. 3 Satz 2 SGB III 2012).

32d Ein Wirtschaftszweig ist von saisonbedingtem Arbeitsausfall betroffen, wenn der Arbeitsausfall regelmäßig in der Schlechtwetterzeit auf **witterungsbedingten** oder **wirtschaftlichen Ursachen** beruht (§ 101 Abs. 4 SGB III 2012).

32e Ein Arbeitsausfall ist beim Saison-Kurzarbeitergeld **erheblich**, wenn er auf
- wirtschaftlichen oder witterungsbedingten Gründen oder einem unabwendbaren Ereignis beruht,
- vorübergehend und
- nicht vermeidbar

ist (§ 101 Abs. 5 Satz 1 SGB III 2012).

Die für das konjunkturelle Kurzarbeitergeld geltenden **Einschränkungen** des § 96 Abs. 1 Nr. 4 SGB III 2012 (»ein-Drittel-Regelung« und »10-Prozent-Grenze«, siehe Rn. 17) kommen beim Saison-Kurzarbeitergeld **nicht zur Anwendung**.

Als **nicht vermeidbar** gilt auch ein Arbeitsausfall, der überwiegend branchenüblich, betriebsüblich oder saisonbedingt ist (§ 101 Abs. 5 Satz 2 SGB III 2012).

Wurden seit der letzten Schlechtwetterzeit **Arbeitszeitguthaben**, die nicht mindestens ein Jahr bestanden haben, zu anderen Zwecken als zum Ausgleich für einen verstetigten Monatslohn, bei witterungsbedingtem Arbeitsausfall oder der Freistellung zum Zwecke der Qualifizierung aufgelöst, **gelten** im Umfang der aufgelösten Arbeitszeitguthaben Arbeitsausfälle als vermeidbar (§ 101 Abs. 5 Satz 3 SGB III 2012).

32f Ein Arbeitsausfall ist nach § 101 Abs. 6 Satz 1 SGB III 2012 **witterungsbedingt**, wenn
- er ausschließlich durch zwingende Witterungsgründe verursacht ist und
- an einem Arbeitstag mindestens eine Stunde der regelmäßigen betrieblichen Arbeitszeit ausfällt (Ausfalltag).

Zwingende Witterungsgründe liegen nur vor, wenn atmosphärische Einwirkungen (insbesondere Regen, Schnee, Frost) oder deren Folgewirkungen die Fortführung der Arbeiten
- technisch unmöglich,
- wirtschaftlich unvertretbar oder
- für die Arbeitnehmer unzumutbar

machen (§ 101 Abs. 6 Satz 2 SGB III 2012).

Der Arbeitsausfall ist nicht ausschließlich durch zwingende Witterungsgründe verursacht, wenn er durch Beachtung der besonderen **arbeitsschutzrechtlichen Anforderungen** an witterungsabhängige Arbeitsplätze **vermieden** werden kann (§ 101 Abs. 6 Satz 3 SGB III 2012).

Kurzarbeit, Kurzarbeitergeld

Eine **Anzeige** nach § 99 SGB III 2012 (siehe Rn. 25 ff.) ist nicht erforderlich, wenn der Arbeitsausfall ausschließlich auf unmittelbar witterungsbedingten Gründen beruht (§ 101 Abs. 7 SGB III 2012). **32g**

Im Übrigen finden auf das Saison-Kurzarbeitergeld die weiteren **Vorschriften über das konjunkturelle Kurzarbeitergeld** (§§ 95 ff. SGB III 2012) Anwendung (§ 101 Abs. 8 SGB III 2012) – beispielsweise die Regelungen zur Höhe des Kurzarbeitergeldes (siehe Rn. 13). **32h**

Nach § 102 SGB III 2012 haben Arbeitnehmer Anspruch auf **Wintergeld** als **32i**
- Zuschuss-Wintergeld und
- Mehraufwands-Wintergeld.

Zuschuss-Wintergeld wird in Höhe von bis zu 2,50 Euro je ausgefallener Arbeitsstunde gezahlt, wenn zu deren Ausgleich Arbeitszeitguthaben aufgelöst und die Inanspruchnahme des Saison-Kurzarbeitergeldes vermieden wird (§ 102 Abs. 2 SGB III 2012).

Mehraufwands-Wintergeld wird nach § 102 Abs. 3 SGB III 2012 in Höhe von 1,00 Euro für jede in der Zeit vom 15. Dezember bis zum letzten Kalendertag des Monats Februar geleistete berücksichtigungsfähige Arbeitsstunde an Arbeitnehmerinnen und Arbeitnehmer gezahlt, die auf einem witterungsabhängigen Arbeitsplatz beschäftigt sind. Berücksichtigungsfähig sind im Dezember bis zu 90 Arbeitsstunden, im Januar und Februar jeweils bis zu 180 Arbeitsstunden.

Transferkurzarbeitergeld (§ 111 SGB III 2012)

Siehe → **Transferleistungen** Rn. 12 ff. **33**
Nicht besetzt. **34 bis 44**

Kurzarbeitergeld bei Arbeitskämpfen (§ 100 SGB III 2012)

Bei »arbeitskampfbedingter Kurzarbeit« (= Kurzarbeit infolge eines in einem Zulieferer- oder Abnehmerbetrieb stattfindenden Arbeitskampfs; sog. »kalte Aussperrung«) entfällt der Anspruch auf Kurzarbeitergeld, wenn die Voraussetzungen der §§ 100 Abs. 1, 160 SGB III 2012 vorliegen (siehe hierzu → **Arbeitskampf** Rn. 70 ff., 112). **45**

Es gelten außerdem die besonderen Regelungen des § 100 Abs. 2 und 3 SGB III 2012. **46**

Macht der Arbeitgeber geltend, der Arbeitsausfall sei **Folge eines Arbeitskampfes**, hat er dies der Agentur für Arbeit gegenüber darzulegen und glaubhaft zu machen (§ 100 Abs. 2 Satz 1 SGB III 2012).

Eine **Stellungnahme** des → **Betriebsrats** ist beizufügen (§ 100 Abs. 2 Satz 2 SGB III 2012).

Der Arbeitgeber hat dem Betriebsrat die für die Stellungnahme notwendigen **Informationen** zu geben (§ 100 Abs. 2 Satz 3 SGB III 2012).

Die Agentur für Arbeit hat den **Sachverhalt zu ermitteln** und kann hierzu **Feststellungen im Betrieb** treffen (§ 100 Abs. 2 Satz 4 SGB III 2012).

Stellt die Agentur für Arbeit fest, dass ein Arbeitsausfall entgegen der Erklärung des Arbeitgebers nicht Folge eines Arbeitskampfes ist, und liegen die Voraussetzungen für einen Anspruch auf Kurzarbeitergeld allein deshalb nicht vor, weil der Arbeitsausfall vermeidbar gewesen wäre (wenn der Arbeitgeber z. B. rechtzeitig Maßnahmen zur Abwendung des Arbeitsausfalls getroffen hätte), wird das Kurzarbeitergeld insoweit geleistet, als der Arbeitnehmer Arbeitsentgelt (Arbeitsentgelt im Sinne des § 115 SGB X) **tatsächlich nicht erhält** (§ 100 Abs. 3 Satz 1 SGB III 2012).

Bei der Feststellung nach § 100 Abs. 3 Satz 1 SGB III 2012 hat die Agentur für Arbeit auch die **wirtschaftliche Vertretbarkeit** einer Fortführung der Arbeit zu berücksichtigen (§ 100 Abs. 3 Satz 2 SGB III 2012).

Hat der Arbeitgeber das Arbeitsentgelt trotz des Rechtsübergangs **mit befreiender Wirkung** an den Arbeitnehmer oder an einen Dritten gezahlt, hat der Empfänger des Kurzarbeitergeldes dieses insoweit **zu erstatten** (§ 100 Abs. 3 Satz 3 SGB III 2012).

Bedeutung für die Betriebsratsarbeit

47 Der Betriebsrat hat nach § 87 Abs. 1 Nr. 3 BetrVG ein Mitbestimmungsrecht bei der »*vorübergehenden Verkürzung (oder Verlängerung, siehe → Überstunden) der betriebsüblichen Arbeitszeit*«.
Mitbestimmung bedeutet:
- Der Arbeitgeber, der Kurzarbeit einführen will, benötigt für das »**Ob**«, »**Wann**« und »**Wie**« der Kurzarbeit die Zustimmung des Betriebsrats. Verweigert der Betriebsrat die Zustimmung, entscheidet nach § 87 Abs. 2 BetrVG auf Antrag die → **Einigungsstelle**.
- Umgekehrt hat der Betriebsrat ein **Initiativmitbestimmungsrecht**. Das heißt, er kann seinerseits dem Arbeitgeber die Einführung von Kurzarbeit (als Alternative zu Entlassungen) vorschlagen und die → **Einigungsstelle** anrufen, falls der Arbeitgeber die Zustimmung verweigert (siehe Rn. 47 j).

Zur eingeschränkten Mitbestimmung des Betriebsrats bei arbeitskampfbedingter Kurzarbeit siehe → **Arbeitskampf** Rn. 85.

47a **Zweck** der Mitbestimmung ist zum einen der Schutz der Arbeitnehmer vor einer ggf. nicht zwingend erforderlichen Entgeltminderung und der gerechten Verteilung der mit der vorübergehenden Änderung der Arbeitszeit verbundenen Belastungen und Vorteile (BAG v. 1.7.2003 – 1 ABR 22/02, DB 2004, 607 = NZA 2003, 1209).
Zum anderen wird durch die Vorschrift für den Arbeitgeber eine Grundlage geschaffen, Kurzarbeit ohne Änderungsvereinbarung mit jedem Arbeitnehmer bzw. ohne → **Änderungskündigung** mit verbindlicher Wirkung für die Arbeitnehmer einzuführen (zur Frage, ob das → **Günstigkeitsprinzip** dem entgegensteht, siehe Rn. 3 d).
Eine bloße **Zustimmung** des Betriebsrats zur Kurzarbeit oder eine → **Regelungsabrede** zwischen Arbeitgeber und Betriebsrat bilden mangels normativer Wirkung allerdings keine ausreichende Rechtsgrundlage für die Einführung von Kurzarbeit.
Erforderlich ist vielmehr der Abschluss einer → **Betriebsvereinbarung**(siehe Rn. 3 a und 3 d). Eine **Zustimmung** des Betriebsrats zur Kurzarbeit oder eine → **Regelungsabrede** genügen dann, wenn der Arbeitgeber einzelvertraglich (siehe Rn. 3 b) oder durch Tarifvertrag (siehe Rn. 3 c) **ermächtigt** ist, Kurzarbeit ohne Abschluss einer Betriebsvereinbarung einzuführen (BAG v. 14.2.1991 – 2 AZR 415/90, AiB 1993, 727 = NZA 1991, 607).

47b Soweit es darum geht, die **Lage und Verteilung** der verkürzten Arbeitszeit neu zu regeln, besteht bei Festlegung von Beginn und Ende der täglichen Arbeitszeit einschließlich der Pausen und Verteilung der Arbeitszeit auf die einzelnen Wochentage natürlich auch ein Mitbestimmungsrecht nach § 87 Abs. 1 Nr. 2 BetrVG.

47c Die vorübergehende Verkürzung der in einem **Schichtplan** vorgesehenen täglichen Arbeitszeit ist auch dann nach § 87 Abs. 1 Nr. 3 BetrVG mitbestimmungspflichtig, wenn die Höhe der **Vergütung** unverändert bleibt (BAG v. 3.5.2006 – 1 ABR 14/05, DB 2007, 60).

47d Das Mitbestimmungsrecht nach § 87 Abs. 1 Nr. 3 BetrVG ist auch dann gegeben, wenn eine einzelvertragliche oder tarifliche **Ermächtigung** des Arbeitgebers zur Einführung von Kurzarbeit vorliegt (siehe Rn. 3 b und 3 c).

47e Der **Tarifvorbehalt** des § 87 Abs. 1 Eingangssatz BetrVG steht der Mitbestimmung i. d. R. nicht entgegen. Tarifliche Kurzarbeitsklauseln stellen meist keine, das Mitbestimmungsrecht verdrängende abschließende Regelungen i. S. d. § 87 Abs. 1 Eingangssatz BetrVG dar.
Sie bedürfen regelmäßig der betrieblichen Umsetzung, weil sie nicht alle mit der Ein- und

Kurzarbeit, Kurzarbeitergeld

Durchführung der Kurzarbeit entstehenden Fragen regeln können (etwas anderes mag bei einem Firmentarifvertrag zur Kurzarbeit gelten).
Ein tariflicher Ausschluss des Mitbestimmungsrechts wäre im Übrigen unzulässig und unwirksam (BAG v. 27. 1. 1994 – 6 AZR 541/93, NZA 1995, 134; 28. 5. 2009 – 6 AZR 144/08, DB 2009, 1769).

Das Mitbestimmungsrecht besteht unabhängig vom Vorliegen der Voraussetzungen der Vorschriften über die Gewährung von **Kurzarbeitergeld** gemäß §§ 95 ff. SGB III 2012 (ArbG Elmshorn v. 22. 12. 1995 – 1 b BV 51/95, AiB 1996, 191). 47f

Der Einführung von Kurzarbeit wird der Betriebsrat jedoch nicht zustimmen, solange nicht ein rechtskräftiger **Anerkennungsbescheid** der Agentur für Arbeit nach § 99 Abs. 3 SGB III 2012 vorliegt (siehe Rn. 29).

Der Betriebsrat kann seine Zustimmung zur Kurzarbeit von der Gewährung von Kurzarbeitergeld abhängig machen (zur Forderung des Betriebsrats nach weiteren »Gegenleistungen« siehe Rn. 47 m).

Wird nach einer Zusage der Agentur für Arbeit, Kurzarbeitergeld zu zahlen, Kurzarbeit durch Betriebsvereinbarung eingeführt und wird die Zusage **widerrufen**, haben die Arbeitnehmer nach zweifelhafter Ansicht des BAG Anspruch gegen den Arbeitgeber nur auf Zahlung von **Arbeitsentgelt in Höhe des Kurzarbeitergeldes** (BAG v. 11. 7. 1990 – 5 AZR 557/89, AiB 1991, 94; siehe auch Rn. 3 e und 57).

Angesichts dieser BAG-Rechtsprechung sollte der Betriebsrat in den Verhandlungen über eine Kurzarbeits-Betriebsvereinbarung eine Regelung – besser noch eine → **Gesamtzusage** an die Beschäftigten – verlangen, die klargestellt, dass die Arbeitnehmer Anspruch auf das **volle Entgelt** haben, falls die Agentur für Arbeit die Gewährung von Kurzarbeitergeld ablehnt oder widerruft (siehe auch → **Koppelungsgeschäfte in der Betriebsverfassung** Rn. 22). 47g

Das Mitbestimmungsrecht des Betriebsrats nach § 87 Abs. 1 Nr. 3 BetrVG besteht nur bei einer **vorübergehenden Verkürzung** der betriebsüblichen Arbeitszeit. 47h
Eine solche liegt vor, wenn für einen überschaubaren Zeitraum von dem allgemein geltenden Zeitvolumen abgewichen wird, um anschließend zur betriebsüblichen Dauer der Arbeitszeit zurückzukehren (BAG v. 1. 7. 2003 – 1 ABR 22/02, DB 2004, 607 = NZA 2003, 1209).

Verweigert der Betriebsrat die Zustimmung (z. B. weil er die Einführung von Kurzarbeit für ungerechtfertigt hält oder aber er eine andere Art der Umsetzung der Kurzarbeit für richtig hält), entscheidet auf Antrag des Arbeitgebers oder des Betriebsrats gemäß § 87 Abs. 2 BetrVG die → **Einigungsstelle**. 47i

Initiativ-Mitbestimmungsrecht (Kurzarbeit statt Entlassungen)

Der Betriebsrat hat in Bezug auf die Einführung von Kurzarbeit ein Initiativ-Mitbestimmungsrecht. 47j
Das heißt, er kann im Falle und anstelle geplanter Entlassungen vom Arbeitgeber die Einführung von Kurzarbeit fordern und die → **Einigungsstelle** anrufen, falls der Arbeitgeber die Zustimmung verweigert (BAG v. 4. 3. 1986 – 1 ABR 15/84, AiB 1986, 142 = DB 1986, 1395).
Er kann den Arbeitgeber damit zwingen, eine geplante Betriebsänderung nicht oder nicht in der geplanten Weise durchzuführen (BAG v. 4. 3. 1986 – 1 ABR 15/84, a. a. O.; siehe auch Schoof, Personalabbau stoppen – Kurzarbeit einführen oder verlängern, AiB 2009, 610).
Die Mitbestimmung bei der Einführung von Kurzarbeit wird nicht dadurch ausgeschlossen oder eingeschränkt, dass durch ihre Wahrnehmung Daten gesetzt werden, die die **unternehmerische Entscheidungsfreiheit**, seinen Betrieb nicht, nicht so oder auf andere Weise zu ändern, beschränkt (BAG v. 4. 3. 1986 – 1 ABR 15/84, a. a. O.).
Der Umstand, dass ein → **Interessenausgleich** über eine Betriebsänderung nicht erzwingbar ist, besagt nicht, dass ein Recht des Betriebsrats, die Einführung von Kurzarbeit verlangen zu

können, nach der Systematik des BetrVG ausgeschlossen sein muss (BAG v. 4.3.1986 – 1 ABR 15/84, a. a. O.).

Zur Sicherung seines Mitbestimmungsrechts steht dem Betriebsrat gegen den Arbeitgeber ein Anspruch auf **Unterlassung von Kündigungen** vor Ablauf des Mitbestimmungsverfahrens vor der Einigungsstelle zu.

Das gilt im Falle einer vom Unternehmer geplanten Betriebsstilllegung/Massenentlassung (siehe → **Betriebsänderung**) auch dann, wenn die Verhandlungen über einen → **Interessenausgleich** (§ 112 Abs. 1 bis 3 BetrVG) gescheitert sind.

Der Unterlassungsanspruch kann nach zutreffender Ansicht des ArbG Bremen mit **einstweiliger Verfügung** in der Weise gesichert werden, dass es dem Arbeitgeber untersagt wird, Kündigungen auszusprechen, solange das Einigungsstellenverfahren zu Kurzarbeit nicht beendet ist (ArbG Bremen v. 25.11.2009 – 12 BVGa 1204/09 [rkr.], AiB 2010, 584 ff. und 622 ff.; vgl. auch Fitting, BetrVG, 27. Aufl., § 102 Rn. 97).

Das ArbG Bremen hat das Kündigungsverbot zunächst auf ca. zwei Monate **befristet** mit der Maßgabe, dass es dem Betriebsrat unbenommen bleibe, eine **erneute einstweilige Verfügung** mit dem Ziel der Verlängerung des Kündigungsverbotes zu beantragen, wenn es innerhalb der festgesetzten Dauer des Kündigungsverbots nicht zu einem Abschluss des Einigungsstellenverfahrens über die Kurzarbeit kommen sollte (ArbG Bremen v. 25.11.2009 – 12 BVGa 1204/09, a. a. O.; vgl. auch LAG Hamburg v. 24.6.1997 – 3 TaBV 4/97 (rkr.), AiB 1998, 226 in dem ähnlich gelagerten Fall einer tariflich begründeten Mitbestimmung zur Absenkung der Arbeitszeit zum Zweck der Beschäftigungssicherung; siehe → **Beschäftigungssicherungstarifvertrag**).

Die Gegenstrategie des Betriebsrats »**Kurzarbeit statt Entlassungen**« im Überblick:

I. Maßnahmen des Betriebsrats zur Einführung bzw. Verlängerung von Kurzarbeit

1. Betriebsrat beschließt Ausarbeitung eines Konzeptes »Kurzarbeit statt Entlassungen« (Sachverständige nach § 111 Satz 2 BetrVG bzw. § 80 Abs. 3 BetrVG einbeziehen) und den Entwurf einer Betriebsvereinbarung.
2. Betriebsrat fordert Arbeitgeber zu Verhandlungen auf.
3. Falls der Arbeitgeber Verhandlungen ablehnt oder die Verhandlungen scheitern, beschließt der Betriebsrat die Anrufung der Einigungsstelle (§ 87 Abs. 2 BetrVG) und legt Vorschlag betr. Vorsitzende/r und Zahl der Beisitzer der Einigungsstelle vor.
4. Wenn der Arbeitgeber den Vorschlag ablehnt, beschließt der Betriebsrat die Anrufung des Arbeitsgerichts zur Besetzung der Einigungsstelle (§ 100 ArbGG).
5. In der vom Arbeitsgericht nach § 100 ArbGG bestellten Einigungsstelle trägt der Betriebsrat sein Konzept »Kurzarbeit statt Entlassung« vor.
6. Die Einigungsstelle entscheidet – ggf. nach mehreren Verhandlungsrunden – mit Beschluss (die Entscheidung kann für oder gegen »Kurzarbeit statt Entlassungen« ausfallen).
7. Für den Fall, dass der Arbeitgeber vor Abschluss des Einigungsstellenverfahrens das Kündigungs-Anhörungsverfahren nach § 102 Abs. 1 BetrVG einleitet, beschließt der Betriebsrat die Durchführung eines einstweiligen Verfügungsverfahrens mit dem Ziel, Kündigungen zu stoppen, solange die Einigungsstelle das Thema »Kurzarbeit statt Entlassungen« nicht abschließend entschieden hat.

II. Beantragung von Kurzarbeitergeld

1. Der Betriebsrat reicht – zeitlich unmittelbar nach seiner Beschlussfassung »Kurzarbeit statt Entlassungen« – bei der Agentur für Arbeit die nach § 99 SGB III 2012 erforderliche Kurzarbeitsanzeige ein.
Hierzu ist der Betriebsrat gemäß § 99 Abs. 1 Satz 2 SGB III 2012 berechtigt.
Mit der Anzeige wird der frühestmögliche Beginn der Kurzarbeitergeldgewährung festgelegt (§ 99 Abs. 2 SGB III 2012).

Kurzarbeit, Kurzarbeitergeld

2. Der Betriebsrat beantragt nach § 323 Abs. 2 Satz 2 SGB III 2012 die Gewährung von Kurzarbeitergeld.

III. Abwehr von Maßnahmen des Arbeitgebers

1. Versuche des Arbeitgebers, den Weg für Kündigungen durch schnelle Abwicklung des nach § 112 BetrVG notwendigen Interessenausgleichsverfahrens (inkl. Anrufung der Einigungsstelle nach § 112 Abs. 2 Satz 2 BetrVG) frei zu machen, müssen vom Betriebsrat mit Hinweis auf die laufende Einigungsstelle zur Kurzarbeit zurückgewiesen werden.

Erst wenn die »Kurzarbeitsinitiative« des Betriebsrats mit einem ablehnenden Beschluss der Kurzarbeits-Einigungsstelle endgültig scheitert, kann im Rahmen der Interessenausgleichsverhandlungen über das ob, wann und wie des Personalabbaus beraten werden.

Vorschläge des Arbeitgebers zur Besetzung der Einigungsstelle (Vorsitzende/r und Zahl der Beisitzer) werden vom Betriebsrat mit Gegenvorschlägen beantwortet (Gewerkschaft fragen!).

Der Arbeitgeber wird dann beim Arbeitsgericht einen Antrag auf Besetzung der Einigungsstelle stellen (§ 100 ArbGG).

In der Einigungsstellenverhandlung macht der Betriebsrat geltend, dass zunächst der Ausgang des Kurzarbeits-Einigungsstellenverfahrens abzuwarten ist.

Er beantragt, das Einigungsstellenverfahren zum Interessenausgleich auszusetzen.

2. Für den Fall, dass der Arbeitgeber vor Abschluss des Einigungsstellenverfahrens über den Interessenausgleich das Kündigungs-Anhörungsverfahren nach § 102 Abs. 1 BetrVG einleitet, beschließt der Betriebsrat die Durchführung eines einstweiligen Verfügungsverfahrens mit dem Ziel, Kündigungen zu stoppen, solange die Einigungsstelle über den Interessenausgleich nicht abschließend verhandelt hat.

Eine **tarifliche Regelung,** nach der die Einführung »*der Zustimmung des Betriebsrats bedarf*«, kann bedeuten, dass das Initiativrecht des Betriebsrats ausgeschlossen ist (allerdings bestehen Zweifel, ob eine derartige Tarifklausel rechtswirksam ist; vgl. BAG v. 27.1.1994 – 6 AZR 541/93, NZA 1995, 134; BAG v. 18.10.1994 – 1 AZR 503/93, NZA 1995, 1064; 28.5.2009 – 6 AZR 144/08, DB 2009, 1769). 47k

Wenn nach der Tarifklausel »*Kurzarbeit durch Betriebsvereinbarung eingeführt*« werden kann, wird das Initiativmitbestimmungsrecht des Betriebsrats jedenfalls nicht tangiert.

Das Mitbestimmungsrecht des Betriebsrats umfasst auch die **Ausgestaltung der Kurzarbeit** (welche Arbeitsplätze, wie lange usw.). 47l

Siehe hierzu **Checkliste** »Regelungspunkte in einer Betriebsvereinbarung zur Kurzarbeit« im Anhang zu diesem Stichwort.

Das Mitbestimmungsrecht schließt nach zutreffender Ansicht auch Regelungen zur finanziellen Milderung der mit Kurzarbeit verbundenen Entgeltkürzung – insbesondere über einen **Zuschuss zum Kurzarbeitergeld** – ein (strittig: dafür DKKW-*Klebe,* BetrVG 15. Aufl., § 87 Rn. 129; dagegen: BAG v. 21.1.2003 – 1 ABR 9/02, NZA 2003, 1097 [1100]). 47m

Arbeitszeitverkürzung und Entgeltminderung sind untrennbar verbunden.

Es macht keinen Sinn, das Mitbestimmungsrecht zur »Zeitkomponente« zuzubilligen, die für die Betroffenen viel wichtigere »Entgeltkomponente« aber von der Mitbestimmung auszunehmen.

Das verbietet der doppelte Zweck der Mitbestimmungsvorschrift, die Arbeitnehmer vor Entgeltminderungen zu schützen, andererseits aber dem Arbeitgeber die Verkürzung der Arbeitszeit ohne → **Änderungskündigung** zu ermöglichen.

Insofern liegt eine ähnliche Situation vor wie bei Einführung bargeldloser Lohnzahlung: Hier hat das Bundesarbeitsgericht eine Mitbestimmung nach § 87 Abs. 1 Nr. 4 BetrVG im Hinblick auf die Kontoführungsgebühren unter dem Gesichtspunkt der »**Annex-Kompetenz**« bejaht (BAG v. 12.11.1997 – 7 ABR 78/96, AiB 1999, 285 = NZA 1998, 497 [498 f.]).

Der Betriebsrat ist daher berechtigt, die Zustimmung zur Kurzarbeit von der Zahlung eines

Kurzarbeit, Kurzarbeitergeld

Zuschusses zum Kurzarbeitergeld abhängig zu machen bzw. im Fall der Ausübung seines **Initiativrechts** die Zahlung eines Zuschusses zu fordern.
Ist eine Zuschusszahlung bereits abschließend tariflich geregelt, scheidet das Mitbestimmungsrecht aufgrund des Tarifvorbehaltes des § 87 Abs. 1 Eingangssatz BetrVG allerdings aus.
Selbst wenn man ein Mitbestimmungsrecht auch in Bezug auf die Regelung eines Zuschusses zum Kurzarbeitergeld verneint, ist der Betriebsrat nicht gehindert, seine Zustimmung zur Einführung von Kurzarbeit von der Erbringung von »**Gegenleistungen**« an die betroffenen Arbeitnehmer (z. B. Zuschuss zum Kurzarbeitergeld, Beschäftigungsgarantie) abhängig zu machen (sog. → **Koppelungsgeschäft**).
Lehnt der Arbeitgeber das ab, so hat er, wenn er Kurzarbeit gleichwohl einführen möchte, mit dem Betriebsrat weiter zu verhandeln.
Wenn er diese Leistungen nicht erbringen will oder kann, steht es ihm frei, die Verhandlungen für gescheitert zu erklären und die → **Einigungsstelle** anzurufen (§ 87 Abs. 1 Nr. 3, Abs. 2 BetrVG).

47n Das **Initiativmitbestimmungsrecht** des Betriebsrats umfasst entgegen der Ansicht des Bundesarbeitsgerichts (BAG v. 21.11.1978 – 1 ABR 67/76, AP BetrVG 1972 § 87 Arbeitszeit Nr. 2) auch die **Rückführung** zur betriebsüblichen Normalarbeitszeit, ggf. nach Kündigung der Betriebsvereinbarung, die allerdings gemäß § 77 Abs. 6 BetrVG Nachwirkung hat.
Für die Ansicht des Bundesarbeitsgerichts spricht zwar der Wortlaut des § 87 Abs. 1 Nr. 3 BetrVG (vorübergehende Verkürzung der betriebsüblichen Arbeitszeit), nicht aber der in der Kombination von § 87 Abs. 1 Nr. 2 und 3 BetrVG vom Gesetzgeber zum Ausdruck gebrachte **Gesetzeszweck**.
Planungsentscheidungen des Arbeitgebers zur Festlegung der betrieblichen bzw. betriebsüblichen Arbeitszeit sollen der Überprüfung durch den Betriebsrat auf ihre Vereinbarkeit mit den Arbeitszeit- und Entgeltinteressen der Arbeitnehmer unterzogen werden.
Es ist nicht einsichtig, dass nur die Gründe für die Verkürzung, nicht aber **neu eintretende Umstände**, die für eine Rückführung zur betriebsüblichen Arbeitszeit sprechen, der Beurteilung durch den Betriebsrat zugeführt werden sollen.
Ein **Initiativmitbestimmungsrecht** zur Rückführung der Kurzarbeit auf die betriebsübliche Arbeitszeit entfällt aber dann, wenn der Zeitraum der Kurzarbeit im Mitbestimmungswege von vornherein – z. B. in Form einer Befristung – **festgelegt** wurde.

48 **Beachten:**
In manchen → **Tarifverträgen** finden sich zusätzliche Regelungen zur Frage der Einführung und Ausgestaltung von Kurzarbeit (z. B. **tarifliche Ankündigungsfristen**, die der Arbeitgeber einzuhalten hat [siehe Rn. 4 a] oder Regelungen über einen **Zuschuss** zum Kurzarbeitergeld [siehe Rn. 4 c]).

48a Besondere Probleme entstehen, wenn Beschäftigte in → **Altersteilzeit** in Kurzarbeit einbezogen werden.
Das sollte möglichst ausgeschlossen werden.
Siehe hierzu Auszug aus Ziff. 4.1 der »Geschäftsanweisung Kurzarbeitergeld« der Bundesagentur für Arbeit.
»... (2) Arbeitnehmer in Altersteilzeit sind grundsätzlich versicherungspflichtig beschäftigt. Somit kann auch diesen Arbeitnehmern Kurzarbeitergeld gewährt werden. Wird die Altersteilzeit im Blockmodell durchgeführt, kann ein Arbeitsausfall mit Anspruch auf Kurzarbeitergeld nur in der Arbeitsphase eintreten.
Fällt die Arbeitszeit im Blockmodell aufgrund der Kurzarbeit teilweise aus, wird aus dem erzielten Arbeitsentgelt zunächst das Wertguthaben für die Freistellungsphase gebildet. Fällt in einem Monat mehr als die Hälfte der im Blockmodell geschuldeten Arbeitszeit aus, kann der Arbeitnehmer

Kurzarbeit, Kurzarbeitergeld

den mehr als hälftigen Arbeitsausfall für die Freistellungsphase nacharbeiten. Einer Nacharbeit bedarf es nicht, wenn der Arbeitgeber Wertguthaben in entsprechendem Umfang einstellt. Es ist kollektiv- bzw. individualrechtlich möglich, alternative Regelungen zur Nacharbeit zu treffen. Zur Frage der Höhe des Sollentgeltes vgl. GA 13.2. Abs. 3.

Wird während der Altersteilzeitarbeit Kurzarbeitergeld (auch Saison-Kug) bezogen, hat der Arbeitgeber die Aufstockungsleistungen nach dem AtG in dem Umfang zu erbringen, als ob der Arbeitnehmer die vereinbarte Arbeitszeit gearbeitet hätte ...«.

Das »Ob«, »Wann« und »Wie« der Kurzarbeit wird üblicherweise in einer förmlichen → **Betriebsvereinbarung** geregelt, weil nur sie – anders als eine bloße → **Regelungsabrede** – normative Wirkung entfaltet (siehe Rn. 3 d und → **Betriebsvereinbarung** sowie »Musterbetriebsvereinbarung über Kurzarbeit« im Anhang zu diesem Stichwort). 49

Kommt es zu keiner Einigung über den Inhalt der Betriebsvereinbarung, kann die → **Einigungsstelle** angerufen werden (§ 87 Abs. 2 BetrVG).

Die **Vorbereitung der Verhandlungen** mit dem Arbeitgeber über das »Ob«, »Wann« und »Wie« erfordert viel Zeit und Sorgfalt. 50

Denn immerhin hat die Zustimmung des Betriebsrats zur Kurzarbeit eine nicht unerhebliche Einkommensminderung bei den betroffenen Beschäftigten zur Folge.

Im Rahmen des »Kurzarbeitergeld-Verfahrens« hat der Betriebsrat eine Reihe von Aufgabenstellungen. Insbesondere hat er Stellungnahmen zur »**Kurzarbeits-Anzeige**« des Arbeitgebers (§ 99 Abs. 1 Satz 3 SGB III 2012) sowie zum »**Kurzarbeitergeld-Antrag**« (§ 323 Abs. 2 Satz 1 SGB III 2012) abzugeben. 51

Leitet der Betriebsrat im Rahmen einer Strategie »Kurzarbeit statt Entlassungen« (siehe Rn. 47 j) selber das »**Kurzarbeitergeld-Verfahren**« ein (was möglich ist: vgl. § 99 Abs. 1 Satz 2 SGB III 2012), so hat er bei der Formulierung und Einreichung der »Kurzarbeits-Anzeige« die gleichen Verpflichtungen einzuhalten, die im umgekehrten Falle dem Arbeitgeber obliegen. 52

Der Betriebsrat sollte, um Fehler zu vermeiden, auf jeden Fall mit der **Agentur für Arbeit** Verbindung aufnehmen und sich beraten lassen. Diese ist zur Beratung verpflichtet.

Der Betriebsrat kann gemäß § 323 Abs. 2 Satz 2 SGB III 2012 auch den Antrag auf **Gewährung von Kurzarbeitergeld** stellen. 53

Ob der Betriebsrat im Falle »arbeitskampfbedingter Kurzarbeit« (so genannte »kalte Aussperrung«; siehe → **Arbeitskampf** Rn. 65 ff.) ein volles Mitbestimmungsrecht über das »Ob« und »Wie« der Kurzarbeit hat, ist strittig. 54

Die bisherige BAG-Rechtsprechung gesteht ihm ein Mitbestimmungsrecht nicht beim »Ob«, sondern nur beim »Wie« zu (siehe → **Arbeitskampf** Rn. 85).

Vergütungsansprüche der Mitglieder des Betriebsrats während der Kurzarbeit

Ist Kurzarbeit wirksam eingeführt worden und ist davon auch ein Mitglied des Betriebsrats betroffen, weil es in seiner Eigenschaft als Arbeitnehmer vom Geltungsbereich der Kurzarbeitsregelung erfasst ist, gilt für ihn das Gleiche wie für die anderen Beschäftigten. 54a

Es besteht Anspruch auf das **Entgelt** für die geleistete Arbeit sowie für die Zeit des Arbeitsausfalls Anspruch auf **Kurzarbeitergeld**.

> **Beispiel:**
> Von Montag bis Donnerstag wird gearbeitet. Die Arbeitszeit am Freitag fällt wegen Kurzarbeit aus.
> Die Arbeit von Montag bis Donnerstag ist »normal« zu vergüten.
> Für die am Freitag wegen Kurzarbeit ausfallenden Stunden ist Kurzarbeitergeld zu gewähren.

Im Falle von »**Kurzarbeit Null**« (siehe Rn. 1 b und 17) besteht nur Anspruch auf Kurzarbeitergeld.

Kurzarbeit, Kurzarbeitergeld

> **Beispiel:**
> Für den Monat April wird »Kurzarbeit Null« eingeführt. Ein Anspruch auf Arbeitsentgelt entfällt. Stattdessen besteht Anspruch auf Kurzarbeitergeld.

54b Wenn während einer Kurzarbeitsperiode **Betriebsratstätigkeit** ausgeübt wird (z. B. Teilnahme an einer Betriebsratssitzung), gilt Folgendes:
Findet die Betriebsratstätigkeit an Tagen statt, an denen **gearbeitet** wird, kommt § 37 Abs. 2 BetrVG zur Anwendung.
Das heißt: das Arbeitsentgelt wird durch die Betriebsratstätigkeit **nicht gemindert**.
Das Betriebsratsmitglied hat das Entgelt zu bekommen, das es bekommen hätte, wenn es keine Betriebsratstätigkeit wahrgenommen hätte (**Entgeltausfallprinzip**).

> **Beispiel:**
> Von Montag bis Donnerstag wird gearbeitet. Die Arbeitszeit am Freitag fällt wegen Kurzarbeit aus. Am Donnerstag findet eine Betriebsratssitzung statt.
> Das Arbeitsentgelt der teilnehmenden Betriebsratsmitglieder wird nicht gemindert.

Fällt die Betriebsratstätigkeit dagegen in einen Zeitraum, in dem wegen der Kurzarbeit **nicht gearbeitet** wird und deshalb auch kein Anspruch auf Fortzahlung des Entgelts besteht (sondern nur Anspruch auf Kurzarbeitergeld), richten sich die Ansprüche des Betriebsratsmitglieds nach § 37 Abs. 3 BetrVG.
Hiernach ist für Betriebsratstätigkeit, die aus betriebsbedingten Gründen außerhalb der Arbeitszeit stattfinden muss, bezahlte **Arbeitsbefreiung** unter Fortzahlung des Arbeitsentgelts innerhalb eines Monats zu gewähren.
Falls dies aus betriebsbedingten Gründen nicht möglich ist, ist die aufgewendete Zeit wie Mehrarbeit zu vergüten. Allerdings soll kein Anspruch auf Mehrarbeitszuschläge bestehen, weil ohne Kurzarbeit diese Zeit auch nur mit dem normalen Entgelt vergütet worden wäre (vgl. Fitting, BetrVG, 27. Aufl. § 37 Rn. 69; DKKW-*Wedde*, BetrVG, 15. Aufl., § 37 Rn. 53).

> **Beispiel:**
> Von Montag bis Donnerstag wird gearbeitet. Die Arbeitszeit am Freitag fällt wegen Kurzarbeit aus. Am Freitag findet eine Betriebsratssitzung statt, in der über vom Arbeitgeber veranlasste Angelegenheiten beraten wird.
> Es gilt § 37 Abs. 3 Satz 1 BetrVG, weil die Betriebsratssitzung aus betriebsbedingten Gründen außerhalb der Arbeitszeit stattfindet. Die Betriebsratsmitglieder haben Anspruch auf bezahlte Arbeitsbefreiung innerhalb eines Monats, ggf. Anspruch auf Mehrarbeitsvergütung.

Vorstehendes gilt auch im Falle von »**Kurzarbeit Null**«.

> **Beispiel:**
> Für den Monat April wird »Kurzarbeit Null« eingeführt. Am 1. April findet eine Betriebsratssitzung statt, in der über vom Arbeitgeber veranlasste Angelegenheiten beraten wird.
> Es gilt § 37 Abs. 3 Satz 1 BetrVG, weil die Betriebsratssitzung aus betriebsbedingten Gründen außerhalb der Arbeitszeit stattfindet. Die Betriebsratsmitglieder haben Anspruch auf bezahlte Arbeitsbefreiung innerhalb eines Monats, ggf. Anspruch auf Mehrarbeitsvergütung.

54c Das in Rn. 54 a und b Ausgeführte gilt auch für Betriebsratsmitglieder, die nach § 38 BetrVG voll oder teilweise von ihrer beruflichen Tätigkeit freigestellt sind.

Seminarbesuch nach § 37 Abs. 6 und 7 BetrVG während einer Kurzarbeitsperiode

Auch insoweit gilt gemäß § 37 Abs. 6 und 7 i. V. m. § 37 Abs. 2 BetrVG das **Entgeltausfallprinzip** (siehe Rn. 54 b).
Das Betriebsratsmitglied hat das Entgelt zu bekommen, das es bekommen hätte, wenn es nicht an der Schulung teilgenommen hätte.
Das heißt: Es besteht Anspruch auf das Entgelt für die geleistete Arbeit sowie für die Zeit des Arbeitsausfalls Anspruch auf Entgelt in Höhe des Kurzarbeitergeldes.

54d

Betriebsversammlung während einer Kurzarbeitsperiode

Regelmäßige Betriebsversammlungen im Sinne von § 43 Abs. 1 BetrVG können auch dann stattfinden, wenn im Betrieb nur verkürzt gearbeitet wird.
Die teilnehmenden Arbeitnehmer – aber auch die Mitglieder des Betriebsrats – haben für die Zeit der Teilnahme an diesen Betriebsversammlungen Anspruch auf eine **Vergütung** nach § 44 Abs. 1 Satz 2 oder 3 BetrVG, auch wenn sie für den Tag der Betriebsversammlung Kurzarbeitergeld erhalten haben (BAG v. 05.05.1987 – 1 AZR 666/85, AiB 1987, 212).

54e

Bedeutung für die Beschäftigten

Will der Arbeitgeber die Arbeitszeit und damit das Arbeitsentgelt durch Einführung von Kurzarbeit kürzen, so ist er hierzu nicht kraft seines **Direktionsrechts** nach § 106 GewO (siehe → **Arbeitsvertrag** Rn. 3 ff.) berechtigt. Die Einführung von Kurzarbeit betrifft die Dauer der Arbeitszeit. Sie wird von § 106 GewO nicht erfasst.
Vielmehr bedarf es hierzu einer **besonderen Rechtsgrundlage** (siehe Rn. 3 a).
In Betracht kommen eine einzelvertragliche Vereinbarung (siehe Rn. 3 b), eine tarifvertragliche Ermächtigung (siehe Rn. 3 c) oder eine → **Betriebsvereinbarung** (siehe Rn. 3 d; zum Sonderfall der Kurzarbeit bei geplanter Massenentlassung siehe Rn. 5).
Fehlt es an einer besonderen vertraglichen oder kollektivrechtlichen Ermächtigung zur Einführung von Kurzarbeit, ist der Arbeitgeber gehalten, eine → **Änderungskündigung** gegenüber den betroffenen Arbeitnehmern auszusprechen, wenn er Kurzarbeit einführen will.
Es gelten dann die Regeln des Kündigungsrechts (siehe → **Änderungskündigung**, → **Kündigung**, → **Kündigungsfristen**, → **Kündigungsschutz**).

55

Kommt eine → **Betriebsvereinbarung** zwischen Arbeitgeber und Betriebsrat über die Einführung und Ausgestaltung der Kurzarbeit wirksam zustande, werden die Arbeitsverhältnisse der betroffenen Beschäftigten infolge der unmittelbaren Wirkung der Betriebsvereinbarung für die Dauer des vereinbarten Kurzarbeitszeitraums umgestaltet (allerdings erst nach Ablauf ggf. geltender tariflicher **Ankündigungsfristen**; siehe Rn. 4 a).
Das heißt, die Arbeitsverpflichtung reduziert sich um die Zahl der ausgefallenen Stunden. Gleichzeitig entfallen in entsprechendem Umfang die Arbeitsentgeltansprüche gegen den Arbeitgeber.
Allerdings bleibt der Arbeitgeber weiterhin zur Zahlung von **Feiertags- und Urlaubsentgelt** (ggf. plus tariflichem Urlaubsgeld; siehe → **Urlaub**) sowie (tariflichem) → **Weihnachtsgeld** verpflichtet.
An die Stelle des ausgefallenen Arbeitsentgelts treten die **Kurzarbeitergeldleistungen** der Agentur für Arbeit, die vom Arbeitgeber auszuzahlen sind (siehe Rn. 6 ff.).
Zur Frage, ob und in welchem Umfang der Arbeitgeber zur Abführung von **Sozialversicherungsbeiträgen** für das infolge Kurzarbeit ausgefallene Arbeitsentgelt verpflichtet ist, siehe Rn. 15.

56

57 Verweigert die Agentur für Arbeit die Gewährung von Kurzarbeitergeld (oder widerruft es den Bewilligungsbescheid), ist der Arbeitgeber, sofern Kurzarbeit **wirksam eingeführt** ist, nach fragwürdiger Ansicht des BAG zur Zahlung des Arbeitsentgelts nur – in **Höhe des Kurzarbeitergeldes** – verpflichtet (BAG v. 11.7.1990 – 5 AZR 557/89, AiB 1991, 94; siehe hierzu Rn. 3 e und 47 f.).

58 Ist Kurzarbeit **nicht wirksam eingeführt** (weil es an einer vertraglichen oder kollektivrechtlichen Ermächtigungsgrundlage fehlt; siehe Rn. 3 a bis 3 d), behalten die Beschäftigten gemäß § 615 BGB unter dem Gesichtspunkt des → **Annahmeverzuges** auch dann ihren **vollen Arbeitsentgeltanspruch** gegen den Arbeitgeber, wenn tatsächlich nicht gearbeitet wird.

59 Hat der Arbeitgeber das Recht, bei vorübergehendem Arbeitsausfall Kurzarbeit einzuführen (siehe Rn. 3 a ff.), dann dürfte nach dem Ultima-Ratio-Prinzip eine stattdessen ausgesprochene → **betriebsbedingte Kündigung** sozial ungerechtfertigt sein.

Nach zutreffender Ansicht des ArbG Elmshorn ist während des Laufs von Kurzarbeit die **Dringlichkeit** des Ausspruchs einer betriebsbedingten Kündigung grundsätzlich zu verneinen (ArbG Elmshorn v. 19.11.1993 – 2 c Ca 1243/93 (rkr.), BB 1994, 436).

Ein betriebsbedingter Kündigungsgrund komme nur dann in Betracht, wenn **weitere Gründe hinzutreten**, die ergeben, dass trotz Kurzarbeit ein Bedürfnis zur Weiterbeschäftigung des gekündigten Arbeitnehmers auf Dauer entfallen ist (zur Kurzarbeit bei geplanter Massenentlassung siehe Rn. 5).

Nach Ansicht des BAG kann aus den sozialrechtlichen Vorschriften über Kurzarbeitergeld (§§ 95 ff. SGB III 2012) nicht der Schluss gezogen werden, die Gewährung von Kurzarbeitergeld zwinge zu der fiktiven Annahme, dass in jedem Fall auch aus arbeitsrechtlicher Sicht (§ 1 Abs. 2 KSchG) nur ein **vorübergehender Arbeitsmangel** vorliegt, der eine auf Beendigung des Arbeitsverhältnisses gerichtete Kündigung ausschließe.

Die Tatsache, dass die sozialrechtlichen Voraussetzungen für die Gewährung von Kurzarbeitergeld vorliegen, spreche aber zunächst **indiziell** dafür, dass der Arbeitgeber nur von einem vorübergehenden Arbeitsmangel ausgegangen sei, der eine betriebsbedingte Kündigung nicht rechtfertigen könne.

Der wegen § 1 Abs. 2 Satz 4 KSchG beweisbelastete Arbeitgeber könne dieses Indiz jedoch durch konkreten Sachvortrag **entkräften**, wonach eine Beschäftigungsmöglichkeit für einzelne von der Kurzarbeit betroffene Arbeitnehmer **auf Dauer entfallen** ist (BAG v. 26.6.1997 – 2 AZR 494/96, NZA 1997, 1997).

Arbeitshilfen

Übersichten	• Kurzarbeit
	• Kurzarbeitergeld
	• Sozialversicherungsbeiträge für Bezieher von Kurzarbeitergeld
Checklisten	• Voraussetzungen und Rechtsfolgen von Kurzarbeit
	• Checkliste »Regelungspunkte in einer Betriebsvereinbarung zur Kurzarbeit«
Muster	• Betriebsvereinbarung »Kurzarbeit«
	• Schreiben an Arbeitgeber betr. Beschluss über die Anrufung einer Einigungsstelle zu Kurzarbeit
	• Antrag an das Arbeitsgericht auf Errichtung einer Einigungsstelle wegen Kurzarbeit (§ 100 ArbGG)
	• Antrag auf Erlass einer einstweiligen Verfügung gegen den Ausspruch von Kündigungen (Unterlassungsanspruch)

Kurzarbeit, Kurzarbeitergeld

Übersicht: Kurzarbeit

1. **Ablauf des Mitbestimmungsverfahrens über das »Ob«, »Wann« und »Wie« der Kurzarbeit (§ 87 Abs. 1 Nr. 3 BetrVG)**
   - Der Arbeitgeber hat den Betriebsrat rechtzeitig, umfassend und unter Vorlage von Unterlagen zu informieren über das »Wann«, »Wie« und »Warum« der geplanten Kurzarbeit und die Zustimmung des Betriebsrats zu beantragen.
   - Der Betriebsrat untersucht (zusammen mit Gewerkschaft, Vertrauenskörper und Beschäftigten) die Ausgangslage (gegebenenfalls fordert er weitere Informationen) und die Interessenlage (Was will der Arbeitgeber? Was wollen die Beschäftigten?).
   - Der Betriebsrat erarbeitet (zusammen mit Gewerkschaft, Vertrauenskörper und Beschäftigten) eine Stellungnahme und erstellt einen konkreten Forderungskatalog sowie den Entwurf einer Betriebsvereinbarung.
   - Verhandlungen zwischen Arbeitgeber über das »Ob«, »Wann« und »Wie« der Kurzarbeit.
   - Wird ein tragbarer Kompromiss gefunden: Niederlegung der Vereinbarung in einer (schriftlichen) Betriebsvereinbarung.
   - Scheitern die Verhandlungen, kann die Einigungsstelle angerufen werden.
   - Einigungsstelle entscheidet verbindlich über das »Ob«, »Wann« und »Wie« der Kurzarbeit.

   Anmerkungen:
   a) Keine Zustimmung des Betriebsrats zur Kurzarbeit, solange nicht ein rechtskräftiger Anerkennungsbescheid der Agentur für Arbeit nach § 99 Abs. 3 SGB III 2012 vorliegt.
   b) Auch der Betriebsrat kann das vorstehende Verfahren in Gang setzen, denn er hat ein »Initiativmitbestimmungsrecht«. Will beispielsweise der Arbeitgeber infolge Auftragsmangels Arbeitnehmer entlassen, so kann der Betriebsrat den Arbeitgeber auffordern, anstelle der Entlassung eines Teils der Beschäftigten Kurzarbeit für alle Arbeitnehmer einzuführen. Lehnt der Arbeitgeber ab bzw. scheitern die Verhandlungen, kann der Betriebsrat versuchen, durch Anrufung der → **Einigungsstelle** sein Ziel zu erreichen.
   c) Solange die Verhandlungen zum »Ob«, »Wann« und »Wie« der Kurzarbeit und das anschließende Einigungsstellenverfahren nicht beendet sind, darf der Arbeitgeber keine Kündigungen aussprechen. Dem Betriebsrat steht ein mit **einstweiliger Verfügung** durchsetzbarer Unterlassungsanspruch zu (ArbG Bremen v. 25.11.2009 – 12 BVGa 1204/09 [rkr.], AiB 2010, 584 ff. und 622 ff.; vgl. auch Fitting, BetrVG, 27. Aufl., § 102 Rn. 97).

2. **Verfahren betr. Anzeige des Arbeitsausfalls und Gewährung von Kurzarbeitergeld (§§ 95 ff. SGB III, § 323 Abs. 2 SGB III 2012)**

   1. Stufe (Anzeige des Arbeitsausfalls, § 99 SGB III 2012)
   - Erstattung der »Anzeige« des Arbeitsausfalls durch **Arbeitgeber oder Betriebsrat** (§ 99 Abs. 1 Satz 2 SGB III 2012): Darlegung und Glaubhaftmachung der Voraussetzungen der Gewährung von Kurzarbeitergeld (insbesondere erheblicher Arbeitsausfall).
   - Erteilung eines Bescheides der Agentur für Arbeit über das Vorliegen (bzw. Nichtvorliegen) der Voraussetzungen.

   2. Stufe (Gewährung von Kurzarbeitergeld; § 323 Abs. 2 SGB III 2012)
   - Einreichung eines »Antrags« auf Gewährung von Kurzarbeitergeld durch **Arbeitgeber oder Betriebsrat** (§ 323 Abs. 2 Sätze 1 und 2 SGB III 2012): Darlegung der »persönlichen Voraussetzungen« für die Gewährung von Kurzarbeitergeld; Arbeitgeber hat die Voraussetzungen nachzuweisen.
   - Erteilung eines Bescheides der Agentur für Arbeit über die Gewährung (bzw. Nichtgewährung) des beantragten Kurzarbeitergeldes.
   - Abwicklung der Kurzarbeitergeldzahlung während der Kurzarbeit:
     Der Arbeitgeber errechnet das Kurzarbeitergeld und zahlt es an die anspruchsberechtigten Arbeitnehmer aus.
     Die Agentur für Arbeit erstattet dem Arbeitgeber das ausgezahlte Kurzarbeitergeld.

Kurzarbeit, Kurzarbeitergeld

Übersicht: Kurzarbeitergeld

I. Konjunkturelles Kurzarbeitergeld (§§ 95 ff. SGB III 2012)

Wenn Betriebe z. B. aus wirtschaftlichen Gründen die Arbeitszeit vorübergehend verringern und Kurzarbeit anzeigen, zahlt die Agentur für Arbeit mit dem Ziel, die Arbeitsplätze zu erhalten, Kurzarbeitergeld. Anspruch auf Kurzarbeitergeld haben Arbeitnehmer, wenn
- ein erheblicher Arbeitsausfall mit Entgeltausfall vorliegt (§ 96 SGB III 2012),
- die betrieblichen Voraussetzungen erfüllt sind (§ 97 SGB III 2012),
- die persönlichen Voraussetzungen erfüllt sind (§ 98 SGB III 2012) und
- der Arbeitsausfall der Agentur für Arbeit angezeigt worden ist (§ 99 SGB III 2012).

Der Arbeitsausfall ist grundsätzlich nur dann erheblich, wenn er auf wirtschaftlichen Gründen oder einem unabwendbaren Ereignis beruht, wenn er vorübergehend und unvermeidbar ist und wenn in einem Kalendermonat mindestens ein Drittel der im Betrieb (oder der Betriebsabteilung, vgl. § 97 Satz 2 SGB III 2012) beschäftigten Arbeitnehmer von einem Entgeltausfall von jeweils mehr als 10 Prozent ihres monatlichen Bruttoentgelts betroffen ist (§ 96 Abs. 1 SGB III). Der Entgeltausfall kann auch jeweils 100 Prozent des monatlichen Bruttoentgelts betragen.

II. Saison-Kurzarbeitergeld (§ 101 SGB III 2012)

Arbeitnehmer haben in der Zeit vom 1. Dezember bis 31. März (Schlechtwetterzeit) Anspruch auf Saison-Kurzarbeitergeld, wenn
- sie in einem Betrieb beschäftigt sind, der dem Baugewerbe oder einem Wirtschaftszweig angehört, der von saisonbedingtem Arbeitsausfall betroffen ist,
- der Arbeitsausfall erheblich ist,
- die betrieblichen Voraussetzungen des § 97 SGB III 2012 sowie die persönlichen Voraussetzungen des § 98 SGB III 2012 erfüllt sind und
- der Arbeitsausfall der Agentur für Arbeit nach § 99 SGB III 2012 angezeigt worden ist.

III. Transferkurzarbeitergeld (§ 111 SGB III 2012)

Transferkurzarbeitergeld kann auch bei – strukturbedingtem – dauerhaftem Arbeitsausfall gezahlt werden.

IV. Auszahlung und Erstattung des Kurzarbeitergeldes

Kurzarbeitergeld wird in der Regel durch das Unternehmen ausgezahlt und auf Antrag des Arbeitgebers oder des Betriebsrates von der zuständigen Agentur für Arbeit erstattet.

V. Bezugsdauer des Kurzarbeitergeldes

1. Konjunkturelles Kurzarbeitergeld (§ 104 SGB III 2012)
Die Bezugsdauer für konjunkturelles Kurzarbeitergeld beträgt nach § 104 Abs. 1 SGB III 2012 (neu gefasst durch Gesetz vom 21.12.2015 – BGBl. I Nr. 55 S. 2557) grundsätzlich zwölf Monate (Regelbezugsdauer).
Sie kann durch Verordnung des Bundesministeriums für Arbeit und Sozialordnung auf bis zu 24 Monate verlängert werden (§ 109 Abs. 1 Nr. 2 SGB III).
2. Saison-Kurzarbeitergeld (§ 102 SGB III 2012) wird für die Dauer des Arbeitsausfalls während der Schlechtwetterzeit (= 1.12. bis 31.3.) geleistet. Zeiten des Bezuges von Saison-Kurzarbeitergeld werden nicht auf die Bezugsdauer für konjunkturelles Kurzarbeitergeld angerechnet (§ 104 Abs. 4 Satz 2 SGB III 2012). Sie gelten nicht als Zeiten der Unterbrechung im Sinne des § 104 Abs. 3 SGB III 2012 (§ 104 Abs. 4 Satz 3 SGB III 2012).
3. Beim sog. **Transferkurzarbeitergeld** (§ 111 SGB III 2012) beträgt die Bezugsdauer längstens zwölf Monate (§ 111 Abs. 1 Satz 2 SGB III 2012).

VI. Höhe des Kurzarbeitergeldes (§ 105 SGB III 2012)

Das Kurzarbeitergeld wird auf der Grundlage des Differenzbetrages zwischen dem Bruttolohn für die »verkürzte« Arbeitszeit (= Istentgelt) und dem Bruttolohn bei Vollarbeit ohne Mehrarbeit (= Sollent-

Kurzarbeit, Kurzarbeitergeld

gelt) und der Differenz der sich daraus ergebenden – pauschalierten – Nettoentgelte (= sog. **Nettoentgeltdifferenz**) ermittelt.
Es beträgt **67 Prozent** der Nettoentgeltdifferenz für diejenigen, die mindestens ein Kind im Sinne des Steuerrechts haben und im Übrigen **60 Prozent** (siehe untenstehendes Berechnungsbeispiel).
Das **pauschalierte Nettoentgelt** wird vom Bundesministerium für Arbeit und Soziales auf Grundlage des § 109 Abs. 1 Nr. 1 SGB III 2012 durch Verordnung festgelegt.
Ab 1.1.2016 gelten die Werte gemäß Verordnung über die pauschalierten Nettoentgelte für das Kurzarbeitergeld für das Jahr 2016 vom 11.12.2015 (SGB3EntGV 2016; BGBl. I S. 2254).

Berechnungsbeispiel Kurzarbeitergeld (Stand 2016):
Ein Arbeitnehmer (Steuerklasse III) hat vor Einführung der Kurzarbeit ein monatliches Bruttoentgelt von 2480 Euro erzielt.
Nach Einführung von Kurzarbeit erhält er nur noch ein monatliches Bruttoentgelt von 1540 Euro.
Daraus ergibt sich gem. SGB3EntGV 2016 eine Nettoentgeltdifferenz von monatlich 646,94 Euro.
Beträgt der Leistungssatz 67 Prozent, setzt sich sein verfügbares monatliches Einkommen aus dem tatsächlichen Nettoentgelt (das sich aus 1540 Euro brutto ergibt) + dem Kurzarbeitergeld in Höhe von 433,45 Euro zusammen.
Bei einem Leistungssatz von 60 Prozent besteht sein verfügbares monatliches Einkommen aus dem tatsächlichen Nettoentgelt (das sich aus 1540 Euro brutto ergibt) + dem Kurzarbeitergeld in Höhe von 388,16 Euro.

	ohne Arbeits- und Entgeltausfall in Euro monatlich	mit Arbeits- und Entgeltausfall in Euro monatlich
Bruttoentgelt	2480,00	1540,00
Nettoentgelt (pauschaliert, Steuerklasse III)	1863,54	1216,60
Nettoentgeltdifferenz	646,94	
Kurzarbeitergeld 67%	433,45	
Kurzarbeitergeld 60%	388,16	

VII. Steuern
Das Kurzarbeitergeld ist lohnsteuerfrei (§ 3 Nr. 2 EStG). Es wird aber bei der Ermittlung des Steuersatzes berücksichtigt, der letztlich auf das übrige im Kalenderjahr erzielte steuerpflichtige Einkommen angewendet wird (Progressionsvorbehalt; vgl. § 32 b EStG). Deshalb können steuerliche Nachzahlungen zu Lasten der Beschäftigten anfallen. Der Arbeitgeber hat das ausgezahlte Kurzarbeitergeld im Lohnkonto einzutragen und auf der Lohnsteuerkarte zu bescheinigen (§ 41 EStG).

VIII. Sozialversicherung
Während des Bezugs von Kurzarbeitergeld besteht die Sozialversicherungspflicht fort (§ 24 Abs. 3 SGB III 2012, § 192 Abs. 1 Nr. 4 SGB V, § 1 Satz 1 Nr. 1 SGB VI, § 20 Abs. 1 Nr. 1 SGB XI).
Die Beiträge für das während der Kurzarbeitsphase durch Arbeit erzielte (gekürzte) Arbeitsentgelt (= Istentgelt) zahlen Arbeitgeber und Arbeitnehmer je zur Hälfte.
Die Beiträge (für Kranken-, Pflege- und Rentenversicherung) in Bezug auf das Kurzarbeitergeld hat der Arbeitgeber allein zu tragen (Bemessungsgrundlage ist der auf 80 % verminderte Unterschiedsbetrag zwischen Sollentgelt und Istentgelt).
Mit dem Gesetz zur Verbesserung der Eingliederungschancen am Arbeitsmarkt vom 20.12.2011 (BGBl. I S. 2854) wurden die aus Anlass der Finanz- und Wirtschaftskrise im Jahr 2009 eingeführten Sonderregelungen zum Kurzarbeitergeld mit Wirkung ab 1.1.2012 überwiegend zurückgenommen. Dazu zählte u. a. die hälftige bzw. volle Erstattung der Sozialversicherungsbeiträge der Bezieher von Kurzarbeitergeld an den Arbeitgeber.

Kurzarbeit, Kurzarbeitergeld

Übersicht: Sozialversicherungsbeiträge für Bezieher von Kurzarbeitergeld[1]

Die Sozialversicherungsbeiträge sind während des Bezugs von Kurzarbeitergeld wie bisher zunächst aus dem vom Beschäftigten erzielten Arbeitsentgelt zu ermitteln. Seit dem 1.1.1998 ist jedoch für das infolge Kurzarbeit ausgefallene Arbeitsentgelt nicht mehr auf die infolge von Kurzarbeit ausgefallenen Arbeitsstunden abzustellen. Es ist nunmehr der auf 80 v. H. verminderte Unterschiedsbetrag zwischen dem Bruttoarbeitsentgelt, das der Arbeitnehmer ohne den Arbeitsausfall erzielt hätte (= Sollentgelt), und dem Bruttoarbeitsentgelt, das der Arbeitnehmer im Entgeltabrechnungszeitraum tatsächlich erzielt hat (= Istentgelt), für die Beitragsbemessung heranzuziehen.

Beispiel:

Arbeitsausfall wegen Kurzarbeit	72 Stunden
Iststunden (= tatsächliche Arbeitszeit)	92 Stunden
Ermittlung des beitragspflichtigen Arbeitsentgelts:	
Sollentgelt 164 Stunden × 10,– Euro =	1640,– Euro
Abzüglich Istentgelt 92 × 10,– Euro =	920,– Euro
Unterschiedsbetrag zwischen Soll- und Istentgelt =	720,– Euro
80 v. H. des Unterschiedsbetrags (fiktives Arbeitsentgelt) =	576,– Euro
Istentgelt	920,– Euro
+ fiktives Arbeitsentgelt	576,– Euro
= Beitragspflichtiges Arbeitsentgelt insgesamt	1496,– Euro
Sollstunden im Abrechnungsmonat	164 Stunden

Die Beiträge zur Kranken-, Pflege- und Rentenversicherung sind aus dem zuvor als beitragspflichtiges Arbeitsentgelt insgesamt ausgewiesenen Betrag zu ermitteln und an die Krankenkasse abzuführen.
Für die Beiträge zur Arbeitsförderung ist jedoch nur das tatsächlich erzielte Arbeitsentgelt (= Istentgelt) heranzuziehen.
Soweit auch Beiträge zur Lohnfortzahlungsversicherung zu entrichten sind, sind diese ebenfalls nur für das tatsächlich erzielte Arbeitsentgelt zu zahlen.
Die Beiträge zur Kranken-, Pflege- und Rentenversicherung sowie zur Arbeitsförderung, die auf das tatsächlich erzielte Arbeitsentgelt (= Istentgelt) entfallen, sind auch weiterhin je zur Hälfte vom Arbeitgeber und vom Arbeitnehmer zu tragen.
Die auf das fiktive Arbeitsentgelt entfallenden Beiträge zur Kranken-, Pflege- und Rentenversicherung muss der Arbeitgeber allein aufbringen.

Rechtsprechung

1. Keine Einführung von Kurzarbeit kraft Direktionsrechts – Änderungskündigung – Mitbestimmung – Betriebsvereinbarung – Tarifvertrag
2. Initiativ-Mitbestimmungsrecht bei Einführung von Kurzarbeit anstelle von Personalabbau – Unterlassungsanspruch – Einstweilige Verfügung
3. Unwirksame Tarifregelungen über Einführung von Kurzarbeit
4. Kurzarbeit und Urlaub – Anspruch auf Ersatzurlaub
5. Tarifliche Ansagefrist über Einführung von Kurzarbeit
6. Tariflicher Zuschuss zum Kurzarbeitergeld nur für Angestellte?
7. Betriebsbedingte Kündigung nach Einführung von Kurzarbeit?
8. Kurzarbeitergeld
9. Kurzarbeitergeld für Leiharbeitnehmer?
10. Vergütungspflicht des Arbeitgebers bei Widerruf der Kurzarbeitergeldbewilligung durch Agentur für Arbeit
11. Belgische Arbeitslosenleistungen für niederländischen Kurzarbeiter

---

1 Quelle: Der Betrieb 1998, 206.

Ladenöffnung/Ladenschluss

Überblick

Der gesetzliche Ladenschluss wurde erstmalig im Arbeiterschutzgesetz vom 1. 6. 1891 geregelt. **1**
Der Ladenschluss berührt die **widerstreitenden Interessen** des Handels, der Arbeitnehmer und der Kunden. Demzufolge ist er seit jeher und auch aktuell wieder **umstritten**.
Im Verlauf der Zeit wurden die Ladenöffnungszeiten durch Eingrenzung der Schließungszeiten immer **weiter ausgedehnt**.
Heute gilt das Gesetz über den Ladenschluss (LadSchlG) vom 28. 11. 1956 (BGBl. I S. 875), in der Fassung der Bekanntmachung vom 2. 6. 2003 (BGBl. I S. 744), zuletzt geändert durch Gesetz vom 7. 7. 2005 (BGBl. I S. 1954).
Das Gesetz ist mit dem Grundgesetz, insbesondere auch mit Art. 12 GG vereinbar und damit **verfassungsgemäß** (BVerfG v. 29. 11. 1961, BB 1961, 1181; 13. 7. 1992, NJW 1993, 1969; 4. 6. 1998, AuR 1998, 384; zuletzt BVerfG v. 9. 6. 2004 – 1 BvR 636/02, DB 2004, 1504).
Das gilt insbesondere auch für das **Verbot der Ladenöffnung an Sonn- und Feiertagen** (BVerfG. 9. 6. 2004 – 1 BvR 636/02, a. a. O.).
Das Gesetz verstößt auch nicht gegen **europäisches Recht** (EuGH v. 2. 6. 1994 – C–69/93, NJW 1994, 2141; 20. 6. 1996 – C–418/93, EuZW 1996, 600).
Mit dem im Zuge der sog. **Föderalismusreform** verabschiedeten »Gesetz zur Änderung des **2** Grundgesetzes« vom 28. 8. 2006 (BGBl. I S. 2034) ist das Ladenschlussrecht mit Wirkung ab 1. 9. 2006 dem Bereich der »konkurrierenden Gesetzgebung« entzogen worden (Art. 74 Abs. 1 Nr. 11 GG n. F.).
Das bedeutet, dass die Gesetzgebungskompetenz für **Ladenschlussrecht** nunmehr in die **alleinige Zuständigkeit der Bundesländer** nach Art. 70 Abs. 1 GG unterfällt (vgl. Kühling, AuR 2006, 384; Kühn, AuR 2006, 418 m. w. N.).
Der Bundesgesetzgeber ist nicht mehr befugt, das Recht des Ladenschlusses zu regeln. Ungeachtet dessen gilt das bestehende **LadSchlG als Bundesrecht** in den Ländern weiter, die nicht von ihrer Gesetzgebungskompetenz Gebrauch machen (das ist nur Bayern der Fall; siehe Rn. 3).
Das ergibt sich aus Art. 125 a Abs. 1 GG n. F.: *»Recht, das als Bundesrecht erlassen worden ist, aber wegen der Änderung des Artikels 74 Abs. 1 [...] nicht mehr als Bundesrecht erlassen werden könnte, gilt als Bundesrecht fort. Es kann durch Landesrecht ersetzt werden.«*
Das BVerfG hat allerdings inzwischen klargestellt, dass sich die alleinige Gesetzgebungskompetenz der Länder für das Recht des Ladenschlusses (Art. 74 Abs. 1 Nr. 11 GG) nicht auf **2a** **arbeitszeitrechtliche Regelungen** erstreckt (BVerfG v. 14. 1. 2015 – 1 BvR 931/12). Solche Regelungen seien Art. 74 Abs. 1 Nr. 12 GG zuzuordnen. Der Bund habe von seiner konkurrierenden Gesetzgebungskompetenz für Regelungen zur Arbeitszeit in Verkaufsstellen an Samstagen bisher nicht erschöpfend im Sinne des Art. 72 Abs. 1 GG Gebrauch gemacht. Deshalb könnten die Bundesländer Regelungen treffen (z. B. Begrenzung der Samstagsarbeit). Mit dieser Begründung hat das BVerfG eine Verfassungsbeschwerde eines Möbelunternehmens gegen § 12 Abs. 3 Satz 1 ThürLadÖffG als unbegründet zurückgewiesen. Dieser Vor-

Ladenöffnung/Ladenschluss

schrift nach dürfen Arbeitnehmer in Verkaufsstellen mindestens an **zwei Samstagen in jedem Monat nicht beschäftigt** werden.
Art. 72 Abs. 1 GG lautet:
»*(1) Im Bereich der konkurrierenden Gesetzgebung haben die Länder die Befugnis zur Gesetzgebung, solange und soweit der Bund von seiner Gesetzgebungszuständigkeit nicht durch Gesetz Gebrauch gemacht hat.*«
Art. 74 Abs. 1 Nr. 11 und 12 GG lauten:
»*Die konkurrierende Gesetzgebung erstreckt sich auf folgende Gebiete:* ...
11. Das Recht der Wirtschaft ... *ohne das Recht des Ladenschlusses* ...
12. das Arbeitsrecht einschließlich der Betriebsverfassung, des Arbeitsschutzes und der Arbeitsvermittlung sowie der Sozialversicherung einschließlich der Arbeitslosenversicherung.«

3   Mittlerweile (Stand: 2015) haben – bis auf Bayern – alle Bundesländer sog. »Ladenöffnungsgesetze« mit einer weitgehenden Freigabe der Ladenöffnung an **Werktagen (Montag bis Samstag)** »rund um die Uhr« (sog. »**6 x 24 Regelung**« = Ladenöffnung von 0 bis 24 Uhr) und einer Erhöhung der Zahl der »**verkaufsoffenen« Sonn- und Feiertage** verabschiedet. Enger ist die saarländische Regelung: Verkaufsstellen dürfen montags bis samstags von 6 Uhr bis 20 Uhr geöffnet sein (abweichend davon darf die Ortspolizeibehörde die Öffnung von Verkaufsstellen aus Anlass von besonderen Ereignissen an jährlich höchstens einem Werktag von 6 bis 24 Uhr zulassen). In **Bayern** ist ein von der CSU eingebrachter Gesetzentwurf gescheitert. Ministerpräsident Seehofer: »*Ich kann mir mit einer Regierung unter meiner Führung keine Änderung des Ladenschlusses vorstellen*« (Süddeutsche Zeitung vom 22.1.2010, Seite 40, Stadtausgabe München).
Zu den Ladenöffnungsgesetzen der Bundesländer siehe **Übersicht**.

4   Die **arbeitsrechtlichen/arbeitsschutzrechtlichen Regelungsfragen**, die mit dem Thema »Ladenschluss« mittelbar verbunden sind, fallen unverändert in den Bereich der »konkurrierenden Gesetzgebung« (vgl. Art. 74 Abs. 1 Nr. 12 GG: »*Die konkurrierende Gesetzgebung erstreckt sich auf folgende Gebiete: [...] das Arbeitsrecht einschließlich der Betriebsverfassung, des Arbeitsschutzes und der Arbeitsvermittlung sowie der Sozialversicherung einschließlich der Arbeitslosenversicherung*«).
Das heißt: bezogen auf die z. B. in § 17 LadSchlG (»Besonderer Schutz für Arbeitnehmer«; siehe Rn. 26, 29 ff.) oder § 9 ArbZG (»**Sonn- und Feiertagsruhe**«; siehe → **Arbeitszeit**) geregelten Fragen verbleibt es bei der konkurrierenden Gesetzgebungszuständigkeit des Bundes. Solange die insoweit erlassenen bundesgesetzlichen Bestimmungen bestehen, können die Länder **keine abweichenden Regelungen** treffen.
Einige Bundesländer haben dennoch eigenständige arbeitsrechtliche Regelungen erlassen (z. B. Berlin, NRW, Hessen). Das ist nach zutreffender Ansicht mit Art. 70 ff. GG **nicht vereinbar** (vgl. Kühling, AuR 2006, 384; Kühn, AuR 2006, 418).
Nach § 12 Abs. 3 Satz 1 ThürLadÖffG dürfen Arbeitnehmer in Verkaufsstellen mindestens an zwei Samstagen in jedem Monat nicht beschäftigt werden. Das BVerfG hat eine Verfassungsbeschwerde eines Möbelunternehmens gegen diese Regelung als unbegründet zurückgewiesen (BVerfG v. 14.1.2015 – 1 BVR 931/12).

5   Weil das (Bundes-)LadSchlG somit weiterhin (eingeschränkt) Bedeutung hat (siehe Rn. 2), werden nachstehend die **wichtigsten Bestimmungen** aufgeführt.

6   In §§ 3 bis 16 LadSchlG werden die **Ladenschlusszeiten** von Verkaufsstellen i. S. d. § 1 LadSchlG festgelegt, und damit mittelbar auch die zulässigen Öffnungszeiten.
Verkaufsstellen müssen gemäß § 3 Satz 1 LadSchlG für den geschäftlichen Verkehr mit Kunden zu folgenden Zeiten geschlossen sein:
- an Sonn- und Feiertagen (Ausnahmen gelten nach §§ 12, 14 und 15 LadSchlG),
- montags bis samstags bis 6 Uhr und ab 20 Uhr;
- am 24. Dezember, wenn er auf einen Werktag fällt, bis 6 Uhr und ab 14 Uhr.

Die beim Ladenschluss anwesenden Kunden dürfen noch **bedient** werden (§ 3 Satz 3 LadSchlG). 7

Verkaufsstellen mit **Bäckerwaren** können an Werktagen den Beginn der Ladenöffnungszeit auf 5.30 Uhr vorverlegen (§ 3 Satz 2 LadSchlG).

§§ 4 bis 15 LadSchlG enthalten **abweichende Regelungen** für Apotheken, für den Verkauf von 8
Zeitungen und Zeitschriften, für Tankstellen, Warenautomaten, Verkaufsstellen auf Personenbahnhöfen, Flughäfen und in Fährhäfen, in Kur-, Erholungsorten und Wallfahrtsorten, für den Verkauf in ländlichen Gebieten während der Zeit der Feldbestellung und der Ernte und für den Verkauf bestimmter Waren (z. B. Bäckerwaren oder Blumen) an Sonntagen.

Ein weiterer Verkauf an **vier Sonn- und Feiertagen jährlich** ist möglich (§ 14 Abs. 1 LadSchlG), ebenso der Verkauf am **24. Dezember**, wenn dieser Tag auf einen **Sonntag** fällt (§ 15 LadSchlG).

Weitere Abweichungen sind möglich durch Erlass von Rechtsverordnungen der Landesregierungen (§ 10 LadSchlG) oder – wenn dies im öffentlichen Interesse dringend geboten ist – durch Ausnahmebewilligung der obersten Landesbehörde (§ 23 Abs. 1 LadSchlG).

Für die **Arbeitnehmer in Verkaufsstellen** gelten die arbeitszeitrechtlichen Bestimmungen des 9
ArbZG, JArbSchG, MuSchG usw.

Auch die Bestimmungen des ArbZG über das grundsätzliche Verbot der → **Sonn- und Feiertagsarbeit** nach § 9 ArbZG (und über Ausnahmen von diesem Verbot) finden Anwendung. § 17 LadSchlG **ergänzt** diese Vorschriften und trifft für den Fall der Beschäftigung von Arbeitnehmern an Sonn- und Feiertagen – einschränkende – Schutzregelungen (siehe unten). §§ 9 ff. ArbZG und § 17 LadSchlG sind kumulativ (»sowohl als auch«) anzuwenden.

Zur **Arbeit in der Nacht** enthält § 17 LadSchlG keine speziellen Arbeitnehmerschutzbestimmungen.

Derartige Regelungen waren auch nicht nötig, weil durch das **Verbot der Ladenöffnung nach 20 Uhr** (§ 3 Satz 1 Nr. 2 LadSchlG faktisch auch ein Verbot der Nachtarbeit gewährleistet war. In Bundesländern, die eine Ladenöffnung in der Nacht zugelassen und deshalb § 3 Satz 1 Nr. 2 LadSchlG abgelöst haben, ist dieses Verbot allerdings weggefallen.

Es kommen (nur noch) die Vorschriften des ArbZG zur → **Nachtarbeit** zum Tragen (§ 6 ArbZG).

Bedeutung für die Betriebsratsarbeit (im Einzelhandel)

Nach § 87 Abs. 1 Nr. 2 BetrVG hat der Betriebsrat **mitzubestimmen** bei der Festlegung von 10
Beginn und Ende der Arbeitszeit der Arbeitnehmer einschließlich der Pausen sowie Verteilung der Arbeitszeit auf die einzelnen Wochentage (siehe → **Arbeitszeit** und → **Arbeitszeitflexibilisierung**).

Der Betriebsrat kann durch Ausübung seines Mitbestimmungsrechts Einfluss darauf nehmen, **ob und in welchem Umfang** von den neuen Ladenöffnungszeiten (Bundesländer; vgl. **Überblick** im Anhang) Gebrauch gemacht wird bzw. werden kann.

Er kann seine Zustimmung von »**Gegenleistungen**« zum Schutz und im Interesse der Arbeitnehmer abhängig machen.

Im Nichteinigungsfalle entscheidet die → **Einigungsstelle** (§ 87 Abs. 2 BetrVG).

Siehe auch → **Koppelungsgeschäfte in der Betriebsverfassung**.

Dem Mitbestimmungsrecht steht nicht entgegen, dass damit in gewissem Umfang in die 11
unternehmerische Freiheit des Arbeitgebers (Art. 12 Abs. 1 GG) eingegriffen wird.

Lehnen Betriebsrat und Einigungsstelle eine Ausweitung der Arbeitszeiten ab, kann der Arbeitgeber seinen Betrieb zu bestimmten Zeiten und an bestimmten Tagen nicht offen halten.

Ladenöffnung/Ladenschluss

Diese Beschränkung unternehmerischer Entscheidungsfreiheit ist aber zur Wahrung der **Belange der Arbeitnehmer** geboten und steht mit der Verfassung im Einklang (BVerfG v. 18.12.1985 – 1 BvR 143/83 – AP BetrVG 1972 § 87 Arbeitszeit Nr. 15, zu II 1 der Gründe; vgl. auch BAG 31.8.1982 – 1 ABR 27/80, AP BetrVG 1972 § 87 Arbeitszeit Nr. 8; 26.10.2004 – 1 ABR 31/03 (A), NZA 2005, 538 [541]).

Das Mitbestimmungsrecht des Betriebsrats umfasst deshalb auch die Frage, ob an **bestimmten Tagen** überhaupt und in welchem **Umfang** gearbeitet werden soll.

Gegen die Einführung oder Aufrechterhaltung eines bestimmten arbeitsfreien Tages sprechende unternehmerische Belange sind im Rahmen des Mitbestimmungs- und ggf. Einigungsstellenverfahrens zu beachten und zu gewichten, sie schließen das Mitbestimmungsrecht aber nicht aus (BAG v. 26.10.2004 – 1 ABR 31/03 (A), a.a.O.).

Bedeutung für die Beschäftigten (im Einzelhandel)

12 § 17 LadSchlG regelt den Schutz der Arbeitnehmer bei einer **Beschäftigung an Sonn- und Feiertagen**.
Die Vorschrift gilt mit Blick auf Art. 72 Abs. 1 GG und Art. 74 Abs. 1 Nr. 12 GG (siehe Rn. 2a) auch in denjenigen Bundesländern weiter, die die Ladenöffnung an Sonn- und Feiertagen über den Rahmen des LadSchlG hinaus zugelassen haben (vgl. Kühling, AuR 2006, 384; strittig: vgl. Kühn, AuR 2006, 418 m. w. N.).
Es muss daher davon ausgegangen werden, dass eine Beschäftigung von Arbeitnehmern an Sonn- und Feiertagen außerhalb des von § 17 Abs. 1 LadSchlG zugelassenen Rahmens **unzulässig** ist.

13 Insgesamt gilt: Weder das Ladenschlussgesetz noch die »Ladenöffnungsgesetze« der Bundesländer (siehe **Überblick** im Anhang) begründen eine Arbeitspflicht der Arbeitnehmer in der Nacht und an Sonn- und Feiertagen.
§ 17 Abs. 1 bis 3 LadSchlG i. V. m. dem allgemeinen öffentlich-rechtlichen Arbeitszeitschutz (z. B. ArbZG) bildet lediglich eine **Höchstgrenze**, die nicht überschritten werden darf.
Ob und in welchem Umfang eine **Arbeitspflicht an Sonn- und Feiertagen** besteht, richtet sich allein nach den für das Arbeitsverhältnis geltenden arbeitsvertraglichen, betrieblichen oder tariflichen Vereinbarungen bzw. Regelungen (zur Mitbestimmung des Betriebsrats siehe Rn. 10).

14 Arbeitnehmer in Verkaufsstellen dürfen gemäß § 17 Abs. 1 LadSchlG an Sonn- und Feiertagen nur während der nach §§ 4 bis 15 LadSchlG zugelassenen **Öffnungszeiten** tätig sein.
Der Arbeitszeitrahmen kann um insgesamt **30 Minuten ausgedehnt** werden, wenn dies zur Erledigung von Vorbereitungs- und Abschlussarbeiten unerlässlich ist (§ 17 Abs. 1 LadSchlG).

15 § 17 Abs. 2 LadSchlG bestimmt, dass Arbeitnehmer an Sonn- und Feiertagen nicht länger als **acht Stunden** beschäftigt werden dürfen (ein Zehn-Stunden-Tag ist deshalb – anders als nach dem ArbZG – nicht zulässig).

16 Sonderregelungen gelten nach § 17 Abs. 2 a LadSchlG für Verkaufsstellen in **Kur-, Erholungs- und Wallfahrtsorten**. In solchen Verkaufsstellen, die gemäß § 10 LadSchlG oder den hierauf gestützten Vorschriften an Sonn- und Feiertagen geöffnet sein dürfen, dürfen Arbeitnehmer an jährlich höchstens 22 Sonn- und Feiertagen beschäftigt werden. Ihre Arbeitszeit an Sonn- und Feiertagen darf vier Stunden nicht überschreiten.

17 § 17 Abs. 3 LadSchlG sieht Bestimmungen über den **Zeitausgleich** bei Beschäftigung an Sonn- und Feiertagen vor.
Hiernach sind Arbeitnehmer, die an Sonn- und Feiertagen in Verkaufsstellen gemäß §§ 4 bis 6, 8 bis 12, 14 und 15 ArbZG und den hierauf gestützten Vorschriften beschäftigt werden, wenn

Ladenöffnung/Ladenschluss

die Beschäftigung länger als drei Stunden dauert, an einem Werktag derselben Woche ab 13 Uhr, wenn sie länger als sechs Stunden dauert, an einem ganzen Werktag derselben Woche von der Arbeit **freizustellen**; mindestens jeder dritte Sonntag muss beschäftigungsfrei bleiben.
Werden Arbeitnehmer bis zu drei Stunden beschäftigt, so muss jeder zweite Sonntag oder in jeder zweiten Woche ein Nachmittag ab 13 Uhr **beschäftigungsfrei** bleiben.
Statt an einem Nachmittag darf die Freizeit am Sonnabend- oder Montagvormittag bis 14 Uhr gewährt werden.
Während der Zeiten, zu denen die **Verkaufsstelle geschlossen** sein muss, darf die Freizeit nicht gegeben werden.

Arbeitnehmer in Verkaufsstellen können **verlangen**, in jedem Kalendermonat an einem **Samstag** von der Beschäftigung **freigestellt** zu werden (§ 17 Abs. 4 LadSchlG). 18

Mit dem **Beschicken von Warenautomaten** dürfen Arbeitnehmer außerhalb der Öffnungszeiten, die für die mit dem Warenautomaten in räumlichem Zusammenhang stehende Verkaufsstelle gelten, nicht beschäftigt werden (§ 17 Abs. 5 LadSchlG). 19

Das Bundesministerium für Wirtschaft und Arbeit wird durch § 17 Abs. 7 LadSchlG ermächtigt, zum Schutze der Arbeitnehmer in Verkaufsstellen vor übermäßiger Inanspruchnahme ihrer Arbeitskraft oder sonstiger Gefährdung ihrer Gesundheit durch **Rechtsverordnung** mit Zustimmung des Bundesrates zu bestimmen, 20
1. dass während der ausnahmsweise zugelassenen Öffnungszeiten (§§ 4 bis 15 LadSchlG und die hierauf gestützten Vorschriften) bestimmte Arbeitnehmer nicht oder die Arbeitnehmer nicht mit bestimmten Arbeiten beschäftigt werden dürfen,
2. dass den Arbeitnehmern für Sonn- und Feiertagsarbeit über die Vorschriften des § 17 Abs. 3 LadSchlG hinaus ein Ausgleich zu gewähren ist,
3. dass die Arbeitnehmer während der Ladenschlusszeiten an Werktagen (§ 3 Abs. 1 Nr. 2, §§ 5, 6, 8 bis 10 LadSchlG und die hierauf gestützten Vorschriften) nicht oder nicht mit bestimmten Arbeiten beschäftigt werden dürfen.

Das Gewerbeaufsichtsamt kann gemäß § 17 Abs. 8 LadSchlG in begründeten Einzelfällen **Ausnahmen** von den Vorschriften der Absätze 1 bis 5 bewilligen. 21
Die Bewilligung kann jederzeit **widerrufen** werden.

Die Vorschriften des § 17 Abs. 1 bis 8 LadSchlG finden auf pharmazeutisch vorgebildete Arbeitnehmer in **Apotheken** keine Anwendung (§ 17 Abs. 9 LadSchlG). 22

Arbeitsvertragliche Vereinbarungen und einseitige Anweisungen des Arbeitgebers sind nach § 134 BGB **nichtig**, wenn sie gegen § 17 Abs. 1 bis 5 LadSchlG verstoßen. 23
Der Arbeitnehmer braucht gesetzwidrige Arbeitsanweisungen nicht zu befolgen.
Außerdem stehen ihm **Schadensersatzansprüche** nach § 823 Abs. 2 BGB zu.

§§ 21, 22 LadSchlG sehen Bestimmungen zur Durchführung des Gesetzes vor, u. a. Pflichten des Arbeitgebers zur **Auslage** des Gesetzes und zur Anfertigung von Verzeichnissen (§ 21 LadSchlG) sowie Aufgaben und Befugnisse der **Aufsichtsbehörden** (§ 22 LadSchlG). 24

Wer als Inhaber einer Verkaufsstelle oder als Gewerbetreibender gegen § 17 Abs. 1 bis 3 und Abs. 5 sowie gegen §§ 21, 22 LadSchlG verstößt, begeht eine **Ordnungswidrigkeit** (§ 24 LadSchlG). 25
Die Ordnungswidrigkeit kann – je nach Tatbestand – mit einer **Geldbuße** bis zu 2500 Euro bzw. bis zu 500 Euro geahndet werden.

Wer als Inhaber einer Verkaufsstelle oder als Gewerbetreibender im Sinne des § 20 LadSchlG vorsätzlich eine der in § 24 Abs. 1 Nr. 1 Buchstabe n a und b bezeichneten Handlungen (z. B. Verstöße gegen § 17 Abs. 1 bis 3 LadSchlG) begeht und dadurch vorsätzlich oder fahrlässig Arbeitnehmer in ihrer Arbeitskraft oder Gesundheit gefährdet, wird mit **Freiheitsstrafe** bis zu sechs Monaten oder mit **Geldstrafe** bis zu 180 Tagessätzen bestraft (§ 25 LadSchlG). 26

Ladenöffnung/Ladenschluss

Arbeitshilfen

Übersicht • »Ladenöffnungsgesetze« der Bundesländer (Stand: 2015)

Übersicht: »Ladenöffnungsgesetze« der Bundesländer (Stand: 2015)

Baden-Württemberg: Gesetz über die Ladenöffnung in Baden-Württemberg (LadÖG) vom 14.2.2007, geändert durch Gesetz vom 4.11.2009
Werktage: Verkaufsstellen dürfen von Montag bis Samstag von 0 Uhr bis 24 Uhr geöffnet sein (wenn der 24. Dezember auf einen Werktag fällt, darf nur bis 14 Uhr geöffnet sein). In Verkaufsstellen dürfen alkoholische Getränke in der Zeit von 22 Uhr bis 5 Uhr nicht verkauft werden.
Sonn- und Feiertage: Die Zahl der Ausnahmen, Geschäfte aus besonderen Anlässen (örtliche Feste, Märkte, Messen u. ä.) an Sonn- und Feiertagen zu öffnen, wurde von vier auf zwei reduziert (ein dritter Verkaufssonntag kann bei herausragendem Stadtjubiläum zugelassen werden).
Inkrafttreten: Das Gesetz ist am 6.3.2007 in Kraft getreten.

Bayern: Gesetzesinitiative gescheitert
Die CSU-Fraktion hatte Ende 2006 einen Gesetzentwurf für ein Ladenöffnungsgesetz eingebracht (6 x 24 Regelung an Werktagen; die Regelungen für Sonn- und Feiertage sollten unverändert bleiben). Die Initiative scheiterte, weil es bei einer Probeabstimmung zu einer Stimmengleichheit von Befürwortern und Gegnern kam.
Deshalb gilt in Bayern bis auf Weiteres das (Bundes-)LadSchlG vom 28.11.1956 (BGBl. I S. 875), zuletzt geändert durch Verordnung vom 31.10.2006 (BGBl. I S. 2407).

Berlin: Berliner Ladenöffnungsgesetz (BerlLadÖffG) vom 14.11.2006, zuletzt geändert durch Gesetz vom 13.10.2010
Werktage: Verkaufsstellen dürfen von Montag bis Samstag von 0 Uhr bis 24 Uhr geöffnet sein (wenn der 24. Dezember auf einen Werktag fällt, darf nur bis 14 Uhr geöffnet sein).
Sonn- und Feiertage: Sonn- und Feiertage bleiben grundsätzlich einkaufsfrei. Ausnahme: An den Adventssonntagen dürfen Verkaufsstellen von 13 Uhr bis 20 Uhr geöffnet sein. Die Senatsverwaltung kann vier zusätzliche verkaufsoffene Sonn- oder Feiertage zulassen (i. d. R. zu besonderen Veranstaltungen wie Messen), jedoch nicht am Neujahrstag, 1. Mai, Karfreitag, Ostersonntag, Pfingstsonntag, Totensonntag und Volkstrauertag sowie an Feiertagen im Dezember. Zwei weitere verkaufsoffene Sonn- oder Feiertage von 13 bis 20 Uhr können aus besonderem Anlass (insbes. Straßenfeste oder Firmenjubiläum) von den Verkaufsstellen bestimmt werden.
Inkrafttreten: Das Gesetz ist am 17.11.2006 in Kraft getreten.

Brandenburg: Gesetz zur Neuordnung der Ladenöffnungszeiten im Land Brandenburg (BbgLöG) vom 27.11.2006, zuletzt geändert durch Gesetz vom 20.12.2010
Werktage: Verkaufsstellen dürfen von Montag bis Samstag von 0 Uhr bis 24 Uhr geöffnet sein(wenn der 24. Dezember auf einen Werktag fällt, darf nur bis 14 Uhr geöffnet sein).
Sonn- und Feiertage: An Sonn- und Feiertagen und am 24. Dezember, der auf einen Adventssonntag fällt, bleiben die Geschäfte grundsätzlich geschlossen. Aus Anlass besonderer Ereignisse kann dürfen Verkaufsstellen an maximal sechs Sonn- und Feiertagen pro Jahr in der Zeit von 13 Uhr bis 20 Uhr geöffnet sein (jedoch nicht an Karfreitag, Ostersonntag, Pfingstsonntag, Volkstrauertag, Totensonntag und Feiertagen im Dezember).
Inkrafttreten: Das Gesetz ist am 29.11.2006 in Kraft getreten.

Bremen: Bremisches Ladenöffnungsgesetz vom 22.3.2007, zuletzt geändert durch Gesetz vom 22.6.2010
Werktage: Verkaufsstellen dürfen von Montag bis Samstag von 0 Uhr bis 24 Uhr geöffnet sein (wenn der 24. und 31. Dezember auf einen Werktag fallen, darf nur bis 14 Uhr geöffnet sein).

Ladenöffnung/Ladenschluss

Sonn- und Feiertage: Die Regelungen für Sonn- und Feiertage bleiben grundsätzlich unverändert (es werden aber zahlreiche Einzelausnahmen vorgesehen).
Inkrafttreten: Das Gesetz ist am 1.4.2007 in Kraft getreten und soll am 31.3.2012 außer Kraft treten (Stand: Januar 2012).

Hamburg: Hamburgisches Gesetz zur Regelung der Ladenöffnungszeiten (Ladenöffnungsgesetz) vom 22.12.2006
Werktage: Verkaufsstellen dürfen von Montag bis Samstag von 0 Uhr bis 24 Uhr geöffnet sein (wenn der 24. Dezember auf einen Werktag fällt, darf nur bis 14 Uhr geöffnet sein).
Sonn- und Feiertage: Aus Anlass besonderer Ereignisse kann dürfen Verkaufsstellen an höchstens vier Sonntagen pro Jahr für fünf zusammenhängende Stunden (außerhalb der Zeit des Hauptgottesdienstes) bis 18 Uhr geöffnet werden (nicht an Sonntagen im Dezember, Adventssonntagen, Ostersonntag, Pfingstsonntag, Volkstrauertag und Totensonntag und an allen gesetzlichen Feiertagen). Die vier verkaufsoffenen Sonntage werden durch Rechtsverordnung bestimmt.
Inkrafttreten: Das Gesetz ist am 1.1.2007 in Kraft getreten.

Hessen: Hessisches Ladenöffnungsgesetz (HLöG) vom 23.11.2006
Werktage: Verkaufsstellen dürfen von Montag bis Samstag von 0 Uhr bis 24 Uhr geöffnet sein (wenn der 31. Dezember auf einen Werktag fällt, darf nur bis 14 Uhr geöffnet sein).
Sonn- und Feiertage: Die Kommunen dürfen pro Jahr 4 Sonntage festlegen, an denen die Geschäfte bis zu sechs Stunden (außerhalb der Hauptgottesdienstzeiten) bis maximal 20 Uhr öffnen dürfen (nicht an Adventssonntagen, 1. und 2. Weihnachtsfeiertag, Karfreitag, Ostersonntag, Ostermontag, Pfingstsonntag, Pfingstmontag, Fronleichnam, Totensonntag und Volkstrauertag).
Inkrafttreten: Das Gesetz ist am 1.12.2006 in Kraft getreten.

Mecklenburg-Vorpommern: Gesetz über die Ladenöffnungszeiten für das Land Mecklenburg-Vorpommern (Ladenöffnungsgesetz – LöffG M-V) vom 18.6.2007
Werktage: Verkaufsstellen dürfen von Montag bis Freitag von 0 Uhr bis 24 Uhr geöffnet sein, am Samstag von 0 Uhr bis 22 Uhr (an vier Samstagen bis 24 Uhr; wenn der 24. Dezember auf einen Werktag fällt, darf nur bis 14 Uhr geöffnet sein).
Sonn- und Feiertage: An vier Sonntagen kann die Ladenöffnung aus besonderem Anlass durch das zuständige Ministerium oder von durch Rechtsverordnung bestimmten Stellen zugelassen werden (nicht jedoch im Dezember mit Ausnahme des 1. Advent). Der Zeitraum ist zu bestimmen (er muss außerhalb der Hauptzeiten der Gottesdienste liegen). Fortführung der Sonderregelungen für Kur- und Erholungsorte (Bäderregelung).
Inkrafttreten: Das Gesetz ist am 2.7.2007 in Kraft getreten.

Niedersachsen: Gesetz über Ladenöffnungs- und Verkaufszeiten (NLöffVZG) vom 6.3.2007, geändert durch Gesetz vom 20.2.2009 und 13.10.2011
Werktage: Verkaufsstellen dürfen von Montag bis Samstag von 0 Uhr bis 24 Uhr geöffnet sein (am 24. Dezember darf – von Ausnahmen abgesehen – nur bis 14 Uhr geöffnet sein).
Sonn- und Feiertage: Die Regelungen für Sonn- und Feiertage bleiben unverändert. Die sogenannte Bäderregelung mit Ausnahmen für touristisch besonders bedeutsame Orte wurde ausgeweitet.
Inkrafttreten: Das Gesetz ist am 1.4.2007 in Kraft getreten.

Nordrhein-Westfalen: Gesetz zur Regelung der Ladenöffnungszeiten (Ladenöffnungsgesetz – LÖG NRW) vom 16.11.2006
Werktage: Verkaufsstellen dürfen von Montag bis Samstag von 0 Uhr bis 24 Uhr geöffnet sein (wenn der 24. Dezember auf einen Werktag fällt, darf nur bis 14 Uhr geöffnet sein).
Sonn- und Feiertage: An höchstens vier Sonntagen pro Jahr (davon ein Adventssonntag) darf durch die örtliche Ordnungsbehörde eine Verkaufsöffnung bis zu fünf Stunden zugelassen werden. Auf die Zeit des Hauptgottesdienstes ist dabei Rücksicht zu nehmen.
Keine Öffnung an drei Adventssonntagen, am 1. und 2. Weihnachtsfeiertag, Ostersonntag, Pfingstsonntag und »stille Feiertage« (Karfreitag, Allerheiligen, Volkstrauertag, Totensonntag).
Inkrafttreten: Das Gesetz ist am 21.11.2006 in Kraft getreten.

Ladenöffnung/Ladenschluss

Rheinland-Pfalz: Ladenöffnungsgesetz Rheinland-Pfalz (LadöffnG) vom 21.11.2006
Werktage: Verkaufsstellen dürfen von Montag bis Samstag von 6 Uhr bis 22 Uhr geöffnet sein (wenn der 24. Dezember auf einen Werktag fällt, darf nur von 6 Uhr bis 14 Uhr geöffnet sein). An bis zu acht Werktagen im Kalenderjahr können die Gemeinden eine Öffnung bis spätestens 6 Uhr des folgenden Tages zulassen (an Samstagen und an Werktagen vor Feiertagen jedoch nur bis spätestens 24 Uhr). Eine Erweiterung der zulässigen Ladenöffnungszeiten darf nicht am Tag vor Karfreitag, Ostersonntag, Pfingstsonntag und dem Neujahrstag erfolgen.
Sonn- und Feiertage: Ladenöffnung an maximal vier Sonntagen pro Jahr, jedoch nicht an Feiertagen. Am Ostersonntag, Pfingstsonntag, Volkstrauertag, Totensonntag, an Adventssonntagen im Dezember sowie an Sonntagen, auf die ein Feiertag fällt, darf eine Öffnung nicht zugelassen werden. Die zugelassene Ladenöffnungszeit darf fünf Stunden nicht überschreiten und darf nicht in der Zeit zwischen 6 Uhr und 11 Uhr liegen.
Inkrafttreten: Das Gesetz ist am 29.11.2006 in Kraft getreten.

Saarland: Gesetz Nr. 1606 zur Regelung der Ladenöffnungszeiten (Ladenöffnungsgesetz – LÖG Saarland) vom 15.11.2006
Werktage: Die Ladenöffnungszeiten bleiben unverändert (Montag bis Samstag von 6 Uhr bis 20 Uhr; wenn der 24. Dezember auf einen Werktag fällt, darf nur von 6 Uhr bis 14 Uhr geöffnet sein). An einem Werktag im Jahr kann die Ortspolizei aus Anlass eines besonderen Ereignisses eine Öffnung von 6 Uhr bis 24 Uhr zulassen.
Sonn- und Feiertage: Öffnung an vier Sonn- und Feiertagen ist zulässig (jedoch nicht am Neujahrstag, 1. Mai, Karfreitag, Ostersonntag, Pfingstsonntag, Totensonntag und Volkstrauertag sowie an Sonn- und Feiertagen im Dezember) und nicht länger als fünf Stunden maximal bis 18 Uhr. Fällt der 1. Adventssonntag in den Dezember, ist in diesem Umfang Verkaufsöffnung erlaubt.
Inkrafttreten: Das Gesetz ist Ende November 2006 in Kraft getreten.

Sachsen: Sächsisches Gesetz über die Ladenöffnungszeiten (Sächsisches Ladenöffnungsgesetz – SächsLadÖffG vom 16.3.2007, abgelöst durch Gesetz über die Ladenöffnungszeiten im Freistaat Sachsen (SächsLadÖffG) vom 1.12.2010
Werktage: Verkaufsstellen dürfen von Montag bis Samstag von 6 Uhr bis 22 Uhr geöffnet sein (wenn der 24. Dezember auf einen Werktag fällt, darf nur von 6 Uhr bis 14 Uhr geöffnet sein). Die Gemeinden können an fünf Werktagen im Jahr die Öffnungszeiten über 22 Uhr hinaus bis 6 Uhr des Folgetages erweitern (also auf 24 Stunden).
Sonn- und Feiertage: Öffnung an maximal vier Sonn- oder Feiertagen von 12 Uhr bis 18 Uhr ist zulässig (auch Adventssonntage), nicht jedoch an Neujahr, Karfreitag, Ostersonntag, Pfingstsonntag, Totensonntag, Volkstrauertag, Reformationstag, Buß- und Bettag, am 24. Dezember, wenn er auf einen Sonntag fällt und am 1. Weihnachtsfeiertag.
Inkrafttreten: Das erste Gesetz vom 16.3.2007 ist am 1.4.2007 in Kraft getreten und trat am 31.12.2010 außer Kraft. Das zweite Gesetz vom 1.12.2010 ist am 1.1.2011 in Kraft getreten.

Sachsen-Anhalt: Gesetz über die Ladenöffnungszeiten in Sachsen-Anhalt (LÖffZeitG LSA) vom 22.11.2006
Werktage: Verkaufsstellen dürfen von Montag bis Freitag von 0 Uhr bis 24 Uhr und am Samstag von 0 Uhr bis 20 Uhr geöffnet sein (wenn der 24. Dezember auf einen Werktag fällt, darf nur bis 14 Uhr geöffnet sein).
Sonn- und Feiertage: Öffnung an maximal vier Sonn- oder Feiertagen ist zulässig. Keine Öffnung an Neujahr, Karfreitag, Ostersonntag, Ostermontag, Totensonntag, Volkstrauertag, am 24. Dezember, wenn er auf einen Sonntag fällt und am 1. und 2. Weihnachtsfeiertag. Die Öffnung darf fünf zusammenhängende Stunden in der Zeit von 11 Uhr bis 20 Uhr nicht überschreiten.
Inkrafttreten: Das Gesetz ist am 30.11.2006 in Kraft getreten

Schleswig-Holstein: Gesetz über die Ladenöffnungszeiten (Ladenöffnungszeitengesetz – LÖffZG) vom 29.11.2006
Werktage: 6 x 24-Regelung (wenn der 24. Dezember auf einen Werktag fällt, darf nur bis 14 Uhr geöffnet sein).

Ladenöffnung/Ladenschluss

Sonn- und Feiertage: Sonn- und Feiertage bleiben bis auf vier mögliche Ausnahmen einkaufsfrei. Keine Öffnung an Karfreitag, 1. Mai, Ostersonntag, Pfingstsonntag, Totensonntag, Volkstrauertag, Adventssonntagen, Sonn- und Feiertagen im Dezember und am 24. Dezember, wenn er auf einen Sonntag fällt. Die Öffnung darf fünf zusammenhängende Stunden nicht überschreiten und muss um 18 Uhr beendet sein. Die Zeit des Hauptgottesdienstes ist dabei zu berücksichtigen. Für Kur-, Erholungs- und Tourismusorte bestehen weiterhin zahlreiche Sonderregelungen für den Verkauf an Sonn- und Feiertagen
Inkrafttreten: Das Gesetz ist am 1.12.2006 in Kraft getreten.

Thüringen: Thüringer Ladenöffnungsgesetz (ThürLadÖffG) vom 24.11.2006
Werktage: Verkaufsstellen dürfen von Montag 0 Uhr bis Sonnabend 20 Uhr geöffnet sein (wenn der 24. Dezember auf einen Werktag fällt, darf nur bis 14 Uhr geöffnet sein).
Nach § 12 Abs. 3 Satz 1 ThürLadÖffG dürfen Arbeitnehmer in Verkaufsstellen mindestens an zwei Samstagen in jedem Monat nicht beschäftigt werden. Das BVerfG hat eine Verfassungsbeschwerde eines Möbelunternehmens gegen diese Regelung als unbegründet zurück gewiesen (BVerfG v. 14.1.2015 – 1 BVR 931/12).
Sonn- und Feiertage: Öffnung an vier Sonn- und Feiertagen ist aus besonderem Anlass für bis zu sechs zusammenhängende Stunden in der Zeit von 11 Uhr bis 20 Uhr zulässig. Keine Öffnung am Karfreitag. Mit Ausnahme des 1. oder 2. Advents (wahlweise) keine Öffnung an Sonn- und Feiertagen im Dezember.
Inkrafttreten: Das Gesetz ist am 1.12.2006 in Kraft getreten.

Rechtsprechung

1. Ladenschlussgesetz: Verbot der Ladenöffnung an Sonn- und Feiertagen – Vereinbarkeit mit dem Grundgesetz
2. Ladenschlussgesetz: Vereinbarkeit mit EU-Recht
3. Begrenzung der Samstagsarbeit durch Landesgesetz (Thüringen)
4. Mitbestimmung bei Ladenöffnung/Ladenschluss
5. Mitbestimmung bei Ladenschließung an einem bestimmten Tag
6. Eingruppierung

Lean Production

Was ist das?

1. Der Begriff »Lean Production« (= schlanke, straffe Produktion) umschreibt eine Schwerpunktsetzung in den Rationalisierungsbemühungen der Unternehmen (→ **Rationalisierung**). Im Zentrum steht dabei die **optimale Gestaltung** der Arbeitsorganisation und des Arbeitsablaufs.
2. Beflügelt wurden diese Bemühungen durch eine Studie des »Massachusetts Institute of Technology« im Jahre 1990 mit dem Titel: »Die zweite Revolution in der Automobilindustrie« (»**MIT-Studie**«).
   In der Studie wurde festgestellt, dass **japanische Unternehmen** in Sachen Produktivität den Herstellern in anderen Ländern um Längen voraus waren.
   Als **Ursachen** wurden nicht niedrigere Löhne oder längere Arbeitszeiten, auch nicht Höchstautomatisierung oder niedrigste Fertigungstiefe, sondern bessere Organisation, bessere Personalwirtschaft und besseres Management ausgemacht.
   Zitat aus der »MIT-Studie«: »*Lean production ist ... schlank, weil sie von allem weniger einsetzt als die Massenfertigung – die Hälfte des Personals in der Fabrik, die Hälfte der Produktionsfläche, die Hälfte der Investitionen und Werkzeuge, die Hälfte der Zeit für die Entwicklung eines neuen Produktes. Sie erfordert auch weit weniger als die Hälfte des notwendigen Lagerbestandes, führt zu weniger Fehlern und produziert eine größere, noch wachsende Vielfalt von Produkten.*«
3. Das Lean-Production-Konzept wird auch als »**Lean Management**« bezeichnet.
   Lean Management macht als der umfassendere Begriff deutlich, dass nicht nur der Produktionssektor, sondern alle Bereiche des Unternehmens (einschließlich Verwaltung, Vertrieb, Forschung und Entwicklung, Konstruktion, Lagerhaltung usw.) auf den Prüfstand gestellt werden.
   Zitat aus http://de.wikipedia.org/wiki/Lean_Management: »*Lean geht über punktuelle Ansätze hinaus und betrachtet das Gesamtsystem, das idealerweise ganzheitlich so gestaltet wird, dass die Wünsche des externen oder internen Kunden effizient und »ohne Verschwendung« bedient werden können. Indem der Fokus auf den Wertstrom und dessen Optimierung gerichtet wird, entsteht als Resultat ein ganzheitliches Produktionssystem. Um dieses Ziel zu erreichen, setzt Lean Management auf der Prozessebene an. Mit Hilfe von speziellen Analysemethoden werden die komplexen Zusammenhänge transparent dargestellt, um so den Blick auf Potenziale und Unwirtschaftlichkeiten frei zu machen.*
   Kernmethode ist die Wertstromanalyse, mit der die involvierten Prozesse mit festgelegten Symbolen schematisch dargestellt werden. Das Bild des Ist-Zustandes, das dabei entsteht, macht die einzelnen Prozesse transparent und zeigt den Gesamtzusammenhang des Produktionsablaufes übersichtlich auf, der so nicht selten für viele Beteiligte erstmals sichtbar wird. So werden die häufig versteckten Unwirtschaftlichkeiten erkennbar, zum Beispiel Bestände, Nacharbeiten aufgrund mangelnder Qualität, unnötige Wege aufgrund falscher Layoutplanung oder Verschwendung durch Aktivitäten, die keinen Beitrag zur Wertschöpfung leisten.«
   Instruktiv zum Ganzheitlichen Produktionssystem (GPS): http://www.rkw-kompetenzzen-

trum.de/fileadmin/media/Dokumente/Publikationen/2009_FB_Ganzheitliche-Produktionssysteme.pdf.

Ziel ist es, die Produktivität zu erhöhen, die Durchlaufzeiten von der Auftragserteilung durch den Kunden bis zur Ablieferung des Produkts zu verkürzen, eine höhere Flexibilität zu erreichen, die Anlagen sowie die Fähigkeiten und Fertigkeiten der Beschäftigten besser auszunutzen, die Produktqualität zu verbessern und in allen Bereichen des Unternehmens die Kosten zu senken.

Umgesetzt werden diese Zielsetzungen vor allem mit folgenden **Maßnahmen**:

- Stärkere Ausrichtung der Produktentwicklung auf **Kundenwünsche** durch Marktforschung, Kundenbefragung. Nicht so sehr das, was technisch machbar ist, ist entscheidend, sondern das, was die Kunden wollen.
- Frühzeitige **Einbeziehung der Zulieferer** und der eigenen Fertigung in die Produktentwicklungsteams, damit »Anpassungsprobleme« des neuen Produktes an den vorhandenen Produktionsapparat im eigenen Unternehmen bzw. bei den Zulieferern gering gehalten werden können.
- **Verkürzung der Entwicklungszeiten** durch parallele Arbeitsvorgänge: Nicht nacheinander, sondern nebeneinander werden Komponenten und Verfahren entwickelt.
- Umstellung auf **Fließfertigung** (z. B. one-piece-flow = Einzelstückfluss).
- **Teamarbeit** nicht nur in der Phase der Entwicklung eines Produktes, sondern auch in der Fertigung.
  Das heißt: Steigerung der Effizienz der Arbeit durch Einführung von → **Gruppenarbeit** und Intensivierung der Weiterbildung.
- Die Beschäftigten bzw. Arbeitsgruppen werden z. B. mit Hilfe von **Bonussystemen** motiviert, aktiv an einem »kontinuierlichen Verbesserungsprozess« (KVP) mitzuwirken. Die in jedem Beschäftigten schlummernden Fähigkeiten und Fertigkeiten sollen im Interesse der Verbesserung des Produktionsprozesses mobilisiert werden.
  Die Beschäftigten sollen nicht lediglich Vorgeplantes/Vorgedachtes nachvollziehen. Vielmehr sollen sie »geistigen Besitz von der Fabrik ergreifen«.
  Jeder ist Unternehmer, jeder ist der Kunde des anderen. Jeder übernimmt die Verantwortung für die Arbeit und ihre Ergebnisse (Effizienz des Arbeitsablaufs, Qualität des Produkts, Geringhaltung der Kosten usw.).
- Unnötige **Hierarchieebenen** werden abgebaut: dadurch direkterer Kontakt und kürzere Wege zwischen Unternehmensleitung, Verwaltung und produktiven Basisbereichen.
- Abteilungen des Unternehmens werden zu **Profitcentern/Costcentern**, gewissermaßen zu »kleinen Unternehmen im Unternehmen« umgestaltet.
  Sie werden daran gemessen, ob sie einen wirksamen Beitrag zum Unternehmensgewinn bzw. zur Geringhaltung der Kosten leisten.
  Geschieht dies nicht, werden sie »**stillgelegt**«.
  Verbleibende notwendige Arbeiten werden an andere Bereiche bzw. an Zulieferer oder externe Dienstleister **vergeben**.
- Optimale Gestaltung der **Fertigungstiefe und Dienstleistungstiefe** durch möglichst weitgehende Verringerung; Fremdvergabe an Zulieferer bzw. externe Dienstleister; sog. **Outsourcing** (siehe auch → **Betriebsübergang**).
- Einführung des »**Just-in-time**«-**Prinzips** sowohl im Verhältnis Zulieferer/Hersteller als auch zwischen den Abteilungen des Hersteller-Unternehmens: dadurch Geringhaltung der Lager-/Zwischenlagerkosten.

Lean Production

Bedeutung für die Betriebsratsarbeit

5 Für die Interessenvertretung eröffnen sich aus einer Lean-Production-Strategie des Unternehmens vor allem folgende Problem- und Handlungsfelder (siehe auch → **Rationalisierung**):
1. Lean Production zielt auf eine drastische **Verringerung des Arbeitsvolumens** ab. Deshalb stellt sich für den Betriebsrat die klassische Frage: Welche Maßnahmen müssen ergriffen werden, um die betroffenen Beschäftigten vor den Folgen **zu schützen**?
Mit der Einführung von Lean Production/Lean Management als einer umfassenden Rationalisierungsstrategie kann eine »*grundlegende Änderung der Betriebsorganisation*« im Sinne des § 111 Ziff. 4 BetrVG verbunden sein.
In diesem Fall liegt eine → **Betriebsänderung** vor, die das Unternehmen verpflichtet, mit dem Betriebsrat über einen → **Interessenausgleich** zu verhandeln und einen → **Sozialplan** abzuschließen.
Natürlich ist es außerdem Aufgabe des Betriebsrats, seine Rechte gemäß §§ 99, 102 BetrVG wahrzunehmen, falls Versetzungen, Ein-, Umgruppierungen oder Entlassungen geplant sind.
2. Ein weiteres Problem- und Handlungsfeld ist die Gestaltung der durch Lean-Konzepte beeinflussten **Arbeitsbedingungen**, insbesondere die Gestaltung der von der Unternehmensleitung angestrebten Gruppenarbeit.
Ziel des Betriebsrats muss es sein, in Form einer Betriebsvereinbarung sicherzustellen, dass die Einführung von Gruppenarbeit nicht nur die Effizienz, sondern auch die **Attraktivität der Arbeit** und das **Arbeitsklima** positiv beeinflusst im Sinne von: mehr Selbst- und Mitbestimmung, bessere Arbeitsinhalte, höhere Qualifikation, humanere Arbeitsbedingungen, bessere zwischenmenschliche Beziehungen zwischen den Beschäftigten und im Verhältnis Beschäftigte/Vorgesetzte.
Insbesondere sind Regelungen anzustreben über menschengerechte – die Gesundheit nicht beeinträchtigende – Arbeitsbedingungen, über die Arbeitsinhalte der Gruppen, die Personalbesetzung der Gruppen, die Qualifizierung der Gruppenmitglieder, die Aufgaben und Rolle von Gruppensprechern, die Kompetenz der Gruppe innerhalb der Betriebsorganisation, die Gestaltung von Gruppengesprächen und über die Einräumung von »Beteiligungszeiten« (siehe → **Gruppenarbeit**).
3. Unverzichtbar ist weiterhin die Gestaltung der **Vergütung** der Gruppe bzw. der Gruppenmitglieder. Akkordlohnsysteme vertragen sich kaum mit Gruppenarbeitsformen im Sinne des Lean-Production-Konzeptes.
Es geht nicht darum, in möglichst kurzer Zeit möglichst viele Produkte »auszuwerfen«, sondern einen Anreiz für eine Steigerung der Effizienz der Arbeit in Form der besseren Anlagennutzung, der Verbesserung der Qualität, der Vermeidung unnötiger Kosten usw. zu schaffen.
Es bietet sich daher – auch aus Arbeitnehmersicht – der Entlohnungsgrundsatz »Prämienlohn« möglichst in Form der Standardprämie (siehe → **Arbeitsentgelt**) an.
Der Betriebsrat hat bei der Wahl des Entlohnungsgrundsatzes, der Gestaltung von Entlohnungsmethoden und der Festsetzung der Prämiensätze gemäß § 87 Abs. 1 Nrn. 10, 11 BetrVG ein volles Mitbestimmungsrecht einschließlich des **Initiativrechts**.
Regelungspunkte einer Prämienlohn-Betriebsvereinbarung sind insbesondere: Bedingungen des Prämienlohns, Höhe des Prämienlohns, Gruppengröße und Gruppenzusammensetzung bei Gruppenprämie, das von der Gruppe zu erbringende Arbeitspensum, Erholungs- und Bedürfniszeiten, Beteiligungszeiten, Methoden der Datenermittlung, Reklamationsrechte der Arbeitnehmer und des Betriebsrats (siehe im Übrigen → **Arbeitsentgelt**).

4. Des Weiteren sind erforderlich Regelungen über den Umgang mit **Verbesserungsvorschlägen (KVP)**.
Auch insoweit steht dem Betriebsrat nach § 87 Abs. 1 Nr. 12 BetrVG ein Mitbestimmungsrecht zu (siehe → **Betriebliches Vorschlagswesen**).
5. Da Lean Production auch das **Verhältnis Hersteller/Zulieferer** erfasst, ergibt sich für die Betriebsräte auf Hersteller- und Zuliefererseite die Notwendigkeit der Zusammenarbeit (Informations- und Erfahrungsaustausch durch gemeinsame Sitzungen, Ausarbeitung aufeinander abgestimmter Vorgehensweisen).
Es bietet sich an, in einer → **Betriebsvereinbarung** Regelungen zu vereinbaren, die eine derartige Zusammenarbeit ermöglichen (Regelungen über Freistellung für solche Sitzungen, Kostentragung usw.).

Arbeitshilfen

Übersicht   • Unternehmenskonzepte von A bis Z (Begriffe, Arbeitsformen, Systeme)
Muster   • Lean Rahmenbetriebsvereinbarung Projekt „Lean Implementierung" (Entwurf); siehe auch Arbeitshilfe zur → **Rationalisierung**

Übersicht: Unternehmenskonzepte von A bis Z (Begriffe, Arbeitsformen, Systeme)

Audits sind unternehmensinterne, aber auch externe Prüfungen (z. B.) der Qualitäts- oder Umweltschutzstrategien und -systeme im Unternehmen, deren Ergebnisse in Gutachten einfließen (siehe auch → **ISO 9000** und → **Öko-Audit**).
Balanced Scorecard: Das Unternehmensführungskonzept »Balanced Scorecard« wurde zu Beginn der 90er Jahre in den USA von Kaplan und Norton (The Balanced Scorecard – Translating Strategy into Action, 1996) entwickelt (dargestellt von Däubler, DB 2000, 2270). Wörtlich ins Deutsche übersetzt, geht es um eine »im Gleichgewicht befindliche Ergebnistafel«, was sinngemäß so viel wie »ausgewogenes Kennzahlensystem« bedeutet. Gemeint ist aber nicht eine bloße Ansammlung von Kennzahlen, an denen der Unternehmenserfolg gemessen wird. Vielmehr stellt »Balanced Scorecard« einen »Denkrahmen« für eine unternehmerische Gesamtstrategie dar. Dabei kommt dem Faktor »Mensch«, insbesondere der Motivation und Qualifikation der Mitarbeiter ein zentraler Stellenwert zu. Das Unternehmenskonzept hat in den vergangenen drei bis vier Jahren in der Managementliteratur und in der Unternehmenspraxis ein bemerkenswertes Maß an Aufmerksamkeit gefunden. Siemens, die Deutsche Bank, BASF, ABB, OBI und Mannesmann/Rexroth, Heidelberger Druckmaschinen und Continental sollen BSC praktizieren.
Baldrige Award: 1987 wurde vom US-Wirtschaftsministerium ein jährlich vom US-Präsidenten verliehener Preis für umfassendes Qualitätsmanagement geschaffen (Malcom Baldrige National Quality Award). Der Baldrige Award verfolgt einen wesentlich umfassenderen Zielkatalog als die Qualitätsnormenreihe ISO 9000. Bei der Normenreihe ISO 9000 geht es darum, dem Kunden zu signalisieren, dass eine gewisse Qualitätssicherheit des Lieferanten gewährleistet ist. Die Qualitätskategorien des Baldrige Award gehen über ein Qualitätssicherheitsdenken hinaus und zielen auf die Verbesserung der Wettbewerbsfähigkeit des Unternehmens ab. Im Einzelnen befassen sich die sieben Qualitätskategorien des Baldrige Award mit den Bereichen: 1. Führungsqualität, 2. Information und Analyse, 3. Qualitätsplanung, 4. Personalmanagement, 5. Management der Prozessqualität, 6. Qualität und operative Ergebnisse, 7. Kundenorientierung und Kundenzufriedenheit. Näheres zu diesen Kategorien siehe → **ISO 9000**.
BDE-Systeme sind Systeme der Betriebsdatenerfassung (BDE), die zunächst entwickelt wurden zur Unterstützung der Produktionsplanung und -steuerung. Ein weiterer Anwendungsschwerpunkt ist mittlerweile die Erfassung von Personaldaten (z. B. Arbeitszeiterfassung bei → **Gleitzeit**).

Lean Production

Benchmarking ist eine Managementmethode, bei der es darum geht, Produkte, Dienstleistungen und betriebliche Abläufe systematisch miteinander zu vergleichen. Es kann sich um einen unternehmensinternen Vergleich zwischen einzelnen Abteilungen und Werken handeln, aber auch um einen externen Vergleich mit anderen Unternehmen. Ziel des Vergleichs ist es, den »Besten« »best practice« zu ermitteln, der dann den Maßstab (= Bezugs-/Richtwert = Benchmarking) setzt, den es zu erreichen oder zu übertreffen gilt.

Business Reengineering: Ziel dieses Ansatzes ist es, verkrustete Hierarchien aufzulösen und durch flexible Kommunikationsnetze zu ersetzen, in denen ohne störende Rangordnung oder Abteilungsgrenzen jede Art von Kommunikation möglich ist. Anders als beim KAIZEN bzw. KVP geht es nicht darum, bestehende Abläufe zu optimieren nach dem Motto: Wie kann das schneller oder bei geringeren Kosten erledigt werden? Vielmehr werden die Strukturen der Prozesse im Unternehmen grundsätzlich auf den Prüfstand gestellt (Warum machen wir das überhaupt?). Ziel ist es, im Unternehmen an die Stelle starrer Dienstwege einen offenen »Markt« für Ideen und Informationen zu setzen.

Company-Wide-Quality-Control (CWQC) ist ein von Ishikawa (Japan) entwickeltes Konzept zu einer mitarbeiterorientierten und unternehmensweiten Qualitätsarbeit, das die Mitarbeiter einbezieht (Arbeitsgruppen).

Continuous Improvement Process (CIP): Englischer Ausdruck für KAIZEN (Japan) und Kontinuierlicher Verbesserungsprozess (Deutschland).

Crosby (1964): Der Ansatz des US-Amerikaners befasst sich mit dem Problem: Wie kann fehlerfreie Produktion ohne Ausschuss und Nacharbeit erreicht werden (Null-Fehler-Prinzip). Crosby untersucht die Beziehung zwischen Fehlerquoten und Fehlerkosten. Er stellt fest, dass nicht die Fertigung von Qualität Kosten verursacht, sondern die Nichterfüllung von Anforderungen.

Cross Functional Management (CFM): Bereichsübergreifendes Management, das die starren Grenzen von Hierarchien und Abteilungen überwindet. Siehe auch Projektmanagement und Simultaneous Engineering.

Deming (USA, 1950) entwickelte ein 14-Punkte-Programm zur kontinuierlichen Verbesserung. Er begreift jede Tätigkeit als einen Prozess, der ständige Verbesserungsmöglichkeiten zulässt. Erfolgreiche Umsetzung des Programms setzt nach Deming entsprechendes Handeln der obersten Unternehmensleitung voraus.

Design of Experiments ist ein Verfahren zur systematischen Durchführung von Experimenten im Bereich Forschung und Entwicklung. Ziel: den Umsetzungsprozess zwischen Produktentwicklung und Entwicklung von Fertigungsverfahren zu beschleunigen (durch engeren Verbund oder Parallelführung beider Bereiche; siehe auch Simultaneous Engineering).

Design Review ist ein Verfahren, das sämtliche Aktivitäten im Bereich Entwicklung und Konstruktion überprüft und lenkt, und zwar in allen Phasen: 1. Entwurf, 2. Muster, Prototyp, 3. Nullserien, Pilotserien, 4. Serienerstmuster. Design Review steht in Zusammenhang mit Simultaneous Engineering.

Diversifikation: Ausweitung der Aktivitäten bzw. der Produktpalette, damit Umsatzrückgänge in dem einen Bereich durch Zuwächse in anderen Sektoren aufgefangen werden können.

Fehler-Möglichkeits- und Einfluss-Analyse (FMEA) ist ein Verfahren zur Bekämpfung von Fehlerursachen. Es werden FMEA-Teams gebildet, die systematisch – »formularmäßig« – Ursachen feststellen und Maßnahmen zur Fehlervermeidung erarbeiten. Nach Erreichen des Qualitätsziels wird die Gruppe aufgelöst.

Fehlervermeidung ist ein Verfahren der Prozessplanung, -steuerung und -kontrolle, dessen Ziel es ist, Fehlerquellen auszuschalten, das heißt, die Entstehung von Fehlern durch geeignete Maßnahmen von vornherein zu verhindern.

Feigenbaum (1961): Alle Ebenen von Betrieb und Unternehmen unterliegen einer »Total Quality Control«. Sämtliche qualitätsbezogenen Aktivitäten werden unternehmensweit unter Berücksichtigung von arbeitswissenschaftlichen Aspekten (z. B. Mitarbeitermotivation) koordiniert. Zur Überprüfung werden Audits (Gutachten) erstellt.

Fordismus: Produktions- und Rationalisierungskonzept (benannt nach dem amerikanischen Automobilfabrikanten Henry Ford), das darauf ausgerichtet ist, den Produktionsablauf in immer kleinere Einzelschritte zu zerlegen. Ziel und Elemente dieses Konzepts: standardisierte Großserienproduktion, maximale Arbeitsteilung, Fließbandarbeit, verstärkter Einsatz von ungelernten Kräften. Siehe auch Taylorismus.

Fraktale Fabrik beschreibt ein »ganzheitliches« Unternehmenskonzept, das das Unternehmen/den

Lean Production

Betrieb in kleine, dezentrale Einheiten auflöst, die einerseits miteinander vernetzt sind (elektronische Kommunikation!), andererseits in Konkurrenz bzw. in einer Kundenbeziehung zueinander stehen. Jede Einheit ist ein kleines Unternehmen (siehe unten: Profitcenter), jeder Arbeitnehmer denkt und handelt unternehmerisch. Es findet ein ständiger Wettbewerb statt. Jede Einheit versucht, besser als die andere zu sein. Ziel des Konzeptes: Steigerung der Wettbewerbsfähigkeit durch konsequente Kundenorientierung und qualifiziertes, verantwortliches Handeln der Beschäftigten.

Global Sourcing: Durch weltweite Ausschreibung von – für die Herstellung des Endprodukts benötigten – Rohstoffen und Vorprodukten wird versucht, diese zu möglichst (kosten)günstigen Konditionen zu beschaffen.

Gruppenarbeit: Siehe → **Gruppenarbeit**

Insourcing: An Zulieferer vergebene bzw. durch Outsourcing ausgelagerte Aktivitäten (Produkte, Dienstleistungen) werden (wieder) zurückgeholt. Das Gegenstück hierzu: Outplacement oder Outsourcing.

Ishikawa (1968): Der Japaner setzte Überlegungen und Konzepte von Deming, Juran und Feigenbaum auf japanische Verhältnisse um.

ISO 9000: Die internationale Normenreihe ISO 9000 verarbeitet das Gedankengut der Qualitätsphilosophien zu einem umfassenden Qualitätsmanagement und -sicherungssystem. Setzt das Unternehmen die Anforderungen von ISO-Normen um, kann es sich dies zertifizieren (bescheinigen) lassen. Zu weiteren Einzelheiten siehe → **ISO 9000**.

Joint Venture (Gemeinschaftsunternehmen): Mehrere rechtlich selbständige Unternehmen bilden ein Gemeinschaftsunternehmen, das von ihnen gemeinsam geleitet wird und mit dem ein bestimmtes Geschäft/Projekt durch gemeinsame Aktivitäten (z. B. Bereitstellung von Kapital, Know-how und Personal) betrieben werden soll.

Juran (1954): Im Zentrum der Überlegungen von Juran (USA) steht die Anwendung eines systematischen kontinuierlichen Verbesserungsprozesses auf Projekte und Prozesse. Der Verbesserungsprozess erfolgt nach einem dreistufigen Konzept von Prozessplanung, Einführung und Absicherung.

»just in time (jit)« bedeutet Vermeidung kostenträchtiger Lagerhaltung durch Verlegung der Lager auf die Verkehrswege. Angestrebt wird das Null-Puffer-Prinzip: alles zur rechten Zeit am rechten Ort. Das heißt: Zulieferungen erreichen den Weiterverarbeiter zu dem Zeitpunkt, in dem dieser die Zulieferung benötigt. Nicht vorher und auch nicht nachher.

KAIZEN ist der japanische Ausdruck für den kontinuierlichen Verbesserungsprozess (KVP) oder permanenten Verbesserungsprozess (PVP). Im Englischen wird gleichbedeutend vom Continuous Improvement Process (CIP) gesprochen. Ziel von KAIZEN ist, Verschwendung (»Muda«) und unnötige Kosten auf allen Ebenen des Betriebes/Unternehmens zu vermeiden und hinsichtlich Produktivität und Qualität besser zu sein als Wettbewerber. Realisiert wird KAIZEN durch viele kleine Schritte zur Qualitätsverbesserung und Kostensenkung als Bestandteil von Total Quality Management (TQM). Die Botschaft des KAIZEN: Es soll kein Tag ohne irgendeine Verbesserung für das Unternehmen vergehen. Siehe → **Betriebliches Vorschlagswesen**.

Kanban meint ein arbeitsorganisatorisches Verfahren, das beim Autohersteller Toyota in Japan entwickelt wurde. Aufgabenstellung war: mit geringstmöglicher Lagerhaltung die Produktion der an das Montageband zu liefernden Teile zu organisieren (Null-Puffer-Prinzip). Gelöst wurde die Aufgabe durch Einführung eines Karteikartensystems, das dem Verfahren den Namen »Kanban« gab. Siehe auch »just in time (jit)«.

Kontinuierlicher Verbesserungsprozess (KVP) ist der deutschsprachige Ausdruck für KAIZEN (siehe dort).

Kundenorientierung ist wesentlicher Teil eines umfassenden Qualitätsmanagements (siehe TQM). Neben den Beziehungen zu den externen Kunden werden auch alle internen Wertschöpfungskooperationen als Lieferanten-Kunden-Beziehungen definiert. Auch die Kunden der externen Kunden sind zu berücksichtigen. Für Lieferanten (beispielsweise) von Werkzeugmaschinen kann das bedeuten, dass neben den Anforderungen der Kunden die Bedürfnisse der Kunden derjenigen Produkte, die auf der Maschine gefertigt werden sollen, zum Qualitätsmaßstab gemacht werden.

Lean Management: Siehe → **Lean Production**.

Lean Production: Siehe → **Lean Production**.

MIT-Studie: Siehe → **Lean production** und Toyota Production System.

Öko-Audit: Am 13. 7. 1993 ist die EG-Verordnung »zur freiwilligen Beteiligung gewerblicher Unterneh-

Lean Production

men an einem Gemeinschaftssystem für das Umweltmanagement und die Umweltbetriebsprüfung« in Kraft getreten. Nimmt ein Unternehmen an diesem System teil und setzt es die Anforderungen der EG-Verordnung um, kann es sich sein umweltverträgliches Handeln zertifizieren (bescheinigen) lassen. Wegen weiterer Einzelheiten siehe → **Öko-Audit**.

Outplacement (= Auslagerung): siehe Outsourcing.

Outsourcing: Betriebe, Betriebsteile und bisher selbst wahrgenommene Aktivitäten (Herstellung von Vorprodukten, Dienstleistungsfunktionen wie z. B. Kantine, Bewachung, Reinigung und Wartung usw.) werden ausgelagert, das heißt an andere (ggf. neugegründete) Unternehmen übertragen bzw. vergeben. Ziel ist, die Fertigungstiefe zu verringern und damit Arbeit und Kosten einzusparen. Die für das eigene Endprodukt benötigten Aktivitäten/Funktionen werden dann nach der Auslagerung bei den Fremdunternehmen eingekauft. Andere gebräuchliche Begriffe: Fremdvergabe oder Outplacement. Siehe auch → **Betriebsänderung** und → **Betriebsübergang**.

Permanenter Verbesserungsprozess (PVP): Siehe KAIZEN.

Profitcenter: Teilbereiche des Unternehmens werden wie selbständige Unternehmen behandelt. Sie bieten ihre Leistungen wie Fremdfirmen an. Sie stehen in Konkurrenz zu externen Anbietern. Dadurch entsteht ein Zwang zu wirtschaftlicherem Verhalten.

Projektmanagement: Die Geschäftsführung oder Lenkungsausschüsse definieren Projektziele, Finanz- und Zeitrahmen und beauftragen Projektgruppen, die in der Zielsetzung bezeichnete Aufgabe innerhalb des festgelegten Finanz- und Zeitrahmens zu erledigen (z. B. Entwicklung eines neuen Produkts, Überarbeitung eines Produkts). Die Projektgruppen werden fachabteilungsübergreifend so zusammengesetzt, dass möglichst viel Sachverstand einfließt. Simultaneous Engineering ist ein typischer Bereich für die Anwendung des Projektmanagements. Siehe auch Cross Funktional Management.

Qualitätsteams und -zirkel: In den USA zuerst entwickelt, in Japan und später auch in der Bundesrepublik vereinzelt angewendet. Ziel dieses Ansatzes: Erfahrungswissen und Ideenreichtum der Beschäftigten nutzbar machen durch Einbeziehung, Motivations- und Verantwortlichkeitsförderung. Andere Begriffe: Werkstattzirkel und -kreise, Lernwerkstatt, Ideenwerkstatt, Qualitätsausschuss, Problemlösungsgruppen. In der Praxis wurden Defizite des Ansatzes erkennbar: eingeschränkte Sichtweisen der Qualitätsteams, zu kurzfristige und zu sporadische Arbeit, keine Kontinuität, Kompetenzdefizite, keine materielle Anreize, zu wenig Entscheidungskompetenzen.

Qualitätsverlustfunktion ist ein Warnsystem innerhalb des KAIZEN.

Quality Circle (QC): Siehe Qualitätsteams.

Return on Quality (ROQ): Entsprechend dem betriebswirtschaftlichen Begriff »Return on Investment« (»Wie hoch verzinst sich das investierte Kapital?«) fragt ROQ: »Was bekomme ich (über höhere Preise, größeren Umsatz, höheren Marktanteil, geringere Garantiekosten usw.) zurück für meine Bemühungen, die Qualität der Produkte und Prozesse zu steigern?« ROQ wendet sich gegen eine allzu bürokratische, pingelige Handhabung von Qualitätssicherungskonzepten. Das bisherige Qualitätsmanagement wird radikal hinterfragt (insofern ähnlicher Ansatz wie bei Business Reengineering). Im Zentrum von ROQ steht die Frage: Was will der Kunde?

Reengineering: Siehe Business Reengineering.

Selbstkontrolle (Werker-Selbstprüfung): Alle Beschäftigten sind für die Qualität ihrer Arbeitsschritte und Ergebnisse im Rahmen des vorgegebenen Verfahrens selbst verantwortlich. Die zur Durchführung der Qualitätsprüfung notwendige Qualifikation sowie die erforderlichen Prüfmittel werden vom Unternehmen zur Verfügung gestellt. Zentrale Qualitätsprüfabteilungen werden damit überflüssig.

Shareholder Value: Eine ausschließlich an den Interessen der Kapitalanleger ausgerichtete Unternehmensphilosophie, die Leistung und Bezahlung des Unternehmensmanagements allein nach der Steigerung des kurzfristigen Profits und der Aktienkurse bemisst (Shareholder = Aktionär; Value = Wert). Siehe auch Stakeholder Value.

Simultaneous Engineering (Parallele Entwicklung) bedeutet das zeitliche »Übereinanderschieben« von Phasen der Produktentwicklung und Fertigung/Montage (montagegerechtes Konstruieren). Von Beginn an Beteiligung der unternehmensinternen Fachabteilungen sowie wichtiger Lieferanten an der Entwicklung der Produkte.

Stakeholder Value: Die Unternehmenspolitik soll sich nicht nur an den Interessen der Kapitalanleger ausrichten (siehe Shareholder Value), sondern soll der Befriedigung der Ansprüche aller am Wirtschaftsprozess Beteiligten (= sog. Stakeholder: Geschäftsleitung, Aufsichtsrat, Kunden, Öffentlichkeit, Kapitalanleger, Arbeitnehmer, Lieferanten, Staat) dienen.

Lean Production

Statistical Process Control (SPC) bedeutet »Statistische Prozess-Steuerung«. Es handelt sich um ein Verfahren, das angewendet werden kann bei Tätigkeiten/Abläufen, die sich häufig wiederholen. Ziel: Erreichung von Fehlerlosigkeit durch vollständige Beherrschung dieser Tätigkeiten/Abläufe. Methode: Im Wege systematischer Prozessbetrachtung werden statistische Zusammenhänge zwischen Prozess-Sollzahlen und Qualitätsabweichungen ermittelt. Überschreiten die Abweichungen festgelegte Grenzen, werden Maßnahmen zur Feststellung und Behebung der Ursachen der Abweichung ergriffen.

Taylorismus: Produktions- und Rationalisierungsmodell, das gekennzeichnet ist durch detaillierte Arbeits- und Zeitstudien zur Feststellung der Handhabungen (Handgriffe, Bewegungen usw.) mit dem geringstmöglichen Zeit- und Kraftaufwand, hohe Arbeitsteilung, Fließbandarbeit, eine hierarchische Betriebsorganisation von oben nach unten und Lohnanreize für die Arbeiter (geht zurück auf F. W. Taylor, Die Grundsätze wissenschaftlicher Betriebsführung, München/Berlin 1919). Siehe auch Fordismus.

Total Productivity Maintenance (TPM) ist eine Strategie der umfassenden Erhaltung der Produktivität im Rahmen von KAIZEN.

Total Quality Control (TQC): Siehe Feigenbaum.

Total Quality Management (TQM) ist eine amerikanisch-europäische Qualitätsphilosophie, die von einem erweiterten Qualitätsverständnis ausgeht. Traditionell bezieht sich Qualität auf die Eigenschaften des Produkts bzw. der Dienstleistung an sich. TQM erweitert die Qualitätsarbeit um alle Aspekte des Produktionsprozesses – auch seiner Organisation und Leitung. Auch Lieferzuverlässigkeit, Termintreue, Kostensenkung, Arbeitssicherheit und Personalqualifikation werden vom TQM erfasst. TQM beruht auf folgenden Prinzipien:
1. Prozessorientierung: Beseitigung verrichtungsorientierter Arbeitsteilung, Zusammenfassung von Aufgaben entsprechend dem betrieblichen Ablauf. Dabei können insbesondere die sog. indirekten Bereiche erheblich reduziert werden. Beispiel: In einem Maschinenbaubetrieb wurden alle wesentlichen Aufgaben für die Lieferung von Ersatzteilen in einer Fertigungsinsel zusammengefasst – von der Zeichnungsverwaltung über Mikrofiche bis zum Ausdruck der Versandpapiere. Hinterher genügten zur Auftragsabwicklung nur noch vier Abteilungen. Vorher waren es 17 (!). Die Durchlaufzeit konnte von drei Wochen auf vier Tage (!) gesenkt werden. Früher wurden allein vier Tage benötigt, um die richtigen Zeichnungen aus der entsprechenden Zentralabteilung zu besorgen.
2. Kundenorientierung: Siehe oben.
3. Mitarbeiterorientierung: Der Mensch steht im Mittelpunkt. Sie wird vor allem durch prozessorientierte Gruppenarbeit umgesetzt.

Toyota Production System (TPS) ist ein Herstellungssystem, das von allen Produktionsfaktoren weniger braucht als die herkömmliche Massenherstellung: die Hälfte an menschlicher Arbeit und Entwicklungszeit, weniger als die Hälfte der Lagerkapazitäten für Vorprodukte und Zuliefererteile bei gleichzeitiger Steigerung der Produktion von mehr Waren in größerer Vielfalt und besserer Qualität. Die berühmte Studie des »Massachusetts Institute of Technology (MIT)« hat dieses System untersucht und ihm den Namen »Lean Production« verliehen.

Werker-Selbstprüfung: Siehe Selbstkontrolle.

Zuliefererintegration: Siehe Simultaneous Engineering.

Leitende Angestellte

Wer ist das?

1 Leitende Angestellte sind nur solche Arbeitnehmer, die als **Mitträger der unternehmerischen Funktion** der Leitungsebene des Unternehmens zugeordnet werden müssen.

2 Auf leitende Angestellte findet das BetrVG gemäß § 5 Abs. 3 Satz 1 BetrVG keine Anwendung (soweit nicht in einzelnen Vorschriften etwas anderes geregelt ist; siehe §§ 105, 107 Abs. 1 und 3, 108 Abs. 2 BetrVG).

3 Insbesondere nehmen leitende Angestellte weder an der Betriebsratswahl teil noch vertritt der Betriebsrat ihre Interessen (zum **»Sprecherausschuss der leitenden Angestellten«** siehe Rn. 8 ff.).

4 Die **Abgrenzung** des leitenden Angestellten von den anderen Angestellten in gehobener Stellung (insbesondere zu den → **außertariflichen Angestellten**) ist schwierig.
Das BetrVG unterscheidet **drei »Typen«**:
1. Nach § 5 Abs. 3 Satz 2 Nr. 1 BetrVG sind solche Beschäftigte leitende Angestellte, die befugt sind, selbständig (d. h., ohne einen anderen fragen zu müssen) **einzustellen und zu entlassen**.
2. Leitende Angestellte im Sinne des § 5 Abs. 3 Satz 2 Nr. 2 BetrVG sind Beschäftigte, die **Generalvollmacht** oder **Prokura** besitzen.
Allerdings ist nicht jeder »Prokurist« leitender Angestellter: Wenn die Prokura im Innenverhältnis zum Arbeitgeber unbedeutend ist (z. B. Betreffender darf von der Prokura nur auf ausdrückliche Weisung des Arbeitgebers Gebrauch machen), dann ist der Prokurist kein »Leitender«.
Ausschlaggebend für die Zuordnung eines Prokuristen zum Personenkreis der leitenden Angestellten sind nicht nur die mit der Prokura verbundenen formellen und umfassenden Vertretungsbefugnisse im Außenverhältnis, sondern auch die damit verbundenen unternehmerischen Aufgaben, um derentwillen dem Arbeitnehmer die Prokura verliehen worden ist.
Diese unternehmerischen Aufgaben dürfen nach Sinn und Zweck des § 5 Abs. 3 Satz 2 Nr. 2 BetrVG nicht von einer untergeordneten Bedeutung sein, weil es sonst an dem vom Gesetzgeber für den Personenkreis der leitenden Angestellten angenommenen Interessengegensatz zum Betriebsrat fehlen würde.
Als leitender Angestellter muss daher ein Prokurist unternehmerische Führungsaufgaben wahrnehmen (BAG v. 25. 3. 2009 – 7 ABR 2/08, NZA 2009, 1296).
3. Über den vorstehend genannten Personenkreis hinaus sind solche Beschäftigte leitende Angestellte, die die Voraussetzungen des § 5 Abs. 3 Satz 2 Nr. 3 BetrVG erfüllen.
Leitender Angestellter ist hiernach, wer
- regelmäßig Aufgaben wahrnimmt, die für Bestand und Entwicklung des Unternehmens oder eines Betriebs **von Bedeutung sind** (eine nur vorübergehende oder gelegentliche Wahrnehmung solcher Aufgaben genügt nicht)

Leitende Angestellte

- und deren Erfüllung **besondere Erfahrungen und Kenntnisse** voraussetzt (ein akademisches Studium allein begründet solche Erfahrungen und Kenntnisse nicht),
- und der dabei entweder Entscheidungen **im Wesentlichen frei von Weisungen** trifft oder Entscheidungen **maßgeblich beeinflusst**.

Hierzu ein Auszug aus BAG v. 5.6.2014 – 2 AZR 615/13:

»*1. Nach § 5 Abs. 3 Satz 2 Nr. 3 BetrVG ist leitender Angestellter, wer nach seinem Arbeitsvertrag und seiner Stellung im Unternehmen oder Betrieb regelmäßig Aufgaben wahrnimmt, die für den Bestand und für die Entwicklung des Unternehmens oder eines Betriebs von Bedeutung sind und deren Erfüllung besondere Erfahrungen und Kenntnisse voraussetzt, wenn er dabei entweder die Entscheidungen im Wesentlichen frei von Weisungen trifft oder sie maßgeblich beeinflusst.*

2. Voraussetzung für die Wahrnehmung einer unternehmerischen (Teil-)Aufgabe in diesem Sinne ist es, dass dem leitenden Angestellten rechtlich und tatsächlich ein eigener und erheblicher Entscheidungsspielraum zur Verfügung steht und er kraft seiner leitenden Funktion maßgeblichen Einfluss auf die Unternehmensführung ausübt. Dieser nach § 5 Abs. 3 S 2 Nr. 3 BetrVG erforderliche Einfluss auf die Unternehmensführung kann darin bestehen, dass der leitende Angestellte selbst die Entscheidungen trifft, aber auch darin, dass er kraft seiner Schlüsselposition Entscheidungsvoraussetzungen schafft, an denen die Unternehmensleitung nicht vorbeigehen kann. Der maßgebliche Einfluss fehlt, wenn der Angestellte nur bei der rein arbeitstechnischen, vorbestimmten Durchführung unternehmerischer Entscheidungen eingeschaltet wird, etwa im Rahmen von Aufsichts- oder Überwachungsfunktionen. Erforderlich ist im Übrigen, dass die unternehmerische Aufgabenstellung mit Entscheidungsspielraum die Tätigkeit des leitenden Angestellten prägt, dh. als deren Schwerpunkt bestimmt.

3. Ob ein Chefarzt nach diesen Grundsätzen leitender Angestellter i. S. v. § 5 Abs. 3 S 2 Nr. 3 BetrVG ist, hängt von den Umständen des Einzelfalls ab. Erforderlich ist, dass er nach dem Arbeitsvertrag und der tatsächlichen Stellung in der Klinik der Leitungs- und Führungsebene zuzurechnen ist und unternehmens- oder betriebsleitende Entscheidungen entweder selbst trifft oder maßgeblich vorbereitet.«

Verbleiben Zweifel, ob die vorstehenden Merkmale auf einen Angestellten zutreffen, sind die Auslegungskriterien des § 5 Abs. 4 BetrVG heranzuziehen: u. a. **Höhe des Jahresarbeitsentgelts**.

In der Praxis ist die Abgrenzung der leitenden Angestellten von den übrigen Angestellten vor allem bei der → **Betriebsratswahl** bzw. Sprecherausschusswahl von Bedeutung. Hier sieht § 18 a BetrVG ein detailliert geregeltes **Abgrenzungsverfahren** vor.

Insgesamt ist im Rahmen einer Gesamtbetrachtung zu fragen, ob zwischen der in Rede stehenden Person und der Belegschaft ein ebenso ausgeprägter Interessengegensatz besteht wie zwischen der Belegschaft und der Unternehmensleitung als solcher. Ist das zu bejahen, spricht das dafür, dass es sich bei der Person um einen leitenden Angestellten handelt.

Weil das Kriterium »Interessengegensatz« nur auf einen eng begrenzten Personenkreis im Unternehmen zutrifft, ist der Kreis der leitenden Angestellten entsprechend klein.

Die leitenden Angestellten wählen nach Maßgabe des Sprecherausschussgesetzes (SprAuG) vom 20.12.1988 (BGBl. I S. 2312, 2316) ihre eigene Interessenvertretung, nämlich den »**Sprecherausschuss der leitenden Angestellten**«.

Ein Sprecherausschuss kann allerdings nur in solchen → **Betrieben** gewählt werden, in denen »*in der Regel mindestens zehn leitende Angestellte*« beschäftigt sind (§ 1 Abs. 1 SprAuG).

Unter den Voraussetzungen des § 20 SprAuG kann in einem → **Mehr-Betriebs-Unternehmen** statt einzelner betrieblicher Sprecherausschüsse ein »**Unternehmenssprecherausschuss**« gewählt werden.

Bestehen in einem → **Mehr-Betriebs-Unternehmen** mehrere betriebliche Sprecherausschüsse, ist ein »**Gesamtsprecherausschuss**« zu errichten (vgl. § 16 SprAuG).

Leitende Angestellte

Auf Konzernebene »kann« darüber hinaus ein »**Konzernsprecherausschuss**« gebildet werden (§ 21 SprAuG).

11 Mit § 15 Abs. 2 Mitbestimmungsgesetz (1976) hat der Gesetzgeber den leitenden Angestellten Sitz und Stimme im Aufsichtsrat der dem Mitbestimmungsgesetz unterfallenden Unternehmen verschafft (siehe → **Unternehmensmitbestimmung**).

Kündigungsschutz

12 Mit Ausnahme des § 3 KSchG (Kündigungseinspruch beim Betriebsrat) gilt der Kündigungsschutz nach §§ 1 bis 13 BetrVG auch für »*Geschäftsführer, Betriebsleiter und ähnliche leitende Angestellte*«, soweit sie zur selbständigen Einstellung oder Entlassung befugt sind (§ 14 Abs. 2 Satz 1 KSchG).

Keine Anwendung finden die §§ 1 bis 13 KSchG auf die Kündigung, die gegenüber Mitgliedern des **Vertretungsorgans** eines Unternehmens (Geschäftsführung, Vorstand) ausgesprochen wird (§ 14 Abs. 1 KSchG).

13 Die Bestimmung des Begriffs »leitender Angestellter« in § 14 Abs. 2 KSchG ist enger als die des § 5 Abs. 3 BetrVG (vgl. hierzu Kittner/Däubler/Zwanziger, KSchR, 9. Aufl., § 14 KSchG Rn. 17 ff.).

Allerdings ist unter »*Geschäftsführer*« nicht der Geschäftsführer einer GmbH (siehe → **Unternehmensrechtsformen**) zu verstehen.

Letzterer ist Vertretungsorgan im Sinne des § 14 Abs. 1 KSchG und genießt deshalb nicht den Kündigungsschutz nach §§ 1 bis 13 KSchG.

14 § 9 Abs. 1 Satz 2 KSchG findet im Falle der Kündigung eines leitenden Angestellten mit der Maßgabe Anwendung, dass der Antrag des Arbeitgebers auf **Auflösung** des Arbeitsverhältnisses keiner Begründung bedarf (§ 14 Abs. 2 Satz 2 KSchG).

15 Die Beteiligung des **Sprecherausschusses** für leitende Angestellte bei einer → **Kündigung** ist in § 31 Abs. 2 SprAuG geregelt.

Hiernach ist eine Anhörung des Sprecherausschusses erforderlich.

Eine ohne Anhörung ausgesprochene Kündigung ist unwirksam.

Der Sprecherausschuss kann »**Bedenken**« gegen die Kündigung äußern.

Die Bedenken sind dem Arbeitgeber **innerhalb einer Woche** (bei außerordentlicher Kündigung innerhalb von drei Kalendertagen) unter **Angabe der Gründe schriftlich** mitzuteilen.

Äußert sich der Sprecherausschuss innerhalb der Frist nicht, gilt dies als Einverständnis mit der Kündigung.

Bedeutung für die Betriebsratsarbeit

16 Vor Abschluss einer → **Betriebsvereinbarung** zwischen Betriebsrat und Arbeitgeber, die rechtliche Interessen der leitenden Angestellten berührt, hat der Arbeitgeber den **Sprecherausschuss** rechtzeitig »anzuhören« (§ 2 Abs. 1 Satz 2 SprAuG).

Eine Art »Vetorecht« des Sprecherausschusses war im Gesetzgebungsverfahren zum »Sprecherausschussgesetz« zunächst geplant, ist dann aber fallen gelassen worden.

17 Betriebsrat und Sprecherausschuss können dem jeweils anderen Gremium oder einzelnen seiner Mitglieder das Recht einräumen, an seinen **Sitzungen** teilzunehmen.

Einmal im Jahr »soll« eine gemeinsame Sitzung beider Gremien stattfinden (§ 2 Abs. 1 Satz 2 SprAuG).

18 Eine vom Arbeitgeber beabsichtigte **Einstellung** eines leitenden Angestellten oder eine **personelle Veränderung** (z. B. Umgruppierung, Versetzung oder Kündigung, aber auch jede Än-

derung der **Führungsfunktion** des leitenden Angestellten und seiner **Stellung** in der Organisation des Betriebs/Unternehmens; vgl. Fitting, BetrVG, 27. Aufl., § 105 Rn. 4) ist dem Betriebsrat (§ 105 BetrVG) und dem Sprecherausschuss mitzuteilen (§ 31 Abs. 1 SprAuG).
Die Kompetenzen des Sprecherausschusses bei der **Kündigung** eines leitenden Angestellten sind in § 31 Abs. 2 SprAuG geregelt (hierzu und zum → **Kündigungsschutz** von leitenden Angestellten nach §§ 1 bis 13 KSchG siehe Rn. 12 ff.).
Leitende Angestellte können zu Mitgliedern des → **Wirtschaftsausschusses** (§ 107 Abs. 1 BetrVG) bzw. des in § 107 Abs. 3 BetrVG bezeichneten Ausschusses bestimmt werden.
Andererseits kann der Unternehmer zu seiner Unterstützung anlässlich der Teilnahme an Wirtschaftsausschusssitzungen leitende Angestellte **hinzuziehen** (§ 108 Abs. 2 BetrVG).

19

Rechtsprechung

1. Leitender Angestellter i. S. d. § 5 Abs. 3 BetrVG
2. Anspruch des leitenden Angestellten auf Veröffentlichung seiner Funktion
3. Anspruch auf Tantieme
4. Verlangen des Betriebsrats auf Entfernung betriebsstörender leitender Angestellter (§ 104 BetrVG)
5. Diskriminierungsverbot
6. Kündigungsschutz für leitende Angestellte
7. Sprecherausschuss der leitenden Angestellten

Literatur für die Betriebsratsarbeit

Rechtsgrundlage

1 Nach § 40 Abs. 2 BetrVG hat der Arbeitgeber dem Betriebsrat unter anderem die »*sachlichen Mittel zur Verfügung zu stellen*«, die dieser für die sachgerechte Erfüllung seiner Aufgaben benötigt.
Dazu gehört auch **Literatur** (siehe Rn. 2).
Der Betriebsrat hat einen »**Überlassungsanspruch**«.
Das heißt, er ist nicht berechtigt, sich auf Kosten des Arbeitgebers die Literatur selbst zu beschaffen.
Vielmehr muss er den Arbeitgeber – nach entsprechender Beschlussfassung in einer → **Betriebsratssitzung** – auffordern, ihm die geforderten »sachlichen Mittel« zur Verfügung zu stellen (siehe **Musterschreiben** Rn. 5).
Etwas anderes gilt, wenn in einer → **Betriebsvereinbarung** oder → **Regelungsabrede** vereinbart ist, dass der Betriebsrat die notwendigen »sachlichen Mittel« selbst auf Kosten des Arbeitgebers bestellen bzw. kaufen kann.
Siehe auch → **Kosten der Betriebsratstätigkeit**.

2 Zu den »**sachlichen Mitteln**« gehören unter anderem
- arbeits- und sozialrechtliche Gesetzestexte (z. B. Kittner, Arbeits- und Sozialordnung, Bund-Verlag),
- Entscheidungssammlungen (z. B. Rechtsprechungsdatenbank in Betriebsratswissen online, Bund-Verlag),
- Kommentare zu Gesetzen (z. B. Däubler/Kittner/Klebe/Wedde, BetrVG, Bund-Verlag) und Rechtsverordnungen,
- Praxis-Handbücher zum Arbeits- und Sozialrecht (z. B. Schoof, Betriebsratspraxis von A bis Z, Bund-Verlag),
- Zeitschriften (z. B. Arbeitsrecht im Betrieb, Bund-Verlag) und
- sonstige einschlägige Literatur, aber auch z. B. der im Bund-Verlag jährlich erscheinende Betriebsratskalender.

3 Der Betriebsrat hat ein **Auswahlrecht** hinsichtlich der ihm vom Arbeitgeber zur Verfügung zu stellenden Literatur (LAG Schleswig-Holstein v. 11. 4. 1995 – 1 TaBv 4/95, AiB 1997, 57; BAG v. 26. 10. 1994 – 7 ABR 15/94, AiB 1995, 468; 24. 1. 1996 – 7 ABR 22/95, NZA 1997, 60).
Er braucht sich dabei nicht ausschließlich vom Interesse des Arbeitgebers an einer möglichst geringen **Kostenbelastung** leiten lassen (BAG v. 24. 1. 1996 – 7 ABR 22/95, a. a. O.).

3a Bei der Auswahl – und nachher beim Lesen und Auswerten – der beim Arbeitgeber zu bestellenden arbeitsrechtlichen Bücher und Zeitschriften ist zu bedenken, dass es auf diesem – von handfesten **Interessengegensätzen** zwischen »Kapital und Arbeit« geprägten – Gebiet keine »neutralen« Schriften gibt.
Das macht sich etwa bei der Auslegung von Gesetzen oder der Kommentierung von Gerichtsentscheidungen bemerkbar.
Da gibt es einerseits jene Autoren, die sich als Vertreter von Arbeitgeberinteressen verstehen

und betätigen und andererseits solche, die sich eher an den Interessen von Arbeitnehmern ausrichten.
Zu Letzteren gehört die vom gewerkschaftseigenen Bund-Verlag herausgegebene Literatur.
Zu Arbeitgeberratgebern, die »**unterhalb der Gürtellinie**« unterwegs sind, siehe → **Behinderung der Betriebsratstätigkeit** Rn. 11.

Als Beispiel für eine stramm an Arbeitgeberinteressen ausgerichtete Publikation ist das von Professor Dr. Abbo Junker verfasste Werk »Grundkurs Arbeitsrecht« (Taschenbuch), 14. Aufl. 2015, Verlag C. H. Beck zu benennen – ein Buch, das sich insbesondere an Jurastudenten richtet (also an Menschen, die sich zukünftig u. a. als Arbeitsrichter und Arbeitsrechtsanwälte betätigen werden). Der Autor ist – zusammen mit Professor Dr. Volker Rieble und Professor Dr. Richard Giesen – einer der »drei Musketiere« des Zentrums für Arbeitsbeziehungen und Arbeitsrecht (ZAAR): ein »Stoßtrupp« zur Verbreitung von Arbeitgeberideologien und an Arbeitgeberinteressen ausgerichteten Rechtspositionen.

Vor allem bedenklich: Der Autor verschweigt in wichtigen arbeitsrechtlichen Streitfragen Rechtsmeinungen, die in Literatur und Rechtsprechung vertreten werden, aber für die Arbeitgeberseite ungünstig sind. Der Autor führt damit die Adressaten des Buchs (laut amazon-Werbung »… Studenten, Referendare, Gewerkschaften, Betriebsräte sowie werdende Fachanwälte für Arbeitsrecht«) in die Irre.

Bei der Ausstattung der Betriebsratsbibliothek ist darauf zu achten, dass sie möglichst alle Aufgabenfelder des Betriebsrats abdeckt (siehe im Anhang Übersicht »Literatur für die Betriebsratsarbeit«) und die Bücher jeweils auf dem **neuesten Stand** (aktuelle Auflage) sind (BAG v. 26.10.1994 – 7 ABR 15/94, AiB 1995, 468).

Letzteres ist deshalb unbedingt vonnöten, weil
- bestehende Gesetze und Rechtsverordnungen laufend geändert werden,
- neue Gesetze und Rechtsverordnungen erlassen werden und
- Rechtsprechung sich weiterentwickelt und nicht selten verändert.

Gesetzessammlungen, Kommentare und sonstige Literatur veralten aus diesem Grund relativ schnell und werden deshalb immer wieder neu aufgelegt.

Um über die aktuelle Rechtsprechung zeitnah informiert zu sein, bietet sich zudem der Bezug einer periodisch erscheinenden **Entscheidungssammlung** und/oder die Nutzung entsprechender **Online-Angebote** an (vgl. z. B. Betriebsratswissen online, Bund-Verlag).

Hilfreich ist auch ein Blick auf die Webseiten der Bundesgerichte (z. B. www.bundesarbeitsgericht.de oder www.bundessozialgericht.de; siehe auch → **EDV im Betriebsratsbüro – Internet – Intranet**).

Bei der Bestellung der erforderlichen Literatur kann das nachstehende **Musterschreiben** verwendet werden.

An die Geschäftsleitung   Ort …, Datum …

Bestellung »sachlicher Mittel« gemäß § 40 Abs. 2 BetrVG
Sehr geehrte Damen und Herren,
der Betriebsrat hat in seiner Sitzung vom … beschlossen, dass die nachstehend aufgeführten Bücher und Zeitschriften in der angegebenen Anzahl für die ordnungsgemäße Durchführung der Betriebsratsarbeit erforderlich und dementsprechend von Ihnen nach § 40 Abs. 2 BetrVG zur Verfügung zu stellen sind.

Literatur für die Betriebsratsarbeit

Bücher:	Autor	Titel / Auflage	Verlag
Zeitschriften:			

Der Betriebsrat bittet um Ihre Bestätigung innerhalb einer Frist von einer Woche, also bis zum
...
Sollten Sie gegen eine oder mehrere Positionen Bedenken haben, so lassen Sie dies den Betriebsrat innerhalb der genannten Frist wissen, damit die Erforderlichkeit näher erläutert werden kann.
Mit freundlichen Grüßen
...
(Unterschrift Betriebsrat)

Arbeitshilfen

Übersicht
Musterschreiben
- Literatur für die Betriebsratsarbeit (Literaturliste)
- Bestellung von Literatur für die Betriebsratsarbeit
- Bestellung ausgewählter Literatur für die Betriebsratsarbeit

Übersicht: Literatur für die Betriebsratsarbeit

Kalender
- *Betriebsrats-Kalender,* Bund-Verlag (erscheint jährlich)

Zeitschriften
- *Arbeitsrecht im Betrieb (AiB),* Bund-Verlag
- *Arbeit und Recht,* Bund-Verlag
- *Gute Arbeit,* Arbeitsschutz und Arbeitsgestaltung, Bund-Verlag
- *Computer und Arbeit,* IT-Mitbestimmung und Datenschutz, Bund-Verlag
- *Der Gegenpol,* Herausgeber Knut Becker
- *Neue Zeitschrift für Arbeitsrecht,* C. H. Beck'sche Verlagsbuchhandlung

Software
- *Kittner,* Arbeits- und Sozialordnung, Bund-Verlag
- *Schoof,* Betriebsratspraxis von A bis Z digital, Bund-Verlag
- *Däubler/Kittner/Klebe/Wedde (Hrsg.),* Betriebsverfassungsgesetz – Kommentar für die Praxis, Bund-Verlag
- *Däubler/Kittner/Klebe/Wedde/Schoof (Hrsg.),* Betriebsratswissen online, Bund-Verlag

Gesetzessammlungen
- *Kittner,* Arbeits- und Sozialordnung, Bund-Verlag
- *Nipperdey I,* Arbeitsrecht – Textsammlung, Verlag C. H. Beck (Loseblattwerk)
- *Nipperdey II,* Arbeitssicherheit – Textsammlung, Verlag C. H. Beck (Loseblattwerk)
- *Däubler/Kittner/Lörcher,* Internationale Arbeits- und Sozialordnung, Bund-Verlag
- *Umweltrecht,* Beck-Texte im dtv München

Entscheidungssammlungen
- *Schoof,* Betriebsratspraxis von A bis Z, Bund-Verlag

Literatur für die Betriebsratsarbeit

- *Däubler/Kittner/Klebe/Wedde/Schoof (Hrsg.),* Betriebsratswissen online, Bund-Verlag
- *Stahlhacke (Hrsg.),* Entscheidungssammlung zum Arbeitsrecht – EzA, Hermann Luchterhand Verlag (Loseblattwerk)
- *EzA-Schnelldienst,* Arbeitsrechtliche Sofortinformation der Entscheidungssammlung zum Arbeitsrecht – EzA, Hermann Luchterhand Verlag
- *Hueck/Nipperdey/Dietz,* Arbeitsrechtliche Praxis, Nachschlagewerk des Bundesarbeitsgerichts, Betriebsverfassungsgesetz 1972, Verlag C. H. Beck (Loseblattwerk)

Literatur zum allgemeinen Arbeitsrecht
- *Kittner/Zwanziger/Deinert (Hrsg.),* Arbeitsrecht, Handbuch für die Praxis, Bund-Verlag
- *Däubler,* Arbeitsrecht, Ratgeber für Beruf, Praxis und Studium, Bund-Verlag
- *Däubler,* Das Arbeitsrecht 1, Das Arbeitsrecht 2, Ratgeber Arbeitsrecht, Rowohlt (rororo)
- *Kittner/Deinert,* Arbeits- und Sozialrecht kompakt, Bund-Verlag
- *Schaub,* Arbeitsrechts-Handbuch, Verlag C. H. Beck

Literatur zur Stellung der Gewerkschaften im Betrieb und zum Tarif- und Arbeitskampfrecht
- *Berg/Kocher/Schumann (Hrsg.)* Tarifvertragsgesetz und Arbeitskampfrecht, Bund-Verlag
- *Däubler,* Gewerkschaftsrechte im Betrieb, Hermann Luchterhand Verlag
- *Däubler,* Tarifvertragsrecht. Ein Handbuch, Nomos Verlagsgesellschaft
- *Däubler (Hrsg.),* Kommentar zum TVG, Nomos Verlagsgesellschaft
- *Däubler (Hrsg.),* Arbeitskampfrecht, Nomos Verlagsgesellschaft
- *Kempen/Zachert,* Tarifvertragsgesetz – Kommentar für die Praxis, Bund-Verlag
- *Kissel,* Arbeitskampfrecht, Verlag C. H.Beck
- *Meine/Ohl/Rohnert (Hrsg.),* Handbuch Arbeit, Entgelt, Leistung, Entgelt-Rahmentarifverträge im Betrieb, Bund-Verlag
- *Ulber,* Arbeitnehmerüberlassungsgesetz und Arbeitnehmer-Entsendegesetz, Kommentar für die Praxis, Bund-Verlag

Kommentare zum Betriebsverfassungsgesetz
- *Däubler/Kittner/Klebe/Wedde (Hrsg.),* Betriebsverfassungsgesetz – Kommentar für die Praxis, Bund-Verlag
- *Klebe/Ratayczak/Heilmann/Spoo,* Betriebsverfassungsgesetz – Basiskommentar, Bund-Verlag
- *Fricke/Grimberg/Wolter,* Kurzkommentar BetrVG – Klare Sicht für Betriebsräte, Bund-Verlag
- *Fitting u. a.,* Betriebsverfassungsgesetz – Handkommentar, Verlag Franz Vahlen
- *Siebert/Becker (Hrsg.),* Betriebsverfassungsgesetz, Kommentar für die Praxis, LexisNexis Deutschland

Literatur zur Wahl des Betriebsrats, der JAV und der Schwerbehindertenvertretung
- *Berg/Hayen/Heilmann/Ratayczak,* Betriebsratswahl 2014, Bund-Verlag
- *Berg/Heilmann,* JAV-Wahl 2016 – mit CD-ROM, Bund-Verlag
- *Bolwig,* Die Wahl der Schwerbehindertenvertretung 2014, Bund-Verlag

Literatur zur Praxis des Betriebsrats, der JAV und der Schwerbehindertenvertretung
- *Schoof,* Betriebsratspraxis von A bis Z. Das Lexikon für die betriebliche Interessenvertretung, Bund-Verlag
- *Duscheck/Haggenmiller/Lenz/Ratayczak/Ressel/Schmitzer,* Die Praxis der Jugend- und Auszubildendenvertretung von A bis Z, Bund-Verlag
- *Feldes/Ritz/J. Schmidt,* Die Praxis der Schwerbehindertenvertretung von A bis Z, Das Handwörterbuch für behinderte Menschen und ihre Interessenvertretung, Bund-Verlag
- *Rügemer,* Union Busting in Deutschland. Die Bekämpfung von Gewerkschaften und Betriebsräten als professionelle Dienstleistung, OBS-Arbeitsheft 77, Eine Studie der Otto Brenner Stiftung, Frankfurt/Main
- *Rügemer,* Die Fertigmacher. Arbeitsunrecht und professionelle Gewerkschaftsbekämpfung, Papyrossa Verlag, Köln 2014
- *Esser/Schröder,* Die Vollstrecker. Rausschmeißen, überwachen, manipulieren – wer für Unternehmen die Probleme löst, C. Bertelsmann

Literatur für die Betriebsratsarbeit

- *Fricke/Grimberg/Wolter,* Die kleine Betriebsratsbibliothek, Bände 1 – 6, Bund-Verlag
- *Helms/Rehbock,* Tipps für neu und wieder gewählte Betriebsratsmitglieder, Bund-Verlag
- *Rehbock/Helms,* Tipps für Betriebsratsvorsitzende und Ausschussvorsitzende, Bund-Verlag,
- *Eberhard/Engelbert/Haedge,* Musterschreiben für den Betriebsrat, Betriebsratsarbeit auf den Punkt gebracht, Bund-Verlag
- *Kellner/Rücker/Schouten,* Büro-Ordner für Betriebsräte, SachBuchVerlag Kellner
- *Laßmann/Rupp,* Handbuch Wirtschaftsausschuss, Bund-Verlag
- *Engel-Bock/Laßmann/Rupp,* Bilanzanalyse leicht gemacht, Bund-Verlag
- *Thiel/Dressel,* Betriebsvereinbarungen: Nachschlagewerk für Betriebsräte, SachBuchVerlag Kellner
- *Göritz/Hase//Rupp,* Handbuch Interessenausgleich und Sozialplan, Bund-Verlag
- *Hamm,* Sozialplan und Interessenausgleich, Handlungshilfe für Betriebsräte bei Betriebsänderungen, Bund-Verlag
- *Göritz/Hase/Pankau/Röhricht/Rupp/Teppich,* Handbuch Einigungsstelle, Bund-Verlag
- *Pünnel/Isenhardt,* Die Einigungsstelle des BetrVG 1972, Hermann Luchterhand Verlag
- *Rußland,* Suchtverhalten und Arbeitswelt – vorbeugen, aufklären, helfen, Fischer
- *Esser/Wolmerath,* Mobbing und psychische Gewalt, Der Ratgeber für Betroffene und ihre Interessenvertretung, Bund-Verlag
- *Lukas/Dahl,* Konfliktlösung im Arbeitsleben, Leitfaden für die Praxis, Luchterhand Verlag

Literatur für besondere Aufgabenfelder des Betriebsrats

»Arbeitsentgelt«
- *Meine/Ohl/Rohnert (Hrsg.),* Arbeit, Entgelt, Leistung, Handbuch Tarifanwendung im Betrieb, Bund-Verlag
- *Lakies,* Mindestlohngesetz, Basiskommentar, Bund-Verlag

»Arbeitszeit«
- *Buschmann/Ulber,* Arbeitszeitgesetz, Basiskommentar, Bund-Verlag
- *Holland,* Teilzeitarbeit, Beck-Rechtsberater im dtv
- *Hamm,* Flexible Arbeitszeiten in der Praxis, Bund-Verlag
- *Meine/Wagner,* Handbuch Arbeitszeit, Bund-Verlag

»Arbeit und Technik«
- *Dörrenbächer/Meißner/Schmitt,* Business Reengineering, Bund-Verlag
- *Arbeitskammer Saarland,* Handlungsmöglichkeiten des Betriebsrats bei der Einführung neuer Technologien in Büro und Verwaltung, Arbeitskammer Saarland, Abteilung Presse und Information
- *Däubler,* Gläserne Belegschaften? Datenschutz in Betrieb und Dienststelle, Bund-Verlag
- *Däubler/Klebe/Wedde/Weichert,* Bundesdatenschutzgesetz, Kompaktkommentar, Bund-Verlag

»Urlaub«
- *Heilmann,* Urlaubsrecht, Basiskommentar, Bund-Verlag
- *Leinemann/Link,* Urlaubsrecht, Kommentar, Verlag Franz Vahlen

»Benachteiligungsverbot (AGG)«
- *Wyrwa,* Mobbt die Mobber! So setzen Sie sich gekonnt zur Wehr, Goldmann Taschenbuch 2006
- *Esser/Wolmerath,* Mobbing und psychische Gewalt, Bund-Verlag

»Gesundheitsschutz« und »Umweltschutz«
- *Pieper,* Arbeitsschutzrecht, Kommentar für die Praxis, Bund-Verlag
- *Pieper,* Arbeitsschutzgesetz, Basiskommentar, Bund-Verlag
- *Kohte/Faber/Feldhoff,* Arbeitsschutzrecht: Arbeitsschutz – Arbeitszeit – Arbeitssicherheit – Arbeitswissenschaft, Nomos (April 2014)
- *Umweltbundesamt (Hrsg.),* Daten zur Umwelt, Erich Schmidt Verlag
- *Katalyse e. V.,* Umweltlexikon, Kiepenheuer & Witsch

Literatur für die Betriebsratsarbeit

- *Isselhard/Neumann/Steiger/Stürk*, Wörterbuch der Arbeitssicherheit, Universum Verlagsanstalt
- *Eberstein/Meyer*, Arbeitsstättenrecht – Handkommentar für die Praxis (Loseblattwerk), Verlag J. P. Bachem
- *Spinnarke/Schork*, Arbeitssicherheitsrecht (ASiR) – Kommentar (Loseblattwerk), C. F. Müller-Verlag
- *Pickshaus/Priesten*, Gesundheit und Ökologie im Büro, Verlag der ökologischen Briefe
- *Kühn/Birett*, Merkblätter, Gefährliche Arbeitsstoffe (Loseblattwerk), ecomed Verlagsgesellschaft Landsberg
- *Technologieberatungsstelle beim DGB in NRW (Hrsg.)*, Gefahrstoffe: Was tun? VSA-Verlag

»Schutz besonderer Personengruppen«
- *Lakies*, Jugendarbeitsschutzgesetz – Basiskommentar, Bund-Verlag
- *Duscheck/Haggenmiller/Lenz/Ratayczak/Ressel/Schmitzer*, Die Praxis der Jugend- und Auszubildendenvertretung von A bis Z, Bund-Verlag
- *Bulla/Buchner*, Mutterschutzgesetz, Verlag C. H. Beck
- *Feldes/Ritz/Schmidt*, Die Praxis der Schwerbehindertenvertretung von A bis Z, Das Handwörterbuch für behinderte Menschen und ihre Interessenvertretung, Bund-Verlag
- *Feldes/Fraunhoffer/Rehwald/Westermann/Witt*, Schwerbehindertenrecht, Basiskommentar zum SGB IX mit Wahlordnung, Bund-Verlag
- *Minninger/Hinterholz/Westermann*, Rechte behinderter Menschen, Bund-Verlag

»Berufliche Bildung«
- *Lakies/Malottke*, Berufsbildungsgesetz – Kommentar für die Praxis, Bund-Verlag

»Beschäftigungssicherung« und »Kündigungsschutz«
- *Backmeister/Trittin*, Kündigungsschutzgesetz mit Nebengesetzen, Kommentar, Verlag Franz Vahlen
- *Kittner/Däubler/Zwanziger*, Kündigungsschutzrecht – Kommentar für die Praxis, Bund-Verlag
- *Lorenz u. a.*, Kündigungen erfolgreich verhindern. Das Antikündigungsbuch, SachBuchVerlag Kellner

»Insolvenzrecht«
- *Bichlmeier/Wroblewski*, Das Insolvenzhandbuch für die Praxis, Bund-Verlag

Literatur zum Sozialrecht
- *Brall/Hoenig/Kerschbaumer*, Rente ab 63, Bund-Verlag
- *Brall/Kerschbaumer/Scheer/Westermann*, Sozialrecht – Kompaktkommentar,
- *Feldes/Kohte/Stevens-Bartol*, SGB IX – Kommentar für die Praxis, Bund-Verlag
- *Kittner/Deinert*, Arbeits- und Sozialrecht kompakt, Bund-Verlag
- *Arbeitslosenprojekt TuWas*, Leitfaden für Arbeitslose, Der Rechtsratgeber zum SGB III, Fachhochschulverlag

Rechtsprechung

1. Gesetzessammlung
2. Entscheidungssammlung zum Arbeitsrecht
3. Handwörterbuch zum Arbeitsrecht
4. Arbeitsrechts-Handbuch
5. Kommentare zum BetrVG
6. Spezialliteratur
7. Duden
8. Fachzeitschriften

Massenentlassung

Grundlagen

1 Der Arbeitgeber ist nach § 17 Abs. 1 KSchG verpflichtet, der Agentur für Arbeit eine **Massenentlassungsanzeige** zu erstatten, bevor er
   1. in Betrieben mit in der Regel mehr als 20 und weniger als 60 Arbeitnehmern
      mehr als 5 Arbeitnehmer,
   2. in Betrieben mit in der Regel mindestens 60 und weniger als 500 Arbeitnehmern
      10 vom Hundert der im Betrieb regelmäßig beschäftigten Arbeitnehmer oder aber mehr als 25 Arbeitnehmer,
   3. in Betrieben mit in der Regel mindestens 500 Arbeitnehmern
      mindestens 30 Arbeitnehmer
   innerhalb von **30 Kalendertagen** entlässt.
2 Den Entlassungen stehen andere Beendigungen des Arbeitsverhältnisses gleich, die vom Arbeitgeber **veranlasst** werden: z. B. ein vom Arbeitgeber veranlasster → **Aufhebungsvertrag** (BAG v. 19.3.2015 – 8 AZR 119/14) oder eine vom Arbeitgeber veranlasste Kündigung des Arbeitsverhältnisses durch den Arbeitnehmer.
3 Nach der zutreffenden Entscheidung des Europäischen Gerichtshofs (EuGH v. 27.1.2005 – C–188/03 – [Junk/Kühnel], EzA KSchG § 17 Nr. 13) darf der Arbeitgeber die Kündigung erst nach Erstattung der Massenentlassungsanzeige gemäß § 17 Abs. 1 KSchG **aussprechen**.
Unter »**Entlassung**« im Sinne des § 17 Abs. 1 Satz 1 KSchG ist der Ausspruch der Kündigung des Arbeitsverhältnisses zu verstehen.
Kündigt der Arbeitgeber, ohne zuvor die Massenentlassung angezeigt zu haben, werden die Arbeitsverhältnisse durch die entsprechende Kündigung **nicht aufgelöst** (BAG v. 16.6.2005 – 6 AZR 451/04, NZA 2005, 1109; 23.3.2006 – 2 AZR 343/05, NZA 2006, 971; 6.7.2006 – 2 AZR 520/05, NZA 2007, 266; 13.7.2006 – 6 AZR 198/06, NZA 2007, 25; 24.8.2006 – 8 AZR 317/05, NZA 2007, 1287).
Das Gleiche gilt, wenn der Arbeitgeber die Kündigung vor Ende des **Konsultationsverfahrens** im Sinne des Artikels 2 der Richtlinie 98/59 (= Beteiligung des Betriebsrats gemäß § 17 Abs. 2 und 3 KSchG; siehe unten) **ausspricht** (EuGH v. 27.1.2005 – C–188/03, a. a. O.).
Der Arbeitgeber ist also verpflichtet, vor Ausspruch der Kündigung eine Massenentlassung bei der Agentur für Arbeit **anzuzeigen** und den Betriebsrat gemäß § 17 Abs. 2 und 3 KSchG zu beteiligen. Andersfalls ist die Kündigung **nichtig**. Hierzu BAG v. 28.5.2009 – 8 AZR 273/08:
»*1. Eine Kündigung ist rechtsunwirksam, wenn sie der Arbeitgeber vor einer nach § 17 Abs. 1 KSchG erforderlichen, den gesetzlichen Anforderungen entsprechenden Massenentlassungsanzeige an die Agentur für Arbeit ausgesprochen hat.*
2. Die Kündigung darf aber schon unmittelbar nach Eingang der Anzeige bei der Agentur für Arbeit ausgesprochen werden.
3. Eine nach § 17 KSchG anzeigepflichtige Kündigung beendet, sofern der Kündigungstermin vor Ablauf der Sperrfrist des § 18 Abs. 1 KSchG liegen sollte, das Arbeitsverhältnis nicht zu dem in der Kündigungserklärung genannten Zeitpunkt, sondern erst mit Ablauf eines Monats nach Eingang

Massenentlassung

der Anzeige, wenn keine Zustimmung der Agentur für Arbeit zu einer früheren Beendigung erfolgt.«
Das BAG hat allerdings in mehreren Entscheidungen klargestellt, dass der Grundsatz des **Vertrauensschutzes** es verbietet, eine vor Verkündung der Entscheidung des EuGH v. 27.1.2005 ausgesprochene Kündigung für rechtsunwirksam zu halten (BAG v. 23.3.2006 – 2 AZR 343/05; 6.7.2006 – 2 AZR 520/05; 13.7.2006 – 6 AZR 198/06; 24.8.2006 – 8 AZR 317/05).

Nach § 17 Abs. 2 Satz 1 KSchG hat der Arbeitgeber dem Betriebsrat »*rechtzeitig die zweckdienlichen Auskünfte zu erteilen*«. **4**
Er hat den Betriebsrat **schriftlich** insbesondere **zu unterrichten** über
1. die Gründe für die geplanten Entlassungen,
2. die Zahl und die Berufsgruppen der zu entlassenden Arbeitnehmer,
3. die Zahl und die Berufsgruppen der in der Regel beschäftigten Arbeitnehmer,
4. den Zeitraum, in dem die Entlassungen vorgenommen werden sollen,
5. die vorgesehenen Kriterien für die Auswahl der zu entlassenden Arbeitnehmer,
6. die für die Berechnung etwaiger Abfindungen vorgesehenen Kriterien.

Die Unterrichtungspflichten des Arbeitgebers nach § 17 Abs. 1 KSchG verdrängen nicht die **5**
weiter gehenden Informationsrechte des Betriebsrats nach §§ 102, 111 BetrVG (siehe → **Kündigung** und → **Betriebsänderung**).

Arbeitgeber und Betriebsrat haben insbesondere die Möglichkeiten zu beraten, Entlassungen **6**
zu vermeiden oder einzuschränken und ihre Folgen zu mildern (§ 17 Abs. 2 Satz 2 KSchG).
Der Agentur für Arbeit hat der Arbeitgeber eine **Abschrift der Mitteilung** an den Betriebsrat zuzuleiten.
Die Abschrift muss mindestens die in § 17 Abs. 2 Satz 1 Nrn. 1 bis 5 KSchG (siehe Rn. 4) genannten Angaben enthalten.
Der Betriebsrat hat gemäß § 17 Abs. 3 Satz 2 KSchG das Recht, eine an die Agentur für Arbeit gerichtete **Stellungnahme** zu verfassen. Eine Stellungnahme liegt nur vor, wenn sich der Erklärung entnehmen lässt, dass der Betriebsrat seine Beteiligungsrechte als gewahrt ansieht und er eine abschließende Meinung zu den vom Arbeitgeber beabsichtigten Kündigungen geäußert hat (BAG v. 26.2.2015 – 2 AZR 955/13).
Der Arbeitgeber muss die Stellungnahme des Betriebsrats der Massenentlassungsanzeige **beifügen**.
Verweigert der Betriebsrat eine Stellungnahme oder ist die von ihm abgegebene Erklärung – möglicherweise – unzureichend, kann der Arbeitgeber nach Ansicht des BAG (vorsorglich) gem. § 17 Abs. 3 Satz 3 KSchG verfahren. Das heißt: Er kann zwei Wochen nach vollständiger Unterrichtung des Betriebsrats gem. § 17 Abs. 2 S 1 KSchG unter Darlegung des Stands der Beratungen eine Massenentlassungsanzeige erstatten (BAG v. 26.2.2015 – 2 AZR 955/13).
Werden in einem Interessenausgleich die für die Entlassung vorgesehenen Beschäftigten namentlich benannt (»**Interessenausgleich mit Namensliste**«; siehe hierzu → **Interessenausgleich** Rn. 15, 16), so ersetzt ein solcher Interessenausgleich die Stellungnahme des Betriebsrats zur Massenentlassungsanzeige (§ 1 Abs. 5 Satz 4 KSchG, § 125 Abs. 2 InsO; zur Problematik eines Interessenausgleichs mit Namensliste – Beseitigung des Kündigungsschutzes der Arbeitnehmer – siehe → **Interessenausgleich** Rn. 16, 16a und → **Kündigungsschutz** Rn. 18 a).

Entlassungen, die nach § 17 KSchG anzuzeigen sind, werden vor Ablauf eines Monats nach **7**
Eingang der Anzeige bei der Agentur für Arbeit nur mit deren **Zustimmung wirksam** (§ 18 Abs. 1 KSchG). Die Zustimmung kann auch rückwirkend bis zum Tage der Antragstellung erteilt werden.
Die Agentur für Arbeit kann im Einzelfall bestimmen, dass die Entlassungen nicht vor Ablauf von **längstens zwei Monaten** nach Eingang der Anzeige bei der Agentur für Arbeit wirksam werden (§ 18 Abs. 2 KSchG; **Entlassungssperre**).

Massenentlassung

Soweit die Entlassungen nicht innerhalb von 90 Tagen nach dem Zeitpunkt, zu dem sie zulässig sind, durchgeführt werden, bedarf es unter den Voraussetzungen des § 17 Abs. 1 KSchG einer **erneuten Anzeige** (§ 18 Abs. 4 KSchG).

8   Ist der Arbeitgeber nicht in der Lage, die Arbeitnehmer bis zu dem in § 18 Abs. 1 und 2 KSchG bezeichneten Zeitpunkt voll zu beschäftigen, so kann die Bundesagentur für Arbeit zulassen, dass der Arbeitgeber für die Zwischenzeit → **Kurzarbeit** einführt (§ 19 Abs. 1 KSchG).

Der Arbeitgeber ist im Falle der Kurzarbeit berechtigt, Lohn oder Gehalt der mit verkürzter Arbeitszeit beschäftigten Arbeitnehmer entsprechend zu kürzen (§ 19 Abs. 2 KSchG).

Die Kürzung des Arbeitsentgelts wird jedoch erst von dem Zeitpunkt an wirksam, an dem das Arbeitsverhältnis nach den allgemeinen gesetzlichen oder den vereinbarten Bestimmungen enden würde (§ 19 Abs. 1 KSchG).

Tarifvertragliche Bestimmungen über die Einführung, das Ausmaß und die Bezahlung von Kurzarbeit werden durch die Regelungen des § 19 Abs. 1 und 2 KSchG nicht berührt (§ 19 Abs. 3 KSchG).

9   Bei geplanter Massenentlassung werden weitere Rechte des Betriebsrats ausgelöst:
- Informations- und Beratungsrechte des → **Wirtschaftsausschusses** nach § 106 BetrVG;
- Informations- und Beratungsrechte des Betriebsrats nach § 111 BetrVG (siehe → **Betriebsänderung**) und das Recht auf Verhandlungen über einen → **Interessenausgleich** und die Aufstellung eines → **Sozialplans** nach § 112 BetrVG.

Betriebliche Tarifbewegung

10 Für Gewerkschaften und ihre Mitglieder im Betrieb besteht die Möglichkeit, auf eine vom Arbeitgeber angekündigte Massenentlassung mit den Mitteln einer von der Gewerkschaft geführten betrieblichen Tarifbewegung (inkl. Streik) zu reagieren.

Tarifforderungen und ein dazu geführter **Streik** dürfen sich nach Ansicht einiger erst- und zweitinstanzlicher Gerichte allerdings nicht auf die Rücknahme der Entlassungsentscheidung richten.

Das soll ein unzulässiger Eingriff in die durch Art. 12 Abs. 1 GG geschützte **Unternehmensautonomie** sein (vgl. z. B. LAG Hamm v. 31. 5. 2000 – 18 Sa 958/2000, NZA-RR 2000, 535 ff.; LAG Schleswig-Holstein v. 27. 3. 2003 – 5 Sa 137/03, AiB 2004, 565; siehe hierzu → **Arbeitskampf** Rn. 6).

Das Bundesarbeitsgericht hat diese Frage in seiner Entscheidung zum »Streik für einen Sozialtarifvertrag« vom 24. 4. 2007 – 1 AZR 252/06, AiB 2007, 732 allerdings ausdrücklich offen gelassen (siehe → **Arbeitskampf** Rn. 6).

Zulässig und erstreikbar ist aber jedenfalls die Forderung nach einem »**Sozialtarifvertrag**« (sofern nicht die relative Friedenspflicht aus einem aktiv geltenden Tarifvertrag entgegensteht; siehe hierzu BAG v. 24. 4. 2007 – 1 AZR 252/06, AiB 2007, 732 und → **Arbeitskampf** Rn. 7).

Ein »Sozialtarifvertrag« kann Regelungen enthalten, die die Umsetzung der Unternehmerentscheidung **verzögern** (z. B. lange Kündigungsfristen) und Regelungen, die auf eine Abmilderung der Folgen für die Beschäftigten gerichtet sind (z. B. Qualifizierungsmaßnahmen, → **Abfindungen**; zum Ganzen siehe → **Arbeitskampf**, → **Betriebsänderung**, → **Gewerkschaft** und → **Tarifvertrag**).

Rechtsprechung

1. Massenentlassung – Anzeigepflicht – EU-Richtlinie
2. Stellungnahme des Betriebsrats (§ 17 Abs. 3 KSchG) – Interessenausgleich

Mehr-Betriebs-Unternehmen

Was ist das?

Manche → **Unternehmen** »betreiben« einen → **Betrieb** (→ **Ein-Betriebs-Unternehmen**), andere – hier als »Mehr-Betriebs-Unternehmen« bezeichnet – mehrere → **Betriebe**. **1**

Beispiel:
Die Firma »Maschinenbau-GmbH« ist ein Unternehmen mit Sitz in Hamburg. Zum Unternehmen gehören drei weitere Betriebe in Berlin, Köln und München.
Die »Maschinenbau-GmbH« ist als sog. juristische Person (siehe → **Unternehmensrechtsformen**)
- auf arbeitsvertraglicher Ebene Partei der mit allen in den vier Betrieben beschäftigten → Arbeitnehmer geschlossenen → **Arbeitsverträge**;
- im Bereich des BetrVG das Organ der Betriebsverfassung, das in den meisten Bestimmungen des BetrVG → **Arbeitgeber** genannt wird und das als »sozialer Gegenspieler« der Organe der Interessenvertretung der Arbeitnehmer – insbesondere des → **Betriebsrats** auftritt;
- → **Unternehmen** im Sinne von §§ 47 ff., 99, 102 Abs. 3 Nr. 3, 106 ff., 111 ff. BetrVG.

Die Geschäftsführung der »Maschinenbau-GmbH« ist Unternehmer im Sinne von §§ 53 Abs. 2 Nr. 2, 106 ff., 111 ff. BetrVG.

Ein Mehr-Betriebs-Unternehmen ist das »Gegenstück« zum → **Gemeinschaftsbetrieb**: hier führen mehrere → **Unternehmen** gemeinsam einen → **Betrieb**. Unterschied des Mehr-Betriebs-Unternehmens zum → **Konzern**: Ein Konzern ist ein Zusammenschluss mehrerer → **Unternehmen** (wobei ein Unternehmen als Konzernobergesellschaft die anderen Unternehmen »beherrscht«). **2**

Bedeutung für die Betriebsratsarbeit

In obigem Beispiel ist in jedem der vier Betriebe ein **Betriebsrat zu wählen**, falls jeweils die Voraussetzungen des § 1 BetrVG (mindestens fünf wahlberechtigte Arbeitnehmer, von denen drei wählbar sein müssen) vorliegen. **3**

Informationsgeber und Verhandlungspartei der jeweiligen Betriebsräte ist der → **Arbeitgeber** (bzw. nach §§ 53 Abs. 2 Nr. 2, 106 ff., 111 ff. BetrVG der **Unternehmer**; siehe Rn. 1). **4**

Grundsätzlich ist der Arbeitgeber (bzw. Unternehmer) **selbst** verpflichtet (bei »juristischen Personen« die gesetzlichen Vertreter: Geschäftsführung der GmbH, Vorstand der Aktiengesellschaft), den Betriebsrat zu informieren, mit ihm zu beraten und zu verhandeln. Das ergibt sich aus dem Gebot der vertrauensvollen Zusammenarbeit (§ 2 Abs. 1 BetrVG). Der Betriebsrat muss sich nicht mit Personen »abgeben«, die in der jeweilig zu verhandelnden Angelegenheiten nicht entscheidungsfähig sind.
Der Arbeitgeber kann sich aber – vor allem in größeren Unternehmen mit mehreren Betrieben – von beauftragten Personen **vertreten lassen** – in einem Mehr-Betriebs-Unternehmen

Mehr-Betriebs-Unternehmen

etwa durch die jeweiligen Betriebsleiter, bei denen es sich meist um → **leitende Angestellte** handelt.

5   Im Falle einer in einem Betrieb geplanten → **Betriebsänderung** nach §§ 111 ff. BetrVG ist der **Unternehmer** (also die Geschäftsführung der Firma »Maschinenbau-GmbH«) Informationsgeber und Verhandlungspartei des Betriebsrats des von der Betriebsänderung betroffenen Betriebs.
Zur Zuständigkeit des → **Gesamtbetriebsrats** (siehe Rn. 7), wenn das ganze Unternehmen oder mehrere Betriebe von einer geplanten Betriebsänderung betroffen sind, siehe → **Betriebsänderung** Rn. 4.

> **Beachten:**
> 6   Die §§ 99–101 BetrVG und §§ 111–113 BetrVG kommen nur dann zur Anwendung, wenn in dem → **Unternehmen** »in der Regel« (siehe → **Rechtsbegriffe**) mehr als 20 wahlberechtigte Arbeitnehmer beschäftigt sind (neu geregelt durch das BetrVerfReformgesetz 2001; zuvor wurde auf die Zahl der Beschäftigten des → **Betriebes** abgestellt).

> **Beispiel:**
> In einem Mehr-Betriebs-Unternehmen mit vier Betrieben sind jeweils sechs Arbeitnehmer beschäftigt, die jeweils einen Betriebsrat – ein »Ein-Personen-Betriebsrat« (vgl. § 9 Abs. 1 BetrVG) – gewählt haben.
> Da im Unternehmen insgesamt 24 Arbeitnehmer tätig sind, sind die §§ 111–113 BetrVG anzuwenden, wenn z. B. ein Betrieb stillgelegt werden soll.
> Wenn in einem Betrieb ein Arbeitnehmer eingestellt oder versetzt, ein- oder umgruppiert werden soll, stehen dem »Ein-Personen-Betriebsrat« die Rechte nach §§ 99–101 BetrVG zu.

Gesamtbetriebsrat

7   In einem **Mehr-Betriebs-Unternehmen** haben die örtlichen Betriebsräte einen → **Gesamtbetriebsrat** zu bilden (§ 47 Abs. 1 BetrVG, zwingende Vorschrift!).
Dies geschieht dadurch, dass jeder Betriebsrat mit bis zu drei Mitgliedern eines seiner Mitglieder, jeder Betriebsrat mit mehr als drei Mitgliedern zwei seiner Mitglieder in den Gesamtbetriebsrat entsendet (§ 47 Abs. 2 Satz 1 BetrVG). Die Geschlechter sollen angemessen berücksichtigt werden (§ 47 Abs. 2 Satz 2 BetrVG).
Zu weiteren Einzelheiten siehe → **Gesamtbetriebsrat**.
Informationsgeber und Verhandlungspartei des Gesamtbetriebsrats ist die Leitung des Unternehmens (Geschäftsführung, Vorstand).

8   Der Gesamtbetriebsrat (nicht die örtlichen Betriebsräte) errichtet den nach § 107 BetrVG zu bildenden → **Wirtschaftsausschuss**, wenn im gesamten Mehr-Betriebs-Unternehmen »in der Regel mehr als 100 Arbeitnehmer beschäftigt« sind.

> **Beispiel:**
> In jedem der vier Betriebe der Firma »Metallbau-GmbH« sind jeweils 30 Arbeitnehmer beschäftigt.
> Da im Unternehmen somit insgesamt 120 Arbeitnehmer tätig sind, ist nach §§ 106, 107 BetrVG vom Gesamtbetriebsrat ein Wirtschaftsausschuss zu errichten.

Mindestlohn

Was ist das?

Als Mindestlohn wird ein Entgelt bezeichnet, das für eine geleistete Arbeit mindestens gezahlt werden muss. 1

In den meisten europäischen Staaten existieren seit langem **gesetzliche Mindestlöhne**. 2
Der gesetzliche Brutto-Mindestlohn lag im Januar 2007 zwischen 0,53 Euro (pro Stunde) bzw. 92 Euro (pro Monat) in Bulgarien und 9,08 Euro (pro Stunde) bzw. 1570 Euro (pro Monat) in Luxemburg (Quelle: WSI-Mindestlohndatenbank 2007; Hans-Böckler-Stiftung 2007; Eurostat, Datenbank zu Mindestlöhnen 2007; siehe auch Übersicht über Mindestlöhne im Anhang zu diesem Stichwort).
Die Unterschiede sind beträchtlich, relativieren sich aber ein Stück, wenn man die unterschiedliche Kaufkraft pro Euro in den jeweiligen Ländern berücksichtigt.

In Deutschland gab es bislang keinen allgemeinen, für alle Arbeitsverhältnisse geltenden gesetzlich festgelegten Mindestlohn (zu Mindestlöhnen in bestimmten Branchen siehe Rn. 4). Inzwischen ist durch das »Tarifautonomiestärkungsgesetz« vom 11.8.2014 (BGBl. I S. 1348) ein **gesetzlicher Mindestlohn in Höhe von 8,50 Euro mit Wirkung ab 1.1.2015** realisiert worden (**Mindestlohngesetz**; siehe Rn. 8). 3

Zu weiteren **gesetzlichen Regelungen** in Bezug auf 4
- die Erstreckung tariflich vereinbarter **Branchenmindestlöhne** durch Rechtsverordnung auf nicht tarifgebundene Arbeitgeber und Arbeitnehmer siehe → **Arbeitnehmerentsendung**,
- die Festsetzung einer **Lohnuntergrenze** für die **Leiharbeit** (§ 3 a AÜG) siehe → **Arbeitnehmerüberlassung/Leiharbeit**,
- die **Mindestlohnregelung für Heimarbeiter** (§§ 4, 18, 19 HAG) siehe → **Heimarbeit**,
- **Lohnwucher** (§ 138 BGB) siehe → **Arbeitsentgelt**.

Gesetzlicher Mindestlohn (Mindestlohngesetz – MiLoG)

In Deutschland wurde seit vielen Jahren um die Einführung eines für alle Arbeitnehmer geltenden gesetzlichen Mindestlohns gestritten. 5
Die **DGB-Gewerkschaften** forderten ursprünglich einen gesetzlichen Mindestlohn von mindestens 7,50 Euro pro Stunde. Beim Bundeskongress des DGB im Mai 2010 wurde eine neue Mindestlohn-Marke von 8,50 Euro pro Stunde beschlossen (*http://www.dgb.de/presse/++co+ +c5cf96f6–628f–11df–79f5–00188b4dc422*).
Die **Arbeitgeberverbände** lehnten einen gesetzlichen Mindestlohn strikt ab.
Auch bei den **politischen Parteien** war und ist die Einführung eines gesetzlichen Mindestlohns umstritten: SPD, Linke und Grüne sind dafür, CDU/CSU und FDP dagegen.
In Ziff. I.3.1 des von der früheren von 2009 bis 2013 amtierenden schwarz/gelben Regierungskoalition (CDU, CSU und FDP) vereinbarten **Koalitionsvertrags** vom 26.10.2009 hieß es: »*CDU, CSU und FDP bekennen sich zur Tarifautonomie. Sie ist ein hohes Gut, gehört unverzicht-*

Mindestlohn

bar zum Ordnungsrahmen der Sozialen Marktwirtschaft und hat Vorrang vor staatlicher Lohnfestsetzung. Einen einheitlichen gesetzlichen Mindestlohn lehnen wir ab.«

6   Demgegenüber hatte sich die nach der Bundestagswahl 2013 zustande gekommene **Regierungskoalition von CDU/CSU/SPD** im **Koalitionsvertrag 2013** auf folgende Ankündigung geeinigt (S. 67, 68 des Koalitionsvertrags):
»*Allgemeine gesetzliche Mindestlohnregelung*
Gute Arbeit muss sich einerseits lohnen und existenzsichernd sein. Andererseits müssen Produktivität und Lohnhöhe korrespondieren, damit sozialversicherungspflichtige Beschäftigung erhalten bleibt. Diese Balance stellen traditionell die Sozialpartner über ausgehandelte Tarifverträge her. Sinkende Tarifbindung hat jedoch zunehmend zu weißen Flecken in der Tariflandschaft geführt. Durch die Einführung eines allgemein verbindlichen Mindestlohns soll ein angemessener Mindestschutz für Arbeitnehmerinnen und Arbeitnehmer sichergestellt werden.
Zum 1. Januar 2015 wird ein flächendeckender gesetzlicher Mindestlohn von 8,50 Euro brutto je Zeitstunde für das ganze Bundesgebiet gesetzlich eingeführt. Von dieser Regelung unberührt bleiben nur Mindestlöhne nach dem AEntG.
Tarifliche Abweichungen sind unter den folgenden Bedingungen möglich:
- *Abweichungen für maximal zwei Jahre bis 31. Dezember 2016 durch Tarifverträge repräsentativer Tarifpartner auf Branchenebene.*
- *Ab 1. Januar 2017 gilt das bundesweite gesetzliche Mindestlohnniveau uneingeschränkt.*
- *Zum Zeitpunkt des Abschlusses der Koalitionsverhandlungen geltende Tarifverträge, in denen spätestens bis zum 31. Dezember 2016 das dann geltende Mindestlohnniveau erreicht wird, gelten fort.*
- *Für Tarifverträge, bei denen bis 31. Dezember 2016 das Mindestlohnniveau nicht erreicht wird, gilt ab 1. Januar 2017 das bundesweite gesetzliche Mindestlohnniveau.*
- *Um fortgeltende oder befristete neu abgeschlossene Tarifverträge, in denen das geltende Mindestlohnniveau bis spätestens zum 1. Januar 2017 erreicht wird, europarechtlich abzusichern, muss die Aufnahme in das Arbeitnehmerentsendegesetz (AEntG) bis zum Abschluss der Laufzeit erfolgen.*
Die Höhe des allgemein verbindlichen Mindestlohns wird in regelmäßigen Abständen – erstmals zum 10. Juni 2017 mit Wirkung zum 1. Januar 2018 – von einer Kommission der Tarifpartner überprüft, gegebenenfalls angepasst und anschließend über eine Rechtsverordnung staatlich erstreckt und damit allgemein verbindlich.
[...] Wir werden das Gesetz im Dialog mit Arbeitgebern und Arbeitnehmern aller Branchen, in denen der Mindestlohn wirksam wird, erarbeiten und mögliche Probleme, z. B. bei der Saisonarbeit, bei der Umsetzung berücksichtigen.
Im Übrigen ist klar, dass für ehrenamtliche Tätigkeiten, die im Rahmen der Minijobregelung vergütet werden, die Mindestlohnregelung nicht einschlägig ist, weil sie in aller Regel nicht den Charakter abhängiger und weisungsgebundener Beschäftigung haben.«

7   Gegen dieses Vorhaben wurde durch Vertreter der Arbeitgeberverbände »aus allen Rohren geschossen«.
Beispiel: Roland Wolf (Leiter der Abteilung Arbeits- und Tarifrecht bei der Bundesvereinigung der Deutschen Arbeitgeberverbände – BDA; siehe → **Arbeitgeberverband**), forderte eine Regelung, die es ermöglicht, vom gesetzlichen Mindestlohn durch Tarifvertrag »nach unten« abzuweichen (Roland Wolf, Der neue Mindestlohn – Tarifstärkung geht anders! BB 21/2014, S. 1).
Pate stand dabei der von der damaligen rot-grünen Koalition (»angeführt« von Schröder, Clement, Fischer) organisierte gesetzgeberische Coup in der Leiharbeit: hiernach wurde im Arbeitnehmerüberlassungsgesetz (AÜG) ein gesetzliches **Gleichbehandlungsgebot** (»equal pay« und »equal treatment«) verankert. Gleichzeitig wurde aber eine Klausel in das Gesetz aufgenommen, die eine **Verschlechterung** (!) des gesetzlichen Gleichbehandlungsprinzips

Mindestlohn

durch Tarifvertrag zulässt (§ 3 Abs. 1 Nr. 3 und § 9 Nr. 2 AÜG: »*ein Tarifvertrag kann abweichende Regelungen zulassen*«; zu Einzelheiten siehe Arbeitnehmerüberlassung/Leiharbeit Rn. 5, 5a, 23 ff.). Das heißt: Es wurde ein Weg geöffnet zu einer – zulasten der Leiharbeitnehmer gehenden – »**ungleichen Bezahlung von gleicher Arbeit**«. Ein krasser Verstoß gegen das Gerechtigkeitsempfinden vieler Menschen und gegen den Gleichbehandlungsgrundsatz. Diese gesetzgeberische »**Machenschaft**« hatte durchschlagende Wirkung. Sie hat zu einer untragbaren Entwicklung von Tarifdumping und Spaltung der Belegschaften in normal/tariflich bezahlte Stammbelegschaften und (für die gleiche Arbeit!) niedriger bezahlte Randbelegschaften geführt.

Viele Verleihfirmen haben **Billig-Tarifverträge** mit sogenannten »christlichen« Gewerkschaften abgeschlossen und diese auf Grundlage von arbeitsvertraglichen Bezugnahmeklauseln (siehe hierzu → **Arbeitsvertrag** Rn. 16 ff.) auf alle Leiharbeitnehmer angewendet. Eine besonders unrühmliche Rolle hat die »**Tarifgemeinschaft Christliche Gewerkschaften Zeitarbeit und PSA (CGZP)**« gespielt. Das BAG hat dem Treiben partiell ein Ende gesetzt, als es am 14.12.2010 entschied, dass die CGZP keine Spitzenorganisation/Gewerkschaft ist, die in eigenem Namen Tarifverträge abschließen kann (BAG v. 14.12.2010 – 1 ABR 19/10, AiB 2011, 330). Die Leiharbeitsfirmen sind dann dazu übergegangen, mit den im CGZP zusammengeschlossenen »christlichen« Einzelgewerkschaften Dumping-Tarifverträge abzuschließen.

Der schwarz-rote Gesetzgeber (CDU/CSU/SPD) ist der Empfehlung von Roland Wolf/BDA (siehe Rn. 7) erstaunlicherweise nicht gefolgt. Der gesetzliche Mindestlohn kann durch Tarifvertrag nicht unterschritten werden. 8

Tarifliche Abweichungen »nach unten« sind nur in einer Übergangsphase bis Ende 2016 bzw. Ende 2017 zulässig (§ 24 MiLoG; siehe Rn. 17).

Nachstehend ein **Überblick** über die wichtigsten Bestimmungen des **Mindestlohngesetzes (MiLoG)** vom 11.8.2014 (BGBl. I S. 1348). 9

Mindestlohn (§ 1 MiLoG)
In der Vorschrift heißt es: 10
»*(1) Jede Arbeitnehmerin und jeder Arbeitnehmer hat Anspruch auf Zahlung eines Arbeitsentgelts mindestens in Höhe des Mindestlohns durch den Arbeitgeber.*
(2) Die Höhe des Mindestlohns beträgt ab dem 1. Januar 2015 brutto 8,50 Euro je Zeitstunde. Die Höhe des Mindestlohns kann auf Vorschlag einer ständigen Kommission der Tarifpartner (Mindestlohnkommission) durch Rechtsverordnung der Bundesregierung geändert werden.
(3) Die Regelungen des Arbeitnehmer-Entsendegesetzes, des Arbeitnehmerüberlassungsgesetzes und der auf ihrer Grundlage erlassenen Rechtsverordnungen gehen den Regelungen dieses Gesetzes vor, soweit die Höhe der auf ihrer Grundlage festgesetzten Branchenmindestlöhne die Höhe des Mindestlohns nicht unterschreitet. Der Vorrang nach Satz 1 gilt entsprechend für einen auf der Grundlage von § 5 des Tarifvertragsgesetzes für allgemeinverbindlich erklärten Tarifvertrag im Sinne von § 4 Absatz 1 Nummer 1 sowie §§ 5 und 6 Absatz 2 des Arbeitnehmer-Entsendegesetzes.«
Aus § 1 MiLoG folgt u. a.: 11
- der Mindestlohn von 8,50 Euro ist für **jede Zeitstunde** zu zahlen, in der gearbeitet wird; darunter ist nicht nur **Vollarbeit** zu verstehen, sondern auch Wegezeiten innerhalb des Betriebs und Dienstfahrten (siehe → **Arbeitszeit** und → **Dienstreise**), → **Arbeitsbereitschaft** und → **Bereitschaftsdienst**, nicht aber → **Rufbereitschaft** (es sei denn, es erfolgt ein Abruf: dann ist für die daraufhin geleisteten Arbeitsstunden der Mindestlohn zu zahlen); das BAG hat entsprechendes für den Mindestlohn in der Pflegebranche entschieden: BAG v. 19.11.2014 – 5 AZR 1101/12 (siehe → **Arbeitnehmerentsendung**);
- → **Ruhepausen** nach § 4 ArbZG gehören nicht zur vergütungspflichtigen Arbeitszeit;
- **zukünftige Änderungen/Anpassungen** des Mindestlohns von 8,50 Euro erfolgen auf Vorschlag der Mindestlohnkommission (§§ 4 ff. MiLoG) durch **Rechtsverordnung** der Bundesregierung (§ 11 MiLoG);

Mindestlohn

> **Beachten:**
> **Branchenmindestlöhne**, die auf Grundlage des Arbeitnehmer-Entsendegesetzes (siehe → **Arbeitnehmerentsendung**) und des Arbeitnehmerüberlassungsgesetzes (siehe Arbeitnehmerüberlassung/Leiharbeit) durch **Rechtsverordnung** festgelegt wurden, haben Vorrang vor den Mindestlohnregelungen nach dem MiLoG, vorausgesetzt, dass die Höhe der festgesetzten Branchenmindestlöhne die Höhe des Mindestlohns **nicht unterschreitet**.

Das Gleiche gilt für **allgemeinverbindlich erklärte Tarifverträge** für das Baugewerbe nach § 4 Abs. 1 Nr. 1 sowie §§ 5 und 6 Abs. 2 AEntG.

> **Beachten:**
> Der Anwendungsbereich des **§ 138 BGB (sittenwidrig niedriger Lohn)** ist durch den gesetzlichen Mindestlohn nicht gänzlich weggefallen. Denn es sind Fallkonstellationen denkbar, in denen der gezahlte Stundenlohn zwar höher liegt als 8,50 Euro, aber dennoch sittenwidrig niedrig ist (etwa wenn das gezahlte Entgelt noch nicht einmal zwei Drittel des in der Branche üblichen Tariflohns beträgt; siehe → **Arbeitsentgelt** Rn. 2 a).

14 Umstritten ist, ob und welche Leistungen des Arbeitgebers (**Zulagen, Zuschläge** sowie Einmalzahlungen wie **Urlaubsgeld** und **Weihnachtsgeld**) auf den gesetzlichen Mindestlohn anzurechnen sind.

14a Für → **Nachtarbeit** ist nach Maßgabe des § 6 Abs. 5 ArbZG ein angemessener Ausgleich zu gewähren: »*Soweit keine tarifvertraglichen Ausgleichsregelungen bestehen, hat der Arbeitgeber dem Nachtarbeitnehmer für die während der Nachtzeit geleisteten Arbeitsstunden eine angemessene Zahl bezahlter freier Tage oder einen angemessenen Zuschlag auf das ihm hierfür zustehende Bruttoarbeitsentgelt zu gewähren.*«

Erfolgt der Ausgleich durch einen Geldzuschlag, beträgt dieser mindestens 25 Prozent des Arbeitsentgelts für eine Stunde. Der Zuschlag ist **zusätzlich** zum gesetzlichen Mindestlohn zu zahlen. Andernfalls käme es zu einer **ungerechtfertigten Gleichbehandlung** bei der Vergütung von Arbeit außerhalb der Nacht und während der Nacht.

Deshalb beträgt der Mindestlohn für Nachtarbeit 8,50 Euro plus 2,13 Euro (mindestens 25 %) = 10,63 EUR.

Hierzu LAG Berlin-Brandenburg 12. 1. 2016 – 19 Sa 1851/15 (Revision zum BAG wurde wegen grundsätzlicher Bedeutung der Rechtssache zugelassen): »*Nacharbeitszuschläge sind auf der Basis des Mindestlohns von 8,50 € zu berechnen, weil § 6 Abs. 5 ArbZG einen angemessenen Zuschlag auf das dem Arbeitnehmer »zustehende Bruttoarbeitsentgelt« vorschreibt.*«

Ist nach dem → **Arbeitsvertrag**, aufgrund → **betrieblicher Übung** oder einem anwendbaren → **Tarifvertrag** für Nachtarbeit ein Zuschlag von mehr als 25 % zu zahlen, dann ist **das** maßgeblich.

14b Auch Zuschläge für → **Sonn- und Feiertagsarbeit** sind zusätzlich zum gesetzlichen Mindestlohn von 8,50 Euro zu zahlen, sofern das im → **Arbeitsvertrag** vereinbart oder ein Anspruch aus → **betrieblicher Übung** besteht oder auf das Arbeitsverhältnis ein entsprechender → **Tarifvertrag** anzuwenden ist.

14c Das Gleiche gilt für **Zuschläge** für → **Überstunden**.

Unklar ist die Entscheidung des BAG v. 16. 4. 2014 – 4 AZR 802/11 zu Zulagen für **Spätschichtarbeit**: »*Bestimmt ein aufgrund Rechtsverordnung verbindlicher Tarifvertrag einen Mindestlohnanspruch »je Stunde« unabhängig von der zeitlichen Lage der Arbeitszeit, können vom Arbeitgeber aufgrund anderer Rechtsgrundlagen geleistete Zulagen für erbrachte Spätschichten vorbehaltlich anderslautender gesetzlicher oder tariflicher Regelungen auf einen Mindestlohnanspruch angerechnet werden. Dies gilt jedenfalls dann, wenn dem Mindestlohntarifvertrag nicht entnommen werden kann, dass die Arbeitsleistung unter den Bedingungen einer Spätschicht einer gesonderten Vergütungsregelung vorbehalten worden ist.*«

Mindestlohn

Auch **Aufwendungsersatz** ist zusätzlich zum Mindestlohn zu zahlen, schon deshalb, weil es sich nicht um → **Arbeitsentgelt** handelt. **14d**

Vermögenswirksame Leistungen sind ebenfalls zusätzlich zum gesetzlichen Mindestlohn zu zahlen – eine Verrechnung ist also nicht statthaft. **14e**
Hierzu BAG v. 16.4.2014 – 4 AZR 802/11 zu einem durch Rechtsverordnung für allgemeinverbindlich erklärten tariflichen Branchenmindestlohn: »*Vermögenswirksame Leistungen dienen wesentlich anderen Zwecken als der unmittelbaren Gegenleistung für die vom Arbeitnehmer geleistete Arbeit. Sie sind sowohl nach der Konzeption des nationalen Gesetzgebers als auch nach dem Willen der Tarifvertragsparteien zur langfristigen Vermögensbildung in Arbeitnehmerhand vorgesehen und verfolgen gerade im Hinblick auf die staatliche Förderung konkrete sozialpolitische Zwecke. Die vermögenswirksamen Leistungen sind danach unter nationalrechtlichen Gesichtspunkten nicht »funktional gleichwertig« mit dem vom Arbeitgeber zu entrichtenden Mindestlohn.*«

Umstritten ist auch, ob und ggf. wie der Arbeitgeber vertraglich oder tariflich vereinbarte jährliche **Einmalzahlungen** (z. B. **Urlaubsgeld, Weihnachtsgeld**) auf den Mindestlohn anrechnen kann (vgl. Hinweise in Kittner, Arbeits- und Sozialordnung, 40. Aufl. 2015, S. 1664). Hierzu eine zutreffende Entscheidung des LAG Berlin-Brandenburg v. 2.10.2015 – 9 Sa 570/15: **14f**

»*1. Nicht funktional gleichwertige Leistungen im Sinne der Rechtsprechung des Bundesarbeitsgerichts zur Anrechnung von Leistungen auf tarifliche Mindestlöhne wie an weitere Voraussetzungen geknüpfte Sonderzuwendungen und nur im Falle der Urlaubsgewährung zusätzlich gezahltes Urlaubsgeld können nicht auf den Mindestlohn angerechnet werden.*
2. Sollen diese Leistungen aufgrund der Einführung des Mindestlohnes gestrichen werden, müssen die Voraussetzungen einer Änderungskündigung zur Entgeltreduzierung vorliegen.
3. Hier liegt jedenfalls betreffend die Sonderzuwendung und das Urlaubsgeld keine funktionale Gleichwertigkeit im o. g. Sinne vor.
a) Bei der im Arbeitsvertrag vereinbarten „Urlaubsvergütung" handelt es sich um ein zusätzliches Urlaubsgeld, das im Zusammenhang mit der jeweiligen Urlaubsgewährung auszuzahlen ist. Auch wenn Voraussetzung für diese Leistung wie für alle arbeitsvertraglichen Leistungen das Bestehen des Arbeitsvertrages ist und es sich entsprechend im weiteren Sinne um eine Leistung für die verrichtete Arbeit handelt, liegt keine unmittelbare Gegenleistung für die erbrachte Arbeitsleistung im o.g. Sinne vor. Voraussetzung für das Entstehen dieses Anspruchs ist gewährter Erholungsurlaub („nur für die Zeit des Erholungsurlaubs"), nicht aber eine bestimmte bereits erbrachte Leistung (s. hierzu BAG, Urteil vom 22. Juli 2014 – 9 AZR 981/12 –, Rn. 27s), aus der Anknüpfung an den Urlaub folgt, dass das Urlaubsgeld dem Erholungszweck des Urlaubs und nicht der Vergütung einer Arbeitsleistung dienen soll (BAG, Urteil vom 22. Juli 2014 – 9 AZR 981/12 –, Rn. 26).
b) Dasselbe gilt für die Sonderzuwendung. Funktionale Gleichwertigkeit liegt nicht vor, wenn eine Sonderzuwendung oder Gratifikation nicht nur die Arbeitsleistung im Allgemeinen, sondern eine langjährige Betriebstreue oder durchgehende Verfügbarkeit ohne krankheitsbedingte Ausfallzeiten honorieren will. Insbesondere wenn Leistungen im Hinblick auf diesen besonderen Zweck unter einem Vorbehalt stehen, steht dies einer Anrechnung entgegen (Bayreuther, NZA 2014, 865). Die hier vereinbarte Sonderzuzahlung wird, wie an der Abhängigkeit der Höhe von der Dauer der Betriebszugehörigkeit deutlich wird, zur Honorierung der Betriebstreue gewährt. Unabhängig hiervon steht die Sonderzuwendung unter einem Kürzungsvorbehalt bei aufgetretenen krankheitsbedingten Fehlzeiten. D. h. mit dieser Sonderzuwendung sollen nicht angefallene bzw. – abgestuft – geringe krankheitsbedingte Fehlzeiten honoriert werden, es handelt sich insoweit um eine unter bestimmten Voraussetzungen gewährte zusätzliche Prämie mit einem besonderen Zweck und entsprechenden Voraussetzungen.«

Demgegenüber hat die **3. Kammer des ArbG Herne** den Arbeitgebern einen Tipp gegeben, wie man die Anrechenbarkeit von Urlaubsgeld und Weihnachtsgeld auf den Mindestlohn »hinkriegt« (ArbG Herne v. 7.7.2015 – 3 Ca 684/15):

Mindestlohn

»1. Leistungen wie Weihnachtsgeld oder zusätzliches Urlaubsgeld sind als Bestandteil des Mindestlohns zu werten, wenn diese Zahlungen monatlich und unwiderruflich ausgezahlt werden.2. Geht aus einer Entgeltvereinbarung hervor, dass anteilige Urlaubsgeld- und Weihnachtsgeldzahlungen des Arbeitgebers auch Entgeltcharakter haben und weisen diese einen unmittelbaren Bezug zur Arbeitsleistung auf, sind diese Sonderzahlungen insofern auch »Lohn im eigentlichen Sinne« und deshalb mindestlohnrelevant.3. Ein zunächst jährlich gewährtes Weihnachts- und Urlaubsgeld ist auf den gesetzlichen Mindestlohn anrechenbar, wenn sich die Arbeitsvertragsparteien darauf verständigt haben, dieses zukünftig anteilig monatlich (jeweils zu 1/12) als erhöhte Grundvergütung auszuzahlen.«

Nur nebenbei: Die 3. Kammer des ArbG Herne hat die Klage (Klageforderung: 89,78 € brutto) überwiegend abgewiesen, aber den Arbeitgeber verurteilt, »an die Klägerin 0,02 € nebst Zinsen in Höhe von fünf Prozentpunkten über dem Basiszinssatz aus 0,01 € seit dem 01.02.2015 und aus weiteren 0,01 € seit dem 01.03.2015 zu zahlen.«

Auch das LAG Berlin-Brandenburg 12.1.2016 – 19 Sa 1851/15 (Revision zum BAG wurde wegen grundsätzlicher Bedeutung der Rechtssache zugelassen) hat entschieden, dass **Sonderzahlungen**, die sich als Arbeitsentgelt für die normale Arbeitsleistung darstellen, auf den gesetzlichen Mindestlohn angerechnet werden können. Das gelte insbesondere auch dann, wenn sie aufgrund einer **Betriebsvereinbarung auf zwölf Monate verteilt** ausgezahlt werden.

14g Durch die Vereinbarung von **Leistungsentgelt** (Akkordlohn, Prämienentgelt usw.; siehe → **Arbeitsentgelt**) kann der gesetzliche Mindestlohn von 8,50 Euro pro Zeitstunde **nicht unterschritten**, aber überschritten werden.

> **Beispiel:**
> Pro verlegtem Quadratmeter Fliesen erhält ein Fliesenleger 1 Euro. Verlegt er in einer Zeitstunde nur sieben Fliesen, hat er dennoch Anspruch auf den gesetzlichen Mindestlohn von 8,50 Euro je Zeitstunde. Schafft er 10 Stück pro Stunde, hat er Anspruch auf 10 Euro,
> Keine Besonderheiten gibt es bei der Entgeltfortzahlung im Krankheitsfalle: es gilt das Entgeltausfallprinzip (es ist die Vergütung zu zahlen, die angefallen wäre, wenn der Arbeitnehmer nicht arbeitsunfähig krank geworden wäre (siehe → **Entgeltfortzahlung im Krankheitsfall**). Entsprechendes gilt für sonstige Fälle der Entgeltfortzahlung (etwa an **Feiertagen**). Bei der Berechnung der Urlaubsvergütung gilt das Referenzprinzip: maßgeblich ist der durchschnittliche Arbeitsverdienst in den letzten dreizehn Wochen vor dem Beginn des Urlaubs (§ 11 BUrlG; siehe → **Urlaub**).Ein Tarifvertrag kann das Referenzprinzip durch das Entgeltausfallprinzip ersetzen.

Persönlicher Anwendungsbereich (§ 22 MiLoG)

15 Nach § 22 MiLoG findet das MiLoG auf folgende Beschäftigte Anwendung:
- **Arbeitnehmer** (§ 22 Abs. 1 Satz 1 MiLoG)
- **Praktikanten**: sie gelten unter den Voraussetzungen des § 24 Abs. 1 Sätze 2 und 3 MiLoG als Arbeitnehmer i. S. d. MiLoG. Wenn sie vom Arbeitgeber zu Unrecht als Praktikanten geführt werden, aber in Wirklichkeit als Arbeitnehmer anzusehen sind (zur Abgrenzung siehe → **Praktikum**), werden sie schon von § 22 Abs. 1 Satz 1 MiLoG erfasst.

Das MiLoG findet keine Anwendung auf
- Personen im Sinne des § 2 Abs. 1 und 2 JArbSchG ohne Berufsabschluss (= **Menschen unter 18 Jahren ohne abgeschlossene Berufsausbildung**); es stellt sich die Frage, ob diese Regelung mit dem Verbot der Altersdiskriminierung (EU-Richtlinie 2000/78/EG) vereinbar ist.
- **Auszubildende** (§ 22 Abs. 3 MiLoG): die Vergütung regelt sich nach den Bestimmungen des Berufsbildungsgesetzes (§§ 17 bis 19 BBiG; siehe → **Auszubildende/Berufsausbildungsverhältnis**).

Mindestlohn

- **Ehrenamtlich Tätige** (§ 22 Abs. 3 MiLoG): wer aber in Wirklichkeit als Arbeitnehmer beschäftigt wird, hat natürlich Anspruch auf den gesetzlichen Mindestlohn.
- **Freie Mitarbeiter**, es sei denn, es handelt sich in Wirklichkeit um → **Arbeitnehmer** (siehe auch → **Dienstvertrag**).

Eine **Sonderregelung** gilt für Personen, die unmittelbar vor Beginn der Beschäftigung **lang-** 16 **zeitarbeitslos** im Sinne des § 18 Abs. 1 SGB III waren: der Mindestlohn gilt in den **ersten sechs Monaten** der Beschäftigung nicht (§ 22 Abs. 4 Satz 1 MiLoG). Die Bundesregierung hat den gesetzgebenden Körperschaften zum 1. Juni 2016 darüber zu berichten, inwieweit die Regelung nach Satz 1 die Wiedereingliederung von Langzeitarbeitslosen in den Arbeitsmarkt gefördert hat, und eine Einschätzung darüber abzugeben, ob diese Regelung fortbestehen soll (§ 22 Abs. 4 Satz 2 MiLoG).

Übergangsregelung (§ 24 MiLoG)

Nach § 24 MiLoG gilt folgende **Übergangsregelung**: 17
- **bis zum 31. 12. 2017** gehen abweichende Regelungen eines → **Tarifvertrages** repräsentativer Tarifvertragsparteien dem Mindestlohn vor, wenn sie für alle unter den Geltungsbereich des Tarifvertrages fallenden Arbeitgeber mit Sitz im In- oder Ausland sowie deren Arbeitnehmer verbindlich gemacht worden sind;
- **ab dem 1. 1. 2017** müssen abweichende Regelungen in diesem Sinne mindestens ein Entgelt von brutto 8,50 Euro je Zeitstunde vorsehen.
- Vorstehendes gilt entsprechend für **Rechtsverordnungen**, die auf der Grundlage von § 11 AEntG (siehe → **Arbeitnehmerentsendung**) sowie § 3 a AÜG (siehe → **Arbeitnehmerüberlassung/Leiharbeit**) erlassen worden sind.
- **Zeitungszusteller** haben ab dem 1.1.2015 einen Anspruch auf 75 Prozent (= 6,38 Euro) und ab dem 1.1.2016 auf 85 Prozent (= 7,23 Euro) des gesetzlichen Mindestlohns nach § 1 Abs. 2 Satz 1 MiLoG.
Vom 1.1.2017 bis zum 31.12.2017 beträgt der Mindestlohn für Zeitungszusteller **brutto 8,50 Euro** je Zeitstunde.
Zeitungszusteller sind Personen, die in einem Arbeitsverhältnis ausschließlich periodische Zeitungen oder Zeitschriften an Endkunden zustellen; dies umfasst auch Zusteller von Anzeigenblättern mit redaktionellem Inhalt.

Fälligkeit des Mindestlohns (§ 2 MiLoG)

In der Vorschrift heißt es: 18
»(1) Der Arbeitgeber ist verpflichtet, der Arbeitnehmerin oder dem Arbeitnehmer den Mindestlohn
1. zum Zeitpunkt der vereinbarten Fälligkeit,
2. spätestens am letzten Bankarbeitstag (Frankfurt am Main) des Monats, der auf den Monat folgt, in dem die Arbeitsleistung erbracht wurde, zu zahlen. Für den Fall, dass keine Vereinbarung über die Fälligkeit getroffen worden ist, bleibt § 614 des Bürgerlichen Gesetzbuchs unberührt.
(2) Abweichend von Absatz 1 Satz 1 sind bei Arbeitnehmerinnen und Arbeitnehmern die über die vertraglich vereinbarte Arbeitszeit hinausgehenden und auf einem schriftlich vereinbarten Arbeitszeitkonto eingestellten Arbeitsstunden spätestens innerhalb von zwölf Kalendermonaten nach ihrer monatlichen Erfassung durch bezahlte Freizeitgewährung oder Zahlung des Mindestlohns auszugleichen, soweit der Anspruch auf den Mindestlohn für die geleisteten Arbeitsstunden nach § 1 Absatz 1 nicht bereits durch Zahlung des verstetigten Arbeitsentgelts erfüllt ist. Im Falle der Beendigung des Arbeitsverhältnisses hat der Arbeitgeber nicht ausgeglichene Arbeitsstunden spätestens in dem auf die Beendigung des Arbeitsverhältnisses folgenden Kalendermonat auszugli-

Mindestlohn

chen. Die auf das Arbeitszeitkonto eingestellten Arbeitsstunden dürfen monatlich jeweils 50 Prozent der vertraglich vereinbarten Arbeitszeit nicht übersteigen.
(3) Die Absätze 1 und 2 gelten nicht für Wertguthabenvereinbarungen im Sinne des Vierten Buches Sozialgesetzbuch. Satz 1 gilt entsprechend für eine im Hinblick auf den Schutz der Arbeitnehmerinnen und Arbeitnehmer vergleichbare ausländische Regelung.«

19 Aus § 2 MiLoG folgt u. a.:
- Weil der gesetzliche Mindestlohn von 8,50 Euro **pro Zeitstunde** zu zahlen ist, kann es in Monaten mit einer unterschiedlichen Zahl von Arbeitstagen zu einem entsprechend **schwankenden Monatsentgelt** kommen.

> **Beispiel:**
> Bei einer Vollzeitbeschäftigung von acht Stunden pro Arbeitstag bei Fünf-Tage-Woche kommt es in einem Monat mit **20 Arbeitstagen** zu einem Mindestentgelt von **1360 Euro**.
> In einem Monat mit **23 Arbeitstagen** besteht Anspruch auf ein Mindestentgelt von **1564 Euro**.

- Nach § 2 Abs. 2 MiLoG ist zwar die schriftliche Vereinbarung eines **Arbeitszeitkontos** (siehe Arbeitszeit) und damit ein **verstetigtes Monatsentgelts** möglich. Spätestens innerhalb von zwölf Kalendermonaten nach ihrer monatlichen Erfassung sind aber die über die vertraglich vereinbarte Arbeitszeit hinausgehenden Arbeitsstunden durch bezahlte Freizeitgewährung oder Zahlung des Mindestlohns auszugleichen, soweit der Anspruch auf den Mindestlohn für die geleisteten Arbeitsstunden nach § 1 Abs. 1 MiLoG nicht bereits durch Zahlung des verstetigten Arbeitsentgelts erfüllt ist. Auf diese Weise wird ein Unterschreiten des gesetzlichen Mindestlohns unterbunden.

Unabdingbarkeit des Mindestlohns (§ 3 MiLoG)

20 In der Vorschrift heißt es:
»**Vereinbarungen**, die den Anspruch auf Mindestlohn unterschreiten oder seine Geltendmachung beschränken oder ausschließen, sind insoweit **unwirksam**. Die Arbeitnehmerin oder der Arbeitnehmer kann auf den entstandenen Anspruch nach § 1 Absatz 1 nur durch gerichtlichen Vergleich verzichten; im Übrigen ist ein Verzicht ausgeschlossen. Die Verwirkung des Anspruchs ist ausgeschlossen.«
Aus § 3 MiLoG folgt u. a.:
- ein geringeres Arbeitsentgelt als 8,50 Euro kann nicht vereinbart werden – weder durch Arbeitsvertrag noch durch Tarifvertrag;
- eine → **Entgeltumwandlung** nach § 1 a BetrAVG soll aber möglich sein;
- wenn ein Lohn unterhalb des gesetzlichen Mindestlohns vereinbart wird, ist die Vereinbarung **insoweit nichtig**; es kann nach § 612 Abs. 2 BGB die übliche Vergütung verlangt werden (siehe → **Arbeitsentgelt**), die höher liegen kann als der gesetzliche Mindestlohn; denkbar ist allerdings auch, dass im Falle der Nichtigkeit der Vergütungsvereinbarung der gesetzliche Mindestlohn von 8,50 Euro zur Anwendung kommt; was letztlich gilt, werden die Gerichte entscheiden müssen;
- der Anspruch auf den gesetzlichen Mindestlohn kann **nicht** auf Grund einer vertraglichen oder tariflichen Ausschlussfrist **verfallen** (siehe hierzu → **Ausschlussfristen/Verfallfristen**).

> **Beispiel:**
> Im Arbeitsvertrag ist eine Ausschlussfrist von drei Monaten vereinbart. Der Arbeitgeber zahlt das vertraglich vereinbarte Arbeitsentgelt in Höhe von 20 Euro nicht. Der Arbeitnehmer macht den Lohnanspruch erst nach Ablauf der dreimonatigen Verfallfrist geltend. In diesem Fall sind 11,50 Euro wegen Fristüberschreitung erloschen; der gesetzliche Mindestlohnanspruch von

Mindestlohn

8,50 Euro bleibt dagegen bestehen. Er unterliegt (nur) der gesetzlichen Verjährungsfrist von drei Jahren (siehe → **Verjährung**).

- der Anspruch auf den gesetzlichen Mindestlohn kann **nicht verwirken** (siehe hierzu → **Verwirkung**).

Mindestlohnkommission (§§ 4 bis 12 MiLoG)

§§ 4 bis 12 MiLoG regeln die Aufgaben und Zusammensetzung der »Mindestlohnkommission«. Diese befindet über die **Anpassung des Mindestlohns** (§ 4 Abs. 1 MiLoG). Die Bundesregierung kann nach § 11 Abs. 1 MiLoG die von der Mindestlohnkommission vorgeschlagene Anpassung des Mindestlohns durch **Rechtsverordnung** ohne Zustimmung des Bundesrates für alle Arbeitgeber und Arbeitnehmer **verbindlich** machen. Die Rechtsverordnung tritt am im Beschluss der Mindestlohnkommission bezeichneten Tag, frühestens aber am Tag nach Verkündung in Kraft. Die Rechtsverordnung gilt, bis sie durch eine neue Rechtsverordnung abgelöst wird. Vor Erlass der Rechtsverordnung erhalten die Spitzenorganisationen der Arbeitgeber und Arbeitnehmer, die Vereinigungen von Arbeitgebern und Gewerkschaften, die öffentlich-rechtlichen Religionsgesellschaften, die Wohlfahrtsverbände sowie die Verbände, die wirtschaftliche und soziale Interessen organisieren, Gelegenheit zur schriftlichen Stellungnahme (§ 11 Abs. 2 Satz 1 MiLoG). Die Frist zur Stellungnahme beträgt drei Wochen; sie beginnt mit der Bekanntmachung des Verordnungsentwurfs (§ 11 Abs. 2 Satz 2 MiLoG).

21

Haftung des Auftraggebers (§ 13 MiLoG i. V. m. § 14 AEntG)

Gemäß § 13 MiLoG findet § 14 AEntG entsprechende Anwendung für den Fall, dass ein Generalunternehmer Subunternehmen einsetzt. Danach haftet ein Unternehmer, der einen anderen Unternehmer mit der Erbringung von **Werk- oder Dienstleistungen beauftragt,** für die Verpflichtungen dieses Unternehmers, eines Nachunternehmers oder eines von dem Unternehmer oder einem Nachunternehmer beauftragten Verleihers zur Zahlung des Mindestentgelts an Arbeitnehmer oder zur Zahlung von Beiträgen an eine gemeinsame Einrichtung der Tarifvertragsparteien nach § 8 AEntG **wie ein Bürge,** der auf die Einrede der Vorausklage verzichtet hat (§ 14 Satz 1 AEntG).

22

Das **Mindestentgelt** umfasst gemäß § 14 Satz 2 AEntG nur den Betrag, der nach Abzug der Steuern und der Beiträge zur Sozialversicherung und zur Arbeitsförderung oder entsprechender Aufwendungen zur sozialen Sicherung an Arbeitnehmer oder Arbeitnehmerinnen auszuzahlen ist (**Nettoentgelt**).

Der einzelne Arbeitnehmer kann also nicht nur seinen Arbeitgeber, sondern auch den Generalunternehmer und auch andere Arbeitgeber (inkl. Verleiher) in der Nachunternehmerkette in Anspruch nehmen.

Die Bürgenhaftung ist **europarechts- und verfassungskonform** (EuGH v. 12.10.2004 C–60/03, NZA 2004, 1211; BVerfG v. 20.3.07 – 1 BvR 1047/05, DB 2007, 978; das BAG hat anfängliche Zweifel aufgegeben: vgl. BAG v. 12.1.2005 – 5 AZR 617/01, NZA 2005, 627).

Kontrolle und Durchsetzung durch staatliche Behörden (§§ 14 bis 21 MiLoG)

Von besonderer Bedeutung sind die Vorschriften über die Kontrolle und Durchsetzung des gesetzlichen Mindestlohns durch staatliche Behörden (§§ 14 bis 21 MiLoG).

23

Dazu zählen u. a. **Meldepflichten** des Arbeitgebers nach § 16 MiLoG (Einzelheiten regelt die Mindestlohnmeldeverordnung vom 26.11.2014 – BGBl. I S. 1825) und seine Pflicht zur Erstellung und Bereithaltung von **Dokumenten** (§ 17 MiLoG).

Mindestlohn

Um eine Kontrolle zu ermöglichen, wird der Arbeitgeber durch § 17 Abs. 1 MiLoG verpflichtet,
- **Beginn,**
- **Ende und**
- **Dauer der täglichen Arbeitszeit** dieser Arbeitnehmer

spätestens bis zum Ablauf des siebten auf den Tag der Arbeitsleistung folgenden Kalendertages **aufzuzeichnen** und diese Aufzeichnungen **mindestens zwei Jahre** beginnend ab dem für die Aufzeichnung maßgeblichen Zeitpunkt aufzubewahren.

Das gilt entsprechend für einen **Entleiher**, dem ein Verleiher einen Arbeitnehmer oder mehrere Arbeitnehmer zur Arbeitsleistung in einem der in § 2 a Schwarzarbeitsbekämpfungsgesetz genannten Wirtschaftszweige überlässt.

Die Aufzeichnungs- und Aufbewahrungspflicht gilt nicht für Beschäftigungsverhältnisse nach § 8 a SGB IV (= **geringfügige Beschäftigung in Privathaushalten**).

Zur aufzuzeichnenden Arbeitszeit gehören Zeiten, in den gearbeitet wird, aber auch Zeiten von → **Arbeitsbereitschaft** und → **Bereitschaftsdienst**; nicht aber Zeiten der → **Rufbereitschaft** (es sei denn, es erfolgt ein Abruf) oder von → **Ruhepausen** (§ 4 ArbZG).

Die in §§ 16 und 17 MiLoG vorgesehenen Melde- und Dokumentationspflichten des Arbeitgebers wurden nach Protesten aus dem Arbeitgeberlager **eingeschränkt** durch die Bestimmungen der Mindestlohndokumentationspflichtenverordnung vom 29.7.2015 (BAnz. AT 31.7.2015 V1). Hiernach gelten
- die Pflicht zur Abgabe einer schriftlichen Anmeldung nach § 16 Abs. 1 oder 3 MiLoG,
- die Pflicht zur Abgabe einer Versicherung nach § 16 Abs. 2 oder 4 MiLoG sowie
- die Pflicht zum Erstellen und Bereithalten von Dokumenten nach § 17 Abs. 1 und 2 MiLoG

nicht für Arbeitnehmer, deren verstetigtes regelmäßiges **Monatsentgelt brutto 2 958 Euro überschreitet**. Für die Ermittlung des verstetigten Monatsentgelts sind ungeachtet ihrer Anrechenbarkeit auf den gesetzlichen Mindestlohnanspruch nach den §§ 1 und 20 MiLoG sämtliche verstetigte monatliche Zahlungen des Arbeitgebers zu berücksichtigen, die regelmäßiges monatliches Arbeitsentgelt sind.

Vorstehendes gilt entsprechend für Arbeitnehmer, deren verstetigtes regelmäßiges **Monatsentgelt brutto 2 000 Euro überschreitet**, wenn der Arbeitgeber dieses Monatsentgelt für die letzten vollen zwölf Monate nachweislich gezahlt hat. Zeiten ohne Anspruch auf Arbeitsentgelt bleiben bei der Berechnung des Zeitraums von zwölf Monaten unberücksichtigt.

Sonderregelungen zur Aufzeichnungspflicht gelten nach der Mindestlohnaufzeichnungsverordnung (MiLoAufzV) vom 26.11.2014 (BGBl. I S. 1824) für Arbeitgeber, die Arbeitnehmer mit ausschließlich »**mobilen Tätigkeiten**« beschäftigen.

Ausschluss von der Vergabe öffentlicher Aufträge (§ 10 MiLoG)

24   Gemäß § 19 MiLoG sollen Bewerber, die wegen eines Verstoßes nach § 21 MiLoG mit einer Geldbuße von wenigstens **zweitausendfünfhundert Euro** belegt worden sind, von der Teilnahme an einem Wettbewerb um einen öffentlichen Liefer-, Bau- oder Dienstleistungsauftrag für eine angemessene Zeit bis zur nachgewiesenen Wiederherstellung ihrer Zuverlässigkeit **ausgeschlossen** werden.

Pflicht zur Zahlung des Mindestlohns (§ 20 MiLoG)

25   § 20 MiLoG stellt klar, dass Arbeitgeber mit Sitz im In- oder Ausland **verpflichtet** sind, ihren im Inland beschäftigten Arbeitnehmerinnen und Arbeitnehmern ein Arbeitsentgelt mindestens in Höhe des Mindestlohns nach § 1 Abs. 2 MiLoG spätestens zu dem in § 2 Abs. 1 Satz 1 Nr. 2 MiLoG genannten Zeitpunkt zu zahlen.

Mindestlohn

Bußgeldvorschriften (§ 21 MiLoG)

Nach § 21 MiLoG begehen Arbeitgeber eine Ordnungswidrigkeit, wenn sie vorsätzlich oder fahrlässig ihre Verpflichtungen nach §§ 15 bis 20 MiLoG nicht oder nicht ordnungsgemäß erfüllen. Besonders hoch ist die **Geldbuße**, wenn ein Arbeitgeber seine nach § 20 MiLoG bestehende Verpflichtung zur Zahlung des Mindestlohns nicht oder nicht rechtzeitig erfüllt: die Geldbuße kann bis zu 500 000 Euro betragen. In den übrigen Fällen kann eine Geldbuße bis zu 30 000 Euro verhängt werden (§ 21 Abs. 3 MiLoG).

26

Arbeitsvertrag, Lohnwucher (§ 138 BGB)

Nach bisheriger Rechtslage richtet sich die **Höhe der Vergütung**, wenn kein → Tarifvertrag auf das Arbeitsverhältnis anzuwenden ist, allein nach der arbeitsvertraglichen Vereinbarung zwischen Arbeitgeber und Arbeitnehmer (§§ 611, 612 BGB).
Es gilt lediglich eine äußerste Untergrenze: eine arbeitsvertraglich vereinbarte Vergütung für geleistete Arbeit darf nicht sittenwidrig niedrig sein (§ 138 Abs. 1 und 2 BGB: **Verbot des Lohnwuchers**).
§ 138 BGB (Sittenwidriges Rechtsgeschäft; Wucher) lautet:
»(1) Ein Rechtsgeschäft, das gegen die guten Sitten verstößt, ist nichtig.
(2) Nichtig ist insbesondere ein Rechtsgeschäft, durch das jemand unter Ausbeutung der Zwangslage, der Unerfahrenheit, des Mangels an Urteilsvermögen oder der erheblichen Willensschwäche eines anderen sich oder einem Dritten für eine Leistung Vermögensvorteile versprechen oder gewähren lässt, die in einem auffälligen Missverhältnis zu der Leistung stehen.«
Ein sog. **wucherähnliches Geschäft** i. S. d. § 138 Abs. 1 BGB liegt vor, wenn Leistung und Gegenleistung in einem auffälligen Missverhältnis zueinander stehen und weitere sittenwidrige Umstände wie z. B. eine verwerfliche Gesinnung des durch den Vertrag objektiv Begünstigten hinzutreten (BAG v. 16. 5. 2012 – 5 AZR 268/11, NZA 2012, 974).
Nach § 138 Abs. 2 BGB ist ein Rechtsgeschäft wegen **Lohnwuchers** nichtig, durch das sich jemand unter Ausbeutung der Zwangslage, der Unerfahrenheit oder des Mangels an Urteilsvermögen eines anderen für eine Leistung Vermögensvorteile versprechen oder gewähren lässt, die in einem auffälligen Missverhältnis zu der Leistung stehen (BAG v. 16. 5. 2012 – 5 AZR 268/11, a. a. O.; 22. 4. 2009 – 5 AZR 436/08, NZA 2009, 837).
Ein **auffälliges Missverhältnis** zwischen Leistung und Gegenleistung liegt nach Ansicht des BAG vor, wenn das arbeitsvertraglich vereinbarte Arbeitsentgelt **nicht einmal zwei Drittel** des in der betreffenden Branche und Wirtschaftsregion für die ausgeübte Tätigkeit **üblicherweise** gezahlten Tarifentgelts erreicht (BAG v. 16. 5. 2012 – 5 AZR 268/11, a. a. O.; 22. 4. 2009 – 5 AZR 436/08, a. a. O.).
Die Grenzziehung bei einer Unterschreitung des Tarifentgelts um mehr als ein Drittel berücksichtige bereits, dass Tarifverträge vielfach Zusatzleistungen vorsehen.
Zu vergleichen sei die regelmäßig gezahlte Vergütung mit dem regelmäßigen Tarifentgelt. Tarifliche Zulagen und Zuschläge für besondere Arbeiten und Arbeitszeiten oder aus bestimmten Anlässen seien ebenso wenig einzubeziehen wie unregelmäßige Zusatzleistungen eines Arbeitgebers im streitigen Arbeitsverhältnis.
Derartige Leistungen bestimmten grundsätzlich weder den verkehrsüblichen Wert der Arbeit als solchen noch den Charakter des Arbeitsverhältnisses.
Nur die **generalisierende Betrachtungsweise** ermögliche eine praktikable Bestimmung des maßgeblichen Grenzwerts.
Besondere Einzelumstände könnten allerdings die Beurteilung der sittenwidrigen Ausbeutung ebenso beeinflussen wie die Bestimmung des Werts der Arbeitsleistung.

27

Mindestlohn

Besondere Umstände seien ggf. auch sonstige geldwerte oder nicht geldwerte Arbeitsbedingungen. Diese könnten für die erforderliche Gesamtbetrachtung gerade in Grenzfällen von Bedeutung sein.
Wirken sich nichtberücksichtigungsfähige tarifliche Zusatzleistungen praktisch erheblich aus, könnten sie im Einzelfall zu einer **Korrektur** der Zwei-Drittel-Grenze führen.

28 Das BAG hat damit »gleichgezogen« mit der Rechtsprechung des Bundesgerichtshofs, wonach **strafbarer Lohnwucher** i. S. des § 291 Abs. 1 Nr. 3 Strafgesetzbuch (StGB) anzunehmen ist, wenn etwa ⅔ des Tariflohns bzw. der ortsüblichen Vergütung unterschritten werden (BGH v. 22. 4. 1997 – 1 StR 701/96, DB 1997, 1670).
In dem vom BGH entschiedenen Fall hatte ein Bauunternehmen ab 1991/1992 zwei tschechische Grenzgänger als Maurer beschäftigt und sie bis einschließlich Oktober 1993 mit einem Bruttostundenlohn von 12,70 DM entlohnt. Der Tariflohn für Maurer betrug 1993 19,05 DM pro Stunde. Seine übrigen Arbeitnehmer erhielten für gleiche Arbeit einen Stundenlohn von 21 DM brutto.

29 Die BAG-Rechtsprechung (BAG v. 16. 5. 2012 – 5 AZR 268/11, a. a. O.; 22. 4. 2009 – 5 AZR 436/08, a. a. O.) ist insofern problematisch, als sie zu wenig berücksichtigt, dass in Tarifverträgen mancher Branchen mit nur geringer Organisation der Beschäftigten in Gewerkschaften (z. B. Landwirtschaft, Fleischerhandwerk, Friseurhandwerk, Wachdienste) ein vergleichsweise **niedriges Lohnniveau** vorgesehen ist.
Wenn dieses dann noch einmal um bis zu ⅓ unterschritten werden kann, entstehen Arbeitsentgelte, die noch nicht einmal das **Existenzminimum** sichern.
Nicht selten wurden im Bereich der **Mini-Jobs** (»450-Euro-Jobs«; siehe → **Geringfügige Beschäftigungsverhältnisse** [»Mini-Jobs«] und → **Teilzeitarbeit** Rn. 42 ff.) den Arbeitnehmern sittenwidrig niedrige Stundenlöhne i. S. d. § 138 BGB zugemutet.
Der »Hartz«-Gesetzgeber hat die bis Ende 2002 geltende »15-Wochenstundenregelung« in § 8 Abs. 1 SGB IV gestrichen.
Dadurch stand es dem »Minijob-Arbeitgeber« frei zu bestimmen, für welche Arbeitszeit er 450 Euro monatlich an den Arbeitnehmer zahlt.
Wenn die Arbeitszeit eines »450-Euro-Jobbers« etwa 80 Stunden im Monat betrug, entstand ein Stundenlohn von nur 5,63 Euro (450 Euro geteilt durch 80).
Das konnte bereits ein sittenwidrig niedriger Stundenlohn i. S. d. § 138 BGB, § 291 Abs. 1 Nr. 3 StGB sein.
Eine solche Handhabung ist nach Inkrafttreten des **Mindestlohngesetzes** vom 11. 8. 2014 (BGBl. I S. 1348) nicht mehr möglich, weil der Mindestlohn mit Wirkung ab 1. 1. 2015 auf **8,50 Euro je Zeitstunde** festgesetzt wurde (siehe Rn. 8).
Der Anwendungsbereich des § 138 BGB ist allerdings durch den gesetzlichen Mindestlohn nicht gänzlich weggefallen. Denn es sind Fallkonstellationen denkbar, in denen der gezahlte Stundenlohn zwar höher liegt als 8,50 Euro, aber dennoch sittenwidrig niedrig ist (etwa wenn das gezahlte Entgelt noch nicht einmal zwei Drittel des in der Branche üblichen Tariflohns beträgt; siehe Rn. 3 b).

30 Nach dem ursprünglichen Willen der bis 2013 regierenden schwarz-gelben Koalition sollte die BAG-Rechtsprechung gesetzlich festgeschrieben werden (vgl. Ziff. I.3.1 des von CDU, CSU und FDP beschlossenen Koalitionsvertrags vom 26. 10. 2009), was aber nicht geschehen ist.
Zum **Koalitionsvertrag von CDU/CSU/SPD 2013** und zu dem in Vollzug dieses Vertrags mit Wirkung ab 1. 1. 2015 eingeführten **gesetzlichen Mindestlohns in Höhe von 8,50 Euro** siehe Rn. 8.

Mindestlohn

Tarifverträge

Dass es in Deutschland erst jetzt einen gesetzlichen Mindestlohn gibt, liegt u. a. auch daran, dass in den zurückliegenden Jahrzehnten die meisten Arbeitsverhältnisse von → **Tarifverträgen** erfasst worden und damit tarifliche Löhne zur Geltung gekommen sind (worauf sich die Gegner eines gesetzlichen Mindestlohns stets berufen haben). 31

Tarifvertragliche Entgeltbedingungen (Entgeltgruppen, Entgelttabellen, Zulagen und Zuschläge, Urlaubs- und Weihnachtsgeld usw.) gelten für ein Arbeitsverhältnis:
- wenn **beiderseitige Tarifbindung** von Arbeitgeber und Arbeitnehmer besteht; in diesem Falle gelten die Entgeltbestimmungen des Tarifvertrages unmittelbar und zwingend (§ 4 Abs. 1 TVG); beiderseitige Tarifbindung besteht, wenn der Arbeitgeber Mitglied des Arbeitgeberverbandes (oder selbst Tarifvertragspartei) und der Arbeitnehmer Mitglied der tarifvertragsschließenden Gewerkschaft ist (siehe → **Tarifvertrag** Rn. 23 ff.);
- wenn der Arbeitsvertrag auf die tariflichen Entgeltregelungen **Bezug nimmt** (siehe → **Arbeitsvertrag** Rn. 17 ff.) oder die Tarifregelungen in sonstiger Weise einvernehmlich zur Anwendung kommen (z. B. aufgrund einer → **Gesamtzusage** des Arbeitgebers oder einer → **betrieblichen Übung**);
- wenn ein Tarifvertrag nach § 5 TVG für **allgemeinverbindlich** erklärt worden ist (siehe → **Tarifvertrag** Rn. 66 ff.) oder
- wenn ein Tarifvertrag durch **Rechtsverordnung** nach dem Arbeitnehmer-Entsendegesetz (AEntG) auf aus- und inländische Unternehmen und Beschäftigte **erstreckt** worden ist (siehe → **Arbeitnehmerentsendung**).

Zu der seit dem 1. 1. 2012 in der **Leiharbeit** geltenden »Lohnuntergrenze« siehe Rn. 16 a und → **Arbeitnehmerüberlassung/Leiharbeit** Rn. 1 a.

Die »Tariflandschaft« in Deutschland hat sich in den letzten beiden Jahrzehnten allerdings deutlich zum Nachteil der Arbeitnehmer verändert. 32

Die **Bindung der Unternehmen und Betriebe** an Verbandstarifverträge nimmt ab (Quelle: IAB-Betriebspanel; WSI Tarifhandbuch 2010 S. 114). Von 1984 bis 2009 fiel sie deutschlandweit von 56 % auf 32 % zurück. 2009 waren nur noch 36 % der Betriebe in Westdeutschland an einen Verbandstarifvertrag gebunden, in Ostdeutschland 19 %.

Ein Firmentarifvertrag galt 2009 in 3 % der westdeutschen und in 4 % der ostdeutschen Betriebe.

Tarifvertragslos waren 2009 61 % der Betriebe in Westdeutschland und 77 % der ostdeutschen Betriebe. Allerdings orientierten sich 41 % der tariflosen Betriebe in Westdeutschland und 40 % der tariflosen Betriebe in Ostdeutschland an den Regelungen des Verbandstarifvertrags.

Auch die **Tarifbindung der Arbeitnehmer** an Verbandstarifverträge ist rückläufig (Quelle: IAB-Betriebspanel; WSI Tarifhandbuch 2010 S. 113, 115). Im Jahre 1984 waren 74,4 %, 2009 nur noch 56 % der Beschäftigten in Westdeutschland von Verbandstarifverträgen erfasst (entweder durch direkte Tarifbindung oder durch arbeitsvertragliche Bezugnahme). In Ostdeutschland waren im Jahre 2009 38 % der Beschäftigten an Verbandstarifverträge gebunden. Firmentarifverträge galten 2009 für 9 % der Beschäftigten in Westdeutschland und 13 % der Beschäftigten in Ostdeutschland.

Tarifvertragslos waren in 2009 die Arbeitsverhältnisse von 36 % der Beschäftigten in Westdeutschland und 49 % der Beschäftigten in Ostdeutschland. Allerdings orientierten sich 52 % der tariflosen Arbeitsverhältnisse in Westdeutschland und 49 % der tariflosen Arbeitsverhältnisse in Ostdeutschland an den Regelungen des Verbandstarifvertrags.

Mindestlohn

Niedriglohn

33   Diese rückläufige Tarifbindung hat Folgen. Immer mehr abhängig Beschäftigte arbeiten für einen untertariflichen »Niedriglohn«.
Als Niedriglohn bezeichnet die Organisation für wirtschaftliche Zusammenarbeit und Entwicklung (OECD) den Lohn, der weniger als zwei Drittel des mittleren Stundenlohns in einem Land (sog. Medianlohn) beträgt.
Nach einer Untersuchung des Instituts für Arbeit und Qualifikation (IAQ) der Universität Duisburg-Essen (*http://www.iaq.uni-due.de/iaq-report/2012/report2012–01.pdflag*) die Niedriglohnschwelle im Jahr 2010 in Westdeutschland bei 9,54 Euro, in Ostdeutschland bei 7,04 Euro.
Auf das **Bundesgebiet** bezogen wurde für 2010 eine Niedriglohnschwelle von 9,15 Euro errechnet (= zwei Drittel des mittleren Stundenlohns von 13,73 Euro).
Rund 22,9 Prozent der Beschäftigten (= alle abhängig Beschäftigten inklusive Schüler/innen, Studierende und Rentner/innen) in Deutschland hatten 2010 einen Lohn unterhalb der Niedriglohnschwelle erhalten. 1995 lag der Anteil der Niedriglohnbeschäftigten bei 14,7 Prozent.
Gemessen an der bundeseinheitlichen Niedriglohnschwelle von 9,15 Euro haben 2010 insgesamt 7,92 Millionen Menschen einen Niedriglohn bezogen (davon 5,69 Millionen in Westdeutschland und 2,21 Millionen in Ostdeutschland).
Die Zahl der Niedriglohnempfänger ist seit 1995 um 2,3 Millionen Menschen gewachsen.
Etwa 4,1 Millionen Beschäftigte arbeiteten 2010 in Deutschland für weniger als sieben Euro. 2,5 Millionen Beschäftigte bekamen weniger als 6 Euro die Stunde; etwa 1,4 Millionen Menschen weniger als fünf Euro.
Knapp jeder Zweite der niedrig bezahlten Menschen war vollzeitbeschäftigt. Fast 800 000 Vollzeit-Beschäftigte erhielten einen Stundenlohn von weniger als sechs Euro. Sie kamen auf einen Monatslohn von weniger als 1000 Euro brutto.
Überdurchschnittlich betroffen von Niedriglöhnen waren Ostdeutsche, Frauen und Mini-Jobber.
Bei Einführung eines – von den Gewerkschaften geforderten (siehe Rn. 8) – gesetzlichen Mindestlohns von 8,50 Euro hätte jeder fünfte Beschäftigte Anspruch auf eine Lohnerhöhung (gut 25 % der Frauen und knapp 15 % der Männer).

34   In einigen Branchen und Regionen lagen vor Einführung des gesetzlichen Mindestlohns selbst **tarifliche Arbeitsentgelte** auf »Niedriglohnniveau«, weil den tarifzuständigen Gewerkschaften mangels hinreichender Organisationsbereitschaft der Beschäftigten die Kraft zur Durchsetzung höherer Löhne fehlt.
Am schlechtesten waren die Tariflöhne für **Friseure** in Sachsen. Nach der Lehre erhielten sie 2006 pro Stunde 3,82 Euro.
Friseure in Hessen bekamen 7,99 Euro. Beschäftigte im **Fleischerhandwerk** in Sachsen wurden mit 4,50 Euro pro Stunde bezahlt, in Niedersachsen kamen sie auf 6,31 Euro. In beiden Bundesländern ist es seit Mitte der 90er Jahre nicht gelungen, höhere Löhne durchzusetzen. Anders in Nordrhein-Westfalen: dort erhalten Fleischer seit dem Jahr 2005 einen Tariflohn von immerhin 8,87 Euro die Stunde.
Besonders niedrig und regional besonders unterschiedlich waren auch die Löhne bei den **Wachdiensten**. Ein Wachmann in Baden-Württemberg verdiente 2006 in der untersten Tarifgruppe 7,71 Euro pro Stunde, in Bayern 6,26 Euro und in Mecklenburg-Vorpommern 4,32 Euro (Quelle: Hans-Böckler-Stiftung 2007).

Mindestlohn

Branchenbezogene Mindestlöhne (AEntG)

Immerhin hatte sich die in der Zeit von 2005 bis 2009 regierende große Koalition aus CDU, CSU und SPD darauf einigen können, jedenfalls für bestimmte Branchen mit gesetzgeberischen Maßnahmen ein Verfahren zur Festsetzung von Lohnuntergrenzen zu realisieren. Der Koalitionsausschuss der Bundesregierung hat sich am 18.6.2007 darauf geeinigt, zu diesem Zweck das Arbeitnehmer-Entsendegesetz (siehe → **Arbeitnehmerentsendung**) auf mehr Branchen auszuweiten und das »alte« Mindestarbeitsbedingungengesetz vom 11.1.1952 (BGBl. I, S. 17), von dem bislang nie Gebrauch gemacht worden ist, zu modernisieren und zur Festsetzung von Mindestlöhnen tauglich zu machen. 35

In Umsetzung dieser Vereinbarung wurde mit Gesetz vom 20.4.2009 das Arbeitnehmer-Entsendegesetz (AEntG) neu gefasst (BGBl. I S. 799). Das AEntG ist am 24.4.2009 in Kraft getreten. Zu Einzelheiten siehe → **Arbeitnehmerentsendung**.

Außerdem wurde mit Gesetz vom 22.4.2009 (BGBl. I, S. 818) das **Mindestarbeitsbedingungengesetz (MiArbG)** vom 11.1.1952 novelliert. Dieses Gesetz hat sich allerdings auch in seiner neuen Fassung als praxisuntauglich erwiesen und wurde mit Art. 14 des Tarifautonomiestärkungsgesetz vom 11.8.2014 (BGBl. I S. 1348) **aufgehoben**. 36

Lohnuntergrenze in der Leiharbeit (§ 3 a AÜG)

Aufgrund von Forderungen insbesondere der DGB-Gewerkschaften und in Umsetzung der EG-Richtlinie 2008/104/EG wurde in das AÜG (siehe → **Arbeitnehmerüberlassung/Leiharbeit**) mit dem »Ersten Gesetz zur Änderung des Arbeitnehmerüberlassungsgesetzes – Verhinderung von Missbrauch der Arbeitnehmerüberlassung« vom 28.4.2011 (BGBl. I S. 642, sog. »Lex Schlecker«) ein neuer **§ 3 a AÜG (Lohnuntergrenze)** eingefügt. 37

Hiernach kann das Bundesministerium für Arbeit und Soziales auf Vorschlag der Tarifvertragsparteien der Leiharbeitsbranche in einer **Rechtsverordnung** bestimmen, dass die von den Tarifparteien bundesweit vereinbarten tariflichen Mindeststundenentgelte als verbindliche Lohnuntergrenze auf alle in den Geltungsbereich der Verordnung fallenden Leiharbeitgeber sowie Leiharbeitnehmer Anwendung findet.

Inzwischen ist von dem neuen § 3 a AÜG Gebrauch gemacht worden. Das Bundesministerium für Arbeit und Soziales hat Ende 2011 auf Vorschlag der Tarifparteien Bundesarbeitgeberverband der Personaldienstleister (BAP: früher BZA), Interessenverband Deutscher Zeitarbeitsunternehmen (iGZ) und Deutscher Gewerkschaftsbund (DGB) eine Rechtsverordnung erlassen, mit der Mindeststundenentgelte für Leiharbeitnehmer festgesetzt wurden.

Die Höhe des Mindeststundenentgelts wurde regional differenziert und wie folgt festgelegt:
- ab 1.1.2012 für Ostdeutschland einschließlich Berlin 7,01 Euro und 7,89 Euro für alle übrigen Bundesländer
- ab 1.11.2012 für Ostdeutschland einschließlich Berlin 7,50 Euro bzw. 8,19 Euro für alle übrigen Bundesländer.

Die Geltungsdauer der Rechtsverordnung wurde bis zum 31.10.2013 befristet.

Der Mindestlohn gilt sowohl für die **Einsatzzeit** im Entleiherbetrieb als auch für die **verleihfreie Zeit** (§ 3 a Abs. 1 Satz 2 AÜG).

Am 17.9.2013 haben sich die DGB-Tarifgemeinschaft und die Verhandlungsgemeinschaft Zeitarbeit (VGZ), bestehend aus den Leiharbeitsverbänden BAP und iGZ auf folgende **Entgelterhöhungen** geeinigt:

»*Die Entgelte West in Entgeltgruppe 1 betragen zum*
- *1.1.2014 8,50 Euro*
- *1.4.2015 8,80 Euro*
- *1.6.2016 9,00 Euro*

Mindestlohn

Die Entgelte Ost in Entgeltgruppe 1 betragen zum
- *1.1.2014 7,86 Euro*
- *1.4.2015 8,20 Euro*
- *1.6.2016 8,50 Euro*

Die übrigen Entgeltgruppen werden wie folgt erhöht:
West
1.1.2014 3,80 %
1.4.2015 3,50 %
1.6.2016 2,30 %
Ost
1.1.2014 4,80 %
1.4.2015 4,30 %
1.6.2016 3,70 %
Die Parteien vereinbaren eine Laufzeit bis zum 31.12.2016.
Die Tarifvertragsparteien sind sich darüber einig, dass ein Mindestlohntarifvertrag vereinbart werden soll, deren Mindestlohnhöhen jeweils identisch sind mit in diesem Tarifabschluss für die Entgeltgruppen E 1 West und Ost festgelegten Beträgen. Die Parteien werden dem BMAS gemeinsam vorschlagen, diese Mindestlöhne als Lohnuntergrenzen in einer Rechtsverordnung verbindlich festzusetzen.«

Das Bundesarbeitsministerium hat den vereinbarten Lohn der untersten Entgeltstufe durch die **Zweite Verordnung** über eine Lohnuntergrenze in der Arbeitnehmerüberlassung vom 21.3.2014 als Mindestlohn in der Leiharbeitsbranche für **allgemein verbindlich** erklärt (*http://www.bmas.de/SharedDocs/Downloads/DE/PDF-Gesetze/zweite-vo-lohnuntergrenze-ar beitnehmerueberlasung.pdf;jsessionid=78F386C1E7660FF28BCE68569B0253C0?__blob=publi cationFile*).

> **Hinweis:**
> 38 Durch das Tarifautonomiestärkungsgesetz vom 11.8.2014 (BGBl. I S. 1348) wurde die Zuständigkeit für die Überprüfung von Allgemeinverbindlicherklärungen nach dem Tarifvertragsgesetz und von **Rechtsverordnungen** nach dem Arbeitnehmer-Entsendegesetz (AEntG) und dem **Arbeitnehmerüberlassungsgesetz (AÜG)** der Arbeitsgerichtsbarkeit übertragen. In § 2 a Abs. 1 Nr. 5 ArbGG n. F. heißt es: »*Die Gerichte für Arbeitssachen sind ferner ausschließlich zuständig für ... die Entscheidung über die Wirksamkeit einer Allgemeinverbindlicherklärung nach § 5 des Tarifvertragsgesetzes, einer Rechtsverordnung nach § 7 oder § 7 a des Arbeitnehmer-Entsendegesetzes und einer Rechtsverordnung nach § 3 a des Arbeitnehmerüberlassungsgesetzes.*«

Für das Verfahren ist das **Landesarbeitsgericht** zuständig, in dessen Bezirk die Behörde ihren Sitz hat, die den Tarifvertrag für allgemeinverbindlich erklärt hat oder die Rechtsverordnung erlassen hat (§ 98 Abs. 2 ArbGG; siehe Rn. 28 a).

Bedeutung für den Betriebsrat

39 Bislang dürfte das Thema »Mindestlohn« in Betrieben, in denen es gelungen ist, Betriebsräte zu wählen und in denen Gewerkschaften mit einem ausreichenden Organisationsgrad der Beschäftigten vertreten sind, »**kein Thema**« sein. Niedriglöhne unter 8,50 Euro (§ 1 MiLoG; siehe Rn. 10) oder gar sittenwidrig niedrige Löhne (siehe Rn. 27) dürften im Regelfall (hoffentlich) nicht vorkommen.

40 Inzwischen ist allerdings festzustellen, dass in immer mehr Unternehmen vom Arbeitgeber zum Zwecke der Absenkung der Personalkosten und einer entsprechenden Erhöhung der

Mindestlohn

Rendite eine Spaltung der Beschäftigten in eine Stammbelegschaft und ein »**Randbelegschaft**« betrieben wird.
Zur Randbelegschaft zählen Leiharbeitnehmer (siehe → **Arbeitnehmerüberlassung/Leiharbeit**), Werkvertragskräfte, freie Mitarbeiter/Scheinselbständige, angebliche Praktikanten, Mini-Jobber (siehe → **Teilzeitarbeit** Rn. 42 ff.), usw. (sog. »prekäre Beschäftigungsverhältnisse«).
Die Stammbelegschaft wird »normal« (tariflich) vergütet, die Randbelegschaft wird niedriger bezahlt (wobei der Arbeitgeber gelegentlich – fälschlicherweise – behauptet, er habe damit »nichts zu tun«, das sei Sache des Fremdarbeitgebers).
Aufgabe des Betriebsrats ist es u. a. **41**
- darüber zu wachen, dass Gesetze und Tarifverträge eingehalten werden (§ 80 Abs. 1 Nr. 1 BetrVG)
- auf innerbetriebliche Lohngerechtigkeit und die Verwirklichung des Grundsatzes »Gleicher Lohn für gleiche Arbeit« hinzuwirken.

Dazu ist es zunächst erforderlich, sich ein Bild über die Entlohnung im Betrieb zu verschaffen. **42**
Dazu gehört der Blick in die → **Bruttolohn- und -gehaltsliste** (siehe hierzu auch → **Arbeitsentgelt** Rn. 50). Diese gibt allerdings nur Auskunft über die Entgelte der Stammmitarbeiter.
Die Entgelte derjenigen Beschäftigten herauszufinden, die als »Randbelegschaftsmitglieder« im Betrieb eingesetzt und tätig werden, ist natürlich schwierig, sollte aber mit Nachdruck versucht werden.
Immerhin ist der Betriebsrat nach § 80 Abs. 2 Satz 1 BetrVG auch über die *»Beschäftigung von Personen, die nicht in einem Arbeitsverhältnis zum Arbeitgeber stehen«* zu unterrichten.
Der Betriebsrat sollte vom Arbeitgeber die Offenlegung der Vergütung dieser Personen verlangen.
Außerdem kann er mit diesen Personen in Kontakt zu treten und auf diesem Wege versuchen, die Höhe der Entlohnung in Erfahrung zu bringen.
Stellt der Betriebsrat – vor allem in Bezug auf die »Randbelegschaftsmitglieder« – **Gesetzesverstöße** fest (z. B. sittenwidrig niedrige Löhne), hat er das bei »seinem« Arbeitgeber zu beanstanden. **43**
Außerdem sollte der Betriebsrat die Belegschaft über die unterschiedliche Bezahlung und Behandlung von Randbelegschaftsmitgliedern z. B. in → **Betriebsversammlungen** informieren, dazu Stellung beziehen und die Forderung »Gleicher Lohn für gleiche Arbeit« erheben. **44**
Darüber hinaus sollte der Betriebsrat – zusammen mit der Gewerkschaft – darüber nachdenken, was getan werden kann, um für die »Randbelegschaftsmitglieder« anständige – gleichwertige – Arbeitsentgelte und -bedingungen durchzusetzen. **45**
Zu den betrieblichen und gewerkschaftlichen Handlungsmöglichkeiten zur Gleichstellung z. B. von Leiharbeitnehmern siehe → **Arbeitnehmerüberlassung/Leiharbeit** Rn. 23 bis 24 b.

Arbeitshilfen

Übersicht
- Tarifliche Mindestlöhne nach dem Arbeitnehmer-Entsendegesetz und dem Arbeitnehmer-Überlassungsgesetz

Mindestlohn

Übersicht: Tarifliche Mindestlöhne nach dem Arbeitnehmer-Entsendegesetz und dem Arbeitnehmer-Überlassungsgesetz (in Euro/Stunde)[1]

Branche	Beschäftigte-/Entgeltgruppe	April 2014	nächste Stufe
Abfallwirtschaft (175 000 AN)	Mindestlohn	8,68	
Bauhauptgewerbe West (432 200 Arb.)	Werker	11,10	ab 01/2015 11,15
	Fachwerker	13,95	14,20
Berlin:		13,80	14,05
Ost (128 200 Arb.)	Werker	10,50	10,75
Bergbau-Spezialgesellschaften (2500 Arb.)	Mindestlohn I	11,92	
	Mindestlohn II (Hauer/Facharbeiter)	13,24	
Berufliche Aus- und Weiterbildung (30 000 Ang.)			ab 01/2015
West inkl. Berlin	Pädagogische/r Mitarbeiter/in	13,00	13,35
Ost	Pädagogische/r Mitarbeiter/in	11,65*	12,50
Dachdeckerhandwerk West und Ost (71 900 Arb.)	Mindestlohn	11,55	ab 01/2015 11,85
Elektrohandwerk (Montage) (295 700 AN)			ab 01/2015
West	Mindestentgelt	10,00	10,10
Ost inkl. Berlin	Mindestentgelt	9,10	9,35
Gebäudereinigerhandwerk (700 000, sozialvers. 365 200 Arb.)			ab 01/2015
West inkl. Berlin	Innen- und Unterhaltsreinigung	9,31	9,55
	Glas- und Fassadenreinigung	12,33	12,65
Ost	Innen- und Unterhaltsreinigung	7,96	8,21
	Glas- und Fassadenreinigung	10,31	10,63
Gerüstbauerhandwerk West und Ost (31 100 Arb.)	Mindestlohn	10,00*	ab 05/2014 10,25*
Maler- und Lackiererhandwerk West (96 100 Arb.)	ungelernter AN	9,90	ab 05/2014 9,90*
	Geselle	12,15	12,50*
Berlin:			12,30*
Ost (23 200 Arb.)	ungelernter AN	9,90	9,90*
	Geselle		10,50*
Pflegebranche (800 000 AN)			
West inkl. Berlin		9,00	
Ost		8,00	
Steinmetz- und Steinbildhauerhandwerk			ab 05/2014
West inkl. Berlin (10 500 Arb.)	Mindestlohn	11,00	11,25
Ost (2 200 Arb.)	Mindestlohn	10,13	10,66

---

1 Quelle: WSI-Tarifarchiv Stand: 7. April 2014, www.tarifvertrag.de.

Mindestlohn

Branche	Beschäftigte-/Entgeltgruppe	April 2014	nächste Stufe
Wach- und Sicherheitsgewerbe (170 000 Arb.) Baden-Württemberg Bayern Bremen Hamburg Niedersachsen Nordrhein-Westfalen Hessen Rheinland-Pfalz, Saarland und Schleswig-Holstein Ost inkl. Berlin	Mindestlohn	8,90 8,42 7,50 7,50 7,50 8,23 7,76 7,50 7,50 (ausgelaufen 12/2013)	
Wäschereidienstleistungen im Objektkundengeschäft (34 000 AN) West Ost inkl. Berlin	Mindestlohn Mindestlohn	8,25 7,50	ab 10/2014 8,50 8,00
Noch nicht im Geltungsbereich des AEntG enthalten: Forstliche Dienstleister (Arb.)	Mindestlohn	10,78*	
Lohnuntergrenze nach § 3 Arbeitnehmerüberlassungsgesetz Leiharbeit/Zeitarbeit West Ost inkl. Berlin		8,50 7,86	ab 04/2015 8,80 8,20

* Allgemeinverbindlichkeit noch nicht erklärt.
Quelle: WSI-Tarifarchiv Stand: 07. April 2014

Rechtsprechung

1. Mindestlohn und EU-Recht – Anrechnung von Zahlungen des Arbeitgebers auf den Mindestlohn
2. Mindestlohn bei der Vergabe öffentlicher Aufträge (EU-Recht) – Tariftreuegesetze
3. Mindestlohngesetz – Anrechenbarkeit von Entgeltbestandteilen (u. a. Zulagen, Urlaubsgeld, Weihnachtsgeld)
4. Mindestlohngesetz – Zeitungszusteller
5. Branchenmindestlohn nach AEntG – Arbeitsbereitschaft – Bereitschaftsdienst
6. Mindestlohn für pädagogisches Personal – Entgeltfortzahlung an Feiertagen und im Krankheitsfall – Urlaubsvergütung
7. Zulässigkeit untertariflicher Vergütung
8. Unangemessen niedriger Lohn (Wucher) – Sittenwidrigkeit

Mobbing

Was ist das?

1. Der Begriff »**Mobbing**« leitet sich aus dem englischen »to mob« (= anpöbeln) ab und bezeichnet den **Psychoterror**, den Arbeitskollegen/-innen oder Vorgesetzte gegen einen Arbeitnehmer ausüben.
Der 7. Senat des BAG hat in seiner Entscheidung vom 15.1.1997 (– 7 ABR 14/96, AiB 1997, 410 = NZA 1997, 781) Mobbing als »systematisches Anfeinden, Schikanieren oder Diskriminieren von Arbeitnehmern untereinander oder durch Vorgesetzte« definiert.
Der für Schadensersatzklagen wegen Mobbing zuständige 8. Senat des BAG bleibt auf dieser Linie, orientiert sich aber an dem in § 3 Abs. 3 AGG verwendeten Begriff »**Belästigung**« (siehe Rn. 10 und → **Benachteiligungsverbot [AGG]** Rn. 19):
Belästigung ist hiernach eine »unerwünschte« Verhaltensweise, die mit einem in § 1 AGG genannten Grund in Zusammenhang steht und bezweckt oder bewirkt, dass die **Würde** der betreffenden Person verletzt und ein von Einschüchterungen, Anfeindungen, Erniedrigungen, Entwürdigungen oder Beleidigungen gekennzeichnetes Umfeld geschaffen wird (BAG v. 25.10.2007 – 8 AZR 593/06; 16.5.2007 – 8 AZR 709/06, NZA 2007, 1154).
Diese Definition könne auf alle Fälle der Benachteiligung eines Arbeitnehmers – gleich aus welchen Gründen – übertragen werden.
Wesensmerkmal der als »Mobbing« bezeichneten Form der Rechtsverletzung des Arbeitnehmers sei damit die systematische, sich aus vielen einzelnen Handlungen/Verhaltensweisen zusammensetzende Verletzung, wobei den einzelnen Handlungen oder Verhaltensweisen für sich allein betrachtet oft keine rechtliche Bedeutung zukomme.

2. Nach einer **repräsentativen Studie** »Der Mobbing-Report – Eine Repräsentativstudie für die Bundesrepublik Deutschland« (im Auftrag der Bundesanstalt für Arbeitsschutz und Arbeitsmedizin; Quelle: Pressemitteilung des Bundesarbeitsministeriums vom 11.6.2002) waren in Deutschland im **Jahr 2000/2001**
   - über 1 Mio. Arbeitnehmerinnen und Arbeitnehmer (= 2,7 Prozent der Erwerbstätigen) von Mobbing betroffen.
   - Hochgerechnet auf die Dauer eines Erwerbslebens wird etwa jede neunte Person im erwerbsfähigen Alter mindestens einmal im Verlauf des Arbeitslebens gemobbt.
   - Ein besonders hohes Mobbingrisiko tragen Beschäftigte in sozialen Berufen wie Sozialarbeiter, Erzieher und Altenpfleger, gefolgt von Verkaufspersonal.
   - In etwas mehr als der Hälfte der Fälle mobben ausschließlich Vorgesetzte oder sind daran beteiligt.
   - Frauen haben im Vergleich zu Männern ein um 75 Prozent höheres Mobbingrisiko.
   - Die am stärksten betroffene Altersgruppe sind die unter 25-Jährigen mit 3,7 Prozent, gefolgt von den 55-Jährigen und älteren Mitarbeitern mit 2,9 Prozent.

3. Mobbing ist meist ein Zeichen für tiefer liegende Probleme innerhalb des Betriebs bzw. einer Betriebsabteilung: Personalmangel, schlechte Arbeitsorganisation, Qualifikationsdefizite und nicht klar definierte Zuständigkeiten lösen Ärger, Frust und Stress aus.

Mobbing

In einer gut harmonierenden Gruppe werden derartige Probleme durch gegenseitige **solidarische Unterstützung** bewältigt.
Herrscht dagegen in einer Gruppe **Konkurrenzgehabe**, gepaart mit einer gehörigen Portion Gehässigkeit, wird leicht Mobbing zum »Problemlöser«.
Ein Gruppenmitglied wird als »Blitzableiter« ausgewählt.
Auswahlkriterien sind dabei meist bestimmte, als **abweichend empfundene Merkmale** wie Aussehen, Verhaltensweisen, politische oder religiöse Überzeugung. Über diese Merkmale wird – z. B. in Pausengesprächen – gestichelt, gewitzelt und gelacht. Dabei macht ein in der Gruppe »anerkanntes« Gruppenmitglied den Wortführer. Andere machen (und lachen) mehr oder weniger kräftig mit, oft froh, nicht selbst Opfer derartiger Hänseleien zu sein. Der erzielte Lacherfolg wiederum spornt den »Wortführer« an, immer wieder neue Varianten des Spotts zu erfinden und kundzutun. Erkennt die Gruppe, dass das Opfer über keine geeigneten Mittel verfügt, die permanenten Frotzeleien zu stoppen – und bestehen die tiefer liegenden Ursachen der Häme fort –, liegen alle Voraussetzungen für Mobbing vor. Spontaner Spott schlägt um in **systematischen Psychoterror**, oft mit dem Ziel, den/die Gemobbte/n aus der Abteilung oder dem Betrieb hinauszuekeln.

Trotz aller individuellen und betrieblichen Besonderheiten lassen sich bestimmte **Erscheinungsformen** des Mobbings als Grundmuster feststellen:

Das Opfer wird von Informationen abgeschnitten. In seiner Abwesenheit wird über das Opfer hergezogen.

Seine fachliche Kompetenz, der Wahrheitsgehalt seiner Äußerungen und damit seine Glaubwürdigkeit werden in Zweifel gezogen.

Man macht sich über das Opfer lustig, indem man Gang, Gesten, Stimme und sonstiges Verhalten imitiert.

Gegenüber dem Opfer selbst demonstriert man Ablehnung in Form von Körpersprache: abschätzige Gesten, abweisende Miene, vielsagendes Grinsen. Man schneidet dem Opfer das Wort ab, spricht es nicht an und lässt sich nicht ansprechen. Man verleumdet es und verbreitet Gerüchte. Dem Opfer werden sinnlose oder unangenehme Arbeiten zugewiesen, sinnvolle Aufgaben entzogen.

Man spricht ihm damit auf **widerwärtige Weise** seine fachliche und/oder persönliche Eignung für seinen »Job« ab.

Die Versuche des Opfers, die Situation positiv zu beeinflussen, **scheitern**, weil der/die »Mobber« an einer Entschärfung der Situation nicht interessiert sind.

Derartige Bemühungen des Opfers werden vielmehr zum Anlass für weitere Häme und Feindseligkeiten genommen.

Das Mobbingopfer erlebt ein – sich manchmal über Jahre hinziehendes – »**Spießrutenlaufen**«, an dessen Ende schwerste **seelische und körperliche Schäden** stehen:

Am Anfang empfindet das Opfer Beschwerden in Form von Unwohlsein, Stressgefühl, Schlaflosigkeit, Nervosität, Erschöpfungsgefühlen und Kopfschmerzen. Das Opfer geht mit Frust im Bauch zur Arbeit und ist froh, nach Arbeitsschluss den Betrieb wieder verlassen zu können, wobei es bereits mit Grausen an den nächsten Arbeitstag denkt.

In einer späteren Phase wird der tägliche Krieg am Arbeitsplatz für das Opfer zunehmend unerträglich. Aus den Beschwerden werden psychosomatische, d. h. seelisch bedingte Krankheiten (Herzbeschwerden, Kreislaufstörungen, Hautausschläge, Magen-Darm-Erkrankungen, Migräne). Das Opfer sucht Entlastung in »Auszeiten« in Form von kürzeren und dann längeren Krankschreibungen, was wiederum die Gruppe veranlasst, den Psychoterror gegen den vermeintlichen »Blaumacher« zu verschärfen.

In der Endphase sind das Selbstwertgefühl und Selbstbewusstsein des Opfers und seine Widerstandsfähigkeit gegen die tagtäglichen Verletzungen zerstört. Dies äußert sich in massiven Depressionen bis hin zu Selbstmordgefahr, Suchterkrankungen und einer Verschlimmerung

Mobbing

der oben genannten psychosomatischen Krankheiten. Es kommt zu einem endgültigen Ausscheiden aus der Gruppe (durch Versetzung) oder aus dem Betrieb (durch Kündigung). Nicht selten ist das Opfer derart geschädigt, dass Frühverrentung erfolgt.

5a Nachstehend einige **Beispiele** für besonders krasses Mobbing:
Aus dem Tatbestand der Entscheidung des **Thüringer LAG v. 15.2.2001 – 5 Sa 102/00**, AuR 2002, 226 = DB 2001, 1783:
»*Die Parteien streiten über die Wirksamkeit einer dem Kläger von der Beklagten ausgesprochen außerordentlichen, hilfsweise ordentlichen Kündigung.*
Der Kläger ist seit dem 1.2.1994 bei der Beklagten beschäftigt. Zuletzt war er als Warenbereichsleiter der Abteilung Fleisch/Wurst in der von der Beklagten betriebenen K-Filiale in M mit einem monatlichen Bruttogehalt von 5400,– DM eingesetzt.
Am 1.9.1998 wurde der Fleischergeselle F von Erfurt in die Filiale der Beklagten nach M versetzt und sollte dort vom Kläger im Bereich SB Fleisch als Gruppenleiter eingearbeitet werden. Über die Art, in welcher der dem Mitarbeiter F vorgesetzte Kläger diesen begrüßte und mit diesem in der Folgezeit umging, besteht zwischen den Parteien Streit.
Am 4.9.1998 wurde Herr F aufgrund eines stark erhöhten Blutdrucks arbeitsunfähig. Hierüber informierte er den Kläger. Die Krankschreibung endete am 5.10.1998.
Am 8.10.1998 erhielt der Hausleiter W der Filiale M die telefonische Mitteilung, dass der Mitarbeiter F einen Selbstmordversuch unternommen hatte. Die Mutter des Mitarbeiters F hatte ihren Sohn gegen 11.30 bewusstlos in dessen Wohnung aufgefunden. Der von ihr sofort herbeigerufene Notarzt stellte fest, dass Herr F eine Überdosis Schlaftabletten genommen hatte und daß er bei nur 2 Stunden verzögerter Entdeckung verstorben wäre. In der Wohnung des Herrn F wurde ein an seine Mutter hinterlassener Abschiedsbrief gefunden, der auszugsweise folgenden Wortlaut hatte:
»*Liebe Sabine!*
Es tut mir in der Seele weh dies zu tun, aber habe keinen anderen Ausweg mehr gesehen. Dank der lieben Versetzung nach M zu Herrn M hat sich das alles so ergeben. Falls Du noch einmal einen der Mitarbeiter in M triffst, kannst Du Herrn M ausrichten lassen, »*dass bei Hitlers Zeiten solche kranken Leute hingerichtet wurden*« *ich jetzt auch nicht mehr lebe…*«*.*
Herr F wurde nach seinem Selbstmordversuch in der Intensivstation eines Erfurter Krankenhauses behandelt und war sodann krankgeschrieben. Er konnte deshalb zunächst von der Beklagten zu den in seinem Abschiedsbrief angedeuteten Ursachen aufgrund seines psychischen und physischen Zustandes nicht befragt werden. In Abständen erfolgten ohne Erfolg Nachfragen der Beklagten, ob Herr F wieder ansprechbar sei.
Der Kläger wurde bis zur endgültigen Sachverhaltsaufklärung von der Beklagten am 9.10.1998 von der Arbeit freigestellt. Nach der Genesung des Mitarbeiters F teilte dieser dem Hausleiter W mit, dass der Kläger ihn mit Beleidigungen und der Ankündigung, ihn fertig zu machen, schikaniert hätte. In seiner hierzu am 27.10.1998 seitens der Beklagten durchgeführten Anhörung stritt der Kläger die gegen ihn erhobenen Vorwürfe ab. Daraufhin bat die Beklagte den Mitarbeiter F, den Sachverhalt noch einmal möglichst unter Angabe von Zeugen ausführlich zu schildern. Herr F machte daraufhin unter dem 30.10.1998 in einer eidesstattlichen Versicherung, soweit es hier von Belang ist, die nachfolgenden Angaben.
»*Ich erkläre an Eides statt:*
Beim Begrüßungsgespräch mit Herrn M am 1.9.1998/9.00 Uhr im Aufenthaltsraum der Fleischerei in M wurde ich mit:
»*Guten Tag Herr F, ich bin Herr M, der Warenbereichsleiter, wie Sie sicherlich wissen, eilt mein Ruf mir voraus, ich habe bisher jedem das Arbeiten beigebracht und ich werde schnellstens Ihre Kotzgrenze finden*«
empfangen. Zu dieser Zeit befanden sich leider keine Zeugen im Raum.
In der weiteren Arbeitswoche ging es mit Beschimpfungen wie folgt weiter:
»*Sie lahmes Arschloch*«,

»Können Sie denn überhaupt nichts richtig machen«,
»Sie Erfurter Puffbohne können wohl überhaupt nichts«,
»Ich mache Sie fertig«,
»Sie haben wohl nicht alle Tassen im Schrank«
»Herr H hat Ihnen wohl nur Müll gelernt, aber das ist ja normal bei Herrn H, usw.«
Diese Äußerungen wurden während der Ausführung meiner zugeteilten Arbeiten von Herrn M geäußert, wobei wir uns in der Fleischerei befanden. Zu dieser Zeit war der Fleischergeselle Herr S als Zeuge anwesend.
In meinen Pausenzeiten wurde mir von Herrn M nicht gestattet, diese zeitlich auszuschöpfen. Das Rauchen wurde mir auch untersagt. Es wurde mir noch nicht einmal eine vollständige Pause von insgesamt 2 mal eine halbe Stunde bei einem 14 Stundentag gewährt. Dies ging Dienstag bis Samstag derselben Woche. Es wurde von Herrn M angewiesen, dass jeder Fleischer von Früh bis Abends da zu sein hat. ...
Aufgrund dieser seelischen Belastung stieg mein Blutdruck ständig stark an, wobei ich am Sonntag den 4. September beinahe einen Zusammenbruch hatte, worauf ich eine Krankschreibung erhielt. Ich bin aufgrund zu hohem Blutdruck in ärztlicher Behandlung. Herrn M hatte ich darüber informiert. Als ich am 6.10.1998 aus meiner Krankschreibung wieder in M meine Arbeit gegen 6.00 Uhr aufnahm, war Herr M äußerst freundlich zu mir und ich ging wieder meinen zugewiesenen Aufgaben nach.
Zwischen 14.00 – 15.00 Uhr ging ich zu meiner Mittagspause. Ich setzte mich und schenkte mir einen Kaffee ein, als Herr M hereintrat. Plötzlich begann Herr M ein Gespräch anzufangen, ohne dass ich vorher etwas gesagt hatte. Es ging um meine Gesundheit und ob ich wieder arbeitsfähig wäre. Ich bejahte dies, fügte aber hinzu, dass ich wegen meines zu hohen Blutdrucks immer noch in Behandlung wäre. Da es gerade an der Tür klopfte, unterbrach Herr M das Gespräch und es traten 2 Mitarbeiterinnen ein. Ich weiß leider nicht mehr ihren Namen, aber gebe eine Beschreibung an:
...
Die beiden Mitarbeiterinnen erkundigten sich, ob sie Feierabend machen könnten. Herr M reagierte nicht auf diese Frage, sondern setzte das Gespräch mit mir wie folgt fort:
»Herr F, sie haben doch nur simuliert und zu Hitlers Zeiten hat man solche Betrüger wie Sie an die Wand gestellt und erschossen. Herr F, zu Hitlers Zeiten haben sich Männer Finger abgeschnitten, um nicht in den Krieg zu müssen, solche hat Hitler auch an die Wand gestellt.«
Durch diese Äußerungen wurde ich sehr unruhig, was sich sicher durch mein Verhalten zeigte. Ich versuchte so gut wie möglich meine Arbeit ohne Fehler zu erledigen. Es folgten durch Herrn M weitere Spitzen, wie in meiner ersten Arbeitswoche (siehe wie oben ausgeführt) am selben Tag und den darauffolgenden 7.10.1998. Nach diesen Äußerungen von Herrn M habe ich total auf Durchgang geschaltet, um mir diese Sachen nicht mehr anhören zu müssen. Ich war fix und fertig. Diese ganzen Äußerungen auf mich bezogen gingen mir die ganze Zeit im Kopf herum und dadurch, dass ich sowieso schon durch die vorhergehenden Spitzen etwas angeschlagen war, bin ich darüber nicht fertig geworden. ...«
Aus dem Tatbestand der Entscheidung des **BAG v. 18.1.2007 – 8 AZR 234/06**, NZA 2007, 1167:
»Der Kläger macht gegen den Beklagten Schadensersatzansprüche wegen der Minderung seines Erwerbseinkommens geltend. Der Kläger und der Beklagte waren Arbeitnehmer der C. Der Beklagte war in diesem Unternehmen für Personalangelegenheiten zuständig, der Kläger war kaufmännischer Leiter. Am 27. August 2001 wurde der Kläger im Außenlager des Unternehmens von einem weiteren Arbeitnehmer des Unternehmens tätlich angegriffen und verletzt. Letzterer wurde wegen dieser Tat sowohl strafrechtlich als auch zivilrechtlich zur Zahlung eines Schmerzensgeldes an den Kläger verurteilt. Wegen der erlittenen Verletzungen war der Kläger bis zum 7. September 2001 arbeitsunfähig krankgeschrieben. Während dieser Zeit wurde er mehrfach vom Beklagten angerufen. Der Beklagte monierte die Krankschreibung des Klägers und forderte ihn auf, die

Mobbing

Strafanzeige gegen den Schädiger zurückzuziehen. Er hinterließ auf dem Anrufbeantworter des Klägers zahlreiche herabsetzende Äußerungen. So bezeichnete er den Kläger z. B. als »Schauspieler«, »Simulanten«, »Weib«, »Hure«, »Drecksack« und »Arsch« und kündigte ihm u. a. an, er »kriege so auf den Sack«, wenn er nicht »das Ding zurück« ziehe. Auch ein Verfahren gegen die den Kläger behandelnde Ärztin wurde in herabsetzender Weise angekündigt. Diese Äußerungen veranlassten den Kläger, selbst sein Arbeitsverhältnis mit Schreiben vom 30. August 2001 zum 30. September 2001 zu kündigen«.
Aus dem Tatbestand der Entscheidung des **BAG v. 24. 4. 2008 – 8 AZR 347/07**, NZA 2009, 38:
»Die Klägerin macht Schadensersatzansprüche gegen die Beklagte geltend, weil diese den von ihrem Ehemann begangenen Selbstmord verschuldet habe. Außerdem verlangt sie Schadensersatz wegen des immateriellen Schadens, den ihr verstorbener Ehemann durch »Mobbing« der Beklagten erlitten habe. Der Ehemann der Klägerin war seit 1996 bei der Beklagten als Betriebshandwerker beschäftigt. Er verrichtete überwiegend Hausmeistertätigkeiten. Sein vertraglich vereinbarter Stundenlohn betrug zuletzt 8,44 Euro brutto bei einer wöchentlichen Arbeitszeit von 40 Stunden. Am 21. September 2004 beging der Ehemann der Klägerin Selbstmord. Die Klägerin ist seine Alleinerbin. Die Beklagte hatte dem Ehemann der Klägerin (im Folgenden: Erblasser) mit Schreiben vom 2. Juli 2004 betriebsbedingt zum 31. Juli 2004 gekündigt. Nachdem der Erblasser Kündigungsschutzklage erhoben hatte, nahm die Beklagte die Kündigung zurück. Nach einer krankheitsbedingten Arbeitsunfähigkeit vom 5. bis 18. Juli 2004 arbeitete der Erblasser seit 19. Juli 2004 wieder bei der Beklagten. Er war nach Wiederaufnahme der Arbeit von dem Meister der Beklagten, W, aufgefordert worden, den Zentralschlüssel für den Zugang zu den einzelnen Abteilungen und Werkzeugschränken abzugeben. Er wurde dann in der Stanzerei eingesetzt und mit Transport- und Montagearbeiten betraut sowie beim Biegen und einmal in der Müllabfuhr eingesetzt. Nach seiner Rückkehr aus dem Urlaub stellte er am 2. August 2004 fest, dass sein Umkleidespind belegt war. Auch war sein Einlasschip für die Umkleidekabine und die anderen Abteilungen der Stanzerei gesperrt. Er ließ sich daraufhin einen anderen Spind im Umkleideraum der Stanzerei zuweisen. Die Klägerin behauptet, die Beklagte habe den Erblasser nach dem Ausspruch der später zurückgenommenen Kündigung systematisch »gemobbt«. Ständige, nicht vorhersehbare Unterbrechungen bei der Arbeit, dauerndes Kritisieren wegen angeblicher Nichterfüllung der Norm, Lohnreduzierung, soziale und räumliche Isolation durch sprunghaftes Zuordnen in andere Kollektive und Arbeitsabläufe, Verleumdungen, Kränkungen, Lächerlichmachen sowie die Erteilung von unter- bzw. überfordernden und sinnlosen Aufträgen hätten zu psychischer und körperlicher Gesundheitsschädigung und zur Erkrankung des Erblassers geführt. Dieses »Mobbing« sei letztlich die Ursache für den Selbstmord gewesen. Beim Erblasser seien erst mit Zugang der Kündigung am 2. Juli 2004 pathologische Befunde aufgetreten, wegen derer er regelmäßig seinen Hausarzt aufgesucht habe. Er habe seine Beschwerden auf die Probleme am Arbeitsplatz zurückgeführt. Dem Geschäftsführer der Beklagten sei bewusst gewesen, dass sein Verhalten beim Erblasser die medizinischen Folgen wie Angstgefühle, Schweißausbrüche u. ä. hervorrufen könnten. Er habe dies in Kauf genommen«.

6 Mobbing begegnet man **nicht nur im Arbeitsleben**, sondern überall dort, wo Menschen in Gruppen zusammengefasst sind, die durch **Konkurrenz und Leistungsdruck** gekennzeichnet sind: Schulklasse, Bundeswehr, Verein.

Mobbing am Arbeitsplatz hat aber insofern besondere Bedeutung, als diese Form menschlichen Gegeneinanders oft zur **Vernichtung** der sozialen und manchmal auch physischen Existenz des Betroffenen führt.

Mobbing als verbotene Benachteiligung i. S. d. AGG

Mobbing kann eine verbotene Benachteiligung im Sinne des Allgemeinen Gleichbehandlungsgesetzes (AGG) vom 14.8.2006 (BGBl. I S. 1897) sein (siehe → **Benachteiligungsverbot [AGG]**).

Auslöser des Gesetzes sind vier **Richtlinien** der Europäischen Gemeinschaft, die den Schutz vor Diskriminierung regeln (Richtlinie 2000/43/EG vom 29.6.2000, Richtlinie 2000/78/EG vom 27.11.2000, Richtlinie 2002/73/EG vom 23.9.2002 und Richtlinie 2004/113/EG vom 13.12.2004). Deutschland war – wie alle Mitgliedstaaten der EU – verpflichtet, diese Richtlinien in nationales Recht umzusetzen.

Ziel des AGG ist, Benachteiligungen aus Gründen der Rasse oder wegen der ethnischen Herkunft, des Geschlechts, der Religion oder Weltanschauung, einer Behinderung, des Alters oder der sexuellen Identität zu verhindern oder zu beseitigen (§ 1 AGG).

Der Schwerpunkt liegt in der Bekämpfung von Benachteiligungen im Bereich des **Arbeitslebens** (besonders §§ 1 bis 18 AGG).

Von den Regelungen erfasst wird aber auch das **Zivilrecht**, also die Rechtsbeziehungen zwischen Privatpersonen – vor allem Verträge mit Lieferanten, Dienstleistern oder Vermietern (§§ 19 ff. AGG).

Wenn ein Arbeitnehmer aus einem der in § 1 AGG genannten Gründe »gemobbt« wird, finden die Vorschriften des AGG Anwendung.

Zur **Beweislastregelung** des § 22 AGG siehe Rn. 29 und → **Benachteiligungsverbot (AGG)** Rn. 51.

Belästigung (§ 3 Abs. 3 AGG)

Nach § 7 Abs. 1 AGG dürfen Beschäftigte nicht wegen eines in § 1 AGG genannten Grundes benachteiligt werden.

Durch das AGG wird ausdrücklich auch eine Benachteiligung in Form der sog. »**Belästigung**« erfasst (siehe auch → **Sexuelle Belästigung**).

Eine Belästigung ist eine besonders schwere Form der verbotenen Benachteiligung. Sie liegt vor, wenn unerwünschte Verhaltensweisen, die mit einem in § 1 genannten Grund in Zusammenhang stehen, bezwecken oder bewirken, dass die **Würde** der betreffenden Person verletzt und ein von Einschüchterungen, Anfeindungen, Erniedrigungen, Entwürdigungen oder Beleidigungen gekennzeichnetes Umfeld geschaffen wird (§ 3 Abs. 3 AGG).

Im Fall einer Belästigung steht dem Betroffenen neben seinen Rechten nach § 13 AGG (Beschwerderecht; siehe Rn. 22) und § 15 AGG (Anspruch auf Entschädigung und Schadensersatz; siehe Rn. 24) auch ein besonderes **Leistungsverweigerungsrecht** zu (§ 14 AGG; siehe Rn. 23).

Die **Unerwünschtheit** der belästigenden Verhaltensweise muss nicht bereits vorher ausdrücklich gegenüber den Belästigenden zum Ausdruck gebracht worden sein.

Vielmehr ist es ausreichend, dass die Handelnden aus der Sicht eines objektiven Beobachters davon ausgehen können, dass ihr Verhalten unter den gegebenen Umständen von den Betroffenen nicht erwünscht ist oder auch nicht akzeptiert wird.

Die **Verletzung der Würde** der betreffenden Person muss nicht die noch schwerwiegendere Qualität einer Verletzung der Menschenwürde im Sinn des Art. 1 GG erreichen. Eine geringere Verletzungsintensität reicht aus.

Ist eine Verletzung der Würde vom Handelnden **bezweckt**, kommt es nicht darauf an, ob diese Verletzung tatsächlich eintritt.

Eine Belästigung ist aber auch dann gegeben, wenn ein Verhalten die Würde des Betroffenen verletzt, ohne dass dies **vorsätzlich** geschieht.

Mobbing

15 Auch bei **einmalig bleibenden Handlungen** bleibt der Betroffene nicht schutzlos.

16 Der Arbeitgeber ist verpflichtet, die erforderlichen **Maßnahmen** zum Schutz vor Benachteiligungen in Form der Belästigung zu treffen (§ 12 Abs. 1 AGG). Dieser Schutz umfasst auch vorbeugende Maßnahmen (§ 12 Abs. 1 Satz 2 AGG).

17 Der Arbeitgeber soll in geeigneter Art und Weise, besonders im Rahmen der beruflichen Aus- und Fortbildung, auf die Unzulässigkeit von Benachteiligungen hinweisen und darauf hinwirken, dass diese unterbleiben (§ 12 Abs. 2 AGG).

Hat der Arbeitgeber seine Beschäftigten in geeigneter Weise zum Zweck der Verhinderung von Benachteiligung **geschult**, gilt dies als Erfüllung seiner Pflichten nach § 12 Abs. 1 AGG.

18 Wenn **andere Beschäftigte** (Vorgesetzte, Arbeitskollegen) eine Belästigung begehen, hat der Arbeitgeber »angemessene« Maßnahmen wie → **Abmahnung**, Umsetzung, → **Versetzung** oder → **Kündigung** (des Belästigers, nicht der belästigten Person!) zu ergreifen (§ 12 Abs. 3 AGG).

Natürlich hat dies unter Beachtung der **Beteiligungsrechte des Betriebsrats** (vor allem nach §§ 99, 102 BetrVG) zu geschehen.

Der belästigte Beschäftigte hat gegen den Arbeitgeber einen Rechtsanspruch auf Durchführung von Maßnahmen i. S. d. § 12 Abs. 3 AGG gegen den Belästiger. Allerdings soll dem Arbeitgeber ein **Ermessensspielraum** zustehen, durch welche Maßnahmen er die aufgetretenen Belästigungen des Arbeitnehmers beseitigen will (BAG v. 16. 5. 2007 – 8 AZR 709/06, NZA 2007, 1154).

19 Werden Beschäftigte bei der Ausübung ihrer Tätigkeit durch **Dritte** nach § 7 Abs. 1 AGG belästigt (z. B. ein Auslieferungsfahrer wird durch einen Kunden belästigt), so hat der Arbeitgeber die im Einzelfall geeigneten, erforderlichen und angemessenen Maßnahmen zum Schutz der Beschäftigten zu ergreifen (§ 12 Abs. 4 AGG).

20 Das AGG und § 61 b ArbGG (= Regelung u. a. über die zu beachtenden **Fristen** bei der Erhebung einer Entschädigungsklage nach § 15 AGG) sowie die für die Beschwerden nach § 13 AGG zuständigen **Stellen** sind im Betrieb **bekannt zu machen** (z. B. durch Aushang, Auslegung oder Nutzung der betriebsüblichen Informations- und Kommunikationstechnik (§ 12 Abs. 5 AGG).

21 Die betroffen Beschäftigten können sich gegen eine Benachteiligung **zur Wehr setzen**. Ihnen stehen verschiedene **Rechte** zu.

Nachstehend ein **Überblick**.

Beschwerderecht (§ 13 AGG)

22 Die Beschäftigten haben das Recht, sich bei den zuständigen Stellen des → **Betriebs** oder des → **Unternehmens** zu beschweren, wenn sie sich im Zusammenhang mit ihrem Beschäftigungsverhältnis vom Arbeitgeber, von Vorgesetzten, anderen Beschäftigten oder Dritten wegen eines in § 1 AGG genannten Grundes benachteiligt fühlen (§ 13 Abs. 1 Satz 1 AGG).

Die Beschwerdestelle hat die Beschwerde zu prüfen und das Ergebnis der oder dem beschwerdeführenden Beschäftigten mitzuteilen (§ 13 Abs. 1 Satz 2 AGG).

Zur Frage, ob dem Betriebsrat ein **Mitbestimmungsrecht** bei der Errichtung und Ausgestaltung der Beschwerdestelle bzw. des Beschwerdeverfahrens zusteht, siehe → **Benachteiligungsverbot (AGG)** Rn. 66.

22a Das Beschwerderecht des Arbeitnehmers nach §§ 84, 85 BetrVG (siehe → **Beschwerderecht der Arbeitnehmer**) und die damit im Zusammenhang stehenden Rechte des Betriebsrats werden durch § 13 Abs. 1 AGG nicht berührt (§ 13 Abs. 2 AGG).

Das heißt: der Arbeitnehmer kann eine Beschwerde nach § 85 Abs. 1 BetrVG **beim Betriebsrat** einlegen, wenn er sich durch Mobbing benachteiligt fühlt (vgl. hierzu LAG Hamburg v. 15. 7. 1998 – 5 TaBV 4/98 (rkr.), AiB 1999, 102 = NZA 1998, 1245).

Hält der Betriebsrat die Beschwerde für berechtigt, hat er beim Arbeitgeber auf **Abhilfe** hinzuwirken.
Ist der Arbeitgeber der Meinung, dass die Beschwerde nicht berechtigt ist, kann der Betriebsrat die → **Einigungsstelle** anrufen (§ 85 Abs. 2 BetrVG).
Diese klärt den Sachverhalt auf, bewertet ihn und entscheidet letztlich durch Beschluss (ggf. durch Mehrheitsbeschluss mit der Stimme des Vorsitzenden der Einigungsstelle), ob die Beschwerde **berechtigt** ist oder nicht.
Wenn die Einigungsstelle beschließt, dass die Beschwerde berechtigt ist, ist der Arbeitgeber nach § 85 Abs. 3 Satz 2 i. V. m. § 84 Abs. 2 BetrVG verpflichtet, der Beschwerde durch geeignete **Maßnahmen** abzuhelfen.
Geschieht dies nicht, kann der Arbeitnehmer die Abhilfe der Beschwerde im Wege der **Klage** vor dem → **Arbeitsgericht** erzwingen.
Ob auch der Betriebsrat ein Beschlussverfahren mit dem gleichen Ziel einleiten kann, ist **strittig** (zu Recht dafür DKKW-*Buschmann*, BetrVG, 15. Aufl., § 85 Rn. 26; a. A. Fitting, BetrVG, 27. Aufl., § 85 Rn. 9, 14).
Die Anrufung der Einigungsstelle bzw. eine Entscheidung ist ausgeschlossen, wenn Gegenstand der Beschwerde ein **Rechtsanspruch** des Arbeitnehmers ist (§ 85 Abs. 2 Satz 3 BetrVG).
Zu weiteren Einzelheiten siehe → **Beschwerderecht der Arbeitnehmer**.

Leistungsverweigerungsrecht (§ 14 AGG)

Liegt eine Benachteiligung in Form einer **Belästigung** (§ 3 Abs. 3 AGG; siehe Rn. 10) vor, hat der betroffene Beschäftigte darüber hinaus ein Leistungsverweigerungsrecht, wenn der Arbeitgeber keine oder offensichtlich ungeeignete Maßnahmen zur Unterbindung einer Belästigung ergreift.
In diesem Fall sind die betroffenen Beschäftigten berechtigt, ihre Tätigkeit ohne Verlust des Arbeitsentgelts einzustellen, soweit dies zu ihrem Schutz erforderlich ist (§ 14 Satz 1 AGG).
§ 273 BGB bleibt unberührt (§ 14 Satz 2 AGG; siehe → **Zurückbehaltungsrecht des Arbeitnehmers**).

23

Anspruch auf Schadensersatz und Entschädigung (§ 15 AGG)

Im Fall einer Benachteiligung bzw. Belästigung ist der Arbeitgeber verpflichtet, einen etwaig hierdurch entstandenen **Schaden zu ersetzen** (§ 15 Abs. 1 Satz 1 AGG). Dies gilt nicht, wenn der Arbeitgeber die Pflichtverletzung nicht zu vertreten hat.

24

Wegen eines Schadens, der nicht Vermögensschaden ist, kann der oder die Beschäftigte eine angemessene **Entschädigung** (= Schmerzensgeld) in Geld verlangen (§ 15 Abs. 2 Satz 1 AGG).

25

Ansprüche auf Schadensersatz und/oder Entschädigung müssen innerhalb einer **Frist** von **zwei Monaten** schriftlich geltend gemacht werden, es sei denn, die Tarifvertragsparteien haben etwas anderes vereinbart (§ 15 Abs. 4 Satz 1 AGG).
Die Frist **beginnt** zu dem Zeitpunkt, in dem der oder die Beschäftigte von der Benachteiligung – hier der Belästigung – Kenntnis erlangt (§ 15 Abs. 4 Satz 2 AGG; vgl. hierzu BAG v. 15. 3. 2012 – 8 AZR 160/11).
Eine **Klage** auf Entschädigung muss nach § 61 b ArbGG (neu gefasst durch das AGG) innerhalb von **drei Monaten**, nachdem der Anspruch schriftlich geltend gemacht worden ist, erhoben werden.

26

Mobbing

Maßregelungsverbot (§ 16 AGG)

27 Der Arbeitgeber darf Beschäftigte nicht wegen der **Inanspruchnahme von Rechten** nach dem AGG oder wegen der **Weigerung**, eine gegen das AGG verstoßende Anweisung auszuführen, benachteiligen (§ 16 Abs. 1 Satz 1 AGG).
Gleiches gilt für Personen, die den Beschäftigten hierbei unterstützen oder als Zeuginnen oder Zeugen aussagen (§ 16 Abs. 1 Satz 2 AGG).

Beweislast (§ 22 AGG)

28 Wichtig ist die Beweislastregelung des § 22 AGG. Wenn im Streitfall der Arbeitnehmer **Indizien** beweist, die eine Belästigung vermuten lassen, trägt der Arbeitgeber die Beweislast dafür, dass kein Verstoß gegen die Bestimmungen zum Schutz vor Benachteiligung vorgelegen hat.

29 Zu weiteren Einzelheiten siehe → **Benachteiligungsverbot (AGG)** Rn. 54a-c.

Ansprüche gegen den Belästiger

30 Unberührt bleibt das Recht des/der sexuell belästigten Arbeitnehmers/in, rechtliche Schritte gegen **den Belästiger** zu unternehmen (siehe Rn. 45 ff.).
Handlungen, die das Persönlichkeitsrecht, die Gesundheit oder die sexuelle Selbstbestimmung verletzen, können **Schadensersatz- und/oder Schmerzensgeldansprüche** vor allem nach § 823 Abs. 1, § 253 Abs. 2 BGB i. V. m. Art. 1 Abs. 1, 2 Abs. 1 GG auslösen (siehe Rn. 45 ff.).
Gegen den Belästiger besteht des Weiteren **Anspruch auf Unterlassung**.
Der Anspruch kann durch Antrag auf **einstweilige Verfügung** geltend gemacht werden (LAG Thüringen v. 10. 4. 2001 – 5 Sa 403/00, AiB 2004, 110 = DB 2001, 1204).
Unter Umständen kommt auch eine **strafrechtliche Verfolgung** des Belästigers in Betracht, wenn die Belästigung einen Straftatbestand erfüllt (z. B. § 185 StGB Beleidigung).

Bedeutung für die Betriebsratsarbeit

31 Arbeitgeber und Betriebsrat haben nach § 75 Abs. 1 BetrVG (neu gefasst durch das AGG vom 14. 8. 2006) darüber zu wachen, dass alle im Betrieb tätigen Personen nach den Grundsätzen von **Recht und Billigkeit** behandelt werden.

32 Zudem hat der Betriebsrat darüber zu wachen, dass der Arbeitgeber seinen Verpflichtungen nach § 12 AGG zur **Unterbindung** von Belästigungen nachkommt und geeignete – auch vorbeugende – Maßnahmen gegen Psychoterror am Arbeitsplatz ergreift (§ 80 Abs. 1 Nr. 1 BetrVG).

33 Er kann dem Arbeitgeber **Vorschläge** zur Lösung des Problems »Mobbing« unterbreiten (§ 80 Abs. 1 Nr. 2 BetrVG).

34 Bei einem groben Verstoß des Arbeitgebers gegen seine Verpflichtungen aus dem AGG und dem Betriebsverfassungsgesetz kann der Betriebsrat oder eine im Betrieb vertretene → **Gewerkschaft** die in § 23 Abs. 3 BetrVG vorgesehenen Rechte gerichtlich geltend machen (§ 17 Abs. 2 Satz 1 AGG; zu § 23 Abs. 3 BetrVG siehe → **Unterlassungsanspruch des Betriebsrats**).
Mit dem Antrag dürfen allerdings nicht Ansprüche des Benachteiligten verfolgt werden (§ 17 Abs. 2 Satz 2 AGG). Das müssen diese selber tun.

35 Unabhängig von den vom Arbeitgeber zu ergreifenden Maßnahmen kann der Betriebsrat sich selbst des Themas »Mobbing« annehmen:

Ein erster Schritt besteht darin, **systematisch zu ermitteln**, ob Mobbing im Betrieb stattfindet. 36
Hinweisen auf eine Häufung von kurzzeitigen Krankmeldungen sowie auf Störungen des
Betriebsklimas in Abteilungen oder Arbeitsgruppen sollte nachgegangen werden.

Verdichten sich Hinweise auf die Existenz von Mobbing, sollten die Beschäftigten im Rahmen 37
von **Betriebs- oder Abteilungsversammlungen** über Ursachen, Erscheinungsformen und Folgen von Mobbing sowie über Problemlösungen informiert werden.

Der Betriebsrat sollte sich dabei eines Sachverständigen bedienen, wobei die Vorschrift des § 80 38
Abs. 3 BetrVG zu beachten ist, falls der/die Sachverständige »Geld kostet« (siehe → **Sachverständiger**).

In der Betriebs- oder Abteilungsversammlung sollten die Beschäftigten – unter Hinweis auf 39
vertrauliche Behandlung – **aufgefordert** werden, sich im Falle von Mobbing an den Betriebsrat
zu wenden. Ggf. sollte über außerhalb des Betriebs bestehende Beratungsmöglichkeiten oder
Gesprächskontakte informiert werden.

Wird dem Betriebsrat ein **konkreter Mobbing-Fall** bekannt, sind Sensibilität und Einfüh- 40
lungsvermögen gefragt. Auch hier ist daran zu denken, ggf. eine sachverständige Person hinzuzuziehen.

Mit dem Opfer, später auch den »Tätern« und ggf. dem Arbeitgeber sollte über die Situation
und Ursachen sowie geeignete Maßnahmen gesprochen werden, deren Ziel es ist, das Problem
zu lösen, d. h., den **Psychoterror zu beenden**.

Dabei steht im Vordergrund die Beseitigung der arbeits- und betriebsbedingten Ursachen des
Mobbings (schlechte Arbeitsorganisation, unklare Zuständigkeit, Personalmangel).

Greift der Arbeitgeber zu arbeitsrechtlichen Mitteln wie → **Abmahnung**, Umsetzung, → **Ver-** 41
setzung oder → **Kündigung**, hat der Betriebsrat die schwierige Aufgabe, einerseits zu einer
angemessenen Problemlösung beizutragen und andererseits darauf zu achten, dass niemand
zu Unrecht »bestraft« wird bzw. sich die »Strafe« im Rahmen der gebotenen Verhältnismäßigkeit bewegt.

In **krassen Fällen** sollte der Betriebsrat seinerseits über eine Anwendung des § 104 BetrVG 42
nachdenken.

Hiernach kann er vom Arbeitgeber die Entlassung oder Versetzung eines Beschäftigten verlangen, der durch gesetzwidriges Verhalten oder durch grobe Verletzung der in § 75 Abs. 1
BetrVG enthaltenen Grundsätze (Behandlung nach »Recht und Billigkeit«, Verbot der diskriminierenden Ungleichbehandlung von Beschäftigten) den Betriebsfrieden wiederholt
ernstlich stört.

Lehnt der Arbeitgeber dies ab, kann der Betriebsrat das → **Arbeitsgericht** anrufen.

Manchmal dürfte es bereits helfen, einen hartnäckigen »Mobber« auf die Existenz des § 104
BetrVG sowie auf den Willen des Betriebsrats, von dieser Vorschrift notfalls Gebrauch zu
machen, hinzuweisen.

Bedeutung für die Beschäftigten

Das Mobbing-Opfer sollte das Gespräch mit einem Betriebsratsmitglied seines Vertrauens 43
suchen.

Auch **externe Beratung** durch sachkundige Stellen (z. B. zuständige → **Gewerkschaft**) sollte
eingeholt werden.

In geeigneten Fällen sollte sich das Mobbing-Opfer nicht scheuen, von seinen Beschwerde- 44
rechten nach § 13 AGG (siehe Rn. 22) und ggf. nach §§ 84, 85 BetrVG Gebrauch zu machen
(siehe Rn. 22 a und → **Arbeitnehmerrechte nach dem BetrVG**).

Zum Leistungsverweigerungsrecht nach § 14 AGG sowie zum Anspruch auf Schadensersatz

Mobbing

und Entschädigung gegen den Arbeitgeber nach § 15 AGG siehe Rn. 23 ff. und → **Benachteiligungsverbot (AGG)**.

45 Der von Mobbing betroffene AN hat gegen den »Mobber« (Arbeitgeber, Vorgesetzter oder »Arbeitskollege«) einen Anspruch auf **Unterlassung** von Mobbinghandlungen. Der Anspruch kann durch Antrag auf **einstweilige Verfügung** geltend gemacht werden (Thüringer LAG v. 10. 4. 2001 – 5 Sa 403/00, DB 2001, 1204).

46 Außerdem können **Schadensersatz- und Schmerzensgeldansprüche** gegen den »Mobber« geltend gemacht werden (zum Schadensersatz- und Schmerzensgeldanspruch nach § 15 Abs. 1 und 2 AGG gegen den Arbeitgeber im Falle einer Benachteiligung bzw. Belästigung i. S. d. §§ 1, 3 Abs. 3 AGG siehe Rn. 24 ff.).

Ein solcher Anspruch besteht, wenn der »Mobber« in schwerwiegender, rechtswidriger und schuldhafter Weise das **Persönlichkeitsrecht** des Betroffenen verletzt und die Persönlichkeitsrechtsverletzung nicht auf andere Weise angemessen ausgeglichen werden kann (ArbG Ludwigshafen v. 6. 11. 2000 – 1 Ca 2136/00, DB 2001, 1096; bestätigt durch LAG Rheinland-Pfalz v. 16. 8. 2001 – 6 Sa 415/01, AiB 2002, 641; ArbG Dresden v. 7. 7. 2003 – 5 Ca 5954/02, AuR 2004, 114; vgl. auch ArbG Berlin v. 8. 3. 2002 – 40 Ca 5746/01; LAG Berlin v. 14. 11. 2002 – 16 Sa 970/02, NZA 2003, 1206 = NZA-RR 2003, 523).

In diesem Falle liegt auch eine **Verletzung des Arbeitsvertrages durch den Arbeitgeber** vor (= Verletzung der Pflicht, den Arbeitnehmer vor Mobbing zu schützen; vgl. z. B. BAG v. 25. 10. 2007 – 8 AZR 593/06, AiB 2008, 436 = NZA 2008, 223).

Als **Anspruchsgrundlagen** kommen auch
- § 823 Abs. 1 BGB i. V. m. Art. 1 und Art. 2 GG (Verletzung eines absoluten Rechts des Arbeitnehmers, nämlich des Persönlichkeitsrechts; vgl. hierzu BGH v. 5. 10. 2004 – VI ZR 255/03, NJW 2005, 215),
- § 823 Abs. 2 BGB (Verletzung eines Schutzgesetzes: z. B. §§ 1, 3 Abs. 3 AGG)
- § 826 BGB (sittenwidrige vorsätzliche Schädigung)

in Betracht. Der Arbeitgeber muss sich das Verhalten von Vorgesetzten/Arbeitskollegen **zurechnen** lassen (§§ 278, 831 BGB).

Wenn die Voraussetzungen des § 253 Abs. 2 BGB bzw. § 15 Abs. 2 Satz 1 AGG vorliegen, kann der Betroffene **Schmerzensgeld** verlangen.

Die **Höhe** des Schmerzensgeldes errechnet sich unter Zugrundelegung der Dauer der erlittenen Beeinträchtigung und der Höhe der monatlichen Nettovergütung des Arbeitnehmers, welche seine berufliche Position widerspiegelt. Im Verfahren LAG Rheinland-Pfalz v. 16. 8. 2001 – 6 Sa 415/01 wurde ein Schmerzensgeldanspruch in Höhe von 15 000 DM = 7669,38 Euro zuerkannt.

46a Wie schwer sich manche Gerichte mit dem Thema »Mobbing« tun, zeigt das Klageverfahren zu einem Fall von Mobbing durch Missachtung des Leistungswillens einer Arbeitnehmerin, teilweise Behinderung ihrer beruflichen Entfaltung entsprechend ihrer qualitativen Fähigkeiten, wiederholte störende Eingriffe in ihre Arbeit, Nichtanerkennung ihrer erbrachten Arbeitsleistung und Diskreditierung gegenüber Dritten.

Das ArbG Dresden hat das Unternehmen (Beklagte zu 1) und den mobbenden Vorgesetzten (= Beklagter zu 2) nach Durchführung einer Beweisaufnahme als Gesamtschuldner verurteilt, an die Klägerin **Schadenersatz in Höhe von 40 000,00 Euro** zu zahlen (15 000 Euro Schmerzensgeld sowie 25 000 Euro Geldentschädigung wegen Verletzung des Persönlichkeitsrechts; zu Einzelheiten siehe Rechtsprechungsübersicht).

Das LAG Sachsen v. 17. 02. 2005 – 2 Sa 751/03, BB 2005, 1576 hat das Urteil mit nicht überzeugender Begründung aufgehoben, die Klage abgewiesen und eine Revision zum BAG nicht zugelassen. Nachstehend ein Auszug aus der Entscheidung, der zeigt, dass die urteilenden Richter das Problem »Mobbing« nicht begriffen haben: »[...] *Ansprüche auf Schadensersatz oder Schmerzensgeld gegen den Beklagten zu 2. (= der Vorgesetzte der Klägerin; der Verf.) können*

Mobbing

sich mangels Vorliegens einer Vertragsbeziehung zwischen diesem und der Klägerin lediglich aus Vorschriften des Deliktsrechts, d. h. aus § 823 BGB sowie aus der – hier noch anwendbaren – Regelung in § 847 BGB ergeben. Es liegt jedoch keine schuldhafte Verletzung der durch § 823 BGB sowie den früheren § 847 BGB geschützten Rechtsgüter vor. [...]
Der zeitlichen Reihenfolge in der Klageschrift folgend – nach dem Vorstehenden somit nach dem 03. 04. 2000 und beginnend ab 19. 04. 2000 und noch bis Februar 2001 – fehlt es an einer im vorgenannten Sinne »mobbing«-typischen Verhaltensweise des Beklagten zu 2., um die allein es hier noch geht. Das folgt bereits aus dem eigenen Vorbringen der Klägerin. Deshalb ist es unerheblich, dass dieses Vorbringen strittig ist und sich auch nach der von dem Arbeitsgericht durchgeführten Beweisaufnahme bereits nach dem objektiven Gehalt der Aussagen der dort vernommenen Zeugen im Wesentlichen nicht bestätigt hat.
Es fehlt bereits an einer »klaren« Täter-Opfer-Konstellation.
Die Klägerin hat sich zwar durch ihren Wechsel zu der ... der mit der Befristung ihrer vorhergehenden Verträge verbundenen Probleme begeben. Sie hat dafür aber – gemessen an ihrer hochqualifizierten Ausbildung – einen massiven Rückschritt in Kauf nehmen müssen. Dieser besteht nicht nur in der erheblichen Vergütungsdifferenz zwischen der vorhergehenden und der bei der ... gezahlten Vergütung. Er ergibt sich insbesondere vor allem auch daraus, dass die Klägerin von einer eher wissenschaftlich und ihrer Ausbildung entsprechend geprägten Stelle in die Tätigkeit einer Sachbearbeiterin gewechselt ist, deren Vergütungsmerkmale auch ohne Hochschulabschluss erfüllt werden können.
Diesen Wechsel hat die Klägerin ersichtlich nicht verkraftet. Die neue Tätigkeit hat sie – wenn auch möglicherweise »vorgewarnt« – schon nicht sonderlich redlich aufgenommen. Zwar wusste sie, dass man sie ursprünglich auf der Stelle, für die sie letztlich überqualifiziert ist, nicht haben wollte. Die sofort nach Dienstantritt begonnene und über mehr als ein Jahr praktizierte Auflistung einzelner Vorkommnisse, Verhaltensweisen und Gesprächsfetzen in buchhalterischer Manier deutet eher darauf hin, dass die Klägerin selbst keine sonderlich friedfertige Einstellung hatte. Sie hat von vornherein Munition gesammelt, um sie gegen diejenigen zu verschießen, mit denen sie zusammenzuarbeiten hatte. Dabei greift sie auf überwiegend völlig untergeordnete Vorkommnisse aus einem im Zweifel allein fachlich ereignisreichen Arbeitsalltag zurück, an die sich der Beklagte zu 2. in der Tat selbst im Lichte des § 138 Abs. 4 ZPO nach der Lebenserfahrung nicht mehr erinnern können muss. Insoweit ist sein Bestreiten mit Nichtwissen hier übrigens gerade deshalb ausnahmsweise auch zulässig, ohne dass es wegen der fehlenden Beweisbedürftigkeit des Vorbringens der Klägerin allerdings darauf ankommt.
Die penible Dokumentation von – überwiegend – Belanglosigkeiten streitet für eine Überempfindlichkeit im Umgang mit Vorgesetzten und damit für eine lediglich »gefühlte« Opferrolle. [...]«

Unter Umständen kommt auch eine **strafrechtliche Verfolgung** des Belästigers in Betracht, wenn die Belästigung einen Straftatbestand erfüllt (z. B. § 185 StGB Beleidigung, § 186 StGB Üble Nachrede, § 187 StGB Verleumdung).

Nachstehend ein paar **Praxisberichte** und **Tipps**

Lästermäuler im Büro höflich, aber bestimmt ausbremsen
27. Juli 2010, 07:30 Uhr
Bonn. Über Kollegen zu lästern gehört sich nicht. Fangen andere damit an, sollten Beschäftigte nicht einstimmen. In so einer Situation neutral zu bleiben ist aber gar nicht so einfach. Schweigen sei dann die falsche Reaktion, sagt Etikette-Trainer Horst Hanisch. Das könne als Zustimmung missverstanden werden. »Dadurch lässt man sich vom anderen vereinnahmen.«
Beschäftigte sollten Lästermäuler daher besser freundlich, aber bestimmt abweisen. So könnten sie etwa sagen: »Ich will das gar nicht hören.« Oder sie fordern den anderen auf, die Dinge demjenigen direkt zu sagen, den sie betreffen. Die Höflichkeit verlangt allerdings nicht, dass Arbeitnehmer

Mobbing

anderen erzählen, dass über sie gelästert wird. »Man sollte lieber nicht anfangen, solche Lästereien weiterzutratschen«, rät Hanisch. Das heize die Gerüchteküche lediglich weiter an. (dpa)
(Quelle: Hamburger Abendblatt vom 27.7.2010 – http://www.abendblatt.de/vermischtes/article158 0106/Laestermaeuler-im-Buero-hoeflich-aber-bestimmt-ausbremsen.html)

Das hilft gegen Intriganten
Von Andrea Pawlik, 31. Juli 2010, 08:12 Uhr

Wenn Widersacher sie piesacken, müssen Betroffene offensiv werden
Hamburg. Da steht man dann in der Teeküche und tratscht ein bisschen über den Kollegen X. Und manchmal – vielleicht wenn man grad von ihr genervt ist – erzählt man Kollegin Y nichts vom Kunden, der angerufen hat, als sie nicht da war. »Die Palette der Intrigen am Arbeitsplatz ist breit gefächert«, sagt Manuela Krüger, Kommunikationspsychologin und Coach in Berlin. »Oft sind es Machtspiele, um die eigene Position zu festigen.«
Krüger glaubt, dass daran eine zunehmende Verunsicherung der Mitarbeiter schuld ist. »Unterschwellig hört man, dass es Existenzängste sind, die Kollegen zu Intriganten machen«, sagt sie. »Es geht um materielle Existenzängste, aber auch um die Angst, an Prestige zu verlieren.« Gerade für Berufseinsteiger und Rückkehrer werde es schnell zum Problem, wenn ihnen Informationen vorenthalten werden.

Intriganten versuchen instinktiv, die Schwächen der Kollegen auszunutzen
Dierk Rommel, Kommunikationstrainer und Coach in Hamburg, sieht ein schlechtes Betriebsklima als Grund dafür, dass im Unternehmen Intrigen gesponnen werden. »Die Intriganten erkennen oft gar nicht, welchen Schaden sie anrichten, merken aber instinktiv, wie sie die Schwächen anderer für sich ausnutzen können.« Der Übergang zum Mobbing sei fließend.
Mobbing, die gezielten und immer wiederkehrenden Attacken gegen eine Person, ist in jedem Fall ein Thema, mit dem man zur Führungskraft, zum Arzt, zum Betriebsrat oder zu einem externen Berater gehen sollte. Intriganten können Betroffene mitunter noch selbst in den Griff bekommen. Aber wie? »Man sollte den anderen zeitnah mit der eigenen Wahrnehmung konfrontieren«, rät Dierk Rommel. Ich-Botschaften solle man aussenden, denn die seien unstrittig. »Wenn man erst diskutieren muss, ob der Vorfall so oder anders stattgefunden hat, dann hat man schon verloren«, sagt er. »Man kann sich auch erst einmal eine Person des Vertrauens suchen und mit ihr über seine Wahrnehmung sprechen«, schlägt Manuela Krüger vor. Der könne man seinen Eindruck schildern und fragen: Bilde ich mir das ein? Merkst du das auch?

Wer nach Feierabend noch lange über den Vorfall grübelt, sollte aktiv werden
Die eigene Wahrnehmung trügt allerdings meist nicht. »Wenn ich mich nach Feierabend noch lange mit einer Sache beschäftigen muss, dann läuft tatsächlich etwas falsch«, sagt die Mediatorin aus Berlin.
Und wie geht es weiter im Gespräch mit dem Intriganten? »Schildern Sie ihm die Folgen seines Tuns«, sagt Dierk Rommel. »Und formulieren Sie zum Schluss Ihren Wunsch oder Ihre Forderung an ihn.« Wenn man sich vor Anschuldigungen hüte, habe ein Intrigant kaum eine Chance, diesem Vorgehen zu entrinnen, glaubt der Trainer. »Das ist ein Schuss vor den Bug.« Allerdings verlange das auch einiges an Stärke und Rückgrat vom Betroffenen. »Oft geht es nicht ohne professionelle Hilfe.«
Manuela Krüger weist auf die Fehler hin, die Betroffene im Umgang mit ihren Peinigern machen können. »Emotionen sind der schlechteste Ratgeber«, betont sie. »Wenn ich merke, es kocht in mir hoch, dann ist das kein guter Moment, um die Aussprache zu suchen.« Besser sei es dann, sich erst einmal abzulenken, kurz um den Block zu gehen, mit jemandem zu telefonieren, der einem guttut.

Mobbing

Bloß nicht laut werden, damit gießt man nur weiteres Öl ins Feuer
Zu flüchten sei auch ein falscher Weg. »Das lasse ich mir nicht sagen« rufen und hinausrennen – »damit gießt man nur Öl ins Feuer«, sagt die Kommunikationsexpertin. »Flüchten funktioniert nur, wenn es sich um eine echte Bagatelle handelt, von der man sich nur nicht den Tag verderben lassen will.«
Bei gutem Betriebsklima sollte es gar nicht erst dazu kommen, dass Intriganten ihr Spiel treiben können. »Ein guter Chef geht rechtzeitig dazwischen«, sagt Dierk Rommel. »Schließlich hat er eine Fürsorgepflicht für seine Mitarbeiter.« Führungskräfte täten das Thema allerdings auch gern einmal ab, hat der Hamburger Coach erfahren. »Sie verharmlosen die Situation mit Floskeln«, erklärt er. Schließlich zeige ein Problem mit Intriganten im Team immer auch ein Versagen ihrerseits.

Vorgesetzte müssen sich um ihr Team kümmern und Spielregeln aufstellen
Nichtsdestotrotz sollte der Betroffene seine Führungskraft natürlich ansprechen und um Klärung bitten, wenn er alleine mit dem Thema nicht zurechtkommt. Möglicherweise kann ein moderiertes Gespräch mit dem Vorgesetzten helfen. »Vorgesetzte müssen sich um ihre Mitarbeiter kümmern, wenn es im Gebälk knistert. Sie müssen Spielregeln aufstellen«, bekräftigt auch Trainerin Manuela Krüger.
(Quelle: Hamburger Abendblatt vom 31. 7. 2010 – http://www.abendblatt.de/wirtschaft/karriere/article158 3667/Das-hilft-gegen-Intriganten.html)

Mobbing und Stress kosten Arbeitgeber Milliarden Euro
Von Daniela Stürmlinger, 31. Juli 2010, 08:42 Uhr
Die Situation in Hamburg ist besonders dramatisch. Die Zahl der Fehltage stieg laut einer neuen Studie 2010 bislang stark an.
Hamburg. Meist kommt die Krankheit schleichend daher. Es fällt schwerer, sich bei der Arbeit zu konzentrieren. Man fühlt sich von Kollegen in die Ecke gestellt, wird gemobbt. Die Furcht um den Arbeitsplatz und damit um die berufliche Existenz lässt einen nachts kaum noch schlafen. Gerade in wirtschaftlichen Krisenzeiten nehmen Stress und Angst dramatisch zu – mit dem Ergebnis, dass sich bei immer mehr Arbeitnehmern Körper und Seele gegen Belastungen wehren. Am Ende stehen häufig psychische Krankheiten und nicht selten die Arbeitsunfähigkeit. Besonders dramatisch ist nach einer Studie der Deutschen Angestellten Krankenkasse (DAK), die dem Abendblatt vorliegt, die Situation in Hamburg. Denn in keiner anderen deutschen Großstadt fallen so viele Fehltage von Beschäftigten wegen psychischer Erkrankungen an wie an der Alster.

Arbeitsverdichtung und Mobbing machen Menschen krank
Bereits 2009 war die Zahl der Fehltage in der Hansestadt um 22 Prozent gestiegen. Im ersten Halbjahr 2010 kamen auf 1000 Beschäftigte sogar 680 Fehltage. »Ein Plus von nochmals gut sechs Prozent«, wie Regina Schulz, Landeschefin der DAK für Norddeutschland, dem Abendblatt sagt. Gründe seien vor allem Arbeitsstress und Mobbing. Der Anstieg in den ersten sechs Monaten fällt auf den ersten Blick vergleichsweise gering aus, doch Experten wissen, dass sich die Krankmeldungen wegen psychischer Probleme traditionell in den dunklen Herbst- und Wintermonaten häufen. Laut DAK ist es deshalb durchaus möglich, dass die hohe Zahl aus dem vergangenen Jahr 2010 noch übertroffen wird.
Für Unternehmen kann diese Entwicklung auch wirtschaftlich verheerende Folgen haben. Schon vor der Wirtschaftskrise verursachten psychische Erkrankungen nach Angaben des Statistischen Bundesamtes Gesamtkosten in Höhe von rund 27 Milliarden Euro pro Jahr. Hinzu kommen etliche Milliarden durch Fehltage für die Wirtschaft. Und die Tendenz ist weiter steigend, denn jeder zweite Deutsche fühlt sich laut einer Studie des Bürodienstleisters Regus heute gestresster als vor zwei Jahren. »Wenn Beschäftigte länger krank sind, entgeht den Unternehmen zudem Know-

Mobbing

how. Im Extremfall kann dies zu einem Kundenverlust führen«, sagt Dieter Fuhrmann, Experte für Betriebliches Gesundheitsmanagement bei der Handwerkskammer Hamburg.

Hamburger Unternehmen etablieren betriebliches Gesundheitsmanagement
»Arbeitsbezogene Belastungen haben mit 35 bis 38 Prozent den höchsten Anteil der Gründe für unsere Beratungsgespräche. Danach kommen persönliche und familiäre Probleme mit jeweils rund 25 Prozent«, sagt Melanie Brauck vom Fürstenberg-Institut, das bundesweit rund 70 Unternehmen im Gesundheitsmanagement berät und auch den Mitarbeitern der Firmen bei Bedarf zur Seite steht. Zu den Kunden zählen neben dem Mineralölkonzern Shell auch Metro, die Hamburger Volksbank, Jungheinrich und Axel Springer. »Bei uns haben Mitarbeiter und Unternehmen ein gemeinsames Interesse am Erhalt und der Förderung der Gesundheit und Einsatzfähigkeit der Mitarbeiter«, begründet Jungheinrich-Sprecher Markus Piazza die Kooperation.

Vor allem in großen Unternehmen spielt das Thema Gesundheitsschutz inzwischen eine wichtige Rolle – und nicht nur dort. In der Stadt hat sich das Netzwerk Gesundheit aus Firmen der Medizinwirtschaft, Forschungseinrichtungen, Krankenkassen, Ärzten und Therapeuten unter Mitwirkung von Stadt und Handelskammer etabliert, das vom Bundesforschungsministerium gefördert wird. 2011 plant das Netzwerk als Schwerpunktthema Depressionen. Zudem gibt es zahlreiche Netzwerke, die sich mit dem Thema befassen. So organisieren Handels- und Handwerkskammer einmal im Jahr Gesundheitstage, um Unternehmen zu mehr Fürsorge für die Mitarbeiter zu motivieren.

Dass dies ausreicht, bezweifeln Experten. »Die Unternehmen könnten deutlich mehr machen. Vor allem in Hamburg, wo psychische Erkrankungen vor allem wegen Leistungsverdichtung am Arbeitsplatz zunehmen, sollten die Firmen noch mehr auf die seelische Gesundheit ihrer Mitarbeiter achten«, sagt Jutta Blankau, Leiterin für den norddeutschen Bezirk Küste der IG Metall, dem Abendblatt.

Nachholbedarf in kleineren Hamburger Betrieben
Doch es gibt auch positive Beispiele. So hat der Nivea-Hersteller Beiersdorf als eines von drei Unternehmen dieses Jahr den Hamburger Gesundheitspreis 2009 erhalten. Prämiert wurden die Präventionsmaßnahmen des Konzerns sowie die Jahresschwerpunktaktion »Wenn der Druck steigt« mit Aktionen und Beratungsangeboten im Zusammenhang mit Belastung am Arbeitsplatz. Der Mineralölkonzern ConocoPhillips (Jet-Tankstellen) erhielt den Preis, weil das Unternehmen zahlreiche Stress mindernde Maßnahmen umgesetzt hat. Unter anderem dürfen die Beschäftigten beim Autofahren nicht telefonieren, selbst wenn eine Freisprechanlage vorhanden ist. Prämiert wurden auch die im Vergleich kleineren Firmen Sozialstation GmbH und die Hamburgische Brücke. Experte Fuhrmann hofft, dass weitere Firmen den Vorteil von Gesundheitsmanagement erkennen. »Es herrscht noch Nachholbedarf.«

(Quelle: Hamburger Abendblatt vom 31.7.2010 – http://www.abendblatt.de/wirtschaft/article158 5169/Mobbing-und-Stress-kosten-ArbeitgeberMilliarden-Euro.html)

49 Man findet in der »Mobbing-Debatte« auch **handfeste praktische Vorschläge** wie den Folgenden:

»Manchmal kann man Mobber auch dadurch stoppen, dass man sie mit ihren »eigenen Waffen« schlägt.«

Auch Mobber haben – wie jeder Mensch – irgendwelche Schwächen, die sein Selbstbewusstsein beeinträchtigen. Die gilt es herauszufinden. Manche
- sind klein und dick oder lang und dürr
- haben einen unansehnlichen Bierbauch
- haben Haarausfall oder eine Glatze

Mobbing

- tragen eine unvorteilhafte Brille
- usw. usw.

Bei der nächsten Mobbinghandlung reagiert der Gemobbte, indem er den Mobber bei seiner Schwäche packt (Motto: »Wer auf eine Stromleitung pinkelt, kriegt einen gewischt«).

> **Beispiel:**
> Ein Arbeitskollege macht sich – vor Mitarbeitern und Kunden – zum wiederholten Male mit dämlichen Bemerkungen über eine Arbeitskollegin lustig.
> Auf diesen Angriff könnte die Kollegin mit der für alle hörbaren Aussage reagieren: »Na mein Dickerchen (oder: mein kleiner Fettwanst oder ...), was willst Du mir jetzt sagen ...«
> Noch wirksamer wäre eine für alle hörbare Aussage: »Bevor Du mit mir redest, solltest Du Dir erst mal die Zähne putzen ...« (diese Aussage tut jedem weh, selbst wenn er tatsächlich keinen Mundgeruch hat ...)

Nochmal: es geht nicht darum, widerwärtiges Mobbing mit Gleichem zu vergelten.
Es geht darum, den mobbenden Arbeits-»Kollegen« zu veranlassen, sein schädliches Tun zu beenden. Es ist ein berechtigter Akt der Notwehr. Der Mobber muss damit rechnen, dass jede seiner Attacken mit einer – wirksamen – Gegenattacke beantwortet wird. Das wird ihn – hoffentlich – veranlassen, sein Tun zu beenden.
Wichtig ist: es muss sich um eine Gegenattacke handeln, die wirklich wirksam ist. Das sind nur solche, die auf eine (Selbstbewusstseins-)Schwäche des Mobbers abzielen. Unwirksam dagegen ist meist, den Mobber zu beschimpfen oder ihn zu bitten, sein Tun zu beenden. Im Gegenteil: solche (verzweifelten) Reaktionen bestärken ihn in dem Gefühl, der Überlegene zu sein. Und er wird weitermachen ...«
Buchempfehlung: Holger Wyrwa, »Mobbt die Mobber! So setzen Sie sich gekonnt zur Wehr«, Goldmann Taschenbuch 2006.
Mobbing-Beratung »Internetadressen«:
- Bürger- und Service-Center der Landesregierung Nordrhein-Westfalen – C@ll NRW: telefonischer Sofortkontakt 0180 3100 110, Internet: *http://www.c@ll-nrw.de*.
- http://www.mobbing-abwehr.de/
- http://www.gesuenderarbeiten.de/
- http://www.mobbing-net.de/

Arbeitshilfen

Übersicht
- Leitsätze aus der Entscheidung des Thüringer Landesarbeitsgerichts v. 15. 2. 2001 – 5 Sa 102/00

Übersicht: Leitsätze aus der Entscheidung des Thüringer Landesarbeitsgerichts v. 15. 2. 2001 – 5 Sa 102/00, AuR 2002, 226 = DB 2001, 1783

1. Der Staat, der Mobbing in seinen Dienststellen und in der Privatwirtschaft zulässt oder nicht ausreichend sanktioniert, kann sein humanitäres Wertesystem nicht glaubwürdig an seine Bürger vermitteln und gibt damit dieses Wertesystem langfristig dem Verfall preis. Entsprechend dem Verfassungsauftrag des Art. 1 Abs. 1 GG muss die Rechtsprechung in Ermangelung einer speziellen gesetzlichen Regelung, in Verantwortung gegenüber dem Bestandsschutz der verfassungsmäßigen Wertordnung und zur Gewährleistung der physischen und psychischen Unversehrtheit der im Arbeitsleben stehenden Bürger gegenüber Mobbing ein klares Stopp-Signal setzen.
2. Auch die Arbeitnehmer sind in der Konsequenz des von der Verfassung vorgegebenen humanitären Wertesystems verpflichtet, das durch Art. 1 und 2 GG geschützte Recht auf Achtung der Würde und der

Mobbing

freien Entfaltung der Persönlichkeit der anderen bei ihrem Arbeitgeber beschäftigten Arbeitnehmer nicht durch Eingriffe in deren Persönlichkeits- und Freiheitssphäre zu verletzen.

3. Zur Achtung der Persönlichkeitsrechte der Arbeitskollegen/-innen sind die Arbeitnehmer eines Betriebs unabhängig von den Ausstrahlungen der Verfassung auf die zwischen den Bürgern bestehenden Rechtsverhältnisse auch deshalb verpflichtet, weil sie dem Arbeitgeber keinen Schaden zufügen dürfen.

4. Aufgrund von Mobbinghandlungen kann ein solcher Schaden für den Arbeitgeber u. a. deshalb entstehen, weil für den von dem Mobbing betroffenen Arbeitnehmer abhängig von den Umständen des Einzelfalles nach § 273 Abs. 1 BGB die Ausübung eines Zurückbehaltungsrechts an seiner Arbeitsleistung, die Ausübung des Rechts zur außerordentlichen Kündigung mit anschließendem Schadensersatzanspruch nach § 628 Abs. 2 BGB, unabhängig von der Ausübung eines solchen Kündigungsrechts die Inanspruchnahme des Arbeitgebers auf Schadensersatz wegen dessen eigener Verletzung von Organisations- und Schutzpflichten (positive Vertragsverletzung, § 823 Abs. 1 BGB) oder nach den hierfür einschlägigen Zurechnungsnormen des Zivilrechts (§§ 278, 831 BGB) für das Handeln des Mobbingtäters in Betracht kommen und bei Vorliegen der Zurechnungsvoraussetzungen des § 831 BGB grundsätzlich auch Schmerzensgeldansprüche gegen den Arbeitgeber gerichtet werden können.

5. Das so genannte Mobbing kann auch ohne Abmahnung und unabhängig davon, ob es in diesem Zusammenhang zu einer Störung des Betriebsfriedens gekommen ist, die außerordentliche Kündigung eines Arbeitsverhältnisses rechtfertigen, wenn dadurch das allgemeine Persönlichkeitsrecht, die Ehre oder die Gesundheit des Mobbingopfers in schwerwiegender Weise verletzt werden. Je intensiver das Mobbing erfolgt, umso schwerwiegender und nachhaltiger wird die Vertrauensgrundlage für die Fortführung des Arbeitsverhältnisses gestört. Muss der Mobbingtäter erkennen, dass das Mobbing zu einer Erkrankung des Opfers geführt hat, und setzt dieser ungeachtet dessen das Mobbing fort, dann kann für eine auch nur vorübergehende Weiterbeschäftigung des Täters regelmäßig kein Raum mehr bestehen.

6. Für die Einhaltung der für den Ausspruch einer außerordentlichen Kündigung bestehenden zweiwöchigen Ausschlussfrist des § 626 Abs. 2 BGB kommt es bei einer mobbingbedingten außerordentlichen Kündigung entscheidend auf die Kenntnis desjenigen Ereignisses an, welches das letzte, den Kündigungsentschluss auslösende Glied in der Kette vorangegangener weiterer, in Fortsetzungszusammenhang stehender Pflichtverletzungen bildet.

7. Die juristische Bedeutung der durch den Begriff »Mobbing« gekennzeichneten Sachverhalte besteht darin, der Rechtsanwendung Verhaltensweisen zugänglich zu machen, die bei isolierter Betrachtung der einzelnen Handlung die tatbestandlichen Voraussetzungen von Anspruchs-, Gestaltungs- und Abwehrrechten nicht oder nicht in einem der Tragweite des Falles angemessenen Umfang erfüllen können. Wenn hinreichende Anhaltspunkte für einen Mobbingkomplex vorliegen, ist es zur Vermeidung von Fehlentscheidungen erforderlich, diese in die rechtliche Würdigung mit einzubeziehen. Kündigungsrechtlich bedeutet dies, dass die das Mobbing verkörpernde Gesamtheit persönlichkeitsschädigender Handlungen als Bestandteil einer einheitlichen Arbeitsvertragsstörung sowohl den sachangemessenen Anknüpfungspunkt und Grund für den Ausspruch einer Kündigung als auch die Grundlage für deren gerichtliche Überprüfung bildet.

8. Da es aus rechtlicher Sicht bei Mobbing um die Verletzung des allgemeinen Persönlichkeitsrechts und/oder der Ehre und/oder der Gesundheit geht und die in Betracht kommenden Rechtsfolgen das Vorliegen eines bestimmten medizinischen Befundes nicht in jedem Fall voraussetzen, ist jedenfalls für die juristische Sichtweise nicht unbedingt eine bestimmte Mindestlaufzeit oder wöchentliche Mindestfrequenz der Mobbinghandlungen erforderlich.

9. Unabhängig davon, ob es bei der gerichtlichen Prüfung um eine Kündigung, Abwehr- oder Schadensersatzansprüche geht, kann allerdings das Vorliegen eines »mobbingtypischen« medizinischen Befunds erhebliche Auswirkungen auf die Beweislage haben: Wenn eine Konnexität zu den behaupteten Mobbinghandlungen feststellbar ist, muss das Vorliegen eines solchen Befunds als ein wichtiges Indiz für die Richtigkeit dieser Behauptungen angesehen werden. Die jeweilige Ausprägung eines solchen Befunds kann ebenso wie eine »mobbingtypische« Suizidreaktion des Opfers im Einzelfall darüber hinaus Rückschlüsse auf die Intensität zulassen, in welcher der Täter das Mobbing betrieben hat. Wenn eine Konnexität zu feststehenden Mobbinghandlungen vorliegt, dann besteht eine von der für diese Handlungen verantwortlichen natürlichen oder juristischen Person zu widerlegende tatsächliche Vermutung, dass diese Handlungen den Schaden verursacht haben, den die in dem medizinischen Befund attestierte Gesundheitsverletzung oder die Suizidreaktion des Opfers zur Folge hat.

10. Das Prinzip der Rechtsstaatlichkeit (Art. 20 Abs. 3 GG) und die Wahrung des Rechtsfriedens erfordern für die Durchführung von Gerichtsverfahren Regeln, die unabhängig von der Komplexität von Sachverhalten und ohne Ansehen der für die Justiz durch das Verfahren entstehenden Belastungen der Durchsetzung des materiellen Rechts und damit der Gerechtigkeit Geltung verschaffen. Bei einem sich über einen unbestimmten Zeitraum erstreckenden Geschehen, wie es z. B. bei Mobbing der Fall ist, kann von dem Betroffenen nicht ohne weiteres erwartet werden, dass er ohne Rückgriff auf gegebenenfalls tagebuchartig zu führende Aufzeichnungen zu einer vollständigen und damit wahrheitsgemäßen Aussage in der Lage ist, sei es, dass er als Partei in einem von ihm selbst betriebenen Mobbingschutzprozess nach § 141 ZPO angehört oder nach § 448 ZPO vernommen wird, oder sei es, dass er als Zeuge in einem den Täter des Mobbings betreffenden Kündigungsschutzprozess aussagen muss. Bei der Aussage über länger zurückliegende Ereignisse kann deshalb ein Zeuge oder eine Partei auf seine bzw. ihre im unmittelbaren zeitlichen Zusammenhang mit diesen Ereignissen zur Gedächtnisstütze gefertigten Notizen und erst recht auf eine zu diesem Zweck gefertigte eidesstattliche Versicherung Bezug nehmen, wenn die Nichtgestattung der Bezugnahme auf eine Verhinderung der Beweisführung hinausliefe und diese Schriftstücke zu den Akten gereicht werden oder sich bereits dort befinden. Zur Ausschließung der schriftlichen Vorbereitung einer zum Zwecke der Wahrheitsverschleierung dienenden »Aussagekosmetik« oder von dritter Seite vorformulierter Aussagen muss allerdings die vorzunehmende Glaubwürdigkeitsprüfung einem besonders strengen Maßstab unterworfen werden. Dabei kommt es insbesondere auf die Umstände des Zustandekommens der schriftlichen Aufzeichnungen an, die gegebenenfalls durch gerichtliche Rückfragen und Vorhaltungen überprüft werden müssen.

Rechtsprechung

1. Begriff des Mobbing – Pflichten des Arbeitgebers – Unterlassungsanspruch – Einstweilige Verfügung
2. Kündigung wegen Mobbing
3. Anspruch des Arbeitnehmers gegen den Arbeitgeber auf Maßnahmen gegen Mobbing – Ermessen des Arbeitgebers bei der Konfliktlösung
4. Zurückbehaltungsrecht wegen Mobbing?
5. Benachteiligungsverbot (AGG) – Anspruch auf Entschädigung und Schadensersatz (§ 15 AGG) – Beweislast (§ 22 AGG)
6. Schadensersatz- und Schmerzensgeldanspruch wegen Mobbing – Ausschlussfrist – Verwirkung
7. Amtshaftung wegen Mobbings
8. Schulung nach § 37 Abs. 6 BetrVG zum Thema »Mobbing«
9. Einigungsstelle nach § 87 Abs. 1 Nr. 1 BetrVG zur Regelung des Themas »Mobbing«?
10. Einigungsstelle nach § 85 Abs. 2 BetrVG: Beschwerde wegen »Mobbing«

Mutterschutz

Grundlagen

1 Werdende oder stillende Mütter stehen unter dem besonderen Schutz des **Mutterschutzgesetzes (MuSchG)**.

1a Ziel des Gesetzes ist, »den Widerstreit zwischen den Aufgaben der Frau als Mutter und ihrer Stellung im Berufsleben als Arbeitnehmerin im Interesse der Gesunderhaltung von Mutter und Kind auszugleichen« (vgl. BVerfG v. 23.4.1974 – 1 BvL 19/73, NJW 1974, 1461; 16.11.1984 – 1 BvR 142/84).
Das Mutterschutzgesetz wurde mit Gesetz vom 16.6.2002 (BGBl. I S. 1812) in einigen Vorschriften (insbesondere §§ 6 Abs. 1, 11 Abs. 2 Satz 3, 13 Abs. 3, 14 Abs. 2, 17 MuSchG) **geändert**, insbesondere mit dem Ziel, einige Vorgaben der europäischen Mutterschutzrichtlinie 92/85/EWG vom 19.10.1992 umzusetzen und die Gesetzeslage an die Rechtsprechung des BAG zu einigen Streitfragen anzupassen. Das Mutterschutzgesetz wurde mit Gesetz vom 20.6.2002 (BGBl. I S. 2318) neu bekannt gemacht. Es wurde zuletzt geändert durch Gesetz vom 23.10.2012 (BGBl. I Nr. 51 S. 2246).

2 Durch die **Verordnung zum Schutz der Mutter am Arbeitsplatz (MuSchArbV)** vom 15.4.1997 (BGBl. I S. 782) – zuletzt geändert durch Verordnung vom 26.11.2010 (BGBl. I S. 1643) – werden besondere Pflichten des Arbeitgebers geregelt, u. a.
- zur Beurteilung der Arbeitsbedingungen (§ 1),
- Unterrichtungspflichten (§ 2),
- zur mutterschutzgerechten Gestaltung der Arbeitsbedingungen / Durchführung der erforderlichen Maßnahmen (§ 3).

Des Weiteren enthält die Verordnung
- Beschäftigungsverbote und -beschränkungen (§§ 4 und 5) sowie
- Bestimmungen zu Straftaten und Ordnungswidrigkeiten (§ 6).

Die Verordnung dient der Umsetzung der Richtlinie 92/85/EWG des Rates vom 19.10.1992.

2a Im **Koalitionsvertrag von CDU/CSU/SPD 2013** heißt es auf S. 102:
»Mutterschutzgesetz:
Eine Reform des Mutterschutzgesetzes wird erarbeitet. Unser Ziel heißt umfassender Schutz, mehr Transparenz und weniger Bürokratie. Dazu bedarf es einer Anpassung der mutterschutzrechtlichen Regelungen an den neuesten Stand der Erkenntnisse über Gefährdungen für Schwangere und stillende Mütter am Arbeitsplatz.
Wir wollen gemeinsam nach Lösungen suchen, um die ergänzenden finanziellen Hilfen der Bundesstiftung Mutter und Kind vor Pfändung auf den Konten der Hilfeempfängerinnen zu schützen, damit die Mittel ihre beabsichtigte Wirkung entfalten können.«

3 Nachstehend wird ein **Überblick** über die wichtigsten Regelungen des Mutterschutzgesetzes gegeben.

4 Wer eine werdende oder stillende Mutter beschäftigt, hat bei der Einrichtung und der Unterhaltung des Arbeitsplatzes einschließlich der Maschinen, Werkzeuge und Geräte und bei der Regelung der Beschäftigung die erforderlichen Vorkehrungen und Maßnahmen zum **Schutze**

Mutterschutz

von **Leben und Gesundheit** der werdenden oder stillenden Mutter zu treffen (§ 2 Abs. 1 MuSchG).
Ist eine werdende oder stillende Mutter mit Arbeiten beschäftigt, bei denen sie ständig stehen oder gehen muss, ist für sie eine **Sitzgelegenheit** zum kurzen **Ausruhen** bereitzustellen (§ 2 Abs. 1 MuSchG).
Umgekehrt muss einer werdenden oder stillenden Mutter bei Arbeiten, bei denen sie ständig sitzen muss, Gelegenheit zu kurzen **Unterbrechungen** ihrer Arbeit gegeben werden (§ 2 Abs. 1 MuSchG).

Ärztliches Beschäftigungsverbot während der Schwangerschaft (§ 3 Abs. 1 MuSchG)

Werdende Mütter dürfen nicht beschäftigt werden, soweit nach ärztlichem Zeugnis Leben oder Gesundheit von Mutter oder Kind bei Fortdauer der Beschäftigung gefährdet ist. 5

Beschäftigungsverbot *vor* der Entbindung (§ 3 Abs. 2 MuSchG)

Werdende Mütter (Schwangere) dürfen in den letzten **sechs Wochen** vor dem errechneten 6
Entbindungstermin nicht beschäftigt werden, es sei denn, dass sie sich zur Arbeitsleistung ausdrücklich bereit erklären; die Erklärung kann jederzeit widerrufen werden.
Zusammen mit der **Schutzfrist** des § 6 Abs. 1 MuSchG (8 Wochen; bei Früh- und Mehrlingsgeburten 12 Wochen) nach der Entbindung ergibt sich eine beschäftigungsfreie Zeit von 14 Wochen (bei Früh- und Mehrlingsgeburten 18 Wochen).
Der Arbeitgeber hat den **Beginn** der Schutzfrist auf der Grundlage des von der Schwangeren 7
vorzulegenden Attestes eines Arztes oder einer Hebamme (§ 5 Abs. 1 MuSchG) festzustellen (§ 5 Abs. 2 MuSchG).
Irrt sich der Arzt oder die Hebamme über den Zeitpunkt der Entbindung, führt das zu einer Verkürzung bzw. Verlängerung der Sechs-Wochen-Frist (§ 5 Abs. 2 Satz 2 MuSchG).
Im Falle der Verkürzung gilt aber die Regelung des § 6 Abs. 1 Satz 2 MuSchG: Bei **Frühgeburten** und sonstigen vorzeitigen Entbindungen verlängern sich die Fristen nach § 6 Abs. 1 Satz 1 MuSchG zusätzlich um den Zeitraum der Schutzfrist nach § 3 Abs. 2 MuSchG, der nicht in Anspruch genommen werden konnte (§ 6 Abs. 1 Satz 2 MuSchG; siehe Rn. 12 ff.).
Auf diese Weise wird in jedem Fall eine – durch Art. 8 der europäischen Mutterschutzrichtlinie 92/85/EWG vorgeschriebene – Gesamtdauer des Beschäftigungsverbots der §§ 3 Abs. 2 und 6 Abs. 1 MuSchG von 14 Wochen sichergestellt.

Weitere Beschäftigungsverbote (§ 4 MuSchG)

Werdende Mütter dürfen nicht mit **schweren körperlichen Arbeiten** und nicht mit Arbeiten, 8
bei denen sie **schädlichen Einwirkungen** von gesundheitsgefährdenden Stoffen oder Strahlen, von Staub, Gasen oder Dämpfen, von Hitze, Kälte oder Nässe, von Erschütterungen oder Lärm ausgesetzt sind (§ 4 Abs. 1 MuSchG).
Auch in den Fallgestaltungen des § 14 Abs. 2 MuSchG darf eine Beschäftigung werdender Mütter nicht stattfinden (z. B. keine Arbeiten, bei denen regelmäßig Lasten von mehr als fünf Kilogramm von Hand gehoben, bewegt oder befördert werden).
Akkordarbeit (siehe → **Arbeitsentgelt** Rn. 15 ff.) und ähnliche Arbeiten, bei denen durch ein 9
gesteigertes Arbeitstempo ein höheres Entgelt erzielt werden kann (z. B. Prämienarbeit mit der Bezugsgröße »Arbeitstempo«) sind ebenso verboten wie **Fließarbeit** mit vorgeschriebenem Arbeitstempo (§ 14 Abs. 3 Satz 1 MuSchG).
Die **Aufsichtsbehörde** kann allerdings Ausnahmen bewilligen (§ 14 Abs. 3 Satz 2 MuSchG).

Mutterschutz

Mitteilungspflichten; ärztliches Zeugnis (§ 5 MuSchG)

10 Werdende Mütter sollen dem Arbeitgeber ihre Schwangerschaft und den mutmaßlichen Tag der Entbindung mitteilen, sobald ihnen ihr Zustand bekannt ist (§ 5 MuSchG).
Auf **Verlangen** des Arbeitgebers sollen sie das Zeugnis eines Arztes oder einer Hebamme vorlegen.
Der Arbeitgeber hat die **Aufsichtsbehörde** unverzüglich von der Mitteilung der werdenden Mutter zu benachrichtigen.
Er darf die Mitteilung der werdenden Mutter Dritten nicht unbefugt bekannt geben.

Beschäftigungsverbote *nach* der Entbindung (§ 6 MuSchG)

11 Mütter dürfen bis zum Ablauf von acht Wochen nach der Entbindung nicht beschäftigt werden (§ 6 Abs. 1 Satz 1 MuSchG).
Für Mütter nach Früh- und Mehrlingsgeburten verlängert sich diese Frist auf **zwölf Wochen**, bei **Frühgeburten** und sonstigen vorzeitigen Entbindungen (eingeführt durch Gesetz v. 16. 6. 2002 [BGBl. I S. 1812]) zusätzlich um den Zeitraum, der nach § 3 Abs. 2 MuSchG nicht in Anspruch genommen werden konnte.
Beim **Tode ihres Kindes** kann die Mutter auf ihr ausdrückliches Verlangen schon vor Ablauf dieser Fristen wieder beschäftigt werden, wenn nach ärztlichem Zeugnis nichts dagegen spricht. Sie kann ihre Erklärung jederzeit **widerrufen**.

12 Frauen, die in den ersten Monaten nach der Entbindung nach ärztlichem Zeugnis **nicht voll leistungsfähig** sind, dürfen nicht zu einer ihre Leistungsfähigkeit übersteigenden Arbeit herangezogen werden (§ 6 Abs. 2 MuSchG).

13 **Stillende Mütter** dürfen mit den in § 4 Abs. 1 und Abs. 2 Nr. 1, 3, 4, 5, 6 und 8 MuSchG sowie mit den in § 4 Abs. 3 Satz 1 MuSchG genannten Arbeiten nicht beschäftigt werden (§ 6 Abs. 2 MuSchG).
Die Vorschriften des § 4 Abs. 3 Satz 2 und 3 sowie Abs. 5 MuSchG gelten entsprechend.

Stillzeit (§ 7 MuSchG)

14 Stillenden Müttern ist auf ihr **Verlangen** die zum Stillen erforderliche Zeit, mindestens aber zweimal täglich eine halbe Stunde oder einmal täglich eine Stunde freizugeben (§ 7 Abs. 1 MuSchG).
Bei einer zusammenhängenden Arbeitszeit von mehr als acht Stunden soll auf Verlangen **zweimal** eine Stillzeit von mindestens fünfundvierzig Minuten oder, wenn in der Nähe der Arbeitsstätte keine Stillgelegenheit vorhanden ist, einmal eine Stillzeit von mindestens neunzig Minuten gewährt werden.
Die Arbeitszeit gilt als zusammenhängend, soweit sie nicht durch eine Ruhepause von mindestens zwei Stunden unterbrochen wird.

15 Durch die Gewährung der Stillzeit darf ein **Verdienstausfall** nicht eintreten (§ 7 Abs. 1 MuSchG).
Die Stillzeit darf von stillenden Müttern **nicht vor- oder nachgearbeitet** und nicht auf die in dem Arbeitszeitgesetz oder in anderen Vorschriften festgesetzten **Ruhepausen angerechnet** werden.

Mutterschutz

Mehrarbeit, Nacht- und Sonntagsarbeit (§ 8 MuSchG)

Werdende und stillende Mütter dürfen nicht mit Mehrarbeit (siehe → **Überstunden**) beschäftigt werden (§ 8 Abs. 1 MuSchG). 16
Mehrarbeit ist jede Arbeit, die
- von Frauen unter 18 Jahren über 8 Stunden täglich oder 80 Stunden in der Doppelwoche,
- von sonstigen Frauen über 8½ Stunden täglich oder 90 Stunden in der Doppelwoche

hinaus geleistet wird. In die Doppelwoche werden die **Sonntage** eingerechnet.
Werdende und stillende Mütter dürfen nicht in der **Nacht zwischen 20 und 6 Uhr** beschäftigt werden (§ 8 Abs. 1 MuSchG). 17
Abweichend hiervon dürfen nach § 8 Abs. 3 MuSchG werdende Mütter in den ersten vier Monaten der Schwangerschaft und stillende Mütter beschäftigt werden
- in Gast- und Schankwirtschaften und im übrigen Beherbergungswesen bis 22 Uhr,
- in der Landwirtschaft mit dem Melken von Vieh ab 5 Uhr,
- als Künstlerinnen bei Musikaufführungen, Theatervorstellungen und ähnlichen Aufführungen bis 23 Uhr.

Werdende und stillende Mütter dürfen nicht an **Sonn- und Feiertagen** beschäftigt werden (§ 8 Abs. 1 MuSchG). Abweichend hiervon dürfen werdende und stillende Mütter im Verkehrswesen, in Gast- und Schankwirtschaften und im übrigen Beherbergungswesen, im Familienhaushalt, in Krankenpflege- und in Badeanstalten, bei Musikaufführungen, Theatervorstellungen, anderen Schaustellungen, Darbietungen oder Lustbarkeiten an Sonn- und Feiertagen beschäftigt werden, wenn ihnen in jeder Woche einmal eine ununterbrochene **Ruhezeit von mindestens 24 Stunden** im Anschluss an eine Nachtruhe gewährt wird (§ 8 Abs. 4 MuSchG). 18
An in → **Heimarbeit** Beschäftigte und ihnen Gleichgestellte, die werdende oder stillende Mütter sind, darf Heimarbeit nur in solchem Umfang und mit solchen Fertigungsfristen ausgegeben werden, dass sie von der werdenden Mutter voraussichtlich während einer achtstündigen Tagesarbeitszeit, von den stillenden Müttern voraussichtlich während einer 7 ¼-stündigen Tagesarbeitszeit an Werktagen ausgeführt werden kann (§ 8 Abs. 5 MuSchG). 19
Die **Aufsichtsbehörde** kann in Einzelfällen nähere Bestimmungen über die Arbeitsmenge treffen; falls ein Heimarbeitsausschuss besteht, hat sie diesen vorher zu hören.
Die Aufsichtsbehörde kann in begründeten Einzelfällen **Ausnahmen** von den vorstehenden Regelungen zulassen (§ 8 Abs. 6 MuSchG). 20

Kündigungsschutz (§ 9 MuSchG)

Die Kündigung gegenüber einer Frau während der Schwangerschaft und bis zum Ablauf von vier Monaten nach der Entbindung ist unzulässig und unwirksam, wenn dem Arbeitgeber zur Zeit der Kündigung die Schwangerschaft oder Entbindung **bekannt** war oder innerhalb zweier Wochen nach Zugang der Kündigung **mitgeteilt wird** (§ 9 Abs. 1 Satz 1 erster Halbsatz MuSchG). 21
Im Fall einer Schwangerschaft nach einer **Befruchtung außerhalb des Körpers (In-vitro-Fertilisation)** greift das mutterschutzrechtliche Kündigungsverbot bereits ab dem Zeitpunkt der Einsetzung der befruchteten Eizelle (sog. Embryonentransfer) und nicht erst mit ihrer erfolgreichen Einnistung (Nidation; BAG v. 26. 3. 2015 – 2 AZR 237/14).
Der Kündigungsschutz besteht unabhängig davon, ob die Arbeitnehmerin bei Kündigungszugang **Kenntnis** von ihrer Schwangerschaft hatte.
Das Überschreiten der Zwei-Wochen-Frist ist unschädlich, wenn es auf einem von der Frau nicht zu vertretenden Grund beruht und die Mitteilung unverzüglich **nachgeholt** wird (§ 9 Abs. 1 Satz 1 zweiter Halbsatz MuSchG).
Geht einer schwangeren Arbeitnehmerin während ihres **Urlaubs** eine Kündigung zu und teilt

Mutterschutz

sie dem Arbeitgeber unverzüglich nach Rückkehr aus dem Urlaub ihre Schwangerschaft mit, so ist die Überschreitung der Zwei-Wochen-Frist nicht allein deshalb als verschuldet anzusehen, weil die Arbeitnehmerin es unterlassen hat, dem Arbeitgeber ihre Schwangerschaft vor Urlaubsantritt anzuzeigen (BAG v. 13. 6. 1996 – 2 AZR 736/95, NZA 1996, 1154).

22 Die für den Arbeitsschutz zuständige **oberste Landesbehörde** oder die von ihr bestimmte Stelle kann in besonderen Fällen, die nicht mit dem Zustand einer Frau während der Schwangerschaft oder ihrer Lage bis zum Ablauf von vier Monaten nach der Entbindung in Zusammenhang stehen, ausnahmsweise die **Kündigung für zulässig erklären** (§ 9 Abs. 3 Satz 1 MuSchG).

Die Kündigung bedarf der **schriftlichen Form** und sie muss den zulässigen Kündigungsgrund angeben (§ 9 Abs. 3 Satz 2 MuSchG).

Mit der Bekanntgabe der Zulässigerklärung an die Arbeitnehmerin beginnt nach § 4 Satz 4 KSchG die dreiwöchige **Klagefrist** des § 4 Satz 1 KSchG (siehe → **Kündigungsschutz** Rn. 26 ff.).

22a Der gesetzliche Unwirksamkeitsgrund des § 9 Abs. 1 Satz 1 MuSchG ist allerdings dann innerhalb der dreiwöchigen Klagefrist des § 4 Satz 1 KSchG durch Einreichung einer Kündigungsschutzklage beim → **Arbeitsgericht** geltend zu machen, wenn der Arbeitgeber zum Zeitpunkt des Zugangs der Kündigung **keine Kenntnis** von den den Sonderkündigungsschutz begründenden Tatsachen hat.

Dem Ablauf der Klagefrist steht § 4 Satz 4 KSchG in diesem Fall nicht entgegen (BAG v. 19. 2. 2009 – 2 AZR 286/07, NZA 2009, 980).

Die Kündigung einer schwangeren Arbeitnehmerin ist nach § 9 Abs. 1 Satz 1 MuSchG nämlich **ohne behördliche Zustimmung zulässig**, wenn dem Arbeitgeber die Schwangerschaft zum Zeitpunkt der Kündigung **nicht bekannt** war und sie ihm auch nicht später oder von der Arbeitnehmerin verschuldet verspätet nach Kündigungszugang mitgeteilt worden ist.

Um den Sonderkündigungsschutz zu erlangen, muss die Arbeitnehmerin den Arbeitgeber also nach Maßgabe des § 9 Abs. 1 Satz 1 MuSchG von der Schwangerschaft in Kenntnis setzen. Andernfalls sind die Voraussetzungen des Sonderkündigungsschutzes und damit die Notwendigkeit einer behördlichen Zustimmung zum Zeitpunkt des **Zugangs der Kündigung** nicht gegeben. Die Klagefrist nach § 4 Satz 1 KSchG wird in einem solchen Falle bereits mit dem Zugang der Kündigung bei der Arbeitnehmerin in Gang gesetzt.

Erlangt der Arbeitgeber erst nach Zugang der Kündigung Kenntnis von der Schwangerschaft der Arbeitnehmerin, ist § 4 Satz 4 KSchG nicht (mehr) anwendbar.

23 Geht die Zulässigerklärung der Behörde der Arbeitnehmerin vor Ausspruch der Kündigung zu, beginnt die Klagefrist mit Zugang der schriftlichen Kündigung.

24 Hat die Arbeitnehmerin von ihrer Schwangerschaft aus einem von ihr nicht zu vertretenden Grund erst nach Ablauf der Drei-Wochen-Frist des § 4 Satz 1 KSchG Kenntnis erlangt, so ist auf ihren Antrag die Klage **nachträglich zuzulassen** (§ 5 Abs. 1 Satz 2 KSchG).

25 Die für die Feststellung des besonderen Kündigungsschutzes notwendige Bestimmung des Beginns der Schwangerschaft erfolgt grundsätzlich durch **Rückrechnung um 280 Tage** von dem ärztlich festgestellten voraussichtlichen Entbindungstermin.

Die Schwangere genügt ihrer **Darlegungslast** für das Bestehen einer Schwangerschaft im Kündigungszeitpunkt zunächst durch Vorlage der ärztlichen Bescheinigung über den mutmaßlichen Tag der Entbindung, wenn der Zugang der Kündigung innerhalb von 280 Tagen vor diesem Termin liegt.

Der Arbeitgeber kann jedoch den **Beweiswert** der Bescheinigung erschüttern und Umstände darlegen und beweisen, aufgrund deren es der wissenschaftlich gesicherten Erkenntnis widersprechen würde, von einem Beginn der Schwangerschaft der Arbeitnehmerin vor Kündigungszugang auszugehen.

Mutterschutz

Die Arbeitnehmerin muss dann weiteren Beweis führen und ist ggf. gehalten, ihre Ärzte von der **Schweigepflicht zu entbinden** (BAG v. 7.5.1998 – 2 AZR 417/97, NZA 1998, 1049).
Die Kündigungsverbote nach § 9 Abs. 1 MuSchG und § 18 BEEG (siehe → **Elternzeit/Elterngeld**) bestehen nebeneinander, so dass der Arbeitgeber bei Vorliegen von **Mutterschaft** und zusätzlich **Elternzeit** für die Kündigung der Zulässigkeitserklärung der Arbeitsschutzbehörde nach beiden Vorschriften bedarf (BAG v. 31.3.1993 – 2 AZR 595/92, AuA 1994, 28).
Fehlt bei Ausspruch der Kündigung eine der beiden Erklärungen, ist die Kündigung nichtig.
In → **Heimarbeit** Beschäftigte und ihnen Gleichgestellte dürfen während der Schwangerschaft und bis zum Ablauf von vier Monaten nach der Entbindung nicht gegen ihren Willen bei der Ausgabe von Heimarbeit ausgeschlossen werden (§ 9 Abs. 4 MuSchG).
Die Vorschriften der §§ 3, 4, 6 und 8 Abs. 5 MuSchG bleiben unberührt.

26

27

Eigenkündigung während der Schwangerschaft und der Schutzfristen (§ 10 MuSchG)

Eine Frau kann während der Schwangerschaft und während der Schutzfrist nach der Entbindung (§ 6 Abs. 1 MuSchG) das Arbeitsverhältnis ohne Einhaltung einer Frist zum Ende der Schutzfrist nach der Entbindung kündigen (§ 10 Abs. 1 MuSchG).
Wird in einem solchen Fall die Frau innerhalb eines Jahres nach der Entbindung in ihrem bisherigen Betrieb **wieder eingestellt**, so gilt, soweit Rechte aus dem Arbeitsverhältnis von der Dauer der Betriebs- oder Berufszugehörigkeit oder von der Dauer der Beschäftigungs- oder Dienstzeit abhängen, das Arbeitsverhältnis als **nicht unterbrochen** (§ 10 Abs. 2 MuSchG).
Dies gilt nicht, wenn die Frau in der Zeit von der Auflösung des Arbeitsverhältnisses bis zur Wiedereinstellung bei einem anderen Arbeitgeber beschäftigt war.
Kündigt eine schwangere Frau, hat der Arbeitgeber die **Aufsichtsbehörde** unverzüglich zu benachrichtigen (§ 9 Abs. 2 i. V. m. § 5 Abs. 1 Satz 3 MuSchG).

28

29

Befristetes Probearbeitsverhältnis

Ein Arbeitgeber kann nach Grundsatz von **Treu und Glauben** (§ 242 BGB) ausnahmsweise verpflichtet sein, ein wirksam befristetes Probearbeitsverhältnis aus Gründen des **Vertrauensschutzes** als unbefristetes Arbeitsverhältnis fortzusetzen.
Dabei erhält der Vertrauensschutz ein besonderes Gewicht, wenn die **Nichtverlängerung** des Arbeitsverhältnisses im zeitlich unmittelbaren Zusammenhang mit der Anzeige der Arbeitnehmerin über den Eintritt einer Schwangerschaft steht.
Der Vertrauensschutz kann sich darauf gründen, dass der zunächst abgeschlossene Vertrag von seiner Ausgestaltung her bei Bewährung auf ein unbefristetes Arbeitsverhältnis zugeschnitten war und die Arbeitnehmerin anhand des ihr ausgestellten Zeugnisses mangelfreie Leistungen in der Probezeit nachweisen kann (LAG Hamm v. 6.6.1991 – 16 Sa 1558/90, BB 1991, 1865).

30

Arbeitsentgelt bei Beschäftigungsverboten (»Mutterschutzlohn«; § 11 MuSchG)

Soweit Frauen nicht Mutterschaftsgeld nach den Vorschriften der Reichsversicherungsordnung beziehen können, ist vom Arbeitgeber mindestens der Durchschnittsverdienst der letzten 13 Wochen oder der letzten drei Monate (sog. **Referenzzeitraum**) vor Beginn des Monats, in dem die Schwangerschaft eingetreten ist, weiter zu gewähren, wenn sie
- wegen eines Beschäftigungsverbots nach § 3 Abs. 1, §§ 4, 6 Abs. 2 oder 3 MuSchG oder
- wegen des Mehr-, Nacht- oder Sonntagsarbeitsverbots nach § 8 Abs. 1, 3 oder 5 MuSchG teilweise oder völlig **mit der Arbeit aussetzen** (§ 11 Abs. 1 Satz 1 MuSchG).

Dies gilt auch, wenn wegen dieser Verbote die Beschäftigung oder die Entlohnungsart wechselt.

31

Mutterschutz

Die **Berechnung** des durchschnittlichen täglichen Arbeitsverdienstes im 13-Wochenzeitraum bzw. 3-Monatszeitraum wird durch die Zahl der Arbeitstage beeinflusst, die in den Berechnungszeitraum fallen.
Wenn die Arbeitnehmerin im 13-wöchigen Berechnungszeitraum z. B. jeweils an **fünf Tagen in der Woche** gearbeitet hat, berechnet sich das auf einen Tag entfallende Durchschnittsentgelt wie folgt: Gesamtverdienst in den 13 Wochen geteilt durch (13 mal 5 Arbeitstage =) 65 Arbeitstage = durchschnittlicher Arbeitsverdienst pro Arbeitstag.

> **Beispiele:**
> Eine Arbeitnehmerin, die in der Fünf-Tage-Woche arbeitet, hat in den letzten 13 Wochen vor dem Schwangerschaftseintrittsmonat einen Gesamtverdienst von 9000 Euro erzielt. Ihr täglicher Entgeltanspruch mach § 11 MuSchG beträgt: 9000 Euro geteilt durch 65 Arbeitstage = 138,46 Euro.

Bei der **6-Tage-Woche** lautet die Berechnung: Gesamtverdienst in 13 Wochen geteilt durch (13 mal 6 Arbeitstage =) 78 Arbeitstage = durchschnittlicher Arbeitsverdienst pro Arbeitstag.

32 Wird das Arbeitsverhältnis erst nach Eintritt der Schwangerschaft begonnen, so ist der Durchschnittsverdienst aus dem Arbeitsentgelt der ersten 13 Wochen oder drei Monate der Beschäftigung zu berechnen (§ 11 Abs. 1 Satz 3 MuSchG).
Hat das Arbeitsverhältnis **kürzer** gedauert, so ist der kürzere Zeitraum der Berechnung zugrunde zu legen.
Zeiten, in denen kein Arbeitsentgelt erzielt wurde, bleiben nach § 11 Abs. 1 Satz 4 MuSchG außer Betracht (z. B. unbezahlter Sonderurlaub, Streik, Null-Kurzarbeit usw.).
Wenn beispielsweise im 13-Wochenzeitraum von den 65 Arbeitstagen (bei einer 5-Tage-Woche) zehn Arbeitstage ohne Anspruch auf Arbeitsentgelt waren, ist der im Berechnungszeitraum erzielte Gesamtverdienst nur durch 55 Arbeitstage zu teilen.

33 Bei **Verdiensterhöhungen** nicht nur vorübergehender Natur, die während oder nach Ablauf des Berechnungszeitraums eintreten, ist von dem erhöhten Verdienst auszugehen (§ 11 Abs. 2 Satz 1 MuSchG).
Tritt die Erhöhung während des Berechnungszeitraums ein, ist für den gesamten Berechnungszeitraum der erhöhte Verdienst zu Grunde zu legen (das Referenzprinzip wird hier ausnahmsweise zugunsten des Arbeitnehmers durch das **Entgeltausfallprinzip** abgelöst).
Bei einer Verdiensterhöhung nach Ablauf des Berechnungszeitraums ist das erhöhte Entgelt neu zu berechnen und ab dem Zeitpunkt der Erhöhung zu zahlen.

33a **Verdienstkürzungen**, die im Berechnungszeitraum infolge von Kurzarbeit, Arbeitsausfällen oder unverschuldeter Arbeitsversäumnis eintreten, bleiben für die Berechnung des Durchschnittsverdientes außer Betracht (§ 11 Abs. 2 Satz 2 MuSchG).
Zu berücksichtigen sind aber **dauerhafte** Verdienstkürzungen, die während oder nach Ablauf des Berechnungszeitraums eintreten und nicht auf einem mutterschutzrechtlichen Beschäftigungsverbot beruhen (§ 11 Abs. 2 Satz 3 MuSchG; eingefügt durch Gesetz vom 16. 6. 2002 [BGBl. I S. 1812]).
Allgemeine – auch für andere Arbeitnehmer geltende – Verdienstkürzungen, die während des Beschäftigungsverbots eintreten, aber ihre Ursache nicht in dem mutterschutzrechtlichen Beschäftigungsverbot haben, gehen damit auch zu Lasten der werdenden bzw. stillenden Mutter.

33b Zum Anspruch des Arbeitgebers auf **Erstattung** des nach § 11 MuSchG bei Beschäftigungsverboten gezahlten Arbeitsentgelts gemäß § 1 Abs. 2 des Gesetzes über den Ausgleich von Arbeitgeberaufwendungen für Entgeltfortzahlung (AAG) siehe Rn. 40.

Mutterschutz

Mutterschaftsgeld (§ 13 MuSchG)

Frauen, die Mitglied einer gesetzlichen Krankenkasse sind, erhalten für die Zeit der **Schutzfristen** des § 3 Abs. 2 und des § 6 Abs. 1 MuSchG (6 Wochen vor bis 8 Wochen nach der Geburt bzw. bei Früh- und Mehrlingsgeburten: 12 Wochen nach der Entbindung) sowie für den Entbindungstag von der Krankenkasse Mutterschaftsgeld nach § 24i SGB V (§ 13 Abs. 1 MuSchG). Die **Höhe** des Mutterschaftsgeldes richtet sich nach dem durchschnittlichen Arbeitsentgelt der letzten drei Monate bzw. 13 Wochen vor Beginn der gesetzlichen Schutzfristen. Es beträgt pro Kalendertag **höchstens 13 Euro** (§ 24 i Abs. 2 Satz 2 SGB V). Für Frauen, die nicht Mitglied einer gesetzlichen Krankenkasse sind, gilt § 13 Abs. 2 MuSchG. Sie erhalten Mutterschaftsgeld zulasten des Bundes in entsprechender Anwendung des § 24i SGB V, höchstens jedoch insgesamt 210 Euro. Das Mutterschaftsgeld wird auf Antrag vom Bundesversicherungsamt gezahlt. 34

Frauen, die während der Schutzfristen des § 3 Abs. 2 oder des § 6 Abs. 1 MuSchG von einem Beamten- in ein Arbeitsverhältnis **wechseln**, erhalten ab diesem Zeitpunkt an Mutterschaftsgeld entsprechend den Absätzen 1 und 2 des § 13 MuSchG (§ 13 Abs. 3 MuSchG; eingefügt durch Gesetz vom 16. 6. 2002 [BGBl. I S. 1812]). Damit haben diese Frauen auch Anspruch auf den **Zuschuss** zum Mutterschaftsgeld nach § 14 MuSchG. 35

Zuschuss zum Mutterschaftsgeld (§ 14 MuSchG)

Frauen, die Anspruch auf Mutterschaftsgeld haben (siehe Rn. 34, 35), erhalten für die Zeit der Schutzfristen des § 3 Abs. 2 und § 6 Abs. 1 MuSchG sowie für den Entbindungstag von ihrem Arbeitgeber einen **Zuschuss** in Höhe des **Unterschiedsbetrages** zwischen 13 Euro und dem um die gesetzlichen Abzüge verminderten durchschnittlichen kalendertäglichen Arbeitsentgelt (§ 14 Abs. 1 Satz 1 MuSchG). Zum Anspruch des Arbeitgebers auf **Erstattung** gemäß § 1 Abs. 2 Nr. 1 Gesetz über den Ausgleich von Arbeitgeberaufwendungen für Entgeltfortzahlung (AAG) siehe Rn. 40. 36

Das durchschnittliche kalendertägliche Arbeitsentgelt ist aus den letzten drei abgerechneten Kalendermonaten, bei wöchentlicher Abrechnung aus den letzten dreizehn abgerechneten Wochen vor Beginn der Schutzfrist nach § 3 Abs. 2 MuSchG zu berechnen. Nicht nur vorübergehende **Erhöhungen** des Arbeitsentgeltes, die während der Schutzfristen wirksam werden, sind ab diesem Zeitpunkt in die Berechnung einzubeziehen. **Einmalig gezahltes Arbeitsentgelt** (§ 23 a SGB IV) sowie Tage, an denen infolge von Kurzarbeit, Arbeitsausfällen oder unverschuldeter Arbeitsversäumnis kein oder ein vermindertes Arbeitsentgelt erzielt wurde, bleiben außer Betracht. Ist danach eine Berechnung nicht möglich, so ist das durchschnittliche kalendertägliche Arbeitsentgelt einer **gleichartig Beschäftigten** zugrunde zu legen. 37

Frauen, deren Arbeitsverhältnis während ihrer Schwangerschaft oder während der Schutzfrist des § 6 Abs. 1 MuSchG vom Arbeitgeber zulässig **aufgelöst** worden ist, erhalten den Zuschuss von der für die Zahlung des Mutterschaftsgeldes **zuständigen Stelle** (§ 14 Abs. 2 MuSchG). § 14 Abs. 2 MuSchG gilt für den Zuschuss des Bundes entsprechend, wenn der Arbeitgeber wegen eines **Insolvenzereignisses** im Sinne des § 183 Abs. 1 Satz 1 SGB III (siehe → **Insolvenzverfahren**) seinen Zuschuss nach Absatz 1 nicht zahlen kann (§ 14 Abs. 3 MuSchG; neu gefasst durch Gesetz vom 16. 6. 2002 [BGBl. I S. 1812]). 38

Der **Zuschuss entfällt** für die Zeit, in der Frauen die Elternzeit nach dem Bundeselterngeld- und Elternzeitgesetz (BEEG; siehe → Elterngeld/Elternzeit) in Anspruch nehmen oder in Anspruch genommen hätten, wenn deren Arbeitsverhältnis nicht während ihrer Schwanger- 39

Mutterschutz

schaft oder während der Schutzfrist des § 6 Abs. 1 MuSchG vom Arbeitgeber zulässig aufgelöst worden wäre (§ 14 Abs. 4 MuSchG).
Dies gilt nicht, soweit sie eine zulässige **Teilzeitarbeit** leisten.

40

Hinweis:
Das BVerfG hatte § 14 Abs. 1 Satz 1 MuSchG als **unvereinbar mit Art. 12 Abs. 1 GG** (Berufsfreiheit) erklärt und den Gesetzgeber verpflichtet, bis zum 31.12.2005 eine verfassungsmäßige Regelung zu treffen (BVerfG v. 18.11.2003 – 1 BvR 302/96, NZA 2004, 33). Die Verpflichtung des Arbeitgebers zur Zahlung eines Zuschusses zum Mutterschaftsgeld sei zwar grundsätzlich mit der Berufsfreiheit vereinbar. In ihrer (damaligen) **Ausgestaltung** durch § 10 Abs. 1 des »alten« Lohnfortzahlungsgesetzes leiste sie jedoch im Widerspruch zu Art. 3 Abs. 2 GG einer Diskriminierung von Frauen im Arbeitsleben Vorschub und stelle deshalb keine verfassungsmäßige Beschränkung der Berufsfreiheit dar. Das Gericht hatte beanstandet, dass nach damaliger Gesetzeslage (§ 10 Abs. 1 Lohnfortzahlungsgesetz) nur Kleinunternehmen mit nicht mehr als zwanzig Arbeitnehmern Anspruch gegen die Krankenkassen auf Erstattung des gezahlten Zuschusses zum Mutterschaftsgeld hatten. Größeren Unternehmen stand ein solcher Anspruch nicht zu. Dadurch würde – so das BVerfG – das Gleichberechtigungsgebot des Art. 3 Abs. 2 GG verletzt.

Das Problem ist durch eine **gesetzliche Neuregelung** gelöst worden. § 10 Lohnfortzahlungsgesetz wurde ersetzt durch das Gesetz über den Ausgleich von Arbeitgeberaufwendungen für Entgeltfortzahlung (AAG) vom 22.12.2005 (BGBl. I S. 3686).
Nach § 1 Abs. 2 AAG **erstatten** die Krankenkassen (mit Ausnahme der landwirtschaftlichen Krankenkasse) allen Arbeitgebern aller Größenordnungen im sog. U2-Verfahren in vollem Umfang
- den vom Arbeitgeber nach § 14 Abs. 1 MuSchG gezahlten **Zuschuss zum Mutterschaftsgeld** (siehe Rn. 36 ff.),
- das vom Arbeitgeber nach § 11 MuSchG bei **Beschäftigungsverboten** gezahlte **Arbeitsentgelt** (siehe Rn. 31 ff.) und die darauf entfallenden von den Arbeitgebern zu tragenden Beiträge zur Bundesagentur für Arbeit und die **Arbeitgeberanteile** an Beiträgen zur gesetzlichen Kranken- und Rentenversicherung, zur sozialen Pflegeversicherung und die Arbeitgeberzuschüsse nach § 172 a SGB VI sowie der Beitragszuschüsse nach § 257 SGB V und nach § 61 SGB XI.

Am Ausgleich der Arbeitgeberaufwendungen nach § 1 Abs. 1 AAG (U1-Verfahren) und § 1 Abs. 2 AAG (U2-Verfahren) nehmen auch die Arbeitgeber teil, die nur Auszubildende beschäftigen (§ 1 Abs. 3 AAG).
Die zur Durchführung der U1- und U2-Verfahren erforderlichen Mittel werden von den am Ausgleich beteiligten Arbeitgeber durch **Umlagen** aufgebracht (§ 7 AAG).

40a

Hinweis:
Nach § 1 Abs. 1 AAG erstatten die Krankenkassen (mit Ausnahme der landwirtschaftlichen Krankenkasse) den Arbeitgebern, die in der Regel ausschließlich der zu ihrer Berufsausbildung Beschäftigten nicht mehr als 30 Arbeitnehmer und Arbeitnehmerinnen beschäftigen, 80 Prozent des für den in § 3 Abs. 1 und 2 und den in § 9 Abs. 1 EFZG bezeichneten Zeitraum an Arbeitnehmer und Arbeitnehmerinnen **fortgezahlten Arbeitsentgelts** sowie die darauf entfallenden von den Arbeitgebern zu tragenden Beiträge zur Bundesagentur für Arbeit und die **Arbeitgeberanteile** an Beiträgen zur gesetzlichen Kranken- und Rentenversicherung, zur sozialen Pflegeversicherung und die Arbeitgeberzuschüsse nach § 172 a SGB VI sowie der Beitragszuschüsse nach § 257 SGB V und nach § 61 SGB XI.

Siehe auch → **Entgeltfortzahlung im Krankheitsfall und bei Vorsorge/Rehabilitation** Rn. 37.

Sonstige Leistungen bei Schwangerschaft und Mutterschaft (§ 15 MuSchG)

Frauen, die in der gesetzlichen Krankenversicherung versichert sind, erhalten gem. § 15 MuSchG i. V. m. §§ 24 c bis h SGB V auch die folgenden **Leistungen** bei Schwangerschaft und Mutterschaft:
- ärztliche Betreuung und Hebammenhilfe,
- Versorgung mit Arznei-, Verband-, Heil- und Hilfsmitteln,
- Entbindung,
- häusliche Pflege,
- Haushaltshilfe.

41

Freistellung für Untersuchungen (§ 16 MuSchG)

Der Arbeitgeber hat der Frau die Zeit freizustellen, die zur Durchführung der **Untersuchungen** im Rahmen der Leistungen der gesetzlichen Krankenversicherung bei Schwangerschaft und Mutterschaft erforderlich ist.
Entsprechendes gilt zugunsten der Frau, die nicht in der gesetzlichen Krankenversicherung versichert ist. Ein Entgeltausfall darf hierdurch nicht eintreten.

42

Beschäftigungsverbot und Erholungsurlaub (§ 17 MuSchG)

Für den Anspruch auf bezahlten → **Urlaub** und dessen Dauer gelten die Ausfallzeiten wegen mutterschutzrechtlicher **Beschäftigungsverbote** als Beschäftigungszeiten (§ 17 Satz 1 MuSchG; eingefügt durch Gesetz vom 16. 6. 2002 [BGBl. I S. 1812]).
Das bedeutet z. B., dass Anspruch auf Erholungsurlaub nach Ablauf der sechsmonatigen Wartezeit auch dann entsteht, wenn die Arbeitnehmerin wegen eines Beschäftigungsverbots nicht gearbeitet hat. Auch eine Anrechnung der mutterschutzrechtlichen Ausfallzeiten auf den Urlaub ist unzulässig.

43

Hat die Frau ihren Urlaub vor Beginn der Beschäftigungsverbote nicht oder nicht vollständig erhalten, so kann sie nach Ablauf der Fristen den **Resturlaub** im laufenden oder im nächsten Urlaubsjahr beanspruchen (§ 17 Satz 2 MuSchG; eingefügt durch Gesetz vom 16. 6. 2002 [BGBl. I S. 1812]).

44

Ordnungswidrigkeiten, Straftaten (§ 21 MuSchG)

Nach § 21 Abs. 1 MuSchG begeht eine Ordnungswidrigkeit, wer gegen die in der Vorschrift genannten Bestimmungen verstößt. Die Ordnungswidrigkeit kann mit einer **Geldbuße** geahndet werden (§ 21 Abs. 2 MuSchG).
In den Fällen des § 21 Abs. 3 und 4 MuSchG kann Geld- oder Freiheitsstrafe verhängt werden.

45

Weitere Straf- und Ordnungswidrigkeitentatbestände sieht § 6 der Verordnung zum Schutz der Mutter am Arbeitsplatz (MuSchArbV) vor (siehe Rn. 2).

46

Bedeutung für die Betriebsratsarbeit

Zunächst hat der Betriebsrat die Aufgabe, dafür zu sorgen, dass die Arbeitnehmerinnen über ihre Rechte nach dem Mutterschutzgesetz informiert werden, und darüber zu wachen, dass die Bestimmungen des Gesetzes durchgeführt werden (§ 80 Abs. 1 Nr. 1 BetrVG).
Des Weiteren hat er die Aufgabe, dem Arbeitgeber **Vorschläge**

47

Mutterschutz

- im Sinne einer Förderung der Gleichstellung von Frauen und Männern (§ 80 Abs. 1 Nr. 2 a BetrVG) und
- der Vereinbarkeit von Familie und Erwerbstätigkeit (§ 80 Abs. 1 Nr. 2 b BetrVG)

zu unterbreiten.

48 Will der Arbeitgeber eine Frau während der Schwangerschaft und bis zum Ablauf von vier Monaten **kündigen**, ist nicht nur die Zustimmung der Behörde erforderlich (siehe Rn. 22). Der Arbeitgeber hat auch die Rechte des Betriebsrats nach § 102 BetrVG zu wahren (und ggf. nach § 103 BetrVG, falls ein besonderer Kündigungsschutz nach dieser Vorschrift besteht: siehe → **Kündigungsschutz [besonderer]**).

Rechtsprechung

1. Frage nach Schwangerschaft vor der Einstellung
2. Anfechtung des Arbeitsvertrags wegen fehlenden Hinweises auf eine Schwangerschaft?
3. Befristetes Arbeitsverhältnis bei Schwangerschaft?
4. Schwangerschaft kein Grund zur Ablehnung einer Bewerberin für unbefristetes Arbeitsverhältnis
5. Beschäftigungsanspruch einer Schwangeren: Einstweilige Verfügung
6. Ärztliches Beschäftigungsverbot während der Schwangerschaft (§ 3 Abs. 1 MuSchG) – Ersatztätigkeit
7. Beweiswert einer ärztlichen Bescheinigung nach § 3 Abs. 1 MuSchG
8. Beschäftigungsverbot während der Schutzfristen vor und nach der Entbindung (§§ 3 Abs. 2, 6 Abs. 1 MuSchG) – Frühgeburt – Totgeburt
9. Berücksichtigung der Schutzfristen bei der Berechnung des Arbeitsentgelts
10. Beschäftigungsverbot und Urlaub
11. Mutterschutzlohn (§ 11 MuSchG) nach ärztlichem Beschäftigungsverbot (§ 3 Abs. 1 MuSchG)
12. Mutterschaftsgeld (§ 13 MuSchG)
13. Zuschuss zum Mutterschaftsgeld (§ 14 MuSchG)
14. Mutterschaftsurlaub und Jahresurlaub
15. Anrechnung der Schutzfristen nach der Entbindung auf tarifliche Bewährungszeit (BAT)
16. Kündigungsschutz (§ 9 MuSchG)
17. Kündigungsschutz: Keine Entlassung wegen schwangerschaftsbedingter Krankheit
18. Mitteilungspflicht bei vorzeitiger Beendigung einer Schwangerschaft
19. Frauendiskriminierung bei Einstellung und Beförderung
20. Frauenförderung durch Quotenregelung?
21. Gleichberechtigung bei Eingruppierung: Auslegung des Merkmals »Schwere körperliche Arbeit«
22. Gleichberechtigung bei Leistungslohn (Stücklohnsystem)
23. Nutzung eines Firmenfahrzeugs während Beschäftigungsverbot und Mutterschutzfristen
24. Keine Kürzung einer tariflichen Sonderleistung (Weihnachtsgeld) wegen Mutterschutzfrist

Nachtarbeit

Grundlagen

Nachtarbeit ist in mehrfacher Hinsicht problematisch. 1
Nachtarbeit schädigt die **Gesundheit**, weil sie den natürlichen Lebensrhythmus stört. Denn der Mensch ist »tagaktiv«. Nachts ist sein Organismus auf Ruhe, Erholung und Schlaf »programmiert«.
Die Folgen dieser Störung: unzureichender Schlaf (zu kurz und zu wenig Tiefschlaf), Minderung der Konzentrations- und Wahrnehmungsfähigkeit; Minderung der Leistungsfähigkeit der Muskulatur; Kreislaufstörungen; Herzklopfen; Magen-Darm-Erkrankungen; Gefahr des Missbrauchs von Schlafmitteln und Aufputschmitteln.
Hierzu ein Auszug aus einer Entscheidung des Bundesverfassungsgerichts (BVerfG): *»Nachtarbeit ist grundsätzlich für jeden Menschen schädlich. Sie führt zu Schlaflosigkeit, Appetitstörungen, Störungen des Magen-Darmtraktes, erhöhter Nervosität und Reizbarkeit sowie zu einer Herabsetzung der Leistungsfähigkeit«* (BVerfG v. 28.1.1992 – 1 BvR 1025/82, AiB 1992, 281 = NZA 1992, 270).

Nachtarbeit beeinträchtigt die **sozialen Beziehungen** außerhalb des Betriebs. 2
Insbesondere bei Wechselschichtarbeitnehmern und Dauernachtschichtlern ist ein »**normales« Familienleben** kaum mehr möglich.
Auch die kulturellen und gesellschaftlichen Entfaltungsmöglichkeiten sind stark eingeschränkt.
Hierdurch können gesundheitliche Belastungen verstärkt werden (psychische Probleme/Erkrankungen).

Nachtarbeit erschwert die sozialen Beziehungen **innerhalb des Betriebs**. 3
Es gibt nicht mehr so viele Gelegenheiten, miteinander zu reden, was sich nicht zuletzt auch negativ auf die Arbeit der betrieblichen Interessenvertretung auswirkt.

Das Arbeitszeitgesetz (ArbZG) vom 6.6.1994 (BGBl. I S. 1170), in Kraft getreten am 1.7.1994, 4
hat den Komplex Nachtarbeit neu geregelt.
Nachstehend ein **Überblick** (siehe auch → **Arbeitszeit**).

Männer und Frauen werden bei Nachtarbeit gleichbehandelt. 5
Das frühere in § 19 Arbeitszeitordnung (AZO) geregelte Nachtarbeitsverbot für Arbeiterinnen besteht nicht mehr. Das Verbot war vom Bundesverfassungsgericht für verfassungswidrig erklärt worden (BVerfG v. 28.1.1992 – 1 BvR 1025/82, AiB 1992, 281 = NZA 1992, 270; siehe Rn. 1).

Die **Arbeitszeit** der Nachtarbeitnehmer ist gemäß § 6 Abs. 1 ArbZG nach den gesicherten 6
arbeitswissenschaftlichen Erkenntnissen über die menschengerechte Gestaltung der Arbeit (siehe → **Arbeitsschutz** Rn. 86 ff.) festzulegen.

Nachtzeit ist die Zeit von 23 bis 6 Uhr, in Bäckereien und Konditoreien von 22 Uhr bis 5 Uhr 7
(§ 2 Abs. 3 ArbZG).

Nachtarbeit

Beachten:
Von dieser gesetzlichen Definition von »Nachtzeit« i. S. d. ArbZG zu unterscheiden sind (meist abweichende) Nachtarbeitszeitregelungen in → **Tarifverträgen**, deren Zweck es in der Regel ist, den Zeitraum zu bestimmen, in dem tarifliche Nachtarbeitszuschläge zu zahlen sind.

8   **Nachtarbeit** ist jede Arbeit, die mehr als zwei Stunden der Nachtzeit erfasst (§ 2 Abs. 4 ArbZG).

Beispiel:
Arbeit bis 1.00 Uhr ist keine Nachtarbeit im Sinne des ArbZG. Auch Arbeit, die um 4.00 Uhr beginnt, umfasst nicht »mehr« als 2 Stunden der Nachtzeit, so dass ebenfalls keine Nachtarbeit im Sinne des ArbZG vorliegt.

9   **Nachtarbeitnehmer** im Sinne des Gesetzes sind nach § 2 Abs. 5 ArbZG Arbeitnehmer, die
- aufgrund ihrer Arbeitszeitgestaltung normalerweise Nachtarbeit in Wechselschicht zu leisten haben oder
- Nachtarbeit an mindestens 48 Tagen im Kalenderjahr leisten.

10 Die **werktägliche Höchstarbeitszeit** der Nachtarbeitnehmer beträgt acht Stunden (§ 6 Abs. 2 ArbZG).

11 Eine **Verlängerung** der täglichen Arbeitszeit auf zehn Stunden ist möglich, wenn in einem Ausgleichszeitraum von einem Kalendermonat oder vier Wochen ein Durchschnitt von acht Stunden werktäglich nicht überschritten wird.

Beispiel:
| 2 Wochen wird an 6 Werktagen jeweils 10 Stunden gearbeitet |
| 2 Wochen wird an 6 Werktagen jeweils 6 Stunden gearbeitet |
| 4-Wochen-Durchschnitt: 8 Stunden werktäglich |

12 Nachtarbeitnehmer sind berechtigt, sich vor Beginn der Beschäftigung und danach in regelmäßigen Zeitabständen von nicht weniger als drei Jahren (nach Vollendung des 50. Lebensjahres in Zeitabständen von einem Jahr) **arbeitsmedizinisch untersuchen** zu lassen.
Die **Kosten** trägt der Arbeitgeber, sofern er nicht eine Untersuchung durch den Betriebsarzt/betriebsärztlichen Dienst anbietet (§ 6 Abs. 3 ArbZG).

13 Auf Verlangen des Nachtarbeitnehmers hat der Arbeitgeber ihn **auf einen Tagarbeitsplatz umzusetzen**, wenn
- arbeitsmedizinisch eine Gesundheitsgefährdung bei weiterer Nachtarbeit festgestellt wird,
- ein im Haushalt des Beschäftigten lebendes Kind unter 12 Jahren nicht von einer anderen im Haushalt lebenden Person betreut werden kann,
- ein schwerpflegebedürftiger Angehöriger nicht durch einen anderen im Haushalt lebenden Angehörigen versorgt werden kann
und dringende betriebliche Erfordernisse nicht entgegenstehen.
Wenn der Arbeitgeber meint, dass dringende betriebliche Erfordernisse entgegenstehen, hat er den Betriebsrat anzuhören. Dieser kann Vorschläge für eine Umsetzung unterbreiten (§ 6 Abs. 4 ArbZG).

14 Der Arbeitgeber hat nach § 6 Abs. 5 ArbZG, soweit keine tarifvertragliche Ausgleichsregelung besteht, für die während der Nachtzeit zwischen 23.00 Uhr und 6.00 Uhr geleisteten Arbeitsstunden eine **angemessene Zahl bezahlter freier Tage** oder einen **angemessenen Zuschlag** auf das Bruttoarbeitsentgelt zu gewähren (§ 6 Abs. 5 ArbZG). Der Arbeitgeber kann **wählen**, ob er den Ausgleichsanspruch des § 6 Abs. 5 ArbZG durch Zahlung von Geld, durch bezahlte Freistellung oder durch eine Kombination von beidem erfüllt (BAG v. 1. 2. 2006 – 5 AZR 422/04,

Nachtarbeit

NZA 2006, 494; zum **Mitbestimmungsrecht** des Betriebsrats bei der Auswahlentscheidung siehe Rn. 47).

Das Wahlrecht erlischt nach Ansicht des BAG auch dann nicht infolge Zeitablaufs, wenn zwischen der Leistung der Nachtarbeit und der Erfüllung des Anspruchs des Arbeitnehmers ein **erheblicher zeitlicher Abstand** liegt (BAG v. 5. 9. 2002 – 9 AZR 202/01, AiB 2004, 119: der zeitliche Abstand betrug vier Jahre).

Wenn das Arbeitsverhältnis zwischen den Parteien **beendet** ist, kommt ausschließlich die Zahlung eines Zuschlags in Betracht (BAG v. 27. 5. 2003 – 9 AZR 180/02, AiB 2003, 646 = DB 2003, 2181).

Bei der Bemessung der **Höhe** des vom Arbeitgeber geschuldeten »angemessenen« Zuschlags ist nicht ohne weiteres von den Festlegungen in dem einschlägigen → **Tarifvertrag** auszugehen. Diese können aber als Orientierungshilfe dienen (BAG v. 5. 9. 2002 – 9 AZR 202/01, a. a. O.). **Angemessen** i. S. d. § 6 Abs. 5 ArbZG ist (für den Fall, dass keine tarifvertraglichen Ausgleichsregelungen bestehen) nach Ansicht des BAG regelmäßig ein **Zuschlag in Höhe von 25%** auf den Bruttostundenlohn bzw. die entsprechende Anzahl freier Tage; bei **Dauernachtarbeit** erhöht sich der Anspruch regelmäßig auf **30%** (BAG v. 9. 12. 2015 – 10 AZR 423/14). Arbeitet der Arbeitnehmer im Dreischichtbetrieb und leistet er jede dritte Woche Nachtarbeit, soll ein **Zuschlag von 25 % des Stundenlohns** angemessen sein i. S. v. § 6 Abs. 5 ArbZG (BAG v. 27. 5. 2003 – 9 AZR 180/02, a. a. O.).

Der Zuschlag muss nicht in Form eines vom Hundertsatzes des Stundenlohns vereinbart werden. Er kann auch **pauschaliert** werden. Das setzt voraus, dass zwischen der zu leistenden Nachtarbeit und der Lohnhöhe ein Bezug hergestellt wird. Eine arbeitsvertragliche Regelung, nach der »*durch die Höhe des Lohnes*« u. a. Zuschläge für geleistete Nachtarbeit sowie Schichtarbeit »*mit umfasst und abgegolten*« sind, genügt diesen Anforderungen nicht (BAG v. 27. 5. 2003 – 9 AZR 180/02, a. a. O.). Das heißt: der Nachtarbeitszuschlag muss zusätzlich zum vereinbarten Entgelt gezahlt werden.

Der Anspruch auf eine **angemessene Zahl bezahlter freier Tage** als Ausgleich für geleistete   15
Nachtarbeit (§ 6 Abs. 5 ArbZG) entspricht in seinem Umfang der Höhe des angemessenen Zuschlags auf das Bruttoarbeitsentgelt (BAG v. 9. 12. 2015 – 10 AZR 423/14; 1. 2. 2006 – 5 AZR 422/04, NZA 2006, 494).

Wenn weder eine tarifliche Regelung besteht noch eine betriebliche Konkretisierung des An-   16
spruchs erfolgt ist, muss der Beschäftigte, der vergeblich einen Zeitausgleich oder Geldzuschlag verlangt, seine **Klage** beim → **Arbeitsgericht wahlweise** auf Leistung einer angemessenen Zahl bezahlter freier Tage oder auf einen angemessenen Zuschlag auf das Bruttoarbeitsentgelt richten.

Die Konkretisierung des Anspruchs erfolgt dann durch das Gericht auf der Grundlage billigen Ermessens (§ 315 Abs. 3 BGB; vgl. BAG v. 27. 1. 2000 – 6 AZR 471/98, NZA 2001, 41).

Des Weiteren hat der Arbeitgeber sicherzustellen, dass Nachtarbeitnehmer den gleichen Zu-   17
gang zu betrieblicher **Weiterbildung** und zu **aufstiegsfördernden Maßnahmen** haben wie die übrigen Arbeitnehmer (§ 6 Abs. 6 ArbZG).

Nach § 7 ArbZG kann durch → **Tarifvertrag** oder aufgrund eines Tarifvertrages in einer → **Be-**   18
triebsvereinbarung in den in der Vorschrift genannten Fällen von den Regelungen des ArbZG abgewichen werden.

Dort, wo tarifvertragliche Regelungen üblicherweise nicht bestehen, kann auch die Aufsichtsbehörde (Gewerbeaufsichtsamt) **Ausnahmen** bewilligen.

§ 8 ArbZG ermächtigt die Bundesregierung, durch **Rechtsverordnung** bei gesundheitsgefähr-   19
denden Arbeiten weitere Schutzbestimmungen (z. B. Arbeitszeitbeschränkungen, Regelungen zum Schutz der Nacht- und Schichtarbeitnehmer) zu erlassen.

Gesetzliche **Nachtarbeitsverbote** bestehen für werdende und stillende Mütter (§ 8 Mutter-   20

Nachtarbeit

21 schutzgesetz), Jugendliche (§ 14 Abs. 1 Jugendarbeitsschutzgesetz), Beschäftigte in Verkaufsstellen (§ 3 Ladenschlussgesetz; siehe → **Ladenöffnung, Ladenschluss** Rn. 9).
Viele → **Tarifverträge** beschränken sich darauf, das Thema »Nachtarbeit« in Form der Gewährung von Entgeltzuschlägen zu regeln (mit der Folge, dass die nach § 6 Abs. 5 ArbZG bestehende Möglichkeit, bezahlten Freizeitausgleich zu wählen und ein entsprechendes Mitbestimmungsrecht des Betriebsrats über die Wahl zwischen Zuschlag oder Freizeit nach § 87 Abs. 1 Eingangssatz BetrVG ausgeschlossen ist).
Unter dem Gesichtspunkt des erforderlichen Ausgleichs von nachtarbeitsbedingten Belastungen sind sicher Regelungen über **Freizeitausgleich** und **Erholzeiten** sinnvoller. Die Tarifvertragsparteien sollten hierzu entsprechende Regelungen treffen.
Sinnvoll wären auch tarifliche Öffnungsklauseln, die die Betriebsparteien ermächtigen, die Frage »Zuschlag oder bezahlte Freizeit« im Mitbestimmungswege zu klären und im Nichteinigungsfall die → **Einigungsstelle** anzurufen.

Bedeutung für die Betriebsratsarbeit

22 Der Betriebsrat kann durch Wahrnehmung seiner Aufgaben und Beteiligungsrechte in Sachen »Nachtarbeit« einiges im Interesse und zum Schutze der Beschäftigten tun.
23 Im Vordergrund sollte der Versuch stehen, die Einführung von Nachtarbeit dort, wo sie nicht zwingend notwendig ist, **zu verhindern** und bereits bestehende Nachtarbeit **abzuschaffen**.
24 Dort, wo Nachtarbeit nicht verhindert bzw. abgeschafft werden kann, geht es darum, die **Rahmenbedingungen der Nachtarbeit** so zu gestalten, dass die Interessen, insbesondere die Gesundheit der Nachtarbeitnehmer, nicht »unter die Räder kommen«.
25 Zur Realisierung dieser Zielsetzungen kann sich der Betriebsrat auf eine Reihe von Vorschriften des BetrVG stützen, die einerseits Aufgaben, andererseits Informations-, Mitwirkungs- und Mitbestimmungsrechte regeln.

Aufgaben des Betriebsrats

26 Nach § 80 Abs. 1 Nr. 1 BetrVG hat der Betriebsrat dafür zu sorgen, dass die in Gesetzen, Verordnungen, Unfallverhütungsvorschriften, Tarifverträgen, Betriebsvereinbarungen enthaltenen Bestimmungen eingehalten werden.
27 Zu nennen sind hier insbesondere die gesetzlichen **Nachtarbeitsverbote** (z. B. § 8 Mutterschutzgesetz, § 14 Abs. 1 Jugendarbeitsschutzgesetz) sowie die oben dargestellten Regelungen des § 6 ArbZG (siehe Rn. 6 und Rn. 10 ff.).
28 **Tarifverträge** sehen häufig Bestimmungen über Entgeltzulagen bei Nachtschichtarbeit vor; manchmal auch Regelungen über **Schichtplangestaltung**, bezahlte Pausen und Arbeitszeitverkürzungen in Form von Freischichten.
29 Stellt der Betriebsrat **Verstöße** gegen gesetzliche, tarifliche oder sonstige Vorschriften fest, hat er sich nach § 80 Abs. 1 Nr. 1 BetrVG für die Einhaltung/Durchführung dieser Vorschriften einzusetzen (z. B.) durch
  • Beanstandung der rechtswidrigen Praxis beim Arbeitgeber, ggf. bei der zuständigen Gewerbeaufsicht,
  • Anrufung des → **Arbeitsgerichts**, falls gegen eine Betriebsvereinbarung verstoßen wird,
  • Thematisierung des Rechtsverstoßes in Betriebs- und/oder Abteilungsversammlungen.
30 Gemäß § 80 Abs. 1 Nr. 2 BetrVG hat der Betriebsrat die Aufgabe, **Initiativen** und Aktivitäten zu entwickeln, die darauf abzielen, die betrieblichen Prozesse/Abläufe im Interesse der Arbeitnehmer zu verbessern (Schutz- und Gestaltungsaufgabe).

Nachtarbeit

Übertragen auf den Komplex »Nachtarbeit« bedeutet dies: Der Betriebsrat hat dafür zu kämpfen, dass vermeidbare Nachtarbeit so weit wie möglich vermieden bzw. unvermeidbare Nachtarbeit mit geeigneten betrieblichen Regelungen ihrer schädlichen Wirkungen (siehe Rn. 1) weitestgehend beraubt wird.

Informationsrechte

Wenn der Arbeitgeber Nachtarbeit einführen oder ausweiten will, hat er den Betriebsrat rechtzeitig, umfassend und ggf. unter Vorlage entsprechender Unterlagen zu informieren. 31
Dieses Recht ergibt sich nicht nur aus § 80 Abs. 2 BetrVG (**allgemeines Informationsrecht**), sondern aus weiteren **speziellen Vorschriften**, die allesamt auf den Komplex »Nachtarbeit« anwendbar sind. 32
Nach § 90 Abs. 1 und 2 BetrVG beispielsweise ist der Betriebsrat »*über die Planung ... von Arbeitsabläufen*« zu informieren (§ 90 Abs. 1 Nr. 3 BetrVG). Nachtarbeit ist eine Frage des »Arbeitsablaufs« im Sinne dieser Vorschrift.
Auch § 92 Abs. 1 BetrVG kommt zum Zuge. Denn die Einführung bzw. Abschaffung von Nachtarbeit wirkt sich zwangsläufig auf die → **Personalplanung** des Arbeitgebers aus.
Die Einführung bzw. Abschaffung von Nachtarbeit ist zudem eine → **wirtschaftliche Angelegenheit** (z. B. im Sinne der Nr. 9 des § 106 Abs. 3 BetrVG: »*Änderung der Betriebsorganisation*«, jedenfalls aber im Sinne der Nr. 10: »*... sonstige Vorgänge und Vorhaben, welche die Interessen der Arbeitnehmer des Unternehmens wesentlich berühren können*«). Deshalb ist gemäß § 106 Abs. 2 BetrVG auch der → **Wirtschaftsausschuss** zu informieren.
Schließlich gilt auch § 111 Nr. 4 BetrVG: Die Einführung von Nachtarbeit kann nämlich eine »*grundlegende Änderung der Betriebsorganisation*« darstellen (siehe → **Betriebsänderung**) mit der Folge, dass der Unternehmer den Betriebsrat nach § 111 Satz 1 BetrVG umfassend informieren und mit ihm beraten muss (außerdem hat er mit dem Betriebsrat über einen → **Interessenausgleich** und → **Sozialplan** zu verhandeln; siehe Rn. 55).
Allen diesen Vorschriften ist gemein, dass eine Information nur dann »rechtzeitig« (siehe → **Informationsrechte des Betriebsrats** und → **Rechtsbegriffe**) ist, wenn sie zu einem Zeitpunkt erfolgt, wo der Betriebsrat noch die faktische Möglichkeit besitzt, auf die Planungen des Arbeitgebers durch die Ausarbeitung und Vorlage eigener Konzepte sinnvoll Einfluss zu nehmen. 33

Mitwirkungsrechte

Der Arbeitgeber, der Nachtarbeit einführen bzw. ausdehnen will, ist verpflichtet, mit dem Betriebsrat (bzw. im Falle des § 106 Abs. 1 BetrVG mit dem Wirtschaftsausschuss) zu »beraten« (vgl. z. B. §§ 90 Abs. 2, 92 Abs. 1, 111 BetrVG). 34
Darüber hinaus hat er über die »Vorschläge« des Betriebsrats (vgl. z. B. §§ 90 Abs. 2, 92 Abs. 2 BetrVG) mit dem »*ernsten Willen zur Einigung zu verhandeln*« (vgl. § 74 Abs. 1 BetrVG).
Klar ist, dass der Betriebsrat nur dann sinnvoll »beraten, verhandeln« kann, wenn er selbst konkret Vorschläge, d. h. Forderungen zum Thema »Nachtarbeit« ausgearbeitet hat (siehe »**Checkliste: Nachtarbeit**« im Anhang zu diesem Stichwort). 35
Zu beachten ist auch § 6 Abs. 4 Satz 2 und 3 ArbZG: Stehen der **Umsetzung** eines Nachtarbeitnehmers auf einen für ihn geeigneten **Tagarbeitsplatz** nach Auffassung des Arbeitgebers dringende betriebliche Erfordernisse entgegen, so hat er den Betriebsrat zu »hören«. 36
Der Betriebsrat kann dem Arbeitgeber »Vorschläge« für eine Umsetzung unterbreiten.

Nachtarbeit

Mitbestimmungsrechte

37 Der Betriebsrat hat in Sachen »Nachtarbeit« auch Mitbestimmungsrechte. Von besonderer Bedeutung sind die Mitbestimmungsrechte nach
- § 87 Abs. 1 Nr. 2 und 7 BetrVG (siehe Rn. 38 ff.)
- § 87 Abs. 1 Nr. 7 BetrVG (siehe Rn. 44 ff.).

Durch die Mitbestimmung des Betriebsrats wird das Direktionsrecht (= Weisungsrecht) des Arbeitgebers nach § 106 Satz 1 GewO eingeschränkt. Hiernach kann der Arbeitgeber Inhalt, Ort und Zeit der Arbeitsleistung nach billigem Ermessen (vgl. hierzu auch § 315 BGB) näher bestimmen, soweit diese Arbeitsbedingungen nicht durch Arbeitsvertrag, Bestimmungen einer Betriebsvereinbarung, eines anwendbaren Tarifvertrags oder durch gesetzliche Vorschriften festgelegt sind. Bei der Ausübung seines Weisungsrechts hat der Arbeitgeber in Betrieben mit Betriebsrat natürlich auch dessen Mitbestimmungsrechte z. B. nach § 87 BetrVG zu wahren.

Die Einführung von Nachtschichtarbeit und die Einteilung der Beschäftigten in Nachtschichten unterliegt der Mitbestimmung des Betriebsrats nach § 87 Abs. 1 Nr. 2 BetrVG. Einseitige Maßnahmen des Arbeitgebers sind unzulässig und können vom Betriebsrat – ggf. im Wege des Antrags auf einstweilige Verfügung – abgewehrt werden (siehe → **Unterlassungsanspruch des Betriebsrats**).

Allerdings hat der Betriebsrat gemäß § 87 Abs. 1 (Eingangssatz) BetrVG nur mitzubestimmen, »*soweit eine gesetzliche oder tarifliche Regelung nicht besteht*«.

Wenn also beispielsweise § 8 Abs. 1 Mutterschutzgesetz verbietet, werdende oder stillende Mütter in der Nacht zwischen 20 und 6 Uhr zu beschäftigen (siehe → **Mutterschutz** Rn. 17), dann gibt es in dieser Frage nichts mitzubestimmen.

Auch im Bereich der Regelungen des § 6 ArbZG (siehe Rn. 6, 10 und 12 ff.) sowie einer aufgrund von § 8 ArbZG erlassenen Rechtsverordnung besteht kein Mitbestimmungsrecht, soweit es sich um abschließende und konkrete Vorschriften handelt.

Soweit die einzelnen Regelungen des § 6 ArbZG jedoch **Regelungsspielräume** offenlassen, sind sie als ausfüllungsbedürftige Rahmenvorschriften im Sinne des § 87 Abs. 1 Nr. 7 BetrVG anzusehen, so dass ein Mitbestimmungsrecht des Betriebsrats wiederum gegeben ist (siehe Rn. 44 ff.).

Mitbestimmung nach § 87 Abs. 1 Nr. 2 BetrVG

38 Nach § 87 Abs. 2 Nr. 1 BetrVG hat der Betriebsrat mitzubestimmen bei
»*Beginn und Ende der täglichen Arbeitszeit einschließlich der Pausen sowie Verteilung der Arbeitszeit auf die einzelnen Wochentage*«.

39 Nach dieser Vorschrift ist sowohl die **Einführung** als auch die **Ausweitung** als auch die **Abschaffung** und **Einschränkung** von Nachtarbeit (also die Frage des »Ob« und des Umfangs von Nachtarbeit) wie auch die Gestaltung der einzelnen **Modalitäten** der Nachtarbeit (also die Frage des »Wie«) mitbestimmungspflichtig (BAG v. 28.10.1986 – 1 ABR 11/85 NZA 1987, 248).

Der Betriebsrat hat auch ein **Initiativmitbestimmungsrecht**.

40 Zweck des Mitbestimmungsrechts ist es, die Interessen der Arbeitnehmer an der Lage der Arbeitszeit und damit zugleich ihrer freien Zeit für die Gestaltung ihres Privatlebens zur Geltung zu bringen (BAG v. 29.9.2004 – 5 AZR 559/03, ZTR 2005, 275). Ihr Interesse an einer sinnvollen Abgrenzung zwischen Arbeitszeit und verfügbarer Freizeit soll geschützt werden.

Der Betriebsrat kann durch Ausübung seines Mitbestimmungsrechts Einfluss auf die Dauer der Betriebsnutzungszeiten nehmen. Er kann seine Zustimmung von »**Gegenleistungen**« zum Schutz und im Interesse der Arbeitnehmer abhängig machen (siehe → **Koppelungsgeschäfte in der Betriebsverfassung**).

Nachtarbeit

Dem Mitbestimmungsrecht steht nicht entgegen, dass damit in gewissem Umfang in die unternehmerische Freiheit des Arbeitgebers (Art. 12 Abs. 1 GG) eingegriffen wird. Lehnen Betriebsrat und → Einigungsstelle eine Ausweitung der Arbeitszeiten ab, kann der Arbeitgeber seinen Betrieb zu bestimmten Zeiten und an bestimmten Tagen nicht nutzen. Diese Beschränkung unternehmerischer Entscheidungsfreiheit ist aber zur Wahrung der Belange der Arbeitnehmer geboten und steht mit der Verfassung im Einklang (vgl. die zum Thema Ladenöffnungszeiten ergangene Rechtsprechung: BVerfG v. 18.12.1985 – 1 BvR 143/83, DB 1986, 486; vgl. auch BAG v. 31.8.1982 – 1 ABR 27/80, AiB 1983, 191; 26.10.2004 – 1 ABR 31/03 (A), NZA 2005, 538 [541]).
Das Mitbestimmungsrecht des Betriebsrats umfasst deshalb auch die Frage, ob an bestimmten Tagen überhaupt und in welchem Umfang gearbeitet werden soll.
Gegen die Einführung oder Aufrechterhaltung arbeitsfreier Zeiten (in der Nacht) sprechende unternehmerische Belange sind im Rahmen des Mitbestimmungs- und ggf. Einigungsstellenverfahrens zu beachten und zu gewichten, sie schließen das Mitbestimmungsrecht aber nicht aus (BAG v. 26.10.2004 – 1 ABR 31/03, a.a.O.).

41

Mitbestimmungspflichtig sind neben den zeitlichen Aspekten der Nachtarbeit auch solche Regelungen, die in einem **Sachzusammenhang** mit dem mitbestimmungspflichtigen Gegenstand – hier die Nachtarbeit – stehen.
Dies ergibt sich aus dem Schutzziel der Mitbestimmung: Bei der Regelung der der Mitbestimmung unterliegenden betrieblichen Lebenssachverhalte sollen Arbeitgeber und Betriebsrat – notfalls durch Einschaltung der → **Einigungsstelle** (§ 87 Abs. 2 BetrVG) – einen für beide Seiten akzeptablen Ausgleich der beiderseitigen Interessen herbeiführen.
Für § 87 Abs. 1 Nr. 2 BetrVG bedeutet dies, dass in eine Regelung über die Festlegung und Gestaltung der betriebsüblichen Arbeitszeit nicht nur die Interessen des Arbeitgebers, sondern auch die der Arbeitnehmer einfließen müssen. Dies kann jedenfalls bei einer Arbeitszeitform, die wie die Nachtarbeit an sich schon schädlich ist (siehe Rn. 1), nur dadurch gewährleistet werden, dass auch die erforderlichen Maßnahmen zur Abwendung, Milderung und zum Ausgleich der schädlichen Wirkungen dem Geltungsbereich der Mitbestimmung unterworfen sind.

42

Dementsprechend sind, soweit keine zwingenden und abschließenden gesetzlichen oder tariflichen Regelungen bestehen, auch Regelungen über **Verkürzung** der Nachtarbeitszeit bei vollem Lohnausgleich, **bezahlte Erholzeiten** usw. bereits nach § 87 Abs. 1 Nr. 2 BetrVG, jedenfalls aber nach § 87 Abs. 1 Nr. 7 BetrVG in Verbindung mit § 6 Abs. 5 ArbZG (siehe Rn. 14 und 47), mitbestimmungspflichtig.
Das heißt, der Betriebsrat kann die vom Arbeitgeber geplante Nachtarbeitszeitregelung auch mit der Begründung ablehnen, dass ausreichende Maßnahmen zum Schutz der Betroffenen (z.B. bezahlte Erholpausen usw.; siehe im Anhang »**Checkliste: Nachtarbeit**« im Anhang zu diesem Stichwort) nicht zugestanden werden.
Der Arbeitgeber muss, wenn er die Gegenforderungen des Betriebsrats ablehnt, aber trotzdem Nachtarbeit »haben will«, die → **Einigungsstelle** anrufen. Keinesfalls darf er die Nachtarbeit einseitig anordnen (siehe auch → **Koppelungsgeschäfte in der Betriebsverfassung**).

43

Mitbestimmung nach § 87 Abs. 1 Nr. 7 BetrVG

Als weitere Mitbestimmungsvorschrift, auf die sich der Betriebsrat stützen kann, kommt § 87 Abs. 1 Nr. 7 BetrVG in Betracht. Hiernach hat der Betriebsrat – auch in Form des **Initiativrechts** – mitzubestimmen bei
»Regelungen über die Verhütung von Arbeitsunfällen und Berufskrankheiten sowie über den Gesundheitszustand im Rahmen der gesetzlichen Vorschriften oder der Unfallverhütungsvorschriften«.

44

Nachtarbeit

Kommt es zu keiner Einigung, kann nach § 87 Abs. 2 BetrVG die → **Einigungsstelle** angerufen werden, die dann verbindlich entscheidet.

45 Das Mitbestimmungsrecht besteht allerdings nur insoweit, als es darum geht, eine konkretisierungsbedürftige »**Rahmenvorschrift**« (Gesetz/Verordnung oder Unfallverhütungsvorschrift) durch konkrete betriebliche Regelungen und Maßnahmen zum Schutz der Gesundheit der Beschäftigten auszufüllen.

Fehlt es an einer solchen Rahmenvorschrift oder lässt die gesetzliche Bestimmung oder Unfallverhütungsvorschrift eine weitere Konkretisierung nicht zu (weil sie schon ganz genau sagt, was der Arbeitgeber zu tun oder zu lassen hat), so entfällt das Mitbestimmungsrecht.

In einem solchen Falle verbleibt dem Betriebsrat (nur noch) die Aufgabe, darüber zu wachen, dass der Arbeitgeber die Vorschrift befolgt (§ 80 Abs. 1 Nr. 1 BetrVG: Überwachungsaufgabe).

46 Eine ausfüllungsbedürftige Rahmenvorschrift im Sinne des § 87 Abs. 1 Nr. 7 BetrVG stellt § 6 Abs. 1 ArbZG dar.

Hiernach ist die Arbeitszeit der Nacht- und Schichtarbeitnehmer nach den **gesicherten arbeitswissenschaftlichen Erkenntnissen** über die menschengerechte Gestaltung der Arbeit festzulegen.

Wenn die »gesicherten arbeitswissenschaftlichen Erkenntnisse« (siehe hierzu → **Arbeitsschutz** Rn. 86 ff.) dem Arbeitgeber Regelungsspielräume lassen, hat der Betriebsrat bei der Festlegung der Maßnahmen mitzubestimmen.

47 Ein Mitbestimmungsrecht nach § 87 Abs. 1 Nr. 7 BetrVG besteht auch im Zusammenhang mit § 6 Abs. 5 ArbZG.

Hiernach hat der Arbeitgeber, soweit keine tariflichen Ausgleichsregelungen bestehen, dem Nachtarbeitnehmer für die während der Nachtzeit geleisteten Arbeitsstunden eine **angemessene Zahl bezahlter freier Tage** oder einen **angemessenen Zuschlag** auf das ihm hierfür zustehende Bruttoarbeitsentgelt zu gewähren (siehe Rn. 14).

Die Vorschrift bezweckt den Ausgleich im Verhältnis zu Arbeitnehmern, die keine Nachtarbeit verrichten müssen (BAG v. 27. 1. 2000 – 6 AZR 471/98, NZA 2001, 41 = DB 2000, 382).

Bei der Auswahlentscheidung des Arbeitgebers darüber, ob ein Ausgleich für Nachtarbeit nach § 6 Abs. 5 ArbZG durch bezahlte freie Tage oder durch Entgeltzuschlag zu gewähren ist, hat der Betriebsrat nach § 87 Abs. 1 Nr. 7 und Nr. 10 BetrVG mitzubestimmen.

Ein Mitbestimmungsrecht entfällt nach § 6 Abs. 5 ArbZG, soweit eine **tarifvertragliche Ausgleichsregelung** besteht.

Ein tariflicher Ausgleich kann auch ohne ausdrückliche Bezeichnung in Leistungen enthalten sein, die Nachtarbeitern zustehen. Dafür müssen aber besondere Anhaltspunkte bestehen (BAG v. 26. 8. 1997 – 1 ABR 16/97, AiB 1999, 162).

Hinsichtlich der Festlegung der **Zahl** der freien Tage und der **Zuschlagshöhe** besteht nach Auffassung des BAG kein Mitbestimmungsrecht. Ob die Zahl der freien Tage oder der Zuschlag angemessen ist, ist nicht betrieblicher Regelung überlassen, sondern eine – ggf. durch das → **Arbeitsgericht** im Rahmen eines Klageverfahrens zu überprüfende – Rechtsfrage der Billigkeit (§ 315 Abs. 3 BGB; vgl. BAG v. 26. 8. 1997 – 1 ABR 16/97, a. a. O.).

48 Auch die weiteren Regelungen des § 6 ArbZG sind – zum Teil – ausfüllungsbedürftig i. S. d. § 87 Abs. 1 Nr. 1 BetrVG (z. B. soweit es darum geht, sicherzustellen, dass Nachtarbeitnehmer den **gleichen** Zugang zur **betrieblichen Weiterbildung** und zu **aufstiegsfördernden Maßnahmen** haben wie die übrigen Arbeitnehmer, vgl. § 6 ArbZG).

49 Schließlich bieten sich auch die §§ 3 ff. ArbSchG als konkretisierungsfähige und -bedürftige Rahmenvorschriften i. S. d. § 87 Abs. 1 Nr. 1 BetrVG an (siehe → **Arbeitsschutz** Rn. 70 ff, 77 b).

Bedeutsam in diesem Zusammenhang ist auch § 5 Abs. 3 Nr. 4 ArbSchG, der unter anderem die Gestaltung der Arbeitszeit und ihr Zusammenwirken mit anderen Faktoren als eine Gefährdungsursache hervorhebt (siehe → **Arbeitsschutz** Rn. 18, 19, 77).

Nachtarbeit

Weitere Mitbestimmungsrechte

Ein weiteres Mitbestimmungsrecht ergibt sich für den Betriebsrat aus § 91 BetrVG (»**korrigierendes Mitbestimmungsrecht**«). 50
Die Vorschrift ist auf den Fall zugeschnitten, dass durch eine Änderung u. a. des »Arbeitsablaufs« (hierzu zählt auch die Einführung/Ausweitung von Nachtarbeit), die den gesicherten arbeitswissenschaftlichen Erkenntnissen über die menschengerechte Gestaltung der Arbeit offensichtlich widerspricht, die Arbeitnehmer in besonderer Weise belastet werden (siehe → **Arbeitsschutz** Rn. 82 ff.).

Das Mitbestimmungsrecht nach § 91 BetrVG übt der Betriebsrat aus, indem er **Maßnahmen** 51 zur Abwendung, Milderung und zum Ausgleich der nachtarbeitsbedingten Belastungen verlangt und – bei Ablehnung durch den Arbeitgeber – die → **Einigungsstelle** anruft (siehe auch → **Arbeitsschutz** Rn. 92 ff.).

Weitere Mitbestimmungsrechte bestehen nach § 87 Abs. 1 Nrn. 10 und 11 BetrVG. 52
Diese Vorschriften können herangezogen werden, soweit der Betriebsrat – nach sorgfältiger Abwägung der Vor- und Nachteile für die Betroffenen – die Regelung bzw. Veränderung von **Entgeltfragen** im Interesse der Nachtarbeitnehmer anstrebt (siehe → **Arbeitsentgelt**).

So ist beispielsweise die Umwandlung eines die Leistungskraft der Nachtschichter (über)fordernden »Akkordsystems« in ein weniger belastendes »Prämiensystem« nach § 87 Abs. 1 53
Nr. 10 BetrVG (initiativ)mitbestimmungspflichtig (= **Änderung des Entlohnungsgrundsatzes**).

Auch hat der Betriebsrat – vorbehaltlich abschließender tariflicher Regelungen – ein Initiativmitbestimmungsrecht z. B. bei der Art und Weise der Ermittlung von **Vorgabezeiten** (Zeitaufnahmen nachts!). 54

Des Weiteren kommen Rechte des Betriebsrats nach §§ 111, 112 BetrVG in Betracht. 55
Hiernach ist der Unternehmer, der eine → **Betriebsänderung** plant, verpflichtet, mit dem Betriebsrat über einen → **Interessenausgleich** und einen → **Sozialplan** zu verhandeln.
Nach richtiger Auffassung kann die Einführung und Ausweitung (wie auch die Abschaffung und Einschränkung von Nachtarbeit) eine Betriebsänderung in der Form der »*grundlegenden Änderung der Betriebsorganisation*« (§ 111 Satz 2 Nr. 4 BetrVG) sein.
»Grundlegend« ist die Änderung nach der Rechtsprechung im Zweifel dann, wenn durch die Maßnahme Arbeitnehmer in der Größenordnung des § 17 Abs. 1 KSchG (z. B. in einem Betrieb mit 500 Arbeitnehmern mindestens 30 Arbeitnehmer) bzw. ab 600 Arbeitnehmern mindestens 5 % der Arbeitnehmer betroffen sind.
Sind mit der Einführung von Nachtarbeit wirtschaftliche/finanzielle Nachteile für einzelne Arbeitnehmer verbunden, so hat der Betriebsrat mit seinem Mitbestimmungsrecht in Bezug auf den → **Sozialplan** ein wirksames Mittel in der Hand, um Regelungen zum Ausgleich dieser Nachteile (siehe im Anhang »**Checkliste: Nachtarbeit**« im Anhang zu diesem Stichwort) notfalls durch Anrufen der → **Einigungsstelle** zu realisieren (§ 112 Abs. 4 BetrVG).

Mitbestimmungsrechte des Betriebsrats bei personellen Einzelmaßnahmen im Zusammenhang mit Nachtarbeit

Sollen Arbeitnehmer für die Nachtschicht »eingestellt« werden, hat der Arbeitgeber die Rechte 56
des Betriebsrats nach § 99 Abs. 1, 2 BetrVG zu beachten, und zwar sowohl hinsichtlich der → **Einstellung** als solcher als auch hinsichtlich der mit jeder Einstellung notwendigerweise verbundenen → **Eingruppierung/Umgruppierung**.

Eine Zustimmungsverweigerung im Bezug auf die → **Einstellung** kann beispielsweise damit 57 begründet werden, dass die Beschäftigung des/der Bewerbers/in gegen ein **Nachtarbeitsverbot** verstößt (z. B. § 8 Mutterschutzgesetz).

1615

Nachtarbeit

58 Die Zustimmungsverweigerung nach § 99 Abs. 2 BetrVG muss **binnen einer Woche** nach Erhalt der Information erfolgen und schriftlich begründet werden (§ 99 Abs. 3 BetrVG).
59 Eine ordnungsgemäße Zustimmungsverweigerung hat zur Folge, dass der Arbeitgeber – falls er an der personellen Maßnahme festhalten will – das → **Arbeitsgericht** anrufen muss (§ 99 Abs. 4 BetrVG; Zustimmungsersetzungsverfahren).
60 § 99 BetrVG ist nicht anwendbar bei »**Schichtwechsel**« (Beispiel: Umsetzung eines Arbeitnehmers von Normalschicht in Wechsel- oder Nachtschicht).
Die bloße Veränderung der Lage der Arbeitszeit eines Arbeitnehmers stellt nach der Rechtsprechung keine → **Versetzung** im Sinne der §§ 95 Abs. 3, 99 BetrVG dar (BAG v. 23. 11. 1993 – 1 ABR 38/93, AiB 1994, 316).
61 Allerdings unterliegt der »Schichtwechsel« auch von einzelnen Arbeitnehmern dem – stärkeren – Mitbestimmungsrecht des Betriebsrats nach § 87 Abs. 1 Nr. 2 BetrVG (BAG v. 19. 2. 1991 – 1 ABR 21/90, AiB 1991, 338).
Der für diese Mitbestimmungsvorschrift erforderliche »**kollektive Bezug**« ist selbst beim Schichtwechsel eines einzelnen Arbeitnehmers regelmäßig gegeben (wegen der Auswirkungen auf andere Arbeitnehmer sowie den Betriebsablauf).
Deshalb bedarf der vom Arbeitgeber geplante Schichtwechsel der Zustimmung des Betriebsrats. Im Nichteinigungsfalle entscheidet die → **Einigungsstelle** (§ 87 Abs. 2 BetrVG).
62 Verlangt ein Nachtarbeitnehmer die **Umsetzung auf einen Tagarbeitsplatz**, gilt § 6 Abs. 4 ArbZG (siehe Rn. 13).
63 Die nach § 6 Abs. 4 Satz 2 und 3 ArbZG zugunsten des Betriebsrats bestehenden **Anhörungs- und Vorschlagsrechte** (zur Lösung der mit einer Umsetzung verbundenen Probleme) schließen ein Initiativmitbestimmungsrecht des Betriebsrats nach § 87 Abs. 1 Nr. 2 BetrVG (zur Gestaltung der Arbeitszeit) nicht aus.

Bedeutung für die Beschäftigten

64 Kann ein Arbeitnehmer **aus gesundheitlichen Gründen keine Nachtschichten** mehr leisten, ist er deshalb nicht arbeitsunfähig krank. Er hat Anspruch auf Beschäftigung, ohne für Nachtschichten eingeteilt zu werden (BAG v. 9. 4. 2014 – 10 AZR 637/13). Der Arbeitgeber muss bei der Schichteinteilung auf das gesundheitliche Defizit des Arbeitnehmers Rücksicht nehmen. Lehnt der Arbeitgeber den Wunsch des Arbeitnehmers ab, ihn zu anderen Zeiten (außerhalb der Nachtschicht) zu beschäftigen, gerät er in → **Annahmeverzug** (§ 615 BGB). Folge: der Arbeitnehmer hat Anspruch auf Fortzahlung der Vergütung (BAG v. 9. 4. 2014 – 10 AZR 637/13).
64a Nachtarbeitnehmer haben einen – notfalls beim → **Arbeitsgericht** einklagbaren – **Anspruch** darauf, dass der Arbeitgeber ihnen gegenüber seine nach § 6 ArbZG bestehenden Verpflichtungen erfüllt (siehe hierzu Rn. 6, 10 ff.).
65 Das Gleiche gilt hinsichtlich tarifvertraglicher Regelungen zur Nachtarbeit (z. B. Zahlung von Nachtarbeitszuschlägen, Gewährung von Freizeitausgleich), vorausgesetzt, der Tarifvertrag findet auf das Arbeitsverhältnis Anwendung (siehe → **Tarifvertrag** Rn. 23 ff.).
66 Gelingt es dem Betriebsrat (unter Beachtung des § 77 Abs. 3 BetrVG), zur Nachtarbeit eine → **Betriebsvereinbarung** durchzusetzen, die den Nachtarbeitnehmern Rechte einräumt, die über gesetzliche und tarifliche Vorschriften hinausgehen (vgl. § 88 Nr. 1 BetrVG), so können die anspruchsberechtigten Arbeitnehmer auch diese Rechte – ggf. auf dem Gerichtswege – durchsetzen.

Arbeitshilfen

Checklisten
- Nachtarbeit
- Verpflichtung zur Leistung von Nacht- und Schichtarbeit

Checkliste: Nachtarbeit

Im Rahmen der Verhandlungen mit dem Arbeitgeber über eine → **Betriebsvereinbarung** zur »Nachtarbeit« – und ggf. vor der – → **Einigungsstelle** – sollte unter Beachtung vorrangiger gesetzlicher oder tariflicher Regelungen an folgende **Regelungspunkte** gedacht werden (keine abschließende Aufzählung):

- Klarstellen, dass Nachtarbeit angesichts ihrer schädlichen Wirkungen nur in dringenden Fällen und nur **ausnahmsweise**, nicht aber als normales Mittel zur Kapazitätsausweitung in Betracht kommt.
- Nachtarbeit grundsätzlich zeitlich **befristen** (z. B. auf drei Monate); nach Ablauf der Frist muss Arbeitgeber einen neuen Antrag – über den erneut verhandelt wird – stellen.
- Zusicherung der Geschäftsleitung, Maßnahmen zum **Abbau** bzw. zur **Beendigung** der Nachtarbeit einzuleiten (z. B. Schaffung von Tagarbeitsplätzen durch Erweiterungsinvestitionen).
- Vereinbarung, dass nach Ablauf der Frist alle nachtarbeitenden Beschäftigten unbefristet in Tagarbeit (Normalschicht bzw. Früh-/Spätschicht) **übernommen** werden; keine Entlassungen! Verdienstsichernde Übergangsregelungen.
- Keine Nachtarbeit am **Wochenende**: also keine Nachtarbeit von Freitag auf Samstag, von Samstag auf Sonntag, von Sonntag auf Montag.
- Klarstellen, dass **keine Verpflichtung** des einzelnen Arbeitnehmers zur Nachtarbeit besteht.
- **Auswahl** der Nachtarbeiter/-innen, insbesondere Umsetzung von Tag- in Nachtschicht und zurück nur mit Zustimmung des Betriebsrats.
- Keine irgendwie geartete **Benachteiligung** derjenigen Arbeitnehmer, die nachts nicht arbeiten wollen bzw. können.
- Forderungen zur gesundheits-, freizeit- und familiengerechten Gestaltung der **Schichtpläne**: Einerseits soll der Schichtplan die gesundheitlichen Belastungen der (Nacht-)Schichtarbeit minimieren; andererseits sollen die Möglichkeiten der Freizeitgestaltung optimiert werden (z. B. zusammenhängende Freischichten); weiterhin ist Rücksicht auf die familiäre Situation der Betroffenen zu nehmen (Arbeitnehmer mit Kindern und pflegebedürftigen Familienangehörigen; Rücksichtnahme auf die Schichtarbeitszeiten des Ehe- [Lebens-] Partners; hier müssen alle – häufig in Widerstreit stehenden – Zielsetzungen in ein bestmögliches Verhältnis gebracht werden.
- Verpflichtung des Arbeitgebers, vom Betriebsrat ausgearbeitete Schichtpläne **zu erproben**.
- Klarstellung, dass jede **Änderung** der Schichtpläne mit dem Betriebsrat zu vereinbaren ist und seiner Zustimmung bedarf.
- Einsatz **zusätzlicher Schichtgruppen** (Folge: die Zahl der Nachtschichten lässt sich verringern und – bei vollkontinuierlicher Schicht – die Zahl der freien Wochenenden erhöhen).
- Geeignete, insbesondere flexible **Springerregelungen**, die Nachtarbeitnehmern weitestgehende Freistellungsmöglichkeiten (z. B. zur Wahrnehmung familiärer, kultureller oder sonstiger Belange) sichern.
- Beseitigung von personeller Unterbesetzung durch **Neueinstellungen** mit entsprechender Umverteilung der Arbeit.
- Insbesondere ausreichende **Personalreserve** für Ausfälle wegen Urlaub, Krankheit, Kur, Freischichten, Fortbildung usw.
- **Unterschreitung** der nach § 6 Abs. 2 ArbZG möglichen täglichen (bzw. nächtlichen) Höchstarbeitszeit (§ 6 Abs. 2 ArbZG: werktägliche Höchstarbeitszeit: acht Std.; Verlängerung auf zehn Std. nur, wenn innerhalb von einem Kalendermonat oder vier Wochen Arbeitszeitausgleich auf eine Durchschnittsarbeitszeit von acht Std. werktäglich stattfindet).
- Keine **Mehrarbeit** für Nachtarbeitnehmer.
- Zusätzliche bezahlte **Erholzeiten/Pausen**.

Nachtarbeit

- Gewährung von bezahlten **freien Tagen** als weiterer Ausgleich für die nachtarbeitsbedingten Belastungen (vgl. § 6 Abs. 5 ArbZG).
- **Zusatzurlaub** für Nachtschichtler.
- Bei der Gestaltung von **Urlaubsplänen** sind die Bedürfnisse von (Nacht-)Schichtarbeitern bevorzugt zu berücksichtigen.
- **Vorsorgekuren** für Nachtschichtler.
- Bei **Leistungslohn**: Verlängerung der Vorgabezeiten bzw. Verringerung der ergebnisabhängigen Bezugsgröße (als Ausgleich für die geringere physiologische Leistungsfähigkeit des nachts arbeitenden Menschen).
- Konsequenter Abbau von **Mehrfachbelastungen** (Lärm, schlechtes Klima, schlechte Beleuchtung, schweres Heben und Tragen, Stress, Monotonie, gefährliche Arbeitsstoffe usw.).
- **Schwerarbeit** und sonstige Tätigkeiten mit hohen Leistungsanforderungen müssen außerhalb der Nachtarbeitszeit stattfinden.
- Konsequente vorbeugende Beseitigung von **Unfallgefahren**.
- Keine **Alleinarbeit** nachts; stattdessen z. B. Gruppenarbeit und ähnliche Arbeitssysteme.
- Alle wirtschaftlichen **Nachteile**, die durch Nachtarbeit bedingt sind, werden durch angemessene Leistungen des Arbeitgebers **ausgeglichen** (z. B. Fahrtkostenerstattung, zinsgünstiges Darlehen zum Kauf eines Pkw und zum Ausbau einer Tagschlaf ermöglichenden Wohnung, Verpflichtung zur Entschädigung etwaig eintretender nachtarbeitsbedingter Gesundheitsschäden und dadurch verursachter Folgeschäden [geringere Chancen auf dem Arbeitsmarkt] usw.).
- Schaffung geeigneter **Pausenräume**, Offenhaltung der **Sanitätsstationen** und sonstiger **Versorgungseinrichtungen** (Kioske) während der Nachtschicht; insbesondere Bereitstellung von warmen Mahlzeiten und Getränken (ggf. Aufstellung von Automaten).
- Regelungen über betriebsärztliche **Vorsorgeuntersuchungen** (Eignungsuntersuchung, Kontrolluntersuchungen); vgl. § 6 Abs. 3 ArbZG.
- **Untersuchungen**, die **außerhalb der Arbeitszeit** stattfinden, müssen wie Mehrarbeitszeit vergütet werden.
- **Ärztliche Betreuung** während der Nachtschicht sicherstellen.
- Rechtsanspruch auf **Rückkehr in Tagarbeit** (Normalschicht bzw. Zweischicht: Früh-/Spätschicht), wenn dies ein Arbeitnehmer – aus welchen Gründen auch immer – verlangt (vgl. auch § 6 Abs. 4 ArbZG); jedenfalls aber Rückkehranspruch für ältere Arbeitnehmer bzw. nach Ablauf einer bestimmten, nach Jahren bemessenen Arbeit in Nachtschicht.
- Anspruch auf **Veränderung der Arbeitsorganisation**, wenn nur auf diese Weise der Rechtsanspruch auf Rückkehr in Tagarbeit sichergestellt werden kann (z. B. Abbau von Überstunden und Leiharbeit, Zusammenlegung/Trennung von Arbeitsbereichen mit dem Ziel der Schaffung eines geeigneten Arbeitsplatzes für den Rückkehrer usw.).
- Geeignete **Qualifizierungs-/Weiterbildungsmaßnahmen** für diejenigen, die in Tagarbeit zurückkehren und sich in einen neuen Arbeitsbereich einarbeiten müssen.
- Keine **finanziellen Nachteile bei Rückkehr in Tagarbeit** (weitestgehende Verdienstsicherung, ggf. nach Dauer der geleisteten Nachtschichtarbeit gestaffelt: je mehr Jahre ein Beschäftigter Nachtarbeit geleistet hat, desto länger ist ihm Verdienstsicherung zu gewähren).
- **Frauen**: z. B. Fahrdienst für nachtschichtarbeitende Frauen (Hin- und Rückfahrt Wohnung–Betrieb: z. B. Werkbus oder Werktaxi).
- Einrichtung bzw. Finanzierung von **Kinderbetreuung** für nachtarbeitende Eltern bzw. Alleinerziehende.
- **Ältere Arbeitnehmer**: Die oben aufgeführten Schutzmaßnahmen sind zu verschärfen (z. B. längere Erholzeiten, längerer Zusatzurlaub usw.); Regelungen über vorzeitigen Eintritt in den Ruhestand (bei weitestgehender Einkommenssicherung); Möglichkeit eines Teilruhestands (teilweise Arbeit/teilweise Ruhestand mit finanziellen Ausgleichsregelungen; siehe → **Altersteilzeit**).
- Regelungen über **Freistellung** nachtschichtarbeitender **Betriebsratsmitglieder** für Zwecke der Betriebsratsarbeit.
- **Zusätzliche Freistellung** von Betriebsratsmitgliedern zur Nachtschichtbetreuung.
- Regelungen über Teilnahme von Nachtarbeitnehmern an **Betriebs- und Abteilungsversammlungen**.

Nachtarbeit

- Bei allen Streitigkeiten über die einzelnen Regelungen der Betriebsvereinbarung entscheidet die **Einigungsstelle**.

Checkliste: Verpflichtung zur Leistung von Nacht- und Schichtarbeit

Nachstehend werden **Voraussetzungen** aufgeführt, von deren Vorliegen das Bestehen einer **Verpflichtung** des Arbeitnehmers zur Leistung von Nacht- und/oder Schichtarbeit abhängt.

1. Verpflichtungsgrund:
- Besteht eine **tarifvertragliche** Verpflichtung zur Leistung von Nacht- oder Schichtarbeit (Geltung des Tarifvertrages aufgrund beiderseitiger Tarifbindung oder arbeitsvertraglicher Verweisungsklausel)?
- Besteht eine Verpflichtung zur Leistung von Nacht- und Schichtarbeit aufgrund einer **Betriebsvereinbarung** (oder eines **Einigungsstellenspruchs**)? Oder ist ein Freiwilligkeitsvorbehalt geregelt?
- Besteht eine **arbeitsvertraglich** vereinbarte Verpflichtung zur Leistung von Nacht- und Schichtarbeit? Hat der Arbeitnehmer ein vertraglich vereinbartes Recht zur Ablehnung von Nacht- und Schichtarbeit?
- Bei Fehlen einer tariflichen, betrieblichen vertraglichen Regelung: Bewegt sich die Arbeitszeitanordnung im Rahmen des **Direktionsrechts** des Arbeitgebers? Entspricht die Ausübung des Direktionsrechts **billigem Ermessen** (§ 106 Gewerbeordnung i. V. m. § 315 BGB)?

2. Ausschlussgründe:
- Verstößt die Anordnung zur Leistung von Nacht-/Schichtarbeit gegen ein **gesetzliches Nachtarbeitsverbot** (§ 8 Abs. 1 MuSchG, § 14 Abs. 1 JArbSchG); ist eine Abweichung durch einen gesetzlichen **Ausnahmetatbestand** gedeckt (z. B. in den Fällen des § 8 Abs. 3 MuSchG, § 14 Abs. 2 bis 7 JArbSchG oder Bewilligung durch die Aufsichtsbehörde)?
- Verstößt die Anordnung zur Leistung von Nacht-/Schichtarbeit gegen eine der **Maßgaben des § 6 ArbZG**; ist eine Abweichung von den Beschränkungen des § 6 ArbZG durch einen gesetzlichen Ausnahmetatbestand gedeckt (z. B. Notfall oder außergewöhnlicher Fall oder Bewilligung durch die Aufsichtsbehörde)?
- Verstößt die Anordnung zur Leistung von Nacht- und Schichtarbeit gegen eine Regelung in einem einschlägigen **Tarifvertrag** oder einer **Betriebsvereinbarung**?
- Verstößt die Anordnung zur Leistung von Nacht- und Schichtarbeit gegen eine **arbeitsvertragliche Vereinbarung**?
- Widerspricht die Anordnung **billigem Ermessen** (§ 106 Gewerbeordnung i. V. m. § 315 BGB)?
- Sprechen **gesundheitliche Gründe** gegen die Anordnung von Nachtarbeit (vgl. hierzu BAG v. 9. 4. 2014 – 10AZR 637/13)?

3. Betriebsverfassungsrechtliche Voraussetzungen:
- Hat der Arbeitgeber die **Mitbestimmungsrechte des Betriebsrats** nach § 87 Abs. 1 Nr. 2 BetrVG beachtet? Hat der Betriebsrat dem Antrag des Arbeitgebers auf Durchführung von Nacht- und Schichtarbeit zugestimmt bzw. liegt ein zustimmungsersetzender Beschluss der Einigungsstelle vor? Wurde eine Betriebsvereinbarung abgeschlossen?
- Hat der Arbeitgeber die Mitbestimmungsrechte des Betriebsrats nach § 99 BetrVG bei der Einstellung/Versetzung beachtet?

Rechtsprechung

1. Schädlichkeit der Nachtarbeit – Nachtarbeitsverbot des § 19 AZO für Arbeiterinnen verfassungswidrig
2. Gesundheitsbeeinträchtigung durch kurze oder längere Schichtfolge
3. Einteilung zu Nachtschichten kraft Direktionsrechts

Nachtarbeit

4. Anspruch auf Beschäftigung ohne Einteilung zu Nachtschichten
5. Ausgleich für Nachtarbeit durch freie Tage oder Geldzuschlag (§ 6 Abs. 5 ArbZG) – Tarifliche Regelungen
6. Mitbestimmung des Betriebsrats: Ausgleich für Nachtarbeit durch freie Tage oder Geldzuschlag (§ 6 Abs. 5 ArbZG)
7. Mitbestimmung des Betriebsrats: weitere Einzelfälle
8. Tarifauslegung – Begriffe »regelmäßige Nachtarbeit« – »unregelmäßige Nachtarbeit«

Nachteilsausgleich

Was ist das?

Arbeitnehmer haben nach § 113 BetrVG Anspruch auf einen Nachteilsausgleich, wenn der Unternehmer **1**
- von einem mit dem Betriebsrat vereinbarten → **Interessenausgleich** »ohne zwingenden Grund« **abweicht** (siehe Rn. 2 ff.) oder
- es unterlassen hat, mit dem Betriebsrat einen Interessenausgleich »**zu versuchen**« (siehe Rn. 5).

> **Hinweis:**
> Der Interessenausgleich selbst entfaltet keine normative Wirkung für die Arbeitsverhältnisse (BAG **1a**
> v. 14.11.2006 – 1 AZR 40/06, NZA 2007, 339) und begründet deshalb – im Gegensatz zum Sozialplan – nach h. M. keine vom einzelnen Arbeitnehmer einklagbaren Rechte.
> Etwas anderes gilt, wenn der Interessenausgleich Bestimmungen enthält, die nach ihrem Inhalt und Rechtscharakter eine **Sozialplanregelung** darstellen, weil sie nicht das »Ob«, »Wann« und »Wie« der Betriebsänderung regeln (siehe → **Interessenausgleich** Rn. 3), sondern den Ausgleich und die Abmilderung der den Arbeitnehmern hierdurch entstehenden wirtschaftlichen **Nachteile**. In diesem Falle können sich hieraus **Ansprüche** der Arbeitnehmer ergeben (BAG v. 14.11.2006 – 1 AZR 40/06, a. a. O.).

Abweichung von einem Interessenausgleich (§ 113 Abs. 1 und 2 BetrVG)

Weicht der Unternehmer von einem → **Interessenausgleich** »ohne zwingenden Grund« ab, **2**
steht den hiervon betroffenen Arbeitnehmern ein Anspruch auf »Nachteilsausgleich« zu (§ 113 BetrVG).
Im Einzelnen gilt Folgendes:
- Arbeitnehmer, die infolge der Abweichung entlassen werden, erwerben einen einklagbaren Anspruch auf Zahlung einer → **Abfindung**. Die Bemessung der Abfindungshöhe erfolgt gemäß § 113 Abs. 1 Halbs. 2 BetrVG i. V. m. § 10 KSchG unter Berücksichtigung des Lebensalters und der Betriebszugehörigkeit. Bei der Ermessensentscheidung sind die Arbeitsmarktchancen der betroffenen Arbeitnehmer und das Ausmaß des betriebsverfassungswidrigen Verhaltens des Unternehmers zu beachten (BAG v. 18.10.2011 – 1 AZR 335/10, NZA 2012, 221). Der **Sanktionscharakter** der Abfindung führt dazu, dass der Abfindungsanspruch nicht von der finanziellen Leistungsfähigkeit oder individuellen Leistungsbereitschaft des Arbeitgebers abhängt (BAG v. 18.10.2011 – 1 AZR 335/10, a. a. O.; 20.11.2001 – 1 AZR 97/01, AiB 2002, 633 = NZA 2002, 992).
- Erleiden Arbeitnehmer infolge der Abweichung vom Interessenausgleich **einen sonstigen wirtschaftlichen Nachteil** (z. B. Versetzung auf einen schlechter bezahlten Arbeitsplatz), so hat der Unternehmer den Nachteil bis zu einem Zeitraum von zwölf Monaten auszugleichen (§ 113 Abs. 2 BetrVG; z. B. Weiterzahlung des Verdienstes in der bisherigen Höhe). Von der Vorschrift erfasst sind nach Ansicht des BAG nur solche Arbeitnehmer, deren

Nachteilsausgleich

Arbeitsverhältnis von der Betriebsänderung unmittelbar **nachteilig betroffen** ist (BAG v. 22.1.2013 – 1 AZR 873/11, EzA § 113 BetrVG 2001 Nr. 9). Der Anspruch auf Nachteilsausgleich setze eine Abweichung vom Interessenausgleich über die geplante Betriebsänderung voraus. Dies betreffe nur die im Interessenausgleich bezeichneten Arbeitsverhältnisse, die nach der Vorstellung der Betriebsparteien von der unternehmerischen Maßnahme nachteilig betroffen sein können.

3 Liegt ein »**zwingender Grund**« (= nur eine extreme Situation, die dem Arbeitgeber praktisch keine andere Wahl lässt) für eine Abweichung vom Interessenausgleich vor, dann besteht zwar kein Anspruch auf Nachteilsausgleich. Jedoch sind die Betroffenen in den möglicherweise bereits abgeschlossenen → **Sozialplan** einzubeziehen.
Ggf. ist ein (neuer) Sozialplan aufzustellen.

Nicht versuchter Interessenausgleich (§ 113 Abs. 3 BetrVG)

4 Anspruch auf Abfindung und Ausgleich sonstiger Nachteile besteht nach § 113 Abs. 3 BetrVG auch dann, wenn der Unternehmer die Betriebsänderung vornimmt, ohne mit dem Betriebsrat einen Interessenausgleich »**versucht**« zu haben und infolge der Maßnahme Arbeitnehmer entlassen werden oder andere wirtschaftliche Nachteile erleiden.

5 Der Anspruch aus § 113 Abs. 3 BetrVG dient vornehmlich der Sicherung des sich aus § 111 Satz 1 BetrVG ergebenden **Verhandlungsanspruchs des Betriebsrats** und schützt dabei mittelbar die Interessen der von einer Betriebsänderung betroffenen Arbeitnehmer. Er entsteht, sobald der Unternehmer mit der Ausführung der Betriebsänderung **begonnen** hat, ohne bis dahin einen Interessenausgleich mit dem Betriebsrat versucht zu haben (BAG v. 14.4.2015 – 1 AZR 223/14). Der Unternehmer **beginnt** mit der Ausführung einer Betriebsänderung, wenn er **unumkehrbare Maßnahmen** ergreift und damit **vollendete Tatsachen** schafft. Eine Betriebsänderung in Form der Stilllegung besteht in der Aufgabe des Betriebszwecks unter gleichzeitiger Auflösung der Betriebsorganisation für unbestimmte, nicht nur vorübergehende Zeit. Das ist etwa dann der Fall, wenn er die bestehenden Arbeitsverhältnisse zum Zwecke der Betriebsstilllegung **kündigt** (vgl. BAG v. 14.4.2015 – 1 AZR 223/14; 23.9.2003 – 1 AZR 576/02).

6 »Versucht« ist ein Interessenausgleich nur, wenn es zwischen Arbeitgeber und Betriebsrat zu Verhandlungen gekommen ist und im Falle des Scheiterns die → **Einigungsstelle** angerufen wurde (BAG v. 18.12 1984 – 1 AZR 176/82; wobei die Einigungsstelle allerdings keine verbindliche Entscheidung treffen kann; siehe → **Interessenausgleich** Rn. 18).

> **Beispiel für eine Geltendmachung eines Nachteilsausgleichs nach § 113 Abs. 3 BetrVG:**
> An Firma …
> *Nachteilsausgleich (§ 113 Abs. 3 BetrVG)*
> Sehr geehrte Damen und Herren,
> Sie haben mit Wirkung zum … den Betrieb …/die Abteilung … stillgelegt, ohne mit dem Betriebsrat einen Interessenausgleich versucht zu haben. Aufgrund der Stilllegung bin ich entlassen worden.
> Ich fordere Sie gemäß § 113 Abs. 3 BetrVG in Verbindung mit § 10 KSchG auf, mir eine Abfindung in Höhe von … Monatsverdiensten, also einen Abfindungsbetrag von … Euro zu zahlen.
> Ich bitte Sie, mir Ihre Zahlungsbereitschaft bis zum … zu bestätigen.
> Nach ergebnislosem Ablauf der Frist werde ich Zahlungsklage erheben.
> Mit freundlichem Gruß
> …
> (Unterschrift des/der Arbeitnehmer/in)
> Durchschrift an den Betriebsrat zur Kenntnisnahme

Nachteilsausgleich

Beachten:
Der Anspruch auf Nachteilsausgleich muss innerhalb etwaig für das Arbeitsverhältnis geltender vertraglicher oder tariflicher → **Ausschlussfristen/Verfallfristen** geltend gemacht und ggf. eingeklagt werden (BAG v. 21.10.1997 – 1 AZR 138/97; vgl. auch Fitting, BetrVG, 27. Aufl., § 113 Rn. 48).
Ob eine verspätete Geltendmachung zu einem Verlust des Anspruchs auf Nachteilsausgleich führt, hängt von der Reichweite der jeweiligen Ausschlussfristenregelung bzw. ihrer Wirksamkeit ab. Beginnt eine tarifliche Ausschlussfrist mit der **Fälligkeit** des Anspruches, wird ein Anspruch auf Abfindung nach § 113 Abs. 3 BetrVG auch dann mit der Beendigung des Arbeitsverhältnisses fällig, wenn über die Kündigung, die zur Beendigung des Arbeitsverhältnisses geführt hat, noch ein Kündigungsschutzprozess anhängig ist (BAG v. 3.8.1982 – 1 AZR 77/81). Die Erhebung einer Kündigungsschutzklage kann die Fälligkeit eines Anspruchs auf Nachteilsausgleich nicht hinausschieben (BAG v. 24.1.1996 – 1 AZR 591/95). 7

Die mit Gesetz vom 25.9.1996 in § 113 Abs. 3 BetrVG eingeführte »**Fristenregelung**« ist durch das »Gesetz ... zur Sicherung der Arbeitnehmerrechte« vom 19.12.1998 zu Recht **wieder beseitigt worden**. 8

Verrechnung mit Sozialplanansprüchen

Nach Ansicht des BAG ist der Arbeitgeber berechtigt, den Abfindungsanspruch nach § 113 BetrVG mit einem Abfindungsanspruch aus einem → **Sozialplan zu verrechnen** (BAG v. 20.11.2001 – 1 AZR 97/01, DB 2002, 950). 9

Verfall- und Verjährungsfristen

Beachten:
Die Ansprüche auf einen »Nachteilsausgleich« gemäß § 113 BetrVG müssen, sofern ein Tarifvertrag gilt, innerhalb der oft sehr kurzen vertraglichen oder tariflichen → **Ausschlussfristen/Verfallfristen** geltend gemacht werden! 10

Ebenfalls beachtet werden müssen die gesetzlichen Verjährungsfristen nach §§ 195 ff. BGB; siehe → **Verjährung**. 11

Arbeitshilfen

Musterschreiben
- Geltendmachung eines Nachteilsausgleichs nach § 113 Abs. 1 BetrVG
- Geltendmachung eines Nachteilsausgleichs nach § 113 Abs. 3 BetrVG

Rechtsprechung

1. Nachteilsausgleich (§ 113 BetrVG)
2. Nachteilsausgleich in Tendenzbetrieben (§ 118 BetrVG)
3. Nachteilsausgleich im Insolvenzverfahren
4. Nachteilsausgleich und Ausschlussfristen / Verfallfristen

Nebentätigkeit

Was ist das?

1 Eine Nebentätigkeit des Arbeitnehmers (auch in Form einer selbständigen Tätigkeit) neben seiner Hauptbeschäftigung ist grundsätzlich zulässig und durch das Grundrecht der **Berufsfreiheit** (Art. 12 Abs. 1 GG) geschützt.
2 Eine Nebentätigkeit ist jedoch unzulässig, wenn sie **berechtigte betriebliche Interessen** des Hauptarbeitgebers beeinträchtigt.
3 Eine arbeitsvertragliche Klausel, wonach eine Nebenbeschäftigung der **Zustimmung** des Arbeitgebers bedarf, stellt die Aufnahme einer beruflichen Tätigkeit unter **Erlaubnisvorbehalt**. Der Arbeitnehmer hat **Anspruch auf Zustimmung** des Arbeitgebers, wenn die Aufnahme der Nebentätigkeit berechtigte betriebliche Interessen nicht beeinträchtigt (BAG v. 11. 12. 2001 – 9 AZR 464/00, AiB 2003, 510).

Arbeitsvertragliche Klauseln, nach denen sich der Arbeitnehmer verpflichtet hat, vom Arbeitgeber nicht genehmigte Nebentätigkeiten zu unterlassen, sind **einschränkend auszulegen**. Es sind nur solche Nebentätigkeiten verboten, an deren Unterlassung der Arbeitgeber ein berechtigtes Interesse hat (BAG v. 26. 8. 1976 – 2 AZR 377/75, DB 1977, 544 = AP Nr. 68 zu § 626 BGB).

4 Eine **Beeinträchtigung** berechtigter betrieblicher Interessen kann vorliegen, wenn
- der Arbeitnehmer seinem Arbeitgeber unerlaubt **Konkurrenz** macht.

  Ohne Zustimmung des Arbeitgebers darf der Arbeitnehmer während des Bestehens des Arbeitsverhältnisses für eigene oder fremde Rechnung in dem **Handelszweig des Arbeitgebers** keine Geschäfte machen.

  Das ergibt sich für kaufmännische Angestellte aus § 60 HGB, für die übrigen Arbeitnehmer aus der arbeitsvertraglichen Treuepflicht des Arbeitnehmers gegenüber dem Arbeitgeber. Umgekehrt gilt: In einem anderen Handelszweig kann auch ohne Zustimmung des Arbeitgebers eine Nebentätigkeit ausgeübt werden, vorausgesetzt, die nachstehenden Einschränkungen werden beachtet.

- die Nebentätigkeit **ideelle Interessen** des Arbeitgebers beeinträchtigt. Das ist nach Ansicht des BAG etwa der Fall, wenn ein in einem Krankenhaus beschäftigter **Krankenpfleger** eine Nebentätigkeit als **Leichenbestatter** ausübt (BAG v. 28. 2. 2002 – 6 AZR 357/01, DB 2002, 1560).

- die Gefahr besteht, dass bei **zeitlichen Kollisionen** die Ausübung der Nebentätigkeit zu Lasten der Haupttätigkeit geht (BAG v. 21. 9. 1999 – 9 AZR 759/98, NZA 2000, 723).

- die Nebenbeschäftigung die **Arbeitskraft** des Arbeitnehmers in solchem Umfang **beeinträchtigt**, dass er zur Ausübung der vertraglich geschuldeten Arbeit bei dem Hauptarbeitgeber nicht mehr in der Lage ist.

  Dabei spielt eine Rolle, ob die im Arbeitszeitgesetz vorgeschriebene Höchstarbeitszeit (acht Stunden täglich von montags bis samstags; bei ungleichmäßiger Verteilung und Freizeitausgleich innerhalb von sechs Monaten auch bis zu zehn Stunden täglich; siehe → **Arbeitszeit**) überschritten wird.

Nebentätigkeit

Die Beschäftigungszeiten in allen Arbeitsverhältnissen sind **zusammenzurechnen**.
* eine (neu aufgenommene) Nebentätigkeit während des Urlaubs dem **Urlaubszweck widerspricht** (BAG v. 25. 2. 1988 – 8 AZR 596/85, AiB 1989, 130 = NZA 1988, 607).

Eine **Anzeigepflicht** des Arbeitnehmers in Bezug auf eine selbständige oder unselbständige Nebentätigkeit besteht, wenn dies vertraglich vereinbart ist. 5

Ist der Arbeitnehmer geringfügig beschäftigt (§ 8 SGB IV) und will er eine weitere geringfügige Beschäftigung aufnehmen, soll er nach abzulehnender Ansicht des BAG auch ohne Vereinbarung **anzeigepflichtig** sein (BAG v. 18. 11. 1988 – 8 AZR 12/86, DB 1989, 781).

Besonderheiten galten nach § 5 Abs. 3 AltTZG bei einer Nebentätigkeit im Falle der → **Altersteilzeit**. 6
Der Anspruch des Arbeitgebers auf die Erstattungsleistungen der Bundesagentur für Arbeit nach § 4 AltTZG ruhte während der Zeit, in der der Arbeitnehmer neben seiner Altersteilzeitarbeit Beschäftigungen oder selbständige Tätigkeiten ausgeübt hat, die die Geringfügigkeitsgrenze des § 8 SGB IV überschritten hatten. Der Anspruch auf die Leistungen erlosch sogar, wenn er mindestens 150 Kalendertage geruht hatte. Allerdings blieben Beschäftigungen oder selbständige Tätigkeiten unberücksichtigt, soweit der altersteilzeitarbeitende Arbeitnehmer sie bereits innerhalb der letzten fünf Jahre vor Beginn der Altersteilzeitarbeit ständig ausgeübt hatte.§ 5 Abs. 3 AltTZG ist aber – nachdem die Förderung der Altersteilzeit durch die Bundesagentur für Arbeit nur noch für Altersteilzeitverhältnisse vorzunehmen ist, die vor dem 1. 1. 2010 begonnen haben (vgl. § 16 AltTZG) – **gegenstandslos geworden**. Das heißt: für Altersteilzeitverhältnisse, die nach dem 31. 12. 2009 begonnen haben, besteht keine Beschränkung des Hinzuverdienstes mehr (vgl. Hanau, NZA 2009, 225; siehe auch → **Altersteilzeit** Rn. 71).

Kündigung

Ist ein Arbeitnehmer während einer ärztlich attestierten **Arbeitsunfähigkeit** schichtweise einer Nebenbeschäftigung bei einem anderen Arbeitgeber nachgegangen, so kann nach abzulehnender Ansicht des BAG je nach den Umständen auch eine fristlose Kündigung ohne vorherige Abmahnung gerechtfertigt sein (BAG v. 26. 8. 1993 – 2 AZR 154/93, AiB 1994, 435). 7

Ist in derartigen Fällen der Beweiswert des ärztlichen Attestes erschüttert bzw. entkräftet, so hat der Arbeitnehmer **konkret darzulegen**, weshalb er krankheitsbedingt gefehlt hat und trotzdem der Nebenbeschäftigung nachgehen konnte (BAG v. 26. 8. 1993 – 2 AZR 154/93, a. a. O.).

Demgegenüber hat das LAG Köln die zutreffende Auffassung vertreten, dass eine zulässige Nebentätigkeit in aller Regel auch während einer Arbeitsunfähigkeit ausgeübt werden darf (LAG Köln v. 7. 1. 1993 – 10 Sa 632/92 [rkr.], AiB 1993, 471). Ist die Nebentätigkeit nach Art und Ausmaß geeignet, die **Genesung zu verzögern**, dann liege darin in aller Regel noch kein wichtiger Grund zur → **außerordentlichen Kündigung** (LAG Köln v. 7. 1. 1993 – 10 Sa 632/92, a. a. O.). Werde durch die Ausübung einer Nebentätigkeit die im Arbeitsverhältnis vertraglich geschuldete Leistung beeinträchtigt, dann bedürfe es vor einer hierauf gestützten Kündigung in aller Regel einer → **Abmahnung** (LAG Köln v. 7. 1. 1993 – 10 Sa 632/92, a. a. O.).

Bedeutung für die Betriebsratsarbeit

Der Arbeitgeber ist gemäß § 80 Abs. 2 BetrVG verpflichtet, den Betriebsrat darüber zu informieren, **welche Mitarbeiter** angemeldete Nebentätigkeiten verrichten, welchen Umfang die Nebentätigkeit hat und welcher Art sie ist (LAG Baden-Württemberg v. 22. 11. 1991 – 12 Ta BV 8/91 (rkr.), AiB 1993, 238). 8

Nebentätigkeit

Demgegenüber hat der Betriebsrat nach Ansicht des LAG Köln keinen Anspruch darauf, von dem Arbeitgeber darüber informiert zu werden, welchen Arbeitnehmern eine **Nebentätigkeitsgenehmigung erteilt** worden ist und erteilt wird und auf welche Art und welchen Umfang der Arbeit sie sich erstreckt (LAG Köln v. 11.1.1995 – 8 TaBV 55/94, NZA 1995, 443). Der Entscheidung des LAG Baden-Württemberg v. 22.11.1991 ist zuzustimmen.

Aufgabe des Betriebsrats ist es, eine sachlich nicht gerechtfertigte Ungleichbehandlung der Arbeitnehmer – auch in Bezug auf die Handhabung des Themas »Nebentätigkeit« (z. B. Anmelde- und Genehmigungspflichten) – zu unterbinden (§ 75 BetrVG).

Sein vom LAG Baden-Württemberg bestätigter Informationsanspruch gibt ihm die Möglichkeit dazu.

9   Das Unterrichtungsrecht des Betriebsrats wird durch **datenschutzrechtliche Bestimmungen** nicht eingeschränkt (LAG Baden-Württemberg v. 22.11.1991 – 12 Ta BV 8/91 (rkr.), AiB 1993, 238).

Rechtsprechung

1. Anzeige von Nebentätigkeiten
2. Anspruch auf Nebentätigkeit – Nebentätigkeitsklausel
3. Widerruf einer Nebentätigkeitsgenehmigung
4. Informationsrechte des Betriebsrats
5. Nebentätigkeit während einer Arbeitsunfähigkeit – Kündigung
6. Untersagung einer Nebentätigkeit aufgrund Wettbewerbsverbots

Öko-Audit

Was ist das?

Der Begriff »Öko-Audit« steht für »**Umweltbetriebsprüfung**« und ist Regelungsgegenstand   1
der **Verordnung (EG) Nr. 1221/2009** vom 25.11.2009 des Europäischen Parlaments und des
Rates über die freiwillige Teilnahme von Organisationen an einem Gemeinschaftssystem für
Umweltmanagement und Umweltbetriebsprüfung und zur Aufhebung der Verordnung (EG)
Nr. 761/2001 sowie der Beschlüsse der Kommission 2001/681/EG und 2006/193/EG.
Die Verordnung (EG) Nr. 1221/2009 – sie wird auch kurz als **EMAS III** bezeichnet – ist am
11.1.2010 in Kraft getreten. Mit ihr wurden die zuvor geltenden Regelungen (u. a. Verordnung
[EG]-Verordnung Nr. 761/2001) zusammengefasst und teilweise verändert. U. a. wurden Erleichterungen für kleine und mittlere Unternehmen eingeführt, die ihre Umwelterklärung
(siehe Rn. 24) nicht mehr jährlich, sondern alle zwei Jahre aktualisieren und nur alle vier (statt
drei) Jahre durch einen Gutachter überprüfen lassen müssen.
Mit dem **Umweltauditgesetz (UAG)** in der Fassung der Bekanntmachung vom 4.9.2002   2
(BGBl. I S. 3490) – zuletzt geändert durch Art. 3 des Gesetzes vom 25.11.2015 (BGBl. I S. 2092)
– und der bundesdeutschen **Verordnung über Gebühren und Auslagen** für Amtshandlungen
der Zulassungsstelle und der Widerspruchsbehörde bei der Durchführung des Umweltauditgesetzes vom 4.9.2002 (BGBl. I S. 3503) wurden bundeseinheitliche Rechtsgrundlagen für den
Vollzug der **Verordnung (EG) Nr. 1221/2009** geschaffen.
Ziel der EG-Verordnung ist die Realisierung eines vorbeugenden Umweltschutzes in der   3
Unternehmenspolitik. Umweltschutz soll sich nicht länger in einer nachträglichen Reparatur
von Umweltschäden erschöpfen.
Vielmehr soll das Prinzip »vorbeugen ist besser als heilen« von vornherein in der Unternehmenspolitik angelegt sein.
Ein an den Zielen der EG-Verordnung ausgerichtetes Unternehmen zeichnet sich u. a. durch   4
folgende **Eigenschaften** aus:
- Bei Unternehmensleitung und Beschäftigten wird das Verantwortungsbewusstsein für die Umwelt gefördert.
- Die Umweltauswirkungen jeder neuen Tätigkeit, jedes neuen Produkts und jedes neuen Verfahrens werden im Voraus beurteilt.
- Die Auswirkungen der gegenwärtigen Tätigkeit auf die lokale Umgebung werden beurteilt und überwacht. Alle bedeutenden Auswirkungen dieser Tätigkeiten auf die Umwelt im Allgemeinen werden geprüft.
- Es werden die notwendigen Maßnahmen ergriffen, um Umweltbelastungen zu vermeiden bzw. zu beseitigen und, wo dies zu bewerkstelligen ist, umweltbelastende Emissionen und das Abfallaufkommen auf ein Mindestmaß zu verringern und die Ressourcen zu erhalten; hierbei werden mögliche umweltfreundliche Technologien berücksichtigt.
- Es werden notwendige Maßnahmen ergriffen, um abfallbedingte Emissionen von Stoffen oder Energie zu vermeiden.
- Es werden Verfahren zur Kontrolle der Übereinstimmung mit der Umweltpolitik festgelegt

Öko-Audit

und angewandt; sofern diese Verfahren Messungen und Versuche erfordern, wird für die Aufzeichnung und Aktualisierung der Ergebnisse gesorgt.
- Es werden Verfahren und Maßnahmen für die Fälle festgelegt und auf dem neuesten Stand gehalten, in denen festgestellt wird, dass das Unternehmen seine Umweltpolitik und Umweltziele nicht einhält.
- Zusammen mit den Behörden werden besondere Verfahren ausgearbeitet und auf dem neuesten Stand gehalten, um die Auswirkungen von etwaigen abfallbedingten Ableitungen möglichst gering zu halten.
- Die Öffentlichkeit erhält alle Informationen, die zum Verständnis der Umweltauswirkungen der Tätigkeit des Unternehmens benötigt werden; ferner wird ein offener Dialog mit der Öffentlichkeit geführt.
- Die Kunden werden über die Umweltaspekte im Zusammenhang mit der Handhabung, Verwendung und Endlagerung der Produkte des Unternehmens in angemessener Weise beraten.
- Es werden Vorkehrungen getroffen, durch die gewährleistet wird, dass die auf dem Betriebsgelände arbeitenden Vertragspartner des Unternehmens die gleichen Umweltnormen anwenden wie es selbst.

5 Die Einführung eines derartigen umfassenden Umweltmanagement- und -prüfsystems nach der EG-Verordnung ist nicht verbindlich vorgeschrieben, sondern **freiwillig**.
Die **Vorteile für das Unternehmen** liegen allerdings auf der Hand:
- **Verbesserung der Wettbewerbsfähigkeit** (Imageverbesserung in der Öffentlichkeit, Erhöhung der Glaubwürdigkeit, Konkurrenzvorteile bei Beteiligung an Ausschreibungen, Werbung auf dem Briefkopf und im Firmenlogo, Langzeitsicherung des Unternehmens, Erschließung neuer Zukunftsmärkte).
- **Senkung der Kosten** (Kostenersparnis durch Senkung der Energie-, Nachsorge-, Abwasseraufbereitungs- und Entsorgungskosten, Erkennen und Aufbau weiterer Einsparpotentiale).
- **Verbesserung des Arbeitsablaufs** (Erkennen und Beseitigen von Schwachstellen im Unternehmen, Förderung des Umweltbewusstseins und der Motivation der Beschäftigten).
- **Risikominderung** (Vermeidung von Umweltschäden und Haftung, Vermeiden von behördlichen Eingriffen in den Betrieb, bessere Verhandlungsbasis bei Versicherungen, insbes. im Hinblick auf Umwelt- und Produkthaftung, bessere Verhandlungsbasis bei Kreditanträgen bei Banken).

6 Entschließt sich ein Unternehmen zur Einführung eines Umweltmanagements und einer Umweltbetriebsprüfung nach der EG-Verordnung, so ist eine Umsetzung dieses Beschlusses allerdings mit einer umfassenden **Neuordnung** der Unternehmens- und Betriebsstrukturen verbunden.

7 Die EG-Verordnung beschreibt im Einzelnen die notwendigen **Strukturveränderungen** im Unternehmen.

8 An zentraler Stelle steht eine Neuorientierung und Ausrichtung der **Unternehmenspolitik** auf umweltpolitische Prinzipien und Ziele.
Diese werden von der Unternehmensleitung in Form von **Umweltleitlinien** festgelegt und in regelmäßigen Zeitabständen im Rahmen von **Umweltbetriebsprüfungen** (= Öko-Audits) überprüft und ggf. angepasst.

9 Umweltleitlinien und Umweltbetriebsprüfungen befassen sich u. a. mit folgenden **Problemstellungen**:
- Beurteilung, Kontrolle und Verringerung der Folgen der Unternehmenstätigkeit auf die verschiedenen Umweltbereiche;
- Energiemanagement, Energieeinsparen und Auswahl der Energiequellen;

Öko-Audit

- Bewirtschaftung, Einsparung, Auswahl und Transport von Rohstoffen; Wasserbewirtschaftung und -einsparung;
- Vermeidung, Recycling, Wiederverwendung, Transport und Endlagerung von Abfällen;
- Bewertung, Kontrolle und Verringerung der Lärmbelästigung innerhalb und außerhalb des Standortes;
- Auswahl neuer und Änderungen bei bestehenden Produktionsverfahren;
- umweltgerechte Produktplanung (Design, Verpackung, Transport, Verwendung und Endlagerung);
- betrieblicher Umweltschutz und Praktiken bei Auftragnehmern, Unterauftragnehmern und Lieferanten;
- Verhütung und Begrenzung umweltschädigender Unfälle;
- besondere Verfahren bei umweltschädigenden Unfällen;
- Information und Ausbildung des Personals auf ökologische Fragestellungen;
- externe Information über ökologische Fragestellungen.

Ist die Umweltpolitik formuliert, wird eine **erstmalige Umweltbetriebsprüfung** vorgenommen: Hierdurch erhält das Unternehmen eine Bestandsaufnahme und Analyse der Umweltauswirkungen des untersuchten Betriebs.   10

Ausgehend hiervon werden auf allen Ebenen des Unternehmens konkrete **Umweltziele** definiert und festgelegt. Die Ziele werden, soweit möglich, quantitativ bestimmt und mit Zeitangabe versehen.   11

> **Beispiel:**
> Der Gesamt-Energieverbrauch des Unternehmens wird bis Ende des Geschäftsjahres um 15% gesenkt.

Sind die **Umweltziele** festgelegt, werden zur Umsetzung der Ziele – bezogen auf den (oder die) Standort(e) des Unternehmens – ein oder mehrere **Umweltprogramme** aufgestellt und fortgeschrieben.   12

Das Umweltprogramm enthält neben den Zielen und Zeitvorgaben **Festlegungen** darüber:
- wer verantwortlich ist für die termingerechte Realisierung der einzelnen Umweltziele,
- mit welchen Mitteln/Maßnahmen die Ziele erreicht werden sollen.

In einem **Umweltmanagementhandbuch** werden die Leitlinien der Umweltpolitik, die Umweltziele und das Umweltprogramm dokumentiert.   13

Das Umweltmanagementhandbuch ist **Handlungsleitfaden** für alle Führungskräfte und Beschäftigten.

Damit Umweltschutz nicht nur in der Theorie, sondern auch in der Praxis funktioniert, sind geeignete Organisationsstrukturen, also ein **Umweltmanagementsystem** zu schaffen.   14

Das Umweltmanagementsystem ist gewissermaßen der »**Motor**«, der den Umweltschutz im Unternehmen aufbaut und »in Gang hält«.

Das Umweltmanagementsystem muss so beschaffen sein, dass Umweltpolitik, -ziele und -programme nach ihrer Festlegung fortlaufend überprüft und angepasst werden können.

Hierzu gehört die Bestellung eines **Verantwortlichen**, der mit entsprechenden Befugnissen und Verantwortung ausgestattet ist.   15

Für Beschäftigte in Schlüssel- und Leitungsfunktionen müssen Verantwortlichkeiten und Befugnisse definiert und festgelegt werden.   16

Im Bereich »**Organisation und Personal**« müssen Strukturen geschaffen werden, die geeignet sind, bei der Belegschaft Umweltbewusstsein und Motivation zu umweltgerechtem Handeln zu entwickeln.   17

Notwendig ist insbesondere die Durchführung von **Schulungen und Workshops**.

Öko-Audit

18 Schließlich umfasst das Umweltmanagementsystem Regularien und Verfahrensweisen, die sicherstellen, dass
- die Auswirkungen auf die Umwelt bewertet und registriert werden,
- eine wirksame Aufbau- und Ablaufkontrolle stattfindet,
- das Umweltmanagement dokumentiert wird,
- die Umweltbetriebsprüfung (= Öko-Audit) regelmäßig – mindestens alle drei Jahre – und in der vorgeschriebenen Weise erfolgt.

19 Im Rahmen dieser **regelmäßigen Öko-Audits** wird geprüft, ob die Umweltnormen/Umweltziele eingehalten werden und ob das bestehende **Umweltmanagementsystem** zur Bewältigung der Umweltaufgaben wirksam und geeignet ist.

20 Setzt ein Unternehmen die Anforderungen der EG-Verordnung um, kann es sich dies durch externe unabhängige **Umweltgutachter** – ähnlich wie bei der Qualitätssicherung nach → **ISO 9000** – **zertifizieren** lassen.

21 Die Umweltgutachter bedürfen einer **Zulassung** durch die Deutsche Akkreditierungs- und Zulassungsgesellschaft für Umweltgutachter mbH (DAU) mit Sitz in Bonn; www.dau-bonn-gmbh.de). Aufgabe der Zulassungsstelle ist es auch, die Tätigkeit der Umweltgutachter zu überwachen.
Hierdurch sollen Objektivität, Neutralität und Kompetenz der Umweltgutachter sichergestellt werden.

22 Eine Liste der zugelassenen Umweltgutachter wird u. a. auch im Mitteilungsblatt der Europäischen Union **veröffentlicht**.

23 Der Umweltgutachter **überprüft** die Richtigkeit der **Umwelterklärung** des Unternehmens (siehe Rn. 24). Er wird aufgrund eines Vertrages mit dem Unternehmen tätig.
Der Vertrag legt Gegenstand und Umfang der Arbeiten fest und gibt dem Gutachter die Möglichkeit, professionell und unabhängig zu arbeiten.
Das Unternehmen ist zur Zusammenarbeit verpflichtet.
Der Gutachter ist aufgrund des Vertrages berechtigt, **Einsicht** in Unterlagen zu nehmen, den Betrieb und das Betriebsgelände in Augenschein zu nehmen und mit dem Personal Gespräche zu führen.
Ohne Genehmigung der Unternehmensleitung darf der Gutachter keine Informationen an Dritte weitergeben.

24 Gegenstand der Prüfung des Umweltgutachters ist die **Umwelterklärung** des Unternehmens. Diese Erklärung wird u. a. für die Öffentlichkeit verfasst und beinhaltet:
- Name und Anschrift des Unternehmens/Betriebs;
- eine Beschreibung der Tätigkeiten des Betriebs;
- eine Beurteilung aller wichtigen Umweltfragen im Zusammenhang mit den betreffenden Tätigkeiten;
- eine Zusammenfassung der Zahlenangaben über Rohstoff-, Energie- und Wasserverbrauch, Abwasseraufkommen und ggf. über Lärm und andere bedeutsame Aspekte wie Bodenbelastungen und Flächenverbrauch;
- sonstige Fakten, die den betrieblichen Umweltschutz betreffen;
- eine Darstellung der Umweltpolitik, des Umweltprogramms und des Umweltmanagements des Unternehmens;
- den Termin für die Vorlage der nächsten Umwelterklärung;
- Name und Anschrift des zugelassenen Umweltgutachters.

25 Der Umweltgutachter **prüft**, ob
- im Unternehmen/Betrieb alle Vorschriften der EG-Verordnung eingehalten werden, insbesondere in Bezug auf die Umweltpolitik, das Umweltprogramm, die (erstmalige) Umweltprüfung, das Funktionieren des Umweltmanagementsystems, das Verfahren der regelmäßigen Umweltbetriebsprüfung und die Umwelterklärung;

Öko-Audit

- in der Umwelterklärung die angegebenen Daten und Informationen zuverlässig und plausibel sind;
- in der Umwelterklärung alle wichtigen Umweltfragen angemessen berücksichtigt sind.

Die Begutachtung schließt ab mit einem **Bericht**, in dem das Ergebnis der Prüfung dargestellt wird. Insbesondere werden in dem Bericht benannt: 26

- die festgestellten Verstöße gegen die EG-Verordnung;
- die verfahrenstechnischen Mängel, die bei der Umweltprüfung, bei der Methode der Umweltbetriebsprüfung, dem Umweltmanagementsystem oder allen sonstigen Verfahren zu verzeichnen sind;
- die Einwände gegen den Entwurf der Umwelterklärung sowie Einzelheiten der Änderungen oder Zusätze, die in die Umwelterklärung aufgenommen werden müßten.

Stellt der Umweltgutachter fest, dass das Unternehmen die Anforderungen der EG-Verordnung erfüllt, erklärt er die **Umwelterklärung für gültig**. 27

Die als gültig anerkannte Umwelterklärung wird vom Unternehmen veröffentlicht und an die zuständige **Registrierstelle** (Industrie- und Handelskammer bzw. Handwerkskammer) weitergeleitet.

Die Registrierstelle trägt den Betrieb in ein **Verzeichnis** ein und teilt ihm die Registriernummer mit.

Das Unternehmen darf jetzt in seiner Geschäftspost durch Verwendung eines sog. **Umweltmanagementzeichens** darauf hinweisen, dass es an dem Gemeinschaftssystem für das Umweltmanagement und die Umweltbetriebsprüfung teilnimmt.

Das Umweltmanagementzeichen bezieht sich allerdings lediglich auf den oder die **überprüften Standorte** des Unternehmens. Ein Aufdruck auf Produkten, Erzeugnissen oder Verpackungen ist nicht gestattet.

Die Europäische Union **veröffentlicht** die registrierten Unternehmen/Betriebe.

Stellt der Gutachter dagegen fest, dass Umweltpolitik, Umweltprüfung bzw. Umweltbetriebsprüfung, Umweltprogramm oder Umweltmanagementsystem nicht den Anforderungen der EG-Verordnung entsprechen, unterbreitet er dem Unternehmen entsprechende **Empfehlungen zur Nachbesserung**. 28

Er erklärt die Umwelterklärung erst dann für gültig, wenn die Nachbesserungen vorgenommen worden sind.

Stellt der Gutachter **Mängel** in dem Entwurf der Umwelterklärung fest, schlägt er dem Unternehmen Änderungen bzw. Zusätze vor und erklärt die Umwelterklärung erst dann für gültig, wenn das Unternehmen die Erklärung um die Änderungen bzw. Zusätze ergänzt. 29

In einem Abstand von mindestens drei Jahren muss die Umweltbetriebsprüfung von dem Unternehmen **wiederholt** werden. In kleinen und mittleren Unternehmen beträgt der zeitliche Abstand vier Jahre (siehe Rn. 1). 30

Daran schließt sich eine **erneute Umwelterklärung** an, die wiederum durch einen Umweltgutachter zu prüfen ist.

Bedeutung für die Betriebsratsarbeit

Der **betriebliche Umweltschutz** ist in das BetrVG integriert. 31

Hervorzuheben ist § 80 Abs. 1 Nr. 9 BetrVG: Hiernach ist es Aufgabe des Betriebsrats, Maßnahmen des betrieblichen Umweltschutzes **zu fördern**.

In weiteren Bestimmungen werden Rechte des Betriebsrats und Pflichten des Arbeitgebers geregelt (§§ 43 Abs. 2, 45, 53 Abs. 2 Nr. 2, 88 Nr. 1 a, 69 und 106 Nr. 5 a BetrVG; siehe → **Umweltschutz im Betrieb**).

Öko-Audit

32 Der Betriebsrat kann dem Arbeitgeber unter Hinweis auf seine Aufgabenstellung vorschlagen, ein **Umweltmanagementsystem** sowie eine **Umweltbetriebsprüfung** entsprechend den Anforderungen der EG-Verordnung aufzubauen.
Dass dies dem Arbeitgeber **Vorteile** bringt, wurde schon oben erläutert (siehe Rn. 5).

33 Entschließt sich der Arbeitgeber, dem Vorschlag des Betriebsrats zu folgen, entstehen bei der Umsetzung eines solchen umweltpolitischen Konzepts **Auswirkungen** auf die Beschäftigten (z. B. Veränderung der Arbeitsorganisation, Durchführung von Schulungsmaßnahmen), die weitere Aufgaben und → **Beteiligungsrechte des Betriebsrats** auslösen (z. B. nach §§ 89, 90, 96 bis 98 BetrVG).
Der Betriebsrat bekommt damit die Möglichkeit, auf die Gestaltung des Aufbaus und die Weiterentwicklung von Umweltmanagement und Umweltbetriebsprüfung **Einfluss zu nehmen**.
Dabei ist es erforderlich, dass im Gespräch mit interessierten Beschäftigten, gewerkschaftlichen Vertrauensleuten und ggf. externen Beratern (z. B. Technologieberatungsstelle) eigene Positionen und Vorstellungen zur Gestaltung des Prozesses entwickelt werden.

34 Ziel ist es, im Rahmen einer → **Betriebsvereinbarung** zum betrieblichen Umweltschutz alle wichtigen, die Belegschaft betreffenden Fragen so zu regeln, dass die Interessen der Beschäftigten ebenso gewahrt werden wie das Interesse an der Realisierung einer fortschrittlichen Umweltpolitik im Unternehmen.

35 Regelungsgegenstände einer Betriebsvereinbarung sollten insbesondere sein:
- Beteiligung der Interessenvertretung bei der Definition und Festlegung von Umweltpolitik, Umweltzielen, Umweltprogramm;
- Errichtung eines Ausschusses für Umweltschutz auf Betriebs-, Unternehmens- und ggf. Konzernebene;

Mitglieder des Ausschusses auf Unternehmensebene sollten sein: das für Umweltschutz zuständige Mitglied der Unternehmensleitung, der Umweltbeauftragte im Unternehmen, Vertreter des (Gesamt-)Betriebsrats und der (Gesamt-)Jugend- und Auszubildendenvertretung;

Mitglieder des Ausschusses auf Betriebsebene sollten sein: der Betriebsleiter, die Betriebsbeauftragten für Immissionsschutz, Abfall und Gewässerschutz (siehe → **Umweltschutz im Betrieb**), Verantwortliche für den Arbeits- und Gesundheitsschutz, Vertreter des Betriebsrats und der Jugend- und Auszubildendenvertretung, ggf. zusätzliche interne (z. B. Vertrauensleute) und externe → **Sachverständige**;
- Beteiligung des Betriebsrats bei der Bestellung und Abberufung des Umweltbeauftragten und der Betriebsbeauftragten für Immissionsschutz, Abfall und Gewässerschutz;
- regelmäßige Berichterstattungspflicht des Arbeitgebers, des Umweltbeauftragten bzw. des Betriebsbeauftragten;
- Beteiligung der Beschäftigten an der Formulierung und Durchsetzung des betrieblichen Umweltschutzes;

> **Beispiel:**
> Einrichtung von Projektgruppen und Freistellung für die Arbeit in den Projektgruppen;
> - Verankerung des betrieblichen Umweltschutzes in der → **Berufsbildung** (Aus- und Weiterbildung). Ziel: Erhöhung der ökologischen Handlungskompetenz;
> - Freistellung von Mitgliedern der betrieblichen Projektgruppen zur Weiterbildung in Sachen betrieblicher Umweltschutz in entsprechender Anwendung des § 37 Abs. 6 BetrVG: Fortzahlung des Arbeitsentgelts und Übernahme der Kosten durch den Arbeitgeber (Fahrtkosten, Übernachtung und Verpflegung, Teilnehmergebühr usw.; siehe → **Schulungs- und Bildungsveranstaltungen**).

Siehe auch → **Umweltschutz im Betrieb.**

Arbeitshilfen

Übersichten
- Schematische Darstellung des Umwelt-Audit-Systems
- Zertifizierung

Öko-Audit

Übersicht: Schematische Darstellung des Umwelt-Audit-Systems[1]

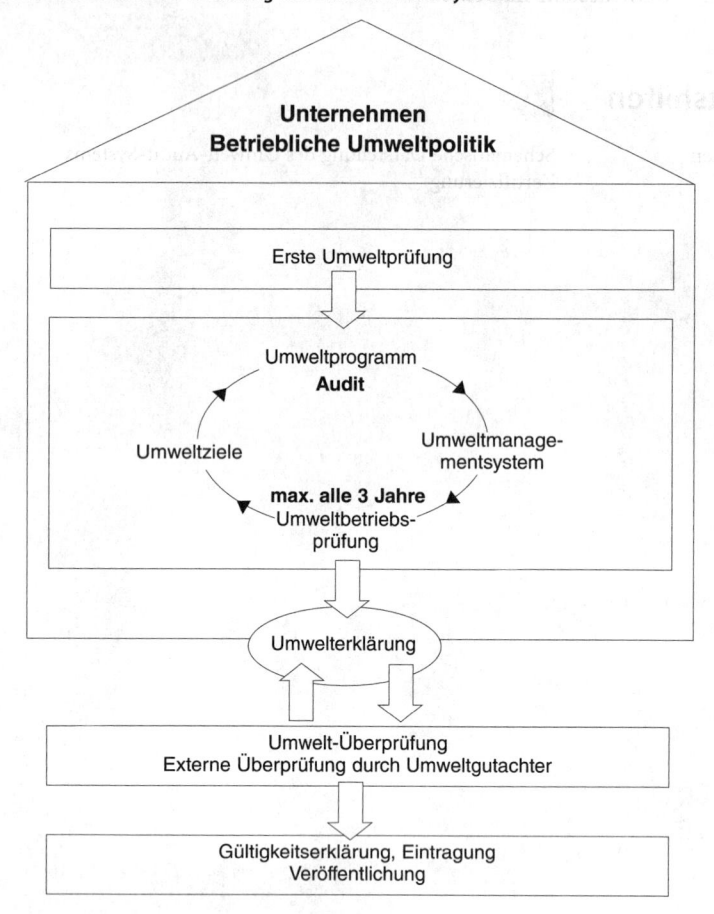

Unternehmen
Betriebliche Umweltpolitik

Erste Umweltprüfung

Umweltprogramm
Audit
Umweltmanagementsystem
Umweltziele
max. alle 3 Jahre
Umweltbetriebsprüfung

Umwelterklärung

Umwelt-Überprüfung
Externe Überprüfung durch Umweltgutachter

Gültigkeitserklärung, Eintragung
Veröffentlichung

---

1 Quelle: V. Teichert, EG-Verordnung zum Umwelt-Audit, AiB 1995, 337 ff.

Ordentliche Kündigung

Was ist das?

Als »ordentliche Kündigung« wird die fristgerechte Kündigung bezeichnet (im Unterschied zur fristlosen → **außerordentlichen Kündigung**). 1
Zum Begriff »Kündigung« siehe → **Kündigung**. 2
Die ordentliche → **Änderungskündigung** zielt auf eine Umgestaltung der arbeitsvertraglichen Bedingungen ab. 3
Im Hinblick auf die jeweilige Kündigungsbegründung unterscheidet man: → **betriebsbedingte Kündigung**, → **personenbedingte Kündigung**, → **verhaltensbedingte Kündigung**. 4
Zu den Anforderungen an die Wirksamkeit einer »ordentlichen Kündigung« und der Möglichkeit des Arbeitnehmers, sich gegen eine Kündigung zur Wehr zu setzen siehe unten: Bedeutung für den Beschäftigten. 5
Zu den »Kündigungsfristen« siehe → **Kündigungsfristen**. 6

Bedeutung für die Betriebsratsarbeit

Die Rechte des Betriebsrats bei einer ordentlichen Kündigung sind in § 102 BetrVG geregelt (siehe Rn. 16 ff.). 7
Bei geplanten → **Massenentlassungen** hat der Betriebsrat zusätzlich die Rechte nach §§ 111 ff. BetrVG (Informations- und Beratungsrechte, das Recht auf Verhandlungen über einen → **Interessenausgleich** sowie die Aufstellung eines → **Sozialplans**). 8
Außerdem hat er nach § 17 KSchG das Recht und die Pflicht, eine Stellungnahme zur Massenentlassungsabsicht des Arbeitgebers gegenüber der Arbeitsverwaltung (Agentur für Arbeit) abzugeben (siehe → **Kündigung**).
Kündigungsschutzrechtliche Sonderregelungen gelten im → **Insolvenzverfahren**. 9
§ 102 BetrVG gewährt dem Betriebsrat nicht – wie im Gesetz fälschlicherweise angegeben – ein Mitbestimmungsrecht, sondern nur ein wesentlich schwächeres Anhörungs- und Widerspruchsrecht. 10
Denn der Arbeitgeber ist durch den Widerspruch des Betriebsrats nicht gehindert, die beabsichtigte Kündigung dennoch auszusprechen (§ 102 Abs. 4 BetrVG).
Aber immerhin wird unter den Voraussetzungen des § 102 Abs. 5 Satz 1 BetrVG (ordnungsgemäßer Widerspruch des Betriebsrats, Kündigungsschutzklage und Weiterbeschäftigungsverlangen) ein besonderes gesetzliches Beschäftigungsverhältnis erzeugt: das heißt, das Arbeitsverhältnis besteht **kraft Gesetzes** fort und wird (erst) durch die rechtskräftige Abweisung der Kündigungsschutzklage aufgelöst (BAG v. 7.3.1996 – 2 AZR 432/95, AiB 1996, 616; 10.3.1987 – 8 AZR 146/84, NZA 1987, 373; 12.9.1985 – 2 AZR 324/84, NZA 1986, 424).
Zu weiteren Einzelheiten siehe Rn. 29 ff. und 35 ff.

Ordentliche Kündigung

Anhörung des Betriebsrats (§ 102 Abs. 1 BetrVG)

11 Der Arbeitgeber ist verpflichtet, den Betriebsrat vor Ausspruch der Kündigung »anzuhören«. Eine ohne Anhörung ausgesprochene Kündigung ist **unwirksam**.

> **Beachten:**
> Der Arbeitnehmer kann die Unwirksamkeit der Kündigung wegen fehlender oder mangelhafter Anhörung (neben anderen Unwirksamkeitsgründen) im Kündigungsschutzprozess geltend machen. Voraussetzung ist allerdings, dass er fristgerecht – also innerhalb von drei Wochen nach Zugang der schriftlichen Kündigung – **Kündigungsschutzklage** erhebt (§§ 4 Satz 1, 13 KSchG; neu gefasst durch das Gesetz zu Reformen am Arbeitsmarkt vom 24.12.2003 [BGBl. I S. 3002]; siehe → **Kündigungsschutz**). Andernfalls wird die Kündigung nach § 7 KSchG trotz des Anhörungsmangels wirksam.

Anhörung bedeutet: Der Arbeitgeber hat den Betriebsrat vor Ausspruch der Kündigung über
- die Person des zur Kündigung vorgesehenen Arbeitnehmers,
- die Kündigungsgründe,
- die beabsichtigte Kündigungsart (fristgerechte Kündigung, fristlose Kündigung, Änderungskündigung),
- Kündigungsfrist und Kündigungstermin

zu informieren und dem Betriebsrat Gelegenheit zur Stellungnahme zu geben (zu weiteren Einzelheiten siehe → **Kündigung**).

12 Nicht nur die unterlassene Anhörung des Betriebsrats macht eine Kündigung unwirksam. Auch die **fehlerhafte Anhörung** (z. B. unzureichende Angabe der Kündigungsgründe) führt zur Unwirksamkeit einer dennoch ausgesprochenen Kündigung (BAG v. 10.11.2005 – 2 AZR 44/05, NZA 2006, 655).

13 Dies gilt nach h. M. allerdings nicht, wenn der Arbeitgeber lediglich die → **Kündigungsfrist** falsch berechnet (LAG Schleswig-Holstein v. 23.2.1995 – 4 Sa 506/94, BB 1995, 1593; Fitting, BetrVG, 27. Aufl., § 102 Rn. 25; a. A. offenbar DKKW-*Bachner*, BetrVG, 15. Aufl., § 102 Rn. 70 und 254).

14 Fehler im Anhörungsverfahren, die dem **Verantwortungsbereich des Betriebsrats** zuzuordnen sind (z. B. der Betriebsratsvorsitzende – und nicht der Betriebsrat als Gremium – stimmt einer Kündigung zu), führen jedenfalls dann nicht zur Unwirksamkeit der Kündigung, wenn der Arbeitgeber vor Ausspruch der Kündigung den Ablauf der Wochenfrist des § 102 Abs. 2 Satz 1 BetrVG abwartet.
Zu weiteren Einzelheiten siehe → **Kündigung** Rn. 36 b ff.

> **Beachten:**
> 15 Für die Kündigungsmitteilung des Arbeitgebers ist Schriftform nicht vorgeschrieben. Daher setzt auch die mündliche Information das Anhörungsverfahren und die Wochenfrist des § 102 Abs. 2 Satz 1 BetrVG in Gang.

Siehe auch → **Kündigung**.

Bedenken (§ 102 Abs. 2 BetrVG)

16 Der Betriebsrat kann gegenüber der Kündigungsabsicht des Arbeitgebers »Bedenken« (§ 102 Abs. 2 Satz 1 BetrVG) erheben.
Mit »Bedenken« macht der Betriebsrat alle in Betracht kommenden Gesichtspunkte geltend, die geeignet sind, den Arbeitgeber zu bewegen, die Kündigung nicht auszusprechen (z. B. detailliertes Bestreiten des vom Arbeitgeber behaupteten Kündigungsgrundes, Hinweis auf

Ordentliche Kündigung

anderweitige Weiterbeschäftigungsmöglichkeiten, soziale Gesichtspunkte, Hinweise auf die Folgen der Kündigung für den Betroffenen und seine Familie).
Besondere Rechtsfolgen schließen sich an die Erhebung der Bedenken nicht an. Vor allem wird weder der zusätzliche Sozialwidrigkeitsgrund des § 1 Abs. 2 Satz 2 und 3 KSchG (siehe Rn. 28) geschaffen noch ein Weiterbeschäftigungs- und -vergütungsanspruch des gekündigten Beschäftigten nach § 102 Abs. 5 BetrVG (siehe Rn. 29 ff.) begründet.
Bedenken des Betriebsrats i. S. d. § 102 Abs. 2 BetrVG haben allenfalls eine faktische Wirkung, wenn sie den Arbeitgeber derart »bewegen«, dass er von einer Kündigung Abstand nimmt (was allerdings Seltenheitswert haben dürfte).
Was dem Arbeitnehmer wirklich hilft, ist ein ordnungsgemäßer **Widerspruch** nach Maßgabe des § 102 Abs. 3 BetrVG (siehe Rn. 17 ff.).

Widerspruch (§ 102 Abs. 3 BetrVG)

Zusätzlich zur Geltendmachung von »Bedenken« kann und sollte der Betriebsrat gegen jede ordentliche Kündigung oder Änderungskündigung »**Widerspruch**« einlegen (§ 102 Abs. 3 BetrVG und Rn. 43). 17

Das ist nicht nur ein Recht des Betriebsrats, sondern – aufgrund seiner Funktion als Interessenvertreter des von einer Kündigung bedrohten Arbeitnehmers – seine Pflicht.
Zu seinen Pflichten gehört es, die Rechtsposition des gekündigten Arbeitnehmers zu verbessern. Das ist nur durch Erhebung eines ordnungsgemäßen Widerspruchs im Sinne des § 102 Abs. 3 BetrVG möglich.
Nur ein **ordnungsgemäßer Widerspruch** verschafft dem Arbeitnehmer die Möglichkeit,
- sich in Kündigungsschutzverfahren auf den besonderen **zusätzlichen Sozialwidrigkeitsgrund** nach § 1 Abs. 2 Satz 2 und 3 KSchG (siehe hierzu Rn. 28) zu berufen und
- einen **Weiterbeschäftigungs und Vergütungsanspruch** für die Zeit nach Ablauf der Kündigungsfrist bis zum rechtskräftigen Abschluss des Kündigungsschutzprozesses geltend zu machen (§ 102 Abs. 5 BetrVG; siehe Rn. 29 ff., 35 ff.).

> **Beachten:**
> § 102 Abs. 3 bis 5 BetrVG findet nach zutreffender Ansicht des BAG entsprechende Anwendung bei der sog. außerordentlichen Kündigung mit Auslauffrist (BAG v. 12.01.2006 – 2 AZR 242/05, ZTR 2006, 338; 5.2.1998 – 2 AZR 227/97, NZA 1998, 771; siehe auch → **Kündigungsschutz [besonderer]** Rn. 58). Hinsichtlich der Betriebsratsbeteiligung stehe diese außerordentliche Kündigung einer ordentlichen Kündigung gleich. Der Betriebsrat kann also gegen eine solche Kündigung innerhalb einer Woche mit einem der in § 102 Abs. 3 BetrVG genannten Gründe Widerspruch erheben. Auch § 102 Abs. 5 BetrVG kommt zur Anwendung. Handelt es sich um eine betriebsbedingte außerordentliche Kündigung, gilt auch § 1 Abs. 3 KSchG (soziale Auswahl; vgl. BAG v. 5.2.1998 – 2 AZR 227/97, a. a. O.).

Mit einem »Widerspruch« macht der Betriebsrat einen oder mehrere der in § 102 Abs. 3 Nrn. 1 bis 5 BetrVG aufgeführten Widerspruchsgründe geltend. 17a
Die Auflistung der möglichen Widerspruchsgründe ist abschließend (LAG München v. 2.3.1994 – 5 Sa 908/92, NZA 1994, 1000).
Beruft sich der Betriebsrat auf andere Gründe, handelt es sich um bloße »Bedenken« im Sinne des § 102 Abs. 2 BetrVG.

> **Beispiel:**
> Der Arbeitgeber will einem Arbeitnehmer fristgerecht kündigen, weil dieser mehrfach seinen Vorgesetzten beleidigt habe. Der Betriebsrat begründet seinen Widerspruch damit, dass eine Kündi-

Ordentliche Kündigung

gung schon deshalb nicht gerechtfertigt sei, weil der Vorgesetzte den Mitarbeiter immer wieder provoziert und diskriminiert habe. Eine Abmahnung reiche völlig aus.

Ein solcher »Widerspruch« ist keiner. Der Betriebsrat macht lediglich (rechtlich wirkungslose) »Bedenken« geltend.

17b Es genügt auch nicht, den Wortlaut der in § 102 Abs. 3 BetrVG geregelten Tatbestände **nur zu wiederholen**!

> **Beispiel:**
> »... der Betriebsrat erhebt Widerspruch gegen die beabsichtigte fristgerechte Kündigung des Mitarbeiters B. Kiel gemäß § 102 Abs. 3 Nr. 3 BetrVG, weil dieser auf einem anderen Arbeitsplatz im Betrieb weiterbeschäftigt werden kann«.

Auch solcher »Widerspruch« ist wirkungslos!
Es ist notwendig, den Widerspruch mit **konkreten betrieblichen Tatsachen** zu begründen.

> **Beispiel:**
> »... der Betriebsrat erhebt Widerspruch gegen die beabsichtigte fristgerechte Kündigung des Mitarbeiters B. gemäß § 102 Abs. 3 Nr. 3 BetrVG.
> Begründung:
> Der bisherige Arbeitsplatz des Mitarbeiters B. ist zwar infolge der Änderung des Produktionsablaufs weggefallen. Die Kündigung ist jedoch nicht erforderlich, weil der Mitarbeiter in der Abteilung »Endmontage« auf dem Arbeitsplatz 7 weiterbeschäftigt werden kann. Dieser Arbeitsplatz ist durch das Ausscheiden des Mitarbeiters M. in den Vorruhestand frei geworden.
> Einarbeitungsmaßnahmen sind nicht erforderlich, weil Kollege B. in der Vergangenheit schon mehrfach den Mitarbeiter M. erfolgreich vertreten hat ...«

Ein ordnungsgemäßer **Widerspruch** könnte in dem Beispiel zu Rn. 17 a wie folgt lauten:

> **Beispiel:**
> »... der Betriebsrat erhebt Widerspruch gegen die beabsichtigte fristgerechte Kündigung des Mitarbeiters G. gemäß § 102 Abs. 3 Nr. 3 BetrVG.
> Begründung:
> Die beabsichtigte Kündigung wird damit begründet, dass Herr G. mehrfach seinen Vorgesetzten beleidigt habe. Der Betriebsrat hat festgestellt, dass es zwischen beiden Mitarbeitern immer wieder zu Meinungsverschiedenheit über Art und Umfang der auszuführenden Arbeiten kommt. Auch der Vorgesetzte hat Herrn G. mehrfach beleidigt.
> Weitere Auseinandersetzungen lassen sich durch eine »Trennung« der beiden »Streithähne« vermeiden.
> Herr G. könnte etwa in der Warenausgabe weiterbeschäftigt werden kann. Dort ist durch das Ausscheiden des Mitarbeiters M. in den Vorruhestand ein Arbeitsplatz frei geworden.
> Einarbeitungsmaßnahmen sind nicht erforderlich, weil Kollege G. in der Vergangenheit schon mehrfach den Mitarbeiter M. erfolgreich vertreten hat ...«

Zu weiteren **Formulierungsbeispielen** vgl. Fitting, BetrVG, 27. Aufl., § 102 Rn. 74. Diese Beispiele machen deutlich, dass tatsächlich ein paar wenige Sätze ausreichen, um einen ordnungsgemäßen Widerspruch zu erzeugen. Die haben dann allerdings eine enorme Rechtswirkung zugunsten des von Kündigung betroffenen Arbeitnehmers: nämlich einen Weiterbeschäftigungs- und Weitervergütungsanspruch nach § 102 Abs. 5 BetrVG (siehe Rn. 29 ff. und 35 ff.).

17c Arbeitgeber/Personalleiter schauen sich genau an, ob der Widerspruch des Betriebsrats mit einer den Anforderungen des § 102 Abs. 3 BetrVG genügenden Begründung versehen sind. Wenn das nicht der Fall ist, »lehnen sie sich entspannt zurück«. Sie müssen ein etwaiges

Weiterbeschäftigungsverlangen des Arbeitnehmers nach § 102 Abs. 5 Satz 1 BetrVG und die damit verbundenen erheblichen finanziellen Folgen (siehe Rn. 29 ff., 35 ff.) nicht fürchten.

Begründung des Widerspruchs (§ 102 Abs. 3 BetrVG)

Widerspruch nach § 102 Abs. 3 Nr. 1 BetrVG (soziale Auswahl)
Der Widerspruch nach § 102 Abs. 3 Nr. 1 BetrVG kann damit begründet werden, dass der Arbeitgeber bei der »Auswahl« des zur Kündigung vorgesehenen Arbeitnehmers soziale Gesichtspunkte (z. B. Beschäftigungsdauer, Alter, Unterhaltsverpflichtungen, Schwerbehinderung) nicht oder nicht ausreichend berücksichtigt hat (§ 102 Abs. 3 Nr. 1 BetrVG; siehe hierzu → **Kündigungsschutz** Rn. 17 ff.).
Nach richtiger Ansicht kann der Betriebsrat den Widerspruch auch auf andere als die in § 1 Abs. 3 KSchG n. F. genannten Auswahlkriterien (Betriebszugehörigkeit, Lebensalter, Unterhaltspflichten und Schwerbehinderung) stützen (vgl. Fitting, BetrVG, 27. Aufl., § 102 Rn. 43; DKKW-*Bachner*, BetrVG, 15. Aufl., § 102 Rn. 211).
Denn der Gesetzgeber hat nur § 1 Abs. 3 KSchG eingeschränkt, nicht aber § 102 Abs. 3 Nr. 1 BetrVG.
Der Betriebsrat kann den Widerspruch auch damit begründen, dass der Arbeitgeber den Kreis der aus der Sozialauswahl herauszunehmenden Arbeitnehmer (siehe hierzu → **Kündigungsschutz** Rn. 17 c) zu weit gezogen hat.
Nach abzulehnender Ansicht des 5. Senats des BAG v. 9. 7. 2003 – 5 AZR 305/02, NZA 2003, 1191 soll ein auf § 102 Abs. 3 Nr. 1 BetrVG gestützter Widerspruch des Betriebsrats nur dann ordnungsgemäß sein, wenn er andere – weniger schutzbedürftige – Arbeitnehmer **benennt** oder diese anhand abstrakter Kriterien **bestimmbar** sind.
Die h. M. ist zu Recht anderer Auffassung (vgl. Fitting, BetrVG, 27. Aufl., § 102 Rn. 81; Kittner/Däubler/Zwanziger, KSchR, 9. Aufl., § 102 BetrVG Rn. 211 m. w. N.). Es ist nicht Aufgabe des Betriebsrats, Personalabbaustrategien des Arbeitgebers zu unterstützen und ihm »das Geschäft« zu Lasten des betroffenen Arbeitnehmer zu erleichtern.
Es bleibt zu hoffen, dass der 5. Senat des BAG seine Rechtsprechung korrigiert. Jedenfalls stößt sein Urteil v. 9. 7. 2003 auch bei Instanzgerichten (Arbeitsgerichte, Landesarbeitsgerichte) auf Kritik. Beispielsweise hat sich das LAG Hamburg ausdrücklich gegen das BAG ausgesprochen und entschieden, dass ein ordnungsgemäßer Widerspruch des Betriebsrats bereits dann vorliegt, wenn er hinreichend bestimmt auf eine für die Arbeitgeberin abgrenzbare Arbeitnehmergruppe hinweist, die nach Auffassung des Betriebsrats in die soziale Auswahl hätte einbezogen werden müssen. Es sei nicht erforderlich, dass der Betriebsrat aus dieser Gruppe mindestens einen Arbeitnehmer benennt, der sozial weniger schutzbedürftig wäre (LAG Hamburg v. 25. 5. 2010 – 1 SaGa 3/10).
Der Widerspruchsgrund nach § 102 Abs. 3 Nr. 1 BetrVG kommt nur bei einer → **betriebsbedingten Kündigung** in Betracht.
Bei einer personenbedingten oder verhaltensbedingten Kündigung ist eine »Auswahlsituation« nicht gegeben.

Widerspruch nach § 102 Abs. 3 Nr. 2 BetrVG (Auswahlrichtlinie)
Der Widerspruch nach § 102 Abs. 3 Nr. 2 BetrVG kann damit begründet werden, dass die Kündigung gegen eine → **Auswahlrichtlinie** nach § 95 BetrVG (= Regelung, in der Auswahlkriterien festgelegt sind; diese Richtlinien sind mitbestimmungspflichtig!) verstößt (§ 102 Abs. 3 Nr. 2 BetrVG).
Strittig ist, ob dieser Widerspruchsgrund nur bei einer → **betriebsbedingten Kündigung** in Betracht kommt oder auch bei einer → **personenbedingten** oder → **verhaltensbedingten Kündigung** (zu Recht bejahend z. B. Fitting, BetrVG, 27. Aufl., § 95 Rn. 24; Kitt-

Ordentliche Kündigung

ner/Däubler/Zwanziger, KSchR, 9. Aufl., § 102 BetrVG Rn. 215 und § 1 KSchG Rn. 504 m. w. N.; zum Meinungsstand vgl. auch DKKW-*Klebe*, BetrVG, 15. Aufl., § 95 Rn. 35 und DKKW-*Bachner*, BetrVG, 15. Aufl., § 102 BetrVG Rn. 215).

18b **Widerspruch nach § 102 Abs. 3 Nr. 3 BetrVG (Weiterbeschäftigungsmöglichkeit)**
Der Widerspruch nach § 102 Abs. 3 Nr. 3 BetrVG kann damit begründet werden, dass der Betroffene auf einem **anderen** – **freien** – **Arbeitsplatz** im → **Betrieb** oder in einem anderen Betrieb des → **Unternehmens** weiterbeschäftigt werden kann (§ 102 Abs. 3 Nr. 3 BetrVG).
Strittig ist, ob ein Widerspruch ordnungsgemäß ist, wenn er damit begründet wird, dass der Arbeitnehmer auf seinem **bisherigen Arbeitsplatz** weiterbeschäftigt werden kann.
Das BAG hat das bislang abgelehnt (BAG v. 12. 9. 1985 – 2 AZR 324/84, NZA 1986, 424; a. A. Fitting, BetrVG, 27. Aufl., § 102 Rn. 90; DKKW-*Bachner*, BetrVG, 15. Aufl., § 102 Rn. 225 m. w. N.; zum Meinungsstand vgl. auch Kittner/Däubler/Zwanziger, KSchR, 9. Aufl., § 102 BetrVG Rn. 224) bzw. offen gelassen (BAG v. 11. 5. 2000 – 2 AZR 54/99, BB 2000, 2049).
Frei ist ein Arbeitsplatz, wenn er zwar nicht zum Zeitpunkt des Widerspruchs, aber voraussichtlich **bis** zum Ablauf der Kündigungsfrist **frei wird** (z. B. wegen Ausscheidens anderer Arbeitnehmer aufgrund eines → **befristeten Arbeitsvertrags**, wegen → **Altersteilzeit** oder Inanspruchnahme einer Rente: siehe → **Rentenversicherung**).
Wird der Arbeitsplatz voraussichtlich erst nach Ablauf der Kündigungsfrist frei, kommt es darauf an, ob dem Arbeitgeber eine Überbrückung des Zeitraums **zuzumuten** ist (BAG v. 15. 12. 1994 – 2 AZR 327/94, AiB 1995, 465).
Als **frei** gelten auch Arbeitsplätze, die mit **Leiharbeitnehmern** besetzt sind (LAG Berlin-Brandenburg v. 3. 3. 2009 – 12 Sa 2468/08; LAG Bremen v. 2. 12. 1997 – 1 (2) Sa 340/96, 4 Sa 341/96, 1 Sa 342/96, 4 Sa 82/97, 4 Sa 84/97, 4 Sa 87/97, 1 Sa 96/97, 4 Sa 98/97, BB 1998, 1211; strittig; vgl. Kittner/Däubler/Zwanziger, KSchR, 9. Aufl., § 102 BetrVG Rn. 222 und § 1 KSchG Rn. 517 m. w. N.).
Nach Ansicht des BAG kommt es darauf an, ob die Beschäftigung von Leiharbeitnehmern vorübergehend erfolgt (z. B. bei Auftragsspitzen oder Vertretungsbedarf) oder ob sie zur Abdeckung eines »nicht schwankenden, ständig vorhandenen (Sockel-)Arbeitsvolumens« eingesetzt werden. Hierzu ein Auszug aus BAG v. 15. 12 2011 – 2 AZR 42/10:
»1. Die Vermutung der Betriebsbedingtheit der Kündigung nach § 1 Abs. 5 S 1 KSchG erstreckt sich nicht nur auf den Wegfall von Beschäftigungsmöglichkeiten im bisherigen Arbeitsbereich des Arbeitnehmers, sondern auch auf das Fehlen der Möglichkeit, diesen anderweitig einzusetzen. Will der Arbeitnehmer sie widerlegen, muss er substantiiert aufzeigen, dass im Betrieb ein vergleichbarer Arbeitsplatz oder ein solcher zu schlechteren, aber zumutbaren Arbeitsbedingungen frei war. Als „frei" sind grundsätzlich nur solche Arbeitsplätze anzusehen, die zum Zeitpunkt des Zugangs der Kündigung unbesetzt sind.
2. Werden Leiharbeitnehmer lediglich zur Abdeckung von „Auftragsspitzen" eingesetzt, liegt keine alternative Beschäftigungsmöglichkeit iSv. § 1 Abs. 2 S 2 KSchG vor. Der Arbeitgeber kann dann typischerweise nicht davon ausgehen, dass er für die Auftragsabwicklung dauerhaft Personal benötige. Es kann ihm deshalb regelmäßig nicht zugemutet werden, entsprechendes Stammpersonal vorzuhalten. An einem „freien" Arbeitsplatz fehlt es in der Regel außerdem, soweit der Arbeitgeber Leiharbeitnehmer als »Personalreserve« zur Abdeckung von Vertretungsbedarf beschäftigt. Das gilt unabhängig von der Vorhersehbarkeit der Vertretungszeiten.
3. Beschäftigt der Arbeitgeber Leiharbeitnehmer dagegen, um mit ihnen ein nicht schwankendes, ständig vorhandenes (Sockel-)Arbeitsvolumen abzudecken, kann von einer alternativen Beschäftigungsmöglichkeit iSv. § 1 Abs. 2 S 2 KSchG auszugehen sein, die vorrangig für sonst zur Kündigung anstehende Stammarbeitnehmer genutzt werden muss.«
Ebenfalls als **frei** gelten Arbeitsplätze, an denen regelmäßig → **Überstunden** geleistet werden

Ordentliche Kündigung

(vgl. Kittner/Däubler/Zwanziger, KSchR, 9. Aufl., § 102 BetrVG Rn. 223 und § 1 KSchG Rn. 519 m. w. N.)
Der Widerspruchsgrund nach § 102 Abs. 3 Nr. 3 BetrVG kommt nicht nur bei einer → **betriebsbedingten Kündigung**, sondern auch bei einer → **personenbedingten** oder → **verhaltensbedingten Kündigung** in Betracht (BAG v. 22. 7. 1982 – 2 AZR 30/81: »*Nach § 1 Abs. 2 Satz 2 Ziff. 1 b KSchG ist die Kündigung auch dann sozial ungerechtfertigt ist, wenn der Arbeitnehmer an einem anderen Arbeitsplatz in demselben Betrieb oder in einem anderen Betrieb des Unternehmens weiterbeschäftigt werden kann und der Betriebsrat aus diesem Grunde der Kündigung innerhalb der Frist des § 102 Abs. 2 Satz 1 BetrVG schriftlich widersprochen hat. Diese Widerspruchsgründe beziehen sich nicht nur auf betriebsbedingte, sondern auch auf personen- und verhaltensbedingte Gründe. Hierfür spricht schon der Wortlaut des § 1 Abs. 2 Ziff. 1 b KSchG und des diesem korrespondierenden § 102 Abs. 3 BetrVG*«).

Widerspruch nach § 102 Abs. 3 Nr. 4 BetrVG (Weiterbeschäftigungsmöglichkeit nach Fortbildung/Umschulung)
Der Widerspruch nach § 102 Abs. 3 Nr. 4 BetrVG kann damit begründet werden, dass die Weiterbeschäftigung des Betroffenen – auch auf seinem bisherigen Arbeitsplatz – dann möglich ist, wenn er eine Qualifizierungs- bzw. Fortbildungsmaßnahme absolviert (§ 102 Abs. 3 Nr. 4 BetrVG).
Der Widerspruchsgrund nach § 102 Abs. 3 Nr. 4 BetrVG kommt nicht nur bei einer → **betriebsbedingten Kündigung**, sondern auch bei einer → **personenbedingten** oder → **verhaltensbedingten Kündigung** in Betracht.
Das ergibt sich daraus, dass die von BAG v. 22. 7. 1982 – 2 AZR 30/81 (siehe Rn. 18b) in Bezug genommene Bestimmung des § 1 Abs. 2 Satz 2 KSchG entsprechend gilt, »*wenn die Weiterbeschäftigung des Arbeitnehmers nach zumutbaren Umschulungs- oder Fortbildungsmaßnahmen möglich ist*« (§ 1 Abs. 2 Satz 3 KSchG).

18c

Widerspruch nach § 102 Abs. 3 Nr. 5 BetrVG (Weiterbeschäftigungsmöglichkeit zu geänderten Vertragsbedingungen)
Der Widerspruch nach § 102 Abs. 3 Nr. 5 BetrVG kann damit begründet werden, dass eine Weiterbeschäftigung möglich ist, wenn der Arbeitsvertrag verändert wird (z. B. andere Tätigkeit, andere Lohngruppe) und der Betroffene sich mit der Veränderung (ggf. unter Vorbehalt; siehe § 2 KSchG) einverstanden erklärt hat (§ 102 Abs. 3 Nr. 5 BetrVG).
Der Widerspruchsgrund nach § 102 Abs. 3 Nr. 5 BetrVG kommt nicht nur bei einer → **betriebsbedingten Kündigung**, sondern auch bei einer → **personenbedingten** oder → **verhaltensbedingten Kündigung** in Betracht.
Das ergibt sich daraus, dass die von BAG v. 22. 7. 1982 – 2 AZR 30/81 (siehe Rn. 18b) in Bezug genommene Bestimmung des § 1 Abs. 2 Satz 2 KSchG entsprechend gilt, »*wenn die Weiterbeschäftigung des Arbeitnehmers unter geänderten Arbeitsbedingungen möglich ist und der Arbeitnehmer sein Einverständnis hiermit erklärte hat*« (§ 1 Abs. 2 Satz 3 KSchG).
Zu den **Rechtsfolgen** eines ordnungsgemäßen Widerspruchs siehe Rn. 28 ff.
Muster-Widerspruchsschreiben: siehe Anhang zu den Stichworten → **Änderungskündigung**, → **Betriebsbedingte Kündigung**, → **Personenbedingte Kündigung** und → **Verhaltensbedingte Kündigung**.

18d

19
20

Form und Frist (§ 102 Abs. 2, 3 BetrVG)
Für »Bedenken« und »Widerspruch« ist **Schriftform** vorgeschrieben!
Bedenken und Widerspruch gegen eine ordentliche Kündigung müssen **innerhalb einer Woche** nach Eingang der Kündigungsmitteilung des Arbeitgebers (siehe Rn. 11) erfolgen!

21
22

1641

Ordentliche Kündigung

Die ordnungsgemäße Unterrichtung durch den Arbeitgeber setzt die Wochenfrist **in Gang**.
Ein Kündigungsanhörungsschreiben geht dem Betriebsrat erst am folgenden Tage zu, wenn es vom Arbeitgeber zu einer Zeit in ein für den Betriebsrat bestehendes Postfach gelegt wird, zu dem (z. B. nach Dienstschluss) nicht mehr mit der Leerung dieses Postfachs am selben Tag gerechnet werden kann (BAG v. 12.12.1996 – 2 AZR 803/95, AiB 1998, 112).
Der Tag des **Eingangs** der (gegebenenfalls auch mündlichen!) Information zählt bei der Berechnung der Wochenfrist nicht mit (§§ 187 Abs. 1, 188 Abs. 2 BGB).
Somit läuft die Frist beginnend mit dem nächsten Tag sieben Tage später ab.

> **Beispiele:**
> - Mittwoch Eingang der Information: die Frist läuft am nächsten Mittwoch ab.
> - Freitag Eingang der Information: die Frist läuft am nächsten Freitag ab.

Die Wochenfrist **endet um 24.00 Uhr** des letzten Fristtages (nicht schon bei Dienstschluss der Personalabteilung; vgl. BAG v. 12.12.1996 – 2 AZR 803/95, AiB 1998, 112).
Zur Berechnung der Wochenfrist siehe auch → **Fristen**.
Wird die Wochenfrist **überschritten**, »*gilt die Zustimmung zur Kündigung als erteilt*« (§ 102 Abs. 2 Satz 2 BetrVG)!

23 Der Betriebsrat ist nicht verpflichtet, sofort eine Stellungnahme zur Kündigungsabsicht des Arbeitgebers abzugeben.
Im Gegenteil: er kann die Wochenfrist **voll ausschöpfen**. Das kann dem Arbeitnehmer eine Verlängerung der vom Arbeitgeber geplanten Kündigungsfrist bringen: siehe Beispiele bei → **Kündigungsfristen** Rn. 16).

Beschluss des Betriebsrats

23a Ein Kündigungswiderspruch des Betriebsrats ist nur dann wirksam, wenn er **ordnungsgemäß** vom Betriebsrat **beschlossen** worden ist.
Siehe hierzu → **Betriebsratssitzung (Beschlussfassung)**.

Vorgehen des Betriebsrats

24 Der Betriebsrat sollte, wenn die Information des Arbeitgebers zu einer von ihm beabsichtigten ordentlichen Kündigung vorliegt, wie folgt vorgehen (Beispiel):
- Nach Eingang der Information des Arbeitgebers beruft der Betriebsratsvorsitzende eine Betriebsratssitzung ein (Einladung mit Tagesordnung! An Ersatzmitglieder und sonstige einzuladende Personen denken! Siehe → **Betriebsratssitzung(Beschlussfassung)**).
- Der Betriebsratsvorsitzende informiert die übrigen Betriebsratsmitglieder in der Sitzung über die vom Arbeitgeber beabsichtigte Kündigung.
- Erste Einschätzungen werden ausgetauscht.
- Der Betriebsrat fasst den Beschluss: »Vor abschließender Stellungnahme soll der Sachverhalt näher aufgeklärt werden ...« (z. B. durch Gespräch mit dem/der Betroffenen und mit der Personalabteilung).
- In einer weiteren Betriebsratssitzung noch innerhalb der Wochenfrist wird die Angelegenheit nach Diskussion durch Beschlussfassung (§ 33 BetrVG) entschieden.
- Dem Arbeitgeber wird die – schriftliche und begründete – Stellungnahme des Betriebsrats (Bedenken und Widerspruch) – ebenfalls noch innerhalb der Wochenfrist (!) – übermittelt.

25 Ggf. reicht – bei entsprechend sorgfältiger Vorbereitung – auch Beratung und Beschlussfassung in einer Betriebsratssitzung aus.

Ordentliche Kündigung

Unterrichtung des Gekündigten über den Widerspruch und die damit verbundenen Rechtsfolgen (§ 102 Abs. 4 BetrVG)

Wird dem Arbeitnehmer trotz Widerspruch des Betriebsrats gekündigt (was möglich ist), hat ihm der Arbeitgeber mit der Kündigung eine **Abschrift** der Stellungnahme des Betriebsrats zuzuleiten (§ 102 Abs. 4 BetrVG).
Wenn das (immer wieder) nicht geschieht, kann der Betriebsrat nach § 23 Abs. 3 BetrVG wegen »grober Pflichtverletzung« gegen den Arbeitgeber vorgehen (vgl. Fitting, BetrVG, 27. Aufl., § 102 Rn. 100).
In der Literatur wird außerdem zu Recht die Auffassung vertreten, dass ein Unterlassen der Verpflichtung des Arbeitgebers aus § 102 Abs. 4 BetrVG die Unwirksamkeit der Kündigung zur Folge hat (vgl. z. B. Düwell, NZA 1988, 866; vgl. auch DKKW-*Bachner*, BetrVG, 15. Aufl., § 87 Rn. 251; a. A. ist die h. M.: Fitting, BetrVG, 27. Aufl., § 102 Rn. 100 m. w. N.).

26

Auch der Betriebsrat sollte nach Ausspruch der Kündigung tätig werden und den Gekündigten über folgende »drei Punkte« informieren:
- über den **Widerspruch** des Betriebsrats (Kopie aushändigen!),
- über die Notwendigkeit, innerhalb von drei Wochen nach Zugang der Kündigung beim Arbeitsgericht **Kündigungsschutzklage** zu erheben, wenn er die Kündigung anfechten will,
- über die Notwendigkeit, ausdrücklich und nachweisbar und gestützt auf den Widerspruch des Betriebsrats seine **Weiterbeschäftigung** bis zum rechtskräftigen Abschluss des Kündigungsschutzprozesses zu **verlangen**, wenn er den besonderen Weiterbeschäftigungs- und -vergütungsanspruch nach § 102 Abs. 5 BetrVG (siehe Rn. 29 ff. und 35 ff.) begründen will.

27

Am besten fertigt der Betriebsrat ein kleines **Merkblatt** mit den vorstehenden drei Punkten und dem **Musterschreiben** (siehe Rn. 30) an, das dem Gekündigten ausgehändigt wird.
Das Weiterbeschäftigungsverlangen sollte der Gekündigte selbst dann beim Arbeitgeber einreichen, wenn er sich noch nicht klar geworden ist, ob er überhaupt weiterbeschäftigt werden will.
Denn das Weiterbeschäftigungsverlangen verbessert seine Chancen enorm, im Kündigungsschutzprozess eine möglichst hohe Abfindung dadurch »herauszuholen«, dass er seinen Weiterbeschäftigungs- und -vergütungsanspruch (siehe Rn. 29 ff. und 35 ff.) an den Arbeitgeber im Wege von Vergleichsverhandlungen »verkauft«.
Das Weiterbeschäftigungsverlangen muss spätestens (!) am ersten Arbeitstag nach Ablauf der Kündigungsfrist erklärt werden (BAG v. 11. 5. 2000 – 2 AZR 54/99, AiB 2001, 179).
Die Erklärung sollte aus **Beweisgründen schriftlich** und im Beisein eines Betriebsratsmitglieds erfolgen (Empfang durch Arbeitgeber bzw. Personalabteilung quittieren lassen!).

Rechtsfolgen eines ordnungsgemäßen »Widerspruchs« gegen eine → ordentliche Kündigung

1. Absoluter Sozialwidrigkeitsgrund (§ 1 Abs. 2 Sätze 2 und 3 KSchG)

Zum einen wird mit einem ordnungsgemäßen »Widerspruch« des Betriebsrats die Rechtsposition des Gekündigten im Kündigungsschutzprozess unterstützt.
Nach § 1 Abs. 2 Sätze 2 und 3 KSchG ist eine → **ordentliche Kündigung** nämlich auch dann sozial ungerechtfertigt, wenn
- sie gegen eine → **Auswahlrichtlinie** nach § 95 BetrVG verstößt oder wenn der Betroffene auf einem anderen freien bzw. demnächst frei werdenden Arbeitsplatz im Betrieb oder in einem anderen Betrieb des Unternehmens weiterbeschäftigt werden kann (ggf. nach zumutbaren Umschulungs- oder Fortbildungsmaßnahmen oder zu geänderten Arbeitsbedingungen mit Einverständnis des Betroffenen) und

28

Ordentliche Kündigung

- der Betriebsrat der Kündigung aus einem dieser Gründe innerhalb der **Wochenfrist** des § 102 Abs. 2 Satz 1 des BetrVG **schriftlich widersprochen** hat.

Berücksichtigt werden nur die Gründe, die der Betriebsrat in seinem Widerspruch angegeben hat (BAG v. 6.6.1984 – 7 AZR 451/82, NZA 1985, 93; Kittner/Däubler/Zwanziger, KSchR, 9. Aufl., § 1 KSchG Rn. 496).

Liegen die in § 1 Abs. 2 Sätze 2 und 3 KSchG genannten Voraussetzungen vor, ist die Kündigung allein aus diesem Grunde unwirksam.

Eine Abwägung der beiderseitigen Interessen (wie bei der Prüfung der Sozialwidrigkeit nach § 1 Abs. 2 Satz 1 KSchG; siehe z. B. → **Betriebsbedingte Kündigung** Rn. 12) ist nicht erforderlich.

Insofern bezeichnet man die in § 1 Abs. 2 Sätze 2 und 3 KSchG aufgeführten Gründe als »**absolute Sozialwidrigkeitsgründe**«.

§ 1 Abs. 2 Sätze 2 und 3 KSchG kommt nicht nur bei der → **betriebsbedingten Kündigung**, sondern auch bei der → **personenbedingten Kündigung** und → **verhaltensbedingten Kündigung** in Betracht.

Zu beachten ist, dass sich der gekündigte Arbeitnehmer auf die absoluten Sozialwidrigkeitsgründe des § 1 Abs. 2 Sätze 2 und 3 KSchG (Verstoß gegen Auswahlrichtlinie oder eine Weiterbeschäftigung ist möglich) auch dann berufen kann, wenn der Betriebsrat der Kündigung nicht widersprochen hat (BAG v. 17.5.1984 – 2 AZR 109/83, DB 1985, 1190; Kittner/Däubler/Zwanziger, KSchR, 9. Aufl., § 1 KSchG Rn. 498 m. w. N.).

Das Arbeitsgericht hat ein solches Vorbringen bei der Prüfung, ob eine Kündigung nach § 1 Abs. 2 Satz 1 KSchG sozial gerechtfertigt ist, zu berücksichtigen (zum Glück für den Gekündigten!). Denn wenn z. B. eine Weiterbeschäftigung auf einem anderen Arbeitsplatz möglich ist, steht ein milderes Mittel zur Verfügung.

Eine dennoch ausgesprochene Kündigung würde wegen Vorstoßes gegen den Verhältnismäßigkeitsgrundsatz (»Ultima-Ratio-Prinzip«; siehe → **Betriebsbedingte Kündigung** Rn. 12) unwirksam sein.

Das Problem ist nur, dass der gekündigte Arbeitnehmer ohne Unterstützung durch den Betriebsrat kaum in Lage ist, die notwendigen Tatsachen zu den absoluten Sozialwidrigkeitsgründen des § 1 Abs. 2 Sätze 2 und 3 KSchG vorzutragen, weil er (anders als der Betriebsrat) keine Informationen z. B. über freie Arbeitsplätze im Betrieb oder in einem anderen Betrieb des Unternehmens (siehe hierzu → **Betriebsbedingte Kündigung** Rn. 33) hat.

2. Weiterbeschäftigungsanspruch (§ 102 Abs. 5 BetrVG)

29 Zum anderen wird durch einen ordnungsgemäßen »Widerspruch« ein besonderer Weiterbeschäftigungsanspruch (und Weitervergütungsanspruch; siehe Rn. 35 ff.) zugunsten des Betroffenen begründet (§ 102 Abs. 5 Satz 1 BetrVG).

Wenn nämlich der Gekündigte

- **Kündigungsschutzklage** erhebt (die Klage ist nach § 4 KSchG innerhalb von drei Wochen nach Zugang der schriftlichen Kündigung von dem Gekündigten beim → **Arbeitsgericht** einzureichen!) und
- unter Hinweis auf den **Widerspruch** des Betriebsrats seine **Weiterbeschäftigung** über den Ablauf der Kündigungsfrist hinaus **verlangt**,

dann ist der Arbeitgeber zur Weiterbeschäftigung (und Weiterzahlung des → **Arbeitsentgelts**; siehe Rn. 35) bei unveränderten Arbeitsbedingungen bis zum rechtskräftigen Abschluss des Kündigungsschutzprozesses verpflichtet!

Nach zutreffender Ansicht des BAG besteht das bisherige Arbeitsverhältnis bei Vorliegen der Voraussetzungen des § 102 Abs. 5 Satz 1 BetrVG **kraft Gesetzes** fort und wird nur auflösend bedingt durch die rechtskräftige Abweisung der Kündigungsschutzklage (BAG v. 7.3.1996 – 2

Ordentliche Kündigung

AZR 432/95, AiB 1996, 616; 10.3.1987 – 8 AZR 146/84, NZA 1987, 373; 12.9.1985 – 2 AZR 324/84, NZA 1986, 424).
Eine Weitervergütungspflicht besteht auch dann, wenn der Arbeitnehmer den Kündigungsschutzprozess **verliert**. Der Arbeitgeber muss bis zum rechtskräftigen Abschluss des Prozesses zahlen, und zwar auch dann, wenn er den Arbeitnehmer nicht weiter beschäftigt hat (es sei denn, der Arbeitgeber wurde durch einstweilige Verfügung nach § 102 Abs. 5 Satz 2 BetrVG von der Weiterbeschäftigungspflicht entbunden; siehe hierzu Rn. 31).
Das **Weiterbeschäftigungsverlangen** muss spätestens (!) am ersten Arbeitstag nach Ablauf der → **Kündigungsfrist** erklärt werden (BAG v. 11.5.2000 – 2 AZR 54/99, AiB 2001, 179; nach Ansicht von Fitting, BetrVG, 27. Aufl., § 102 Rn. 106 muss der Antrag *innerhalb* der Kündigungsfrist gestellt werden). 30
Das Weiterbeschäftigungsverlangen sollte aus Beweisgründen schriftlich und im Beisein eines Betriebsratsmitglieds beim Arbeitgeber eingereicht werden (Empfang durch Arbeitgeber bzw. Personalabteilung quittieren lassen!).

> **Beispiel für ein Musterschreiben:**
> An Firma   Ort ..., Datum ...
> ...
> *Weiterbeschäftigungsverlangen nach § 102 Abs. 5 BetrVG*
>
> Sehr geehrte Damen und Herren,
>
> mit Schreiben vom ... haben Sie das zwischen uns bestehende Arbeitsverhältnis zum ... gekündigt. Der Betriebsrat hat der Kündigung frist- und ordnungsgemäß widersprochen.
> Ich habe gegen die Kündigung zwischenzeitlich Kündigungsschutzklage beim zuständigen Arbeitsgericht eingereicht.
> Auf der Grundlage von § 102 Abs. 5 BetrVG verlange ich hiermit Weiterbeschäftigung zu unveränderten Arbeitsbedingungen über den Ablauf der Kündigungsfrist hinaus mindestens bis zum rechtskräftigen Abschluss des Kündigungsschutzprozesses.
>
> Mit freundlichem Gruß,
> ...
> (Unterschrift Arbeitnehmer)
> Durchschrift an den Betriebsrat zur Kenntnisnahme

Das vorstehende Schreiben sollte der gekündigte Arbeitnehmer selbst dann beim Arbeitgeber einreichen, wenn er sich noch nicht klar geworden ist, ob er überhaupt weiterbeschäftigt werden will oder es ihm mehr darauf ankommt, jedenfalls eine angemessene → **Abfindung** zu erhalten.
Auch hierfür ist ein Weiterbeschäftigungsverlangen nützlich. Es führt zu einer deutlichen Verbesserung der Verhandlungsposition des Gekündigten bei den im Verlauf des Kündigungsschutzprozesses (z. B. im Gütetermin vor dem Arbeitsgericht) geführten Verhandlungen um einen »Abfindungsvergleich« (siehe → **Abfindung** Rn. 6 a und → **Kündigungsschutz** Rn. 25 a).
Der Arbeitgeber kann das auf § 102 Abs. 5 Satz 1 BetrVG gestützte Weiterbeschäftigungsverlangen des Arbeitnehmers nicht einfach ablehnen. 31
Vielmehr muss er sich durch Antrag auf **einstweilige Verfügung** von der Weiterbeschäftigungspflicht entbinden lassen, wenn er der Ansicht ist, dass

- die Kündigungsschutzklage keine hinreichende Aussicht auf Erfolg bietet oder mutwillig erscheint (§ 102 Abs. 5 Satz 2 Nr. 1 BetrVG) oder

Ordentliche Kündigung

- die Weiterbeschäftigung des Arbeitnehmers zu einer unzumutbaren wirtschaftlichen Belastung des Arbeitgebers führen würde (§ 102 Abs. 5 Satz 2 Nr. 2 BetrVG) oder
- der Widerspruch des Betriebsrats »offensichtlich unbegründet« war (§ 102 Abs. 5 Satz 2 Nr. 3 BetrVG).

32 In der Praxis kommt es oft genug vor, dass der Arbeitgeber dem Weiterbeschäftigungsverlangen nicht nachkommt und auch keinen Antrag auf Entbindung von der Weiterbeschäftigungspflicht nach § 102 Abs. 5 Satz 2 BetrVG stellt.
Dieses Verhalten stellt nicht nur eine **Verletzung der individuellen Rechte** des gekündigten Arbeitnehmers (Weiterbeschäftigungsanspruch nach § 102 Abs. 5 BetrVG) dar.
Es handelt sich auch um einen »**groben Pflichtverstoß**« im Sinne des § 23 Abs. 3 BetrVG. Denn bei der Antragstellung auf Entbindung von der Weiterbeschäftigungspflicht handelt es sich um eine »*Verpflichtung des Arbeitgebers aus diesem Gesetz*« im Sinne des § 23 Abs. 3 BetrVG.
Außerdem missachtet der Arbeitgeber den Widerspruch des Betriebsrats (zu dessen Rechtsfolgen der Weiterbeschäftigungsanspruch nach § 102 Abs. 5 BetrVG gehört) und damit die durch § 23 Abs. 3 BetrVG geschützten kollektivrechtlichen Rechte des Betriebsrats bei einer Kündigung.
Deshalb kann der Betriebsrat durch Einleitung eines arbeitsgerichtlichen Verfahrens nach § 23 Abs. 3 BetrVG vorgehen, wenn der Arbeitgeber dem Gekündigten die Weiterbeschäftigung verwehrt, ohne sich von der Weiterbeschäftigungspflicht durch das Arbeitsgericht entbinden zu lassen. Auch ein Antrag auf Erlass einer **einstweiligen Verfügung** dürfte zulässig sein.
Aus unerfindlichen Gründen ist bislang ein vom Betriebsrat nach § 23 Abs. 3 BetrVG ausgelöstes Verfahren noch nicht bekannt geworden und damit auch noch keine arbeitsgerichtlichen Entscheidungen.
Auch die Kommentarliteratur zum BetrVG schweigt sich zu dieser Handlungsmöglichkeit des Betriebsrats weitgehend aus (in DKKW-*Bachner*, BetrVG, 15. Aufl., § 102 Rn. 298 findet sich immerhin der Hinweis: »… wegen der kollektivrechtlichen Bedeutung des Widerspruchs handelt es sich auch um einen groben Pflichtverstoß im Sinne des § 23 Abs. 3 BetrVG«).

33 Weil viele Arbeitgeber unter Missachtung der Rechtslage nach der simplen Methode »Ich bin der Herr im Hause« die **Weiterbeschäftigung verweigern**, ist es letztlich der Gekündigte, der seinerseits mit Hilfe eines Antrages auf Erlass einer **einstweiligen Verfügung** gezwungen ist, seinen Weiterbeschäftigungsspruch durchzusetzen.
Er kann aber auch davon absehen und sich darauf beschränken, den mit dem Weiterbeschäftigungsanspruch verbundenen **Vergütungsanspruch einzuklagen** (siehe Rn. 35).

34 Der Betriebsrat kann (auch) dabei eine wichtige **Rolle** übernehmen:
- Aufklärung des Betroffenen über seine Rechte, Ermutigung und Unterstützung des Betroffenen bei der Geltendmachung seines Weiterbeschäftigungsverlangens und im Verfahren vor dem Arbeitsgericht,
- Auseinandersetzung mit dem Arbeitgeber, der zu rechtmäßigem Verhalten aufgefordert werden muss.
- Ggf. Unterrichtung der Belegschaft (z. B. in einer Betriebsversammlung) über den Vorgang, insbesondere über das rechtswidrige Verhalten des Arbeitgebers.

Weitervergütungsanspruch (§ 102 Abs. 5 BetrVG)

35 Verweigert der Arbeitgeber (trotz Vorliegens eines ordnungsgemäßen Betriebsratswiderspruchs und Weiterbeschäftigungsverlangens des Arbeitnehmers) die Weiterbeschäftigung, ohne sich vom → **Arbeitsgericht** durch einstweilige Verfügung nach § 102 Abs. 5 Satz 2 BetrVG von der Weiterbeschäftigungspflicht entbinden zu lassen, muss er dem Arbeitnehmer unter dem Gesichtspunkt des → **Annahmeverzuges** die volle Vergütung bis zum rechtskräftigen Abschluss

Ordentliche Kündigung

des Kündigungsschutzprozesses zahlen (ggf. abzüglich erhaltenen → **Arbeitslosengeldes**, das der Arbeitgeber an die Agentur für Arbeit zu erstatten hat).
Das gilt auch dann, wenn die Kündigungsschutzklage – ggf. nach jahrelanger Prozessdauer in dritter Instanz – abgewiesen wird – der Arbeitnehmer also den Kündigungsschutzprozess **verliert** (BAG v. 7.3.1996 – 2 AZR 432/95, AiB 1996, 616; 10.3.1987 – 8 AZR 146/84, NZA 1987, 373; 12.9.1985 – 2 AZR 324/84, NZA 1986, 424)!

Nachstehend ein Beitrag von Wilfried Löhr-Steinhaus (= Direktor des Arbeitsgerichts Bonn) in AiB 2013, 139: 35a
»*Widerspruch des Betriebsrats lohnt sich für den Arbeitnehmer*
Die Formalien für einen wirksamen Widerspruch des Betriebsrats gegen eine vom Arbeitgeber beabsichtigte Kündigung gem. § 102 BetrVG sind nicht streng. Zunächst muss der Beschluss des Betriebsrats eingeholt und, wenn möglich, der betroffene Arbeitnehmer angehört werden. Dann muss der Widerspruch detailliert begründet und die Frist des § 102 Abs. 2 BetrVG eingehalten werden.
…. Wenn es richtig gemacht wird, ist der wirksame Widerspruch … gegen eine Kündigung gem. § 102 BetrVG eine wichtige Unterstützung des Arbeitnehmers in einem späteren Kündigungsschutzverfahren.
Der Widerspruch bringt Zusatzinformationen für das Gericht. Der Arbeitgeber ist gem. § 102 Abs. 4 BetrVG verpflichtet, der Kündigung den Widerspruch des Betriebsrats beizufügen. Hat der Betriebsrat sauber gearbeitet und den Streit über die Wirksamkeit der Kündigung, gfls. auch unter Hinweis auf bestehende Betriebsvereinbarungen, präzise und anschaulich dargestellt, wird der Rechtsstreit schon durch den Widerspruch auf die aus Sicht des Arbeitnehmers wichtigen Argumente und Tatsachen gelenkt.
Der Widerspruch kann die Prozesssituation verbessern. Nach Erhebung der Kündigungsschutzklage wird die Kündigung vom Gericht anhand des Vortrags der Parteien auf ihre soziale Rechtfertigung überprüft. Dabei spielt es rechtlich keine Rolle, ob der Betriebsrat der Kündigung widersprochen, keine Stellungnahme abgegeben oder gar der Kündigung zugestimmt hat. Ganz ohne Einfluss auf die Rechtsfindung des Gerichts wird die Stellungnahme des Betriebsrats jedoch nicht bleiben und damit die Prozesssituation des Arbeitnehmers verbessern.
Was bringt der Weiterbeschäftigungsanspruch? Der wirksam erhobene Widerspruch begründet den Anspruch des gekündigten Arbeitnehmers auf vorläufige Weiterbeschäftigung während des Kündigungsschutzverfahrens. Der Weiterbeschäftigungsanspruch besteht über das Ende der Kündigungsfrist hinaus bis zum rechtskräftigen Abschluss des Kündigungsschutzverfahrens, d. h. auch erst in der zweiten Instanz. Aus dem Ende der Kündigungsfrist, beispielsweise zum 28. Februar 2013 kann erstinstanzlich auf diesem Weg ein Weiterbeschäftigungsanspruch bis April 2013 oder zweitinstanzlich sogar bis Oktober 2013 werden. Und das auch im Falle des Unterliegens mit der Kündigungsschutzklage. Während der Zeit der Weiterbeschäftigung hat der Arbeitnehmer Anspruch auf Vergütung. Lehnt der Arbeitgeber die Weiterbeschäftigung ab, besteht gleichwohl der Vergütungsanspruch wegen des Annahmeverzugs des Arbeitgebers. Daher kann der Widerspruch bares Geld in der Tasche des Arbeitnehmers bedeuten.
Nur ein wirksamer Widerspruch hilft. Nur, wenn der Betriebsrat sorgfältig arbeitet und nicht lediglich Floskeln abarbeitet, ist der Widerspruch wirksam und begründet den Weiterbeschäftigungsanspruch. Dies wird leider zu oft übersehen. Immer wieder finden sich Widersprüche wie »*Die Kündigung verletzt die notwendige Sozialauswahl.*« *oder* »*Die Kündigung berücksichtigt weder die ohnehin dünne Personallage der Abteilung noch bestehende Weiterbeschäftigungsmöglichkeiten.*« *Oder es wird nur auf das Gesetz verwiesen:* »*Der Betriebsrat widerspricht der Kündigung gem. § 102 Abs. 3 Nr. 1 BetrVG*«. *Solche Floskeln nutzen dem Arbeitnehmer ebenso wenig wie ein verspäteter Widerspruch.*
Nur konkrete Gründe und die Einhaltung der Fristen helfen im Kündigungsschutzprozess und verbessern die Lage des betroffenen Beschäftigten.«

Ordentliche Kündigung

36 Eine **Vergütungspflicht** entfällt nur dann, wenn der Arbeitgeber nach § 102 Abs. 5 Satz 2 Nr. 1 bis 3 BetrVG auf seinen Antrag hin von der Weiterbeschäftigungspflicht durch das Arbeits- oder Landesarbeitsgericht durch einstweilige Verfügung **entbunden** wird.
Die bis zur Rechtskraft der Entbindungsentscheidung **aufgelaufenen Vergütungsansprüche** sind aber in jedem Fall vom Arbeitgeber zu erfüllen (BAG v. 7. 3. 1996 – 2 AZR 432/95, a. a. O.).

37 Im Falle der Entbindung des Arbeitgebers von der Weiterbeschäftigungsverpflichtung nach § 102 Abs. 5 Satz 2 BetrVG besteht eine Vergütungspflicht des Arbeitgebers über den Zeitpunkt der Rechtskraft der Entbindungsentscheidung hinaus unter dem Gesichtspunkt des → **Annahmeverzuges** nur dann, wenn der Gekündigte den Kündigungsschutzprozess **gewinnt**.

Zustimmungsverweigerungsrecht des Betriebsrats (§ 102 Abs. 6 BetrVG)

38 Nach § 102 Abs. 6 BetrVG kann durch »freiwillige« → **Betriebsvereinbarung** ein echtes Mitbestimmungsrecht (Zustimmungsverweigerungsrecht) des Betriebsrats bei Kündigungen geschaffen werden mit der Maßgabe, dass bei Streit über die Berechtigung der Zustimmungsverweigerung eine → **Einigungsstelle** entscheidet.
Bei nur sehr wenigen Arbeitgebern besteht allerdings – aus nahe liegenden Gründen – eine Bereitschaft zum Abschluss einer derartigen Betriebsvereinbarung.
Man ist doch mehr an einer **Alleinentscheidung** in Kündigungsfragen interessiert.
Dementsprechend hat § 102 Abs. 6 BetrVG in der Praxis kaum Bedeutung.

Verhalten von Betriebsräten bei Kündigungen

38a Dass Betriebsräte ihre gesetzlichen Möglichkeiten zum Schutz der von Kündigung betroffenen Arbeitnehmer oft nicht ausschöpfen, lässt eine von der »**Max-Planck-Gesellschaft**« 1979 im Wege der Befragung von Arbeitgebern durchgeführte Untersuchung zum Verhalten von Betriebsräten bei → **ordentlichen Kündigungen** aller Art (betriebsbedingte, personenbedingte und verhaltensbedingte Kündigungen) vermuten.
Hiernach hatten Betriebsräte in **66 Prozent** der untersuchten Fälle der Kündigung ausdrücklich **zugestimmt**.
In weiteren **20 Prozent** der Fälle hat man die Wochenfrist **verstreichen** lassen (was nach § 102 Abs. 2 Satz 2 BetrVG als Zustimmung zu werten ist).
In **6 Prozent** der Fälle wurden »**Bedenken**« erhoben.
Nur in **8 Prozent** der Kündigungsfälle wurde ein »**Widerspruch**« gemäß § 102 Abs. 3 BetrVG eingelegt.
In **25 Prozent** der Zustimmungsfälle soll die Kündigung nicht nur vom Arbeitgeber, sondern auch **vom Betriebsratsvorsitzenden unterschrieben** worden sein!
Gerade das letztgenannte Verhalten ist nur mit einem grundsätzlichen Miss- und Fehlverständnis über Funktion und Aufgaben des Betriebsrats (siehe hierzu → **Betriebsrat**) zu erklären.
Eine Untersuchung neueren Datums mit den gleichen Fragestellungen liegt seltsamerweise nicht vor.
Es bleibt zu hoffen, dass sich die Prozentzahlen mittlerweile zugunsten der Arbeitnehmer verändert haben.

Bedeutung für die Beschäftigten

Der Arbeitnehmer kann sich gegen eine ihm gegenüber ausgesprochene ordentliche Kündigung durch **Kündigungsschutzklage** zur Wehr setzen und geltend machen, dass die Kündigung sozial ungerechtfertigt i. S. d. § 1 Abs. 1 KSchG oder aus anderen Gründen rechtsunwirksam ist. 39

Vom Kündigungsschutz nach §§ 1 ff. KSchG sind ausgenommen Arbeitnehmer in **Kleinbetrieben** bzw. **Kleinunternehmen**, in denen nicht mehr als die in § 23 Abs. 1 Satz 2 bis 4 KSchG genannte Mindestzahl von Arbeitnehmern beschäftigt ist (siehe → **Kündigungsschutz** Rn. 4 ff.). 40

Die Berufung auf den Kündigungsschutz nach §§ 1 bis 3 und 8 bis 12 KSchG setzt voraus, dass das Arbeitsverhältnis zum Zeitpunkt des Ausspruchs der Kündigung mindestens **sechs Monate** im Betrieb oder Unternehmen ohne Unterbrechung bestanden hat (sog. **Wartezeit**) und im Betrieb bzw. Unternehmen die in § 23 Abs. 1 KSchG genannte Mindestzahl an Arbeitnehmern beschäftigt ist (siehe → **Kündigungsschutz** Rn. 12 ff.). 41

Nicht besetzt. 42

Arbeitnehmer, die keinen Kündigungsschutz nach §§ 1 ff. KSchG haben, weil sie die **Wartezeit** nach § 1 Abs. 1 KSchG nicht erfüllen oder sie in einem **Kleinbetrieb/Kleinunternehmen** im Sinne des § 23 Abs. 1 KSchG beschäftigt sind, können sich unter Umständen dennoch mit Aussicht auf Erfolg gegen eine Kündigung zur Wehr setzen. Das ist etwa dann der Fall, wenn die Kündigung gegen sonstige Vorschriften (z. B. § 102 Abs. 1 BetrVG [Anhörung des Betriebsrats], gesetzliche oder tarifliche Bestimmungen über einen besonderen Kündigungsschutz) oder gegen »Treu und Glauben« verstößt (siehe → **Kündigungsschutz vor Erfüllung der Wartezeit und im Kleinbetrieb**). 43

Klagefrist (§ 4 KSchG)

Die Kündigungsschutzklage muss – auch wenn die §§ 1 bis 3 und 8 bis 12 KSchG nicht anwendbar sind und der Arbeitnehmer sich auf »andere« Unwirksamkeitsgründe beruft – **innerhalb einer Frist von drei Wochen** nach Zugang der schriftlichen Kündigung Klage beim → **Arbeitsgericht** eingereicht werden (§ 4 Satz 1 KSchG; siehe → **Fristen** und → **Kündigungsschutz** Rn. 26 ff.). 44

Soweit die Kündigung der **Zustimmung einer Behörde** bedarf (vgl. § 9 MuSchG, § 18 BEEG, § 85 SGB IX), läuft die Frist zur Anrufung des Arbeitsgerichts erst von der Bekanntgabe der Entscheidung der Behörde an den Arbeitnehmer ab (vgl. § 4 Satz 4 KSchG; siehe auch insoweit → **Kündigungsschutz** Rn. 29 ff.).

Zur Möglichkeit der **nachträglichen Zulassung** der Klage siehe → **Kündigungsschutz** Rn. 32 ff.

Sozialwidrigkeit der Kündigung (§ 1 KSchG)

Nach § 1 Abs. 2 Satz 1 KSchG ist eine ordentliche Kündigung sozial ungerechtfertigt, wenn sie nicht durch Gründe, die 45
- in der Person (siehe → **Personenbedingte Kündigung**)
- oder in dem Verhalten (siehe → **Verhaltensbedingte Kündigung**)
- oder durch dringende betriebliche Erfordernisse, die einer Weiterbeschäftigung entgegenstehen (siehe → **Betriebsbedingte Kündigung**),

bedingt ist.

Ordentliche Kündigung

Eine Kündigung ist gemäß § 1 Abs. 2 Sätze 2 und 3 KSchG auch dann sozial ungerechtfertigt, wenn
- die Kündigung gegen eine → **Auswahlrichtlinie** nach § 95 Abs. 1 und 2 BetrVG verstößt
- der Arbeitnehmer auf einem anderen Arbeitsplatz in demselben Betrieb oder in einem anderen Betrieb des → **Unternehmens** (ggf. nach Umschulung/Fortbildung oder – mit Einverständnis des Arbeitnehmers – unter geänderten Arbeitsbedingungen) weiterbeschäftigt werden kann

und der → **Betriebsrat** aus einem dieser Gründe der Kündigung ordnungsgemäß nach § 102 Abs. 3 BetrVG **widersprochen** hat.

46 Zu weiteren Einzelheiten siehe → **Kündigungsschutz** Rn. 14 ff. und → **Kündigungsschutz (besonderer)**.

47 Eine → **Änderungskündigung** hat stets Vorrang vor einer »Beendigungskündigung«.
Das heißt, wenn die Möglichkeit der Fortsetzung des Arbeitsverhältnisses zu geänderten Arbeitsbedingungen besteht und eine Weiterbeschäftigung dem Arbeitgeber zumutbar ist, so hat der Arbeitgeber dem Arbeitnehmer gegenüber ein entsprechendes Angebot zu machen und gegebenenfalls eine Änderungskündigung auszusprechen.

48 Wenn der Arbeitnehmer eine Kündigung erhalten hat, kann er nach § 3 KSchG beim Betriebsrat Einspruch einlegen (nicht zu verwechseln mit der Kündigungsschutzklage!).
Hält der Betriebsrat den Einspruch für begründet, dann hat er eine Verständigung mit dem Arbeitgeber zu versuchen.
Auf Verlangen hat er dem Arbeitnehmer und dem Arbeitgeber seine Stellungnahme zu dem Einspruch schriftlich mitzuteilen.

49 Wenn
- der Betriebsrat einer ordentlichen (= fristgemäßen) Kündigung ordnungsgemäß nach § 102 Abs. 3 BetrVG **widersprochen** hat und
- der gekündigte Arbeitnehmer **Kündigungsschutzklage** erhebt (die Klage ist nach § 4 KSchG innerhalb von drei Wochen nach Zugang der schriftlichen Kündigung von dem Gekündigten beim → **Arbeitsgericht** einzureichen!) und
- unter Hinweis auf den Widerspruch des Betriebsrats gemäß § 102 Abs. 5 Satz 1 BetrVG seine **Weiterbeschäftigung** über den Ablauf der Kündigungsfrist hinaus **verlangt**,

ist der Arbeitgeber verpflichtet, den Arbeitnehmer **über den Ablauf der Kündigungsfrist hinaus** zu unveränderten Arbeitsbedingungen bis zum rechtskräftigen Abschluss des Kündigungsschutzprozesses weiter zu beschäftigen und das bisherige Arbeitsentgelt weiter zu bezahlen.
Das gilt sogar dann, wenn der Arbeitnehmer den Kündigungsschutzprozess **verliert** (BAG v. 7.3.1996 – 2 AZR 432/95, AiB 1996, 616; 10.3.1987 – 8 AZR 146/84, NZA 1987, 373; 12.9.1985 – 2 AZR 324/84, NZA 1986, 424)!
Dabei kommt es nicht darauf an, ob er den Arbeitnehmer tatsächlich weiter beschäftigt hat oder nicht. Eine Vergütungspflicht entfällt (für die Zukunft) nur dann, wenn der Arbeitgeber auf seinen Antrag hin nach § 102 Abs. 5 Satz 2 BetrVG vom Arbeitsgericht bzw. Landesarbeitsgericht von der Weiterbeschäftigungspflicht rechtskräftig entbunden wird (bis dahin aufgelaufene Arbeitsentgeltansprüche sind vom Arbeitgeber zu erfüllen; vgl. BAG v. 7.3.1996 – 2 AZR 432/95, a. a. O.; siehe auch → **Kündigung** Rn. 46 a ff. und Rn. 50, 51).

> **Beispiel:**
> Ein Arbeitnehmer wird ordentlich zum 30.6.2015 gekündigt. Der Betriebsrat hatte gemäß § 102 Abs. 3 Nr. 3 BetrVG Widerspruch eingelegt, mit der Begründung, dass eine Weiterbeschäftigung des Arbeitnehmers auf dem freien Arbeitsplatz xy möglich ist. Der Arbeitnehmer verlangt Weiterbeschäftigung und erhebt Kündigungsschutzklage. Eine Weiterbeschäftigung lehnt der Arbeitgeber ab. Er stellt aber keinen Antrag auf Entbindung von der Weiterbeschäftigungspflicht. Ein Jahr

Ordentliche Kündigung

später – am 30.6.2016 – wird die Kündigungsschutzklage vom Landesarbeitsgericht rechtskräftig abgewiesen.
Dann steht zwar fest, dass das Arbeitsverhältnis zum 30.6.2015 wirksam beendet wurde. Dennoch muss der Arbeitgeber auch für die Zeit vom 1.7.2015 bis 30.6.2016 den vollen Lohn bezahlen; ggf. unter Abzug von Arbeitslosengeld, das der Arbeitnehmer in dieser Zeit erhalten hat (die Agentur für Arbeit hat Anspruch gegen den Arbeitgeber auf Erstattung des gezahlten Arbeitslosengeldes; § 115 Abs. 1 SGB X).

Zu den Einzelheiten siehe Rn. 29 ff., 35 und → **Kündigung**.
Auch ohne Vorliegen der Voraussetzungen des § 102 Abs. 5 BetrVG kann dem gekündigten Arbeitnehmer ein – notfalls mit einer **einstweiligen Verfügung** (siehe → **Arbeitsgericht**) durchsetzbarer – **Weiterbeschäftigungsanspruch** zustehen (BAG v. 27.2.1985 – GS 1/84, AiB 1985, 164 = NZA 1985, 702).   50
Nämlich dann,
- wenn die Kündigung »**offensichtlich**« **unwirksam** ist, weil sich schon auf Grund des unstreitigen Verhaltens oder von Äußerungen des Arbeitgebers jedem Kundigen die Unwirksamkeit der Kündigung geradezu aufdrängen muss. Die Unwirksamkeit der Kündigung muss ohne jeden vernünftigen Zweifel in rechtlicher und in tatsächlicher Hinsicht offen zu Tage liegen (BAG v. 27.2.1985 – GS 1/84, a. a. O.). Beispiel: aus Äußerungen des Arbeitgebers ergibt sich, dass eine Anhörung des Betriebsrats nach § 102 Abs. 1 BetrVG unterblieben ist oder dass der Arbeitnehmer von einem »besonderen Kündigungsschutz« erfasst wird (z. B. Schwerbehinderte, Schwangere usw.; siehe → **Kündigungsschutz [besonderer]**) oder
- wenn mit dem die erste Instanz abschließenden Urteil des → **Arbeitsgerichts** festgestellt wird, dass die Kündigung unwirksam ist (BAG v. 27.2.1985 – GS 1/84, a. a. O.).

Wenn der Kündigungsgrund nach Ausspruch der Kündigung noch während der Kündigungsfrist wegfällt, steht dem Gekündigten unter Umständen ein → **Wiedereinstellungsanspruch** zu (BAG v. 6.8.1997 – 7 AZR 557/96, DB 1997, 1675).   51
Siehe auch → **Kündigungsschutz**.

Meldepflicht (§ 38 Abs. 1 SGB III 2012)

Nach § 38 Abs. 1 Satz 1 SGB III 2012 sind Personen, deren Arbeits- oder Ausbildungsverhältnis endet, verpflichtet, sich spätestens **drei Monate** vor dessen Beendigung **persönlich** bei der Agentur für Arbeit **arbeitssuchend** zu melden.   52
Liegen zwischen dem Kenntnis des Beendigungszeitpunkts und der Beendigung des Arbeits- oder Ausbildungsverhältnisses weniger als drei Monate, hat die Meldung innerhalb von **drei Tagen** nach Kenntnis des Beendigungszeitpunkts zu erfolgen.
Erfolgt die Meldung nicht fristgerecht, hat das eine einwöchige **Arbeitslosengeldsperre (Sperrzeit)** nach § 159 Abs. 1 Satz 2 Nr. 7, Abs. 6 SGB III 2012 zur Folge (siehe hierzu → **Arbeitslosenversicherung: Arbeitslosengeld** Rn. 44 ff.).
Zu weiteren Einzelheiten siehe → **Arbeitslosenversicherung: Arbeitsförderung** Rn. 13 ff.
Von der Meldung als »arbeitssuchend« nach § 38 Abs. 1 SGB IIII 2012 zu unterscheiden ist die »**persönliche Arbeitslosmeldung**« nach § 141 SGB III 2012 (siehe → **Kündigung** Rn. 32). Siehe auch → **Arbeitslosenversicherung: Arbeitsförderung** Rn. 20.

Ordentliche Kündigung

Arbeitshilfen

Übersicht	• Ordentliche (= fristgerechte) Kündigung
	• Rechte des Betriebsrats bei Kündigung (§ 102 BetrVG)
Checkliste	• Ordentliche Kündigung
Musterschreiben	• Einspruch beim Betriebsrat gegen Kündigung nach § 3 KSchG
	• Kündigungsschutzklage gegen eine ordentliche Kündigung
	• Weiterbeschäftigungsverlangen des gekündigten Arbeitnehmers nach § 102 Abs. 5 BetrVG für den Fall, dass der Betriebsrat frist- und ordnungsgemäß Widerspruch gemäß § 102 Abs. 3 BetrVG gegen eine ordentliche Kündigung eingelegt hat
	• Antrag auf Erlass einer einstweiligen Verfügung wegen Weiterbeschäftigung
	• Widerspruchsschreiben nach § 102 Abs. 3 Nr. 1 bis 5 BetrVG

Übersicht: Ordentliche (= fristgerechte) Kündigung

Der Arbeitgeber informiert den Betriebsrat nach § 102 Abs. 1 BetrVG darüber, »wer, warum, zu welchem Zeitpunkt« gekündigt werden soll (**Anhörung**).

Der Betriebsrat ermittelt den Sachverhalt, spricht mit dem Betroffenen (und ggf. mit Zeugen: Persönliche Geheimnisse des Betroffenen dürfen nicht offenbart werden!), verhandelt mit dem Arbeitgeber über Alternativen zur Kündigung und fasst, falls der Arbeitgeber auf der Kündigung besteht, den **Beschluss:** »... gegenüber der beabsichtigten ordentlichen Kündigung Bedenken gemäß § 102 Abs. 2 Satz 3 BetrVG und Widerspruch gemäß § 102 Abs. 3 BetrVG zu erheben«.
Mit einem **Widerspruch** macht der Betriebsrat einen oder mehrere der in § 102 Abs. 3 Nr. 1 bis 5 BetrVG aufgeführten Gründe geltend.
Es reicht nicht aus, den Wortlaut der in § 102 Abs. 3 BetrVG geregelten Tatbestände nur zu wiederholen!
Es ist notwendig, den jeweiligen Widerspruchsgrund mit konkreten betrieblichen Tatsachen zu »füllen«!

Bedenken sind alle Einwände, die gegen die Rechtmäßigkeit und Zweckmäßigkeit der geplanten Kündigung sprechen. Insbesondere kann die – gemessen an dem Kündigungsanlass – unverhältnismäßige Härte der Kündigung für den Betroffenen und seine Familie hervorgehoben werden.

Beachten:
Wirklich wichtig ist (nur) der **Widerspruch**. Er hat im Hinblick auf die Frage, ob der Gekündigte auf sein Verlangen über den Ablauf der Kündigungsfrist hinaus bis zum rechtskräftigen Abschluss des Kündigungsschutzprozesses bei unveränderten Arbeitsbedingungen weiter zu beschäftigen und zu vergüten ist (§ 102 Abs. 5 BetrVG), **herausragende Bedeutung**! Wenn nämlich der gekündigte Arbeitnehmer Kündigungsschutzklage erhebt und Weiterbeschäftigung verlangt, entsteht kraft Gesetzes ein besonderes Beschäftigungsverhältnis. Der Arbeitgeber muss das Arbeitsentgelt über den Ablauf der Kündigungsfrist hinaus bis zum rechtskräftigen Ende des Kündigungsschutzprozesses zahlen – und zwar auch dann, wenn er den Arbeitnehmer nicht weiterbeschäftigt und sogar dann, wenn der Arbeitnehmer den Kündigungsschutzprozess **verliert** (BAG v. 7.3.1996 – 2 AZR 432/95, AiB 1996, 616; 10.3.1987 – 8 AZR 146/84, NZA 1987, 373; 12.9.1985 – 2 AZR 324/84, NZA 1986, 424)! Einzige Ausnahme: der Arbeitgeber wird nach § 102 Abs. 5 Satz 2 BetrVG vom Arbeitsgericht von der Weiterbeschäftigungspflicht entbunden.

Zu weiteren Einzelheiten siehe → **Kündigung** Rn. 50 und → **Ordentliche Kündigung** Rn. 29 ff., 35).

Bedenken und Widerspruch werden dem Arbeitgeber **schriftlich** (!) innerhalb »einer Woche« nach Zugang der Kündigungsmitteilung beim Betriebsrat mitgeteilt!

Ordentliche Kündigung

Wenn der Arbeitgeber die ordentliche Kündigung ausspricht (Schriftform erforderlich; § 623 BGB), kann und sollte der Betroffene **Kündigungsschutzklage** nach § 4 Kündigungsschutzgesetz beim Arbeitsgericht einreichen.
Klagefrist: drei Wochen ab Zugang der schriftlichen Kündigung (§ 4 Satz 1 KSchG)!
Außerdem sollte der gekündigte Arbeitnehmer, wenn der Betriebsrat der ordentlichen Kündigung nach § 102 Abs. 3 BetrVG widersprochen hat, gemäß § 102 Abs. 5 Satz 1 BetrVG Weiterbeschäftigung zu unveränderten Arbeitsbedingungen bis zum rechtskräftigen Abschluss des Kündigungsschutzprozesses **verlangen**.

Gewerkschaftsmitglieder können den gewerkschaftlichen Rechtsschutz in Anspruch nehmen. Nichtgewerkschaftsmitglieder können sich zwecks Erhebung der Klage an die Rechtsantragsstelle des Arbeitsgerichts wenden. Natürlich kann auch ein **Rechtsanwalt** beauftragt werden (Gebührenansprüche des Anwalts beachten! Siehe Kostenbeispiel bei Stichwort → **Arbeitsgericht**).

Der Betriebsrat unterstützt den Betroffenen bei der Durchsetzung seines **Weiterbeschäftigungs- und Vergütungsanspruchs** nach § 102 Abs. 5 BetrVG.

Der Betriebsrat unterstützt den Betroffenen auch bei der Durchführung des Kündigungsschutzprozesses mit Rat und Tat. Wenn der Betroffene den Rechtsstreit gewinnt, ist die Unterstützung durch den Betriebsrat besonders wichtig. Insbesondere gilt es zu verhindern, dass der Betroffene nach seiner Rückkehr in den Betrieb schikaniert oder in sonstiger Weise ungerecht behandelt wird.

Falls Kündigungsgrund noch während der Kündigungsfrist wegfällt, hat der Gekündigte **Anspruch auf Wiedereinstellung**.

Zu beachten ist die Pflicht des gekündigten Arbeitnehmers zur »**Arbeitssuchendmeldung**« bei der Agentur für Arbeit (§ 38 Abs. 1 SGB III 2012). Bei verspäteter Meldung als Arbeitssuchender tritt eine **Arbeitslosengeld-Sperrzeit** von einer Woche ein (§ 159 Abs. 1 Satz 2 Nr. 7 und Abs. 6 SGB III 2012).

Übersicht: Rechte des Betriebsrats bei Kündigung (§ 102 BetrVG)

- Der Betriebsrat hat Anspruch auf ordnungsgemäße und vollständige Unterrichtung über die beabsichtigte Kündigung (**Anhörung**, § 102 Abs. 1 BetrVG).
- Eine ohne ordnungsgemäße Anhörung des Betriebsrats ausgesprochene Kündigung ist unwirksam (§ 102 Abs. 1 Satz 3 BetrVG).
- Der Betriebsrat kann gegen eine vom Arbeitgeber beabsichtigte ordentliche Kündigung **Bedenken** und **Widerspruch** erheben (§ 102 Abs. 2 und 3 BetrVG; Frist: eine Woche); nur ein Widerspruch löst den Weiterbeschäftigungs- und Vergütungsanspruch des Arbeitnehmers gemäß § 102 Abs. 5 BetrVG aus.
- Der Betriebsrat kann gegen eine beabsichtigte außerordentliche Kündigung Bedenken erheben (§ 102 Abs. 2 Satz 3 BetrVG; Frist: unverzüglich, spätestens innerhalb von drei Tagen). Es kann aber auch der Begriff Widerspruch verwendet werden (= eine qualifizierte Form von Bedenken; vgl. BAG v. 4. 2. 1993 – 2 AZR 469/92, EzA § 626 n. F. BGB Nr. 144; Fitting, BetrVG, 27. Aufl., § 102 Rn. 72). Ein Weiterbeschäftigungs- und Vergütungsanspruch des Arbeitnehmers gemäß § 102 Abs. 5 BetrVG entsteht dadurch aber nicht, weil diese Bestimmung nur im Falle einer ordentlichen Kündigung zur Anwendung kommt.[1]
- Zur sog. außerordentlichen Kündigung mit Auslauffrist siehe Fußnote.

---

1 Eine **außerordentliche Kündigung mit Auslauffrist** gegenüber einem tariflich unkündbaren Arbeitnehmer steht hinsichtlich der Betriebsratsbeteiligung einer ordentlichen Kündigung gleich (BAG v. 12. 1. 2006 – 2 AZR 242/05, ZTR 2006, 338; 5. 2. 1998 – 2 AZR 227/97, NZA 1998, 771). Der Betriebsrat kann also gegen eine solche Kündigung innerhalb einer Woche mit einem der in § 102 Abs. 3 BetrVG genannten Gründe Widerspruch erheben. Auch § 102 Abs. 5 BetrVG kommt zur Anwendung. Handelt es sich um eine außerordentliche betriebsbedingte Kündigung, gilt auch der Prüfungsmaßstab des § 1 Abs. 3 KSchG (soziale Auswahl, vgl. BAG v. 5. 2. 1998 – 2 AZR 227/97, a. a. O.).

Ordentliche Kündigung

- Schweigen gilt im Falle einer beabsichtigten ordentlichen Kündigung als Zustimmung (§ 102 Abs. 2 Satz 2 BetrVG).
- Der **Widerspruch** gegen eine beabsichtigte ordentliche Kündigung muss fristgerecht, schriftlich und mit Angabe von Gründen erfolgen. Der Widerspruch muss auf einen der in § 102 Abs. 3 BetrVG genannten Gründe gestützt und konkret begründet werden (eine bloße Wiederholung des Gesetzestextes des § 102 Abs. 3 BetrVG reicht nicht aus).
- Ein ordnungsgemäßer Widerspruch des Betriebsrats gegen eine beabsichtigte ordentliche Kündigung löst gemäß § 102 Abs. 5 Satz 1 BetrVG einen **Weiterbeschäftigungs- und Weitervergütungsanspruch** des Arbeitnehmers aus, wenn dieser fristgemäß Kündigungsschutzklage erhebt und ausdrücklich seine Weiterbeschäftigung über den Ablauf der Kündigungsfrist hinaus bis zum rechtskräftigen Abschluss des Rechtsstreits **verlangt** (siehe Musterschreiben »Weiterbeschäftigungsverlangen des gekündigten Arbeitnehmers nach § 102 Abs. 5 BetrVG«). Das gilt auch dann, wenn der Arbeitgeber den gekündigten Arbeitnehmer nicht weiterbeschäftigt – und sogar dann, wenn der Arbeitnehmer den Kündigungsschutzprozess verliert (BAG v. 7.3.1996 – 2 AZR 432/95, AiB 1996, 616; 10.3.1987 – 8 AZR 146/84, NZA 1987, 373; 12.9.1985 – 2 AZR 324/84, NZA 1986, 424)! Einzige Ausnahme: der Arbeitgeber wird nach § 102 Abs. 5 Satz 2 BetrVG vom Arbeitsgericht von der Weiterbeschäftigungspflicht entbunden.
Zu weiteren Einzelheiten siehe → **Kündigung** Rn. 50 und → **Ordentliche Kündigung** Rn. 29 ff., 35).

Rechtsprechung – Kündigung – Anhörung des Betriebsrats

1. Fehlende oder fehlerhafte Anhörung (§ 102 Abs. 1 BetrVG) – Unwirksamkeit der Kündigung
2. Anhörung des richtigen Betriebsrats
3. Subjektive Sicht des Arbeitgebers – Bewusste Irreführung des Betriebsrats durch den Arbeitgeber – Abwegige Angaben
4. Mängel im Verantwortungsbereich des Betriebsrats
5. Anforderungen an ordnungsgemäße Anhörung: Form
6. Anforderungen an ordnungsgemäße Anhörung: Kündigungsart
7. Anforderungen an ordnungsgemäße Anhörung: Zeitpunkt der beabsichtigten Kündigung
8. Anforderungen an ordnungsgemäße Anhörung: Kündigungsfrist und -termin
9. Anforderungen an ordnungsgemäße Anhörung: Krankheitsbedingte Kündigung
10. Anforderungen an ordnungsgemäße Anhörung: Sozialdaten – Soziale Auswahl
11. Anforderungen an ordnungsgemäße Anhörung: Betriebs(teil)übergang und Widerspruch des Arbeitnehmers
12. Anforderungen an ordnungsgemäße Anhörung: Interessenausgleich mit Namensliste
13. Anforderungen an ordnungsgemäße Anhörung: weitere Fallgestaltungen
14. Anhörung des Betriebsrats zu einer Kündigung innerhalb der ersten sechs Monate des Arbeitsverhältnisses
15. Erneute Anhörung des Betriebsrats – Anhörung nach § 102 BetrVG und § 103 BetrVG
16. Anhörungsfrist (§ 102 Abs. 2 BetrVG)
17. Anhörungsfrist für Betriebsrat bei Massenentlassungen – Verlängerung der Frist durch Vereinbarung – rechtsmissbräuchliches Verhalten des Arbeitgebers
18. Anhörung bei Zustimmungspflicht nach § 102 Abs. 6 BetrVG
19. Keine einzelvertragliche Erweiterung der Rechte des Betriebsrats bei Kündigungen
20. Kein Nachschieben von nicht mitgeteilten Kündigungsgründen im Kündigungsschutzprozess

Ordentliche Kündigung

21. Kündigungsschutzprozess: abgestufte Darlegungslast zur Betriebsratsanhörung
22. Fehlende oder fehlerhafte Anhörung: Verwirkung des Rechts, sich auf Unwirksamkeit der Kündigung zu berufen
23. Sonstiges

Rechtsprechung – Kündigung – Widerspruch des Betriebsrats, Weiterbeschäftigungs- und Vergütungsanspruch

1. Widerspruchsgründe (§ 102 Abs. 3 BetrVG) – Ordnungsgemäßer Widerspruch als Voraussetzung des Weiterbeschäftigungs- und Vergütungsanspruchs des Arbeitnehmers nach § 102 Abs. 5 BetrVG
2. Weiterbeschäftigungs- und Vergütungsanspruch des Arbeitnehmers nach § 102 Abs. 5 BetrVG bis zur rechtskräftigen Abweisung der Kündigungsschutzklage
3. Zeitpunkt des Weiterbeschäftigungsverlangens des Arbeitnehmers
4. Durchsetzung des Weiterbeschäftigungsanspruchs – Einstweilige Verfügung
5. Keine einseitige »Freistellung« – Antrag des Arbeitgebers auf Entbindung von der Weiterbeschäftigungspflicht durch einstweilige Verfügung (§ 102 Abs. 5 Satz 2 BetrVG)
6. Annahmeverzug bei Widerspruch des Betriebsrats und Ablehnung des Weiterbeschäftigungsverlangens nach § 102 Abs. 5 BetrVG: Vergütungsansprüche des Arbeitnehmers
7. Wertausgleich gemäß § 812 Abs. 1 Satz 1, § 818 Abs. 2 BGB bei Weiterbeschäftigungsverhältnis außerhalb des § 102 Abs. 5 BetrVG
8. Annahmeverzug bei Abweisung des allgemeinen Weiterbeschäftigungsantrags außerhalb des § 102 Abs. 5 BetrVG
9. Erweiterung der Rechte des Betriebsrats nach § 102 Abs. 6 BetrVG

Rechtsprechung – soziale Rechtfertigung einer ordentlichen Kündigung (§ 1 KSchG)

1. Soziale Rechtfertigung einer Änderungskündigung
2. Soziale Rechtfertigung einer betriebsbedingten Kündigung
3. Soziale Rechtfertigung einer personenbedingten Kündigung
4. Soziale Rechtfertigung einer verhaltensbedingten Kündigung

Ordnungswidrigkeitenverfahren

Grundlagen

1 In einer Vielzahl von – das Arbeitsleben betreffenden – Gesetzen und Verordnungen sind Vorschriften über **Bußgelder** geregelt, die im Falle von **Ordnungswidrigkeiten** verhängt werden können (vgl. z. B. § 16 AÜG, § 25 ArbSchG, § 22 ArbZG, §§ 58 Abs. 1 bis 4, 59 JArbSchG, § 21 Abs. 1 und 2 MuSchG, §§ 21 bis 24 GefStoffV 2010 usw.).

2 Für den Bereich des BetrVG gilt die **Bußgeldvorschrift des § 121 BetrVG**.
Hiernach macht sich derjenige Arbeitgeber (oder sein Beauftragter) einer Ordnungswidrigkeit schuldig, der seine **Aufklärungs- und Auskunftspflichten** in den nachfolgend genannten Angelegenheiten überhaupt nicht, wahrheitswidrig, unvollständig oder verspätet erfüllt:
- Planung von Investitionen und arbeitsorganisatorischen Maßnahmen (§ 90 Abs. 1 und 2 Satz 1 BetrVG);
- Personalplanung, insbesondere die Planung des gegenwärtigen und zukünftigen Personalbedarfs und die sich daraus ergebenden personellen Einzelmaßnahmen sowie Berufsbildungsmaßnahmen (§ 92 Abs. 1 Satz 1 BetrVG) sowie Maßnahmen zur Förderung der Gleichstellung von Frauen und Männern und der Vereinbarkeit von Familie und Erwerbstätigkeit (§ 92 Abs. 3 BetrVG);
- beabsichtigte Einstellung, Versetzung, Eingruppierung und Umgruppierung (§ 99 Abs. 1 BetrVG);
- Unterrichtung des Wirtschaftsausschusses über wirtschaftliche Angelegenheiten (§ 106 Abs. 2 BetrVG);
- Erläuterung des Jahresabschlusses (Bilanz, Gewinn- und Verlustrechnung, Anhang; § 108 Abs. 5 BetrVG);
- Bericht über wirtschaftliche Lage und Entwicklung des Unternehmens gegenüber der Belegschaft (§ 110 BetrVG);
- Planung von Betriebsänderungen, z. B. Betriebsstilllegung, Rationalisierung größeren Stils, Massenentlassung (§ 111 BetrVG).

3 Eine Ordnungswidrigkeit nach § 121 BetrVG wird nur dann geahndet, wenn die Tat **vorsätzlich** begangen wird (§ 10 Ordnungswidrigkeitengesetz [OWiG]); zum Begriff »Vorsatz« siehe → **Strafverfahren**. Fahrlässige Begehung der Tat reicht nicht aus.
Auf die **Unkenntnis** seiner gesetzlichen Unterrichtungspflichten kann sich der Arbeitgeber allerdings nicht berufen (vgl. Fitting, BetrVG, 27. Aufl., § 121 Rn. 6).

4 Dem Täter kann durch Bußgeldbescheid eine **Geldbuße** zwischen 5 und 10 000 Euro auferlegt werden (§ 17 Abs. 1 OWiG, § 121 Abs. 2 BetrVG).

5 Eine Ordnungswidrigkeit **verjährt** zwei Jahre nach Begehung der Tat (§ 31 Abs. 2 Nr. 2 OWiG).

6 Die Ordnungswidrigkeit nach § 121 BetrVG kann von der im Betrieb vertretenen → **Gewerkschaft** oder vom → **Betriebsrat angezeigt** werden (§ 46 OWiG i. V. m. § 158 StPo).

7 **Verfolgungsbehörden** sind die nach Landesrecht zuständigen Arbeitsministerien/Arbeitssenatoren bzw. Verwaltungsbehörden (nicht etwa das → **Arbeitsgericht**!).

Ordnungswidrigkeitenverfahren

Das Ordnungswidrigkeitenverfahren durchläuft folgende **Etappen** (§§ 46 ff. OWiG): 8
- Das Verfahren gegen den Beschuldigten (= so genannter »**Betroffener**«) wird von Amts wegen durch die zuständige Verwaltungsbehörde eingeleitet (meist nach Eingang einer **Anzeige**).
  Die Anzeige kann z. B. vom → **Betriebsrat** oder von einer im Betrieb vertretenen → **Gewerkschaft** erstattet werden.
- Die Verfolgung der angezeigten Ordnungswidrigkeit liegt im »**pflichtgemäßen Ermessen**« der Verfolgungsbehörde.
  Es gilt das so genannte **Opportunitätsprinzip**.
  Das heißt, die Behörde bestimmt, ob und in welchem Umfang sie ermittelt und verfolgt.
  Dabei hat sie sich allein von sachlichen Gründen leiten lassen.
  Willkürlich und unzulässig wäre es beispielsweise, wenn die Behörde die Verfolgung der Tat ablehnt, weil dies dem »Ansehen« des »Betroffenen« (Arbeitgeber) schaden würde.
- Die Verwaltungsbehörde **ermittelt** den Sachverhalt, indem sie den beschuldigten Arbeitgeber und dann wieder den Betriebsrat (ggf. die Gewerkschaft) zu **Stellungnahmen** auffordert (schriftliches Verfahren = meist sehr langwierig).
  Es besteht auch die Möglichkeit der Durchführung einer **mündlichen Verhandlung**.
  Die Behörde kann Zeugen vernehmen.
  Sie kann sich auch der Polizei bedienen.
- Nach Abschluss der Ermittlungen kann die Verwaltungsbehörde einen **Bußgeldbescheid** erteilen (wenn eine Ordnungswidrigkeit bejaht wird).
- Sie **stellt das Verfahren ein**, wenn keine Ordnungswidrigkeit festgestellt wird oder wenn ein sonstiger sachlicher Grund für eine Einstellung vorliegt.
- Wird das Verfahren eingestellt, so hat die Verwaltungsbehörde dies dem Anzeigeerstatter **mitzuteilen** (Begründung ist zwar nicht vorgeschrieben, aber zweifellos sinnvoll).
  Gegen die Einstellung stehen dem Anzeigeerstatter keine förmlichen Rechtsbehelfe zur Verfügung. Ihm bleibt lediglich der Weg der – oft erfolglosen – **Aufsichtsbeschwerde**.
- Wird ein Bußgeldbescheid erteilt, so kann der Betroffene hiergegen innerhalb von **zwei Wochen** »**Einspruch**« bei der Behörde erheben.
- Über den Einspruch entscheidet das **Amtsgericht** (nicht das Arbeitsgericht).
- Bestätigt das Amtsgericht den Bußgeldbescheid, so kann der Betroffene **Rechtsbeschwerde** beim **Oberlandesgericht** einlegen.
  Dieses Gericht überprüft die Entscheidung des Amtsgerichts allein in rechtlicher, nicht in tatsächlicher Hinsicht.
  Es entscheidet in der Sache **endgültig**.
  Wenn das Oberlandesgericht allerdings von einer Entscheidung eines anderen Oberlandesgerichts oder des Bundesgerichtshofs abweichen will, dann hat es die Sache dem **Bundesgerichtshof** vorzulegen.

Bedeutung für die Betriebsratsarbeit

Ein Blick in die Praxis zeigt, dass die Verwaltungsbehörden mit der Durchführung von Ordnungswidrigkeitenverfahren nicht gerade überlastet sind. 9
Im Gegenteil: § 121 BetrVG fristet eine Art »Mauerblümchendasein«.
Dies erscheint merkwürdig, wenn man bedenkt, dass es nur wenige Gesetze gibt, gegen die so häufig **verstoßen** wird wie gegen das Betriebsverfassungsgesetz (und zwar insbesondere im Bereich derjenigen Vorschriften, die **Informationspflichten** des Arbeitgebers begründen).

Ordnungswidrigkeitenverfahren

Offensichtlich bestehen doch erhebliche **Hemmschwellen**, auf der Ebene des Ordnungswidrigkeitenverfahrens in die Auseinandersetzung mit dem Arbeitgeber einzutreten. Zudem gibt es natürlich auch andere Wege, um den Arbeitgeber zu gesetzeskonformem Verhalten zu bewegen (siehe etwa → **Koppelungsgeschäfte in der Betriebsverfassung**).

10 Der oft zu hörende Einwand, ein Verfahren nach § 121 BetrVG bringe nichts, weil das angedrohte Bußgeld viel zu niedrig sei und vom Arbeitgeber »aus der Portokasse« gezahlt werde, greift zu kurz.

Denn die eigentliche »**erzieherische**« Wirkung eines Ordnungswidrigkeitenverfahrens geht davon aus, dass der Arbeitgeber erkennt, dass der Betriebsrat gewillt ist, alle Wege zur Durchsetzung seiner Rechte zu gehen.

Außerdem ist dem Arbeitgeber die mit einem solchen Verfahren verbundene **Öffentlichkeitswirkung** (der Betriebsrat informiert selbstverständlich die Belegschaft) unangenehm, so dass er sein zukünftiges Informationsverhalten gegenüber dem Betriebsrat überdenken wird.

11 Eine Ordnungswidrigkeitenanzeige gegen den Arbeitgeber ist natürlich ein Vorgang, der »heftige« Reaktionen auslösen kann.

Um den Betriebsrat vor **Repressalien** durch den Arbeitgeber zu schützen, sollte deshalb nicht der Betriebsrat, sondern die → **Gewerkschaft** die Anzeige erstatten (siehe Rn. 6).

12 Einige Betriebsräte haben sich nicht gescheut, auf die Verletzung ihrer gesetzlichen Informationsrechte mit einer Ordnungswidrigkeitenanzeige nach § 121 BetrVG zu reagieren.

In den nachfolgend beispielhaft genannten Fällen sind **Bußgeldbescheide** erteilt und durch die Gerichte bestätigt worden:

- Verstoß gegen Informationspflicht nach § 90 BetrVG (OLG Düsseldorf v. 8. 4. 1982 – 5 Ss (OWi) 136/82 – 110/82 I, DB 1982, 1575); OLG Stuttgart v. 22. 11. 1984 – 4 Ss (25) 342/84);
- Verstoß gegen Informationspflicht nach § 92 BetrVG (OLG Hamm v. 7. 12. 1977 – 4 Ss OWi 1407/77, DB 1978, 748);
- Verstoß gegen Informationspflicht nach § 99 BetrVG (Regierungspräsident Stuttgart v. 27. 11. 1988, AiB 1989, 22 und Bezirksregierung Düsseldorf v. 25. 7. 1996 – 15.3. – 2/96, AiB 1997, 177);
- Verstoß gegen Informationspflicht nach § 106 BetrVG (Kammergericht Berlin v. 25. 9. 1978 – 2 Ws (B) 82/78, DB 1979, 112; OLG Hamburg v. 4. 6. 1985 – 2 Ss 5/85, DB 1985, 1846);
- Verstoß gegen Informationspflicht nach § 111 BetrVG (OLG Stuttgart v. 22. 11. 1984 – 4 Ss (25) 342/84; OLG Hamburg v. 4. 6. 1985 – 2 Ss 5/85, DB 1985, 1846);
- Verstoß gegen Informationspflicht nach § 110 BetrVG (OLG Hamm v. 7. 12. 1977 – 4 Ss OWi 1407/77, DB 1978, 748).

13 Das OLG Karlsruhe v. 7. 6. 1985 hat die zweifelhafte Auffassung vertreten, dass der nach § 106 Abs. 2 BetrVG unterrichtungspflichtige Unternehmer, der die ihm obliegende Auskunft über bestimmte wirtschaftliche Angelegenheiten entgegen dem Verlangen des Wirtschaftsausschusses unter Berufung auf die Gefährdung von Betriebs- und Geschäftsgeheimnissen verweigert, nicht ordnungswidrig i. S. v. § 121 Abs. 2 BetrVG handelt, wenn hinsichtlich der Meinungsverschiedenheiten über den Umfang der Auskunftspflicht eine Entscheidung der → **Einigungsstelle** nicht herbeigeführt wurde (§ 109 BetrVG; siehe → **Wirtschaftsausschuss** Rn. 26) und damit eine Konkretisierung der Auskunftspflicht nicht erfolgt ist (OLG Karlsruhe v. 7. 6. 1985 – 1 Ss 68/85, NZA 1985, 570).

14 Weitere Handlungsmöglichkeiten des Betriebsrats zur Durchsetzung seiner Informationsrechte sind:

- das Arbeitsgerichtsverfahren nach § 23 Abs. 3 BetrVG (ggf. auch ein Antrag auf Erlass einer **einstweiligen Verfügung**; vgl. Fitting, BetrVG, 27. Aufl., § 121 Rn. 3); siehe → **Arbeitsgericht** und → **Unterlassungsanspruch des Betriebsrats**;
- das Einigungsstellenverfahren nach § 109 BetrVG (wenn der Unternehmer Informationen

zu einer »wirtschaftlichen Angelegenheit« im Sinne des § 106 BetrVG verweigert; siehe → **Einigungsstelle** und → **Wirtschaftsausschuss** Rn. 26);
- das → **Strafverfahren** nach § 119 Abs. 1 Nr. 2 BetrVG (wenn die Nicht- oder Schlechtinformation einen solchen Grad angenommen hat, dass von einer → **Behinderung der Betriebsratsarbeit** gesprochen werden kann).

Siehe auch → **Koppelungsgeschäfte in der Betriebsverfassung.**

Arbeitshilfen

Musterschreiben
- Anzeige wegen Ordnungswidrigkeit nach § 121 BetrVG

Rechtsprechung

1. Ordnungswidrigkeit nach § 121 i. V. m. § 90 BetrVG
2. Ordnungswidrigkeit nach § 121 i. V. m. § 92 BetrVG
3. Ordnungswidrigkeit nach § 121 i. V. m. § 99 BetrVG
4. Ordnungswidrigkeit nach § 121 i. V. m. § 106 BetrVG
5. Ordnungswidrigkeit nach § 121 i. V. m. § 110 BetrVG
6. Ordnungswidrigkeit nach § 121 i. V. m. § 111 BetrVG

Personalakte

Was ist das?

1   Personalakte ist jede **Sammlung von Unterlagen** über einen bestimmten Arbeitnehmer des Betriebs.
    Hierzu zählen alle Aufzeichnungen, die das Arbeitsverhältnis betreffen und damit in einem inneren **Zusammenhang** stehen (BAG v. 19. 7. 2012 – 2 AZR 782/11; 7. 5. 1980 – 4 AZR 214/78, AuR 1981, 124).
    Form und **Ort** der Sammlung sind dabei ohne Bedeutung.
    Auch in **elektronischen Datenbanken** gespeicherte Personaldaten fallen unter den Begriff der »Personalakte«.

2   Zu den **Unterlagen**, die Teil der Personalakte sind, gehören u. a. Bewerbungsunterlagen, Lebenslauf, Schulzeugnisse und Zeugnisse von früheren Arbeitgebern, Angaben zur Berufsbildung und Fortbildung und zu Fähigkeiten und Fertigkeiten, Personalfragebogen, Eignungstests, Arbeitserlaubnis, Gesundheitszeugnis und sonstige ärztliche Beurteilungen (nicht aber Aufzeichnungen und Unterlagen des Betriebsarztes, die der ärztlichen Schweigepflicht unterliegen), Arbeits- bzw. Ausbildungsvertrag und spätere Änderungen, Angaben zu Entgeltveränderungen, steuer- und sozialversicherungsrechtliche Unterlagen (Lohnsteuerkarte, Lohnsteuerbescheinigung, Sozialversicherungsnachweis), Abtretungen und Pfändungen, Beurteilungen, Schriftwechsel zwischen Arbeitnehmer und Arbeitgeber (nicht aber die Prozessakte des Arbeitgebers zu einem laufenden Rechtsstreit mit dem Arbeitnehmer), Abmahnungen, Verwarnungen, Betriebsbußen, Zeugnisse/Zwischenzeugnisse des Arbeitgebers usw.

3   **Sonder- und Nebenakten** sind ebenfalls Bestandteil der Personalakte, gleichgültig von wem sie geführt werden.
    Die **Hauptakte** muss einen entsprechenden Hinweis auf solche Akten enthalten.
    Die Führung von **Geheimakten** ist ebenso unzulässig wie die Sammlung von Unterlagen, die mit dem Arbeitsverhältnis in keinem Zusammenhang stehen bzw. für deren Sammlung kein sachliches Interesse des Arbeitgebers besteht.

3a Auch die nach § 6 ArbSchG zu dokumentierenden **Gefährdungsbeurteilungen** (siehe → **Arbeitsschutz** Rn. 20) derjenigen Arbeitsplätze, an denen der Arbeitnehmer im Betrieb tätig gewesen ist, stehen in einem inneren Zusammenhang mit dem Arbeitsverhältnis (siehe Rn. 1) und dürften deshalb Teil der Personalakte sein.

4   Der Arbeitgeber ist zur ebenso **sorgfältigen** wie **vertraulichen Behandlung** der Personalakte verpflichtet.

5   Die besonderen Schutzvorschriften des Bundesdatenschutzgesetzes (BDSG) greifen ein, wenn der Arbeitgeber die personenbezogenen Daten des Arbeitnehmers unter Einsatz von **Datenverarbeitungsanlagen** verarbeitet, nutzt oder dafür erhebt oder die Daten in oder aus »nicht automatisierten Dateien« verarbeitet, genutzt oder dafür erhoben werden (§ 1 Abs. 2 Nr. 3 BDSG; siehe → **Datenschutz**).
    Eine **nicht automatisierte Datei** ist nach § 3 Abs. 2 Satz 2 BDSG jede nicht automatisierte

Sammlung personenbezogener Daten, die gleichartig aufgebaut ist und nach bestimmten Merkmalen zugänglich ist und ausgewertet werden kann.
Ob eine Personalakte oder Teile daraus diese Voraussetzungen erfüllen, hängt von der **Art** der Führung und Gestaltung der Personalakte ab.

Scheidet der Arbeitnehmer aus, ist der Arbeitgeber nicht verpflichtet, die Personalakten weiterhin aufzubewahren, sofern nicht besondere Vorschriften der Steuer- oder Sozialversicherungsgesetze ihn hierzu verpflichten. 6

Bewahrt er allerdings die Personalakten weiterhin auf, hat ein Arbeitnehmer bei Bestehen eines berechtigten Interesses **Anspruch auf Einsichtnahme** auch nach Beendigung des Arbeitsverhältnisses (siehe Rn. 14).

Bedeutung für die Betriebsratsarbeit

Dem Betriebsrat steht ein Mitbestimmungsrecht nach § 87 Abs. 1 Nr. 1 BetrVG (auch in Form des **Initiativrechts**) zu, soweit es um die **Modalitäten des Einsichtsrechts** des Arbeitnehmers nach § 83 Abs. 1 BetrVG (siehe Rn. 9 ff.) geht: z. B. Anmeldefrist, Häufigkeit, Ort und Zeitpunkt der Einsichtnahme, Erteilung einer Bescheinigung über die erfolgte Einsichtnahme usw.). 7

Wird ein Betriebsratsmitglied von dem Arbeitnehmer bei der Einsichtnahme hinzugezogen (§ 83 Abs. 1 Satz 2 BetrVG), hat das Betriebsratsmitglied über den Inhalt der Personalakte **Stillschweigen** zu bewahren (§ 83 Abs. 1 Satz 3 BetrVG), es sei denn, es wird im Einzelfall hiervon vom Arbeitnehmer entbunden. 8
Es gelten die gleichen Grundsätze wie bei der Schweigepflicht nach § 82 Abs. 2 Satz 3 BetrVG (vgl. → **Arbeitnehmerrechte nach dem BetrVG**).
Die **unbefugte Offenbarung** eines Geheimnisses des Arbeitnehmers, das dem Betriebsratsmitglied anlässlich der Einsichtnahme bekannt geworden ist, kann nach § 120 Abs. 2 BetrVG auf Antrag des Arbeitnehmers als **Straftat** verfolgt werden.

Bedeutung für den Beschäftigten

Nach § 83 Abs. 1 BetrVG hat der Arbeitnehmer das **Recht**, in die über ihn geführten Personalakten **Einsicht zu nehmen**. 9
Ist die Personalakte in der EDV gespeichert, hat der Arbeitnehmer Anspruch auf vollständigen **Ausdruck** aller über ihn gespeicherten Daten in entschlüsselter Form.
Werden über den Arbeitnehmer **mehrere Akten** geführt (Haupt-, Neben- und Sonderakten), so erstreckt sich das Einsichtsrecht auf alle Akten.

> **Beispiel:**
> In einem Unternehmen mit mehreren Betrieben werden die Hauptakten in der auf Unternehmensebene angesiedelten Personalabteilung, die Nebenakten von den jeweiligen Betriebsleitern geführt.
> Der Arbeitnehmer hat Anspruch auf Einsicht in alle Akten.

Ein Einsichtsrecht besteht auch dann, wenn Unterlagen über den Arbeitnehmer bei einem **außenstehenden Dritten** geführt werden, der im Auftrage des Arbeitgebers tätig ist (z. B. Steuerberater, externe Buchhaltung). 10

Personalakte

Die Weitergabe der Personalakte an einen **Dritten** ist nur mit Zustimmung des Arbeitnehmers zulässig.

11 Nimmt der Arbeitnehmer Einsicht in die Personalakte, kann er ein **Betriebsratsmitglied** (seines Vertrauens) **hinzuziehen** (§ 83 Abs. 1 Satz 2 BetrVG).

12 Nach § 83 Abs. 2 BetrVG ist der Arbeitgeber verpflichtet, Erklärungen des Arbeitnehmers auf sein Verlangen in die Personalakte einzufügen: z. B. eine **Gegendarstellung** als Reaktion auf eine → **Abmahnung** oder → **Betriebsbuße**.

Auch **sonstige Unterlagen**, die der Arbeitnehmer zur Personalakte gibt, sind aufzunehmen (z. B. Bescheinigungen über erworbene Qualifikationen u. ä.).

13 Der Arbeitnehmer hat das Recht, die **Entfernung** von **unrichtigen Angaben** aus der Personalakte zu verlangen.

Gleiches gilt in Bezug auf **missbilligende Äußerungen**, negative Bewertungen und Beurteilungen sofern sie unzutreffende Tatsachenbehauptungen enthalten, die den Arbeitnehmer in seiner Rechtsstellung und seinem beruflichen Fortkommen beeinträchtigen können.

Auch ungerechtfertigte → **Abmahnungen** oder → **Betriebsbußen** sind auf Verlangen des Arbeitnehmers aus der Personalakte zu entfernen.

Der Anspruch auf Entfernung ergibt sich aus einer entsprechenden Anwendung der §§ 242, 1004 BGB (BAG v. 27. 11. 2008 – 2 AZR 675/07, NZA 2009, 842).

Der Entfernungsanspruch kann vom Arbeitnehmer im Klagewege vor dem → **Arbeitsgericht** durchgesetzt werden (siehe auch → **Abmahnung** Rn. 19).

Er sollte aber zuvor alle **innerbetrieblichen Möglichkeiten** ausschöpfen (schriftliche Aufforderung mit Fristsetzung, Einschaltung des Betriebsrats).

14 Nach Ansicht des BAG kann sich aus »nachwirkender Fürsorgepflicht« des Arbeitgebers ein Recht des Arbeitnehmers auf Einsicht in seine Personalakten **nach Beendigung des Arbeitsverhältnisses** ergeben (BAG v. 11. 5. 1994 – 5 AZR 660/93, AuR 1994, 381).

Voraussetzung ist, dass der Arbeitnehmer ein **berechtigtes Interesse** hat.

Erforderlich ist eine Interessenabwägung.

Angesichts der Anerkennung des informationellen Selbstbestimmungsrechts durch die Rechtsprechung des BVerfG v. 15. 12. 1983 (– 1 BvR 209/83, DB 1984, 36) dürfen an die Darlegung des berechtigten Interesses **keine zu hohen Anforderungen** gestellt werden (BAG v. 11. 5. 1994 – 5 AZR 660/93, a. a. O.).

Ein berechtigtes Interesse des ausgeschiedenen Arbeitnehmers an der Einsicht in die Personalakte ist z. B. gegeben bei Fragen im Zusammenhang mit
- der Ausstellung eines qualifizierten → **Zeugnisses**,
- der → **betrieblichen Altersversorgung**,
- einer **Gefährdungsbeurteilung** seines Arbeitsplatzes nach § 5 ArbSchG (oder anderer Arbeitsschutzvorschriften: z. B. § 6 GefStoffV),
- dem Antrag auf Anerkennung einer → **Berufskrankheit** oder
- dem Antrag auf Gewährung einer Rente wegen verminderter Erwerbsfähigkeit oder wegen Alters (siehe → **Rentenversicherung**).

Arbeitshilfen

Musterschreiben
- Antrag auf Einsicht in die Personalakte (§ 83 Abs. 1 BetrVG)
- Aufforderung zur Beifügung einer Gegendarstellung zur Personalakte (§ 83 Abs. 2 BetrVG)
- Aufforderung zur Entfernung einer Abmahnung aus der Personalakte

Rechtsprechung

1. Begriff der Personalakte
2. Führung der Personalakte – Aufbewahrung von Gesundheitsdaten in der Personalakte – Paginierung (= mit Seitenzahlen versehen) der Unterlagen
3. Einsicht in Personalakte nach Beendigung des Arbeitsverhältnisses
4. Kündigung wegen unerlaubter Einsichtnahme in Personalakte
5. Entfernung einer dienstlichen Beurteilung aus Personalakte
6. Entfernung einer Abmahnung aus Personalakte
7. Personalakte und Betriebsrat

Personalfragebogen

Was ist das?

1 Ein Personalfragebogen im Sinne des § 94 Abs. 1 BetrVG ist eine in der Regel formularmäßig gestaltete **Zusammenstellung** einer mehr oder weniger großen Anzahl von **Fragen**, deren Beantwortung Aufschluss über die Person des Befragten sowie über seine Kenntnisse, Fähigkeiten und Fertigkeiten geben soll.
Der Betriebsrat hat über das »ob« und den Inhalt eines Personalfragebogens **mitzubestimmen** (siehe Rn. 6 ff.).

2 Personalfragebogen werden verwendet
- sowohl als **Einstellungsfragebogen**
- als auch als Fragebogen, die von Arbeitnehmern ausgefüllt werden sollen, die **bereits im Betrieb beschäftigt** sind.

3 Manchmal sind Personalfragen auch in schriftlichen → **Arbeitsverträgen** oder in sonstigen z. B. als Test, Checkliste oder schriftliches Interview bezeichneten Formularen »**versteckt**«.
Natürlich kommt es im Rahmen des § 94 BetrVG nicht darauf an, wie das Formular betitelt wird, sondern darauf, ob in ihm personenbezogene Fragen in oben genanntem Sinne enthalten sind (vgl. auch § 94 Abs. 2 BetrVG; siehe Rn. 8).

4 In der betrieblichen Praxis sind Fragebogen mit einer geradezu abenteuerlich anmutenden **Zahl** von Fragen bekannt geworden.

> **Beispiel:**
> Ein Stromversorgungsunternehmen legte Ausbildungsplatzbewerbern einen Fragebogen mit 106 Fragen vor.

5 Auch beim **Inhalt** der Fragen scheint es keine Grenzen zu geben. Nachstehend ein Auszug aus einem Fragebogen, der von den Bewerbern durch Ankreuzen auszufüllen war (aus Schmid, NJW 1971, 1867):
- Einmal oder mehrmals im Monat habe ich Durchfall.
- Ich habe nie Blut erbrochen oder gehustet.
- Ich muss nicht öfter als andere Wasser lassen.
- Ich habe nie Blut in meinem Urin bemerkt.
- Ich fühle mich sehr stark von Personen meines eigenen Geschlechts angezogen.
- Ich spreche gern über sexuelle Dinge.
- Ich träume viel von sexuellen Dingen.
- Sexuelle Dinge sind mir widerwärtig.
- Meine Seele verlässt manchmal meinen Körper.
- Ich höre häufig Stimmen, ohne zu wissen, woher sie kommen.
- Manchmal kommen mir seltsame Gerüche.
- Manchmal empfand ich Freude daran, von jemandem verletzt zu werden, den ich liebte.
- Ich habe einige sehr ungewöhnliche religiöse Erlebnisse gehabt.

- Ich bin ein besonderer Sendbote Gottes.
- Ich bete mehrmals in der Woche.
- Ich lese mehrmals in der Woche in der Bibel.

Bedeutung für die Betriebsratsarbeit

Der Betriebsrat hat nach § 94 Abs. 1 BetrVG ein Mitbestimmungsrecht in Form des **Zustimmungsverweigerungsrechtes**.
Das heißt, er kann die Einführung eines Personalfragebogens zwar nicht erzwingen (Derartiges dürfte auch kaum im Interesse des Betriebsrats liegen).
Wenn der Arbeitgeber jedoch einen Personalfragebogen (in welcher Form auch immer: siehe Rn. 1 ff.) einführen will, so hat der Betriebsrat darüber mitzubestimmen,
- **ob** der Personalfragebogen überhaupt eingeführt werden soll und, wenn ja,
- welchen **Inhalt** er haben soll.

Auch die **Änderung** bestehender Fragebogen unterliegt der Mitbestimmung des Betriebsrats.
Um zu verhindern, dass der Arbeitgeber das Mitbestimmungsrecht des Betriebsrats bei der Einführung und inhaltlichen Gestaltung von Personalfragebogen dadurch **umgeht**, dass er Fragen über die persönlichen Verhältnisse eines Arbeitnehmers in schriftlichen **Formulararbeitsverträgen** »unterbringt«, gewährt § 94 Abs. 2 BetrVG dem Betriebsrat ein Zustimmungsverweigerungsrecht auch
»*für persönliche Angaben in schriftlichen Arbeitsverträgen, die allgemein für den Betrieb verwendet werden sollen*«.
Durch das Mitbestimmungsrecht des Betriebsrats soll sichergestellt werden, dass der Inhalt des Fragebogens auf solche Fragen **beschränkt** bleibt, für die ein berechtigtes Auskunftsbedürfnis des Arbeitgebers besteht.
Insbesondere soll der Betriebsrat dafür sorgen, dass keine **unsinnigen, unzumutbaren** (siehe Rn. 5) und **rechtswidrigen** Fragen in den Fragebogen aufgenommen werden.
Zur Frage der **rechtlichen Zulässigkeit** von Fragen: siehe Rn. 15.
Zur Mitbestimmung des Betriebsrats bei der Aufstellung von → **Beurteilungsgrundsätzen** siehe dort!

6

7
8

9

10
11

Bedeutung für die Beschäftigten

Ungefragt muss ein Bewerber nur Sachverhalte **offenbaren**, die ihn hindern, die angestrebte Tätigkeit auszuüben.

12

> **Beispiele:**
> - Der Bewerber auf eine Stelle als Fahrer hat keinen Führerschein (mehr).
> - Eine Krankheit macht die Arbeit vollständig oder weitgehend unmöglich.
> - Unter Umständen muss nach Ansicht des BAG auch eine Schwerbehinderung oder Gleichgestellung ungefragt mitgeteilt werden, wenn der Bewerber bei den Vertragsverhandlungen »erkennen muss, dass er wegen der Behinderung, die der Feststellung oder der Gleichstellung zugrunde liegt, die vorgesehene Arbeit nicht zu leisten vermag oder eine deswegen beschränkte Leistungsfähigkeit für den vorgesehenen Arbeitsplatz von ausschlaggebender Bedeutung ist« (BAG v. 1.8.1985 – 2 AZR 101/83, DB 1985, 2238).

Personalfragebogen

13 Ausdrücklich vom Arbeitgeber schriftlich (z. B. durch Personalfragebogen) oder mündlich (im Bewerbungsgespräch) gestellte **Fragen** muss er dann **wahrheitsgemäß** beantworten, wenn die Fragen **rechtlich zulässig** sind (siehe Rn. 15).

14 Die Beantwortung rechtlich **unzulässiger** (schriftlich oder mündlich gestellter) **Fragen** darf der Bewerber **nicht nur verweigern** (dies würde ihm wenig nutzen, weil er dann die Stelle bestimmt nicht bekommt).
Er ist auch befugt, unzulässige Fragen **wahrheitswidrig** zu beantworten (BAG v. 6.2.2003 – 2 AZR 621/01, AiB 2003, 755 = NZA 2003, 848).
Nachteilige Folgen dürfen dem Bewerber hieraus nicht erwachsen.
Insbesondere ist in einem solchen Fall eine → **Kündigung** oder Anfechtung des → **Arbeitsvertrages** »wegen arglistiger Täuschung« (§ 123 BGB) nicht zulässig (BAG v. 6.2.2003 – 2 AZR 621/01, a. a. O.).

15 Zulässig sind nur solche Fragen, an deren Beantwortung der Arbeitgeber ein **berechtigtes, billigenswertes und schutzwürdiges Interesse** hat.

> **Beispiele:**
> - Fragen nach beruflichen und fachlichen Kenntnissen, Fähigkeiten und Fertigkeiten, beruflichem Werdegang sowie Prüfungsergebnissen sind zulässig.
> - Fragen nach Vorstrafen sind nur dann zulässig, wenn die Straftat einen engen inhaltlichen Bezug zur künftigen Tätigkeit hat (z. B. kann ein Kassierer nach Vorstrafen wegen Eigentums-/Vermögensdelikten, ein Kraftfahrer nach Verkehrsdelikten gefragt werden).
> Dagegen ist eine allgemein gestellte Frage: »Sind Sie vorbestraft?« unzulässig. Der vorbestrafte Bewerber darf sich auch dann als unbestraft bezeichnen, wenn die Vorstrafe im Bundeszentralregister bereits gelöscht oder – falls (noch) nicht gelöscht – als Bagatellstrafe nicht in das polizeiliche Führungszeugnis aufzunehmen ist.
> - Frage nach bestehender Schwangerschaft:
> Das Bundesarbeitsgericht hat unter Aufgabe seiner früheren Rechtsprechung entschieden, dass die Frage nach der Schwangerschaft vor Einstellung einer Arbeitnehmerin in der Regel eine unzulässige Benachteiligung wegen des Geschlechts darstellt, gleichgültig ob sich nur Frauen oder Männer und Frauen um den Arbeitsplatz bewerben (BAG v. 15.10.1992 – 2 AZR 227/92, AiB 1993, 319; siehe auch → **Benachteiligungsverbot [AGG]**).
> Allerdings ist die Frage nach der Schwangerschaft ausnahmsweise dann zulässig, wenn sie objektiv dem Schutz der Bewerberin und des ungeborenen Kindes dient (BAG v. 1.7.1993 – 2 AZR 25/93, AiB 1994, 122); wenn es also um die Besetzung eines Arbeitsplatzes geht, auf dem z. B. nach den Vorschriften des Mutterschutzgesetzes (§§ 4, 8 MuSchG) Schwangere nicht beschäftigt werden dürfen (siehe → **Mutterschutz**).
> - Frage nach Schwerbehinderteneigenschaft:
> Diese Frage wird von der Rechtsprechung als zulässig angesehen (auch wenn die Behinderung »tätigkeitsneutral« ist; vgl. BAG v. 5.10.1995 – 2 AZR 923/94, AiB 1996, 742).
> Wird die Frage wahrheitswidrig verneint und der Schwerbehinderte eingestellt, soll der Arbeitgeber das Recht zur Anfechtung des Arbeitsvertrages jedenfalls dann haben, wenn die Schwerbehinderteneigenschaft für die Ausübung der Tätigkeit von Bedeutung ist (BAG v. 11.11.1993 – 2 AZR 467/93, AiB 1994, 572).
> In diesem Fall soll der Schwerbehinderte sogar verpflichtet sein, über seine Behinderung auch ohne ausdrückliche Frage zu informieren (BAG v. 1.8.1985 – 2 AZR 101/83, DB 1985, 2238).
> Im bestehenden Arbeitsverhältnis soll die Frage des Arbeitgebers nach der Schwerbehinderung jedenfalls nach sechs Monaten, also nach dem Erwerb des Sonderkündigungsschutzes für behinderte Menschen, zulässig sein (BAG v. 16.2.2012 – 6 AZR 553/10). Das gelte insbesondere zur Vorbereitung von beabsichtigten Kündigungen.
> Es bestehen Zweifel, ob diese Rechtsprechung mit dem gesetzlichen Verbot der Benachteiligung von → **schwerbehinderten Menschen** nach § 81 Abs. 2 SGB IX, § 1 AGG vereinbar ist (siehe → **Benachteiligungsverbot [AGG]**).
> - Frage nach der Mitgliedschaft in einer Gewerkschaft, Partei oder Kirche:

Die Frage ist *vor* der Einstellung in der Regel unzulässig (BAG v. 28.3.2000 – 1 ABR 16/99, NZA 2000, 1294 = AP BetrVG 1972 § 99 Einstellung Nr. 27).
Eine Ausnahme wird bei der Einstellung eines Tendenzträger in einen → **Tendenzbetrieb** gemacht.
Ebenfalls soll die Frage nach der Einstellung zulässig sein, soweit die Angabe für die Durchführung der Lohnberechnung notwendig ist (vgl. Fitting, BetrVG, 27. Aufl., § 94 Rn. 17; Beispiel: bei Gewerkschaftsmitgliedschaft besteht im Falle beiderseitiger Tarifbindung Anspruch auf den tariflichen Lohn).

Zur Frage der Zulässigkeit der Erhebung, Verarbeitung und Nutzung personenbezogener Daten siehe → **Datenschutz**.

16

Rechtsprechung

1. Fragerecht des Arbeitgebers
2. Frage nach Mitgliedschaft in der Gewerkschaft
3. Frage nach Schwerbehinderteneigenschaft
4. Frage nach Schwangerschaft
5. Frage nach Stasi-Tätigkeit
6. Auskunftspflicht des Arbeitnehmers nach seiner Einstellung
7. Unterrichtung des Betriebsrats über Auswertung einer Mitarbeiterbefragung
8. Mitbestimmung des Betriebsrats (§ 94 BetrVG)
9. Aus fehlender Zustimmung des Betriebsrats ergibt sich kein Recht zur Falschbeantwortung

Personalplanung

Begriff

1 Personalplanung ist eine – in der betrieblichen Praxis mit unterschiedlicher Systematik, Intensität und Qualität betriebene – **Methode** zur Planung einer »*möglichst weitgehenden Übereinstimmung zwischen zukünftigen Arbeitsanforderungen (qualitativ und quantitativ) und dem dann einsetzbaren Personal nach Qualifikation und Zahl, wobei die unternehmerischen Ziele und Interessen der Arbeitnehmer soweit wie möglich in Einklang zu bringen sind*« (vgl. RKW-Handbuch, Praxis der Personalplanung, Luchterhand-Verlag, Teil I, Kap. 3.1).

2 Das klingt gut. Die Wirklichkeit sieht anders aus.
Ziel unternehmerischen Handelns in der Privatwirtschaft ist die Realisierung eines höchstmöglichen **Gewinns** (siehe auch → **Unternehmen**).
Der Unternehmensgewinn wird nach Ablauf eines jeden Geschäftsjahres in Form des → **Jahresabschlusses** festgestellt (Bilanz, Gewinn- und Verlustrechnung).
Die **Gewinnformel** ist vergleichsweise einfach: Einnahmen im Geschäftsjahr (Umsatzerlöse) minus Aufwendungen (Sach- und Personalkosten) im Geschäftsjahr = Gewinn.

2a Eine wichtige »**Stellschraube**« bei der Gestaltung des Gewinns sind also die **Aufwendungen für das Personal**.
Hier gilt das Prinzip: »*So viel qualifiziertes und leistungsbereites und -fähiges Personal an Bord haben wie nötig, aber so wenig und so kostengünstig wie möglich.*«
Das ist der Auftrag »von oben« (Geschäftsleitung, Vorstand) an die **Personalabteilung** (auf »Neudeutsch«: der Unternehmensbereich **Human Ressources**).
Ressource bedeutet: Mittel, das nötig ist, um einen bestimmten Zweck zu erreichen.
Human Ressources (= menschliche Mittel) sind die Arbeitnehmer mit ihrem Wissen, ihren Fähigkeiten und ihrer Motivation, die ein Unternehmen braucht, um seine Ziele (Profitmaximierung) zu erreichen.
Die Aufgabe der Personalleitung (= Human Ressources Management) ist es, sicher zu stellen, dass das optimal funktioniert.
In der Betriebswirtschaft und umgangssprachlich wird auch der Begriff »**Human-Kapital**« verwendet, der es im Jahr 2004 geschafft hat, zum Unwort des Jahres gewählt zu werden, weil er Arbeitnehmer allgemein zu einer rein ökonomisch interessanten Größe degradiert.
Die Personalabteilung muss das **Kunststück** fertigbringen, die Personalkosten so weit wie möglich abzusenken, die Mitarbeiterzufriedenheit zu steigern, die Produktivität zu erhöhen und durch besseren Kundenservice mehr Umsatz zu erreichen.

2b Dazu werden **fortwährend neue Techniken** der Personalführung und Beteiligung der Beschäftigten (z. B. in Form von Mitarbeiterbefragungen) entwickelt.
Motivationstechniken haben das Ziel, die **Identifikation** mit dem Unternehmen und seinen Zielen – und damit einhergehend ihre Leistungsbereitschaft – **zu fördern** (Motto: »*... in unserem Unternehmen steht der Mensch im Mittelpunkt*«).
Unternehmen schrecken dabei auch vor **Peinlichkeiten** wie z. B. »**Firmenhymnen**« nicht zurück (Quelle: *http://www.spiegel.de/wirtschaft/unternehmen/0,1518,668735,00.html*; Ham-

Personalplanung

burger Abendblatt vom 6. 3. 2012, Seite 16; *http://www.welt.de/wirtschaft/article452 3203/Wie-peinliche-Firmenlieder-die-Angestellten-nerven.html*):

Beispiele:
- Bei der **Kaufland Stiftung & Co. KG** (ca. 114 000 Beschäftigte, davon 73 000 in Deutschland) beispielsweise wird gesungen:
  »An so 'nem Tag wie heut ist alles drin, mein Chef, der steht zu mir, weil ich bin, wie ich bin, ...
  Doch ohne dich ist nichts zu machen, bist sehr wichtig sogar. Wir brauchen dich, mach mit, sag einfach ja ...
  Ein bisschen Spaß muss sein, sonst kommen keine Kunden rein. Ein Lächeln ist mehr wert, als Du denkst«.
- Einen ähnlichen Schwachsinn mutet man den Beschäftigten bei **Lidl Deutschland** (ca. 98 800 Beschäftigte) zu: »Mein Chef, der steht zu mir, weil ich bin, wie ich bin. Und er baut mich auf, das bringt uns alle gut drauf«.
- Bei **Air Berlin PLC & Co. Luftverkehrs KG** (ca. 9200 Mitarbeiter) singt man:
  »Flugzeuge im Bauch, im Blut Kerosin. Kein Sturm hält uns auf, unsere Air Berlin«.
- Der Mitarbeitersong der **Edeka Zentrale AG & Co. KG** (ca. 300 000 Beschäftigte) gipfelt in dem Ruf: »*Wir sind die Edekaner ...*«
- In der Hymne einer **Kugellagerfabrik** heißt es: »*Ich freu mich so auf Montag ...*«
- **Nutzfahrzeughersteller Kögel** Trailer GmbH & Co. KG (ca. 1000 Beschäftigte): »Kögel – hat einfach mehr drauf, Kögel – nimmt's mit jedem auf, Kögel – legt immer gern vor, Kögel – simply more, simply more«.
- **Kaisers Tengelmann** GmbH (ca. 17 000 Beschäftigte): »*Wir sind Kaisers Tengelmann und in unserer Familie kommt es auf jeden von uns an*«.

Dass die Wirkung von Motivationstechniken begrenzt ist, zeigen Studien, in denen eine kontinuierlich **abnehmende Jobzufriedenheit** der Arbeitnehmer in Deutschland festgestellt wird. In einer repräsentativen Langzeituntersuchung des Instituts für Arbeit und Qualifikation (Universität Duisburg-Essen) werden seit 1984 jedes Jahr Arbeitnehmer in 11 000 Haushalten befragt. Sie können ihre Zufriedenheit mit ihrem Job auf einer Skala von 1 (»ganz und gar unzufrieden«) bis 10 (»ganz und gar zufrieden«) bewerten.
1984 betrug der »Notendurchschnitt« 7,6 Punkten; bis zum Jahr 2009 sank er auf den Wert 6,8.
Die **Ursachen** sehen die Wissenschaftler in größerer Arbeitsbelastung, Problemen bei der Vereinbarkeit von Familie und Beruf, geringen Lohnsteigerungen und beruflicher Unsicherheit (Quelle: Institut für Arbeit und Qualifikation).
Die Gallup-Studie für das Jahr 2011 (Gallup Engagement Index 2011; seit 2001 führt Gallup einmal jährlich eine Befragung zur Stärke der emotionalen Bindung deutscher Arbeitnehmer an »ihr« Unternehmen durch) erbrachte folgende Ergebnisse:

2c

- nur 14 Prozent der Arbeitnehmer in Deutschland haben eine **hohe emotionale Bindung** und sind damit als besonders produktiv für die Unternehmen einzuschätzen;
- 23 Prozent der Beschäftigten (= fast jeder Vierte) haben **innerlich bereits gekündigt**;
- 63 Prozent der Arbeitnehmer machen **Dienst nach Vorschrift** und spulen lediglich das Pflichtprogramm ab.

Solche Ergebnisse verwundern nicht. Denn eine auf maximalen Unternehmensgewinn ausgerichtete Personalpolitik erzeugt aus Arbeitnehmersicht **wenig Erfreuliches**:

2d

- Neue Mitarbeiter erhalten erst einmal einen oder mehrere → **befristete Arbeitsverträge** (damit man sie einfacher und kostengünstiger loswird, wenn man sie nicht mehr braucht).
- Auf vielen Arbeitsplätzen werden **Leiharbeitnehmer** beschäftigt (diese sind im Falle der Geltung von »Leiharbeitstarifverträgen« – siehe hierzu → **Arbeitnehmerüberlassung** [**Leiharbeit**] – billiger als »Stammbeschäftigte« und man wird sie bei rückläufiger Auftragslage schnell und billig wieder los).

Personalplanung

- Mitarbeiter werden aufgrund einer »kurzgehaltenen Personaldecke« mit Arbeit überhäuft und damit unter ständigen **Leistungsdruck** gesetzt.
- Manchmal werden Mitarbeiter per arbeitsvertraglicher Vereinbarung mit **Kündigungsandrohung** zur Erbringung vorgegebener Arbeitsleistungen und -ergebnisse **verpflichtet**.

> **Ein Beispiel (Auszug aus einem Arbeitsvertragsformular der Friseurkette C&M Company GmbH** http://www.cundm-company.de/pages/index.htm):
> »Vereinbarung zur Arbeitspflicht
> Der Aufgabenbereich des Arbeitnehmers ergibt sich aus dem Berufsbild des Friseurs. Der Arbeitnehmer hat dem Arbeitgeber seine volle Arbeitskraft zur Verfügung zu stellen. Er ist verpflichtet, die ihm übertragenen Aufgaben gewissenhaft und nach bestem Können und Wissen zu erledigen. Aufgrund der vom Arbeitgeber ermittelten betriebswirtschaftlichen Auswertungen liegt die durchschnittliche Arbeitsleistung mittlerer Art und Güte, als arithmetisches Mittel unter Berücksichtigung der durchschnittlichen Urlaubs- und Krankzeiten für sämtliche Mitarbeiter errechnet, wie sie von einem Friseur an einem vollen Arbeitstag (8 Stunden) zu erbringen ist, bei einem Umsatz von 250 EUR brutto. Da es sich um einen Durchschnittswert handelt, kommt es an einzelnen Arbeitstagen und bei einzelnen Mitarbeitern zu Über- oder Unterschreitungen. Der Arbeitnehmer ist jedoch verpflichtet, einen Umsatz von 224 EUR an einem Arbeitstag von 8 Stunden, 252 EUR an einem Arbeitstag von 9 Stunden und 280 EUR an einem Arbeitstag von 10 Stunden als Mindestarbeitsleistung zu erbringen (Arbeitspflicht). Wird an einzelnen Arbeitstagen dieser Umsatz von 224 EUR nicht erbracht, so ist der Arbeitnehmer seiner Arbeitspflicht an diesem Tag nicht nachgekommen. Wenn dem Arbeitnehmer eine Leitungsfunktion übertragen wurde, obliegt ihm auch die Verantwortung dafür, die Erbringung der Mindestarbeitsleistung im Sinne der oben dargelegten Arbeitspflicht für jeden einzelnen Mitarbeiter des ihm unterstellten Salons bzw. der ihm unterstellten Salons zu gewährleisten. Die Unterschreitung der Umsatzgrenze von 224 EUR an einem Tag ist ein verhaltensbedingter Kündigungsgrund im Sinne des § 1 Abs. 2 des KSchG, der den Arbeitgeber bei wiederholtem Auftreten zur Kündigung des Arbeitsverhältnisses berechtigen kann. Dem Arbeitnehmer bleibt nachgelassen darzulegen, aus welchen Gründen er die Umsatzgrenze im Einzelfall nicht erreicht hat. Der Arbeitnehmer ist ausdrücklich damit einverstanden, auch andere seiner Ausbildung entsprechende Tätigkeiten, abweichend zu der hier vereinbarten Position bzw. Tätigkeit, auszuüben. Ich habe die Vereinbarung zur Arbeitspflicht zur Kenntnis genommen, insbesondere auch die Vereinbarungen zur Arbeitsleistung und erkläre mich mit diesen Bestimmungen ausdrücklich einverstanden.
> Datum ...
> ...
> Unterschrift Arbeitnehmer

- Besonders leistungsfähige Mitarbeiter (sog. »**high performer**«) werden »gehätschelt« (sie gehören zum engeren Kreis der Vorgesetzten, werden in »Teamgesprächen« gelobt, erhalten Bonuszahlungen usw.).
- Mit sog. »**low performern**« werden »Personalgespräche« geführt, und wenn das nicht fruchtet, werden sie auf die »Abschussliste« gesetzt. Zu den diesbezüglichen Ratschlägen von »furchtbaren Juristen« (Beispiel: Anwaltsbüro Dr. Schreiner + Partner) siehe → **Behinderung der Betriebsratstätigkeit**.
- **Arbeitszeitsysteme** werden mit dem Ziel optimiert und flexibilisiert, für möglichst wenig Geld (Lohn) möglichst viel Arbeitsleistung zu erhalten – und zwar dann, wenn man die Arbeitsleistung braucht.
- Mit der »**Vertrauensarbeitszeit**« wird der Weg für »Selbstausbeutung« (Arbeit ohne Ende, auch abends, nachts und am Wochenende) freigemacht.
- Man tritt aus dem Tarifarbeitgeberverband aus und »bewegt« die Beschäftigten, neue Arbeitsverträge mit »nach unten« abweichenden Regelungen zu unterschreiben (z. B. Urlaubs- und Weihnachtsgeld gibt es nur noch bei guten Unternehmensergebnissen oder gar nicht mehr; siehe → **Betriebliches Bündnis für Arbeit** Rn. 5).

Personalplanung

- Unternehmensbereiche und das dazugehörige Personal werden **ausgegliedert**, das heißt an oft tariflose Fremdfirmen übertragen, die die gleichen Arbeiten im Rahmen eines → **Werkvertrages** mit »billigeren« Arbeitskräften ausführen.
- Betriebe werden **zusammengelegt** oder **gespalten**, in »Billiglohnländer« **verlagert** oder **verkauft**.
- usw. usw.

Aus Sicht der Arbeitnehmer hat all das natürlich mit **Vernunft** vergleichsweise wenig zu tun.
Die Personalplanung ist kein isoliertes – von der Unternehmenspolitik unabhängiges – Instrumentarium, sondern neben der Gewinn-, Investitions-, Produktions- und Absatzplanung integrierter Bestandteil der gesamten – auf die Erzielung einer höchstmöglichen **Rendite** ausgerichteten – → **Unternehmensplanung**.   2e

Teilbereiche der Personalplanung sind insbesondere: 3
- Personalbedarfsplanung/Personalbemessung,
- Personalbeschaffungsplanung,
- Personalabbauplanung,
- Personalentwicklungsplanung,
- Personaleinsatzplanung,
- Personalkostenplanung.

Näheres zu diesen Begriffen siehe **Übersichten** im Anhang zu diesem Stichwort.
Das BetrVG verwendet den Begriff Personalplanung insbesondere in § 92 Abs. 1 und 2, § 96   4
Abs. 1, § 106 Abs. 2 BetrVG.
Dabei meint § 92 Abs. 1 BetrVG die Personalplanung, wie sie im Betrieb tatsächlich ausgeführt wird, während § 92 Abs. 2 BetrVG die Personalplanung unterstellt, wie sie nach der Definition unter Rn. 1 sein sollte.

Bedeutung für die Betriebsratsarbeit

§ 92 BetrVG räumt dem Betriebsrat auf dem Gebiet der Personalplanung (leider nur) Informations- und Mitwirkungsrechte ein.   5
In Bezug auf Maßnahmen der betrieblichen Berufsbildung (einem Teilbereich der Personalentwicklungsplanung) steht dem Betriebsrat im Anwendungsbereich des § 97 Abs. 2 BetrVG ein Initiativ-Mitbestimmungsrecht zu. Mitbestimmungsrechte bestehen nach § 98 BetrVG auch bei der Durchführung betrieblicher Bildungsmaßnahmen (siehe → **Berufsbildung**).
Des Weiteren hat der Betriebsrat bei der Erstellung von **Personaleinsatzplänen** nach § 87 Abs. 1 Nr. 2 und 3 BetrVG mitzubestimmen (siehe Rn. 16 b).
Zweck des § 92 BetrVG ist es, den Betriebsrat in die Lage zu versetzen, auf die personalpolitischen Grundsatzentscheidungen des Arbeitgebers/Unternehmers, die (ggf. lange) vor der Durchführung von personellen Einzelmaßnahmen (→ **Einstellung**, → **Versetzung**, → **Kündigung** usw.) stattfinden, Einfluss zu nehmen.

Informationsrecht des Betriebsrats

Nach § 92 Abs. 1 BetrVG hat der Arbeitgeber den Betriebsrat »insbesondere« über den gegenwärtigen und künftigen **Personalbedarf** sowie über die sich daraus ergebenden personellen Maßnahmen und Maßnahmen der → **Berufsbildung** zu unterrichten.   6
Durch den Begriff »insbesondere« ist klargestellt, dass das Unterrichtungsrecht des Betriebsrats neben der Personalbedarfsplanung auch die übrigen Teilbereiche der Personalplanung (siehe Rn. 3) umfasst.

Personalplanung

7   Die Unterrichtung hat »rechtzeitig«, »umfassend« und »anhand von« unaufgefordert auszuhändigenden »Unterlagen« (siehe → **Rechtsbegriffe**) zu erfolgen (§ 92 Abs. 1 Satz 1 BetrVG).
8   **Rechtzeitig** ist die Information nur dann, wenn sie in einer Phase erfolgt, in der auf Seiten des Arbeitgebers (noch) über verschiedene Varianten/Maßnahmen nachgedacht wird.
    Der Betriebsrat soll in die Lage versetzt werden, eigene Vorstellungen/Vorschläge im Bereich der Personalplanung zu entwickeln und diese dem Arbeitgeber so frühzeitig vorzulegen, dass sie den Planungsprozess noch **beeinflussen** können.
    Nicht mehr rechtzeitig ist die Information, wenn sich die Planung des Arbeitgebers schon zu einem bestimmten Ergebnis, nämlich zu einem Plan **verdichtet** hat (der Plan ist das Ergebnis der Planung).
9   **Umfassend** ist die Unterrichtung nur, wenn sie die im Rahmen des Personalplanungsprozesses angestellten Überlegungen vollständig wiedergibt.
10 Zu den auszuhändigenden **Unterlagen** zählen alle im Zusammenhang mit dem Planungsprozess entstehenden Schriftwerke (z. B. Personalstatistiken beispielsweise über Altersaufbau, Qualifikation, Fluktuation und Krankenstand, Stellen- und Stellenbesetzungspläne, Stellenbeschreibungen, Planungsentwürfe, Personalbedarfsmeldungen, Vorlagen der Planungsabteilung an Geschäftsleitung).
11 Die Unterlagen sind dem Betriebsrat **zu erläutern**. Die Unterrichtung hat »**anhand von Unterlagen**« zu erfolgen. Das bedeutet nach zutreffender Ansicht, dass die Unterlagen dem Betriebsrat **dauerhaft zu überlassen** sind (Fitting, BetrVG, 27. Aufl., § 92 Rn. 34a). Denn nur eine dauerhafte Aushändigung der Unterlagen ermöglicht es dem Betriebsrat, sich so in die Materie der Personalplanung einzuarbeiten, dass er seine Mitwirkungsrechte (siehe Rn. 12 ff.) sinnvoll und effektiv wahrnehmen kann (Fitting, BetrVG, a.a.O).
    Demgegenüber wird die Ansicht vertreten, dass dem Betriebsrat nur ein Anspruch auf zeitweise Überlassung der Unterlagen zusteht (Sächsisches LAG v. 9. 12. 2011 – 3 TaBV 25/10: »*Der Betriebsrat hat gemäß § 92 Abs. 1 S 1 BetrVG einen Anspruch darauf, festzustellen, dass die Arbeitgeberin verpflichtet ist, die jeweils aktuellen Stellen- und Stellenbesetzungspläne für den Betrieb für die Dauer von zwei Wochen ausgedruckt überlassen zu bekommen, ohne dass der Betriebsrat berechtigt ist, Kopien hiervon zu fertigen.*«).
    Bloßes Vorlesen, Zitieren oder zur Einsicht vorlegen reicht jedenfalls nicht aus.

Mitwirkungsrechte des Betriebsrats

12 § 92 Abs. 1 Satz 2 BetrVG verpflichtet den Arbeitgeber, mit dem Betriebsrat über Art und Umfang der erforderlichen Maßnahmen und über die Vermeidung von Härten zu »**beraten**«. Das heißt, der Arbeitgeber hat Bedenken, Anregungen und Vorschläge des Betriebsrats entgegenzunehmen und mit dem Betriebsrat ernsthaft das Für und Wider der beiderseitigen Vorstellungen/Konzepte zu **verhandeln**.
13 § 92 Abs. 2 BetrVG gibt dem Betriebsrat das Recht, dem Arbeitgeber **Vorschläge** für die **Einführung** einer qualifizierten Personalplanung und ihre Durchführung zu machen.
    Dabei erstreckt sich dieses Vorschlagsrecht auch auf Maßnahmen zur Förderung der Durchsetzung der tatsächlichen Gleichberechtigung von Frauen und Männern, insbesondere bei der Einstellung, Beschäftigung, Aus-, Fort- und Weiterbildung und dem beruflichen Aufstieg (siehe → **Gleichberechtigung/Gleichstellung von Frauen und Männern**).
14 Der Arbeitgeber ist allerdings nicht verpflichtet, den Überlegungen des Betriebsrats zur Personalplanung zu folgen.
    Vielmehr liegt das »Letztentscheidungsrecht« bei ihm (siehe → **Beteiligungsrechte des Betriebsrats**).
    Allerdings ist der Betriebsrat berechtigt, die Forderung nach einer qualifizierten Personalplanung zum Gegenstand eines »Verhandlungspakets« zu machen (etwa im Zusammenhang

Personalplanung

mit Anträgen des Arbeitgebers auf Zustimmung zu → **Überstunden**; siehe → **Koppelungsgeschäfte in der Betriebsverfassung**).
Zum Vorschlagsrecht des Betriebsrats nach § 92 a BetrVG siehe → **Beschäftigungssicherung und -förderung**.

15

Mitbestimmungsrechte des Betriebsrats

Bei der Frage, ob und inwieweit der Betriebsrat im Bereich der **Personalplanung** mitzubestimmen hat, ist zwischen Personalbedarfsplanung/Personalbemessung (siehe Rn. 16 a) und Personaleinsatzplanung (siehe Rn. 16 b) zu unterscheiden.

16

Bei der **Personalbedarfsplanung/Personalbemessung**, also bei der Frage »wie viele Mitarbeitende welcher Qualifikation sind zu welcher Zeit an welchen Orten zur Abarbeitung des Arbeitsvolumens erforderlich bzw. sollen zur Verfügung stehen bzw. sollen dafür bewilligt werden« bestehen keine Mitbestimmungsrechte, sondern nur Beratungs- und Vorschlagsrechte nach § 92 BetrVG (siehe Rn. 12 ff.)

16a

Allerdings kann der Betriebsrat **mittelbar** auf die Personalbemessung Einfluss nehmen, indem er seine Mitbestimmungsrechte bei → **Überstunden** und → **Kurzarbeit** nach § 87 Abs. 1 Nr. 3 BetrVG und beim **Gesundheitsschutz** nach § 87 Abs. 1 Nr. 7 BetrVG offensiv nutzt (siehe → **Arbeitsschutz** Rn. 70 ff.).

Wenn der Betriebsrat etwa bei zunehmenden Auftragseingängen die Zustimmung zu → **Überstunden** verweigert, kann dies dazu führen, dass der Arbeitgeber Neueinstellungen vornehmen muss (HessLAG v. 13. 10. 2005 – 5/9 TaBV 51/05 (rkr.), AuR 2007, 315 = AiB 2008, 210; siehe → **Koppelungsgeschäfte in der Betriebsverfassung**).

Oder: wenn der Arbeitgeber z. B. bei negativer Auftragslage Arbeitnehmer entlassen will, kann der Betriebsrat als Alternative → **Kurzarbeit** vorschlagen und ggf. die → **Einigungsstelle** anrufen (ArbG Bremen v. 25. 11. 2009 – 12 BVGa 1204/09 [rkr.], AiB 2010, 584 ff. und 622 ff.; siehe → **Kurzarbeit** Rn. 47 j ff.).

Oder: Wenn es im Betrieb bzw. in einer Abteilung aufgrund von personeller Unterbesetzung zu einer **Gesundheitsgefährdung** durch Arbeitsüberlastung kommt, kann der Betriebsrat vom Arbeitgeber eine Aufstockung des Personals verlangen und bei Ablehnung gemäß § 87 Abs. 1 Nr. 7 BetrVG die Einigungsstelle anrufen.

Der Betriebsrat hat nach § 87 Abs. 1 Nr. 7 BetrVG mitzubestimmen bei Regelungen über »... *den Gesundheitsschutz im Rahmen der gesetzlichen Vorschriften* ...«. Ihm steht ein **Initiativ-Mitbestimmungsrecht** bei der betrieblichen Umsetzung von **Rahmenvorschriften** des Arbeits- und Gesundheitsschutzes zu.

§ 3 Abs. 1 Satz 1 ArbSchG ist eine solche Rahmenvorschrift. Hiernach ist der Arbeitgeber im Falle gesundheitsgefährdender Arbeitsbedingungen verpflichtet, »*die erforderlichen Maßnahmen des Arbeitsschutzes zu treffen*«. Die Vorschrift verpflichtet den Arbeitgeber, im Falle einer Gesundheitsgefährdung zu handeln, lässt aber offen, auf welchem Wege/durch welche Maßnahmen diese Verpflichtung erfüllt wird. Das heißt, der Betriebsrat hat über die Auswahl der zur Abwehr der Gesundheitsgefährdung erforderlichen Maßnahmen mitzubestimmen. Er kann dem Arbeitgeber Vorschläge unterbreiten (z. B. Verringerung des Arbeitsvolumens oder eben Personalaufstockung) und im Nichteinigungsfall die → **Einigungsstelle** anrufen (§ 87 Abs. 1 Nr. 2 BetrVG).

Das BAG hat – soweit ersichtlich – bislang eine solche Fallkonstellation noch nicht entschieden. Man betritt also **juristisches Neuland**.

Immerhin gibt es ein Zitat aus Fitting, BetrVG, 27. Aufl., § 87 Rn. 279:
»... *Welche Maßnahmen in Betracht kommen, hängt von dem Inhalt und der Reichweite der jeweiligen Rahmenvorschrift ab. Insofern kann sich das MBR ggfs. auch auf personelle Maßnahmen beziehen, die einer betrieblichen Regelung zugänglich sind.*«

Personalplanung

Hierzu aus der rechtlichen Stellungnahme des Vorsitzenden einer Einigungsstelle: »... *Soweit von den Betriebsparteien thematisiert wurde, ob z. B. im Falle psychischer Gefährdungen durch Überlastung auch die Einstellung weiterer Mitarbeiter in einer bestimmten Abteilung gefordert werden kann, bestehen Bedenken.*
Die Beseitigung der Gefährdungslage wird i. d. R. in unterschiedlicher Weise möglich sein, z. B. Reduzierung der Aufgaben, Änderung der Arbeitsabläufe, Umverteilung von Aufgaben auf andere Abteilungen oder Mitarbeiter, aber auch Einsatz weiterer Mitarbeiter (oder auch von Leiharbeitnehmern) bei gleichbleibender Organisation.
Bei der Entscheidung, welche nach § 3 Abs. 1 ArbSchG erforderlichen Maßnahmen zu ergreifen sind, ist die Mitbestimmung gegeben. Jedoch ist im BetrVG ein Initiativrecht des Betriebsrats für die Einstellung von Mitarbeitern nicht vorgesehen. Im Gegenteil ergibt sich aus § 99 BetrVG lediglich ein Widerspruchsrecht des Betriebsrats. Die Einstellung von Mitarbeitern gehört zum Kerngehalt unternehmerischer Freiheit, die durch Art. 12 GG geschützt ist. ...
Ein denkbarer Spruch der Einigungsstelle in einem solchen Fall könnte daher allenfalls dahingehend lauten, dass die Arbeitgeberin verpflichtet wird, den Personaleinsatz in der Abteilung um eine bestimmte Anzahl von Mitarbeitern zu erhöhen, nicht, dass eine Einstellung erfolgen muss.«
Zum Ganzen siehe auch Schoof, Rechtsprechungsübersicht zum Arbeits- und Gesundheitsschutz, AiB 2013, 523; Schoof, »Betriebsverfassungsgesetz: Im Arbeits- und Gesundheitsschutz mitbestimmen«, Gute Arbeit 4/2013, 26; Oberberg/Schoof, »Initiativmitbestimmung beim Arbeits- und Gesundheitsschutz«, AiB 2012, 522 und »Die Einigungsstelle im Arbeits- und Gesundheitsschutz«, AiB 2012, 533.

16b Bei der **Personaleinsatzplanung**, also bei der Frage »welche Arbeitskräfte welcher Qualifikation werden zu welcher Zeit an welchen Orten zur Abarbeitung des Arbeitsvolumens eingesetzt« hat der Betriebsrat ein **Initiativ-Mitbestimmungsrecht** nach § 87 Abs. 1 Nr. 2 BetrVG. Denn es geht um die Festlegung von Lage und Verteilung der von den Arbeitnehmern vertraglich geschuldeten Arbeitszeit in Form von Dienst- bzw. Schichtplänen. Im Nichteinigungsfall entscheidet die → **Einigungsstelle** (§ 87 Abs. 2 BetrVG).
Wenn die in einem Dienst- bzw. Schichtplan festgelegte Arbeitszeit vorübergehend **verlängert** oder **verkürzt** werden soll, kommt ein Mitbestimmungsrecht nach § 87 Abs. 1 Nr. 3 BetrVG zum Zuge.
Zu weiteren Einzelheiten siehe → **Arbeitszeit** Rn. 75 ff.

16c Der Betriebsrat hat nach Ansicht des BAG nicht mitzubestimmen bei der Erstellung von **Stellenbeschreibungen**, Funktionsbeschreibungen oder Anforderungsprofilen. Dabei handele es sich um keine mitbestimmungspflichtigen Auswahlrichtlinien im Sinne von § 95 Abs. 1 und 2 BetrVG, sondern um Instrumente der → **Personalplanung**. Über diese sei der Betriebsrat nach § 92 BetrVG zu unterrichten. Ein Mitbestimmungsrecht bei einzelnen organisatorischen Maßnahmen der Personalplanung stehe ihm jedoch nicht zu (BAG v. 14. 1. 1986 – 1 ABR 82/83, NZA 1986, 531; 31. 1. 1984 – 1 ABR 63/81, NZA 1984, 51). Nachstehend ein Auszug aus BAG v. 14. 1. 1986 – 1 ABR 82/83, a. a. O.: »*Der Betriebsrat hat kein Mitbestimmungsrecht bei der Erstellung von Funktionsbeschreibungen, mit denen für Gruppen von Stelleninhabern mit vergleichbaren Tätigkeiten deren Funktionen festgelegt und nur in ihren Tätigkeitsschwerpunkten beschrieben werden, und mit der den Stelleninhabern eine bestimmte Funktionsbezeichnung zugewiesen wird. Für Anforderungsprofile hat der Senat entschieden, dass diese keine Auswahlrichtlinien nach § 95 BetrVG sind und deren Erstellung daher nicht dem Mitbestimmungsrecht des Betriebsrats unterliegt (BAG 43, 26 = AP Nr. 2 zu § 95 BetrVG 1972). Der Senat hat in seiner Entscheidung vom 31. Januar 1984 (– 1 ABR 63/81 – AP Nr. 3 zu § 95 BetrVG 1972) ausgesprochen, dass der Betriebsrat bei der Erstellung von Stellenbeschreibungen kein Mitbestimmungsrecht hat. Eine Stellenbeschreibung legt die Funktion einer bestimmten Stelle innerhalb des betrieblichen Geschehens fest. Sie definiert die Aufgabe und die Kompetenz dieser Stelle und beschreibt, welche Tätigkeiten im Einzelnen zur Erfüllung dieser Aufgabe verrichtet werden müssen.*

Personalplanung

Sie ist damit Teil der Organisation des betrieblichen Arbeitsablaufes, indem sie festlegt, an welcher Stelle welche Arbeit zu verrichten ist. Für die vom Arbeitgeber eingeführten Funktionsbeschreibungen kann nichts anderes gelten. Sie unterscheiden sich von Stellenbeschreibungen nur dadurch, dass nicht jeder einzelne Arbeitsplatz, jede Stelle, hinsichtlich der wahrzunehmenden Aufgabe und der einzelnen Tätigkeiten beschrieben wird, sondern dass sie für eine Gruppe von Stelleninhabern mit vergleichbaren Tätigkeiten deren Aufgaben allgemein, d. h. deren Funktion, festlegen und diese nur in Tätigkeitsschwerpunkten beschreiben. Die Funktionsbeschreibung weist darüber hinaus all denjenigen Arbeitnehmern, denen diese Funktion übertragen ist, als Funktionsträger eine bestimmte Funktionsbezeichnung zu. Das ist eine reine Bestandsaufnahme und eine planerische Entscheidung des Inhalts, Arbeitsaufgaben jeweils so zu übertragen, dass sie den Funktionsbeschreibungen entsprechen. Sie wird damit auch zu einem Instrument der Personalplanung. Über diese und damit auch über deren Instrumente und Unterlagen ist der Betriebsrat nach § 92 BetrVG zu unterrichten. Ein Mitbestimmungsrecht bei einzelnen organisatorischen Maßnahmen der Personalplanung steht ihm jedoch nicht zu.«

Grundsätzlich ist der **örtliche Betriebsrat** Träger der Rechte aus § 92 BetrVG.   17

Ist das Unternehmen jedoch in mehrere Betriebe untergliedert (siehe → **Mehr-Betriebs-Unternehmen**) und findet eine betriebsübergreifende Personalplanung auf Unternehmensebene statt, so ist (auch) der → **Gesamtbetriebsrat** nach §§ 50 Abs. 1, 92 BetrVG zu beteiligen.   18

Wird auf Konzernebene Personalplanung betrieben, so stehen gemäß § 58 Abs. 1 BetrVG auch dem → **Konzernbetriebsrat** die Rechte aus § 92 BetrVG zu.   19

§§ 96 bis 98 BetrVG verpflichten Arbeitgeber und Betriebsrat gemeinsam, die Berufsbildung »im Rahmen der betrieblichen Personalplanung« zu fördern.   20
Des Weiteren regeln die Vorschriften Beteiligungsrechte des Betriebsrats (siehe insoweit → **Berufsbildung**).

Schließlich ist hinzuweisen auf § 106 Abs. 2 BetrVG. Hiernach hat der Unternehmer den → **Wirtschaftsausschuss** über wirtschaftliche Angelegenheiten zu unterrichten *»sowie die sich daraus ergebenden Auswirkungen auf die Personalplanung darzustellen«* (siehe → **Wirtschaftsausschuss**).   21

Verstöße des Arbeitgebers gegen das Gebot der rechtzeitigen und umfassenden Information im Sinne der §§ 92 Abs. 1, 106 Abs. 2 BetrVG stellen Ordnungswidrigkeiten im Sinne des § 121 BetrVG dar, die mit Geldbußen bis zu 10 000 Euro geahndet werden können (siehe → **Ordnungswidrigkeitenverfahren**).   22

Außerdem kann der Betriebsrat gegen den Arbeitgeber nach § 23 Abs. 3 BetrVG arbeitsgerichtlich vorgehen, wenn dieser gegen seine betriebsverfassungsrechtlichen Pflichten im Bereich »Personalplanung« verstößt (siehe auch → **Unterlassungsanspruch des Betriebsrats**).   23

Bei fehlender oder unzureichender Information des Wirtschaftsausschusses kann der Betriebsrat (bzw. der Gesamtbetriebsrat in → **Mehr-Betriebs-Unternehmen**) zudem das in § 109 BetrVG vorgesehene Verfahren in Gang setzen (siehe → **Wirtschaftsausschuss**).   24

Arbeitshilfen

Übersichten
- Personalplanung
- Mögliche Auswirkungen der Personalplanung auf die Beschäftigten

Personalplanung

Übersicht: Personalplanung

Teilbereiche der Personalplanung	Planungsinhalte
Personalbedarfsplanung/ Personalbemessung	Welche und wie viele Arbeitskräfte werden an welchen Arbeitsplätzen zu welchem Zeitpunkt benötigt?
Personalbeschaffungsplanung	Welche und wie viele Arbeitskräfte sollen wann eingestellt (externer Arbeitsmarkt) bzw. versetzt (interner Arbeitsmarkt) werden?
Personalabbauplanung	Welche und wie viele Arbeitskräfte sollen wann und wie (Kündigung, Aufhebungsvertrag) »abgebaut« werden?
Personalentwicklungsplanung	Welche Berufsbildungsmaßnahmen müssen wann und in welchem Umfang bei welchen Arbeitskräften durchgeführt werden, um die für den Produktionsprozess notwendige Qualifikation sicherzustellen? Mitbestimmungsrechte des Betriebsrats bestehen nach § 97 Abs. 2 und § 98 BetrVG.
Personaleinsatzplanung	Welche Arbeitskräfte müssen zu welchem Zeitpunkt an welchen Arbeitsplätzen eingesetzt werden? Der Betriebsrat hat nach § 87 Abs. 1 Nr. 2 und 3 BetrVG mitzubestimmen.
Personalkostenplanung	Welche Kosten werden in welcher Höhe bei der Realisierung der vorstehenden Planungen entstehen?
Durchführung der vorstehenden Pläne: interne und externe Stellenausschreibung, Einstellung, Versetzung, Eingruppierung, Umgruppierung, Berufsbildungsmaßnahmen, Aufhebungsvertrag, Kündigung, gegebenenfalls Massenentlassungen usw.	

Übersicht: Mögliche Auswirkungen der Personalplanung auf die Beschäftigten

Personalplanungsbereiche	Folgen/Risiken für die Arbeitnehmer
Personalbedarfsplanung/ Personalbemessung	Mehr- oder Minderbedarf (Entlassungen bzw. Leistungsverdichtung) Variation der Belastungsgrenzen (Personaleinsparung) personelle Unterdeckung (Mehrarbeit) notwendige Anpassung von Springereinsatz/ personeller Zuschlagsquote an Fehlzeitenquote (z. B. nach Arbeitszeitverkürzung, sonst. Leistungssteigerung)
Personalbeschaffungsplanung	Rekrutierung der Arbeitskräfte von innen oder von außen; interne Ausschreibungen, Umsetzungen (anstelle Entlassungen); mehr oder weniger Auszubildende (in Verbindung mit Qualifikationsplanung)
Personalabbauplanung	Entlassungen oder alternative Maßnahmen der Personalanpassung; Einsatz von Abbaureserven/Leiharbeitnehmern/vorzeitige Pensionierung/Sozialplan/Aufhebungsvertrag
Personalentwicklungsplanung	Personalbeurteilungssysteme/Exklusivität der Beteiligung an interner oder externer Weiterbildung/Qualifikationssicherung als Voraussetzung gesicherter Einkommen/Nachwuchs- und Führungskräfteplanung

Personalplanungsbereiche	Folgen/Risiken für die Arbeitnehmer
Personaleinsatzplanung	Arbeitszeitflexibilisierung, die allein den Interessen der Arbeitgeberseite dient: Arbeitseinsatz nach dem jeweiligen Bedarf und zu ungünstigen, familienfeindlichen Zeiten; z. B. Arbeit auf Abruf, Rufbereitschaft, Schichtarbeit, Nachtarbeit, Wochenendarbeit usw.
Personalkostenplanung	Rationalisierung/Kostensenkung bei gleichzeitiger Leistungssteigerung/Abgruppierung/Dequalifizierung

Rechtsprechung

1. Rechte des Betriebsrats nach § 92 BetrVG
2. Stellenbeschreibungen – Funktionsbeschreibungen – Anforderungsprofile

Personelle Angelegenheiten

Was ist das?

1. Das Betriebsverfassungsgesetz unterscheidet vier Bereiche, innerhalb derer dem Betriebsrat → **Beteiligungsrechte**, d. h. Informations-, Mitwirkungs- und Mitbestimmungsrechte zustehen:
   - soziale Angelegenheiten, §§ 87 bis 89 BetrVG;
   - Gestaltung von Arbeitsplatz, Arbeitsablauf und Arbeitsumgebung, §§ 90, 91 BetrVG;
   - personelle Angelegenheiten, §§ 92 bis 105 BetrVG;
   - wirtschaftliche Angelegenheiten, §§ 106 bis 113 BetrVG.
2. Der Bereich »personelle Angelegenheiten« unterteilt sich in die Komplexe
   - allgemeine personelle Angelegenheiten (§§ 92 bis 95 BetrVG): → **Personalplanung**, → **Beschäftigungssicherung und -förderung**, innerbetriebliche → **Ausschreibung von Arbeitsplätzen**, → **Personalfragebogen**, → **Beurteilungsgrundsätze**, → **Auswahlrichtlinien**;
   - → **Berufsbildung** (§§ 96 bis 98 BetrVG);
   - personelle Einzelmaßnahmen (§§ 99 bis 105 BetrVG): → **Einstellung**, → **Eingruppierung/Umgruppierung**, → **Versetzung**, → **Kündigung**.
3. Die Rechte des Betriebsrats in Bezug auf die vorstehend genannten Tatbestände sind von unterschiedlicher Qualität und Reichweite (Informationsrechte, Mitwirkungsrechte, teilweise Mitbestimmungsrechte); siehe → **Informationsrechte des Betriebsrats** und → **Beteiligungsrechte des Betriebsrats**.

Arbeitshilfen

Übersicht • Personelle Angelegenheiten und Rechte des Betriebsrats

Übersicht: Personelle Angelegenheiten und Rechte des Betriebsrats
Allgemeine personelle Angelegenheiten
- Personalplanung (§ 92 BetrVG: Informations-, Beratungs- und Vorschlagsrechte)
- Förderung der Gleichstellung von Frauen und Männern (§ 92 Abs. 3 BetrVG: Vorschlags- und Beratungsrechte)
- Sicherung und Förderung der Beschäftigung (§ 92 a BetrVG: Vorschlags- und Beratungsrechte; Ablehnung muss der Arbeitgeber begründen – in Betrieben mit mehr als 100 Arbeitnehmern schriftlich; Vertreter der Bundesagentur für Arbeit können hinzu gezogen werden)
- Ausschreibung von Arbeitsplätzen (§ 93 BetrVG: Betriebsrat kann verlangen ...)
- Personalfragebogen (§ 94 Abs. 1 BetrVG: Zustimmungsverweigerungsrecht)
- Formulararbeitsverträge mit persönlichen Angaben (§ 94 Abs. 2 BetrVG: Zustimmungsverweigerungsrecht)
- Beurteilungsgrundsätze (§ 94 Abs. 2 BetrVG: Zustimmungsverweigerungsrecht)

Personelle Angelegenheiten

- Auswahlrichtlinien in Betrieben mit bis zu 500 Arbeitnehmern (§ 95 Abs. 1 BetrVG: Zustimmungsverweigerungsrecht)
- Auswahlrichtlinien in Betrieben mit mehr als 500 Arbeitnehmern (§ 95 Abs. 2 BetrVG: Zustimmungsverweigerungsrecht und Initiativmitbestimmungsrecht)

Berufsbildung
- Förderung der Berufsbildung, Ermittlung des Berufsbildungsbedarfs (§§ 92, 96 BetrVG: Informations-, Beratungs- und Vorschlagsrechte)
- Errichtung und Ausstattung betrieblicher Einrichtungen zur Berufsbildung; Einführung betrieblicher Berufsbildungsmaßnahmen; Teilnahme an außerbetrieblichen Berufsbildungsmaßnahmen (§§ 92, 97 Abs. 1 BetrVG: Informations- und Beratungsrechte; siehe aber § 97 Abs. 2 BetrVG)
- Einführung von Maßnahmen der betrieblichen Berufsbildung, wenn berufliche Kenntnisse und Fähigkeiten (nach Tätigkeitsänderung aufgrund arbeitgeberseitiger Maßnahmen) nicht mehr ausreichen (§ 97 Abs. 2 BetrVG: Initiativmitbestimmungsrecht)
- Art und Weise der Durchführung von Maßnahmen der betrieblichen Berufsbildung (§ 98 Abs. 1, 4 BetrVG: Mitbestimmungsrecht)
- Bestellung von Berufsbildungsbeauftragten (§ 98 Abs. 2, 5 BetrVG: Initiativmitbestimmungsrecht)
- Abberufung von Berufsbildungsbeauftragten (§ 98 Abs. 2, 5 BetrVG: Initiativmitbestimmungsrecht)
- Auswahl von Teilnehmern an betrieblichen und außerbetrieblichen Maßnahmen der Berufsbildung (§ 98 Abs. 3, 4 BetrVG: Vorschlags- und Mitbestimmungsrecht)

Personelle Einzelmaßnahmen
- Einstellung/Eingruppierung/Umgruppierung/Versetzung in Unternehmen mit i.d.R. mehr als 20 wahlberechtigten Arbeitnehmern (§§ 99, 100, 101 BetrVG: Informations- und Zustimmungsverweigerungsrecht)
- Kündigung (§ 102 BetrVG: Informations-, Anhörungsrecht; Betriebsrat kann »Bedenken« und bei ordentlicher Kündigung »Widerspruch« einlegen)
- Außerordentliche Kündigung von Mitgliedern von Organen der Betriebsverfassung (§ 103 Abs. 1, 2 BetrVG: Zustimmungsverweigerungsrecht)
- Versetzung von Mitgliedern von Organen der Betriebsverfassung, falls dies zu einem Verlust des Amtes oder der Wählbarkeit führt (§ 103 Abs. 3 BetrVG: Zustimmungsverweigerungsrecht, wenn Arbeitnehmer mit Versetzung nicht einverstanden ist)
- Entlassung oder Versetzung »betriebsstörender« Arbeitnehmer (§ 104 BetrVG: Initiativmitbestimmungsrecht)
- Einstellung oder sonstige personelle Veränderung eines leitenden Angestellten (§ 105 BetrVG: Informationsrecht)

Personenbedingte Kündigung

Was ist das?

1 Von einer personenbedingten Kündigung spricht man, wenn der Arbeitgeber mit der Begründung kündigt, dass der Arbeitnehmer nicht (mehr) die **Fähigkeit** und die **Eignung** besitzt, die nach dem Arbeitsvertrag geschuldete Leistung zu erbringen.

> **Beispiele:**
> - Fehlende Eignung für die vereinbarte Leistung,
> - Verlust der Arbeitserlaubnis (bei ausländischen Arbeitnehmern) oder des Führerscheins (bei Berufskraftfahrern) oder der Fluglizenz (bei Berufspiloten),
> - längere Strafhaft,
> - krankheitsbedingte Arbeitsunfähigkeit (siehe Rn. 12 ff.).

2 Die personenbedingte Kündigung ist abzugrenzen von der → **betriebsbedingten Kündigung** und der → **verhaltensbedingten Kündigung**.

3 Will der Arbeitnehmer geltend machen, dass eine ihm gegenüber ausgesprochene personenbedingte Kündigung
- sozial ungerechtfertigt (§ 1 KSchG) oder
- aus anderen Gründen rechtsunwirksam ist,

muss er innerhalb einer **Frist von drei Wochen** nach Zugang der schriftlichen Kündigung **Klage** beim → **Arbeitsgericht** erheben (§ 4 Satz 1 KSchG; siehe → **Fristen** und → **Kündigungsschutz**).

4 Soweit die Kündigung der **Zustimmung einer Behörde** bedarf (§ 9 MuSchG, § 18 BEEG, § 85 SGB IX), beginnt die Frist zur Anrufung des Arbeitsgerichts erst ab der Bekanntgabe der Entscheidung der Behörde an den Arbeitnehmer (§ 4 Satz 4 KSchG).
Der gesetzliche Unwirksamkeitsgrund des § 9 Abs. 1 MuSchG ist allerdings dann innerhalb der dreiwöchigen Klagefrist des § 4 Satz 1 KSchG vor dem Arbeitsgericht geltend zu machen, wenn der Arbeitgeber zum Zeitpunkt des Zugangs der Kündigung keine Kenntnis von den den Sonderkündigungsschutz begründenden Tatsachen hat.
Dem Ablauf der dreiwöchigen Klagefrist steht § 4 Satz 4 KSchG in diesem Fall nicht entgegen (BAG v. 19.2.2009 – 2 AZR 286/07, NZA 2009, 980; siehe → **Kündigungsschutz** Rn. 29 a).

5 Zur Möglichkeit der **nachträglichen Zulassung** der Klage siehe → **Kündigungsschutz**.

6 Auf die fehlende soziale Rechtfertigung der Kündigung im Sinne des § 1 KSchG kann sich der Arbeitnehmer im Kündigungsschutzprozess allerdings nur dann berufen, wenn sein Arbeitsverhältnis in demselben → **Betrieb** oder → **Unternehmen** ohne Unterbrechung **länger als sechs Monate** bestanden hat (sog. **Wartezeit**; § 1 Abs. 1 KSchG).

> **Hinweis:**
> Nach dem Willen der früheren Großen Koalition aus CDU, CSU und SPD sollte die Wartezeit verlängert werden. Nach Kritik nicht nur von Gewerkschaften, sondern – aus einem anderen Blickwinkel –

Personenbedingte Kündigung

auch von Wirtschaftsverbänden und Politikern der CDU/CSU, wurde das Gesetzgebungsvorhaben Ende 2006 »auf Eis gelegt« (vgl. Deter, AuR 2006, 352 [353]).

Kündigungsschutz nach §§ 1 ff. KSchG besteht nicht für Arbeitnehmer, die in einem Kleinbetrieb bzw. Kleinunternehmen beschäftigt sind (§ 23 Abs. 1 Satz 3 KSchG; siehe → **Kündigungsschutz vor Erfüllung der Wartezeit und im Kleinbetrieb**). 8

Arbeitnehmer, die keinen Kündigungsschutz nach §§ 1 ff. KSchG haben, weil sie die Wartezeit nach § 1 Abs. 1 KSchG nicht erfüllen oder sie in einem Kleinbetrieb/Kleinunternehmen im Sinn des § 23 Abs. 1 KSchG beschäftigt sind, können sich unter Umständen dennoch mit Aussicht auf Erfolg gegen eine Kündigung zur Wehr setzen. 9

Das ist etwa dann der Fall, wenn die Kündigung gegen **sonstige Vorschriften** (z. B. § 102 Abs. 1 BetrVG [Anhörung des Betriebsrats], Maßregelungsverbot nach § 612 a BGB, gesetzliche oder tarifliche Bestimmungen über einen besonderen Kündigungsschutz) oder gegen »**Treu und Glauben**« verstößt (siehe → **Kündigungsschutz vor Erfüllung der Wartezeit und im Kleinbetrieb**).

Zu beachten ist, dass auch in diesen Fällen die **Klage** nach § 4 Satz 1 KSchG innerhalb einer **Frist von drei Wochen** nach Zugang der schriftlichen Kündigung beim Arbeitsgericht eingereicht werden muss (BAG v. 9. 2. 2006 – 6 AZR 283/05, NZA 2006, 1207; vgl. auch § 23 Abs. 1 Satz 2 KSchG: hiernach findet § 4 KSchG auch in Kleinbetrieben Anwendung).

Sozialwidrigkeit der Kündigung nach § 1 Abs. 2 Satz 1 KSchG

Nach § 1 Abs. 2 KSchG ist eine personenbedingte Kündigung sozial ungerechtfertigt und damit unwirksam, 10
- wenn die angegebenen Kündigungsgründe **nicht vorliegen** oder
- wenn sie zwar vorliegen, aber eine Kündigung **nicht erforderlich machen**.

Letzteres ist etwa der Fall, wenn der Arbeitnehmer auf einem **anderen freien Arbeitsplatz** im Betrieb oder einem anderen Betrieb des → **Unternehmens** – ggf. zu anderen Bedingungen – weiterbeschäftigt werden und dadurch die Ursache für weitere – z. B. krankheitsbedingte – Ausfälle des Arbeitnehmers beseitigt werden kann.

Das Arbeitsgericht **prüft** im Einzelnen, ob
- der Arbeitnehmer nicht (mehr) die Fähigkeit bzw. Eignung besitzt, die nach dem Arbeitsvertrag geschuldete Leistung zu erbringen,
- dadurch das Arbeitsverhältnis konkret beeinträchtigt wird,
- ein milderes Mittel (»**Verhältnismäßigkeitsgrundsatz**«; siehe Rn. 24) – insbesondere eine zumutbare Möglichkeit einer anderen Beschäftigung nicht besteht und
- die Lösung des Arbeitsverhältnisses in Abwägung der Interessen beider Vertragsteile billigenswert und angemessen erscheint.

Sozialwidrigkeit der Kündigung nach § 1 Abs. 2 Sätze 2 und 3 KSchG

Eine Kündigung ist nach § 1 Abs. 2 Sätze 2 und 3 KSchG **auch dann sozial** ungerechtfertigt und unwirksam, wenn 11
- die Kündigung gegen eine → **Auswahlrichtlinie** nach § 95 Abs. 1 und 2 BetrVG verstößt. Strittig ist, ob dieser Widerspruchsgrund nur bei einer → **betriebsbedingten Kündigung** in Betracht kommt oder auch bei einer → **personenbedingten** oder → **verhaltensbedingten Kündigung** (zu Recht bejahend z. B. Fitting, BetrVG, 27. Aufl., § 95 Rn. 24; Kittner/Däubler/Zwanziger, KSchR, 9. Aufl., § 102 BetrVG Rn. 215 und § 1 KSchG Rn. 504 m. w. N.; zum Meinungsstand vgl. auch DKKW-*Klebe*, BetrVG, 15. Aufl., § 95 Rn. 35 und DKKW-*Bachner*, BetrVG, 15. Aufl., § 102 BetrVG Rn. 215),

Personenbedingte Kündigung

- der Arbeitnehmer auf einem anderen Arbeitsplatz in demselben → **Betrieb** oder in einem anderen Betrieb des → **Unternehmens** (ggf. nach Umschulung/Fortbildung oder – mit Einverständnis des Arbeitnehmers – unter geänderten Arbeitsbedingungen) **weiterbeschäftigt** werden kann

und der → **Betriebsrat** aus einem dieser Gründe der Kündigung ordnungsgemäß nach § 102 Abs. 3 BetrVG **widersprochen** hat.

Berücksichtigt werden nur die Gründe, die der Betriebsrat in seinem Widerspruch angegeben hat (BAG v. 6.6.1984 – 7 AZR 451/82, NZA 1985, 93; Kittner/Däubler/Zwanziger, KSchR, 9. Aufl., § 1 KSchG Rn. 496).

Liegen die in § 1 Abs. 2 Sätze 2 und 3 KSchG genannten Voraussetzungen vor, ist die Kündigung allein aus diesem Grunde unwirksam, weil aufgrund der vom Betriebsrat in seinem Widerspruch vorgebrachten Umstände eine Kündigung nicht zwingend erforderlich ist.

Eine **Abwägung** der beiderseitigen Interessen (wie bei der Prüfung der Sozialwidrigkeit nach § 1 Abs. 2 Satz 1 KSchG; siehe Rn. 10) ist nicht erforderlich.

Insofern bezeichnet man die in § 1 Abs. 2 Sätze 2 und 3 KSchG aufgeführten Gründe als »**absolute Sozialwidrigkeitsgründe**«.

11a
> **Hinweis:**
> Ein ordnungsgemäßer Widerspruch des Betriebsrats verschafft dem Arbeitnehmer außerdem die Möglichkeit, einen **Weiterbeschäftigungs- und Vergütungsanspruch** für die Zeit nach Ablauf der Kündigungsfrist bis zum rechtskräftigen Abschluss des Kündigungsschutzprozesses geltend zu machen (§ 102 Abs. 5 BetrVG; siehe → **Ordentliche Kündigung** Rn. 29 ff und 35 ff.).

11b Zu **beachten** ist, dass sich der gekündigte Arbeitnehmer auf die absoluten Sozialwidrigkeitsgründe des § 1 Abs. 2 Sätze 2 und 3 KSchG (Verstoß gegen Auswahlrichtlinie oder eine Weiterbeschäftigung ist möglich) auch dann berufen kann, wenn der Betriebsrat der Kündigung **nicht widersprochen** hat (BAG v. 17.5.1984 – 2 AZR 109/83, DB 1985, 1190; Kittner/Däubler/Zwanziger, KSchR, 9. Aufl., § 1 KSchG Rn. 498 m. w. N.).

Das Arbeitsgericht hat ein solches Vorbringen bei der Prüfung, ob eine Kündigung nach § 1 Abs. 2 Satz 1 KSchG sozial gerechtfertigt ist, **zu berücksichtigen**.

Denn wenn z. B. eine Weiterbeschäftigung auf einem anderen Arbeitsplatz möglich ist, steht ein **milderes Mittel** zur Verfügung. Eine dennoch ausgesprochene Kündigung wäre wegen Vorstoßes gegen den Verhältnismäßigkeitsgrundsatz unwirksam (siehe Rn. 10 und 24).

Das **Problem** ist nur, dass der gekündigte Arbeitnehmer ohne Unterstützung durch den Betriebsrat kaum in Lage ist, die notwendigen Tatsachen zu den absoluten Sozialwidrigkeitsgründen des § 1 Abs. 2 Sätze 2 und 3 KSchG vorzutragen, weil er (anders als der Betriebsrat) keine Informationen z. B. über freie Arbeitsplätze im Betrieb oder in einem anderen Betrieb des Unternehmens (siehe Rn. 27) hat.

Darlegungs- und Beweislast (§ 1 Abs. 2 Satz 4 KSchG)

11c Der Arbeitgeber hat die Tatsachen darzulegen und zu beweisen, die ihn zur Kündigung veranlasst haben (§ 1 Abs. 2 Satz 4 KSchG).

Dazu gehört auch die Darlegung des Fehlens – alternativer – Beschäftigungsmöglichkeiten (BAG v. 30.9.2010 – 2 AZR 88/09, NZA 2011, 39).

Krankheitsbedingte Kündigung

Häufigster Auslöser einer personenbedingten Kündigung ist der Ausfall des Arbeitnehmers aufgrund krankheitsbedingter Arbeitsunfähigkeit (= krankheitsbedingte Kündigung). 12

Nach allgemeiner Auffassung wird auch »Alkohol-, Drogen- und Medikamentenabhängigkeit« als Krankheit (und nicht als Grund für eine → **verhaltensbedingte Kündigung**) angesehen, so dass die von der Rechtsprechung in Bezug auf die »krankheitsbedingte« Kündigung entwickelten Maßstäbe zur Anwendung kommen. 13

Die Rechtsprechung knüpft an die Wirksamkeit einer »krankheitsbedingten Kündigung« eine Reihe von Voraussetzungen (»**Drei-Stufen-Prüfung**«; vgl. BAG v. 13.5.2015 – 2 AZR 565/14; 20.11.2014 – 2 AZR 664/13; 29.4.1999 – 2 AZR 431/98, NZA 1999, 978). Hierzu zwei Entscheidungen: 14

LAG Rheinland-Pfalz v. 13.4.2015 – 3 Sa 368/13:
»Nach der Rechtsprechung des BAG ... ist eine krankheitsbedingte Kündigung im Rahmen einer dreistufigen Überprüfung nur dann sozial gerechtfertigt, wenn auf Grund:
- *objektiver Umstände (insbes. bisherige Fehlzeiten) bei einer lang anhaltenden Erkrankung mit einer weiteren Arbeitsunfähigkeit auf nicht absehbare Zeit bzw. bei häufigeren Kurzerkrankungen auch weiterhin (Wiederholungsgefahr) mit erheblichen krankheitsbedingten Fehlzeiten gerechnet werden muss (negative Gesundheitsprognose);*
- *die entstandenen und prognostizierten Fehlzeiten zu einer erheblichen Beeinträchtigung der betrieblichen Interessen des Arbeitgebers führen (erhebliche betriebliche Auswirkungen haben) und*
- *sich im Rahmen der umfassenden Interessenabwägung im Einzelfall eine unzumutbare betriebliche oder wirtschaftliche Belastung des Arbeitgebers ergibt.«*

BAG v. 13.5.2015 – 2 AZR 565/14:
»Die soziale Rechtfertigung von Kündigungen, die aus Anlass von Krankheiten ausgesprochen werden, ist in drei Stufen zu prüfen. Eine Kündigung ist im Falle einer lang anhaltenden Krankheit sozial gerechtfertigt iSd. § 1 Abs. 2 KSchG, wenn eine negative Prognose hinsichtlich der voraussichtlichen Dauer der Arbeitsunfähigkeit vorliegt – erste Stufe –, eine darauf beruhende erhebliche Beeinträchtigung betrieblicher Interessen festzustellen ist – zweite Stufe – und eine Interessenabwägung ergibt, dass die betrieblichen Beeinträchtigungen zu einer billigerweise nicht mehr hinzunehmenden Belastung des Arbeitgebers führen – dritte Stufe.«

Geprüft wird insbesondere Folgendes:

1. Gesundheitsprognose (1. Stufe)

Liegen in der Vergangenheit erhebliche Fehlzeiten vor und ist auch **in Zukunft** mit krankheitsbedingten Ausfällen zu rechnen? 15
Dabei wird der bisherige Krankheitsverlauf als **Indiz** herangezogen.
Fehlzeiten in der Vergangenheit lassen aber nicht zwingend den Schluss auf eine **negative Prognose** zu.
Ist festzustellen, dass die Krankheit zum Zeitpunkt der Kündigung bereits vollständig ausgeheilt war, ist die Kündigung unwirksam. 16
Im Zweifel ist ein **ärztliches Gutachten** einzuholen. 17
War eine **Langzeiterkrankung** (vgl. hierzu z.B. BAG v. 13.5.2015 – 2 AZR 565/14; BAG v. 20.11.2014 – 2 AZR 664/13) Auslöser für die Kündigung, wird eine negative Gesundheitsprognose bejaht, wenn ein Ende der Langzeiterkrankung nicht abzusehen ist. 18
War dagegen zum Zeitpunkt der Kündigung damit zu rechnen, dass die Gesundheit in absehbarer Zeit (z.B. nach einer geplanten Operation oder Kur) wiederhergestellt ist, ist die Kündigung unwirksam.
Der Arbeitgeber muss das Ergebnis von Operation und Kur abwarten.

Personenbedingte Kündigung

Dagegen kann die Prognose negativ sein, wenn aufgrund des ärztlichen Gutachtens davon auszugehen ist, dass der Gekündigte wahrscheinlich auch noch in sechs Monaten krank sein wird.

19 Bei **häufigen Kurzerkrankungen** (vgl. hierzu z. B. LAG Rheinland-Pfalz v. 13. 4. 2015 – 3 Sa 368/13) wird ebenfalls geprüft, ob auch in Zukunft immer wieder mit krankheitsbedingten Ausfällen zu rechnen ist. Wenn ja, geht dies zulasten des Gekündigten. Behauptet der Arbeitnehmer, seine Gesundheit sei wiederhergestellt und entbindet er seinen behandelnden Arzt von der Schweigepflicht, hat der Arbeitgeber darzulegen und zu beweisen, dass die Gesundheitsprognose negativ ist.

20 Eine **Aidsinfektion** allein ist kein Kündigungsgrund (Ausnahme: eine Ansteckung anderer kann z. B. durch Hygienemaßnahmen oder Versetzung in unproblematische Bereiche nicht ausgeschlossen werden). Führt die Infektion allerdings – im akuten Stadium – zu krankheitsbedingten Ausfällen und ist die Prognose negativ, geht dies zu Lasten des Betroffenen.

21 Bei **Alkoholabhängigkeit** (auch bei Drogen- bzw. Medikamentenabhängigkeit) wird die Prognose negativ bewertet, wenn der Gekündigte eine Entziehungskur trotz Aufforderung des Arbeitgebers abgelehnt hat; oder, wenn er eine angetretene Entziehungskur erfolglos abgebrochen hat oder nach einer Entziehungskur wieder rückfällig geworden ist.

2. Betriebliche und wirtschaftliche Belastungen des Arbeitgebers (2. Stufe)

22 Werden durch die zu erwartenden Ausfälle erhebliche betriebliche Interessen beeinträchtigt? Dies wird bejaht, wenn entweder **erhebliche Betriebsablaufstörungen** oder immer wieder neue, in der Summe außergewöhnlich **hohe Entgeltfortzahlungskosten** zu erwarten sind.
Neue Erkrankungen lassen nach § 3 EFZG unter Umständen neue Entgeltfortzahlungsansprüche entstehen, siehe → **Entgeltfortzahlung im Krankheitsfall und bei Vorsorge/Rehabilitation**.
Nach der Rechtsprechung des BAG stellen Entgeltfortzahlungskosten, die jeweils für einen Zeitraum von mehr als sechs Wochen jährlich aufzuwenden sind, eine erhebliche Beeinträchtigung der betrieblichen Interessen dar (BAG v. 10. 11. 2005 – 2 AZR 44/05, NZA 2006, 655; 1. 3. 2007 – 2 AZR 217/06, AiB 2007, 614 = NZA 2008, 302).
Bei krankheitsbedingter **dauernder Leistungsunfähigkeit** ist nach Ansicht des BAG in aller Regel ohne weiteres von einer erheblichen Beeinträchtigung der betrieblichen Interessen auszugehen (BAG v. 30. 9. 2010 – 2 AZR 88/09, NZA 2011, 39). Die Ungewissheit der Wiederherstellung der Arbeitsfähigkeit stehe einer krankheitsbedingten dauernden Leistungsunfähigkeit dann gleich, wenn in den nächsten 24 Monaten mit einer anderen Prognose nicht gerechnet werden kann.

3. Interessenabwägung (3. Stufe)

23 Im Rahmen einer Interessenabwägung wird dann geprüft, ob dem Arbeitgeber diese Belastungen vor dem Hintergrund der **Besonderheiten des Einzelfalles** letztlich nicht doch **zuzumuten** sind.
Das ist beispielsweise der Fall, wenn die Erkrankungen auf betrieblichen Ursachen (z. B. Arbeitsunfälle, gesundheitsgefährdende Arbeitsbedingungen) beruhen.
Weiterhin ist zu berücksichtigen, ob und wie lange das Arbeitsverhältnis ungestört verlaufen ist, das Alter und der Familienstand des Arbeitnehmers, die Leichtigkeit oder Schwierigkeit von Überbrückungsmaßnahmen.
Hinsichtlich der Belastungen durch Entgeltfortzahlungsansprüche wirkt sich zugunsten des Betroffenen aus, wenn seine Krankheitsquote im Vergleich zu anderen Arbeitnehmern mit vergleichbaren Tätigkeiten unter ähnlichen Bedingungen nicht wesentlich höher ist.

Personenbedingte Kündigung

Verhältnismäßigkeitsgrundsatz (»Ultima-Ratio-Prinzip«) – Pflicht zur Beschäftigung eines leistungsgeminderten Arbeitnehmers auf einem anderen »freien« oder ggf. »frei zu machenden« Arbeitsplatz

Das gesamte Kündigungsrecht wird nach ständiger Rechtsprechung des BAG Verhältnismäßigkeitsgrundsatz (»Ultima-Ratio-Prinzip«) beherrscht. 24
Eine Kündigung ist hiernach unverhältnismäßig und damit rechtsunwirksam, wenn sie durch andere **Mittel vermieden** werden kann und somit zur Beseitigung der betrieblichen Beeinträchtigungen bzw. der eingetretenen Vertragsstörung nicht erforderlich ist (BAG v. 30. 9. 2010 – 2 AZR 88/09, NZA 2011, 39).
Hierzu LAG Rheinland-Pfalz v. 13. 4. 2015 – 3 Sa 368/13: *»Zu beachten ist schließlich auch das das gesamte Kündigungsrecht beherrschende Verhältnismäßigkeitsprinzip: Auch eine aus Gründen in der Person des Arbeitnehmers ausgesprochene Kündigung ist unverhältnismäßig und damit rechtsunwirksam, wenn sie durch mildere Mittel vermieden werden kann (z. B. durch Qualifikation des Arbeitnehmers zur Bedienung neu angeschaffter Maschinen (LAG Hamburg v. 3. 4. 2009 – 6 Sa 47/08, AUR 2009, 319), d. h. wenn die Kündigung zur Beseitigung der eingetretenen Vertragsstörung nicht geeignet oder nicht erforderlich ist.«*
Dabei kommt bei einer krankheitsbedingten Kündigung nicht nur eine Weiterbeschäftigung auf einem anderen, **freien Arbeitsplatz** in Betracht.
Der Arbeitgeber hat vielmehr alle gleichwertigen, leidensgerechten Arbeitsplätze, auf denen der betroffene Arbeitnehmer unter Wahrnehmung des **Direktionsrechts** einsetzbar wäre, in Betracht zu ziehen und ggf. **»freizumachen«** und sich auch um die eventuell erforderliche Zustimmung des Betriebsrats zu bemühen (BAG v. 30. 9. 2010 – 2 AZR 88/09, a. a. O.; 12. 7. 2007 – 2 AZR 716/06, AiB 2008, 301 = NZA 2008, 173; 29. 1. 1997 – 2 AZR 9/96, AiB 1997, 545 = NZA 1997, 709).
Zu einer **weitergehenden Umorganisation** oder zur Ausführung eines Zustimmungsersetzungsverfahrens gem. § 99 Abs. 4 BetrVG soll der Arbeitgeber dagegen nicht verpflichtet sein (BAG v. 30. 9. 2010 – 2 AZR 88/09, a. a. O.; 12. 7. 2007 – 2 AZR 716/06, a. a. O.; 29. 1. 1997 – 2 AZR 9/96, a. a. O.).
Wenn eine **Umsetzungsmöglichkeit** besteht, hat die Krankheit keine erhebliche Beeinträchtigung der betrieblichen Interessen – siehe Rn. 22. – zur Folge (BAG v. 10. 6. 2010 – 2 AZR 1020/08, NZA 2010, 1234; 24. 11. 2005 – 2 AZR 514/04, NZA 2006, 665).
Das heißt: Nach dem Verhältnismäßigkeitsgrundsatz muss der Arbeitgeber vor Ausspruch einer krankheitsbedingten Kündigung prüfen, ob der Minderung ihrer Leistungsfähigkeit nicht durch **organisatorische Maßnahmen** (Änderung des Arbeitsablaufs, Umgestaltung des Arbeitsplatzes, Umverteilung der Aufgaben) beggnet werden kann (BAG v. 30. 9. 2010 – 2 AZR 88/09, a. a. O.; BAG v. 12. 7. 1995 – 2 AZR 762/94, AiB 1995, 482).
Ist ein Arbeitnehmer auf Dauer krankheitsbedingt nicht mehr in der Lage, die geschuldete Arbeit auf seinem bisherigen Arbeitsplatz zu leisten, so ist er zur Vermeidung einer Kündigung auf einem **leidensgerechten Arbeitsplatz** im → **Betrieb** oder → **Unternehmen** weiterzubeschäftigen, falls ein solch gleichwertiger oder jedenfalls zumutbarer Arbeitsplatz frei und der Arbeitnehmer für die dort zu leistende Arbeit geeignet ist (»frei« ist auch ein »**demnächst« frei werdender Arbeitsplatz**).
Als **frei** gelten auch Arbeitsplätze, die mit **Leiharbeitnehmern** besetzt sind (LAG Berlin-Brandenburg v. 3. 3. 2009 – 12 Sa 2468/08; LAG Bremen v. 2. 12. 1997 – 1 (2) Sa 340/96, 4 Sa 341/96, 1 Sa 342/96, 4 Sa 82/97, 4 Sa 84/97, 4 Sa 87/97, 1 Sa 96/97, 4 Sa 98/97, BB 1998, 1211; strittig; vgl. Kittner/Däubler/Zwanziger, KSchR, 9. Aufl., § 102 BetrVG Rn. 222 und § 1 KSchG Rn. 517 m. w. N.).
Nach Ansicht des BAG kommt es darauf an, ob die Beschäftigung von Leiharbeitnehmern vorübergehend erfolgt (z. B. bei Auftragsspitzen oder Vertretungsbedarf) oder ob sie zur Ab-

Personenbedingte Kündigung

deckung eines »*nicht schwankenden, ständig vorhandenen (Sockel-)Arbeitsvolumens*« eingesetzt werden.
Ebenfalls als **frei** gelten Arbeitsplätze, an denen regelmäßig → **Überstunden** geleistet werden (vgl. Kittner/Däubler/Zwanziger, KSchR, 9. Aufl., § 102 BetrVG Rn. 223 und § 1 KSchG Rn. 519 m. w. N.).

Betriebliches Eingliederungsmanagement (BEM) nach § 84 Abs. 2 SGB IX

24a Sind Beschäftigte innerhalb eines Jahres **länger als sechs Wochen ununterbrochen oder wiederholt arbeitsunfähig**, klärt der Arbeitgeber nach § 84 Abs. 2 SGB IX mit dem Betriebsrat, bei schwerbehinderten Menschen außerdem mit der Schwerbehindertenvertretung, mit Zustimmung und Beteiligung der betroffenen Person die Möglichkeiten, wie die Arbeitsunfähigkeit möglichst überwunden werden und mit welchen Leistungen oder Hilfen erneuter Arbeitsunfähigkeit vorgebeugt und der Arbeitsplatz erhalten werden kann (**betriebliches Eingliederungsmanagement** − **BEM**; siehe auch → **Schwerbehinderte Menschen** Rn. 72).
Das Erfordernis eines betrieblichen Eingliederungsmanagements nach § 84 Abs. 2 SGB IX besteht für **alle Arbeitnehmer**, nicht nur für behinderte Menschen (BAG v. 12. 7. 2007 − 2 AZR 716/06, AiB 2008, 301 = NZA 2008, 173).
Die Durchführung des BEM ist nach Ansicht des BAG **keine formelle Wirksamkeitsvoraussetzung** für eine krankheitsbedingte Kündigung. § 84 Abs. 2 SGB IX sei aber auch kein bloßer Programmsatz.
Die Norm konkretisiere vielmehr den **Verhältnismäßigkeitsgrundsatz** (BAG v. 10. 12. 2009 − 2 AZR 400/08, AuR 2010, 224 = DB 2010, 621).
Zwar sei das BEM **nicht selbst ein milderes Mittel**. Mit seiner Hilfe könnten aber mildere Mittel als die Kündigung, z. B. eine Umgestaltung des Arbeitsplatzes oder eine Weiterbeschäftigung auf einem anderen − ggf. durch Umsetzungen freizumachenden − Arbeitsplatz, erkannt und entwickelt werden.
Dabei werde das Verhältnismäßigkeitsprinzip allerdings nicht allein dadurch verletzt, dass **kein BEM durchgeführt** wurde.
Es müsse hinzukommen, dass überhaupt **Möglichkeiten** einer alternativen (Weiter-)Beschäftigung bestanden haben, die eine Kündigung vermieden hätten (BAG v. 10. 12. 2009 − 2 AZR 400/08, a. a. O.).
Ein unterlassenes BEM steht deshalb einer Kündigung nicht entgegen, wenn es sie auch nicht hätte verhindern können (BAG v. 12. 7. 2007 − 2 AZR 716/06, AiB 2008, 301 = NZA 2008, 173).
Dem Arbeitgeber, der ein BEM unterlassen hat, ist die Darlegung gestattet, dass ein solches Verfahren, z. B. aus gesundheitlichen Gründen nicht zu einer Beschäftigungsmöglichkeit geführt hätte (BAG v. 23. 4. 2008 − 2 AZR 1012/06, DB 2008, 2091).

24b Wenn der Arbeitgeber entgegen seiner gesetzlichen Pflicht kein BEM durchgeführt hat, darf er aus seiner dem Gesetz widersprechenden Untätigkeit allerdings keine darlegungs- und beweisrechtlichen **Vorteile** ziehen.
Nachstehend ein Auszug aus den Entscheidungsgründen BAG v. 10. 12. 2009 − 2 AZR 400/08, a. a. O.:
»*In diesem Fall kann sich der Arbeitgeber nicht darauf beschränken vorzutragen, er kenne keine alternativen Einsatzmöglichkeiten für den erkrankten Arbeitnehmer und es gebe keine leidensgerechten Arbeitsplätze, die der Arbeitnehmer trotz seiner Erkrankung noch einnehmen könne. Er hat vielmehr von sich aus denkbare oder vom Arbeitnehmer (außergerichtlich) bereits genannte Alternativen zu würdigen und im Einzelnen darzulegen, aus welchen Gründen sowohl eine Anpassung des bisherigen Arbeitsplatzes an dem Arbeitnehmer zuträgliche Arbeitsbedingungen als auch die Beschäftigung auf einem anderen − leidensgerechten − Arbeitsplatz ausscheiden.*

Erst dann ist es Sache des Arbeitnehmers, sich hierauf substantiiert einzulassen und darzulegen, wie er sich selbst eine leidensgerechte Beschäftigung vorstellt.
Das Gleiche gilt, wenn der Arbeitgeber zur Erfüllung seiner Verpflichtung aus § 84 Abs. 2 SGB IX ein Verfahren durchgeführt hat, das nicht den gesetzlichen Mindestanforderungen an ein BEM genügt. Zwar enthält § 84 Abs. 2 SGB IX keine nähere gesetzliche Ausgestaltung des BEM. Dieses ist ein rechtlich regulierter »Suchprozess«, der individuell angepasste Lösungen zur Vermeidung zukünftiger Arbeitsunfähigkeit ermitteln soll. Gleichwohl lassen sich aus dem Gesetz gewisse Mindeststandards ableiten. Zu diesen gehört es, die gesetzlich dafür vorgesehenen Stellen, Ämter und Personen zu beteiligen und zusammen mit ihnen eine an den gesetzlichen Zielen des BEM orientierte Klärung ernsthaft zu versuchen. Ziel des BEM ist es festzustellen, aufgrund welcher gesundheitlichen Einschränkungen es zu den bisherigen Ausfallzeiten gekommen ist und ob Möglichkeiten bestehen, sie durch bestimmte Veränderungen künftig zu verringern, um so eine Kündigung zu vermeiden.«

Ein betriebliches Eingliederungsmanagement (BEM) nach § 84 Abs. 2 SGB IX ist bei Vorliegen der sonstigen Voraussetzungen auch dann durchzuführen, wenn **keine betriebliche Interessenvertretung** i. S. v. § 93 SGB IX gebildet ist (BAG v. 30. 9. 2010 – 2 AZR 88/09, NZA 2011, 39). 24c

Bedeutung für die Betriebsratsarbeit

Vor Ausspruch der Kündigung ist der Betriebsrat **anzuhören** (§ 102 Abs. 1 BetrVG). 25
Geschieht dies nicht oder nicht ordnungsgemäß, ist eine dennoch ausgesprochene Kündigung unwirksam (siehe → **Kündigung** und → **ordentliche Kündigung**).
Der Betriebsrat kann nach § 102 Abs. 2 BetrVG **Bedenken** gegen die beabsichtigte Kündigung 26
erheben und außerdem nach § 102 Abs. 3 BetrVG **Widerspruch** einlegen (siehe → **Kündigung** und → **ordentliche Kündigung**).
Von rechtlicher Bedeutung ist nur ein auf § 102 Abs. 3 BetrVG gestützter **ordnungsgemäßer Widerspruch** (siehe Rn. 30).
Bedenken haben keine rechtliche, allenfalls eine faktische Wirkung (siehe → **Ordentliche Kündigung** Rn. 16).
§ 102 Abs. 3 BetrVG ist nach h.M. auch bei einer personenbedingten Kündigung anzuwenden (vgl. z. B. BAG v. 22. 7. 1982 – 2 AZR 30/81; Fitting, BetrVG, 27. Aufl., § 102 Rn. 77 m. w. n.).
Hierzu ein Auszug aus BAG v. 22. 7. 1982 – 2 AZR 30/81: *»Nach § 1 Abs. 2 Satz 2 Ziff. 1 b KSchG ist die Kündigung auch dann sozial ungerechtfertigt, wenn der Arbeitnehmer an einem anderen Arbeitsplatz in demselben Betrieb oder in einem anderen Betrieb des Unternehmens weiterbeschäftigt werden kann und der Betriebsrat aus diesem Grunde der Kündigung innerhalb der Frist des § 102 Abs. 2 Satz 1 BetrVG schriftlich widersprochen hat. Diese Widerspruchsgründe beziehen sich nicht nur auf betriebsbedingte, sondern auch auf personen- und verhaltensbedingte Gründe. Hierfür spricht schon der Wortlaut des § 1 Abs. 2 Ziff. 1 b KSchG und des diesem korrespondierenden § 102 Abs. 3 BetrVG.«*
Strittig ist, ob der Widerspruch gegen eine verhaltensbedingte Kündigung auf den Widerspruchsgrund des § 102 Abs. 3 Nr. 2 BetrVG (**Verstoß gegen Auswahlrichtlinie**) gestützt werden kann (zu Recht bejahend z. B. Fitting, BetrVG, 27. Aufl., § 95 Rn. 24; Kittner/Däubler/Zwanziger, KSchR, 9. Aufl., § 102 BetrVG Rn. 215 und § 1 KSchG Rn. 504 m. w. N.).
Allein der Widerspruchsgrund des § 102 Abs. 1 Nr. 1 BetrVG (**fehlerhafte soziale Auswahl**) kommt nur bei einer → **betriebsbedingten Kündigung** zur Anwendung.
Der Widerspruch gegen eine personenbedingte Kündigung kann damit **begründet** werden,

Personenbedingte Kündigung

- dass der Betroffene auf einem **anderen – freien – Arbeitsplatz** im → **Betrieb** oder in einem anderen Betrieb des → **Unternehmens** weiterbeschäftigt werden kann (§ 102 Abs. 3 Nr. 3 BetrVG) und damit der personenbedingte Kündigungsgrund entfällt.
Strittig ist, ob ein Widerspruch »ordnungsgemäß« ist, wenn er damit begründet wird, dass der Arbeitnehmer auf seinem **bisherigen Arbeitsplatz** weiterbeschäftigt werden kann. Das BAG hat das bislang abgelehnt (BAG v. 12.9.1985 – 2 AZR 324/84, NZA 1986, 424; a. A. Fitting, BetrVG, 27. Aufl., § 102 Rn. 90; DKKW-*Bachner*, BetrVG, 15. Aufl., § 102 Rn. 225 m. w. N.; zum Meinungsstand vgl. auch Kittner/Däubler/Zwanziger, KSchR, 9. Aufl., § 102 BetrVG Rn. 224) bzw. offengelassen (BAG v. 11.5.2000 – 2 AZR 54/99, BB 2000, 2049).
Frei ist ein Arbeitsplatz, wenn er zwar nicht zum Zeitpunkt des Widerspruchs, aber voraussichtlich **bis** zum Ablauf der Kündigungsfrist **frei wird** (z. B. wegen Ausscheidens anderer Arbeitnehmer aufgrund eines → **befristeten Arbeitsvertrags**, wegen → **Altersteilzeit** oder Inanspruchnahme einer Rente: siehe → **Rentenversicherung**).
Wird der Arbeitsplatz voraussichtlich erst nach Ablauf der Kündigungsfrist frei, kommt es darauf an, ob dem Arbeitgeber eine Überbrückung des Zeitraums **zuzumuten** ist (BAG v. 15.12.1994 – 2 AZR 327/94, AiB 1995, 465).
Als **frei** gelten auch Arbeitsplätze, die mit **Leiharbeitnehmern** besetzt sind (LAG Berlin-Brandenburg v. 3.3.2009 – 12 Sa 2468/08; LAG Bremen v. 2.12.1997 – 1 (2) Sa 340/96, 4 Sa 341/96, 1 Sa 342/96, 4 Sa 82/97, 4 Sa 84/97, 4 Sa 87/97, 1 Sa 96/97, 4 Sa 98/97, BB 1998, 1211; strittig; vgl. Kittner/Däubler/Zwanziger, KSchR, 9. Aufl., § 102 BetrVG Rn. 222 und § 1 KSchG Rn. 517 m. w. N.).
Nach Ansicht des BAG kommt es darauf an, ob die Beschäftigung von Leiharbeitnehmern vorübergehend erfolgt (z. B. bei Auftragsspitzen oder Vertretungsbedarf) oder ob sie zur Abdeckung eines »*nicht schwankenden, ständig vorhandenen (Sockel-)Arbeitsvolumens*« eingesetzt werden. Hierzu ein Auszug aus BAG v. 15.12 2011 – 2 AZR 42/10:
»*1. Die Vermutung der Betriebsbedingtheit der Kündigung nach § 1 Abs. 5 S 1 KSchG erstreckt sich nicht nur auf den Wegfall von Beschäftigungsmöglichkeiten im bisherigen Arbeitsbereich des Arbeitnehmers, sondern auch auf das Fehlen der Möglichkeit, diesen anderweitig einzusetzen. Will der Arbeitnehmer sie widerlegen, muss er substantiiert aufzeigen, dass im Betrieb ein vergleichbarer Arbeitsplatz oder ein solcher zu schlechteren, aber zumutbaren Arbeitsbedingungen frei war. Als „frei" sind grundsätzlich nur solche Arbeitsplätze anzusehen, die zum Zeitpunkt des Zugangs der Kündigung unbesetzt sind.
2. Werden Leiharbeitnehmer lediglich zur Abdeckung von „Auftragsspitzen" eingesetzt, liegt keine alternative Beschäftigungsmöglichkeit iSv. § 1 Abs. 2 S 2 KSchG vor. Der Arbeitgeber kann dann typischerweise nicht davon ausgehen, dass er für die Auftragsabwicklung dauerhaft Personal benötige. Es kann ihm deshalb regelmäßig nicht zugemutet werden, entsprechendes Stammpersonal vorzuhalten. An einem „freien" Arbeitsplatz fehlt es in der Regel außerdem, soweit der Arbeitgeber Leiharbeitnehmer als »Personalreserve« zur Abdeckung von Vertretungsbedarf beschäftigt. Das gilt unabhängig von der Vorhersehbarkeit der Vertretungszeiten.
3. Beschäftigt der Arbeitgeber Leiharbeitnehmer dagegen, um mit ihnen ein nicht schwankendes, ständig vorhandenes (Sockel-)Arbeitsvolumen abzudecken, kann von einer alternativen Beschäftigungsmöglichkeit iSv. § 1 Abs. 2 S 2 KSchG auszugehen sein, die vorrangig für sonst zur Kündigung anstehende Stammarbeitnehmer genutzt werden muss.*«
Ebenfalls als **frei** gelten Arbeitsplätze, an denen regelmäßig → **Überstunden** geleistet werden (vgl. Kittner/Däubler/Zwanziger, KSchR, 9. Aufl., § 102 BetrVG Rn. 223 und § 1 KSchG Rn. 519 m. w. N.).
- dass die Weiterbeschäftigung des Betroffenen – auch auf seinem bisherigen Arbeitsplatz – dann möglich ist, wenn er eine **Qualifizierungs- bzw. Fortbildungsmaßnahme** absolviert (§ 102 Abs. 3 Nr. 4 BetrVG);
- dass eine Weiterbeschäftigung möglich ist, wenn der **Arbeitsvertrag verändert** wird (z. B.

Personenbedingte Kündigung

andere Tätigkeit, andere Entgeltgruppe) und der Betroffene sich mit der Veränderung (ggf. unter Vorbehalt; siehe § 2 KSchG) einverstanden erklärt (§ 102 Abs. 3 Nr. 5 BetrVG). Dabei genügt es nicht, den Wortlaut der in § 102 Abs. 3 BetrVG geregelten Tatbestände **nur zu wiederholen**.

28

> **Beispiel:**
> »... der Betriebsrat widerspricht der ordentlichen Kündigung nach § 102 Abs. 3 Nr. 3 BetrVG, weil Herr B. auf einem anderen Arbeitsplatz im Betrieb und Unternehmen weiterbeschäftigt werden kann.«

Eine solcher »Widerspruch« ist rechtlich wirkungslos!
Vielmehr muss der Widerspruch auf **konkrete betriebliche Tatsachen** gestützt werden.

> **Beispiel:**
> »... der Betriebsrat erhebt Widerspruch gegen die beabsichtigte fristgerechte Kündigung des Mitarbeiters B. gemäß § 102 Abs. 3 Nr. 3 BetrVG.
> Begründung:
> Herr B. kann zwar infolge seiner gesundheitlichen Einschränkungen die bisherige Tätigkeit im »Versand« nicht mehr ausüben.
> Die Kündigung ist jedoch nicht erforderlich, weil der Mitarbeiter in der Abteilung »Einkauf« auf dem Arbeitsplatz 7 weiterbeschäftigt werden kann.
> Dieser Arbeitsplatz ist durch das Ausscheiden des Mitarbeiters M. in den Vorruhestand frei geworden.
> Einarbeitungsmaßnahmen sind nicht erforderlich, weil Kollege Kiel in der Vergangenheit schon mehrfach den Mitarbeiter M. erfolgreich vertreten hat.
> Seine gesundheitlichen Einschränkungen stehen laut ärztlichem Attest der Tätigkeit in der Abteilung »Einkauf« nicht entgegen ...«

Ist ein **freier Arbeitsplatz** nicht vorhanden, sollte der Betriebsrat dem Arbeitgeber Vorschläge über eine mögliche Umorganisation der Arbeitsplätze unterbreiten, damit ein angemessener und leidensgerechter Arbeitsplatz für einen – von einer krankheitsbedingten Kündigung bedrohten – Arbeitnehmer frei gemacht wird, ohne dass dadurch Interessen anderer Arbeitnehmer unzumutbar beeinträchtigt werden.

29

Dabei ist natürlich auch an solche Arbeitsplätze zu denken, bei denen viele → **Überstunden** anfallen oder die von **Leiharbeitnehmern** oder **Fremdfirmenarbeitnehmern** besetzt sind.

Nur ein **ordnungsgemäßer Widerspruch** verschafft dem Arbeitnehmer die Möglichkeit,

30

- sich in Kündigungsschutzverfahren auf den besonderen **zusätzlichen Sozialwidrigkeitsgrund** nach § 1 Abs. 2 Sätze 2 und 3 KSchG (siehe hierzu → **Kündigungsschutz** Rn. 15 ff.) zu berufen und außerdem
- einen **Weiterbeschäftigungs- und Vergütungsanspruch** für die Zeit nach Ablauf der Kündigungsfrist bis zum rechtskräftigen Abschluss des Kündigungsschutzprozesses geltend zu machen (§ 102 Abs. 5 BetrVG; siehe → **ordentliche Kündigung** Rn. 29 ff.).

Bloße **Bedenken** des Betriebsrats i. S. d. § 102 Abs. 2 BetrVG lösen diese Wirkungen nicht aus! Sie haben – um es deutlich zu sagen – rechtlich überhaupt keine Wirkung. Allenfalls eine faktische Wirkung, wenn die aufgeführten Bedenken den Arbeitgeber derart »bewegen«, dass er von einer Kündigung Abstand nimmt (was allerdings Seltenheitswert haben dürfte).
Arbeitgeber/Personalleiter schauen sich im Übrigen genau an, ob der Widerspruch des Betriebsrats mit einer den Anforderungen des § 102 Abs. 3 BetrVG genügenden Begründung versehen sind.
Wenn das nicht der Fall ist, »lehnen sie sich entspannt zurück«. Sie müssen ein etwaiges Weiterbeschäftigungsverlangen des Arbeitnehmers nach § 102 Abs. 5 BetrVG und die damit

Personenbedingte Kündigung

verbundenen erheblichen finanziellen Folgen (siehe → **Abfindung** Rn. 6, → **Kündigungsschutz** Rn. 25 a und → **ordentliche Kündigung** Rn. 35) nicht fürchten.

31 Zu weiteren Einzelheiten siehe → **Kündigung,** → **Kündigungsschutz** und → **ordentliche Kündigung.**

Bedeutung für die Beschäftigten

32 Zu den **Rechten des gekündigten Arbeitnehmers** siehe → **Kündigungsschutz.**
33 Siehe auch → **Wiedereinstellungsanspruch.**
34 Wenn
- der Betriebsrat einer ordentlichen (= fristgemäßen) Kündigung ordnungsgemäß nach § 102 Abs. 3 BetrVG **widersprochen** hat und
- der gekündigte Arbeitnehmer **Kündigungsschutzklage** erhebt (die Klage ist nach § 4 KSchG innerhalb von drei Wochen nach Zugang der schriftlichen Kündigung von dem Gekündigten beim → **Arbeitsgericht** einzureichen!) und
- unter Hinweis auf den Widerspruch des Betriebsrats gemäß § 102 Abs. 5 Satz 1 BetrVG seine **Weiterbeschäftigung** über den Ablauf der Kündigungsfrist hinaus **verlangt,**

ist der Arbeitgeber verpflichtet, den Arbeitnehmer **über den Ablauf der Kündigungsfrist hinaus** zu unveränderten Arbeitsbedingungen bis zum rechtskräftigen Abschluss des Kündigungsschutzprozesses weiter zu beschäftigen und das bisherige Arbeitsentgelt weiter zu bezahlen. Das gilt sogar dann, wenn der Arbeitnehmer den Kündigungsschutzprozess **verliert!** Dabei kommt es nicht darauf an, ob er den Arbeitnehmer tatsächlich weiter beschäftigt hat oder nicht. Eine Vergütungspflicht entfällt (für die Zukunft) nur dann, wenn der Arbeitgeber auf seinen Antrag hin nach § 102 Abs. 5 Satz 2 BetrVG vom Arbeitsgericht bzw. Landesarbeitsgericht von der Weiterbeschäftigungspflicht rechtskräftig entbunden wurde (bis dahin aufgelaufene Arbeitsentgeltansprüche sind vom Arbeitgeber zu erfüllen; vgl. BAG v. 7. 3. 1996 – 2 AZR 432/95, AiB 1996, 616 = NZA 1996, 930; siehe auch → **Kündigung** Rn. 46 a ff. und Rn. 50, 51).

> **Beispiel:**
> Ein Arbeitnehmer wird ordentlich zum 30. 6. 2015 gekündigt. Der Betriebsrat hatte gemäß § 102 Abs. 3 Nr. 3 BetrVG Widerspruch eingelegt, mit der Begründung, dass eine Weiterbeschäftigung des Arbeitnehmers auf dem freien Arbeitsplatz xy möglich ist. Der Arbeitnehmer verlangt Weiterbeschäftigung und erhebt Kündigungsschutzklage. Eine Weiterbeschäftigung lehnt der Arbeitgeber ab. Er stellt aber keinen Antrag auf Entbindung von der Weiterbeschäftigungspflicht. Ein Jahr später – am 30. 6. 2016 – wird die Kündigungsschutzklage vom Landesarbeitsgericht rechtskräftig abgewiesen.
> Dann steht zwar fest, dass das Arbeitsverhältnis zum 30. 6. 2015 wirksam beendet wurde. Dennoch muss der Arbeitgeber auch für die Zeit vom 1. 7. 2015 bis 30. 6. 2016 den vollen Lohn bezahlen; ggf. unter Abzug von Arbeitslosengeld, dass der Arbeitnehmer in dieser Zeit erhalten hat (die Agentur für Arbeit hat Anspruch gegen den Arbeitgeber auf Erstattung des gezahlten Arbeitslosengeldes; § 115 Abs. 1 SGB X).

Meldepflicht (§ 38 Abs. 1 SGB III 2012)

35 Nach § 38 Abs. 1 Satz 1 SGB III 2012 sind Personen, deren Arbeits- oder Ausbildungsverhältnis endet, verpflichtet, sich spätestens **drei Monate** vor dessen Beendigung persönlich bei der Agentur für Arbeit **arbeitssuchend** zu melden.
Liegen zwischen der Kenntnis des Beendigungszeitpunkts und der Beendigung des Arbeits-

Personenbedingte Kündigung

oder Ausbildungsverhältnisses weniger als drei Monate, hat die Meldung innerhalb von **drei Tagen** nach Kenntnis des Beendigungszeitpunkts zu erfolgen.
Zur Wahrung der Fristen reicht eine (ggf. auch telefonische) Anzeige unter Angabe der persönlichen Daten und des Beendigungszeitpunktes aus, wenn die persönliche Meldung nach terminlicher Vereinbarung nachgeholt wird.
Die Pflicht zur Meldung besteht unabhängig davon, ob der Fortbestand des Arbeits- oder Ausbildungsverhältnisses gerichtlich geltend gemacht oder vom Arbeitgeber in Aussicht gestellt wird.
Die Pflicht zur Meldung gilt nicht bei einem betrieblichen Ausbildungsverhältnis.
Erfolgt die Meldung nicht fristgerecht, hat das eine einwöchige **Arbeitslosengeldsprerre (Sperrzeit)** nach § 159 Abs. 1 Satz 2 Nr. 7, Abs. 6 SGB III 2012 zur Folge.
Zu weiteren Einzelheiten siehe → **Arbeitslosenversicherung: Arbeitsförderung** Rn. 13 ff.

Arbeitshilfen

Übersichten	• Ordentliche Kündigung: siehe → **Ordentliche Kündigung**
	• Kündigungsschutz: siehe → **Kündigungsschutz**
Checkliste	• Ordentliche Kündigung: siehe → **Ordentliche Kündigung**
Musterschreiben	• Anhörung des Betriebsrats zu einer fristgerechten personenbedingten Kündigung (§ 102 Abs. 1 BetrVG)
	• Musterschreiben: Widerspruch nach § 102 Abs. 3 Nr. 3 BetrVG
	• Widerspruch nach § 102 Abs. 3 Nr. 4 BetrVG
	• Widerspruch nach § 102 Abs. 3 Nr. 5 BetrVG
	• Ordentliche/fristgerechte personenbedingte Kündigung
	• Einspruch des Arbeitnehmers beim Betriebsrat gegen Kündigung (§ 3 KSchG)
	• Kündigungsschutzklage gegen eine ordentliche Kündigung
	• Weiterbeschäftigungsverlangen des gekündigten Arbeitnehmers nach § 102 Abs. 5 BetrVG für den Fall, dass der Betriebsrat frist- und ordnungsgemäß Widerspruch gemäß § 102 Abs. 3 BetrVG gegen eine ordentliche Kündigung eingelegt hat
	• Antrag auf Erlass einer einstweiligen Verfügung auf Weiterbeschäftigung

Rechtsprechung – Personenbedingte Kündigung

1. Krankheitsbedingte Kündigung – Prognose – Weiterbeschäftigungsmöglichkeit auf einem anderen Arbeitsplatz
2. Krankheitsbedingte Kündigung trotz unterlassenem betrieblichen Eingliederungsmanagement (BEM) nach § 84 Abs. 2 SGB IX?
3. Kündigung wegen befürchteter Verschlechterung des Gesundheitszustands des Arbeitnehmers?
4. Außerordentliche krankheitsbedingte Kündigung – Tarifvertraglicher Kündigungsschutz – Rechte des Betriebsrats
5. Tariflicher Ausschluss einer Kündigung aus Anlass einer Erkrankung

Personenbedingte Kündigung

6. Personenbedingte Kündigung bei Leistungsmängeln – Abgrenzung zu verhaltensbedingter Kündigung
7. Kündigung wegen fehlender Arbeits- oder Aufenthaltserlaubnis
8. Kündigung eines Piloten wegen Ablauf der Fluglizenz bzw. wegen Nichtbestehens von Prüfungen
9. Weitere Kündigungsgründe
10. Druckkündigung
11. Personenbedingte Änderungskündigung: Beweislastfragen
12. Wiedereinstellungsanspruch nach krankheitsbedingter Kündigung
13. Beteiligungsrechte des Betriebsrats bei Kündigung

Rechtsprechung – Kündigung – Widerspruch des Betriebsrats, Weiterbeschäftigungs- und Vergütungsanspruch

1. Widerspruchsgründe (§ 102 Abs. 3 BetrVG) – Ordnungsgemäßer Widerspruch als Voraussetzung des Weiterbeschäftigungs- und Vergütungsanspruchs des Arbeitnehmers nach § 102 Abs. 5 BetrVG
2. Weiterbeschäftigungs- und Vergütungsanspruch des Arbeitnehmers nach § 102 Abs. 5 BetrVG bis zur rechtskräftigen Abweisung der Kündigungsschutzklage
3. Zeitpunkt des Weiterbeschäftigungsverlangens des Arbeitnehmers
4. Durchsetzung des Weiterbeschäftigungsanspruchs – Einstweilige Verfügung
5. Keine einseitige »Freistellung« – Antrag des Arbeitgebers auf Entbindung von der Weiterbeschäftigungspflicht durch einstweilige Verfügung (§ 102 Abs. 5 Satz 2 BetrVG)
6. Annahmeverzug bei Widerspruch des Betriebsrats und Ablehnung des Weiterbeschäftigungsverlangens nach § 102 Abs. 5 BetrVG: Vergütungsansprüche des Arbeitnehmers
7. Wertausgleich gemäß § 812 Abs. 1 Satz 1, § 818 Abs. 2 BGB bei Weiterbeschäftigungsverhältnis außerhalb des § 102 Abs. 5 BetrVG
8. Annahmeverzug bei Abweisung des allgemeinen Weiterbeschäftigungsantrags außerhalb des § 102 Abs. 5 BetrVG
9. Erweiterung der Rechte des Betriebsrats nach § 102 Abs. 6 BetrVG

Persönliche Arbeitsverhinderung

Was ist das?

Gemäß § 616 Satz 1 BGB hat der »Dienstverpflichtete« Anspruch auf **Fortzahlung der Vergütung**, wenn er »*für eine verhältnismäßig nicht erhebliche Zeit durch einen in seiner Person liegenden Grund ohne sein Verschulden an der Arbeitsleistung verhindert wird*«.
Die Vorschrift gilt nicht nur für alle Dienstverpflichteten (z. B. freie Mitarbeiter; siehe → **Dienstvertrag**) und **arbeitnehmerähnliche Personen** (siehe → **Arbeitnehmer** Rn. 2, 6), sondern auch für → **Arbeitnehmer**.
Für → **Auszubildende** gilt die Sondervorschrift des § 19 Abs. 1 Nr. 2 BBiG.

1

Persönliche Leistungshindernisse

Eine **Verhinderung** i. S. des § 616 Satz 1 BGB liegt vor, wenn die Arbeitsleistung tatsächlich unmöglich ist, aber auch, wenn es dem Arbeitnehmer aus rechtlichen oder sittlichen Gründen nicht zumutbar ist, der Arbeitspflicht nachzukommen.
Der Grund für die Arbeitsverhinderung muss **in der Person** des Arbeitnehmers liegen, wenn der Lohnanspruch erhalten bleiben soll.
Zwar ist nicht erforderlich, dass die Ursache der Arbeitsverhinderung gerade in den persönlichen Eigenschaften des Arbeitnehmers zu finden ist.
Es genügt vielmehr, wenn er wegen seiner **persönlichen Verhältnisse** die Arbeitspflicht nicht erfüllen kann.
Dies ist anzunehmen, wenn der Arbeitnehmer aus einem in seinen Lebensumständen liegenden Grund zur Arbeit außerstande ist.
Das ist nicht der Fall, wenn ein allgemeines objektives Leistungshindernis vorliegt, von dem unbegrenzt viele Arbeitnehmer betroffen sind.
Deshalb liegt ein in der Person des Arbeitnehmers liegender Hinderungsgrund im Sinne von § 616 Satz 1 BGB nicht vor, wenn der Arbeitnehmer wegen der **Witterungsverhältnisse** oder eines witterungsbedingten Fahrverbotes (z. B. Schneeverwehungen, Glatteis, Smogalarm) seinen Arbeitsplatz nicht erreichen kann.
Andererseits kann § 616 Satz 1 BGB auch bei einem **objektiven Leistungshindernis** anzuwenden sein, wenn das Hindernis den betroffenen Arbeitnehmer wegen seiner **besonderen persönlichen Verhältnisse** in der Weise betrifft, dass es gerade auf seinen körperlichen oder seelischen Zustand zurückwirkt oder er von einem Naturereignis (z. B. Blitzeinschlag in sein Haus) betroffen wird und ihm die Arbeitsleistung deshalb vorübergehend nicht zuzumuten ist, weil er erst seine eigenen Angelegenheiten ordnen muss. Persönliche Leistungshindernisse in diesem Sinne sind z. B. persönliche Unglücksfälle (siehe Rn. 5), aber auch das **Versagen des Autos**, nicht aber der Ausfall eines Busses bzw. der Straßenbahn.
Persönliche Leistungshindernisse, die einen Entgeltfortzahlungsanspruch nach § 616 Satz 1 BGB auslösen können, ergeben sich auch z. B. aus folgenden **familiären Anlässen**:
- die eigene kirchliche und standesamtliche Eheschließung,

2

3

1693

Persönliche Arbeitsverhinderung

- Eheschließung von Kindern,
- eigene silberne Hochzeit,
- goldene Hochzeit der Eltern,
- Erstkommunion und Konfirmation der Kinder,
- Niederkunft der Ehefrau,
- Niederkunft der in häuslicher Gemeinschaft lebenden Lebensgefährtin (allerdings hat das Bundesarbeitsgericht einen Anspruch aus § 616 Satz 1 BGB mit Blick auf eine einschränkende tarifliche Regelung verneint (BAG v. 25. 2. 1987 – 8 AZR 430/84, NZA 1987, 667); das daraufhin angerufene Bundesverfassungsgericht hat die Verfassungsbeschwerde mangels grundsätzlicher Bedeutung nicht angenommen (BVerfG v. 1. 4. 1998 – 2 BvR 1478/97, NJW 1998, 2043; 8. 1. 1998 – 1 BvR 1872/94, NZA 1998, 547),
- Tod bzw. Begräbnis des Ehegatten oder des in häuslicher Gemeinschaft lebenden Lebensgefährten, des eigenen Kindes, von Geschwistern oder Eltern und Schwiegereltern.

4 Persönliche Leistungshindernisse können sich auch aus der erforderlichen **Pflege von erkrankten Kindern** (nicht nur bis zur Altersgrenze gemäß § 45 Abs. 1 SGB V unter zwölf Jahren, sondern ggf. auch bei älteren Kindern) oder sonstigen **nahen Angehörigen** ergeben. Es erscheint insoweit angemessen, auf die Definition des § 7 Abs. 3 PflegeZG zurückzugreifen (siehe → **Pflegezeit** Rn. 3). Hiernach sind »nahe Angehörige« Großeltern, Eltern, Schwiegereltern, Ehegatten, Lebenspartner, Partner einer eheähnlichen Gemeinschaft, Geschwister, Kinder, Adoptiv- oder Pflegekinder, die Kinder, Adoptiv- oder Pflegekinder des Ehegatten oder Lebenspartners, Schwiegerkinder und Enkelkinder.
Es kommt im Rahmen des § 616 BGB nicht darauf an, ob die Kinder oder nahen Angehörigen in häuslicher Gemeinschaft leben.

5 Weitere persönliche **Hinderungsgründe** i. S. des § 616 Satz 1 BGB sind z. B.
- persönliche Unglücksfälle (Einbruch, Brand, unverschuldeter Verkehrsunfall, zu Unrecht erlittene Untersuchungshaft),
- erforderlicher Arztbesuch (z. B. bei akuten Beschwerden oder aufgrund medizinischer Notwendigkeit, aber auch, wenn der Arzt auf einem Besuchstermin besteht, der in der Arbeitszeit des Arbeitnehmers liegt),
- Erkrankung von freien Mitarbeitern oder arbeitnehmerähnlichen Personen (für Arbeitnehmer gilt das EFZG; siehe → **Entgeltfortzahlung im Krankheitsfall und bei Vorsorge/Rehabilitation**),
- Vorladungen bei Behörden und Gerichten,
- Teilnahme an Prüfungen (z. B. Führerschein, berufliche Fortbildung),
- Arbeitssuche nach Kündigung (ein Freistellungsanspruch insoweit ergibt sich aus § 629 BGB).

6 Ein persönliches Leistungshindernis liegt auch vor, wenn der Arbeitnehmer **aus religiösen Gründen** oder weil ein **kirchliches Amt** wahrzunehmen ist, an der Arbeit an einem nach § 2 EFZG nicht entgeltfortzahlungspflichtigen kirchlichen Feiertag gehindert ist (siehe auch → **Entgeltfortzahlung an Feiertagen** Rn. 7).
Eine persönliche Arbeitsverhinderung, die zur Entgeltfortzahlung gemäß § 616 Satz 1 BGB führt, kann auch aus der Wahrnehmung von **öffentlichen Ehrenämtern** resultieren. Hierzu zählt die Tätigkeit als **ehrenamtlicher Richter** ebenso wie die Übernahme von Funktionen in der **Selbstverwaltung** der Sozialversicherung, nicht aber Verhinderungen aufgrund einer Kandidatur für ein öffentliches Amt.
Soweit allerdings öffentlich-rechtliche Vorschriften die **Erstattung** entgangenen Arbeitsentgelts anordnen, besteht für eine Inanspruchnahme des Arbeitgebers nach § 616 BGB kein Bedürfnis.
Verhinderungen aufgrund der Ausübung einer **Ratsherrentätigkeit** können aufgrund tarifli-

cher Vorschrift von der Entgeltfortzahlungspflicht befreit sein, wenn die tarifliche Bestimmung die »Erfüllung einer öffentlich-rechtlichen Verpflichtung« voraussetzt.
Die Wahrnehmung von Aufgaben in **privaten Vereinen** stellt keinen Hinderungsgrund i. S. des § 616 Satz 1 BGB dar, es sei denn, ein Tarifvertrag bestimmt etwas anderes.
So haben z. B. nach dem MTV Einzelhandel Niedersachsen Mandatsträger der vertragschließenden Gewerkschaft Anspruch auf bezahlte Freistellung für die Teilnahme an Sitzungen in **Gewerkschaftsangelegenheiten** für höchstens sechs Tage im Jahr.
Für Tätigkeiten bei der **freiwilligen Feuerwehr** oder im **Katastrophenschutz** bestehen zum Teil landesgesetzliche Sonderregelungen, die § 616 BGB vorgehen. Ist dies nicht der Fall und gelten auch keine tariflichen Vorschriften, findet § 616 BGB Anwendung.

»Verhältnismäßig nicht erhebliche Zeit«

Eine weitere Anspruchsvoraussetzung ist, dass es sich um eine Verhinderung für eine *»verhältnismäßig nicht erhebliche Zeit«* handelt. 7
Bei **länger andauernden Verhinderungen** scheitert bereits die Entstehung des Anspruchs nach § 616 Satz 1 BGB.
Nach früherer Rspr. soll allein auf das **Verhältnis** von bisheriger Beschäftigungsdauer und Dauer der Verhinderungszeit abzustellen sein.
Nach inzwischen allgemeiner Auffassung müssen aber insgesamt die **Umstände des Einzelfalles** herangezogen werden.
Je nach Art, Dauer und Schwere des Verhinderungsgrundes, persönlicher Situation des Arbeitnehmers und der ggf. zu betreuenden Person kann der **Zeitraum unterschiedlich lang** sein.
Auf **betriebliche Schwierigkeiten** ist bei der Abwägung der Umstände nicht abzustellen.
In der Literatur wird als **Faustformel** bei einer Beschäftigungsdauer von sechs, zwölf und mehr als zwölf Monaten ein Zeitraum von drei Tagen, ein bzw. zwei Wochen empfohlen.
Das Bundesarbeitsgericht hat z. B. bei erforderlicher Pflege eines **erkrankten Kindes** unter acht Jahren einen Anspruch auf Entgeltfortzahlung bis zu **fünf Arbeitstagen** bejaht (BAG v. 19. 4. 1978 – 5 AZR 834/76, DB 1978, 1595).
Dieser Zeitraum ist allerdings nicht als Höchstgrenze in derartigen Fällen zu nehmen.
Es erscheint vielmehr gerechtfertigt, bei der Pflege eines erkrankten Kindes § 45 Abs. 2 Satz 1 SGB V heranzuziehen (Freistellungsanspruch für bis zu zehn Tage bzw. bei Alleinerziehenden für bis zu 20 Tage) und bei der Pflege eines nahen Angehörigen § 2 Abs. 1 PflegeZG (Freistellungsanspruch für bis zu zehn Tage; siehe → **Pflegezeit** Rn. 5).
Diesen Bestimmungen kommt eine gewisse »Hinweiswirkung« zu.
Schließlich darf die Verhinderung nicht auf einem **Verschulden** des Arbeitnehmers beruhen 8 (§ 616 Satz 1 BGB).
Schuldhaft im Sinne von § 616 Satz 1 BGB handelt der Arbeitnehmer, der gröblich gegen das von einem verständigen Menschen im eigenen Interesse zu erwartende Verhalten verstößt.
Der Verschuldensbegriff ist identisch mit dem des § 3 Abs. 1 EFZG (siehe hierzu → **Entgeltfortzahlung im Krankheitsfall und bei Vorsorge/Rehabilitation** Rn. 8).

Anspruch auf Entgeltfortzahlung

Bei Vorliegen der Anspruchsvoraussetzungen des § 616 Satz 1 BGB ist die **Vergütung** fortzuzahlen. 9
Maßgeblich ist die Vergütung, die ohne Eintritt der Verhinderung zu zahlen gewesen wäre (**Entgeltausfallprinzip**).
Im Unterschied zur Entgeltfortzahlung im Krankheitsfall ist im Rahmen des § 616 Satz 1 BGB

Persönliche Arbeitsverhinderung

auch eine Vergütung für Überstunden (und Zuschläge) zu berücksichtigen, wenn solche ohne die Verhinderung geleistet worden wären.
§ 4 Abs. 1 a EFZG ist nicht entsprechend anzuwenden.

10 Gemäß § 616 Satz 2 BGB muss sich der Anspruchsberechtigte »*den Betrag anrechnen lassen, welcher ihm für die Zeit der Verhinderung aus einer aufgrund gesetzlicher Verpflichtung bestehenden Kranken- oder Unfallversicherung zukommt*«.
Nach allgemeiner Ansicht hat diese Vorschrift keine Bedeutung.
Hat die Krankenkasse (**Pflege-)Krankengeld** (bei Erkrankung des **Kindes**) nach § 45 Abs. 1 SGB V erbracht, dann ist diese Leistung nicht auf den Vergütungsanspruch anzurechnen.
Versicherte haben gemäß § 45 Abs. 1 SGB V Anspruch auf (Pflege-)Krankengeld, wenn sie wegen Erkrankung ihres Kindes unter zwölf Jahren der Arbeit fernbleiben müssen.
Anspruch auf (Pflege-)Krankengeld besteht nach § 45 Abs. 2 SGB V in jedem Kalenderjahr für jedes Kind längstens für zehn Arbeitstage, für alleinerziehende Versicherte längstens für 20 Arbeitstage.
Das (Pflege-)Krankengeld hat Lohnersatzfunktion. Es soll das entgangene Arbeitsentgelt ersetzen für den Fall, dass (nur) eine unbezahlte Freistellung durch den Arbeitgeber erfolgt.
Versicherte haben für die Dauer des (Pflege-)Krankengeldanspruchs gemäß § 45 Abs. 3 Satz 1 SGB V Anspruch auf **unbezahlte Freistellung**, soweit nicht Anspruch auf bezahlte Freistellung – z. B. nach § 616 Satz 1 BGB – besteht.
Der Freistellungsanspruch ist gegenüber dem bezahlten Anspruch subsidiär.
Arbeitsrechtliche Ansprüche nach § 616 Satz 1 BGB werden durch § 45 SGB V weder ausgeschlossen noch eingeschränkt.
Ist der Arbeitgeber seiner Vergütungspflicht nach § 616 Satz 1 BGB nicht nachgekommen, kann die Krankenkasse gemäß § 115 SGB X Leistung in Höhe des geleisteten Krankengeldes an sich verlangen.
§ 616 BGB ist nicht zwingend.

Tarifvertragliche Regelungen

11 Die Vorschrift kann durch → **Arbeitsvertrag** oder → **Tarifvertrag** abbedungen oder verändert werden, und zwar auch zuungunsten des Arbeitnehmers.
Häufig sind in → **Tarifverträgen** Regelungen über die **Freistellung** unter Fortzahlung der Vergütung vorgesehen, z. B. bei Wohnungswechsel, eigener Eheschließung, Eheschließung von Kindern, silberner Hochzeit, Niederkunft der Ehefrau, Tod des Ehegatten, des eigenen Kindes, von Geschwistern oder Eltern und Schwiegereltern, Pflege von erkrankten Ehepartnern oder Kindern, bei erforderlichem Arztbesuch (z. B. bei akuter Erkrankung oder aufgrund ärztlicher Anordnung), Teilnahme an Prüfungen, Wahrnehmung von öffentlichen Ehrenämtern, Terminen bei Gericht oder Behörden, Arbeitssuche nach Kündigung.

12 Sind in der vertraglichen oder tariflichen Regelung bestimmte Verhinderungsfälle **abschließend** geregelt, ist für eine Anwendung des § 616 BGB kein Raum mehr.
Ob eine abschließende Regelung gewollt war, ist durch **Auslegung** zu ermitteln.
Wird z. B. in → **Tarifverträgen** der gesetzliche Anspruch lediglich **beispielhaft** (z. B. durch Nutzung der Begriffe »unter anderem« oder »insbesondere«) konkretisiert, kann nicht von einer abschließenden Regelung ausgegangen werden.
Soweit einzelne Fallgestaltungen im Tarifvertrag geregelt sind, wird insoweit § 616 BGB ausgeschlossen.
Bestimmt z. B. ein Tarifvertrag, dass ein Arbeitnehmer bei schwerer Erkrankung eines Kindes unter bestimmten Voraussetzungen bis zu vier Tagen unter Entgeltfortzahlung von der Arbeit freizustellen ist, so verdrängt diese tarifliche Regelung im Geltungsbereich des Tarifvertrages die gesetzliche Regelung des § 616 BGB.

Beschränkt ein Tarifvertrag den Anspruch auf bezahlte Arbeitsbefreiung auf die Niederkunft der **Ehefrau**, so verstößt das nach Ansicht des Bundesarbeitsgerichts nicht gegen Art. 3 Abs. 1 und Art. 6 GG (BAG v. 18.1.2001 – 6 AZR 492/99, NZA 2002, 47). Deshalb kann z. B. ein Angestellter einer Landesversicherungsanstalt in den neuen Bundesländern weder nach § 616 BGB i. V. mit § 52 Abs. 1 Buchst. a BAT-TgRV-O noch nach § 52 Abs. 3 Unterabs. 1 BAT-TgRV-O bezahlte Freistellung aus Anlass der Niederkunft seiner mit ihm nicht verheirateten **Lebensgefährtin** verlangen (BAG v. 18.1.2001 – 6 AZR 492/99, a. a. O.).

Verpflichtet ein Tarifvertrag den Arbeitgeber zur Entgeltfortzahlung für den Fall der »Erfüllung allgemeiner staatsbürgerlicher Pflichten nach deutschem Recht«, so besteht ein Anspruch auch dann, wenn ein Arbeitnehmer vor Gericht als **Zeuge** erscheinen muss (BAG v. 13.12.2001 – 6 AZR 30/01, NZA 2002, 1105).

Rechtsprechung

1. Versorgung eines Kindes
2. Niederkunft der Lebensgefährtin
3. Ladung als Zeuge
4. Einsatz als ehrenamtlicher Richter

Pflegeversicherung

Grundlagen

1 Die Pflegeversicherung ist Teil des staatlichen Sozialversicherungssystems. Dieses setzt sich aus mehreren Zweigen zusammen:
- → **Arbeitslosenversicherung / Arbeitsförderung** (Sozialgesetzbuch III),
- → **Krankenversicherung** (Sozialgesetzbuch V),
- → **Rentenversicherung** (Sozialgesetzbuch VI),
- → **Unfallversicherung** (Sozialgesetzbuch VII),
- **Pflegeversicherung** (Sozialgesetzbuch XI).

2 Die gesetzliche Pflegeversicherung nach dem SGB XI besteht seit dem 1.1.1995. Rechtsgrundlage ist das Sozialgesetzbuch Elftes Buch – Soziale Pflegeversicherung (SGB XI) vom 26.5.1994 (BGBl. I S. 1014), in Kraft getreten am 1.1.1995.
Das SGB XI wurde mehrfach geändert, u. a. durch das
- »Erste Gesetz zur Änderung des Elften Buches Sozialgesetzbuch und anderer Gesetze (Erstes SGB XI-Änderungsgesetz – 1. SGB XI ÄndG)« vom 14.6.1996 (BGBl. I S. 830) – Zweite Stufe der Pflegeversicherung,
- »Gesetz zur strukturellen Weiterentwicklung der Pflegeversicherung (Pflege-Weiterentwicklungsgesetz)« vom 28.5.2008 (BGBl. I S. 874) – Pflegereform 2008,
- »Pflege-Neuausrichtungsgesetz« vom 23.10.2012 (BGBl. I S. 2246),
- »Erste Pflegestärkungsgesetz (PSG I)« vom 17.12.2014 (BGBl. I S. 2222),
- »Gesetz zur Stärkung der Gesundheitsförderung und der Prävention (Präventionsgesetz – PrävG)« vom 17.7.2015 (BGBl. I Nr. 31 S. 1368),
- »Zweite Pflegestärkungsgesetz (PSG II)« vom 21.12.2015 (BGBl. I S. 2424): u. a. wurde der **Beitragssatz** (siehe Rn. 8) mit Wirkung ab 1.1.2017 um weitere 0,2 Prozentpunkte auf dann 2,55 Prozent (Kinderlose 2,8 Prozent) erhöht. Außerdem wurde – ebenfalls mit Wirkung ab 1.1.2017 – ein **neuer Pflegebedürftigkeitsbegriff** mit **fünf** sog. **Pflegegraden** statt bisher drei Pflegestufen (Neufassung der §§ 14, 15 SGB XI; siehe Rn. 4b und 14) geschaffen.

3 Von besonderer Bedeutung für Beschäftigte mit pflegebedürftigen Angehörigen sind
- das »Gesetz über die Pflegezeit (Pflegezeitgesetz – PflegeZG)« vom 28.5.2008 (BGBl. I, S. 874, 896) – in Kraft getreten am 1.7.2008 (siehe → **Pflegezeit**) und
- das »Gesetz über die Familienpflegezeit (Familienpflegezeitgesetz – FPfZG)« vom 6.12.2011 (BGBl. I S. 2564) in der Fassung des Gesetzes zur besseren Vereinbarkeit von Familie, Pflege und Beruf vom 23.12.2014 (BGBl. I Nr. 64 S. 2462) – in Kraft getreten am 1.1.2015 (siehe → **Familienpflegezeit**).

4 Im **Koalitionsvertrag von CDU/CSU/SPD 2013** heißt es zur Pflegeversicherung (S. 83):
»*Pflege muss für alle Menschen, die auf sie angewiesen sind, bezahlbar bleiben.*
Wir wollen die Pflegebedürftigkeit besser anerkennen, um die Situation der Pflegebedürftigen, von Angehörigen und Menschen, die in der Pflege arbeiten, zu verbessern. Dazu wollen wir den neuen Pflegebedürftigkeitsbegriff auf der Grundlage der Empfehlungen des Expertenbeirates in dieser Legislaturperiode so schnell wie möglich einführen. Insbesondere Menschen mit Demenzerkran-

kungen sollen damit bessere und passgenauere Leistungen erhalten. Diejenigen, die heute Leistungen erhalten, werden durch die Einführung nicht schlechter gestellt.
Für die Akzeptanz eines neuen Pflegebedürftigkeitsbegriffs ist entscheidend, dass keine neuen Ungerechtigkeiten entstehen. Außerdem ist zu vermeiden, dass zu Lasten der Versichertengemeinschaft Kosten anderer Träger auf die Pflegeversicherung verlagert werden.
Wir wollen die mit dem neuen Pflegebedürftigkeitsbegriff einhergehende Begutachtungssystematik auf ihre Umsetzbarkeit und Praktikabilität hin erproben und wissenschaftlich auswerten. Auf dieser Grundlage werden anschließend auch die leistungsrechtlichen Bestimmungen in dieser Legislaturperiode umgesetzt.
Die »Allianz für Menschen mit Demenz« soll Betroffene unterstützen und das Verständnis und die Sensibilität für Demenzerkrankungen fördern. Dafür sollen bereits vorhandene Initiativen auf lokaler Ebene zusammengeführt, gebündelt und gemeinsam weiterentwickelt werden.
Pflege im Sozialraum braucht qualifizierte Dienste und Einrichtungen. Die Pflegearbeit der Angehörigen und Familien, engagierter Bürger und von Ehrenamtlichen soll durch qualifizierte Dienste und Einrichtungen professionell begleitet und ergänzt werden. Zur Stärkung der ambulanten Pflege werden wir die Leistungen im ambulanten und stationären Bereich weiter einander angleichen.«

Auf S. 86 des **Koalitionsvertrages 2013** wird angekündigt:
»Der paritätische Beitragssatz zur Pflegeversicherung wird spätestens zum 1. Januar 2015 um 0,3 Prozentpunkte erhöht. Aus dieser Erhöhung stehen die Einnahmen von 0,2 Prozentpunkten zur Finanzierung der vereinbarten kurzfristigen Leistungsverbesserungen, insbesondere für eine bessere Betreuung der Pflegebedürftigen, sowie der für 2015 gesetzlich vorgesehenen Dynamisierung der Leistungen zur Verfügung. Die Einnahmen aus der weiteren Erhöhung um 0,1 Prozentpunkte werden zum Aufbau eines Pflegevorsorgefonds verwendet, der künftige Beitragssteigerungen abmildern soll. Dieser Fonds wird von der Bundesbank verwaltet.
In einem zweiten Schritt wird mit der Umsetzung des Pflegebedürftigkeitsbegriffs der Beitrag um weitere 0,2 Prozentpunkte und damit insgesamt um 0,5 Prozentpunkte in dieser Legislaturperiode angehoben.«

Der **erste Schritt** dieser Vereinbarung wurde mit dem »Ersten Pflegestärkungsgesetz(PSG I)« vom 17.12.2014 (BGBl. I S. 2222) umgesetzt (siehe Rn. 8 und 14). **4a**

Die Umsetzung des **zweiten Schritts** erfolgte mit dem »Zweiten Pflegestärkungsgesetz (PSG II)« vom 21.12.2015 (BGBl. I S. 2424). **4b**

Nachstehend die wichtigsten – ab 1.1.2017 geltenden – Neuerungen (keine abschließende Aufzählung):

- Einführung eines neuen **Pflegebedürftigkeitsbegriffs**:
  § 14 Abs. 1 SGB XI (n. F.) lautet: *»Pflegebedürftig im Sinne dieses Buches sind Personen, die gesundheitlich bedingte Beeinträchtigungen der Selbständigkeit oder der Fähigkeiten aufweisen und deshalb der Hilfe durch andere bedürfen. Es muss sich um Personen handeln, die körperliche, kognitive oder psychische Beeinträchtigungen oder gesundheitlich bedingte Belastungen oder Anforderungen nicht selbständig kompensieren oder bewältigen können. Die Pflegebedürftigkeit muss auf Dauer, voraussichtlich für mindestens sechs Monate, und mit mindestens der in § 15 festgelegten Schwere bestehen.«*

- Einführung von **fünf Pflegegraden** (statt bisher drei Pflegestufen) und eines neuen **Begutachtungsinstruments**:
  § 15 Abs. 1 SGB XI (n. F.) lautet: *»Pflegebedürftige erhalten nach der Schwere der Beeinträchtigungen der Selbständigkeit oder der Fähigkeiten einen Grad der Pflegebedürftigkeit (Pflegegrad). Der Pflegegrad wird mit Hilfe eines pflegefachlich begründeten Begutachtungsinstruments ermittelt.«*

- **Leistungsrechtliche Regelungen** nach Maßgabe der neuen Pflegegrade:
  § 36 Abs. 1 bis 3 SGB XI (n. F.) lautet:

Pflegeversicherung

»*(1) Pflegebedürftige der Pflegegrade 2 bis 5 haben bei häuslicher Pflege Anspruch auf körperbezogene Pflegemaßnahmen und pflegerische Betreuungsmaßnahmen sowie auf Hilfen bei der Haushaltsführung als **Sachleistung (häusliche Pflegehilfe)**. Der Anspruch umfasst pflegerische Maßnahmen in den in § 14 Absatz 2 genannten Bereichen Mobilität, kognitive und kommunikative Fähigkeiten, Verhaltensweisen und psychische Problemlagen, Selbstversorgung, Bewältigung von und selbständiger Umgang mit krankheits- oder therapiebedingten Anforderungen und Belastungen sowie Gestaltung des Alltagslebens und sozialer Kontakte.*

(2) Häusliche Pflegehilfe wird erbracht, um Beeinträchtigungen der Selbständigkeit oder der Fähigkeiten des Pflegebedürftigen so weit wie möglich durch pflegerische Maßnahmen zu beseitigen oder zu mindern und eine Verschlimmerung der Pflegebedürftigkeit zu verhindern.

(3) Der Anspruch auf häusliche Pflegehilfe umfasst je Kalendermonat
1. für Pflegebedürftige des Pflegegrades 2 Leistungen bis zu einem Gesamtwert von 689 Euro,
2. für Pflegebedürftige des Pflegegrades 3 Leistungen bis zu einem Gesamtwert von 1 298 Euro,
3. für Pflegebedürftige des Pflegegrades 4 Leistungen bis zu einem Gesamtwert von 1 612 Euro,
4. für Pflegebedürftige des Pflegegrades 5 Leistungen bis zu einem Gesamtwert von 1 995 Euro.«

§ 37 Abs. 1 SGB XI (n. F.) lautet:

»*Pflegebedürftige der Pflegegrade 2 bis 5 können anstelle der häuslichen Pflegehilfe ein **Pflegegeld** beantragen. Der Anspruch setzt voraus, dass der Pflegebedürftige mit dem Pflegegeld dessen Umfang entsprechend die erforderlichen körperbezogenen Pflegemaßnahmen und pflegerischen Betreuungsmaßnahmen sowie Hilfen bei der Haushaltsführung in geeigneter Weise selbst sicherstellt. Das Pflegegeld beträgt je Kalendermonat*
1. 316 Euro für Pflegebedürftige des Pflegegrades 2,
2. 545 Euro für Pflegebedürftige des Pflegegrades 3,
3. 728 Euro für Pflegebedürftige des Pflegegrades 4,
4. 901 Euro für Pflegebedürftige des Pflegegrades 5.«

§ 41 Abs. 2 SGB XI (n. F.) lautet:

»*Die Pflegekasse übernimmt im Rahmen der Leistungsbeträge nach Satz 2 die pflegebedingten Aufwendungen der **teilstationären Pflege** einschließlich der Aufwendungen für Betreuung und die Aufwendungen für die in der Einrichtung notwendigen Leistungen der medizinischen Behandlungspflege.*
Der Anspruch auf teilstationäre Pflege umfasst je Kalendermonat
1. für Pflegebedürftige des Pflegegrades 2 einen Gesamtwert bis zu 689 Euro,
2. für Pflegebedürftige des Pflegegrades 3 einen Gesamtwert bis zu 1298 Euro,
3. für Pflegebedürftige des Pflegegrades 4 einen Gesamtwert bis zu 1 612 Euro,
4. für Pflegebedürftige des Pflegegrades 5 einen Gesamtwert bis zu 1995 Euro.«

§ 43 Abs. 2 Satz 1 und 2 SGB XI (n. F.) lautet:

»*Für Pflegebedürftige in **vollstationären Einrichtungen** übernimmt die Pflegekasse im Rahmen der pauschalen Leistungsbeträge nach Satz 2 die pflegebedingten Aufwendungen einschließlich der Aufwendungen für Betreuung und die Aufwendungen für Leistungen der medizinischen Behandlungspflege.*
Der Anspruch beträgt je Kalendermonat
1. 770 Euro für Pflegebedürftige des Pflegegrades 2,
2. 1262 Euro für Pflegebedürftige des Pflegegrades 3,
3. 1775 Euro für Pflegebedürftige des Pflegegrades 4,
4. 2005 Euro für Pflegebedürftige des Pflegegrades 5.«

- **Erhöhung des Beitragssatzes** (siehe Rn. 8) mit Wirkung ab 1. 1. 2017 um weitere 0,2 Prozentpunkte auf dann 2,55 Prozent (Kinderlose 2,8 Prozent).

5 Nachstehend sollen einige weitere Hinweise zur Pflegeversicherung gegeben werden. Es handelt sich keineswegs um eine erschöpfende Darstellung.

Pflegeversicherung

Bei der Versicherungspflicht gilt der Grundsatz: »**Pflegeversicherung folgt der Krankenversicherung**«. 5a
Das heißt: Wer der gesetzlichen Krankenversicherung als Pflichtversicherter, Familienversicherter, Rentner oder als freiwilliges Mitglied angehört, ist »**automatisch**« auch in der Pflegeversicherung versichert (§ 20 Abs. 1 SGB XI).

Alle privat Krankenversicherten müssen seit dem 1.1.1995 eine **private Pflegeversicherung** abschließen. 6

Die Pflegeversicherung wird durch **Beiträge** finanziert (§ 54 SGB XI). 7

Der **Beitragssatz** zur Pflegeversicherung betrug ursprünglich (vom 1.1.1995 bis 30.6.1996) bundeseinheitlich 1 Prozent. 8
Mit Wirkung ab 1.7.1996 wurde er auf 1,7 Prozent des beitragspflichtigen Bruttoentgelts angehoben (§ 55 SGB XI).
Mit der Pflegereform 2008 (siehe Rn. 1 a) wurde der Beitragssatz mit Wirkung ab 1.7.2008 um 0,25 Prozent auf 1,95 Prozent (bei Kinderlosen von bisher 1,95 Prozent auf 2,2 Prozent; siehe Rn. 9) erhöht. Mit der Erhöhung sollen die bestehende Unterdeckung der laufenden Ausgaben in der Pflegeversicherung abgedeckt und die Verbesserungen der Leistungen (siehe Rn. 14) bis etwa 2015 finanziert werden.
Der Beitragssatz wurde mit Wirkung ab 1.1.2013 auf 2,05 Prozent und mit dem Ersten Pflegestärkungsgesetz vom 17.12.2014 (BGBl. I S. 2222) mit Wirkung ab 1.1.2015 auf **2,35 Prozent** angehoben (§ 55 Abs. 1 SGB XI n. F.).
Ab 1.1.2017 steigt der Betrag um weitere 0,2 Prozentpunkte auf dann **2,55 Prozent**.

Gemäß § 55 Abs. 3 SGB XI müssen **kinderlose Mitglieder** der Pflegeversicherung seit dem 1.1.2005 einen um **0,25 Prozentpunkte** höheren Beitragssatz zahlen, wenn sie älter als 23 Jahre sind. Das heißt: Kinderlose zahlen ab 1.1.2015 einen Beitrag von 2,6 Prozent und ab 1.1.2017 von 2,8 Prozent. 9
Mit Erhöhung des Beitrags für kinderlose Mitglieder der Pflegeversicherung wurde ein Urteil des Bundesverfassungsgerichts vom 3.4.2001 (Az. 1 BvR 2014/95, 1 BvR 81/98, 1 BvR 1629/94, 1 BvR 1681/94 u. a.) umgesetzt. Das Gericht hatte beanstandet, dass Betreuung und Erziehung von Kindern bei der Bemessung des Beitrags zur Pflegeversicherung bisher nicht angemessen berücksichtigt werden. Es sei mit dem Grundgesetz nicht zu vereinbaren, dass Kinder betreuende Mitglieder der Pflegeversicherung mit gleich hohen Beiträgen zur Pflegeversicherung wie Mitglieder ohne Kinder belastet werden. Dies verletze insbesondere Artikel 3 und 6 des Grundgesetzes sowie das Rechts- und Sozialstaatsprinzip. Die entsprechenden Regelungen im SGB XI seien deshalb mit dem Grundgesetz nicht vereinbar.

Der abzuführende Beitrag wird durch die sog. **Beitragsbemessungsgrenze** »gedeckelt« (§ 55 Abs. 2 SGB XI i. V. m. § 6 Abs. 7 SGB V). Sie entspricht der Beitragsbemessungsgrenze der → **Krankenversicherung** und liegt aktuell bundeseinheitlich bei 4237,50 Euro monatlich bzw. 50 850 Euro jährlich (Stand 2016; siehe auch → **Sozialversicherung**). 10
Bei einem Bruttoentgelt oberhalb dieser Grenze steigt der abzuführende Betrag nicht mehr. Das heißt: Der über diesen Grenzbetrag hinausgehende Teil eines Einkommens ist beitragsfrei.

> **Beispiele (Stand 2016):**
> Ein Arbeitnehmer (mit Kind) erzielt ein monatliches Bruttoentgelt von 6000 Euro. Dennoch ist nur ein Beitrag in Höhe von 2,35 % von 4237,50 Euro = 99,58 Euro zu entrichten. Die eine Hälfte dieses Beitrags trägt der Arbeitnehmer (Abzug vom Bruttoentgelt), die andere Hälfte der Arbeitgeber.

Die **Leistungen** der Pflegeversicherung sind Dienst-, Sach- und Geldleistungen für den Bedarf an Grundpflege und hauswirtschaftlicher Versorgung sowie Kostenerstattung (§ 4 Abs. 1 Satz 1 SGB XI). 11
Art und Umfang der Leistungen richten sich nach der Schwere der Pflegebedürftigkeit (**Pfle-**

Pflegeversicherung

12 gestufe I, II oder III; siehe Rn. 12) und danach, ob häusliche, teilstationäre oder vollstationäre Pflege in Anspruch genommen wird (§ 4 Abs. 1 Satz 2 SGB XI).
Für die Gewährung von Leistungen sind bis Ende 2016 pflegebedürftige Personen einer der folgenden **drei Pflegestufen** zuzuordnen (§ 15 Abs. 1 SGB XI):
Pflegebedürftige der **Pflegestufe I (erheblich Pflegebedürftige)** sind Personen, die bei der Körperpflege, der Ernährung oder der Mobilität für wenigstens zwei Verrichtungen aus einem oder mehreren Bereichen mindestens einmal täglich der Hilfe bedürfen und zusätzlich mehrfach in der Woche Hilfen bei der hauswirtschaftlichen Versorgung benötigen.
Pflegebedürftige der **Pflegestufe II (Schwerpflegebedürftige)** sind Personen, die bei der Körperpflege, der Ernährung oder der Mobilität mindestens dreimal täglich zu verschiedenen Tageszeiten der Hilfe bedürfen und zusätzlich mehrfach in der Woche Hilfen bei der hauswirtschaftlichen Versorgung benötigen.
Pflegebedürftige der **Pflegestufe III (Schwerstpflegebedürftige)** sind Personen, die bei der Körperpflege, der Ernährung oder der Mobilität täglich rund um die Uhr, auch nachts, der Hilfe bedürfen und zusätzlich mehrfach in der Woche Hilfen bei der hauswirtschaftlichen Versorgung benötigen.
Ab 1.1.2017 treten nach dem »Zweiten Pflegestärkungsgesetz (PSG II)« vom 21.12.2015 (BGBl. I S. 2424): an die Stelle der drei Pflegestufen **fünf Pflegegrade** (siehe auch Rn. 4b, 14):

13 Im Einzelnen gewährt die Pflegeversicherung nach § 28 Abs. 1 SGB XI folgende **Leistungen**:
- **Pflegesachleistung** (§ 36 SGB XI): Pflegebedürftige haben bei häuslicher Pflege Anspruch auf Grundpflege und hauswirtschaftliche Versorgung als Sachleistung [häusliche Pflegehilfe]),
- **Pflegegeld** für selbst beschaffte Pflegehilfen (§ 37 SGB XI: Pflegebedürftige können anstelle der häuslichen Pflegehilfe ein Pflegegeld beantragen),
- **Kombination** von Geldleistung und Sachleistung (§ 38 SGB XI: Nimmt der Pflegebedürftige die ihm nach § 36 SGB XI zustehende Sachleistung nur teilweise in Anspruch, erhält er daneben ein anteiliges Pflegegeld im Sinne des § 37 SGB XI),
- häusliche Pflege bei **Verhinderung der Pflegeperson** (§ 39 SGB XI: Ist eine Pflegeperson wegen Erholungsurlaubs, Krankheit oder aus anderen Gründen an der Pflege gehindert, übernimmt die Pflegekasse die Kosten einer notwendigen Ersatzpflege für längstens vier Wochen je Kalenderjahr),
- **Pflegehilfsmittel** und technische Hilfen (§ 40 SGB XI: Pflegebedürftige haben Anspruch auf Versorgung mit Pflegehilfsmitteln, die zur Erleichterung der Pflege oder zur Linderung der Beschwerden des Pflegebedürftigen beitragen oder ihm eine selbständigere Lebensführung ermöglichen, soweit die Hilfsmittel nicht wegen Krankheit oder Behinderung von der Krankenversicherung oder anderen zuständigen Leistungsträgern zu leisten sind),
- **teilstationäre Pflege** (§ 41 SGB XI: Pflegebedürftige haben Anspruch auf teilstationäre Pflege in Einrichtungen der Tages- oder Nachtpflege, wenn häusliche Pflege nicht in ausreichendem Umfang sichergestellt werden kann oder wenn dies zur Ergänzung oder Stärkung der häuslichen Pflege erforderlich ist),
- **Kurzzeitpflege** (§ 42 SGB XI: Kann die häusliche Pflege zeitweise nicht, noch nicht oder nicht im erforderlichen Umfang erbracht werden und reicht auch teilstationäre Pflege nicht aus, besteht Anspruch auf Pflege in einer vollstationären Einrichtung für eine Übergangszeit im Anschluss an eine stationäre Behandlung des Pflegebedürftigen oder in sonstigen Krisensituationen, in denen vorübergehend häusliche oder teilstationäre Pflege nicht möglich oder nicht ausreichend ist),
- **vollstationäre Pflege** (§ 43 SGB XI: Pflegebedürftige haben Anspruch auf Pflege in vollstationären Einrichtungen, wenn häusliche oder teilstationäre Pflege nicht möglich ist oder wegen der Besonderheit des einzelnen Falles nicht in Betracht kommt),

- Pflege in vollstationären Einrichtungen der Hilfe für **behinderte Menschen** (§ 43 a SGB XI),
- Leistungen zur **sozialen Sicherung** der Pflegepersonen (§ 44 SGB XI),
- zusätzliche Leistungen bei → **Pflegezeit** (§ 44 a SGB XI),
- **Pflegekurse** für Angehörige und ehrenamtliche Pflegepersonen (§ 45 SGB XI),
- **zusätzliche Betreuungsleistungen** (§ 45 b SGB XI),
- Leistungen des **Persönlichen Budgets** nach § 17 Abs. 2 bis 4 SGB IX (SGB Neuntes Buch).

Mit dem »Pflege-Weiterentwicklungsgesetz« vom 28. 5. 2008 (siehe Rn. 1) wurden einige Leistungen der Pflegeversicherung (Pflegegeld, Pflegesachleistungen bei häuslicher und teilstationärer Tages- und Nachtpflege sowie Leistungen bei vollstationärer Pflege) nach Maßgabe eines **Stufenplans** (beginnend am 1. 7. 2008) erhöht. **14**
Eine weitere Anhebung erfolgte ab dem 1. 1. 2015 durch das »Erste Pflegestärkungsgesetz (PSG I)« vom 17. 12. 2014 (BGBl. I S. 2222).
Zu den bis Ende 2016 geltenden **Leistungssätzen** siehe **Übersicht** im Anhang zu diesem Stichwort.
Ab 1. 1. 2017 gelten nach dem »Zweiten Pflegestärkungsgesetz (PSG II)« vom 21. 12. 2015 (BGBl. I S. 2424): – nach **Pflegegraden** (PG 1 bis PG 5) gestaffelte **Leistungssätze** (siehe auch Rn. 4b):

Die Hauptleistungsbeträge (monatlich) ab dem 1. 1. 2017 in Euro

	PG1	PG2	PG3	PG4	PG5
Geldleistung ambulant	125*	316	545	728	901
Sachleistung ambulant		689	1298	1612	1995
Leistungsbetrag vollstationär	125	770	1262	1775	2005

* keine Geldleistung, sondern eine zweckgebundene Kostenerstattung (§§ 28a Abs. 3, 43 Abs. 3 SGB XI n.F.)

Versicherte haben gegenüber ihrer Pflegekasse oder ihrem Versicherungsunternehmen nach § 28 Abs. 1 a SGB XI Anspruch auf **Pflegeberatung** nach Maßgabe des § 7 a SGB XI. **15**
Die Pflegekassen und die Leistungserbringer haben sicherzustellen, dass die Leistungen nach allgemein anerkanntem Stand **medizinisch-pflegerischer Erkenntnisse** erbracht werden (§ 28 Abs. 3 SGB XI).
Die Pflege soll auch die **Aktivierung** des Pflegebedürftigen zum Ziel haben, um vorhandene Fähigkeiten zu erhalten und, soweit dies möglich ist, verlorene Fähigkeiten zurückzugewinnen (§ 28 Abs. 4 Satz 1 SGB XI).
Um die Gefahr einer **Vereinsamung** des Pflegebedürftigen entgegenzuwirken, sollen bei der Leistungserbringung auch die Bedürfnisse des Pflegebedürftigen nach Kommunikation berücksichtigt werden (§ 28 Abs. 4 Satz 2 SGB XI).

Arbeitshilfen

Übersichten
- Leistungen Pflegeversicherung (ab 1. 1. 2015)
- Leistungen Pflegeversicherung (ab 1. 1. 2017)

Pflegezeit

Grundlagen

1 Mit der »Pflegereform 2008« (= Gesetz zur strukturellen Weiterentwicklung der Pflegeversicherung vom 28.5.2008; BGBl. I S. 874) wurde mit Wirkung zum 1.7.2008 das »**Gesetz über die Pflegezeit**« (**Pflegezeitgesetz – PflegeZG**) vom 28.5.2008 (BGBl. I, S. 874, 896) in Kraft gesetzt.
Das Pflegezeitgesetz wurde geändert durch das »Gesetz zur besseren Vereinbarkeit von Familie, Pflege und Beruf« vom 23.12.2014 (BGBl. I Nr. 64 S. 2462) und durch Gesetz vom 21.12.2015 (BGBl. I S. 2424).

1a Ergänzend zum Pflegezeitgesetz wurde das »**Gesetz über die Familienpflegezeit**« (**Familienpflegezeitgesetz – FPfZG**) vom 6.12.2011 (BGBl. I S. 2564) verabschiedet. Das Gesetz ist am 1.1.2012 in Kraft getreten.
Mit der Einführung der Familienpflegezeit sollen die Möglichkeiten zur **Vereinbarkeit** von Beruf und familiärer Pflege verbessert werden (§ 1 FPfZG).
Weil sich das »alte« FPfZG vom 6.12.2011 als wirkungslos – ja geradezu als gesetzgeberischer Flop – erwies (insbesondere weil kein Rechtsanspruch des Arbeitnehmers auf Familienpflegezeit vorgesehen war), wurde es durch das »**Gesetz zur besseren Vereinbarkeit von Familie, Pflege und Beruf**« vom 23.12.2014 (BGBl. I Nr. 64 S. 2462) mit Wirkung ab 1.1.2015 grundlegend verändert. Unter anderem wurde ein **Rechtsanspruch** auf Freistellung zum Zwecke der Familienpflege geschaffen (§ 2 FPfZG n.F.).
Zu weiteren Einzelheiten siehe → **Familienpflegezeit**.

1b Ziel des **Pflegezeitgesetzes (PflegeZG)** ist, Beschäftigten die Möglichkeit zu eröffnen, **pflegebedürftige nahe Angehörige** in häuslicher Umgebung zu pflegen und damit die Vereinbarkeit von Beruf und familiärer Pflege zu verbessern (§ 1 PflegeZG).
Das Gesetz regelt Ansprüche von Beschäftigten
- auf **Fernbleiben** von der Arbeit im »akuten« Pflegefall (§ 2 PflegeZG; siehe Rn. 5) bzw.
- auf **Freistellung** von der Arbeit bei Inanspruchnahme von Pflegezeit (§§ 3, 4 PflegeZG; siehe Rn. 6).

Die Pflegezeit soll Berufstätige vor allem in Phasen entlasten, in denen pflegebedürftige Angehörige in besonderer Weise Unterstützung benötigen:
- in **akuten** Pflegesituationen (etwa nach einem Unfall) oder
- in den **letzten Wochen und Monaten** des Lebens.

Weil der im Pflegezeitgesetz vorgesehene Umfang der Freistellung (bis maximal sechs Monate; siehe Rn. 7) nicht ausreicht, um Erwerbstätigen über einen längeren Zeitraum die Versorgung von Angehörigen zu ermöglichen, wurde das Familienpflegezeitgesetz (FPfZG) erlassen (siehe Rn. 1 a und → **Familienpflegezeit**).

1c Einen Anspruch auf **Entgeltfortzahlung** während der Pflegezeit sieht das Gesetz nicht vor. Ein Entgeltfortzahlungsanspruch kann sich unter Umständen aus § 616 BGB – ggf. auch nach § 19 Abs. 1 Nr. 2b BBiG – oder tarifvertraglichen Regelungen ergeben (siehe → **Persönliche Arbeitsverhinderung**).

Pflegezeit

Beschäftigte, die nach § 3 PflegeZG von der Arbeitsleistung **vollständig freigestellt** wurden (siehe Rn. 6) oder deren Beschäftigung durch Reduzierung der Arbeitszeit zu einer geringfügigen Beschäftigung im Sinne des § 8 Abs. 1 Nr. 1 SGB IV wird (siehe → **Geringfügige Beschäftigungsverhältnisse** [»**Mini-Jobs**«]), erhalten auf Antrag Zuschüsse zur Kranken- und Pflegeversicherung (§ 44 a SGB XI).Pflegende Personen sind während der Inanspruchnahme einer Pflegezeit im Sinne des Pflegezeitgesetzes nach Maßgabe des SGB III nach dem Recht der Arbeitsförderung versichert (siehe → **Arbeitslosenversicherung: Arbeitsförderung**). 1d

Zum **Kündigungsschutz** des Beschäftigten bei Inanspruchnahme seiner Rechte nach §§ 2 und 3 PflegeZG siehe Rn. 8; zu den Regeln im Falle einer **befristeten Einstellung** eines Vertreters siehe Rn. 9. 1e

Zum Freistellungsanspruch nach § 45 Abs. 3 SGB V bei erforderlicher **Pflege eines erkrankten Kindes** siehe → **Persönliche Arbeitsverhinderung** Rn. 4, 7, 10. 1f

Zu **sozialversicherungsrechtlichen Fragen** siehe Rn. 12 bis 15. 1g

Anspruchsberechtigte »**Beschäftigte**« im Sinne des Pflegezeitgesetzes sind 2
- → **Arbeitnehmer**,
- die zu ihrer Berufsbildung Beschäftigten (siehe → **Auszubildende/Berufsausbildungsverhältnis**),
- Personen, die wegen ihrer wirtschaftlichen Unselbständigkeit als arbeitnehmerähnliche Personen anzusehen sind (siehe → **Arbeitnehmer** Rn. 6); zu diesen gehören auch die in → **Heimarbeit** Beschäftigten und die ihnen Gleichgestellten (§ 7 Abs. 1 PflegeZG).

Nahe Angehörige im Sinne des Pflegezeitgesetzes sind nach § 7 Abs. 3 PflegeZG 3
- Großeltern, Eltern, Schwiegereltern, Stiefeltern,
- Ehegatten, Lebenspartner, Partner einer eheähnlichen oder lebenspartnerschaftsähnlichen Gemeinschaft, Geschwister, Schwägerinnen und Schwäger,
- Kinder, Adoptiv- oder Pflegekinder, die Kinder, Adoptiv- oder Pflegekinder des Ehegatten oder Lebenspartners, Schwiegerkinder und Enkelkinder.

Pflegebedürftig im Sinne des Pflegezeitgesetzes sind nach § 7 Abs. 4 PflegeZG Personen, die die Voraussetzungen nach den §§ 14 und 15 SGB XI erfüllen. 4

Das sind nach § 14 SGB XI Personen, die wegen einer körperlichen, geistigen oder seelischen Krankheit oder Behinderung für die gewöhnlichen und regelmäßig wiederkehrenden Verrichtungen im Ablauf des täglichen Lebens auf Dauer, voraussichtlich für **mindestens sechs Monate**, in erheblichem oder höherem Maße (§ 15 SGB XI; siehe → **Pflegeversicherung** Rn. 12) der Hilfe bedürfen.

> **Beachten:**
> Pflegebedürftig im Sinne von § 2 PflegeZG (siehe Rn. 5) sind auch Personen, die die Voraussetzungen nach den §§ 14 und 15 SGB XI voraussichtlich erfüllen.

Recht zum Fernbleiben von der Arbeit bei »kurzzeitiger Arbeitsverhinderung« (§ 2 PflegeZG)

Beschäftigte haben das Recht, bis zu **zehn Arbeitstage** der Arbeit fernzubleiben, wenn dies erforderlich ist, um für einen pflegebedürftigen nahen Angehörigen (siehe Rn. 3) in einer **akut aufgetretenen Pflegesituation** eine bedarfsgerechte Pflege zu organisieren oder eine pflegerische Versorgung in dieser Zeit sicherzustellen (sog. **Akutpflege**; § 2 Abs. 1 PflegeZG). Es ist ausreichend, dass der nahe Angehörige »**voraussichtlich**« pflegebedürftig ist (siehe Rn. 4). Eine Zustimmung des Arbeitgebers ist nicht notwendig. 5

Allerdings ist der Beschäftigte verpflichtet, dem Arbeitgeber seine Verhinderung an der Arbeitsleistung und deren voraussichtliche Dauer unverzüglich mitzuteilen (§ 2 Abs. 2 Satz 1 PflegeZG).

Pflegezeit

Dem Arbeitgeber ist auf Verlangen eine **ärztliche Bescheinigung** über die Pflegebedürftigkeit des nahen Angehörigen und die **Erforderlichkeit** der Maßnahmen (bedarfsgerechte Pflege organisieren oder eine pflegerische Versorgung sicherzustellen) vorzulegen (§ 2 Abs. 2 Satz 2 PflegeZG).

Das Recht zum Fernbleiben besteht – anders als im Falle der Inanspruchnahme von Pflegezeit (siehe Rn. 6) – auch in **Kleinunternehmen** mit weniger als 16 Arbeitnehmern.

Der Arbeitgeber ist zur Fortzahlung der **Vergütung** nur verpflichtet, soweit sich eine solche Verpflichtung aus anderen gesetzlichen Vorschriften (insbesondere § 616 BGB – ggf. auch nach § 19 Abs. 1 Nr. 2 b BBiG; siehe → **Persönliche Arbeitsverhinderung**) oder auf Grund einer Vereinbarung (z. B. Arbeitsvertrag, Tarifvertrag) ergibt (§ 2 Abs. 3 Satz 1 PflegeZG).

Diese Regelung stand von Anfang an in der Kritik. Durch das »Gesetz zur besseren Vereinbarkeit von Familie, Pflege und Beruf« vom 23.12.2014 (BGBl. I Nr. 64 S. 2462) wurde ein Anspruch der Beschäftigten auf Zahlung von **Pflegeunterstützungsgeld** geschaffen, dessen Einzelheiten in § 44 a Abs. 3 SGB XI geregelt sind. In dieser Vorschrift heißt es:

»Für kurzzeitige Arbeitsverhinderung nach § 2 des Pflegezeitgesetzes hat eine Beschäftigte oder ein Beschäftigter im Sinne des § 7 Absatz 1 des Pflegezeitgesetzes, die oder der für diesen Zeitraum keine Entgeltfortzahlung vom Arbeitgeber und kein Kranken- oder Verletztengeld bei Erkrankung oder Unfall eines Kindes nach § 45 des Fünften Buches oder nach § 45 Absatz 4 des Siebten Buches beanspruchen kann, Anspruch auf einen Ausgleich für entgangenes Arbeitsentgelt (Pflegeunterstützungsgeld) für bis zu insgesamt zehn Arbeitstage. Wenn mehrere Beschäftigte den Anspruch nach § 2 Absatz 1 des Pflegezeitgesetzes für einen pflegebedürftigen nahen Angehörigen geltend machen, ist deren Anspruch auf Pflegeunterstützungsgeld auf insgesamt bis zu zehn Arbeitstage begrenzt. Das Pflegeunterstützungsgeld wird auf Antrag, der unverzüglich zu stellen ist, unter Vorlage der ärztlichen Bescheinigung nach § 2 Absatz 2 Satz 2 des Pflegezeitgesetzes von der Pflegekasse oder dem Versicherungsunternehmen des pflegebedürftigen nahen Angehörigen gewährt. Für die Höhe des Pflegeunterstützungsgeldes gilt § 45 Absatz 2 Satz 3 bis 5 des Fünften Buches entsprechend.«

§ 44 a Abs. 4 Satz 1 SGB XI: *»Beschäftigte, die Pflegeunterstützungsgeld nach Absatz 3 beziehen, erhalten für die Dauer des Leistungsbezuges von in Absatz 3 bezeichneten Organisationen auf Antrag Zuschüsse zur Krankenversicherung.«*

Anspruch auf Freistellung bei »Pflegezeit«, »Betreuung« und »Begleitung« (§ 3 PflegeZG)

6 Beschäftigte sind von der Arbeitsleistung vollständig oder teilweise **freizustellen**, wenn sie einen pflegebedürftigen nahen Angehörigen (siehe Rn. 3) in häuslicher Umgebung pflegen (§ 3 Abs. 1 Satz 1 PflegeZG).

Der Anspruch besteht nicht gegenüber »kleinen« Arbeitgebern mit in der Regel **15 oder weniger Beschäftigten** (§ 3 Abs. 1 Satz 2 PflegeZG).

Teilzeitbeschäftigte werden bei der Bestimmung der Mindestzahl mitgezählt, ebenso Auszubildende, arbeitnehmerähnliche Personen und in Heimarbeit Beschäftigte (siehe insoweit Rn. 2).

Die Beschäftigten haben die Pflegebedürftigkeit des nahen Angehörigen (mindestens Pflegestufe I; siehe Rn. 4 und → **Pflegeversicherung** Rn. 12) durch Vorlage einer **Bescheinigung** der Pflegekasse oder des Medizinischen Dienstes der Krankenversicherung **nachzuweisen** (§ 3 Abs. 2 Satz 1 Pflegezeitgesetz).

Bei in der privaten Pflege-Pflichtversicherung versicherten Pflegebedürftigen ist ein entsprechender Nachweis zu erbringen (§ 3 Abs. 2 Satz 2 PflegeZG).

Wer Pflegezeit beanspruchen will, muss dies dem Arbeitgeber spätestens zehn Arbeitstage vor Beginn **schriftlich ankündigen** und gleichzeitig erklären, für welchen **Zeitraum** und in welchem **Umfang** die Freistellung von der Arbeitsleistung in Anspruch genommen werden soll (§ 3 Abs. 3 Satz 1 PflegeZG).

§ 3 PflegeZG räumt dem Beschäftigten ein **einseitiges Gestaltungsrecht** ein. Durch die Erklärung, Pflegezeit in Anspruch zu nehmen, treten unmittelbar die gesetzlichen Rechtsfolgen der Pflegezeit ein, ohne dass es noch eines weiteren Handelns des Arbeitgebers bedürfte (BAG v. 15. 11. 2011 – 9 AZR 348/10, NZA 2012, 323).

Nach Ansicht des BAG eröffnet § 3 Abs. 1 Satz 1 i. V. m. § 4 Abs. 1 Satz 1 PflegeZG dem Arbeitnehmer nur die Möglichkeit, durch **einmalige Erklärung bis zu sechs Monate** lang Pflegezeit in Anspruch zu nehmen (BAG v. 15. 11. 2011 – 9 AZR 348/10, a. a. O.).

Habe der Arbeitnehmer die Pflegezeit durch Erklärung gegenüber dem Arbeitgeber in Anspruch genommen, so sei er gehindert, von seinem Recht erneut Gebrauch zu machen, sofern sich die Pflegezeit auf denselben Angehörigen bezieht (**einmaliges Gestaltungsrecht**). Mit der erstmaligen Inanspruchnahme von Pflegezeit sei dieses Recht auch dann erloschen, wenn die genommene Pflegezeit die Höchstdauer von sechs Monaten unterschreitet (BAG v. 15. 11. 2011 – 9 AZR 348/10, a. a. O.).

Das BAG hat offen gelassen, ob es mit § 3 Abs. 1 PflegeZG vereinbar ist, dass der Arbeitnehmer die Pflegezeit im Wege einer einmaligen Erklärung auf mehrere getrennte **Zeitabschnitte** verteilt.

> **Beachten:**
> Nach § 4 Abs. 1 Satz 3 PflegeZG besteht zumindest dann ein Anspruch auf **Verlängerung** der Pflegezeit bis zur Höchstdauer von sechs Monaten, wenn ein vorgesehener Wechsel in der Person des Pflegenden aus wichtigem Grund nicht erfolgen kann.

Wenn nur **teilweise Freistellung** in Anspruch genommen wird, ist auch die gewünschte **Verteilung** der Arbeitszeit anzugeben (§ 3 Abs. 3 Satz 2 PflegeZG).

§ 3 Abs. 3 Sätze 3 ff. PflegeZG trifft Regelungen für den Fall, dass **keine eindeutige Festlegung** erfolgt, ob die oder der Beschäftigte Pflegezeit oder Familienpflegezeit nach § 2 des Familienpflegezeitgesetzes in Anspruch nehmen will.

Arbeitgeber und Beschäftigte haben bei Inanspruchnahme teilweiser Freistellung eine **schriftliche Vereinbarung** über die Verringerung und die Verteilung der Arbeitszeit zu treffen (§ 3 Abs. 4 Satz 1 PflegeZG).

Hierbei hat der Arbeitgeber den **Wünschen der Beschäftigten** zu entsprechen, es sei denn, dass dringende betriebliche Gründe entgegenstehen (§ 3 Abs. 4 Satz 1 PflegeZG).

Beschäftigte sind von der Arbeitsleistung **vollständig oder teilweise freizustellen**, wenn sie einen **minderjährigen pflegebedürftigen nahen Angehörigen** in häuslicher oder außerhäuslicher Umgebung **betreuen** (§ 3 Abs. 5 PflegeZG). Die Inanspruchnahme dieser Freistellung ist jederzeit im Wechsel mit der Freistellung nach § 3 Abs. 1 im Rahmen der Gesamtdauer nach § 4 Abs. 1 Satz 4 PflegeZG möglich.

6a

Beschäftigte sind zur **Sterbebegleitung eines nahen Angehörigen** von der Arbeitsleistung vollständig oder teilweise freizustellen, wenn dieser an einer Erkrankung leidet, die progredient (= fortschreitend) verläuft und bereits ein weit fortgeschrittenes Stadium erreicht hat, bei der eine Heilung ausgeschlossen und eine palliativmedizinische Behandlung notwendig ist und die lediglich eine begrenzte Lebenserwartung von Wochen oder wenigen Monaten erwarten lässt (§ 3 Abs. 6 Satz 1 PflegeZG). Beschäftigte haben diese gegenüber dem Arbeitgeber durch ein ärztliches Zeugnis nachzuweisen (§ 3 Abs. 6 Satz 2 PflegeZG).

6b

Pflegezeit

Förderung der Pflegezeit (§ 3 Abs. 7 PflegeZG i. V. m. § 3 ff. FPfZG)

6c Ein Anspruch auf **Förderung** der Pflegezeit und sonstigen Freistellungen nach § 3 PflegeZG richtet sich nach den §§ 3, 4, 5 Abs. 1 Satz 1 und Abs. 2 sowie den §§ 6 bis 10 des Familienpflegezeitgesetzes (§ 3 Abs. 7 PflegeZG).
Für die Dauer der Freistellungen nach § 3 PflegeZG gewährt das Bundesamt für Familie und zivilgesellschaftliche Aufgaben (BAFzA) Beschäftigten auf Antrag ein in **monatlichen Raten** zu zahlendes **zinsloses Darlehen** nach Maßgabe des § 3 Abs. 2 bis 5 FPfZG (§ 3 Abs. 1 Satz 1 FPfZG).
Die monatlichen Darlehensraten werden in **Höhe** der Hälfte der Differenz zwischen den pauschalierten monatlichen Nettoentgelten vor und während der Freistellung gewährt (§ 3 Abs. 2 FPfZG). Der **Berechnung** wird die im jeweiligen Kalenderjahr geltende Verordnung über die pauschalierten Nettoentgelte für das Kurzarbeitergeld zugrunde gelegt (§ 3 Abs. 3 FPfZG; siehe → **Kurzarbeit/Kurzarbeitergeld** Rn. 8).
Das Darlehen ist vorrangig vor dem Bezug von bedürftigkeitsabhängigen Sozialleistungen in Anspruch zu nehmen und von den Beschäftigten zu beantragen (§ 3 Abs. 6 FPfZG).
Zu weiteren Einzelheiten siehe → **Familienpflegezeit**.

6d Zu sozialversicherungsrechtlichen Fragen siehe Rn. 12 ff.

Dauer der Inanspruchnahme (§ 4 PflegeZG)

7 Die Höchstdauer der Pflegezeit nach § 3 PflegeZG beträgt für jeden pflegebedürftigen nahen Angehörigen **sechs Monate** (§ 4 Abs. 1 Satz 1 PflegeZG).
Für einen kürzeren Zeitraum in Anspruch genommene Pflegezeit kann bis zur Höchstdauer **verlängert** werden, wenn der Arbeitgeber zustimmt (§ 4 Abs. 1 Satz 2).
Eine Verlängerung bis zur Höchstdauer kann **verlangt** werden, wenn ein vorgesehener Wechsel in der Person des Pflegenden aus einem wichtigen Grund nicht erfolgen kann (§ 4 Abs. 1 Satz 3 PflegeZG).
Pflegezeit und Familienpflegezeit nach § 2 FPfZG dürfen gemeinsam die **Gesamtdauer von 24 Monaten** je pflegebedürftigem nahen Angehörigen nicht überschreiten (§ 4 Abs. 1 Satz 4 PflegeZG).
Die Pflegezeit wird auf **Berufsbildungszeiten** nicht angerechnet (§ 4 Abs. 1 Satz 5 PflegeZG).
Ist der nahe Angehörige nicht mehr pflegebedürftig oder die häusliche Pflege des nahen Angehörigen unmöglich oder unzumutbar, endet die Pflegezeit **vier Wochen** nach Eintritt der veränderten Umstände (§ 4 Abs. 2 Satz 1 PflegeZG).
Der Arbeitgeber ist über die veränderten Umstände unverzüglich **zu unterrichten** (§ 4 Abs. 2 Satz 2 PflegeZG).
Im Übrigen kann die Pflegezeit **nur vorzeitig beendet** werden, wenn der Arbeitgeber zustimmt (§ 4 Abs. 2 Satz 3 PflegeZG).
Für die **Betreuung** nach § 3 Abs. 5 PflegeZG (siehe Rn. 6 a) gilt Vorstehendes entsprechend (§ 4 Abs. 3 Satz 1 PflegeZG).
Für die **Freistellung** nach § 3 Abs. 6 PflegeZG (siehe Rn. 6 b) gilt eine Höchstdauer von **drei Monaten** je nahem Angehörigen (§ 4 Abs. 3 Satz 2 PflegeZG). Für die Freistellung nach § 3 Abs. 6 PflegeZG gelten § 4 Abs. 1 Satz 2, 3 und 5 sowie Abs. 2 PflegeZG entsprechend; bei zusätzlicher Inanspruchnahme von Pflegezeit oder einer Freistellung nach § 3 Absatz 5 PflegeZG oder Familienpflegezeit oder einer Freistellung nach § 2 Abs. 5 FPfZG dürfen die Freistellungen **insgesamt 24 Monate** je nahem Angehörigen nicht überschreiten.

Pflegezeit

Kürzung des Erholungsurlaubs (§ 4 Abs. 4 PflegeZG)

Der Arbeitgeber kann den **Erholungsurlaub**, der der oder dem Beschäftigten für das Urlaubsjahr zusteht, für jeden vollen Kalendermonat der vollständigen Freistellung von der Arbeitsleistung um ein Zwölftel **kürzen** (§ 4 Abs. 4 PflegeZG).

Kündigungsschutz (§ 5 PflegeZG)

Der Arbeitgeber darf das Beschäftigungsverhältnis von der Ankündigung bis zur Beendigung der kurzzeitigen Arbeitsverhinderung nach § 2 PflegeZG (siehe Rn. 5) oder einer Freistellung nach § 3 PflegeZG (siehe Rn. 6 bis 6 b) **nicht kündigen** (§ 5 Abs. 1 PflegeZG). 8
In besonderen Fällen kann eine Kündigung von der für den Arbeitsschutz zuständigen obersten Landesbehörde oder der von ihr bestimmten Stelle **ausnahmsweise für zulässig erklärt** werden; die Bundesregierung kann hierzu mit Zustimmung des Bundesrates allgemeine Verwaltungsvorschriften erlassen (§ 5 Abs. 2 PflegeZG).

Befristete Einstellung zur Vertretung im Falle von Akutpflege nach § 2 PflegeZG und Freistellung nach § 3 PflegeZG (§ 6 PflegeZG)

Wenn zur Vertretung eines Beschäftigten für die Dauer der kurzzeitigen Arbeitsverhinderung nach § 2 PflegeZG (Akutpflege; siehe Rn. 5) oder der Freistellung nach § 3 PflegeZG (siehe Rn. 6 bis 6 b) ein Arbeitnehmer eingestellt wird, liegt hierin ein **sachlicher Grund** für die Befristung des Arbeitsverhältnisses (§ 6 Abs. 1 Satz 1 PflegeZG; siehe auch → **Befristeter Arbeitsvertrag** Rn. 20). 9
Über die Dauer der Vertretung hinaus ist die Befristung für notwendige Zeiten einer **Einarbeitung** zulässig (§ 6 Abs. 1 Satz 2 PflegeZG).
Die Dauer der Befristung des Arbeitsvertrages muss kalendermäßig bestimmt oder bestimmbar sein oder den in § 6 Abs. 1 PflegeZG genannten Zwecken zu entnehmen sein (§ 6 Abs. 2 PflegeZG).
Der Arbeitgeber kann den befristeten Arbeitsvertrag unter Einhaltung einer Frist von zwei Wochen kündigen, wenn die Pflegezeit nach § 4 Abs. 2 Satz 1 PflegeZG **vorzeitig endet** (§ 6 Abs. 3 Satz 1 PflegeZG; siehe Rn. 6).
Das Kündigungsschutzgesetz ist in diesen Fällen nicht anzuwenden (§ 6 Abs. 3 Satz 2 PflegeZG).
Zu den Rechten des **Betriebsrats** nach § 102 BetrVG siehe Rn. 20.
Das Recht zur Kündigung durch den Arbeitgeber besteht nicht, wenn sie vertraglich ausgeschlossen ist (§ 6 Abs. 3 Satz 3 PflegeZG).
Wenn im Rahmen arbeitsrechtlicher Gesetze oder Verordnungen auf die Zahl der beschäftigten Arbeitnehmer abgestellt wird (z. B. §§ 99, 106, 111 BetrVG; § 23 KSchG), sind bei der Ermittlung dieser Zahl Arbeitnehmer, die nach § 2 PflegeZG kurzzeitig an der Arbeitsleistung verhindert oder nach § 3 PflegeZG freigestellt sind, **nicht mitzuzählen**, solange für sie auf Grund von § 6 Abs. 1 PflegeZG ein Vertreter eingestellt ist (§ 6 Abs. 4 Satz 1 PflegeZG). 10
Dies gilt nicht, wenn der Vertreter nicht mitzuzählen ist (§ 6 Abs. 4 Satz 2 PflegeZG).
Diese Maßgaben gelten entsprechend, wenn im Rahmen arbeitsrechtlicher Gesetze oder Verordnungen auf die Zahl der Arbeitsplätze abgestellt wird (§ 6 Abs. 4 Satz 3 PflegeZG).

Pflegezeit

Unabdingbarkeit (§ 8 PflegeZG)

11 Von den Vorschriften des Pflegezeitgesetzes kann **nicht zuungunsten der Beschäftigten abgewichen** werden (§ 8 PflegeZG). Geschieht dies dennoch, sind entsprechende vertragliche Vereinbarungen oder Regelungen (z. B. Betriebsvereinbarung, Tarifvertrag) **nichtig**.

Arbeitslosenversicherung

12 Pflegende Personen sind während der Inanspruchnahme einer Pflegezeit im Sinne des Pflegezeitgesetzes nach Maßgabe des SGB III **arbeitslosenversichert** (§ 44 a Abs. 2 SGB XI). Die Beitragszahlung erfolgt durch die Pflegeversicherung.
Wird eine Pflegeperson **arbeitslos**, bleiben bei der Ermittlung des für die Höhe des Arbeitslosengeldes bedeutsamen »Bemessungszeitraums«, nach § 150 Abs. 2 Satz 1 Nr. 4 SGB III 2012 Zeiten außer Betracht, in denen der Arbeitslose eine Pflegezeit nach § 3 Abs. 1 Satz 1 PflegeZG (siehe Rn. 6) in Anspruch genommen hat; insoweit gilt § 151 Abs. 3 Nr. 2 SGB III 2012 nicht.

Kranken- und Pflegeversicherung

13 Beschäftigte, die nach § 3 PflegeZG von der Arbeitsleistung **vollständig freigestellt** wurden (siehe Rn. 6 bis 6b) oder deren Beschäftigung durch Reduzierung der Arbeitszeit zu einer geringfügigen Beschäftigung im Sinne des § 8 Abs. 1 Nr. 1 SGB IV wird, erhalten **auf Antrag Zuschüsse** zur Kranken- und Pflegeversicherung (§ 44 a Abs. 1 Satz 1 SGB XI).

Rentenversicherung

14 Nach § 3 Satz 1 Nr. 1 a SGB VI sind in der gesetzlichen Rentenversicherung **pflichtversichert** Personen in der Zeit, in der sie einen Pflegebedürftigen im Sinne des § 14 SGB XI nicht erwerbsmäßig wenigstens 14 Stunden wöchentlich in seiner häuslichen Umgebung pflegen (= sog. **nicht erwerbsmäßig tätige Pflegepersonen**), wenn der Pflegebedürftige Anspruch auf Leistungen aus der sozialen oder einer privaten Pflegeversicherung hat.
Nicht erwerbsmäßig tätige Pflegepersonen, die daneben regelmäßig **mehr als 30 Stunden** wöchentlich beschäftigt oder selbständig tätig sind, sind nicht nach Satz 1 Nr. 1 a versicherungspflichtig (§ 3 Satz 3 SGB VI).

> **Beachten:**
> Nach der gemeinsamen Rechtsauffassung der Spitzenorganisationen der Pflege- und Rentenversicherung entfällt die Rentenversicherungspflicht auch dann, wenn die Pflege nur gelegentlich oder nur vorübergehend ausgeübt wird, also nicht von gewisser Dauer ist. Dauerhaft in diesem Sinne soll eine Pflege ausgeübt sein, wenn sie auf mehr als zwei Monate bzw. 60 Tage im Jahr (nicht Kalenderjahr) angelegt ist (Rundschreiben der Spitzenorganisationen der Pflege- und Rentenversicherung vom 28.12.2009; http://www.deutsche-rentenversicherung.de/cae/servlet/contentblob/32892/publicationFile/1899/2009_12_28_pflegepersonen_pdf.pdf).

Die **Beitragszahlung** an die Rentenversicherung ist im SGB XI geregelt.
Nach § 19 SGB XI erhält eine Pflegepersonen (= Person, die nicht erwerbsmäßig einen Pflegebedürftigen im Sinne des § 14 SGB XI in seiner häuslichen Umgebung pflegen) Leistungen zur sozialen Sicherung nach § 44 SGB XI (nur) dann, wenn sie eine pflegebedürftige Person **wenigstens 14 Stunden wöchentlich** pflegt.
§ 44 Abs. 1 Sätze 1 bis 5 SGB XI bestimmt Folgendes:
Die **Pflegekassen** (und die privaten Versicherungsunternehmen, bei denen eine private Pflege-Pflichtversicherung durchgeführt wird, sowie die sonstigen in § 170 Abs. 1 Nr. 6 SGB VI ge-

nannten Stellen) entrichten Beiträge an den zuständigen Träger der gesetzlichen Rentenversicherung, wenn die Pflegeperson regelmäßig **nicht mehr als dreißig Stunden wöchentlich** erwerbstätig ist. Näheres regeln die §§ 3, 137, 166 und 170 SGB VI. Der Medizinische Dienst der Krankenversicherung stellt im Einzelfall fest, ob und in welchem zeitlichen Umfang häusliche Pflege durch eine Pflegeperson erforderlich ist. Der Pflegebedürftige oder die Pflegeperson haben darzulegen und auf Verlangen glaubhaft zu machen, dass Pflegeleistungen in diesem zeitlichen Umfang auch tatsächlich erbracht werden. Dies gilt insbesondere, wenn Pflegesachleistungen (§ 36 SGB XI) in Anspruch genommen werden.

Unfallversicherung

Nach § 44 Abs. 1 Satz 6 SGB XI sind Pflegepersonen **während der pflegerischen Tätigkeit** 15
nach Maßgabe der §§ 2, 4, 105, 106, 129, 185 SGB VII in den Versicherungsschutz der gesetzlichen Unfallversicherung einbezogen.

Bedeutung für die Betriebsratsarbeit

Der Betriebsrat hat zunächst nach § 80 Abs. 1 Nr. 1 BetrVG **darüber zu wachen**, dass die 16
Bestimmungen des Pflegezeitgesetzes (PflegeZG) – über die die Beschäftigten natürlich zu informieren sind – vom Arbeitgeber beachtet werden.
Wenn der Arbeitgeber eine bestimmte **Form der Mitteilung** nach § 2 Abs. 2 Satz 1 PflegeZG 17
(kurzzeitige Arbeitsverhinderung; siehe Rn. 5) vorschreiben möchte (z. B. telefonisch, schriftlich oder per E-Mail), hat der Betriebsrat nach § 87 Abs. 1 Nr. 1 BetrVG insoweit **mitzubestimmen** (siehe hierzu → **Betriebsordnung**).
Das Gleiche gilt, wenn der Arbeitgeber nicht nur im Einzelfall einen **Nachweis** nach § 2 Abs. 2 Satz 2 PflegeZG (siehe Rn. 5) verlangen, sondern die Beschäftigten generell zu einem solchen Nachweis verpflichten will.
Das »ob, wann und wie« des Nachweises ist mit dem Betriebsrat zu vereinbaren.
Im Nichteinigungsfall entscheidet die → **Einigungsstelle**.
Mitbestimmungsrechte kommen nach § 87 Abs. 1 Nr. 2 BetrVG – aber auch nach dem ent- 18
sprechend anzuwendenden § 87 Abs. 1 Nr. 5 BetrVG – in Betracht, wenn im Falle einer **teilweisen Inanspruchnahme der Pflegezeit** (siehe Rn. 6) bei der Verteilung und Festsetzung der zeitlichen Lage der verbleibenden Arbeitszeit ein kollektiver Regelungsbedarf besteht.
Soll zur **Vertretung** eines Beschäftigten für die Dauer der kurzzeitigen Arbeitsverhinderung 19
(siehe Rn. 5) oder der Pflegezeit (siehe Rn. 6) ein Arbeitnehmer eingestellt werden (siehe Rn. 9), hat der Betriebsrat nach § 99 BetrVG mitbestimmen (siehe → **Einstellung** und → **Eingruppierung**).
Soll der Vertreter vorzeitig gekündigt werden, weil die Pflegezeit nach § 4 Abs. 2 Satz 1 Pfle- 20
geZG vorzeitig endet (siehe Rn. 9), ist der Betriebsrat nach § 102 BetrVG zu beteiligen (siehe → **Kündigung** Rn. 35 ff.).

Rechtsprechung

1. Freistellung zur Pflege eines pflegebedürftigen nahen Angehörigen
2. Streitwert bei einstweiliger Verfügung auf Bewilligung von Pflegezeit

Praktikum

Was ist das?

1 Ganz allgemein hat ein Praktikum den **Zweck**, an Schule und Hochschule erworbene theoretische Kenntnisse durch Einblick in die betriebliche Praxis bzw. durch praktische Anwendung zu vertiefen.
Das Praktikum ist Teil der schulischen bzw. Hochschulausbildung.
Der Ausbildungszweck steht im Vordergrund.
Als Praktikant wird eine Person bezeichnet, die eine bestimmte Dauer in einem Betrieb tätig ist,
- um eine berufliche Orientierung zu erhalten (**Schülerpraktikum**; siehe Rn. 4),
- bzw. um sich im Rahmen einer beruflichen Gesamtausbildung die für eine Zulassung zum Studium oder zur Abschlussprüfung notwendigen praktischen Kenntnisse und Erfahrungen anzueignen (**Praktikum als Teil einer Berufsausbildung**; siehe Rn. 5).

1a Die Spitzenorganisationen der gesetzlichen Sozialversicherung definieren in einem gemeinsamen Rundschreiben vom 27.7.2004 (»Beschäftigte Studenten, Praktikanten und ähnliche Personen«, S. 38) Praktikanten als »*Personen, die sich im Zusammenhang mit einer schulischen Ausbildung praktische Kenntnisse in einem Unternehmen aneignen, die der Vorbereitung, Unterstützung oder Vervollständigung der Ausbildung für den künftigen Beruf dienen. Der Erwerb beruflicher Kenntnisse, Fertigkeiten oder Erfahrungen, der im Rahmen betrieblicher Berufsbildung erfolgt, gilt nach § 7 Abs. 2 SGB IV als Beschäftigung im Sinne der Sozialversicherung*«.

2 In jüngerer Zeit werden immer öfter Praktikantenverhältnisse nach erfolgreichem Abschluss einer Berufsausbildung – insbesondere Hochschulausbildung – begründet (**Praktikum nach Beendigung einer Berufsausbildung**).
Es handelt sich nicht selten um »**Schein-Praktikantenverhältnisse**«, die tatsächlich den Charakter eines Arbeitsverhältnisses haben (siehe hierzu Rn. 6, 8).

2a Das **Mindestlohngesetz (MiLoG)** vom 11.8.2014 (BGBl. I S. 1348) ist auf Praktikanten anzuwenden. In § 22 Abs. 1 MiLoG heißt es:
»*Dieses Gesetz gilt für Arbeitnehmerinnen und Arbeitnehmer.
Praktikantinnen und Praktikanten im Sinne des § 26 des Berufsbildungsgesetzes gelten als Arbeitnehmerinnen und Arbeitnehmer im Sinne dieses Gesetzes, es sei denn, dass sie
1. ein Praktikum verpflichtend auf Grund einer schulrechtlichen Bestimmung, einer Ausbildungsordnung, einer hochschulrechtlichen Bestimmung oder im Rahmen einer Ausbildung an einer gesetzlich geregelten Berufsakademie leisten,
2. ein Praktikum von bis zu drei Monaten zur Orientierung für eine Berufsausbildung oder für die Aufnahme eines Studiums leisten,
3. ein Praktikum von bis zu drei Monaten begleitend zu einer Berufs- oder Hochschulausbildung leisten, wenn nicht zuvor ein solches Praktikumsverhältnis mit demselben Ausbildenden bestanden hat, oder
4. an einer Einstiegsqualifizierung nach § 54a des Dritten Buches Sozialgesetzbuch oder an einer Berufsausbildungsvorbereitung nach §§ 68 bis 70 des Berufsbildungsgesetzes teilnehmen.*

Praktikum

Praktikantin oder Praktikant ist unabhängig von der Bezeichnung des Rechtsverhältnisses, wer sich nach der tatsächlichen Ausgestaltung und Durchführung des Vertragsverhältnisses für eine begrenzte Dauer zum Erwerb praktischer Kenntnisse und Erfahrungen einer bestimmten betrieblichen Tätigkeit zur Vorbereitung auf eine berufliche Tätigkeit unterzieht, ohne dass es sich dabei um eine Berufsausbildung im Sinne des Berufsbildungsgesetzes oder um eine damit vergleichbare praktische Ausbildung handelt.«

Auch das **Nachweisgesetz (NachwG)** vom 20.7.1995 (siehe hierzu → **Arbeitsvertrag** Rn. 26), zuletzt geändert durch das Tarifautonomiestärkungsgesetz vom 11.8.2014 (BGBl. I S. 1348) gilt für Praktikanten. Das ergibt sich aus § 1 NachwG: **2b**

»Dieses Gesetz gilt für alle Arbeitnehmer, es sei denn, dass sie nur zur vorübergehenden Aushilfe von höchstens einem Monat eingestellt werden. Praktikanten, die gemäß § 22 Absatz 1 des Mindestlohngesetzes als Arbeitnehmer gelten, sind Arbeitnehmer im Sinne dieses Gesetzes.«

§ 2 Abs. 1 a NachwG n. F. regelt im Einzelnen:

»Wer einen Praktikanten einstellt, hat unverzüglich nach Abschluss des Praktikumsvertrages, spätestens vor Aufnahme der Praktikantentätigkeit, die wesentlichen Vertragsbedingungen schriftlich niederzulegen, die Niederschrift zu unterzeichnen und dem Praktikanten auszuhändigen. In die Niederschrift sind mindestens aufzunehmen:

1. der Name und die Anschrift der Vertragsparteien,
2. die mit dem Praktikum verfolgten Lern- und Ausbildungsziele,
3. Beginn und Dauer des Praktikums,
4. Dauer der regelmäßigen täglichen Praktikumszeit,
5. Zahlung und Höhe der Vergütung,
6. Dauer des Urlaubs,
7. ein in allgemeiner Form gehaltener Hinweis auf die Tarifverträge, Betriebs- oder Dienstvereinbarungen, die auf das Praktikumsverhältnis anzuwenden sind.«

Der Nachweis der wesentlichen Vertragsbedingungen in **elektronischer Form** ist **ausgeschlossen** (§ 2 Abs. 1 a Satz 3 i. V. m. Abs. 1 Satz 3 NachwG).

Zweck der schriftlichen Dokumentation ist es, dem Arbeitnehmer den **Beweis** der vereinbarten Vertragsbedingungen im Streitfall durch einen Urkundenbeweis zu ermöglichen.

Macht der Arbeitgeber geltend, dass die schriftlich niedergelegten Vertragsinhalte nicht zutreffen, so muss er dies beweisen.

Umgekehrt kommen dem Arbeitnehmer **Beweiserleichterungen** zugute, wenn der Arbeitgeber die schriftliche Niederlegung unterlassen hat (LAG Köln v. 31.7.1998 – 11 Sa 1484/97, NZA 1999, 545).

Kommt der Arbeitgeber seiner Pflicht zu schriftlichen Niederlegung der Vertragsbedingungen nicht nach und erleidet der Praktikant dadurch einen Schaden, kann ihm ein **Schadensersatzanspruch** nach § 280 Abs. 1 BGB zustehen (siehe hierzu Rn. 12 a).

> **Hinweis:**
> Wenn das Praktikantenverhältnis in Wirklichkeit als Arbeitsverhältnis (siehe Rn. 8) und der Praktikant deshalb als → **Arbeitnehmer** anzusehen ist, gilt das Nachweisgesetz ohnehin für ihn. Allerdings ist der Nachweis bei einem normalen Arbeitsverhältnis erst nach einem Monat zu erstellen, während die Nachweispflicht bei einem Praktikantenverhältnis unverzüglich, spätestens vor Aufnahme der Praktikantentätigkeit zu erfüllen ist (§ 2 Abs. 1 Satz 1 und Abs. 1 a Satz 1 NachwG). Einem Arbeitgeber, der einen Arbeitnehmer zu Unrecht als Praktikant einstuft/beschäftigt, dürfte es verwehrt sein, sich auf die »Monatsregel« bei normalen Arbeitnehmern zu berufen.

Parteien des betrieblichen Praktikantenverhältnisses sind der Praktikant und der Inhaber des **3** Betriebs. Oft wird ein sog. »**Praktikumsvertrag**« abgeschlossen.

Ob es sich tatsächlich um einen solchen – und nicht etwa um einen → **Arbeitsvertrag** handelt

Praktikum

(siehe Rn. 8) – hängt nicht von der Bezeichnung des Vertrages ab, sondern von seiner **tatsächlichen Durchführung** (BAG v. 13.3.2003 – 6 AZR 564/01).

Schülerpraktikum

4   Beim sog. Schülerpraktikum geht es darum, den Schülern an allgemeinbildenden Schulen (Hauptschule, Realschule, Gymnasium, Gesamtschule usw.) eine berufliche Orientierung zu geben.
Der Praktikant soll die **Berufs- und Arbeitswelt kennen lernen,** mit ihrer sozialen Wirklichkeit vertraut gemacht und in die Lage versetzt werden, für sich eine berufliche Auswahl zu treffen.
Das Schülerpraktikum ist meist auf eine vergleichsweise kurze Zeit zwischen zwei und maximal vier Wochen befristet.

> **Beispiel (aus BAG v. 8.5.1990 – 1 ABR 7/89, AiB 1991, 121 = NZA 1990, 896):**
> Maßgeblich für die Gestaltung der Schülerpraktika in Nordrhein-Westfalen ist der Runderlass des Kultusministers vom 26. Mai 1987 – II B 5.36 – 11/2 – 410/87 – über das »Schülerbetriebspraktikum in der Sekundarstufe I« (GABl. NW. S. 320). Darin heißt es u. a.:
> »1. Allgemeines
> Das Schülerbetriebspraktikum bietet die Möglichkeit, Berufs- und Arbeitswelt unmittelbar kennen zu lernen und mit ihrer sozialen Wirklichkeit vertraut zu werden.
> 1.1 Diese Erfahrungen – im Sinne einer kritischen Auseinandersetzung mit der Wirtschafts- und Arbeitswelt – sind auch hilfreich für die Berufswahl. Sie können dazu beitragen, dass Schülerinnen und Schüler ihre Eignung für bestimmte Tätigkeiten zutreffender einschätzen, so dass sie ihre bisherigen Berufsvorstellungen besser beurteilen und ggfs. Alternativen entwickeln. Praktika geben darüber hinaus oft positive Impulse für das schulische Weiterlernen, z. B. für das Erreichen eines Abschlusses,
> ...
> 1.3 Neben der praktischen Arbeit im Betrieb sollen Informations- und Beobachtungsmöglichkeiten gegeben werden, die eine möglichst breitgefächerte Berufsfeldorientierung und die Einsicht in das Sozialgefüge eines Betriebs erlauben.
> 2. Organisation
> Das Praktikum ist eine schulische Veranstaltung. Es wird als drei- bis vierwöchiges – in der Realschule und im Gymnasium als zwei- bis dreiwöchiges – Blockpraktikum durchgeführt. ...«

Praktikum als Teil einer Berufsausbildung

5   Häufig wird in Ausbildungs- und Studienordnungen die Durchführung von betrieblichen Praktika vorgeschrieben. Es handelt sich dann um ein **Pflichtpraktikum,** das Bestandteil der beruflichen Ausbildung ist.
Der Praktikant wird für eine bestimmte Zeit in einem Betrieb »praktisch« tätig, um sich die zur Vorbereitung auf einen Beruf notwendigen praktischen Kenntnisse und Erfahrungen anzueignen.

> **Beispiel:**
> Modellstudiengang »Betriebswirtschaft mit Schwerpunkt Wirtschaftsinformatik« der Technischen Fachhochschule (TFH) Berlin (aus BAG v. 30.10.1991 – 7 ABR 11/91, BB 1992, 1072):
> »Ziel des Modellstudienganges »Betriebswirtschaft mit Schwerpunkt Wirtschaftsinformatik« der TFH Berlin ist ein besonderer Praxisbezug der Ausbildung durch »regelmäßigen Wechsel zwischen Lehrveranstaltungen an der Hochschule und betrieblichen Praxisphasen« (§ 2 Abs. 2 der Studienordnung). Nach § 3 Abs. 2 der Studienordnung gliedert sich jedes Semester in eine zwölfwöchige Ausbildungszeit an der TFH und eine unmittelbar anschließende ca. dreimonatige betrieb-

Praktikum

liche Praxisphase. Die Zusammenarbeit zwischen der TFH und den beteiligten Firmen ist in der Vereinbarung zwischen der Zentralvereinigung Berliner Arbeitgeberverbände und der TFH über die Zusammenarbeit im Rahmen des Modellstudienganges (Anlage 2 der Studienordnung) sowie in den Kooperationsverträgen zwischen der TFH und den am Modellstudiengang beteiligten Firmen (Anlage 3 der Studienordnung) näher geregelt. Gemäß § 4 Abs. 4 Satz 4 der Studienordnung und § 2 Abs. 5 des Kooperationsvertrages schließen die am Modellstudiengang beteiligten Firmen mit den von ihnen betreuten Studenten einen Praktikantenvertrag ab. Die Anlage des Kooperationsvertrages enthält ein Muster des Praktikantenvertrages, das von der Arbeitgeberin verwandt wurde. In den Praktikantenverträgen mit einer Laufzeit von dreieinhalb Jahren wurden u. a. die Rechte und Pflichten der Vertragspartner, die Auflösung des Praktikantenverhältnisses und der Versicherungsschutz näher geregelt.«

Praktikum nach Beendigung einer Berufsausbildung

Viele Unternehmen bieten Praktika nach erfolgreichem Abschluss einer Berufsausbildung – insbesondere Hochschulausbildung – an.

Früher wurde mit einem Hochschulabsolventen in der Regel ein → **Arbeitsvertrag** mit Probezeitvereinbarung abgeschlossen (siehe → **Probearbeitsverhältnis**). Heute beginnt der Berufsstart mit einem mehrmonatigen, manchmal bis zu zwei Jahre dauernden sog. Praktikum. Dabei handelt es sich oft um ein »**Schein-Praktikantenverhältnis**«, das rechtlich als Arbeitsverhältnis einzuordnen ist, weil der »Praktikant« tatsächlich überwiegend weisungsgebundene (Arbeitnehmer-)Tätigkeit verrichten soll (z. B. Mitarbeit im Rahmen eines Projektteams). Dessen ungeachtet wird den Berufsanwärtern ein schlecht oder gar nicht vergüteter »Praktikumsvertrag« vorgelegt.

Es handelt sich um einen schlichten **Rechtsmissbrauch**, der davon lebt, dass Praktikanten – froh, überhaupt einen Fuß in den Betrieb zu bekommen – im Regelfall ihre (Arbeitnehmer-)Rechte nicht geltend machen.

Manchmal gelangt aber doch einmal ein Fall zu den Arbeitsgerichten (siehe Rn. 8). »Schein-Praktikantenverhältnisse« haben sich inzwischen zu einem Massenphänomen entwickelt (»**Generation Praktikum**«).

Initiatoren dieser (Fehl-)Entwicklung sind trickreiche Arbeitgeber(berater), die nach dem Motto »*Kleinvieh macht auch Mist*« eine gute Gelegenheit sehen, im Interesse der Renditeoptimierung Personalkosten zu senken.

Eindeutige gesetzliche Regelungen zu Praktikantenverhältnissen existieren nicht.
Die Klärung der mit dem Praktikum verbundenen Rechtsfragen wird den → **Arbeitsgerichten** überlassen. Von besonderer Bedeutung sind dabei
- die Abgrenzung zum Arbeitsverhältnis (siehe Rn. 8),
- die Frage, ob und inwieweit das Berufsbildungsgesetzes (BBiG) für das Praktikantenverhältnis gilt (siehe Rn. 9),
- die Frage, ob der Praktikant Arbeitnehmer bzw. Auszubildender i. S. d. § 5 Abs. 1, 60 Abs. 1 BetrVG ist und somit das BetrVG zur Anwendung kommt (siehe Rn. 10),
- die Frage, ob Tarifverträge auf Praktikantenverhältnisse Anwendung finden (oft ist die Anwendbarkeit durch den Tarifvertrag ausdrücklich ausgeschlossen; das gilt aber nicht, soweit es sich um ein »Schein-Praktikantenverhältnis«, also in Wirklichkeit um ein Arbeitsverhältnis handelt).

Praktikum

Abgrenzung zum Arbeitsverhältnis

8 Im Arbeitsverhältnis verpflichtet sich der → **Arbeitnehmer** auf Grund eines privatrechtlichen Vertrages (→ **Arbeitsvertrag**) mit dem → **Arbeitgeber** zur Leistung weisungsgebundener, fremdbestimmter Arbeit in persönlicher Abhängigkeit.
Der Arbeitnehmer erbringt seine vertraglich geschuldete Leistung im Rahmen einer vom Arbeitgeber bestimmten Arbeitsorganisation.
Seine **Eingliederung** in die Arbeitsorganisation zeigt sich insbesondere daran, dass er einem Weisungsrecht (des Arbeitgebers) unterliegt, das Inhalt, Durchführung, Zeit, Dauer und Ort der Tätigkeit betreffen kann (st. Rspr.: vgl. z. B. BAG v. 6.7.1995 – 5 AZB 9/93, NZA 1996, 33; 6.5.1998 – 5 AZR 612/97, NZA 1998, 939).
Als Gegenleistung erhält der Arbeitnehmer ein → **Arbeitsentgelt**.
Demgegenüber steht beim »**echten**« Praktikantenverhältnis nicht die Erbringung von weisungsgebundener Tätigkeit, sondern der **Ausbildungszweck im Vordergrund**. Das »echte« Praktikantenverhältnis ist deshalb kein Arbeitsverhältnis. Soweit der »echte« Praktikant eine Vergütung erhält, handelt es sich nicht um → **Arbeitsentgelt**, sondern um eine Aufwandsentschädigung oder Beihilfe zum Lebensunterhalt.
Wenn das Praktikantenverhältnis in Wirklichkeit als **Arbeitsverhältnis** anzusehen ist, weil im Vordergrund des »Verhältnisses« nicht ein Ausbildungszweck steht, sondern die Erfüllung von Arbeitsaufgaben (»**Schein-Praktikantenverhältnis**«), hat der »Praktikant« (der in Wirklichkeit Arbeitnehmer ist) Anspruch auf die für diese Tätigkeit gemäß § 612 Abs. 2 BGB anzusetzende »**übliche Vergütung**« (LAG Baden-Württemberg v. 8.2.2008 – 5 Sa 45/07, NZA 2008, 768).
Auch die sonstigen **gesetzlichen Arbeitnehmerrechte** stehen dem »Arbeitnehmer-Praktikanten« zu: Anspruch auf Entgeltfortzahlung im Krankheitsfall, bezahlten Urlaub usw.
Liegt **beiderseitige Tarifbindung** vor – was selten vorkommt, weil Praktikanten den Wert einer Mitgliedschaft in der tarifvertragsschließenden Gewerkschaft im Regelfall nicht (er)kennen –, besteht darüber hinaus Anspruch auf die tarifliche Leistungen (siehe Rn. 12).
In der Praxis »**verschwimmen**« gelegentlich die Grenzen zwischen Praktikantenverhältnis und Arbeitsverhältnis.
Instruktiv ist die Entscheidung des BAG v. 10.2.2015 – 9 AZR 289/13 (es ging um die Frage, ob die Klägerin für Tätigkeiten im Rahmen eines Praktikums Entgelt beanspruchen konnte, die sie in den letzten acht Monaten des Praktikums als Psychotherapeutin in der Ausbildung in der Klinik und Poliklinik der Beklagten für Kinder- und Jugendpsychiatrie, Psychosomatik und Psychotherapie verrichtet hat; das BAG hat der Klage stattgegeben): »*Wird ein unentgeltliches Praktikum vereinbart, kann gleichwohl in entsprechender Anwendung von § 612 Abs. 1 BGB ein Anspruch auf Vergütung bestehen. Dies gilt auch dann, wenn – wie hier durch § 7 PsychThG – die Anwendung des Berufsbildungsgesetzes und damit der Anspruch auf angemessene Vergütung nach § 26 iVm. § 17 Abs. 1 S 1 BBiG ausgeschlossen ist. Verrichtet ein Praktikant höherwertige Dienste als die, die er während des Praktikums zu erbringen hat, ist dies nicht von der vertraglichen Vergütungsregelung gedeckt und die Vergütung der außervertraglichen, höherwertigen Dienste erfolgt entsprechend § 612 Abs. 1 BGB. Voraussetzung für die Anwendung des § 612 BGB ist grundsätzlich, dass eine Vereinbarung über die Vergütung der versprochenen Dienste fehlt oder die Vereinbarung über die Unentgeltlichkeit der zu erbringenden Dienste wegen Sittenwidrigkeit gemäß § 138 BGB nichtig ist* (BAG 18. März 2014 – 9 AZR 694/12 – Rn. 26 ff.; vgl. zu den Voraussetzungen der Sittenwidrigkeit auch BAG 16. Mai 2012 – 5 AZR 268/11 – Rn. 29 ff. mwN, BAGE 141, 348). *5. Allerdings kann auch dann, wenn die Parteien in rechtlich nicht zu beanstandender Weise die Ableistung eines unentgeltlichen Praktikums vereinbart haben, in entsprechender Anwendung des § 612 Abs. 1 BGB eine Vergütungspflicht für bestimmte Dienstleistungen bestehen. Die Vorschrift ist Ausdruck des althergebrachten Satzes, dass „jede Arbeit ihres Lohnes wert ist"*

(BAG 15. März 1960 – 5 AZR 409/58 – zu 2 a der Gründe; vgl. auch Hilger in BGB-RGRK Bd. II Teil 3/1 12. Aufl. § 612 Rn. 4: "Insgesamt bewirkt das Gesetz, dass jede geldwerte Dienstleistung zu einem entsprechenden Entgeltanspruch führt."). Das Landesarbeitsgericht hat für den Senat bindend festgestellt, dass die übliche Vergütung für eine Psychotherapeutin in Vollzeit zwischen 2.700,00 Euro und 3.000,00 Euro brutto lag. Da die Beklagte die Klägerin wöchentlich an zwei Arbeitstagen wie eine Psychotherapeutin eingesetzt hat, ist die Annahme des Landesarbeitsgerichts, die Klägerin habe für die Monate Juni 2009 bis Januar 2010 in entsprechender Anwendung von § 612 Abs. 1 BGB Anspruch auf Vergütung iHv. jeweils 1.000,00 Euro brutto, nicht zu beanstanden.«

Manche Unternehmen schrecken auch vor **Rechtsmissbrauch** nicht zurück, wie der nachstehende Fall zeigt (aus dem Tatbestand der Entscheidung des LAG Baden-Württemberg v. 8. 2. 2008 – 5 Sa 45/07, NZA 2008, 768):

8a

»... Die am 00. 00. 1980 geborene Klägerin beendete im Jahr 2005 ihr Studium mit dem Abschluss Diplomingenieur (FH) für Innenarchitektur.
Bei der Beklagten handelt es sich um einen Fachverlag für A., I. und D.; zum Verlagsprogramm gehören Fachbücher und Zeitschriften.
Am 25. 11. 2005 schlossen die Parteien einen schriftlichen Vertrag folgenden Inhalts: »Praktikantenvertrag
1. Die V. K. GmbH stellt für die Zeit vom 1. 12. 2005 bis 31. 5. 2006 einen Praktikumsplatz zur Verfügung.
2. Die Betreuung der Praktikantin erfolgt durch die Mitarbeiter der V. K. GmbH.
3. Der Praktikantin werden allgemeine Aufgaben aus dem Bereich der V. K. GmbH übertragen.
4. Die Vergütung für diesen Zeitraum beträgt pro vollem Monat brutto 375,00 Euro.
5. Die tägliche Beschäftigungszeit entspricht der betriebsüblichen Arbeitszeit.«
Die Beklagte stellte der Klägerin die Möglichkeit in Aussicht, nach Absolvieren eines Praktikums in ein festes Arbeitsverhältnis übernommen zu werden. ... Die Beklagte zahlte an die Klägerin im Zeitraum 1. 12. 2005 bis 31. 5. 2006 insgesamt 2044,35 Euro brutto. Vor dem 1. 11. 2005 war die Klägerin arbeitssuchend gemeldet und erhielt durchgehend und über den 31. 5. 2006 hinaus Leistungen zur Sicherung des Lebensunterhaltes nach dem SGB II. Das Angebot der Beklagten gegen Ende des Praktikums, danach in einem Arbeitsverhältnis zu einem Bruttomonatsgehalt von 2000,00 Euro für sie tätig zu werden, lehnte die Klägerin ab. Die Klägerin hat mit der am 9. 10. 2006 erhobenen Klage angemessene Vergütung gefordert. Sie sei nicht als einfache Praktikantin tätig geworden, sondern habe in den einzelnen Projekten als normale Arbeitskraft der jeweiligen Projektleitung zugearbeitet. Abgesehen von der konkreten Entscheidungsbefugnis und der finanziellen und konzeptionellen Verantwortung habe sie die gleichen Arbeiten wie die Projektleitung selbst ausgeübt. ... Die im sogenannten Praktikantenvertrag vereinbarte Vergütung sei sittenwidrig; als angemessen sei das für die Zeit danach angebotene Entgelt von 2000,00 Euro mit einem Abschlag von 250,00 Euro wegen im Praktikum nicht bestehender Entscheidungsbefugnisse und Projektverantwortung anzusetzen, also 1750,00 Euro monatlich. Die Klägerin hat erstinstanzlich beantragt:
1. Die Beklagte wird verurteilt, an die Klägerin 8455,65 Euro brutto nebst Zinsen in Höhe von 5 Prozentpunkten über dem Basiszinssatz seit Rechtshängigkeit der Klage zu zahlen.
2. Die Beklagte wird verurteilt, der Klägerin ein wohlwollend formuliertes, qualifiziertes Arbeitszeugnis zu erteilen.
Die Beklagte hat Klagantrag Ziff. 2 anerkannt. Hinsichtlich Klagantrag Ziff. 1 hat die Beklagte beantragt, die Klage abzuweisen. Die Beklagte hat eingewendet, dass im streitgegenständlichen Zeitraum der Vertragsdurchführung der Ausbildungszweck und nicht die entgeltliche Gegenleistung im Vordergrund gestanden habe. Nach Abschluss ihres Studiums hätten der Klägerin sämtliche Kenntnisse in den wichtigsten Bereichen des Verlagswesens gefehlt, die – zumindest oberflächlich – gerade im Rahmen von Berufspraktika vermittelt würden. Man habe der Klägerin in

Praktikum

interessanten Projekten eine Einführung in das gesamte Gebiet der Abteilung gegeben, in der sie tätig war. Die Höhe der Vergütung sei für Praktika nicht unüblich und habe der Hinzuverdienstgrenze im Rahmen des Leistungsbezuges nach dem SGB II entsprochen. Die Forderung der Klägerin sei verwirkt, da sie fünf Monate nach Beendigung des Praktikums erst geklagt habe. Das Arbeitsgericht hat der Klage im überwiegenden Umfang stattgegeben und der Klägerin eine Vergütung in Höhe von 7090,65 Euro brutto zugesprochen. Im Übrigen hat das Arbeitsgericht die Klage als unbegründet abgewiesen. Die Klägerin sei – unbeschadet der Bezeichnung im Vertrag – als Arbeitnehmerin und nicht als Praktikantin tätig gewesen. Ihre Arbeitsleistung habe im Vordergrund gestanden und nicht die Vermittlung bestimmter Kenntnisse und Fertigkeiten, da sie im gesamten Zeitraum ausschließlich der Abteilung GKT zugewiesen gewesen sei. Die sonstigen, bei der Beklagten im Verlagswesen zu vermittelnden vielfältigen fachspezifischen Aufgaben hingegen seien nicht Inhalt des Vertragsverhältnisses gewesen. Die im Praktikantenvertrag getroffene Vergütungsregelung erfülle den Tatbestand des Lohnwuchers im Sinne des § 138 Abs. 2 BGB und sei deshalb nichtig. Bei der geschuldeten Arbeitszeit von 152,25 Stunden betrage der Stundenlohn 2,46 Euro brutto. Der Lohnwucher führe zur Gesamtnichtigkeit des Vertrages, die aber nicht zurückwirke – der Wucherlohn sei durch die übliche Vergütung im Sinne des § 612 Abs. 2 BGB zu ersetzen. Dabei sei von dem Maßstab auszugehen, nach dem die Beklagte die stundenweise zugebuchten Kräfte bei Abendveranstaltungen, etwa Hostessen, bezahle, da die Tätigkeit der Klägerin als zumindest gleichwertig anzusehen sei. Es sei daher ein Stundensatz von 10,00 Euro brutto anzusetzen. Damit stehe der Klägerin für die 35-Stunden-Woche eine Vergütung von 1522,50 Euro brutto monatlich zu; auf den Gesamtbetrag von 9135,00 Euro müsse sie sich bereits ausbezahlte 2044,35 Euro brutto anrechnen lassen. Die Rückabwicklung hinsichtlich der bezogenen Leistungen nach dem SGB II finde zwischen dem Grundsicherungsträger und der Klägerin statt und sei nicht in Abzug zu bringen. Die Forderung sei auch nicht verwirkt, da weder für die Verwirklichung des Zeit- noch des Umstandsmoments Anhaltspunkte ersichtlich seien. Zur Erteilung des Zeugnisses hat das Arbeitsgericht die Beklagte durch Anerkenntnisurteil verpflichtet.«

Die von der Beklagten gegen das Urteil eingelegte Berufung wies das LAG Baden-Württemberg zurück. Die Revision wurde nicht zugelassen.

Interessant sind die Ausführungen des LAG zu einer von der Beklagten nicht bestrittenen Bemerkung des Redaktionsleiters D. gegenüber der Klägerin, es finde sich immer wieder jemand, der sich darauf einlasse ...: »Deutlicher kann kaum zum Ausdruck gebracht werden, dass der Arbeitgeber, der für sechs Monate über die Fähigkeiten einer diplomierten Fachhochschulabsolventin verfügen kann, die wirtschaftlich schwächere Lage des Vertragspartners zu seinem Vorteil nutzt unter Hinweis auf den Zwang der Verhältnisse.«

Anwendung des Berufsbildungsgesetzes (BBiG)?

9   Das Berufsbildungsgesetz gilt nicht für ein Praktikum, das Bestandteil einer Ausbildung an einer berufsbildenden Schule oder Hochschule ist (**Schülerpraktikum** und **Praktika von Studenten**). Dies ergibt sich aus § 3 Abs. 1 und Abs. 2 Nr. 1 BBiG.

Hiernach findet das BBiG keine Anwendung auf eine Ausbildung, die an berufsbildenden Schulen stattfindet, die den Schulgesetzen der Länder unterstehen bzw. die nach dem Hochschulrahmengesetz und den Hochschulgesetzen der Länder durchgeführt wird.

Diese Einschränkung beruht darauf, dass dem Bundesgesetzgeber für den Bereich der Ausbildung in berufsbildenden Schulen die Gesetzgebungskompetenz fehlt (Art. 30 und Art. 70 GG; vgl. VGH Baden-Württemberg v. 29. 11. 2007 – PL 15 S 1/06, EzBPersVG § 9 Nr. 43 a).

Auf **sonstige »echte« Praktikantenverhältnisse**, die weder Schüler- noch Pflichtpraktikantenverhältnisse von Studenten sind, findet das BBiG dagegen grundsätzlich Anwendung.

Allerdings sind derartige Praktikantenverhältnisse nicht als Berufsausbildung im Sinne des § 1

Abs. 1 BBiG anzusehen (BAG v. 13.3.2003 – 6 AZR 564/01; siehe → **Auszubildende/Berufsausbildungsverhältnis**), sondern als »andere Vertragsverhältnisse« im Sinne des § 26 BBiG. Von dieser Vorschrift werden Personen erfasst, »*die eingestellt werden, um berufliche Fertigkeiten, Kenntnisse, Fähigkeiten oder berufliche Erfahrungen zu erwerben*«, ohne dass es sich um eine Berufsausbildung im Sinne des BBiG handelt.

Eine Anwendung des § 26 BBiG scheidet auch aus, wenn das Praktikantenverhältnis tatsächlich als ein **Arbeitsverhältnis** anzusehen ist (§ 26 BBiG: »*Soweit nicht ein Arbeitsverhältnis vereinbart ist …*«).

In diesem Falle richten sich die Rechtsfolgen nach allgemeinem Arbeitsrecht (siehe Rn. 8).

Ist der Praktikant Auszubildender i. S. d. § 5 Abs. 1, 60 Abs. 1 BetrVG?

Der in §§ 5 Abs. 1, 60 Abs. 1 BetrVG verwandte Begriff »Berufsausbildung« deckt sich nicht mit dem des Berufsbildungsgesetzes, sondern ist weiter gefasst.   **10**

Dazu zählt nicht nur die berufliche Grundbildung, sondern es fallen alle Maßnahmen darunter, die auf betrieblicher Ebene berufliche Kenntnisse und Fertigkeiten vermitteln.

Die »*zu ihrer Berufsausbildung Beschäftigten*« sind selbst dann **Arbeitnehmer im Sinne des BetrVG**, wenn ihr Rechtsverhältnis nicht als Arbeitsverhältnis anzusehen ist (vgl. Fitting, BetrVG, 26. Aufl., § 5 Rn. 251).

Deshalb können auch **Praktikanten Arbeitnehmer** im Sinne des Betriebsverfassungsrechts sein (BAG v. 30.10.1991 – 7 ABR 11/91, NZA 1992, 808).

Das gilt nach h. M. allerdings nicht für **Schülerpraktikanten** (siehe Rn. 4; vgl. Fitting, BetrVG, 27. Aufl., § 5 Rn. 269).

Studenten, die aufgrund einer Studienordnung ein betriebliches (Pflicht-)Praktikum durchzuführen haben (siehe Rn. 5), sind nach Ansicht des BAG jedenfalls dann als »zu ihrer Berufsausbildung Beschäftigte« und damit Arbeitnehmer im Sinne der §§ 5 Abs. 1, 60 Abs. 1 BetrVG, wenn die Studienordnung vorsieht, dass die Studenten während des Praktikums in einer privatrechtlichen Vertragsbeziehung zum Betriebsinhaber stehen (BAG v. 30.10.1991 – 7 ABR 11/91, a. a. O.).

So hat das BAG beispielsweise Praktikanten des Modellstudienganges »Betriebswirtschaft mit Schwerpunkt Wirtschaftsinformatik« der Technischen Fachhochschule (TFH) Berlin und die Praktikanten im berufspraktischen Studiensemester der Technischen Universität (TU) Berlin als zur Berufsausbildung Beschäftigte i. S. der § 5 Abs. 1 und § 60 Abs. 1 BetrVG angesehen und ihnen demzufolge das aktive und passiver Wahlrecht zur Wahl des → **Betriebsrats** bzw. der → **Jugend- und Auszubildendenvertretung** zugestanden (BAG v. 30.10.1991 – 7 ABR 11/91, a. a. O.; siehe auch Rn. 5).

Die **Wählbarkeit** zum Betriebsrat scheidet allerdings meist aus. Sie setzt voraus, dass das Praktikum zum Zeitpunkt der Wahl bereits sechs Monate bestanden hat (§ 8 Abs. 1 Satz 1 BetrVG).

Etwas anders gilt für die Wählbarkeit zur Jugend- und Auszubildendenvertretung. Sie hängt nicht von einer bestimmten Dauer der Betriebszugehörigkeit ab (§ 61 Abs. 2 BetrVG; vgl. auch BAG v. 30.10.1991 – 7 ABR 11/91, a. a. O.).

Bei der Tätigkeit als **Werkstudent** oder bei der **Ferienarbeit von Schülern** handelt es sich um   **11** weisungsgebundene Tätigkeit.

Diese Personen sind »ganz normale« → **Arbeitnehmer** im allgemeinen Sinne und gehören zur Belegschaft, selbst wenn sie nur Aushilfsarbeiten verrichten.

Sie haben aufgrund des zwischen ihnen und dem Arbeitgeber bestehenden → **Arbeitsvertrages** (ggf. aufgrund tarifvertraglicher Regelungen; siehe Rn. 12) Anspruch auf → **Arbeitsentgelt**, auf Entgeltfortzahlung im Krankheitsfall, auf bezahlten Urlaub usw.

Praktikum

12 → **Tarifverträge**, die das Rechtsverhältnis zwischen Arbeitgeber und Arbeitnehmer regeln, finden auf das Praktikantenverhältnis in der Regel keine Anwendung. Meist werden Praktikanten ausdrücklich vom persönlichen Geltungsbereich des Tarifvertrages ausgenommen (siehe aber Rn. 13).
Etwas anderes gilt, wenn es sich in Wirklichkeit um ein Arbeitsverhältnis handelt (zur Abgrenzung siehe Rn. 8).
In diesem Fall hat der »Praktikant«, sofern der Tarifvertrag kraft beiderseitiger Tarifbindung auf das Arbeitsverhältnis Anwendung findet (siehe → **Tarifvertrag**), Anspruch auf die tariflichen Leistungen.
Hierzu zählen regelmäßig **unter anderem**:
- die tarifliche Grundvergütung entsprechend der Tarifentgeltgruppe, in die die ausgeführte Arbeit einzustufen ist,
- tarifliche Zulagen (z. B. Leistungszulage)
- tarifliche Zuschläge für Mehr-, Nacht-, Sonn- und Feiertagsarbeit,
- tariflicher Urlaub,
- tarifliches Urlaubs- und Weihnachtsgeld.

12a Die oft sehr kurzen tariflichen → **Ausschlussfristen/Verfallfristen** sind zu beachten.
Wird eine solche Frist vom Arbeitnehmer bzw. Praktikant versäumt, kann ihm ein **Schadensersatzanspruch** nach § 280 Abs. 1 BGB zustehen, wenn der Arbeitgeber es entgegen § 2 Abs. 1 bzw. Abs. 1 a NachwG (siehe Rn. 2 b) unterlassen hat, die Vertragsbedingungen schriftlich niederzulegen und dem Arbeitnehmer bzw. Praktikant die unterschriebene Niederschrift auszuhändigen.
Hierzu nachfolgende Entscheidung des **BAG v. 21. 2. 2012 – 9 AZR 486/10:**
»*1. Verstößt ein Arbeitgeber gegen die in § 2 oder § 3 Satz 1 NachwG normierten **Nachweispflichten**, hindert ihn dies nicht, die Erfüllung eines von dem Arbeitnehmer erhobenen Anspruchs unter Berufung auf eine Ausschlussfrist abzulehnen.*
*2. Befindet sich ein Arbeitgeber mit der Aushändigung der nach § 2 NachwG geschuldeten Niederschrift oder der ihm nach § 3 NachwG obliegenden Mitteilung in Verzug, hat er gemäß § 280 Abs. 1 Satz 1 BGB den durch den eingetretenen Verzug adäquat verursachten **Schaden zu ersetzen**. Deshalb kann ein Arbeitnehmer von dem Arbeitgeber verlangen, so gestellt zu werden, als wäre sein Zahlungsanspruch nicht untergegangen, wenn ein solcher Anspruch nur wegen Versäumung der Ausschlussfrist erloschen ist und bei gesetzmäßigem Nachweis seitens des Arbeitgebers bestehen würde. Bei der Prüfung der adäquaten Verursachung kommt dem Arbeitnehmer die Vermutung eines aufklärungsgemäßen Verhaltens zugute. Dem Arbeitgeber bleibt die Möglichkeit, diese tatsächliche Vermutung zu widerlegen.*«

13 Die Rechte und Pflichten der **Praktikanten im öffentlichen Dienst** sind in dem »Tarifvertrag über die vorläufige Weitergeltung der Regelungen für die Praktikantinnen/Praktikanten« vom 13. 9. 2005 (zuletzt geändert durch den Änderungstarifvertrag Nr. 1 vom 31. 3. 2008) geregelt (siehe im Anhang).

Bedeutung für die Arbeit des Betriebsrats und der JAV

14 Der Betriebsrat hat nach § 80 Abs. 2 Satz 1 Halbs. 2 BetrVG Anspruch darauf, dass der Arbeitgeber ihn auch über die Beschäftigung solcher Personen unterrichtet, die nicht in einem Arbeitsverhältnis zum Arbeitgeber stehen. Hierunter fallen auch **Praktikanten**.
Der Betriebsrat muss prüfen können, ob und inwieweit ihm in Bezug auf diese Personen Mitbestimmungsrechte (z. B. nach § 99 BetrVG) zustehen.

Praktikum

Der Betriebsrat sollte Kontakt mit den »eingestellten« Praktikanten aufnehmen und prüfen, ob ein »echtes« oder ein »Schein-Praktikantenverhältnis« vorliegt (siehe Rn. 6 und 8). In letzterem Falle sollte er den Arbeitgeber auffordern, eine solche **rechtsmissbräuchliche Praxis** zukünftig zu unterlassen (siehe Rn. 19). 15
Außerdem sollte er den angeblichen »Praktikanten« – falls dieser das wünscht – ggf. bei der Durchsetzung seiner Arbeitnehmerrechte unterstützen.

Der Betriebsrat sollte dem Arbeitgeber auf der Grundlage der §§ 92 Abs. 1, 96 ff. BetrVG (Personalplanung, Berufsbildung) einen Vorschlag über die Gestaltung »echter« Praktikantenverhältnisse machen: Praktikumsvertrag, Betreuung der Praktikanten, Ausbildungsplan: Ablauf und Inhalt des Praktikums, »Arbeitszeit«, Vergütung, Entgeltfortzahlung im Krankheitsfall, Dauer des Urlaubs, Zeugniserteilung, usw.). 16

Zur Frage, ob **Schülerpraktikanten** und **studentische Praktikanten** Arbeitnehmer im Sinne der §§ 5 Abs. 1, 60 Abs. 1 BetrVG sind mit der Folge der vollen Anwendung des BetrVG siehe Rn. 10. 17

Ob der Betriebsrat bei der → **Einstellung** (sowie → **Versetzung** und → **Eingruppierung/Umgruppierung**) von Praktikanten nach § 99 BetrVG mitzubestimmen hat, hängt von Art und Ausgestaltung des Praktikantenverhältnisses ab. 18

So soll etwa die »Aufnahme« von **Schülerpraktikanten** mit dem Ziel, den Schülern eine kritische Auseinandersetzung mit der Arbeits- und Berufswelt zu ermöglichen und ihnen damit verbunden eine Hilfestellung für die spätere Berufswahl zu geben, keine nach § 99 Abs. 1 BetrVG zustimmungspflichtige → **Einstellung** sein (BAG v. 8.5.1990 – 1 ABR 7/89, AiB 1991, 121 = NZA 1990, 896).

Eine nach § 99 BetrVG zustimmungspflichtige Einstellung liege (nur) dann vor, wenn Personen in den Betrieb **eingegliedert** werden sollen, um zusammen mit den im Betrieb schon beschäftigten Arbeitnehmern den arbeitstechnischen Zweck des Betriebes durch weisungsgebundene Tätigkeit zu verwirklichen.

Zwar komme es auf das Rechtsverhältnis, in dem diese Personen zum Arbeitgeber als Betriebsinhaber stehen, nicht an. Erforderlich sei aber, dass die von diesen Personen zu verrichtende Tätigkeit ihrer Art nach eine weisungsgebundene Tätigkeit ist. Das sei bei der von Schülerpraktikanten zu verrichtenden Tätigkeit nicht der Fall.

Die Aufnahme von Schülerpraktikanten kann nach Ansicht des BAG auch nicht als Beschäftigung zum Zwecke der **Berufsausbildung** und aus diesem Grunde als → **Einstellung** im Sinne von § 99 BetrVG angesehen werden (BAG v. 8.5.1990 – 1 ABR 7/89, a.a.O.).

Voraussetzung für eine Berufsausbildung im Sinne von § 5 Abs. 1 BetrVG sei, dass eine **Eingliederung** des Auszubildenden in den Betrieb des Ausbilders vorliegt und keine lediglich schulische, sondern eine zumindest auch betrieblich-praktische Unterweisung erfolgt, in der der Auszubildende auch beruflich aktiv tätig ist.

Eine Beschäftigung zur Ausbildung setze nicht voraus, dass durch diese Beschäftigung der Betriebszweck selbst schon unmittelbar verwirklicht wird.

Eine zustimmungsbedürftige Einstellung im Sinne von § 99 BetrVG liege daher auch dann vor, wenn Personen im Betrieb für eine in Aussicht genommene Beschäftigung eine Ausbildung erhalten, ohne die eine solche Beschäftigung nicht möglich ist; auch dabei komme es nicht darauf an, in welchem Rechtsverhältnis sie während der Ausbildung zum Betriebsinhaber stehen (BAG v. 3.10.1989 – 1 ABR 68/88, AiB 1990, 260 = NZA 1990, 366).

Allerdings genüge die nur informatorische Besichtigung des Betriebs oder das bloße Zuschauen bei der betrieblichen Arbeitsleistung anderer Arbeitnehmer des Betriebs nicht (BAG v. 25.10.1989 – 7 ABR 1/88, AiB 1990, 254 = DB 1990, 1192).

Bei der → **Einstellung** von Praktikanten, die als → **Arbeitnehmer** im Sinne der §§ 5 Abs. 1, 60 Abs. 1 BetrVG anzusehen sind (siehe Rn. 10), hat der Betriebsrat nach § 99 BetrVG mitzubestimmen.

Praktikum

Das Gleiche gilt bei der → **Versetzung** und → **Eingruppierung/Umgruppierung** solcher Praktikanten.

19 Mitbestimmung nach § 99 BetrVG besteht auch bei einem »**Schein-Praktikantenverhältnis**«, das tatsächlich ein Arbeitsverhältnis ist (siehe Rn. 6 und 8).
Das heißt: sowohl bei der → **Einstellung**, → **Versetzung** als auch (erforderlichen) → **Eingruppierung /Umgruppierung** eines »Schein-Praktikanten« ist der Betriebsrat nach § 99 BetrVG zu beteiligen.
Geschieht das nicht (was der Regelfall ist), kann und sollte der Betriebsrat nach § 101 BetrVG gegen das mitbestimmungswidrige Verhalten des Arbeitgebers vorgehen (siehe → **Einstellung**, → **Versetzung**, → **Eingruppierung/Umgruppierung**).
In Frage kommt auch ein **Unterlassungsanspruch** nach § 23 Abs. 3 BetrVG. § 101 BetrVG schließt den Anspruch des Betriebsrats nach § 23 Abs. 3 BetrVG auf künftige Beachtung seiner Mitbestimmungsrechte nicht aus (BAG v. 8. 5. 1990 – 1 ABR 7/89, AiB 1991, 121 = NZA 1990, 896).
Die Rechte des Betriebsrats nach § 102 BetrVG (Kündigung) entfallen in der Regel, weil das als Arbeitsverhältnis geltende »Schein-Praktikantenverhältnis« regelmäßig befristet ist und deshalb ohne Kündigung ausläuft.

20 Praktikanten haben unabhängig davon, ob sie Arbeitnehmer im Sinne des BetrVG sind (siehe Rn. 6 und 8) oder nicht, das Recht, Sprechstunden des Betriebsrats (§ 39 BetrVG) und der JAV (§ 69 BetrVG) aufzusuchen und an Betriebs- und Abteilungsversammlungen (§ 43 BetrVG) bzw. Jugend- und Ausbildungsversammlungen (§ 71 BetrVG) teilzunehmen.

Bedeutung für die Praktikanten

21 **Schülerpraktikanten** und **Hochschulstudenten**, die im Rahmen ihres Hochschulstudiums (ggf. mehrere Monate) eine praktische (Pflicht-)Ausbildung in einem Betrieb erhalten, sind **keine Arbeitnehmer** im Sinne des individuellen Arbeitsrechts.
Sie behalten auch während des betrieblichen Praktikums ihren Status als Schüler bzw. Studenten (es sei denn, eine Ausbildungs- oder Studienordnung sieht etwas anderes vor).
Demzufolge besteht kein Anspruch auf Arbeitsentgelt, Entgeltfortzahlung im Krankheitsfall oder Urlaub.
Das gilt nicht, wenn Schüler und Studenten einen regulären → **Arbeitsvertrag** mit dem Arbeitgeber vereinbaren (**Ferienarbeit** von Schülern, Tätigkeit als **Werkstudent**; siehe Rn. 11) oder das »Praktikum« wie ein Arbeitsverhältnis durchgeführt wird (weisungsgebundene Tätigkeit; siehe Rn. 8).

22 Zur Frage, ob Schülerpraktikanten und studentische Praktikanten Arbeitnehmer im Sinne der §§ 5 Abs. 1, 60 Abs. 1 BetrVG sind mit der Folge der vollen Anwendung des BetrVG siehe Rn. 10.

23 Soweit das Praktikantenverhältnis von § 26 BBiG erfasst wird (siehe Rn. 9), hat der Praktikant die Rechte aus §§ 10 bis 23 und 25 BBiG.
Diese Vorschriften kommen mit der Maßgabe zur Anwendung, dass die gesetzliche Probezeit abgekürzt, auf die Vertragsniederschrift verzichtet und bei vorzeitiger Lösung des Vertragsverhältnisses nach Ablauf der Probezeit abweichend von § 23 Abs. 1 Satz 1 BBiG Schadensersatz nicht verlangt werden kann.

24 Soweit es sich bei dem Praktikantenverhältnis in Wirklichkeit um ein Arbeitsverhältnis handelt (»**Schein-Praktikantenverhältnis**«), ist der Praktikant → **Arbeitnehmer** (siehe Rn. 8).
Er hat alle Rechte, die ein vergleichbarer Arbeitnehmer hat.
Unter anderem hat er Anspruch auf die für diese Tätigkeit gemäß § 612 Abs. 2 BGB anzu-

Praktikum

setzende »**übliche Vergütung**« (LAG Baden-Württemberg v. 8.2.2008 – 5 Sa 45/07, NZA 2008, 768; siehe hierzu Rn. 8).
Es besteht auch Anspruch auf die in den für Arbeitnehmer geltenden gesetzlichen Regelungen vorgesehen Leistungen: Anspruch auf Entgeltfortzahlung im Krankheitsfall nach dem EFZG und auf bezahlten Urlaub nach dem BUrlG.
Liegt beiderseitige Tarifbindung vor (kommt selten vor; siehe Rn. 12), besteht Anspruch auch auf die tariflichen Leistungen.
Die oft sehr kurzen tariflichen → **Ausschlussfristen/Verfallfristen** sind zu beachten.
Falls eine solche Frist vom Arbeitnehmer bzw. Praktikant versäumt wird, kann ihm ein **Schadensersatzanspruch** nach § 280 Abs. 1 BGB zustehen, wenn der Arbeitgeber es entgegen § 2 Abs. 1 bzw. Abs. 1 a NachwG (siehe Rn. 2 b) unterlassen hat, die Vertragsbedingungen schriftlich niederzulegen und dem Arbeitnehmer bzw. Praktikant die unterschriebene Niederschrift auszuhändigen (siehe Rn. 12 b).

Besondere Rechtsfragen entstehen, wenn Praktikanten im Anschluss an das befristete Praktikum in ein befristetes Arbeitsverhältnis (siehe → **Befristeter Arbeitsvertrag**) übernommen werden. **25**
Nach § 14 Abs. 2 Satz 2 TzBfG ist nämlich eine sachgrundlose Befristung des Arbeitsvertrages unzulässig und unwirksam, wenn mit demselben Arbeitgeber bereits zuvor ein befristetes oder unbefristetes Arbeitsverhältnis bestanden hat (sog. **Anschlussverbot**).
Folgende Fallgestaltungen sind zu unterscheiden:
Soweit es sich um ein »**echtes**« **Praktikantenverhältnis** gehandelt hat, gilt die Zeit des Praktikums nicht als Vorarbeitsverhältnis im Sinne des § 14 Abs. 2 Satz 2 TzBfG (ArbG Marburg v. 27.8.2004 – 2 Ca 572/03, DB 2004, 2375).
Das anschließende Arbeitsverhältnis kann demzufolge sachgrundlos bis zur Dauer von zwei Jahren befristet werden (§ 14 Abs. 2 Satz 1 TzBfG).
Die Praktikumszeit ist bei der Berechnung der maximalen Befristungsdauer des § 14 Abs. 2 Satz 1 TzBfG nicht zu berücksichtigen (vgl. ArbG Marburg v. 27.8.2004 – 2 Ca 572/03, a. a. O.).
Soweit das Praktikantenverhältnis in Wirklichkeit ein Arbeitsverhältnis war (»**Schein-Praktikantenverhältnis**«; siehe Rn. 6 und 8), kommt das »Anschlussverbot« des § 14 Abs. 2 Satz 2 TzBfG zum Zuge.
Der Anschlussarbeitsvertrag kann dann nicht sachgrundlos befristet werden.
Geschieht dies dennoch (z. B. weil der Anschlussarbeitsvertrag auf § 14 Abs. 2 Satz 1 TzBfG ausdrücklich Bezug nimmt), ist die Befristung unwirksam.
Es liegt dann ein unbefristetes Arbeitsverhältnis vor. Allerdings muss die Unwirksamkeit innerhalb von drei Wochen nach dem (unwirksam) vereinbarten Ende des befristeten Arbeitsvertrages durch **Feststellungsklage** beim Arbeitsgericht geltend gemacht werden (§ 17 TzBfG).
Eine Befristung eines – sich an ein »Schein-Praktikantenverhältnis« anschließenden – Arbeitsvertrages ist aber dann zulässig, wenn sie durch einen **sachlichen Grund** im Sinne des § 14 Abs. 1 TzBfG gerechtfertigt ist.
Ein solcher sachlicher Grund liegt beispielsweise vor, wenn »*die Befristung im Anschluss an eine Ausbildung oder ein Studium erfolgt, um den Übergang des Arbeitnehmers in eine Anschlussbeschäftigung zu erleichtern*« (§ 14 Abs. 1 Satz 2 Nr. 2 TzBfG).
Grundsätzlich muss im Falle eines »**Schein-Praktikantenverhältnisses**« (siehe Rn. 6 und 8) der »Praktikant« bei einer **Klage** gegen den Arbeitgeber (z. B. Klage auf Zahlung der »üblichen Vergütung« nach § 612 Abs. 2 BGB – siehe Rn. 24 – oder Feststellungsklage nach § 17 TzBfG – siehe Rn. 25) darlegen und beweisen, dass in Wirklichkeit ein Arbeitsverhältnis vorgelegen hat. **26**
Wenn aber der »Praktikumsvertrag« und sonstige schriftliche Vereinbarungen zwischen »Praktikant« und Arbeitgeber eine Einordnung als Arbeitsverhältnis begründen, ist es Sache des Arbeitgebers darzulegen und zu beweisen, dass während des sogenannten Praktikums

Praktikum

tatsächlich der Ausbildungszweck und nicht die entgeltliche Gegenleistung im Vordergrund stand (BAG v. 13.3.2003 – 6 AZR 564/01).

Arbeitshilfen

Musterschreiben
Muster
- Klage auf Zahlung von Arbeitsentgelt bei »Schein-Praktikum«
- Tarifvertrag über die vorläufige Weitergeltung der Regelungen für die Praktikantinnen/Praktikanten

Rechtsprechung

1. Abgrenzung Praktikum – Arbeitsverhältnis
2. Praktika von Studenten – Berufsbildungsgesetz (BBiG) nicht anwendbar
3. Anrechnung eines Praktikums auf die Probezeit eines folgenden Berufsausbildungsverhältnisses?
4. Vergütungsanspruch – Sittenwidrigkeit – Lohnwucher
5. Anrechnung auf Wartezeit nach § 1 Abs. 1 KSchG?
6. Berücksichtigung bei der maximalen Befristungsdauer des § 14 Abs. 2 TzBfG?
7. Schadensersatzanspruch – Verletzung der Nachweispflicht nach dem Nachweisgesetz
8. Zeugnisanspruch
9. Praktikum und BetrVG: Mitbestimmung des Betriebsrats nach § 99 BetrVG? – Aktives und passives Wahlrecht zur Wahl des Betriebsrats bzw. der Jugend- und Auszubildendenvertretung?

Probearbeitsverhältnis

Was ist das?

Häufig wird das Arbeitsverhältnis zunächst als Probearbeitsverhältnis durchgeführt. Eine Probezeitvereinbarung dient vor allem dem **Interesse des Arbeitgebers**. Er will überprüfen, ob der Arbeitnehmer für die vorgesehene Arbeit **persönlich und fachlich geeignet** ist.

Die Probearbeitsvereinbarung kommt in zwei Formen vor:
- als **befristetes Probearbeitsverhältnis** mit der Folge, dass es mit Fristablauf »automatisch« ohne Anspruch einer Kündigung (und damit auch ohne Einschaltung des Betriebsrats) endet (siehe → **Befristeter Arbeitsvertrag**);
- in Form der »**vorgeschalteten**« Probezeit im Rahmen eines unbefristeten Arbeitsverhältnisses. Hier ist – falls der Arbeitgeber den Arbeitnehmer nicht weiterbeschäftigen will – eine Kündigung des Arbeitsvertrages (gegebenenfalls mit einer verkürzten → **Kündigungsfrist**, siehe Rn. 3) erforderlich.

Dementsprechend ist der Betriebsrat nicht nur nach § 102 BetrVG anzuhören; er hat auch das Recht, Bedenken oder Widerspruch gegen die Kündigung einzulegen (siehe → **Kündigung**).

Wichtigste Rechtsfolge einer Probearbeitsvereinbarung ist es, dass das Arbeitsverhältnis – abweichend von Regelungen des § 622 Abs. 1 und 2 BGB – mit einer **kürzeren Kündigungsfrist** gekündigt werden kann.

Nach § 622 Abs. 3 BGB gilt nämlich während einer vereinbarten Probezeit – längstens bis zur Dauer von sechs Monaten – eine **Kündigungsfrist von zwei Wochen**.

Wird eine **längere Probezeit** als sechs Monate vereinbart (was zulässig ist, falls keine tarifliche oder sonstige Bestimmung – z. B. Betriebsvereinbarung – entgegensteht), gilt die verkürzte Kündigungsfrist von zwei Wochen nur während der ersten sechs Monate.

Außerdem findet im Falle einer »vorgeschalteten« Probezeit (siehe Rn. 2) nach Ablauf von sechs Monaten das **Kündigungsschutzgesetz** Anwendung (siehe → **Kündigungsschutz**).

Nach § 1 Abs. 1 KSchG ist eine Kündigung gegenüber einem Arbeitnehmer, dessen Arbeitsverhältnis in demselben Betrieb oder Unternehmen ohne Unterbrechung länger als sechs Monate (sog. **Wartezeit**) bestanden hat, rechtsunwirksam, wenn sie sozial ungerechtfertigt ist.

Nach § 622 Abs. 4 BGB kann durch → **Tarifvertrag** eine von § 622 Abs. 3 BGB abweichende Regelung getroffen werden. So kann die Probezeitdauer bzw. die Dauer der Kündigungsfrist **verkürzt** oder **verlängert** werden.

Der nach sechs Monaten gemäß § 1 Abs. 1 KSchG eintretende Kündigungsschutz kann durch Tarifvertrag aber nicht beeinträchtigt werden.

In → **Tarifverträgen** ist häufig eine **kürzere Höchstdauer** der Probezeit geregelt (z. B. drei Monate). In diesem Fall kann nur während der ersten drei Monate des Arbeitsverhältnisses mit der kurzen zweiwöchigen Kündigungsfrist des § 622 Abs. 3 BGB gekündigt werden, es sei denn, der Tarifvertrag regelt auch eine von § 622 Abs. 3 BGB abweichende Kündigungsfrist.

Probearbeitsverhältnis

Arbeitshilfen

Musterschreiben • Probearbeitsvertrag

Rechtsprechung

1. Probezeitvereinbarung – Fristberechnung – Wirksamkeitsvoraussetzungen
2. Verlängerung der Probezeit
3. Prüfungsrecht des öffentlichen Arbeitgebers
4. Kündigung in der Probezeit
5. Kündigung in der Probezeit: Anhörung des Betriebsrats

Rationalisierung

Was ist das?

Die Leitung eines Unternehmens ist bemüht, die ihr zur Verfügung stehenden finanziellen Mittel in einer Weise einzusetzen, die die Erzielung des **höchstmöglichen Gewinns** ermöglicht (siehe → **Unternehmen**).
Diese Zielsetzung verlangt einen »rationellen« (auf Deutsch: »vernünftigen«) Einsatz der »Produktions- und Kostenfaktoren« Mensch und Betriebsmittel.
Der Begriff »Rationalisierung« umfasst alle Maßnahmen, die darauf abzielen, die »Leistung des Betriebs« zu verbessern, insbesondere durch Senkung des – kostenträchtigen – Aufwandes an menschlicher Arbeit, Zeit, Energie und Material.
Rationalisierung in diesem Sinne findet in den Betrieben in zweierlei Form statt:
- in Form von **betriebsorganisatorischen Maßnahmen** (Änderung von Arbeitsabläufen, Einführung oder Abschaffung von Fließband-, Gruppen- oder Einzelarbeit, Einführung von Desk-Sharing [siehe hierzu → **Betriebsänderung** Rn. 9a], Abbau der Lagerhaltung, Einführung oder Änderung von Entlohnungsgrundsätzen und -methoden, Leistungsverdichtung.)
- sowie in Form von **technischen Maßnahmen** (Einsatz von arbeitssparenden oder qualitätsverbessernden Technologien sowohl im Produktions- als auch im Verwaltungsbereich: Einsatz von EDV-Anlagen, NC- oder CNC-Maschinen, computergestützte Konstruktion usw.).

Siehe auch → **Betriebliches Vorschlagswesen**, → **Gruppenarbeit**, → **ISO 9000**, → **Lean Production**.
Einen enormen Schub erhalten Rationalisierungsprozesse durch eine immer schneller voranschreitende, umfassende **Digitalisierung der Wirtschaft** (**Industrie 4.0 / Wirtschaft 4.0**). Hierzu ein Auszug aus einer Information des Bundeswirtschaftsministeriums, das die Federführung eines Dialogs von Politik, Wirtschaft, Gewerkschaften und Wissenschaft übernommen hat (*https://www.bmwi.de/DE/Themen/Industrie/industrie–4–0.html*):
»*In der Industrie 4.0 verzahnt sich die Produktion mit modernster Informations- und Kommunikationstechnik. Das ermöglicht maßgeschneiderte Produkte nach individuellen Kundenwünschen – kostengünstig und in hoher Qualität. Die Fabrik der Industrie 4.0 sieht folgendermaßen aus: Intelligente Maschinen koordinieren selbstständig Fertigungsprozesse, Service-Roboter kooperieren in der Montage auf intelligente Weise mit Menschen, (fahrerlose) Transportfahrzeuge erledigen eigenständig Logistikaufträge. Industrie 4.0 bestimmt dabei die gesamte Lebensphase eines Produktes: Von der Idee über die Entwicklung, Fertigung, Nutzung und Wartung bis hin zum Recycling. Über die »intelligente Fabrik« hinaus werden Produktions- und Logistikprozesse künftig unternehmensübergreifend vernetzt, um den Materialfluss zu optimieren, um mögliche Fehler frühzeitig zu erkennen und um hochflexibel auf veränderte Kundenwünsche und Marktbedingungen reagieren zu können.*«
Begriffe wie Cyber-Physical-Systems, Smart Factory, Big Data, Cloudworking und Crowdsourcing (siehe hierzu → **Betriebsänderung** Rn. 9a) machen die Runde.

Rationalisierung

Natürlich ist »Digitalisierung der Wirtschaft« kein neues Thema. Sie findet längst statt. Allerdings wird im Zusammenhang mit Industrie 4.0 / Wirtschaft 4.0 eine neue Qualität der Nutzung von Informations- und Kommunikationstechnologien – ein radikaler Umbruch – erwartet. Beispielsweise werden für die **Industrie** Systeme vorausgesagt, durch die sich »intelligente« Maschinen, Betriebsmittel und Lagersysteme eigenständig per Software-Algorithmen steuern. Entsprechende Entwicklungen werden für den **Dienstleistungsbereich** prognostiziert.

Aus Gewerkschafts-, Betriebsrats- und Arbeitnehmersicht stellt sich die Frage nach den **Folgen für die Arbeitswelt** (Arbeitsplätze, Arbeitsentgelt, Arbeitszeit, Arbeitsbedingungen, ...). Die Debatte um **Arbeit 4.0** hat begonnen.

Lesenswert insbesondere:
- Bundesministerium für Arbeit und Soziales (Hrsg.), Grünbuch Arbeiten 4.0 (Stand April 2015); abrufbar unter *http://www.bmas.de/SharedDocs/Downloads/DE/PDF-Publikationen-DinA4/gruenbuch-arbeiten-vier-null.pdf?__blob= publicationFile*;
- Lothar Schröder / Hans-Jürgen Urban (Hrsg.), Gute Arbeit Digitale Arbeitswelt – Trends und Anforderungen, Bund-Verlag 2016.

Bedeutung für die Betriebsratsarbeit

5   Der Betriebsrat hat sowohl in der Phase der Planung als auch in der Phase der Durchführung von Rationalisierungsmaßnahmen eine Vielzahl von **Aufgaben** zu bewältigen:
- konkrete Einzelheiten der Planungen des Arbeitgebers müssen erfragt werden;
- die Auswirkungen auf die Beschäftigten müssen festgestellt werden;
- die Interessenlage (Interessen des Arbeitgebers, Interessen der Beschäftigten) muss geklärt werden;
- Konsequenzen müssen gezogen werden in Form von Forderungen, Vorschlägen, Konzepten, Entwürfen von Betriebsvereinbarungen;
- Begründungen für die eigenen Forderungen und Gegenargumente hinsichtlich der arbeitnehmerinteressenschädlichen Vorhaben müssen erarbeitet werden;
- Verhandlungen mit dem Arbeitgeber müssen sorgfältig vorbereitet und aufgenommen werden;
- in allen Phasen sollte es Kooperation von Betriebsrat, Vertrauensleuten, Sicherheitsbeauftragten und Sicherheitsfachkräften, sonstigen interessierten und sachkundigen Belegschaftsmitgliedern und Gewerkschaft geben durch Information, Diskussion am Arbeitsplatz, in gemeinsamen Sitzungen, Betriebs- oder Abteilungsversammlungen usw.;
- auch an die Hinzuziehung von → **Sachverständigen** nach § 80 Abs. 3 BetrVG bzw. eines Beraters nach § 111 Satz 2 BetrVG und die Durchführung von → **Schulungs- und Bildungsveranstaltungen** nach § 37 Abs. 6 BetrVG sollte gedacht werden;
- schließlich kann die Zusammenarbeit mit Betriebsarzt, Berufsgenossenschaft und ggf. Gewerbeaufsicht notwendig sein;
- für den Fall, dass die Verhandlungen mit dem Arbeitgeber scheitern sollten, ist zu prüfen, ob die rechtlichen und tatsächlichen Voraussetzungen für ein Einigungsstellenverfahren gegeben sind.

6   Zur Durchführung seiner Aufgaben stellt das BetrVG dem Betriebsrat Informations-, Mitwirkungs- und Mitbestimmungsrechte zur Verfügung (siehe → **Beteiligungsrechte des Betriebsrats**).

Rationalisierung

Informationsrechte

Informationsrechte bestehen nach 7
- § 90 Abs. 1 und 2 BetrVG (Information über die Planungen bezüglich **Gestaltung** von Arbeitsplatz, Arbeitsablauf und Arbeitsumgebung);
- § 92 Abs. 1 BetrVG (Information über die mit der Rationalisierungsplanung verbundene → **Personalplanung**);
- § 106 Abs. 2 und Abs. 3 Nr. 4, 5 BetrVG (Information des → **Wirtschaftsausschusses** über Rationalisierungsvorhaben sowie über die Auswirkungen auf die Personalplanung);
- § 111 Satz 2 Nr. 4 BetrVG (Information über die Planung solcher Rationalisierungsmaßnahmen, die den Charakter einer → **Betriebsänderung** haben).

Mitwirkungsrechte

Mitwirkungsrechte in Form von Beratungs- und Vorschlagsrechten bestehen nach 8
- § 90 Abs. 2 BetrVG (Beratung über die Gestaltung von Arbeitsplatz, Arbeitsablauf und Arbeitsumgebung);
- § 92 Abs. 1 und 2 BetrVG (Beratung über die → **Personalplanung**);
- § 92 a BetrVG (Vorschläge zur Sicherung und Förderung der Beschäftigung);
- § 96 BetrVG (Ermittlung des Berufsbildungsbedarfs und Beratung über Fragen der Berufsbildung; siehe → **Berufsbildung**);
- § 106 Abs. 1 BetrVG (Beratung der Rationalisierungsmaßnahmen sowie der Auswirkungen auf die → **Personalplanung** mit dem Wirtschaftsausschuss);
- § 111 BetrVG (Beratung über das »Ob«, das »Wann« und das »Wie« der → **Betriebsänderung**; zur Fremdvergabe von Arbeitsaufgaben in Form des sog. Crowdsourcing siehe → **Betriebsänderung** Rn. 9a);
- § 112 Abs. 1–3 BetrVG (Verhandlungen über einen → **Interessenausgleich**);
- ggf. auch Anhörungs- und Widerspruchsrechte nach § 102 BetrVG, falls → **Kündigungen** geplant sind.

Mitbestimmungsrechte

Mitbestimmungsrechte bestehen nach 9
- § 87 Abs. 1 Nr. 2 BetrVG: wenn Arbeitszeitregelungen beabsichtigt sind (z. B. Verlegung des Arbeitszeitbeginns oder Einführung von Schichtarbeit; siehe → **Arbeitszeit**);
- § 87 Abs. 1 Nr. 3 BetrVG: wenn der Arbeitgeber → **Überstunden** verlangt oder (ggf. auch auf Initiative des Betriebsrats) Kurzarbeit eingeführt werden soll;
- § 87 Abs. 1 Nr. 6 BetrVG: wenn eine vom Arbeitgeber geplante technische Einrichtung geeignet ist, Leistung und Verhalten von Arbeitnehmern zu überwachen (siehe → **Überwachung von Arbeitnehmern**); diese Vorschrift hat im Rahmen von »technischen« Rationalisierungsmaßnahmen große Bedeutung; dies gilt insbesondere für solche Technologien, die EDV-gestützt sind; das Mitbestimmungsrecht ist nicht davon abhängig, ob der Arbeitgeber beabsichtigt, die Arbeitnehmer zu überwachen; vielmehr genügt die objektive Eignung der technischen Einrichtung zur Überwachung;
- § 87 Abs. 1 Nr. 7 BetrVG: wenn Gesetze und Rechtsverordnungen über Arbeitsschutz oder Unfallverhütungsvorschriften Anwendung finden, die einen »Rahmen« (d. h. einen Regelungsspielraum) eröffnen, der im Mitbestimmungswege ausgefüllt werden kann (siehe → **Arbeitsschutz**);
- § 87 Abs. 1 Nr. 12 BetrVG: wenn eine Regelung zum → **betrieblichen Vorschlagswesen** getroffen werden soll;

Rationalisierung

- § 87 Abs. 1 Nr. 13 BetrVG: wenn Grundsätze über die Durchführung von → **Gruppenarbeit** geregelt werden sollen;
- § 91 BetrVG: wenn sich herausstellt, dass die geplanten oder bereits durchgeführten Maßnahmen den »gesicherten arbeitswissenschaftlichen Erkenntnissen über die menschengerechte Gestaltung der Arbeit« offensichtlich widersprechen und die betroffenen Arbeitnehmer in besonderer Weise belasten (siehe → **Arbeitsschutz**);
- § 97 Abs. 2 BetrVG: wenn sich aufgrund von geplanten oder durchgeführten Maßnahmen des Arbeitgebers Qualifikationsanforderungen ergeben und damit die Notwendigkeit, ggf. auf Initiative des Betriebsrats betriebliche Berufsbildungsmaßnahmen einzuführen;
- § 98 BetrVG: wenn Berufsbildungsmaßnahmen durchgeführt werden sollen (siehe → **Berufsbildung**);
- § 99 BetrVG: wenn die → **Einstellung**, → **Eingruppierung/Umgruppierung** oder → **Versetzung** von Arbeitnehmern geplant ist (zu → **Kündigungen** siehe Rn. 7);
- § 112 Abs. 1–5 BetrVG: wenn ein → **Sozialplan** abzuschließen ist.

10   Es muss im Fall eines vom Arbeitgeber geplanten Rationalisierungsvorhabens geprüft werden, ob ggf. ein → **Tarifvertrag** zur Anwendung kommt (in manchen Branchen gelten sog. **Rationalisierungsschutzabkommen**).

11   Ist das nicht der Fall, muss in Betracht gezogen werden, auf eine vom Arbeitgeber angekündigte Rationalisierungsmaßnahme mit einer betrieblichen – von der → **Gewerkschaft** geführten – Tarifbewegung zu reagieren mit dem Ziel, einen **Firmentarifvertrag** durchzusetzen. Der Vorteil für die Arbeitnehmer besteht darin, dass ein Firmentarifvertrag ggf. auch mit den Mitteln des → **Arbeitskampfes** durchgesetzt werden kann, sofern keine »relative Friedenspflicht« aus einem aktiv geltenden (ungekündigten) (Verbands-)Tarifvertrag entgegensteht. Zur Frage, ob und inwieweit sich Einschränkungen der tariflichen Regelbarkeit und Erstreikbarkeit aus der unternehmerischen Entscheidungsfreiheit (Art. 12 Abs. 1 GG) ergeben, siehe → **Arbeitskampf**.

Siehe auch → **Betriebsänderung** → **Gewerkschaft** und die Checkliste »Firmentarifvertrag« im Anhang zu den Stichworten → **Arbeitgeber** und → **Tarifvertrag**.

Arbeitshilfen

Muster • Betriebsvereinbarung Projekt »Lean Implementierung« (Entwurf)

Musterschreiben: Betriebsvereinbarung Projekt »Lean Implementierung« (Entwurf)

Zwischen
der Firma ..., vertreten durch die Geschäftsleitung ...
und
Betriebsrat der Firma ..., vertreten durch den/die Betriebsratsvorsitzende/n ...
wird über die Einführung, Anwendung und Weiterentwicklung des **Projekts »Lean Implementierung«** folgende Rahmenbetriebsvereinbarung abgeschlossen:

Präambel
Diese **Rahmenbetriebsvereinbarung** regelt die Rahmenbedingungen der Einführung, Anwendung, Weiterentwicklung des **Projekts »Lean Implementierung«** in der Firma ... am Standort ...
Ggf. wird diese Rahmenbetriebsvereinbarung durch weitere noch abzuschließende **Einzel-Betriebsvereinbarungen** ergänzt werden.
Ziel des Projekts »Lean Implementierung« ist **aus Sicht der Unternehmensleitung** eine nachhaltige Sicherung und Verbesserung der Wettbewerbsfähigkeit und der Rentabilität durch

Rationalisierung

- stetige Verbesserung der Kundenzufriedenheit,
- Verbesserung der Qualität
- Schaffung einer prozessstrukturierten Organisation
- Steigerung der Produktivität
- Reduzierung von Durchlaufzeiten
- Reduzierung von Kosten (Reduzierung der Bestände und des Platzbedarfs)
- Sicherung der Liefertermintreue

Ziele der Arbeitnehmerseite/des Betriebsrats sind:
- langfristige Sicherung und Förderung der Beschäftigung am Standort ...
- Sicherung und Verbesserung der Entgeltbedingungen
- arbeitnehmer- und familienfreundliche Gestaltung der Arbeitszeit
- menschengerechte Gestaltung der Arbeitsplätze, des Arbeitsablaufs und der Arbeitsumgebung (ergonomische Verbesserungen,
- Sicherung und Förderung der Qualifizierung der Beschäftigten
- ständige ergonomische Verbesserung
- altersgerechte Arbeitsgestaltung
- Anreicherung von Arbeitsinhalten
- Übertragung von Verantwortung
- abwechslungsreiche Tätigkeiten,
- Förderung der Kreativität
- Steigerung der Mitarbeiterzufriedenheit durch Motivation
- Mischungsverhältnisse von direkten und indirekten Tätigkeiten
- Mindesttaktzeiten
- Erweiterte Pausenregelungen in getakteten Systemen
- Verbesserungsprozesse und Partizipationsmöglichkeiten (Beispiele: Zielvereinbarungen für qualitative Arbeitsverbesserungen, Verwendung von Effizienzgewinnen,
- Standards der Gruppenarbeit ...
- Förderung von Qualifizierung, Kompetenzentwicklung, lernförderliche Arbeit

Das Ziel des Projekts »Lean Implementierung« ist es ausdrücklich nicht,
- Arbeitsplätze und Personal abzubauen
- Arbeitsentgelt zu reduzieren
- Arbeitszeiten zum Nachteil der Beschäftigten zu verändern
- Arbeitsbedingungen zum Nachteil der Beschäftigten zu verändern (das heißt z. B.: keine Leistungsverdichtung, Verhaltens- und/oder Leistungskontrolle, physische und/oder psychische Fehlbelastungen, ...)
- Arbeitstätigkeiten zum Nachteil der Beschäftigten so zu verändern, dass die Qualifikationsanforderungen sinken

(ggf. ausführlicher und genauer ....)

1. Geltungsbereich
Diese Rahmenbetriebsvereinbarung gilt für alle Beschäftigten der Firma ... am Standort ... – nachfolgend Beschäftigte genannt – mit Ausnahme der leitenden Angestellten gemäß § 5 Abs. 3 und 4 BetrVG.

2. Ziel dieser Rahmenbetriebsvereinbarung
Ziel dieser **Rahmenbetriebsvereinbarung** ist es, bei der Einführung, Anwendung, Weiterentwicklung des **Projekts »Lean Implementierung«** einen angemessenen Ausgleich der Interessen der Unternehmen einerseits und der Beschäftigten andererseits zu gewährleisten.
Weitere Einzelheiten werden ggf. in noch abzuschließenden **Einzel-Betriebsvereinbarungen** geregelt.

3. Beschreibung des Projekts »Lean Implementierung«
Darstellung der Projektstruktur gemäß Anlage.
Gesamtprojekt, Teilprojekte:
- Auftragsabwicklungsprozess: ...

Rationalisierung

- Logistikprozess: ...
- Fertigungsprozess: ...
- Montageprozess: ...
- Inbetriebnahme: ...

4. Koordinationsausschuss/Einigungsstelle
4.1 Es wird ein paritätisch besetzter Koordinationsausschuss eingerichtet.
Die Betriebsparteien werden hierzu jeweils vier feste und vier Ersatzmitglieder benennen.
Die Unternehmensleitung wird den Koordinationsausschuss monatlich unter Vorlage von Unterlagen (z. B. Projektberichte) über den Projektfortschritt informieren.
Aufgabe des Koordinationsausschusses ist es, die Einführung, Anwendung und Weiterentwicklung des Projekts »Lean Implementierung« zu gestalten. Er hat insbesondere folgende Aufgaben:
- Festlegung und ggf. Änderung der Zeitschiene des Projektes und von Teilprojekten
- Feststellung und Bewertung von Problemen sowie Festlegung von Maßnahmen
- Anpassung von bestehenden Betriebsvereinbarungen
- Ausarbeitung von Einzel-Betriebsvereinbarungen
- Behandlung von Beschwerden von Beschäftigten und Festlegung von Maßnahmen zur Abhilfe

Der Koordinationsausschuss kommt mindestens einmal im Monat zusammen.
Jede Betriebspartei kann bei Bedarf weitere Sitzungen einberufen.
4.2 Kommt es im Koordinationsausschuss zu einer einstimmigen oder mehrheitlichen Entscheidung, wird diese den Betriebsparteien (Geschäftsleitung und Betriebsrat) als Vorschlag/Empfehlung vorgelegt.
Einigen sich die Betriebsparteien, wird der Vorschlag umgesetzt.
Einigen sich die Betriebsparteien nicht, kann jede Seite die Einigungsstelle gemäß § 76 Abs. 5 BetrVG einberufen. Der Spruch der Einigungsstelle ersetzt die Einigung zwischen Arbeitgeber und Betriebsrat.
4.3 Kommt im Koordinationsausschuss eine einstimmige oder mehrheitliche Entscheidung nicht zustande, so findet innerhalb einer Frist von zwei Wochen (nach Scheitern der Verhandlungen im Koordinationsausschuss) ein erneuter Einigungsversuch zwischen Unternehmensleitung und Betriebsrat statt.
Einigen sich die Betriebsparteien, wird der Vorschlag umgesetzt.
Einigen sich die Betriebsparteien nicht, kann jede Seite die Einigungsstelle gemäß § 76 Abs. 5 BetrVG einberufen. Der Spruch der Einigungsstelle ersetzt die Einigung zwischen Arbeitgeber und Betriebsrat.
4.4 Die Einigungsstelle besteht aus je vier Beisitzern pro Seite unter Vorsitz von Herrn/Frau ... (Richter/in am ArbG/LAG ...), im Verhinderungsfall Herrn/Frau ... (Richter/in am ArbG/LAG ...) ...
Die Einigungsstelle tritt innerhalb von 14 Tagen nach ihrer Anrufung zusammen und schließt ihr Verfahren innerhalb weiterer 14 Tage ab.
Die Einigungsstelle hat auf eine Einigung hinzuwirken und andernfalls unter angemessener Berücksichtigung der Belange des Unternehmens und der Beschäftigten nach billigem Ermessen zu entscheiden.
4.5 Maßnahmen dürfen erst dann begonnen/durchgeführt werden, wenn sich die Betriebsparteien geeinigt haben oder im Nichteinigungsfall die Einigungsstelle entschieden hat.

5. Zusätzliche Freistellungen/»Lean«-Beauftragte des Betriebsrats
Während der Einführung, Anwendung und Weiterentwicklung des Projekts »Lean Implementierung« (vom ... bis ...) werden weitere ... Betriebsratsmitglieder von ihrer beruflichen Tätigkeit nach Maßgabe des § 38 Abs. 2 BetrVG freigestellt.
Der Betriebsrat benennt darüber hinaus »Lean«-Beauftragte. Sie können als sachkundige Unterstützung zugezogen werden.
Die Tätigkeit des »Lean«-Beauftragten findet grundsätzlich in der Arbeitszeit statt. Dazu zählen auch Vor- und Nachbereitungszeiten. Für Tätigkeiten, die außerhalb der persönlichen Arbeitszeit stattfinden, gilt § 37 Abs. 3 BetrVG entsprechend.
Notwendige Qualifizierungsmaßnahmen sind mit dem Arbeitgeber zu vereinbaren. Sie finden ebenfalls in der Arbeitszeit statt und werden vom Arbeitgeber voll finanziert.
Folgende Qualifikationen sind für die Aufgabe des »Lean«-Beauftragten erforderlich:
- Kenntnisse zu arbeitswissenschaftlichen Bewertungen zum Thema »Gute Arbeit«: Ergonomie, lern-

Rationalisierung

förderliche Arbeitsgestaltung, psychische Belastung am Arbeitsplatz, Gesundheitsschutz, altersgerechtes Arbeiten
- Grundverständnis zum Arbeits- und Gesundheitsschutz
- Kenntnisse zu den spezifischen »Lean«-Konzepten und Methoden
- Grundkenntnisse zu qualifizierten Entgelt-/Zeitwirtschaftsmethoden.

6. Beschäftigungssicherung und -förderung

Aus Anlass des Projekts »Lean Implementierung« werden keine betriebsbedingten Änderungs- oder Beendigungskündigungen erfolgen.
Der Ausspruch betriebsbedingter Änderungs- oder Beendigungskündigungen ist in der Zeit vom ... bis zum ... ausgeschlossen.
Durch »Lean Implementierung« entstehender planerischer Personalüberhang wird durch geeignete Maßnahmen kompensiert (z. B. Absatzsteigerungen, Insourcing, Qualifizierung, Versetzung).
Eine sich abzeichnende personelle Unterdeckung wird durch Neueinstellungen (vorrangig unbefristet) ausgeglichen.
Zur Sicherung der Liefertermintreue wird ein Springerpool aufgebaut (u. a. Urlaubs- und Krankheitsvertretung, usw.).
Der Betriebsrat kann Vorschläge zur Beschäftigungssicherung und -förderung machen. Diese sind im Koordinationsausschuss zu beraten und zu entscheiden.
Im Nichteinigungsfall gilt das in Ziff. 4 beschriebene Verfahren.

7. Personalplanung/personelle Einzelmaßnahmen

Der Betriebsrat kann (nach Beratung im Personalausschuss des Betriebsrats) Vorschläge zur Personalplanung und zu personellen Einzelmaßnahmen (Einstellung, Versetzung, Ein- und Umgruppierung) machen.
Führen Veränderungsprozesse, KVP-Maßnahmen, Strukturanpassungen, Produktoptimierungen etc. zu veränderten Personalbedarfen und somit zu Versetzungen, so sind den Beschäftigten gleichwertige Arbeitsplätze anzubieten.
Hierüber ist im Koordinationsausschuss zu beraten und zu entscheiden.
Im Nichteinigungsfall gilt das in Ziff. 4 beschriebene Verfahren.

8. Berufsbildung/Qualifizierung (Ausbildungsplätze/Fortbildung)

Es ist sicherzustellen, dass keine schleichende Dequalifizierung durch einseitige repetitive, standardisierte Übertragung von Teilaufgaben erfolgt.
Eine damit einhergehende Unterforderung und Motivationsverlust sind zu vermeiden.
Fachliche Überforderung ist gleichfalls zu vermeiden.
Beschäftigte sind auf die fachlichen Anforderungen durch entsprechende Qualifizierung vorzubereiten.
Qualifizierung durch »Lernen im Prozess der Arbeit« und Lernberatung wird gefördert.
Der Betriebsrat kann Vorschläge zur Berufsbildung (Erstausbildung, Fortbildung) machen.
Diese sind im Koordinationsausschuss zu beraten und zu entscheiden.
Im Nichteinigungsfall gilt das in Ziff. 4 beschriebene Verfahren.

9. Arbeitsentgelt

a) Aus Anlass des Projekts »Lean Implementierung« werden den Beschäftigten in Bezug auf das Arbeitsentgelt keine Nachteile entstehen.
b) Der bisherige Verdienst wird einschließlich der jeweiligen Tariferhöhungen zeitlich unbegrenzt weiter gezahlt.
c) Führen Veränderungsprozesse, KVP-Maßnahmen, Strukturanpassungen, Produktoptimierungen etc. zu einer Erweiterung/Anreicherung von Arbeitsaufgaben (z. B. Job Enlargement, Job-Enrichment und Job-Rotation), werden Höhergruppierungen durchgeführt.
(Job Enlargement = Aufgabenerweiterung: z. B. Übertragung von Arbeitsaufgaben, die bisher vor- oder nachgelagert waren
Job-Enrichment = Aufgabenanreicherung: z. B. Übertragung weiterer Tätigkeiten; Beispiel für Job-

Rationalisierung

enrichment im Tätigkeitsbereich Einkauf ist, einem Mitarbeiter, der bisher nur Bestellungen schreibt, zusätzlich zu übertragen, Lieferanten auszuwählen und Reklamationen abzuwickeln
Job Rotation = Arbeitsplatzwechsel, systematischer Tausch von Arbeitsaufgaben zwischen mehreren Arbeitnehmern)
Der Betriebsrat kann Vorschläge zur Höhergruppierung machen.
Die Vorschläge des Betriebsrats sind im Koordinationsausschuss zu beraten und zu entscheiden.
Im Nichteinigungsfall gilt das in Ziff. 4 beschriebene Verfahren.
d) Der Betriebsrat kann Vorschläge zur Einführung und Vergütung von Leistungsanreizen machen (z. B. Prämie im Falle der Verwendung von Stück- und/oder Zeitvorgaben, Termineinhaltung usw.).
Die Vorschläge des Betriebsrats sind im Koordinationsausschuss zu beraten und zu entscheiden.
Im Nichteinigungsfall gilt das in Ziff. 4 beschriebene Verfahren.

10. Arbeitszeit
Der Betriebsrat kann Vorschläge zur menschen- und familiengerechten Gestaltung der Arbeitszeit machen.
Diese sind im Koordinationsausschuss zu beraten und zu entscheiden.
Im Nichteinigungsfall gilt das in Ziff. 4 beschriebene Verfahren.

11. Arbeitsaufgaben, Arbeitsplätze, Arbeitsablauf, Arbeitsumgebung
Die Gestaltung der Arbeitsaufgaben, Arbeitsplätze, des Arbeitsablaufs und der Arbeitsumgebung erfolgt unter Beachtung der einschlägigen tariflichen und gesetzlichen Vorschriften, insbesondere denen zu Arbeitssicherheit sowie Umwelt- und Gesundheitsschutz.
Bei der Gestaltung der Arbeitsaufgaben, Arbeitsplätze und des Arbeitsablaufs werden abwechslungsreiche Arbeitsplätze geschaffen.
Es wird eine Erweiterung/Anreicherung der Arbeit (z. B. durch Job Enlargement, Job Enrichment) angestrebt.
Die Gestaltung der Arbeitsaufgaben soll so erfolgen, dass sich Perspektiven zur Höherqualifizierung und zur Höhergruppierung ergeben.
Der Betriebsrat kann Vorschläge machen.
Diese sind im Koordinationsausschuss zu beraten und zu entscheiden.
Im Nichteinigungsfall gilt das in Ziff. 4 beschriebene Verfahren.

12. Arbeits- und Gesundheitsschutz
Bei der Einführung, Anwendung und Weiterentwicklung des Projekts »Lean Implementierung« sind Reibungsverluste, Stress, Zeitdruck, Mehraufwand und gesundheitsgefährdende Belastungen der Beschäftigten zu vermeiden.
Gesicherte arbeitswissenschaftliche Erkenntnisse zu den Arbeitsbedingungen und deren Auswirkungen und Folgen für den Menschen werden nicht in Frage gestellt.
Eine stetige Verbesserung von Sicherheit und Gesundheitsschutz der Beschäftigten ist anzustreben.
Adäquate Instrumente der Gefährdungsbeurteilung werden genutzt.
Zur Abwehr von Gesundheitsgefährdungen aufgrund von physischen und/oder psychischen Fehlbelastungen werden Maßnahmen des Arbeitsschutzes durchgeführt (insbes. bauliche/technische Maßnahmen; organisatorische Maßnahmen; personelle Einzelmaßnahmen z. B. Einstellungen).
Individuelle Schutzmaßnahmen (Körperschutz) sind nachrangig zu anderen Maßnahmen.
Der Betriebsrat kann Vorschläge zur Verbesserung von Sicherheit und Gesundheitsschutz der Beschäftigten machen.
Diese sind im Koordinationsausschuss zu beraten und zu entscheiden.
Im Nichteinigungsfall gilt das in Ziff. 4 beschriebene Verfahren.

13. Verhaltens- und Leistungsdaten
Sollen im Verlauf des Projekts »Lean Implementierung« Verhaltens- und Leistungsdaten von Beschäftigten erhoben und verarbeitet werden, bedarf das der Zustimmung des Betriebsrats. Die Rechte der Beschäftigten bleiben unberührt.
Datenerhebung und -verarbeitung dürfen weder zur Verhaltens- und Leistungskontrolle verwendet werden noch für arbeitsrechtlich nachteilige Maßnahmen (z. B. Ermahnung, Abmahnung usw.).

14. Belange Schwerbehinderter/Gleichgestellter
Der Betriebsrat und die Schwerbehindertenvertretung können Vorschläge zur Wahrung der Belange von Schwerbehinderten/Gleichgestellten machen.
Diese sind im Koordinationsausschuss zu beraten und zu entscheiden.
Im Nichteinigungsfall gilt das in Ziff. 4 beschriebene Verfahren.

15. Abzuschließende Betriebsvereinbarungen
Die Betriebsparteien stimmen überein, dass im Rahmen der Umsetzung des **Projekts »Lean Implementierung«** noch weitergehende Regelungen zu treffen sind.
Derzeit betrifft dies folgende Regelungsbereiche:
- Arbeitsentgelt
- Arbeitszeit
- Arbeitsaufgaben, Arbeitsplätze, Arbeitsablauf, Arbeitsumgebung
- Arbeits- und Gesundheitsschutz, Gesundheitsmanagement, Maßnahmen des Gesundheitsschutzes
- Qualifizierung
- Kontinuierlicher Verbesserungsprozess und Betriebliches Vorschlagwesen
- Teilautonome Gruppenarbeit
- Visualisierung und Umgang mit Daten und Kennzahlen
- Leistungsanforderungen im Taktsystem

16. Sachverständige/Berater
Der Betriebsrat ist berechtigt, zur Erfüllung seiner Aufgaben aus dieser Rahmenbetriebsvereinbarung und evtl. zu verhandelnder Einzel-Betriebsvereinbarungen (entsprechend § 111 Satz 2 BetrVG ohne nähere Vereinbarung mit dem Arbeitgeber) Sachverständige seiner Wahl hinzuzuziehen. Die Kosten trägt der Arbeitgeber.
*((Hinweis: Natürlich sollte vor der Beauftragung eines Beraters Klarheit über die Kostentragung durch den Arbeitgeber nach § 40 Abs. 1 BetrVG herbeigeführt werden (siehe Musterschreiben zu Berater im Anhang). Lehnt der Arbeitgeber die Kostenübernahme ab, kann und sollte der Betriebsrat beim → **Arbeitsgericht** den Erlass einer einstweiligen Verfügung beantragen mit dem Ziel: Feststellung der Kostentragungspflicht des Arbeitgebers; zutreffend DKKW-Wedde, BetrVG, 15. Aufl., § 40 Rn. 55))*

17. Salvatorische Klausel
Sollten eine oder mehrere Bestimmungen dieser Rahmenbetriebsvereinbarung ungültig sein, so beeinträchtigt dies die Wirksamkeit der Vereinbarung und der übrigen Bestimmungen nicht. In einem solchen Fall werden die Parteien eine der unwirksamen Regelungen angenäherte rechtswirksame Ersatzvereinbarung treffen und somit die Rahmenbetriebsvereinbarung zur Durchführung bringen.

18. Schlussbestimmungen
Diese Rahmenbetriebsvereinbarung tritt am ... in Kraft und kann mit einer Frist von drei Monaten zum Ende eines Quartals, erstmals zum ..., schriftlich gekündigt werden.
Im Falle der Kündigung wirkt die Rahmenbetriebsvereinbarung bis zum Abschluss einer sie ablösenden Betriebsvereinbarung nach.
Ort ..., Datum ...

....
Geschäftsleitung Betriebsrat

Rechtsbegriffe

Überblick

1. In vielen Vorschriften des BetrVG werden – wiederkehrend – gleichartige bzw. gleichlautende Rechtsbegriffe verwendet.
Diese werden nachstehend in einem zusammenfassenden **Überblick** erläutert.

»In der Regel«

2. Zahlreiche Vorschriften des BetrVG (aber auch anderer Gesetze: vgl. z. B. § 23 Abs. 1 Satz 2 KSchG; siehe → **Kündigung**) kommen nur dann zur Anwendung, wenn im Betrieb oder Unternehmen eine bestimmte Mindestzahl von Arbeitnehmern beschäftigt ist.
Dabei stellen diese Bestimmungen auf die Zahl der »*in der Regel*« beschäftigten Arbeitnehmer ab (vgl. z. B. §§ 1, 9, 38, 60, 62, 99, 106, 110, 111, 112 a BetrVG).

3. Um den Begriff »in der Regel« näher zu bestimmen, ist ein
   - **Rückblick** in die Vergangenheit,
   - aber auch eine Einschätzung der **zukünftigen Entwicklung** der Beschäftigtenzahl notwendig.

4. Die »Regel-Beschäftigtenzahl« kann also nicht durch bloßes Abzählen an einem bestimmten Tag ermittelt werden.

5. Auch ist die »Regel-Beschäftigtenzahl« nicht unbedingt identisch mit der Durchschnittszahl (= das Mittel zwischen der höchsten und niedrigsten Zahl der Arbeitnehmer).

6. Vielmehr ist die Frage zu beantworten, wie viele Arbeitnehmer (im Sinne des § 5 Abs. 1 BetrVG: Arbeiter, Angestellte, Auszubildende und Heimarbeiter, die in der Hauptsache für den Betrieb beschäftigt sind) im Allgemeinen über den größten Teil des Jahres im Betrieb, im Außendienst oder mit Telearbeit **beschäftigt wurden** und **voraussichtlich beschäftigt werden**.
Kurze Zeiträume besonderer Arbeitshäufung und damit verbundene **vorübergehend** steigende Beschäftigtenzahlen (z. B. Weihnachtsgeschäft) führen nicht zu einer Erhöhung der Zahl der »in der Regel« Beschäftigten.

> **Beispiel:**
> In einem Betrieb werden schon seit Jahren von Januar bis Oktober 120 Arbeitnehmer beschäftigt. Für die Monate November und Dezember wurden in der Vergangenheit zusätzlich jeweils bis zu 30 Aushilfskräfte befristet eingestellt.
> Anhaltspunkte für eine grundsätzliche Änderung dieser Praxis in der Zukunft sind nicht erkennbar.
> Ergebnis: In dem Betrieb sind »in der Regel« 120 Arbeitnehmer beschäftigt.

7. Bei der Einschätzung der zukünftigen Entwicklung der Beschäftigtenzahl sind nicht allgemeine Erwartungen maßgeblich, sondern **konkrete Entscheidungen** des Arbeitgebers.

Rechtsbegriffe

Im Falle einer →**Betriebsänderung**, die mit Personalabbau verbunden ist, ist nur die **bisherige**, nicht die zukünftige Entwicklung zu berücksichtigen. 8
Das heißt: Die §§ 111 bis 113 BetrVG finden auch dann Anwendung, wenn in dem Betrieb bisher (also bis zum Zeitpunkt der Personalabbauentscheidung) regelmäßig mehr als 20 wahlberechtigte Arbeitnehmer beschäftigt waren (BAG v. 10.12.1996 – 1 ABR 43/96, NZA 1997, 733).

»Muss, Soll, Kann«

Das BetrVG sieht Regelungen vor, die teils als »**Muss-Vorschrift**«, teils als »**Soll-Vorschrift**«, teil als »**Kann-Vorschrift**« ausgestaltet sind. 9

»Mussvorschrift«

Um eine »Muss-Vorschrift« handelt es sich überall dort, wo das Gesetz die Begriffe »hat zu«, »ist zu« verwendet. 10
Die Muss-Vorschriften haben zwingenden Charakter.
Eine Nichtbefolgung des Gebotes stellt in der Regel eine **grobe Pflichtverletzung** im Sinne des § 23 Abs. 1 BetrVG (Betriebsrat) bzw. § 23 Abs. 3 BetrVG (Arbeitgeber) dar.

Beispiele:
- § 90 Abs. 1 BetrVG:
»Der Arbeitgeber hat den Betriebsrat über die Planung ... zu unterrichten.«
- § 43 Abs. 1 Satz 1 BetrVG:
»Der Betriebsrat hat einmal in jedem Kalendervierteljahr eine Betriebsversammlung einzuberufen ...«
- § 106 Abs. 1 BetrVG:
»In allen Unternehmen mit in der Regel mehr als 100 ständig beschäftigten Arbeitnehmern ist ein Wirtschaftsausschuss zu bilden.«

»Soll-Vorschrift«

Die »Soll-Vorschrift« beinhaltet eine **Obliegenheit**, die grundsätzlich zu befolgen ist. 11
Von dieser Obliegenheit kann aber abgewichen werden, wenn gewichtige Gründe für die Nichteinhaltung der Vorschrift vorhanden sind.

Beispiele:
- § 74 Abs. 1 Satz 1 BetrVG:
»Arbeitgeber und Betriebsrat sollen mindestens einmal im Monat zu einer Besprechung zusammentreten.«
- § 108 Abs. 1 BetrVG:
»Der Wirtschaftsausschuss soll monatlich einmal zusammentreten.«

Das Gesetz verwendet das Wort »soll« bisweilen in Bereichen, die vom Standpunkt einer konsequenten Arbeitnehmer-Interessenvertretung aus betrachtet als »Muss-Vorschrift« ausgestaltet sein müssten. 12

Beispiel:
Nach § 90 Abs. 2 Satz 2 BetrVG »sollen« Arbeitgeber und Betriebsrat ... die gesicherten arbeitswissenschaftlichen Erkenntnisse über die menschengerechte Gestaltung der Arbeit berücksichtigen (siehe → Arbeitsschutz).

1737

Rechtsbegriffe

»Kann-Vorschrift«

13 Die Befolgung der »Kann-Vorschrift« steht im **freien Ermessen** desjenigen, an den sich die Vorschrift richtet.

> **Beispiele:**
> - § 43 Abs. 1 Satz 4 BetrVG:
>   »Der Betriebsrat kann in jedem Kalenderhalbjahr eine weitere Betriebsversammlung durchführen ...«
> - § 71 Satz 1 BetrVG:
>   »Die Jugend- und Auszubildendenvertretung kann ... eine betriebliche Jugend- und Auszubildendenversammlung einberufen.«

»Ständig Beschäftigte«

14 In einigen Vorschriften des BetrVG ist die Rede von »ständigen« wahlberechtigten Arbeitnehmern (§ 1 Abs. 1 Satz 1 BetrVG) oder »ständig beschäftigten« Arbeitnehmern (§§ 106 Abs. 1, 110 Abs. 1 und 2 BetrVG).

15 Der Begriff »ständig« erfasst solche Arbeitnehmer, die an einem ständig zu besetzenden **Arbeitsplatz** tätig sind.
Entscheidend ist also nicht die dauerhafte Beschäftigung eines bestimmten Arbeitnehmers, sondern das ständige **Vorhandensein** des entsprechenden Arbeitsplatzes.
Deshalb sind auch befristet Beschäftigte im Rahmen der oben genannten Vorschriften mitzuzählen, sofern sie auf einem Arbeitsplatz beschäftigt sind, der aufgrund der Eigenart des Betriebsablaufs eine ständige Besetzung durch einen Arbeitnehmer – wer immer das auch ist – erfordert.

16 Unerheblich ist es, ob es sich dabei um einen **Vollzeit- oder Teilzeitarbeitsplatz** handelt.

17 Den Gegensatz zum »ständigen« Arbeitnehmer bildet derjenige, der aufgrund der Betriebsstruktur nur **vorübergehend** (z. B. als Aushilfe oder Saisonarbeitnehmer) dem Betrieb angehören soll.

»Unverzüglich«

18 Diesen Begriff verwendet das Gesetz z. B. in den §§ 18 Abs. 1 Satz 1, 89 Abs. 2, 100 Abs. 2, 102 Abs. 2 und 108 Abs. 4 BetrVG.

19 Wenn ein Verhalten nach diesen Vorschriften »unverzüglich« zu erfolgen hat, so ist dies nicht gleichbedeutend mit »sofortigem Handeln«.
Vielmehr genügt ein Handeln »**ohne schuldhaftes Zögern**« (vgl. gesetzliche Definition des Begriffs in § 121 BGB).

20 Das bedeutet, dass demjenigen, der zum »unverzüglichen« Handeln verpflichtet ist, eine angemessene Überlegungsfrist zusteht.

21 »**Einblick/Einsicht**« nehmen: siehe → Informationsrechte des Betriebsrats.
22 »**Jederzeit**«: siehe → Informationsrechte des Betriebsrats.
23 »**Rechtzeitig**«: siehe → Informationsrechte des Betriebsrats.
24 »**Umfassend**«: siehe → Informationsrechte des Betriebsrats.
25 »**Unterlagen vorlegen, zur Verfügung stellen**«: siehe → Informationsrechte des Betriebsrats.

Regelungsabrede

Was ist das?

Von der → **Betriebsvereinbarung** zu unterscheiden ist die so genannte »**Regelungsabrede**« 1
zwischen Arbeitgeber und Betriebsrat (auch »Betriebsabsprache« oder »betriebliche Einigung«
genannt).
Regelungsabreden entfalten, anders als → **Betriebsvereinbarungen**, keine »normative« Wir- 2
kung.
Das heißt, mit der Regelungsabrede können keine unmittelbar (»automatisch«) wirkenden
Rechte und Pflichten von Arbeitnehmern begründet werden.
Berechtigt und verpflichtet werden durch die Regelungsabrede vielmehr lediglich die **Vertragsparteien selbst** (d. h. Arbeitgeber und Betriebsrat).
Zielt eine Regelungsabrede darauf ab, die Rechtsposition der Arbeitnehmer zu verändern, 3
bedarf es mangels normativer Wirkung einer entsprechenden **arbeitsvertraglichen Vereinbarung** mit den Arbeitnehmern.
Begünstigungen können ggf. auch in Form einer → **Gesamtzusage** durch Aushang am
»Schwarzen Brett« erfolgen.
Mit Regelungsabreden werden insbesondere **Einzelfall-Angelegenheiten** geregelt. 4

> **Beispiele für Regelungsabreden:**
> - Einigung über die Hinzuziehung eines für den Betriebsrat tätigen → **Sachverständigen** nach § 80 Abs. 3 BetrVG;
> - Einigung über die Person des Vorsitzenden einer → **Einigungsstelle** und die Zahl der Beisitzer, § 76 Abs. 2 BetrVG;
> - Festsetzung der zeitlichen Lage des → **Urlaubs** für einen einzelnen Arbeitnehmer (§ 87 Abs. 1 Nr. 5 BetrVG);
> - Zuweisung einer → **Werkwohnung** (§ 87 Abs. 1 Nr. 9 BetrVG);
> - Absprachen im Bereich personeller Einzelmaßnahmen;
> - Vorübergehende Verlegung der → **Arbeitszeit** an einzelnen Tagen.

Regelungsabreden bedürfen zwar nicht der Schriftform, um wirksam zu sein. 5
Zu **Beweiszwecken** sollten sie aber in Form von »Protokollnotizen«, die von beiden Seiten
unterzeichnet sind, festgehalten werden.
Ist eine Betriebsvereinbarung oder Regelungsabrede abgeschlossen (bzw. liegt ein rechtskräf- 6
tiger Beschluss der → **Einigungsstelle** vor), so liegt gemäß § 77 Abs. 1 BetrVG ihre Durchführung/Umsetzung grundsätzlich in der Verantwortung des Arbeitgebers, es sei denn, dass im
Einzelfall etwas anderes vereinbart ist.

> **Beispiel:**
> Verwaltung einer Sozialeinrichtung durch den Betriebsrat.

Mit Regelungsabreden dürfen die im Betrieb geltenden Tarifverträge nicht ausgehebelt wer- 7

Regelungsabrede

den. Zwar wird die Regelungssperre des § 77 Abs. 3 BetrVG nicht tangiert, weil diese Vorschrift nur für Betriebsvereinbarungen gilt (siehe → **Betriebsvereinbarung** Rn. 6).

8 Eine zwischen Arbeitgeber und Betriebsrat in Form einer Regelungsabrede vereinbarte Unterschreitung des Tarifvertrages verletzt aber die Tarifvertragsparteien in ihrer kollektiven **Koalitionsfreiheit** (Art. 9 Abs. 3 GG).

Der → **Gewerkschaft** steht ein mit **einstweiliger Verfügung** durchsetzbarer **Unterlassungsanspruch** zu (BAG v. 20. 4. 1999 – 1 ABR 72/98, AiB 1999, 538; 17. 5. 2011 – 1 AZR 473/09, NZA 2011, 1169).

Siehe hierzu → **Betriebliches Bündnis für Arbeit** Rn. 16 zum »Fall Viessmann«.

Rechtsprechung

1. Abgrenzung Betriebsvereinbarung/Regelungsabrede
2. Tarifvorbehalt des § 77 Abs. 3 BetrVG
3. Kein Ausschluss der Nachwirkung einer Betriebsvereinbarung durch Regelungsabrede

Rentenversicherung

Grundlagen

Die gesetzliche Rentenversicherung ist Teil des staatlichen Sozialversicherungssystems. **1**
Dieses setzt sich aus mehreren Zweigen zusammen:
- → **Arbeitslosenversicherung / Arbeitsförderung** (Sozialgesetzbuch III),
- → **Krankenversicherung** (Sozialgesetzbuch V),
- **Rentenversicherung** (Sozialgesetzbuch VI),
- → **Unfallversicherung** (Sozialgesetzbuch VII),
- → **Pflegeversicherung** (Sozialgesetzbuch XI).

Rechtsgrundlage ist das Sozialgesetzbuch Sechstes Buch – Gesetzliche Rentenversicherung **1a**
(SGB VI) vom 18.12.1989 (BGBl. I S. 2261) in der Fassung der Bekanntmachung vom
19.2.2002 (BGBl. I S. 754, 1404, 3384), zuletzt geändert durch Gesetz vom 21.12.2015 (BGBl. I
S. 2517).
Das SGB XI wurde im Verlauf mehrfach geändert: u. a. durch das
- »RV-Altersgrenzenanpassungsgesetz« vom 20.4.2007 (BGBl. I S. 554): u. a. schrittweises Anheben der Regelaltersgrenze von 65 auf 67,
- »RV-Leistungsverbesserungsgesetz« vom 23.6.2014 (BGBl. I S. 787): u. a. abschlagfreier Rentenzugang. Siehe hierzu Rn. 2a.

Träger der gesetzlichen Rentenversicherung ist die Deutsche Rentenversicherung Bund. **1b**
Im **Koalitionsvertrag von CDU/CSU/SPD 2013** nimmt das Thema »Rentenversicherung« **2**
breiten Raum ein:
- Seiten 71, 72

»2.3. Soziale Sicherheit
Für soziale Sicherheit im Alter
Der demografische Wandel stellt unsere Alterssicherungssysteme vor besondere Herausforderungen. Das hohe Maß an sozialer Sicherheit im Alter, das wir heute in Deutschland haben, wollen wir auch in Zukunft erhalten. Dazu müssen wir die Strukturen und Leistungen kontinuierlich an die Veränderungen in der Arbeitswelt anpassen. Insbesondere die Finanzierung muss immer wieder neu und in der Lastenverteilung gerecht zwischen den Generationen ausbalanciert werden. Deswegen wollen wir, wie auch im Arbeitsmarkt, in der Rente Anreize setzen, damit möglichst viele Menschen bei guter Gesundheit möglichst lange im Erwerbsleben bleiben und über ihre Steuern und Sozialbeiträge die finanzielle Basis unserer Alterssicherungssysteme stärken. Gleichzeitig wollen wir genug Raum für zusätzliche Vorsorge und Freiheiten zum selbstbestimmten Gestalten der späten Lebensabschnitte lassen.

Arbeiten bis 67 gestalten
Uns ist bewusst, dass Deutschland zu den Ländern gehört, die weltweit am schnellsten und am tiefgreifendsten vom demografischen Wandel betroffen sind. Eine rasch alternde Bevölkerung muss ihre gesellschaftlichen und wirtschaftlichen Strukturen anpassen, wenn sie im globalen Wettbewerb bestehen will. Für den vor über einem Jahrzehnt angestoßenen breiten Reformprozess erfährt Deutschland mittlerweile international hohe Anerkennung. Immer mehr Be-

triebe unternehmen Anstrengungen, um ihre Belegschaften auch im höheren Alter beschäftigen zu können. Die Wertschätzung für die Leistungsfähigkeit älterer Arbeitnehmerinnen und Arbeitnehmer ist in Wirtschaft und Gesellschaft spürbar gestiegen. Die Erwerbstätigen- und die Beschäftigungsquote der über 50-Jährigen steigt seit einem Jahrzehnt kontinuierlich an. Deutschland ist bei der Beschäftigung Älterer mittlerweile Vizeeuropameister hinter Schweden. Diese Erfolgsgeschichte der steigenden Beteiligung Älterer am Erwerbsleben wollen wir fortschreiben. Unser Ziel ist eine moderne und wettbewerbsfähige Gesellschaft des langen Lebens und Arbeitens.

Seit Beginn des Jahres 2012 können langjährig Beschäftigte nach 45 Beitragsjahren mit Erreichen des 65. Lebensjahres ohne die sonst fälligen Abschläge in Rente gehen. Es hat sich in der Arbeitswelt viel zu Gunsten Älterer verbessert, aber wir sind noch nicht am Ziel.

Deshalb werden wir die bereits vorhandene Vertrauensschutzregelung zur Anhebung der Regelaltersgrenze erweitern: Langjährig Versicherte, die durch 45 Beitragsjahre (einschließlich Zeiten der Arbeitslosigkeit) ihren Beitrag zur Stabilisierung der Rentenversicherung erbracht haben, können ab dem 1. Juli 2014 mit dem vollendeten 63. Lebensjahr abschlagsfrei in Rente gehen. Das Zugangsalter, mit dem der abschlagsfreie Rentenzugang möglich ist, wird schrittweise parallel zur Anhebung des allgemeinen Renteneintrittsalters auf das vollendete 65. Lebensjahr angehoben.

Ältere Beschäftigte sind unverzichtbar im Arbeitsleben. Nicht zuletzt aufgrund des zunehmenden Fachkräftemangels werden ihre Erfahrung und ihr Potenzial künftig zunehmend gefragt sein. Über Steuern, Beiträge und zusätzlich erworbene eigene Rentenansprüche tragen sie wesentlich dazu bei, dass unsere Sozialsysteme im demografischen Wandel leistungsfähig bleiben. Deswegen wollen wir lebenslaufbezogenes Arbeiten unterstützen. Wir werden den rechtlichen Rahmen für flexiblere Übergänge vom Erwerbsleben in den Ruhestand verbessern.«

- Seite 72

»Erwerbsgeminderte besser absichern

Wer nichts mehr an seiner Erwerbssituation ändern kann, ist in besonderem Maße auf die Solidarität der Versichertengemeinschaft angewiesen. Deswegen wollen wir Rentenansprüche von Erwerbsgeminderten spürbar verbessern. Ziel ist es, diejenigen besser abzusichern, die auf diese Leistung angewiesen sind, ohne damit neue Fehlanreize für nicht zwingend notwendige Frühverrentungen zu schaffen. Wir werden die Zurechnungszeit bei der Erwerbsminderungsrente zum 1. Juli 2014 um zwei Jahre anheben (von 60 auf 62). Für die letzten vier Jahre vor der Erwerbsminderungsrente erfolgt eine Günstigerprüfung.«

- Seite 72

»Reha-Budget demografiefest ausgestalten

Durch ein besseres präventives betriebliches Gesundheitsmanagement wollen wir erreichen, dass ältere Menschen gesund und leistungsfähig ihren Beruf ausüben.

Menschen mit akuten Krankheiten müssen eine schnelle, wirkungsvolle Behandlung erhalten, um chronische Beschwerden möglichst zu vermeiden.

Das Reha-Budget wird bedarfsgerecht unter Berücksichtigung des demografischen Wandels angepasst, damit die gesetzliche Rentenversicherung auch in Zukunft die notwendigen Rehabilitations- und Präventionsleistungen an ihre Versicherten erbringen kann.«

- Seite 73

»Lebensleistung in der Rente honorieren

Wir wollen, dass sich Lebensleistung und langjährige Beitragszahlung in der Sozialversicherung auszahlen. Wir werden daher eine solidarische Lebensleistungsrente einführen. Die Einführung wird voraussichtlich bis 2017 erfolgen.

Grundsatz dabei ist: Wer langjährig in der gesetzlichen Rentenversicherung versichert war, Beiträge gezahlt hat (40 Jahre) und dennoch im Alter weniger als 30 Rentenentgeltpunkte Alterseinkommen (Einkommensprüfung) erreicht, soll durch eine Aufwertung der erworbenen

Rentenentgeltpunkte bessergestellt werden. Dies kommt vor allem Geringverdienern zugute und Menschen, die Angehörige gepflegt oder Kinder erzogen haben. Durch eine Übergangsregelung bis 2023 (in dieser Zeit reichen 35 Beitragsjahre) stellen wir sicher, dass insbesondere die Erwerbsbiografien der Menschen in den neuen Ländern berücksichtigt werden. In allen Fällen werden bis zu fünf Jahre Arbeitslosigkeit wie Beitragsjahre behandelt. Danach soll zusätzliche Altersvorsorge als Zugangsvoraussetzung erforderlich sein. In einer zweiten Stufe sollen jene Menschen, die trotz dieser Aufwertung nicht auf eine Rente von 30 Entgeltpunkten kommen, jedoch bedürftig sind (Bedürftigkeitsprüfung), einen weiteren Zuschlag bis zu einer Gesamtsumme von 30 Entgeltpunkten erhalten. Die Finanzierung erfolgt aus Steuermitteln, u. a. dadurch, dass Minderausgaben in der Grundsicherung im Alter als Steuerzuschuss der Rentenversicherung zufließen, und durch die Abschmelzung des Wanderungsausgleichs.«

- Seite 73:
»Kindererziehung besser anerkennen (Mütterrente)
Die Erziehung von Kindern ist Grundvoraussetzung für den Generationenvertrag der Rentenversicherung. Während Kindererziehungszeiten ab 1992 rentenrechtlich umfassend anerkannt sind, ist dies für frühere Jahrgänge nicht in diesem Umfang erfolgt. Diese Gerechtigkeitslücke werden wir schließen. Wir werden daher ab 1. Juli 2014 für alle Mütter oder Väter, deren Kinder vor 1992 geboren wurden, die Erziehungsleistung mit einem zusätzlichen Entgeltpunkt in der Alterssicherung berücksichtigen. Die Erziehungsleistung dieser Menschen wird damit in der Rente besser als bisher anerkannt.«

- Seite 73:
»Eigenständige Alterssicherungssysteme erhalten
Die Bundesregierung steht auch weiterhin zur Alterssicherung der Landwirte, zur Künstlersozialversicherung sowie zu der berufsständischen Versorgung der verkammerten freien Berufe; diese bleiben als eigenständige Alterssicherungssysteme erhalten.«

- Seite 74:
»Angleichungsprozess Ost-West fortsetzen
Der Fahrplan zur vollständigen Angleichung, gegebenenfalls mit einem Zwischenschritt, wird in einem Rentenüberleitungsabschlussgesetz festgeschrieben:
Zum Ende des Solidarpaktes, also 30 Jahre nach Herstellung der Einheit Deutschlands, wenn die Lohn- und Gehaltsangleichung weiter fortgeschritten sein wird, erfolgt in einem letzten Schritt die vollständige Angleichung der Rentenwerte. Zum 1. Juli 2016 wird geprüft, wie weit sich der Angleichungsprozess bereits vollzogen hat und auf dieser Grundlage entschieden, ob mit Wirkung ab 2017 eine Teilangleichung notwendig ist.«

Mit dem RV-Leistungsverbesserungsgesetz vom 23. 6. 2014 (BGBl. I S. 787) wurden mit Wirkung ab 1. 7. 2014 einige Vorhaben umgesetzt – unter anderem wurde geregelt:

- eine **abschlagfreie Altersrente mit 63 für besonders langjährig Versicherte** (Einfügung eines neuen § 236 b SGB VI; siehe Rn. 18),
- für jedes vor 1992 geborene Kind werden 24 statt bisher 12 Monate als Kindererziehungszeiten angerechnet, was eine Erhöhung der Alters-, Erwerbsminderungs- und Hinterbliebenenrenten zur Folge hat (sog. **„Mütterrente"** = Änderung des § 249 Abs. 1 SGB VI; siehe Rn. 58),
- die Möglichkeit, eine **Anschlussbefristung** nach Erreichen einer Altersrentengrenze zu vereinbaren und dadurch das Arbeitsverhältnis zu verlängern (§ 41 SGB VI; siehe Befristeter Arbeitsvertrag Rn. 59 a).

2a

Rentenversicherung

Überblick zur Rentenversicherung

2b Finanziert wird die gesetzliche Rentenversicherung vor allem durch **Beiträge**, die »paritätisch«, das heißt je zur Hälfte von Arbeitgebern und Arbeitnehmern aufgebracht werden (§ 168 Abs. 1 Nr. 1 SGB VI).
Der **Beitragssatz** wird auf Grundlage und nach Maßgabe des § 158 SGB VI durch Rechtsverordnung festgesetzt (§ 160 SGB VI). Er wurde mit Wirkung ab 1.1.2013 auf 18,9 Prozent und mit Wirkung ab 1.1.2015 auf **18,7 %** festgelegt (siehe auch → Sozialversicherung).

2c Der abzuführende Beitrag wird durch die sog. **Beitragsbemessungsgrenze** »gedeckelt« (§ 157 SGB VI).
Sie liegt im Jahr 2016 in den alten Bundesländern bei monatlich 6200 Euro, in den neuen Bundesländern bei 5400 Euro (siehe auch → Sozialversicherung).
Bei einem Bruttoentgelt **oberhalb dieser Grenzen** steigt der abzuführende Betrag nicht mehr. Das heißt: Der über diesen Grenzbetrag hinausgehende Teil eines Einkommens ist beitragsfrei.

> **Beispiel (Stand 2016):**
> Ein Arbeitnehmer erzielt ein monatliches Bruttoentgelt von 7000 Euro.
> Dennoch ist nur ein Betrag in Höhe von 18,7 % von 6200 Euro (alte Bundesländer) = 1159,40 Euro bzw. in Höhe von 18,7 % von 5400 Euro (neue Bundesländer) = 1009,80 Euro abzuführen.
> Die eine Hälfte dieses Betrags trägt der Arbeitnehmer (Abzug vom Bruttoentgelt), die andere Hälfte der Arbeitgeber.

3 Zur privaten und betrieblichen Altersvorsorge siehe → **Altersvorsorge**, → **Betriebliche Altersversorgung** und → **Entgeltumwandlung**.

4 Nachstehend sollen einige – auch für die Betriebsratsarbeit wichtige – Hinweise zur gesetzlichen Rentenversicherung gegeben werden. Es handelt sich keineswegs um eine erschöpfende Darstellung.

I. Rentenarten (§ 33 SGB VI)

5 Renten werden nach § 33 Abs. 1 SGB VI geleistet als
- Rente wegen Alters,
- Rente wegen verminderter Erwerbsfähigkeit oder
- Rente wegen Todes.

6 Versicherte und ihre Hinterbliebenen haben Anspruch auf Rente, wenn die für die jeweilige Rente erforderliche Mindestversicherungszeit (**Wartezeit**) erfüllt ist und die jeweiligen besonderen versicherungsrechtlichen und persönlichen Voraussetzungen vorliegen (§ 34 Abs. 1 SGB VI).

7 Bestimmte **Hinzuverdienstgrenzen** dürfen bei Renten wegen Alters (§ 34 SGB VI) und wegen Erwerbsminderung (§ 96 a SGB VI) nicht überschritten werden.

8 Bei **Renten wegen Todes** wird eigenes Einkommen der Hinterbliebenen oberhalb eines **Freibetrags** zu 40 % (§ 97 SGB VI) angerechnet.

II. Rente wegen Alters (§ 33 Abs. 2 SGB VI)

9 **Rente wegen Alters** wird geleistet als
- Regelaltersrente (§ 35 SGB VI),
- Altersrente für langjährig Versicherte (§§ 36, 236 SGB VI),
- Altersrente für schwerbehinderte Menschen (§ 37 SGB VI),
- Altersrente für besonders langjährig Versicherte (§ 38 SGB VI)
- Altersrente für langjährig unter Tage beschäftigte Bergleute (§§ 40, 238 SGB VI),

- Altersrente wegen Arbeitslosigkeit oder nach Altersteilzeitarbeit (§ 237 SGB VI) und
- Altersrente für Frauen (§ 237 a SGB VI).

1. Regelaltersrente (§§ 35, 235 SGB VI)

Anspruch auf die Regelaltersrente besteht, wenn der/die Versicherte   **10**
- die Regelaltersgrenze erreicht und
- die allgemeine Wartezeit von fünf Jahren erfüllt

hat (§ 35 Satz 1 SGB VI).
Die Regelaltersgrenze wird für Versicherte, die nach dem 31.12.1963 geboren sind, mit Vollendung des **67. Lebensjahres** erreicht (§§ 35 Satz 2, 235 Abs. 1 Satz 1 SGB VI).
Für Versicherte, die nach dem 31.12.1946 geboren sind, wird die Regelaltersgrenze nach Maßgabe des § 235 SGB VI **angehoben** (siehe Rn. 11 a, 11 d).
Auf die **Wartezeit** sind sämtliche rentenrechtliche Zeiten anzurechnen (§§ 50 ff. SGB VI).   **10a**
Hierzu gehören:
- Beitragszeiten (Pflicht- und freiwillige Beiträge)
- Kindererziehungszeiten
- Pflichtbeiträge für Zeiten der nicht berufsmäßigen Pflege eines Angehörigen,
- Zeiten aus dem Versorgungsausgleich und dem Rentensplitting unter Ehegatten oder unter Lebenspartnern
- Zeiten geringfügiger Beschäftigung mit Beitragszahlung des Arbeitnehmers
- Zuschläge an Entgeltpunkten für Arbeitsentgelt aus geringfügiger versicherungsfreier Beschäftigung
- Ersatzzeiten (zum Beispiel Flucht, politische Haft in der DDR)
- Anrechnungszeiten (zum Beispiel schulische Ausbildung nach Vollendung des 17. Lebensjahres)
- Berücksichtigungszeiten (zum Beispiel Erziehung bis zur Vollendung des 10. Lebensjahres des Kindes).

In der Regierungszeit der großen Koalition aus CDU, CSU und SPD wurde mit dem »Gesetz   **11**
zur Anpassung der Regelaltersgrenze an die demografische Entwicklung und zur Stärkung der Finanzierungsgrundlagen der gesetzlichen Rentenversicherung (RV-Altersgrenzenanpassungsgesetz)« vom 20.4.2007 (BGBl. I S. 554) gegen den heftigen Widerstand der Gewerkschaften die »**Rente mit 67**« beschlossen.
Das Gesetz sieht eine schrittweise **Anhebung der Regelaltersgrenze** ab dem Jahr 2012 bis 2029 von derzeit 65 auf 67 vor (siehe Tabelle unter Rn. 11 d). Es ist in seinen wesentlichen Bestimmungen am 1.1.2008 in Kraft getreten.
Begründet wird die Heraufsetzung der Regelaltersgrenze mit der demografischen Entwicklung und den hiermit verbundenen finanziellen Belastungen der nach dem Umlageprinzip funktionierenden gesetzlichen Rentenversicherung. Einerseits gebe es wegen der sinkenden Geburtenrate immer weniger Erwerbstätige und damit Beitragszahler in die Rentenversicherung. Andererseits wachse die Lebenserwartung und damit die Zahl der zu versorgenden Rentner. Zur Lösung der Probleme seien zur langfristigen Sicherung der gesetzlichen Rentenversicherung gesetzgeberische Maßnahmen erforderlich. Dazu gehörten auch – neben einer begrenzten Beitragssatzanhebung auf maximal 20 % (bis 2020) bzw. 22 % (bis 2030) – eine Verlängerung der Lebensarbeitszeit (»Rente mit 67«; siehe hierzu Rentenversicherung Rn. 11 ff.).
Nachstehend ein **Überblick**.

Versicherte ab dem Geburtsjahrgang 1964 (§ 35 SGB VI n. F.)
Versicherte, die nach dem 31.12.1963 geboren sind, haben nach § 35 SGB VI n. F. Anspruch   **11a**
auf Regelaltersrente, wenn sie
1. die Regelaltersgrenze erreicht und

Rentenversicherung

2. die allgemeine Wartezeit (von fünf Jahren; siehe Rn. 10 a) erfüllt haben.

Die Regelaltersgrenze wird mit Vollendung des **67. Lebensjahres** erreicht.

11b **Versicherte, die vor dem 1.1.1964 geboren sind (§ 235 SGB VI n. F.)**
Versicherte, die vor dem 1.1.1964 geboren sind, haben nach § 235 Abs. 1 Satz 1 SGB VI n. F. Anspruch auf Regelaltersrente, wenn sie
1. die Regelaltersgrenze erreicht und
2. die allgemeine Wartezeit (siehe Rn. 10 a) erfüllt haben.

Die Regelaltersgrenze wird frühestens mit Vollendung des **65. Lebensjahres** erreicht (§ 235 Abs. 1 Satz 2 SGB VI).

11c **Versicherte, die vor dem 1.1.1947 geboren sind (§ 235 Abs. 2 Satz 1 SGB VI)**
Versicherte, die vor dem 1.1.1947 geboren sind, erreichen die Regelaltersgrenze mit Vollendung des **65. Lebensjahres** (§ 235 Abs. 2 Satz 1 SGB VI).

11d **Versicherte, die nach dem 11.12.1946 geboren sind (§ 235 Abs. 2 Satz 2 SGB VI n. F.)**
Für Versicherte, die **nach dem 31.12.1946 geboren** sind, wird die Regelaltersgrenze gemäß § 235 Abs. 2 Satz 2 SGB VI wie folgt **angehoben**:

Versicherte Geburtsjahr	Anhebung um Monate	auf Alter
1947	1	65 Jahre + 1 Monat
1948	2	65 Jahre + 2 Monate
1949	3	65 Jahre + 3 Monate
1950	4	65 Jahre + 4 Monate
1951	5	65 Jahre + 5 Monate
1952	6	65 Jahre + 6 Monate
1953	7	65 Jahre + 7 Monate
1954	8	65 Jahre + 8 Monate
1955	9	65 Jahre + 9 Monate
1956	10	65 Jahre + 10 Monate
1957	11	65 Jahre + 11 Monate
1958	12	65 Jahre + 12 Monate
1959	14	65 Jahre + 14 Monate
1960	16	65 Jahre + 16 Monate
1961	18	65 Jahre + 18 Monate
1962	20	65 Jahre + 20 Monate
1963	22	65 Jahre + 22 Monate
ab 1964	24	65 Jahre + 24 Monate

11e **Vertrauensschutz (§ 235 Abs. 2 Satz 3 SGB VI)**
Für Versicherte, die
1. vor dem 1.1.1955 geboren sind und vor dem 1.1.2007 Altersteilzeitarbeit im Sinne der §§ 2 und 3 Abs. 1 Nr. 1 des AltTZG vereinbart haben (siehe → **Altersteilzeit**) oder

Rentenversicherung

2. Anpassungsgeld für entlassene Arbeitnehmer des Bergbaus bezogen haben, wird die Regelaltersgrenze **nicht angehoben** (**Vertrauensschutz**; § 235 Abs. 2 Satz 3 SGB VI).

Vorzeitige Inanspruchnahme einer Altersrente mit Rentenabschlägen
Die Renten wegen Alters können – mit Ausnahme der Regelaltersrente (siehe Rn. 10 ff.), der Altersrente für besonders langjährig Versicherte (siehe Rn. 18) und der Altersrente für langjährig unter Tage beschäftigte Bergleute (siehe Rn. 20) – grundsätzlich unter Berücksichtigung eines versicherungsmathematischen Abschlags (Rentenabschlag; siehe Rn. 12 a) **vorzeitig**, das heißt vor Vollendung der maßgebenden Regelaltersgrenze (zwischen 65 bis 67), in Anspruch genommen werden. **12**

Eine vorzeitige Inanspruchnahme einer Rente wegen Alters ist somit für Versicherte möglich, die die Voraussetzungen der
- Altersrente für langjährig Versicherte (§§ 36, 236 SGB VI; siehe Rn. 16 ff.),
- Altersrente für schwerbehinderte Menschen (§ 37, 236 a SGB VI; siehe Rn. 37 ff.),
- Altersrente wegen Arbeitslosigkeit oder nach Altersteilzeitarbeit (§ 237 SGB VI; siehe Rn. 21 f.)
- Altersrente für Frauen (§ 237 a SGB VI; siehe Rn. 23).

erfüllen.
Im Falle der vorzeitigen Inanspruchnahme einer der vorgenannten Altersrenten müssen für jeden Monat vorzeitiger Inanspruchnahme vor Erreichen der maßgebenden Altersgrenze **Rentenabschläge** in Höhe von 0,3 Prozent hingenommen werden. **12a**

> **Beispiele:**
> - Ein am 18.12.1950 geborener Versicherter hat im Jahr 2003 einen Altersteilzeitvertrag mit einer Laufzeit von sechs Jahren vereinbart.
>   Die Altersteilzeit beginnt am 1.1.2007 und endet am 31.12.2012.
>   Der Versicherte nimmt »Altersrente nach Altersteilzeit« (§ 237 SGB VI; siehe Rn. 21 ff.) in Anspruch.
>   Die Rente beginnt am 1.1.2013, also 36 Monate vor der für ihn gemäß § 235 Abs. 2 Satz 3 SGB VI maßgeblichen Regelaltersgrenze 65 (siehe Rn. 11 b; Vertrauensschutz).
>   Somit fallen Rentenabschläge von 10,8 Prozent (= 36 Monate mal 0,3 Prozent) an.
> - Ein nach dem 1.1.1964 geborener Versicherter wird die »Altersrente für langjährig Versicherte« (§ 37 SGB VI n. F.; siehe Rn. 16 ff.) zu dem frühestmöglichen Zeitpunkt (= Vollendung des 63. Lebensjahres; siehe Rn. 16) in Anspruch nehmen (also 4 Jahre bzw. 48 Monate vor der für ihn maßgeblichen Regelaltersgrenze 67).
>   Er muss Rentenabschläge in Höhe vom 14,4 Prozent (= 48 Monate mal 0,3 Prozent) tragen.
>   Lediglich bei Rentenversicherungszeiten von mindestens 45 Jahren bleibt der volle ungeminderte Rentenanspruch bei Renteneintritt ab 65 Jahre erhalten (§ 38 SGB VI n. F.; siehe Rn. 18).

Die Rentenabschläge können durch **zusätzliche Beitragszahlungen** abgemildert oder ausgeglichen werden (§ 187 a SGB VI).
Zum »Start« der »**Rente mit 67**« der nachstehende Auszug aus der Pressemitteilung des Bundesministeriums für Arbeit und Soziales vom 21.12.2011: **12b**
»Anhebung der Altersgrenzen: Rente mit 67 startet schrittweise
Im Jahr 2012 startet für Neurentner die Rente mit 67 und damit die schrittweise Anhebung der Altersgrenzen in der gesetzlichen Rentenversicherung.
Die schrittweise Anhebung der Altersgrenze für die Regelaltersrente beginnt 2012 für diejenigen, die im Jahr 1947 geboren sind: Diese Altersgrenze beträgt nun 65 Jahre und 1 Monat. Für die folgenden Geburtsjahrgänge erhöht sich die Regelaltersgrenze zunächst um je einen weiteren Monat; später wird in Stufen von zwei Monaten pro Jahrgang angehoben. Erst für die Jahrgänge 1964 und jünger wird die Regelaltersgrenze bei 67 Jahren liegen.
Die Anhebung der Regelaltersgrenze wirkt sich auch auf andere Rentenarten aus.

Rentenversicherung

Bei der Altersrente für langjährig Versicherte mit 35 Versicherungsjahren bleibt es beim frühestmöglichen Renteneintritt mit 63 Jahren. Allerdings wird die Altersgrenze für den abschlagsfreien Bezug dieser Altersrente schrittweise erhöht. Entsprechend erhöhen sich die Abschläge bei vorzeitigem Bezug von bisher maximal 7,2 % um 0,3 % für jeden Monat der Anhebung. Davon betroffen sind Versicherte, die im Jahr 1949 geboren sind. Für die im Januar 1949 Geborenen wird die Altersgrenze um einen Monat, für die im Februar 1949 Geborenen um zwei Monate und für die im März bis Dezember 1949 Geborenen um drei Monate angehoben. Mit dieser schnelleren Anhebung bei vorgezogenen Altersrenten wird die für die Jahrgänge 1947 und 1948 unterlassene Anhebung ab 2012 für diese Rentenart nachgeholt und ein Gleichklang zur Anhebung der Regelaltersgrenze erreicht. Für Versicherte, die ab März 1949 geboren sind, erfolgt die Anhebung wieder parallel zur Regelaltersgrenzenanhebung.

Bei der Altersrente für schwerbehinderte Menschen wird die Altersgrenze sowohl für den vorzeitigen als auch für den abschlagsfreien Bezug angehoben. Betroffen ist der Geburtsjahrgang 1952. Auch hier erfolgt die Anhebung anfangs beschleunigt, um die für die Jahrgänge 1947 bis 1951 unterlassene Anhebung nachzuholen und den Gleichklang zur Anhebung der Regelaltersgrenze herzustellen. Die Altersgrenze wird daher von Januar bis Juni 2012 um insgesamt 6 Monate angehoben. Für Versicherte, die ab Juni 1952 geboren sind, erfolgt die Anhebung wieder parallel zur Regelaltersgrenzenanhebung.

Besonderer Vertrauensschutz besteht für Versicherte, die vor dem 1. Januar 2007 Vereinbarungen über Altersteilzeitarbeit abgeschlossen haben. Für sie bleiben die bisherigen Altersgrenzen gültig. Bei den auslaufenden Rentenarten Altersrente für Frauen und Altersrente wegen Arbeitslosigkeit oder nach Altersteilzeitarbeit werden die Altersgrenzen nicht angehoben. Diese Altersrenten können allerdings nur noch Versicherte in Anspruch nehmen, die vor dem 1. Januar 1952 geboren wurden. Zusätzlich wird zum 1. Januar 2012 eine neue Rentenart eingeführt: Die Altersrente für besonders langjährig Versicherte. Liegen mindestens 45 Jahre mit Pflichtbeiträgen für eine versicherte Beschäftigung, selbständige Tätigkeit oder Pflege sowie mit Zeiten der Kindererziehung bis zum 10. Lebensjahr des Kindes vor, können diese Versicherten weiter mit 65 Jahren ohne Abschläge in Rente gehen«.

13 Die **Gewerkschaften** (und andere Verbände: z. B. Sozialverband VdK Deutschland e. V.) lehnen die »Rente mit 67« zu Recht ab.

Auf Grund der herrschenden Arbeitsbedingungen und anhaltender Massenarbeitslosigkeit ist die Vorstellung unrealistisch, dass Beschäftigte durch eine Heraufsetzung der Regelaltersgrenze **länger in** Arbeit gehalten und Beiträge zur Rentenversicherung zahlen würden.

Schon heute scheiden viele Arbeitnehmer lange vor Erreichen der bisherigen Regelaltersgrenze (65) aus.

Wenn das gesetzgeberische Ziel, Arbeitnehmer länger in Arbeit zu halten, aufgehen sollte, würde das bei einer nach wie vor **hohen Arbeitslosigkeit** (zu aktuellen Arbeitsmarktdaten siehe → **Beschäftigungssicherung und -förderung**) zu einer zusätzlichen Belastung des Arbeitsmarktes führen: **Ältere** müssen länger arbeiten, für die **Jungen** stehen weniger Jobs zur Verfügung.

14 Zudem ist die Rente mit 67 nichts anderes als ein **Rentenkürzungsprogramm**, das eine weitere Absenkung des ohnehin sinkenden Rentenniveaus zur Folge hat (siehe → **Altersvorsorge**). Wer vorzeitig (vor 67) in eine Altersrente gehen will (was nur in den in Rn. 12 genannten Fällen möglich ist), muss **Rentenabschläge** von 0,3 Prozent je Monat vorzeitiger Inanspruchnahme in Kauf nehmen (siehe Rn. 12 a).

15 Die Gewerkschaften fordern alternativ eine **Beschäftigungsbrücke** zwischen Jung und Alt und einen **flexiblen Renteneintritt** bis spätestens 65 Jahre:
- Nach 40 Versicherungsjahren abschlagsfreier Zugang zur Altersrente auch vor dem 65. Lebensjahr.
- Verlängerung oder gleichwertige Nachfolgeregelung für das Altersteilzeitgesetz.

- Erleichterung des Zuganges zu Erwerbsminderungsrenten und Streichung der Abschläge bei dieser Rentenart.
- Schrittweise Einbeziehung aller Erwerbstätigen in die gesetzliche Rentenversicherung.

2. Altersrente für langjährig Versicherte (§§ 36, 236 SGB VI)
Auch die Bestimmungen über die Altersrente für langjährig Versicherte sind durch das »RV-Altersgrenzenanpassungsgesetz« vom 20.4.2007 (siehe Rn. 11) neu gefasst worden.

16

Versicherte ab dem Geburtsjahrgang 1964 (§ 36 SGB VI n. F.)
Versicherte, die nach dem 31.12.1963 geboren sind, haben gemäß § 36 SGB VI n. F. Anspruch auf »Altersrente für langjährig Versicherte«, wenn sie
1. das 67. Lebensjahr vollendet und
2. die Wartezeit (siehe Rn. 10 a) von 35 Jahren erfüllt
haben (§ 36 Satz 1 SGB VI).
Die **vorzeitige Inanspruchnahme** dieser Altersrente ist nach Vollendung des 63. Lebensjahres (mit Rentenabschlägen) möglich (§ 36 Satz 2 SGB VI; siehe Rn. 12, 12 a).
Ursprünglich war geplant, die Altersgrenze für vorzeitige Inanspruchnahme dieser Rentenart für alle Geburtsjahrgänge ab 1948 von 63 auf 62 abzusenken.
Nach dem Kurswechsel in der Rentenpolitik (»Rente mit 67«) wird davon nunmehr Abstand genommen werden.
Das heißt: Langjährig Versicherte mit 35 Versicherungsjahren, die nach dem 31.12.1963 geboren sind, können zukünftig erst mit Vollendung des 63. Lebensjahres diese Altersrentenart (mit Rentenabschlägen; siehe Rn. 12 a) in Anspruch nehmen.

16a

Versicherte, die vor dem 1.1.1964 geboren sind (§ 236 VI n. F.)
Versicherte, die vor dem 1.1.1964 geboren sind, haben gemäß § 236 Abs. 1 SGB VI n. F. frühestens Anspruch auf »Altersrente für langjährig Versicherte«, wenn sie
1. das 65. Lebensjahr vollendet und
2. die Wartezeit (siehe Rn. 10 a) von 35 Jahren erfüllt
haben (§ 236 Abs. 1 Satz 1 SGB VI).
Die **vorzeitige Inanspruchnahme** dieser Altersrente ist nach Vollendung des 63. Lebensjahres (mit Rentenabschlägen) möglich (§ 236 Abs. 1 Satz 2 SGB VI; siehe Rn. 12, 12 a).
Versicherte, die vor dem 1.1.1949 geboren sind, haben Anspruch auf diese Altersrente nach Vollendung des 65. Lebensjahres (§ 236 Abs. 2 Satz 1 SGB VI).
Für Versicherte, die nach dem 31.12.1948 geboren sind, wird die Altersgrenze von 65 Jahren nach Maßgabe der **Tabelle** gemäß § 236 Abs. 2 SGB VI schrittweise von 65 auf 67 angehoben (§ 236 Abs. 2 Satz 2 SGB VI).
Für Versicherte, die
1. vor dem 1.1.1955 geboren sind und vor dem 1.1.2007 Altersteilzeitarbeit im Sinne der §§ 2 und 3 Abs. 1 Nr. 1 AltTZG vereinbart haben
oder
2. Anpassungsgeld für entlassene Arbeitnehmer des Bergbaus bezogen haben,
wird die Altersgrenze von 65 Jahren nicht angehoben (Vertrauensschutz; § 236 Abs. 2 Satz 3 SGB VI).
Für Versicherte, die
1. nach dem 31.12.1947 geboren sind und
2. entweder
   a) vor dem 1.1.1955 geboren sind und vor dem 1.1.2007 Altersteilzeitarbeit im Sinne der §§ 2 und 3 Abs. 1 Nr. 1 AltTZG vereinbart haben
   oder

16b

Rentenversicherung

17 b) Anpassungsgeld für entlassene Arbeitnehmer des Bergbaus bezogen haben, bestimmt sich die Altersgrenze für die vorzeitige Inanspruchnahme nach Maßgabe der **Tabelle des § 236 Abs. 3 SGB VI**.
So können beispielsweise Versicherte der Geburtsjahrgänge 1950 bis 1963 diese Rentenart bereits mit Vollendung des 62. Lebensjahres (mit Rentenabschlägen) in Anspruch nehmen
Für jeden Monat der vorzeitigen Inanspruchnahme vor der maßgeblichen Altersgrenze fallen **Rentenabschläge** in Höhe von 0,3 Prozent an. Gilt für einen Versicherten die Altersgrenze 67 (siehe Rn. 16), sind maximal Rentenabschläge von bis zu 14,4 Prozent (= 4 Jahre bis zum 67. Lebensjahr x 3,6 Prozent) möglich.

3. Altersrente für besonders langjährig Versicherte (§ 38 SGB VI n. F.; § 236 b SGB VI)

18 Durch das »RV-Altersgrenzenanpassungsgesetz« vom 20.4.2007 (siehe Rn. 11) wurde eine Sonderregelung für besonders langjährig Versicherte geschaffen.
Nach § 38 SGB VI haben Versicherte Anspruch auf »Altersrente für besonders langjährig Versicherte«, wenn sie
1. das 65. Lebensjahr vollendet und
2. die Wartezeit (siehe Rn. 10 a) von 45 Jahren erfüllt
haben.
Das bedeutet: Versicherte, die mindestens 45 Jahre mit Pflichtbeiträgen aus Beschäftigung und Pflege sowie Zeiten der Kindererziehung bis zum 10. Lebensjahr des Kindes erreichen, können auch nach Anhebung der Regelaltersgrenze auf 67 weiterhin mit 65 Jahren **abschlagfrei** in Rente gehen.

18a Zu Gunsten besonders langjährig Versicherter, die vor dem 1.1.1964 geboren sind, hat die Große Koalition CDU/CSU/SPD 2014 eine **abschlagfreie »Rente mit 63«** eingeführt. Im **Koalitionsvertrag von CDU/CSU/SPD 2013** (siehe auch Rn. 2) hieß es hierzu:
»*Seit Beginn des Jahres 2012 können langjährig Beschäftigte nach 45 Beitragsjahren mit Erreichen des 65. Lebensjahres ohne die sonst fälligen Abschläge in Rente gehen. Es hat sich in der Arbeitswelt viel zu Gunsten Älterer verbessert, aber wir sind noch nicht am Ziel.*
Deshalb werden wir die bereits vorhandene Vertrauensschutzregelung zur Anhebung der Regelaltersgrenze erweitern: Langjährig Versicherte, die durch 45 Beitragsjahre (einschließlich Zeiten der Arbeitslosigkeit) ihren Beitrag zur Stabilisierung der Rentenversicherung erbracht haben, können ab dem 1. Juli 2014 mit dem vollendeten 63. Lebensjahr abschlagsfrei in Rente gehen. Das Zugangsalter, mit dem der abschlagsfreie Rentenzugang möglich ist, wird schrittweise parallel zur Anhebung des allgemeinen Renteneintrittsalters auf das vollendete 65. Lebensjahr angehoben.«
Diese Verabredung wurde mit Gesetz über Leistungsverbesserungen in der gesetzlichen Rentenversicherung (RV-Leistungsverbesserungsgesetz) vom 23.6.2014 (BGBl. I S. 787) umgesetzt. In das SGB VI wurde folgender § 236 b eingefügt:
§ 236 b Altersrente für besonders langjährig Versicherte
(1) Versicherte, die vor dem 1. Januar 1964 geboren sind, haben frühestens Anspruch auf Altersrente für besonders langjährig Versicherte, wenn sie
1. das 63. Lebensjahr vollendet und
2. die Wartezeit von 45 Jahren erfüllt
haben.
(2) Versicherte, die vor dem 1. Januar 1953 geboren sind, haben Anspruch auf diese Altersrente nach Vollendung des 63. Lebensjahres. Für Versicherte, die nach dem 31. Dezember 1952 geboren sind, wird die Altersgrenze von 63 Jahren wie folgt angehoben:

Versicherte Geburtsjahr	Anhebung um Monate	auf Alter	
		Jahr	Monat
1953	2	63	2
1954	4	63	4
1955	6	63	6
1956	8	63	8
1957	10	63	10
1958	12	64	0
1959	14	64	2
1960	16	64	4
1961	18	64	6
1962	20	64	8
1963	22	64	10

4. Altersrente für schwerbehinderte Menschen (§§ 37, 236 a SGB VI)
Die §§ 37, 236 a SGB VI wurden durch das »RV-Altersgrenzenanpassungsgesetz« vom 20. 4. 2007 (siehe Rn. 11) neu gefasst.
Versicherte, die **nach dem 31. 12. 1963 geboren** sind, haben gemäß § 37 SGB VI Anspruch auf »Altersrente für schwerbehinderte Menschen«, wenn sie
1. das 65. Lebensjahr vollendet haben,
2. bei Beginn der Altersrente als schwerbehinderte Menschen (§ 2 Abs. 2 SGB IX) anerkannt sind und
3. die Wartezeit (siehe Rn. 10 a) von 35 Jahren erfüllt haben.

Die **vorzeitige Inanspruchnahme** dieser Altersrente ist nach Vollendung des 62. Lebensjahres (mit Rentenabschlägen) möglich (§ 37 Satz 2 SGB VI; siehe Rn. 12, 12 a).
Versicherte, die **vor dem 1. 1. 1964 geboren** sind, haben nach § 236 a Abs. 1 SGB VI frühestens Anspruch auf »Altersrente für schwerbehinderte Menschen«, wenn sie
1. das 63. Lebensjahr vollendet haben,
2. bei Beginn der Altersrente als schwerbehinderte Menschen (§ 2 Abs. 2 SGB IX) anerkannt sind und
3. die Wartezeit (siehe Rn. 10 a) von 35 Jahren erfüllt haben.

Die **vorzeitige Inanspruchnahme** dieser Altersrente ist frühestens nach Vollendung des 60. Lebensjahres (mit Rentenabschlägen) möglich (siehe Rn. 12, 12 a).
Versicherte, die **vor dem 1. 1. 1952 geboren** sind, haben Anspruch auf diese Altersrente nach Vollendung des 63. Lebensjahres; für sie ist die vorzeitige Inanspruchnahme nach Vollendung des 60. Lebensjahres (mit Rentenabschlägen) möglich (§ 236 a Abs. 2 Satz 1 SGB VI).
Für Versicherte, die **nach dem 31. 12. 1951 geboren** sind, werden die Altersgrenze von 63 Jahren und die Altersgrenze für die vorzeitige Inanspruchnahme nach Maßgabe der **Tabelle** des § 236 a Abs. 2 SGB VI angehoben (§ 236 a Abs. 2 Satz 2 SGB VI).
Für Versicherte, die
1. am 1. 1. 2007 als schwerbehinderte Menschen (§ 2 Abs. 2 SGB IX) anerkannt waren und
2. entweder
   a) vor dem 1. 1. 1955 geboren sind und vor dem 1. 1. 2007 Altersteilzeitarbeit im Sinne der §§ 2 und 3 Abs. 1 Nr. 1 AltTZG vereinbart haben
   oder

Rentenversicherung

b) Anpassungsgeld für entlassene Arbeitnehmer des Bergbaus bezogen haben, werden die Altersgrenzen nicht angehoben (**Vertrauensschutz**; § 236 a Abs. 2 Satz 3 SGB VI).
Versicherte, die **vor dem 1.1.1951 geboren** sind, haben unter den Voraussetzungen nach § 236 a Abs. 1 Satz 1 Nr. 1 und 3 SGB VI auch Anspruch auf diese Altersrente, wenn sie bei Beginn der Altersrente berufsunfähig oder erwerbsunfähig nach dem am 31.12.2000 geltenden Recht sind (§ 236 a Abs. 3 SGB VI).
Versicherte, die **vor dem 17.11.1950 geboren** sind und am 16.11.2000 schwerbehindert (§ 2 Abs. 2 SGB IX), berufsunfähig oder erwerbsunfähig nach dem am 31.12.2000 geltenden Recht waren, haben Anspruch auf diese Altersrente, wenn sie
1. das 60. Lebensjahr vollendet haben,
2. bei Beginn der Altersrente
   a) als schwerbehinderte Menschen (§ 2 Abs. 2 SGB IX) anerkannt oder
   b) berufsunfähig oder erwerbsunfähig nach dem am 31.12.2000 geltenden Recht sind und
3. die Wartezeit von 35 Jahren erfüllt haben.

5. Altersrente für langjährig unter Tage beschäftigte Bergleute (§§ 40, 238 SGB VI)

20   Anspruch auf diese Altersrente besteht für Versicherte, die das 60. Lebensjahr vollendet und eine Wartezeit (siehe Rn. 10 a) von 25 Jahren erfüllt haben.

6. Altersrente wegen Arbeitslosigkeit oder nach Altersteilzeitarbeit (§ 237 SGB VI)

21   Versicherte haben nach § 237 Abs. 1 SGB VI Anspruch auf Altersrente, wenn sie
1. **vor dem 1.1.1952 geboren** sind,
2. das 60. Lebensjahr vollendet haben,
3. entweder
   a) bei Beginn der Rente **arbeitslos** sind und nach Vollendung eines Lebensalters von 58 Jahren und sechs Monaten insgesamt 52 Wochen arbeitslos waren oder Anpassungsgeld für entlassene Arbeitnehmer des Bergbaus bezogen haben
   oder
   b) die Arbeitszeit aufgrund von **Altersteilzeitarbeit** im Sinne der §§ 2 und 3 Abs. 1 Nr. 1 AltTZG für mindestens 24 Kalendermonate vermindert haben,
4. in den letzten zehn Jahren vor Beginn der Rente acht Jahre Pflichtbeiträge für eine versicherte Beschäftigung oder Tätigkeit haben, wobei sich der Zeitraum von zehn Jahren um Anrechnungszeiten, Berücksichtigungszeiten und Zeiten des Bezugs einer Rente aus eigener Versicherung, die nicht auch Pflichtbeitragszeiten aufgrund einer versicherten Beschäftigung oder Tätigkeit sind, verlängert, und
5. die Wartezeit (siehe Rn. 10 a) von 15 Jahren erfüllt haben.

21a   Anspruch auf diese Altersrente haben nach § 237 Abs. 2 Satz 1 SGB VI **auch Versicherte**, die
1. während der Arbeitslosigkeit von 52 Wochen nur deshalb der Arbeitsvermittlung nicht zur Verfügung standen, weil sie nicht arbeitsbereit waren und nicht alle Möglichkeiten nutzten und nutzen wollten, um ihre Beschäftigungslosigkeit zu beenden,
2. nur deswegen nicht 52 Wochen arbeitslos waren, weil sie im Rahmen einer Arbeitsgelegenheit mit Entschädigung für Mehraufwendungen nach dem Zweiten Buch eine Tätigkeit von 15 Stunden wöchentlich oder mehr ausgeübt haben, oder
3. während der 52 Wochen und zu Beginn der Rente nur deswegen nicht als Arbeitslose galten, weil sie erwerbsfähige Hilfebedürftige waren, die nach Vollendung des 58. Lebensjahres mindestens für die Dauer von zwölf Monaten Leistungen der Grundsicherung für Arbeitsuchende bezogen haben, ohne dass ihnen eine sozialversicherungspflichtige Beschäftigung angeboten worden ist.

21b   Der Zeitraum von zehn Jahren, in dem acht Jahre Pflichtbeiträge für eine versicherte Beschäftigung oder Tätigkeit vorhanden sein müssen, **verlängert** sich auch um

1. Arbeitslosigkeitszeiten nach § 237 Abs. 2 Satz 1 SGB VI,
2. Ersatzzeiten,
soweit diese Zeiten nicht auch Pflichtbeiträge für eine versicherte Beschäftigung oder Tätigkeit sind (§ 237 Abs. 2 Satz 2 SGB VI).
Vom 1.1.2008 an werden Arbeitslosigkeitszeiten nach § 237 Abs. 2 Satz 1 Nr. 1 SGB VI nur berücksichtigt, wenn die Arbeitslosigkeit vor dem 1. Januar 2008 begonnen hat und der Versicherte vor dem 2.1.1950 geboren ist (§ 237 Abs. 2 Satz 3 SGB VI).

Die **Altersgrenze von 60 Jahren** wird bei Altersrenten wegen Arbeitslosigkeit oder nach Altersteilzeitarbeit für Versicherte, die nach dem 31.12.1936 geboren sind, **angehoben** (§ 237 Abs. 3 Satz 1 SGB VI). 21c

Die **vorzeitige Inanspruchnahme** einer solchen Altersrente ist möglich (§ 237 Abs. 3 Satz 2 SGB VI; siehe Rn. 12, 12 a).

Die Anhebung der Altersgrenzen und die Möglichkeit der vorzeitigen Inanspruchnahme der Altersrenten bestimmen sich nach **Anlage 19** (§ 237 Abs. 3 Satz 3 SGB VI).

Die Altersgrenze von 60 Jahren bei der Altersrente wegen Arbeitslosigkeit oder nach Altersteilzeitarbeit wird gemäß § 237 Abs. 4 SGB VI für Versicherte, die 21d
1. **bis zum 14.2.1941 geboren** sind und
   a) am 14.2.1996 arbeitslos waren oder Anpassungsgeld für entlassene Arbeitnehmer des Bergbaus bezogen haben oder
   b) deren Arbeitsverhältnis aufgrund einer Kündigung oder Vereinbarung, die vor dem 14.2.1996 erfolgt ist, nach dem 13.2.1996 beendet worden ist,
2. **bis zum 14.2.1944 geboren** sind und aufgrund einer Maßnahme nach Artikel 56 § 2 Buchstabe b des Vertrages über die Gründung der Europäischen Gemeinschaft für Kohle und Stahl (EGKS-V), die vor dem 14.2.1996 genehmigt worden ist, aus einem Betrieb der Montanindustrie ausgeschieden sind oder
3. **vor dem 1.1.1942 geboren** sind und 45 Jahre mit Pflichtbeiträgen für eine versicherte Beschäftigung oder Tätigkeit haben, wobei § 55 Abs. 2 SGB VI nicht für Zeiten anzuwenden ist, in denen Versicherte wegen des Bezugs von Arbeitslosengeld, Arbeitslosenhilfe oder Arbeitslosengeld II versicherungspflichtig waren, nach Maßgabe der Tabelle gemäß § 237 Abs. 4 SGB VI angehoben (§ 237 Abs. 4 Satz 1 SGB VI).

Einer vor dem 14. Februar 1996 abgeschlossenen Vereinbarung über die Beendigung des Arbeitsverhältnisses steht eine vor diesem Tag vereinbarte Befristung des Arbeitsverhältnisses oder Bewilligung einer befristeten arbeitsmarktpolitischen Maßnahme gleich (§ 237 Abs. 4 Satz 2 SGB VI).

Ein bestehender **Vertrauensschutz** wird insbesondere durch die spätere Aufnahme eines Arbeitsverhältnisses oder den Eintritt in eine neue arbeitsmarktpolitische Maßnahme nicht berührt (§ 237 Abs. 4 Satz 3 SGB VI).

Die Altersgrenze von 60 Jahren für die **vorzeitige Inanspruchnahme** wird für Versicherte, 22
1. die am 1.1.2004 arbeitslos waren,
2. deren Arbeitsverhältnis aufgrund einer Kündigung oder Vereinbarung, die vor dem 1.1.2004 erfolgt ist, nach dem 31.12.2003 beendet worden ist,
3. deren letztes Arbeitsverhältnis vor dem 1.1.2004 beendet worden ist und die am 1.1.2004 beschäftigungslos im Sinne des § 119 Abs. 1 Nr. 1 SGB III waren,
4. die vor dem 1.1.2004 Altersteilzeitarbeit im Sinne der §§ 2 und 3 Abs. 1 Nr. 1 AltTZG vereinbart haben oder
5. die Anpassungsgeld für entlassene Arbeitnehmer des Bergbaus bezogen haben, nicht angehoben (§ 237 Abs. 5 Satz 1 SGB VI).

Einer vor dem 1.1.2004 abgeschlossenen Vereinbarung über die Beendigung des Arbeitsverhältnisses steht eine vor diesem Tag vereinbarte Befristung des Arbeitsverhältnisses oder Be-

Rentenversicherung

willigung einer befristeten arbeitsmarktpolitischen Maßnahme gleich (§ 237 Abs. 5 Satz 2 SGB VI).

Ein bestehender **Vertrauensschutz** wird insbesondere durch die spätere Aufnahme eines Arbeitsverhältnisses oder den Eintritt in eine neue arbeitsmarktpolitische Maßnahme nicht berührt (§ 237 Abs. 5 Satz 3 SGB VI).

7. Altersrente für Frauen (§ 237 a SGB VI)

23 Anspruch besteht für versicherte Frauen, die **vor dem 1.1.1952 geboren** sind, das 60. Lebensjahr vollendet, nach Vollendung des 40. Lebensjahres mehr als zehn Jahre Pflichtbeiträge für eine versicherte Beschäftigung oder Tätigkeit gezahlt und eine Wartezeit (siehe Rn. 10 a) von 15 Jahren erfüllt haben.

24 Die Altersgrenze bei der Altersrente für Frauen wurde in den Jahren 2000 bis 2004 in Monatsschritten von 60 auf 65 Jahre **angehoben**.

Die **vorzeitige Inanspruchnahme** dieser Altersrente ist (mit Rentenabschlägen) möglich (§ 237 a Satz 2 Satz 2 SGB VI; siehe Rn. 12, 12 a).

Vertrauensschutzregelung: § 237 a Abs. 3 SGB VI.

25–29 Nicht belegt

8. Altersrente als Vollrente, Teilrente (§ 42 SGB VI)

30 Versicherte können eine Rente wegen Alters in voller Höhe (= Vollrente) oder als Teilrente in Anspruch nehmen.

Die Teilrente beträgt ein **Drittel, die Hälfte** oder **zwei Drittel** der Vollrente.

Je geringer die Teilrente ist, desto mehr kann **hinzuverdient** werden (§ 34 Abs. 3 SGB VI).

31 Versicherte, die wegen der beabsichtigten Inanspruchnahme einer Teilrente ihre Arbeitsleistung einschränken wollen, können von ihrem Arbeitgeber verlangen, dass er mit ihnen die Möglichkeiten einer solchen Einschränkung erörtert.

Macht der Versicherte hierzu für seinen Arbeitsbereich Vorschläge, hat der Arbeitgeber zu diesen Vorschlägen Stellung zu nehmen (§ 42 Abs. 3 SGB VI).

III. Rente wegen verminderter Erwerbsfähigkeit (§ 33 Abs. 3 SGB VI)

32 Rente wegen verminderter Erwerbsfähigkeit wird geleistet als
- Rente wegen teilweiser Erwerbsminderung (§ 43 Abs. 1 SGB VI),
- Rente wegen voller Erwerbsminderung (§ 43 Abs. 2, 6 SGB VI),
- Rente für Bergleute (§§ 45, 242 SGB VI),
- Rente wegen Berufsunfähigkeit (§ 240 SGB VI),
- Rente wegen Erwerbsunfähigkeit (nach altem Recht).

33 Bestimmte **Hinzuverdienstgrenzen** dürfen nicht überschritten werden (§ 96 a SGB VI).

34 Erwerbsgemindert ist nicht, wer unter den üblichen Bedingungen des allgemeinen Arbeitsmarktes **mindestens sechs Stunden** täglich erwerbstätig sein kann (§ 43 Abs. 3 SGB VI).

Dabei ist die jeweilige Arbeitsmarktlage nicht zu berücksichtigen.

35 Die Regelungen über Rente wegen teilweiser und voller Erwerbsminderung kommen dann zur Anwendung, wenn die Rente **ab dem 1.1.2001** beginnt.

Für Versicherte, die **am 31.12.2000** bereits Bezieher einer Rente wegen Berufs- und Erwerbsunfähigkeit waren, gilt das »alte« Recht weiter.

1. Rente wegen teilweiser Erwerbsminderung

36 Anspruch auf eine Rente wegen teilweiser Erwerbsminderung hat gemäß § 43 Abs. 1 SGB VI, wer
- teilweise erwerbsgemindert ist,

- in den letzten fünf Jahren vor Eintritt der Erwerbsminderung drei Jahre Pflichtbeiträge für eine versicherte Beschäftigung oder Tätigkeit gezahlt hat und
- vor Eintritt der Erwerbsminderung die allgemeine Wartezeit von fünf Jahren erfüllt hat.

Teilweise erwerbsgemindert sind Versicherte, die wegen Krankheit oder Behinderung auf nicht absehbare Zeit außerstande sind, unter den üblichen Bedingungen des allgemeinen Arbeitsmarktes mindestens sechs Stunden täglich erwerbstätig zu sein (§ 43 Abs. 1 SGB VI).

2. Rente wegen voller Erwerbsminderung
Anspruch auf eine Rente wegen voller Erwerbsminderung hat gemäß § 43 Abs. 2 SGB VI, wer
- voll erwerbsgemindert ist,
- in den letzten fünf Jahren vor Eintritt der Erwerbsminderung drei Jahre Pflichtbeiträge für eine versicherte Beschäftigung oder Tätigkeit gezahlt hat und
- vor Eintritt der Erwerbsminderung die allgemeine Wartezeit von fünf Jahren erfüllt hat.

Voll erwerbsgemindert sind Versicherte, die wegen Krankheit oder Behinderung auf nicht absehbare Zeit außerstande sind, unter den üblichen Bedingungen des allgemeinen Arbeitsmarktes mindestens drei Stunden täglich erwerbstätig zu sein.

Voll erwerbsgemindert sind auch
- Versicherte nach § 1 Satz 1 Nr. 2 SGB VI, die wegen Art oder Schwere der Behinderung nicht auf dem allgemeinen Arbeitsmarkt tätig sein können und
- Versicherte, die bereits vor Erfüllung der allgemeinen Wartezeit voll erwerbsgemindert waren, in der Zeit einer nicht erfolgreichen Eingliederung in den allgemeinen Arbeitsmarkt.

Versicherte, die bereits vor Erfüllung der allgemeinen Wartezeit von 5 Jahren voll erwerbsgemindert waren und seitdem ununterbrochen voll erwerbsgemindert sind, haben Anspruch auf Rente wegen voller Erwerbsminderung, wenn sie eine Wartezeit von 20 Jahren erfüllt haben (§ 43 Abs. 6 SGB VI).

3. Rente für Bergleute wegen verminderter Berufsfähigkeit
Anspruch auf Rente für Bergleute haben gemäß § 45 SGB VI Versicherte bis zur Vollendung des 65. Lebensjahres, wenn sie
- im Bergbau vermindert berufsfähig sind,
- in den letzten 5 Jahren vor Eintritt der im Bergbau verminderten Berufsfähigkeit 3 Jahre knappschaftliche Pflichtbeitragszeiten haben und
- vor Eintritt der im Bergbau verminderten Berufsfähigkeit die allgemeine Wartezeit in der knappschaftlichen Rentenversicherung erfüllt haben.

Das Gleiche gilt, wenn sie
- das 50. Lebensjahr vollendet haben,
- im Vergleich zu der von ihnen bisher ausgeübten knappschaftlichen Beschäftigung eine wirtschaftlich gleichwertige Beschäftigung oder selbständige Tätigkeit nicht mehr ausüben und
- die Wartezeit von 25 Jahren erfüllt haben.

4. Rente wegen teilweiser Erwerbsminderung bei Berufsunfähigkeit
Versicherte, die **vor dem 2.1.1961 geboren** und berufsunfähig sind, erhalten auf Grund der Sonderregelung des § 240 SGB VI eine Rente wegen teilweiser Erwerbsminderung.

Berufsunfähig sind Versicherte, deren Erwerbsfähigkeit wegen Krankheit oder Behinderung im Vergleich zur Erwerbsfähigkeit von körperlich, geistig und seelisch gesunden Versicherten mit ähnlicher Ausbildung und gleichwertigen Kenntnissen und Fähigkeiten auf weniger als sechs Stunden gesunken ist.

Der Kreis der Tätigkeiten, nach denen die Erwerbsfähigkeit von Versicherten zu beurteilen ist, umfasst alle Tätigkeiten, die ihren Kräften und Fähigkeiten entsprechen und ihnen unter

Rentenversicherung

Berücksichtigung der Dauer und des Umfangs ihrer Ausbildung sowie ihres bisherigen Berufs und der besonderen Anforderungen ihrer bisherigen Berufstätigkeit zugemutet werden können.

Zumutbar ist stets eine Tätigkeit, für die die Versicherten durch Leistungen zur beruflichen Rehabilitation mit Erfolg ausgebildet oder umgeschult worden sind.

Berufsunfähig ist nicht, wer eine zumutbare Tätigkeit mindestens 6 Stunden täglich ausüben kann; dabei ist die jeweilige Arbeitsmarktlage nicht zu berücksichtigen.

5. Rente wegen verminderter Erwerbsfähigkeit als Zeitrente (§ 102 Abs. 2 SGB VI)

45 Renten wegen verminderter Erwerbsfähigkeit werden gemäß § 102 Abs. 2 SGB VI auf Zeit geleistet. Die Befristung erfolgt für längstens drei Jahre nach Rentenbeginn; sie kann wiederholt werden.

46 Renten, auf die ein Anspruch unabhängig von der jeweiligen Arbeitsmarktlage besteht, werden unbefristet geleistet, wenn unwahrscheinlich ist, dass die Minderung der Erwerbsfähigkeit behoben werden kann. Hiervon ist bei einer Gesamtdauer der Befristung von neun Jahren auszugehen.

IV. Rente wegen Todes (§§ 33 Abs. 4, 46 ff. SGB VI)

47 Rente wegen Todes (bzw. bei Verschollenheit, § 49 SGB VI) wird geleistet als
- Witwen- und Witwerrente (§ 46 SGB VI)
- Waisenrente (§ 48 SGB VI) und
- Erziehungsrente (§ 47 SGB VI).

48 Sonderregelungen für Witwen/Witwer bei Berufs- und Erwerbsunfähigkeit und im Falle einer Scheidung vor dem 1. 7. 1977 gelten gemäß §§ 242 a, 243 SGB VI.

1. Witwen- und Witwerrente (§ 46 SGB VI)

49 Der hinterbliebene Ehegatte, der nicht wieder heiratet, erhält eine »**große Witwen-/Witwerrente**« in Höhe von **55 Prozent** (vgl. § 67 Nr. 6 SGB VI; gilt ab 1. 1. 2002) der vollen Rente des/der Verstorbenen. Voraussetzung: die Witwe/der Witwer hat nach dem Tod des versicherten Ehegatten
- ein eigenes Kind oder ein Kind des versicherten Ehegatten, das das 18. Lebensjahr noch nicht vollendet hat (§ 46 Abs. 2 SGB VI)
- oder ist mindestens 47 Jahre alt
- oder ist erwerbsgemindert.

50 Liegen die Voraussetzungen für einen Anspruch auf eine große Witwen-/Witwerrente nicht vor, hat der hinterbliebene Ehegatte, sofern er/sie nicht wieder heiratet, Anspruch auf eine »**kleine Witwen-/Witwerrente**« in Höhe von **25 Prozent** der vollen Rente (§ 67 Nr. 5 SGB VI). Der Anspruch ist – seit dem 1. 1. 2002 – auf zwei Jahre befristet (§ 46 Abs. 1 Satz 2 SGB VI).

51 Bis zum **Ende des dritten Kalendermonats** nach Ablauf des Monats, in dem der Ehegatte verstorben ist, haben Witwen/Witwer Anspruch auf die volle Rente (100 Prozent; vgl. § 67 Nr. 5 und 6 SGB VI). Das gilt sowohl für die »große Witwen-/Witwerrente« als auch die »kleine Witwen-/Witwerrente« (§ 67 Nr. 5 und 6 SGB VI).

51a Witwen-/Witwer haben keinen Anspruch auf Witwen-/Witwerrente, wenn die Ehe nicht **mindestens ein Jahr** gedauert hat, es sei denn, dass nach den besonderen Umständen des Falles die Annahme nicht gerechtfertigt ist, dass es der alleinige oder überwiegende Zweck der Heirat war, einen Anspruch auf Hinterbliebenenversorgung zu begründen (§ 46 Abs. 2 a SGB VI).

51b Ein Anspruch auf Witwen-/Witwerrente besteht auch nicht von dem Kalendermonat an, zu dessen Beginn das **Rentensplitting** durchgeführt ist (§ 46 Abs. 2 b Satz 1 SGB VI). Der Rentenbescheid über die Bewilligung der Witwenrente oder Witwerrente ist mit Wirkung von diesem Zeitpunkt an aufzuheben; die §§ 24 und 48 SGB X sind nicht anzuwenden (§ 46 Abs. 2 b Satz 2 SGB VI).

Falls nach dem Tod des Versicherten **Wiederheirat** erfolgt ist, lebt der Anspruch auf Witwen-/Witwerrente wieder auf, wenn die erneute Ehe aufgelöst oder für nichtig erklärt ist (§ 46 Abs. 3 SGB VI).   51a

Für einen Anspruch auf Witwen-/Witwerrente gelten als Heirat auch die Begründung einer **Lebenspartnerschaft**, als Ehe auch eine Lebenspartnerschaft, als Witwe und Witwer auch ein überlebender Lebenspartner und als Ehegatte auch ein Lebenspartner (§ 46 Abs. 4 Satz 1 SGB VI). Der Auflösung oder Nichtigkeit einer erneuten Ehe entspricht die Aufhebung oder Auflösung einer erneuten Lebenspartnerschaft (§ 46 Abs. 4 Satz 1 SGB VI).

Falls Witwen/Witwer **eigenes Einkommen** haben, wird dieses nach § 97 Abs. 2 SGB VI zu 40 % auf die Witwen-/Witwerrente angerechnet, soweit es einen **Freibetrag** in Höhe des 26,4-fache des aktuellen Rentenwerts übersteigt.   52

Der Freibetrag erhöht sich für jedes Kind, das Anspruch auf Waisenrente hat, um das 5,6-fache des aktuellen Rentenwerts.

2. Waisenrente (§ 48 SGB VI)

Vollwaisen erhalten **20 Prozent**, Halbwaisen **10 Prozent** der Vollrente des verstorbenen Versicherten (§ 67 Nr. 7 und 8 SGB VI).   53

Hinzu kommt ein **Zuschlag** (§ 78 SGB VI).

Der Anspruch auf Waisenrente besteht nach § 48 Abs. 4 SGB VI **längstens** bis zur Vollendung des 18. Lebensjahres oder bis zur Vollendung des 27. Lebensjahres,
- wenn sich das Kind beispielsweise in Schul- oder Berufsausbildung befindet oder ein freiwilliges soziales oder ökologisches Jahr oder Bundesfreiwilligendienst leistet
- oder wenn das Kind wegen körperlicher, geistiger oder seelischer Behinderung außer Stande ist, sich selbst zu unterhalten.

Der Anspruch auf Waisenrente endet nicht dadurch, dass die Waise als Kind angenommen wird (§ 48 Abs. 6 SGB VI).   54

Bei Bezug von Waisenrente über das 18. Lebensjahr hinaus wird nach § 97 Abs. 2 SGB VI eigenes **Einkommen** zu 40 Prozent **angerechnet**, soweit es einen Freibetrag in Höhe des 17,6-fachen des aktuellen Rentenwerts übersteigt.

3. Erziehungsrente (§ 47 SGB VI)

Versicherte haben (aus eigener Versicherung) bis zur Vollendung des 65. Lebensjahres Anspruch auf Erziehungsrente, wenn   55
- ihre Ehe nach dem 30. 6. 1977 geschieden und ihr geschiedener Ehegatte gestorben ist,
- sie ein eigenes Kind oder ein Kind des geschiedenen Ehegatten erziehen (§ 46 Abs. 2 SGB VI),
- sie nicht wieder geheiratet haben und
- sie bis zum Tode des geschiedenen Ehegatten die allgemeine Wartezeit erfüllt haben.

Die Erziehungsrente entspricht der **Höhe** nach der Vollrente (§ 67 Nr. 4 SGB VI).   56

Eigenes **Einkommen** wird nach § 97 Abs. 2 SGB VI zu 40 % **angerechnet**, soweit es die Freibeträge übersteigt, die auch für die große/kleine Witwen-/Witwerrente gelten (siehe Rn. 52).

V. Rentenberechnung (§§ 63 ff. SGB VI)

Die Höhe der Rente richtet sich vor allem nach der Höhe der während des Versicherungslebens durch **Beiträge** versicherten Arbeitsentgelte und Arbeitseinkommen (§ 63 Abs. 1 SGB VI).   57

Das in den einzelnen Kalenderjahren durch Beiträge versicherte Arbeitsentgelt und Arbeitsein-   58

kommen wird in **persönliche Entgeltpunkte (PEP)** umgerechnet (§§ 63 Abs. 2, 66 SGB VI; siehe Rn. 62).
Als **Beitragszeiten** gelten auch **Kindererziehungszeiten** (§§ 56, 249 SGB VI) und – ab April 1995 – Zeiten der **Pflegetätigkeit** (§ 3 Satz 1 Nr. 1 a SGB VI, § 44 SGB XI).
Durch das RV-Leistungsverbesserungsgesetz vom 23. 6. 2014 (BGBl. I S. 787) wurde die sog. »**Mütterrente**« eingeführt. Für jedes vor 1992 geborene Kind werden **24 statt bisher 12 Monate** als Kindererziehungszeiten/Beitragszeiten angerechnet, was eine Erhöhung der Alters-, Erwerbsminderungs- und Hinterbliebenenrenten zur Folge hat. Einzelheiten regelt § 249 SGB VI n. F.
Auch für **beitragsfreie Zeiten** (Anrechnungszeiten, Zurechnungszeiten, Ersatzzeiten; vgl. § 54 Abs. 4 SGB VI) werden Entgeltpunkte angerechnet (§ 63 Abs. 3 SGB VI).
Deren Höhe hängt davon ab, wie hoch die versicherten Arbeitsentgelte und Einkommen sind, die in der übrigen Zeit versichert waren. Berücksichtigungszeiten wegen Kindererziehung erhöhen die Werte für beitragsfreie und beitragsgeminderte Zeiten.

59 Die Rentenhöhe wird des Weiteren durch den **Rentenartfaktor** (§ 67 SGB VI) bestimmt (siehe Rn. 63).
Wenn eine Altersrente **vorzeitig**, das heißt vor Eintritt der **Regelaltersgrenze** (siehe Rn. 10 ff.) oder erst nachher in Anspruch genommen werden soll, wird die Rente durch einen **Zugangsfaktor** gesenkt oder erhöht (§ 77 SGB VI; siehe Rn. 62).

60 Ein weiterer Faktor zur Festlegung der Rentenhöhe ist der **aktuelle Rentenwert** (§ 68 SGB VI), der jährlich zum 1. Juli (an die Nettolohnentwicklung und an Belastungsveränderungen bei den Rentnern) angepasst wird (siehe Rn. 64).
Der aktuelle Rentenwert ist der Betrag, der einer monatlichen Altersrente aus Beiträgen eines Durchschnittsverdieners für ein Jahr entspricht.

Rentenformel (§ 64 SGB VI)

61 Die sog. Rentenformel, mit der der Monatsbetrag einer Rente berechnet wird, lautet wie folgt: Persönliche Entgeltpunkte (PEP), die unter Berücksichtigung des Zugangsfaktors ermittelt werden, mal Rentenartfaktor (RAF) mal aktueller Rentenwert (AR). Maßgeblich sind die Werte bei Rentenbeginn.
In Kurzform: **PEP × RAF × AR = Monatsrente**.
Die Zahl der persönlichen Entgeltpunkte (PEP) spiegelt wider, in welchem Umfang der Einzelne versichert war.
Der Rentenartfaktor (RAF) betrifft das jeweilige Versicherungsziel: Alters-, Erwerbsminderungs-, Erziehungs-, Witwen- oder Waisenrente (§ 67 SGB VI).
Der aktuelle Rentenwert (AR) ist ein bestimmter Betrag in Euro. Er entspricht der Monatsrente, die ein Durchschnittsverdiener für ein Jahr Beiträge erhält.

Persönliche Entgeltpunkte (§ 66 SGB VI)

62 Wenn das versicherte Bruttoarbeitsentgelt (bis zur Beitragsbemessungsgrenze) für jedes Kalenderjahr durch das Durchschnittsentgelt aller Versicherten für dasselbe Kalenderjahr geteilt wird, ergibt sich – aufsummiert für das gesamte Versicherungsleben – die Zahl der erworbenen **Entgeltpunkte (EP)**, vgl. § 70 SGB VI.
Ist in einem Jahr das versicherte Bruttoentgelt genauso hoch wie das Durchschnittsentgelt aller Versicherten, so entsteht ein Entgeltpunkt (ist das Bruttoentgelt höher oder niedriger, tritt eine entsprechende Erhöhung oder Minderung des Entgeltpunkts ein).
Um die Zahl der **persönlichen Entgeltpunkte (PEP)** zu ermitteln, wird die Summe der Entgeltpunkte mit dem **Zugangsfaktor (ZF)** multipliziert (§ 77 SGB VI).
Der Zugangsfaktor bestimmt, in welchem Umfang die erarbeiteten Entgeltpunkte in der Rentenformel berücksichtigt werden.

Rentenversicherung

Der Zugangsfaktor beträgt grundsätzlich 1,0.
Für jeden Monat der »vorzeitigen« Inanspruchnahme der Altersrente reduziert sich der Zugangsfaktor um 0,003 (= **Rentenabschlag** in Höhe von = 0,3 Prozent pro Monat = 3,6 Prozent pro Jahr; vgl. § 77 Abs. 2 SGB VI).

> **Beispiel:**
> Wer 12 Monate vor der für ihn maßgebenden Altersgrenze in Altersrente geht, für den fallen – dauerhafte – Rentenabschläge in Höhe von 3,6% (= 12 mal 0,3%) der monatlichen Bruttorente an. Der ZF sinkt von 1,0 um 0,036 (= 12 mal 0,003) auf 0,964.
> Die persönlichen Entgeltpunkte (PEP) ergeben sich aus der Multiplikation der Entgeltpunkte (EP) mit dem Zugangsfaktor (ZF): PEP = EP mal ZF.
> Wenn etwa der Versicherte in dem vorstehenden Beispiel 45 Versicherungsjahre erreicht hat, so ergeben sich für daraus 43,48 PEP (45 mal 0,964).

Geht der Versicherte nach der für ihn maßgebenden Regelaltersgrenze (siehe Rn. 10 ff.) in Altersrente, erhöht sich der Zugangsfaktor (ZF) für jeden Monat der späteren Inanspruchnahme der Rente um 0,005 (**Rentenzuschlag**; vgl. § 77 Abs. 2 SGB VI).

Rentenartfaktor (§ 67 SGB VI)
Der Rentenartfaktor ist ein nach dem jeweiligen **Versicherungsziel** festgelegter Faktor. Er beträgt bei

- Rente wegen Alters 1,0
- Rente wegen teilweiser Erwerbsminderung 0,5
- Rente wegen voller Erwerbsminderung 1,0
- Erziehungsrente 1,0
- kleiner Witwen-/Witwerrente bis zum Ende des 3. Monats nach dem Monat, in dem der Ehegatte verstorben ist: 1,0
  anschließend: 0,25
- großer Witwen-/Witwerrente bis zum Ende des 3. Monats nach dem Monat, in dem der Ehegatte verstorben ist: 1,0
  anschließend: 0,55
- Halbwaisenrente: 0,1
- Vollwaisenrente: 0,2

Aktueller Rentenwert (§ 68 SGB VI)
Der aktuelle Rentenwert ist der Betrag, der einer monatlichen Rente wegen Alters der allgemeinen Rentenversicherung entspricht, wenn für ein Kalenderjahr **Beiträge** aufgrund des **Durchschnittsentgelts** gezahlt worden sind (§ 68 Abs. 1 Satz 1 SGB VI).
Die Bundesregierung legt den aktuellen Rentenwert mit Zustimmung des Bundesrats durch Rechtsverordnung jeweils am 1. 7. eines Jahres fest (§ 69 Abs. 1 SGB VI). Dabei wird bisherige aktuelle Rentenwert mit den Faktoren für die Veränderung
1. der Bruttolöhne und -gehälter je Arbeitnehmer (§ 68 Abs. 2 SGB VI),
2. des Beitragssatzes zur allgemeinen Rentenversicherung (§ 68 Abs. 3 SGB VI) und
3. dem Nachhaltigkeitsfaktor (§ 68 Abs. 4 SGB VI)
vervielfältigt (§ 68 Abs. 1 Satz 3 SGB VI).
Der aktuelle Rentenwert ist allerdings in der Zeit vom 1.7.2003 bis 30.6.2007 **nicht erhöht** worden. Er lag in dieser Zeit unverändert bei 26,13 Euro (West) bzw. 22,97 Euro (Ost).
Der aktuelle Rentenwert wurde mit Wirkung
- ab 1.7.2007 auf 26,27 Euro (West) bzw. 23,09 Euro (Ost),
- ab 1.7.2008 auf 26,56 Euro (West) bzw. 23,23 Euro (Ost),

Rentenversicherung

- ab 1.7.2009 auf 27,20 Euro (West) bzw. 24,13 Euro (Ost) und
- ab 1.7.2011 auf 27,47 Euro (West) bzw. 24,37 Euro (Ost)
- ab 1.7.2012 auf 28,07 Euro (West) bzw. 24,92 Euro (Ost)
- ab 1.7.2013 auf 28,14 Euro (West) bzw. 25,74 Euro (Ost)
- ab 1.7.2014 auf 28,61 Euro (West) bzw. 26,39 Euro (Ost)
- ab 1.7.2015 auf 29,21 Euro (West) bzw. 27,05 Euro (Ost)

angehoben.
Siehe auch → **Sozialversicherung**.

65 **Rentenformel**
Rentenberechnung: nachstehend ein Beispiel:

> **Beispiel (West; Stand: Januar 2016):**
> Ein Versicherter hat 45 Jahre lang in jedem Kalenderjahr den Durchschnittsverdienst aller Versicherten erzielt (alte Bundesländer).
> **Altersrente ohne Abschlag:**
> Geht der Versicherte mit 65 Jahren in (ungeminderte) Altersrente, so beträgt seine monatliche Bruttorente:[1]
> 45 (EP) × 1,0 (ZF) = 45 (PEP) × 1,0 (RAF) × 29,21 Euro (AR)
>
> = **1314,45 Euro**
>
> **Vorgezogene Altersrente mit Abschlag:**
> Nimmt der Versicherte eine um 12 Monate vorgezogene Altersrente in Anspruch, so entsteht ein Rentenabschlag von 3,6% (= 12 Monate mal 0,3%; der ZF mindert sich um 0,036 von 1,0 auf 0,964). Die monatliche Bruttorente beträgt:
> 45 (EP) × 0,964 (ZF) = 43,38 (PEP) × 1,0 (RAF) × 29,21 Euro (AR)
>
> = **1267,13 Euro**
>
> Nimmt der Versicherte eine um 60 Monate vorgezogene Altersrente in Anspruch, so entsteht ein Rentenabschlag von 18% (= 60 Monate mal 0,3%; der ZF mindert sich um 0,180 von 1,0 auf 0,820). Die monatliche Bruttorente beträgt:
> 45 (EP) × 0,820 (ZF) = 36,90 (PEP) × 1,0 (RAF) × 29,21 Euro (AR)
>
> = **1077,85 Euro**

Schutzklausel (§ 68 a SGB VI)
66 Der bisherige aktuelle Rentenwert vermindert sich nicht, wenn der nach § 68 SGB VI berechnete aktuelle Rentenwert **geringer** ist als der bisherige aktuelle Rentenwert. Die unterbliebene Minderungswirkung (Ausgleichsbedarf) wird mit Erhöhungen des aktuellen Rentenwerts verrechnet. Die Verrechnung darf nicht zu einer Minderung des bisherigen aktuellen Rentenwerts führen.

Gesamtleistungsbewertung (§ 71 SGB VI)
67 Die Höhe der Rente wird auch bestimmt durch **beitragsfreie oder beitragsgeminderte Zeiten** (zu den beitragsfreien Zeiten gehören Anrechnungs-, Zurechnungs- und Ersatzzeiten). Einzelheiten regelt § 71 SGB VI.

---

1 Sog. Brutto-Standardrente. Die Netto-Standardrente ergibt sich nach Abzug des hälftigen Beitrags zur Krankenversicherung der Rentner (die andere Hälfte leistet der Rentenversicherungsträger) und des Beitrags zur Pflegeversicherung, den die Rentner seit April 2004 alleine zahlen. Siehe auch → **Sozialversicherung**.

Rückzahlungs- und Herausgabeanspruch des Arbeitgebers

Überblick

Hat ein Arbeitnehmer → **Arbeitsentgelt** oder sonstige Arbeitgeber-Leistungen (z. B. Aufwendungsersatz nach § 670 BGB) erhalten, kann er in bestimmten Fallkonstellationen zur **Rückzahlung** verpflichtet sein. 1

Eine Rückzahlungsverpflichtung kann auf einer **Rückzahlungsvereinbarung** beruhen, die für den Fall getroffen wird, dass der Arbeitnehmer **vorzeitig** aus dem Arbeitsverhältnis ausscheidet.

Derartige Abreden kommen in der Praxis vor allem in folgenden Fällen vor:
- bei der Gewährung von Sondervergütungen, mit denen die zukünftige Betriebstreue belohnt (Gratifikation), also eine Bindung des Arbeitnehmers für die Zukunft bewirkt werden soll (siehe → **Weihnachtsgeld und sonstige Sondervergütungen**);
- wenn der Arbeitgeber die **Kosten für eine Fortbildung** des Arbeitnehmers finanziert in der Erwartung, dass der Arbeitnehmer eine gewisse Zeit im Betrieb verbleibt (siehe hierzu → **Berufsbildung** Rn. 11, 12);
- wenn der Arbeitgeber in gleicher Erwartung **Umzugskosten** übernimmt.

Vertragliche Rückzahlungsabreden sind zwar grundsätzlich zulässig, unterliegen aber einer **richterlichen Kontrolle**. 2

Insbesondere sind Rückzahlungsvereinbarungen unwirksam, wenn sie das **Grundrecht** des Arbeitnehmers auf Art. 12 Abs. 1 Satz 1 GG, seinen Arbeitsplatz frei zu wählen, übermäßig einschränken.

Werden Rückzahlungsabreden **formularvertraglich** vereinbart, findet zudem eine Inhaltskontrolle nach §§ 305 ff. BGB statt (siehe → **Arbeitsvertrag** Rn. 34 ff.).

Eine andere Fallkonstellation ist gegeben, wenn der Arbeitgeber mehr Vergütung zahlt, als er zu zahlen verpflichtet ist (**Entgeltüberzahlung**). 3

Hier kann – auch ohne Rückzahlungsvereinbarung – ein Rückzahlungsanspruch bestehen, wenn die Voraussetzungen der §§ 812 ff. BGB (**ungerechtfertigte Bereicherung**) gegeben sind. Hat der Arbeitnehmer eine Überzahlung schuldhaft verursacht, kann ein Rückzahlungsanspruch des Arbeitgebers auch unter dem Gesichtspunkt des **Schadensersatzes** gerechtfertigt sein.

Der Arbeitnehmer kann entsprechend § 667 BGB verpflichtet sein, dem Arbeitgeber Vorteile, die er im Zusammenhang mit der Ausführung der übertragenen Arbeit erlangt, **herauszugeben** (z. B. die aus einem Vielfliegerprogramm erworbenen Bonusmeilen; vgl. hierzu BAG v. 11. 4. 2006 – 9 AZR 500/05, AiB 2007, 58 = NZA 2006, 1089). 4

Nehmen Beschäftigte Edelmetallrückstände aus der Kremationsasche an sich, kann der Arbeitgeber die **Herausgabe**, oder, wenn dies wegen Verkaufs unmöglich ist, **Schadensersatz** verlangen. In entsprechender Anwendung des Auftragsrechts sind die Arbeitnehmer nach § 667 BGB dazu verpflichtet (BAG v. 21. 8. 2014 – 8 AZR 655/13).

Rechtsprechung

1. Rückforderung zu viel gezahlter Vergütung – Wegfall der Bereicherung (§ 818 Abs. 3 BGB)
2. Rückabwicklung vereinbarter freier Mitarbeit nach Geltendmachung der Arbeitnehmerstellung
3. Rückabwicklung eines erschlichenen Arbeitsverhältnisses
4. Rückzahlung einer Zuwendung – Lohnsteuer
5. Rückzahlung von Zuschüssen für die Vermögensbildung und Alterssicherung
6. Öffentlicher Dienst: Rückabwicklung bei Fortsetzung eines beendeten Arbeitsverhältnisses
7. Öffentlicher Dienst: Rückzahlungspflicht – Ausschlussfrist
8. Herausgabeanspruch des Arbeitgebers – Schadensersatz bei Unmöglichkeit der Herausgabe
9. Ausschlussfristen: Verfall des Anspruchs des Arbeitgebers auf Rückzahlung zu viel gezahlten Arbeitsentgelts
10. Ausschlussfristen bei rückwirkend festgestelltem Arbeitsverhältnis – Fälligkeit eines Rückzahlungsanspruchs des Arbeitgebers
11. Rückzahlung von Fortbildungskosten
12. Rückzahlung eines Studiendarlehens
13. Rückzahlung von Sondervergütungen

Rufbereitschaft

Was ist das?

Bei der **Rufbereitschaft** befindet sich der Arbeitnehmer an einem **von ihm bestimmten Ort**, ist aber während der Rufbereitschaftszeit für den Arbeitgeber erreichbar und auf Abruf zur Arbeit bereit.
Hauptmerkmal der Rufbereitschaft ist also die »**freie Ortswahl**«.

Rufbereitschaft ist keine Arbeitszeit i. S. d. ArbZG

Die Rufbereitschaft ist keine → **Arbeitszeit** im Sinne des Arbeitszeitgesetzes.
Sie ist zu unterscheiden von der → **Arbeitsbereitschaft** und dem → **Bereitschaftsdienst**.
Hierzu ein Auszug aus BAG v. 11. 7. 2006 – 9 AZR 519/05, NZA 2007, 155:
»*Arbeitsbereitschaft ist die Zeit wacher Aufmerksamkeit im Zustand der Entspannung.*
Während eines Bereitschaftsdienstes hat sich der Arbeitnehmer an einem vom Arbeitgeber bestimmten Ort aufzuhalten, um bei Bedarf sofort die Arbeit aufnehmen zu können.
Rufbereitschaft verpflichtet den Arbeitnehmer zwar ebenfalls, auf Abruf die Arbeit aufzunehmen. Er kann sich hierfür aber an einem Ort seiner Wahl aufhalten, der dem Arbeitgeber anzuzeigen ist. In der Sache muss der Arbeitnehmer seine jederzeitige Erreichbarkeit sicherstellen.
Wurde Arbeitsbereitschaft schon seit Inkrafttreten des ArbZG vom 6. Juni 1994 als Arbeitszeit beurteilt, gelten Bereitschaftsdienstzeiten erst auf Grund des Gesetzes zu Reformen am Arbeitsmarkt vom 24. Dezember 2003 seit dem 1. Januar 2004 als Arbeitszeit iSd. ArbZG. Die bis dahin gesetzlich bestimmte Beurteilung von Bereitschaftsdiensten als Ruhezeit war europarechtswidrig. Nach der Rechtsprechung des EuGH sind Bereitschaftsdienste insgesamt und nicht nur die Zeiten aktiver Betätigung Arbeitszeit iSd. der Arbeitszeit-Richtlinie 93/104/EG. Mit der Neufassung der §§ 5 und 7 ArbZG hat der Gesetzgeber diesen Zustand beseitigt.
Keine Änderung haben dagegen § 5 Abs. 3 und § 7 Abs. 2 Nr. 1 ArbZG erfahren, denen zwingend zu entnehmen ist, dass Rufbereitschaft keine Arbeitszeit iSd. ArbZG ist.«
An dem Merkmal »freie Ortswahl« fehlt es, wenn der Arbeitgeber zwar nicht den Aufenthaltsort festlegt, aber eine zeitlich kurze Frist setzt, innerhalb der die Arbeit aufgenommen werden muss.
In einem solchen Fall handelt es sich entweder um → **Arbeitsbereitschaft** oder → **Bereitschaftsdienst** und damit um Arbeitszeit.

Vergütung von Rufbereitschaft

Die Zeit der Rufbereitschaft ist als besondere – zusätzliche – Leistung des Arbeitnehmers (ggf. zu einem Prozentsatz des »normalen Arbeitsentgelts«) **zu vergüten**.
Ist die Vergütung weder im Arbeitsvertrag noch im Tarifvertrag noch in einer Betriebsvereinbarung vorgesehen, ist entsprechend § 612 Abs. 2 BGB die »übliche Vergütung« zu zahlen.
Die Zeit der Rufbereitschaft zählt nicht zu den → **Überstunden** i. S. von § 11 BUrlG.

Rufbereitschaft

Deshalb ist die für die Rufbereitschaft gezahlte Vergütung bei der Berechnung der **Urlaubsvergütung** zu berücksichtigen (BAG v. 20. 6. 2000 – 9 AZR 437/99, NZA 2001, 625).

6 Ist nach einem → **Tarifvertrag** Rufbereitschaft zu vergüten, so gilt das auch für einen Arbeitnehmer, der außerhalb der regelmäßigen Arbeitszeit über Funktelefon (Handy) erreichbar sein muss (BAG v. 29. 6. 2000 – 6 AZR 900/98, NZA 2001, 165).

Rufbereitschaft und Ruhezeit

7 Zur Frage, ob die Rufbereitschaft mit der **elfstündigen Ruhezeit** nach § 5 Abs. 1 ArbZG zusammengelegt werden kann, siehe → **Ruhezeit** Rn. 6.
Zum Zusammentreffen von Rufbereitschaft und Ruhezeit in **Krankenhäusern** oder ähnlichen Einrichtungen siehe → **Ruhezeit** Rn. 18 ff.

Bedeutung für die Betriebsratsarbeit

8 Der **Arbeitszeitbegriff** in § 87 Abs. 1 Nr. 2 und 3 BetrVG ist nach Ansicht des BAG nicht gänzlich deckungsgleich mit dem Begriff der vergütungspflichtigen Arbeitszeit und dem des Arbeitszeitgesetzes (BAG v. 14. 11. 2006 – 1 ABR 5/06, NZA 2007, 458).
Er bestimme sich vielmehr nach dem **Zweck** des Mitbestimmungsrechts. Die Beteiligung des Betriebsrats nach § 87 Abs. 1 Nr. 2 BetrVG diene dazu, die Interessen der Arbeitnehmer an der Lage ihrer Arbeitszeit und damit zugleich ihrer freien und für die Gestaltung ihres Privatlebens nutzbaren Zeit zur Geltung zu bringen. Arbeitszeit im Sinne von § 87 Abs. 1 Nr. 2 und 3 BetrVG sei die Zeit, während derer der Arbeitnehmer die von ihm in einem bestimmten zeitlichen Umfang vertraglich geschuldete Arbeitsleistung tatsächlich erbringen soll.
Diese Voraussetzungen treffen auf die Rufbereitschaft zu (Fitting, BetrVG, 27. Aufl., § 87 Rn. 96).
Die Einführung und Ausgestaltung der Rufbereitschaft z. B. in Form eines **Rufbereitschaftsplanes** unterliegt deshalb dem Mitbestimmungsrecht des Betriebsrats nach § 87 Abs. 1 Nr. 2 BetrVG.
Im Nichteinigungsfalle entscheidet die → **Einigungsstelle** (§ 87 Abs. 2 BetrVG).

9 Das Mitbestimmungsrecht kann nicht durch **einzelvertragliche Abreden** ausgeschaltet oder umgangen werden.

10 Eine Anwendung des § 87 Abs. 1 Nr. 2 BetrVG scheidet aus, wenn ein (aktiv geltender zwingender, nicht nur nachwirkender) → **Tarifvertrag** das Thema »Rufbereitschaft« **abschließend regelt** (§ 87 Abs. 1 Eingangssatz BetrVG).

Arbeitshilfen

Checkliste   • Rufbereitschaft: Regelungspunkte in einer Betriebsvereinbarung

Rechtsprechung

1. Begriff Rufbereitschaft – Abgrenzung zu Arbeitsbereitschaft und Bereitschaftsdienst
2. Inanspruchnahme während der Rufbereitschaft
3. Rufbereitschaft und Ruhezeit
4. Festsetzung von Höchstwegezeiten – Direktionsrecht
5. Vergütung von Rufbereitschaft
6. Rufbereitschaft im öffentlichen Dienst
7. Einsatz eines Privatfahrzeugs im Rahmen der Rufbereitschaft – Ersatz des Unfallschadens
8. Sonstiges

Ruhepausen

Was ist das?

1 Nach § 4 ArbZG ist die Arbeit durch **Ruhepausen** zu unterbrechen (zur Dauer siehe Rn. 9 ff.).
Ruhepausen sind Zeiten, in denen der Arbeitnehmer weder arbeiten noch sich dafür bereitzuhalten braucht, sondern frei darüber verfügen kann, wo und wie er die Pausenzeit verbringt (siehe Rn. 18).
Die Ruhepausen müssen »**im Voraus feststehen**« (§ 4 Satz 1 ArbZG; siehe Rn. 14).

2 Ruhepausen dienen der **Erholung**.
Sie sollen den Arbeitnehmer vor **Übermüdung** und damit einhergehenden Gesundheits- und Unfallrisiken schützen.

3 Ruhepausen i. S. des § 4 ArbZG rechnen **nicht zur Arbeitszeit** i. S. d. ArbZG (§ 2 Abs. 1 ArbZG) und sind **nicht zu vergüten** (siehe aber Rn. 8).

4 Entscheidendes Merkmal der Ruhepause ist, dass der Arbeitnehmer von jeder Arbeitsverpflichtung und auch von jeder Verpflichtung, sich zur Arbeit bereitzuhalten, **freigestellt** ist.

5 Zeiten der → **Arbeitsbereitschaft** gehören zur Arbeitszeit und sind deshalb nicht mit Ruhepausen i. S. d. § 4 ArbZG gleichzusetzen.
Ist der Arbeitnehmer während einer Ruhepause zur Arbeitsbereitschaft verpflichtet, liegt keine Pausengewährung vor, so dass die Zeit der Pause wie Arbeitszeit **zu vergüten** ist (LAG München v. 24. 2. 1993 – 5 Sa 775/91).
Das gilt auch für die sog. **Betriebspausen**, die aus organisatorisch-technischen Gründen eintreten, weil z. B. Material fehlt oder eine Maschine defekt ist.
Denn der Arbeitnehmer bleibt während dieser Zeit zur Arbeitsleistung verpflichtet.
Wenn die Arbeitnehmer vor und nach einer Pause die **Arbeitskleidung** ablegen und reinigen müssen, zählt die hierfür aufgewandte Zeit nicht als Pause, sondern zur vergütungspflichtigen Arbeitszeit.
Ebenfalls keine Ruhepausen, sondern ggf. nach einem einschlägigen Tarifvertrag vergütungspflichtige → **Arbeitsbereitschaft** sind **Be- und Entladezeiten**, während derer der Kraftfahrer sein Fahrzeug und das Betriebsgelände zwar verlassen darf, einem Arbeitsaufruf aber umgehend nachzukommen hat.

6 Auch der → **Bereitschaftsdienst** zählt zur Arbeitszeit im Sinne des Arbeitszeitgesetzes.
Das ist durch eine Neufassung der §§ 5 Abs. 3 und 7 ArbZG mit Blick auf eine entsprechende Rechtsprechung des EuGH vom Gesetzgeber klargestellt worden.
Arbeitnehmer im Bereitschaftsdienst sind demzufolge Pausen i. S. d. § 4 ArbZG zu gewähren.

7 Zeiten der → **Rufbereitschaft** gehören nicht zur Arbeitszeit.
Demzufolge ist die Gewährung einer Ruhepause, die begrifflich eine Unterbrechung der Arbeit darstellt, nicht möglich.
Ein Anspruch auf Gewährung einer Ruhepause besteht dann, wenn der Arbeitnehmer während der Zeit der Rufbereitschaft **tatsächlich Arbeitsleistungen** erbringt.
Wird der Arbeitnehmer während der Rufbereitschaft z. B. sechs Stunden zur Arbeit herangezogen, ist ihm eine Ruhepause von 30 Minuten zu gewähren.

Ruhepausen

In manchen → **Tarifverträgen** sind sog. **Erholungszeiten** geregelt. Diese dienen ebenfalls der Erholung von arbeitsbedingten Belastungen, sind aber – im Gegensatz zu den Ruhepausen des § 4 ArbZG – meist zu vergüten. Zur **Mitbestimmung** nach § 87 Abs. 1 Nr. 2 BetrVG bei der Festlegung der zeitlichen Lage vergütungspflichtiger tariflicher Kurzpausen siehe Rn. 21. 8

Dauer der Ruhepausen

Arbeitnehmer müssen gemäß § 4 Satz 1 ArbZG spätestens **nach sechs Stunden Arbeit** eine Ruhepause einlegen. 9
Männer und Frauen werden **gleich behandelt**. Die für Frauen günstigere Pausenregelung gemäß § 18 AZO wurde nicht vom Arbeitszeitgesetz übernommen. Frauen mussten nach dieser Bestimmung bereits nach viereinhalb Arbeitsstunden eine Pause von 20 Minuten einlegen. Bei mehr als sechs bis acht Stunden Arbeit betrug die Pause 30 Minuten, bei mehr als acht bis neun Stunden 45 Minuten und bei mehr als neun Stunden eine Stunde.
Die **Dauer** der gemäß § 4 Satz 1 ArbZG einzulegenden Pausen beträgt: 10
- bei täglicher Arbeitszeit von mehr als sechs bis neun Stunden mindestens **30 Minuten**,
- bei täglicher Arbeitszeit von mehr als neun Stunden mindestens **45 Minuten**.

Länger als sechs Stunden hintereinander dürfen Arbeitnehmer nicht ohne Ruhepause beschäftigt werden (§ 4 Satz 3 ArbZG). 11
Bei einer täglichen Arbeitszeit von **bis zu sechs Stunden** ist eine Pause nicht zwingend vorgeschrieben.
Eine **Aufteilung** der Pausen in mehrere Zeitabschnitte ist gemäß § 4 Satz 2 ArbZG möglich. 12
Die **Mindestdauer** der Zeitabschnitte beträgt 15 Minuten.
Jede Arbeitsunterbrechung, die **unter 15 Minuten** liegt, gilt nicht als – unbezahlte – Pause, sondern ist Bestandteil → **Arbeitszeit** im Sinne des Arbeitszeitgesetzes und der vergütungspflichtigen Arbeitszeit.

Festlegung der Ruhepausen

§ 4 ArbZG bestimmt (anders als § 11 Abs. 2 JArbSchG) nicht, **zu welchem Zeitpunkt** während der Arbeitsschicht die Ruhepause genommen werden muss. 13
Es ist zulässig, die erste halbstündige Pause bei einer Tagesarbeitszeit von z. B. acht Stunden erst nach einer Arbeitszeit von sechs Stunden einzulegen (siehe auch Rn. 15).
Es kann und sollte jedoch auch schon **vorher** eine Pause gewährt werden.
Zum Begriff der Pause gehört, dass die **Dauer** der Arbeitsunterbrechung **im Voraus** fest liegt. 14
Zu welchem **Zeitpunkt** sie feststehen muss, ob spätestens zu Beginn der täglichen Arbeitszeit oder erst bei Beginn der jeweiligen Pause, ist **umstritten**.
Nach Ansicht des BAG ist jedenfalls unverzichtbar, dass spätestens bei ihrem Beginn auch die Dauer der Pause bekannt sein muss (BAG v. 13. 10. 2009 – 9 AZR 1398/08; 29. 10. 2002 – 1 AZR 603/01, DB 2003, 2014; 22. 7. 2003 – 1 ABR 28/02, NZA 2004, 507).
Eine Arbeitsunterbrechung, bei deren Beginn der Arbeitnehmer nicht weiß, wie lange sie dauern wird, ist keine Pause i. S. d. § 4 ArbZG.
Der Arbeitnehmer muss sich dann durchgehend zur Arbeit bereithalten.
Der **zeitliche Umfang** der Pause kann minutengenau im Vorhinein festgelegt werden.
Es ist aber auch die Festlegung einer »**flexiblen Dauer**« der Ruhepause möglich mit der Maßgabe, dass die Konkretisierung der Dauer zu Beginn der Pause durch den Arbeitnehmer erfolgt (z. B. kann in einer → **Betriebsvereinbarung** geregelt werden, dass die Mittagspause nach Wahl der Arbeitnehmer zwischen 30 und 60 Minuten beträgt).
Auch die **zeitliche Lage** der Pause muss im Voraus feststehen. 15

Ruhepausen

16 Es reicht aber nach allgemeiner Auffassung aus, einen **zeitlichen Rahmen** (z. B. von 12 Uhr bis 14 Uhr) festzulegen, in dem die Ruhepause zu nehmen ist.
Die Pause darf nicht an den Anfang oder das Ende der Arbeitszeit gelegt werden.
Dies folgt aus dem Wortlaut des § 4 Satz 1 ArbZG, wonach die Arbeitszeit »*zu unterbrechen*« ist.
Der Arbeitgeber hat seine Pflicht, eine Ruhepause zu gewähren, erfüllt, wenn er eine **Pausenregelung** schafft, die den Arbeitnehmern ermöglicht, die Ruhepause zu nehmen.
§ 4 Satz 1 ArbZG ist dagegen nicht Genüge getan, wenn den Arbeitnehmern aus tatsächlichen oder rechtlichen Gründen **unmöglich** ist, die vorgesehenen Pausen zu nehmen (wenn z. B. ein Pfleger in einem Pflegeheim ununterbrochen Patienten versorgen muss).
Der Arbeitgeber erfüllt seine Pflicht zur Pausengewährung auch dann nicht, wenn er die Pausenregelung den Arbeitnehmern **überlässt**, diese aber eine Regelung nicht treffen oder eine von ihnen getroffene Regelung nicht durchführen.
Unzulässig ist eine variable Pausenregelung in der Weise, dass die Pausen in **kundenschwache Zeiten** gelegt werden, um sie dann abzubrechen, wenn Kundschaft erscheint.
Es handelt sich hierbei um → **Arbeitsbereitschaft**, die Arbeitszeit im Sinne des Arbeitszeitgesetzes ist und außerdem zur vergütungspflichtigen Arbeitszeit zu zählen ist.

Aufenthalt während der Ruhepausen

17 Der Arbeitnehmer kann **frei entscheiden**, wo und wie er die Pause verbringt. Er hat auch das Recht, das **Betriebsgelände zu verlassen**.
Eine Beschränkung dieses Rechts durch → **Tarifvertrag**, → **Betriebsvereinbarung** oder → **Arbeitsvertrag** ist im Hinblick auf das Grundrecht aus Art. 2 Abs. 1 GG (freie Entfaltung der Persönlichkeit) entgegen der Ansicht des BAG (BAG v. 21. 8. 1990 – 1 AZR 567/89, NZA 1991, 154) nur im Ausnahmefall z. B. für solche Arbeitnehmer gerechtfertigt, die aufgrund ihrer arbeitsvertraglichen Verpflichtungen für einen etwaigen **Notfalleinsatz** i. S. des § 14 ArbZG in Betracht kommen und deshalb sofort verfügbar sein müssen.

17a Lässt man eine Beschränkung des Rechts, das Betriebsgelände während der Pause zu verlassen, zu, dann hat der Betriebsrat jedenfalls gemäß § 87 Abs. 1 Nr. 1 BetrVG **mitzubestimmen** (siehe Rn. 25).
Gegen einseitige Anordnungen des Arbeitgebers kann er einen Unterlassungsanspruch – ggf. durch Antrag auf **einstweilige Verfügung** – geltend machen (siehe → **Unterlassungsanspruch des Betriebsrats**).

17b Der Mitbestimmung des Betriebsrats unterliegt auch die Frage, ob die Arbeitnehmer beim Verlassen des Betriebs in der Pause und beim Zurückkehren ggf. vorhandene und dafür vorgesehene **Zeiterfassungseinrichtungen** benutzen müssen oder nicht (Aus- und Einstempeln).
Das Mitbestimmungsrecht insoweit ergibt sich aus § 87 Abs. 1 Nr. 6 BetrVG (siehe hierzu → **Überwachung von Arbeitnehmern**).

Pausenräume

18 Unter den in § 6 Abs. 3 ArbStättV genannten Voraussetzungen hat der Arbeitgeber **Pausenräume** zur Verfügung zu stellen.

Sonderregelungen

19 Für **Jugendliche** gelten die Sonderregelungen des § 11 JArbSchG, für **Kraftfahrer** die Bestimmungen des § 21 a Abs. 1 ArbZG i. V. m. Art. 7 Verordnung (EG) Nr. 651/2006 des Europäischen Parlaments und des Rates vom 15. 3. 2006 (»Unterbrechung der Lenkdauer«).

Bedeutung für die Betriebsratsarbeit

Der Betriebsrat hat bei der Festlegung der **Dauer** und **zeitlichen Lage** der Pausen gemäß § 87 Abs. 1 Nr. 2 BetrVG ein Initiativ-Mitbestimmungsrecht. 21
Erfasst sind von der Mitbestimmungsvorschrift die **unbezahlten Pausen** i. S. d. § 4 ArbZG. Ordnet der Arbeitgeber Pausen ohne Wahrung des Mitbestimmungsrechts des Betriebsrats nach § 87 Abs. 1 Nr. 2 BetrVG an, so ist die Anordnung unwirksam mit der Folge, dass die Pausen unter dem Gesichtspunkt des → **Annahmeverzuges** auch dann **zu vergüten** sind, wenn sie § 4 ArbZG entsprechen (LAG Köln v. 26.4.2013 – 4 Sa 1120/12; Revision eingelegt BAG 1 AZR 613/13).
Sieht ein Tarifvertrag **vergütungspflichtige Pausen/Erholungszeiten** (siehe Rn. 8) vor, findet § 87 Abs. 1 Nr. 2 BetrVG nur insoweit Anwendung, als es um die Festlegung der **zeitlichen Lage** dieser Pausen geht (BAG v. 1.7.2003 – 1 ABR 20/02, NZA 2004, 620). Die Einführung und Dauer von tariflich zu vergütenden Pausen wird von der Vorschrift nicht erfasst. Ein weitergehendes Mitbestimmungsrecht kann sich aber aus dem → **Tarifvertrag** selbst ergeben (wenn z. B. der Tarifvertrag die Betriebsparteien ermächtigt, die Höhe des Erholungszeitzuschlages bzw. die Dauer der vergütungspflichtigen Erholungszeit im Rahmen der mitbestimmungspflichtigen Vorgabezeitermittlung zu vereinbaren) oder aus § 87 Abs. 1 Nr. 10, 11 BetrVG.
Der Betriebsrat hat nach § 87 Abs. 1 Nr. 2 BetrVG auch mitzubestimmen, wenn nach § 7 Abs. 1 Nr. 2 ArbZG durch → **Tarifvertrag** zugelassen wird, abweichend von § 4 Satz 2 ArbZG die Gesamtdauer der Ruhepausen in **Schichtbetrieben** und **Verkehrsbetrieben** auf Kurzpausen von angemessener Dauer aufzuteilen. 22
Nach Ansicht des BAG fällt die Regelung von **Lärmpausen** (BAG v. 1.7.2003 – 1 ABR 20/02, NZA 2004, 620) oder von Arbeitsunterbrechungen bei der **Bildschirmarbeit** (BAG v. 28.7.1981 – 1 ABR 65/79, DB 1982, 386) nicht unter den Mitbestimmungstatbestand des § 87 Abs. 1 Nr. 2 BetrVG. 23
In einer anderen Entscheidung hat das BAG dem Betriebsrat in Bezug auf Arbeitsunterbrechungen bei der Bildschirmarbeit – noch vor Erlass der Bildschirmarbeitsverordnung am 4.12.1996 (BildschirmarbeitsVO) – aber ein Mitbestimmungsrecht nach § 87 Abs. 1 Nr. 7 BetrVG i. V. m. § 102 a GewO und Art. 7 der EG-Bildschirmrichtlinie (90/270/EWG) zuerkannt. Dieses berechtige ihn, betriebliche Regelungen über die Unterbrechung von Bildschirmarbeit durch andere Tätigkeiten oder Pausen zu verlangen (BAG v. 2.4.1996 – 1 ABR 47/95, NZA 1996, 998).
Eine solche Verpflichtung des Arbeitgebers ergibt sich heute zwar unmittelbar aus § 5 BildschirmarbeitsVO. Da diese Vorschrift aber nur das »**Ob**«, nicht das »**Wie**« der Unterbrechung von Bildschirmarbeit durch andere Tätigkeiten oder Pausen regelt, hat der »Betriebsrat in Bezug auf das »Wie« nach § 87 Abs. 1 Nr. 7 BetrVG ein Initiativ-Mitbestimmungsrecht (siehe → **Arbeitsschutz** Rn. 70 ff. und → **Bildschirmarbeit** Rn. 15). Dieses Mitbestimmungsrecht kann auch die Frage umfassen, ob es sich um Arbeitsunterbrechungen in Form **unbezahlter Pausen** oder um **bezahlte Arbeitsunterbrechungen** handelt. Nach Ansicht des BVerwG unterliegt die Regelung über die Gewährung solcher bezahlter Kurzpausen während der Tätigkeit an Bildschirmgeräten zwar nicht der Mitbestimmung des Personalrats nach § 75 Abs. 3 Nr. 1 BPersVG (= Mitbestimmung über »*Beginn und Ende der täglichen Arbeitszeit und der Pausen sowie die Verteilung der Arbeitszeit auf die einzelnen Wochentage*«). Eine solche Regelung sei jedoch – auch mit Blick auf § 5 BildschirmarbeitsVO – als Maßnahme zur Verhütung von Gesundheitsschädigungen nach § 75 Abs. 3 Nr. 11 BPersVG (= Mitbestimmung bei »*Maßnahmen zur Verhütung von Dienst- und Arbeitsunfällen und sonstigen Gesundheitsschädigungen*«) mitbestimmungspflichtig (BVerwG v. 8.1.2001 – 6 P 6/00, NZA 2001, 570).

Ruhepausen

24 Im Rahmen seines gemäß § 87 Abs. 1 Nr. 2 BetrVG bestehenden Initiativ-Mitbestimmungsrechts kann der Betriebsrat eine **Änderung** der bisherigen Pausenregelung – ggf. nach **Kündigung** einer → **Betriebsvereinbarung** – verlangen und bei Ablehnung die → **Einigungsstelle** anrufen.
Vom Initiativ-Mitbestimmungsrecht umfasst ist auch die Festlegung **zusätzlicher** Arbeitspausen. Die gesetzliche Pausenregelung legt lediglich einen Mindeststandard fest. Sie stellt keine abschließende Regelung dar.
Deshalb steht der Gesetzesvorbehalt des § 87 Abs. 1 Eingangssatz BetrVG dem Mitbestimmungsrecht nicht entgegen.
Der Betriebsrat kann deshalb z. B. **verlangen**, dass nach jeweils drei Stunden Arbeit eine Pause eingelegt werden muss.
Im **Nichteinigungsfall** kann er die → **Einigungsstelle** anrufen.

25 Ein Mitbestimmungsrecht des Betriebsrats besteht gemäß § 87 Abs. 1 Nr. 2 BetrVG, jedenfalls aber nach § 87 Abs. 1 Nr. 1 BetrVG auch dann, wenn der Arbeitgeber den Arbeitnehmern verbieten will, während der Pausen **das Betriebsgelände zu verlassen** (BAG v. 21. 8. 1990 – 1 AZR 567/89, NZA 1991, 154), sofern man ein Verbot überhaupt für zulässig erachtet (siehe Rn. 17).

Rechtsprechung

1. Begriff der Ruhepause (§ 4 ArbZG) – Abgrenzung zur Arbeitsbereitschaft
2. Aufenthalt während der Ruhepause
3. Tarifliche Regelungen
4. Ruhepause in Krankenpflegeanstalten
5. Mitbestimmung des Betriebsrats (§ 87 Abs. 1 Nr. 2 BetrVG)
6. Mitbestimmung bei Kurzpausen während der Bildschirmarbeit
7. Unterlassungsanspruch des Betriebsrats (§ 23 Abs. 3 BetrVG)

Ruhezeit

Was ist das?

Der Arbeitgeber hat dem Arbeitnehmer gemäß § 5 Abs. 1 ArbZG eine ununterbrochene **Ruhezeit** von **mindestens elf Stunden** zu gewähren. 1
Der Begriff wird gesetzlich nicht definiert.
Ruhezeit ist nach allgemeiner Auffassung die – arbeitsfreie – Zeit zwischen dem **Ende** der Arbeitszeit an einem Arbeitstag und ihrem **Wiederbeginn** am nächsten Arbeitstag, also die Zeit zwischen zwei Arbeitsschichten desselben Arbeitnehmers.
Arbeitszeit und Ruhezeit schließen einander aus. Alles, was Arbeitszeit ist, kann nicht Ruhezeit sein (und umgekehrt; zum besonderen Charakter der »inaktiven« Zeit der Rufbereitschaft siehe Rn. 6).
Die Ruhezeit soll dem Arbeitnehmer ermöglichen, sich vor allem durch Schlaf von den arbeitsbedingten Belastungen **zu erholen**.
Außerdem soll er die Möglichkeit haben, einen Teil seiner **persönlichen Angelegenheiten** während der Arbeitswoche zu erledigen und seine **Persönlichkeit frei zu entfalten**.
Art. 5 der Arbeitszeit-Richtlinie 2003/88/EG sieht für einen Siebentagezeitraum eine ununterbrochene Mindestruhezeit von 24 Stunden zuzüglich einer täglichen Ruhezeit von elf Stunden (unter Einschluss des Sonntags), also insgesamt eine **Ruhezeit von 35 Stunden** vor. 2
Der Gesetzgeber hat diese Vorgabe zwar nicht in § 5 ArbZG aufgenommen; sie wird aber durch das Gebot zur 24-stündigen Arbeitsruhe an Sonntagen gemäß §§ 9 ff. ArbZG i. V. m. § 11 Abs. 4 ArbZG eingelöst.
Nach letztgenannter Vorschrift ist den Arbeitnehmern die Sonn- und Feiertagsruhe oder der Ersatzruhetag gemäß § 11 Abs. 3 ArbZG unmittelbar in Verbindung mit einer Ruhezeit gemäß § 5 ArbZG zu gewähren.

Mindestruhezeit (§ 5 Abs. 1 ArbZG)

Zwischen Arbeitsende und Arbeitsbeginn (am nächsten Tag) muss eine ununterbrochene Ruhezeit von **mindestens elf Stunden** liegen (§ 5 Abs. 1 ArbZG). 3
Die Ruhezeit schließt sich an die für den Arbeitnehmer geltende tägliche Arbeitszeit an, nicht an den Kalendertag.
Wegezeiten von der Wohnung zur Arbeitsstätte und zurück zählen nicht zur Arbeitszeit im Sinne des Arbeitszeitgesetzes und können demzufolge auf die Ruhezeit **angerechnet** werden. 4
Etwas anderes gilt für Wegezeiten innerhalb des Betriebes und zu einem außerhalb des Betriebes gelegenen Arbeitsplatz. Diese Wegezeiten sind **Teil der Arbeitszeit**.
Zur Frage, ob → **Dienstreisen** zur Arbeitszeit gehören siehe Rn. 8.
Während der Ruhezeit darf ein Arbeitnehmer nicht – auch nicht für kurze Zeit – zur Arbeit herangezogen werden. 5
Auch Zeiten der → **Arbeitsbereitschaft** zählen zur Arbeitszeit und können deshalb mit der Ruhezeit nicht zusammengelegt werden. 5a

Ruhezeit

5b Geschieht dies dennoch, ist die Ruhezeit nicht gewährt.
Das Gleiche gilt für den → **Bereitschaftsdienst**.
Durch die Neufassung der §§ 5 Abs. 3 und 7 ArbZG durch das »Gesetz zu Reformen am Arbeitsmarkt« vom 24. 12. 2003 (BGBl. I S. 3002) ist mit Blick auf eine entsprechende Rechtsprechung des EuGH vom Gesetzgeber klargestellt worden, dass der Bereitschaftsdienst zur Arbeitszeit im Sinne des Arbeitszeitgesetzes und nicht zur Ruhezeit gehört.

5c Nach Ansicht des BAG kann allerdings der **Freizeitausgleich** nach § 12 Abs. 4 Satz 1 des Tarifvertrags für Ärztinnen und Ärzte an kommunalen Krankenhäusern im Bereich der Vereinigung der kommunalen Arbeitgeberverbände (TV-Ärzte/VKA) vom 17. 8. 2006 für Bereitschaftsdienstzeiten auch in die gesetzliche Ruhezeit gelegt werden (BAG v. 22. 7. 2010 – 6 AZR 78/09, NZA 2010, 1194). Auch bei der Gewährung des tariflichen Freizeitausgleichs für geleistete Bereitschaftsdienste nach § 12 Abs. 4 TV-Ärzte/VKA könne die Ruhezeit des § 5 ArbZG durch Freistellung des Arztes von seiner Arbeitspflicht eingehalten werden. Dieser habe keinen Anspruch darauf, nach Ableistung eines Bereitschaftsdienstes zunächst unbezahlte Ruhezeit und anschließend bezahlten Freizeitausgleich gewährt zu bekommen. Ruhezeit werde nicht nur gewährt, wenn der Arzt unentgeltlich von seiner Arbeitspflicht freigestellt wird.
Der **Entgeltanspruch** des klagenden Arztes für geleistete Bereitschaftsdienste nach § 12 Abs. 2 und Abs. 3 TV-Ärzte/VKA sei daher auch insoweit durch Freizeitausgleich erloschen, als dieser in der gesetzlichen Ruhezeit nach § 5 ArbZG erfolgt ist. Inzwischen soll die Tarifregelung – darauf weist das BAG hin (BAG v. 22. 7. 2010 – 6 AZR 78/09, a. a. O., Rn. 21 der Entscheidung) – nachgebessert worden sein.

6 Unbefriedigend bleibt die gesetzliche Regelung der → **Rufbereitschaft**. Zwar handelt es sich bei der »inaktiven Zeit« der Rufbereitschaft nicht um Arbeitszeit i. S. d. Arbeitszeitrichtlinie bzw. des Arbeitszeitgesetzes.
Ein Abruf würde jedoch zu einer **Unterbrechung** der Ruhezeit führen.
Nach § 5 Abs. 1 ArbZG ist aber eine ununterbrochene Ruhezeit zu gewähren.
Der Arbeitgeber muss bei der Vertragsgestaltung und der Organisation des Betriebes dem Umstand Rechnung tragen, dass ein Arbeitseinsatz während der Ruhezeit gemäß § 5 Abs. 1 ArbZG ausgeschlossen ist.
Er muss die Arbeitszeit (unter Wahrung der Mitbestimmungsrechte des Betriebsrats nach § 87 Abs. 1 Nr. 2 und 3 BetrVG) so regeln, dass die im Interesse der Gesundheit des Arbeitnehmers erforderliche Ruhezeit gesichert ist und der Arbeitnehmer während der arbeitsfrei zu haltenden Zeit nicht zur Arbeitsleistung herangezogen wird.
Im Übrigen verträgt sich die Rufbereitschaft nicht mit dem Erholungszweck der Ruhezeit, weil der Arbeitnehmer aufgrund einer Rufbereitschaft **stets mit einem Abruf rechnen muss**.
Deshalb kann Rufbereitschaft »eigentlich« nicht als eine Form der Ruhezeitgewährung i. S. d. § 5 Abs. 1 ArbZG angesehen werden.
Allerdings ist zuzugeben, dass der Gesetzgeber in § 5 Abs. 3 und § 7 Abs. 2 Nr. 1 ArbZG offenbar von der Möglichkeit des **Zusammenfallens von Rufbereitschaft und Ruhezeit** ausgeht (§ 5 Abs. 3 ArbZG: »... *Kürzungen der Ruhezeit durch Inanspruchnahmen während der Rufbereitschaft...*«; § 7 Abs. 2 Nr. 1 ArbZG: »... *Ruhezeiten bei Rufbereitschaft ...*«).

7 Findet Rufbereitschaft während der Ruhezeit statt und erfolgt ein **Arbeitsabruf**, so beginnt nach Beendigung des Arbeitseinsatzes **eine neue elfstündige Ruhezeit** (siehe Rn. 12).
Das heißt: der Beginn der nächsten Arbeitsschicht ist entsprechend zu verschieben.
Zur Frage, ob der Arbeitnehmer **Bezahlung** für die am Folgetag ausgefallene Arbeitsschicht verlangen kann, siehe Rn. 13.
Zu abweichenden Regelungen im Anwendungsbereich des § 5 Abs. 3 ArbZG (**Krankenhäuser** und ähnliche Einrichtungen) siehe Rn. 18 ff.

8 Nach Ansicht des BAG sind die bei **Dienstreisen** anfallenden Fahrtzeiten jedenfalls dann keine Arbeitszeit i. S. d. Arbeitszeitgesetzes, wenn der Arbeitgeber dem Arbeitnehmer nicht die Be-

nutzung eines selbst zu lenkenden Fahrzeugs vorschreibt und dem Arbeitnehmer auch überlassen bleibt, wie er die Fahrtzeit gestaltet.
Fahrtzeiten sind dann als Ruhezeiten anzusehen (BAG v. 11.7.2006 – 9 AZR 519/05, NZA 2007, 155).
Auch **Urlaubstage** und sonstige Tage der Arbeitsbefreiung sind mit Ruhezeiten gleichzusetzen. Das Gleiche gilt beim Zusammenfallen von **arbeitsfreien Sonn- und Feiertagen** mit einer Ruhezeit. 9

Wenn auf der Grundlage des § 7 ArbZG die werktägliche Arbeitszeit **über zwölf Stunden hinaus** verlängert wird, muss zwingend im unmittelbaren Anschluss an die Beendigung der Arbeitszeit eine Ruhezeit von mindestens elf Stunden gewährt werden (§ 7 Abs. 9 ArbZG). Eine Kürzung der Ruhezeit z. B. nach § 5 Abs. 2 ArbZG (siehe Rn. 14) oder § 7 Abs. 1 Nr. 3 ArbZG ist unzulässig. Das dürfte auch gelten, wenn die Arbeitszeitverlängerung auf §§ 14, 15 ArbZG beruht. 10

Ununterbrochene Ruhezeit

Die elfstündige Ruhezeit ist **ununterbrochen** zu gewähren (§ 5 Abs. 1 ArbZG). 11
Die Ruhezeit ist nur gewährt, wenn während der Ruhezeit weder Arbeit oder → **Arbeitsbereitschaft** noch → **Bereitschaftsdienst** (siehe Rn. 5 bis 5b) oder ein Arbeitseinsatz aufgrund von → **Rufbereitschaft** (siehe hierzu Rn. 6) stattfindet.
Aus dem Begriff »ununterbrochen« folgt, dass eine Aufteilung der Ruhezeit in **Zeitabschnitte** unterhalb von elf Stunden ist unzulässig ist.

Wenn die Ruhezeit entgegen § 5 Abs. 1 ArbZG durch einen Arbeitseinsatz unterbrochen wird, beginnt nach Beendigung der Arbeit eine **neue Ruhezeit von elf Stunden**. Zwischen dem **Ende** des Arbeitseinsatzes und dem **Beginn** der nächsten Arbeitsschicht muss ein Ruhezeitraum von elf Stunden liegen. Deshalb muss ggf. der ursprünglich geplante Beginn der nächsten Arbeitsschicht **verschoben** werden. 12

> **Beispiel:**
> Ende der Arbeit: 17 Uhr. Geplanter Beginn der nächsten Arbeitsschicht: 8 Uhr des Folgetages. Zwischen beiden Arbeitsschichten liegen 15 Stunden.
> Wird der Arbeitnehmer um 19 Uhr noch einmal für zwei Stunden zur Arbeit herangezogen, verbleiben bis zur geplanten Aufnahme der Arbeit am Folgetag um 8 Uhr immer noch elf Stunden (21 Uhr bis 8 Uhr = 11 Stunden).
> Findet dagegen der zweistündige Arbeitseinsatz in der Zeit von 1 Uhr bis 3 Uhr statt, muss der geplante Arbeitsbeginn auf 14 Uhr des Folgetages verschoben werden, damit die elfstündige Ruhezeit eingehalten werden kann.

Nach Auffassung des BAG kann der Arbeitnehmer für die infolge des Neubeginns einer elfstündigen Ruhezeit ausgefallenen Stunden der Arbeitsschicht am nächsten Tag **keine Bezahlung** verlangen (es sei denn, kollektivvertraglich oder einzelvertraglich ist etwas anderes vereinbart), sofern der Arbeitgeber den Arbeitnehmer in der fraglichen Woche entsprechend der vertraglichen Arbeitszeit beschäftigt oder jedenfalls vergütet hat (BAG v. 5.7.1976 – 5 AZR 264/75, DB 1976, 1868 = EzA § 12 AZO Nr. 2). 13
Ein Vergütungsanspruch für die ausgefallenen Arbeitsstunden soll auch nicht deshalb begründet sein, weil der Arbeitgeber bei der Einteilung der Rufbereitschaft das **Mitbestimmungsrecht** des Betriebsrats **verletzt** hat (BAG v. 5.7.1976 – 5 AZR 264/75, a.a.O.).

Ruhezeit

Verkürzung der Ruhezeit in bestimmten Betrieben (§ 5 Abs. 2 ArbZG)

14 In **Krankenhäusern** und anderen Einrichtungen zur Behandlung, Pflege und Betreuung, Gaststätten und anderen Einrichtungen zur Bewirtung und Beherbergung, in Verkehrsbetrieben, beim Rundfunk, in der Landwirtschaft und Tierhaltung kann die Ruhezeit gemäß § 5 Abs. 2 ArbZG um **bis zu eine Stunde verkürzt** werden.

15 Krankenhäuser sind die in § 107 Abs. 1 und 2 SGB V aufgeführten Einrichtungen.
Andere Einrichtungen zur Behandlung, Pflege und Betreuung von Personen i. S. des § 5 Abs. 2 ArbZG sind z. B. Altenheime, Pflegeheime, Kinder- und Jugendheime und andere Einrichtungen zur Bewirtung und Beherbergung sind z. B. Hotels, Pensionen, Gasthöfe, Restaurants, Kantinen, Speisewagen der Bahn, Betriebe im Bereich des Party-Service.
Verkehrsbetriebe sind alle öffentlichen und privaten Betriebe, die auf die Beförderung von Personen, Gütern oder Nachrichten ausgerichtet sind, sowie die dazugehörigen selbstständigen und unselbstständigen Hilfs- und Nebenbetriebe.
Zum **Rundfunk** i. S. d. § 5 Abs. 2 ArbZG zählt der öffentlich-rechtliche und private **Hörfunk** und das öffentlich-rechtliche und private **Fernsehen**.
Der Begriff der **Landwirtschaft** umfasst Unternehmen, die in den Bereich der landwirtschaftlichen Unfallversicherung fallen. Betriebe der **Tierhaltung** sind z. B. solche zur Haltung von Tieren zwecks Fleisch- oder Eierversorgung oder zur Haltung von Tieren zu sportlichen, wissenschaftlichen oder unterhaltenden Zwecken.

16 Jede Verkürzung (auch wenn sie nur wenige Minuten dauert) muss innerhalb eines Kalendermonats oder innerhalb von vier Wochen an einem anderen Tag durch Verlängerung einer anderen Ruhezeit auf **mindestens zwölf Stunden** ausgeglichen werden (§ 5 Abs. 2 ArbZG). Eine Verlängerung der »Ausgleichs-Ruhezeit« nur um die Zeit (z. B. wenige Minuten), um die die vorausgehende Ruhezeit verkürzt wurde, reicht nicht aus.
Eine in der Literatur vertretene Auffassung, dass **mehrere Verkürzungen** der Ruhezeit von jeweils weniger als einer Stunde **zusammengerechnet** und dann durch Verlängerung einer anderen Ruhezeit auf zwölf Stunden **ausgeglichen** werden können (vgl. ErfK-*Wank*, § 5 ArbZG Rn. 5 m. w. N.), ist mit dem eindeutigen Wortlaut des § 5 Abs. 2 ArbZG nicht vereinbar.

17 Der Ausgleich erfolgt wahlweise innerhalb des **Kalendermonats** oder innerhalb des **Vier-Wochenzeitraums**, in dem die Ruhezeit verkürzt wurde, gleichgültig, ob zu Beginn, in der Mitte oder am Ende des Ausgleichszeitraums.

Ruhezeit und Rufbereitschaft in Krankenhäusern und ähnlichen Einrichtungen (§ 5 Abs. 3 ArbZG)

18 Aus dem Wortlaut des § 5 Abs. 3 ArbZG folgt zunächst, dass in Krankenhäusern und anderen Einrichtungen zur Behandlung, Pflege und Betreuung von Personen → **Rufbereitschaft** mit der Ruhezeit **zusammengelegt** werden kann.
Die Vorschrift erlaubt Kürzungen der Ruhezeit durch **Inanspruchnahmen** während der Rufbereitschaft.

19 § 5 Abs. 3 ArbZG und § 7 Abs. 2 Nr. 1 ArbZG gelten nach der Novellierung dieser Bestimmungen durch das »Gesetz zu Reformen am Arbeitsmarkt« vom 24. 12. 2003 (BGBl. I S. 3002) nur (noch) für den Fall der Rufbereitschaft, die nach allgemeiner Auffassung in der Zeit ohne tatsächliche Inanspruchnahme keine Arbeitszeit i. S. der Arbeitszeit-Richtlinie und des ArbZG ist (siehe Rn. 33), nicht für den Bereitschaftsdienst.
§ 5 Abs. 3 ArbZG a. F. ließ eine Zusammenlegung des → **Bereitschaftsdienstes** mit der Ruhezeit zu.

Ruhezeit

Die Vorschrift war damit unvereinbar mit der Arbeitszeit-Richtlinie 93/104/EG (heute: Arbeitszeit-Richtlinie 2003/88/EG).
Nach Ansicht des EuGH zählt nämlich der Bereitschaftsdienst – im Gegensatz zur Rufbereitschaft – auch dann zur Arbeitszeit i. S. der Arbeitszeit-Richtlinie, wenn keine tatsächliche Inanspruchnahme erfolgt.
Durch eine Neufassung der §§ 5 Abs. 3 und 7 ArbZG ist inzwischen klargestellt worden, dass der Bereitschaftsdienst zur Arbeitszeit i. S. des ArbZG und nicht zur Ruhezeit gehört.
Das gilt selbst dann, wenn während des Bereitschaftsdienstes geschlafen wird.
Die aus einer tatsächlichen Inanspruchnahme während der → **Rufbereitschaft** resultierende Kürzung der Ruhezeit, die nicht mehr als die Hälfte der Ruhezeit (= fünfeinhalb Stunden) beträgt, kann zu anderen Zeiten **ausgeglichen** werden (§ 5 Abs. 3 ArbZG). 20
Hier beginnt also nicht – wie im gesetzlichen Regelfall (siehe Rn. 12) – nach Ende des Arbeitseinsatzes eine neue Ruhezeit von elf Stunden.
Vielmehr kann der erforderliche Zeitausgleich auf einen anderen Zeitpunkt verlegt werden. Dabei ist ein bestimmter **Ausgleichszeitraum** – anders als gemäß § 5 Abs. 2 ArbZG – vom Gesetz nicht vorgegeben.
Dauert der Arbeitseinsatz während der Ruhezeit länger als die Hälfte der Ruhezeit, also mehr als fünfeinhalb Stunden, schließt sich eine **neue Ruhezeit** von elf Stunden an. 21

Sonderregelungen (Jugendliche, Kraftfahrer, Beifahrer)

Besondere Ruhezeitbestimmungen gelten gemäß § 13 JArbSchG für **jugendliche Arbeitnehmer**. 22
Die Ruhezeiten der **Kraftfahrer** und **Beifahrer** im Straßentransport bestimmen sich gemäß § 21 a Abs. 5 ArbZG nach den Vorschriften der Europäischen Gemeinschaften (Verordnung [EG] Nr. 561/2006) sowie nach dem Europäischen Übereinkommen über die Arbeit des im internationalen Straßenverkehr beschäftigten Fahrpersonals – AETR. Dies gilt auch für Auszubildende und Praktikanten. 23
§ 21 a wurde in das ArbZG eingefügt durch Gesetz vom 14. 8. 2006 (BGBl. I S. 1962); gleichzeitig wurde § 5 Abs. 4 ArbZG (a. F.) aufgehoben.

Bedeutung für die Betriebsratsarbeit

Der Betriebsrat kann die **Dauer und Lage der Ruhezeit** durch Ausübung seines Mitbestimmungsrechts gemäß § 87 Abs. 1 Nr. 2 BetrVG bei Beginn und Ende der täglichen Arbeitszeit mittelbar beeinflussen. 24
Denn die Festlegung von Beginn und Ende der täglichen Arbeitszeit markiert gleichzeitig Beginn und Ende der Ruhezeit zwischen zwei Arbeitsschichten.
Der Betriebsrat hat auch ein **Initiativrecht** und kann daher eine Änderung der bisherigen Ruhezeitregelung – ggf. nach Kündigung einer → **Betriebsvereinbarung** – verlangen und bei Ablehnung gemäß § 87 Abs. 2 BetrVG die → **Einigungsstelle** anrufen.
Die gesetzliche Ruhezeitregelung legt lediglich einen **Mindeststandard** fest. Sie stellt keine abschließende Regelung dar.
Deshalb steht der Gesetzesvorbehalt des § 87 Abs. 1 Eingangssatz BetrVG dem Mitbestimmungsrecht nicht entgegen.
Der Betriebsrat kann somit beispielsweise verlangen, dass zwischen zwei Schichten eine **Ruhezeit von zwölf oder mehr Stunden** liegen muss.
Im Nichteinigungsfall entscheidet auf Antrag die → **Einigungsstelle**.

Ruhezeit

Rechtsprechung

1. Mindestruhezeit (§ 5 ArbZG) – Freizeitausgleich
2. Bereitschaftsdienst und Ruhezeit
3. Rufbereitschaft und Ruhezeit
4. Dienstreise und Ruhezeit

Sachverständiger

Wer ist das?

Der Betriebsrat kann gemäß § 80 Abs. 3 BetrVG »*nach näherer Vereinbarung mit dem Arbeitgeber*« Sachverständige hinzuziehen. 1
Die Bestimmung gilt auch für den → **Gesamtbetriebsrat** und den → **Konzernbetriebsrat**. Das ergibt sich für den Gesamtbetriebsrat aus der »Generalklausel« des § 51 Abs. 5 BetrVG. Hiernach gelten die Vorschriften über die Rechte und Pflichten des Betriebsrats entsprechend für den Gesamtbetriebsrat (vgl. auch Fitting, BetrVG, 27. Aufl., § 51 Rn. 62 ff.).
Über § 59 Abs. 1 BetrVG kommt § 51 Abs. 5 BetrVG auch für den Konzernbetriebsrat zu Anwendung.
Ein Recht auf Hinzuziehung eines Sachverständigen besteht nach Maßgabe der §§ 13 Abs. 4, 29 des Gesetzes über Europäischen Betriebsräte (EBRG) auch für das sog. »besondere Verhandlungsgremium« (§ 8 EBRG) und den Europäischen Betriebsrat (§ 21 EBRG).
Siehe → **Europäischer Betriebsrat** Rn. 32 und 46.
Zur Hinzuziehung eines oder mehrerer → **Berater** im Falle einer → **Betriebsänderung** siehe Rn. 12 ff. 1a
Zwischen Betriebsrat (vertreten durch den Betriebsratsvorsitzenden) und dem nach § 80 Abs. 3 BetrVG hinzugezogenen Sachverständigen wird ein mündlicher oder schriftlicher **Beratungsvertrag** geschlossen. Es handelt sich dabei in der Regel um einen → **Dienstvertrag** i. S. d. § 611 BGB. Wenn der Berater ein Gutachten schreiben soll, handelt es sich einen → **Werkvertrag** nach § 631 BGB (vgl. DKKW-*Däubler*, BetrVG, 15. Aufl., § 111 Rn. 179). 1b
Nach § 627 BGB kann der Betriebsrat den Beratungsvertrag/Dienstvertrag jederzeit fristlos kündigen, wenn er das **Vertrauen** zu dem Sachverständigen verloren hat (vgl. DKKW-*Däubler*, BetrVG, a. a. O.).
Die **Kosten** des Sachverständigen trägt, wenn die Voraussetzungen des § 80 Abs. 3 BetrVG vorliegen, gemäß § 40 Abs. 1 BetrVG der Arbeitgeber (siehe → **Kosten der Betriebsratstätigkeit**). 1c
Voraussetzung der Zahlungspflicht ist insbesondere eine vorherige »nähere Vereinbarung« mit dem Arbeitgeber über den Gegenstand der gutachterlichen Tätigkeit, über die Person des Sachverständigen und über dessen Vergütung (BAG v. 11. 11. 2009 – 7 ABR 26/08, NZA 2010, 353; siehe Rn. 7 ff.).
»**Sachverständige**« im Sinne des § 80 Abs. 3 BetrVG sind solche Personen, die dem Betriebsrat diejenigen – ihm fehlenden – fachlichen und rechtlichen Kenntnisse (mündlich oder schriftlich) vermitteln, die er benötigt (Erforderlichkeit!), um seine betriebsverfassungsrechtlichen Aufgaben sachgerecht und qualifiziert erfüllen zu können. 2
Als Sachverständige im Sinne des § 80 Abs. 3 BetrVG kommen **beispielsweise** in Betracht: Technologie-Experten von Universitäten oder Technologieberatungsstellen, Gefahrstoffexperten, Arbeitsmediziner, Betriebswirte, Bilanzsachverständige, »alternative« Unternehmensberater, Rechtsanwälte (siehe aber Rn. 4), ggf. auch Gewerkschaftsbeauftragte, sofern ihre Tätigkeit über die »normale« gewerkschaftliche Beratungs- und Betreuungsarbeit (siehe Rn. 3) hinausgeht.

Sachverständiger

3   **Keine Sachverständige** im Sinne des § 80 Abs. 3 BetrVG sind die Personen, die im Rahmen ihrer normalen beruflichen Tätigkeit zur gebührenlosen Auskunft an den Betriebsrat verpflichtet sind, z. B. Beamte der Gewerbeaufsicht oder der Berufsgenossenschaft, Werksarzt, Angehörige der Betriebskrankenkasse, Gewerkschaftssekretäre im Rahmen ihrer Beratungs- und Betreuungstätigkeit usw.
Insoweit ist eine »nähere Vereinbarung« mit dem Arbeitgeber nicht erforderlich, wenn der Betriebsrat sich bei diesen Personen sachkundig machen will.

Beauftragung eines Rechtsanwalts

4   Die Vertretung des Betriebsrats durch einen **Rechtsanwalt**
• bei der Durchführung von gerichtlichen Verfahren (siehe → **Arbeitsgericht** oder
• in der → **Einigungsstelle**
wird nicht von § 80 Abs. 3 BetrVG, sondern unmittelbar von **§ 40 Abs. 1 BetrVG** erfasst (BAG v. 25.6.2014 – 7 ABR 70/12; 11.11.2009 – 7 ABR 26/08, NZA 2010, 353; 26.2.1992 – 7 ABR 51/90, NZA 1993, 86; 25.4.1978 – 6 ABR 9/75, DB 1978, 1747; LAG Schleswig-Holstein v. 31.3.1998 – 3 TaBV 58/97, AiB 1998, 473). Deshalb ist eine »nähere Vereinbarung« mit dem Arbeitgeber (vgl. § 80 Abs. 3 BetrVG; siehe Rn. 7 ff.) nicht erforderlich.
Das Gleiche gilt nach der zutreffenden Entscheidung des BAG v. 25.6.2014 – 7 ABR 70/12, wenn zwischen den Betriebsparteien ein **konkreter Streit** über das Bestehen und den Umfang von Mitbestimmungsrechten hinsichtlich eines bestimmten Regelungsgegenstands besteht und der Betriebsrat **zur Klärung einen Rechtsanwalt beauftragt.**
Das heißt: Beauftragt der Betriebsrat einen Rechtsanwalt mit seiner rechtlichen Vertretung im Verfahren vor der Einigungsstelle oder vor den Arbeitsgerichten oder in einem konkreten Streit über das Bestehen und den Umfang von Mitbestimmungsrechten, bedarf es **keiner »näheren Vereinbarung«** gem. § 80 Abs. 3 BetrVG mit dem Arbeitgeber (siehe Rn. 7 ff.). Vielmehr hat der Arbeitgeber die Kosten unmittelbar nach § 40 Abs. 1 BetrVG zu tragen, wenn der Beschluss des Betriebsrats über die Beauftragung ordnungsgemäß gefasst wurde (siehe → **Betriebsratssitzung**) und der Betriebsrat die Beauftragung für »erforderlich« i. S. d. § 40 Abs. 1 BetrVG halten durfte (siehe hierzu → **Kosten der Betriebsratstätigkeit** Rn. 10). Natürlich ist es auch in diesem Fall sinnvoll, wenn Betriebsrat und Rechtsanwalt vor Aufnahme der Beratungstätigkeit eine Honorarvereinbarung mit einer Festlegung des Stundensatzes (z. B. 250 Euro pro Stunde) treffen und vom Arbeitgeber eine »Deckungszusage« einholen (man vermeidet dadurch späteren Streit mit dem Arbeitgeber über die Höhe des Honorars).

> **Beachten:**
> Ein ordnungsgemäßer Betriebsratsbeschluss ist nach Ansicht des BAG nicht nur vor der **erstmaligen Beauftragung** eines Anwalts notwendig, sondern grundsätzlich auch, bevor dieser im Namen des Betriebsrats ein **Rechtsmittel** einlegt (BAG v. 18.3.2015 – 7 ABR 4/13). Fehle ein solcher Beschluss, könne zwar das Rechtsmittel bei entsprechender Verfahrensvollmacht wirksam eingelegt sein. Eine Pflicht zur Tragung der Anwaltskosten für ein Rechtsmittel werde ohne entsprechenden Beschluss jedoch nicht ausgelöst.

5   Die »**Erforderlichkeit**«, einen Sachverständigen gemäß § 80 Abs. 3 BetrVG zu beauftragen, kann beispielsweise gegeben sein, wenn es um folgende schwierige Sachverhalte geht (Beispiele):
• Gestaltung des → **Arbeitsentgelts** (z. B. Einführung eines Prämienlohnsystems);
• Gestaltung der Arbeitsbedingungen bei → **Gruppenarbeit**;
• Einführung von EDV-Technik;
• Analyse des → **Jahresabschlusses** (§ 108 Abs. 5 BetrVG);

Sachverständiger

- Gestaltungsfragen bei →**betrieblicher Altersversorgung** (§ 87 Abs. 1 Nr. 8 BetrVG);
- Fragen der menschengerechten Gestaltung der Arbeit (§§ 87 Abs. 1 Nr. 7, 90 Abs. 2, 91 BetrVG, siehe → **Arbeitsschutz**);
- Ausarbeitung eines Entwurfs eines → **Interessenausgleichs** und → **Sozialplans**.

Allerdings soll der Betriebsrat nach der Rechtsprechung erst dann einen Anspruch auf Hinzuziehung eines Sachverständigen haben, wenn eventuell bestehende Möglichkeiten 6
- der **Schulung** nach § 37 Abs. 6 und 7 BetrVG sowie
- der kostenlosen Unterrichtung durch innerbetriebliche »**Auskunftspersonen**« (siehe Rn. 15) oder **Gewerkschaftsvertreter**

ausgeschöpft wurden und dennoch **Fragen offen geblieben** sind (BAG v. 26. 2. 1992 – 7 ABR 51/90, AuR 1993, 93 = NZA 1993, 86). Auszug aus BAG v. 26. 2. 1992 – 7 ABR 51/90, a. a. O.: »*Die Hinzuziehung eines externen Sachverständigen nach § 80 Abs. 3 Satz 1 BetrVG zur Beratung des Betriebsrats anlässlich der Einführung oder Änderung EDV-gestützter technischer Einrichtungen im Sinne des § 87 Abs. 1 Nr. 6 BetrVG setzt voraus, dass dem Betriebsrat die erforderliche Sachkunde fehlt und er sie sich auch nicht kostengünstiger etwa durch den Besuch einschlägiger Schulungen oder durch Inanspruchnahme sachkundiger Betriebs- oder Unternehmensangehöriger verschaffen kann.*«

Nähere Vereinbarung mit dem Arbeitgeber

Der Betriebsrat kann einen Sachverständigen nicht »von sich aus« beauftragen. 7
Vielmehr ist eine »*nähere Vereinbarung*« mit dem Arbeitgeber notwendig.
Insbesondere muss der Betriebsrat sich mit dem Arbeitgeber über folgende Einzelheiten **einigen**:
- Person des Sachverständigen,
- Inhalt und Umfang des Auftrags an den Sachverständigen;
- Zeitpunkt, Zeitraum und Vergütung (insbes. Honorar) seines Einsatzes.

Hierzu ein Auszug aus BAG v. 11. 11. 2009 – 7 ABR 26/08, NZA 2010, 353: »*§ 80 Abs. 3 BetrVG eröffnet dem Betriebsrat die Möglichkeit, einen Sachverständigen hinzuzuziehen. Voraussetzung ist allerdings eine vorherige Vereinbarung mit dem Arbeitgeber zumindest über den Gegenstand der gutachterlichen Tätigkeit, über die Person des Sachverständigen und über dessen Vergütung (vgl. BAG 26. Februar 1992 – 7 ABR 51/90 – zu B II 1 der Gründe, BAGE 70, 1). Durch das Erfordernis einer Vereinbarung wird dem Arbeitgeber insbesondere die Möglichkeit eröffnet, im Hinblick auf die von ihm zu tragenden Kosten Einwendungen gegen die Beauftragung eines Sachverständigen zu erheben, dem Betriebsrat seinen Sachverstand oder eigene sachkundige Personen anzubieten und den Gegenstand der Beauftragung des Sachverständigen zuverlässig zu begrenzen.*«

Einigen sich Arbeitgeber und Betriebsrat, hat der Arbeitgeber nach § 40 Abs. 1 BetrVG die 8
Kosten des Sachverständigen zu tragen (insbes. Honorar + MwSt. + Fahrtkosten und ggf. Übernachtungs- und Verpflegungskosten; siehe → **Kosten der Betriebsratstätigkeit**).
Der Arbeitgeber ist verpflichtet, den Betriebsrat von seinen Verpflichtungen gegenüber dem beauftragten Sachverständigen **freizustellen**.
Tritt der Betriebsrat seinen Freistellungsanspruch per Betriebsratsbeschluss an den Sachverständigen ab, kann dieser den Arbeitgeber direkt auf Zahlung in Anspruch nehmen. Der Freistellungsanspruch verwandelt sich in einen **Zahlungsanspruch** (BAG v. 24. 10. 2001 – 7 ABR 20/00, AiB 2002, 569). Ein Betriebsratsbeschluss könnte etwa wie folgt gefasst werden: »*Der durch die Hinzuziehung des/der Herrn/Frau … als Sachverständige/r in der Angelegenheit … gegen den Arbeitgeber entstehende Anspruch auf Freistellung von den Kosten wird an Herrn/Frau … abgetreten.*«

Sachverständiger

9 Verweigert der Arbeitgeber eine »*nähere Vereinbarung*«, muss der Betriebsrat **gerichtliche Hilfe** in Anspruch nehmen.
Ist die Hinzuziehung »erforderlich«, ersetzt das → **Arbeitsgericht** die fehlende Einigung mit dem Arbeitgeber, in dem es die Person des Sachverständigen, den Gegenstand der Begutachtung und das Honorar festlegt.
Möglich ist ein Antrag auf Erlass einer **einstweiligen Verfügung** (LAG Hamm v. 22. 2. 2008 – 10 TaBVGa 3/08; 15. 3. 1994 – 13 TaBV 16/94, AiB 1994, 423; siehe Rn. 20).
Die unberechtigte Verweigerung einer »näheren Vereinbarung« kann eine → **Behinderung der Betriebsratstätigkeit** i. S. d. §§ 78, 119 Abs. 1 Nr. 2 BetrVG sein.

10 Beauftragt der Betriebsrat **ohne eine Vereinbarung** mit dem Arbeitgeber einen Sachverständigen, entsteht kein Kostenübernahme- bzw. Freistellungsanspruch gegen den Arbeitgeber nach § 40 Abs. 1 BetrVG.

10a Wurde der Sachverständige vom Betriebsrat ohne nähere Vereinbarung mit dem Arbeitgeber beauftragt und tätig, stellt sich die Frage, ob der Betriebsrat oder das Betriebsratsmitglied, das den Sachverständigen beauftragt hat (i. d. R. der Betriebsratsvorsitzende), gegenüber dem Sachverständigen **haftet**.
Der Betriebsrat selbst kann als nicht rechtsfähiges Organ keine Zahlungsverpflichtungen eingehen und von dem Sachverständigen deshalb auch nicht in Anspruch genommen werden (BGH v. 25. 10. 2012 – III ZR 266/11, AiB 2013, 385 = NZA 2012, 1382; vgl. auch Fitting, BetrVG, 27. Aufl., § 40 Rn. 92).
Zur Frage, ob eine Haftung eines Betriebsratsmitglieds (Betriebsratsvorsitzender) als Vertreter ohne Vertretungsmacht nach § 179 BGB in Frage kommt, siehe Rn. 12 a und → **Berater** Rn. 9, 10.

11 Der Sachverständige ist in gleichem Umfang wie ein Betriebsratsmitglied verpflichtet, **Betriebs- oder Geschäftsgeheimnisse** nicht unbefugt zu offenbaren oder zu verwerten (§ 80 Abs. 4 BetrVG i. V. m. § 79 BetrVG; siehe → **Geheimhaltungspflicht**).
Eine unbefugte Offenbarung oder Verwertung eines Betriebs- oder Geschäftsgeheimnisses durch den Sachverständigen kann **strafbar** sein (§ 120 Abs. 1 Nr. 3 und Abs. 3 und 4 BetrVG).

Berater (§ 111 Satz 2 BetrVG)

12 Der Betriebsrat kann im Falle einer → **Betriebsänderung** – in Unternehmen mit **mehr als 300 Arbeitnehmern** – zu seiner Unterstützung (auf Kosten des Arbeitgebers; vgl. § 40 Abs. 1 BetrVG) einen → **Berater** hinzuziehen (§ 111 Satz 2 BetrVG).
Eine »*nähere Vereinbarung*« mit dem Arbeitgeber wie bei der Beauftragung eines Sachverständigen nach § 80 Abs. 3 BetrVG ist nicht notwendig (BAG v. 11. 11. 2009 – 7 ABR 26/08, NZA 2010, 353).
Der Betriebsrat kann autonom über die Hinzuziehung entscheiden.
Die **Kosten** des Beraters (insbesondere Honorar, Mehrwertsteuer, Fahrt- und ggf. Übernachtungs- sowie Verpflegungskosten) hat der Arbeitgeber nach § 40 Abs. 1 BetrVG zu tragen, sofern der Betriebsrat die Hinzuziehung zum Zwecke der sachgerechten Erfüllung der Betriebsratsaufgaben »*für erforderlich halten durfte*« (siehe hierzu Rn. 6 und → **Kosten der Betriebsratstätigkeit** Rn. 10).
Natürlich sollte vor der Beauftragung eines Beraters Klarheit über die Kostentragung durch den Arbeitgeber nach § 40 Abs. 1 BetrVG herbeigeführt werden (siehe **Musterschreiben** im Anhang zu diesem Stichwort). Lehnt der Arbeitgeber die Kostenübernahme ab, kann und sollte der Betriebsrat beim → **Arbeitsgericht** den Erlass einer **einstweiligen Verfügung** beantragen mit dem Ziel: Feststellung der Kostentragungspflicht des Arbeitgebers (zutreffend DKKW-*Wedde*, BetrVG, 15. Aufl., § 40 Rn. 55).
Ist der Berater bereits auf Grundlage einer Beschlussfassung des Betriebsrats (etwa von dem

Sachverständiger

Betriebsratsvorsitzenden) beauftragt und als Berater tätig geworden, leitet der Betriebsrat – wenn der Arbeitgeber Kostenübernahme ablehnt – beim Arbeitsgericht ein Beschlussverfahren ein und beantragt, ihn von seinen Verpflichtungen gegenüber dem beauftragten Berater **freizustellen**.
Tritt der Betriebsrat seinen Freistellungsanspruch an den Berater ab, kann dieser den Arbeitgeber direkt auf Zahlung in Anspruch nehmen. Der Freistellungsanspruch verwandelt sich in einen **Zahlungsanspruch** (BAG v. 24. 10. 2001 – 7 ABR 20/00, AiB 2002, 569).
Eine Klage gegen den Arbeitgeber auf Zahlung des Beraterhonorars ist allerdings nur dann erfolgreich, wenn die Hinzuziehung des Beraters **erforderlich** i. S. d. § 40 Abs. 1 BetrVG gewesen ist.
Wenn die Beauftragung des Beraters nicht erforderlich ist, ist der zwischen Betriebsrat und Berater geschlossene **Vertrag unwirksam**.
Zur Frage, ob eine **Haftung** eines Betriebsratsmitglieds (z. B. Betriebsratsvorsitzender) als Vertreter ohne Vertretungsmacht nach § 179 BGB bei nicht erforderlicher Beauftragung eines Beraters i. S. d. § 111 BetrVG in Frage kommt, siehe → **Berater** Rn. 9, 10. Nach abzulehnender Ansicht des Bundesgerichtshofs (BGH) ist eine solche Haftung möglich (BGH v. 25. 10. 2012 – III ZR 266/11, AiB 2013, 385 = NZA 2012, 1382; vgl. auch Schulze, AiB 2013, 7; Ratayczak, AiB 2013, 389). Zu empfehlen ist deshalb eine Haftungsausschlussvereinbarung mit dem Berater. 12a
Die Hinzuziehung eines Sachverständigen nach Maßgabe des § 80 Abs. 3 BetrVG bleibt **unberührt** (§ 111 Satz 2 letzter Halbsatz BetrVG). 13
Der Berater unterliegt der gleichen **Geheimhaltungspflicht** wie Betriebsratsmitglieder und Sachverständige (§ 111 Satz 2 i. V. m. § 80 Abs. 4 BetrVG). 14
Eine unbefugte Offenbarung oder Verwertung eines Betriebs- oder Geschäftsgeheimnisses durch den Berater kann **strafbar** sein (§ 120 Abs. 1 Nr. 3 a und Abs. 3 und 4 BetrVG).

Auskunftspersonen (§ § 80 Abs. 2 Satz 3 BetrVG)

Der Arbeitgeber muss dem Betriebsrat sachkundige Arbeitnehmer (= sog. Auskunftspersonen) zur Verfügung stellen, wenn das zur ordnungsgemäßen Erfüllung der Betriebsratsaufgaben erforderlich ist (§ 80 Abs. 2 Satz 3 BetrVG). 15
Die Personenvorschläge des Betriebsrats sind zu berücksichtigen, soweit betriebliche Notwendigkeiten nicht entgegenstehen.
Die Auskunftspersonen unterliegen der gleichen **Geheimhaltungspflicht** wie Betriebsratsmitglieder und Sachverständige (§ 80 Abs. 4 BetrVG).
Eine unbefugte Offenbarung oder Verwertung eines Betriebs- oder Geschäftsgeheimnisses durch die Auskunftsperson kann **strafbar** sein (§ 120 Abs. 1 Nr. 3 b und Abs. 3 und 4 BetrVG).
Die Beteiligung und Vergütung von sachverständigen Personen als **Beisitzer** im Verfahren der → **Einigungsstelle** ist in §§ 76 Abs. 2, 76 a BetrVG geregelt. 16

Bedeutung für die Betriebsratsarbeit

Je komplizierter und komplexer beteiligungspflichtige Sachverhalte sind, desto notwendiger wird die Erweiterung des Wissensstandes der Mitglieder der Organe der Interessenvertretung. 17
Deshalb ist es sinnvoll, dass das BetrVG dem Betriebsrat nicht nur die Teilnahme an Schulungsmaßnahmen nach § 37 Abs. 6 und 7 BetrVG (siehe → **Schulungs- und Bildungsveranstaltungen**), sondern auch die Einschaltung von **Sachverständigen** – wenn auch »nach näherer Vereinbarung« mit dem Arbeitgeber – ermöglicht. 18
Diese Möglichkeit sollte in schwierigen Fallgestaltungen unbedingt genutzt werden.

Sachverständiger

19 Über die zuständige Gewerkschaft kann der Kontakt zu **geeigneten** Sachverständigen hergestellt werden.
Ebenfalls und gleichzeitig genutzt werden muss aber auch jede Möglichkeit der Zusammenarbeit mit »sachverständigen« Arbeitnehmern des Betriebs (sog. **Auskunftspersonen** nach § 80 Abs. 2 Satz 3 BetrVG; z. B. Beschäftigte der EDV-Abteilung, Sicherheitsfachkräfte usw.). Dies »befruchtet« nicht nur die Betriebsratsarbeit inhaltlich, sondern ist gleichzeitig ein Weg, eine stärkere – und was die Durchsetzung von Zielen angeht – wirkungsvollere Zusammenarbeit zwischen Belegschaft und Interessenvertretung zu entwickeln.
Nach § 80 Abs. 2 Satz 3 BetrVG hat der Betriebsrat einen – arbeitsgerichtlich durchsetzbaren – Rechtsanspruch darauf, dass ihm der Arbeitgeber sachkundige Arbeitnehmer während der Arbeitszeit als Auskunftspersonen zur Verfügung stellt, wenn dies zur Aufgabenerfüllung erforderlich ist.
Eine »*nähere Vereinbarung*« mit dem Arbeitgeber über die Einbeziehung von Auskunftspersonen ist nicht erforderlich.
Probleme können allenfalls dort auftreten, wo Arbeitgeber bzw. Vorgesetzte sich weigern, die »sachverständigen Arbeitnehmer« für die Zeit der Zusammenarbeit mit dem Betriebsrat (z. B. Teilnahme an einer → **Betriebsratssitzung**) freizustellen.
Die unberechtigte Verweigerung durch den Arbeitgeber oder einen Vorgesetzten kann eine → **Behinderung der Betriebsratstätigkeit** i. S. d. §§ 78, 119 Abs. 1 Nr. 2 BetrVG sein.
Abzulehnen ist die Ansicht des BAG, dass eine Hinzuziehung eines externen Sachverständigen erst dann erforderlich ist, wenn Informationsmöglichkeiten durch Schulung sowie durch Gewerkschaft oder sachverständige Betriebsangehörige (sog. Auskunftspersonen) **ausgeschöpft** sind (BAG v. 26. 2. 1992 – 7 ABR 51/90, AuR 1993, 93; vgl. auch DKKW-*Däubler*, BetrVG, 15. Aufl., § 80 Rn. 159 ff.).

20 Manchmal versuchen Arbeitgeber, den Einsatz des Sachverständigen durch Verweigerung der erforderlichen Einigung zu blockieren.
In diesem Falle besteht für den Betriebsrat die Möglichkeit, das → **Arbeitsgericht** anzurufen.
In Eilfällen kann der Betriebsrat sein Verlangen auch durch Antrag auf Erlass einer »**einstweiligen Verfügung**« (siehe → **Arbeitsgericht**) durchzusetzen versuchen (LAG Hamm v. 22. 2. 2008 – 10 TaBVGa 3/08; 15. 3. 1994 – 13 TaBV 16/94, AiB 1994, 423).
Im Interesse einer »konstruktiven« Arbeitssituation des Sachverständigen im Betrieb ist es allerdings angebracht, zunächst alle außergerichtlichen Möglichkeiten der **einvernehmlichen Hinzuziehung** eines Sachverständigen auszuschöpfen.

21 Eines Antrages auf einstweilige Verfügung bedarf es nicht, wenn der Betriebsrat – in Unternehmen mit mehr als 300 Arbeitnehmern – im Falle einer → **Betriebsänderung** einen → **Berater** nach § 111 Satz 2 BetrVG hinzuzieht.
Denn hier kann der Betriebsrat – unter Beachtung der Erforderlichkeit – autonom (ohne »nähere Vereinbarung« mit dem Arbeitgeber) über die Hinzuziehung entscheiden (BAG v. 11. 11. 2009 – 7 ABR 26/08, NZA 2010, 353).
Die **Kosten** hat der Arbeitgeber nach Maßgabe des § 40 Abs. 1 BetrVG zu tragen (siehe → **Kosten der Betriebsratstätigkeit** und Musterschreiben).

Arbeitshilfen

Musterschreiben
- Hinzuziehung eines Sachverständigen nach § 80 Abs. 3 BetrVG
- Hinzuziehung eines Beraters bei einer Betriebsänderung (§ 111 Satz 2 BetrVG)

Rechtsprechung

1. Erforderlichkeit der Hinzuziehung eines Sachverständigen – Einstweilige Verfügung
2. Hinzuziehung eines Sachverständigen durch die Einigungsstelle
3. Hinzuziehung eines Sachverständigen bei Einführung von EDV
4. Hinzuziehung eines Rechtsanwalts
5. Anspruch des Betriebsrats auf Freistellung von Sachverständigenkosten
6. Haftung des Betriebsrats bzw. eines Betriebsratsmitglieds für Honoraransprüche eines beauftragten Sachverständigen/Beraters?
7. Honoraransprüche des Beraters bzw. Sachverständigen in der Insolvenz

Schichtarbeit

Was ist das?

1 **Schichtarbeit in weitestem Sinne** liegt vor, wenn (mindestens zwei) Arbeitnehmer eine übereinstimmende Arbeitsaufgabe erledigen, indem sie sich regelmäßig nach einem feststehenden **Schichtplan** ablösen. In einer älteren Entscheidung des BAG heißt es: »*Der Begriff des Schichtdienstes ist nach allgemeinem Sprachgebrauch dann als erfüllt anzusehen, wenn die Arbeitsleistungen mehrerer Arbeitnehmer an einem Arbeitsplatz einander ablösen, damit der Arbeitsplatz nicht nur während der regelmäßigen Arbeitszeit nur eines Arbeitnehmers besetzt ist, sondern nacheinander von mehreren Arbeitnehmern für eine die Arbeitszeit eines Arbeitnehmers übersteigende Zeitspanne*« (BAG v. 23.9.1960 – 1 AZR 567/59).

2 Schichtarbeit kommt vor in Form von 2-Schicht-, 3-Schicht-, 4-Schicht-, 5-Schicht- und Konti-Schicht-Systemen (Voll-Konti-Schicht: Arbeit an allen Tagen der Woche; Teil-Konti-Schicht: Arbeit von Montag bis Freitag, ggf. auch einschließlich Samstag).

3 Oft wird in »**Wechselschicht**« gearbeitet. Wechselschicht i. S. des § 2 Abs. 5 Nr. 1 ArbZG liegt vor, wenn sich Arbeitnehmer regelmäßig oder unregelmäßig in der Schichtfolge dergestalt ablösen, dass ein Arbeitnehmer abwechselnd in Tag-, Spät- und Nachtschicht arbeitet. Dabei ist ausreichend, dass in der jeweiligen Schicht nur jeweils ein Arbeitnehmer arbeitet (BAG v. 23.9.1960 – 1 AZR 567/59).

Die Arbeitszeit der in Gruppen (Schichten) eingeteilten Arbeitnehmer ändert sich in einem bestimmten **Schichtwechselrhythmus**.

> **Beispiele:**
> - Drei-Schichtbetrieb (teilkontinuierlich; »vorwärtslaufend«): 1 Woche Frühschicht – 1 Woche Spätschicht – 1 Woche Nachtschicht – 1 Woche Freischicht;
> - Fünf-Schichtbetrieb (vollkontinuierlich): 2 Tage Frühschicht – 2 Tage Spätschicht – 2 Tage Nachtschicht – 4 Tage frei.

Siehe Übersicht **Schichtmodelle** im **Anhang** zu diesem Stichwort.

4 Schichtarbeit findet vor allem statt im **Dienstleistungsbereich** (notwendige Versorgung der Bevölkerung »rund um die Uhr«: Krankenhäuser, Bahn, Post, Polizei usw.; aber auch zum Zwecke besserer Bedarfsdeckung: Gaststätten, Tageszeitungen usw.).

Auch im **Einzelhandel** ist Schichtarbeit verbreitet, um die langen Ladenöffnungszeiten mit Personal besetzen zu können.

5 Im **industriellen Bereich** wird ebenfalls oft in Schichten gearbeitet: zum einen aus technischer Notwendigkeit (z. B. Hochöfen), zum anderen aber aus betriebswirtschaftlichen Gründen (Auslastung der Anlagen).

Die **Vorteile für den Arbeitgeber** liegen auf der Hand: Schichtarbeit dient der besseren Auslastung der – teuren – Anlagen.

6 Für die Beschäftigten ist Schichtarbeit insbesondere wegen der **höheren Verdienstmöglichkeit** (tarifliche Schichtzulagen) interessant.

Die erwiesene **Gesundheits- und Sozialschädlichkeit** der Schichtarbeit, insbesondere der → **Nachtarbeit**, wird dabei häufig verdrängt.
Zu beachten ist § 6 Abs. 1 ArbZG: Hiernach ist die Arbeitszeit der (Nacht- und) Schichtarbeitnehmer nach den gesicherten arbeitswissenschaftlichen Erkenntnissen über die menschengerechte Gestaltung der Arbeit (zu diesem Begriff siehe → **Arbeitsschutz**) festzulegen. 7
Für **Nachtarbeitnehmer** gelten die besonderen Schutzvorschriften des § 6 Abs. 2 bis 6 ArbZG (siehe → **Nachtarbeit**). 8
Nach § 8 ArbZG können durch **Rechtsverordnung** – über die Bestimmungen des § 6 ArbZG hinaus – weitere Regelungen zum Schutz von Nacht- und Schichtarbeitnehmern erlassen werden. 9

Bedeutung für die Betriebsratsarbeit

Der Betriebsrat hat, soweit eine gesetzliche oder tarifliche Regelung nicht besteht, nach § 87 Abs. 1 Nr. 2 BetrVG in Sachen »Schichtarbeit« ein volles Mitbestimmungsrecht. 10
Denn im Rahmen einer **Schichtarbeitsregelung** geht es zwangsläufig unter anderem um die Festlegung von
»*Beginn und Ende der täglichen Arbeitszeit einschließlich der Pausen sowie die Verteilung der Arbeitszeit auf die einzelnen Wochentage*«.
Zweck des Mitbestimmungsrechts ist es, die Interessen der Arbeitnehmer an der Lage der Arbeitszeit und damit zugleich ihrer freien Zeit für die Gestaltung ihres Privatlebens zur Geltung zu bringen (BAG v. 29. 9. 2004 – 5 AZR 559/03, ZTR 2005, 274). 11
Ihr Interesse an einer sinnvollen Abgrenzung zwischen Arbeitszeit und verfügbarer Freizeit soll geschützt werden.
Der Betriebsrat kann durch Ausübung seines Mitbestimmungsrechts Einfluss auf die Dauer der Betriebsnutzungszeiten nehmen.
Er kann seine Zustimmung von »Gegenleistungen« zum Schutz und im Interesse der Arbeitnehmer abhängig machen (siehe → **Koppelungsgeschäfte in der Betriebsverfassung**).
Dem Mitbestimmungsrecht steht nicht entgegen, dass damit in gewissem Umfang in die **unternehmerische Freiheit des Arbeitgebers** (Art. 12 Abs. 1 GG) eingegriffen wird. Lehnen Betriebsrat und → **Einigungsstelle** eine Ausweitung der Arbeitszeiten ab, kann der Arbeitgeber seinen Betrieb zu bestimmten Zeiten und an bestimmten Tagen **nicht nutzen**. 12
Diese Beschränkung unternehmerischer Entscheidungsfreiheit ist aber zur Wahrung der Belange der Arbeitnehmer geboten und steht mit der Verfassung im Einklang.
Entsprechendes hat die Rechtsprechung auch zum Mitbestimmungsrecht des Betriebsrats bei Kurzarbeit (siehe → **Kurzarbeit** Rn. 47 j; vgl. BAG v. 4. 3. 1986 – 1 ABR 15/84, DB 1986, 1395) oder beim Thema Ladenöffnungszeiten (siehe → **Ladenöffnung, Ladenschluss**) festgestellt (vgl. BVerfG v. 18. 12. 1985 – 1 BvR 143/83, DB 1986, 486 = AP BetrVG 1972 § 87 Arbeitszeit Nr. 15, zu II 1 der Gründe; vgl. auch BAG v. 31. 8. 1982 – 1 ABR 27/80, AiB 1983, 191; 26. 10. 2004 – 1 ABR 31/03 (A), NZA 2005, 538 [541]).
Das Mitbestimmungsrecht des Betriebsrats umfasst deshalb auch die Frage, ob an bestimmten Tagen überhaupt und **in** welchem Umfang gearbeitet werden soll.
Gegen die Einführung oder Aufrechterhaltung arbeitsfreier Zeiten sprechende **unternehmerische** Belange sind im Rahmen des Mitbestimmungs- und ggf. Einigungsstellenverfahrens zu beachten und zu gewichten, sie schließen das Mitbestimmungsrecht aber nicht aus (BAG v. 26. 10. 2004 – 1 ABR 31/03 [A], a. a. O.).
Mitbestimmungspflichtig ist damit sowohl die Frage des »**Ob**« als auch die Frage des »**Wie**« der Schichtarbeit. 13

Schichtarbeit

Der Betriebsrat hat mitzubestimmen bei der Einführung, Ausgestaltung, Änderung und Abschaffung von Schichtarbeit für den ganzen Betrieb, bestimmte Betriebsabteilungen oder Arbeitsplätze (BAG v. 9.7.2013 – 1 ABR 19/12).
Unter den Mitbestimmungstatbestand fallen u. a. folgende Fallgestaltungen:
- Einführung und Ausweitung der Schichtarbeit; aber auch die Änderung, Einschränkung und Abschaffung von Schichtarbeit;
- Bestimmung des Personenkreises, der Schichtarbeit zu leisten hat;
- nähere Ausgestaltung des jeweiligen Schichtsystems;
- Festlegung von Beginn und Ende der einzelnen Schichten;
- Grundsätze der Schichtplanung, aber auch die Aufstellung und Ausgestaltung des konkreten Schichtplans im Detail bis hin zu Fragen, in wie viel Schichten die Belegschaft aufzuteilen ist und welche Arbeitnehmer den einzelnen Schichten persönlich zuzuordnen sind, welche Arbeitnehmer also in welcher Schicht arbeiten sollen (Personaleinsatzplan); in die Schichtplangestaltung hat die Vorgabe des § 6 Abs. 1 ArbZG, nach der die Arbeitszeit nach den gesicherten arbeitswissenschaftlichen Erkenntnissen über die menschengerechte Gestaltung der Arbeit festzulegen ist, einzufließen;
- Absage bzw. ersatzlose Streichung von Schichten und sonstige Abweichungen von bereits aufgestellten Schichtplänen.

14 Kommt es bei dem »Ob« und »Wie« der Nacht- und Schichtarbeit zu keiner Einigung zwischen Arbeitgeber und Betriebsrat, entscheidet gemäß § 87 Abs. 2 BetrVG auf Antrag einer Seite die → **Einigungsstelle.**

14a Bei der **Ausgestaltung** der Schichtarbeit haben Arbeitgeber und Betriebsrat mehrere Handlungsmöglichkeiten. Nachstehend ein Auszug aus BAG v. 9.7.2013 – 1 ABR 19/12:

»Die Betriebsparteien haben nach der Rechtsprechung des BAG bei der inhaltlichen Ausgestaltung ihrer Regelungen zur Schichtarbeit ein Wahlrecht.
Sie können entweder für jeden Schichtplan die mitbestimmungsrechtlich relevanten Voraussetzungen im Einzelnen selbst regeln. Zulässig ist es auch, konkrete Grundregeln festzulegen, die der Arbeitgeber bei der Aufstellung von Schichtplänen einzuhalten hat. Diese müssen aber den Anforderungen an die ordnungsgemäße Ausübung der in Betracht kommenden Beteiligungsrechte des Betriebsrats genügen. Dies erfordert regelmäßig abstrakte und verbindliche Bestimmungen über die Ausgestaltung der unterschiedlichen Schichten und die Zuordnung von Arbeitnehmern zu den einzelnen Schichten. Vereinbaren die Betriebsparteien solche Regularien, kann die Aufstellung der einzelnen Schichtpläne dem Arbeitgeber überlassen werden. Dieser hat dann die zuvor festgelegten Vorgaben, durch die sein Direktionsrecht begrenzt wird, im Schichtplan zu vollziehen.
Die von den Betriebsparteien getroffenen inhaltlichen Vorgaben können sich auch auf Verfahrensregelungen beschränken, die für die Vorlage des Schichtplans gelten, dem der Betriebsrat zustimmen muss. Bei diesen bleibt die Aufstellung des Schichtplans Sache des Arbeitgebers. Gegenstand der betrieblichen Regelung ist dann ausschließlich das Verfahren über die Schichtplanaufstellung und die sich anschließende Beteiligung des Betriebsrats (vgl. BAG 28. Oktober 1986 – 1 ABR 11/85 – zu B 2 der Gründe).
Wird durch eine Schichtplanregelung auch die betriebsübliche Arbeitszeit vorübergehend verkürzt oder verlängert, hat der Betriebsrat nach § 87 Abs. 1 Nr. 3 BetrVG mitzubestimmen. Eine vorübergehende Verlängerung der betriebsüblichen Arbeitszeit liegt vor, wenn es sich um eine Abweichung von dem allgemein geltenden Zeitvolumen mit anschließender Rückkehr zur betriebsüblichen Arbeitszeit handelt; die Verlängerung darf nur für einen überschaubaren Zeitraum und nicht auf Dauer erfolgen. Ob eine Verlängerung der Arbeitszeit nur vorübergehend oder dauerhaft erfolgt, hängt davon ab, ob sie die regelmäßige betriebliche Arbeitszeit in ihrer Regelhaftigkeit und als die »normale« betriebliche Arbeitszeit der betreffenden Arbeitnehmer unverändert lässt oder gerade diese Norm ändert und zu einer neuen regelmäßigen betrieblichen Arbeitszeit führt. Maßgeblich ist damit, ob die bisherige betriebsübliche Arbeitszeit die »übliche« bleibt und die Arbeits-

Schichtarbeit

zeitverteilung bezüglich der einzelnen Arbeitnehmer weiterhin prägt (BAG v. 3.6.2003 – 1 AZR 349/02, Rn. 45, BAGE 106, 204).«

Auch der »**Schichtwechsel**« von einzelnen Arbeitnehmern (z. B. Überführung eines Arbeitnehmers von Tag- in Wechsel- oder Nachtschicht) unterliegt dem Mitbestimmungsrecht des Betriebsrats nach § 87 Abs. 1 Nr. 2 BetrVG (BAG v. 19.2.1991 – 1 ABR 21/90, AiB 1991, 338). 15
Der für diese Mitbestimmungsvorschrift erforderliche »**kollektive Bezug**« ist selbst beim Schichtwechsel eines einzelnen Arbeitnehmers regelmäßig gegeben (wegen der Auswirkungen auf andere Arbeitnehmer sowie auf den Betriebsablauf).
Deshalb bedarf der vom Arbeitgeber geplante Schichtwechsel der Zustimmung des Betriebsrats (der Betriebsrat hat auch ein **Initiativmitbestimmungsrecht**).
Im Nichteinigungsfalle entscheidet die → **Einigungsstelle** (§ 87 Abs. 2 BetrVG).
Dagegen ist § 99 BetrVG bei »Schichtwechsel« nicht anwendbar. 16
Die bloße Veränderung der Lage der Arbeitszeit eines Arbeitnehmers stellt nach der Rechtsprechung keine → **Versetzung** im Sinne der §§ 95 Abs. 3, 99 BetrVG dar (BAG v. 23.11.1993 – 1 ABR 38/93, AiB 1994, 316).
Ein Mitbestimmungsrecht des Betriebsrats bei Fragen der Schichtarbeit besteht auch nach § 87 Abs. 1 Nr. 7 BetrVG (siehe → **Arbeitsschutz** Rn. 70 ff.). 17
Eine ausfüllungsbedürftige **Rahmenvorschrift** im Sinne dieser Bestimmung stellt nach richtiger Auffassung § 6 Abs. 1 ArbZG dar.
Hiernach ist die Arbeitszeit der Nacht- und Schichtarbeitnehmer nach den gesicherten arbeitswissenschaftlichen Erkenntnissen über die menschengerechte Gestaltung der Arbeit festzulegen.
Was dies im Einzelnen heißt (z. B. Arbeitszeitverkürzung, Erholzeiten), ist durch → **Betriebsvereinbarung**, ggf. im Rahmen eines Einigungsstellenverfahrens, zu regeln (§ 87 Abs. 2 BetrVG).
Wegen der Komplexität des Themas Schichtarbeit dürfte es in der Regel erforderlich sein, einen Sachverständigen nach § 80 Abs. 3 BetrVG hinzuzuziehen. Zu Einzelheiten siehe → **Sachverständiger**. Wichtig ist, dass es sich um eine sachverständige Person handelt, die sich von dem Gebot des § 6 Abs. 1 ArbZG leiten lässt: *»Die Arbeitszeit der Nacht- und Schichtarbeitnehmer ist nach den gesicherten arbeitswissenschaftlichen Erkenntnissen über die menschengerechte Gestaltung der Arbeit festzulegen.«* Hier sollte die Empfehlung der Gewerkschaft eingeholt werden.
Wegen weiterer Beteiligungsrechte des Betriebsrats: siehe → **Nachtarbeit**. 18

Vorgehen des Betriebsrats bei geplanter Einführung von Schichtarbeit

Will der Arbeitgeber Schichtarbeit **einführen** oder **verändern**, geht es für den Betriebsrat zunächst darum, mit entsprechenden Fragen an den Arbeitgeber heranzutreten, um sich ein klares Bild über die Planungen des Arbeitgebers zu verschaffen (siehe hierzu Checkliste Schichtarbeit). 19
Liegen die Einzelheiten des Arbeitgebervorhabens »auf dem Tisch«, geht es um die Suche nach Lösungen. 20
Insbesondere ist es notwendig (wenn Schichtarbeit nicht verhinderbar ist), im Rahmen der Verhandlungen über den Inhalt einer Schicht-Betriebsvereinbarung Regelungen durchzusetzen, die geeignet sind, Nachteile für Arbeitnehmer im Schichtdienst möglichst gering zu halten.
Insbesondere ist es angezeigt, die Zustimmung zur Schichtarbeit von der Erfüllung von **Gegenforderungen** abhängig zu machen (siehe → **Koppelungsgeschäfte in der Betriebsverfassung** und **Checkliste** zu Regelungen im Anhang zum Stichwort → **Nachtarbeit**).
Vor allem sollte an folgende »**Eckpunkte**« **für eine Betriebsvereinbarung** gedacht werden: 21

Schichtarbeit

- Zustimmung nur befristet erteilen gegen die Zusicherung der Geschäftsleitung, Maßnahmen zum Abbau bzw. zur Beendigung der Schichtarbeit einzuleiten;
- Verlängerung der Frist nur, wenn in der Zwischenzeit Schichtabbaumaßnahmen erfolgt sind;
- keine Mehrarbeit für Schichtarbeitnehmer;
- Maßnahmen zur Minderung des Leistungsdrucks vor allem im Zeitlohn/Gehaltsbereich (z. B. zusätzliche Neueinstellungen mit entsprechender Umverteilung der Arbeit);
- Maßnahmen zur Verbesserung der Arbeitsbedingungen;
- angemessene Pausenregelungen (zusätzliche bezahlte Pausen z. B. zur Einnahme von Mahlzeiten; etwaige tarifvertragliche Regelungen beachten);
- gute Erholungszeitregelung für Akkord- und Prämienlöhner: z. b. sechs Minuten pro Stunde; in der Zeit von 19 Uhr bis 6 Uhr: zwölf Minuten pro Stunde;
- Zusatzurlaub und Kuren insbes. für Nachtschichtler;
- Rechtsanspruch auf Rückkehr in Normalschicht bzw. Rechtsanspruch auf Schichtwechsel, wenn dies ein Arbeitnehmer verlangt;
- geeignete Qualifizierungs-/Weiterbildungsmaßnahmen;
- Öffnung der Kantine, der Sanitätsstationen und sonstiger Versorgungseinrichtungen auch während Spät- und Nachtschicht;
- geeignete Maßnahmen zur Sicherung der Interessenvertreterarbeit:
  - z. B. zusätzliche Freistellung von Betriebsratsmitgliedern zur Spät- und Nachtschichtbetreuung;
  - z. B. bezahlte Freistellung von gewerkschaftlichen Vertrauensleuten für Vertrauenskörpersitzungen und sonstige gewerkschaftliche Betätigungen während Spätschicht;
- Forderungen zu gesundheits- und familiengerechter Gestaltung der Schichtpläne;
- Klärung, dass jede Änderung der Schichtpläne der Zustimmung des Betriebsrats bedarf;
- ausdrücklich das Initiativrecht des Betriebsrats zur Beendigung der Schichtarbeit klarstellen.

22 Im Falle der Nichteinigung über den Inhalt der Betriebsvereinbarung kann die → **Einigungsstelle** angerufen werden (§ 87 Abs. 2 BetrVG). Solange kein zustimmungsersetzender Spruch der Einigungsstelle vorliegt, darf der Arbeitgeber Schichtarbeit **nicht einseitig einführen**. Geschieht dies dennoch, kann der Betriebsrat hiergegen – gegebenenfalls im Wege eines Antrages auf Erlass einer **einstweiligen Verfügung** (siehe → **Arbeitsgericht**, → **Unterlassungsanspruch des Betriebsrats**) – vorgehen.

22a Das Gleiche gilt, wenn eine Einigung der Betriebsparteien über den **Schichtplan/Dienstplan/Personaleinsatzplan** nicht zustande kommt (BAG v. 9.7.2013 – 1 ABR 19/12). Vor der Entscheidung der Einigungsstelle darf der Arbeitgeber den Schichtplan nicht durchführen. Das gilt auch bei einem kurzfristig und unerwartet auftretenden Regelungs- bzw. Änderungsbedarf. Das Mitbestimmungsrecht des Betriebsrats besteht auch in **Eilfällen**. Die Betriebsparteien – und im Konfliktfall die Einigungsstelle – müssen daher regelmäßig Regelungen treffen, wie bei der Abweichung von einem beschlossenen Schichtplan verfahren werden soll (BAG v. 9.7.2013 – 1 ABR 19/12; 17.11.1998 – 1 ABR 12/98).

Bedeutung für die Beschäftigten

23 Schichtarbeitnehmer haben einen – notfalls beim → **Arbeitsgericht** einklagbaren – Anspruch darauf, dass der Arbeitgeber ihnen gegenüber seine nach § 6 ArbZG bzw. nach einer aufgrund des § 8 ArbZG erlassenen Rechtsverordnung bestehenden Verpflichtungen erfüllt.

24 Das Gleiche gilt hinsichtlich tarifvertraglicher Regelungen zur Schichtarbeit (z. B. Zahlung von

Schichtarbeitszuschlägen, Gewährung von Freizeitausgleich), vorausgesetzt, der Tarifvertrag findet auf das Arbeitsverhältnis Anwendung (siehe → **Tarifvertrag**).
Gelingt es dem Betriebsrat (unter Beachtung des § 77 Abs. 3 BetrVG), zur Schichtarbeit eine → **Betriebsvereinbarung** durchzusetzen, die den Schichtarbeitnehmern Rechte einräumt, die über gesetzliche und tarifliche Vorschriften hinausgehen (§ 88 Nr. 1 BetrVG), so können die anspruchsberechtigten Arbeitnehmer auch diese Rechte – ggf. auf dem Gerichtswege – durchsetzen.

Arbeitshilfen

Übersicht
Checkliste

- Schichtarbeit: Begriffe, Modelle
- Schichtarbeit

Übersicht: Schichtarbeit: Begriffe, Modelle

Begriffe
- **Wechselschicht:** Die Arbeitszeit ändert sich in einem regelmäßigen Schichtwechselrhythmus, um alle eingebundenen Beschäftigten gleichmäßig zu belasten.
- **Dauerschicht:** Die Beschäftigten arbeiten nur in bestimmten Schichten (nur Frühschicht, nur Spätschicht, nur Nachtschicht).
- **Schichtwechselrichtung** (z. B. im Drei-Schichtbetrieb: »vorwärtslaufend« Frühschicht – Spätschicht – Nachtschicht oder »rückwärtslaufend« Nachtschicht – Spätschicht – Frühschicht),
- **Schichtwechselrhythmus** (z. B. im vollkontinuierlichen Vier-Schichtbetrieb: 1 Woche Frühschicht – 1 Woche Spätschicht – 1 Woche Nachtschicht – 1 Woche Freischicht oder im vollkontinuierlichen Fünf-Schichtbetrieb: 2 Tage Frühschicht – 2 Tage Spätschicht – 2 Tage Nachtschicht – 4 Tage frei);
- **Schichtzyklus** (Durchlaufzeit eines vollständigen Schichtwechselrhythmus);
- **Schichtwechselzeitpunkte** (Beginn und Ende der jeweiligen täglichen Schichten; ggf. **Überlappungszeiten**).

Schichtarbeit

Schichtmodelle: Beispiele (F = Frühschicht, S = Spätschicht, N = Nachtschicht)

Zwei-Schichtbetrieb:

Schicht-Gruppe	1. Woche M D M D F S S	2. Woche M D M D F S S	3. Woche M D M D F S S	4. Woche M D M D F S S
A	F F F F F – –	S S S S S – –	F F F F F – –	S S S S S – –
B	S S S S S – –	F F F F F – –	S S S S S – –	F F F F F – –

Drei-Schichtbetrieb (teilkontinuierlich; »vorwärtslaufend« F – S – N):

Schicht-Gruppe	1. Woche M D M D F S S	2. Woche M D M D F S S	3. Woche M D M D F S S	4. Woche M D M D F S S
A	F F F F F – –	S S S S S – –	N N N N N – –	F F F F F – –
B	S S S S S – –	N N N N N – –	F F F F F – –	S S S S S – –
C	N N N N N – –	F F F F F – –	S S S S S – –	N N N N N – –

Drei-Schichtbetrieb (teilkontinuierlich; »rückwärtslaufend« N – S – F):

Schicht-Gruppe	1. Woche M D M D F S S	2. Woche M D M D F S S	3. Woche M D M D F S S	4. Woche M D M D F S S
A	N N N N N – –	S S S S S – –	F F F F F – –	N N N N N – –
B	F F F F F – –	N N N N N – –	S S S S S – –	F F F F F – –
C	S S S S S – –	F F F F F – –	N N N N N – –	S S S S S – –

Vier-Schichtbetrieb (vollkontinuierlich; Problem dieses Modells: erst nach drei Wochen Arbeit freie Tage):

Schicht-Gruppe	1. Woche M D M D F S S	2. Woche M D M D F S S	3. Woche M D M D F S S	4. Woche M D M D F S S
A	F F F F F F F	S S S S S S S	N N N N N N N	– – – – – – –
B	S S S S S S S	N N N N N N N	– – – – – – –	F F F F F F F
C	N N N N N N N	– – – – – – –	F F F F F F F	S S S S S S S
D	– – – – – – –	F F F F F F F	S S S S S S S	N N N N N N N

Fünf-Schichtbetrieb (vollkontinuierlich; Wechselrhythmus: zwei Tage):

Schicht-Gruppe	1. Woche M D M D F S S	2. Woche M D M D F S S	3. Woche M D M D F S S	4. Woche M D M D F S S
A	F F S S N N –	– – – F F S S	N N – – – F F	S S N N – – –
B	– – F F S S N	N – – – F F S	S N N – – – F	F S S N N – –
C	– – – F F S S	N N – – – F F	S S N N – – –	F F S S N N –
D	N N – – – F F	S S N N – – –	F F S S N N –	– – – F F S S
F	S S N N – – –	F F S S N N –	– – – F F S S	N N – – – F F

Dauer-Schichtbetrieb:

Schicht-Gruppe	1. Woche M D M D F S S	2. Woche M D M D F S S	3. Woche M D M D F S S	4. Woche M D M D F S S
A	F F F F F – –	F F F F F – –	F F F F F – –	F F F F F – –
B	S S S S S – –	S S S S S – –	S S S S S – –	S S S S S – –
C	N N N N N – –	N N N N N – –	N N N N N – –	N N N N N – –

Rechtsprechung

1. Schichtenregelung durch betriebliche Übung?
2. Schichtarbeit und Abrufarbeit
3. Schichtarbeit und Benachteiligungsverbot
4. Berücksichtigung von Wochenfeiertagen bei Schichtarbeit
5. Gesundheitsbeeinträchtigung durch kurze oder längere Schichtfolge
6. Arbeitspausen bei Wechselschichten
7. Auslegung tarifvertraglicher Regelungen zur Schichtarbeit
8. Umsetzung eines Betriebsratsmitglieds von Wechselschicht in Normalschicht
9. Mitbestimmung des Betriebsrats – Zuständigkeit des Gesamtbetriebsrats
10. Mitbestimmung bei betrieblichen Ausgleichsregelungen für Nachtarbeit
11. Entscheidung der Einigungsstelle

Schulungs- und Bildungsveranstaltungen für Betriebsräte

Grundlagen

1 Angesichts der vielfältigen und zum großen Teil schwierigen **Aufgaben** (vgl. z. B. den umfangreichen Aufgabenkatalog des § 80 Abs. 1 Nr. 1 – 9 BetrVG) des Betriebsrats ist es konsequent, dass das BetrVG Regelungen über die Arbeitsbefreiung von Betriebsratsmitgliedern zum Zwecke der Teilnahme an Schulungs- und Bildungsveranstaltungen vorsieht.
Zu unterscheiden sind zwei Vorschriften, auf deren Grundlage ein Schulungs- und Bildungsanspruch durchgesetzt werden kann: § 37 Abs. 6 BetrVG und § 37 Abs. 7 BetrVG.

Schulungs- und Bildungsveranstaltungen nach § 37 Abs. 6 BetrVG

2 Hiernach sind Betriebsratsmitglieder von ihrer beruflichen Tätigkeit **ohne Minderung ihres Arbeitsentgelts** (siehe Rn. 12) für die Teilnahme an solchen Schulungs- und Bildungsveranstaltungen zu befreien, die
»*für die Betriebsratsarbeit erforderliche Kenntnisse vermitteln*«.

3 **Träger** dieses Schulungsanspruchs ist nicht das einzelne Betriebsratsmitglied, sondern (zunächst) der Betriebsrat als Kollektivorgan.
Das heißt, der Anspruch auf Teilnahme an einer Schulung nach § 37 Abs. 6 BetrVG entsteht für das einzelne Betriebsratsmitglied erst, wenn der Betriebsrat einen ordnungsgemäßen **Beschluss** (hierzu BAG v. 7. 5. 2008 – 7 AZR 90/07, AiB 2011, 58 = NZA 2010, 4611; siehe auch → **Betriebsratssitzung**) gefasst hat, dieses Mitglied auf eine Schulung zu entsenden.

4 Für die Betriebsratsarbeit »**erforderlich**« sind solche Kenntnisse, die unter Berücksichtigung der konkreten Verhältnisse im Betrieb notwendig sind, damit der Betriebsrat seine gegenwärtigen oder in naher Zukunft anstehenden Aufgaben sach- und fachgerecht erfüllen kann (BAG v. 20. 8. 2014 – 7 ABR 64/12; 12. 1. 2011 – 7 ABR 94/09, NZA 2011, 813; 7. 5. 2008 – 7 AZR 90/07, a. a. O.). Ein Auszug aus BAG v. 20. 8. 2014 – 7 ABR 64/12:
»*Bei der Entscheidung über die Erforderlichkeit der Schulungsteilnahme steht dem Betriebsrat ein Beurteilungsspielraum zu. Das entbindet ihn jedoch nicht von der Obliegenheit, im Streitfall darzulegen, weshalb das zu der Schulung entsandte Betriebsratsmitglied die dort vermittelten Kenntnisse braucht, damit das Gremium des Betriebsrats seine gesetzlichen Aufgaben sach- und fachgerecht wahrnehmen kann (vgl. BAG 18. Januar 2012 – 7 ABR 73/10 – Rn. 27, BAGE 140, 277). Bei der Prüfung der Erforderlichkeit hat der Betriebsrat die betriebliche Situation und die mit dem Besuch der Schulungsveranstaltung verbundenen finanziellen Belastungen des Arbeitgebers zu berücksichtigen. Die Teilnahme an einer Schulungsveranstaltung ist nicht erforderlich, wenn sich der Betriebsrat vergleichbare Kenntnisse zumutbar und kostengünstiger auf andere Weise verschaffen kann (vgl. BAG 20. Dezember 1995 – 7 ABR 14/95 – zu B 2 b der Gründe).*«
Klar ist, dass sich der Betriebsrat etwa bei einer Schulung zur aktuellen Rechtsprechung (siehe hierzu Rn. 5) nicht auf ein Selbststudium anhand der ihm zur Verfügung stehenden **Fachzeitschriften** verweisen lassen muss (BAG v. 20. 12. 1995 – 7 ABR 14/95, AiB 1997, 170). Die Informationsbeschaffung durch Teilnahme an einer Schulung einerseits und durch Lesen von

Fachzeitschriften andererseits dient unterschiedlichen Informationsbedürfnissen, die sich ergänzen, jedoch einander nicht ausschließen (BAG v. 20.12.1995 – 7 ABR 14/95, a.a.O.; 25.1.1995 – 7 ABR 37/94).

Grundlagenseminare

Stets als **erforderlich** in diesem Sinne anzusehen sind Schulungen, die sog. **Grundkenntnisse** vermitteln:
- Grundkenntnisse des Betriebsverfassungsrechts;
- Grundkenntnisse des allgemeinen Arbeitsrechts;
- Grundkenntnisse im Bereich des Arbeitsschutzes und der Unfallverhütung
- Grundkenntnisse über die im Betrieb geltenden Tarifverträge (z. B. Manteltarifvertrag, Entgeltrahmentarifvertrag);
- ein gewisser Standard an allgemeinen rechtlichen, wirtschaftlichen und technischen Kenntnissen. Einer besonderen Begründung der Erforderlichkeit bedarf es nicht (BAG v. 18.1.2012 – 7 ABR 73/10, NZA 2012, 813).

5

Nach abzulehnender Ansicht des BAG sollen Kenntnisse der **aktuellen Rechtsprechung** des Bundesarbeitsgerichts nicht zum unverzichtbaren Grundwissen gehören (BAG v. 18.1.2012 – 7 ABR 73/10, a.a.O.). Sie setzten vielmehr mit Blick auf die Vielfalt der Themen und die vertiefte Beurteilung von Einzelfällen entsprechende Grundkenntnisse voraus, die sie im Sinn einer Spezialisierung intensivieren. Auf die Darlegung des betrieblichen Bezugs (siehe Rn. 6) durch den Betriebsrat könne daher nicht verzichtet werden.

Die Entscheidung ist abzulehnen. Sie grenzt den Schulungsanspruch nach § 37 Abs. 6 BetrVG viel zu stark ein. Sie verkennt, dass sich die Rechtsprechung des BAG auf die Lösung praktisch jeder betrieblichen Frage auswirkt und dass sich die BAG-Rechtsprechung weiterentwickelt und in nicht wenigen Fällen auch ändert.

An der Erforderlichkeit kann es nach Ansicht des BAG fehlen, wenn
- das zu entsendende Betriebsratsmitglied bereits über die Kenntnisse **verfügt**, die Gegenstand der Grundschulung sind (BAG v. 7.5.2008 – 7 AZR 90/07, AiB 2011, 58 = NZA 2010, 461) oder
- die Schulung erst **kurz vor dem Ende der Amtszeit** des Betriebsrats stattfindet und der Betriebsrat zum Zeitpunkt seiner Beschlussfassung absehen kann, dass das zu schulende Mitglied bis zum Ablauf der Amtszeit die auf der Schulungsveranstaltung vermittelten Grundkenntnisse nicht mehr einsetzen kann (BAG v. 7.5.2008 – 7 AZR 90/07, a.a.O.).

Spezialseminare: Konkreter betrieblicher Bezug/Anlass

Ansonsten ist die Frage der »Erforderlichkeit« einer Schulung nach § 37 Abs. 6 BetrVG an den konkreten gegenwärtigen und zukünftigen Aufgabenstellungen des Betriebsrats zu messen (**konkreter betrieblicher Bezug** oder **Anlass!**).

6

Diese Aufgabenstellungen werden zum einen bestimmt durch die Art, Struktur, Größe des Betriebes sowie durch die »anliegenden« oder in absehbarer Zeit **zu erwartenden betrieblichen Probleme** und Fragen.

Beispielsweise ist es nach zutreffender Ansicht des ArbG Essen für die Erforderlichkeit der Teilnahme an einer Schulung zum **Thema** »**Burnout**« ausreichend, wenn der Betriebsrat darauf verweisen kann, dass ihn Beschäftigte mehrfach auf eine bestehende Überforderungssituation angesprochen haben (ArbG Essen v. 30.6.2011 – 3 BV 29/11). Die Existenz einer vom Arbeitgeber eingerichteten telefonischen Beratungsstelle führe nicht dazu, dass eine Schulung des Betriebsrats zu Themen des Gesundheitsschutzes nicht erforderlich ist. Auch Verhandlungen des Arbeitgebers mit dem Gesamtbetriebsrat zu Themen des Gesundheits-

Schulungs- und Bildungsveranstaltungen für Betriebsräte

schutzes stünden der Erforderlichkeit der Schulung von Mitgliedern des örtlichen Betriebsrats zum Thema »burn out« nicht entgegen.
Zum anderen spielen auch die **Größe** des Betriebsrats, seine **Aktivitäten** sowie die Art und Weise der **Verteilung seiner Arbeit** (Ausschüsse, Spezialisierung einzelner Betriebsratsmitglieder auf bestimmte Sachgebiete) eine entscheidende Rolle.
Das heißt, je mehr **Initiativen** der Betriebsrat auf der Grundlage seiner Aufgabenstellung insbesondere nach § 80 Abs. 1 Nr. 1 bis 9 BetrVG sowie seiner Mitwirkungs- (Vorschlags-) oder Mitbestimmungsrechte (z. B. §§ 87, 90 Abs. 2, 91, 92 Abs. 2, 92 a, 96 Abs. 1, 97 Abs. 2 BetrVG) entwickelt, desto breiter und tiefer wird das Spektrum der »erforderlichen« Kenntnisse (vgl. DKKW-*Wedde*, BetrVG, 15. Aufl., § 37 Rn. 120).

7 Als **Schulungsthemen** im Sinne der vorstehenden Überlegungen kommen in Frage (Beispiele):
- Vertiefung der Kenntnisse des allgemeinen Arbeitsrechts;
- Vertiefung der Kenntnisse des Betriebsverfassungsrechts, insbesondere auch der Rechtsprechung des Bundesarbeitsgerichts und der Landesarbeitsgerichte zum BetrVG;
- Vertiefung der Kenntnisse im Bereich des Arbeitsschutzes und der Unfallverhütung;
- Fragen der betrieblichen Entgeltgestaltung (Zeitentgelt, Akkord- und Prämienlohn usw.);
- Fragen der Arbeitszeitgestaltung;
- Fragen des betrieblichen Umweltschutzes;
- Fragen und Probleme der organisatorischen und technischen Rationalisierung;
- Fragen des Datenschutzes im Betrieb;
- Fragen der Personalplanung;
- Fragen der Berufsbildung;
- Fragen der Gleichstellung von Frauen und Männern, der Vereinbarkeit von Familie und Erwerbstätigkeit und Förderung von besonders schutzwürdigen Arbeitnehmergruppen im Betrieb;
- Fragen der Sicherung und Förderung der Beschäftigung;
- Fragen der betrieblichen Altersversorgung.

8 Das BAG neigt bisweilen zu einer übertriebenen Einschränkung des Schulungsanspruchs nach § 37 Abs. 6 BetrVG.
So soll beispielsweise die Vermittlung allgemeiner **Grundkenntnisse des Sozial- und Sozialversicherungsrechts** ohne einen konkreten betriebsbezogenen Anlass nicht erforderlich i. S. v. § 37 Abs. 6 BetrVG sein (BAG v. 4.6.2003 – 7 ABR 42/02, AiB 2005, 248 = NZA 2003, 1284). Die Entscheidung ist abzulehnen.
Arbeitsrecht und Sozialrecht verzahnen sich immer mehr. Deshalb wird der Betriebsrat in seiner Arbeit zunehmend mit **sozialrechtlichen Fragen** konfrontiert.

> **Nachstehend ein paar Beispiele:**
> - Mit dem Thema Kurzarbeit ist die sozialrechtliche Frage der Gewährung von **Kurzarbeitergeld** verknüpft (der Betriebsrat hat eigene – im SGB III angesiedelte – Antragsrechte; siehe → **Kurzarbeit/Kurzarbeitergeld**).
> - Der Betriebsrat muss ein Mindestmaß an Kenntnissen haben über die sozialrechtlichen Folgen einer **Beendigung** des Arbeitsverhältnisses durch Kündigung oder Aufhebungsvertrag (Meldepflicht des Arbeitnehmers nach § 38 Abs. 1 SGB III 2012, Sperrzeit Arbeitslosengeldsperre nach § 159 SGB III 2012); siehe → **Arbeitslosenversicherung: Arbeitsförderung** und → **Kündigung**).
> - Bei der Gestaltung eines → **Sozialplans** nach § 112 Abs. 5 Nr. 2 a BetrVG soll die Einigungsstelle die im SGB III vorgesehenen Förderungsmöglichkeiten zur Vermeidung von Arbeitslosigkeit berücksichtigen (z. B. **Transfermaßnahmen** nach § 110 SGB III 2012 und **Transferkurzarbeitergeld** nach § 111 SGB III 2012). Außerdem geht es um die Themen **Arbeitslosengeld** und **Rente** (vgl. z. B. BAG-Rechtsprechung zur Höhe der Abfindung für ältere Arbeitnehmer, die die Möglichkeit

Schulungs- und Bildungsveranstaltungen für Betriebsräte

haben, erst in den Arbeitslosengeldbezug und dann in eine – ggf. vorgezogene – Altersrente zu gehen).
- Im Falle einer Insolvenz des Unternehmens muss der Betriebsrat Kenntnisse über das sozialrechtliche → **Insolvenzgeld** haben (siehe auch → **Insolvenzverfahren**).

Der Betriebsrat muss ein Grundverständnis für die **Zusammenhänge** von Arbeitsrecht und Sozialrecht haben, um in den genannten Fällen sachgerecht reagieren zu können.
Deshalb ist entgegen der Ansicht des BAG eine Schulung, die sozialrechtliche Grundkenntnisse vermittelt, auch **ohne besonderen Anlass erforderlich** i. S. d. § 37 Abs. 6 BetrVG.
Wenn die genannten Fallgestaltungen eintreten, ist darüber hinaus – anlassbedingt – der Besuch weiterer spezieller Seminare zu Altersteilzeit, Kurzarbeit, Sozialplan und Insolvenz, allesamt Themen mit komplexen und schwierigen Fragestellungen, erforderlich.

Beurteilungsspielraum – Verhältnismäßigkeit

Der Betriebsrat hat einen gewissen **Beurteilungsspielraum** hinsichtlich der Frage, zu welchen Schulungen und Seminaren er Mitglieder des Betriebsrats entsendet. 9
Dabei hat er allerdings den **Verhältnismäßigkeitsgrundsatz** zu beachten. Dies gilt insbesondere für die Dauer der Schulung (von der Rechtsprechung als verhältnismäßig anerkannt wurde bislang eine Höchstdauer von **zwei Wochen**; vgl. BAG v. 8.2.1977 – 1 ABR 124/74).
Der Betriebsrat ist aber nicht verpflichtet, bei gleichartigen Seminarangeboten (unterschiedlicher Veranstalter) das **kostengünstigste Schulungsangebot** wahrzunehmen (BAG v. 28.6.1995 – 7 ABR 55/94, AiB 1995, 731 = DB 1995, 2118; DKKW-*Wedde*, BetrVG, 15. Aufl., § 40 Rn. 86).
Auch bezüglich der Frage, wie viele Betriebsratsmitglieder an einer Schulung mit bestimmter spezieller Themenstellung teilnehmen, hat der Betriebsrat einen – durch den Grundsatz der Verhältnismäßigkeit eingeschränkten – **Beurteilungsspielraum**. Grundsätzlich bedarf das Entsenden von **mehreren Betriebsratsmitgliedern** zur gleichen Schulungsveranstaltung einer besonders sorgfältigen Prüfung des Betriebsrats. 10
Eine gleichzeitige Entsendung ist etwa dann möglich, wenn ein Betriebsrat mit wenig geschulten Mitgliedern seine Entscheidungen in einer objektiv schwierigen Materie nicht vom mehr oder minder bleibenden Schulungserfolg bei nur einem entsandten Mitglied abhängig machen will (HessLAG v. 29.6.1995 – 12 TaBV 73/94, AiB 1996, 246).
Auch bei Schulungen, die **Grundkenntnisse** vermitteln (siehe Rn. 5), kann der gleichzeitige Besuch mehrerer Betriebsratsmitglieder gerechtfertigt sein (etwa bei einem neu gewählten Betriebsrat). Auf diese Weise lassen sich im Übrigen – zugunsten des Arbeitgebers – Fahrtkosten sparen.
Spezialseminare können von den Betriebsratsmitgliedern besucht werden, die vom Betriebsrat mit der Behandlung des Themas beauftragt sind – z. B. als Ausschussmitglieder oder als Einzelbeauftragte (BAG v. 29.4.1992 – 7 ABR 61/91).
Der Betriebsratsvorsitzende, sein Stellvertreter und die Mitglieder des Betriebsausschusses sind in stärkerem Maße und intensiver mit betriebsverfassungsrechtlichen Fragen befasst, sodass sie auf alle Spezialseminare entsandt werden können, wenn ein betrieblicher Anlass gegeben ist (vgl. Fitting, BetrVG, 27. Aufl., § 37 Rn. 167).
Je nach Sachlage und Dringlichkeit können auch Schulungen mit dem **gesamten Betriebsrat** zu bestimmten aktuellen betrieblichen Fragen vom Beurteilungsspielraum des Betriebsrats gedeckt sein. Das ist etwa bei einer Betriebsratsschulung aus Anlass einer anstehenden → **Betriebsänderung** der Fall oder bei einer Schulung über den Inhalt eines für den Betrieb geltenden neuen → **Tarifvertrages** (vgl. hierzu LAG Hamm (Westfalen) v. 11.3.1981 – 3 TaBV 125/80: »*Bei einer erforderlichen dreitägigen Schulung über den Inhalt eines neuen Tarifvertrages*

Schulungs- und Bildungsveranstaltungen für Betriebsräte

ist die Erstattungspflicht der Schulungskosten für den Arbeitgeber gemäß §§ 40, 37 Abs. 6 BetrVG nicht auf zwei Betriebsratsmitglieder des Betriebsrates zu begrenzen. Jedes Betriebsratsmitglied hat sein Amt in eigener Verantwortung und Beherrschung seiner Kompetenz zu führen und kann nicht insoweit auf Selbstunterrichtung oder auf die Unterrichtung durch die geschulten zwei Betriebsratsmitglieder verwiesen werden.«).

Inhouse-Schulung

10a Auch »**Inhouse-Schulungen**« mit dem gesamten Betriebsratsgremium dürften kein Problem sein – zumal für den Arbeitgeber nur die Kosten des Referenten (Honorar, Verpflegungs-, Übernachtungs- und Reisekosten) zu Buche schlagen.
Inhouse-Schulungen machen vor allem dann Sinn, wenn es z. B. um eine konkrete betriebliche Fragestellung geht und darum, ein gemeinsames Verständnis des Betriebsrats hierzu herbeizuführen.
Abzulehnen sind allerdings Versuche mancher Arbeitgeber, die Kostenübernahme für »externe« Seminare mit der Begründung abzulehnen, dass eine Inhouse-Schulung **kostengünstiger** sei.
Im Übrigen spricht dagegen schon der Umstand, dass einer Inhouse-Schulung der **Erfahrungsaustausch** mit Mitgliedern anderer Betriebsräte zum Seminarthema fehlt. Allein dieser Erfahrungsaustausch – zweifellos ein eigenständiger und wichtiger Schulungszweck – berechtigt den Betriebsrat, seine Mitglieder auf externe Seminare zu entsenden.
Vor diesem Hintergrund ist etwa die Entscheidung des ArbG Trier v. 20.11.2014 – 3 BV 11/14 »mit Vorsicht zu genießen«: »*Der Arbeitgeber kann den Betriebsrat jedenfalls dann darauf verweisen, eine Fortbildung nach § 37 Abs. 6 BetrVG als Inhouse-Schulung durchzuführen, wenn der Besuch eines inhaltsgleichen externen Seminars des gleichen Veranstalters zu einer deutlichen Kostenmehrbelastung führen würde (hier: + 70 %) und keine gewichtigen Interessen des Betriebsrats entgegenstehen.*«
Jedenfalls ist klar: Wenn sich der Betriebsrat im Rahmen des ihm zustehenden Beurteilungsspielraums (siehe Rn. 9, 10) für die Entsendung von Mitgliedern auf ein externes Seminar entscheidet (etwa wegen des dort möglichen Erfahrungsaustauschs), ist das ein »gewichtiges Interesse« des Betriebsrats, das einer Verweisung auf eine kostengünstigere Inhouse-Schulung entgegensteht.

Themenplan

11 Um beim Arbeitgeber nicht unnötige Zweifel an der »Erforderlichkeit« der Schulung auszulösen, informiert ihn der Betriebsrat zweckmäßigerweise nicht nur über Ort, Zeit, Dauer, Veranstalter und Kosten, sondern auch über den Inhalt der Schulung (z. B. durch **Überlassung des Themenplans**) sowie den konkreten betrieblichen Bezug oder Anlass, aus dem sich die Erforderlichkeit des Seminarbesuchs ergibt.

Anspruch auf Arbeitsbefreiung

12 Findet die Schulung während der Arbeitszeit des Betriebsratsmitglieds statt, besteht nach § 37 Abs. 6 Satz 1 i. V. m. Abs. 2 BetrVG **Anspruch auf bezahlte Arbeitsbefreiung**.
Der Arbeitgeber hat dem an der Schulung teilnehmenden Betriebsratsmitglied das → **Arbeitsentgelt** zu zahlen, das er erhalten hätte, wenn er nicht an der Schulung teilgenommen, sondern während des Schulungszeitraumes gearbeitet hätte (= »**Entgeltausfallprinzip**«).
Hätte das Betriebsratsmitglied ohne Teilnahme an der Schulung Mehrarbeit (siehe → **Überstunden**) geleistet, besteht auch Anspruch auf **Mehrarbeitsvergütung** (inkl. ggf. anfallender

Schulungs- und Bildungsveranstaltungen für Betriebsräte

tariflicher Mehrarbeitszuschläge), wenn die Schulung in die Arbeitszeit fällt (vgl. Fitting, BetrVG, 27. Aufl., § 37 Rn. 194).

Findet die Schulungsteilnahme **aus betriebsbedingten Gründen**, z. B. wegen der »Besonderheiten der betrieblichen Arbeitszeitgestaltung« (z. B. → **Schichtarbeit**, → **Teilzeitarbeit**), außerhalb seiner **persönlichen Arbeitszeit** statt, hat das Betriebsratsmitglied Anspruch auf entsprechenden Freizeitausgleich unter Fortzahlung des Arbeitsentgelts (§ 37 Abs. 6 Satz 1 i. V. m. Abs. 3 BetrVG). **13**

> **Beispiel:**
> Von Montag bis Freitag findet ein Seminar statt. Wenn aufgrund einer betrieblichen Arbeitszeitregelung einer dieser Tage für das Betriebsratsmitglied arbeitsfrei ist, findet die Schulungsteilnahme betriebsbedingt außerhalb der persönlichen Arbeitszeit statt. Deshalb besteht Anspruch auf Arbeitsbefreiung.

Ein Ausgleichsanspruch besteht nicht (weil nicht aus betriebsbedingten Gründen verursacht), wenn die Schulung eines vollzeitbeschäftigten Betriebsratsmitglieds **länger** als die betriebliche tägliche Arbeitszeit dauert oder wenn sie – im Falle der Fünf-Tage-Woche von Montag bis Freitag – an einem **arbeitsfreien Samstag** stattfindet (vgl. Fitting, BetrVG, 27. Aufl., § 37 Rn. 192). **14**

Nimmt ein **teilzeitbeschäftigtes Betriebsratsmitglied** außerhalb seiner Arbeitszeit an einer für die Betriebsratsarbeit erforderlichen Schulungsveranstaltung teil, besteht nach § 37 Abs. 6 Satz 1 und 2 i. V. m. § 37 Abs. 3 Satz 1 BetrVG ein Anspruch auf entsprechenden Freizeitausgleich. **15**

Der Umfang des Freizeitausgleichs nach diesen Bestimmungen ist auf die Arbeitszeit eines **vollzeitbeschäftigten** Arbeitnehmers an dem entsprechenden Schulungstag begrenzt (§ 37 Abs. 6 Satz 2 Halbsatz 2 BetrVG). **16**

Dabei ist grundsätzlich die **betriebsübliche** Dauer und Lage der Arbeitszeit eines vollzeitbeschäftigten Arbeitnehmers maßgeblich (BAG v. 16. 2. 2005 – 7 AZR 330/04, a. a. O.).

> **Beispiel:**
> Die betriebliche Regelarbeitszeit für Vollzeitbeschäftigte beträgt acht Stunden. Sie beginnt um 8.00 Uhr und endet 16.30 Uhr (inkl. 30 Minuten Pause).
> Ein teilzeitbeschäftigtes Betriebsratsmitglied hat eine tägliche vierstündige Arbeitszeit von 14 bis 18 Uhr.
> Es nimmt an einer Tagesschulung teil, die von 9 bis 18 Uhr (= 9 Stunden) dauert.
> Dem Betriebsratsmitglied steht aufgrund der Begrenzung auf die Arbeitszeit einer Vollzeitkraft (nur) ein Freizeitausgleichsanspruch von vier Stunden zu.
> Ohne die Begrenzung beliefe sich der Ausgleichsanspruch auf fünf Stunden (9 bis 14 Uhr).
> Das würde zu einer nicht gerechtfertigten Besserstellung gegen über einem vollzeitbeschäftigten Betriebsratsmitglied führen.
> Wenn dieses an dem Schulungstag aufgrund der betrieblichen Arbeitszeitregelung arbeitsfrei hätte, stünde ihm bei Schulungsteilnahme ein Ausgleichsanspruch nur im Umfang von acht Stunden zu (Beispiel nach Fitting, BetrVG, 27. Aufl., § 37 Rn. 193).

Die Arbeitsbefreiung ist **vor Ablauf eines Monats** zu gewähren. Ist dies aus betriebsbedingten Gründen nicht möglich, so ist die aufgewendete Zeit wie **Mehrarbeit** (einschließlich etwaiger Mehrarbeitszuschläge) **zu vergüten** (§ 37 Abs. 6 i. V. m. Abs. 3 BetrVG). **17**

Schulungs- und Bildungsveranstaltungen für Betriebsräte

Pausen

18 Zu der ausgleichspflichtigen Schulungszeit zählen nach zutreffender Ansicht des BAG auch die während eines Schulungstags anfallenden **Pausen** (BAG v. 16. 2. 2005 – 7 AZR 330/04, NZA 2005, 936). Die Teilnahme an einer Veranstaltung werde zeitlich begrenzt durch deren Beginn und Ende. Deshalb erfasse die Teilnahme an einer Schulungsveranstaltung die Zeit zwischen dem Beginn und dem Ende der Schulung an dem betreffenden Schulungstag. Dazu gehörten auch die während dieser Zeit anfallenden Pausen.

An- und Abreisezeiten

18a Für Reisezeiten, die **während der Arbeitszeit** des Betriebsratsmitglieds stattfinden, besteht nach § 37 Abs. 6 Satz 1 i. V. m. Abs. 2 BetrVG Anspruch auf bezahlte Arbeitsbefreiung. Es gilt das Entgeltausfallprinzip (siehe Rn. 12 ff.).

19 Reisezeiten, die ein Betriebsratsmitglied **außerhalb seiner Arbeitszeit** aufwendet, um an einer Schulung teilzunehmen, können einen Anspruch auf Freizeitausgleich gemäß § 37 Abs. 6 i. V. m. Abs. 3 BetrVG auslösen (BAG v. 10. 11. 2004 – 7 AZR 131/04, NZA 2005, 704 und BAG v. 16. 2. 2005 – 7 AZR 330/04, NZA 2005, 936).

Allerdings muss die An- und Abreise aus **betriebsbedingten Gründen** außerhalb der persönlichen Arbeitszeit stattfinden (vgl. Fitting, BetrVG, 27. Aufl., § 37 Rn. 77, Rn. 91 und Rn. 188 ff.).

Betriebsbedingte Gründe liegen nur vor, wenn betriebliche Gegebenheiten und Sachzwänge innerhalb der Betriebssphäre dazu führen, dass die Betriebsratstätigkeit nicht während der Arbeitszeit durchgeführt werden kann (BAG 26. 1. 1994 – 7 AZR 593/92, NZA 1994, 765; 16. 4. 2003 – 7 AZR 423/01, AiB 2005, 183 = NZA 2004, 171).

Zu betriebsbedingten Gründen in diesem Sinne gehören Gründe, die in der Sphäre des Betriebs liegen.

Dazu zählen etwa die Arbeit in Wechselschicht (siehe → **Schichtarbeit**) und die hierdurch bedingten **Schichtpläne**.

Nach § 37 Abs. 3 BetrVG liegen betriebsbedingte Gründe auch vor, wenn die Betriebsratstätigkeit bzw. Zeit der Schulungsteilnahme bzw. die An- und Abreisezeiten zu Schulungen wegen der **unterschiedlichen Arbeitszeiten** der Betriebsratsmitglieder nicht innerhalb der persönlichen Arbeitszeit liegen (§ 37 Abs. 3 Satz 2 BetrVG) oder wenn wegen der **Besonderheiten** der betrieblichen Arbeitszeitgestaltung die Schulung bzw. die An- und Abreise außerhalb der persönlichen Arbeitszeit liegt (§ 37 Abs. 6 Satz 2 BetrVG).

> **Beispiel:**
> Von Montag (12.00 Uhr) bis Mittwoch (12.00 Uhr) findet ein Seminar statt.
> Die An- und Abreisezeit beträgt zwei Stunden.
> Wenn aufgrund einer betrieblichen Arbeitszeitregelung das Betriebsratsmitglied am Montag vor 12.00 Uhr und am Mittwoch nach 12.00 Uhr arbeitsfrei hat, findet die An- und Abreise betriebsbedingt außerhalb der persönlichen Arbeitszeit statt. Deshalb besteht Anspruch auf Arbeitsbefreiung.

20 Auch für ein **teilzeitbeschäftigtes Betriebsratsmitglied** können Zeiten der An- und Abreise außerhalb seiner Arbeitszeit nach § 37 Abs. 6 Satz 1 und 2 i. V. m. § 37 Abs. 3 Satz 1 BetrVG einen Anspruch auf entsprechende Arbeitsbefreiung unter Fortzahlung der Vergütung begründen.

Das setzt voraus, dass die Teilzeitbeschäftigung die Ursache dafür ist, dass die Reise außerhalb der Arbeitszeit durchgeführt wurde.

Daran fehlt es, wenn die Reise auch dann außerhalb der Arbeitszeit stattgefunden hätte, wenn das Betriebsratsmitglied **vollzeitbeschäftigt** gewesen wäre (BAG v. 10.11.2004 – 7 AZR 131/04, NZA 2005, 704).

Ein Ausgleichsanspruch gemäß § 37 Abs. 6 i. V. m. Abs. 3 BetrVG besteht nicht (weil nicht aus betriebsbedingten Gründen verursacht), wenn die An- und Abreisezeiten **außerhalb der betriebsüblichen Arbeitszeiten** stattfinden (z. B. **Anreise an einem Sonntag** zu einer am Montag beginnenden auswärtigen Schulung). 21

Kosten der Schulung

Der Arbeitgeber hat, da es sich um eine für die Betriebsratsarbeit »erforderliche« Kenntnisvermittlung handelt, auch die dem Betriebsratsmitglied wegen der Teilnahme an der Schulung entstandenen Kosten (Reisekosten, Zehrgeld pro Reisetag, Kosten für Übernachtung und Verpflegung usw.) nach § 40 Abs. 1 BetrVG zu erstatten (siehe → **Kosten der Betriebsratstätigkeit**). 22

Schließlich trägt der Arbeitgeber nach § 40 Abs. 1 BetrVG auch die sonstigen anfallenden Kosten, insbesondere **Teilnehmergebühren**, mit denen der Veranstalter seine Aufwendungen für Raummiete, Referentenhonorare, Seminarmaterial usw. sowie seine Verwaltungskosten deckt. 23

Die Kostenerstattungspflicht des Arbeitgebers ist nach der BAG-Rechtsprechung nicht nur durch die Grundsätze der Erforderlichkeit (siehe Rn. 4 ff.) und Verhältnismäßigkeit (siehe Rn. 9) beschränkt. 24

Soweit es sich bei dem Schulungsveranstalter um eine → **Gewerkschaft** oder ein gewerkschaftseigenes Unternehmen handelt, gilt nach Ansicht des BAG auch der koalitionsrechtliche Grundsatz der **Gegnerunabhängigkeit**, dass die Gewerkschaft aus der Schulung keinen Gewinn erzielen darf (Verbot der Gegenfinanzierung).

Sehr wohl dürfen aber sämtliche mit der Seminardurchführung verbundenen **Kosten** in Rechnung gestellt werden (BAG v. 17.6.1998 – 7 ABR 25/97, NZA 1999, 163).

Aus dem Verbot der Gegenfinanzierung folgt nach Ansicht des BAG eine Verpflichtung des Veranstalters bzw. des anspruchstellenden Betriebsrats oder Schulungsteilnehmers, die Schulungskosten **aufzuschlüsseln** und ggf. nachzuweisen.

Durch die Aufschlüsselungspflicht soll der Arbeitgeber in die Lage versetzt werden zu unterscheiden, welche Kosten er nach § 37 Abs. 6 BetrVG zu erstatten hat (nämlich nur die Selbstkosten des gewerkschaftlichen Veranstalters) und welche nicht.

Eine Aufschlüsselung pauschaler Schulungsgebühren ist bei gewerkschaftlichen Veranstaltern (die sich in Form eines **gemeinnützigen Vereins** auf die Durchführung von Schulungen nach § 37 Abs. 6 BetrVG beschränken) nicht notwendig, wenn kein Anhaltspunkt für eine Gegenfinanzierung besteht (BAG v. 17.6.1998 – 7 ABR 22/97, NZA 1999, 161).

Eine Aufschlüsselpflicht besteht auch dann nicht, wenn ein Schulungsträger (der auch andere Seminare anbietet) den Bereich nach § 37 Abs. 6 von anderen gewerkschaftsbezogenen Bildungsveranstaltungen in organisatorischer, finanzieller und personeller Hinsicht strikt getrennt hat (**Spartentrennung**).

Um die für die Schulungen nach § 37 Abs. 6 anfallenden pauschalen Schulungsgebühren zu ermitteln, ist eine **Mischkalkulation** zulässig, die die Gesamtkosten aller in einem Jahr geplanten Seminare nach § 37 Abs. 6 erfasst und auf einen Teilnehmertag »herunterbricht« (BAG v. 28.6.1995 – 7 ABR 55/94, AiB 1995, 731).

Schulungs- und Bildungsveranstaltungen für Betriebsräte

Freistellungsanspruch

25 Der Seminarveranstalter hat einen Zahlungsanspruch gegen das am Seminar teilnehmende Betriebsratsmitglied.
Der Anspruch entsteht durch die **rechtsverbindliche Anmeldung** zum Seminar.
Der Arbeitgeber ist verpflichtet, das Betriebsratsmitglied von den Forderungen des Seminarveranstalters **freizustellen**.
Weigert sich der Arbeitgeber, kann der Betriebsrat/das Betriebsratsmitglied den Freistellungsanspruch beim → **Arbeitsgericht** (Beschlussverfahren) geltend machen.

> **Beispiel eines Antrags auf Freistellung von Schulungskosten und Erstattung von Fahrtkosten (aus BAG v. 4.6.2003 – 7 ABR 42/02, AiB 2005, 248 = NZA 2003, 1284)**
> »Mit den am 3. Dezember 1999 beim Arbeitsgericht eingegangenen Anträgen haben der Betriebsrat die Freistellung von den Schulungskosten und die beiden Betriebsratsmitglieder sowie der Betriebsrat die Erstattung der Fahrtkosten verlangt. ...
> Die Antragsteller haben beantragt,
> 1. dem Antragsgegner aufzugeben, den Antragsteller zu 1) von der Inanspruchnahme durch das DGB-Bildungswerk aus den Rechnungen Nr. AG 992400/994309/SoG sowie AG 992409/994309/SoG jeweils vom 22. Juli 1999 über jeweils 3554,40 DM freizustellen,
> 2. dem Antragsgegner aufzugeben, an die Antragstellerin zu 2) 246,10 DM nebst 4 % Zinsen seit Zustellung dieses Antrags zu zahlen,
> 3. dem Antragsgegner aufzugeben, an die Antragstellerin zu 3) 234,00 DM nebst 4 % Zinsen seit Zustellung dieses Antrags zu zahlen.«

Hat das Betriebsratsmitglied bereits Zahlungen an den Veranstalter geleistet, wandelt sich der Freistellungsanspruch in einen **Erstattungsanspruch** gegen den Arbeitgeber um (BAG v. 27.3.1979 – 6 ABR 15/77, AP Nr. 7 zu § 80 ArbGG 1953; Fitting, BetrVG, 27. Aufl., § 40 Rn. 93).
Zum Freistellungs- und Erstattungsanspruch siehe auch → **Kosten der Betriebsratstätigkeit** Rn. 7a und Rn. 9.

Zeitliche Lage der Schulungsteilnahme

26 Der Betriebsrat entscheidet auch über die zeitliche Lage der Teilnahme an der Schulungsveranstaltung (§ 37 Abs. 6 Satz 2 und 3 BetrVG).
Bei der Festlegung des Zeitpunktes (bzw. Zeitraums) hat der Betriebsrat die **betrieblichen Notwendigkeiten** zu berücksichtigen.
Insbesondere hat er dem Arbeitgeber die Teilnahme und die zeitliche Lage der Schulung rechtzeitig mitzuteilen.

27 Ist der Arbeitgeber der Meinung, dass betriebliche Notwendigkeiten der Teilnahme entgegenstehen, so kann er die → **Einigungsstelle** anrufen. Diese entscheidet dann über die **zeitliche Lage** der Teilnahme (§ 37 Abs. 6 Satz 4 und 5 BetrVG).

28 Solange die Einigungsstelle über die Streitfrage nicht entschieden hat, ist nach h. M. die Teilnahme an der Schulung **zurückzustellen** (vgl. Fitting, BetrVG, 27. Aufl., § 37 Rn. 248).
Verzögert sich das Verfahren jedoch (z. B. weil die Einigungsstelle nicht rechtzeitig zusammentreten kann), so kann der Betriebsrat im Wege eines Antrags auf Erlass einer **einstweiligen Verfügung** beim → **Arbeitsgericht** versuchen, die Teilnahme an der in Aussicht genommenen Schulung durchzusetzen (vgl. Fitting, BetrVG, 27. Aufl., § 37 Rn. 249).

29 Besteht dagegen Streit zwischen Arbeitgeber und Betriebsrat über die Frage, ob die Schulung »**erforderliche**« **Kenntnisse** vermittelt, dann braucht das betreffende Betriebsratsmitglied die

Schulungs- und Bildungsveranstaltungen für Betriebsräte

Teilnahme an der Schulung nicht zurückzustellen (vgl. Fitting, BetrVG, 27. Aufl., § 37 Rn. 251; DKKW-*Wedde*, BetrVG, 15. Aufl., § 37 Rn. 161).
Es darf vielmehr gegen den Willen des Arbeitgebers seinen Arbeitsplatz verlassen, um die Schulungsveranstaltung zu besuchen.
Will der Arbeitgeber dieses verhindern, muss er seinerseits die **Initiative** ergreifen (ggf. durch Antrag auf Erlass einer **einstweiligen Verfügung** beim → **Arbeitsgericht**; vgl. Fitting, BetrVG, 27. Aufl., § 37 Rn. 251, 252; DKKW-*Wedde*, BetrVG, 15. Aufl., § 37 Rn. 162).

Schulungs- und Bildungsveranstaltungen nach § 37 Abs. 7 BetrVG

Nach dieser Vorschrift hat über § 37 Abs. 6 BetrVG hinaus jedes Betriebsratsmitglied während seiner regelmäßigen Amtszeit einen individuellen Anspruch auf bezahlte Freistellung für insgesamt **drei Wochen** (»Neulinge«: **vier Wochen**) zur Teilnahme an solchen Schulungs- und Bildungsveranstaltungen, die 30

»*von der zuständigen obersten Arbeitsbehörde des Landes nach Beratung mit den Spitzenorganisationen der Gewerkschaften und der Arbeitgeberverbände als geeignet anerkannt sind*«.

Träger des Schulungs- und Bildungsanspruchs nach dieser Vorschrift ist nicht der Betriebsrat als Kollektivorgan, sondern das **einzelne Betriebsratsmitglied** selbst. 31
Deshalb steht dem Betriebsrat nicht die Befugnis zu, zu entscheiden, an **welcher Schulungsveranstaltung** im Sinne des § 37 Abs. 7 BetrVG das betreffende Betriebsratsmitglied teilnimmt.
Der Betriebsrat entscheidet aber über die **zeitliche Lage der Teilnahme**. 32
Hier gilt das **gleiche Verfahren** wie im Falle des § 37 Abs. 6 BetrVG (siehe Rn. 26, 27).
Das heißt, der Betriebsrat hat bei seiner Entscheidung betriebliche Notwendigkeiten zu berücksichtigen.
Der Arbeitgeber kann gegen einen Beschluss des Betriebsrats durch Anrufung der → **Einigungsstelle** vorgehen (§ 37 Abs. 7 Satz 3 BetrVG).
Der Anspruch auf Freistellung nach § 37 Abs. 7 BetrVG setzt nicht voraus, dass die Schulung Kenntnisse vermittelt, die für die Betriebsratsarbeit »erforderlich« sind. 33
Entscheidend ist allein, ob die Schulungsveranstaltung von der zuständigen Behörde als für die Betriebsratsarbeit »**geeignet**« anerkannt wurde.
Liegt eine solche Anerkennung vor, so hat das Betriebsratsmitglied einen Anspruch auf Teilnahme an dieser Veranstaltung.
Es genügt, wenn dem Arbeitgeber der Seminartitel und das Aktenzeichen der Anerkennungsverfügung der Behörde mitgeteilt wird.
Das Aktenzeichen muss bei dem **Schulungsveranstalter** (z. B. Gewerkschaft) erfragt werden.
Nicht erforderlich ist es, dem Arbeitgeber einen Themenplan der Schulung vorzulegen.
Auch im Rahmen des § 37 Abs. 7 BetrVG hat der Arbeitgeber dem betreffenden Betriebsratsmitglied gemäß dem »**Entgeltausfallprinzip**« das ihm zustehende Arbeitsentgelt weiterzuzahlen (siehe Rn. 12). 34
Zum Ausgleich für Zeiten der Schulungsteilnahme, die z. B. wegen → **Schichtarbeit** oder → **Teilzeitarbeit** außerhalb der persönlichen Arbeitszeit stattfinden, besteht nach Maßgabe des § 37 Abs. 6 und 7 i. V. m. Abs. 3 BetrVG Anspruch auf **Arbeitsbefreiung**, ggf. Anspruch auf **Mehrarbeitsvergütung** (siehe Rn. 12). 35
Der Arbeitgeber ist nicht verpflichtet, dem Betriebsratsmitglied auch die infolge der Teilnahme an der Schulung evtl. anfallenden **Kosten** (Übernachtung, Verpflegung, Fahrtkosten) zu erstatten. 36
Die Anerkennung der Bildungsveranstaltung (durch die zuständige oberste Arbeitsbehörde) als »geeignet« reicht im Rahmen des § 40 Abs. 1 BetrVG nicht aus.
Etwas anderes gilt, wenn die Schulungsveranstaltung nicht nur »geeignet« ist, sondern im

Schulungs- und Bildungsveranstaltungen für Betriebsräte

konkreten Falle gleichzeitig als »**erforderlich**« im Sinne des § 37 Abs. 6 BetrVG anzusehen ist und der Betriebsrat einen entsprechenden Beschluss gefasst hat (vgl. DKKW-*Wedde*, BetrVG, 15. Aufl., § 37 Rn. 134).

Ersatzmitglieder des Betriebsrats

37   Die Schulungsmöglichkeit nach **§ 37 Abs. 6 BetrVG** ist zwar grundsätzlich auf Betriebsratsmitglieder (bzw. Mitglieder der Jugend- und Auszubildendenvertretung; siehe Rn. 41) beschränkt.
Dennoch können auch → **Ersatzmitglieder des Betriebsrats** dann an Schulungsveranstaltungen teilnehmen,
- wenn sie **endgültig** in den Betriebsrat nachgerückt sind (dann haben sie den Status eines »ordentlichen« Betriebsratsmitgliedes)
oder
- wenn sie **häufig** für vorübergehend verhinderte Betriebsratsmitglieder nachrücken (BAG v. 19.9.2001 – 7 ABR 32/00, DB 2002, 51).

38   Der Schulungsanspruch nach **§ 37 Abs. 7 BetrVG** steht Ersatzmitgliedern des Betriebsrats jedenfalls dann zu, wenn sie **endgültig** in den Betriebsrat nachrücken, und zwar dem Umfange nach **anteilig** für die noch verbleibende Amtszeit (BAG v. 14.12.1994 – 7 ABR 31/94, AiB 1995, 361; Fitting, BetrVG, 27. Aufl., § 37 Rn. 218).
Es ist allerdings zu beachten, dass sich der anteilige Anspruch **um eine Woche erhöht**, wenn das Ersatzmitglied erstmals das Amt eines Betriebsrats übernimmt und auch noch nicht zuvor Mitglied der Jugend- und Auszubildendenvertretung gewesen ist (§ 37 Abs. 7 Satz 2 BetrVG).

39   Für **vorübergehend** in den Betriebsrat nachgerückte Ersatzmitglieder soll nach h. M. ein Schulungsanspruch nach § 37 Abs. 7 BetrVG nicht bestehen (vgl. BAG v. 14.12.1994 – 7 ABR 31/94, a. a. O.; Fitting, BetrVG, 27. Aufl., § 37 Rn. 216). Diese Auffassung ist aber jedenfalls für den Fall abzulehnen, dass das Ersatzmitglied für einen längeren Vertretungszeitraum (z. B. mehrere Monate) nachrückt. In diesem Fall muss zumindest ein **anteiliger** Anspruch bejaht werden.

Mitglieder des Wirtschaftsausschusses

40   Für Mitglieder des Wirtschaftsausschusses, die nicht gleichzeitig Mitglieder des Betriebsrats sind (siehe → **Wirtschaftsausschuss**), gilt nach richtiger Auffassung § 37 Abs. 6 BetrVG entsprechend (vgl. Fitting, BetrVG, 27. Aufl., § 37 Rn. 108; anderer Ansicht: BAG v. 11.11.1998 – 7 AZR 491/97, NZA 1999, 1119).
Allerdings steht ihnen kein (persönlicher) Schulungsanspruch nach § 37 Abs. 7 BetrVG zu.

Mitglieder der Jugend- und Auszubildendenvertretung

41   Nach § 65 Abs. 1 BetrVG findet § 37 BetrVG entsprechende Anwendung.
Das heißt, den Mitgliedern der → **Jugend- und Auszubildendenvertretung** werden die gleichen Schulungsmöglichkeiten eingeräumt wie Betriebsratsmitgliedern.
Nach allgemeiner Ansicht haben sie – obwohl ihre regelmäßige Amtszeit kürzer ist als die von Betriebsratsmitgliedern – bei Schulungen nach § 37 Abs. 7 BetrVG (siehe Rn. 30 ff.) den vollen Freistellungsanspruch von **drei Wochen** bzw. **vier Wochen** für »Neulinge« (Fitting, BetrVG, 27. Aufl., § 65 Rn. 18).
Die nach § 37 Abs. 6 und Abs. 7 BetrVG erforderlichen **Beschlüsse** (siehe Rn. 3, 26, 32) fasst nicht die Jugend- und Auszubildendenvertretung, sondern der → **Betriebsrat**.

Schwerbehindertenvertretung

42 Der Schulungsanspruch der → **Schwerbehindertenvertretung** ergibt sich aus § 96 Abs. 4 und 8 SGB IX.

Arbeitshilfen

Musterschreiben
- Entsendung eines Betriebsratsmitglieds (bzw. eines Mitglieds der Jugend- und Auszubildendenvertretung) zu einer Schulung nach § 37 Abs. 6 BetrVG
- Teilnahme eines Betriebsratsmitgliedes (bzw. eines Mitgliedes der Jugend- und Auszubildendenvertretung) an einer Schulung nach § 37 Abs. 7 BetrVG

Musterschreiben: Entsendung eines Betriebsratsmitglieds (bzw. eines Mitglieds der Jugend- und Auszubildendenvertretung) zu einer Schulung nach § 37 Abs. 6 BetrVG

> **Hinweis:**
> Nach § 37 Abs. 6 BetrVG sind Betriebsratsmitglieder (und Mitglieder der Jugend- und Auszubildendenvertretung) für Schulungs- und Bildungsveranstaltungen freizustellen, die für die Betriebsratsarbeit **erforderliche Kenntnisse** vermitteln. Der Arbeitgeber hat das **Arbeitsentgelt fortzuzahlen** und die **Kosten** der Schulung **zu tragen**.)

An die
Geschäftsleitung

Ort ..., Datum ...

Teilnahme an einer Schulungs- und Bildungsveranstaltung nach § 37 Abs. 6 BetrVG

Sehr geehrte Damen und Herren,
der Betriebsrat hat in seiner Sitzung vom ... beschlossen, dass das Betriebsratsmitglied (bzw. das Mitglied der Jugend- und Auszubildendenvertretung) Herr/Frau ... (Name) ... an dem Seminar ... **(Seminartitel)**
teilnehmen wird.
Wenn Herr/Frau ... aus dringenden betrieblichen oder persönlichen Gründen **verhindert** sein sollte, wird das Betriebsratsmitglied (bzw. das Mitglied der Jugend- und Auszubildendenvertretung) Herr/Frau ... an dem Seminar teilnehmen.
Das Seminar wird in der Zeit von ... (... Uhr) bis ... (... Uhr) in ...... durchgeführt.
Veranstalter ist ... **(Name des Veranstalters)**.
Bei dem Seminar handelt es sich um eine Schulungs- und Bildungsveranstaltung nach § 37 Abs. 6 BetrVG. Sie vermittelt Kenntnisse, die für die derzeitige und künftige Arbeit des Betriebsrats (bzw. der Jugend- und Auszubildendenvertretung) **erforderlich** sind. Die Erforderlichkeit ergibt sich insbesondere aus folgenden Umständen ...
(Entweder: Schulung vermittelt **Grundkenntnisse***, die das zu entsendende Betriebsrats- bzw. JAV-Mitglied nicht hat. Oder: Es liegt ein konkreter – ggf. auch vom Betriebsrat initiierter –* **betrieblicher Bezug oder Anlass** *vor, der einen Seminarbesuch dieses Betriebsrats- bzw. JAV-Mitglieds erforderlich macht!)*
Zu Ihrer Information fügen wir eine Übersicht über die **Themen des Seminars** bei (**Anlage**).
Es wird darauf hingewiesen, dass Sie verpflichtet sind, das Herrn/Frau ... zustehende **Arbeitsentgelt** während des Seminaraufenthaltes **fortzuzahlen** und die aus Anlass der Teilnahme am Seminar entstehenden **Kosten** zu erstatten (§ 37 Abs. 6 in Verbindung mit § 40 BetrVG).
Die **Kosten** des Seminars betragen insgesamt ... Euro zzgl. MwSt.

Schulungs- und Bildungsveranstaltungen für Betriebsräte

(darin enthalten:
- Seminargebühr des Veranstalters oder
- Referentenkosten (Honorar, Material-, Fahrt-, Verpflegungs- und Übernachtungskosten)
- und Fahrt-, Verpflegungs- und Übernachtungskosten, die dem entsandten Betriebsratsmitglied (bzw. Mitglied der Jugend- und Auszubildendenvertretung) entstehen)

Bei der Festlegung der **zeitlichen Lage** der Teilnahme an der Schulungsveranstaltung hat der Betriebsrat die betrieblichen Notwendigkeiten berücksichtigt.

Mit freundlichen Grüßen
(Unterschrift Betriebsrat)

Anlage: Übersicht über die **Themen des Seminars; Beispiel:**
»Aufgaben, Rechte und Handlungsmöglichkeiten des Betriebsrats bei Betriebsänderungen (Einführungsseminar).
- Betriebsänderung (§ 111 BetrVG)
- Informations- und Beratungsrechte des Betriebsrats
- Interessenausgleich (§ 112 Abs. 1 bis 3 BetrVG)
- Sozialplan (§ 112 Abs. 1 bis 5, § 112a BetrVG)
- Nachteilsausgleich (§ 113 BetrVG)
- Rechtsprechung zu §§ 111 bis 113 BetrVG
- Sozialrechtliche Regelungen (SGB III)«

Musterschreiben: Teilnahme eines Betriebsratsmitgliedes (bzw. eines Mitgliedes der Jugend- und Auszubildendenvertretung) an einer Schulung nach § 37 Abs. 7 BetrVG

Hinweis:
Nach § 37 Abs. 7 BetrVG hat jedes Betriebsratsmitglied (und jedes Mitglied der Jugend- und Auszubildendenvertretung) während seiner regelmäßigen Amtszeit für insgesamt **drei Wochen** (»Neulinge« **vier Wochen**) einen individuellen Anspruch auf Teilnahme an Schulungs- und Bildungsveranstaltungen, die von der zuständigen Behörde als **geeignet anerkannt** sind. Der Arbeitgeber hat das **Arbeitsentgelt fortzuzahlen**.

An die
Geschäftsleitung   Ort ..., Datum ...

Teilnahme an einer Schulungs- und Bildungsveranstaltung nach § 37 Abs. 7 BetrVG

Sehr geehrte Damen und Herren,
hierdurch wird mitgeteilt, dass das Betriebsratsmitglied (Mitglied der Jugend- und Auszubildendenvertretung) Herr/Frau ... (Name) ... zwecks Wahrnehmung seines/ihres Schulungsanspruchs nach § 37 Abs. 7 BetrVG an dem Seminar ... **(Seminartitel)**
teilnehmen wird.
Das Seminar wird in der Zeit von ... (... Uhr) bis ... (... Uhr) in ...... durchgeführt.
Veranstalter ist ... **(Name des Veranstalters)**.
Die Schulungsveranstaltung ist vom ... (Name der »obersten Arbeitsbehörde«) unter dem Aktenzeichen ... als **geeignet** im Sinne des § 37 Abs. 7 BetrVG anerkannt worden.
Es wird darauf hingewiesen, dass Sie verpflichtet sind, das Herrn/Frau ... zustehende Arbeitsentgelt während der Zeit des Seminarbesuchs weiterzuzahlen (§ 37 Abs. 7 BetrVG).
Die zeitliche Lage der Teilnahme an der Schulung hat der Betriebsrat in seiner Sitzung am ... beschlossen. Dabei hat er die betrieblichen Notwendigkeiten berücksichtigt.

Mit freundlichen Grüßen

(Unterschrift Betriebsrat)

Schulungs- und Bildungsveranstaltungen für Betriebsräte

Rechtsprechung

1. Schulung nach § 37 Abs. 6 BetrVG: Betriebsratsbeschluss notwendig
2. Anspruch gegen den Arbeitgeber auf Freistellung von der Verbindlichkeit gegenüber dem Veranstalter
3. Schulung nach § 37 Abs. 6 BetrVG: Erforderlichkeit – Verhältnismäßigkeit – Dauer der Schulung
4. Schulung nach § 37 Abs. 6 BetrVG: Kostentragung für nicht erforderliche Schulung wegen Schweigen des AG?
5. Schulung nach § 37 Abs. 6 BetrVG: Keine Zustimmung des Arbeitgebers erforderlich – Einigungsstelle – Einstweilige Verfügung?
6. Schulung nach § 37 Abs. 6 BetrVG: Schulungsanspruch von Betriebsratsmitgliedern in Ausschüssen
7. Schulung nach § 37 Abs. 6 BetrVG: Entsenden von mehreren Betriebsratsmitgliedern zur gleichen Schulung
8. Entsendung von Gesamtbetriebsratsmitgliedern zu Schulungen: Zuständigkeit des örtlichen Betriebsrats
9. Schulung nach § 37 Abs. 6 BetrVG für Wirtschaftsausschussmitglieder
10. Schulung nach § 37 Abs. 6 BetrVG: Entsendung von Ersatzmitgliedern
11. Schulung nach § 37 Abs. 6 BetrVG: Teilnahme kurz vor Ende der Amtszeit des Betriebsrats?
12. Schulung nach § 37 Abs. 6 BetrVG: Kann Arbeitgeber den Betriebsrat auf kostengünstigere Schulungsveranstaltungen verweisen?
13. Schulung nach § 37 Abs. 6 BetrVG: Koalitionsrechtliche Beschränkungen der Kostenerstattungspflicht – Gewerkschaften als Veranstalter
14. Schulungsthemen nach § 37 Abs. 6 BetrVG
15. Schulung nach § 37 Abs. 7 BetrVG: Eignung der Schulung
16. Schulung nach § 37 Abs. 7 BetrVG: nachträgliche Anerkennung einer Schulung
17. Schulung nach § 37 Abs. 7 BetrVG: Schulungsanspruch von Ersatzmitgliedern
18. Schulung nach § 37 Abs. 7 BetrVG: Teilnahme an der Schulung kurz vor Ablauf der Amtszeit des Betriebsrats
19. Schulung nach § 37 Abs. 7 BetrVG: »Betrieblicher Umweltschutz«
20. Entgeltfortzahlungsanspruch des Betriebsratsmitglieds
21. Anspruch auf bezahlten Freizeitausgleich für Schulungszeiten, Pausen und Reisezeiten
22. Teilzeitbeschäftigte Betriebsratsmitglieder (bzw. Mitglieder einer kirchlichen Mitarbeitervertretung) – Anspruch auf bezahlten Freizeitausgleich für die Teilnahme an einer Betriebsratsschulung
23. Kosten einer Schulung nach § 37 Abs. 6 BetrVG – Tagungspauschale – Übernachtungs- und Verpflegungskosten
24. Kosten für Schulung von Betriebsratsmitgliedern in deren Muttersprache
25. Verfahrensfragen
26. Kosten der Wahlvorstandsschulung
27. Schwerbehindertenvertretung: Teilnahme am Seminar »Wirtschaftsausschuss«

Schwerbehinderte Menschen

Grundlagen

1 In Deutschland lebten im Jahr 2011 3,27 Millionen schwerbehinderte Menschen im **erwerbsfähigen Alter** (Quelle: http://statistik.arbeitsagentur.de/).
2 Behinderungen treten vor allem bei **älteren Menschen** auf. Meist ist eine im Lebensverlauf erworbene Krankheit die Ursache einer Schwerbehinderung (bei 80 Prozent der 15– bis unter 65-Jährigen). Vergleichsweise häufige Arten einer durch Krankheit erworbenen Schwerbehinderung sind Funktionseinschränkungen der Wirbelsäule, Herz-Kreislauferkrankungen und Schädigungen der inneren Organe, die etwa infolge einer Krebserkrankung entstehen können (Quelle: http://statistik.arbeitsagentur.de/).
3 Die gesetzliche Pflicht, in Betrieben und Einrichtungen mit 20 und mehr Beschäftigten mindestens 5 % aller Arbeitsplätze mit schwerbehinderten Menschen zu besetzen (sog. **Pflichtquote**; siehe Rn. 29 ff.), wird vor allem bei privaten Arbeitgebern nicht oder nicht in vollem Umfang erfüllt (2006 lag die Beschäftigungsquote insgesamt bei 4,3 %, bei privaten Arbeitgebern nur bei 3,8 %).
4 Ausgehend von dem 1994 in das Grundgesetz eingefügte Gebot des Art. 3 Abs. 3 Satz 2 GG (*»Niemand darf wegen seiner Behinderung benachteiligt werden«*) wurden eine Reihe gesetzgeberischer Maßnahmen mit dem Ziel der Integration schwerbehinderter Menschen ergriffen.
5 Durch das Gesetz zur Bekämpfung der Arbeitslosigkeit Schwerbehinderter vom 29. 9. 2000 ist das Schwerbehindertengesetz mit Wirkung ab 1. 1. 2001 reformiert worden.
6 Mit Gesetz vom 19. 6. 2001 wurde das Schwerbehindertenrecht in das Neunte Buch des Sozialgesetzbuches (SGB IX) – Rehabilitation und Teilhabe behinderter Menschen – (BGBl. I S. 1046) überführt.
7 **Teil 1** des SGB IX (§§ 1 bis 67 SGB IX) enthält **sozialrechtliche Regelungen** u. a. über Leistungen zur medizinischen Rehabilitation (§§ 26 ff. SGB IX), zur Teilhabe am Arbeitsleben (§§ 33 ff. SGB IX), zur Sicherung des Unterhalts (§§ 44 ff. SGB IX) und zur Teilhabe am Leben in der Gesellschaft (§§ 55 bis 59 SGB IX).
Die §§ 60 bis 67 SGB IX sehen Regelungen zur Sicherung und Koordinierung der Teilhabe vor: Sicherung von Beratung und Auskunft (§§ 60 bis 62 SGB IX), ein Klagerecht für Verbände« (§ 63 SGB IX) sowie die Einrichtung eines »Beirats für die Teilhabe behinderter Menschen« beim Bundesministerium für Wirtschaft und Arbeit (§§ 64 bis 67 SGB IX).
8 **Teil 2** des SGB IX (§§ 68 bis 160 SGB IX) regelt das **Schwerbehindertenrecht** (*»Besondere Regelungen zur Teilhabe schwerbehinderter Menschen«*; zu Einzelheiten siehe Rn. 20 ff.).
9 Das Gesetz zur Gleichstellung behinderter Menschen (BGG) vom 27. 4. 2002 (BGBl I S. 1467) zielt darauf ab, eine Benachteiligung von behinderten Menschen zu beseitigen und zu verhindern sowie die gleichberechtigte Teilhabe von behinderten Menschen am Leben in der Gesellschaft zu gewährleisten und ihnen eine selbstbestimmte Lebensführung zu ermöglichen (z. B. durch **Abbau von Barrieren**).
Zwischen anerkannten Behindertenverbänden, Unternehmen oder Unternehmensverbänden der verschiedenen Wirtschaftsbranchen sollen für ihren jeweiligen sachlichen und räumlichen

Organisations- oder Tätigkeitsbereich **Zielvereinbarungen** zur Herstellung von Barrierefreiheit getroffen werden.
Die anerkannten Verbände können die Aufnahme von Verhandlungen über Zielvereinbarungen verlangen.
Die Träger öffentlicher Gewalt (Bundes- und Landesbehörden) werden verpflichtet, im Rahmen ihres jeweiligen Aufgabenbereichs diese Ziele aktiv zu fördern und bei der Planung von Maßnahmen zu beachten.
Durch das Gesetz zur Förderung der Ausbildung und Beschäftigung schwerbehinderter Menschen vom 23. 4. 2004 (BGBl. I S. 606) ist das Schwerbehindertenrecht erneut **reformiert** worden. 10
Die Neuregelungen sind überwiegend am 1. 5. 2004, einige Bestimmungen sind rückwirkend zum 1. 1. 2003 in Kraft getreten, einige Regelungen gelten ab 1. 1. 2005.

Benachteiligungsverbot (§ 81 Abs. 2 SGB IX, § 1 AGG)

Von besonderer Bedeutung ist das Allgemeine Gleichbehandlungsgesetz (AGG) vom 14. 8. 2006 (BGBl. I S. 1897), in Kraft getreten am 18. 8. 2006 (siehe → **Benachteiligungsverbot [AGG]**). 11
Auslöser des Gesetzes sind vier Richtlinien der Europäischen Gemeinschaft, die den Schutz vor Diskriminierung regeln (Richtlinie 2000/43/EG vom 29. 6. 2000, Richtlinie 2000/78/EG vom 27. 11. 2000, Richtlinie 2002/73/EG vom 23. 9. 2002 und Richtlinie 2004/113/EG vom 13. 12. 2004).
Deutschland war – wie alle Mitgliedstaaten der EU – verpflichtet, diese Richtlinien in nationales Recht umzusetzen.
Ziel des AGG ist, Benachteiligungen aus Gründen der Rasse oder wegen der ethnischen Herkunft, des Geschlechts, der Religion oder Weltanschauung, einer Behinderung, des Alters oder der sexuellen Identität zu verhindern oder zu beseitigen (§ 1 AGG). 12
Der Schwerpunkt liegt in der Bekämpfung von Benachteiligungen im Bereich des **Arbeitslebens** (besonders §§ 1 bis 18 AGG).
Von den Regelungen erfasst wird aber auch das Zivilrecht, also die Rechtsbeziehungen zwischen Privatpersonen – vor allem Verträge mit Lieferanten, Dienstleistern oder Vermietern (vgl. §§ 19 ff. AGG).
Nach § 7 Abs. 1 AGG dürfen Beschäftigte nicht wegen eines in § 1 AGG genannten Grundes – also u. a. nicht wegen einer Behinderung – benachteiligt werden. 13
Zum Begriff der »Behinderung« siehe Rn. 21. 14
Das Benachteiligungsverbot des § 7 Abs. 1 AGG gilt auch, wenn die Person, die die Benachteiligung begeht, das Vorliegen eines in § 1 AGG genannten Grundes bei der Benachteiligung **nur annimmt** (§ 7 Abs. 1 Halbsatz 2 AGG). 15
Bestimmungen in Vereinbarungen, die gegen das Benachteiligungsverbot verstoßen, sind **unwirksam** (§ 7 Abs. 2 AGG). 16
Eine unzulässige Benachteiligung durch Arbeitgeber oder Beschäftigte stellt eine **Verletzung vertraglicher Pflichten** dar (§ 7 Abs. 3 AGG). 17
Verboten ist nicht nur eine »unmittelbare«, sondern auch eine »**mittelbare Benachteiligung**«. 18
Eine **unmittelbare Benachteiligung** liegt vor, wenn eine Person wegen des Alters eine weniger günstige Behandlung erfährt, als eine andere Person in einer vergleichbaren Situation erfährt, erfahren hat oder erfahren würde (§ 3 Abs. 1 Satz 1 AGG).
Eine **mittelbare Benachteiligung** liegt vor, wenn dem Anschein nach neutrale Vorschriften, Kriterien oder Verfahren Personen wegen des Alters gegenüber anderen Personen in besonderer Weise benachteiligen können, es sei denn, die betreffenden Vorschriften, Kriterien oder

Schwerbehinderte Menschen

19 Verfahren sind durch ein rechtmäßiges Ziel sachlich gerechtfertigt und die Mittel sind zur Erreichung dieses Ziels angemessen und erforderlich (§ 3 Abs. 2 AGG).
Die Verpflichtungen des Arbeitgebers zur Durchsetzung des Benachteiligungsverbots und die Rechte der von Benachteiligungen betroffenen schwerbehinderten Menschen sind in § 81 Abs. 2 SGB IX in Verbindung mit §§ 12 bis 16 AGG geregelt (siehe Rn. 44 ff. und → **Benachteiligungsverbot [AGG]**).

Frage des Arbeitgebers nach der Schwerbehinderung

19a Die Frage nach der Schwerbehinderteneigenschaft wird von der Rechtsprechung als zulässig angesehen, und zwar auch dann, wenn die Behinderung »**tätigkeitsneutral**« ist (BAG v. 5. 10. 1995 – 2 AZR 923/94, AiB 1996, 742).
Wird die Frage **wahrheitswidrig verneint** und der Schwerbehinderte eingestellt, soll der Arbeitgeber das Recht zur Anfechtung des Arbeitsvertrages jedenfalls dann haben, wenn die Schwerbehinderteneigenschaft für die Ausübung der Tätigkeit von Bedeutung ist (BAG v. 11. 11. 1993 – 2 AZR 467/93, AiB 1994, 572).
In diesem Fall soll der Schwerbehinderte sogar verpflichtet sein, über seine Behinderung auch ohne ausdrückliche Frage zu informieren (BAG v. 1. 8. 1985 – 2 AZR 101/83, DB 1985, 2238).
Im **bestehenden Arbeitsverhältnis** soll die Frage des Arbeitgebers nach der Schwerbehinderung jedenfalls nach sechs Monaten, also nach dem Erwerb des Sonderkündigungsschutzes für behinderte Menschen (siehe Rn. 74 ff.), zulässig sein (BAG v. 16. 2. 2012 – 6 AZR 553/10, NZA 2012, 555). Das gelte insbesondere zur Vorbereitung von beabsichtigten Kündigungen. Antworte der Arbeitnehmer **wahrheitswidrig** auf die ihm rechtmäßig gestellte Frage nach seiner Schwerbehinderung, sei es ihm unter dem Gesichtspunkt des **widersprüchlichen Verhaltens** verwehrt, sich auf seine Schwerbehinderteneigenschaft zu berufen (BAG v. 16. 2. 2012 – 6 AZR 553/10, a. a. O.).
Es bestehen Zweifel, ob diese Rechtsprechung mit dem gesetzlichen Verbot der Benachteiligung von schwerbehinderten Menschen nach § 81 Abs. 2 SGB IX, § 1 AGG vereinbar ist (siehe Rn. 11 ff. und → **Benachteiligungsverbot [AGG]**).

Schwerbehindertenrecht (§§ 2, 66 bis 160 SGB IX)

20 Nachfolgend ein Überblick.

Behinderung (§ 2 Abs. 1 SGB IX)

21 Menschen sind behindert im Sinne des SGB IX, wenn ihre körperlichen Funktionen, geistigen Fähigkeiten oder ihre seelische Gesundheit mit hoher Wahrscheinlichkeit länger als sechs Monate von dem für das Lebensalter typischen Zustand abweichen und daher die Teilhabe am Leben in der Gesellschaft beeinträchtigt ist (§ 2 Abs. 1 Satz 1 SGB IX).
Sie sind von Behinderung bedroht, wenn die Beeinträchtigung zu erwarten ist (§ 2 Abs. 1 Satz 2 SGB IX).

Schwerbehinderung (§ 2 Abs. 2 SGB IX)

22 Menschen sind schwerbehindert im Sinne der §§ 68 ff. SGB IX, wenn bei ihnen ein **Grad der Behinderung von wenigstens 50** vorliegt und sie ihren Wohnsitz, ihren gewöhnlichen Aufenthalt oder ihre Beschäftigung auf einem Arbeitsplatz im Sinne des § 73 SGB IX rechtmäßig im Geltungsbereich des SGB IX (= Deutschland) haben (§ 2 Abs. 2 SGB IX).

Die Feststellung des Behinderungsgrades erfolgt durch das Versorgungsamt bzw. durch die nach Landesrecht bestimmten Behörden (§ 69 Abs. 1 SGB IX).
Der **Schutz** des Schwerbehindertenrechts (z. B. der besondere Kündigungsschutz nach §§ 85 bis 91 SGB IX: siehe Rn. 74 ff.) tritt bei Vorliegen der Schwerbehinderteneigenschaft »automatisch« ein. 23
Allerdings ist der Schwerbehinderte, will er sich auf den Schutz berufen, gehalten, seine Schwerbehinderteneigenschaft darzulegen und zu beweisen.
Der Nachweis kann geführt werden durch einen entsprechenden **Feststellungsbescheid** des Versorgungsamtes.
Dieser Bescheid wird (genauso wie der **Schwerbehindertenausweis**) auf Antrag des Betroffenen erteilt, wenn die Schwerbehinderteneigenschaft (nach Einholung ärztlicher Stellungnahmen bzw. Gutachten) zu bejahen ist.
Wird dem Antrag auf Feststellung der Schwerbehinderteneigenschaft stattgegeben, tritt der Schutz des Schwerbehindertenrechts (z. B. der besondere Kündigungsschutz) mit dem Tag des Eingangs des Antrages, also **rückwirkend** ein. 24
So wird beispielsweise eine nach Antragstellung ausgesprochene → **Kündigung** des Arbeitgebers (rückwirkend) unwirksam (siehe Rn. 74 ff., 87 ff.).
Solange der **Nachweis** der Schwerbehinderteneigenschaft nicht geführt wird, darf der Arbeitgeber im Regelfall davon ausgehen, dass der Betreffende nicht schwerbehindert ist (es sei denn, die Schwerbehinderung ist offensichtlich: z. B. bei einem blinden Menschen). 25

Gleichstellung (§ 2 Abs. 3 SGB IX)

Nach § 2 Abs. 3 SGB IX sollen behinderte Menschen mit einem **Grad der Behinderung von weniger als 50, aber wenigstens 30** schwerbehinderten Menschen gleichgestellt werden, wenn sie die übrigen Voraussetzungen des § 2 Abs. 2 SGB IX erfüllen und sie infolge ihrer Behinderung ohne die Gleichstellung einen geeigneten Arbeitsplatz im Sinne des § 73 SGB IX nicht erlangen oder nicht behalten können (gleichgestellte behinderte Menschen). 26
Die Gleichstellung behinderter Menschen mit schwerbehinderten Menschen (§ 2 Abs. 3 SGB IX) erfolgt aufgrund einer Feststellung nach § 69 SGB IX auf **Antrag** des behinderten Menschen durch die **Agentur für Arbeit** (§ 68 Abs. 2 SGB IX). 27
Die Gleichstellung – und damit der Schutz des Schwerbehindertenrechts (z. B. der Kündigungsschutz nach §§ 85 ff. SGB IX: siehe Rn. 74 ff.) – wird mit dem **Tag des Eingangs des Antrags** bei der Agentur für Arbeit, also bis zu diesem Zeitpunkt rückwirkend wirksam. Der **besondere Kündigungsschutz** nach §§ 85 ff. SGB IX kommt allerdings nur zum Tragen, wenn der Antrag spätestens **drei Wochen vor Ausspruch der Kündigung** gestellt worden ist (siehe Rn. 79)!
Die Gleichstellung kann befristet werden.
Auf gleichgestellte behinderte Menschen werden die besonderen Regelungen für schwerbehinderte Menschen mit Ausnahme des § 125 SGB IX (= **Zusatzurlaub**) und der §§ 145 bis 154 SGB IX (Regelungen zur **unentgeltlichen Beförderung** im öffentlichen Personenverkehr) angewendet (§ 68 Abs. 3 SGB IX), insbes. auch die Vorschriften über den Kündigungsschutz nach §§ 85 ff. SGB IX (siehe Rn. 74 ff., 79 ff.). 27a
Schwerbehinderten Menschen gleichgestellt sind nach § 68 Abs. 4 SGB IX auch behinderte **Jugendliche** und **junge Erwachsene** i. S. d. § 2 Abs. 1 SGB IX während der Zeit einer Berufsausbildung in Betrieben und Dienststellen, auch wenn der Grad der Behinderung **weniger als 30** beträgt oder ein Grad der Behinderung **nicht festgestellt** ist. 28
Der **Nachweis** der Behinderung wird durch eine Stellungnahme der Agentur für Arbeit oder durch einen Bescheid über Leistungen zur Teilhabe am Arbeitsleben erbracht.

Schwerbehinderte Menschen

Die besonderen Regelungen für schwerbehinderte Menschen, mit Ausnahme des § 102 Abs. 3 Nr. 2 Buchstabe c SGB IX, werden **nicht angewendet**.

Beschäftigungspflicht/Pflichtquote (§§ 71 ff. SGB IX)

29 Private und öffentliche Arbeitgeber mit jahresdurchschnittlich monatlich mindestens 20 Arbeitsplätzen im Sinne des § 73 SGB IX haben auf **wenigstens 5 Prozent** der Arbeitsplätze schwerbehinderte Menschen zu beschäftigen (§ 71 Abs. 1 Satz 1 SGB IX; für öffentliche Arbeitgeber des Bundes gilt weiterhin eine Pflichtquote von 6 %, wenn diese Quote am 31. 10. 1999 erreicht oder überschritten wurde; vgl. § 159 Abs. 1 SGB IX).

30 Arbeitgeber mit jahresdurchschnittlich monatlich weniger als 40 Arbeitsplätzen haben je Monat einen schwerbehinderten Menschen, Arbeitgeber mit jahresdurchschnittlich monatlich weniger als 60 Arbeitsplätzen jahresdurchschnittlich je Monat zwei schwerbehinderte Menschen zu beschäftigen (§ 71 Abs. 1 Satz 2 SGB IX).

31 **Schwerbehinderte Frauen** sind bei der Beschäftigungsverpflichtung besonders zu berücksichtigen (§ 71 Abs. 1 Satz 2 SGB IX).

32 § 75 SGB IX regelt, welche schwerbehinderten Menschen in welchem Umfang auf die Pflichtquote **angerechnet** werden (auch der schwerbehinderte Arbeitgeber zählt hierzu). Eine Mehrfachanrechnung ist möglich (§ 76 SGB IX).

33 **Arbeitsplätze** im Sinne der §§ 68 ff. SGB IX sind alle Stellen, auf denen Arbeitnehmer und Arbeitnehmerinnen, Beamte und Beamtinnen, Richter und Richterinnen sowie Auszubildende und andere zu ihrer beruflichen Bildung Eingestellte beschäftigt werden (§ 73 Abs. 1 SGB IX).
Als Arbeitsplätze gelten nicht die in § 73 Abs. 2 SGB IX genannten Stellen und solche, die nach der Natur der Arbeit oder nach den zwischen den Parteien getroffenen Vereinbarungen nur auf die Dauer von höchstens acht Wochen besetzt sind, sowie Stellen, auf denen Beschäftigte weniger als 18 Stunden wöchentlich beschäftigt werden (§ 73 Abs. 3 SGB IX).

Ausgleichsabgabe (§ 77 SGB IX)

34 Kommen Arbeitgeber der Verpflichtung zur Beschäftigung schwerbehinderter Menschen nicht nach, haben sie für jeden unbesetzten Pflichtplatz eine **Ausgleichsabgabe** zu zahlen (§ 77 Abs. 1 Satz 1 SGB IX).
Die Zahlung der Ausgleichsabgabe hebt die Pflicht zur Beschäftigung schwerbehinderter Menschen nicht auf (§ 77 Abs. 1 Satz 2 SGB IX).
Die Ausgleichsabgabe zahlt der Arbeitgeber jährlich zugleich mit der Erstattung der **Anzeige** nach § 80 Abs. 2 SGB IX an das für seinen Sitz zuständige **Integrationsamt** (§ 77 Abs. 2 Satz 1 SGB IX).
Die Arbeitgeber haben nach § 80 Abs. 2 SGB IX der für ihren Sitz zuständigen **Agentur für Arbeit** einmal jährlich bis **spätestens zum 31. März** für das vorangegangene Kalenderjahr die Daten anzuzeigen, die zur Berechnung des Umfangs der Beschäftigungspflicht, zur Überwachung ihrer Erfüllung und der Ausgleichsabgabe notwendig sind.
Der Anzeige sind das vom Arbeitgeber nach § 80 Abs. 1 SGB IX zu führende **Verzeichnis** der bei ihm beschäftigten schwerbehinderten, ihnen gleichgestellten behinderten Menschen und sonstigen anrechnungsfähigen Personen (siehe Rn. 41) sowie eine Kopie der Anzeige und des Verzeichnisses zur Weiterleitung an das für ihren Sitz zuständige Integrationsamt beizufügen.
Dem Betriebsrat, der Schwerbehindertenvertretung und dem Beauftragten des Arbeitgebers (siehe Rn. 88 a) ist je eine **Kopie** der Anzeige und des Verzeichnisses zu übermitteln (§ 80 Abs. 2 Satz 3 SGB IX).

35 Die **Ausgleichsabgabe** betrug bis Ende 2011 für jeden nicht besetzten Pflichtplatz monatlich:

Schwerbehinderte Menschen

- 105 Euro bei einer jahresdurchschnittlichen Beschäftigungsquote von 3 % bis unter 5 %
- 180 Euro bei einer jahresdurchschnittlichen Beschäftigungsquote von 2 % bis unter 3 %
- 260 Euro bei einer jahresdurchschnittlichen Beschäftigungsquote von unter 2 %.

Die Beschäftigungsquote bestimmt sich nach dem **Jahresdurchschnitt**. Aus den monatlichen Beschäftigungszahlen ist der Durchschnittswert im Kalenderjahr zu ermitteln (§ 77 Abs. 1 Satz 3 SGB IX).
Zur **Erhöhung** der Ausgleichsabgabe **ab 1. 12. 2012** siehe Rn. 37.

Für Arbeitgeber mit weniger als 40 bzw. weniger als 60 Arbeitsplätzen gilt nach § 77 Abs. 2 Satz 2 SGB IX eine **Sonderregelung**. Die Ausgleichsabgabe betrug bis Ende 2011 je Monat und unbesetztem Pflichtplatz 36
- für Arbeitgeber mit jahresdurchschnittlich weniger als 40 zu berücksichtigenden Arbeitsplätzen bei einer jahresdurchschnittlichen Beschäftigung von weniger als einem schwerbehinderten Menschen 105 Euro und
- für Arbeitgeber mit jahresdurchschnittlich weniger als 60 zu berücksichtigenden Arbeitsplätzen bei einer jahresdurchschnittlichen Beschäftigung von weniger als zwei schwerbehinderten Menschen 105 Euro und bei einer jahresdurchschnittlichen Beschäftigung von weniger als einem Schwerbehinderten 180 Euro.

Zur **Erhöhung** der Ausgleichsabgabe **ab 1. 12. 2012** siehe Rn. 37.

Die Ausgleichsabgabe ist **dynamisiert**. 37
Sie erhöht sich gemäß § 77 Abs. 3 SGB IX entsprechend der Veränderung der **Bezugsgröße** nach § 18 Abs. 1 SGB IV (siehe → **Sozialversicherung**).
Eine Erhöhung tritt ein, wenn die Bezugsgröße seit der letzten Neubestimmung der Beträge der Ausgleichsabgabe um wenigstens 10 Prozent angestiegen ist. Das Bundesministerium für Arbeit und Soziales gibt den Erhöhungsbetrag und die Beträge der Ausgleichsabgabe im Bundesanzeiger bekannt (§ 77 Abs. 3 Satz 5 SGB IX; siehe auch Bekanntmachung vom 16. 12. 2011 (BAnz. Nr. 196, S. 4624).
Diese Regelung wurde im **Jahr 2012** wirksam.
Die Ausgleichsabgabe beträgt **ab 1. 1. 2012**:
- 115 Euro bei einer jahresdurchschnittlichen Beschäftigungsquote von 3 % bis unter 5 %
- 200 Euro bei einer jahresdurchschnittlichen Beschäftigungsquote von 2 % bis unter 3 %
- 290 Euro bei einer jahresdurchschnittlichen Beschäftigungsquote von unter 2 %.

Die Erhöhung gilt auch für die in **Kleinunternehmen** zu zahlenden Ausgleichsabgaben (siehe Rn. 36): 115 Euro (statt 105 Euro) bzw. 200 Euro (statt 180 Euro).
Die erhöhte Abgabe für 2012 war spätestens bis zum 31. 3. 2013 zu zahlen (§ 77 Abs. 2 Satz 1 SGB IX i. V. m. § 80 Abs. 2 SGB IX).

Die Verpflichtung zur Zahlung der Ausgleichsabgabe trifft bei der → **Arbeitnehmerüberlassung/Leiharbeit** den Verleiher als Vertragsarbeitgeber der Leiharbeitnehmer (BVerwG v. 13. 12. 2001 – 5 C 26/01, NZA 2002, 385). 37a

Die Ausgleichsabgabe darf nur für **besondere Leistungen** zur Förderung der Teilhabe schwerbehinderter Menschen am Arbeitsleben einschließlich begleitender Hilfe im Arbeitsleben verwendet werden (§ 77 Abs. 5 SGB IX). 38

Für öffentliche Arbeitgeber des Bundes gilt in Bezug auf Pflichtquote und Ausgleichsabgabe eine **Sonderregelung** (§ 159 SGB IX). 39

Die Bundesregierung hat nach § 160 SGB IX den gesetzgebenden Körperschaften des Bundes 40
- über die Situation behinderter und schwerbehinderter Frauen und Männer auf dem Ausbildungsstellenmarkt zu berichten und die danach zu treffenden Maßnahmen vorzuschlagen (§ 160 Abs. 1 SGB IX)
- über die Wirkungen der Instrumente zur Sicherung von Beschäftigung und zur betrieblichen Prävention zu berichten; dabei wird auch die Höhe der Beschäftigungspflichtquote überprüft.

Schwerbehinderte Menschen

Weitere Pflichten des Arbeitgebers (§§ 80 bis 84 SGB IX)

41 Nach §§ 80 bis 84 SGB IX werden dem Arbeitgeber **weitere Pflichten** auferlegt. U. a. hat der Arbeitgeber
- gesondert für jeden Betrieb und jede Dienststelle ein **Verzeichnis** der bei ihnen beschäftigten schwerbehinderten, ihnen gleichgestellten behinderten Menschen und sonstigen anrechnungsfähigen Personen laufend zu führen und dieses den Vertretern oder Vertreterinnen der Agentur für Arbeit und des **Integrationsamtes**, die für den Sitz des Betriebes oder der Dienststelle zuständig sind, auf Verlangen vorzulegen (§ 80 Abs. 1 SGB IX);
- die Agentur für Arbeit unter Beifügung einer Durchschrift für die Hauptfürsorgestelle einmal jährlich bis spätestens 31. März für das vorangegangene Kalenderjahr, aufgegliedert nach Monaten, die mit Beschäftigungspflicht und Ausgleichsabgabe in Zusammenhang stehenden **Daten anzuzeigen** (§ 80 Abs. 2 SGB IX).

42 Von besonderer Bedeutung ist die Pflicht des Arbeitgebers, zu prüfen, ob **freie Arbeitsplätze** mit schwerbehinderten Menschen, insbesondere mit bei der Agentur für Arbeit gemeldeten Schwerbehinderten, besetzt werden können (§ 81 Abs. 1 Satz 1 SGB IX).

Der Arbeitgeber hat frühzeitig Verbindung mit der Agentur für Arbeit aufzunehmen (§ 80 Abs. 1 Satz 2 SGB IX).

Bei der Prüfung ist gemäß § 81 Abs. 1 Satz 6 SGB IX die → **Schwerbehindertenvertretung** zu beteiligen und der → **Betriebsrat** zu hören.

Verletzt der Arbeitgeber seine Prüfpflicht, kann der → **Betriebsrat** die Zustimmung zur → **Einstellung** eines Nichtbehinderten nach § 99 Abs. 1 Nr. 1 BetrVG verweigern (BAG v. 14.11.1989 – 1 ABR 88/88, AiB 1990, 169 = DB 1990, 636; siehe Rn. 98).

Außerdem kann sich ein abgelehnter schwerbehinderter Bewerber etwa bei einer Klage auf **Schadensersatz** und **Entschädigung** nach § 15 AGG (siehe Rn. 55) darauf berufen, dass die Verletzung der Prüfpflicht seine Benachteiligung wegen der Behinderung vermuten lasse (BAG v. 13.10.2011 – 8 AZR 608/10, AuR 2011, 461 = BB 2011, 2675; zur **Beweislastregelung** des § 22 AGG siehe Rn. 55 a).

Die Agentur für Arbeit oder ein von ihm beauftragter Integrationsfachdienst hat dem Arbeitgeber geeignete Schwerbehinderte **vorzuschlagen** (§ 81 Abs. 1 Satz 3 SGB IX).

Über die **Vermittlungsvorschläge** der Agentur für Arbeit und vorliegende **Bewerbungen** von schwerbehinderten Menschen hat der Arbeitgeber die → **Schwerbehindertenvertretung** und den → **Betriebsrat** unmittelbar nach Eingang zu unterrichten.

Erfüllt der Arbeitgeber seine Beschäftigungspflicht nicht und ist die Schwerbehindertenvertretung oder der Betriebsrat mit der beabsichtigten Entscheidung (den freien Arbeitsplatz nicht mit einem schwerbehinderten Menschen zu besetzen) **nicht einverstanden**, ist diese unter Darlegung der Gründe mit ihnen zu erörtern. Dabei ist der betroffene Schwerbehinderte zu hören.

Alle Beteiligten sind vom Arbeitgeber über die getroffene Entscheidung unter Darlegung der Gründe unverzüglich zu unterrichten.

Bei **Bewerbungen** schwerbehinderter Menschen ist die Schwerbehindertenvertretung nicht zu beteiligen, wenn der Schwerbehinderte die Beteiligung der Schwerbehindertenvertretung ausdrücklich ablehnt.

Nach Ansicht des BAG muss ein schwerbehinderter Mensch, der bei seiner Bewerbung um eine Stelle den besonderen Schutz und die Förderung nach dem SGB IX in Anspruch nehmen will, die Eigenschaft, schwerbehindert zu sein, grundsätzlich **im Bewerbungsschreiben mitteilen** (BAG v. 18.9.2014 – 8 AZR 759/13). Eine solche Mitteilung müsse bei jeder Bewerbung erfolgen. Auf Erklärungen bei früheren Bewerbungen komme es nicht an.

43 Die Arbeitgeber sind verpflichtet, durch geeignete Maßnahmen sicherzustellen, dass in ihren Betrieben und Dienststellen wenigstens die vorgeschriebene Zahl schwerbehinderter Menschen eine möglichst **dauerhafte** behinderungsgerechte Beschäftigung finden kann (§ 81 Abs. 3 SGB IX).

Benachteiligungsverbot (§ 81 Abs. 2 SGB IX, § 1 AGG) – Pflichten des Arbeitgebers – Rechte der schwerbehinderten Menschen

Arbeitgeber dürfen schwerbehinderte Beschäftigte nicht wegen ihrer Behinderung benachteiligen (§ 81 Abs. 2 Satz 1 SGB IX; vgl. auch Art. 3 Abs. 3 Satz 3 GG). 44
Es finden die Bestimmungen des Allgemeinen Gleichbehandlungsgesetzes (AGG) vom 14. 8. 2006 Anwendung (§ 81 Abs. 2 Satz 2 SGB IX).
Hiernach gilt Folgendes (siehe auch Rn. 11 ff. und → **Benachteiligungsverbot [AGG]**):
Der Arbeitgeber ist verpflichtet, die erforderlichen **Maßnahmen** zum Schutz vor Benachteiligungen wegen einer Behinderung zu treffen (§ 12 Abs. 1 AGG). 45
Dieser Schutz umfasst auch **vorbeugende Maßnahmen** (§ 12 Abs. 1 Satz 2 AGG). 46
Der Arbeitgeber soll in geeigneter Art und Weise, besonders im Rahmen der beruflichen Aus- und Fortbildung, auf die Unzulässigkeit von Benachteiligungen **hinweisen** und darauf **hinwirken**, dass diese unterbleiben (§ 12 Abs. 2 AGG). 47
Hat der Arbeitgeber seine Beschäftigten in geeigneter Weise zum Zweck der Verhinderung von Benachteiligung **geschult**, gilt dies als Erfüllung seiner Pflichten nach § 12 Abs. 1 AGG (§ 12 Abs. 2 Satz 2 AGG).
Wenn **andere Beschäftigte** das Benachteiligungsverbot verletzen, hat der Arbeitgeber »angemessene« Maßnahmen wie → **Abmahnung**, Umsetzung, → **Versetzung** oder → **Kündigung** zu ergreifen (§ 12 Abs. 3 AGG). 48
Natürlich hat dies unter Beachtung der Beteiligungsrechte des Betriebsrats (besonders nach §§ 99, 102 BetrVG) zu geschehen.
Werden Beschäftigte bei der Ausübung ihrer Tätigkeit **durch Dritte** nach § 7 Abs. 1 AGG benachteiligt (z. B. ein Außendienstmitarbeiter wird von Kunden wegen seines Alters schikaniert), so hat der Arbeitgeber die im Einzelfall geeigneten, erforderlichen und angemessenen Maßnahmen zum Schutz der Beschäftigten zu ergreifen (§ 12 Abs. 4 AGG). 49
Das AGG und § 61 b ArbGG (= Regelung u. a. über die zu beachtenden **Fristen** bei der Erhebung einer Entschädigungsklage nach § 15 AGG) sowie die für die Beschwerden nach § 13 AGG zuständigen **Stellen** sind im Betrieb **bekannt zu machen** (z. B. durch Aushang, Auslegung oder Nutzung der betriebsüblichen Informations- und Kommunikationstechnik (§ 12 Abs. 5 AGG). 50
Die Beschäftigten können sich gegen eine Benachteiligung zur Wehr setzen. Ihnen stehen verschiedene **Rechte** zu. 51
Nachstehend ein **Überblick**.

Beschwerderecht (§ 13 AGG)

Die Beschäftigten haben das Recht, sich bei den zuständigen Stellen des → **Betriebs** oder des → **Unternehmens** zu beschweren, wenn sie sich im Zusammenhang mit ihrem Beschäftigungsverhältnis vom Arbeitgeber, von Vorgesetzten, anderen Beschäftigten oder Dritten wegen eines in § 1 AGG genannten Grundes benachteiligt fühlen (§ 13 Abs. 1 Satz 1 AGG). 52
Die Beschwerdestelle hat die Beschwerde zu prüfen und das Ergebnis der oder dem beschwerdeführenden Beschäftigten mitzuteilen (§ 13 Abs. 1 Satz 2 AGG).
Zur Frage, ob dem Betriebsrat ein **Mitbestimmungsrecht** bei der Errichtung und Ausgestaltung der Beschwerdestelle bzw. des Beschwerdeverfahrens zusteht, siehe → **Benachteiligungsverbot (AGG)** Rn. 66.
Das Beschwerderecht des Arbeitnehmers nach §§ 84, 85 BetrVG (siehe → **Beschwerderecht**

Schwerbehinderte Menschen

der Arbeitnehmer) und die Rechte des Betriebsrats (z. B. Anrufung der → **Einigungsstelle** nach § 85 BetrVG) werden durch § 13 Abs. 1 AGG nicht berührt (§ 13 Abs. 2 AGG).
Das heißt: der Arbeitnehmer kann eine Beschwerde nach § 85 Abs. 1 BetrVG beim Betriebsrat einlegen, wenn er sich benachteiligt fühlt.
Die Beschwerde kann von **mehreren Arbeitnehmern** erhoben werden (z. B. gemeinsame Beschwerde gegen das Verhalten eines Vorgesetzten).
Hält der Betriebsrat die Beschwerde für berechtigt, hat er beim Arbeitgeber auf **Abhilfe** hinzuwirken.
Ist der Arbeitgeber der Meinung, dass die Beschwerde nicht berechtigt ist, kann der Betriebsrat die → **Einigungsstelle** anrufen (§ 85 Abs. 2 BetrVG).
Diese klärt den Sachverhalt auf, bewertet ihn und entscheidet letztlich durch Beschluss (ggf. durch Mehrheitsbeschluss mit der Stimme des Vorsitzenden der Einigungsstelle), ob die Beschwerde **berechtigt** ist oder nicht.
Wenn die Einigungsstelle beschließt, dass die Beschwerde berechtigt ist, ist der Arbeitgeber nach § 85 Abs. 3 Satz 2 i. V. m. § 84 Abs. 2 BetrVG verpflichtet, der Beschwerde durch geeignete **Maßnahmen abzuhelfen**.
Geschieht dies nicht, kann der Arbeitnehmer die **Abhilfe** der Beschwerde im Wege der **Klage** vor dem → **Arbeitsgericht** erzwingen.
Ob auch der Betriebsrat ein Beschlussverfahren mit dem gleichen Ziel einleiten kann, ist strittig (zu Recht dafür DKKW-*Buschmann*, BetrVG, 15. Aufl., § 85 Rn. 26; a. A. Fitting, BetrVG, 27. Aufl., § 85 Rn. 9, 14).
Die Anrufung der Einigungsstelle bzw. eine Entscheidung ist ausgeschlossen, wenn Gegenstand der Beschwerde ein **Rechtsanspruch** des Arbeitnehmers ist (§ 85 Abs. 2 Satz 3 BetrVG).
Zu weiteren Einzelheiten siehe → **Beschwerderecht der Arbeitnehmer**.

Leistungsverweigerungsrecht (§ 14 AGG)

53 Liegt eine Benachteiligung in Form einer **Belästigung** (§ 3 Abs. 3 AGG) vor, hat der betroffene Beschäftigte darüber hinaus ein Leistungsverweigerungsrecht, wenn der Arbeitgeber keine oder offensichtlich ungeeignete Maßnahmen zur Unterbindung der Belästigung ergreift.
In diesem Fall sind die betroffenen Beschäftigten berechtigt, ihre Tätigkeit ohne Verlust des Arbeitsentgelts einzustellen, soweit dies zu ihrem Schutz erforderlich ist (§ 14 Satz 1 AGG).
§ 273 BGB bleibt unberührt (§ 14 Satz 2 AGG; siehe → **Zurückbehaltungsrecht des Arbeitnehmers**).
Eine Belästigung ist eine Benachteiligung, wenn unerwünschte Verhaltensweisen, die mit einem in § 1 AGG genannten Grund in Zusammenhang stehen, bezwecken oder bewirken, dass die **Würde** der betreffenden Person verletzt und ein von Einschüchterungen, Anfeindungen, Erniedrigungen, Entwürdigungen oder Beleidigungen gekennzeichnetes Umfeld geschaffen wird (§ 3 Abs. 3 AGG).

54 Unberührt bleibt das Recht des belästigten Arbeitnehmers, rechtliche Schritte gegen den **Belästiger** zu unternehmen (siehe hierzu Rn. 57 a).

Anspruch auf Schadensersatz und Entschädigung (§ 15 AGG)

55 Bei einem Verstoß gegen das Benachteiligungsverbot ist der Arbeitgeber verpflichtet, den hierdurch entstandenen **Schaden zu ersetzen** (§ 15 Abs. 1 Satz 1 AGG). Dies gilt nicht, wenn der Arbeitgeber die Pflichtverletzung nicht zu vertreten hat.
Wegen eines Schadens, der nicht Vermögensschaden ist, kann der oder die Beschäftigte eine angemessene **Entschädigung** (= Schmerzensgeld) in Geld verlangen (§ 15 Abs. 2 Satz 1 AGG).
Ansprüche auf Schadensersatz und/oder Entschädigung müssen innerhalb einer **Frist** von

Schwerbehinderte Menschen

zwei **Monaten** schriftlich geltend gemacht werden, es sei denn, die Tarifvertragsparteien haben etwas anderes vereinbart (§ 15 Abs. 4 Satz 1 AGG).
Die Frist **beginnt** zu dem Zeitpunkt, in dem der oder die Beschäftigte von der Benachteiligung wegen der Behinderung Kenntnis erlangt hat (§ 15 Abs. 4 Satz 2 AGG; vgl. hierzu BAG v. 15.3.2012 – 8 AZR 160/11).
Eine **Klage** auf Entschädigung muss nach § 61 b ArbGG (neu gefasst durch das AGG) innerhalb von **drei Monaten**, nachdem der Anspruch schriftlich geltend gemacht worden ist, erhoben werden.

Beweislast (§ 22 AGG)

Wichtig ist die Bestimmung des § 22 AGG über die Beweislast. 55a
Wenn im Streitfall der schwerbehinderte Mensch **Indizien** beweist, die eine Benachteiligung wegen einer Behinderung vermuten lassen, trägt der beklagte Arbeitgeber die Beweislast dafür, dass kein Verstoß gegen das Benachteiligungsverbot vorgelegen hat.
Gelingt der Gegenbeweis nicht, ist der Arbeitgeber auf Schadensersatz und/oder Entschädigung zu verurteilen.

> **Beispiele:**
> - Ein Arbeitgeber macht beim Bewerbungsgespräch abfällige Äußerungen zur Behinderung des Bewerbers.
>   Dies kann ein Indiz dafür sein, dass er den dann nicht eingestellten Bewerber wegen seiner Behinderung benachteiligt hat.
>   In diesem Fall kann der Bewerber den Arbeitgeber auf Schadensersatz nach § 15 Abs. 1 AGG und Entschädigung nach § 15 Abs. 2 AGG verklagen.
>   Wenn die abfälligen Äußerungen von dem Kläger bewiesen werden können (z. B. durch einen anwesenden Zeugen, etwa ein Betriebsratsmitglied), trägt der Arbeitgeber nach § 22 AGG die Beweislast dafür, dass die Nichteinstellung nicht gegen die Bestimmungen des AGG zum Schutz vor Benachteiligungen verstoßen hat (Umkehr der Beweislast).
>   Kann der Arbeitgeber diesen Beweis nicht führen, wird er verurteilt.
> - Der Arbeitgeber unterlässt es entgegen § 81 Abs. 1 Satz 1 SGB IX zu prüfen, ob freie Arbeitsplätze mit schwerbehinderten Menschen besetzt werden können (siehe Rn. 42).
>   Ein abgelehnter schwerbehinderter Bewerber kann sich darauf berufen, dass dies seine Benachteiligung wegen der Behinderung vermuten lasse (BAG v. 13.10.2011 – 8 AZR 608/10).

Zu weiteren Einzelheiten siehe → **Benachteiligungsverbot (AGG)** Rn. 54 a–c. 56
Zur Frage, ob der Schwerbehinderte, der sich auf eine Stelle bewirbt, seine Schwerbehinderung 56a
ungefragt offenbaren muss und zum Fragerecht des Arbeitgebers siehe Rn. 19 a und → **Personalfragebogen**.

Ansprüche gegen den Belästiger

Die Bestimmungen des AGG lassen das Recht des belästigten Arbeitnehmers unberührt, recht- 57
liche Schritte gegen den Belästiger zu unternehmen.
Handlungen, die das Persönlichkeitsrecht oder die Gesundheit verletzen, können **Schadensersatz**- und/oder **Schmerzensgeldansprüche** vor allem nach § 823 Abs. 1, § 253 Abs. 2 BGB auslösen (siehe auch → **Mobbing** Rn. 45 ff.).
Gegen den Belästiger besteht des Weiteren **Anspruch auf Unterlassung**.
Der Anspruch kann durch Antrag auf **einstweilige Verfügung** geltend gemacht werden (LAG Thüringen v. 10.4.2001 – 5 Sa 403/00, AiB 2004, 110 = DB 2001, 1204 zu einem Fall des → **Mobbings**).

Schwerbehinderte Menschen

Unter Umständen kommt auch eine **strafrechtliche Verfolgung** des Belästigers in Betracht, wenn die Belästigung einen Straftatbestand erfüllt (z. B. § 185 StGB Beleidigung).

Rechtsansprüche der schwerbehinderten Menschen (§ 81 Abs. 4 SGB IX)

58 Die schwerbehinderten Menschen haben nach § 81 Abs. 4 Satz 1 SGB IX gegenüber ihrem Arbeitgeber **Anspruch** auf
- Beschäftigung, bei der sie ihre Fähigkeiten und Kenntnisse möglichst voll verwerten und weiterentwickeln können,
- bevorzugte Berücksichtigung bei innerbetrieblichen Maßnahmen der beruflichen Bildung zur Förderung ihres beruflichen Fortkommens,
- Erleichterungen im zumutbaren Umfang zur Teilnahme an außerbetrieblichen Maßnahmen der beruflichen Bildung,
- behinderungsgerechte Einrichtung und Unterhaltung der Arbeitsstätten, einschließlich der Betriebsanlagen, Maschinen und Geräte sowie der Gestaltung der Arbeitsplätze, des Arbeitsumfeldes, der Arbeitsorganisation und der Arbeitszeit unter besonderer Berücksichtigung der Unfallgefahr,
- Ausstattung ihres Arbeitsplatzes mit den erforderlichen technischen Arbeitshilfen

unter Berücksichtigung der Behinderung und ihre Auswirkungen auf die Beschäftigung.

59 Ein Anspruch besteht nicht, soweit seine Erfüllung für den Arbeitgeber **nicht zumutbar** oder mit unverhältnismäßigen **Aufwendungen** verbunden wäre oder soweit **Arbeitsschutzvorschriften** entgegenstehen (§ 81 Abs. 4 Satz 3 SGB IX).

60 Der Arbeitgeber hat die **Einrichtung von Teilzeitarbeitsplätzen** zu fördern (§ 81 Abs. 5 Satz 1 SGB IX). Er wird dabei vom Integrationsamt unterstützt.
Schwerbehinderte Menschen haben einen **Anspruch auf Teilzeitbeschäftigung**, wenn die kürzere Arbeitszeit wegen Art oder Schwere der Behinderung notwendig ist (§ 81 Abs. 5 Satz 2 SGB IX).

61 **Weitere Rechte** der schwerbehinderten Menschen regeln die §§ 122 ff. SGB IX.
Beispielhaft seien nachfolgende Rechte genannt.

Freistellung von Mehrarbeit (§ 124 SGB IX)

62 Nach § 124 SGB IX ist der schwerbehinderte Mensch auf sein Verlangen von Mehrarbeit freizustellen (§ 124 SGB IX).
Als Mehrarbeit gilt dabei jede Arbeit, die über die normale gesetzliche Arbeitszeit nach § 3 Satz 1 ArbZG, das heißt über werktäglich 8 Stunden einschließlich der → **Bereitschaftsdienste**, hinausgeht (BAG v. 21.11.2006 – 9 AZR 176/06, NZA 2007, 446).
Eine besondere Freistellungserklärung des Arbeitgebers ist nicht notwendig. Die Rechtsfolge der Freistellung tritt allein mit dem Zugang des Verlangens beim Arbeitgeber ein (BAG v. 3.12.2002 – 9 AZR 462/01, AiB 2005, 381; 21.11.2006 – 9 AZR 176/06, NZA 2007, 446).

Zusatzurlaub (§ 125 Abs. 1 SGB IX)

63 Außerdem hat der schwerbehinderte Mensch Anspruch auf zusätzlichen bezahlten Urlaub von **fünf Arbeitstagen** im Urlaubsjahr (Zusatzurlaub; vgl. § 125 Abs. 1 SGB IX).
Arbeiten schwerbehinderte Menschen regelmäßig an mehr oder weniger als fünf Tagen in der Woche, **erhöht oder vermindert** sich der Anspruch entsprechend (§ 125 Abs. 1 SGB IX).
Besteht die Schwerbehinderteneigenschaft nicht während des gesamten Kalenderjahres, so hat der schwerbehinderte Mensch für jeden vollen Monat der im Beschäftigungsverhältnis vorliegenden Schwerbehinderteneigenschaft einen Anspruch auf **ein Zwölftel** des Zusatzurlaubs.

Bruchteile von Urlaubstagen, die mindestens einen halben Tag ergeben, sind auf volle Urlaubstage aufzurunden.
Der so ermittelte Zusatzurlaub ist dem Erholungsurlaub hinzuzurechnen und kann bei einem nicht im ganzen Kalenderjahr bestehenden Beschäftigungsverhältnis nicht erneut gemindert werden (§ 125 Abs. 2 SGB IX).
Wird die Eigenschaft als schwerbehinderter Mensch nach § 69 Abs. 1 und 2 SGB IX rückwirkend festgestellt, finden auch für die **Übertragbarkeit** des Zusatzurlaubs in das nächste Kalenderjahr die dem Beschäftigungsverhältnis zugrunde liegenden urlaubsrechtlichen Regelungen Anwendung (§ 125 Abs. 3 SGB IX).
Der Anspruch auf Zusatzurlaub nach § 125 SGB IX ist wie der Anspruch auf → **Urlaub** nach dem BUrlG zwingendes Recht.
Insofern kann § 125 SGB IX weder durch → **Arbeitsvertrag** noch durch → **Betriebsvereinbarung** oder → **Tarifvertrag** zu Lasten des schwerbehinderten Menschen **verschlechtert** werden.
Eine Regelung **zugunsten** des schwerbehinderten Menschen ist nach dem → **Günstigkeitsprinzip** ohne weiteres möglich (§ 125 Abs. 1 Satz 1 SGB IX).
Der schwerbehinderte Mensch hat das Recht, bei **Einsicht** in die über ihn geführte → **Personalakte** oder ihn betreffende Daten des Arbeitgebers die → **Schwerbehindertenvertretung** hinzuzuziehen (§ 95 Abs. 3 Satz 1 SGB IX).   64
Die Schwerbehindertenvertretung bewahrt über den Inhalt der Daten **Stillschweigen**, soweit sie der schwerbehinderte Mensch nicht von dieser Verpflichtung entbunden hat (§ 95 Abs. 3 Satz 2 SGB IX).
§§ 145 ff. SGB IX regeln die Voraussetzungen des Anspruchs auf **unentgeltliche Beförderung** im öffentlichen Personenverkehr.   65
Für **Gleichgestellte** (§ 2 Abs. 3 SGB IX) gelten die Regelungen über den Zusatzurlaub und die unentgeltliche Beförderung im öffentlichen Personenverkehr nicht (§ 68 Abs. 3 SGB IX).   66

Integrationsvereinbarung (§ 83 SGB IX)

Der Arbeitgeber hat mit der Schwerbehindertenvertretung und dem Betriebsrat eine verbindliche Integrationsvereinbarung zu treffen (§ 83 Abs. 1 SGB IX).   67
Hierüber wird auf Antrag der → **Schwerbehindertenvertretung** unter Beteiligung des Betriebsrats verhandelt. In Betrieben und Dienststellen, in denen keine Schwerbehindertenvertretung vorhanden ist, steht das Antragsrecht dem Betriebsrat zu.
Der Arbeitgeber oder die Schwerbehindertenvertretung können das Integrationsamt (siehe Rn. 89) einladen, sich an den Verhandlungen über die Integrationsvereinbarung zu beteiligen. Der Agentur für Arbeit, die für den Sitz des Arbeitgebers zuständig ist, wird die Vereinbarung übermittelt.
Die Integrationsvereinbarung enthält Regelungen im Zusammenhang mit der **Eingliederung** schwerbehinderter Menschen, insbesondere zur Personalplanung, Arbeitsplatzgestaltung, Gestaltung des Arbeitsumfelds, Arbeitsorganisation, Arbeitszeit sowie Regelungen über die Durchführung in den Betrieben und Dienststellen (§ 83 Abs. 2 Satz 1 SGB IX).   68
Bei der Personalplanung sind besondere Regelungen zur Beschäftigung eines angemessenen Anteils von **schwerbehinderten Frauen** vorzusehen (§ 83 Abs. 2 Satz 2 SGB IX).
In der Vereinbarung können nach § 83 Abs. 2a SGB IX insbesondere auch Regelungen getroffen werden
- zur angemessenen Berücksichtigung schwerbehinderter Menschen bei der Besetzung freier, frei werdender oder neuer Stellen,
- zu einer anzustrebenden Beschäftigungsquote, einschließlich eines angemessenen Anteils schwerbehinderter Frauen,

Schwerbehinderte Menschen

- zu Teilzeitarbeit,
- zur Ausbildung behinderter Jugendlicher,
- zur Durchführung der betrieblichen Prävention (betriebliches Eingliederungsmanagement) und zur Gesundheitsförderung,
- über die Hinzuziehung des Werks- oder Betriebsarztes auch für Beratungen über Leistungen zur Teilhabe sowie über besondere Hilfen im Arbeitsleben.

69 Um zu einer an den tatsächlichen Anforderungen orientierten Integrationsvereinbarung zu kommen, bietet sich – aus der Sicht des Betriebsrats und der Schwerbehindertenvertretung – folgende **Vorgehensweise** an:
- Die Analyse der Lage der schwerbehinderten Menschen im Betrieb (dieser Schritt gibt der Schwerbehindertenvertretung die Möglichkeit, über die Realität im Betrieb als auch über ihre eigene Realität als Interessenvertretung zu reflektieren),
- die Ermittlung und Auswahl von Schwerpunktproblemen (hier werden die wichtigen und vordringlichen Schwerpunktprobleme, deren Lösung die Schwerbehindertenvertretung anstrebt, von den weniger wichtigen getrennt),
- die Benennung und Formulierung von Zielen (hier muss die Schwerbehindertenvertretung messbare und klare Ziele formulieren; das heißt sie muss sich entscheiden, was sie genau will),
- die Feinanalyse und das Abschätzen der vorhandenen (eigenen) Ressourcen (hier kann die Schwerbehindertenvertretung nochmals über ihre eigene Situation reflektieren und dann entscheiden, ob sie sich auf die Entwicklung einer Integrationsvereinbarung einlässt oder die vorher formulierten Ziele nach dem Motto: »weniger ist mehr« weiter zu konkretisieren),
- die Entwicklung von Problemlösungen,
- der Abschluss der Integrationsvereinbarung,
- die Planung, Steuerung und Durchführung der vereinbarten Integrationsmaßnahmen und die Kontrolle der Ergebnisse,
- die Dokumentation der Maßnahmen,
- Überprüfung der Wirksamkeit der Maßnahmen.

70 In den **Versammlungen** der schwerbehinderten Menschen berichtet der Arbeitgeber über alle Angelegenheiten im Zusammenhang mit der Eingliederung Schwerbehinderter (§ 83 Abs. 3 SGB IX).

Kündigungsprävention (§ 84 Abs. 1 SGB IX)

71 Der Arbeitgeber hat bei Eintreten von **personen-, verhaltens- oder betriebsbedingten Schwierigkeiten** im Arbeits- oder sonstigen Beschäftigungsverhältnis mit einem schwerbehinderten Menschen, die zur Gefährdung des Verhältnisses führen können, möglichst frühzeitig die Schwerbehindertenvertretung und den Betriebsrat sowie das Integrationsamt ein (§ 84 Abs. 1 SGB IX).

Ziel ist es, alle Möglichkeiten und alle zur Verfügung stehenden Hilfen zur Beratung und mögliche finanzielle Leistungen **zu erörtern**, mit denen die Schwierigkeiten beseitigt werden können und das Arbeitsverhältnis möglichst dauerhaft fortgesetzt werden kann. Als Hilfen kommen u. a. in Betracht: gemeinsame Gespräche, Einholung ärztlicher Gutachten nach Entbindung von der ärztlichen Schweigepflicht, Hinzuziehung interner und externer Fachberater (technischer Berater, Integrationsfachdienst, Reha-Berater usw.), Reha-Maßnahmen, ggf. Begleitung und Betreuung des Arbeitsverhältnisses durch den Fachdienst, Umsetzung, Weiterqualifizierung, Fortbildung, Arbeitsplatzausstattung einschließlich Klärung der jeweiligen Kostenträgerschaft.

71a Die Ausführung des Präventionsverfahrens nach § 84 Abs. 1 SGB IX ist **keine formelle Wirk-**

Schwerbehinderte Menschen

samkeitsvoraussetzung für den Ausspruch einer Kündigung gegenüber einem schwerbehinderten Menschen. Die Vorschrift stellt aber eine Konkretisierung des dem gesamten Kündigungsschutzrecht innewohnenden **Verhältnismäßigkeitsgrundsatzes** dar und ist zugunsten eines Schwerbehinderten, dem gekündigt werden soll, zu berücksichtigen (BAG v. 7.12.2006 – 2 AZR 182/06). Eine Kündigung ist danach nur erforderlich (ultima ratio), wenn sie nicht durch **mildere Maßnahmen** zu vermeiden ist. Eine Kündigung ist deshalb sozial ungerechtfertigt, wenn es andere geeignete mildere Mittel gibt, um die Vertragsstörung künftig zu beseitigen (BAG v. 7.12.2006 – 2 AZR 182/06; 12.1.2006 – 2 AZR 179/05). Solche Mittel können beim Arbeitsverhältnis eines schwerbehinderten Menschen die in § 84 Abs. 1 SGB IX genannten Möglichkeiten und Hilfen zur Beratung und mögliche finanzielle Hilfen darstellen. Das Gesetz mutet dem Arbeitgeber grundsätzlich zu, mithilfe der genannten Stellen frühzeitig zu prüfen, ob und wie eine Gefährdung des Arbeitsverhältnisses und damit letztlich der Ausspruch einer Kündigung vermieden werden kann. Eine Kündigung kann damit wegen Verstoßes gegen das Verhältnismäßigkeitsprinzip als sozial ungerechtfertigt zu beurteilen sein, wenn bei gehöriger Ausführung des Präventionsverfahrens Möglichkeiten bestanden hätten, die Kündigung zu vermeiden. Im Umkehrschluss steht das Unterbleiben des Präventionsverfahrens einer Kündigung dann nicht entgegen, wenn die Kündigung auch durch das Präventionsverfahren nicht hätte verhindert werden können. Dafür trägt allerdings der Arbeitgeber die Darlegungs- und Beweislast.

Nach Ansicht des BAG ist allerdings zu berücksichtigen, dass die Kündigung gegenüber einem schwerbehinderten Menschen ohnehin nur dann zulässig ist, wenn das **Integrationsamt** nach § 85 SGB IX seine Zustimmung erteilt hat (BAG v. 7.12.2006 – 2 AZR 182/06). Das Integrationsamt hat im Rahmen ihres Ermessens im Zustimmungsverfahren zur Kündigung (siehe Rn. siehe Rn. 74 ff.) genau zu prüfen, ob ein Arbeitgeber im Vorfeld alle Maßnahmen eingeleitet hat, um die Kündigung abzuwenden. Das Integrationsamt habe hierbei die Interessen des Schwerbehinderten und die betrieblichen Interessen gegeneinander abzuwägen. Ist das Integrationsamt nach eingehender Prüfung und Abwägung der Interessen des Schwerbehinderten und der Belange des Arbeitgebers zu dem Ergebnis gelangt, dass die Zustimmung zur Kündigung zu erteilen ist, kann nach Ansicht des BAG nur bei Vorliegen besonderer Anhaltspunkte davon ausgegangen werden, dass ein Präventionsverfahren nach § 84 Abs. 1 SGB IX die Kündigung hätte verhindern können (BAG v. 7.12.2006 – 2 AZR 182/06). Zum **Kündigungsschutz** für schwerbehinderte Menschen siehe Rn. 74 ff.

71b

Betriebliches Eingliederungsmanagement – BEM (§ 84 Abs. 2, 3 SGB IX)

Sind Beschäftigte innerhalb eines Jahres **länger als sechs Wochen** ununterbrochen oder wiederholt arbeitsunfähig, klärt der Arbeitgeber

- mit dem → **Betriebsrat**, bei schwerbehinderten Menschen außerdem mit der → **Schwerbehindertenvertretung**,
- mit **Zustimmung** und Beteiligung der betroffenen Person

die Möglichkeiten, wie die Arbeitsunfähigkeit möglichst überwunden werden und mit welchen Leistungen oder Hilfen erneuter Arbeitsunfähigkeit vorgebeugt und der Arbeitsplatz erhalten werden kann (§ 84 Abs. 2 SGB IX; **betriebliches Eingliederungsmanagement – BEM**; zu den hiervon abzugrenzenden und abzulehnenden sog. »**Krankenrückkehrgesprächen**« siehe → **Krankheit** Rn. 20).

Das Erfordernis eines betrieblichen Eingliederungsmanagements nach § 84 Abs. 2 SGB IX besteht für **alle Arbeitnehmer**, nicht nur für behinderte Menschen (BAG v. 12.7.2007 – 2 AZR 716/06, AiB 2008, 301 = NZA 2008, 173).

Zur Bedeutung des betrieblichen Eingliederungsmanagements im Falle einer vom Arbeitgeber

72

Schwerbehinderte Menschen

beabsichtigten krankheitsbedingten Kündigung siehe → **Personenbedingte Kündigung** Rn. 24 a.

Soweit erforderlich, wird der **Werks- oder Betriebsarzt** hinzugezogen.

Die betroffene Person oder ihr gesetzlicher Vertreter ist zuvor auf die Ziele des betrieblichen Eingliederungsmanagements sowie auf Art und Umfang der hierfür erhobenen und verwendeten Daten **hinzuweisen**.

Kommen **Leistungen** zur Teilhabe oder begleitende Hilfen im Arbeitsleben in Betracht, werden vom Arbeitgeber die örtlichen gemeinsamen **Servicestellen** oder bei schwerbehinderten Beschäftigten das **Integrationsamt** hinzugezogen.

Diese wirken darauf hin, dass die erforderlichen Leistungen oder Hilfen unverzüglich beantragt und innerhalb der Frist des § 14 Abs. 2 Satz 2 SGB IX erbracht werden.

Der → **Betriebsrat**, bei schwerbehinderten Menschen außerdem die → **Schwerbehindertenvertretung**, können die Klärung verlangen.

Sie wachen darüber, dass der Arbeitgeber die ihm nach dieser Vorschrift obliegenden Verpflichtungen erfüllt.

73 Die Rehabilitationsträger und die Integrationsämter können Arbeitgeber, die ein betriebliches Eingliederungsmanagement einführen, durch **Prämien** oder einen **Bonus** fördern (§ 84 Abs. 3 SGB IX).

Kündigungsschutz für schwerbehinderte Menschen (§§ 85 ff. SGB IX) und für Gleichgestellte (§ 68 Abs. 3 SGB IX)

74 Schwerbehinderte Menschen und Gleichgestellte haben nach sechsmonatigem Bestehen des Arbeitsverhältnisses (§ 90 Abs. 1 Nr. 1 SGB IX; vgl. hierzu BAG v. 19.6.2007 – 2 AZR 94/06, NZA 2007, 1103) einen **besonderen Kündigungsschutz**, sofern nicht ein **Ausnahmetatbestand** nach § 90 Abs. 1 – 2 a SGB IX vorliegt (siehe Rn. 85 ff.; vor allem Rn. 87).

Nach §§ 85, 91 Abs. 1 SGB IX bedarf die (ordentliche oder außerordentliche) Kündigung eines Schwerbehinderten durch den Arbeitgeber der vorherigen **Zustimmung** des Integrationsamtes (siehe Rn. 89).

Eine ohne Zustimmung des Integrationsamtes ausgesprochene Kündigung ist **unwirksam**.

75 Die Zustimmung zur Kündigung **beantragt** der Arbeitgeber bei dem für den Sitz des Betriebes zuständigen Integrationsamt schriftlich.

Der Begriff des Betriebes bestimmt sich nach dem Betriebsverfassungsgesetz (§ 87 Abs. 1 SGB IX; siehe → **Betrieb**).

Das Integrationsamt holt eine **Stellungnahme** des Betriebsrates oder Personalrates und der Schwerbehindertenvertretung ein und hört den schwerbehinderten Menschen an (§ 87 Abs. 2 SGB IX).

Das Integrationsamt wirkt in jeder Lage des Verfahrens auf eine **gütliche Einigung** hin (§ 87 Abs. 3 SGB IX).

76 Das Integrationsamt soll die Entscheidung, falls erforderlich auf Grund mündlicher Verhandlung, **innerhalb eines Monats** vom Tage des Eingangs des Antrages an treffen (§ 88 Abs. 1 SGB IX).

In den Fällen des § 89 Abs. 1 Satz 1 und Abs. 3 SGB IX ist die Entscheidung innerhalb eines Monats vom Tage des Eingangs des Antrags an zu treffen.

Wird innerhalb dieser Frist eine Entscheidung nicht getroffen, gilt die Zustimmung als erteilt. § 88 Absätze 3 und 4 SGB gilt entsprechend (siehe Rn. 78, 78 a).

Die Entscheidung steht im **Ermessen des Integrationsamtes**. Dieses Ermessen ist in den Fällen des § 89 SGB IX eingeschränkt. So soll z. B. das Integrationsamt die Zustimmung erteilen, wenn dem schwerbehinderten Menschen ein anderer angemessener und zumutbarer Arbeitsplatz gesichert ist (§ 89 Abs. 2 SGB IX).

Schwerbehinderte Menschen

Die Entscheidung des Integrationsamtes wird dem Arbeitgeber und dem schwerbehinderten Menschen **zugestellt**. 77
Der **Agentur für Arbeit** wird eine Abschrift der Entscheidung übersandt (§ 88 Abs. 2 SGB IX).
Kündigt der Arbeitgeber einem schwerbehinderten Arbeitnehmer in Kenntnis von dessen Schwerbehinderteneigenschaft, so kann dieser gemäß § 4 Satz 4 KSchG (siehe hierzu → **Kündigungsschutz** Rn. 29) das **Fehlen** der nach § 85 SGB IX erforderlichen **Zustimmung** bis zur Grenze der Verwirkung jederzeit geltend machen, wenn ihm eine entsprechende Entscheidung der zuständigen Behörde nicht bekannt gegeben worden ist (BAG v. 13.02.2008 – 2 AZR 864/06, NZA 2008, 1055). 77a

Erteilt das Integrationsamt die Zustimmung zur Kündigung, kann der Arbeitgeber die Kündigung nur **innerhalb eines Monats** nach Zustellung erklären (§ 88 Abs. 3 SGB IX). 78

Widerspruch und **Anfechtungsklage** vor dem Verwaltungsgericht gegen die Zustimmung des Integrationsamtes zur Kündigung sind möglich, haben aber **keine aufschiebende Wirkung** (§ 88 Abs. 4 SGB IX). 78a

Es steht im pflichtgemäßen Ermessen des → **Arbeitsgerichts**, ob es den von einem Schwerbehinderten anhängig gemachten Kündigungsschutzprozess gemäß § 148 ZPO aussetzt, solange über die Anfechtung der Zustimmung des Integrationsamtes zu der Kündigung noch nicht rechtskräftig entschieden ist, wenn es die Kündigung für sozial gerechtfertigt hält (BAG v. 26.9.1991 – 2 AZR 132/91, NZA 1992, 1073). 78b

Wird die Kündigungsschutzklage vom Arbeitsgericht **rechtskräftig abgewiesen** und danach im **verwaltungsgerichtlichen Verfahren** die Zustimmung des Integrationsamtes zur Kündigung rechtskräftig aufgehoben, kann der Schwerbehinderte mit einer sog. **Restitutionsklage** eine Aufhebung des arbeitsgerichtlichen Urteils verlangen (entsprechende Anwendung des § 580 Nr. 7 a ZPO; vgl. BAG v. 26.9.1991 – 2 AZR 132/91, a. a. O.; 25.11.1980 – 6 AZR 210/80, DB 1981, 1141). 78c

Die Restitutionsklage muss **innerhalb eines Monats** nach Kenntnis der Gründe des Restitutionsgrundes (also der rechtskräftigen Aufhebung der Zustimmung des Integrationsamtes durch das Verwaltungsgericht), **spätestens innerhalb von fünf Jahren** erhoben werden (§ 586 Abs. 1 und 2 ZPO). 78d

Folge der Aufhebung des arbeitsgerichtlichen Urteils: es steht fest, dass das Arbeitsverhältnis **ungekündigt fortbesteht**. 78e
Der Schwerbehinderte kann rückwirkend die ihm vorenthaltenen **Vergütungsansprüche** geltend machen und einklagen.

Kündigungsschutz für Gleichgestellte und nach Antrag auf Gleichstellung (§ 68 Abs. 3 i. V. m. §§ 85 ff. SGB IX)

Der besondere Kündigungsschutz nach §§ 85 ff. SGB IX gilt auch für Gleichgestellte (§ 68 Abs. 3 SGB IX; siehe Rn. 26 ff.) und solche Arbeitnehmer, die spätestens **drei Wochen** (!) vor Ausspruch der arbeitgeberseitigen Kündigung bei der Agentur für Arbeit einen **Gleichstellungsantrag** gestellt haben. 79
Letzteres (vor allem die Drei-Wochen-Frist) ergibt sich aus § 90 Abs. 2 a SGB IX (eingefügt durch Gesetz zur Förderung der Ausbildung und Beschäftigung schwerbehinderter Menschen vom 23.4.2004; BGBl. I S. 606).
Mit dieser Vorschrift wurde der bisherige Kündigungsschutz deutlich **verschlechtert** (siehe Rn. 87).
Nach **früherer Gesetzeslage** (§§ 68, 85 ff. SGB IX a. F.) war eine Kündigung, die zwischen Antragstellung und Gleichstellung ausgesprochen wurde, stets unwirksam, sofern der Gleichstellungsantrag positiv beschieden wurde (vgl. z. B. BAG v. 20.1.2005 – 2 AZR 675/03, NZA 2005, 689 zu § 85 SGB IX a. F.). Eine Antragsfrist bestand nicht.

Schwerbehinderte Menschen

Trotz des anders lautenden Wortlauts gilt § 90 Abs. 2 a SGB IX (n. F.) nach Ansicht des BAG nicht nur für schwerbehinderte Menschen, sondern **auch für Gleichgestellte** (BAG v. 1. 3. 2007 – 2 AZR 217/06, AiB 2007, 614; siehe Rn. 87a).
Aus der Bestimmung folgt: Dem Arbeitnehmer kommt der Sonderkündigungsschutz nur dann zu Gute, wenn
- entweder die **Gleichstellung** zum Zeitpunkt der Kündigung **nachgewiesen** wird.
Nach Ansicht des BAG und der h. M. muss der Nachweis gegenüber dem Arbeitgeber bei Ausspruch der Kündigung nicht durch Vorlage des Gleichstellungsbescheides erbracht werden, um den Sonderkündigungsschutz zu erhalten. Es genügt die **objektive Existenz** des Bescheides (BAG v. 1. 3. 2007 – 2 AZR 217/06, a. a. O.).
- oder der **Antrag** auf Gleichstellung **mindestens drei Wochen vor der Kündigung** gestellt worden ist (siehe Rn. 87).

Wird dem Antrag stattgegeben, so wird die Kündigung wegen fehlender Zustimmung des Integrationsamtes (§ 85 SGB IX) **rückwirkend unwirksam** (§ 68 Abs. 2 SGB IX).
Zur Einschränkung des Kündigungsschutzes durch § 90 Abs. 2 a SGB IX siehe auch Rn. 87.

Kündigungsfrist (§ 86 SGB IX)

80 Die → **Kündigungsfrist** beträgt bei einer → **ordentlichen Kündigung** mindestens **vier Wochen** (§ 86 SGB IX).
Auch diese Vorschrift gilt erst nach **sechsmonatigem Bestehen** des Arbeitsverhältnisses (§ 90 Abs. 1 Nr. 1 SGB IX; siehe Rn. 85), sodass ein Widerspruch zu § 622 Abs. 3 BGB (Kündigungsfrist von zwei Wochen während einer Probezeit, längstens für sechs Monate) nicht besteht.
Aus § 86 SGB IX folgt, dass kürzere arbeitsvertraglich vereinbarte Kündigungsfristen unwirksam sind und kürzere tarifliche Kündigungsfristen auf das Arbeitsverhältnis mit einem schwerbehinderten Menschen **nicht zur Anwendung kommen**.
Für eine Kündigung durch den Arbeitnehmer gilt § 86 SGB IX nicht.

Außerordentliche Kündigung (§ 91 SGB IX)

81 Im Falle einer → **außerordentlichen Kündigung** gelten die §§ 85, 87 ff. SGB IX (siehe Rn. 74 ff.) entsprechend nach Maßgabe folgender Bestimmungen:
- Die Zustimmung zur Kündigung kann nur innerhalb von zwei Wochen beantragt werden. Maßgebend ist der Eingang des Antrages bei dem Integrationsamt.
Die Frist beginnt mit dem Zeitpunkt, in dem der Arbeitgeber von den für die Kündigung maßgebenden Tatsachen Kenntnis erlangt (§ 91 Abs. 2 SGB IX).
- Das Integrationsamt trifft die Entscheidung innerhalb von zwei Wochen vom Tage des Eingangs des Antrages an. Wird innerhalb dieser Frist eine Entscheidung nicht getroffen, gilt die Zustimmung als erteilt (§ 91 Abs. 3 SGB IX).
- Das Integrationsamt soll die Zustimmung erteilen, wenn die Kündigung aus einem Grunde erfolgt, der nicht im Zusammenhang mit der Behinderung steht (§ 91 Abs. 4 SGB IX).

82 Die Kündigung kann auch **nach Ablauf der Frist** des § 626 Abs. 2 Satz 1 BGB erfolgen, wenn sie **unverzüglich** nach Erteilung der Zustimmung erklärt wird (§ 91 Abs. 5 SGB IX).
Der Arbeitgeber kann nach Ansicht des BAG die außerordentliche Kündigung gegenüber einem Schwerbehinderten nach § 91 Abs. 5 SGB IX schon dann erklären, wenn ihm das Integrationsamt seine Zustimmungsentscheidung innerhalb der Zwei-Wochen-Frist des § 91 Abs. 3 SGB IX mündlich oder fernmündlich **bekannt gegeben** hat.
Einer vorherigen Zustellung der Entscheidung des Integrationsamtes bedarf es nicht.
Dies gilt auch im Fall einer außerordentlichen Kündigung unter Gewährung einer Auslauffrist

gegenüber einem ordentlich unkündbaren, schwerbehinderten Arbeitnehmer (BAG v. 12. 8. 1999 – 2 AZR 748/98, NZA 1999, 1267).
Auch soll die Wirksamkeit der außerordentlichen Kündigung des Arbeitsverhältnisses mit einem Schwerbehinderten nicht daran scheitern, dass das Kündigungsschreiben vor der Zustellung des Zustimmungsbescheids des Integrationsamtes abgesandt wurde, wenn es dem Schwerbehinderten erst nach der Zustellung des Bescheids zuging (BAG v. 15. 5. 1997 – 2 AZR 43/96, NZA 1998, 33).

Schwerbehinderte Menschen, denen lediglich aus Anlass eines **Streiks** oder einer **Aussperrung** (siehe → **Arbeitskampf**) fristlos gekündigt worden ist, werden nach Beendigung des Streiks oder der Aussperrung wieder eingestellt (§ 91 Abs. 6 SGB IX). 83

Erweiterter Beendigungsschutz (§ 92 SGB IX)

Die Beendigung des Arbeitsverhältnisses eines schwerbehinderten Menschen bedarf auch dann der vorherigen Zustimmung des Integrationsamtes, wenn sie im Falle des **Eintritts einer teilweisen Erwerbsminderung**, der Erwerbsminderung auf Zeit, der Berufsunfähigkeit oder der Erwerbsunfähigkeit auf Zeit ohne Kündigung erfolgt (§ 92 Satz 1 SGB IX). Die §§ 85 ff. SGB IX über die Zustimmung zur ordentlichen Kündigung gelten entsprechend (siehe Rn. 74 ff.). 84

Ausnahmetatbestände (§ 90 SGB IX)

Der **besondere Kündigungsschutz** nach §§ 85 bis 92 SGB IX **gilt nicht** für schwerbehinderte Menschen, 85
- deren Arbeitsverhältnis zum Zeitpunkt des Zugangs der Kündigungserklärung ohne Unterbrechung noch nicht länger als sechs Monate besteht oder
- die auf Stellen im Sinne des § 73 Abs. 2 Nr. 2 bis 6 SGB IX beschäftigt werden oder
- deren Arbeitsverhältnis durch Kündigung beendet wird, sofern sie
  - das 58. Lebensjahr vollendet haben und Anspruch auf eine Abfindung, Entschädigung oder ähnliche Leistung aufgrund eines Sozialplanes haben oder
  - Anspruch auf Knappschaftsausgleichsleistung nach dem SGB VI oder auf Anpassungsgeld für entlassene Arbeitnehmer des Bergbaus haben,

wenn der Arbeitgeber ihnen die Kündigungsabsicht **rechtzeitig mitgeteilt** hat und sie der beabsichtigten Kündigung bis zu deren Ausspruch **nicht widersprechen** (§ 90 Abs. 1 SGB IX).

§§ 85 bis 92 SGB IX finden ferner bei Entlassungen, die aus **Witterungsgründen** vorgenommen werden, keine Anwendung, sofern die **Wiedereinstellung** der schwerbehinderten Menschen bei Wiederaufnahme der Arbeit gewährleistet ist (§ 90 Abs. 2 SGB IX). 86

Nach der früheren Gesetzeslage war Voraussetzung des Sonderkündigungsschutzes, dass vor Zugang der Kündigung ein Bescheid über die Eigenschaft als schwerbehinderter Menschen ergangen oder jedenfalls ein entsprechender **Antrag gestellt** war (so z. B. BAG v. 20. 1. 2005 – 2 AZR 675/03, NZA 2005, 689). 87
In letzterem Fall trat der Sonderkündigungsschutz bei Anerkennung **rückwirkend** mit dem Tag der Antragstellung ein (BAG v. 20. 1. 2005 – 2 AZR 675/03, a. a. O.).
Durch das Gesetz zur Förderung der Ausbildung und Beschäftigung schwerbehinderter Menschen vom 23. 4. 2004 (BGBl. I S. 606) ist der Kündigungsschutz für schwerbehinderte Menschen durch Aufnahme eines weiteren Ausnahmetatbestandes **deutlich verschlechtert** worden (siehe auch Rn. 79).
Gemäß § 90 Abs. 2 a SGB IX (n. F.) finden die Vorschriften über den Sonderkündigungsschutz der schwerbehinderten Menschen keine Anwendung, wenn

Schwerbehinderte Menschen

- zum Zeitpunkt der Kündigung die Eigenschaft als schwerbehinderter Mensch oder als Gleichgestellter (vgl. § 68 Abs. 3 SGB IX; siehe Rn. 79) nicht nachgewiesen ist oder
- das Versorgungsamt nach Ablauf der Frist des § 69 Abs. 1 Satz 2 SGB IX eine Feststellung wegen fehlender Mitwirkung des Schwerbehinderten nicht treffen konnte.

§ 69 Abs. 1 Satz 2 SGB IX lautet: »*Beantragt eine erwerbstätige Person die Feststellung der Eigenschaft als schwerbehinderter Mensch (§ 2 Abs. 2 SGB IX), gelten die in § 14 Abs. 2 Satz 2 und 4 sowie Abs. 5 Satz 2 und 5 SGB IX genannten Fristen sowie § 60 Abs. 1 SGB I entsprechend.*« Die Fristen des § 14 Abs. 2 sowie Abs. 5 Satz 2 und 5 SGB IX, beziehen sich auf die Feststellung von **Rehabilitationsbedarf**. Muss für diese Feststellung ein Gutachten nicht eingeholt werden, entscheidet der Rehabilitationsträger innerhalb von drei Wochen nach Antragseingang (§ 14 Abs. 2 Satz 2 SGB IX). Ist für die Feststellung des Rehabilitationsbedarfs ein Gutachten erforderlich, erstellt der Gutachter das Gutachten innerhalb von zwei Wochen und die Entscheidung über die Feststellung ergeht nach weiteren zwei Wochen, insgesamt damit **sieben Wochen nach Antragseingang** (§ 14 Abs. 2 Satz 4, Abs. 5 Satz 2, 5 SGB IX). Weiter nimmt § 69 Abs. 1 Satz 2 SGB IX Bezug auf § 60 Abs. 1 SGB I, der Regelungen über die Mitwirkungspflichten für Antragsteller von Sozialleistungen enthält.

Das BAG zieht aus diesen seltsamen – für einen Normalsterblichen kaum verstehbaren – Bestimmungen folgenden Schluss:

- Nach § 90 Abs. 2a (erste Alternative) SGB IX findet der Sonderkündigungsschutz für schwerbehinderte Menschen dann keine Anwendung, wenn die Schwerbehinderung im Zeitpunkt der Kündigung **nicht nachgewiesen** ist (BAG v. 1.3.2007 – 2 AZR 217/06, AiB 2007, 614).

Der Nachweis kann durch Schwerbehindertenausweis, aber auch durch einen Feststellungsbescheid des Versorgungsamtes (§ 69 Abs. 1 SGB IX) oder einen anderweitigen Feststellungsbescheid nach § 69 Abs. 2 SGB IX erbracht werden.

Nach Ansicht des BAG und der h. M. muss der Nachweis gegenüber dem Arbeitgeber nicht durch Vorlage des Schwerbehindertenausweises oder eines geeigneten Bescheids geführt werden, um den Sonderkündigungsschutz zu erhalten. Es genügt die **objektive Existenz** von Schwerbehindertenausweis oder Bescheid (BAG v. 1.3.2007 – 2 AZR 217/06, a. a. O.). Nachgewiesen im Sinne des § 90 Abs. 2a SGB IX ist die Schwerbehinderteneigenschaft auch dann, wenn die Behinderung **offenkundig** ist (BAG v. 13.02.2008 – 2 AZR 864/06, NZA 2008, 1055).

- Trotz fehlenden Nachweises der Schwerbehinderteneigenschaft bleibt der Sonderkündigungsschutz dennoch nach § 90 Abs. 2a (zweite Alternative) SGB IX bestehen, wenn das Fehlen des Nachweises **nicht auf fehlender Mitwirkung** des Arbeitnehmers beruht.

Das Fehlen des Nachweises beruht nach dem Gesetz jedenfalls dann auf fehlender Mitwirkung des Arbeitnehmers, wenn er den Antrag auf Anerkennung oder Gleichstellung nicht mindestens drei Wochen vor der Kündigung gestellt hat. § 90 Abs. 2a (zweite Alternative) SGB IX enthält insoweit die Bestimmung einer Vorfrist (BAG v. 1.3.2007 – 2 AZR 217/06, a. a. O.).

Das bedeutet: Der Sonderkündigungsschutz bleibt nach § 90 Abs. 2a 2. Alt. SGB IX trotz fehlenden Nachweises erhalten, wenn der Antrag so frühzeitig vor Kündigungszugang gestellt worden ist, dass eine Entscheidung vor Ausspruch der Kündigung – bei ordnungsgemäßer Mitwirkung des Antragstellers – binnen der Frist des § 69 Abs. 1 Satz 2 SGB IX möglich gewesen wäre.

Der Antrag muss also mindestens **drei Wochen vor der Kündigung** gestellt sein (BAG v. 1.3.2007 – 2 AZR 217/06 a. a. O.; BAG v. 6.9.2007 – 2 AZR 324/06, NZA 2008, 407; BAG v. 29.11.2007 – 2 AZR 613/06, NZA 2008, 361; vgl. auch Kittner/Däubler/Zwanziger, KSchR, 9. Aufl., § 90 SGB IX Rn. 11).

87a § 90 Abs. 2a SGB IX (n. F.) findet nach Ansicht des BAG auch auf **Gleichstellte** (siehe Rn. 79)

Schwerbehinderte Menschen

Anwendung (BAG v. 1.3.2007 – 2 AZR 217/06, a.a.O.). Zwar erwähne die Vorschrift nur schwerbehinderte Menschen, nicht aber Gleichgestellte. Eine Besserstellung der weniger schutzbedürftigen Gruppe der Gleichgestellten sei aber sachlich nicht zu rechtfertigen und mit dem Zweck der Regelung des § 90 Abs. 2 a SGB IX nicht zu vereinbaren. Eine Nichtanwendung der Bestimmung auf Gleichgestellte würde zu dem nicht nachvollziehbaren Ergebnis führen, dass während des Gleichstellungsverfahrens nach wie vor – bei nachträglicher Anerkennung – von Beginn an Sonderkündigungsschutz bestünde, während »echte« Schwerbehinderte den Einschränkungen des § 90 Abs. 2 a SGB IX unterlägen. Dass der Gesetzgeber eine derartige Ungleichbehandlung beabsichtigt hat, sei nicht anzunehmen.

Der Arbeitgeber zeigt **Einstellungen auf Probe** und die Beendigung von Arbeitsverhältnissen schwerbehinderter Menschen, deren Arbeitsverhältnis noch keine sechs Monate besteht, unabhängig von der Anzeigepflicht nach anderen Gesetzen dem Integrationsamt **innerhalb von vier Tagen** an (§ 90 Abs. 3 SGB IX). 88

Beauftragter des Arbeitgebers (§ 98 SGB IX)

Der Arbeitgeber bestellt gemäß § 98 SGB IX einen Beauftragten, der ihn in Angelegenheiten schwerbehinderter Menschen verantwortlich vertritt. 88a
Falls erforderlich, können **mehrere Beauftragte** bestellt werden.
Der Beauftragte soll nach Möglichkeit selbst ein schwerbehinderter Mensch sein.
Der Beauftragte achtet vor allem darauf, dass die dem Arbeitgeber obliegenden Verpflichtungen erfüllt werden.

Integrationsamt (§§ 101, 102 SGB IX)

Das Integrationsamt (früher: Hauptfürsorgestelle) hat nach § 102 SGB IX folgende **Aufgaben**: 89
- die Erhebung und Verwendung der Ausgleichsabgabe (vgl. § 77 SGB IX),
- den Kündigungsschutz (vgl. §§ 85 ff. SGB IX; siehe Rn. 74 ff.),
- die begleitende Hilfe im Arbeitsleben (vgl. § 102 Abs. 2 und 3 SGB IX),
- die zeitweilige Entziehung der besonderen Hilfen für schwerbehinderte Menschen (§ 117 SGB IX).

Klagerecht der Verbände (§ 63 SGB IX)

Werden behinderte Menschen in ihren Rechten nach den Bestimmungen des SGB IX verletzt, können nach § 63 SGB IX an ihrer Stelle und mit ihrem Einverständnis **Verbände klagen**, die nach ihrer Satzung behinderte Menschen auf Bundes- oder Landesebene vertreten und nicht selbst am Prozess beteiligt sind. 90
In diesem Fall müssen alle **Verfahrensvoraussetzungen** wie bei einem Rechtsschutzsuchen durch den behinderten Menschen selbst vorliegen.

Bedeutung für die Betriebsratsarbeit

Nach § 75 Abs. 1 BetrVG (neu gefasst durch das Allgemeine Gleichbehandlungsgesetz [AGG] vom 14.8.2006) haben Arbeitgeber und Betriebsrat darüber zu wachen, dass alle im Betrieb tätigen Personen nach den Grundsätzen von **Recht und Billigkeit** behandelt werden und jede Benachteiligung z. B. wegen einer Behinderung unterbleibt. 91

Zudem hat der Betriebsrat **darüber zu wachen**, dass der Arbeitgeber seine Verpflichtungen 92

Schwerbehinderte Menschen

nach §§ 71, 72 und 81 bis 84 SGB IX sowie nach § 12 AGG zur Unterbindung von Benachteiligungen erfüllt (§ 80 Abs. 1 Nr. 1 BetrVG).
Insbesondere sollte der Betriebsrat das vom Arbeitgeber nach § 80 Abs. 1 SGB IX zu führende **Verzeichnis** der bei ihm beschäftigten schwerbehinderten, ihnen gleichgestellten behinderten Menschen und sonstigen anrechnungsfähigen Personen überprüfen (siehe hierzu Rn. 34 und 41).

93 Der Betriebsrat kann dem Arbeitgeber **Vorschläge** unterbreiten (§ 80 Abs. 1 Nr. 2 BetrVG).

94 Er hat nach § 80 Abs. 1 Nr. 4 BetrVG *»die Eingliederung schwerbehinderter Menschen zu fördern«*.

95 Bei einem **groben Verstoß** des Arbeitgebers gegen seine Verpflichtungen aus dem AGG und dem Betriebsverfassungsgesetz kann der Betriebsrat oder eine im Betrieb vertretene → **Gewerkschaft** die in § 23 Abs. 3 BetrVG vorgesehenen Rechte gerichtlich geltend machen (§ 17 Abs. 2 Satz 1 AGG; zu § 23 Abs. 3 BetrVG siehe → **Unterlassungsanspruch des Betriebsrats**).
Mit dem Antrag dürfen allerdings nicht Ansprüche des Benachteiligten verfolgt werden (§ 17 Abs. 2 Satz 2 AGG). Das müssen diese selbst tun.

96 Der Betriebsrat wirkt auf die **Wahl** der → **Schwerbehindertenvertretung** hin (§ 93 Satz 2 zweiter Halbsatz SGB IX).

97 Die Wahrnehmung der Interessen der schwerbehinderten Arbeitnehmer hat in enger **Zusammenarbeit** zwischen Betriebsrat und Schwerbehindertenvertretung zu erfolgen.
Zu diesem Zweck ist in § 32 BetrVG sowie in § 95 Abs. 4 SGB IX geregelt, dass die Schwerbehindertenvertretung das Recht hat, an allen **Sitzungen des Betriebsrats** und seiner **Ausschüsse** einschließlich des paritätischen Ausschusses nach § 28 Abs. 2 BetrVG (BAG v. 21. 4. 1993 – 7 ABR 44/92, AiB 1994, 48) und des → **Wirtschaftsausschusses** nach §§ 106 ff. BetrVG (BAG v. 4. 6. 1987 – 6 ABR 70/85, AiB 1988, 47) sowie des Arbeitsschutzausschusses (§ 11 Arbeitssicherheitsgesetz) **beratend teilzunehmen** (§ 95 Abs. 4 SGB IX; vgl. auch § 29 Abs. 2 Satz 4 BetrVG: Verpflichtung zur Einladung der Schwerbehindertenvertretung zu den Sitzungen des Betriebsrats).
Auch ist die Schwerbehindertenvertretung zu den »**Monats-Besprechungen**« zwischen Arbeitgeber und Betriebsrat im Sinne des § 74 Abs. 1 BetrVG hinzuzuziehen (§ 95 Abs. 5 SGB IX).

98 Der Betriebsrat kann die **Zustimmung** zur → **Einstellung** eines Nicht-Behinderten nach § 99 Abs. 2 Nr. 1 BetrVG **verweigern** mit der Begründung, dass der Arbeitgeber seiner Verpflichtung nach § 81 Abs. 1 SGB IX (siehe Rn. 42) nicht ausreichend nachgekommen ist, nämlich zu prüfen, ob der freie Arbeitsplatz mit einem Schwerbehinderten besetzt werden kann (BAG v. 17. 6. 2008 – 1 ABR 20/07; 14. 11. 1989 – 1 ABR 88/88, AiB 1990, 169).
Eine Zustimmungsverweigerung des Betriebsrats nach § 99 Abs. 2 Nr. 1 BetrVG kommt auch dann in Betracht, wenn der Arbeitgeber, der die **Beschäftigungsquote** gemäß § 71 SGB IX (siehe Rn. 29) nicht erfüllt, einen Nicht-Schwerbehinderten einstellen will, obwohl die Bewerbung eines in gleicher Weise geeigneten Schwerbehinderten vorliegt.

99 Zur bevorzugten Berücksichtigung von Schwerbehinderten bei innerbetrieblichen Maßnahmen der beruflichen Bildung: siehe auch → **Berufsbildung**.

100 Wichtig ist, dass der Betriebsrat gesundheitlich beeinträchtigte Arbeitnehmer über die Möglichkeit **informiert**, einen **Antrag** auf Feststellung der Schwerbehinderung beim Versorgungsamt bzw. einen Antrag auf Gleichstellung bei der Agentur für Arbeit zu stellen.
Dies gilt insbesondere bei einer **drohenden Kündigung** (zum Kündigungsschutz der schwerbehinderten Menschen bzw. der Gleichgestellten siehe Rn. 74 ff.).

Zusammenarbeit (§ 99 SGB IX)

Arbeitgeber, Beauftragter des Arbeitgebers (§ 98 SGB IX), Schwerbehindertenvertretung und Betriebsrat **arbeiten** zur Teilhabe schwerbehinderter Menschen am Arbeitsleben in dem Betrieb **eng zusammen** (§ 99 Abs. 1 SGB IX).
Die vorstehend genannten Personen und Vertretungen, die mit der Durchführung der §§ 68 bis 160 SGB IX beauftragten Stellen und die Rehabilitationsträger, unterstützen sich gegenseitig bei der Erfüllung ihrer Aufgaben (§ 99 Abs. 2 Satz 1 SGB IX).
Vertrauenspersonen und Beauftragte des Arbeitgebers sind Verbindungspersonen zur Bundesagentur für Arbeit und zum Integrationsamt (§ 99 Abs. 2 Satz 2 SGB IX).

Rechtsprechung

1. Beschäftigungspflicht – Pflichtquote – Ausgleichsabgabe wegen Nichtbeschäftigung von schwerbehinderten Menschen
2. Gleichstellung (§§ 2 Abs. 3, 68 SGB IX)
3. Nachweis der Schwerbehinderung bzw. Gleichstellung
4. Benachteiligungsverbot (§ 81 Abs. 2 SGB IX i. V. m. den Bestimmungen des AGG) – Anspruch auf Entschädigung und Schadensersatz (§ 15 AGG) – Beweislast (§ 22 AGG)
5. Sozialplanabfindung bei schwerbehinderten Arbeitnehmern
6. Einladung des schwerbehinderten Bewerbers zum Vorstellungsgespräch
7. Frage nach Schwerbehinderteneigenschaft
8. Pflicht des Arbeitgebers zu prüfen, ob freie Arbeitsplätze mit schwerbehinderten Menschen besetzt werden können (§ 81 Abs. 1 Satz 1 SGB IX)
9. Anspruch auf behindertengerechte Beschäftigung (§ 81 Abs. 4 Nr. 1 SGB IX)
10. Kündigungsprävention nach § 84 Abs. 1 SGB IX: Verletzung der Erörterungspflichten – Kündigungsschutz – Darlegungslast im Schadensersatzprozess
11. Betriebliches Eingliederungsmanagement (BEM) nach § 84 Abs. 2 SGB IX
12. Annahmeverzug und Schadensersatz
13. Vergütungsanspruch
14. Freistellung schwerbehinderter Arbeitnehmer von Mehrarbeit und Nachtarbeit
15. Anspruch auf Zusatzurlaub – Abgeltung
16. Zusatzurlaub und Elternzeit
17. Kündigungsschutz eines schwerbehinderten Arbeitnehmers (§§ 85 ff. SGB IX) und eines Gleichgestellten (§§ 68 Abs. 3, 85 ff. SGB IX)
18. Verhältnis arbeitsgerichtliches/verwaltungsgerichtliches Verfahren
19. Kündigungsschutzprozess: Auflösungsantrag des Arbeitgebers nur mit Zustimmung des Integrationsamtes
20. Erweiterter Beendigungsschutz nach § 92 SGB IX
21. Kündigung von älteren schwerbehinderten Arbeitnehmern ab 58 Jahren im Falle eines Sozialplans
22. Mitbestimmung des Betriebsrats bei Einstellung und Versetzung schwerbehinderter Arbeitnehmer (§ 99 BetrVG)
23. Mitbestimmung des Personalrats bei außerordentlicher Kündigung eines schwerbehinderten Arbeitnehmers nach Personalvertretungsrecht
24. Besonderer Kündigungsschutz der Schwerbehindertenvertretung
25. Sonstiges

Schwerbehindertenvertretung

Was ist das?

1   Die Schwerbehindertenvertretung wird in → **Betrieben** gewählt, in denen wenigstens fünf schwerbehinderte Menschen nicht nur vorübergehend beschäftigt sind.
Sie besteht aus einer Person, der **Vertrauensperson** der schwerbehinderten Menschen und wenigstens einem **stellvertretenden Mitglied**, das die Vertrauensperson im Falle der Verhinderung durch Abwesenheit oder Wahrnehmung anderer Aufgaben vertritt (§ 94 Abs. 1 Satz 1 SGB IX).
Betriebe, in denen weniger als fünf schwerbehinderte Menschen beschäftigt sind, können für die Wahl mit räumlich nahe liegenden Betrieben des Arbeitgebers **zusammengefasst** werden (§ 94 Abs. 1 Satz 2 SGB IX).
Über die Zusammenfassung entscheidet der Arbeitgeber im Benehmen mit dem für den Sitz des Betriebs zuständigen **Integrationsamt**.

Wahl der Schwerbehindertenvertretung

2   Die **regelmäßigen Wahlen** finden alle vier Jahre (2014, 2018 usw.) in der Zeit vom 1. Oktober bis 30. November statt (§ 94 Abs. 5 Satz 1 SGB IX).

3   **Außerhalb dieser Zeit** finden gemäß § 94 Abs. 5 Satz 2 SGB IX Wahlen statt, wenn
- das Amt der Schwerbehindertenvertretung vorzeitig erlischt und ein stellvertretendes Mitglied nicht nachrückt,
- die Wahl mit Erfolg angefochten worden ist oder
- eine Schwerbehindertenvertretung noch nicht gewählt ist.

4   Hat außerhalb des für die regelmäßigen Wahlen festgelegten Zeitraumes eine Wahl der Schwerbehindertenvertretung stattgefunden, wird die Schwerbehindertenvertretung in dem auf die Wahl folgenden **nächsten Zeitraum** der regelmäßigen Wahlen neu gewählt (§ 94 Abs. 5 Satz 3 SGB IX).
Hat die Amtszeit der Schwerbehindertenvertretung zum Beginn des für die regelmäßigen Wahlen festgelegten Zeitraums noch nicht **ein Jahr** betragen, wird die Schwerbehindertenvertretung im **übernächsten Zeitraum** für regelmäßige Wahlen neu gewählt (§ 94 Abs. 5 Satz 4 SGB IX).

5   **Wahlberechtigt** sind alle in dem Betrieb beschäftigten schwerbehinderten Menschen (§ 94 Abs. 2 SGB IX).

6   **Wählbar** sind alle in dem Betrieb nicht nur vorübergehend Beschäftigten, die am Wahltage das 18. Lebensjahr vollendet haben und dem Betrieb seit sechs Monaten angehören (§ 94 Abs. 3 Satz 1 SGB IX).
Besteht der Betrieb weniger als ein Jahr, so bedarf es für die Wählbarkeit nicht der sechsmonatigen Zugehörigkeit. Nicht wählbar ist, wer kraft Gesetzes dem Betriebsrat nicht angehören kann.

Schwerbehindertenvertretung

Die Vertrauensperson und das stellvertretende Mitglied werden in geheimer und unmittelbarer Wahl nach den Grundsätzen der **Mehrheitswahl** gewählt (§ 94 Abs. 6 Satz 1 SGB IX). Im Übrigen sind die Vorschriften über die Wahlanfechtung, den Wahlschutz und die Wahlkosten bei der Wahl des Betriebsrates sinngemäß anzuwenden (siehe → **Betriebsratswahl**). 7

In Betrieben mit **weniger als 50** wahlberechtigten schwerbehinderten Menschen werden die Vertrauensperson und das stellvertretende Mitglied im **vereinfachten Wahlverfahren** gewählt, sofern der Betrieb nicht aus räumlich weit auseinander liegenden Teilen besteht.

Ist in einem Betrieb eine Schwerbehindertenvertretung nicht gewählt, so kann das für den Betrieb zuständige Integrationsamt zu einer **Versammlung** schwerbehinderter Menschen zum Zwecke der Wahl eines Wahlvorstandes einladen.

Amtszeit

Die Amtszeit der Schwerbehindertenvertretung beträgt **vier Jahre** (§ 94 Abs. 7 Satz 1 SGB IX). 8
Sie **beginnt** mit der Bekanntgabe des Wahlergebnisses oder, wenn die Amtszeit der bisherigen Schwerbehindertenvertretung noch nicht beendet ist, mit deren Ablauf (§ 94 Abs. 7 Satz 2 SGB IX).

Das Amt **erlischt** vorzeitig, wenn die Vertrauensperson es niederlegt, aus dem Arbeitsverhältnis ausscheidet oder die Wählbarkeit verliert (§ 94 Abs. 7 Satz 3 SGB IX). 9

Scheidet die Vertrauensperson **vorzeitig** aus dem Amt aus, rückt das mit der höchsten Stimmenzahl gewählte stellvertretende Mitglied für den Rest der Amtszeit nach. Dies gilt für das stellvertretende Mitglied entsprechend (§ 94 Abs. 7 Satz 4 SGB IX). 10

Auf Antrag eines Viertels der wahlberechtigten schwerbehinderten Menschen kann der Widerspruchsausschuss bei dem Integrationsamt (§ 119 SGB IX) das Erlöschen des Amtes einer Vertrauensperson wegen **grober Verletzung** ihrer Pflichten beschließen (§ 94 Abs. 7 Satz 5 SGB IX). 11

Aufgaben der Schwerbehindertenvertretung (§ 95 SGB IX)

Die Schwerbehindertenvertretung **fördert** die Eingliederung schwerbehinderter Menschen in den Betrieb, vertritt ihre Interessen in dem Betrieb und steht ihnen beratend und helfend zur Seite (§ 95 Abs. 1 Satz 1 SGB IX). 12

Sie erfüllt ihre **Aufgaben** (§ 95 Abs. 1 Satz 2 SGB IX) insbesondere dadurch, dass sie 13
- darüber wacht, dass die zugunsten schwerbehinderter Menschen geltenden Gesetze, Verordnungen, Tarifverträge, Betriebsvereinbarungen durchgeführt, insbesondere auch die dem Arbeitgeber nach den §§ 71, 72 und 81 bis 84 SGB IX obliegenden Verpflichtungen (z. B. Beschäftigungspflicht oder Abschluss von Integrationsvereinbarungen) erfüllt werden,
- Maßnahmen, die den schwerbehinderten Menschen dienen, insbesondere auch präventive Maßnahmen, bei den zuständigen Stellen beantragt,
- Anregungen und Beschwerden von schwerbehinderten Menschen entgegennimmt und, falls sie berechtigt erscheinen, durch Verhandlung mit dem Arbeitgeber auf eine Erledigung hinwirkt; sie unterrichtet die schwerbehinderten Menschen über den Stand und das Ergebnis der Verhandlungen.

Die Schwerbehindertenvertretung **unterstützt** Beschäftigte auch bei Anträgen an die für die Durchführung des Bundesversorgungsgesetzes zuständigen Behörden auf Feststellung einer Behinderung, ihres Grades und einer Schwerbehinderung sowie bei Anträgen auf Gleichstellung an die Agentur für Arbeit (§ 95 Abs. 1 Satz 3 SGB IX). 14

In Betrieben mit »in der Regel« (siehe → **Rechtsbegriffe**) mehr als 100 schwerbehinderten Menschen kann die Vertrauensperson der schwerbehinderten Menschen nach Unterrichtung 15

Schwerbehindertenvertretung

des Arbeitgebers das mit der höchsten Stimmenzahl gewählte stellvertretende Mitglied zu bestimmten Aufgaben **heranziehen**, in Betrieben mit mehr als 200 schwerbehinderten Menschen, das mit der nächsthöchsten Stimmzahl gewählte **weitere** stellvertretende Mitglied (§ 95 Abs. 1 Satz 4 SGB IX).
Die Heranziehung zu bestimmten Aufgaben schließt die Abstimmung untereinander ein (§ 95 Abs. 1 Satz 5 SGB IX).

16 Der Arbeitgeber hat die Schwerbehindertenvertretung in allen Angelegenheiten, die einen einzelnen oder die schwerbehinderten Menschen als Gruppe berühren, unverzüglich und umfassend **zu unterrichten** und vor einer Entscheidung **anzuhören** (§ 95 Abs. 2 SGB IX).
Er hat ihr die getroffene Entscheidung unverzüglich mitzuteilen.
Die Durchführung oder Vollziehung einer ohne Beteiligung der Schwerbehindertenvertretung getroffenen Entscheidung ist **auszusetzen**, die Beteiligung ist innerhalb von sieben Tagen nachzuholen; sodann ist endgültig zu entscheiden.

17 Die Schwerbehindertenvertretung hat das Recht auf **Beteiligung** am Verfahren nach § 81 Abs. 1 SGB IX (siehe hierzu → **Schwerbehinderte Menschen** Rn. 42) und beim Vorliegen von Vermittlungsvorschlägen der Agentur für Arbeit nach § 81 Abs. 1 SGB IX oder von Bewerbungen schwerbehinderter Menschen das Recht auf **Einsicht** in die entscheidungsrelevanten Teile der Bewerbungsunterlagen und Teilnahme an **Vorstellungsgesprächen** (§ 95 Abs. 2 Satz 3 SGB IX).

18 Der schwerbehinderte Mensch hat das Recht, bei Einsicht in die über ihn geführte → **Personalakte** oder ihn betreffende Daten des Arbeitgebers die Schwerbehindertenvertretung hinzuzuziehen (§ 95 Abs. 3 Satz 1 SGB IX).
Die Schwerbehindertenvertretung bewahrt über den Inhalt der Daten **Stillschweigen**, soweit sie der schwerbehinderte Mensch nicht von dieser Verpflichtung entbunden hat (§ 95 Abs. 3 Satz 2 SGB IX).

Zusammenarbeit mit dem Betriebsrat

19 Die Schwerbehindertenvertretung hat nach § 32 BetrVG und § 95 Abs. 4 SGB IX das Recht, an allen **Sitzungen** des Betriebsrats und seiner **Ausschüsse** einschließlich des paritätischen Ausschusses nach § 28 Abs. 2 BetrVG (BAG v. 21. 4. 1993 – 7 ABR 44/92, AiB 1994, 48) und des → **Wirtschaftsausschusses** nach §§ 106 ff. BetrVG (BAG v. 4. 6. 1987 – 6 ABR 70/85, AiB 1988, 47) sowie des Arbeitsschutzausschusses (§ 11 Arbeitssicherheitsgesetz) beratend teilzunehmen (§ 95 Abs. 4 SGB IX; vgl. auch § 29 Abs. 2 Satz 4 BetrVG: Verpflichtung zur Einladung der Schwerbehindertenvertretung zu den Sitzungen des Betriebsrats).
Die Schwerbehindertenvertretung kann beantragen, Angelegenheiten, die einzelne oder die schwerbehinderten Menschen als Gruppe besonders betreffen, auf die **Tagesordnung** der nächsten Sitzung des Betriebsrats bzw. von Ausschüssen zu setzen.
Erachtet sie einen Beschluss des Betriebsrates als eine **erhebliche Beeinträchtigung** wichtiger Interessen schwerbehinderter Menschen oder ist vom Arbeitgeber entgegen § 95 Abs. 2 Satz 1 SGB IX nicht beteiligt worden, ist auf ihren Antrag der Beschluss für die Dauer von einer Woche vom Zeitpunkt der Beschlussfassung an auszusetzen.
Die Vorschriften des Betriebsverfassungsgesetzes über die Aussetzung von Beschlüssen gelten entsprechend (vgl. § 35 BetrVG). Durch die Aussetzung wird eine **Frist** nicht verlängert (§ 95 Abs. 4 Satz 3 SGB IX).

20 Die Schwerbehindertenvertretung wird auch zu den »**Monats-Besprechungen**« nach § 74 Abs. 1 Satz 1 BetrVG zwischen dem Arbeitgeber und dem Betriebsrat hinzugezogen (§ 95 Abs. 5 SGB IX).
Zur Teilnahme der Gesamtschwerbehindertenvertretung an Monatsgesprächen siehe Rn. 37.

Schwerbehindertenvertretung

Die Schwerbehindertenvertretung hat das Recht, mindestens einmal im Kalenderjahr eine **Versammlung** schwerbehinderter Menschen im Betrieb durchzuführen. Die für → **Betriebsversammlungen** geltenden Vorschriften finden **entsprechende Anwendung** (§ 95 Abs. 6 SGB IX). 21

Die Schwerbehindertenvertretung kann an → **Betriebsversammlungen** in Betrieben teilnehmen, für die sie als Schwerbehindertenvertretung zuständig ist, und hat dort ein **Rederecht**, auch wenn die Mitglieder der Schwerbehindertenvertretung nicht Angehörige des Betriebes sind (§ 95 Abs. 8 SGB IX). 22

Persönliche Rechte und Pflichten der Vertrauenspersonen der schwerbehinderten Menschen (§ 96 SGB IX)

Die Vertrauenspersonen führen ihr Amt unentgeltlich als **Ehrenamt** (§ 96 Abs. 1 SGB IX). 23

Sie dürfen in der Ausübung ihres Amtes nicht **behindert** oder wegen ihres Amtes nicht **benachteiligt** oder **begünstigt** werden (§ 96 Abs. 2 SGB IX). 24
Dies gilt auch für ihre **berufliche Entwicklung**.

Sie besitzen gegenüber dem Arbeitgeber die **gleiche persönliche Rechtsstellung**, insbesondere den gleichen Kündigungs-, Versetzungs- und Abordnungsschutz wie ein Mitglied des Betriebsrates (§ 96 Abs. 3 Satz 1 SGB IX; siehe → **Kündigungsschutz [besonderer]**). 25

Das **stellvertretende Mitglied** besitzt während der Dauer der Vertretung und der Heranziehung nach § 95 Abs. 1 Satz 4 SGB IX die gleiche persönliche Rechtsstellung wie die Vertrauensperson, im Übrigen die gleiche Rechtsstellung wie → **Ersatzmitglieder des Betriebsrats** (§ 96 Abs. 3 Satz 2 SGB IX).

Die Vertrauenspersonen werden von ihrer beruflichen Tätigkeit ohne Minderung des Arbeitsentgelts **befreit**, wenn und soweit es zur Durchführung ihrer Aufgaben **erforderlich** ist (§ 96 Abs. 4 Satz 1 SGB IX). 26
Sind in den Betrieben in der Regel wenigstens 200 schwerbehinderte Menschen beschäftigt, wird die Vertrauensperson **auf ihren Wunsch freigestellt**.
Weitergehende Vereinbarungen sind zulässig.

Die Vertrauenspersonen der schwerbehinderten Menschen werden für die Teilnahme an → **Schulungs- und Bildungsveranstaltungen** ohne Minderung des Arbeitsentgelts freigestellt, soweit diese Kenntnisse vermitteln, die für die Arbeit der Schwerbehindertenvertretung erforderlich sind (§ 96 Abs. 4 Satz 3 SGB IX). 27
Dies gilt auch für das mit der höchsten Stimmenzahl gewählte **stellvertretende Mitglied**, wenn wegen
- ständiger Heranziehung nach § 95 SGB IX,
- häufiger Vertretung der Vertrauensperson für längere Zeit,
- absehbaren Nachrückens in das Amt der Schwerbehindertenvertretung in kurzer Frist
- die Teilnahme an Bildungs- und Schulungsveranstaltungen erforderlich ist (§ 96 Abs. 4 Satz 4 SGB IX).

Freigestellte Vertrauenspersonen dürfen von inner- oder außerbetrieblichen Maßnahmen der **Berufsförderung** nicht ausgeschlossen werden (§ 96 Abs. 5 Satz 1 SGB IX). 28
Innerhalb **eines Jahres** nach Beendigung ihrer Freistellung ist ihnen im Rahmen der Möglichkeiten des Betriebes oder der Dienststelle Gelegenheit zu geben, eine wegen der Freistellung unterbliebene berufliche Entwicklung in dem Betrieb oder der Dienststelle nachzuholen (§ 96 Abs. 5 Satz 2 SGB IX).
Für Vertrauenspersonen, die **drei volle aufeinander folgende Amtszeiten** freigestellt waren, erhöht sich der genannte Zeitraum auf **zwei Jahre** (§ 96 Abs. 5 Satz 3 SGB IX).

Zum **Ausgleich** für ihre Tätigkeit, die aus betriebsbedingten oder dienstlichen Gründen au- 29

Schwerbehindertenvertretung

ßerhalb der Arbeitszeit durchzuführen ist, haben die Vertrauenspersonen Anspruch auf entsprechende Arbeitsbefreiung unter Fortzahlung des Arbeitsentgelts (§ 96 Abs. 6 SGB IX).

30   Die Vertrauenspersonen der schwerbehinderten Menschen sind gemäß § 96 Abs. 7 Satz 1 SGB IX verpflichtet,
- über ihnen wegen ihres Amtes bekannt gewordene persönliche Verhältnisse und Angelegenheiten von Beschäftigten im Sinne des § 73 SGB IX, die ihrer Bedeutung oder ihrem Inhalt nach einer vertraulichen Behandlung bedürfen, **Stillschweigen** zu bewahren und
- ihnen wegen ihres Amtes bekannt gewordene und vom Arbeitgeber ausdrücklich als geheimhaltungsbedürftig bezeichnete Betriebs- oder Geschäftsgeheimnisse (siehe → **Geheimhaltungspflicht**) nicht zu offenbaren und nicht zu verwerten.

31   Diese Pflichten gelten auch nach dem **Ausscheiden** aus dem Amt (§ 96 Abs. 7 Satz 2 SGB IX). Sie gelten nicht gegenüber der Bundesagentur für Arbeit, den Integrationsämtern und den Rehabilitationsträgern, soweit deren Aufgaben den schwerbehinderten Menschen gegenüber es erfordern, gegenüber den Vertrauenspersonen in den Stufenvertretungen (§ 97 SGB IX) sowie gegenüber den in § 79 Abs. 1 BetrVG genannten Vertretungen, Personen und Stellen (§ 96 Abs. 7 Satz 3 SGB IX).

32   Die durch die Tätigkeit der Schwerbehindertenvertretung entstehenden **Kosten** trägt der Arbeitgeber (§ 96 Abs. 8 Satz 1 SGB IX).
Das Gleiche gilt für die durch die Teilnahme des mit der höchsten Stimmenzahl gewählten stellvertretenden Mitglieds an → **Schulungs und Bildungsveranstaltungen** nach § 96 Abs. 4 Satz 3 SGB IX entstehenden Kosten (§ 96 Abs. 8 Satz 2 SGB IX).

33   Die Räume und der Geschäftsbedarf, die der Arbeitgeber dem → **Betriebsrat** für dessen Sitzungen, Sprechstunden und laufende Geschäftsführung zur Verfügung stellt (siehe → **Kosten der Betriebsratsarbeit**), stehen für die gleichen Zwecke auch der Schwerbehindertenvertretung zur Verfügung, soweit ihr hierfür nicht eigene Räume und sächliche Mittel zur Verfügung gestellt werden (§ 96 Abs. 9 SGB IX).

Gesamtschwerbehindertenvertretung (§ 97 Abs. 1 SGB IX)

34   Ist für mehrere → **Betriebe** eines Arbeitgebers ein → **Gesamtbetriebsrat** errichtet, wählen die Schwerbehindertenvertretungen der einzelnen Betriebe eine **Gesamtschwerbehindertenvertretung**.
Ist eine Schwerbehindertenvertretung nur in einem der Betriebe gewählt, nimmt sie die Rechte und Pflichten der Gesamtschwerbehindertenvertretung wahr (§ 97 Abs. 1 SGB IX).
Für jede neu zu wählende Vertrauensperson wird wenigstens ein **stellvertretendes Mitglied** gewählt (§ 97 Abs. 5 SGB IX).

35   Die Gesamtschwerbehindertenvertretung vertritt nach § 97 Abs. 6 Satz 1 SGB IX die Interessen der schwerbehinderten Menschen
- in Angelegenheiten, die das Gesamtunternehmen oder mehrere Betriebe des Arbeitgebers betreffen und von den Schwerbehindertenvertretungen der einzelnen Betriebe **nicht geregelt werden können**,
- die in einem Betrieb tätig sind, für die eine Schwerbehindertenvertretung **nicht gewählt** ist.

36   Die Gesamtschwerbehindertenvertretung ist auch zuständig für Verhandlungen über **Integrationsvereinbarungen** (vgl. § 83 SGB IX) und den Abschluss solcher Vereinbarungen (§ 97 Abs. 6 Satz 1 zweiter Halbs. SGB IX).

37   § 94 Abs. 3 bis 7, § 95 Abs. 1 Satz 4, Abs. 2, 4, 5 und 7 und § 96 SGB IX gelten entsprechend, § 94 Abs. 5 SGB IX mit der Maßgabe, dass die **Wahl** der Gesamtschwerbehindertenvertretungen in der Zeit vom 1. Dezember bis 31. Januar stattfindet (§ 97 Abs. 7 SGB IX).
Der Gesamtschwerbehindertenvertretung steht ein Teilnahmerecht an **Monatsgesprächen** zu,

Schwerbehindertenvertretung

die der → **Gesamtbetriebsrat** mit der Geschäftsleitung gemäß § 74 Abs. 1 Satz 1 BetrVG führt (ArbG Hannover v. 7. 2. 2006 – 6 BV 13/05).
§ 95 Abs. 6 SGB IX gilt für die Durchführung von **Versammlungen** der Vertrauenspersonen durch die Gesamtschwerbehindertenvertretung entsprechend (§ 97 Abs. 8 SGB IX).

Konzernschwerbehindertenvertretung (§ 97 Abs. 2 SGB IX)

Ist für mehrere → **Unternehmen** ein → **Konzernbetriebsrat** errichtet, wählen die Gesamtschwerbehindertenvertretungen eine **Konzernschwerbehindertenvertretung** (§ 97 Abs. 2 SGB IX). 38
Besteht ein Konzernunternehmen nur aus einem → **Betrieb** (siehe → **Ein-Betriebs-Unternehmen**), für den eine Schwerbehindertenvertretung gewählt ist, hat sie das Wahlrecht wie eine Gesamtschwerbehindertenvertretung.
Für jede neu zu wählende Vertrauensperson wird wenigstens ein **stellvertretendes Mitglied** gewählt (§ 97 Abs. 5 SGB IX).
Die Konzernschwerbehindertenvertretung vertritt nach § 97 Abs. 6 Satz 2 SGB IX die Interessen der schwerbehinderten Menschen 39
- in Angelegenheiten, die den Konzern oder mehrere Konzernunternehmen betreffen und von den Gesamtschwerbehindertenvertretungen innerhalb ihrer Unternehmen **nicht geregelt werden können**,
- die in einem Konzernunternehmen tätig sind, für die eine Schwerbehindertenvertretung bzw. Gesamtschwerbehindertenvertretung **nicht gewählt** ist.
§ 94 Abs. 3 bis 7, § 95 Abs. 1 Satz 4, Abs. 2, 4, 5 und 7 und § 96 SGB IX gelten entsprechend, § 94 40
Abs. 5 SGB IX mit der Maßgabe, dass die **Wahl** der Konzernschwerbehindertenvertretungen in der Zeit vom 1. Februar bis 31. März stattfindet (§ 97 Abs. 7 SGB IX).

Beauftragter des Arbeitgebers (§ 98 SGB IX)

Der Arbeitgeber bestellt einen **Beauftragten**, der ihn in Angelegenheiten schwerbehinderter 41
Menschen verantwortlich vertritt (§ 98 SGB IX).
Falls erforderlich, können mehrere Beauftragte bestellt werden.
Der Beauftragte soll nach Möglichkeit selbst ein schwerbehinderter Mensch sein. Der Beauftragte achtet vor allem darauf, dass die dem Arbeitgeber obliegende Verpflichtungen erfüllt werden.

Zusammenarbeit (§ 99 SGB IX)

Arbeitgeber, Beauftragter des Arbeitgebers (§ 98 SGB IX), Schwerbehindertenvertretung und 42
Betriebsrat **arbeiten** zur Teilhabe schwerbehinderter Menschen am Arbeitsleben in dem Betrieb **eng zusammen** (§ 99 Abs. 1 SGB IX).
Die vorstehend genannten Personen und Vertretungen, die mit der Durchführung der §§ 68 bis 160 SGB IX beauftragten Stellen und die Rehabilitationsträger unterstützen sich gegenseitig bei der Erfüllung ihrer Aufgaben (§ 99 Abs. 2 Satz 1 SGB IX).
Vertrauensperson und Beauftragter des Arbeitgebers sind **Verbindungspersonen** zur Bundesagentur für Arbeit und zu dem Integrationsamt (§ 99 Abs. 2 Satz 2 SGB IX).

Schwerbehindertenvertretung

Rechtsprechung

1. Wahl der Schwerbehindertenvertretung – Wahlanfechtung
2. Aufgaben der Schwerbehindertenvertretung – Heranziehung des stellvertretenden Mitglieds
3. Unterrichtung und Anhörung der Schwerbehindertenvertretung
4. Beteiligung der Schwerbehindertenvertretung nach § 81 SGB IX
5. Teilnahme an Sitzungen des Betriebsrats und dessen Ausschüssen
6. Teilnahme an Sitzungen des Wirtschaftsausschusses (§ 106 ff. BetrVG)
7. Teilnahme der Gesamtschwerbehindertenvertretung an Monatsgesprächen des Gesamtbetriebsrats mit dem Arbeitgeber
8. Teilnahme an Schulung zum Thema »Wirtschaftsausschuss«
9. Benachteiligung bei Beförderung – Gleichstellungsvergütung – Voraussetzungen eines Schadensersatzanspruchs
10. Kündigungsschutz der Schwerbehindertenvertretung
11. Sonstiges

Sexuelle Belästigung

Grundlagen

Mit dem »Zweiten Gleichberechtigungsgesetz« vom 24.6.1994 ist das Gesetz zum Schutz der Beschäftigten vor sexueller Belästigung am Arbeitsplatz (Beschäftigtenschutzgesetz) verabschiedet worden und am 1.9.1994 in Kraft getreten. 1

Das Beschäftigtenschutzgesetz wurde durch das Allgemeine Gleichbehandlungsgesetz (AGG) vom 14.8.2006 (BGBl. I S. 1897) abgelöst (siehe → **Benachteiligungsverbot [AGG]**). Das AGG ist am 18.8.2006 in Kraft getreten. 2
Die Bestimmungen des Beschäftigtenschutzgesetzes wurden im Wesentlichen **inhaltsgleich** in das AGG übernommen. Das Beschäftigtenschutzgesetz ist gleichzeitig mit dem In-Kraft-Treten des AGG außer Kraft getreten.

Auslöser des AGG sind vier **Richtlinien** der Europäischen Gemeinschaft, die den Schutz vor Diskriminierung regeln (Richtlinie 2000/43/EG vom 29.6.2000, Richtlinie 2000/78/EG vom 27.11.2000, Richtlinie 2002/73/EG vom 23.9.2002 und Richtlinie 2004/113/EG vom 13.12.2004; siehe → **Benachteiligungsverbot [AGG]**). 3
Deutschland war – wie alle Mitgliedstaaten der EU – verpflichtet, diese Richtlinien in nationales Recht umzusetzen.

Ziel des AGG ist, Benachteiligungen aus Gründen der Rasse oder wegen der ethnischen Herkunft, des Geschlechts, der Religion oder Weltanschauung, einer Behinderung, des Alters oder der sexuellen Identität zu verhindern oder zu beseitigen (§ 1 AGG). 4
Der Schwerpunkt liegt in der Bekämpfung von Benachteiligungen im Bereich des **Arbeitslebens** (besonders §§ 1 bis 18 AGG).
Von den Regelungen erfasst wird aber auch das Zivilrecht, also die Rechtsbeziehungen zwischen Privatpersonen – vor allem Verträge mit Lieferanten, Dienstleistern oder Vermietern (§§ 19 ff. AGG).

Nach § 7 Abs. 1 AGG dürfen Beschäftigte nicht wegen eines in § 1 AGG genannten Grundes benachteiligt werden. 5
Eine besonders schwere Form der verbotenen Benachteiligung ist die »**sexuelle Belästigung**« (§ 3 Abs. 4 AGG).
Eine sexuelle Belästigung ist dann eine verbotene Benachteiligung, wenn ein unerwünschtes, sexuell bestimmtes Verhalten bezweckt oder bewirkt, dass die **Würde** der betreffenden Person verletzt wird, insbesondere, wenn ein von Einschüchterungen, Anfeindungen, Erniedrigungen, Entwürdigungen oder Beleidigungen gekennzeichnetes Umfeld geschaffen wird (§ 3 Abs. 4 AGG).
Im Fall einer Belästigung steht dem Betroffenen neben seinen Rechten nach § 13 AGG (Beschwerderecht; siehe Rn. 18) und § 15 AGG (Anspruch auf Entschädigung und Schadensersatz; siehe Rn. 21) auch ein besonderes **Leistungsverweigerungsrecht** zu (§ 14 AGG; siehe Rn. 19).

Zu dem unerwünschten, sexuell bestimmten Verhalten zählen auch unerwünschte sexuelle Handlungen und Aufforderungen zu diesen, sexuell bestimmte körperliche Berührungen, 6

Sexuelle Belästigung

Bemerkungen sexuellen Inhalts sowie unerwünschtes Zeigen und sichtbares Anbringen von pornographischen Darstellungen.

Die beispielhafte Aufzählung möglicher sexuell bestimmter Verhaltensweisen erfasst **typische Fälle** und entspricht weitgehend den in § 2 Abs. 2 Satz 2 des »alten« Beschäftigtenschutzgesetzes (siehe Rn. 1, 2) aufgezählten unerwünschten Verhaltensweisen.

Darüber hinaus zählen wie bisher erst recht sexuelle Handlungen und Verhaltensweisen, die nach strafgesetzlichen Vorschriften unter Strafe gestellt sind, zu den erfassten Verhaltensweisen.

7   Die **Unerwünschtheit** der Verhaltensweise muss nicht bereits vorher ausdrücklich gegenüber den Belästigenden zum Ausdruck gebracht worden sein.

Vielmehr ist es ausreichend, dass die Handelnden aus der Sicht eines objektiven Beobachters davon ausgehen können, dass ihr Verhalten unter den gegebenen Umständen von den Betroffenen nicht erwünscht ist oder auch nicht akzeptiert wird.

8   Die **Verletzung der Würde** der betreffenden Person muss nicht die noch schwerwiegendere Qualität einer Verletzung der Menschenwürde im Sinn des Art. 1 GG erreichen. Eine geringere Verletzungsintensität reicht aus.

9   Ist eine Verletzung der Würde vom Handelnden **bezweckt**, kommt es nicht darauf an, ob diese Verletzung tatsächlich eintritt.

10 Eine Belästigung ist aber auch dann gegeben, wenn ein Verhalten die Würde des Betroffenen verletzt, ohne dass dies **vorsätzlich** geschieht.

11 Auch bei **einmalig** bleibenden Handlungen bleibt der Betroffene nicht schutzlos.

12 Der Arbeitgeber ist verpflichtet, die erforderlichen **Maßnahmen** zum Schutz vor Benachteiligungen in Form der sexuellen Belästigung zu treffen (§ 12 Abs. 1 AGG).

Dieser Schutz umfasst auch **vorbeugende Maßnahmen** (§ 12 Abs. 1 Satz 2 AGG).

13 Der Arbeitgeber soll in geeigneter Art und Weise, besonders im Rahmen der beruflichen Aus- und Fortbildung, auf die Unzulässigkeit von Benachteiligungen **hinweisen** und darauf **hinwirken**, dass diese unterbleiben (§ 12 Abs. 2 AGG).

Hat der Arbeitgeber seine Beschäftigten in geeigneter Weise zum Zweck der Verhinderung von Benachteiligung **geschult**, gilt dies als Erfüllung seiner Pflichten nach § 12 Abs. 1 AGG.

14 Wenn **andere Beschäftigte** eine sexuellen Belästigung begehen, hat der Arbeitgeber »angemessene« Maßnahmen wie → **Abmahnung**, Umsetzung, → **Versetzung** oder → **Kündigung** (des Belästigers, nicht der belästigten Person!) zu ergreifen (§ 12 Abs. 3 AGG).

Natürlich hat dies unter Beachtung der **Beteiligungsrechte des Betriebsrats** (vor allem nach §§ 99, 102 BetrVG) zu geschehen.

15 Werden Beschäftigte bei der Ausübung ihrer Tätigkeit **durch Dritte** nach § 7 Abs. 1 AGG sexuell belästigt (z. B. eine Auslieferungsfahrerin wird durch einen Kunden sexuell belästigt), so hat der Arbeitgeber die im Einzelfall geeigneten, erforderlichen und angemessenen Maßnahmen zum Schutz der Beschäftigten zu ergreifen (§ 12 Abs. 4 AGG).

16 Das AGG und § 61 b ArbGG (= Regelung u. a. über die zu beachtenden **Fristen** bei der Erhebung einer Entschädigungsklage nach § 15 AGG) sowie die für die Beschwerden nach § 13 AGG zuständigen **Stellen** sind im Betrieb **bekannt zu machen** (z. B. durch Aushang, Auslegung oder Nutzung der betriebsüblichen Informations- und Kommunikationstechnik (§ 12 Abs. 5 AGG).

17 Die betroffenen Beschäftigten können sich gegen eine sexuelle Belästigung **zur Wehr setzen**. Ihnen stehen verschiedene **Rechte** zu.

Nachstehend ein **Überblick**.

Sexuelle Belästigung

Beschwerderecht (§ 13 AGG)

Die Beschäftigten haben das Recht, sich bei den zuständigen Stellen des → **Betriebs** oder des → **Unternehmens** zu beschweren, wenn sie sich im Zusammenhang mit ihrem Beschäftigungsverhältnis vom Arbeitgeber, von Vorgesetzten, anderen Beschäftigten oder Dritten wegen eines in § 1 AGG genannten Grundes benachteiligt fühlen (§ 13 Abs. 1 Satz 1 AGG). 18
Die Beschwerdestelle hat die Beschwerde zu prüfen und das Ergebnis der oder dem beschwerdeführenden Beschäftigten mitzuteilen (§ 13 Abs. 1 Satz 2 AGG).
Zur Frage, ob dem Betriebsrat ein **Mitbestimmungsrecht** bei der Errichtung und Ausgestaltung der Beschwerdestelle bzw. des Beschwerdeverfahrens zusteht, siehe → **Benachteiligungsverbot (AGG)** Rn. 66.

Das Beschwerderecht der Beschäftigten nach §§ 84, 85 BetrVG (siehe → **Beschwerderecht der Arbeitnehmer**) und die damit im Zusammenhang stehenden Rechte des Betriebsrats werden durch § 13 Abs. 1 AGG nicht berührt (§ 13 Abs. 2 AGG). 18a
Das heißt: der/die Arbeitnehmer/in kann eine Beschwerde nach § 85 Abs. 1 BetrVG **beim Betriebsrat** einlegen, wenn er sich benachteiligt fühlt.
Die Beschwerde kann von **mehreren Arbeitnehmern/innen** erhoben werden (z. B. gemeinsame Beschwerde gegen das Verhalten eines Vorgesetzten).
Hält der Betriebsrat die Beschwerde für berechtigt, hat er beim Arbeitgeber auf **Abhilfe** hinzuwirken.
Ist der Arbeitgeber der Meinung, dass die Beschwerde nicht berechtigt ist, kann der Betriebsrat die → **Einigungsstelle** anrufen (§ 85 Abs. 2 BetrVG).
Diese klärt den Sachverhalt auf, bewertet ihn und entscheidet letztlich durch Beschluss (ggf. durch Mehrheitsbeschluss mit der Stimme des Vorsitzenden der Einigungsstelle), ob die Beschwerde **berechtigt** ist oder nicht.
Wenn die Einigungsstelle beschließt, dass die Beschwerde berechtigt ist, ist der Arbeitgeber nach § 85 Abs. 3 Satz 2 i. V. m. § 84 Abs. 2 BetrVG verpflichtet, der Beschwerde durch geeignete **Maßnahmen** abzuhelfen.
Geschieht dies nicht, kann der/die Arbeitnehmer/in die Abhilfe der Beschwerde im Wege der **Klage** vor dem → **Arbeitsgericht** erzwingen.
Ob auch der Betriebsrat ein Beschlussverfahren mit dem gleichen Ziel einleiten kann, ist **strittig** (zu Recht dafür DKKW-*Buschmann*, BetrVG, 15. Aufl., § 85 Rn. 26; a. A. Fitting, BetrVG, 26. Aufl., § 85 Rn. 9, 14).
Die Anrufung der Einigungsstelle bzw. eine Entscheidung ist ausgeschlossen, wenn Gegenstand der Beschwerde ein **Rechtsanspruch** des/ Arbeitnehmers/in ist (§ 85 Abs. 2 Satz 3 BetrVG).
Zu weiteren Einzelheiten siehe → **Beschwerderecht der Arbeitnehmer**.

Leistungsverweigerungsrecht (§ 14 AGG)

Liegt eine Benachteiligung in Form einer **sexuellen Belästigung** (§ 3 Abs. 4 AGG) vor, haben die betroffenen Beschäftigten darüber hinaus ein Leistungsverweigerungsrecht, wenn der Arbeitgeber keine oder offensichtlich ungeeignete Maßnahmen zur Unterbindung der Belästigung ergreift. 19
In diesem Fall sind die betroffenen Beschäftigten berechtigt, ihre Tätigkeit ohne Verlust des Arbeitsentgelts einzustellen, soweit dies zu ihrem Schutz erforderlich ist (§ 14 Satz 1 AGG).
§ 273 BGB bleibt unberührt (§ 14 Satz 2 AGG; siehe → **Zurückbehaltungsrecht des Arbeitnehmers**). 20

Sexuelle Belästigung

Anspruch auf Schadensersatz und Entschädigung (§ 15 AGG)

21 Im Fall einer sexuellen Belästigung ist der Arbeitgeber verpflichtet, einen etwaig hierdurch entstandenen **Schaden zu ersetzen** (§ 15 Abs. 1 Satz 1 AGG).
Dies gilt nicht, wenn der Arbeitgeber die Pflichtverletzung nicht zu vertreten hat.

22 Wegen eines Schadens, der nicht Vermögensschaden ist, kann der oder die Beschäftigte eine angemessene **Entschädigung** (= Schmerzensgeld) in Geld verlangen (§ 15 Abs. 2 Satz 1 AGG).

23 Ansprüche auf Schadensersatz und/oder Entschädigung müssen innerhalb einer **Frist** von **zwei Monaten** schriftlich geltend gemacht werden, es sei denn, die Tarifvertragsparteien haben etwas anderes vereinbart (§ 15 Abs. 4 Satz 1 AGG).
Die Frist **beginnt** zu dem Zeitpunkt, in dem der oder die Beschäftigte von der Benachteiligung – hier der sexuellen Belästigung – Kenntnis erlangt hat (§ 15 Abs. 4 Satz 2 AGG; vgl. hierzu BAG v. 15. 3. 2012 – 8 AZR 160/11).
Eine **Klage** auf Entschädigung muss nach § 61 b ArbGG (neu gefasst durch das AGG) innerhalb von **drei Monaten**, nachdem der Anspruch schriftlich geltend gemacht worden ist, erhoben werden.

Maßregelungsverbot (§ 16 AGG)

24 Der Arbeitgeber darf Beschäftigte nicht wegen der **Inanspruchnahme von Rechten** nach dem AGG oder wegen der **Weigerung**, eine gegen das AGG verstoßende Anweisung auszuführen, benachteiligen (§ 16 Abs. 1 Satz 1 AGG).
Gleiches gilt für Personen, die den Beschäftigten hierbei unterstützen oder als Zeuginnen oder Zeugen aussagen (§ 16 Abs. 1 Satz 2 AGG).

Beweislast (§ 22 AGG)

25 Wichtig ist die Beweislastregelung des § 22 AGG. Wenn im Streitfall der Arbeitnehmer **Indizien** beweist, die eine Belästigung vermuten lassen, trägt der Arbeitgeber die Beweislast dafür, dass kein Verstoß gegen die Bestimmungen zum Schutz vor Benachteiligung vorgelegen hat.
Zu weiteren Einzelheiten siehe → **Benachteiligungsverbot (AGG)** Rn. 54 a–c.

Ansprüche gegen den Belästiger

26 Unberührt bleibt das Recht des/der sexuell belästigten Arbeitnehmers/in, rechtliche Schritte gegen den **Belästiger** zu unternehmen.
Handlungen, die das Persönlichkeitsrecht, die Gesundheit oder die sexuelle Selbstbestimmung verletzen, können **Schadensersatz- und/oder Schmerzensgeldansprüche** vor allem nach § 823 Abs. 1, § 253 Abs. 2 BGB auslösen (siehe auch → **Mobbing** Rn. 45 ff.).
Gegen den Belästiger besteht des Weiteren **Anspruch auf Unterlassung**.
Der Anspruch kann durch Antrag auf **einstweilige Verfügung** geltend gemacht werden (LAG Thüringen v. 10. 4. 2001 – 5 Sa 403/00, AiB 2004, 110 = DB 2001, 1204 zu einen Fall des → **Mobbings**).

27 Unter Umständen kommt auch eine **strafrechtliche Verfolgung** des Belästigers in Betracht, wenn die Belästigung einen Straftatbestand erfüllt (z. B. § 185 StGB Beleidigung; §§ 174 ff. StGB Straftaten gegen die sexuelle Selbstbestimmung).

Bedeutung für die Betriebsratsarbeit

Arbeitgeber und Betriebsrat haben nach § 75 Abs. 1 BetrVG (neu gefasst durch das Allgemeine Gleichbehandlungsgesetz [AGG] vom 14.8.2006) darüber zu wachen, dass alle im Betrieb tätigen Personen nach den Grundsätzen von **Recht und Billigkeit** behandelt werden. 28

Zudem hat der Betriebsrat darüber zu wachen, dass der Arbeitgeber seinen Verpflichtungen nach § 12 AGG zur **Unterbindung** von sexueller Belästigung nachkommt (§ 80 Abs. 1 Nr. 1 BetrVG). 29

Er kann dem Arbeitgeber **Vorschläge** unterbreiten (§ 80 Abs. 1 Nr. 2 BetrVG). 30

Bei einem groben Verstoß des Arbeitgebers gegen seine Verpflichtungen aus dem AGG und dem Betriebsverfassungsgesetz kann der Betriebsrat oder eine im Betrieb vertretene → **Gewerkschaft** die in § 23 Abs. 3 BetrVG vorgesehenen Rechte gerichtlich geltend machen (§ 17 Abs. 2 Satz 1 AGG; zu § 23 Abs. 3 BetrVG siehe → **Unterlassungsanspruch des Betriebsrats**). Mit dem Antrag dürfen allerdings nicht Ansprüche des Benachteiligten verfolgt werden (§ 17 Abs. 2 Satz 2 AGG). Das müssen diese selber tun. 31

Sinnvoll dürfte eine grundsätzliche Information über Ziele und Inhalte des AGG im Rahmen einer → **Betriebsversammlung** sein. 32

Der Betriebsrat ist besonders gefragt, wenn eine Beschäftigte bzw. ein Beschäftigter sich sexuell belästigt fühlt und von ihrem bzw. seinem → **Beschwerderecht** nach § 13 AGG oder §§ 84, 85 BetrVG (siehe → **Beschwerderecht der Arbeitnehmer**) Gebrauch macht. 33

Der Betriebsrat hat, wenn ein Fall sexueller Belästigung eingetreten ist bzw. behauptet wird, die nicht leichte Aufgabe, einerseits dazu beizutragen, dass das Problem gelöst wird (das heißt, dass sexuelle Belästigungen unterbleiben). 34

Andererseits hat er sicherzustellen, dass niemand zu Unrecht mit → **Abmahnung**, Umsetzung, → **Versetzung** oder → **Kündigung** »bestraft« wird bzw. darauf zu achten, dass sich die »Strafe« im Rahmen der gebotenen Verhältnismäßigkeit hält.

In **krassen Fällen** sollte der Betriebsrat über eine Anwendung des § 104 BetrVG nachdenken. Hiernach kann er vom Arbeitgeber die Entlassung oder Versetzung eines Beschäftigten verlangen, der durch gesetzwidriges Verhalten oder durch grobe Verletzung der in § 75 Abs. 1 BetrVG enthaltenen Grundsätze (Behandlung nach »Recht und Billigkeit«, Verbot der diskriminierenden Ungleichbehandlung von Beschäftigten) den Betriebsfrieden wiederholt ernstlich stört. 42

Lehnt der Arbeitgeber dies ab, kann der Betriebsrat das → **Arbeitsgericht** anrufen.

Rechtsprechung

1. Benachteiligungsverbot (AGG) – Anspruch auf Entschädigung und Schadensersatz (§ 15 AGG) – Beweislast (§ 22 AGG)
2. Sexuelle Belästigung – Kündigung
3. Anspruch auf Unterlassung bzw. Widerruf
4. Aufgaben und Mitbestimmungsrechte des Betriebsrats – Schulung nach § 37 Abs. 6 BetrVG

Sonn- und Feiertagsarbeit

Überblick

1 Arbeitnehmer dürfen – von Ausnahmen abgesehen (siehe Rn. 2 ff.) – an Sonn- und gesetzlichen Feiertagen von 0 bis 24 Uhr **nicht beschäftigt** werden (§ 9 ArbZG).
Das Verbot beruht auf Art. 140 GG i. V. m. Art. 139 Weimarer Reichsverfassung: »*Der Sonntag und die staatlich anerkannten Feiertage bleiben als Tage der Arbeitsruhe und der seelischen Erhebung gesetzlich geschützt*«.
Sonderregelungen gelten für Schichtbetriebe sowie Kraftfahrer und Beifahrer (§ 9 Abs. 2, 3 ArbZG).

Gesetzliche Feiertage

1a Durch das Bundesgesetz über den Einigungsvertrag vom 23. 9. 1990 (BGBl. II S. 885, 890) ist der 3. Oktober als Tag der Deutschen Einheit zum gesetzlichen Feiertag erklärt worden.
Gesetzliche Feiertage sind nach Maßgabe der Feiertagsgesetze der Länder **bundeseinheitlich** auch folgende Tage: Neujahr, Karfreitag, Ostermontag, 1. Mai, Christi Himmelfahrt, Pfingstmontag, erster und zweiter Weihnachtstag.
Ostersonntag ist kein gesetzlicher Feiertag (BAG v. 17. 3. 2010 – 5 AZR 317/09, DB 2010, 1406).
Die nachfolgend genannten Tage sind nur in einigen Bundesländern gesetzliche Feiertage:
- Tag der heiligen drei Könige (6. Januar: Baden-Württemberg, Bayern, Sachsen-Anhalt),
- Fronleichnam (22. Juni: Baden-Württemberg, Bayern, Hessen, Nordrhein-Westfalen, Rheinland-Pfalz, Saarland, Sachsen in einigen Gemeinden der Landkreise Bautzen, Hoyerswerda und Kamenz sowie in Thüringen in Gemeinden mit überwiegend katholischer Bevölkerung),
- Mariä Himmelfahrt (15. August: Bayern in Gemeinden mit überwiegender katholischer Bevölkerung und Saarland),
- Reformationstag (31. Oktober: Brandenburg, Mecklenburg-Vorpommern, Sachsen, Sachsen-Anhalt, Thüringen),
- Allerheiligen (1. November: Baden-Württemberg, Bayern, Nordrhein-Westfalen, Rheinland-Pfalz, Saarland und in Thüringen in Gemeinden mit überwiegend katholischer Bevölkerung),
- Buß- und Bettag (Sachsen, in den übrigen Bundesländern wurde dem Buß- und Bettag der Status des gesetzlichen Feiertages als Kompensation für die Einführung der Pflegeversicherung entzogen),
- Im Stadtkreis Augsburg ist der 8. August (Friedensfest) gesetzlicher Feiertag.

Sonn- und Feiertagsarbeit

Ausnahmen vom Verbot der Beschäftigung an Sonn- und Feiertagen

In §§ 10 bis 13 ArbZG sind zahlreiche Ausnahmen vom Verbot der Beschäftigung an Sonn und Feiertagen vorgesehen. 2

Das ArbZG lässt in den in § 10 ArbZG aufgeführten Fallgestaltungen Sonn- und Feiertagsarbeit zu, ohne dass eine Bewilligung der Aufsichtsbehörde eingeholt werden muss (»**Ausnahme kraft Gesetzes**«); beispielsweise 2a
- im Dienstleistungsbereich (u. a. Notdienste, Krankenhäuser, Gaststätten, Hotels usw.), in der Landwirtschaft usw.,
- aber auch: wenn Rohstoffe oder Naturerzeugnisse zu verderben oder Arbeitserzeugnisse zu misslingen drohen (§ 10 Abs. 1 Nr. 15 ArbZG),
- oder: wenn Zerstörung oder erhebliche Beschädigung von Produktionseinrichtungen möglich ist (§ 10 Abs. 1 Nr. 16 ArbZG).

Der **Arbeitgeber** hat selbst in eigener Verantwortung zu prüfen, ob die Voraussetzungen der Ausnahmebestimmungen des § 10 BetrVG vorliegen. Ist das nicht der Fall und wird dennoch an Sonn- und Feiertagen gearbeitet, verstößt der Arbeitgeber gegen § 9 Abs. 1 ArbZG und begeht damit gemäß § 22 Abs. 1 Nr. 5 ArbZG eine Ordnungswidrigkeit, in schwerwiegenden Fällen gemäß § 23 ArbZG eine Straftat.

Hat der Arbeitgeber Zweifel, ob ein Ausnahmetatbestand gegeben ist, kann er bei der **Aufsichtsbehörde Feststellung** der Zulässigkeit der Sonn- und Feiertagsbeschäftigung beantragen (§ 13 Abs. 3 Nr. 1 ArbZG). 2b

Wird die Zulässigkeit der Sonn- und Feiertagsarbeit festgestellt, können die betroffenen AN gegen den Bescheid **Klage** vor den Verwaltungsgerichten erheben (BVerwG v. 19.9.2000 – 1 C 17/99, NZA 2000, 1232 = DB 2000, 2384; siehe auch Rn. 19).

Nach § 10 Abs. 4 ArbZG (eingefügt durch das Euro-Einführungsgesetz vom 9.6.1998) dürfen Arbeitnehmer zur Durchführung des **grenzüberschreitenden Zahlungsverkehrs** und sonstiger Finanzmarktgeschäfte an den auf einen Werktag fallenden Feiertagen beschäftigt werden, die nicht in allen Mitgliedsstaaten der Europäischen Union Feiertage sind (zurzeit sind nur der 25.12. und der 1.1. in allen Mitgliedsstaaten Feiertage). 3

Die Aufsichtsbehörde **kann** in den Fällen des § 13 Abs. 3 Nr. 2 a bis c ArbZG (Handelsgewerbe, Schadensverhütung, Inventur) abweichend von § 9 ArbZG die Beschäftigung von Arbeitnehmern an Sonn- und Feiertagen bewilligen. Die Bewilligung steht im Ermessen der Behörde. Sie kann mit Nebenbestimmungen versehen werden. Insbesondere kann die Aufsichtsbehörde die Bewilligung mit Anordnungen über die Beschäftigungszeit unter Berücksichtigung der für den öffentlichen Gottesdienst bestimmten Zeit verbinden (§ 13 Abs. 3 Nr. 2 ArbZG). 3a

Die Aufsichtsbehörde **soll** abweichend von § 9 ArbZG bewilligen, dass Arbeitnehmer an Sonn- und Feiertagen mit Arbeiten beschäftigt werden, die aus chemischen, biologischen, technischen oder physikalischen Gründen einen **ununterbrochenen Fortgang** auch an Sonn- und Feiertagen erfordern (§ 13 Abs. 4 ArbZG). 3b

Gemäß § 13 Abs. 5 ArbZG **muss** die Aufsichtsbehörde die Beschäftigung von Arbeitnehmern an Sonn- und Feiertagen bewilligen, wenn bei einer weitgehenden Ausnutzung der wöchentlichen Betriebszeiten und bei längeren Betriebszeiten im Ausland die **Konkurrenzfähigkeit** unzumutbar beeinträchtigt wird und durch die Einführung von Sonn- und Feiertagsarbeit Beschäftigung gesichert werden kann. Zweck des § 13 Abs. 5 ArbZG ist, einen Ausgleich von Wettbewerbsvorteilen zu ermöglichen, die ausländische Konkurrenten durch Sonn- und Feiertagsarbeit haben. 3c

Weitere Ausnahmen vom Grundsatz des Arbeitsverbots an Sonn- und Feiertagen können nach § 13 Abs. 1 ArbZG »*zur Vermeidung erheblicher Schäden*« durch **Rechtsverordnung** der Bundesregierung, im Fall des § 13 Abs. 2 ArbZG durch Rechtsverordnung einer Landesregierung zugelassen werden: beispielsweise für Betriebe, in denen die Beschäftigung von Arbeitnehmern 3d

Sonn- und Feiertagsarbeit

an Sonn- oder Feiertagen zur Befriedigung täglicher oder an diesen Tagen besonders hervortretender Bedürfnisse der Bevölkerung **erforderlich** ist,
Das Bundesverwaltungsgericht hat zu einer Rechtsverordnung des Landes Hessen entschieden, dass die Beschäftigung von Arbeitnehmern an Sonn- und Feiertagen in **Videotheken** und die nicht weiter eingegrenzte Beschäftigung in **Call-Centern** nicht im Sinne des § 13 Abs. 1 Nr. 2 Buchst. a ArbZG zur Befriedigung täglicher oder an diesen Tagen besonders hervortretender Bedürfnisse der Bevölkerung erforderlich sind, um erhebliche Schäden zu vermeiden (BVerwG v. 26. 11. 2014 – 6 CN 1.13).
Das BVerwG hat klargestellt, dass eine → **Gewerkschaft** nach § 47 Abs. 2 Satz 1 VwGO antragsbefugt ist für einen **Normenkontrollantrag** gegen eine Rechtsverordnung, die in ihrem Tätigkeitsbereich gestützt auf § 13 Abs. 1 Nr. 2 Buchst. a ArbZG eine Beschäftigung von Arbeitnehmern an Sonn- und Feiertagen zulässt (BVerwG v. 26. 11. 2014 – 6 CN 1.13).

Ausgleich für Sonn- und Feiertagsbeschäftigung

4 Werden Arbeitnehmer ausnahmsweise an einem Sonntag oder an einem auf einen Werktag fallenden gesetzlichen Feiertagen beschäftigt, müssen sie nach § 11 Abs. 3 ArbZG einen **Ersatzruhetag** haben (§ 11 Abs. 3 ArbZG).
Der Ersatzruhetag ist im Falle von Sonntagsarbeit innerhalb von zwei Wochen, im Falle von Feiertagsarbeit innerhalb von acht Wochen zu gewähren.

5 Ansonsten wird in § 11 Abs. 2 ArbZG auf die Anwendung der §§ 3 bis 8 ArbZG verwiesen. Obwohl darin auch § 6 Abs. 5 ArbZG eingeschlossen ist, besteht nach Ansicht des 5. Senats des BAG nicht für alle an Sonn- und Feiertagen geleisteten Arbeitsstunden ein Anspruch auf eine angemessene Zahl bezahlter freier Tage oder einen angemessenen Zuschlag auf das Bruttoarbeitsentgelt, sondern nur für solche Stunden, die in der Nacht (siehe Rn. 39 → **Nachtarbeit**) gearbeitet werden (BAG v. 11. 1. 2006 – 5 AZR 97/05, NZA 2006, 372 in Abgrenzung zu BAG v. 27. 1. 2000 – 6 AZR 471/98, DB 2000, 382).
Der Ausgleich für Sonn- und Feiertagsarbeit beschränke sich vielmehr auf die Gewährung von **Ersatzruhetagen** nach § 11 Abs. 3 und 4 ArbZG.
Demgegenüber sehen die **Tarifverträge** regelmäßig einen Anspruch auf **Zuschläge** für Sonn- und Feiertagsarbeit – selten auf bezahlten Freizeitausgleich – vor.

6 Nach § 12 ArbZG können durch Tarifvertrag oder aufgrund eines Tarifvertrages in einer **Betriebsvereinbarung** in den in der Vorschrift genannten Fällen abweichende Regelungen getroffen werden.

7 Dort, wo tarifvertragliche Regelungen üblicherweise nicht bestehen, kann auch die **Aufsichtsbehörde** (Gewerbeaufsichtsamt) abweichende Regelungen zulassen (§ 12 Satz 2 in Verbindung mit § 7 Abs. 5 ArbZG).

8 Nicht besetzt.

Beschäftigungsverbote

9 Für **werdende und stillende Mütter** gilt gem. § 8 Abs. 1 MuSchG ein Beschäftigungsverbot an Sonn- und Feiertagen (Ausnahmeregelungen: § 8 Abs. 4 und 6 MuSchG).

10 **Jugendliche** dürfen nach § 17 Abs. 1 JArbSchG an Sonntagen und gem. § 18 Abs. 1 JArbSchG am 24. und 31.12. sowie an gesetzlichen Feiertagen nicht beschäftigt werden (Ausnahmeregelungen: § 17 Abs. 2 JArbSchG bzw. § 18 Abs. 2 JArbSchG).

11, 12 Nicht besetzt.

Bedeutung für die Betriebsratsarbeit

Liegen die Voraussetzungen eines **Ausnahmetatbestandes** gemäß § 10 ArbZG (siehe Rn. 2 ff.) oder § 14 ArbZG (Notfälle und sonstige außergewöhnliche Fälle) vor und besteht auch kein tarifliches Verbot der Sonn- und Feiertagsbeschäftigung, hat der Betriebsrat gemäß § 87 Abs. 1 Nr. 2 und 3 BetrVG **mitzubestimmen,** wenn der Arbeitgeber von dem Ausnahmetatbestand Gebrauch machen und Arbeitnehmer an Sonn- und Feiertagen beschäftigen will (zur Frage, ob die Arbeitnehmer individualrechtlich zur Sonn- oder Feiertagsarbeit verpflichtet sind, siehe Rn. 16 ff.). 13

Kommt es zu keiner Einigung zwischen Arbeitgeber und Betriebsrat, entscheidet gemäß § 87 Abs. 2 BetrVG auf Antrag einer Seite die → **Einigungsstelle.**

Der Betriebsrat hat beim »Ob« und »Wie« der Sonn- und Feiertagsarbeit Mitbestimmung insbesondere nach § 87 Abs. 1 Nr. 2 BetrVG.

Sollen an Sonn- und Feiertagen → **Überstunden** geleistet werden, richtet sich die Mitbestimmung nach § 87 Abs. 1 Nr. 3 BetrVG.

Sollen Arbeitnehmer an einem Sonn- oder Feiertag beschäftigt werden, hat der Betriebsrat nach § 87 Abs. 1 Nr. 2 BetrVG insbesondere mitzubestimmen 13a

- bei der Frage, **ob** überhaupt und in welchem **Umfang** Arbeitnehmer an Sonn- und Feiertagen beschäftigt werden sollen; das gilt auch, wenn Arbeitnehmer anlässlich eines **Sonntagsverkaufs** für lediglich einen Tag im Betrieb beschäftigt werden und diese Arbeitnehmer aus anderen Betrieben des gleichen Arbeitgebers herangezogen werden;
- bei der Festlegung des **Beginns** und des **Endes** der täglichen Arbeitszeit einschließlich der **Pausen;**
- bei der **Verschiebung des 24-Stunden-Zeitraums** gemäß § 9 Abs. 2 und 3 ArbZG;
- bei der Festsetzung der zeitlichen Lage des **Ersatzruhetages** als Ausgleich für Sonn- oder Feiertagsbeschäftigung; § 12 Satz 1 Nr. 2 ArbZG steht dem nicht entgegen.

Bedeutet die Arbeit an einem Sonn- oder Feiertag gleichzeitig eine **Verlängerung der betriebsüblichen Arbeitszeit,** dann unterliegt das der Mitbestimmung gemäß § 87 Abs. 1 Nr. 3 BetrVG. Allerdings müssen Arbeitnehmer betroffen sein, für die bereits vorher im Betrieb eine übliche Arbeitszeit bestand, die sich nunmehr verlängern soll. Das ist bei einem zusätzlichen Personaleinsatz (durch Einstellung oder Heranziehung von Arbeitnehmern aus anderen Betrieben) zum Zweck des Sonntagsverkaufs nicht zwangsläufig der Fall. 13b

Ein Mitbestimmungsrecht besteht auch dann, wenn die Aufsichtsbehörde Sonn- und Feiertagsarbeit bewilligt hat (z. B. gemäß § 13 Abs. 3 ArbZG). Die **Ausnahmebewilligung** macht die Beteiligung des Betriebsrats nicht etwa entbehrlich. Die Zustimmung des Betriebsrats bzw. ein zustimmungsersetzender Beschluss der → **Einigungsstelle** ist Wirksamkeitsvoraussetzung für die Anordnung von Sonn- und Feiertagsarbeit. Betriebsrat und Einigungsstelle sind an eine erteilte Genehmigung und ihre Begründung nicht gebunden. 13c

Verletzt der Arbeitgeber durch einseitige Anordnung von Sonn- oder Feiertagsarbeit das Mitbestimmungsrecht des Betriebsrats, kann dieser einen **Unterlassungsanspruch** geltend machen, der im Wege der **einstweiligen Verfügung** durchgesetzt werden kann. 13d

Unzulässig ist nach Ansicht des BAG dagegen ein Antrag eines Betriebsrats auf **Feststellung,** dass § 10 Abs. 4 ArbZG (siehe Rn. 3) gegen das Gebot der Sonn- und Feiertagsruhe in Art. 140 GG i. V. m. Art. 139 Weimarer Reichsverfassung (siehe Rn. 1) verstößt und deshalb verfassungswidrig ist (BAG v. 27. 1. 2004 – 1 ABR 5/03, NZA 2004, 941). Es fehle am erforderlichen Feststellungsinteresse. Das Verlangen des Betriebsrats laufe auf die Erstellung eines Rechtsgutachtens hinaus. Dazu seien die Gerichte nicht berufen. Der Betriebsrat könne die von ihm für verfassungswidrig gehaltene Feiertagsbeschäftigung zunächst dadurch verhindern, dass er ihr auf Grundlage seines **Mitbestimmungsrechts** nach § 87 Abs. 1 Nr. 2 und 3 BetrVG (siehe 13e

Sonn- und Feiertagsarbeit

Rn. 13) seine Zustimmung versage. Ein Bedürfnis für die Inanspruchnahme der Gerichte bestehe erst dann,
- wenn der Arbeitgeber trotz Zustimmungsverweigerung Arbeitnehmer an Feiertagen beschäftige – in diesem Falle könne ein **Unterlassungsanspruch** (siehe Rn. 13 d) geltend gemacht werden – oder
- wenn seine Zustimmung durch eine betriebliche → **Einigungsstelle** ersetzt worden ist und der Spruch der Einigungsstelle angefochten werden soll.

14 Eine Bewilligung der Aufsichtsbehörde (vgl. § 13 Abs. 3 bis 5 ArbZG; siehe Rn. 3 a bis c) schließt die **Mitbestimmung** des Betriebsrats nicht aus.

15 Für an Sonn- und Feiertagen geleistete Arbeitsstunden, die in die **Nachtzeit** fallen (§ 2 Abs. 3 ArbZG), besteht nach § 6 Abs. 5 ArbZG Anspruch auf **Ausgleich** in Form von bezahlten freien Tagen bzw. durch Geldzuschlag (siehe Rn. 5).
Dem Betriebsrat steht in Bezug auf die **Auswahl** zwischen Zeit- oder Geldausgleich ein Mitbestimmungsrecht nach § 87 Abs. 1 Nr. 7 und 10 BetrVG zu.
Dies gilt allerdings nicht, wenn eine abschließende tarifliche Regelung besteht (§ 87 Abs. 1 Eingangssatz BetrVG).

Bedeutung für den Beschäftigten

16 Anordnungen des Arbeitgebers und Vereinbarungen zwischen Arbeitgeber und Arbeitnehmer, die gegen das Verbot der Beschäftigung an Sonn- und Feiertagen verstoßen, sind, wenn kein Ausnahmetatbestand gegeben ist, **rechtswidrig** und gemäß § 134 BGB **nichtig**.
Der Arbeitnehmer braucht der Anordnung bzw. Vereinbarung nicht Folge zu leisten. Er hat ein **Leistungsverweigerungsrecht**.

17 Nach Ansicht des BAG soll der Arbeitgeber (in Betrieben ohne Betriebsrat) berechtigt sein, Sonn- und Feiertagsarbeit kraft seines **Direktionsrechts** (§ 106 GewO) anzuordnen, wenn
- Sonn- und Feiertagsarbeit nach dem ArbZG ausnahmsweise erlaubt ist,
- ihr kein Kollektivrecht (siehe → **Betriebsvereinbarung**, → **Tarifvertrag**) entgegensteht und
- auch keine arbeitsvertragliche Beschränkung des Direktionsrechts vereinbart ist (BAG v. 15. 9. 2009 – 9 AZR 757/08, DB 2009, 2551).

Der Arbeitnehmer soll dann verpflichtet sein, auf Weisung des Arbeitgebers sonn- und feiertags zu arbeiten.
Allerdings müsse die einzelne Zuweisung von Sonn- und Feiertagsarbeit **billigem Ermessen** i. S. v. § 106 Satz 1 GewO i. V. m. § 315 BGB entsprechen und damit einer sog. Ausübungskontrolle standhalten.
Berechtigte Interessen des Arbeitnehmers z. B. aufgrund persönlicher oder familiärer Gründe seien bei der Ermessensausübung zu berücksichtigen (BAG v. 15. 9. 2009 – 9 AZR 757/08, a. a. O.).
Die BAG-Entscheidung ist **abzulehnen**.
Sie wird dem hochrangigen – verfassungsrechtlichen – Gebot der Sonn- und Feiertagsruhe (siehe Rn. 1) nicht gerecht.
Dieses Gebot führt zu einer Beschränkung des Arbeitgeberermessens nach § 106 GewO »auf Null«.
Deshalb bedarf es einer besonderen arbeitsvertraglichen oder tariflichen Ermächtigung des Arbeitgebers, wenn er Arbeitnehmer an Sonn- und Feiertagen zur Arbeit verpflichten will.

18 In Betrieben mit → **Betriebsrat** ist dessen Mitbestimmung nach § 87 Abs. 1 Nr. 2 und 3 BetrVG zu beachten. Die Mitbestimmung schränkt das Direktionsrecht des Arbeitgebers (siehe Rn. 17) ein.

Sonn- und Feiertagsarbeit

Lehnt der Betriebsrat den Einsatz von Arbeitnehmern an einem Sonn- oder Feiertag ab, muss der Arbeitgeber die → **Einigungsstelle** (§ 87 Abs. 2 BetrVG) anrufen, wenn er an seinem Vorhaben festhalten will.

Hat die Aufsichtsbehörde durch Bescheid gemäß § 13 Abs. 3 Nr. 1 ArbZG **festgestellt**, dass vom Arbeitgeber gemäß § 10 ArbZG geplante Sonn- oder Feiertagsarbeit zulässig ist (siehe Rn. 2 b), können die betroffenen Arbeitnehmer gegen den Feststellungsbescheid **Klage** vor dem Verwaltungsgericht erheben (BVerwG v. 19. 9. 2000 – 1 C 17/99, NZA 2000, 1232 = DB 2000, 2384). Ein Klagerecht dürfte auch in den Fällen der Bewilligung der Sonn- und Feiertagsarbeit durch die Aufsichtsbehörde z. B. gemäß § 13 Abs. 3 bis 5 ArbZG bestehen (siehe Rn. 3 a bis 3 c). 19

Rechtsprechung

1. Anordnung von Sonn- und Feiertagsarbeit
2. Ausnahmen vom Sonn- und Feiertagsarbeitsverbot
3. Ladenschlussgesetz: Verbot der Ladenöffnung an Sonn- und Feiertagen – Mitbestimmung
4. Sonntagsarbeit: Klagebefugnis von Arbeitnehmern gegen Feststellungsbescheid der Aufsichtsbehörde
5. Ersatzruhetag
6. Urlaubsgewährung an Feiertagen
7. Kein gesetzlicher Anspruch auf Sonn- und Feiertagszuschläge
8. Tarifregelungen über Zuschläge und Freizeitausgleich
9. Entgeltfortzahlung wegen Krankheit an Sonn- und Feiertagen – Zuschläge
10. Berücksichtigung von Wochenfeiertagen bei Schichtarbeit
11. Mitbestimmung des Betriebsrats

Soziale Angelegenheiten

1 Das Betriebsverfassungsgesetz unterscheidet vier Bereiche, innerhalb derer dem Betriebsrat → **Beteiligungsrechte**, das heißt Informations-, Mitwirkungs- und Mitbestimmungsrechte, zustehen:
- soziale Angelegenheiten, §§ 87 bis 89 BetrVG,
- Gestaltung von Arbeitsplatz, Arbeitsablauf und Arbeitsumgebung, §§ 90, 91 BetrVG,
- personelle Angelegenheiten, §§ 92 bis 105 BetrVG,
- wirtschaftliche Angelegenheiten, §§ 106 bis 113 BetrVG.

2 Der Begriff »soziale Angelegenheiten« umfasst ein breites Feld von Fallgestaltungen, die die Situation und Interessen der Beschäftigten in erheblicher Weise berühren und die der Betriebsrat in bestmöglicher Weise im Sinne der Beschäftigten »bearbeiten« muss.

Beispiele:
- Arbeitszeitfragen (§ 87 Abs. 1 Nr. 2 und 3 BetrVG; siehe → **Arbeitszeit**, → **Gleitzeit**, → **Kurzarbeit**, → **Nachtarbeit**, → **Schichtarbeit**, → **Teilzeitarbeit**, → **Überstunden**),
- Fragen der Leistungs- und Verhaltenskontrolle (§ 87 Abs. 1 Nr. 6 BetrVG; siehe → **Datenschutz**, → **Rationalisierung**, → **Überwachung von Arbeitnehmern**),
- Fragen des Gesundheitsschutzes und der Unfallverhütung (§ 87 Abs. 1 Nr. 7 BetrVG; siehe → **Arbeitsschutz**, → **Gefahrstoffe**),
- Fragen der Lohn- und Gehaltsgestaltung (§ 87 Abs. 1 Nr. 10 und 11 BetrVG; siehe → **Arbeitsentgelt**).

3 § 87 BetrVG stellt dem Betriebsrat, soweit diese Fallgestaltungen nicht bereits durch gesetzliche oder tarifvertragliche Vorschriften zwingend und abschließend geregelt sind, echte Mitbestimmungsrechte auch in Form des **Initiativrechts** zur Verfügung (siehe → **Beteiligungsrechte des Betriebsrats**).

4 Können Arbeitgeber und Betriebsrat sich im Bereich der sozialen Angelegenheiten im Sinne des § 87 BetrVG nicht einigen, entscheidet auf Antrag die → **Einigungsstelle** (§ 87 Abs. 2 BetrVG).

5 Solange keine Einigung zwischen Arbeitgeber und Betriebsrat oder ein entsprechender Einigungsstellenbeschluss vorliegt, hat der Arbeitgeber einseitige Anordnungen oder Maßnahmen im Bereich der sozialen Angelegenheiten zu unterlassen.
Der Betriebsrat kann gegen eine Verletzung seines Mitbestimmungsrechts durch Antrag auf Erlass einer **einstweiligen Verfügung** vorgehen (siehe → **Unterlassungsanspruch des Betriebsrats**).

Soziale Angelegenheiten

Arbeitshilfen

Übersicht • Soziale Angelegenheiten und Rechte des Betriebsrats

Übersicht: Soziale Angelegenheiten und Rechte des Betriebsrats

§ 87 Abs. 1 Nr. ... BetrVG: Regelungen über ...
1. die Ordnung des Betriebes und das Verhalten der Arbeitnehmer
2. Lage und Verteilung der Arbeitszeit
3. Kurzarbeit und Überstunden
4. die Art und Weise der Auszahlung der Arbeitsentgelte
5. Urlaubsfragen
6. Einführung und Anwendung von technischen Überwachungseinrichtungen
7. Gesundheitsschutz und Verhütung von Arbeitsunfällen und Berufskrankheiten
8. das »Wie« von Sozialeinrichtungen in Betrieb, Unternehmen, Konzern
9. Vermietung, Nutzung und Kündigung von Werkswohnungen
10. Fragen der betrieblichen Lohngestaltung
11. die Festsetzung leistungsbezogener Arbeitsentgelte
12. das betriebliche Vorschlagswesen
13. Grundsätze über die Durchführung von Gruppenarbeit

Der Betriebsrat hat sowohl ein **Zustimmungsverweigerungsrecht** als auch ein **Initiativmitbestimmungsrecht**.
Im Nichteinigungsfalle entscheidet auf Antrag die → **Einigungsstelle** (§ 87 Abs. 2 BetrVG).
Mitbestimmung besteht nicht, soweit die jeweilige Angelegenheit durch Gesetz oder Tarifvertrag abschließend und zwingend geregelt ist.

§ 88 BetrVG
Regelungen in Form von **freiwilligen Betriebsvereinbarungen** über zusätzliche Maßnahmen des Gesundheitsschutzes, des betrieblichen Umweltschutzes, über das »Ob« von Sozialeinrichtungen, über Maßnahmen der Vermögensbildung und Maßnahmen zur Integration ausländischer Arbeitnehmer sowie zur Bekämpfung von Rassismus und Fremdenfeindlichkeit im Betrieb.

§ 89 BetrVG
Aufgaben, Informations- und Mitwirkungsrechte des Betriebsrats beim Gesundheitsschutz und beim betrieblichen Umweltschutz.

Soziale Medien

Was ist das?

1. **Soziale Medien (social media)** sind Internetanwendungen (digitale Technologien und Medien), deren Zweck die Information, der Austausch von Informationen (Kommunikation) und die Zusammenarbeit der Nutzer ist.
Dieser Zweck kommt auch in dem Begriff **Soziales Netzwerk** zum Ausdruck. Dabei handelt es sich um Internet-Plattformen, in die Nutzer ihre Profile, Nachrichten, Kommentare, Kontaktlisten, Empfehlungen und hochgeladene Medien eingeben.
Die Begriffe Soziale Medien (social media) / Soziale Netzwerke sind im allgemeinen Sprachgebrauch an die Stelle des Kürzels **Web 2.0** getreten.
Web 2.0 steht laut Duden für: »*Durch die Mitwirkung der Benutzerinnen und Benutzer geprägte Internetangebote*«.
Den Begriff Soziale Medien definiert der Duden ähnlich: »*Gesamtheit der digitalen Technologien und Medien wie Weblogs, Wikis, soziale Netzwerke u. Ä., über die Nutzerinnen und Nutzer miteinander kommunizieren und Inhalte austauschen können.* «
2. Bekannte Soziale Netzwerke sind z. B. Facebook, Twitter, Google+, Instagram, Myspace, Xing.
3. Den Nutzern sozialer Netzwerke werden üblicherweise folgende **Funktionen** geboten (Quelle: *https://de.wikipedia.org/wiki/Soziales_Netzwerk_(Internet)*):
   - *Ein Persönliches Profil mit diversen Einstellungen zur Sichtbarkeit für Mitglieder der Netzgemeinschaft oder generell der Öffentlichkeit des Netzes.*
   - *Eine Kontaktliste oder Adressbuch samt Funktionen, mit denen die Verbindungen zu den hier verzeichneten Mitgliedern der Netzgemeinschaft, etwa Freunde, Bekannte, Kollegen usw., verwaltet werden können.*
   - *Der Empfang und der Versand von Nachrichten an andere Mitglieder.*
   - *Der Empfang und Versand von Benachrichtigungen über diverse Ereignisse wie Profiländerungen, neu eingestellte Bilder, neue Kritiken usw.*
   - *Erstellen von Blogs oder Mikroblogging-Funktionen bzw. das Veröffentlichen von einzelnen Statusaktualisierungen.*
   - *Spiele dienen der Kommunikation und Kooperation der Plattformnutzer. Vorrangiges Ziel ist dabei der Aufbau von sozialen Kontakten sowie die Eingliederung in die spielinternen Gemeinschaften.*
   - *Teilen von Fotos und Videos mit anderen Usern bzw. Mitgliedern.*
   - *Erstellen von Gruppen innerhalb des Netzwerkes, um gleiche Interessen zu bündeln.*
   - *Suchfunktionen.*
4. Der **Begriff** »**Sozial**« im Wortpaar Soziale Medien hat nichts zu tun mit »sozialem Verhalten« (= sich um seine Mitmenschen kümmern, hilfsbereit und solidarisch sein) bzw. im Sinne von Sozialstaat / Sozialpolitik (= Gesamtheit aller Einrichtungen, Maßnahmen und Normen, deren Ziel es ist, soziale Sicherheit, soziale Gerechtigkeit und Teilhabe aller Menschen an den gesellschaftlichen und politischen Entwicklungen zu gewährleisten und Lebensrisiken abzufedern).

Soziale Medien

Denkt man an **Cybermobbing** und **-stalking** und vor allem an die aktuelle **Hass-Hetze** in den Sozialen Netzwerken (vor allem Facebook) gegen Flüchtlinge und diejenigen, die ihnen helfen, ist jedenfalls für diesen Bereich der Sozialen Netzwerke die Bezeichnung »asozial« die zutreffendere Charakterisierung (»**Antisocial Media**«).

Unternehmen nutzen Soziale Medien / Netzwerke mit unterschiedlichen Zielen, u. a. 5
- zur Selbstdarstellung,
- als Marketinginstrument (Ermittlung von Kundeneinschätzungen zu Produkten und ihren Erwartungen, Wünschen usw.),
- als Rekrutierungsinstrument (u. a. Anwerben, aber auch Ausforschen von Arbeitsplatzbewerbern durch Internet-Recherchen).

Ein weiteres Feld ist die Nutzung Sozialer Medien / Netzwerke zur Leistungs- und Verhaltenskontrolle von Arbeitnehmern (vgl. etwa ArbG Düsseldorf v. 27. 6. 2014 – 14 BV 104/13 und LAG Düsseldorf v. 12. 1. 2015 – 9 TaBV 51/14: ein Arbeitgeber hatte eine Facebook-Seite eingerichtet, die Kunden des Unternehmens auf der »Facebook-Pinnwand« Aussagen über das Arbeits- und Leistungsverhalten der Arbeitnehmer des Unternehmens ermöglichte.

Bei den Arbeitsgerichten ist das Thema Soziale Medien inzwischen auch angekommen. In 6 erster Linie geht es um Fälle, in denen Arbeitnehmer wegen negativer Äußerungen über den Arbeitgeber ordentlich oder meist außerordentlich **gekündigt** werden.

Aber auch **Mitbestimmungsfragen** werden zum Gegenstand von arbeitsgerichtlichen Verfahren, wie der Fall »Einrichtung einer facebook-Seite durch den Arbeitgeber« zeigt. Der Betriebsrat machte ein Mitbestimmungsrecht nach § 37 Abs. 6 BetrVG geltend (siehe hierzu Überwachung von Arbeitnehmern), weil sich aus deren Betrieb Aussagen über das Arbeits- und Leistungsverhalten der Arbeitnehmer gewinnen lassen. Das ArbG Düsseldorf v. 27. 6. 2014 – 14 BV 104/13 gab dem Antrag des Betriebsrats statt und verpflichtete den Arbeitgeber, die Seite *www.facebook.com/drk.c.* abzumelden. Das LAG Düsseldorf v. 12. 1. 2015 – 9 TaBV 51/14 gab dem Arbeitgeber Recht, ließ aber die Rechtsbeschwerde an das BAG (1 ABR 7/15) zu. Man darf auf die Entscheidung gespannt sein.

Zur **Rechtmäßigkeit** streikbegleitende Aktionen, die über Soziale Medien / Soziale Netzwerke 7 organisiert werden (**Flashmob**), siehe LAG Berlin-Brandenburg v. 29. 9. 2008 – 5 Sa 967/08, BAG v. 22. 9. 2009 – 1 AZR 972/08 und BVerfG v. 26. 3. 2014 – 1 BvR 3185/09 (im Rechtsprechungsteil).

Bedeutung für die Betriebsratsarbeit

Betriebsräte haben 8
- einerseits die Aufgabe, das **Internetverhalten des Arbeitgebers zu überwachen** (§ 80 Abs. 1 Nr. 1 BetrVG) und ggf. Mitbestimmungsrechte (etwa nach § 87 Abs. 1 Nr. 6 BetrVG) und ggf. Unterlassungsansprüche geltend zu machen, wenn der Arbeitgeber seine Mitbestimmungsrechte missachtet: vgl. hierzu ArbG Düsseldorf v. 27. 6. 2014 – 14 BV 104/13 und LAG Düsseldorf v. 12. 1. 2015 – 9 TaBV 51/14 zur Einrichtung einer Facebook-Seite durch den Arbeitgeber;
- anderseits zu prüfen, ob und wie sie die **Vorteile** des Internets / der Sozialen Medien / Netzwerke zur Effektivierung / Verbesserung der Betriebsratstätigkeit zum Einsatz bringen können (vgl. hierzu IG Metall, Social Media, Handlungshilfe für Betriebsräte und Vertrauensleute).

Werden Soziale Medien vom Arbeitgeber oder Arbeitnehmern benutzt, um Beschäftigte zu 9 benachteiligen, ungerecht zu behandeln oder in sonstiger Weise zu beeinträchtigen, sollte der

Soziale Medien

Betriebsrat entsprechende Beschwerden unterstützen und ggf. ein **Einigungsstellenverfahren** nach § 85 Abs. 2 BetrVG einleiten (siehe hierzu → **Beschwerderecht der Arbeitnehmer**).

Bedeutung für die Beschäftigten

10 **Arbeitnehmer** sollten sich bewusst sein, dass ihre Einträge in öffentlich zugängliche Soziale Netzwerke (wie z. B. Facebook) für jedermann (auch für den Arbeitgeber) sichtbar sind und positive, aber auch unliebsame Folgen für sie haben können.

Immer mehr arbeitsgerichtliche Entscheidungen befassen sich mit der Frage, ob **beleidigende oder geschäftsschädigende Kommentare** eine ordentliche oder sogar außerordentliche Kündigung des Arbeitsverhältnisses durch den Arbeitgeber rechtfertigen (siehe hierzu Arbeitsgerichtsurteile im Rechtsprechungsteil).

Rechtsprechung

1. Einrichtung einer Facebook-Seite durch Arbeitgeber kann mitbestimmungspflichtig sein – Unterlassungsanspruch des Betriebsrats
2. Beschwerde nach §§ 84, 85 BetrVG wegen beleidigender Kommentare in einer Facebook-Gruppe – Einigungsstelle nach § 85 Abs. 2 BetrVG
3. Anspruch eines Arbeitnehmers auf Schmerzensgeld wegen eines rechtswidrigen Eingriffs in sein Facebook-Account?
4. Einträge von Arbeitnehmern (z. B. bei Facebook) können ein Grund für eine Kündigung sein
5. Anspruch des Betriebsrats auf Nutzung des Internets – Intranets – Einrichtung einer Homepage
6. Über Soziale Medien organisierte streikbegleitende Aktionen (Flashmob)

Sozialeinrichtung

Was ist das?

Unter einer Sozialeinrichtung (§ 87 Abs. 1 Nr. 8 und § 88 Nr. 2 BetrVG) wird eine vom Arbeitgeber – zugunsten der Arbeitnehmer – zur Verfügung gestellte **Leistung** verstanden, die eine abgrenzbare und auf gewisse Dauer gerichtete Organisationsform besitzt.
Zum **Mitbestimmungsrecht** des Betriebsrats bei der Form, Ausgestaltung und Verwaltung von Sozialeinrichtungen siehe Rn. 3 ff.
Natürlich ist die Schaffung einer Sozialeinrichtung nicht unbedingt Ausdruck der Großmütigkeit und Freigiebigkeit des Arbeitgebers.
Vielmehr werden bestimmte **Zwecke** verfolgt, insbesondere der Zweck, Fachkräfte zu gewinnen oder die Arbeitnehmer an den Betrieb zu binden.

Beispiele:
- Pensionskasse, Unterstützungskasse (siehe → **Betriebliche Altersversorgung**),
- Kantine,
- Verkaufsstelle, Automaten zum Verkauf verbilligter Ware,
- Erholungsheim,
- Betriebskindergarten,
- Werkmietwohnung (nicht aber Werkdienstwohnung)
- Werkbücherei,
- Parkraum,
- Werkbusdienst.

»Sozialleistungen« des Arbeitgebers, denen die Begriffsmerkmale der »**Einrichtung**« in obigem Sinne fehlen, werden nicht von § 87 Abs. 1 Nr. 8 BetrVG erfasst.
Sie sind aber als Bestandteil des »Lohns« anzusehen (sog. »**Soziallohn**«) und unterliegen damit der **Mitbestimmung** des Betriebsrats bei der betrieblichen Lohngestaltung nach § 87 Abs. 1 Nr. 10 BetrVG (siehe Rn. 8 und → **Arbeitsentgelt** Rn. 53 ff., 60 ff.).

Beispiele:
- → **Übertarifliche Zulagen**
- Fahrtkostenzuschuss für die Fahrten zwischen Wohnung und Betrieb
- Übernahme der Kosten für die Unterbringung eines Kindes des Beschäftigten in einer Kindertagesstätte
- → **Betriebliche Altersversorgung** in Form einer »Direktzusage« des Arbeitgebers oder einer »Direktversicherung«

Sozialeinrichtung

Bedeutung für die Betriebsratsarbeit

3   Nach § 87 Abs. 1 Nr. 8 BetrVG steht dem Betriebsrat ein **Mitbestimmungsrecht** zu bei »*Form, Ausgestaltung und Verwaltung von Sozialeinrichtungen, deren Wirkungsbereich auf den Betrieb, das Unternehmen oder den Konzern beschränkt ist*«.

4   Ein Mitbestimmungsrecht des Betriebsrats besteht nur hinsichtlich des »**Wie**« der Sozialeinrichtung (Form, Ausgestaltung, Verwaltung).

5   Es erstreckt sich nicht auf die Frage, »**ob**« der Arbeitgeber überhaupt eine Sozialeinrichtung errichtet, in welchem Umfange er sie mit finanziellen Mitteln ausstattet (sog. »**Dotierungsrahmen**«) und welchen **Personenkreis** er zu begünstigen beabsichtigt.
Dies ergibt sich aus dem Wortlaut des § 87 Abs. 1 Nr. 8 BetrVG sowie aus § 88 Nr. 2 BetrVG, wonach die »Errichtung« von Sozialeinrichtungen (nur) durch »freiwillige« (also nicht erzwingbare) → **Betriebsvereinbarung** geregelt werden kann.

> **Beispiel:**
> Die Eröffnung eines Werkbusdienstes sowie die Übernahme der Kosten hierfür ist mitbestimmungsfrei. Mitbestimmungspflichtig sind dagegen Regelungsfragen über das »Wie« (z. B. darüber, welche Haltestellen die Busse anzufahren haben).

6   Auch die **vollständige Schließung** einer Sozialeinrichtung ist nicht mitbestimmungspflichtig (allerdings können sonstige rechtliche Gesichtspunkte – z. B. arbeitsvertragliche, tarifliche oder gesetzliche Regelungen – einer Schließung entgegenstehen bzw. sie einschränken; siehe → **Betriebliche Altersversorgung**).
Will der Arbeitgeber die Sozialeinrichtung nur **teilweise schließen**, so stellen sich wieder – mitbestimmungspflichtige – Regelungsfragen.

> **Beispiel:**
> Der Arbeitgeber will den Werkbusdienst von bisher zehn auf fünf Busse verkleinern. Hier ist z. B. die Frage der Haltestellen im Mitbestimmungswege neu zu regeln.

7   Kommt es in Bezug auf die »Form, Ausgestaltung und Verwaltung« der Sozialeinrichtung zwischen Arbeitgeber und Betriebsrat zu keiner Einigung, entscheidet auf Antrag die → **Einigungsstelle** (§ 87 Abs. 2 BetrVG).

8   Das auf § 87 Abs. 1 Nr. 10 BetrVG basierende Mitbestimmungsrecht des Betriebsrats bei »**freiwilligen**« Leistungen des Arbeitgebers, die nicht die Merkmale der »Sozialeinrichtung« aufweisen (siehe Rn. 2), ist im Übrigen nach herrschender Meinung in ähnlicher Weise eingeschränkt.
So soll kein Mitbestimmungsrecht des Betriebsrats hinsichtlich der Frage bestehen, »**ob**«, »**in welchem Umfange**« und »**an welchen Personenkreis**« der Arbeitgeber finanzielle Mittel für freiwillige Leistungen zur Verfügung stellt.
Geschieht dies jedoch, hat der Betriebsrat mitzubestimmen, wenn es darum geht, die Kriterien festzulegen, nach denen die Mittel auf die Arbeitnehmer verteilt werden (siehe → **Übertarifliche Zulagen**).

9   Zur Frage, ob in eine Sozialeinrichtung (z. B. betriebliche Altersversorgung) durch Betriebsvereinbarung zu Lasten der Beschäftigten eingegriffen werden kann: siehe → **Betriebliche Altersversorgung** und → **Betriebsvereinbarung**.

Bedeutung für die Beschäftigten

Wenn der Arbeitgeber eine bestehende Sozialeinrichtung ganz oder teilweise schließen will, ist zu prüfen, ob – neben einer etwaigen Mitbestimmung des Betriebsrats – Rechte von Beschäftigten entgegenstehen. **10**

Ist beispielsweise eine Sozialeinrichtung (oder eine »Soziallohnleistung« nach § 87 Abs. 1 Nr. 10 BetrVG) arbeitsvertraglich ohne Freiwilligkeits- oder Widerrufsvorbehalt zugesagt worden, kann der Arbeitgeber die Sozialeinrichtung (oder die Soziallohnleistung) **nicht einseitig widerrufen.**
Vielmehr ist entweder eine Änderungsvereinbarung mit dem/den Beschäftigten oder eine → **Änderungskündigung** notwendig. Letztere kann von dem/den Beschäftigten mit der Kündigungsschutzklage angegriffen werden.

Entsprechendes gilt, wenn ein Anspruch der Beschäftigten auf Fortführung der Sozialeinrichtung (oder Weitergewährung des Soziallohns) durch → **betriebliche Übung** begründet worden ist. **11**

In besonderer Weise sind vor Eingriffen des Arbeitgebers geschützt unverfallbar gewordene Anwartschaften auf → **betriebliche Altersversorgung.** **12**

Rechtsprechung

1. Mitbestimmung bei Sozialeinrichtungen (§ 87 Abs. 1 Nr. 8 BetrVG)
2. Mitbestimmung bei der Ausgliederung der Spülküche einer Kantine
3. Mitbestimmung bei Betriebsausflug

Sozialhilfe

Grundlagen

1   Das Sozialhilferecht wurde mit Gesetz vom 21.12.2015 (BGBl. I S. 2557), zuletzt geändert durch Gesetz vom 21.7.2014 (BGBl. I S. 1133), grundlegend reformiert.
Das Gesetz wurde als Zwölftes Buch in das Sozialgesetzbuch (**SGB XII**) eingegliedert. Es ist am 1.1.2005 in Kraft getreten.
Das »alte« Bundessozialhilfegesetz (BSHG) wurde abgelöst.
Mit dem »Gesetz zur Ermittlung von Regelbedarfen und zur Änderung des Zweiten und Zwölften Buches Sozialgesetzbuch« vom 24.3.2011 (BGBl. I S. 453) wurden diverse Vorschriften des SGB XII neu gefasst, insbes. die Bestimmungen zum **notwendigen Lebensunterhalt** (siehe Rn. 6 und 7).

2   Die Sozialhilfe nach den Bestimmungen des SGB XII ist **abzugrenzen** von der sog. »Grundsicherung für erwerbsfähige Leistungsberechtigte« (sog. → **Arbeitslosengeld II [Hartz IV]**) nach Maßgabe des Zweiten Buchs des Sozialgesetzbuches vom 24.3.2003 (SGB II – Grundsicherung für Arbeitssuchende – BGBl. I S. 2954).

Arbeitslosengeld II [Hartz IV]

Leistungen nach dem **SGB II** (u. a. → **Arbeitslosengeld II [Hartz IV]**) erhalten Personen im Alter zwischen Vollendung des 15. Lebensjahres und der nach § 7 a SGB II maßgeblichen Altersgrenze (65 bis 67), soweit sie »**erwerbsfähig**« und »**hilfebedürftig**« sind (§ 7 SGB II).
Dieser Personenkreis ist von Leistungen der Hilfe zum Lebensunterhalt nach dem Dritten Kapitel des SGB XII **ausgeschlossen** (§ 21 SGB XII).
Erwerbsfähig ist, wer nicht wegen Krankheit oder Behinderung auf absehbare Zeit außerstande ist, unter den üblichen Bedingungen des allgemeinen Arbeitsmarktes **mindestens drei Stunden täglich** erwerbstätig zu sein (§ 8 Abs. 1 SGB II).
Wie die Sozialhilfe umfasst auch die Grundsicherung für Arbeitsuchende (siehe → **Arbeitslosengeld II** »**Hartz IV**«]) **Dienst-, Geld- und Sachleistungen**.
Ihre Leistungen berücksichtigen ebenfalls die individuelle Lebenslage des Leistungsberechtigten.
Im Vordergrund steht dort der Grundsatz der Überwindung dieser Situation durch eine **Eingliederung** in den Arbeitsmarkt unter Einsatz der Instrumente der Arbeitsförderung oder durch Verpflichtung zur Ausübung einer Arbeitsgelegenheit mit Mehraufwandsentschädigung« nach § 16 d SGB II (sog. »**Ein-Euro-Job**«; siehe → **Arbeitslosengeld II** [»**Hartz IV**«]).
Erwerbsfähige Leistungsberechtigte erhalten, wenn sie nicht über anderweitiges Einkommen verfügen, von der Agentur für Arbeit zur Sicherung ihres Lebensunterhalts das sog. »**Arbeitslosengeld II**« in Form einer Geldleistung in Höhe des sog. »**Regelbedarfs**« (§§ 19, 20 SGB II).
Der monatliche Regelbedarf wurde mit dem »Gesetz zur Ermittlung von Regelbedarfen und zur Änderung des Zweiten und Zwölften Buches Sozialgesetzbuch« vom 24.3.2011 (BGBl. I S. 453) auf 364 Euro und mit Wirkung ab 1.1.2012 auf 367 Euro festgesetzt.

Sozialhilfe

Für die Neuermittlung der Regelbedarfe durch neues Bundesgesetz gelten §§ 28, 29 SGB XII. Solange keine gesetzliche Neuermittlung nach § 28 SGB VII erfolgt, findet § 28 a SGB XII Anwendung: hiernach werden die Regelbedarfe jeweils zum 1. Januar eines Jahres durch Rechtsverordnung nach § 40 Satz 1 Nr. 1 SGB XII – sog. **Regelbedarfsstufen-Fortschreibungsverordnung** (RBSFV) – fortgeschrieben.
Mit der Regelbedarfsstufen-Fortschreibungsverordnung 2016 (RBSFV 2016) vom 22.10.2015 (BGBl. I Nr. 41 S. 1788) wurden die ab 1.1.2016 geltenden Regelbedarfsstufen festgelegt (siehe Rn. 7 und → **Arbeitslosengeld II [»Hartz IV«]**.
Diese Werte gelten auch für die Sozialhilfe (siehe unten Tabelle Rn. 7).
Außerdem erhalten erwerbsfähige Leistungsberechtigte Leistungen z. B. für **Mehrbedarfe** (§ 21 SGB II) und **Unterkunft und Heizung** (§ 22 SGB II).
Zu weiteren Einzelheiten siehe → **Arbeitslosengeld II [»Hartz IV«]**.

Sozialgeld (§ 19 Abs. 1 Satz 2, § 23 SGB II)

Nichterwerbsfähige Leistungsberechtigte, die mit erwerbsfähigen Leistungsberechtigten in einer **Bedarfsgemeinschaft** leben, erhalten gemäß § 19 Abs. 1 Satz 2, § 23 SGB II ein sog. Sozialgeld (siehe → **Arbeitslosengeld II [»Hartz IV«]**), soweit sie keinen Anspruch auf Leistungen nach §§ 41 bis 46 a SGB XII (Grundsicherung im Alter und bei Erwerbsminderung) haben.   3

Sozialhilfe (SGB XII)

Sozialhilfe nach den Bestimmungen des **SGB XII** erhalten Personen, die z. B. wegen Alters oder wegen voller Erwerbsminderung **nicht (mehr) erwerbsfähig** sind und auch nicht in einer Bedarfsgemeinschaft mit erwerbsfähigen Leistungsberechtigten leben, die → **Arbeitslosengeld II [»Hartz IV«]** dem Grunde nach beanspruchen können (§ 21 SGB XII).   4
Mit der Sozialhilfe soll den Leistungsberechtigten eine der **Würde** des Menschen entsprechende Lebensführung ermöglicht werden (§ 1 Satz 1 SGB XII).
Ziel der Sozialhilfe ist es, die Selbsthilfekräfte zu stärken: Die Leistung soll »*so weit wie möglich befähigen, unabhängig von ihr zu leben; darauf haben auch die Leistungsberechtigten nach ihren Kräften hinzuarbeiten*« (§ 1 Satz 2 SGB XII).
Leistungsberechtigte und Träger der Sozialhilfe haben zur Erreichung dieser Ziele **zusammenzuarbeiten** (§ 1 Satz 3 SGB XII).
Die **Zielsetzungen** der Sozialhilfe und die grundlegenden Merkmale der **Leistungserbringung** orientieren sich im Wesentlichen an den Bestimmungen des früheren Bundessozialhilfegesetzes (BSHG):

- Die Sozialhilfe ist eine **nachrangige Leistung** und wird daher in der Regel erst dann erbracht, wenn alle anderen Möglichkeiten ausgeschöpft sind, so etwa das Einkommen und Vermögen des Leistungsberechtigten und ggf. der zu seinem Unterhalt verpflichteten Personen, seine eigene Arbeitskraft, seine Ansprüche gegenüber vorrangigen Sicherungssystemen (§ 2 SGB XII).
- Die Leistungen werden auf den **individuellen Bedarf** abgestimmt und berücksichtigen dabei die Lebenslage, die Wünsche und die Fähigkeiten der Leistungsberechtigten (§ 9 SGB XII).
- Die Leistungen werden als **Dienstleistung, Geldleistung oder Sachleistung** erbracht, wobei Geldleistungen grundsätzlich Vorrang gegenüber Sachleistungen haben (§ 10 SGB XII). Die Leistungserbringung beschränkt sich aber nicht auf finanzielle Unterstützung, sondern umfasst immer auch **Beratung, Aktivierung und weitere Unterstützungsformen**, die auf eine Unabhängigkeit von der Sozialhilfe hinwirken (§ 11 SGB XII).

1855

Sozialhilfe

- Die Sozialhilfe muss **nicht beantragt** werden, sondern setzt unmittelbar ein, sobald dem Träger der Sozialhilfe bekannt wird, dass die Leistungsvoraussetzungen gegeben sind. Eine **Ausnahme** bilden lediglich die Leistungen der Grundsicherung im Alter und bei Erwerbsminderung nach dem Vierten Kapitel (§ 18 SGB XII).
- Der **Vorrang ambulanter vor stationärer Hilfe** wird durch verschiedene Regelungen verstärkt, so etwa dadurch, dass die Leistung stationärer Hilfe erst nach Prüfung von Bedarf, möglichen Alternativen (insbesondere ambulanter Hilfemöglichkeiten) und Kosten erfolgt, dass ferner die Vermutung der Bedarfsdeckung in § 36 SGB XII ausdrücklich Ausnahmen für Schwangere und behinderte sowie pflegebedürftige Personen vorsieht, sowie durch weitere Regelungen wie die Streichung des Zusatzbarbetrages, die eine Gleichstellung der Bezieher ambulanter und stationärer Leistungen garantieren.
- Mit den durch die Reduzierung einzelner Leistungen erzielten **Einsparungen** wird es den Trägern der Sozialhilfe ermöglicht, zusätzliche Leistungen u. a. zur Stärkung der Selbsthilfekräfte und Aktivierung einzusetzen.

5   Die Sozialhilfe in der neuen Form umfasst die **Bereiche:**
- Hilfe zum Lebensunterhalt (§§ 27 bis 40 SGB XII),
- Grundsicherung im Alter und bei Erwerbsminderung (§§ 41 bis 46 SGB XII),
- Hilfen zur Gesundheit (§§ 47 bis 52 SGB XII),
- Eingliederungshilfe für behinderte Menschen (§§ 53 bis 60 SGB XII),
- Hilfe zur Pflege (§§ 61 bis 66 SGB XII),
- Hilfe zur Überwindung besonderer sozialer Schwierigkeiten (§§ 67 bis 69 SGB XII),
- Hilfe in anderen Lebenslagen (§§ 70 bis 74 SGB XII)

sowie die jeweils gebotene **Beratung** und **Unterstützung** (§ 8 SGB XII).

Hilfe zum Lebensunterhalt (§§ 27 – 40 SGB XII)

6   Hilfe zum Lebensunterhalt ist Personen zu leisten, die ihren **notwendigen Lebensunterhalt** nicht oder nicht ausreichend aus eigenen Kräften und Mitteln bestreiten können (§ 27 Abs. 1 SGB XII).
Der notwendige Lebensunterhalt umfasst nach § 27 a SGB XII insbesondere Ernährung, Kleidung, Körperpflege, Hausrat, Haushaltsenergie ohne die auf Heizung und Erzeugung von Warmwasser entfallenden Anteile, persönliche Bedürfnisse des täglichen Lebens sowie Unterkunft und Heizung.
Zu den persönlichen Bedürfnissen des täglichen Lebens gehört in vertretbarem Umfang eine Teilhabe am sozialen und kulturellen Leben in der Gemeinschaft; dies gilt in besonderem Maß für Kinder und Jugendliche.
Für Schülerinnen und Schüler umfasst der notwendige Lebensunterhalt auch die erforderlichen Hilfen für den Schulbesuch.
Der gesamte notwendige Lebensunterhalt nach § 27 a Absatz 1 SGB XII mit Ausnahme der Bedarfe nach den §§ 30 bis 36 SGB XII ergibt den **monatlichen Regelbedarf**.
Dieser ist in **Regelbedarfsstufen** unterteilt, die bei Kindern und Jugendlichen altersbedingte Unterschiede und bei erwachsenen Personen deren Anzahl im Haushalt sowie die Führung eines Haushalts berücksichtigen.
Zur Deckung der Regelbedarfe, die sich nach den Regelbedarfsstufen der Anlage zu § 28 SGB XII ergeben, sind **monatliche Regelsätze** zu gewähren.
Der Regelsatz stellt einen monatlichen Pauschalbetrag zur Bestreitung des Regelbedarfs dar, über dessen Verwendung die Leistungsberechtigten eigenverantwortlich entscheiden; dabei haben sie das Eintreten unregelmäßig anfallender Bedarfe zu berücksichtigen.
Nach § 28 Abs. 1 SGB XII wird die **Höhe der Regelbedarfe** in einem Bundesgesetz neu ermittelt. Das ist mit dem »Gesetz zur Ermittlung der Regelbedarfe nach § 28 des Zwölften

Buches Sozialgesetzbuch (Regelbedarfs-Ermittlungsgesetz – RBEG) vom 24.3.2011 (BGBl. I S. 453) geschehen. Der monatliche Regelbedarf wurde auf 364 Euro und mit Wirkung ab 1.1.2012 auf 367 Euro festgesetzt.
Für die Neuermittlung der Regelbedarfe durch neues Bundesgesetz gelten §§ 28, 29 SGB XII.
Solange keine gesetzliche Neuermittlung nach § 28 SGB VII erfolgt, findet § 28 a SGB XII Anwendung: hiernach werden die Regelbedarfe jeweils zum 1. Januar eines Jahres durch Rechtsverordnung nach § 40 Satz 1 Nr. 1 SGB XII – sog. **Regelbedarfsstufen-Fortschreibungsverordnung** (RBSFV) – fortgeschrieben.
Die Fortschreibung der Regelbedarfsstufen erfolgt gemäß § 28 a Abs. 2 SGB XII aufgrund der bundesdurchschnittlichen Entwicklung der Preise für regelbedarfsrelevante Güter und Dienstleistungen sowie der bundesdurchschnittlichen Entwicklung der Nettolöhne und -gehälter je beschäftigtem Arbeitnehmer nach der Volkswirtschaftlichen Gesamtrechnung (**Mischindex**). Dieser setzt sich zu 70 Prozent aus der regelsatzrelevanten Preisentwicklung und zu 30 Prozent aus der Nettolohnentwicklung zusammen (§ 28 a Abs. 2 Satz 3 SGB XII).
Mit der Regelbedarfsstufen-Fortschreibungsverordnung 2016 (RBSFV 2016) vom 22.10.2015 (BGBl. I Nr. 41 S. 1788) wurden die ab 1.1.2016 geltenden Regelbedarfsstufen festgelegt (siehe nachstehende Tabelle).

Sozialhilfe

7 Regelbedarfsstufen nach der Anlage zu § 28 SGB XII

Regelbedarfsstufen nach der Anlage zu § 28 SGB XII

	ab 1.1. 2011	ab 1.1. 2012	ab 1.1. 2013	ab 1.1. 2014	ab 1.1. 2015	ab 1.1. 2016
Regelbedarfsstufe 1						
Für eine leistungsberechtigte Person, die als alleinstehende oder alleinerziehende Person einen eigenen Haushalt führt; dies gilt auch dann, wenn in diesem Haushalt eine oder mehrere weitere erwachsene Personen leben, die der Regelbedarfsstufe 3 zuzuordnen sind.	364 Euro	374 Euro	382 Euro	391 Euro	399 Euro	404 Euro
Regelbedarfsstufe 2						
Für jeweils zwei erwachsene Leistungsberechtigte, die als Ehegatten, Lebenspartner oder in eheähnlicher oder lebenspartnerschaftsähnlicher Gemeinschaft einen gemeinsamen Haushalt führen.	328 Euro	337 Euro	345 Euro	353 Euro	360 Euro	364 Euro
Regelbedarfsstufe 3						
Für eine erwachsene leistungsberechtigte Person, die weder einen eigenen Haushalt führt, noch als Ehegatte, Lebenspartner oder in eheähnlicher oder lebenspartnerschaftsähnlicher Gemeinschaft einen gemeinsamen Haushalt führt.	291 Euro	299 Euro	306 Euro	313 Euro	320 Euro	324 Euro
Regelbedarfsstufe 4						
Für eine leistungsberechtigte Jugendliche oder einen leistungsberechtigten Jugendlichen vom Beginn des 15. bis zur Vollendung des 18. Lebensjahres.	287 Euro	287 Euro	289 Euro	296 Euro	302 Euro	306 Euro
Regelbedarfsstufe 5						
Für ein leistungsberechtigtes Kind vom Beginn des siebten bis zur Vollendung des 14. Lebensjahres.	251 Euro	251 Euro	255 Euro	261 Euro	267 Euro	270 Euro
Regelbedarfsstufe 6						
Für ein leistungsberechtigtes Kind bis zur Vollendung des sechsten Lebensjahres.	215 Euro	219 Euro	224 Euro	229 Euro	234 Euro	237 Euro

Sozialhilfe

Die Hilfe zum Lebensunterhalt umfasst neben dem notwendigen Lebensunterhalt nach §§ 27 bis 29 SGB XII n. F. (siehe Rn. 6) folgende **weitere Leistungen:** 8
- Bestimmten Personen (z. B. Schwangere, Alleinerziehende, Behinderte) wird ein **Mehrbedarf** zugestanden (§ 30 SGB XII).
Der Mehrbedarf wird als prozentualer **Zuschlag** zum Regelsatz geleistet.
- **Einmalige Leistungen** werden für Erstausstattung des Haushalts, für Bekleidung (einschließlich Sonderbedarf bei Schwangerschaft und Geburt) sowie mehrtägige Klassenfahrten erbracht (§ 31 SGB XII).
- Übernahme der Beiträge für die **Kranken- und Pflegeversicherung** sowie von Beiträgen für die **Altersvorsorge** (§§ 32 und 33 SGB XII).
- Bedarfe für **Bildung** und **Teilhabe** werden nach Maßgabe der §§ 34, 34 a SGB XI gedeckt.
- Übernahme von Aufwendungen bei »**berechtigter Selbsthilfe**« (§ 34 b SGB XII).
- Leistungen für **Unterkunft und Heizung** werden in Höhe der tatsächlichen Aufwendungen gemäß § 35 SGB XII erbracht.
- Zur Vermeidung von Notfällen können **Schulden** (insbes. Mietschulden) **übernommen** werden (§ 36 SGB XII).
- Vom Regelsatz umfasster, jedoch im Einzelfall unabweisbar gebotener **Sonderbedarf** soll als **Darlehen** gewährt werden, das auch während des Bezugs von Hilfe zum Lebensunterhalt zurück zu zahlen ist (§ 37 SGB XII).

Nach § 38 SGB XII können **Darlehen** bei **vorübergehender Notlage** gewährt werden.

Arbeitshilfen

Übersichten
- Regelbedarfsstufen und Regelsätze nach der Anlage zu § 28 SGB XII
- Eckregelsätze in den Bundesländern in Euro in den Jahren 2002 bis 2009

1859

Sozialplan

Was ist das?

1 Nach §§ 111, 112 BetrVG ist der Unternehmer, der eine → **Betriebsänderung** plant, u. a. verpflichtet, mit dem Betriebsrat über einen → **Interessenausgleich** und einen »**Sozialplan**« zu verhandeln.

2 Die Wahrnehmung der Mitbestimmungsrechte bei Betriebsänderungen (§§ 111 ff. BetrVG) obliegt nach § 50 Abs. 1 Satz 1 BetrVG dem → **Gesamtbetriebsrat**, wenn es sich um Maßnahmen handelt, die das gesamte Unternehmen oder mehrere Betriebe betreffen und notwendigerweise nur einheitlich oder betriebsübergreifend geregelt werden können (BAG v. 3. 5. 2006 – 1 ABR 15/05, AiB 2007, 494 = NZA 2007, 1245).

Aus der Zuständigkeit des Gesamtbetriebsrats für den Abschluss eines → **Interessenausgleichs** folgt allerdings nicht ohne weiteres seine Zuständigkeit auch für den Abschluss eines Sozialplanes.

Vielmehr ist gesondert zu prüfen, ob der Ausgleich oder die Abmilderung der durch die Betriebsänderung entstehenden Nachteile **zwingend unternehmenseinheitlich oder betriebsübergreifend** geregelt werden muss.

Der Umstand, dass die Mittel für den Sozialplan von ein und demselben Arbeitgeber zur Verfügung gestellt werden müssen, genügt alleine nicht, um die Zuständigkeit des Gesamtbetriebsrats für den Abschluss des Sozialplanes zu begründen.

Etwas anderes gilt, wenn ein mit dem Arbeitgeber im Rahmen eines Interessenausgleichs vereinbartes, das gesamte Unternehmen betreffendes Sanierungskonzept nur auf der Grundlage eines bestimmten, auf das gesamte Unternehmen bezogenen Sozialplanvolumens realisiert werden kann (BAG v. 3. 5. 2006 – 1 ABR 15/05, a. a. O.).

Unterschied Interessensausgleich – Sozialplan

3 Der »Sozialplan« unterscheidet sich von dem → **Interessenausgleich** wie folgt:
- Bei den Verhandlungen über einen »Interessenausgleich« geht es um das »**Ob, Wann und Wie**« der vom Unternehmer geplanten Betriebsänderung (BAG v. 3. 5. 2006 – 1 ABR 15/09, a. a. O; 20. 4. 1994 – 10 AZR 186/93, AiB 1994, 638 = NZA 1995, 89).
Der Unternehmer bringt in die Verhandlungen sein »Interesse« ein (z. B. Stilllegung eines Betriebsteils sowie Entlassungen).
Der Betriebsrat legt demgegenüber dem Unternehmer ein Konzept vor, in dem die »Interessen« der Beschäftigten formuliert sind (z. B. → **Kurzarbeit** statt Entlassung, »Beschäftigungsplan statt Sozialplan«, Aufnahme zusätzlicher Produktion, umschulen statt entlassen usw.; siehe → **Interessenausgleich**).
- Beim »Sozialplan« geht es demgegenüber um den **Ausgleich** bzw. die **Milderung** der nachteiligen Folgen für die von Entlassung/Versetzung betroffenen Arbeitnehmer, insbesondere Durchführung von Qualifizierungsmaßnahmen zwecks Erhöhung der Arbeitsmarktchancen und einen finanziellen Härteausgleich bzw. um eine Überbrückungshilfe (BAG v.

Sozialplan

3. 5. 2006 – 1 ABR 15/09, a. a. O.; 28. 10. 1992 – 10 AZR 129/92, AiB 1993, 578 = AuR 1993, 149): Zahlung von → **Abfindungen**, Ausgleichszahlungen bei Kurzarbeit, besitzstandserhaltende Zahlung von Zulagen bei Versetzungen, Regelungen über die Finanzierung von Umschulungsmaßnahmen, Ausgleichszahlungen für Umzugskosten, höhere Fahrtkosten und dergleichen).

»Interessenausgleich« und »Sozialplan« haben also eine unterschiedliche Zielrichtung. Dennoch stehen beide Vereinbarungen in einem untrennbaren **Zusammenhang**. 4

In je stärkerem Maße es gelingt, die vom Unternehmer geplante Betriebsänderung im Wege des »Interessenausgleichs« in Bahnen zu lenken, die für die Beschäftigten weniger schädlich sind, desto kleiner wird der Personenkreis, für den durch Abschluss eines »Sozialplans« Abfindungszahlungen und sonstige Ausgleichsleistungen durchgesetzt werden müssen. 5

Das heißt: Der → **Interessenausgleich** geht dem Sozialplan zeitlich und inhaltlich voraus. 6
Wenn er zustande kommt, ist er Grundlage für die Verhandlungen über den Sozialplan. Wenn allerdings die Verhandlungen über einen Interessenausgleich **scheitern** (ggf. nach Anrufung der → **Einigungsstelle**; siehe → **Interessenausgleich** Rn. 11), hat der Betriebsrat dennoch **Anspruch** auf Aufstellung eines Sozialplans.
Grundlage für die Verhandlungen über den Sozialplan ist dann die unternehmerische Entscheidung über das »Ob«, »Wann« und »Wie« der geplanten Betriebsänderung.

> **Beachten:**
> Ein **Interessenausgleich** ist zwar »einigungsstellenfähig«, aber letztlich nicht erzwingbar. In der → **Einigungsstelle** über den Interessenausgleich kann zwar – ggf. in mehreren Sitzungen – verhandelt werden. Die Einigungsstelle kann aber keinen (Mehrheits-)Beschluss über das »Ob«, »Wann« und »Wie« der Betriebsänderung fassen. Das »Letztentscheidungsrecht« liegt vielmehr beim Unternehmer (siehe → **Interessenausgleich** Rn. 11).

Anders ist die Rechtslage beim **Sozialplan**. Wenn sich die Betriebsparteien nicht einigen können, entscheidet nach § 112 Abs. 4 BetrVG die → **Einigungsstelle** (mit Stimmenmehrheit) – für den Arbeitgeber verbindlich – über die Aufstellung eines Sozialplans (siehe Rn. 20).
Nicht besetzt. 7 bis 9

»Sozialtarifvertrag«

In manchen Fallkonstellationen muss daran gedacht werden, auf eine vom Arbeitgeber angekündigte Betriebsänderung mit einer betrieblichen – von der → **Gewerkschaft** geführten – **Tarifbewegung** einschließlich des Streiks zu reagieren. 10
Beispiele sind die zum Teil mehrwöchigen Streiks bei der Heidelberger Druckmaschinen AG in Kiel (2003), Panasonic Automotive Systems Deutschland GmbH in Neumünster (2003), Otis Austria GmbH in Stadthagen (2004), Infineon Technologies AG in München (2005), AEG/Electrolux in Nürnberg (2006).
Auslöser der Streiks waren in allen Fällen die Entscheidungen des Unternehmens bzw. Konzerns, die Betriebe ganz oder teilweise zum Zwecke der Renditesteigerung stillzulegen und zu verlagern.
Strittig ist, ob eine Tarifforderung auf Rücknahme einer Entscheidung zur Stilllegung eines Betriebes wegen zu starken Eingriffs in die Unternehmensautonomie (Art. 12 Abs. 1 GG) streikfähig ist (verneinend z. B. das LAG Hamm v. 31. 5. 2000 – 18 Sa 958/2000, NZA-RR 2000, 535 ff.; LAG Schleswig-Holstein v. 27. 3. 2003 – 5 Sa 137/03, AiB 2004, 565; a. A. Zachert, DB 2001, 1198; Kühling/Bertelsmann, NZA 2005, 1017; Berg/Kocher/Schumann-*Wankel/Schoof*, Tarifvertragsgesetz und Arbeitskampfrecht, 5. Aufl. 2015, § 1 Rn. 166 ff.; Oberberg/Schoof, Er- 11

Sozialplan

streikbarkeit eines Ergänzungstarifvertrages für den Betrieb eines verbandsangehörigen AG, AiB 2002, 169 m. w. N.).
Das BAG hat die Frage in der Entscheidung zum Sozialtarifvertragsstreik v. 24. 4. 2007 offen gelassen (BAG v. 24. 4. 2007 – 1 AZR 252/06, AiB 2007, 732 = NZA 2007, 987).
Zum Meinungsstreit siehe → **Arbeitskampf** Rn. 5 ff.

12 Zulässig ist aber nach zutreffender Ansicht des BAG jedenfalls der Streik für einen sog. »Sozialtarifvertrag« mit Regelungen, die die **Folgen der Unternehmerentscheidung** für die Beschäftigten abmildern (BAG v. 24. 4. 2007 – 1 AZR 252/06, AiB 2007, 732 = NZA 2007, 987; vgl. auch Berg/Kocher/Schumann-*Wankel/Schoof*, a. a. O., § 1 Rn. 185 ff.; **Muster** eines Sozialtarifvertrages im Anhang zu diesem Stichwort).

13 Hierzu gehören z. B. **Regelungen** zu
- verlängerten Kündigungsfristen,
- Durchführung von Qualifizierungsmaßnahmen für die von Entlassung betroffenen Beschäftigten auf Kosten des Arbeitgebers und unter Fortzahlung der Vergütung,
- Abfindungen.

Das BAG hat nachstehende Forderungen ausdrücklich als streikfähig anerkannt (BAG v. 24. 4. 2007 – 1 AZR 252/06, AiB 2007, 732 = NZA 2007, 987). Es handele sich hierbei jeweils um tariflich regelbare und damit erstreikbare Ziele.

»1. Für eine betriebsbedingte Kündigung durch den Arbeitgeber gilt eine Grundkündigungsfrist von drei Monaten zum Quartalsende.
Die Grundkündigungsfrist verlängert sich um jeweils zwei Monate für jedes volle Jahr des Bestehens des Arbeitsverhältnisses.
2. Beschäftigte, die betriebsbedingt gekündigt werden, haben nach Ablauf der Kündigungsfrist
- *Anspruch auf Qualifizierungsmaßnahmen für alle Beschäftigten bis zu 24 Monaten unter Fortzahlung der Vergütung. Auszubildende erhalten nach Abschluss ihrer Berufsausbildung eine Anpassungsqualifikation*
- *sowie eine Abfindung in Höhe von zwei Monatsgehältern pro Beschäftigungsjahr zuzüglich Erhöhungsbetrag für Unterhaltsverpflichtung und Schwerbehinderung/Gleichstellung.*

Die Vorschriften der §§ 111 ff. BetrVG bleiben unberührt.
3. Über Art und Inhalt der Qualifizierung entscheidet eine Paritätische Kommission auf der Grundlage der Aus- und Weiterbildungswünsche der Beschäftigten.
Bei Nichteinigung entscheidet die Einigungsstelle.
Die Qualifizierungsmaßnahmen werden in den vorhandenen Betriebsstätten durchgeführt.
Die Firma … trägt die Kosten der Qualifizierungsmaßnahmen.
4. Die Aufstellung weiterer Forderungen bleibt vorbehalten.«

14 Ein Streik ist allerdings dann nicht möglich, wenn die geforderten Regelungen der »**relativen Friedenspflicht**« aus einem aktiv geltenden Verbands- oder Firmentarifvertrag unterliegen (siehe hierzu → **Arbeitskampf** Rn. 11 ff.).
Keine Friedenspflicht besteht (mit der Folge, dass ein Streik für die die genannten Regelungen ohne Weiteres zulässig ist), wenn
- die geforderten Sozialtarifvertragsregelungen bisher nicht Gegenstand eines Verbands- oder Firmentarifvertrags waren und deshalb in einem – an diese Tarifverträge gebundenes – Unternehmen wegen der »Relativität« der Friedenspflicht »streikfrei« sind;
- die Firma bisher nicht tarifgebunden war;
- ein bisher tarifgebundenes Unternehmen aus dem Tarif-Arbeitgeberverband ausgetreten (siehe → **Arbeitgeberverband** Rn. 11 ff.) ist oder den Betrieb oder einen Betriebsteil an ein nicht tarifgebundenes Unternehmen ausgegliedert hat.

15 Die Zulässigkeit eines Streiks für einen »Sozialtarifvertrag« entfällt nicht deshalb, weil die Tarifregelungen die Umsetzung der Unternehmerentscheidung verteuern, erschweren oder verzögern würden.

Sozialplan

Das Grundgesetz enthält keine Gewährleistung, dass alle unternehmerischen Planungen ohne Abstriche realisiert werden können. Wo sich die wirtschaftliche und soziale Seite einer unternehmerischen Entscheidung nicht trennen lassen, sind Tarifnormen, die die Umsetzung der Unternehmerentscheidung zugunsten der Arbeitnehmer beeinflussen, zulässig (BAG v. 3. 4. 1990 – 1 AZR 123/89, DB 1991, 181 und BAG v. 21. 6. 2000 – 4 AZR 379/99, AiB 2001, 739 = DB 2001, 389 [390]).
Zulässig und erstreikbar sind deshalb – sofern keine »relative Friedenspflicht« aus einem geltenden Tarifvertrag entgegensteht – auch beschäftigungssichernde Tarifregelungen z. B. über → **Kurzarbeit** bzw. »Arbeitszeitabsenkung statt Entlassung« (siehe → **Beschäftigungssicherungstarifvertrag**) oder Tarifregelungen, die entsprechend § 102 Abs. 6 BetrVG vorsehen, dass Kündigungen nur mit Zustimmung des Betriebsrats bzw. einer → **Einigungsstelle** ausgesprochen werden dürfen (siehe hierzu → **Kündigung** Rn. 52).
Auch die betriebsverfassungsrechtlichen Bestimmungen der §§ 111 ff. BetrVG stehen nach zutreffender Ansicht des BAG einem Streik für einen »Sozialtarifvertrag« nicht entgegen (BAG v. 24. 4. 2007 – 1 AZR 252/06, AiB 2007, 732). **16**
Eine betriebliche Tarifbewegung für einen »Sozialtarifvertrag« (inkl. Streik) kommt auch dann in Betracht, wenn die Aufstellung eines betriebsverfassungsrechtlichen **Sozialplans** an der Vorschrift des § 112 a BetrVG scheitert (siehe Rn. 31 ff.). **16a**
Das heißt: Ein »Sozialtarifvertrag« kann auch dann – ggf. mit einem Streik – durchgesetzt werden,
- wenn die Zahlenwerte des § 112 a Abs. 1 BetrVG unterschritten werden oder
- im Falle der Stilllegung eines Betriebs durch ein neu gegründetes – und deshalb nach § 112 a Abs. 2 BetrVG nicht sozialplanpflichtiges – **Unternehmen**.

Eine »**tarifpolitische Behandlung**« einer Betriebsänderung ist selbst dann möglich, wenn die §§ 111 bis 113 BetrVG überhaupt keine Anwendung finden, weil in dem Unternehmen weniger als 20 Arbeitnehmer beschäftigt sind (vgl. den von Zabel in AiB 2002, 347 beschriebenen Fall: Ein zu einem zahlungskräftigen Konzern gehörendes Kleinunternehmen mit acht Beschäftigten [!] sollte stillgelegt werden; es konnte ein tariflicher Sozialplan mit erheblichen Abfindungen durchgesetzt werden).
Siehe auch → **Arbeitskampf** Rn. 7 ff., → **Betriebsänderung** Rn. 30 ff. und → **Gewerkschaft** **16b**
Rn. 28 sowie Übersicht »Durchsetzung eines Firmentarifvertrages« im Anhang zu den Stichworten → **Arbeitgeber** und → **Tarifvertrag**.

Bedeutung für die Betriebsratsarbeit

Im Hinblick auf die **rechtliche Durchsetzbarkeit** unterscheiden sich Interessenausgleich und **17**
Sozialplan erheblich.
Während dem Betriebsrat hinsichtlich des Interessenausgleichs nur eine Art Mitwirkungsrecht zusteht (das Letztentscheidungsrecht liegt beim Unternehmer: siehe → **Interessenausgleich**), ist die Aufstellung eines Sozialplans – auch gegen den Willen des Unternehmers – erzwingbar (siehe auch Rn. 6).
Kommt eine Einigung zwischen Unternehmer und Betriebsrat nicht zustande, entscheidet die → **Einigungsstelle** verbindlich über die Aufstellung eines Sozialplans (§ 112 Abs. 4 BetrVG). Das Entscheidungsermessen der Einigungsstelle ist allerdings nach Maßgabe des § 112 Abs. 5 BetrVG eingeschränkt (siehe Rn. 26).
Der Kampf um einen möglichst »guten« Interessenausgleich hat aus beschäftigungspolitischen **18**
Gründen sicherlich **Vorrang** vor dem Sozialplan (siehe Rn. 6).
Dennoch ist es natürlich wichtig, für diejenigen Arbeitnehmer, deren Arbeitsplätze nicht

Sozialplan

gesichert werden können bzw. deren Arbeitsbedingungen sich verschlechtern, möglichst »gute« Sozialplanregelungen »herauszuholen«.

19 Die Verhandlungen über den Inhalt des Sozialplans müssen sorgfältig vorbereitet werden. Hierzu gehört, dass der Betriebsrat mit einem **eigenen Sozialplanentwurf** in die Verhandlungen mit dem Unternehmen und gegebenenfalls vor die → **Einigungsstelle** geht.
Bei der Erstellung eines solchen Entwurfs ist die Zusammenarbeit mit einem »in Sachen Sozialplan« erfahrenen Gewerkschaftsvertreter oder → **Berater** (§ 111 Satz 2 BetrVG) unerlässlich.
Zum möglichen Inhalt des Sozialplans: siehe **Checkliste »Inhalt des Sozialplans«** im Anhang zu diesem Stichwort.

Ablauf des Sozialplanverfahrens

20 Das Verfahren von der Ankündigung der Betriebsänderung bis hin zum Abschluss eines »Sozialplans« verläuft in den folgenden Etappen (siehe auch → **Interessenausgleich** Rn. 18):
- Zunächst hat der Unternehmer den Betriebsrat über die geplante Betriebsänderung zu informieren, mit ihm zu beraten (§ 111 BetrVG) und über einen »Interessenausgleich« zu verhandeln (§ 112 Abs. 1 bis 3 BetrVG); der Betriebsrat zieht ggf. einen → **Berater** hinzu.
- Haben sich Art und Umfang der betriebsändernden Maßnahmen in den Verhandlungen über einen »Interessenausgleich« konkretisiert, werden Verhandlungen über einen »Sozialplan« aufgenommen.
- Kommt es zu einer Einigung über den Sozialplan, wird dieser schriftlich niedergelegt und vom Unternehmer und Betriebsrat (durch den Betriebsratsvorsitzenden) unterschrieben.
- Kommt es zu keiner Einigung, so kann von jeder Seite der Vorstand der Bundesagentur für Arbeit um Vermittlung gebeten werden (§ 112 Abs. 2 Satz 1 BetrVG).
Der Vorstand der Bundesagentur kann die Aufgabe auf einen Bediensteten der Bundesagentur übertragen.
- Unterbleibt die Einschaltung des Vorstandes der Bundesagentur für Arbeit (oder eines beauftragten Bediensteten) oder bleibt der Vermittlungsversuch erfolglos, kann von jeder Seite die → **Einigungsstelle** angerufen werden (§ 112 Abs. 2 Satz 2 BetrVG).
- Über die Bildung der Einigungsstelle entscheidet notfalls das → **Arbeitsgericht**, falls sich Unternehmer und Betriebsrat über die Person des Vorsitzenden und die Zahl der Beisitzer nicht einigen können (siehe → **Einigungsstelle**).
- Auf Ersuchen des Vorsitzenden der Einigungsstelle nimmt ein Mitglied des Vorstands der Bundesagentur für Arbeit oder ein vom Vorstand der Bundesagentur für Arbeit benannter Bediensteter der Bundesagentur für Arbeit an der Verhandlung teil (§ 112 Abs. 2 Satz 3 BetrVG).
- Der Unternehmer einerseits und der Betriebsrat andererseits »sollen« der Einigungsstelle Vorschläge zur Beilegung der »Meinungsverschiedenheiten« über den Interessenausgleich machen (§ 112 Abs. 3 Satz 1 BetrVG). Das heißt: sie haben ihre jeweiligen Vorschläge darzustellen.
- Die Einigungsstelle – genauer der/die Vorsitzende der Einigungsstelle – hat den Versuch zu unternehmen, eine Einigung zwischen Unternehmer und Betriebsrat herbeizuführen (§ 112 Abs. 3 Satz 2 BetrVG).
- Kommt es im Rahmen des Einigungsstellenverfahrens zu einer Einigung zwischen Unternehmer und Betriebsrat, so ist diese schriftlich niederzulegen und zu unterschreiben (§ 112 Abs. 3 Satz 3 BetrVG).
- Kommt es zu keiner Einigung, so entscheidet die Einigungsstelle – ggf. durch Mehrheitsbeschluss mit der Stimme des/der Vorsitzenden – auf Antrag verbindlich über die Aufstellung und den Inhalt des Sozialplans (§ 112 Abs. 4 BetrVG).

Sozialplan

Dabei hat sie die Maßgaben des § 112 Abs. 5 BetrVG zu beachten (siehe Rn. 26).
Die Aufstellung eines Sozialplanes ist also – im Gegensatz zum → **Interessenausgleich** – »erzwingbar«.

Rechtliche Wirkung des Sozialplans

Die rechtliche Wirkung eines Sozialplans ist stärker als diejenige des Interessenausgleichs. 21
Der Sozialplan hat nämlich die Wirkung einer → **Betriebsvereinbarung** und begründet einklagbare Rechte zugunsten der in seinen Geltungsbereich fallenden Arbeitnehmer.
Von einem Interessenausgleich kann der Arbeitgeber demgegenüber abweichen. Er ist dann allerdings – falls die Abweichung ohne zwingenden Grund erfolgt – gegenüber den betroffenen Beschäftigten zur Zahlung eines Nachteilsausgleichs verpflichtet (§ 113 BetrVG; siehe Rn. 43 → **Interessenausgleich** Rn. 21 und → **Nachteilsausgleich**).
Die Vorschrift des § 77 Abs. 3 BetrVG (= Sperrwirkung von → **Tarifverträgen**) gilt in Bezug 22 auf den Sozialplan nicht (§ 112 Abs. 1 BetrVG).
Das heißt, im Sozialplan können Regelungen enthalten sein über »*Arbeitsentgelte und sonstige Arbeitsbedingungen, die durch Tarifvertrag geregelt sind oder üblicherweise geregelt werden*« (z. B. Regelungen über Lohn- und Gehaltssicherung).
Natürlich darf der Sozialplan tarifvertragliche Regelungen nicht verschlechtern (siehe → **Günstigkeitsprinzip**).

Geltungsbereich

Der Sozialplan erfasst alle Beschäftigten, die infolge der Betriebsänderung einen wirtschaftlichen Nachteil erleiden. 23
Auch bereits ausgeschiedene Arbeitnehmer haben Anspruch auf die Sozialplanleistungen, wenn ihr Ausscheiden mit der Betriebsänderung in einem inneren Zusammenhang steht.
Auch diejenigen, die aufgrund der Betriebsänderung auf Veranlassung des Arbeitgebers per → **Aufhebungsvertrag** ausgeschieden sind oder selbst gekündigt haben, dürfen von den Sozialplanleistungen nicht ausgeschlossen werden (strittig).
Dies folgt aus dem arbeitsrechtlichen Gleichbehandlungsgrundsatz (siehe → **Gleichbehandlung**). Allerdings ist es zulässig, solche Arbeitnehmer, die das Arbeitsverhältnis ohne jeden Bezug zur Betriebsänderung durch Aufhebungsvertrag oder Eigenkündigung beendet haben oder vom Arbeitgeber nach § 626 BGB aus wichtigem Grund – zu Recht – fristlos entlassen werden, von den Sozialplanleistungen auszuschließen.
Weitere Personen, die in den Sozialplan einbezogen werden müssen: Teilzeitbeschäftigte, Auszubildende, Heimarbeitnehmer, auch Personen, die noch keine sechs Monate im Betrieb beschäftigt sind, ggf. auch Pensionäre. 24
Für → **leitende Angestellte** kann der Betriebsrat einen Sozialplan nicht abschließen. Diese 25 können auch nicht unter Berufung auf den Gleichbehandlungsgrundsatz Gleichstellung mit den übrigen Beschäftigten des Betriebs verlangen.

Entscheidung der Einigungsstelle

Nach § 112 Abs. 5 BetrVG hat die → **Einigungsstelle** bei der Entscheidung über den Sozialplan 26 eine Reihe von Grundsätzen zu beachten, die ihr Entscheidungsermessen einschränken.
Die Einigungsstelle hat sowohl die sozialen Belange der Arbeitnehmer als auch die wirtschaftliche Vertretbarkeit ihrer Entscheidung für das Unternehmen zu berücksichtigen.

Sozialplan

Sie hat sich von folgenden **Grundsätzen** leiten zu lassen:
- sie soll bei der Bemessung der Sozialplanleistungen von den tatsächlich zu erwartenden Nachteilen für die Arbeitnehmer ausgehen (§ 112 Abs. 5 Nr. 1 BetrVG);
- sie hat die Arbeitsmarktchancen der betroffenen Arbeitnehmer zu berücksichtigen und soll solche Arbeitnehmer von Leistungen ausschließen, die ein verbindliches Angebot des Unternehmers auf einen gleichwertigen und zumutbaren Arbeitsplatz in einem anderen Betrieb des Unternehmens oder Konzerns ablehnen (§ 112 Abs. 5 Nr. 2 BetrVG);
- sie soll die im SGB III vorgesehenen Förderungsmöglichkeiten (z. B. § 110 SGB III 2012; siehe → **Transferleistungen**) zur Vermeidung von Arbeitslosigkeit berücksichtigen (§ 112 Abs. 5 Nr. 2a BetrVG);
- sie hat bei der Bemessung des Gesamtvolumens der Sozialplanleistungen darauf zu achten, dass der Fortbestand des Unternehmens und eventuell noch verbleibende Arbeitsplätze nicht gefährdet werden (§ 112 Abs. 5 Nr. 3 BetrVG).

Sozialplanabfindung

27 Für die Bemessung einer Sozialplanabfindung werden unterschiedliche **Berechnungsmethoden** angewendet:
1. Die einfachste – allerdings ziemlich »grobe« – Formel für die Berechnung der auf den einzelnen von Entlassung betroffenen Arbeitnehmer entfallenden Abfindung lautet: ... % vom Bruttomonatsentgelt mal Beschäftigungsjahre = Abfindung.

> **Beispiel:**
> Die Betriebsparteien oder die → **Einigungsstelle** legen fest, dass die von Entlassung betroffenen Arbeitnehmer eine Abfindung von 100 % ihres Bruttomonatsentgelts pro Beschäftigungsjahr erhalten.
> Ein Arbeitnehmer ist 5 Jahre im Betrieb beschäftigt und verdient ein Bruttomonatsentgelt von 3000 Euro.
> Er erhält eine Abfindung von 15000 Euro (5 Beschäftigungsjahre mal 3000 Euro = 15000 Euro).

> **Anderes Beispiel:**
> Die Betriebsparteien oder die → **Einigungsstelle** legen fest, dass die von Entlassung betroffenen Arbeitnehmer eine Abfindung von 50 % ihres Bruttomonatsentgelts pro Beschäftigungsjahr erhalten.
> Ein Arbeitnehmer ist 5 Jahre im Betrieb beschäftigt und verdient ein Bruttomonatsentgelt von 3000 Euro.
> Er erhält eine Abfindung von 7500 Euro (5 Beschäftigungsjahre mal 1500 Euro = 7500 Euro).

Orientierungsmarke für die Höhe der Abfindung: Ein Bruttomonatsentgelt pro Beschäftigungsjahr (und mehr) sollten gefordert werden; weniger ist nur gerechtfertigt, wenn besondere wirtschaftliche Gründe vorliegen.
Die »geizige« Formel des § 1a KSchG (0,5 Bruttomonatsentgelte pro Beschäftigungsjahr; siehe → **Kündigungsschutz** Rn. 19 ff.) sollte der Betriebsrat in Sozialplanverhandlungen auf keinen Fall vorschnell und »schematisch« übernehmen.
Es geht darum, unangemessen niedrige »Angebote« der Unternehmensleitung zurückzuweisen und möglichst hohe Abfindungen für die von Entlassung betroffenen Arbeitnehmer durchzusetzen.
Notfalls sollte der Betriebsrat an die Anrufung der → **Einigungsstelle** denken.
Außerdem sollte die im Betrieb vertretene → **Gewerkschaft** auch die Durchführung einer Tarifbewegung zur Durchsetzung eines »**Sozialtarifvertrages**« mit besseren Abfindungsregelungen als vom Arbeitgeber »angeboten« in Erwägung ziehen, wenn die Voraussetzun-

Sozialplan

gen dafür gegeben sind (insbesondere hoher gewerkschaftlicher Organisationsgrad und Möglichkeit zur Erzeugung wirtschaftlichen Drucks; siehe Rn. 12 ff.). Rechtliche Schranken bestehen in der Regel nicht.
So hat das BAG den Streik für eine tarifliche Forderung nach einer Abfindung in Höhe von zwei Monatsgehältern pro Beschäftigungsjahr zuzüglich Erhöhungsbetrag für Unterhaltsverpflichtung und Schwerbehinderung/Gleichstellung als zulässig angesehen (BAG v. 24. 4. 2007 – 1 AZR 252/06, AiB 2007, 732 = NZA 2007, 987; siehe Rn. 12 ff. und → **Arbeitskampf** Rn. 7).

2. Will man neben der **Beschäftigungszeit** auch das **Alter** der Arbeitnehmer bei der Bemessung der Abfindung berücksichtigen (was sinnvoll ist, weil sich mit fortschreitendem Alter die Arbeitsmarktchancen in der Regel verschlechtern), kann folgendes Berechnungsverfahren angewandt werden:
Jeder von Entlassung betroffene Arbeitnehmer erhält einen gleichen »Grundbetrag« (z. B. 3000 Euro) sowie zusätzlich einen »Steigerungsbetrag«, der sich nach folgender »Divisor-Formel« berechnet:

$$\frac{\text{Alter mal Beschäftigungsjahre}}{\text{Divisor}} \text{ mal Bruttomonatsentgelt} = \text{Abfindung}$$

Je niedriger der Divisor, desto höher der sich ergebende Abfindungsbetrag.

Beispiel:
Ein Arbeitnehmer ist 40 Jahre alt, 5 Jahre im Betrieb beschäftigt und verdient ein Bruttomonatsentgelt von 3000 Euro.

$$\frac{40 \text{ Lebensjahre} \times 5 \text{ Beschäftigungsjahre}}{100} \text{ mal } 3000 \text{ Euro} = 6000 \text{ Euro}$$
(= 2 Bruttomonatsentgelte)

oder

$$\frac{40 \text{ Lebensjahre} \times 5 \text{ Beschäftigungsjahre}}{50} \text{ mal } 3000 \text{ Euro} = 12000 \text{ Euro}$$
(= 4 Bruttomonatsentgelte)

3. Eine weitere Methode zur Bestimmung der Abfindung ist die »**Faktorrechnung**«:
Dauer der Betriebszugehörigkeit in Jahren mal Bruttomonatsentgelt mal Faktor = Abfindung.

Beispiel:
Die Betriebsparteien oder die → **Einigungsstelle** legen den »Faktor« für Arbeitnehmer, fest.
Ein Arbeitnehmer ist 40 Jahre alt, 5 Jahre im Betrieb beschäftigt und verdient ein Bruttomonatsentgelt von 3000 Euro.
Er erhält eine Abfindung von 18000 Euro (5 Beschäftigungsjahre mal 3000 Euro mal Faktor 1,2 = 18000 Euro).
Ein anderer Arbeitnehmer ist 53 Jahre alt, 8 Jahre im Betrieb beschäftigt und verdient ein Bruttomonatsentgelt von 4000 Euro.
Er erhält eine Abfindung von 44800 Euro (8 Beschäftigungsjahre mal 4000 Euro mal Faktor 1,4 = 44800 Euro).

4. Eine noch differenziertere Festlegung der Abfindung wird mit einem »**Punktesystem**« erreicht:
Bestimmten **Faktoren** (wie Betriebszugehörigkeit, Lebensalter usw.) wird ein bestimmter **Punktwert** zuordnet.

Sozialplan

Beispiel:
1. Betriebszugehörigkeit:
   - bei einer Betriebszugehörigkeit von 5 Jahren erhält man pro Jahr   4 Punkte.
   - Wer nicht mehr als zehn Jahre Betriebszugehörigkeit hat, erhält pro Jahr   5 Punkte.
   - Wer mehr als zehn, aber nicht mehr als 15 Jahre hat, erhält pro Jahr   6 Punkte.
2. Lebensalter: Für jedes Lebensjahr erhält man 2 Punkte; für Lebensjahre nach Vollendung des 40. Lebensjahres erhält man für jedes Jahr 4 Punkte (usw.).
3. Familienverhältnisse: Verheiratete oder in einer gleichgeschlechtlichen Lebenspartnerschaft oder seit zwei Jahren in einer nicht ehelichen Lebensgemeinschaft lebende Arbeitnehmer erhalten zusätzlich 15 Punkte.
4. Unterhaltsberechtigte: Für jede unterhaltsberechtigte Person erhalten Arbeitnehmer zusätzlich 15 Punkte.
5. Alleinerziehung: Alleinerziehende Arbeitnehmer erhalten zusätzlich 15 Punkte.
6. Behinderung: Schwerbehinderte und gleichgestellte Menschen erhalten für je 10% (Grad der Behinderung) 4 Punkte.
7. Arbeitsunfall / Berufskrankheit: Arbeitnehmer, die während der Beschäftigung im Unternehmen einen Arbeitsunfall oder eine Berufskrankheit erlitten haben, der/die zu einer dauerhaften gesundheitlichen Beeinträchtigung führt, erhalten zusätzlich 15 Punkte.

Der Euro-Betrag, der einem Punkt entspricht, wird in der Weise berechnet, dass zunächst die Summe aller Punkte ermittelt wird, die auf die von Entlassung betroffenen Arbeitnehmer entfallen. Das zur Verfügung stehende Sozialplanvolumen wird dann durch diese Gesamtpunktzahl geteilt.

Beispiel:
Wenn beispielsweise 100 Arbeitnehmer entlassen werden sollen und diese Arbeitnehmer insgesamt 10 000 Punkte erreichen, dann ergibt sich – wenn z. B. ein Sozialplanvolumen von 3 Mio. Euro zur Verfügung steht – ein Punktwert von 300 Euro.
Wenn auf einen Arbeitnehmer beispielsweise 200 Punkte entfallen, erhält er eine Abfindung von 60 000 Euro (= 300 Euro mal 200).
Entfallen auf einen Arbeitnehmer nur 50 Punkte, erhält er eine Abfindung von 15000 Euro (= 300 Euro mal 50).

27a Die Betriebsparteien sind nicht verpflichtet, sich innerhalb eines Sozialplans auf eine Berechnungsformel zu beschränken. Vielmehr gehört es zu ihrem Gestaltungsspielraum, verschiedene Formeln zu **kombinieren** (BAG v. 26. 5. 2009 – 1 AZR 198/08, NZA 2009, 849).

27b Nach zweifelhafter Ansicht des BAG können Sozialpläne eine nach Lebensalter oder Betriebszugehörigkeit **gestaffelte** Abfindungsregelung vorsehen und für **rentenberechtigte Arbeitnehmer** Sozialplanleistungen **zu reduzieren** (BAG v. 26. 3. 2013 – 1 AZR 813/11; 26. 3. 2013 – 1 AZR 693/11; 23. 4. 2013 – 1 AZR 916/11; 23. 4. 2013 – 1 AZR 25/12; 12. 4. 2011 – 1 AZR 743/09; 26. 5. 2009 – 1 AZR 198/08, NZA 2009, 849). Beispielsweise dürfe die Sozialplanabfindung von Arbeitnehmern, die sofort oder im Anschluss an Leistungen der Arbeitslosenversicherung – ggf. auch vorgezogenes – Altersruhegeld in Anspruch nehmen können (rentennahe Jahrgänge), im Vergleich zu den jüngeren Arbeitnehmern **auf die Hälfte begrenzt** werden (BAG v. 23. 4. 2013 – 1 AZR 25/12).
Die damit verbundene unterschiedliche Behandlung wegen des Alters sei durch § 10 Satz 3 Nr. 6 AGG gedeckt. Diese Bestimmung verstoße auch nicht gegen das gemeinschaftsrechtliche Verbot der Altersdiskriminierung. Die Regelung sei i. S. v. Art. 6 Abs. 1 Satz 1 der Richtlinie 2000/78/EG durch ein vom nationalen Gesetzgeber verfolgtes legitimes Ziel gerechtfertigt. Es entspreche einem allgemeinen sozialpolitischen Interesse, dass Sozialpläne danach unterscheiden können, welche wirtschaftlichen Nachteile den Arbeitnehmern drohen, die durch eine Betriebsänderung ihren Arbeitsplatz verlieren.

Sozialplan

Die vom BAG vertretene Ansicht, dass sogar ein **völliger Ausschluss** rentenberechtigter Arbeitnehmer von der Sozialplanabfindung möglich sei (BAG v. 26.5.2009 – 1 AZR 198/08, NZA 2009, 849) ist abzulehnen (zur Kritik vgl. DKKW-*Däubler*, BetrVG, 15. Aufl., §§ 112, 112a Rn. 101). Das gilt vor allem dann, wenn Arbeitnehmer in eine vorgezogene, mit **Rentenabschlägen** und sonstigen Nachteilen (geringere Rentenhöhe, Hinzuverdienstgrenzen usw.) versehene Rente gehen (müssen). Die entgegenstehende Ansicht des BAG (vgl. z. B. BAG v. 23.4.2013 – 1 AZR 25/12) ist nicht nachvollziehbar.

Bei der Bemessung der Abfindung sollte – abfindungserhöhend – berücksichtigt werden, dass sie seit dem 1.1.2006 vom Arbeitnehmer **voll zu versteuern** ist. 27c
Die früher geltenden Steuerfreibeträge hat der Gesetzgeber – leider! – gestrichen (siehe → **Abfindung** Rn. 7 ff.).

Zusätzlich sollten weitere Abfindungsbeträge bei Vorliegen besonderer sozialer Umstände 28
(insbes. Schwerbehinderung/Gleichstellung, Unterhaltsverpflichtungen, Aussichten auf dem Arbeitsmarkt) sowie ein **Härtefonds** für besondere Notlagen vereinbart werden.

Besonderheiten gelten, wenn das Unternehmen, in dem eine sozialplanpflichtige Betriebsänderung stattfindet, einem → **Konzern** angehört. 29
Bei der Bemessung des Sozialplanvolumens ist nämlich bei der Bestimmung des Kriteriums »wirtschaftliche Vertretbarkeit« auf die wirtschaftliche Lage des Konzerns abzustellen und nicht auf die Lage des (unter Umständen »armen«) Unternehmens, in dem die Betriebsänderung stattfindet (= so genannter »**Berechnungsdurchgriff**«).
Des Weiteren gilt: Unter gewissen Voraussetzungen können die Sozialplanansprüche direkt gegenüber der herrschenden Gesellschaft bzw. den hinter der herrschenden Gesellschaft stehenden natürlichen Personen geltend gemacht werden (sog. »**Haftungsdurchgriff**«).
Zum Ganzen: siehe → **Konzern** und DKKW-*Däubler*, BetrVG, 15. Aufl., §§ 112, 112a Rn. 186 ff.

Zu beachten ist § 134 Umwandlungsgesetz (UmwG). Diese Vorschrift regelt den Schutz der 30
Gläubiger (auch der Arbeitnehmer) im Falle einer **Unternehmensspaltung** der folgenden Form:
Ein Unternehmen wird in der Weise gespalten, dass das Vermögen auf eine »reiche« Besitzgesellschaft (= »Anlagegesellschaft«) übertragen wird, während die weitere Produktion von einer vermögenslosen »Betriebsgesellschaft« betrieben wird, der die Betriebsmittel zur Nutzung überlassen werden und bei der alle Arbeitnehmer beschäftigt sind.
Sind an den Unternehmen im Wesentlichen dieselben Personen (z. B. als Gesellschafter) beteiligt, so haftet die »reiche« Anlagegesellschaft für Arbeitnehmeransprüche, die binnen fünf Jahren nach Wirksamwerden der Unternehmensspaltung nach §§ 111 bis 113 BetrVG begründet werden, und zwar sowohl unter dem Gesichtspunkt des »Berechnungsdurchgriffs« (bei der Berechnung von Sozialplanleistungen und Nachteilsausgleich ist auf die »reiche« Besitzgesellschaft abzustellen) als auch des »Haftungsdurchgriffs« (bei der Durchsetzung von Sozialplan- und Nachteilsausgleichsansprüchen).
Siehe auch → **Betriebsspaltung und Zusammenlegung von Betrieben** und → **Umwandlung von Unternehmen**.

Ausschlussfristen

Nach abzulehnender Ansicht des BAG unterliegen auch Ansprüche (z. B. Abfindungsan- 30a
spruch) aus einem Sozialplan **tariflichen Ausschlussfristen** (BAG v. 27.1.2004 – 1 AZR 148/03, DB 2004, 1676; 27.3.1996 – 10 AZR 668/95, AiB 1997, 113; 30.11.1994 – 10 AZR 79/94, DB 1995, 781).
Auch wenn ein Sozialplan erst nach Beendigung des Arbeitsverhältnisses vereinbart werde, stehe das der Anwendbarkeit der tariflichen Ausschlussfrist nicht entgegen (BAG v.

Sozialplan

30.11.1994 – 10 AZR 79/94, a. a. O.). Allenfalls stelle sich im Hinblick auf die nachträgliche Vereinbarung des Sozialplanes nur die Frage, ab welchem **Zeitpunkt** die tarifliche Ausschlussfrist laufe.

In einer weiteren Entscheidung hat das BAG angenommen, dass eine tarifliche Ausschlussfrist erst mit der **Kenntnis** des Arbeitnehmers von Existenz eines Sozialplans zu laufen beginnt (BAG v. 10.5.1995 – 10 AZR 589/94). Wenn ein Tarifvertrag für den Beginn der Ausschlussfrist auf die Fälligkeit des Anspruchs abstelle, könne es sein, dass Fälligkeit erst ab dem Zeitpunkt der Kenntnisnahme des Arbeitnehmers vom Sozialplan eintrete. Auszug aus BAG v. 10.5.1995 – 10 AZR 589/94: »*Der Kläger hat unbestritten vorgetragen, dass er erstmals am 6. Mai 1992 vom Bestehen des Konzernsozialplans erfahren hat. Nr. 14 MTV stellt für den Beginn der Ausschlussfrist auf die Fälligkeit des Anspruchs ab. Die Fälligkeit einer Forderung entspricht aber nicht ohne weiteres dem Zeitpunkt der Entstehung der Forderung. Dies zeigt bereits die Vorschrift des § 271 Abs. 1 BGB, nach welcher der Gläubiger die Leistung sofort verlangen und der Schuldner sie sofort bewirken kann, wenn eine Zeit für die Leistung weder bestimmt noch aus den Umständen zu entnehmen ist. Diese Fälligkeitsbestimmung des BGB findet bei der Auslegung von Tarifverträgen Anwendung, sofern die Tarifvertragsparteien den Begriff der Fälligkeit nicht anderweitig bestimmt haben (BAG Urteil vom 8. September 1988 – 6 AZR 245/87 – AP Nr. 1 zu § 2 BAT SR 2 r). Vorliegend ist ein solcher Umstand, der zum Auseinanderfallen des Entstehungszeitpunkts und des Fälligkeitszeitpunkts der möglicherweise bestehenden Abfindungsforderung des Klägers führt, darin zu sehen, dass es dem Kläger vor Kenntniserlangung vom Bestehen des Konzernsozialplans unmöglich war, Ansprüche aus diesem geltend zu machen. Damit war ein etwaiger Abfindungsanspruch frühestens am 6. Mai 1992 »fällig« im Sinne der Nr. 14.1 MTV. Anhaltspunkte für die Annahme, der Kläger könnte durch schuldhaftes Zögern versäumt haben, sich Kenntnis vom Konzernsozialplan zu verschaffen, was zu einer Nichtanwendbarkeit der oben dargelegten Grundsätze führen würde (BAG Urteil vom 16. November 1989 – 6 AZR 114/88 – AP Nr. 8 zu § 29 BAT), sind vom Landesarbeitsgericht nicht festgestellt worden und auch sonst nicht ersichtlich.*«

Angesichts dieses für Normalsterbliche kaum verständlichen Rechtsprechungskauderwelschs des 10. BAG-Senats ist dem Betriebsrat zu empfehlen, in den Sozialplanverhandlungen auf einer Regelung bestehen, die eine Anwendung von vertraglichen oder tariflichen Ausschlussfristregelungen auf Ansprüche aus dem Sozialplan **ausschließt**. Mindestens sollte eine **Verlängerung** der Ausschlussfristen verlangt werden. Dabei sollte die Frist nicht kürzer sein als die gesetzliche Mindest-Verjährungsfrist (drei Jahre; vgl. § 195 BGB). Derartige Regelungen dürften nach § 77 Abs. 3 i. V. m. § 112 Abs. 1 Satz 4 BetrVG zulässig sein.

Zum anderen sollte der Betriebsrat sicherstellen, dass alle – auch die bereits ausgeschiedenen – Arbeitnehmer über die Aufstellung des Sozialplans informiert werden sowie darüber, dass sie ihre Ansprüche innerhalb der tariflichen bzw. ggf. im Sozialplan geregelten Anschlussfrist geltend zu machen haben.

Noch besser wäre es natürlich, wenn die Tarifverträge von den meist zu Lasten der Arbeitnehmer gehenden Ausschlussfristen »gesäubert« würden. Das Mindeste wäre, im Tarifvertrag klarzustellen, dass die Ausschlussfristen nicht für Ansprüche aus Sozialplänen gelten. Hierfür besteht allerdings bei den Arbeitgebern und ihren Verbänden keinerlei Bereitschaft. Bei den Gewerkschaften sind keine diesbezüglichen Aktivitäten zu erkennen.

Ausschluss der Erzwingbarkeit eines Sozialplans (§ 112 a BetrVG)

31 Ausnahmsweise ist ein Sozialplan in folgenden Fällen mit betriebsverfassungsrechtlichen Mitteln **nicht erzwingbar** (siehe aber Hinweis unter Rn. 12 und 39 zu einem »Sozialtarifvertrag«).

Sozialplan

1. Sozialplan bei bloßem Personalabbau (§ 112 a Abs. 1 BetrVG)
Besteht eine Betriebsänderung aus »bloßem« Personalabbau, so entfällt die Erzwingbarkeit, wenn die Größenordnung des Personalabbaus **unterhalb** der in § 112 a Abs. 1 BetrVG gesetzten **Grenzen** bleibt (§ 112 a Abs. 1 BetrVG). 32
Zur Bestimmung der Zahl der »betroffenen« Arbeitnehmer sind Mitarbeiter mitzuzählen:
- die betriebsbedingt gekündigt werden sollen;
- die – vom Arbeitgeber veranlasst – einen → **Aufhebungsvertrag** unterschreiben;
- die – vom Arbeitgeber veranlasst – selber kündigen (Eigenkündigung);
- die in andere Betriebe des Unternehmens oder in Tochtergesellschaften versetzt werden sollen.

Nicht mitzuzählen sind Mitarbeiter:
- deren Arbeitsverhältnisse aufgrund einer Befristung des Arbeitsvertrages auslaufen (natürlich muss die Befristung wirksam sein i. S. d. Teilzeit- und Befristungsgesetzes (TzBfG), was oft nicht der Fall ist); wenn die Befristung unwirksam ist, zählt der Mitarbeiter mit;
- die aufgrund eines Altersteilzeit-Vertrages, der ja auch ein befristeter Vertrag ist, ausscheiden;
- die eine Änderungskündigung unter Vorbehalt (§ 2 KSchG) angenommen haben (sie bleiben nämlich im bisherigen Unternehmen beschäftigt);
- die personen- oder verhaltensbedingt gekündigt werden sollen (es sei denn, es handelt sich um »vorgeschobene« Kündigungsgründe).

Es gibt Unternehmer, die ihre **Sozialplanpflicht** dadurch **umgehen** wollen, dass sie die Entlassungen »portionsweise« in zeitlichen Abständen (Wellen) und in einer Größenordnung vorgenommen haben, die jeweils unterhalb der Zahlenwerte des § 112 a Abs. 1 BetrVG liegen. Eine solche Rechnung geht jedoch nicht auf. 33
Wird nämlich der Personalabbau in dieser Weise zeitlich »gestreckt«, ist bei der Ermittlung der Zahl der insgesamt Betroffenen darauf abzustellen, ob die Maßnahmen auf einer **einheitlichen unternehmerischen Planung** beruhen bzw. in einem inhaltlichen Zusammenhang stehen (BAG v. 28. 3. 2006 – 1 ABR 5/05, NZA 2006, 932).
Ist die Frage zu bejahen, kann der Betriebsrat für die Betroffenen **nachträglich** die Aufstellung eines Sozialplans verlangen und im Nichteinigungsfall nach § 112 Abs. 2 BetrVG die → **Einigungsstelle** anrufen. Diese entscheidet dann gemäß § 112 Abs. 4 BetrVG (siehe Rn. 20).
Die einschränkende Vorschrift des § 112 a Abs. 1 BetrVG ist nur anzuwenden, wenn die Betriebsänderung allein in der Entlassung von Arbeitnehmern besteht. 34
Finden darüber hinaus **weitere betriebsändernde Maßnahmen** statt (z. B. Veräußerung von Maschinen, Rationalisierungsmaßnahmen, Änderung der Arbeitsorganisation und dergleichen), so ist ein Sozialplan auch dann aufzustellen, wenn die Zahlenwerte des § 112 a BetrVG nicht erreicht werden.
Die Verpflichtung des Unternehmers zu Verhandlungen über einen → **Interessenausgleich** und damit auch die Anwendbarkeit des § 113 BetrVG (siehe → **Nachteilsausgleich**) wird durch § 112 a BetrVG nicht berührt. 35
Der Anspruch des Betriebsrats auf Interessenausgleichsverhandlungen richtet sich allein danach, ob die Voraussetzungen des § 111 BetrVG vorliegen (siehe → **Betriebsänderung** Rn. 7) und → **Interessenausgleich**).
Stellt der Betriebsrat erst im Nachhinein fest, dass es insgesamt zu Entlassungen in einer Größenordnung oberhalb der für einen → **Interessenausgleich** maßgeblichen »Schwellenwerte« (siehe hierzu → **Betriebsänderung** Rn. 7), aber unterhalb der »Schwellenwerte« des § 112 a BetrVG gekommen ist, dann sollte er die Betroffenen darüber informieren, dass sie gemäß § 113 Abs. 3 BetrVG einen Anspruch auf Nachteilsausgleich (in Form einer → **Abfindung**) haben, weil der Unternehmer keinen Interessenausgleich mit dem Betriebsrat »versucht« hat, obwohl er dazu verpflichtet gewesen war (siehe hierzu → **Nachteilsausgleich**).

Sozialplan

2. Sozialplan in Unternehmen in den ersten vier Jahren nach seiner Gründung (§ 112 a Abs. 2 BetrVG)

36 Ein Sozialplan ist ebenfalls nicht erzwingbar in Betrieben eines Unternehmens **in den ersten vier Jahren** nach seiner Gründung (§ 112 a Abs. 2 Satz 1 BetrVG).

37 Fand die Neugründung des Unternehmens jedoch im Zusammenhang mit einer **rechtlichen Umstrukturierung** von Unternehmen oder Konzernen statt, gilt diese Einschränkung nicht. In solchen Fällen bleibt die Erzwingbarkeit des Sozialplans bestehen (§ 112 a Abs. 2 Satz 2 BetrVG).

38 Übernimmt ein neu gegründetes Unternehmen einen **Betrieb** (siehe → **Betriebsübergang**), der länger als vier Jahre besteht, so ist § 112 a Abs. 2 Satz 1 BetrVG nach zutreffender Ansicht (vgl. DKKW-*Däubler*, BetrVG, 15. Aufl., §§ 112, 112 a Rn. 75) nicht anwendbar. Das heißt, ein Sozialplan ist, wenn in dem Betrieb eine Betriebsänderung stattfindet, erzwingbar. Die gegenteilige Auffassung des Bundesarbeitsgerichts (BAG v. 13. 6. 1989 – 1 ABR 14/88, AiB 1993, 633; 27. 6. 2006 – 1 ABR 18/05, NZA 2007, 106) ist abzulehnen.
Sie verstößt gegen den Schutzgedanken des § 613 a BGB, der sicherstellen will, dass durch den Betriebsinhaberwechsel als solchen kein Nachteil für die Beschäftigten eintritt. Wenn aber den Beschäftigten durch Anwendung des § 112 a Abs. 2 BetrVG die Aussicht auf einen Sozialplan genommen wird, so ist dies ein solcher Nachteil (vgl. DKKW-*Däubler*, BetrVG, 15. Aufl., a. a. O.).
Demgegenüber ist das BAG der Ansicht, dass die bloße Aussicht auf einen erzwingbaren Sozialplan beim Veräußerer kein »Recht« der Arbeitnehmer sei, das nach einem Betriebsübergang auf einen Erwerber diesem gegenüber vertraglich fortbestände (BAG v. 27. 6. 2006 – 1 ABR 18/05, a. a. O.).
Immerhin geht das BAG davon aus, dass ein Wegfall der Sozialplanpflicht nach § 112 a Abs. 2 BetrVG nicht stattfindet, wenn eine Neugründung eines Unternehmens **rechtsmissbräuchlich** nur zu dem Zweck geschieht, Betriebe aufzukaufen, um sie dann – sozialplanlos – stillzulegen.

39 Die Einschränkungen des § 112 a BetrVG gelten nicht im Falle einer tarifvertraglichen Regelung der Betriebsänderung durch einen sog. »**Sozialtarifvertrag**« (siehe Rn. 12 ff. und → **Betriebsänderung**, → **Gewerkschaft**).
Das heißt: Ein »Sozialtarifvertrag« kann z. B. auch dann – ggf. mit einem Streik – durchgesetzt werden, wenn die Zahlenwerte des § 112 a Abs. 1 BetrVG unterschritten werden oder im Falle der Stilllegung eines Betriebs durch ein neu gegründetes – und deshalb an sich nicht sozialplanpflichtiges – Unternehmen (§ 112 a Abs. 2 BetrVG).

40 Im Falle der Insolvenz eines Unternehmens findet die – ab 1. 1. 1999 bundesweit geltende – Insolvenzordnung (InsO) Anwendung. Das »Schicksal« eines vor oder nach Eröffnung des Insolvenzverfahrens aufgestellten Sozialplans regeln die §§ 123, 124 InsO (siehe → **Insolvenzverfahren**).

Bedeutung für die Beschäftigten

41 Der Sozialplan begründet im Gegensatz zum → **Interessenausgleich** unmittelbare Rechtsansprüche zugunsten der durch die → **Betriebsänderung** betroffenen Arbeitnehmer.
Wenn also der Unternehmer den Sozialplan nicht erfüllt, können die Beschäftigten ihre Ansprüche beim → **Arbeitsgericht** einklagen.

42 Es ist darauf zu achten, dass die Ansprüche aus dem Sozialplan innerhalb etwaiger vertraglicher oder tariflicher → **Ausschlussfristen/Verfallfristen** geltend gemacht werden.

43 Von den Ansprüchen aus einem Sozialplan sind die **Nachteilsausgleichsansprüche** nach § 113

Sozialplan

Abs. 1 BetrVG (Abfindung für von Entlassung betroffene Arbeitnehmer) und § 113 Abs. 2 BetrVG (Ausgleich sonstiger Nachteile) zu unterscheiden. Diese Ansprüche werden ausgelöst, wenn der Unternehmer von einem mit dem Betriebsrat vereinbarten »Interessenausgleich« ohne zwingenden Grund abweicht, oder wenn er es unterlassen hat, einen »Interessenausgleich« mit dem Betriebsrat zu versuchen (siehe Rn. 35, → Interessenausgleich und → Nachteilsausgleich).

Die Bemessung der **Abfindungshöhe** erfolgt gemäß § 113 Abs. 1 Halbs. 2 BetrVG i. V. m. § 10 KSchG unter Berücksichtigung des Lebensalters und der Betriebszugehörigkeit. Bei der Ermessensentscheidung sind die Arbeitsmarktchancen der betroffenen Arbeitnehmer und das Ausmaß des betriebsverfassungswidrigen Verhaltens des Unternehmers zu beachten (BAG v. 18. 10. 2011 – 1 AZR 335/10, NZA 2012, 221). Der Sanktionscharakter der Abfindung führt dazu, dass der Abfindungsanspruch nicht von der finanziellen Leistungsfähigkeit oder individuellen Leistungsbereitschaft des Arbeitgebers abhängt (BAG v. 18. 10. 2011 – 1 AZR 335/10, a. a. O.; 20. 11. 2001 – 1 AZR 97/01, AiB 2002, 633 = NZA 2002, 992).

Nach Ansicht des BAG ist der Arbeitgeber berechtigt, den Abfindungsanspruch nach § 113 BetrVG mit einem Abfindungsanspruch aus einem Sozialplan **zu verrechnen** (BAG v. 20. 11. 2001 – 1 AZR 97/01, DB 2002, 950).

Zu steuer- und sozialversicherungsrechtlichen Fragen der Sozialplanabfindung: siehe → **Abfindung**. 44

Arbeitshilfen

Checkliste
Muster

- Inhalt des Sozialplans
- Ablauf einer betrieblichen Tarifbewegung zur Durchsetzung eines Firmentarifvertrags: siehe → **Arbeitskampf**
- Sozialplan
- Sozialtarifvertrag

Rechtsprechung

1. Unterschied Interessenausgleich/Sozialplan
2. Schriftform
3. Auslegung eines Sozialplans
4. Streik für tariflichen Sozialplan (»Sozialtarifvertrag«)
5. Anrechnung tariflicher Abfindungsansprüche auf Sozialplanansprüche
6. Regelungssperre des § 77 Abs. 3 Satz 1 BetrVG gilt nicht für Sozialpläne
7. Sozialplanabfindung: Entschädigungszahlung und/oder Überbrückungshilfe?
8. Entscheidung der Einigungsstelle (§ 112 Abs. 5 BetrVG) – Ober- und Untergrenze des Sozialplanvolumens – Ermessensfehler
9. Interessenausgleich/Sozialplan – Zuständigkeit des Betriebsrats oder des Gesamtbetriebsrats?
10. Restmandat des Betriebsrats – Änderung eines Sozialplans
11. Sozialplanpflicht bei nachträglich gewähltem Betriebsrat?
12. Sozialplangeltung in betriebsratslosen Unternehmen eines Konzerns?
13. Sozialplan in einem Konzernunternehmen: Bemessungsdurchgriff bei der Aufstellung eines Sozialplans im Konzern

Sozialplan

14. Ausnahme von der Sozialplanpflicht im neu gegründeten Unternehmen (§ 112 a Abs. 2 BetrVG) – Betriebsübergang – Rechtliche Umstrukturierung
15. Dauer-Sozialplan – Freiwilliger vorsorglicher Sozialplan
16. Grundsozialplan – Ausführungssozialplan
17. Vorsorglicher Sozialplan bei Ungewissheit über Betriebsänderung oder Betriebsübergang
18. Sozialplan bei Betriebsübergang – Widerspruch gegen Übergang des Arbeitsverhältnisses
19. Vereinbarkeit des Sozialplans mit höherrangigem Recht – Gleichbehandlungsgrundsatz
20. Sozialplanleistungen bei Aufhebungsvertrag oder Eigenkündigung – Gleichbehandlungsgrundsatz
21. Stichtagsregelungen in Sozialplänen
22. »Turbo- bzw. Sprinterprämie«
23. Anspruch und Ausschluss von Sozialplanleistungen – Gleichbehandlungsgrundsatz – Kein Ausschluss eines Anspruchs auf Sozialplanabfindung für den Fall der Erhebung einer Kündigungsschutzklage
24. Ausschluss eines tariflichen Abfindungsanspruchs für den Fall der Erhebung einer Kündigungsschutzklage
25. Sozialplanabfindung bei älteren Arbeitnehmern – Ausschluss rentenberechtigter Arbeitnehmer
26. Sozialplanabfindung bei schwerbehinderten Arbeitnehmern
27. Sozialplanabfindung bei Teilzeitbeschäftigten – Gleichbehandlung
28. Sozialplanabfindung: weitere Einzelfragen
29. Sozialplanabfindung: Anspruch aufgrund Nachbesserungsklausel in Aufhebungsvertrag
30. Verzicht auf Sozialplanansprüche?
31. Durchführung des von der Einigungsstelle beschlossenen Sozialplans
32. Korrektur eines Sozialplans
33. Sozialplan: Änderung, Kündigung und Anpassung wegen Wegfalls der Geschäftsgrundlage
34. Anrechenbarkeit eines Sozialplananspruchs auf Nachteilsausgleich
35. Verfall von Sozialplanansprüchen?
36. Verjährung eines Anspruchs auf Sozialplanabfindung
37. Sozialplananspruch bei »vorzeitigem« Tod des Arbeitnehmers
38. Sozialplan: Zahl der in der Regel beschäftigten Arbeitnehmers (§ 111 BetrVG)
39. Sozialplanpflicht bei stufenweisem Personalabbau über einen längeren Zeitraum
40. Sozialplan im Gemeinschaftsbetrieb
41. Sozialplan im Insolvenzverfahren
42. Haftungsbeschränkung des Betriebsübernehmers für Sozialplan bei Insolvenz

Sozialversicherung

Rechengrößen und Grenzwerte (West)

		2008	2009	2010	2011	2012	2013	2014	2015	2016
Beitragsbemessungsgrenzen (Monat)	Renten- und Arbeitslosenversicherung	5300,00	5400,00	5500,00	5500,00	5600,00	5800,00	5950,00	6050,00	6200,00
	Kranken- und Pflegeversicherung	3600,00	3675,00	3750,00	3712,50	3825,00	3937,00	4050,00	4125,00	4237,50
Beitragsbemessungsgrenzen (Jahr)	Renten- und Arbeitslosenversicherung	63 600,00	64 000,00	66 000,00	66 000,00	67 200,00	69 600,00	71 400,00	72 600,00	74 400,00
	Kranken- und Pflegeversicherung	43 200,00	44 100,00	45 000,00	44 550,00	45 900,00	47 250,00	48 600,00	49 500,00	50 850,00
Beitragssätze in %	Rentenversicherung	19,9 %	19,9 %	19,9 %	19,9 %	19,6 %	18,9 %	18,9 %	18,7 %	18,7%
	Arbeitslosenversicherung	3,3 %	2,8 % ab 1.1.11 3 %	2,8 % ab 1.1.11 3 %	3 %	3 %	3 %	3 %	3 %	3%
	Krankenversicherung[1]	14 % AN: + 0,9 %	14,6 % (ab 1.7.09: 14 %) AN: + 0,9 %	14 % AN: + 0,9 %	14,6 % AN: + 0,9 %	14,6 % AN: + 0,9 %	14,6 % AN: + 0,9 %	14,6 % AN: + 0,9 %	14,6 % + kassenindividueller Zusatzbeitrag des AN	14,6% + kassenindividueller Zusatzbeitrag des AN
	Pflegeversicherung[2]	ab 1.7.08 1,95 %	1,95 %	1,95 %	1,95 %	1,95	2,05 %	2,05 %	2,35 %	2,35%
Monatliche Höchstbeiträge	Rentenversicherung	1054,70	1074,60	1094,50	1094,50	1097,60	1096,20	1124,55	1131,35	1159,40

1 Seit dem 1. Januar 2015 gilt ein Beitragssatz von 14,6 % (§ 241 SGB V). Der Arbeitgeber trägt die Hälfte (§ 249 Abs. 1 SGB V). Hinzu kommen ggf. kassenindividuelle Zusatzbeiträge, die die Arbeitnehmer allein tragen (§§ 242, 249 Abs. 1 SGB V).
2 Für kinderlose Versicherte erhöht sich der Arbeitnehmeranteil um 0,25 Prozentpunkte (§ 55 Abs. 3 SGB XI; gilt seit 1. 1. 2005).

Sozialversicherung

		2008	2009	2010	2011	2012	2013	2014	2015	2016
	Arbeitslosenversicherung	174,00	151,20 ab 1.1.11 162,00	154,00	165,00	168,00	174,00	178,50	181,50	186,00
	Krankenversicherung	504,00 AN:+ 0,9 %	547,58 AN: 290,33 AG: 257,25	558,75 AN: 296,25 AG: 262,50	575,44	592,88	610,31	627,75	602,25 + kassenindividueller Zusatzbeitrag des AN	618,68 + kassenindividueller Zusatzbeitrag des AN
	Pflegeversicherung	61,20 ab 1.7.08 70,20	71,66	73,13	72,40	74,58	80,72	83,03	96,94	99,58
Versicherungspflichtgrenze gem. § 6 Abs. 6 SGB V (Monat)	Kranken- und Pflegeversicherung	4012,50	4050,00	4162,50	4125,00	4237,50	4350,00	4462,50	4575,00	4687,50
Versicherungspflichtgrenze gem. § 6 Abs. 6 SGB V (Jahr)	Kranken- und Pflegeversicherung	48150,00	48600,00	49950,00	49500,00	50850,00	52200,00	53550,00	54900,00	56250,00
Bezugsgröße,[3] monatlich (§ 18 SGB IV)		2485,00	2520,00	2555,00	2555,00	2625,00	2695,00	2765,00	2835,00	2905,00
Bezugsgröße, jährlich		29820,00	30240,00	30660,00	30660,00	31500,00	32340,00	33180,00	34020,00	34860,00
Geringfügigkeitsgrenze (§ 8 Abs. 1 SGB IV)		400,00	400,00	400,00	400,00	400,00	450,00	450,00	450,00	450,00

[3] Für Kranken- und Pflegeversicherung gilt auch in Ost die Bezugsgröße West (§ 309 Abs. 1 SGB V).

Sozialversicherung

	2008	2009	2010	2011	2012	2013	2014	2015	2016
Geringverdienergrenze Auszubildende (§ 20 Abs. 3 Nr. 1 SGB IV)	325,00	325,00	325,00	325,00	325,00	325,00	325,00	325,00	325,00
Tägliches Höchstkrankengeld (brutto)[4]	84	85,75	87,50	86,63	89,25	91,88	94,50	96,25	98,88
Aktueller Rentenwert[5]	26,56	27,20	27,47	27,47	28,07	28,14	28,61	29,21	
Brutto-Standardrente (45 persönliche Entgeltpunkte)	1195,20	1224,00	1236,15	1236,15	1263,15	1266,30	1287,45	1314,45	

Rechengrößen und Grenzwerte (Ost)

		2008	2009	2010	2011	2012	2013	2014	2015	2016
Beitragsbemessungsgrenzen (Monat)	Renten- und Arbeitslosenversicherung	4500,00	4550,00	4650,00	4800,0	4800,00	4900,00	5000,00	5200,00	5400,00
	Kranken- und Pflegeversicherung	3600,00	3675,00	3750,00	3712,50	3825,00	3937,50	4050,00	4125,00	4237,50
Beitragsbemessungsgrenzen (Jahr)	Renten- und Arbeitslosenversicherung	54 000,00	54 600,00	55 800,00	57 600,00	57 600,00	58 800,00	60 000,00	62 400,00	64 800,00
	Kranken- und Pflegeversicherung	43 200,00	44 100,00	45 000,00	44 550	45 900,00	47 250,00	48 600,00	49 500,00	50 850,00

---

[4] Jährliche Beitragsbemessungsgrenze in der Kranken- und Pflegeversicherung geteilt durch 360 mal 70 %.
[5] Entspricht der Monatsrente für ein Beitragsjahr mit Durchschnittsverdienst. Gilt ab dem 1. 7. des jeweiligen Jahres.

Sozialversicherung

		2008	2009	2010	2011	2012	2013	2014	2015	2016
Beitragssätze in %	Rentenversicherung	19,9 %	19,9 %	19,9 %	19,9 %	19,6 %	18,9 %	18,9 %	18,7 %	18,7%
	Arbeitslosenversicherung	3,3 %	2,8 % ab 1.1.11 3 %	2,8 % ab 1.1.11 3 %	3 %	3 %	3 %	3 %	3 %	3 %
	Krankenversicherung[6]	13,6 % AN: + 0,9 %	14,6 % (ab 1.7.09: 14 %) AN: + 0,9 %	14 % AN: + 0,9 %	14,6 % AN: + 0,9 %	14,6 % AN: + 0,9 %	14,6 % AN: + 0,9 %	14,6 % AN: + 0,9 %	14,6 % + kassenindividueller Zusatzbeitrag des AN	14,6 % + kassenindividueller Zusatzbeitrag des AN
	Pflegeversicherung[7]	1,7 % ab 1.7.08 1,95 %	1,95 %	1,95 %	1,95 %	1,95 %	2,05 %	2,05 %	2,35	2,35%
Monatliche Höchstbeiträge	Rentenversicherung	895,50	905,45	925,35	955,20	940,80	926,10	945,00	972,40	1009,80
	Arbeitslosenversicherung	148,50	127,40 ab 1.1.11 136,50	130,20	144,00	144,00	147,00	150,00	156,00	162,00
	Krankenversicherung	489,60 AN: + 0,9 %	547,58 AN: 290,33 AG: 257,25	558,75 AN: 296,25 AG: 262,50	575,44	592,88	610,31	627,75	602,25 + kassenindividueller Zusatzbeitrag des AN	618,68 + kassenindividueller Zusatzbeitrag des AN

6 Seit dem 1. Januar 2015 gilt ein Beitragssatz von 14,6 % (§ 241 SGB V). Der Arbeitgeber trägt die Hälfte (§ 249 Abs. 1 SGB V). Hinzu kommen ggf. kassenindividuelle Zusatzbeiträge, die die Arbeitnehmer allein tragen (§§ 242, 249 Abs. 1 SGB V).
7 Für kinderlose Versicherte erhöht sich der Arbeitnehmeranteil um 0,25 Prozentpunkte (§ 55 Abs. 3 SGB XI; gilt seit 1.1.2005).

Sozialversicherung

		2008	2009	2010	2011	2012	2013	2014	2015	2016
Versicherungspflichtgrenze (Monat)	Pflegeversicherung	61,20 ab 1.7.08 70,20	71,66	73,13	72,40	74,58	80,72	83,03	96,94	99,58
	Kranken- und Pflegeversicherung	4012,50	4050,00	4162,50	4125,00	4237,50	4350,00	4462,50	4575,00	4687,50
Versicherungspflichtgrenze (Jahr)	Kranken- und Pflegeversicherung	48150,00	48600,00	49950,00	49500,00	50850,00	52200,00	53550,00	54900,00	56250,00
Bezugsgröße, monatlich (§ 18 SGB IV)[8]		2100,00	2135,00	2170,00	2240,00	2240,00	2275,00	2345,00	2415,00	2520,00
Bezugsgröße, jährlich		25200,00	25620,00	26040,00	26880,00	26880,00	27300,00	28140,00	28980,00	30240,00
Geringfügigkeitsgrenze (§ 8 Abs. 1 SGB IV)		400,00	400,00	400,00	400,00	400,00	450,00	450,00	450,00	450,00
Geringverdienergrenze Auszubildende (§ 20 Abs. 3 Nr. 1 SGB IV)		325,00	325,00	325,00	325,00	325,00	325,00	325,00	325,00	325,00
Tägliches Höchstkrankengeld (brutto)[9]		84,00	85,75	87,50	86,83	89,25	91,88	94,50	96,25	98,88
Aktueller Rentenwert[10]		23,34	24,13		24,37	24,92	25,74	26,39	27,05	
Brutto-Standardrente (45 persönliche Entgeltpunkte)		1050,30	1085,85		1096,65	1121,40	1158,30	1187,55	1217,25	

[8] Für Kranken- und Pflegeversicherung gilt auch in Ost die Bezugsgröße West (§ 309 Abs. 1 SGB V).
[9] jährliche Beitragsbemessungsgrenze in der Kranken- und Pflegeversicherung geteilt durch 360 mal 70 %.
[10] Entspricht der Monatsrente für ein Beitragsjahr mit Durchschnittsverdienst. Gilt ab dem 1. 7. des jeweiligen Jahres.

Strafverfahren

Grundlagen

1 In einer Vielzahl von – das Arbeitsleben betreffenden – Gesetzen und Verordnungen sind **Strafvorschriften** geregelt (vgl. z. B. § 15 und 15a AÜG, § 26 ArbSchG, § 23 ArbZG, § 58 Abs. 5 und 6 JArbSchG, § 21 Abs. 3 und 4 MuSchG, §§ 22 Abs. 2, 24 Abs. 2 GefStoffV 2010, usw.).
Zur Verurteilung eines Bauunternehmers zu einer Geldstrafe wegen **Lohnwuchers** nach § 302a Abs. 1 Satz 1 Nr. 3 StGB a. F. (heute: § 291 Abs. 1 Nr. 3 StGB) siehe → **Mindestlohn** Rn. 3.

2 Für den Bereich des BetrVG von besonderer Bedeutung ist die Strafbestimmung des § 119 BetrVG.
Hiernach begeht derjenige eine **Straftat**,
- der die Wahl des Betriebsrats (oder eines anderen in der Vorschrift genannten Gremiums) »*behindert oder durch Zufügung oder Androhung von Nachteilen oder durch Gewährung oder Versprechen von Vorteilen beeinflusst*« (§ 119 Abs. 1 Nr. 1 BetrVG; vgl. auch § 20 Abs. 1 und 2 BetrVG; siehe → **Behinderung der Betriebsratswahl**);
- der die Tätigkeit des Betriebsrats (oder anderer in der Vorschrift genannter Gremien) »*behindert oder stört*« (§ 119 Abs. 1 Nr. 2 BetrVG; vgl. auch § 78 Satz 1 BetrVG; siehe → **Behinderung der Betriebsratstätigkeit**);
- der ein Mitglied oder Ersatzmitglied des Betriebsrats (oder der anderen in der Vorschrift genannten Gremien) »*um seiner Tätigkeit willen benachteiligt oder begünstigt*« (§ 119 Abs. 1 Nr. 3 BetrVG; vgl. auch § 78 Satz 2 BetrVG; siehe → **Behinderung der Betriebsratstätigkeit**).

3 Eine Tat im Sinne des § 119 BetrVG kann mit **Freiheitsstrafe** bis zu einem Jahr oder mit **Geldstrafe** geahndet werden.

4 Die Strafvorschrift richtet sich nicht nur gegen den Arbeitgeber, sondern **gegen jedermann** (Landgericht Braunschweig v. 22.2.2008 – 6 KLs 20/07): z. B. leitende Angestellte, Vorgesetzte und sogar Außenstehende.
Lässt also beispielsweise ein Vorgesetzter ein Betriebsratsmitglied nicht zur → **Betriebsratssitzung** gehen, so sollte er (z. B. durch Aushändigung einer Fotokopie des Textes der §§ 78, 119 BetrVG) darüber informiert werden, dass er »mit einem Bein im Gefängnis steht«.

5 Eine Bestrafung setzt voraus, dass die Tat **vorsätzlich** begangen worden ist. **Fahrlässigkeit** reicht nicht aus.
Vorsätzlich handelt, wer weiß, dass er (beispielsweise) die Tätigkeit des Betriebsrats behindert und dies will (= **unmittelbarer Vorsatz**) oder wer eine Behinderung für möglich hält und dies billigend in Kauf nimmt (= **bedingter Vorsatz**).
Der Straftäter kann sich nicht damit »herausreden«, von der Strafbarkeit eines solchen Verhaltens nichts gewusst zu haben (= sog. **Verbotsirrtum**). Unwissenheit über die Strafbarkeit seines Tuns schützt den Täter ausnahmsweise nur dann vor Strafe, wenn er den Verbotsirrtum **nicht vermeiden** konnte. War der Irrtum dagegen vermeidbar, erfolgt Bestrafung (allerdings

Strafverfahren

mit der Möglichkeit der Verhängung einer milderen Strafe, vgl. § 17 Strafgesetzbuch). Vermeidbar ist ein Verbotsirrtum, wenn sich der Straftäter sachverständigen Rat – z. B. durch einen Rechtsanwalt – hätte einholen können (Landgericht Braunschweig v. 22. 2. 2008 – 6 KLs 20/07).

Eine Straftat nach § 119 BetrVG wird nicht »von Amts wegen«, sondern nur auf **Antrag** (siehe Musterschreiben im Anhang zu diesem Stichwort) verfolgt. **6**

Antragsberechtigt sind unter anderem der → **Betriebsrat** sowie eine im Betrieb vertretene → **Gewerkschaft** (§ 119 Abs. 2 BetrVG).

Der von einem Nichtberechtigten gestellte Strafantrag ist wirksam, wenn die **Genehmigung** des Berechtigten innerhalb der Strafantragsfrist erteilt wird (Bayerisches Oberstes Landesgericht v. 29. 7. 1980 – RReg 4 St 173/80, AP Nr. 1 zu § 119 BetrVG 1972).

Ein Strafantrag gegen den Arbeitgeber ist natürlich ein vergleichsweise »heftiger« Vorgang, der vermutlich entsprechend »heftige« Reaktionen auslöst. **7**

Um den Betriebsrat vor Repressalien durch den Arbeitgeber zu schützen, sollte nicht der Betriebsrat, sondern die → **Gewerkschaft** den Strafantrag stellen.

Der Strafantrag kann bei den Strafverfolgungsbehörden, d. h. bei der **Staatsanwaltschaft** oder **Polizei** (nicht etwa beim → **Arbeitsgericht**!), eingereicht werden. **8**

Zu beachten ist, dass der Strafantrag innerhalb einer **Frist von drei Monaten** zu stellen ist (§ 77 b Strafgesetzbuch). **9**

Die Frist beginnt mit dem Tag, an dem der Strafantragsberechtigte **Kenntnis** von der Straftat erlangt hat.

Die Verfolgung der Straftat **verjährt** nach **drei Jahren** (§ 78 Abs. 3 Nr. 5 StGB). **10**

Wird ein Strafantrag gestellt, ermittelt die Staatsanwaltschaft den Sachverhalt unter anderem durch Vernehmung des Beschuldigten und Anhörung von Zeugen und prüft, ob »**hinreichender Tatverdacht**« für eine Anklageerhebung vorliegt (**Ermittlungsverfahren**).

Vom Ergebnis dieser Prüfung hängt der weitere Ablauf des Verfahrens ab.

1. Möglichkeit **11**
- Wird »hinreichender Tatverdacht« bejaht, so erhebt die Staatsanwaltschaft **Anklage** beim zuständigen Strafgericht.
  Dies ist im Fall des § 119 BetrVG das Amtsgericht.
  Anstelle der Anklageerhebung kann die Staatsanwaltschaft auch den Erlass eines »Strafbefehls« durch das Amtsgericht beantragen.
- Das Amtsgericht prüft das Vorliegen eines »hinreichenden Tatverdachts« und eröffnet (bejahendenfalls) das **Hauptverfahren** gegen den Täter, der von diesem Zeitpunkt an »Angeklagter« genannt wird.
- Das Hauptverfahren vor dem Amtsgericht endet entweder mit einer **Verurteilung** des Angeklagten oder mit **Freispruch** (in bestimmten Fällen kommt auch eine Einstellung des Verfahrens in Betracht).
- Gegen die Entscheidung des Amtsgerichts kann vom Verurteilten bzw. von der unterlegenen Staatsanwaltschaft »**Berufung**« bei der nächsthöheren Instanz (das ist das Landgericht) eingelegt werden.
- Gegen das Berufungsurteil des Landgerichtes ist die Einlegung der »**Revision**« beim Oberlandesgericht möglich.
  Das Oberlandesgericht entscheidet auch dann, wenn das Urteil des Amtsgerichts anstelle der »Berufung« direkt mit einer so genannten »**Sprungrevision**« angefochten wird.

2. Möglichkeit **12**
- Kommt die Staatsanwaltschaft nach Abschluss der Ermittlungen zu dem Ergebnis, dass ein »hinreichender Tatverdacht« nicht vorliegt, so stellt sie das **Ermittlungsverfahren** ein.

1881

Strafverfahren

Hierüber hat sie den Strafantragsteller unter Mitteilung der Gründe durch einen Bescheid zu unterrichten.
- Gegen diesen Bescheid kann das durch die Straftat verletzte Betriebsverfassungsorgan innerhalb von zwei Wochen nach Zugang des Bescheides »**Beschwerde**« bei der vorgesetzten Staatsanwaltschaft (= Generalstaatsanwaltschaft) erheben (§ 172 Abs. 1 StPO).
- Ist die Beschwerde erfolglos, kann innerhalb eines Monats nach Erhalt des Ablehnungsbescheides beim Oberlandesgericht ein Antrag auf Einleitung eines »**Klageerzwingungsverfahrens**« gestellt werden (§ 172 Abs. 2 StPO).

Hierbei muss sich der Antragsteller eines Rechtsanwaltes bedienen (dessen Kosten der Arbeitgeber nach § 40 BetrVG zu tragen hat).
Denn im Klageerzwingungsverfahren herrscht »Anwaltszwang«.
Gibt das Gericht dem Antrag statt, so verpflichtet es die Staatsanwaltschaft zur Anklageerhebung beim zuständigen Strafgericht.
Das Recht zur Einlegung der Beschwerde (§ 172 Abs. 1 StPO) und zur Einleitung des Klageerzwingungsverfahrens (§ 172 Abs. 2 StPO) steht nach richtiger Auffassung auch der **im Betrieb vertretenen → Gewerkschaft** zu, die den Strafantrag gestellt hat (DKKW-*Wedde*, BetrVG, 15. Aufl., § 119 Rn. 28 ff.).

13 Ein weiterer Straftatbestand ist in § 120 BetrVG geregelt. Hiernach wird mit Freiheitsstrafe oder Geldstrafe bestraft, wer unbefugt ein »Betriebs- oder Geschäftsgeheimnis« oder ein »persönliches Geheimnis« eines Arbeitnehmers offenbart oder verwertet (siehe → **Geheimhaltungspflicht**).
Auch diese Straftaten werden nur auf **Antrag** des Verletzten verfolgt.

Bedeutung für die Betriebsratsarbeit

14 Im betrieblichen Alltagsleben hat § 119 BetrVG eine nicht unerhebliche Bedeutung.
Zwar kommt es relativ selten vor, dass der Betriebsrat gegen den Arbeitgeber oder andere Personen mit der Einreichung eines Strafantrages vorgeht.
Seine »**erzieherische**« Wirkung entfaltet § 119 BetrVG aber dennoch; und zwar allein durch seine Existenz.
Manchmal reicht es nämlich aus, den Arbeitgeber oder eine andere Person (etwa eine »Führungskraft«) mit der Tatsache bekannt zu machen, dass die Behinderung der Wahl oder der Tätigkeit des Betriebsrats nicht nur verboten, sondern sogar mit Strafe bedroht ist.

15 Bei manchen Arbeitgebern fruchten allerdings solche Hinweise nicht.
Dies zeigt beispielsweise der Fall eines Geschäftsführers, der mit einer geradezu verblüffenden Hartnäckigkeit durch Einschüchterung, Schikanen aller Art und den wiederholten Ausspruch ungerechtfertigter fristloser Kündigungen versucht hat, die Wahl eines Betriebsrats zu verhindern bzw. den dennoch gewählten Betriebsrat zu drangsalieren. Dieser Geschäftsführer bekam dafür vom Amtsgericht Hamburg-Harburg, das ihn nach § 119 BetrVG zu einer **Freiheitsstrafe von einem Jahr** (**auf Bewährung**) verurteilte, eine angemessene Antwort (vgl. die lesenswerte, in AiB 1990, 212 in vollständigem Wortlaut abgedruckte Entscheidung des Amtsgerichts Hamburg-Harburg v. 18.12.1989).

16 In einem anderen Fall hat ein Arbeitgeber durch einen **Aushang** Beschäftigte aufgefordert, einer Betriebsversammlung fernzubleiben (Wortlaut des Aushangs u.a.: »*… Ich kann den Meistern und den Leuten nicht empfehlen, diese Versammlung zu besuchen. Es bleibt Ihnen unbenommen, für Ihre Mitglieder eine private Versammlung abzuhalten …*«).
Der Betriebsrat stellte Strafantrag nach § 119 BetrVG. Weil die Staatsanwaltschaft das Ermittlungsverfahren einstellte und eine Beschwerde des Betriebsrats bei der Generalstaatsanwalt-

schaft erfolglos blieb, beantragte der Betriebsrat (mit Hilfe eines Rechtsanwalts) die Einleitung eines »**Klageerzwingungsverfahrens**« beim Oberlandesgericht Stuttgart (siehe Rn. 12). Das Gericht erkannte in dem schriftlichen Aushang eine **Behinderung der Betriebsratsarbeit** im Sinne des § 119 Abs. 1 Nr. 2 BetrVG und ordnete die Erhebung einer **Anklage** gegen den Arbeitgeber an (OLG Stuttgart v. 9.9.1988 – 1 Ws 237/88, AiB 1989, 23).

Der Strafantrag des Betriebsrats gegen den Arbeitgeber ist kein Grund zur außerordentlichen (fristlosen) Kündigung, es sei denn, die Stellung des Strafantrages stellt einen **schweren Rechtsmissbrauch** dar (z. B. wissentlich falsche Anschuldigung; vgl. Fitting, BetrVG, 27. Auflage, § 119 Rn. 14).

Auch ein Antrag auf **Auflösung des Betriebsrats** nach § 23 Abs. 1 BetrVG ist im Regelfall unbegründet.

Dennoch ist es sinnvoll, dass nicht der Betriebsrat, sondern die → **Gewerkschaft** den Strafantrag stellt (siehe Rn. 7).

Arbeitshilfen

Musterschreiben • Strafantrag nach § 119 BetrVG

Rechtsprechung

1. Strafbare Behinderung der Betriebsratswahl (§ 119 Abs. 1 Nr. 1 BetrVG)
2. Strafbare Behinderung der Betriebsratstätigkeit (§ 119 Abs. 1 Nr. 2 BetrVG)
3. Strafbare Begünstigung eines Betriebsratsmitglieds (§ 119 Abs. 1 Nr. 3 BetrVG)

Tarifvertrag

Was ist das?

1 Ein Tarifvertrag ist ein von **tariffähigen Parteien** (= → **Gewerkschaft** auf der einen Seite und → **Arbeitgeberverband** bzw. ein einzelner → **Arbeitgeber** auf der anderen Seite) abgeschlossener Vertrag, durch den – ganz allgemein gesprochen – die **Arbeits- und Wirtschaftsbedingungen** im Geltungsbereich des Tarifvertrags (Art. 9 Abs. 3 GG) geregelt werden.
Mit einem Tarifvertrag können
- sowohl Rechtsnormen u. a. über den Inhalt, Abschluss und Beendigung von Arbeitsverhältnissen sowie über betriebliche, betriebsverfassungsrechtliche Fragen und gemeinsame Einrichtungen der Tarifvertragsparteien festgelegt werden (sog. **normativer Teil des Tarifvertrags**; siehe Rn. 14)
- als auch Rechte und Pflichten der Tarifvertragsparteien begründet werden (sog. **schuldrechtlicher Teil des Tarifvertrags**; siehe Rn. 15).

1a Über die Frage, ob eine Vereinigung von Arbeitnehmern oder Arbeitgebern **tariffähig** ist, entscheidet das **Landesarbeitsgericht**, in dessen Bezirk die Vereinigung ihren Sitz hat (§§ 2 a Abs. 1 Nr. 4, 97 Abs. 2 ArbGG; siehe auch → **Arbeitsgericht** Rn. 11 a und → **Gewerkschaft**).

1b Tarifverträge bedürfen der **Schriftform** (§ 1 Abs. 2 TVG).

2 Zum Abschluss von Tarifverträgen ermächtigt sind die Tarifvertragsparteien durch das in Art. 9 Abs. 3 des Grundgesetzes verankerte Grundrecht der **Koalitionsfreiheit**.
Dieses Grundrecht umfasst das Recht der Tarifvertragsparteien, die Arbeits- und Wirtschaftsbedingungen »autonom« durch Tarifverträge zu gestalten (sog. **Tarifautonomie**).

3 Einzelheiten regelt das **Tarifvertragsgesetz (TVG)** vom 9. 4. 1949 (WiGBl 1949, S. 55, 68) in der Fassung vom 25. 8. 1969 (BGBl. I S. 1323). Das TVG wurde im Verlauf mehrfach geändert, u. a. durch
- das »Tarifautonomiestärkungsgesetz« vom 11. 8. 2014 (BGBl. I S. 1348): u. a. wurde Abs. 1 des § 5 TVG (Allgemeinverbindlichkeit) neu gefasst und ein neuer Abs. 1 a eingefügt;
- das »Gesetz zur Tarifeinheit« vom 3. 7. 2015 (BGBl. I S. 1130) in Kraft getreten am 10. 7. 2015: u. a. wurde eine neue Vorschrift eingefügt, die das Thema Tarifkollision regelt (§ 4 a TVG; siehe hierzu Rn. 6a bis 65f).

4 Können sich Gewerkschaft und Arbeitgeberverband (bzw. einzelner Arbeitgeber) über den Inhalt des Tarifvertrages nicht einigen, so wird die Tarifauseinandersetzung notfalls durch den Einsatz von Arbeitskampfmitteln entschieden (Warnstreik, Streik, Aussperrung; siehe → **Arbeitskampf**). Das BAG hat einmal zutreffend formuliert: »**Tarifverhandlungen ohne Streikrecht sind nicht mehr als kollektives Betteln**« (BAG v. 10. 6. 1980 – 1 AZR 168/79, DB 1980, 1274).
Hinzufügen muss man, dass das Streikrecht alleine nicht ausreicht, um einen tarifverhandlungsunwilligen Arbeitgeber bzw. Arbeitgeberverband »in Bewegung zu setzen«. Hinzukommen muss die **Streikbereitschaft der Beschäftigten**, d. h., die Bereitschaft, einem Streikaufruf der Gewerkschaft für eine konkrete Tarifforderung zu folgen.

5 Die rechtliche Zulässigkeit von Arbeitskampfmaßnahmen ist, abgesehen von Art. 9 Abs. 3

Grundgesetz, nicht durch Gesetze, sondern weitgehend durch **Richterrecht** (insbesondere durch die Rechtsprechung des Bundesarbeitsgerichts) geregelt.
Ein Tarifvertrag, der zwischen → **Gewerkschaft** und → **Arbeitgeberverband** für eine Branche bzw. Wirtschaftszweig abgeschlossen wird, wird als **Verbandstarifvertrag, Branchentarifvertrag** oder **Flächentarifvertrag** bezeichnet. 6
Die Praxis kennt aber auch Tarifverträge zwischen Gewerkschaft und Arbeitgeberverband, die für ein einzelnes Unternehmen vereinbart werden (sog. **firmenbezogener Verbandstarifvertrag**).
Um einen »**Anschlusstarifvertrag**« handelt es sich, wenn eine Gewerkschaft den zuvor von einer anderen Gewerkschaft durchgesetzten und abgeschlossenen Tarifvertrag – meist wort- und inhaltsgleich – **übernimmt**. 6a
Nach §§ 2 Abs. 1, 3 Abs. 1 TVG kann ein Tarifvertrag auch zwischen einer Gewerkschaft und einem **einzelnen** → **Arbeitgeber** vereinbart werden. 6b
Das gilt selbst dann, wenn der Arbeitgeber Mitglied im → **Arbeitgeberverband** ist.
Ein solcher Tarifvertrag wird »**Firmentarifvertrag**«, »**Werktarifvertrag**« oder »**Haustarifvertrag**« genannt: z. B. Werktarifvertrag zwischen der Industriegewerkschaft Metall und der Volkswagenwerk AG.
Wenn der »Firmentarifvertrag« die auf Verbandsebene geltenden Tarifverträge ohne inhaltliche Änderung übernimmt, ist auch der Begriff »**Anerkennungstarifvertrag**« gebräuchlich (siehe Muster-Anerkennungstarifvertrag im Anhang des Stichworts → **Arbeitgeber**).
Wird ein Verbandstarifvertrag durch Firmentarifvertrag mit dem verbandsangehörigen Arbeitgeber oder durch firmenbezogenen Verbandstarifvertrag abgeändert bzw. ergänzt, spricht man von einem »**Abänderungstarifvertrag**« bzw. »**Ergänzungstarifvertrag**« (zur Frage der Erstreikbarkeit eines Ergänzungstarifvertrags siehe Rn. 16 und → **Arbeitskampf**). 7
Tariffähig sind auch die **Handwerksinnungen** und die **Innungsverbände** (§§ 54, 82, 85 Handwerksordnung (HwO). 8
Eine Handwerksinnung kann Tarifverträge aber nur insoweit und so lange (mit der Gewerkschaft) abschließen, als solche Verträge nicht durch den Innungsverband für den Bereich der Handwerksinnung (mit der Gewerkschaft) vereinbart sind (§ 54 Abs. 3 HwO).
Ein Innungsverband ist der Zusammenschluss der Handwerksinnungen des gleichen Handwerks oder sich fachlich oder wirtschaftlich nahe stehender Handwerke im Bereich eines Landes, wobei für mehrere Bundesländer ein gemeinsamer Landesinnungsverband gebildet werden kann (§ 79 Abs. 1 HwO).

Tariflandschaft

Stand 31. 12. 2012: 9
Es bestanden in Deutschland **67 885 gültige Tarifverträge**: davon 29 616 Verbandstarifverträge und 38 269 Firmentarifverträge (Quelle: BMAS-Tarifregister).
502 Tarifverträge sind nach § 5 TVG auf Antrag einer Tarifvertragspartei für **allgemein verbindlich** erklärt worden (Stand: 1. 1. 2012; Quelle: BMAS-Tarifregister). Davon entfallen 212 auf das Baugewerbe.
Stand 1. 7. 2015:
Von den rund **71 900** als gültig in das Tarifregister eingetragenen Tarifverträgen sind 490 allgemeinverbindlich (238 Ursprungs- und 252 Änderungs- bzw. Ergänzungstarifverträge), darunter 163, die (auch) in den neuen Bundesländern gelten (Quelle: *http://www.bmas.de/DE/Themen/Arbeitsrecht/Tarifvertraege/allgemeinverbindlichetarifvertraege.html*).
Zur Allgemeinverbindlichkeit eines Tarifvertrages siehe Rn. 66 ff. Zu weiteren Tarifdaten siehe *http://www.boeckler.de/wsi-tarifarchiv_4828.htm*.

Tarifvertrag

Bedeutung des Tarifvertragssystems

10 Tarifverträge sichern den – tarifgebundenen – Arbeitnehmern in Betrieben eines tarifgebundenen Arbeitgebers **Mindestarbeitsbedingungen**, die zwar durch arbeitsvertragliche Vereinbarung verbessert, nicht aber verschlechtert werden dürfen (§ 4 Abs. 3 TVG).
Auf diese Weise erhalten die Arbeitnehmer (letztlich auch die nicht in Gewerkschaften organisierten Arbeitnehmer, auf deren Arbeitsverhältnisse die Tarifverträge oft kraft arbeitsvertraglicher Bezugnahme angewendet werden) ein Stück Existenz- und Planungssicherheit, was die **gesellschaftspolitische Bedeutung** des Tarifvertragssystems unterstreicht.
Natürlich hat das Tarifvertragssystem auch volkswirtschaftliche Bedeutung, weil – insbesondere auch durch die regelmäßigen Tarifrunden um die Erhöhung der Arbeitsentgelte und Ausbildungsvergütungen – Nachfrage geschaffen wird.

11 Auch die **Unternehmer profitieren** vom Flächentarifvertrag. So befreit der Tarifvertrag als kollektive Regelung den Arbeitgeber von der Notwendigkeit, die Arbeitsbedingungen (Arbeitszeit, Arbeitsentgelt, Urlaub usw.) mit jedem einzelnen Arbeitnehmer gesondert zu vereinbaren.
Außerdem bestehen innerhalb des regionalen Geltungsbereichs des Flächentarifvertrages für die tarifgebundenen Unternehmen **gleiche Wettbewerbsbedingungen**.
Schließlich sind die Unternehmen während der Laufzeit des Tarifvertrages in Bezug auf diejenigen Gegenstände, die durch den Tarifvertrag geregelt sind, vor Arbeitskämpfen »geschützt« (= sog. **relative Friedenspflicht**; siehe → **Arbeitskampf** Rn. 11 ff.).

12 Ungeachtet dessen wird die Regelung der Arbeitsbedingungen durch Flächentarifverträge/Verbandstarifverträge (= Tarifverträge zwischen Gewerkschaft und Arbeitgeberverband für eine bestimmte Branche oder Region) von Arbeitgebern **zunehmend in Frage gestellt**.
Verbandsaustritte und **Übertritte in sog. OT-Verbände** (= Verbände ohne Tarifbindung) sind an der Tagesordnung (siehe hierzu → **Arbeitgeberverband**).
Tarifliche Arbeitsbedingungen werden nicht mehr als **Mindestarbeitsbedingungen** gesehen, sondern als ein in Zeiten der Globalisierung nicht mehr zu rechtfertigender sozialer Ballast.
Folge der Flucht aus den Arbeitgeberverbänden ist eine zunehmende »**Verbetrieblichung der Tarifpolitik**«.
Dabei handelt es sich um den – in vielen Fällen »erfolgreichen« – Versuch der Arbeitgeber, den Flächentarifvertrag entweder durch tarifwidrige betriebliche Regelungen (Betriebsvereinbarungen, Regelungsabreden, vertragliche Einheitsregelungen) oder durch »nach unten« abweichende Tarifverträge abzusenken.
Gefordert werden meist unbezahlte Verlängerung der Arbeitszeit und Entgeltkürzungen (z. B. Kürzung oder Streichung von Urlaubs- und Weihnachtsgeld).
Im Bereich der Metallindustrie wurden nach Abschluss des sog. Pforzheimer Abkommens 2004 (siehe hierzu → **Betriebliches Bündnis für Arbeit** Rn. 12) mehr als 2000 abweichende Firmentarifverträge abgeschlossen.
Der Tarifabschluss wurde von den Unternehmensleitungen meist mit der **Drohung**, andernfalls Standort und Investitionen ins billigere Ausland zu verlagern, **erpresst**.

Normativer und schuldrechtlicher Teil des Tarifvertrages

13 Tarifverträge haben eine »**normativen**« und einen »**schuldrechtlichen**« Teil.
14 1. Der »**normative**« Teil des Tarifvertrages enthält
  • Rechtsnormen (vgl. § 4 Abs. 1 TVG) über
    – den **Abschluss** des Arbeitsverhältnisses (z. B. Verbot befristeter Arbeitsverträge, Schriftform, Wiedereinstellungsklauseln);

- den **Inhalt** des Arbeitsverhältnisses (z. B. Regelungen über Lohn-/Gehaltshöhe, Dauer der individuellen Arbeitszeit, Urlaubsdauer);
- die **Beendigung** des Arbeitsverhältnisses (z. B. Regelungen über Kündigungsverbote und -fristen; Regelungen über Abfindungen und Qualifizierungsansprüche bei Betriebsstilllegung: vgl. BAG v. 24.4.2007 – 1 AZR 252/06, AiB 2007, 732);
- **betriebliche Fragen** (z. B. Regelungen über die Lage der Arbeitszeit, Pausen, Überstunden, Einführung von Kurzarbeit; Regelungen über die Ermittlung von Vorgabezeiten bei Akkordarbeit; Regelungen über die Schließung des Betriebes zwischen Weihnachten und Neujahr; Regelungen über Kantine, Parkplätze);
- **betriebsverfassungsrechtliche Fragen** (z. B. Regelungen über die Erweiterung der Mitbestimmung des Betriebsrats).
- Des Weiteren sind tarifvertragliche Regelungen über **gemeinsame Einrichtungen** der Tarifvertragsparteien möglich (z. B. Urlaubs- und Lohnausgleichskassen im Baugewerbe; vgl. § 4 Abs. 2 TVG).

2. Der »**schuldrechtliche**« **Teil** des Tarifvertrages begründet Rechte und Pflichten zwischen den Tarifvertragsparteien.

Insbesondere beinhaltet er die gegenseitige Verpflichtung, während der vereinbarten Laufzeit des Tarifvertrages Maßnahmen des Arbeitskampfes mit dem Ziel der Änderung des Tarifvertrages zu unterlassen (sog. **Friedenspflicht**; siehe auch → **Arbeitskampf** Rn. 11 ff.). Eine Friedenspflicht besteht aber nur in Bezug auf solche »Gegenstände«, die durch den Tarifvertrag tatsächlich geregelt sind (sog. **relative Friedenspflicht**).
Deshalb sind »Ergänzungstarifverträge« in der Form eines Firmentarifvertrags zwischen Gewerkschaft und einem (verbandsgebundenen) Arbeitgeber über solche Gegenstände, die nicht durch einen Verbandstarifvertrag geregelt sind, möglich und – notfalls durch Arbeitskampfmaßnahmen (Warnstreik, Erzwingungsstreik) – durchsetzbar.
Die kampfweise Durchsetzung eines Firmentarifvertrages ist nach h. M. nicht deshalb verboten, weil der Arbeitgeber Mitglied im → **Arbeitgeberverband** ist. Denn trotz Mitgliedschaft im Arbeitgeberverband behält der Arbeitgeber seine Tariffähigkeit nach §§ 2 Abs. 1, 3 Abs. 1 TVG (BAG v. 10.12.2002 – 1 AZR 96/02, NZA 2003, 734).
Die **Friedenspflicht** aus einem Tarifvertrag **fällt weg**,
- wenn sich der Tarifvertrag (der infolge Kündigung oder Befristung abgelaufen ist) in »Nachwirkung« befindet (§ 4 Abs. 5 TVG; siehe Rn. 43 ff. und → **Tarifvertrag: Nachbindung und Nachwirkung**)
- oder – bei einem Verbandstarifvertrag – wenn der Arbeitgeber aus dem → **Arbeitgeberverband** austritt.
Der Verbandstarifvertrag gilt trotz Austritt weiter bis zu seinem Ende (sog. »Nachbindung« gemäß § 3 Abs. 3 TVG; siehe Rn. 36 ff.) und danach kraft »Nachwirkung« (§ 4 Abs. 5 TVG)
- oder wenn der tarifgebundene Betrieb an einen nichttarifgebundenen Erwerber übertragen wird (siehe → **Betriebsübergang**).

Außerdem verpflichtet der schuldrechtliche Teil des Tarifvertrages die Tarifvertragsparteien, auf ihre Mitglieder einzuwirken, die Bestimmungen des Tarifvertrages einzuhalten (»**Durchführungs- und Einwirkungspflicht**«).
Allerdings besteht nach der Rechtsprechung eine Einwirkungspflicht nur dann, wenn eine bestimmte Auslegung des Tarifvertrags zwingend geboten ist (z. B. bei Offensichtlichkeit oder rechtskräftiger Feststellung durch Urteil bzw. wenn eine verbindliche Entscheidung einer tariflichen Schlichtungsstelle vorliegt).
Eine Tarifvertragspartei kann von der anderen dagegen nicht verlangen, eine von dieser nicht für richtig gehaltene Tarifauslegung gegenüber den Mitgliedern zu vertreten (BAG v. 29.4.1992 – 4 AZR 432/91 und 469/91, AuR 1992, 180).

Tarifvertrag

Soweit eine Einwirkungspflicht besteht, kann sie durch Klage der einen gegen die andere Tarifvertragspartei beim → **Arbeitsgericht** durchgesetzt werden.

Eine solche (möglicherweise erfolgreiche) **Einwirkungsklage** der Gewerkschaft gegen den Arbeitgeberverband hat allerdings für den tarifwidrig handelnden Arbeitgeber keine Konsequenzen, so dass eine Einwirkungsklage gegen den Verband in der Regel wenig Sinn macht. Wirkungsvoller ist es, eine Einwirkungsklage mit einer Klage nach § 9 TVG auf **Feststellung**, dass die strittige Tarifvorschrift in einem bestimmten Sinne auszulegen ist, zu verbinden, was zulässig ist (BAG v. 10. 6. 2009 – 4 AZR 77/08, ZTR 2010, 73).

19 Nach einer zutreffenden Entscheidung des Bundesarbeitsgerichts steht der im Betrieb vertretenen → **Gewerkschaft** gegen den (durch Verbandsmitgliedschaft) tarifgebundenen Arbeitgeber ein **Unterlassungsanspruch** gegen tarifwidrige betriebliche Regelungen (z. B. Verlängerung der tariflichen Arbeitszeit) zu; und zwar sowohl gegen tarifwidrige → **Betriebsvereinbarungen** als auch gegen tarifwidrige arbeitsvertragliche Einheitsregelungen, die auf eine → **Regelungsabrede** zwischen Arbeitgeber und Betriebsrat zurückgehen (BAG v. 20. 4. 1999 – 1 ABR 72/98, AiB 1999, 538).

Das BAG sieht hierin zu Recht einen rechtswidrigen Eingriff in die Koalitionsfreiheit der Gewerkschaft, den die Gewerkschaft mit dem Unterlassungsanspruch abwehren könne.

Das Gericht hat damit einen lange bestehenden Meinungsstreit im Sinne einer Stärkung der Koalitionsfreiheit und Tarifautonomie beendet (vgl. DKKW-*Berg*, BetrVG, 15. Aufl., § 77 Rn. 197 ff.).

Gewerkschaften können damit durch Einleitung eines arbeitsgerichtlichen Verfahrens verhindern, dass Tarifverträge auf betrieblicher Ebene unterlaufen und ausgehöhlt werden (siehe auch → **Gewerkschaft** Rn. 25).

Der Unterlassungsanspruch kann und sollte durch Antrag auf Erlass einer **einstweiligen Verfügung** geltend gemacht werden (BAG v. 17. 5. 2011 – 1 AZR 473/09, NZA 2011, 1169). Nachstehend ein Auszug aus BAG v. 17. 5. 2011 – 1 AZR 473/09, a. a. O.:

»*Arbeitsentgelte und sonstige Arbeitsbedingungen, die durch Tarifvertrag geregelt sind, dürfen nicht Gegenstand einer Betriebsvereinbarung sein. Eine solche Vereinbarung beeinträchtigt die durch Art. 9 Abs. 3 GG geschützte kollektive Koalitionsfreiheit der tarifschließenden Gewerkschaft. Diese kann von einem tarifgebundenen Arbeitgeber verlangen, die Anwendung einer gegen den Tarifvertrag verstoßenden Betriebsvereinbarung zu unterlassen. [...] Die Gewerkschaft ist im Hinblick auf die Beseitigung des tarifwidrigen Zustands verfahrensrechtlich nicht rechtlos gestellt. Sie kann eine solche Beeinträchtigung ihrer kollektiven Koalitionsfreiheit im Wege des einstweiligen Rechtsschutzes durch eine Regelungsverfügung nach § 940 ZPO verhindern oder zumindest verkürzen. Das genügt dem Gebot effektiver Rechtsschutzgewährung. Dementsprechend hätte sie zu der Zeit, zu der sie Kenntnis von den tarifwidrigen Betriebsvereinbarungen erhielt, im Wege des einstweiligen Rechtsschutzes die Unterlassung der Anwendung der Betriebsvereinbarungen und eine Erklärung der Beklagten verlangen können, die auf die Beseitigung des faktischen Geltungsanspruchs der tarifwidrigen Betriebsvereinbarungen gegenüber der Belegschaft zielt.*«

20 Im Falle eines Firmentarifvertrags kann die Gewerkschaft vom Arbeitgeber im Wege der **Leistungsklage** die Durchführung des abgeschlossenen Tarifvertrags verlangen (BAG v. 14. 6. 1995 – 4 AZR 915/93, NZA 1996, 43 ff.).

21 Vom **Regelungsgegenstand** des Tarifvertrages her betrachtet unterscheidet man (zum Teil noch getrennt nach »Arbeitern« und »Angestellten«)

- Lohn- bzw. Gehaltstarifverträge sowie Tarifverträge über Ausbildungsvergütungen (hierin wird die Höhe des Arbeitsentgelts bzw. der Ausbildungsvergütung geregelt), Laufzeit meist ein bis zwei Jahre;
- Lohn- bzw. Gehaltstarifverträge (hierin werden vor allem die unterschiedlichen Lohn- bzw. Gehaltsgruppen beschrieben), Laufzeit über mehrere Jahre;

Tarifvertrag

- Manteltarifverträge (hierin enthalten sind Regelungen über sonstige Arbeitsbedingungen wie z. B. Arbeitszeit, Urlaub, Verdienstsicherung usw.), Laufzeit über mehrere Jahre;
- Tarifverträge mit besonderem Regelungsgegenstand: z. B. Tarifvertrag über Rationalisierungsschutz, über die Gewährung einer Jahressonderzahlung (Weihnachtsgeld); Tarifvertrag über vermögenswirksame Leistungen. Laufzeit meist über mehrere Jahre.

Mittlerweile werden verstärkt tarifpolitische Anstrengungen unternommen, Tarifverträge dort, wo sie noch unterschiedliche Regelungen für **Arbeiter und Angestellte** vorsehen, zu vereinheitlichen (z. b. gemeinsame Entgeltrahmentarifverträge, gemeinsame Manteltarifverträge). 22

Für wen gilt der Tarifvertrag? Für wen gilt er nicht?

1. Geltung der Tarifnormen über den »Inhalt«, den »Abschluss« und die »Beendigung« des Arbeitsverhältnisses aufgrund beiderseitiger Tarifbindung (§ 1 Abs. 1 und § 4 Abs. 1 TVG) 23
Die Tarifnormen über den Inhalt, den Abschluss und die Beendigung des Arbeitsverhältnisses (§ 1 Abs. 1 TVG) gelten im Falle »beiderseitiger Tarifbindung« von Arbeitgeber und Arbeitnehmer »unmittelbar« und »zwingend« (§ 4 Abs. 1 TVG).
Beiderseitige Tarifbindung nach § 3 Abs. 1 TVG liegt vor, wenn der Arbeitnehmer Mitglied der tarifschließenden → **Gewerkschaft** und der Arbeitgeber Mitglied im tarifschließenden → **Arbeitgeberverband** ist oder er – bei einem Firmentarifvertrag – **selbst Partei des Tarifvertrags** ist.
Zur Tarifflucht des Arbeitgebers in Form des Austritts aus dem Arbeitgeberverband oder des OT-Wechsels siehe → **Arbeitgeberverband** Rn. 11 ff.
Zum »Königsweg« der Tarifflucht durch Betriebsinhaberwechsel und Ausgliederung siehe → **Betriebsübergang** Rn. 18.

2. Keine Geltung der Tarifnormen über den »Inhalt«, den »Abschluss« und die »Beendigung« des Arbeitsverhältnisses – auch nicht für Gewerkschaftsmitglieder – , wenn der Arbeitgeber nicht tarifgebunden ist 24
Die Inhalts-, Abschluss- und Beendigungsnormen eines Tarifvertrags (§ 1 Abs. 1 TVG) gelten auch für **Gewerkschaftsmitglieder** nicht, wenn der Arbeitgeber **nicht tarifgebunden** ist, d. h. nicht Mitglied im tarifvertragschließenden Arbeitgeberverband ist bzw. es der Gewerkschaft (bislang) nicht gelungen ist, mit ihm einen Firmentarifvertrag zu vereinbaren.
Hier muss die Gewerkschaft mit ihren Mitgliedern in diesem Betrieb (notfalls im Wege des Streiks; siehe → **Arbeitskampf**) versuchen, mit dem betreffenden Arbeitgeber einen Firmentarifvertrag abzuschließen (z. B. einen »Anerkennungstarifvertrag«; siehe Checkliste »Ablauf einer Tarifbewegung zur Durchsetzung eines Firmentarifvertrages« im Anhang zum Stichwort → **Tarifvertrag**).

3. Geltung der »betrieblichen« und »betriebsverfassungsrechtlichen« Normen eines Tarifvertrags für alle Arbeitnehmer (Organisierte und Nichtorganisierte) bei einseitiger Tarifbindung des Arbeitgebers (§ 1 Abs. 1 und § 3 Abs. 2 TVG) 25
Die »**betrieblichen**« und »**betriebsverfassungsrechtlichen**« Normen eines Tarifvertrags (§ 1 Abs. 1 und § 3 Abs. 2 TVG; siehe Rn. 14) – auch »**Betriebsnormen**« genannt – gelten für **alle Arbeitnehmer** (gleichgültig, ob gewerkschaftlich organisiert oder nicht), wenn sie bei einem Arbeitgeber beschäftigt sind, der Mitglied des tarifvertragsschließenden Arbeitgeberverbandes ist bzw. der selbst Partei des Tarifvertrags ist (§ 3 Abs. 2 TVG).
Dies beruht auf dem **kollektiven Charakter** dieser Normen, die sinnvoll **nur einheitlich** (kollektiv) im Betrieb angewendet werden können.

Tarifvertrag

> **Beispiel:**
> Tarifregelungen über die Einführung von → **Kurzarbeit** sind »Betriebsnormen«; dagegen ist eine Tarifregelung über einen Zuschuss zum Kurzarbeitergeld eine »Inhaltsnorm« (siehe Rn. 1).

26 **4. Geltung der Tarifnormen aufgrund arbeitsvertraglicher Bezugnahme auf Tarifverträge**
Die Inhalts-, Abschluss- und Beendigungsnormen eines Tarifvertrags (§ 1 Abs. 1 TVG) gelten nicht für **nicht organisierte Arbeitnehmer** (sog. Außenseiter).
Allerdings ist eine **weitverbreitete Praxis** der Arbeitgeber festzustellen, die tarifvertraglichen Leistungen stillschweigend oder durch ausdrückliche arbeitsvertragliche Vereinbarung an Nichtorganisierte weiterzugeben (siehe → **Arbeitsvertrag: Bezugnahme auf Tarifverträge**).
Dass sich die Arbeitgeber dabei nicht von ethischen und sozialpolitischen, sondern betriebswirtschaftlichen Motiven leiten lassen, liegt auf der Hand: Es soll nicht nur **kein Anreiz** für die Arbeitnehmer zur Organisation in den – bisher die Tarifpolitik maßgeblich beeinflussenden – DGB-Gewerkschaften, sondern im Gegenteil ein **Anreiz zum Austritt** geschaffen und damit ein Beitrag zur (weiteren) **Schwächung der gewerkschaftlichen Durchsetzungsfähigkeit** geleistet werden.
Weitere Motive der Arbeitgeber sind:
- Verhinderung von Unzufriedenheit über ungleiche Arbeitsbedingungen (Tarif / Nichttarif) und dadurch entstehende Demotivation sowie Leistungsminderung.
- Entlastung des Unternehmens bei der Festlegung und späteren Anpassung der Arbeitsbedingungen »nach oben« (z. B. Tariferhöhungen) oder »nach unten« z. B. aufgrund eines Sanierungstarifvertrags (»Entlastung des Arbeitsvertrags«).
- Werbung mit Tarifbedingungen bei der Suche nach Personal im Fall von Fachkräftemangel.

Die Weitergabe der tarifvertraglichen Leistungen auch an nichtorganisierte Beschäftigte ist – vom Interessenstandpunkt der Arbeitgeber/Arbeitgeberverbände aus betrachtet – nachvollziehbar. Weniger nachvollziehbar ist das Verhalten der Nichtorganisierten, die das gerne in Anspruch nehmen, was andere – zum Teil unter erheblichen Opfern (Mitgliedsbeiträge, Streiks) – erkämpft haben. Nicht ganz zu Unrecht wird Nichtorganisierten deshalb der Titel »Trittbrettfahrer« verliehen.

26a Nach der st. Rspr. des BAG ist die Inbezugnahme von Tarifverträgen (siehe → **Arbeitsvertrag: Bezugnahme auf Tarifverträge**) auch im Wege der → **betrieblichen Übung** möglich (BAG v. 9.5.2007 – 4 AZR 275/06 m. w. N.).
Allerdings unterschiedet das BAG zwischen der
- Verpflichtung, aufgrund betrieblicher Übung einen bestimmten Tarifvertrag weiterhin anzuwenden, und der
- Verpflichtung, auch künftige Tarifverträge (z. B. künftige Tariferhöhungen) umzusetzen.

Es ist danach in jedem Einzelfall zu prüfen, ob durch die konkrete Verhaltensweise des Arbeitgebers eine betriebliche Übung im Sinne einer dynamischen Bezugnahme auf die einschlägigen Tarifverträge oder nur im Sinne der weiteren Anwendung eines bestimmten Tarifvertrags vereinbart worden ist (BAG v. 9.5.2007 – 4 AZR 275/06; 20.6.2001 – 4 AZR 290/00, EzA BGB § 242 Betriebliche Übung Nr. 45).
Bei einem nicht tarifgebundenen Arbeitgeber wird eine betriebliche Übung der Erhöhung der Löhne und Gehälter entsprechend der Tarifentwicklung in einem bestimmten Tarifgebiet nur entstehen, wenn es deutliche Anhaltspunkte im Verhalten des Arbeitgebers dafür gibt, dass er auf Dauer die von den Tarifvertragsparteien ausgehandelten Tariflohnerhöhungen übernehmen will (BAG v. 19.10.2011 – 5 AZR 359/10; LAG Hamm (Westfalen) v. 23.9.2015 – 10 Sa 647/15).

27 **5. Erstreckung von Tarifnormen auf nicht tarifgebundene Arbeitgeber und Arbeitnehmer durch Allgemeinverbindlicherklärung eines Tarifvertrags (§ 5 TVG)**
Das Bundesministerium für Arbeit und Soziales kann einen Tarifvertrag im Einvernehmen mit

dem Tarifausschuss nach § 5 Abs. 1 TVG – bestehend aus je drei Vertretern der Bundesvereinigung der Deutschen Arbeitgeberverbände (BDA) und des Deutschen Gewerkschaftsbundes (DGB) – auf gemeinsamen Antrag der Tarifvertragsparteien für **allgemeinverbindlich** erklären, wenn dies im **öffentlichen Interesse geboten** erscheint (siehe Rn. 66 ff.).
Das ist gem. § 5 Abs. 1 Satz 2 TVG in der Regel der Fall, wenn
- der Tarifvertrag in seinem Geltungsbereich für die Gestaltung der Arbeitsbedingungen »überwiegende Bedeutung« erlangt hat oder
- die Absicherung der Wirksamkeit der tarifvertraglichen Normsetzung gegen die Folgen wirtschaftlicher Fehlentwicklung eine Allgemeinverbindlicherklärung verlangt.

Auf diese Weise werden die Tarifnormen auf die nicht organisierten Arbeitnehmer und nicht tarifgebundenen Arbeitgeber erstreckt (siehe hierzu → **Tarifvertrag: Allgemeinverbindlicherklärung** Rn. 6 ff.).

Bei einem **Stimmenpatt (3:3)** im Tarifausschuss gilt der Antrag als **abgelehnt** mit der Folge, dass der Tarifvertrag nicht für allgemeinverbindlich erklärt werden kann.

Die Bundesvereinigung der Arbeitgeberverbände (BDA) hat diese Verfahrensregelung in den letzten Jahren ausgiebig und systematisch genutzt, um die Allgemeinverbindlicherklärung von Tarifverträgen (vor allem im Baugewerbe) zu verhindern und damit die arbeitsvertragliche »Vereinbarung« untertariflicher (Dumping-)Löhne zu ermöglichen.

6. Erstreckung von Tarifnormen auf nicht tarifgebundene Arbeitgeber und Arbeitnehmer durch Rechtsverordnung nach Arbeitnehmerentsendegesetz (AEntG) 28

Aus Anlass des vorstehend beschriebenen – destruktiven – Vorgehens der Bundesvereinigung der Deutschen Arbeitgeberverbände (BDA) im Tarifausschuss wurde eine weitere Möglichkeit zur Herstellung von Tarifbindung geschaffen – und zwar nach Maßgabe des § 7 AEntG. Hiernach kann das Bundesministerium für Arbeit und Soziales für bestimmte Branchen durch **Rechtsverordnung** bestimmen, dass die Rechtsnormen eines Tarifvertrags, für den die Tarifvertragsparteien gemeinsam einen Antrag auf Allgemeinverbindlichkeit gestellt haben, auf alle unter seinen Geltungsbereich fallenden und nicht an ihn gebundenen Arbeitgeber und Arbeitnehmer sowie auf Arbeitgeber mit Sitz im Ausland und ihre im Geltungsbereich der Verordnung beschäftigten Arbeitnehmer Anwendung finden (siehe → **Arbeitnehmerentsendung** Rn. 17 ff.).

7. Erstreckung von tariflichen Mindeststundenentgelten auf alle Arbeitgeber und Arbeitnehmer im Bereich der Arbeitnehmerüberlassung / Leiharbeit durch Rechtsverordnung nach § 3a AÜG (Lohnuntergrenze) 28a

Nach § 3a AÜG kann das Bundesministerium für Arbeit und Soziales auf Vorschlag der Tarifvertragsparteien der Leiharbeitsbranche in einer **Rechtsverordnung** bestimmen, dass die von den Tarifvertragsparteien bundesweit vereinbarten tariflichen Mindeststundenentgelte als verbindliche Lohnuntergrenze auf alle in den Geltungsbereich der Verordnung fallende Leiharbeitgeber sowie Leiharbeitnehmer Anwendung finden.
Siehe hierzu → **Arbeitnehmerüberlassung/Leiharbeit**.

Auslegung von Tarifverträgen

Manchmal ist aus einer Tarifnorm (siehe Rn. 14) nicht klar erkennbar, welche Rechtsfolgen 29 eintreten sollen. In diesem Falle ist die Tarifregelung **auszulegen**.
Hierzu hat das Bundesarbeitsgericht (vgl. z. B. BAG v. 4.4.2001 – 4 AZR 180/00, DB 2001, 2407) folgende **Grundsätze** formuliert:
»Die Auslegung des normativen Teils eines Tarifvertrages folgt nach ständiger Rechtsprechung des Bundesarbeitsgerichts den für die Auslegung von Gesetzen geltenden Regeln.
Danach ist zunächst vom Tarifwortlaut auszugehen, wobei der maßgebliche Sinn der Erklärung zu erforschen ist, ohne am Buchstaben zu haften.

Tarifvertrag

Bei nicht eindeutigem Tarifwortlaut ist der wirkliche Wille der Tarifvertragsparteien mitzuberücksichtigen, soweit er in den tariflichen Normen seinen Niederschlag gefunden hat.
Abzustellen ist stets auf den tariflichen Gesamtzusammenhang, weil dieser Anhaltspunkte für den wirklichen Willen der Tarifvertragsparteien liefert und nur so der Sinn und der Zweck der Tarifnorm zutreffend ermittelt werden können.
Lässt dies zweifelsfreie Auslegungsergebnisse nicht zu, dann können die Gerichte für Arbeitssachen ohne Bindung an eine Reihenfolge weitere Kriterien wie die Entstehungsgeschichte des Tarifvertrages, ggf. auch die praktische Tarifübung ergänzend hinzuziehen. Auch die Praktikabilität denkbarer Auslegungsergebnisse gilt es zu berücksichtigen; im Zweifel gebührt derjenigen Tarifauslegung der Vorzug, die zu einer vernünftigen, sachgerechten, zweckorientierten und praktisch brauchbaren Regelung führt.«

Wirkungen des Tarifvertrags

30 Hinsichtlich der Wirkungen des Tarifvertrages im Falle **beiderseitiger Tarifbindung** sind folgende **Formen** zu unterscheiden.
Der Tarifvertrag hat:

31 1. »**unmittelbare Wirkung**« (§ 4 Abs. 1 TVG), d. h., die Normen des Tarifvertrages gelten mit seinem In-Kraft-Treten für die Mitglieder der Tarifvertragsparteien »automatisch«, ohne dass eine arbeitsvertragliche Übernahmevereinbarung zwischen tarifgebundenen Arbeitnehmern und Arbeitgebern notwendig ist;

32 2. »**zwingende Wirkung**« (§ 4 Abs. 1 TVG), d. h., die Normen des Tarifvertrages können nicht zum Nachteil des Gewerkschaftsmitgliedes verändert werden. Schlechtere arbeitsvertragliche Vereinbarungen werden durch bessere tarifliche Regelungen »**verdrängt**« (BAG v. 1.7.2009 – 4 AZR 250/08, AP Nr. 51 zu § 4 TVG Nachwirkung; 12.12.2007 – 4 AZR 998/06, NZA 2008, 649). Es tritt nach Ansicht des BAG zwar keine Unwirksamkeit der ungünstigeren arbeitsvertraglichen Vereinbarung ein, aber der Tarifvertrag hat während seiner Laufzeit Vorrang. Auszug aus BAG v. 12.12.2007 – 4 AZR 998/06, a. a. O.: »*Bei einer Kollision tariflich begründeter Ansprüche eines Arbeitnehmers mit – ungünstigeren – einzelvertraglichen Vereinbarungen führt die zwingende Wirkung des Tarifvertrages lediglich dazu, dass die vertraglichen Vereinbarungen für die Dauer der Wirksamkeit des Tarifvertrages verdrängt werden. Endet die Wirksamkeit des Tarifvertrages, können die individualvertraglichen Vereinbarungen (erneut) Wirkung erlangen. Untertarifliche Vertragsbedingungen bleiben während der Zeit der Wirkung eines Tarifvertrages von dessen normativer Kraft verdrängt, können jedoch bei vollständigem Wegfall der günstigeren Tarifnormen (etwa durch Betriebsübergang oder Ende des Tarifvertrages unter Ausschluss der Nachwirkung) dann wieder Wirkung erlangen, wenn sie nicht erneut durch übergeordnete Normen (etwa eines anderen, nunmehr geltenden Tarifvertrages, z. B. nach § 613 a Abs. 1 S 3 BGB) verdrängt werden.*«

> **Beispiel:**
> Wenn der tarifvertragliche Stundenlohn 20 Euro beträgt, dann wird eine arbeitsvertragliche Vereinbarung eines Stundenlohns von 10 Euro gegenüber einem Gewerkschaftsmitglied verdrängt (sofern auch der Arbeitgeber tarifgebunden ist).
> Das Gewerkschaftsmitglied kann also trotz entgegenstehender arbeitsvertraglicher Vereinbarung die Zahlung des tariflichen Stundenlohns verlangen (ein Nichtorganisierter hat einen solchen Anspruch nicht).

32a Die Verdrängungswirkung des Tarifvertrags hält auch im Zeitraum der **Nachbindung** (siehe Rn. 36 ff.) und **Nachwirkung** (siehe Rn. 43) an.
Strittig ist, ob eine durch den Tarifvertrag verdrängte ungünstigere arbeitsvertragliche Rege-

lung »**automatisch**« wieder auflebt, wenn der Tarifvertrag in den Zustand der **Nachwirkung** (siehe Rn. 43) übergeht.
Das ist nach zutreffender Ansicht des BAG nicht der Fall. Tarifliche Regelungen, die sich in Nachwirkung befinden, können gemäß § 4 Abs. 5 TVG (siehe Rn. 43) nur dann zum Nachteil der Arbeitnehmer geändert werden, wenn sie durch eine »**andere Abmachung**« ersetzt werden (BAG v. 1. 7. 2009 – 4 AZR 250/08, AP Nr. 51 zu § 4 TVG Nachwirkung; 12. 12. 2007 – 4 AZR 998/06, NZA 2008, 649). Nachstehend ein Auszug aus BAG v. 1. 7. 2009 – 4 AZR 250/08, a. a. O.: »*Aus dem Erfordernis der »anderen Abmachung« zur Ablösung des nachwirkenden Tarifvertrages ergibt sich, dass frühere arbeitsvertragliche Vereinbarungen, die während der zwingenden und unmittelbaren Geltung eines Tarifvertrages verdrängt wurden, nicht automatisch wieder aufleben und das Arbeitsverhältnis im Nachwirkungszeitraum abweichend vom abgelaufenen Tarifvertrag gestalten können. Auch in seiner Entscheidung vom 12. Dezember 2007 ist der Senat davon ausgegangen, dass die verdrängten arbeitsvertraglichen Vereinbarungen nur dann »automatisch« wieder Wirkung erlangen können, wenn die günstigeren Tarifnormen vollständig, also ohne Nachwirkung wegfallen (12. Dezember 2007 – 4 AZR 998/06 – Rn. 41, AP TVG § 4 Nr. 29 = EzA TVG § 4 Nr. 44: »Ende des Tarifvertrages unter Ausschluss der Nachwirkung«).* «
Das bedeutet: ein »automatisches« Wiederaufleben der durch den Tarifvertrag verdrängten ungünstigeren arbeitsvertraglichen Regelung findet nur in dem seltenen Ausnahmefall statt, dass die Nachwirkung des Tarifvertrages ausgeschlossen wurde.
Ansonsten ist es nach Auffassung des BAG v. 1. 7. 2009 – 4 AZR 250/08, a. a. O. für die Annahme einer »**anderen Abmachung**« i. S. d. § 4 Abs. 5 TVG (siehe Rn. 43) nicht erforderlich, dass diese erst abgeschlossen wird, *nachdem* die Nachwirkung eingetreten ist. Die Abrede müsse aber vom Regelungswillen der Parteien her darauf gerichtet sein, eine bestimmte bestehende Tarifregelung in Anbetracht ihrer absehbar bevorstehenden Beendigung und des darauf folgenden Eintritts der Nachwirkung abzuändern (das wurde in dem vom BAG entschiedenen Fall für eine vor dem Eintritt der Nachwirkung abgeschlossene Vereinbarung von untertariflichem Lohn verneint).

32b

Demgegenüber wird in der Literatur zutreffend die Ansicht vertreten, dass eine tarifvertragsersetzende andere Abmachung nur dann Wirkung entfaltet, wenn sie *nach* Eintritt der Nachwirkung zwischen Arbeitgeber und Arbeitnehmer vereinbart wird (vgl. Berg/Kocher/Schumann-*Berg*, Tarifvertragsgesetz und Arbeitskampfrecht, 5. Aufl. 2015, § 4 Rn. 330 m. w. N.)
Günstigere arbeitsvertragliche Regelungen sind ohne weiteres möglich (§ 4 Abs. 3 TVG; siehe → **Günstigkeitsprinzip**).

33

Die Verlängerung der tariflich geregelten Arbeitszeit ist entgegen einer vereinzelt von Arbeitgeberseite vertretenen Auffassung für die Beschäftigten nicht günstiger, so dass eine entsprechende arbeitsvertragliche Vereinbarung verdrängt wird, wenn beiderseitige Tarifbindung besteht (vgl. z. B. LAG Baden-Württemberg v. 28. 5. 1996 – 8 Sa 160/95, AiB 1997, 121).
Dies gilt auch dann, wenn der Arbeitgeber sich im Gegenzug verpflichtet, keine Kündigungen auszusprechen (BAG v. 20. 4. 1999 – 1 ABR 72/98, AiB 1999, 538).
Ein → **Verzicht** auf entstandene tarifvertragliche Rechte ist nur in einem von den Tarifvertragsparteien gebilligten Vergleich zulässig, eine → **Verwirkung** von tariflichen Rechten ist ausgeschlossen (§ 4 Abs. 4 TVG).

34

Tarifverträge haben demnach zugunsten der Gewerkschaftsmitglieder den Charakter von **Mindestarbeitsbedingungen**.

35

»Nachbindung« (§ 3 Abs. 3 TVG)

Die sog. »Nachbindung« eines Tarifvertrages gemäß § 3 Abs. 3 TVG (auch »verlängerte Tarifgebundenheit« oder »Nachgeltung« genannt) ist von der Nachwirkung gemäß § 4 Abs. 5 TVG (siehe Rn. 43 ff.) zu unterscheiden.

36

Tarifvertrag

Siehe auch → **Tarifvertrag: Nachbindung und Nachwirkung.**

37 Nachbindung bedeutet: Die **Tarifgebundenheit** von Arbeitgeber und Arbeitnehmer an einen Tarifvertrag (etwa aufgrund Mitgliedschaft im Arbeitgeberverband bzw. in der Gewerkschaft) bleibt so lange bestehen, bis der Tarifvertrag **endet** (z. B. aufgrund einer Befristung oder nach einer Kündigung mit Ablauf der Kündigungsfrist).
Mit dem Ende des Tarifvertrages beginnt die sog. **Nachwirkung** nach § 4 Abs. 5 TVG (siehe Rn. 43 ff.).
§ 3 Abs. 3 TVG kommt auch dann zur Anwendung, wenn der Arbeitgeber aus dem → **Arbeitgeberverband austritt** (BAG v. 13. 12. 1995 – 4 AZR 1062/94, AiB 1997, 63 = NZA 1996, 769).
Das heißt, der Austritt als solcher führt nicht zu einer Beendigung der Tarifbindung des Arbeitgebers an die Verbandstarifverträge. Diese gelten mit unmittelbarer und zwingender Wirkung für die Arbeitsverhältnisse weiter. Abweichende – für den Arbeitnehmer ungünstigere – arbeitsvertragliche Abmachungen werden **verdrängt** (siehe Rn. 32).
Vorstehendes gilt entsprechend, wenn der Arbeitnehmer aus der → **Gewerkschaft austritt** (BAG v. 4. 4. 2001 – 4 AZR 237/00, NZA 2001, 1085). Auch in diesem Fall bewirkt § 3 Abs. 3 TVG die weitere Tarifgebundenheit des Arbeitnehmers an den Tarifvertrag, bis der Tarifvertrag endet (Nachbindung). An die Nachbindung schließt sich dann die Nachwirkung nach § 4 Abs. 5 TVG an (siehe Rn. 43 ff.).

37a Die Nachbindung ist **statisch**. Sie erfasst nur diejenigen Tarifnormen, an die der ausgetretene Arbeitgeber zum Zeitpunkt des Austritts zwingend und unmittelbar gebunden ist (BAG v. 6. 7. 2011 – 4 AZR 424/09, NZA 2012, 281).
Tarifregelungen, die erst *nach* dem Wirksamwerden des Verbandsaustritts zwischen Gewerkschaft und dem Verband vereinbart werden, kommen für die Arbeitsverhältnisse zwischen den tarifgebundenen Beschäftigten und dem ausgetretenen Arbeitgeber nicht mehr zur Anwendung (z. B. **Tariferhöhungen** oder neue Tarifverträge zu bisher verbandstariflich nicht geregelten Fragen; vgl. BAG v. 13. 12. 1995 – 4 AZR 1062/94, AiB 1997, 63 = NZA 1996, 769).
Damit ist der wirtschaftliche **Hauptzweck der Tarifflucht** durch Verbandsaustritt oder OT-Wechsel umschrieben: der Arbeitgeber möchte an zukünftige Verbandstarifabschlüsse z. B. zu Tariferhöhungen nicht mehr gebunden sein. Vielmehr möchte er selbst von Fall zu Fall entscheiden, ob er die Arbeitsentgelte zukünftig anhebt oder nicht.
Zum »Königsweg« der Tarifflucht durch Betriebsinhaberwechsel und Ausgliederung siehe → **Betriebsübergang** Rn. 18.
Zu den **gewerkschaftlichen Handlungsmöglichkeiten** bei Tarifflucht siehe → **Arbeitgeberverband** Rn. 17.

37b Aus Vorstehendem folgt, dass alle Verbandstarifregelungen, die sich zum Zeitpunkt des Wirksamwerdens des Verbandsaustritts in ungekündigtem Zustand befinden, auch für solche Arbeitnehmer gelten, die erst *nach* dem Wirksamwerden des Verbandsaustritts des Arbeitgebers **Mitglied** der für den Betrieb zuständigen Gewerkschaft werden (BAG v. 6. 7. 2011 – 4 AZR 424/09, NZA 2012, 281; 4. 8. 1993 – 4 AZR 499/92, AiB 1994, 128). Denn es entsteht durch den Gewerkschaftsbeitritt beiderseitige Tarifgebundenheit an die bisherigen Verbandstarifverträge: die Tarifgebundenheit des Arbeitgebers ergibt sich aus § 3 Abs. 3 TVG (Nachbindung), die des Arbeitnehmers aus § 3 Abs. 1 TVG (Mitgliedschaft in der Gewerkschaft).
Aus der nunmehr entstandenen beiderseitigen Tarifgebundenheit folgt: beitretende Beschäftigte erwerben durch den Gewerkschaftsbeitritt einen tariflich abgesicherten Anspruch auf diejenigen Tarifleistungen, wie sie zum Zeitpunkt des Wirksamwerdens des Austritts in den Verbandstarifverträgen geregelt waren (später abgeschlossene Tarifverträge z. B. über Tariferhöhungen gelten allerdings nicht; siehe Rn. 37 a).
Dieser Anspruch kann auch durch einen neuen (ggf. verschlechternden) Arbeitsvertrag **nicht beseitigt** oder auf eine »freiwillige Leistung« reduziert werden!

Tarifvertrag

Entsprechendes gilt auch für solche Arbeitnehmer, die erst *nach* dem Verbandsaustritt des Arbeitgebers **eingestellt** werden und **Mitglied** der tarifvertragschließenden Gewerkschaft **sind oder werden** (BAG v. 7.11.2001 – 4 AZR 703/00, NZA 2002, 748). Auch in diesem Fall entsteht durch den Gewerkschaftsbeitritt beiderseitige Tarifgebundenheit an die bisherigen Verbandstarifverträge.

> **Beispiel:**
> Ein Unternehmen ist Mitglied im Tarif-Arbeitgeberverband. Es beschäftigt 100 Arbeitnehmer, davon sind 50% in der Gewerkschaft organisiert.
> Das Unternehmen tritt mit Wirkung zum 31.12.2015 aus dem Arbeitgeberverband aus.
> Es legt Mitte Januar 2016 allen Beschäftigten eine Änderungsvereinbarung vor, wonach die bisherige tarifliche Wochenarbeitszeit von 35 auf 40 Stunden ohne Lohnausgleich verlängert und das bisherige tarifvertragliche Weihnachtsgeld gestrichen wird.
> Aus § 3 Abs. 3 TVG folgt:
> Die Tarifgebundenheit des Arbeitgebers an die bisherigen Verbandstarifverträge bleibt trotz Verbandsaustritt bestehen. Die Verbandstarifverträge gelten somit aufgrund beiderseitiger Tarifgebundenheit für die Arbeitsverhältnisse der gewerkschaftlich organisierten Arbeitnehmer mit zwingender Wirkung weiter (und zwar so lange, bis sie – etwa nach einer Kündigung – ablaufen und dann in den Zustand der Nachwirkung nach § 4 Abs. 5 TVG übergehen).
> Selbst wenn die Gewerkschaftsmitglieder die Änderungsvereinbarung unterschreiben würden, würde das keine Wirkung entfalten, weil die verbandstariflichen Regelungen die schlechteren Änderungsvereinbarungen verdrängen würden (§ 4 Abs. 3 TVG).
> Dasselbe würde
> - für bisher nichtorganisierte Arbeitnehmer gelten, die nun in die Gewerkschaft eintreten und
> - für Arbeitnehmer gelten, die neu eingestellt werden und Mitglied der Gewerkschaft sind oder werden.
>
> Auch für diese Beschäftigten würden »automatisch« und zwingend die verbandstariflichen Regelungen gelten (selbst dann, wenn sie die Änderungsvereinbarung unterzeichnen).
> Für Arbeitnehmer, die kein Mitglied der Gewerkschaft sind oder werden, gilt: wenn sie die Änderungsvereinbarung unterschreiben, kommen für sie die neuen schlechteren Regelungen zur Anwendung.

Auch bei einer **Auflösung des Arbeitgeberverbandes** sind die Verbandsmitglieder an die Tarifverträge nach § 3 Abs. 3 TVG weiterhin gebunden (BAG v. 23.1.2008 – 4 AZR 312/01). Das BAG hat seine frühere Rechtsprechung, nach der eine Verbandsauflösung Nachwirkung nach § 4 Abs. 5 TVG zur Folge hat (BAG v. 28.5.1997 – 4 AZR 546/95, DB 1997, 2229) aufgegeben.
Siehe auch → **Arbeitgeberverband** Rn. 20. **37c**

Die Nachbindung **endet**, wenn ein Verbandstarifvertrag oder einzelne Tarifbestimmungen z. B. auf Grund einer Kündigung abgelaufen oder durch einen neuen Tarifabschluss verändert worden sind (BAG v. 7.11.2001 – 4 AZR 703/00, NZA 2002, 748). **38**

Nach dem Ende ihrer Nachbindung gelten die Tarifbestimmungen kraft »**Nachwirkung**« gemäß § 4 Abs. 5 TVG weiter, bis sie durch eine andere Abmachung ersetzt werden (siehe Rn. 43 ff.). **39**

Aus Vorstehendem folgt: Eine **Verschlechterung** des Verbandstarifvertrages zu Lasten der gewerkschaftlich organisierten Arbeitnehmer durch ungünstigere arbeitsvertragliche Vereinbarungen ist frühestens ab dem Beginn der »Nachwirkung« i. S. d. § 4 Abs. 5 TVG und auch nur dann möglich, wenn es dem Arbeitgeber gelingt, die Beschäftigten dazu zu veranlassen, einer Verschlechterung der bisher geltenden Regelungen (z. B. Verlängerung der Arbeitszeit, Absenkung des Arbeitsentgelts) **zuzustimmen**. **40**

Der Austritt eines Arbeitgebers aus dem Verband ist für die zuständige Gewerkschaft stets ein **41**

Tarifvertrag

Anlass, vom Arbeitgeber den Abschluss eines Firmentarifvertrags etwa in der Form eines sog. **Anerkennungstarifvertrags** (siehe Rn. 6 b) zu verlangen.

> **Hinweis:**
> Es macht aus Arbeitnehmer- und Gewerkschaftssicht Sinn, im Falle des Verbandsaustritts nicht nur einen Anerkennungstarifvertrag zu fordern, sondern einen »**Anerkennungstarifvertrag Plus**« mit besseren Regelungen zugunsten der Beschäftigten (etwa ein höheres Arbeitsentgelt als im Verbandstarifvertrag geregelt).

Die Forderung nach einem Anerkennungstarifvertrag (ggf. mit besseren Regelungen) kann natürlich nur dann erfolgreich sein, wenn die Gewerkschaft auf Grund einer ausreichenden Zahl von Mitgliedern glaubhaft machen kann, dass sie notfalls zur Durchführung von **Streiks** in der Lage ist.

42 Die mit dem Verbandstarifvertrag verbundene **Friedenspflicht** ist jedenfalls nach h. M. mit dem Wirksamwerden des Verbandsaustritts entfallen (LAG Hamm v. 31.1.1991 – 16 Sa 119/91, DB 1991, 1196; LAG Rheinland-Pfalz v. 20.12.1996 – 7 Sa 1247/96, AuR 1998, 425; ArbG Berlin v. 22.12.2003 – 34 Ga 32723/03, AuR 2004, 165 (Ls.); Kissel, Arbeitskampfrecht, § 26 Rn. 136; strittig: nach abzulehnender anderer Ansicht – z. B. Reuter, RdA 1996, 201 [208] – soll die Friedenspflicht erst nach Ablauf der Nachbindung gemäß § 3 Abs. 3 TVG enden).

Das heißt: ab dem Wirksamwerden des Verbandsaustritts kann der Abschluss eines Firmentarifvertrags (z. B. Anerkennungstarifvertrag mit Zusatzregelungen; siehe Rn. 41) gefordert und ggf. erstreikt werden.

In nicht seltenen Fällen haben entsprechende Aktivitäten der Beschäftigten und ihrer Gewerkschaft dazu geführt, dass der Arbeitgeber **wieder in den Verband eingetreten** ist.

42a Ein Streik, der darauf gerichtet ist, den Arbeitgeber zum **(Wieder-)Eintritt** in den Arbeitgeberverband zu verpflichten, verstößt nach Ansicht des BAG allerdings gegen die negative Koalitionsfreiheit und ist unzulässig (BAG v. 10.12.2002 – 1 AZR 96/02, NZA 2003, 734). Gefordert werden muss also ein Firmentarifvertrag – insbesondere ein **Anerkennungstarifvertrag** (ggf. mit besseren Regelungen; siehe Rn. 41).

»Nachwirkung« (§ 4 Abs. 5 TVG)

43 Nachwirkung bedeutet: Nach **Ablauf** des Tarifvertrages bzw. der Nachbindung (siehe Rn. 36 ff.) gemäß § 3 Abs. 3 TVG (z. B. infolge einer Kündigung des Tarifvertrags) gelten seine Rechtsnormen mit unmittelbarer und zwingender Wirkung weiter, bis sie durch eine »**andere Abmachung**« ersetzt werden.

43a Die Nachwirkung ist **statisch**. Das heißt: Zukünftige Änderungen des nachwirkenden Tarifvertrages – z. B. Tariferhöhungen – gelten nicht für die vom nachwirkenden Tarifvertrag erfassten Arbeitsverhältnisse (BAG v. 17.5.2000 – 4 AZR 363/99, NZA 2001, 453).

43b Die Nachwirkung tritt nicht nur nach einer **Kündigung** des Tarifvertrages mit Ablauf der Kündigungsfrist ein, sondern auch bei Ablauf des Tarifvertrages infolge
- einer Befristung,
- einer Aufhebungsvereinbarung,
- eines Betriebsinhaberwechsel kraft Gesamtrechtsnachfolge z. B. infolge eine **Umwandlung** (BAG v. 13.7.1994, DB 1994, 157) oder
- des Herauswachsens des Betriebs aus dem Geltungsbereich des Tarifvertrages (BAG v. 10.12.1997 – 4 AZR 247/96, DB 1998, 1089).

43c Die Nachwirkung bezieht sich auf alle Arten der **Tarifnormen** (Abschluss, Inhalts- und Beendigungsnormen, betriebliche und betriebsverfassungsrechtliche Normen sowie Normen über gemeinsame Einrichtungen).

Tarifvertrag

Die Nachwirkung erstreckt sich auch auf solche Tarifleistungen, die vor dem Ablauf des Ta- **43d**
rifvertrages (z. B. nach einer Kündigung) von den Tarifparteien vereinbart waren, aber erst
während des Nachwirkungszeitraums zur Geltung kommen (BAG v. 16.8.1990 – 8 AZR
439/89, AiB 1991, 158 = NZA 1991, 353 zu einer tariflichen Urlaubsregelung).
Eine andere Abmachung kann z. B. eine neue tarifliche Regelung sein (nur bei beiderseitiger **43e**
Tarifbindung), aber auch eine **arbeitsvertragliche Vereinbarung.**
Zur Frage, ob eine durch den Tarifvertrag bislang verdrängte ungünstigere arbeitsvertragliche **43f**
Regelung »**automatisch**« wieder auflebt, wenn der Tarifvertrag in den Zustand der **Nachwirkung** übergeht (siehe Rn. 32 a).
Nach Ansicht des BAG soll auch eine wirksam gewordene → **Änderungskündigung** zu einer **43g**
Verdrängung nachwirkender Tarifnormen führen können, wenn der Arbeitnehmer das mit
einer Änderungskündigung verbundene »Angebot« des bisher tarifgebundenen Arbeitgebers
(hier: Reduzierung von bisher tariflich gewährleisteten Sonderzahlungen) gemäß § 2 Satz 1
KSchG **unter Vorbehalt annimmt** (BAG v. 27.9.2001 – 2 AZR 236/00, NZA 2002, 750).
In diesem Fall komme eine die Nachwirkung beendende einzelvertragliche Abmachung unter
der Bedingung zustande, dass sich die Änderung der Arbeitsbedingungen als sozial gerechtfertigt erweist.
Siehe auch → **Tarifvertrag: Nachbindung und Nachwirkung.**
Für Beschäftigte, die erst im Nachwirkungszeitraum des Tarifvertrages der → **Gewerkschaft** **44**
beitreten**, gelten die nachwirkenden Tarifverträge bzw. Tarifnormen – anders als im Falle der
Nachbindung (siehe Rn. 37 b) – nach abzulehnender Ansicht des BAG nicht »automatisch«
(BAG v. 10.12.1997 – 4 AZR 247/96, NZA 1998, 484; a. A. z. B. Berg/Kocher/Schumann-*Berg*,
Tarifvertragsgesetz und Arbeitskampfrecht, 5. Aufl. 2012, § 4 Rn. 310 ff. m. w. N.), sondern nur
dann, wenn ihre Geltung arbeitsvertraglich vereinbart wird.
Das Gleiche gilt nach Ansicht des BAG für Arbeitnehmer, die im Nachwirkungszeitraum des **44a**
Tarifvertrags **eingestellt** werden. Die Mitgliedschaft in der tarifvertragschließenden Gewerkschaft soll nicht zur beiderseitigen Tarifbindung an den nachwirkenden Tarifvertrag führen
(BAG v. 11.6.2002 – 1 AZR 390/01, AiB 2003, 559 = DB 2002, 2725; 7.11.2001 – 4 AZR
703/00, DB 2002, 642; 22.7.1998 – 4 AZR 403/97, NZA 1998, 1287; a. A. z. B. Berg/Kocher/Schumann-*Berg*, a. a. O., § 4 Rn. 316 m. w. N.).
Für neu eingestellte Arbeitnehmer gilt ein nachwirkender Tarifvertrag deshalb nur dann, wenn
seine Geltung arbeitsvertraglich vereinbart wird (ggf. durch Vereinbarung einer Bezugnahmeklausel, mit der auf die Tarifverträge verwiesen wird; siehe → **Arbeitsvertrag** Rn. 16 ff.).
Zu weiteren Einzelheiten siehe → **Tarifvertrag: Nachbindung und Nachwirkung.** **45**

Tarifliche Öffnungsklauseln (§ 4 Abs. 3 TVG, § 77 Abs. 3 Satz 2 BetrVG)

Die Tarifvertragsparteien können ihre Normsetzungsbefugnis im Bereich der Arbeits- und **46**
Wirtschaftsbedingungen (Art. 9 Abs. 3 Grundgesetz) auf die Betriebsparteien (Arbeitgeber
und Betriebsrat) übertragen, und zwar durch **Öffnungsklauseln** (§ 77 Abs. 3 Satz 2 BetrVG).
Dabei können sie sowohl **ergänzende** Betriebsvereinbarungen als auch (nach h. M.) **abweichende** Betriebsvereinbarungen zulassen (entgegen dem Wortlaut des § 77 Abs. 3 BetrVG; hier
ist nur von »ergänzenden« Betriebsvereinbarungen die Rede).
Unstrittig zulässig sind Öffnungsklauseln mit **inhaltlichen Vorgaben** (Beispiel: »... *durch* **47**
*Betriebsvereinbarungen kann die Arbeitszeit zwecks Beschäftigungssicherung auf 30 Std. abgesenkt
werden*«) oder mit **Vorgaben verfahrensrechtlicher Art** (Beispiel: »*die Betriebsvereinbarung
bedarf der Zustimmung der Tarifvertragsparteien*«).
Strittig ist, ob auch Öffnungsklauseln **ohne** nähere **Vorgaben** zulässig sind.
Nach zutreffender Ansicht liegt hierin eine unzulässige Delegation von Regelungsmacht

1897

Tarifvertrag

(»**Selbstentmachtung**«), die nach Art. 9 Abs. 3 GG den Tarifvertragsparteien zugewiesen ist (vgl. etwa DKKW-*Berg*, BetrVG, 15. Aufl., § 77 Rn. 150 ff. m. w. N.).

Die Gegenmeinung verweist darauf, dass die Tarifvertragsparteien auch gänzlich auf eine Regelung **verzichten** und so den Weg frei machen können für eine Regelung durch → **Betriebsvereinbarung** (Fitting, BetrVG, 27. Aufl., § 77 Rn. 121 m. w. N.).

47a Nach Auffassung des BAG sind zur Regelung der **wesentlichen Arbeitsbedingungen** (z. B. Dauer der regelmäßigen wöchentlichen Arbeitszeit oder Höhe des Arbeitsentgelts) in erster Linie die Tarifvertragsparteien berufen (BAG v. 18. 8. 1987 – 1 ABR 30/86, NZA 1987, 779; 9. 5. 1995 – 1 ABR 56/94, NZA 1996, 156).

Sie müssen die Arbeitsbedingungen aber nicht selbst abschließend und in allen Einzelheiten festlegen, sondern können **Rahmenbedingungen** aufstellen und deren Konkretisierung Dritten (insbesondere Arbeitgeber und Betriebsrat) überlassen.

Aus Gründen der Rechtssicherheit und Rechtsklarheit muss eine derartige Delegation aber nach Art und Umfang hinreichend deutlich sein (BAG v. 18. 8. 1987 – 1 ABR 30/86, a. a. O.; 9. 5. 1995 – 1 ABR 56/94, a. a. O.).

Bindung der Tarifvertragsparteien an das Grundgesetz – Gleichbehandlungsgrundsatz

48 Ob die Tarifvertragsparteien bei der tariflichen Normsetzung unmittelbar oder mittelbar **grundrechtsgebunden** sind, ist strittig (BAG v. 12. 12. 2012 – 10 AZR 718/11, NZA 2013, 577; 13. 8. 2009 – 6 AZR 177/08, ZTR 2009, 633).

Es handelt sich aber um einen Theoriestreit ohne praktische Auswirkung, weil Einigkeit darin besteht, dass auch die Tarifvertragsparteien bei der Normsetzung den **Gleichbehandlungsgrundsatz** zu beachten haben.

Die Schutzpflichtfunktion der Grundrechte verpflichtet die Arbeitsgerichte dazu, Tarifregelungen die Durchsetzung zu verweigern, die zu gleichheits- und sachwidrigen Differenzierungen führen und deshalb Art. 3 GG verletzen.

Hierzu ein Auszug aus BAG v. 12. 12. 2012 – 10 AZR 718/11, a. a. O.: »*Es kann dahinstehen, ob die Tarifvertragsparteien bei der tariflichen Normsetzung unmittelbar grundrechtsgebunden sind. Jedenfalls verpflichtet die Schutzpflichtfunktion der Grundrechte dazu, den einzelnen Grundrechtsträger vor einer unverhältnismäßigen Beschränkung seiner Freiheitsrechte und einer gleichheitswidrigen Regelbildung auch durch privatautonom legitimierte Normsetzung zu bewahren. Die Tarifvertragsparteien haben daher bei der tariflichen Normsetzung sowohl den allgemeinen Gleichheitsgrundsatz des Art. 3 Abs. 1 GG und die Diskriminierungsverbote des Art. 3 Abs. 2 und Abs. 3 GG als auch die Freiheitsgrundrechte wie Art. 12 GG zu beachten (BAG 23. März 2011 – 10 AZR 701/09 – Rn. 21, AP TVG § 1 Tarifverträge: Verkehrsgewerbe Nr. 19; 8. Dezember 2010 – 7 AZR 438/09 – Rn. 29, BAGE 136, 270; 27. Mai 2004 – 6 AZR 129/03 – zu II 2 der Gründe, BAGE 111, 8).*«

Den Tarifvertragsparteien kommt nach ständiger BAG-Rechtsprechung aufgrund der durch Art. 9 Abs. 3 GG geschützten Tarifautonomie ein **weiter Gestaltungsspielraum** zu.

Wie weit dieser reicht, hänge von den im Einzelfall vorliegenden Differenzierungsmerkmalen ab, wobei den Tarifvertragsparteien in Bezug auf die tatsächlichen Gegebenheiten und betroffenen Interessen eine Einschätzungsprärogative – d. h. ein Beurteilungsspielraum – zustehe. Sie bräuchten nicht die zweckmäßigste, vernünftigste und gerechteste Lösung wählen. Vielmehr genüge es, wenn für die getroffene Regelung ein **sachlich vertretbarer Grund** bestehe (BAG v. 12. 12. 2012 – 10 AZR 718/11; 13. 8. 2009 – 6 AZR 177/08, a. a. O.; 16. 11. 2000 – 6 AZR 338/99, NZA 2001, 796). Ist das bei einer Tarifbestimmung nicht der Fall, ist sie **unwirksam**.

Auszug aus BAG v. 12. 12. 2012 – 10 AZR 718/11, a. a. O.: »*Allerdings steht den Tarifvertragsparteien bei ihrer Normsetzung aufgrund der durch Art. 9 Abs. 3 GG geschützten Tarifautonomie ein weiter Gestaltungsspielraum zu, über den Arbeitsvertrags- und Betriebsparteien nicht in gleichem Maße verfügen. Ihnen kommt eine Einschätzungsprärogative zu, soweit die tatsächlichen Gegebenheiten, die betroffenen Interessen und die Regelungsfolgen zu beurteilen sind. Darüber hinaus verfügen sie über einen Beurteilungs- und Ermessensspielraum hinsichtlich der inhaltlichen Gestaltung der Regelung. Die Tarifvertragsparteien sind nicht verpflichtet, die jeweils zweckmäßigste, vernünftigste oder gerechteste Lösung zu wählen. Es genügt, wenn für die getroffene Regelung ein sachlich vertretbarer Grund vorliegt. Ein Verstoß gegen den Gleichheitssatz ist vor diesem Hintergrund erst dann anzunehmen, wenn die Tarifvertragsparteien es versäumt haben, tatsächliche Gemeinsamkeiten oder Unterschiede der zu ordnenden Lebensverhältnisse zu berücksichtigen, die so bedeutsam sind, dass sie bei einer am Gerechtigkeitsgedanken orientierten Betrachtungsweise hätten beachtet werden müssen. Die Tarifvertragsparteien dürfen bei der Gruppenbildung generalisieren und typisieren. Die Differenzierungsmerkmale müssen allerdings im Normzweck angelegt sein und dürfen ihm nicht widersprechen. Auch bei der Prüfung, ob eine Tarifnorm gegen Art. 12 Abs. 1 GG verstößt, ist der weite Gestaltungsspielraum der Tarifvertragsparteien zu berücksichtigen. Dieser ist erst überschritten, wenn die Regelung auch unter Berücksichtigung der grundgesetzlich gewährleisteten Tarifautonomie (Art. 9 Abs. 3 GG) und der daraus resultierenden Einschätzungsprärogative der Tarifvertragsparteien die berufliche Freiheit der Arbeitnehmer unverhältnismäßig einschränkt.«*

Der arbeitsrechtliche Gleichbehandlungsgrundsatz findet keine Anwendung, wenn ein Arbeitgeber mit einer Gewerkschaft im Rahmen von Tarifverhandlungen vereinbart, für deren Mitglieder bestimmte **Zusatzleistungen** (hier: Erholungsbeihilfe für Gewerkschaftsmitglieder) zu erbringen (BAG v. 21.5.2014 – 4 AZR 50/13, 4 AZR 120/13 ua). Aufgrund der **Angemessenheitsvermutung** von Verträgen tariffähiger Vereinigungen finde eine Überprüfung anhand des arbeitsrechtlichen Gleichbehandlungsgrundsatzes nicht statt. Zu dieser Entscheidung nachstehend ein Auszug aus der Pressemitteilung des BAG Nr. 24/14: »*Die Klägerinnen und Kläger, die nicht Mitglied der IG Metall sind, verlangen von ihrem Arbeitgeber, der beklagten Adam Opel AG, eine ›Erholungsbeihilfe‹ iHv. 200,00 Euro. Im Rahmen von Sanierungsvereinbarungen zwischen Opel und dem zuständigen Arbeitgeberverband einerseits sowie der Gewerkschaft IG Metall andererseits waren im Jahre 2010 ua. eine Reihe von Vereinbarungen, darunter auch entgelttabsenkende Tarifverträge geschlossen worden. Die IG Metall hatte gegenüber Opel die Zustimmung hierzu von einer ›Besserstellung‹ ihrer Mitglieder abhängig gemacht. Zur Erfüllung dieser Bedingung trat Opel einem Verein bei, der satzungsgemäß ›Erholungsbeihilfen‹ an IG-Metall-Mitglieder leistet. Nach der Beitrittsvereinbarung hatte Opel dem Verein einen Betrag von 8,5 Mio. Euro zu zahlen. Der Verein sicherte die Auszahlung von Erholungsbeihilfen an die bei Opel beschäftigten IG Metall-Mitglieder und die nach dem Einkommensteuergesetz vorgesehene Pauschalversteuerung zu. Anders als die IG-Metall-Mitglieder erhielten die Klägerinnen und Kläger keine Erholungsbeihilfe. Für ihr Zahlungsbegehren haben sie sich auf den arbeitsrechtlichen Gleichbehandlungsgrundsatz berufen. Der Vierte Senat des Bundesarbeitsgerichts hat ebenso wie die Vorinstanz die Klagen abgewiesen, weil der Anwendungsbereich des arbeitsrechtlichen Gleichbehandlungsgrundsatzes nicht eröffnet ist. Die Beitrittsvereinbarung war Bestandteil des ›Sanierungspakets‹ der Tarifvertragsparteien. Solche Vereinbarungen sind nicht am arbeitsrechtlichen Gleichbehandlungsgrundsatz zu überprüfen. Das gilt unabhängig davon, ob die Leistungen für die Gewerkschaftsmitglieder in einem Tarifvertrag oder einer sonstigen schuldrechtlichen Koalitionsvereinbarung geregelt worden sind.*«

48a

Bindung der Tarifvertragsparteien an Gesetze und Rechtsverordnungen

Die Tarifparteien sind unmittelbar an **höherrangiges Recht** in Form von Gesetzen oder Rechtsverordnungen gebunden. Beispielsweise dürfen Tarifregelungen nicht gegen gesetzliche **Benachteiligungsverbote** verstoßen, andernfalls sind sie unwirksam.

48b

Tarifvertrag

Gesetzliche Benachteiligungsverbote z. B. sind vorgesehen
- im Allgemeinen Gleichbehandlungsgesetz v. 14. 8. 2006 (BGBl. I S. 1897; siehe → **Benachteiligungsverbot [AGG]**),
- in § 81 Abs. 2 SGB IX i. V. m. den Bestimmungen des AGG (Verbot der Benachteiligung von → **Schwerbehinderten Menschen**)
 in § 4 Abs. 2 TzBfG (Verbot der Benachteiligung von befristet Beschäftigten; siehe → **Befristeter Arbeitsvertrag**),
- in § 4 Abs. 1 TzBfG (Verbot der Benachteiligung von Teilzeitbeschäftigten; siehe → **Teilzeitarbeit**).

Unwirksam wegen Verstoßes gegen zwingendes **Kündigungsschutzrecht** sind etwa Tarifbestimmungen, die eine Verringerung der Arbeitszeit durch Einführung von → **Kurzarbeit** durch den Arbeitgeber zulassen, ohne Regelungen über Voraussetzungen, Umfang und Höchstdauer dieser Maßnahme zu treffen (BAG v. 28. 5. 2009 – 6 AZR 144/08, DB 2009, 1769; 27. 1. 1994 – 6 AZR 541/93, NZA 1995, 134).

48c Werden Arbeitnehmer z. B. beim → **Arbeitsentgelt** durch gleichheitswidrige oder gegen spezielle gesetzliche Diskriminierungsverbote verstoßende leistungsgewährende **Tarifnormen** benachteiligt, hängt es von der »Konstruktion« der tarifvertraglichen Regelung ab, ob ein Anspruch der benachteiligten Arbeitnehmer auf »**Gleichbehandlung nach oben**« besteht oder nicht.

Wird durch eine Tarifnorm ein Rechtsanspruch grundsätzlich begründet, aber eine bestimmte Arbeitnehmergruppe gleichheitswidrig und damit rechtsunwirksam ausgenommen, haben die benachteiligten Arbeitnehmer einen Anspruch auf Maßgabe der »anspruchsbegründenden« Tarifnorm – also auf »Gleichbehandlung nach oben«.

> **Beispiele:**
> - Eine tarifvertragliche Bestimmung, die für einzelne Arbeitsstunden in einer bestimmten zeitlichen Lage Spätarbeits- und Nachtarbeitszuschläge vorsieht, kann Teilzeitkräfte von diesem Anspruch nicht wirksam ausnehmen. Eine entgegenstehende Vorschrift ist wegen Verstoßes gegen § 4 Abs. 1 TzBfG nichtig.
> Die dadurch benachteiligten Teilzeitkräfte haben einen tariflichen Anspruch auf diejenigen Zuschläge, die vollzeitbeschäftigte Arbeitnehmer für Spät- und Nachtarbeit erhalten (BAG v. 15. 12. 1998 – 3 AZR 239/97, NZA 1999, 882).
> - Wegen Verstoßes gegen § 4 Abs. 1 Satz 2 TzBfG ist unwirksam auch eine Regelung in einem Sanierungstarifvertrag, die eine Kürzung des Weihnachtsgeldes um 500 Euro einheitlich für Voll- und Teilzeitbeschäftigte vorsieht, weil der auf diese Weise errechnete Betrag unter der Summe liegt, die dem Anteil der Teilzeitarbeit im Verhältnis zur Vollzeitarbeit entspricht. Der Verstoß gegen das Benachteiligungsverbot führt zur Unwirksamkeit der tariflichen Berechnungsweise und damit zur Wiederherstellung der tariflichen Grundregelung, wonach Teilzeitbeschäftigte einen Anspruch auf ein Weihnachtsgeld haben, das sich nach dem Verhältnis ihrer vertraglichen Arbeitszeit zur tariflichen Arbeitszeit eines entsprechenden Vollzeitbeschäftigten bemisst (BAG v. 24. 5. 2000 – 10 AZR 629/99, NZA 2001, 216).

Ist aber bereits die anspruchsbegründende Tarifnorm wegen Verstoßes gegen den arbeitsrechtlichen Gleichbehandlungsgrundsatz oder ein spezielles gesetzliches Diskriminierungsverbot unwirksam, haben weder die benachteiligten noch die begünstigten Arbeitnehmer einen tariflichen Anspruch.

Unter Umständen kann aber ein Anspruch der benachteiligten Beschäftigten aufgrund des arbeitsrechtlichen **Gleichbehandlungsgrundsatzes** bestehen.

Tarifvertrag

Beispiel:
Eine Tarifregelung billigte nur Angestellten, nicht aber Arbeitern einen Anspruch auf einen Zuschuss zum Kurzarbeitergeld zu. Eine Firma zahlte in einer Kurzarbeitsphase demgemäß nur den Angestellten, nicht aber den Arbeitern den tariflichen Zuschuss.
Die Tarifregelung wurde vom BAG wegen Verstoßes gegen den arbeitsrechtlichen Gleichbehandlungsgrundsatz als insgesamt nichtig angesehen. Weder den benachteiligten Arbeiter noch den Angestellten stehe ein tariflicher Anspruch zu.
Allerdings hat das BAG den benachteiligten Arbeitern dennoch einen Zahlungsanspruch zuerkannt, weil der Arbeitgeber den Angestellten den Zuschuss trotz Nichtigkeit der Tarifnorm tatsächlich gewährt hat und eine Rückforderung z. B. wegen Ablaufs von → **Ausschlussfristen/Verfallfristen** ausgeschlossen war. Deshalb müsse er den Arbeitern diesen Zuschuss auch gewähren. Dies gebiete der arbeitsrechtliche Gleichbehandlungsgrundsatz (BAG v. 26.5.1996 – 3 AZR 752/95, NZA 1997, 101).

Effektivklauseln

Strittig ist, ob die Tarifvertragsparteien »allgemeine« bzw. »begrenzte Effektivklauseln« vereinbaren können. **49**

Die »**allgemeine**« **Effektivklausel** (auch Effektivgarantieklausel genannt) bezweckt, übertarifliche Entgeltbestandteile zu tariflichen zu machen, um sie damit am vollen Schutz des Tarifvertrages teilhaben zu lassen (das heißt: Eine Absenkung ist nur durch einen neuen Tarifvertrag möglich). **50**

Demgegenüber wird mit der »**begrenzten**« **Effektivklausel** das Ziel verfolgt, die vereinbarte Tariferhöhung effektiv zu machen, das heißt, deren Anrechnung auf → **übertarifliche Zulagen** auszuschließen. **51**

Nach Auffassung des BAG sind tarifliche »Effektivklauseln« grundsätzlich **unzulässig**, und zwar sowohl in der »allgemeinen« als auch in der »begrenzten« Form (BAG v. 16.4.1980 – 4 AZR 261/78, DB 1980, 1944; 16.6.2004 – 4 AZR 408/03, NZA 2005, 1420). **52**
Unter anderem sieht das BAG bei beiden Klauselformen einen Verstoß gegen den Gleichheitssatz des Art. 3 Abs. 1 Grundgesetz. Es würden ohne sachliche Rechtfertigung unterschiedliche tariflich gesicherte Mindestlöhne festgesetzt, indem die übertariflichen Zulagen »zementiert« würden.
Zumindest für die »begrenzte« Effektivklausel kann dieser Einwand nicht durchgreifen, weil sie jedem tarifgebundenen Arbeitnehmer zu seinem bisherigen Effektiv-Arbeitsentgelt einen bestimmten Betrag im Umfang der Tariferhöhung hinzu gibt.
Die tatsächliche Ungleichheit wird also nicht durch die »begrenzte« Effektivklausel, sondern durch die bisherige Zahlung ungleicher Arbeitsentgelte bewirkt.
Deshalb ist beispielsweise nach richtiger Auffassung des Landesarbeitsgerichts Hamburg jedenfalls die »begrenzte« Effektivklausel zulässig und wirksam (LAG Hamburg v. 12.7.1990 – 7 Sa 27/90, AiB 1991, 63 ff.).

Differenzierungsklauseln

Ebenfalls umstritten ist die Zulässigkeit von tariflichen Differenzierungsklauseln. **53**
Zu unterscheiden sind sog. einfache Differenzierungsklauseln und sog. qualifizierte Differenzierungsklauseln.

Tarifvertrag

Einfache Differenzierungsklausel

53a Bei einer einfachen Differenzierungsklausel wird normativ ein Anspruch auf eine bestimmte tarifliche Leistung nur für die Mitglieder der tarifschließenden Gewerkschaft begründet. Die Gewerkschaftsmitgliedschaft ist somit konstitutive Voraussetzung für die Inanspruchnahme dieser Leistungen.
Dem Arbeitgeber wird allerdings nicht verwehrt, die Begünstigung auch an nicht oder anders organisierte Beschäftigte **weiterzugeben**. Davon wird auch kräftig Gebrauch gemacht. Nichtorganisierte werden aufgrund von arbeitsvertraglichen Bezugnahmeklauseln (siehe → **Arbeitsvertrag** Rn. 16 ff.) mit organisierten Arbeitnehmern gleichgestellt. Zweck ist es, nicht organisierte Arbeitnehmer von einem Eintritt in die tarifschließende Gewerkschaft abzuhalten bzw. einen Anreiz zu einem Austritt zu geben). Deshalb laufen einfache Differenzierungsklauseln meist »ins Leere«.

Qualifizierte Differenzierungsklausel

53b Dem soll mit sog. qualifizierten Differenzierungsklauseln begegnet werden, die vor allem in zwei Varianten diskutiert werden.

Tarifausschlussklausel

Eine einfache Differenzierungsklausel wird mit einer schuldrechtlichen Verpflichtung des Arbeitgebers verbunden, die ihm untersagt, die Begünstigung an nicht oder anders organisierte Arbeitnehmer weiterzugeben.

> **Beispiel:**
> »Arbeitnehmer, die Mitglied der Gewerkschaft ... sind, erhalten pro Kalenderjahr eine Sonderzahlung in Höhe von ... Euro brutto.
> Die Gewährung dieser Leistung an gewerkschaftlich anders oder nicht organisierte Arbeitnehmer ist ausgeschlossen«

Denkbar ist auch, die Verpflichtung des Arbeitgebers für den Fall der Nichteinhaltung mit einer Art »Vertragsstrafe« zu verbinden, die an die gewerkschaftlich organisierten Beschäftigten des Betriebs zu zahlen ist.

Spannensicherungs- bzw. Abstandsklausel

Eine einfache Differenzierungsklausel wird um eine Regelung ergänzt, die dem Arbeitgeber die Weitergabe der Begünstigung an nicht organisierte Arbeitnehmer zwar nicht untersagt. Den Gewerkschaftsmitgliedern wird aber im Fall der Weitergabe an Nichtorganisierte ein normativer Anspruch auf eine entsprechende **Aufstockung** gewährt. Auf diese Weise wird der Abstand/»ein Mehr« zu den nicht organisierten Arbeitnehmern gewahrt.

> **Beispiel:**
> »Arbeitnehmer, die Mitglied der Gewerkschaft ... sind, erhalten pro Kalenderjahr eine Sonderzahlung in Höhe von ... Euro brutto.
> Gewährt der Arbeitgeber die Sonderzahlung, entsprechende oder über die Sonderzahlung hinausgehende Beträge oder sonstige Leistungen Arbeitnehmern, die nicht Mitglied der Gewerkschaft xy sind, so erhöht sich für die Mitglieder der Gewerkschaft ... die Arbeitgeberleistung entsprechend«

Rechtsprechung zur Differenzierungsklausel

Die frühere BAG-Rechtsprechung hat Differenzierungsklauseln aller Art für **unzulässig** erklärt (BAG v. 29.11.1967 – GS 1/67, DB 1968, 1539). Sie zwinge die Nichtorganisierten dazu, in die Gewerkschaft einzutreten und verstoße damit gegen Art. 9 Abs. 3 Grundgesetz. Diese Norm gewährleiste nicht nur das Grundrecht, einer Gewerkschaft beizutreten (»positive Koalitionsfreiheit«), sondern auch das Recht, ihr fernzubleiben (»**negative Koalitionsfreiheit**«).

Einige erst- und zweitinstanzliche Entscheidungen sind dieser Rechtsprechung aber nicht gefolgt und haben eine Differenzierung in Maßen **zugelassen**.

So hat z. B. das LAG Düsseldorf (Kammer Köln) entschieden, dass Differenzierungsklauseln in Tarifverträgen nur dann unwirksam sind, wenn der Druck, der durch sie auf nicht organisierte Arbeitnehmer im Hinblick auf einen Gewerkschaftsbeitritt ausgeübt wird, empfindlich ist und eine freie Entscheidung tangieren kann. Ein empfindlicher und damit unzulässiger Druck durch eine Differenzierungsklausel liege aber jedenfalls dann vor, wenn die Differenzierung im Jahr ein **volles Monatsgehalt** beträgt (LAG Düsseldorf v. 29.1.1974 – 8 Sa 482/73, EzA Art. 9 GG Nr. 20).

Das LAG Hamm hat in einer nicht veröffentlichten Entscheidung v. 11.1.1994 die Begünstigung von Gewerkschaftsmitgliedern in einem Firmentarifvertrag (Zahlung einer tariflichen »**Erholungsbeihilfe**« pro Urlaubsjahr – im Streitfall ca. 600 Euro – nur an Gewerkschaftsmitglieder) für **zulässig** erklärt (zu diesem Urteil Zachert, Renaissance der tariflichen Differenzierungsklausel, DB 1995, 322).

Vor dem Hintergrund eines in den letzten beiden Jahrzehnten drastisch gesunkenen gewerkschaftlichen Organisationsgrades und gewerkschaftlichen Initiativen zur Mitgliedergewinnung ist die Debatte um die Zulässigkeit von Differenzierungsklauseln wieder verstärkt geführt worden (vgl. z. B. Franzen, RdA 2006, 1; Leydecker, AuR 2006, 11; kritisch Rieble/Klebeck, RdA 2006, 65).

Nachdem der 4. Senat des BAG die Entscheidung des Großen Senats v. 29.11.1967 zunächst mit Entscheidung vom v. 9.5.2007 (– 4 AZR 275/06, NZA 2007, 1439) in Frage gestellt hat, hat er eine **einfache Differenzierungsklausel** – wie schon die Vorinstanz (LAG Niedersachsen v. 11.12.2007 – 5 Sa 914/07, DB 2008, 1977) – für **rechtswirksam** gehalten (BAG v. 18.3.2009 – 4 AZR 64/08, NZA 2009, 1028).

Ob die Tarifvertragsparteien insoweit eine im Wesentlichen unbegrenzte Regelungsbefugnis haben oder ob sie dabei an relativ enge, im Einzelnen festzulegende Grenzen gebunden sind, hat das BAG offen gelassen, weil jedenfalls die zur Entscheidung stehende tarifliche Regelung etwa einzuhaltende Grenzen nicht überschritten habe. Die Differenzierungsklausel im Streitfall lautete: »*Als Ersatzleistung wegen des Verzichts auf die Sonderzahlung … erhalten die ver.di Mitglieder in jedem Geschäftsjahr … eine Ausgleichszahlung in Höhe von 535,00 Euro brutto …*«.

In einer weiteren Entscheidung hat das BAG die Zulässigkeit einer einfachen Differenzierungsklausel bestätigt (BAG v. 23.3.2011 – 4 AZR 366/09, NZA 2011, 920).

Nach zutreffender Ansicht des ArbG Hamburg können auch **qualifizierte Differenzierungsklauseln** in Form der **Spannensicherungs- bzw. Abstandsklausel** als legitime Maßnahme der Mitgliederwerbung und -erhaltung zulässig sein (ArbG Hamburg v. 26.2.2009 – 15 Ca 188/08, ArbuR 2009, 366). In dem Rechtsstreit ging es um nachstehende Tarifregelung:

»*I. Lohn- und Gehaltsempfänger, die Mitglied der Vereinten Dienstleistungsgewerkschaft ver.di sind, erhalten pro Kalenderjahr eine Erholungsbeihilfe als Bruttobetrag in Höhe von 260,00 Euro. Die Höhe der Erholungsbeihilfe für Teilzeitbeschäftigte ermittelt sich anteilig nach ihrer arbeitsvertraglich festgelegten Normalarbeitszeit im Verhältnis zu der Normalarbeitszeit der Vollbeschäftigten. […]*

V. Gewährt die H. AG die Leistung nach Ziffer I., entsprechende oder über die in Ziffer I festgelegten Ansprüche hinausgehende Beträge oder sonstige Leistungen Lohn- und Gehaltsempfängern,

Tarifvertrag

die nicht Mitglied der Vereinten Dienstleistungsgewerkschaft ver.di sind, so erhöht sich für die Lohn- und Gehaltsempfänger, die Mitglied der Vereinten Dienstleistungsgewerkschaft ver.di sind, die Arbeitgeberleistung entsprechend.«

Das Unternehmen, das die Tarifregelung mit ver.di vereinbart hatte, wollte die Unwirksamkeit der Regelung festgestellt wissen. Das ArbG Hamburg wies die Klage ab und ließ die Sprungrevision zum BAG zu.

Das BAG gab der vom Unternehmen eingelegten Sprungrevision teilweise statt (BAG v. 23.3.2011 – 4 AZR 366/09, NZA 2011, 920).

Zwar sei die in Ziff. I des Tarifvertrages geregelte einfache Differenzierungsklausel wirksam, nicht aber die in Ziff. V vorgesehene Spannensicherungs- bzw. Abstandsklausel.

Eine solche Klausel überschreite die **Regelungsmacht** der Tarifvertragsparteien. Ein Tarifvertrag dürfe dem Arbeitgeber nicht die arbeitsvertragliche Gestaltungsmöglichkeit nehmen, die nicht oder anders organisierten Arbeitnehmer mit den Gewerkschaftsmitgliedern gleichzustellen. Der Tarifvertrag könne nur den Inhalt von Arbeitsverhältnissen zwingend und unmittelbar regeln, die der Tarifmacht der Koalitionen unterworfen sind. Hierzu gehörten die Arbeitsverhältnisse der nicht oder anders organisierten Arbeitnehmer nicht.

Damit wurde den Gewerkschaften die Möglichkeit zur Besserstellung ihrer Mitglieder – und damit ein wichtiges Werbeargument – genommen.

Die Arbeitgeber können weiterhin »**Ungleiches gleich behandeln**«, indem sie den Nichtorganisierten die gleichen tariflichen Leistungen gewähren wie den organisierten Arbeitnehmern – mit dem Ziel, Nichtorganisierten den Anreiz zum Gewerkschaftsbeitritt zu nehmen und organisierten Arbeitnehmern einen Anreiz zum Austritt zu geben (siehe Rn. 26 und → **Arbeitsvertrag: Bezugnahme auf Tarifverträge**).

Rückwirkende Tarifregelungen

54 Tarifvertragliche Regelungen tragen den immanenten Vorbehalt ihrer rückwirkenden Abänderbarkeit durch Tarifvertrag in sich.

Dies gilt auch für bereits entstandene und fällig gewordene, noch nicht abgewickelte Ansprüche, die aus einer Tarifnorm folgen (BAG v. 23.11.1994 – 4 AZR 879/93, NZA 1995, 844).

Die Gestaltungsfreiheit der Tarifvertragsparteien zur rückwirkenden Änderung tarifvertraglicher Regelungen ist durch den Grundsatz des **Vertrauensschutzes** der Normunterworfenen (Arbeitgeber und Arbeitnehmer) begrenzt.

Es gelten insoweit die gleichen Regeln wie nach der Rechtsprechung des Bundesverfassungsgerichts bei der Rückwirkung von Gesetzen. Hiernach ist der Normunterworfene unter anderem dann nicht schutzwürdig, wenn und sobald dieser mit Änderungen der bestehenden Normen **rechnen musste**.

Dabei macht es keinen Unterschied, ob der Tarifvertrag für das Arbeitsverhältnis kraft beiderseitiger Tarifgebundenheit der Parteien gilt oder ob dessen Anwendung in seiner jeweiligen Fassung vertraglich vereinbart ist (BAG v. 14.11.2001 – 10 AZR 698/00, NZA 2002, 1056).

Der Vertrauensschutz in den Fortbestand einer tariflichen Regelung entfällt beispielsweise, wenn die Tarifvertragsparteien eine »Gemeinsame Erklärung« über den Inhalt der Tarifänderung und den beabsichtigten Zeitpunkt ihres In-Kraft-Tretens vor Abschluss des Tarifvertrags abgegeben und diese den betroffenen Kreisen bekannt gemacht wird; auf die Kenntnis jedes einzelnen betroffenen Arbeitnehmers kommt es für den Wegfall seines Vertrauensschutzes nicht an (BAG v. 23.11.1994 – 4 AZR 879/93, NZA 1995, 844).

Tarifunterworfene müssen im Stadium der **Nachwirkung** eines Tarifvertrags nach § 4 Abs. 5 TVG (siehe Rn. 43) grundsätzlich damit rechnen, dass die Nachwirkung rückwirkend beseitigt wird, indem die Tarifvertragsparteien den ablösenden Tarifvertrag möglichst nahtlos an den Ablauf des vorherigen Tarifvertrags anschließen lassen. Insoweit steht den Tarifunterworfenen

Tarifvertrag

grundsätzlich kein Vertrauensschutz zur Seite (BAG v. 8. 9. 1999 – 4 AZR 661/98, DB 2000, 145 = NZA 2000, 223).

Die zuständigen Tarifvertragsparteien können eine tarifwidrige → **Betriebsvereinbarung** auch **rückwirkend genehmigen.** 55

Die rückwirkende Verschlechterung tariflicher Ansprüche (hier Verlängerung der Wochenarbeitszeit ohne Lohnausgleich) ist allerdings begrenzt durch die Grundsätze des Vertrauensschutzes.

Das schutzwürdige Vertrauen auf unveränderten Fortbestand einer tariflichen Regelung entfällt, wenn die zuständige Gewerkschaft ihre Mitglieder darüber informiert, dass sie eine ungünstigere Betriebsvereinbarung genehmigt hat.

Das gilt auch dann, wenn diese Genehmigung zunächst unwirksam ist, weil sie nicht mit dem eigentlich zuständigen Arbeitgeberverband, sondern nur mit dem Arbeitgeber vereinbart wurde, der an der abweichenden betrieblichen Regelung beteiligt war (BAG v. 20. 4. 1999 – 1 AZR 631/98, NZA 1999, 1059).

Ablösungsprinzip (Zeitkollisionsregel)

Im Verhältnis von zwei aufeinander folgenden (von den gleichen Tarifvertragsparteien abgeschlossenen) Tarifverträgen gilt das Ablösungsprinzip (auch Zeitkollisionsregel genannt). 56

Es besagt, dass ein Tarifvertrag, der einen bestimmten Komplex insgesamt neu regelt, grundsätzlich seinen Vorgänger voll **ersetzt.** Der jüngere Tarifvertrag tritt an die Stelle des älteren Tarifvertrages (BAG v. 16. 5. 1995 – 3 AZR 535/94, DB 1995, 2074; 30. 1. 2002 – 10 AZR 359/01, NZA 2002, 815).

Wenn etwa ein Verbandstarifvertrag durch einen zwischen denselben Tarifvertragsparteien vereinbarten »firmenbezogenen Verbandstarifvertrag« (z. B. Sanierungstarifvertrag) abgeändert wird, so ändert innerhalb seiner zeitlichen Geltungsdauer der Sanierungstarifvertrag die bis dahin tarifvertraglich geltende Rechtslage (BAG v. 14. 11. 2001 – 10 AZR 698/00, NZA 2002,1056).

Handelt es sich dagegen bei dem Sanierungstarifvertrag um einen Firmentarifvertrag und konkurrieren die Vorschriften des Firmentarifvertrags mit den Regelungen eines Verbandstarifvertrages, gilt nach den Grundsätzen der **Tarifkonkurrenz** (siehe Rn. 59 ff.) der Firmentarifvertrag als die speziellere Regelung (BAG v. 14. 11. 2001 – 10 AZR 698/00, a. a. O.).

Den Tarifvertragsparteien ist es unbenommen, vom Ablösungsprinzip **abweichende Vereinbarungen** zu treffen. Im Interesse der Rechtsklarheit und Rechtssicherheit bedürfen solche Abweichungen aber besonderer Bestimmtheit und Deutlichkeit. 57

Dies ist nur anzunehmen, wenn ein entsprechender Wille der Tarifvertragsparteien einen durch Auslegung zu ermittelnden, hinreichend deutlichen Niederschlag in den jeweiligen Tarifverträgen selbst gefunden hat (BAG v. 30. 1. 2002 – 10 AZR 359/01, NZA 2002, 815).

Tarifkonkurrenz – Tarifpluralität

1. Von **Tarifkonkurrenz** spricht man, wenn mehrere Tarifverträge bzw. Tarifnormen auf ein und **dasselbe Arbeitsverhältnis** anzuwenden sind und denselben Gegenstand regeln. 58

Tarifkonkurrenz setzt stets **beiderseitige Tarifbindung** an die konkurrierenden Tarifverträge voraus.

Bei Tarifnormen über betriebliche oder betriebsverfassungsrechtliche Fragen (z. B. Regelungen zur Lage und Verteilung der regelmäßigen Wochenarbeitszeit oder zur Mitbestimmung des Betriebsrats) genügt die **Tarifbindung des Arbeitgebers,** um eine Tarifkonkurrenz entstehen zu lassen (§ 3 Abs. 2 TVG).

Tarifvertrag

Beispiele:
- Eine Gewerkschaft schließt mit einem Arbeitgeberverband einen Verbandstarifvertrag ab und vereinbart mit einem verbandsangehörigen Arbeitgeber einen anders lautenden Firmentarifvertrag über die gleichen Sachverhalte.
- Oder: Der eine Tarifvertrag wirkt kraft Allgemeinverbindlichkeit (§ 5 TVG) auf das Arbeitsvernis, der andere Tarifvertrag gilt kraft beiderseitiger Mitgliedschaft in den Tarifvertragsparteien.
- Oder: Der Arbeitgeber hat mit verschiedenen Gewerkschaften Tarifverträge mit unterschiedlichen Regelungen zu betrieblichen oder betriebsverfassungsrechtlichen Fragen abgeschlossen.

59 Eine Tarifkonkurrenz muss, darüber sind sich alle einig, durch Herstellung von »**Tarifeinheit**« aufgelöst werden.

Wenn etwa ein Arbeitsverhältnis von zwei Lohntarifverträgen mit unterschiedlichen Lohnregelungen (Tarifvertrag A: 15 Euro/Std.; Tarifvertrag B: 20 Euro/Std.) erfasst wird (z. B. der eine Tarifvertrag gilt kraft Allgemeinverbindlichkeit, der andere kraft beiderseitiger Mitgliedschaft in den Tarifvertragsparteien), kann nur einer der beiden Tarifverträge zur Anwendung kommen.

Es muss also festgelegt werden, welcher der beiden Tarifverträge für das Arbeitsverhältnis Geltung hat und welcher verdrängt wird.

Die derzeitige Rechtsprechung wendet bei der Auflösung der Tarifkonkurrenz den Grundsatz der **Tarifspezialität** an.

Der räumlich, fachlich und persönlich nähere – also speziellere – Tarifvertrag soll den entfernteren Tarifvertrag verdrängen (vgl. z. B. BAG v. 4. 12. 2002 – 10 AZR 113/02, DB 2003, 1067). Beispielsweise wird ein Firmentarifvertrag gegenüber einem Verbandstarifvertrag als die speziellere Regelung angesehen. Der Firmentarifvertrag hat damit Vorrang (BAG v. 4. 4. 2001 – 4 AZR 237/00, DB 2001, 1999; strittig).

Dort, wo der Spezialitätsgrundsatz zu keinem eindeutigen Ergebnis führt, soll das **Mehrheitsprinzip** (auch Repräsentativitätsprinzip genannt) anzuwenden sein (BAG v. 20. 3. 1991 – 4 AZR 455/90, DB 1991, 1779). Das heißt, es gilt der Tarifvertrag, der die größere Anzahl von Arbeitsverhältnissen im Betrieb erfasst.

Nach einer zutreffenden – in der Literatur vertretenen – Auffassung liegt es in unklaren Fällen näher, auf das → **Günstigkeitsprinzip** zurückzugreifen. Das heißt, es gilt der – aus Sicht der Arbeitnehmer – **bessere Tarifvertrag** (vgl. Hinweise bei Däubler, Tarifvertragsrecht, 3. Aufl., Rn. 1493 ff.; a. A. Däubler-Zwanziger, TVG, § 4 Rn. 927).

60 **2. Tarifpluralität** liegt vor, wenn **für einen Betrieb** (nicht für das einzelne Arbeitsverhältnis) verschiedene Tarifverträge Anwendung finden.

Beispiel:
- Der Arbeitgeber hat Tarifverträge sowohl mit der Gewerkschaft A als auch der Gewerkschaft B abgeschlossen.
- Oder: Für den Betrieb gilt ein allgemeinverbindlicher Tarifvertrag, außerdem ist der Arbeitgeber – nicht der Arbeitnehmer – an einen weiteren Tarifvertrag gebunden (BAG v. 20. 3. 1991 – 4 AZR 455/90, DB 91, 1779).
- Oder: Der Arbeitgeber gehört zwei Verbänden an, die mit unterschiedlichen Gewerkschaften Tarifverträge abgeschlossen haben.
- Oder: Ein Verbandstarifvertrag kommt zur Anwendung, weil der Arbeitgeber Verbandsmitglied ist, der andere aufgrund einer vertraglichen Bezugnahmeklausel (BAG v. 20. 3. 1991 – 4 AZR 455/90, a. a. O.; strittig).

61 Bei Tarifpluralität besteht – anders als im Falle der Tarifkonkurrenz (siehe Rn. 58 f.) – jedenfalls in Bezug auf tarifliche Abschluss-, Inhalts- und Beendigungsnormen an sich kein zwingendes Bedürfnis nach Festlegung des Vorrangs eines Tarifvertrags.

Tarifvertrag

Man könnte vielmehr annehmen, dass der für das jeweilige Arbeitsverhältnis maßgebliche Tarifvertrag Anwendung findet. Die Tarifverträge A gelten für die Mitglieder der einen, die Abschluss-, Inhalts- und Beendigungsnormen der Tarifverträge B für die Mitglieder der anderen Gewerkschaft (h. M. in der Literatur; vgl. z. B. Däubler-Zwanziger, TVG, § 4 Rn. 943).
Die **frühere BAG-Rechtsprechung** ist dieser sich geradezu aufdrängenden Konsequenz nicht gefolgt. Sie hat stattdessen aus »übergeordneten Prinzipien der Rechtssicherheit und Rechtsklarheit« angenommen, dass auch im Falle von Tarifpluralität »Tarifeinheit« herzustellen sei (vgl. z. B. BAG v. 20. 3. 1991 – 4 AZR 455/90, DB 1991, 1779 und 26. 1. 1994 – 10 AZR 611/92, AuR 94, 389 = NZA 1994, 1038).
Es dürfe in den Betrieben keine voneinander abweichenden Tarifverträge geben. Wenn ein Arbeitgeber oder dessen Verband mit zwei verschiedenen Gewerkschaften einen Tarifvertrag abschließe, könne nur einer von beiden maßgebend sein.
Es sei das Prinzip der **Tarifspezialität** anzuwenden (vgl. Rn. 59). Der speziellere Tarifvertrag – etwa ein Firmentarifvertrag – habe Vorrang gegenüber dem allgemeineren Flächentarifvertrag.
Folge dieser Rechtsprechung war: der speziellere Tarifvertrag (z. B. Firmentarifvertrag) verdrängte den anderen Tarifvertrag (z. B. Verbandstarifvertrag).
Die Mitglieder der Gewerkschaft des verdrängten Tarifvertrages wurden **tariflos** gestellt.
Die Arbeitsbedingungen der »verdrängten« Gewerkschaftsmitglieder richteten sich – genauso wie bei Nichtorganisierten – allein nach dem → **Arbeitsvertrag**.
War eine Bezugnahme auf den Tarifvertrag vereinbart (siehe → **Arbeitsvertrag** Rn. 16 ff.), dann kam er auf diesem Wege zur Anwendung.
Fehlte aber eine vertragliche Bezugnahmeklausel, dann gab es Probleme.
Zum Trost hatte das BAG den »verdrängten« und damit tariflos gestellten Gewerkschaftsmitgliedern in der Entscheidung v. 20. 3. 1991 zynischerweise empfohlen, der anderen Gewerkschaft beizutreten.

> **Beispiel:**
> In einem Unternehmen der Metallindustrie sind 200 Arbeitnehmer beschäftigt. 100 davon sind in der IG Metall organisiert. Das Unternehmen ist Mitglied im Metall-Tarifarbeitgeberverband. Damit gelten die Flächentarifverträge der Metallindustrie für die gewerkschaftlich organisierten Beschäftigten kraft beiderseitiger Tarifbindung (§ 3 Abs. 1 TVG). Auf die nichtorganisierten Beschäftigten wendete das Unternehmen die Metall-Tarifverträge nach Maßgabe von arbeitsvertraglichen Bezugnahmeklauseln an. Auch mit den organisierten Arbeitnehmern waren solche arbeitsvertraglichen Bezugnahmeklauseln vereinbart worden.
> Die Geschäftsführung kündigte ein Kostensenkungsprogramm an. Eine der ersten Maßnahmen war es, mit der »Christlichen Gewerkschaft Metall« (CGM) einen Firmentarifvertrag abzuschließen (die Chefsekretärin und ein paar Meister wurden Mitglied der CGM). Man schrieb die »IG Metall-Tarifverträge« ab, veränderte sie aber in einigen wichtigen Punkten »nach unten«: weniger Lohn, längere Wochenarbeitszeit, weniger Urlaub, weniger Urlaubs- und Weihnachtsgeld. Als »Gegenleistung« versicherte man, dass nur auf diese Weise das Unternehmen im härter werdenden Wettbewerb überleben könne.
> Nach früherer BAG-Rechtsprechung galt für die Mitglieder der IG Metall weder der eine noch der andere Tarifvertrag.

Die frühere BAG-Rechtsprechung ist in der Literatur auf fast **einhellige Kritik** gestoßen (Nachweise bei Däubler-*Zwanziger*, TVG, § 4 Rn. 943; Berg/Kocher/Schumann-*Berg*, Tarifvertragsgesetz und Arbeitskampfrecht, 5. Aufl. 2015, § 4 Rn. 91 ff.).
Ihr wurde u. a. vorgeworfen, dass sie die Koalitionsfreiheit der »verdrängten« Gewerkschaft verletzt und Tarifflucht in »Billigtarifverträge« begünstigt (vgl. Beispiele bei Nauditt, AuR 2002, 255 ff.).
Der 4. Senat des BAG (»Tarifsenat«) hat inzwischen in Übereinstimmung mit dem ebenfalls für

Tarifvertrag

diese Rechtsfrage zuständigen 10. Senat beschlossen, die bisherige Rechtsprechung zur Tarifeinheit bei Tarifpluralität aufzugeben (BAG v. 27.1.2010 – 4 AZR 549/08 (A); 23.6.2010 – 10 AS 3/10; 7.7.2010 – 4 AZR 549/08).

Der Grundsatz der Tarifeinheit und die Verdrängung eines Tarifvertrags durch einen anderen »spezielleren« Tarifvertrag seien gesetzlich nicht vorgesehen.

Die frühere Rechtsprechung bringe die verdrängte Gewerkschaft und ihre Mitglieder um ihren Tarifschutz und sei mit dem Grundrecht der Koalitionsfreiheit nicht vereinbar.

Für ein Arbeitsverhältnis, dessen Parteien nach § 3 Abs. 1 TVG an einen Tarifvertrag gebunden sind, würde dieser Tarifvertrag zwingend und unmittelbar nach § 4 Abs. 1 TVG gelten.

Sie könnten auch dann nicht nach dem Grundsatz der Tarifeinheit verdrängt werden, wenn der Arbeitgeber durch seine Mitgliedschaft in einem tarifschließenden Arbeitgeberverband zugleich an einen mit einer anderen Gewerkschaft für Arbeitsverhältnisse derselben Art geschlossenen Tarifvertrag unmittelbar gebunden ist.

Konsequenzen dieser Rechtsprechungsänderung für die Tarifpraxis (vor Inkrafttreten des § 4 a TVG; siehe Rn. 65 a)

61a Die **Abschluss-, Inhalts- und Beendigungsnormen** der Tarifverträge (siehe Rn. 14) verschiedener Gewerkschaften gelten im Betrieb **nebeneinander**.

Eine Verdrängung des einen durch den anderen Tarifvertrag findet nicht statt. Die Mitglieder der Gewerkschaft A können Rechte nach dem Tarifvertrag A geltend machen, die Mitglieder der Gewerkschaft B Rechte nach dem Tarifvertrag B.

Jeder bekommt das, was »seine« Gewerkschaft für ihn und ggf. mit seiner Hilfe (z. B. Beteiligung an Streiks) ausgehandelt und durchgesetzt hat.

Betrebungen für ein »Tarifeinheitsgesetz«

61b Nun hätte man aus Sicht der DGB-Gewerkschaften mit der Wende in der BAG-Rechtsprechung eigentlich zufrieden sein können.

Der Dumping-Tarifpolitik durch sog. »**christliche**« **Gewerkschaften** in Form von »nach unten« abweichenden Firmentarifverträgen war der Stachel genommen.

Eine Verdrängung der DGB-Tarifverträge durch »Christen-Firmentarifverträge« konnte nicht mehr stattfinden.

Dennoch startete der DGB gemeinsam mit der Bundesvereinigung der Deutschen Arbeitgeberverbände (BDA) und mit Unterstützung der Einzelgewerkschaften (ver.di, Transnet, IG Metall usw.) im Frühjahr 2010 eine **gesetzliche Initiative** für eine Wiedereinführung der »Tarifeinheit« auch im Falle von Tarifpluralität durch Gesetz (siehe → **Gewerkschaft** Rn. 6 d). Nach Bekanntwerden der BDA/DGB-Initiative hatte sich in den Gewerkschaften eine juristische und politische Debatte um die Sinnhaftigkeit einer gesetzlichen Regelung entwickelt.

Vor allem im Bereich der **Gewerkschaft ver.di** wurde die Initiative von vielen Gliederungen/Gremien kritisiert und der ver.di-Bundesvorstand aufgefordert, sich aus der Initiative zurückzuziehen. Es setzte sich zunehmend die richtige Auffassung durch, die neue BAG-Rechtsprechung zur Tarifpluralität zu akzeptieren und sich mit den Berufsgruppengewerkschaften tarif-, betriebs- und organisationspolitisch auseinander zu setzen oder – noch besser – mit ihnen geeignete Formen der Kooperation (etwa in Tarifgemeinschaften) zu versuchen.

Die Debatte führte dazu, dass der **DGB-Bundesvorstand** am 7.6.2011 zum Ärger des BDA den Beschluss fasste: »*Das politische Ziel der Tarifeinheit ist und bleibt richtig, um die Tarifpolitik zu stärken und die Tarifautonomie sicherzustellen. Der DGB sieht allerdings unter den gegebenen Bedingungen keine Möglichkeit, die Initiative von BDA und DGB weiterzuverfolgen.*«

Tarifvertrag

Die »Büchse der Pandora« war allerdings geöffnet worden. Das zeigten die Verabredungen im **Koalitionsvertrag von CDU/CSU/SPD 2013** (S. 70):
»*Tarifeinheit gesetzlich regeln*
Um den Koalitions- und Tarifpluralismus in geordnete Bahnen zu lenken, wollen wir den Grundsatz der Tarifeinheit nach dem betriebsbezogenen Mehrheitsprinzip unter Einbindung der Spitzenorganisationen der Arbeitnehmer und Arbeitgeber gesetzlich festschreiben. Durch flankierende Verfahrensregelungen wird verfassungsrechtlich gebotenen Belangen Rechnung getragen.«
Ungeachtet des breiten Widerstands gegen das Gesetzesvorhaben hat der Bundestag das **Tarifeinheitsgesetz** verabschiedet (Gesetz zur Tarifeinheit vom 3. 7. 2015 – BGBl. I S. 1130). Das Gesetz ist am 10. 7. 2015 in Kraft getreten. Kernstück des Gesetzes ist die Schaffung eines neuen § 4 a TVG (**Tarifkollision**).
Zu weiteren Einzelheiten siehe Rn. 65 a, → **Arbeitsgericht** Rn. 2 a, 11 c, → **Arbeitskampf** Rn. 1 e und → **Gewerkschaft** Rn. 6 d ff.
Nicht besetzt.

62–65

Tarifkollision (§ 4 a TVG)

§ 4 a TVG lautet (Hervorhebung durch Verf.):

65a

»*§ 4 a Tarifkollision*
(1) Zur Sicherung der Schutzfunktion, Verteilungsfunktion, Befriedungsfunktion sowie Ordnungsfunktion von Rechtsnormen des Tarifvertrags werden Tarifkollisionen im Betrieb vermieden.
(2) Der Arbeitgeber kann nach § 3 an mehrere Tarifverträge unterschiedlicher Gewerkschaften gebunden sein. Soweit sich die Geltungsbereiche nicht inhaltsgleicher Tarifverträge verschiedener Gewerkschaften überschneiden (kollidierende Tarifverträge), sind im Betrieb nur die Rechtsnormen des Tarifvertrags derjenigen Gewerkschaft anwendbar, die zum Zeitpunkt des Abschlusses des zuletzt abgeschlossenen kollidierenden Tarifvertrags im Betrieb die meisten in einem Arbeitsverhältnis stehenden Mitglieder hat. Kollidieren die Tarifverträge erst zu einem späteren Zeitpunkt, ist dieser für die Mehrheitsfeststellung maßgeblich. Als Betriebe gelten auch ein Betrieb nach § 1 Absatz 1 Satz 2 des Betriebsverfassungsgesetzes und ein durch Tarifvertrag nach § 3 Absatz 1 Nummer 1 bis 3 des Betriebsverfassungsgesetzes errichteter Betrieb, es sei denn, dies steht den Zielen des Absatzes 1 offensichtlich entgegen. Dies ist insbesondere der Fall, wenn die Betriebe von Tarifvertragsparteien unterschiedlichen Wirtschaftszweigen oder deren Wertschöpfungsketten zugeordnet worden sind.
(3) Für Rechtsnormen eines Tarifvertrags über eine betriebsverfassungsrechtliche Frage nach § 3 Absatz 1 und § 117 Absatz 2 des Betriebsverfassungsgesetzes gilt Absatz 2 Satz 2 nur, wenn diese betriebsverfassungsrechtliche Frage bereits durch Tarifvertrag einer anderen Gewerkschaft geregelt ist.
(4) Eine Gewerkschaft kann vom Arbeitgeber oder der Vereinigung der Arbeitgeber die Nachzeichnung der Rechtsnormen eines mit ihrem Tarifvertrag kollidierenden Tarifvertrags verlangen. Der Anspruch auf Nachzeichnung beinhaltet den Abschluss eines die Rechtsnormen des kollidierenden Tarifvertrags enthaltenden Tarifvertrags, soweit sich die Geltungsbereiche und Rechtsnormen der Tarifverträge überschneiden. Die Rechtsnormen eines nach Satz 1 nachgezeichneten Tarifvertrags gelten unmittelbar und zwingend, soweit der Tarifvertrag der nachzeichnenden Gewerkschaft nach Absatz 2 Satz 2 nicht zur Anwendung kommt.
(5) Nimmt ein Arbeitgeber oder eine Vereinigung von Arbeitgebern mit einer Gewerkschaft Verhandlungen über den Abschluss eines Tarifvertrags auf, ist der Arbeitgeber oder die Vereinigung von Arbeitgebern verpflichtet, dies rechtzeitig und in geeigneter Weise bekanntzugeben. Eine andere Gewerkschaft, zu deren satzungsgemäßen Aufgaben der Abschluss eines Tarifvertrags nach Satz 1 gehört, ist berechtigt, dem Arbeitgeber oder der Vereinigung von Arbeitgebern ihre Vorstellungen und Forderungen mündlich vorzutragen.«

Tarifvertrag

65b Mit den Regelungen des § 4 a Abs. 2 TVG werden kraft Gesetzes die Rechtsnormen des Tarifvertrags der »Minderheitsgewerkschaft« von dem Tarifvertrag der Mehrheitsgewerkschaft **verdrängt**. Das heißt, der »Minderheitstarifvertrag« findet keine Anwendung auf die in seinem Geltungsbereich genannten Gewerkschaftsmitglieder. Das gilt unabhängig davon, welcher der beiden Tarifverträge besser oder schlechter für die Beschäftigten sind. Der »verdrängten« »Minderheitsgewerkschaft« wird nach § 4 a Abs. 4 TVG gestattet, den (ggf. schlechteren) Tarifvertrag der »Mehrheitsgewerkschaft« zu unterzeichnen (**Nachzeichnung**).

65c Die durch § 4 a TVG geschaffene Rechtslage ist **absurd**: Es wird einer Gewerkschaft zugemutet, den – ggf. schlechteren – Tarifvertrag einer anderen Gewerkschaft zu unterzeichnen.

Die neue Vorschrift ist nach zutreffender Ansicht (u. a. Berg/Kocher/Schumann-*Berg*, Tarifvertragsgesetz und Arbeitskampfrecht, 5. Aufl. 2015, § 4 a Rn. 6 ff. m. w.N) zudem ein **Art. 9 Abs. 3 GG verletzender Eingriff in die Koalitionsfreiheit** und verstößt außerdem gegen Art. 3 ILO-Übereinkommen Nr. 87 und Art. 4 ILO-Abkommen Nr. 98 sowie gegen Art. 11, 14 der Europäischen Menschenrechtskonvention (strittig; ausführlich zum Meinungsstand Berg/Kocher/Schumann-*Berg*, a. a. O., § 4 a Rn. 6 ff.).

65d Ob die Tarifbestimmung das **Streikrecht** einer »Minderheitsgewerkschaft« zur Durchsetzung es von ihr angestrebten Tarifvertrags ausschließt, ist ebenfalls umstritten (zum Meinungsstand siehe Berg/Kocher/Schumann-*Berg*, a. a. O., § 4 a Rn. 107 ff. – dort vor allem Fußnoten 154 und 155).

Von Kritikern des Tarifeinheitsgesetzes wird die Gefahr gesehen, dass für einen Tarifvertrag, der nach Maßgabe des § 4 a Abs. 2 TVG nicht zur Anwendung kommt, nicht gestreikt werden kann, weil das den im Arbeitskampfrecht geltenden **Verhältnismäßigkeitsgrundsatz** verletzen könnte. Auch in der Gesetzesbegründung (BT-Drucks 18/4062, S. 12) wird diese Erwartung zum Ausdruck gebracht.

In Berg/Kocher/Schumann-*Berg*, a. a. O., § 4 a Rn. 107 ff., 110 wird die Ansicht vertreten, dass ein Streik zur Durchsetzung eines kollidierenden Tarifvertrags zulässig sei, solange keine Tarifkollision i. S. d. § 4 a Abs. 2 Satz 2 TVG vorliege und damit auch der »Mehrheitstarifvertrag« nicht identifiziert werden könne.

65e Eine weitere Absurdität: nach § 4 a TVG werden die Rechtsnormen des »Minderheitstarifvertrages« verdrängt, nicht aber die schuldrechtlichen Verpflichtungen – z. B. die Friedenspflicht (siehe hierzu → **Arbeitskampf** Rn. 11 ff.). Mit der Folge, dass der »Minderheitsgewerkschaft« während der Laufzeit des verdrängten »Minderheitsvertrages« die Hände gebunden sind.

Also enthält § 4 a TVG – entgegen den Beteuerungen der Befürworter des Tarifeinheitsgesetzes – letztlich doch eine Regelung zum Streikrecht.

65f Man wird abwarten müssen, wie die **Gerichte** (Arbeitsgerichte / Bundesverfassungsgericht) entscheiden.

Beim BVerfG sind aktuell fünf **Verfassungsbeschwerden** von Berufsgruppengewerkschaften gegen das Tarifeinheitsgesetz (§ 4 a TVG) anhängig (u. a. Az. 1 BvR 1571/15; 1BvR 1582/15; 1 BvR 1588/15 und 1 BvR 1707/15 und 1 BvR 1803/15). Nach Aussage des BVerfG wird hierüber bis Ende 2016 entschieden werden (siehe hierzu nachstehende Pressemitteilung).

Mit mehreren **Anträgen auf einstweilige Anordnung** sollte zudem verhindert werden, dass das im Juli in Kraft getretene Gesetz bis zu einer Entscheidung angewendet wird. Die Anträge auf Erlass einer einstweiligen Anordnung wurden vom BVerfG mit Beschluss vom 6. 10. 2015 – 1 BvR 1571/15, 1 BvR 1588/15, 1 BvR 1582/15 abgelehnt. Hierzu ein Auszug aus der Pressemitteilung des BVerfG Nr. 73/2015 vom 9. 10. 2015: »*Mit heute veröffentlichtem Beschluss hat der Erste Senat des Bundesverfassungsgerichts drei Anträge auf Erlass einer einstweiligen Anordnung gegen das Tarifeinheitsgesetz abgelehnt. Soll ein Gesetz außer Vollzug gesetzt werden, gelten besonders hohe Hürden. Vorliegend sind jedoch keine entsprechend gravierenden, irreversiblen oder nur schwer revidierbaren Nachteile feststellbar, die den Erlass einer einstweiligen Anordnung unabdingbar machten. Derzeit ist nicht absehbar, dass den Beschwerdeführern bei Fortgeltung des*

Tarifeinheitsgesetzes bis zur Entscheidung in der Hauptsache das Aushandeln von Tarifverträgen längerfristig unmöglich würde oder sie im Hinblick auf ihre Mitgliederzahl oder ihre Tariffähigkeit in ihrer Existenz bedroht wären. Im Hauptsacheverfahren, dessen Ausgang offen ist, strebt der Erste Senat eine Entscheidung bis zum Ende des nächsten Jahres an. .... Es bleibt den Beschwerdeführern unbenommen, bei einer erheblichen Änderung der tatsächlichen Umstände einen erneuten Antrag auf Erlass einer einstweiligen Anordnung zu stellen. Die Sicherungsfunktion der einstweiligen Anordnung kann es auch rechtfertigen, dass der Senat ohne einen entsprechenden Antrag der Beschwerdeführer eine solche von Amts wegen erlässt.«

Zu weiteren Einzelheiten des Tarifeinheitsgesetzes siehe → **Arbeitsgericht** (Rn. 2 a und 11 c), → **Arbeitskampf** Rn. 1 e, → **Gewerkschaft** Rn. 6 d ff. und → **Tarifvertrag: Tarifkonkurrenz – Tarifpluralität – Tarifkollision.**

Allgemeinverbindlichkeit eines Tarifvertrages (§ 5 TVG)

Die Möglichkeit, einen Tarifvertrag für allgemeinverbindlich zu erklären und damit für alle – auch die nicht tarifgebundenen – Arbeitgeber und Arbeitnehmer verbindlich zu machen, ist in § 5 TVG geregelt. 66

§ 5 TVG ist durch das **Tarifautonomiestärkungsgesetz** vom 11. 8. 2014 (BGBl. I S. 1348) mit Wirkung ab 1. 1. 2015 weiter entwickelt worden mit dem Ziel, die Allgemeinverbindlicherklärung von Tarifverträgen zu erleichtern.

Der **Koalitionsvertrag von CDU/CSU/SPD 2013** enthält dazu auf S. 67 folgende Ankündigung:

»Allgemeinverbindlicherklärungen nach dem Tarifvertragsgesetz anpassen und erleichtern
Das wichtige Instrument der Allgemeinverbindlichkeitserklärung (AVE) nach dem Tarifvertragsgesetz bedarf einer zeitgemäßen Anpassung an die heutigen Gegebenheiten. In Zukunft soll es für eine AVE nicht mehr erforderlich sein, dass die tarifgebundenen Arbeitgeber mindestens 50 Prozent der unter den Geltungsbereich des Tarifvertrages fallenden Arbeitnehmer beschäftigen. Ausreichend ist das Vorliegen eines besonderen öffentlichen Interesses. Das ist insbesondere dann gegeben, wenn alternativ:
- *die Funktionsfähigkeit von Gemeinsamen Einrichtungen der Tarifvertragsparteien (Sozialkassen) gesichert werden soll,*
- *die AVE die Effektivität der tarifvertraglichen Normsetzung gegen die Folgen wirtschaftlicher Fehlentwicklungen sichert, oder*
- *die Tarifvertragsparteien eine Tarifbindung von mindestens 50 Prozent glaubhaft darlegen.*

Wir wollen, dass die den Antrag auf AVE stellenden Tarifvertragsparteien an den Beratungen und Entscheidungen des Tarifausschusses beteiligt werden können und werden prüfen, wie dies umgesetzt werden kann.

Um sich widersprechende Entscheidungen von Gerichten unterschiedlicher Gerichtsbarkeiten zu vermeiden, wird die Zuständigkeit für die Überprüfung von AVE nach dem Tarifvertragsgesetz und von Rechtsverordnungen nach dem AEntG und AÜG bei der Arbeitsgerichtsbarkeit konzentriert.«

Diese Vereinbarungen wurden durch das Tarifautonomiestärkungsgesetz vom 11. 8. 2014 (BGBl. I S. 1348) umgesetzt: u. a. wurde Abs. 1 des § 5 TVG neu gefasst und ein neuer Abs. 1 a eingefügt.

Nach **§ 5 Abs. 1 TVG** kann das Bundesministerium für Arbeit und Soziales einen **Tarifvertrag** im Einvernehmen mit einem aus je drei Vertretern der Spitzenorganisationen der Arbeitgeber und der Arbeitnehmer bestehenden Ausschuss (**Tarifausschuss**) auf gemeinsamen Antrag der Tarifvertragsparteien **für allgemeinverbindlich erklären**, wenn die Allgemeinverbindlicherklärung **im öffentlichen Interesse geboten** erscheint (§ 5 Abs. 1 Satz 1 TVG). 66a

Tarifvertrag

Die Allgemeinverbindlicherklärung erscheint gemäß § 5 Abs. 1 Satz 2 TVG in der Regel im öffentlichen Interesse geboten, wenn
- der Tarifvertrag in seinem Geltungsbereich für die Gestaltung der Arbeitsbedingungen **überwiegende Bedeutung** erlangt hat oder
- die Absicherung der Wirksamkeit der tarifvertraglichen Normsetzung gegen die Folgen wirtschaftlicher **Fehlentwicklung** eine Allgemeinverbindlicherklärung **verlangt**.

Bislang galt als Voraussetzung der Allgemeinverbindlicherklärung eine quantitative Betrachtung – dass nämlich die tarifgebundenen Arbeitgeber **mindestens 50 %** der unter den räumlichen, fachlichen und persönlichen Geltungsbereich des Tarifvertrags fallenden Arbeitnehmer beschäftigen.

Nunmehr ist eine qualitative Wertung vorzunehmen (»... *überwiegende Bedeutung*«).

66b Gemäß **§ 5 Abs. 1a TVG** kann das Bundesministerium für Arbeit und Soziales einen Tarifvertrag über eine **gemeinsame Einrichtung** zur Sicherung ihrer Funktionsfähigkeit im Einvernehmen mit dem Tarifausschuss auf gemeinsamen Antrag der Tarifvertragsparteien **für allgemeinverbindlich erklären**, wenn der Tarifvertrag die Einziehung von Beiträgen und die Gewährung von Leistungen durch eine gemeinsame Einrichtung mit folgenden Gegenständen regelt:
- den Erholungsurlaub, ein Urlaubsgeld oder ein zusätzliches Urlaubsgeld,
- eine betriebliche Altersversorgung im Sinne des Betriebsrentengesetzes,
- die Vergütung der Auszubildenden oder die Ausbildung in überbetrieblichen Bildungsstätten,
- eine zusätzliche betriebliche oder überbetriebliche Vermögensbildung der Arbeitnehmer,
- Lohnausgleich bei Arbeitszeitausfall, Arbeitszeitverkürzung oder Arbeitszeitverlängerung.

Der Tarifvertrag kann alle mit dem Beitragseinzug und der Leistungsgewährung in Zusammenhang stehenden Rechte und Pflichten einschließlich des dem Verfahren zugrunde liegenden Ansprüche der Arbeitnehmer und Pflichten der Arbeitgeber regeln.

§ 7 Abs. 2 des Arbeitnehmer-Entsendegesetzes (AEntG) findet entsprechende Anwendung (siehe → **Arbeitnehmerentsendung**).

66c Zur Möglichkeit der Erstreckung von tariflich vereinbarten Branchenmindestentgelten für alle – auch bisher nicht tarifgebundene – Arbeitgeber und Arbeitnehmer durch **Rechtsverordnung** auf Grundlage des Arbeitnehmer-Entsendegesetzes (AEntG) siehe Rn. 66 f und → **Arbeitnehmerentsendung**.

66d Hinweis:
Die Zuständigkeit für die Überprüfung von Allgemeinverbindlicherklärungen nach dem Tarifvertragsgesetz und von Rechtsverordnungen nach dem Arbeitnehmer-Entsendegesetz (AEntG) und dem Arbeitnehmerüberlassungsgesetz (AÜG) wurde durch § 2a Abs. 1 Nr. 5 ArbGG n. F. der **Arbeitsgerichtsbarkeit** übertragen. In der Vorschrift heißt es: »*Die Gerichte für Arbeitssachen sind ferner ausschließlich zuständig für ... die Entscheidung über die Wirksamkeit einer Allgemeinverbindlicherklärung nach § 5 des Tarifvertragsgesetzes, einer Rechtsverordnung nach § 7 oder § 7 a des Arbeitnehmer-Entsendegesetzes und einer Rechtsverordnung nach § 3 a des Arbeitnehmerüberlassungsgesetzes.*« (siehe auch Rn. 73 a)

Tarifausschuss (§ 5 Abs. 1, 1a TVG)

66e Die im Tarifausschuss vertretenen **Spitzenorganisationen** im Sinne des § 5 Abs. 1 und Abs. 1a TVG sind auf Arbeitgeberseite die **Bundesvereinigung der deutschen Arbeitgeberverbände (BDA)**, auf Arbeitnehmerseite der **Deutsche Gewerkschaftsbund (DGB)**. **Beschlussfähig** ist der Tarifausschuss nur, wenn alle sechs Mitglieder bei der Beratung und Beschlussfassung anwesend sind.

Tarifvertrag

Das für die Allgemeinverbindlicherklärung erforderliche »**Einvernehmen**« setzt voraus, dass mindestens vier der sechs Mitglieder des Tarifausschusses dem Antrag auf Allgemeinverbindlicherklärung zustimmen.
Bei einem **Stimmenpatt (3:3)** gilt der Antrag als abgelehnt mit der Folge, dass der Tarifvertrag nicht für allgemein verbindlich erklärt werden kann.
Die **Bundesvereinigung der Arbeitgeberverbände (BDA)** hat diese Verfahrensregelung in den letzten Jahren ausgiebig genutzt, um die Allgemeinverbindlicherklärung von Tarifverträgen (insbesondere im Baugewerbe) **zu verhindern** und damit die arbeitsvertragliche »Vereinbarung« untertariflicher (Dumping-)Löhne zu ermöglichen.
Aus Anlass dieses **destruktiven Vorgehens der BDA** wurde durch Gesetz vom 19.12.1998 (BGBl. I S. 3843) die Möglichkeit geschaffen, die Allgemeinverbindlichkeit eines für das Baugewerbe geltenden Tarifvertrags auf einem anderen Weg, nämlich durch **Rechtsverordnung** des Bundesministeriums für Arbeit und Soziales herzustellen (damals: § 1 Abs. 3 a AEntG; heute: § 7 und 7 a AEntG; siehe → **Arbeitnehmerentsendung** Rn. 19 ff.).
Durch nachfolgende Gesetze (z. B. Gesetz vom 25.4.2007 – BGBl. I S. 576, Gesetz vom 20.4.2009 – BGBl. I S. 799 und Gesetz vom 24.5.2014 – BGBl. I S. 538) wurde diese Möglichkeit auf **weitere Branchen** ausgedehnt (z. B. Montageleistungen auf Baustellen, Gebäudereinigerhandwerk, Briefzustellung, Fleischverarbeitung).
Durch das Tarifautonomiestärkungsgesetz vom 11.8.2014 (BGBl. I S. 1348) wurde die Erstreckung von tariflich vereinbarten Branchenmindestentgelten durch Rechtsverordnung auf **alle Branchen** erweitert (§ 4 Abs. 2 AEntG).
Zu weiteren Einzelheiten siehe → **Arbeitnehmerentsendung**.
Rechtsfolge der Allgemeinverbindlicherklärung nach § 5 TVG ist, dass die Rechtsnormen des Tarifvertrags in seinem Geltungsbereich auch die **bisher nicht tarifgebundenen Arbeitgeber und Arbeitnehmer** erfassen (§ 5 Abs. 4 TVG).
Die Allgemeinverbindlicherklärung **erweitert** also die Tarifgebundenheit von Arbeitgebern und Arbeitnehmern.
Vor der Entscheidung über den Antrag auf Allgemeinverbindlicherklärung ist Arbeitgebern und Arbeitnehmern, die von der Allgemeinverbindlicherklärung betroffen werden würden, den am Ausgang des Verfahrens interessierten Gewerkschaften und Vereinigungen der Arbeitgeber sowie den obersten Arbeitsbehörden der Länder, auf deren Bereich sich der Tarifvertrag erstreckt, Gelegenheit zur schriftlichen **Stellungnahme** sowie zur Äußerung in einer mündlichen und öffentlichen Verhandlung zu geben (§ 5 Abs. 2 TVG).
Erhebt die oberste Arbeitsbehörde eines beteiligten Bundeslandes **Einspruch** gegen die beantragte Allgemeinverbindlicherklärung, so kann das Bundesministerium für Arbeit und Soziales dem Antrag nur mit **Zustimmung der Bundesregierung** stattgeben (§ 5 Abs. 3 TVG).
Mit der Allgemeinverbindlicherklärung erfassen die Rechtsnormen des Tarifvertrags in seinem Geltungsbereich **auch die bisher nicht tarifgebundenen Arbeitgeber und Arbeitnehmer** (§ 5 Abs. 4 Satz 1 TVG). Ein nach § 5 Abs. 1 a TVG für allgemeinverbindlich erklärter Tarifvertrag (über gemeinsame Einrichtungen der Tarifvertragsparteien) ist vom Arbeitgeber auch dann einzuhalten, wenn er nach § 3 TVG an einen anderen Tarifvertrag gebunden ist (§ 5 Abs. 4 Satz 2 TVG).
Das Bundesministerium für Arbeit und Soziales kann die Allgemeinverbindlicherklärung eines Tarifvertrags im Einvernehmen mit dem Tarifausschuss **aufheben**, wenn die Aufhebung im öffentlichen Interesse geboten erscheint (§ 5 Abs. 5 Satz 1 TVG).
Im Übrigen **endet** die Allgemeinverbindlichkeit eines Tarifvertrags mit dessen **Ablauf** (§ 5 Abs. 5 Satz 2 TVG).
Das Bundesministerium für Arbeit und Soziales kann der **obersten Arbeitsbehörde eines Landes** für einzelne Fälle das Recht zur Allgemeinverbindlicherklärung sowie zur Aufhebung der Allgemeinverbindlichkeit übertragen (§ 5 Abs. 6 TVG).

Tarifvertrag

73 Die Allgemeinverbindlicherklärung und die Aufhebung der Allgemeinverbindlichkeit bedürfen der öffentlichen **Bekanntmachung** (§ 5 Abs. 7 Satz 1 TVG).
Die Bekanntmachung umfasst auch die von der Allgemeinverbindlicherklärung erfassten Rechtsnormen des Tarifvertrages (§ 5 Abs. 7 Satz 2 TVG).

Entscheidung über die Wirksamkeit einer Allgemeinverbindlicherklärung oder einer Rechtsverordnung (§ 98 ArbGG)

73a Nach § 2 a Abs. 1 Nr. 5 ArbGG sind die **Gerichte für Arbeitssachen** ausschließlich zuständig für die Entscheidung über die Wirksamkeit einer Allgemeinverbindlicherklärung nach § 5 TVG, einer Rechtsverordnung nach § 7 oder § 7 a AEntG und einer Rechtsverordnung nach § 3 a AÜG.
Es findet das Beschlussverfahren statt (§ 2 a Abs. 2 ArbGG).
Für das Verfahren ist das **Landesarbeitsgericht** zuständig, in dessen Bezirk die Behörde ihren Sitz hat, die den Tarifvertrag für allgemeinverbindlich erklärt hat oder die Rechtsverordnung erlassen hat (§ 98 Abs. 2 ArbGG).
§ 98 Abs. 1 ArbGG n. F. stellt klar, dass das Verfahren eingeleitet wird auf Antrag
• jeder natürlichen oder juristischen Person oder
• einer Gewerkschaft oder einer Vereinigung von Arbeitgebern,
die nach Bekanntmachung der Allgemeinverbindlicherklärung oder der Rechtsverordnung geltend macht, durch die Allgemeinverbindlicherklärung oder die Rechtsverordnung oder deren Anwendung **in ihren Rechten verletzt** zu sein oder in absehbarer Zeit verletzt zu werden.
Der rechtskräftige Beschluss über die Wirksamkeit einer Allgemeinverbindlicherklärung oder einer Rechtsverordnung **wirkt für und gegen jedermann** (§ 98 Abs. 4 Satz 1 ArbGG).
Eine Wiederaufnahme des Verfahrens findet auch dann statt, wenn die Entscheidung über die Wirksamkeit einer Allgemeinverbindlicherklärung oder einer Rechtsverordnung darauf beruht, dass ein Beteiligter absichtlich unrichtige Angaben oder Aussagen gemacht hat (§ 98 Abs. 5 Satz 1 ArbGG).
§ 581 der Zivilprozessordnung findet keine Anwendung (§ 98 Abs. 5 Satz 2 ArbGG).
Hängt die Entscheidung eines Rechtsstreits davon ab, ob eine Allgemeinverbindlicherklärung oder eine Rechtsverordnung wirksam ist, so hat das Gericht das Verfahren bis zur Erledigung des Beschlussverfahrens nach § 2 a Absatz 1 Nummer 5 ArbGG **auszusetzen** (§ 98 Abs. 6 Satz 1 ArbGG). Im Falle des Satzes 1 sind die Parteien des Rechtsstreits auch im Beschlussverfahren nach § 2 a Absatz 1 Nummer 5 ArbGG antragsberechtigt.

Tarifregister (§ 6 TVG)

74 Bei dem Bundesministerium für Arbeit und Soziales wird ein Tarifregister geführt, in das der Abschluss, die Änderung und die Aufhebung der Tarifverträge sowie der Beginn und die Beendigung der Allgemeinverbindlichkeit eingetragen werden (§ 6 TVG).
In den Bundesländern existieren ebenfalls Tarifregister bei den Arbeitsministerien (Anschriften bei Däubler-Lakies, TVG, § 6 Rn. 40).
Die Eintragung ins Tarifregister ist **keine Wirksamkeitsvorsetzung**. Tarifverträge sind also nicht deshalb rechtsunwirksam, weil sie nicht eingetragen worden sind.

75 Die Tarifvertragsparteien (Arbeitgeberverbände bzw. – bei Firmentarifvertrag – Arbeitgeber und Gewerkschaften) müssen dem Bundesministerium für Arbeit und Soziales innerhalb eines Monats nach Abschluss kostenfrei die **Urschrift** oder eine beglaubigte **Abschrift** sowie zwei weitere Abschriften eines jeden Tarifvertrages und seiner Änderungen übersenden.

Tarifvertrag

Sie haben ihm das Außerkrafttreten eines jeden Tarifvertrages innerhalb eines Monats mitzuteilen (§ 7 Abs. 1 TVG).

Sie sind ferner verpflichtet, den obersten Arbeitsbehörden der Länder, auf deren Bereich sich der Tarifvertrag erstreckt, innerhalb eines Monats nach Abschluss kostenfrei je drei Abschriften des Tarifvertrages und seiner Änderungen zu übersenden und auch das Außerkrafttreten des Tarifvertrages innerhalb eines Monats mitzuteilen (§ 7 Abs. 1 Satz 2 TVG).

Erfüllt eine Tarifvertragspartei die Verpflichtungen, so werden die übrigen Tarifvertragsparteien davon **befreit** (§ 7 Abs. 1 Satz 3 TVG). 76

Ein Verstoß gegen die Übersendungs- und Mitteilungspflichten stellt eine **Ordnungswidrigkeit** dar, die mit **Geldbuße** geahndet werden kann (§ 7 Abs. 2 TVG). 77

Auslage der Tarifverträge im Betrieb

Der Arbeitgeber ist nach § 8 TVG verpflichtet, die für seinen Betrieb maßgeblichen Tarifverträge an geeigneter Stelle **im** Betrieb auszulegen, damit die Tarifverträge von den Arbeitnehmern ohne großen Aufwand eingesehen werden können (beispielsweise Aushänge am »Schwarzen Brett«). 78

Vergaberecht

Zum Vergaberecht heißt es im **Koalitionsvertrag von CDU/CSU/SPD 2013** (S. 69): 78a
»*Tariftreue im Vergaberecht
Auf Länderebene bestehen bereits Vergabegesetze, die die Vergabe öffentlicher Aufträge von der Einhaltung allgemeinverbindlicher Tarifverträge abhängig machen. Wir werden eine europarechtskonforme Einführung vergleichbarer Regelungen auch auf Bundesebene prüfen. Im Ergebnis dürfen damit keine bürokratischen Hürden aufgebaut werden.*«

Bedeutung für die Betriebsratsarbeit

Eine zentrale Aufgabe des Betriebsrats besteht darin, die Einhaltung der im Betrieb geltenden Tarifverträge **zu überwachen** (§ 80 Abs. 1 Nr. 1 BetrVG). 79

Beim Abschluss von → **Betriebsvereinbarungen** ist § 77 Abs. 3 Satz 1 BetrVG (Tarifvorrang) zu beachten. Hiernach können 80
»*Arbeitsentgelte und sonstige Arbeitsbedingungen, die durch Tarifvertrag geregelt sind oder üblicherweise geregelt werden, nicht Gegenstand von Betriebsvereinbarungen sein*«.

Dies gilt nur dann nicht, wenn der Tarifvertrag selbst den Abschluss ergänzender (nach h. M. auch abweichender) Betriebsvereinbarungen ausdrücklich zulässt (»**Öffnungsklausel**«; siehe Rn. 46 ff.). 81

Tarifliche Öffnungsklauseln müssen aber **Vorgaben** für die Regelung der Angelegenheit durch die Betriebsparteien enthalten (siehe Rn. 47).

Andernfalls liegt eine unzulässige, gegen Art. 9 Abs. 3 GG verstoßende »**Selbstentmachtung**« der Tarifvertragsparteien vor (strittig; siehe Rn. 47, 48).

Die Vorgaben können inhaltlicher Art sein (Art und Umfang der betrieblichen Regelung werden festgelegt).

Möglich sind aber auch Verfahrensregelungen (z. B. Betriebsvereinbarung bedarf der Zustimmung der Tarifvertragsparteien).

Eine solche Verlagerung der Regelungskompetenz auf den Betrieb ist aus der Sicht der Arbeitnehmer **zweischneidig**.

1915

Tarifvertrag

Einerseits stärkt sie die Verantwortlichkeit der Arbeitnehmer des Betriebs und ihrer Interessenvertretung für die eigenen Belange und ermöglicht **differenzierte Regelungen**.

Andererseits ist zu bedenken, dass den Arbeitnehmern und dem Betriebsrat die Möglichkeit fehlt, ihre Forderungen mit dem nötigen (Verhandlungs-)Druck zu versehen.

Der Aufruf zu (Warn-)Streiks ist dem Betriebsrat jedenfalls nicht möglich (§ 74 Abs. 2 BetrVG; siehe → **Friedenspflicht**), sondern allenfalls die Anrufung einer → **Einigungsstelle**.

Demgegenüber macht der Arbeitgeber in betrieblichen Verhandlungen oft erhebliche **Druck**, indem er mit nachteiligen Konsequenzen droht (z. B. Verlagerung des Betriebs, usw.), wenn sich Betriebsrat und Belegschaft nicht auf seine Forderungen einlassen.

Es fehlt damit oft an der für einen fairen Interessenausgleich erforderlichen **Verhandlungsparität**.

81a Wird unter Verstoß gegen § 77 Abs. 3 Satz 1 BetrVG eine Betriebsvereinbarung abgeschlossen, ist sie **unwirksam**.

> **Beispiel:**
> Der tarifgebundene Arbeitgeber möchte die manteltarifvertraglich geregelte regelmäßige wöchentliche Arbeitszeit (z. B. 37,5 Stunden) durch Betriebsvereinbarung auf (z. B. 42 Stunden) erhöhen. Eine solche Betriebsvereinbarung wäre unwirksam.

82 Die tarifvertragliche »Sperrwirkung« führt sogar zur Unwirksamkeit von Betriebsvereinbarungen, die »günstiger« sind als der Tarifvertrag (siehe → **Günstigkeitsprinzip**), es sei denn, der Tarifvertrag enthält eine Öffnungsklausel (siehe Rn. 46).

> **Beispiel:**
> Der Tarifvertrag sieht eine Mehrarbeitszulage von 25 Prozent vor. Durch Betriebsvereinbarung wird die Mehrarbeitszulage auf 40 Prozent erhöht. Die Betriebsvereinbarung ist wegen Verstoßes gegen § 77 Abs. 3 BetrVG unwirksam.

83 Auf einen → **Sozialplan** ist § 77 Abs. 3 BetrVG nicht anzuwenden (§ 112 Abs. 1 Satz 4 BetrVG). Das heißt: Insoweit gilt die Sperrwirkung des Tarifvertrages nicht. Es können also tarifliche geregelte Arbeitsentgelte und sonstige tariflichen Arbeitsbedingungen im Sozialplan abweichend vom Tarifvertrag geregelt werden – allerdings nur zu Gunsten der Arbeitnehmer. Dagegen darf ein Sozialplan tarifliche Regelung nicht verschlechtern (BAG v. 6. 12. 2006 – 4 AZR 798/05, NZA 2007, 821; vgl. Fitting, BetrVG, 27. Aufl., §§ 112, 112 a Rn. 182, 183).

84 § 77 Abs. 3 BetrVG – siehe auch § 87 Abs. 1 BetrVG (Eingangssatz) – hat den Zweck, eine Aushöhlung der durch Art. 9 Abs. 3 GG garantierten **Tarifautonomie** von der betrieblichen Seite her zu verhindern, indem er der tarifvertraglichen Regelung der Arbeitsbedingungen den Vorrang einräumt (Tarifvorrang).

Auf diese Weise wird ein allzu starkes Auseinanderfallen der Arbeitsbedingungen in den Betrieben, die vom Geltungsbereich des Tarifvertrages erfasst werden, vermieden.

Dies kommt auch den Arbeitgebern zugute. Denn der Tarifvertrag begründet während seiner Laufzeit eine relative Friedenspflicht (siehe Rn. 16 f.) und schafft in den tarifgebundenen Unternehmen/Betrieben gleiche Wettbewerbsbedingungen.

85 Die Tarifsperre des § 77 Abs. 3 Satz 1 BetrVG kommt nach h. M. und ständiger BAG-Rechtsprechung (vgl. z. B. BAG v. 29. 4. 2004 – 1 ABR 30/02, NZA 2004, 670; 9. 12. 2003 – 1 ABR 52/02, EzA § 77 BetrVG 2001 Nr. 6; vgl. auch Fitting, BetrVG, 27. Aufl., § 77 Rn. 109 ff.) dann nicht zur Anwendung, wenn
- eine Angelegenheit vom Anwendungsbereich des § 87 Abs. 1 BetrVG (soziale Angelegenheiten) **erfasst** wird und
- **keine** abschließende und zwingende Tarifregelung existiert.

Es gilt dann der **eingeschränkte Tarifvorbehalt** des § 87 Abs. 1 Eingangssatz BetrVG (»... *soweit eine tarifliche Regelung nicht besteht*«).
Zu den daraus folgenden Konsequenzen siehe → **Betriebsvereinbarung** Rn. 8.

Zur Möglichkeit der streikweisen Durchsetzung eines Firmentarifvertrages oder firmenbezogenen Verbandstarifvertrages bei einem Arbeitgeber, der Mitglied in einem → **Arbeitgeberverband** (sog. »Ergänzungstarifvertrag«) ist, insbesondere zur Zulässigkeit eines Streiks für einen »**Sozialtarifvertrag**«, siehe → **Arbeitskampf** (Rn. 7). 86

Zur Bedeutung des gewerkschaftlichen Organisationsgrades im Betrieb für die Tarifpolitik einerseits und die Arbeit des Betriebsrats andererseits: siehe → **Gewerkschaft** Rn. 29. 87

Bedeutung für die Beschäftigten

Tarifvertragliche Normen über den Inhalt, den Abschluss und die Beendigung des Arbeitsverhältnisses gelten mit unmittelbarer und zwingender Wirkung nur für **Mitglieder der Gewerkschaft**, die den Tarifvertrag mit dem Arbeitgeberverband (Verbandstarifvertrag) bzw. dem einzelnen Arbeitgeber (Firmentarifvertrag) abgeschlossen hat (§ 4 Abs. 1 TVG). 88

Um zu vermeiden, dass alle Beschäftigten in die Gewerkschaften eintreten (um die Rechte aus tariflichen Abschluss-, Inhalts- und Beendigungsnormen zu erwerben), geben Arbeitgeber die tarifvertraglichen Leistungen häufig auch an nichtorganisierte Arbeitnehmer weiter (meist auf der Grundlage einer arbeitsvertraglichen **Bezugnahmeklausel** (siehe → **Arbeitsvertrag: Bezugnahme auf Tarifverträge**). 89

Die arbeitsvertraglich vereinbarten Tarifregelungen haben aber nicht die unmittelbare und zwingende Wirkung einer Tarifnorm, so dass sie durch Änderungsvereinbarung oder wirksame → **Änderungskündigung** zum Nachteil der Nichtorganisierten wieder beseitigt werden können.

Die sog. betrieblichen und betriebsverfassungsrechtlichen Normen eines Tarifvertrages gelten in Betrieben, deren **Arbeitgeber tarifgebunden** ist, sowohl für gewerkschaftlich organisierte als auch für nicht organisierte Beschäftigte (§ 3 Abs. 2 TVG; siehe Rn. 28). 90

Tarifverträge, die nach § 5 TVG für **allgemein verbindlich erklärt** worden sind, gelten mit unmittelbarer und zwingender Wirkung für alle unter ihren Geltungsbereich fallenden Arbeitgeber und Arbeitnehmer (siehe Rn. 27 und 66 ff.). 91

Das Gleiche gilt für Tarifverträge, deren Geltung nach den Vorschriften des Arbeitnehmerentsendegesetzes auf alle Unternehmen und Beschäftigte der jeweiligen Branche erstreckt werden (siehe Rn. 27 und → **Arbeitnehmerentsendung**).

Auch die **Lohnuntergrenzen**, die auf der Grundlage des § 3 a AÜG (n. F.) durch Rechtsverordnung für die Leiharbeitsbranche festgelegt worden sind, gelten für alle Leiharbeitgeber und Leiharbeitnehmer (siehe → **Arbeitnehmerüberlassung/Leiharbeit** Rn. 1 a).

Ein → **Verzicht** auf tarifliche Rechte ist nur mit Zustimmung der Tarifvertragsparteien möglich (§ 4 Abs. 4 Satz 1 TVG; siehe auch → **Ausgleichsquittung**). 92

Eine → **Verwirkung** ist ausgeschlossen (§ 4 Abs. 4 Satz 2 TVG).

Für den Arbeitnehmer günstigere arbeitsvertragliche Regelungen sind dagegen jederzeit zulässig (§ 4 Abs. 3 TVG; z. B. → **übertarifliche Zulagen**; siehe auch → **Günstigkeitsprinzip**).

Weigert sich der Arbeitgeber, die tariflichen Rechte der anspruchsberechtigten Beschäftigten zu erfüllen, kann nach vergeblicher Geltendmachung (dabei Schriftform einhalten!) Klage beim → **Arbeitsgericht** erhoben werden. 93

Bei Geltendmachung und Klage sind die manchmal sehr kurzen vertraglichen oder tariflichen → **Ausschlussfristen/Verfallfristen** und die → **Verjährung** zu beachten.

Tarifvertrag

Arbeitshilfen

Übersichten
- Arten von Tarifverträgen
- Inhalt von Tarifverträgen
- Tarifbindung
- Wirkung von Tarifnormen
- Durchsetzung von tarifvertraglichen Rechten
- Tarifgeltung bei Verbandsaustritt, Verbandswechsel, Betriebsübergang, Auflösung oder Insolvenz des Verbandes
- Zulässigkeit tariflicher Öffnungsklauseln
- Durchsetzung eines Firmentarifvertrags

Musterschreiben
- Verhandlungsergebnis
- Anerkennungstarifvertrag
- Sozialtarifvertrag

Übersicht: Arten von Tarifverträgen[1]

- nach dem *Inhalt*
  - Lohn-/Gehalts-Tarifvertrag
  - Lohn-/Gehalts-Rahmentarifvertrag
  - Mantel-Tarifvertrag
  - Rationalisierungsschutz-Tarifvertrag
  - Urlaubs-Tarifvertrag
  - usw.
- nach dem *persönlichen Geltungsbereich*
  - TV für Arbeiter
  - TV für Angestellte
  - TV für Auszubildende
  - TV für Fachpersonal
  - TV für Teilzeitbeschäftigte
  - usw.
- nach dem *fachlichen Geltungsbereich*
  - TV für einen ganzen Wirtschaftsbereich (z. B. Metall- und Elektroindustrie, öffentlicher Dienst)
  - TV für eine Branche (z. B. Eisen- und Stahlindustrie, chemische Industrie, Druckindustrie, Kfz-Handwerk)
  - TV für eine Firma (z. B. VW, Schmalbach-Lubeca, Vögele)
- nach dem *räumlichen Geltungsbereich*
  - TV für eine Firma (s. o.)
  - TV für eine Region (z. B. NRW, Unterwesergebiet, Bayern, Nordwürttemberg/Nordbaden)
  - TV für das gesamte Bundesgebiet

Übersicht: Inhalt von Tarifverträgen

Schuldrechtlicher (obligatorischer) Teil des Tarifvertrages
- **Rechte und Pflichten der Tarifvertragsparteien**
  - Friedenspflicht
  - Durchführungspflicht
  - Einwirkungspflicht
  - Schlichtungsvereinbarungen
  - Schiedsgericht
  - Kündigung des Tarifvertrages

---

[1] Quelle: Meine/Ohl/Rohnert (Hrsg.): Handbuch Arbeit, Entgelt, Leistung, Bund-Verlag, Frankfurt

Tarifvertrag

Normativer Teil des Tarifvertrages
- **Normen über den Abschluss, den Inhalt und die Beendigung von Arbeitsverhältnissen**
- Normen über den **Abschluss** von Arbeitsverhältnissen (**Abschlussnormen**)

  Beispiele:
  - Befristung von Arbeitsverträgen
  - Schriftform von Arbeitsverträgen

- Normen über den **Inhalt** von Arbeitsverhältnissen (**Inhaltsnormen**)

  Beispiele:
  - Arbeitsentgelt
  - Arbeitszeit
  - Zuschläge für Mehrarbeit, Nachtarbeit usw.
  - Urlaubsdauer
  - Urlaubsgeld
  - Jahressonderzahlung

- Normen über die **Beendigung** von Arbeitsverhältnissen (**Beendigungsnormen**)

  Beispiele:
  - Kündigungsfristen
  - Kündigungsschutz für ältere Arbeitnehmer

- Normen über betriebliche Fragen

  Beispiele:
  - Betriebliche Sozialeinrichtungen
  - Ankündigungsfristen bei geplanter Kurzarbeit

- Normen über betriebsverfassungsrechtliche Fragen

  Beispiele:
  - zusätzliche Mitbestimmungsrechte des Betriebsrats
  - Ersetzung der Einigungsstelle durch eine tarifliche Schlichtungsstelle

- Normen über gemeinsame Einrichtungen

  Beispiele:
  - Urlaubskasse im Baugewerbe
  - Lohnausgleichskasse im Baugewerbe
  - Zusatzversorgungskasse im Baugewerbe
  - Gemeinsames Versorgungswerk »Metall-Rente«

Rechtsprechung

1. Koalitionsfreiheit – Tarifautonomie – Streikrecht
2. »Richtigkeitsgewähr« von Tarifverträgen
3. Abgrenzung Tarifvertrag – Sonstige schuldrechtliche Vereinbarung – Koalitionsvertrag zugunsten Dritter

Tarifvertrag

4. Rechtscharakter einer kollektiven Regelung – Protokollnotizen
5. »Gemischte Vereinbarungen«
6. Mehrgliedriger Tarifvertrag
7. Vorvertrag – Anspruch auf Abschluss eines Tarifvertrages
8. Vertretung bei Abschluss eines Firmentarifvertrags
9. Eingriff in die Tarifautonomie durch Lohnabstandsklauseln
10. Tariffähigkeit
11. Tarifzuständigkeit
12. Beschlussverfahren über die Tariffähigkeit und Tarifzuständigkeit (§ 97 ArbGG) – Aussetzung von gerichtlichen Verfahren (§ 97 Abs. 5 ArbGG)
13. Abschluss eines Tarifvertrags – Wirksames Zustandekommen – Schriftform
14. Bekanntgabe des Tarifvertrags (§ 8 TVG)
15. Auslegung des Tarifvertrags – Ergänzende Vertragsauslegung
16. Geltungsbeginn des Tarifvertrags
17. Geltungsbereich des Tarifvertrags
18. Tarifbindung (§ 3 Abs. 1 TVG) – Mitgliedschaft ohne Tarifbindung (OT-Mitgliedschaft)
19. Antrag des Betriebsrats auf Feststellung der Tarifgebundenheit des Arbeitgebers
20. Unmittelbare und zwingende Wirkung des Tarifvertrags (§ 4 Abs. 1 TVG)
21. Günstigkeitsprinzip (§ 4 Abs. 3 TVG) – »Verdrängung« einer schlechteren arbeitsvertraglichen Vereinbarung durch besseren Tarifvertrag
22. Tarifliche Normen über Abschluss, Inhalt und Beendigung des Arbeitsverhältnisses sowie über betriebliche und betriebsverfassungsrechtliche Fragen
23. Tarifliche Differenzierungsklauseln (Bonusregelungen) zugunsten gewerkschaftlich organisierter Arbeitnehmer – Stichtagsregelungen
24. Tarifliche Effektivklauseln
25. Tarifliche Anrechnungsklausel (sog. »negative« Effektivklausel)
26. Allgemeinverbindlichkeit eines Tarifvertrags (§ 5 TVG)
27. Verweisung auf einen anderen Tarifvertrag – Blankettverweisung
28. Verweisung auf Gesetze
29. Konstitutive Tarifregelung – Deklaratorische Tarifregelung
30. Tarifkonkurrenz – Tarifpluralität – »Tarifeinheit« (Rechtsprechungsänderung!) – Kollision tariflich begründeter Ansprüche mit einzelvertraglichen Vereinbarungen
31. Tarifkollision (§ 4 a TVG)
32. Ablösung eines Tarifvertrags durch tarifliche Neuregelung – Zeitkollisionsregel
33. Verschlechternder Tarifvertrag – Sanierungstarifvertrag
34. Rückwirkung eines Tarifvertrags – Rückwirkender Sanierungstarifvertrag
35. Rückwirkung der Allgemeinverbindlicherklärung eines Tarifvertrags
36. Tarifliche Öffnungsklausel
37. Bindung der Tarifvertragsparteien an das Grundgesetz – Gleichbehandlungsgrundsatz
38. Bindung der Tarifvertragsparteien an sonstiges höherrangiges Recht
39. Sondertarifvertrag für »studentische Hilfskräfte«
40. »Sozialtarifvertrag«
41. Inhalt von Tarifverträgen: Sonstige Einzelfragen
42. Durchführung eines Firmentarifvertrags: Leistungsklage einer Tarifvertragspartei
43. Feststellungsklage (§ 9 TVG)
44. Einwirkungspflicht der Tarifvertragsparteien bei Verbandstarifvertrag
45. Einwirkungspflicht des Arbeitgebers auf Tochtergesellschaften
46. Kündigung eines Tarifvertrags – Teilkündigung
47. »Blitzaustritt« aus dem Arbeitgeberverband – »Blitzwechsel« in OT-Mitgliedschaft

48. Unzulässigkeit eines Streiks nach Wechsel eines verbandsangehörigen Arbeitgebers in einen OT-Status
49. Nachbindung (§ 3 Abs. 3 TVG) – Austritt aus Arbeitgeberverband – Auflösung des Arbeitgeberverbands
50. Nachwirkung (§ 4 Abs. 5 TVG)
51. Tarifvertrag und Betriebsübergang
52. Firmentarifvertrag bei Unternehmensumwandlung
53. Tarifvertrag nach § 3 BetrVG
54. Tarifvertrag und Mitbestimmung des Betriebsrats
55. Verzicht des Arbeitnehmers auf tarifliche Rechte
56. Sonstiges
57. Erstreikbarkeit eines Sozialtarifvertrags
58. Arbeitsvertragliche Bezugnahme / Verweisung auf Tarifvertrag
59. Tarifvorrang des § 77 Abs. 3 BetrVG: unwirksame Betriebsvereinbarungen
60. Tarifliche Öffnungsklausel für abweichende oder ergänzende Betriebsvereinbarungen (§ 77 Abs. 3 Satz 2 BetrVG)
61. Tarifvorbehalt des § 87 Abs. 1 BetrVG (Eingangssatz)
62. Zustimmungsverweigerungsrecht des Betriebsrats bei Verstoß gegen eine tarifliche Arbeitszeitquote?
63. Zustimmungsverweigerungsrecht des Betriebsrats bei Einstellung zu untertariflichen Bedingungen?
64. Zustimmungsverweigerungsrecht des Betriebsrats bei Verstoß gegen tarifliche Mindeststundenzahl?
65. Zustimmungsverweigerungsrecht des Betriebsrats bei Verstoß gegen eine tarifliche Befristungsregelung?
66. Verstoß gegen tarifliche Quote von Beschäftigten mit längerer Arbeitszeit: Unterlassungsanspruch des Betriebsrats?
67. Betriebsübergang nach § 613 a BGB: Fortgeltung der beim Betriebserwerber bestehenden Tarifverträge
68. Tarifliche Altersgrenzenregelung: Verstoß gegen Berufsfreiheit (Art. 12 Abs. 1 GG)?
69. Ungleichbehandlung von Teilzeit- und Vollzeitbeschäftigten
70. Ungleichbehandlung von Arbeitern und Angestellten bei den tariflichen Kündigungsfristen
71. Ungleichbehandlung von Arbeitern und Angestellten beim tariflichen Weihnachtsgeld
72. Tarifliche Verdienstsicherung für ältere Arbeitnehmer
73. Tarifliche Bestimmung des außertariflichen Angestellten – Arbeitszeitdauer
74. Tarifliche Abfindungsregelung: Anspruch auf Abfindung bei »vorzeitigem« Tod des Arbeitnehmers?
75. Unterlassungsanspruch und Klagerecht der Gewerkschaft bei tarifwidrigen betrieblichen Regelungen
76. Tarifwidrige Regelungsabrede – Amtsenthebung des Betriebsrats

Tarifvertrag: Allgemeinverbindlicherklärung

Was ist das?

1   Ein Tarifvertrag kann nach § 5 TVG für **allgemeinverbindlich erklärt** und damit für alle – auch die nicht tarifgebundenen – Arbeitgeber und Arbeitnehmer verbindlich gemacht werden. Der **Koalitionsvertrag von CDU/CSU/SPD 2013** enthält dazu auf S. 67 folgende Ankündigungen:
»*Allgemeinverbindlicherklärungen nach dem Tarifvertragsgesetz anpassen und erleichtern
Das wichtige Instrument der Allgemeinverbindlichkeitserklärung (AVE) nach dem Tarifvertragsgesetz bedarf einer zeitgemäßen Anpassung an die heutigen Gegebenheiten. In Zukunft soll es für eine AVE nicht mehr erforderlich sein, dass die tarifgebundenen Arbeitgeber mindestens 50 Prozent der unter den Geltungsbereich des Tarifvertrages fallenden Arbeitnehmer beschäftigen. Ausreichend ist das Vorliegen eines besonderen öffentlichen Interesses. Das ist insbesondere dann gegeben, wenn alternativ:*
- *die Funktionsfähigkeit von Gemeinsamen Einrichtungen der Tarifvertragsparteien (Sozialkassen) gesichert werden soll,*
- *die AVE die Effektivität der tarifvertraglichen Normsetzung gegen die Folgen wirtschaftlicher Fehlentwicklungen sichert, oder*
- *die Tarifvertragsparteien eine Tarifbindung von mindestens 50 Prozent glaubhaft darlegen.*

Wir wollen, dass die den Antrag auf AVE stellenden Tarifvertragsparteien an den Beratungen und Entscheidungen des Tarifausschusses beteiligt werden können und werden prüfen, wie dies umgesetzt werden kann.
Um sich widersprechende Entscheidungen von Gerichten unterschiedlicher Gerichtsbarkeiten zu vermeiden, wird die Zuständigkeit für die Überprüfung von AVE nach dem Tarifvertragsgesetz und von Rechtsverordnungen nach dem AEntG und AÜG bei der Arbeitsgerichtsbarkeit konzentriert.«
Diese Verabredungen wurden durch das »**Tarifautonomiestärkungsgesetz**« vom 11. 8. 2014 (BGBl. I S. 1348) mit Wirkung ab 1. 1. 2015 umgesetzt: u. a. wurde Abs. 1 des § 5 TVG neu gefasst und ein neuer Abs. 1 a eingefügt.

2   Nach **§ 5 Abs. 1 TVG** kann das Bundesministerium für Arbeit und Soziales einen **Tarifvertrag** im Einvernehmen mit einem aus je drei Vertretern der Spitzenorganisationen der Arbeitgeber und der Arbeitnehmer bestehenden Ausschuss (**Tarifausschuss**) auf gemeinsamen Antrag der Tarifvertragsparteien **für** allgemeinverbindlich erklären, wenn die Allgemeinverbindlicherklärung **im öffentlichen Interesse geboten** erscheint (§ 5 Abs. 1 Satz 1 TVG).
Die Allgemeinverbindlicherklärung erscheint gemäß § 5 Abs. 1 Satz 2 TVG in der Regel im öffentlichen Interesse geboten, wenn
- der Tarifvertrag in seinem Geltungsbereich für die Gestaltung der Arbeitsbedingungen »**überwiegende Bedeutung**« erlangt hat oder
- die Absicherung der Wirksamkeit der tarifvertraglichen Normsetzung gegen die Folgen wirtschaftlicher **Fehlentwicklung** eine Allgemeinverbindlicherklärung **verlangt**.

Bislang galt als Voraussetzung der Allgemeinverbindlicherklärung eine quantitative Betrach-

Tarifvertrag: Allgemeinverbindlicherklärung

tung – dass nämlich die tarifgebundenen Arbeitgeber **mindestens 50 %** der unter den räumlichen, fachlichen und persönlichen Geltungsbereich des Tarifvertrags fallenden Arbeitnehmer beschäftigen.
Nunmehr ist eine qualitative Wertung vorzunehmen (»... *überwiegende Bedeutung*«).
Gemäß **§ 5 Abs. 1 a TVG** kann das Bundesministerium für Arbeit und Soziales einen Tarifvertrag über eine **gemeinsame Einrichtung** zur Sicherung ihrer Funktionsfähigkeit im Einvernehmen mit dem Tarifausschuss auf gemeinsamen Antrag der Tarifvertragsparteien **für allgemeinverbindlich erklären**, wenn der Tarifvertrag die Einziehung von Beiträgen und die Gewährung von Leistungen durch eine gemeinsame Einrichtung mit folgenden Gegenständen regelt:

- den Erholungsurlaub, ein Urlaubsgeld oder ein zusätzliches Urlaubsgeld,
- eine betriebliche Altersversorgung im Sinne des Betriebsrentengesetzes,
- die Vergütung der Auszubildenden oder die Ausbildung in überbetrieblichen Bildungsstätten,
- eine zusätzliche betriebliche oder überbetriebliche Vermögensbildung der Arbeitnehmer,
- Lohnausgleich bei Arbeitszeitausfall, Arbeitszeitverkürzung oder Arbeitszeitverlängerung.

Der Tarifvertrag kann alle mit dem Beitragseinzug und der Leistungsgewährung in Zusammenhang stehenden Rechte und Pflichten einschließlich der dem Verfahren zugrunde liegenden Ansprüche der Arbeitnehmer und Pflichten der Arbeitgeber regeln.
§ 7 Abs. 2 des Arbeitnehmer-Entsendegesetzes (AEntG) findet entsprechende Anwendung (siehe → **Arbeitnehmerentsendung**).
Zur Möglichkeit der Erstreckung von tariflich vereinbarten Branchenmindestentgelten für alle – auch bisher nicht tarifgebundene – Arbeitgeber und Arbeitnehmer durch **Rechtsverordnung** auf Grundlage des Arbeitnehmer-Entsendegesetzes (AEntG) siehe Rn. 7 und → **Arbeitnehmerentsendung**.

> **Hinweis:**
> Die Zuständigkeit für die Überprüfung von Allgemeinverbindlicherklärungen nach dem Tarifvertragsgesetz und von Rechtsverordnungen nach dem Arbeitnehmer-Entsendegesetz (AEntG) und dem Arbeitnehmerüberlassungsgesetz (AÜG) wurde durch § 2a Abs. 1 Nr. 5 ArbGG n. F. der **Arbeitsgerichtsbarkeit** übertragen. In der Vorschrift heißt es: »*Die Gerichte für Arbeitssachen sind ferner ausschließlich zuständig für ... die Entscheidung über die Wirksamkeit einer Allgemeinverbindlicherklärung nach § 5 des Tarifvertragsgesetzes, einer Rechtsverordnung nach § 7 oder § 7a des Arbeitnehmer-Entsendegesetzes und einer Rechtsverordnung nach § 3a des Arbeitnehmerüberlassungsgesetzes.*« Siehe auch Rn. 15.

Tarifausschuss (§ 5 Abs. 1, 1 a TVG)

Die im Tarifausschuss vertretenen **Spitzenorganisationen** im Sinne des § 5 Abs. 1 und Abs. 1 a TVG sind auf Arbeitgeberseite die Bundesvereinigung der deutschen Arbeitgeberverbände (BdA), auf Arbeitnehmerseite der Deutsche Gewerkschaftsbund (DGB).
Beschlussfähig ist der Tarifausschuss nur, wenn alle sechs Mitglieder bei der Beratung und Beschlussfassung anwesend sind.
Das für die Allgemeinverbindlicherklärung erforderliche »**Einvernehmen**« setzt voraus, dass mindestens vier der sechs Mitglieder des Tarifausschusses dem Antrag auf Allgemeinverbindlicherklärung zustimmen.
Bei einem **Stimmenpatt (3:3)** gilt der Antrag als abgelehnt mit der Folge, dass der Tarifvertrag nicht für allgemein verbindlich erklärt werden kann.
Die **Bundesvereinigung der Arbeitgeberverbände (BDA)** hat diese Verfahrensregelung in den letzten Jahren ausgiebig genutzt, um die Allgemeinverbindlicherklärung von Tarifverträgen

Tarifvertrag: Allgemeinverbindlicherklärung

(insbesondere im Baugewerbe) **zu verhindern** und damit die arbeitsvertragliche »Vereinbarung« untertariflicher (Dumping-)Löhne zu ermöglichen.

7 Aus Anlass dieses **destruktiven Vorgehens der BDA** wurde durch Gesetz vom 19.12.1998 (BGBl. I S. 3843) die Möglichkeit geschaffen, die Allgemeinverbindlichkeit eines für das Baugewerbe geltenden Tarifvertrags auf einem anderen Weg, nämlich durch **Rechtsverordnung** des Bundesministeriums für Arbeit und Soziales herzustellen (damals: § 1 Abs. 3 a AEntG; heute: § 7 und 7 a AEntG; siehe → **Arbeitnehmerentsendung** Rn. 19 ff.).
Durch nachfolgende Gesetze (z. B. Gesetz vom 25.4.2007 – BGBl. I S. 576, Gesetz vom 20.4.2009 – BGBl. I S. 799 und Gesetz vom 24.5.2014 – BGBl. I S. 538) wurde diese Möglichkeit auf **weitere Branchen** ausgedehnt (z. B. Montageleistungen auf Baustellen, Gebäudereinigerhandwerk, Briefzustellung, Fleischverarbeitung).
Durch das Tarifautonomiestärkungsgesetz vom 11.8.2014 (BGBl. I S. 1348) wurde die Erstreckung von tariflich vereinbarten Branchenmindestgelten durch Rechtsverordnung auf **alle Branchen** erweitert (§ 4 Abs. 2 AEntG).
Zu weiteren Einzelheiten siehe → **Arbeitnehmerentsendung**.

8 **Rechtsfolge** der Allgemeinverbindlicherklärung nach § 5 TVG ist, dass die Rechtsnormen des Tarifvertrags in seinem Geltungsbereich auch die **bisher nicht tarifgebundenen Arbeitgeber und Arbeitnehmer** erfassen (§ 5 Abs. 4 TVG).
Die Allgemeinverbindlicherklärung **erweitert** also die Tarifgebundenheit von Arbeitgebern und Arbeitnehmern.

9 Vor der Entscheidung über den Antrag auf Allgemeinverbindlicherklärung ist Arbeitgebern und Arbeitnehmern, die von der Allgemeinverbindlicherklärung betroffen werden würden, den am Ausgang des Verfahrens interessierten Gewerkschaften und Vereinigungen der Arbeitgeber sowie den obersten Arbeitsbehörden der Länder, auf deren Bereich sich der Tarifvertrag erstreckt, Gelegenheit zur schriftlichen **Stellungnahme** sowie zur Äußerung in einer mündlichen und öffentlichen Verhandlung zu geben (§ 5 Abs. 2 TVG).

10 Erhebt die oberste Arbeitsbehörde eines beteiligten Bundeslandes **Einspruch** gegen die beantragte Allgemeinverbindlicherklärung, so kann das Bundesministerium für Arbeit und Soziales dem Antrag nur mit **Zustimmung der Bundesregierung** stattgeben (§ 5 Abs. 3 TVG).

11 Mit der Allgemeinverbindlicherklärung erfassen die Rechtsnormen des Tarifvertrags in seinem Geltungsbereich **auch die bisher nicht tarifgebundenen Arbeitgeber und Arbeitnehmer** (§ 5 Abs. 4 Satz 1 TVG). Ein nach § 5 Abs. 1 a TVG für allgemeinverbindlich erklärter Tarifvertrag (über gemeinsame Einrichtungen der Tarifvertragsparteien) ist vom Arbeitgeber auch dann einzuhalten, wenn er nach § 3 TVG an einen anderen Tarifvertrag gebunden ist (§ 5 Abs. 4 Satz 2 TVG).

12 Das Bundesministerium für Arbeit und Soziales kann die Allgemeinverbindlicherklärung eines Tarifvertrags im Einvernehmen mit dem Tarifausschuss **aufheben**, wenn die Aufhebung im öffentlichen Interesse geboten erscheint (§ 5 Abs. 5 Satz 1 TVG).
Im Übrigen **endet** die Allgemeinverbindlichkeit eines Tarifvertrags mit dessen **Ablauf** (§ 5 Abs. 5 Satz 2 TVG).

13 Das Bundesministerium für Arbeit und Soziales kann der **obersten Arbeitsbehörde eines Landes** für einzelne Fälle das Recht zur Allgemeinverbindlicherklärung sowie zur Aufhebung der Allgemeinverbindlicherklärung übertragen (§ 5 Abs. 6 TVG).

14 Die Allgemeinverbindlicherklärung und die Aufhebung der Allgemeinverbindlichkeit bedürfen der öffentlichen **Bekanntmachung** (§ 5 Abs. 7 Satz 1 TVG).
Die Bekanntmachung umfasst auch die von der Allgemeinverbindlicherklärung erfassten Rechtsnormen des Tarifvertrages (§ 5 Abs. 7 Satz 2 TVG).

Tarifvertrag: Allgemeinverbindlicherklärung

Entscheidung über die Wirksamkeit einer Allgemeinverbindlicherklärung oder einer Rechtsverordnung (§ 98 ArbGG)

Nach § 2 a Abs. 1 Nr. 5 ArbGG sind die **Gerichte für Arbeitssachen** ausschließlich zuständig für die Entscheidung über die Wirksamkeit einer Allgemeinverbindlicherklärung nach § 5 TVG, einer Rechtsverordnung nach § 7 oder § 7 a AEntG und einer Rechtsverordnung nach § 3 a AÜG.

15

Es findet das Beschlussverfahren statt (§ 2 a Abs. 2 ArbGG).

Für das Verfahren ist das **Landesarbeitsgericht** zuständig, in dessen Bezirk die Behörde ihren Sitz hat, die den Tarifvertrag für allgemeinverbindlich erklärt hat oder die Rechtsverordnung erlassen hat (§ 98 Abs. 2 ArbGG).

§ 98 Abs. 1 ArbGG n. F. stellt klar, dass das Verfahren eingeleitet wird auf Antrag
- jeder natürlichen oder juristischen Person oder
- einer Gewerkschaft oder einer Vereinigung von Arbeitgebern,

die nach Bekanntmachung der Allgemeinverbindlicherklärung oder der Rechtsverordnung geltend macht, durch die Allgemeinverbindlicherklärung oder die Rechtsverordnung oder deren Anwendung **in ihren Rechten verletzt** zu sein oder in absehbarer Zeit verletzt zu werden.

Der rechtskräftige Beschluss über die Wirksamkeit einer Allgemeinverbindlicherklärung oder einer Rechtsverordnung **wirkt für und gegen jedermann** (§ 98 Abs. 4 Satz 1 ArbGG).

Eine Wiederaufnahme des Verfahrens findet auch dann statt, wenn die Entscheidung über die Wirksamkeit einer Allgemeinverbindlicherklärung oder einer Rechtsverordnung darauf beruht, dass ein Beteiligter absichtlich unrichtige Angaben oder Aussagen gemacht hat (§ 98 Abs. 5 Satz 1 ArbGG).

§ 581 der Zivilprozessordnung findet keine Anwendung (§ 98 Abs. 5 Satz 2 ArbGG).

Hängt die Entscheidung eines Rechtsstreits davon ab, ob eine Allgemeinverbindlicherklärung oder eine Rechtsverordnung wirksam ist, so hat das Gericht das Verfahren bis zur Erledigung des Beschlussverfahrens nach § 2 a Absatz 1 Nummer 5 ArbGG **auszusetzen** (§ 98 Abs. 6 Satz 1 ArbGG). Im Falle des Satzes 1 sind die Parteien des Rechtsstreits auch im Beschlussverfahren nach § 2 a Absatz 1 Nummer 5 ArbGG antragsberechtigt.

Rechtsprechung

1. Allgemeinverbindlichkeit eines Tarifvertrags (§ 5 TVG)
2. Darlegungs- und Beweislast

Tarifvertrag: Differenzierungsklausel – Stichtagsregelung

Was ist das?

1 Tarifgebundene Arbeitgeber geben in der Regel die tarifvertraglichen Leistungen (Arbeitsentgelt, Arbeitszeit, Urlaub und Urlaubsgeld, Weihnachtsgeld usw.) an **alle Beschäftigten** weiter, gleichgültig, ob sie in der tarifvertragschließenden Gewerkschaft organisiert sind oder nicht. Das mag auf den ersten Blick verwundern, weil die Arbeitgeber die Nichtorganisierten ohne Verstoß gegen den Gleichbehandlungsgrundsatz (siehe → **Gleichbehandlung**) schlechter stellen und damit die Personalkosten senken könnten (siehe → **Arbeitsvertrag: Bezugnahme auf Tarifverträge** Rn. 6).
Das geschieht aber nicht. Im Gegenteil: die Tarifanwendung wird regelmäßig auf Initiative der Arbeitgeber – meist auf Grundlage sog. arbeitsvertraglicher Bezugnahmeklauseln (siehe → **Arbeitsvertrag: Bezugnahme auf Tarifverträge**) – in das Arbeitsverhältnis eingeführt.
Dabei lassen sich die Arbeitgeber nicht etwa von ethischen und sozialpolitischen Motiven leiten. Hauptmotiv ist vielmehr: es soll für die nicht organisierten Beschäftigten kein Anreiz zum Beitritt in die Gewerkschaft geschaffen werden, sondern im Gegenteil ein Anreiz der Organisierten zum Austritt und damit ein Beitrag zur (weiteren) **Schwächung der gewerkschaftlichen Durchsetzungsfähigkeit** geleistet werden.
Um dem zu begegnen, haben Gewerkschaften seit jeher versucht, tarifvertragliche **Bonusregelungen** – auch »Differenzierungsklauseln« genannt – zugunsten der gewerkschaftlich organisierten Beschäftigten durchzusetzen.
Zum Streit um die **rechtliche Zulässigkeit** solcher Klauseln siehe Rn. 4.
Zu unterscheiden sind »einfache Differenzierungsklauseln« und »qualifizierte Differenzierungsklauseln«.
Zu tariflichen **Stichtagsregelungen** siehe Rn. 5.

Einfache Differenzierungsklausel

2 Bei einer einfachen Differenzierungsklausel wird normativ ein Anspruch auf eine bestimmte tarifliche Leistung nur für die Mitglieder der tarifschließenden Gewerkschaft begründet. Die Gewerkschaftsmitgliedschaft ist somit konstitutive Voraussetzung für die Inanspruchnahme dieser Leistungen.
Dem Arbeitgeber wird allerdings nicht verwehrt, die Begünstigung auch an nicht oder anders organisierte Beschäftigte **weiterzugeben**. Davon wird auch kräftig Gebrauch gemacht. Nichtorganisierte werden aufgrund von arbeitsvertraglichen Bezugnahmeklauseln (siehe → **Arbeitsvertrag: Bezugnahme auf Tarifverträge**) mit organisierten Arbeitnehmern gleichgestellt. Zweck ist es, nicht organisierte Arbeitnehmer von einem Eintritt in die tarifschließende Gewerkschaft abzuhalten bzw. einen Anreiz zu einem Austritt zu geben). Deshalb laufen einfache Differenzierungsklauseln meist »ins Leere«.

Qualifizierte Differenzierungsklausel

Dem soll mit sog. qualifizierten Differenzierungsklauseln begegnet werden, die vor allem in zwei Varianten diskutiert werden.

Tarifausschlussklausel

Eine einfache Differenzierungsklausel wird mit einer schuldrechtlichen Verpflichtung des Arbeitgebers verbunden, die ihm untersagt, die Begünstigung an nicht oder anders organisierte Arbeitnehmer weiterzugeben.

> **Beispiel:**
> »Arbeitnehmer, die Mitglied der Gewerkschaft ... sind, erhalten pro Kalenderjahr eine Sonderzahlung in Höhe von ... Euro brutto.
> Die Gewährung dieser Leistung an gewerkschaftlich anders oder nicht organisierte Arbeitnehmer ist ausgeschlossen«
> Denkbar ist auch, die Verpflichtung des Arbeitgebers für den Fall der Nichteinhaltung mit einer Art »Vertragsstrafe« zu verbinden, die an die gewerkschaftlich organisierten Beschäftigten des Betriebs zu zahlen ist.

Spannensicherungs- bzw. Abstandsklausel

Eine einfache Differenzierungsklausel wird um eine Regelung ergänzt, die dem Arbeitgeber die Weitergabe der Begünstigung an nicht organisierte Arbeitnehmer zwar nicht untersagt. Den Gewerkschaftsmitgliedern wird aber im Fall der Weitergabe an Nichtorganisierte ein normativer Anspruch auf eine entsprechende **Aufstockung** gewährt. Auf diese Weise wird der Abstand/»ein Mehr« zu den nicht organisierten Arbeitnehmern gewahrt.

> **Beispiel:**
> »Arbeitnehmer, die Mitglied der Gewerkschaft ... sind, erhalten pro Kalenderjahr eine Sonderzahlung in Höhe von ... Euro brutto.
> Gewährt der Arbeitgeber die Sonderzahlung, entsprechende oder über die Sonderzahlung hinausgehende Beträge oder sonstige Leistungen Arbeitnehmern, die nicht Mitglied der Gewerkschaft xy sind, so erhöht sich für die Mitglieder der Gewerkschaft ... die Arbeitgeberleistung entsprechend«

Rechtsprechung zur Differenzierungsklausel

Die Zulässigkeit von tariflichen Differenzierungsklauseln war und ist **umstritten**.
Die frühere BAG-Rechtsprechung hat Differenzierungsklauseln aller Art für **unzulässig** erklärt (BAG v. 29.11.1967 – GS 1/67, DB 1968, 1539). Sie zwinge die Nichtorganisierten dazu, in die Gewerkschaft einzutreten und verstoße damit gegen Art. 9 Abs. 3 Grundgesetz. Diese Norm gewährleiste nicht nur das Grundrecht, einer Gewerkschaft beizutreten (»positive Koalitionsfreiheit«), sondern auch das Recht, ihr fernzubleiben (»**negative Koalitionsfreiheit**«).
Einige erst- und zweitinstanzliche Entscheidungen sind dieser Rechtsprechung aber nicht gefolgt und haben eine Differenzierung in Maßen **zugelassen**.
So hat z. B. das LAG Düsseldorf (Kammer Köln) entschieden, dass Differenzierungsklauseln in Tarifverträgen nur dann unwirksam sind, wenn der Druck, der durch sie auf nicht organisierte Arbeitnehmer im Hinblick auf einen Gewerkschaftsbeitritt ausgeübt wird, empfindlich ist und eine freie Entscheidung tangieren kann. Ein empfindlicher und damit unzulässiger Druck durch eine Differenzierungsklausel liege aber jedenfalls dann vor, wenn die Differenzierung im

Tarifvertrag: Differenzierungsklausel – Stichtagsregelung

Jahr ein **volles Monatsgehalt** beträgt (LAG Düsseldorf v. 29.1.1974 – 8 Sa 482/73, EzA Art. 9 GG Nr. 20).
Das LAG Hamm hat in einer nicht veröffentlichten Entscheidung v. 11.1.1994 die Begünstigung von Gewerkschaftsmitgliedern in einem Firmentarifvertrag (Zahlung einer tariflichen »**Erholungsbeihilfe**« pro Urlaubsjahr – im Streitfall ca. 600 Euro – nur an Gewerkschaftsmitglieder) für **zulässig** erklärt (zu diesem Urteil Zachert, Renaissance der tariflichen Differenzierungsklausel, DB 1995, 322).
Vor dem Hintergrund eines in den letzten beiden Jahrzehnten drastisch gesunkenen gewerkschaftlichen Organisationsgrades und gewerkschaftlichen Initiativen zur Mitgliedergewinnung ist die Debatte um die Zulässigkeit von Differenzierungsklauseln wieder verstärkt geführt worden (vgl. z. B. Franzen, RdA 2006, 1; Leydecker, AuR 2006, 11; kritisch Rieble/Klebeck, RdA 2006, 65).
Nachdem der 4. Senat des BAG die Entscheidung des Großen Senats v. 29.11.1967 zunächst mit Entscheidung vom v. 9.5.2007 (– 4 AZR 275/06, NZA 2007, 1439) in Frage gestellt hat, hat er eine **einfache Differenzierungsklausel** – wie schon die Vorinstanz (LAG Niedersachsen v. 11.12.2007 – 5 Sa 914/07, DB 2008, 1977) – für **rechtswirksam** gehalten (BAG v. 18.3.2009 – 4 AZR 64/08, NZA 2009, 1028).
Ob die Tarifvertragsparteien insoweit eine im Wesentlichen unbegrenzte Regelungsbefugnis haben oder ob sie dabei an relativ enge, im Einzelnen festzulegende Grenzen gebunden sind, hat das BAG offengelassen, weil jedenfalls die zur Entscheidung stehende tarifliche Regelung etwa einzuhaltende Grenzen nicht überschritten habe. Die Differenzierungsklausel im Streitfall lautete: »*Als Ersatzleistung wegen des Verzichts auf die Sonderzahlung ... erhalten die ver.di Mitglieder in jedem Geschäftsjahr ... eine Ausgleichszahlung in Höhe von 535,00 Euro brutto ...*«.
In einer weiteren Entscheidung hat das BAG die Zulässigkeit einer einfachen Differenzierungsklausel bestätigt (BAG v. 23.3.2011 – 4 AZR 366/09, NZA 2011, 920).
Nach zutreffender Ansicht des ArbG Hamburg können auch **qualifizierte Differenzierungsklauseln** in Form der **Spannensicherungs- bzw. Abstandsklausel** als legitime Maßnahme der Mitgliederwerbung und -erhaltung zulässig sein (ArbG Hamburg v. 26.2.2009 – 15 Ca 188/08, ArbuR 2009, 366). In dem Rechtsstreit ging es um nachstehende Tarifregelung:
»*I. Lohn- und Gehaltsempfänger, die Mitglied der Vereinten Dienstleistungsgewerkschaft ver.di sind, erhalten pro Kalenderjahr eine Erholungsbeihilfe als Bruttobetrag in Höhe von 260,00 Euro. Die Höhe der Erholungsbeihilfe für Teilzeitbeschäftigte ermittelt sich anteilig nach ihrer arbeitsvertraglich festgelegten Normalarbeitszeit im Verhältnis zu der Normalarbeitszeit der Vollbeschäftigten. [...]*
V. Gewährt die H. AG die Leistung nach Ziffer I., entsprechende oder über die in Ziffer I festgelegten Ansprüche hinausgehende Beträge oder sonstige Leistungen Lohn- und Gehaltsempfängern, die nicht Mitglied der Vereinten Dienstleistungsgewerkschaft ver.di sind, so erhöht sich für die Lohn- und Gehaltsempfänger, die Mitglied der Vereinten Dienstleistungsgewerkschaft ver.di sind, die Arbeitgeberleistung entsprechend.«
Das Unternehmen, das die Tarifregelung mit ver.di vereinbart hatte, wollte die Unwirksamkeit der Regelung festgestellt wissen. Das ArbG Hamburg wies die Klage ab und ließ die Sprungrevision zum BAG zu.
Das BAG gab der vom Unternehmen eingelegten Sprungrevision teilweise statt (BAG v. 23.3.2011 – 4 AZR 366/09, NZA 2011, 920).
Zwar sei die in Ziff. I des Tarifvertrages geregelte einfache Differenzierungsklausel wirksam, nicht aber die in Ziff. V vorgesehene **Spannensicherungs- bzw. Abstandsklausel**.
Eine solche Klausel überschreite die **Regelungsmacht** der Tarifvertragsparteien. Ein Tarifvertrag dürfe dem Arbeitgeber nicht die arbeitsvertragliche Gestaltungsmöglichkeit nehmen, die nicht oder anders organisierten Arbeitnehmer mit den Gewerkschaftsmitgliedern gleichzustellen. Der Tarifvertrag könne nur den Inhalt von Arbeitsverhältnissen zwingend und un-

Tarifvertrag: Differenzierungsklausel – Stichtagsregelung

mittelbar regeln, die der Tarifmacht der Koalitionen unterworfen sind. Hierzu gehörten die Arbeitsverhältnisse der nicht oder anders organisierten Arbeitnehmer nicht.
Damit wurde den Gewerkschaften die Möglichkeit zur Besserstellung ihrer Mitglieder – und damit ein wichtiges Werbeargument – genommen.
Die Arbeitgeber können weiterhin »**Ungleiches gleichbehandeln**«, indem sie den Nichtorganisierten die gleichen tariflichen Leistungen gewähren wie den organisierten Arbeitnehmern – mit dem Ziel, Nichtorganisierten den Anreiz zum Gewerkschaftsbeitritt zu nehmen und organisierten Arbeitnehmern einen Anreiz zum Austritt zu geben (siehe auch → **Arbeitsvertrag** Rn. 16 ff.).

Tarifliche Stichtagsregelung

In manchen Fällen haben Gewerkschaften erfolgreich versucht, durch tarifliche **Stichtagsregelungen** eine Begünstigung ihrer Mitglieder zu realisieren. 5
Nach Ansicht des BAG kommt es in Bezug auf die Frage der Zulässigkeit von Stichtagsregelungen auf die **Regelungstechnik** an.
So soll eine Tarifklausel, die entgegen § 3 Abs. 1, § 4 Abs. 1 TVG die Leistungen von 6
Gewerkschaftszugehörigkeit zu einem – **in der Vergangenheit liegenden** – **Stichtag** abhängig macht und zudem den Wegfall der Leistungen bei Gewerkschaftsaustritt entgegen § 3 Abs. 3 TVG bestimmt, unwirksam sein (BAG v. 9. 5. 2007 – 4 AZR 275/06). Ein solcher Anspruchsausschluss verstoße gegen die durch Art. 9 Abs. 3 GG geschützte individuelle Koalitionsfreiheit.
Dagegen sind tarifliche Regelungen, die zwischen **verschiedenen Gruppen von Mitgliedern** 7
der Gewerkschaften und damit allein zwischen tarifgebundenen Arbeitnehmern, also denen, denen ein Tarifvertrag ohnehin nur einen Anspruch verschaffen kann, unterscheidet, wirksam (BAG v. 21. 8. 2013 – 4 AZR 861/11; 5. 9. 2012 – 4 AZR 696/10). Sie könnten ohne weiteres eine bestimmte **vorherige Dauer der Mitgliedschaft** in einer Gewerkschaft als **Anspruchsvoraussetzung** formulieren und als zulässiges Differenzierungskriterium vereinbaren. Dies gelte umso mehr, wenn ein vereinbarter **Stichtag** nicht willkürlich gewählt wurde, sondern für ihn ein sachlicher Grund besteht, beispielsweise das Datum des ursprünglich abgeschlossenen Tarifvertrages.
Auch ein Tarifvertrag (z. B. ein Haustarifvertrag), der einen **sozialplanähnlichen Inhalt** hat, 8
kann für Leistungen, die zur Abmilderung der wirtschaftlichen und sozialen Nachteile an tarifgebundene Arbeitnehmer gezahlt werden, eine **Stichtagsregelung** vorsehen, nach der ein Anspruch nur für diejenigen Mitglieder besteht, die **zum Zeitpunkt (Stichtag) der tariflichen Einigung der Gewerkschaft bereits beigetreten** waren (BAG v. 15. 4. 2015 – 4 AZR 796/13). Die Tarifvertragsparteien könnten in einem solchen Tarifvertrag zwischen **verschiedenen Gruppen von Gewerkschaftsmitgliedern** – solchen, die vor einem **Stichtag** Gewerkschaftsmitglied waren und später eingetretenen – grundsätzlich differenzieren, wenn der Stichtag **nicht willkürlich** gewählt wird, sondern für ihn ein **sachlicher Grund** besteht (hier: Datum des Abschlusses der Tarifverhandlungen über eine Teilbetriebsstillegung). Werde im Tarifvertrag nicht zwischen Mitgliedern einer Gewerkschaft einerseits und »Unorganisierten« oder »Außenseitern« andererseits unterschieden, sondern zwischen verschiedenen Gruppen von Mitgliedern der Gewerkschaft und damit allein zwischen tarifgebundenen Arbeitnehmern, also denjenigen, für die ein Tarifvertrag ohnehin nur Rechtsnormen nach § 1 Abs 1 TVG setzen kann, handele es sich **nicht** um eine sog. einfache Differenzierungsklausel (siehe hierzu Rn. 2).
Die **negative Koalitionsfreiheit** werde durch eine vorgenommene Gruppenbildung zwischen verschiedenen Gewerkschaftsmitgliedern nicht verletzt. Dies ergebe sich bereits aus dem Umstand, dass die tarifliche Regelungsbefugnis der Tarifvertragsparteien für Rechtsnormen iSd. § 1 Abs. 1 TVG von Verfassungs und von Gesetzes wegen (§ 3 Abs. 1 TVG) ausschließlich auf

ihre Mitglieder beschränkt ist. Die unmittelbare und zwingende Wirkung einer Tarifregelung auf Außenseiter sei danach ausgeschlossen. Ein Tarifvertrag mit sozialplanähnlichem Inhalt, der ohne Weiteres nur für die bei der tarifschließenden Gewerkschaft organisierten Arbeitnehmer des Betriebs gilt, und ein für alle betroffenen Arbeitnehmer des Betriebs unabhängig von ihrer Gewerkschaftszugehörigkeit geltender Sozialplan der Betriebsparteien könnten **prinzipiell nebeneinander** bestehen. Die Tarifvertragsparteien seien zudem nicht darauf beschränkt, nur Regelungen zu treffen, die auch wirksamer Inhalt eines betrieblichen Sozialplans nach § 112 BetrVG sein könnten (BAG v. 15. 4. 2015 – 4 AZR 796/13).

Nachstehend ein Auszug aus der Pressemitteilung des BAG Nr. 20/15 zu dem der Entscheidung des BAG v. 15. 4. 2015 – 4 AZR 796/13 zugrunde liegenden – höchst interessanten – Fall:

»... *Die Klägerin beansprucht von den beiden Beklagten Leistungen nach einem Haustarifvertrag. Die tarifgebundene Beklagte zu 2) plante zu Beginn des Jahres 2012 eine Betriebsschließung in München. In Verhandlungen mit dem in diesem Betrieb bestehenden Betriebsrat und der zuständigen IG Metall konnte eine vollständige Schließung abgewendet werden. Neben einem Standorttarifvertrag schlossen die Beklagte zu 2) und die IG Metall am 4. April 2012 einen „Transfer- und Sozialtarifvertrag" (TV). Der TV sieht für den Fall einer Beendigung des Arbeitsverhältnisses mit der Beklagten zu 2) zum 30. April 2012 und gleichzeitiger Begründung eines „Transferarbeitsverhältnisses" mit der Beklagten zu 1) in einer betriebsorganisatorisch eigenständigen Einheit (beE) durch Abschluss eines dreiseitigen Vertrags die Zahlungen von Abfindungen bis 110 000,00 Euro durch die Beklagte zu 2) sowie Mindestbedingungen für das dann mit der Beklagten zu 1) bestehende Arbeitsverhältnis, ua. „ein beE-Monatsentgelt von monatlich 70 % ihres Bruttomonatseinkommens", vor. Gleichfalls am 4. April 2012 vereinbarten die Beklagte zu 2) und der Betriebsrat einen „Interessenausgleich", nach dem sie auch die Regelungen des TV „für alle betroffenen Beschäftigten abschließend übernehmen". Schließlich schlossen die Beklagte zu 2) und die IG Metall einen weiteren, ergänzenden Tarifvertrag (ETV), der nach seinem persönlichen Geltungsbereich nur für diejenigen Gewerkschaftsmitglieder galt, „die bis einschließlich 23.03.2012, 12.00 Uhr Mitglied der IG Metall geworden sind". Der ETV regelt eine weitere Abfindung von 10 000,00 Euro sowie ein um 10 vH höhere Bemessungsgrundlage für das „beE-Monatsentgelt".Die Klägerin unterzeichnete mit den beiden Beklagten eine dreiseitige Vereinbarung, in der für den Abfindungsanspruch und die Monatsvergütung auf die beiden Tarifverträge Bezug genommen worden ist. In der Zeit von Juli 2012 bis Januar 2013 war die Klägerin Mitglied der IG Metall. Sie verlangt von den Beklagten die im ETV vorgesehenen weiteren Leistungen.Die Revision der Klägerin blieb gegen die klageabweisenden Entscheidungen der Vorinstanzen vor dem Vierten Senat des Bundesarbeitsgerichts ohne Erfolg.* «

Rechtsprechung

1. Tarifliche Differenzierungsklauseln (Bonusregelungen) zugunsten gewerkschaftlich organisierter Arbeitnehmer
2. Stichtagsregelungen

Tarifvertrag: Nachbindung und Nachwirkung

Was ist das?

Die sog. »**Nachbindung**« eines Tarifvertrages gemäß § 3 Abs. 3 TVG (auch »verlängerte Tarifgebundenheit« oder »Nachgeltung« genannt; siehe Rn. 2 ff.) ist von der **Nachwirkung** gemäß § 4 Abs. 5 TVG zu unterscheiden (siehe Rn. 11 ff.). 1

Hierzu ein Auszug aus BAG v. 13. 12. 1995 – 4 AZR 1062/94, AiB 1997, 63: »*Die Normen des § 3 Abs. 3 TVG und des § 4 Abs. 5 TVG verfolgen verschiedene Zwecke: § 3 Abs. 3 TVG soll den Austritt aus den Tarifvertragsparteien erschweren, bezweckt also zumindest auch deren Schutz. § 4 Abs. 5 TVG dient den Interessen der Arbeitsvertragsparteien, für die es wichtig ist, dass ihr Arbeitsverhältnis nach Beendigung des Tarifvertrages nicht inhaltsleer wird. Auch die Wirkung der Tarifnormen ist in beiden Vorschriften verschieden geregelt: § 3 Abs. 3 TVG ordnet für den Fall des Verbandsaustritts durch Fiktion des Weiterbestehens der Tarifgebundenheit die zwingende Weitergeltung des Tarifvertrages bis zu dessen Beendigung an, § 4 Abs. 5 TVG hingegen die dispositive Weitergeltung der Tarifnormen nach Ablauf des Tarifvertrages. Diese Wirkung ist rechtlich so verschieden, dass eine Spezialität des § 3 Abs. 3 TVG im Verhältnis zu § 4 Abs. 5 TVG nicht besteht.*«

Zur Nachwirkung einer Betriebsvereinbarung (§ 77 Abs. 6 BetrVG) siehe → **Betriebsvereinbarung: Nachwirkung**. 2

Nachbindung eines Tarifvertrages (§ 3 Abs. 3 TVG)

§ 3 Abs. 3 TVG stellt klar, dass die Tarifgebundenheit von Arbeitgeber und Arbeitnehmer an einen Tarifvertrag (etwa aufgrund Mitgliedschaft im Arbeitgeberverband bzw. in der Gewerkschaft) so lange bestehen bleibt, bis der Tarifvertrag **endet** (z. B. aufgrund einer Befristung oder nach einer Kündigung mit Ablauf der Kündigungsfrist). 3

Mit dem Ende des Tarifvertrages beginnt die sog. **Nachwirkung** (siehe Rn. 11 ff.).

§ 3 Abs. 3 TVG hat Bedeutung vor allem in folgenden Fällen: 4
- der **Austritt** des Arbeitnehmers aus der **Gewerkschaft** (BAG v. 4. 4. 2001 – 4 AZR 237/00, NZA 2001, 1085) und vor allem
- der **Austritt** des bisher durch Verbandsmitgliedschaft tarifgebundenen Arbeitgebers aus dem **Arbeitgeberverband** (BAG v. 6. 7. 2011 – 4 AZR 424/09, DB 2012, 410 = NZA 2012, 281; 13. 12. 1995 – 4 AZR 1062/94, AiB 1997, 63) oder der Wechsel in eine Mitgliedschaft ohne Tarifbindung (**OT-Mitgliedschaft**, die von manchen Verbänden »angeboten« wird; vgl. hierzu BAG v. 15. 12. 2010 – 4 AZR 256/09, AP Nr. 50 zu § 3 TVG) bzw. in einen **OT-Verband**. Ziel des Arbeitgebers ist es, an zukünftige Verbandstarifabschlüsse (z. B. Entgelterhöhungen) nicht mehr gebunden zu sein und die bisherigen Verbandstarifregelungen über kurz oder lang durch vertragliche Vereinbarungen zum Nachteil der Beschäftigten zu verändern (»**Tarifflucht**«).

Zu Verbandsaustritt und OT-Wechsel siehe → **Arbeitgeberband** Rn. 11 ff.

Tarifvertrag: Nachbindung und Nachwirkung

Zum »Königsweg« der Tarifflucht durch Betriebsinhaberwechsel und Ausgliederung siehe → **Betriebsübergang** Rn. 18.

Zu den **gewerkschaftlichen Handlungsmöglichkeiten** bei Tarifflucht siehe → **Arbeitgeberverband** Rn. 17.

Aus § 3 Abs. 3 TVG folgt, dass der Arbeitgeber trotz Austritts aus dem Arbeitgeberverband bzw. OT-Wechsels weiter an die bisherigen jeweiligen Verbandstarifverträge (z. B. Entgelttarifvertrag, Manteltarifvertrag, usw.) bis zu deren Ablauf mit unmittelbarer und zwingender Wirkung gebunden ist (Nachbindung). Entsprechendes gilt für den Austritt des Arbeitnehmers aus der Gewerkschaft.

Während der Zeit der Nachbindung werden verschlechternde vertragliche Abmachungen von den fortgeltenden Verbandstarifregelungen **verdrängt**. Für den Arbeitnehmer günstigere vertragliche Vereinbarungen sind natürlich jederzeit möglich (siehe → **Günstigkeitsprinzip**).

4a Auch bei einer **Auflösung des Arbeitgeberverbandes** sind die Verbandsmitglieder an die Tarifverträge nach § 3 Abs. 3 TVG weiterhin gebunden (BAG v. 23.1.2008 – 4 AZR 312/01, NZA 2008, 771).

Das BAG hat seine frühere Rechtsprechung, nach der eine Verbandsauflösung Nachwirkung nach § 4 Abs. 5 TVG zur Folge hat (BAG v. 28.5.1997 – 4 AZR 546/95, DB 1997, 2229) aufgegeben.

Siehe auch → **Arbeitgeberverband** Rn. 20.

Gewerkschaftsbeitritt während der Nachbindung

5 Tarifregelungen, die sich zum Zeitpunkt des Austritts des Arbeitgebers aus dem Verband in ungekündigtem Zustand befinden gelten kraft Nachbindung gemäß § 3 Abs. 3 TVG sogar für solche Arbeitnehmer, die erst nach dem Verbandsaustritt des Arbeitgebers in die für den Betrieb zuständige **Gewerkschaft eintreten** (BAG v. 6.7.2011 – 4 AZR 424/09, NZA 2012, 281; BAG v. 4.8.1993 – 4 AZR 499/92, AiB 1994, 128).

Sie erwerben durch den Gewerkschaftsbeitritt einen tariflich abgesicherten Anspruch auf die Tarifleistungen.

Dieser Anspruch kann auch durch einen neuen (ggf. verschlechternden) Arbeitsvertrag nicht beseitigt oder auf eine »freiwillige Leistung« reduziert werden (§ 4 Abs. 3 TVG)!

Im Nachbindungszeitraum neu begründete Arbeitsverhältnisse

5a Das Gleiche gilt für Arbeitnehmer, die nach dem Wirksamwerden des Verbandsaustritts bzw. OT-Wechsels **eingestellt** werden und **Mitglied** der tarifvertragschließenden Gewerkschaft sind oder werden.

> **Beispiel:**
> Ein Unternehmen ist Mitglied im Tarif-Arbeitgeberverband. Es beschäftigt 100 Arbeitnehmer, davon sind 50 % in der Gewerkschaft organisiert.
> Das Unternehmen tritt mit Wirkung zum 31.12.2015 aus dem Arbeitgeberverband aus.
> Es legt Mitte Januar 2016 allen Beschäftigten eine Änderungsvereinbarung vor, wonach die bisherige tarifliche Wochenarbeitszeit von 35 auf 40 Stunden ohne Lohnausgleich verlängert und das bisherige tarifvertragliche Weihnachtsgeld gestrichen wird.
> Aus § 3 Abs. 3 TVG folgt:
> Die Verbandstarifverträge gelten für die Arbeitsverhältnisse der gewerkschaftlich organisierten Arbeitnehmer kraft Nachbindung (allerdings nur statisch) mit zwingender Wirkung weiter (und zwar so lange, bis sie – etwa nach einer Kündigung – ablaufen und dann in den Zustand der Nachwirkung nach § 4 Abs. 5 TVG übergehen).
> Selbst wenn die Gewerkschaftsmitglieder die Änderungsvereinbarung unterschreiben würden,

würde das keine Wirkung entfalten, weil die verbandstariflichen Regelungen die schlechteren Änderungsvereinbarungen verdrängen würden (§ 4 Abs. 3 TVG).
Dasselbe würde
- für bisher nichtorganisierte Arbeitnehmer gelten, die nun in die Gewerkschaft eintreten und
- für Arbeitnehmer gelten, die neu eingestellt werden und Mitglied der Gewerkschaft sind oder werden.

Auch für diese Beschäftigten würden »automatisch« und zwingend die verbandstariflichen Regelungen gelten (selbst dann, wenn sie die Änderungsvereinbarung unterzeichnen). Für Arbeitnehmer, die kein Mitglied der Gewerkschaft sind oder werden, gilt: wenn sie die Änderungsvereinbarung unterschreiben, kommen für sie die neuen schlechteren Regelungen zur Anwendung.

Ende der Nachbindung

Die Nachbindung (§ 3 Abs. 3 TVG) endet, wenn ein Verbandstarifvertrag oder einzelne Tarifbestimmungen z. B. auf Grund einer Befristung oder Kündigung **ablaufen** (sie gehen dann in den Status der Nachwirkung nach § 4 Abs. 5 TVG über; siehe Rn. 7).
Gleiches gilt, wenn der »alte« Tarifvertrag durch einen neuen Tarifabschluss ganz oder teilweise inhaltlich (nicht nur redaktionell) **verändert** wird (BAG v. 7.11.2001 – 4 AZR 703/00, NZA 2002, 748).
Die Arbeitgeberverbände fordern den Gesetzgeber seit geraumer Zeit – allerdings bislang ohne Erfolg – auf, die Nachbindung auf ein Jahr zu begrenzen (vgl. vbw – Vereinigung der Bayerischen Wirkung e. V., Zwölf Handlungsfelder für eine Modernisierung des Arbeitsrechts [Mai 2009], S. 15 ff.), was von den Gewerkschaften zu Recht abgelehnt wird.
Nach dem Ende ihrer Nachbindung gelten die »alten« Verbandstarifbestimmungen kraft **»Nachwirkung«** gemäß § 4 Abs. 5 TVG weiter, bis sie durch eine andere Abmachung ersetzt werden (siehe Rn. 11 ff.).
Aus Vorstehendem folgt: Eine **Verschlechterung** der verbandstarifvertraglichen Regelungen zu Lasten der gewerkschaftlich organisierten Arbeitnehmer durch arbeitsvertragliche Vereinbarung ist frühestens ab Beginn der Nachwirkung nach § 4 Abs. 5 TVG und auch nur dann möglich, wenn es dem Arbeitgeber gelingt, die Beschäftigten dazu zu veranlassen, einer Verschlechterung der bisher geltenden Regelungen (z. B. Verlängerung der Arbeitszeit, Absenkung des Arbeitsentgelts) zuzustimmen.

Statische Wirkung

Die Nachbindung ist **statisch**. Das heißt: Tarifregelungen, die erst nach dem Wirksamwerden des Verbandsaustritts zwischen Gewerkschaft und dem Verband vereinbart werden, kommen für die Arbeitsverhältnisse zwischen den tarifgebundenen Beschäftigten und dem ausgetretenen Arbeitgeber **nicht** mehr zur Anwendung (z. B. Tariferhöhungen oder neue Tarifverträge zu bisher verbandstariflich nicht geregelten Fragen; vgl. BAG v. 13.12.1995 – 4 AZR 1062/94, AiB 1997, 63 = NZA 1996, 769).

Gewerkschaftliche Aktivitäten nach Verbandsaustritt oder OT-Wechsel

Verbandsaustritt des Arbeitgebers oder OT-Wechsel sind für die zuständige Gewerkschaft stets ein Anlass, vom Arbeitgeber den Abschluss eines Firmentarifvertrages etwa in der Form eines sog. **Anerkennungstarifvertrages** zu verlangen.

> **Hinweis:**
> Es macht aus Arbeitnehmer- und Gewerkschaftssicht Sinn, im Falle des Verbandsaustritts nicht nur einen Anerkennungstarifvertrag zu fordern, sondern darüber hinausgehende Regelungen zuguns-

Tarifvertrag: Nachbindung und Nachwirkung

ten der Beschäftigten (etwa ein höheres Arbeitsentgelt als im Verbandstarifvertrag geregelt: »Anerkennungstarifvertrag Plus«).

Die Forderung nach einem Anerkennungstarifvertrag (ggf. mit besseren Regelungen) kann natürlich nur dann erfolgreich sein, wenn die Gewerkschaft auf Grund einer ausreichenden Zahl von Mitgliedern glaubhaft machen kann, dass sie notfalls zur Durchführung von **Streiks** in der Lage ist.

10a Die mit dem Verbandstarifvertrag verbundene **Friedenspflicht** ist jedenfalls nach h. M. mit dem Wirksamwerden des Verbandsaustritts/OT-Wechsels entfallen (LAG Hamm v. 31.1.1991 – 16 Sa 119/91, DB 1991, 1196; LAG Rheinland-Pfalz v. 20.12.1996 – 7 Sa 1247/96, AuR 1998, 425; ArbG Berlin v. 22.12.2003 – 34 Ga 32723/03, AuR 2004, 165 (Ls.) HessLAG v. 17.9.2008 – 9 SaGa 1442/08, AuR 2009, 140 = BB 2008, 2296 = NZA-RR 2009, 26; Kissel, Arbeitskampfrecht, § 26 Rn. 136; strittig: nach abzulehnender anderer Ansicht – z. B. Reuter, RdA 1996, 201 [208] – soll die Friedenspflicht erst nach Ablauf der Nachbindung gemäß § 3 Abs. 3 TVG enden).

Das heißt: ab dem Wirksamwerden des Verbandsaustritts/OT-Wechsels kann der Abschluss eines (ggf. besseren) Haus- bzw. Anerkennungstarifvertrages (Firmentarifvertrag) gefordert und ggf. erstreikt werden.

In nicht seltenen Fällen haben entsprechende Aktivitäten der Beschäftigten und ihrer Gewerkschaft dazu geführt, dass der Arbeitgeber wieder in den Tarif-Arbeitgeberverband eingetreten ist.

10b Ein Streik, der darauf gerichtet ist, den Arbeitgeber zum **(Wieder-) Eintritt in den Tarif-Arbeitgeberverband** zu verpflichten, verstößt nach Ansicht des BAG allerdings gegen die negative Koalitionsfreiheit und ist unzulässig (BAG v. 10.12.2002 – 1 AZR 96/02, NZA 2003, 734).

Gefordert werden muss also ein Firmentarifvertrag – insbesondere ein **Anerkennungstarifvertrag** ggf. mit Zusatzregelungen (»Anerkennungstarifvertrag Plus«). Die Streikforderung ist nicht auf Umfang und Inhalt des gemäß § 3 Abs. 3 TVG fortgeltenden Flächentarifvertrages beschränkt (HessLAG v. 17.9.2008 – 9 SaGa 1442/08, AuR 2009, 140 = BB 2008, 2296 = NZA-RR 2009, 26).

Nachwirkung eines Tarifvertrages (§ 4 Abs. 5 TVG)

11 Nach Ablauf des Tarifvertrages gelten seine Rechtsnormen gemäß § 4 Abs. 5 TVG weiter, bis sie durch eine **andere Abmachung** (siehe Rn. 20) **ersetzt** werden.

12 Die Nachwirkung tritt nicht nur nach einer Kündigung des Tarifvertrages mit Ablauf der Kündigungsfrist ein, sondern auch bei Ablauf des Tarifvertrages infolge
- einer Befristung,
- einer Aufhebungsvereinbarung,
- eines Betriebsinhaberwechsel kraft Gesamtrechtsnachfolge z. B. infolge eine **Umwandlung** (BAG v. 13.7.1994, DB 1994, 157) oder
- des Herauswachsens des Betriebs aus dem Geltungsbereich des Tarifvertrages (BAG v. 10.12.1997 – 4 AZR 247/96, DB 1998, 1089).

13 Beachten:
Von der Nachwirkung (§ 4 Abs. 5 TVG) zu unterscheiden ist die sog. »**Nachbindung**« gemäß § 3 Abs. 3 TVG (siehe Rn. 3 ff.).

14 Die Nachwirkung bezieht sich auf alle Arten der **Tarifnormen** (Abschluss-, Inhalts- und Be-

endigungsnormen, betriebliche und betriebsverfassungsrechtliche Normen sowie Normen über gemeinsame Einrichtungen; siehe → **Tarifvertrag**).
Die Nachwirkung erstreckt sich auch auf solche Tarifleistungen, die vor dem Ablauf des Tarifvertrages (z. B. nach einer Kündigung) von den Tarifparteien vereinbart waren, aber erst **während des Nachwirkungszeitraums** zur Geltung kommen (BAG v. 16. 8. 1990 – 8 AZR 439/89, AiB 1991, 158 = NZA 1991, 353 zu einer tariflichen Urlaubsregelung). Hierzu ein Auszug aus der Entscheidung: »*Die Auffassung des Landesarbeitsgerichts ist im Übrigen widersprüchlich: Obwohl das Landesarbeitsgericht von der Nachwirkung der Tarifregelungen nach Nr. 5 SV 1982 ausgeht, verneint es dennoch, dass die gekündigten Regelungen für die Jahre 1985 (Steigerung des Urlaubsanspruchs in der Altersgruppe des Klägers auf 29 Urlaubstage) und 1986 (Steigerung auf 30 Urlaubstage) Wirkungen im Arbeitsverhältnis des Klägers habe, hält also die Nachwirkung insoweit für nicht gegeben. Damit übersieht es, dass der von ihm angenommene »Standard« von 28 Urlaubstagen nicht auf der Nachwirkung einer Tarifnorm beruht, sondern unmittelbare und zwingende Wirkung von Nr. 5 SV 1982 ist, weil der Urlaubsanspruch, wie ihn das Landesarbeitsgericht annimmt, bereits im Jahr 1984 vor den Kündigungen der Urlaubsstaffeln kraft Tarifrecht entstanden war und die tariflichen Regelungen insoweit auch gegenwärtig fortbestehen. […] Damit hatte der Kläger, der in den Jahren 1985 und 1986 nach dem Lebensalter der tariflichen Gruppe von 25 bis 30 Jahren angehört hat, in diesen Jahren Anspruch auf den jeweils erhöhten Urlaub. Dem Kläger standen daher bereits im Jahre 1986 30 Urlaubstage zu. Eine weitere Steigerung ist in den Urlaubsstaffeln für das Jahr 1987 nicht vorgesehen, so dass auch im Jahre 1987 für den Kläger ein Anspruch auf 30 Urlaubstage entstanden ist. Hiervon hat er bisher 28 Urlaubstage erhalten. Daher ist die Beklagte verpflichtet, ihm noch weitere zwei Urlaubstage zu gewähren.*«

14a

Bei den rechtlichen Folgen der Nachwirkung ist nach BAG zu differenzieren zwischen Arbeitsverhältnissen, die zum Zeitpunkt der Beendigung des Tarifvertrages
- **bereits bestehen**, und solchen, die erst
- im Nachwirkungszeitraum **begründet** werden (BAG v. 22. 7. 1998 – 4 AZR 403/97, NZA 1998, 1287).

15

Bestehende Arbeitsverhältnisse

Nachwirkung hat zur Folge, dass die Tarifverträge (nur) noch so lange mit unmittelbarer und zwingender Wirkung weitergelten, bis sie durch »**eine andere Abmachung**« (z. B. vertragliche Änderungsvereinbarung; siehe Rn. 20) **ersetzt** werden (auch zum Nachteil des Arbeitnehmers).

16

Im Nachwirkungszeitraum neu begründete Arbeitsverhältnisse

Nach abzulehnender Ansicht des BAG gelten die abgelaufenen und deshalb (nur noch) nachwirkenden Tarifverträge trotz Mitgliedschaft in der tarifvertragschließenden Gewerkschaft nicht für Arbeitnehmer, die erst im Nachwirkungszeitraum des Tarifvertrages **eingestellt** werden. Die Mitgliedschaft in der Gewerkschaft soll – anders als im Falle der Nachbindung (siehe Rn. 5 und 5 a) – nicht zu einer beiderseitigen Tarifbindung an den nachwirkenden Tarifverträgen führen (BAG v. 11. 6. 2002 – 1 AZR 390/01, AiB 2003, 559 = DB 2002, 2725; 7. 11. 2001 – 4 AZR 703/00, DB 2002, 642; 22. 7. 1998 – 4 AZR 403/97, NZA 1998, 1287; a. A. die wohl h. M. in der Literatur; vgl. Berg/Kocher/Schumann-*Berg*, Tarifvertragsgesetz und Arbeitskampfrecht, 5. Aufl. 2015, § 4 Rn. 316 m. w. N.).

17

Der Arbeitgeber kann daher bei der → **Einstellung** arbeitsvertraglich untertarifliche Arbeitsbedingungen vereinbaren. Dabei kommt es nicht darauf an, ob ein Arbeitnehmer Mitglied der Gewerkschaft ist oder nicht.

Tarifvertrag: Nachbindung und Nachwirkung

Für neu eingestellte Arbeitnehmer gilt ein nachwirkender Tarifvertrag deshalb nur dann, wenn seine Geltung arbeitsvertraglich vereinbart wird (ggf. durch Vereinbarung einer **Bezugnahmeklausel**, mit der auf die Tarifverträge verwiesen wird; siehe → **Arbeitsvertrag: Bezugnahme auf Tarifverträge**).

18   Wird im Nachwirkungszeitraum ein bestehendes Vertragsverhältnis **geändert** (»auf eine neue rechtliche Grundlage gestellt«), wird es wie ein im Nachwirkungszeitraum neu begründetes Arbeitsverhältnis behandelt (BAG v. 2.3.2004 – 1 AZR 271/03, NZA 2004, 852 [854]).

Gewerkschaftsbeitritt im Nachwirkungszeitraum

19   Für bisher gewerkschaftlich nicht organisierte Arbeitnehmer eines tarifgebundenen Arbeitgebers, die erst im Nachwirkungszeitraum des Tarifvertrages der Gewerkschaft beitreten, gelten nach abzulehnender Ansicht des BAG die nachwirkenden Tarifverträge nicht (BAG v. 10.12.1997 – 4 AZR 247/96, NZA 1998, 484; a. A. die wohl h. M. in der Literatur; vgl. Berg/Kocher/Schumann-*Berg*, a. a. O., § 4 Rn. 315 m. w. N.).
Zur Geltung des Tarifvertrags bei Gewerkschaftsbeitritt im Falle der sog.»**Nachbindung**« nach § 3 Abs. 3 TVG siehe Rn. 5.

Andere Abmachung

20   Eine »**andere Abmachung**« i. S. d. § 4 Abs. 5 TVG ist i. d. R. ein neuer → **Tarifvertrag** (im Falle beiderseitiger Tarifbindung) oder ein → **Arbeitsvertrag** in Form des Änderungsvertrages.
Nach Ansicht des BAG soll auch eine wirksam gewordene → **Änderungskündigung** zu einer Verdrängung nachwirkender Tarifnormen führen können, wenn der Arbeitnehmer das mit einer Änderungskündigung verbundene»Angebot« des bisher tarifgebundenen Arbeitgebers (hier: Reduzierung von bisher tariflich gewährleisteten Sonderzahlungen) gemäß § 2 Satz 1 KSchG unter Vorbehalt annimmt (BAG v. 27.9.2001 – 2 AZR 236/00, NZA 2002, 750). In diesem Fall komme eine die Nachwirkung beendende einzelvertragliche Abmachung unter der Bedingung zustande, dass sich die Änderung der Arbeitsbedingungen als sozial gerechtfertigt erweist.
Eine → **Betriebsvereinbarung** kann einen nachwirkenden Tarifvertrag nicht ersetzen, wenn dem die **Tarifsperre** des § 77 Abs. 3 BetrVG entgegensteht.
Hiernach können Arbeitsentgelte und sonstige Arbeitsbedingungen, die durch Tarifvertrag geregelt sind oder »*üblicherweise geregelt*« werden, nicht Gegenstand einer Betriebsvereinbarung sein.
§ 77 Abs. 3 BetrVG tritt allerdings zurück, soweit mit der Betriebsvereinbarung Gegenstände geregelt werden (sollen), die unter die Mitbestimmungstatbestände des § 87 Abs. 1 BetrVG fallen (siehe → **Betriebsvereinbarung**).

21   Eine andere Abmachung liegt in Bezug auf die gewerkschaftlich organisierten Arbeitnehmer nicht in dem Abschluss eines neuen (ggf. schlechteren) Tarifvertrages, der zwischen dem Arbeitgeber (bzw. einem neuen Arbeitgeberverband, dem der Arbeitgeber beigetreten ist) und einer **anderen Gewerkschaft** vereinbart wird (LAG Brandenburg v. 17.3.1995 – 5 Sa 671/94, BB 1995, 2530).

22   Die Nachwirkung nach § 4 Abs. 5 TVG ist **zeitlich nicht begrenzt** (BAG v. 15.10.2003 – 4 AZR 573/02, NZA 2004, 387).
Die Tarifvertragsparteien können aber die Nachwirkung zeitlich und sachlich einschränken oder ausschließen (BAG v. 16.8.1990 – 8 AZR 439/89, AiB 1991, 158 = NZA 1991, 353; 3.9.1986 – 5 AZR 319/85, NZA 1987, 178).
Die Arbeitgeberverbände fordern den Gesetzgeber seit geraumer Zeit – bislang ohne Erfolg – auf, die Nachwirkung **auf ein Jahr zu begrenzen** (vgl. vbw – Vereinigung der Bayerischen

Wirkung e. V., Zwölf Handlungsfelder für eine Modernisierung des Arbeitsrechts (Mai 2009), S. 15 ff.), was von den Gewerkschaften zu Recht abgelehnt wird.

Die Nachwirkung ist **statisch**. Zukünftige Änderungen des nachwirkenden Tarifvertrages – z. B. Tariferhöhungen – gelten nicht (BAG v. 17. 5. 2000 – 4 AZR 363/99, NZA 2001, 453). **23**

Zu den Auswirkungen des Übergangs eines Betriebs oder Betriebsteils auf einen neuen Inhaber gemäß § 613 a BGB auf die Geltung von Betriebsvereinbarungen und Tarifverträgen siehe → **Betriebsübergang**. Siehe auch → **Umwandlung von Unternehmen**. **24**

Rechtsprechung

1. Nachbindung eines Tarifvertrags (§ 3 Abs. 3 TVG) – Verbandsaustritt/OT-Wechsel
2. Streik für Tarifvertrag nach Verbandsaustritt/OT-Wechsel
3. Nachwirkung eines Tarifvertrags (§ 4 Abs. 5 TVG)
4. Tarifgeltung nach Auflösung des Arbeitgeberverbands

Tarifvertrag: Tarifbindung

Überblick

Folgende Fallgestaltungen sind zu unterscheiden:

1. Geltung der Tarifnormen über den »Inhalt«, den »Abschluss« und die »Beendigung« des Arbeitsverhältnisses aufgrund beiderseitiger Tarifbindung (§ 1 Abs. 1 und § 4 Abs. 1 TVG)

1 Die Tarifnormen über den Inhalt, den Abschluss und die Beendigung des Arbeitsverhältnisses (§ 1 Abs. 1 TVG) gelten im Falle »beiderseitiger Tarifbindung« von Arbeitgeber und Arbeitnehmer »unmittelbar« und »zwingend« (§ 4 Abs. 1 TVG).
Beiderseitige Tarifbindung nach § 3 Abs. 1 TVG liegt vor, wenn der Arbeitnehmer Mitglied der tarifschließenden → **Gewerkschaft** und der Arbeitgeber Mitglied im tarifschließenden → **Arbeitgeberverband** ist oder er – bei einem Firmentarifvertrag – **selbst Partei des Tarifvertrags** ist.
Zur Tarifflucht des Arbeitgebers in Form des Austritts aus dem Arbeitgeberverband oder des OT-Wechsels siehe → **Arbeitgeberverband** Rn. 11 ff.
Zum »Königsweg« der Tarifflucht durch Betriebsinhaberwechsel und Ausgliederung siehe → **Betriebsübergang** Rn. 18.

2. Keine Geltung der Tarifnormen über den »Inhalt«, den »Abschluss« und die »Beendigung« des Arbeitsverhältnisses – auch nicht für Gewerkschaftsmitglieder –, wenn der Arbeitgeber nicht tarifgebunden ist

2 Die Inhalts-, Abschluss- und Beendigungsnormen eines Tarifvertrages (§ 1 Abs. 1 TVG) gelten auch für **Gewerkschaftsmitglieder** nicht, wenn der Arbeitgeber **nicht tarifgebunden** ist, d. h. nicht Mitglied im tarifvertragschließenden Arbeitgeberverband ist bzw. es der Gewerkschaft (bislang) nicht gelungen ist, mit ihm einen Firmentarifvertrag zu vereinbaren.
Hier muss die Gewerkschaft mit ihren Mitgliedern in diesem Betrieb (notfalls im Wege des Streiks; siehe → **Arbeitskampf**) versuchen, mit dem betreffenden Arbeitgeber einen Firmentarifvertrag abzuschließen (z. B. einen »Anerkennungstarifvertrag«; siehe Checkliste »Ablauf einer Tarifbewegung zur Durchsetzung eines Firmentarifvertrages« im Anhang zum Stichwort → **Tarifvertrag**).

3. Geltung der »betrieblichen« und »betriebsverfassungsrechtlichen« Normen eines Tarifvertrages für alle Arbeitnehmer (Organisierte und Nichtorganisierte) bei einseitiger Tarifbindung des Arbeitgebers (§ 1 Abs. 1 und § 3 Abs. 2 TVG)

3 Die »betrieblichen« und »betriebsverfassungsrechtlichen« Normen eines Tarifvertrages (§ 1 Abs. 1 und § 3 Abs. 2 TVG) – auch »**Betriebsnormen**« genannt – gelten für **alle Arbeitnehmer**

Tarifvertrag: Tarifbindung

(gleichgültig, ob gewerkschaftlich organisiert oder nicht), wenn sie bei einem Arbeitgeber beschäftigt sind, der Mitglied des tarifvertragsschließenden Arbeitgeberverbandes ist bzw. der selbst Partei des Tarifvertrages ist (§ 3 Abs. 2 TVG).
Dies beruht auf dem **kollektiven Charakter** dieser Normen, die sinnvoll **nur einheitlich** (kollektiv) im Betrieb angewendet werden können.

> **Beispiel:**
> Tarifregelungen über die Einführung von → **Kurzarbeit** sind »Betriebsnormen«; dagegen ist eine Tarifregelung über einen Zuschuss zum Kurzarbeitergeld eine »Inhaltsnorm« (siehe Rn. 1).

4. Geltung der Tarifnormen aufgrund arbeitsvertraglicher Bezugnahme auf Tarifverträge

Die Inhalts-, Abschluss- und Beendigungsnormen eines Tarifvertrages (§ 1 Abs. 1 TVG) gelten nicht für **nicht organisierte Arbeitnehmer** (sog. **Außenseiter**). **4**
Allerdings ist eine **weit verbreitete Praxis** der Arbeitgeber festzustellen, die tarifvertraglichen Leistungen stillschweigend oder durch ausdrückliche arbeitsvertragliche Vereinbarung an Nichtorganisierte weiterzugeben (siehe → **Arbeitsvertrag: Bezugnahme auf Tarifverträge**).
Dass sich die Arbeitgeber dabei nicht von ethischen und sozialpolitischen, sondern betriebswirtschaftlichen Motiven leiten lassen, liegt auf der Hand: Es soll nicht nur **kein Anreiz** für die Arbeitnehmer zur Organisation in den – bisher die Tarifpolitik maßgeblich beeinflussenden – DGB-Gewerkschaften, sondern im Gegenteil ein **Anreiz zum Austritt** geschaffen und damit ein Beitrag zur (weiteren) **Schwächung der gewerkschaftlichen Durchsetzungsfähigkeit** geleistet werden.
Weitere Motive der Arbeitgeber sind:
- Verhinderung von Unzufriedenheit über ungleiche Arbeitsbedingungen (Tarif / Nichttarif) und dadurch entstehende Demotivation sowie Leistungsminderung.
- Entlastung des Unternehmens bei der Festlegung und späteren Anpassung der Arbeitsbedingungen »nach oben« (z. B. Tariferhöhungen) oder »nach unten« z. B. aufgrund eines Sanierungstarifvertrags (»Entlastung des Arbeitsvertrags«).
- Werbung mit Tarifbedingungen bei der Suche nach Personal im Fall von Fachkräftemangel.

Die Weitergabe der tarifvertraglichen Leistungen auch an nichtorganisierte Beschäftigte ist – vom Interessenstandpunkt der Arbeitgeber/Arbeitgeberverbände aus betrachtet – nachvollziehbar. Weniger nachvollziehbar ist das Verhalten der Nichtorganisierten, die das gerne in Anspruch nehmen, was andere – zum Teil unter erheblichen Opfern (Mitgliedsbeiträge, Streiks) – erkämpft haben. Nicht ganz zu Unrecht wird Nichtorganisierten deshalb der Titel »Trittbrettfahrer« verliehen.

Nach der ständigen Rechtsprechung des BAG ist die Inbezugnahme von Tarifverträgen (siehe **4a**
→ **Arbeitsvertrag: Bezugnahme auf Tarifverträge**) auch im Wege der → **betrieblichen Übung** möglich (BAG v. 9.5.2007 – 4 AZR 275/06 m. w. N.).
Allerdings unterschiedet das BAG zwischen der
- Verpflichtung, auf Grund betrieblicher Übung einen bestimmten Tarifvertrag weiterhin anzuwenden, und der
- Verpflichtung, auch zukünftige Tarifverträge (z. B. künftige Tariferhöhungen) umzusetzen.

Es ist danach in jedem Einzelfall zu prüfen, ob durch die konkrete Verhaltensweise des Arbeitgebers eine betriebliche Übung im Sinne einer dynamischen Bezugnahme auf die einschlägigen Tarifverträge oder nur im Sinne der weiteren Anwendung eines bestimmten Tarifvertrages vereinbart worden ist (BAG v. 9.5.2007 – 4 AZR 275/06; 20.6.2001 – 4 AZR 290/00, EzA BGB § 242 Betriebliche Übung Nr. 45).
Bei einem nicht tarifgebundenen Arbeitgeber wird eine betriebliche Übung der Erhöhung der

1939

Tarifvertrag: Tarifbindung

Löhne und Gehälter entsprechend der Tarifentwicklung in einem bestimmten Tarifgebiet nur entstehen, wenn es deutliche Anhaltspunkte im Verhalten des Arbeitgebers dafür gibt, dass er auf Dauer die von den Tarifvertragsparteien ausgehandelten Tariflohnerhöhungen übernehmen will (BAG v. 19. 10. 2011 – 5 AZR 359/10; LAG Hamm (Westfalen) v. 23. 9. 2015 – 10 Sa 647/15).

5. Erstreckung von Tarifnormen auf nicht tarifgebundene Arbeitgeber und Arbeitnehmer durch Allgemeinverbindlicherklärung eines Tarifvertrags (§ 5 TVG)

5   Das Bundesministerium für Arbeit und Soziales kann einen Tarifvertrag im Einvernehmen mit dem Tarifausschuss nach § 5 Abs. 1 TVG – bestehend aus je drei Vertretern der Bundesvereinigung der Deutschen Arbeitgeberverbände (BDA) und des Deutschen Gewerkschaftsbundes (DGB) – auf gemeinsamen Antrag der Tarifvertragsparteien für **allgemeinverbindlich** erklären, wenn dies im **öffentlichen Interesse geboten** erscheint.
Das ist gemäß § 5 Abs. 1 Satz 2 TVG in der Regel der Fall, wenn
* der Tarifvertrag in seinem Geltungsbereich für die Gestaltung der Arbeitsbedingungen »überwiegende Bedeutung« erlangt hat oder
* die Absicherung der Wirksamkeit der tarifvertraglichen Normsetzung gegen die Folgen wirtschaftlicher Fehlentwicklung eine Allgemeinverbindlicherklärung verlangt.

Auf diese Weise werden die Tarifnormen auf die nicht organisierten Arbeitnehmer und nicht tarifgebundenen Arbeitgeber erstreckt (siehe hierzu → **Tarifvertrag: Allgemeinverbindlicherklärung** Rn. 6 ff.).
Bei einem **Stimmenpatt (3:3)** im Tarifausschuss gilt der Antrag als **abgelehnt** mit der Folge, dass der Tarifvertrag nicht für allgemein verbindlich erklärt werden kann.
Die Bundesvereinigung der Arbeitgeberverbände (BDA) hat diese Verfahrensregelung in den letzten Jahren ausgiebig und systematisch genutzt, um die Allgemeinverbindlicherklärung von Tarifverträgen (insbesondere im Baugewerbe) zu verhindern und damit die arbeitsvertragliche »Vereinbarung« untertariflicher (Dumping-)Löhne zu ermöglichen.

6. Erstreckung von Tarifnormen auf nicht tarifgebundene Arbeitgeber und Arbeitnehmer durch Rechtsverordnung nach Arbeitnehmerentsendegesetzes (AEntG)

6   Aus Anlass des vorstehend beschriebenen – destruktiven – Vorgehens der Bundesvereinigung der Deutschen Arbeitgeberverbände (BDA) im Tarifausschuss wurde eine weitere Möglichkeit zur Herstellung von Tarifbindung geschaffen – und zwar nach Maßgabe des § 7 AEntG. Hiernach kann das Bundesministerium für Arbeit und Soziales für bestimmte Branchen durch **Rechtsverordnung** bestimmen, dass die Rechtsnormen eines Tarifvertrages, für den die Tarifvertragsparteien gemeinsam einen Antrag auf Allgemeinverbindlichkeit gestellt haben, auf alle unter seinen Geltungsbereich fallenden und nicht an ihn gebundenen Arbeitgeber und Arbeitnehmer sowie auf Arbeitgeber mit Sitz im Ausland und ihre im Geltungsbereich der Verordnung beschäftigten Arbeitnehmer Anwendung finden (siehe → **Arbeitnehmerentsendung** Rn. 17 ff.).

7. Erstreckung von tariflichen Mindeststundenentgelten auf alle Arbeitgeber und Arbeitnehmer im Bereich der Arbeitnehmerüberlassung / Leiharbeit durch Rechtsverordnung nach § 3a AÜG (Lohnuntergrenze)

7   Nach § 3 a AÜG kann das Bundesministerium für Arbeit und Soziales auf Vorschlag der Tarifvertragsparteien der Leiharbeitsbranche in einer **Rechtsverordnung** bestimmen, dass die

von den Tarifvertragsparteien bundesweit vereinbarten tariflichen Mindeststundenentgelte als verbindliche Lohnuntergrenze auf alle in den Geltungsbereich der Verordnung fallenden Leiharbeitgeber sowie Leiharbeitnehmer Anwendung finden.
Siehe hierzu → **Arbeitnehmerüberlassung/Leiharbeit**.

Tarifvertrag: Tarifkonkurrenz – Tarifpluralität – Tarifkollision

Was ist das?

Tarifkonkurrenz

1 Von **Tarifkonkurrenz** spricht man, wenn mehrere Tarifverträge bzw. Tarifnormen auf **dasselbe Arbeitsverhältnis** anzuwenden sind und denselben Gegenstand regeln.
Tarifkonkurrenz setzt stets **beiderseitige Tarifbindung** an die konkurrierenden Tarifverträge voraus.
Bei Tarifnormen über betriebliche oder betriebsverfassungsrechtliche Fragen (z. B. Regelungen zur Lage und Verteilung der regelmäßigen Wochenarbeitszeit oder zur Mitbestimmung des Betriebsrat) genügt die **Tarifbindung des Arbeitgebers**, um eine Tarifkonkurrenz entstehen zu lassen (§ 3 Abs. 2 TVG).

> **Beispiele:**
> - Eine Gewerkschaft schließt mit einem Arbeitgeberverband einen Verbandstarifvertrag ab und vereinbart mit einem verbandsangehörigen Arbeitgeber einen anders lautenden Firmentarifvertrag über die gleichen Sachverhalte.
> - Oder: Der eine Tarifvertrag wirkt kraft Allgemeinverbindlichkeit (§ 5 TVG) auf das Arbeitsverhältnis, der andere Tarifvertrag gilt kraft beiderseitiger Mitgliedschaft in den Tarifvertragsparteien.

Oder: Der Arbeitgeber hat mit verschiedenen Gewerkschaften Tarifverträge mit unterschiedlichen Regelungen zu betrieblichen oder betriebsverfassungsrechtlichen Fragen abgeschlossen.

2 Eine Tarifkonkurrenz muss, darüber sind sich alle einig, durch Herstellung von »**Tarifeinheit**« aufgelöst werden.
Wenn etwa ein Arbeitsverhältnis von zwei Lohntarifverträgen mit unterschiedlichen Lohnregelungen (Tarifvertrag A: 15 Euro/Std.; Tarifvertrag B: 20 Euro/Std.) erfasst wird (z. B. der eine Tarifvertrag gilt kraft Allgemeinverbindlichkeit, der andere kraft beiderseitiger Mitgliedschaft in den Tarifvertragsparteien), kann nur einer der beiden Tarifverträge zur Anwendung kommen.
Es muss also festgelegt werden, welcher der beiden Tarifverträge für das Arbeitsverhältnis Geltung hat und welcher verdrängt wird.
Die derzeitige Rechtsprechung wendet bei der Auflösung der Tarifkonkurrenz den Grundsatz der **Tarifspezialität** an.
Der räumlich, fachlich und persönlich nähere – also speziellere – Tarifvertrag soll den entfernteren Tarifvertrag verdrängen (vgl. z. B. BAG v. 4.12.2002 – 10 AZR 113/02, DB 2003, 1067).
Beispielsweise wird ein Firmentarifvertrag gegenüber einem Verbandstarifvertrag als die speziellere Regelung angesehen. Der Firmentarifvertrag hat damit Vorrang (BAG v. 4.4.2001 – 4 AZR 237/00, DB 2001, 1999; strittig).
Dort, wo der Spezialitätsgrundsatz zu keinem eindeutigen Ergebnis führt, soll das **Mehrheitsprinzip** (auch Repräsentativitätsprinzip genannt) anzuwenden sein (BAG v. 20.3.1991 – 4

AZR 455/90, DB 1991, 1779). Das heißt, es gilt der Tarifvertrag, der die größere Anzahl von Arbeitsverhältnissen im Betrieb erfasst.
Nach einer zutreffenden – in der Literatur vertretenen – Auffassung liegt es in unklaren Fällen näher, auf das → **Günstigkeitsprinzip** zurückzugreifen. Das heißt, es gilt der – aus Sicht der Arbeitnehmer – **bessere Tarifvertrag** (vgl. Hinweise bei Däubler, Tarifvertragsrecht, 3. Aufl., Rn. 1493 ff.; a. A. Däubler-Zwanziger, TVG, § 4 Rn. 927).

Tarifpluralität

Tarifpluralität liegt vor, wenn **für einen Betrieb** (nicht für das einzelne Arbeitsverhältnis) verschiedene Tarifverträge Anwendung finden. 3

> **Beispiel:**
> - Der Arbeitgeber hat Tarifverträge sowohl mit der Gewerkschaft A als auch der Gewerkschaft B abgeschlossen.
> - Oder: Für den Betrieb gilt ein allgemeinverbindlicher Tarifvertrag, außerdem ist der Arbeitgeber – nicht der Arbeitnehmer – an einen weiteren Tarifvertrag gebunden (BAG v. 20. 3. 1991 – 4 AZR 455/90, DB 91, 1779).
> - Oder: Der Arbeitgeber gehört zwei Verbänden an, die mit unterschiedlichen Gewerkschaften Tarifverträge abgeschlossen haben.
> - Oder: Ein Verbandstarifvertrag kommt zur Anwendung, weil der Arbeitgeber Verbandsmitglied ist, der andere aufgrund einer vertraglichen Bezugnahmeklausel (BAG v. 20. 3. 1991 – 4 AZR 455/90, a. a. O.; strittig).

Bei Tarifpluralität besteht – anders als im Falle der Tarifkonkurrenz (siehe Rn. 58 f.) – jedenfalls in Bezug auf tarifliche Abschluss-, Inhalts- und Beendigungsnormen an sich kein zwingendes Bedürfnis nach Festlegung des Vorrangs eines Tarifvertrags. 4
Man könnte vielmehr annehmen, dass der für das jeweilige Arbeitsverhältnis maßgebliche Tarifvertrag Anwendung findet. Die Tarifverträge A gelten für die Mitglieder der einen, die Abschluss-, Inhalts- und Beendigungsnormen der Tarifverträge B für die Mitglieder der anderen Gewerkschaft (h. M. in der Literatur; vgl. z. B. Däubler-Zwanziger, TVG, § 4 Rn. 943).
Die **frühere BAG-Rechtsprechung** ist dieser sich geradezu aufdrängenden Konsequenz nicht gefolgt. Sie hat stattdessen aus »übergeordneten Prinzipien der Rechtssicherheit und Rechtsklarheit« angenommen, dass auch im Falle von Tarifpluralität »**Tarifeinheit**« herzustellen sei (vgl. z. B. BAG v. 20. 3. 1991 – 4 AZR 455/90, DB 1991, 1779 und 26. 1. 1994 – 10 AZR 611/92, AuR 94, 389 = NZA 1994, 1038).
Es dürfe in den Betrieben keine voneinander abweichenden Tarifverträge geben. Wenn ein Arbeitgeber oder dessen Verband mit zwei verschiedenen Gewerkschaften einen Tarifvertrag abschließe, könne nur einer von beiden maßgebend sein.
Es sei das Prinzip der **Tarifspezialität** anzuwenden (vgl. Rn. 59). Der speziellere Tarifvertrag – etwa ein Firmentarifvertrag – habe Vorrang gegenüber dem allgemeineren Flächentarifvertrag.
Folge dieser Rechtsprechung war: der speziellere Tarifvertrag (z. B. Firmentarifvertrag) verdrängte den anderen Tarifvertrag (z. B. Verbandstarifvertrag).
Die Mitglieder der Gewerkschaft des verdrängten Tarifvertrages wurden **tariflos** gestellt.
Die Arbeitsbedingungen der »verdrängten« Gewerkschaftsmitglieder richteten sich – genauso wie bei Nichtorganisierten – allein nach dem → **Arbeitsvertrag**.
War eine Bezugnahme auf den Tarifvertrag vereinbart (siehe → **Arbeitsvertrag: Bezugnahme auf Tarifverträge**), dann kam er auf diesem Wege zur Anwendung.
Fehlte aber eine vertragliche Bezugnahmeklausel, dann gab es Probleme.
Zum Trost hatte das BAG den »verdrängten« und damit tariflos gestellten Gewerkschaftsmit-

Tarifvertrag: Tarifkonkurrenz – Tarifpluralität – Tarifkollision

gliedern in der Entscheidung v. 20.3.1991 zynischerweise empfohlen, der anderen Gewerkschaft beizutreten.

> **Beispiel:**
> In einem Unternehmen der Metallindustrie sind 200 Arbeitnehmer beschäftigt. 100 davon sind in der IG Metall organisiert. Das Unternehmen ist Mitglied im Metall-Tarifarbeitgeberverband. Damit gelten die Flächentarifverträge der Metallindustrie für die gewerkschaftlich organisierten Beschäftigten kraft beiderseitiger Tarifbindung (§ 3 Abs. 1 TVG). Auf die nichtorganisierten Beschäftigten wendete das Unternehmen die Metall-Tarifverträge nach Maßgabe von arbeitsvertraglichen Bezugnahmeklauseln an. Auch mit den organisierten Arbeitnehmern waren solche arbeitsvertraglichen Bezugnahmeklauseln vereinbart worden.
> Die Geschäftsführung kündigte ein Kostensenkungsprogramm an. Eine der ersten Maßnahmen war es, mit der »Christlichen Gewerkschaft Metall« (CGM) einen Firmentarifvertrag abzuschließen (die Chefsekretärin und ein paar Meister wurden Mitglied der CGM). Man schrieb die »IG Metall-Tarifverträge« ab, veränderte sie aber in einigen wichtigen Punkten »nach unten«: weniger Lohn, längere Wochenarbeitszeit, weniger Urlaub, weniger Urlaubs- und Weihnachtsgeld. Als »Gegenleistung« versicherte man, dass nur auf diese Weise das Unternehmen im härter werdenden Wettbewerb überleben könne.
> Nach früherer BAG-Rechtsprechung galt für die Mitglieder der IG Metall weder der eine noch der andere Tarifvertrag.

4a Die frühere BAG-Rechtsprechung ist in der Literatur auf fast **einhellige Kritik** gestoßen (Nachweise bei Däubler-*Zwanziger*, TVG, § 4 Rn. 943; Berg/Kocher/Schumann –*Berg*, Tarifvertragsgesetz und Arbeitskampfrecht, 5. Aufl. 2015, § 4 Rn. 91 ff.).

Ihr wurde u. a. vorgeworfen, dass sie die Koalitionsfreiheit der »verdrängten« Gewerkschaft verletzt und Tarifflucht in »Billigtarifverträge« begünstigt (vgl. Beispiele bei Nauditt, AuR 2002, 255 ff.).

Der 4. Senat des BAG (»Tarifsenat«) hat inzwischen in Übereinstimmung mit dem ebenfalls für diese Rechtsfrage zuständigen 10. Senat beschlossen, die bisherige Rechtsprechung zur Tarifeinheit bei Tarifpluralität aufzugeben (BAG v. 27.1.2010 – 4 AZR 549/08 (A); 23.6.2010 – 10 AS 3/10; 7.7.2010 – 4 AZR 549/08).

Der Grundsatz der Tarifeinheit und die Verdrängung eines Tarifvertrags durch einen anderen »spezielleren« Tarifvertrag seien gesetzlich nicht vorgesehen.

Die frühere Rechtsprechung bringe die verdrängte Gewerkschaft und ihre Mitglieder um ihren Tarifschutz und sei mit dem Grundrecht der Koalitionsfreiheit nicht vereinbar.

Für ein Arbeitsverhältnis, dessen Parteien nach § 3 Abs. 1 TVG an einen Tarifvertrag gebunden sind, würde dieser Tarifvertrag zwingend und unmittelbar nach § 4 Abs. 1 TVG gelten.

Sie könnten auch dann nicht nach dem Grundsatz der Tarifeinheit verdrängt werden, wenn der Arbeitgeber durch seine Mitgliedschaft in einem tarifschließenden Arbeitgeberverband zugleich an einen mit einer anderen Gewerkschaft für Arbeitsverhältnisse derselben Art geschlossenen Tarifvertrag unmittelbar gebunden ist.

Konsequenzen dieser Rechtsprechungsänderung für die Tarifpraxis

4b Die **Abschluss-, Inhalts- und Beendigungsnormen** der Tarifverträge (siehe Rn. 14) verschiedener Gewerkschaften gelten im Betrieb **nebeneinander**.

Eine Verdrängung des einen durch den anderen Tarifvertrag findet nicht statt. Die Mitglieder der Gewerkschaft A können Rechte nach dem Tarifvertrag A geltend machen, die Mitglieder der Gewerkschaft B Rechte nach dem Tarifvertrag B.

Jeder bekommt das, was »seine« Gewerkschaft für ihn und ggf. mit seiner Hilfe (z. B. Beteiligung an Streiks) ausgehandelt und durchgesetzt hat.

Tarifvertrag: Tarifkonkurrenz – Tarifpluralität – Tarifkollision

Bestrebungen für ein »Tarifeinheitsgesetz«

Nun hätte man aus Sicht der DGB-Gewerkschaften mit der Wende in der BAG-Rechtsprechung eigentlich zufrieden sein können.
Der Dumping-Tarifpolitik durch sog. »**christliche**« **Gewerkschaften** in Form von »nach unten« abweichenden Firmentarifverträgen war der Stachel genommen.
Eine Verdrängung der Tarifverträge der DGB-Gewerkschaften durch »Christen-Firmentarifverträge« konnte nicht mehr stattfinden.
Dennoch startete der DGB gemeinsam mit der Bundesvereinigung der Deutschen Arbeitgeberverbände (BDA) und mit Unterstützung der Einzelgewerkschaften (ver.di, Transnet, IG Metall usw.) im Frühjahr 2010 eine **gesetzliche Initiative** für eine Wiedereinführung der »Tarifeinheit« auch im Falle von Tarifpluralität durch Gesetz (siehe → **Gewerkschaften** Rn. 6 d).
Nach Bekanntwerden der BDA/DGB-Initiative hatte sich in den Gewerkschaften eine juristische und politische Debatte um die Sinnhaftigkeit einer gesetzlichen Regelung entwickelt. Vor allem im Bereich der **Gewerkschaft ver.di** wurde die Initiative von vielen Gliederungen/Gremien kritisiert und der ver.di-Bundesvorstand aufgefordert, sich aus der Initiative zurückzuziehen. Es setzte sich zunehmend die richtige Auffassung durch, die neue BAG-Rechtsprechung zur Tarifpluralität zu akzeptieren und sich mit den Berufsgruppengewerkschaften tarif-, betriebs- und organisationspolitisch auseinander zu setzen oder – noch besser – mit ihnen geeignete Formen der Kooperation (etwa in Tarifgemeinschaften) zu versuchen.
Die Debatte führte dazu, dass der **DGB-Bundesvorstand** am 7.6.2011 zum Ärger des BDA den Beschluss fasste: »*Das politische Ziel der Tarifeinheit ist und bleibt richtig, um die Tarifpolitik zu stärken und die Tarifautonomie sicherzustellen. Der DGB sieht allerdings unter den gegebenen Bedingungen keine Möglichkeit, die Initiative von BDA und DGB weiterzuverfolgen.*«
Die »Büchse der Pandora« war allerdings geöffnet worden. Das zeigten die Verabredungen im **Koalitionsvertrag von CDU/CSU/SPD 2013** (S. 70):
»*Tarifeinheit gesetzlich regeln*
Um den Koalitions- und Tarifpluralismus in geordnete Bahnen zu lenken, wollen wir den Grundsatz der Tarifeinheit nach dem betriebsbezogenen Mehrheitsprinzip unter Einbindung der Spitzenorganisationen der Arbeitnehmer und Arbeitgeber gesetzlich festschreiben. Durch flankierende Verfahrensregelungen wird verfassungsrechtlich gebotenen Belangen Rechnung getragen.«
Ungeachtet des breiten Widerstands gegen das Gesetzesvorhaben hat der Bundestag das **Tarifeinheitsgesetz** verabschiedet (Gesetz zur Tarifeinheit vom 3.7.2015 – BGBl. I S. 1130).
Das Gesetz ist am 10.7.2015 in Kraft getreten.
Kernstück des Gesetzes ist die Schaffung eines neuen **§ 4a TVG** (**Tarifkollision**).
Zu weiteren Einzelheiten siehe Rn. 10, → **Arbeitsgericht** Rn. 2a, 11c, → **Arbeitskampf** Rn. 1e und → **Gewerkschaft** Rn. 6d ff.

Tarifkollision (§ 4a TVG)

§ 4a TVG lautet (Hervorhebung durch Verf.):
»*§ 4a Tarifkollision*
(1) Zur Sicherung der Schutzfunktion, Verteilungsfunktion, Befriedungsfunktion sowie Ordnungsfunktion von Rechtsnormen des Tarifvertrags werden Tarifkollisionen im Betrieb vermieden.
(2) Der Arbeitgeber kann nach § 3 an mehrere Tarifverträge unterschiedlicher Gewerkschaften gebunden sein. Soweit sich die Geltungsbereiche nicht inhaltsgleicher Tarifverträge verschiedener Gewerkschaften überschneiden (kollidierende Tarifverträge), sind im Betrieb nur die Rechtsnormen des Tarifvertrags derjenigen Gewerkschaft anwendbar, die zum Zeitpunkt des Abschlusses des zuletzt abgeschlossenen kollidierenden Tarifvertrags im Betrieb die meisten in

Tarifvertrag: Tarifkonkurrenz – Tarifpluralität – Tarifkollision

einem Arbeitsverhältnis stehenden Mitglieder hat. Kollidieren die Tarifverträge erst zu einem späteren Zeitpunkt, ist dieser für die Mehrheitsfeststellung maßgeblich. Als Betriebe gelten auch ein Betrieb nach § 1 Absatz 1 Satz 2 des Betriebsverfassungsgesetzes und ein durch Tarifvertrag nach § 3 Absatz 1 Nummer 1 bis 3 des Betriebsverfassungsgesetzes errichteter Betrieb, es sei denn, dies steht den Zielen des Absatzes 1 offensichtlich entgegen. Dies ist insbesondere der Fall, wenn die Betriebe von Tarifvertragsparteien unterschiedlichen Wirtschaftszweigen oder deren Wertschöpfungsketten zugeordnet worden sind.

(3) Für Rechtsnormen eines Tarifvertrags über eine betriebsverfassungsrechtliche Frage nach § 3 Absatz 1 und § 117 Absatz 2 des Betriebsverfassungsgesetzes gilt Absatz 2 Satz 2 nur, wenn diese betriebsverfassungsrechtliche Frage bereits durch Tarifvertrag einer anderen Gewerkschaft geregelt ist.

(4) Eine Gewerkschaft kann vom Arbeitgeber oder der Vereinigung der Arbeitgeber die Nachzeichnung der Rechtsnormen eines mit ihrem Tarifvertrag kollidierenden Tarifvertrags verlangen. Der Anspruch auf Nachzeichnung beinhaltet den Abschluss eines die Rechtsnormen des kollidierenden Tarifvertrags enthaltenden Tarifvertrags, soweit sich die Geltungsbereiche und Rechtsnormen der Tarifverträge überschneiden. Die Rechtsnormen eines nach Satz 1 nachgezeichneten Tarifvertrags gelten unmittelbar und zwingend, soweit der Tarifvertrag der nachzeichnenden Gewerkschaft nach Absatz 2 Satz 2 nicht zur Anwendung kommt.

(5) Nimmt ein Arbeitgeber oder eine Vereinigung von Arbeitgebern mit einer Gewerkschaft Verhandlungen über den Abschluss eines Tarifvertrags auf, ist der Arbeitgeber oder die Vereinigung von Arbeitgebern verpflichtet, dies rechtzeitig und in geeigneter Weise bekanntzugeben. Eine andere Gewerkschaft, zu deren satzungsgemäßen Aufgaben der Abschluss eines Tarifvertrags nach Satz 1 gehört, ist berechtigt, dem Arbeitgeber oder der Vereinigung von Arbeitgebern ihre Vorstellungen und Forderungen mündlich vorzutragen.«

11 Mit den Regelungen des § 4a Abs. 2 TVG werden kraft Gesetzes die Rechtsnormen des Tarifvertrags der »Minderheitsgewerkschaft« von dem Tarifvertrag der »Mehrheitsgewerkschaft« **verdrängt**.

Das heißt, der Minderheitstarifvertrag findet keine Anwendung auf die in seinem Geltungsbereich genannten Gewerkschaftsmitglieder.

Das gilt unabhängig davon, welcher der beiden Tarifverträge besser oder schlechter für die Beschäftigten sind.

Der »verdrängten« Minderheitsgewerkschaft wird nach § 4a Abs. 4 TVG gestattet, den (ggf. schlechteren) Tarifvertrag der Mehrheitsgewerkschaft zu unterzeichnen (**Nachzeichnung**).

12 Die durch § 4a TVG geschaffene Rechtslage ist **absurd**: es wird einer Gewerkschaft zugemutet, den – ggf. schlechteren – Tarifvertrag einer anderen Gewerkschaft zu unterzeichnen.

Die neue Vorschrift ist nach zutreffender Ansicht (u. a. Berg/Kocher/Schumann-*Berg*, Tarifvertragsgesetz und Arbeitskampfrecht, 5. Aufl. 2015, § 4a Rn. 6 ff. m. w.N) zudem ein **Art. 9 Abs. 3 GG verletzender Eingriff in die Koalitionsfreiheit** und verstößt außerdem gegen Art. 3 ILO-Übereinkommen Nr. 87 und Art. 4 ILO-Abkommen Nr. 98 sowie gegen Art. 11, 14 der Europäischen Menschenrechtskonvention (strittig; ausführlich zum Meinungsstand Berg/Kocher/Schumann-*Berg*, a. a. O., § 4a Rn. 6 ff.).

13 Ob die Tarifbestimmung das **Streikrecht** einer »Minderheitsgewerkschaft« zur Durchsetzung es von ihr angestrebten Tarifvertrags ausschließt, ist ebenfalls umstritten (zum Meinungsstand siehe Berg/Kocher/Schumann-*Berg*, a. a. O., § 4a Rn. 107 ff. – dort vor allem Fußnoten 154 und 155).

Von Kritikern des Tarifeinheitsgesetzes wird die Gefahr gesehen, dass für einen Tarifvertrag, der nach Maßgabe des § 4a Abs. 2 TVG nicht zur Anwendung kommt, nicht gestreikt werden kann, weil das den im Arbeitskampfrecht geltenden **Verhältnismäßigkeitsgrundsatz** verletzen könnte. Auch in der Gesetzesbegründung (BT-Drucks 18/4062, S. 12) wird diese Erwartung zum Ausdruck gebracht.

Tarifvertrag: Tarifkonkurrenz – Tarifpluralität – Tarifkollision

In Berg/Kocher/Schumann-*Berg*, a. a. O., § 4 a Rn. 107 ff., 110 wird die Ansicht vertreten, dass ein Streik zur Durchsetzung eines kollidierenden Tarifvertrags zulässig sei, solange keine Tarifkollision i. S. d. § 4 a Abs. 2 Satz 2 TVG vorliege und damit auch der »Mehrheitstarifvertrag« nicht identifiziert werden könne.

Eine weitere Absurdität: nach § 4 a TVG werden die Rechtsnormen des »Minderheitstarifvertrages« verdrängt, nicht die schuldrechtlichen Verpflichtungen – z. B. die Friedenspflicht (siehe hierzu → **Arbeitskampf** Rn. 11 ff.) Mit der Folge, dass der »Minderheitsgewerkschaft« während der Laufzeit der verdrängten »Minderheitstraifvertrages« die Hände gebunden sind.

Also enthält § 4 a TVG – entgegen den Beteuerungen der Befürworter des Tarifeinheitsgesetzes – letztlich doch eine Regelung zum Streikrecht.

Man wird abwarten müssen, wie die **Gerichte** (Arbeitsgerichte / Bundesverfassungsgericht) entscheiden.

Beim BVerfG sind aktuell fünf **Verfassungsbeschwerden** von Berufsgruppengewerkschaften gegen das Tarifeinheitsgesetz (§ 4 a TVG) anhängig (u. a. Az. 1 BvR 1571/15; 1BvR 1582/15; 1 BvR 1588/15 und 1 BvR 1707/15 und 1 BvR 1803/15). Nach Aussage des BVerfG wird hierüber bis Ende 2016 entschieden werden (siehe hierzu nachstehende Pressemitteilung).

Mit mehreren **Anträgen auf einstweilige Anordnung** sollte zudem verhindert werden, dass das im Juli in Kraft getretene Gesetz bis zu einer Entscheidung angewendet wird. Die Anträge auf Erlass einer einstweilige Anordnung wurden vom BVerfG mit Beschluss vom 6. 10. 2015 – 1 BvR 1571/15, 1 BvR 1588/15, 1 BvR 1582/15 abgelehnt. Hierzu ein Auszug aus der Pressemitteilung des BVerfG Nr. 73/2015 vom 9. 10. 2015: »*Mit heute veröffentlichtem Beschluss hat der Erste Senat des Bundesverfassungsgerichts drei Anträge auf Erlass einer einstweiligen Anordnung gegen das Tarifeinheitsgesetz abgelehnt. Soll ein Gesetz außer Vollzug gesetzt werden, gelten besonders hohe Hürden. Vorliegend sind jedoch keine entsprechend gravierenden, irreversiblen oder nur schwer revidierbaren Nachteile feststellbar, die den Erlass einer einstweiligen Anordnung unabdingbar machten. Derzeit ist nicht absehbar, dass den Beschwerdeführern bei Fortgeltung des Tarifeinheitsgesetzes bis zur Entscheidung in der Hauptsache das Aushandeln von Tarifverträgen längerfristig unmöglich würde oder sie im Hinblick auf ihre Mitgliederzahl oder ihre Tariffähigkeit in ihrer Existenz bedroht wären. Im Hauptsacheverfahren, dessen Ausgang offen ist, strebt der Erste Senat eine Entscheidung bis zum Ende des nächsten Jahres an. … Es bleibt den Beschwerdeführern unbenommen, bei einer erheblichen Änderung der tatsächlichen Umstände einen erneuten Antrag auf Erlass einer einstweiligen Anordnung zu stellen. Die Sicherungsfunktion der einstweiligen Anordnung kann es auch rechtfertigen, dass der Senat ohne einen entsprechenden Antrag der Beschwerdeführer eine solche von Amts wegen erlässt.*«

Zu weiteren Einzelheiten des Tarifeinheitsgesetzes siehe → **Arbeitsgericht** (Rn. 2 a und 11 c), → **Arbeitskampf** Rn. 1 e und → **Gewerkschaft** Rn. 6 d ff.

Rechtsprechung

1. Tarifkonkurrenz – Tarifpluralität – »Tarifeinheit« (Rechtsprechungsänderung!) – Kollision tariflich begründeter Ansprüche mit einzelvertraglichen Vereinbarungen
2. Tarifkollision (§ 4 a TVG)

Teilzeitarbeit

Grundlagen

1. Die Teilzeitbeschäftigung in Deutschland – gemeint sind alle abhängig Erwerbstätigen mit einer normalen Wochenarbeitszeit von höchstens 35 Stunden – hat in den vergangenen Jahren **deutlich zugenommen** (Quelle: Institut für Arbeit und Qualifikation an der Universität Duisburg-Essen: *http://www.sozialpolitik-aktuell.de/*).
Nachstehend (Rn. 2 bis 5) ein Überblick aus *http://www.sozialpolitik-aktuell.de/tl_files/sozialpolitik-aktuell/_Politikfelder/Arbeitsmarkt/Datensammlung/PDF-Dateien/abbIV8d_Grafik_Monat_02_2015.pdf.*
2. Im Jahr 2013 waren mit **12 Mio. Teilzeitbeschäftigten** (incl. Minijobs) so viele abhängig Erwerbstätige wie noch nie in einem solchen Beschäftigungsverhältnis.
Dabei sind Frauen mit einem Anteil von 75 % dreimal so stark betroffen wie Männer mit 25 %.
Die gesamte **Teilzeitquote** (Anteil der in Teilzeit Beschäftigten an allen abhängig Beschäftigten) lag 2013 bei 34 %. Während sie im Jahr 2002 noch 28,9 % betrug, hat sich die Teilzeitbeschäftigung seitdem um 17,6 % erhöht.
3. Differenziert man die Teilzeitquote nach **Geschlecht**, lässt sich erkennen, dass mehr als die Hälfte der abhängig erwerbstätigen Frauen im Jahr 2013 in Teilzeit beschäftigt waren (53 %). Gegenüber 2002 (46,7 %) ist damit ein Zuwachs von 13,5 % zu verzeichnen.
Dagegen sind Männer noch überwiegend in Vollzeit tätig: 2013 arbeiteten lediglich 16,4 % der Männer in Teilzeit. Allerdings hat sich auch ihr Anteil kontinuierlich erhöht, denn 2002 waren nur 13,9 % der abhängig Erwerbstätigen Männer in einem solchen Beschäftigungsverhältnis. Daraus ergibt sich ein Anstieg von 18 %.
Während Männer überwiegend nur deshalb in Teilzeit arbeiten, weil eine Vollzeitstelle nicht zu finden war oder sie aufgrund von Aus- und Fortbildung freiwillig die Arbeitszeit reduzierten, verzichten Frauen vor allem wegen persönlicher oder familiären Verpflichtungen auf eine Vollzeittätigkeit. Die Vereinbarkeit von Familie und Beruf ist nach wie vor ein großes Problem, das in erster Linie Frauen betrifft. Befragungen nach den Arbeitszeitwünschen von Frauen weisen zusätzlich darauf hin, dass eine Teilzeittätigkeit nur deshalb ausgeübt wird, da eine Vollzeitstelle nicht zu finden war.
4. Viele Teilzeitstellen entsprechen nur einem **geringen Stundenumfang**. Bei den in Teilzeit beschäftigten Frauen arbeiteten 2013 37,9 % weniger als 20 Stunden in der Woche. Bei den Männern betraf es mit 35,8 % ebenfalls mehr als ein Drittel.
5. Zudem übt ein erheblicher Anteil der Teilzeitbeschäftigten lediglich eine **geringfügige Tätigkeit** aus. Deren Zahl hat seit den Neuregelungen im Jahr 2003 ebenfalls zugenommen und lag 2013 bei etwa 4,9 Mio. Erwerbstätigen (ausschließlich geringfügig Beschäftigte), wovon etwa zwei Drittel Frauen sind.
6. Als Hauptgrund für ihre Teilzeittätigkeit nannte in der Arbeitskräfteerhebung der EU im Jahre 2010 jede zweite Frau (51,3 %) in Deutschland die Betreuung von Kindern beziehungsweise Pflegebedürftigen oder andere familiäre und persönliche Verpflichtungen (Quelle: Pressemitteilung des Statistischen Bundesamtes Nr. 078 vom 7.3.2012).

Teilzeitarbeit

18,9 % der Frauen arbeiteten 2010 verkürzt, weil sie keine Vollzeitarbeit finden konnten. 7
Teilzeitarbeit kommt in unterschiedlichen **Formen** vor.

Beispiele:
- Halbtagsarbeit an allen Tagen der Arbeitswoche (= die häufigste Form der Teilzeitarbeit),
- Volltagsarbeit an einigen Tagen der Arbeitswoche (z. B. 3-Tage-Woche),
- Arbeit nur an Wochenenden und/oder abends,
- Jahresarbeitszeit: es wird arbeitsvertraglich ein Jahresarbeitszeitvolumen (z. B. 1200 Stunden) vereinbart; der Arbeitseinsatz erfolgt nach jeweiligem Bedarf aufgrund eines nach § 87 Abs. 1 Nr. 2 BetrVG mitbestimmungspflichtigen Personaleinsatzplanes (siehe → **Arbeitszeitflexibilisierung** Rn. 65 a).
- Arbeit auf Abruf (§ 12 TzBfG; siehe Rn. 36): es wird arbeitsvertraglich eine Mindeststundenzahl (z. B. 20 Stunden pro Woche) vereinbart; der Arbeitseinsatz erfolgt nach jeweiligem Bedarf aufgrund eines mitbestimmungspflichtigen Personaleinsatzplanes,
- Job-Sharing (§ 13 TzBfG; siehe Rn. 39).

Eine besondere Form der Teilzeitarbeit ist die → **Altersteilzeit**. 8
Das Recht der Teilzeitarbeit ist durch das am 1.1.2001 in Kraft getretene **Teilzeit- und Befristungsgesetz (TzBfG)** vom 21.12.2000 (BGBl. I S. 1966) neu gefasst worden. 9
Im **Koalitionsvertrag von CDU/CSU/SPD 2013** wird angekündigt (S. 70):
»Weiterentwicklung des Teilzeitrechts
Für Arbeitnehmerinnen und Arbeitnehmer, die sich z. B. wegen Kindererziehung oder Pflege von Angehörigen zu einer zeitlich befristeten Teilzeitbeschäftigung entschieden haben, wollen wir sicherstellen, dass sie wieder zur früheren Arbeitszeit zurückkehren können. Dazu werden wir das Teilzeitrecht weiterentwickeln und einen Anspruch auf befristete Teilzeitarbeit schaffen (Rückkehrrecht).
Für bestehende Teilzeitarbeitsverhältnisse werden wir die Darlegungslast im Teilzeit- und Befristungsgesetz auf den Arbeitgeber übertragen. Bestehende Nachteile für Teilzeitbeschäftigte wollen wir beseitigen.«
Regelungen zur Teilzeitarbeit sieht auch § 15 Abs. 4 bis 7 Bundeselterngeld- und Elternzeitgesetz (BEEG) vor (siehe → **Elterngeld/Elternzeit**). 10
Ziel des TzBfG ist, Teilzeitarbeit zu fördern und die Diskriminierung von teilzeitbeschäftigten Arbeitnehmern zu verhindern (§ 1 TzBfG). 11
Teilzeitbeschäftigt ist ein Arbeitnehmer, dessen regelmäßige Wochenarbeitszeit kürzer ist als die eines vergleichbaren vollzeitbeschäftigten Arbeitnehmers (= gesetzliche Definition des § 2 Abs. 1 TzBfG). 12
Ist eine regelmäßige Wochenarbeitszeit nicht vereinbart, so ist ein Arbeitnehmer teilzeitbeschäftigt, wenn seine regelmäßige Arbeitszeit im Durchschnitt eines bis zu einem Jahr reichenden Beschäftigungszeitraums unter der eines vergleichbaren vollzeitbeschäftigten Arbeitnehmers liegt. 13
Vergleichbar ist ein vollzeitbeschäftigter Arbeitnehmer des Betriebes mit derselben Art des Arbeitsverhältnisses und der gleichen oder einer ähnlichen Tätigkeit.
Gibt es im Betrieb keinen vergleichbaren vollzeitbeschäftigten Arbeitnehmer, so ist der vergleichbare vollzeitbeschäftigte Arbeitnehmer auf Grund des anwendbaren → **Tarifvertrages** zu bestimmen; in allen anderen Fällen ist darauf abzustellen, wer im jeweiligen Wirtschaftszweig üblicherweise als vergleichbarer vollzeitbeschäftigter Arbeitnehmer anzusehen ist.
Teilzeitbeschäftigt ist auch ein Arbeitnehmer, der eine geringfügige Beschäftigung nach § 8 Abs. 1 Nr. 1 SGB IV ausübt (§ 2 Abs. 2 TzBfG; siehe → **Geringfügige Beschäftigungsverhältnisse [»Mini-Jobs«]**). 14
Auch wenn ein zunehmendes Bedürfnis nach Teilzeitarbeit festzustellen ist, so dürfen die **Nachteile** dieser Arbeitszeitform nicht übersehen werden: 15

Teilzeitarbeit

- schlechtere Integration in den Betrieb,
- schlechtere Aufstiegsmöglichkeiten,
- Nichtteilnahme an betrieblichen Qualifizierungsmaßnahmen,
- höheres Arbeitsplatzrisiko.

Diskriminierungsverbot (§ 4 Abs. 1 TzBfG)

16 Immerhin sieht § 4 Abs. 1 TzBfG ein Diskriminierungsverbot vor. Hiernach darf ein teilzeitbeschäftigter Arbeitnehmer wegen der Teilzeitarbeit nicht schlechter behandelt werden als ein vergleichbarer vollzeitbeschäftigter Arbeitnehmer, es sei denn, dass sachliche Gründe eine unterschiedliche Behandlung rechtfertigen.

> **Beispiel:**
> Teilzeitbeschäftigte erhalten einen niedrigeren Stundenlohn als vergleichbare Vollzeitbeschäftigte: Unzulässig, weil kein sachlicher Grund für die Schlechterstellung vorliegt.

17 Einem teilzeitbeschäftigten Arbeitnehmer ist → **Arbeitsentgelt** oder eine andere teilbare geldwerte Leistung mindestens in dem Umfang zu gewähren, der dem Anteil seiner Arbeitszeit an der Arbeitszeit eines vergleichbaren vollzeitbeschäftigten Arbeitnehmers entspricht (§ 4 Abs. 1 Satz 2 TzBfG).

17a An das gesetzliche Diskriminierungsverbot des § 4 Abs. 1 TzBfG sind auch die Tarifvertragsparteien gebunden (siehe Rn. 64).

18 Angesichts des Umstandes, dass ca. die große Mehrheit der Teilzeitbeschäftigten Frauen sind (siehe Rn. 2), stellt sich oft die Frage, ob eine Schlechterstellung der teilzeitbeschäftigten Frau im Einzelfall auch gegen die aus dem Gleichberechtigungsgrundrecht (Art. 3 Abs. 2 und 3 Grundgesetz) folgenden Diskriminierungsverbote der §§ 1 ff. Allgemeines Gleichbehandlungsgesetz (AGG; siehe → **Benachteiligungsverbot [AGG]**) verstößt (siehe auch → **Gleichberechtigung / Gleichstellung von Frauen und Männern**).

> **Beispiel:**
> In einem Unternehmen werden Teilzeitbeschäftigte von der → **betrieblichen Altersversorgung** ausgeschlossen. Auch wenn sich dieser Ausschluss formal auf weibliche und männliche Teilzeitbeschäftigte gleichermaßen bezieht, ist er wegen sog. »mittelbarer Diskriminierung« jedenfalls dann unwirksam, wenn in dem Unternehmen mehr weibliche als männliche Teilzeitkräfte tätig sind. Im Übrigen dürfte der Ausschluss aus der betrieblichen Altersversorgung auch gegen § 2 Abs. 1 TzBfG verstoßen.

19 Der Arbeitgeber darf einen Arbeitnehmer wegen der Inanspruchnahme von Rechten nach dem TzBfG nicht benachteiligen (§ 5 TzBfG).

Verpflichtungen des Arbeitgebers

20 Den Arbeitgeber treffen eine Reihe von Verpflichtungen. Er ist insbesondere verpflichtet,
- den Arbeitnehmern, auch in leitenden Positionen, Teilzeitarbeit nach Maßgabe des TzBfG zu ermöglichen (§ 6 TzBfG).
- einen Arbeitsplatz, den er öffentlich oder innerhalb des Betriebes ausschreibt, auch als Teilzeitarbeitsplatz auszuschreiben, wenn sich der Arbeitsplatz hierfür eignet (§ 7 Abs. 1 TzBfG).
- einen Arbeitnehmer, der ihm den Wunsch nach einer Veränderung von Dauer und Lage seiner vertraglich vereinbarten Arbeitszeit angezeigt hat, über entsprechende Arbeitsplätze zu informieren, die im Betrieb oder Unternehmen besetzt werden sollen (§ 7 Abs. 2 TzBfG).

- den Betriebsrat über Teilzeitarbeit im Betrieb und Unternehmen zu informieren, insbesondere über vorhandene oder geplante Teilzeitarbeitsplätze und über die Umwandlung von Teilzeitarbeitsplätzen in Vollzeitarbeitsplätze oder umgekehrt. Ihm sind auf Verlangen die erforderlichen Unterlagen zur Verfügung zu stellen (§ 7 Abs. 3 TzBfG; vgl. auch § 92 Abs. 3 BetrVG).

Rechtsanspruch auf Verringerung der Arbeitszeit (§ 8 TzBfG)

Ein Arbeitnehmer, dessen Arbeitsverhältnis länger als sechs Monate bestanden hat, kann **verlangen**, dass seine vertraglich vereinbarte Arbeitszeit **verringert** wird (§ 8 Abs. 1 TzBfG). Der Anspruch besteht nur, wenn der Arbeitgeber, unabhängig von der Anzahl der Personen in Berufsbildung, in der Regel (siehe → **Rechtsbegriffe**) mehr als 15 Arbeitnehmer beschäftigt (§ 8 Abs. 7 TzBfG).

Er muss die Verringerung seiner Arbeitszeit und den Umfang der Verringerung spätestens drei Monate vor deren Beginn **geltend machen**.

Dabei soll er die gewünschte **Verteilung** der Arbeitszeit angeben (§ 8 Abs. 2 TzBfG).

Der Arbeitgeber kann zugunsten des Arbeitnehmers (§ 22 Abs. 1 TzBfG) auf die Einhaltung der Drei-Monats-Frist verzichten (BAG v. 14.10.2003 – 9 AZR 636/02, NZA 2004, 975).

Ein solcher Verzicht ist anzunehmen, wenn der Arbeitgeber trotz Fristversäumnis mit dem Arbeitnehmer ohne jeden Vorbehalt erörtert, ob dem Teilzeitverlangen betriebliche Gründe nach § 8 Abs. 4 TzBfG entgegenstehen (BAG v. 14.10.2003 – 9 AZR 636/02, a. a. O.).

Der Arbeitgeber hat mit dem Arbeitnehmer die gewünschte Verringerung der Arbeitszeit mit dem Ziel zu erörtern, zu einer Vereinbarung zu gelangen (§ 8 Abs. 3 Satz 1 TzBfG).

Er hat mit dem Arbeitnehmer Einvernehmen über die von ihm festzulegende Verteilung der Arbeitszeit zu erzielen (§ 8 Abs. 3 Satz 2 TzBfG).

Der Arbeitgeber hat der Verringerung der Arbeitszeit **zuzustimmen** und ihre **Verteilung** entsprechend den Wünschen des Arbeitnehmers festzulegen, soweit **betriebliche Gründe** nicht entgegenstehen (§ 8 Abs. 4 Satz 1 TzBfG).

Die Arbeitszeit wird nach Ansicht des BAG nicht automatisch verringert, wenn der Arbeitgeber dem Verringerungsverlangen des Arbeitnehmer keine betrieblichen Gründe entgegenhalten kann (BAG v. 19.8.2003 – 9 AZR 542/02, EzA § 8 TzBfG Nr. 4). Es bedarf vielmehr der vorherigen Vertragsänderung; für die Durchsetzung des Teilzeitanspruchs gilt die sog. **Vertragslösung** (BAG v. 18.2.2003 – 9 AZR 164/02, NZA 2003, 1392).

Können sich Arbeitgeber und Arbeitnehmer über die Verringerung der Arbeitszeit oder deren Verteilung nicht einigen, schuldet der Arbeitnehmer grundsätzlich bis zur Rechtskraft eines obsiegenden Urteils (§ 894 ZPO) seine Arbeitsleistung im Rahmen der bisherigen Arbeitszeitregelung.

Ein betrieblicher Grund steht der Verringerung der Arbeitszeit dann entgegen, wenn sie die Organisation, den Arbeitsablauf oder die Sicherheit im Betrieb wesentlich beeinträchtigt oder unverhältnismäßige Kosten verursachen würde.

Dabei berechtigt nicht schon jeder rationale, nachvollziehbare Grund zur Ablehnung des Teilzeitwunsches. Er muss auch hinreichend gewichtig sein (BAG v. 18.2.2003 – 9 AZR 164/02, NZA 2003, 1392).

Zur Frage, ob diese Voraussetzungen erfüllt sind, hat das BAG ein **Drei-Stufen-Schema** entwickelt (BAG v. 19.8.2003 – 9 AZR 542/02, EzA § 8 TzBfG Nr. 4; 14.10.2003 – 9 AZR 636/02, NZA 2004, 975):

- In der **ersten Stufe** ist zunächst festzustellen, ob überhaupt und wenn ja welches betriebliche Organisationskonzept der vom Arbeitgeber als erforderlich angesehenen Arbeitszeitregelung zugrunde liegt.

Teilzeitarbeit

Organisationskonzept ist das Konzept, mit dem die unternehmerische Aufgabenstellung im Betrieb verwirklicht werden soll.

Der Arbeitgeber hat die Darlegungs- und Beweislast dafür, dass das Organisationskonzept die Arbeitszeitregelung »bedingt«.

Ob ein solches Konzept besteht, auch tatsächlich durchgeführt wird und ob sich daraus das vorgetragene Arbeitszeitmodell ergibt, ist von den Gerichten für Arbeitssachen voll zu überprüfen.

Nicht zu überprüfen ist die Entscheidung des Arbeitgebers, welche Aufgaben er betrieblich verfolgt und die sich daraus ergebenden Folgeentscheidungen, soweit sie nicht willkürlich sind.

- In einer **zweiten Stufe** ist zu prüfen, inwieweit die Arbeitszeitregelung dem Arbeitszeitverlangen des Arbeitnehmers tatsächlich entgegensteht.

  Dabei ist auch der Frage nachzugehen, ob durch eine dem Arbeitgeber zumutbare Änderung von betrieblichen Abläufen oder des Personaleinsatzes die betrieblich erforderliche Arbeitszeitregelung unter Wahrung des Organisationskonzepts mit dem individuellen Arbeitszeitwunsch des Arbeitnehmer zur Deckung gebracht werden kann.

- Ergibt sich, dass das Arbeitszeitverlangen des Arbeitnehmers nicht mit dem organisatorischen Konzept und der daraus folgenden Arbeitszeitregelung in Übereinstimmung gebracht werden kann, so ist in einer **dritten Stufe** zu prüfen, ob die durch vom Arbeitnehmer gewünschte Abweichung die in § 8 Abs. 4 Satz 2 TzBfG genannten besonderen betrieblichen Belange oder das betriebliche Organisationskonzept und die ihm zugrunde liegende unternehmerische Aufgabenstellung wesentlich beeinträchtigt werden.

25 Eine von den Betriebsparteien vereinbarte Regelung über den Beginn der täglichen Arbeitszeit (§ 87 Abs. 1 Nr. 2 BetrVG) kann ein **betrieblicher Grund** i. S. v. § 8 TzBfG sein.

Das ist sie jedoch nicht, wenn der vom Arbeitnehmer gewünschte andere Arbeitsbeginn keinen kollektiven Bezug hat.

Dieser Bezug fehlt, wenn die Interessen der anderen Arbeitnehmer nicht durch Arbeitsverdichtung, Mehrarbeit oder andere Auswirkungen berührt werden (BAG v. 16.3.2004 – 9 AZR 323/03, NZA 2004, 1047).

26 Die möglichen Gründe zur **Ablehnung** des Teilzeitverlangens können durch → **Tarifvertrag** festgelegt werden (§ 8 Abs. 4 Satz 3 TzBfG).

Im Geltungsbereich eines solchen Tarifvertrages können nicht tarifgebundene Arbeitgeber und Arbeitnehmer die Anwendung der tariflichen Regelungen über die Ablehnungsgründe vereinbaren (§ 8 Abs. 4 Satz 4 TzBfG).

27 Die Entscheidung über die Verringerung der Arbeitszeit (Arbeitszeitvolumen) und ihre Verteilung hat der Arbeitgeber dem Arbeitnehmer spätestens einen Monat vor dem gewünschten Beginn der Verringerung **schriftlich mitzuteilen** (§ 8 Abs. 5 Satz 1 TzBfG).

28 Haben sich Arbeitgeber und Arbeitnehmer nicht über die **Verringerung der Arbeitszeit** geeinigt und hat der Arbeitgeber die Arbeitszeitverringerung nicht spätestens einen Monat vor deren gewünschtem Beginn **schriftlich abgelehnt**, verringert sich die Arbeitszeit »automatisch« (**Zustimmungsfiktion**) in dem vom Arbeitnehmer gewünschten Umfang (§ 8 Abs. 5 Satz 2 TzBfG).

Die Zustimmungsfiktion des § 8 Abs. 5 Satz 2 und Satz 3 TzBfG tritt ein, wenn der Arbeitgeber die vom Arbeitnehmer verlangte Änderung der Arbeitszeit nicht formgerecht oder nicht innerhalb der gesetzlich bestimmten Frist abgelehnt hat.

Die Verletzung der in § 8 Abs. 3 TzBfG vorgeschriebenen Erörterungsobliegenheit führt nicht zur Fiktion der erteilten Zustimmung (BAG v. 18.2.2003 – 9 AZR 356/02, NZA 2003, 911; 19.8.2003 – 9 AZR 542/02, EzA § 8 TzBfG Nr. 4).

28a Haben Arbeitgeber und Arbeitnehmer über die **Verteilung der Arbeitszeit** kein Einvernehmen nach § 8 Abs. 3 Satz 2 TzBfG erzielt und hat der Arbeitgeber nicht spätestens einen Monat

vor dem gewünschten Beginn der Arbeitszeitverringerung die gewünschte Verteilung der Arbeitszeit schriftlich abgelehnt, gilt die Verteilung der Arbeitszeit entsprechend den Wünschen des Arbeitnehmers als **festgelegt** (§ 8 Abs. 5 Satz 3 TzBfG).
Hierzu eine Entscheidung des BAG v. 20.1.2015 – 9 AZR 860/13: »*Lehnt der Arbeitgeber den Teilzeitantrag nicht spätestens einen Monat vor dem gewünschten Beginn der Teilzeitbeschäftigung ab, verringert sich die Arbeitszeit in dem von dem Arbeitnehmer gewünschten Umfang (§ 8 Abs. 5 S 2 TzBfG) und die von ihm begehrte Verteilung der Arbeitszeit gilt als festgelegt (§ 8 Abs. 5 S 3 TzBfG). Infolge der Fiktion muss sich der Arbeitgeber so behandeln lassen, als hätte sie der angetragenen Vertragsänderung zugestimmt. Die Ablehnung des Arbeitgebers, dem Teilzeitverlangen des Arbeitnehmers zuzustimmen, ist eine empfangsbedürftige, an den Arbeitnehmer gerichtete Willenserklärung. Ob der Arbeitgeber eine solche Erklärung abgegeben hat, ist im Wege der Auslegung zu ermitteln. Will der Arbeitgeber den Teilzeitantrag unter Berufung auf betriebliche Gründe ablehnen, hat er dies sowohl hinsichtlich der Verringerung der Arbeitszeit als auch hinsichtlich der Verteilung der reduzierten Arbeitszeit spätestens einen Monat vor dem gewünschten Beginn der Teilzeit dem Arbeitnehmer gegenüber schriftlich zu erklären (§ 8 Abs. 5 S 1 TzBfG). Ein Arbeitgeber, der diese Obliegenheiten missachtet, darf nicht besserstehen, als ein Arbeitgeber, der seine Belange wahrnimmt, dessen Zustimmung zum Änderungsvertrag aber durch die gerichtliche Entscheidung nach § 894 S 1 ZPO als abgegeben gilt.*«
Der Arbeitgeber kann die nach § 8 Abs. 5 Satz 3 TzBfG oder § 8 Abs. 3 Satz 2 TzBfG festgelegte Verteilung der Arbeitszeit wieder **ändern**, wenn das betriebliche Interesse daran das Interesse des Arbeitnehmers an der Beibehaltung erheblich überwiegt und der Arbeitgeber die Änderung spätestens einen Monat vorher angekündigt hat (§ 8 Abs. 5 Satz 4 TzBfG).
Der Arbeitnehmer kann eine **erneute Verringerung** der Arbeitszeit frühestens nach Ablauf von zwei Jahren verlangen, nachdem der Arbeitgeber einer Verringerung zugestimmt oder sie berechtigt abgelehnt hat (§ 8 Abs. 6 TzBfG).

Verlängerung der Arbeitszeit (§ 9 TzBfG)

Der Arbeitgeber hat einen teilzeitbeschäftigten Arbeitnehmer, der ihm den Wunsch nach einer **Verlängerung** seiner vertraglich vereinbarten Arbeitszeit angezeigt hat, bei der Besetzung eines entsprechenden freien Arbeitsplatzes bei gleicher Eignung **bevorzugt zu berücksichtigen**, es sei denn, dass dringende betriebliche Gründe oder Arbeitszeitwünsche anderer teilzeitbeschäftigter Arbeitnehmer entgegenstehen.
Will eine Arbeitnehmerin, deren Arbeitszeit zur Betreuung ihres Kindes wunschgemäß auf die Hälfte der regelmäßigen tariflichen Wochenarbeitszeit verringert worden ist, ihre Arbeitszeit später wieder aufstocken, so bedarf es dazu einer Vereinbarung mit dem Arbeitgeber.
Der Arbeitgeber schuldet nach Ansicht des BAG nicht schon deshalb die Zustimmung zur Aufstockung der Arbeitszeit, weil er vor der Verringerung der Arbeitszeit die Arbeitnehmerin nicht auf die Möglichkeit hingewiesen hat, die Herabsetzung der Wochenarbeitszeit zeitlich zu befristen (BAG v. 13.11.2001 – 9 AZR 442/00, NZA 2002, 1047).

> **Beachten:**
> Wenn eine im Betrieb beschäftigte **Teilzeitkraft** eine Verlängerung ihrer Arbeitszeit nach § 9 BetrVG geltend gemacht und sich auf einen freien Arbeitsplatz beworben hat, kann der Betriebsrat seine Zustimmung zur Einstellung eines Anderen (z. B. eines externen Bewerbers) nach § 99 Abs. 2 Nr. 3 BetrVG verweigern. Denn die Teilzeitkraft würde durch die Einstellung des Anderen einen Nachteil erleiden. Hierzu hat das BAG entschieden (BAG v. 1.6.2011 – 7 ABR 117/09, NZA 2011, 1435): »*Hat ein teilzeitbeschäftigter Arbeitnehmer den Anspruch auf Verlängerung seiner Arbeitszeit nach § 9 TzBfG geltend gemacht und beabsichtigt der Arbeitgeber, den entsprechenden freien Arbeitsplatz mit einem anderen Arbeitnehmer zu besetzen, steht dem Betriebsrat ein Zustimmungsverweigerungsrecht nach § 99 Abs. 2 Nr. 3 BetrVG zu. Bei einer anderweitigen Besetzung des freien Arbeitsplatzes könnte der an*

Teilzeitarbeit

> einer Aufstockung seiner Arbeitszeit interessierte Teilzeitarbeitnehmer den Nachteil erleiden, seinen Rechtsanspruch nach § 9 TzBfG nicht mehr durchsetzen zu können. Denn die Erfüllung des Anspruchs eines teilzeitbeschäftigten Arbeitnehmers aus § 9 TzBfG ist rechtlich unmöglich i. S. v. § 275 Abs. 1 und Abs. 4, § 280 Abs. 1 und Abs. 3, § 281 Abs. 2, § 283 Satz 1 BGB, wenn der Arbeitgeber den Arbeitsplatz endgültig mit einem anderen Arbeitnehmer besetzt. Der Arbeitnehmer hat dann wegen der unterbliebenen Verlängerung der Arbeitszeit einen Schadensersatzanspruch.«

Elternzeit

31 Zum Anspruch des Arbeitnehmers, der sich in Elternzeit (früher: Erziehungsurlaub) befindet, auf Verringerung und Ausgestaltung der Arbeitszeit gemäß § 15 Abs. 5 bis 7 Bundeselterngeld- und Elternzeitgesetz (BEEG) siehe → **Elterngeld/Elternzeit**.

Schwerbehinderte Menschen

32 Schwerbehinderte Menschen haben nach § 81 Abs. 5 SGB IX einen **Anspruch auf Teilzeitbeschäftigung**, wenn die kürzere Arbeitszeit wegen Art oder Schwere der Behinderung notwendig ist.
Ein Anspruch besteht nicht, soweit seine Erfüllung für den Arbeitgeber nicht zumutbar oder mit unverhältnismäßigen Aufwendungen verbunden wäre oder soweit die staatlichen oder berufsgenossenschaftlichen Arbeitsschutzvorschriften oder beamtenrechtliche Vorschriften entgegenstehen.

33 Die Arbeitgeber haben die Einrichtung von Teilzeitarbeitsplätzen zu fördern. Sie sind dabei von den Integrationsämtern zu unterstützen (siehe → **Schwerbehinderte Menschen**).

Aus- und Weiterbildung (§ 10 TzBfG)

34 Der Arbeitgeber hat Sorge zu tragen, dass auch teilzeitbeschäftigte Arbeitnehmer an Aus- und Weiterbildungsmaßnahmen zur Förderung der beruflichen Entwicklung und Mobilität teilnehmen können, es sei denn, dass dringende betriebliche Gründe oder Aus- und Weiterbildungswünsche anderer teilzeit- oder vollzeitbeschäftigter Arbeitnehmer entgegenstehen.

Kündigungsverbot (§ 11 TzBfG)

35 Die Kündigung eines Arbeitsverhältnisses wegen der Weigerung eines Arbeitnehmers, von einem Vollzeit- in ein Teilzeitarbeitsverhältnis oder umgekehrt zu wechseln, ist unwirksam. Das Recht zur Kündigung des Arbeitsverhältnisses aus anderen Gründen bleibt unberührt.

Arbeit auf Abruf (§ 12 TzBfG)

36 Eine besondere Form flexibler Arbeitszeitgestaltung ausschließlich im Interesse des Arbeitgebers ist die »Arbeit auf Abruf«, auch »Anpassung der Arbeitszeit an den Arbeitsanfall« oder »kapazitätsorientierte variable Arbeitszeit« (»KAPOVAZ«) genannt (siehe → **Arbeit auf Abruf**).
Hier vereinbaren Arbeitgeber und Arbeitnehmer, dass die Arbeitsleistung entsprechend dem jeweiligen **Arbeitsanfall** zu erbringen ist.
§ 12 TzBfG regelt hierzu folgende Mindestbedingungen:
- durch Arbeitsvertrag ist eine **Mindestarbeitszeit** (pro Woche oder Monat) festzulegen; ist eine solche Festlegung nicht erfolgt, gilt eine wöchentliche Arbeitszeit von zehn Stunden/pro Woche als vereinbart (§ 12 Abs. 1 TzBfG);

Teilzeitarbeit

damit sind KAPOVAZ-Vereinbarungen, die den Umfang der zu erbringenden Arbeitsleistung in das Belieben des Arbeitgebers stellen, unzulässig;
- die jeweilige Lage der Arbeitszeit muss mindestens **vier Tage im Voraus** mitgeteilt werden; andernfalls besteht keine Pflicht zur Erbringung der Arbeitsleistung (§ 12 Abs. 2 TzBfG);
- ist die Dauer der **täglichen** Arbeitszeit nicht vertraglich festgelegt, dann gilt zugunsten des Beschäftigten eine Mindestarbeitszeit von **drei aufeinander folgenden Stunden** (§ 12 Abs. 3 TzBfG);
- durch → **Tarifvertrag** kann von den Bestimmungen des § 12 Abs. 1 und 2 TzBfG auch zuungunsten des Arbeitnehmers abgewichen werden, wenn er eine Regelung über die tägliche und wöchentliche Arbeitszeit und die Vorankündigungsfrist enthält.

Nach abzulehnender Ansicht des BAG soll die vom Arbeitgeber bei einer Vereinbarung von Arbeit auf Abruf einseitig abrufbare Arbeit des Arbeitnehmers bis zu 25 % der vereinbarten wöchentlichen Mindestarbeitszeit betragen können (BAG v. 7.12.2005 – 5 AZR 535/04, AuR 2006, 170 = NZA 2006, 423; vgl. auch Kritik von Decruppe/Utess, AuR 2006, 347 ff.). 37

Dem Arbeitgeber werden damit neue Möglichkeiten der **Flexibilisierung** der Arbeitszeit und damit auch des Arbeitsentgelts **zu Lasten der Arbeitnehmer** verschafft.

Mit den Arbeitnehmern können Teilzeitvereinbarungen (z. B. 30 Stunden/Woche) mit Vereinbarungen über zusätzliche Arbeit (und zusätzliches Arbeitsentgelt) »auf Abruf« kombiniert werden (»Bandbreitenregelungen«).

Der Arbeitgeber kann dann die zusätzliche Arbeit einseitig in einem Volumen von bis zu 25 % abrufen (natürlich wird nur abgerufene Zeit vergütet).

Die Arbeitnehmer – und nicht der Arbeitgeber – tragen dann das (Wirtschafts-)Risiko einer schwankenden Auftragslage.

Der Betriebsrat hat bei der Einführung und Ausgestaltung der KAPOVAZ nach § 87 Abs. 1 Nr. 2 BetrVG **mitzubestimmen** (siehe → **Arbeit auf Abruf**). 38

Arbeitsplatzteilung (»Jobsharing«; § 13 TzBfG)

Eine weitere Form flexibler Arbeitszeitgestaltung ist die → **Arbeitsplatzteilung** (»Jobsharing«). In diesem Falle vereinbart der Arbeitgeber mit zwei oder mehr Arbeitnehmern, dass diese sich die Arbeitszeit an einem Arbeitsplatz teilen. Hierzu regelt § 13 TzBfG, 39
- dass bei Ausfall eines Arbeitnehmers der oder die anderen beteiligten Arbeitnehmer nur dann zur **Vertretung** verpflichtet sind, wenn dies für den jeweiligen Vertretungsfall vereinbart wird; eine vorab vereinbarte Vertretungsverpflichtung ist nur für den Fall eines dringenden betrieblichen Erfordernisses zulässig; außerdem besteht eine Vertretungsverpflichtung im konkreten Fall nicht, wenn die Vertretung dem Arbeitnehmer nicht zumutbar ist (zum Beispiel wegen dringender persönlicher Hinderungsgründe);
- dass eine arbeitgeberseitige **Kündigung** des Arbeitsverhältnisses des einen Arbeitnehmers wegen **Ausscheidens** eines anderen am »Jobsharing« beteiligten Arbeitnehmers unwirksam ist. Das Recht zur Änderungskündigung oder Kündigung aus anderen Anlässen bleibt unberührt.
- Vorstehendes gilt entsprechend, wenn sich **Gruppen von Arbeitnehmern** auf bestimmten Arbeitsplätzen in festgelegten Zeitabschnitten abwechseln, ohne dass eine Arbeitsplatzteilung i. S. d. § 13 Abs. 1 TzBfG vorliegt.

Durch → **Tarifvertrag** kann von den Bestimmungen des § 13 Abs. 1 bis 3 TzBfG auch zuungunsten des Arbeitnehmers **abgewichen** werden, wenn er eine Regelung über die Vertretung enthält. 40

Der Betriebsrat hat bei der Einführung und Ausgestaltung der Arbeitsplatzteilung nach § 87 Abs. 1 Nr. 2 BetrVG **mitzubestimmen**. 41

Teilzeitarbeit

Geringfügige Beschäftigungsverhältnisse (»Mini-Jobs«; § 8 SGB IV)

42 Zu den sog. Mini-Jobs nach § 8 Abs. 1 SGB IV (auch »450-Euro-Jobs« genannt; dieser Betrag gilt seit 1.1.2013) siehe → **Geringfügige Beschäftigungsverhältnisse (»Mini-Jobs«)**.

43 Nicht selten werden im Bereich der sog. Mini-Jobs (»450-Euro-Jobs«; siehe → **Teilzeitarbeit** Rn. 42 ff.) den Arbeitnehmern **sittenwidrig niedrige Stundenlöhne** zugemutet.
Der »Hartz«-Gesetzgeber hat die bis Ende 2002 geltende »15-Wochenstundenregelung« in § 8 Abs. 1 SGB IV a. F. gestrichen (»Hartz II«-Gesetz vom 23.12.2002; BGBl. I S. 4621).
Dadurch steht es dem »Minijob-Arbeitgeber« frei, zu bestimmen, für welche Arbeitszeit er 450 Euro monatlich an den Arbeitnehmer zahlt.
Wenn die Arbeitszeit eines »450-Euro-Jobbers« etwa 80 Stunden im Monat beträgt, entsteht ein Stundenlohn von nur 5,63 Euro.
Das kann bereits ein sittenwidrig niedriger Stundenlohn i. S. d. 138 BGB, § 291 Abs. 1 Nr. 3 Strafgesetzbuch (StGB) sein (siehe → **Mindestlohn** Rn. 3).

Gleitzonen-Jobs (»Midi-Jobs«; § 20 Abs. 2 SGB IV)

44 Zu den Sonderregelungen für sog. Gleitzonen-Jobs nach § 20 Abs. 2 SGB IV mit einem Verdienst zwischen 450,01 bis 850 Euro (dieser Betrag gilt ab 1.1.2013; auch »450– bis 850-Euro-Jobs« oder »Midi-Jobs« genannt) siehe → **Geringfügige Beschäftigungsverhältnisse (»Mini-Jobs«)** Rn. 12 ff.

45 bis 62 Nicht besetzt.

Tarifliche Regelungen zur Teilzeitarbeit

63 Zu beachten sind tarifliche Regelungen zur Teilzeitarbeit. Diese sind häufig in den **Manteltarifverträgen** zu finden.
In einigen Branchen existieren aber auch **gesonderte Tarifverträge**: z. B. Tarifvertrag über Teilzeitarbeit in der chemischen Industrie vom 13.4.1987.

64 Das Verbot der Diskriminierung von Teilzeitbeschäftigten (§ 4 Abs. 1 TzBfG; siehe Rn. 16 ff.) gilt auch für die Tarifvertragsparteien (BAG v. 15.10.2003 – 4 AZR 606/02, NZA 2004, 551).
Gegen diese Bestimmung verstößt beispielsweise eine Regelung in einem Sanierungstarifvertrag, die eine **Kürzung** des → **Weihnachtsgeldes** um 500 Euro einheitlich für Voll- und Teilzeitbeschäftigte vorsieht, weil der auf diese Weise errechnete Betrag unter der Summe liegt, die dem Anteil der Teilzeitarbeit im Verhältnis zur Vollzeitarbeit entspricht. Der Verstoß gegen das vereinbarte regelmäßige Arbeitszeit eines Teilzeitarbeitnehmers beträgt im Monat mit zur Wiederherstellung der tariflichen Grundregelung, wonach Teilzeitbeschäftigte einen Anspruch auf ein Weihnachtsgeld haben, das sich nach dem Verhältnis ihrer vertraglichen Arbeitszeit zur tariflichen Arbeitszeit eines entsprechenden Vollzeitbeschäftigten bemisst (BAG v. 24.5.2000 – 10 AZR 629/99, NZA 2001, 216).
Ein Verstoß des Arbeitgebers gegen § 4 Abs. 1 TzBfG führt i. d. R. auch zu einem Anspruch der Teilzeitkraft auf **Schadensersatz**.
Er ist gerichtet auf die Differenz zur Vergütung einer Vollzeitkraft (BAG v. 25.4.2001 – 5 AZR 368/99, NZA 2002, 1211).
Gegen § 4 Abs. 1 TzBfG verstößt auch eine tarifliche Regelung, die lediglich nicht vollzeitbeschäftigtes **Reinigungspersonal** ohne sachlichen Grund aus dem persönlichen Geltungsbereich ausschließt, gegen das Diskriminierungsverbot. Die nicht vollzeitbeschäftigte Reinigungskraft kann zeitanteilig die für das vollbeschäftigte Reinigungspersonal vorgesehene tarifliche Vergütung verlangen (»Anpassung nach oben«; vgl. BAG v. 15.10.2003 – 4 AZR 606/02, a. a. O.).

Unwirksam ist auch eine tarifliche Regelung, die einen **Spätarbeitszuschlag für Teilzeitbeschäftigte** bei einem Ende der regelmäßigen Arbeitszeit nach 17.00 Uhr nur vorsieht, wenn **Wechselschicht** geleistet wird, während Vollzeitbeschäftigte bei gleichem Arbeitszeitende den Zuschlag auch dann erhalten, wenn sie nicht in Wechselschicht tätig sind (BAG v. 24. 9. 2003 – 10 AZR 675/02, NZA 2004, 611).

Mehrarbeitsvergütung und -zuschläge

Ein Anspruch auf tarifliche **Mehrarbeitszuschläge** besteht nach den einschlägigen tariflichen Vorschriften zugunsten von Teilzeitbeschäftigten meist erst dann, wenn die für Vollzeitbeschäftigte geltende (tägliche oder wöchentliche oder monatliche) Arbeitszeit überschritten wird, und nicht schon dann, wenn die Teilzeitkraft über die für sie maßgebliche – vertraglich vereinbarte – Arbeitszeit hinaus arbeitet. 65

Die zusätzlichen Arbeitsstunden sind natürlich als **Mehrarbeit** mit dem maßgeblichen Stundenentgelt (aber eben meist ohne Zuschläge) zu vergüten.

> **Beispiel:**
> Die monatliche Arbeitszeit von Vollzeitbeschäftigten beträgt 150 Stunden. Die vertraglich vereinbarte regelmäßige Arbeitszeit eines Teilzeitarbeitnehmers beträgt im Monat 100 Stunden. Dafür bekommt der Beschäftigte eine Grundvergütung von 1500 Euro. Wenn der Teilzeitarbeitnehmer in einem Monat auf Anordnung des Arbeitgebers (mit Zustimmung des Betriebsrats) weitere 10 Stunden arbeitet, erhält er dafür eine Vergütung von weiteren 150 Euro (1500 Euro : 100 Stunden = 15 Euro Stundenentgelt mal 10 Arbeiten = 150 Euro). Mehrarbeitszuschläge fallen nicht an (es sei denn, im Arbeitsvertrag oder Tarifvertrag sind Zuschläge für diesen Fall vorgesehen).

Zum **Mitbestimmungsrecht** des Betriebsrats bei der Anordnung von Mehrarbeit siehe Rn. 74 und → **Überstunden**.

Urlaub

Die Zahl der im Kalenderjahr zu gewährenden Urlaubstage hängt von der anzuwendenden Rechtsgrundlage ab (Bundesurlaubsgesetz, → **Tarifvertrag** oder → **Arbeitsvertrag**) und davon, auf **wie viele Tage der Woche** die regelmäßige wöchentliche Arbeitszeit verteilt wird (siehe → **Urlaub** Rn. 3 ff.). 66

Es kommt nicht darauf an, ob ein Arbeitnehmer teilzeitbeschäftigt ist oder als Vollzeitkraft arbeitet.

> **Beispiel:**
> Im Arbeitsverhältnis kommt ein Tarifvertrag zur Anwendung. Es gilt die 5-Tage-Woche.
> Der tarifliche Urlaubsanspruch beträgt 30 Arbeitstage.
> Ein Teilzeitbeschäftigter arbeitet regelmäßig (z. B. halbtags) an 5 Tagen in der Woche.
> Ergebnis: Er hat einen Urlaubsanspruch von 30 Arbeitstagen. Dasselbe würde gelten, wenn die Arbeitszeit eines Vollzeitbeschäftigten auf 5 Tage in der Woche verteilt werden würde (siehe → **Urlaub** Rn. 3).

Arbeitet der Teilzeitbeschäftigte bei einer 5-Tage-Woche regelmäßig an **weniger als fünf Tagen** in der Woche, vermindert sich die Zahl der zu gewährenden Urlaubstage entsprechend (es sei denn, im Tarifvertrag oder Arbeitsvertrag ist etwas anderes geregelt). 66a

Teilzeitarbeit

> **Beispiel:**
> Im Arbeitsverhältnis kommt ein Tarifvertrag zur Anwendung. Es gilt die 5-Tage-Woche.
> Der tarifliche Urlaubsanspruch beträgt 30 Arbeitstage.
> Ein Teilzeitbeschäftigter arbeitet regelmäßig an 4 Tagen in der Woche.
> Ergebnis: Es ergibt sich ein Urlaubsanspruch von 24 Arbeitstagen (30 : 5 × 4).
> Dasselbe würde gelten, wenn die Arbeitszeit eines Vollzeitbeschäftigten auf 4 Tage in der Woche verteilt werden würde (siehe → **Urlaub** Rn. 4).

66b Ist die Teilzeitarbeit nicht regelmäßig auf bestimmte Tage der Woche verteilt, ist eine wochenbezogene Umrechnung nicht möglich.
Dann kann z. B. auf einen **Jahreszeitraum** abgestellt werden.
In der 6-Tage-Woche entfallen auf ein Jahr rechnerisch 312 Werktage (52 × 6); in der tariflichen 5-Tage-Woche 260 Arbeitstage (52 × 5).
Die **Umrechnungsformel** lautet: Urlaubsdauer (nach Gesetz oder Tarifvertrag) geteilt durch 312 Werktage (bzw. 260 Arbeitstage) mal der Zahl der Tage, an denen Arbeitspflicht besteht.

> **Beispiel:**
> Im Arbeitsverhältnis kommt ein Tarifvertrag zur Anwendung. Es gilt die 5-Tage-Woche.
> Der tarifliche Urlaubsanspruch beträgt 30 Arbeitstage.
> Ein Teilzeitbeschäftigter arbeitet unregelmäßig aufgrund von monatlichen Einsatzplänen an insgesamt 200 Tagen im Jahr.
> Ergebnis: Es ergibt sich ein Urlaubsanspruch von 23 Arbeitstagen (30 : 260 × 200).
> Dasselbe würde gelten, wenn die Arbeitszeit eines Vollzeitbeschäftigten auf 200 Tage im Jahr verteilt werden würde (siehe → **Urlaub** Rn. 4 a).

67 Teilzeitarbeitnehmer haben einen **anteiligen Anspruch** auf Urlaubsentgelt (ggf. auch zusätzliches tarifliches Urlaubsgeld) entsprechend dem Verhältnis ihrer Arbeitszeit zur Vollarbeitszeit.

Bedeutung für die Betriebsratsarbeit

68 Durch das BetrVG werden Teilzeitbeschäftigte genauso behandelt wie Vollzeitbeschäftigte. Teilzeitbeschäftigte haben ein aktives und passives Wahlrecht zur → **Betriebsratswahl** (§§ 7 und 8 BetrVG), ihre Interessen werden vom Betriebsrat in gleicher Weise vertreten wie die Interessen der Vollzeitbeschäftigten.

69 Es ist allerdings angebracht, dass der Betriebsrat den Anliegen der meist **weiblichen Teilzeitbeschäftigten** besondere Aufmerksamkeit widmet.

70 Nach § 80 Abs. 1 Nr. 2 a und b BetrVG gehört es beispielsweise zu den Aufgaben des Betriebsrats, die Durchsetzung der tatsächlichen → **Gleichberechtigung/Gleichstellung von Frauen und Männern**, insbesondere bei der Einstellung, Beschäftigung, Aus-, Fort- und Weiterbildung und dem beruflichen Aufstieg sowie die Vereinbarkeit von Familie und Erwerbstätigkeit zu fördern.

71 § 92 Abs. 2 BetrVG gibt dem Betriebsrat das Recht, dem Arbeitgeber Vorschläge für die Einführung einer qualifizierten → **Personalplanung** und ihre Durchführung zu machen.
Dabei erstreckt sich dieses Vorschlagsrecht auch auf Maßnahmen zur **Förderung** der tatsächlichen Gleichstellung von Frauen und Männern in vorstehendem Sinne.

72 § 96 Abs. 2 Satz 2 BetrVG stellt klar, dass im Bereich der → **Berufsbildung** auch die Belange Teilzeitbeschäftigter und Arbeitnehmer mit Familienpflichten zu berücksichtigen sind.

73 Der Betriebsrat hat in Bezug auf die konkrete Regelung der zeitlichen Lage der Arbeitszeit

von Teilzeitarbeitnehmern gemäß § 87 Abs. 1 Nr. 2 BetrVG ein **Mitbestimmungsrecht** (auch in Form des »**Initiativrechts**«).
Mitbestimmungspflichtig ist beispielsweise
- die Festlegung von Beginn und Ende – und damit auch der Dauer – der täglichen Arbeitszeit (mitbestimmungsfrei ist die arbeitsvertraglich vereinbarte Dauer der wöchentlichen Arbeitszeit);
- die Frage, ob an einem Tage zusammenhängend oder in mehreren Schichten gearbeitet werden soll;
- die Verteilung des Arbeitszeitvolumens auf die einzelnen Wochentage, d. h.
  – die Festlegung der Wochentage, an denen Teilzeitarbeit geleistet werden soll und dementsprechend auch die Festlegung arbeitsfreier Tage;
  – die Festlegung der Pausen;
- die Frage, ob Teilzeitarbeit in Form von »Arbeit auf Abruf« (siehe Rn. 36) erbracht wird oder zu festgelegten Zeiten;
- die Frage, ob bestimmte Arbeitsplätze als »Jobsharing«-Arbeitsplätze (siehe Rn. 39) gehandhabt werden oder nicht.

Im **Nichteinigungsfalle** entscheidet auf Antrag die → **Einigungsstelle** (§ 87 Abs. 2 BetrVG). Es empfiehlt sich, dort, wo (noch) keine tarifvertraglichen Regelungen existieren, das Mitbestimmungsrecht zu nutzen, um über den Komplex »Teilzeitarbeit« eine → **Betriebsvereinbarung** mit dem Arbeitgeber abzuschließen (zum Inhalt einer solchen Betriebsvereinbarung: siehe »**Checkliste: Teilzeitarbeit**« im Anhang).

73a

Überstunden/Mehrarbeit von Teilzeitbeschäftigten

Die Anordnung von zusätzlicher Arbeit für Teilzeitbeschäftigte, die über die für sie festgelegte betriebsübliche Arbeitszeit hinaus geht, unterliegt der Mitbestimmung durch den Betriebsrat nach § 87 Abs. 1 Nr. 3 BetrVG (BAG v. 24. 4. 2007 – 1 ABR 47/06, NZA 2007, 818; vgl. Fitting, BetrVG, 27. Aufl., § 87 Rn. 143; DKKW-*Klebe*, BetrVG, 15. Aufl., § 87 Rn. 107). Betriebsübliche Arbeitszeit i. S. v. § 87 Abs. 1 Nr. 3 BetrVG ist bei Teilzeitbeschäftigten ihre regelmäßige individuelle Arbeitszeit. Deshalb ist die zur Abdeckung eines betrieblichen Mehrbedarfs mit einem teilzeitbeschäftigten Arbeitnehmer vereinbarte befristete Erhöhung der Arbeitszeit regelmäßig eine nach § 87 Abs. 1 Nr. 3 BetrVG mitbestimmungspflichtige Verlängerung der betriebsüblichen Arbeitszeit (BAG v. 24. 4. 2007 – 1 ABR 47/06, NZA 2007, 818).
Eine andere Frage ist, ob die zusätzlich geleistete und zu vergütende Arbeit einen Anspruch auf **Mehrarbeitszuschläge** auslöst (siehe Rn. 65).
Dies ist nach den einschlägigen Tarifverträgen meist erst dann der Fall, wenn die für Vollzeitbeschäftigte geltende regelmäßige wöchentliche Arbeitszeit überschritten wird, was nach herrschender Auffassung nicht gegen das Verbot der mittelbaren Diskriminierung von Frauen verstoßen soll (siehe → **Gleichberechtigung/Gleichstellung von Frauen und Männern**; vgl. EuGH v. 15. 12. 1994 – Rs. C-399/92, AiB 1995, 200).

74

Teilzeitbeschäftigte Betriebsratsmitglieder

Es stellt sich die Frage, welche Rechtslage gilt, wenn teilzeitbeschäftigte Betriebsratsmitglieder **außerhalb ihrer persönlichen Arbeitszeit** Betriebsratstätigkeit ausüben (z. B. Teilnahme an einer Betriebsratssitzung) oder an → **Schulungs- und Bildungsveranstaltungen** nach § 37 Abs. 6 und 7 BetrVG teilnehmen.
Nach § 37 Abs. 3 Satz 1 BetrVG hat das Betriebsratsmitglied zum Ausgleich für Betriebsratstätigkeit, die aus **betriebsbedingten Gründen** außerhalb der Arbeitszeit durchzuführen ist, Anspruch auf entsprechende Arbeitsbefreiung unter Fortzahlung des Arbeitsentgelts.

75

Teilzeitarbeit

Betriebsbedingte Gründe liegen auch vor, wenn die Betriebsratstätigkeit wegen der unterschiedlichen Arbeitszeiten der Betriebsratstätigkeit **nicht innerhalb der persönlichen Arbeitszeit** erfolgen kann (§ 37 Abs. 3 Satz 2 BetrVG).
Die Arbeitsbefreiung ist vor Ablauf eines Monats zu gewähren (§ 37 Abs. 3 Satz 3 BetrVG). Ist dies aus betriebsbedingten Gründen nicht möglich, so ist die aufgewendete Zeit wie **Mehrarbeit** zu vergüten (also Mehrarbeitsvergütung und ggf. Mehrarbeitszuschläge; siehe Rn. 65).

76 **Schulungs- und Bildungsveranstaltungen:** § 37 Abs. 6 Satz 2 BetrVG bestimmt, dass betriebsbedingte Gründe i. S. d. § 37 Abs. 3 BetrVG auch vorliegen, wenn wegen Besonderheiten der betrieblichen Arbeitszeitgestaltung die Schulung des Betriebsratsmitglieds außerhalb seiner Arbeitszeit erfolgt.
In diesem Fall ist der Umfang des Ausgleichsanspruchs unter Einbeziehung der Arbeitsbefreiung nach § 37 Abs. 2 BetrVG pro Schulungstag begrenzt auf die Arbeitszeit eines vollzeitbeschäftigten Arbeitnehmers.
Diese Regelung besagt, dass teilzeitbeschäftigte Betriebsratsmitglieder für Schulungszeiten, die über die Dauer ihrer persönlichen Arbeitszeit hinausgehen, Anspruch auf eine entsprechende **Arbeitsbefreiung** unter Fortzahlung des Arbeitsentgelts haben.
Sie müssen sich jedoch Arbeitsbefreiungen gem. § 37 Abs. 2 BetrVG auf den Ausgleichsanspruch **anrechnen** lassen.
Das vorstehend Ausgeführte gilt auch für **Schulungen nach § 37 Abs. 7 BetrVG** (vgl. § 37 Abs. 7 letzter Satz BetrVG: »*Absatz 6 Satz 2 bis 6 findet Anwendung*«).
Zu weiteren Einzelheiten siehe → Schulungs- und Bildungsveranstaltungen für Betriebsräte Rn. 15, 16.

77 **Kinderbetreuungskosten** eines teilzeitbeschäftigten Betriebsratsmitglieds können als persönliche Aufwendungen eines Betriebsratsmitglieds zu den vom Arbeitgeber nach § 40 Abs. 1 BetrVG zu tragenden Kosten der Tätigkeit des Betriebsrats (siehe → **Kosten der Betriebsratstätigkeit**) gehören.

> **Beispiel:**
> Betreuung dreier minderjähriger Kinder durch eine zu bezahlende Tagesmutter an Nachmittagen, an denen die sonst beim Arbeitgeber in Teilzeit an Vormittagen beschäftigte Mutter als Mitglied des Gesamtbetriebsrats an dessen Sitzungen teilnimmt (HessLAG v. 22.7.1997 – 4/12 Ta BV 146/96 [rkr.], DB 1998, 729).

Arbeitshilfen

Checklisten	• Fragen zur Teilzeitarbeit
	• Eckpunkte einer Betriebsvereinbarung zur Teilzeitarbeit
Musterschreiben	• Antrag auf Reduzierung der Arbeitszeit (§ 8 TzBfG)
	• Klage auf Verringerung der Arbeitszeit (Teilzeitklage)

Rechtsprechung

1. Teilzeitvertrag – Auslegung – Inhaltskontrolle (§§ 305 ff. BGB)
2. Diskriminierungsverbot (§ 4 Abs. 1 TzBfG) – Gleichbehandlungsgrundsatz – Arbeitsentgelt – Zulagen – Mehrarbeitsvergütung

3. Anspruch auf Verringerung der vertraglich vereinbarten Arbeitszeit und Neuverteilung (§ 8 TzBfG)
4. Anspruch auf Verlängerung der Arbeitszeit(§ 9 TzBfG)
5. Lage der Arbeitszeit
6. Folgen einer Verlängerung oder Verkürzung der Wochenarbeitszeit für das Arbeitsentgelt von Teilzeitbeschäftigten
7. Teilzeitbeschäftigte Betriebsratsmitglieder – Anspruch auf bezahlten Freizeitausgleich bei Teilnahme an Schulungs- und Bildungsveranstaltungen und bei sonstiger Betriebsratstätigkeit außerhalb der persönlichen Arbeitszeit
7 a. Teilzeitbeschäftigte Mitglieder einer kirchlichen Mitarbeitervertretung
8. Teilzeitbeschäftigte Lehrer
9. Teilzeitbeschäftigte studentische Hilfskräfte
10. Arbeit auf Abruf (§ 12 TzBfG)
11. Tarifvertragliche Regelungen zur Teilzeitarbeit
12. Kündigungsschutz
13. Aussetzung des Gesetzes zur Neuregelung der geringfügigen Beschäftigungsverhältnisse
14. Schadensersatzanspruch wegen Benachteiligung – Verjährung
15. Streitwert bei Klage auf Arbeitszeitreduzierung
16. Mitbestimmung des Betriebsrats
17. Teilzeittätigkeit während der Elternzeit (Erziehungsurlaub)
18. Sozialversicherungspflicht geringfügig Beschäftigter
19. Teilzeittätigkeit und Verbot der geschlechtsbezogenen Diskriminierung
20. Mittelbare Diskriminierung beim tariflichen Weihnachtsgeld (Ausschluss geringfügig Beschäftigter)
21. Gleichbehandlung von Teilzeitbeschäftigten in der betrieblichen Altersversorgung (Benachteiligungsverbot)
22. Urlaubsanspruch teilzeitbeschäftigter Arbeitnehmer
23. Betriebsbedingte Kündigung: Sozialauswahl bei Teilzeitbeschäftigung
24. Bemessung der Sozialplanabfindung bei Teilzeitbeschäftigten – Gleichbehandlung

Telearbeit

Was ist das?

1   Telearbeit ist eine Tätigkeit, die unter Verwendung von Informationsverarbeitungstechnik (PC, Laptop, u. ä.) zumindest zeitweise **außerhalb der Betriebsstätte** des Arbeitgebers durchgeführt wird, wobei die Verbindung zwischen Telearbeiter und Betrieb im Wege von Telekommunikationstechnik hergestellt wird.

Formen der Telearbeit

2   Folgende Formen der Telearbeit (auch **elektronische Fernarbeit** genannt) werden unterschieden:
- ausschließlich **externe Tätigkeit (auch Teleheimarbeit oder Homeoffice genannt)**: Hier ist der Telearbeitnehmer ausschließlich an seinem häuslichen mit EDV und Kommunikationstechnik ausgestatteten Arbeitsplatz tätig. Er hat keinen Arbeitsplatz im Betrieb;
- **alternierende Telearbeit**: Der Beschäftigte ist zum Teil an seinem im Betrieb eingerichteten Arbeitsplatz tätig, zum meist größeren Teil an seinem EDV-Arbeitsplatz zu Hause;
- **Telearbeit in Satelliten- oder Nachbarschaftsbüros**: Die Telearbeit findet in vom Arbeitgeber oder auch vom Telearbeiter eingerichteten Büros statt, die sich an einem kostengünstigen Ort oder in der Nähe des Wohnortes des/der Telearbeitnehmer befinden (z. B. Telecenter);
- **mobile Telearbeit**: In diesem Fall ist der Beschäftigte nur gelegentlich im Betrieb (er verfügt dort meist über keinen eingerichteten Arbeitsplatz), seine Arbeit findet an ständig wechselnden Einsatzorten statt (z. B. Außendienstmitarbeiter, Servicepersonal).

3   Die häufigsten Formen der Telearbeit sind die »alternierende« und die »mobile Telearbeit«. Im Wege der Telearbeit werden heute die verschiedensten Tätigkeiten ausgeführt: Datenerfassung, Textverarbeitung, Programmierung, Pflege und Weiterentwicklung von Software (vgl. hierzu Hessisches LAG v. 13. 3. 2015 – 10 Sa 575/14), computergestütztes Konstruieren usw.

Rechtlicher Status der Telearbeiter

4   Telearbeiter können → **Arbeitnehmer** (§ 5 Abs. 1 BetrVG), aber auch arbeitnehmerähnliche Personen, Selbstständige, die aufgrund eines → **Dienstvertrages** oder → **Werkvertrages** tätig sind oder Heimarbeiter (siehe → **Heimarbeit**) sein.
Die Klärung des **Status** ist wichtig, weil das Arbeitsschutzrecht in vollem Umfang nur für → **Arbeitnehmer** gilt.

5   Als Arbeitnehmer sind Telearbeiter anzusehen, die aufgrund eines → **Arbeitsvertrags** tätig sind und in persönlicher Abhängigkeit zum Auftraggeber/Arbeitgeber stehen: das heißt, wenn sie an seine Weisungen insbesondere in Bezug auf Ort, Zeit und Art der auszuführenden Arbeit gebunden sind und in den Betrieb des Auftraggebers/Arbeitgebers **eingegliedert** sind.

Telearbeit

Beispiel für einen Telearbeitsvertrag (aus LAG Rheinland-Pfalz v. 18.11.2014 – 7 Sa 321/14):
»§ 1 *Vertragsbeginn und Tätigkeit*
1. Der Mitarbeiter wird ab dem 1.6.2010 befristet auf zwei Jahre bis zum 31.5.2012 als Mitarbeiter im Bereich Marketing im Rahmen von Telearbeit eingestellt.
2. (…)
3. Die Arbeitgeberin behält sich vor, dem Mitarbeiter im Rahmen seiner Kenntnisse und Fähigkeiten anstelle dieser Aufgaben oder neben ihnen andere Tätigkeiten zu übertragen, die Lage der Arbeitszeit und den Einsatzort zu ändern.

§ 2 *Vergütung*
1. Das Arbeitsentgelt beträgt je Monat 3 668,00 EUR brutto und wird monatlich, spätestens bis zum 10. eines jeden Folgemonats bargeldlos gezahlt.
2. Der Mitarbeiter erhält 12 monatliche Grundgehälter. Weihnachts- und Urlaubsgeld werden nicht gezahlt.
3. Mit der unter Ziffer 1 genannten Vergütung sind Über-, Mehr-, Sonn- und Feiertagsarbeit, soweit sie im Wochendurchschnitt 10 % der im § 4 vereinbarten Arbeitszeit nicht überschreiten, abgegolten.
4. Die über die Regelung der Ziffer 2 hinausgehend, geleisteten Überstunden werden in Freizeit nach betrieblichen Erfordernissen abgegolten.
5. (…)

§ 3 *Außerbetriebliche Arbeitsstätte*
1. Der Arbeitnehmer verrichtet seine Tätigkeit in seiner Wohnung an einem dort einzurichtenden Arbeitsplatz (außerbetriebliche Arbeitsstätte). Die außerbetriebliche Arbeitsstätte ist mittels Kommunikations- und Informationsmitteln mit der Betriebsstätte des Arbeitgebers verbunden. Die außerbetriebliche Arbeitsstätte gilt als dem Betriebssitz des Arbeitgebers zugeordnet.
2. Der Arbeitnehmer nutzt unter Beachtung der Arbeitsschutzbestimmungen eigene Arbeitsmittel. Der Arbeitgeber stellt dem Arbeitnehmer im Bedarfsfall eine Ausstattung für die außerbetriebliche Arbeitsstätte zur ausschließlich dienstlichen Nutzung zur Verfügung. (…)
3. (…)

§ 4 *Arbeitszeit*
1. Die regelmäßige Arbeitszeit beträgt wöchentlich 40 Stunden.
2. Der Arbeitnehmer ist frei in der Einteilung seiner wöchentlichen Arbeitszeit. Er verpflichtet sich, die Vorschriften des Arbeitszeitgesetzes zu beachten. Er wird insbesondere die tägliche Höchstarbeitszeit von acht Stunden und die zwischen zwei Arbeitstagen liegende mindestens elfstündige Ruhepause einhalten. Die Arbeitgeberin behält sich vor, die Lage der Arbeitszeit und der Pausen abweichend zu regeln.
3. Der Arbeitnehmer verpflichtet sich, seine Arbeitszeiten sowie Urlaubs-, Krankheits- und sonstige Freistellungszeiten in einem Telearbeitsbuch in geschlossener Aufstellung festzuhalten. Das Telearbeitsbuch wird dem Arbeitgeber einmal pro Monat zur Abzeichnung zur Verfügung gestellt. (…)
4. Der Mitarbeiter ist verpflichtet, seine ganze Arbeitskraft im Interesse der Arbeitgeberin einzusetzen und im Falle der Erforderlichkeit – im gesetzlich zulässigen Rahmen – auch über die betriebliche Arbeitszeit hinaus Mehrarbeit und Überstunden zu erbringen. Diese Verpflichtung erstreckt sich auch auf Schicht-, Nacht-, Sonn- und Feiertagsarbeit. Diese Überstunden werden durch Freistellung abgegolten. Sollte dies nicht möglich sein, werden sie entsprechend vergütet.
5. Die Anordnung von Überstunden bedarf einer vorherigen ausdrücklichen Anweisung durch die Geschäftsleitung oder einer durch sie ermächtigten Person. (…). «

Die **Weisungsgebundenheit** des Telearbeiters in örtlicher, zeitlicher und fachlicher Hinsicht ist bei der »alternierenden Telearbeit« oder in vom Arbeitgeber eröffneten externen Büros im Regelfall gegeben.

Aber auch bei der ausschließlich »externen Telearbeit« kann Weisungsgebundenheit und damit Arbeitnehmereigenschaft bestehen:
- der Arbeitsort ist durch die Installation der Hard- und Software festgelegt;
- die zeitliche Weisungsgebundenheit kann sich aus Terminsetzungen und Berichtspflichten ergeben;

6

Telearbeit

- die fachliche Weisungsgebundenheit resultiert aus den Arbeitsvorgaben, die mit dem Arbeitsauftrag und der ggf. zu verwendenden Software verbunden sind.

7 Die Eingliederung in den Betrieb (die nicht räumlich, sondern organisatorisch zu verstehen ist) ergibt sich bei allen Formen der Telearbeit regelmäßig aus dem Umstand, dass der Auftraggeber/Arbeitgeber dem Telearbeiter die erforderliche Hard- und Software zur Verfügung stellt und über diese Technik eine **Zusammenarbeit mit dem Betrieb** stattfindet.

8 Bei der »mobilen Telearbeit« kommt es bei der Klärung des rechtlichen Status des Telearbeiters weniger auf die informationsverarbeitungs- und kommunikationstechnischen Arbeitsmittel (z. B. Laptop, Handy) an als auf die **Gesamtumstände** der Vertrags- und Arbeitsbeziehung zwischen dem Auftraggeber und dem Telearbeiter.

8a Eine Vereinbarung in allgemeinen Arbeitsvertragsbedingungen, welche die **Beendigung einer vereinbarten alternierenden Telearbeit** für den Arbeitgeber **voraussetzungslos** ermöglicht und nicht erkennen lässt, dass dabei auch die Interessen des Arbeitnehmers zu berücksichtigen sind, ist wegen Abweichung von dem gesetzlichen Leitbild des § 106 Satz 1 GewO gemäß § 307 Abs. 1 Satz 1 BGB i. V. m. § 307 Abs. 2 Nr. 1 BGB **unwirksam** (LAG v. Düsseldorf v. 10. 9. 2014 – 12 Sa 505/14). Siehe auch Rn. 19.

9 Das Heimarbeitsgesetz kann nur auf solche Telearbeiter angewendet werden, die keine Arbeitnehmereigenschaft besitzen und auch nur dann, wenn die Voraussetzungen des Heimarbeitsgesetzes gegeben sind (siehe → **Heimarbeit**).

Vor- und Nachteile der Telearbeit für den Arbeitgeber

10 Die Vorteile der Telearbeit für den Arbeitgeber liegen auf der Hand:
Er spart selbst bei der alternierenden Telearbeit **Kosten** für die Einrichtung und Vorhaltung eines Arbeitsplatzes im Betrieb (bei der alternierenden Telearbeit mit zeitweiliger Anwesenheit im Betrieb können sich beispielsweise zwei Telearbeiter einen betrieblichen Arbeitsplatz teilen).
Die Investitions- und Unterhaltskosten des (z. B.) häuslichen Telearbeitsplatzes sind meist geringer.
Erfahrungsgemäß ist Telearbeit mit einer Steigerung der **Arbeitsproduktivität** verbunden.
Der mit der Telearbeit verbundene »**Kontrollverlust**« beim Arbeitgeber dürfte dort, wo es auf die termingerechte Ablieferung von Arbeitsergebnissen ankommt, von untergeordneter Bedeutung sein.
Schon schwerwiegender ist das Problem des → **Datenschutzes** und der Datensicherheit, also die Frage, wie verhindert werden kann, dass unbefugte Dritte Zugriff auf vertrauliche Daten und Informationen nehmen.

Vor- und Nachteile für den Telearbeitnehmer

11 Vorteilhaft ist, dass Wegezeiten zwischen Wohnung und Betrieb und die darauf entfallenden Fahrtkosten eingespart werden.
Die **Gestaltungsspielräume** des Telearbeiters in Bezug auf die Ausführung und die zeitliche Lage der Arbeit können – je nach Fallgestaltung – größer als bei einer Arbeit im Betrieb sein.
Ggf. erweitern sich die Möglichkeiten, Familie und Beruf miteinander zu vereinbaren.
Nachteilig ist, dass der Stress infolge der **Mehrfachbelastung** durch Kinder- und Familienbetreuung einerseits und Telearbeit andererseits zunehmen kann.
Von Nachteil ist sicher auch (insbesondere bei der ausschließlich externen Telearbeit), dass die fachliche und soziale Kommunikation mit den im Betrieb tätigen Arbeitskollegen erschwert wird.
Außerdem wird ein Teil der häuslichen Privatsphäre umgewandelt in eine »Außenstelle« des

Betriebs, zu der – je nach Vertragsgestaltung – der Arbeitgeber oder sein Beauftragter in unterschiedlicher Form Zugang hat (z. B. Inspektion, Wartung und Reparatur der Hard- und Software).

Schließlich wächst die Gefahr, dass der Telearbeiter in eine »Scheinselbständigkeit« abgedrängt wird (siehe → **Arbeitnehmer** Rn. 5 und → **Dienstvertrag** Rn. 13).

Bedeutung für die Betriebsratsarbeit

Soweit es sich bei den Telearbeitern um → **Arbeitnehmer** handelt, findet das BetrVG uneingeschränkt Anwendung (§ 5 Abs. 1 BetrVG). 12

Die Telearbeitnehmer haben unter anderem das aktive und passive **Wahlrecht** bei der → **Betriebsratswahl**, sie haben das Recht, an → **Betriebsversammlungen** teilzunehmen und die Sprechstunden des Betriebsrats aufzusuchen (Fahrtkosten sind vom Arbeitgeber zu erstatten). 13

Der Betriebsrat vertritt ihre Interessen. Ihm stehen dabei alle Informations-, Mitwirkungs- und Mitbestimmungsrechte zu, die er auch in Bezug auf die im Betrieb Beschäftigten hat. 14

Soweit keine tariflichen Regelungen zur Telearbeit bestehen, ist es Aufgabe des Betriebsrats, die Rahmenbedingungen der Telearbeit in einer → **Betriebsvereinbarung** mit dem Arbeitgeber zu regeln. 15

Regelungsbedürftig sind insbesondere folgende Fragen und Inhalte: 16
- Welche Form der Telearbeit soll gelten?
- Klarstellung, dass Telearbeiter Arbeitnehmer sind mit allen arbeits- und sozialrechtlichen Rechten und Pflichten,
- Freiwilligkeit der Beschäftigung auf einem Telearbeitsplatz,
- Schriftliche Vereinbarung zwischen Arbeitgeber und Arbeitnehmer,
- Rückkehrrecht auf einen betrieblichen Arbeitsplatz,
- Anforderungen an den Telearbeitsplatz; Ausstattung mit Hard- und Software; Wartung und Reparatur der Einrichtungen,
- Arbeitszeitfragen (Lage und Verteilung des vertraglich/tarifvertraglich geschuldeten Arbeitszeitvolumens, Mehrarbeit, Arbeitszeitkonto usw.),
- Zeiterfassung,
- Keine Leistungs- und Verhaltenskontrolle,
- Einrichten und Vorhalten eines Arbeitsplatzes im Betrieb,
- Kostentragung und Erstattung (z. B. Telefon und Faxgebühren),
- Kostenerstattung von Fahrten zum Betrieb (und zurück) wegen Teilnahme an Betriebsversammlung oder Sprechstunde des Betriebsrats,
- Zugang des Arbeitgebers oder eines Beauftragten zur häuslichen Arbeitsstätte,
- Datenschutz, Datensicherung,
- Arbeitsschutz und Unfallversicherung,
- Beschränkung der Haftung des Arbeitnehmers,
- Keine Nachteile für den Telearbeitnehmer wegen Beschäftigung auf einem Telearbeitsplatz oder wegen Inanspruchnahme des Rückkehrrechts.

Zu weiteren Einzelheiten siehe Tarifvertrag zur Telearbeit zwischen der Deutschen Postgewerkschaft und der Deutschen Telekom AG/T-Mobil (NZA 1999, 1214 ff.). 17

Der Betriebsrat kann sich zur Wahrung der Interessen der Telearbeitnehmer auf **Mitbestimmungsrechte** stützen: z. B. § 87 BetrVG wegen Fragen der Arbeitszeit (§ 87 Abs. 1 Nr. 2 und 3 BetrVG) und der Leistungs- und Verhaltenskontrolle (§ 87 Abs. 1 Nr. 1 und 6 BetrVG). 18

Natürlich stehen ihm auch die Rechte nach §§ 99, 102 BetrVG zu, wenn ein Arbeitnehmer z. B. per → **Änderungskündigung** auf einen Telearbeitsplatz **versetzt** werden soll oder umgekehrt. 19

Telearbeit

Die Beendigung alternierender Telearbeit stellt regelmäßig eine **Versetzung** im Sinne von § 95 Abs. 3 Satz 1 BetrVG dar, welche der Zustimmung des Betriebsrats bedarf (LAG v. Düsseldorf v. 10.9.2014 – 12 Sa 505/14).

20 Unter Umständen kann auch eine → **Betriebsänderung** nach § 111 Satz 2 Nr. 4 und 5 BetrVG vorliegen, wenn eine Mehrzahl von betrieblichen Arbeitsplätzen in Telearbeitsplätze umgewandelt werden sollen.

Rechtsprechung

1. Arbeitnehmereigenschaft eines Programmierers im Home-Office
2. Beendigung einer vereinbarten alternierenden Telearbeit – Versetzung – Mitbestimmung des Betriebsrats (§ 99 BetrVG)
3. Kündigung wegen falscher Arbeitszeitangaben
4. Telearbeit im öffentlichen Dienst

Tendenzbetrieb

Was ist das?

Unter einem Tendenzbetrieb versteht das Betriebsverfassungsgesetz gemäß § 118 Abs. 1 BetrVG ein → **Unternehmen** oder einen → **Betrieb**, dessen unmittelbare und überwiegende **Zweckbestimmung** 1
- politischer (z. B. Parteien),
- koalitionspolitischer (z. B. Gewerkschaften und Arbeitgeberverbände),
- konfessioneller (z. B. Missionsvereine, christliche Jugend-, Frauen- oder Männervereine),
- karitativer (z. B. Deutsches Rotes Kreuz),
- erzieherischer (z. B. Privatschulen),
- wissenschaftlicher (z. B. Forschungsinstitute),
- künstlerischer (z. B. Theater)

Natur ist.
Als Tendenzbetriebe gelten auch solche Einrichtungen, deren unmittelbarer und überwiegender Zweck der **Berichterstattung** oder **Meinungsäußerung** (z. B. Presseunternehmen) dient. 2
In Tendenzbetrieben gelten gemäß § 118 Abs. 1 BetrVG die Vorschriften des BetrVG nur in eingeschränktem Umfang (siehe Rn. 6 ff.). 3
Auf **Religionsgemeinschaften** (u. a. Kirchen, Glaubensgemeinschaften) und ihre **karitativen und erzieherischen Einrichtungen** findet das BetrVG überhaupt keine Anwendung (§ 118 Abs. 2 BetrVG). 4
Arbeitnehmer sind sog. **Tendenzträger**, wenn die Bestimmungen und Zwecke des jeweiligen in § 118 Abs. 1 Satz 1 BetrVG genannten Unternehmens oder Betriebs für ihre Tätigkeit **inhaltlich prägend** sind (BAG v. 14. 5. 2013 – 1 ABR 10/12). Dies setzt voraus, dass sie die Möglichkeit haben, in einer bestimmenden Weise auf die Tendenzverwirklichung Einfluss zu nehmen. Eine bloße Mitwirkung bei der Tendenzverfolgung genügt dafür nicht. Tendenzträger in diesem Sinne sind beispielsweise Redakteure, Gewerkschaftssekretäre, usw. (siehe auch Rn. 13 a, 16). 4a
Bei karitativen Unternehmen oder Betrieben i. S. d. § 118 Abs. 1 Satz 1 Nr. 1 BetrVG sind Tendenzträger regelmäßig nur solche Arbeitnehmer, die bei tendenzbezogenen Tätigkeitsinhalten im Wesentlichen **frei über die Aufgabenerledigung** entscheiden können und bei denen diese Tätigkeiten einen **bedeutenden Anteil an ihrer Gesamtarbeitszeit** ausmachen (BAG v. 14. 9. 2010 – 1 ABR 29/09). Mit dieser Begründung hat das BAG die Tendenzträgereigenschaft eines pädagogischen Mitarbeiters verneint, der in einem Tendenzunternehmen beschäftigt war, das Kindertagesstätten, Tagesförderstätten und Wohnheime für behinderte Menschen einrichtet und betreibt.
Sinn des sog. Tendenzschutzes nach § 118 Abs. 1 und 2 BetrVG ist es, die besonderen **Grund- und Freiheitsrechte** dieser Institutionen bzw. ihrer Träger (Religionsfreiheit, Koalitionsfreiheit, Pressefreiheit usw.) weitestgehend unangetastet zu lassen. 5
Die Ausübung dieser Grundrechte soll durch **Mitbestimmungsrechte** des Betriebsrats nicht behindert oder eingeschränkt werden.

Bedeutung für die Betriebsratsarbeit

6 Hinsichtlich der **eingeschränkten Anwendung** des BetrVG auf Tendenzbetriebe im Sinne des § 118 Abs. 1 BetrVG gilt das Nachfolgende.

Wirtschaftliche Angelegenheiten (§§ 106 bis 110 BetrVG)

7 Die §§ 106 bis 110 BetrVG (Beteiligungsrechte in wirtschaftlichen Angelegenheiten) gelten überhaupt nicht (§ 118 Abs. 1 Satz 2 BetrVG).
Insbesondere kann in einem Tendenzbetrieb kein → **Wirtschaftsausschuss errichtet** werden (möglich ist aber eine Errichtung aufgrund **freiwilliger Vereinbarung** zwischen Betriebsrat bzw. Gesamtbetriebsrat und der Unternehmensleitung).

Betriebsänderung (§§ 111 bis 113 BetrVG)

8 Die §§ 111 bis 113 BetrVG (Beteiligungsrechte bei → Betriebsänderungen) gelten nur insoweit, als sie den Ausgleich oder die Milderung wirtschaftlicher Nachteile für die von einer Betriebsänderung betroffenen Arbeitnehmer regeln (§ 118 Abs. 1 Satz 2 BetrVG).

8a Unstrittig ist, dass eine Verpflichtung zur Aufstellung eines → **Sozialplans** besteht.

8b Streitig dagegen ist die Frage, ob der Tendenzunternehmer verpflichtet ist, mit dem Betriebsrat über einen → **Interessenausgleich** zu verhandeln. Dafür spricht, dass § 118 Abs. 1 Satz 2 BetrVG auch § 113 BetrVG (Nachteilsausgleich) für anwendbar erklärt. Diese Vorschrift setzt aber ein Beteiligungsrecht des Betriebsrats in Bezug auf einen Interessenausgleich voraus (LAG Niedersachsen v. 11.11.1993 – 1 Ta BV 59/93, AiB 1994, 505; vgl. auch DKKW-*Wedde*, BetrVG, 15. Aufl., § 118 Rn. 70 ff. m. w. N.; a.A. LAG Rheinland-Pfalz v. 20.12.2005 – 5 TaBV 54/05).

8c Allerdings hebelt die BAG-Rechtsprechung dieses Argument dadurch aus, dass sie einen Anspruch auf → **Nachteilsausgleich** nach § 113 Abs. 3 BetrVG in Betracht zieht, wenn in Tendenzbetrieben der Unternehmer gegen seine Verpflichtung verstößt, dem Betriebsrat entgegen § 118 Abs. 1 Satz 2 i. V. m. § 111 Satz 1 BetrVG schon vor Durchführung der Betriebsänderung die Informationen zu erteilen, die dieser benötigt, um erforderlichenfalls mithilfe seines **Initiativrechts** das Verfahren zur Aufstellung eines → **Sozialplans** in Gang zu setzen (BAG v. 30.3.2004 – 1 AZR 7/03, DB 2004, 1511).
Ein solcher Anspruch soll nicht bei einer Verletzung der weitergehenden Beratungspflicht nach § 17 Abs. 2 KSchG, Art. 2 Abs. 2, Abs. 3 Richtlinie 98/59 EG bestehen (BAG v. 30.3.2004 – 1 AZR 7/03, DB 2004, 1511; 18.11.2003 – 1 AZR 637/02, NZA 2004, 741).

8d Ungeachtet der Frage, ob der Tendenzunternehmer verpflichtet ist, mit dem Betriebsrat über einen → **Interessenausgleich** zu verhandeln oder nicht, hat der Betriebsrat jedenfalls nach richtiger Ansicht einen Anspruch darauf, dass der Arbeitgeber **Maßnahmen** zur Durchführung einer Betriebsänderung **unterlässt**, jedenfalls solange das Verfahren der Unterrichtung und der Beratung mit dem Betriebsrat über die geplante Betriebsänderung nicht durchgeführt worden ist (ArbG Hamburg v. 29.11.1993 – 27 Ga BV 5/93 (rkr.), AiB 1994, 246 mit Anm. Müller-Knapp, AiB 1994, 246).

Sonstiges Betriebsverfassungsrecht (§§ 1 bis 105 BetrVG)

9 Die übrigen Vorschriften des BetrVG (§§ 1 bis 105 BetrVG) finden nur insoweit keine Anwendung, als die »*Eigenart des Unternehmens oder des Betriebs dem entgegensteht*« (§ 118 Abs. 1 Satz 1 BetrVG).
Das ist nur der Fall, wenn durch die Ausübung des Beteiligungsrechts die geistig-ideelle Ziel-

setzung des Tendenzbetriebs ernstlich beeinträchtigt werden kann (BAG v. 30.1.1990 – 1 ABR 101/88, NZA 1990, 693).

Wahl und Organisation der Arbeit des Betriebsrats (§§ 1 bis 80 BetrVG)

Die Regelungen über die Wahl und Organisation der Arbeit des Betriebsrats und anderer betriebsverfassungsrechtlicher Organe sowie ihre allgemeinen Aufgaben gelten uneingeschränkt auch in Tendenzbetrieben (§§ 1 bis 80 BetrVG). 10
Denn die bloße Existenz einer Interessenvertretung der Arbeitnehmer lässt die geistig-ideelle Zielsetzung des Tendenzbetriebs unberührt.

Arbeitnehmerrechte nach dem BetrVG (§§ 81 bis 86 a BetrVG)

Auch die §§ 81 bis 86a BetrVG (siehe → **Arbeitnehmerrechte nach dem BetrVG**, → **Beschwerderecht der Arbeitnehmer** und → **Personalakte**) kommen in Tendenzbetrieben uneingeschränkt zur Anwendung. 11

Soziale Angelegenheiten, Gestaltung von Arbeitsplatz, Arbeitsablauf und Arbeitsumgebung und personelle Angelegenheiten (§§ 87 bis 105 BetrVG)

Hinsichtlich der Anwendbarkeit der in den §§ 87 bis 105 BetrVG vorgesehenen Beteiligungsrechte des Betriebsrats ist **zu unterscheiden:** 12
- Die Vorschriften über die »**Informationsrechte**« des Betriebsrats gelten uneingeschränkt auch in Tendenzbetrieben.
Denn die bloße Information des Betriebsrats über das Geschehen im Tendenzunternehmen und die Planungen des Tendenzunternehmers beeinträchtigt in keinerlei Hinsicht die Handlungsmöglichkeiten des Unternehmens.
- Gleiches gilt hinsichtlich der »**Mitwirkungsrechte**« (Anhörungs-, Beratungs-, Vorschlagsrechte) des Betriebsrats.
Da dem Arbeitgeber in diesem Bereich ohnehin das Letztentscheidungsrecht zusteht (siehe → **Beteiligungsrechte des Betriebsrats**), ist nicht ersichtlich, weshalb eine bloße Mitwirkung des Betriebsrats der »Eigenart« des Tendenzunternehmens bzw. -betriebs entgegenstehen sollte.
- Eine Beeinträchtigung der »Eigenart« des Tendenzunternehmens kann allenfalls dort eintreten, wo das BetrVG dem Betriebsrat »**Mitbestimmungsrechte**« zugesteht.
Aber auch hier ist eine differenzierende Betrachtungsweise geboten.
Denn nicht in jedem Mitbestimmungsfalle ergeben sich Auswirkungen auf die »Eigenart« des Unternehmens oder des Betriebs.

Soziale Angelegenheiten (§§ 87 bis 89 BetrVG)

In diesen Vorschriften geht es um die soziale und gerechte Gestaltung der betrieblichen **Arbeitsbedingungen und Arbeitsabläufe**. Dies berührt meist nicht die Tendenz des Unternehmens bzw. Betriebs. 13
Deshalb ist die Mitbestimmung des Betriebsrats z. B. in den Fallgestaltungen des § 87 Abs. 1 BetrVG durch § 118 BetrVG nicht eingeschränkt.
Etwas anderes kann gelten, wenn es z. B. um die Bestimmung der **Lage der Arbeitszeit** eines 13a
Tendenzträgers geht.
So kann beispielsweise bei einem **Tageszeitungsverlag** (= ein Tendenzbetrieb i. S. d. § 118 Abs. 1 Satz 1 Nr. 2 BetrVG) eine konkrete Regelung über die Lage der Arbeitszeit vom Mit-

Tendenzbetrieb

bestimmungsrecht des Betriebsrats nicht mehr gedeckt und damit unwirksam sein, wenn sie eine **aktuelle Berichterstattung ernsthaft gefährdet oder unmöglich** macht (BAG v. 11.2.1992 – 1 ABR 49/91, AuR 1992, 185 = NZA 1992, 705). Dagegen führt der Umstand allein, dass die Aktualität der Berichterstattung einer Tageszeitung auch von der Lage der Arbeitszeit derjenigen Arbeitnehmer abhängt, die an dieser Berichterstattung mitwirken, noch nicht dazu, dass das Mitbestimmungsrecht des Betriebsrats hinsichtlich der Lage der Arbeitszeit dieser Arbeitnehmer wegen des Tendenzschutzes für den Zeitungsverlag entfällt (BAG v. 11.2.1992 – 1 ABR 49/91, a.a.O.). Die Aktualität der Berichterstattung wird auch nicht beeinträchtigt, wenn der Betriebsrat bei der Dauer der Arbeitszeit der Redakteure an einzelnen Arbeitstagen, nicht aber bei Beginn und Ende der Arbeitszeit und der Festlegung der einzelnen Arbeitstage mitbestimmt (BAG v. 30.1.1990 – 1 ABR 101/88, NZA 1990, 693).

Gestaltung von Arbeitsplatz, Arbeitsablauf und Arbeitsumgebung (§§ 90, 91 BetrVG)

14 Die Tendenz des Unternehmens/Betriebs ist durch Maßnahmen in diesem Bereich meist unberührt, so dass eine tendenzbedingte Einschränkung der Mitbestimmung des Betriebsrats (§ 91 BetrVG; siehe Arbeitsschutz) regelmäßig ausscheidet.

Personelle Angelegenheiten (§§ 92 bis 105 BetrVG)

15 Eine Einschränkung der Mitbestimmung bei allgemeinen personellen Angelegenheiten (§§ 92 bis 98 BetrVG) wird nur im **Ausnahmefall** in Betracht kommen.
Nach Ansicht des BAG soll z. B. das Zustimmungserfordernis nach § 94 Abs. 1 BetrVG (siehe → **Personalfragebogen**) bei einem wissenschaftlichen Unternehmen entfallen, soweit dieses vor der Einstellung von wissenschaftlichen Angestellten mit Hilfe des Personalfragebogens in Erfahrung bringen will, ob und gegebenenfalls in welcher Weise oder Funktion der Bewerber für das frühere Ministerium für Staatssicherheit oder vergleichbare Institutionen tätig gewesen ist (BAG v. 21.9.1993 – 1 ABR 28/93, AiB 1994, 425).

16 Im Übrigen wird eine aus Gründen des Tendenzschutzes erforderliche Einschränkung der Beteiligungsrechte des Betriebsrats meist nur bei personellen Einzelmaßnahmen, also bei → **Einstellung**, → **Versetzung** und → **Kündigung** von **Tendenzträgern** geboten sein.
Aber auch in diesen Fällen ist danach zu differenzieren, ob die Tendenz des Unternehmens bzw. Betriebs berührt ist.
Das ist nur der Fall, wenn es sich um eine **tendenzbezogene Maßnahme** bzw. um eine Maßnahme gegenüber einem Tendenzträger handelt.
Bei Einstellung und Versetzung von Tendenzträgern wird von der h. M. »vermutet«, dass diese Maßnahmen »**tendenzbedingt**« sind (BAG v. 27.7.1993 – 1 ABR 8/93, AiB 1994, 251; Fitting, BetrVG, 27. Aufl., § 118 Rn. 36; a. A. DKKW-*Wedde*, BetrVG, 15. Aufl., § 118 Rn. 89).
Dem Betriebsrat werden insoweit nur die Informationsrechte aus § 99 Abs. 1 BetrVG zugestanden, nicht aber ein Zustimmungsverweigerungsrecht nach § 99 Abs. 2 BetrVG.
Etwas anderes gilt bei der → **Eingruppierung/Umgruppierung** von Tendenzträgern: Insoweit hat der Betriebsrat auch ein Zustimmungsverweigerungsrecht, weil die Tendenz des Betriebs hierdurch nicht berührt wird.
Auch bei personellen Einzelmaßnahmen gegenüber Arbeitnehmern, die **keine Tendenzträger** sind, gelten die Rechte des Betriebsrats nach § 99 BetrVG uneingeschränkt.

> **Beispiele:**
> **1. Fall:** In einer Gewerkschaftsschule, die über eine Kantine verfügt, soll ein Koch eingestellt werden. Hier ist das Mitbestimmungsrecht (»Zustimmungsverweigerungsrecht«) des Betriebsrats nach § 99 BetrVG durch die Vorschrift des § 118 Abs. 1 BetrVG nicht ausgeschlossen.

Tendenzbetrieb

Denn die Tendenz der Schule wird durch diesen Vorgang nicht berührt. Weder ist der Koch Träger und Repräsentant der gewerkschaftlichen Tendenz noch ist die Einstellung als solche eine tendenzbezogene Maßnahme.

2. Fall: Etwas anderes gilt, wenn in der Gewerkschaftsschule ein hauptamtlicher Referent eingestellt werden soll.
Hier entfällt das Zustimmungsverweigerungsrecht des Betriebsrats nach § 99 BetrVG in Bezug auf die → **Einstellung**, weil der Referent Tendenzträger ist und auch die personelle Maßnahme als solche der Verwirklichung der gewerkschaftlichen Tendenz dient.
Das in § 99 Abs. 1 BetrVG enthaltene »Informationsrecht« des Betriebsrats hat der Arbeitgeber aber zu beachten.
Soweit es um die richtige → **Eingruppierung/Umgruppierung** des Tendenzträgers geht, steht dem Betriebsrat ein »normales« Zustimmungsverweigerungsrecht nach § 99 Abs. 2 BetrVG zu.

Bei der → **Einstellung** oder → **Versetzung** von Tendenzträgern hat der Arbeitgeber den Betriebsrat nach § 99 Abs. 1 BetrVG über die personelle Einzelmaßnahme zu informieren, muss aber nicht dessen Zustimmung einholen. **17**
Dies gilt in der Regel unabhängig davon, ob vom Betriebsrat sog. tendenzneutrale oder tendenzbezogene Zustimmungsverweigerungsgründe geltend gemacht werden (BAG v. 27.7.1993 – 1 ABR 8/93, AiB 1994, 251).
Hat der Arbeitgeber den Betriebsrat nicht gem. § 99 Abs. 1 BetrVG informiert und mit ihm beraten, stehen dem Betriebsrat die **Rechte des § 101 BetrVG** zu (siehe → **Einstellung** Rn. 34, 35 und → **Versetzung** Rn. 31 ff.). **18**
Er kann die Aufhebung der personellen Maßnahme beim Arbeitsgericht beantragen (ArbG Hamburg v. 8.6.1994 – 7 Bu 2/94 [rkr.], AiB 1995, 186 m. Anm. Böttcher).
Die → **Kündigung** eines als Tendenzträger beschäftigten **Betriebsratsmitglieds** aus tendenzbezogenen Gründen bedarf nicht der Zustimmung des Betriebsrats nach § 103 Abs. 1 BetrVG. Der Betriebsrat ist nur nach § 102 BetrVG anzuhören (BAG v. 28.8.2003 – 2 ABR 48/02, NZA 2004, 501). **19**

Rechtsprechung

1. Tendenzschutz und Grundrechte
2. Tendenzbetriebe: Einzelfälle
3. Tendenzträger
4. Verzicht auf Tendenzschutz
5. Konzern: Keine Erstreckung des Tendenzschutzes auf konzernverbundene Unternehmen mit Hilfsfunktionen
6. Wirksamkeit und Bestand eines Redaktionsstatuts
7. Tendenzbetrieb und Beteiligungsrechte des Betriebsrats (Informations-, Mitwirkungs- und Mitbestimmungsrechte) – Wirtschaftsausschuss
8. Betriebsänderung im Tendenzbetrieb
9. Unterlassungsanspruch des Betriebsrats bei Betriebsänderung im Tendenzbetrieb: Keine Kündigungen und Aufhebungsverträge vor Abschluss der Beratungen
10. Nachteilsausgleich (§ 113 BetrVG) in Tendenzbetrieben
11. Kündigung eines als Tendenzträger beschäftigten Betriebsratsmitglieds
12. Verfahrensfragen

Transferleistungen

Was ist das?

1   Im Falle von Personalabbau stellt sich regelmäßig die Frage, welche Maßnahmen zu treffen sind, um die von Entlassung Betroffenen möglichst schnell wieder in neue, gleichwertige Arbeit zu bringen.
Hier setzen die Bestimmungen der §§ 110, 111 SGB III 2012 über sog. **Transferleistungen** (**Transfermaßnahmen** und **Transferkurzarbeitergeld**) der Agentur für Arbeit an.

2   Zur Bildung der für den Bezug von Transferkurzarbeitergeld erforderlichen »betriebsorganisatorisch eigenständigen Einheit« im Form einer sog. **Transfergesellschaft** (Beschäftigungs- und Qualifizierungsgesellschaft) siehe Rn. 12; siehe auch → **Beschäftigungssicherung und -förderung** und → **Interessenausgleich**.

Transfermaßnahmen (§ 110 SGB III 2012)

3   Die Agentur für Arbeit fördert die Teilnahme von Arbeitnehmern an Transfermaßnahmen, die auf Grund einer → **Betriebsänderung** von Arbeitslosigkeit bedroht sind.
Als Betriebsänderungen gelten solche im Sinne des § 111 Betriebsverfassungsgesetz unabhängig von der Unternehmensgröße und unabhängig davon, ob im jeweiligen Betrieb das Betriebsverfassungsgesetz anzuwenden ist (§ 110 Abs. 1 Satz 3 SGB III 2012).
Das heißt: auch in Unternehmen mit 20 und weniger Beschäftigten können Transfermaßnahmen gefördert werden.

4   Transfermaßnahmen sind alle Maßnahmen zur **Eingliederung** von Arbeitnehmern in den Arbeitsmarkt, an deren **Finanzierung** sich Arbeitgeber angemessen beteiligen (§ 110 Abs. 1 Satz 2 SGB III 2012).

5   **Voraussetzung der Förderung** ist nach § 110 Abs. 1 SGB III 2012, dass
1. sich die Betriebsparteien im Vorfeld der Entscheidung über die Einführung von Transfermaßnahmen, insbesondere im Rahmen ihrer Verhandlungen über einen die Integration der Arbeitnehmer fördernden → **Interessenausgleich** oder → **Sozialplan** nach § 112 BetrVG, von der Agentur für Arbeit beraten lassen haben,
2. die Maßnahme von einem Dritten (z. B. einer Transfergesellschaft) durchgeführt wird,
3. die vorgesehene Maßnahme der Eingliederung der Arbeitnehmer in den Arbeitsmarkt dienen soll,
4. die Durchführung der Maßnahme gesichert ist und
5. ein System zur Sicherung der Qualität angewendet wird.

6   Die Förderung wird als **Zuschuss** gewährt.
Der Zuschuss beträgt 50 Prozent der aufzuwendenden Maßnahmekosten, jedoch höchstens 2500 Euro je gefördertem Arbeitnehmer (§ 110 Abs. 2 SGB III 2012).
Eine Förderung ist ausgeschlossen, wenn die Maßnahme dazu dient, den Arbeitnehmer auf eine Anschlussbeschäftigung im gleichen Betrieb oder in einem anderen Betrieb des gleichen Unternehmens oder, falls das Unternehmen einem Konzern angehört, in einem Betrieb eines

Transferleistungen

anderen Konzernunternehmens des Konzerns vorzubereiten (§ 110 Abs. 3 Satz 1 SGB III 2012).
Durch die Förderung darf der Arbeitgeber nicht von bestehenden **Verpflichtungen** entlastet werden (§ 110 Abs. 3 Satz 2 SGB III 2012). 7
Während der Teilnahme an Transfermaßnahmen sind **andere Leistungen** der aktiven Arbeitsförderung mit gleichartiger Zielsetzung ausgeschlossen (§ 110 Abs. 4 SGB III 2012). 8
Über **Art und Umfang** der Transfermaßnahmen entscheiden – nach vorausgehender Beratung durch die Agentur für Arbeit (§ 110 Abs. 1 Satz 1 Nr. 1 SGB III 2012) – die Betriebsparteien z. B. im Rahmen eines Sozialplans bzw. im Falle tariflicher Regelung die Tarifvertragsparteien. 9
Die Förderleistung ist grundsätzlich als **Leistung an den Arbeitnehmer** ausgestaltet. Der Individualanspruch wird aber vom Arbeitgeber geltend gemacht (ähnlich wie beim Kurzarbeitergeld; siehe → **Kurzarbeit, Kurzarbeitergeld**). 10
Der Antrag auf Leistung zur Förderung der Teilnahme an Transfermaßnahmen ist innerhalb einer **Ausschlussfrist von drei Monaten** zu stellen. Die Frist beginnt mit Ablauf des Monats, in dem die zu fördernde Leistung beginnt (§ 325 Abs. 5 SGB III 2012). 11

Transferkurzarbeitergeld – Transfergesellschaft

Durch das Dritte Gesetz für moderne Dienstleistungen am Arbeitsmarkt vom 23. 12. 2003 (»Hartz III«; BGBl. I S. 2848) wurde § 175 SGB III a. F. (Kurzarbeitergeld in einer betriebsorganisatorisch eigenständigen Einheit = »Struktur-Kurzarbeitergeld«) aufgehoben und durch die Bestimmungen über das Transferkurzarbeitergeld (§ 216 b SGB III a. F. = § 111 SGB III 2012) ersetzt. 12
Transferkurzarbeitergeld erhalten Arbeitnehmer, die von ihrem bisherigen Arbeitgeber im Zuge einer → **Betriebsänderung** (siehe Rn. 3) entlassen werden sollen und mit dem Ziel einer alsbaldigen Wiedereingliederung in den Arbeitsmarkt in eine aus Anlass der Entlassung gebildete »betriebsorganisatorisch eigenständige Einheit« übergeleitet werden.
Die Bedingungen dieses Vorgangs werden zwischen Arbeitgeber und Betriebsrat im Rahmen der nach § 111 BetrVG erforderlichen Verhandlungen über einen → **Interessenausgleich** und → **Sozialplan** festgelegt, notfalls durch die → **Einigungsstelle** über den Sozialplan.

Transfergesellschaft

Die Umsetzung erfolgt durch eine sog. Transfergesellschaft (= Beschäftigungs- und Qualifizierungsgesellschaft), die aus Anlass der Betriebsänderung auf der Grundlage einer Vereinbarung zwischen Betriebsrat und Arbeitgeber (z. B. → **Interessenausgleich** oder eigenständige Betriebsvereinbarung) errichtet wird – meist in Form einer Gesellschaft mit beschränkter Haftung (GmbH; **Muster** eines Gesellschaftsvertrages im Anhang zu diesem Stichwort). 12a
Zweck und Aufgabe der Transfergesellschaft ist es, die von Entlassung betroffenen Beschäftigten für die Dauer des Bezugs von Transferkurzarbeitergeld »aufzufangen« und mit ihnen im Rahmen eines befristeten Arbeitsverhältnisses mit »Kurzarbeit Null« (und Bezug von Transferkurzarbeitergeld) Transfermaßnahmen nach § 110 SGB III 2012 (siehe Rn. 3 ff.) zur Verbesserung ihrer Chancen auf Eingliederung in den Arbeitsmarkt durchzuführen (u. a. Bewerbungstraining, Qualifizierungsmaßnahmen).
Die Betroffenen gehen also zunächst einmal nicht in die Arbeitslosigkeit (mit Bezug von Arbeitslosengeld), sondern erhalten einen **neuen** »Arbeitgeber« (nämlich die Transfergesellschaft).
Ziel ist es, die in die Transfergesellschaft wechselnden Arbeitnehmer in neue Arbeit zu vermitteln.

Transferleistungen

Gelingt das nicht, scheiden sie mit Ablauf der Befristung aus dem Arbeitsverhältnis mit der Transfergesellschaft aus und beantragen **Arbeitslosengeld** (siehe hierzu → **Arbeitslosenversicherung: Arbeitslosengeld**).
Bei der Berechnung des Arbeitslosengeldes ist gemäß § 151 Abs. 3 Nr. 1 SGB III 2012 das Arbeitsentgelt zugrunde zu legen, das der Arbeitslose ohne den Arbeitsausfall und ohne Mehrarbeit erzielt hätte, wenn er nicht entlassen und in die Transfergesellschaft überführt worden wäre.

12b Die Überleitung der Arbeitnehmer in die Transfergesellschaft erfolgt auf Grundlage eines »**dreiseitigen Vertrages**« zwischen bisherigem Arbeitgeber, Arbeitnehmer und Transfergesellschaft.
Das bisherige Arbeitsverhältnis wird durch Vereinbarung zwischen Arbeitgeber und Arbeitnehmer beendet. Gleichzeitig wird ein auf die Bezugsdauer des Transferkurzarbeitergeldes befristetes Arbeitsverhältnis zwischen Arbeitnehmer und Transfergesellschaft nach Maßgabe der bisher geltenden – ggf. tariflich geregelten – Arbeitsbedingungen begründet.
Für die Laufzeit des befristeten Arbeitsverhältnisses wird »**Kurzarbeit Null**« vereinbart.
Die in die Transfergesellschaften wechselnden Arbeitnehmer haben Anspruch auf Transferkurzarbeitergeld nach Maßgabe des § 111 SGB III 2012 (siehe Rn. 13 ff.).
Ziel des Betriebsrats ist es durchzusetzen, dass sie einen **Zuschuss** zum Transferkurzarbeitergeld erhalten, der von der Transfergesellschaft als neuem Arbeitgeber ausgezahlt wird.
Zudem hat die Transfergesellschaft als neuer Arbeitgeber die sog. »**Remanenzkosten**« zu tragen. Dazu zählen u. a. das an die Arbeitnehmer zu zahlende ggf. tarifliche Urlaubs- und Weihnachtsgeld und die abzuführenden Sozialversicherungsbeiträge.

12c Die **Finanzierung** des Zuschusses zum Transferkurzarbeitergeld, der »Remanenzkosten« und der sonstigen Kosten der Gründung und Durchführung der Transfergesellschaft ist Gegenstand von Verhandlungen zwischen Arbeitgeber und Betriebsrat über den → **Interessenausgleich** und → **Sozialplan**.
Ziel des Betriebsrats ist es, den Arbeitgeber »zu bewegen«, möglichst viel Geld für die Finanzierung bereitzustellen, damit die Bedingungen für die Betroffenen möglichst optimal gestaltet werden können.
Nicht selten erfolgt eine (Mit-)Finanzierung des Zuschusses durch die Betroffenen dadurch, dass die bisherigen Arbeitsverhältnisse vor Ablauf der für den Arbeitgeber geltenden Kündigungsfristen beendet werden, was diesem die hierauf entfallenden Lohnkosten erspart (»**Abkauf**« der → **Kündigungsfristen**).

12d Nachstehend ein **Regelungsbeispiel** in einem → **Interessenausgleich** (oder einer eigenständigen → **Betriebsvereinbarung** in Anlehnung an Bichlmeier/Wroblewski: Insolvenzhandbuch, Bund-Verlag (siehe auch **Muster** eines **Gesellschaftsvertrages** einer Transfergesellschaft und eines »**dreiseitigen**« **Vertrages** zwischen Transfergesellschaft, Arbeitgeber und Arbeitnehmer im Anhang zu diesem Stichwort).

1. »Aufgrund der geplanten Betriebsänderung beabsichtigen die Betriebsparteien die Errichtung einer betriebsorganisatorisch eigenständigen Einheit (BEE) im Rahmen einer Transfergesellschaft. Aus diesem Grund wird den Beschäftigten unter den nachfolgenden Bedingungen angeboten, in die Transfergesellschaft GmbH zum ... einzutreten und mit der Transfergesellschaft ein befristetes Arbeitsverhältnis zu vereinbaren.
Die Transfergesellschaft errichtet eine betriebsorganisatorisch eigenständige Einheit für die Zeit vom ... bis ... und wird mit jedem zu übernehmenden Arbeitnehmer einen bis ... befristeten Arbeitsvertrag mit den im Wesentlichen gleichen Bedingungen wie bisher abschließen, allerdings Kurzarbeit Null anordnen und den Arbeitnehmer verpflichten, an zumutbaren und geeigneten Qualifizierungs- und Vermittlungsmaßnahmen teilzunehmen. An die Stelle der bisherigen Vergütung tritt das Transferkurzarbeitergeld zuzüglich des Aufstockungsbetrags so-

wie der Vergütung während des tariflichen Urlaubs, der Feiertagsvergütung, der tariflichen zusätzlichen Urlaubsvergütung und der tariflichen Sonderzahlung.
Die Laufzeit der befristeten Übernahme beträgt für alle Beschäftigten zunächst ... Monate; die Laufzeit kann verlängert werden, falls die Mittel für die Finanzierung dafür zur Verfügung stehen.
Der Arbeitgeber verpflichtet sich, den in Frage kommenden Beschäftigten, die zum Übertritt in die Transfergesellschaft bereit sind, den Entwurf eines dreiseitigen Vertrages auszuhändigen. Die Beschäftigten können längstens innerhalb einer Überlegungsfrist von sieben Kalendertagen nach Übergabe des Entwurfs den Vertragsabschluss anbieten. Der dreiseitige Vertrag sieht eine Auflösung des Arbeitsverhältnisses zwischen dem bisherigen Arbeitgeber und den Beschäftigten zum ... und ein befristetes Arbeitsverhältnis mit der Transfergesellschaft für die Dauer von ... Monaten ab dem ... sowie die Option einer Verlängerung vor.
2. *Die o. a. Regelungen stehen unter der auflösenden Bedingung, dass*
   - *die Transfergesellschaft den Betriebsparteien in angemessener Frist nachweist, dass sie für dieses Projekt Transferkurzarbeitergeld gemäß § 111 SGB III 2012 mit Wirkung ab ... bewilligt bekommt,*
   - *die Transfergesellschaft die dreiseitigen Verträge (Transfergesellschaft, bisheriger Arbeitgeber, Arbeitnehmer; siehe Mustervertrag im Anhang) abschließt,*
   - *die Finanzierung der sog. »Remanenzkosten« (= u. a. Sozialversicherungsbeiträge, ggf. tarifliches Urlaubs- und Weihnachtsgeld) gesichert ist.*
3. *Der Arbeitgeber verpflichtet sich, der Transfergesellschaft die Remanenzkosten in erforderlicher Höhe auf das Konto der Transfergesellschaft rechtzeitig einzuzahlen. Die Zuschussgewährung ist zur Finanzierung der Remanenzkosten zweckgebunden. Sie werden monatlich ausgewiesen und nach Abschluss der Maßnahmen abgerechnet. Einzelheiten werden im dem dreiseitigen Vertrag vereinbart.*
4. *Der Arbeitgeber zahlt an die Transfergesellschaft einen pauschalen Verwaltungskostenzuschuss in Höhe von ... Euro. Dieser Betrag ist als Einmalbetrag nach Vorlage der entsprechenden dreiseitigen Verträge fällig.*
5. *Die sich aus dem Sozialplan ergebenden Ansprüche bleiben von dieser Regelung unberührt.*
6. *Arbeitnehmern, mit denen der dreiseitige Vertrag bis zum ... nicht zustande kommt, wird unter Einhaltung der Kündigungsfristen zum nächstmöglichen Zeitpunkt betriebsbedingt gekündigt. Analog wird verfahren mit den Arbeitnehmern, deren Eintritt in die Transfergesellschaft zu einem späteren Zeitpunkt vorgesehen ist«.*

In der beschäftigungspolitischen Praxis hat sich ein »**Markt**« von freiberuflichen Anbietern des »Produkts Transfergesellschaft« entwickelt.
Es gibt – was die **Qualität** anbetrifft – »solche und solche« Anbieter.
Deshalb ist es unbedingt erforderlich, dass der Betriebsrat die Auswahl des Anbieters mit der **Gewerkschaft** abstimmt.
Transfergesellschaften bedürfen der **Zulassung** als Träger nach §§ 176 ff. SGB III 2012.

Transferkurzarbeitergeld (§ 111 SGB III 2012)

Nach § 111 Abs. 1 SGB III 2012 haben Arbeitnehmer zur Vermeidung von Entlassungen und zur Verbesserung ihrer Vermittlungsaussichten Anspruch auf Kurzarbeitergeld zur Förderung der Eingliederung bei betrieblichen Restrukturierungen (Transferkurzarbeitergeld), wenn
1. und solange sie von einem dauerhaften unvermeidbaren Arbeitsausfall mit Entgeltausfall betroffen sind,
2. die betrieblichen Voraussetzungen erfüllt sind,
3. die persönlichen Voraussetzungen erfüllt sind,
4. sich die Betriebsparteien im Vorfeld der Entscheidung über die Inanspruchnahme von

Transferleistungen

Transferkurzarbeitergeld, insbesondere im Rahmen ihrer Verhandlungen über einen die Integration der Arbeitnehmer fördernden → **Interessenausgleich** oder → **Sozialplan** nach § 112 BetrVG, von der Agentur für Arbeit beraten lassen haben und
5. der dauerhafte Arbeitsausfall der Agentur für Arbeit angezeigt worden ist.

13a Die Agentur für Arbeit leistet Transferkurzarbeitergeld für längstens **zwölf Monate** (§ 111 Abs. 1 Satz 2 SGB III 2012).
Eine Verlängerung der Bezugsdauer durch Rechtsverordnung ist nicht möglich (§ 111 Abs. 10 SGB III 2012: hiernach ist § 109 Abs. 1 Nr. 2 SGB III 2012 nicht anzuwenden).

13b Die **Höhe des Transferkurzarbeitergeldes** wird wie das »normale« Kurzarbeitergeld nach Maßgabe der §§ 105, 106 SGB III 2012 berechnet.
§ 111 Abs. 10 SGB III 2012 stellt klar: soweit in § 111 Abs. 1 bis 9 SGB III 2012 nichts Abweichendes geregelt ist, finden die für das Kurzarbeitergeld geltenden Vorschriften (siehe → **Kurzarbeit, Kurzarbeitergeld**) Anwendung mit Ausnahme der §§ 95 bis 103 und des § 109 Abs. 1 Nr. 2 und Abs. 2 bis 4 SGB III 2012.
Das Transferkurzarbeitergeld beträgt somit 60 Prozent des durch Kurzarbeit ausgefallenen Netto-Arbeitsentgelts (= sog. **Nettoentgeltdifferenz**) bzw. 67 Prozent, wenn der Betreffende oder sein nicht getrennt lebender Ehegatte ein Kind zu versorgen hat (§ 105 SGB III 2012).
Der durch den Wegfall der Beschäftigungsmöglichkeit bedingte Entgeltausfall kann auch 100 Prozent des monatlichen Bruttoentgelts betragen (»**Kurzarbeit Null**«; vgl. § 111 Abs. 2 Satz 2 SGB III 2012), was wegen des Verlustes des Arbeitsplatzes beim bisherigen Arbeitgeber regelmäßig der Fall ist.
Das **pauschalierte Nettoentgelt** wird vom Bundesministerium für Arbeit und Soziales auf Grundlage des § 109 Abs. 1 Nr. 1 SGB III 2012 durch Verordnung festgelegt.
Ab 1.1.2016 gelten die Werte gemäß Verordnung über die pauschalierten Nettoentgelte für das Kurzarbeitergeld für das Jahr 2016 vom 11.12.2015 (SGB3EntGV 2016; BGBl. I S. 2254).

> **Berechnungsbeispiel (Stand 2016):**
> Ein Arbeitnehmer (Steuerklasse III) hat bei dem bisherigen Arbeitgeber (vor der Entlassung und Überführung in die Transfergesellschaft) ein monatliches Bruttoentgelt von 2480 Euro erzielt. Nach Eintreten in die Transfergesellschaft erhält er kein Arbeitsentgelt (mehr). Der Entgeltausfall beträgt 100 Prozent (»Kurzarbeit Null«).
> Daraus ergibt sich gem. SGB3EntGV 2016 eine Nettoentgeltdifferenz von monatlich 1851,70 Euro. Beträgt der Leistungssatz 67 Prozent, erhält der Arbeitnehmer ein Transferkurzarbeitergeld in Höhe von **1248,57** Euro. Bei einem Leistungssatz von 60 Prozent beträgt das Transferkurzarbeitergeld **1118,12** Euro.
>
> | | ohne Arbeits- und Entgeltausfall in Euro monatlich | mit Arbeits- und Entgeltausfall in Euro monatlich |
> |---|---|---|
> | **Bruttoentgelt** | 2480,00 | 0,00 |
> | **Nettoentgelt** (pauschaliert, Steuerklasse III) | 1863,54 | 0,00 |
> | **Nettoentgeltdifferenz** | | 1863,54 |
> | **Kurzarbeitergeld 67 %** | | 1248,57 |
> | **Kurzarbeitergeld 60 %** | | 1118,12 |

14 Ein **dauerhafter Arbeitsausfall** liegt vor, wenn infolge einer → **Betriebsänderung** im Sinne des § 110 Abs. 1 Satz 2 SGB III 2012 (siehe Rn. 3) die Beschäftigungsmöglichkeiten für die Arbeitnehmer nicht nur vorübergehend entfallen (§ 111 Abs. 2 Satz 1 SGB III 2012).
Das ist – laut Gesetzesbegründung – dann gegeben, wenn unter Berücksichtigung der Gesamt-

umstände des Einzelfalles davon auszugehen ist, dass der betroffene Betrieb in absehbarer Zeit die aufgebauten Arbeitskapazitäten nicht mehr im bisherigen Umfang benötigt.
Die **betrieblichen Voraussetzungen** für die Gewährung von Transferkurzarbeitergeld sind gemäß § 111 Abs. 3 SGB III 2012 erfüllt, wenn 15
1. in einem Betrieb »Personalanpassungsmaßnahmen« auf Grund einer → **Betriebsänderung** durchgeführt werden,
2. die von Arbeitsausfall betroffenen Arbeitnehmer zur Vermeidung von Entlassungen und zur Verbesserung ihrer Eingliederungschancen in einer betriebsorganisatorisch eigenständigen Einheit zusammengefasst werden,
3. die Organisation und Mittelausstattung der betriebsorganisatorisch eigenständigen Einheit den angestrebten Integrationserfolg erwarten lassen und
4. ein System zur Sicherung der Qualität angewendet wird.

Wird die betriebsorganisatorisch eigenständige Einheit von einem **Dritten** (z. B. einer Transfergesellschaft; siehe Rn. 12 a) durchgeführt, tritt an die Stelle der Voraussetzung nach § 111 Abs. 3 Satz 1 Nr. 4 SGB III 2012 (= Anwendung eines Systems zur Sicherung der Qualität) die **Trägerzulassung** nach § 178 SGB III 2012. 16

Die **persönlichen Voraussetzungen** sind nach § 111 Abs. 4 SGB III 2012 erfüllt, wenn der Arbeitnehmer 17
1. von Arbeitslosigkeit bedroht ist,
2. nach Beginn des Arbeitsausfalles eine versicherungspflichtige Beschäftigung fortsetzt oder im Anschluss an die Beendigung eines Berufsausbildungsverhältnisses aufnimmt,
3. nicht vom Kurzarbeitergeldbezug ausgeschlossen ist (z. B. wegen Bezugs von Arbeitslosengeld bei beruflicher Weiterbildung, Übergangsgeld, Krankengeld [§ 98 Abs. 2 SGB III 2012] oder wegen Verweigerung der »Mitwirkung« oder Nichtannahme einer von der Agentur für Arbeit angebotenen zumutbaren Beschäftigung ohne wichtigen Grund [§ 98 Abs. 3 SGB III 2012]; in letzterem Fall werden die Vorschriften über die Sperrzeit beim Arbeitslosengeld [§ 159 SGB III 2012] entsprechend angewendet) und
4. vor der Überleitung in die betriebsorganisatorisch eigenständige Einheit aus Anlass der Betriebsänderung sich bei der Agentur für Arbeit arbeitsuchend meldet und an einer arbeitsmarktlich zweckmäßigen Maßnahme zur Feststellung der Eingliederungsaussichten teilgenommen hat. Hierzu zählt insbesondere das sog. Profiling (= Feststellung der beruflichen Kenntnisse und Eingliederungschancen). Können in berechtigten Ausnahmefällen trotz Mithilfe der Agentur für Arbeit die notwendigen Feststellungsmaßnahmen nicht rechtzeitig durchgeführt werden, sind diese im unmittelbaren Anschluss an die Überleitung innerhalb eines Monats nachzuholen.

Die persönlichen Voraussetzungen sind auch erfüllt, wenn der Arbeitnehmer während des Bezuges von Kurzarbeitergeld **arbeitsunfähig** wird, solange Anspruch auf Fortzahlung des Arbeitsentgelts im Krankheitsfalle besteht oder ohne den Arbeitsausfall bestehen würde (§ 111 Abs. 4 Satz 2 i. V. m. § 98 Abs. 2 SGB III 2012). 18

Für die **Anzeige des Arbeitsausfalls** gilt § 99 Abs. 1, 2 Satz 1 und Abs. 3 SGB III 2012 entsprechend (§ 111 Abs. 6 SGB III 2012; siehe → **Kurzarbeit, Kurzarbeitergeld** Rn. 25 ff.). Die Anzeige über den Arbeitsausfall hat bei der Agentur für Arbeit zu erfolgen, in deren Bezirk der personalabgebende Betrieb seinen Sitz hat. 19

Während des Bezugs von Transferkurzarbeitergeld hat der Arbeitgeber den geförderten Arbeitnehmern **Vermittlungsvorschläge** zu unterbreiten (§ 111 Abs. 7 Satz 1 SGB III 2012). Stellt der Arbeitgeber oder die Agentur für Arbeit fest, dass Arbeitnehmer Qualifizierungsdefizite aufweisen, soll der Arbeitgeber geeignete Maßnahmen zur Verbesserung der Eingliederungsaussichten anbieten (§ 111 Abs. 7 Satz 2 SGB III 2012). 20

Transferleistungen

Als **geeignet** gelten gemäß § 111 Abs. 7 Satz 3 SGB III 2012 insbesondere
- Maßnahmen der beruflichen Weiterbildung, für die und für deren Träger eine Zulassung nach §§ 176 ff. SGB III 2012 vorliegt, oder
- eine zeitlich begrenzte, längstens sechs Monate dauernde Beschäftigung zum Zwecke der Qualifizierung bei einem anderen Arbeitgeber.

Bei der Festlegung der Maßnahmen ist die Agentur für Arbeit zu beteiligen (§ 111 Abs. 7 Satz 4 SGB III 2012).

Nimmt der Arbeitnehmer während seiner Beschäftigung in einer betriebsorganisatorisch eigenständigen Einheit an einer Qualifizierungsmaßnahme teil, die das Ziel der anschließenden Beschäftigung bei einem **anderen Arbeitgeber** hat, steht bei Nichterreichung dieses Zieles die **Rückkehr** des Arbeitnehmers in den bisherigen Betrieb (d. h. der betriebsorganisatorisch eigenständigen Einheit = Transfergesellschaft) seinem Anspruch auf Transferkurzarbeitergeld nicht entgegen (§ 111 Abs. 7 Satz 5 SGB III 2012).

21   Der Anspruch auf Transferkurzarbeitergeld ist ausgeschlossen, wenn die Arbeitnehmer **nur vorübergehend** in der betriebsorganisatorisch eigenständigen Einheit zusammengefasst werden, um anschließend einen anderen Arbeitsplatz in dem gleichen oder einem anderen Betrieb des Unternehmens oder, falls das Unternehmen einem Konzern angehört, in einem Betrieb eines anderen Konzernunternehmens des Konzerns zu besetzen (§ 111 Abs. 8 SGB III 2012).

22   Der Arbeitgeber hat der Agentur für Arbeit **monatlich** mit dem Antrag auf Transferkurzarbeitergeld
- die Namen und die Sozialversicherungsnummern der Bezieher von Transferkurzarbeitergeld,
- die bisherige Dauer des Transferkurzarbeitergeldbezugs,
- Daten über die Altersstruktur sowie
- die Abgänge in Erwerbstätigkeit

zu übermitteln (§ 111 Abs. 9 Satz 1 SGB III 2012).

Mit der ersten Übermittlung sind der Agentur für Arbeit zusätzlich Daten über die Struktur der betriebsorganisatorisch eigenständigen Einheit sowie die Größe und die Betriebsnummer des personalabgebenden Betriebs mitzuteilen (§ 111 Abs. 9 Satz 2 SGB III 2012).

23   Im Übrigen finden, soweit in § 111 Abs. 1 bis 9 SGB III 2012 nichts Abweichendes geregelt ist, die für das Kurzarbeitergeld geltenden Vorschriften (siehe → **Kurzarbeit, Kurzarbeitergeld**) Anwendung mit Ausnahme der §§ 95 bis 103 und des § 109 Abs. 1 Nr. 2 und Abs. 2 bis 4 SGB III 2012 (§ 111 Abs. 10 SGB III 2012).

Arbeitshilfen

Musterschreiben	• Gesellschaftsvertrag einer Transfergesellschaft • Dreiseitiger Vertrag zwischen Transfergesellschaft, Arbeitgeber und Arbeitnehmer

Überstunden

Begriff

Nach einer bundesweit durchgeführten repräsentativen Beschäftigten Befragung zum DGB Index Gute Arbeit 2015 (Quelle: DGB Index Gute Arbeit Kompakt 1/2016) zeigen, dass 60 Prozent der Beschäftigten regelmäßig länger arbeiten, als in ihrem Arbeitsvertrag vereinbart ist.
Für viele Arbeitnehmer/innen sind **überlange Arbeitszeiten** zur Regel geworden.
Als überlang werden hier Wochenarbeitszeiten von 45 Stunden und mehr verstanden.
Die Analysen zeigen, dass 23 Prozent von allen Beschäftigten und 33 Prozent der Vollzeitbeschäftigten von überlangen Arbeitszeiten berichten.
Darüber hinaus arbeiten 17 Prozent der Vollzeitbeschäftigten über 48 Stunden pro Woche und überschreiten damit die gesetzliche Höchstgrenze für die wöchentliche Arbeitszeit.
Besonders hoch ist der Anteil bei den Beschäftigten aus der Branche »Verkehr und Lagerei« sowie bei Beschäftigten mit einer Leitungsfunktion.
Neben der damit einhergehenden Verkürzung von körperlichen und mentalen Regenerationsphasen, sind auch die **sozialen Aktivitäten** von überlangen Arbeitszeiten beeinträchtigt.
Knapp 60 Prozent der Beschäftigten, die 45 Stunden und mehr pro Woche arbeiten, berichten davon, dass Familie und Freunde aufgrund der Arbeitsbelastung zu kurz kommen.
In Deutschland wurden im Jahr 2010 nach Schätzungen des Instituts für Arbeitsmarkt- und Berufsforschung (IAB) rund 2,5 Mrd. **Überstunden** geleistet.
Etwa die Hälfte der Überstunden (1,25 Mrd.) wurden bezahlt. Im Krisenjahr 2009 hat die Anzahl der bezahlten Mehrarbeits-Stunden knapp 1,1 Mrd. Stunden betragen.
Für weitere in 2010 geleistete 1,25 Mrd. Überstunden erhielten die Arbeitnehmer keine Vergütung. Sie wurden entweder mit Freizeit abgegolten (Rn. 3) oder gar nicht kompensiert (Rn. 4).
Nach einer Untersuchung des Deutschen Instituts für Wirtschaftsforschung (DIW) hat sich die Anzahl der tatsächlich geleisteten Überstunden in Deutschland seit Anfang der 90er Jahre **stetig erhöht** (Quelle: DIW Wochenbericht 15 – 16/2006).
Bei Vollzeitbeschäftigten überstieg in 2005 die tatsächliche Arbeitszeit den Umfang der vertraglich bzw. tarifvertraglich vereinbarten regelmäßigen Wochenstunden um durchschnittlich zweieinhalb Stunden.
Die meisten dieser »Überstunden« werden in der Regel nicht in Form von Überstundenvergütung bezahlt, sondern entweder mit Freizeit abgegolten (Rn. 3) oder gar nicht kompensiert (Rn. 4).
Für Vollzeitbeschäftigte in Westdeutschland ist der Anteil der bezahlten an den gesamten Überstunden von fast 50 % zu Anfang der 90er Jahre auf 15 % im Jahre 2005 gesunken (Quelle: DIW wie vor).
Die enorme Differenz zwischen den bezahlten und den tatsächlich geleisteten Überstunden hat zum einen mit der in den zurückliegenden Jahren negativen wirtschaftlichen Entwicklung, vor

Überstunden

allem aber mit dem Umstand zu tun, dass immer mehr Überstunden durch **flexible Arbeitszeitmodelle** (insbes. Arbeitszeitkonten) »aufgesogen« werden (siehe → **Arbeitszeitflexibilisierung** Rn. 10 ff.).
Etwa 40 Prozent der Arbeitnehmer haben ein Arbeitszeitkonto (Quelle: IAB 2007).

4   Weder durch Mehrarbeitsvergütung (+ Zuschläge) noch durch Freizeitausgleich, sondern überhaupt nicht kompensiert werden die so genannten »**grauen« Überstunden**, die Beschäftigte beispielsweise am Abend oder am Wochenende zu Hause ableisten.

In nicht wenigen Betrieben ist in Betriebsvereinbarungen – unzulässig – geregelt, dass geleistete Arbeitsstunden verfallen (»**Kappung**« von Arbeitsstunden, siehe → **Arbeitszeitflexibilisierung** Rn. 69 b).

5   In Gesetzen und Tarifverträgen wird anstelle des Begriffs »Überstunden« häufig der Begriff »**Mehrarbeit**« verwendet.

6   Während § 11 Abs. 1 BUrlG und § 4 Abs. 1 a Satz 1 EFZG den Begriff »Überstunden« gebrauchen, sprechen § 21 Abs. 2 JArbSchG, § 8 Abs. 1 MuSchG, § 124 SGB IX, § 106 Abs. 1 SGB III 2012 von »Mehrarbeit«.

7   Überstunden im Sinne des BetrVG entstehen bei einer »*vorübergehenden Verlängerung der betriebsüblichen Arbeitszeit*« (§ 87 Abs. 1 Nr. 3 BetrVG; siehe Rn. 16 ff.).

8   Soweit → **Tarifverträge** die Begriffe »Mehrarbeit« oder »Überstunden« gebrauchen, ist damit meist diejenige Arbeitszeit gemeint, die über die durch Tarifvertrag festgelegte regelmäßige wöchentliche Arbeitszeitdauer hinausgeht und deshalb – zusätzlich zum monatlichen Grundentgelt für die Ableistung der vom Arbeitnehmer geschuldeten regelmäßigen wöchentlichen Arbeitszeit – **vergütungs- und zuschlagspflichtig** ist (siehe hierzu Rn. 11 ff.).

9   Das Arbeitszeitgesetz (ArbZG), in Kraft getreten am 1. 7. 1994, sieht – anders als die bis dahin geltende Arbeitszeitordnung (AZO) – keine Bestimmungen über Begrenzung und Vergütung von Mehrarbeit (mehr) vor.
Demgegenüber hatte die frühere AZO unterschieden zwischen der »regelmäßigen« achtstündigen werktäglichen Arbeitszeit (§ 3 AZO) und der darüber hinausgehenden – zuschlagspflichtigen – Mehrarbeit (§§ 6, 15 AZO).

10 Allerdings ergibt sich aus den Bestimmungen des ArbZG eine **Höchstgrenze** der werktäglichen Arbeitszeit (acht Stunden bzw. zehn Stunden, wenn innerhalb von sechs Kalendermonaten bzw. 24 Wochen acht Stunden im Durchschnitt nicht überschritten werden, vgl. § 3 ArbZG; bei Nachtarbeit erstreckt sich der Ausgleichszeitraum auf einen Kalendermonat bzw. vier Wochen, vgl. § 6 Abs. 2 ArbZG; siehe → **Arbeitszeit** und → **Nachtarbeit**).

11 In den einschlägigen → **Tarifverträgen** finden sich oft differenzierte Bestimmungen zum Thema »Überstunden« bzw. »Mehrarbeit«, insbesondere zur Frage, unter welchen Voraussetzungen und in welcher Höhe Überstunden bzw. Mehrarbeit **zu vergüten** und **zuschlagspflichtig** sind.

12 Zu beachten ist dabei, dass nach manchen Tarifverträgen vergütungs- und zuschlagspflichtige Mehrarbeit mit der Überschreitung der regelmäßigen »**wöchentlichen**« Arbeitszeit beginnt.

> **Beispiel:**
> Die individuelle regelmäßige wöchentliche Arbeitszeit beträgt nach dem Tarifvertrag 35 Stunden; vergütungs- und zuschlagspflichtige Mehrarbeit setzt erst ab der 36. Stunde ein.

13 In anderen Tarifverträgen ist die Vergütungs- und Zuschlagspflichtigkeit von Mehrarbeit an die Überschreitung der – meist durch Betriebsvereinbarung festgelegten – »**täglichen**« **Arbeitszeit** gekoppelt.

Überstunden

Beispiel:
Die tarifliche wöchentliche Arbeitszeit von 35 Stunden ist durch Betriebsvereinbarung auf die einzelnen Wochentage – wie folgt – verteilt worden: Montag bis Freitag jeweils sieben Stunden. Arbeitet ein Beschäftigter an einem Tag acht Stunden, so hat er eine vergütungs- und zuschlagspflichtige Mehrarbeitsstunde geleistet. Der Zuschlag entfällt – anders als in dem vorgenannten Beispiel – nicht dadurch, dass die geleistete Überstunde durch eine an einem anderen Tage derselben Woche gewährte Freistunde ausgeglichen wird, auch wenn der Beschäftigte damit im Ergebnis nur insgesamt 35 Stunden in der Woche arbeitet.

In **flexiblen Arbeitszeitsystemen** (siehe → **Arbeitszeitflexibilisierung**) ist es gelegentlich schwierig, festzustellen, ob es sich bei geleisteter Arbeitszeit um die mit dem Grundentgelt abgegoltene »regelmäßige Arbeitszeit« handelt oder um vergütungs- und zuschlagpflichtige Mehrarbeit. **13a**

Beispiel:
Es gilt – tariflich – eine individuelle regelmäßige Wochenarbeitszeit von 35 Stunden. Vergütungs- und zuschlagspflichtige Mehrarbeit ist gemäß Tarifvertrag die »angeordnete Überschreitung der individuellen regelmäßigen wöchentlichen Arbeitszeit«. Der Tarifvertrag lässt eine flexible Gestaltung der Arbeitszeit durch Betriebsvereinbarung zu.
Arbeitgeber und Betriebsrat haben per Betriebsvereinbarung eine »Flexible Arbeitszeitregelung mit Arbeitszeitkonto« vereinbart. Hiernach kann die tarifliche Wochenarbeitszeit »freiwillig« oder auf Anordnung des Vorgesetzten um fünf Stunden verkürzt oder verlängert werden. Hierdurch entstehende Plus- und Minusstunden werden in ein Arbeitszeitkonto eingestellt. Der Durchschnitt von 35 Stunden/pro Woche muss in einem Ausgleichszeitraum von einem Jahr erreicht werden.
Ein Arbeitnehmer soll auf Anordnung des Vorgesetzten in den nächsten Wochen fünf Stunden länger, also 40 Stunden arbeiten.

Sind die zusätzlichen fünf Stunden im Beispielsfall vergütungs- und zuschlagspflichtige Mehrarbeit im Sinne des Tarifvertrages?
Ja, denn es ist – entsprechend der tariflichen Bestimmung – auf Anordnung des Vorgesetzten über die regelmäßige tarifliche Wochenarbeitszeit von 35 Stunden hinaus gearbeitet worden. Etwas anderes würde gelten, wenn der Tarifvertrag vorsieht, dass die Überschreitung der Regelarbeitszeit von 35 Stunden pro Woche vergütungs- und zuschlagsfrei ist, wenn sich die individuelle wöchentliche Arbeitszeit im Rahmen eines Korridors (z. B.) zwischen 30 und 40 Stunden bewegt und etwaige Arbeitszeitguthaben innerhalb eines Ausgleichszeitraums (z. B. von einem Jahr) durch entsprechende Freizeitnahme in der Weise ausgeglichen werden, dass im Durchschnitt 35 Stunden pro Woche nicht überschritten werden.

Konsequenz für die Betriebsratsarbeit:
Es muss in der Betriebsvereinbarung über ein Arbeitszeitkonto eindeutig und unter Beachtung der **tarifvertraglichen Vorgaben** die (tägliche, wöchentliche, monatliche oder jährliche) »Sollarbeitszeit« festgelegt werden, damit festgestellt werden kann
- welche Arbeitsstunden **regelmäßige tarifliche Arbeitszeit** (= Sollarbeitszeit) und damit mit dem tariflichen Grundentgelt abgegolten sind und
- welche Arbeitsstunden als **Mehrarbeit** zusätzlich – mit Zuschlägen – zu vergüten sind (= Überschreitung der Sollarbeitszeit).

Entsprechendes gilt für die (betriebsverfassungsrechtliche) Abgrenzung,
- welche Arbeitsstunden **betriebsübliche Arbeitszeit** (= Sollarbeitszeit) i. S. d. § 87 Abs. 1 Nr. 2 BetrVG und
- welche Arbeitsstunden als zustimmungspflichtige **Überstunden** i. S. d. § 87 Abs. 1 Nr. 3 BetrVG (= Überschreitung der betriebsüblichen Arbeitszeit) anzusehen sind.

Zur Frage, ob Überstunden, die von Teilzeitbeschäftigten geleistet werden, vergütungs- und zuschlagspflichtig sind, siehe → **Teilzeitarbeit** Rn. 65. **14**

Überstunden

15 Zur Abgrenzung vergütungs- und zuschlagspflichtiger Mehrarbeit von der flexibel verteilten regelmäßigen Arbeitszeit unter Anwendung eines »Arbeitszeitkontos« siehe → **Gleitzeit** und → **Arbeitszeitflexibilisierung** Rn. 10 ff..

Bedeutung für die Betriebsratsarbeit

16 Der Betriebsrat hat nach § 87 Abs. 1 Nr. 3 BetrVG ein **Mitbestimmungsrecht** bei der »vorübergehenden Verlängerung *(oder Verkürzung, siehe* → **Kurzarbeit***) der betriebsüblichen Arbeitszeit«.*

Mitbestimmung bedeutet: Ein Arbeitgeber, der Überstunden anordnen (oder »dulden«) will, muss vorher die **Zustimmung** des Betriebsrats einholen.

Verweigert der Betriebsrat die Zustimmung (oder schweigt er), muss der Arbeitgeber die → **Einigungsstelle** anrufen, wenn er an seiner Absicht festhält (§ 87 Abs. 2 BetrVG).

Zweck der Mitbestimmungsvorschrift ist, die Arbeitnehmer vor übermäßiger Inanspruchnahme (Überforderung) und der damit verbundenen Gefährdung ihrer Gesundheit und ihres Interesses an einer sinnvollen Arbeits- und Freizeiteinteilung sowie Freizeitgestaltung zu schützen (BAG v. 13. 3. 2001 – 1 ABR 33/00, NZA 2001, 976). Außerdem soll eine Verteilungsgerechtigkeit in Bezug auf die Belastungen und Vorteile von Überstunden gewährleistet werden (BAG v. 13. 3. 2001 – 1 ABR 33/00, a. a. O.).

Erfasst wird von § 87 Abs. 1 Nr. 3 BetrVG nur die »**vorübergehende**« Verlängerung der **betriebsüblichen Arbeitszeit** (siehe hierzu Rn. 18, 18 a).

Eine **dauerhafte** Erhöhung des Umfangs der von den Arbeitnehmern geschuldeten Arbeitszeit wird weder von § 87 Abs. 1 Nr. 2 BetrVG erfasst (siehe → **Arbeitszeit** Rn. 79) noch von § 87 Abs. 1 Nr. 3 BetrVG (Fitting, BetrVG, 27. Aufl., § 87 Rn. 95).

16a Wenn in Betriebsabteilungen/Arbeitsschichten usw. vermehrt Überstunden anfallen (z. B. weil es ständig Ausfälle von Beschäftigten gibt infolge von krankheitsbedingter Arbeitsunfähigkeit, die durch Überstunden kompensiert werden), kann das ein Indiz für eine **personelle Unterbesetzung** sein, die zu Leistungsverdichtung/Arbeitsüberlastung/Überforderung und damit zu einer Gesundheitsgefährdung der Beschäftigten führt. Für den Betriebsrat muss sich die Frage stellen, ob er dagegen sein Initiativmitbestimmungsrecht nach § 87 Abs. 1 Nr. 7 BetrVG mit dem Ziel der personellen Aufstockung geltend macht und im Nichteinigungsfall die Errichtung einer Einigungsstelle (§ 87 Abs. 2 BetrVG) nach Maßgabe des § 76 Abs. 2 Satz 2 und 3 BetrVG i. V. m. § 100 ArbGG betreibt (vgl. → **Arbeitsschutz** Rn. 70 ff., 78 c und d). Es spricht einiges dafür, dass die Einigungsstelle für diese Fallgestaltung nicht offensichtlich unzuständig ist i. S. d. § 100 Abs. 1 Satz 2 ArbGG (Schoof, »Betriebsverfassungsgesetz: Im Arbeits- und Gesundheitsschutz mitbestimmen«, Gute Arbeit 4/2013, 26; Oberberg/Schoof, »Initiativmitbestimmung beim Arbeits- und Gesundheitsschutz«, AiB 2012, 522 und »Die Einigungsstelle im Arbeits- und Gesundheitsschutz«, AiB 2012, 533).

16b Keinesfalls – auch nicht in **Eilfällen** (siehe Rn. 19) – darf er die Überstunden einseitig ohne Zustimmung des Betriebsrats oder zustimmungsersetzenden Spruch der Einigungsstelle anordnen oder dulden. Manche → **Tarifverträge** lassen allerdings für »unvorhersehbare« Bedarfsfälle die Heranziehung von Arbeitnehmern zu Überstunden zu – verbunden mit der Verpflichtung, hierüber den Betriebsrat nachträglich zu informieren. Ob derartige Tarifregelungen, die das Mitbestimmungsrecht des Betriebsrats nach § 87 Abs. 1 Nr. 3 BetrVG in einer solchen Fallgestaltung »auf Null« reduzieren, zulässig sind, erscheint fraglich.

Neueinstellung statt Überstunden

Das Thema »Überstunden« ist ein »**Dauerbrenner**« in der Betriebsratsarbeit. Oft kommt es zu einem Anstieg der Überstunden in Unternehmen, die zuvor in größerem Umfang Personal abgebaut oder durch Fluktuation (z. B. Ausscheiden in Altersteilzeit oder Rente) frei gewordene Arbeitsplätze nicht wiederbesetzt haben.
Ein Zeichen, dass »**die Personaldecke allzu sehr gekürzt**« wurde.
Eine solche Unternehmens- und Personalpolitik (Motto: Gewinnsteigerung durch Personalabbau; siehe → **Unternehmen** Rn. 2 c) sollte der Betriebsrat mit Hilfe seines Mitbestimmungsrechts bei Überstunden nach § 87 Abs. 1 Nr. 3 BetrVG versuchen abzuwehren bzw. umzukehren.
Ziel sollte es sein, Überstunden durch **Neueinstellungen** zu ersetzen.
Das ist einerseits ein Beitrag zum Abbau der Arbeitslosigkeit, andererseits zur Reduzierung der Arbeitsbelastung der Beschäftigten.
Der Betriebsrat ist berechtigt, seine Zustimmung zu Überstunden, wenn sie denn nicht zu vermeiden sind, von **Gegenforderungen** zur Verbesserung der Lage der Arbeitnehmer abhängig zu machen (ArbG Hamburg v. 6. 4. 1993 – 5 BV 14/92 (rkr.), AiB 1994, 120).
Das folgt schon daraus, dass der Betriebsrat (anders als nach §§ 99, 102 BetrVG) berechtigt ist, ohne jede Begründung die Zustimmung zu den Überstunden zu verweigern.
Umso mehr ist er nicht nur befugt, sondern geradezu **verpflichtet** (§ 80 Abs. 1 Nr. 2 BetrVG), dafür Sorge zu tragen, dass der Zweck des Mitbestimmungsrechts des § 87 Abs. 1 Nr. 3 BetrVG, die Berechtigten vor **Überforderung** zu schützen, erreicht wird.
Deshalb kann der Betriebsrat beispielsweise seine Zustimmung zu Überstunden von der Verlängerung befristeter Arbeitsverträge abhängig machen.
Ein derartiges »**Koppelungsgeschäft**« stellt weder einen Rechtsmissbrauch noch einen Verstoß gegen das Gebot der vertrauensvollen Zusammenarbeit nach § 2 Abs. 1 BetrVG dar, sondern entspricht dem eigentlichen Sinn von Mitbestimmung (vgl. z. B. Hessisches LAG v. 13. 10. 2005 – 5/9 TaBV 51/05, AuR 2007, 315 = AiB 2008, 210; strittig: zum Meinungsstand siehe → **Koppelungsgeschäfte in der Betriebsverfassung**; vgl. auch DKKW-*Klebe*, BetrVG, 15. Aufl., § 87 Rn. 16).
Den Interessen des Arbeitgebers wird ausreichend dadurch Rechnung getragen, dass er bei einer Zustimmungsverweigerung die → **Einigungsstelle** anrufen kann.
Der Arbeitgeber ist deshalb nicht berechtigt, die von ihm geplanten Überstunden einseitig – ohne Zustimmung des Betriebsrats – mit der Begründung anzuordnen, die Zustimmungsverweigerung sei rechtsmissbräuchlich.
Der Betriebsrat kann ein solches Vorgehen durch Antrag beim → **Arbeitsgericht** auf Erlass einer **einstweiligen Verfügung** unterbinden (Hessisches LAG v. 13. 10. 2005 – 5/9 TaBV 51/05, a. a. O.).

> **Beispiel:**
> Die auf 12 Monate befristeten Arbeitsverträge einiger Arbeitnehmer laufen demnächst aus.
> Der Betriebsrat verlangt vom Arbeitgeber Umwandlung in unbefristete Arbeitsverträge.
> Arbeit sei genug vorhanden.
> Der Arbeitgeber lehnt das ab.
> Man wolle Arbeitsspitzen zukünftig durch Leiharbeitnehmer abdecken.
> Anfang Februar 2016 beantragt der Arbeitgeber beim Betriebsrat Zustimmung zur Durchführung von Überstunden-Sonderschichten an den nächsten vier Sonnabenden.
> Der Betriebsrat verweigert die Zustimmung, signalisiert aber Einverständnis, wenn der Arbeitgeber die demnächst auslaufenden befristeten Arbeitsverträge von drei Beschäftigten in unbefristete Verträge umwandelt.
> Der Arbeitgeber hält die Zustimmungsverweigerung für rechtsmissbräuchlich und weist die Vorge-

Überstunden

setzten am Mittwoch an, die in Frage kommenden Mitarbeiter in die geplanten Samstagsschichten einzuteilen.
Der Betriebsrat beantragt beim Arbeitsgericht, dem Arbeitgeber durch einstweilige Verfügung zu untersagen, eine vorübergehende Verlängerung der betriebsüblichen Arbeitszeit ohne entsprechende Vereinbarung mit dem Betriebsrat bzw. Ersetzung einer solcher Vereinbarung durch die Einigungsstelle zu dulden, Arbeitnehmern anzubieten oder mit Arbeitnehmern zu vereinbaren oder gegenüber Arbeitnehmern anzuordnen.

Betriebsübliche Arbeitszeit

18 Unter betriebsüblicher Arbeitszeit i. S.d § 87 Abs. 1 Nr. 3 BetrVG ist die im Betrieb regelmäßig geleistete Arbeitszeit zu verstehen (BAG v. 9.7.2013 – 1 ABR 19/12; 26.10.2004 – 1 ABR 31/03 [A]; 3.6.2003 – 1 AZR 349/02, AiB 2005, 48). Sie wird bestimmt durch den regelmäßig (aufgrund eines → **Tarifvertrages** oder → **Arbeitsvertrages**) von den Arbeitnehmern geschuldeten zeitlichen Umfang der Arbeitsleistung und die für sie erfolgte Verteilung auf einzelne Zeitabschnitte (z. B. Tag, Woche, Monat, Jahr), wobei die Verteilung der meist wöchentlich bestimmten Arbeitszeitvolumen auf die einzelnen Tage der Woche durch → **Betriebsvereinbarung** und damit mit normativer Wirkung festgelegt wird.

> **Beispiel (aus BAG v. 3.6.2003 – 1 AZR 349/02, AiB 2005, 48 = NZA 2003, 1155):**
> Die tarifliche wöchentliche Arbeitszeit von 35 Stunden wird für die im Vier-Schicht-Betrieb beschäftigten Arbeitnehmer auf drei Wochen zu je 48 Arbeitsstunden bei einer anschließenden Freiwoche verteilt.
> Dieses Schichtsystem stellt die betriebsübliche Arbeitszeit i. S. d. § 87 Abs. 1 Nr. 3 BetrVG dar.

18a Die betriebsübliche Arbeitszeit muss **nicht einheitlich** sein oder zumindest für die Mehrzahl der im Betrieb Beschäftigten zutreffen, sondern kann für einzelne Arbeitnehmer oder Gruppen von Arbeitnehmern unterschiedlich sein (BAG v. 3.6.2003 – 1 AZR 349/02, a. a. O.).

18b Betriebsübliche Arbeitszeit i. S. v. § 87 Abs. 1 Nr. 3 BetrVG ist bei **Teilzeitbeschäftigten** ihre regelmäßige individuelle Arbeitszeit. Deshalb ist die zur Abdeckung eines betrieblichen Mehrbedarfs mit einem teilzeitbeschäftigten Arbeitnehmer vereinbarte befristete Erhöhung der Arbeitszeit regelmäßig eine nach § 87 Abs. 1 Nr. 3 BetrVG mitbestimmungspflichtige Verlängerung der betriebsüblichen Arbeitszeit (BAG v. 24.4.2007 – 1 ABR 47/06, NZA 2007, 818; siehe Rn. 22).

Vorübergehende Verlängerung der betriebsüblichen Arbeitszeit

18c Die Mitbestimmung des Betriebsrats bei Überstunden nach § 87 Abs. 1 Nr. 3 BetrVG setzt voraus, dass es sich um eine **vorübergehende Verlängerung** der betriebsüblichen Arbeitszeit handelt.
Eine **dauerhafte** Erhöhung des Umfangs der von den Arbeitnehmern geschuldeten regelmäßigen Wochenarbeitszeit wird von der Vorschrift nicht erfasst (BAG v. 15.5.2007 – 1 ABR 32/06, NZA 2007, 1240; vgl. auch Fitting, BetrVG, 27. Aufl., § 87 Rn. 95).
Eine vorübergehende Verlängerung der betriebsüblichen Arbeitszeit i. S. v. § 87 Abs. 1 Nr. 3 BetrVG liegt vor, wenn für einen überschaubaren Zeitraum vom ansonsten maßgeblichen Zeitvolumen abgewichen wird, um anschließend zur betriebsüblichen Dauer **zurückzukehren**. Maßgeblich ist die im Zeitpunkt der Änderung bestehende Planung des Arbeitgebers (BAG v. 24.4.2007 – 1 ABR 47/06, NZA 2007, 818; vgl. auch BAG v. 9.7.2013 – 1 ABR 19/12; 3.5.2006 – 1 ABR 14/05; 3.6.2003 – 1 AZR 349/02, a. a. O.).

18d Bei in **Dienstplänen/Schichtplänen/Personaleinsatzplänen** festgelegten Arbeitszeiten (siehe hierzu → **Arbeitszeitflexibilisierung**) handelt es sich um die Verteilung der regelmäßigen

Überstunden

Arbeitszeit auf die Wochentage und damit um die betriebsübliche Arbeitszeit. Wird die in einem Dienstplan festgelegte tägliche Dienstzeit **überschritten**, wird damit auch die betriebsübliche Arbeitszeit verlängert. Diese Maßnahme unterliegt dann nach § 87 Abs. 1 Nr. 3 BetrVG der Mitbestimmung des Betriebsrats, wenn es sich um eine **vorübergehende** Veränderung der betriebsüblichen Arbeitszeit handelt. Dies setzt voraus, dass nach der Verlängerung des für einen bestimmten Wochentag regulär festgelegten Zeitvolumens eine Rückkehr zur betriebsüblichen Dauer der Arbeitszeit erfolgen soll (BAG v. 9.7.2013 – 1 ABR 19/12; 24.4.2007 – 1 ABR 47/06, a. a. O.; 3.5.2006 – 1 ABR 14/05). Ist der Arbeitgeber ermächtigt, ohne feststehende Tatbestandsvoraussetzungen das im Dienstplan ausgewiesene Dienstende variabel und ohne Zustimmung des Betriebsrats »je nach Auslastungssituation« in Abhängigkeit von der Dienstlänge um bis zu 30 bzw. 45 Minuten verlängern zu dürfen, liegt hierin keine nur vorübergehende Verlängerung der im Dienstplan festgelegten Arbeitszeit. Für eine diesbezügliche Regelung hat eine Einigungsstelle keine Regelungskompetenz (BAG v. 9.7.2013 – 1 ABR 19/12).

Nach Ansicht des BAG ist eine für **mehrere Jahre unkündbare Betriebsvereinbarung** zu Überstunden vom Mitbestimmungsrecht nach § 87 Abs. 1 Nr. 3 BetrVG gedeckt und verstößt nicht gegen die Tarifsperre des § 77 Abs. 3 BetrVG (siehe hierzu → **Betriebsvereinbarung** Rn. 6 ff.), wenn die in ihr vorgesehenen Verlängerungen der betriebsüblichen Arbeitszeit als solche jeweils nur vorübergehend sind (BAG v. 3.6.2003 – 1 AZR 349/02, AiB 2005, 48). Der Betriebsrat verzichte mit dem Abschluss einer solchen Betriebsvereinbarung nicht in unzulässiger Weise auf sein Mitbestimmungsrecht, wenn in ihr zwar keine Voraussetzungen für die Anordnung von Überstunden im Einzelfall, aber detaillierte Regelungen zu deren Umfang und Verteilung vorgesehen sind. Eine Betriebsvereinbarung könne eine ausreichende Grundlage für die Anordnung von Überstunden sein.

18e

Eil- und Notfälle

Das Mitbestimmungsrecht des Betriebsrats besteht auch dann, wenn die Maßnahme **eilbedürftig** ist (BAG v. 9.7.2013 – 1 ABR 19/12, NZA 2014, 99; 17.11.1998 – 1 ABR 12/98, DB 1999, 854).

19

Das Mitbestimmungsrecht ist nur in echten **Notfällen** in der Weise eingeschränkt, als der Arbeitgeber die Zustimmung des Betriebsrats unverzüglich nachholen muss (BAG v. 19.2.1991 – 1 ABR 31/90, AiB 1991, 431). Es muss sich um eine unvorhersehbare und schwer wiegende Situation handeln, in welcher der Betriebsrat entweder nicht erreichbar oder nicht zur rechtzeitigen Beschlussfassung in der Lage sei und der Arbeitgeber zum sofortigen Handeln gezwungen sei, um vom Betrieb oder den Arbeitnehmern nicht wieder gutzumachende Schäden abzuwenden (BAG v. 17.11.1998 – 1 ABR 12/98, DB 1999, 854). Ein Notfall liegt deshalb nur in **Extremsituationen** vor (z. B. Brand, Explosionsgefahr, Überschwemmung).

20

Die Betriebsparteien können eine **Verfahrensregelung** aufstellen, die den Arbeitgeber unter geregelten Voraussetzungen (nicht pauschal) ermächtigt, in Eil- und Notfällen einseitig Überstunden anzuordnen (BAG v. 17.11.1998 – 1 ABR 12/98, DB 1999, 854).

21

Teilzeitbeschäftigte

Auch die Anordnung von zusätzlicher Arbeit für **Teilzeitbeschäftigte** ist eine Verlängerung der betriebsüblichen Arbeitszeit und unterliegt daher der Mitbestimmung durch den Betriebsrat (BAG v. 24.4.2007 – 1 ABR 47/06, NZA 2007, 818; siehe → **Teilzeitarbeit** Rn. 74).

22

Überstunden

Eine andere Frage ist es, ob die zusätzlich geleistete Arbeit einen Anspruch auf **Mehrarbeitszuschläge** auslöst.
Dies ist nach den einschlägigen Tarifverträgen meist nicht der Fall (siehe → **Teilzeitarbeit** Rn. 65).
Die zusätzlich – über die vertraglich vereinbarte regelmäßige Arbeitszeit hinaus – geleisteten Arbeitsstunden sind natürlich als **Mehrarbeit** mit dem maßgeblichen Stundenlohn (aber meist ohne Zuschläge) zu vergüten.

> **Beispiel:**
> Die monatliche Arbeitszeit von Vollzeitbeschäftigten beträgt 150 Stunden. Die vertraglich vereinbarte regelmäßige Arbeitszeit eines Teilzeitarbeitnehmers beträgt im Monat 100 Stunden. Dafür bekommt der Beschäftigte eine Grundvergütung von 1500 Euro.
> Wenn der Teilzeitarbeitnehmer in einem Monat auf Anordnung des Arbeitgebers (mit Zustimmung des Betriebsrats) weitere 10 Stunden arbeitet, erhält er dafür eine Vergütung von weiteren 150 Euro (1500 Euro : 100 Stunden = 15 Euro Stundenlohn mal 10 Stunden = 150 Euro). Mehrbeitszuschläge fallen nicht an (es sei denn, im Arbeitsvertrag oder Tarifvertrag sind Zuschläge für diesen Fall vorgesehen).

Tarifvorbehalt

23 Das Mitbestimmungsrecht nach § 87 Abs. 1 Nr. 3 BetrVG ist gemäß § 87 Abs. 1 Eingangssatz BetrVG ausgeschlossen, wenn die Tarifvertragsparteien eine zwingende und abschließende Regelung über die betreffende Angelegenheit getroffen haben (BAG v. 24.4.2007 – 1 ABR 47/06, NZA 2007, 818).

Kollektiver Tatbestand – Überstunden eines einzelnen Arbeitnehmers

24 Das Mitbestimmungsrecht des § 87 Abs. 1 Nr. 3 BetrVG setzt einen **kollektiven Tatbestand** voraus. Ein solcher ist gegeben, wenn die Frage zu regeln ist, ob und in welchem Umfang zur Abdeckung eines bestehenden Arbeitsbedarfs Mehrarbeit geleistet wird (BAG v. 24.4.2007 – 1 ABR 47/06, NZA 2007, 818).

25 Mitbestimmungspflicht besteht auch dann, wenn nur ein **einzelner Arbeitnehmer** betroffen ist, sofern sich hierbei kollektive Regelungsfragen stellen bzw. kollektive Interessen der Beschäftigten berührt sind.
Dies ist beispielsweise der Fall, wenn entschieden werden muss, welcher von mehreren Arbeitnehmern die Überstunden leisten soll, wie viel Überstunden notwendig sind und ob Alternativen möglich sind.

26 Ein Mitbestimmungsrecht entfällt nur dann, wenn es lediglich um die **individuellen Besonderheiten und Wünsche** eines einzelnen Beschäftigten geht, wenn also ein kollektiver Tatbestand in vorstehendem Sinn nicht gegeben ist.

»Freiwillige« und »geduldete« Überstunden

27 Das Mitbestimmungsrecht des Betriebsrats nach § 87 Abs. 1 Nr. 3 BetrVG besteht nicht nur dann, wenn die vorübergehenden Verlängerung der Arbeitszeit vom Arbeitgeber **angeordnet**, sondern auch dann, wenn diese mit einem Arbeitnehmer **vereinbart** wird (BAG v. 24.4.2007 – 1 ABR 47/06, NZA 2007, 818). Das Mitbestimmungsrecht des Betriebsrats wird nicht dadurch ausgeschlossen, dass die Mehrarbeit von den betroffenen Beschäftigten »**freiwillig**« **geleistet** wird (zum Thema »Freiwilligkeit« siehe auch Rn. 40).

28 Selbst vom Arbeitgeber nicht ausdrücklich angeordnete, sondern nur »**geduldete**« Überstun-

Überstunden

den unterliegen der Mitbestimmung (BAG v. 24. 4. 2007 – 1 ABR 47/06, a. a. O.; 27. 11. 1990 – 1 ABR 77/89, AiB 1995, 98 ff., 109).

Bewilligung der Aufsichtsbehörde

Das Mitbestimmungsrecht des Betriebsrats bei Überstunden wird nicht ersetzt durch eine etwaige Bewilligung der Aufsichtsbehörde (z. B. nach § 15 ArbZG; siehe → **Arbeitszeit**). Das heißt, wenn ein Arbeitgeber eine Verlängerung der gesetzlich geregelten Höchstarbeitszeit (vgl. §§ 3, 6 Abs. 2 ArbZG) beabsichtigt, benötigt er neben der Zustimmung der Aufsichtsbehörde auch die Zustimmung des Betriebsrats bzw. einen zustimmenden Beschluss der → **Einigungsstelle** (§ 87 Abs. 2 BetrVG). 29

Betriebsvereinbarung

Die Modalitäten des **Mitbestimmungsverfahrens** (Form und Frist des Überstundenantrags des Arbeitgebers, Anforderungen an die Begründung des Antrags, Verpflichtung des Arbeitgebers zur Erstellung und Aushändigung von Mehrarbeitsbilanzen usw.) können in einer »Rahmenbetriebsvereinbarung« geregelt werden (siehe »Regelungspunkte: **Rahmen-Betriebsvereinbarung** zu Überstunden« im Anhang zu diesem Stichwort). 30

Wenn es im konkreten Einzelfall zu einer Einigung zwischen Arbeitgeber und Betriebsrat gekommen ist, sollte diese Einigung ebenfalls in Form einer Betriebsvereinbarung schriftlich fixiert werden (siehe »Regelungspunkte: **Einzelfall-Betriebsvereinbarung** zu Überstunden«). 31

Auf keinen Fall darf durch eine Rahmenbetriebsvereinbarung die Mitbestimmung des Betriebsrats im konkreten **Einzelfall** ausgeschlossen oder eingeschränkt werden. Dieser Hinweis ist geboten, weil arbeitgebernahe »Berater« genau diese Empfehlung geben. 31 a

> **Beispiel:**
> In einer von dem **Anwaltsbüro Dr. Schreiner + Partner GbR** durchgeführten Fachtagung für Arbeitgeber mit dem Titel »Brennpunkt Betriebsrat« am 14. 11. 2013 in Berlin wurde u. a. zu folgendem Thema referiert:
> **Grenzen der Mitbestimmung: Aktuelle Rechtsprechung zu Brennpunkten des Betriebsverfassungsrechts**
> • Grenzen der Mitbestimmung in sozialen, personellen und wirtschaftlichen Angelegenheiten
> • Vermeidung von Einzelfallmitbestimmung durch Rahmenbetriebsvereinbarungen.

Zu dem betriebsrats- und gewerkschaftsfeindlichen Treiben von Anwaltsbüros wie Dr. Schreiner + Partner GbR siehe → **Behinderung der Betriebsratstätigkeit**.

Die Verhandlungen mit dem Arbeitgeber über das »Ob« und »Wie« der Überstunden sollte der Betriebsrat im Zusammenwirken mit gewerkschaftlichen Vertrauensleuten und Belegschaft sorgfältigst vorbereiten. 32

Nur auf diese Weise wird es ihm gelingen, die beantragten Überstunden auf das Maß dessen, was »unvermeidbar« ist, zu reduzieren und **Gegenforderungen** durchzusetzen (siehe Rn. 17). 33

Nicht sinnvoll ist es, gemäß § 76 Abs. 1 Satz 2 BetrVG eine **ständige** → **Einigungsstelle** zum Thema Überstunden zu errichten. 33a

Besser ist es im Regelfall, in jedem Überstundenfall erneut die Frage zu klären, wer der Vorsitzende und wie groß die Zahl der Beisitzer sein soll.

> **Beispiel:**
> In einem Betrieb ist eine ständige Einigungsstelle zum Thema → **Überstunden** gebildet.
> Die Handhabung von Überstunden erfolgt nach folgendem Verfahren:

1987

Überstunden

> Am Donnerstag übergibt der Arbeitgeber dem Betriebsratsvorsitzenden kurz vor Beginn der Betriebsratssitzung einen Antrag auf Überstunden für Samstag.
> Der Betriebsrat berät den Antrag, stimmt einigen Überstunden zu und lehnt andere ab.
> Am Folgetag – Freitag – tritt die ständige Einigungsstelle zusammen: ...

Das wichtige und starke Mitbestimmungsrecht des Betriebsrats bei Überstunden (auch als »Pfund« im Zusammenhang mit dem Thema → **Koppelungsgeschäfte in der Betriebsverfassung**) wird durch einen solchen routinemäßigen Ablauf **entwertet**.
Denn der Arbeitgeber wird von dem (Zeit-)Druck entlastet, der mit der Errichtung einer Einigungsstelle verbunden ist (z. B. Streit um die Person des/der Vorsitzenden und die Zahl der Beisitzer; ggf. gerichtliches Einsetzungsverfahren nach § 98 ArbGG; siehe → **Einigungsstelle** Rn. 5a, usw.). Weniger Druck beim Arbeitgeber hat unmittelbar einer Minderung seiner Bereitschaft zur Folge, sich auf Gegenforderungen des Betriebsrats (z. B. Übernahme von befristet Beschäftigten statt Überstunden usw.) einzulassen.
Zudem ist es nicht ganz einfach, den Vorsitzenden einer ständigen Einigungsstelle, mit dem man schlechte Erfahrungen macht, weil er sich immer wieder allzu sehr von den Argumenten der Arbeitgeberseite beeindrucken lässt, wieder »los zu werden« (im Betriebsrat müsste immerhin ein Mehrheitsbeschluss gefasst werden, die freiwillige Betriebsvereinbarung über die Errichtung einer ständigen Einigungsstelle zu kündigen; sie hat keine Nachwirkung; vgl. § 77 Abs. 6 BetrVG: Nachwirkung haben nach ihrem Ablauf nur erzwingbare Betriebsvereinbarungen; siehe → **Betriebsvereinbarung: Nachwirkung**).

Unterlassungsanspruch

34 Sollte der Arbeitgeber unter **Missachtung** des Mitbestimmungsrechts des Betriebsrats Überstunden anordnen oder dulden, kann der Betriebsrat hiergegen durch Einleitung eines Arbeitsgerichtsverfahrens vorgehen.
Dem Betriebsrat steht bei Verletzung von Mitbestimmungsrechten aus § 87 BetrVG (soziale Angelegenheiten) nach zutreffender Ansicht des BAG ein von den Voraussetzungen des § 23 Abs. 3 BetrVG unabhängiger **allgemeiner Unterlassungsanspruch** zu (BAG v. 3.5.1994 – 1 ABR 24/93, AiB 1995, 116 = NZA 1995, 40; bestätigt durch BAG v. 23.7.1996 – 1 ABR 13/96, AuR 1997, 171 und 29.2.2000 – 1 ABR 4/99, NZA 2000, 1066). Nur auf diese Weise sei eine hinreichende Sicherung der erzwingbaren Mitbestimmung bis zum ordnungsgemäßen Abschluss des Mitbestimmungsverfahrens (Einigungsstellenverfahren nach § 87 Abs. 2 BetrVG) gewährleistet.
Zur Sicherung des allgemeinen Unterlassungsanspruchs ist nach allgemeiner Auffassung eine **einstweilige Verfügung** (siehe → **Arbeitsgericht** Rn. 11) zulässig, die zeitlich bis zur Einigung zwischen Arbeitgeber und Betriebsrat in der mitbestimmungspflichtigen Angelegenheit bzw. bis zum Spruch der Einigungsstelle zu beschränken ist (ArbG Bochum v. 28.3.1994 – 3 BVGa 8/94, BR-Info 1994, 12; LAG Hamm v. 06.02.2001 – 13 TaBV 132/00, AiB 2001, 488; LAG Hamm v. 08.10.2004 – 10 TaBV 21/04; LAG Düsseldorf v. 12.12.2007 – 12 TaBVGa 8/07, AuR 2008, 270).
Beispiel des Tenors einer einstweiligen Unterlassungsverfügung (aus LAG Hamm v. 6.2.2001 – 13 TaBV 132/00, a. a. O.):
»*Dem Arbeitgeber wird aufgegeben, es zu unterlassen, eine Verlängerung der betriebsüblichen Arbeitszeit, die über 20 Mehr- bzw. Überstunden im Kalendermonat hinausgeht, für Verkäuferinnen,*
a) die nicht in Filialen von Bahnhöfen der Deutschen Bundesbahn tätig sind und
b) die nicht von der Regelungsabsprache vom 22.09.2000 erfasst sind
anzuordnen, zu vereinbaren oder zu dulden, sofern nicht die Zustimmung des Betriebsrats dazu

Überstunden

erteilt ist oder die fehlende Zustimmung des Betriebsrats durch den Spruch der Einigungsstelle ersetzt ist oder Notstandsfälle im Sinne der Rechtsprechung vorliegen, und zwar solange, bis die Betriebsvereinbarung vom 30.11.1995 nachwirkt und noch nicht durch eine neue Betriebsvereinbarung oder durch einen Spruch der Einigungsstelle ersetzt worden ist.

Dem Arbeitgeber wird aufgegeben, es zu unterlassen, eine Verlängerung der betriebsüblichen Arbeitszeit für die Verkäuferinnen der Filialen in Bahnhöfen der Deutschen Bundesbahn, die über 20 Mehr- bzw. Überstunden im Kalendermonat hinausgehen, anzuordnen, zu vereinbaren oder zu dulden mit der Maßgabe, dass in Monaten mit bezahlten Feiertagen diese zur maximalen Stundenzahl hinzugerechnet werden, sofern nicht die Zustimmung des Betriebsrats dazu erteilt ist oder die fehlende Zustimmung des Betriebsrats durch den Spruch der Einigungsstelle ersetzt ist oder Notstandsfälle im Sinne der Rechtsprechung vorliegen, und zwar solange, bis die Betriebsvereinbarung vom 30.11.1995 nachwirkt und noch nicht durch eine neue Betriebsvereinbarung oder durch einen Spruch der Einigungsstelle ersetzt worden ist.

Für jeden Fall der Zuwiderhandlung wird dem Arbeitgeber ein Ordnungsgeld von bis zu 20000,00 DM angedroht.«

Siehe auch → **Unterlassungsanspruch des Betriebsrats**.

Auch eine **Umgehung** seines Mitbestimmungsrechts kann der Betriebsrat unterbinden. Überträgt der Arbeitgeber beispielsweise das für Überstunden vorgesehene Arbeitsvolumen nach Zustimmungsverweigerung durch den Betriebsrat auf eine Fremdfirma (z. B. Verleihfirma), kann der Betriebsrat Unterlassung verlangen, ggf. durch Antrag auf Erlass einer **einstweiligen Verfügung** (ArbG Mannheim v. 1.4.1987 – 8 BVGa 8/87, AiB 1987, 141 mit Anmerkung Grimberg; LAG Frankfurt v. 19.4.1988 – 5 TaBV Ga 52/88, AiB 1988, 313 = DB 1989, 128; vgl. auch BAG v. 22.10.1991 – 1 ABR 28/91, AiB 1992, 458 = DB 1992, 686). 35

Dem Arbeitgeber kann im Wege der einstweiligen Verfügung auch untersagt werden, das Mitbestimmungsrecht bei Überstunden durch die Beschäftigung von **Leiharbeitnehmern** zu umgehen (ArbG Mannheim v. 1.4.1987 – 8 BVGa 8/87, AiB 1987, 141).

Nach Ansicht des BAG ist bei der Anwendung der in § 890 ZPO geregelten **Ordnungs- und Zwangsmittel** auf betriebsverfassungsrechtliche Unterlassungspflichten des Arbeitgebers die spezialgesetzliche Vorschrift des § 23 Abs. 3 BetrVG zu beachten. Diese begrenzt das **Ordnungsgeld** auf **10000 Euro** und sieht **keine Ordnungshaft** vor (BAG v. 5.10.2010 – 1 ABR 71/09, NZA 2011, 174). Die Verhängung von Ordnungshaft gegen den Arbeitgeber für den Fall, dass dieser das Ordnungsgeld nicht zahlt, ist deshalb **unzulässig**. 35a

Bedeutung für die Beschäftigten

Verpflichtung zur Leistung von Mehrarbeit/Überstunden

Von dem betriebsverfassungsrechtlichen Thema der Mitbestimmungspflichtigkeit von Überstunden nach § 87 Abs. 1 Nr. 3 BetrVG (siehe Rn. 16 ff.) zu unterscheiden ist die Frage, ob die Arbeitnehmer **individualrechtlich verpflichtet** sind, über die vertraglich/tariflich vereinbarte regelmäßige Arbeitszeit hinausgehende Mehrarbeit/Überstunden zu leisten. 36

Das **Direktionsrecht** des Arbeitgebers nach § 106 Gewerbeordnung (siehe → **Arbeitsvertrag** Rn. 3) bildet hierfür **keine ausreichende Rechtsgrundlage**, weil es bei Überstunden um den Umfang (= Dauer) der zu erbringenden Arbeitszeit geht, nicht um »*Inhalt, Ort und Zeit der Arbeitsleistung*«. Die Dauer der Arbeitszeit wird von § 106 GewO nicht erfasst, sondern nur die Festlegung der zeitlichen Lage und Verteilung der Arbeitszeit, die vom Arbeitnehmer aufgrund des Arbeitsvertrages oder eines aufgrund beiderseitiger Tarifbindung geltenden Tarifvertrages geschuldet wird. 37

Überstunden

38 Arbeitnehmer sind zur Leistung von Mehrarbeit/Überstunden nur dann verpflichtet, wenn
- einzelvertraglich oder kollektivrechtlich (→ **Tarifvertrag**, → **Betriebsvereinbarung**) eine solche individualrechtliche Verpflichtung ausdrücklich begründet wurde,
- sich ausnahmsweise eine Verpflichtung aus **Treu und Glauben** ergibt (siehe Rn. 41)
- **und** (in Betrieben mit Betriebsrat) der **Betriebsrat** (bzw. die → **Einigungsstelle**) der Verlängerung der Arbeitszeit **zugestimmt** hat.

Die Zustimmung des Betriebsrats allein begründet mangels normativer Wirkung keine Verpflichtung des Arbeitnehmers zur Leistung von Überstunden.

Hinzukommen muss eine individualrechtlich wirkende Verpflichtung (etwa aufgrund des → **Arbeitsvertrages** oder eines → **Tarifvertrages**).

Auch mit einer → **Betriebsvereinbarung**, die im Gegensatz zur bloßen Zustimmung des Betriebsrats normative Wirkung hat, kann eine individualrechtliche Verpflichtung begründet werden (BAG v. 3.6.2003 – 1 AZR 349/02, AiB 2005, 48 = NZA 2003, 1155).

39 Ist im → **Arbeitsvertrag** eine Verpflichtung zur Leistung von Überstunden ausdrücklich oder konkludent **ausgeschlossen**, hat diese Vereinbarung wegen des → **Günstigkeitsprinzips** nach § 4 Abs. 3 TVG, § 77 Abs. 4 BetrVG Vorrang vor einer ggf. durch Tarifvertrag oder Betriebsvereinbarung begründeten Verpflichtung.

40 Eine Verpflichtung des Arbeitnehmers zur Ableistung von Überstunden besteht auch im Falle der Zustimmung von Überstunden durch den Betriebsrat auch dann nicht, wenn → **Tarifvertrag** oder → **Betriebsvereinbarung** eine »**Freiwilligkeitsklausel**« enthalten.

Insoweit ist allerdings darauf hinzuweisen, dass das Problem »Überstunden« durch die Regelung von Freiwilligkeitsvorbehalten nicht zu lösen ist.

In einer Untersuchung im Land Nordrhein-Westfalen (Minister für Arbeit, Gesundheit und Soziales des Landes NRW, Arbeitszeit '89, Düsseldorf 1989) wurde festgestellt, dass die meisten Arbeitnehmer Überstunden nicht »freiwillig« leisten, sondern deshalb, weil sie bei einer Ablehnung Nachteile für sich und ihren beruflichen Werdegang fürchten.

41 Im Ausnahmefall kann sich – auch ohne ausdrückliche einzelvertragliche oder kollektivrechtliche Rechtsgrundlage – aus dem Grundsatz von **Treu und Glauben** (§ 242 BGB) eine individualrechtliche Verpflichtung zu Überstundenarbeit ergeben.

Dies ist nach Ansicht einiger Gerichte der Fall, wenn eine Tätigkeit typischerweise dazu führt, dass sich eine betriebliche Notwendigkeit ergibt, Überstunden abzuleisten (z.B. Arbeit auf wechselnden, auch auswärtigen Baustellen; vgl. LAG Köln v. 27.4.1999 – 13 Sa 1380/98, NZA 2000, 39; LAG Frankfurt v. 17.11.1998 – 9 Sa 386/98).

Dennoch besteht auch in einem solchen Fall in Betrieben mit Betriebsrat keine Verpflichtung zur Ableistung der Überstunden, wenn der Betriebsrat (oder eine → **Einigungsstelle**) dem nicht zugestimmt hat, es sei denn, es handelt sich um einen Notfall (siehe Rn. 20).

42 Arbeitnehmer sind auch dann nicht zur Leistung von Mehrarbeit/Überstunden verpflichtet,
- wenn die Anordnung bzw. Ableistung der Überstunden im konkreten Fall gegen ein Gesetz verstößt (z.B. Überschreitung der gesetzlichen Höchstarbeitszeit nach §§ 3, 6 Abs. 2 ArbZG; siehe → **Arbeitszeit**; siehe auch Rn. 43)
- oder wenn durch die Anordnung des Arbeitgebers zur Leistung von Mehrarbeit/Überstunden die Grundsätze billigen Ermessens verletzt werden (§ 315 BGB)
- wenn der Arbeitsvertrag, Tarifvertrag oder eine Betriebsvereinbarung einen Freiwilligkeitsvorbehalt enthält (vgl. Rn. 40).

43 Eine Verpflichtung zur Ableistung von Überstunden besteht auch nicht
- bei → **Schwerbehinderten Menschen** (oder Gleichgestellten), die Freistellung von der Mehrarbeit verlangen (§ 124 SGB IX) oder
- bei werdenden und stillenden Müttern (§ 8 Mutterschutzgesetz; siehe → **Mutterschutz**).

Für **jugendliche Arbeitnehmer** dürfen die Höchstgrenzen des § 8 JArbSchG nicht überschritten werden.

Überstunden

Hat der Betriebsrat die Zustimmung verweigert und liegt auch kein zustimmungsersetzender Spruch der → **Einigungsstelle** vor, sind die Arbeitnehmer zur Ablehnung dennoch angeordneter Überstunden berechtigt (es sei denn, es liegt ein »unvorhersehbarer« Bedarfsfall vor, bei dem nach einschlägigen Tarifvorschriften nachträgliche Information des Betriebsrats ausreicht; siehe Rn. 16 a). 44

Lehnt der Arbeitnehmer die Ableistung von Überstunden ab, obwohl er hierzu verpflichtet ist, kann jedenfalls nach → **Abmahnung** eine → **Kündigung** des Arbeitsverhältnisses sozial gerechtfertigt sein (LAG Köln v. 27.4.1999 – 13 Sa 1380/98, NZA 2000, 39). 45
Eine → **außerordentliche Kündigung** kommt nur im Ausnahmefall in Betracht.

Nicht besetzt. 46

Anspruch auf Mehrarbeitsvergütung

Der Anspruch der Beschäftigten auf Zahlung einer **Vergütung** für geleistete Mehrarbeit/Überstunden ergibt sich dem Grunde und der Höhe nach meist aufgrund der einschlägigen **tarifvertraglichen Regelungen** (siehe Rn. 8, 54), vorausgesetzt, der Tarifvertrag findet auf das Arbeitsverhältnis Anwendung (siehe insoweit → **Tarifvertrag** Rn. 23 ff.). 47

Ausdrückliche gesetzliche Regelungen zur Vergütung von Mehrarbeit/Überstunden bestehen nicht, wenn man von § 612 Abs. 1 BGB (siehe Rn. 47 c) und § 17 Abs. 3 BBiG absieht. Nach letztgenannter Vorschrift haben Auszubildende Anspruch auf Zahlung einer besonderen Vergütung (oder Freizeitausgleich) für eine Beschäftigung, die über die regelmäßige tägliche Ausbildungszeit hinausgeht. 47a
Das ArbZG sieht keine Vergütungsregelungen für Mehrarbeit vor. Demgegenüber war nach § 15 Abs. 2 der Arbeitszeitordnung (AZO) im Fall von Mehrarbeit ein Zuschlag von 25 % zu zahlen.

Eine Betriebsvereinbarung scheidet als Anspruchsgrundlage meist aus, weil die Mehrarbeitsvergütung zu den Arbeitsentgelten zählt, die im Regelfall durch »Tarifvertrag geregelt sind oder üblicherweise geregelt werden« (siehe → **Betriebsvereinbarung** Rn. 6 ff.). 47b
Regelbar ist die Mehrarbeitsvergütung in einer Betriebsvereinbarung ohne Verstoß gegen § 77 Abs. 3 BetrVG aber z. B. bei sog. → **außertariflichen Angestellten**.

Besteht keine ausdrückliche arbeitsvertragliche oder tarifliche Anspruchsgrundlage, kann der Arbeitnehmer dennoch Anspruch auf Überstundenvergütung gemäß § 612 Abs. 1 BGB haben, wenn die Leistung der Überstunden »den Umständen nach nur gegen eine **Vergütung zu erwarten** ist«. In diesem Falle gilt die Vergütung als **stillschweigend vereinbart**. 47c
Es gibt allerdings nach Ansicht des BAG keinen allgemeinen Rechtsgrundsatz, dass jede Mehrarbeitszeit oder jede dienstliche Anwesenheit über die vereinbarte Arbeitszeit hinaus zu vergüten ist (BAG v. 22.2.2012 – 5 AZR 765/10, NZA 2012, 861). Die Vergütungserwartung sei stets anhand eines objektiven Maßstabs unter Berücksichtigung der Verkehrssitte, der Art, des Umfangs und der Dauer der Dienstleistung sowie der Stellung der Beteiligten zueinander festzustellen, ohne dass es auf deren persönliche Meinung ankommt. Sie könne sich insbesondere daraus ergeben, dass im betreffenden Wirtschaftsbereich Tarifverträge gelten, die für vergleichbare Arbeiten eine Vergütung von Überstunden vorsehen.
Die – objektive – Vergütungserwartung werde deshalb in weiten Teilen des Arbeitslebens gegeben sein (BAG v. 22.2.2012 – 5 AZR 765/10, a. a. O.; 17.8.2011 – 5 AZR 406/10 (Rz. 20), EzA BGB 2002 § 612 Nr. 10; 21.9.2011 – 5 AZR 629/10 (Rz. 31), EzA BGB 2002 § 612 Nr. 11).
Sie werde aber fehlen, wenn arbeitszeitbezogene und arbeitszeitunabhängig vergütete Arbeitsleistungen zeitlich verschränkt sind (BAG v. 21.9.2011 – 5 AZR 629/10 (Rz. 32), a. a. O.) oder wenn Dienste höherer Art geschuldet sind oder insgesamt eine **deutlich herausgehobene Vergütung** gezahlt wird (BAG v. 17.8.2011 – 5 AZR 406/10 (Rz. 20, 21), a. a. O.).
Von letztem Fall werde regelmäßig ausgegangen werden können, wenn das Entgelt die **Bei-**

Überstunden

tragsbemessungsgrenze in der gesetzlichen Rentenversicherung (Stand 1.1.2016: alte Bundesländer 6200 Euro; neue Bundesländer: 5400 Euro) **überschreitet**. Mit dieser dynamischen Verdienstgrenze gebe der Gesetzgeber alljährlich zu erkennen, welche Einkommen so aus dem in der Solidargemeinschaft aller sozialversicherungspflichtig Beschäftigten herausragen, dass damit keine weitere Rentensteigerung mehr zu rechtfertigen ist. Wer mit seinem aus abhängiger Beschäftigung erzielten Entgelt die Beitragsbemessungsgrenze der gesetzlichen Rentenversicherung überschreitet, gehöre zu den Besserverdienern, die aus der Sicht der beteiligten Kreise nach der Erfüllung ihrer Arbeitsaufgaben und nicht eines Stundensolls beurteilt werden. Ihnen und ihren Arbeitgebern fehle regelmäßig die objektive Vergütungserwartung für ein besonderes Entgelt als Gegenleistung für die über die regelmäßige Arbeitszeit hinaus geleistete Arbeit (BAG v. 22.2.2012 – 5 AZR 765/10, a.a.O.).

48 Die Mehrarbeitsvergütung setzt sich regelmäßig zusammen aus einer **Grundvergütung** und einem **Mehrarbeitszuschlag**.

Grundvergütung

49 Anspruch auf eine Grundvergütung besteht für jede über die regelmäßige Arbeitszeit hinaus geleistete Mehrarbeitsstunde.

50 Wird das Arbeitsentgelt in Form eines **Stundenlohns** gezahlt, besteht bei der Bestimmung der Grundvergütung kein Berechnungsproblem. Die Mehrarbeitsgrundvergütung entspricht der Höhe nach dem vereinbarten Lohn für eine Arbeitsstunde.

51 Wird das Arbeitsentgelt für die regelmäßige Arbeitszeit in Form eines **Monatsentgelts** geleistet, bedarf es einer Umrechnung des Monatsentgelts unter Heranziehung der vom Arbeitnehmer geschuldeten individuellen regelmäßigen Arbeitszeit.
Ist eine regelmäßige **monatliche** Arbeitszeit vereinbart (z. B. 150 Stunden), wird das Monatsgrundentgelt durch diese Zahl geteilt, um die Vergütung für eine Mehrarbeitsstunde zu erhalten.

> **Beispiel:**
> Die vertraglich vereinbarte regelmäßige Arbeitszeit eines Arbeitnehmers beträgt im Monat 150 Stunden. Dafür bekommt der Beschäftigte eine Grundvergütung von 3000 Euro.
> Die Vergütung für eine Stunde beträgt 20 Euro (3000 : 150).

52 Ist eine regelmäßige **wöchentliche** Arbeitszeit vereinbart, wird das Monatsgrundentgelt durch einen Divisor geteilt, der im Regelfall mit der **Formel** »individuelle regelmäßige **wöchentliche** Arbeitszeit mal 4,35« ermittelt wird.

> **Beispiele:**
> - »40 Stunden mal 4,35 = 174 Stunden«:
>   Die vertraglich vereinbarte regelmäßige wöchentliche Arbeitszeit eines Arbeitnehmers beträgt 40 Stunden. Dafür bekommt der Beschäftigte eine monatliche Grundvergütung von 3000 Euro.
>   Die Vergütung für eine Stunde beträgt 17,24 Euro (3000 : 174).
> - »35 Stunden mal 4,35 = 152,25 Stunden«:
>   Die vertraglich vereinbarte regelmäßige wöchentliche Arbeitszeit eines Arbeitnehmers beträgt 35 Stunden. Dafür bekommt der Beschäftigte eine monatliche Grundvergütung von 3000 Euro.
>   Die Vergütung für eine Stunde beträgt 19,70 Euro (3000 : 152,25).

Überstunden

Mehrarbeitszuschlag

Ein Mehrarbeitszuschlag ist zu zahlen, wenn dies **vertraglich** oder **tariflich** geregelt ist. 53
Eine ausdrückliche **gesetzliche** Zuschlagsregelung besteht nicht.
Das ArbZG regelt – anders als die frühere AZO – keinen Anspruch der Arbeitnehmer auf Zahlung von Mehrarbeitszuschlägen.
Ein Anspruch kann sich aber gemäß § 612 Abs. 1 BGB ergeben, wenn die Zahlung von Zuschlägen betriebs- oder branchenüblich ist (»**stillschweigende**« **Vergütungsvereinbarung**).
→ **Tarifverträge** enthalten regelmäßig detaillierte Regelungen über Mehrarbeitszuschläge (zur 54
einzelvertraglichen Bezugnahme auf einen Tarifvertrag siehe → **Arbeitsvertrag** Rn. 16 ff.).
Meist werden die Zuschläge in Form eines **Prozentsatzes** zum Verdienst für eine Arbeitsstunde ausgedrückt.

> **Beispiel:**
> Die Arbeitnehmer erhalten je Stunde für angeordnete Mehrarbeit einen Zuschlag in Höhe von 25 % eines Brutto-Stundenverdienstes.

Ansprüche auf Mehrarbeitsvergütung sind innerhalb etwaiger vertraglicher oder tariflicher 55
→ **Ausschlussfristen/Verfallfristen** geltend zu machen und ggf. einzuklagen.
Manche → **Tarifverträge** sehen gerade für Zuschläge äußerst kurze Fristen vor (was aus Arbeitnehmersicht vollkommen unakzeptabel ist).

> **Beispiel (§ 16 Ziff. 1 bis 3 Manteltarifvertrag Metallindustrie Hamburg/Schleswig-Holstein):**
> 1.1 Alle beiderseitigen Ansprüche aus dem Arbeitsverhältnis und solche, die mit dem Arbeitsverhältnis in Verbindung stehen, sind dem Arbeitgeber gegenüber bei der Personalabteilung oder einer entsprechenden zuständigen Stelle ... schriftlich innerhalb folgender Ausschlussfristen geltend zu machen:
> a) Ansprüche auf Zuschläge aller Art innerhalb von vier Wochen nach Aushändigung oder Zusendung der Entgeltabrechnung, bei der sie hätten abgerechnet werden müssen, wobei die Zusendung der Entgeltabrechnung an die letzte vom Arbeitnehmer angegebene Anschrift erfolgen kann. Als Anschrift gilt auch die Bankverbindung, wenn üblicherweise über diese zugestellt wurde,
> b) alle übrigen Ansprüche innerhalb von drei Monaten nach ihrer Fälligkeit.
> 1.2 Nach Ablauf dieser Fristen ist eine Geltendmachung von Ansprüchen ausgeschlossen (Ausschlussfristen gemäß § 4 Abs. 4 Satz 3 TVG).

Es bestehen **Zweifel**, ob derart kurze Fristen mit höherrangigem Recht vereinbar sind (siehe → **Ausschlussfristen/Verfallfristen** Rn. 7).

Klage auf Vergütung von Mehrarbeit/Überstunden

Die Anforderungen an die **Darlegungs- und Beweislast** des Anspruchstellers im Prozess sind 56
hoch.
Zur Begründung eines Anspruchs auf Mehrarbeitsvergütung hat der Arbeitnehmer im Einzelnen darzulegen, an welchen Tagen und zu welchen Tageszeiten er über die übliche Arbeitszeit hinaus gearbeitet hat (BAG v. 17. 4. 2002 – 5 AZR 644/00, NZA 2002, 1340; 22. 4. 2009 – 4 AZR 100/08, NZA 2010, 41).
Er muss vortragen, von welcher Normalarbeitszeit er ausgeht und dass er tatsächlich gearbeitet hat. Ist streitig, ob Arbeitsleistungen erbracht wurden, hat der Arbeitnehmer darzulegen, welche (geschuldete) Tätigkeit er ausgeführt hat.
Je nach der Einlassung des Arbeitgebers besteht eine abgestufte Darlegungs- und Beweislast.
Der Anspruch auf Mehrarbeitsvergütung setzt des Weiteren voraus, dass die Überstunden vom

Überstunden

Arbeitgeber angeordnet, gebilligt oder geduldet wurden oder jedenfalls zur Erledigung der geschuldeten Arbeit notwendig waren (BAG v. 25.5.2005 – 5 AZR 319/04, AiB 2006, 246).
Das bedeutet: Wenn die geleisteten Überstunden nicht vom Betrieb erfasst werden, muss der Arbeitnehmer seinerseits eine Art **Tagebuch** führen und die geleisteten Überstunden nach Tag, Uhrzeit und Anlass notieren.
Außerdem sollte er sich – aus Beweisgründen – die Ableistung der Überstunden »am Tag danach« **vom Vorgesetzten bestätigen** lassen. Tut er dies nicht, läuft er Gefahr, einen etwaigen Rechtsstreit um die Vergütung der Überstunden zu verlieren.
Siehe **Muster-Geltendmachungsschreiben** im Anhang.
Eine aktuelle Entscheidung des BAG bringt dem Arbeitnehmer, der den Arbeitgeber auf Zahlung der Vergütung für geleistete Überstunden verklagt, eine gewisse **Milderung seiner Darlegungs- und Beweislast**. Steht fest (§ 286 ZPO), dass Überstunden auf Veranlassung des Arbeitgebers geleistet worden sind, kann aber der Arbeitnehmer seiner Darlegungs- oder Beweislast für jede einzelne Überstunde nicht in jeder Hinsicht genügen, darf das Gericht den Mindestumfang geleisteter Überstunden nach § 287 Abs. 2 iVm. Abs. 1 Satz 1 und Satz 2 ZPO **schätzen** (BAG v. 25.3.2015 – 5 AZR 602/13). Eine Schätzung nach § 287 Abs. 1 ZPO dürfe nur dann unterbleiben, wenn sie mangels jeglicher konkreter Anhaltspunkte vollkommen »in der Luft hinge« und daher willkürlich wäre. Die für eine Schätzung unabdingbaren Anknüpfungstatsachen müsse der Arbeitnehmer im Regelfall darlegen und beweisen.
§ 286 ZPO (Freie Beweiswürdigung) lautet:
»(1) Das Gericht hat unter Berücksichtigung des gesamten Inhalts der Verhandlungen und des Ergebnisses einer etwaigen Beweisaufnahme nach freier Überzeugung zu entscheiden, ob eine tatsächliche Behauptung für wahr oder für nicht wahr zu erachten sei. In dem Urteil sind die Gründe anzugeben, die für die richterliche Überzeugung leitend gewesen sind.
(2) An gesetzliche Beweisregeln ist das Gericht nur in den durch dieses Gesetz bezeichneten Fällen gebunden.«
§ 287 ZPO (Schadensermittlung; Höhe der Forderung) lautet:
»(1) Ist unter den Parteien streitig, ob ein Schaden entstanden sei und wie hoch sich der Schaden oder ein zu ersetzendes Interesse belaufe, so entscheidet hierüber das Gericht unter Würdigung aller Umstände nach freier Überzeugung. Ob und inwieweit eine beantragte Beweisaufnahme oder von Amts wegen die Begutachtung durch Sachverständige anzuordnen sei, bleibt dem Ermessen des Gerichts überlassen. Das Gericht kann den Beweisführer über den Schaden oder das Interesse vernehmen; die Vorschriften des § 452 Abs. 1 Satz 1, Abs. 2 bis 4 gelten entsprechend.
(2) Die Vorschriften des Absatzes 1 Satz 1, 2 sind bei vermögensrechtlichen Streitigkeiten auch in anderen Fällen entsprechend anzuwenden, soweit unter den Parteien die Höhe einer Forderung streitig ist und die vollständige Aufklärung aller hierfür maßgebenden Umstände mit Schwierigkeiten verbunden ist, die zu der Bedeutung des streitigen Teils der Forderung in keinem Verhältnis stehen.«

57 Für → **Teilzeitbeschäftigte** besteht ein Anspruch auf **Mehrarbeitszuschläge** nach den einschlägigen tariflichen Vorschriften zugunsten von Teilzeitbeschäftigten meist erst dann, wenn die für Vollzeitbeschäftigte geltende (tägliche oder wöchentliche oder monatliche) Arbeitszeit überschritten wird, und nicht schon dann, wenn die Teilzeitkraft über die für sie maßgebliche – vertraglich vereinbarte – Arbeitszeit hinaus arbeitet (siehe Rn. 22) und → **Teilzeitarbeit** Rb. 65).
Zum **Mitbestimmungsrecht** des Betriebsrats bei Überstunden von Teilzeitbeschäftigten siehe Rn. 22.

Arbeitshilfen

Übersicht
Checklisten

- Überstunden
- Verpflichtung zur Leistung von Mehrarbeit/Überstunden
- Vorgehensweise des Betriebsrats bei Überstunden
- Regelungspunkte in einer Rahmenbetriebsvereinbarung
- Regelungspunkte in einer Einzelfall-Betriebsvereinbarung

Musterschreiben
- Antrag auf Erlass einer einstweiligen Verfügung gegen Überstunden
- Einstweilige Verfügung des Arbeitsgerichts wegen Unterlassung von Überstunden
- Geltendmachung von Mehrarbeitsvergütung

Übersicht: Überstunden

Der Arbeitgeber **plant** die Anordnung von Überstunden.

Er hat den Betriebsrat rechtzeitig, umfassend und unter Vorlage von Unterlagen
- über das »Wann«, »Wie viel«, »Wo« und »Warum« der geplanten Überstunden **zu informieren**
- und die **Zustimmung** des Betriebsrats **zu beantragen**.

Der Betriebsrat untersucht (zusammen mit Vertrauenskörper und Beschäftigten)
- die **Ausgangslage** (gegebenenfalls fordert er weitere Informationen),
- die **Interessenlage** (Was will der Arbeitgeber? Was wollen die Beschäftigten?).

Der Betriebsrat erstellt (zusammen mit Vertrauenskörper und Beschäftigten) einen konkreten **Forderungskatalog**:
- Neueinstellungen,
- Übernahme von Auszubildenden oder befristet Beschäftigten usw.

Der Betriebsrat **verhandelt** mit dem Arbeitgeber über seine Forderungen.

Wird ein tragbarer Kompromiss gefunden: Niederlegung der Vereinbarung in einer (schriftlichen) **Betriebsvereinbarung**.

Scheitern die Verhandlungen, kann der Arbeitgeber, wenn er an den geplanten Überstunden festhalten will, die → **Einigungsstelle** anrufen.

Ordnet der Arbeitgeber Überstunden an (oder duldet er sie), ohne dass eine Zustimmung des Betriebsrats oder ein zustimmender Beschluss der Einigungsstelle vorliegt, kann der Betriebsrat das Arbeitsgericht anrufen: **Antrag auf Erlass einer einstweiligen Verfügung** auf Unterlassung und – für bereits geschehene Verstöße gegen das Mitbestimmungsrecht des Betriebsrats – Einleitung eines Beschlussverfahrens: Antrag auf Feststellung der Rechtsverletzung. Siehe auch → **Arbeitsgericht** und → **Unterlassungsanspruch des Betriebsrats**.

Der Betriebsrat organisiert mit dem Vertrauenskörper geeignete Schritte, um möglichst viele Belegschaftsangehörige für die Forderung »**Neueinstellungen statt Überstunden**« zu gewinnen (z. B. Information und Diskussion am Arbeitsplatz und in Betriebs oder Abteilungsversammlungen).

Überstunden

Rechtsprechung

1. Arbeitnehmerunterrichtung über Überstundenverpflichtung – Nachweisrichtlinie
2. Anspruch auf Leistung von Überstunden – Gleichbehandlungsgrundsatz – Maßregelungsverbot
3. Verpflichtung zur Leistung von Überstunden
4. Kündigung wegen Verweigerung von Überstunden
5. Überstunden – Bereitschaftsdienst – Rufbereitschaft
6. Anspruch auf Überstundenvergütung – Zuschläge – Abgeltung durch Freizeit – Verwirkung – Verzicht
7. Abgeltung von Überstunden – Vergütung für über die gesetzliche Höchstarbeitszeit hinausgehende Überstunden
8. Anspruch auf Mehrarbeitsvergütung für freigestellte Betriebsratsmitglieder?
9. Geltendmachung – Ausschlussfrist
10. Klage auf Zahlung rückständiger Überstundenvergütung: Darlegungs- und Beweislast
11. Mitbestimmung des Betriebsrats – Eilfall – Notfall
12. Unterlassungsanspruch des Betriebsrats bei mitbestimmungswidriger Anordnung und Duldung von Überstunden – Einstweilige Verfügung
13. Umgehung des Mitbestimmungsrechts durch Beschäftigung von Leiharbeitnehmern oder Auftragsvergabe an Fremdfirma – Einstweilige Verfügung
14. Anspruch schwerbehinderter Arbeitnehmer auf Freistellung von Mehrarbeit
15. Tariflicher Mehrarbeitszuschlag für Teilzeitbeschäftigte?
16. Mitbestimmung bei Überstunden von Teilzeitbeschäftigten
17. Abgrenzung Überstunden von Bereitschaftsdienst/Rufbereitschaft
18. Berücksichtigung regelmäßig anfallender Überstunden bei der Bemessung der gesetzlichen Entgeltfortzahlung
19. Berücksichtigung regelmäßig anfallender Überstunden bei der Bemessung des gesetzlichen Urlaubsentgelts
20. Bemessung des Urlaubsentgelts: Einbeziehung von Zuschlägen für Sonntagsarbeit und Nachtarbeit trotz tarifvertraglichen Ausschlusses der Überstundenvergütung

Übertarifliche Zulagen

Begriff

Tarifverträge haben den Charakter von **Mindestarbeitsbedingungen**, die im Falle beiderseitiger Tarifbindung nicht zu Ungunsten des Arbeitnehmers unterschritten (§ 4 Abs. 3 TVG), wohl aber zu seinen Gunsten überschritten werden dürfen (siehe → **Günstigkeitsprinzip** und → **Tarifvertrag**). 1

Durch »**übertarifliche Zulagen**« wird das tarifvertraglich geregelte Arbeitsentgelt **aufgestockt**. Freilich sind solche Leistungen nicht unbedingt Ausdruck der Großmütigkeit und Freigiebigkeit des Arbeitgebers. Vielmehr werden bestimmte Zwecke verfolgt, beispielsweise der Zweck, Fachkräfte zu gewinnen oder die Belegschaft an den Betrieb zu binden. 2

Übertarifliche Zulagen werden in **unterschiedlicher Form** geleistet: 3
- als Aufschlag auf tariflichen Stunden- bzw. Monatslohn oder tarifliches Gehalt,
- als Erhöhung der tariflichen Jahressonderzahlung (Weihnachtsgeld),
- als Aufschlag auf das tarifliche Urlaubsgeld,
- als Erhöhung der tariflichen Zulagen (Schichtzulage, Erschwerniszulage usw.),
- als Zuschlag zu tariflich geregelten sonstigen Leistungen (Pauschale für Dienst- oder Rufbereitschaft).

Für Zuwendunges des Arbeitgebers, die keine Aufstockung tariflich geregelter Vergütungsbestandteile darstellen, sondern »neben« dem Tarifvertrag erbracht werden (z. B. Anwesenheitsprämie, Vorarbeiterzulage, Kindergartenzulage, Fahrgeldzuschuss, Essensgeldzuschuss, Arbeitsmarktzulage), wird der Begriff »**außertarifliche Zulagen**« verwendet. 4

Für »außertarifliche« und »übertarifliche« Zulagen gelten die **gleichen Rechtsgrundsätze**. Nachstehend wird nur noch der Begriff »übertarifliche Zulagen« verwendet. 5

Übertarifliche Zulagen sind diejenigen Vergütungsbestandteile, die am schwächsten abgesichert sind, weil sie oft mit einem Freiwilligkeits- oder Widerrufsvorbehalt versehen sind (siehe Rn. 34). 6
In Krisenzeiten neigen selbst »reiche« Unternehmen dazu, übertarifliche Zulagen **abzubauen**. Die Gelegenheit ist für die Arbeitgeberseite »günstig«. Krisen und die damit verbundene Sorge um den Arbeitsplatz erhöhe die Bereitschaft von Belegschaft und Betriebsrat, Entgeltkürzungen hinzunehmen.
Zur Frage, welche rechtlichen **Handlungsmöglichkeiten** der Betriebsrat und die betroffenen Beschäftigten besitzen, wenn der Arbeitgeber übertarifliche Zulagen kürzen oder streichen will, siehe Rn. 9 ff., 33 ff.

Tarifliche Effektivklauseln

Gewerkschaften haben immer wieder versucht, übertarifliche Entgeltbestandteile durch tarifliche Regelungen **abzusichern**. 7
Und zwar sowohl in Form

Übertarifliche Zulagen

- der »**allgemeinen**« **Effektivklausel** (auch Effektivgarantieklausel genannt: hiermit wird bezweckt, übertarifliche Entgeltbestandteile zu tariflichen zu machen, um sie damit am vollen Schutz des Tarifvertrages teilhaben zu lassen; das heißt: eine Absenkung ist nur durch einen neuen Tarifvertrag möglich)
- als auch der »**begrenzten**« **Effektivklausel** (hier wird das Ziel verfolgt, die vereinbarte Tariferhöhung effektiv zu machen, das heißt, deren Anrechnung auf übertarifliche Zulagen auszuschließen).

8   Nach Auffassung des Bundesarbeitsgerichts sind tarifliche »Effektivklauseln« grundsätzlich unzulässig, und zwar sowohl in der »allgemeinen« als auch in der »begrenzten« Form (BAG v. 16. 4. 1980 – 4 AZR 261/78, DB 1980, 1944; 16. 6. 2004 – 4 AZR 408/03, NZA 2005, 1420).

Unter anderem sieht das Gericht in beiden Klauselformen einen Verstoß gegen den Gleichheitssatz des Art. 3 Abs. 1 GG. Es würden ohne sachliche Rechtfertigung unterschiedliche tariflich gesicherte Mindestlöhne festgesetzt, indem die übertariflichen Zulagen »zementiert« würden (zweifelhaft).

Zumindest für die »**begrenzte**« **Effektivklausel** kann dieser Einwand nicht durchgreifen, weil sie jedem tarifgebundenen Arbeitnehmer zu seinem bisherigen Effektiv-Arbeitsentgelt einen bestimmten Betrag im Umfang der Tariferhöhung hinzu gibt. Die tatsächliche Ungleichheit wird also nicht durch die »begrenzte« Effektivklausel, sondern durch die bisherige Zahlung ungleicher Arbeitsentgelte bewirkt. Deshalb ist beispielsweise nach richtiger Auffassung des Landesarbeitsgerichts Hamburg jedenfalls die »begrenzte« Effektivklausel zulässig und wirksam (LAG Hamburg v. 12. 7. 1990 – 7 Sa 27/90, AiB 1991, 63 ff.).

Bedeutung für die Betriebsratsarbeit

9   Der Betriebsrat hat, soweit eine zwingende und abschließende tarifliche Regelung nicht besteht, bei der **betrieblichen Entgeltgestaltung** nach § 87 Abs. 1 Nr. 10 BetrVG mitzubestimmen – und zwar auch in der Form der **Initiativmitbestimmung** (siehe → **Arbeitsentgelt** Rn. 60 ff.; vgl. BAG v. 22. 6. 2010 – 1 AZR 853/08, NZA 2010, 1243; 20. 7. 1999 – 1 ABR 66/98, NZA 2000, 495; 30. 1. 1990 – 1 ABR 98/88, NZA 1990, 571; 8. 8. 1989 – 1 ABR 62/88, NZA 1990, 322; 14. 11. 1974 – 1 ABR 65/73, DB 1975, 647). Mitbestimmungspflichtig sind: »*Fragen der betrieblichen Lohngestaltung, insbesondere die Aufstellung von Entlohnungsgrundsätzen und die Einführung und Anwendung von neuen Entlohnungsmethoden sowie deren Änderung.*«

Die **Reichweite** der Mitbestimmung des Betriebsrats bei der **Einführung, Kürzung oder Einstellung** von Entlohnungsbestandteilen i. S. d. § 87 Abs. 1 Nr. 10 BetrVG (dazu gehören auch vom Arbeitgeber »**freiwillig**« erbrachte geldwerte Leistungen an die Beschäftigten) hängt maßgeblich davon ab, ob es sich um einen **tarifgebundenen** oder einen **tarifungebundenen Arbeitgeber** handelt. Zum Begriff »Tarifgebundenheit« (z. B. nach § 3 Abs. 1 oder Abs. 3 TVG) siehe → **Tarifvertrag** Rn. 23 ff. und 36 ff., → **Tarifvertrag: Nachbindung und Nachwirkung** und → **Tarifvertrag: Tarifbindung**).

Tarifgebundener Arbeitgeber

9a   Der Betriebsrat hat nach ständiger Rechtsprechung des BAG kein Mitbestimmungsrecht nach § 87 Abs. 1 Nr. 10 BetrVG in Bezug auf die Frage, »ob« und in welchem Umfang der tarifgebundene Arbeitgeber den Beschäftigten (über das tarifliche Entgeltvolumen hinaus) weitere »freiwillige« **übertarifliche Geldmittel** zur Abgeltung ihrer Arbeitsleistung zur Verfügung stellt (sog. »**Dotierungsrahmen**«). Die **Einführung** von übertariflichen Leistungen ist ebenso mitbestimmungsfrei wie ihre vollständige **Abschaffung** (BAG v. 3. 12. 1991 – GS 1/90, AiB

1992, 575 = NZA 1992, 749; 28. 2. 2006 – 1 ABR 4/05, NZA 2006, 1426; 23. 1. 2008 – 1 ABR 82/06, NZA 2008, 774; vgl. Fitting, BetrVG, 27. Aufl., § 87 Rn. 443, 445, 449 m. w. N.).
Auch über den Zweck der Leistung sowie die Eingrenzung der begünstigten Personenkreise entscheidet der tarifgebundene Arbeitgeber mitbestimmungsfrei (BAG v. 23. 1. 2008 – 1 ABR 82/06, NZA 2008, 774; 8. 12. 1981 – 1 ABR 55/79, DB 1982, 1276 vgl. Fitting, BetrVG, 27. Aufl., § 87 Rn. 446).

Mitbestimmung bei der »Verteilung«

Ein Mitbestimmungsrecht des Betriebsrats nach § 87 Abs. 1 Nr. 10 BetrVG besteht aber in Bezug auf die Frage, nach welchen Kriterien die »freiwillige« Leistung auf die Arbeitnehmer zu verteilen ist (»**Verteilungsgrundsätze**« bzw. »**Verteilungsrelationen**«; siehe Rn. 14).
Ebenfalls mitbestimmungspflichtig ist die **Änderung** bisher gehandhabter Verteilungsgrundsätze.
Der Betriebsrat hat bei der **Verteilung** bzw. **Änderung** auch ein **Initiativmitbestimmungsrecht**, d. h., er kann z. B. eine andere Verteilung des Volumens vorschlagen und im Nichteinigungsfall die → **Einigungsstelle** anrufen.
Dagegen kann er die **Gewährung** übertariflicher Zulagen nicht erzwingen (siehe Rn. 9a und 11d).

Zweck des Mitbestimmungsrechts ist es, sicherzustellen, dass es bei der Verteilung der Mittel auf die Beschäftigten »mit rechten Dingen zugeht« (**betriebliche Lohngerechtigkeit**, keine »Nasenprämien«), dass insbesondere Verstöße gegen Gleichbehandlungsgrundsatz und Diskriminierungsverbot unterbleiben (siehe auch → **Benachteiligungsverbot** und → **Gleichbehandlung**).

Bei der **Einführung** einer freiwilligen Leistung kann es zeitlich begrenzt zu einer **Überschreitung des »Dotierungsrahmens«** (siehe Rn. 9 a) kommen. Nämlich dann, wenn die Einführung einer solchen Leistung die »**Verteilungsgrundsätze**« (siehe Rn. 10 und 15) ändert und deshalb der der Betriebsrat nach § 87 Abs. 1 Nr. 10 BetrVG zu beteiligen ist. Erbringt der Arbeitgeber bereits Zahlungen an die Beschäftigten, obwohl noch gar keine Einigung mit dem Betriebsrat oder eine Entscheidung der → **Einigungsstelle** vorliegt, muss er damit rechnen, dass er mitbestimmungswidrig erbrachte Leistungen aus rechtlichen oder faktischen Gründen von den Arbeitnehmern nicht zurückfordern kann und somit im Ergebnis ein höheres Geldvolumen aufbringen muss als ursprünglich geplant war (BAG v. 14. 4. 1994 – 1 ABR 63/93, NZA 1995, 543; vgl. Fitting, BetrVG, 27. Aufl., § 87 Rn. 448). Auszug aus BAG v. 14. 4. 1994 – 1 ABR 63/93, a. a. O.: »*Das Mitbestimmungsrecht des Betriebsrats bei der Gewährung von Sondervergütungen (§ 87 Abs. 1 Nr. 10 BetrVG) wird nicht dadurch berührt, dass der Arbeitgeber bereits vor der Beteiligung des Betriebsrats Zahlungen erbringt, die er nicht mehr zurückfordern kann, so dass im Fall einer abweichenden Einigung mit dem Betriebsrat Kosten entstehen werden, die den ursprünglich vorgesehenen Dotierungsrahmen übersteigen. Eine solche zusätzliche Belastung der Arbeitgeberin ist aber als Folge ihres rechtswidrigen Vorgehens allein ihr zuzurechnen. Hierin liegt keine Durchbrechung des Grundsatzes, dass der Betriebsrat bei der Festlegung des Dotierungsrahmens nicht mitzubestimmen hat. Ein Mitbestimmungsrecht kann in seinem Bestand und Umfang nicht davon abhängig sein, dass sich der Arbeitgeber betriebsverfassungskonform verhält. Vielmehr hat sich das Verhalten des Arbeitgebers nach den Vorgaben des Betriebsverfassungsgesetzes und damit auch nach den aus der Beachtung der Mitbestimmungsrechte folgenden Pflichten zu richten.«*

Übertarifliche Zulagen

Tarifungebundener Arbeitgeber

11b Bei einem **tarifungebundenen Arbeitgeber** kann sowohl die Einführung als auch eine Kürzung und Abschaffung von Entlohnungsbestandteilen (z. B. freiwilliges Urlaubsgeld oder Weihnachtsgeld) das Mitbestimmungsrecht des Betriebsrats nach § 87 Abs. 1 Nr. 10 BetrVG auslösen.

Der tarifungebundene Arbeitgeber erbringt nämlich jede geldwerte Leistung »freiwillig« (ohne normative Verpflichtung durch einen Tarifvertrag). Er entscheidet allein (mitbestimmungsfrei), wie hoch das **Geldvolumen insgesamt** sein soll, dass er der Belegschaft für ihre Arbeitsleistung zur Verfügung stellt.

Führt er allerdings eine weitere geldwerte Leistung ein, ändert er damit die bisherigen »Verteilungsgrundsätze« (siehe Rn. 10 und 15). Das unterliegt der Mitbestimmung durch den Betriebsrat nach § 87 Abs. 1 Nr. 10 BetrVG.

Mitbestimmung besteht auch dann, wenn der nicht tarifgebundene Arbeitgeber eine bisher erbrachte geldwerte Leistung (z. B. freiwilliges Urlaubsgeld oder Weihnachtsgeld) **kürzen** oder ganz **einstellen** will. Solange er die Arbeit der Beschäftigten überhaupt vergütet, schafft er mit einer Kürzung oder Einstellung von Vergütungsbestandteilen diese nicht ab, sondern ändert die Verteilung des Geldvolumens und damit »Verteilungsgrundsätze«. Das bedarf der Zustimmung des Betriebsrats nach § 87 Abs. 1 Nr. 10 BetrVG.

Gleiches gilt nach zutreffender Ansicht des BAG, wenn ein nicht tarifgebundener Arbeitgeber, der mit seinen Arbeitnehmern die Geltung von Tarifverträgen über Zuschläge, Zulagen, Urlaubsgeld und eine Jahreszuwendung vereinbart hat, diese Leistungen **für neu eingestellte Arbeitnehmer vollständig** streichen will (BAG v. 28. 2. 2006 – 1 ABR 4/05, NZA 2006, 1426).

Bei Fehlen einer Tarifbindung könne der Arbeitgeber zwar den künftigen Gesamtumfang der von ihm für die Vergütung der Arbeitnehmer zur Verfügung gestellten Mittel – vorbehaltlich einzelvertraglicher Bindungen – mitbestimmungsfrei absenken. Dabei habe er jedoch die geltenden Entlohnungsgrundsätze bezüglich der verbleibenden Vergütung zu beachten und im Fall ihrer Änderung die Zustimmung des Betriebsrats einzuholen (BAG v. 28. 2. 2006 – 1 ABR 4/05, a. a. O.). Nachstehend ein Auszug aus der Entscheidung:

»Hat der nicht tarifgebundene Arbeitgeber mit seinen Arbeitnehmern die Geltung von Tarifverträgen über Zuschläge, Zulagen, Urlaubsgeld und eine Jahreszuwendung vereinbart, kann auch die vollständige Streichung dieser Leistungen für neu eingestellte Arbeitnehmer dem Mitbestimmungsrecht des Betriebsrats nach § 87 Abs. 1 Nr. 10 BetrVG unterliegen.

Entgegen der Ansicht der Arbeitgeberin entfällt das Mitbestimmungsrecht des Betriebsrats bei der Streichung aller über die Grundvergütung und den Ortszuschlag hinausgehenden zusätzlichen Leistungen nicht deshalb, weil es sich dabei um "freiwillige" Leistungen handelte, zu denen sie – die Arbeitgeberin – weder gesetzlich noch tariflich verpflichtet war.

Der Arbeitgeber kann bei normativer Bindung an eine tarifliche Vergütungsordnung mitbestimmungsfrei sowohl darüber entscheiden, ob und in welchem Umfang er Mittel für übertarifliche Leistungen zur Verfügung stellt, als auch darüber, ob und in welchem Umfang er dafür bislang zur Verfügung gestellte Mittel künftig weiter aufbringen will. Er kann vom Betriebsrat nicht gezwungen werden, ein bestimmtes absolutes Lohnniveau beizubehalten.

Entscheidet sich der tarifgebundene Arbeitgeber dafür, bisher erbrachte übertarifliche Leistungen nicht nur teilweise, sondern gänzlich einzustellen, bedarf er dafür keiner Zustimmung des Betriebsrats. Zwar können sich dadurch – etwa bei gleich hohen übertariflichen Zulagen für unterschiedliche tarifliche Vergütungsgruppen – die relativen Abstände der einzelnen Gesamtvergütungen zueinander und damit die bisherigen Entlohnungsgrundsätze verändern. Für eine Mitbestimmung des Betriebsrats ist gleichwohl kein Raum, weil die ehemals übertariflichen Leistungen vollständig entfallen sind und kein Vergütungsvolumen mehr zur Verteilung ansteht. Damit ist der Gegenstand des Mitbestimmungsrechts entfallen. Die Verteilung des verbleibenden Vergütungsvolumens

Übertarifliche Zulagen

ist bereits tariflich festgelegt; ein Mitbestimmungsrecht des Betriebsrats, mit dem dieser eine andere Verteilung des verbleibenden Gesamtvolumens erreichen könnte, scheidet wegen § 87 Abs. 1 Einleitungssatz BetrVG aus.

Beim Fehlen einer Tarifbindung des Arbeitgebers kann dieser demzufolge das gesamte Volumen der von ihm für die Vergütung der Arbeitnehmer bereitgestellten Mittel mitbestimmungsfrei festlegen und für die Zukunft ändern. Mangels Tarifbindung leistet der Arbeitgeber in diesem Fall sämtliche Vergütungsbestandteile "freiwillig", dh. ohne hierzu normativ verpflichtet zu sein. Solange er die Arbeit überhaupt vergütet, hat der nicht tarifgebundene Arbeitgeber die "freiwilligen" Leistungen deshalb nicht gänzlich eingestellt. Bei einer Absenkung der Vergütung hat er damit – weil keine tarifliche Vergütungsordnung das Mitbestimmungsrecht des Betriebsrats ausschließt – die bisher geltenden Entlohnungsgrundsätze auch bezüglich des verbleibenden Vergütungsvolumens zu beachten und im Falle ihrer Änderung die Zustimmung des Betriebsrats einzuholen.«

Bei einem tarifungebundenen Arbeitgeber ist auch die **Festlegung des begünstigten Personenkreises** nach § 87 Abs. 1 Nr. 7 BetrVG mitbestimmungspflichtig (BAG v. 18. 3. 2014 – 1 ABR 75/12, NZA 2014, 984). Nachstehend ein Auszug aus der Entscheidung: »*Ebenso unterlag die von der Arbeitgeberin seit dem 1. September 2010 vorgenommene Beschränkung des begünstigten Personenkreises, dem ein besonderer Zuschlag für Samstagsarbeit gewährt wird, dem Mitbestimmungsrecht des Betriebsrats nach § 87 Abs. 1 Nr. 10 BetrVG. Durch diese Maßnahme hat sie den im Frühjahr 2009 aufgestellten Entlohnungsgrundsatz geändert. Den Zeitzuschlag für die Samstagsarbeit hat die Arbeitgeberin ursprünglich an alle Arbeitnehmer des K Betriebs erbracht. Sie hat diese Leistung nicht eingestellt, aber den Kreis der anspruchsberechtigten Arbeitnehmer beschränkt. Die Arbeitgeberin gewährt Arbeitnehmern, die ab September 2010 in ihrem Betrieb eingestellt worden sind, für die Arbeit an Samstagen keinen Zuschlag von 25 % für jede Arbeitsstunde. Diesen erhalten nur Arbeitnehmer, die bis zum 31. August 2010 eingestellt worden sind. Diese Maßnahme berührt die Verteilung der den Arbeitnehmern gewährten Gesamtvergütung. Selbst wenn zu Gunsten der Arbeitgeberin unterstellt würde, dass die Gewährung des Zeitzuschlags ohne rechtliche Verpflichtung erfolgt, konnte diese mitbestimmungsfrei lediglich den Leistungszweck und die Höhe des Dotierungsrahmens festlegen (BAG 5. Oktober 2010 – 1 ABR 20/09 – Rn. 23, BAGE 135, 382). Bei der Ausgestaltung des begünstigten Personenkreises hat hingegen der Betriebsrat nach § 87 Abs. 1 Nr. 10 BetrVG mitzubestimmen.*«

11c

Der Betriebsrat kann vom Arbeitgeber im Wege des betriebsverfassungsrechtlichen Durchführungsanspruchs nicht die **Weitergewährung** eines mitbestimmungswidrig eingeführten Vergütungsbestandteils verlangen (BAG v. 18. 3. 2014 – 1 ABR 75/12, NZA 2014, 984).

11d

Anrechnung einer Tariferhöhung auf übertarifliche Zulagen

Ein Mitbestimmungsrecht nach § 87 Abs. 1 Nr. 7 BetrVG kann – bei einem tarifgebundenen Arbeitgeber – auch bei der **Anrechnung** einer Tariferhöhung auf bisher gewährte Zulagen bestehen (bei einem tarifungebundenen Arbeitgeber gelten die zu Rn. 11b ausgeführten Grundsätze).

12

Das ist dann der Fall, wenn sich durch die Anrechnung die bisher bestehenden »Verteilungsrelationen« und damit die »Verteilungsgrundsätze« ändern und für die Neuregelung innerhalb des vom Arbeitgeber mitbestimmungsfrei vorgegebenen »Dotierungsrahmens« (siehe Rn. 9a) ein Gestaltungsspielraum vorhanden ist (BAG v. 3. 12. 1991 – GS 1/90, AiB 1992, 575 = NZA 1992, 749; vgl. auch BAG v. 19. 9. 1995 – 1 AZR 208/95, AiB 1996, 381; 21. 9. 1999 –1 ABR 59/98, AiB 2001, 54= NZA 2000, 898; 21. 1. 2003– 1 AZR125/02, DB 2003, 1584; 1. 3. 2006 – 5 AZR 363/05, AiB 2006, 640 = NZA 2006, 746; 30. 5. 2006 – 1 AZR 111/05, NZA 2006, 1170; teilweise a. A. DKKW-Klebe, BetrVG, 15. Aufl., § 87 Rn. 315).

Hieraus folgt:
- die Anrechnung unterliegt nicht der Mitbestimmung, wenn sie das Zulagenvolumen völlig

Übertarifliche Zulagen

aufzehrt (wenn sich also das gesamte übertarifliche Zulagenvolumen infolge der Anrechnung auf Null reduziert). Es besteht dann kein Verteilungsspielraum mehr.

- mitbestimmungsfrei ist eine Anrechnung auch dann, wenn die Tariferhöhung im Rahmen des rechtlich und tatsächlich Möglichen **vollständig** und **gleichmäßig** auf die übertariflichen Zulagen sämtlicher Arbeitnehmer angerechnet wird. Auch in einem solchen Falle ist nach Ansicht des BAG ein – im Mitbestimmungswege auszufüllender – Gestaltungsspielraum nicht mehr vorhanden. Das soll auch dann gelten, wenn sich durch eine solche Anrechnung die bisherigen »Verteilungsgrundsätze« ändern (BAG v. 22.9.1992 – 1AZR 405/90, AiB 1993, 403; 3.3.1993 – 10 AZR 42/92, NZA 1993, 805; a. A. DKKW-Klebe, BetrVG, 15. Aufl. § 87 Rn. 315). Eine individualrechtlich zu weitgehende Anrechnung begründet kein Mitbestimmungsrecht (BAG v. 21.1.2003 – 1 AZR 125/02, DB 2003, 1584).
- Rechnet der Arbeitgeber dagegen eine Tariferhöhung nur **teilweise** auf die übertariflichen Zulagen an, hat der Betriebsrat mitzubestimmen, da in diesem Fall Raum für eine andere Verteilungsentscheidung verbleibt (BAG v. 21.1.2003 – 1 AZR 125/02, a. a. O.).

13 Es besteht nach diesen Maßgaben auch dann kein Mitbestimmungsrecht, wenn der Arbeitgeber eine Tariferhöhung zwar **unvollständig** anrechnet (nur einen Teil der Tariferhöhung), aber dies in einer Weise tut, dass sich die »Verteilungsrelationen«, also das bisherige Verhältnis der Zulagen zueinander, nicht verändern, weil die übertariflichen Zulagen um den **gleichen Prozentsatz** gekürzt werden.

14 und 15 nicht besetzt.

16 Nachstehend ein paar **Beispiele mitbestimmungsfreier Anrechnung**:

Beispiel:
Fünf Arbeitnehmer haben folgende Zulagen:
A: 0 Euro
B: 25 Euro
C: 50 Euro
D: 75 Euro
E: 100 Euro
Das Verhältnis der Zulagen zueinander beträgt: 0:1:2:3:4.
Die Zulagen sollen nunmehr im Wege der Anrechnung gleichmäßig um 50 % gekürzt werden.
Dies führt zu folgenden Zulagen:
A: 0   Euro
B: 12,5 Euro
C: 25   Euro
D: 37,5 Euro
E: 50   Euro
Ergebnis: Das bisherige Verteilungsverhältnis hat sich nicht geändert. Das Verhältnis der Zulagen zueinander beträgt auch nach der Anrechnung 0:1:2:3:4. Konsequenz: kein Mitbestimmungsrecht.

Anderes Beispiel:
Die Beschäftigten A, B und C erhalten eine übertarifliche Zulage in Höhe von 10 % des monatlichen Tarifentgelts.
A: 1000 Euro + 100 Euro = 1100 Euro
B: 2000 Euro + 200 Euro = 2200 Euro
C: 3000 Euro + 300 Euro = 3300 Euro
Das Verhältnis der Zulagen zueinander lautet 1:2:3.
Der Arbeitgeber will von einer 6 %igen Tariferhöhung 4 Prozentpunkte anrechnen.
Die Zulage würde sich dem zufolge von bisher 10 % auf 6 % des bisherigen Tarifentgelts verringern. Dies führt zu folgenden Zulagen:
A: 60 Euro
B: 120 Euro
C: 180 Euro

Übertarifliche Zulagen

Das Verhältnis der Zulagen zueinander lautet nach wie vor 1:2:3. Die Verteilungsgrundsätze bleiben unverändert. Also kein Mitbestimmungsrecht.
Das Gesamtentgelt beträgt nach Tariferhöhung und Anrechnung:
A: 1060 Euro + 60 Euro = 1120 Euro
B: 2120 Euro + 120 Euro = 2240 Euro
C: 3180 Euro + 180 Euro = 3360 Euro

Ein **Mitbestimmungsrecht** besteht demgegenüber beispielsweise in folgenden Fällen: 17
- Hätte eine prozentuale Kürzung in den vorstehenden Beispielen zur Folge, dass ein mit dem Betriebsrat vereinbarter **Sockelbetrag unterschritten** würde, würden sich wieder die Verteilungsgrundsätze verändern, was nur im Mitbestimmungswege zulässig ist.
- Mitbestimmung ist auch gegeben, wenn der Arbeitgeber in der Weise **ungleichmäßig** widerrufen oder anrechnen will, dass er nur bei einem **Teil der Belegschaft** die Zulagen kürzt.

Beispiel:
Die Angestellten der Abteilung »Forschung und Entwicklung« sollen von der Anrechnung ausgenommen werden.

- Ein mitbestimmungspflichtiger Tatbestand liegt auch vor, wenn der Arbeitgeber bei verschiedenen Beschäftigten bzw. Beschäftigtengruppen **ungleichmäßig**, d. h. in **unterschiedlicher Höhe** oder zu **unterschiedlichen Zeitpunkten** anrechnen will (z. B. Kürzung der Zulagen um unterschiedlich hohe Prozentsätze).

Ein Mitbestimmungsrecht entfällt, wenn sich der Arbeitgeber bei der Anrechnung im Rahmen 17a
der (zuvor) mit dem Betriebsrat im Mitbestimmungswege **vereinbarten** »Verteilungsrelationen« und »Verteilungsgrundsätze« bewegt.

Anrechnung bei mehrstufiger Tariferhöhung

Nimmt ein Arbeitgeber bei zeitlich gestaffelten oder aufeinander aufbauenden Erhöhungen 18
des Tarifentgelts (Beispiel: die Tarifvertragsparteien haben in einem »Paket« vereinbart, die Tarife ab 1.4.2010 um 1,5 % und ab 1.4.2011 um 2,5 % zu erhöhen) anlässlich der **ersten Erhöhung** keine, anlässlich der **zweiten Erhöhung** dagegen eine vollständige und gleichmäßige Anrechnung vor, hängt das Mitbestimmungsrecht des Betriebsrats nach Ansicht des BAG davon ab, ob mehrere voneinander unabhängige Entscheidungen des Arbeitgebers über eine mögliche Anrechnung vorliegen oder ob den Entscheidungen eine **einheitliche Konzeption** zugrunde liegt (BAG v. 10.3.2009 – 1 AZR 55/08, NZA 2009, 684).
Maßgeblich für die Beurteilung, ob eine einheitliche Gesamtkonzeption vorliegt, sind die **Umstände des Einzelfalls**.
Dabei ist insbesondere der **zeitliche Abstand** zwischen den Anrechnungsmaßnahmen von wesentlicher Bedeutung. Beträgt der zeitliche Abstand nur wenige Wochen, wird ohne entgegenstehende Anhaltspunkte regelmäßig von einem einheitlichen Konzept des Arbeitgebers ausgegangen werden können. Liegen zwischen den Anrechnungsentscheidungen viele Monate, wird häufig bei der ersten noch keine Planung für die Reaktion auf den zweiten Schritt oder die zweite Stufe der Tariferhöhung vorliegen.
Außerdem kann die Frage, ob eine **einheitliche Tarifentgelterhöhung** oder mehrere selbständige Tarifentgelterhöhungen vorliegen, eine erhebliche Rolle spielen. Eine einheitliche Konzeption liegt regelmäßig dann nahe, wenn der zweite Abschnitt einer Tariferhöhung den ersten verdrängt bzw. an dessen Stelle tritt. Dagegen werden in den Fällen, in denen die zweite Stufe der Tariferhöhung auf der ersten aufbaut, eher gesonderte, selbständige Anrechnungsentscheidungen vorliegen.

Übertarifliche Zulagen

Mitbestimmung besteht auch, wenn der Arbeitgeber eine Tariferhöhung auf übertarifliche Zulagen voll anrechnet und wenig später eine **neue übertarifliche Leistung** zusagt, sofern dieses Vorgehen auf einer einheitlichen Konzeption des Arbeitgebers beruht. Dann liegt insgesamt eine mitbestimmungspflichtige Änderung der Entlohnungsgrundsätze vor.

Der Annahme einer einheitlichen Konzeption steht nicht entgegen, dass der Arbeitgeber zum Zeitpunkt der Anrechnung noch nicht im Einzelnen und abschließend entschieden hat, wem und in welcher Höhe neue übertarifliche Leistungen gewährt werden sollen (BAG 17.1.1995 – 1 ABR 19/94, NZA 1995, 792).

Verletzt der Arbeitgeber das Mitbestimmungsrecht des Betriebsrats, führt dies insgesamt zur **Unwirksamkeit der Anrechnung** (BAG v. 10.3.2009 – 1 AZR 55/08, a.a.O.).

Veränderung der Verteilungsrelationen durch Anrechnung

19 Schließlich besteht ein Mitbestimmungsrecht, wenn die Art und Weise der Anrechnung zu einer Veränderung des Verhältnisses der Zulagen zueinander führen würde (= Veränderung des Verteilungsgrundsatzes bzw. der Verteilungsrelationen).

> **Beispiel:**
> Die Beschäftigten A, B und C beziehen ein monatliches Tarifentgelt von jeweils 2000 Euro. Sie erhalten darüber hinaus folgende Zulagen:
> A: 100 Euro
> B: 200 Euro
> C: 300 Euro
> Das Verhältnis der Zulagen zueinander lautet: 1:2:3.
> Der Arbeitgeber will von einer 4%igen Tariferhöhung (= 80 Euro) nur die Hälfte, also 2% (= 40 Euro) anrechnen.
> Eine Anrechnung dieses Betrages würde zu folgenden Zulagen führen:
> A: 60 Euro
> B: 160 Euro
> C: 240 Euro
> Das Verhältnis der Zulagen zueinander lautet nunmehr: 1:2,66:4. Die Verteilungsgrundsätze verändern sich. Mitbestimmung ist gegeben.

20 Eine mitbestimmungspflichtige Veränderung der Verteilungsgrundsätze liegt auch vor, wenn der Arbeitgeber zwar einen bestimmten Prozentsatz der Tariferhöhung anrechnen will, aber die **Zulagen unterschiedlich hoch** sind und die Tariferhöhung selbst unterschiedlich hoch ausgefallen ist (z.B. untere Lohngruppen wurden stärker angehoben als obere).
Auch in diesem Fall würde sich das Verhältnis der Zulagen zueinander verändern.

Gleichbehandlung und Benachteiligungsverbote

21 Im Rahmen seines Mitbestimmungsrechts hat der Betriebsrat insbesondere zu prüfen, ob Widerruf und Anrechnung mit dem arbeitsrechtlichen Gleichbehandlungsgrundsatz (Art. 3 Abs. 1 GG, den Grundsätzen des § 75 Abs. 1 BetrVG oder speziellen gesetzlichen Benachteiligungsverboten (z. B. nach Art. 3 Abs. 2 und 3 GG, § 1 AGG, § 4 Abs. 1 und 2 TzBfG, § 81 Abs. 2 SGB IX) vereinbar sind.
Ist das nicht der Fall, sind sie unwirksam.

Übertarifliche Zulagen

Kollektiver Tatbestand

Generelle Voraussetzung des Mitbestimmungsrechts ist, dass bei der Kürzung bzw. Streichung von übertariflichen Leistungen durch Widerruf oder Anrechnung ein kollektiver Tatbestand vorliegt. 22
Handelt es sich dagegen um einen reinen **Individualakt**, besteht kein Mitbestimmungsrecht.

> **Beispiel:**
> Der Arbeitgeber kürzt auf Wunsch eines Beschäftigten durch Anrechnung eine Zulage, um ihm steuerliche Nachteile zu ersparen.

Keine Einzelfallregelung, sondern eine mitbestimmungspflichtige **Kollektivregelung** ist gegeben, wenn Widerruf oder Anrechnung bei Arbeitnehmern erfolgen soll, 23
- die angeblich nur unzureichende Leistungen erbracht haben;
- die dem Betrieb erst kurze Zeit angehören oder die demnächst ausscheiden werden;
- die wegen Krankheit gefehlt haben;
- deren Tätigkeit angeblich nicht mehr ihrer durch eine tarifliche Alterssicherung geschützten Eingruppierung entspricht.

Eine mitbestimmungspflichtige kollektive Regelung liegt auch dann vor, wenn der Arbeitgeber einzelne Arbeitnehmer wegen besonderer Leistungen oder aus sozialen Gründen von der Anrechnung ausnehmen will. 24

Einigungsstellenverfahren

Soweit ein Mitbestimmungsrecht des Betriebsrats gegeben ist, kann die → **Einigungsstelle** angerufen werden, wenn die Verhandlungen über die Verteilungsgrundsätze gescheitert sind (§ 87 Abs. 2 BetrVG). 25
Dabei ist allerdings nicht zu verkennen, dass der (tarifgebundene) Arbeitgeber den Betriebsrat mit der Drohung, er könne die Zulage vollständig – und damit nach der Rechtsprechung mitbestimmungsfrei – streichen, unter erheblichen **Druck** setzen kann. (siehe Rn. 9a)
Dennoch sollte das den Betriebsrat nicht davon abhalten, die Verteilungskriterien des Arbeitgebers sorgfältig zu prüfen, eigene Kriterien zu erarbeiten und in die Verhandlungen und ggf. das Einigungsstellenverfahren einzubringen.
Der Betriebsrat sollte es jedoch nicht versäumen, sich für seine Verteilungskriterien und Vorgehensweise die Rückendeckung der Belegschaft zu holen (durch Information, Erläuterung, Diskussion im Rahmen von Gesprächen, Betriebsversammlungen usw.).

Zahlungsklage

Widerruft der Arbeitgeber unter Missachtung des Mitbestimmungsrechts des Betriebsrats eine übertarifliche Leistung (d. h. ohne Zustimmung des Betriebsrats oder zustimmungsersetzenden Beschluss der Einigungsstelle), ist der Widerruf unwirksam. 26
Das Gleiche gilt bei mitbestimmungswidriger **Anrechnung** einer Tariferhöhung.
Die von dem unwirksamen Widerruf bzw. der unwirksamen Anrechnung Betroffenen haben einen **einklagbaren Anspruch** auf Weitergewährung der übertariflichen Leistung in bisheriger Höhe (vertragliche oder tarifliche → **Ausschlussfristen/Verfallfristen** sind zu beachten!). 27
Das gilt auch, wenn Widerruf und Anrechnung aus einem sonstigen Grund (z. B. Verstoß gegen den Gleichbehandlungsgrundsatz oder ein gesetzliches Benachteiligungsverbot; siehe Rn. 21) **unwirksam** sind.
Ändern sich durch die **Kündigung einer** → **Betriebsvereinbarung** über einen Vergütungsbe- 27a

Übertarifliche Zulagen

standteil die Entlohnungsgrundsätze im Betrieb, wirkt die Betriebsvereinbarung gemäß § 77 Abs. 6 BetrVG nach (BAG v. 26. 8. 2008 – 1 AZR 354/07, NZA 2008, 1426).

27b Betriebsvereinbarungen mit **teils erzwingbaren, teils freiwilligen Regelungen** wirken grundsätzlich nur hinsichtlich der Gegenstände nach, die der zwingenden Mitbestimmung unterfallen. Dies setzt allerdings voraus, dass sich die Betriebsvereinbarung sinnvoll in einen nachwirkenden und einen nachwirkungslosen Teil aufspalten lässt. Andernfalls entfaltet zur Sicherung der Mitbestimmung die gesamte Betriebsvereinbarung **Nachwirkung** (BAG v. 9. 7. 2013 – 1 AZR 275/12; 5. 10. 2010 – 1 ABR 20/09). Enthält beispielsweise eine vom Arbeitgeber gekündigte Betriebsvereinbarung sowohl Schichtplanregelungen als auch außertarifliche Schicht-Zulagenregelungen, so erfasst die Nachwirkung auch die Schicht-Zulagenregelungen, wenn die Zulagenzahlung auf die besonderen Erschwernisse und Belastungen der Schichtarbeit bezogen ist (BAG v. 9. 7. 2013 – 1 AZR 275/12). Siehe auch → **Betriebsvereinbarung:Nachwirkung.**

Ablösende Betriebsvereinbarung

28 Manchmal gelingt es den Unternehmen, den Betriebsrat mit der **Drohung**, andernfalls müsse man Personal abbauen, dazu zu bewegen, durch Abschluss einer »ablösenden« → **Betriebsvereinbarung** bisherige übertarifliche Leistungen abzubauen.
Derartige Betriebsvereinbarungen sind nur eingeschränkt zulässig.
Es gelten im Wesentlichen die nachstehenden **Grundsätze** (siehe Rn. 29 bis 32).

29 1. Wurde die übertarifliche Leistung durch »Einzelarbeitsvertrag« begründet, ist eine Veränderung allenfalls durch → **Änderungskündigung** gegenüber dem Arbeitnehmer (oder Änderungsvertrag mit ihm), nicht aber durch → **Betriebsvereinbarung** möglich.
Einer ablösenden Betriebsvereinbarung steht das → **Günstigkeitsprinzip** entgegen (BAG v. 5. 8. 2009 – 10 AZR 483/08, NZA 2009, 1105).
Entsprechendes gilt, wenn die Versorgungszusage auf einer → **betrieblichen Übung** oder dem Grundsatz der → **Gleichbehandlung** beruht.

30 2. Geht die Gewährung der übertariflichen Leistung auf eine vom Arbeitgeber gesetzte »**vertragliche Einheitsregelung**« (z. B. Allgemeine Arbeitsbedingungen) oder eine → **Gesamtzusage** (= einseitige Erklärung des Arbeitgebers an die Belegschaft; z. B. durch Aushang am Schwarzen Brett) zurück, können durch eine nachfolgende Betriebsvereinbarung in den Grenzen von Recht und Billigkeit beschränkt werden, wenn die Neuregelung insgesamt – bei kollektiver Betrachtung – nicht ungünstiger ist als die bisherige Regelung (BAG v. 16. 9. 1986 – GS 1/82, AiB 1987, 114 = NZA 1987, 168).
Eine Veränderung durch Betriebsvereinbarung ist also nur im Sinne einer »**Umstrukturierung**«, nicht aber im Sinne einer »Verschlechterung« zulässig.
Durch einen »**kollektiven Günstigkeitsvergleich**« muss sichergestellt werden, dass der wirtschaftliche Gesamtwert der bisher gewährten Leistung nicht verringert wird, sondern mindestens gleich bleibt (»hier wird etwas weggenommen, dort wird in gleichem Umfang etwas zurückgegeben«).
Unter dieser Voraussetzung können durch Betriebsvereinbarung übertarifliche Leistungen, die auf einer Einheitsregelung oder Gesamtzusage beruhen, zu Lasten des einzelnen Arbeitnehmers beeinträchtigt werden (vorausgesetzt, eine solche Verschlechterung ist nicht aufgrund anderer Gesichtspunkte ausgeschlossen: z. B. Verstoß gegen eine im Einzelfall getroffene vertragliche Vereinbarung oder gegen den Gleichbehandlungsgrundsatz).
Entsprechendes gilt, wenn die übertarifliche Leistung in ihrem **Gesamtwert verbessert** wird.

31 3. Ist eine Betriebsvereinbarung demgegenüber **insgesamt ungünstiger** als die bisherige Regelung, so ist sie nur zulässig und wirksam, wenn und soweit der Arbeitgeber wegen eines

Übertarifliche Zulagen

vorbehaltenen Widerrufs oder Wegfalls der Geschäftsgrundlage eine Kürzung oder Streichung verlangen kann (BAG v. 16.9.1986 – GS 1/82, AiB 1987, 114 = NZA 1987, 168).

4. Ist die übertarifliche Leistung durch Betriebsvereinbarung begründet worden, kann sie durch eine neue Betriebsvereinbarung zwar verändert bzw. verschlechtert werden. Allerdings unterliegt mit Blick auf Vertrauensschutzgesichtspunkte auch eine solche Regelung der gerichtlichen **Billigkeitskontrolle** (§ 315 BGB). 32

Bedeutung für die Beschäftigten

Die Rechtsposition der Beschäftigten bei vertraglich vereinbarten »übertariflichen Zulagen« beurteilt sich danach, ob sie – unter Wahrung des **Mitbestimmungsrechts** des Betriebsrats (siehe Rn. 9 ff.) und – mit oder ohne **Freiwilligkeits- oder Widerrufsvorbehalt** gezahlt worden sind bzw. werden. 33

Freiwilligkeits- und Widerrufsvorbehalt

Oft werden Zulagen vom Arbeitgeber ausdrücklich als »**freiwillige**« **Leistungen** oder unter **Widerrufsvorbehalt** gewährt. 34
Im Arbeitsvertrag, auf der Lohn-/Gehaltsabrechnung, auf einem Aushang am Schwarzen Brett oder in einem gesonderten Schreiben findet sich dann beispielsweise folgende **Erklärung:** »*Die Zahlung der übertariflichen Zulage erfolgt freiwillig.*« oder »*Die Zahlung der übertariflichen Zulage erfolgt unter dem Vorbehalt des jederzeitigen Widerrufs.*«
Der Freiwilligkeitsvorbehalt verhindert bereits die Entstehung zukünftiger Ansprüche. Demgegenüber wird im Falle einer mit einem Widerrufsvorbehalt verbundenen Zusage von zukünftigen Leistungen zunächst ein Anspruch auf die (wiederkehrenden) Leistungen begründet; der Anspruch kann aber durch Ausübung des Widerrufs (ohne Ausspruch einer → **Änderungskündigung**) »gestoppt« werden.
Macht der Arbeitgeber von derartigen Erklärungen Gebrauch, hat der Betroffene eine **schwache Rechtsposition**. 35
Wird eine Leistung unter einem Freiwilligkeitsvorbehalt gewährt, kann der Arbeitgeber die Leistung jederzeit einstellen.
Im Falle einer Leistungsgewährung unter Widerrufsvorbehalt kann der Arbeitnehmer gegen den Widerruf allenfalls geltend machen, die Ausübung des Widerrufs entspreche (z. B. nach Form, Zeitpunkt oder Anlass) nicht »billigem Ermessen« (§ 315 BGB).
Natürlich ist ein Freiwilligkeits- oder Widerrufsvorbehalt auch unzulässig, wenn er gegen den arbeitsrechtlichen Gleichbehandlungsgrundsatz (Art. 3 Abs. 1 GG), die Grundsätze des § 75 Abs. 1 BetrVG oder ein spezielles gesetzliches Benachteiligungsverbot (z. B. nach Art. 3 Abs. 2 und 3 GG, § 1 AGG, § 4 Abs. 1 und 2 TzBfG, § 81 Abs. 2 SGB IX) verstößt. 36
Würde der Arbeitgeber also beispielsweise die Zulagen nur bei den weiblichen, nicht aber den männlichen Beschäftigten streichen, wäre dies unwirksam (siehe → **Gleichbehandlung** und → **Gleichberechtigung/Gleichstellung von Frauen und Männern**).

Arbeitsvertragliche Zusage – Betriebliche Übung

Stärker ist die Rechtsposition der Beschäftigten, wenn die Zulage arbeitsvertraglich – ohne Freiwilligkeits- oder Widerrufsvorbehalt – zugesagt wird (siehe auch → **Gesamtzusage**) oder wenn sie »stillschweigend« über einen längeren Zeitraum ohne Vorbehalt gezahlt wird. 37

Übertarifliche Zulagen

In letzterem Falle ist im Regelfall eine → **betriebliche Übung** anzunehmen mit der Folge, dass die Zulage Bestandteil des Arbeitsvertrages geworden ist.
Eine einseitige Änderung des Arbeitsvertrages ist nur durch eine dem Kündigungsschutzgesetz unterliegende → **Änderungskündigung** möglich.
Diese kann der Betroffene unter Berufung auf das Kündigungsschutzgesetz durch arbeitsgerichtliche Klage angreifen.

38 Die Nichterfüllung eines durch → **betriebliche Übung** entstandenen Anspruchs durch den Arbeitgeber war nach **früherer BAG-Rechtsprechung** dann zulässig, wenn der Arbeitnehmer über drei Jahre widerspruchslos hinnimmt, dass der Arbeitgeber eine ursprünglich ohne Widerrufsvorbehalt gewährte Leistung nunmehr mit einem Freiwilligkeitsvorbehalt versieht (»**gegenläufige betriebliche Übung**«; vgl. BAG v. 4.5.1999 – 10 AZR 290/98, AiB 2000, 46 = NZA 1999, 1162).

Folge: im vierten Jahr könne der Arbeitgeber die Weihnachtsgeldzahlung einseitig kürzen oder widerrufen (wobei Kürzung oder Widerruf »billigem Ermessen« gemäß § 315 BGB entsprechen mussten). Die Beschäftigten mussten also der Änderung der bisherigen Handhabung ausdrücklich widersprechen, wenn sie den Wegfall des Anspruchs vermeiden wollten.
Mit der Entscheidung v. 18.3.2009 hat der 10. Senat des BAG seine Rechtsprechung zur »gegenläufigen betrieblichen Übung« zu Recht **aufgegeben** (BAG v. 18.3.2009 – 10 AZR 281/08, NZA 2009, 601).
Die Annahme, durch eine dreimalige widerspruchslose Entgegennahme einer vom Arbeitgeber ausdrücklich unter dem Vorbehalt der Freiwilligkeit gezahlten Gratifikation werde die Verpflichtung des Arbeitgebers zur Gratifikationszahlung aus betrieblicher Übung beendet, sei mit dem Klauselverbot für fingierte Erklärungen in § 308 Nr. 5 BGB nicht zu vereinbaren.
Siehe auch → **Betriebliche Übung**.

Individualrechtliche Zulässigkeit einer Anrechnung

39 Hinsichtlich der Frage der individualrechtlichen Zulässigkeit der Anrechnung von Tariferhöhungen auf übertarifliche Zulagen gilt nach der Rechtsprechung des BAG Folgendes (BAG v. 7.2.1995 – 3 AZR 402/94, AiB 1995, 611 = NZA 1995, 894):
- Grundsätzlich sind Tariferhöhungen auf freiwillige übertarifliche Verdienstbestandteile auch ohne ausdrücklichen Anrechnungsvorbehalt anrechenbar.
- Nicht anrechenbar ist die Tariferhöhung auf solche außer- oder übertariflichen Zulagen, mit denen eine besondere Leistung, Erschwernisse oder sonstige Arbeitsumstände abgegolten werden (sog. **tarifbeständige Zulage**), es sei denn, der Arbeitgeber hat sich die Anrechnung in der Zulagenvereinbarung ausdrücklich vorbehalten.
- Bei der Anrechnung muss der Arbeitgeber den arbeitsrechtlichen Gleichbehandlungsgrundsatz beachten.
Hiernach ist eine Anrechnung unzulässig, wenn sie ohne sachliche Begründung, also willkürlich, einzelne Beschäftigte oder Gruppen von Beschäftigten gegenüber anderen Beschäftigten benachteiligt (siehe → **Gleichbehandlung**).
Beispiel für eine sachlich nicht gerechtfertigte Anrechnung: Es wird allein an den Status Arbeiter/Angestellte angeknüpft, d. h.: Bei Arbeitern wird angerechnet, bei Angestellten nicht (oder umgekehrt).
Sachlich gerechtfertigt soll z. B. sein, Arbeitnehmer von der Anrechnung auszunehmen, die für die Aufrechterhaltung des Betriebs besonders wichtig sind oder die eine spezielle, für den Betrieb unverzichtbare Qualifikation haben.
- Die Anrechnung darf auch nicht gegen die Grundsätze des § 75 Abs. 1 BetrVG oder ein spezielles gesetzliches Benachteiligungsverbot (z. B. nach Art. 3 Abs. 2 und 3 GG, § 4 Abs. 1

Übertarifliche Zulagen

und 2 TzBfG, § 81 Abs. 2 SGB IX oder § 1 AGG; siehe → **Benachteiligungsverbot [AGG]**) verstoßen.
Andernfalls ist sie unwirksam.

Klage

Soweit Widerruf und Anrechnung individualrechtlich unwirksam sind, hat der Betroffene einen einklagbaren Anspruch auf die ungekürzte Weitergewährung der übertariflichen Leistung (vertragliche oder tarifliche → **Ausschlussfristen/Verfallfristen** beachten!). 40

Im Übrigen gilt, dass die Beschäftigten sich immer dann gegen eine Streichung oder Kürzung der übertariflichen Zulagen erfolgreich durch Klage beim → **Arbeitsgericht** zur Wehr setzen können, wenn der Arbeitgeber gegen das **Mitbestimmungsrecht** des Betriebsrats (siehe Rn. 9ff.) verstößt. 41

Dabei spielt es keine Rolle, ob die Zulage unter Widerrufs- bzw. Anrechnungsvorbehalt geleistet wurde oder nicht.

Arbeitshilfen

Übersicht	• Kann der Arbeitgeber eine übertarifliche Zulage einseitig widerrufen?
Checklisten	• Übertarifliche Zulage: Mögliche Anspruchsgrundlagen
	• Übertarifliche Zulage: Regelungspunkte in einer Betriebsvereinbarung
	• Anrechnung von Tariferhöhungen auf übertarifliche Zulagen
	• Widerruf übertariflicher Zulagen

Übersicht: Kann der Arbeitgeber eine übertarifliche Zulage einseitig widerrufen?

Beachten:
Bei allen nachfolgenden Varianten ist zu fragen:
- Ist der Widerruf **individualrechtlich zulässig**? (das hängt von der jeweiligen – nachfolgend dargestellten – Fallgestaltung ab)
- Unterliegt der Widerruf der **Mitbestimmung des Betriebsrats** nach § 87 Abs. 1 Nr. 10 BetrVG? Dazu ist zu unterscheiden, ob es sich um einen **tarifgebundenen** oder einen **tarifungebundenen Arbeitgeber** handelt.
  Bei einem **tarifgebundenen Arbeitgeber** ist die Einführung oder vollständige Abschaffung einer übertariflichen Leistung (z. B. übertariflicher Zulagen) mitbestimmungsfrei (siehe hierzu → **Übertarifliche Zulagen** Rn. 9a; zum Fall einer zeitlich begrenzten Überschreitung des »Dotierungsrahmens« siehe Rn. 11a).
  Bei einem **tarifungebundenen Arbeitgeber** kann sowohl die Einführung als auch die Kürzung und Abschaffung von Leistungen gleich welcher Art (z. B. freiwilliges Urlaubsgeld oder Weihnachtsgeld) nach § 87 Abs. 1 Nr. 10 BetrVG mitbestimmungspflichtig sein (siehe hierzu → **Übertarifliche Zulagen** Rn. 11 b).

Mögliche Varianten:
1. Die Zulage ist im Arbeitsvertrag (oder in einer gesonderten Vereinbarung) ohne Freiwilligkeits- oder Widerrufsvorbehalt vereinbart:
   - Arbeitgeber kann nicht einseitig widerrufen;

Übertarifliche Zulagen

- Änderung der vertraglichen Vereinbarung nur möglich durch:
  - Änderungskündigung (dagegen kann Arbeitnehmer Kündigungsschutzklage erheben; Klagefrist: innerhalb von drei Wochen nach Zugang der Änderungskündigung) oder
  - Änderungsvereinbarung.

2. **Die Zulage ist im Arbeitsvertrag (oder in einer gesonderten Vereinbarung) mit Freiwilligkeits- oder Widerrufsvorbehalt vereinbart:**
   - Arbeitgeber kann zwar einseitig widerrufen, aber dies bedeutet keinen Freibrief: Sowohl der Widerruf als auch eine andere Form der Regelung müssen gemäß § 315 BGB »billigem Ermessen« entsprechen;
   - Arbeitnehmer kann das durch Klage überprüfen lassen.

3. **Es liegt keine ausdrückliche Regelung der Zulage im Arbeitsvertrag oder einer späteren gesonderten Vereinbarung vor:**
   - Anspruch kann auf sog. konkludenter Vereinbarung beruhen: Das ist eine Vereinbarung, die zwischen Arbeitgeber und Arbeitnehmer zwar nicht ausdrücklich mündlich oder schriftlich getroffen wurde, deren Existenz sich aber aus den Umständen ergibt: In diesem Falle gelten die Ziffern 1 und 2 entsprechend.
   - Anspruch kann auf einer → **betrieblichen Übung** beruhen: Darunter wird verstanden »die regelmäßige Wiederholung bestimmter Verhaltensweisen des Arbeitgebers, aus denen die Arbeitnehmer schließen können, ihnen solle eine Leistung oder eine Vergünstigung auf Dauer gewährt werden. Bei der Anspruchsentstehung ist nicht der Verpflichtungswille des Arbeitgebers entscheidend, sondern wie der Erklärungsempfänger das Verhalten des Arbeitgebers nach Treu und Glauben unter Berücksichtigung aller Begleitumstände verstehen musste. Will der Arbeitgeber verhindern, dass aus der Stetigkeit seines Verhaltens eine in die Zukunft wirkende Bindung entsteht, muss er unmissverständlich einen Vorbehalt erklären. Dabei steht die Form des Vorbehalts dem Arbeitgeber frei« (= ständige BAG-Rechtsprechung, vgl. z. B. BAG v. 18.9.2002 – 1 AZR 477/01, NZA 2003, 337).

   Beispiel:
   Zahlt der Arbeitgeber ohne Freiwilligkeits- oder Widerrufsvorbehalt drei Jahre hintereinander ein übertarifliches Weihnachtsgeld (z. B. volles 13. Monatsentgelt), dann ist eine »betriebliche Übung« entstanden und damit ein arbeitsvertraglicher Anspruch.
   Wird dagegen das Weihnachtsgeld (z. B. auf der Entgeltabrechnung) mit dem Vermerk »freiwillig« gezahlt, entsteht keine »betriebliche Übung« und damit auch kein Rechtsanspruch. Ebenfalls nicht, wenn in den drei Jahren die Höhe des Weihnachtsgeldes unterschiedlich ist (in dem einen Jahr ein volles, in dem anderen Jahr nur 80 % eines Monatsentgeltes).

   - Bei monatlichen gezahlten übertariflichen Zulagen dürfte eine betriebliche Übung nicht erst nach drei Jahren, sondern in einem kürzeren Zeitraum entstehen.
   - Ist ein Anspruch aus »betrieblicher Übung« einmal entstanden, kann er nur beseitigt werden
     - durch Änderungskündigung (dagegen kann Kündigungsschutzklage erhoben werden; Klagefrist: drei Wochen nach Zugang der Änderungskündigung),
     - durch Änderungsvereinbarung,
     - oder durch Widerruf in folgendem Fall: Wenn der Arbeitgeber über einen längeren Zeitraum zu erkennen gibt, dass er eine betriebliche Übung anders zu handhaben gedenkt als bisher (z. B. übertarifliche Zahlung nur noch unter einem Freiwilligkeitsvorbehalt), dann wird die alte betriebliche Übung einvernehmlich entsprechend geändert, wenn die Arbeitnehmer der neuen Handhabung über einen entsprechend langen Zeitraum nicht widersprechen (BAG v. 4.5.1999 – 10 AZR 290/98, NZA 1999, 1162).

4. **Anrechnung einer Tariferhöhung auf sog. tarifbeständige Zulage?**
Die Anrechnung einer Tariferhöhung auf eine übertarifliche Zulage ist – ohne ausdrücklichen Anrechnungsvorbehalt – unzulässig, wenn mit der Zulage eine besondere Erschwernis oder Leistung abgegolten werden soll (sog. tarifbeständige Zulage).

Übertarifliche Zulagen

5. Was ist noch zu berücksichtigen?
Tarifliche Zulagen (z. B. Nachtschichtzulage) können bei tarifgebundenen (das heißt: in der Gewerkschaft organisierten) Arbeitnehmern überhaupt nicht beseitigt werden: weder durch Änderungskündigung oder Widerruf oder Anrechnung, noch durch Änderungsvereinbarung oder Verzicht (ein solcher ist nur mit Zustimmung der Tarifvertragsparteien zulässig, vgl. § 4 Abs. 4 TVG).

Rechtsprechung

1. Begriff: »übertarifliche« und »außertarifliche« Zulagen
2. Auslegung einer Zusage des Arbeitgebers – Freiwillige Sozialleistung – Anspruchsbegründung
3. Verstoß gegen Maßregelungsverbot – Ausschluss von freiwilliger Leistung – Gleichbehandlungsgrundsatz
4. Kürzung/Streichung von übertariflichen Zulagen durch Anrechnung oder Widerruf (individualrechtliche Zulässigkeit) – Anrechnungsvorbehalt – Widerrufsvorbehalt – AGB-Kontrolle
5. Lohnausgleich für Arbeitszeitverkürzung: Anrechnung auf tarifliche oder übertarifliche Zulage
6. Mitbestimmung bei der Einführung übertariflicher Zulagen – Betriebsvereinbarung (Tarifvorrang nach § 77 Abs. 3 BetrVG)
7. Mitbestimmung bei Kürzung/Streichung von übertariflichen Zulagen durch Anrechnung oder Widerruf
8. Folge einer mitbestimmungswidrigen Anrechnung: Unwirksamkeit der Anrechnung
9. Mitbestimmung des Betriebsrats: weitere Einzelfälle
10. Kündigung einer teilmitbestimmten Betriebsvereinbarung über freiwillige Leistungen: Nachwirkung

Überwachung von Arbeitnehmern

Überblick

1 In jedem Betrieb findet irgendeine Form der **Überwachung** von Mitarbeitern statt. Eine besondere Rolle kommt dabei den Vorgesetzten zu. Sie haben die Aufgabe, die Beschäftigten so zu führen, dass am Ende »möglichst viel Leistung heraus kommt«.

2 Manche Arbeitgeber arbeiten mit »lockerem Zügel«. Sie setzen auf Maßnahmen zur Förderung der Identifikation der Mitarbeiter mit dem Unternehmen und seinen Zielen. Zur Leistungssteigerung werden Anreize geschaffen (z. B. Leistungsvergütungssysteme; Aufstiegschancen).

3 Andere Arbeitgeber bevorzugen die permanente **Leistungs- und Verhaltenskontrolle** und den dadurch erzeugten Leistungsdruck.
Leistungs- und Verhaltensdaten werden durch großzügigen Einsatz von Technik und Überwachungssoftware erhoben und ausgewertet. Die Beschäftigten werden mit den Ergebnissen konfrontiert.

> **Beispiele:**
> - Die Arbeitsergebnisse der Beschäftigten werden fortlaufend festgestellt und ihnen in Form von täglichen oder wöchentlichen Soll-/Ist-Vergleichen präsentiert (siehe Rn. 5 c zum Informationssystem ARWIS).
> - Krankheitsbedingte Fehlzeiten werden systematisch erfasst; die Krankheitsquoten werden auf die Abteilungen des Betriebs »heruntergebrochen« und über Bildschirme im Betrieb veröffentlicht (siehe → **Krankheit** Rn. 31).

Auch die Beobachtung von Arbeitnehmern durch **Videokameras** gehört zum »Werkzeugkasten« (siehe Rn. 5 d).

Manche Unternehmen schrecken selbst vor rechtsmissbräuchlicher Erhebung und Verarbeitung von Arbeitnehmerdaten nicht zurück (siehe → **Datenschutz** Rn. 3).

3a Wenn der Unternehmensleitung die Leistungs- und Verhaltensdaten eines Arbeitsnehmers nicht »gefallen«, folgen die Maßnahmen auf dem Fuß:
- »Personalgespräche«;
- Entgeltminderung z. B. durch eine schlechter ausfallende Leistungsbeurteilung;
- ggf. Androhung einer Kündigung mit dem Ziel, den Arbeitnehmer zu einem für ihn nachteiligen → **Aufhebungsvertrag** »zu bewegen«.

3b Ein Arbeitgeber, der wegen des Verdachts einer vorgetäuschten Arbeitsunfähigkeit einem **Detektiv** die Überwachung eines Arbeitnehmers überträgt, handelt rechtswidrig, wenn sein Verdacht nicht auf konkreten Tatsachen beruht. Für dabei heimlich hergestellte Abbildungen gilt dasselbe. Eine solche rechtswidrige Verletzung des allgemeinen Persönlichkeitsrechts kann einen **Geldentschädigungsanspruch** (»Schmerzensgeld«) begründen (BAG v. 19.2.2015 – 8 AZR 1007/13).

Bedeutung für die Betriebsratsarbeit

Ziel der Betriebsratsarbeit muss es sein, die Überwachung und ihre negativen Folgen für die Beschäftigten (Überwachungsdruck, Leistungsverdichtung usw.) so weit wie möglich **abzuwehren**.
Außerdem geht es darum, das Recht auf »informationelle Selbstbestimmung« (siehe → **Datenschutz**) soweit wie möglich auch im Betrieb zu realisieren und zu schützen.
Der Betriebsrat hat nach § 87 Abs. 1 Nr. 6 BetrVG mitzubestimmen bei »*Einführung und Anwendung von technischen Einrichtungen, die dazu bestimmt sind, das Verhalten oder die Leistung der Arbeitnehmer zu überwachen*«.
Soweit die Überwachung von Arbeitnehmern durch **technische Einrichtungen** erfolgen soll, benötigt der Arbeitgeber also **Zustimmung** des Betriebsrats oder einen zustimmungsersetzenden Spruch der → **Einigungsstelle** (§ 87 Abs. 2 BetrVG).
Das Mitbestimmungsrecht ist nach zutreffender BAG-Rechtsprechung trotz des Wortlauts (»... *die dazu bestimmt sind*« ...) nicht davon abhängig, ob der Arbeitgeber die Arbeitnehmer überwachen will oder nicht.
Vielmehr genügt die **objektive Eignung** der technischen Einrichtung zur Überwachung. Andernfalls wäre das Mitbestimmungsrecht allein von regelmäßig nicht feststellbaren subjektiven Vorstellungen und Absichten des Arbeitgebers abhängig (BAG v. 10.12.2013 – 1 ABR 43/12; 6.12.1983 – 1 ABR 43/81, DB 1983, 2689).
Objektiv zur Überwachung geeignet sind grundsätzlich alle **EDV-gestützten Systeme** (z. B. Bildschirmgeräte, EDV-gesteuerte Maschinen und Anlagen in Verbindung mit der jeweiligen Software), aber auch sonstige technische Einrichtungen und Vorgänge, mit denen personenbezogene Verhaltens- und Leistungsdaten über die Arbeitnehmer erhoben und/oder verarbeitet werden können.

Beispiele:
- Stechuhr, die beim Betreten und Verlassen des Betriebs zu benutzen ist;
- automatische Zeiterfassungsgeräte;
- maschinenlesbare Magnetkarte, die beim Betreten und Verlassen des Betriebes oder von betrieblichen Räumlichkeiten benutzt werden muss; sofern die Karte allerdings lediglich die Funktion hat, die Tür zu öffnen, ohne dass Arbeitnehmerdaten gespeichert werden, handelt es sich nicht um eine mitbestimmungspflichtige Überwachungseinrichtung;
- Magnetkarte beim Bezahlen in der Kantine oder der betriebseigenen Tankstelle;
- PC und sonstige computergestützte Maschinen, sofern Daten der daran arbeitenden Beschäftigten gespeichert werden;
- computergestützte Telefonanlage;
- Produktografen oder Filmkameras;
- Personalinformationssysteme.

Beispielsweise hat der Betriebsrat nach zutreffender Ansicht des ArbG Berlin bei der Erstellung von **Personaleinsatzplänen (PEP)** mit Hilfe entsprechender **Software** (z. B. mit Excel oder einer spezielleren Software) nach § 87 Abs. 1 Nr. 6 BetrVG mitzubestimmen (ArbG Berlin v. 20.3.2013 – 28 BV 2178/13). Im Nichteinigungsfall entscheidet die → **Einigungsstelle** (§ 87 Abs. 2 BetrVG).
Ein Mitbestimmungsrecht des Betriebsrats nach § 87 Abs. 1 Nr. 6 BetrVG besteht auch dann, wenn Arbeitnehmerdaten nicht auf technischem Wege, sondern **manuell** z. B. durch Aufzeichnungen des Arbeitnehmers selbst oder von Vorgesetzten erhoben und dann zum Zwecke der Datenauswertung in ein elektronisches **Datenverarbeitungssystem** (»Personalinformationssystem«) eingegeben und verarbeitet werden.

Überwachung von Arbeitnehmern

> **Beispiel:**
> Die Vorgesetzten melden auf Meldezetteln die Abwesenheit von Arbeitnehmern an die Personalabteilung. Dort werden diese »Daten« in eine Fehlzeitendatei des betrieblichen Personalinformationssystems eingegeben. Ohne Zustimmung durch den Betriebsrat oder die Einigungsstelle (§ 87 Abs. 2 BetrVG) ist dies nicht zulässig.

5c Der Betriebsrat hat nach § 87 Abs. 1 Nr. 6 BetrVG auch dann mitzubestimmen, wenn eine Arbeitnehmergruppe mit einer Computer-Software (Informationssystem **ARWIS**) zu arbeiten hat, die ihre Arbeitsleistung registriert und der von ihr ausgehende **Überwachungsdruck** auf den einzelnen Arbeitnehmer durchschlägt (BAG v. 26.7.1994 – 1 ABR 6/94, AiB 1995, 527). Das könne z. B. der Fall sein, wenn die Höhe des Arbeitsentgelts der Gruppenmitglieder von der gemeinsamen Arbeitsleistung der Gruppe bestimmt wird.

Aber auch in sonstiger Hinsicht könne der **soziale Druck**, der sich in der gegenseitigen **Kontrolle** der Gruppenmitglieder äußert, unter der Voraussetzung, dass die Gruppe in ihrer Gesamtheit für ihr Arbeitsergebnis verantwortlich gemacht wird und daher ein gemeinsames Interesse an einem möglichst guten Ergebnis hat, für den Einzelnen durchaus spürbar sein. Das Informationssystem ARWIS sei ein Beleg für diese Wirkungen. Es beruhe darauf, dass schon die tägliche Konfrontation der Gruppe mit ihren Arbeitsleistungen in Form von **Soll-/Ist-Vergleichen** mit Produktivitätszuwachs dazu führen soll, dass die Arbeitnehmer im Wege »aktiver Selbstkontrolle« ihre Leistungen steigern.

5d Auch die Einführung einer **Videoüberwachung** am Arbeitsplatz unterfällt dem Mitbestimmungsrecht des Betriebsrats nach § 87 Abs. 1 Nr. 6 BetrVG (BAG v. 21.11.2013 – 2 AZR 797/11, DB 2014, 367; 11.12.2012 – 1 ABR 78/11, NZA 2013, 913; 29.6.2004 – 1 ABR 21/03, NZA 2004, 1278; 14.12.2004 – 1 ABR 34/03, AuR 2005, 456).

Die Betriebsparteien haben dabei gemäß § 75 Abs. 2 Satz 1 BetrVG das grundrechtlich geschützte allgemeine **Persönlichkeitsrecht** der Arbeitnehmer zu beachten.

Nach Ansicht des BAG bestimmt sich das zulässige Maß einer Beschränkung des allgemeinen Persönlichkeitsrechts nach dem Grundsatz der **Verhältnismäßigkeit** (BAG v. 26.8.2008 – 1 ABR 16/07, AiB 2009, 108 = NZA 2008, 1187).

Der Grundsatz der Verhältnismäßigkeit verlange, dass die von den Betriebsparteien bzw. der Einigungsstelle getroffene Regelung geeignet, erforderlich und unter Berücksichtigung der gewährleisteten Freiheitsrechte angemessen ist, um den erstrebten Zweck zu erreichen.

Angemessen sei eine Regelung, wenn sie als im engeren Sinn verhältnismäßig erscheint. Um das festzustellen, bedürfe es einer Gesamtabwägung der Intensität des Eingriffs und des Gewichts der ihn rechtfertigenden Gründe. Maßgeblich seien die Gesamtumstände.

Für die Schwere des Eingriffs sei insbesondere von Bedeutung, wie viele Personen wie intensiv den Beeinträchtigungen ausgesetzt sind.

Das Gewicht der Beeinträchtigung hänge u. a. davon ab, ob die Betroffenen als Personen anonym bleiben, welche Umstände und Inhalte der Kommunikation erfasst werden und welche Nachteile den Grundrechtsträgern aus der Überwachungsmaßnahme drohen oder von ihnen nicht ohne Grund befürchtet werden.

Die Intensität der Beeinträchtigung hänge ferner maßgeblich von der Dauer und Art der Überwachungsmaßnahme ab.

Von erheblicher Bedeutung sei, ob der Betroffene einen ihm zurechenbaren Anlass für die Datenerhebung geschaffen hat – etwa durch eine Rechtsverletzung – oder ob diese anlasslos erfolgt.

Auch die »Persönlichkeitsrelevanz« der erfassten Informationen sei zu berücksichtigen.

Die **Heimlichkeit** einer in Grundrechte eingreifenden Ermittlungsmaßnahme erhöhe das Gewicht der Freiheitsbeeinträchtigung. Den Betroffenen könne hierdurch vorheriger Rechts-

schutz faktisch verwehrt und nachträglicher Rechtsschutz erschwert werden (BAG v. 26.8.2008 – 1 ABR 16/07, a. a. O.).
Zur verdeckten Videoüberwachung und zur Verwertung im Kündigungsschutzprozess findet sich im Rechtsprechungsteil unter 5. Videoüberwachung – Mitbestimmung – Beweisverwertungsverbot ein Auszug aus BAG v. 21.11.2013 – 2 AZR 797/11, DB 2014, 767.

Der Einsatz des **Routenplaners »Google Maps«** unterliegt nach Ansicht des BAG nicht dem Mitbestimmungsrecht aus § 87 Abs. 1 Nr. 6 BetrVG (BAG v. 10.12.2013 – 1 ABR 43/12).   **5e**
Dieser internetbasierte Routenplaner schlage dem Nutzer entsprechend den von ihm gewählten Vorgaben verschiedene Routen für die von ihm eingegebene Strecke vor. Für diese Wegstrecken würden u. a. die zurückzulegenden Kilometer und die von den jeweiligen Verkehrsverhältnissen sowie den eingestellten Wegstreckenparametern abhängigen geschätzten Fahrtzeiten angezeigt. Der Nutzer des Routenplaners erhalte nur Angaben über die vom System vorgeschlagenen Fahrmöglichkeiten, nicht aber über eine tatsächlich zurückgelegte Wegstrecke. Diese werde vom Routenplaner nicht ermittelt. Eine Aufzeichnung von Informationen über das Fahrverhalten in Echtzeit nehme der Routenplaner, anders als etwa GPS-Systeme, nicht vor.

Der **Einbau von GPS-Geräten** in Dienstfahrzeuge des Arbeitgebers ist ohne Rücksicht darauf mitbestimmungspflichtig, ob der Arbeitgeber eine Überwachung der Arbeitnehmer anstrebt und die Daten auswertet (ArbG Kaiserslautern v. 27.8.2008 – 1 BVGa 5/08).   **5f**

Ziel der Ausübung des Mitbestimmungsrechts nach § 87 Abs. 1 Nr. 6 BetrVG ist es, in einer → **Betriebsvereinbarung** unter anderem festzuschreiben,   **5g**
- dass die Erhebung, Verarbeitung und Nutzung von personenbezogenen Daten auf möglichst wenige – im Einzelnen in der Betriebsvereinbarung zu benennende – Daten beschränkt wird;
- dass eine Verhaltens- und/oder Leistungskontrolle weitgehend unterbleibt.

Zur Umsetzung seines Mitbestimmungsrechts nach § 87 Abs. 1 Nr. 6 BetrVG ist der Betriebsrat gehalten, **eigene Vorschläge** zum Schutz der Interessen der Arbeitnehmer zu entwickeln, Forderungskataloge zur Ausschaltung oder Minimierung des Überwachungsdrucks zu formulieren und den Entwurf einer entsprechenden → **Betriebsvereinbarung** auszuarbeiten.   **6**

Hierzu bedarf es angesichts der Kompliziertheit des Themas der Beteiligung der von Überwachung bedrohten Beschäftigten, aber auch der Einbeziehung von sachverständigen Personen (§ 80 Abs. 2 Satz 3 BetrVG: »Auskunftspersonen«; siehe hierzu → **Betriebsrat** Rn. 39 und → **Sachverständiger** Rn. 15).   **7**

Reicht der im Betrieb vorhandene Sachverstand nicht aus, kann der Betriebsrat versuchen, die Bestellung eines externen → **Sachverständigen** nach § 80 Abs. 3 BetrVG durchzusetzen – falls notwendig mit Antrag auf Erlass einer **einstweiligen Verfügung** (siehe hierzu → **Sachverständiger** Rn. 9).

Kommt es zwischen Betriebsrat und Arbeitgeber zu keiner Einigung über das »ob« und »wie« der Einführung und Anwendung von – zur Überwachung geeigneten – technischen Einrichtungen, entscheidet nach § 87 Abs. 2 BetrVG auf Antrag die → **Einigungsstelle**.   **8**

Solange eine Zustimmung des Betriebsrats oder der → **Einigungsstelle** – nicht vorliegt, darf der Arbeitgeber technische Einrichtungen, die zur Leistungs- und Verhaltenskontrolle geeignet sind, nicht einführen und in Betrieb nehmen.   **9**

Dem Betriebsrat steht ein – mit einstweiliger Verfügung durchsetzbarer – Unterlassungsanspruch zu (siehe → **Unterlassungsanspruch des Betriebsrats**).
Beispielsweise können Anlagen durch einstweilige Verfügung so lange stillgelegt werden, bis das Mitbestimmungsverfahren abgeschlossen ist.

Werden im Betrieb technische Einrichtungen im Sinne des § 87 Abs. 1 Nr. 6 BetrVG eingeführt und angewendet, ohne dass hierüber eine Vereinbarung mit dem Betriebsrat herbeigeführt wurde (z. B. weil der Arbeitgeber nicht ordnungsgemäß informiert oder sich Betriebsrat um   **10**

Überwachung von Arbeitnehmern

das Thema bisher nicht gekümmert hat), so kann der Betriebsrat seine Mitbestimmungsrechte auch nachträglich einfordern und entsprechende Regelungen zum Schutz der Beschäftigten verlangen – und gegebenenfalls die → **Einigungsstelle** anrufen.

11 Nach Ansicht des BAG hat das **Initiativrecht** des Betriebsrats hinsichtlich des Mitbestimmungstatbestandes nach § 87 Abs. 1 Nr. 6 BetrVG nicht zum Inhalt, dass der Betriebsrat auch die Einführung einer technischen Kontrolleinrichtung verlangen kann (BAG v. 28. 11. 1989 – 1 ABR 97/88, AiB 1990, 475).

Die Abschaffung einer solchen technischen Kontrolleinrichtung bedürfe daher ebenfalls nicht der Zustimmung des Betriebsrats.

Dieser Ansicht ist beispielsweise das ArbG Berlin entgegengetreten. Es hat entschieden, dass die Erstellung von **Personaleinsatzplänen (PEP)** in Excel von Microsoft (Office) vom Mitbestimmungsrecht des Betriebsrats nach § 87 Abs. 1 Nr. 6 BetrVG erfasst wird und ihm im Anwendungsbereich des § 87 Abs. 1 Nr. 6 BetrVG auch ein Initiativrecht zusteht (ArbG Berlin v. 20. 3. 2013 – 28 BV 2178/13).

Rechtsprechung

1. Personalinformationssystem – Aufgaben des Betriebsrats
2. Zuständigkeit des Gesamtbetriebsrats, Konzernbetriebsrats
3. Hinzuziehung von Sachverständigen (§ 80 Abs. 3 BetrVG)
4. Mitbestimmung des Betriebsrats (§ 87 Abs. 1 Nr. 6 BetrVG)
5. Videoüberwachung – Persönlichkeitsrecht – Beweisverwertungsverbot – Schmerzensgeld – Mitbestimmung (§ 87 Abs. 1 Nr. 6 BetrVG)
6. Betriebliches Eingliederungsmanagement (§ 84 Abs. 2 SGB IX) – Mitbestimmung bei der Ausgestaltung
7. Suchtmittelkontrollen
8. Unterlassungsanspruch des Betriebsrats – Einstweilige Verfügung

Umwandlung von Unternehmen

Grundlagen

Wenn ein Unternehmen sein Vermögen ganz oder teilweise auf ein anderes Unternehmen übertragen will, so kann das im Wege des Verkaufs und der Übereignung aller zu übertragenden Vermögensgegenstände wie Grundstücke, Maschinen, Rechte und Forderungen nach den Vorschriften des Bürgerlichen Rechts geschehen (»**Einzelrechtsnachfolge**«). 1
Möglich ist aber auch eine Vermögensübertragung in Form der »übertragenden« **Umwandlung** nach dem »Umwandlungsgesetz (UmwG)« vom 28. 10. 1994 (BGBl. I 1994 S. 3210 und BGBl. I 1995 S. 428).
Der Übergang des gesamten zu übertragenden Vermögens erfolgt in einem einzigen Rechtsakt »automatisch« in dem Moment, in dem die Umwandlung in das → **Handelsregister** eingetragen wird (»**Gesamtrechtsnachfolge**«).
In etwa vergleichbar ist dies mit der **Gesamtrechtsnachfolge durch Erbfall**: Mit dem Tod des Erblassers geht sein gesamtes Vermögen »automatisch« auf den oder die Erben über.
Konkret werden durch das UmwG **vier Formen** der Umwandlung geregelt: 2
- die Verschmelzung von »Rechtsträgern« (auch Fusion genannt),
- die Spaltung von »Rechtsträgern« in der Form der Aufspaltung, Abspaltung und Ausgliederung,
- die Vermögensübertragung,
- der Formwechsel.

Das UmwG verwendet den Begriff des »**Rechtsträgers**«, nicht den Begriff → **Unternehmen**. 3
Da aber ein Unternehmen als juristische Einheit (z. B. GmbH, AG, aber auch eingetragener Verein [e. V.]) regelmäßig auch ein »Rechtsträger« ist, wird nachfolgend – um im bisherigen Sprachgebrauch zu bleiben – anstelle des Begriffs »Rechtsträger« durchweg der Begriff → **Unternehmen** verwendet.

Verschmelzung (§ 2 UmwG)

Eine Verschmelzung (= Fusion) von Unternehmen kann in zweierlei Weise erfolgen: 4
- Auf ein bestehendes Unternehmen wird das gesamte Vermögen eines oder mehrerer anderer Unternehmen übertragen (= **Verschmelzung durch Aufnahme**).
- Zwei oder mehrere Unternehmen gründen ein neues Unternehmen, auf das sie ihr gesamtes Vermögen übertragen (= **Verschmelzung durch Neugründung**).

Wird die Verschmelzung ins → **Handelsregister** eingetragen, geht das gesamte Vermögen des oder der »geschluckten« Unternehmen auf das andere (entweder bereits bestehende oder neu gegründete) Unternehmen über. Damit ist die Verschmelzung vollzogen. 5
Das oder die »übertragenen« (»geschluckten«) Unternehmen »sterben« automatisch ohne langwieriges Liquidationsverfahren.
Die Anteilseigner (Aktionäre, Gesellschafter usw.) der untergehenden Unternehmen erhalten **Anteilsrechte** an dem Unternehmen, auf das das Vermögen übertragen wurde.

Umwandlung von Unternehmen

Spaltung (§ 123 UmwG)

6   Es sind **drei Formen** der Spaltung zu unterscheiden (siehe Rn. 7 bis 9).

7   **Aufspaltung (§ 123 Abs. 1 UmwG):**

Bei ihr wird ein Unternehmen in mindestens zwei Teile zerlegt.
Die Teile werden entweder auf bestehende oder auf neu gegründete Unternehmen übertragen.
Mit Eintragung ins Handelsregister endet die Existenz des alten – aufgespaltenen – Unternehmens automatisch ohne Liquidation.
Die Anteilseigner erhalten **Anteilsrechte** an den Unternehmen, auf die die Vermögen übertragen werden.

8   **Abspaltung (§ 123 Abs. 2 UmwG):**

Ein Teil oder mehrere Teile eines Unternehmens werden auf ein anderes (oder mehrere andere) entweder bestehende(s) oder neu gegründete(s) Unternehmen **übertragen**.
Das alte Unternehmen bleibt bestehen.
Die Anteilseigner des Altunternehmens erhalten **Anteilsrechte** an dem/den übernehmenden Unternehmen.

9   **Ausgliederung (§ 123 Abs. 3 UmwG):**

Sie entspricht der Abspaltung mit dem einzigen Unterschied, dass die **Anteilsrechte** an dem/den Empfängerunternehmen bei dem abgebenden Unternehmen liegen und nicht bei seinen Anteilseignern.

10 Auch in den vorgenannten drei Formen der »Spaltung« tritt »Gesamtrechtsnachfolge« ein.
Das heißt: Die für die einzelnen Unternehmen bestimmten »Vermögensmassen« gehen mit der Eintragung der Spaltung in das → **Handelsregister** automatisch auf das bzw. die jeweilige(n) Empfängerunternehmen über.

Vermögensübertragung (§§ 174, 175 UmwG)

11 Diese Umwandlungsform betrifft **Sonderfälle** wie die volle oder teilweise Übertragung des Vermögens einer Kapitalgesellschaft auf die öffentliche Hand oder Übertragungen im Bereich der Versicherungswirtschaft.
Bei der **Vollübertragung** finden die Vorschriften über die Verschmelzung entsprechende Anwendung, bei der **Teilübertragung** die Bestimmungen über die Spaltung.

Formwechsel (§ 190 UmwG)

12 Hier wechselt das Unternehmen seine **Rechtsform** (siehe auch → **Unternehmensrechtsformen**). Aus einer Offenen Handelsgesellschaft (OHG) wird beispielsweise eine Gesellschaft mit beschränkter Haftung (GmbH) oder eine Aktiengesellschaft (AG).

Arbeitsrechtliche Folgen einer Umwandlung

13 Die oben aufgeführten Umwandlungsformen haben zum Teil erhebliche **arbeitsrechtliche Konsequenzen** für den Betriebsrat (siehe Rn. 23 ff.) und die Beschäftigten (siehe Rn. 38 ff.).
14 Die geringsten Probleme wirft der »**Formwechsel**« auf.

Umwandlung von Unternehmen

Für Betriebsrat und Beschäftigte ändert sich gar nichts, denn der Arbeitgeber bleibt derselbe. Er hat lediglich seine äußere Erscheinungsform gewechselt.
Es ist noch nicht einmal notwendig, § 613 a BGB direkt oder entsprechend anzuwenden, weil ein bloßer Formwechsel keinen → **Betriebsübergang** im Sinne dieser Vorschrift darstellt.
Zu den mitbestimmungsrechtlichen Folgen eines Formwechsels siehe Rn. 16.
Bei den anderen Umwandlungsformen (»Verschmelzung«, »Spaltung«, »Vermögensübertragung«) findet ein **Wechsel des Arbeitgebers** statt mit Rechtsfolgen für den Betriebsrat (siehe Rn. 23 ff.) und die Beschäftigten (siehe Rn. 38 ff.). 15

Folgen für die → Unternehmensmitbestimmung

Die Umwandlung durch »**Formwechsel**« kann mitbestimmungsrechtliche Folgen haben. 16
Wenn nämlich beispielsweise eine – der Unternehmensmitbestimmung unterliegende – GmbH in eine OHG umgewandelt wird, fällt der bisher bestehende Aufsichtsrat weg und damit auch die Mitbestimmung der Arbeitnehmervertreter.
Nur wenn auch für das Unternehmen in seiner neuen Rechtsform ein **Aufsichtsrat** zu bilden ist (Beispiel: Eine GmbH wird in eine AG umgewandelt), bleiben die bisherigen Aufsichtsratsmitglieder nach § 203 UmwG im Amt.
Im Falle einer »**Verschmelzung**« oder »**Spaltung**« in Form der »**Aufspaltung**« endet die Existenz des übertragenden bzw. aufgespaltenen Altunternehmens. 17
Deshalb endet zwangsläufig auch der bei dem Altunternehmen bestehende **Aufsichtsrat**.
Bestand in dem übernehmenden Unternehmen kein Aufsichtsrat bzw. waren die Arbeitnehmer nach den Mitbestimmungsgesetzen nicht im Aufsichtsrat vertreten (beispielsweise weil die erforderliche Arbeitnehmerzahl nicht erreicht war; siehe → **Unternehmensmitbestimmung**), dann ist eine **Aufsichtsratswahl** einzuleiten, wenn nunmehr (z. B. nach einer Verschmelzung) die erforderliche Mindest-Beschäftigtenzahl vorliegt. 18
Entsprechendes gilt, wenn das übernehmende Unternehmen **neu gegründet** worden ist und die »zahlenmäßigen« Voraussetzungen für die Bildung eines (ggf. mitbestimmten) Aufsichtsrates gegeben sind.
Wenn bei einer »**Spaltung**« in Form der »**Abspaltung**« oder »**Ausgliederung**« die Voraussetzungen für die Unternehmensmitbestimmung beim Altunternehmen entfallen (wegen Unterschreitung der Mindest-Beschäftigtenzahl), dann bleibt die Unternehmensmitbestimmung im Altunternehmen dennoch bestehen, und zwar für die Dauer von fünf Jahren (§ 325 Abs. 1 Satz 1 UmwG). 19
Dies gilt allerdings dann nicht, wenn die verbleibende Beschäftigtenzahl unter ein Viertel der von dem Mitbestimmungsgesetz geforderten **Mindestzahl sinkt** (§ 325 Abs. 1 Satz 2 UmwG). 20
Eine Sonderproblematik ergibt sich im Falle **grenzüberschreitender Fusionen** im EG-Bereich. 21
Insoweit wird durch das »Mitbestimmungs-Beibehaltungsgesetz« vom 23. 8. 1994 eine Regelung zur Sicherung der Unternehmensmitbestimmung geschaffen, die folgendermaßen funktioniert:
Überträgt ein deutsches Unternehmen seine Mehrheitsbeteiligung an einem deutschen Tochterunternehmen (oder einem Betrieb oder Betriebsteil) auf ein ausländisches Unternehmen und sinkt die Beschäftigungszahl des Unternehmens dadurch unter die für die Anwendung eines Mitbestimmungsgesetzes erforderliche Mindest-Beschäftigtenzahl (siehe → **Unternehmensmitbestimmung**), dann bleibt die bisherige Unternehmensmitbestimmung bestehen, wenn das übertragende (deutsche) Unternehmen **steuerliche Erleichterungen** in Anspruch nimmt (vgl. Kittner, Arbeits- und Sozialordnung, 41. Aufl. 2016, S. 1743). 22
Ist Letzteres nicht der Fall, entfällt die bisherige Unternehmensmitbestimmung (das heißt insbesondere: die Arbeitnehmervertretung im Aufsichtsrat).

Umwandlung von Unternehmen

Gleiches gilt, wenn die Beschäftigtenzahl auf weniger als ¼ der nach dem jeweiligen Mitbestimmungsgesetz erforderlichen Mindestzahl sinkt.

23 Mit dem Gesetz zur Umsetzung der Regelungen über die Mitbestimmung der Arbeitnehmer bei einer Verschmelzung von Kapitalgesellschaften aus verschiedenen Mitgliedstaaten vom 21.12.2006 (BGBl. I S. 3332) hat der bundesdeutsche Gesetzgeber Art. 16 der Richtlinie 2005/56/EG des Europäischen Parlaments und des Rates vom 26.5.2005 umgesetzt. Ziel des Gesetzes ist es, die Mitbestimmungsrechte der Arbeitnehmer in den an der **grenzüberschreitenden Verschmelzung** beteiligten Unternehmen zu sichern.

Bedeutung für die Betriebsratsarbeit

24 Der → **Wirtschaftsausschuss** sowohl des übertragenden als auch des übernehmenden Unternehmens ist gemäß § 106 Abs. 3 Nr. 8 BetrVG zu informieren über den »*Zusammenschluss oder die Spaltung von Unternehmen oder Betrieben*«.

25 Der **Betriebsrat** des jeweils betroffenen Betriebs ist nach § 111 BetrVG zu beteiligen, wenn eine Unternehmensveräußerung oder Umwandlung einen »*Zusammenschluss mit anderen Betrieben oder die Spaltung von Betrieben*« zur Folge hat (§ 111 Satz 2 Nr. 3 BetrVG; siehe → **Betriebsänderung**).

26 Ziel ist es, etwaige nachteilige Folgen für die von der Umwandlung betroffenen Arbeitnehmer durch einen → **Interessenausgleich** abzuwenden bzw. durch einen → **Sozialplan** abzumildern.

27 Es muss auch an die Regelung der Folgen der Umwandlung durch einen – ggf. mit **Streik** durchsetzbaren – **Firmentarifvertrag** mit dem übernehmenden Unternehmen gedacht werden, wenn es z. B. nach einer Spaltung darum geht, eine bisher bestehende **Tarifbindung** auch in Zukunft für den abgespaltenen – übergegangenen – Betriebsteil zu erhalten (siehe auch → **Arbeitgeber**, → Betriebsänderung und → **Tarifvertrag**).

28 Ein **besonderes Informationsrecht** des Betriebsrats ergibt sich aus § 5 Abs. 3 UmwG (Verschmelzung) und § 126 Abs. 3 UmwG (Spaltung). Hiernach ist den Betriebsräten der beteiligten Unternehmen spätestens einen Monat vor der Versammlung der Anteilseigner, in der über die Umwandlung eine Beschluss gefasst werden soll, der Entwurf des Verschmelzungsbzw. Spaltungs- und Übernahmevertrages zuzuleiten.

29 In diesen Verträgen müssen die Folgen für Beschäftigte und ihre Interessenvertretungen sowie die insoweit vorgesehenen Maßnahmen dargestellt werden (§ 5 Abs. 1 Nr. 9 und § 126 Abs. 1 Nr. 11 UmwG).

30 Es erfolgt **keine Eintragung** der Umwandlung ins → **Handelsregister**, wenn die ordnungsgemäße Information der Betriebsräte nicht schriftlich nachgewiesen wird (§§ 17 Abs. 1, 125 UmwG)!

31 Hat eine Unternehmensumwandlung eine **Spaltung eines** → **Betriebs** oder eine **Zusammenlegung von Betrieben** zur Folge, kommen die Regelungen des § 21 a BetrVG (früher: § 321 UmwG) über das sog. **Übergangsmandat** und des § 21 b BetrVG über das sog. **Restmandat** des bzw. der bisherigen Betriebsräte zur Anwendung (siehe auch → **Betriebsspaltung und Zusammenlegung von Betrieben** und → **Betriebsübergang**).

Übergangsmandat im Falle einer Betriebsaufspaltung in zwei neue eigenständige Betriebe (§ 21 a Abs. 1 BetrVG)

32 Nach einer Betriebsaufspaltung in zwei neue eigenständige Betriebe bleibt der Betriebsrat zunächst weiter im Amt. Er hat ein Übergangsmandat nach § 21 a BetrVG.

Das heißt: er vertritt weiterhin die Interessen der Arbeitnehmer, auch wenn diese jetzt infolge der Unternehmensumwandlung neue Arbeitgeber haben (nämlich die Unternehmen, die die neuen Betriebe übernommen haben).
Der bisherige Betriebsrat hat allerdings unverzüglich nach Wirksamwerden der Spaltung Wahlvorstände für die neuen Betrieb zu bestellen (siehe → **Betriebsratswahl**).
Das Übergangsmandat **endet**, sobald in den Betriebsteilen ein neuer Betriebsrat gewählt und das Wahlergebnis bekannt gegeben ist, spätestens jedoch **sechs Monate** nach Wirksamwerden der Spaltung.
Durch → **Tarifvertrag** oder → **Betriebsvereinbarung** kann das Übergangsmandat um weitere sechs Monate **verlängert** werden (§ 21 a Abs. 1 Satz 4 BetrVG).

Übergangsmandat im Falle einer Zusammenlegung von Betrieben (§ 21 a Abs. 2 BetrVG)

Werden → **Betriebe** oder → **Betriebsteile** zu einem Betrieb zusammengefasst, so nimmt der Betriebsrat des nach der Zahl der wahlberechtigten Arbeitnehmer größten Betriebs oder Betriebsteils das Übergangsmandat nach Maßgabe des § 21 a Abs. 1 BetrVG wahr. 33

Die Regelungen zum Übergangsmandat gelten unabhängig davon, ob die Spaltung oder Zusammenlegung von Betrieben und Betriebsteilen im Zusammenhang mit einer **Betriebsveräußerung** oder einer **Umwandlung** nach dem Umwandlungsgesetz erfolgt (§ 21 a Abs. 3 BetrVG). 34

Restmandat (§ 21 b BetrVG)

Geht ein Betrieb durch Stilllegung, Spaltung oder Zusammenlegung unter, so bleibt dessen Betriebsrat so lange im Amt, wie dies zur Wahrnehmung der damit im Zusammenhang stehenden Mitwirkungs- und Mitbestimmungsrechte erforderlich ist (§ 21 b BetrVG; siehe auch → **Betriebsspaltung und Zusammenlegung von Betrieben** und → **Betriebsübergang**). 35
Bei einer Stilllegung, Spaltung oder Zusammenlegung von Betrieben handelt es sich regelmäßig um eine → **Betriebsänderung** im Sinne des § 111 BetrVG.
Es sind die insoweit bestehenden Betriebsratsrechte wahrzunehmen, insbesondere in Bezug auf die Aufstellung eines → **Sozialplans** (§ 112 BetrVG).
Die ebenfalls erforderlichen Verhandlungen über einen → **Interessenausgleich** finden regelmäßig *vor* Durchführung der Stilllegung, Spaltung oder Zusammenlegung statt.
Denn es gilt nach h. M. der Grundsatz, dass eine Betriebsänderung erst dann umgesetzt werden darf, wenn die Verhandlungen über den Interessenausgleich – ggf. in einer → **Einigungsstelle** – abgeschlossen sind (siehe → **Interessenausgleich** Rn. 10).

Gemeinschaftsbetrieb im Falle einer Unternehmensspaltung (§ 1 Abs. 2 BetrVG)

Nach § 1 Abs. 2 BetrVG wird »**vermutet**«, dass ein Betrieb nach der Spaltung eines Unternehmens von den beteiligten Unternehmen gemeinsam weitergeführt wird (also ein → **Gemeinschaftsbetrieb** vorliegt), wenn es zu keiner »wesentlichen organisatorischen Änderung« im bisherigen Betrieb kommt. 36
In § 322 UmwG wird klargestellt, dass auch kündigungsschutzrechtlich von einem einheitlichen Betrieb auszugehen ist (siehe Rn. 52 ff.).
Bei der Umwandlung eines Unternehmens, insbesondere dann, wenn das Vermögen des Altunternehmens auf mehrere neue Unternehmen übertragen wird, ist die **Zuordnung der Arbeitnehmer** zu den jeweiligen neuen Unternehmen bzw. Betrieben zu klären. 37
Hierzu regelt § 323 Abs. 2 UmwG Folgendes: Wird im Zusammenhang mit einer Verschmel-

Umwandlung von Unternehmen

zung, Spaltung oder Vermögensübertragung ein → **Interessenausgleich** (§ 112 BetrVG) abgeschlossen, in dem die Betroffenen bestimmten Betrieben oder Betriebsteilen namentlich zugeordnet werden, so ist diese Zuordnung maßgeblich.
Das Arbeitsgericht kann (auf Klage eines Betroffenen) eine solche Zuordnung nur auf »**grobe Fehlerhaftigkeit**« überprüfen.

38 Wenn bestimmte Betriebsratsrechte, die von der Größe des Betriebs (**Beschäftigtenzahl**) abhängen, nach der »Spaltung« entfallen würden (siehe → **Zahlen und ihre Bedeutung**), kann nach § 325 Abs. 2 UmwG die Fortgeltung dieser Rechte durch → **Betriebsvereinbarung** oder → **Tarifvertrag** vereinbart werden.

Bedeutung für die Beschäftigten

39 Oben wurde ausgeführt, dass bei Verschmelzung und Spaltung eine **Gesamtrechtsnachfolge** eintritt.
Das heißt: Die Vermögen der »Altunternehmen« gehen automatisch mit Eintragung der Umwandlung in das → **Handelsregister** auf den neuen Rechtsträger über. Auch die Arbeitsverhältnisse gehen auf den neuen Rechtsträger über.
§ 324 UmwG stellt klar, dass § 613 a Abs. 1 und Abs. 4 bis 6 BGB (siehe → **Betriebsübergang**) bei Verschmelzung, Spaltung oder Vermögensübertragung »unberührt bleibt«.
Das heißt: Diese Vorschrift findet Anwendung, wenn die Umwandlung mit einem Betriebsübergang verbunden ist, was – außer beim Formwechsel (siehe Rn. 12, 14) – regelmäßig der Fall ist.

> **Beispiel:**
> Aus einer Aktiengesellschaft erfolgt eine Ausgliederung auf eine neu gegründete GmbH, die den von der Ausgliederung umfassten Betriebsteil übernimmt.
> Folge: Die Arbeitsverhältnisse der Beschäftigten, die dem ausgegliederten Betriebsteil zuzuordnen sind, gehen auf die GmbH über.

40 Waren die Arbeitsbedingungen bisher durch → **Betriebsvereinbarung** und/oder → **Tarifvertrag** geregelt, kommt § 613 a Abs. 1 Satz 2 BGB zur Anwendung, sofern der auf das neue Unternehmen übergegangene Betrieb oder Betriebsteil seine **Identität verliert**.
Die Normen der Betriebsvereinbarung bzw. des Tarifvertrages werden in das Arbeitsverhältnis zwischen den Arbeitnehmern und dem neuen Arbeitgeber »**transformiert**« und dürfen **vor Ablauf eines Jahres** nach Wirksamwerden der Umwandlung nicht zuungunsten des Arbeitnehmers verändert werden (weder durch Änderungsvereinbarung noch durch → **Änderungskündigung**; siehe → **Betriebsübergang** Rn. 12 ff. und 19 ff.).
Etwas anderes gilt, wenn bei dem neuen Unternehmen zu den **gleichen Sachverhalten** Betriebsvereinbarungen bzw. tarifvertragliche Regelungen (an die beide Arbeitsvertragsparteien gebunden sind) gelten (§ 613 a Abs. 1 Satz 3 BGB).

41 Bleibt die **Identität des Betriebs** von der Unternehmensumwandlung unberührt, findet der »Auffangtatbestand« des § 613 a BGB in Bezug auf → **Betriebsvereinbarungen** keine Anwendung.
Diese gelten mit kollektivrechtlicher Wirkung unverändert weiter. Für eine Anwendung des § 613 a BGB ist kein Raum.
Zur Frage der Fortgeltung eines **Firmentarifvertrages** im Falle einer Unternehmensumwandlung in Form der **Verschmelzung** siehe Rn. 50 und → **Betriebsübergang** Rn. 17 a.

Umwandlung von Unternehmen

Eine → **Kündigung**, die »wegen« der Umwandlung ausgesprochen wird, ist unwirksam (§ 613 a Abs. 4 BGB; wegen weiteren Einzelheiten siehe → **Betriebsübergang** Rn. 27). 42

Die von der Umwandlung bzw. dem Betriebsübergang betroffenen Arbeitnehmer sind gemäß § 613 a Abs. 5 BGB – eingefügt durch Gesetz vom 23. 3. 2002 (BGBl. I S. 1163) mit Wirkung ab 1. 4. 2002 – vor dem Übergang in **Textform zu unterrichten** über: 43
1. den Zeitpunkt oder den geplanten Zeitpunkt des Übergangs,
2. den Grund für den Übergang,
3. die rechtlichen, wirtschaftlichen und sozialen Folgen des Übergangs für die Arbeitnehmer und
4. die hinsichtlich der Arbeitnehmer in Aussicht genommenen Maßnahmen.

Nach § 613 a Abs. 6 BGB (ebenfalls eingefügt durch Gesetz vom 23. 3. 2002) können die betroffenen Arbeitnehmer dem Übergang des Arbeitsverhältnisses **innerhalb eines Monats** nach Zugang der Unterrichtung nach § 613 a Abs. 5 BGB **schriftlich widersprechen**. 44

Der Widerspruch kann gegenüber dem bisherigen Arbeitgeber oder dem neuen Inhaber erklärt werden (siehe → **Betriebsübergang**).

Folge des Widerspruchs: Das Arbeitsverhältnis geht nicht auf den neuen Betriebsinhaber über. Der Arbeitnehmer bleibt **beim Altunternehmen beschäftigt**. 45

Zu bedenken ist allerdings, dass ein Widerspruch bei einer »**Verschmelzung**« (siehe Rn. 4) oder »**Spaltung**« in Form der »**Aufspaltung**« (siehe Rn. 7) keinen Sinn macht. Denn bei diesen Umwandlungsformen **erlischt das »alte Unternehmen«**, so dass es keinen Arbeitgeber mehr gibt, bei dem der Arbeitnehmer verbleiben kann. 46

Früher wurde in Literatur und Rechtsprechung die seltsame Auffassung vertreten, dass mit einem dennoch ausgeübten Widerspruch des Arbeitnehmers das Arbeitsverhältnis aufgelöst – der Arbeitnehmer also arbeitslos – wird (ArbG Münster v. 14. 4. 2000 – 3 Ga 13/00, DB 2000, 1182; vgl. auch Rieble, NZA 2004, 1, 5). 47

Dem sind zunächst das LAG Düsseldorf und dann auch das Bundesarbeitsgericht **zu Recht entgegengetreten** (LAG Düsseldorf v. 15. 11. 2002 – 9 Sa 945/02, AiB 2007, 247 = EzA-SD Nr. 1, 5; BAG v. 21. 2. 2008 – 8 AZR 157/07, NZA 2008, 815).

Die Gerichte haben klargestellt, dass ein Widerspruchsrecht nach § 613 a Abs. 6 BGB mit Blick auf die Bestandsschutzfunktion des § 613 a BGB in den Fällen nicht besteht, in denen der bisherige Rechtsträger erlischt.

Ein dennoch erklärter Widerspruch des Arbeitnehmers sei **wirkungslos**.

Er könne weder als Eigenkündigung noch als ein Angebot auf Abschluss eines Aufhebungsvertrags ausgelegt oder nach § 140 BGB **umgedeutet** werden.

Bei der **Spaltung** in Form der »**Abspaltung**« (siehe Rn. 8) bzw. »**Ausgliederung**« (siehe Rn. 9) – bei der das übertragende Unternehmen bestehen bleibt – kann der Arbeitnehmer dem Übergang des Arbeitsverhältnisses auf das übernehmende Unternehmen **widersprechen**. 48

Dann verbleibt er bei dem bisherigen Unternehmen, riskiert aber, dass ihn der Arbeitgeber wegen Fehlens einer Beschäftigungsmöglichkeit **betriebsbedingt kündigt**.

Einer so begründeten Kündigung stünde das Kündigungsverbot des § 613 a Abs. 4 BGB jedenfalls nicht entgegen.

Eine andere Frage ist es, ob eine Kündigung sozial gerechtfertigt im Sinne des § 1 KSchG wäre (siehe hierzu → **Betriebsübergang** Rn. 27 und → **Kündigungsschutz**).

Zu den Folgen eines **Widerspruchs eines Betriebsratsmitgliedes** gegen den Übergang seines Arbeitsverhältnisses siehe → **Betriebsübergang** Rn. 51. 49

Im Falle einer **Verschmelzung** (siehe Rn. 4) stellt sich die Frage, welche Rechtsfolgen eintreten, wenn im untergehenden Unternehmen **Tarifbindung** an einen Tarifvertrag (Firmentarifvertrag oder Verbandstarifvertrag; zu diesen Begriffen siehe → **Tarifvertrag**) bestand, das aufnehmende Unternehmen aber nicht tarifgebunden ist. In diesem Fall gilt Folgendes: 50

Ein **Firmentarifvertrag** zählt zu den Verbindlichkeiten i. S. d. § 20 Abs. 1 Nr. 1 UmwG.

Er geht bei einer Verschmelzung gemäß § 20 Abs. 1 S. 1 UmwG auf den neuen Unternehmensträger über und gilt kollektivrechtlich fort.
Für eine Anwendung der § 324 UmwG, § 613 a Abs. 1 S. 2 BGB ist insoweit kein Raum (BAG v. 24. 6. 1998 – 4 AZR 208/97, AiB 1999, 236).
Der Firmentarifvertrag umfasst aber – wie bisher – nur die zum Zeitpunkt der Verschmelzung im untergehenden Unternehmen beschäftigten tarifgebundenen Arbeitnehmer, nicht auch die Arbeitnehmer des aufnehmenden Unternehmens.
Soweit im Altunternehmen ein **Verbandstarifvertrag** galt, so findet § 613 a Abs. 1 Satz 2 BGB entsprechende Anwendung mit den in Rn. 40 ff. genannten Rechtsfolgen.
Die Normen des Verbandstarifvertrages werden in das Arbeitsverhältnis transformiert und gelten gegenüber dem neuen Unternehmensträger weiter.
Sie dürfen vor Ablauf eines Jahres nach Wirksamwerden der Umwandlung nicht zuungunsten des Arbeitnehmers verändert werden (sog. **Veränderungssperre**; siehe → **Betriebsübergang**).
Etwas anderes gilt, wenn bei dem neuen Unternehmen zu den **gleichen Sachverhalten** Tarifverträge gelten, an die beide Vertragsparteien gebunden sind (§ 613 a Abs. 1 Satz 3 BGB).

51 Durch § 323 Abs. 1 UmwG ist sichergestellt, dass sich die **kündigungsrechtliche Stellung** der Beschäftigten für einen Schutzzeitraum von **zwei Jahren** nach Wirksamwerden einer »Spaltung« (oder Teilvermögensübertragung nach dem 3. und 4. Buch des UmwG) nicht verschlechtert.

> **Beispiel:**
> Der bisherige → **Kündigungsschutz** bleibt auf zwei Jahre erhalten, wenn die Übertragung auf ein Unternehmen erfolgt, in dessen Betrieb(en) nicht mehr als fünf Arbeitnehmer beschäftigt sind (vgl. § 23 Abs. 1 KSchG).

52 Hiervon zu unterscheiden sind sonstige kündigungsrechtliche Fragen wie beispielsweise die Dauer der Kündigungsfrist, die von der Dauer der Betriebszugehörigkeit bestimmt wird (siehe → **Kündigungsfristen**).
Insoweit gelten die Wirkungen der Gesamtrechtsnachfolge bzw. die Rechtsfolgen des § 613 a Abs. 1 BGB, wonach der neue Arbeitgeber in vollem Umfang in die Rechte und Pflichten des Arbeitsverhältnisses eintritt.
Dies bedeutet für die Berechnung der Dauer der Kündigungsfrist, dass die Beschäftigungszeiten im Altunternehmen bei der Berechnung der Kündigungsfrist voll **zu berücksichtigen** sind.

53 Nach § 133 Abs. 1 UmwG haften die an einer Spaltung beteiligten Unternehmen als **Gesamtschuldner** für die Verpflichtungen des »Altunternehmens«.

54 Zu beachten ist die **Haftungsregelung des § 134 UmwG**.
Unternehmen werden (aus steuer- und haftungsrechtlichen Gründen) häufig in der Weise aufgespalten, dass das Vermögen (Grundstücke, Maschinen usw.) auf eine »reiche« Besitzgesellschaft (= »**Anlagegesellschaft**«) übertragen wird, während die weitere Produktion von einer vermögenslosen »**Betriebsgesellschaft**« betrieben wird. Dieser werden die Betriebsmittel zur Nutzung überlassen, bei ihr sind alle Arbeitnehmer beschäftigt.
Sind an den Unternehmen im Wesentlichen dieselben Personen (als Gesellschafter) beteiligt, so haftet gemäß § 134 UmwG die »reiche« Anlagegesellschaft **gesamtschuldnerisch** für Arbeitnehmeransprüche, die binnen **fünf Jahren** nach Wirksamwerden der Unternehmensspaltung nach §§ 111 bis 113 begründet werden.
Gesichert werden damit insbesondere Ansprüche auf → **Abfindung** (oder sonstige Ansprüche) aus einem → **Sozialplan** gemäß § 112 BetrVG sowie Ansprüche auf → **Nachteilsausgleich** nach § 113 BetrVG.
Diese Ansprüche können direkt gegen die »Anlagegesellschaft« geltend gemacht und ggf. beim

→ **Arbeitsgericht** eingeklagt werden, obwohl die »Anlagegesellschaft« nicht Arbeitgeber des betroffenen Beschäftigten ist.
Bei § 134 UmwG handelt es sich also um einen gesetzlich geregelten Fall der »**Durchgriffshaftung**«.

§ 134 UmwG ist aber nicht nur unter dem Gesichtspunkt des »Haftungsdurchgriffs« heranzuziehen, sondern – nach richtiger Auslegung – auch unter dem Gesichtspunkt des »**Berechnungsdurchgriffs**«:
Das heißt, bei der Bemessung des Sozialplanvolumens (oder der Höhe des → **Nachteilsausgleichs**) ist auf die Vermögensverhältnisse der »reichen« Anlagegesellschaft und nicht etwa auf die Vermögenslage der »armen« Betriebsgesellschaft abzustellen (siehe auch → **Sozialplan**).
Nur so lässt sich das Ziel der Vorschrift (Schutz der Beschäftigten vor einem Leerlaufen ihrer Ansprüche) erreichen.

55

Bestreitet die Anlagegesellschaft eine Haftung nach Maßgabe ihrer – besseren – Vermögenslage, muss an eine Regelung durch – ggf. mit **Streik** durchsetzbaren – **Firmentarifvertrag** gedacht werden (siehe auch → **Arbeitgeber**, → **Betriebsänderung** und → **Tarifvertrag**).

56

Die gesamtschuldnerische Haftung (auch) der Anlagegesellschaft erstreckt sich auch auf Ansprüche aus einer → **betrieblichen Altersversorgung**, die vor dem Wirksamwerden der Spaltung begründet worden sind (§ 134 Abs. 2 UmwG).

57

Arbeitshilfen

Übersicht • Umwandlungen nach dem Umwandlungsgesetz

Rechtsprechung

1. Ausgliederung auf eine Anstalt öffentlichen Rechts
2. Angaben im Verschmelzungsvertrag über Folgen für Arbeitnehmer
3. Umwandlung und Betriebsübergang (§ 613 a BGB)
4. Umwandlung und Firmentarifvertrag
5. Umwandlung und kündigungsrechtliche Stellung der Arbeitnehmer
6. Umwandlung und betriebliche Altersversorgung
7. Durchgriffshaftung im GmbH & Co. KG-Konzern

Umweltschutz im Betrieb

Grundlagen

1. Bei der Herstellung, dem Transport, dem Ge- oder Verbrauch sowie der Entsorgung von Gütern wird in vielfältiger Weise in Natur und Umwelt eingegriffen.
2. Art. 20 a des Grundgesetzes verpflichtet den Staat ausdrücklich zum **Schutze der »natürlichen Lebensgrundlagen«**.
   Diese Verpflichtung hat er im Rahmen der verfassungsmäßigen Ordnung durch die Gesetzgebung und nach Maßgabe von Gesetz und Recht durch die vollziehende Gewalt und die Rechtsprechung zu erfüllen.
3. Im Hinblick auf die Abläufe im Betrieb werden dem Arbeitgeber durch eine Vielzahl von Gesetzen und Verordnungen **Gebote und Verbote** auferlegt.
   Zu nennen sind insbesondere:
   - das Bundesimmissionsschutzgesetz (BImSchG),
   - das Wasserhaushaltsgesetz (WHG),
   - das Kreislaufwirtschaftsgesetz (KrWG),
   - das Chemikaliengesetz,
   - die Gefahrstoffverordnung (siehe → **Gefahrstoffe**).
3a. Ein über die Gesetzeslage hinausgehender »qualitativer Sprung« in Richtung Verbesserung des »betrieblichen Umweltschutzes« erfolgt, wenn sich das Unternehmen an dem »Gemeinschaftssystem für ein **Umweltmanagement** und die **Umweltbetriebsprüfung**« nach der Verordnung (EG) Nr. 1221/2009 vom 25.11.2009 »**freiwillig**« beteiligt.
   Die Anforderungen dieser EU-Verordnung können nur erfüllt werden, wenn im Unternehmen eine grundsätzliche **Umstrukturierung** stattfindet in der Weise, dass alle Ebenen des Unternehmens und Betriebs auf den Schutz der Umwelt ausgerichtet werden. Siehe → **Öko-Audit**.
4. Das Charakteristische des Umweltschutzrechtes besteht darin, dass es einen Kompromiss darstellt zwischen teils unterschiedlichen, teils **gegensätzlichen Interessen**.
   Da ist zum einen der Widerspruch zwischen den Umweltschutz- und **Gesundheitsschutzinteressen** der Bevölkerung einerseits und den **Gewinninteressen** der Unternehmer andererseits, für die Umweltschutz oft einen nach Möglichkeit zu vermeidenden Kostenfaktor darstellt.
   Zu den »gewinnbringenden« Seiten des betrieblichen Umweltschutzes siehe → **Öko-Audit**.
   Weiterhin ist festzustellen, dass auch ein scheinbar grenzenloses (von der Werbung immer wieder mobilisiertes) Konsuminteresse der Bevölkerung zu erheblichen umweltschädlichen Konsequenzen führt.
   Schließlich stehen Bestrebungen nach Einstellung umweltschädlicher Produkte und Produktionsverfahren nicht selten in Widerspruch zu dem Interesse der in diesen Bereichen Beschäftigten an der Erhaltung ihrer Arbeitsplätze.
5. Der **Kompromisscharakter** des Umweltschutzrechtes führt dazu, dass in den Umweltgesetzen

Umweltschutz im Betrieb

keineswegs – aus der Sicht des Umwelt- und Gesundheitsschutzes – **optimale Regelungen** vorgesehen sind.
Vielmehr wird im Interesse der Wirtschaft, des Konsums und der Erhaltung der Arbeitsplätze ein gewisses Maß an Umwelt- und Gesundheitsgefährdung hingenommen.
Die »Kompromisslinie« ist allerdings keine starre Grenze. Ihr Verlauf wird bestimmt von dem jeweiligen **Kräfteverhältnis der Interessengegner**, von Aufklärung, Entwicklung von Problembewusstsein und realistischen Handlungsstrategien. 6
Auch wenn das **Umweltrecht** seit den siebziger Jahren zweifellos in Richtung eines wirksameren Umweltschutzes weiterentwickelt worden ist, so hat dies doch nur in Teilbereichen zu einem Stopp bzw. zu einer Verlangsamung der Umweltzerstörung geführt.
Deshalb steht der Kampf für eine lebenswerte Umwelt weiterhin auf der Tagesordnung.
Aus den oben genannten Umweltschutzgesetzen ergibt sich die Verpflichtung der Betreiber bestimmter Anlagen, u. a. für die Bereiche Immissionsschutz, Abfallbeseitigung und Gewässerschutz »**Umweltschutzbeauftragte**« (so genannte »**Betriebsbeauftragte**«) zu bestellen: 7
- Betriebsbeauftragter für Immissionsschutz (Immissionsschutzbeauftragter), § 53 BImSchG;
- Störfallbeauftragter, § 58 a BImSchG;
- Betriebsbeauftragter für Abfall, § 59 KrWG;
- Betriebsbeauftragter für Gewässerschutz, § 64 WHG. Ist nach § 53 BImSchG ein Immissionsschutzbeauftragter oder nach § 59 KrWG ein Abfallbeauftragter zu bestellen, so kann dieser auch die Aufgaben und Pflichten eines Gewässerschutzbeauftragten nach dem WHG wahrnehmen (§ 64 Abs. 3 WHG).

Siehe auch **Übersicht** »Betriebsbeauftragte im Umwelt- und Arbeitsschutz«. 8
Welche **Anlagebetreiber** zur Bestellung der vorgenannten Betriebsbeauftragten verpflichtet sind, ist im Einzelnen geregelt 9
- in der »Verordnung über Immissionsschutzbeauftragte«. Ihr zufolge müssen z. B. einen »**Betriebsbeauftragten für Immissionsschutz**« bestellen Betreiber von Kraftwerken, Stahlwerken, Gießereien, Werften, Anlagen zum Aufbringen von Schutzschichten aus Blei, Zinn oder Zink auf Metalloberflächen mit Hilfe von schmelzflüssigen Bildern, Chemieanlagen, Papierfabriken, Raffinerien;
- in der »Störfallverordnung«. Einen »**Störfallbeauftragten**« müssen die Betreiber derjenigen Anlagen bestellen, die im Anhang I der 12. BImSchV (= Störfallverordnung) aufgelistet sind und in denen besonders gefährliche Stoffe bzw. Zubereitungen vorhanden sind oder bei einer Störung entstehen können.
- in der »Verordnung über Betriebsbeauftragte für Abfall«. Einen »**Betriebsbeauftragten für Abfall**« müssen beispielsweise bestellen Krankenhäuser, Betreiber von Mülldeponien, Müllverbrennungsanlagen, Autoschrottplätzen, Anlagen zur Veredelung oder Behandlung von Metalloberflächen durch Galvanisieren, Härten, Ätzen oder Beizen;
- im »Wasserhaushaltsgesetz« § 64 WHG besagt, dass einen »**Betriebsbeauftragten für Gewässerschutz**« z. B. bestellen müssen Betreiber von Anlagen, bei denen mehr als 750 Kubikmeter Abwasser pro Tag in Gewässer (Flüsse, Seen) kraft behördlicher Genehmigung eingeleitet werden dürfen (für Einleiter in das öffentliche Kanalisationssystem besteht eine Verpflichtung zur Bestellung eines Betriebsbeauftragten für Gewässerschutz nur, wenn dies durch die Behörde ausdrücklich angeordnet wurde, vgl. § 64 Abs. 2 WHG).

Durch **behördliche Anordnung** können auch solche Anlagebetreiber zur Bestellung von Betriebsbeauftragten verpflichtet werden, die nicht die vorstehend genannten Voraussetzungen erfüllen. 10
Werden mehrere Immissionsschutzbeauftragte oder neben einem (oder mehreren) Immissionsschutzbeauftragten auch Betriebsbeauftragte nach anderen Gesetzen bestellt, hat der Arbeitgeber für die erforderliche Koordinierung in der Wahrnehmung von Aufgaben, insbeson- 11

Umweltschutz im Betrieb

dere durch Bildung eines **Umweltschutzausschusses**, zu sorgen (§ 55 Abs. 3 Satz 1 und 2 BImSchG).
Außerdem hat der Arbeitgeber für die **Zusammenarbeit** der Betriebsbeauftragten mit den im Bereich des Arbeitsschutz beauftragten Personen zu sorgen (§ 55 Abs. 3 Satz 3 BImSchG).

12 Die **Betriebsbeauftragten** haben u. a.
- Überwachungsaufgaben (Prüfung, ob die gesetzlichen und sonstigen Vorschriften des Umweltrechtes eingehalten werden);
- Aufklärungsaufgaben (insbesondere Aufklärung der Betriebsangehörigen über Gefahren und Gefahrenabwehr);
- die Aufgabe, durch Anregungen auf die Entwicklung und Einführung umweltfreundlicher Techniken und Verfahren hinzuwirken;
- die Aufgabe, zu Investitionsplanungen des Unternehmers aus der Sicht des Umweltschutzes Stellungnahme abzugeben;
- die Aufgabe, dem Betreiber (= Unternehmer) jährlich einen umfassenden Bericht über getroffene und geplante Maßnahmen zu erstatten.

Vortragsrecht

13 Der Arbeitgeber muss sicherstellen, dass der Betriebsbeauftragte seine **Vorschläge** und **Bedenken** unmittelbar der Geschäftsleitung vortragen kann, wenn er sich mit dem jeweils zuständigen Betriebsleiter nicht einigen konnte und er wegen der besonderen Bedeutung der Sache eine Entscheidung der Geschäftsleitung für erforderlich hält.
Kommt eine Einigung zwischen der Geschäftsleitung und dem Betriebsbeauftragten über eine von ihm vorgeschlagene Maßnahme nicht zustande, hat die Geschäftsleitung ihn umfassend über die Gründe der Ablehnung **zu unterrichten** (§ 57 BImSchG, § 58 c Abs. 1 BImSchG, § 60 Abs. 3 KrWG, § 66 WHG).

Benachteiligungsverbot

14 Die Betriebsbeauftragten dürfen wegen der Erfüllung der ihnen übertragenen Aufgaben nicht benachteiligt werden (§ 58 Abs. 1 BImSchG, § 58 d BImSchG, § 60 Abs. 3 KrWG, § 66 WHG).

Kündigungsschutz

15 Die Betriebsbeauftragten dürfen, falls sie Arbeitnehmer des Betriebs sind, nicht gekündigt werden, es sei denn, die Voraussetzungen für eine → **außerordentliche Kündigung** aus wichtigem Grund nach § 626 BGB liegen vor (siehe → **Kündigungsschutz [besonderer]** Rn. 53, 54).
Dieser Kündigungsschutz besteht auch noch für die Dauer von einem Kalenderjahr nach Abberufung des Betriebsbeauftragten (§ 58 Abs. 2 BImSchG, § 58 d BImSchG, § 60 Abs. 3 KrWG, § 66 WHG).

Bedeutung für die Betriebsratsarbeit

16 Durch das BetrVerfReformgesetz vom 23. 7. 2001 (BGBl. I S. 1852) ist der **betriebliche Umweltschutz** in das BetrVG integriert worden.

17 Als betrieblicher Umweltschutz im Sinne des BetrVG sind alle personellen und organisatorischen Maßnahmen sowie alle die betrieblichen Bauten, Räume, technischen Anlagen, Arbeits-

Umweltschutz im Betrieb

verfahren, Arbeitsabläufe und Arbeitsplätze betreffenden Maßnahmen zu verstehen, die dem Umweltschutz dienen (§ 89 Abs. 3 BetrVG).

Nachstehend ein **Überblick** über die – den betrieblichen Umweltschutz betreffenden – Regelungen des BetrVG. 18

- Nach § 80 Abs. 1 Nr. 9 BetrVG ist es **Aufgabe des Betriebsrats**, Maßnahmen des betrieblichen Umweltschutzes **zu fördern**.
- Der Arbeitgeber hat in der **Betriebsversammlung** (mindestens einmal im Jahr) über den betrieblichen Umweltschutz zu berichten (§ 43 Abs. 2 BetrVG).
- Umweltpolitische Fragen können **Thema** der Betriebs- und Abteilungsversammlung (§ 45 BetrVG) sein.
- In der **Betriebsräteversammlung** hat der Unternehmer einen Bericht über Fragen des Umweltschutzes im Unternehmen zu geben (§ 53 Abs. 2 Nr. 2 BetrVG).
- Durch **freiwillige Betriebsvereinbarung** können Maßnahmen des betrieblichen Umweltschutzes geregelt werden (§ 88 Nr. 1 a BetrVG).
- Der Betriebsrat hat sich dafür einzusetzen, dass Vorschriften über den Arbeitsschutz und den betrieblichen Umweltschutz **durchgeführt** werden (§ 89 Abs. 1 Satz 1 BetrVG).
- Der Betriebsrat hat die im Bereich des Arbeits- und Umweltschutz tätigen **Stellen** (Behörden, Berufsgenossenschaft usw.) durch Anregung, Beratung und Auskunft **zu unterstützen** (§ 89 Abs. 1 Satz 2 BetrVG).
- Der Arbeitgeber und die vorgenannten Stellen (Behörden, Berufsgenossenschaft usw.) müssen den Betriebsrat bei Besichtigungen und Fragen **hinzuziehen** (§ 89 Abs. 2 Satz 1 BetrVG).
- Der Arbeitgeber hat dem Betriebsrat die den Arbeits- und betrieblichen Umweltschutz betreffenden **Auflagen** und **Anordnungen** der vorgenannten Stellen (Behörden, Berufsgenossenschaft, usw.) **mitzuteilen** (§ 89 Abs. 2 Satz 2 BetrVG).
- Zu den wirtschaftlichen Angelegenheiten, über die der Unternehmer den **Wirtschaftsausschuss** zu informieren hat und die er mit ihm beraten muss, zählen auch Fragen des betrieblichen Umweltschutzes (§ 106 Abs. 3 Nr. 5 a BetrVG).

Um seiner Aufgabe nach § 80 Abs. 1 Nr. 9 BetrVG gerecht zu werden, ist es notwendig, Schulungen zum betrieblichen Umweltschutz gemäß § 37 Abs. 6, 7 BetrVG zu besuchen (siehe → **Schulungs- und Bildungsveranstaltungen**). 19

Ziel von Aktivitäten des Betriebsrats ist es, den betrieblichen Umweltschutz durch eigene **Initiativen** und Vorschläge zu verbessern. 20
So ist es sinnvoll, dem Arbeitgeber die Einführung eines **Umweltmanagementsystems** und einer **Umweltbetriebsprüfung** nach der EU-Verordnung sowie den Abschluss einer »freiwilligen Betriebsvereinbarung zum betrieblichen Umweltschutz« vorzuschlagen (siehe Rn. 3 a und → **Öko-Audit**).

Auch die **Zusammenarbeit mit den Umweltschutzbeauftragten** (= Betriebsbeauftragte für Immissionsschutz usw.; siehe Rn. 7 ff.) – gegebenenfalls in einem betrieblichen Umweltschutzausschuss – ist eine dem Betriebsrat zur Verfügung stehende Handlungsmöglichkeit. 21

Wichtig ist auch, mit den **Beschäftigten zusammenzuarbeiten,** um auf diese Weise von Umweltproblemen im Betrieb Kenntnis zu erlangen oder Problembewusstsein zu entwickeln und die Belegschaft für umweltschützende Maßnahmen im Betrieb zu gewinnen. 22

Im Übrigen ist darauf aufmerksam zu machen, dass betrieblicher Umweltschutz und Gesundheitsschutz sich in vielen Bereichen decken (z. B. im Bereich gefährlicher Arbeitsstoffe; siehe → **Gefahrstoffe**). 23
Deshalb können Aktivitäten des Betriebsrats zur Verbesserung des Gesundheitsschutzes gleichzeitig positive Wirkungen für den Schutz der Umwelt haben.
Das heißt: Durch intensive Nutzung derjenigen Bestimmungen, die sich mit dem Schutz der

Umweltschutz im Betrieb

24 Gesundheit der Beschäftigten befassen, kann der Betriebsrat gleichzeitig einiges zur Förderung des betrieblichen Umweltschutzes tun.
Nachstehend eine Darstellung der wichtigsten Vorschriften, auf die sich der Betriebsrat bei seiner Arbeit zur Förderung des betrieblichen Umweltschutzes (und Gesundheitsschutzes) berufen kann.

Aufgaben des Betriebsrats

25 § 80 Abs. 1 Nr. 2 und 9 BetrVG: Der Betriebsrat hat die Aufgabe, Maßnahmen zu beantragen, die dem Betrieb und der Belegschaft dienen, und **Maßnahmen des betrieblichen Umweltschutzes zu fördern.**
Wenn der Betriebsrat beispielsweise den Bau einer innerbetrieblichen Anlage zur Klärung der im Produktionsprozess entstehenden Abwässer fordert, bevor sie in das öffentliche Kanalsystem eingeleitet werden, so fördert das den betrieblichen Umweltschutz und dient nicht nur den Arbeitnehmern, sondern zweifellos auch dem Betrieb (bzw. dem Inhaber des Betriebs). Denn eine Realisierung der Forderung führt zumindest zu einem Zugewinn beim »Image« des Unternehmens.
Außerdem mindert sich die Gefahr, dass der Betrieb durch etwaige behördliche Anordnungen beeinträchtigt oder gar stillgelegt wird.

26 § 89 BetrVG: Der Betriebsrat hat sich dafür einzusetzen, dass die Vorschriften über den betrieblichen Umweltschutz **durchgeführt** werden (§ 89 Abs. 1 BetrVG).

Aufgaben der Jugend- und Auszubildendenvertretung

27 § 70 Abs. 1 BetrVG: Diese Vorschrift beschreibt die allgemeinen Aufgaben der → **Jugend- und Auszubildendenvertretung**.
Sie kann beispielsweise **Maßnahmen beim Betriebsrat beantragen**, die den Jugendlichen bzw. den Auszubildenden dienen (§ 70 Abs. 1 Nr. 1 BetrVG).
Insbesondere kann sie Vorschläge zur Ausgestaltung der → **Berufsbildung** vorlegen.
Diese Vorschläge können beispielsweise die Hereinnahme von Umweltfragen in die Ausbildung beinhalten. Der Adressat dieser Vorschläge ist nicht der Arbeitgeber unmittelbar, sondern der Betriebsrat.
Greift der Betriebsrat die Vorschläge auf, so kann er sie auf der Grundlage der **§§ 96 bis 98 BetrVG** (siehe hierzu → **Berufsbildung** Rn. 15 ff., 19 ff.) in die Verhandlungen mit dem Arbeitgeber einbringen (siehe Rn. 34 und 39 ff.).

Rechte des Betriebsrats

Informationsrechte

28 § 55 Abs. 1 a BImSchG, § 58 c Abs. 1 BImSchG, § 60 Abs. 3 KrWG, § 66 WHG: Der Arbeitgeber hat den Betriebsrat vor der **Bestellung** und **Abberufung** eines Immissionsschutzbeauftragten, Störfallbeauftragten, Abfallbeauftragten oder eines Gewässerschutzbeauftragten (siehe Rn. 7) unter Bezeichnung der ihnen obliegenden Aufgaben zu unterrichten.
Entsprechendes gilt bei **Veränderungen** im Aufgabenbereich der jeweiligen Betriebsbeauftragten.

29 § 89 BetrVG: Der Arbeitgeber hat auch bei allen im Zusammenhang mit dem betrieblichen Umweltschutz stehenden Besichtigungen und Fragen den Betriebsrat **hinzuzuziehen** und ihm unverzüglich die den betrieblichen Umweltschutz betreffenden Auflagen und Anordnungen der zuständigen Stellen **mitzuteilen** (§ 89 Abs. 2 BetrVG).

30 Der Betriebsrat erhält vom Arbeitgeber die **Niederschriften** über Untersuchungen, Besichti-

gungen und Besprechungen, zu denen er nach § 89 Abs. 2 BetrVG hinzuzuziehen ist (§ 89 Abs. 5 BetrVG).

§ 90 Abs. 1 BetrVG: Aus dieser Vorschrift lässt sich das Recht des Betriebsrats »herausarbeiten«, durch den Arbeitgeber über die umweltbetreffenden Aspekte seiner betrieblichen Investitionsplanung und sonstigen betrieblichen Planungen **informiert** zu werden. 31

Mitwirkungsrechte

§ 102 BetrVG: Soll ein als Arbeitnehmer beschäftigter Betriebsbeauftragter (siehe Rn. 7) außerordentlich gekündigt werden, hat der Betriebsrat die Rechte nach § 102 BetrVG (beachten: eine → **ordentliche Kündigung** ist ausgeschlossen, und zwar bis zu einem Jahr nach Abberufung; vgl. → **Kündigungsschutz (besonderer)** Rn. 53, 54). 32

Das heißt, der Arbeitgeber hat den Betriebsrat anzuhören, der Betriebsrat kann gegen die beabsichtigte außerordentliche Kündigung Bedenken erheben (siehe → **Außerordentliche Kündigung**).

Soweit es sich bei dem Betriebsbeauftragten um einen → **leitenden Angestellten** handelt, besteht nur ein Recht auf rechtzeitige Information (nach § 105 BetrVG).

§ 90 Abs. 2 BetrVG: Der Betriebsrat hat das Recht, dem Arbeitgeber **Maßnahmen** zur Verbesserung des Gesundheitsschutzes – und damit auch des Umweltschutzes – **vorzuschlagen**. 33

§§ 96, 97 BetrVG: Der Betriebsrat kann dem Arbeitgeber vorschlagen, Maßnahmen der → **Berufsbildung** durchzuführen, die den betrieblichen Umweltschutz zum Gegenstand haben (siehe auch Rn. 39 ff.). 34

Mitbestimmungsrechte

§ 99 BetrVG: Ist mit der **Bestellung** eines Betriebsbeauftragten (siehe Rn. 7) eine → **Einstellung** oder → **Versetzung** verbunden, steht dem Betriebsrat ein Zustimmungsverweigerungsrecht nach § 99 Abs. 2 BetrVG zu. 35

Beispielsweise kann er die Zustimmung verweigern, wenn der Betreffende die erforderliche **Fachkunde und Zuverlässigkeit** nicht besitzt (§ 99 Abs. 2 Nr. 1 BetrVG: Verstoß gegen ein Gesetz; vgl. Fitting, BetrVG, 27. Aufl. § 99 Rn. 204).

Dagegen besteht ein Mitbestimmungsrecht nicht bei der **Bestellung** einer externen Person zum Betriebsbeauftragten, es sei denn, es erfolgt eine Eingliederung in den Betrieb (siehe → **Einstellung**).

Soweit es sich bei dem Betriebsbeauftragten um einen → **leitenden Angestellten** handelt, besteht nur ein Recht auf rechtzeitige Information (nach § 105 BetrVG).

§ 87 Abs. 1 Nr. 7 BetrVG: Hiernach hat der Betriebsrat bei der betrieblichen Konkretisierung/Umsetzung von »Rahmenvorschriften«, die dem Gesundheitsschutz bzw. der Verhütung von Unfällen dienen, ein Mitbestimmungsrecht (siehe → **Arbeitsschutz**). 36

Werden seine Vorschläge zur Ausfüllung des Rahmens vom Arbeitgeber abgelehnt, kann der Betriebsrat die → **Einigungsstelle** anrufen (§ 87 Abs. 2 BetrVG).

Allerdings kann diese Vorschrift zugunsten des Umweltschutzes nur genutzt werden, soweit sich Gesundheitsschutz und Umweltschutz decken.

§ 91 BetrVG: Werden Arbeitnehmer durch betriebliche Maßnahmen, die den gesicherten arbeitswissenschaftlichen Erkenntnissen über die menschengerechte Gestaltung der Arbeit offensichtlich widersprechen, in besonderer Weise belastet, so kann der Betriebsrat u. a. Maßnahmen der Abwendung der Belastung verlangen (siehe → **Arbeitsschutz**). 37

Beispielsweise kann der Betriebsrat verlangen, einen gleichzeitig gesundheits- und umweltschädlichen Stoff nicht mehr zu verwenden.

Im Nichteinigungsfalle mit dem Arbeitgeber entscheidet die → **Einigungsstelle**.

§ 87 Abs. 1 Nr. 12 BetrVG: Der Betriebsrat kann auf der Grundlage dieser Vorschrift beispiels- 38

Umweltschutz im Betrieb

weise verlangen, dass Arbeitnehmervorschläge zur Verbesserung des betrieblichen Umweltschutzes prämiert werden (siehe → **Betriebliches Vorschlagswesen**).
Lehnt der Arbeitgeber dieses Verlangen ab, kann der Betriebsrat die → **Einigungsstelle** anrufen (§ 87 Abs. 2 BetrVG).

39 § 97 Abs. 2 Satz 1 BetrVG: Der Betriebsrat hat ein Initiativmitbestimmungsrecht bei der **Einführung von betrieblichen Berufsbildungsmaßnahmen**, wenn
- der Arbeitgeber Maßnahmen (auch zum betrieblichen Umweltschutz) geplant oder durchgeführt hat
- und hierdurch die Tätigkeit der Arbeitnehmer verändert wird
- und die beruflichen Kenntnisse und Fähigkeiten zur Bewältigung der Aufgaben nicht mehr ausreichen.

40 Bei Nichteinigung entscheidet die → **Einigungsstelle** (§ 97 Abs. 2 Satz 2, 3 BetrVG).

41 § 98 Abs. 1 BetrVG: Hiernach hat der Betriebsrat mitzubestimmen, wenn der Arbeitgeber Maßnahmen der → **Berufsbildung** durchführt.
Das Mitbestimmungsrecht umfasst auch das Recht des Betriebsrats, die Einbeziehung von Umweltfragen in die **Ausbildungsinhalte** zu verlangen.
Lehnt der Arbeitgeber ab, kann der Betriebsrat die → **Einigungsstelle** anrufen (§ 98 Abs. 4 BetrVG).

Handlungsmöglichkeiten des Wirtschaftsausschusses

42 § 106 BetrVG: Der Unternehmer ist verpflichtet, den → **Wirtschaftsausschuss** über »wirtschaftliche Angelegenheiten« zu unterrichten und mit ihm hierüber zu beraten.
Zu den »wirtschaftlichen Angelegenheiten« zählen nach § 106 Abs. 3 Nr. 5 a BetrVG auch Fragen des betrieblichen Umweltschutzes.

43 Der Wirtschaftsausschuss kann – nach Rücksprache mit dem Betriebsrat (bzw. Gesamtbetriebsrat) – dem Unternehmer **Vorschläge/Konzepte** zur umweltfreundlichen Gestaltung der Arbeitsabläufe im Unternehmen vorlegen (z. B. Einführung eines Umweltmanagementsystems; siehe Rn. 3 a und → **Öko-Audit**).
Der Unternehmer ist verpflichtet, derartige Vorschläge/Konzepte mit dem Wirtschaftsausschuss (und dem Betriebsrat bzw. Gesamtbetriebsrat) »*mit dem ernsten Willen zur Einigung*« (§ 74 Abs. 1 BetrVG) zu beraten und zu verhandeln.

Bildung eines betrieblichen Umweltschutzausschusses

44 Auf die Verpflichtung des Arbeitgebers, die Wahrnehmung der Aufgaben der bestellten Immissionsschutzbeauftragten und sonstigen Betriebsbeauftragten zu koordinieren, insbesondere durch Bildung eines **Umweltschutzausschusses**, wurde bereits hingewiesen (siehe Rn. 11; vgl. § 55 Abs. 3 BImSchG).
Der Betriebsrat sollte durch Vereinbarung mit dem Arbeitgeber sicherstellen, dass er und ggf. die → **Jugend- und Auszubildendenvertretung** in dem Ausschuss durch Mitglieder vertreten ist.

45 Darüber hinaus kann es zur Koordinierung der Aktivitäten des Betriebsrats, der Jugend- und Auszubildendenvertretung und des gewerkschaftlichen Vertrauenskörpers sowie zur Ausarbeitung von Konzepten sinnvoll sein, einen **Umweltschutzausschuss nach § 28 Abs. 1, 2 BetrVG** zu bilden, in dessen Arbeit Beschäftigte/gewerkschaftliche Vertrauensleute (Regelung über Freistellung, Fortzahlung der Vergütung und Weiterqualifizierung vereinbaren) einbezogen werden können.

46 Gegebenenfalls ist auch an die Bildung eines »**paritätischen**« Ausschusses zu denken, dessen

Mitglieder vom Betriebsrat und vom Arbeitgeber benannt werden (§ 28 Abs. 3 BetrVG; siehe auch → **Öko-Audit**)

Bedeutung für die Beschäftigten

Der einzelne Arbeitnehmer hat nach § 81 Abs. 1 BetrVG das Recht, über die **Gesundheits-** **47** **gefahren**, denen er im Betrieb ausgesetzt ist, sowie über Maßnahmen und Einrichtungen der Gefahrenabwehr informiert und belehrt zu werden.

Dies schließt natürlich den Bereich der Umweltgefährdung ein, soweit er deckungsgleich mit der Gesundheitsgefährdung ist.

Darüber hinaus ist der Arbeitgeber nach § 14 GefstoffV 2010 verpflichtet, die Arbeitnehmer **48** über die beim Umgang mit → **Gefahrstoffen** auftretenden Gefahren für Mensch und (!) Umwelt, Schutzmaßnahmen und Verhaltensregeln anhand von schriftlichen **Betriebsanweisungen** mündlich zu unterweisen.

Arbeitshilfen

Übersicht
Checkliste

- Betriebsbeauftragte im Umwelt- und Arbeitsschutz
- Umweltschutz im Betrieb

Unfallversicherung

Grundlagen

1. Die gesetzliche Unfallversicherung ist Teil des staatlichen Sozialversicherungssystems. Dieses setzt sich aus mehreren Zweigen zusammen:
   - → **Arbeitslosenversicherung / Arbeitsförderung** (Sozialgesetzbuch III),
   - → **Krankenversicherung** (Sozialgesetzbuch V),
   - → **Rentenversicherung** (Sozialgesetzbuch VI),
   - → **Unfallversicherung** (Sozialgesetzbuch VII),
   - → **Pflegeversicherung** (Sozialgesetzbuch XI).

2. **Rechtsgrundlage:** Mit dem »Gesetz zur Einordnung der Unfallversicherung in das Sozialgesetzbuch« wurden die Unfallversicherungsbestimmungen aus der »alten« Reichsversicherungsordnung (RVO) mit einigen Änderungen in das Sozialgesetzbuch Siebtes Buch – Gesetzliche Unfallversicherung (SGB VII) vom 7.8.1996 (BGBl. I S. 1254) übertragen.
   Das SGB VII ist am 1.1.1997 in Kraft getreten, § 1 Nr. 1 und §§ 14 bis 25 SGB VII (= Bestimmungen über die »Prävention«: siehe Rn. 15 ff.) schon am 21.8.1996.
   Das SGB XII wurde im Verlauf mehrfach geändert: u. a. durch das
   - »Unfallversicherungsmodernisierungsgesetz« vom 30.10.2008 (BGBl. I S. 2130)
   - »Gesetz zur Neuorganisation der bundesunmittelbaren Unfallkassen« (BUK-Neuorganisationsgesetz – BUKNOG) vom 19.10.2013 (BGBl. I S. 3836)
   - »Gesetz zur besseren Vereinbarkeit von Familie, Pflege und Beruf« vom 23.12.2014 (BGBl. I S. 2462).

3. **Träger** der gesetzlichen Unfallversicherung sind
   - die nach Branchen organisierten gewerblichen **Berufsgenossenschaften** (§ 22 Abs. 2 SGB I, §§ 121, 122 SGB VII),
   - die landwirtschaftlichen Berufsgenossenschaften (§ 22 Abs. 2 SGB I, §§ 123, 124 SGB VII) und
   - die Unfallversicherungsträger der öffentlichen Hand (§ 22 Abs. 2 SGB I, §§ 125 ff. SGB VII; 15 **Unfallkassen** und fünf Gemeindeunfallversicherungsverbände, vier Feuerwehr-Unfallkassen sowie die Eisenbahn-Unfallkasse, die Unfallkasse Post und Telekom und die Unfallkasse des Bundes).

   Nach § 222 SGB VII n. F. war die Zahl der gewerblichen Berufsgenossenschaften bis zum 31.12.2009 auf **neun** zu reduzieren. Sowohl bei den Berufsgenossenschaften als auch bei den Unfallversicherungsträgern der öffentlichen Hand wurden **Fusionen** zum Zwecke der Verringerung der Zahl der Unfallversicherungsträger vereinbart.
   Mit Wirkung zum 1.6.2007 wurde die »**Deutsche Gesetzliche Unfallversicherung e. V. (DGUV)**« mit Sitz in Berlin als Spitzenverband der gewerblichen Berufsgenossenschaften und der Unfallversicherungsträger der öffentlichen Hand (Unfallkassen) gegründet.

4. Finanziert wird die gesetzliche Unfallversicherung – im Gegensatz zu den anderen Versicherungszweigen, bei denen das Beitragsaufkommen von Arbeitgebern *und* Arbeitnehmern erbracht wird – allein durch **Beiträge der Arbeitgeber** (siehe Rn. 13).

Mit einem Finanzvolumen von ca. 9 Mrd. Euro im Jahr ist sie der **kleinste Zweig** der gesetzlichen Sozialversicherungssysteme (vgl. Deter, AuR 2007, 303).
Die Zahl der **Arbeits- und Wegeunfälle** ist – über einen längeren Zeitraum betrachtet – stark rückläufig.
Anfang der 1960er Jahre kam es zu jährlich ca. 3 Mio. Arbeits- und Wegeunfällen (davon waren weit über 5000 tödlich; vgl. Kittner, Arbeits- und Sozialordnung, 41. Aufl. 2016, S. 250). 2006 wurden laut Statistischem Bundesamt etwas weniger als 1 Mio. Arbeits- und Wegeunfälle (davon ca. 1100 mit Todesfolge) registriert (Quelle: Statistisches Bundesamt: Gesundheitsberichterstattung des Bundes; *www.gbe-bund.de*; Stand: 24.02.2008).
Nachstehend weitere Zahlen aus der Statistik **Gemeldete Arbeitsunfälle** (Quelle: © **Statista 2015** (*http://de.statista.com/statistik/daten/studie/6051/umfrage/gemeldete-arbeitsunfaelle-in-deutschland-seit–1986/*)

2014:   869 817
2013:   874 514
2012:   885 009
2011:   919 025
2010:   954 459
2009:   886 122
2008:   971 620
2007:   959 714
2006:   948 546
2005:   931 932
2004:   985 410
2003: 1 032 997
2002: 1 187 694
2001: 1 273 478
2000: 1 380 289
1999: 1 421 757
1998: 1 443 401
1997: 1 453 100
1996: 1 504 436
1995: 1 651 481
1994: 1 727 095
1993: 1 747 574
1992: 1 874 713

Die frühere große Koalition von CDU, CSU und SPD hatte im Koalitionsvertrag vom 11.11.2005 darüber hinausgehend einen umfassenden Umbau der gesetzlichen Unfallversicherung vereinbart, und zwar sowohl in Bezug auf die **Organisationsform** der Unfallversicherung als auch das **Leistungsrecht**. Man wolle die Unfallversicherung »zukunftssicher« machen.
Das Vorhaben geht auf eine Forderung der → **Arbeitgeberverbände** zurück, denen insbesondere an einer Senkung der Leistungen der Unfallversicherung (und damit ihrer Beitragslast; siehe Rn. 4 und 13) gelegen ist.
Die → **Gewerkschaften** haben die Reform der Organisation der gesetzlichen Unfallversicherung grundsätzlich befürwortet und mit Vorschlägen in Einzelfragen begleitet (vgl. hierzu Deter, AuR 2007, 303; Riesenberg-Mordeja, Gute Arbeit 2008, 4 und Schröder, Gute Arbeit 2008, 5).
Eine Verschlechterung des Leistungsrechts im Sinne der Vorschläge der Arbeitgeber (siehe Rn. 5 c) lehnen sie kategorisch ab (vgl. Schröder, a.a.O.).
Die **Reform der Organisation** der gesetzlichen Unfallversicherung ist inzwischen mit dem

Unfallversicherung

Unfallversicherungsmodernisierungsgesetz vom 30. 10. 2008 (BGBl. I S. 2130) umgesetzt worden.

Unter anderem wurde geregelt, dass die Deutsche Gesetzliche Unfallversicherung e. V. (DGUV) darauf hinwirkt, dass die Verwaltungs- und Verfahrenskosten der gesetzlichen Unfallversicherung vermindert werden (§ 222 Abs. 4 Satz 1 SGB VII n. F.).

Vom Jahr 2009 an hat die DGUV jedes Jahr dem Bundesministerium für Arbeit und Soziales über die Entwicklung der Verwaltungs- und Verfahrenskosten bei den gewerblichen Berufsgenossenschaften sowie über die umgesetzten und geplanten Maßnahmen zur Optimierung dieser Kosten **zu berichten** (§ 222 Abs. 4 Satz 2 SGB VII n. F.).

Dabei ist gesondert auf die Schlussfolgerungen einzugehen, welche sich aus dem Benchmarking der Versicherungsträger ergeben (§ 222 Abs. 4 Satz 3 SGB VII n. F.).

5c Nach wie vor offen und umstritten ist die **Reform des Leistungsrechts**.

Einigkeit besteht (jedenfalls) in der Politik allein darin, künftig die Unfallrenten in **zwei Leistungen** aufzusplitten.

Nach einem ersten im April 2007 vom Bundesministerium für Arbeit und Soziales vorgelegten »Arbeitsentwurf« sollten Unfallopfer

- zum einen finanziellen Ausgleich für den erlittenen Gesundheitsschaden (eine Art **Schmerzensgeld**) erhalten
- und zum anderen eine **Rente**, die eventuelle konkrete Entgelteinbußen in Folge des Unfalls ausgleicht. Sofern keine Entgelteinbußen entstehen, soll eine Rente – im Gegensatz zum bisherigen Recht – ganz entfallen.

Eine zentrale Forderung der → **Arbeitgeberverbände** zielt auf die Herausnahme des »**Wegeunfalls**« (siehe Rn. 38) aus der Unfallversicherung.

Die Kosten für Unfälle auf dem Weg zur Arbeit (und zurück) dürften nicht mehr der Unfallversicherung aufgebürdet werden (so Arbeitgeberpräsident Dieter Hundt; vgl. Deter, AuR 2007, 257).

Demgegenüber wird von Fachleuten eingewandt, dass dies lediglich zu einer weitgehend sinnlosen **Kostenverlagerung** zwischen den Sozialversicherungsträgern (nämlich auf die Krankenkassen) führe.

In Ziff. III.7.1 des von CDU, CSU und FDP beschlossenen Koalitionsvertrags vom 26. 10. 2009 fand sich folgende Formulierung: »*Der Leistungskatalog wird mit Blick auf ein zielgenaues Leistungsrecht überprüft, die Wirtschaftlichkeit der gewerblichen Berufsgenossenschaften wird verbessert und das Recht der gesetzlichen Unfallversicherung entbürokratisiert.*«

Man darf gespannt darauf sein, ob das Thema wieder neu aufgenommen wird.

5d Nachstehend sollen einige – auch für die Betriebsratsarbeit wichtige – **Hinweise** zur gesetzlichen Unfallversicherung gegeben werden. Es handelt sich keineswegs um eine erschöpfende Darstellung.

6 Jeder **Unternehmer** ist kraft Gesetzes Mitglied der für seinen Gewerbezweig bestehenden Berufsgenossenschaft.

7 Durch die gesetzliche Unfallversicherung wird den Arbeitgebern das Risiko der **Haftung** auf Schadensersatz und Schmerzensgeld gegenüber den Beschäftigten wegen **fahrlässiger** Körperverletzung und fahrlässiger Tötung im Zusammenhang mit einem → **Arbeitsunfall** oder einer → **Berufskrankheit** abgenommen.

8 Gleiches gilt im Verhältnis der Arbeitnehmer untereinander.

9 Stattdessen tritt die Berufsgenossenschaft/Unfallkasse ein (diese zahlt allerdings kein Schmerzensgeld, was im Grunde ein – allerdings kaum diskutierter – sozialpolitischer Skandal ist!).

10 Die Arbeitgeber sind nach § 104 SGB VII, die Arbeitnehmer nach § 105 SGB VII von der Haftung für einen Personenschaden **freigestellt**.

11 Der Haftungsausschluss gilt nicht, wenn der Personenschaden **vorsätzlich** (bedingter Vorsatz reicht aus) oder anlässlich eines **Wegeunfalles** (außerhalb des Betriebsgeländes) verursacht wurde (siehe auch → **Haftung des Arbeitgebers**).

Zur Haftung des Arbeitgebers auf Schadensersatz und Schmerzensgeld bei **bedingt vorsätzlicher Schädigung** des Arbeitnehmers (etwa durch die Anweisung des Vorgesetzten, Arbeiten unter gesundheitsschädlichen Bedingungen – z. B. **Asbest** – zu verrichten) siehe → **Arbeitsschutz** Rn. 105 ff.   12

Zur möglichen Schadensersatzhaftung des **Herstellers** eines »fehlerhaften« Produktes (z. B. krebserzeugendes Kühlschmiermittel): siehe → **Arbeitsschutz** Rn. 113 und → **Berufskrankheit**.   12a

Der von den Unternehmen an die Berufsgenossenschaften zu zahlende **Beitrag** bestimmt sich nach Finanzbedarf, Arbeitsentgelt der Versicherten und Gefahrklasse (§ 153 Abs. 1 SGB VII).   13

Je nach Zahl, Schwere und Aufwendungen für die Versicherungsfälle werden **Zuschläge** erhoben bzw. **Nachlässe** bewilligt (§ 162 SGB VII).

Führt der Unternehmer wirksame Maßnahmen zur Verhütung von Arbeitsunfällen und Berufskrankheiten durch, kann die Berufsgenossenschaft **Prämien** gewähren. Gleiches gilt für die Verhütung von arbeitsbedingten Gesundheitsgefahren.

Die Berufsgenossenschaften/Unfallkassen haben folgende **Hauptaufgaben** (§ 22 Abs. 1 SGB I, § 1 SGB VII):   14
- Verhütung von Arbeitsunfällen, Berufskrankheiten und arbeitsbedingten Erkrankungen (Prävention),
- nach Eintritt von Arbeitsunfällen und Berufskrankheiten: Wiederherstellung der Gesundheit und Leistungsfähigkeit und Entschädigung durch Geldleistungen (auch für Hinterbliebene).

Prävention: Für die betriebliche Praxis von besonderer Bedeutung sind die Vorschriften des SGB VII über die Prävention (= Vorbeugung; §§ 1 Nr. 1, 14 bis 25 SGB VII).   15

Die Berufsgenossenschaften/Unfallkassen haben einen erweiterten Präventionsauftrag. Sie sind nicht nur für die Verhütung von Arbeitsunfällen und Berufskrankheiten, sondern auch von arbeitsbedingten Gesundheitsgefahren zuständig.   16

Außerdem haben sie für eine wirksame **Erste Hilfe** zu sorgen.

Sie sollen den **Ursachen** »arbeitsbedingter Gefahren« für Leben und Gesundheit nachgehen (§§ 1 Nr. 1, 14 Abs. 1 SGB VII).

Die Berufsgenossenschaften/Unfallkassen arbeiten bei der Verhütung von arbeitsbedingten Gesundheitsgefahren mit den **Krankenkassen** zusammen (§ 14 Abs. 2 SGB VII).   17

Unfallverhütungsvorschriften (§ 15 SGB VII)

Die Berufsgenossenschaften/Unfallkassen haben das Recht, Unfallverhütungsvorschriften (neuerdings auch BG-Vorschriften genannt, siehe Rn. 24) zu erlassen (§ 15 SGB VII).   18

Dabei können sie neben Arbeitsunfällen und Berufskrankheiten auch die »arbeitsbedingten Gesundheitsgefahren« ins Visier nehmen.

Es wird also im Arbeitsschutz auch zukünftig zwei Regelungssysteme geben: einerseits die **staatlichen Vorschriften** (Arbeitsschutzgesetz, Rechtsverordnungen usw.), andererseits die **Unfallverhütungsvorschriften** (siehe auch → **Arbeitsschutz** Rn. 3).

Die Unfallverhütungsvorschriften können Regelungen enthalten über Pflichten des Unternehmers, Verhalten der Versicherten, arbeitsmedizinische (Vorsorge-)Untersuchungen und Maßnahmen, Erste Hilfe, Verpflichtungen des Unternehmers nach dem Arbeitssicherheitsgesetz, Zahl der Sicherheitsbeauftragten.

Unfallverhütungsvorschriften über arbeitsmedizinische (Vorsorge-)Untersuchungen und Maßnahmen können auch Bestimmungen vorsehen über die zweckgerechte Erhebung, Verarbeitung und Nutzung bestimmter Arbeitnehmerdaten (§ 15 Abs. 2 SGB VII).   19

Unfallversicherung

20 Die Unfallverhütungsvorschriften bedürfen der **Genehmigung** durch den Bundesminister für Arbeits- und Sozialordnung bzw. der entsprechenden obersten Landesbehörde, wenn ein Unfallversicherungsträger unter der Aufsicht nur eines Landes steht (§ 15 Abs. 4 SGB VII).

21 Die Unfallverhütungsvorschriften gelten auch für solche in einem oder für ein Unternehmen tätige Versicherte, für die eine andere Berufsgenossenschaft/Unfallkasse zuständig ist (§ 16 Abs. 1 SGB VII, siehe auch § 17 Abs. 2 SGB VII) sowie für »Unternehmen und Beschäftigte von ausländischen Unternehmen«, die keinem Unfallversicherungsträger angehören (§ 16 Abs. 2 SGB VII).

Die **Aufsichtspersonen** (§ 18 SGB VII) der Berufsgenossenschaften/Unfallkassen können auch diese Unternehmen überwachen und die notwendigen Anordnungen treffen (§ 17 Abs. 3 SGB VII).

22 Die Berufsgenossenschaft/Unfallkasse stellt dem Unternehmer die für sein Unternehmen geltenden Unfallverhütungsvorschriften auf Anforderung zur Verfügung.

Der Unternehmer ist verpflichtet, die Versicherten über die Unfallverhütungsvorschriften **zu unterrichten** (§ 15 Abs. 5 SGB VII).

Die Unfallverhütungsvorschriften sind ferner den mit der Durchführung der Unfallverhütung betrauten Personen **auszuhändigen**, soweit sie deren Arbeitsbereich betreffen (§ 7 Abs. 1 BGV A 1 [= bisherige UVV 1/VBG 1]).

23 **Hinweis:**
Die Unfallverhütungsvorschriften (§ 15 SGB VII) erlebten in den zurückliegenden Jahren einen mehrfachen **Wechsel der Kurzbezeichnung:**
- zunächst wurde das schlichte, aber nachvollziehbare Kürzel »**UVV**« verwendet;
- dann erhielten die Unfallverhütungsvorschriften den Kurznamen »**VBG**« (z. B. »VBG 1 = Allgemeine Vorschriften«);
- dann wurden sie in »**BG-Vorschriften**« (»**BGV**«) umbenannt (z. B. »BGV A 1 = Allgemeine Vorschriften: Grundsätze der Prävention«);
- heute werden sie als »**DGUV-Vorschriften**« (**DGUV-V**) bezeichnet (z. B. »DGUV Vorschrift 1 Grundsätze der Prävention (BGV A 1)« oder »DGUV Vorschrift 2 Betriebsärzte und Fachkräfte für Arbeitssicherheit«).

24 Nicht besetzt.

Überwachung und Beratung – Aufsichtspersonen (§§ 17 ff. SGB VII)

25 Die Berufsgenossenschaften/Unfallkassen können im Einzelfall **Anordnungen** nicht nur zur Durchsetzung der Unfallverhütungsvorschriften treffen, sondern auch »*zur Abwendung besonderer Unfall- und Gesundheitsgefahren*« (§ 17 Abs. 1 SGB VII).

Die Aufsichtspersonen (§ 18 SGB VII) können damit über den Geltungsbereich der Unfallverhütungsvorschriften hinaus, also im Bereich des staatlich geregelten **Arbeitsschutzrechtes**, tätig werden.

26 Die Aufsichtspersonen, die die Berufsgenossenschaften/Unfallkassen in der erforderlichen Anzahl zu beschäftigen haben, sind mit einer Reihe von **Befugnissen** ausgestattet (z. B. Betreten, Besichtigen und Prüfung von Grundstücken und Betriebsstätten während der Betriebs- und Geschäftszeiten, Untersuchung von Arbeitsverfahren und -abläufen, Untersuchung der Ursachen eines Unfalles, einer Erkrankung oder eines Schadensfalles).

Sie können bei Gefahr im Verzug **sofort vollziehbare Anordnungen** erlassen (§§ 18, 19 SGB VII).

Unfallversicherung

Zusammenarbeit mit Dritten (§ 20 SGB VII)

Das Gesetz verpflichtet Berufsgenossenschaften/Unfallkassen und die für den Arbeitsschutz zuständigen Landesbehörden (insbes. **Gewerbeaufsicht**) zu enger Zusammenarbeit, Erfahrungsaustausch und gegenseitiger Information über durchgeführte **Betriebsbesichtigungen** und deren wesentliche Ergebnisse (§ 20 SGB VII). 27

Verantwortung des Unternehmers – Mitwirkung der Versicherten (§ 21 SGB VII)

Der **Unternehmer** ist für die Durchführung der Maßnahmen zur Verhütung von Arbeitsunfällen, Berufskrankheiten und arbeitsbedingter Gesundheitsgefahren **verantwortlich** (§ 21 SGB VII). 28
Die Versicherten haben diese Maßnahmen zu unterstützen und entsprechende Anweisungen des Unternehmers zu befolgen.
Nach § 15 Abs. 1 Ziff. 1 SGB VII können **Unternehmerpflichten** durch Unfallverhütungsvorschrift auf andere Personen (z. B. Meister, Vorarbeiter) »**übertragen**« werden. 28a
Davon wurde mit § 13 der Unfallverhütungsvorschrift »Grundsätze der Prävention« BGV A1 Gebrauch gemacht.
Die Vorschrift lautet: »*Der Unternehmer kann zuverlässige und fachkundige Personen schriftlich damit beauftragen, ihm nach Unfallverhütungsvorschriften obliegende Aufgaben in eigener Verantwortung wahrzunehmen. Die Beauftragung muss den Verantwortungsbereich und Befugnisse festlegen und ist vom Beauftragten zu unterzeichnen. Eine Ausfertigung der Beauftragung ist ihm auszuhändigen.*«
Werden übertragene Unternehmerpflichten von dem Beauftragten verletzt, kann das ein **Bußgeldverfahren** gegen ihn auslösen (§ 9 Abs. 2 Ziff. 2 OWiG).

Sicherheitsbeauftragte (§ 22 SGB VII)

In → **Unternehmen** mit regelmäßig mehr als 20 Beschäftigten hat der Unternehmer Sicherheitsbeauftragte »*unter Beteiligung des Betriebsrats*« zu bestellen (§ 22 SGB VII). 29
Die Berufsgenossenschaft/Unfallkasse kann die Zahl 20 in einer Unfallverhütungsvorschrift **erhöhen**, aber auch die Bestellung von Sicherheitsbeauftragten in Unternehmen mit weniger als 21 Beschäftigten anordnen.
Die Sicherheitsbeauftragten haben den Unternehmer in Bezug auf die Verhütung von Arbeitsunfällen und Berufskrankheiten/Unfallkassen **zu unterstützen** und auf Unfall- und Gesundheitsgefahren **aufmerksam zu machen**. 30
Wegen der Erfüllung ihrer Aufgaben dürfen sie **nicht benachteiligt** werden (siehe auch → **Kündigung**). 31

Aus- und Fortbildung (§ 23 SGB VII)

Die Berufsgenossenschaften haben auch für die Aus- und Fortbildung der im Unternehmen mit Arbeitsschutz und Erster Hilfe betrauten Personen (z. B. Betriebsärzte, Sicherheitsfachkräfte, Sicherheitsbeauftragte) zu sorgen. 32
Auch für externe Betriebsärzte und Sicherheitsfachkräfte können sie Aus- und Fortbildungsmaßnahmen durchführen.
Unternehmer und Versicherte sind zur Teilnahme an Lehrgängen anzuhalten.
Für die durch Teilnahme an Lehrgängen ausgefallene Arbeitszeit besteht Anspruch auf **Fortzahlung des Arbeitsentgelts** (§ 23 Abs. 3 SGB VII).

Unfallversicherung

Überbetriebliche arbeitsmedizinische und sicherheitstechnische Dienste (§ 24 SGB VII)

33 Die Berufsgenossenschaften können überbetriebliche arbeitsmedizinische und sicherheitstechnische Dienste einrichten.
Durch Satzungsbestimmungen können Unternehmer verpflichtet werden, sich einem solchen externen Dienst anzuschließen, wenn sie nicht fristgerecht oder in nicht ausreichendem Umfang Betriebsärzte und Sicherheitsfachkräfte bestellen (§ 24 SGB VII).

Jährliche Berichterstattung (§ 25 SGB VII)

34 § 25 SGB VII verpflichtet die Bundesregierung zu jährlicher Berichterstattung gegenüber Bundestag und Bundesrat.

Versicherung kraft Gesetzes (§ 2 SGB VII)

35 Versicherter Personenkreis: Kraft Gesetzes sind versichert neben den »**Beschäftigten**« eine Vielzahl **anderer Personen** (z. B. Kinder beim Besuch des Kindergartens, Schüler beim Besuch der Schule, Studierende, Hilfeleistende bei Unglücksfällen, Blut- und Gewebespender; § 2 SGB VII).

Versicherungsfälle: Arbeitsunfall (inkl. Wegeunfall) und Berufskrankheit (§ 7 SGB VII)

36 Versicherungsfälle sind der → **Arbeitsunfall** und die → **Berufskrankheit** (§ 7 Abs. 1 SGB VII).
37 **Verbotswidriges Handeln** des Versicherten schließt einen Versicherungsfall nicht aus (§ 7 Abs. 2 SGB VII).
Allerdings können Leistungen ganz oder teilweise versagt werden, wenn der Versicherungsfall bei der Begehung eines rechtskräftig abgeurteilten **vorsätzlichen Verbrechens oder Vergehens** eingetreten ist.
Außerdem haben Personen, die den Tod von Versicherten vorsätzlich herbeigeführt haben, keinen Anspruch auf Leistungen (§ 101 SGB VII).
Zum **alkoholbedingten Arbeitsunfall**: siehe unten und → **Arbeitsunfall**.
38 Arbeitsunfälle sind Unfälle von Versicherten infolge einer **versicherten Tätigkeit**.
Versicherte Tätigkeit ist auch das »Zurücklegen« der in § 8 Abs. 2 Nr. 1 bis 4 SGB VII bezeichneten Wege (= **Wegeunfall**).
Ebenso versichert ist das Aufbewahren, Befördern, Instandhalten und Erneuern eines Arbeitsgerätes oder einer Schutzausrüstung sowie deren – vom Unternehmer veranlasste – Erstbeschaffung (§ 8 Abs. 2 Nr. 5 SGB VII).
39 Der → **Arbeitsunfall** wird definiert als »*zeitlich begrenztes, von außen auf den Körper einwirkendes Ereignis, das zu einem Gesundheitsschaden oder zum Tod führte*« (§ 8 Abs. 1 Satz 2 SGB VII).
40 Ansprüche gegen die Berufsgenossenschaft/Unfallkasse wegen eines → **Arbeitsunfalls** oder einer → **Berufskrankheit** bestehen nur, wenn ein innerer **Ursachenzusammenhang** mit hinreichender Wahrscheinlichkeit angenommen werden kann,
  • sowohl zwischen der versicherten Tätigkeit und dem schädigenden Ereignis (sog. **haftungsbegründende Kausalität**)
  • als auch zwischen dem schädigenden Ereignis und dem Körperschaden (sog. **haftungsausfüllende Kausalität**).
41 Die bloße **Möglichkeit** eines ursächlichen Zusammenhangs reicht nicht aus.

Unfallversicherung

| **Beachten:** Beweiserleichterungen nach § 9 Abs. 3 SGB VII bei der Berufskrankheit (siehe → **Berufskrankheit**). | 42 |

Wirken **mehrere Ursachen** zusammen, kommt es darauf an, welches die »**wesentliche**« Ursache war. | 43

Alkoholbedingte Arbeitsunfälle im Straßenverkehr sind beispielsweise dann nicht versichert, wenn der Alkoholgenuss die »rechtlich allein wesentliche« Ursache des Unfalls gewesen ist. In diesem Fall wird angenommen, dass der ursächliche Zusammenhang zwischen der versicherten Tätigkeit und dem Unfallereignis (sog. haftungsbegründende Kausalität) entfallen ist (BSG v. 23. 9. 1997 – 2 RU 40/96, DB 1997, 2224).
Siehe auch → **Arbeitsunfall**.

| **Hinweis:** Vor Erteilung eines Gutachtenauftrags soll die Berufsgenossenschaft/Unfallkasse dem Versicherten **mehrere Gutachter** zur Auswahl benennen (§ 200 Abs. 2 SGB VII). | 44 |

Anzeige eines Versicherungsfalles (§ 193 SGB VII)

Nach § 193 Abs. 1 SGB VII hat der Unternehmer jeden Unfall in seinem Betrieb der Berufsgenossenschaft/Unfallkasse anzuzeigen, wenn durch den Unfall ein Versicherter **getötet** oder so **verletzt** wurde, dass er **mehr als drei Tage arbeitsunfähig** wird. | 45

Bei der **Berechnung** der 3-Tages-Frist zählt der Unfalltag nicht mit.
Dies bedeutet, dass die Unfallanzeige entbehrlich ist, wenn der Verletzte sich am vierten Tag nach dem Arbeitsunfall wieder arbeitsfähig zurückmeldet (Betriebsräte müssen darauf achten, dass auf noch arbeitsunfähige Verletzte **kein unzulässiger Druck** auf Rückkehr an den Arbeitsplatz ausgeübt wird).
Abzulehnen sind beispielsweise »**Sicherheitswettbewerbe**«, nach denen alle Mitglieder einer Gruppe Prämien erhalten, wenn in einem bestimmten Zeitraum keine – länger als drei Tage dauernde und damit anzeigepflichtige – Arbeitsunfähigkeit »gemeldet« wird. Wenn dennoch eine Krankschreibung von mehr als drei Tagen erfolgt, bekommt keiner die Prämie.

Hat der Unternehmer im Einzelfall Anhaltspunkte, dass bei Versicherten seines Unternehmens eine → **Berufskrankheit** vorliegen könnte, hat er diese der Berufsgenossenschaft/Unfallkasse anzuzeigen (§ 193 Abs. 2 SGB VII). | 46

Die Anzeige ist **binnen drei Tagen** zu erstatten, nachdem der Unternehmer von dem Unfall oder den »Anhaltspunkten für eine Berufskrankheit« (§ 193 Abs. 2 SGB VII) Kenntnis erlangt hat. | 47

Die Anzeige (eines Unfalls oder einer Berufskrankheit) ist durch Ausfüllen vorgeschriebener **Formulare** vorzunehmen. Sie ist vom **Betriebsrat** mit zu unterzeichnen (§ 193 Abs. 5 Satz 1 SGB VII). | 48

Der Betriebsrat erhält eine **Durchschrift** der Anzeige (§ 89 Abs. 6 BetrVG). | 49
Der Versicherte kann vom Unternehmer **Überlassung einer Kopie** der Anzeige verlangen (§ 193 Abs. 4 Satz 2 SGB VII). | 50

Der Unternehmer hat den **Betriebsarzt** und die **Sicherheitsfachkraft** über jede Unfall- und Berufskrankheitenanzeige zu unterrichten (§ 193 Abs. 5 Satz 2 SGB VII). | 51

Über **Auskunftsersuchen** der Berufsgenossenschaft/Unfallkasse zur Feststellung, ob ein Arbeitsunfall oder eine Berufskrankheit vorliegt, hat der Unternehmer den **Betriebsrat zu informieren** (§ 193 Abs. 5 Satz 3 SGB VII). | 52

Berufsgenossenschaften/Unfallkassen und nach Landesrecht zuständige Behörden des medizinischen Arbeitsschutzes informieren sich gegenseitig über eingehende Unfall- und Berufskrankheitenanzeigen (§ 193 Abs. 7 Sätze 3 und 4 SGB VII). | 53

Unfallversicherung

Versicherungsleistungen (§§ 26 ff. SGB VII)

54 Wird das Vorliegen des Versicherungsfalles »Arbeitsunfall« (inkl. Wegeunfall) oder »Berufskrankheit« anerkannt, hat der Betroffene gegenüber der Berufsgenossenschaft nach §§ 26 ff. Sozialgesetzbuch VII **Ansprüche** auf Heilbehandlung, Leistungen zur Teilhabe am Arbeitsleben und zum Leben in der Gemeinschaft, Leistungen bei Pflegebedürftigkeit, Verletztengeld während der Heilbehandlung, Übergangsgeld für die Zeit, in der der Versicherte Leistungen zur Teilhabe am Arbeitsleben erhält, Renten an den Betroffenen sowie Renten und sonstige Leistungen an seine Hinterbliebenen (wobei Renten unter bestimmten Voraussetzungen auch in Form einer Abfindung ausgezahlt werden können; hierzu §§ 75 ff. SGB VII).

55 Zu weiteren Einzelheiten zum Versicherungsfall »Berufskrankheit« (§ 9 SGB VII) siehe Übersicht „Unfallversicherung".

Bedeutung für die Betriebsratsarbeit

56 Der Betriebsrat hat sich nach § 89 Abs. 1 BetrVG dafür einzusetzen, dass die Vorschriften über den → **Arbeitsschutz** (sowie über den betrieblichen → **Umweltschutz**) durchgeführt werden. Er hat bei der Bekämpfung von Unfall- und Gesundheitsgefahren die für den Arbeitsschutz zuständigen Behörden (insbesondere die Gewerbeaufsicht) sowie die Träger der Unfallversicherung (also insbesondere die Berufsgenossenschaften) durch **Anregung, Beratung und Auskunft** zu unterstützen.

57 Dem entspricht die in § 89 Abs. 2 BetrVG geregelte Verpflichtung des Arbeitgebers sowie der anderen für den Arbeitsschutz zuständigen Stellen, den Betriebsrat bei allen im Zusammenhang mit Arbeitsschutz und Unfallverhütung stehenden Besichtigungen und Fragen sowie bei Unfalluntersuchungen **hinzuzuziehen**.

58 Außerdem hat der Arbeitgeber dem Betriebsrat unverzüglich die den Arbeitsschutz und die Unfallverhütung betreffenden **Auflagen und Anordnungen** der zuständigen »Stellen«, also insbesondere der Gewerbeaufsicht und der Berufsgenossenschaft, mitzuteilen.

59 Gemäß § 89 Abs. 5 BetrVG erhält der Betriebsrat vom Arbeitgeber die **Niederschriften** über Untersuchungen, Besichtigungen und Besprechungen.

60 In einer vom Bundesminister für Arbeit und Sozialordnung 1977 erlassenen Verwaltungsvorschrift (abgedruckt bei Kittner, Arbeits- und Sozialordnung, Bund-Verlag zu § 20 SGB VII) wird die Pflicht der Berufsgenossenschaften/Unfallkassen zur **Zusammenarbeit mit dem Betriebsrat** konkretisiert (§ 20 Abs. 3 Nr. 1 SGB VII).
Insbesondere werden die Aufsichtsbeamten (sog. **Aufsichtspersonen**, §§ 18, 19 SGB VII) verpflichtet, den Betriebsrat bei Betriebsbesichtigungen, Unfalluntersuchungen und Besprechungen **hinzuzuziehen**.
Will die Aufsichtsperson einen Betrieb besichtigen, einen Unfall untersuchen oder Unfallverhütungsfragen im Betrieb besprechen, ohne dies dem Unternehmer vorher anzukündigen, so darf er damit erst **beginnen**, nachdem er den Betriebsrat unterrichtet und zur Beteiligung aufgefordert hat.
Bei vorher **angekündigten Betriebsbesuchen** hat er den Betriebsrat rechtzeitig zu unterrichten.
An **Terminvereinbarungen** mit dem Unternehmer ist der Betriebsrat zu beteiligen.
Protokolle von Betriebsbesichtigungen, sonstige Niederschriften und Schreiben an den Unternehmer, die Maßnahmen zur Unfallverhütung zum Gegenstand haben, haben die Aufsichtspersonen an den Betriebsrat zu übersenden.

Ähnliche Zusammenarbeitspflichten haben – nach Landesrecht – auch die **Gewerbeaufsichtsämter**.

Eine besondere Mitwirkungspflicht des Betriebsrats besteht bei der Ausfertigung einer **Unfall- bzw. Berufskrankheitenanzeige**.
Nach § 193 Abs. 6 SGB VII hat der Betriebsrat die Unfall- bzw. Berufskrankheitenanzeige **zu unterzeichnen**.
Natürlich wird er dies erst nach sorgfältiger Prüfung der vom Unternehmer gegebenen Darstellung tun. Der Arbeitgeber hat dem Betriebsrat eine Durchschrift der Unfall- bzw. Berufskrankheitenanzeige auszuhändigen (§ 89 Abs. 6 BetrVG).
Außerdem hat er den Betriebsrat über **Auskunftsersuchen** der Berufsgenossenschaft zur Feststellung, ob ein Arbeitsunfall oder eine Berufskrankheit vorliegt, zu informieren (§ 193 Abs. 5 Satz 3 SGB VII).

Besondere Aktivitäten des Betriebsrats sind notwendig, wenn durch Arbeitgeber oder Berufsgenossenschaft der **Ursachenzusammenhang** zwischen betrieblicher Tätigkeit und Körperschaden – zu Unrecht – bestritten wird.
In einem solchen Falle sollte der Betriebsrat alles tun, um den Betroffenen bei der Durchsetzung seiner Ansprüche zu unterstützen.
Dieser hat die Möglichkeit, gegen den ablehnenden Bescheid der Berufsgenossenschaft **Widerspruch** einzulegen.
Wird auch dieser zurückgewiesen, kann der Betroffene **Klage** beim **Sozialgericht** erheben. Gewerkschaftlich organisierte Arbeitnehmer können dabei **gewerkschaftlichen Rechtsschutz** in Anspruch nehmen.
Nichtorganisierte vertreten sich entweder selbst oder nehmen die gebührenpflichtige Hilfe eines **Rechtsanwalts** in Anspruch.

Von entscheidender Bedeutung ist sowohl im Widerspruchsverfahren als auch im Klageverfahren die **Aufklärung** des zugrunde liegenden **Sachverhalts**.
Hier kann der Betriebsrat wichtige Hilfestellung leisten, indem er dem Betroffenen hilft, möglichst genau festzustellen, welchen gesundheitsschädlichen Einwirkungen er im Verlaufe seiner Beschäftigungsverhältnisse ausgesetzt war (z. B. mit welchen Gefahrstoffen umgegangen wurde, ob in Lärmbereichen gearbeitet wurde).

Zu etwaigen **Schadensersatzansprüchen** gegen den Hersteller von »fehlerhaften« Arbeitsmitteln (z. B. krebserregende Kühlschmierstoffe) siehe → **Arbeitsschutz** und → **Berufskrankheit**.
Zu den Aufgaben und Rechten des Betriebsrats bei der **Verhütung** von Arbeitsunfällen, Berufskrankheiten und sonstigen arbeitsbedingten Erkrankungen siehe → **Arbeitsschutz**.

Arbeitshilfen

Übersicht   • Unfallversicherung

Übersicht: Unfallversicherung

1. **Versichert** in der gesetzlichen Unfallversicherung sind:
   - Arbeitnehmer und Auszubildende kraft Gesetzes – unabhängig von der Höhe des Arbeitsentgelts bzw. der Ausbildungsvergütung
   - Fahrgemeinschaften auf dem Weg von und zur Arbeit – auch dann, wenn dadurch Umwege von und zur Arbeitsstätte notwendig werden
   - Landwirte
   - Kinder, die Kindergärten und Kindertagesstätten besuchen

Unfallversicherung

- Schüler
- Studenten
- Helfer bei Unglücksfällen
- Zivil- und Katastrophenschutzhelfer
- Blut- und Organspender
- Unternehmer, Selbständige und Freiberufler können sich und ihre mitarbeitenden Ehepartner freiwillig versichern, sofern sie nicht schon kraft Gesetzes oder aufgrund von Satzungsbestimmungen pflichtversichert sind.

2. **Versicherungsfall (§§ 7 ff. SGB VII):** Arbeitsunfall (auch Wegeunfall), Berufskrankheit.
3. **Leistungen der gesetzlichen Unfallversicherung:** Versicherte bzw. Angehörige haben u. a. Anspruch auf:
   - **Heilbehandlung (§§ 27 ff. SGB VII):** Übernahme der Kosten für ärztliche Behandlung, Arznei-, Verband- und Heilmittel sowie für Aufenthalte im Krankenhaus.
   - **Leistungen zur Teilhabe am Arbeitsleben (§ 35 SGB VII i. V. m. §§ 33 ff. SGB IX):** u. a. Förderung der Arbeitsaufnahme, Fortbildung, Umschulung. Während dieser Maßnahmen wird ein Übergangsgeld (§§ 49, 50 SGB VII) gezahlt. Es beträgt 75 Prozent für Versicherte mit Kind, im Übrigen 68 Prozent der Berechnungsgrundlage (§ 50 SGB VII i. V. m. § 46 SGB IX).
   - **Leistungen zur Teilhabe am Leben in der Gemeinschaft und ergänzende Leistungen (§§ 39 ff. SGB VII):** u. a. Kraftfahrzeug- und Wohnungshilfe, Haushaltshilfe, psychosoziale Betreuung und Rehabilitationssport.
   - **Pflegegeld (§ 44 SGB VII)** wird im Falle der Pflegebedürftigkeit zusätzlich zur Verletztenrente gezahlt. Auch sonstige notwendige Pflegeleistungen werden erbracht.
   - **Verletztengeld (§§ 45 bis 48 SGB VII)** während der Zeit der Arbeitsunfähigkeit. Es beträgt 80 Prozent des entgangenen Bruttoentgelts bis maximal zur Höhe des Nettolohns, soweit und solange kein Arbeitsentgelt gezahlt wird. Leistungsdauer: 78 Wochen.
   - **Verletztenrente (§§ 56 bis 62 SGB VII)** wird gezahlt, wenn die Erwerbsfähigkeit um 20 Prozent oder mehr für mindestens 26 Wochen gemindert wird. Die Höhe der Verletztenrente richtet sich nach Art und Umfang der Minderung der Erwerbsfähigkeit und nach der Höhe des Arbeitsentgelts in den letzten zwölf Kalendermonaten vor dem Versicherungsfall. Die Verletztenrente wird jährlich angepasst.
   - **Rentenabfindung (§§ 75 bis 80 SGB VII):** Auf Antrag des Versicherten kann die halbe Rente als Abfindung für zehn Jahre an den Verletzten ausgezahlt werden, wenn die Erwerbsfähigkeit um 40 Prozent oder mehr gemindert ist und der das 18. Lebensjahr vollendet hat. Ein besonderer Verwendungsnachweis ist nicht erforderlich. Die Abfindung kann maximal neunmal so hoch sein wie die halbe Jahresrente. In diesem Fall erhält der Versicherte neben der Abfindung für einen Zeitraum von zehn Jahren weiterhin die Hälfte seiner Rente. Mit Beginn des elften Rentenjahres zahlt die Unfallversicherung dann wieder die volle Rente. Eine Rentenabfindung kann auf Antrag auch dann erfolgen, wenn die Erwerbsfähigkeit um weniger als 40 Prozent gemindert ist. Sie ist allerdings nur auf Dauer möglich – das heißt: Die Rentenzahlung ist durch eine einmalige Abfindung vollständig abgegolten. Eine Rente kann dann nur noch gezahlt werden, wenn sich der Gesundheitszustand so sehr verschlechtert, dass ein Anspruch auf eine höhere als die abgefundene Rente besteht.
   - **Leistungen bei Tod an Hinterbliebene (§§ 63 bis 71 SGB VII):**
     - **Sterbegeld** (§ 64 SGB VII). Höhe: 1/7 der im Zeitpunkt des Todes geltenden jährlichen Bezugsgröße (Stand 2016: 34860 Euro : 7 = 4980 Euro [West] bzw. 30240 Euro : 7 = 4320 Euro [Ost]) und Erstattung der **Überführungskosten**.
     - **Witwen-/Witwerrente** für den hinterbliebenen Ehegatten (§§ 65 – 66 SGB VII): Höhe der jährlichen Rente: 40 Prozent des Jahresarbeitsverdienstes des Verstorbenen, wenn der Ehepartner 45 Jahre oder älter oder erwerbs- oder berufsunfähig ist oder zum Zeitpunkt des Todes mindestens ein waisenrentenberechtigtes Kind erzieht; falls diese Voraussetzungen nicht zutreffen: 30 Prozent des Jahresarbeitsverdienstes des Verstorbenen.
     Eigenes Einkommen (Arbeitsentgelt oder andere Rente) wird mit 40 Prozent auf die Hinterbliebenenrente angerechnet, wobei ein dynamisierter Freibetrag (der sich für jedes waisenrentenberechtigte Kind erhöht) abgezogen wird.
     - **Waisenrente** für hinterbliebene Kinder unter 18 Jahren §§ 67 – 68 SGB VII. An Halbwaisen

Unfallversicherung

zahlt die Unfallversicherung 20 Prozent des Jahresarbeitsverdienstes des Verstorbenen, bei Vollwaisen 30 Prozent. Die Waisenrente wird über das 18. Lebensjahr der Waisen hinaus bis zum 27. Lebensjahr gezahlt, wenn das Kind eine Schul- oder Berufsausbildung absolviert oder ein freiwilliges soziales oder ökologisches Jahr leistet oder sich wegen einer körperlichen, geistigen oder seelischen Behinderung nicht selbst unterhalten kann. Eigenes Einkommen der Waisen wird – wie bei der Witwen-/Witwerrente – mit 40 Prozent auf die Waisenrente angerechnet, wobei ein dynamisierter Freibetrag abgezogen wird.
- **Witwen- und Waisenrente** dürfen zusammen maximal 80 Prozent des Jahresarbeitsverdienstes des Verstorbenen erreichen, anderenfalls werden sie anteilig gekürzt (§ 70 SGB VII).
- **Witwen-, Witwer- und Waisenbeihilfe** (§ 71 SGB VII).

Unterlassungsanspruch des Betriebsrats

Grundlagen

1 Nach § 23 Abs. 3 BetrVG können der Betriebsrat oder eine im Betrieb vertretene → **Gewerkschaft** bei »**groben Verstößen**« des Arbeitgebers gegen seine Verpflichtungen aus dem BetrVG ein Arbeitsgerichtsverfahren (siehe → **Arbeitsgericht**) anstrengen.
Insbesondere kann je nach Lage des Falles beantragt werden, den Arbeitgeber zu verpflichten,
- eine Handlung zu unterlassen bzw.
- die Vornahme einer Handlung zu dulden bzw.
- eine Handlung vorzunehmen.

Wenn das Arbeitsgericht den Arbeitgeber durch Beschluss entsprechend verpflichtet (das vom Betriebsrat bzw. der Gewerkschaft eingeleitete Verfahren also erfolgreich ist), der Arbeitgeber aber die gerichtliche Entscheidung nicht umsetzt, können Betriebsrat und/oder Gewerkschaft beantragen, dem Arbeitgeber ein **Ordnungsgeld** bzw. ein **Zwangsgeld** aufzugeben (§ 23 Abs. 3 Sätze 2 bis 4 BetrVG). Das Höchstmaß des Ordnungsgeldes und Zwangsgeldes beträgt 10.000 Euro.

1a Ein **grober Pflichtverstoß** i. S. d. § 23 Abs. 3 BetrVG liegt vor, wenn es sich um eine objektiv erhebliche und offensichtlich schwerwiegende Pflichtverletzung handelt.
Auf ein Verschulden des Arbeitgebers kommt es dabei nicht an.
Auch eine einmalige Pflichtverletzung kann einen groben Verstoß darstellen (BAG v. 29. 2. 2000 – 1 ABR 4/99, NZA 2000, 1066; 26. 7. 2005 – 1 ABR 29/04, AiB 2006, 710).
Eine grobe Pflichtverletzung i. S. v. § 23 Abs. 3 Satz 1 BetrVG soll dann nicht vorliegen, wenn der Arbeitgeber in einer **schwierigen und ungeklärten Rechtsfrage** eine bestimmte, sich später als unzutreffend herausstellende Rechtsansicht vertritt (BAG v. 26. 7. 2005 – 1 ABR 29/04, a. a. O.). Das gibt der Arbeitgeberlobby (z. B. BDA: *www.arbeitgeber.de*) die Möglichkeit, den Anwendungsbereich des § 23 Abs. 3 BetrVG klein zu halten, indem sie arbeitgeberfreundliche Juristen (davon gibt es viele) damit beauftragt, zu allen möglichen Fragestellungen die gewünschten Rechtsmeinungen zu verbreiten.
Hierzu der Auszug aus einer Entscheidung des 7. Senats des BAG in einem Fall der Einstellung eines Leiharbeitnehmers (BAG v. 9. 3. 2011 – 7 ABR 137/09, AiB 2012, 58):
»*1. Der Unterlassungsantrag (des Betriebsrats; der Verf.) ist zulässig, aber unbegründet. Der Antrag, die Einstellung eines Leiharbeitnehmers zu unterlassen, dessen Name dem Betriebsrat nicht vorher mitgeteilt wurde, ist zulässig. Er ist insbesondere hinreichend bestimmt i. S. v. § 253 Abs. 2 Nr. 2 ZPO und ggf. vollstreckungsfähig gem. § 85 Abs. 1 Satz 1, Satz 3 ArbGG i. V. m. § 888 Abs. 1 Satz 1 ZPO. Wer »Leiharbeitnehmer« ist und welche tatsächliche Gegebenheiten unter »Einstellung in den Betrieb« zu verstehen sind, ist zwischen den Beteiligten nicht streitig. Der Gegenstand des Unterlassungsbegehrens steht damit hinreichend sicher fest. Bei einer dem Antrag stattgebenden Entscheidung kann die Arbeitgeberin eindeutig erkennen, welcher Handlung sie sich enthalten soll.
Die Voraussetzungen eines Unterlassungsanspruchs nach § 23 Abs. 3 Satz 1 BetrVG sind im Streitfall nicht gegeben. Es kann an dieser Stelle offenbleiben, ob die Arbeitgeberin ihrer Unterrich-*

tungsverpflichtung gegenüber dem Betriebsrat nach § 99 Abs. 1 Satz 1 und Satz 2 BetrVG vor der Einstellung von Leiharbeitnehmern erst dann genügt, wenn sie (auch) den Namen des Leiharbeitnehmers mitteilt. Jedenfalls hat sie in der Vergangenheit nicht »grob« i. S. v. § 23 Abs. 3 Satz 1 BetrVG gegen ihre Verpflichtungen aus dem Betriebsverfassungsgesetz verstoßen.
Nach § 23 Abs. 3 Satz 1 BetrVG kann u. a. der Betriebsrat dem Arbeitgeber bei einem groben Verstoß gegen seine Verpflichtungen aus dem BetrVG durch das Arbeitsgericht aufgeben lassen, eine Handlung zu unterlassen. Ein grober Verstoß des Arbeitgebers gegen seine sich aus dem BetrVG ergebenden Pflichten liegt vor, wenn es sich um eine objektiv erhebliche und offensichtlich schwerwiegende Pflichtverletzung handelt, wobei es auf ein Verschulden nicht ankommt. Allerdings scheidet ein grober Verstoß des Arbeitgebers dann aus, wenn er seine Rechtsposition in einer schwierigen und ungeklärten Rechtsfrage verteidigt (BAG 19. Januar 2010 – 1 ABR 55/08 – Rn. 28 m. w. N., AP BetrVG 1972 § 23 Nr. 47 = EzA BetrVG 2001 § 23 Nr. 4).
Zutreffend hat das Beschwerdegericht bei seiner sachverhaltsbezogenen Prüfung einen objektiv erheblichen und offensichtlich schwerwiegenden Pflichtenverstoß der Arbeitgeberin mit der Begründung verneint, diese habe lediglich ihren Rechtsstandpunkt in einer schwierigen und ungeklärten Rechtslage verteidigt. Das ist im Hinblick auf das Fehlen einer höchstrichterlichen Entscheidung zu der verfahrensentscheidenden Problematik nicht zu beanstanden und trägt den in der angefochtenen Entscheidung ausführlich dargestellten unterschiedlichen Rechtsmeinungen im Schrifttum Rechnung.«

Leichtere Pflichtverstöße können bei **Wiederholung** zu einem groben Verstoß erstarken (BAG v. 16. 7. 1991 – 1 ABR 69/90, AiB 1992, 100; Fitting, BetrVG, 27. Aufl., § 23 Rn. 62). **1b**

Das Vorliegen einer **Wiederholungsgefahr** des gerügten Verhaltens des Arbeitgebers ist keine Voraussetzung des Anspruchs nach § 23 Abs. 3 BetrVG (BAG v. 7. 2. 2012 – 1 ABR 77/10; 18. 4. 1985 – 6 ABR 19/84, AiB 1986, 45). Etwas anderes soll ausnahmsweise gelten, wenn eine Wiederholung des betriebsverfassungswidrigen Arbeitgeberverhaltens aus faktischen oder rechtlichen Gründen ausgeschlossen ist (BAG v. 7. 2. 2012 – 1 ABR 77/10 vgl. Fitting, BetrVG, 27. Aufl., § 23 Rn. 65; zweifelhaft). Nachstehend ein Auszug aus BAG v. 7. 2. 2012 – 1 ABR 77/10: »Nach § 23 Abs. 3 BetrVG kann der Betriebsrat dem Arbeitgeber bei einem groben Verstoß gegen seine Verpflichtungen aus dem Betriebsverfassungsgesetz durch das Arbeitsgericht aufgeben lassen, eine Handlung zu unterlassen. Ein grober Verstoß des Arbeitgebers ist bei einer objektiv erheblichen und offensichtlich schwerwiegenden Pflichtverletzung zu bejahen (BAG 19. Januar 2010 – 1 ABR 55/08 – Rn. 28, BAGE 133, 75). Diese Anforderungen sind regelmäßig erfüllt, wenn er mehrfach und erkennbar gegen seine Pflichten aus dem Betriebsverfassungsgesetz verstoßen hat (vgl. BAG 18. August 2009 – 1 ABR 47/08 – Rn. 36, BAGE 131, 342). Eine grobe Pflichtverletzung indiziert die Wiederholungsgefahr (vgl. BAG 29. April 2004 – 1 ABR 30/02 – zu B IV 2 b cc der Gründe, BAGE 110, 252). Diese ist nur dann ausgeschlossen, wenn aus faktischen oder rechtlichen Gründen eine Wiederholung des betriebsverfassungswidrigen Verhaltens ausscheidet (Fitting BetrVG 25. Aufl. § 23 Rn. 65). Die Zusicherung, zukünftig betriebsvereinbarungswidriges Verhalten zu unterlassen, genügt hierfür nicht (BAG 23. Juni 1992 – 1 ABR 11/92 – zu B I 2 der Gründe, AP BetrVG 1972 § 23 Nr. 20 = EzA BetrVG 1972 § 87 Arbeitszeit Nr. 51).« **1c**

Zur Wiederholungsgefahr beim **allgemeinen Unterlassungsanspruch** siehe Rn. 11 a.

Ein Gerichtsverfahren nach § 23 Abs. 3 BetrVG ist darauf gerichtet, **künftiges** rechtmäßiges Verhalten des Arbeitgebers durchzusetzen. **2**

Bereits **begangene** Pflichtverstöße können nicht über ein Verfahren nach § 23 Abs. 3 BetrVG »bestraft« werden. **3**

Sie können jedoch ggf. nach § 119 BetrVG (siehe → **Strafverfahren**) oder § 121 BetrVG (siehe → **Ordnungswidrigkeitenverfahren**) geahndet werden.

Der Betriebsrat kann dem Arbeitgeber auch eine »**betriebsverfassungsrechtliche Abmahnung**« erteilen (siehe → **Abmahnung** Rn. 9 c) und im Fall eines erneuten Gesetzesverstoßes gerichtliche Schritte gegen den Arbeitgeber einleiten. **3a**

Unterlassungsanspruch des Betriebsrats

Beispiel:

An die
Geschäftsleitung
im Hause   Datum

Abmahnung wegen Nichtbeachtung der Informations- und Beteiligungsrechte des Betriebsrats

Sehr geehrte Damen und Herren,
Sie haben in der Zeit vom ... bis ... Arbeitnehmer der (Fremd-)Firma ... beschäftigt, ohne den Betriebsrat vorher hierüber gemäß § 80 Abs. 2 Satz 1 BetrVG zu informieren.
Darüber hinaus Sie haben Sie am ... (ggf. weitere Verstöße des Arbeitgebers auflisten).
Sie haben damit gegen ihre Pflichten aus dem Betriebsverfassungsgesetz verstoßen.
Wir fordern Sie auf, gesetzwidriges Verhalten zukünftig zu unterlassen und die Informations- und Beteiligungsrechte des Betriebsrats zu beachten. Bei nochmaligem Fehlverhalten durch Sie werden wir die notwendigen rechtlichen Schritte einleiten.
Mit freundlichen Grüßen
Betriebsrat

4   Ist durch einen begangenen groben Pflichtverstoß ein – anhaltender – rechtswidriger Zustand eingetreten, kann der Betriebsrat ein Verfahren nach § 23 Abs. 3 BetrVG mit dem Ziel betreiben, den **rechtmäßigen Zustand** durch ein entsprechendes Verhalten des Arbeitgebers **wiederherzustellen** (»*eine Handlung dulden oder vornehmen*«).

5   Das Gerichtsverfahren nach § 23 Abs. 3 BetrVG ist **zweistufig**.
In der 1. Stufe wird der Arbeitgeber zu einem bestimmten Verhalten (Unterlassung, Duldung, Handlung) durch Gerichtsbeschluss verpflichtet.
In der 2. Stufe geht es um die Durchsetzung, das heißt Vollstreckung dieses Beschlusses.

6   Im Vollstreckungsverfahren (= 2. Stufe) kann je nach Lage des Falles **Ordnungsgeld** oder **Zwangsgeld** festgesetzt werden. Geht es um die Verpflichtung des Arbeitgebers,
  • eine Handlung zu unterlassen bzw.
  • die Vornahme einer Handlung zu dulden,
dann wird, falls dies nicht geschieht, für jeden Fall der Zuwiderhandlung auf Antrag ein Ordnungsgeld festgesetzt.
Dies ist allerdings nur dann zulässig, wenn die Verhängung eines Ordnungsgeldes zuvor durch – zu beantragenden – Gerichtsbeschluss **angedroht** worden ist. Der Antrag auf Androhung eines Ordnungsgeldes kann und sollte bereits in der 1. Stufe des Verfahrens gestellt werden!

7   Soweit der Arbeitgeber in der **1. Stufe** des Verfahrens verpflichtet wurde,
  • eine Handlung vorzunehmen,
so erfolgt die Vollstreckung eines solchen Beschlusses durch gerichtliche Festsetzung eines **Zwangsgeldes**, falls der Arbeitgeber dem Beschluss nicht Folge leistet.
Eine vorherige Androhung eines Zwangsgeldes ist insoweit zwar möglich, aber nicht unbedingt nötig.

Allgemeiner Unterlassungsanspruch

8   In vielen Fällen, vor allem im Bereich der »**sozialen Angelegenheiten**« nach § 87 BetrVG, blieben von Betriebsräten nach § 23 Abs. 3 BetrVG eingeleitete Gerichtsverfahren oft erfolglos, weil der Arbeitgeber nach Auffassung der angerufenen Gerichte zwar das Mitbestimmungsrecht des Betriebsrats (z. B. bei Überstunden, vgl. § 87 Abs. 1 Nr. 3 BetrVG) **verletzt** hatte, aber eben **nicht** »**grob**« (siehe Rn. 1).
Eine »grobe« Pflichtverletzung wurde oft erst dann angenommen, wenn es in der Vergangen-

Unterlassungsanspruch des Betriebsrats

heit bereits zu Verstößen gegen Mitbestimmungsrechte gekommen war und dementsprechend Fortsetzungs- und **Wiederholungsgefahr** dargelegt werden konnte.
Damit entstand für den Arbeitgeber gewissermaßen eine Art **rechtsfreier Raum**, in dem er sich – folgenlos – rechtswidrig verhalten konnte.

Mit Recht wurde ein – von den Voraussetzungen des § 23 Abs. 3 BetrVG unabhängiger – **allgemeiner Unterlassungsanspruch** des Betriebsrats gegen rechtswidriges Handeln des Arbeitgebers gefordert. **9**

Einen derartigen allgemeinen Unterlassungsanspruch hatte der 1. Senat des BAG in einer Entscheidung vom 22. 2. 1983 noch ausdrücklich abgelehnt (BAG v. 22. 2. 1983 – 1 ABR 27/81, DB 1983, 1926). Ein Anspruch des Betriebsrats gegen mitbestimmungswidriges Verhalten des Arbeitgebers komme ohne ausreichende Anhaltspunkte im Wortlaut der jeweiligen Mitbestimmungsvorschrift nicht in Betracht. Eine Verletzung der Mitbestimmungsrechte aus § 87 BetrVG könne nur unter den Voraussetzungen des § 23 Abs. 3 BetrVG abgewehrt werden. Bei § 23 Abs. 3 BetrVG handele es sich um eine ausschließliche und abschließende Regelung. Deshalb könne – mangels »Verfügungsanspruchs« – auch keine einstweilige Verfügung ergehen. **10**

Der 1. Senat des BAG hat vor dem Hintergrund anhaltender Kritik (in der Literatur, aber auch vieler Arbeits- und Landesarbeitsgerichte) seine einschränkende Rechtsprechung **aufgegeben**. Bahn brechend war insoweit der **Grundsatzbeschluss** des BAG v. 3. 5. 1994 (– 1 ABR 24/93, AiB 1995, 116 = NZA 1995, 40; bestätigt durch BAG v. 23. 7. 1996 – 1 ABR 13/96, AuR 1997, 171 und 29. 2. 2000 – 1 ABR 4/99, NZA 2000, 1066). **11**

Das BAG entschied, dass dem Betriebsrat bei Verletzung von Mitbestimmungsrechten aus § 87 BetrVG (soziale Angelegenheiten) ein **allgemeiner Unterlassungsanspruch** zusteht, der keine grobe Pflichtverletzung des Arbeitgebers im Sinne des § 23 Abs. 3 BetrVG zur Voraussetzung hat. Nur auf diese Weise sei eine hinreichende Sicherung der erzwingbaren Mitbestimmung bis zum ordnungsgemäßen Abschluss des Mitbestimmungsverfahrens (Einigungsstellenverfahren nach § 87 Abs. 2 BetrVG) gewährleistet (BAG v. 3. 5. 1994 – 1 ABR 24/93, a. a. O.). Der Unterlassungsanspruch ergebe sich aus der besonderen Rechtsbeziehung, die zwischen Arbeitgeber und Betriebsrat bestehe. Das durch die Bildung des Betriebsrats kraft Gesetzes zustande kommende »Betriebsverhältnis« sei einem gesetzlichen Dauerschuldverhältnis ähnlich. Es werde bestimmt durch die Rechte und Pflichten, die in den einzelnen Mitwirkungstatbeständen normiert seien, sowie durch wechselseitige Rücksichtspflichten, die sich aus § 2 BetrVG ergeben. Bei der Wertung der im Gesetz vorgesehenen Rechte könne daher aus dem allgemeinen Gebot der vertrauensvollen Zusammenarbeit als Nebenpflicht grundsätzlich auch das Gebot abgeleitet werden, alles zu unterlassen, was der Wahrnehmung des konkreten Mitbestimmungsrechts entgegensteht. Daraus folge allerdings noch nicht, dass jede Verletzung von Rechten des Betriebsrats ohne weiteres zu einem Unterlassungsanspruch führt. Vielmehr kommt es auf die einzelnen Mitbestimmungstatbestände, deren konkrete gesetzliche Ausgestaltung und die Art der Rechtsverletzung an. Bei Verstößen gegen das Mitbestimmungsrecht des § 87 BetrVG müsse dem Betriebsrat ein Unterlassungsanspruch zur Verfügung stehen. § 87 BetrVG regelt die erzwingbare Mitbestimmung. Maßnahmen in diesem Bereich soll der Arbeitgeber nach dem eindeutigen Willen des Gesetzgebers nur mit Zustimmung des Betriebsrats durchführen können. Verstößt er hiergegen, entsteht eine betriebsverfassungswidrige Lage. Dass der Gesetzgeber diese auch nur zeitweise dulden und einen Unterlassungsanspruch ausschließen wollte, ist nicht ersichtlich.

Der allgemeine Unterlassungsanspruch wegen Verletzung von Mitbestimmungsrechten nach § 87 BetrVG setzt nach Ansicht des BAG die Gefahr der **Wiederholung** voraus (BAG v. 29. 2. 2000 – 1 ABR 4/99, NZA 2000, 1066). Für diese bestehe allerdings eine **tatsächliche Vermutung**, es sei denn, dass besondere Umstände einen neuen Eingriff unwahrscheinlich machen. **11a**

Unterlassungsanspruch des Betriebsrats

12 Zur Sicherung des allgemeinen Unterlassungsanspruchs ist nach allgemeiner Auffassung eine **einstweilige Verfügung** (siehe → **Arbeitsgericht** Rn. 11) zulässig, die zeitlich bis zur Einigung zwischen Arbeitgeber und Betriebsrat in der mitbestimmungspflichtigen Angelegenheit bzw. bis zum Spruch der Einigungsstelle zu beschränken ist (ArbG Bochum v. 28. 3. 1994 – 3 BVGa 8/94, BR-Info 1994, 12; LAG Hamm v. 6. 2. 2001 – 13 TaBV 132/00, AiB 2001, 488; LAG Hamm v. 8. 10. 2004 – 10 TaBV 21/04; LAG Düsseldorf v. 12. 12. 2007 – 12 TaBVGa 8/07, AuR 2008, 270).

12a Nach Ansicht des BAG ist bei der Anwendung der in § 890 ZPO geregelten Ordnungs- und Zwangsmittel auf betriebsverfassungsrechtliche Unterlassungspflichten des Arbeitgebers die spezialgesetzliche Vorschrift des § 23 Abs. 3 BetrVG zu beachten. Diese begrenzt das **Ordnungsgeld** auf **10 000 Euro** und sieht **keine Ordnungshaft** vor (BAG v. 5. 10. 2010 – 1 ABR 71/09, NZA 2011, 174). Die Verhängung von Ordnungshaft gegen den Arbeitgeber für den Fall, dass dieser das Ordnungsgeld nicht zahlt, ist deshalb unzulässig.

13 Zur Frage, ob dem Betriebsrat auch in anderen »Angelegenheiten« (z. B. bei personellen Einzelmaßnahmen i. S. d. § 99 BetrVG und bei → **Betriebsänderungen** nach § 111 BetrVG) ein Unterlassungsanspruch zusteht: siehe Rn. 18 ff.

Beseitigungsanspruch

14 Hat der Arbeitgeber einen **rechtswidrigen Zustand** geschaffen, umfasst der allgemeine Unterlassungsanspruch des Betriebsrats auch die **Beseitigung dieses Zustandes**. Hierzu heißt es in BAG v. 16. 6. 1998 – 1 ABR 68/97, AiB 1999, 343: *»Der Betriebsrat kann verlangen, dass der unter Verletzung seines Mitbestimmungsrechts eingetretene Zustand beseitigt wird. Der Senat hat mit Beschluss vom 3. Mai 1994 (1 ABR 24/93 – BAGE 76, 364 = AP Nr. 23 zu § 23 BetrVG 1972) einen Anspruch des Betriebsrats gegen den Arbeitgeber bejaht, wonach dieser nach § 87 BetrVG mitbestimmungswidrige Maßnahmen unterlassen muss. Dieser Anspruch wird vom Senat als Nebenleistungsanspruch verstanden, der sich aus dem durch die einzelnen Mitwirkungstatbestände konkretisierten und einem gesetzlichen Dauerschuldverhältnis ähnlichen Betriebsverhältnis ergibt. § 87 BetrVG enthält kein abschließendes Sanktionssystem; es ist auch nicht anzunehmen, dass der Gesetzgeber dem Betriebsrat bei Verletzung seines Mitbestimmungsrechts aus § 87 BetrVG nur lückenhaften Schutz hat gewähren wollen (vgl. im einzelnen Beschluss vom 3. Mai 1994, a. a. O.). Die den auf künftige Handlungen gerichteten Unterlassungsanspruch tragenden Überlegungen erfordern folgerichtig einen entsprechenden Beseitigungsanspruch, falls das mitbestimmungswidrige Verhalten bereits vollzogen ist. Dieser Beseitigungsanspruch ist bei bereits eingetretener Beeinträchtigung das Gegenstück zum Unterlassungsanspruch.«*

Gewerkschaftlicher Unterlassungs- und Beseitigungsanspruch

15 Auch die **Gewerkschaft** kann gegen den Arbeitgeber bei **groben Verstößen** gegen seine Verpflichtungen aus dem BetrVG arbeitsgerichtliche Schritte nach § 23 Abs. 3 BetrVG einleiten. Zu weiteren Einzelheiten siehe Rn. 1 ff. und → **Gewerkschaft** Rn. 24 a.

15a Darüber hinaus steht der Gewerkschaft ein sog. **koalitionsrechtlicher Unterlassungs- und Beseitigungsanspruch** gegen den (durch Verbandsmitgliedschaft) tarifgebundenen Arbeitgeber zu, wenn der Tarifvertrag durch betriebliche Regelungen verletzt wird (z. B. tarifwidrige Verlängerung der Arbeitszeit). Der Anspruch ergibt sich aus § 1004 Abs. 1 BGB i. V. m. § 823 Abs. 1 BGB und Art. 9 Abs. 3 GG (BAG v. 17. 5. 2011 – 1 AZR 473/09, NZA 2011, 1169; 20. 4. 1999 – 1 ABR 72/98, AiB 1999, 538).
Der Unterlassungsanspruch kann sowohl gegen tarifwidrige → **Betriebsvereinbarungen** und → **Regelungsabreden** zwischen Arbeitgeber und Betriebsrat geltend gemacht werden als auch

Unterlassungsanspruch des Betriebsrats

gegen tarifwidrige arbeitsvertragliche Einheitsregelungen (BAG v. 20.4.1999 – 1 ABR 72/98, a.a.O.).
Das BAG sieht hierin zu Recht einen rechtswidrigen Eingriff in die durch Art. 9 Abs. 3 GG gewährleistete Koalitionsfreiheit der Gewerkschaft, den die Gewerkschaft mit dem Unterlassungsanspruch abwehren können müsse.
Das Gericht hat mit dieser Entscheidung einen lange geführten Meinungsstreit im Sinne einer Stärkung der Koalitionsfreiheit und Tarifautonomie beendet (vgl. DKKW-*Berg*, BetrVG, 15. Aufl., § 77 Rn. 197 ff.).
Gewerkschaften können damit durch Einleitung eines arbeitsgerichtlichen Verfahrens – insbesondere durch Antrag auf Erlass einer **einstweiligen Verfügung** – verhindern, dass Tarifverträge auf betrieblicher Ebene unterlaufen und ausgehöhlt werden. (BAG v. 17.5.2011 – 1 AZR 473/09, a.a.O.; siehe auch → **Gewerkschaft** Rn. 25).
Siehe auch **Übersicht:** »Durchsetzung von tarifvertraglichen Rechten« im Anhang zum Stichwort → **Tarifvertrag**.

Bedeutung für die Betriebsratsarbeit

Beteiligungsrechte des Betriebsrats (Informations-, Mitwirkungs- und Mitbestimmungsrechte) wären wertlos, wenn es keine Handhabe zu ihrer Durchsetzung gäbe. **16**
Deshalb ist es gut und richtig, dass das BetrVG Regelungen enthält, die dem Betriebsrat **Instrumente** zur Realisierung seiner Befugnisse in die Hand geben (Arbeitsgerichtsverfahren, Strafverfahren, Ordnungswidrigkeitenverfahren, Einigungsstellenverfahren).
Es ist erfreulich, dass das BAG seine frühere ablehnende Haltung zum »allgemeinen Unterlassungsanspruch« des Betriebsrats gegen mitbestimmungswidriges Verhalten des Arbeitgebers im Bereich der sozialen Angelegenheit nach § 87 BetrVG weitgehend korrigiert hat (BAG v. 3.5.1994 – 1 ABR 24/93, AiB 1995, 116; siehe Rn. 11). **17**
Offen gelassen hat das BAG die Frage, ob sich auch aus **anderen Mitwirkungs- und Mitbestimmungstatbeständen** ein – ggf. mit einstweiliger Verfügung durchsetzbarer – Unterlassungsanspruch ableiten lässt. **18**
Diese Frage ist zu bejahen (strittig; siehe Rn. 20).
Der Betriebsrat muss ein Recht haben, sich gegen alle bevorstehenden Rechtsverletzungen des Arbeitgebers mit kurzfristig wirkenden Mitteln zur Wehr zu setzen.
Dabei geht es nicht um »Blockadepolitik«, sondern schlicht darum, den Arbeitgeber dazu zu »bewegen«, die im Gesetz vorgesehenen Informations-, Mitwirkungs- und Mitbestimmungsverfahren einzuhalten.
Eigentlich eine Selbstverständlichkeit, die sich letztlich aus dem **Gebot zur »vertrauensvollen Zusammenarbeit«** (§ 2 Abs. 1 BetrVG) ergibt, das die Aufforderung an beide Betriebsparteien umfasst, Rechtsverletzungen zu unterlassen (siehe → **Betriebsrat** Rn. 9).
Dementsprechend ist davon auszugehen, dass auch die Vorschriften, die den Arbeitgeber verpflichten, vor Durchführung einer Maßnahme den Betriebsrat zu unterrichten und mit ihm zu beraten (z.B. § 90 BetrVG), dem Betriebsrat das Recht geben, bei Verletzung dieser Vorschriften Maßnahmen zur Durchführung der geplanten unternehmerischen Maßnahme durch Anrufung des Arbeitsgerichts (ggf. auch Antrag auf einstweilige Verfügung; siehe → **Arbeitsgericht** Rn. 11) **vorläufig zu stoppen**, und zwar so lange, bis die Informations- und Beratungsrechte erfüllt sind (strittig; vgl. Entscheidungen im Rechtsprechungsanhang; vgl. auch DKKW-*Klebe*, BetrVG, 15. Aufl., § 90 Rn. 38). **19**

Unterlassungsanspruch des Betriebsrats

Unterlassungsanspruch bei sozialen Angelegenheiten (z. B. bei Überstunden)

19a Von besonderer praktischer Bedeutung ist der allgemeine Unterlassungsanspruch des Betriebsrats (siehe Rn. 11) im Falle der mitbestimmungswidrigen Anordnung oder Duldung (vgl. hierzu BAG v. 27.11.1990 – 1 ABR 77/89, NZA 1991, 382) von → **Überstunden**.
Beispiel des Tenors einer einstweiligen Unterlassungsverfügung (aus LAG Hamm v. 06.02.2001 – 13 TaBV 132/00, AiB 2001, 488):
»Dem Arbeitgeber wird aufgegeben, es zu unterlassen, eine Verlängerung der betriebsüblichen Arbeitszeit die über 20 Mehr- bzw. Überstunden im Kalendermonat hinausgeht, für Verkäuferinnen,
a) die nicht in Filialen von Bahnhöfen der Deutschen Bundesbahn tätig sind und
b) die nicht von der Regelungsabsprache vom 22.09.2000 erfasst sind
anzuordnen, zu vereinbaren oder zu dulden, sofern nicht die Zustimmung des Betriebsrats dazu erteilt ist oder die fehlende Zustimmung des Betriebsrats durch den Spruch der Einigungsstelle ersetzt ist oder Notstandsfälle im Sinne der Rechtsprechung vorliegen, und zwar solange, bis die Betriebsvereinbarung vom 30.11.1995 nachwirkt und noch nicht durch eine neue Betriebsvereinbarung oder durch einen Spruch der Einigungsstelle ersetzt worden ist.
Dem Arbeitgeber wird aufgegeben, es zu unterlassen, eine Verlängerung der betriebsüblichen Arbeitszeit für die Verkäuferinnen der Filialen in Bahnhöfen der Deutschen Bundesbahn, die über 20 Mehr- bzw. Überstunden im Kalendermonat hinausgehen, anzuordnen, zu vereinbaren oder zu dulden mit der Maßgabe, dass in Monaten mit bezahlten Feiertagen diese zur maximalen Stundenzahl hinzugerechnet werden, sofern nicht die Zustimmung des Betriebsrats dazu erteilt ist oder die fehlende Zustimmung des Betriebsrats durch den Spruch der Einigungsstelle ersetzt ist oder Notstandsfälle im Sinne der Rechtsprechung vorliegen, und zwar solange, bis die Betriebsvereinbarung vom 30.11.1995 nachwirkt und noch nicht durch eine neue Betriebsvereinbarung oder durch einen Spruch der Einigungsstelle ersetzt worden ist.
Für jeden Fall der Zuwiderhandlung wird dem Arbeitgeber ein Ordnungsgeld von bis zu 20000 DM angedroht.«
Auch eine **Umgehung** seines Mitbestimmungsrechts kann der Betriebsrat unterbinden. Überträgt der Arbeitgeber beispielsweise das für Überstunden vorgesehene Arbeitsvolumen nach Zustimmungsverweigerung durch den Betriebsrat auf eine **Fremdfirma** (z. B. Verleihfirma), kann der Betriebsrat **Unterlassung** verlangen, ggf. durch Antrag auf Erlass einer **einstweiligen Verfügung** (ArbG Mannheim v. 1.4.1987 – 8 BVGa 8/87, AiB 1987, 141 mit Anmerkung Grimberg; LAG Frankfurt v. 19.4.1988 – 5 TaBV Ga 52/88, AiB 1988, 313 = DB 1989, 128; vgl. auch BAG v. 22.10.1991 – 1 ABR 28/91, AiB 1992, 458 = DB 1992, 686).

19b Ebenfalls von besonderer praktischer Bedeutung ist der allgemeine Unterlassungsanspruch des Betriebsrats bei der nach § 87 Abs. 1 Nr. 2 und 3 BetrVG mitbestimmungspflichtigen Aufstellung und Änderung von **Dienstplänen/Schichtplänen/Personaleinsatzplänen**.
Siehe hierzu → **Arbeitszeitflexibilisierung** Rn. 65 a.

Unterlassungsanspruch bei personellen Angelegenheiten

19c Hat der Arbeitgeber das Mitbestimmungsrecht des Betriebsrats bei **Auswahlrichtlinien** nach § 95 Abs. 1 BetrVG verletzt, indem er bei der Sozialauswahl ein Punkteschema ohne Zustimmung des Betriebsrats angewandt hat, so kann dieser auf Grund des allgemeinen Unterlassungsanspruchs die künftige Unterlassung des mitbestimmungswidrigen Verhaltens verlangen (BAG v. 26.7.2005 – 1 ABR 29/04, AiB 2006, 710).
Ob dem Betriebsrat auch bei personellen Einzelmaßnahmen i. S. d. § 99 BetrVG (insbesondere bei Einstellung und Versetzung) ein mit einstweiliger Verfügung durchsetzbarer Unterlassungsanspruch zusteht, ist **umstritten**. Nach Ansicht des BAG steht dem Betriebsrat kein

Unterlassungsanspruch des Betriebsrats

allgemeiner, von den Voraussetzungen des § 23 Abs. 3 BetrVG unabhängiger Unterlassungsanspruch zur Seite, um eine gegen § 99 Abs. 1 Satz 1 BetrVG oder § 100 Abs. 2 BetrVG verstoßende personelle Einzelmaßnahme zu verhindern (BAG v. 9.3.2011 – 7 ABR 137/09; 23.6.2009 – 1 ABR 23/08, NZA 2009, 1430).
Dieser Rechtsprechung kann jedenfalls im Falle **zeitlich befristeter** Einstellungen (ggf. auch eines Leiharbeitnehmers) oder Versetzungen nicht gefolgt werden. Die in §§ 99 bis 101 BetrVG vorgesehenen gerichtlichen Verfahren (Zustimmungsersetzungsverfahren nach § 99 Abs. 4 BetrVG, Verfahren nach § 100 Abs. 2 und 3 BetrVG und nach § 101 BetrVG) erledigten sich oft, weil die Befristung vor Ende des Verfahrens abläuft. Dieses wird dann eingestellt. Es entsteht – folgt man der Ansicht des BAG – zugunsten der Arbeitgeberseite ein **rechtsfreier Raum**. Diese Schutzlücke muss nach zutreffender Ansicht dadurch geschlossen werden, dass dem Betriebsrat bei kurzfristigen personellen Maßnahmen ein mit einstweiliger Verfügung durchsetzbarer Unterlassungsanspruch zugestanden wird (so etwa Fitting, BetrVG, 27. Aufl., § 99 Rn. 298).

Unterlassungsanspruch bei Betriebsänderung

Manche Unternehmen missachten das Recht des Betriebsrats, im Falle einer geplanten → **Betriebsänderung** (§ 111 BetrVG) über einen → **Interessenausgleich** bis zum Abschluss des → **Einigungsstellenverfahrens** zu verhandeln. Sie fangen an, die geplante Betriebsänderung umzusetzen, obwohl die Verhandlungen über den Interessenausgleich noch laufen. Aufträge werden nicht mehr angenommen, Maschinen und ganze Produktionslinien werden abgebaut; Beschäftigten wird der Abschluss von → **Aufhebungsverträgen** angeboten, dem Betriebsrat werden nach § 102 Abs. 1 BetrVG → **betriebsbedingte Kündigungen** »auf den Tisch gelegt«. Es werden auf diese Weise vollendete Tatsachen geschaffen und die Rechte des Betriebsrats in Bezug auf den Interessenausgleich (§ 112 Abs. 1 bis 3 BetrVG) unterlaufen.   20
Nach zutreffender Auffassung steht dem Betriebsrat ein mit **einstweiliger Verfügung** (siehe → **Arbeitsgericht** Rn. 11) durchsetzbarer Unterlassungsanspruch zu. Das Gericht kann dem Arbeitgeber betriebsändernde Maßnahmen untersagen, solange die Verhandlungen über den Interessenausgleich nicht abgeschlossen sind. Im Falle der Anrufung der Einigungsstelle nach § 112 Abs. 3 BetrVG sind die Verhandlungen über den Interessenausgleich erst abgeschlossen, wenn durch den Vorsitzenden das Scheitern festgestellt wird (siehe → **Interessenausgleich**). Die Rechtssituation ist allerdings **regional unterschiedlich**.
Manche Gerichte weisen solche Anträge zurück (z. B. LAG Rheinland-Pfalz v. 24.11.2004 – 9 TaBV 29/04; LAG Sachsen-Anhalt v. 30.11.2004 – 11 TaBV 18/04; LAG Köln v. 27.5.2009 – 2 TaBVGa 7/09). Nach ihrer Ansicht sollen lediglich die **Sanktionen des § 113 BetrVG** (sog. → **Nachteilsausgleich**) ausgelöst werden, wenn der Unternehmer Verhandlungen über einen Interessenausgleich bis hin zur Einigungsstelle unterlässt.
Andere Gerichte geben entsprechenden Unterlassungsanträgen von Betriebsräten statt (z. B. LAG Berlin v. 7.9.1995 – 10 TaBV 5/95 und 9/95, AuR 1995, 470 = AuR 1996, 159; LAG Hamburg v. 27.6.1997 – 5 TaBV 5/97 (rkr.), AuR 1998, 87 = AiB 1998, 48; LAG Thüringen vom 26.9.2000 – 1 TaBV 14/2000; LAG Niedersachsen v. 4.5.2007 – 17 TaBVGa 57/07, AiB 2008, 348; Hessisches LAG v. 27.6.2007 – 4 TaBVGa 137/07, AuR 2008, 26; LAG Schleswig-Holstein v. 20.7.2007 – 3 TaBVGa 1/07, AuR 2008, 188 = AiB 2008, 349; LAG Hamm v. 30.7.2007 – 13 TaBVGa 16/07; LAG Hamm v. 30.4.2008 – 13 TaBVGa 8/08; LAG München v. 22.12.2008 – 6 TaBVGa 6/08, AiB 2009, 235 = AuR 2009, 142; LAG Hamm v. 28.06.2010 – 13 Ta 372/10). Diese Gerichte stellen zu Recht darauf ab, dass der Arbeitgeber nicht berechtigt ist, den Verhandlungsanspruch des Betriebsrats durch Schaffung vollendeter Tatsachen leer laufen zu lassen. Nach Art 8 EG Richtlinie 14/2002 sind effektive Konsultationen der Arbeitnehmervertreter vor grundlegenden Änderungen der Beschäftigungssituation durchzuführen. Der

Unterlassungsanspruch des Betriebsrats

durch das BetrVG vorgegebene Rechtsschutz ist nicht effektiv genug, denn die Sanktion des § 113 Abs. 3 BetrVG stellt keine Absicherung der Beteiligungsrechte des Betriebsrats dar (LAG Hamm v. 30.7.2007 – 13 TaBVGa 16/07; ArbG Flensburg v. 24.1.2008 – 2 BV Ga 2/08, AiB 2008, 35, LAG Hamm v. 30.4.2008 – 13 TaBVGa 8/08, LAG München v. 22.12.2008 – 6 TaBVGa 6/08, AiB 2009, 235).

Das Bundesarbeitsgericht erhält keine Gelegenheit, die Rechtslage zu vereinheitlichen, weil im einstweiligen Verfügungsverfahren eine »dritte Instanz« nicht vorgesehen ist (siehe → **Arbeitsgericht** Rn. 11).

Unterlassungsanspruch bei Betriebsänderung und Kurzarbeit

20a Von besonderer Bedeutung ist das Initiativ-Mitbestimmungsrecht des Betriebsrats nach § 87 Abs. 1 Nr. 3 BetrVG, anstelle von geplantem Personalabbau → **Kurzarbeit** einzuführen. Wenn der Arbeitgeber das ablehnt, kann der Betriebsrat die → **Einigungsstelle** anrufen (BAG v. 4.3.1986 – 1 ABR 15/84, DB 1986, 1395). Er kann den Arbeitgeber damit zwingen, eine geplante Betriebsänderung nicht oder nicht in der geplanten Weise durchzuführen (BAG v. 4.3.1986 – 1 ABR 15/84, a. a. O.; siehe auch → **Kurzarbeit** Rn. 47j und Schoof, Personalabbau stoppen – Kurzarbeit einführen oder verlängern, AiB 2009, 610).

Die Mitbestimmung bei der Einführung von Kurzarbeit wird nicht dadurch ausgeschlossen oder eingeschränkt, dass durch ihre Wahrnehmung Daten gesetzt werden, die die **unternehmerische Entscheidungsfreiheit**, seinen Betrieb nicht, nicht so oder auf andere Weise zu ändern, beschränkt (BAG v. 4.3.1986 – 1 ABR 15/84, a. a. O.). Der Umstand, dass ein Interessenausgleich über eine Betriebsänderung nicht erzwingbar ist, besagt nicht, dass ein Recht des Betriebsrats, die Einführung von Kurzarbeit verlangen zu können, nach der Systematik des BetrVG ausgeschlossen sein muss (BAG v. 4.3.1986 – 1 ABR 15/84, a. a. O.).

Zur Sicherung seines Mitbestimmungsrechts steht dem Betriebsrat gegen den Arbeitgeber ein Anspruch auf **Unterlassung von Kündigungen** vor Ablauf des Mitbestimmungsverfahrens vor der Einigungsstelle zu. Der Unterlassungsanspruch kann mit **einstweiliger Verfügung** gesichert werden (ArbG Bremen v. 25.11.2009 – 12 BVGa 1204/09 [rkr.], AiB 2010, 584 ff. und 622 ff.; vgl. auch Fitting, BetrVG, 27. Aufl., § 102 Rn. 97). Das Kündigungsverbot wird allerdings meist befristet mit der Maßgabe, dass es dem Betriebsrat unbenommen bleibt, durch einen erneuten Antrag auf Erlass einer einstweiligen Verfügung eine Verlängerung des Kündigungsverbotes zu beantragen, wenn es innerhalb der festgesetzten Dauer des Kündigungsverbots nicht zu einem Abschluss des Einigungsstellenverfahrens über die Arbeitszeitabsenkung kommen sollte (ArbG Bremen v. 25.11.2009 – 12 BVGa 1204/09, a. a. O.; vgl. auch LAG Hamburg v. 24.6.1997 – 3 TaBV 4/97 (rkr.), AiB 1998, 226 in dem ähnlich gelagerten Fall einer tariflich begründeten Mitbestimmung zur Absenkung der Arbeitszeit zum Zweck der Beschäftigungssicherung; siehe → **Beschäftigungssicherungstarifvertrag**).

Unterlassungsanspruch in weiteren Fällen

21 Der Betriebsrat hat auch dann einen – mit **einstweiliger Verfügung** durchsetzbaren – Unterlassungsanspruch, wenn der Arbeitgeber → **Personalfragebogen**, → **Beurteilungsgrundsätze** (§ 94 BetrVG) oder → **Auswahlrichtlinien** (§ 95 Abs. 1 BetrVG) anwendet, ohne sich zuvor mit dem Betriebsrat geeinigt oder – im Falle der Nichteinigung – einen Spruch der → **Einigungsstelle** herbeigeführt zu haben.

22 Natürlich bedarf es eines allgemeinen Unterlassungsanspruchs dort nicht, wo sich aus **speziellen Vorschriften** des BetrVG unmittelbar Unterlassungs- bzw. Handlungsansprüche gegen den Arbeitgeber ergeben.

Unterlassungsanspruch des Betriebsrats

Beispiele:
- § 2 Abs. 2 BetrVG: Zutrittsrecht der Gewerkschaft,
- § 20 Abs. 3 BetrVG: Tragen der Kosten der Betriebsratswahl,
- § 40 BetrVG: Tragen der Kosten der Betriebsratsarbeit, Zur-Verfügung-Stellen von Sachmitteln usw.,
- § 74 Abs. 2 BetrVG: Unterlassung von Verstößen gegen die Friedenspflicht,
- § 80 Abs. 2 BetrVG: Vorlage von Unterlagen,
- § 89 Abs. 2 BetrVG: Hinzuziehung des Betriebsrats bei Betriebsbegehungen und Unfalluntersuchungen, Mitteilung von Arbeitsschutzauflagen und -anordnungen,
- § 93 BetrVG: Stellenausschreibung,
- § 104 BetrVG: Entlassung oder Versetzung eines »betriebsstörenden« Arbeitnehmers.

Hinzuweisen ist des Weiteren auf **sonstige Regelungen** des BetrVG, die der Sicherung und Durchsetzung der Rechte des Betriebsrats dienen (insbesondere §§ 98 Abs. 5, 101, 109, 119, 121 BetrVG). 23
Siehe → **Beteiligungsrechte des Betriebsrats**.
Anerkannt ist schließlich durch die Rechtsprechung auch ein (ggf. durch **einstweilige Verfügung** vorläufig durchsetzbarer) Durchführungs- bzw. Unterlassungsanspruch des Betriebsrats, wenn der Arbeitgeber → **Betriebsvereinbarungen** nicht durchführt oder gegen sie verstößt (vgl. z. B. BAG v. 5. 10. 2010 – 1 ABR 71/09, NZA 2011, 174). 24

Arbeitshilfen

Übersichten
- Beschlussverfahren nach § 23 Abs. 3 BetrVG
- Betriebsverfassungsrechtlicher Unterlassungsanspruch
- Einstweiliges Verfügungsverfahren (§ 85 Abs. 2 ArbGG)

Musterschreiben
- Antrag auf Erlass einer einstweiligen Verfügung gegen Überstunden
- Einstweilige Verfügung des Arbeitsgerichts wegen Unterlassung von Überstunden

Übersicht: Beschlussverfahren nach § 23 Abs. 3 BetrVG

1. **Zweck des Verfahrens**
   Es soll zukünftiges rechtstreues Verhalten des Arbeitgebers erzwungen werden, indem dem Arbeitgeber aufgegeben wird, zukünftig etwas
   - zu unterlassen (z. B.: Überstundenanordnung ohne Zustimmung des Betriebsrats),
   - zu dulden (z. B. den Zutritt des Betriebsrats zu bestimmten Räumen),
   - oder eine Handlung vorzunehmen (z. B.: vorherige Information durch Vorlage von Unterlagen).

2. **Voraussetzungen**
   Grober Verstoß gegen gesetzliche Verpflichtungen, auch Verletzungen von Betriebsvereinbarungen:
   - »Grob« sind einmalige schwerwiegende Verstöße (z. B. bei klarer Rechtslage) oder häufige leichtere Verstöße. Eine Wiederholungsgefahr muss im Regelfall nicht dargelegt werden (BAG v. 7. 2. 2012 – 1 ABR 77/10; 18. 4. 1985 – 6 ABR 19/84, AiB 1986, 45).
   - Auf ein Verschulden des Arbeitgebers kommt es nicht an; der »objektive« Verstoß ist maßgebend.
   - Der Arbeitgeber »haftet« auch für von ihm eingesetzte Vorgesetzte.

Unterlassungsanspruch des Betriebsrats

3. Beschluss des Betriebsrates
- Benennung des Verstoßes bzw. der Pflichtverletzung.
- Einleitung eines Verfahrens nach § 23 Abs. 3 BetrVG.
- Erteilung einer Verfahrensvollmacht an Rechtsanwalt.

4. Beispiel eines Antrages an das Arbeitsgericht
»Der Antragsgegnerin wird unter Androhung eines Ordnungsgeldes für jeden Fall der Zuwiderhandlung untersagt, ohne vorherige Zustimmung des Antragstellers, Überstunden in der Abt. xyz anzuordnen oder zu dulden«.

5. Sonstiges
- Bei rechtskräftigem Beschluss wird im Wiederholungsfall gemäß § 23 Abs. 3 Satz 2 und 3 BetrVG das Vollstreckungsverfahren eingeleitet.
- Das Ordnungsgeld bzw. das Zwangsgeld geht an die Staatskasse.

Übersicht: Betriebsverfassungsrechtlicher Unterlassungsanspruch

1. Unterlassungsanspruch aus § 87 BetrVG
Der Anspruch ergibt sich unmittelbar aus der Mitbestimmungsvorschrift und soll – bis zum Spruch der Einigungsstelle – einseitige Maßnahmen des Arbeitgebers und die Schaffung von vollendeten Tatsachen verhindern (BAG vom 3.5.1994 – 1 ABR 24/93, AiB 1995, 116 = NZA 1995, 40).

2. Unterlassungsanspruch aus §§ 111 ff. BetrVG
Strittig ist, ob die Rechtsprechung zu § 87 BetrVG auch auf §§ 111, 112 BetrVG hinsichtlich des Anspruches auf Verhandlungen über einen Interessenausgleich übertragbar ist (z.B. keine Kündigung, bevor nicht die Verhandlungen über einen Interessenausgleich abgeschlossen sind). Nach richtiger Ansicht ist das zu bejahen.

3. Unterlassungsanspruch gegen betriebsvereinbarungswidriges Verhalten des Arbeitgebers
Als Ergänzung zur Durchführungspflicht des Arbeitgebers der Regelungen einer Betriebsvereinbarung hat die BAG-Rechtsprechung einen Unterlassungsanspruch wegen betriebsvereinbarungswidriger Handlungen des Arbeitgebers anerkannt (BAG v. 24.2.1987 – 1 ABR 18/85, NZA 1987, 639; 10.11.1987 – 1 ABR 55/86, AiB 1988, 90).

4. Beispiel eines Antrages an das Arbeitsgericht
»Dem Arbeitgeber wird unter Androhung eines Ordnungsgeldes bis zur Höhe von 250 000 Euro für jeden Fall der Zuwiderhandlung aufgegeben, es zukünftig zu unterlassen, Überstunden in der Abteilung xy anzuordnen oder zu dulden, ohne zuvor den Betriebsrat unter Vorlage der betrieblichen vorhandenen Unterlagen zu informieren und ohne zuvor die Zustimmung des Betriebsrats bzw. einen die Zustimmung ersetzenden Spruch einer Einigungsstelle einzuholen«.

Zum sog. koalitionsrechtlichen Unterlassungsanspruch der → **Gewerkschaft** siehe dort Rn. 25.

Übersicht: Einstweiliges Verfügungsverfahren (§ 85 Abs. 2 ArbGG)

1. Zweck
Verhinderung einer pflichtwidrigen bevorstehenden Maßnahme des Arbeitgebers oder sofortiger Stopp einer derartigen Maßnahme.

2. Voraussetzungen
- Verfügungsanspruch: Recht des Betriebsrats, das gegen drohenden bzw. noch andauernden Rechtsverstoß des Arbeitgebers gesichert werden muss.
- Verfügungsgrund (Eilbedürftigkeit): Er liegt vor, wenn die objektive Besorgnis besteht, dass durch eine Veränderung des bestehenden Zustandes die Verwirklichung des Rechts des Betriebsrats vereitelt oder wesentlich erschwert werden könnte.

3. Besonderheiten
- Der statt gebende Beschluss ist sofort vollstreckbar.
- Es genügt im Verfahren eine Glaubhaftmachung (z.B. Unterlagen, eidesstattliche Versicherung).
- Es kann ohne mündliche Verhandlung entschieden werden.

Rechtsprechung

1. Unterlassungsanspruch des Betriebsrats bei grobem Pflichtverstoß des Arbeitgebers (§ 23 Abs. 3 BetrVG)
2. Unterlassungsanspruch des Betriebsrats bei Verletzung von Betriebsratsrechten in sozialen Angelegenheiten – z. B. bei mitbestimmungswidriger Anordnung und Duldung von Überstunden (§ 87 BetrVG) – Einstweilige Verfügung
3. Initiativ-Mitbestimmungsrecht bei Einführung von Kurzarbeit anstelle von Personalabbau – Unterlassungsanspruch – Einstweilige Verfügung
4. Tarifvertraglich geregelte Mitbestimmung bei der Absenkung der Arbeitszeit zum Zwecke der Beschäftigungssicherung (Metallindustrie) – Unterlassungsanspruch – Einstweilige Verfügung
5. Anspruch des Betriebsrats auf Beseitigung des mitbestimmungswidrigen Zustands
6. Unterlassungsanspruch des Betriebsrats bei nicht rechtzeitiger Unterrichtung über geplante Umbaumaßnahmen (§ 90 BetrVG)
7. Unterlassungsanspruch des Betriebsrats bei mitbestimmungswidriger Anwendung einer Auswahlrichtlinie (§ 95 Abs. 1 und 2 BetrVG)
8. Unterlassungsanspruch des Betriebsrats bei mitbestimmungswidrigen personellen Einzelnahmen (§ 99 BetrVG)
9. Unterlassungsanspruch des Betriebsrats bzw. Gesamtbetriebsrats bei Verletzung von Betriebsratsrechten im Zusammenhang mit einer Betriebsänderung (§ 111 BetrVG)
10. Unterlassungsanspruch des Betriebsrats bei Verstoß gegen Tarifvertrag?
11. Unterlassungsanspruch des Betriebsrats zur Sicherung tariflich geregelter Betriebsratsrechte (Beschäftigungssicherungstarifvertrag Metallindustrie)
12. Unterlassungsanspruch des Betriebsrats bei Verstoß gegen Regelungsabrede über Erweiterung des Mitbestimmungsrechts
13. Unterlassungsanspruch des Betriebsrats bei Behinderung der Betriebsratstätigkeit
14. Unterlassungsanspruch des Betriebsrats: weitere Einzelfälle
15. Keine Ordnungshaft bei betriebsvereinbarungswidrigem Verhalten des Arbeitgebers
16. Unterlassungsanspruch eines europäischen Betriebsrats
17. Feststellungsantrag bei Verletzung des Mitbestimmungsrechts – Bestimmtheit des Unterlassungsantrages
18. Unterlassungsanspruch des Betriebsrats bei Verstoß gegen Betriebsvereinbarung
19. Unterlassungsanspruch einer Gewerkschaft gegen tarifwidrige Betriebsvereinbarungen und Regelungsabreden

Unternehmen

Was ist das?

1   Das BetrVG verwendet in unterschiedlichen Zusammenhängen die Begriffe → **Betrieb**, Unternehmen und → **Konzern**.

> **Beispiele:**
> - § 1 Abs. 1 Satz 1 BetrVG: »In Betrieben mit in der Regel mindestens fünf ständigen wahlberechtigten Arbeitnehmern, von denen drei wählbar sind, werden Betriebsräte gewählt«.
> - § 47 Abs. 1 BetrVG: »Bestehen in einem Unternehmen mehrere Betriebsräte, so ist ein Gesamtbetriebsrat zu errichten«.
> - § 54 Abs. 1 Satz 1 BetrVG: »Für einen Konzern (§ 18 Abs. 1 des Aktiengesetzes) kann durch Beschlüsse der einzelnen Gesamtbetriebsräte ein Konzernbetriebsrat errichtet werden«.
> - § 95 Abs. 2 Satz 1 BetrVG: »In Betrieben mit mehr als 500 Arbeitnehmern ...«
> - § 99 BetrVG: »In Unternehmen mit in der Regel mehr als 20 wahlberechtigten Arbeitnehmern ...«
> - § 102 Abs. 2 Nr. 3 BetrVG: »Der Betriebsrat kann ... der ordentlichen Kündigung widersprechen, wenn der zu kündigende Arbeitnehmer an einem anderen Arbeitsplatz im selben Betrieb oder in einem anderen Betrieb des Unternehmens weiterbeschäftigt werden kann«.
> - § 106 Abs. 1 Satz 1 BetrVG: »In Unternehmen mit in der Regel mehr als einhundert ständig beschäftigten Arbeitnehmern ist ein Wirtschaftsausschuss zu bilden«.
> - § 111 BetrVG: »In Unternehmen mit in der Regel mehr als 20 wahlberechtigten Arbeitnehmern ...«

Zur Abgrenzung **Unternehmen / Betrieb** siehe Rn. 5 ff.
Zur Abgrenzung **Unternehmen / Konzern** siehe Rn. 8.

2   »**Unternehmen**« im Sinne des BetrVG (§§ 47 Abs. 1, 99, 106 ff. BetrVG) ist die – in einheitlicher Rechtsträgerschaft stehende – organisatorische Einheit, mit der der Unternehmer seine wirtschaftlichen oder ideellen Ziele verfolgt.
Ziel es es, »Arbeitskräfte« und »sächliche Produktionsmittel« in einer möglichst »rationellen« Weise zum Einsatz zu bringen.
»Rationell« (»vernünftig«) im Sinne kapitalistischer Logik ist der Einsatz in einem Unternehmen mit wirtschaftlichem Zweck dann, wenn die **höchstmögliche Rendite** (Kapitalrendite, Umsatzrendite) erreicht wird.
Das ist die Erwartung und der Auftrag der Eigentümer des Unternehmens an das **Leitungsorgan** des Unternehmens (Geschäftsleitung, Vorstand).

Gespräch mit Dr. Werner Stumpfe zum hundertjährigen Bestehen des Verbandes Gesamtmetall
»... Der Vorstand eines jeden Unternehmens ist den Gesellschaftern verpflichtet, die höchstmögliche Rendite des Kapitals zu erwirtschaften. Wenn nun die Investition in der DDR nur eine Rendite von vielleicht 2 % brächte, die in Portugal aber von 8 %, so ist es sicherlich marktwirtschaftsfremd, einem Unternehmen abzuverlangen, in der DDR zu investieren ...«
Auszug aus: Handelsblatt Nr. 187 vom 27. September 1990.

Unternehmen

Eigentümer des Unternehmens sind die **Gesellschafter** der GmbH oder **Aktionäre** der Aktiengesellschaft. 2a
In immer mehr Unternehmen haben »**Hedgefonds**« oder »**Private Equity**«-Kapitalbeteiligungsgesellschaften »das Sagen«.
Hierzu ein Auszug aus einer Information des Bundesfinanzministeriums (http://www.bundesfinanzministerium.de/nn_39842/DE/BMF__Startseite/Service/Glossar/P/001__Private__Equity.html):
»Bei **Private Equity Kapital (PE-Kapital)** handelt es sich um Eigenkapital oder eigenkapitalähnliche Finanzierungsmittel, welche außerbörslich durch eine **Kapitalbeteiligungsgesellschaft (KBG)** bereitgestellt werden. Das Kapital wird langfristig in nichtbörsennotierte, zumeist kleine und mittlere Unternehmen investiert. [...] Die KBG steht dem Unternehmen beziehungsweise dem Management in vielen Fällen über den Zeitraum der Finanzierung hinweg beratend zur Seite. Beteiligungsgesellschaften interessieren sich in der Regel für Unternehmen mit guten Wachstumspotenzialen. Indem sie Eigenkapital bereitstellen für sinnvolle Investitionen, generieren sie mittelbar Wachstum und Ertragssteigerungen. Das Ziel ist dabei letztlich ein gesteigerter Unternehmenswert – an dem die KBG partizipiert, wenn sie sich von ihrer Beteiligung trennt. [...] Das Geschäftsmodell von KBGs ist in aller Regel auf die Nachhaltigkeit der Investments ausgerichtet – und unterscheidet sich darin von anderen Investorengruppen, wie Raidern oder Hedge-Fonds.
Raider sind sehr kurzfristig orientierte Unternehmensaufkäufer, die unterbewertete Unternehmen erwerben, zerlegen oder rigoros umbauen, um dann die Einzelteile zu verkaufen.
Hedge-Fonds verfolgen ebenfalls eher kurzfristige Investitionsstrategien, bei denen sie sich vornehmlich an Public Equity bedienen. Dabei nutzen sie aktuelle Börsenentwicklungen oder außergewöhnliche Unternehmenssituationen aus, um ihre Kursgewinne zu maximieren.«
Die **Mitglieder des Leitungsorgans** (Geschäftsleitung, Vorstand) und das sonstige leitende 2b
Managements (→ **Leitende Angestellte**) profitieren natürlich auch persönlich von höchstmöglichen Unternehmensgewinnen.
Sie erhalten in der Regel zusätzlich zu ihrem »festen« Monatsgehalt eine **Gewinnbeteiligung (Tantieme, Bonus)**. Motto: »*Je höher der Unternehmensgewinn in einem Geschäftsjahr, desto höher die jährliche Gewinnbeteiligung des Chefs und des leitenden Managements.*«
Der Unternehmensgewinn wird nach Ablauf eines jeden Geschäftsjahres in Form des → **Jahresabschlusses** festgestellt (Bilanz, Gewinn- und Verlustrechnung).
Die Gewinnformel ist vergleichsweise einfach: Einnahmen im Geschäftsjahr (Umsatzerlöse) minus Aufwendungen (Sach- und Personalkosten) im Geschäftsjahr = Gewinn.
Eine wichtige »Stellschraube« bei der Gestaltung des Gewinns sind die **Aufwendungen für das** 2c
Personal.
Hier gilt das Prinzip: »*So viel qualifiziertes und leistungsbereites und -fähiges Personal an Bord haben wie nötig, aber so wenig und so kostengünstig wie möglich.*«
Das ist der Auftrag »von oben« (Geschäftsleitung, Vorstand) an die **Personalabteilung** (auf Neudeutsch: der Unternehmensbereich **Human Resources**).
Diese muss das **Kunststück** fertig bringen, die Personalkosten so weit wie möglich abzusenken, ohne damit die Arbeitsmotivation der Mitarbeiter zu beeinträchtigen.
Dazu werden immer neue Techniken der Personalführung und Beteiligung (z. B. in Form von Mitarbeiterbefragungen) entwickelt.
Diese haben das Ziel, die Identifikation mit dem Unternehmen und seinen Zielen – und damit einhergehend ihre Leistungsbereitschaft – zu fördern (Motto: »*... in unserem Unternehmen steht der Mensch im Mittelpunkt*«).
Siehe auch → **Personalplanung** Rn. 2 b ff.
Das BetrVG verwendet den Begriff »**Unternehmer**« insbesondere im Bereich der Vorschriften 3
über »Wirtschaftliche Angelegenheiten« (§§ 106 – 113 BetrVG).

Unternehmen

4   Wer in einem Unternehmen tatsächlich der »Unternehmer« ist, hängt von der → **Unternehmensrechtsform** ab.
Unternehmer in einem Einzelunternehmen ist der »**Inhaber**« (= »natürliche Person«).
In einer Gesellschaft mit beschränkter Haftung (= »juristische Person«) ist es die **GmbH** selbst, die durch ihre Geschäftsführung handelt.
Das Gleiche gilt für die **Aktiengesellschaft** (= »juristische Person«): sie ist Unternehmer und handelt durch ihren Vorstand.

Abgrenzung Unternehmen / Betrieb

5   Der Begriff »Unternehmen« ist im Zusammenhang und in **Abgrenzung** zu dem Begriff → **Betrieb** zu betrachten.

6   »**Betrieb**« im Sinne des BetrVG ist die rechtlich unselbständige, organisatorisch aber selbständige Einheit, mit der der Unternehmer/Arbeitgeber durch Nutzung von Arbeitskräften und sächlichen Mitteln bestimmte arbeitstechnische Zwecke verfolgt (z. B. Herstellung von Produkten oder Erbringung von Dienstleistungen).
Anders ausgedrückt: Der Betrieb ist die Zusammenfassung der Abteilungen, in denen die jeweiligen Arbeits- und Produktionsprozesse stattfinden.
Der Betrieb ist damit Mittel zur Verwirklichung des Unternehmenszwecks (= Erzielen höchstmöglicher Gewinne; siehe Rn. 2).

7   Betrieb und Unternehmen sind als organisatorische Gebilde deckungsgleich, wenn das Unternehmen aus »einem« Betrieb besteht (→ **Ein-Betriebs-Unternehmen**).
Anders ist dies im → **Mehr-Betriebs-Unternehmen** und → **Gemeinschaftsbetrieb**.

Abgrenzung Unternehmen / Konzern

8   Ein Konzern ist allgemein ausgedrückt der **Zusammenschluss mehrerer Unternehmen** z. B. aufgrund eines Vertrages oder einer wechselseitigen Beteiligung.
Die §§ 54 ff., 73 a und b BetrVG finden nur Anwendung auf den sog. **Unterordnungskonzern** i. S. d. § 18 Abs. 1 AktG, bei dem es sich um einen Zusammenschluss mehrerer Unternehmen unter einheitlicher Leitung eines »herrschenden« Unternehmens (= Konzernobergesellschaft = Muttergesellschaft) handelt.
Das herrschende Konzernunternehmen ist den anderen Unternehmen (= Tochtergesellschaften) in der Weise übergeordnet, dass diese von ihm abhängig sind.
Abhängigkeit bedeutet: Das »herrschende« Unternehmen kann auf die abhängigen Unternehmen »unmittelbar oder mittelbar« einen beherrschenden Einfluss ausüben (§ 17 Abs. 1 AktG).
Die §§ 54 ff., 73 a und b BetrVG gelten nicht für den sog. **Gleichordnungskonzern** i. S. d. § 18 Abs. 2 AktG (siehe → **Konzern**).

9   Da die Interessen der in einem einzelnen Betrieb beschäftigten Arbeitnehmer von den Vorgängen auf der Ebene des → **Unternehmens** (siehe auch → **Unternehmensplanung**) und des → **Konzerns** betroffen werden, sind gesetzlich weitere Organe vorgesehen, deren Zuständigkeiten über den »Betrieb« hinausgehen und auch die Unternehmens- und Konzernebene erfassen. Hierzu zählen der
→ **Wirtschaftsausschuss**,
→ **Gesamtbetriebsrat**,
→ **Konzernbetriebsrat**,
→ **Europäische Betriebsrat**
und die Arbeitnehmervertreter im Aufsichtsrat (siehe → **Unternehmensmitbestimmung**). Siehe auch
→ **Gesamt-Jugend- und Auszubildendenvertretung**,

Unternehmen

→ **Konzern-Jugend- und Auszubildendenvertretung.**
Zur Gesamtschwerbehindertenvertretung und Konzernschwerbehindertenvertretung siehe
→ **Schwerbehindertenvertretung.**

Unternehmensmitbestimmung

Was ist das?

1 Die Unternehmensmitbestimmung ist zu unterscheiden von der betriebsverfassungsrechtlichen Mitbestimmung und Mitwirkung. Mit dem Begriff Unternehmensmitbestimmung wird die Beteiligung von Arbeitnehmervertretern in den Organen, insbesondere in den »**Aufsichtsräten**« (siehe Rn. 10 ff.) von → **Unternehmen** bezeichnet.

2 **Rechtsgrundlagen** der Unternehmensmitbestimmung sind:
- Gesetz über die Mitbestimmung der Arbeitnehmer in den Aufsichtsräten und Vorständen der Unternehmen des Bergbaus und der Eisen und Stahl erzeugenden Industrie (**Montan-Mitbestimmungsgesetz – MontanMitbG**) vom 21.5.1951 (BGBl. I S. 347).
- Gesetz zur Ergänzung des Gesetzes über die Mitbestimmung der Arbeitnehmer in den Aufsichtsräten und Vorständen der Unternehmen des Bergbaus und der Eisen und Stahl erzeugenden Industrie (**Montan-Mitbestimmungsergänzungsgesetz – MontanMitbErgG**) vom 7.8.1956 (BGBl. I S. 707).
- Gesetz über die Mitbestimmung der Arbeitnehmer (**Mitbestimmungsgesetz – MitbestG**) vom 4.5.1976 (BGBl. I S. 1153).
- Gesetz über die Drittelbeteiligung der Arbeitnehmer im Aufsichtsrat (**Drittelbeteiligungsgesetz – DrittelbG**) vom 18.5.2004 (BGBl. I S. 974); mit Inkrafttreten dieses Gesetzes am 1.7.2004 ist das BetrVG 1952 (§§ 76 ff.) außer Kraft getreten.
- Gesetz über die Beteiligung der Arbeitnehmer in einer **Europäischen Gesellschaft** (**SE-Beteiligungsgesetz – SEBG**) vom 22.12.2004 (BGBl. I S. 3675, 3686). Siehe hierzu Rn. 27 a und → **Unternehmensrechtsformen** Rn. 3 a.
- Gesetz über die Mitbestimmung der Arbeitnehmer bei einer **grenzüberschreitenden Verschmelzung** (**MgVG**) vom 21.12.2006 (BGBl. I S. 3332). Siehe hierzu Rn. 27.

3 Zur unterschiedlichen Zusammensetzung des Aufsichtsrats und Reichweite der Mitbestimmung nach den jeweiligen Gesetzen: siehe **Übersichten** im Anhang zu diesem Stichwort.

3a Zum **Gesetz für die gleichberechtigte Teilhabe von Frauen und Männern in Führungspositionen in der Privatwirtschaft und im öffentlichen Dienst** vom 24.4.2015 (BGBl. I Nr. 17 S. 642) und seinen Auswirkungen auf die Besetzung von Unternehmensleitungen, obersten Management-Ebenen und Aufsichtsräten siehe → **Gleichberechtigung / Gleichstellung von Frauen und Männern** Rn. 3a. Ziel des Gesetzes ist es, den Anteil von Frauen an Führungspositionen deutlich zu erhöhen und letztlich eine Geschlechterparität herzustellen.

3b Immer mehr deutsche Unternehmen entziehen sich der **Unternehmensmitbestimmung** nach deutschem Recht durch **Wahl einer ausländischen Rechtsform**.
Beispiele für ausländische Rechtsformen:
- B.V. & Co. KG (B.V. steht für »Besloten vennootschap met beperkte aansprakelijkheid« (= niederländische Gesellschaft mit beschränkter Haftung)
- Holding GmbH & Co. KG
- Ltd. & Co. KG (Ltd steht für: Limited Company)
- Plc & Co. KG (plc steht für: Public Limited Company)

Zu Einzelheiten siehe Sonderheft Mitbestimmung 2015 von Böckler Impuls (s. 6 ff.):
http://www.boeckler.de/Impuls_Sonderheft_2015_Mitbestimmung.pdf.
»*Rechtsform verhindert Mitbestimmung*
Bestimmte Rechtsformen erlauben Unternehmen die Umgehung der Mitbestimmung im Aufsichtsrat. Lange nutzten nur wenige Firmen die Rechtslücke, doch es kommen immer mehr hinzu. Experten sehen politischen Handlungsbedarf.
Ab 500 Beschäftigten fällt ein Drittel der Sitze im Aufsichtsrat an die Arbeitnehmer. Bei mehr als 2 000 Mitarbeitern ist das Kontrollgremium paritätisch zu besetzen. Das gilt für deutsche Kapitalgesellschaften. Die gesetzlichen Regelungen stammen aus einer Zeit, in der nicht absehbar war, dass der europäische Einigungsprozess zur Zulassung aller möglichen ausländischen Rechtsformen in Deutschland führen würde. Entsprechend fehlen in den Gesetzen zur Mitbestimmung Hinweise auf den Umgang mit Unternehmen, die etwa als B.V., Ltd. oder Plc firmieren. Zwar spreche einiges für die analoge Anwendung von Mitbestimmungs- und Drittelbeteiligungsgesetz, sagt Mitbestimmungsexperte Sebastian Sick von der Hans-Böckler-Stiftung. Doch „die herrschende Ansicht" lehne diese Sichtweise ab, weil die Gesetze nun einmal nur deutsche Rechtsformen nennen.
Unselbstständige Niederlassungen, beispielsweise bloße Zweigstellen, ausländischer Konzerne spielen der Studie zufolge eher eine geringe Rolle. Enorm gestiegen ist aber die Zahl deutscher Gesellschaften, die sich eines Konstrukts mit ausländischer Rechtsform bedienen. Meist in Form der „… & Co. KG", wobei vor dem Anhängsel eine ausländische Rechtsform steht. Ein Beispiel ist die Ltd. & Co. KG. Zuweilen ist auf den ersten Blick aber nicht zu erkennen, dass es sich um eine Konstruktion mit ausländischer Rechtsform handelt, etwa bei einer GmbH & Co. KG, deren GmbH nicht deutschem, sondern dem Luxemburger, Schweizer oder österreichischen Recht entspricht.
2014 gab es in Deutschland 69 nach diesem Muster gegründete Unternehmen, die so die Mitbestimmung im Aufsichtsrat verhinderten. Vor 2000 existierten davon erst drei. 51 der 69 Unternehmen hatten mehr als 2000 Beschäftigte. Noch 2006 hatten die Wissenschaftler in der „Regierungskommission zur Modernisierung der deutschen Unternehmensmitbestimmung", der sogenannten Biedenkopf-Kommission, das Problem zwar erkannt, aber für gering gehalten. Ihre Empfehlung lautete damals: weiter beobachten.
Angesichts der jüngsten Entwicklungen sei nun jedoch der Zeitpunkt zum Handeln gekommen, so Mitbestimmungsfachmann Sick. Die Zahl der betroffenen Unternehmen habe „dramatisch zugenommen" und ganz gleich, „welche Motive hinter der Wahl der Unternehmensform stehen: Für die Beschäftigten bedeutet der rechtliche Sonderstatus, dass sie ihre Mitbestimmungsrechte nicht wahrnehmen können. Dieser faktische Entzug von Rechten ist nicht gerechtfertigt". Der nationale Gesetzgeber müsse die Mitbestimmung auf Auslandsgesellschaften „erstrecken". Zudem sollten in Europa generelle Mindeststandards für die Mitbestimmung gelten. Besonders absurd an der aktuellen Situation sei, dass sich auch Unternehmen ohne echten Auslandsbezug durch eine bestimmte Rechtsformwahl der Arbeitnehmermitsprache im Aufsichtsrat entziehen könnten, betont der Jurist. Als Beispiel für eine „Scheinauslandsgesellschaft" nennt er die Berliner Entsorgungs- und Recycling-Firma Alba Group plc & Co. KG. Deren Chef ist im Übrigen Eric Schweitzer – der Präsident des Deutschen Industrie- und Handelskammertages. Es sei bemerkenswert, dass dieser „keinen Wert auf die Einhaltung der deutschen Mitbestimmungsstandards in seinem eigenen Unternehmen legt", schreibt Sick. «

Über 500 Mitarbeiter, aber wegen ihrer Konstruktion als ausländische Kapitalgesellschaft & Co. KG keine Arbeitnehmerbeteiligung im Aufsichtsrat haben …
Adecco Germany Holding SA & Co. KG (Leiharbeit); AGCO Deutschland Limited & Co. KG (Landmaschinen); Agfa-Gevaert NV & Co. KG (IT, Druckereiprodukte); Air Berlin PLC & Co. Luftverkehrs KG, ALBA Group plc & Co. KG (Entsorgung und Recycling); apetito catering B.V. & Co. KG (Catering); Autoliv B.V. & Co. KG (Autozulieferer); Basler Versicherung Beteiligungen B.V. & Co. KG; C&A Mode GmbH & Co. KG (Einzelhandel); Dachser GmbH & Co. KG (Logistik); DIW Instandhaltung Ltd. & Co. KG (Logistik); DS Smith Stange B.V. & Co.

Unternehmensmitbestimmung

KG (Verpackungsmittel); E. G. O. Elektro-Geräte GmbH & Co. Holding KG; Endress + Hauser Deutschland AG + Co. KG (Mess-, Regeltechnik); Esprit Retail B.V. & Co. KG (Einzelhandel); Festo AG & Co. KG (Automatisierungstechnik); Festo GmbH & Co. KG; fischer holding GmbH & Co. KG (Befestigungssysteme); Georg Fischer B.V. & Co. KG (Rohrleitungskomponenten); Globalfoundries Dresden Module One LLC & Co. KG (Halbleiter); Globalfoundries Dresden Module Two LLC & Co. KG; Globalfoundries Management Services LLC & Co. KG; H&M Hennes & Mauritz B.V. & Co. KG (Einzelhandel); H&M Hennes & Mauritz Logistik AB & Co. KG (Logistik); HGDF Familienholding Ltd. & Co. KG (Beteiligungen); Hiestand Beteiligungsholding AG & Co. KG (Beteiligungen); Hüls AG & Co. KG (Möbel); Imperial Logistics International B.V. & Co. KG (Logistik); Imtech Deutschland GmbH & Co. KG (B.V.) (Gebäudetechnik-Service); John Deere GmbH & Co. KG (Landtechnik); Johnson Controls Metals Holding Ltd. & Co. KG (Metallkomponenten); K – Mail Order GmbH & Co. KG (Versandhandel); K+K Klaas & Kock B.V. & Co. KG (Einzelhandel); Kühne + Nagel (AG & Co.) KG (Logistik); KWD Automotive AG & Co. KG (Autozulieferer); Lekkerland AG & Co. KG (Großhandel); Lekkerland Deutschland GmbH & Co. KG; Müller Ltd. & Co. KG (Einzelhandel); Netto ApS & Co. KG (Einzelhandel); New Yorker S. H. K. Jeans GmbH & Co. KG (Einzelhandel); nobilia-Werke J. Stickling GmbH & Co. KG (Küchen); Nordson Holdings S.à r.l. & Co. KG (Anlagenbau); Oerlikon Textile GmbH & Co. KG (Textiltechnologie); Oracle Deutschland B.V. & Co. KG (Soft- und Hardware); persona service AG & Co. KG Kassel (Leiharbeit); persona service AG & Co. KG Nürnberg; Postcon Deutschland B.V. & Co. KG (Logistik); Primark Mode Ltd. & Co.KG (Einzelhandel); Prinovis Ltd. & Co. KG (Druckdienstleistungen); QVC Deutschland Inc. & Co. KG (Versandhandel); QVC eDistribution Inc. & Co. KG QVC; eService Inc. & Co. KG; Rittal GmbH & Co. KG (Gehäuse- und Schaltsysteme); Rolls-Royce Deutschland Ltd. & Co. KG (Triebwerke); RPC Packaging Deutschland B.V. & Co. KG (Verpackungsmittel); Schindler Deutschland AG & Co. KG (Aufzüge); Schnellecke Group AG & Co. KG (Logistik); SG Holdings AG & Co. KG (Kfz-Handel u. a.); Sodexo Beteiligungs B.V. & Co. KG (Catering); Stute Logistics (AG & Co.) KG (Logistik); Sykes Enterprises Support Services B.V. & Co. KG (Unternehmensdienstleistungen); TJX Deutschland Ltd. & Co. KG (Einzelhandel); Tobaccoland Automatengesellschaft MBH & Co.; Vetter Pharma-Fertigung GmbH & Co. KG (Pharmazulieferer); Viessmann Werke GmbH & Co KG (Heiztechnik); Wegmann Unternehmens-Holding GmbH & Co. KG (Beteiligungen); Welle Holding AG + Co. KG (Möbel); ZARA Deutschland B.V. & Co. (Einzelhandel); Zur Muehlen ApS & Co. KG (Fleisch- und Wurstwaren)

Unselbständige Niederlassungen in Deutschland mit über 500 Mitarbeitern, aber ohne Arbeitnehmerbeteiligung im Aufsichtsrat haben ...

AIDA Cruises (Kreuzfahrten); AIG Europe (Versicherung); American Express International (Kreditkarten); American Express Services Europe; Atradius Kreditversicherung Bain & Company (Unternehmensberatung); Barclaycard Barclays Bank; Basler Leben / Basler Versicherung; BNP Paribas (Bank)

Cortal Consors (Bank); CWT Beheermaatschappij (Reisebüro); Enrichment Technology Company (Urananreicherungsanlagen); Federal Express Europe (Logistik); Ford Bank; Giorgio Armani Retail (Einzelhandel); Helvetia Schweizerische Versicherungsgesellschaft; Hilti (Werkzeug); Kentucky Fried Chicken (Gastronomie); McDonald's (Gastronomie); McKinsey & Company (Unternehmensberatung); Mitsubishi Electric Europe (Autozulieferer); Rockwool (Wärme-, Schall- und Brandschutz); Swiss Life (Versicherung); Weleda (Pharma und Kosmetik); Yazaki Europe (Autozulieferer)

Montanmitbestimmung

Durch Konzentrationsprozesse in der Wirtschaft sind viele – dem Montanmitbestimmungsgesetz 1951 unterliegende – Unternehmen in Konzerne eingegliedert worden und so unter die Leitung von nicht-montanmitbestimmten Konzernobergesellschaften gekommen. 4

Proteste der Gewerkschaften und ihrer Mitglieder führten zur Verabschiedung des **Montanmitbestimmungsergänzungsgesetzes (MontanMitbErgG)**.
Hiernach wurde die Montanmitbestimmung auch auf die Obergesellschaften erstreckt, sofern der Konzernumsatz zu mehr als 50 % auf Bergbau bzw. der Erzeugung von Eisen und Stahl beruhte.
Weitere Versuche der Montankonzerne, durch Umstrukturierungen den Montananteil unter die 50 %-Grenze zu senken und damit der Montanmitbestimmung zu entgehen, folgten, aber auch mehrere weitere Gesetze zur Sicherung dieser Mitbestimmungsform, zuletzt das Sicherungsgesetz vom 20.12.1988 (BGBL. I S. 2310).
Hiernach war die Montanmitbestimmung in der Form des Montanmitbestimmungsergänzungsgesetzes (MontanMitbErgG) in Konzernobergesellschaften, wenn
- entweder der Montananteil am **Konzernumsatz mindestens 20 %** beträgt (bei Neukonzernen verbleibt es jedoch bei einem Montananteil von 50 %)
- oder in den – zum Konzern gehörenden – Montanunternehmen in der Regel **mehr als 2000 Arbeitnehmer** beschäftigt sind.

Das **Bundesverfassungsgericht** hat in einem von der Mannesmann AG angestrengten Verfahren mit Urteil vom 2.3.1999 die Sonderform der Montanmitbestimmung im Grundsatz gebilligt und auch das zur Montanmitbestimmung führende Merkmal »Montananteil mindestens 20 %« bestätigt (BVerfG v. 2.3.1999 – 1 BvL 2/91, NZA 1999, 435). 5
In dem Merkmal »Beschäftigung von mehr als 2000 Arbeitnehmern« hat das Gericht aber einen Verstoß gegen den Gleichheitsgrundsatz aus Art. 3 Abs. 1 Grundgesetz gesehen.
§ 3 Abs. 2 Satz 1 Nr. 2 MontanMitbErgG wurde daraufhin durch Gesetz vom 15.5.2004 (BGBl. I S. 974) geändert: »... wenn diese Konzernunternehmen und abhängigen Unternehmen ... in der Regel **ein Fünftel der Arbeitnehmer** sämtlicher Konzernunternehmen und abhängigen Unternehmen beschäftigen«).

Ein Blick in die Mitbestimmungsgesetze zeigt, dass der Begriff »Unternehmensmitbestimmung« **übertrieben** ist. 6
Denn von einer wirklich paritätischen Mitbestimmung im Sinne von »Gleichberechtigung von Kapital und Arbeit« kann nicht die Rede sein.
Der Aufsichtsrat nach dem Mitbestimmungsgesetz 1976 (MitbestG) ist zwar mit einer gleichen Anzahl von Anteilseigner- und Arbeitnehmervertretern besetzt (siehe **Übersicht** im Anhang zu diesem Stichwort). 7
Jedoch hat es der Gesetzgeber für angebracht gehalten, einen leitenden Angestellten (quasi als »Kuckucksei«) auf die Arbeitnehmerbank (!) zu setzen (§ 15 Abs. 1 Satz 2 und Abs. 2 Nr. 2 MitbestG), also einen Vertreter der Interessen der Unternehmensleitung (siehe → **Leitende Angestellte** Rn. 4 ff., 7 und → **Wirtschaftsausschuss** Rn. 5 a). 7a
Nach der Gesetzesbegründung dient die Platzierung des leitenden Angestellten auf die Arbeitnehmerbank dem Ziel, die Informations- und Entscheidungsgrundlage des Aufsichtsrates »zu optimieren«.
Auf die Kenntnisse und Einsichten des leitenden Angestellten in die organisatorischen und wirtschaftlichen Zusammenhänge des Unternehmens solle nicht verzichtet werden (vgl. BT-Ausschuss für Arbeit und Sozialordnung BT-Drs. 7/48 S. 2).
Eine weitere Sicherung der Interessen der Anteilseigner erfolgt dadurch, 7b
- dass der **Aufsichtsratsvorsitzende** letztlich von den Anteilseignern allein gewählt wird

Unternehmensmitbestimmung

(wenn in einem ersten Wahlgang eine Zweidrittelmehrheit der Mitglieder des Aufsichtsrats nicht erreicht wird; vgl. § 27 Abs. 1 und 2 MitbestG) und
- dass er in Entscheidungssituationen bei Stimmengleichheit (Pattsituation) eine **zweite Stimme** hat (§ 29 Abs. 2 MitbestG; dem Stellvertreter steht die zweite Stimme nicht zu).

8   Auch bei der weitestreichenden Mitbestimmungsform (der Montanmitbestimmung) sind die Interessen der Anteilseigner »wasserdicht« abgesichert.
Selbst wenn der »**Neutrale**« eines montanmitbestimmten Unternehmens in der Rechtsform der Aktiengesellschaft zusammen mit den Arbeitnehmervertretern die Zustimmung zu einem von der Unternehmensleitung geplanten zustimmungspflichtigen Vorhaben verweigern sollte, so haben die **Eigentümer** (= Aktionäre) der Aktiengesellschaft über ihr »**Letztentscheidungsrecht**« nach § 111 Abs. 4 AktG die Möglichkeit, die fehlende Zustimmung des Aufsichtsrates durch einen Beschluss der »Hauptversammlung« der Aktionäre zu ersetzen.
Für einen derartigen Beschluss ist allerdings eine **Dreiviertelmehrheit** der abgegebenen Stimmen der Aktionäre erforderlich (§ 111 Abs. 4 AktG).
Entsprechendes gilt für die **GmbH** (§ 3 Abs. 2 MontanMitbG, § 25 Abs. 1 Nr. 2 MitbestG 1976, § 1 Abs. 1 Nr. 3 DrittelbG jeweils in Verbindung mit § 111 Abs. 4 Aktiengesetz).

9   **Aber immerhin:** Über die Arbeitnehmervertretung im Aufsichtsrat können **Informationen** beschafft werden, die für Strategien im Interesse der Belegschaft nützlich sein können.
Außerdem kann – das zeigen die bisherigen Erfahrungen – jedenfalls die Mitbestimmung in der Form der Montanmitbestimmung dazu beitragen, dass ein Strukturwandel in einer Branche in sozial verträglicher Weise gestaltet wird.
Beispielsweise konnte der Abbau von fast 70 000 Arbeitsplätzen in der Eisen- und Stahlindustrie von 1987 bis 1997 ohne → **betriebsbedingte Kündigung**, stattdessen im Wege von intelligenten personalwirtschaftlichen Maßnahmen (Nutzung der natürlichen Fluktuation, konzerninterner Stellenausgleich, Beschäftigungspläne, Bildung von Qualifizierungs- und Beschäftigungsgesellschaften und Kooperation mit regionaler Arbeitsmarktpolitik) vollzogen werden.
Entsprechendes galt für den gewaltigen Arbeitsplatzabbau im montanmitbestimmten Bergbau (alte Bundesländer) und in der Montanindustrie der neuen Bundesländer.

Aufsichtsrat

10 Der **Aufsichtsrat** ist ein Organ, das in **AktG** (§ 95 AktG), unter gewissen Voraussetzungen, aber auch in Unternehmen mit anderen → **Unternehmensrechtsformen** (z. B. Gesellschaften mit beschränkter Haftung – GmbH; vgl. § 3 MontanMitbG, § 6 MitbestG 1976, § 1 Abs. 1 Nr. 3 DrittelbG) **zu bilden** ist.

Zusammensetzung des Aufsichtsrats

11 Der Aufsichtsrat besteht aus Vertretern der **Anteilseigner** und der **Arbeitnehmer**.
Die zahlenmäßige Zusammensetzung des Aufsichtsrates ist in den jeweiligen Mitbestimmungsgesetzen unterschiedlich geregelt (siehe **Übersichten** im Anhang).
Zur Besetzung des Aufsichtsrats nach Maßgabe des Gesetzes für die gleichberechtigte Teilhabe von Frauen und Männern in Führungspositionen in der Privatwirtschaft und im öffentlichen Dienst vom 24.4.2015 (BGBl. I Nr. 17 S. 642) siehe → **Gleichberechtigung/Gleichstellung von Frauen und Männern** Rn. 3a. Das Gesetz ist am 1.5.2015 in Kraft getreten. Ziel des Gesetzes ist es, den Anteil von Frauen an Führungspositionen (Unternehmensleitung, oberste Management-Ebenen, Aufsichtsrat) deutlich zu erhöhen und letztlich eine Geschlechterparität herzustellen.

Unternehmensmitbestimmung

Wahl der Arbeitnehmervertreter im Aufsichtsrat

Die Arbeitnehmervertreter in den Aufsichtsräten nach Drittelbeteiligungsgesetz, Montanmitbestimmungsergänzungsgesetz 1956 und Mitbestimmungsgesetz 1976 werden von den **Arbeitnehmern** gewählt. | 12

In Unternehmen, die dem MontanMitbestG 1951 unterliegen, erfolgt die Wahl durch die **Hauptversammlung** des Unternehmens auf der Basis eines bindenden **Vorschlags** der Betriebsräte.

Zu den unterschiedlichen **Wahlverfahren** nach Drittelbeteiligungsgesetz, Mitbestimmungsgesetz 1976 und MontanMitbestG 1951 siehe **Übersichten** im Anhang zu diesem Stichwort.

Durch das BetrVerfReformgesetz vom 23. 7. 2001 (BGBl. I S. 1852) ist das Wahlverfahren dadurch erheblich vereinfacht worden, dass das bislang zu berücksichtigende **Gruppenprinzip** (Trennung der Arbeitnehmer in die Gruppe der Arbeiter und die Gruppe der Angestellten) ersatzlos **abgeschafft** wurde. | 13

Wie bei der → **Betriebsratswahl** (§ 7 Satz 2 BetrVG) sind »zur Arbeitsleistung überlassene Arbeitnehmer eines anderen Arbeitgebers« (= Leiharbeitnehmer; siehe → **Arbeitnehmerüberlassung/Leiharbeit**) für die Wahl der Arbeitnehmervertreter in den Aufsichtsrat aktiv wahlberechtigt, wenn sie länger als drei Monate im Betrieb eingesetzt werden (§ 5 Abs. 2 Satz 2 DrittelbG; § 10 Abs. 2 Satz 2 MitbestG). | 14

Das passive Wahlrecht steht ihnen nicht zu.

Das BAG hat durch eine Entscheidung zur **Aufsichtsratswahl** in einem Entleiherunternehmen nach dem Mitbestimmungsgesetz 1976 (MitbestG) klargestellt, dass **wahlberechtigte Leiharbeitnehmer auf Stammarbeitsplätzen** bei dem in § 9 Abs. 1 MitbestG vorgesehenen Schwellenwert von in der Regel mehr als 8 000 Arbeitnehmern **mitzuzählen** sind (BAG v. 4. 11. 2015 – 7 ABR 42/13). | 14a

Das BAG hat offengelassen, ob Leiharbeitnehmer auch bei anderen Schwellenwerten der Unternehmensmitbestimmung in die Berechnung mit einbezogen werden müssen.

> **Hinweis:**
> Nach § 9 Abs. 1 MitbestG werden die Aufsichtsratsmitglieder der Arbeitnehmer eines Unternehmens mit in der Regel **mehr als 8 000 Arbeitnehmern durch Delegierte gewählt**, sofern nicht die wahlberechtigten Arbeitnehmer die unmittelbare Wahl beschließen.
> § 9 Abs. 2 MitbestG bestimmt, dass die Wahl in Unternehmen mit in der Regel **nicht mehr als 8 000 Arbeitnehmern in unmittelbarer Wahl** erfolgt, sofern nicht die wahlberechtigten Arbeitnehmer die Wahl durch Delegierte beschließen.

Hauptaufgaben des Aufsichtsrats

- **Bestellung** und **Abberufung** der Mitglieder des Vorstandes der Aktiengesellschaft (AG) sowie der Geschäftsführer einer GmbH, sofern diese Unternehmen unter den Geltungsbereich der Montanmitbestimmungsgesetze bzw. des Mitbestimmungsgesetzes 1976 fallen; | 15
- laufende **Überwachung** der Geschäftsführung des Vorstandes der AG bzw. der Geschäftsführung der GmbH (§ 111 AktG, § 52 GmbHG); dabei kann der Aufsichtsrat (nach § 111 Abs. 2 AktG) Einblick nehmen in Unterlagen und Vermögensgegenstände des Unternehmens einsehen und prüfen; er kann damit auch einzelne Mitglieder des Aufsichtsrats oder → **Sachverständige** beauftragen; außerdem erteilt der Aufsichtsrat dem Abschlussprüfer den Prüfungsauftrag nach § 290 HGB (§ 111 Abs. 2 Satz 3 AktG); der Prüfbericht ist allen Mitgliedern des Aufsichtsrats oder, wenn der Aufsichtsrat dies beschlossen hat, einem Ausschuss des Aufsichtsrates auszuhändigen (§ 170 Abs. 3 AktG); bei den Verhandlungen des Aufsichtsrats oder eines Ausschusses über den Prüfbericht hat der Abschlussprüfer teilzunehmen und über die wesentlichen Ergebnisse seiner Prüfung zu berichten (§ 171

Unternehmensmitbestimmung

Abs. 1 Satz 2 AktG); vorstehende Bestimmungen über den Abschlussprüfer wurden eingefügt durch das Gesetz zur Kontrolle und Transparenz im Unternehmensbereich [KonTraG] vom 27. 4. 1998;

- gegebenenfalls **Zustimmung** zu bestimmten – bedeutenden – Geschäften des Vorstandes der AG bzw. der Geschäftsführung der GmbH, falls die Satzung der AG oder der Gesellschaftervertrag der GmbH dies vorsehen.

16 Der Aufsichtsrat wird besonders darauf achten müssen, dass die Unternehmensleitung ihrer Verpflichtung nach § 91 Abs. 2 AktG (ebenfalls eingefügt durch das Gesetz zur Kontrolle und Transparenz im Unternehmensbereich [KonTraG] vom 27. 4. 1998) nachkommt.

Hiernach muss er Maßnahmen treffen, damit Entwicklungen, die den Fortbestand des Unternehmens gefährden, frühzeitig erkannt werden (insbesondere **Einrichtung eines Überwachungssystems**).

16a Der Abschlussprüfer hat zu prüfen, ob die Risiken der künftigen Entwicklung im **Lagebericht** (siehe → **Jahresabschluss**) zutreffend dargestellt sind (§ 317 Abs. 2 HGB).

17 Nach verbreiteter Meinung stehen die Arbeitnehmervertreter im Aufsichtsrat bezüglich ihrer Aufgabenstellung den übrigen Aufsichtsratsmitgliedern gleich.

Das heißt, sie haben ihr Handeln am **Interesse des Unternehmens** zu orientieren.

Dennoch wird es letztlich aus der Sicht der Arbeitnehmervertreter immer darum gehen, Entscheidungen der Unternehmensleitung im **Interesse der Belegschaft** zu beeinflussen. Andernfalls wäre die Beteiligung von Arbeitnehmervertretern im Aufsichtsrat des Unternehmens überflüssig.

Externe Arbeitnehmervertreter im Aufsichtsrat

18 Die in den Mitbestimmungsgesetzen vorgesehene Beteiligung »externer« Arbeitnehmervertreter im Aufsichtsrat (= insbesondere **Gewerkschaftsvertreter**) soll dazu beitragen, dass eine nur »bis zum Tellerrand des Unternehmens/Konzerns« reichende betriebsegoistische Sichtweise der Arbeitnehmervertreter vermieden wird.

Stattdessen soll erreicht werden, dass auch unternehmens-/konzernübergreifende Gesichtspunkte der Arbeitnehmerinteressenvertretung in die Tätigkeit des Aufsichtsrats und damit in die Unternehmens- und Konzernpolitik Eingang finden.

Verschwiegenheitspflicht

19 Eine gewisse Einschränkung (»Behinderung«) des Handelns der Arbeitnehmervertreter kann sich allerdings aus der »**Verschwiegenheitspflicht**« nach §§ 116, 93 AktG ergeben.

Danach sind »vertrauliche Angaben« und »Betriebs- oder Geschäftsgeheimnisse« (zum Begriff: siehe → **Geheimhaltungspflicht**) des Unternehmens geheim zu halten.

Hierzu werden solche Angelegenheiten gezählt, deren Veröffentlichung zu einem nicht unerheblichen Schaden für das Unternehmen führen würde.

Nach einer abzulehnenden Entscheidung des Bundesgerichtshofs vom 5. 6. 1975 sollen sogar Abstimmungsergebnisse und das Abstimmungsverhalten einzelner Aufsichtsratsmitglieder in der Regel der Verschwiegenheitspflicht unterliegen, weil andernfalls eine »vertrauensvolle Zusammenarbeit« im Aufsichtsrat nicht möglich sei.

Nach zutreffender Ansicht kann ein Aufsichtsratsmitglied jedenfalls sein eigenes **Abstimmungsverhalten** offenlegen, ohne gegen die Verschwiegenheitsverpflichtung zu verstoßen (vgl. Köstler, Arbeitshilfen für Aufsichtsräte Nr. 5: Verschwiegenheitspflicht – Hilfe zum praktischen Umgang, 3. Aufl. 2010, Hans-Böckler Stiftung, S. 11 – http://www.boeckler.de/pdf/p_ah_ar_05.pdf).

Unternehmensmitbestimmung

Zum Verbot der unlauteren Nutzung von Insiderwissen (für Wertpapiergeschäfte): siehe → **Insiderrecht**.

Umwandlung von Unternehmen

Zu beachten sind die Regelungen des am 1.1.1995 in Kraft getretenen Umwandlungsgesetzes (siehe → **Umwandlung von Unternehmen**):
Die Umwandlung in der Variante eines »**Formwechsels**« kann mitbestimmungsrechtliche Folgen haben:
Wenn nämlich beispielsweise eine – der Unternehmensmitbestimmung unterliegende – GmbH in eine OHG umgewandelt wird, fällt der bisher bestehende Aufsichtsrat weg und damit auch die Mitbestimmung der Arbeitnehmervertreter.
Nur wenn auch für das Unternehmen in seiner neuen Rechtsform ein Aufsichtsrat zu bilden ist (beispielsweise: eine GmbH wird in eine AG umgewandelt), bleiben die bisherigen Aufsichtsratsmitglieder nach § 203 UmwG im Amt.
Im Falle einer Umwandlung durch »**Verschmelzung**« oder »**Spaltung**« in Form der »**Aufspaltung**« endet die Existenz des übertragenden bzw. aufgespaltenen Unternehmens.
Deshalb endet zwangsläufig auch der bei diesem Unternehmen bestehende Aufsichtsrat.
Die auf das übernehmende Unternehmen gemäß § 613a BGB übergehenden Arbeitnehmer (§ 324 UmwG) werden durch die Arbeitnehmervertreter im Aufsichtsrat des übernehmenden Unternehmens vertreten, falls ein solcher besteht.
Bestand in dem übernehmenden Unternehmen kein Aufsichtsrat bzw. waren die Arbeitnehmer nach den Mitbestimmungsgesetzen nicht im Aufsichtsrat vertreten (beispielsweise weil die erforderliche Arbeitnehmerzahl nicht erreicht war), dann ist eine **Aufsichtsratswahl** einzuleiten, wenn nunmehr (z. B. nach einer Verschmelzung) die erforderliche Mindest-Beschäftigtenzahl vorliegt.
Gleiches gilt, wenn das übernehmende Unternehmen **neu gegründet** worden ist.
Wenn bei einer »**Spaltung**« in Form der »**Abspaltung**« oder »**Ausgliederung**« im »**Altunternehmen**« die Voraussetzungen für die Unternehmensmitbestimmung entfallen (wegen Unterschreitung der Mindest-Beschäftigtenzahl), dann bleibt die Unternehmensmitbestimmung dennoch bestehen, und zwar für die Dauer von fünf Jahren (§ 325 Abs. 1 Satz 1 UmwG).
Dies gilt allerdings dann nicht, wenn die verbleibende **Beschäftigtenzahl** unter ein Viertel der von dem Mitbestimmungsgesetz geforderten Zahl **sinkt** (§ 325 Abs. 1 Satz 2 UmwG).

Grenzüberschreitende Fusion/Verschmelzung

Eine Sonderproblematik ergibt sich bei **grenzüberschreitenden Fusionen** im EG-Bereich.
Insoweit wird durch das »Mitbestimmungs-Beibehaltungsgesetz« vom 23.8.1994 (BGBl. I S. 2228) eine Regelung zur Sicherung der Unternehmensmitbestimmung geschaffen, die folgendermaßen funktioniert:
Überträgt ein deutsches Unternehmen seine Mehrheitsbeteiligung an einem deutschen Tochterunternehmen (oder an einem Betrieb oder Betriebsteil) auf ein ausländisches Unternehmen und sinkt die Beschäftigtenzahl des Unternehmens dadurch unter die für die Anwendung eines Mitbestimmungsgesetzes erforderliche Mindest-Beschäftigtenzahl, dann bleibt die bisherige Unternehmensmitbestimmung bestehen, wenn das übertragende (deutsche) Unternehmen **steuerliche Erleichterungen** in Anspruch nimmt (vgl. Kittner, Arbeits- und Sozialordnung, 41. Aufl. 2016, S. 1743).
Ist Letzteres nicht der Fall, entfällt die bisherige Unternehmensmitbestimmung.
Gleiches gilt, wenn die Beschäftigtenzahl auf weniger als ein Viertel der nach dem jeweiligen Mitbestimmungsgesetz erforderlichen Mindestzahl sinkt.

Unternehmensmitbestimmung

27 Durch Gesetz über die Mitbestimmung der Arbeitnehmer bei einer grenzüberschreitenden Verschmelzung (MgVG) vom 21.12.2006 (BGBl. I S. 3332) hat der bundesdeutsche Gesetzgeber Art. 16 der Richtlinie 2005/56/EG des Europäischen Parlaments und des Rates vom 26.5.2005 umgesetzt.
Ziel des Gesetzes ist es, die **Mitbestimmungsrechte** der Arbeitnehmer in den an der grenzüberschreitenden Verschmelzung beteiligten Unternehmen zu sichern (zu Einzelheiten vgl. Kittner, Arbeits- und Sozialordnung, 41. Aufl. 2016, S. 1063 f.).

Europäische Gesellschaft (Societas Europaea – SE)

27a Durch EG-Verordnung Nr. 2157/2001 des Rates vom 8.10.2001 wurden Regelungen über das »Statut der Europäischen Gesellschaft« getroffen. Die Verordnung ist am 8.10.2004 in Kraft getreten.
Der bundesdeutsche Gesetzgeber hat hierzu das SE-Ausführungsgesetz (SEAG) vom 22.12.2204 (BGBl. I S. 3675) verabschiedet (siehe → **Unternehmensrechtsformen** Rn. 3 a).
Eine Europäische Gesellschaft kann beispielsweise aus Anlass einer **Fusion** von Aktiengesellschaften aus zwei oder mehreren Mitgliedstaaten zustande kommen (sog. **Verschmelzungs-SE**; zu weiteren Gründungsmodellen vgl. Kittner, Arbeits- und Sozialordnung, 41. Aufl. 2016, S. 1053 ff.).
Am 1.12.2011 waren 993 SE registriert, die meisten davon in Deutschland und Tschechien (Quelle: *http://www.worker-participation.eu/European-Company/SE-COMPANIES/Facts-and-Figures*).
Mit der Richtlinie 2001/86/EG vom 8.10.2001 wurde die **Mitbestimmung** der Arbeitnehmer in einer Europäischen Gesellschaft geregelt.
Die Richtlinie wurde durch das Gesetz über die Beteiligung der Arbeitnehmer in einer Europäischen Gesellschaft (SE-Beteiligungsgesetz – SEBG) vom 22.12.2004 (BGBl. I S. 3686) **umgesetzt** (Näheres bei Kittner, Arbeits- und Sozialordnung, 41. Aufl. 2016, S. 1053 ff.).

Bedeutung für die Betriebsratsarbeit

28 Betriebsratsarbeit muss mit der Tätigkeit der Arbeitnehmervertreter im Aufsichtsrat **verzahnt** werden. Denn letztlich hat die Arbeit im Betriebsrat/Gesamtbetriebsrat/Konzernbetriebsrat das gleiche Ziel wie die Arbeit der Arbeitnehmervertreter im Aufsichtsrat!

29 Hinzuweisen ist darauf, dass eine Geheimhaltungsverpflichtung von Mitgliedern des Betriebsrats (oder anderer Organe der Interessenvertretung) gegenüber den Arbeitnehmervertretern im Aufsichtsrat selbst dann nicht besteht, wenn es sich bei der betreffenden Angelegenheit um ein Betriebs- oder Geschäftsgeheimnis handelt (§ 79 Abs. 1 Satz 4 BetrVG; siehe → **Geheimhaltungspflicht**).

30 Erschwert wird die Zusammenarbeit zwischen Betriebsrat und Arbeitnehmervertretern im Aufsichtsrat allerdings durch die **Verschwiegenheitspflicht der Aufsichtsratsmitglieder** (auch der Arbeitnehmervertreter im Aufsichtsrat) nach § 166 i. V. m. § 93 Abs. 1 Satz 3 AktG. Sie besteht auch gegenüber dem Betriebsrat und den anderen in § 79 Abs. 1 BetrVG genannten Gremien (siehe → **Geheimhaltungspflicht** Rn. 8). Das gilt nach Ansicht des BAG sogar dann, wenn ein Arbeitnehmervertreter **zugleich Mitglied des Betriebsrats** ist (BAG v. 23.10.2008 – 2 ABR 59/07). Nachstehend ein Auszug aus der Entscheidung: »*Die nach § 116 iVm. § 93 Abs. 1 Satz 3 AktG bestehende Verpflichtung der Mitglieder des Aufsichtsrats, über vertrauliche Angaben und Geheimnisse der Gesellschaft, namentlich Betriebs- und Geschäftsgeheimnisse, Stillschweigen zu bewahren, gilt uneingeschränkt für alle Aufsichtsratsmitglieder. Nach inzwischen überwiegen-*

der Auffassung auch in der Literatur sind die Arbeitnehmervertreter im Aufsichtsrat an diese Verpflichtung selbst gegenüber den ihrerseits gemäß § 79 Abs. 1 BetrVG einer Geheimhaltungspflicht unterliegenden Betriebsratsmitgliedern gebunden [...]. Dafür spricht schon § 79 Abs. 1 Satz 4 BetrVG. Die Norm hebt die Schweigepflicht ausdrücklich nur in der Richtung vom Betriebsrat zu den Arbeitnehmervertretern im Aufsichtsrat auf, nicht aber umgekehrt. Dem AktG lassen sich keine Anhaltspunkte für eine Beschränkung der Verschwiegenheitspflicht entnehmen. Deshalb besteht eine Verschwiegenheitspflicht der Arbeitnehmervertreter im Aufsichtsrat grundsätzlich auch gegenüber dem Betriebsrat, selbst wenn ein Arbeitnehmervertreter zugleich Mitglied des Betriebsrats ist. Ob Ausnahmen von der Verschwiegenheitspflicht anzuerkennen sind, wenn der Arbeitgeber gegenüber dem Betriebsrat seine Informationspflichten eindeutig rechtswidrig und nachhaltig verletzt, bedarf hier keiner weiteren Erörterung. Ein derartiger Fall lag auch nach den Ausführungen des Betriebsrats und des Beteiligten zu 3) nicht vor.«

Die Verschwiegenheitspflicht der Arbeitnehmervertreter im Aufsichtsrat nach § 166 i. V. m. § 93 Abs. 1 Satz 3 AktG beeinträchtigt die Zusammenarbeit mit dem Betriebsrat aber nur in beschränktem Maße. Denn schließlich dürfte es kaum eine Information geben, die der Unternehmer im Rahmen seiner Informationsverpflichtung nach § 106 BetrVG nicht schon längst dem → **Wirtschaftsausschuss** hätte mitteilen müssen. Der Wirtschaftsausschuss ist nämlich in der Regel früher über Vorhaben der Unternehmensleitung zu informieren (nämlich in der Phase der Zielbildung und Planung) als der Aufsichtsrat, dem nicht selten erst das Ergebnis der Planung (= der »Plan«) zur Information und – falls nach Satzung (AG) oder Gesellschaftervertrag (GmbH) erforderlich – Entscheidung vorgelegt wird (siehe → **Unternehmensplanung**).

Bedeutung für die Beschäftigten

Es ist wichtig, die Beschäftigten über das Ziel, die **Funktionsweise** und die **Möglichkeiten** der »Unternehmensmitbestimmung« zu informieren. 31

Um Illusionen und falsche Vorstellungen zu vermeiden, ist es aber nicht minder wichtig, ihnen die **Grenzen** der Unternehmensmitbestimmung offen zu legen. 32

Es muss deutlich gemacht werden, dass die Arbeitnehmerseite bei keiner Mitbestimmungsform mit rechtlichen Mitteln in der Lage ist, arbeitnehmerschädliche Entscheidungen der Kapitalseite zu verhindern oder arbeitnehmerpositive Entscheidungen zu erzwingen.

Arbeitshilfen

Übersichten
- Unternehmensbestimmung
- Aufsichtsrat nach Montan-Mitbestimmungsgesetz 1951
- Aufsichtsrat nach Drittelbeteiligungsgesetz (DrittelbG) vom 18. 5. 2004 (früher: §§ 76, 77 Betriebsverfassungsgesetz 1952)
- Aufsichtsrat nach Mitbestimmungsgesetz 1976

Unternehmensmitbestimmung

Übersicht: Unternehmensbestimmung

Montan-Mitbestimmungsgesetz 1951 (MontanMitbestG):

Gilt in Unternehmen (nur in Kapitalgesellschaften, z. B. AG, GmbH) der Eisen- und Stahlindustrie und des Bergbaus mit mehr als 1000 Arbeitnehmern.	Besetzung des Aufsichtsrats (11 bzw. 15 bzw. 21 Mitglieder, §§ 4, 9 MontanMitbestG): 5 bzw. 7 bzw. 10 Anteilseignervertreter 5 bzw. 7 bzw. 10 Arbeitnehmervertreter 1 »neutrales« Mitglied

Anmerkungen:
- Unter den in § 4 Abs. 1 Satz 2 Buchstabe b MontanMitbestG bezeichneten Mitgliedern des Aufsichtsrates eines in § 1 MontanMitbestG genannten, börsennotierten Unternehmens müssen im Fall des § 96 Abs. 2 Satz 3 AktG Frauen und Männer jeweils mit einem Anteil von mindestens 30 Prozent vertreten sein (§ 5a MontanMitbestG).
- Der Arbeitsdirektor (= Mitglied der Unternehmensleitung) kann nicht gegen die Stimmen der Mehrheit der Arbeitnehmervertreter bestellt oder abberufen werden, § 13 Abs. 1 Satz 2 MontanMitbestG

Montan-Mitbestimmungsergänzungsgesetz 1956 (MontanMitbestErgG):

Gilt in Konzernobergesellschaften (nur in Kapitalgesellschaften), die ein Unternehmen der Eisen- und Stahlindustrie oder des Bergbaus beherrschen, in dem das Montanbestimmungsgesetz von 1951 gilt.	Besetzung des Aufsichtsrats (15 bzw. 21 Mitglieder, § 5 MitbestErgG): 7 bzw. 10 Anteilseignervertreter 7 bzw. 10 Arbeitnehmervertreter 1 »neutrales« Mitglied

Anmerkungen:
- Unter den Aufsichtsratsmitgliedern der Arbeitnehmer eines in § 1 MontanMitbestErgG genannten, börsennotierten Unternehmens müssen im Fall des § 96 Abs. 2 Satz 3 AktG Frauen und Männer jeweils mit einem Anteil von mindestens 30 Prozent vertreten sein (§ 5a MontanMitbestErgG).
- Der Arbeitsdirektor (= Mitglied der Unternehmensleitung) wird mit einfachem Mehrheitsbeschluss des Aufsichtsrats bestellt oder abberufen, vgl. § 13 Satz 1 MontanMitbestErgG in Verbindung mit § 13 Abs. 1 Satz 1 MontanMitbestG

Drittelbeteiligungsgesetz – DrittelbG) vom 18.4.2004 (früher: §§ 76 ff. Betriebsverfassungsgesetz 1952):

Gilt in Kapitalgesellschaften, z. B. GmbH mit mehr als 500 und bis zu 2000 Arbeitnehmern; AG mit 500 bis zu 2000 Arbeitnehmern: Mindestzahl von 500 gilt nicht in AG, die vor dem 10.8.1994 eingegangen wurde und keine Familiengesellschaft ist, § 1 Abs. 1 Nr. 1 DrittelbG.	Besetzung des Aufsichtsrats (3 bzw. 6 bzw. 9 bzw. 12 bzw. 15 bzw. 18 bzw. 21 Mitglieder; Höchstzahl der Mitglieder hängt von Höhe des Kapitals ab: 9, 15 oder 21; § 95 Aktiengesetz): 2 bzw. 4 bzw. 6 bzw. 8 bzw. 10 bzw. 12 bzw. 14 Anteilseignervertreter; 1 bzw. 2 bzw. 3 bzw. 4 bzw. 5 bzw. 6 bzw. 7 Arbeitnehmervertreter

Anmerkung:
- Unter den Aufsichtsratsmitgliedern der Arbeitnehmer sollen Frauen und Männer entsprechend ihrem zahlenmäßigen Verhältnis im Unternehmen vertreten sein (§ 4 Abs. 4 DrittelbG).

Mitbestimmungsgesetz 1976 (MitbestG):

Gilt in Unternehmen (in Kapitalgesellschaften und in kapitalistisch strukturierter KG: z. B. GmbH & Co KG) mit mehr als 2000 Arbeitnehmern.	Besetzung des Aufsichtsrats (je nach Arbeitnehmerzahl: 12 bzw. 16 bzw. 20 Mitglieder, § 7 MitbestG): 6 bzw. 8 bzw. 10 Anteilseignervertreter 6 bzw. 8 bzw. 10 Arbeitnehmervertreter

Anmerkungen:
- Unter den Aufsichtsratsmitgliedern der Arbeitnehmer eines in § 1 Abs. 1 MitbestG genannten, börsennotierten Unternehmens müssen im Fall des § 96 Abs. 2 Satz 3 AktG Frauen und Männer jeweils mit einem Anteil von mindestens 30 Prozent vertreten sein (§ 7 Abs. 3 MitbestG).

Unternehmensmitbestimmung

- Mindestens ein Arbeitnehmervertreter ist »leitender Angestellter« (§ 15 Abs. 2 Satz 3 MitbestG)
- Der Aufsichtsratsvorsitzende wird mit Zweidrittelmehrheit gewählt; wird diese Mehrheit nicht erreicht, so wählen die Anteilseignervertreter allein den Aufsichtsratsvorsitzenden in einem zweiten Wahlgang (§ 27 Abs. 2 MitbestG)
- Bei Stimmengleichheit (Pattsituation) hat der Aufsichtsratsvorsitzende eine zweite Stimme (§ 29 Abs. 2 MitbestG)

Übersicht: Aufsichtsrat nach Montan-Mitbestimmungsgesetz 1951

Beispiel: Aktiengesellschaft mit einem 11-köpfigen Aufsichtsrat

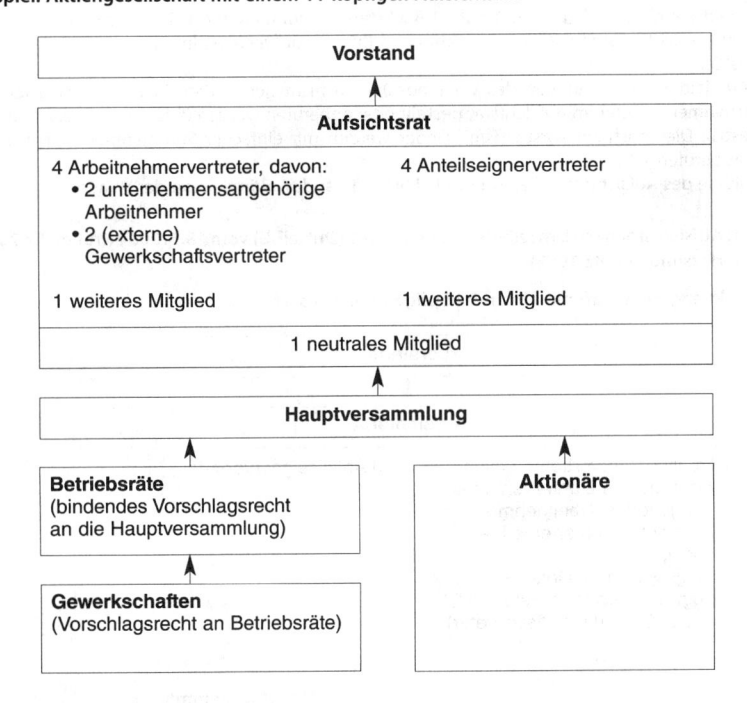

```
┌─────────────────────────────────────────────┐
│                  Vorstand                    │
└─────────────────────────────────────────────┘
┌─────────────────────────────────────────────┐
│                 Aufsichtsrat                 │
├──────────────────────┬──────────────────────┤
│ 4 Arbeitnehmer-      │ 4 Anteilseigner-     │
│ vertreter, davon:    │ vertreter            │
│ • 2 unternehmens-    │                      │
│   angehörige         │                      │
│   Arbeitnehmer       │                      │
│ • 2 (externe)        │                      │
│   Gewerkschafts-     │                      │
│   vertreter          │                      │
├──────────────────────┼──────────────────────┤
│ 1 weiteres Mitglied  │ 1 weiteres Mitglied  │
├──────────────────────┴──────────────────────┤
│            1 neutrales Mitglied              │
└─────────────────────────────────────────────┘
                       ▲
┌─────────────────────────────────────────────┐
│              Hauptversammlung                │
└─────────────────────────────────────────────┘
           ▲                        ▲
┌──────────────────────┐  ┌──────────────────┐
│ Betriebsräte         │  │ Aktionäre        │
│ (bindendes           │  │                  │
│ Vorschlagsrecht      │  │                  │
│ an die               │  │                  │
│ Hauptversammlung)    │  │                  │
└──────────────────────┘  └──────────────────┘
           ▲
┌──────────────────────┐
│ Gewerkschaften       │
│ (Vorschlagsrecht an  │
│ Betriebsräte)        │
└──────────────────────┘
```

Anmerkungen:
- Zur Besetzung des Vorstands nach Maßgabe des Gesetzes für die gleichberechtigte Teilhabe von Frauen und Männern in Führungspositionen in der Privatwirtschaft und im öffentlichen Dienst vom 24.4.2015 (BGBl. I Nr. 17 S. 642) siehe → **Gleichberechtigung / Gleichstellung von Frauen und Männern** Rn. 3a.
- Nach § 4 Abs. 1 Satz 2 Buchstabe b MontanMitbestG sind vier Arbeitnehmervertreter sowie ein weiteres Mitglied auf Vorschlag der Betriebsräte in den Aufsichtsrat zu wählen. Zur Aufstellung dieser Vorschläge bildeten nach früherem Recht die Arbeitermitglieder und die Angestelltenmitglieder der Betriebsräte je einen Wahlkörper, der in geheimer Wahl das auf ihn entfallende Mitglied wählt. Nach ersatzloser Abschaffung des Gruppenprinzips durch das BetrVerfReformgesetz vom 23.7.2001 entfällt die Aufteilung des Betriebsrats in zwei Wahlkörper, so dass künftig alle Betriebsratsmitglieder die vier Vertreter der Arbeitnehmer und das weitere Mitglied in geheimer Wahl gemeinsam wählen.
- Unter den in § 4 Abs. 1 Satz 2 Buchstabe b MontanMitbestG bezeichneten Mitgliedern des Auf-

Unternehmensmitbestimmung

sichtsrates eines in § 1 MontanMitbestG genannten, börsennotierten Unternehmens müssen im Fall des § 96 Abs. 2 Satz 3 AktG Frauen und Männer jeweils mit einem Anteil von mindestens 30 Prozent vertreten sein (§ 5a MontanMitbestG).
- Zwei der Arbeitnehmervertreter müssen im Unternehmen beschäftigt sein (§ 6 Abs. 1 MontanMitbestG). Sie werden von den Betriebsräten gewählt und dem Wahlorgan nach Beratung mit den Gewerkschaften vorschlagen.
- Die beiden externen Gewerkschaftsvertreter sowie das »weitere Mitglied« auf Arbeitnehmerseite werden von den Spitzenorganisationen der Gewerkschaften den Betriebsräten vorgeschlagen, von den Betriebsräten gewählt und dem Wahlorgan (hier: Hauptversammlung) vorgeschlagen (§ 6 Abs. 3 MontanMitbestG).
- Das Wahlorgan (hier: Hauptversammlung) ist an die Vorschläge der Betriebsräte gebunden (§ 6 Abs. 7 MontanMitbestG).
- Das »neutrale Mitglied« (§ 4 Abs. 1 Satz 2 Buchstabe c MontanMitbestG) wird auf Vorschlag der übrigen Aufsichtsratsmitglieder vom Wahlorgan (hier: Hauptversammlung) gewählt (§ 8 Montan-MitbestG).
- Der Arbeitsdirektor (= Mitglied des Vorstandes) kann nicht gegen den Willen der Mehrheit der Arbeitnehmervertreter im Aufsichtsrat bestellt oder abberufen werden (§ 13 Abs. 1 Satz 2 Montan-MitbestG). Die sonstigen Vorstandsmitglieder werden mit einfacher Stimmenmehrheit gewählt bzw. abberufen.
- Beschlüsse des Aufsichtsrats: Das »neutrale Mitglied« ist das »Züngelein an der Waage«.

Übersicht: Aufsichtsrat nach Drittelbeteiligungsgesetz (DrittelbG) vom 18. 5. 2004 (früher: §§ 76, 77 Betriebsverfassungsgesetz 1952)

Beispiel: Aktiengesellschaft mit einem 9-köpfigen Aufsichtsrat

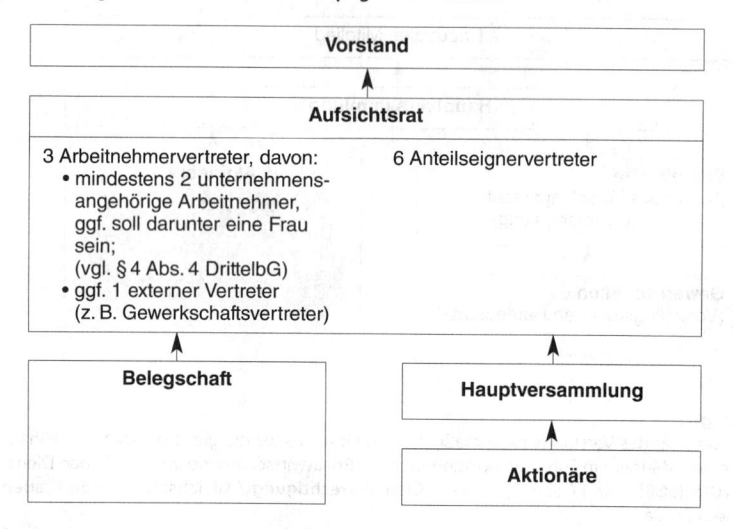

```
                    ┌─────────────────────┐
                    │      Vorstand       │
                    └──────────▲──────────┘
                               │
        ┌──────────────────────────────────────────────┐
        │                 Aufsichtsrat                 │
        ├──────────────────────────────────────────────┤
        │ 3 Arbeitnehmervertreter,  │ 6 Anteilseigner- │
        │ davon:                    │ vertreter        │
        │ • mindestens 2 unter-     │                  │
        │   nehmensangehörige       │                  │
        │   Arbeitnehmer, ggf.      │                  │
        │   soll darunter eine      │                  │
        │   Frau sein;              │                  │
        │   (vgl. § 4 Abs. 4        │                  │
        │   DrittelbG)              │                  │
        │ • ggf. 1 externer         │                  │
        │   Vertreter (z. B.        │                  │
        │   Gewerkschaftsvertreter) │                  │
        └──────────▲────────────────┴────────▲─────────┘
                   │                         │
        ┌──────────────────┐      ┌──────────────────┐
        │   Belegschaft    │      │ Hauptversammlung │
        └──────────────────┘      └─────────▲────────┘
                                            │
                                  ┌──────────────────┐
                                  │    Aktionäre     │
                                  └──────────────────┘
```

Anmerkungen:
- Zur Besetzung des Vorstands nach Maßgabe des Gesetzes für die gleichberechtigte Teilhabe von Frauen und Männern in Führungspositionen in der Privatwirtschaft und im öffentlichen Dienst vom 24. 4. 2015 (BGBl. I Nr. 17 S. 642) siehe → **Gleichberechtigung / Gleichstellung von Frauen und Männern** Rn. 3a.
- Die Arbeitnehmervertreter werden von den Arbeitnehmern des Unternehmens nach den Grundsätzen der Mehrheitswahl in allgemeiner, geheimer, gleicher und unmittelbarer Wahl (Urwahl) gewählt (§ 5 DrittelbG). An der Wahl der Arbeitnehmervertreter im Aufsichtsrat des herrschenden

Unternehmensmitbestimmung

Unternehmens eines Konzerns nehmen auch die Arbeitnehmer der Tochtergesellschaften teil (§ 2 Abs. 1 DrittelbG). Das früher zu berücksichtigende Gruppenprinzip (Trennung der Arbeitnehmer in die Gruppe der Arbeiter und die Gruppe der Angestellten) wurde durch das BetrVerfReformgesetz vom 23.7.2001 ersatzlos abgeschafft.

- Wahlvorschlagsberechtigt sind die Betriebsräte oder ein Zehntel der Arbeitnehmer des Unternehmens oder 100 Arbeitnehmer des Unternehmens (§ 6 DrittelbG).
- In einem Aufsichtsrat mit 3 bzw. 6 Mitgliedern müssen der Arbeitnehmervertreter bzw. die beiden Arbeitnehmervertreter im Unternehmen (bzw. Konzern) beschäftigt sein (§ 4 Abs. 2 DrittelbG). Ab einem 9-köpfigen Aufsichtsrat (wie in vorstehendem Beispiel) kann auch ein externer Vertreter (z. B. Gewerkschaftsvertreter) gewählt werden.
- Unter den Aufsichtsratsmitgliedern der Arbeitnehmer sollen Frauen und Männer entsprechend ihrem zahlenmäßigen Verhältnis im Unternehmen vertreten sein (§ 4 Abs. 4 DrittelbG).
- Die Mitglieder des Vorstands werden vom Aufsichtsrat mit einfacher Stimmenmehrheit gewählt und abberufen (also in jedem Fall durch die Anteilseignervertreter).
- Beschlüsse des Aufsichtsrats: Es ist durch die Mehrheitsverhältnisse im Aufsichtsrat sichergestellt, dass die Beschlüsse stets im Sinne der Interessen der Anteilseignervertreter gefasst werden.

Beachten:
Zur Arbeitsleistung überlassene Arbeitnehmer eines anderen Arbeitgebers (Leiharbeitnehmer; siehe → **Arbeitnehmerüberlassung/Leiharbeit**) sind für die Wahl der Arbeitnehmervertreter in den Aufsichtsrat aktiv wahlberechtigt, wenn sie länger als drei Monate im Betrieb eingesetzt werden (§ 5 Abs. 2 Satz 2 DrittelbG i. V. m. § 7 Satz 2 BetrVG). Das passive Wahlrecht steht ihnen nicht zu.

Übersicht: Aufsichtsrat nach Mitbestimmungsgesetz 1976

Beispiel: Aktiengesellschaft mit mehr als 20 000 Arbeitnehmern (= 20-köpfiger Aufsichtsrat)

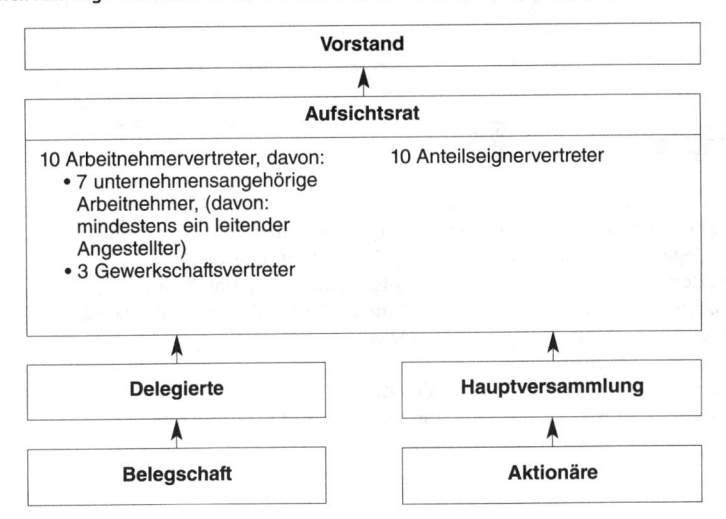

```
                    Vorstand
                        ▲
                        │
                    Aufsichtsrat
┌──────────────────────────────┬──────────────────────────────┐
│ 10 Arbeitnehmervertreter,    │ 10 Anteilseignervertreter    │
│ davon:                       │                              │
│  • 7 unternehmensangehörige  │                              │
│    Arbeitnehmer, (davon:     │                              │
│    mindestens ein leitender  │                              │
│    Angestellter)             │                              │
│  • 3 Gewerkschaftsvertreter  │                              │
└──────────────────────────────┴──────────────────────────────┘
              ▲                               ▲
              │                               │
         Delegierte                    Hauptversammlung
              ▲                               ▲
              │                               │
         Belegschaft                       Aktionäre
```

Anmerkungen:
- Zur Besetzung des Vorstands nach Maßgabe des Gesetzes für die gleichberechtigte Teilhabe von Frauen und Männern in Führungspositionen in der Privatwirtschaft und im öffentlichen Dienst vom 24.4.2015 (BGBl. I Nr. 17 S. 642) siehe → **Gleichberechtigung / Gleichstellung von Frauen und Männern** Rn. 3a.
- In Unternehmen mit bis zu 8000 Arbeitnehmern werden die Arbeitnehmervertreter in Urwahl von

Unternehmensmitbestimmung

- der Belegschaft gewählt, es sei denn, die Arbeitnehmer beschließen Wahl durch Delegierte (§ 9 Abs. 2 MitbestG).
- In Unternehmen mit mehr als 8000 Arbeitnehmern werden die Arbeitnehmervertreter durch von der Belegschaft gewählte Delegierte gewählt, es sei denn, die Arbeitnehmer beschließen Urwahl (§ 9 Abs. 1 MitbestG).
- Wahlberechtigte **Leiharbeitnehmer** auf Stammarbeitsplätzen sind bei dem Schwellenwert von in der Regel mehr als 8000 Arbeitnehmern mitzuzählen (BAG v. 4.11.2015 – 7 ABR 42/13).
- Unter den Aufsichtsratsmitgliedern der Arbeitnehmer eines in § 1 Abs. 1 MitbestG genannten, börsennotierten Unternehmens müssen im Fall des § 96 Abs. 2 Satz 3 AktG Frauen und Männer jeweils mit einem Anteil von mindestens 30 Prozent vertreten sein (§ 7 Abs. 3 MitbestG).
- Das früher zu berücksichtigende Gruppenprinzip (Trennung der Arbeitnehmer in die Gruppe der Arbeiter und die Gruppe der Angestellten) wurde durch das BetrVerfReformgesetz vom 23.7.2001 ersatzlos abgeschafft (§ 3 Abs. 1 Nr. 1 MitbestG).
- Die bisherige gesetzliche Systematik, die besondere Bestimmungen für leitende Angestellte vorsieht, wird beibehalten. Mindestens ein Arbeitnehmervertreter ist »leitender Angestellter«.
- Der Aufsichtsratsvorsitzende wird mit Zweidrittelmehrheit vom Aufsichtsrat gewählt; wird diese Mehrheit nicht erreicht, so wählen die Anteilseigner allein den Aufsichtsratsvorsitzenden in einem zweiten Wahlgang; der Stellvertreter wird von den Arbeitnehmervertretern in diesem zweiten Wahlgang gewählt.
- Beschlüsse des Aufsichtsrats: Bei Stimmengleichheit hat der Aufsichtsratsvorsitzende bei der erneut vorzunehmenden Abstimmung eine zusätzliche zweite Stimme.

> **Beachten:**
> Die zur Arbeitsleistung überlassenen Arbeitnehmer eines anderen Arbeitgebers (Leiharbeitnehmer; siehe → **Arbeitnehmerüberlassung/Leiharbeit**) sind aktiv wahlberechtigt, wenn sie länger als drei Monate im Unternehmen eingesetzt werden (§ 10 Abs. 2 Satz 2 MitbestG i. V. m. § 7 Satz 2 BetrVG). Das passive Wahlrecht steht den Leiharbeitnehmern nicht zu (§ 10 Abs. 3 i. V. m. Abs. 2 Satz 1 MitbestG).

Rechtsprechung

1. Aufsichtsratswahl – Statusverfahren
2. Montan-Mitbestimmung in Konzernobergesellschaften
3. Widerlegung der Konzernvermutung im Mitbestimmungsrecht
4. Wahl der Arbeitnehmer-Vertreter im Aufsichtsrat – Wahlanfechtung
5. Aufsichtsratswahl im Entleiherunternehmen – Berücksichtigung der Leiharbeitnehmer
6. Aufsichtsratswahl im Gemeinschaftsbetrieb
7. Kosten der Aufsichtsratswahl
8. Mitgliedschaft im Aufsichtsrat bei Altersteilzeit
9. Abführung von Aufsichtsratstantiemen nach Gewerkschaftssatzung

Unternehmensplanung

Was ist das?

In jedem Unternehmen finden **Planungsprozesse** statt. Ausgehend von der generellen Zielsetzung, das zur Verfügung stehende Geldvolumen (Kapital) in möglichst rentabler Weise einzusetzen, denkt die Leitung des Unternehmens permanent darüber nach, welche Wege zur Realisierung des **Profitziels** zu beschreiten sind (siehe auch → **Unternehmen**).

Form, **Intensität** und **Reichweite** der Planung sind in den jeweiligen Unternehmen unterschiedlich und werden u. a. von der Größe und der Organisationsstruktur des Unternehmens beeinflusst.

Man kann sich leicht vorstellen, dass der Vorstand eines Unternehmens mit einem Jahresumsatz von 1 Milliarde Euro eine weitreichendere Investitions- und Produktionsplanung hat als der Inhaber eines Handwerksbetriebes mit einem Umsatzvolumen von 1 Million Euro.

Trotz aller unternehmensspezifischen Unterschiede liegt jedem unternehmerischen Planungs- und Entscheidungsprozess eine gleichartige, dem Gebot der Logik folgende **Struktur** zugrunde.

Im Einzelnen lässt sich der **Planungs- und Entscheidungsprozess** in folgende **Phasen** unterteilen:

1. Phase (»Zielsetzung«)

Formulierung von Zielen (z. B. Gewinnziel, Absatzziel, Produktionsziel, neue Produkte, Einführung neuer Techniken, Personalkostensenkung, »Verbesserung« der Arbeitsorganisation).

2. Phase (»Grobplanung«)

Die Ausgangslage wird festgestellt (Bestandsaufnahme) und im Hinblick auf die Zielsetzung analysiert.
Ausgehend von der Analyse der Ausgangslage werden verschiedene Wege (Varianten) zur Erreichung des Ziels »durchdacht«.

> **Beispiel:**
> - Variante 1: Stilllegung eines Betriebs.
> - Variante 2: Teilstilllegung des Betriebs.
> - Variante 3: Fortführung des Betriebs mit grundlegender Veränderung des Betriebsablaufs einschließlich neuer Technologien.

Am Ende der Grobplanungsphase trifft die Unternehmensleitung eine Entscheidung für einen bestimmten Weg (z. B. für die Variante 2).

Unternehmensplanung

3. Phase (»Feinplanung«)

7   Die Variante, für die sich die Unternehmensleitung entschieden hat, wird genauer, ggf. bis hin »zum letzten Arbeitsplatz« durchgeplant.
Am Ende dieser Phase »verabschiedet« die Unternehmensleitung einen bestimmten »(Fein-)Plan« (der Plan ist das Ergebnis der Planung!).

4. Phase (»Durchführung des Plans«)

8   Von oben nach unten wird die Realisierung des Plans per Anordnung durchgesetzt (z. B. Einstellung oder Entlassung, Änderung der Arbeitsorganisation, Kauf von neuen Maschinen usw.).

5. Phase (»Kontrolle«)

9   Von unten nach oben wird der Vollzug der jeweiligen Schritte gemeldet. Stellt die Unternehmensleitung ein Auseinanderfallen von »Soll« (= Plan) und »Ist« (= tatsächliche Entwicklung) fest, dann wird entweder der »Plan« geändert oder es wird Einfluss auf die Durchführung genommen (durch entsprechende Anordnungen).

10 Natürlich findet in der Praxis der Planungs- und Entscheidungsprozess nicht so linear und reibungslos – wie zuvor dargestellt – statt.
Insbesondere werden in jeder Phase Fehleinschätzungen korrigiert, einzelne Planungsschritte vor der Verabschiedung eines Plans werden mehrfach durchlaufen, Ziele werden neu definiert usw.

Bedeutung für die Betriebsratsarbeit

11 Will der Betriebsrat auf Entscheidungen und Maßnahmen der Unternehmensleitung nicht nur »reagieren«, sondern »agieren«, d. h. seine Tätigkeit ebenfalls zielgerichtet und geplant anlegen, so benötigt er Informationen nicht nur über »das, was war und was ist«, sondern vor allem über die Unternehmensplanung, d. h. über »das, was sein soll« (siehe auch → **Personalplanung**).

12 Das BetrVG verpflichtet den Unternehmer/Arbeitgeber, »seine Karten auf den Tisch zu legen« (vgl. z. B. §§ 90 Abs. 1 und 2, 92, 106, 111 BetrVG).
Von besonderer Bedeutung ist insoweit die Informationsverpflichtung des Unternehmers gegenüber dem → **Wirtschaftsausschuss** nach § 106 Abs. 2 BetrVG.

13 Die Information an → **Wirtschaftsausschuss** und Betriebsrat hat »rechtzeitig« und »umfassend« zu erfolgen.
Falls (**Planungs-)Unterlagen** vorhanden sind, sind diese vorzulegen, ggf. sind sie herzustellen und zur Verfügung zu stellen (siehe → **Informationsrechte des Betriebsrats**).

14 Im unternehmerischen Planungs- und Entscheidungsablauf ist eine Information des Betriebsrats nur dann »rechtzeitig«, wenn sie unmittelbar nach der Festlegung der Ziele, spätestens in der Phase der »**Grobplanung**« erfolgt (siehe Rn. 6).
Das heißt in der Phase, in der der Unternehmer verschiedene Wege (Varianten, Alternativen) zur Erreichung des Zieles durchdenkt.
Das BetrVG will den Betriebsrat in die Lage versetzen, im Rahmen seiner Mitwirkungs- und Mitbestimmungsrechte **eigene Vorschläge** zu entwickeln und diese so frühzeitig beim Unternehmer »anzubringen«, dass sie noch den jeweiligen »Plan« beeinflussen können.

Würde die Information erst »nach« der Verabschiedung eines »Grob- oder Feinplans« erfolgen, würde der Betriebsrat vor vollendete Tatsachen gestellt werden. Er hätte nur noch geringe Möglichkeiten, auf den weiteren Geschehensablauf einzuwirken.
Der → **Wirtschaftsausschuss** ist noch früher, nämlich bereits im Bereich der Bildung von Unternehmenszielen zu unterrichten (siehe Rn. 5). 15
Die Informationsrechte des Betriebsrats sowie des → **Wirtschaftsausschusses** werden in der Praxis nur selten so erfüllt, wie es das BetrVG verlangt. 16
So wird – wenn überhaupt – ausführlich über die Vergangenheit, nicht oder nur unzureichend über die **Planungen für die Zukunft** informiert.
Betriebsrat und Wirtschaftsausschuss werden mit völlig unübersichtlichen Informationen und Unterlagen »zugeschüttet«.
Die Beantwortung von Fragen wird unter Hinweis auf eine angebliche Gefährdung von Betriebs- oder Geschäftsgeheimnissen (siehe → **Geheimhaltungspflicht**) verweigert.
Dem Betriebsrat stehen eine Reihe rechtlicher Möglichkeiten zur Durchsetzung seiner Informationsrechte zu: 17
- arbeitsgerichtliche Geltendmachung der jeweiligen gesetzlich geregelten Informationsansprüche;
- Arbeitsgerichtsverfahren nach § 23 Abs. 3 BetrVG (siehe → **Unterlassungsanspruch des Betriebsrats**);
- Einigungsstellenverfahren nach § 109 BetrVG (siehe → **Wirtschaftsausschuss** Rn. 26);
- Ordnungswidrigkeitenverfahren nach § 121 BetrVG (siehe → **Ordnungswidrigkeitenverfahren**);
- in krassen Fällen: Strafverfahren nach § 119 Abs. 2 BetrVG (siehe → **Behinderung der Betriebsratstätigkeit** und → **Strafverfahren**).

Siehe auch → **Unterlassungsanspruch des Betriebsrats**. 18
Daneben ist es natürlich notwendig, die Belegschaft (z. B. in → **Betriebsversammlungen**) zu unterrichten, wenn der Unternehmer gegen seine gesetzlichen Informationspflichten verstößt. 19

Arbeitshilfen

Übersichten
- Unternehmensplanung
- Kurzbeschreibung der Planungsstufen eines dreistufigen, hierarchischen Planungssystems

Unternehmensplanung

Übersicht: Unternehmensplanung

Teilbereiche der Unternehmensplanung	Planungsinhalte
Gewinn- / Profitplanung	Welchen Gewinn / Profit wollen wir im nächsten Geschäftsjahr / in den nächsten Geschäftsjahren erzielen?
Absatzplanung	Was soll wo, in welcher Menge, wann verkauft werden?
Produktionsplanung	Was soll wo, in welcher Menge, bis wann produziert werden (= Produktionsprogramm)?
Investitionsplanung	Welche Investitionen müssen getätigt werden, um das Produktionsprogramm zu realisieren (= Investitionsprogramm: Grundstücke, Gebäude, Maschinen usw.)?
Personalplanung	Welche personellen Maßnahmen müssen wann, wo, in welchem Umfang durchgeführt werden, um das Produktionsprogramm zu realisieren? (Siehe → **Personalplanung**).
Kostenplanung	Welche Kosten werden in welcher Höhe bei einer Realisierung der vorstehenden Planung entstehen?
Finanzierungsplanung	Wie und von wem sollen die zur Finanzierung der vorgenannten Maßnahmen notwendigen Geldmittel aufgebracht werden (Eigenmittel, Fremdmittel)?

Unternehmensplanung

Übersicht: Kurzbeschreibung der Planungsstufen eines dreistufigen, hierarchischen Planungssystems[1]

Planungsstufe	Planungsinstanz (Wer plant?)	Typische Planungsinhalte (Was wird geplant?)	Detaillierungsgrad der Planung (Wie genau wird geplant?)	Planungsrhythmus (Wie oft wird geplant?)	Planungsreichweite (-horizont)	Planungszeiträume (-perioden)
Strategische Planung	Unternehmensleitung	Unternehmensspezifische Grundsatzentscheidungen: • Festlegung des Tätigkeitsbereichs des Unternehmens • Standort • Beziehung zu Kunden, Regierungen, Beschäftigten	lediglich qualitative Beschreibung	nur bei Bedarf	unbegrenzt	
		strategische Maßnahmenplanung: • Wachstums- u. Ertragsziele • Diversifikation (neue Produkte, neue Märkte) • Aufgabe von Produkten und Maßnahmen • Forschung und Entwicklung • grundlegende Veränderung der Organisationsstruktur	sehr geringer Detaillierungsgrad, globale, auf das gesamte Unternehmen bezogene Maßnahmenplanung, Erstellung eines langfristigen Finanzplans und einer mehrjährigen Planbilanz	regelmäßige, jährliche Planungsrunde; Abschluss der Planung in der 1. Hälfte des Geschäftsjahres	5 bis 10 Jahre	1 Jahr
operative Planung	Geschäftsbereichsleiter	Rahmenplanung bezüglich: • Absatz • Produktion • Investition • Beschaffung • Personal • Forschung und Entwicklung • Finanzierung • Gewinn	mengen- und wertmäßige Planung auf der Ebene der Geschäftsbereiche	regelmäßige, jährliche Planungsrunde; Abschluss bis zum Ende des III. Quartals des laufenden Geschäftsjahres	bis zu 3 Jahren	1 Jahr
taktische Planung	Leiter der Funktionsbereiche (Vertrieb, Produktion, Forschung u. Entwicklung, Personal ...)	konkrete Maßnahmen bzw. Durchführungsplanung: • Umsatzplan • Produktionsplan • Investitionsplan • Personalplan • Beschaffungsplan • Finanzplan • Gewinnplan	sehr detaillierte Planung; Budgetierung erfolgt z. T. bis auf die Ebene der Kostenstellen	regelmäßige, jährliche Planungsrunde; Abschluss bis zum Ende des laufenden Geschäftsjahres; monatlicher SOLL-IST-Vergleich mit anschließender Plankorrektur	1 Jahr	Monat

---

1 Quelle: Reino von Neumann-Cosel/Rudi Rupp: Handbuch für den Wirtschaftsausschuss. Bund-Verlag, 6. Aufl., Frankfurt 2006.

Unternehmensrechtsformen

Begriff

1 Jedes → **Unternehmen** wird in einer bestimmten »**Rechtsform**« betrieben.
Derjenige, der ein Unternehmen gründet, kann zwischen verschiedenen, im Einzelnen gesetzlich geregelten Rechtsformen auswählen.
Ein Unternehmen kann seine Rechtsform auch ändern.
Die Rechtsform wird neben einigen anderen Grunddaten eines Unternehmens in das → **Handelsregister** eingetragen.

2 Die **wichtigsten Unternehmensrechtsformen** sind:
- Einzelunternehmung
  (z. B. Firma Metallbau, Inhaber Franz Müller);
- Offene Handelsgesellschaft (OHG)
  (z. B. Firma Metallbau Müller und Söhne OHG);
- Kommanditgesellschaft (KG)
  (z. B. Firma Metallbau Müller KG);
- Aktiengesellschaft (AG)
  (z. B. Firma Metallbau AG);
- Kommanditgesellschaft auf Aktien (KGaA)
  (z. B. Firma Metallbau KGaA);
- Gesellschaft mit beschränkter Haftung (GmbH)
  (z. B. Firma Metallbau GmbH).

3 Auch **Mischformen** sind möglich. Die bekannteste Konstruktion ist die GmbH & Co. KG (z. B. Firma Metallbau GmbH & Co. KG).
Hierbei handelt es sich um eine Kommanditgesellschaft (KG), deren persönlich haftender Gesellschafter (= sog. Vollhafter oder Komplementär) eine GmbH ist.
Die Kommanditisten (= Teilhafter) der KG sind gleichzeitig Gesellschafter der GmbH.
Es ist also – entgegengesetzt zum Grundcharakter der KG als Personengesellschaft (siehe Rn. 7) – keine an dem Unternehmen beteiligte »natürliche Person« vorhanden, die mit ihrem vollen Privatvermögen haftet.
Man bezeichnet einen solchen Unternehmenstyp deshalb auch als »kapitalistisch strukturierte KG«.

3a Eine weitere Unternehmensrechtsform ist die **Europäische Gesellschaft (Societas Europaea – SE)**.
Diese Rechtsform – auch Europa-AG genannt – verschafft Unternehmen die Möglichkeit, sich im Bereich der Europäischen Union (EU) und des Europäischen Wirtschaftsraums (EWR) als rechtliche Einheit zu bewegen.
Eine Europäische Gesellschaft kann beispielsweise zustande kommen durch
- Fusion von Aktiengesellschaften (AG) aus zwei oder mehreren Mitgliedstaaten (sog. Verschmelzungs-SE),

Unternehmensrechtsformen

- Gründung einer gemeinsamen Holding durch Kapitalgesellschaften (AG oder GmbH) aus zwei oder mehreren Mitgliedstaaten (Holding-SE).

Zu weiteren Gründungsmodellen vgl. Kittner, Arbeits- und Sozialordnung, 41. Aufl. 2016, S. 1054.

Am 1.12.2011 waren 993 SE registriert, die meisten davon in Deutschland und Tschechien (Quelle: *http://www.worker-participation.eu/European-Company/SE-COMPANIES/Facts-and-Figures*).

Die SE wurde durch die EG-Verordnung Nr. 2157/2001 des Rates vom 8.10.2001 über das »Statut der Europäischen Gesellschaft (SE)« geschaffen. Die Verordnung trat am 8.10.2004 in Kraft.

In Deutschland ist dazu das SE-Ausführungsgesetz (SEAG) vom 22.12.2004 (BGBl. I S. 3675) verabschiedet worden. Das Gesetz ist am 29.12.2004 in Kraft getreten.

Die SE wird gemäß den für Aktiengesellschaften geltenden Vorschriften im → **Handelsregister** eingetragen (§ 3 SEAG) und auch sonst nach Maßgabe der Bestimmungen der EU-Verordnung und dem SEAG wie eine Aktiengesellschaft behandelt.

Die »Beteiligung der Arbeitnehmer« auf der Ebene der → **Unternehmensmitbestimmung** richtet sich nach der »Richtlinie 2001/86/EG des Rates zur Ergänzung des Statuts der Europäischen Gesellschaft hinsichtlich der Beteiligung der Arbeitnehmer« vom 8.10.2001.

Die Richtlinie 2001/86/EG wurde in bundesdeutsches Recht umgesetzt durch das »Gesetz über die Beteiligung der Arbeitnehmer in einer Europäischen Gesellschaft (SE-Beteiligungsgesetz – SEBG)« vom 22.12.2004 (BGBl. I S. 3675, 3686). Auch dieses Gesetz ist am 29.12.2004 in Kraft getreten.

In § 47 Abs. 1 SEBG ist klargestellt, dass das SEBG die den Arbeitnehmern nach inländischen Rechtsvorschriften und Regelungen zustehenden Beteiligungsrechte »nicht berührt« (mit Ausnahme der Mitbestimmung in den Organen der SE und der Regelung des Europäischen Betriebsräte-Gesetzes (siehe → **Europäischer Betriebsrat**).

Das heißt: wenn die SE in Deutschland einen oder mehrere → **Betriebe** hat, gelten »dort »ganz normal« und uneingeschränkt die Bestimmungen des BetrVG.

Die SE als solche ist → **Unternehmen** i. S. d. Bestimmungen des BetrVG.

Hat die SE in Deutschland mehrere Betriebe, ist von den Betriebsräten dieser Betriebe ein → **Gesamtbetriebsrat** zu errichten.

Hat die SE auch Tochtergesellschaften, kann von den Betriebsräten/Gesamtbetriebsräten ein → **Konzernbetriebsrat** gebildet werden.

Die AG, KGaA und GmbH und SE sind sog. »**juristische Personen**«.   **4**

Eine »juristische Person« ist ein Rechtsgebilde, das ebenso wie eine »natürliche Person« eine eigene Rechtspersönlichkeit hat und damit Rechtsfähigkeit besitzt.

Das heißt, die »juristische Person« als solche ist – genauso wie eine »natürliche Person« – Träger von Rechten und Pflichten.

> **Beispiel:**
> Wird ein Arbeitnehmer beispielsweise bei der Firma »Metallbau, Inhaber Franz Müller« eingestellt, kommt ein Arbeitsvertrag zwischen dem Arbeitnehmer und der »natürlichen Person« Franz Müller zustande.
> Wird demgegenüber ein Arbeitnehmer bei der Firma »Metallbau GmbH« eingestellt, so entsteht ein Arbeitsvertragsverhältnis zwischen dem Arbeitnehmer und der »juristischen Person« namens »Metallbau GmbH«.

»Juristische Personen« benötigen, um handeln zu können, ein **Vertretungsorgan**: das ist z. B.   **4a** bei der Aktiengesellschaft der **Vorstand** (§§ 76 ff. AktG), bei der GmbH die **Geschäftsführung** (§§ 6, 35 ff. GmbHG).

Unternehmensrechtsformen

5   Im Zusammenhang mit dem Vorstehenden sind auch die Begriffe »**Kapitalgesellschaft**« und »**Personengesellschaft**« zu betrachten.

6   Die SE, AG, KGaA und GmbH sind »**Kapitalgesellschaften**«. Sie zeichnen sich dadurch aus, dass sie als juristische Personen unabhängig vom Wechsel ihrer Eigentümer (Gesellschafter/Aktionäre) bestehen.

Veräußert beispielsweise ein Gesellschafter (= Aktionär) der Firma »Metallbau AG« seine Gesellschaftsanteile (= Aktien) an einen Dritten (z. B. an der Börse), so berührt das in keiner Weise den rechtlichen Bestand der AG.

Umgekehrt: wenn jemand eine oder mehrere Aktien der »Volkswagen AG« kauft, hat das keinerlei Auswirkungen auf das »Rechtsleben« dieser juristischen Person.

7   Demgegenüber sind OHG und KG »**Personengesellschaften**«.

Wesensmerkmale der Personengesellschaft, die keine »juristische Person«, sondern eine so genannte »Personengesamtheit« (§ 5 Abs. 2 Nr. 2 BetrVG) ist, sind insbesondere:
- unbeschränkte persönliche Haftung der Gesellschafter (bei der KG haftet persönlich allerdings nur der so genannte »Komplementär«);
- persönliche Mitarbeit der persönlich haftenden Gesellschafter in der Firma;
- Übertragbarkeit und Vererbbarkeit der Gesellschafterstellung nur mit Zustimmung der übrigen Gesellschafter.

8   Obwohl diese Merkmale bei der **GmbH & Co. KG** überwiegend nicht zutreffen, gilt auch sie nicht als Kapitalgesellschaft, sondern als Personengesellschaft.

Dementsprechend gelten diverse nur auf Kapitalgesellschaften anwendbare Vorschriften nicht für die GmbH & Co. KG (z. B. keine Verpflichtung zur Erstellung eines »Anhangs« beim → **Jahresabschluss**).

9   Will ein Unternehmen seine **Rechtsform** wechseln (Beispiel: eine OHG soll in eine GmbH umgewandelt werden), so kann es die Vorschriften des Umwandlungsgesetzes über den Formwechsel (§§ 190 ff. UmwG) anwenden.

Arbeitsrechtliche Konsequenzen hat ein solcher Vorgang nicht. Allerdings können mitbestimmungsrechtliche Folgen eintreten (siehe → **Umwandlung von Unternehmen** und → **Unternehmensmitbestimmung**).

10 Mit dem Gesetz zur Modernisierung des GmbH-Rechts und zur Bekämpfung von Missbräuchen (MoMiG) vom 23. 10. 2008 (BGBl. I S. 2026), in Kraft getreten am 1. 11. 2008, wurde das **GmbH-Recht reformiert**.

Unter anderem wurde eine **neue GmbH-Variante** geschaffen, die mit einem geringeren als dem sonst erforderlichen Mindeststammkapital von 25 000 Euro (§ 5 Abs. 1 GmbHG) gegründet werden kann.

Eine solche Gesellschaft muss im Firmennamen die Bezeichnung »**Unternehmergesellschaft (haftungsbeschränkt)**« oder »**UG (haftungsbeschränkt)**« führen (§ 5a Abs. 1 GmbHG). Die Neuregelung soll vor allem kapitalschwachen Existenzgründern eine Möglichkeit zur Unternehmensgründung geben.

Weitere Kernpunkte der GmbH-Reform sind u. a. die **Bekämpfung von Missbrauch** der Rechtsform der GmbH durch Geschäftsführer und/oder Gesellschafter. Beispielsweise soll das Treiben von sog. »Firmenbestattern« verhindert werden, die versuchen, wirtschaftlich »angeschlagene« GmbH etwa durch Abberufung von Geschäftsführern und durch Aufgabe des Geschäftslokals einer ordnungsgemäßen Insolvenz zu entziehen.

11 Zum **Gesetz für die gleichberechtigte Teilhabe von Frauen und Männern in Führungspositionen in der Privatwirtschaft und im öffentlichen Dienst** vom 24. 4. 2015 (BGBl. I Nr. 17 S. 642) und seinen Auswirkungen auf die Besetzung von Unternehmensleitungen, obersten Management-Ebenen und Aufsichtsräten siehe → **Gleichberechtigung / Gleichstellung von Frauen und Männern** Rn. 3a. Ziel des Gesetzes ist es, den Anteil von Frauen an Führungspositionen deutlich zu erhöhen und letztlich eine Geschlechterparität herzustellen.

Immer mehr deutsche Unternehmen entziehen sich der **Unternehmensmitbestimmung** nach deutschem Recht durch **Wahl einer ausländischen Rechtsform**. Siehe hierzu → **Unternehmensmitbestimmung** Rn. 3b.

12

Bedeutung für die Betriebsratsarbeit

Das BetrVG erwähnt die unterschiedlichen Unternehmensrechtsformen nur an einer Stelle, nämlich in § 5 Abs. 2 BetrVG.
Hiernach gelten die Mitglieder des **Vertretungsorgans** (= Geschäftsleitung oder Vorstand) einer juristischen Person ebenso wenig als → **Arbeitnehmer** wie die vertretungsberechtigten Gesellschafter einer OHG oder einer anderen Personengesamtheit.

13

Im Übrigen verwendet das BetrVG nur ganz allgemein die Begriffe → **Arbeitgeber** und **Unternehmer**, wenn es um die Kennzeichnung desjenigen geht, der Informationsgeber und Verhandlungspartei des → **Betriebsrats** (und des → **Wirtschaftsausschusses**) ist.
Die Rechtsform des Unternehmens gibt Auskunft darüber, wer dies im konkreten Fall ist:
- bei der Einzelunternehmung ist dies der Inhaber;
- bei der OHG oder KG sind es die persönlich haftenden Gesellschafter;
- bei der SE und der AG ist es der Vorstand;
- bei der GmbH sind es die Geschäftsführer;
- bei der GmbH & Co KG sind es die Geschäftsführer der persönlich haftenden GmbH.

14

Zu den unterschiedlichen – aus der jeweiligen Rechtsform resultierenden – Anforderungen an Form, Inhalt, Prüfung und Offenlegung des → **Jahresabschlusses**: siehe dort.

15

Urlaub

Grundlagen

1 Jeder Arbeitnehmer hat nach § 1 Bundesurlaubsgesetz (BUrlG) in jedem Kalenderjahr **Anspruch** auf bezahlten Erholungsurlaub.
Die **Mindesturlaubsdauer** beträgt nach § 3 Abs. 1 BUrlG **24 Werktage** pro Jahr (= vier Wochen, da der Samstag als Werktag gilt; vgl. § 3 Abs. 2 BUrlG).
Zum Urlaubsanspruch von Jugendlichen siehe Rn. 7.
Zum Anspruch schwerbehinderter Menschen auf **Zusatzurlaub** siehe Rn. 8.

1a Die Entstehung des gesetzlichen Urlaubsanspruchs erfordert nur
- den rechtlichen Bestand des Arbeitsverhältnisses und
- die einmalige Erfüllung der Wartezeit nach § 4 BUrlG (siehe Rn. 9).

Nicht erforderlich ist die Erfüllung der Hauptpflichten aus dem Arbeitsverhältnis. Das heißt, der Urlaubsanspruch entsteht auch dann, wenn der Arbeitnehmer im Urlaubsjahr (= Kalenderjahr) z. B. infolge krankheitsbedingter Arbeitsunfähigkeit **überhaupt keine Arbeitsleistung** erbringt (BAG v. 6. 5. 2014 – 9 AZR 678/12; 18. 3. 2003 – 9 AZR 190/02, DB 2003, 1448; siehe auch Rn. 6, 17 und 25 a).

Das BUrlG ordnet auch **keine Kürzung** des Urlaubsanspruchs für den Fall des **Ruhens** des Arbeitsverhältnisses an. Allerdings geben einige spezialgesetzliche Regelungen dem Arbeitgeber die Möglichkeit, den Urlaub zu kürzen: bei Elternzeit (§ 17 Abs. 1 Satz 1 BEEG; siehe Rn. 30), Pflegezeit (§ 4 Abs. 4 PflegeZG) oder Wehrdienst (§ 4 Abs. 1 Satz 1 ArbPlSchG; siehe Rn. 30 a).

Kommt es zum Ruhen des Arbeitsverhältnisses aufgrund einer Vereinbarung der Arbeitsvertragsparteien (Vereinbarung von unbezahltem Sonderurlaub), hindert dies grundsätzlich weder das Entstehen des gesetzlichen Urlaubsanspruchs noch ist der Arbeitgeber zur Kürzung des gesetzlichen Urlaubs berechtigt (BAG v. 6. 5. 2014 – 9 AZR 678/12).

1b § 1 BUrlG ist nach § 13 Abs. 1 Satz 1 und Satz 3 BUrlG **unabdingbar**.

2 Durch gewerkschaftliche Tarifpolitik konnte eine über die gesetzliche Mindestdauer hinausgehende Urlaubsdauer (oft bis zu **30 Arbeitstage** pro Jahr = sechs Wochen bei der tarifüblichen 5-Tage-Woche) durchgesetzt werden.

2a Manche **Tarifverträge** sehen eine Staffelung des Urlaubsanspruchs nach **Alter** vor.
Das kann gegen das Verbot der Diskriminierung von Beschäftigten wegen des Alters nach § 7 Abs. 1 und Abs. 2 AGG i. V. m. § 1 AGG verstoßen (siehe → **Benachteiligungsverbot [AGG]**).
Nach Ansicht des BAG benachteiligt die Differenzierung der Urlaubsdauer nach dem Lebensalter in **§ 26 Abs. 1 Satz 2 TVöD** Beschäftigte, die das **40. Lebensjahr noch nicht vollendet** haben, unmittelbar (BAG v. 20. 3. 2012 – 9 AZR 529/10, AiB 2012, 546 = NZA 2012, 803). Die tarifliche Urlaubsstaffelung verfolge nicht das legitime Ziel, einem gesteigerten Erholungsbedürfnis älterer Menschen Rechnung zu tragen. Ein gesteigertes Erholungsbedürfnis von Beschäftigten bereits ab dem 30. bzw. 40. Lebensjahr ließe sich auch kaum begründen.
Der Verstoß der in § 26 Abs. 1 Satz 2 TVöD angeordneten Staffelung der Urlaubsdauer gegen das Verbot der Diskriminierung wegen des Alters könne nur beseitigt werden, indem die

Urlaub

Dauer des Urlaubs der wegen ihres Alters diskriminierten Beschäftigten in der Art und Weise »nach oben« angepasst wird, dass auch ihr Urlaubsanspruch in jedem Kalenderjahr 30 Arbeitstage beträgt (BAG v. 20.3.2012 – 9 AZR 529/10, a. a. O.).

Gewährt ein Arbeitgeber **älteren Arbeitnehmern jährlich mehr Urlaubstage** als den jüngeren, kann diese unterschiedliche Behandlung wegen des Alters unter dem Gesichtspunkt des Schutzes älterer Beschäftigter nach § 10 Satz 3 Nr. 1 AGG zulässig sein. Bei der Prüfung, ob eine solche vom Arbeitgeber freiwillig begründete Urlaubsregelung dem Schutz älterer Beschäftigter dient und geeignet, erforderlich und angemessen im Sinne von § 10 Satz 2 AGG ist, steht dem Arbeitgeber eine auf die konkrete Situation in seinem Unternehmen bezogene Einschätzungsprärogative zu (BAG v. 21.10.2014 – 9 AZR 956/12). **2b**

Anzahl der Urlaubstage bei Verteilung der Arbeitszeit auf alle oder weniger Tage der Woche

Die Zahl der im Kalenderjahr zu gewährenden Urlaubstage hängt von der anzuwendenden Rechtsgrundlage ab (BUrlG, → **Tarifvertrag** oder → **Arbeitsvertrag**) und davon, auf **wie viele Tage** der Woche die regelmäßige wöchentliche Arbeitszeit **verteilt** wird (siehe auch Checkliste »Berechnung des Urlaubsanspruchs« im Anhang zu diesem Stichwort). **3**

Es kommt nicht darauf an, ob ein Arbeitnehmer teilzeitbeschäftigt ist oder als Vollzeitkraft arbeitet (siehe auch → **Teilzeitarbeit** Rn. 66).

> **Beispiel:**
> Im Arbeitsverhältnis kommt ein Tarifvertrag zur Anwendung. Es gilt die 5-Tage-Woche.
> Der tarifliche Urlaubsanspruch beträgt 30 Arbeitstage.
> Ein Beschäftigter (Teilzeit- oder Vollzeitkraft) arbeitet regelmäßig an 5 Tagen in der Woche.
> Er hat einen Urlaubsanspruch von 30 Arbeitstagen (30 : 5 x 5)

Nach ständiger Rechtsprechung des BAG ist der gesetzliche oder tarifliche Urlaubsanspruch von Beschäftigten, deren Arbeitszeit **nicht** auf alle Werk- oder Arbeitstage der Woche (nach Gesetz: 6-Tage-Woche; nach Tarif: 5-Tage-Woche) verteilt ist, **umzurechnen**. **4**

Ist der Urlaubsanspruch eines Arbeitnehmers nach **Werktagen** bemessen, muss er in Arbeitstage umgerechnet werden, wenn die Arbeitszeit für den Arbeitnehmer auf weniger als sechs Werktage verteilt ist (BAG v. 27.1.1987 – 8 AZR 579/84, NZA 1987, 462).

Fehlt in einem Arbeitsvertrag oder Tarifvertrag eine Umrechnungsregelung, sind Werktage und Arbeitstage rechnerisch so in Beziehung zueinander zu setzen, dass bei Verteilung der Arbeitszeit auf weniger als sechs Arbeitstage die Gesamtdauer des Urlaubs durch die Zahl sechs geteilt und mit der Zahl der Arbeitstage einer Woche multipliziert wird.

Umrechnungsformel: Dauer des Urlaubsanspruchs geteilt durch sechs mal Zahl der Tage, an denen der Beschäftigte regelmäßig in der Woche arbeitet.

> **Beispiel:**
> Im Arbeitsverhältnis kommt § 3 BurlG zur Anwendung. Der Urlaubsanspruch beträgt 24 Werktage.
> Ein Beschäftigter (Teilzeit- oder Vollzeitkraft) arbeitet regelmäßig an 5 Tagen in der Woche (5-Tage-Woche).
> Ergebnis: Er hat einen Urlaubsanspruch von 20 Arbeitstagen (24 : 6 x 5).

Ist der Urlaubsanspruch eines Arbeitnehmers nach **Arbeitstagen** bemessen, muss er bei Geltung etwa der 5-Tage-Woche in Arbeitstage umgerechnet werden, wenn die Arbeitszeit für den Arbeitnehmer nicht auf alle Arbeitstage der 5-Tage-Woche verteilt ist (es sei denn, im Tarifvertrag oder Arbeitsvertrag ist etwas anderes geregelt).

Urlaub

Arbeitet ein Arbeitnehmer regelmäßig an **weniger als fünf Tagen** in der Woche, **vermindert** sich also die Zahl der zu gewährenden Urlaubstage entsprechend.

> **Beispiel:**
> Im Arbeitsverhältnis kommt ein Tarifvertrag zur Anwendung. Es gilt die 5-Tage-Woche.
> Der tarifliche Urlaubsanspruch beträgt 30 Arbeitstage.
> Ein Beschäftigter (Teilzeit- oder Vollzeitkraft) arbeitet regelmäßig an 4 Tagen in der Woche.
> Ergebnis: Es ergibt sich ein Urlaubsanspruch von 24 Arbeitstagen (30 : 5 × 4).

Arbeitet ein Arbeitnehmer regelmäßig an **mehr als fünf Tagen** in der Woche, **erhöht** sich die Zahl der zu gewährenden Urlaubstage entsprechend (es sei denn, im Tarifvertrag oder Arbeitsvertrag ist etwas anderes geregelt).

> **Beispiel:**
> Im Arbeitsverhältnis kommt ein Tarifvertrag zur Anwendung. Es gilt die 5-Tage-Woche.
> Der tarifliche Urlaubsanspruch beträgt 30 Arbeitstage.
> Ein Beschäftigter (Teilzeit- oder Vollzeitkraft) arbeitet regelmäßig an 6 Tagen in der Woche.
> Ergebnis: Es ergibt sich ein Urlaubsanspruch von 36 Arbeitstagen (30 : 5 × 6).

Anzahl der Urlaubstage bei Wechsel von Vollzeit- in Teilzeitbeschäftigung mit weniger Arbeitstagen (Rechtsprechungsänderung!)

4a Zu beachten ist allerdings die **neue EuGH- und BAG-Rechtsprechung** für den Fall, dass ein Vollzeitarbeitnehmer (mit z. B. fünf Arbeitstagen) **während des laufenden Jahres** in eine Teilzeittätigkeit (mit z. B. vier Arbeitstagen) wechselt (EuGH v. 13. 6. 2013 – C–415/12; BAG v. 10. 2. 2015 – 9 AZR 53/14 [F]). Wenn er vor seinem Wechsel in eine Teilzeittätigkeit mit weniger Wochenarbeitstagen Urlaub nicht nehmen kann, dürfe nach der Rechtsprechung des Gerichtshofs der Europäischen Union (EuGH) die Zahl der Tage des bezahlten Jahresurlaubs wegen des Übergangs in eine Teilzeitbeschäftigung nicht verhältnismäßig gekürzt werden. Das Argument, der erworbene Anspruch auf bezahlten Jahresurlaub werde bei einer solchen Kürzung nicht vermindert, weil er – in Urlaubswochen ausgedrückt – unverändert bleibe, habe der EuGH unter Hinweis auf das **Verbot der Diskriminierung Teilzeitbeschäftigter** ausdrücklich verworfen (EuGH v. 13. 6. 2013 – C–415/12). Aufgrund dieser Rechtsprechung des EuGH könne an der bisherigen Rechtsprechung des BAG nicht festgehalten werden, nach der die Urlaubstage grundsätzlich umzurechnen waren, wenn sich die Anzahl der mit Arbeitspflicht belegten Tage verringere.

> **Beispiel (aus BAG v. 10. 2. 2015 – 9 AZR 53/14 [F]; Pressemitteilung des BAG Nr. 3/15):**
> Auf das Arbeitsverhältnis der Parteien findet der Tarifvertrag für den öffentlichen Dienst (TVöD) Anwendung. Der Kläger wechselte ab dem 15. Juli 2010 in eine Teilzeittätigkeit und arbeitete nicht mehr an fünf, sondern nur noch an vier Tagen in der Woche. Während seiner Vollzeittätigkeit im Jahr 2010 hatte er keinen Urlaub. Die Beklagte hat gemeint, dem Kläger stünden angesichts des tariflichen Anspruchs von 30 Urlaubstagen bei einer Fünftagewoche nach seinem Wechsel in die Teilzeittätigkeit im Jahr 2010 nur die 24 von ihr gewährten Urlaubstage zu (30 Urlaubstage geteilt durch fünf mal vier). Der Kläger hat die Ansicht vertreten, eine verhältnismäßige Kürzung seines Urlaubsanspruchs sei für die Monate Januar bis Juni 2010 nicht zulässig, sodass er im Jahr 2010 Anspruch auf 27 Urlaubstage habe (für das erste Halbjahr die Hälfte von 30 Urlaubstagen, mithin 15 Urlaubstage, zuzüglich der von ihm für das zweite Halbjahr verlangten zwölf Urlaubstage). Das Arbeitsgericht hat festgestellt, die Beklagte habe dem Kläger drei weitere Urlaubstage zu gewähren. Das Landesarbeitsgericht hat die Klage abgewiesen. Die Revision des Klägers hatte vor dem Neunten Senat des Bundesarbeitsgerichts Erfolg.

Urlaub

Das BAG hat klargestellt, dass Tarifvorschriften, die hiervon Abweichendes regeln (z. B. § 26 Abs. 1 TVöD), wegen Verstoßes gegen das Verbot der Diskriminierung von Teilzeitkräften unwirksam sind, soweit sie die Zahl der während der Vollzeittätigkeit erworbenen Urlaubstage mindern (BAG v. 10. 2. 2015 – 9 AZR 53/14 [F]).

Anzahl der Urlaubstage bei flexibler Arbeitszeit

Ist die Arbeitszeit nicht regelmäßig auf bestimmte Tage der Woche verteilt, ist eine wochenbezogene Umrechnung nicht möglich. **4b**
Dann kann auf einen **Jahreszeitraum** abgestellt werden.
In der 6-Tage-Woche entfallen auf ein Jahr rechnerisch 312 Werktage (52 × 6), in der tariflichen 5-Tage-Woche 260 Arbeitstage (52 × 5).
Die **Umrechnungsformel** lautet: Urlaubsdauer (nach Gesetz oder Tarifvertrag) geteilt durch 312 Werktage (bzw. 260 Arbeitstage) mal der Zahl der Tage, an denen Arbeitspflicht besteht.

> **Beispiel:**
> Im Arbeitsverhältnis kommt ein Tarifvertrag zur Anwendung. Es gilt die 5-Tage-Woche.
> Der tarifliche Urlaubsanspruch beträgt 30 Arbeitstage.
> Ein Beschäftigter (Teilzeit- oder Vollzeitkraft) arbeitet unregelmäßig aufgrund von monatlichen Einsatzplänen an insgesamt 200 Tagen im Jahr.
> Ergebnis: Es ergibt sich ein Urlaubsanspruch von 23 Arbeitstagen (30 : 260 × 200).

Zu weiteren Rechtsfragen zum Urlaub bei flexiblen Arbeitszeitmodellen siehe → **Arbeitszeitflexibilisierung** Rn. 31 ff.

Anzahl der Urlaubstage bei Schichtarbeit mit freien Tagen

Bei Arbeit in einem Schichtsystem ist nach Auffassung des BAG, sofern tarifvertraglich nichts **5**
anderes geregelt ist, der gesetzliche oder tarifliche Urlaubsanspruch entsprechend der – in einem sich wiederholenden **Schichtrhythmus** bestehenden – Arbeitsverpflichtung umzurechnen (BAG v. 3. 5. 1994 – 9 AZR 165/91, NZA 1995, 477).

> **Beispiel:**
> Im Arbeitsverhältnis kommt ein Tarifvertrag zur Anwendung. Es gilt die 5-Tage-Woche.
> Der tarifliche Urlaubsanspruch beträgt 30 Arbeitstage.
> In einem Schichtrhythmus von 20 Wochen arbeitet ein Schichtarbeiter aufgrund entsprechender Verteilung der tariflichen Arbeitszeit an 90 Tagen.
> Für Arbeitnehmer in der 5-Tage-Woche besteht im 20-Wochen-Zeitraum Arbeitspflicht an 100 Tagen (= 20 Wochen × 5 Tage).
> Ergebnis: Der Urlaubsanspruch des Schichtarbeiters beträgt 27 Arbeitstage (30 : 100 × 90).

Instruktiv sind die Entscheidungen des BAG v. 21. 7. 2015 – 9 AZR 145/14 und 15. 3. 2011 – 9 AZR 799/09. Hier ein Auszug aus BAG v.15. 3. 2011 – 9 AZR 799/09 (Hervorhebungen durch Verf.)
»*Für die Umrechnung ist grundsätzlich auf Arbeitstage abzustellen. Die Anzahl der Arbeitstage mit Arbeitspflicht ist mit der Anzahl der Urlaubstage ins Verhältnis zu setzen. Die Arbeitszeit des Klägers ist nicht regelmäßig auf jeweils eine Woche bezogen, sondern durch den Schichtrhythmus (24 Stunden Arbeit/24 Stunden Freizeit) anders verteilt. Dieser Schichtrhythmus ist nicht auf eine Woche beschränkt. Für die Berechnung ist deshalb der repräsentative Zeitabschnitt heranzuziehen, in dem die regelmäßige wöchentliche Arbeitszeit im Durchschnitt erreicht wird (vgl. BAG 5. November 2002 – 9 AZR 470/01 – zu B I 3 b bb (1) der Gründe, AP TVG § 1 Tarifverträge: Chemie*

Urlaub

Nr. 15 = EzA TVG § 4 Chemische Industrie Nr. 4). Dabei muss die Berechnungsmethode eine Gleichwertigkeit insbesondere der Urlaubsdauer sicherstellen. Das wird erreicht, wenn **jahresbezogen** die für den Arbeitnehmer mit abweichender Arbeitszeit maßgebliche Anzahl der Tage mit Arbeitspflicht mit der Anzahl der in der Fünf-Tage-Woche geltenden Anzahl der Arbeitstage zueinander ins Verhältnis gesetzt wird. Vorliegend ist vom Kalenderjahr auszugehen, weil das Landesarbeitsgericht nur Feststellungen über die Gesamtzahl der vom Kläger jährlich zu leistenden Schichten getroffen hat. Bei Zugrundelegung des Kalenderjahres ist der Senat bei Anwendung zwar grundsätzlich von 52 **Wochen** und damit 364 **Kalender- und 260 Soll-Arbeitstagen** ausgegangen (14. Januar 1992 – 9 AZR 148/91 – AP BUrlG § 3 Nr. 5 = EzA BUrlG § 13 Nr. 52), weil die Berechnungsvorschrift für das Urlaubsentgelt in § 11 Abs. 1 Satz 1 BUrlG auf 13 Wochen für ein Vierteljahr abstellt (vgl. BAG 20. August 2002 – 9 AZR 261/01 – BAGE 102, 251; Leinemann/Linck Urlaubsrecht 2. Aufl. § 3 BUrlG Rn. 42).

Hier ist jedoch das Jahr nach § 191 BGB mit **365 Kalendertagen** und für die in der **Fünf-Tage-Woche** beschäftigten Arbeitnehmer mit **261 Arbeitstagen** anzusetzen; denn die Tarifvertragsparteien haben in § 21 TVöD für die Bemessung der Entgeltfortzahlung auf einen anderen Referenzzeitraum als auf die letzten 13 Wochen abgestellt (hierzu vgl. BAG 5. November 2002 – 9 AZR 470/01 – zu B I 3 b bb (2) der Gründe, aaO; 20. August 2002 – 9 AZR 261/01 – zu I 2 a bb der Gründe, aaO).

Die danach maßgebliche **Umrechnungsformel** lautet:
Urlaubstage mal Arbeitstage bei abweichender Verteilung geteilt durch Arbeitstage in der Fünf-Tage-Woche
In diese Formel sind folgende Werte einzusetzen:
Als **Dividend**: Die „nominell" im Tarifvertrag festgelegte Anzahl von 30 **Urlaubstagen**. Diese sind mit der vom Kläger im Schichtsystem zu leistenden Anzahl von 294 **Arbeitstagen zu multiplizieren**. Denn nach den Feststellungen des Landesarbeitsgerichts hatte der Kläger nach den Schichtplänen jährlich 147 Arbeitsschichten zu leisten. Das sind bei den kalendertagübergreifenden Schichten 294 Arbeitstage im Jahr.
Als **Divisor** sind die in der Fünf-Tage-Woche möglichen 261 **Arbeitstage** einzusetzen.
Daraus errechnet sich für den Kläger wegen dessen im Vergleich zur Fünf-Tage-Woche erhöhter Anzahl von möglichen Urlaubstagen eine größere Anzahl von erforderlichen Urlaubstagen, um eine gleichwertige sechswöchige Urlaubsdauer zu erreichen. Ihm sind dazu **33,79 Arbeitstage, aufgerundet 34 Arbeitstage** (vgl. § 26 Abs. 1 Satz 5 TVöD), zu gewähren.«

6   Nach ständiger Rechtsprechung des BAG ist für die Entstehung des Urlaubsanspruchs allein der **rechtliche Bestand** des Arbeitsverhältnisses maßgeblich. Es kommt nicht darauf an, ob und in welchem Umfang der Arbeitnehmer die vertraglich geschuldete Arbeitsleistung tatsächlich erbracht hat (BAG v. 24. 3. 2009 – 9 AZR 983/07, AiB 2010, 56 = NZA 2009, 538).
Deshalb hat der Arbeitnehmer auch dann einen vollen Urlaubsanspruch, wenn er während des gesamten Urlaubsjahres z. B. wegen **krankheitsbedingter Arbeitsunfähigkeit** nicht gearbeitet hat (siehe Rn. 17 und 25 a).

7   **Jugendliche** haben einen Mindesturlaub zu beanspruchen, der – je nach Alter – zwischen 25 und 30 Werktagen liegt (§ 19 JArbSchG). Soweit Jugendliche im Bergbau unter Tage beschäftigt werden, besteht ein zusätzlicher Anspruch von drei Werktagen.

8   **Schwerbehinderten Menschen** steht ein Anspruch auf zusätzlichen bezahlten Urlaub von fünf Arbeitstagen im Urlaubsjahr zu (§ 125 SGB IX).
Arbeiten Schwerbehinderte regelmäßig an mehr oder weniger als fünf Tagen in der Woche, erhöht oder vermindert sich der Anspruch entsprechend (§ 125 Abs. 1 SGB IX; siehe → **Schwerbehinderte Menschen**).
Besteht die Schwerbehinderteneigenschaft nicht während des gesamten Kalenderjahres, so hat der schwerbehinderte Mensch für jeden vollen Monat der im Beschäftigungsverhältnis vorliegenden Schwerbehinderteneigenschaft einen Anspruch auf ein **Zwölftel des Zusatzurlaubs**.

Urlaub

Bruchteile von Urlaubstagen, die mindestens einen halben Tag ergeben, sind auf volle Urlaubstage aufzurunden. Der so ermittelte Zusatzurlaub ist dem Erholungsurlaub hinzuzurechnen und kann bei einem nicht im ganzen Kalenderjahr bestehenden Beschäftigungsverhältnis nicht erneut gemindert werden (§ 125 Abs. 2 SGB IX).
Wird die Eigenschaft als schwerbehinderter Mensch nach § 69 Abs. 1 und 2 SGB IX **rückwirkend** festgestellt, finden auch für die Übertragbarkeit des Zusatzurlaubs in das nächste Kalenderjahr die dem Beschäftigungsverhältnis zugrunde liegenden urlaubsrechtlichen Regelungen Anwendung (§ 125 Abs. 3 SGB IX).

Voller Urlaubsanspruch – Wartezeit (§ 4 BUrlG)

Der volle Urlaubsanspruch wird erstmalig nach **sechsmonatigem** Bestehen des Arbeitsverhältnisses erworben (§ 4 BUrlG).   9

Anspruch auf Teilurlaub (§ 5 BUrlG)

Anspruch auf ein **Zwölftel des Jahresurlaubs** für jeden vollen Monat des Bestehens des Arbeitsverhältnisses hat der Arbeitnehmer nach § 5 Abs. 1 BUrlG   10
- für Zeiten eines Kalenderjahrs, für die er wegen Nichterfüllung der Wartezeit in diesem Kalenderjahr keinen vollen Urlaubsanspruch erwirbt;
  auf Verlangen des Arbeitnehmers ist der in diesem Falle entstehende Teilurlaub auf das nächste Kalenderjahr zu übertragen (§ 7 Abs. 3 Satz 4 BUrlG);
- wenn er vor erfüllter Wartezeit aus dem Arbeitsverhältnis ausscheidet;
- wenn er nach erfüllter Wartezeit in der ersten Hälfte eines Kalenderjahrs aus dem Arbeitsverhältnis ausscheidet;
  hat der Arbeitnehmer in diesem Falle bereits Urlaub über den ihm zustehenden Umfang hinaus erhalten, so kann das dafür gezahlte Urlaubsentgelt nicht zurückgefordert werden (§ 5 Abs. 3 BUrlG).

Bruchteile von Urlaubstagen (§ 5 Abs. 2 BUrlG)

Bruchteile von Urlaubstagen, die mindestens einen halben Tag ergeben, sind auf volle Urlaubstage **aufzurunden** (§ 5 Abs. 2 BUrlG).   11

Ausschluss von Doppelansprüchen (§ 6 BUrlG)

Der Anspruch auf Urlaub besteht nicht, soweit dem Arbeitnehmer für das laufende Kalenderjahr bereits von einem **früheren Arbeitgeber** Urlaub gewährt worden ist (§ 6 Abs. 1 BUrlG).   12

> **Beispiel:**
> Ein seit 1.1.2016 bestehendes Arbeitsverhältnis endet am 30.9.2016. Am 1.10.2016 beginnt ein Arbeitsverhältnis mit dem neuen Arbeitgeber. Der bisherige Arbeitgeber hat dem Beschäftigten in den Monaten Juli/August 2016 den vollen Jahresurlaub für 2016 gewährt. Der im neuen Arbeitsverhältnis an sich nach § 5 Abs. 1 a BUrlG entstandene Teilurlaubsanspruch in Höhe von 3/12 des jährlichen Vollurlaubs entfällt gemäß § 6 Abs. 1 BUrlG.

Wechselt ein Arbeitnehmer im Kalenderjahr in ein neues Arbeitsverhältnis und beantragt er Urlaub, muss er mitteilen, dass sein früherer Arbeitgeber seinen Urlaubsanspruch für das laufende Kalenderjahr noch nicht (vollständig oder teilweise) erfüllt hat. Der Arbeitnehmer

Urlaub

kann diese Voraussetzung für seinen Urlaubsanspruch im neuen Arbeitsverhältnis grundsätzlich durch die Vorlage einer entsprechenden Bescheinigung seines früheren Arbeitgebers **nachweisen**. Dieser ist nach § 6 Abs. 2 BUrlG verpflichtet, bei Beendigung des Arbeitsverhältnisses dem Arbeitnehmer eine **Bescheinigung** über den im laufenden Kalenderjahr gewährten oder abgegoltenen Urlaub auszuhändigen (BAG v. 16. 12. 2014 – 9 AZR 295/13).

Zeitliche Lage des Urlaubs (§ 7 Abs. 1 und 2 BUrlG)

13   Bei der zeitlichen Festlegung des Urlaubs sind die **Urlaubswünsche des Arbeitnehmers** zu berücksichtigen, es sei denn, dass ihrer Berücksichtigung dringende betriebliche Belange oder Urlaubswünsche anderer Arbeitnehmer, die unter sozialen Gesichtspunkten den Vorrang verdienen, entgegenstehen (§ 7 Abs. 1 Satz 2 BUrlG).

Die Festlegung des Urlaubszeitpunktes gehört zur Konkretisierung der dem Arbeitgeber obliegenden, durch die Regelungen des § 7 BUrlG auch im Übrigen bestimmten Pflicht.

Ein Recht des Arbeitgebers zur beliebigen Urlaubserteilung im Urlaubsjahr oder zur Erteilung des Urlaubs nach billigem Ermessen besteht nicht (BAG v. 31. 1. 1996 – 2 AZR 282/95, EzA § 1 KSchG Verhaltensbedingte Kündigung Nr. 47).

Vielmehr ist der Arbeitgeber als Schuldner des Urlaubsanspruchs verpflichtet, nach § 7 Abs. 1 BUrlG den Urlaub für den **vom Arbeitnehmer angegebenen Zeitraum** zu gewähren, wenn keine dringenden betrieblichen Belange oder Urlaubswünsche sozial vorrangiger Arbeitnehmer entgegenstehen.

14   Der Betriebsrat hat nach § 87 Abs. 1 Nr. 5 BetrVG ein **Mitbestimmungsrecht**, wenn zwischen dem Arbeitgeber und den beteiligten Arbeitnehmern kein Einverständnis über die **zeitliche Lage** des Urlaubs erzielt wird (siehe Rn. 41 ff.).

Einigen sich Arbeitgeber und Betriebsrat nicht, entscheidet auf Antrag einer Seite die → **Einigungsstelle**.

15   Der Urlaub ist zu gewähren, wenn der Arbeitnehmer dies im Anschluss an eine Maßnahme der **medizinischen Vorsorge oder Rehabilitation** verlangt (§ 7 Abs. 1 Satz 2 BUrlG).

Das heißt: der Arbeitnehmer hat in diesem Falle einen einklagbaren Rechtsanspruch auf Gewährung von Urlaub.

16   Der Urlaub ist **zusammenhängend** zu gewähren. Das gilt nicht, wenn dringende betriebliche oder in der Person des Arbeitnehmers liegende Gründe eine **Teilung** des Urlaubs erforderlich machen.

Kann der Urlaub aus diesen Gründen nicht zusammenhängend gewährt werden und hat der Arbeitnehmer Anspruch auf Urlaub von mehr als zwölf Werktagen, so muss einer der Urlaubsteile mindestens **zwölf** aufeinander folgende Werktage umfassen (§ 7 Abs. 2 BUrlG).

Übertragung des Urlaubs auf das folgende Kalenderjahr (§ 7 Abs. 3 BUrlG) – Verfall des Urlaubsanspruchs

17   Der Urlaubsanspruch ist zeitlich befristet und auf das **Kalenderjahr** beschränkt. Er entsteht am 1. 1. und endet am 31. 12. des Urlaubsjahres, sofern er nicht nach § 7 Abs. 3 BUrlG auf das nächste Kalenderjahr **übertragen** wird.

Eine Übertragung auf das folgende Kalenderjahr ist (nur) statthaft, wenn dringende betriebliche oder in der Person des Arbeitnehmers liegende Gründe dies rechtfertigen.

Übertragener Urlaub muss **bis zum 31. 3. des Folgejahres** gewährt und genommen werden. Andernfalls erlischt der Urlaubsanspruch.

Das galt nach früherer Rechtsprechung des BAG (vgl. z. B. BAG v. 11. 4. 2006 – 9 AZR 523/05, EzA § 7 BUrlG Nr. 116) auch dann, wenn der Arbeitnehmer den Urlaub nicht nehmen konnte,

Urlaub

weil er auch während des Übertragungszeitraumes (bis zum 31. 3.) weiterhin **arbeitsunfähig krank** war.
Demgegenüber hat der Europäische Gerichtshof entschieden, dass der Urlaubsanspruch nach Art. 7 der Richtlinie 2003/88/EG (»Urlaubsrichtlinie«) grundsätzlich nicht erlischt, wenn der Arbeitnehmer aufgrund von Krankheit nicht in der Lage ist, seinen Urlaub innerhalb eines Kalenderjahres oder bis zum Ende des Übertragungszeitraumes im Folgejahr zu nehmen (EuGH v. 20. 1. 2009 – C–350/06 und C–520/06, AiB 2009, 238 = NZA 2009, 135).
Bei Beendigung des Arbeitsverhältnisses ist der Urlaubsanspruch nach zutreffender Ansicht des EuGH trotz Arbeitsunfähigkeit **abzugelten** (siehe Rn. 24).
Der für das Urlaubsrecht zuständige 9. Senat des BAG hat sich der Rechtsprechung des EuGH **angeschlossen** (BAG v. 24. 3. 2009 – 9 AZR 983/07, AiB 2010, 56 = NZA 2009, 538).
Der EuGH hat inzwischen seine Rechtsprechung bezüglich des zeitlich unbegrenzten Ansammelns von Urlaubsansprüchen arbeitsunfähiger Arbeitnehmer geändert und eine tarifliche Regelung, nach der der Urlaub 15 Monate nach Ablauf des Urlaubsjahres verfällt, nicht beanstandet (EuGH v. 22. 11. 2011 – C–214/10, AiB 2012, 266). Dies hat das BAG »verallgemeinert« und entschieden, dass bei langjährig arbeitsunfähigen Arbeitnehmern § 7 Abs. 3 Satz 3 BUrlG, wonach im Fall der Übertragung der Urlaub in den ersten drei Monaten des folgenden Kalenderjahres gewährt und genommen werden muss, unionsrechtskonform so auszulegen ist, dass der Urlaubsanspruch **15 Monate nach Ablauf des Urlaubsjahres verfällt** (BAG v. 7. 8. 2012 – 9 AZR 353/10; bestätigt durch BAG v. 12. 11. 2013 – 9 AZR 646/12).

> **Beispiel:**
> Ein Arbeitnehmer ist seit Januar 2013 arbeitsunfähig krank. Der Urlaubsanspruch für das Jahr 2013 verfällt bei fortdauernder Arbeitsunfähigkeit 15 Monate nach dem 31. 12. 2013, also am 31. März 2015.
> Entsprechendes gilt für die Folgejahre: der Urlaubsanspruch für das Jahr 2014 verfällt am 31. März 2016; der Urlaubsanspruch für das Jahr 2015 verfällt am 31. März 2017.

Die unionsrechtskonforme Auslegung hat nach Ansicht des BAG nur zur Folge, dass der aufrechterhaltene Urlaubsanspruch zu dem im Folgejahr entstandenen Urlaubsanspruch hinzutritt und damit erneut dem Fristenregime des § 7 Abs. 3 BUrlG unterfällt. Bestehe die Arbeitsunfähigkeit auch am 31. März des **zweiten** auf das Urlaubsjahr folgenden Jahres fort, gebiete das Unionsrecht keine weitere Aufrechterhaltung des Urlaubsanspruchs. Bestünden keine zugunsten des Arbeitnehmers abweichenden Regelungen, verfalle der Urlaubsanspruch zu diesem Zeitpunkt (BAG v. 7. 8. 2012 – 9 AZR 353/10; 12. 11. 2013 – 9 AZR 646/12). Fragwürdige Entscheidungen, bei denen das BAG sich wie ein »Ersatzgesetzgeber« verhalten hat – eine Rolle, die dem Gericht nicht zusteht.
Nach Auffassung des BAG gilt Vorstehendes auch für den **gesetzlichen Zusatzurlaub** eines Schwerbehinderten (§ 125 SGB IX). Gleiches gilt für **tariflichen Mehrurlaub** und **tariflichen Zusatzurlaub**, sofern der Tarifvertrag keine vom BUrlG abweichenden, für den Arbeitnehmer günstigeren Frist- oder Verfallsbestimmungen vorsieht (BAG v. 12. 11. 2013 – 9 AZR 646/12).
Durch arbeitsvertragliche Vereinbarung oder → **Tarifvertrag** kann der Übertragungszeitraum verlängert werden.

Erwerbstätigkeit während des Urlaubs (§ 8 BUrlG)

Während des Urlaubs darf der Arbeitnehmer keine dem Urlaubszweck widersprechende Erwerbstätigkeit leisten (§ 8 BUrlG).

Urlaub

Erkrankung während des Urlaubs (§ 9 BUrlG)

19 Erkrankt ein Arbeitnehmer während des Urlaubs, so werden die durch ärztliches Zeugnis nachgewiesenen Tage der Arbeitsunfähigkeit auf den Jahresurlaub **nicht angerechnet** (§ 9 BUrlG).
Der Betroffene hat insoweit Anspruch auf Entgeltfortzahlung nach § 3 EFZG (siehe → **Entgeltfortzahlung im Krankheitsfall und bei Vorsorge/Rehabilitation**).

> **Beispiel:**
> Ein Arbeitnehmer geht in einen vierwöchigen Urlaub. Nach drei Urlaubswochen erkrankt er »arbeitsunfähig« und weist dem Arbeitgeber die krankheitsbedingte Arbeitsunfähigkeit durch ärztliche Arbeitsunfähigkeitsbescheinigung nach.
> Folge: Der ursprünglich auf die vierte Woche entfallende Urlaub bleibt dem Arbeitnehmer erhalten. Statt Urlaubsvergütung erhält er für den Arbeitsausfall in dieser Woche Entgeltfortzahlung im Krankheitsfalle (§ 3 EFZG).

Maßnahmen der medizinischen Vorsorge oder Rehabilitation (§ 10 BUrlG)

20 Auch eine **Anrechnung** von Maßnahmen der medizinischen Vorsorge oder Rehabilitation (vgl. § 9 EFZG) auf den Urlaub ist unzulässig, soweit ein Entgeltfortzahlungsanspruch nach den Vorschriften des EFZG besteht (siehe → **Entgeltfortzahlung im Krankheitsfall und bei Vorsorge/Rehabilitation**).
Letzteres ist nicht der Fall, wenn im Anschluss an eine Maßnahme der medizinischen Vorsorge und Rehabilitation vom Arzt eine **Schonungsmaßnahme** verschrieben wird.
Der Beschäftigte hat dann allerdings einen Rechtsanspruch auf Gewährung von Erholungsurlaub (§ 7 Abs. 1 Satz 2 BUrlG).

Urlaubsentgelt (§ 11 BUrlG)

21 Nach § 11 Abs. 1 Satz 1 BUrlG bemisst sich das Urlaubsentgelt nach dem **durchschnittlichen** täglichen Arbeitsentgelt, das der Arbeitnehmer in den **letzten 13 Wochen** vor Urlaubsbeginn (= sog. Referenzzeitraum) verdient hat (**Referenzprinzip**).
Anstelle des 13-Wochenzeitraums wird (z. B. in → **Tarifverträgen**) häufig ein Drei-Monatszeitraum zu Grunde gelegt.
Vergütung für geleistete → **Überstunden** wird bei der Berechnung des Urlaubsentgelts nicht berücksichtigt (§ 11 Abs. 1 Satz 1 BUrlG). Diese Einschränkung wurde eingeführt durch Gesetz vom 25.9.1996 (beachten: anders lautende Tarifverträge haben Vorrang).
Überstunden liegen vor, wenn die individuelle regelmäßige Arbeitszeit des Arbeitnehmers überschritten wird. Überstunden werden wegen bestimmter besonderer Umstände vorübergehend zusätzlich geleistet (BAG v. 26.6.2002 – 5 AZR 5/01, NZA 2002, 1176 zu der ähnlichen Regelung des § 4 Abs. 1 a EFZG, der Überstunden bei der Bemessung der Entgeltfortzahlung im Krankheitsfalle ausnimmt).
Bei **schwankender Arbeitszeit** kann es notwendig sein, auf einen – in einem Vergleichszeitraum von 12 Monaten – ermittelten **Durchschnittswert** abzustellen, um die (ggf. konkludent vereinbarte) individuelle regelmäßige Arbeitszeit einerseits und die darüber hinausgehenden Überstunden andererseits festzustellen (BAG v. 26.6.2002 – 5 AZR 5/01, a. a. O.).

21a Die Berechnung des durchschnittlichen täglichen Arbeitsverdienstes im 13-Wochenzeitraum wird durch die Zahl der **Arbeitstage** beeinflusst, die in den Berechnungszeitraum fallen.
Wenn der Arbeitnehmer im Berechnungszeitraum z. B. jeweils an **fünf Tagen in der Woche** gearbeitet hat, berechnet sich das auf einen Tag entfallende Durchschnittsentgelt wie folgt:

Gesamtverdienst in den 13 Wochen (ohne Überstundenvergütung) geteilt durch (13 mal 5 Arbeitstage =) **65 Arbeitstage** = durchschnittlicher Arbeitsverdienst pro Arbeitstag.
Bei der **6-Tage-Woche** lautet die Berechnung: Gesamtverdienst in den 13 Wochen (ohne Überstundenvergütung) geteilt durch (13 mal 6 Arbeitstage =) 78 Arbeitstage = durchschnittlicher Arbeitsverdienst pro Arbeitstag.
Das Urlaubsentgelt ergibt sich aus der **Multiplikation** des durchschnittlichen Arbeitsverdienstes pro Arbeitstag und der Zahl der genommenen Urlaubstage.

> **Beispiel:**
> Ein Arbeitnehmer, der in der 5-Tage-Woche arbeitet, möchte einen 12-tägigen Urlaub antreten. In den letzten 13 Wochen vor Beginn des Urlaubs hat er einen Gesamtverdienst (ohne Überstundenvergütung) von 15000 Euro erzielt.
> Ergebnis: Sein Urlaubsentgelt für zwölf Urlaubstage beträgt: 15000 Euro geteilt durch 65 Arbeitstage = 230,77 Euro mal zwölf Urlaubstage = 2769,24 Euro.

Bezahlte Feiertage, Krankheits- und Urlaubstage, die in den Berechnungszeitraum fallen, sind zu berücksichtigen.
Bei dauerhaften **Verdiensterhöhungen**, die während des Berechnungszeitraums oder des Urlaubs eintreten (z. B. Tariferhöhung, Höhergruppierung usw.), ist von dem erhöhten Verdienst auszugehen (§ 11 Abs. 1 Satz 2 BUrlG).   **22**
Tritt die Erhöhung während des Berechnungszeitraums ein, ist für den gesamten Berechnungszeitraum der erhöhte Verdienst zu Grunde zu legen (das Referenzprinzip wird hier ausnahmsweise zugunsten des Arbeitnehmers durch das Entgeltausfallprinzip abgelöst).
Bei einer Verdiensterhöhung während des Urlaubs ist das erhöhte Urlaubsentgelt neu zu berechnen und ab dem Zeitpunkt der Erhöhung zu zahlen.
Verdienstkürzungen, die im Berechnungszeitraum durch Kurzarbeit, Arbeitsausfälle (z. B. Streik) oder unverschuldeter Arbeitsversäumnis eintreten, bleiben bei der Berechnung des Durchschnittsverdienstes außer Betracht (§ 11 Abs. 1 Satz 3 BUrlG).   **22a**
Das heißt: Tage im Berechnungszeitraum ohne Anspruch auf Arbeitsentgelt werden bei der Berechnung nicht berücksichtigt.
Wenn beispielsweise im 13-Wochenzeitraum von den 65 Arbeitstagen (bei einer 5-Tage-Woche; siehe Rn. 21 a) zehn Arbeitstage ohne Anspruch auf Arbeitsentgelt waren (z. B. wegen Streiks), ist der im Berechnungszeitraum erzielte Gesamtverdienst nur durch 55 Arbeitstage zu teilen.
Verdienstkürzungen, die **während** des Urlaubs eintreten, mindern das Urlaubsentgelt nicht. Der Arbeitnehmer erhält im Urlaub die Vergütung als Urlaubsentgelt, die er im zurückliegenden 13-Wochenzeitraum durchschnittlich verdient hat (**Referenzprinzip**; siehe Rn. 21).
Zum Arbeitsentgelt gehörende **Sachbezüge**, die während des Urlaubs nicht weitergewährt werden, sind für die Dauer des Urlaubs in bar abzugelten (§ 11 Abs. 1 Satz 4 BUrlG).   **22b**
Das Urlaubsentgelt ist vor Antritt des Urlaubs **auszuzahlen** (§ 11 Abs. 2 BUrlG).   **22c**

Urlaubsentgelt bei Leiharbeit

Während des Urlaubs des Leiharbeitnehmers hat der Arbeitgeber (Verleiher) den Arbeitsverdienst weiter zu zahlen.   **22d**
Dieser berechnet sich gemäß § 11 Abs. 1 Satz 1 BUrlG nach dem durchschnittlichen Arbeitsverdienst, den der Arbeitnehmer in den letzten dreizehn Wochen vor dem Beginn des Urlaubs erhalten hat (**Referenzzeitraum**; siehe Rn. 21).
§ 13 Abs. 3 Satz 1 des zwischen der Tarifgemeinschaft des DGB und dem Bundesverband Zeitarbeit Personaldienstleistungen e. V. abgeschlossene Manteltarifvertrag (MTV BZA)

Urlaub

schließt den Anspruch auf Weiterzahlung der übertariflichen Vergütungsbestandteile während des Urlaubs nicht aus. Er regelt ausschließlich die urlaubsrechtliche Behandlung der tariflichen Ansprüche und weicht nicht von § 11 Abs. 1 Satz 1 BUrlG ab (BAG v. 21.9.2010 – 9 AZR 510/09, NZA 2011, 805).

Zusätzliches Urlaubsgeld

23 Ein zusätzliches Urlaubsgeld sieht das BUrlG nicht vor, wohl aber die meisten → **Tarifverträge**.

> **Beispiel (§ 10 Ziff. 10.3 Manteltarifvertrag Metallindustrie Hamburg/Schleswig-Holstein):**
> »Für den Erholungsurlaub … wird für jeden Urlaubstag eine zusätzliche Urlaubsvergütung in Höhe von 50 % der … für den Urlaubstag ermittelten Vergütung (= 100 %) gezahlt.«

Urlaubsabgeltung (§ 7 Abs. 4 BUrlG)

24 Kann der Urlaub wegen Beendigung des Arbeitsverhältnisses nicht mehr gewährt werden, so ist er **abzugelten** (§ 7 Abs. 4 BUrlG).

25 Vom Abgeltungsanspruch wird regelmäßig auch das **zusätzliche** tarifliche Urlaubsgeld (siehe Rn. 23) erfasst, es sei denn, der → **Tarifvertrag** regelt ausdrücklich etwas anderes.

25a Die **frühere Rechtsprechung des BAG** hat in dem Urlaubsabgeltungsanspruch ein »**Surrogat**« (= Ersatz) des Anspruchs auf Urlaubsgewährung gesehen. Der Abgeltungsanspruch bestehe bei Beendigung des Arbeitsverhältnisses nur dann, wenn der zu Grunde liegende Anspruch auf Urlaubsgewährung hätte realisiert werden können. Diese Voraussetzung liege nicht vor, wenn der Arbeitnehmer bis zum Ende des Kalenderjahres bzw. Übertragungszeitraums arbeitsunfähig krank sei. Folge: mit Ablauf des Übertragungszeitraums erlösche nicht nur der Anspruch auf Urlaubsgewährung, sondern auch der Urlaubsabgeltungsanspruch (vgl. z. B. BAG v. 10.5.2005 – 9 AZR 253/04, ZTR 2006, 204; a. A. z. B. LAG Düsseldorf v. 15.9.1994 – 12 Sa 1064/94, AuR 1995, 32; LAG Rheinland-Pfalz v. 5.7.1993 – 8 Sa 399/93, AiB 1994, 431).
Der Europäische Gerichtshof hat die BAG-Rechtsprechung mit der Entscheidung vom 20.1.2009 für **unvereinbar** mit Art. 7 der Richtlinie 2003/88/EG (»Urlaubsrichtlinie«) erklärt (EuGH v. 20.1.2009 – C–350/06 und C–520/06, AiB 2009, 238 = NZA 2009, 135; siehe Rn. 17). Bei Beendigung des Arbeitsverhältnisses sei der Urlaubsanspruch auch dann abzugelten, wenn der Arbeitnehmer den Urlaub wegen **krankheitsbedingter Arbeitsunfähigkeit** nicht nehmen konnte.
Der für das Urlaubsrecht zuständige 9. Senat des BAG hat sich der Rechtsprechung des EuGH angeschlossen (BAG v. 24.3.2009 – 9 AZR 983/07, AiB 2010, 56 = NZA 2009, 538).
Und er ging mit der Entscheidung vom 19.6.2012 sogar noch einen Schritt weiter: er gab die »Surrogatstheorie« auch für den Fall auf, dass der Arbeitnehmer nicht arbeitsunfähig krank, sondern **arbeitsfähig** ist (BAG v. 19.6.2012 – 9 AZR 652/10). Der gesetzliche Urlaubsabgeltungsanspruch unterfalle als reiner Geldanspruch unabhängig von der Arbeitsunfähigkeit oder Arbeitsfähigkeit des Arbeitnehmers nicht der **Fristenregime** des Bundesurlaubsgesetzes. Der Arbeitnehmer müsse im Falle der Beendigung des Arbeitsverhältnisses die Abgeltung seines Urlaubs nicht im Urlaubsjahr verlangen. Sachliche Gründe dafür, warum für einen arbeitsfähigen Arbeitnehmer nach Beendigung des Arbeitsverhältnisses andere Regeln für den Verfall des Urlaubsabgeltungsanspruchs gelten sollen als für einen arbeitsunfähigen Arbeitnehmer, bestünden nicht.

25b Der **Schwerbehindertenzusatzurlaub** aus § 125 Abs. 1 Satz 1 SGB IX ist ebenso wie der Mindesturlaub nach dem Ende des Arbeitsverhältnisses abzugelten, wenn der Zusatzurlaub nicht gewährt werden konnte, weil der Arbeitnehmer arbeitsunfähig erkrankt war (BAG v. 23.3.2010 – 9 AZR 128/09, NZA 2010, 810).

Urlaub

Dagegen können die **Tarifvertragsparteien** nach Ansicht des BAG Urlaubs- und Urlaubsabgeltungsansprüche, die den von Art. 7 Abs. 1 der Arbeitszeitrichtlinie gewährleisteten und von §§ 1, 3 Abs. 1 BUrlG begründeten gesetzlichen Mindestjahresurlaubsanspruch von vier Wochen übersteigen, frei regeln. Ihre Regelungsmacht ist nicht durch die für gesetzliche Urlaubsansprüche erforderliche richtlinienkonforme Fortbildung des § 7 Abs. 3 und 4 BUrlG beschränkt. Für einen Regelungswillen, der zwischen gesetzlichen und übergesetzlichen tariflichen Ansprüchen unterscheidet, müssen deutliche Anhaltspunkte bestehen. Lösen sich die Tarifvertragsparteien in weiten Teilen durch eigenständige Regelungen vom gesetzlichen Urlaubsregime, ist i. d. R. davon auszugehen, dass sie Ansprüche nur begründen und fortbestehen lassen wollen, soweit eine gesetzliche Verpflichtung besteht (BAG v. 23. 3. 2010 – 9 AZR 128/09, NZA 2010, 810).

25c

Ausschlussfristen und Kündigungsschutzprozess: Urlaubsabgeltungsanspruch

Trotz einiger Klarstellungen durch die BAG-Rechtsprechung zur Frage, ob in der Erhebung einer Kündigungsschutzklage eine **schriftliche Geltendmachung** im Sinne von vertraglichen oder tarifvertraglichen Ausschlussfristen liegt (siehe → **Ausschlussfristen/Verfallfristen** Rn. 18), bleibt das Thema tückisches Gelände. Das zeigt etwa die nachstehende Entscheidung, bei der es um die Frage ging, ob in der Erhebung einer Kündigungsschutzklage gleichzeitig eine schriftliche Geltendmachung des **Anspruchs auf Urlaubsabgeltung** liegt. Das BAG hat das verneint (BAG v. 21. 2. 2012 – 9 AZR 486/10; Hervorhebungen durch Verf.):
»*1. Der **Urlaubsabgeltungsanspruch** unterfällt als reiner Geldanspruch denselben tariflichen Bedingungen wie alle übrigen Zahlungsansprüche der Arbeitsvertragsparteien. Dies gilt auch für die Abgeltung des gesetzlichen Mindesturlaubs.
2. Der Anspruch eines Arbeitnehmers gegen den Arbeitgeber, nicht genommenen Urlaub abzugelten, entsteht mit der **Beendigung des Arbeitsverhältnisses**. Vorbehaltlich abweichender Regelungen wird der Urlaubsabgeltungsanspruch mit der Beendigung des Arbeitsverhältnisses auch fällig. ...
3. Erhebt ein Arbeitnehmer **Kündigungsschutzklage**, kann darin zwar grundsätzlich eine schriftliche Geltendmachung der Ansprüche liegen, die vom Erfolg der Kündigungsschutzklage abhängen. Der **Anspruch auf Urlaubsabgeltung** knüpft jedoch nicht an den Erfolg der Kündigungsschutzklage, den Fortbestand des Arbeitsverhältnisses, an, sondern setzt mit der Beendigung des Arbeitsverhältnisses gerade das Gegenteil voraus. Will der Arbeitnehmer den tariflichen Verfall solcher Ansprüche verhindern, reicht die Erhebung einer Kündigungsschutzklage nicht aus.
4. ...
5. Befindet sich ein Arbeitgeber mit der Aushändigung der nach § 2 NachwG geschuldeten Niederschrift oder der ihm nach § 3 NachwG obliegenden Mitteilung in Verzug, hat er gemäß § 280 Abs. 1 Satz 1 BGB den durch den eingetretenen Verzug adäquat verursachten **Schaden zu ersetzen**. Deshalb kann ein Arbeitnehmer von dem Arbeitgeber verlangen, so gestellt zu werden, als wäre sein Zahlungsanspruch nicht untergegangen, wenn ein solcher Anspruch nur wegen Versäumung der Ausschlussfrist erloschen ist und bei gesetzmäßigem Nachweis seitens des Arbeitgebers bestehen würde. Bei der Prüfung der adäquaten Verursachung kommt dem Arbeitnehmer die Vermutung eines aufklärungsgemäßen Verhaltens zugute. Dem Arbeitgeber bleibt die Möglichkeit, diese tatsächliche Vermutung zu widerlegen.*«

25d

Abweichende Regelungen – Unabdingbarkeit (§ 13 BUrlG)

Von den Bestimmungen des BUrlG kann – mit Ausnahme der §§ 1, 2 und 3 Abs. 1 BUrlG – in → **Tarifverträgen** abgewichen werden (§ 13 Abs. 1 BUrlG).
Die abweichenden Bestimmungen haben zwischen nichttarifgebundenen Arbeitgebern und

26

Urlaub

Arbeitnehmern Geltung, wenn zwischen diesen die Anwendung der einschlägigen tariflichen Urlaubsregelung vereinbart ist.

27 Im Übrigen kann, abgesehen von § 7 Abs. 2 Satz 2 BUrlG, von den Bestimmungen dieses Gesetzes **nicht zuungunsten** des Arbeitnehmers abgewichen werden.

Mutterschutz, Elternzeit, Pflegezeit

28 Ausfallzeiten wegen mutterschutzrechtlicher Beschäftigungsverbote (siehe → **Mutterschutz**) gelten in Bezug auf den Anspruch und die Dauer des Urlaubs als Beschäftigungszeiten (§ 17 Satz 1 MuSchG).
Das bedeutet z. B., dass Anspruch auf Erholungsurlaub nach Ablauf der sechsmonatigen Wartezeit auch dann entsteht, wenn die Arbeitnehmerin wegen eines Beschäftigungsverbots nicht gearbeitet hat.
Auch eine **Anrechnung** der mutterschutzrechtlichen Ausfallzeiten auf den Urlaub ist unzulässig.
Hat die Frau ihren Urlaub vor Beginn der Beschäftigungsverbote nicht oder nicht vollständig erhalten, so kann sie nach Ablauf der Fristen den **Resturlaub** im laufenden oder im nächsten Urlaubsjahr beanspruchen (§ 17 Satz 2 MuSchG).

29 Eine besondere Form des »Urlaubs« ist die sog. **Elternzeit** (früher: Erziehungsurlaub).
Zu Einzelfragen, insbesondere zur Möglichkeit des Arbeitgebers, den Erholungsurlaub wegen Elternzeit zu kürzen siehe § 17 Bundeselterngeld- und Elternzeitgesetz (BEEG) und → **Elternzeit/Elterngeld**.

30 Zur Kürzung des Urlaubs nach § 4 Abs. 4 PflegeZG bei Inanspruchnahme von Pflegezeit siehe Rn. 1a und → **Pflegezeit** Rn. 7a.

Wehrdienst

30a Der Arbeitgeber kann den Erholungsurlaub, der dem Arbeitnehmer für ein Urlaubsjahr aus dem Arbeitsverhältnis zusteht, für jeden vollen Kalendermonat, den der **Arbeitnehmer Wehrdienst leistet, um ein Zwölftel kürzen** (§ 1 Abs. 1 Satz 1 ArbPlSchG).

> **Hinweis:**
> Zur Geltung des ArbPlSchG trotz Aussetzung der Wehrpflicht durch Gesetz vom 28.4.2011 (BGBl. I. S. 678) siehe → **Kündigungsschutz (besonderer)** Rn. 40; vgl. auch § 16 ArbPlSchG.

Dem Arbeitnehmer ist der ihm zustehende Erholungsurlaub auf Verlangen vor Beginn des Wehrdienstes zu gewähren (§ 1 Abs. 1 Satz 2 ArbPlSchG).
Hat der Arbeitnehmer den ihm zustehenden Urlaub vor seiner Einberufung nicht oder nicht vollständig erhalten, hat der Arbeitgeber den Resturlaub nach dem Wehrdienst im laufenden oder im nächsten Urlaubsjahr zu gewähren (§ 1 Abs. 2 ArbPlSchG). Endet das Arbeitsverhältnis während des Wehrdienstes oder setzt der Arbeitnehmer im Anschluss an den Wehrdienst das Arbeitsverhältnis nicht fort, hat der Arbeitgeber den noch nicht gewährten Urlaub abzugelten (§ 1 Abs. 3 ArbPlSchG). Hat der Arbeitnehmer vor seiner Einberufung mehr Urlaub erhalten als ihm nach Absatz 1 zustand, kann der Arbeitgeber den Urlaub, der dem Arbeitnehmer nach seiner Entlassung aus dem Wehrdienst zusteht, um die zu viel gewährten Urlaubstage kürzen (§ 1 Abs. 4 ArbPlSchG). Für die Zeit des Wehrdienstes richtet sich der Urlaub nach den Urlaubsvorschriften für Soldaten (§ 1 Abs. 5 ArbPlSchG).

Unbezahlter Sonderurlaub

Im Bundesurlaubsgesetz nicht geregelt ist die Gewährung eines **unbezahlten Sonderurlaubs** (z. B. wegen Verlängerung des Heimaturlaubs eines → **ausländischen Arbeitnehmers**). Eine solche Urlaubsform bedarf der vertraglichen Vereinbarung zwischen Arbeitgeber und Arbeitnehmer. 31

Im Einzelfall kann Anspruch auf Erteilung unbezahlten Sonderurlaubs bestehen.

Insbesondere dann, wenn schwer wiegende persönliche Umstände eine Freistellung des Arbeitnehmers erfordern (siehe → **Gewerkschaft**: Anspruch auf unbezahlte Freistellung zur Wahrnehmung von Gewerkschaftsmandaten).

Anspruch auf Freistellung

Einen Anspruch auf unbezahlte Freistellung haben auch Arbeitnehmer, wenn es nach ärztlichem Zeugnis erforderlich ist, dass sie wegen Beaufsichtigung, Betreuung oder Pflege eines erkrankten Kindes (bis zur Vollendung des 12. Lebensjahres) der Arbeit fernbleiben (§ 45 Abs. 2 SGB V). 31a

Nach § 45 Abs. 1 SGB V besteht auch Anspruch auf **Krankengeld** (soweit nicht – z. B. aufgrund der Bestimmungen eines → **Tarifvertrages** – aus dem gleichen Grund Anspruch auf bezahlte Freistellung besteht; vgl. § 45 Abs. 2 SGB V).

Zur Dauer des Anspruchs auf unbezahlte Freistellung und Zahlung von Krankengeld siehe → **Krankenversicherung**.

Zum Freistellungsanspruch des Arbeitnehmers im Falle der notwendigen Pflege von nahen Angehörigen siehe → **Pflegezeit** und → **Familienpflegezeit**.

Siehe auch → **Persönliche Arbeitsverhinderung**.

Bildungsurlaub

Schließlich ist hinzuweisen auf die in einigen Bundesländern geltenden Bildungsurlaubsgesetze, die den Arbeitnehmern einen Anspruch auf → **Bildungsurlaub** meist bis zur Dauer von fünf Arbeitstagen pro Jahr gewähren. 32

Teilnahme von Mandatsträgern an Schulungs- und Bildungsveranstaltungen

Zum Freistellungsanspruch von Mitgliedern des → **Betriebsrats** und anderen Organen der Betriebsverfassung gemäß § 37 Abs. 6 und 7 BetrVG oder der → **Schwerbehindertenvertretung** gemäß § 96 Abs. 4 SGB IX zum Zwecke der Schulung und Bildung siehe → **Schulungs- und Bildungsveranstaltungen**. 33

Bedeutung für die Betriebsratsarbeit

Gemäß § 87 Abs. 1 Nr. 5 BetrVG hat der Betriebsrat ein **Mitbestimmungsrecht** (einschließlich des »Initiativrechts«) bei der 34
»*Aufstellung allgemeiner Urlaubsgrundsätze und des Urlaubsplans sowie der Festsetzung der zeitlichen Lage des Urlaubs für einzelne Arbeitnehmer, wenn zwischen dem Arbeitgeber und den beteiligten Arbeitnehmern kein Einverständnis erzielt wird*«.

Der Betriebsrat hat kein Mitbestimmungsrecht bzgl. des **Umfangs** des Urlaubsanspruchs. 35

Urlaub

Dieser wird allein durch das BUrlG bzw. durch → **Tarifvertrag** oder → **Arbeitsvertrag** festgelegt.

36 Das Mitbestimmungsrecht erfasst nicht nur den bezahlten Erholungsurlaub, sondern auch den **unbezahlten Urlaub** und den → **Bildungsurlaub** nach den Bildungsurlaubsgesetzen.

37 Allerdings entfällt das Mitbestimmungsrecht bei solchen Fragestellungen, die durch Gesetz oder Tarifvertrag bereits eine zwingende und abschließende Regelung erfahren haben (§ 87 Abs. 1 Eingangssatz BetrVG: »... *soweit eine gesetzliche oder tarifliche Regelung nicht besteht ...*«).

38 Mitbestimmungspflichtig sind zunächst die Sachverhalte, die unter den Begriff »**Allgemeine Urlaubsgrundsätze**« fallen.
Hierzu gehören beispielsweise:
- Richtlinien über die Verteilung des Urlaubs über die einzelnen Monate des Kalenderjahres: Urlaub während der Schulferienzeiten für Arbeitnehmer mit schulpflichtigen Kindern; Berücksichtigung weiterer persönlicher Umstände wie zum Beispiel: Urlaubszeitpunkt des Lebenspartners;
abwechselnde Verteilung der »guten« und »schlechten« Urlaubsmonate;
Teilbarkeit des Urlaubs unter Beachtung des § 7 Abs. 2 BUrlG;
- Regelungen über das Verfahren der betrieblichen Urlaubsplanung:
Zeitpunkt, bis zu dem Urlaubswünsche angemeldet werden bzw. in eine Urlaubsliste eingetragen werden müssen;
Art und Weise der Veröffentlichung der Urlaubsliste;
Zeitpunkt, bis zu dem Einwände durch Arbeitgeber oder – andere – Arbeitnehmer erhoben werden müssen bzw. von dem ab die Eintragungen in die Urlaubsliste als »genehmigt« gelten;
- Regelungen über Urlaubsvertretung.

39 Mitbestimmungspflichtig ist auch die **Aufstellung des** »**Urlaubsplanes**« selbst, das heißt die Festlegung der jeweiligen Urlaubszeiträume der einzelnen Arbeitnehmer auf der Grundlage und im Rahmen der zuvor aufgestellten allgemeinen Urlaubsgrundsätze.

40 Hierzu gehört auch die Frage, ob überhaupt und ggf. wie lange »**Betriebsferien**« durchgeführt werden.
Soll der Betrieb an einzelnen Tagen (zum Beispiel an einem »**Brückentag**« zwischen einem auf einen Donnerstag fallenden Feiertag und dem Wochenende) unter Anrechnung auf den Urlaubsanspruch geschlossen werden, so unterliegt dies ebenfalls dem (Initiativ-)Mitbestimmungsrecht des Betriebsrats.

41 Schließlich besteht ein Mitbestimmungsrecht des Betriebsrats, wenn sich einzelne oder mehrere Arbeitnehmer mit dem Arbeitgeber nicht über die **zeitliche Lage des Urlaubs einigen** können.

> **Beispiel:**
> Mehrere Arbeitnehmer wollen während des gleichen Zeitraums in Urlaub gehen; der Arbeitgeber lehnt dies aus betrieblichen Gründen ab.

42 Bei der Lösung einer solchen Konfliktlage haben Arbeitgeber und Betriebsrat die sich aus § 7 Abs. 1 BUrlG ergebenden **Grundsätze** zu beachten (siehe Rn. 13 ff.).
Insbesondere haben sie die Urlaubswünsche des betroffenen Arbeitnehmers, die Wünsche der anderen Arbeitnehmer sowie die betrieblichen Erfordernisse nach billigem Ermessen gegeneinander abzuwägen.

43 Zu beachten ist § 7 Abs. 1 Satz 2 BUrlG: Hiernach hat ein Beschäftigter einen Rechtsanspruch auf Erteilung von Urlaub, wenn er dies im Anschluss an eine Maßnahme der medizinischen Vorsorge oder Rehabilitation **verlangt**.

Urlaub

Diese Fallgestaltung ist aufgrund des Gesetzesvorbehaltes des § 87 Abs. 1 Eingangssatz BetrVG der Mitbestimmung entzogen.

Kommt es in den vorstehend genannten Fällen zu keiner Einigung zwischen Arbeitgeber und Betriebsrat, entscheidet auf Antrag einer Seite die → **Einigungsstelle** (§ 87 Abs. 2 BetrVG). **44**

Arbeitshilfen

Checkliste
- Berechnung des Urlaubsanspruchs nach der Zahl der Arbeitstage in der Woche und bei Schichtarbeit bzw. flexibler Arbeitszeit

Rechtsprechung

1. Mitbestimmungsrecht des Betriebsrats (§ 87 Abs. 1 Nr. 5 BetrVG)
2. Urlaubsanspruch (§ 1 BUrlG) – Wartezeit (§ 4 BUrlG) – Ruhen des Arbeitsverhältnisses
3. Übertragung des Urlaubs auf das Folgejahr (§ 7 Abs. 3 BUrlG) – Anspruch auf Schadensersatz (Ersatzurlaub) – Verfall des Urlaubsanspruchs bei langer Arbeitsunfähigkeit (Rechtsprechungsänderung!)
4. Staffelung der Urlaubsdauer nach Lebensalter – Benachteiligungsverbot (AGG)
5. Verfall des tariflichen Mehrurlaubs bei langer Arbeitsunfähigkeit
6. Teilurlaubsanspruch (§ 5 BUrlG)
7. Urlaubsanspruch bei Arbeitsunfähigkeit während des Urlaubs (§ 9 BUrlG)
8. Kurzarbeit und Urlaub – Anspruch auf Ersatzurlaub
9. Urlaubsanspruch bei Teilnahme an Streik
10. Anzahl der Urlaubstage: Absenkung oder Erhöhung der Zahl der Urlaubstage nach der Zahl der Arbeitstage – Umrechnungsregel
11. Anzahl der Urlaubstage bei Schichtarbeit: Umrechnungsregel
12. Anzahl der Urlaubstage bei Wechsel von Vollzeit- in Teilzeittätigkeit mit weniger Arbeitstagen (Rechtsprechungsänderung!)
13. Ausschluss von Doppelansprüchen (§ 6 BUrlG)
14. Erfüllung des Urlaubsanspruchs (§ 7 Abs. 1 und 2 BUrlG) – Urlaubswünsche des Arbeitnehmers – Urlaubsgewährung während der Kündigungsfrist
15. Erfüllung des Urlaubsanspruchs – Freistellung des gekündigten Arbeitnehmers – Anrechnung von AZV-Tagen
16. Einführung von Betriebsurlaub kraft Direktionsrechts in Betrieben ohne Betriebsrat
17. Kein Widerruf des genehmigten Urlaubs
18. Pflichtwidrige Selbstbeurlaubung – keine Anrechnung auf Erholungsurlaub
19. Kündigung wegen eigenmächtigen Urlaubsantritts
20. Urlaubsentgelt (§ 11 BUrlG) – Berechnungsmethode – Abweichung durch Tarifvertrag (§ 13 Abs. 1 BUrlG)
21. Urlaubsentgelt für zu viel erhaltene Urlaubstage?
22. Zusätzliches Urlaubsgeld
23. Urlaubsabgeltungsanspruch (§ 7 Abs. 4 BUrlG) – Verfall des Urlaubsabgeltungsanspruchs bei langer Arbeitsunfähigkeit (Rechtsprechungsänderung!)
24. Urlaubs und Urlaubsabgeltungsansprüche: tarifliche Ausschlussfrist
25. Verzicht auf Urlaubsabgeltung

Urlaub

26. Geltendmachung des Urlaubs- und Urlaubsabgeltungsanspruchs durch Kündigungsschutzklage?
27. Sonderurlaub
28. Keine Anrechnung von Minusstunden aus Arbeitszeitkonto auf Urlaub
29. Anrechnung von »Kur-Tagen« auf Tarifurlaub nach § 10 Abs. 1 Satz 1 BUrlG (a. F.)
30. Freistellung unter Anrechnung von Urlaub – Anrechnung anderweitigen Verdienstes nur bei entsprechendem Vorbehalt – Auskunft
31. Tarifliche Urlaubskasse
32. Tariflicher Zusatzurlaub
33. Pfändbarkeit des Urlaubsentgelts
34. Urlaub für arbeitnehmerähnliche Personen (§ 2 BUrlG)
35. Sonstiges
36. Anspruch auf Zusatzurlaub für schwerbehinderte Menschen
37. Urlaubsgewährung bei Beschäftigungsverbot nach Mutterschutzgesetz
38. Urlaubsanspruch bei Elternzeit (Erziehungsurlaub)
39. Anspruch auf Urlaubsgeld trotz Elternzeit
40. Höhe des Urlaubsentgelts bei Arbeitnehmerüberlassung (Leiharbeit)
41. Urlaubskassenverfahren im Baugewerbe
42. Urlaubsabgeltungsanspruch im Insolvenzverfahren
43. Insolvenzgeld für Anspruch auf Urlaubsabgeltung?

Verhaltensbedingte Kündigung

Was ist das?

Um eine verhaltensbedingte Kündigung handelt es sich, wenn der Arbeitgeber die Kündigung mit einem **Fehlverhalten** des Arbeitnehmers begründet. 1

> **Beispiele:**
> Straftaten gegen den Arbeitgeber oder Kollegen (Beleidigung, Diebstahl usw.), Verstöße gegen den Arbeitsvertrag, Leistungsmängel und sonstige in einem Fehlverhalten des Arbeitnehmers liegende Gründe.

Auch der **Verdacht einer Straftat** kann unter Umständen eine Kündigung rechtfertigen (BAG v. 21.11.2013 – 2 AZR 797/11, DB 2014, 367; 27.11.2008 – 2 AZR 98/07, NZA 2009, 604; siehe → **Außerordentliche Kündigung** Rn. 5 b). 2

Eine verhaltensbedingte Kündigung kann als → **ordentliche Kündigung**, aber auch als → **außerordentliche Kündigung** ausgesprochen werden, wenn die Kündigungsgründe so schwerwiegend sein, dass sie die Voraussetzungen eines wichtigen Grundes i. S. d. § 626 Abs. 1 BGB erfüllen. 3

Die verhaltensbedingte Kündigung ist abzugrenzen von der → **betriebsbedingten Kündigung** und der → **personenbedingten Kündigung**. 4

Will der Arbeitnehmer geltend machen, dass eine ihm gegenüber ausgesprochene verhaltensbedingte Kündigung 5
- sozial ungerechtfertigt (§ 1 KSchG) oder
- aus anderen Gründen rechtsunwirksam ist,

muss er innerhalb einer **Frist von drei Wochen** nach Zugang der schriftlichen Kündigung **Klage** beim → **Arbeitsgericht** erheben (§ 4 Satz 1 KSchG; siehe → **Fristen** und → **Kündigungsschutz**).

Die dreiwöchige Klagefrist ist auch einzuhalten, wenn sich der Arbeitnehmer gegen eine außerordentliche (fristlose) verhaltensbedingte Kündigung zur Wehr setzen will (siehe → **Außerordentliche Kündigung**). 6

Soweit die Kündigung der **Zustimmung einer Behörde** bedarf (§ 9 MuSchG, § 18 BEEG, § 85 SGB IX), beginnt die Frist zur Anrufung des Arbeitsgerichts erst ab der Bekanntgabe der Entscheidung der Behörde an den Arbeitnehmer (§ 4 Satz 4 KSchG). 7

Der gesetzliche Unwirksamkeitsgrund des § 9 Abs. 1 MuSchG ist allerdings dann innerhalb der dreiwöchigen Klagefrist des § 4 Satz 1 KSchG vor dem Arbeitsgericht geltend zu machen, wenn der Arbeitgeber zum Zeitpunkt des Zugangs der Kündigung keine Kenntnis von den den Sonderkündigungsschutz begründenden Tatsachen hat.

Dem Ablauf der dreiwöchigen Klagefrist steht § 4 Satz 4 KSchG in diesem Fall nicht entgegen (BAG v. 19.2.2009 – 2 AZR 286/07, NZA 2009, 980; siehe → **Kündigungsschutz** Rn. 29 a).

Zur Möglichkeit der **nachträglichen Zulassung** der Klage siehe → **Kündigungsschutz**. 8

Auf die fehlende soziale Rechtfertigung der Kündigung im Sinne des § 1 KSchG kann sich der 9

Verhaltensbedingte Kündigung

Arbeitnehmer im Kündigungsschutzprozess allerdings nur dann berufen, wenn sein Arbeitsverhältnis in demselben → **Betrieb** oder → **Unternehmen** ohne Unterbrechung **länger als sechs Monate** bestanden hat (sog. **Wartezeit**; § 1 Abs. 1 KSchG).

10
> **Hinweis:**
> Nach dem Willen der früheren Großen Koalition aus CDU, CSU und SPD sollte die Wartezeit verlängert werden. Nach Kritik nicht nur von Gewerkschaften, sondern – aus einem anderen Blickwinkel – auch von Wirtschaftsverbänden und Politikern der CDU/CSU wurde das Gesetzgebungsvorhaben Ende 2006 »auf Eis gelegt« (vgl. Deter, AuR 2006, 352 [353]).

11 Kündigungsschutz nach §§ 1 ff. KSchG besteht nicht für Arbeitnehmer, die in einem Kleinbetrieb bzw. Kleinunternehmen beschäftigt sind (§ 23 Abs. 1 Satz 3 KSchG; siehe → **Kündigungsschutz vor Erfüllung der Wartezeit und im Kleinbetrieb**).

12 Arbeitnehmer, die keinen Kündigungsschutz nach §§ 1 ff. KSchG haben, weil sie die Wartezeit nach § 1 Abs. 1 KSchG nicht erfüllen oder sie in einem Kleinbetrieb/Kleinunternehmen im Sinn des § 23 Abs. 1 KSchG beschäftigt sind, können sich unter Umständen dennoch mit Aussicht auf Erfolg gegen eine Kündigung zur Wehr setzen. Das ist etwa dann der Fall, wenn die Kündigung gegen **sonstige Vorschriften** (z. B. § 102 Abs. 1 BetrVG [Anhörung des Betriebsrats], Maßregelungsverbot nach § 612a BGB, gesetzliche oder tarifliche Bestimmungen über einen besonderen Kündigungsschutz) oder gegen »Treu und Glauben« verstößt (siehe → **Kündigungsschutz vor Erfüllung der Wartezeit und im Kleinbetrieb**).
Zu beachten ist, dass auch in diesen Fällen die **Klage** nach § 4 Satz 1 KSchG innerhalb einer **Frist von drei Wochen** nach Zugang der schriftlichen Kündigung beim Arbeitsgericht eingereicht werden muss (BAG v. 9. 2. 2006 – 6 AZR 283/05, NZA 2006, 1207; vgl. auch § 23 Abs. 1 Satz 2 KSchG: hiernach findet § 4 KSchG auch in Kleinbetrieben Anwendung).

Sozialwidrigkeit der Kündigung nach § 1 Abs. 2 Satz 1 KSchG

13 Nach § 1 Abs. 2 Satz 1 KSchG ist eine verhaltensbedingte Kündigung sozial ungerechtfertigt und damit unwirksam,
- wenn der oder die angegebenen Kündigungsgründe **nicht vorliegen** oder
- wenn sie zwar vorliegen, aber eine Kündigung **nicht erforderlich machen**.

Das Arbeitsgericht **prüft** im Einzelnen, ob
- der Arbeitnehmer mit dem ihm vorgeworfenen Verhalten eine Vertragspflicht – schuldhaft – verletzt hat,
- dadurch das Arbeitsverhältnis konkret beeinträchtigt wurde,
- ein milderes Mittel (»Ultima-Ratio-Prinzip«) – insbesondere eine zumutbare Möglichkeit einer anderen Beschäftigung nicht besteht und
- die Lösung des Arbeitsverhältnisses in Abwägung der Interessen beider Vertragsteile billigenswert und angemessen erscheint (BAG v. 12. 1. 2006 – 2 AZR 21/05, NZA 2006, 917 und – 2 AZR 179/05, NZA 2006, 980).

Dabei spielt vor allem die Art und Schwere der Vertragsverletzung eine erhebliche Rolle.

14 Für eine verhaltensbedingte Kündigung gilt das sog. **Prognoseprinzip**.
Der Zweck der Kündigung ist nicht Sanktion (»Strafe«) für eine Vertragspflichtverletzung, sondern eine **Vermeidung von weiteren Vertragspflichtverletzungen** (BAG v. 23. 6. 2009 – 2 AZR 283/08, AP Nr. 5 zu § 1 KSchG 1969 Abmahnung; 12. 1. 2006 – 2 AZR 21/05, NZA 2006, 917 und – 2 AZR 179/05, NZA 2006, 980). Die vergangene Pflichtverletzung muss sich deshalb noch in der Zukunft belastend auswirken.
Eine **negative Prognose** liegt vor, wenn aus der konkreten Vertragspflichtverletzung und der

Verhaltensbedingte Kündigung

daraus resultierenden Vertragsstörung geschlossen werden kann, der Arbeitnehmer werde den Arbeitsvertrag auch nach einer Kündigungsandrohung erneut in gleicher oder ähnlicher Weise verletzen.

Deshalb setzt eine Kündigung wegen einer Vertragspflichtverletzung regelmäßig eine → **Abmahnung** voraus. Das heißt: Eine verhaltensbedingte Kündigung ist – im Regelfall – nur zulässig, wenn wegen eines gleichartigen Fehlverhaltens bereits früher schon einmal eine Abmahnung erteilt worden ist (**Warnfunktion** der Abmahnung).

Die Abmahnung dient der Objektivierung der negativen Prognose.

Liegt eine ordnungsgemäße Abmahnung vor und verletzt der Arbeitnehmer erneut seine vertraglichen Pflichten, kann regelmäßig davon ausgegangen werden, es werde auch zukünftig zu weiteren Vertragsstörungen kommen.

Die Abmahnung ist insoweit notwendiger Bestandteil bei der Anwendung des Prognoseprinzips.

Dabei werden nur solche Abmahnungen berücksichtigt, die innerhalb eines gewissen Zeitraums, dessen Länge von der Schwere des Fehlverhaltens abhängt, ausgesprochen worden sind.

Der Vorrang der Abmahnung ist zugleich auch Ausdruck des **Verhältnismäßigkeitsgrundsatzes**.

14a

Nach § 1 Abs. 2 KSchG muss die Kündigung durch das Verhalten des Arbeitnehmers bedingt – also erforderlich – sein.

Eine verhaltensbedingte Kündigung ist nicht erforderlich und damit sozial ungerechtfertigt, wenn es andere **geeignete mildere Mittel** gibt – nämlich eine **Abmahnung** –, um zukünftiges vertragsgemäßes Verhalten zu bewirken (BAG v. 23.6.2009 – 2 AZR 283/08, AP Nr. 5 zu § 1 KSchG 1969 Abmahnung; 12.1.2006 – 2 AZR 21/05, NZA 2006, 917 und – 2 AZR 179/05, NZA 2006, 980).

Dieser Aspekt hat durch die gesetzliche Regelung des § 314 Abs. 2 BGB eine gesetzgeberische Bestätigung erfahren. Nach dieser Norm ist eine Kündigung erst nach erfolglosem Ablauf einer zur Abhilfe bestimmten Frist oder nach einer erfolglosen Abmahnung zulässig.

Eine vorherige Abmahnung ist unter Berücksichtigung des Verhältnismäßigkeitsgrundsatzes nach Ansicht des BAG ausnahmsweise dann entbehrlich, wenn eine Verhaltensänderung in Zukunft – trotz Abmahnung – nicht erwartet werden kann oder es sich um eine solch schwere Pflichtverletzung handelt, deren Rechtswidrigkeit dem Arbeitnehmer ohne weiteres erkennbar ist und bei der eine Hinnahme des Verhaltens durch den Arbeitgeber offensichtlich ausgeschlossen werden kann (BAG v. 23.6.2009 – 2 AZR 283/08, a.a.O.; 12.1.2006 – 2 AZR 21/05, a.a.O. und – 2 AZR 179/05, a.a.O.).

Zu weiteren Einzelheiten siehe → **Abmahnung**.

Eine verhaltensbedingte Kündigung kommt unter dem Gesichtspunkt des Verhältnismäßigkeitsgrundsatzes auch dann nicht in Betracht, wenn sonstige andere **mildere Mittel** möglich, angemessen und ausreichend sind, um eine günstige Prognose für zukünftiges vertragsgemäßes Verhalten zu bewirken.

15

Das ist etwa der Fall, wenn der Arbeitnehmer durch Umsetzung, → **Versetzung** und → **Änderungskündigung** auf einem anderen Arbeitsplatz im Betrieb oder einem anderen Betrieb des → **Unternehmens** – ggf. zu anderen Bedingungen – weiterbeschäftigt und dadurch die Ursache für weiteres Fehlverhaltens des Arbeitnehmers beseitigt werden kann.

> **Beispiel:**
> Im Zuge von immer wieder auftretenden Auseinandersetzungen über Art und Umfang der auszuführenden Arbeit hat ein Mitarbeiter seinem Vorgesetzten mehrfach beleidigt, weshalb er auch schon abgemahnt worden ist.
> Dennoch kann eine verhaltensbedingte Kündigung wegen einer erneuten Beleidigung sozial un-

Verhaltensbedingte Kündigung

gerechtfertigt – weil unverhältnismäßig – sein, wenn die Streithähne getrennt werden können (etwa durch Umsetzung/Versetzung des Mitarbeiters auf einen anderen Arbeitsplatz im selben Betriebs oder einen anderen Betriebs des Unternehmens) und auf diese Weise die Ursache für das Fehlverhalten beseitigt werden kann.

Sozialwidrigkeit der Kündigung nach § 1 Abs. 2 Sätze 2 und 3 KSchG

16 Eine Kündigung ist nach § 1 Abs. 2 Sätze 2 und 3 KSchG auch dann sozial ungerechtfertigt und unwirksam, wenn
- die Kündigung gegen eine → **Auswahlrichtlinie** nach § 95 Abs. 1 und 2 BetrVG verstößt; strittig ist, ob dieser Widerspruchsgrund nur bei einer → **betriebsbedingten Kündigung** in Betracht kommt oder auch bei einer → **personenbedingten** oder → **verhaltensbedingten Kündigung** (zu Recht bejahend z. B. Fitting, BetrVG, 27. Aufl., § 95 Rn. 24; Kittner/Däubler/Zwanziger, KSchR, 9. Aufl., § 102 BetrVG Rn. 215 und § 1 KSchG Rn. 504 m. w. N.; zum Meinungsstand vgl. auch DKKW-*Klebe*, BetrVG, 15. Aufl., § 95 Rn. 35 und DKKW-*Bachner*, BetrVG, 15. Aufl., § 102 BetrVG Rn. 215),
- der Arbeitnehmer auf einem anderen Arbeitsplatz in demselben Betrieb oder in einem anderen Betrieb des → **Unternehmens** (ggf. nach Umschulung/Fortbildung oder – mit Einverständnis des Arbeitnehmers – unter geänderten Arbeitsbedingungen) weiterbeschäftigt werden kann

und der → **Betriebsrat** aus einem dieser Gründe der Kündigung ordnungsgemäß nach § 102 Abs. 3 BetrVG **widersprochen** hat.

Berücksichtigt werden nur die Gründe, die der Betriebsrat in seinem Widerspruch **angegeben** hat (BAG v. 6. 6. 1984 – 7 AZR 451/82, NZA 1985, 93; Kittner/Däubler/Zwanziger, KSchR, 9. Aufl., § 1 KSchG Rn. 355).

Liegen die in § 1 Abs. 2 Sätze 2 und 3 KSchG genannten Voraussetzungen vor, ist die Kündigung allein aus diesem Grunde unwirksam, weil aufgrund der vom Betriebsrat in seinem Widerspruch vorgebrachten Umstände eine Kündigung nicht zwingend erforderlich ist.

Eine Abwägung der beiderseitigen Interessen (wie bei der Prüfung der Sozialwidrigkeit nach § 1 Abs. 2 Satz 1 KSchG; siehe Rn. 13) ist nicht erforderlich.

Insofern bezeichnet man die in § 1 Abs. 2 Sätze 2 und 3 KSchG aufgeführten Gründe als »**absolute Sozialwidrigkeitsgründe**«.

16a
> **Hinweis:**
> Ein ordnungsgemäßer Widerspruch des Betriebsrats verschafft dem Arbeitnehmer außerdem die Möglichkeit, einen **Weiterbeschäftigungs- und -vergütungsanspruch** für die Zeit nach Ablauf der Kündigungsfrist bis zum rechtskräftigen Abschluss des Kündigungsschutzprozesses geltend zu machen (§ 102 Abs. 5 BetrVG; siehe → **Ordentliche Kündigung** Rn. 29 ff. und 35 ff.).

17 Zu beachten ist, dass sich der gekündigte Arbeitnehmer auf die absoluten Sozialwidrigkeitsgründe des § 1 Abs. 2 Sätze 2 und 3 KSchG (Verstoß gegen Auswahlrichtlinie oder eine Weiterbeschäftigung ist möglich) auch dann berufen kann, wenn der Betriebsrat der Kündigung **nicht widersprochen** hat (BAG v. 17. 5. 1984 – 2 AZR 109/83, DB 1985, 1190; Kittner/Däubler/Zwanziger, KSchR, 9. Aufl., § 1 KSchG Rn. 498 m. w. N.).

Das Arbeitsgericht hat ein solches Vorbringen bei der Prüfung, ob eine Kündigung nach § 1 Abs. 2 Satz 1 KSchG sozial gerechtfertigt ist, zu berücksichtigen.

Denn wenn z. B. eine Weiterbeschäftigung auf einem anderen Arbeitsplatz möglich ist, steht ein milderes Mittel zur Verfügung. Eine dennoch ausgesprochen Kündigung würde wegen Vorstoßes gegen den Verhältnismäßigkeitsgrundsatz (»Ultima-Ratio-Prinzip«) unwirksam sein (siehe Rn. 15).

Verhaltensbedingte Kündigung

Das **Problem** ist nur, dass der gekündigte Arbeitnehmer ohne Unterstützung durch den Betriebsrat kaum in Lage ist, die notwendigen Tatsachen zu den absoluten Sozialwidrigkeitsgründen des § 1 Abs. 2 Sätze 2 und 3 KSchG vorzutragen, weil er (anders als der Betriebsrat) keine Informationen z. B. über freie Arbeitsplätze im Betrieb oder in einem anderen Betrieb des Unternehmens (siehe Rn. 21) hat.

Darlegungs- und Beweislast (§ 1 Abs. 2 Satz 4 KSchG)

Der Arbeitgeber hat die Tatsachen darzulegen und zu beweisen, die ihn zur Kündigung veranlasst haben (§ 1 Abs. 2 Satz 4 KSchG). 18

Dazu gehört auch die Darlegung des Fehlens – alternativer – Beschäftigungsmöglichkeiten (BAG v. 30. 9. 2010 – 2 AZR 88/09, NZA 2011, 39).

Bedeutung für die Betriebsratsarbeit

Vor Ausspruch der Kündigung ist der Betriebsrat **anzuhören** (§ 102 Abs. 1 BetrVG). 19
Geschieht dies nicht oder nicht ordnungsgemäß, ist eine dennoch ausgesprochene Kündigung unwirksam (siehe → **Kündigung** und → **Ordentliche Kündigung**).

Der Betriebsrat kann **Bedenken** (§ 102 Abs. 2 BetrVG) erheben und gemäß § 102 Abs. 3 BetrVG **Widerspruch** gegen die beabsichtigte Kündigung einlegen (siehe → **Kündigung** und → **ordentliche Kündigung**). 20

Von rechtlicher Bedeutung ist nur ein auf § 102 Abs. 3 BetrVG gestützter **ordnungsgemäßer Widerspruch** (siehe Rn. 23).

Bedenken haben keine rechtliche, allenfalls eine faktische Wirkung (siehe → **Ordentliche Kündigung** Rn. 16).

§ 102 Abs. 3 BetrVG ist nach h.M. auch bei einer verhaltensbedingten Kündigung anzuwenden (vgl. z. B. BAG v. 22. 7. 1982 – 2 AZR 30/81; Fitting, BetrVG, 27. Aufl., § 102 Rn. 77 m. w. N.). 21

Hierzu ein Auszug aus BAG v. 22. 7. 1982 – 2 AZR 30/81: »Nach § 1 Abs. 2 Satz 2 Ziff. 1 b KSchG ist die Kündigung auch dann sozial ungerechtfertigt ist, wenn der Arbeitnehmer an einem anderen Arbeitsplatz in demselben Betrieb oder in einem anderen Betrieb des Unternehmens weiterbeschäftigt werden kann und der Betriebsrat aus diesem Grunde der Kündigung innerhalb der Frist des § 102 Abs. 2 Satz 1 BetrVG schriftlich widersprochen hat. Diese Widerspruchsgründe beziehen sich nicht nur auf betriebsbedingte, sondern auch auf personen- und verhaltensbedingte Gründe. Hierfür spricht schon der Wortlaut des § 1 Abs. 2 Ziff. 1 b KSchG und des diesem korrespondierenden § 102 Abs. 3 BetrVG.«

Strittig ist, ob der Widerspruch gegen eine verhaltensbedingte Kündigung auf den Widerspruchsgrund des § 102 Abs. 3 Nr. 2 BetrVG (**Verstoß gegen Auswahlrichtlinie**) gestützt werden kann (zu Recht bejahend z. B. Fitting, BetrVG, 27. Aufl., § 95 Rn. 24; Kittner/Däubler/Zwanziger, KSchR, 9. Aufl., § 102 BetrVG Rn. 215 und § 1 KSchG Rn. 504 m. w. N.).

Allein der Widerspruchsgrund des § 102 Abs. 1 Nr. 1 BetrVG (**fehlerhafte soziale Auswahl**) kommt nur bei einer → **betriebsbedingten Kündigung** zur Anwendung.

Der Widerspruch gegen eine verhaltensbedingte Kündigung kann damit **begründet** werden,
- dass der Betroffene auf einem **anderen – freien – Arbeitsplatz** im → **Betrieb** oder in einem anderen Betrieb des → **Unternehmens** weiterbeschäftigt werden kann (§ 102 Abs. 3 Nr. 3 BetrVG) und damit ein weiteres Fehlverhalten entfällt. Hierzu ein Auszug aus BAG v. 22. 7. 1982 – 2 AZR 30/81: »Es gibt bei personenbedingten und verhaltensbedingten Kündigungen viele Fallgestaltungen, in denen die Interessen des Arbeitgebers genügend berücksichtigt sind,

Verhaltensbedingte Kündigung

wenn der Arbeitnehmer auf einen anderen Arbeitsplatz versetzt wird. Ist z. B. die weitere Beschäftigung eines Arbeitnehmers an seinem Arbeitsplatz nur deshalb für den Arbeitgeber nicht zumutbar, weil der Arbeitnehmer mit einem Kollegen zerstritten ist und gegenüber diesem häufig ausfällig wird, kehrt möglicherweise Ruhe ein, wenn der Arbeitnehmer in eine andere Abteilung versetzt wird. Voraussetzung ist natürlich, dass ein Arbeitsplatz frei ist.«

Strittig ist, ob ein Widerspruch »ordnungsgemäß« ist, wenn er damit begründet wird, dass der Arbeitnehmer auf seinem **bisherigen Arbeitsplatz** weiterbeschäftigt werden kann. Das BAG hat das bislang abgelehnt (BAG v. 12. 9. 1985 – 2 AZR 324/84, NZA 1986, 424; a. A. Fitting, BetrVG, 27. Aufl., § 102 Rn. 90; DKKW-*Bachner*, BetrVG, 15. Aufl., § 102 Rn. 225 m. w. N.; zum Meinungsstand vgl. auch Kittner/Däubler/Zwanziger, KSchR, 9. Aufl., § 102 BetrVG Rn. 224) bzw. offengelassen (BAG v. 11. 5. 2000 – 2 AZR 54/99, BB 2000, 2049).

Frei ist ein Arbeitsplatz, wenn er zwar nicht zum Zeitpunkt des Widerspruchs, aber voraussichtlich **bis** zum Ablauf der Kündigungsfrist **frei wird** (z. B. wegen Ausscheidens anderer Arbeitnehmer aufgrund eines → **befristeten Arbeitsvertrags**, wegen → **Altersteilzeit** oder Inanspruchnahme einer Rente: siehe → **Rentenversicherung**).

Wird der Arbeitsplatz voraussichtlich erst nach Ablauf der Kündigungsfrist frei, kommt es darauf an, ob dem Arbeitgeber eine Überbrückung des Zeitraums **zuzumuten** ist (BAG v. 15. 12. 1994 – 2 AZR 327/94, AiB 1995, 465).

Als **frei** gelten auch Arbeitsplätze, die mit **Leiharbeitnehmern** besetzt sind (LAG Berlin-Brandenburg v. 3. 3. 2009 – 12 Sa 2468/08; LAG Bremen v. 2. 12. 1997 – 1 (2) Sa 340/96, 4 Sa 341/96, 1 Sa 342/96, 4 Sa 82/97, 4 Sa 84/97, 4 Sa 87/97, 1 Sa 96/97, 4 Sa 98/97, BB 1998, 1211; strittig; vgl. Kittner/Däubler/Zwanziger, KSchR, 9. Aufl., § 102 BetrVG Rn. 222 und § 1 KSchG Rn. 517 m. w. N.).

Nach Ansicht des BAG kommt es darauf an, ob die Beschäftigung von Leiharbeitnehmern vorübergehend erfolgt (z. B. bei Auftragsspitzen oder Vertretungsbedarf) oder ob sie zur Abdeckung eines *»nicht schwankenden, ständig vorhandenen (Sockel-)Arbeitsvolumens«* eingesetzt werden. Hierzu ein Auszug aus BAG v. 15. 12 2011 – 2 AZR 42/10:

»1. Die Vermutung der Betriebsbedingtheit der Kündigung nach § 1 Abs. 5 S 1 KSchG erstreckt sich nicht nur auf den Wegfall von Beschäftigungsmöglichkeiten im bisherigen Arbeitsbereich des Arbeitnehmers, sondern auch auf das Fehlen der Möglichkeit, diesen anderweitig einzusetzen. Will der Arbeitnehmer sie widerlegen, muss er substantiiert aufzeigen, dass im Betrieb ein vergleichbarer Arbeitsplatz oder ein solcher zu schlechteren, aber zumutbaren Arbeitsbedingungen frei war. Als »frei" sind grundsätzlich nur solche Arbeitsplätze anzusehen, die zum Zeitpunkt des Zugangs der Kündigung unbesetzt sind.

2. Werden Leiharbeitnehmer lediglich zur Abdeckung von »Auftragsspitzen« eingesetzt, liegt keine alternative Beschäftigungsmöglichkeit iSv. § 1 Abs. 2 S 2 KSchG vor. Der Arbeitgeber kann dann typischerweise nicht davon ausgehen, dass er für die Auftragsabwicklung dauerhaft Personal benötige. Es kann ihm deshalb regelmäßig nicht zugemutet werden, entsprechendes Stammpersonal vorzuhalten. An einem »freien« Arbeitsplatz fehlt es in der Regel außerdem, soweit der Arbeitgeber Leiharbeitnehmer als »Personalreserve« zur Abdeckung von Vertretungsbedarf beschäftigt. Das gilt unabhängig von der Vorhersehbarkeit der Vertretungszeiten.

3. Beschäftigt der Arbeitgeber Leiharbeitnehmer dagegen, um mit ihnen ein nicht schwankendes, ständig vorhandenes (Sockel-)Arbeitsvolumen abzudecken, kann von einer alternativen Beschäftigungsmöglichkeit iSv. § 1 Abs. 2 S 2 KSchG auszugehen sein, die vorrangig für sonst zur Kündigung anstehende Stammarbeitnehmer genutzt werden muss.«

Ebenfalls als **frei** gelten Arbeitsplätze, an denen regelmäßig → **Überstunden** geleistet werden (vgl. Kittner/Däubler/Zwanziger, KSchR, 9. Aufl., § 102 BetrVG Rn. 223 und § 1 KSchG Rn. 519 m. w. N.).

- dass die Weiterbeschäftigung des Betroffenen – auch auf seinem bisherigen Arbeitsplatz –

Verhaltensbedingte Kündigung

dann möglich ist, wenn er eine **Qualifizierungs- bzw. Fortbildungsmaßnahme** absolviert (§ 102 Abs. 3 Nr. 4 BetrVG);
- dass eine Weiterbeschäftigung möglich ist, wenn der **Arbeitsvertrag verändert** wird (z. B. andere Tätigkeit, andere Entgeltgruppe) und der Betroffene sich mit der Veränderung (ggf. unter Vorbehalt; siehe § 2 KSchG) einverstanden erklärt (§ 102 Abs. 3 Nr. 5 BetrVG).

Dabei genügt es nicht, den Wortlaut der in § 102 Abs. 3 BetrVG geregelten Tatbestände **nur zu wiederholen**.   **22**

> **Beispiel:**
> »... der Betriebsrat widerspricht der beabsichtigten ordentlichen Kündigung des Herrn B. nach § 102 Abs. 3 Nr. 3 BetrVG, weil er auf einem anderen Arbeitsplatz im Betrieb und Unternehmen weiterbeschäftigt werden kann.«

Eine solcher »Widerspruch« ist rechtlich wirkungslos!
Vielmehr muss der Widerspruch auf **konkrete betriebliche Tatsachen** gestützt werden.   **22a**

> **Beispiel:**
> »... der Betriebsrat erhebt Widerspruch gegen die beabsichtigte fristgerechte Kündigung des Mitarbeiters B. gemäß § 102 Abs. 3 Nr. 3 BetrVG.
> Begründung:
> Die beabsichtigte Kündigung wird auf eine Tätlichkeit des Herrn B. gegenüber einem Vorgesetzten gestützt.
> Der Betriebsrat kann nicht beurteilen, wer oder was dieses Verhalten ausgelöst hat.
> Fest steht jedenfalls, dass der Tätlichkeit Auseinandersetzungen zwischen beiden Mitarbeitern vorausgegangen waren und dass sich weitere Streitereien durch eine Umsetzung vermeiden lassen. Herr B. könnte etwa in der Warenausgabe weiterbeschäftigt werden kann.
> Dort ist durch das Ausscheiden des Mitarbeiters M. in den Vorruhestand ein Arbeitsplatz frei geworden.
> Einarbeitungsmaßnahmen sind nicht erforderlich, weil Kollege B. in der Vergangenheit schon mehrfach den Mitarbeiter M. erfolgreich vertreten hat ...«

Nur ein **ordnungsgemäßer Widerspruch** verschafft dem Arbeitnehmer die Möglichkeit,   **23**
- sich in Kündigungsschutzverfahren auf den besonderen **zusätzlichen Sozialwidrigkeitsgrund** nach § 1 Abs. 2 Sätze 2 und 3 KSchG (siehe hierzu → **Kündigungsschutz** Rn. 15 ff.) zu berufen und außerdem
- einen **Weiterbeschäftigungs- und Vergütungsanspruch** für die Zeit nach Ablauf der Kündigungsfrist bis zum rechtskräftigen Abschluss des Kündigungsschutzprozesses geltend zu machen (§ 102 Abs. 5 BetrVG; siehe → **Ordentliche Kündigung** Rn. 29 ff.).

Bloße **Bedenken** des Betriebsrats i. S. d. § 102 Abs. 2 BetrVG lösen diese Wirkungen nicht aus! Sie haben – um es deutlich zu sagen – rechtlich überhaupt keine Wirkung. Allenfalls eine faktische Wirkung, wenn die aufgeführten Bedenken den Arbeitgeber derart »bewegen«, dass er von einer Kündigung Abstand nimmt (was allerdings Seltenheitswert haben dürfte).
Arbeitgeber/Personalleiter schauen sich im Übrigen genau an, ob der Widerspruch des Betriebsrats mit einer den Anforderungen des § 102 Abs. 3 BetrVG genügenden Begründung versehen sind.
Wenn das nicht der Fall ist, »lehnen sie sich entspannt zurück«. Sie müssen ein etwaiges Weiterbeschäftigungsverlangen des Arbeitnehmers nach § 102 Abs. 5 BetrVG und die damit verbundenen erheblichen finanziellen Folgen (siehe → **Abfindung** Rn. 6, → **Kündigungsschutz** Rn. 25 a und → **Ordentliche Kündigung** Rn. 28 ff.) nicht fürchten.
Zu weiteren Einzelheiten siehe → **Kündigung**, → **Kündigungsschutz** und → **Ordentliche**   **24**
Kündigung.

Verhaltensbedingte Kündigung

Bedeutung für die Beschäftigten

25 Zu den Rechten des gekündigten Arbeitnehmers siehe → **Kündigungsschutz**.

26 Zur Frage, ob im Falle einer verhaltensbedingten »**Verdachtskündigung**« (siehe hierzu → **Außerordentliche Kündigung**) ein Anspruch auf Wiedereinstellung besteht, wenn ein staatsanwaltschaftliches Ermittlungsverfahren eingestellt wird, siehe → **Wiedereinstellung**.

Wenn

27
- der Betriebsrat einer ordentlichen (= fristgemäßen) Kündigung ordnungsgemäß nach § 102 Abs. 3 BetrVG **widersprochen** hat und
- der gekündigte Arbeitnehmer **Kündigungsschutzklage** erhebt (die Klage ist nach § 4 KSchG innerhalb von drei Wochen nach Zugang der schriftlichen Kündigung von dem Gekündigten beim → **Arbeitsgericht** einzureichen!) und
- unter Hinweis auf den Widerspruch des Betriebsrats gemäß § 102 Abs. 5 Satz 1 BetrVG seine **Weiterbeschäftigung** über den Ablauf der Kündigungsfrist hinaus **verlangt**,

ist der Arbeitgeber verpflichtet, den Arbeitnehmer **über den Ablauf der Kündigungsfrist hinaus** zu unveränderten Arbeitsbedingungen bis zum rechtskräftigen Abschluss des Kündigungsschutzprozesses weiter zu beschäftigen und das bisherige Arbeitsentgelt weiter zu bezahlen. Das gilt sogar dann, wenn der Arbeitnehmer den Kündigungsschutzprozess **verliert!** Dabei kommt es nicht darauf an, ob er den Arbeitnehmer tatsächlich weiter beschäftigt hat oder nicht. Eine Vergütungspflicht entfällt (für die Zukunft) nur dann, wenn der Arbeitgeber auf seinen Antrag hin nach § 102 Abs. 5 Satz 2 BetrVG vom Arbeitsgericht bzw. Landesarbeitsgericht von der Weiterbeschäftigungspflicht rechtskräftig entbunden wurde (bis dahin aufgelaufene Arbeitsentgeltansprüche sind vom Arbeitgeber zu erfüllen; vgl. BAG v. 7.3.1996 – 2 AZR 432/95, AiB 1996, 616 = NZA 1996, 930; siehe auch Kündigung Rn. 46 a ff. und Rn. 50, 51).

> **Beispiel:**
> Ein Arbeitnehmer wird ordentlich zum 30.6.2015 gekündigt. Der Betriebsrat hatte gemäß § 102 Abs. 3 Nr. 3 BetrVG Widerspruch eingelegt, mit der Begründung, dass eine Weiterbeschäftigung des Arbeitnehmers auf dem freien Arbeitsplatz xy möglich ist. Der Arbeitnehmer verlangt Weiterbeschäftigung und erhebt Kündigungsschutzklage. Eine Weiterbeschäftigung lehnt der Arbeitgeber ab. Er stellt aber keinen Antrag auf Entbindung von der Weiterbeschäftigungspflicht. Ein Jahr später – am 30.6.2016 – wird die Kündigungsschutzklage vom Landesarbeitsgericht rechtskräftig abgewiesen.
> Dann steht zwar fest, dass das Arbeitsverhältnis zum 30.6.2015 wirksam beendet wurde. Dennoch muss der Arbeitgeber auch für die Zeit vom 1.7.2015 bis 30.6.2016 den vollen Lohn bezahlen; ggf. unter Abzug von Arbeitslosengeld, dass der Arbeitnehmer in dieser Zeit erhalten hat (die Agentur für Arbeit hat Anspruch gegen den Arbeitgeber auf Erstattung des gezahlten Arbeitslosengeldes; § 115 Abs. 1 SGB X).

Meldepflicht (§ 38 Abs. 1 SGB III 2012)

28 Nach § 38 Abs. 1 Satz 1 SGB III 2012 sind Personen, deren Arbeits- oder Ausbildungsverhältnis endet, verpflichtet, sich spätestens **drei Monate** vor dessen Beendigung persönlich bei der Agentur für Arbeit **arbeitssuchend** zu melden.
Liegen zwischen der Kenntnis des Beendigungszeitpunkts und der Beendigung des Arbeits- oder Ausbildungsverhältnisses weniger als drei Monate, hat die Meldung innerhalb von **drei Tagen** nach Kenntnis des Beendigungszeitpunkts zu erfolgen.
Zur Wahrung der Fristen reicht eine (ggf. auch telefonische) Anzeige unter Angabe der persönlichen Daten und des Beendigungszeitpunktes aus, wenn die persönliche Meldung nach terminlicher Vereinbarung nachgeholt wird.

Verhaltensbedingte Kündigung

Die Pflicht zur Meldung besteht unabhängig davon, ob der Fortbestand des Arbeits- oder Ausbildungsverhältnisses gerichtlich geltend gemacht oder vom Arbeitgeber in Aussicht gestellt wird.
Die Pflicht zur Meldung gilt nicht bei einem betrieblichen Ausbildungsverhältnis.
Erfolgt die Meldung nicht fristgerecht, hat das eine einwöchige Arbeitslosengeldsperre (Sperrzeit) nach § 159 Abs. 1 Satz 2 Nr. 7, Abs. 6 SGB III 2012 zur Folge.
Zu weiteren Einzelheiten siehe → **Arbeitslosenversicherung: Arbeitsförderung** Rn. 13 ff.

Arbeitshilfen

Übersichten	• Übersicht »Ordentliche Kündigung« siehe → **Ordentliche Kündigung**
	• Übersicht → Kündigungsschutz« siehe → **Kündigungsschutz**
Checkliste	• Checkliste »Ordentliche Kündigung« siehe → **Ordentliche Kündigung**
Musterschreiben	• Anhörung des Betriebsrats zu einer fristgerechten verhaltensbedingten Kündigung (§ 102 Abs. 1 BetrVG)
	• Widerspruch nach § 102 Abs. 3 Nr. 3 BetrVG
	• Ordentliche/fristgerechte verhaltensbedingte Kündigung
	• Einspruch des Arbeitnehmers beim Betriebsrat gegen Kündigung (§ 3 KSchG)
	• Kündigungsschutzklage gegen eine ordentliche Kündigung
	• Weiterbeschäftigungsverlangen des gekündigten Arbeitnehmers nach § 102 Abs. 5 BetrVG für den Fall, dass der Betriebsrat frist- und ordnungsgemäß Widerspruch gemäß § 102 Abs. 3 BetrVG gegen eine ordentliche Kündigung eingelegt hat
	• Antrag auf Erlass einer einstweiligen Verfügung wegen Weiterbeschäftigung

Rechtsprechung – Verhaltensbedingte Kündigung

1. Begriff der »verhaltensbedingten Kündigung« – Anforderungen an Kündigungsgrund – Interessenabwägung – Verhältnismäßigkeitsgrundsatz – Prognoseprinzip – Selbstbindung des Arbeitgebers
2. Abmahnung statt Kündigung
3. Ordentliche statt außerordentlicher verhaltensbedingter Kündigung
4. Kündigungsgrund: Zuspätkommen – Unentschuldigtes Fehlen
5. Kündigungsgrund: Arbeitsverweigerung – Verweigerung von Überstunden
6. Kündigungsgrund: schwache Leistungen – Abgrenzung zu personenbedingter Kündigung wegen Leistungsmängeln
7. Kündigungsgrund: Verletzung der Anzeigepflicht nach § 5 Abs. 1 Satz 1 EFZG bei Erkrankung
8. Kündigungsgrund: Verletzung der Nachweispflicht nach § 5 Abs. 1 Satz 2 EFZG
8 a. Kündigungsgrund: Vortäuschen einer Krankheit
9. Kündigungsgrund: Alkoholkrankheit, Alkoholmissbrauch
10. Kündigungsgrund: Verstoß gegen Alkoholverbot

Verhaltensbedingte Kündigung

11. Kündigungsgrund: Falschbeantwortung eines Personalfragebogens – Stasi-Mitarbeit
12. Kündigungsgrund: Ausländerfeindliche Hetze
12 a. Kündigungsgrund: Arbeitsverweigerung aus religiösen Gründen
13. Kündigungsgrund: Tragen eines – islamischen – Kopftuchs oder Turbans
14. Kündigungsgrund: Privatnutzung des Internets
15. Kündigungsgrund: Tätlichkeiten gegen Arbeitskollegen
16. Kündigungsgrund: Verdacht einer strafbaren Handlung oder sonstigen Verfehlung (Verdachtskündigung)
17. Kündigungsgrund: Kritik am Arbeitgeber – Beleidigung des Arbeitgebers
18. Kündigungsgrund: Strafanzeige gegen Arbeitgeber – Aussagen im Ermittlungsverfahren
19. Weitere Fallgestaltungen
20. »Androhung« einer künftigen Erkrankung
21. Arbeitsverweigerung nach gewonnenem Kündigungsschutzprozess
22. Unerlaubtes Surfen im Internet zu Privatzwecken – Herunterladen pornografischer Inhalte
23. Verstoß gegen Drogenverbot
24. Verbotene Konkurrenztätigkeit
25. Verschenken arbeitgebereigener verfallener Konserven
26. Diebstahl geringwertiger Sachen
27. Nebentätigkeit während einer Arbeitsunfähigkeit?
28. Verletzung der Anzeigepflicht und Nachweispflicht bei Erkrankung
29. Eigenmächtiger Urlaubsantritt
30. Außerordentliche Verdachtskündigung
31. Wiedereinstellungsanspruch bei Verdachtskündigung
32. Druckkündigung
33. Beteiligungsrechte des Betriebsrats bei Kündigung

Rechtsprechung – Kündigung – Widerspruch des Betriebsrats, Weiterbeschäftigungs- und Vergütungsanspruch

1. Widerspruchsgründe (§ 102 Abs. 3 BetrVG) – Ordnungsgemäßer Widerspruch als Voraussetzung des Weiterbeschäftigungs- und Vergütungsanspruchs des Arbeitnehmers nach § 102 Abs. 5 BetrVG
2. Weiterbeschäftigungs- und Vergütungsanspruch des Arbeitnehmers nach § 102 Abs. 5 BetrVG bis zur rechtskräftigen Abweisung der Kündigungsschutzklage
3. Zeitpunkt des Weiterbeschäftigungsverlangens des Arbeitnehmers
4. Durchsetzung des Weiterbeschäftigungsanspruchs – Einstweilige Verfügung
5. Keine einseitige »Freistellung« – Antrag des Arbeitgebers auf Entbindung von der Weiterbeschäftigungspflicht durch einstweilige Verfügung (§ 102 Abs. 5 Satz 2 BetrVG)
6. Annahmeverzug bei Widerspruch des Betriebsrats und Ablehnung des Weiterbeschäftigungsverlangens nach § 102 Abs. 5 BetrVG: Vergütungsansprüche des Arbeitnehmers
7. Wertausgleich gemäß § 812 Abs. 1 Satz 1, § 818 Abs. 2 BGB bei Weiterbeschäftigungsverhältnis außerhalb des § 102 Abs. 5 BetrVG
8. Annahmeverzug bei Abweisung des allgemeinen Weiterbeschäftigungsantrags außerhalb des § 102 Abs. 5 BetrVG
9. Erweiterung der Rechte des Betriebsrats nach § 102 Abs. 6 BetrVG

Verjährung

Was ist das?

Die Durchsetzung eines Anspruchs (z. B. auf Zahlung des → **Arbeitsentgelts**) kann daran scheitern, dass der Anspruch nach §§ 195 ff. BGB **verjährt** ist. 1

> **Beachten:**
> Ein Rechtsverlust kann auch eintreten durch Ablauf vertraglicher oder tariflicher → **Ausschlussfristen/Verfallfristen** (die stets viel kürzer sind als die gesetzlichen Verjährungsfristen!), durch → **Verwirkung** oder durch → **Verzicht**. 2

Das Verjährungsrecht ist durch das Gesetz zur Modernisierung des Schuldrechts vom 26.11.2001 (BGBl. I S. 3138) mit Wirkung ab 1.1.2002 grundlegend geändert worden. 3

Für Ansprüche, die vor In-Kraft-Treten der neuen Verjährungsvorschriften entstanden sind, sind die – komplizierten – Überleitungsbestimmungen des Art. 229 § 6 Einführungsgesetz zum BGB (EGBGB) zu beachten. 4

Nachstehend ein **Überblick** über die wichtigsten Bestimmungen des BGB zum Verjährungsrecht. 5

Das Recht, von einem anderen ein Tun oder Unterlassen zu verlangen (**Anspruch**), unterliegt der Verjährung (§ 194 BGB). 6
Hierzu zählen auch die wechselseitigen Ansprüche des Arbeitgebers und Arbeitnehmers aus einem **Arbeitsverhältnis**.

Nach Eintritt der Verjährung ist der Schuldner (also z. B. der Arbeitgeber) **berechtigt, die Leistung zu verweigern** (§ 214 Abs. 1 BGB). 7
Das Vorliegen eines Verjährungstatbestandes wird vom → **Arbeitsgericht** nicht »von Amts wegen« geprüft.
Vielmehr handelt es sich um eine »**Einrede**«, auf die sich der Schuldner im Streitfall ausdrücklich berufen muss.
Erhebt der Schuldner die Einrede der Verjährung, lässt das den Anspruch zwar unberührt.
Der Schuldner erlangt aber ein **Leistungsverweigerungsrecht**.

Demgegenüber führt die Versäumung einer vertraglichen oder tariflichen → **Ausschlussfrist/Verfallfrist** zum **Erlöschen** des Anspruchs. Das Gericht hat das bei der Entscheidungsfindung »von Amts wegen« zu berücksichtigen. 8

Das zur Befriedigung eines verjährten Anspruchs Geleistete kann **nicht zurückgefordert** werden, auch wenn es in Unkenntnis der Verjährung geleistet worden ist (§ 214 Abs. 2 Satz 1 BGB). 9
Das Gleiche gilt von einem vertragsmäßigen **Anerkenntnis** sowie einer **Sicherheitsleistung** des Schuldners (§ 214 Abs. 2 Satz 2 BGB).

Die Verjährung schließt die **Aufrechnung** und die Geltendmachung eines → **Zurückbehaltungsrechts** nicht aus, wenn der Anspruch in dem Zeitpunkt noch nicht verjährt war, in dem erstmals aufgerechnet oder die Leistung verweigert werden konnte (§ 215 BGB). 10

Verjährung

Regelmäßige Verjährungsfrist: Dauer und Beginn (§§ 195, 199 Abs. 1 BGB)

11 Die **regelmäßige Verjährungsfrist** beträgt **drei Jahre** (§ 195 BGB).
12 Diese Frist gilt auch für Ansprüche des Arbeitnehmers auf Zahlung des → **Arbeitsentgelts** (bisher galt insoweit eine Verjährungsfrist von zwei Jahren; vgl. § 196 Abs. 1 Nr. 8, 9 BGB a. F.).
13 Besonders zu beachten sind etwaig geltende – wesentlich kürzere – vertragliche oder tarifliche → **Ausschlussfristen/Verfallfristen**!
14 Die regelmäßige Verjährungsfrist (§ 195 BGB) **beginnt** gemäß § 199 Abs. 1 BGB mit dem Schluss des Jahres, in dem
   1. der **Anspruch entstanden** ist und
   2. der Gläubiger von den den Anspruch begründenden Umständen und der Person des Schuldners **Kenntnis erlangt** oder **ohne grobe Fahrlässigkeit erlangen musste**.
15 Geht der Anspruch auf ein **Unterlassen**, so tritt an die Stelle der Entstehung des Anspruchs die Zuwiderhandlung (§ 199 Abs. 5 BGB).

Dreißigjährige Verjährungsfrist (§ 197 BGB)

15a In **30 Jahren** verjähren gemäß § 197 Abs. 1 BGB, soweit nicht ein anderes bestimmt ist,
   1. Schadensersatzansprüche, die auf der vorsätzlichen Verletzung des Lebens, des Körpers, der Gesundheit, der Freiheit oder der sexuellen Selbstbestimmung beruhen,
   2. Herausgabeansprüche aus Eigentum, anderen dinglichen Rechten, den §§ 2018, 2130 und 2362 BGB sowie die Ansprüche, die der Geltendmachung der Herausgabeansprüche dienen,
   3. rechtskräftig festgestellte Ansprüche,
   4. Ansprüche aus vollstreckbaren Vergleichen oder vollstreckbaren Urkunden,
   5. Ansprüche, die durch die im → **Insolvenzverfahren** erfolgte Feststellung vollstreckbar geworden sind, und
   6. Ansprüche auf Erstattung der Kosten der Zwangsvollstreckung.

15b Soweit Ansprüche nach § 197 Abs. 1 Nr. 3 bis 5 künftig fällig werdende **regelmäßig wiederkehrende** Leistungen zum Inhalt haben, tritt an die Stelle der Verjährungsfrist von 30 Jahren die regelmäßige Verjährungsfrist nach § 195 BGB (siehe Rn. 11).

Verjährungshöchstfristen (§ 199 Abs. 2 bis 4 BGB)

16 **Schadensersatzansprüche**, die auf der Verletzung des Lebens, des Körpers, der Gesundheit oder **der** Freiheit beruhen, verjähren ohne Rücksicht auf ihre Entstehung und die Kenntnis oder grob fahrlässige Unkenntnis in **30 Jahren** von der Begehung der Handlung, der Pflichtverletzung oder dem sonstigen, den Schaden auslösenden Ereignis an (§ 199 Abs. 2 BGB).
17 Verjährung tritt also unabhängig vom Zeitpunkt der Kenntniserlangung bzw. fahrlässigen Unkenntnis allein durch **Zeitablauf** ein.

> **Beispiel**
> Wenn ein Geschädigter – nicht widerlegbar – erst 29 Jahre nach einer Körperverletzung subjektive Kenntnis von der Person des Schädigers erlangt hat, endet die absolute dreißigjährige Verjährungsfrist genau ein Jahr danach (und nicht erst nach §§ 195, 199 Abs. 1 BGB in drei Jahren nach Kenntniserlangung).

18 Sonstige Schadensersatzansprüche verjähren gemäß § 199 Abs. 3 BGB
   1. ohne Rücksicht auf die Kenntnis oder grob fahrlässige Unkenntnis in **zehn Jahren** von ihrer Entstehung an und
   2. ohne Rücksicht auf ihre Entstehung und die Kenntnis oder grob fahrlässige Unkenntnis in

Verjährung

30 **Jahren** von der Begehung der Handlung, der Pflichtverletzung oder dem sonstigen, den Schaden auslösenden Ereignis an.
Maßgeblich ist die **früher endende** Frist.

Ansprüche, die auf einem **Erbfall** beruhen oder deren Geltendmachung die Kenntnis einer Verfügung von Todes wegen voraussetzt, verjähren ohne Rücksicht auf die Kenntnis oder grob fahrlässige Unkenntnis in **30 Jahren** von der Entstehung des Anspruchs an (§ 199 Abs. 3a BGB). **18a**

Andere als die in § 199 Abs. 2 bis 3 a BGB genannten Ansprüche (also z. B. Ansprüche auf → **Arbeitsentgelt**) verjähren ohne Rücksicht auf die Kenntnis oder grob fahrlässige Unkenntnis in **zehn Jahren** von ihrer Entstehung an (§ 199 Abs. 4 BGB). **19**

Die **Verjährungshöchstfristen** nach § 199 Abs. 2 bis 4 BGB werden **gegenstandslos**, wenn Verjährung schon früher – gemäß §§ 195, 199 Abs. 1 BGB (regelmäßige Verjährungsfrist) – eingetreten ist. **20**

> **Hinweis:**
> Im **Arbeitsrecht** werden die Verjährungshöchstfristen nur selten eine Rolle spielen, weil **21**
> - die oft eingreifenden wesentlich kürzeren vertraglichen oder tariflichen → **Ausschlussfristen/ Verfallfristen** lange vor Ablauf der Verjährungsfristen zum Erlöschen des Anspruchs führen;
> - die anspruchsbegründenden Umstände und die Person des Schuldners in der Regel bekannt sind bzw. hätten bekannt sein müssen mit der Folge, dass die dreijährige regelmäßige Verjährungsfrist gemäß §§ 195, 199 Abs. 1 BGB eintritt;
> - Schadensersatzansprüche und Ansprüche auf Schmerzensgeld gegen den Arbeitgeber (oder einen Arbeitskollegen) wegen Verletzung des Lebens, des Körpers oder der Gesundheit nur dann bestehen, wenn die Verletzung **vorsätzlich** (bedingter Vorsatz reicht aus) oder anlässlich eines Wegeunfalls erfolgte (§§ 104, 105 SGB VII; siehe → **Arbeitsschutz**, → **Arbeitsunfall**, → **Berufskrankheit**, → **Haftung des Arbeitgebers** und → **Haftung des Arbeitnehmers**).
> Zur Haftung des Arbeitgebers auf Schadensersatz und Schmerzensgeld bei **bedingt vorsätzlicher Schädigung** des Arbeitnehmers (etwa durch die Anweisung des Vorgesetzten, Arbeiten unter gesundheitsschädlichen Bedingungen – z. B. **Asbest** – zu verrichten) siehe → **Arbeitsschutz** Rn. 105 ff.

Ansprüche aus Verletzung eines → **Wettbewerbsverbots** aus § 60 HGB durch einen Handlungsgehilfen verjähren in **drei Monaten** ab Kenntnis des Arbeitgebers vom Abschluss des verbotenen Geschäfts (§ 61 Abs. 2 erster Halbsatz HGB). **22**

Unabhängig von der Kenntnis des Arbeitgebers verjähren derartige Ansprüche **fünf Jahren** nach Abschluss des verbotenen Geschäfts (§ 61 Abs. 2 zweiter Halbsatz HGB).

Ansprüche aus einem **Mietvertrag** über eine **Werkmietwohnung** (siehe → **Werkwohnung**) verjähren in **sechs Monaten** (§ 548 BGB). **23**

Für Ansprüche des Vermieters beginnt die Verjährung mit dem Zeitpunkt, in dem er die **Mietsache zurückerhält**.

Mit der Verjährung des Anspruchs des Vermieters auf Rückgabe der Mietsache verjähren auch seine Ersatzansprüche.

Die Verjährung von **Ansprüchen des Mieters** auf Ersatz von Aufwendungen oder auf Gestattung der Wegnahme einer Einrichtung beginnt mit der **Beendigung des Mietverhältnisses**.

Nicht besetzt. **24, 25**

Die Verjährungsfrist von Ansprüchen, die nicht der regelmäßigen Verjährungsfrist unterliegen **26**
(z. B. 30-jährige Verjährungsfrist für Ansprüche nach § 197 BGB; siehe Rn. 15 a), beginnt mit der **Entstehung des Anspruchs**, soweit nicht ein anderer Verjährungsbeginn bestimmt ist (§ 200 Satz 1 BGB).

§ 199 Abs. 5 BGB (»Geht der Anspruch auf ein Unterlassen, so tritt an die Stelle der Entstehung die Zuwiderhandlung«) findet entsprechende Anwendung (§ 200 Satz 2 BGB).

Verjährung

27 Die Verjährung von Ansprüchen der in § 197 Abs. 1 Nr. 3 bis 6 BGB bezeichneten Art (siehe Rn. 15 a) beginnt mit der **Rechtskraft** der Entscheidung, der Errichtung des vollstreckbaren Titels oder der Feststellung im Insolvenzverfahren, nicht jedoch vor der Entstehung des Anspruchs (§ 201 Satz 1 BGB).
§ 199 Abs. 5 BGB (*»Geht der Anspruch auf ein Unterlassen, so tritt an die Stelle der Entstehung die Zuwiderhandlung«*) findet entsprechende Anwendung (§ 201 Satz 2 BGB).

28 Die Verjährung kann bei Haftung wegen Vorsatzes **nicht im Voraus** durch Rechtsgeschäft **erleichtert** werden (§ 202 Abs. 1 BGB).

29 Die Verjährung kann durch Rechtsgeschäft **nicht** über eine Verjährungsfrist von 30 Jahren ab dem gesetzlichen Verjährungsbeginn hinaus **erschwert werden** (§ 202 Abs. 2 BGB).

Hemmung der Verjährung

30 In zahlreichen Fallgestaltungen tritt eine sog. **Hemmung der Verjährung** ein (§§ 203 ff. BGB). Der Zeitraum, während dessen die Verjährung gehemmt ist, wird in die Verjährungsfrist **nicht eingerechnet** (§ 209 BGB).

31 Schweben zwischen dem Schuldner und dem Gläubiger **Verhandlungen** über den Anspruch oder die den Anspruch begründenden Umstände, so ist die Verjährung gehemmt, bis der eine oder der andere Teil die **Fortsetzung** der Verhandlungen **verweigert** (§ 203 Satz 1 BGB).
Die Verjährung tritt frühestens **drei Monate** nach dem Ende der Hemmung ein (§ 203 Satz 2 BGB).

32 Die Verjährung wird nach § 204 Abs. 1 BGB gehemmt z. B. durch
- die **Erhebung der Klage** auf Leistung oder auf Feststellung des Anspruchs, auf Erteilung der Vollstreckungsklausel oder auf Erlass des Vollstreckungsurteils; nach abzulehnender Ansicht des BAG wird die Verjährung des – während eines Kündigungsschutzrechtsstreits bei unwirksamer Arbeitgeberkündigung auflaufenden – Entgeltfortzahlungsanspruchs aus → **Annahmeverzug** durch die Erhebung einer **Kündigungsschutzklage** nicht gehemmt (BAG v. 7. 11. 2002 – 2 AZR 297/01, NZA 2003, 963);
- die Zustellung des Mahnbescheids im Mahnverfahren,
- die Geltendmachung der Aufrechnung des Anspruchs im Prozess,
- die Zustellung des Antrags auf Erlass eines Arrestes, einer einstweiligen Verfügung oder einer einstweiligen Anordnung oder, wenn der Antrag nicht zugestellt wird, dessen Einreichung, wenn der Arrestbefehl, die einstweilige Verfügung oder die einstweilige Anordnung innerhalb eines Monats seit Verkündung oder Zustellung an den Gläubiger dem Schuldner zugestellt wird.
- die Anmeldung des Anspruchs im → **Insolvenzverfahren**,
- die Veranlassung der Bekanntgabe des erstmaligen Antrags auf Gewährung von Prozesskostenhilfe; wird die Bekanntgabe demnächst nach der Einreichung des Antrags veranlasst, so tritt die Hemmung der Verjährung bereits mit der Einreichung ein.

33 Die Hemmung nach § 204 Abs. 1 BGB **endet** sechs Monate nach der rechtskräftigen Entscheidung oder anderweitigen Beendigung des eingeleiteten Verfahrens (§ 204 Abs. 2 Satz 1 BGB).
Gerät das Verfahren dadurch in **Stillstand**, dass die Parteien es nicht betreiben, so tritt an die Stelle der Beendigung des Verfahrens die letzte Verfahrenshandlung der Parteien, des Gerichts oder der sonst mit dem Verfahren befassten Stelle (§ 204 Abs. 2 Satz 2 BGB).
Die Hemmung **beginnt erneut**, wenn eine der Parteien das Verfahren weiter betreibt (§ 204 Abs. 2 Satz 3 BGB).

34 Die Verjährung ist auch gehemmt, solange der Schuldner auf Grund einer Vereinbarung mit dem Gläubiger **vorübergehend zur Verweigerung der Leistung** berechtigt ist (§ 206 BGB).

oder, solange der Gläubiger innerhalb der letzten sechs Monate der Verjährungsfrist durch **höhere Gewalt** an der Rechtsverfolgung gehindert ist (§ 206 BGB).
Nicht besetzt.

Die Verjährung von Ansprüchen wegen **Verletzung der sexuellen Selbstbestimmung** ist bis zur Vollendung des 21. Lebensjahres des Gläubigers gehemmt (§ 208 Satz 1 BGB).
Lebt der Gläubiger von Ansprüchen wegen Verletzung der sexuellen Selbstbestimmung bei Beginn der Verjährung mit dem Schuldner in **häuslicher Gemeinschaft**, so ist die Verjährung auch bis zur Beendigung der häuslichen Gemeinschaft gehemmt (§ 208 Satz 2 BGB).

Die Verjährung **beginnt** nach § 212 Abs. 1 BGB **erneut**, wenn
1. der Schuldner dem Gläubiger gegenüber den Anspruch durch Abschlagszahlung, Zinszahlung, Sicherheitsleistung oder in anderer Weise anerkennt oder
2. eine gerichtliche oder behördliche Vollstreckungshandlung vorgenommen oder beantragt wird.

Der erneute Beginn der Verjährung infolge einer **Vollstreckungshandlung** gilt als nicht eingetreten, wenn die Vollstreckungshandlung auf Antrag des Gläubigers oder wegen Mangels der gesetzlichen Voraussetzungen aufgehoben wird (§ 212 Abs. 2 BGB).

Der erneute Beginn der Verjährung durch den Antrag auf Vornahme einer Vollstreckungshandlung gilt als nicht eingetreten, wenn dem Antrag nicht stattgegeben oder der Antrag vor der Vollstreckungshandlung zurückgenommen oder die erwirkte Vollstreckungshandlung nach § 212 Abs. 2 BGB aufgehoben wird (§ 212 Abs. 3 BGB).

Die Hemmung, die Ablaufhemmung und der erneute Beginn der Verjährung gelten auch für Ansprüche, die aus demselben Grund **wahlweise** neben dem Anspruch oder an seiner Stelle gegeben sind (§ 213 BGB).

Mit dem **Hauptanspruch** verjährt der Anspruch auf die von ihm abhängenden **Nebenleistungen**, auch wenn die für diesen Anspruch geltende besondere Verjährung noch nicht eingetreten ist (§ 217 BGB).

Der **Rücktritt** wegen nicht oder nicht vertragsgemäß erbrachter Leistung ist **unwirksam**, wenn der Anspruch auf die Leistung oder der Nacherfüllungsanspruch verjährt ist und der Schuldner sich hierauf beruft (§ 218 Abs. 1 Satz 1 BGB).
Dies gilt auch, wenn der Schuldner nach § 275 Abs. 1 bis 3, § 439 Abs. 3 oder § 635 Abs. 3 BGB nicht zu leisten braucht und der Anspruch auf die Leistung oder der Nacherfüllungsanspruch verjährt wäre (§ 218 Abs. 1 Satz 2 BGB).
§ 216 Abs. 2 Satz 2 BGB (»*Ist das Eigentum vorbehalten, so kann der Rücktritt vom Vertrag auch erfolgen, wenn der gesicherte Anspruch verjährt ist*«) bleibt **unberührt** (§ 218 Abs. 1 Satz 3 BGB).
§ 214 Abs. 2 BGB (siehe Rn. 9) findet entsprechende Anwendung (§ 218 Abs. 2 BGB).

Hat der nach §§ 823 ff. BGB Ersatzpflichtige durch eine **unerlaubte Handlung** auf Kosten des Verletzten etwas erlangt, so ist er auch nach Eintritt der Verjährung des Anspruchs auf Ersatz des aus einer unerlaubten Handlung entstandenen Schadens zur Herausgabe nach den Vorschriften über die Herausgabe einer ungerechtfertigten Bereicherung verpflichtet (§ 852 Satz 1 BGB).
Dieser Anspruch verjährt in zehn Jahren von seiner Entstehung an, ohne Rücksicht auf die Entstehung in 30 Jahren von der Begehung der Verletzungshandlung oder dem sonstigen, den Schaden auslösenden Ereignis an (§ 852 Satz 2 BGB).

Verjährung

Rechtsprechung

1. Zweck der Verjährung – Abgrenzung zur Ausschlussfrist – Verjährungseinrede – Unzulässige Rechtsausübung
2. Kein vertraglicher Ausschluss der Haftung wegen Vorsatzes (§ 202 Abs. 1 BGB)
3. Verjährung von »equal-pay-Ansprüchen« gegen den Verleiher
4. Verjährung betriebsrentenrechtlicher Ansprüche
5. Verjährung von Annahmeverzugsansprüchen

Versetzung

Was ist das?

In → **Unternehmen** »*mit in der Regel mehr als zwanzig wahlberechtigten Arbeitnehmern*« hat der Betriebsrat im Falle von Versetzungen nach § 99 BetrVG ein **Mitbestimmungsrecht** in Form des Zustimmungsverweigerungsrechts (siehe → **Beteiligungsrechte des Betriebsrats** Rn. 20). 1

Bei der Ermittlung des Schwellenwerts sind **Leiharbeitnehmer**, die länger als drei Monate im Unternehmen eingesetzt sind, zu berücksichtigen, obwohl sie nicht in einem Arbeitsverhältnis zum Entleiher stehen (so die auf § 99 BetrVG übertragbare Entscheidung des BAG v. 18. 10. 2011 – 1 AZR 335/10, NZA 2012, 221 zur Ermittlung des Schwellenwerts bei einer → **Betriebsänderung** nach § 111 BetrVG).

Eine Versetzung im betriebsverfassungsrechtlichen Sinn ist nach § 95 Abs. 3 Satz 1 BetrVG die »**Zuweisung eines anderen Arbeitsbereichs**«, 1a
- die voraussichtlich die Dauer von einem **Monat überschreitet** oder (!)
- die zwar voraussichtlich kürzer als einen Monat dauern soll, aber mit einer **erheblichen Änderung der Umstände** verbunden ist, unter denen die Arbeit zu leisten ist.

Eine »Versetzung, die unterhalb dieser Maßgaben bleibt, wird gelegentlich als »**Umsetzung**« bezeichnet (vgl. Fitting, BetrVG, 27. Aufl., § 99 Rn. 153, 160). 2

Eine Versetzung i. S. d. § 95 Abs. 3 Satz 1 BetrVG ist nach § 99 BetrVG mitbestimmungspflichtig (siehe Rn. 10 ff.); dagegen ist eine »Umsetzung« mitbestimmungsfrei. 3

Ob eine Versetzung bzw. Umsetzung individualrechtlich vom Arbeitgeber nach Maßgabe des § 106 GewO einseitig angeordnet werden kann oder eine → **Änderungskündigung erfordert**, hängt von den Vereinbarungen der Arbeitsvertragsparteien ab (siehe → **Arbeitsvertrag**; vgl. auch BAG v. 28. 8. 2013 – 10 AZR 569/12 zu einer Versetzung an einen anderen Arbeitsort). 4

Die **Zuweisung eines anderen Arbeitsbereichs** liegt nach der Rechtsprechung des BAG vor, wenn sich das **Gesamtbild** der bisherigen Tätigkeit des Arbeitnehmers so verändert hat, dass die neue **Tätigkeit** vom Standpunkt eines mit den betrieblichen Verhältnissen vertrauten Beobachters **als eine »andere« anzusehen ist** (BAG v. 17. 6. 2008 – 1 ABR 38/07). Dies könne 5
- sich aus dem Wechsel des Inhalts der Arbeitsaufgaben und der mit ihnen verbundenen Verantwortung ergeben, kann
- aus einer Änderung der Art der Tätigkeit, d. h. der Art und Weise folgen, wie die Arbeitsaufgabe zu erledigen ist,
- mit einer Änderung der Stellung und des Platzes des Arbeitnehmers innerhalb der betrieblichen Organisation durch Zuordnung zu einer anderen betrieblichen Einheit verbunden sein.

Allerdings mache nicht jede noch so **geringe Veränderung** der beschriebenen Art den bisherigen Arbeitsbereich zu einem anderen. Jede einem Arbeitnehmer zugewiesene Tätigkeit sei laufenden Veränderungen unterworfen, die in der technischen Gestaltung des Arbeitsablaufs, neuen Hilfsmitteln und Maschinen oder einer Umorganisation des Arbeitsablaufs ihre Ursache haben können. Erforderlich ist, dass die eingetretene Änderung über solche im üblichen Schwankungsbereich liegenden Veränderungen hinausgeht und zur Folge hat, dass die Arbeitsaufgabe oder die Tätigkeit eine »andere« wird (BAG v. 17. 6. 2008 – 1 ABR 38/07; vgl. Fitting, BetrVG, 27. Aufl., § 99 Rn. 123 ff.; DKKW-*Bachner*, BetrVG, 15. Aufl., § 99 Rn. 96 ff.). Danach liegt eine nach § 99 BetrVG zustimmungspflichtige Versetzung i. S. d. § 95 Abs. 3 Satz 1 BetrVG in **folgenden Fällen** vor:

1. Fall: Die Zuweisung eines anderen **Arbeitsortes** (siehe hierzu auch Rn. 12 ff.).

Beispiel:
Bisheriger Arbeitsort: Köln; neuer Arbeitsort: Leipzig.

2. Fall: Die Zuweisung zu einer anderen **Abteilung** innerhalb des Betriebes bzw. Unternehmens.

Beispiel:
Bisherige Tätigkeit: Sekretärin in der Abteilung »Einkauf«; neuer Einsatz: Sekretärin in der Abteilung »Verkauf«.

Hierzu die Entscheidung des BAG v. 17. 6. 2008 – 1 ABR 38/07, DB 2008, 2771 (Hervorhebungen durch Verf.):

»1. Die Zuweisung eines anderen Arbeitsbereichs i. S. v. § 95 Abs. 3 BetrVG kann sich aus der Zuordnung des Arbeitnehmers zu einer anderen betrieblichen Einheit ergeben.
2. Der ›Arbeitsbereich‹ iSv. § 95 Abs. 3 S 1 BetrVG wird in § 81 Abs. 2 iVm. Abs. 1 S 1 BetrVG durch die Aufgabe und Verantwortung des Arbeitnehmers sowie die Art seiner Tätigkeit und ihre Einordnung in den Arbeitsablauf des Betriebs umschrieben. Der Begriff ist demnach räumlich und funktional zu verstehen. Er umfasst neben dem Ort der Arbeitsleistung auch die Art der Tätigkeit und den gegebenen Platz in der betrieblichen Organisation. Die Zuweisung eines anderen Arbeitsbereichs liegt vor, wenn sich das Gesamtbild der bisherigen Tätigkeit des Arbeitnehmers so verändert hat, dass die neue Tätigkeit vom Standpunkt eines mit den betrieblichen Verhältnissen vertrauten Beobachters als eine ›andere‹ anzusehen ist. Dies kann sich aus dem Wechsel des Inhalts der Arbeitsaufgaben und der mit ihnen verbundenen Verantwortung ergeben, kann aus einer Änderung der Art der Tätigkeit, dh. der Art und Weise folgen, wie die Arbeitsaufgabe zu erledigen ist, und kann mit einer Änderung der Stellung und des Platzes des Arbeitnehmers innerhalb der betrieblichen Organisation durch Zuordnung zu einer anderen betrieblichen Einheit verbunden sein.
*3. Maßgebend für die Bestimmung der Grenzen einer betrieblichen Einheit sind Sinn und Zweck der Mitbestimmung des Betriebsrats nach § 99 BetrVG. Bei einer Versetzung ist der Betriebsrat nicht nur der Sachwalter der Interessen der Belegschaft, sondern auch der des einzelnen, von der Maßnahme betroffenen Arbeitnehmers. Die schutzwürdigen Interessen des Arbeitnehmers sind berührt, wenn für ihn auf Grund des angeordneten Wechsels ein in seinem konkreten **Arbeitsalltag spürbares anderes ›Arbeitsregime‹** gilt. Dieses kann von den Arbeitskollegen oder auch von den unmittelbaren Vorgesetzten ausgehen, wenn diese über die Befugnis zur Erteilung bloßer Arbeitsanweisungen hinaus relevante Personalbefugnisse, etwa die Kompetenz zur Ausübung von Disziplinaraufgaben oder zur Leistungsbeurteilung besitzen und eigenverantwortlich wahrnehmen.*
*4. Danach ist es rechtsbeschwerderechtlich nicht zu beanstanden, dass das Landesarbeitsgericht die auf verschiedenen Etagen gelegenen Abteilungen der Arbeitgeberin nicht als eigenständige betriebliche Einheiten angesehen hat. Ein bloßer **Etagenwechsel** führt nicht zu einer Änderung der organisatorischen Umgebung der Arbeitnehmer. Weder der damit verbundene Wechsel der Ar-*

Versetzung

beitskollegen noch der in der Person der Filialassistentin als unmittelbarer Vorgesetzter hat eine Änderung des maßgeblichen Arbeitsregimes zur Folge. Die Zusammenarbeit mit den Kollegen hat in den einzelnen Abteilungen nicht den Charakter einer Gruppen- oder Teamarbeit. Die Beschäftigten sind bei ihrer mit dem Verkauf zusammenhängenden Tätigkeit nicht auf eine unmittelbare Kooperation mit Arbeitskollegen angewiesen. Die Befugnisse der Filialassistentinnen bestehen vornehmlich in der Organisation der täglichen Arbeit. Sie erteilen die erforderlichen konkreten Arbeitsanweisungen. Relevante Personalbefugnisse besitzen sie dagegen nicht. Nach den Feststellungen des Landesarbeitsgerichts sind sie lediglich in die Aufstellung von Dienst- und Urlaubsplänen einbezogen und bereiten auch diese nur vor. Alle weitergehenden Kompetenzen liegen bei der Filialleiterin.«

Aus dieser Entscheidung folgt: die Zuweisung zu einer anderen Abteilung (z. B. »Etagenwechsel«) ist dann als eine nach §§ 95 Abs. 3, 99 BetrVG zustimmungspflichtige Versetzung (siehe Rn. 1 und 10 ff.) anzusehen, wenn für den Arbeitnehmer ein **»spürbar anderes Arbeitsregime«** gilt. Das ist z. B. der Fall, wenn er einen anderen Vorgesetzten erhält, der ihm gegenüber **»relevante Personalbefugnisse«** besitzt (z. B. zur Vornahme von Leistungsbeurteilungen oder Disziplinarmaßnahmen). Es kommt also bei der Frage, ob eine zustimmungspflichtige Versetzung vorliegt oder lediglich eine mitbestimmungsfreie Umsetzung (siehe Rn. 2), stets auf die Umstände des Einzelfalles an.

3. Fall: Die Zuweisung einer anderen **Tätigkeit**.

> **Beispiel:**
> Bisherige Tätigkeit: Verkäufer; neue Tätigkeit: Einkäufer.

4. Fall: Die ausdrückliche oder »schleichende« (siehe hierzu Rn. 19, 32 a) **Übertragung** oder der **Entzug** von **wesentlichen Teilfunktionen**.

> **Beispiele:**
> - Bestellung eines Arbeitnehmers zum betrieblichen Datenschutzbeauftragten (siehe **Datenschutz** Rn. 35 ff.). Die hiermit verbundenen Aufgaben soll er zusätzlich zu seiner bisherigen Tätigkeit ausüben.
> - Einem Arbeitnehmer werden seit seiner Einstellung »schleichend« weitere Aufgaben übertragen, sodass im Ergebnis von einer anderen höherwertigen – ggf. in eine höhere Entgeltstufe einzugruppierende – Tätigkeit auszugehen ist (siehe hierzu Rn. 19, 32 a; vgl. auch Kuhn/Zimmermann, AiB 2000, 380 ff.).

Bei der **Bewertung der Wesentlichkeit** der Teilfunktion können quantitative Gesichtspunkte (zeitlicher Anteil der Teilfunktion), aber auch qualitative Kriterien (Bedeutung der Teilfunktion, Notwendigkeit einer Höhergruppierung) eine Rolle spielen (BAG v. 2.4.1996 – 1 AZR 743/95; vgl. Fitting, BetrVG, 27. Aufl., § 99 Rn. 128). Nachstehend ein Auszug aus der Entscheidung des BAG v. 2.4.1996 – 1 AZR 743/95: *»Eine mitbestimmungspflichtige Versetzung durch Zuweisung eines anderen Arbeitsbereichs (§ 95 Abs. 3 BetrVG) kann auch darin bestehen, dass dem Arbeitnehmer ein wesentlicher Teil seiner Aufgaben entzogen wird. Wenn einem Autoverkäufer, der bisher als sog. Gebietsverkäufer und zugleich mit einem zeitlichen Anteil von ca. 25 % als Ladenverkäufer eingesetzt war, der Ladendienst entzogen wird, so kann das – je nach den Umständen des Falles – als mitbestimmungspflichtige Versetzung zu bewerten sein.«*

5. Fall: Die *»Zuweisung eines anderen Arbeitsbereichs«* ist gemäß § 95 Abs. 3 Satz 1 BetrVG auch dann eine nach § 99 BetrVG zustimmungspflichtige Versetzung, wenn sie zwar voraussichtlich **kürzer als einen Monat** dauern soll, aber mit einer **erheblichen Änderung der Umstände** verbunden ist, unter denen die Arbeit zu leisten ist.

Versetzung

Beispiele:
Erhebliche Änderung der Arbeitsabläufe, andere Arbeitsmittel und Maschinen, andere fachliche Anforderungen; andere Arbeitszeiten (BAG v. 21.9.1999 – 1 ABR 40/98); physisch und psychisch belastende Umgebungseinflüsse wie Lärm, Schmutz, Hitze, Kälte usw.; erheblich längere Fahrtzeiten; schlechtere Verkehrsverbindungen.

Je nach den Umständen des Einzelfalles kann auch eine **kurzfristige Dienstreise** eine Versetzung sein. Hierzu BAG v. 21.9.1999 – 1 ABR 40/98 (vgl. auch Fitting, BetrVG, 27. Aufl., § 99 Rn. 147): »*Nach diesen Grundsätzen [...] ist in der Anordnung der hier streitigen Auslandsdienstreisen die Zuweisung eines anderen Arbeitsbereichs zu sehen, denn es liegt jeweils ein nicht nur unbedeutender Ortswechsel vor. [...] Dennoch liegt bei den hier noch in Streit stehenden mehrtägigen und höchstens einen Monat dauernden Auslandsdienstreisen – für länger dauernde hat das Landesarbeitsgericht rechtskräftig ein Mitbestimmungsrecht des Betriebsrats bejaht – nicht in jedem Fall eine Versetzung i. S. v. § 95 Abs. 3 BetrVG vor. Nicht immer ist eine solche Auslandsdienstreise mit der nach § 95 Abs. 3 Satz 1 BetrVG erforderlichen erheblichen Änderung der Arbeitsumstände verbunden. [...] Bei einer (Auslands-)Dienstreise kann nicht generell aus der Notwendigkeit einer auswärtigen Übernachtung auf eine erhebliche Änderung der Arbeitsumstände i. S. d. § 95 Abs. 3 Satz 1 BetrVG geschlossen werden. Ob eine mitbestimmungspflichtige Versetzung vorliegt, hängt von den Umständen des Einzelfalls ab.*«

6   Eine Veränderung der Lage der **Arbeitszeit** allein (z. B. von Normalschicht auf Wechsel- oder Nachtschicht) stellt nach herrschender Meinung keine Versetzung dar (BAG v. 19.2.1991 – 1 ABR 21/90, AiB 1991, 338; Fitting, BetrVG, 27. Aufl. § 99 Rn. 149; DKKW-*Bachner*, BetrVG, 15. Aufl., § 99 Rn. 116).
Allerdings kann es sich hierbei um einen nach § 87 Abs. 1 Nr. 2 BetrVG mitbestimmungspflichtigen Vorgang handeln (siehe → **Nachtarbeit**, → **Schichtarbeit**).

7   Sind die in o. g. Fällen beschriebenen Veränderungen auf eine **längere Zeit** als ein Monat geplant, liegt im Regelfall eine Versetzung vor.

8   Sollen die vorgenannten Veränderungen dagegen für einen **kürzeren Zeitraum** als einen Monat gelten, stellen sie nur dann eine Versetzung dar, wenn sie mit einer »erheblichen Änderung der Arbeitsumstände« einhergehen (siehe 5. Fall).

9   **Keine Versetzung im Sinne der §§ 95 Abs. 3, 99 BetrVG liegt vor in folgenden Fällen:**

1. Fall: Die Zuweisung eines anderen Arbeitsbereichs dauert voraussichtlich nicht länger als einen Monat und ist nicht mit einer erheblichen Änderung der Arbeitsumstände verbunden (§ 95 Abs. 3 Satz 1 BetrVG).

Beispiel:
Dreiwöchige Vertretung einer erkrankten Schreibkraft durch eine in der gleichen Abteilung beschäftigte andere Schreibkraft.

2. Fall: Ein Arbeitnehmer ist nach der Eigenart seines Arbeitsverhältnisses üblicherweise nicht an einem bestimmten Arbeitsplatz/Arbeitsort tätig (§ 95 Abs. 3 Satz 2 BetrVG).

Beispiele:
Monteur, Springer.

Bedeutung für die Betriebsratsarbeit

Der Betriebsrat hat bei Versetzungen nach § 99 BetrVG **Informations-** und **Mitbestimmungsrechte**. 10

Die Vorschrift findet allerdings nur Anwendung in → **Unternehmen** mit in der Regel (siehe → **Rechtsbegriffe**) mehr als zwanzig wahlberechtigten Arbeitnehmern (siehe auch Rn. 1; dort auch zur Berücksichtigung von **Leiharbeitnehmern**).

Unterrichtung des Betriebsrats und Antrag auf Zustimmung (§ 99 Abs. 1 BetrVG)

Der Arbeitgeber hat den Betriebsrat vor jeder Versetzung gemäß § 99 Abs. 1 BetrVG zu **unterrichten** und seine **Zustimmung zu beantragen**. 11

Für den **Antrag** des Arbeitgebers auf Zustimmung zu einer der in § 99 Abs. 1 Satz 1 BetrVG bezeichneten personellen Maßnahme sieht das Gesetz **keine besondere Form** vor. Fehlt es an einem ausdrücklichen Zustimmungsersuchen, ist es nach Ansicht des BAG ausreichend, wenn der Betriebsrat der Mitteilung des Arbeitgebers entnehmen kann, dass er um die Zustimmung zu einer personellen Maßnahme i. S. d. § 99 Abs. 1 Satz 1 BetrVG angegangen wird (BAG v. 10.11.2009 – 1 ABR 64/08, DB 2010, 455). Maßgeblich seien insoweit die für die Auslegung von Willenserklärungen geltenden Grundsätze (§§ 133, 157 BGB). Dies gelte auch, wenn der Arbeitgeber die Zustimmung des Betriebsrats zu mehreren personellen Maßnahmen einholen will.

Der Betriebsrat hat gemäß § 99 Abs. 2 BetrVG das Recht, die **Zustimmung** zur vorgesehenen Versetzung (und ggf. Umgruppierung) zu **verweigern**, sofern einer der in § 99 Abs. 2 BetrVG aufgeführten Gründe vorliegt.

Das hat zur Folge, dass der Arbeitgeber das → **Arbeitsgericht** anrufen muss, wenn er die Versetzung trotz Zustimmungsverweigerung vornehmen will (§ 99 Abs. 4 BetrVG: Zustimmungsersetzungsverfahren).

Der Betriebsrat hat jedoch – vom Ausnahmefall des § 104 BetrVG abgesehen (= Versetzung betriebsstörender Arbeitnehmer; siehe Rn. 36) – **kein Initiativrecht**. Das heißt, er kann zwar von sich aus dem Arbeitgeber die Vornahme einer Versetzung vorschlagen. Mit rechtlichen Mitteln durchsetzen kann er diesen Vorschlag jedoch nicht (etwas anderes gilt, wenn die Voraussetzungen des § 104 BetrVG vorliegen; siehe Rn. 36).

Unter den Voraussetzungen des § 100 BetrVG kann der Arbeitgeber eine Versetzung **vorläufig durchführen** (siehe Rn. 30 ff.).

Wenn der Arbeitgeber eine Versetzung ohne Zustimmung des Betriebsrats und ohne zustimmungsersetzenden Spruch des Arbeitsgerichts (§ 99 Abs. 4 BetrVG) durchführt, kann der Betriebsrat nach § 101 BetrVG das Arbeitsgericht anrufen mit dem Ziel der **Aufhebung** der personellen Maßnahme (siehe Rn. 31 ff.). Gleiches gilt, wenn der Arbeitgeber eine Versetzung entgegen einer gerichtlichen Entscheidung nach § 100 Abs. 2 Satz 3 oder Abs. 3 BetrVG aufrechterhält.

Die vom Arbeitgeber ohne die erforderliche Zustimmung des Betriebsrats ausgesprochene Versetzung ist auch **individualrechtlich unwirksam**. Das Mitbestimmungsrecht des Betriebsrats bei einer Versetzung dient neben dem Schutz der Belegschaft auch dem Schutz des von der Maßnahme betroffenen Arbeitnehmers. Der Arbeitnehmer hat beim Fehlen der Zustimmung des Betriebsrats das Recht, die Arbeit zu den geänderten Bedingungen **zu verweigern** (BAG v. 22.4.2010 – 2 AZR 491/09, NZA 2010, 1235).

Soll der Arbeitnehmer in einen **anderen Betrieb** versetzt werden, ist sowohl der Betriebsrat des »abgebenden« Betriebs (Versetzung) als auch der Betriebsrat des »aufnehmenden« Betriebs 12

Versetzung

(Einstellung) nach § 99 BetrVG zu beteiligen (vgl. Fitting, BetrVG, 27. Aufl., § 99 Rn. 20 und 146).

13 Die **Zustimmung des Arbeitnehmers** zur Versetzung hat lediglich individualrechtliche Bedeutung (siehe auch Rn. 4), verdrängt aber nicht das betriebsverfassungsrechtliche Mitbestimmungsrecht des Betriebsrats.

14 Nach Ansicht des BAG gilt das allerdings nicht, wenn der Arbeitnehmer in einen anderen Betrieb versetzt werden soll und er **mit der Versetzung einverstanden** ist.

In diesem Falle soll sich die Beteiligung des Betriebsrats des »abgebenden« Betriebs auf eine Unterrichtung nach § 99 Abs. 1 BetrVG beschränken, weil der Betriebsrat das freiwillige Ausscheiden des Arbeitnehmers letztlich nicht verhindern könne (BAG v. 20.9.1990 – 1 ABR 37/90, AiB 1991, 121 = NZA 1991, 195; vgl. auch Fitting, BetrVG, 27. Aufl., § 99 Rn. 147).

Das BAG bricht hier mit dem Grundsatz, dass eine Zustimmung des Arbeitnehmers nicht die Mitbestimmungsrechte des Betriebsrats aushebeln kann. Zudem kann die Versetzung negative Folgen für die Arbeitnehmer des »abgebenden« Betriebs haben, was einen Zustimmungsverweigerungsgrund nach § 99 Abs. 2 Nr. 3 BetrVG begründen würde. Das BAG nimmt dem Betriebsrat die Möglichkeit, von seinem Zustimmungsverweigerungsrecht zugunsten der Interessen der Arbeitnehmer des »abgebenden« Betriebs Gebrauch zu machen. Keine Frage: Das BAG hat hier § 99 BetrVG kurzerhand verändert und sich damit an die Stelle des Gesetzgebers gesetzt.

Fehlt es an einem Einverständnis des Arbeitnehmers, kann der Arbeitgeber die Versetzung in den anderen Betrieb nur durchsetzen, wenn er hierzu individualrechtlich aufgrund seines Direktionsrechts nach § 106 Gewerbeordnung (siehe → **Arbeitsvertrag** Rn. 3 ff.), aufgrund einer **Versetzungsklausel** im Arbeitsvertrag oder nach erfolgreicher → **Änderungskündigung** befugt ist und sowohl der Betriebsrat des »abgebenden« Betriebs als auch der Betriebsrat des »aufnehmenden« Betriebs nach § 99 Abs. 2 BetrVG zustimmen (BAG v. 13.3.2007 – 9 AZR 433/06).

14a Behält sich ein Arbeitgeber in einem **vorformulierten Arbeitsvertrag** vor, den Arbeitnehmer entsprechend seinen Leistungen und Fähigkeiten mit einer anderen im Interesse des Unternehmens liegenden Tätigkeit zu betrauen und auch an einem anderen Ort zu beschäftigen, stellt das **keine unangemessene Benachteiligung** des Arbeitnehmers i. S. d. § 307 Abs. 1 Satz 1 BGB dar (BAG v. 13.3.2007 – 9 AZR 433/06). Dieser Vorbehalt verstößt auch nicht gegen das **Transparenzgebot** des § 307 Abs. 1 Satz 2 BGB.

14b Allein aufgrund der **langjährigen Beschäftigung** des Arbeitnehmers an einem bestimmten Arbeitsort tritt noch **keine Konkretisierung** seiner Arbeitsverpflichtung auf diesen Ort ein. Dazu bedarf es **besonderer Umstände**, die dem Arbeitnehmer Anlass geben, auf die weitere ortsgebundene Beschäftigung zu vertrauen. Hat der Arbeitgeber den Arbeitnehmer während einer längeren Beschäftigungsdauer nicht auf die arbeitsvertraglich vereinbarte Versetzungsmöglichkeit hingewiesen, begründet das noch **keine Vertrauensposition** (BAG v. 13.3.2007 – 9 AZR 433/06).

15 Es ist zu beachten, dass auch die Rechte des Betriebsrats nach § 102 BetrVG (siehe → **Kündigung**) bei einer geplanten Versetzung ausgelöst werden können. Nämlich dann, wenn die Versetzung nur nach Änderung des → **Arbeitsvertrages** möglich ist und der Betroffene sein Einverständnis verweigert. In diesem Falle muss der Arbeitgeber, wenn er die Versetzung gegenüber dem Arbeitnehmer durchsetzen will, eine → **Änderungskündigung** aussprechen.

16 Schließlich ist zu bedenken, dass mit einer Versetzung oft auch eine **Ein- bzw. Umgruppierung** verbunden ist. Auch hierzu muss der Arbeitgeber die Zustimmung des Betriebsrats beantragen; der Betriebsrat muss auch insoweit seine Stellungnahme abgeben (siehe → **Eingruppierung/Umgruppierung**). Auch zur Ein- bzw. Umgruppierung muss der Arbeitgeber den Betriebsrat unterrichten und seine Zustimmung beantragen. Der Betriebsrat muss auch insoweit seine Stellungnahme abgeben (siehe → **Eingruppierung/Umgruppierung**). Dabei ist es durchaus zulässig, jede Maßnahme gesondert zu behandeln: so kann der Betriebsrat beispielsweise seine Zustimmung zur Versetzung erteilen, aber zur beabsichtigten Eingruppierung verweigern (oder umgekehrt).

Eine Ein- bzw. **Umgruppierung ist nicht nur dann geboten**, wenn die Versetzung auf eine **Änderung** der Tätigkeit bzw. eine Verkürzung oder Erweiterung des bisherigen Aufgabenbereichs abzielt (siehe Rn. 5: Versetzungsfälle Nr. 3 und 4). 17

Auch wenn die neue Tätigkeit nach der **gleichen** – bisherigen – Entgeltgruppe vergütet werden soll, ist eine **erneute Eingruppierung** und damit Beteiligung des Betriebsrats nach § 99 BetrVG erforderlich. 18

Der Betriebsrat ist besonders gefordert, wenn im Unternehmen »**schleichende« Arbeitsanreicherungen** stattfinden (siehe 4. Fall bei Rn. 5 und Rn. 32 a) und der Arbeitgeber es (bewusst oder unbewusst) »versäumt«, die Zustimmung des Betriebsrats nach § 99 BetrVG zu beantragen. 19

> **Beispiel:**
> Das Unternehmen baut Personal ab bzw. besetzt nach Ausscheiden von Arbeitnehmern frei werdende Stellen nicht neu. Stattdessen werden die Arbeitsaufgaben / Funktionen der ausgeschiedenen Mitarbeiter auf die verbleibenden Beschäftigten »verteilt«. Hierin kann die »Zuweisung eines anderen Arbeitsbereichs« in Form der Übertragung von wesentlichen Teilfunktionen (siehe 4. Fall) liegen, die als zustimmungspflichtige Versetzung im Sinne der §§ 95 Abs. 3, 99 Abs. 1 BetrVG zu werten ist. Außerdem kann die Notwendigkeit einer Höhergruppierung bestehen, wenn die »Anreicherung« der Arbeit die Voraussetzungen einer höheren Entgeltgruppe erfüllen (siehe auch Rn. 32 a).

Nicht besetzt. 20

Unterrichtung des Betriebsrats (§ 99 Abs. 1 BetrVG)

Der Arbeitgeber hat den Betriebsrat nach § 99 Abs. 1 Satz 1 BetrVG über die beabsichtigte personelle Einzelmaßnahme unter Vorlage der erforderlichen Unterlagen ausreichend zu unterrichten (BAG v. 29. 6. 2011 – 7 ABR 24/10, NZA-RR 2012, 18; 12. 1. 2011 – 7 ABR 25/09, NZA 2011, 1304). 21

Der **Umfang** der vom Arbeitgeber geforderten Unterrichtung des Betriebsrats bestimmt sich nach dem Zweck der Beteiligung an der jeweiligen personellen Maßnahme (BAG v. 1. 6. 2011 – 7 ABR 18/10, AP Nr. 136 zu § 99 BetrVG 1972).

Die Unterrichtungs- und Vorlagepflichten nach § 99 Abs. 1 Satz 1 und Satz 2 BetrVG dienen dazu, dem Betriebsrat die Informationen zu verschaffen, die er benötigt, um sein Recht zur **Stellungnahme** nach § 99 Abs. 2 BetrVG **sachgerecht ausüben zu können**. Der Arbeitgeber hat den Betriebsrat so zu unterrichten, dass dieser aufgrund der mitgeteilten Tatsachen in die Lage versetzt wird, zu prüfen, ob einer der in § 99 Abs. 2 BetrVG genannten Zustimmungsverweigerungsgründe vorliegt (BAG v. 1. 6. 2011 – 7 ABR 18/10, a. a. O.; 27. 10. 2010 – 7 ABR 86/09, NZA 2011, 418).

Im Einzelnen hat der Arbeitgeber bei einer Versetzung die nachfolgend benannten **Unterrichtungspflichten**: 22
- der Arbeitgeber hat den Betriebsrat rechtzeitig, d. h. mindestens eine Woche vor der geplanten Durchführung der Versetzung, zu informieren;
- die Information muss umfassend und zutreffend sein, d. h., der Arbeitgeber muss seinen Informationsstand komplett an den Betriebsrat weitergeben.

Zu informieren ist über alle persönlichen Tatsachen, die für den Betriebsrat für seine Willens-

Versetzung

bildung über Zustimmung bzw. Zustimmungsverweigerung erforderlich sind. Dazu zählen u. a.
- die Personalien aller – auch der vom Arbeitgeber nicht zur Einstellung vorgesehenen – Bewerber (Name, Vorname, Alter, Familienstand, Berufsausbildung, fachliche Vorbildung);
- alle Umstände, die über fachliche und persönliche Qualifikation/Eignung für den vorgesehenen Arbeitsplatz Auskunft geben;
- sonstige persönliche Umstände: z. B. Schwerbehinderteneigenschaft, Schwangerschaft usw.

Außerdem ist zu informieren über
- den Zeitpunkt der Durchführung der Maßnahme;
- die Auswirkungen der geplanten Maßnahme auf die betrieblichen Abläufe/Arbeitsplätze (bisheriger Arbeitsbereich, neuer Arbeitsbereich).

Der Arbeitgeber hat dem Betriebsrat »unter Vorlage der erforderlichen **Unterlagen**« Auskunft über die Auswirkungen der geplanten Versetzung zu geben (§ 99 Abs. 1 Satz 1 Halbsatz 2 BetrVG). »Vorlage« bedeutet: Aushändigung für mindestens eine Woche.

23 Des Weiteren hat der Arbeitgeber dem Betriebsrat nach § 99 Abs. 1 Satz 2 BetrVG den in Aussicht genommenen Arbeitsplatz und die vorgesehene Eingruppierung eine (z. B.) tarifliche Vergütungsordnung mitzuteilen (siehe → **Eingruppierung/Umgruppierung**).

24 Wird der Betriebsrat nicht ordnungsgemäß, das heißt vollständig und zutreffend, über die beabsichtigte Versetzung und Eingruppierung/Umgruppierung informiert, läuft die **Wochenfrist** des § 99 Abs. 3 BetrVG nicht an (siehe hierzu Rn. 26 a ff.).

Zustimmungsverweigerungsrecht – Zustimmungsverweigerungsgründe (§ 99 Abs. 2 BetrVG)

25 Der Betriebsrat kann nach § 99 Abs. 2 Nrn. 1 bis 6 BetrVG die **Zustimmung verweigern**, wenn
1. die Versetzung gegen ein Gesetz, eine Verordnung, eine Unfallverhütungsvorschrift oder gegen eine Bestimmung in einem → **Tarifvertrag** oder in einer → **Betriebsvereinbarung** oder gegen eine gerichtliche Entscheidung oder eine behördliche Anordnung verstoßen würde,
2. die Versetzung gegen eine Richtlinie nach § 95 BetrVG (siehe → **Auswahlrichtlinien**) verstoßen würde,
3. die durch Tatsachen begründete Besorgnis besteht, dass infolge der Versetzung im Betrieb beschäftigte Arbeitnehmer **gekündigt** werden oder sonstige **Nachteile** erleiden, ohne dass dies aus betrieblichen oder persönlichen Gründen gerechtfertigt ist; als Nachteil gilt bei unbefristeter Einstellung auch die Nichtberücksichtigung eines gleich geeigneten **befristet Beschäftigten** (siehe → **Befristeter Arbeitsvertrag**),
4. der betroffene Arbeitnehmer durch die Versetzung **benachteiligt** wird, ohne dass dies aus betrieblichen oder in der Person des Arbeitnehmers liegenden Gründen gerechtfertigt ist,
5. eine nach § 93 BetrVG erforderliche **Ausschreibung** im Betrieb unterblieben ist (Beachten: erforderlich ist eine Ausschreibung nur dann, wenn der Betriebsrat sie vor der Einleitung des Mitbestimmungsverfahrens (d. h. vor der Unterrichtung nach § 99 Abs. 1 BetrVG) ausdrücklich **verlangt** hat! Siehe Musterschreiben im Anhang zum Stichwort → **Ausschreibung von Arbeitsplätzen**) oder
6. die durch Tatsachen begründete Besorgnis besteht, dass der für die Versetzung in Aussicht genommene Bewerber oder Arbeitnehmer den **Betriebsfrieden** durch gesetzwidriges Verhalten oder durch grobe Verletzung der in § 75 Abs. 1 BetrVG enthaltenen Grundsätze, insbesondere durch rassistische oder fremdenfeindliche Betätigung, stören werde.

Der Zustimmungsverweigerungsgrund eines Gesetzesverstoßes i. S. v. § 99 Abs. 2 Nr. 1 BetrVG setzt nach Ansicht des BAG voraus, dass die personelle **Maßnahme selbst** gesetzwidrig ist (BAG v. 12.1.2011 – 7 ABR 15/09, NZA-RR 2011, 574; 10.8.1993 – 1 ABR 22/93, NZA 1994,

Versetzung

187). Die **Verletzung der Unterrichtungspflicht** des § 99 Abs. 1 Satz 1 BetrVG durch den Arbeitgeber sei kein Gesetzesverstoß in diesem Sinn. Der Betriebsrat sei deshalb nicht berechtigt, die Zustimmung allein wegen mangelnder Unterrichtung zu verweigern.
Ohne die gesetzlich vorgeschriebene Unterrichtung läuft allerdings die **Wochenfrist** des § 99 Abs. 3 Satz 1 BetrVG (noch) nicht an (siehe hierzu Rn. 28 a ff.).

Form und Frist der Zustimmungsverweigerung (§ 99 Abs. 3 BetrVG)

Wenn der Betriebsrat beschließt, die **Zustimmung** zu der beantragten Versetzung (und ggf. Ein- bzw. Umgruppierung) **zu verweigern**, hat er dies dem Arbeitgeber **26**
- **innerhalb einer Woche** nach ordnungsgemäßer Unterrichtung (siehe Rn. 21)
- unter **Angabe von Gründen**, die sich auf mindestens einen der in § 99 Abs. 2 Nrn. 1 bis 6 aufgeführten Tatbestände stützen müssen (siehe Rn. 26 e)
- **schriftlich**
mitzuteilen.
Zur **Berechnung** der Wochenfrist: siehe → **Fristen**.
Wird der Betriebsrat nicht ordnungsgemäß, das heißt vollständig und zutreffend über die beabsichtigte Einstellung (und Eingruppierung) informiert, wird die Wochenfrist des § 99 Abs. 3 BetrVG **nicht in Lauf gesetzt**. Allerdings kann der Arbeitgeber eine unvollständige oder unzutreffende Unterrichtung **nachbessern** (sogar noch im Zustimmungsersetzungsverfahren nach § 94 Abs. 4 BetrVG).
Nur eine form- und fristgerechte Zustimmungsverweigerung löst die Rechtsfolge des § 99 **26a** Abs. 4 BetrVG aus (nämlich die Verpflichtung des Arbeitgebers, ein arbeitsgerichtliches Zustimmungsersetzungsverfahren einzuleiten; siehe Rn. 29).
Lässt der Betriebsrat die Wochenfrist verstreichen, gilt seine **Zustimmung** zur Ein- bzw. Umgruppierung als **erteilt** (§ 99 Abs. 3 Satz 2 BetrVG; sog. **Zustimmungsfiktion**). **26b**
Die Betriebsparteien können die **Wochenfrist** nach Ansicht des BAG einvernehmlich **verlängern**, nicht aber gänzlich aufheben (BAG v. 29. 6. 2011 – 7 ABR 24/10, NZA-RR 2012, 18; 5. 5. 2010 – 7 ABR 70/08; 3. 5. 2006 – 1 ABR 2/05, NZA 2007, 47). Vielmehr müsse das Fristende anhand der getroffenen Abreden eindeutig bestimmbar sein. Andernfalls wäre die gesetzlich vorgesehene Möglichkeit eines Eintretens der Zustimmungsfiktion nach § 99 Abs. 3 Satz 2 BetrVG dauerhaft ausgeschlossen. Das sei mit dem Rechtssicherheitsinteresse gerade von Arbeitgeber und Betriebsrat selbst und im Übrigen mit den Belangen der betroffenen Arbeitnehmer nicht vereinbar. **26c**
Eine einvernehmliche Verlängerung der Frist ist allerdings wirkungslos, wenn sie erst **nach Ablauf** der gesetzlichen Wochenfrist getroffen wird (BAG v. 29. 6. 2011 – 7 ABR 24/10, a. a. O.). Sie kann nicht die nach § 99 Abs. 3 Satz 2 BetrVG bereits eingetretene Fiktion der als erteilt geltenden Zustimmung des Betriebsrats wieder beseitigen.
Erhebt der Betriebsrat innerhalb einer an sich wirksam verlängerten Zustimmungsverweigerungsfrist die berechtigte **Rüge**, dass die Unterrichtung unvollständig geblieben ist, beginnt die Frist des § 99 Abs. 3 Satz 1 BetrVG erst ab dem Zeitpunkt der Vervollständigung der Unterrichtung zu laufen (BAG v. 13. 3. 2013 – 7 ABR 39/11; 5. 5. 2010 – 7 ABR 70/08, a. a. O.).
Die Betriebsparteien können nicht vereinbaren, dass die Zustimmung des Betriebsrats **als** **26d** **verweigert gilt**, wenn zwischen ihnen bis zum Ablauf der Äußerungsfrist des § 99 Abs. 3 Satz 1 BetrVG kein Einvernehmen über eine vom Arbeitgeber beantragte Umgruppierung erzielt wird. Für den damit verbundenen Eingriff in das Zustimmungsersetzungsverfahren (§ 99 Abs. 4 BetrVG) fehlt ihnen der Regelungskompetenz (BAG v. 13. 3. 2013 – 7 ABR 39/11; 18. 8. 2009 – 1 ABR 49/08, NZA 2010, 112).
Nach der Rechtsprechung des BAG genügt der Betriebsrat der gesetzlichen **Begründungs-** **26e** **pflicht** i. S. v. § 99 Abs. 3 Satz 1 BetrVG, wenn es als **möglich erscheint**, dass er mit seiner

Versetzung

schriftlich gegebenen Begründung einen der in § 99 Abs. 2 BetrVG aufgeführten Verweigerungsgründe geltend macht (BAG v. 16. 3. 2010 – 3 AZR 31/09, NZA 2010, 1028; 21. 7. 2009 – 1 ABR 35/08, NZA 2009, 1156).

Eine Begründung, die sich in der Benennung einer der **Nummern** des § 99 Abs. 2 BetrVG oder in der **Wiederholung** von deren Wortlaut erschöpft, ist allerdings **unbeachtlich**.

Gleiches gilt für eine Begründung, die offensichtlich auf **keinen** der gesetzlichen Verweigerungsgründe Bezug nimmt.

Die Begründung des Betriebsrats braucht nicht **schlüssig** zu sein.

Konkrete Tatsachen müssen nur für eine auf **§ 99 Abs. 2 Nr. 3** und **Nr. 6 BetrVG** gestützte Zustimmungsverweigerung angegeben werden (BAG v. 16. 3. 2010 – 3 AZR 31/09, a. a. O.; 21. 7. 2009 – 1 ABR 35/08, a. a. O.; 9. 12. 2008 – 1 ABR 79/07, NZA 2009, 627). Dies ergibt sich aus der Gesetzesformulierung, wenn »die durch Tatsachen begründete Besorgnis besteht« (BAG v. 11. 6. 2002 – 1 ABR 43/01, NZA 2003, 226).

27 Vor diesem Hintergrund ist eine Zustimmungsverweigerung wie im nachstehenden Beispiel unzureichend.

> **Beispiel:**
> ... der Betriebsrat verweigert gemäß § 99 Abs. 2 Nr. 4 BetrVG die Zustimmung zur Versetzung der Frau ..., weil sie hierdurch benachteiligt wird, ohne dass dies aus betrieblichen oder in der Person der Betroffenen liegenden Gründen gerechtfertigt ist.

Es wird lediglich der Wortlaut des in § 99 Abs. 2 Nr. 3 BetrVG genannten Verweigerungsgrundes wiederholt.

Außerdem ist nicht ersichtlich, worin die Benachteiligung besteht. Die Angabe konkreter Tatsachen wird zwar nur für eine auf § 99 Abs. 2 Nr. 3 und Nr. 6 BetrVG gestützte Zustimmungsverweigerung gefordert. Dennoch sollte der Betriebsrat auch bei den anderen Nrn. des § 99 Abs. 2 BetrVG ein Mindestmaßmaß an Tatsachen angeben und damit die Zustimmungsverweigerung »**mit Leben erfüllen**«, wie in nachstehendem Beispiel.

> **Beispiel einer Zustimmungsverweigerung (betr. Versetzung und Umgruppierung)**
>
> An die
> Geschäftsleitung   Ort ..., Datum ...
> Beabsichtigte Versetzung und Umgruppierung der Frau ...
>
> Sehr geehrte Damen und Herren,
> der Betriebsrat hat in seiner Sitzung vom ... den Beschluss gefasst, die Zustimmung zur beabsichtigten »Versetzung« der Frau ... in die Verpackerei gemäß § 99 Abs. 2 Nr. 4 und 5 BetrVG und die Zustimmung zur geplanten »Umgruppierung« nach § 99 Abs. 2 Nr. 1 BetrVG zu verweigern.
> Begründung:
> 1. Zustimmungsverweigerung (betr. Versetzung) nach § 99 Abs. 2 Nr. 4 BetrVG:
> Der von Ihnen vorgesehene Arbeitseinsatz in der Verpackerei würde den Gesundheitszustand der Frau ... erheblich beeinträchtigen und damit eine Benachteiligung im Sinne des § 99 Abs. 2 Nr. 4 BetrVG bewirken.
> Wie aus der beiliegenden Bescheinigung ihres Hausarztes hervorgeht, ist Frau ... außerstande, schwere Hebetätigkeiten zu verrichten. Gerade solche Tätigkeiten fallen aber in der Verpackerei und an dem für Frau ... vorgesehenen Arbeitsplatz regelmäßig an.
> Hinzu kommt, dass an dem vorgesehenen Arbeitsplatz nur stehend gearbeitet werden kann. Auch dies würde zu einer Beeinträchtigung des Gesundheitszustandes der Frau ... führen.
> Es sind auch weder betriebliche noch in der Person der Frau ... liegende Gründe ersichtlich, die die Versetzung rechtfertigen könnten. Im Gegenteil: Der von Frau ... derzeit besetzte Arbeitsplatz in der Bandmontage ist keineswegs entbehrlich geworden ... (wird ausgeführt).

Versetzung

2. Zustimmungsverweigerung (betr. Versetzung) nach § 99 Abs. 2 Nr. 5 BetrVG:
Die Zustimmungsverweigerung ist auch nach § 99 Abs. 2 Ziff. 5 BetrVG begründet.
Der Betriebsrat hatte bereits mit Schreiben vom ... die betriebsinterne Ausschreibung aller neu zu besetzenden Stellen verlangt.
Das ist unterblieben.
3. Zustimmungsverweigerung (betr. Eingruppierung) nach § 99 Abs. 2 Nr. 1 BetrVG:
Auch zu der von Ihnen angestrebten Umgruppierung versagt der Betriebsrat seine Zustimmung.
Die Zustimmungsverweigerung wird gestützt auf § 99 Abs. 2 Nr. 1 BetrVG.
Die von Ihnen geplante Einstufung der für Frau ... vorgesehenen Tätigkeit verstößt gegen § XY des Tarifvertrages YZ. Denn ... (wird ausgeführt).
Mit freundlichen Grüßen

(Unterschrift Betriebsrat)

Siehe auch »**Musterschreiben**« im Anhang zu diesem Stichwort.
Eine Zustimmungsverweigerung per **Telefax** reicht aus (BAG v. 11. 6. 2002 – 1 ABR 43/01, NZA 2003, 226). **28**
Eine Mitteilung per **E-Mail** genügt, wenn diese den Erfordernissen der **Textform** nach § 126 b BGB entspricht (BAG v. 10. 3. 2009 – 1 ABR 93/07, NZA 2009, 622).
Wenn der Betriebsrat die Zustimmung form- und fristgerecht verweigert, so ist er nach Ablauf der Wochenfrist des § 99 Abs. 3 Satz 1 BetrVG nicht gehindert, seine Zustimmungsverweigerung ergänzend auf **rechtliche Argumente** zu stützen, die er im Verweigerungsschreiben noch nicht angeführt hatte (BAG v. 18. 9. 2002 – 1 ABR 56/01, NZA 2003, 622). **28a**
Ein **Nachschieben** von Gründen tatsächlicher Art sowie die Einführung anderer Widerspruchsgründe i. S. des § 99 Abs. 2 BetrVG ist nicht möglich (BAG v. 17. 11. 2010 – 7 ABR 120/09, NZA-RR 2011, 415).

Beschluss des Betriebsrats

Eine Zustimmungsverweigerung des Betriebsrats ist nur dann wirksam, wenn sie **ordnungsgemäß** vom Betriebsrat **beschlossen** worden ist. **28b**
Siehe hierzu → **Betriebsratssitzung**.

Vorgehen des Betriebsrats

Der Betriebsrat könnte, wenn der Arbeitgeber die Zustimmung zu einer geplanten Versetzung (und ggf. → **Eingruppierung/Umgruppierung**) beantragt, beispielsweise wie folgt vorgehen: **28c**
- Nach Eingang des Zustimmungsantrages des Arbeitgebers beruft der Betriebsratsvorsitzende eine Betriebsratssitzung ein (Einladung mit Mitteilung des Tagesordnungspunktes!). An → **Ersatzmitglieder** und sonstige einzuladende Personen denken (siehe → **Betriebsratssitzung**).
- Der Betriebsratsvorsitzende **informiert** die übrigen Betriebsratsmitglieder in der Sitzung über die vom Arbeitgeber geplante Versetzung (und Ein-/Umgruppierung).
- Erste Einschätzungen werden ausgetauscht.
- Beschluss des Betriebsrats: Vor abschließender Stellungnahme soll der Sachverhalt näher aufgeklärt werden (z. B. durch Gespräch mit dem/der Betroffenen, mit der Personalabteilung, mit den zuständigen Vertrauensleuten).
- Der Betriebsratsvorsitzende beruft noch innerhalb der Wochenfrist des § 99 Abs. 3 BetrVG eine weitere Sitzung ein (Einladung mit Tagesordnung!), in der die Angelegenheit nach Diskussion durch ordnungsgemäße Beschlussfassung (§ 33 BetrVG) entschieden wird.
- Im Falle der Zustimmungsverweigerung wird ein entsprechendes Schreiben (Begründung!)

Versetzung

28d aufgesetzt, vom Betriebsratsvorsitzenden unterschrieben und noch innerhalb der Wochenfrist (!) an den Arbeitgeber übermittelt.
Gegebenenfalls reichen – bei entsprechender sorgfältiger **Vorbereitung** – Beratung und Beschlussfassung in *einer* Betriebsratssitzung aus.

Zustimmungsersetzungsverfahren (§ 99 Abs. 4 BetrVG)

29 Rechtsfolge einer ordnungsgemäßen Zustimmungsverweigerung:
Der Arbeitgeber darf die Maßnahme zunächst nicht durchführen.
Vielmehr muss er nach § 99 Abs. 4 BetrVG ein Zustimmungsersetzungsverfahren beim → **Arbeitsgericht** einleiten, wenn er an seiner Versetzungsabsicht festhalten will.
Gleiches gilt, wenn der Betriebsrat die Zustimmung zur geplanten → **Eingruppierung/Umgruppierung** verweigert hat.

Vorläufige Versetzung (§ 100 BetrVG)

30 Nach § 100 BetrVG darf der Arbeitgeber ausnahmsweise eine Versetzung »vorläufig« durchführen, wenn dies aus »*sachlichen Gründen dringend erforderlich ist*«.
Bestreitet allerdings der Betriebsrat »**unverzüglich**« (siehe → **Rechtsbegriffe**) die **Dringlichkeit**, so darf der Arbeitgeber die Versetzung nur aufrechterhalten, wenn er »innerhalb von drei Tagen« (siehe → **Fristen**) beim → **Arbeitsgericht** ein Zustimmungsersetzungsverfahren einleitet und gleichzeitig die Feststellung beantragt, dass die Maßnahme »aus sachlichen Gründen dringend erforderlich war« (siehe auch → **Einstellung**).

30a > **Hinweis:**
> Viele Arbeitgeber ergänzen den Antrag nach § 99 Abs. 1 BetrVG auf Zustimmung zur Versetzung »formularmäßig« mit dem (kleingedruckten) Hinweis, dass man die Versetzung gemäß § 100 BetrVG vorläufig durchführen wolle. Man hofft darauf, dass der Betriebsrat nicht erkennt, dass er »unverzüglich« reagieren muss, wenn er meint, dass die Versetzung aus sachlichen Gründen nicht dringend erforderlich ist.

Mit anderen Worten: der Betriebsrat muss sich nicht nur mit der Frage befassen, ob er die Zustimmung zur Versetzung aus einem der in § 99 Abs. 2 BetrVG genannten Gründen verweigert (siehe Rn. 25 ff.), sondern auch damit, ob auch aus seiner Sicht die sofortige Versetzung aus sachlichen Gründen dringend erforderlich ist.

Verfahren zur Durchsetzung der Mitbestimmung; Zwangsgeld (§ 101 BetrVG)

31 Führt der Arbeitgeber eine Versetzung durch, obwohl der Betriebsrat die Zustimmung ordnungsgemäß (fristgerecht, schriftlich und begründet) verweigert hat (und liegt auch kein Fall des § 100 BetrVG vor), kann der Betriebsrat nach § 101 BetrVG vorgehen.
Auf Antrag des Betriebsrats ordnet das → **Arbeitsgericht** unter Androhung eines Zwangsgeldes gegen den Arbeitgeber die »**Aufhebung**« der Versetzung an.

32 Das Gleiche gilt,
- wenn der Arbeitgeber eine Versetzung vornimmt, ohne den Betriebsrat überhaupt hiervon informiert oder seine Zustimmung beantragt zu haben (z. B. weil er irrigerweise der Ansicht ist, hierzu nicht verpflichtet zu sein)
- oder wenn der Arbeitgeber entgegen § 100 Abs. 2 Satz 3 BetrVG oder § 100 Abs. 3 BetrVG eine vorläufige Versetzung aufrechterhält.

32a Der Betriebsrat kann auch dann nach § 101 BetrVG vorgehen, wenn sich der »Job« im Laufe der Jahre so **angereichert** hat, dass der Arbeitgeber schon längst die Zustimmung zu der darin liegenden Versetzung (siehe 4. Fall bei Rn. 5) beantragen und eine Höhergruppierung hätte vornehmen müssen (sog. »**schleichende Versetzung**«; vgl. Kuhn/Zimmermann, AiB 2000, 380, 383 f.).

> **Beispiel:**
> Ein Arbeitnehmer wurde vor vielen Jahren als Maschinenführer eingestellt und in die Entgeltgruppe 5 des einschlägigen Tarifvertrages eingruppiert. Inzwischen sind ihm peu à peu weitere Aufgaben übertragen worden (z. B. Wartung und Reparatur der Maschinen usw.), sodass an eine Höhergruppierung in die Entgeltgruppe 6 zu denken wäre. Allerdings beantragt der Arbeitgeber beim Betriebsrat weder die Zustimmung zu einer Versetzung noch zu einer Umgruppierung. Er hofft darauf (oft mit Erfolg), dass sich weder der Betriebsrat noch der Arbeitnehmer »rühren« werden.

Bei der »Arbeitsanreicherung« im Beispiel kann es sich um eine nach § 99 BetrVG zustimmungspflichtige Versetzung handeln (Versetzung in Form der Übertragung weiterer Aufgaben bzw. Teilfunktionen; siehe Rn. 5 Fall Nr. 4). Außerdem kann die Erforderlichkeit einer **Höhergruppierung** bestehen, wenn die »Anreicherung« der Arbeit die Voraussetzungen einer höheren Tarifentgeltgruppe erfüllen.
Der Betriebsrat kann deshalb gemäß § 101 BetrVG beim Arbeitsgericht beantragen, dem Arbeitgeber aufzugeben,
- den Arbeitnehmer einzugruppieren,
- die Zustimmung des Betriebsrats zur vorgesehenen Eingruppierung einzuholen und
- im Verweigerungsfalle durch das Arbeitsgericht ersetzen zu lassen.

Nachstehend hierzu ein Auszug aus zwei BAG-Entscheidungen (vgl. auch Fitting, BetrVG, 27. Aufl., § 99 Rn. 97 a und § 101 Rn. 8):
BAG v. 14. 4. 2010 – 7 ABR 91/08, DB 2010, 1536: »*Unterlässt der Arbeitgeber die gebotene Eingruppierung eines Arbeitnehmers, kann der Betriebsrat zur Sicherung seines Mitbeurteilungsrechts nach § 99 Abs. 1 BetrVG in entsprechender Anwendung von § 101 BetrVG beim Arbeitsgericht beantragen, dem Arbeitgeber aufzugeben, eine Eingruppierungsentscheidung vorzunehmen und ihn um Zustimmung zu ersuchen.*«
BAG v. 12. 12. 2000 – 1 ABR 23/00: »*Der Betriebsrat kann bei Unterlassen einer Eingruppierung des Arbeitnehmers in die für ihn geltende Vergütungsgruppenordnung zur Sicherung seines Mitbestimmungsrechts entsprechend § 101 S. 1 BetrVG verlangen, dem Arbeitgeber die Eingruppierung in die entsprechende Entgeltgruppenordnung aufzugeben, ihn zur Einholung der Zustimmung des Betriebsrats zu dieser Eingruppierung sowie bei Verweigerung dieser Zustimmung zur Einleitung des Zustimmungsersetzungsverfahrens zu verpflichten. Voraussetzung ist, dass für die fraglichen Arbeitnehmer überhaupt eine Vergütungsgruppenordnung gilt.*«
Natürlich ist es auch angebracht, dem Arbeitgeber eine »**betriebsverfassungsrechtliche Abmahnung**« zu erteilen, weil er es pflichtwidrig unterlassen hat, den Betriebsrat sowohl in Bezug auf die Versetzung als auch in Bezug auf die erforderliche Höhergruppierung nach § 99 BetrVG zu beteiligen (siehe hierzu → **Abmahnung**, Rn. 9 c).
Wenn der Betriebsrat ein Verfahren nach § 101 BetrVG nicht einleiten will (weil er den Streit nicht »**auf dem Rücken des Betroffenen**« austragen will), stehen ihm andere, z. B. die nachstehend aufgeführten Handlungsmöglichkeiten zu, um Rechtsverstöße des Arbeitgebers bei der Beschäftigung bzw. Einstellung von Personen zu ahnden und zukünftiges rechtmäßiges Verhalten des Arbeitgebers durchzusetzen:
- **Ordnungswidrigkeitenanzeige nach § 121 BetrVG:** Die Missachtung der Informationsrechte des Betriebsrats nach § 99 Abs. 1 BetrVG ist eine Ordnungswidrigkeit, die nach 121 BetrVG mit einer Geldbuße bis zu 10 000 Euro geahndet werden kann.

Versetzung

Der Betriebsrat oder die im Betrieb vertretene → **Gewerkschaft** erstattet eine Ordnungswidrigkeitenanzeige bei der nach Landesrecht zuständigen Behörde. Das ist meist der Regierungspräsident, der Arbeitssenator oder der Arbeitsminister (siehe auch **Musterschreiben** im Anhang zum Stichwort → **Ordnungswidrigkeitenverfahren**).

- **Strafantrag nach § 119 BetrVG:** Die wiederholte und beharrliche Missachtung der Informations- und Mitbestimmungsrechte des Betriebsrats stellt eine Behinderung der Tätigkeit des Betriebsrats dar, die mit Geldstrafe oder Freiheitsstrafe bestraft wird.

  Der Betriebsrat oder die im Betrieb vertretene → **Gewerkschaft** kann deshalb bei Polizei oder Staatsanwaltschaft einen Strafantrag gegen den Arbeitgeber stellen (§ 119 Abs. 1 Nr. 2 BetrVG; siehe **Musterschreiben** bei Stichwort → **Strafverfahren**).

- **Verfahren nach § 23 Abs. 3 BetrVG:**

  Die wiederholte Missachtung der Informations- und Mitbestimmungsrechte des Betriebsrats stellt einen **groben Verstoß** des Arbeitgebers gegen das BetrVG im Sinne des § 23 Abs. 3 BetrVG dar.

  Der Betriebsrat kann deshalb beim → **Arbeitsgericht** beantragen, dem Arbeitgeber aufzugeben, ihn zukünftig auch über die Beschäftigung von Personen, die nicht in einem Arbeitsverhältnis mit dem Arbeitgeber stehen, insbesondere über Fremdfirmenpersonal, Leiharbeitnehmer und freie Mitarbeiter zu unterrichten (§ 80 Abs. 2 Satz 1 2. Halbsatz BetrVG).

  Außerdem kann er beim Arbeitsgericht den Antrag einreichen, dem Arbeitgeber aufzugeben, ihn bei Einstellungen nach § 99 BetrVG zu unterrichten und die Zustimmung zur Einstellung zu beantragen.

  Es ist nach zutreffender Ansicht auch ein Antrag auf **einstweilige Verfügung** zulässig (vgl. hierzu DKKW-*Bachner*, BetrVG, 15. Aufl., § 101 Rn. 19 ff.).

  Verstößt der Arbeitgeber gegen eine gerichtliche Entscheidung, kann der Betriebsrat beantragen, den Arbeitgeber zu einem **Zwangsgeld** zu verurteilen. Das Zwangsgeld beträgt bis zu 10 000 Euro.

- **Allgemeiner Unterlassungsanspruch:**

  Nach Ansicht des BAG steht dem Betriebsrat kein allgemeiner, von den Voraussetzungen des § 23 Abs. 3 BetrVG unabhängiger Unterlassungsanspruch zur Seite, um eine gegen § 99 Abs. 1 Satz 1 BetrVG oder § 100 Abs. 2 BetrVG verstoßende personelle Einzelmaßnahme zu verhindern (BAG v. 23. 6. 2009 – 1 ABR 23/08, NZA 2009, 1430; siehe auch → **Einstellung** Rn. 39). Auszug aus der Entscheidung: »*Im Übrigen ist ein effektiver Schutz der Mitbestimmungsrechte des Betriebsrats auf andere Weise zu erreichen.*

  (a) Steht ein betriebsverfassungswidriges Verhalten des Arbeitgebers erstmals oder erneut zu erwarten – dies ist Voraussetzung auch für den allgemeinen Unterlassungsanspruch –, kann der Betriebsrat das Bestehen seines Mitbestimmungsrechts zunächst gem. § 256 Abs. 1 ZPO feststellen lassen. Drohen anschließend weitere Verstöße, kann er nunmehr – möglicherweise im Wege der einstweiligen Verfügung – nach § 23 Abs. 3 BetrVG vorgehen. In der Missachtung eines gerichtlich festgestellten Rechts des Betriebsrats wird regelmäßig eine grobe Pflichtverletzung des Arbeitgebers liegen. Der Unterlassungsanspruch aus § 23 Abs. 3 BetrVG wird durch den Aufhebungsanspruch nach § 101 BetrVG nicht verdrängt (BAG 7. August 1990 – 1 ABR 68/89 – zu B I 2 der Gründe, BAGE 65, 329 m. w. N.).

  (b) Ferner erscheint auch eine einstweilige (Leistungs-)Verfügung zur Sicherung des gesetzlichen Aufhebungsanspruchs aus § 101 Satz 1 BetrVG nicht ausgeschlossen.«

33 Die **Versetzung** von Mitgliedern
- des → **Betriebsrats**,
- der → **Jugend und Auszubildendenvertretung**,
- der Bordvertretung und des Seebetriebsrats,
- des **Wahlvorstands** sowie von **Wahlbewerbern**,

Versetzung

die zu einem **Verlust** des Amtes oder der Wählbarkeit führen würde (z. B. Versetzung in einen anderen Betrieb des Unternehmens), bedarf der Zustimmung des Betriebsrats (§ 103 Abs. 3 Satz 1 BetrVG).
Das Gleiche gilt, wenn ein **Schwerbehindertenvertreter** versetzt werden soll (§ 96 Abs. 3 SGB IX).
Die Zustimmung des Betriebsrats ist nicht erforderlich, wenn der betroffene Arbeitnehmer mit der Versetzung **einverstanden** ist (§ 103 Abs. 3 Satz 2 zweiter Halbsatz BetrVG).   34
Verweigert der Betriebsrat seine Zustimmung, so kann das → **Arbeitsgericht** sie auf Antrag des Arbeitgebers ersetzen, wenn die Versetzung auch unter Berücksichtigung der betriebsverfassungsrechtlichen Stellung des betroffenen Arbeitnehmers aus dringenden betrieblichen Gründen notwendig ist (§ 103 Abs. 3 Satz 2 BetrVG).   35
In dem Verfahren vor dem Arbeitsgericht ist der betroffene Arbeitnehmer Beteiligter.
Nach § 104 BetrVG kann der Betriebsrat vom Arbeitgeber die (Entlassung oder) Versetzung eines Arbeitnehmers **verlangen**, der durch gesetzwidriges Verhalten oder durch grobe Verletzung der in § 75 Abs. 1 enthaltenen Grundsätze, insbesondere durch rassistische oder fremdenfeindliche Betätigungen, den Betriebsfrieden wiederholt ernstlich gestört hat.   36

> **Beispiele:**
> - Ein Arbeitnehmer lässt ausländerfeindliche Sprüche ab.
> - Ein Vorgesetzter macht sich über die sexuelle Orientierung eines untergebenen Arbeitnehmers lustig.

Lehnt der Arbeitgeber das Verlangen des Betriebsrats ab, kann der Betriebsrat das → **Arbeitsgericht** anrufen.
Führt der Arbeitgeber die (Entlassung oder) Versetzung entgegen einer rechtskräftigen gerichtlichen Entscheidung nicht durch, so kann das Arbeitsgericht auf Antrag des Betriebsrats seine Entscheidung durch Verhängung eines **Zwangsgeldes** durchsetzen.
Das Höchstmaß des Zwangsgeldes beträgt für jeden Tag der Zuwiderhandlung 250 Euro.

Bedeutung für die Beschäftigten

Der Arbeitgeber benötigt nicht nur die **Zustimmung** des Betriebsrats zur geplanten Versetzung.   37
Er muss auch gegenüber dem betroffenen Arbeitnehmer individualrechtlich, also auf arbeitsvertraglicher Ebene zur Versetzung **berechtigt** sein.
Dies ist der Fall,
- wenn sich die Versetzung »im Rahmen« dessen bewegt, was **arbeitsvertraglich vereinbart** ist: wenn also der Arbeitsvertrag dem Arbeitgeber das Recht einräumt, Inhalt, Ort und Zeit der Arbeitsleistung durch Ausübung seines »**Direktionsrechts**« (= **Weisungsrecht**) nach § 106 GewO einseitig ohne besondere Einwilligung des Arbeitnehmers zu bestimmen (siehe → **Arbeitsvertrag** Rn. 3 ff.);
- oder wenn die Versetzung den vertraglich vereinbarten Rahmen zwar **überschreitet**, der Arbeitnehmer sich aber mit einer Veränderung des Arbeitsvertrages und damit mit der Versetzung **einverstanden** erklärt hat (= einvernehmliche Änderung des Arbeitsvertrages);
- oder wenn eine arbeitsvertragliche Berechtigung oder Einwilligung des Betroffenen in die Veränderung des Arbeitsvertrages zwar nicht vorliegt, aber der Arbeitgeber dem Arbeitnehmer gegenüber eine → **Änderungskündigung** (= einseitige Änderung des Arbeitsvertrages) ausspricht und die Änderungskündigung wirksam wird.

Versetzung

Beachten:

38 Auch wenn der Arbeitnehmer sich mit der Versetzung einverstanden erklärt hat, benötigt der Arbeitgeber dennoch die Zustimmung des Betriebsrats nach § 99 BetrVG (siehe aber Rn. 14)!

Arbeitshilfen

Übersicht
- Mitbestimmungsrechte des Betriebsrats bei Versetzung (§§ 99 bis 101, 103, 104 BetrVG)

Checkliste
- Prüfliste für eine Versetzung/Ein-/Umgruppierung/Änderungskündigung (§§ 99, 102 BetrVG)

Musterschreiben
- Versetzungsklausel im Arbeitsvertrag
- Antrag des Arbeitgebers auf Zustimmung zur Versetzung und Eingruppierung (§ 99 BetrVG)
- Zustimmungsverweigerung wegen Benachteiligung (§ 99 Abs. 2 Nr. 4 BetrVG)
- Zustimmungsverweigerung wegen unterbliebener Ausschreibung (§ 99 Abs. 2 Nr. 5 BetrVG)

Übersicht: Mitbestimmungsrechte des Betriebsrats bei Versetzung (§§ 99 bis 101, 103, 104 BetrVG)

- §§ 99 bis 101 BetrVG gelten nur in Unternehmen mit in der Regel mehr als zwanzig wahlberechtigten Arbeitnehmern.
- Der Betriebsrat hat Anspruch auf ordnungsgemäße und vollständige Unterrichtung über die beabsichtigte Versetzung und die damit ggf. einhergehende Umgruppierung (§ 99 Abs. 1 BetrVG).
- Der Betriebsrat kann die Zustimmung verweigern: fristgerecht (eine Woche), schriftlich und mit Angabe von Gründen. Die Zustimmungsverweigerung muss auf einen der in § 99 Abs. 2 BetrVG genannten Gründe gestützt und konkret begründet werden (eine bloße Wiederholung des Gesetzestextes reicht nicht aus).
- Schweigen gilt als Zustimmung (§ 99 Abs. 3 Satz 2 BetrVG).
- Zustimmungsersetzungsverfahren (§ 99 Abs. 4 BetrVG): Verweigert der Betriebsrat die Zustimmung, so kann der Arbeitgeber beim Arbeitsgericht beantragen, die Zustimmung zu ersetzen.
- Vorläufige Versetzung (§ 100 BetrVG): Der Arbeitgeber kann die Versetzung sofort – noch vor der Erteilung oder gerichtlichen Ersetzung der Zustimmung des Betriebsrats – vorläufig durchführen, wenn dies aus sachlichen Gründen dringend erforderlich ist. Der Betriebsrat ist unverzüglich zu unterrichten. Bestreitet der Betriebsrat die Dringlichkeit der Versetzung, muss der Arbeitgeber innerhalb von drei Tagen das Arbeitsgericht anrufen, wenn er die Versetzung aufrechterhalten will (§ 100 Abs. 2 Satz 3 BetrVG).
- Verfahren zur Durchsetzung der Mitbestimmung; Zwangsgeld (§ 101 BetrVG): Bei Verstößen gegen sein Mitbestimmungsrecht (Versetzung ohne Zustimmung des Betriebsrats bzw. ohne Zustimmungsersetzung) kann der Betriebsrat ein arbeitsgerichtliches Verfahren gegen den Arbeitgeber einleiten.
- Eine Versetzung von Mitgliedern des Betriebsrats, der Jugend- und Auszubildendenvertretung, des Wahlvorstands sowie von Wahlbewerbern, aber auch von Schwerbehindertenvertretern (§ 96 Abs. 3 SGB IX), die zu einem Verlust des Amtes oder der Wählbarkeit führen würde, bedarf der Zustimmung des Betriebsrats, es sei denn, der Betroffene ist mit der Versetzung einverstanden (§ 103 Abs. 3 Satz 1 BetrVG). Verweigert der Betriebsrat die Zustimmung, so kann das Arbeitsgericht die Zustimmung auf Antrag des Arbeitgebers bei Vorliegen dringender betrieblicher Gründe ersetzen (§ 103 Abs. 3 Satz 2 BetrVG).
- Nach § 104 BetrVG kann der Betriebsrat vom Arbeitgeber die (Entlassung oder) Versetzung eines Arbeitnehmers verlangen, der durch gesetzwidriges Verhalten oder durch grobe Verletzung der in

§ 75 Abs. 1 enthaltenen Grundsätze, insbesondere durch rassistische oder fremdenfeindliche Betätigungen, den Betriebsfrieden wiederholt ernstlich gestört hat. Lehnt der Arbeitgeber das ab, kann der Betriebsrat das Arbeitsgericht anrufen.

Rechtsprechung

1. Schwellenwert des § 99 Abs. 1 BetrVG
2. Individualrechtliche Zulässigkeit einer Versetzung – Direktionsrecht (§ 106 GewO)
3. Versetzungsklausel – AGB-Kontrolle
4. Versetzung statt Kündigung bei Leistungsmängeln
5. Begriff der Versetzung i. S. d. BetrVG (§§ 95 Abs. 3, 99 BetrVG)
6. Unterrichtungspflicht des Arbeitgebers (§ 99 Abs. 1 BetrVG)
7. Formloser Antrag des Arbeitgebers auf Zustimmung (§ 99 Abs. 1 BetrVG)
8. Mitbestimmungsrecht – Zustimmungsverweigerungsrecht des Betriebsrats (§ 99 Abs. 2 BetrVG) – Einzelfälle
9. Unwirksamkeit einer Versetzung ohne Zustimmung des Betriebsrats oder ohne Ersetzung der Zustimmung durch das Arbeitsgericht
10. Mitbestimmung bei Versetzung von gestelltem Personal (Personalgestellungsvertrag)
11. Mitbestimmung bei Versetzung von Beamten in Nachfolgeunternehmen der Deutschen Bundespost
12. Mitbestimmung bei Versetzung in einen anderen Betrieb des Unternehmens – Einverständnis des Arbeitnehmers
13. Mitbestimmung bei Versetzung im Gemeinschaftsbetrieb
14. Versetzung und soziale Auswahl – Billiges Ermessen
15. Versetzung eines Betriebsratsmitglieds/Ersatzmitglieds in einen anderen Betrieb des Unternehmens: Mitbestimmung nach § 103 BetrVG
16. Zustimmungsverweigerung: Form – Frist (§ 93 Abs. 3 BetrVG) – Zustimmungsfiktion (§ 99 Abs. 3 Satz 2 BetrVG)
17. Zustimmungsersetzungsverfahren (§ 99 Abs. 4 BetrVG)
18. Vorläufige Durchführung einer Versetzung (§ 100 BetrVG)
19. Verfahren zur Erzwingung der Mitbestimmung (§ 101 BetrVG)
20. Durchsetzung einer Höhergruppierung bei »schleichender« Versetzung
21. Kein allgemeiner Unterlassungsanspruch des Betriebsrats
22. Unterlassungsanspruch des Betriebsrats bei mitbestimmungswidriger Versetzung – Einstweilige Verfügung
23. Einstweilige Verfügung gegen Versetzungen bei Betriebsänderung nach § 111 BetrVG?
24. Verletzung des Informationsrechts des Betriebsrats: Bußgeld nach § 121 BetrVG
25. Streitwert
26. Übertragung der Funktion des Datenschutzbeauftragten als mitbestimmungspflichtige Versetzung
27. Beförderung: Unterlassungsklage eines anderen Arbeitnehmers

Verwirkung

Was ist das?

1 Die Durchsetzung von Rechtsansprüchen kann allein durch **Zeitablauf**, nämlich infolge des Ablaufs von vertraglichen oder tariflichen → **Ausschlussfristen/Verfallfristen** oder **Verjährungsfristen** (siehe → **Verjährung**) scheitern.
2 Ein Rechtsverlust kann aber auch aufgrund eines besonderen Verhaltens des Berechtigten eintreten.
Hierzu zählt der Rechtsverlust aufgrund einer **Verwirkung**.
3 Ein Rechtsanspruch kann unter dem Gesichtspunkt der unzulässigen, gegen Treu und Glauben (§ 242 BGB) verstoßenden Rechtsausübung verwirken, wenn
- der Berechtigte sein Recht über einen längeren Zeitraum nicht geltend macht (**Zeitmoment**) und
- dadurch – sowie aufgrund weiterer Umstände – beim Anspruchsgegner der Eindruck erweckt wird, dass mit einer Geltendmachung des Anspruchs nicht mehr zu rechnen ist (**Umstandsmoment**) und
- deshalb dem Anspruchsgegner die Erfüllung des Anspruchs nicht mehr zuzumuten ist (**Zumutbarkeitsmoment**).
4 Zeitmoment und Umstandsmoment stehen in einer **Wechselwirkung**: Je schwerwiegender das Umstandsmoment ist, in desto kürzerer Frist kann das Zeitmoment zu bejahen sein. Allerdings kann die Verwirkungsfrist nicht kürzer als die vertragliche oder tarifliche → **Ausschlussfristen/Verfallfristen** und nur in **extremen Fällen** kürzer als die regelmäßige dreijährige Verjährungsfrist (siehe → **Verjährung**) nach § 195 BGB sein.
Letztlich entscheiden die **Umstände des Einzelfalles**.
4a Beispielsweise kann im Falle eines → **Betriebsübergangs** das **Widerspruchsrecht** des Arbeitnehmers nach § 613 a Abs. 6 Satz 1 BGB verwirken (BAG v. 27.11.2008 – 8 AZR 199/07 und 8 AZR 1018/06; 23.7.2009 – 8 AZR 357/08, NZA 2010, 393). Nachstehend ein Auszug aus BAG v. 27.11.2008 – 8 AZR 199/07: »*Der Kläger hat sein Recht, den Widerspruch zu erklären, nicht verwirkt. [...] Dass das Widerspruchsrecht nach § 613a Abs. 6 Satz 1 BGB schon von Gesetzes wegen an eine Frist gebunden ist, schließt die Anwendung der allgemeinen Grundsätze über die Verwirkung nicht aus. Mit der Verwirkung, einem Sonderfall der unzulässigen Rechtsausübung wird die illoyal verspätete Geltendmachung von Rechten ausgeschlossen (§ 242 BGB). Sie dient dem Vertrauensschutz des Schuldners. Ein solches Vertrauen kann sich bilden, wenn der Gläubiger längere Zeit seine Rechte nicht geltend macht (Zeitmoment). Dabei muss der Berechtigte unter Umständen untätig geblieben sein, welche den Eindruck erweckt haben, dass er sein Recht nicht mehr geltend machen wolle, so dass der Verpflichtete sich darauf einstellen durfte, nicht mehr in Anspruch genommen zu werden (Umstandsmoment). Das Erfordernis des Vertrauensschutzes auf Seiten des Verpflichteten muss das Interesse des Berechtigten derart überwiegen, dass dem Verpflichteten die Erfüllung des Anspruches nicht mehr zuzumuten ist. Es kann dahinstehen, ob dem Landesarbeitsgericht darin zu folgen ist, vorliegend sei bereits das Zeitmoment nicht erfüllt. Jedenfalls fehlt es am sog. Umstandsmoment, welches neben dem Zeitmoment vorliegen muss, um*

eine Verwirkung annehmen zu können. Im Zeitraum zwischen dem Zugang des Unterrichtungsschreibens vom 22. Oktober 2004 und dem Zugang des Widerspruchsschreibens des Klägers vom 17. Juni 2005 war keine Verwirkung eingetreten, weil das Umstandsmoment nicht gegeben ist. Der Kläger hatte keine Umstände gesetzt, welche ein Vertrauen der Beklagten auf die Nichtausübung des Widerspruchsrechtes rechtfertigen hätten können [...].«

Eine Verwirkung von **Mitbestimmungsrechten** des Betriebsrats findet nicht statt (BAG v. 28.8.2007 – 1 ABR 70/06, NZA 2008, 188). **4b**

Auch eine Verwirkung von Rechten aus einem → **Tarifvertrag** ist ausgeschlossen (§ 4 Abs. 4 Satz 2 TVG). **5**

Das Gleiche gilt für Rechte aus einer → **Betriebsvereinbarung** (§ 77 Abs. 4 Satz 3 BetrVG) und nach dem Gesetz über → **Heimarbeit** (§ 19 Abs. 3 Satz 4 HAG).

Das Recht zur Erhebung einer **Kündigungsschutzklage** (siehe → **Kündigungsschutz**) kann verwirken. Allerdings kommt der Verwirkung des Klagerechts kaum noch Bedeutung zu, nachdem der Gekündigte aufgrund der Neufassung des § 4 KSchG durch das Gesetz zu Reformen am Arbeitsmarkt vom 24.12.2003 seit dem 1.1.2004 gezwungen ist, auch dann innerhalb von **drei Wochen** nach Zugang der schriftlichen Kündigung Kündigungsschutzklage zu erheben, wenn die Kündigung *»aus anderen Gründen rechtsunwirksam ist«* (siehe → **Kündigungsschutz** Rn. 27; vgl. auch Kittner/Däubler/Zwanziger, KSchR, 9. Aufl., § 4 KSchG Rn. 13). **6**

Rechtsprechung

1. Begriff und Zweck der Verwirkung – Zeitmoment – Umstandsmoment
2. Keine Verwirkung von Mitbestimmungsrechten
3. Verwirkung des Rechts zur Geltendmachung von Rechten
4. Verwirkung des Widerspruchsrechts bei Betriebsübergang
5. Verwirkung des Zeugnisanspruchs

Verzicht

Was ist das?

1 Der Arbeitnehmer kann auf Entgeltansprüche grundsätzlich durch **Erlassvertrag** mit dem Arbeitgeber gem. § 397 Abs. 1 BGB oder durch **konstitutives negatives Schuldanerkenntnis** nach § 397 Abs. 2 BGB verzichten und seine Ansprüche dadurch zum Erlöschen bringen (siehe hierzu → **Ausgleichsquittung** Rn. 4).

2 Es gibt aber **Ausnahmen**.

3 So ist etwa ein im Voraus – z. B. im → **Arbeitsvertrag** – erklärter Verzicht auf gesetzliche Ansprüche in den Fällen der gesetzlich geregelten Unabdingbarkeit unwirksam (vgl. z. B. § 13 BUrlG; § 12 EFZG).

4 Auf den Anspruch auf → **Entgeltfortzahlung an Feiertagen** und → **Entgeltfortzahlung im Krankheitsfall und bei Vorsorge/Rehabilitation** kann nicht wirksam verzichtet werden (§ 12 EFZG), wenn der Anspruch noch nicht entstanden oder fällig geworden ist.

Unwirksam ist auch eine → **Ausgleichsquittung**, die ein Arbeitnehmer etwa aus Anlass einer Kündigung des Arbeitsverhältnisses unterzeichnet, soweit sie sich z. B. auf erst später fällig werdende Teilansprüche auf Entgeltfortzahlung bezieht.

5 Ist dagegen der Anspruch auf Entgeltfortzahlung bereits **entstanden** und **fällig** geworden, kann der Arbeitnehmer nach Ansicht des BAG trotz Unabdingbarkeit hierauf **wirksam verzichten** (BAG v. 11. 6. 1976 – 5 AZR 506/75, DB 1976, 2118; 20. 8. 1980 – 5 AZR 218/78, DB 1981, 111). Dabei komme es nicht darauf an, ob der Verzicht bzw. Erlassvertrag während des Arbeitsverhältnisses oder bei bzw. nach Beendigung des Arbeitsverhältnisses vereinbart wird. Bei dem Entgeltfortzahlungsanspruch handele es sich um den ursprünglichen vertraglichen Entgeltanspruch, über den der Arbeitnehmer jederzeit verfügen könne, auch z. B. durch Verstreichenlassen von vertraglichen oder tariflichen → **Ausschlussfristen/Verfallfristen** und Verjährungsfristen (siehe → **Verjährung**). Außerdem sei der Arbeitnehmer bei Fälligkeit des Anspruchs nicht mehr schutzwürdig, weil er beurteilen könne, ob er das fortzuzahlende Entgelt für seinen Lebensunterhalt benötige (BAG v. 20. 8. 1980 – 5 AZR 218/78, a. a. O.).

6 Die Erklärung in einem → **Aufhebungsvertrag**, alle Ansprüche aus dem Arbeitsverhältnis seien erfüllt, umfasst wirksam sämtliche Urlaubsansprüche, über die der Arbeitnehmer verfügen kann. Der gesetzliche Mindesturlaub gehört hierzu aufgrund der Unabdingbarkeit gemäß § 13 Abs. 1 BUrlG nicht (BAG v. 20. 1. 1998 – 9 AZR 812/96, NZA 1998, 816). Der Arbeitnehmer kann nach beendetem Arbeitsverhältnis auch nicht auf einen gesetzlichen Urlaubsabgeltungsanspruch (§ 7 Abs. 4 EFZG; siehe → **Urlaub**) verzichten, dessen tatsächliche und rechtliche Grundlagen außer Streit stehen.

Dies gilt grundsätzlich auch dann, wenn der Verzicht in einem alle sonstigen Streitpunkte des Arbeitsverhältnisses bereinigenden **Gesamtvergleich** enthalten ist (BAG v. 31. 7. 1967 – 5 AZR 112/67, DB 1967, 1859).

7 Unverzichtbar sind auch Ansprüche
- auf Vergütung für eine → **Arbeitnehmererfindung**,
- auf → **betriebliche Altersversorgung**,

Verzicht

- aus einem nachvertraglichen → **Wettbewerbsverbot**,
- auf Erteilung eines → **Zeugnisses** (§ 109 GewO; nach Ansicht des BAG unterliegt der Zeugnisanspruch allerdings einer tariflichen Ausschlussfrist: BAG v. 4. 10. 2005 – 9 AZR 507/04) und
- auf Herausgabe der **Arbeitspapiere**.

Der in einer → **Ausgleichsquittung** vom Arbeitnehmer erklärte Verzicht auf die Erhebung einer **Kündigungsschutzklage** ist nur dann wirksam, wenn die Aufmerksamkeit des Arbeitnehmers in besonderer Weise auf diesen Rechtsverzicht gelenkt wird.   8

> **Beispiele:**
> Besonderer Hinweis des Arbeitgebers auf den Rechtsverzicht; Trennung von Ausgleichsquittung und Klageverzicht; Vorlage von zwei getrennten Urkunden; Verlangen von zwei Unterschriften auf einer Urkunde mit zwei getrennten Texten.

Ein Verzicht auf Rechte aus einem → **Tarifvertrag** ist nur in einem von den Tarifvertragsparteien gebilligten Vergleich zulässig (§ 4 Abs. 4 Satz 1 TVG).   9

Der Verzicht auf Rechte aus einer → **Betriebsvereinbarung** bedarf der Zustimmung des Betriebsrats (§ 77 Abs. 4 Satz 2 BetrVG). Auf Rechte an einer »bindenden Festsetzung« nach § 19 HAG kann in einem von der Obersten Arbeitsbehörde des Landes (oder der von ihr bestimmten Stelle) gebilligten Vergleich verzichtet werden (§ 19 Abs. 3 Satz 3 HAG; siehe auch → **Heimarbeit** Rn. 7).   10

Zum möglichen »Verzicht« tariflicher oder per Betriebsvereinbarung begründeter Rechte auf Grund eines sog. **Tatsachenvergleichs** siehe → **Ausgleichsquittung**.   11

Unwirksam ist ein Erlassvertrag über eine unpfändbare Vergütung (LAG Berlin v. 17. 12. 1997 – 8 Sa 121/97 (8 Sa 127/97), 8 Sa 121/97, 8 Sa 121/97, 8 Sa 121 u 127/97, NZA-RR 1997, 371).   12

Auf wirksam **abgetretene** Ansprüche kann nicht mehr wirksam verzichtet werden (§§ 407, 412 BGB).   13

Das Gleiche gilt für Ansprüche, die kraft Gesetzes auf einen Sozialversicherungsträger **übergegangen** sind (§ 115 SGB X).   14

Rechtsprechung

1. Erlassvertrag (§ 397 Abs. 1 BGB) – Konstitutives negatives Schuldanerkenntnis (§ 397 Abs. 2 BGB) – Deklaratorisches negatives Schuldanerkenntnis
2. Ausgleichsklauseln in Aufhebungsverträgen und gerichtlichen / außergerichtlichen Vergleichen
3. Wirksamkeitskontrolle nach AGB-Regeln (§§ 305 ff. BGB)
4. Verzicht auf Kündigungsschutz – Klageverzichtserklärung
5. Verzicht auf (Verzugs-)Lohnansprüche
6. Verzicht auf Sondervergütung
7. Verzicht auf Urlaub und Urlaubsabgeltungsanspruch
8. Verzicht auf Rechte aus einem Tarifvertrag – Verzicht auf Überstundenvergütung durch »Tatsachenvergleich«
9. Verzicht auf Rechte aus einer Betriebsvereinbarung
10. Verzicht auf (nach-)vertragliches Wettbewerbsverbot
11. Kein Verzicht auf Ansprüche, die nach Beendigung des Arbeitsverhältnisses entstehen
12. Kein Verzicht auf Versorgungsanwartschaften und -ansprüche

Weihnachtsgeld und sonstige Sondervergütungen

Was ist das?

1 Das Weihnachtsgeld gehört zu den **Sondervergütungen**, die vom Arbeitgeber auf Grund eines **besonderen Anlasses** zusätzlich zum laufenden Arbeitsentgelt gezahlt werden.
Es hat in der betrieblichen Praxis unterschiedliche Namen: z. B. Jahressonderzahlung, Jahressonderzuwendung, Jahresabschlussvergütung, 13. Monatseinkommen, Weihnachtsgratifikation.
2 Ähnliche anlassbezogene Sonderzuwendungen sind z. B. zusätzliches Urlaubsgeld (siehe → **Urlaub**), Treueprämie, Jubiläumszuwendung, Erfolgsprämie.
3 Ein Rechtsanspruch auf Weihnachtsgeld und sonstige Sondervergütungen besteht dann, wenn ein → **Tarifvertrag**, eine → **Betriebsvereinbarung** (sofern kein Verstoß gegen § 77 Abs. 3 BetrVG vorliegt) oder ein → **Arbeitsvertrag** dies vorsehen.

Anspruch aufgrund betrieblicher Übung

4 Ein Anspruch auf Weihnachtsgeld und sonstige Sondervergütungen kann sich auch aufgrund einer → **betrieblichen Übung** ergeben (BAG v. 13.5.2015 – 10 AZR 266/14).
Das ist nach ständiger Rechtsprechung des BAG der Fall, wenn der Arbeitgeber **drei Jahre** hintereinander ohne Freiwilligkeitsvorbehalt ein Weihnachtsgeld zahlt.
Hieraus kann, wenn nicht andere gegenteilige Umstände vorliegen (siehe Rn. 5), die Verpflichtung des Arbeitgebers abgeleitet werden, **auch zukünftig** ein Weihnachtsgeld zu zahlen (vgl. z. B. BAG v. 23.4.1963 – 3 AZR 173/62, BB 1963, 938; 14.8.1996 – 10 AZR 69/96, AiB 1997, 60 = NZA 1996, 1323; 28.6.2006 – 10 AZR 385/05, NZA 2006, 1174; 30.7.2008 – 10 AZR 606/07, NZA 2008, 1173; 1.4.2009 – 10 AZR 393/08, ZTR 2009, 485; 8.12.2010 – 10 AZR 671/09, NZA 2011, 628).
5 Auf einen Verpflichtungswillen des Arbeitgebers zur zukünftigen Zahlung von Weihnachtsgeld kann nach Ansicht des BAG nicht geschlossen werden, wenn die zurückliegenden Weihnachtsgeldzahlungen jedes Jahr **unterschiedlich hoch** bemessen wurden (BAG v. 28.2.1996 – 10 AZR 516/95, AiB 1997, 60).
5a Auch wenn es an einer betrieblichen Übung fehlt, weil beispielsweise der Arbeitgeber eine Zahlung **nur an einen Arbeitnehmer vorgenommen** hat und damit das **kollektive Element fehlt,** kann für diesen ein Anspruch entstanden sein. Dies ist der Fall, wenn der Arbeitnehmer aus einem tatsächlichen Verhalten des Arbeitgebers auf ein Angebot schließen konnte, das er gem. § 151 BGB durch schlüssiges Verhalten angenommen hat (BAG v. 13.5.2015 – 10 AZR 266/14; 14.9.2011 – 10 AZR 526/10; 21.4.2010 – 10 AZR 163/09). Wenn etwa über mehrere Jahre an einen Arbeitnehmer ein Jahresbonus **ohne Freiwilligkeitsvorbehalt** gezahlt wird, kann daraus auf ein Angebot des Arbeitgebers geschlossen werden, das vom Arbeitnehmer stillschweigend angenommen wird (§ 151 BGB).

Weihnachtsgeld und sonstige Sondervergütungen

Keine gegenläufige betriebliche Übung

> **Beachten:**
> Nach einer zeitweise vom 10. Senat des BAG vertretenen Auffassung konnte ein aufgrund betrieblicher Übung entstandener Anspruch auch durch eine »gegenläufige« betriebliche Übung wieder entfallen, wenn der Arbeitgeber eine bislang vorbehaltlos gewährte Leistung fortan nur noch unter einem Freiwilligkeitsvorbehalt (der z. B. in einem Aushang oder in der Lohnabrechnung erklärt wird) erbringt und die Arbeitnehmer der neuen Handhabung über den Zeitraum von **drei Jahren nicht widersprechen** (vgl. z. B. BAG v. 26.3.1997 – 10 AZR 612/96, NZA 1997, 1007; 4.5.1999 – 10 AZR 290/98, NZA 1999, 1162). Folge: im vierten Jahr könne der Arbeitgeber die Weihnachtsgeldzahlung einseitig kürzen oder widerrufen (wobei Kürzung oder Widerruf »billigem Ermessen« gemäß § 315 BGB entsprechen mussten). Die Arbeitnehmer mussten also der Änderung der bisherigen Handhabung **ausdrücklich** widersprechen, wenn sie den Wegfall des Anspruchs vermeiden wollten.

6

Mit der Entscheidung v. 18.3.2009 hat der 10. Senat des BAG seine Rechtsprechung zur gegenläufigen betrieblichen Übung **aufgegeben** (BAG v. 18.3.2009 – 10 AZR 281/08, NZA 2009, 601).
Die Annahme, durch eine dreimalige widerspruchslose Entgegennahme einer vom Arbeitgeber ausdrücklich unter dem Vorbehalt der Freiwilligkeit gezahlten Gratifikation werde die Verpflichtung des Arbeitgebers zur Gratifikationszahlung aus betrieblicher Übung beendet, sei mit dem Klauselverbot für fingierte Erklärungen in § 308 Nr. 5 BGB **nicht zu vereinbaren.** Die Vorschrift lautet:
»In Allgemeinen Geschäftsbedingungen ist insbesondere unwirksam ... eine Bestimmung, wonach eine Erklärung des Vertragspartners des Verwenders bei Vornahme oder Unterlassung einer bestimmten Handlung als von ihm abgegeben oder nicht abgegeben gilt, es sei denn, dass
a) dem Vertragspartner eine angemessene Frist zur Abgabe einer ausdrücklichen Erklärung eingeräumt ist und
b) der Verwender sich verpflichtet, den Vertragspartner bei Beginn der Frist auf die vorgesehene Bedeutung seines Verhaltens besonders hinzuweisen ...«
Siehe auch → **Betriebliche Übung**.

Gleichbehandlung

Ist ein Arbeitgeber weder vertraglich noch aufgrund kollektiver Regelungen zu Sonderzahlungen verpflichtet, kann er zwar frei entscheiden, ob und unter welchen Voraussetzungen er seinen Arbeitnehmern eine zusätzliche Leistung gewährt.
Allerdings ist er an den arbeitsrechtlichen Gleichbehandlungsgrundsatz gebunden (siehe → **Gleichbehandlung** Rn. 17). Er darf einzelnen Arbeitnehmern nur aus **sachlichen Gründen** eine Sonderzahlung vorenthalten.
Stellt er ohne sachlichen Grund Arbeitnehmer schlechter, können diese verlangen, wie die begünstigten Arbeitnehmer behandelt zu werden (BAG v. 5.8.2009 – 10 AZR 666/08, NZA 2009, 1135).

7

> **Beispiel:**
> Der Arbeitgeber zahlt nur an die Angestellten, nicht aber an die Arbeiter ein Weihnachtsgeld.

Dies verletzt den Gleichbehandlungsgrundsatz, sofern bei der unterschiedlichen Behandlung nur an den **Status** »Arbeiter, Angestellte« angeknüpft wird. Folge: Auch die Arbeiter haben Anspruch auf Zahlung des Weihnachtsgeldes.

Weihnachtsgeld und sonstige Sondervergütungen

Maßregelungsverbot

7a Ein Anspruch auf Sonderzahlung besteht auch dann, wenn der Arbeitgeber gegen das Maßregelungsverbot in § 612 a BGB verstößt, indem er Arbeitnehmer von einer Sonderzahlung ausnimmt, weil diese in zulässiger Weise ihre Rechte ausgeübt haben (BAG v. 5.8.2009 – 10 AZR 666/08, a. a. O.).
Es soll aber weder gegen den Gleichbehandlungsgrundsatz noch das Maßregelungsverbot des § 612 a BGB verstoßen, wenn der Arbeitgeber mit der Sonderzahlung unterschiedliche Arbeitsbedingungen berücksichtigt und eine geringere laufende Arbeitsvergütung einer Arbeitnehmergruppe durch eine Sonderzahlung teilweise oder vollständig kompensiert (BAG v. 5.8.2009 – 10 AZR 666/08, a. a. O.; 1.4.2009 – 10 AZR 353/08, NZA 2009, 1409).
Der Arbeitgeber muss den oder die Gründe für die Ungleichbehandlung **spätestens dann offen legen**, wenn ein von der Weihnachtsgeldgewährung ausgeschlossener Arbeitnehmer Gleichbehandlung verlangt.

Benachteiligungsverbot

8 Ein Rechtsanspruch auf Zahlung eines Weihnachtsgeldes kann sich auch aus einem Verstoß gegen ein gesetzliches Benachteiligungs- bzw. Diskriminierungsverbot ergeben.
Gesetzliche Benachteiligungsverbote bestehen
- nach den Bestimmungen des Allgemeinen Gleichbehandlungsgesetzes (AGG) vom 14.8.2006 (siehe → **Benachteiligungsverbot [AGG]**),
- nach § 75 Abs. 1 BetrVG (Betriebsverfassungsrechtliches Benachteiligungsverbot; siehe → **Gleichbehandlung** Rn. 11 ff.).
- bei Teilzeitbeschäftigung (§ 4 Abs. 1 TzBfG; siehe → **Teilzeitarbeit** Rn. 16)
- bei befristeter Beschäftigung (§ 4 Abs. 2 TzBfG; siehe → **Befristeter Arbeitsvertrag** Rn. 15),
- zum Schutz von → **Schwerbehinderten Menschen** (§ 81 Abs. 2 SGB IX i. V. m. den Bestimmungen des AGG) und

> **Beispiel:**
> Der Arbeitgeber zahlt an Teilzeitbeschäftigte mit einer wöchentlichen Arbeitszeit bis zu 20 Stunden kein Weihnachtsgeld. Dies verstößt gegen das Verbot der Diskriminierung von Teilzeitbeschäftigten (§ 4 Abs. 1 TzBfG; siehe → Teilzeitarbeit Rn. 16).
> Die benachteiligten Teilzeitbeschäftigten haben Anspruch auf »anteilige« Zahlung.

9 bis 12 Nicht besetzt.

Abschaffung oder Kürzung des Weihnachtsgeldes

13 Beruht der Weihnachtsgeldanspruch auf einer arbeitsvertraglichen Vereinbarung (siehe → **Arbeitsvertrag**), kann sich der Arbeitgeber von seiner Zahlungsverpflichtung nur durch Änderungsvereinbarung mit dem Arbeitnehmer oder durch → **Änderungskündigung** befreien.
Das Gleiche gilt, wenn der Anspruch auf Weihnachtsgeld im Wege der → **betrieblichen Übung** (siehe Rn. 4) zum Inhalt des Arbeitsvertrages geworden ist.
Gegen eine Änderungskündigung kann sich der Arbeitnehmer durch arbeitsgerichtliche **Klage** zur Wehr setzen (siehe → **Änderungskündigung** Rn. 19 ff., 27 ff.).

14 Beruht die Zahlung eines übertariflichen Weihnachtsgeldes auf einer »**vertraglichen Einheitsregelung**« (= Allgemeine Arbeitsbedingungen) oder einer → **Gesamtzusage** (= Angebot des Arbeitgebers an die Beschäftigten z. B. durch Aushang am Schwarzen Brett, das diese »konkludent« nach Maßgabe des § 151 BGB annehmen; vgl. BAG v. 11.12.2007 – 1 AZR 869/06), dann kann die Leistung auch durch → **Betriebsvereinbarung** beseitigt oder reduziert werden,

Weihnachtsgeld und sonstige Sondervergütungen

sofern die Zahlung unter Freiwilligkeits- und Widerrufsvorbehalt erfolgt ist oder wenn – in extremen Fällen – die Voraussetzungen des »Wegfalls der Geschäftsgrundlage« gegeben sind. Ist dies nicht der Fall, dann kann durch Betriebsvereinbarung das Weihnachtsgeldvolumen nicht beseitigt oder gekürzt, sondern allenfalls umverteilt werden (siehe → **Betriebliche Altersversorgung** und → **Betriebsvereinbarung**).

Zur Frage, ob dem Betriebsrat bei der Einführung, Abschaffung oder Kürzung von »freiwilligen« Sondervergütungen wie z. B. Weihnachtsgeld ein **Mitbestimmungsrecht** nach § 87 Abs. 1 Nr. 10 BetrVG (betriebliche Lohngestaltung) zusteht, siehe Rn. 40 bis 42. **14a**

Anspruchsvoraussetzungen

Der Anspruch des Arbeitnehmers auf Zahlung bzw. die Höhe des Weihnachtsgeldes kann aufgrund der in der zugrunde liegenden Anspruchsgrundlage (siehe → **Arbeitsvertrag**, → **Tarifvertrag**) getroffenen Festlegungen und Vereinbarungen beschränkt sein (etwa bei **vorzeitigem Ausscheiden** vor einem festgelegten Auszahlungsstichtag oder **Fehlzeiten** des Arbeitnehmers im Bezugszeitraum z. B. aufgrund von Krankheit, Mutterschutz, Elternzeit, Wehr-/Zivildienst, Kurzarbeit, Teilnahme an einem Streik). **15**

Die **Tarifvertragsparteien** sind grundsätzlich im Rahmen ihrer Tarifautonomie frei, zu bestimmen, ob und unter welchen **Voraussetzungen** eine Jahressonderzahlung gewährt wird und welche Tatbestände ggf. zu einer **Kürzung** führen. Insbesondere sind sie dabei in der Entscheidung frei, ob die Erbringung von Arbeitsleistung Voraussetzung für einen Sonderzahlungsanspruch ist (BAG v. 25. 9. 2013 – 10 AZR 400/12; 25. 9. 2013 – 10 AZR 850/12) oder Zeiten, in denen das Arbeitsverhältnis **ruht**, ausnimmt (BAG v. 13. 2. 2007 – 9 AZR 374/06, NZA 2007, 573).

Ansonsten ist durch **Auslegung** der Anspruchsgrundlage zu ermitteln, ob und in welcher Höhe Anspruch auf eine Sonderzahlung besteht. **16**

Dabei ist, wenn keine eindeutige Regelung vereinbart ist oder – bei arbeitsvertraglichen Vereinbarungen – diese einer gerichtlichen Billigkeitskontrolle nicht standhält (§ 75 BetrVG, § 315 BGB), entscheidend auf den **Zweck** der Sondervergütung abzustellen (BAG v. 13.5.2015 – 10 AZR 266/14; 30. 7. 2008 – 10 AZR 606/07).

Die Zweckbestimmung einer Sondervergütung ergibt sich vorrangig aus den tatsächlichen und rechtlichen Voraussetzungen, von deren Vorliegen und Erfüllung die Leistung abhängig gemacht wird.

Die **Bezeichnung** der Sondervergütung hat Indizcharakter.

Zu unterscheiden sind
- Sondervergütungen mit »**reinem Entgeltcharakter**« (siehe Rn. 17),
- Sondervergütungen, mit der die vergangene und/oder zukünftige **Betriebstreue** belohnt werden soll (Gratifikation; siehe Rn. 18),
- Sondervergütungen mit **Mischcharakter** (siehe Rn. 19).

Sondervergütung mit reinem Entgeltcharakter

Eine Sondervergütung mit reinem Entgeltcharakter (auch »aufgestautes Arbeitsentgelt« genannt) liegt vor, wenn die Zuwendung unmittelbar in das vertragliche Austauschverhältnis von Vergütung und Arbeitsleistung (§ 611 Abs. 1 BGB) eingebunden ist und mit ihr kein weiterer Zweck verfolgt wird als die Entlohnung tatsächlich erbrachter Arbeitsleistung. **17**

Solche Sonderzahlungen werden in den jeweiligen Abrechnungsmonaten verdient, jedoch erst am vereinbarten **Fälligkeitstag** ausbezahlt.

Bei **vorzeitigem Ausscheiden** vor dem Auszahlungsstichtag entfällt die Sondervergütung nicht insgesamt. Stattdessen ist sie zeitanteilig zu zahlen (Zwölftelung).

Weihnachtsgeld und sonstige Sondervergütungen

Fehlzeiten im Bezugszeitraum ohne Anspruch auf Entgeltfortzahlung führen dementsprechend zu einer zeitanteiligen Minderung.
Wenn also z. B. vom 1. 1. bis 15. 5. gearbeitet und dann bis zum 30. 6. Entgeltfortzahlung wegen Krankheit – und danach wegen fortdauernder krankheitsbedingter Arbeitsunfähigkeit bis zum Jahresende Krankengeld – bezogen wurde, dann besteht Anspruch auf 6/12 der am 30. 11. fällig werdenden Sondervergütung.

Sondervergütungen zur Belohnung vergangener und/oder zukünftiger Betriebstreue

18 Eine Sondervergütung kann auch den Zweck haben, nicht die Arbeitsleistung abzugelten, sondern allein die bisherige und/oder zukünftige **Treue zum Unternehmen**.
Eine solche Sondervergütung zur Belohnung der Betriebstreue (Gratifikation) ist anzunehmen, wenn es für die Entstehung des Anspruchs ausschließlich auf die rechtliche Zugehörigkeit zum Unternehmen ankommt.
Dies wird
- für **vergangene Betriebstreue** durch eine **Stichtagsregelung** ausgedrückt, die darauf abstellt, dass der Arbeitnehmer an dem Stichtag (z. B. 30. 11.) noch in einem Arbeitsverhältnis steht (unabhängig davon, ob es bereits gekündigt ist),
- für **zukünftige Betriebstreue** durch eine Festlegung eines **Bindungszeitraumes**, vor dessen Ablauf die Sondervergütung zurückzuzahlen ist (zur eingeschränkten Zulässigkeit solcher Bindungs- und Rückzahlungsklauseln siehe Rn. 29).

Die Belohnung zukünftiger Betriebstreue ist auch mit einer Klausel bezweckt, die die Zahlung davon abhängig macht, dass der Arbeitnehmer sich am Stichtag in einem **ungekündigten Arbeitsverhältnis** befindet. Die Sondervergütung ist in einem solchen Fall nicht, auch nicht zeitanteilig, zu zahlen, wenn der Arbeitnehmer vor dem Stichtag ausgeschieden ist bzw. – bei bezweckter Belohnung zukünftiger Betriebstreue – das Arbeitsverhältnis am Stichtag gekündigt ist.
Ob das auch im Falle einer betriebsbedingten Kündigung durch den Arbeitgeber gilt, ist strittig.
Stellt die Anspruchsgrundlage auf eine Kündigung ab, ist das nicht gleichbedeutend mit Befristung und Aufhebungsvertrag.
Fehlzeiten wirken sich auf den Anspruch nicht aus, weil es nur auf den Bestand des Arbeitsverhältnisses am Stichtag ankommt.
Auch Zeiten des Arbeitskampfes wirken sich nicht anspruchsmindernd aus.
Der Anspruch bleibt selbst dann bestehen, wenn während des ganzen Jahres z. B. wegen Langzeitkrankheit keine Arbeitsleistung erbracht wurde.
Hat jedoch der Arbeitnehmer nach langjähriger Arbeitsunfähigkeit und Aussteuerung durch die Krankenkasse zunächst Arbeitslosengeld nach § 145 SGB III 2012 und später eine Rente beantragt und hat der Arbeitgeber gegenüber der Agentur für Arbeit auf sein Direktionsrecht gegenüber dem Arbeitnehmer verzichtet, dann besteht nach Ansicht des BAG kein Anspruch auf diese tarifliche Sonderzahlung mehr, obwohl das Arbeitsverhältnis rechtlich fortbesteht (BAG v. 28. 9. 1994 – 10 AZR 805/93, NZA 1995, 899; 10. 4. 1996 – 10 AZR 600/95, AiB 1997, 305 = NZA 1997, 498).
Allerdings kann sich aus dem → **Arbeitsvertrag** oder → **Tarifvertrag** ergeben, dass auch in diesem Fall ein Rechtsanspruch auf Zahlung der Sondervergütung besteht.

Weihnachtsgeld und sonstige Sondervergütungen

Sondervergütungen mit Mischcharakter

Eine – in der Praxis wohl am häufigsten vorkommende – **Sondervergütung mit Mischcharakter** liegt vor, wenn **beide Zwecke** verfolgt werden: Vergütung der Arbeitsleistung *und* Belohnung der Betriebstreue.
Bei derartigen Entgelten war es nach bisheriger Ansicht des BAG rechtlich möglich, in **Formulararbeitsverträgen** (vgl. hierzu Arbeitsvertrag Rn. 34 ff.) weitere **anspruchsbegründende Voraussetzungen** zu regeln (z. B. Stichtagsregelung, Vorliegen eines ungekündigten Arbeitsverhältnisses oder das Vorliegen nicht ganz geringfügiger Arbeitsleistung im Bezugszeitraum; vgl. z. B. BAG v. 26. 10. 1994 – 10 AZR 109/93, AuR 1995, 64).
Davon hat das BAG Abstand genommen für den Fall, dass derartige Voraussetzungen in Formulararbeitsverträgen geregelt sind. Eine Sonderzahlung, die jedenfalls auch Vergütung für bereits erbrachte Arbeitsleistung darstellt (= Sondervergütung mit Mischcharakter), könne nicht vom **ungekündigten Bestand** des Arbeitsverhältnisses zu einem Zeitpunkt außerhalb des Bezugszeitraums abhängig gemacht werden (BAG v. 18. 1. 2012 – 10 AZR 612/10 und 10 AZR 667/10). Es sei **unangemessen** gemäß § 307 Abs. 1 Satz 1 BGB und widerspreche der gesetzlichen Wertung des § 611 BGB, vereinbartes Arbeitsentgelt dem Arbeitnehmer über eine Stichtagsklausel oder eine sonstige Zahlungsbedingung wieder zu entziehen, wenn der vorleistungsverpflichtete Arbeitnehmer die geschuldete Arbeitsleistung erbracht hat. Die formularvertraglich vereinbarte Stichtagsklausel oder sonstige Zahlungsbedingung ist unwirksam mit der Folge, dass der Arbeitnehmer Anspruch auf Zahlung der Sondervergütung hat.
Das BAG hat diese Rechtsprechung bekräftigt und entschieden: »*Eine Sonderzahlung, die auch Gegenleistung für im gesamten Kalenderjahr laufend erbrachte Arbeit darstellt, kann in Allgemeinen Geschäftsbedingungen regelmäßig nicht vom Bestand des Arbeitsverhältnisses am 31. Dezember des betreffenden Jahres abhängig gemacht werden (BAG v. 13. 11. 2013 – 10 AZR 848/12).*«
Bei **vorzeitigem Ausscheiden** während des Bezugszeitraums und **Fehlzeiten** im Bezugszeitraum dürften die gleichen Grundsätze gelten wie bei der Sondervergütung mit reinem Entgeltcharakter (siehe Rn. 17).

19

Fehlzeit wegen → Krankheit

Nach § 4a Entgeltfortzahlungsgesetz ist eine Vereinbarung (z. B. arbeitsvertragliche Vereinbarung) zulässig, die eine **Kürzung** von Sondervergütungen (z. B. Weihnachtsgeld) für Zeiten der Arbeitsunfähigkeit infolge Krankheit vorsieht (siehe → **Entgeltfortzahlung im Krankheitsfall oder bei Kur**).
Dabei darf die Kürzung für jeden Krankheitstag nicht höher sein als **25 Prozent** des Verdienstes, der im Jahresdurchschnitt auf einen Arbeitstag entfällt.
Unzulässig ist es, krankheitsbedingte Fehlzeiten nur bei **Arbeitern**, nicht aber bei Angestellten zum Anlass einer Kürzung des Weihnachtsgeldes zu nehmen, solange nicht ausgeschlossen werden kann, dass der höhere Krankenstand der Arbeiter auf gesundheitsschädlichen Arbeitsbedingungen beruht (BVerfG v. 1. 9. 1997 – 1 BvR 1929/95, NZA 1997, 1339 gegen die anderslautende Rechtsprechung des BAG; vgl. BAG v. 19. 4. 1995 – 10 AZR 136/94, DB 1995, 1966; 6. 12. 1995 – 10 AZR 123/95, NZA 1996, 531).

20

21

> **Beachten:**
> In → **Tarifverträgen** ist oft die Kürzung wegen Krankheit ausgeschlossen. Sieht ein Tarifvertrag eine Kürzung des Weihnachtsgeldes für Zeiten vor, in denen das Arbeitsverhältnis kraft Gesetzes ruht, so gilt eine solche Regelung nicht für krankheitsbedingte Fehlzeiten, da Krankheit kein Ruhen des Arbeitsverhältnisses zur Folge hat.

22

Weihnachtsgeld und sonstige Sondervergütungen

Fehlzeiten wegen → Elternzeit

23 Das BAG ist – entgegen einer früheren Rechtsprechung – nunmehr der Auffassung, dass das Arbeitsverhältnis während des Erziehungsurlaubs **kraft Gesetzes ruht** (BAG v. 24. 5. 1995 – 10 AZR 619/94, AiB 1995, 618).
Daher ist eine **Kürzung** des Weihnachtsgeldes zulässig, wenn in einer vertraglichen, betrieblichen oder tariflichen Bestimmung eine Kürzung für Zeiten vorgesehen ist, in denen das Arbeitsverhältnis kraft Gesetzes ruht.
Eine derartige Regelung stellt keinen Verstoß gegen höherrangiges Recht dar.

Fehlzeit wegen → Mutterschutz

24 Eine **Kürzung** des Weihnachtsgeldes wegen Fehlzeit während der **gesetzlichen Schutzfristen** vor und nach der Entbindung ist unzulässig (BAG v. 24. 2. 1999 – 10 AZR 258/98, NZA 1999, 772).

Fehlzeit wegen »Null-Kurzarbeit«

25 Schließt eine tarifliche Regelung den Anspruch auf Weihnachtsgeld aus, wenn im Kalenderjahr aus »sonstigen Gründen« nicht gearbeitet wurde, dann gilt dies auch bei ganzjähriger »Null-Kurzarbeit« (BAG v. 19. 4. 1995 – 10 AZR 259/94, DB 1995, 2532).

Fehlzeit wegen Wehrdienst

26 Während des Wehrdienstes **ruht** das Arbeitsverhältnis **kraft Gesetzes**.
Eine **Kürzung** des Weihnachtsgeldes ist dann möglich, wenn einer vertraglichen, betrieblichen oder tariflichen Bestimmung eine Kürzung für den Fall vorgesehen ist, dass das Arbeitsverhältnis kraft Gesetzes ruht.

> **Hinweis:**
> Die Wehrpflicht wurde durch Gesetz vom 28. 4. 2011 (BGBl. I. S. 678) ausgesetzt. Die Regelungen des Arbeitsplatzschutzgesetzes haben aber weiterhin Bedeutung, weil Wehrdienst nach § 54 Wehrpflichtgesetz auf freiwilliger Basis möglich ist und im Spannungs- und Verteidigungsfall ohnehin Wehrpflicht besteht.

Fehlzeit wegen Eintritt in Rente

27 Für diesen Fall sehen **Tarifverträge** oft ausdrückliche Regelungen vor, wonach das tarifliche Weihnachtsgeld auch dann in voller Höhe zu zahlen ist, wenn der Arbeitnehmer wegen Erreichens der Altersgrenze oder auf Grund einer Kündigung zwecks Inanspruchnahme einer vorgezogenen Altersrente vor dem Auszahlungsstichtag ausscheidet.
Es kommt aber stets auf den Wortlaut und Zweck der tarifvertraglichen Regelungen an.
So hat das BAG beispielsweise im Falle des Tarifvertrages über betriebliche Sonderzahlungen im Kraftfahrzeughandwerk Hessen eine Klage auf die tarifliche Sonderzahlung abgewiesen, weil der Arbeitnehmer, dem eine vorgezogene Altersrente zuerkannt worden war, das Arbeitsverhältnis vor dem Auszahlungsstichtag (1. 12. des Kalenderjahres) durch **Eigenkündigung** beendet hatte. Er sei damit nicht mehr anspruchsberechtigt im Sinne des Tarifvertrages gewesen. Dieser setze nämlich voraus, dass das Arbeitsverhältnis am Auszahlungsstichtag noch besteht (BAG v. 24. 10. 2001 – 10 AZR 132/01, NZA 2002, 2258; zweifelhaft).

Weihnachtsgeld und sonstige Sondervergütungen

Fehlzeit wegen → Arbeitskampf

Macht eine tarifliche Regelung den Anspruch auf Weihnachtsgeld allein vom **rechtlichen Bestand** des Arbeitsverhältnisses am Auszahlungsstichtag abhängig, dann ist das Weihnachtsgeld auch für solche Zeiten zu gewähren, in denen das Arbeitsverhältnis wegen eines Arbeitskampfes (Streik, Aussperrung) geruht hat (BAG v. 20.12.1995 – 10 AZR 742/94, NZA 1996, 491).

Sieht dagegen ein Tarifvertrag die anteilige **Kürzung** einer Jahressonderzuwendung für alle Zeiten vor, in denen das Arbeitsverhältnis »kraft Gesetzes oder Vereinbarung oder aus sonstigen Gründen« ruht, erfasst eine solche Regelung mangels anderer Hinweise auch das Ruhen während eines Streiks (BAG v. 3.8.1999 – 1 AZR 735/98, NZA 2000, 487). Da eine solche Kürzung nur die im Tarifvertrag vorgegebene Ordnung vollziehe, liege in ihr keine unzulässige Maßregelung wegen der Teilnahme am Streik.

Eine **Maßregelungsklausel**, nach der das Arbeitsverhältnis »durch die Arbeitskampfmaßnahme als **nicht ruhend**« gilt, steht der Minderung einer tariflichen Jahresleistung entgegen, deren Höhe »für Zeiten unbezahlter Arbeitsbefreiung« gekürzt wird (BAG v. 13.2.2007 – 9 AZR 374/06, NZA 2007, 573).

Rückzahlung des Weihnachtsgeldes bei vorzeitigem Ausscheiden?

Bisweilen werden mit der Gewährung von Weihnachtsgeld »**Rückzahlungsklauseln**« für den Fall eines **vorzeitigen Ausscheidens** vereinbart.
Weil solche Klauseln einen Arbeitnehmer nicht in unzulässiger Weise in seiner durch Art. 12 GG garantierten Berufsfreiheit behindern dürfen, unterliegen sie einer **Inhaltskontrolle** durch die Arbeitsgerichte gemäß § 307 BGB (BAG v. 6.5.2009 – 10 AZR 443/08, NZA 2009, 783). Es müssen von der Rechtsprechung entwickelte Grenzwerte eingehalten werden. Werden sie überschritten, wird angenommen, dass eine unzulässige Behinderung der Berufsfreiheit und eine unangemessene Benachteiligung des Arbeitnehmers i. S. v. § 307 Abs. 1 BGB vorliegt.
Es gilt folgende **Staffelung**:
- Weihnachtsgeld bis 100 Euro: Rückzahlungsklausel ist unwirksam (BAG v. 17.3.1982 – 5 AZR 1250/79, DB 1982, 2144).
- Weihnachtsgeld über 100 Euro, aber weniger als ein Monatsverdienst: Rückzahlungsklausel kann den Beschäftigten nur bis zum 31.3. des Folgejahres binden.
Das heißt: Es besteht keine Rückzahlungsverpflichtung, wenn der Beschäftigte mit Ablauf des 31.3. des Folgejahres ausscheidet.
- Weihnachtsgeld in Höhe eines vollen Monatsentgelts (und mehr): Rückzahlungsklausel kann den Arbeitnehmer über den 31.3. des Folgejahres hinaus bis zum nächstzulässigen Kündigungstermin binden: z. B. 15.4. oder 30.4. des Folgejahres (die von der früheren Rechtsprechung angenommene Bindung für Angestellte bis zum 30.6. des Folgejahres dürfte heute – nach der Neuregelung der gesetzlichen → **Kündigungsfristen** – nicht mehr gelten).
- Weihnachtsgeld in Höhe eines Betrages von mehr als einem, aber weniger als zwei Monatsentgelte: Hier soll eine Bindung bis zum 30.6. des Folgejahres zulässig sein.

Der rückzahlungsfreie Grundbetrag, der vom BAG mit Wirkung ab 1978 (!) auf 200,– DM (also ca. 100 Euro) festgelegt wurde (BAG v. 17.3.1982 – 5 AZR 1250/79, a. a. O.) sollte angesichts der seitdem erfolgten Geldentwertung auf **mindestens 200,– Euro erhöht** werden.
Rückzahlungsklauseln sind stets **unwirksam**, wenn sie weder Voraussetzungen noch einen eindeutig bestimmten Zeitraum für die Bindung des Arbeitnehmers vorsehen.
Sofern der Weihnachtsgeldanspruch auf einem → **Tarifvertrag** beruht, ist eine Rückzahlung nur vorzunehmen, wenn der Tarifvertrag eine solche Regelung für den Fall vorzeitigen Ausscheidens ausdrücklich vorsieht (was häufig nicht der Fall ist).

Weihnachtsgeld und sonstige Sondervergütungen

Steuern

32 Weihnachtsgeld und andere Sonderzuwendungen sind lohnsteuerpflichtig.
Um auszuschließen, dass im Auszahlungsmonat die Steuerprogression voll zum Tragen kommt, wird bei der Bemessung der Lohnsteuer nicht die Monatslohnsteuertabelle, sondern die Jahreslohnsteuertabelle zugrunde gelegt.

Sozialversicherung

33 Einmalzahlungen (z. B. Weihnachtsgeld, zusätzliches Urlaubsgeld usw.) unterliegen der Beitragspflicht in der Sozialversicherung und führen zu einer Erhöhung der Lohnersatzleistungen: z. B. Arbeitslosengeld (§§ 136 ff., 151 SGB III 2012; siehe → **Arbeitslosenversicherung: Arbeitslosengeld**) oder Krankengeld (§ 47 Abs. 2 Letzter Satz SGB V; siehe → **Krankengeld** und → **Krankenversicherung** Rn. 11).
Zur verfassungswidrigen früheren Rechtslage siehe Arbeitslosengeld Rn. 33 (vgl. auch BVerfG vom 24. 5. 2000 – 1 BvL 1/98, 4/98 u. 1 BvL 15/99, AiB 2001, 679 = DB 2000, 1519).

34 Auf die Höhe des Kurzarbeitergeldes (siehe → **Kurzarbeit, Kurzarbeitergeld**) wirken sich Einmalzahlungen nicht aus.
Durch eine Ergänzung des § 106 Abs. 1 Satz 4 SGB III 2012 ist klargestellt: »*Arbeitsentgelt, das einmalig gezahlt wird, bleibt bei der Berechnung von Soll-Entgelt und Ist-Entgelt außer Betracht*«.
Häufig sehen → **Tarifverträge** Sonderbestimmungen für die volle Zahlung von tariflichen Einmalzahlungen trotz Kurzarbeit vor.

Insolvenz

35 Wird der Anspruch auf Sondervergütung nach der zugrunde liegenden Regelung (z. B. Tarifvertrag) nur davon abhängig gemacht, dass der Arbeitnehmer zu einem bestimmten Stichtag (z. B. am 30. 11.) im Betrieb beschäftigt ist (Sondervergütung zur Belohnung der Betriebstreue), und liegt der Auszahlungsstichtag innerhalb der letzten drei Monate des Arbeitsverhältnisses vor Eröffnung des → **Insolvenzverfahrens** bzw. der Abweisung mangels Masse, dann ist die Sondervergütung gemäß §§ 165 ff. SGB III 2012 von der Agentur für Arbeit im Wege der Zahlung von → **Insolvenzgeld** zu erstatten.

36 Insolvenzgeld wird für jeden Insolvenzgeldmonat allerdings »nur« in Höhe des **Nettoarbeitsentgelts** geleistet, das sich ergibt, wenn das auf die monatliche **Beitragsbemessungsgrenze** in der Arbeitslosenversicherung (§ 341 Abs. 4 SGB III 2012) begrenzte Bruttoarbeitsentgelt um die gesetzlichen Abzüge vermindert wird.
Die monatliche Beitragsbemessungsgrenze beträgt im Jahr 2016 in den alten Bundesländern 6200 Euro, in den neuen Bundesländern 5400 Euro.
Wenn die Summe aus Bruttomonatsentgelt und Sondervergütung im Auszahlungsmonat diese Beträge übersteigt, kommt es bezüglich des überschießenden Betrags zu einem Insolvenzgeldausfall (siehe → **Insolvenzgeld**).
Die Differenz muss zur Insolvenztabelle angemeldet werden.

37 | **Beispiel (Stand 2016):**
Das monatliche Bruttoentgelt für einen in Westdeutschland beschäftigten Arbeitnehmer beträgt 3500 Euro. Nach dem Arbeitsvertrag hat er eine Weihnachtsgratifikation in Höhe eines vollen Bruttomonatsentgelts (3500 Euro) zu beanspruchen, die am 30. November fällig wird. Der Bruttoentgeltanspruch für November beträgt also 7000 Euro.
Die Firma stellt ab 1. November 2016 die Zahlungen ein. Am 1. Dezember wird das Insolvenzverfahren eröffnet.

Weihnachtsgeld und sonstige Sondervergütungen

Insolvenzgeld für den Monat November wird in Höhe des Nettoentgelts gezahlt, das sich aus einem Bruttobetrag von 6200 Euro (= Beitragsbemessungsgrenze [West]) ergibt.
Den Differenzbetrag zu 7000 Euro in Höhe von 800 Euro muss der Arbeitnehmer als Insolvenzforderung beim Insolvenzverwalter anmelden.

Die Deckelung auf die Beitragsbemessungsgrenze ist durch das Dritte Gesetz für moderne Dienstleistungen am Arbeitsmarkt vom 23.12.2003 (Hartz III; BGBl. I S. 2848) eingeführt worden.
Ob die Anknüpfung der Deckelung an die für Ost- und Westdeutschland unterschiedlich hohe monatliche Beitragsbemessungsgrenze mit dem **Gleichbehandlungsgrundsatz** (Art. 3 Abs. 1 GG) vereinbar ist, erscheint angesichts des Umstandes, dass die Monatsentgelte in Ostdeutschland in weiten Bereichen an das Westniveau West herangeführt worden sind, zweifelhaft.
Liegt der Auszahlungsstichtag bzw. Fälligkeitszeitpunkt (Beispiel: 30.11.) außerhalb des dreimonatigen Insolvenzgeld-Zeitraums (also vorher oder nachher), so soll im Falle einer **Sondervergütung zur Belohnung der Betriebstreue** (siehe Rn. 18) kein Anspruch auf Insolvenzgeld bestehen (auch nicht in Höhe von 3/12).
Etwas anderes gilt, wenn es sich bei dem Anspruch auf Sondervergütung um eine **Leistung mit reinem Entgeltcharakter** (siehe Rn. 17) handelt, weil sich der Anspruch während des Bezugszeitraums Monat für Monat »aufbaut«. In diesem Falle ist Insolvenzgeld in Höhe von bis zu 3/12 der Sondervergütung (entsprechend dem dreimonatigen Insolvenzgeld-Zeitraum) zu zahlen.

38

Bedeutung für die Betriebsratsarbeit

Soweit das Weihnachtsgeld zwingend und abschließend **tariflich geregelt** ist, hat der Betriebsrat kein Mitbestimmungsrecht (§ 87 Abs. 1 Eingangssatz BetrVG).

39

Wenn es sich bei der Zahlung von Weihnachtsgeld oder sonstigen Sondervergütungen um eine über- bzw. außertarifliche »**freiwillige**« Leistung des Arbeitgebers handelt, kann die Einführung, Kürzung oder Abschaffung das Mitbestimmungsrecht des Betriebsrats bei der betrieblichen Lohngestaltung nach § 87 Abs. 1 Nr. 10 BetrVG auslösen. Die **Reichweite** der Mitbestimmung hängt maßgeblich davon ab, ob es sich um einen **tarifgebundenen** oder einen **tarifungebundenen Arbeitgeber** handelt. Zum Begriff »Tarifgebundenheit« (z. B. nach § 3 Abs. 1 oder Abs. 3 TVG) siehe → Tarifvertrag Rn. 23 ff. und 36 ff., → **Tarifvertrag: Nachbindung und Nachwirkung** und → **Tarifvertrag: Tarifbindung**).

40

Tarifgebundener Arbeitgeber

Der Betriebsrat hat nach ständiger Rechtsprechung des BAG kein Mitbestimmungsrecht nach § 87 Abs. 1 Nr. 10 BetrVG in Bezug auf die Frage, »**ob**« und **in welchem Umfang** der tarifgebundene Arbeitgeber den Beschäftigten (über das tarifliche Entgeltvolumen hinaus) weitere »**freiwillige**« **übertarifliche Geldmittel** zur Abgeltung ihrer Arbeitsleistung zur Verfügung stellt (sog. »**Dotierungsrahmen**«). Die **Einführung** von übertariflichen Leistungen ist ebenso mitbestimmungsfrei wie ihre vollständige **Abschaffung** (BAG v. 3.12.1991 – GS 1/90, AiB 1992, 575 = NZA 1992, 749; 28.2.2006 – 1 ABR 4/05, NZA 2006, 1426; 23.1.2008 – 1 ABR 82/06, NZA 2008, 774; vgl. Fitting, BetrVG, 27. Aufl., § 87 Rn. 443, 445, 449 m.w.N.).

41

Auch über den **Zweck der Leistung** sowie die Eingrenzung der **begünstigten Personenkreise** entscheidet der tarifgebundene Arbeitgeber mitbestimmungsfrei (BAG v. 23.1.2008 – 1 ABR

Weihnachtsgeld und sonstige Sondervergütungen

82/06, NZA 2008, 774; 8.12.1981 – 1 ABR 55/79, DB 1982, 1276 vgl. Fitting, BetrVG, 27. Aufl., § 87 Rn. 446).

Ein Mitbestimmungsrecht des Betriebsrats nach § 87 Abs. 1 Nr. 10 BetrVG besteht aber bei der Frage, »wie« das vom Arbeitgeber »freiwillig« bereitgestellte übertarifliche Entgeltvolumen – im Rahmen der mitbestimmungsfreien Vorgaben – an die Arbeitnehmer **zu verteilen** ist (»**Verteilungsgrundsätze**«).

Zweck des Mitbestimmungsrechts ist es, sicherzustellen, dass es bei der Verteilung der Mittel auf die Beschäftigten »mit rechten Dingen zugeht« (**betriebliche Lohngerechtigkeit**, keine »Nasenprämien«), dass insbesondere Verstöße gegen den Gleichbehandlungsgrundsatz und Diskriminierungsverbote unterbleiben (siehe auch → **Benachteiligungsverbot** und → **Gleichbehandlung**).

Mitbestimmungspflichtig kann nach § 87 Abs. 1 Nr. 10 BetrVG auch die **Änderung** bisher gehandhabter Verteilungsgrundsätze sein.

Zwar ist der nicht tarifgebundene Arbeitgeber (vorbehaltlich arbeitsvertraglicher Bindungen) nicht daran gehindert, das übertarifliche Geldvolumen einzuschränken oder ganz abzuschaffen. Entscheidet er sich für eine **vollständige Abschaffung**, entfällt das Mitbestimmungsrecht des Betriebsrats, weil mit dem Wegfall der übertariflichen Leistungen kein verteilungsfähiges Vergütungsvolumen mehr zur Verfügung steht und die Verteilung des verbleibenden Entgeltvolumens tariflich geregelt ist (BAG v. 28. 2. 2006 – 1 ABR 4/05, NZA 2006, 1426).

Wenn der Arbeitgeber aber das übertarifliche Leistungsvolumen (nur) **einschränken/kürzen** will, stellt sich die Frage, nach welchen Maßgaben das **verbleibende** übertarifliche Volumen an die Beschäftigten verteilt wird. Bewegt sich der Arbeitgeber dabei im Rahmen der bisher geltenden Verteilungsgrundsätze (Beispiel: bei allen Leistungsberechtigten werden die übertariflichen Leistungen gleichmäßig abgesenkt), besteht keine Mitbestimmung. Anders ist das bei einer **ungleichmäßigen Absenkung** oder **partiellen Streichung**. Solche Kürzungsformen führen zu einer Veränderung der bisherigen **Verteilungsrelationen** und damit zu einer Veränderung der bisher gehandhabten Verteilungsgrundsätze. Eine solche Entscheidung unterliegt der Mitbestimmung des Betriebsrats nach § 87 Abs. 1 Nr. 10 BetrVG (BAG v. 3. 12. 1991 – GS 1/90, AiB 1992, 575 = NZA 1992, 749; 28. 2. 2006 – 1 ABR 4/05, NZA 2006, 1426; 23. 1. 2008 – 1 ABR 82/06, NZA 2008, 774; Vgl. Fitting, BetrVG, 27. Aufl., § 87 Rn. 450).

Nicht tarifgebundener Arbeitgeber

42 Bei einem **nicht tarifgebundenen Arbeitgeber** kann die vollständige **Abschaffung** des Weihnachtsgeldes (oder sonstiger Vergütungsbestandteile) insofern nach § 87 Abs. 1 Nr. 10 BetrVG mitbestimmungspflichtig sein, als über die Verteilung des verbleibenden betrieblichen Entgeltvolumens Regelungen zu treffen sind. Der tarifungebundene Arbeitgeber erbringt nämlich jede geldwerte Leistung und damit das gesamte betriebliche Entgeltvolumen »**freiwillig**« (ohne normative Verpflichtung durch einen Tarifvertrag).

Solange der nicht tarifgebundene Arbeitgeber die Arbeit der Beschäftigten überhaupt vergütet, schafft er mit der Einstellung von Teilen des betrieblichen Entgeltvolumens diese nicht ab, sondern ändert nur die »Verteilungsgrundsätze«. Denn es muss eine Entscheidung darüber herbeigeführt werden, nach welchen Maßgaben das verbleibende Entgeltvolumen an die Beschäftigten verteilt wird. Diese Entscheidung ist nach § 87 Abs. 1 Nr. 10 BetrVG mitbestimmungspflichtig (BAG v. 26.8.2008 – 1 AZR 354/07, NZA 2008, 1426; Fitting, BetrVG, 27. Aufl., § 87 Rn. 452).

43 An vorstehenden mitbestimmungsrechtlichen Erwägungen ändert nichts der Umstand, dass der Arbeitgeber **ggf. individualrechtlich verpflichtet** ist, die bisher geleistete Vergütung (mit allen Bestandteilen) auch zukünftig zu zahlen. Individualrechtliche Vereinbarungen können

das Mitbestimmungsrecht nach § 87 Abs. 1 BetrVG nicht ausschließen oder einschränken (BAG v. 26. 8. 2008 – 1 AZR 354/07, NZA 2008, 1426; Fitting, BetrVG, 27. Aufl., § 87 Rn. 452). Ist allerdings die Kürzung oder Abschaffung des Weihnachtsgeldes (oder sonstiger Teile des betrieblichen Entgeltvolumens) **individualrechtlich unzulässig**, kann sich eine mitbestimmungspflichtige Frage der betrieblichen Lohngestaltung nicht stellen. Wenn der Arbeitgeber geldwerte Leistungen arbeitsvertragswidrig kürzt, ergibt sich daraus kein Mitbestimmungsrecht nach § 87 Abs. 1 Nr. 10 BetrVG (BAG v. 7. 2. 1996 – 1 AZR 657/95). Dem Betriebsrat bleibt (nur) die Aufgabe, auf ein rechtmäßiges Verhalten des Arbeitgebers hinzuwirken (§ 80 Abs. 1 Nr. 1 BetrVG).

Ist die Kürzung oder Abschaffung des Weihnachtsgeldes (oder sonstiger Teile des betrieblichen Entgeltvolumens) **individualrechtlich zulässig**, kann sie dennoch unzulässig und unwirksam sein, wenn der Arbeitgeber die Mitbestimmungsrechte des Betriebsrats bei der betrieblichen Entgeltgestaltung nach § 87 Abs. 1 Nr. 10 BetrVG verletzt (BAG v. 21. 1. 2003 – 1 AZR 125/02). Zu weiteren Einzelheiten siehe → **Übertarifliche Zulagen** Rn. 9 ff. **44**

Bedeutung für die Beschäftigten

Besteht Anspruch auf Weihnachtsgeld, können die Beschäftigten diesen Anspruch geltend machen und ggf. beim → **Arbeitsgericht** einklagen. **45**
Vertragliche oder tarifliche → **Ausschlussfristen/Verfallfristen** und Verjährungsfristen (siehe → **Verjährung**) sind zu beachten.
Gleiches gilt, wenn der Arbeitgeber das Weihnachtsgeld zu Unrecht wegen einer Fehlzeit **kürzt** **46** oder wenn er zu Unrecht von einer **Rückzahlungsklausel** wegen vorzeitigen Ausscheidens Gebrauch macht und den restlichen Entgeltanspruch durch Verrechnung mit dem angeblichen Rückzahlungsanspruch kürzt.

Arbeitshilfen

Checklisten
- Anspruch und Höhe der Sondervergütung (Weihnachtsgeld)
- Kürzung, Wegfall der Sondervergütung (Weihnachtsgeld)

Rechtsprechung

1. Anspruch auf Sondervergütung – verschiedene Zwecke der Sondervergütung – Freiwilligkeits- und Widerrufsvorbehalt
2. Anspruch auf Sondervergütung aufgrund betrieblicher Übung – Keine Änderung einer betrieblichen Übung durch »gegenläufige betriebliche Übung« (Rechtsprechungsänderung beachten!)
3. Anspruch auf Sondervergütung nur bei ungekündigtem Arbeitsverhältnis an einem Stichtag? – Rechtsprechungsänderung bei Sondervergütung mit Mischcharakter!
4. Anspruch auf Sondervergütung: Gleichbehandlungsgrundsatz
5. Anspruch auf Sondervergütung: keine Benachteiligung von Teilzeitbeschäftigten

Weihnachtsgeld und sonstige Sondervergütungen

6. Anspruch auf Sondervergütung nach langjähriger Arbeitsunfähigkeit, Aussteuerung und Antrag auf Arbeitslosengeld – Anspruch bei Ausscheiden wegen Zuerkennung einer Rente
7. Kürzung oder Wegfall der Sondervergütung?
8. Rückzahlung der Sondervergütung bei »vorzeitigem« Ausscheiden?
9. Rückwirkende Kürzung einer tariflichen Sondervergütung
10. Tarifwidrige Kürzung der Sondervergütung: Unterlassungsanspruch der Gewerkschaft
11. Tarifliche Regelung zur Rückzahlung einer Sondervergütung »in voller Höhe« wegen vorzeitigen Ausscheidens umschließt den Lohnsteueranteil
12. Nichtberücksichtigung von Sondervergütungen (Einmalzahlungen) bei der Bemessung von Lohnersatzleistungen unvereinbar mit Art. 3 Abs. 1 GG
13. Nichtberücksichtigung von Sondervergütungen (Einmalzahlungen) bei der Bemessung der Arbeitslosenhilfe
14. Sonstige Fragen
15. Mitbestimmung des Betriebsrats
16. Mittelbare Diskriminierung beim tariflichen Weihnachtsgeld (Ausschluss geringfügig Beschäftigter)
17. Urlaubsgeld

Werkvertrag

Was ist das?

Mit einem Werkvertrag verpflichtet sich der »Unternehmer« zur Herstellung eines »Werkes«, der »Besteller« zur Zahlung der vereinbarten Vergütung (§ 631 Abs. 1 BGB). Gegenstand des Werkvertrages kann sowohl die Herstellung oder Veränderung einer Sache als auch ein anderer durch Arbeit oder Dienstleistung herbeizuführender **Erfolg** sein (§ 631 Abs. 2 BGB). Das heißt: der beauftragte »Werkunternehmer« hat ein bestimmtes **Arbeitsergebnis** bzw. einen bestimmten **Arbeitserfolg** »zu liefern«. 1

Beispiele:
- Eine Firma erhält den Auftrag, eine spezielle Software zu entwickeln.
- Ein Handwerksbetrieb soll das Dach einer Halle neu eindecken.
- Eine Servicefirma wird beauftragt, eine defekte Telefonanlage zu reparieren.

Fehlt es an einem vertraglich festgelegten abgrenzbaren, dem Auftragnehmer als eigene Leistung zurechenbaren und abnahmefähigen Werk, kommt ein Werkvertrag kaum in Betracht, weil der »Auftraggeber« dann durch **weitere Weisungen** den **Gegenstand** der vom »Auftragnehmer« zu erbringenden Leistung erst bestimmen und damit Arbeit und Einsatz erst bindend organisieren muss (BAG v. 25.9.2013 – 10 AZR 282/12). In diesem Fall sprechen die Umstände dafür, dass ein Arbeitsverhältnis vorliegt (siehe Rn. 3) oder → **Arbeitnehmerüberlassung/Leiharbeit** (siehe Rn. 4).
Die Abgrenzung Arbeitsvertrag / Werk- und Dienstvertrag ist wichtig, weil das gesamte Arbeitsrecht nur für → **Arbeitnehmer** gilt, nicht für **Selbständige**, die aufgrund eines echten Werkvertrages oder Dienstvertrages tätig sind (z.B. echte freie Mitarbeiter).
Welches Rechtsverhältnis vorliegt, ist anhand einer **Gesamtwürdigung** aller maßgebenden **Umstände** des Einzelfalls zu ermitteln. Widersprechen sich Vereinbarung und tatsächliche Durchführung, ist letztere maßgebend (BAG v. 25.9.2013 – 10 AZR 282/12).

Abgrenzung Werkvertrag zum Dienstvertrag (§ 611 BGB)

Der aufgrund eines → **Dienstvertrages** Verpflichtete schuldet nicht einen bestimmten Erfolg (siehe Rn. 1), sondern die vereinbarte **Tätigkeit** als solche (§ 611 Abs. 2 BGB: »Dienste aller Art«, vgl. BAG v. 25.9.2013 – 10 AZR 282/12). 2

Beispiele:
- Das Unternehmen vereinbart mit einem freiberuflichen Softwareexperten, dass dieser einmal im Monat und im Bedarfsfall für Fragen der Mitarbeiter zur Verfügung steht.
- Einem Steuerberater werden die steuerlichen Angelegenheiten des Unternehmens übertragen.
- Das Unternehmen beauftragt einen freiberuflichen Arzt durch Dienstvertrag, die Aufgaben eines Betriebsarztes (§§ 2 ff. ASiG) wahrzunehmen.

Werkvertrag

- Mit einem freiberuflichen Arbeitsschutzexperten wird vereinbart, dass dieser die Aufgaben einer Fachkraft für Arbeitssicherheit (§§ 5 ff. ASiG) durchführt.

Abgrenzung Werkvertrag zum Arbeitsvertrag

3   Ein **Arbeitsvertragsverhältnis** unterscheidet sich von einem Werkvertrags- oder Dienstvertragsverhältnis (siehe → **Dienstvertrag**) maßgeblich durch den Grad der **persönlichen Abhängigkeit** des zur Arbeitsleistung Verpflichteten (BAG v. 25. 9. 2013 – 10 AZR 282/12; siehe auch → **Arbeitsvertrag**). Arbeitnehmer ist, wer aufgrund eines privatrechtlichen Vertrags im Dienste eines anderen zur Leistung **weisungsgebundener**, fremdbestimmter Arbeit in persönlicher Abhängigkeit verpflichtet ist. Das Weisungsrecht kann Inhalt, Durchführung, Zeit, Dauer und Ort der Tätigkeit betreffen. Arbeitnehmer ist derjenige Mitarbeiter, der nicht im Wesentlichen frei seine Tätigkeit gestalten und seine Arbeitszeit bestimmen kann. Der Grad der persönlichen Abhängigkeit hängt dabei auch von der Eigenart der jeweiligen Tätigkeit ab. Dagegen sind der Werkunternehmer oder der aufgrund eines Dienstvertrages Verpflichtete **selbständig**. Sie organisieren die notwendigen Handlungen nach eigenen Vorstellungen und betrieblichen Voraussetzungen.

In der Entscheidung BAG v. 25. 9. 2013 – 10 AZR 282/12 wurden **wichtige Aussagen zur Abgrenzung** eines Arbeitsverhältnisses zu einem Werkvertragsverhältnisses gemacht:
Der Kläger war für den Beklagten mit Unterbrechungen seit 2005 auf der Grundlage von zehn als Werkvertrag bezeichneten befristeten Verträgen als Inventarisator tätig geworden. Mit einer beim Arbeitsgericht eingereichten Klage hatte er beantragt:
»1. festzustellen, dass das Arbeitsverhältnis zwischen den Parteien nicht aufgrund der am 23. März/1. April 2009 vereinbarten Befristung am 30. November 2009 beendet worden ist;
2. für den Fall des Obsiegens mit dem Antrag zu 1. den Beklagten zu verurteilen, ihn bis zum rechtskräftigen Abschluss des Verfahrens zu unveränderten arbeitsvertraglichen Bedingungen als Inventarisator weiter zu beschäftigen.«
Die Klage (Befristungskontrollklage nach § 17 TzBfG; siehe → **Befristeter Arbeitsvertrag** Rn. 72) war durch alle Instanzen erfolgreich. Nachstehend ein Auszug aus den Gründen der BAG-Entscheidung:
»I. Die Klage ist zulässig. Der Kläger macht mit einer Befristungskontrollklage nach § 17 TzBfG geltend, dass das zwischen den Parteien bestehende Rechtsverhältnis nach seinem wahren Geschäftsinhalt ein Arbeitsverhältnis ist, welches nicht durch Fristablauf beendet worden ist.
II. Die Klage ist begründet. Die Vorinstanzen haben zu Recht erkannt, dass zwischen den Parteien kein Werkvertrags- sondern ein Arbeitsverhältnis begründet worden ist.
1. Durch einen Werkvertrag wird der Unternehmer zur Herstellung des versprochenen Werks und der Besteller zur Entrichtung der vereinbarten Vergütung verpflichtet (§ 631 Abs. 1 BGB). Gegenstand eines Werkvertrags kann sowohl die Herstellung oder Veränderung einer Sache als auch ein anderer durch Arbeit oder Dienstleistung herbeizuführender Erfolg sein (§ 631 Abs. 2 BGB). Für die Abgrenzung zum Dienstvertrag ist maßgebend, ob ein bestimmtes Arbeitsergebnis bzw. ein bestimmter Arbeitserfolg oder nur eine bestimmte Dienstleistung als solche geschuldet wird.
2. Ein Arbeitsverhältnis unterscheidet sich von dem Rechtsverhältnis eines Werkunternehmers zudem maßgeblich durch den Grad der persönlichen Abhängigkeit. Arbeitnehmer ist, wer aufgrund eines privatrechtlichen Vertrags im Dienste eines anderen zur Leistung weisungsgebundener, fremdbestimmter Arbeit in persönlicher Abhängigkeit verpflichtet ist. Das Weisungsrecht kann Inhalt, Durchführung, Zeit, Dauer und Ort der Tätigkeit betreffen. Arbeitnehmer ist derjenige Mitarbeiter, der nicht im Wesentlichen frei seine Tätigkeit gestalten und seine Arbeitszeit bestimmen kann; der Grad der persönlichen Abhängigkeit hängt dabei auch von der Eigenart der jeweiligen Tätigkeit ab.
Dagegen ist der Werkunternehmer selbständig. Er organisiert die für die Erreichung eines wirt-

schaftlichen Erfolgs notwendigen Handlungen nach eigenen betrieblichen Voraussetzungen und ist für die Herstellung des geschuldeten Werks gegenüber dem Besteller verantwortlich.
Ob ein Werkvertrag, ein Dienst- oder ein Arbeitsverhältnis besteht, zeigt der wirkliche Geschäftsinhalt. Zwingende gesetzliche Regelungen für Arbeitsverhältnisse können nicht dadurch abbedungen werden, dass Parteien ihrem Arbeitsverhältnis eine andere Bezeichnung geben; ein abhängig beschäftigter Arbeitnehmer wird nicht durch Auferlegung einer Erfolgsgarantie zum Werkunternehmer.
3. Welches Rechtsverhältnis vorliegt, ist anhand einer Gesamtwürdigung aller maßgebenden Umstände des Einzelfalls zu ermitteln, der objektive Geschäftsinhalt ist den ausdrücklich getroffenen Vereinbarungen und der praktischen Durchführung des Vertrags zu entnehmen. Widersprechen sich Vereinbarung und tatsächliche Durchführung, ist Letztere maßgebend. Legen die Parteien die zu erledigende Aufgabe und den Umfang der Arbeiten konkret fest, kann das für das Vorliegen eines Werkvertrags sprechen. Fehlt es an einem abgrenzbaren, dem Auftragnehmer als eigene Leistung zurechenbaren und abnahmefähigen Werk, kommt ein Werkvertrag kaum in Betracht, weil der »Auftraggeber« durch weitere Weisungen den Gegenstand der vom »Auftragnehmer« zu erbringenden Leistung erst bestimmen und damit Arbeit und Einsatz erst bindend organisieren muss. Richten sich die vom Auftragnehmer zu erbringenden Leistungen nach dem jeweiligen Bedarf des Auftraggebers, so kann auch darin ein Indiz gegen eine werk- und für eine arbeitsvertragliche Beziehung liegen, etwa wenn mit der Bestimmung von Leistungen auch über Inhalt, Durchführung, Zeit, Dauer und Ort der Tätigkeit entschieden wird. Wesentlich ist, inwiefern Weisungsrechte ausgeübt werden und in welchem Maß der Auftragnehmer in einen bestellerseitig organisierten Produktionsprozess eingegliedert ist.
Zwar steht auch einem Werkbesteller gegenüber dem Werkunternehmer das Recht zu, Anweisungen für die Ausführung des Werks zu erteilen (vgl. § 645 Abs. 1 Satz 1 BGB zu den Auswirkungen auf die Vergütungsgefahr).
Davon abzugrenzen ist aber die Ausübung von Weisungsrechten bezüglich des Arbeitsvorgangs und der Zeiteinteilung. Weisungen, die sich ausschließlich auf das vereinbarte Werk beziehen, können im Rahmen eines Werkvertrags erteilt werden; wird die Tätigkeit aber durch den »Besteller« geplant und organisiert und wird der »Werkunternehmer« in einen arbeitsteiligen Prozess in einer Weise eingegliedert, die eine eigenverantwortliche Organisation der Erstellung des vereinbarten »Werks« faktisch ausschließt, liegt ein Arbeitsverhältnis nahe. Gemessen daran ist die Würdigung des Landesarbeitsgerichts, die Kumulation und Verdichtung der Bindungen sei in einer Gesamtschau als Tätigkeit in persönlicher Abhängigkeit zu werten, sodass nach dem wahren Geschäftsinhalt ein Arbeitsverhältnis bestehe, revisionsrechtlich nicht zu beanstanden ...«
Das BAG hob hervor, dass bereits die Gestaltung des »Werkvertrags« erkennen ließ, dass nicht die Herstellung einer Sache oder eines Erfolgs, sondern eine bestimmte **Tätigkeit** geschuldet war. Die vom Kläger geschuldete Tätigkeit sei in einer Gesamtschau als Tätigkeit in **persönlicher Abhängigkeit** zu werten. Deshalb sei zwischen den Parteien kein Werkvertrags-, sondern ein Arbeitsverhältnis begründet worden (BAG v. 25. 9. 2013 – 10 AZR 282/12).
Von Arbeitgeberseite wird immer wieder ins Feld geführt, dass auch bei einem Werkvertragsverhältnis nach § 645 BGB **Weisungen** erteilt werden können (vom »Werkbesteller« an den »Werkunternehmer«), ohne dass das zur Folge hat, dass ein Arbeitsverhältnis anzunehmen ist. Das BAG stellt aber klar, dass es im Rahmen des § 645 BGB um Weisungen geht, die sich **ausschließlich auf das vereinbarte Werk** beziehen.
Erteilt der »Werkbesteller« dagegen Weisungen (auch) in Bezug auf das **»wie« des Arbeitsvorgangs** und des **zeitlichen Ablaufs** (wann wird welche Arbeit ausgeführt ...), dann spricht das für die Eingliederung des (angeblichen) »Werkunternehmers« in einen arbeitsteiligen Prozess beim (angeblichen) »Werkbesteller« und damit **für ein Arbeitsverhältnis** (instruktiv und lesenswert ist auch die Entscheidung des Hessischen LAG v. 13. 3. 2015 – 10 Sa 575/14, Revision eingelegt unter dem Aktenzeichen 9 AZR 305/15). Hier ein Auszug aus der Entscheidung:

3a

Werkvertrag

»*Arbeitnehmer kann auch sein, wer in einem Home-Office EDV-Programme entwickelt, wenn er dabei auf das Bereitstellen der Programmierumgebung durch den Betriebsinhaber angewiesen ist, ein nicht abgrenzbares Werk im Rahmen eines EDV-Programms in Abstimmung mit weiteren Programmierern im Betrieb zu erstellen hat und daneben für vielfältige Nebenarbeiten, insbesondere zur Beantwortung vielfältiger Fachfragen auf dem Gebiet der IT herangezogen, worden ist. Es ist nicht rechtsmissbräuchlich i. S. d. § 242 BGB, wenn sich ein Arbeitnehmer – auch nach einer langen Zeit – darauf beruft, dass in Wahrheit ein Arbeitsverhältnis bestanden habe, auch wenn die Arbeitsvertragsparteien anfangs von der Begründung eines freien Mitarbeiterverhältnisses ausgegangen sind und dieses auch jahrelang formal wie ein freies Mitarbeiterverhältnis abgewickelt wurde.*«

Einsatz von Personal einer Fremdfirma: Abgrenzung Werkvertrag zu → Arbeitnehmerüberlassung / Leiharbeit

4 Wenn in einem Betrieb Beschäftigte einer »**Fremdfirma**« tätig werden, kann es sich um Arbeitnehmer einer Leiharbeitsfirma handeln (siehe → **Arbeitnehmerüberlassung/Leiharbeit**) oder um »Werkvertragsarbeitnehmer«, die im Rahmen eines → **Werkvertrages** (§ 631 BGB) zwischen Besteller (Auftraggeber) und Werkunternehmer (Auftragnehmer) im Betrieb eingesetzt werden.

Mit einem Werkvertrag verpflichtet sich der Werkunternehmer zur Herstellung eines »Werkes«, der Werkbesteller zur Zahlung der vereinbarten Vergütung (§ 631 Abs. 1 BGB).

Gegenstand des Werkvertrages kann sowohl die Herstellung oder Veränderung einer Sache als auch ein anderer durch Arbeit oder Dienstleistung herbeizuführender **Erfolg** sein (§ 631 Abs. 2 BGB).

Der Werkunternehmer kann dabei bei ihm angestellte Arbeitnehmer einsetzen.

Werden diese im Betrieb des Werkbestellers (Einsatzbetrieb) eingesetzt, besteht die Notwendigkeit zur **Abgrenzung** von der → **Arbeitnehmerüberlassung/Leiharbeit**.

Für das Vorliegen von **Arbeitnehmerüberlassung / Leiharbeit** sprechen insbesondere folgende Kriterien:
- die geschäftliche Tätigkeit der Fremdfirma (Verleiher) beschränkt sich im Wesentlichen auf die Entsendung seiner Arbeitnehmer in Betriebe anderer Unternehmen (Entleiher)
- die Arbeitnehmer der Fremdfirma sind voll in die betrieblichen Abläufe des anderen Unternehmens eingegliedert
- die Arbeitnehmer der Fremdfirma leisten ihre Arbeit nach den Weisungen des anderen Unternehmens
- die Arbeitnehmer der Fremdfirma leisten die gleiche Arbeit wie andere Arbeitnehmer des anderen Unternehmens
- die Arbeitnehmer der Fremdfirma verrichten ihre Arbeit mit Material und Werkzeug des anderen Unternehmens
- die Arbeitnehmer der Fremdfirma verrichten ihre Arbeit, ohne dass die Fremdfirma für die Güte bzw. das Ergebnis der von ihr entsandten Arbeitnehmer haftet
- die von den Arbeitnehmern der Fremdfirma verrichtete Arbeit wird nach Zeiteinheiten (Stundensatz) vergütet.

Für das Vorliegen eines **Werkvertrages** (§ 631 BGB) spricht u. a.:
- die Fremdfirma (Werkunternehmer) schuldet dem anderen Unternehmen (Besteller) einen Erfolg (z. B. Errichtung eines Baus, Reparatur einer Anlage, Erstellung eines Gutachtens; siehe auch Beispiele unter Rn. 1)
- die Fremdfirma trägt das Unternehmerrisiko einschließlich Haftung und Gewährleistung für Mängel des Werks

Werkvertrag

- die Fremdfirma verfügt über eine eigene Unternehmensorganisation mit entsprechender personeller und sächlicher Ausstattung an Betriebsmitteln und Kapital
- die Fremdfirma obliegt die Planung, Koordination und Durchführung der Arbeitseinsätze; sie organisiert die Arbeitsabläufe und übt das arbeitsbezogene Weisungsrecht gegenüber den eingesetzten Arbeitnehmern nach Ort und Zeit aus.

Die Abgrenzung ist 5
- sowohl mit Blick auf die **Rechte des Betriebsrats des Einsatzbetriebes** notwendig: bei Arbeitnehmerüberlassung/Leiharbeit hat er über den Einsatz des/r Fremdfirmenarbeitnehmer/s nach § 99 BetrVG mitzubestimmen (§ 14 Abs. 3 AÜG); im Falle eines »echten« Werkvertragsverhältnisses besteht ein solches Recht nicht;
- als auch mit Blick auf die **Rechte der eingesetzten Arbeitnehmer**: wenn es sich bei der Vertragsbeziehung zwischen Fremdfirma und dem auftraggebenden Unternehmen (Einsatzbetrieb) in Wahrheit nicht (wie behauptet) um ein Werkvertragsverhältnis handelt, sondern **tatsächlich Arbeitnehmerüberlassung/Leiharbeit** (sog. verdeckte Arbeitnehmerüberlassung bzw. Schein-Werkvertragsverhältnis) vorliegt, hat das u. a. zur Folge, dass nach § 10 Abs. 1 AÜG kraft Gesetzes ein Arbeitsverhältnis zwischen den Fremdfirmenarbeitnehmern und dem angeblichen Werkbesteller (= Einsatzbetrieb) zustande kommt, falls der angebliche Werkunternehmer keine Erlaubnis zur Arbeitnehmerüberlassung besitzt. Außerdem haben die Fremdfirmenbeschäftigten die weiteren in §§ 10 bis 13 b AÜG geregelten Ansprüche gegen das auftraggebende Unternehmen (= Einsatzbetrieb = Entleiher): Sie haben z. B. Anspruch auf Zahlung des Arbeitsentgelts, das das auftraggebende Unternehmen seinen Arbeitnehmern für vergleichbare Tätigkeit zahlt.

Nachstehend ein **Überblick** (siehe auch → Einstellung Rn. 2):

Einsatz von Personal einer Fremdfirma: Abgrenzung »echtes« Werkvertragsverhältnis / »atypisches« Werkvertragsverhältnis

In der betrieblichen Praxis begegnet man nicht selten auch folgender Fallgestaltung: zwischen 5a Fremdfirma und auftraggebendem Unternehmen besteht tatsächlich ein **Werkvertragsverhältnis** (zu den Kriterien insoweit siehe Rn. 4), sodass Arbeitnehmerüberlassung / Leiharbeit und damit eine Anwendung der Vorschriften des AÜG (siehe Rn. 5) auszuschließen ist. Dennoch kann der beim Werkbesteller bestehende Betriebsrat ein **Mitbestimmungsrecht nach § 99 BetrVG** haben, nämlich dann, wenn die Beschäftigten der Fremdfirma im Betrieb des Werkbestellers (Einsatzbetrieb) tätig werden (sollen) und nicht nur die Fremdfirma, sondern auch der Inhaber des Einsatzbetriebes (Werkbesteller) die **für ein Arbeitsverhältnis typischen Entscheidungen** über den Einsatz des Fremdpersonals nach Inhalt, Ort und Zeit trifft.
In einem solchen Fall kann es sich nämlich – ungeachtet des Werkvertragsverhältnisses – bei dem Einsatz der Beschäftigten der Fremdfirma um eine **Eingliederung** und damit um eine → **Einstellung** nach § 99 BetrVG i. S. d. ständigen BAG-Rechtsprechung (vgl. z. B. BAG v. 13. 5. 2014 – 1 ABR 50/12; 2. 10. 2007 – 1 ABR 60/06, AiB 2008, 225; 13. 12. 2005 – 1 ABR 51/04, AiB 2007, 52; 12. 11. 2002 – 1 ABR 60/01, AiB 2005, 188; 18. 10. 1994 – 1 ABR 9/94, NZA 1995, 281) handeln.
Man kann von einem »atypischen« Werkvertragsverhältnis sprechen, bei dem beide Vertragsparteien (Werkunternehmer und Besteller) bei der Durchführung des Werkvertrages die Arbeitgeberstellung gegenüber dem eingesetzten Fremdpersonal wahrnehmen (»**partielle**« **Arbeitgeberstellung**) – mit der Folge, dass der beim Werkbesteller bestehende Betriebsrat nach § 99 BetrVG mitzubestimmen hat.
Hierzu ein Auszug aus BAG v. 13. 5. 2014 – 1 ABR 50/12: *»Für die Mitbestimmung bei Einstellungen nach § 99 Abs. 1 BetrVG kommt es auf die Eingliederung der Beschäftigten und nicht*

2157

Werkvertrag

*auf die Natur des Rechtsverhältnisses an, in dem die Personen zum Betriebsinhaber stehen. Eine Einstellung iSv. § 99 Abs. 1 Satz 1 BetrVG setzt nicht notwendig die Begründung eines Arbeitsverhältnisses voraus. Das Rechtsverhältnis zum Betriebsinhaber kann auch ein Dienst- oder Werkvertrag sein, es kann sogar – wie § 14 Abs. 3 AÜG für Leiharbeitnehmer zeigt – ganz fehlen. Eingegliedert ist, wer eine ihrer Art nach weisungsgebundene Tätigkeit verrichtet, die der Arbeitgeber organisiert. Der Beschäftigte muss so in die betriebliche Arbeitsorganisation integriert sein, dass der Arbeitgeber das für ein Arbeitsverhältnis typische Weisungsrecht innehat und die Entscheidung über den Einsatz nach Inhalt, Ort und Zeit trifft. Der Betriebsinhaber muss diese Arbeitgeberfunktion wenigstens im Sinn einer **aufgespaltenen Arbeitgeberstellung** teilweise ausüben. Hierfür kommt es darauf an, ob diesem Weisungsbefugnisse zustehen infolge dessen ihm eine betriebsverfassungsrechtlich relevante (und sei es partielle) Arbeitgeberstellung zukommt. Die Frage der Eingliederung in eine fremde Arbeitsorganisation hängt dabei von der Eigenart der jeweiligen Tätigkeit ab.«*

Zu weiteren Einzelheiten siehe Rn. 14 ff. und → **Einstellung** Rn. 1 b ff.

6 Tarifgebundene Unternehmen haben das Instrument des Werkvertrages als neue Möglichkeit zur »**Tarifflucht**« und »**Gewinnmaximierung durch Lohndumping**« entdeckt.
Das geht etwa so:
Ein z. B. an die Tarifverträge der Metallindustrie gebundenes Unternehmen legt Teilbereiche still und überträgt die – weiterhin notwendigen – Funktionen auf eine »**Fremdfirma**« (z. B. den innerbetrieblichen Transport und sonstige Serviceeinrichtungen).
Oder: Das Unternehmen gliedert Teilbereiche des Betriebs (und die dazugehörigen Arbeitnehmer) an andere Unternehmen – ggf. auch neu gegründete Unternehmen – aus.
Für die in diesen Bereichen beschäftigten Arbeitnehmer gilt § 613 a BGB (siehe → **Betriebsübergang**). Sie erhalten einen **neuen Arbeitgeber**. Die bisherigen tariflichen Bedingungen (Metalltarifvertrag) der tarifgebundenen Arbeitnehmer dürfen nach § 613 a Abs. 1 Satz 2 BGB nicht vor Ablauf eines Jahres zum Nachteil der Arbeitnehmer verändert werden. § 613 a BGB wahrt allerdings nur den Besitzstand (zukünftige Tariferhöhungen kommen nicht mehr zum Tragen). Den Beschäftigten werden zudem – nach Ablauf der einjährigen Veränderungssperre neue – schlechtere – Arbeitsverträge »angeboten«, genauer gesagt, mit der Androhung von Arbeitsplatzabbau (usw.) aufgenötigt.
Die Fremdfirmen sind in der Regel **nicht tarifgebunden**. Oder sie sind – weil die Firmen einer anderen Branche angehören – an einen Tarifvertrag mit – im Vergleich zum Metalltarifvertrag – schlechteren Bedingungen gebunden.
Im Ergebnis zahlen die Fremdfirmen **niedrigere Entgelte** an die Beschäftigten. Ausscheidende Mitarbeiter werden durch noch »billigere« **Leiharbeitnehmer** ersetzt.
Die Fremdfirmen liefern dann die Arbeitsergebnisse auf Grundlage eines **Werkvertrages** an das »Altunternehmen« ab. Das wirkt sich zugunsten des »alten« – nunmehr als Auftraggeber auftretenden – Unternehmens aus.
Dieses erhält die zuvor mit »eigenen« Arbeitnehmern produzierten Arbeitsergebnisse insgesamt zu einem Preis, der deutlich unter den Kosten/Personalkosten liegt, die ohne die Übertragung der Funktionen auf die Fremdfirmen angefallen wären.
Das »Altunternehmen« kann den Preis zusätzlich noch dadurch systematisch senken, dass es die Funktionen vor Auftragsvergabe »ausschreibt«. Die Fremdfirmen unterbieten sich, was zu einer weiteren Anheizung der Preis-/Lohnspirale »nach unten« führt.
Weitere Vorteile für das »Altunternehmen«:
- Mit dem Einkauf von Leistungen eines Fremdunternehmens hat man ein hochgradig flexibles Personaleinsatzinstrument in der Hand nach dem Motto: »**Heuern und Feuern nach Marktlage**«. Man wird Fremdfirmenkräfte nach Abarbeitung des Auftrags wieder los ohne Einhaltung von Kündigungsfristen und ohne kosten- und zeitaufwändige arbeitsrechtliche Auseinandersetzungen (z. B. Kündigungsschutzklage usw.)

Werkvertrag

- Einsparung von direkten Personalkosten für eigenes Personal (incl. Entgeltfortzahlungskosten)
- Das Personalkostenbudget wird entlastet, weil die Kosten des Einsatzes von Fremdfirmenarbeitnehmern als »sachlicher Aufwand« verbucht werden
- Weniger Verwaltungsaufwand

Der **Koalitionsvertrag von CDU/CSU/SPD 2013** enthält zu den Themen → **Arbeitnehmerüberlassung/Leiharbeit** und »**Missbrauch von Werkvertragsgestaltungen**« folgende Ankündigungen: 7

»Wir präzisieren im AÜG die Maßgabe, dass die Überlassung von Arbeitnehmern an einen Entleiher vorübergehend erfolgt, indem wir eine Überlassungshöchstdauer von 18 Monaten gesetzlich festlegen. Durch einen Tarifvertrag der Tarifvertragsparteien der Einsatzbranche oder auf Grund eines solchen Tarifvertrags in einer Betriebs- bzw. Dienstvereinbarung können unter Berücksichtigung der berechtigten Interessen der Stammbelegschaften abweichende Lösungen vereinbart werden.«

»Missbrauch von Werkvertragsgestaltungen verhindern
Rechtswidrige Vertragskonstruktionen bei Werkverträgen zulasten von Arbeitnehmerinnen und -arbeitnehmern müssen verhindert werden. Dafür ist es erforderlich, die Prüftätigkeit der Kontroll- und Prüfinstanzen bei der Finanzkontrolle Schwarzarbeit zu konzentrieren, organisatorisch effektiver zu gestalten, zu erleichtern und im ausreichenden Umfang zu personalisieren, die Informations- und Unterrichtungsrechte des Betriebsrats sicherzustellen, zu konkretisieren und verdeckte Arbeitnehmerüberlassung zu sanktionieren. Der vermeintliche Werkunternehmer und sein Auftraggeber dürfen auch bei Vorlage einer Verleiherlaubnis nicht besser gestellt sein, als derjenige, der unerlaubt Arbeitnehmerüberlassung betreibt. Der gesetzliche Arbeitsschutz für Werkvertragsarbeitnehmerinnen und -arbeitnehmer muss sichergestellt werden.
Zur Erleichterung der Prüftätigkeit von Behörden werden die wesentlichen durch die Rechtsprechung entwickelten Abgrenzungskriterien zwischen ordnungsgemäßen und missbräuchlichen Fremdpersonaleinsatz gesetzlich niedergelegt.«

Man will also (nur) den »Rechtsmissbrauch« bekämpfen und gegen »rechtswidrige Vertragskonstruktionen« bei Werkverträgen« vorgehen.
Man stellt aber nicht den **Austausch** »eigener« Arbeitnehmer im Wege der Fremdvergabe (Outsourcing) durch (schlechter bezahlte) Beschäftigte von Fremdfirmen in Frage.

Referentenentwurf vom 16.11.2015 zu einem »Gesetz zur Änderung des Arbeitnehmerüberlassungsgesetzes und anderer Gesetze«

Die Befürchtung, dass der schwarz/rote Gesetzgeber ein Gesetz beschließen wird, das den Missbrauch von Leiharbeit und Werkvertragsarbeit nur unzureichend einschränkt, wird bestätigt, wenn man sich den vom Bundesministerium für Arbeit und Soziales vorgelegten **Referentenentwurf vom 16.11.2015** zu einem »Gesetz zur Änderung des Arbeitnehmerüberlassungsgesetzes und anderer Gesetze« anschaut. 8

Unter anderem sollen die von der **BAG-Rechtsprechung** entwickelten Kriterien zur **Abgrenzung von Dienst- oder Werkverträgen zu Arbeitsverträgen** (siehe Rn. 3) in einem neuen § 611a BGB normiert werden. Die geplante Vorschrift lautet:

»Vertragstypische Pflichten beim Arbeitsvertrag
(1) Handelt es sich bei den aufgrund eines Vertrages zugesagten Leistungen um Arbeitsleistungen, liegt ein Arbeitsvertrag vor. Arbeitsleistungen erbringt, wer Dienste erbringt und dabei in eine fremde Arbeitsorganisation eingegliedert ist und Weisungen unterliegt. Wenn der Vertrag und seine tatsächliche Durchführung einander widersprechen, ist für die rechtliche Einordnung des Vertrages die tatsächliche Durchführung maßgebend.
(2) Für die Feststellung, ob jemand in eine fremde Arbeitsorganisation eingegliedert ist und Wei-

sungen unterliegt, ist eine wertende Gesamtbetrachtung vorzunehmen. Dafür ist maßgeblich, ob jemand
a) nicht frei darin ist, seine Arbeitszeit oder die geschuldete Leistung zu gestalten oder seinen Arbeitsort zu bestimmen,
b) die geschuldete Leistung überwiegend in Räumen eines anderen erbringt,
c) zur Erbringung der geschuldeten Leistung regelmäßig Mittel eines anderen nutzt,
d) die geschuldete Leistung in Zusammenarbeit mit Personen erbringt, die von einem anderen eingesetzt oder beauftragt sind,
e) ausschließlich oder überwiegend für einen anderen tätig ist,
f) keine eigene betriebliche Organisation unterhält, um die geschuldete Leistung zu erbringen,
g) Leistungen erbringt, die nicht auf die Herstellung oder Erreichung eines bestimmten Arbeitsergebnisses oder eines bestimmten Arbeitserfolges gerichtet sind,
h) für das Ergebnis seiner Tätigkeit keine Gewähr leistet.
(3) Das Bestehen eines Arbeitsvertrages wird widerleglich vermutet, wenn die Deutsche Rentenversicherung Bund nach § 7a des Vierten Buches Sozialgesetzbuch insoweit das Bestehen eines Beschäftigungsverhältnisses festgestellt hat«

Die Neuregelung soll am 1.1.2017 in Kraft treten.

Ungeachtet des Umstandes, dass die Regelungsvorschläge des Referentenentwurfs aus Arbeitnehmersicht eine unzureichende Antwort auf den flächendeckenden Missbrauch von Leiharbeit und Werkvertragsarbeit durch die deutsche Unternehmerschaft geben (es soll nur das normiert werden, was die BAG-Rechtsprechung auf der Grundlage der aktuellen Gesetzeslage bereits entschieden hat), blasen die **Leiharbeitsverbände BAG** und **iGZ** sowie die **Bundesvereinigung der Deutschen Arbeitgeberverbände (BDA)** zur Attacke gegen das Gesetzesvorhaben. BDA-Präsident Kramer kommentierte den Entwurf als »*völlig abwegigen Eingriff in unsere Tarifautonomie*« und einem »*Großangriff auf Hunderttausende selbständige Unternehmen*« (https://www.ig-zeitarbeit.de/presse/artikel/aueg-entwurf-auf-eis-gelegt).

Die Formulierung des Herrn Kramer (»*... Eingriff in unsere Tarifautonomie*«) spricht für sich: Es ist in der Tat die »Tarifautonomie« der Arbeitgeber. Gesetze sollen nicht durch Tarifverträge zugunsten der Arbeitnehmer verbessert, sondern im Interesse der Profite der Unternehmen verschlechtert werden. Deshalb will man sich die »nach unten« abweichenden Leiharbeitstarifverträge möglichst ohne zeitliche Begrenzung als Tarifdumpinginstrument erhalten – bei gleichzeitiger scharfer Zurückweisung der berechtigten Forderung der Gewerkschaften, das Thema Werkvertrag tarifvertraglich zu regeln (siehe hierzu Rn. 11). Damit das mit **Leiharbeit** verbundene »Heuern und Feuern« nach Auftrags- und Marktlage für Verleiher und vor allem Entleiher attraktiv ist und bleibt. Und damit man weiter in großem Stil – ohne gesetzliche oder tarifliche Einschränkungen – **Fremdvergabe auf Basis von Werkverträgen** praktizieren kann mit dem Ziel, Personalkosten zu senken und dadurch die Profite zu erhöhen.

Bundeskanzlerin Merkel hat sich von dem Getöse aus dem Arbeitgeberlager offenbar beeindrucken lassen und soll den Referentenentwurf vom 16.11.2015 gestoppt haben mit der Begründung, dass er über die Verabredungen im Koalitionsvertrag hinausgehe (*https://www.ig-zeitarbeit.de/presse/artikel/ueber-koalitionsvertrag-nicht-hinausgehen*).

Es ist zu befürchten, dass die aus Arbeitnehmersicht ohnehin zu kurz greifenden Regelungen des Referentenentwurfs noch weiter verwässert werden und damit die Bekämpfung des Missbrauchs von Leiharbeit und Werkvertragsarbeit unwirksam gemacht wird.

Zu weiteren Einzelheiten des **Referentenentwurfs** siehe → **Arbeitnehmerüberlassung/Leiharbeit** Rn. 19 d.

9 Zum »real existierenden« Missbrauch von Werkvertragsarbeit nachstehend eine Reportage der **IG Metall-Initiative Gleiche Arbeit-Gleiches Geld** vom 6.1.2012 (Quelle: *https://www.gleichearbeit-gleichesgeld.de/initiative/aktuelle-meldungen/werkvertraege-die-neue-billig-masche-der-arbeitgeber/*):

Werkvertrag

Die neue Billig-Masche der Arbeitgeber
Die Masche Leiharbeit funktioniert nicht mehr ganz so billig. IG Metall und Betriebsräte setzen in immer mehr Betrieben bessere Regeln und Bezahlung für Leihbeschäftigte durch. Und seit 2011 gilt ein Mindestlohn. Immer mehr Arbeitgeber geben daher Arbeit über Werkverträge an »Dienstleistungs«-Firmen raus. Vorbei an Mindestlöhnen, Tarifverträgen und Betriebsräten. Die nächste Masche, um Menschen billig in unsichere Jobs und an den Rand der Betriebe zu drängen. So nicht, sagt die IG Metall, und packt die Werkverträge nun an.
Der Parkplatz am BMW-Werk Leipzig ist rappelvoll. Viele steigen schon in Arbeitsmontur aus – doch nur ein Teil in BMW-Overalls. Der Rest trägt Faurecia, SAS, Kühne und Nagel und wie sie alle heißen. 26 Dienstleistungsfirmen lassen hier über Werkverträge Menschen für BMW arbeiten. Längst nicht mehr nur in der Kantine oder an der Pforte, sondern bis tief in der Produktion. Für bis zu 1000 Euro weniger im Monat als die festen BMWler.
Die Hälfte der 5000 Menschen hier kommt mittlerweile von Werkvertrags-Firmen wie der Wisag Produktionsservice. 200 Wisag-Beschäftigte bauen in einer Halle Achsen zusammen, keine hundert Meter vom BMW-Montageband entfernt. Antriebswelle und Getriebe hochheben. Zusammenschrauben. Alles im 67-Sekunden Takt. Sie sind im Schnitt 33 Jahre alt. Länger halten ihre Knochen nicht durch. Sie haben zwar einen Betriebsrat, doch der kann wenig machen. »Halle, Teile, Maschinen – alles gehört dem Auftraggeber BMW, der auch die Takte vorgibt. Da haben wir keinen Zugriff, um Arbeitsplätze weniger belastend zu gestalten«, kritisiert Patrick Wohlfeld, Betriebsratsvorsitzender der Wisag.
Nach 67 Sekunden fährt die fertige Achse ein paar Meter rüber in die nächste Halle. Nicht zu BMW. Sondern zur nächsten Werkvertrags-Firma HQM, die die Achse mit dem Motor »verlobt« und dann ans BMW-Band weiterliefert.
Unternehmensberater empfehlen Werkverträge als Alternative zu Leiharbeit
Die Wisag, ursprünglich eine Gebäudereinigungsfirma, ist heute mit 5000 Leuten bundesweit als Industrie-Dienstleister unterwegs. Das Geschäft mit den Werkverträgen boomt, von Unternehmensberatern und Anwälten als Alternative zur Leiharbeit empfohlen. Denn Werkverträge sind weniger reguliert als Leiharbeit, in der seit Mai 2011 ein Mindestlohn gilt. Und wo Betriebsräte und IG Metall immer öfter bessere Bedingungen durchsetzen.
Bei BMW in Leipzig gibt es Werkverträge schon seit Jahren, neben Leiharbeit. Beides lässt sich auch bestens kombinieren: Die Wisag arbeitet nicht für BMW direkt, sondern im Auftrag der Thyssen-Krupp Automotive, die mit BMW den Achsen-Werkvertrag geschlossen hat und wiederum die Beschäftigten von der Wisag ausleiht.
Ein schlauer Kniff: Denn eigentlich erhalten Leihbeschäftigte bei BMW den IG Metall-Tariflohn. Das hat der BMW-Betriebsrat vor vier Jahren durchgesetzt. Doch das gilt rechtlich nur für Leiharbeiter direkt bei BMW. Nicht für Leiharbeiter, die formal für andere Unternehmen arbeiten, nämlich für die Werkvertrags-Firmen.
Die Zwei-Klassen-Belegschaft war gestern. Heute gibt es vier Klassen: BMW-Stamm- und BMW-Leihbeschäftigte, feste Werkvertragsleute und Werkvertrag-Leihbeschäftigte. Rund um die Kernbelegschaft wuchert ein bunter Rand. Ein Flickenteppich aus zig Vertragsarten. Viele stolpern seit Jahren von einem Rand-Flicken zum nächsten. Ein fester BMW-Job ist dabei unerreichbar.
»Das geht fast jedem hier so«, erzählt der gelernte Lackierer Daniel XY (Name von der Redaktion geändert). »Als ich vor vier Jahren mit Leiharbeit angefangen habe, konnte ich höchstens ein halbes Jahr planen. Jetzt habe ich endlich einen festen Vertrag bei HQM und habe Sicherheit. Anders als viele Leihleute, die zu Weihnachten weggeschickt werden.«
Ein weiteres **krasses Beispiel** für ungehemmte »Gewinnmaximierungsstrategien durch Personalabbau« (Quelle: Handelsblatt vom 1.2.2012 – Jens Koenen):
»IBM baut in Deutschland Tausende Stellen ab
01.02.2012, 09:19 Uhr
IBM steht in Deutschland ein massiver Umbruch bevor. Auf Dauer könnten hierzulande bis zu

2161

Werkvertrag

8000 Stellen gestrichen werden. Viele Projekte sollen künftig extern ausgeschrieben werden. Ein Neustart für das Unternehmen.
Es war ihr erster Auftritt als IBM-Chefin. Selbstbewusst präsentierte Virginia Rometty am 19. Januar in Armonk, Bundesstaat New York, die Bilanz des vierten Quartals: Der operative Gewinn stieg überraschend stark um fünf Prozent auf 5,6 Milliarden Dollar. Und das Jahr 2012, versprach die seit dem 1. Januar amtierende Konzernlenkerin, werde mit einem Gewinnplus von zehn Prozent noch besser.
Gerade in Zeiten düsterer Konjunkturperspektiven sollte das für die weltweit 427 000 Mitarbeiter des IT-Konzerns eine gute Nachricht sein. Doch von Zuversicht ist zumindest bei den 20 000 IBM-Beschäftigten in Deutschland nicht viel zu spüren. Hier grassiert stattdessen die Angst – die Angst vor dem Arbeitsplatzverlust.
Denn IBM wird mittelfristig, also in den nächsten Jahren, in Deutschland Tausende Stellen abbauen. Das bestätigen Mitglieder der höchsten Führungsgremien der deutschen IBM dem Handelsblatt. Einige Führungsmitglieder erwarten einen regelrechten Kahlschlag. »Am Ende kann es sein, dass nur noch 12 000 der derzeit 20 000 Jobs in der Landesgesellschaft übrig bleiben«, *so ein Mitglied der IBM-Führungsmannschaft.*
Die Firma wollte diese Informationen offiziell nicht kommentieren. »Angesichts der wettbewerbsintensiven Natur unseres Geschäfts diskutieren wir die Details unserer Beschäftigungsplanung nicht öffentlich«, *teilt das Unternehmen auf Anfrage mit.*
Das Projekt ist Teil des bereits laufenden Programms »Liquid«, *zu Deutsch* »flüssig«, *das die alte, starre Arbeitsorganisation weltweit in eine neue, flexiblere oder eben auch flüchtigere Organisation transformieren soll. Das Projekt verfolgt vor allem zwei Ziele: die Produktionskosten zu senken, um den Gewinn pro Aktie weiter zu steigern – von gut zehn Dollar im Jahr 2010 auf 20 Dollar im Jahr 2015.*
Zu diesem Zweck sollen künftig Kundenprojekte wie etwa die Beratung bei der Modernisierung von Unternehmenssoftware verstärkt von freien anstelle der bisher fest angestellten Mitarbeitern durchgeführt werden. IBM will solche Projekte auf Internetplattformen ausschreiben, wo sich dann auch die ehemals fest angestellten IT-Entwickler wie um die Jobs bewerben können. Nicht die Arbeit verschwindet, wohl aber die bisherige Form des festen Arbeitsplatzes. Sollte das Projekt reüssieren, will man es in anderen Landesgesellschaften wiederholen.
Das Unternehmen selbst will sich zu den Zahlen nicht äußern. »Technologie verändert sich, Kundenbedürfnisse verändern sich. Beides stellt neue Anforderungen an Kenntnisse und Fertigkeiten unserer Mitarbeiter«, *heißt es in einem IBM-Statement auf eine Anfrage des Handelsblatts.* »Wir richten unser Geschäft ständig innovativ und wettbewerbsfähig aus. Transformation ist Teil unseres Geschäftsmodells. Entsprechend passt sich unsere Belegschaft an.«
[…]
Die Erwartungen der Anteilseigner sind gewaltig. Der zum Jahreswechsel ausgeschiedene IBM-Chef Sam Palmisano hatte Mitte 2010 angekündigt, das Ergebnis je Aktie von damals gut zehn Dollar bis 2015 auf 20 Dollar verdoppeln zu wollen. Aktuell liegt das Ergebnis je Aktie bei 13,09 Dollar. Seit Jahresbeginn steht nun Virginia Rometty, die erste Frau an der IBM-Spitze, im Wort, dieses Versprechen einzulösen. In Deutschland wird sie unterstützt durch Martina Koederitz, die seit Frühjahr 2011 die deutsche IBM führt.
»Es weht nun ein ganz anderer Wind bei IBM in Deutschland«, *berichtet eine Führungskraft.* »Man hat sich die Bereiche sehr genau angeschaut und festgestellt, dass die Ziele der Konzernleitung in der vorhandenen Struktur selbst mit Übernahmen niemals zu erreichen sein werden.« *Deshalb arbeiten Koederitz und ihr Team schon seit einigen Wochen an völlig neuen Strukturen – nicht zuletzt im Vorgriff auf den Plan, künftig mehr Aufgaben in die Hände externer Fachkräfte zu geben.*
So werden in der Beratungssparte die Zuständigkeiten neu sortiert und konzentriert. Das Team etwa, das die Kunden aus dem Handelsbereich betreut, sitzt demnächst nur noch in Düsseldorf.

Werkvertrag

Kollegen, die in anderen Teilen Deutschlands wohnen und arbeiten, müssen umziehen. »Man hat sehr deutlich zu verstehen gegeben, dass Heimfahrten etwa mit dem Auto oder gar dem Flugzeug nicht bezahlt werden«, berichten Betroffene.
Auch die Verwaltung wird derzeit genau untersucht. Betroffen sind hier vor allem das Personalwesen, das Marketing und das sogenannte Customer Fulfillment, also die Abwicklung von Aufträgen wie etwa das Schreiben von Rechnungen. Gut 4000 Menschen arbeiten hier, nach Schätzungen von Unternehmenskennern zu viele. In den meisten anderen Ländern seien diese Aufgaben bereits viel stärker ausgelagert, etwa nach Osteuropa. Das werde nun auch in Deutschland forciert.«

Gewerkschaften versuchen, die **Auswüchse** der neuen Werkvertragsarbeit durch **Tarifregelungen** zu begrenzen (etwa durch Quotenregelungen, Sozialtarifverträge usw.). 11

Die Arbeitgeber/Arbeitgeberverbände lehnen das als **Einmischung** in ihre Angelegenheiten ab. So etwa der Pressesprecher des Arbeitgeberverbandes Nordmetall Haas im Hamburger Abendblatt vom 23. 2. 2012: Die Vergabe von Werkverträgen sei notwendig, um flexibel auf Auslastungsschwankungen reagieren zu können. Die Personalplanung gehöre zur Strategie des Managements. Und dies gelte auch für Werkverträge.

Das Gebot des Art. 14 Abs. 2 Grundgesetz: »*Eigentum verpflichtet. Sein Gebrauch soll zugleich dem Wohle der Allgemeinheit dienen*« spielt jedenfalls in diesen Überlegungen keine Rolle.

Bedeutung für die Betriebsratsarbeit

In vielen Betrieben arbeiten Personen, die **nicht in einem Arbeitsverhältnis** zu dem Betriebsinhaber (= Arbeitgeber) stehen. 12
Es kann sich um »**freie Mitarbeiter**« handeln (siehe → **Dienstvertrag**) oder Personal einer »**Fremdfirma**« (z. B. Leiharbeitnehmer oder »Werkvertragskräfte«).

Informationsrecht des Betriebsrats nach § 80 Abs. 2 Satz 1 Halbsatz 2 BetrVG

Nach § 80 Abs. 2 Satz 1 Halbsatz 2 BetrVG hat der Arbeitgeber den Betriebsrat über »*die Beschäftigung von Personen, die nicht in einem Arbeitsverhältnis zum Arbeitgeber stehen*«, zu unterrichten. Damit soll der Betriebsrat in die Lage versetzt werden, festzustellen, ob ihm in Bezug auf diesen Personenkreis Beteiligungsrechte (insbesondere nach § 99 bis 101 BetrVG) zustehen. 13

Auf Verlangen des Betriebsrats hat der Arbeitgeber die »Rechtsnatur« des Vertragsverhältnisses durch **Unterlagen** zu belegen (§ 80 Abs. 2 Satz 2 BetrVG).
Zu weiteren Einzelheiten siehe → **Informationsrechte des Betriebsrats** Rn. 2 c.

Ist die Beschäftigung von Fremdfirmenmitarbeitern im Betrieb eine nach §§ 99 bis 101 BetrVG mitbestimmungspflichtige Einstellung?

Der Betriebsrat ist gehalten zu prüfen, ob es sich bei dem Einsatz von »Fremdfirmenpersonal« um eine nach § 99 BetrVG mitbestimmungspflichtige → **Einstellung** handelt oder nicht. 14
Grundsätzlich steht dem Betriebsrat des Einsatzbetriebs bei der Beschäftigung von Fremdpersonal dann **kein Mitbestimmungsrecht** nach § 99 BetrVG zu, wenn der Einsatz auf Grundlage eines »**typischen / echten**« Werkvertragsverhältnisses erfolgt.
Das Gleiche gilt, wenn das Fremdpersonal aufgrund eines »**typischen / echten**« → **Dienstvertrages** zwischen Fremdfirma und auftraggebendem Unternehmen eingesetzt wird.
Etwas anderes gilt, wenn es sich um ein »**atypisches**« Dienst- oder Werkvertragsverhältnis 14a

Werkvertrag

handelt, bei dem der eingesetzte »Fremdfirmenarbeitnehmer« arbeitsbezogene Weisungen nicht nur von seinem Arbeitgeber (der Fremdfirma), sondern auch von auftraggebenden Unternehmen (= Einsatzbetrieb) erhält bzw. erhalten soll (partielle Arbeitgeberstellung). Dann kann es sich beim Einsatz des Fremdfirmenarbeitnehmers um eine **Eingliederung** handeln (siehe Rn. 15) und damit um eine → **Einstellung**, bei der der Betriebsrat des Einsatzbetriebes nach § 99 BetrVG mitzubestimmen hat.

15 Nach der ständigen Rechtsprechung des BAG liegt eine → **Einstellung** nach § 99 Abs. 1 BetrVG vor, wenn Personen in den Betrieb **eingegliedert** werden, um zusammen mit den dort schon beschäftigten Arbeitnehmern dessen arbeitstechnischen Zweck durch weisungsgebundene Tätigkeit zu verwirklichen. Auf das Rechtsverhältnis, in dem diese Personen zum Betriebsinhaber stehen, kommt es nicht an (BAG v. 13. 5. 2014 – 1 ABR 50/12; 2. 10. 2007 – 1 ABR 60/06, AiB 2008, 225; 13. 12. 2005 – 1 ABR 51/04, AiB 2007, 52 = NZA 2006, 1369; 12. 11. 2002 – 1 ABR 60/01, AiB 2005, 188; 18. 10. 1994 – 1 ABR 9/94, NZA 1995, 281).

Das Rechtsverhältnis zum Betriebsinhaber kann z. B. ein Arbeitsverhältnis (siehe → **Arbeitsvertrag**), ein Dienstvertragsverhältnis (siehe → **Dienstvertrag**) oder vereinsrechtlicher Art sein. Es kann sogar ganz fehlen – wie z. B. im Falle von **Arbeitnehmerüberlassung/Leiharbeit** oder bei einem Einsatz im Rahmen eines **Dienst-** oder **Werkvertragsverhältnisses** zwischen Betriebsinhaber und Fremdfirma.

Maßgebend ist, ob die zu verrichtenden Tätigkeiten ihrer Art nach **weisungsgebunden** und dazu bestimmt sind, der Verwirklichung des arbeitstechnischen Zwecks des Betriebs zu dienen, so dass sie vom Betriebsinhaber organisiert werden müssen. Ob den betreffenden Personen tatsächlich Weisungen hinsichtlich dieser Tätigkeiten gegeben werden – und ggf. von wem – ist unerheblich. Die Personen müssen derart in die Arbeitsorganisation des Betriebs **eingegliedert** werden, dass der Betriebsinhaber die für eine weisungsabhängige Tätigkeit **typischen Entscheidungen** auch über **Zeit und Ort der Tätigkeit** zu treffen hat. Er muss in diesem Sinne **Personalhoheit** besitzen und damit wenigstens einen **Teil der Arbeitgeberstellung** gegenüber den betreffenden Personen wahrnehmen (BAG v. 13. 5. 2014 – 1 ABR 50/12; 2. 10. 2007 – 1 ABR 60/06, a. a. O.; 13. 12. 2005 – 1 ABR 51/04, a. a. O.; 12. 11. 2002 – 1 ABR 60/01, a. a. O.; 18. 10. 1994 – 1 ABR 9/94, a. a. O.).

Siehe auch Rn. 5 a und → **Einstellung** Rn. 1b ff.

Keine Eingliederung bei einem »typischen, echten« Dienst- oder Werkvertragsverhältnis

16 Eine Eingliederung in diesem Sinne ist zu verneinen (und damit auch ein Mitbestimmungsrecht des Betriebsrats nach § 99 BetrVG), wenn **allein die Fremdfirma** (mit der der Arbeitnehmer einen Arbeitsvertrag abgeschlossen hat) die für ein Arbeitsverhältnis typischen Entscheidungen in Bezug auf Zeit und Ort des Arbeitseinsatzes zu treffen hat (BAG v. 9. 7. 1991 – 1 ABR 45/90, AiB 1992, 356; 18. 10. 1994 – 1 ABR 9/94, NZA 1995, 281).

Das ist bei einem »**echten**« Werkvertrag der Fall (siehe Rn. 14).

> **Beispiel:**
> Im Betrieb bauen Mitarbeiter eines anderen Unternehmens eine von diesem gelieferte Anlage – z. B. eine Maschine – auf.
> Die Arbeitsanweisungen werden von Führungskräften der Fremdfirma (Vorgesetzte, Projektleiter) erteilt.
> Hier kommt eine Mitbestimmung des Betriebsrats des Einsatzbetriebs nicht in Betracht.

Entsprechendes gilt, wenn Fremdpersonal auf Grundlage eines »**echten**« → **Dienstvertrages** im Betrieb eingesetzt wird.

Werkvertrag

Eingliederung bei einem »atypischen« Dienst- oder Werkvertragsverhältnis

Demgegenüber kann es sich bei dem Einsatz von Personal einer Fremdfirma dann um eine Eingliederung und damit um eine → **Einstellung** im Sinne des § 99 BetrVG handeln, wenn bei der Durchführung des Dienst- oder Werkvertragsverhältnisses ein Teil der Arbeitgeberstellung vom **Inhaber des Einsatzbetriebs** dergestalt wahrgenommen wird, dass er bzw. seine Führungskräfte – jedenfalls zu einem Teil – Zeit und Ort der Tätigkeit des eingesetzten Fremdpersonals bestimmen (BAG v. 13.5.2014 – 1 ABR 50/12; 13.12.2005 – 1 ABR 51/04, AiB 2007, 52).

17

Der Einsatz von Fremdarbeitnehmern, die aufgrund eines **Dienst- oder Werkvertrags** ihres Vertragsarbeitgebers **auf dem Betriebsgelände eines anderen Arbeitgebers** tätig sind, führt allerdings allein noch nicht zu ihrer **Eingliederung**, selbst wenn die von ihnen zu erbringende Dienst- oder Werkleistung hinsichtlich Art, Umfang, Güte, Zeit und Ort in den betrieblichen Arbeitsprozess **eingeplant** ist (BAG v. 13.5.2014 – 1 ABR 50/12). Vielmehr müssen sie so in den fremden Betrieb **eingegliedert** sein, dass deren Inhaber bzw. seine Führungskräfte die für ein Arbeitsverhältnis typischen Entscheidungen über den Arbeitseinsatz des Fremdpersonals treffen.

Für eine mitbestimmungspflichtige **Eingliederung** in den Betrieb spricht (beispielsweise), wenn das Fremdfirmenpersonal

- der Aufsicht und den Arbeitsanweisungen der Mitarbeiter bzw. Vorgesetzten des Einsatzbetriebs unterworfen ist;
- den konkreten Arbeitsort innerhalb der Betriebsorganisation vom Einsatzbetrieb zugewiesen bekommt;
- in die Arbeitszeitregelungen, insbes. Schichtpläne, Rolliersysteme, Pausenregelung, eingebunden ist;
- die Zeiterfassungsgeräte des Einsatzbetriebes benutzt bzw. Stundenzettel vom Einsatzbetrieb abgezeichnet werden;
- mit Material, Werkzeugen, Maschinen und sonstigen Arbeitsmitteln des Einsatzbetriebs arbeitet;
- mit dem Stammpersonal des Einsatzbetriebes »vermischt« zusammenarbeitet und praktisch die gleichen Arbeiten verrichtet wie das Personal des Einsatzbetriebs (z.B. Gruppenarbeit, Arbeit am Band, Verkauf von Waren in einem Kaufhaus durch eigene Mitarbeiter/Innen und sog. Propagandisten/innen);
- stets wiederkehrende und regelmäßig auszuführende Wartungs- und Reinigungsarbeiten ausführt, die von dem arbeitstechnischen Zweck des Einsatzbetriebs nicht getrennt werden können und bei Produktionsstillstand außerhalb der Schichtzeiten stattfinden;
- vom Einsatzbetrieb angelernt bzw. weiterqualifiziert wird;
- verpflichtet ist, Arbeitsunfähigkeit dem Einsatzbetrieb anzuzeigen.

> **Beispiel (aus BAG v. 13.5.2014 – 1 ABR 50/12):**
> Erbringt ein Arbeitgeber (Logistik-Unternehmen) Transportleistungen mit Lastkraftwagen und hat er mit einem Teil dieser Tätigkeiten seinerseits ein Fremdunternehmen beauftragt (das Lastkraftwagen von ihm angemietet hat), so kann eine betriebsverfassungsrechtlich relevante Eingliederung des Fahrpersonals des Fremdunternehmens in den Betrieb des Arbeitgebers und damit eine nach § 99 BetrVG mitbestimmungspflichtige Einstellung vorliegen, wenn er in seinen **Dienst-/Schichtplänen** nicht nur über den Einsatz der eigenen Fahrzeuge und ihres Fahrpersonals entscheidet, sondern auch über den vom Fremdunternehmen eingesetzten Fuhrpark unter namentlicher Benennung des Fahrpersonals des Fremdunternehmens.

Liegen die Voraussetzungen einer Eingliederung und damit → **Einstellung** vor, hat der Arbeit-

18

Werkvertrag

geber vor einem Einsatz des Fremdfirmenmitarbeiters die Zustimmung des Betriebsrats nach § 99 BetrVG einzuholen (siehe Rn. 14 und → **Einstellung** Rn. 1 b, 11 ff.).

»Verdeckte Arbeitnehmerüberlassung / Leiharbeit«

19 Nicht selten handelt es sich beim Einsatz von Fremdfirmenmitarbeitern auf Grundlage eines angeblichen Dienst- oder Werkvertrages um »**verdeckte Arbeitnehmerüberlassung / Leiharbeit**« (zur Abgrenzung siehe Rn. 4 und → **Arbeitnehmerüberlassung/Leiharbeit** Rn. 4 und 35 ff.).

Dann kommt § 14 Abs. 3 AÜG zur Anwendung. Hiernach ist der Betriebsrat des Einsatzbetriebs vor der Übernahme von Leiharbeitnehmern nach § 99 BetrVG zu beteiligen. Geschieht das nicht, stehen ihm die Durchsetzungsrechte nach § 101 BetrVG zu (siehe → **Einstellung** Rn. 34 ff.).

Außerdem stehen den eingesetzten Fremdfirmenmitarbeitern (die im Falle der verdeckten Arbeitnehmerüberlassung als Leiharbeitnehmer anzusehen sind) die Rechte nach §§ 10 bis 13b AÜG zu (siehe hierzu Rn. 5 und → **Arbeitnehmerüberlassung/Leiharbeit**).

19a Wenn zwischen Betriebsrat und Arbeitgeber (des Einsatzbetriebes) strittig ist, ob eine mitbestimmungspflichtige Eingliederung und damit Einstellung vorliegt, hat der Betriebsrat **zwei Möglichkeiten:**

- er kann ein arbeitsgerichtliches **Beschlussverfahren nach § 101 BetrVG** einleiten, wenn im Betrieb ein Fremdfirmenmitarbeiter ohne seine Zustimmung eingesetzt/eingegliedert und damit eingestellt wird i. S. d. § 99 BetrVG. Ziel ist es, die konkrete Einstellung (= Eingliederung) »aufzuheben« (siehe → **Einstellung** Rn. 34 ff.). Der Nachteil eines Verfahrens nach § 101 BetrVG ist, dass es sich erledigt, wenn der Einsatz des Fremdfirmenmitarbeiters beendet wird.
- er kann aber auch ein arbeitsgerichtliches Beschlussverfahren einleiten mit dem Antrag, »*festzustellen, dass der Einsatz von Mitarbeitern der Firma ... im Bereich der Abteilung ... der Mitbestimmung des Betriebsrats nach § 99 BetrVG unterliegt.*« Ein solcher **Feststellungsantrag nach § 256 Abs. 1 ZPO** ist zulässig.

Anders als im Fall des § 101 BetrVG erledigt sich ein solches Verfahren nicht, wenn der Einsatz eines bestimmten Fremdfirmenfirmenmitarbeiters beendet wird.

Wichtig ist, dass die Fallgestaltung, für die der Betriebsrat ein Mitbestimmungsrecht nach § 99 BetrVG geltend macht, hinreichend konkret beschrieben wird, wie etwa in dem Verfahren BAG v. 13. 5. 2014 – 1 ABR 50/12: der Betriebsrat hatte zulässig beantragt, »*festzustellen, dass der Einsatz von Mitarbeitern der Firma LDI Logistik und Dienstleistungen GmbH im Bereich der Produktionslogistik der Mitbestimmung des Betriebsrats nach § 99 BetrVG unterliegt.*«

20 Wenn eine → **Einstellung** (= Eingliederung) zu bejahen ist, hat der Arbeitgeber (Einsatzbetrieb) den Betriebsrat nach § 99 Abs. 1 BetrVG über die Einstellung (= Eingliederung) des Fremdfirmenpersonals zu unterrichten und seine **Zustimmung** zu beantragen.

Der Betriebsrat kann gemäß § 99 Abs. 2 BetrVG die **Zustimmung verweigern**. Allerdings muss er die Zustimmungsverweigerung auf einen der in § 99 Abs. 2 BetrVG aufgeführten Gründe stützen. Und das ist nicht ganz einfach, weil der Katalog der Zustimmungsverweigerungsgründe beim Einsatz von Fremdfirmenpersonal nicht richtig »passt«. Hier wäre der Gesetzgeber gefordert, weitere Zustimmungsverweigerungsgründe (z. B. ein Verbot des Austauschs von eigenem Personal durch Fremdfirmenmitarbeiter). Das ist aber im Koalitionsvertrag so nicht vorgesehen (siehe Rn. 7 zum **Koalitionsvertrag von CDU/CSU/SPD 2013**).

Die Zustimmungsverweigerung hat binnen einer **Frist von einer Woche schriftlich** unter Angabe des Grundes bzw. der Gründe zu erfolgen; andernfalls gilt die Zustimmung als erteilt (§ 99 Abs. 3 BetrVG).

Verweigert der Betriebsrat seine Zustimmung form- und fristgerecht, muss der Arbeitgeber ein arbeitsgerichtliches **Zustimmungsersetzungsverfahren** durchführen (§ 99 Abs. 4 BetrVG).
Ein **vorläufiger Einsatz** des Fremdfirmenpersonals kommt – wenn es sich um eine Einstellung handelt – nur unter den Voraussetzungen des § 100 BetrVG in Frage.
Beachtet der Arbeitgeber die Rechte des Betriebsrats nicht, stehen diesem die **Durchsetzungsrechte nach § 101 BetrVG** zur Verfügung (siehe → **Einstellung** Rn. 34 ff.).
Strittig ist, ob der Betriebsrat den Einsatz von Fremdfirmenpersonal – wenn es sich um eine Einstellung handelt – durch Antrag auf **einstweilige Verfügung** unterbinden kann. Das dürfte allerdings zu bejahen sein.
Der Einsatz von Fremdfirmenpersonal erfolgt regelmäßig **zeitlich befristet**. Die in §§ 99 bis 101 BetrVG vorgesehenen gerichtlichen Verfahren (Zustimmungsersetzungsverfahren nach § 99 Abs. 4 BetrVG, Verfahren nach § 100 Abs. 2 und 3 BetrVG und nach § 101 BetrVG) erledigen sich dann regelmäßig, weil die Einsatzdauer vor Ende des gerichtlichen Verfahrens abläuft – das führt zur Einstellung des Verfahrens.
Es entsteht auf diese Weise zugunsten der Arbeitgeberseite ein **rechtsfreier Raum**. Diese Schutzlücke muss nach zutreffender Ansicht dadurch geschlossen werden, dass dem Betriebsrat bei kurzfristigem Personaleinsatz ein mit einstweiliger Verfügung durchsetzbarer Unterlassungsanspruch zugestanden wird (so etwa Fitting, BetrVG, 27. Aufl., § 99 Rn. 298).
Letztlich dürfte ein arbeitsgerichtliches Beschlussverfahren mit dem Antrag, »*festzustellen, dass der Einsatz von Mitarbeitern der Firma ... im Bereich der Abteilung ... der Mitbestimmung des Betriebsrats nach § 99 BetrVG unterliegt*« die wirksamere Variante sein (Feststellungsantrag nach § 256 Abs. 1 ZPO; siehe Rn. 19 a und BAG v. 13. 5. 2014 – 1 ABR 50/12).

Rechte des Betriebsrats bei geplanter Ausgliederung von Betriebsteilen (Outsourcing / Inhouse-Outsourcing) auf eine Fremdfirma (Betriebsänderung nach §§ 111 ff. BetrVG)

Die **Ausgliederung eines Betriebsteils** auf ein anderes Unternehmen etwa auf Grund eines Werkvertrages (sog. **Outsourcing**) erfüllt nicht nur den Tatbestand des § 613 a BGB (»Übergang eines Betriebsteils«; siehe → **Betriebsübergang**), sondern auch den Tatbestand einer Spaltung im Sinne vom § 111 Satz 3 Nr. 3 BetrVG (BAG v. 10. 12. 1996 – 1 ABR 32/96, AiB 1998, 170; LAG Bremen v. 21. 10. 2004 – 3 Sa 77/04). 21

> **Beispiel:**
> Die Logistik wird auf eine Fremdfirma übertragen; die Anlagen bleiben aber im Betrieb (sog. Inhouse-Outsourcing).

Anders als nach § 111 Satz 3 Nr. 1 BetrVG für eine Betriebsstilllegung ist für eine Spaltung i. S. v. § 111 Satz 3 Nr. 3 BetrVG nicht erforderlich, dass »**wesentliche**« **Betriebsteile** betroffen sind (BAG v. 18. 3. 2008 – 1 ABR 77/06). Deshalb kommt es auf die Größe des abgespaltenen Betriebsteils und die Zahl der von der Spaltung betroffenen Arbeitnehmer nicht an. Maßgeblich ist allein, ob es sich um eine **veräußerungsfähige bzw. abspaltungsfähige Einheit** handelt (BAG v. 18. 3. 2008 – 1 ABR 77/06; 10. 12. 1996 – 1 ABR 32/96, a. a. O.; LAG Bremen v. 21. 10. 2004 – 3 Sa 77/04).

> **Beispiel:**
> Die Cafeteria (8 Arbeitnehmer) eines Einkaufsmarktes (mit insgesamt 188 Beschäftigten) wird auf eine Fremdfirma ausgegliedert (LAG Bremen v. 21. 10. 2004 – 3 Sa 77/04).

Werkvertrag

Aus Vorstehendem folgt:
Im Falle eines **Teilbetriebsübergangs** = **Spaltung** stehen dem Betriebsrat die Rechte nach §§ 111 bis 112 a BetrVG zu:
- umfassendes Informations- und Beratungsrecht (§ 111 Satz 1 BetrVG)
- Hinzuziehung von → **Beratern** (§ 111 Satz 2 BetrVG; Voraussetzung: das Unternehmen (nicht der Betrieb!) beschäftigt mehr als 300 Arbeitnehmer)
- Verhandlungen über → **Interessenausgleich** (also über das ob, wann und wie« der Betriebsänderung); Hinzuziehung der Agentur für Arbeit; Einigungsstellenverfahren; vor Abschluss des Einigungsstellenverfahren zum Interessenausgleich darf der Arbeitgeber die Ausgliederung nicht beginnen; ggf. Antrag des Betriebsrats auf **einstweilige Verfügung auf Unterlassung der Spaltung**
- Verhandlungen über den → **Sozialplan** (also Abfindungen, usw. für die von der Spaltung Betroffenen)

Versucht der Unternehmer im Falle der Spaltung keinen Interessenausgleich mit dem Betriebsrat, ist er gemäß § 113 Abs. 3 BetrVG gegenüber den betroffenen Arbeitnehmern zum → **Nachteilsausgleich** verpflichtet (vgl. hierzu LAG Bremen v. 21. 10. 2004 – 3 Sa 77/04).

22 Die **teilweise Stilllegung** eines Betriebs ist nach Ansicht des BAG keine Spaltung i. S. v. § 111 Satz 3 Nr. 3 BetrVG (BAG v. 18. 3. 2008 – 1 ABR 77/06). Eine Spaltung i. S. v. § 111 Satz 3 Nr. 3 BetrVG setze voraus, dass zumindest **zwei neue Einheiten** entstehen. Dieses Erfordernis sei auch erfüllt, wenn ein abgespaltener Betriebsteil anschließend in einen anderen Betrieb – desselben Arbeitgebers oder eines Betriebsteilerwerbers – eingegliedert wird und dabei untergeht. Keine Spaltung liege jedoch vor, wenn sich die Maßnahme darin erschöpft, die betriebliche **Tätigkeit eines Betriebsteils zu beenden, ohne dass dessen Substrat erhalten bliebe**. Dann handele es sich um eine Stilllegung dieses Betriebsteils und nicht um eine Spaltung des Betriebs. Das ergebe die Auslegung des § 111 Satz 3 Nr. 3 BetrVG. Schon nach dem Wortlaut der Bestimmung setze der Begriff der »Spaltung« den Wechsel von einer zu mindestens zwei neuen Einheiten voraus. Nach dem allgemeinen Sprachgebrauch sei eine Spaltung die Teilung einer zuvor bestehenden Einheit. Es müssten durch sie zumindest zwei Spaltprodukte entstehen. Die bloße Verkleinerung einer Einheit sei begrifflich keine Spaltung.

23 Allerdings kommt nach Auffassung des BAG im Falle der **teilweisen Stilllegung** eines Betriebs eine Betriebsänderung in Form der **Änderung der Betriebsorganisation** i. S. v. § 111 Satz 3 Nr. 4 BetrVG in Betracht (BAG v. 18. 3. 2008 – 1 ABR 77/06). Diese liege vor, wenn der Betriebsaufbau, insbesondere hinsichtlich Zuständigkeiten und Verantwortung, umgewandelt wird. Grundlegend sei die Änderung, wenn sie sich auf den Betriebsablauf in erheblicher Weise auswirkt. Maßgeblich dafür sei der **Grad der Veränderung** (so auch BAG v. 18. 11. 2003 – 1 AZR 637/02). Es komme entscheidend darauf an, ob die Änderung einschneidende Auswirkungen auf den Betriebsablauf, die Arbeitsweise oder die Arbeitsbedingungen der Arbeitnehmer hat. Die Änderung müsse in ihrer Gesamtschau von **erheblicher Bedeutung** für den gesamten Betriebsablauf sein.

Das wurde in der Entscheidung BAG v. 18. 3. 2008 – 1 ABR 77/06 im Falle der Stilllegung einer technischen Anzeigenproduktion mit 10 Beschäftigten in einem Betrieb mit 390 Arbeitnehmern verneint.

Auch unter sonstigen Gesichtspunkten hat das BAG in dem Vorgang **keine Betriebsänderung** gesehen. Er sei weder eine Betriebsspaltung i. S. v. § 111 Satz 3 Nr. 3 BetrVG (siehe Rn. 9 g) noch habe es sich um die Stilllegung eines wesentlichen Betriebsteils i. S. v. § 111 Satz 3 Nr. 1 BetrVG, einen sozialplanpflichtigen Personalabbau i. S. v. § 112 a Abs. 1 Satz 1 BetrVG oder um eine grundlegende Änderung der Betriebsorganisation i. S. v. § 111 Satz 3 Nr. 4 BetrVG gehandelt.

Nachstehend Auszüge aus der Entscheidung des BAG v. 18. 3. 2008 – 1 ABR 77/06:
»*Die Arbeitgeberin betreibt einen Zeitungsverlag. In ihrem Betrieb in I sind ca. 390 Mitarbeiter*

Werkvertrag

beschäftigt. Zehn Mitarbeiter waren in der zu dem Betrieb gehörenden technischen Anzeigenproduktion (Satzherstellung) tätig. Mit Wirkung vom 1. März 2004 übertrug die Arbeitgeberin deren Aufgaben in einem Werkvertrag auf die C GmbH (CSI). Diese übernahm zwei der bislang in der Anzeigenproduktion beschäftigten Arbeitnehmer; die weiteren acht Mitarbeiter wurden entlassen. Die CSI ist seit 1997 am Markt tätig und beschäftigt etwa 20 Mitarbeiter. Sie übernahm von der Arbeitgeberin keine wesentlichen materiellen oder immateriellen Betriebsmittel, verpflichtete sich aber, für die Satzherstellung die bereits zuvor von ihr verwendeten Softwareprogramme CCI und Vi & Va zu benutzen.

Eine auf Betreiben des Betriebsrats errichtete Einigungsstelle beschloss am 11. Februar 2005 unter Beteiligung des Vorsitzenden und gegen die Stimmen der Arbeitgeberin einen Sozialplan. Dessen Gegenstand ist nach seinem § 1 die »Schließung der eigenen Anzeigenproduktion (Satzherstellung) durch die Arbeitgeberin«. Er sieht in § 2 für die zehn vormals in der Anzeigenproduktion beschäftigten, namentlich benannten Arbeitnehmer Abfindungen vor. Der Spruch wurde der Arbeitgeberin am 6. April 2005 zugestellt.

Am 20. April 2005 hat die Arbeitgeberin den Spruch der Einigungsstelle gerichtlich angefochten. Sie hat die Auffassung vertreten, eine sozialplanpflichtige Betriebsänderung habe nicht vorgelegen. Außerdem habe die Einigungsstelle ihr Ermessen überschritten, indem sie auch die beiden von der CSI übernommenen Mitarbeiter in den Sozialplan aufgenommen habe.

Die Arbeitgeberin hat beantragt festzustellen, dass der Spruch der Einigungsstelle vom 11. Februar 2005 unwirksam ist.

Das Arbeitsgericht hat den Antrag der Arbeitgeberin abgewiesen. Das Landesarbeitsgericht hat ihre Beschwerde zurückgewiesen. Mit der vom Landesarbeitsgericht zugelassenen Rechtsbeschwerde verfolgt die Arbeitgeberin ihren Antrag weiter.

B. Die Rechtsbeschwerde ist begründet. Die Vorinstanzen haben den Antrag der Arbeitgeberin zu Unrecht abgewiesen.

Der Spruch der Einigungsstelle ist unwirksam. Sie war für die Aufstellung eines Sozialplans nicht zuständig. Voraussetzung für einen erzwingbaren Sozialplan, über dessen Aufstellung die Einigungsstelle gemäß § 112 Abs. 4 Satz 1 BetrVG dann zu entscheiden hat, wenn zwischen den Betriebsparteien keine Einigung zustande kommt, ist das Vorliegen einer Betriebsänderung iSv. § 111 Satz 1 BetrVG.

Die Übertragung der Aufgaben der Anzeigenproduktion von der Arbeitgeberin auf die CSI und die Entlassung von acht Arbeitnehmern war keine solche. Sie war weder eine Betriebsspaltung iSv. § 111 Satz 3 Nr. 3 BetrVG noch handelte es sich um die Stilllegung eines wesentlichen Betriebsteils iSv. § 111 Satz 3 Nr. 1 BetrVG, einen sozialplanpflichtigen Personalabbau iSv. § 112 a Abs. 1 Satz 1 BetrVG oder um eine grundlegende Änderung der Betriebsorganisation iSv. § 111 Satz 3 Nr. 4 BetrVG ...«

Siehe auch → **Betriebsänderung**, → **Betriebsübergang**, → **Interessenausgleich**, → **Nachteilsausgleich** und → **Sozialplan**. 24

Arbeitshilfen

Übersicht
- Betriebsänderung in Form des Outsourcing / Inhouse-Outsourcing (= Spaltung eines Betriebs i. S. d. § 111 Satz 3 Nr. 3 BetrVG): Was spricht dafür, was spricht dagegen?
- Betriebsrat an Geschäftsleitung wegen Betriebsänderung (§ 111 BetrVG) in Form der Fremdvergabe von Lageraktivitäten / Logistik (Outsourcing / Inhouse-Outsourcing)

Werkvertrag

Musterschreiben • Outsourcing, Unternehmensteilung, Betriebsaufspaltung, Betriebsänderung, Betriebsübergang: Eckpunkte einer Vereinbarung

Übersicht: Betriebsänderung in Form des Outsourcing / Inhouse-Outsourcing (= Spaltung eines Betriebs i. S. d. § 111 Satz 3 Nr. 3 BetrVG): Was spricht dafür, was spricht dagegen?[1]

Dafür	Dagegen
1. Strategie	**1. Strategie**
• Konzentration auf Kerngeschäft • Kleinere Organisation • Kooperation statt Hierarchie • Flexibilität • Risikotransfer • Standardisierung	• Entstehen nicht umkehrbarer Abhängigkeiten • Störung zusammengehörender Prozesse • Langfristige Kostensteigerung • Kommunikationsprobleme allgemein • Weniger informelle Kommunikation • Entscheidung schwer umkehrbar
2. Leistung	**2. Leistung**
• Hohe Kompetenz des Anbieters • Klar definierte Leistungen und Verantwortlichkeit • Raschere Verfügbarkeit von Kapazitäten	• Kompetenzverlust • Übervorteilung durch Informationsdefizite • Überwindung räumlicher Distanzen
3. Kosten	**3. Kosten**
• Kostenreduktion im laufenden Betrieb • Variable statt fixe Kosten • Kostentransparenz • Risikominimierung	• Transaktionskosten • Bezugsgrößenbestimmung für Entgelt • Kosten schwer zu berechnen • Drohende Preissteigerung
4. Personal	**4. Personal**
• Weniger Probleme bei Personalbeschaffung und Qualifizierung	• Motivationsprobleme • Soziale Folgekosten
5. Finanzen	**5. Finanzen**
• Finanzmittelbeschaffung • Auswirkung auf Jahresabschluss	• Geringere finanzielle Reserven

Rechtsprechung

1. Abgrenzung Arbeitsvertrag, Dienstvertrag, Werkvertrag
2. Abgrenzung Dienstvertrag, Werkvertrag, Arbeitnehmerüberlassung/Leiharbeit
3. Informationsrecht des Betriebsrats nach § 80 Abs. 2 Satz 1 Halbsatz 2 BetrVG
4. Bei echter Werkvertragsarbeit keine Einstellung i. S. d. § 99 BetrVG
5. Fremdvergabe (Outsourcing / Inhouse-Outsourcing) kann Betriebsänderung in Form der Spaltung sein (§ 111 Satz 3 Nr. 3 BetrVG)

---

1 Quelle: IG Metall (Hrsg.), Handlungshilfen für Betriebsräte bei Unternehmensumwandlung

Werkwohnung

Was ist das?

Unter den Begriff »Werkwohnung« wird sowohl die »**Werkmietwohnung**« als auch die »**Werkdienstwohnung**« gefasst.
Da sich an beide Wohnungsformen aber unterschiedliche rechtliche Regelungen anknüpfen, müssen sie unterschieden werden.
Eine »**Werkmietwohnung**« ist eine solche, über die zwischen Arbeitgeber und Arbeitnehmer »mit Rücksicht« auf das Bestehen eines Arbeitsverhältnisses ein »normaler« Mietvertrag abgeschlossen wird (§§ 576, 576 a BGB).

> **Beispiel:**
> Wohnungen, die in Zeiten knappen Wohnraums von Firmen gebaut oder gekauft und sodann an eigene Arbeitnehmer vermietet werden mit der Zielsetzung, diese anzuwerben bzw. zu halten.

Auf die Vermietung einer Werkmietwohnung finden die Mietrechtsbestimmungen des BGB (§§ 549 ff. BGB) Anwendung: z. B. die Vorschriften zur Regelung der Miethöhe (§§ 557 bis 561 BGB).
Für die Kündigung einer Werkmietwohnung gelten die §§ 568 bis 575 a BGB nach Maßgabe der Sonderregelungen der §§ 576 und 576 a BGB.
Zuweisung und Kündigung einer Werkmietwohnung sowie die Festlegung von Nutzungsbedingungen unterliegen nach § 87 Abs. 1 Nr. 9 BetrVG der **Mitbestimmung** des Betriebsrats (siehe Rn. 10).
Demgegenüber handelt es sich um eine »**Werkdienstwohnung**«, wenn diese »im Rahmen« eines arbeitsvertraglichen Verhältnisses dem Arbeitnehmer im überwiegenden Interesse des Betriebs – ohne Abschluss eines besonderen Mietvertrages – »überlassen« wird (§ 576 b Abs. 1 BGB).

> **Beispiel:**
> Überlassung einer auf dem Firmengelände liegenden Wohnung an den als Hausmeister oder Pförtner beschäftigten Arbeitnehmer, damit dieser jederzeit und schnell verfügbar ist.

Das Nutzungsrecht an der Werkdienstwohnung endet grundsätzlich mit der Beendigung des Arbeitsverhältnisses.
Die Mietrechtsbestimmungen des BGB gelten nicht.
Es gibt allerdings eine wichtige **Ausnahme**: Hat der Arbeitnehmer die Werkdienstwohnung überwiegend mit Einrichtungsgegenständen ausgestattet oder lebt er in der Wohnung mit seiner Familie oder Personen, mit denen er einen auf Dauer angelegten gemeinsamen Hausstand führt, so gelten »*für die Beendigung des Rechtsverhältnisses hinsichtlich des Wohnraums die Vorschriften über Mietverhältnisse entsprechend*« (§ 576 b Abs. 1 BGB).

Werkwohnung

Bedeutung für die Betriebsratsarbeit

7   Der Betriebsrat hat gemäß § 87 Abs. 1 Nr. 9 BetrVG ein Mitbestimmungsrecht (einschließlich des **Initiativrechts**) bei der
»*Zuweisung und Kündigung von Wohnräumen, die dem Arbeitnehmer mit Rücksicht auf das Bestehen eines Arbeitsverhältnisses vermietet werden, sowie bei der allgemeinen Festlegung der Nutzungsbedingungen«.*

8   Das Mitbestimmungsrecht des Betriebsrats erfasst nur die so genannten »**Werkmietwohnungen**« (siehe Rn. 2).

9   Bei »**Werkdienstwohnungen**« (siehe Rn. 5) besteht ein Mitbestimmungsrecht nach § 87 Abs. 1 Nr. 9 BetrVG nicht.
Wenn aber ein Nutzungsbeitrag für die Werkdienstwohnung erhoben wird und auf das Arbeitsentgelt angerechnet werden soll, ist Mitbestimmung nach § 87 Abs. 1 Nr. 10 BetrVG gegeben (vgl. Fitting, BetrVG, 27. Aufl., § 87 Rn. 385).

10 Mitbestimmungspflichtig nach § 87 Abs. 1 Nr. 9 BetrVG sind bei »Werkmietwohnungen« (siehe Rn. 2) im Einzelnen folgende Sachverhalte:
- die »**Zuweisung**« einer Werkmietwohnung im Einzelfall, also insbesondere die Auswahl des zukünftigen Mieters unter mehreren Anwärtern; aber auch die Aufstellung einer Anwärterliste nach sozialen Kriterien;
- die »**Kündigung**« einer Werkmietwohnung durch den Arbeitgeber im Einzelfall, gleichgültig ob es sich um eine fristgerechte oder fristlose Kündigung handelt;
- die allgemeine Festlegung der **Nutzungsbedingungen** der Werkmietwohnung: insbesondere Erstellung eines Mustermietvertrages, wie Hausordnung, Grundsätze der Mietzinsbildung (der jeweils geltende Quadratmeterpreis bei Wohnungen unterschiedlicher Größe und Qualität, Regelungen über Nebenkosten). Dabei bewegt sich das Mitbestimmungsrecht im Rahmen der vom Arbeitgeber zur Verfügung gestellten Mittel (sog. »**Dotierungsrahmen**«; siehe auch Rn. 14 f.).

11 Kommt es zu keiner Einigung zwischen Arbeitgeber und Betriebsrat über die Zuweisung oder Kündigung einer Werkmietwohnung bzw. über die Festlegung der Nutzungsbedingungen, entscheidet auf Antrag die → **Einigungsstelle** (§ 87 Abs. 2 BetrVG).

12 Die Zuweisung oder Kündigung einer Werkmietwohnung sind ohne Zustimmung des Betriebsrats oder der Einigungsstelle **unwirksam**.

13 Neben dem Mitbestimmungsrecht des Betriebsrats hat der Arbeitgeber – aber auch die → **Einigungsstelle** – das einschlägige **Mieterschutzrecht** (§§ 549 ff. BGB) zu beachten, insbesondere die Kündigungsschutzbestimmungen des Bürgerlichen Gesetzbuches (§§ 568 ff. BGB).
Wird gegen das Mieterschutzrecht verstoßen, sind entsprechende Maßnahmen des Arbeitgebers auch dann **unwirksam**, wenn der Betriebsrat zugestimmt oder die Einigungsstelle die Zustimmung ersetzt hat.

14 Da Werkmietwohnungen (nicht aber Werkdienstwohnungen) gleichzeitig »**Sozialeinrichtungen**« im Sinne des § 87 Abs. 1 Nr. 8 BetrVG sind, findet auch diese Mitbestimmungsvorschrift Anwendung.
Das heißt, der Betriebsrat hat – im Rahmen der vom Arbeitgeber vorgegebenen Dotierung (siehe Rn. 15) – mitzubestimmen auch in Bezug auf **Form, Ausgestaltung und Verwaltung** von Werkmietwohnungen.

> **Beispiel:**
> Im Wege seines Initiativrechtes kann der Betriebsrat Lärmschutzmaßnahmen in Werkmietwohnungen von Schichtarbeitern verlangen (= Ausgestaltung). Bei Ablehnung durch den Arbeitgeber kann der Betriebsrat die Einigungsstelle anrufen (§ 87 Abs. 2 BetrVG).

Mitbestimmungsfrei ist dagegen auch hier die Frage, ob und in welchem Umfang (»**Dotie-** **15** **rungsrahmen**«) und an welchen – abstrakt festgelegten – **Personenkreis** der Arbeitgeber Werkmietwohnungen zur Verfügung stellt (siehe insoweit → **Sozialeinrichtung**).
Auch die Entscheidung des Arbeitgebers, zukünftig keine Wohnungen mehr zu vermieten, ist nicht mitbestimmungspflichtig.

Bedeutung für die Beschäftigten

Die Rechte des Beschäftigten nach dem allgemeinen **Mieterschutzrecht** werden durch das **16** Mitbestimmungsrecht des Betriebsrats nicht eingeschränkt.
Das heißt, er kann sich – notfalls im Klagewege (zuständig ist das **Amtsgericht**, nicht das Arbeitsgericht!) – gegen eine Kündigung der Werkmietwohnung auch dann wehren, wenn der Betriebsrat – oder die Einigungsstelle – der Kündigung zugestimmt hat.
Gleiches gilt, wenn – im Falle einer **Werkmietwohnung** – Mieterhöhungen vorgenommen **17** werden sollen und der Arbeitnehmer hiermit nicht einverstanden ist.
Zuständiges Gericht ist auch insoweit das Amtsgericht.
Bei Streitigkeiten im Zusammenhang mit einer **Werkdienstwohnung** ist dagegen das → **Ar-** **18** **beitsgericht** zuständig, weil die Überlassung des Wohnraums Gegenstand der arbeitsvertraglichen Vereinbarung (siehe → **Arbeitsvertrag**) ist.
Wird das Arbeitsverhältnis vom Arbeitgeber **gekündigt**, kann sich der Arbeitnehmer in Bezug auf die Werkdienstwohnung auf die Mietrechtsbestimmungen des BGB berufen, wenn die Voraussetzungen des § 576 b Abs. 1 BGB vorliegen (siehe Rn. 6).

Rechtsprechung

1. Abgrenzung von Werkdienstwohnungen und Werkmietwohnungen
2. Inhaltskontrolle

Wettbewerbsverbot

Was ist das?

1 Zu unterscheiden sind
- das »Wettbewerbsverbot während des bestehenden Arbeits- oder Ausbildungsverhältnisses« (siehe Rn. 2) und
- das sog. »nachvertragliche Wettbewerbsverbot« (siehe Rn. 3 ff.)

Wettbewerbsverbot während des bestehenden Arbeits- oder Ausbildungsverhältnisses

2 Während des rechtlichen Bestehens eines Arbeits- oder Ausbildungsverhältnisses ist dem Arbeitnehmer bzw. Auszubildenden grundsätzlich jede **Konkurrenztätigkeit** zum Nachteil seines Arbeitgebers **untersagt**.
Das gilt auch dann, wenn Einzelarbeitsvertrag bzw. Ausbildungsvertrag keine ausdrückliche Regelung enthält.
Allerdings besteht grundsätzlich nur insoweit ein Wettbewerbsverbot, als sich die Betätigung im Geschäftsbereich des Arbeitgebers bewegt.
Rechtsgrundlage des Wettbewerbsverbots für Handlungsgehilfen/kaufmännische Angestellte sind §§ 60, 61 HGB.
Diese Vorschriften sind nach ständiger Rechtsprechung aber auf alle Arbeitnehmer anzuwenden (BAG v. 26.9.2007 – 10 AZR 511/06, NZA 2007, 1436).
Der Arbeitnehmer darf allerdings die formalen und organisatorischen Voraussetzungen für ein geplantes eigenes Unternehmen schaffen, wobei die Interessen des Arbeitgebers dann verletzt oder gefährdet sind, wenn der Arbeitnehmer z. B. Kontakt mit Vertragspartnern des Arbeitgebers aufnimmt.

Nachvertragliches Wettbewerbsverbot

3 Rechtsgrundlage ist § 74 HGB. Hiernach bedarf es einer besonderen **schriftlichen Vereinbarung** zwischen dem Arbeitgeber und dem »Handlungsgehilfen« (= kaufmännischen Angestellten), wenn dieser für die Zeit nach Beendigung des Arbeitsverhältnisses in seiner gewerblichen Tätigkeit **beschränkt** werden soll.
Das nachvertragliche Wettbewerbsverbot ist nur dann wirksam, wenn sich der Arbeitgeber verpflichtet, dem Arbeitnehmer für die Dauer des Wettbewerbsverbots eine sog. **Karenzentschädigung** zu zahlen.
Diese muss für jedes Jahr des Verbots mindestens die Hälfte der vertraglichen Bezüge des Arbeitnehmers betragen (§ 74 Abs. 2 HGB).
Nachstehend eine typische **Vertragsklausel**:
»*Der Mitarbeiter verpflichtet sich, für die Dauer von einem Jahr nach Beendigung des Anstellungsvertrages weder in selbständiger noch in unselbständiger Stellung, weder gewerbsmäßig noch gelegentlich, weder unter eigenem oder fremden Namen, für eigene oder fremde Rechnung noch in*

sonstiger Weise für ein Unternehmen tätig zu werden, welches sich mit der Entwicklung, Herstellung oder dem Vertrieb von Gummi und/oder Kunststoffformteilen aller Art beschäftigt.
In gleicher Weise ist es dem Mitarbeiter untersagt, während dieser Dauer ein solches Konkurrenzunternehmen zu errichten, zu erwerben oder sich hieran unmittelbar oder mittelbar zu beteiligen. Dieses Wettbewerbsverbot gilt für das Gebiet der Bundesrepublik Deutschland.
Für die Dauer des nachvertraglichen Wettbewerbsverbots gemäß Absatz 3 verpflichtet sich die Gesellschaft, dem Mitarbeiter eine Entschädigung in Höhe von 50 % seiner zuletzt durchschnittlichen bezogenen monatlichen Vergütung zu zahlen. Die Zahlung der Entschädigung ist jeweils Ende des Monats fällig.«

Dem Arbeitnehmer ist eine vom Arbeitgeber unterzeichnete **Urkunde** auszuhändigen, die die vereinbarten Modalitäten des Wettbewerbsverbots enthält (§ 74 Abs. 1 Satz 2 HGB). Unterbleibt die Übergabe der Urkunde, hindert dies den Arbeitnehmer nicht daran, sich z. B. im Rahmen einer Klage auf Karenzentschädigung auf das Wettbewerbsverbot zu berufen, soweit die dort ebenfalls vorgesehene Schriftform eingehalten ist (BAG v. 23.11.2004 – 9 AZR 595/03, NZA 2005, 411).

Nach § 110 GewO (n. F.) kann ein nachvertragliches Wettbewerbsverbot mit **allen Arbeitnehmern** vereinbart werden. Die §§ 74 bis 75 f Handelsgesetzbuch gelten dann entsprechend. 4

Das nachvertragliche Wettbewerbsverbot ist unverbindlich, wenn es nicht dem Schutz eines berechtigten geschäftlichen Interesses des Arbeitgebers dient und das berufliche Fortkommen des Arbeitnehmers **unbillig erschwert** (§ 74 a Abs. 1 HGB). 5

Das ist beispielsweise der Fall, wenn der Arbeitgeber mit dem Wettbewerbsverbot das Ziel verfolgt, jede Stärkung der Konkurrenz durch den Arbeitsplatzwechsel zu verhindern, ohne dass die Gefahr der Weitergabe von Geschäftsgeheimnissen oder des Einbruchs in den Kundenstamm zu besorgen ist (BAG v. 1.8.1995 – 9 AZR 884/93, NZA 1996, 310).

Verzichtet der Arbeitgeber nach § 75 a HGB auf ein nachvertragliches Wettbewerbsverbot, endet die Verpflichtung des Arbeitnehmers zur Unterlassung von Wettbewerb für die Zeit nach der Beendigung des Arbeitsverhältnisses sofort. 6

Ungeachtet dessen bleibt der Arbeitgeber noch für die Dauer eines Jahres (ab der Verzichtserklärung) zur Zahlung der **Karenzentschädigung** verpflichtet.

Der Entschädigungsanspruch besteht im Falle eines Verzichts nach § 75 a HGB auch dann, wenn der Arbeitnehmer innerhalb der Jahresfrist nach Beendigung des Arbeitsverhältnisses eine Konkurrenztätigkeit ausübt (BAG v. 25.10.2007 – 6 AZR 662/06, DB 2008, 589).

Das nachvertragliche Wettbewerbsverbot ist zu unterscheiden von der **nachvertraglichen Geheimhaltungspflicht**, die keine Zusage einer Entschädigung voraussetzt. 7

Rechtsprechung

1. Wettbewerbsverbot während des bestehenden Arbeitsverhältnisses – Kündigung
2. Wettbewerbsverbot im Ausbildungsverhältnis
3. Nachvertragliches Wettbewerbsverbot
4. Untersagung einer Nebentätigkeit aufgrund Wettbewerbsverbots
5. Nachvertragliche Verschwiegenheits- und Treuepflicht
6. Karenzentschädigung
7. Verletzung des Wettbewerbsverbots – Vertragsstrafe – Schadensersatz – Herausgabe der Vergütung
8. Aufhebung des Wettbewerbsverbots
9. Sonstiges

Wiedereinstellungsanspruch

Was ist das?

1 Der Arbeitgeber kann nach den Grundsätzen von »Treu und Glauben« (§ 242 BGB) verpflichtet sein, einen Arbeitnehmer, den er zunächst wirksam gekündigt hat, **wieder einzustellen.**
Dies ist dann der Fall, wenn sich nach Ausspruch der Kündigung – noch während der laufenden Kündigungsfrist (ggf. aber auch danach; siehe Rn. 4) – eine **neue Sachlage** ergibt, die eine Weiterbeschäftigung des gekündigten Arbeitnehmers ermöglicht.
Der Wiedereinstellungsanspruch dient als Korrektiv dafür, dass bereits eine – regelmäßig irrtumsanfällige – **Prognose** (z. B. prognostizierter Wegfall der Beschäftigungsmöglichkeit oder negative Krankheitsprognose) eine Kündigung rechtfertigen kann (BAG v. 28. 6. 2000 – 7 AZR 904/98, NZA 2000, 1097).
Erweist sich die Prognose später als falsch, ist das **Vertrauen** des Arbeitnehmers darauf, das Arbeitsverhältnis werde fortgesetzt, wenn sich – bis zum Ende des Arbeitsverhältnisses oder ausnahmsweise auch danach – eine Weiterbeschäftigungsmöglichkeit ergibt, **schützenswert** (BAG v. 22. 4. 2004 – 2 AZR 281/03, EzA § 312 BGB 2002 Nr. 2).
Deshalb muss der Arbeitgeber dem gekündigten Arbeitnehmer die Fortsetzung des Arbeitsverhältnisses anbieten. Andernfalls handelt er **rechtsmissbräuchlich.**
Zum Wiedereinstellungsanspruch nach Abschluss eines → **Aufhebungsvertrag** siehe Rn. 7.

2 Ein Wiedereinstellungsanspruch soll nach Ansicht des Bundesarbeitsgerichts (BAG v. 27. 2. 1997 – 2 AZR 160/96, AiB 1997, 612) entfallen, wenn überwiegende (schutzwürdige) Interessen des Arbeitgebers einer Wiedereinstellung entgegenstehen (z. B. wenn nach Ausspruch einer Kündigung im Hinblick auf die Beendigung des Arbeitsverhältnisses bereits eine Ersatzeinstellung vorgenommen wurde).

3 Ein Wiedereinstellungsanspruch kommt nicht nur nach wirksamer → **betriebsbedingter Kündigung**, sondern unter Umständen auch nach → **personenbedingter Kündigung** und → **verhaltensbedingter Kündigung** sowie im Falle der Beendigung des Arbeitsverhältnisses durch → **Aufhebungsvertrag** in Betracht.

Betriebsbedingte Kündigung

4 Entscheidet sich der Arbeitgeber beispielsweise, eine Betriebsabteilung stillzulegen und kündigt er deshalb den dort beschäftigten Arbeitnehmern, so ist er regelmäßig zur Wiedereinstellung entlassener Arbeitnehmer verpflichtet, wenn er sich noch **vor Ablauf der** → **Kündigungsfrist** entschließt, die Betriebsabteilung mit einer geringeren Anzahl von Arbeitnehmern doch fortzuführen (BAG v. 4. 12. 1997 – 2 AZR 140/97, AiB 1998, 408 = NZA 1998, 701).
Bei der Auswahl der wiedereinzustellenden Arbeitnehmer hat der Arbeitgeber soziale Gesichtspunkte (Alter, Betriebszugehörigkeit, Unterhaltspflichten der Arbeitnehmer, Schwerbehinderung) zu berücksichtigen.
Haben die Arbeitsvertragsparteien noch **während der** → **Kündigungsfrist** durch einen gerichtlichen Vergleich das Arbeitsverhältnis gegen Zahlung einer → **Abfindung** aufgehoben, so

Wiedereinstellungsanspruch

kann dieser Vergleich wegen **Wegfall der Geschäftsgrundlage** an die geänderte betriebliche Situation anzupassen sein; unter Umständen mit dem Ergebnis, dass der Arbeitnehmer wiedereinzustellen ist und er die Abfindung zurückzuzahlen hat (BAG v. 4.12.1997 – 2 AZR 140/97, a. a. O.).

Unentschieden ließ der 2. Senat des Bundesarbeitsgerichts die Frage, ob ein Wiedereinstellungsanspruch auch dann entstehen kann, wenn der Arbeitgeber erst **nach Ablauf der → Kündigungsfrist** die Unternehmerentscheidung, die zur Entlassung geführt hat, aufhebt oder ändert (BAG v. 4.12.1997 – 2 AZR 140/97, a. a. O.).

Demgegenüber vertritt der 7. Senat die Auffassung, dass ein Wiedereinstellungsanspruch generell ausgeschlossen ist, wenn der Kündigungsgrund erst nach Ablauf der Kündigungsfrist wegfällt (BAG v. 6.8.1997 – 7 AZR 557/96, NZA 1998, 254; 28.6.2000 – 7 AZR 904/98, NZA 2000, 1097).

Nach zutreffender Ansicht des 8. Senats des BAG kommt ein Wiedereinstellungsanspruch eines wirksam gekündigten Arbeitnehmers auch dann in Betracht, wenn nach dem Ablauf der Kündigungsfrist auf Grund eines **→ Betriebsüberganges** eine Weiterbeschäftigungsmöglichkeit für den Arbeitnehmer besteht (BAG v. 21.8.2008 – 8 AZR 201/07, NZA 2009, 29).

Diesen Anspruch muss der gekündigte Arbeitnehmer **innerhalb eines Monats** ab dem Zeitpunkt, in dem er von den den Betriebsübergang ausmachenden tatsächlichen Umständen Kenntnis erlangt, gegenüber dem bisherigen Arbeitgeber bzw. nach erfolgtem Betriebsübergang gegenüber dem Betriebserwerber geltend machen (BAG v. 21.8.2008 – 8 AZR 201/07, a. a. O.).

Personenbedingte Kündigung

Ein Wiedereinstellungsanspruch kommt in Frage, wenn sich bei einem Arbeitnehmer – nach Ausspruch einer wirksamen krankheitsbedingten Kündigung – die »negative« Gesundheitsprognose in eine »**positive**« **Prognose** verwandelt hat. 5

Allerdings reicht es nicht aus, dass der Arbeitnehmer die negative Prognose nur erschüttert. Er muss vielmehr darlegen und beweisen, dass von einer positiven Gesundheitsprognose auszugehen ist (BAG v. 17.6.1999 – 2 AZR 639/98, NZA 1999, 1328).

Ein Wiedereinstellungsanspruch scheidet nach zweifelhafter Ansicht des BAG aus, wenn die nachträgliche überraschende grundlegende Besserung des Gesundheitszustands erst **nach Ablauf der → Kündigungsfrist** eingetreten ist (BAG v. 27.6.2001 – 7 AZR 662/99, NZA 2001, 1135).

Verhaltensbedingte Kündigung

Ein Anspruch auf Wiedereinstellung kann beispielsweise nach – wirksamer – verhaltensbedingter (Verdachts-)Kündigung bestehen, wenn sich später die **Unschuld** des Gekündigten herausstellt oder zumindest nachträglich Umstände bekannt werden, die den bestehenden Verdacht beseitigen (so schon BAG v. 14.12.1956 – 1 AZR 29/55, AP Nr. 3 zu § 611 BGB Fürsorgepflicht). 6

Dagegen reicht nach Ansicht des BAG die Einstellung eines staatsanwaltschaftlichen Ermittlungsverfahrens (§ 170 Abs. 2 Satz 1 Strafprozessordnung) nicht aus, um einen Wiedereinstellungsanspruch zu begründen (BAG v. 20.8.1997 – 2 AZR 620/96, NZA 1997, 1340). Die Einstellungsverfügung stelle lediglich eine vorläufige Beurteilung durch die staatlichen Ermittlungsbehörden dar, der keinerlei Bindungswirkung für ein Arbeitsgerichtsverfahren zukomme.

Wiedereinstellungsanspruch

Aufhebungsvertrag

7 Ein Wiedereinstellungsanspruch kommt auch in Betracht, wenn das Arbeitsverhältnis durch → **Aufhebungsvertrag** beendet wurde (BAG v. 22.4.2004 – 2 AZR 281/03, EzA § 312 BGB 2002 Nr. 2; BAG v. 21.2.2002 – 2 AZR 749/00, DB 2002, 2172).
Das ist insbesondere dann der Fall, wenn der Arbeitgeber den Abschluss des Aufhebungsvertrages **vorschlägt** mit der Begründung, dass die Beschäftigungsmöglichkeit **wahrscheinlich wegfallen** werde.
Das **Vertrauen** des Arbeitnehmers, der regelmäßig die wirtschaftlichen Zusammenhänge nicht kennen kann, in die Erklärungen des Arbeitgebers ist **schutzbedürftig**, sodass je nach den Umständen auch ein Wiedereinstellungsanspruch des Arbeitnehmers gegeben sein kann.
Ein Anspruch auf Wiedereinstellung setzt nach Ansicht des LAG Hamm voraus, dass der Arbeitnehmer durch den Arbeitgeber zum Abschluss des Aufhebungsvertrags zur Vermeidung einer (in diesem Falle betriebsbedingten) Kündigung bestimmt wurde (LAG Hamm v. 1.4.2003 – 19 Sa 1901/02 [bestätigt durch BAG v. 22.4.2004 – 2 AZR 281/03, a.a.O.], DB 2003, 1443).

8 Nach Ablauf eines wirksam → **befristeten Arbeitsvertrags** besteht, sofern nicht tarifvertraglich oder einzelvertraglich etwas anderes vereinbart ist, grundsätzlich kein Anspruch des Arbeitnehmers auf Wiedereinstellung (BAG v. 20.2.2002 – 7 AZR 600/00, NZA 2002, 897).

9 Besteht ein Wiedereinstellungsanspruch, kann dieser nach einem → **Betriebsübergang** auch gegen den Betriebsübernehmer geltend gemacht werden (BAG v. 27.2.1997 – 2 AZR 160/96, AiB 1997, 612).

Vertraglich vereinbartes Rückkehrrecht

9a Die Arbeitsvertragsparteien können einen Wiedereinstellungsanspruch bzw. ein **Rückkehrrecht** vertraglich vereinbaren. Bei vom Arbeitgeber vorformulierten Vertragsbedingungen unterliegen der AGB-Kontrolle nach §§ 305 ff. BGB. Eine vorformulierte Vertragsklausel, die nicht nur eine wirksame Kündigung durch den neuen Arbeitgeber, sondern darüber hinaus eine unter Einhaltung der Voraussetzungen des § 1 Abs. 2 ff. KSchG ausgesprochene Kündigung verlangt, um ein in einem Auflösungsvertrag vereinbartes Rückkehrrecht auszuüben, **benachteiligt** den Arbeitnehmer unangemessen i.S.v. § 307 Abs. 1 Satz 1 BGB und ist daher unwirksam (BAG v. 13.3.2013 – 7 AZR 334/11, NZA 2013, 804).

Bedeutung für die Betriebsratsarbeit

10 Wenn der ursprüngliche **Kündigungsgrund weggefallen** ist, ist es Aufgabe des Betriebsrats, den Arbeitgeber zur Wiedereinstellung aufzufordern und den/die gekündigten Arbeitnehmer über seinen/ihren Wiedereinstellungsanspruch zu informieren.
Das sollte der Betriebsrat auch in Bezug auf solche gekündigten Arbeitnehmer tun, deren → **Kündigungsfrist bereits abgelaufen** ist (siehe Rn. 4 zur Frage, ob ein Wiedereinstellungsanspruch auch dann entstehen kann, wenn der Kündigungsgrund erst nach Ablauf der Kündigungsfrist wegfällt).

11 Beabsichtigt der Arbeitgeber, einen Arbeitsplatz mit einem anderen Arbeitnehmer zu besetzen (durch → **Einstellung** oder → **Versetzung**), obwohl ein Wiedereinstellungsanspruch eines Arbeitnehmers in Bezug auf diesen Arbeitsplatz besteht, kann der Betriebsrat die Zustimmung zur Einstellung bzw. Versetzung gemäß § 99 Abs. 2 Nr. 3 BetrVG verweigern. Allerdings gibt es dazu, soweit ersichtlich, bislang keine Rechtsprechung. Zum Fall einer **Ersatzeinstellung** wäh-

rend eines **Kündigungsschutzprozesses** wird zu Recht die Ansicht vertreten, dass der Betriebsrat seine Zustimmung nach § 99 Abs. 2 Nr. 3 BetrVG mindestens mit der Begründung verweigern kann, dass die Rechtsposition des Gekündigten durch die Ersatzeinstellung faktisch verschlechtert wird. Denn die Ersatzeinstellung verstärke die Möglichkeit, dass das Arbeitsverhältnis auf Antrag des Arbeitgebers nach § 9 KSchG aufgelöst wird (so z. B. DKKW-*Bachner*, BetrVG, 15. Aufl., § 99 Rn. 216 m. w. N.; strittig).

Bedeutung für die Beschäftigten

Liegen die Voraussetzungen eines Wiedereinstellungsanspruchs vor, können gekündigte Arbeitnehmer den Anspruch geltend machen und ggf. **Klage** beim → **Arbeitsgericht** erheben. Dabei kommt es nicht darauf an, ob gegen die Kündigung Kündigungsschutzklage erhoben wurde oder nicht. Allerdings wird ein Wiedereinstellungsanspruch, wenn der Arbeitnehmer nicht gegen die Kündigung geklagt hat (oder die Kündigungsschutzklage rechtskräftig abgewiesen wurde), nur dann durchsetzbar sein, wenn der Arbeitsplatz noch frei ist. 12

Stellt der Arbeitnehmer im **laufenden Kündigungsschutzprozess** fest, dass der Kündigungsgrund weggefallen ist, sollte die Klage um einen (hilfsweise) gestellten Antrag auf Verurteilung des Arbeitgebers zur Wiedereinstellung erweitert werden. 13

Arbeitshilfen

Musterschreiben • Antrag auf Wiedereinstellung

Rechtsprechung

1. Vertraglich vereinbartes Rückkehrrecht – AGB-Kontrolle
2. Wiedereinstellungsanspruch – Verurteilung zur rückwirkenden Wiedereinstellung
3. Wiedereinstellungsanspruch bei Betriebsübergang (§ 613 a BGB)
4. Wiedereinstellungsanspruch nach betriebsbedingter Kündigung – Insolvenz
5. Wiedereinstellungsanspruch nach krankheitsbedingter Kündigung
6. Wiedereinstellungsanspruch nach verhaltensbedingter Kündigung (wegen Straftat bzw. des Verdachts einer Straftat)
7. Wiedereinstellungsanspruch nach Ablauf eines befristeten Arbeitsvertrags?
8. Wiedereinstellungsanspruch nach Aufhebungsvertrag
9. Tarifvertraglicher Wiedereinstellungsanspruch
10. Sonstiges

Wirtschaftliche Angelegenheiten

Was ist das?

1 Das Betriebsverfassungsgesetz unterscheidet **vier Bereiche**, innerhalb derer dem Betriebsrat → **Beteiligungsrechte**, das heißt Informations-, Mitwirkungs- und Mitbestimmungsrechte zustehen:
- soziale Angelegenheiten, §§ 87 bis 89 BetrVG;
- Gestaltung von Arbeitsplatz, Arbeitsablauf und Arbeitsumgebung, §§ 90, 91 BetrVG;
- personelle Angelegenheiten, §§ 92 bis 105 BetrVG;
- wirtschaftliche Angelegenheiten, §§ 106 bis 113 BetrVG.

2 Im Bereich der »wirtschaftlichen Angelegenheiten« bestehen im Wesentlichen die folgenden Beteiligungsrechte.

§ 106 bis § 109 BetrVG

3 Nach § 106 BetrVG ist der Unternehmer verpflichtet, den → **Wirtschaftsausschuss** (= Organ des Betriebsrats bzw. Gesamtbetriebsrats; vgl. § 107 Abs. 2 Satz 2 BetrVG) über die wirtschaftliche Lage und Entwicklung des Unternehmens sowie wichtige unternehmerische Planungen und Vorhaben einschließlich der Auswirkungen auf die Beschäftigten zu »informieren«.
Des Weiteren ist er verpflichtet, diese Angelegenheiten mit dem Wirtschaftsausschuss zu »beraten« (zu den weiteren Pflichten des Arbeitgebers: siehe → **Jahresabschluss** und → **Wirtschaftsausschuss**).
Wird eine Information über wirtschaftliche Angelegenheiten nicht, nicht rechtzeitig oder nur ungenügend erteilt, haben nach § 109 BetrVG zunächst Betriebsrat bzw. Gesamtbetriebsrat und Unternehmer eine Einigung zu versuchen. Im Falle der Nichteinigung entscheidet auf Antrag des Betriebsrats bzw. Gesamtbetriebsrats oder des Unternehmers die → **Einigungsstelle** (siehe → **Wirtschaftsausschuss** Rn. 26).

§ 109 a BetrVG

3a In Unternehmen, in denen kein Wirtschaftsausschuss besteht, ist der **Betriebsrat** über die Übernahme des Unternehmens, wenn hiermit der Erwerb der Kontrolle verbunden ist, rechtzeitig und umfassend zu unterrichten (§ 109 a BetrVG n. F.; eingefügt durch das Risikobegrenzungsgesetz vom 12. 8. 2008 [BGBl. I, S. 1666]; siehe → **Wirtschaftsausschuss** Rn. 1 a).
Der Unternehmer hat dem Betriebsrat Unterlagen vorzulegen und mit ihm zu beraten.
Zu den erforderlichen Unterlagen gehört insbesondere die Angabe über den potentiellen Erwerber und dessen Absichten im Hinblick auf die künftige Geschäftstätigkeit des Unternehmens sowie die sich daraus ergebenden Auswirkungen auf die Arbeitnehmer; gleiches gilt, wenn im Vorfeld der Übernahme des Unternehmens ein Bieterverfahren durchgeführt wird (§ 109 a i. V. m. § 106 Abs. 2 Satz 2 BetrVG). Wenn die Auskünfte nicht erteilt werden, kann

Wirtschaftliche Angelegenheiten

der Betriebsrat die → **Einigungsstelle** nach § 109 BetrVG anrufen (§ 109 a 2. Halbsatz BetrVG).

§ 110 BetrVG

Informationspflichten, die die wirtschaftliche Lage und Entwicklung des Unternehmens betreffen, obliegen dem Unternehmer auch gegenüber der **Belegschaft** (§ 110 BetrVG; siehe auch → **Arbeitnehmerrechte nach dem BetrVG**).
§ 110 Abs. 1 BetrVG begründet keinen Anspruch des → **Gesamtbetriebsrats**, die Arbeitnehmer über die wirtschaftliche Lage und Entwicklung des Unternehmens zu unterrichten (BAG v. 14.5.2013 – 1 ABR 4/12).

4

§ 111 bis § 113 BetrVG

Eine besondere Regelung erfahren haben unternehmerische Planungen und Entscheidungen über eine → **Betriebsänderung**, die wesentliche Nachteile für Belegschaft zur Folge haben können (vgl. §§ 111 bis 113 BetrVG).
Siehe insoweit → **Betriebsänderung**, → **Interessenausgleich**, → **Nachteilsausgleich**, → **Sozialplan**).

5

Bewertung

Die **Entscheidungsfreiheit** des Unternehmers in wirtschaftlichen Angelegenheiten wird durch die §§ 106 bis 113 BetrVG nicht wesentlich eingeschränkt.
Die §§ 106 bis 110 BetrVG verpflichten den Unternehmer nur zur Information und Beratung. Auch im Falle einer → **Betriebsänderung** (§§ 111 bis 113 BetrVG; z.B. Betriebsstilllegung, Massenentlassung) hat der Betriebsrat nur bei der Aufstellung eines → **Sozialplans** ein echtes Mitbestimmungsrecht, nicht aber in Bezug auf den »vorgelagerten« → **Interessenausgleich**, in dem es um die Frage des »Ob«, »Wann« und »Wie« der vom Unternehmer geplanten Betriebsänderung geht.
Kommt es zu keiner Einigung mit dem Betriebsrat über einen → **Interessenausgleich**, kann eine → **Einigungsstelle** zwar angerufen werden. Sie kann aber keine verbindliche Entscheidung treffen.
Das Entscheidungsrecht bleibt beim Arbeitgeber.
Dies darf den Betriebsrat jedoch nicht daran hindern, durch Nutzung seiner Informations- und Beratungsrechte z.B. nach § 92 a BetrVG (bzw. der Rechte des Wirtschaftsausschusses) **Vorschläge** und **Strategien** zu entwickeln, die darauf abzielen, die unternehmerischen Planungen und Entscheidungen im Interesse der Beschäftigten zu beeinflussen (siehe → **Interessenausgleich**, → **Personalplanung**, → **Unternehmensplanung**).
Von besonderer Bedeutung ist das **Initiativ-Mitbestimmungsrecht** des Betriebsrats bei → **Kurzarbeit**, das er für eine Gegenstrategie »Kurzarbeit statt Entlassung« nutzen kann (siehe Kurzarbeit Rn. 47 j).
In geeigneten Fällen muss auch daran gedacht werden, auf die Ankündigung einer Betriebsänderung mit einer mit den Mitteln einer betrieblichen – von der → **Gewerkschaft** geführten – Tarifbewegung für einen »Sozialtarifvertrag« zu reagieren, die den Beschäftigten deutlich mehr Durchsetzungsmöglichkeiten bietet als dem Betriebsrat nach dem BetrVG zur Verfügung stehen (siehe → **Arbeitskampf** Rn. 7, → **Betriebsänderung**, → **Gewerkschaft** und → **Tarifvertrag**).

6

Wirtschaftliche Angelegenheiten

Arbeitshilfen

Übersicht • Wirtschaftliche Angelegenheiten

Übersicht: Wirtschaftliche Angelegenheiten

Wirtschaftsausschuss (§§ 106 – 109 BetrVG)
- Errichtung in → **Unternehmen** mit in der Regel mehr als 100 ständig beschäftigten Arbeitnehmern.
- Errichtung durch den Betriebsrat in Ein-Betriebs-Unternehmen bzw. durch den Gesamtbetriebsrat in Mehr-Betriebs-Unternehmen.
- Mindestens drei, höchstens sieben Mitglieder (Errichtung eines noch größeren Ausschusses nach § 107 Abs. 3 BetrVG ist möglich).
- Wirtschaftsausschuss »soll« einmal im Monat zusammentreten. Unternehmer oder sein Vertreter »muss« an den Sitzungen teilnehmen.
- Rechte und Pflichten des Wirtschaftsausschusses:
  – Informationsrecht (einschließlich Einsichtnahme in Unterlagen und ggf. Aushändigung) und Beratungsrecht gegenüber dem Unternehmer in wirtschaftlichen Angelegenheiten. Hierzu zählen insbesondere
  1. die wirtschaftliche und finanzielle Lage des Unternehmens,
  2. die Produktions- und Absatzlage,
  3. das Produktions- und Investitionsprogramm,
  4. Rationalisierungsvorhaben,
  5. Fabrikations- und Arbeitsmethoden, insbesondere die Einführung neuer Arbeitsmethoden,
  5 a. Fragen des betrieblichen Umweltschutzes,
  6. die Einschränkung oder Stilllegung von Betrieben oder von Betriebsteilen,
  7. die Verlegung von Betrieben oder Betriebsteilen,
  8. der Zusammenschluss oder die Spaltung von Unternehmen und Betrieben,
  9. die Änderung der Betriebsorganisation oder des Betriebszwecks
  9 a. die Übernahme des Unternehmens, wenn hiermit der Erwerb der Kontrolle verbunden ist, sowie
  10. sonstige Vorgänge und Vorhaben, welche die Interessen der Arbeitnehmer des Unternehmens wesentlich berühren können.
  – Informationspflicht gegenüber dem Betriebsrat bzw. Gesamtbetriebsrat (unverzüglich und vollständig).
  – Recht auf Erläuterung des Jahresabschlusses durch den Unternehmer (unter Beteiligung des Betriebsrats bzw. Gesamtbetriebsrats).
- Durchsetzung der Informationsrechte des Wirtschaftsausschusses: Nach vergeblichem Versuch einer Einigung zwischen Betriebsrat bzw. Gesamtbetriebsrat und Unternehmer Anrufung der Einigungsstelle nach § 109 BetrVG.

Unternehmensübernahme (§ 109 a BetrVG)
- In Unternehmen, in denen kein Wirtschaftsausschuss besteht, ist im Fall des § 106 Abs. 3 Nr. 9 a BetrVG der Betriebsrat entsprechend § 106 Abs. 1 und 2 BetrVG zu beteiligen; § 109 BetrVG gilt entsprechend.

Recht der Belegschaft, über die Lage und Entwicklung des Unternehmens (viermal im Jahr) informiert zu werden (§ 110 BetrVG)

Betriebsänderung (§§ 111, 112, 112 a BetrVG)
- Der Betriebsrat hat in → **Unternehmen** mit i. d. R. mehr als 20 wahlberechtigten Arbeitnehmern die Rechte nach §§ 111, 112, 112 a BetrVG im Falle von geplanten Betriebsänderungen, die wesentliche Nachteile für die Belegschaft oder erhebliche Teile der Belegschaft zur Folge haben können. Als Betriebsänderungen gelten

Wirtschaftliche Angelegenheiten

1. Einschränkung und Stilllegung des ganzen Betriebs oder von wesentlichen Betriebsteilen,
2. Verlegung des ganzen Betriebs oder von wesentlichen Betriebsteilen,
3. Zusammenschluss mit anderen Betrieben oder die Spaltung von Betrieben,
4. Grundlegende Änderungen der Betriebsorganisation, des Betriebszwecks oder der Betriebsanlagen sowie
5. Einführung grundlegend neuer Arbeitsmethoden und Fertigungsverfahren.

- Informations- und Beratungsrecht des Betriebsrats (§ 111 Satz 1 BetrVG).
- Der Betriebsrat kann in Unternehmen mit mehr als 300 Arbeitnehmern zu seiner Unterstützung einen → **Berater** hinzuziehen (§ 111 Satz 2 BetrVG; Kosten trägt der Arbeitgeber).
- Recht des Betriebsrats auf Verhandlungen über einen → **Interessenausgleich** (§ 112 Abs. 1 bis 3 BetrVG).
- Recht des Betriebsrats auf Aufstellung eines → **Sozialplans** (§§ 112 Abs. 1 bis 5, 112 a BetrVG).

Nachteilsausgleich (§ 113 BetrVG)
Anspruch der Arbeitnehmer auf einen Nachteilsausgleich, wenn der Unternehmer von einem Interessenausgleich abweicht oder wenn er eine Betriebsänderung durchführt, ohne über sie mit dem Betriebsrat einen Interessenausgleich (bis hin zur Anrufung der Einigungsstelle) »versucht« zu haben.

Wirtschaftsausschuss

Was ist das?

1 Ein Wirtschaftsausschuss »muss« gemäß § 106 Abs. 1 Satz 1 BetrVG gebildet werden in → **Unternehmen** mit »in der Regel« mehr als 100 *»ständig beschäftigten Arbeitnehmern«* (siehe → **Rechtsbegriffe**).
Der Wirtschaftsausschuss hat die Aufgabe, wirtschaftliche Angelegenheiten mit dem Unternehmer zu beraten und den Betriebsrat bzw. Gesamtbetriebsrat zu unterrichten (§ 106 Abs. 1 Satz 2 BetrVG siehe Rn. 8).
Der Unternehmer hat den Wirtschaftsausschuss
- rechtzeitig und umfassend über die wirtschaftlichen Angelegenheiten des Unternehmens unter Vorlage der erforderlichen Unterlagen zu unterrichten, soweit dadurch nicht die Betriebs- und Geschäftsgeheimnisse des Unternehmens gefährdet werden, sowie
- die sich daraus ergebenden Auswirkungen auf die → **Personalplanung** darzustellen (§ 106 Abs. 2 Satz 1 BetrVG; siehe Rn. 9 ff.).

Finanzinvestoren

1a Durch das Gesetz zur Begrenzung der mit Finanzinvestitionen verbunden Risiken (Risikobegrenzungsgesetz) vom 12.8.2008 (BGBl. I S. 1666) wurde § 106 BetrVG ergänzt.
Der Unternehmer wird nach § 106 Abs. 2 und Abs. 3 Nr. 9 a BetrVG verpflichtet, den Wirtschaftsausschuss über eine **Übernahme** des Unternehmens, wenn hiermit der **Erwerb der Kontrolle** verbunden ist, rechtzeitig und umfassend und unter Vorlage der erforderlichen Unterlagen (siehe hierzu Rn. 12, 12 a) zu unterrichten und mit ihm über die Übernahme zu beraten (siehe Rn. 9 ff.). Die Vorschrift ist mit Rücksicht auf die negativen Erfahrungen geschaffen worden, die Arbeitnehmer machen müssen, wenn Finanzinvestoren (z. B. Hedgefonds, gelegentlich als »**Heuschrecken**« bezeichnet) in Unternehmen einsteigen, dort Arbeitsbedingungen verschlechtern und Personal abbauen, um das »abgespeckte« Unternehmen dann nach vergleichsweise kurzer Zeit gewinnbringend wieder zu veräußern (siehe auch → **Unternehmen** Rn. 2 a).
Oft wird den Arbeitnehmern auch noch zugemutet, sich z. B. durch Verzicht auf Arbeitsentgeltbestandteile (Urlaubsgeld, Weihnachtsgeld usw.) an dem Abtrag der Zinsen derjenigen Kredite zu beteiligen, mit denen die **Unternehmensübernahme finanziert** wurde.
§ 106 Abs. 2 und Abs. 3 Nr. 9 a BetrVG will bewirken, dass die Interessenvertretung der Arbeitnehmer wenigstens informiert wird über das, was auf die Belegschaft zukommt (siehe auch Rn. 12 a).

Wirtschaftsausschuss

Unternehmen mit bis zu 100 Arbeitnehmern

Nach § 109 a BetrVG (ebenfalls eingefügt durch das Risikobegrenzungsgesetz vom 12. 8. 2008) steht das Unterrichts- und Beratungsrecht in Bezug auf die Übernahme des Unternehmens in → **Unternehmen**, in denen kein Wirtschaftsausschuss besteht (= Unternehmen mit bis zu 100 Arbeitnehmern), dem **Betriebsrat** zu.
Wenn die Auskünfte nicht, nicht rechtzeitig oder nur ungenügend erteilt werden, kann der Betriebsrat die → **Einigungsstelle** nach § 109 BetrVG anrufen (§ 109 a 2. Halbsatz BetrVG).
Ansonsten ist strittig, ob in Unternehmen ohne Wirtschaftsausschuss die §§ 106 bis 109 BetrVG mit der Maßgabe gelten, dass der → **Betriebsrat** der Träger der in den Vorschriften enthaltenen Rechte ist (vgl. DKKW-*Däubler*, BetrVG, 15. Aufl., § 106 Rn. 25).
Jedenfalls aber hat der Betriebsrat nach § 80 Abs. 2 BetrVG ein Recht auf Information über solche wirtschaftlichen Angelegenheiten, deren Kenntnis zur ordnungsgemäßen Erfüllung seiner Aufgaben im konkreten Falle erforderlich ist (BAG v. 5. 2. 1991 – 1 ABR 24/90, AiB 1994, 627).
Außerdem kann durch freiwillige → **Betriebsvereinbarung** eine Anwendung der §§ 106 ff. BetrVG geregelt werden.

2

Bestellung und Zusammensetzung des Wirtschaftsausschusses (§ 107 Abs. 1 und 2 BetrVG)

In → **Ein-Betriebs-Unternehmen** wird der Wirtschaftsausschuss vom Betriebsrat gebildet, in → **Mehr-Betriebs-Unternehmen** vom → **Gesamtbetriebsrat** (§ 107 Abs. 2 Satz 1 und 2 BetrVG).
Auf **Konzernebene** (siehe → **Konzern**) ist die Errichtung eines Wirtschaftsausschusses nicht vorgesehen, was den → **Konzernbetriebsrat** natürlich nicht daran hindert, einen Ausschuss, der sich mit den wirtschaftlichen Angelegenheiten des Konzerns befasst, zu bilden. Ein solcher Konzern-Wirtschaftsausschuss hat allerdings nicht die Rechte nach §§ 106 bis 109 BetrVG, es sei denn, die Geltung dieser Vorschriften ist in einer freiwilligen Konzernbetriebsvereinbarung oder Regelungsabrede mit der Konzernleitung vereinbart worden.
Der Wirtschaftsausschuss kann zwischen drei und sieben Mitglieder haben, die dem Unternehmen angehören müssen.
Mindestens ein Mitglied muss (!) Mitglied des Betriebsrats bzw. Gesamtbetriebsrats sein (§ 107 Abs. 1 Satz 1 BetrVG).
Zu Mitgliedern des Wirtschaftsausschusses können auch → **leitende Angestellte** i. S. d. § 5 Abs. 3 BetrVG bestimmt werden (§ 107 Abs. 1 Satz 2 BetrVG). Das dürfte im Regelfall nicht sinnvoll sein, weil es sich bei »Leitenden« um einen Vertreter der Interessen der Unternehmensleitung handelt (siehe Rn. 16, → **Leitende Angestellte** Rn. 4 ff., 7 und → **Unternehmensmitbestimmung** Rn. 7 a).
Die Mitglieder des Wirtschaftsausschusses sollen die zur Erfüllung ihrer Aufgaben erforderliche fachliche und persönliche Eignung besitzen (§ 107 Abs. 1 Satz 3 BetrVG).

3

4

5

Übertragung auf einen Ausschuss des Betriebsrats/Gesamtbetriebsrats (§ 107 Abs. 3 BetrVG)

Nach § 107 Abs. 3 BetrVG kann der Betriebsrat bzw. Gesamtbetriebsrat beschließen, die Aufgaben des Wirtschaftsausschusses auf einen »Ausschuss« des Betriebsrats bzw. Gesamtbetriebsrats zu übertragen.
Die Zahl der Mitglieder dieses Ausschusses darf die Zahl der Mitglieder des Betriebsaus-

6

Wirtschaftsausschuss

schusses (§ 27 BetrVG; siehe → **Betriebsrat**) bzw. des Gesamtbetriebsausschusses (§ 51 BetrVG; siehe → **Gesamtbetriebsrat**) nicht überschreiten.
Die Mitgliederzahl des Ausschusses kann jedoch dadurch erhöht werden, dass **weitere Arbeitnehmer** (die nicht Betriebsratsmitglieder sein müssen; z. B. gewerkschaftliche Vertrauensleute) in den Ausschuss berufen werden »*bis zur selben Zahl wie der Ausschuss Mitglieder hat* ...«.

> **Beispiel:**
> In einem → Ein-Betriebs-Unternehmen mit 1600 Arbeitnehmern hat der Betriebsrat 17 Mitglieder. Der Betriebsausschuss besteht gemäß § 27 Abs. 1 BetrVG aus 7 Mitgliedern (Betriebsratsvorsitzender, Stellvertreter und 5 weitere Ausschussmitglieder).
> Der nach § 107 Abs. 3 BetrVG vom Betriebsrat gebildete »Ausschuss für wirtschaftliche Angelegenheiten« kann demzufolge 14 Mitglieder haben (7 Betriebsratsmitglieder und 7 Arbeitnehmer, die nicht Betriebsratsmitglied sind).

Aufgabe des Wirtschaftsausschusses (§ 106 Abs. 1 Satz 2 BetrVG)

7 Der Wirtschaftsausschuss ist ein besonderer – und besonders wichtiger – Ausschuss des Betriebsrats bzw. Gesamtbetriebsrats.

8 Seine **Aufgabe** besteht darin,
- Informationen über »wirtschaftliche Angelegenheiten« und deren mögliche Auswirkungen auf die Beschäftigten vom Unternehmer abzufordern (§ 106 Abs. 2 BetrVG);
- mit dem Unternehmer auf der Grundlage und im Rahmen etwaiger Beschlüsse des Betriebsrats bzw. Gesamtbetriebsrats zu »beraten« (§ 106 Abs. 1 Satz 2 BetrVG);
- den Betriebsrat bzw. Gesamtbetriebsrat zu »unterrichten« (§ 106 Abs. 1 Satz 2, § 108 Abs. 4 BetrVG).

Zweck ist es, den Betriebsrat bzw. Gesamtbetriebsrat mit Informationen zu den **Planungen** des Unternehmens zu versorgen und sie auf diese Weise in die Lage zu versetzen, **Strategien** zur Sicherung der Interessen der Beschäftigten (Erhalt der Arbeitsplätze und ggf. Schaffung neuer Stellen, keine Arbeitszeitverlängerung, keine Lohnkürzung, usw.) zu entwickeln.
Es kommt also nicht nur darauf an, was war (z. B. wie der → **Jahresabschluss** ausgefallen ist; siehe Rn. 13) sondern vor allem darauf, was nach dem Willen der Unternehmensleitung sein soll und wie und wann sich das auf die Belegschaft auswirkt (siehe Rn. 22 ff. und → **Informationsrechte des Betriebsrats** und → **Unternehmensplanung**).

Pflichten des Unternehmers (§ 106 Abs. 2 BetrVG)

9 Die Unterrichtungs- und Beratungspflichten nach § 106 Abs. 2 BetrVG (siehe Rn. 1) obliegen dem **Unternehmer** (z. B. Vorstand einer Aktiengesellschaft, Geschäftsführer einer GmbH; siehe → **Unternehmensrechtsformen** Rn. 12).
Informations- und Beratungsgegenstand der Wirtschaftsausschusssitzung mit dem Unternehmer sind die in § 106 Abs. 3 BetrVG beispielhaft aufgeführten Sachverhalte und die sich jeweils daraus ergebenden Auswirkungen auf die → **Personalplanung**.
Als **wirtschaftliche Angelegenheiten** nach § 106 Abs. 3 BetrVG gelten insbesondere
- die wirtschaftliche und finanzielle Lage des Unternehmens (§ 106 Abs. 3 Nr. 1 BetrVG),
- die Produktions- und Absatzlage (§ 106 Abs. 3 Nr. 2 BetrVG),
- das Produktions- und Investitionsprogramm (§ 106 Abs. 3 Nr. 3 BetrVG),
- Rationalisierungsvorhaben (§ 106 Abs. 3 Nr. 4 BetrVG),
- Fabrikations- und Arbeitsmethoden, insbesondere die Einführung neuer Arbeitsmethoden (§ 106 Abs. 3 Nr. 5 BetrVG),
- Fragen des betrieblichen Umweltschutzes (§ 106 Abs. 3 Nr. 5 a BetrVG),

Wirtschaftsausschuss

- die Einschränkung oder Stilllegung von Betrieben oder Betriebsteilen (§ 106 Abs. 3 Nr. 6 BetrVG),
- die Verlegung von Betrieben oder Betriebsteilen (§ 106 Abs. 3 Nr. 7 BetrVG),
- der Zusammenschluss oder die Spaltung von Unternehmen oder Betrieben (§ 106 Abs. 3 Nr. 8 BetrVG; siehe → **Betriebsspaltung und Zusammenlegung von Betrieben**, → **Umwandlung von Unternehmen**),
- die Änderung der Betriebsorganisation oder des Betriebszwecks (§ 106 Abs. 3 Nr. 9 BetrVG)
- die Übernahme des Unternehmens, wenn hiermit der Erwerb der Kontrolle verbunden ist (als § 106 Abs. 3 Nr. 9 a BetrVG eingefügt durch das Risikobegrenzungsgesetz vom 12. 8. 2008; siehe Rn. 1 a).

Diese Aufzählung ist **nicht abschließend**. Das ergibt sich aus dem Begriff »insbesondere« und der generalklauselartigen Formulierung in § 106 Abs. 3 Nr. 10 BetrVG: 10
»... sonstige Vorgänge und Vorhaben, welche die Interessen der Arbeitnehmer des Unternehmens wesentlich berühren können.«

Die Unterrichtung des Wirtschaftsausschusses durch den Unternehmer (= Inhaber bzw. Unternehmensleitung) hat nach § 106 Abs. 2 BetrVG »**rechtzeitig**« (siehe → **Informationsrechte des Betriebsrats**) zu erfolgen. 11

Das heißt: Der Unternehmer ist verpflichtet, schon sehr frühzeitig (nämlich bereits in der Phase der Bildung von Unternehmenszielen; siehe → **Unternehmensplanung**) Fragen der Unternehmenspolitik mit dem Wirtschaftsausschuss zu besprechen, bevor aufgrund konkreter betrieblicher Planung insbesondere im Bereich von

- sozialen Angelegenheiten i. S. d. § 87 BetrVG,
- Vorhaben i. S. d. § 90 BetrVG,
- personellen Angelegenheiten i. S. d. §§ 92 ff. BetrVG,
- Betriebsänderungen i. S. d. §§ 111 ff. BetrVG,

die in diesen Vorschriften genannten Maßnahmen eingeleitet (und die entsprechenden Informations-, Mitwirkungs- und Mitbestimmungsrechte des Betriebsrats ausgelöst) werden.

Die Information hat »**unter Vorlage von Unterlagen**« (siehe auch → **Informationsrechte des Betriebsrats**) zu erfolgen (§ 106 Abs. 2 BetrVG). 12

Der Wirtschaftsausschuss ist berechtigt, in diese Unterlagen **Einsicht zu nehmen** (vgl. § 108 Abs. 3 BetrVG).

Nach Auffassung der Rechtsprechung sind Unterlagen mit umfangreichen Daten und Zahlen dem Wirtschaftsausschuss nicht erst in der gemeinsamen Sitzung mit dem Unternehmer, sondern schon eine angemessene Zeit vor (!) dieser Sitzung **auszuhändigen**.

Die Rechtsprechung geht zutreffenderweise davon aus, dass andernfalls eine ordnungsgemäße Vorbereitung der Wirtschaftsausschussmitglieder nicht möglich ist (BAG v. 20. 11. 1984 – 1 ABR 64/82, AiB 1985, 128 = NZA 1985, 432).

Allerdings sind die ausgehändigten Unterlagen nach Ansicht des BAG nach Ende der Wirtschaftsausschusssitzung wieder **zurückzugeben**.

Im Falle der **Übernahme des Unternehmens**, wenn hiermit der Erwerb der Kontrolle verbunden ist, gehört zu den erforderlichen Unterlagen insbesondere die Angabe über den potentiellen Erwerber und dessen Absichten im Hinblick auf die künftige Geschäftstätigkeit des Unternehmens sowie die sich daraus ergebenden Auswirkungen auf die Arbeitnehmer. 12a
Gleiches gilt, wenn im Vorfeld der Übernahme des Unternehmens ein Bieterverfahren durchgeführt wird (§ 106 Abs. 2 Satz 2 BetrVG; eingefügt durch das Risikobegrenzungsgesetz vom 12. 8. 2008; siehe Rn. 1 a).

Wirtschaftsausschuss

Jahresabschluss (§ 108 Abs. 5 BetrVG)

13 Gemäß § 108 Abs. 5 BetrVG ist der → **Jahresabschluss** dem Wirtschaftsausschuss unter Beteiligung des Betriebsrats bzw. Gesamtbetriebsrats zu erläutern.
Auch wenn der Jahresabschluss als **vergangenheitsbezogene Rechnung** (»Schnee von gestern«) keine sichere Aussage über die zukünftige Entwicklung des Unternehmens zulässt, sollten Wirtschaftsausschuss und Betriebsrat bzw. Gesamtbetriebsrat dennoch von ihrem Recht nach § 108 Abs. 5 BetrVG konsequent Gebrauch machen.
Denn für die Begründung von Forderungen bzw. die Abwehr von Kostensenkungsvorhaben des Unternehmers kann es durchaus sinnvoll sein, unter Auswertung der bisherigen Jahresabschlüsse die Gewinnentwicklung im Unternehmen z. B. im Rahmen einer → **Betriebsversammlung** darzustellen.
Eine Geheimhaltungsverpflichtung insoweit besteht jedenfalls bei veröffentlichungspflichtigen Kapitalgesellschaften nicht (siehe → **Geheimhaltungspflicht** Rn. 4).

14 Nach § 106 Abs. 2 BetrVG darf der Unternehmer Informationen im Übrigen nur dann verweigern, wenn aufgrund konkreter Anhaltspunkte die Annahme begründet ist, dass **Betriebs- oder Geschäftsgeheimnisse** »gefährdet« werden.
Zum Begriff des Betriebs- und Geschäftsgeheimnisses siehe → **Geheimhaltungspflicht**.

Sitzungen des Wirtschaftsausschusses (§ 108 Abs. 1, 2 BetrVG)

15 Der Wirtschaftsausschuss »soll« einmal im Monat zusammentreten (§ 108 Abs. 1 BetrVG).

16 Der **Unternehmer** oder – im Verhinderungsfalle – sein Vertreter (= diejenige Person, die in der Unternehmenshierarchie direkt »nach dem Unternehmer kommt« und in der Lage ist, die vorgeschriebenen Informationen zu erteilen) ist verpflichtet, an den Sitzungen des Wirtschaftsausschusses teilzunehmen und »Rede und Antwort zu stehen«.
Er kann **sachkundige Arbeitnehmer** des Unternehmens einschließlich der → **leitenden Angestellten** i. S. d. § 5 Abs. 3 BetrVG hinzuziehen (§ 108 Abs. 2 Satz 2 BetrVG).

17 Zum Zwecke der Vorbereitung und Nachbereitung der gemeinsamen Sitzung mit dem Unternehmer kann der Wirtschaftsausschuss auch **Sitzungen ohne den Unternehmer** durchführen.

18 Bei besonders schwierigen Vorgängen können in entsprechender Anwendung des § 80 Abs. 3 BetrVG »nach näherer Vereinbarung« zwischen Wirtschaftsausschuss und Unternehmer → **Sachverständige** hinzugezogen werden (§ 108 Abs. 2 Satz 3 BetrVG).

19 Die Teilnahme eines **Gewerkschaftsvertreters** an der Wirtschaftsausschusssitzung ist in entsprechender Anwendung des § 31 BetrVG zulässig.

20 Die → **Schwerbehindertenvertretung** bzw. Gesamtschwerbehindertenvertretung hat einen Anspruch auf Einladung und Teilnahme an den Sitzungen des Wirtschaftsausschusses (§§ 95 Abs. 4, 97 Abs. 7 SGB IX).

Einigungsstelle (§ 109 BetrVG)

21 Verweigert der Unternehmer entgegen dem Verlangen des Wirtschaftsausschusses die ordnungsgemäße Information, so kann gemäß § 109 BetrVG vom Betriebsrat bzw. Gesamtbetriebsrat – nach erfolglosem Einigungsversuch – ein Einigungsstellenverfahren eingeleitet werden (siehe Rn. 26 ff. und → **Einigungsstelle**).

Bedeutung für die Betriebsratsarbeit

Wichtigstes **Ziel** der Arbeit des Wirtschaftsausschusses ist es, Informationen zu erlangen über »das, was nach den **Planungen** des Unternehmers sein soll«. 22
Natürlich sind auch vergangenheitsbezogene Informationen wichtig, um bestimmte Trends erkennen zu können.
Noch wichtiger aber sind die zukunftsbezogenen Informationen (Plandaten).
Denn es geht bei der Wirtschaftsausschuss- und Betriebsratsarbeit letztlich darum, Konzepte und Vorgehensweisen zu entwickeln, die die Planungen und Entscheidungen des Unternehmers im Sinne der Interessen der Beschäftigten zu beeinflussen vermögen.
Eine grundsätzliche Schwierigkeit der Wirtschaftsausschussarbeit liegt darin, dass auf Seiten 23
der Unternehmer häufig nur wenig Neigung besteht, den Wirtschaftsausschuss ordnungsgemäß – also rechtzeitig, umfassend und unter Vorlage nachvollziehbarer Unterlagen – zu informieren, das heißt mit solchen Informationen zu bedienen, die der Betriebsrat/Gesamtbetriebsrat für **Alternativkonzepte** oder gar **Gegenstrategien** nutzen kann.
Oft wird der Unternehmer für die Interessenvertreterarbeit notwendige/nützliche Informationen erst auf ausdrückliche Nachfrage offenlegen.
Deshalb kommt es darauf an, 24
- dass der Wirtschaftsausschuss die »richtigen« Fragen stellt und
- dass er die ermittelten Daten und Informationen in einer für den Betriebsrat/Gesamtbetriebsrat handhabbaren Weise aufarbeitet.

Die **Checkliste** »Kennziffern für den Wirtschaftsausschuss« (DVD) soll insoweit eine kleine 25
Hilfestellung geben.

Einigungsstellenverfahren (§ 109 BetrVG)

Wird eine Information über wirtschaftliche Angelegenheiten nicht, nicht rechtzeitig oder nur 26
ungenügend erteilt, gilt nach § 109 BetrVG Folgendes:
- Zunächst haben Betriebsrat bzw. Gesamtbetriebsrat und Unternehmer eine Einigung zu versuchen.
- Im Falle der Nichteinigung entscheidet auf Antrag des Betriebsrats bzw. Gesamtbetriebsrats oder des Unternehmers die → **Einigungsstelle**.
- Im Falle des Obsiegens des Betriebsrats bzw. Gesamtbetriebsrats wird der Unternehmer per Spruch der Einigungsstelle verpflichtet, die verlangte Auskunft dem Wirtschaftsausschuss zu erteilen.
- Durchgesetzt werden kann ein solcher Einigungsstellenspruch nur über ein entsprechendes Beschlussverfahren beim → **Arbeitsgericht**. Das Arbeitsgericht überprüft dabei die Rechtmäßigkeit des Spruchs der Einigungsstelle.

Wird der Einigungsstellenspruch vom Arbeitsgericht bestätigt und wird der Gerichtsbeschluss 27
rechtskräftig, dann kann aus dem Beschluss die Zwangsvollstreckung nach § 85 Abs. 1 Arbeitsgerichtsgesetz in Verbindung mit den entsprechenden Vorschriften der Zivilprozessordnung betrieben werden (**Zwangsgeld**).
Zu beachten ist § 109 a BetrVG (eingefügt durch das Risikobegrenzungsgesetz vom 12.8.2008; 27a
siehe Rn. 1 a).
In → **Unternehmen**, in denen kein Wirtschaftsausschuss besteht (= Unternehmen mit bis zu 100 Arbeitnehmern), hat der Unternehmer den → **Betriebsrat** über die **Übernahme des Unternehmens**, wenn hiermit der Erwerb der Kontrolle verbunden ist, rechtzeitig und umfassend sowie unter Vorlage von Unterlagen zu unterrichten und mit ihm zu beraten.

Wirtschaftsausschuss

28 Wenn die Auskünfte nicht, nicht rechtzeitig oder nur ungenügend erteilt werden, kann der Betriebsrat die → **Einigungsstelle** nach § 109 BetrVG anrufen (§ 109 a 2. Halbsatz BetrVG).
Insgesamt gesehen kann das Verfahren zur Durchsetzung des Informationsanspruchs des Wirtschaftsausschusses ein recht langwieriges und kompliziertes Unterfangen sein.
Dennoch sollte sich die Interessenvertretung nicht scheuen, diesen Weg zu gehen. Alle Erfahrungen belegen, dass die konsequente Nutzung auch des Einigungsstellenverfahrens nach § 109 BetrVG zu **nützlichen Ergebnissen** im konkreten Fall führt.
Darüber hinaus ist mit der Durchführung eines solchen Verfahrens regelmäßig eine das zukünftige Verhältnis zwischen Unternehmer und Interessenvertretung positiv beeinflussende »**erzieherische Wirkung**« verbunden.

29 Leistet der Unternehmer einem Einigungsstellenspruch, der ihn zur Information über eine wirtschaftliche Angelegenheit verpflichtet, keine Folge, kann auch eine Ordnungswidrigkeitenanzeige nach § 121 BetrVG erstattet werden (siehe → **Ordnungswidrigkeitenverfahren**).

30 Im Übrigen begeht derjenige, der die Arbeit des Wirtschaftsausschusses behindert oder stört, eine **Straftat** nach § 119 Abs. 1 Nr. 2 BetrVG, die auf **Strafantrag** verfolgt werden kann (§ 119 Abs. 2 BetrVG; siehe → **Behinderung der Betriebsratsarbeit** und → **Strafverfahren**).
Strafbar macht sich auch, wer ein Mitglied des Wirtschaftsausschusses »um seiner betrieblichen Tätigkeit willen benachteiligt oder begünstigt« (§ 119 Abs. 1 Nr. 3 BetrVG).

31 **Arbeitshilfen**

Checkliste
- Kennziffern für den Wirtschaftsausschuss (= wichtige Unternehmens- und Beschäftigtendaten)

Musterschreiben
- Mitteilung an die Geschäftsleitung zu einem Beschluss des Betriebsrats über die Bildung eines Wirtschaftsausschusses
- Mitteilung an die Geschäftsführung zu einem Beschluss des Betriebsrats über die Bildung eines Ausschusses für wirtschaftliche Fragen
- Einladung der Unternehmensleitung zu einer Sitzung des Wirtschaftsausschusses
- Aufforderung an Unternehmensleitung zur Erteilung von Informationen an den Wirtschaftsausschuss

Wirtschaftsausschuss

Checkliste: Kennziffern für den Wirtschaftsausschuss (= wichtige Unternehmens- und Beschäftigtendaten)

Zu den Bereichen:
I. Gewinne/Rendite/Profit
II. Absatz
III. Produktion
IV. Finanzen, Investitionen
V. Beschäftigung

Kennziffer	Aussage	Ausbaumöglichkeiten
I. Gewinne/Rendite/Profit		
Geplanter Gewinn	Je höher die Gewinnerwartung, desto gefährlicher wird es für die Beschäftigten (Motto: Gewinnmaximierung durch Senkung der Personalkosten)	Gewinnmaximierung durch Senkung der Personalkosten: • Abbau / Streichung von übertariflichen Leistungen • Tarifflucht: Verbandsaustritt, OT-Wechsel, Ausgliederung von Bereichen/Funktionen auf nicht tarifgebundene, »billigere« Zulieferer (Werkvertrag) • Durchsetzung von »nach unten« abweichenden »Änderungstarifverträgen« (z. B. auf Grundlage des Pforzheimer Abkommens Metallindustrie) • Einsatz von Leiharbeitnehmern • Erhöhung des Arbeits- und Leistungsdrucks: mit weniger Personal mehr Produktion erzeugen • usw.
II. Absatz		
1. Umsatz (in Euro)	Allgemeine Unternehmensentwicklung; Umsatzsteigerung kann heißen: Preissteigerung oder Mehrproduktion	Unterteilung nach Produktgruppen, Abteilungen, Werken
2. Umsatz (in Menge)	Umfang der Produktion ohne Berücksichtigung der Preissteigerung (Inflation)	Unterteilung nach Produktgruppen, Abteilungen, Werken
3. Exportanteil (in % vom Umsatz)	Gefahr der Produktionsverlagerung, Absatzrisiko	Unterteilung nach Produktgruppen
4. Lagerbestand an Fertigprodukten (in Euro oder Menge)	Absatzlage; steigende Lagerbestände können drohende Produktionseinschränkungen anzeigen	Unterteilung nach Produktgruppen
5. Auftragsbestand (in Euro oder Menge)	Sicherheit der zukünftigen Beschäftigung	Umrechnung auf Wochen

Wirtschaftsausschuss

Kennziffer	Aussage	Ausbaumöglichkeiten
III. Produktion		
1. Gesamtleistung (in Euro)	aus diesen Daten lässt sich die Produktivität ermitteln	
2. Produktionsmenge (in Stück, Gewicht usw. ...)		
3. Zahl der Beschäftigten Zahl der Arbeitsstunden		
4. Produktivität: Gesamtleistung (bzw. Produktionsmenge) • je Arbeitnehmer • je Arbeitsstunde	Stand der Rationalisierung und Automatisierung; Hinweis auf Arbeitsbelastung	Unterteilung nach Abteilungen, Werken
5. Kapazitätsauslastung (in % der »Normalkapazität«)	Unterschied zwischen tatsächlicher und möglicher Auslastung der Maschinen; schlechte Auslastung kann heißen: Kurzarbeit oder andere Produktionseinschränkung	Unterteilung nach Abteilungen, Werken
IV. Finanzen		
Investitionen		
1. Jahresüberschuss bzw. Fehlbetrag	Mit großer Vorsicht zu genießen – sagt wenig über die tatsächliche finanzielle Lage aus	
2. Abschreibungen • auf Sachanlagen • auf Finanzanlagen	siehe Nr. 5 (Umsatzüberschuss)	
3. Veränderung der Pensionsrückstellungen	siehe Nr. 5 (Umsatzüberschuss)	
4. Veränderung der Sonderposten mit Rücklageanteil	siehe Nr. 5 (Umsatzüberschuss)	
5. Umsatzüberschuss (»cashflow«): = Summe aus 1. bis 4.	Zeigt die Möglichkeiten des Unternehmens zur Selbstfinanzierung zukünftiger Investitionen	
6. Sachinvestitionen (= Zugänge an Sachanlagen)	Umfang der Investitionstätigkeit; einerseits Bestandssicherung, andererseits Rationalisierung	Unterteilung nach Werken und Anlagearten
7. Finanzinvestitionen (= Zugänge an Finanzlagen)	Evtl.: Abzug finanzieller Mittel aus dem Unternehmen; Gefahr für Bestand	Unterteilung nach Arten (Beteiligungen, Wertpapiere ...)
8. Anlagevermögen in % der Bilanzsumme	Ausstattung des Unternehmens mit Sachvermögen; wichtig für Kreditsicherung; evtl. Insolvenzgefahr bei zu geringer Anlagequote	Vergleichszahlen anderer Unternehmen gleicher Branche besorgen

Wirtschaftsausschuss

Kennziffer	Aussage	Ausbaumöglichkeiten
9. Fremdkapital in % der Bilanzsumme	Verschuldung des Unternehmens; bei zu hoher Verschuldung Insolvenzgefahr, »Gesundschrumpfung«	Vergleichszahlen anderer Unternehmen gleicher Branche besorgen
10. Aufwendungen des Unternehmens für Forschung und Entwicklung (F & E)	Hinweis auf langfristige Absichten des Unternehmens	Unterteilung nach Produktgruppen, Werken
V. Beschäftigung		
Personal		
1. Personalbestand (gesamt)	Personalentwicklung; in Verbindung mit Daten zu Umsatz bzw. Produktion: Hinweis auf Produktivitätsentwicklung	Unterteilung nach Abteilung, Werken
2. Arbeiter	Personalstruktur	
3. Angestellte (gesamt) davon: • kaufmännische Angestellte • technische Angestellte	Personalstruktur	
4. AT-Angestellte davon: Leitende Angestellte	Personalstruktur	
5. Auszubildende	Ausbildungsbereitschaft und Zukunftsorientierung des Unternehmens	
6. Schwerbehinderte	Bereitschaft des Unternehmens, Pflichten nach dem Schwerbehindertengesetz zu erfüllen	
7. Teilzeitbeschäftigte	Steigender Anteil signalisiert schleichenden Personalabbau und Versuch, Personal flexibler einzusetzen (Personalpuffer)	Unterteilung nach Abteilungen; genaue Erfassung der geleisteten Arbeitsstunden
8. Zahl der befristeten Einstellungen)		
9. Heimarbeitnehmer		
10. Leiharbeitnehmer		
11. Fluktuation • Einstellungen • Abgänge	Ausnutzung für schleichenden Personalabbau; Hinweis auf schlechtes Betriebsklima, mangelhafte Entlohnung usw.	Unterteilung nach Abteilungen, Werken
12. Personalkostenanteil vom Umsatz (in %)	Personalkostenbelastung; wichtig für Vergleiche mit anderen Unternehmen; Bedeutung auch für Tarifpolitik	Evtl. Vorstands- und Geschäftsführungsbezüge rausrechnen
Arbeitsentgelt		
13. Durchschnittsbruttoentgelt	Sinkendes Durchschnittsentgelt ist Signal für Zunahme schlechter bezahlter Tätigkeiten = Abqualifizierungen	Unterteilung nach Arbeitern, Angestellten; Überprüfung, ob Arbeitgeberanteile eingerechnet sind
14. Freiwillige Sozialleistungen	Anteil der nicht abgesicherten Entgeltbestandteile; auch für Tarifpolitik von Bedeutung	Unterteilung nach Leistungsarten (Altersversorgung, Kantine …)

Wirtschaftsausschuss

Kennziffer	Aussage	Ausbaumöglichkeiten
Arbeitszeit		
15. Zahl der geleisteten Arbeitsstunden (gesamt)	in Verbindung mit Daten zu Umsatz bzw. Produktion: Hinweis auf Produktivitätsentwicklung	
16. Überstunden pro Arbeitnehmer	Schaffung zusätzlicher Arbeitsplätze möglich; Signal für Überbelastung, Gesundheitsgefahren	Unterteilung nach Abteilungen, Werken
17. Kurzarbeitsstunden pro Arbeitnehmer		
Gesundheit		
18. Krankenstand (Ausfallzeiten in % der vertraglichen Arbeitsstunden)	Überforderung, ungesunde Arbeitsbedingungen, schlechtes Betriebsklima (Ursachen erforschen!)	Unterteilung nach Abteilungen, Werken; arbeitsunfallbedingte Krankentage gesondert erfassen
19. Zahl der Unfälle		
20. Berufskrankheiten (Zahl der neuen Fälle)		
21. Daten zu weiteren Bereichen: z. B. Arbeitsbedingungen, Berufsbildung (Qualifikation)		

Rechtsprechung

1. Unterrichtungsanspruch des Betriebsrats eines Unternehmens mit bis zu 100 Arbeitnehmern
2. Bildung eines Wirtschaftsausschusses: Berechnung der Arbeitnehmerzahl
3. Amtszeit des Wirtschaftsausschusses – Absinken der Belegschaftsstärke
4. Wirtschaftliche Angelegenheiten
5. Vorlage von Unterlagen an den Wirtschaftsausschuss
6. Teilnahme an Sitzungen des Wirtschaftsausschusses
7. Einigungsstelle nach § 109 BetrVG
8. Ordnungswidrigkeit nach § 121 i. V. m. § 106 BetrVG
9. Teilnahme eines Wirtschaftsausschussmitglieds an Schulung nach § 37 Abs. 6 BetrVG
10. Schulungsthemen nach § 37 Abs. 6 BetrVG

Zahlen und ihre Bedeutung

Das BetrVG und andere arbeitsrechtliche Vorschriften lassen bestimmte **Rechtsfolgen** erst dann eintreten, wenn bestimmte **Zahlenwerte** erreicht bzw. überschritten werden. 1

Die nachstehende **Übersicht** soll eine erste schnelle Orientierung über die wichtigsten Zahlen und ihre Rechtsfolgen sowie die einschlägigen Rechtsgrundlagen geben. 2

Zahl	Rechtsfolge	Rechtsgrundlage
1 bis 4	Arbeitnehmer im Betrieb: Kein Betriebsrat möglich.	§ 1 BetrVG
1 bis 20	Arbeitnehmer (ohne Azubis; anteilige Berücksichtigung von Teilzeitarbeitnehmern): Durch Arbeitsvertrag kann eine kürzere als die gesetzliche Grundkündigungsfrist (§ 622 Abs. 1 BGB) vereinbart werden.	§ 622 Abs. 5 Satz 1 Nr. 2 BGB
2	weitere Betriebsversammlungen können im Jahr (1 pro Kalenderhalbjahr) zusätzlich zu den 4 Pflicht-Betriebsversammlungen durchgeführt werden (wenn dies aus besonderen Gründen zweckmäßig erscheint).	§ 43 Abs. 1 BetrVG
3 bis 7	Mitglieder hat der Wirtschaftsausschuss; Vergrößerungsmöglichkeit besteht nach § 107 Abs. 3 BetrVG.	§ 107 Abs. 1 BetrVG
3 und mehr	Mitglieder des Betriebsrats: Das »Minderheitengeschlecht« in der Belegschaft muss entsprechend dem zahlenmäßigen Verhältnis im Betriebsrat vertreten sein.	§ 15 Abs. 2 BetrVG
4	Betriebsversammlungen im Jahr sind Pflicht (1 Betriebsversammlung pro Quartal)	§ 43 Abs. 1 BetrVG
5 und mehr	wahlberechtigte Arbeitnehmer im Betrieb: Es ist ein Betriebsrat zu wählen.	§ 1 BetrVG
5 und mehr	Jugendliche und auszubildende Arbeitnehmer im Betrieb: Es ist eine Jugend- und Auszubildendenvertretung zu wählen.	§ 60 Abs. 1 BetrVG
5 und mehr	schwerbehinderte Menschen im Betrieb: Es ist eine Schwerbehindertenvertretung zu wählen.	§ 94 Abs. 1 SGB IX
auf mindestens 5	Prozent der Arbeitsplätze sind schwerbehinderte Menschen zu beschäftigen, wenn der Arbeitgeber mind. 20 Arbeitsplätze hat (Sonderregelung des § 71 Abs. 1 Satz 3 SGB IX für Arbeitgeber mit jahresdurchschnittlich monatlich weniger als 40 bzw. weniger als 60 Arbeitsplätzen beachten).	§ 71 Abs. 1 SGB IX
10 und mehr	Arbeitnehmer sind mit der automatisierten Erhebung, Verarbeitung oder Nutzung personenbezogener Daten beschäftigt. Es ist ein Datenschutzbeauftragter zu bestellen.	§ 4f Abs. 1 BDSG
mehr als 5 bis 10	Arbeitnehmer (ohne Azubis; anteilige Berücksichtigung von Teilzeitarbeitnehmern) im Betrieb bzw. Unternehmen (nach richtiger Ansicht ist auf das Unternehmen abzustellen): Kündigungsschutz nach §§ 1 bis 14 KSchG für vor dem 1.1.2004 eingestellte Arbeitnehmer.	§ 23 Abs. 1 KSchG
5 bis 20	wahlberechtigte Arbeitnehmer im Betrieb: Betriebsrat besteht aus 1 Person.	§ 9 BetrVG

Zahlen und ihre Bedeutung

Zahl	Rechtsfolge	Rechtsgrundlage
5 bis 20	Jugendliche und auszubildende Arbeitnehmer im Betrieb: Jugend- und Auszubildendenvertretung besteht aus 1 Person.	§ 62 Abs. 1 BetrVG
5 bis 20	Arbeitnehmer im Unternehmen: Dem Betriebsrat stehen alle Rechte nach dem BetrVG zu mit Ausnahme der Rechte nach: • §§ 99 bis 101 BetrVG: Mitbestimmung bei Einstellung, Ein-/Umgruppierung, Versetzung gilt nur in Unternehmen mit mehr als 20 wahlberechtigten Arbeitnehmern; • §§ 111 bis 113 BetrVG: Die Vorschriften über Betriebsänderung, Interessenausgleich, Sozialplan, Nachteilsausgleich gelten nur in Unternehmen mit mehr als 20 wahlberechtigten Arbeitnehmern. Hinweis zu § 106 BetrVG: Die Bildung eines Wirtschaftsausschusses ist nur möglich, wenn im Unternehmen (nicht Betrieb) mehr als 100 Arbeitnehmer beschäftigt sind.	
5 bis 50	wahlberechtigte Arbeitnehmer: Der Betriebsrat wird in einem vereinfachten Wahlverfahren gewählt.	§ 14 a Abs. 1 BetrVG
5 bis 500	Arbeitnehmer im Betrieb: Der Betriebsrat hat bei Auswahlrichtlinien ein Zustimmungsverweigerungsrecht, aber kein Initiativmitbestimmungsrecht.	§ 95 Abs. 1 BetrVG
9 bis 15	-köpfiger Betriebsrat: Der Betriebsausschuss besteht inklusive Betriebsratsvorsitzendem und Stellvertreter aus insgesamt 5 Mitgliedern.	§ 27 Abs. 1 BetrVG
10 und mehr	Arbeitnehmer sind mit der automatisierten Erhebung, Verarbeitung oder Nutzung personenbezogener Daten beschäftigt: Es ist ein Datenschutzbeauftragter zu bestellen.	§ 4 f Abs. 1 BDSG
10 und mehr	leitende Angestellte im Betrieb: Es wird ein Sprecherausschuss gewählt.	§ 1 SprAuG
10 bis 20	leitende Angestellte im Betrieb: Sprecherausschuss besteht aus 1 Person.	§ 4 SprAuG
mehr als 10	Arbeitnehmer (ohne Azubis; anteilige Berücksichtigung von Teilzeitarbeitnehmern) im Betrieb bzw. Unternehmen (nach richtiger Ansicht ist auf das Unternehmen abzustellen): Kündigungsschutz nach §§ 1 bis 14 KSchG für nach dem 31.12.2003 eingestellte Arbeitnehmer.	§ 23 Abs. 1 KSchG
mehr als 15	Arbeitnehmer (ohne Auszubildende): Arbeitnehmer haben nach sechsmonatigem Bestehen des Arbeitsverhältnisses Anspruch auf Verringerung der Arbeitszeit.	§ 8 Abs. 7 TzBfG
17 bis 23	-köpfiger Betriebsrat: Der Betriebsausschuss besteht inklusive Betriebsratsvorsitzenden und Stellvertreter aus insgesamt 7 Mitgliedern.	§ 27 Abs. 1 BetrVG
20 und mehr	Arbeitnehmer sind mit der nicht automatisierten Erhebung, Verarbeitung oder Nutzung personenbezogener Daten beschäftigt: Es ist ein Datenschutzbeauftragter zu bestellen.	§ 4 f Abs. 1 BDSG
21 und mehr	wahlberechtigte Arbeitnehmer im Betrieb: Das »Minderheitengeschlecht« in der Belegschaft muss entsprechend dem zahlenmäßigen Verhältnis im Betriebsrat vertreten sein.	§ 15 Abs. 2 BetrVG

Zahlen und ihre Bedeutung

Zahl	Rechtsfolge	Rechtsgrundlage
21 und mehr	Arbeitnehmer im Unternehmen: Dem Betriebsrat stehen alle Rechte nach dem BetrVG zu (siehe aber nachstehenden Hinweis zu § 106 BetrVG). Insbesondere auch die Rechte nach: • §§ 99 bis 101 BetrVG: Mitbestimmung bei Einstellung, Ein-/Umgruppierung, Versetzung • §§ 111 bis 113 BetrVG: Betriebsänderung, Interessenausgleich, Sozialplan, Nachteilsausgleich Hinweis zu § 106 BetrVG: Die Bildung eines Wirtschaftsausschusses ist nur möglich, wenn im Unternehmen (nicht Betrieb) mehr als 100 Arbeitnehmer beschäftigt sind.	
21 und mehr	Beschäftigte im Betrieb (anteilige Berücksichtigung von Teilzeitarbeitnehmern): Der Arbeitgeber hat einen Arbeitsschutzausschuss zu bilden.	§ 11 Satz 1 ASiG
21 und mehr	Beschäftigte im Unternehmen: Der Unternehmer hat unter Beteiligung des Betriebsrats Sicherheitsbeauftragte zu bestellen.	§ 22 Abs. 1 SGB VII
21 und mehr	wahlberechtigte Arbeitnehmer im Unternehmen: Der Unternehmer muss die Arbeitnehmer mindestens einmal vierteljährlich in mündlicher Form über die wirtschaftliche Lage und Entwicklung des Unternehmens unterrichten.	§ 110 Abs. 2 BetrVG
21 bis 50	wahlberechtigte Arbeitnehmer im Betrieb: Der Betriebsrat besteht aus 3 Mitgliedern.	§ 9 BetrVG
21 bis 50	jugendliche und auszubildende Arbeitnehmer im Betrieb: Die Jugend- und Auszubildendenvertretung besteht aus 3 Mitgliedern.	§ 62 Abs. 1 BetrVG
21 bis 59	Arbeitnehmer im Betrieb: Anzeigepflicht des Arbeitgebers bei geplanter Entlassung von mehr als 5 Arbeitnehmern innerhalb von 30 Kalendertagen.	§ 17 Abs. 1 KSchG
21 bis 100	leitende Angestellte im Betrieb: Der Sprecherausschuss besteht aus 3 Mitgliedern.	§ 4 Abs. 1 SprAuG
21 bis 1000	Arbeitnehmer im Unternehmen: Unternehmer muss die Arbeitnehmer mindestens einmal vierteljährlich über die Lage und Entwicklung des Unternehmens mündlich unterrichten.	§ 110 Abs. 2 BetrVG
25 bis 35	-köpfiger Betriebsrat: Der Betriebsausschuss besteht inklusive Betriebsratsvorsitzendem und Stellvertreter aus insgesamt 9 Mitgliedern.	§ 27 Abs. 1 BetrVG
30 bis unter 50	Grad der Behinderung: Es kann Gleichstellung bei der Agentur für Arbeit beantragt werden.	§ 2 Abs. 3 SGB IX
37 und mehr	-köpfiger Betriebsrat: Der Betriebsausschuss besteht inklusive Betriebsratsvorsitzendem und Stellvertreter aus insgesamt 11 Mitgliedern.	§ 27 Abs. 1 BetrVG
50 und mehr	Grad der Behinderung: Es liegt Schwerbehinderung vor.	§ 2 Abs. 2 SGB IX
51	wahlberechtigte (!) Arbeitnehmer bis 100 Arbeitnehmer im Betrieb: Der Betriebsrat besteht aus 5 Mitgliedern.	§ 9 BetrVG

Beachten:
Bei der Bestimmung der Betriebsratsgröße nach § 9 BetrVG wird bis zur Zahl 51 auf »wahlberechtigte« Arbeitnehmer abgestellt.
Beispiel:
In einem Betrieb mit 60 Arbeitnehmern ist nur dann ein fünfköpfiger Betriebsrat zu wählen, wenn mindestens 51 Arbeitnehmer »wahlberechtigt« sind nach § 7 Satz 1 BetrVG (= volljährige Arbeitnehmer). Sind von den 60 Arbeitnehmern weniger als 51 Arbeitnehmer wahlberechtigt, kann nur ein dreiköpfiger Betriebsrat gewählt werden.

Zahlen und ihre Bedeutung

Zahl	Rechtsfolge	Rechtsgrundlage
51 bis 100	wahlberechtigte Arbeitnehmer im Betrieb: Arbeitgeber und Wahlvorstand können Wahl des Betriebsrates im vereinfachten Wahlverfahren vereinbaren.	§ 14 a Abs. 5 BetrVG
51 bis 150	jugendliche und auszubildende Arbeitnehmer im Betrieb: Die Jugend- und Auszubildendenvertretung besteht aus 5 Mitgliedern.	§ 62 Abs. 1 BetrVG
weniger als 60	Arbeitnehmer im Betrieb: Besteht die Betriebsänderung allein in der Entlassung von Arbeitnehmern, ist ein Sozialplan nur dann erzwingbar, wenn 20 % der im Betrieb beschäftigten Arbeitnehmer, aber mindestens 6 Arbeitnehmer entlassen werden sollen.	§ 112 a Abs. 1 BetrVG
60 bis 249	Arbeitnehmer im Betrieb: Besteht die Betriebsänderung allein in der Entlassung von Arbeitnehmern, ist Sozialplan nur erzwingbar, wenn 20 % der im Betrieb beschäftigten Arbeitnehmer oder mindestens 37 Arbeitnehmer entlassen werden sollen.	§ 112 a Abs. 1 BetrVG
60 bis 499	Arbeitnehmer im Betrieb: Anzeigepflicht des Arbeitgebers bei geplanter Entlassung von 10 % der im Betrieb beschäftigten Arbeitnehmer oder von mehr als 25 Arbeitnehmern innerhalb von 30 Kalendertagen.	§ 17 Abs. 1 KSchG
101 und mehr	schwerbehinderte Menschen im Betrieb: Die Schwerbehindertenvertretung kann nach Unterrichtung des Arbeitgebers den mit der höchsten Stimmenzahl gewählten Stellvertreter zu bestimmten Aufgaben heranziehen.	§ 95 Abs. 1 Satz 4 SGB IX
101 und mehr	Arbeitnehmer im Betrieb: Der Betriebsrat kann Ausschüsse bilden.	§ 28 Abs. 1 BetrVG
101 und mehr	Arbeitnehmer im Betrieb: Der Betriebsrat kann Aufgaben auf Arbeitsgruppen übertragen (nach Maßgabe einer Rahmenvereinbarung mit dem Arbeitgeber).	§ 28 a Abs. 1 BetrVG
101 und mehr	ständig im Unternehmen beschäftigte Arbeitnehmer: Es ist ein Wirtschaftsausschuss zu bilden.	§ 106 Abs. 1 BetrVG
101 und mehr	Arbeitnehmer im Betrieb: hält der Arbeitgeber Vorschläge des Betriebsrats zur Beschäftigungssicherung für ungeeignet, muss er dies schriftlich begründen.	§ 92 a Abs. 2 BetrVG
101 bis 200	Arbeitnehmer im Betrieb: Der Betriebsrat besteht aus 7 Mitgliedern.	§ 9 BetrVG
101 bis 300	leitende Angestellte im Betrieb: Der Sprecherausschuss besteht aus 5 Mitgliedern.	§ 4 SprAuG
151 bis 300	jugendliche und auszubildende Arbeitnehmer im Betrieb: Die Jugend- und Auszubildendenvertretung besteht aus 7 Mitgliedern.	§ 62 Abs. 1 BetrVG
200 bis 500	Arbeitnehmer im Betrieb: 1 Betriebsratsmitglied ist mindestens freizustellen.	§ 38 Abs. 1 BetrVG
201 bis 400	Arbeitnehmer im Betrieb: Der Betriebsrat besteht aus 9 Mitgliedern.	§ 9 BetrVG
201 und mehr	Arbeitnehmer im Betrieb: Der Betriebsrat hat einen Betriebsausschuss zu bilden.	§ 27 Abs. 1 BetrVG
201 und mehr	schwerbehinderte Menschen im Betrieb: Die Schwerbehindertenvertretung kann nach Unterrichtung des Arbeitgebers auch das mit der nächsthöchsten Stimmzahl gewählte weitere stellvertretende Mitglied zu bestimmten Aufgaben heranziehen.	§ 95 Abs. 1 SGB IX

Zahlen und ihre Bedeutung

Zahl	Rechtsfolge	Rechtsgrundlage
250 bis 499	Arbeitnehmer im Betrieb: Besteht die Betriebsänderung allein in der Entlassung von Arbeitnehmern, ist ein Sozialplan nur erzwingbar, wenn 15 % der im Betrieb beschäftigten Arbeitnehmer oder mindestens 60 Arbeitnehmer entlassen werden sollen.	§ 112 a Abs. 1 BetrVG
301 und mehr	Arbeitnehmer im Unternehmen: Der Betriebsrat kann bei Betriebsänderung einen Berater hinzuziehen.	§ 111 Satz 2 BetrVG
301 bis 500	jugendliche und auszubildende Arbeitnehmer im Betrieb: Die Jugend- und Auszubildendenvertretung besteht aus 9 Mitgliedern.	§ 62 Abs. 1 BetrVG
301 und mehr	leitende Angestellte im Betrieb: Der Sprecherausschuss besteht aus 7 Mitgliedern.	§ 4 Abs. 1 SprAuG
401 bis 700	Arbeitnehmer im Betrieb: Der Betriebsrat besteht aus 11 Mitgliedern.	§ 9 BetrVG
500 und mehr	Arbeitnehmer im Betrieb: Anzeigepflicht des Arbeitgebers bei geplanter Entlassung von mindestens 30 Arbeitnehmern innerhalb von 30 Kalendertagen.	§ 17 Abs. 1 KSchG
500 und mehr	Arbeitnehmer im Betrieb: Besteht die Betriebsänderung allein in der Entlassung von Arbeitnehmern, ist ein Sozialplan nur erzwingbar, wenn 10 % der im Betrieb beschäftigten Arbeitnehmer, aber mindestens 60 Arbeitnehmer entlassen werden sollen.	§ 112 a Abs. 1 BetrVG
501 und mehr	Arbeitnehmer im Betrieb: Der Betriebsrat kann die Aufstellung von Auswahlrichtlinien verlangen (Initiativmitbestimmungsrecht).	§ 95 Abs. 2 BetrVG
501 bis 700	jugendliche und auszubildende Arbeitnehmer im Betrieb: Die Jugend- und Auszubildendenvertretung besteht aus 11 Mitgliedern.	§ 62 Abs. 1 BetrVG
501 bis 900	Arbeitnehmer im Betrieb: 2 Betriebsratsmitglieder sind mindestens freizustellen.	§ 38 Abs. 1 BetrVG
ab 501 bis 2000	Arbeitnehmer in einer Aktiengesellschaft: Der Aufsichtsrat besteht zu einem Drittel aus Arbeitnehmervertretern; in Aktiengesellschaften mit weniger als 500 Arbeitnehmern gilt das ebenfalls, wenn sie vor dem 10.8.1994 eingetragen wurden und keine Familiengesellschaft sind.	§ 1 Abs. 1 Nr. 1 DrittelbG
501 bis 2000	Arbeitnehmer in einer Gesellschaft mit beschränkter Haftung (GmbH): Es ist ein Aufsichtsrat zu bilden; ⅔ Kapitalvertreter, ⅓ Arbeitnehmervertreter.	§ 1 Abs. 1 Nr. 3 DrittelbG
701 bis 1000	Arbeitnehmer im Betrieb: Der Betriebsrat besteht aus 13 Mitgliedern.	§ 9 BetrVG
701 bis 1000	jugendliche und auszubildende Arbeitnehmer im Betrieb: Die Jugend- und Auszubildendenvertretung besteht aus 13 Mitgliedern.	§ 62 Abs. 1 BetrVG
901 bis 1500	Arbeitnehmer im Betrieb: 3 Betriebsratsmitglieder sind mindestens freizustellen.	§ 38 Abs. 1 BetrVG
1000 und mehr	Arbeitnehmer, die in einem Unternehmen/ einer Unternehmensgruppe in den Mitgliedstaaten der EU beschäftigt sind (einschließlich EWR-Staaten): Es ist ein Europäischer Betriebsrat zu errichten, wenn das Unternehmen von den 1000 (und mehr) Arbeitnehmern mindestens 150 Arbeitnehmern in mindestens zwei Mitgliedstaaten beschäftigt. In einer Unternehmensgruppe (Konzern) müssen jeweils mindestens 150 Arbeitnehmer in mindestens zwei Unternehmen mit Sitz in verschiedenen Mitgliedstaaten beschäftigt sein.	§ 3 EBRG

Zahlen und ihre Bedeutung

Zahl	Rechtsfolge	Rechtsgrundlage
1001 bis 1500	Arbeitnehmer im Betrieb: Der Betriebsrat besteht aus 15 Mitgliedern.	§ 9 BetrVG
1001 und mehr	jugendliche und auszubildende Arbeitnehmer im Betrieb: Die Jugend- und Auszubildendenvertretung besteht aus 15 Mitgliedern.	§ 62 Abs. 1 BetrVG
1001 und mehr	Arbeitnehmer im Unternehmen: Der Unternehmer muss die Arbeitnehmer mindestens einmal vierteljährlich in schriftlicher Form über die Lage und Entwicklung des Unternehmens unterrichten.	§ 110 Abs. 1 BetrVG
1001 und mehr	Arbeitnehmer in einem Montan-Unternehmen: »paritätische« Unternehmensmitbestimmung.	§ 1 Abs. 2 Montan-MitbestG
1501 bis 2000	Arbeitnehmer im Betrieb: 4 Betriebsratsmitglieder sind mindestens freizustellen.	§ 38 Abs. 1 BetrVG
1501 bis 2000	Arbeitnehmer im Betrieb: Der Betriebsrat besteht aus 17 Mitgliedern.	§ 9 BetrVG
2001 bis 2500	Arbeitnehmer im Betrieb: Der Betriebsrat besteht aus 19 Mitgliedern.	§ 9 BetrVG
2001 bis 3000	Arbeitnehmer im Betrieb: 5 Betriebsratsmitglieder sind mindestens freizustellen.	§ 38 Abs. 1 BetrVG
2001 und mehr	Arbeitnehmer im Unternehmen: Unternehmensmitbestimmung nach dem MitbestG '76; Besetzung des Aufsichtsrats:	§ 1 Abs. 1 und § 7 Abs. 1 MitbestG
	bis 10 000 Arbeitnehmer: jeweils 6 Vertreter der Anteilseigner und der Arbeitnehmer.	
	10 001 bis 20 000 Arbeitnehmer: jeweils 8 Vertreter der Anteilseigner und der Arbeitnehmer.	
	ab 20 001 Arbeitnehmer: jeweils 10 Vertreter der Anteilseigner und der Arbeitnehmer.	
2501 bis 3000	Arbeitnehmer im Betrieb: Der Betriebsrat besteht aus 21 Mitgliedern.	§ 9 BetrVG
3001 bis 4000	Arbeitnehmer im Betrieb: 6 Betriebsratsmitglieder sind mindestens freizustellen.	§ 38 Abs. 1 BetrVG
3001 bis 3500	Arbeitnehmer im Betrieb: Der Betriebsrat besteht aus 23 Mitgliedern.	§ 9 BetrVG
3501 bis 4000	Arbeitnehmer im Betrieb: Der Betriebsrat besteht aus 25 Mitgliedern.	§ 9 BetrVG
4001 bis 4500	Arbeitnehmer im Betrieb: Der Betriebsrat besteht aus 27 Mitgliedern.	§ 9 BetrVG
4001 bis 5000	Arbeitnehmer im Betrieb: 7 Betriebsratsmitglieder sind mindestens freizustellen.	§ 38 Abs. 1 BetrVG
4501 bis 5000	Arbeitnehmer im Betrieb: Der Betriebsrat besteht aus 29 Mitgliedern.	§ 9 BetrVG
5001 bis 6000	Arbeitnehmer im Betrieb: 8 Betriebsratsmitglieder sind mindestens freizustellen.	§ 38 Abs. 1 BetrVG
5001 bis 6000	Arbeitnehmer im Betrieb: Der Betriebsrat besteht aus 31 Mitgliedern.	§ 9 BetrVG
6001 bis 7000	Arbeitnehmer im Betrieb: Der Betriebsrat besteht aus 33 Mitgliedern.	§ 9 BetrVG
6001 bis 7000	Arbeitnehmer im Betrieb: 9 Betriebsratsmitglieder sind mindestens freizustellen.	§ 38 Abs. 1 BetrVG

Zahlen und ihre Bedeutung

Zahl	Rechtsfolge	Rechtsgrundlage
7001 bis 8000	Arbeitnehmer im Betrieb: 10 Betriebsratsmitglieder sind mindestens freizustellen.	§ 38 Abs. 1 BetrVG
7001 bis 9000	Arbeitnehmer im Betrieb: Der Betriebsrat besteht aus 35 Mitgliedern.	§ 9 BetrVG
8001 bis 9000	Arbeitnehmer im Betrieb: 11 Betriebsratsmitglieder sind mindestens freizustellen.	§ 38 Abs. 1 BetrVG
9001 und mehr	Arbeitnehmer im Betrieb: Die Betriebsratsgröße erhöht sich für je angefangene weitere 3000 Arbeitnehmer um 2 weitere Mitglieder.	§ 9 BetrVG
9001 bis 10 000	Arbeitnehmer im Betrieb: 12 Betriebsratsmitglieder sind mindestens freizustellen.	§ 38 Abs. 1 BetrVG
10 001 und mehr	Arbeitnehmer im Betrieb: Für je angefangene weitere 2000 Arbeitnehmer ist mindestens 1 weiteres Betriebsratsmitglied freizustellen.	§ 38 Abs. 1 BetrVG

Zeugnis

Grundlagen

1. Nach § 109 Abs. 1 Satz 1 GewO hat jeder Arbeitnehmer bei Beendigung seines Arbeitsverhältnisses (z. B. durch Kündigung, Aufhebungsvertrag, Ablauf einer Befristung) einen **Anspruch auf Erteilung eines schriftlichen Zeugnisses durch den Arbeitgeber.**
Die Vorschrift lautet: »*Der Arbeitnehmer hat bei Beendigung eines Arbeitsverhältnisses Anspruch auf ein schriftliches Zeugnis. Das Zeugnis muss mindestens Angaben zu Art und Dauer der Tätigkeit (einfaches Zeugnis) enthalten. Der Arbeitnehmer kann verlangen, dass sich die Angaben darüber hinaus auf Leistung und Verhalten im Arbeitsverhältnis (qualifiziertes Zeugnis) erstrecken. Das Zeugnis muss klar und verständlich formuliert sein. Es darf keine Merkmale oder Formulierungen enthalten, die den Zweck haben, eine andere als aus der äußeren Form oder aus dem Wortlaut ersichtliche Aussage über den Arbeitnehmer zu treffen. Die Erteilung des Zeugnisses in elektronischer Form ist ausgeschlossen.*«
2. § 630 BGB regelt den Zeugnisanspruch des »Dienstverpflichteten«, der kein Arbeitnehmer ist.
3. Zu unterscheiden sind das »**einfache Zeugnis**« und das »**qualifizierte Zeugnis**«.
Das »einfache Zeugnis« hat der Arbeitgeber unaufgefordert zu erteilen (§ 109 Abs. 1 Satz 2 Gewerbeordnung), ein »qualifiziertes Zeugnis« nur auf Verlangen des Arbeitnehmers (§ 109 Abs. 1 Satz 3 GewO).

Einfaches Zeugnis

4. Beim »einfachen Zeugnis« ist der Arbeitgeber lediglich verpflichtet, »*Art und Dauer der Tätigkeit*« zu bescheinigen (§ 109 Abs. 1 Satz 2 GewO).

> **Beispiel:**
> »... Frau ... ist bei uns in der Zeit vom 1.3.2007 bis 31.10.2015 als Kassiererin tätig gewesen (es folgt: Beschreibung der Tätigkeit im Einzelnen) ...«

Qualifiziertes Zeugnis

5. Auf Verlangen des Arbeitnehmers hat der Arbeitgeber das Zeugnis auf »*Leistung und Verhalten im Arbeitsverhältnis*« zu erstrecken (»qualifiziertes Zeugnis«; § 109 Abs. 1 Satz 3 GewO).

> **Beispiel:**
> »... Frau ... ist bei uns in der Zeit vom 1.3.2007 bis 31.10.2015 als Kassiererin tätig gewesen (es folgt: Beschreibung der Tätigkeit im Einzelnen).
> Sie war stets pünktlich, freundlich und ehrlich.
> Ihre Aufgaben hat sie stets zu unserer vollsten Zufriedenheit ausgeführt ...«

6. Der Begriff »**Leistung**« umfasst Merkmale wie körperliches und geistiges Leistungsvermögen, fachliche Kenntnisse, Fähigkeiten und Fertigkeiten, Arbeitsweise, Arbeitsqualität, Belastbar-

Zeugnis

keit, Verantwortungsbewusstsein, Selbständigkeit, Kooperationsfähigkeit, Einsatzbereitschaft, Führungsqualitäten, Entscheidungsfähigkeit, Verhandlungsgeschick, Durchsetzungsvermögen.
Mit »**Verhalten im Arbeitsverhältnis**« ist das dienstliche Verhalten des Arbeitnehmers gemeint (z. B. Verhalten gegenüber Vorgesetzten oder Untergebenen, Mitarbeitern/-innen, Geschäftspartnern/Kunden). 7
Hierzu gehören aber auch Eigenschaften, die im Zusammenhang mit der **Dienstausübung** stehen (z. B. Pünktlichkeit, Ehrlichkeit).

Zwischenzeugnis

Nach Ansicht des BAG besteht ein Anspruch auf Erteilung eines »Zwischenzeugnisses« nur bei Vorliegen eines **triftigen Grundes** (BAG v. 21. 1. 1993 – 6 AZR 171/92, AiB 1993, 740 = ZTR 1993, 513). 8
Triftige Gründe sind beispielsweise
- bei Ausscheiden des bisherigen Vorgesetzten (BAG v. 1. 10. 1998 – 6 AZR 176/97, AiB 2000, 54 = NZA 1999, 894),
- bei Wechsel des Arbeitnehmers in einen anderen Betrieb des Unternehmens,
- Versetzung des Arbeitnehmers,
- Bewerbung um eine neue Stelle,
- Vorlage bei Behörden und Gerichten,
- Stellen eines Kreditantrags,
- strukturelle Änderungen innerhalb des Betriebsgefüges,
- Übernahme des Betriebs durch einen neuen Arbeitgeber,
- Insolvenz des Arbeitgebers,
- Fort- und Weiterbildung,
- längere Unterbrechung des Arbeitsverhältnisses etwa durch Elternzeit.

Form des Zeugnisses

Das schriftlich zu erteilende Zeugnis muss im Hinblick auf Form und Inhalt korrekt sein. 9
Zunächst muss die »äußere« Form des Zeugnisses »stimmen«. 10
Insbesondere darf es keine Schreibfehler, Durchstreichungen, Radierungen, Fettflecke, Eselsohren und ähnliche Verunzierungen aufweisen.
Hervorhebungen durch An- und Ausführungszeichen oder Fettdruck sind nicht zulässig.
Auch die Erteilung des Zeugnisses in elektronischer Form ist ausgeschlossen (§ 109 Abs. 3 GewO). 11

Inhalt des Zeugnisses

Mindestinhalt: 12
- Angabe von Vor- und Familienname (auch Geburtsname),
- Angabe eines akademischen Grades,
- Datum der Ausstellung,
- eigenhändige Unterschrift der für die Zeugniserteilung zuständigen Person.

Geburtsdatum und Anschrift sind nur auf Wunsch des Beschäftigten zu erwähnen.
Das Zeugnis muss klar und verständlich formuliert sein (§ 109 Abs. 2 Satz 1 GewO). 13
Der gesetzlich vom Arbeitgeber geschuldete Inhalt des Zeugnisses bestimmt sich nach den mit ihm verfolgten Zwecken (BAG v. 16. 10. 2007 – 9 AZR 248/07, NZA 2008, 298).
- Dem Arbeitnehmer dient es regelmäßig als Bewerbungsunterlage.

Zeugnis

- Dem Arbeitnehmer gibt es zugleich Aufschluss darüber, wie der Arbeitgeber seine Leistung und sein Sozialverhalten beurteilt.
- Für Dritte, insbesondere künftige Arbeitgeber, ist es Grundlage der Personalauswahl.

Inhaltlich muss das Zeugnis daher den Geboten der **Zeugnisklarheit und Zeugniswahrheit** gerecht werden (BAG v. 16.10.2007 – 9 AZR 248/07, a. a. O.).

Außerdem muss es, um das berufliche Fortkommen des Arbeitnehmers nicht unnötig zu erschweren, vom »**Wohlwollen**« des ausstellenden Arbeitgebers getragen sein.

14 Das Zeugnis darf keine Merkmale oder Formulierungen enthalten, die den Zweck haben, eine andere als aus der äußeren Form oder aus dem Wortlaut ersichtliche Aussage über den Arbeitnehmer zu treffen (**Gebot der Zeugnisklarheit**; vgl. § 109 Abs. 2 Satz 2 GewO).

Daher ist es unzulässig, ein Zeugnis mit unklaren Formulierungen zu versehen, durch die der Arbeitnehmer anders beurteilt werden soll, als dies aus dem Zeugniswortlaut ersichtlich ist (BAG v. 15.11.2011 – 9 AZR 386/10, DB 2012, 636).

Insbesondere ist es unzulässig, im Zeugnis dem Gebot der Zeugnisklarheit widersprechende verschlüsselte Formulierungen (**Geheimcodes**) zu verwenden.

Denn inhaltlich »falsch« ist ein Zeugnis auch dann, wenn es eine **Ausdrucksweise** enthält, der entnommen werden muss, der Arbeitgeber distanziere sich vom buchstäblichen Wortlaut seiner Erklärungen und der Arbeitnehmer werde in Wahrheit anders beurteilt, nämlich ungünstiger als im Zeugnis bescheinigt.

Weder Wortwahl noch Auslassungen dürfen dazu führen, beim Leser des Zeugnisses der Wahrheit nicht entsprechende Vorstellungen entstehen zu lassen.

Entscheidend ist dabei nicht, welche Vorstellungen der Zeugnisverfasser mit seiner Wortwahl verbindet. Maßgeblich ist allein der objektive Empfängerhorizont des **Zeugnislesers** (BAG v. 15.11.2011 – 9 AZR 386/10, a. a. O.).

15 Bescheinigt der Arbeitgeber dem Arbeitnehmer beispielsweise in einem Zeugnis: »*Wir haben Herrn K. als sehr interessierten und hochmotivierten Mitarbeiter kennen gelernt, der stets eine sehr hohe Einsatzbereitschaft zeigte*«, handelt es sich nach Ansicht des BAG nicht um eine dem Gebot der Zeugnisklarheit widersprechende verschlüsselte Formulierung (Geheimcode; vgl. BAG v. 15.11.2011 – 9 AZR 386/10, DB 2012, 636).

Mit der Wendung »kennen gelernt« bringe der Arbeitgeber nicht zum Ausdruck, dass die im Zusammenhang angeführten Eigenschaften tatsächlich nicht vorliegen.

16 Weder das »einfache« noch das »qualifizierte« Zeugnis dürfen wesentliche Umstände verschweigen (**Gebot der Zeugniswahrheit**).

So sind beispielsweise zu erwähnen und beim »qualifizierten Zeugnis« zu bewerten:
- bei wechselnder Tätigkeit während des Arbeitsverhältnisses alle wesentlichen Haupttätigkeiten;
- die Ausführung von wichtigen Sonderaufgaben;
- berufliche Fortbildungsmaßnahmen, an denen der Beschäftigte teilgenommen hat.

17 Weil das Zeugnis vom »**Wohlwollen**« des ausstellenden Arbeitgebers getragen sein muss, haben offene oder versteckte Hinweise der nachfolgenden Art zu unterbleiben:
- Gewerkschaftszugehörigkeit und Betriebsratstätigkeit, es sei denn, der Arbeitnehmer wünscht eine solche Angabe;
- Ausfallzeiten wegen Krankheit, Wehr- oder Zivildienst, Bildungsurlaub, Streik oder Aussperrung;
- Gesundheitszustand des Arbeitnehmers, es sei denn, der Arbeitseinsatz des Arbeitnehmers wurde hierdurch grundsätzlich und schwerwiegend beeinträchtigt;
- einmaliges Fehlverhalten, das »jedem mal passieren kann« und das für Leistung und Führung des Arbeitnehmers nicht kennzeichnend ist;
- den bloßen – unbewiesenen – Verdacht einer strafbaren Handlung;
- erwiesene Straftaten; diese dürfen nur dann erwähnt werden, wenn sie im Zusammenhang

mit der Ausübung der Arbeit begangen wurden und für eine wahrheitsgemäße Charakterisierung des Arbeitnehmers und seiner Arbeit von Bedeutung sind (z. B. Unterschlagung durch den Lohnbuchhalter);
- den Grund und die Art der Beendigung des Arbeitsverhältnisses, es sei denn, der Arbeitnehmer wünscht dies (z. B.: »Herr/Frau ... verlässt uns zu unserem Bedauern auf eigenen Wunsch, um sich beruflich zu verbessern«);
- außerdienstliches Verhalten im privaten Bereich, es sei denn, das dienstliche Verhalten wurde hierdurch wesentlich beeinflusst.

Zeugnisformulierungen und ihre Bedeutung

Jeder Arbeitnehmer sollte wissen, dass im Hinblick auf die Gesamtbeurteilung der von ihm erbrachten **Leistung** in der Praxis eine Art »**Benotung**« üblich ist, die in nachfolgenden Formulierungen ihren Ausdruck findet. 18

»Herr/Frau ... hat die ihm/ihr übertragenen Aufgaben
- stets zu unserer vollsten Zufriedenheit erfüllt und unseren Erwartungen in jeder Hinsicht entsprochen; oder: wir waren mit seinen/ihren Leistungen außerordentlich zufrieden (= sehr gute, überdurchschnittliche Leistungen);
- stets zu unserer vollen Zufriedenheit erfüllt; oder: wir waren mit seinen/ihren Leistungen voll und ganz zufrieden (= gute Leistungen);
- zu unserer vollen Zufriedenheit erledigt; oder: er/sie hat die ihm/ihr übertragenen Aufgaben stets zu unserer Zufriedenheit erfüllt (= befriedigende, durchschnittliche Leistungen);
- zu unserer Zufriedenheit erfüllt (= ausreichende Leistungen)«.

Mangelhafte Leistungen werden mit der Formulierung bescheinigt: 19
»Herr/Frau ... bemühte sich, die ihm/ihr übertragenen Aufgaben zu unserer Zufriedenheit zu erledigen«;
oder: »Herr/Frau ... führte die ihm/ihr übertragenen Aufgaben mit Fleiß und Interesse aus«;
oder: »Herr/Frau ... hat unsere Erwartungen größtenteils erfüllt«;
oder: »Herr/Frau ... hat die ihm/ihr übertragenen Aufgaben im Großen und Ganzen zu unserer Zufriedenheit erfüllt«.

Ungenügende Leistungen: »Herr/Frau ... hatte Gelegenheit, die ihm/ihr übertragenen Aufgaben zu erfüllen«. 20

Auch in Bezug auf die **Führung** des Arbeitnehmers hat sich eine Art »Geheimsprache« der Personalabteilungen entwickelt, die für Nichteingeweihte schwer durchschaubar ist und insofern an eine unzulässige Irreführung im Sinne des § 109 Abs. 2 Satz 2 GewO (siehe Rn. 14) heranreicht. 21

> **Beispiele:**
> - Fehlt bei einem Arbeitnehmer, der in seiner Tätigkeit (z. B. als Kassierer) mit Geld umgegangen ist, der ausdrückliche Hinweis auf »Ehrlichkeit«, ist dies gleichbedeutend mit der Aussage: »es gab Unregelmäßigkeiten«.
> - Mit der Formulierung »Herr ... setzte sich besonders nachhaltig für die Belange der Mitarbeiter ein« signalisiert man: »Vorsicht, er hat sich vor allem als Unruhe stiftender Interessenvertreter betätigt.«
> - Ein Arbeitnehmer, der »durch seine Geselligkeit stets zur Verbesserung des Betriebsklimas beigetragen hat«, ist ein solcher, der durch übermäßigen Alkoholgenuss aufgefallen ist.

Standard-Formulierungen in Bezug auf die **Beurteilung der Führung**: 22
»Sein/Ihr Verhalten zu Vorgesetzten, Mitarbeitern und Kunden war stets vorbildlich« (= »sehr gut«).

Zeugnis

»Sein/Ihr Verhalten zu Vorgesetzten, Mitarbeitern und Kunden war vorbildlich« (= nur »gut«, weil das Wort »stets« fehlt).

»Sein/Ihr Verhalten zu Mitarbeitern, Vorgesetzten und Kunden war vorbildlich (= nur »befriedigend«, weil die Vorgesetzte erst *nach* den Mitarbeitern genannt werden).

»Sein/Ihr Verhalten zu Vorgesetzten war vorbildlich« (= nur »ausreichend«, weil Mitarbeiter und Kunden nicht aufgeführt werden).

»Sein/Ihr Verhalten war insgesamt einwandfrei« (= »mangelhaft bis ungenügend«, weil überhaupt keine Bezugsperson genannt wird, weder Vorgesetzte noch Mitarbeiter noch Kunden).

22a Die Rechtsprechung des für Zeugnisrechtsstreitigkeiten zuständigen **9. Senats des BAG** ist vorwiegend **arbeitgeberfreundlich.** Selbst wenn in der einschlägigen Branche überwiegend gute (»stets zur vollen Zufriedenheit«) oder sehr gute (»stets zur vollsten Zufriedenheit«) Endnoten vergeben werden, soll die **Beweislast** für eine solche gute Bewertung beim Arbeitnehmer liegen, wenn der Arbeitgeber ihm nur bescheinigt, dass er die ihm übertragenen Aufgaben »**zur vollen Zufriedenheit**« erfüllt hat.

Hierzu nachstehende Entscheidung des BAG v. 18.11.2014 – 9 AZR 584/13:

»Hat der Arbeitgeber dem Arbeitnehmer im Zeugnis bescheinigt, er habe seine Leistungen »zur vollen Zufriedenheit« erbracht, hat der Arbeitnehmer im Rechtsstreit vor den Gerichten für Arbeitssachen die Tatsachen vorzutragen und zu beweisen, die eine bessere Schlussbeurteilung rechtfertigen sollen. Bescheinigt der Arbeitgeber dem Arbeitnehmer im Zeugnis unter Verwendung der Zufriedenheitsskala, die ihm übertragenen Aufgaben »zur vollen Zufriedenheit« erfüllt zu haben, erteilt er in Anlehnung an das Schulnotensystem die Note »befriedigend«. Beansprucht der Arbeitnehmer eine bessere Schlussbeurteilung, muss er im Zeugnisrechtsstreit entsprechende Leistungen vortragen und gegebenenfalls beweisen. Dies gilt grundsätzlich auch dann, wenn in der einschlägigen Branche überwiegend gute (»stets zur vollen Zufriedenheit«) oder sehr gute (»stets zur vollsten Zufriedenheit«) Endnoten vergeben werden.«

Die Ausführungen der **Vorinstanz LAG Berlin-Brandenburg v. 21.3.2013 – 18 Sa 2133/12** waren überzeugender. Hier ein Auszug aus der Urteilsbegründung:

»… Damit ist nach Auffassung der erkennenden Berufungskammer zur Entscheidung der Frage, welche der Parteien die Darlegungs- und Beweislast zu tragen hat, darauf abzustellen, ob ein objektiv unbefangener Arbeitgeber mit Berufs- und Branchenkenntnissen die Leistungsbewertung »zu unserer vollen Zufriedenheit« zur heutigen Zeit noch als durchschnittliche Leistungsbewertung ansieht bzw. ob diese Leistungsbeschreibung aus Sicht des objektiven Empfängerhorizonts noch der heutigen Üblichkeit einer durchschnittlichen Bewertung entspricht.

Zur Beurteilung dieser Üblichkeit hat das Arbeitsgericht sich auf eine Studie des Lehrstuhls für Wirtschafts- und Sozialpsychologie der Friedrich-Alexander-Universität Erlangen-Nürnberg aus dem Jahre 2011 gestützt. Dem schließt sich die erkennende Berufungskammer an.

Die Studie hat 802 Arbeitszeugnisse aus den Branchen Dienstleistung, Handwerk, Handel und Industrie ausgewertet und kam zu dem Ergebnis, dass 38,8 % der Zeugnisse der Leistungsbewertung 1 oder 1,5 des üblichen Notensystems, 48,5 % der Zeugnisse der Note 2 oder 2,5, 11,6 % der Note 3 oder 3,5, 0,6 % der Note 4 sowie 0,5 % schlechter als 4 zuzuordnen waren.

Diese Studie wird durch eine Auswertung von 1000 Arbeitszeugnissen durch die Personalberatungsgesellschaft Personalmanagement Services GmbH aus März 2010 gestützt. Bei 963 mit einer Leistungszusammenfassung versehenen Arbeitszeugnissen waren die Leistungen in 33,2 % der Fälle mit sehr gut, in 35,1 % der Fälle mit gut, in 15,8 % der Fälle durchschnittlich, in 3,3 % der Fälle unterdurchschnittlich und in 0,2 % der Fälle mit mangelhaft bewertet worden. (Vgl. Düwell/Dahl, »Leistungs- und Verhaltensbeurteilung im Arbeitszeugnis« NZA 2011, 958 ff.)

Vor diesem Hintergrund kann nach Auffassung der erkennenden Berufungskammer nicht mehr davon ausgegangen werden, dass es sich bei einer Leistungsbewertung mit befriedigend nach dem heutigen Verständnis des Wirtschaftslebens um eine durchschnittliche Beurteilung handelt. Denn wenn 87,3 % der für in 2011 ausgewerteten Zeugnisse (bzw. 68,3 % der 2010 ausgewerteten Zeug-

nisse) (sehr) gute Leistungsbewertungen enthalten, führt dies dazu, dass ein künftiger Arbeitgeber bei der Personalauswahl Zeugnisse mit einer schlechteren Bewertung als Ausschlusskriterium betrachtet und der Arbeitnehmer damit Gefahr läuft, im Bewerbungsprozess allein deswegen schlechtere Chancen zu haben.
Diese Entwicklung muss sich nach Auffassung der erkennenden Berufungskammer auch im »Zeugnisberichtigungsprozess« auswirken und zwar der Gestalt, dass die Leistungsbewertung mit gut nicht mehr als überdurchschnittlich angesehen wird, denn eine solche ist zum Durchschnitt geworden. Hieraus wiederum ist nach Auffassung der erkennenden Berufungskammer zu folgern, dass die Darlegungs- und Beweislast für die seiner Beurteilungen mit befriedigend zu Grunde liegenden Tatsachen dem Arbeitgeber als Schuldner des Zeugnisanspruches aufzuerlegen ist.«

Bedeutung für die Betriebsratsarbeit

Der Betriebsrat hat im Zusammenhang mit der Erteilung eines Zeugnisses keine Beteiligungsrechte. 23
Etwas anderes gilt, wenn die Zeugniserstellung durch **Beurteilungsbögen** und entsprechende Textbausteine standardisiert ist.
In diesem Falle besteht Mitbestimmung nach § 94 Abs. 2 BetrVG (vgl. Weuster AiB 1992, 328 [339] mit Muster-Betriebsvereinbarung; Fitting, BetrVG, 27. Aufl., § 94 Rn. 32).
Ein Mitbestimmungsrecht nach § 94 BetrVG besteht auch, wenn z. B. aufgrund des Ausscheidens einer größeren Zahl von Arbeitnehmern eine erhebliche Anzahl von Zeugnissen zu erstellen ist und der Arbeitgeber einen »Eingabebogen zur Zeugniserstellung« verwenden will. Bei der Erstellung eines solchen Eingabebogens handelt es sich um die Aufstellung allgemeiner Beurteilungsgrundsätze i. S. d. § 94 Abs. 2 BetrVG, die gemäß § 94 Abs. 1 BetrVG der Zustimmung des Betriebsrats bedarf (Hess LAG v. 5. 10. 1993 – 5 TaBV Ga 112/93, AiB 1994, 121).
Im Übrigen zählt es zu den Aufgaben des Betriebsrats, die **ausscheidenden Arbeitnehmer** 24 über ihren Anspruch auf Erteilung eines einfachen bzw. qualifizierten Zeugnisses sowie über die Bedeutung einzelner Formulierungen im Zeugnis zu informieren und sie bei der Durchsetzung eines »besseren« Zeugnisses zu unterstützen.

Bedeutung für die Beschäftigten

Ist das Zeugnis nach Auffassung des Arbeitnehmers hinsichtlich Form und/oder Inhalt nicht 25 in Ordnung, kann er – notfalls durch Erhebung einer arbeitsgerichtlichen **Klage** – die Ausfertigung eines neuen – korrekten – Zeugnisses verlangen.
Mit einer solchen Klage macht der Arbeitnehmer keinen dem Gesetz fremden Berichtigungsanspruch geltend, sondern weiterhin die Erfüllung seines Zeugnisanspruchs (BAG v. 16. 10. 2007 – 9 AZR 248/07, NZA 2008, 298).
Nachstehend ein Beispiel eines Klageantrags (aus BAG v. 16. 10. 2007 – 9 AZR 248/07, a. a. O.):
» ... beantragt der Kläger,
die Beklagte zu verurteilen, ihm unter dem Beendigungsdatum des 31. August 2002 ein Zeugnis folgenden Inhalts zu erteilen:
»Herr H. S., geboren am 27. 9. 1966 in O, war vom 1. 7. 2000 bis zum 31. 8. 2002 in unserem Unternehmen als Leiter Gesamtinkasso für die Niederlassung W tätig.
Sein Aufgabengebiet umfasste zunächst nur die IT-Entwicklung sowie die Betreuung der gesamten

Zeugnis

IT-Infrastruktur. Im Rahmen dieses Tätigkeitsgebietes arbeitete Herr S. mit großem Engagement an der Entwicklung neuer Lösungen zur Automatisierung und Optimierung IT-gestützter Geschäftsprozesse im Inkassobereich. Er analysierte in enger Zusammenarbeit mit der Geschäftsleitung interne Abläufe und erarbeitete neue Lösungsansätze, die er eigenverantwortlich auf Basis der bei uns eingesetzten Forderungsmanagement-Software implementierte. In kürzester Zeit eignete er sich eigenständig die notwendigen Software-Kenntnisse an und vertiefte diese im Rahmen diverser Programmierlehrgänge, die er erfolgreich absolvierte. Darüber hinaus verantwortete er den Betrieb der gesamten, in unserem Hause eingesetzten Hard- und Software, darunter das Netzwerkmanagement unter Einsatz von Windows NT 4.0.

Im November 2000 übertrugen wir Herrn S. die Leitung Gesamtinkasso. Das bis dato von ihm verantwortete IT-Management integrierten wir aufgrund der strategischen Relevanz für das Inkasso in seinen neuen Aufgabenbereich. Zeitgleich wurde ihm Handlungsvollmacht nach § 54 HGB erteilt.

Als Mitglied der erweiterten Geschäftsleitung umfasste sein Verantwortungsgebiet seitdem die strategische Weiterentwicklung des Inkassobereichs in Nahtstelle zum Rechnungswesen sowie unseren Key Accounts und die Steuerung des Inkasso-Teams. Seit dem 18. Juni 2001 ist Herr S. eingesetzt als Inkasso-Ausübungsberechtigter gemäß § 3 der 1. AVO RBerG.

Besonders hervorzuheben ist sein Erfolg bei der konzeptionellen Entwicklung und Implementierung der komplexen Schnittstelle zwischen der Inkasso- und der Finanzbuchhaltungssoftware, die in unserem Fall mit einer umfangreichen Restrukturierung des Rechnungswesens verbunden war.

In Bezug auf seine Personalverantwortung pflegte Herr S. einen kooperativen, teamorientierten Führungsstil, der das notwendige Maß an Entscheidungs- und Durchsetzungsvermögen nicht vermissen lässt. Das von Herrn S. geführte Team umfasste im Kern 10 Mitarbeiter. Obwohl er direkt aus den Reihen seiner ehemaligen Kollegen heraus zu deren Vorgesetztem befördert wurde, meisterte er diese schwierige Führungsaufgabe mit psychologischem Geschick in vorbildlicher Weise.

Herr S. besitzt neben seinen ausgeprägten sozialen Kompetenzen fundierte juristische Kenntnisse und ein herausragendes Fachwissen im IT-Bereich.

Er war eine Vertrauensperson und überzeugte durch seine außerordentliche Einsatzbereitschaft sowie sein überlegtes Handeln. Herr S. verfügt über ein ausgezeichnetes konzeptionelles und strategisches Denkvermögen, verbunden mit einem sicheren Sinn für das Machbare. Er denkt zugleich innovativ und rational.

Herr S. hat seine profunden Kenntnisse im Inkasso- und IT-Bereich in Eigeninitiative stets weiterentwickelt und setzte auf dieser Basis immer wieder neue Impulse, die zu Verbesserungen führten. Seine Arbeitsweise war durch eine differenzierte Betrachtungsweise geprägt. Bei seinen Vorschlägen bedachte er vorab mögliche Konsequenzen, so dass sich seine Lösungen in der Praxis stets sehr gut bewährten. Kennzeichnend sind darüber hinaus seine Fähigkeit, Kollegen und Mitarbeiter zu motivieren, und seine Bereitschaft, sich jederzeit deutlich über das zu erwartende Maß hinaus loyal für das Unternehmen einzusetzen.

Herr S. hat alle ihm übertragenen Aufgaben stets zu unserer außerordentlichen Zufriedenheit ausgeführt und war durch seine kooperative Wesensart bei Vorgesetzten, Kollegen und Mitarbeitern gleichermaßen anerkannt und geschätzt.

Herr S. verlässt uns auf eigenen Wunsch, um eine neue Herausforderung anzunehmen. Wir wünschen ihm für seine berufliche und persönliche Zukunft alles Gute und weiterhin viel Erfolg.«

26 Wenn der Arbeitgeber dem Arbeitnehmer im Zeugnis eine »**gut durchschnittliche Gesamtleistung**« bescheinigt hat, hat der Arbeitnehmer im Rechtsstreit die Tatsachen vorzutragen und zu beweisen, die eine bessere Schlussbeurteilung rechtfertigen sollen.
Wurde der Arbeitnehmer als »**unterdurchschnittlich**« beurteilt, muss der Arbeitgeber die seiner Beurteilung zugrunde liegenden Tatsachen darlegen und beweisen (BAG v. 14.10.2003 – 9 AZR 12/03, DB 2004, 1271

Zeugnis

Der Zeugnisanspruch wird nach richtiger Auffassung (vgl. z. B. ArbG Hamburg v. 5.3.1997 – 21 Ca 89/97 (rkr.), AiB 1998, 174) von einer vertraglichen oder tariflichen → **Ausschlussfrist/Verfallfrist** nicht erfasst (strittig; a. A. BAG v. 4.10.2005 – 9 AZR 507/04, NZA 2006, 436). **27**
Der Anspruch sollte aber möglichst noch vor Beendigung des Arbeitsverhältnisses geltend gemacht werden (ggf. unter Vorlage eines **eigenen Formulierungsvorschlages**).

Rechtsprechung

1. Anspruch auf schriftliches Zeugnis – Verschlüsselte Formulierung
2. Ausstellung des Zeugnisses durch Vertreter des Arbeitgebers
3. Zeugnisanspruch des Arbeitnehmers bei Weiterbeschäftigung nach Insolvenzeröffnung
4. Zwischenzeugnis
5. Form des Zeugnisses
6. Inhalt des Zeugnisses – Grundsätze von Zeugnisklarheit und Zeugniswahrheit
7. Anspruch auf Zeugnisänderung – Zeugnisberichtigung
8. Verletzung der Zeugnispflicht: Schadensersatzanspruch des Arbeitnehmers
9. Verfall des Zeugnis- bzw. Zeugnisberichtigungsanspruchs: Ausgleichsquittung – Ausschlussfristen
10. Verwirkung des Zeugnisanspruchs
11. Gerichtlicher Rechtsschutz zur Durchsetzung des Zeugnisanspruchs
12. Darlegungs- und Beweislast
13. Streitwert bei Klage auf Erteilung eines Zeugnisses
14. Mitbestimmung des Betriebsrats bei der Zeugnisvorbereitung

Zielvereinbarung

Was ist das?

1. Zielvereinbarungen sind – allgemein ausgedrückt – Vereinbarungen zwischen Arbeitgeber bzw. Vorgesetzten und Beschäftigten über – in einem bestimmten Zeitraum – zu realisierende **Unternehmens-, Arbeits-** oder **Leistungsziele.**

2. In einem hierarchisch gegliederten Unternehmen werden Zielvereinbarungen zwischen Vertretern der jeweiligen Hierarchieebenen abgeschlossen: Die Geschäftsleitung vereinbart Ziele mit den Betriebsleitern; die Betriebsleiter mit den Abteilungsleitern, die Abteilungsleiter mit den Bereichsleitern und Meistern, die Bereichsleiter/Meister mit den Beschäftigten oder Arbeitsgruppen.

3. **Ziele aus der Sicht der Unternehmensleitung** und der jeweiligen nachgeordneten Führungsebene sind dabei vor allem ökonomischer Art:
Umsatz, Rendite, Kostensenkung, Betriebsergebnis, Qualität und Quantität des Arbeitsergebnisses, aber auch ein bestimmtes Leistungsverhalten der Beschäftigten: Einsatzwillen und -bereitschaft, Teamfähigkeit usw.

4. Die Führung eines Unternehmens nach Maßgabe von Zielvereinbarungen ist eine weitere Variante in dem Bemühen von Unternehmen, die Abläufe im Unternehmen **zu optimieren** und möglichst viel Leistung aus den Beschäftigten »herauszuholen«.
Ziele werden nicht mehr vorgegeben oder angeordnet, sondern »**vereinbart**«. Das klingt allemal besser.
Ob es sich tatsächlich um eine »Vereinbarung« zwischen zwei gleichberechtigten und gleichgewichtigen Vertragspartnern handelt, darf bezweifelt werden. Denn »hinter der Zielvereinbarung« liegt bereits ein anderer – abgeschlossener – Vertrag, nämlich der → **Arbeitsvertrag.**
Dieser verpflichtet den Arbeitnehmer, die vertraglich vereinbarte Arbeit und Arbeitsleistung zu erbringen und den **Weisungen des Arbeitgebers** (Direktionsrecht; vgl. § 106 GewO) Folge zu leisten.
Insofern ist die Vorstellung, dass die Belegschaft aus vielen kleinen »Unternehmern« besteht, die eigenverantwortlich und selbständig eine Vertragspartnerschaft mit den Vorgesetzten eingehen und Teilziele vereinbaren, mit der betrieblichen Realität nicht vereinbar.

5. Immerhin: Wenn in Unternehmen das Instrument der Zielvereinbarung einigermaßen ernst genommen wird, kann darin auch **für Beschäftigte eine Chance** liegen.
Nämlich dann, wenn die an einer Zielvereinbarung Beteiligten ihre jeweiligen Interessen in die Verhandlungen einbringen können und dann mit dem ernsthaften Willen zur Einigung ein Verhandlungsergebnis erzielen, in dem sich beide Seiten wieder finden.
Verhandelt wird dabei nicht nur über die Ziele als solche, sondern auch über die **Leistungs- und sonstigen Rahmenbedingungen** (sachlich und personell), unter denen die Arbeitsleistungen erbracht werden (sollen) und natürlich über die Folgen, die eintreten, wenn das Ziel erreicht oder nicht erreicht wird (z. B. Arbeitsentgelthöhe).

6. Kommt es nicht zu einer fairen und realistischen Regelung der Leistungs- und Rahmenbedingungen, sind **Zielvereinbarungen abzulehnen.** Selbst wenn es – auch aus der Sicht der Be-

Zielvereinbarung

schäftigten – positiv zu bewerten sein mag, wenn sich eine bisher eher autoritär (»von oben nach unten«) »gestrickte« Unternehmenskultur verwandelt in eine Kultur der »Beteiligung und Vereinbarung«, so darf nicht vergessen werden, dass es sich doch nur um eine weitere Methode handelt, die Beschäftigten zu noch höheren Leistungen zu veranlassen (nach dem olympischen Prinzip: »höher, schneller, weiter«), um ein noch besseres Unternehmensergebnis (das heißt: höhere Rendite für die Eigentümer des Unternehmens) zu realisieren.

Ein System von Zielvereinbarung wird letztlich für die Beschäftigten bedeuten, dass der **Leistungsdruck** weiter zunimmt. 7

Deshalb ist es wichtig, dass die Beschäftigten belastbare Regelungen zu den Leistungs- und Rahmenbedingungen fordern (z. B. Umfang des Arbeitsauftrags, Zeitrahmen zur Erledigung des Arbeitsauftrages, personelle Besetzung der Abteilung, Vertretungsregelungen, Ausstattung und Wartung der technischen Einrichtungen, Beseitigung von Arbeitserschwernissen, usw.).

Verändern sich während der Laufzeit einer Zielvereinbarung die dokumentierten maßgeblichen oder andere wesentliche Leistungs- und Rahmenbedingungen, die die Zielerreichung erschweren, darf das nicht zum Nachteil des Beschäftigten gehen.

Zielvereinbarung und Vertrauensarbeitszeit

Oft wird ein Zielvereinbarungssystem mit dem Arbeitszeitmodell »**Vertrauensarbeitszeit**« verbunden (siehe → **Arbeitszeitflexibilisierung** Rn. 54 ff.). 8

Dem Arbeitnehmer wird überlassen, wann, wie und in welcher Arbeitszeit er die ihm – z. B. aufgrund einer → **Zielvereinbarung** – obliegenden Arbeiten bewältigt.

Beginn und Ende der täglichen Arbeitszeit werden nicht festgelegt.

Eine elektronische Zeiterfassung findet nicht statt.

Seine gem. § 16 Abs. 2 ArbZG bestehende Pflicht zur Aufzeichnung der über acht Stunden pro Werktag hinausgehenden Arbeitszeit (dazu gehört auch die Arbeitszeit an → **Sonn- und Feiertagen**; siehe → **Arbeitszeit** Rn. 55) überträgt der Arbeitgeber auf die Beschäftigten (**Selbstaufschreibung**), was rechtlich zweifelhaft ist und den Arbeitgeber nicht von seiner gesetzlichen Aufzeichnungspflicht entbindet (siehe siehe → **Arbeitszeitflexibilisierung** Rn. 54).

Leitgedanke der »Vertrauensarbeitszeit« ist der Grundsatz, dass nicht Anwesenheitszeiten, sondern nur Zeiten, in denen der Arbeitnehmer tatsächlich arbeitet – also zur Wertschöpfung des Unternehmens beiträgt –, von Bedeutung und daher aufzuschreiben und zu vergüten sind.

Die **Höhe der Vergütung** orientiert sich allein daran, ob das Arbeitsergebnis in der vereinbarten Qualität termingerecht abgeliefert wird.

Die Arbeitszeit verliert ihre Funktion als Instrument zur Bemessung des Arbeitsentgelts. Einerseits nimmt die Kontrolle von Arbeitszeit und Anwesenheitszeit ab, andererseits nimmt der **Erwartungs- und Leistungsdruck** in Bezug auf die »vereinbarten« Ziel- und Ergebnisvorgaben zu.

Will der Arbeitnehmer den Druck mindern, muss er seinem Vorgesetzten signalisieren, dass er die Ziel- und Terminvorgaben nicht einhalten kann; ein Eingeständnis, vor dem wohl die meisten Arbeitnehmer zurückschrecken, weil sie befürchten müssen, dass ihnen das als Leistungsschwäche ausgelegt wird.

Wenn aufgrund von Arbeitsmenge und Termindruck länger als geplant gearbeitet wird (auch an Abenden, in der Nacht und Wochenenden ggf. zu Hause), führt das im Übrigen in der Regel **nicht** zu einer Erhöhung des Arbeitsentgelts.

Denn diese Stunden werden von den Mitarbeitern **oft nicht aufgeschrieben**, weil man den Eindruck vermeiden möchte, dass man es nicht schafft, den Arbeitsauftrag in der »vereinbarten« Zeitspanne zu erledigen.

Die Kombination von Zielvereinbarung und Vertrauensarbeitszeit ist damit im wirtschaftli-

Zielvereinbarung

chen Kern nichts anderes eine fragwürdige Methode zur **Selbstausbeutung** der Beschäftigten zugunsten der Profite des Unternehmens.
Es verwundert nicht, dass dieses Arbeitsmodell bei vielen Beschäftigten zu »**Arbeit ohne Ende**« und auf mittlere Sicht zu massiven gesundheitlichen Problemen (z. B. Burnout, Depression) führt.

Formen von Zielvereinbarungen

9   In der betrieblichen Praxis finden sich vor allem folgende Formen von Zielvereinbarungen zwischen dem Arbeitgeber bzw. seinen Beauftragten und den Beschäftigten:

Zielvereinbarung als Führungsinstrument

10 Der Vorgesetzte führt mit dem Arbeitnehmer ein »**Mitarbeitergespräch**« (z. B. einmal jährlich).
Es werden Aufgaben, Arbeitsziele und Arbeitsergebnisse im abgelaufenen Jahr besprochen und bewertet.
Dann werden Ziele und Aufgaben für den nächsten Jahreszeitraum »verhandelt und vereinbart«.
Der Arbeitnehmer wird oft auch nach seinen Vorstellungen über seine weitere berufliche Tätigkeit befragt.
Außerdem werden Fragen der Weiterbildung erörtert und ggf. Maßnahmen »vereinbart«.

Zielvereinbarung als Grundlage der Leistungsbeurteilung

11 Im Unterschied zu den »Merkmal-orientierten-Beurteilungssystemen« (die auf Merkmale wie Sorgfalt der Arbeitsausführung, Belastbarkeit, Selbständigkeit usw. abstellen; siehe → **Beurteilungsgrundsätze**) erfolgt die **Leistungsbeurteilung** auf der Grundlage einer Zielvereinbarung am **Grad** der Zielerreichung.
Beide Beurteilungssysteme »vermischen« sich aber, wenn Merkmale in Ziele umdefiniert werden: Sorgfalt der Arbeitsausführung kann auch ein »Ziel« sein.

Zielvereinbarung als Instrument der Entgeltgestaltung – Zielbonussystem

12 In vielen Unternehmen gelten sog. »Zielbonussysteme«. Kennzeichnend für diese Form der variablen Gestaltung des → **Arbeitsentgelts** ist, dass sich die Höhe der erzielbaren Vergütung nach dem Grad der Erreichung von Zielen richtet.
Bei den Zielen kann es sich um zähl- und messbare Größen handeln (z. B. Zahl der verkauften Waren), aber auch um »weiche« Ziele (z. B. Kundenzufriedenheit).
Die **Leistungsziele** werden vorab für einen bestimmten Zeitraum (= **Zielperiode**: z. B. Quartal, Kalender- oder Geschäftsjahr) festgelegt.
Gleichzeitig werden die **Rahmenbedingungen**, unter denen zu arbeiten ist, definiert (etwa Größe des Arbeitsgebiets, Arbeitsmittel, usw.).
Bei einer **Veränderung** der Rahmenbedingungen werden die Leistungsziele ggf. angepasst.
Je nach vertraglicher Vereinbarung werden Leistungsziele entweder durch den Arbeitgeber einseitig vorgeben oder »beteiligungsorientiert« durch **Zielvereinbarung** zwischen Arbeitgeber – d. h. in der Regel durch den Vorgesetzten – und dem Arbeitnehmer festgelegt (siehe Beispiel unter Rn. 13 a).
Wird das Ziel erreicht, erhält der Beschäftigte – zusätzlich zu der arbeitsvertraglich verein-

barten fixen Vergütung – einen **Zielbonus** (andere in der Praxis verwendete Begriffe sind z. B. Bonus, Zielprovision, Zielperformanceprämie, Zielentgelt).
Die Höhe des Bonus wird durch den **Grad der Zielerreichung** bestimmt. Er wird nach Ablauf der Zielperiode ermittelt.
Für eine Zielerreichung zu 100 % werden 100 % des Bonus ausgezahlt.
Unter- und Überschreitungen der hundertprozentigen Zielerreichung haben eine Minderung oder Erhöhung des Bonus zur Folge.
Der Zweck von Zielbonussystemen ist **Leistungssteigerung**. Der dem Mitarbeiter für den Fall der Zielerreichung zugesagte Bonus dient als Leistungsanreiz. 12a
Es ist deshalb missverständlich, wenn der Zielbonus in der Praxis manchmal als erfolgs- bzw. ergebnisabhängige Vergütung (siehe → **Arbeitsentgelt** Rn. 44 b) bezeichnet wird (siehe Beispiel unter Rn. 13).
Es handelt sich richtigerweise um eine mit dem Prämienentgelt vergleichbare Form des leistungsbezogenen Entgelts (siehe → **Arbeitsentgelt** Rn. 6 ff., 33 ff.), dessen Ausgestaltung nach § 87 Abs. 1 Nr. 11 BetrVG der **Mitbestimmung** durch den Betriebsrat unterliegt (siehe Rn. 21).
Zielbonussysteme wurden früher meist ausschließlich im Bereich der → **Leitenden Angestellten** (»Führungskräfte«) und → **Außertariflichen Angestellten** praktiziert. 12b
Inzwischen sind sie – mit zunehmender Tendenz – in den Bereich der »**Tarifmitarbeiter**« vorgedrungen.
In einigen Branchen wurden bereits **Tarifverträge** zu Zielbonussystemen abgeschlossen (z. B. in der Metallindustrie; siehe Rn. 14).

Zweistufige Zielbonussysteme

Zielbonussysteme sind meist **zweistufig** ausgestaltet. 13
In der **1. Stufe** wird auf der Ebene des → **Arbeitsvertrages** eine Rahmenvereinbarung getroffen. Es wird vereinbart, dass der Arbeitnehmer für ein in einem bestimmten Zeitraum (= Zielperiode) erreichtes Arbeitsergebnis (= Leistungsziel) einen Zielbonus in Höhe von … Euro erhält.
Gleichzeitig wird vereinbart, wie Leistungsziele zustande kommen: durch einseitige Zielvorgabe des Arbeitgebers oder »beteiligungsorientiert« durch Zielvereinbarung zwischen dem Vorgesetzten und dem Arbeitnehmer (siehe Beispiel unter Rn. 13 a).

> **Beispiel für eine arbeitsvertragliche (Rahmen-)Abrede über die Festlegung von Zielen durch Zielvereinbarungen (BAG v. 12.12.2007 – 10 AZR 97/07, AiB 2008, 557 = NZA 2008, 409):**
> *»§ 9 Provision*
> *(1) Der Arbeitnehmer erhält für jedes Geschäftsjahr einmal pro Jahr eine erfolgsabhängige Vergütung (Bonus). Diese ist fällig bis zum 31.03. des Folgejahres. Die Prämie wird anhand von für das Kalenderjahr (gemeinsam mit dem Mitarbeiter; Einfügung durch Verf.) festzulegenden Zielen ausgezahlt und soll bei einer 100 % Erreichung der Ziele 50 000 Euro brutto betragen. Im ersten Jahr wird der Bonus entsprechend der Beschäftigungsdauer des Arbeitnehmers pro rata temporis geringer ausfallen. Eine Unter- oder Übererfüllung des definierten Zieles wird mit der gleichen Quote auf die Zielprovision aufgeschlagen oder von ihr abgeschlagen.*
> *(2) Die Ziele für das erste Kalenderjahr werden gemeinsam mit dem Mitarbeiter bis zum Ende der Probezeit festgelegt.*
> *(3) Der Mitarbeiter erhält von diesem Bonus monatlich 2050 Euro brutto als Abschlag mit der Lohnabrechnung ausgezahlt; diese Vorauszahlung wird auf den Bonus angerechnet und die Auszahlung im Folgejahr verringert sich entsprechend.*
> *(4) Endet das Arbeitsverhältnis in der Probezeit, hat der Mitarbeiter keinen Anspruch auf den variablen Gehaltsanteil.*

Zielvereinbarung

Bei Beendigung dieses Vertrages wird der Bonus gemäß den vorstehenden Absätzen pro rata temporis gezahlt.
Ein Anspruch auf den Bonus für Zeiträume nach Beendigung des Vertrages besteht nicht.«

13a In einer 2. **Stufe** geht es dann um die Umsetzung der vertraglichen Rahmenabrede, das heißt um die konkrete Festlegung der zukünftig in den jeweiligen Zielperioden zu erreichenden Ziele.
Dies geschieht – je nach vertraglicher Vereinbarung – entweder durch einseitige Zielvorgabe des Arbeitgebers oder – wie in nachstehendem Beispiel – durch Zielvereinbarung.

Beispiel einer Zielvereinbarung:
Zielvereinbarung zwischen dem Abteilungsleiter ... und dem Mitarbeiter ...
1. Der Mitarbeiter sagt zu, nach Ablauf des Zeitraums vom ... bis ... folgende Leistungsziele erreicht zu haben: ... (z. B. Menge, Senkung der Ausschussquote usw.).
2. Es werden folgende Bedingungen vereinbart, unter denen die vereinbarten Leistungsziele erbracht werden: ... (u. a. personelle Besetzung der Abteilung, Vertretungsregelungen, Stellen- und Aufgabenbeschreibung, Ausstattung und Wartung der technischen Einrichtungen usw.). Bei einer Veränderung der Bedingungen wird eine Anpassung der Leistungsziele vereinbart.
3. Die Firma zahlt dem Mitarbeiter (gemäß Arbeitsvertrag) für die volle Erreichung der vereinbarten Ziele (100 %) eine Leistungsvergütung von ... Bei einer Unter- oder Übererfüllung des definierten Zieles vermindert oder erhöht sich die Zielprovision entsprechend (Beispiel: Bei einer Unter- oder Übererfüllung von 10 % vermindert oder erhöht sich die Zielprovision in gleichem Verhältnis).
(Beachten: Diese Regelung stellt nur eine Wiederholung der bereits in der Rahmenvereinbarung getroffenen Vergütungsvereinbarung dar; siehe Rn. 13)

Unterschrift des Vorgesetzten   Unterschrift des Beschäftigten

13b Der Unterschied im Zustandekommen von Leistungszielen (Zielvorgabe oder Zielvereinbarung) ist nicht nur eine Frage der Unternehmenskultur (»soll der Mitarbeiter mitbestimmen dürfen oder nicht«), sondern hat auch rechtliche Konsequenzen (zur Mitbestimmung des Betriebsrats siehe Rn. 21):
Ist vereinbart, dass die Ziele vom Arbeitgeber **vorgegeben** werden, unterliegen diese der **Billigkeitskontrolle** durch das Arbeitsgericht nach § 315 Abs. 3 BGB (BAG v. 12.12.2007 – 10 AZR 97/07, AiB 2008, 557 = NZA 2008, 409).
Das Gericht prüft im Streitfall, ob die Interessen der Vertragsparteien angemessen berücksichtigt worden sind.
Ist das nicht der Fall, wird der Arbeitgeber zur Zahlung eines höheren Bonus verurteilt.
Ist dagegen wie im Beispiel Rn. 13 vereinbart, dass die Ziele von den Arbeitsvertragsparteien **gemeinsam festgelegt** werden, unterliegt diese Vereinbarung als Entgeltregelung nach Ansicht des BAG grundsätzlich keiner allgemeinen Billigkeits- oder Inhaltskontrolle nach den §§ 307 ff. BGB (BAG v. 12.12.2007 – 10 AZR 97/07, a. a. O.).
Die Grundsätze über die freie Entgeltvereinbarung seien uneingeschränkt anzuwenden.
Allerdings müsse die Zielvereinbarung dem Transparenzgebot (§ 307 Abs. 3 Satz 2 i. V. m. § 307 Abs. 1 Satz 2 BGB) entsprechen.

13c Eine weitere rechtliche Konsequenz entsteht für den Fall, dass entgegen der arbeitsvertraglichen Zielbonusvereinbarung für eine bestimmte Periode **keine Ziele festgelegt** worden sind (BAG v. 12.12.2007 – 10 AZR 97/07, a. a. O.).
Ist vereinbart, dass die Ziele vom Arbeitgeber **vorgegeben** werden, bedarf es keiner Mitwirkung des Arbeitnehmers.
Gibt der Arbeitgeber keine Ziele vor, verletzt der Arbeitnehmer keine eigenen Pflichten, wenn

Zielvereinbarung

er den Arbeitgeber nicht auffordert, ihm Ziele vorzugeben. Die Initiativlast trägt allein der Arbeitgeber.

Ist für die Festlegung von Zielen eine Zeit nach dem Kalender bestimmt und gibt der Arbeitgeber dem Arbeitnehmer keine Ziele vor, bedarf es für den Verzug des Arbeitgebers auch keiner Mahnung des Arbeitnehmers (§ 286 Abs. 2 Nr. 1 BGB).
Er ist zur Zahlung des für die volle Zielerreichung vereinbarten 100 %-igen Bonus verpflichtet.
Ist dagegen wie im Beispiel Rn. 13 vereinbart, dass die Ziele von den Arbeitsvertragsparteien **gemeinsam festgelegt** werden, gilt für den Fall, dass entgegen dieser Abrede keine Verhandlungen über eine Zielvereinbarung geführt und deshalb für eine Zielperiode keine Zielvereinbarung getroffen wurde, nach Ansicht des BAG Folgendes (BAG v. 12.12.2007 – 10 AZR 97/07, a. a. O.):

Der Arbeitnehmer hat nach Ablauf der Zielperiode grundsätzlich einen **Anspruch auf Schadensersatz**, wenn der Arbeitgeber das Nichtzustandekommen der (Einzel-)Zielvereinbarung zu vertreten hat.

Der für den Fall der Zielerreichung zugesagte Bonus ist bei der abstrakten Schadensberechnung nach § 252 Satz 2 BGB Grundlage für die Ermittlung des zu ersetzenden Schadens.

Für die Höhe des Schadensersatzes ist ohne Bedeutung, ob und gegebenenfalls in welchem Umfang der Arbeitnehmer in vorhergehenden Zielperioden die vereinbarten Ziele erreicht hat.

Beruht das Nichtzustandekommen einer Zielvereinbarung auf Gründen, die der Arbeitgeber und der Arbeitnehmer zu vertreten haben, schließt dies einen Schadensersatzanspruch des Arbeitnehmers wegen der entgangenen Bonuszahlung nicht aus.

Allerdings ist das **Mitverschulden** des Arbeitnehmers nach § 254 BGB angemessen zu berücksichtigen.

Tarifverträge

Zielbonussysteme haben inzwischen auch Eingang in tarifvertragliche Regelungen gefunden (vgl. z. B. Entgeltrahmenabkommen der Tarifvertragsparteien der Metall- und Elektroindustrie).

14

> **Beispiel (§ 9 Entgeltrahmenabkommen für die Metall- und Elektroindustrie Küste – Norddeutschland):**
> »Zielentgelt
> 1. Grundsätze
> Die Zielvereinbarung ist eine Methode der tariflichen Entgeltbestimmung, bei der ein individuelles tarifliches Grundentgelt lt. Entgelttabelle und ein Zielentgelt bezahlt wird.
> 1.1 Eine Zielvereinbarung liegt vor, wenn zwischen Arbeitgeber und Beschäftigten / Gruppen von Beschäftigten eine konkrete Ergebniserwartung (Ziel) auf der Grundlage definierter Rahmenbedingungen festgelegt und für die Erreichung dieses Ziels ein Zielentgelt gezahlt wird.
> 1.2 Ziele stehen mit der Arbeitsaufgabe, der Verantwortung und der Einflussmöglichkeit der Beschäftigten im Zusammenhang.
> 1.3 Ziele sind eindeutig und konkret zu formulieren; die Ziele bzw. die Zielerreichung muss messbar und/oder beurteilbar sein.
> 1.4 Eine Kombination der Ziele ist möglich, sofern sie nicht widersprüchlich ist.
> 1.5 Die Laufzeit einer Zielvereinbarung soll zieladäquat sein. Bei Laufzeiten über 12 Monate hinaus sollen Zwischenziele vereinbart werden.
> 1.6 Das Zielentgelt bemisst sich nach dem Grad der Zielerreichung.
> 2. Betriebliche Einführung
> 2.1 Die Betriebsparteien vereinbaren, ob und mit welchem Inhalt gemäß Ziff. 3 dieser Vor-

Zielvereinbarung

schrift die Methode Zielvereinbarung eingeführt wird. Bei Uneinigkeit über das »Ob« gilt bis zum 31.12.2007
- die unmittelbar Betroffenen sind zu hören
- die Tarifvertragsparteien sind hinzuzuziehen
- ein Unparteiischer ist um einen Vorschlag zu bitten. Der Unparteiische wird einvernehmlich oder durch Losentscheid bestimmt.

ab dem 01.01.2008
- die Entscheidung der betrieblichen Einigungsstelle.

2.1 Bei Uneinigkeit über den Inhalt der Rahmenbetriebsvereinbarung gemäß Ziff. 3 dieser Vorschrift entscheidet die betriebliche Einigungsstelle.

3. Inhalt der Rahmenbetriebsvereinbarung
Die Rahmenbetriebsvereinbarung regelt mindestens folgende Punkte:
3.1 den betrieblichen Geltungsbereich für Zielvereinbarungen
3.2 Auswahl der Ziele / Zielarten
Die Auswahl von Zielen / Zielarten erfolgt aus folgendem Katalog:
- prozessbezogen:
z. B. Stückzeit, Maschinennutzungsgrad, Durchlaufzeiten, Auftragsbearbeitungszeiten, Projektlaufzeit, Menge, Ausbringung
- kundenbezogen:
z. B. Kundenreklamation, Kundenzufriedenheit, Kundenkontakte, Reduzierung Nacharbeit
- produktbezogen:
z. B. Problemlösung, Ideenentwicklung, Produktinnovation, Fertigungsgerechtigkeit, Ergonomie
- mitarbeiterbezogen:
z. B. Zusammenarbeit, Kommunikation, Führungsverhalten, Personalentwicklung, Fluktuationsrate, Arbeitsweise, Initiative, Einsatz, Umgang mit Ressourcen, Arbeitssorgfalt, Sauberkeit in der Arbeitsumgebung, Beteiligung an Qualifizierungsmaßnahmen
- finanzbezogen:
z. B. Vertriebsspanne, Gemeinkosten, Bestände, Forderungsrückstände, Ressourcenverbrauch

Die Leistungsmerkmale »eigene Krankheit« und/oder »Unternehmenserfolg« sind nicht zulässig.
Einzelne Ziele/Zielarten können nicht gegen den Willen des Arbeitgebers festgelegt werden. Lehnt der Arbeitgeber ein bestimmtes Ziel ab, ist er verpflichtet, stattdessen andere gleichwertige Ziele/Zielarten vorzuschlagen.
3.3 Laufzeitkorridor
3.4 Verfahren zur Vereinbarung von Zielen mit einzelnen Beschäftigten oder Gruppen
3.5 die Genauigkeit der Zieldefinition i. S. der Ziff. 1.3 dieser Vorschrift und die Art und den Umfang der Dokumentation der maßgeblichen Rahmenbedingungen
3.6 Verfahren zur Behandlung von Reklamationen der Beschäftigten, soweit in Ziff. 5 und 7 dieser Vorschrift nicht bereits geregelt
3.7 Zielentgeltkorridor (z. B. Zielerreichungsstufen, Zielerreichungsgrade, Zielentgeltskala, Verteilungsschlüssel bei Gruppenarbeit)
3.8 Auszahlungsmodus
3.9 Methoden zur Ermittlung des Zielerreichungsgrades.

4. Die Zielvereinbarung zwischen Arbeitgeber und Beschäftigten
4.1 Die Zielvereinbarung wird schriftlich zwischen dem Arbeitgeber bzw. dessen Beauftragten und einem oder mehreren Beschäftigten abgeschlossen.
4.2 Die Zielvereinbarung enthält:
- den persönlichen Geltungsbereich
- die Definition des Ziels/der Ziele
- die Laufzeit (Zielperiode)
- die Zielerreichungsstufen/Zielerreichungsgrade
- das Zielentgelt für die Zielerreichung bzw. die teilweise Zielerreichung

Zielvereinbarung

- den Verteilungsschlüssel für das Zielentgelt an Gruppen
- die maßgeblichen Rahmenbedingungen, die für die Zielerreichung von wesentlicher Bedeutung sind.

4.3 Einigen sich die Vertragsparteien nicht, verbleibt es bei der für sie aktuellen Entgeltmethode; ist diese die Zielvereinbarung, erhalten die jeweiligen Beschäftigten bis zum Abschluss einer neuen Zielvereinbarung das durchschnittliche Monatsentgelt aus der vorangegangenen Zielperiode, längstens jedoch für 3 Monate. Kommt eine Zielvereinbarung innerhalb dieses Zeitraums nicht zustande, gilt bis auf weiteres der Entgeltgrundsatz Zeitentgelt.

4.4 Beauftragte Mitglieder des Betriebsrates erhalten auf Verlangen zur Überprüfung des Verfahrens und des Ergebnisses analog § 80 BetrVG Einblick in die erforderlichen Unterlagen. Bei Abweichungen von der Rahmenbetriebsvereinbarung beraten Arbeitgeber und Betriebsrat mit dem Ziel einer einvernehmlichen Lösung. An ihre Stelle kann aufgrund einer freiwilligen Betriebsvereinbarung eine paritätische Kommission treten. Gelingt zwischen Arbeitgeber und Betriebsrat bzw. in der paritätischen Kommission keine Einigung, so entscheidet die betriebliche Einigungsstelle gemäß § 87 Abs. 2 BetrVG.

5. Veränderungen/Störungen
  5.1 Verändern sich während der Laufzeit einer Zielvereinbarung die dokumentierten maßgeblichen oder andere wesentlichen Rahmenbedingungen, die die Zielerreichung erheblich erschweren oder erleichtern, besteht die Pflicht zur wechselseitigen unverzüglichen Information.
  5.2 Hilft der Arbeitgeber einer bekannten, nachteiligen Veränderung nicht ab, geht das nicht zu Lasten der Beschäftigten.
  5.3 Verschweigen Beschäftigte erleichternde äußere Veränderungen, stehen ihnen die Vorteile daraus nicht zu.
  5.4 Ist Abhilfe in Bezug auf die Veränderungen nicht zweckmäßig oder nicht möglich, beraten die Parteien gemeinsam, ob und wie die Zielvereinbarung anzupassen ist.
6. Zielerreichung, Bemessung, Bewertung
  6.1 Am Ende der Laufzeit einer Zielvereinbarung wird der Grad der Zielerreichung vom Arbeitgeber durch Bemessung oder Bewertung ermittelt und mit den Betroffenen erörtert. Das Ergebnis ist den Beschäftigten schriftlich mitzuteilen.
  6.2 Bei Einigkeit gilt zugleich das entsprechende Zielentgelt als festgestellt.
7. Streit über das Ergebnis
  Sind sich die Parteien über das Ergebnis zu Ziff. 6.1 auch unter Berücksichtigung von Ziff. 5 dieser Vorschrift nicht einig,
  - ist das Zielentgelt zunächst nach Maßgabe des Arbeitgebervorschlages zu zahlen;
  - erfolgt ein betrieblicher Einigungsversuch zwischen Arbeitgeber und Betriebsrat; an ihre Stelle kann aufgrund einer freiwilligen Betriebsvereinbarung eine paritätische Kommission treten;
  - gelingt keine Einigung, so steht dem Beschäftigten der Rechtsweg offen.«

Soweit ersichtlich, ist von dieser Tarifregelung (die seit 1.9.2003 auf freiwilliger Basis in den Unternehmen angewendet werden konnte und seit dem 1.1.2008 zwingend gilt) bislang nur wenig Gebrauch gemacht worden. Offenbar gefallen manchen Arbeitgebern die **tariflichen Vorgaben** und die Regelungen zur **Mitbestimmung** des Betriebsrats nicht.

Bedeutung für die Betriebsratsarbeit

Aufgabe des Betriebsrats ist es, dafür zu sorgen, dass die **Negativeffekte** eines Systems von Zielvereinbarungen nicht eintreten (kein unzumutbarer Leistungsdruck, keine Selbstausbeutung, Schutz der Beschäftigten vor unzulässigem Druck, der in »Mitarbeitergesprächen« ausgeübt wird usw.).

Zielvereinbarung

15a Der Betriebsrat kann nach zutreffender Ansicht des LAG Hamm gemäß § 80 Abs. 2 Satz 1 Halbs. 1 BetrVG **Auskunft** über den Inhalt abgeschlossener Zielvereinbarungen des Arbeitgebers mit seinen Kundenberatern verlangen, wenn in den Planungsgesprächen nicht nur bloße Einschätzungen vorgenommen, sondern anhand der in den zurückliegenden Jahren gemachten Erfahrungen und konkreter Erwartungen »vorstellbare Ertragsziele« formuliert werden sollen und die Arbeitsvertragsparteien davon ausgehen, dass die Ziele »regelmäßig im Laufe des Jahres erwirtschaftet werden« können. Vor diesem Hintergrund sei es nicht ausgeschlossen, dass das praktizierte System bei den betroffenen Mitarbeitern in ihrer alltäglichen Kundenbetreuung **dauerhaft Stresssituationen** verursacht, die zu Gesundheitsgefährdungen führen können, zumal wenn sie sich normalerweise allmonatlich auch noch einem sogenannten Zielabgleichungsgespräch stellen müssen (LAG Hamm v. 9.3.2012 – 13 TaBV 100/10).

15b Es sollte durch entsprechende Regelungen in einer (anzustrebenden) → **Betriebsvereinbarung** sichergestellt werden, dass die Interessen der Beschäftigten in Bezug auf Arbeitsplatzsicherung, angemessenes Arbeitsentgelt und **menschenwürdige Arbeitsbedingungen** in die Zielvereinbarung einfließen und dass eine echte Beteiligung der Beschäftigten am Inhalt der Zielvereinbarung stattfindet.

16 Zunächst allerdings ist zu prüfen, ob vorrangige **tarifvertragliche Bestimmungen** existieren, die den Abschluss einer → **Betriebsvereinbarung** ausschließen: Regelt nämlich ein für den Betrieb geltender → **Tarifvertrag** die Themen »Leistungsbeurteilung« und »Arbeitsentgelt« abschließend, scheidet insoweit eine Betriebsvereinbarung aus (§ 77 Abs. 3, § 87 Abs. 1 BetrVG Eingangssatz).
Etwas anderes gilt, wenn der Tarifvertrag sich auf die Regelung von Vorgaben beschränkt, die im **Mitbestimmungswege** konkretisiert werden müssen (wie im Beispiel Rn. 14).

17 Besteht für den Betrieb **keine tarifliche Regelung** zur Leistungsbeurteilung bzw. Arbeitsentgeltgestaltung (z. B. weil die Firma nicht tarifgebunden ist; die Tarifüblichkeitsbestimmung des § 77 Abs. 3 BetrVG gilt in den Fällen des § 87 Abs. 1 BetrVG nicht), unterliegt das Thema »Zielvereinbarung« der **Mitbestimmung** des Betriebsrats nach § 87 Abs. 1 BetrVG (siehe Rn. 18 bis 20) und kann durch → **Betriebsvereinbarung** geregelt werden.
Im Nichteinigungsfalle kann die → **Einigungsstelle** angerufen werden (§ 87 Abs. 2 BetrVG).

18 Mitbestimmungsrechte in Bezug auf Zielvereinbarungen als »Führungsinstrument« (siehe Rn. 10) bestehen nach § 87 Abs. 1 Nr. 1 BetrVG.
Denn ein über die Belegschaft gelegtes System von Mitarbeitergesprächen betrifft die Ordnung des Betriebes und das Verhalten der Arbeitnehmer (und zwar das Ordnungsverhalten, und nicht das Arbeitsverhalten, das nicht von § 87 Abs. 1 Nr. 1 BetrVG erfasst wird; siehe → **Betriebsordnung**).
Werden die **Mitarbeitergespräche** anhand eines Gesprächsleitfadens geführt, kommt auch ein Mitbestimmungsrecht nach § 94 BetrVG (siehe → **Personalfragebogen**) in Betracht.
Soll die Zielerreichung durch technische Einrichtung festgestellt werden, ist auch ein Mitbestimmungsrecht nach § 87 Abs. 1 Nr. 6 BetrVG gegeben (siehe → **Überwachung von Arbeitnehmern**).

18a Ein Mitbestimmungsrecht kann auch nach richtiger Ansicht des LAG Hamm auch nach § 87 Abs. 1 Nr. 7 BetrVG bestehen (LAG Hamm v. 9.3.2012 – 13 TaBV 100/10). Hiernach hat der Betriebsrat mitzubestimmen bei Regelungen über den **Gesundheitsschutz** im Rahmen der gesetzlichen Vorschriften. Eine ausfüllungsbedürftige Rahmenvorschrift i. S. d. § 87 Abs. 1 Nr. 7 BetrVG ist beispielsweise die Generalklausel des § 3 Abs. 1 ArbSchG. Danach hat der Arbeitgeber u. a. die Pflicht, die erforderlichen Maßnahmen des Arbeitsschutzes zu treffen, wenn eine Gefährdung der Gesundheit der Beschäftigten zu besorgen ist. Dabei hat er sich nach § 4 Nr. 1 ArbSchG davon leiten zu lassen, dass Gefährdungen der Gesundheit möglichst vermieden bzw. kleingehalten werden. In dem Zusammenhang sind nicht nur physische, sondern auch psychische Belastungen zu vermeiden, in jedem Fall aber zu minimieren. Dazu

Zielvereinbarung

zählen z. B. ein hoher Termindruck sowie die Zunahme der Arbeitsintensität und des Anforderungsdrucks (LAG Hamm v. 9.3.2012 – 13 TaBV 100/10).

Soweit die Zielvereinbarung die Grundlage der »**Leistungsbeurteilung**« bilden soll (siehe Rn. 11), handelt es sich um einen »allgemeinen Beurteilungsgrundsatz«, der nach § 94 Abs. 2 BetrVG nur mit Zustimmung des Betriebsrats eingeführt werden kann (siehe → **Beurteilungsgrundsätze**). **19**

Zielvereinbarungen als Instrument der »**Entgeltgestaltung**« (siehe Rn. 12 ff.) stellen mitbestimmungspflichtige »*Entlohnungsgrundsätze und Entlohnungsmethoden*« im Sinne des § 87 Abs. 1 Nr. 10 BetrVG dar. **20**

Außerdem beinhaltet eine solche Zielvereinbarung die Festsetzung eines mit Akkord der Prämie »*vergleichbaren leistungsbezogenen Entgelts*«, so dass auch die Vorschrift des § 87 Abs. 1 Nr. 11 BetrVG zum Zuge kommt.

Der Betriebsrat hat also ein Mitbestimmungsrecht u. a. bei der Festlegung der betrieblichen Bereiche, in denen ein Zielbonussystem angewandt werden soll und bei der Ausgestaltung des **Zielbonussystems** (siehe Rn. 13), unter anderem bei der Festlegung
- der Leistungsziele/Zielarten,
- der Lage und Dauer der Zielperioden (z. B. Quartal, Kalenderjahr),
- des Verfahrens der Vereinbarung von Zielen mit dem Beschäftigten und dessen Reklamationsrechte (z. B. wenn sich Rahmenbedingungen verändern),
- des Zielentgeltkorridors (z. B. Zielerreichungsstufen, Zielerreichungsgrade, Zielentgeltskala, Verteilungsschlüssel bei Gruppenarbeit),
- der Methoden zur Ermittlung des Zielerreichungsgrades,
- des Auszahlungsmodus.

Zu weiteren Einzelheiten siehe **Checkliste** »Regelungspunkte in einer Betriebsvereinbarung über ein Zielbonussystem«.

Ein paar Merkpunkte **21**
- Keine Zustimmung zur Einführung eines Zielvereinbarungssystems, wenn der Arbeitgeber Gegenforderungen des Betriebsrats im Interesse der Beschäftigten ablehnt.
- Der Betriebsrat sollte nach Maßgabe des § 80 Abs. 3 BetrVG einen → **Sachverständigen** (z. B. einen in der Thematik erfahrenen Gewerkschaftssekretär) hinzuziehen (»*nach näherer Vereinbarung mit dem Arbeitgeber*«).
- Wenn es zu einer Betriebsvereinbarung kommt, sollte diese als »Projekt« begriffen und deshalb auf ein oder zwei Jahre befristet werden. Die Nachwirkung sollte ausgeschlossen werden.
- Die Erfahrungen sollten ausgewertet werden (u. a. durch Befragung der Mitarbeiter).
- Keine Zustimmung zu einer Fortsetzung des Zielvereinbarungssystems, wenn der Arbeitgeber die vom Betriebsrat geforderten Nachbesserungen ablehnt.

Arbeitshilfen

Checkliste	• Regelungspunkte in einer Betriebsvereinbarung über ein Zielbonussystem
Musterschreiben	• Vertragliche Vereinbarung über Zielentgelt (Muster Nr. 1)
	• Vertragliche Vereinbarung über Zielentgelt (Muster Nr. 2)
	• Zielvereinbarung zwischen Vorgesetztem und Arbeitnehmer (Muster Nr. 3)

Zielvereinbarung

Rechtsprechung

1. Abgrenzung »Abrede über Zielvereinbarung« – »Rahmenvereinbarung über vom Arbeitgeber zu treffende Zielvorgaben«
2. Bestimmung der Höhe des Zielentgelts – Schadensersatzanspruch des Arbeitnehmers
3. Informationsrecht des Betriebsrats
4. Mitbestimmung des Betriebsrats

Zurückbehaltungsrecht des Arbeitnehmers

Grundlagen

Der Arbeitnehmer kann nach § 273 BGB seine **Arbeitsleistung zurückhalten** (ohne seinen Arbeitsentgeltanspruch zu verlieren), wenn ihm ein fälliger Anspruch gegen den Arbeitgeber zusteht (z. B. ein Anspruch auf Arbeitsentgelt), den der Arbeitgeber (noch) nicht erfüllt hat.
Die **Ausübung** des Zurückbehaltungsrechts steht allerdings unter dem Vorbehalt von Treu und Glauben (§ 242 BGB).
Wegen **rückständigen** → **Arbeitsentgelts** darf der Arbeitnehmer beispielsweise nach Auffassung des Bundesarbeitsgerichts (BAG v. 25. 10. 1984 – 2 AZR 417/83, DB 1995, 763) die Arbeitsleistung nicht verweigern,
- wenn es nur um einen geringfügigen Zahlungsanspruch geht,
- wenn nur eine kurzfristige Verzögerung der Zahlung des Arbeitsentgelts zu erwarten ist,
- wenn dem Arbeitgeber infolge der Arbeitsverweigerung ein unverhältnismäßig hoher Schaden droht,
- wenn das rückständige Arbeitsentgelt auf andere Weise gesichert ist (bloße Sicherung über Insolvenzgeld [siehe → **Insolvenzverfahren**] steht der Ausübung des Zurückbehaltungsrechtes aber nicht entgegen).

Der Arbeitnehmer ist nach zutreffender Ansicht des BAG gemäß § 618 Abs. 1 i. V. m. § 273 Abs. 1 BGB berechtigt, die Arbeit in Räumen zu verweigern, die über das baurechtlich zulässige Maß hinaus mit Gefahrstoffen belastet sind (BAG v. 19. 2. 1997 – 5 AZR 982/94, AiB 1997, 550 = NZA 1997, 821).

Im Falle einer Belästigung oder → **sexuellen Belästigung** i. S. d. § 3 Abs. 3 und 4 Allgemeines Gleichbehandlungsgesetz (AGG) hat der Arbeitgeber nach § 12 Abs. 3 AGG »geeignete, erforderliche und angemessene« Maßnahmen zur Unterbindung der Belästigung wie → **Abmahnung**, Umsetzung oder → **Versetzung** oder → **Kündigung** (des Belästigers, nicht der belästigten Person) zu ergreifen.
Natürlich hat dies unter Beachtung der Beteiligungsrechte des Betriebsrats (insbesondere nach §§ 87 Abs. 1 Nr. 1, 99, 102 BetrVG) zu geschehen.
Reagiert der Arbeitgeber nicht oder mit offensichtlich ungeeigneten Maßnahmen, haben die Betroffenen nach § 14 AGG – soweit dies zu ihrem Schutz erforderlich ist – ein **Leistungsverweigerungsrecht** (ohne Verlust des Anspruchs auf Arbeitsentgelt).
Außerdem können sie die Durchführung »geeigneter« Maßnahmen nach § 12 Abs. 3 AGG einklagen und ggf. **Entschädigungs- und Schadensersatzansprüche** gegen den Arbeitgeber (§ 15 AGG) geltend machen.
Die Wahrnehmung dieser Rechte darf nicht zu einer Benachteiligung des/der Betroffenen führen § 16 AGG; **Maßregelungsverbot**.
Schließlich haben die Arbeitnehmer das Recht, sich an einem zulässigen, gewerkschaftlich geführten **Streik** zu beteiligen. Ein Streik ist »definitionsgemäß die **kollektive Vorenthaltung** der geschuldeten Arbeitsleistung, um durch die daraus resultierenden wirtschaftlich schädlichen Folgen Druck auf die Arbeitgeberseite dahin auszuüben, in eine gewünschte tarifver-

Zurückbehaltungsrecht des Arbeitnehmers

tragliche Regelung einzuwilligen (BAG v. 17.7.2012 – 1 AZR 563/11 und BAG v. 26.7.2005 – 1 AZR 133/04).«
Durch Teilnahme am Streik werden die Hauptpflichten des Arbeitsvertrags »suspendiert«, sodass ein Anspruch auf Arbeitsentgelt während des Streiks nicht besteht (siehe → **Arbeitskampf** Rn. 93).
Gewerkschaftlich organisierte Arbeitnehmer erhalten von ihrer Gewerkschaft **Streikunterstützung**.

Bedeutung für die Beschäftigten

7   Arbeitnehmer, die insbesondere wegen rückständigen Arbeitsentgelts von ihrem Zurückbehaltungsrecht Gebrauch machen wollen, sollten zuvor eine kompetente Beratung (z. B. bei ihrer Gewerkschaft) einholen. Denn Arbeitgeber neigen dazu, die Gründe für die Ausübung des Zurückbehaltungsrechtes nicht anzuerkennen und den Betroffenen mit fristloser **Kündigung wegen Arbeitsverweigerung** zu bedrohen.
Zwar wäre eine solche Kündigung bei berechtigter Arbeitsverweigerung unwirksam (BAG v. 9.5.1996 – 2 AZR 387/95, NZA 1996, 1085).
Ob ein solches Recht im konkreten Einzelfall aber bestand, stellt sich bei Beschreitung des langen Rechtsweges (Kündigungsschutzprozess; siehe → **Kündigungsschutz**) erst sehr viel später heraus.
Deshalb ist es besser, den Konflikt betrieblich durch Intervention des Betriebsrats zu lösen.

Rechtsprechung

1. Ausübung des Zurückbehaltungsrechts wegen rückständigen Arbeitsentgelts?
2. Arbeitsverweigerung wegen Gesundheitsgefährdung
3. Zurückbehaltungsrecht wegen Mobbing?
4. Keine Kündigung bei berechtigter Ausübung des Zurückbehaltungsrechts

Stichwortverzeichnis

Die kursiv gesetzten Wörter kennzeichnen als Fundstelle im Lexikon das Hauptstichwort, die Zahl daneben die entsprechende Randnummer, unter denen der Suchbegriff zu finden ist.

Beispiele:
- Wird das Thema »Abfindung und Gleichbehandlung« gesucht, so schlagen Sie das Stichwort »Abfindung« auf und die Randnummer 2.
- Wird das Thema »Kündigungsschutz und Klagefrist« gesucht, so schlagen Sie das Stichwort »Kündigungsschutz« auf und die Randnummer 26.
- Wird das Thema »Streik für einen Sozialtarifvertrag« gesucht, so schlagen Sie das Stichwort »Arbeitskampf« auf und die Randnummer 7.
- Wird das Thema »Werkvertrag und Rechte des Betriebsrats« gesucht, so schlagen Sie das Stichwort »Werkvertrag« auf und die Randnummer 12.

Abfindung *Betriebsbedingte Kündigung* Rn. 26; *Kündigungsschutz* 19; *Nachteilsausgleich* 2, 4, 7; *Sozialplan* 27
- Abfindung und Arbeitslosengeld *Abfindung* 12
- Abfindung und Sozialversicherung *Abfindung* 11
- Abfindung und Steuern *Abfindung* 7
- Abfindungsanspruch *Abfindung* 2
- Abfindungshöhe *Abfindung* 3
- Abfindungsvergleich *Abfindung* 6 b
- Abwicklungsvertrag *Abfindung* 2, 26
- Altersteilzeit *Abfindung* 20
- Annahmeverzug *Abfindung* 6
- Anspruch auf Abfindung *Abfindung* 2
- Arbeitsgericht *Abfindung* 2
- Arbeitslosengeld *Abfindung* 12, 13, 23, 26– *Aufhebungsvertrag Abfindung* 1, 2, 5a, 28, 29
- Auflösungsurteil *Abfindung* 2, 4
- Ausschlussfristen/Verfallfristen *Abfindung* 30
- Betriebsbedingte Kündigung des Arbeitgebers *Abfindung* 2
- Entlassungsentschädigung *Abfindung* 13
- Gleichbehandlung *Abfindung* 2
- Gleichwohlgewährung *Abfindung* 22
- Höhe der Abfindung *Abfindung* 3
- Interessenausgleich *Abfindung* 2
- Kostenrisiko *Abfindung* 5, 6
- Kündigung *Abfindung* 1, 2
- Nachteilsausgleich *Abfindung* 2, 30
- Prozessrisiko *Abfindung* 5, 6
- Sozialplan *Abfindung* 2, 25, 29; *Sozialplan* 27
- Sozialtarifvertrag *Abfindung* 2
- Sperrzeit *Abfindung* 23
- Tarifvertrag *Abfindung* 2
- Tod des Arbeitnehmers *Abfindung* 29
- Urlaubsabgeltung *Abfindung* 19

Ablöseklauseln *Arbeitnehmerüberlassung/Leiharbeit* 10, 10 a

Ablösende Betriebsvereinbarung *Betriebsvereinbarung* 26 a

Ablösungsprinzip *Betriebsvereinbarung* 26 a; *Tarifvertrag* 56

Abmahnung
- Abgrenzung zur Betriebsbuße *Abmahnung* 11, 12
- Abmahnung des Arbeitgebers durch den Betriebsrat *Abmahnung* 9 c
- Abmahnung von Betriebsratsmitgliedern *Abmahnung* 18
- Arbeitsgericht *Abmahnung* 19, 22
- Ausschlussfristen *Abmahnung* 20
- Außerordentliche Kündigung *Abmahnung* 3
- Beschwerderecht des Arbeitnehmers *Abmahnung* 16, 21
- Betriebsbuße *Abmahnung* 11, 12
- Betriebsrat *Abmahnung* 10
- Betriebsvereinbarung *Abmahnung* 13
- Betriebsverfassungsrechtliche Abmahnung *Abmahnung* 9 c
- Dokumentationsfunktion der … *Abmahnung* 3
- Einigungsstelle *Abmahnung* 14
- Entfernung aus der Personalakte *Abmahnung* 3 a, 9, 9b, 13, 19
- Entfernungsfristen *Abmahnung* 9b, 13, 19
- Gegendarstellung *Abmahnung* 19

Stichwortverzeichnis

- Informationsrecht des Betriebsrats *Abmahnung* 12
- Klage auf Entfernung der Abmahnung aus der Personalakte *Abmahnung* 3a, 9, 19, 22
- Kündigung *Abmahnung* 1, 3
- Kündigungsschutz *Abmahnung* 3, 5
- Kündigungsschutz im Kleinbetrieb und vor Erfüllung der Wartezeit *Abmahnung* 5
- Ordentliche Kündigung *Abmahnung* 3
- Personalakte *Abmahnung* 9, 19
- Rüge- und Dokumentationsfunktion der Abmahnung *Abmahnung* 3
- Störungen im Leistungsbereich *Abmahnung* 4
- Störungen im Vertrauensbereich *Abmahnung* 4a
- Warnfunktion der Abmahnung *Abmahnung* 3

Abmahnung des Arbeitgebers durch den Betriebsrat *Abmahnung* 9c

Abmahnung von Betriebsratsmitgliedern *Abmahnung* 18

Abmeldung beim Vorgesetzten *Freistellung von Betriebsratsmitgliedern* 6

Abschlussprüfer *Jahresabschluss* 12

Absatzplanung *Unternehmensplanung* 19

Absolute Sozialwidrigkeitsgründe *Betriebsbedingte Kündigung* 16; *Kündigungsschutz* 16; *Personenbedingte Kündigung* 11; *Verhaltensbedingte Kündigung* 16

Abspaltung *Betriebsspaltung und Zusammenlegung von Betrieben* 11 a; *Umwandlung von Unternehmen* 8

Abspaltung eines Betriebsteils *Betriebsspaltung und Zusammenlegung von Betrieben* 2

Abstempeln (bei Warnstreik) *Arbeitskampf* 22

Abteilungsversammlung *Betriebsversammlung* 1 a, 14

Abwicklungsvertrag
- Abfindung *Abwicklungsvertrag* 8
- Anfechtung *Abwicklungsvertrag* 10
- Arbeitslosengeldsperre *Abwicklungsvertrag* 3, 5
- Aufhebungsvertrag *Abwicklungsvertrag* 1
- Klageverzichtsklausel *Abwicklungsvertrag* 2 a
- Kündigungsschutzklage *Abwicklungsvertrag* 2 a, 5
- Meldepflicht *Abwicklungsvertrag* 11
- Sperrzeit *Abwicklungsvertrag* 3, 5, 11

AGB-Kontrolle *Arbeitsvertrag: Inhaltskontrolle* 1

AGG *Benachteiligungsverbot (AGG)*

Akkordlohn *Arbeitsentgelt* 15

Akkordrichtsatz *Arbeitsentgelt* 16

Aktiengesellschaft *Unternehmensrechtsformen* 2

Aktionäre *Unternehmensrechtsformen* 32

Aktueller Rentenwert *Rentenversicherung* 60, 63; *Sozialversicherung*

Akutpflege *Pflegezeit* 5

Allgemeiner Unterlassungsanspruch des Betriebsrats *Unterlassungsanspruch des Betriebsrats* 9

Allgemeines Informationsrecht des Betriebsrats *Informationsrechte des Betriebsrats* 1

Allgemeiner arbeitsrechtlicher Gleichbehandlungsgrundsatz *Gleichbehandlung* 1, 17

Ältere Arbeitnehmer
- Abmahnung *Ältere Arbeitnehmer* 15
- Altersteilzeit *Ältere Arbeitnehmer* 26, 27, 35, 36, 44a
- Arbeitslosenversicherung *Ältere Arbeitnehmer* 43
- Befristeter Arbeitsvertrag *Ältere Arbeitnehmer* 28, 37
- Belästigung *Ältere Arbeitnehmer* 9 a, 20, 23; *Benachteiligungsverbot (AGG)* 19; *Mobbing* 23
- Benachteiligung *Ältere Arbeitnehmer* 1
- Beschwerderecht *Ältere Arbeitnehmer* 19 a, 51 a; *Benachteiligungsverbot (AGG)* 45;
- Betriebsbedingte Kündigung *Ältere Arbeitnehmer* 33, 52
- Betriebsrat *Ältere Arbeitnehmer* 47
- Beweislast *Ältere Arbeitnehmer* 22; *Benachteiligungsverbot (AGG)* 54a
- Einigungsstelle *Ältere Arbeitnehmer* 19
- Entschädigung *Ältere Arbeitnehmer* 21; *Benachteiligungsverbot (AGG)* 48
- Gewerkschaft *Ältere Arbeitnehmer* 45, 51
- Gleichbehandlung *Ältere Arbeitnehmer* 24, 37
- Kündigung *Ältere Arbeitnehmer* 15
- Kündigungsfrist *Ältere Arbeitnehmer* 38
- Kündigungsschutz *Ältere Arbeitnehmer* 33, 37, 54
- Leistungsverweigerungsrecht *Ältere Arbeitnehmer* 19; *Benachteiligungsverbot (AGG)* 46
- Mittelbare Benachteiligung *Ältere Arbeitnehmer* 9
- Mobbing *Ältere Arbeitnehmer* 21
- Rente mit 67 *Ältere Arbeitnehmer* 44; *Rentenversicherung* 11
- Rentenversicherung *Ältere Arbeitnehmer* 43 d, 44; *Rentenversicherung* 11
- Schadensersatz *Ältere Arbeitnehmer* 21; *Benachteiligungsverbot (AGG)* 47
- Schmerzensgeld *Ältere Arbeitnehmer* 21
- Schwerbehinderte Menschen *Ältere Arbeitnehmer* 39
- Sozialplan *Ältere Arbeitnehmer* 53
- Tarifliche Verdienstsicherung *Ältere Arbeitnehmer* 40, 54
- Tariflicher Kündigungsschutz *Ältere Arbeitnehmer* 42 a
- Tarifvertrag *Ältere Arbeitnehmer* 27
- Unmittelbare Benachteiligung *Ältere Arbeitnehmer* 9
- Unterlassungsanspruch des Betriebsrats *Ältere Arbeitnehmer* 51
- Verdienstsicherung *Ältere Arbeitnehmer* 40, 54
- Versetzung *Ältere Arbeitnehmer* 15

Stichwortverzeichnis

- Zurückbehaltungsrecht des Arbeitnehmers *Ältere Arbeitnehmer* 20; *Benachteiligungsverbot (AGG)* 46

Alternative Produktion
- Betriebliches Vorschlagswesen *Alternative Produktion* 9
- Rüstungsindustrie *Alternative Produktion* 3 a
- Unternehmensmitbestimmung *Alternative Produktion* 6
- Wirtschaftsausschuss *Alternative Produktion* 7

Alternierende Telearbeit *Telearbeit* 2

Altersrente
- für Frauen *Rentenversicherung* 23
- für besonders langjährig Versicherte *Rentenversicherung* 18
- für langjährig unter Tage beschäftigte Bergleute *Rentenversicherung* 20
- für langjährig Versicherte *Rentenversicherung* 16
- für schwerbehinderte Menschen *Rentenversicherung* 19
- Regelaltersrente *Rentenversicherung* 10
- wegen Arbeitslosigkeit oder nach Altersteilzeitarbeit *Rentenversicherung* 21

Altersteilzeit
- Altersteilzeitentgelt *Altersteilzeit* 25
- Änderungskündigung *Altersteilzeit* 72
- Arbeitslosenversicherung *Altersteilzeit* 78
- Arbeitsphase *Altersteilzeit* 21
- Arbeitsvertrag *Altersteilzeit* 23
- Aufstockungsbetrag *Altersteilzeit* 26
- Betriebsrat *Altersteilzeit* 93
- Betriebsratsmitglied in Altersteilzeit *Altersteilzeit* 97
- Betriebsvereinbarung zur Altersteilzeit *Altersteilzeit* 94
- Blockmodell *Altersteilzeit* 21
- Entgeltfortzahlung *Altersteilzeit* 75
- Freistellungsphase *Altersteilzeit* 21
- Insolvenzverfahren *Altersteilzeit* 87
- Insolvenzversicherung *Altersteilzeit* 81
- Krankheit in der Arbeitsphase *Altersteilzeit* 77
- Krankheit in der Freistellungsphase *Altersteilzeit* 77
- Krankenversicherung *Altersteilzeit* 75
- Kündigung *Altersteilzeit* 72
- Kündigungsschutz *Altersteilzeit* 71
- Kurzarbeit in der Arbeitsphase *Altersteilzeit* 79
- Mindestnettobetrag *Altersteilzeit* 27
- Progressionsvorbehalt *Altersteilzeit* 47
- Regelarbeitsentgelt *Altersteilzeit* 27
- Rentenabschläge *Altersteilzeit* 5
- Rentenversicherung *Altersteilzeit* 4, 8, 74
- Soziale Sicherung *Altersteilzeit* 75
- Steuerlicher Progressionsvorbehalt *Altersteilzeit* 47
- Tarifvertrag *Altersteilzeit* 10, 23, 47, 86
- Teilzeitarbeit *Altersteilzeit* 14
- Teilzeitmodell *Altersteilzeit* 21
- Überforderungsschutz *Altersteilzeit* 64
- Unternehmensmitbestimmung *Altersteilzeit* 97
- Vertrauensschutz bei Altersteilzeitvereinbarungen *Altersteilzeit* 6
- Wiederbesetzung *Altersteilzeit* 59, 66
- Zusätzlicher Beitrag zur Rentenversicherung *Altersteilzeit* 48

Altersvorsorge
- Anlageformen *Altersvorsorge* 10
- Betriebliche Altersversorgung *Altersvorsorge* 3, 22
- Betriebliche Altersvorsorge *Altersvorsorge* 3
- Durchschnitts-Rentner *Altersvorsorge* 1
- Eckrentner *Altersvorsorge* 1
- Entgeltumwandlung *Altersvorsorge* 3, 13, 22
- Förderfähige Anlageformen *Altersvorsorge* 10
- Förderung *Altersvorsorge* 3, 8, 12
- Nettorentenniveau *Altersvorsorge* 1
- Private Altersvorsorge *Altersvorsorge* 3
- Rentenversicherung *Altersvorsorge* 1
- Riester-Rente *Altersvorsorge* 3, 5
- Sonderausgabenabzug *Altersvorsorge* 14
- Sozialhilfe *Altersvorsorge* 2
- Standardrentner *Altersvorsorge* 1
- Zulagen *Altersvorsorge* 12, 15

Amtszeit
- Betriebsrat *Betriebsrat* 43
- Gesamtbetriebsrat *Gesamtbetriebsrat* 11
- Jugend- und Auszubildendenvertretung *Jugend- und Auszubildendenvertretung* 20
- Konzernbetriebsrat *Konzernbetriebsrat* 11
- Schwerbehindertenvertretung *Schwerbehindertenvertretung* 8

Andere Abmachung *Tarifvertrag: Nachbindung und Nachwirkung* 11, 20; *Betriebsvereinbarung: Nachwirkung* 1

Änderungskündigung
- Ablehnung des Änderungsangebots *Änderungskündigung* 8, 16, 21
- Änderungsangebot *Änderungskündigung* 3, 4, 7b
- Änderungsschutzklage *Änderungskündigung* 27
- Annahme des Änderungsangebots *Änderungskündigung* 8, 15, 20
- Annahme unter Vorbehalt *Änderungskündigung* 8, 17, 25
- Arbeitsgericht *Änderungskündigung* 32
- Arbeitsvertrag *Änderungskündigung* 8
- Außerordentliche *Änderungskündigung* 5, 25 a
- Bedingte Kündigung *Änderungskündigung* 4
- Beendigungskündigung *Änderungskündigung* 9
- Betrieb *Änderungskündigung* 35
- Betriebsrat *Änderungskündigung* 9
- Eingruppierung/Umgruppierung *Änderungskündigung* 7a, 10, 13, 15
- Elektronische Form *Änderungskündigung* 2
- Entgeltsenkung *Änderungskündigung* 7c

2225

Stichwortverzeichnis

- Klage *Änderungskündigung* 27
- Klagefrist *Änderungskündigung* 32
- Kündigungsfrist *Änderungskündigung* 26
- Kündigungsschutz *Änderungskündigung* 22, 33
- Kündigungsschutz vor Erfüllung der Wartezeit und im Kleinbetrieb *Änderungskündigung* 37, 38
- Meldepflicht *Änderungskündigung* 39
- Ordentliche Kündigung *Änderungskündigung* 5, 9, 12, 16, 22
- Schriftform *Änderungskündigung* 2
- Unbedingte Kündigung *Änderungskündigung* 3
- Unternehmen *Änderungskündigung* 35
- Verhältnismäßigkeit *Änderungskündigung* 6
- Versetzung *Änderungskündigung* 10, 13, 15, 20
- Wartezeit *Änderungskündigung* 35
- zur Entgeltsenkung *Änderungskündigung* 7c
- Zweck *Änderungskündigung* 1

Anerkennungstarifvertrag *Arbeitgeber* 5; *Tarifvertrag* 6, 42

Angestellte/Arbeiter
- Arbeitnehmer *Angestellte/Arbeiter* 1
- Außertarifliche Angestellte *Angestellte/Arbeiter* 11
- Betriebsrat *Angestellte/Arbeiter* 2, 12
- Betriebsratswahl *Angestellte/Arbeiter* 2, 12
- Entgeltfortzahlung im Krankheitsfalle und bei Kur *Angestellte/Arbeiter* 2
- Freistellung von Betriebsratsmitgliedern *Angestellte/Arbeiter* 12
- Gleichbehandlung *Angestellte/Arbeiter* 5
- Kündigungsfrist *Angestellte/Arbeiter* 2, 5
- Leitende Angestellte *Angestellte/Arbeiter* 11
- Tarifverträge *Angestellte/Arbeiter* 4
- Unternehmensmitbestimmung *Angestellte/Arbeiter* 2, 13

Anhang *Jahresabschluss* 8
Anhörung des Betriebsrats bei Kündigungen *Kündigung* 35
Anlagegesellschaft *Umwandlung von Unternehmen* 57
Annahmeverzug
- Anderweitiger Verdienst *Annahmeverzug* 8
- Arbeitsfähigkeit *Annahmeverzug* 14
- Arbeitskampf *Annahmeverzug* 19
- Arbeitskraftangebot *Annahmeverzug* 3 a
- Ausschlussfristen/Verfallfristen *Annahmeverzug* 24
- Entbehrlichkeit des Angebots *Annahmeverzug* 3 d, 13
- Entgeltfortzahlung an Feiertagen und *Annahmeverzug* 1
- Entgeltfortzahlung bei Krankheit und Kur *Annahmeverzug* 1
- Erkrankung *Annahmeverzug* 14
- Kündigung *Annahmeverzug* 13
- Kurzarbeit *Annahmeverzug* 19
- Nachtarbeit *Nachtarbeit* 64
- Ordentliche Kündigung *Annahmeverzug* 18
- Leistungsfähigkeit *Annahmeverzug* 15
- Tarifverträge *Annahmeverzug* 11
- Tatsächliches Angebot *Annahmeverzug* 3 b
- Unwirksame Kündigung *Annahmeverzug* 13
- Urlaub *Annahmeverzug* 1
- Verjährung *Annahmeverzug* 23
- Weiterbeschäftigungsanspruch (§ 102 Abs. 5 BetrVG) *Annahmeverzug* 18; *Kündigung* 50; *Ordentliche Kündigung* 35
- Wörtliches Angebot *Annahmeverzug* 3 c

Anschlussverbot *Befristeter Arbeitsvertrag* 30
Anspruch
- auf Arbeitslosengeld *Arbeitslosenversicherung: Arbeitslosengeld* 2
- auf Elterngeld *Elterngeld/Elternzeit* 4– auf Entgeltfortzahlung *Entgeltfortzahlung an Feiertagen* 3; *Entgeltfortzahlung im Krankheitsfall und bei Vorsorge/Rehabilitation* 1; *Persönliche Arbeitsverhinderung* 1
- auf Insolvenzgeld *Insolvenzgeld* 1
- auf Krankengeld *Krankengeld* 1; *Krankenversicherung* 11
- auf Kurzarbeitergeld *Kurzarbeit, Kurzarbeitergeld* 6

Anti-Streikverein *Arbeitgeberverband* 1; *Arbeitnehmer* 8
Anzeige
- der Masseunzulänglichkeit *Insolvenzverfahren* 43
- eines Arbeitsausfalls *Kurzarbeit, Kurzarbeitergeld* 25
- eines Arbeitsunfalls *Arbeitsunfall* 10; *Unfallversicherung* 45
- einer Berufskrankheit *Berufskrankheit* 7; *Unfallversicherung* 45
- von Kurzarbeit *Kurzarbeit, Kurzarbeitergeld* 25
- Ordnungswidrigkeitenanzeige *Ordnungswidrigkeitenverfahren* 6
- Strafantrag *Strafverfahren* 6

Anzeige- und Nachweispflichten *Entgeltfortzahlung im Krankheitsfall und bei Vorsorge/Rehabilitation* 40
Arbeit 4.0 *Rationalisierung* 4
Arbeit an Bildschirmgeräten *Bildschirmarbeit* 2
Arbeit auf Abruf *Arbeitszeitflexibilisierung* 58
- Bandbreitenregelung *Arbeit auf Abruf* 5
- Einstellung *Arbeit auf Abruf* 8
- KAPOVAZ *Arbeit auf Abruf* 1
- Mindestarbeitszeit *Arbeit auf Abruf* 4
- Mindestbedingungen *Arbeit auf Abruf* 4
- Mitbestimmung *Arbeit auf Abruf* 6, 7, 8
- Personaleinsatzplan *Arbeit auf Abruf* 6
- Prekäre Beschäftigung *Arbeit auf Abruf* 2

Arbeiter *Angestellte/Arbeiter* 1

Stichwortverzeichnis

Arbeitgeber
- Anerkennungstarifvertrag *Arbeitgeber* 5
- Arbeitgeberverbände *Arbeitgeber* 4
- Arbeitnehmer *Arbeitgeber* 1
- Arbeitsschutz *Arbeitsschutz* 44
- Arbeitsvertrag *Arbeitgeber* 1, 8, 9
- Beteiligungsrechte des Betriebsrats *Arbeitgeber* 10, 11
- Betrieb *Arbeitgeber* 7
- Direktionsrecht *Arbeitgeber* 9, 10
- Firmentarifvertrag *Arbeitgeber* 5
- Gewerkschaft *Arbeitgeber* 4
- Juristische Person *Arbeitgeber* 3
- Natürliche Person *Arbeitgeber* 3
- Tariffähigkeit *Arbeitgeber* 5
- Tarifverträge *Arbeitgeber* 4
- Unternehmen *Arbeitgeber* 7
- Unternehmensrechtsformen *Arbeitgeber* 3, 6
- Weisungsrecht *Arbeitgeber* 9, 10
- Wirtschaftliche Angelegenheiten *Arbeitgeber* 7

Arbeitgeberfinanzierte Versorgungszusage *Betriebliche Altersversorgung* 22

Arbeitgeberverband
- Auflösung des Verbandes *Arbeitgeberverband* 20
- Austritt *Arbeitgeberverband* 11
- Arbeitskampf *Arbeitgeberverband* 8, 10, 17, 19a
- Betätigungsfelder *Arbeitgeberverband* 2
- Betriebsrat *Arbeitgeberverband* 22
- Betriebsratssitzungen *Arbeitgeberverband* 22
- Betriebsversammlungen *Arbeitgeberverband* 22
- Blitzaustritt *Arbeitgeberverband* 16
- Blitz-OT-Wechsel *Arbeitgeberverband* 16, 19a
- Gewerkschaft *Arbeitgeberverband* 7, 9, 17, 23
- Gewerkschaftliche Handlungsmöglichkeiten bei Tarifflucht *Arbeitgeberverband* 17
- Insolvenz des Verbandes *Arbeitgeberverband* 21
- Nachbindung *Arbeitgeberverband* 12, 20
- Nachwirkung *Arbeitgeberverband* 12a, 12b, 20
- OT-Mitgliedschaft im Arbeitgeberverband *Arbeitgeberverband* 11, 19, 19a
- OT-Verband *Arbeitgeberverband* 11, 19, 19a
- OT-Wechsel *Arbeitgeberverband* 11, 19a
- Tarifflucht *Arbeitgeberverband* 11, 17, 18
- Verbandsauflösung *Arbeitgeberverband* 20
- Verbandsaustritt *Arbeitgeberverband* 11
- Verbandsbeitritt *Arbeitgeberverband* 7

Arbeitnehmer *Angestellte/Arbeiter* 2
- Abgrenzung Arbeitnehmer/Selbständiger *Arbeitnehmer* 3; *Dienstvertrag* 6, 8, 12
- Arbeitgeber *Arbeitnehmer* 1
- Arbeitnehmerähnliche Personen *Arbeitnehmer* 6; *Dienstvertrag* 14
- Arbeitsentgelt *Arbeitnehmer* 1
- Arbeitsvertrag *Arbeitnehmer* 1, 4
- Arbeitszeit *Arbeitnehmer* 1
- Außertarifliche Angestellte *Arbeitnehmer* 16; *Außertarifliche Angestellte* 1
- Auszubildende *Arbeitnehmer* 11
- Begriff *Arbeitnehmer* 1
- Eingliederung *Arbeitnehmer* 4
- Freie Mitarbeiter *Arbeitnehmer* 2, 12; *Dienstvertrag* 6, 8, 12
- Gewerkschaften *Arbeitnehmer* 8
- Heimarbeit *Arbeitnehmer* 6, 20
- Leiharbeitnehmer *Arbeitnehmer* 12; *Arbeitnehmerüberlassung/Leiharbeit* 2
- Leitende Angestellte *Arbeitnehmer* 15; *Leitende Angestellte* 1
- Persönliche Abhängigkeit *Arbeitnehmer* 4; *Dienstvertrag* 7
- Selbständige *Arbeitnehmer* 2, 5, 13; *Dienstvertrag* 6, 8, 12
- Sozialversicherung *Arbeitnehmer* 9
- Tarifverträge *Arbeitnehmer* 8
- Weisungsgebundenheit *Arbeitnehmer* 4

Arbeitnehmerähnliche Personen *Arbeitnehmer* 6; *Dienstvertrag* 14

Arbeitnehmerdatenschutz *Datenschutz* 26

Arbeitnehmerentsendung
- Abfallwirtschaft *Arbeitnehmerentsendung* 12
- Allgemeinverbindlichkeit eines Tarifvertrages *Arbeitnehmerentsendung* 3
- Aus- und Weiterbildungsdienstleistungen *Arbeitnehmerentsendung* 12
- Bauhauptgewerbe *Arbeitnehmerentsendung* 12
- Baunebengewerbe *Arbeitnehmerentsendung* 12
- Bergbauspezialarbeiten *Arbeitnehmerentsendung* 12
- Briefdienstleistungen *Arbeitnehmerentsendung* 12
- Entsenderichtlinie *Arbeitnehmerentsendung* 2
- »Erstreckung« eines Tarifvertrages durch Rechtsverordnung *Arbeitnehmerentsendung* 19, 24
- Gebäudereinigung *Arbeitnehmerentsendung* 12
- Pflegebranche *Arbeitnehmerentsendung* 14, 32
- Rechtsverordnung *Arbeitnehmerentsendung* 19, 24
- Schlachten und Fleischverarbeitung *Arbeitnehmerentsendung* 12
- Sicherheitsdienstleistungen *Arbeitnehmerentsendung* 12
- Wäschereidienstleistungen im Objektkundengeschäft *Arbeitnehmerentsendung* 12
- Ziele des AEntG *Arbeitnehmerentsendung* 9

Arbeitnehmererfindung
- Anspruch auf Vergütung *Arbeitnehmererfindung* 5, 10
- Betriebliches Vorschlagswesen *Arbeitnehmererfindung* 17
- Betriebsrat *Arbeitnehmererfindung* 16
- Betriebsvereinbarung *Arbeitnehmererfindung* 11, 21
- Diensterfindung *Arbeitnehmererfindung* 3

Stichwortverzeichnis

- Einfache technische Verbesserungsvorschläge *Arbeitnehmererfindung* 11
- Erfindung *Arbeitnehmererfindung* 1, 2, 3, 7, 14
- Erfindungsberater *Arbeitnehmererfindung* 16
- Freie Erfindung *Arbeitnehmererfindung* 7
- Gebundene Erfindungen *Arbeitnehmererfindung* 3
- Günstigkeitsprinzip *Arbeitnehmererfindung* 21
- Klage *Arbeitnehmererfindung* 13, 14, 15
- Mitbestimmung *Arbeitnehmererfindung* 17
- Nichttechnische Verbesserungsvorschläge *Arbeitnehmererfindung* 12
- Qualifizierte technische Verbesserungsvorschläge *Arbeitnehmererfindung* 9
- Schiedsstelle *Arbeitnehmererfindung* 13
- Streitigkeiten *Arbeitnehmererfindung* 13
- Tarifvertrag *Arbeitnehmererfindung* 11
- Technischer Verbesserungsvorschlag *Arbeitnehmererfindung* 2 a, 9
- Vergütungsanspruch *Arbeitnehmererfindung* 5, 10, 12

Arbeitnehmerrechte nach dem BetrVG
- Abfindung *Arbeitnehmerrechte nach dem BetrVG* 19
- Anhörungs-/Erörterungsrecht des Arbeitnehmers *Arbeitnehmerrechte nach dem BetrVG* 11
- Arbeitnehmerüberlassung *Arbeitnehmerrechte nach dem BetrVG* 2
- Arbeitsentgelt *Arbeitnehmerrechte nach dem BetrVG* 12
- Aufhebungsvertrag *Arbeitnehmerrechte nach dem BetrVG* 9
- Berufsbildung *Arbeitnehmerrechte nach dem BetrVG* 9
- Beschwerderecht *Arbeitnehmerrechte nach dem BetrVG* 11, 16
- Betriebsratssitzung *Arbeitnehmerrechte nach dem BetrVG* 17
- Betriebsversammlungen *Arbeitnehmerrechte nach dem BetrVG* 19
- Erörterungspflicht des Arbeitgebers *Arbeitnehmerrechte nach dem BetrVG* 3
- Hinzuziehung eines BR-Mitglieds *Arbeitnehmerrechte nach dem BetrVG* 13
- Interessenausgleich *Arbeitnehmerrechte nach dem BetrVG* 19
- Nachteilsausgleich *Arbeitnehmerrechte nach dem BetrVG* 19
- Personalakte *Arbeitnehmerrechte nach dem BetrVG* 15
- Unterrichtungs-/Erörterungspflicht des AG *Arbeitnehmerrechte nach dem BetrVG* 3
- Vorschlagsrecht der Arbeitnehmer *Arbeitnehmerrechte nach dem BetrVG* 17

Arbeitnehmerüberlassung/Leiharbeit
- Abgrenzung Arbeitnehmerüberlassung/Werkvertrag *Arbeitnehmerüberlassung/Leiharbeit* 4
- Ablöseklausel *Arbeitnehmerüberlassung/Leiharbeit* 10, 10 a
- Abweichung vom gesetzlichen Gleichbehandlungsgebot »nach unten« durch Tarifvertrag *Arbeitnehmerüberlassung/Leiharbeit* 5, 23
- Arbeitnehmerüberlassungsvertrag *Arbeitnehmerüberlassung/Leiharbeit* 9
- Arbeitsgericht *Arbeitnehmerüberlassung/Leiharbeit* 43
- Arbeitskampf *Arbeitnehmerüberlassung/Leiharbeit* 58
- Arbeitsschutz *Arbeitnehmerüberlassung/Leiharbeit* 59
- Arbeitsvertrag *Arbeitnehmerüberlassung/Leiharbeit* 50
- Arbeitszeit *Arbeitnehmerüberlassung/Leiharbeit* 45
- Baugewerbe *Arbeitnehmerüberlassung/Leiharbeit* 14
- Begriff *Arbeitnehmerüberlassung/Leiharbeit* 2
- Befristeter Arbeitsvertrag *Arbeitnehmerüberlassung/Leiharbeit* 16, 18
- Beteiligungsrechte des Betriebsrats *Arbeitnehmerüberlassung/Leiharbeit* 32
- Betriebsrat beim Entleiher *Arbeitnehmerüberlassung/Leiharbeit* 29
- Branchenzuschläge *Arbeitnehmerüberlassung/Leiharbeit* 5 d
- Bundesagentur für Arbeit *Arbeitnehmerüberlassung/Leiharbeit* 5 f
- »CGZP-Verträge« zur Leiharbeit *Arbeitnehmerüberlassung/Leiharbeit* 23 a
- Dienstvertrag *Arbeitnehmerüberlassung/Leiharbeit* 35
- DGB-Tarifverträge zur Leiharbeit *Arbeitnehmerüberlassung/Leiharbeit* 24
- Drehtürklausel *Arbeitnehmerüberlassung/Leiharbeit* 5 d
- Eingliederung *Arbeitnehmerüberlassung/Leiharbeit* 37
- Einsatzbetrieb *Arbeitnehmerüberlassung/Leiharbeit* 3
- Einstellung *Arbeitnehmerüberlassung/Leiharbeit* 4, 32, 35, 37, 43
- Entleiher *Arbeitnehmerüberlassung/Leiharbeit* 3, 29
- Equal pay *Arbeitnehmerüberlassung/Leiharbeit* 1 a, 20, 24 a, 51
- Equal treatement *Arbeitnehmerüberlassung/Leiharbeit* 1 a, 20
- Erlaubnisfreie Formen der Arbeitnehmerüberlassung *Arbeitnehmerüberlassung/Leiharbeit* 7 a, 8
- Erlaubnis zur ... *Arbeitnehmerüberlassung/Leiharbeit* 8 a
- Leiharbeitsrichtlinie *Arbeitnehmerüberlassung/Leiharbeit* 5

Stichwortverzeichnis

- Freistellungen *Arbeitnehmerüberlassung/Leiharbeit* 30
- Fremdfirmenarbeiter *Arbeitnehmerüberlassung/Leiharbeit* 35
- Gewerbsmäßige Arbeitnehmerüberlassung *Arbeitnehmerüberlassung/Leiharbeit* 2, 33
- Gleichbehandlungsgebot *Arbeitnehmerüberlassung/Leiharbeit* 1 a, 20, 24 a, 51
- Größe des Betriebsrats im Entleiherbetrieb *Arbeitnehmerüberlassung/Leiharbeit* 30
- Informationsrechte des Betriebsrats (beim Entleiher) *Arbeitnehmerüberlassung/Leiharbeit* 42 a
- »Klebeeffekt« *Arbeitnehmerüberlassung/Leiharbeit* 23
- Kollegenhilfe *Arbeitnehmerüberlassung/Leiharbeit* 8
- Konzern *Arbeitnehmerüberlassung/Leiharbeit* 7 a
- Konzernleihe *Arbeitnehmerüberlassung/Leiharbeit* 7 a
- Leiharbeit *Arbeitnehmerüberlassung/Leiharbeit* 1, 4
- Lohnuntergrenze *Arbeitnehmerüberlassung/Leiharbeit* 5 d
- Missbrauch *Arbeitnehmerüberlassung/Leiharbeit* 5 d
- Mitbestimmung des Betriebsrats (beim Entleiher) *Arbeitnehmerüberlassung/Leiharbeit* 42 b
- Rechtsgrundlagen *Arbeitnehmerüberlassung/Leiharbeit* 5
- Rechtsmissbrauch *Arbeitnehmerüberlassung/Leiharbeit* 5 d
- Schein-Selbständiger *Arbeitnehmerüberlassung/Leiharbeit* 42
- Schein-Werkvertrag *Arbeitnehmerüberlassung/Leiharbeit* 4
- Selbständiger *Arbeitnehmerüberlassung/Leiharbeit* 39
- Subsidiärhaftung des Entleihers *Arbeitnehmerüberlassung/Leiharbeit* 3
- Tarifvertrag *Arbeitnehmerüberlassung/Leiharbeit* 5, 23
- Überstunden *Arbeitnehmerüberlassung/Leiharbeit* 46
- Unterrichtungsrechte des Betriebsrats (beim Entleiher) *Arbeitnehmerüberlassung/Leiharbeit* 42 a
- Verleiher *Arbeitnehmerüberlassung/Leiharbeit* 3, 29
- Vorübergehende Arbeitnehmerüberlassung *Arbeitnehmerüberlassung/Leiharbeit* 5 e, 42 c, 53
- Wahlberechtigung im Entleiherbetrieb *Arbeitnehmerüberlassung/Leiharbeit* 29
- Weisungsrecht *Arbeitnehmerüberlassung/Leiharbeit* 35
- Werkvertrag *Arbeitnehmerüberlassung/Leiharbeit* 4, 35
- Zeitarbeit *Arbeitnehmerüberlassung/Leiharbeit* 1
- Zollverwaltung *Arbeitnehmerüberlassung/Leiharbeit* 5 f

Arbeitsbereitschaft
- Arbeitszeit *Arbeitsbereitschaft* 2, 7
- Begriff *Arbeitsbereitschaft* 1
- Bereitschaftsdienst *Arbeitsbereitschaft* 3
- Rufbereitschaft *Arbeitsbereitschaft* 3
- Ruhepause *Arbeitsbereitschaft* 4
- Ruhezeit *Arbeitsbereitschaft* 5
- Vergütung *Arbeitsbereitschaft* 6

Arbeitsentgelt
- Akkordlohn *Arbeitsentgelt* 15
- Akkordrichtsatz *Arbeitsentgelt* 21
- Analytischen Leistungsbeurteilung *Arbeitsentgelt* 12
- Angestellte/Arbeiter *Arbeitsentgelt* 59
- Arbeitsgericht *Arbeitsentgelt* 84, 85
- Arbeitsvertrag *Arbeitsentgelt* 1, 5
- Arbeitszeit *Arbeitsentgelt* 67
- Ausgehandelter Akkord *Arbeitsentgelt* 22
- Ausschlussfristen/Verfallfristen *Arbeitsentgelt* 84, 85
- Außertarifliche Angestellte *Arbeitsentgelt* 53
- Beeinflussbare Zeiten *Arbeitsentgelt* 32
- Betriebliche Altersversorgung *Arbeitsentgelt* 47
- Betriebliche Lohngestaltung *Arbeitsentgelt* 61
- Betriebsvereinbarung *Arbeitsentgelt* 35, 55, 67, 72
- Direktionsrecht *Arbeitsentgelt* 5
- Eingruppierung *Arbeitsentgelt* 2
- Eingruppierung/Umgruppierung *Arbeitsentgelt* 52, 85, 86
- Einigungsstelle *Arbeitsentgelt* 67, 72
- Einstellung *Arbeitsentgelt* 2
- Einzelakkord *Arbeitsentgelt* 31
- Einzelprämien *Arbeitsentgelt* 40
- Entgeltgrundsätze *Arbeitsentgelt* 3, 62
- Entlohnungsgrundsätze *Arbeitsentgelt* 3, 62
- Entlohnungsmethode *Arbeitsentgelt* 68
- Erfolgsabhängiges Entgelt *Arbeitsentgelt* 44 b
- Ergebnisabhängiges Entgelt *Arbeitsentgelt* 44 b
- Erholungsurlaub *Arbeitsentgelt* 19
- Gehalt *Arbeitsentgelt* 3
- Geldakkord *Arbeitsentgelt* 17
- Gleichbehandlung *Arbeitsentgelt* 49
- Grundzeit *Arbeitsentgelt* 19
- Gruppenakkord *Arbeitsentgelt* 31
- Gruppenprämien *Arbeitsentgelt* 40
- Informationsrechte des Betriebsrats *Arbeitsentgelt* 50
- Initiativrecht des Betriebsrats *Arbeitsentgelt* 60, 71
- Leistungsbeurteilung *Arbeitsentgelt* 10
- Leistungsbezogenes Entgelt *Arbeitsentgelt* 6, 75
- Leistungsentgelt *Arbeitsentgelt* 6, 76
- Leistungsgrad *Arbeitsentgelt* 24

2229

Stichwortverzeichnis

- Leistungslohn *Arbeitsentgelt* 6, 75
- Leistungszulage beim Zeitentgelt *Arbeitsentgelt* 8
- Lohngestaltung in einem nicht tarifgebundenen Betrieb *Arbeitsentgelt* 72 a
- Lohnwucher *Arbeitsentgelt* 2 a; *Geringfügige Beschäftigungsverhältnisse (»Mini-Jobs«)* 20; *Mindestlohn* 3 a
- Mindestlohn *Mindestlohn* 3 a,
- Mitbestimmung des Betriebsrats *Arbeitsentgelt* 51, 60, 71, 75
- Nasenprämie *Arbeitsentgelt* 11
- Niedriglohn *Mindestlohn* 6
- Monatsentgelt *Arbeitsentgelt* 73
- MTM-Verfahren *Arbeitsentgelt* 29
- Mutterschutz *Arbeitsentgelt* 7
- Nachwirkung *Arbeitsentgelt* 54
- Normalleistung *Arbeitsentgelt* 26
- Prämienentgelt *Arbeitsentgelt* 33
- Provision *Arbeitsentgelt* 44
- Sachliche Verteilzeit *Arbeitsentgelt* 19
- Standardleistung *Arbeitsentgelt* 36
- Standardprämie *Arbeitsentgelt* 36
- Stundenlohn *Arbeitsentgelt* 73
- Tarifvertrag *Arbeitsentgelt* 2, 53, 54, 58
- Tarifverträge *Arbeitsentgelt* 49
- Tarifvorbehalt *Arbeitsentgelt* 52
- übertarifliche Zulagen *Arbeitsentgelt* 46, 65
- Verjährung *Arbeitsentgelt* 84
- Verteilzeit *Arbeitsentgelt* 19
- Vorgabezeit *Arbeitsentgelt* 22, 26
- Zeitakkord *Arbeitsentgelt* 19
- Zeitentgelt *Arbeitsentgelt* 4
- Zeitlohn *Arbeitsentgelt* 3
- Zeitstudie *Arbeitsentgelt* 24
- Zielvereinbarung *Arbeitsentgelt* 6, 10, 43, 83; *Zielvereinbarung* 1

Arbeitsförderung *Arbeitslosenversicherung: Arbeitsförderung*

Arbeitsgericht
- Antrag *Arbeitsgericht* 8
- Berufung *Arbeitsgericht* 5
- Beschlussverfahren *Arbeitsgericht* 7
- Beschwerde *Arbeitsgericht* 9
- Bundesarbeitsgericht *Arbeitsgericht* 6, 10
- Einigungsstelle *Arbeitsgericht* 11, 12
- Einstweiliges Verfügungsverfahren *Arbeitsgericht* 11
- Gewerkschaft *Arbeitsgericht* 24
- Klage *Arbeitsgericht* 4
- Kosten *Arbeitsgericht* 20, 25
- Kostenbeispiel (Kündigungsschutzprozess) *Arbeitsgericht* 22
- Landesarbeitsgericht *Arbeitsgericht* 5, 9
- Mediation *Arbeitsgericht* 14 a
- Nichtzulassungsbeschwerde *Arbeitsgericht* 6
- Rechtsbeschwerde *Arbeitsgericht* 10

- Revision *Arbeitsgericht* 6
- Sprungrechtsbeschwerde *Arbeitsgericht* 10
- Sprungrevision *Arbeitsgericht* 6
- Unterlassungsanspruch des Betriebsrats *Arbeitsgericht* 11, 17
- Urteilsverfahren *Arbeitsgericht* 3
- Verfahren zur Besetzung einer Einigungsstelle *Arbeitsgericht* 12

Arbeitsgruppe (§ 28 a BetrVG)
- Betriebsvereinbarung *Arbeitsgruppe* 8
- Gruppenarbeit *Arbeitsgruppe* 2, 4
- Übertragung von Aufgaben *Arbeitsgruppe* 2, 5
- Widerruf der Übertragung von Aufgaben *Arbeitsgruppe* 7

Arbeitskampf
- Abmahnung *Arbeitskampf* 19, 32
- Abstempeln (bei Warnstreik) *Arbeitskampf* 22 a
- Abwehraussperrung *Arbeitskampf* 52
- Angriffsaussperrung *Arbeitskampf* 52
- Annahmeverzug *Arbeitskampf* 68, 88
- Arbeitgeberverband *Arbeitskampf* 16, 53
- Arbeitsentgelt *Arbeitskampf* 21, 92
- Arbeitsgericht *Arbeitskampf* 4
- Arbeitskampfbedingte Kurzarbeit (Kalte Aussperrung) *Arbeitskampf* 51, 65
- Arbeitslosengeld *Arbeitskampf* 112
- Arbeitslosengeld II *Arbeitskampf* 94, 114, 132
- Arbeitslosenversicherung *Arbeitskampf* 114
- Arbeitszeit *Arbeitskampf* 82
- Aufstellen einer Tarifforderung *Arbeitskampf* 3
- Aussperrung *Arbeitskampf* 50, 60
- Aussperrungsunterstützung *Arbeitskampf* 62, 93, 94
- Auszubildende *Arbeitskampf* 20, 30
- Beamte *Arbeitskampf* 31
- Beteiligungsrechte *Arbeitskampf* 83
- Betriebsrat *Arbeitskampf* 47, 77
- Betriebsstilllegung *Arbeitskampf* 5
- Betriebsversammlung *Arbeitskampf* 82
- Direkte Streikbrucharbeit *Arbeitskampf* 38
- Einigungsstelle *Arbeitskampf* 86
- Einstweilige Verfügung *Arbeitskampf* 43 a, 87
- Entgeltfortzahlung *Arbeitskampf* 103
- Ergänzungstarifvertrag *Arbeitskampf* 11
- Erzwingungsstreik *Arbeitskampf* 26
- Europäischen Sozialcharta (ESC) *Arbeitskampf* 2 a
- Feiertage *Arbeitskampf* 104
- »Flash-Mob« *Arbeitskampf* 35 a
- Firmentarifvertrag *Arbeitskampf* 60
- Friedenspflicht *Arbeitskampf* 2, 11, 29, 36 a, 78
- Gewerkschaft *Arbeitskampf* 28, 46
- Heiße Aussperrung *Arbeitskampf* 52
- »Hilfsinstrument der Tarifautonomie« *Arbeitskampf* 29
- Indirekte Streikbrucharbeit *Arbeitskampf* 38
- JAV *Arbeitskampf* 81

2230

Stichwortverzeichnis

- Kalte Aussperrung *Arbeitskampf* 51, 65
- Kampfgebietsausweitende Aussperrung *Arbeitskampf* 52
- Kollektives Betteln *Arbeitskampf* 2, 27
- Krankenversicherung *Arbeitskampf* 99, 115, 131
- Krankheit *Arbeitskampf* 95
- Kurzarbeit *Arbeitskampf* 66, 70, 90
- Kurzarbeitergeld *Arbeitskampf* 70, 111
- Leiharbeitnehmer *Arbeitskampf* 40
- Mitbestimmungsrechte *Arbeitskampf* 83
- Mutterschutz *Arbeitskampf* 111
- Neutralitätsausschuss *Arbeitskampf* 71
- Notdienst *Arbeitskampf* 45, 84
- Parität am Verhandlungstisch (Waffengleichheit) *Arbeitskampf* 1, 14
- Pflegeversicherung *Arbeitskampf* 119
- Politischer Streik *Arbeitskampf* 37 a
- Polizei *Arbeitskampf* 44 a
- Relative Friedenspflicht *Arbeitskampf* 9, 11
- Rentenversicherung *Arbeitskampf* 120
- Schlichtungsverfahren *Arbeitskampf* 75
- Solidarität im Arbeitgeberlager *Arbeitskampf* 54
- Solidaritätsstreik *Arbeitskampf* 36
- Sozialtarifvertrag *Arbeitskampf* 7
- Sozialversicherung *Arbeitskampf* 111 a
- Streik *Arbeitskampf* 26
- Streikbegleitende Aktionen (»Flash-Mob«) *Arbeitskampf* 35 a
- Streikbeschluss *Arbeitskampf* 29 a
- Streikbruch *Arbeitskampf* 38
- Streikgasse *Arbeitskampf* 43 a
- Streikgassenverfügung *Arbeitskampf* 43 a
- Streikposten *Arbeitskampf* 43
- Streikunterstützung *Arbeitskampf* 34, 94
- Streikziele *Arbeitskampf* 4, 7
- »Suspendierung« der Hauptpflichten *Arbeitskampf* 93
- Tarifliche Regelbarkeit *Arbeitskampf* 4, 29
- Tariflich regelbare Ziele *Arbeitskampf* 4, 29
- Tarifvertrag *Arbeitskampf* 4, 11
- Tarifzensur *Arbeitskampf* 9
- Tarifziele *Arbeitskampf* 4
- Ultima-Ratio-Prinzip *Arbeitskampf* 18
- Unfallversicherung *Arbeitskampf* 127
- Unterlassungsanspruch des Betriebsrats *Arbeitskampf* 87
- Unternehmerentscheidung *Arbeitskampf* 5
- Unternehmerfreiheit *Arbeitskampf* 5
- Unterstützungsstreik *Arbeitskampf* 36
- Urabstimmung *Arbeitskampf* 23
- Urlaub *Arbeitskampf* 96, 100
- Verhältnismäßigkeit *Arbeitskampf* 9, 29, 36
- Verhandlungs- und Kampfparität *Arbeitskampf* 14
- Waffengleichheit *Arbeitskampf* 1, 14
- Warnaussperrung *Arbeitskampf* 52
- Warnstreik *Arbeitskampf* 17

- »Wilder Streik« *Arbeitskampf* 28; *Friedenspflicht*

Arbeitslosengeld
- Anspruch *Arbeitslosenversicherung: Arbeitslosengeld* ##
- Dauer *Arbeitslosenversicherung: Arbeitslosengeld* ##
- Höhe und Berechnung des Arbeitslosengeldes *Arbeitslosenversicherung: Arbeitslosengeld* ##
- Teilarbeitslosengeld *Arbeitslosenversicherung: Arbeitslosengeld* ##
- Sozialversicherung *Arbeitslosenversicherung: Arbeitslosengeld* ##
- Steuern *Arbeitslosenversicherung: Arbeitslosengeld* ##

Arbeitslosengeld II
- Anspruchsvoraussetzungen *Arbeitslosengeld II* 8
- Arbeitsgelegenheiten mit Mehraufwandsentschädigung *Arbeitslosengeld II* 15
- Bildung und Teilhabe *Arbeitslosengeld II* 20
- »Ein-Euro-Job« *Arbeitslosengeld II* 15
- Eingliederungsvereinbarung *Arbeitslosengeld II* 14
- Einstiegsgeld *Arbeitslosengeld II* 15
- Erwerbsfähige Leistungsberechtigte *Arbeitslosengeld II* 1
- Erwerbsfähigkeit *Arbeitslosengeld II* 9
- »Fordern und Fördern« *Arbeitslosengeld II* 6
- Hilfebedürftigkeit *Arbeitslosengeld II* 10
- Krankenversicherung *Arbeitslosengeld II* 24
- Leistungen zur Eingliederung *Arbeitslosengeld II* 14
- Leistungen zur Sicherung des Lebensunterhalts *Arbeitslosengeld II* 16
- Mehrbedarf *Arbeitslosengeld II* 18
- Pflegeversicherung *Arbeitslosengeld II* 24
- Regelbedarf *Arbeitslosengeld II* 5 b, 17
- Regelbedarfsstufen *Arbeitslosengeld II* 17
- Rentenversicherung *Arbeitslosengeld II* 24
- Sanktionen *Arbeitslosengeld II* 21
- Sozialgeld *Arbeitslosengeld II* 17 a
- Sozialhilfe *Arbeitslosengeld II* 4, 13
- Unterkunft und Heizung *Arbeitslosengeld II* 19
- Zumutbare Arbeit *Arbeitslosengeld II* 6, 21

Arbeitslosenversicherung: Arbeitsförderung
- Arbeitsförderung *Arbeitslosenversicherung: Arbeitsförderung* 3
- Arbeitslosmeldung *Arbeitslosenversicherung: Arbeitsförderung* 20
- Arbeitssuchendmeldung *Arbeitslosenversicherung: Arbeitsförderung* 13
- Beiträge *Arbeitslosenversicherung: Arbeitsförderung* 4
- Beitragsbemessungsgrenze *Arbeitslosenversicherung: Arbeitsförderung* 4
- Beitragssatz *Arbeitslosenversicherung: Arbeitsförderung* 4
- Geringfügige Beschäftigung *Arbeitslosenversicherung: Arbeitsförderung* 5

Stichwortverzeichnis

- Gründungszuschuss bei Aufnahme einer selbständigen Tätigkeit *Arbeitslosenversicherung: Arbeitsförderung* 23
- Meldepflicht *Arbeitslosenversicherung: Arbeitsförderung* 13, 20

Arbeitslosenversicherung: Arbeitslosengeld
- Anrechnung von Nebeneinkünften *Arbeitslosenversicherung: Arbeitslosengeld* 35
- Anspruch *Arbeitslosenversicherung: Arbeitslosengeld* 2, 8
- Anspruchsdauer *Arbeitslosenversicherung: Arbeitslosengeld* 19
- Anwartschaftszeit *Arbeitslosenversicherung: Arbeitslosengeld* 7
- Berechnung des Arbeitslosengeldes *Arbeitslosenversicherung: Arbeitslosengeld* 26
- Berechnungsbeispiel *Arbeitslosenversicherung: Arbeitslosengeld* 34
- Dauer des Anspruchs *Arbeitslosenversicherung: Arbeitslosengeld* 19, 24
- Entlassungsentschädigung *Arbeitslosenversicherung: Arbeitslosengeld* 43 *Abfindung* 13
- Erstattung des Arbeitslosengeldes durch den Arbeitgeber *Arbeitslosenversicherung: Arbeitslosengeld* 62
- Gleichwohlgewährung *Arbeitslosenversicherung: Arbeitslosengeld* 42
- Höhe und Berechnung des Arbeitslosengeldes *Arbeitslosenversicherung: Arbeitslosengeld* 26
- Minderung der Anspruchsdauer *Arbeitslosenversicherung: Arbeitslosengeld* 24
- Nebeneinkünfte *Arbeitslosenversicherung: Arbeitslosengeld* 35
- Persönliche Arbeitslosmeldung *Arbeitslosenversicherung: Arbeitslosengeld* 6 a
- Ruhen des Anspruchs bei Arbeitskämpfen *Arbeitskampf* 94, 111
- Ruhen des Anspruchs bei »Entlassungsentschädigung« *Arbeitslosenversicherung: Arbeitslosengeld* 43; *Abfindung* 13
- Ruhen des Anspruchs bei Sperrzeit *Arbeitslosenversicherung: Arbeitslosengeld* 44
- Ruhen des Anspruchs bei Urlaubsabgeltung *Arbeitslosenversicherung: Arbeitslosengeld* 40
- Sperrzeit *Arbeitslosenversicherung: Arbeitslosengeld* 44
- Teilarbeitslosengeld *Arbeitslosenversicherung: Arbeitslosengeld* 62
- Urlaubsabgeltung *Arbeitslosenversicherung: Arbeitslosengeld* 40
- Zumutbare Beschäftigung *Arbeitslosenversicherung: Arbeitslosengeld* 9

Arbeitsmedizinische Vorsorge *Arbeitsschutz* 28, 40 b

Arbeitsmedizin Vorsorgeverordnung *Arbeitsschutz* 40 b

Arbeitsordnung *Betriebsordnung* 1

Arbeitsplatzgrenzwert *Gefahrstoffe* 4

Arbeitsplatzteilung (Job-Sharing) *Arbeitszeitflexibilisierung* 59
- Vertretungsverpflichtung *Arbeitsplatzteilung (Job-Sharing)* 1
- Mitbestimmung *Arbeitsplatzteilung (Job-Sharing)* 3
- Tarifvertrag *Arbeitsplatzteilung (Job-Sharing)* 2

Arbeitsrechtlicher Gleichbehandlungsgrundsatz *Gleichbehandlung* 1, 17

Arbeitsschutz
- Abgrenzung Mitbestimmung § 87 Abs. 1 Nr. 7 BetrVG/§ 91 BetrVG *Arbeitsschutz* 98
- Anspruch des Arbeitnehmers auf Gefährdungsbeurteilung *Arbeitsschutz* 98 b
- Arbeitgeber *Arbeitsschutz* 44
- Arbeitnehmerrechte nach dem BetrVG *Arbeitsschutz* 44
- Arbeitnehmerüberlassung *Arbeitsschutz* 30
- Arbeitsmedizinische Vorsorge *Arbeitsschutz* 28, 40 b
- Arbeitsmedizin-Vorsorgeverordnung *Arbeitsschutz* 40 b
- Arbeitsschutzausschuss *Arbeitsschutz* 49
- Arbeitsschutzmaßnahmen *Arbeitsschutz* 17, 77 b, 78 b, 78 c
- Arbeitssicherheitsgesetz *Arbeitsschutz* 41
- Arbeitsstättenverordnung *Arbeitsschutz* 34, 77 c
- Arbeitsüberlastung *Arbeitsschutz* 77 b; *Beschwerderecht des Arbeitnehmers* 12
- Arbeitsunfall *Arbeitsschutz* 5, 21, 56
- Arbeitszeit *Arbeitsschutz* 41
- Asbest *Arbeitsschutz* 106
- Beauftragung von Personen zur Wahrnehmung von Aufgaben des Arbeitgebers nach dem ArbSchG (§ 13 Abs. 2 ArbSchG) *Arbeitsschutz* 77 k
- Berufskrankheit *Arbeitsschutz* 5, 56, 106
- Besondere Gefahren *Arbeitsschutz* 25
- Betriebliches Eingliederungsmanagement (BEM) *Arbeitsschutz* 77 l
- Betriebsarzt *Arbeitsschutz* 45, 64, 77 j
- Betriebsrat *Arbeitsschutz* 48, 52
- Betriebssicherheitsverordnung *Arbeitsschutz* 35
- Betriebsvereinbarung *Arbeitsschutz* 81
- Beurteilung der Arbeitsbedingungen (Gefährdungsbeurteilung) *Arbeitsschutz* 18
- Bildschirmarbeit *Arbeitsschutz* 36, 77 f
- Bildschirmarbeitsverordnung *Arbeitsschutz* 36, 77 f; *Bildschirmarbeit*
- Biostoffverordnung *Arbeitsschutz* 37
- DGUV Vorschrift 2 *Arbeitsschutz* 45 a
- Dokumentationsverpflichtung des Arbeitgebers *Arbeitsschutz* 20
- Durchsetzung des Arbeits- und Gesundheitsschutzes im Betrieb *Arbeitsschutz* 43

Stichwortverzeichnis

- Einigungsstelle *Arbeitsschutz* 65, 76, 77, 78, 81, 97
- Einstellung *Arbeitsschutz* 66
- Fachkraft für Arbeitssicherheit *Arbeitsschutz* 45, 64, 77j
- Gefahrstoffe *Arbeitsschutz* 39; *Gefahrstoffe* 7
- Gefahrstoffverordnung *Arbeitsschutz* 38; *Gefahrstoffe* 7
- Gefährdungsanzeige *Arbeitsschutz* 77b, 100a
- Gefährdungsbeurteilung *Arbeitsschutz* 18, 77, 98b
- Gestaltendes Mitbestimmungsrecht (§ 87 Abs. 1 Nr. 7 BetrVG) *Arbeitsschutz* 70, 71
- Grundpflichten des Arbeitgebers *Arbeitsschutz* 13
- Haftung des Arbeitgebers *Arbeitsschutz* 105
- Informationsrechte des Betriebsrats *Arbeitsschutz* 58
- Initiativen des Betriebsrats *Arbeitsschutz* 78
- Initiativmitbestimmungsrecht des Betriebsrats (§ 87 Abs. 1 Nr. 7 BetrVG) *Arbeitsschutz* 70, 71
- Korrigierendes Mitbestimmungsrecht (§ 91 BetrVG) *Arbeitsschutz* 82
- Kündigung *Arbeitsschutz* 66, 69
- Kündigungsschutz *Arbeitsschutz* 46
- Künstliche optische Strahlung *Arbeitsschutz* 40 c
- Lärm- und Vibrations-Arbeitsschutzverordnung *Arbeitsschutz* 40 a
- Lastenhandhabungsverordnung *Arbeitsschutz* 39, 77 g
- Maßnahmen des Arbeitsschutzes *Arbeitsschutz* 17, 77b, 78b, 78c
- Mitbestimmungsrechte des Betriebsrats *Arbeitsschutz* 64, 70, 82
- Mitbestimmungsrecht (§ 87 Abs. 1 Nr. 7 BetrVG) *Arbeitsschutz* 70, 71
- Mitwirkungsrechte des Betriebsrats *Arbeitsschutz* 62
- Nichtraucherschutz *Arbeitsschutz* 77 d
- Pausenräume *Arbeitsschutz* 77 e
- Personalausstattung/Personalbemessung *Arbeitsschutz* 78 d
- Persönliche Schutzausrüstung *Arbeitsschutz* 40, 77h
- Produkthaftung des Herstellers *Arbeitsschutz* 113
- PSA-Benutzungsverordnung *Arbeitsschutz* 40, 77h
- Psychische Belastungen *Arbeitsschutz* 10, 77b, 78f
- Rahmenvorschriften des Arbeitsschutzes *Arbeitsschutz* 70, 71
- Schadensersatzanspruch *Arbeitsschutz* 105
- Schmerzensgeldanspruch *Arbeitsschutz* 105
- Schulungs- und Bildungsveranstaltungen *Arbeitsschutz* 78
- Sicherheitsbeauftragte *Arbeitsschutz* 46, 77 i
- STOP-Prinzip *Arbeitsschutz* 17
- Tarifverträge *Arbeitsschutz* 42
- Umweltschutz *Arbeitsschutz* 54, 55, 60
- Überlastungsanzeige *Arbeitsschutz* 77b, 100a
- Übertragung von Aufgaben auf Beschäftigte (§ 7 ArbSchG) *Arbeitsschutz* 22
- Unfallversicherung *Arbeitsschutz* 3, 5, 21, 45, 47, 60
- Unternehmerische Entscheidungsfreiheit *Arbeitsschutz* 78 e
- Unternehmensplanung *Arbeitsschutz* 7
- Unterrichtungsrechte des Betriebsrats *Arbeitsschutz* 58
- Unterweisung *Arbeitsschutz* 29, 77 a
- Verantwortliche Personen zur Wahrnehmung von Aufgaben des Arbeitgebers nach dem ArbSchG (§ 13 Abs. 2 ArbSchG) *Arbeitsschutz* 77k
- Verhandlungen mit dem Arbeitgeber *Arbeitsschutz* 53
- Verjährung *Arbeitsschutz* 106
- Versetzung *Arbeitsschutz* 66
- Zusätzliche Maßnahmen (§ 88 BetrVG) *Arbeitsschutz* 98a

Arbeitsschutzausschuss *Arbeitsschutz* 49
Arbeitsschutzorganisation *Arbeitsschutz* 14
Arbeitsstättenverordnung *Arbeitsschutz* 34
Arbeitsunfähigkeitsbescheinigung *Entgeltfortzahlung im Krankheitsfall und bei Vorsorge/Rehabilitation* 42, 50
Arbeitsunfall
- Alkoholbedingte Arbeitsunfälle *Arbeitsunfall* 7
- Arbeitsschutz *Arbeitsunfall* 21
- Berufskrankheit *Arbeitsunfall* 1, 4, 6, 26
- Haftung der Arbeitskollegen *Arbeitsunfall* 24
- Haftung des Arbeitgebers *Arbeitsunfall* 9, 22
- Haftung des Arbeitnehmers *Arbeitsunfall* 25
- Schadensersatz *Arbeitsunfall* 21
- Schmerzensgeld *Arbeitsunfall* 21
- Umweltschutz *Arbeitsunfall* 11
- Unfallversicherung *Arbeitsunfall* 1, 9, 37
- Ursachenzusammenhang *Arbeitsunfall* 4
- Verbotswidriges Handeln *Arbeitsunfall* 8
- Wegeunfall *Arbeitsunfall* 2

Arbeitsvertrag
- Allgemeine Arbeitsbedingungen *Arbeitsvertrag* 34, 38
- Änderungskündigung *Arbeitsvertrag* 8, 53, 57
- Arbeitnehmer *Arbeitsvertrag* 58
- Arbeitsentgelt *Arbeitsvertrag* 13
- Arbeitsgericht *Arbeitsvertrag* 34
- Arbeitsvertrag *Arbeitsvertrag* 7, 29
- Aufhebungsvertrag *Arbeitsvertrag* 52
- Aushilfsarbeitsvertrag *Arbeitsvertrag* 54
- Auslegung allgemeiner Arbeitsbedingungen *Arbeitsvertrag* 42
- Ausschlussfrist *Arbeitsvertrag* 45, 46

2233

Stichwortverzeichnis

- Befristeter Arbeitsvertrag *Arbeitsvertrag* 52; *Befristete Arbeitsverträge*
- Beiderseitige Tarifbindung *Arbeitsvertrag* 36
- Beteiligungsrechte des Betriebsrats *Arbeitsvertrag* 10
- Betriebliche Übung *Arbeitsvertrag* 51
- Betriebsrat *Arbeitsvertrag* 56
- Betriebsübergang *Arbeitsvertrag* 19
- Betriebsvereinbarung *Arbeitsvertrag* 14, 35, 47
- Bezugnahmeklausel *Arbeitsvertrag* 16; *Arbeitsvertrag: Bezugnahme auf Tarifverträge*
- Differenzierungsklausel *Arbeitsvertrag* 17 b; *Tarifvertrag* 53
- Direktionsrecht *Arbeitsvertrag* 3, 4, 58
- Eingruppierung/Umgruppierung *Arbeitsvertrag* 56, 57
- Einstellung *Arbeitsvertrag* 56
- Entgeltfortzahlung *Arbeitsvertrag* 11
- Form *Arbeitsvertrag* 25
- Formulararbeitsvertrag *Arbeitsvertrag* 34
- Gewerkschaft *Arbeitsvertrag* 61
- Gleichstellungsabrede *Arbeitsvertrag* 18, 20
- Günstigkeitsprinzip *Arbeitsvertrag* 62
- Hauptpflicht des Arbeitgebers *Arbeitsvertrag* 13
- Hauptpflicht des Arbeitnehmers *Arbeitsvertrag* 2 b
- Inhaltskontrolle *Arbeitsvertrag* 34, 39; *Arbeitsvertrag: Inhaltskontrolle*
- Insolvenz *Arbeitsvertrag* 61
- Kündigung *Arbeitsvertrag* 33, 52, 57
- Nachweisgesetz *Arbeitsvertrag* 26; *Arbeitsvertrag: Nachweisgesetz*
- Nachwirkung *Arbeitsvertrag* 37, 47, 48, 49
- Nebenpflichten des Arbeitgebers *Arbeitsvertrag* 23
- Nebenpflichten des Arbeitnehmers *Arbeitsvertrag* 22
- Nebentätigkeit *Arbeitsvertrag* 55
- Probearbeitsverhältnis *Arbeitsvertrag* 54
- Tarifvertrag *Arbeitsvertrag* 14, 15, 16, 35, 47, 61
- Verfallfrist *Arbeitsvertrag* 45
- Verjährung *Arbeitsvertrag* 45
- Versetzung *Arbeitsvertrag* 57
- Verweisungsklausel *Arbeitsvertrag* 17; *Arbeitsvertrag: Bezugnahme auf Tarifverträge* 3
- Weihnachtsgeld *Arbeitsvertrag* 37
- Weisungsrecht *Arbeitsvertrag* 3, 4, 58
- Zurückbehaltungsrecht des Arbeitnehmers *Arbeitsvertrag* 12

Arbeitsvertrag: Bezugnahme auf Tarifverträge
- Beiderseitige Tarifbindung *Arbeitsvertrag: Bezugnahme auf Tarifverträge* 1
- Betriebliche Übung *Arbeitsvertrag: Bezugnahme auf Tarifverträge* 7
- Differenzierungsklausel *Arbeitsvertrag: Bezugnahme auf Tarifverträge* 8; *Tarifvertrag: Differenzierungsklausel – Stichtagsregelung*
- Dynamische Bezugnahme *Arbeitsvertrag: Bezugnahme auf Tarifverträge* 3
- Gleichbehandlung *Bezugnahme auf Tarifverträge* 6
- Gleichstellungsabrede *Arbeitsvertrag: Bezugnahme auf Tarifverträge* 9
- Motive der Arbeitgeber *Arbeitsvertrag: Bezugnahme auf Tarifverträge* 8
- Statische Bezugnahme *Arbeitsvertrag: Bezugnahme auf Tarifverträge* 3
- Tarifautonomie *Arbeitsvertrag: Bezugnahme auf Tarifverträge* 8
- Tarifbindung *Arbeitsvertrag: Bezugnahme auf Tarifverträge* 1
- »Trittbrettfahrer« *Arbeitsvertrag: Bezugnahme auf Tarifverträge* 8

Arbeitsvertrag: Inhaltskontrolle
- AGB-Kontrolle *Arbeitsvertrag: Inhaltskontrolle* 1
- Allgemeine Arbeitsbedingungen *Arbeitsvertrag: Inhaltskontrolle* 1
- AGB-Kontrolle *Arbeitsvertrag: Inhaltskontrolle* 1
- Ausschlussfristen *Arbeitsvertrag: Inhaltskontrolle* 15
- Betriebsvereinbarungen *Arbeitsvertrag: Inhaltskontrolle* 16, 17
- Bezugnahmeklausel *Arbeitsvertrag: Inhaltskontrolle* 17
- Einmalige Verwendung von AGB *Arbeitsvertrag: Inhaltskontrolle* 5
- Formulararbeitsvertrag *Arbeitsvertrag: Inhaltskontrolle* 1, 2
- Individuelle Vertragsabreden *Arbeitsvertrag: Inhaltskontrolle* 9
- Inhaltskontrolle *Arbeitsvertrag: Inhaltskontrolle* 9
- Klauselverbote *Arbeitsvertrag: Inhaltskontrolle* 15
- Lohnwucher *Arbeitsvertrag: Inhaltskontrolle* 23
- Stellung von AGB *Arbeitsvertrag: Inhaltskontrolle* 2, 5
- Tarifverträge *Arbeitsvertrag: Inhaltskontrolle* 16, 17
- Verfallfristen *Arbeitsvertrag: Inhaltskontrolle* 15
- Vielzahl von Formulararbeitsverträgen *Arbeitsvertrag: Inhaltskontrolle* 2

Arbeitsvertrag: Nachweisgesetz
- Arbeitnehmerüberlassung *Arbeitsvertrag: Nachweisgesetz* 10
- Ausschlussfristen *Arbeitsvertrag: Nachweisgesetz* 9
- Betriebsvereinbarungen *Arbeitsvertrag: Nachweisgesetz* 2, 3
- Beweis *Arbeitsvertrag: Nachweisgesetz* 1
- Beweiserleichterung *Arbeitsvertrag: Nachweisgesetz* 1
- Leiharbeit *Arbeitsvertrag: Nachweisgesetz* 10
- Niederschrift *Arbeitsvertrag: Nachweisgesetz* 2
- Praktikum *Praktikum* 2b

Stichwortverzeichnis

- Schadensersatzanspruch *Arbeitsvertrag: Nachweisgesetz* 9
- Tarifverträge *Arbeitsvertrag: Nachweisgesetz* 2, 3
- Verfallfristen *Arbeitsvertrag: Nachweisgesetz* 9

Arbeitswissenschaft *Arbeitsschutz* 87

Arbeitswissenschaftliche Erkenntnisse *Arbeitsschutz* 86

Arbeitszeit
- Abweichende Regelungen *Arbeitszeit* 40, 50, 53
- Altersteilzeit *Arbeitszeit* 63
- Arbeitsbereitschaft *Arbeitszeit* 84
- Arbeitsentgelt *Arbeitszeit* 81
- Arbeitsschutz *Arbeitszeit* 27
- Arbeitsvertrag *Arbeitszeit* 70, 79
- Arbeitszeitflexibilisierung *Arbeitszeit* 9, 82, 84; *Arbeitszeitflexibilisierung*
- Arbeitszeitgesetz *Arbeitszeit* 10
- Arbeitszeitnachweise *Arbeitszeit* 54; *Arbeitszeitflexibilisierung* 68
- Arbeitszeitregelung durch Arbeitsvertrag *Arbeitszeit* 70
- Arbeitszeitregelung durch Betriebsvereinbarung *Arbeitszeit* 66
- Arbeitszeitregelung durch Tarifvertrag *Arbeitszeit* 64
- Arbeitszeitrichtlinie *Arbeitszeit* 5
- Ausgleichszeitraum *Arbeitszeit* 14
- Aushang des ArbZG *Arbeitszeit* 54
- Bereitschaftsdienst *Arbeitszeit* 5, 84
- Betriebsrat *Arbeitszeit* 72
- Betriebsvereinbarung *Arbeitszeit* 66, 68, 69, 81, 89
- Dauer der wöchentlichen Arbeitszeit *Arbeitszeit* 79, 80, 81
- Einigungsstelle *Arbeitszeit* 74, 80, 81, 88, 90
- Einstweilige Verfügung *Arbeitszeit* 90
- Europäisches Recht *Arbeitszeit* 5
- Feiertagsarbeit *Arbeitszeit* 45; *Sonn- und Feiertagsarbeit*
- Gesetzlicher Arbeitsschutz *Arbeitszeit* 2
- Gewerkschaft *Arbeitszeit* 64, 68
- Gewerkschaftsbewegung *Arbeitszeit* 6
- Gleitzeit *Arbeitszeit* 9, 84
- Günstigkeitsprinzip *Arbeitszeit* 65, 71
- Höchstdauer der werktäglichen Arbeitszeit *Arbeitszeit* 11, 14, 15
- Höchstdauer der werktäglichen Arbeitszeit *Arbeitszeit* 15
- »Inaktive Zeiten« *Arbeitszeit* 5
- Kurzarbeit *Arbeitszeit* 85
- Mitbestimmung des Betriebsrats *Arbeitszeit* 75, 85
- Nachtarbeit *Arbeitszeit* 27, 30, 37, 39, 49, 86; *Sonn- und Feiertagsarbeit* 5
- Nachtarbeitnehmer *Arbeitszeit* 31
- Nachtarbeitsverbot *Arbeitszeit* 28, 38
- Nachtzeit *Arbeitszeit* 29
- Nachweis der Arbeitszeit *Arbeitszeit* 54; *Arbeitszeitflexibilisierung* 68
- Ordnungswidrigkeitenverfahren *Arbeitszeit* 61
- Rufbereitschaft *Arbeitszeit* 25, 84
- Ruhepausen *Arbeitszeit* 21
- Ruhezeit *Arbeitszeit* 25
- »Opt-out-Klausel« *Arbeitszeit* 5
- Schichtarbeit *Arbeitszeit* 27, 84
- Selbstaufschreibung von Arbeitsstunden *Arbeitszeit* 58; *Arbeitszeitflexibilisierung* 68
- Sonn- und Feiertagsarbeit *Arbeitszeit* 45; *Sonn- und Feiertagsarbeit*
- Strafverfahren *Arbeitszeit* 61
- Tarifliche Öffnungsklausel *Arbeitszeit* 68
- Tarifpolitik *Arbeitszeit* 6
- Tarifregelungen zu Umkleidezeit, Wegezeit und Waschzeit *Arbeitszeit* 71c
- Tarifsperre *Arbeitszeit* 68
- Tarifvertrag *Arbeitszeit* 6, 19, 50, 64, 68, 79, 87; *Sonn- und Feiertagsarbeit* 6
- Tarifvorbehalt *Arbeitszeit* 69
- Tarifwidrige Arbeitsverträge *Arbeitszeit* 8
- Tarifwidrige Betriebsvereinbarungen *Arbeitszeit* 8
- Teilzeitarbeit *Arbeitszeit* 62, 83
- Überstunden *Arbeitszeit* 19, 85
- Umkleidezeit *Arbeitszeit* 71a
- Unterlassungsanspruch des Betriebsrats *Arbeitszeit* 90
- Unternehmerische Freiheit *Arbeitszeit* 78
- Urlaub *Arbeitszeit* 20
- Verlängerung der werktäglichen Arbeitszeit *Arbeitszeit* 14
- Verstöße gegen das ArbZG *Arbeitszeit* 61
- Waschzeit *Arbeitszeit* 71b
- Wegezeit *Arbeitszeit* 71a

Arbeitszeiterfassung *Arbeitszeit* 54; *Arbeitszeitflexibilisierung* 68

Arbeitszeitflexibilisierung
- Altersteilzeit *Altersteilzeit*; *Arbeitszeitflexibilisierung* 7, 13, 60, 63
- Ampelregelung *Arbeitszeitflexibilisierung* 44
- Arbeit auf Abruf *Arbeitszeitflexibilisierung* 58
- Arbeitsplatzteilung *Arbeitszeitflexibilisierung* 59
- Arbeitsunfähigkeit *Arbeitszeitflexibilisierung* 31, 32
- Arbeitszeit *Arbeitszeitflexibilisierung* 26
- Arbeitszeiterfassung *Arbeitszeitflexibilisierung* 68
- Arbeitszeitguthaben *Arbeitszeitflexibilisierung* 13
- Arbeitszeitkonto *Arbeitszeitflexibilisierung* 10
- Aufbau von Zeitguthaben bei Arbeitsunfähigkeit und Urlaub *Arbeitszeitflexibilisierung* 31
- Ausgleichszeitraum *Arbeitszeitflexibilisierung* 28, 42, 45, 48
- Betriebsrat *Arbeitszeitflexibilisierung* 65

2235

Stichwortverzeichnis

- Betriebsvereinbarung über ein Arbeitszeitkonto *Arbeitszeitflexibilisierung* 69
- Bildungsurlaub *Arbeitszeitflexibilisierung* 34
- Feste tägliche Arbeitszeiten *Arbeitszeitflexibilisierung* 19
- Freischichtenmodell *Arbeitszeitflexibilisierung* 30
- Fünf-Tage-Woche *Arbeitszeitflexibilisierung* 24
- Gewerkschaft *Arbeitszeitflexibilisierung* 70
- Gleichmäßige Verteilung *Arbeitszeitflexibilisierung* 26
- Gleitzeit *Arbeitszeitflexibilisierung* 4, 7, 10, 15
- Insolvenzsicherung von Arbeitszeit-/Wertguthaben *Arbeitszeitflexibilisierung* 63
- Insolvenzverfahren *Arbeitszeitflexibilisierung* 63
- Jahresarbeitszeit *Arbeitszeitflexibilisierung* 44, 50
- Jobsharing *Arbeitszeitflexibilisierung* 59
- Kappung von geleisteten Arbeitsstunden *Arbeitszeitflexibilisierung* 69 b
- Kurzarbeit *Arbeitszeitflexibilisierung* 8
- Langzeitkonten *Arbeitszeitflexibilisierung* 61
- Lebensarbeitszeit *Arbeitszeitflexibilisierung* 61
- Lebensarbeitszeitkonten *Arbeitszeitflexibilisierung* 61
- Mitbestimmung des Betriebsrats *Arbeitszeitflexibilisierung* 65
- Nachtarbeit *Arbeitszeitflexibilisierung* 7
- Nachwirkung *Arbeitszeitflexibilisierung* 69
- Personaleinsatzplanung *Arbeit auf Abruf* 3; *Arbeitszeitflexibilisierung* 65 a, 65 d, 66; *Personalplanung* 16 b, 24
- Schichtarbeit *Arbeitszeitflexibilisierung* 7, 21
- Sechs-Tage-Woche *Arbeitszeitflexibilisierung* 22, 23
- Selbstaufschreibung von Arbeitsstunden *Arbeitszeit* 58; *Arbeitszeitflexibilisierung* 68
- Tarifvertrag *Arbeitszeitflexibilisierung* 69
- Teilzeitarbeit *Arbeitszeitflexibilisierung* 3, 58, 59
- Überstunden *Arbeitszeitflexibilisierung* 8, 10
- Ungleichmäßige Verteilung der Arbeitszeit *Arbeitszeitflexibilisierung* 27, 42
- Urlaub *Arbeitszeitflexibilisierung* 31, 32, 35
- Verfall von geleisteten Arbeitsstunden *Arbeitszeitflexibilisierung* 69 b
- Versetzte tägliche Arbeitszeit *Arbeitszeitflexibilisierung* 20
- Vertrauensarbeitszeit *Arbeitszeitflexibilisierung* 54
- Vier-Tage-Woche *Arbeitszeitflexibilisierung* 23, 29
- Wertguthaben *Arbeitszeitflexibilisierung* 13
- Wochenendschichten *Arbeitszeitflexibilisierung* 23
- Zeiterfassung *Arbeitszeitflexibilisierung* 68
- Zeitguthaben *Arbeitszeitflexibilisierung* 30
- Zielvereinbarung *Arbeitszeitflexibilisierung* 54, 56

Arbeitszeitnachweis (§ 16 Abs. 2 ArbZG) *Arbeitszeit* 55

Arbeitszeitkonto *Arbeitszeitflexibilisierung* 10; *Insolvenzgeld* 7

Arbeitszeitregelung
- Betriebsvereinbarung *Arbeitszeit* 65
- Tarifvertrag *Arbeitszeit* 63

Arbeitszeitrichtlinie *Bereitschaftsdienst* 3

Asbest *Arbeitsschutz* 106

Atypische Beschäftigungsformen *Befristeter Arbeitsvertrag* 7 a

Aufgaben der Schwerbehindertenvertretung *Schwerbehindertenvertretung* 11

Aufhebungsvertrag
- Abfindung *Aufhebungsvertrag* 2, 4, 7, 20, 23
- Abwicklungsvertrag *Aufhebungsvertrag* 2, 20
- Arbeitsgericht *Aufhebungsvertrag* 26
- Arbeitslosengeldsperre *Aufhebungsvertrag* 2, 14, 16, 22
- Arbeitslosenversicherung *Aufhebungsvertrag* 2, 13, 14, 16
- Arbeitsvertrag *Aufhebungsvertrag* 1
- Auflösend bedingter Arbeitsvertrag *Aufhebungsvertrag* 13
- Befristeter Arbeitsvertrag *Aufhebungsvertrag* 13
- Betriebliche Altersversorgung *Aufhebungsvertrag* 25
- Betriebsrat *Aufhebungsvertrag* 5
- Betriebsvereinbarung *Aufhebungsvertrag* 9
- Betriebsversammlung *Aufhebungsvertrag* 7
- Kündigung *Aufhebungsvertrag* 2, 13
- Kündigungsfrist *Aufhebungsvertrag* 23
- Kündigungsschutz [besonderer] *Aufhebungsvertrag* 10
- Meldepflicht *Aufhebungsvertrag* 13
- Schriftform *Aufhebungsvertrag* 1 a
- Sperrzeit *Aufhebungsvertrag* 1 b, 2, 14– Widerrufsrecht *Aufhebungsvertrag* 8, 9, 12

Auflösend bedingter Arbeitsvertrag *Befristeter Arbeitsvertrag* 13
- Arbeitsgericht *Auflösend bedingter Arbeitsvertrag* 11
- Befristeter Arbeitsvertrag *Auflösend bedingter Arbeitsvertrag* 3, 4
- Betriebsrat *Auflösend bedingter Arbeitsvertrag* 5
- Kündigungsschutz *Auflösend bedingter Arbeitsvertrag* 11, 13
- Meldepflicht *Auflösend bedingter Arbeitsvertrag* 8
- Sperrzeit *Auflösend bedingter Arbeitsvertrag* 8

Auflösende Bedingung *Auflösend bedingter Arbeitsvertrag* 1

Auflösung des Arbeitgeberverbandes *Arbeitgeberverband* 2

Aufsichtspersonen *Unfallversicherung* 25

Stichwortverzeichnis

Aufspaltung *Betriebsspaltung und Zusammenlegung von Betrieben* 2; *Umwandlung von Unternehmen* 7
Aufstieg geht vor Einstieg *Auswahlrichtlinien* 8
Aufwendungen *Haftung des Arbeitgebers* 1
Ausbildungsvergütung *Auszubildende/Berufsausbildungsverhältnis* 14
Ausgleichsquittung *Verzicht* 8
– Abfindung *Ausgleichsquittung* 12
– Aufhebungsvertrag *Ausgleichsquittung* 12
– Betriebliche Altersversorgung *Ausgleichsquittung* 9
– Betriebsvereinbarung *Ausgleichsquittung* 5, 13, 14
– Empfangsbekenntnis *Ausgleichsquittung* 3
– Erlassvertrag *Ausgleichsquittung* 4
– Kündigungsschutzklage *Ausgleichsquittung* 11, 17
– Negatives Schuldanerkenntnis *Ausgleichsquittung* 4
– Quittung *Ausgleichsquittung* 3, 20
– Rechtscharakter *Ausgleichsquittung* 4
– Rechtsverlust *Ausgleichsquittung* 4
– Tarifvertrag *Ausgleichsquittung* 5
– Tatsachenvergleich *Ausgleichsquittung* 6, 15
– Überstunden *Ausgleichsquittung* 6
– Vergleich *Ausgleichsquittung* 4
– Verzicht *Ausgleichsquittung* 8
– Verzichtswille *Ausgleichsquittung* 4
Ausgleichszeitraum *Arbeitszeitflexibilisierung* 28, 42, 45,48
Ausgliederung *Umwandlung von Unternehmen* 9
Aushilfsarbeitsverhältnis
– Arbeitslosenversicherung *Aushilfsarbeitsverhältnis* 6
– Befristung Arbeitsvertrag *Aushilfsarbeitsverhältnis* 2
– Betriebsratswahl *Aushilfsarbeitsverhältnis* 7
– JAV *Aushilfsarbeitsverhältnis* 7
– Kündigungsfristen *Aushilfsarbeitsverhältnis* 3
– Kündigungsschutz *Aushilfsarbeitsverhältnis* 3
– Saisonbeschäftigung *Aushilfsarbeitsverhältnis* 5
– Teilzeitarbeit *Aushilfsarbeitsverhältnis* 6
– Urlaubsanspruch *Aushilfsarbeitsverhältnis* 3
Auskunftsperson *Behinderung der Betriebsratstätigkeit* 2; *Informationsrechte des Betriebsrats* 4
Ausländische Arbeitnehmer
– Arbeitsschutz *Ausländische Arbeitnehmer* 33
– Ausländerfeindlichkeit *Ausländische Arbeitnehmer* 46
– Belästigung *Ausländische Arbeitnehmer* 10 a
– Benachteiligung *Ausländische Arbeitnehmer* 2
– Beschwerderecht *Ausländische Arbeitnehmer* 19
– Beteiligungsrechte des Betriebsrats *Ausländische Arbeitnehmer* 28
– Betriebsanweisung *Ausländische Arbeitnehmer* 32
– Betriebsrat *Ausländische Arbeitnehmer* 34
– Betriebsräteversammlung *Ausländische Arbeitnehmer* 44
– Betriebsratswahl *Ausländische Arbeitnehmer* 30
– Betriebsvereinbarung *Ausländische Arbeitnehmer* 41
– Betriebsversammlung *Ausländische Arbeitnehmer* 43
– Beweislastregelung *Ausländische Arbeitnehmer* 22
– Diskriminierung *Ausländische Arbeitnehmer* 2
– Einstellung *Ausländische Arbeitnehmer* 45
– Einstweilige Verfügung *Ausländische Arbeitnehmer* 25
– Entschädigungsanspruch (Schmerzensgeld) *Ausländische Arbeitnehmer* 21
– Entlassung *Ausländische Arbeitnehmer* 46
– Entschädigung *Ausländische Arbeitnehmer* 20
– Ethnische Herkunft *Ausländische Arbeitnehmer* 6
– Fremdenfeindliche Betätigung *Ausländische Arbeitnehmer* 45
– Gefahrstoffe *Ausländische Arbeitnehmer* 32
– Gewerkschaft *Ausländische Arbeitnehmer* 38
– Gleichbehandlung *Ausländische Arbeitnehmer* 23
– Jugend- und Auszubildendenvertretung *Ausländische Arbeitnehmer* 30, 37
– Kündigung *Ausländische Arbeitnehmer* 15
– Leistungsverweigerungsrecht *Ausländische Arbeitnehmer* 20
– Mittelbare Benachteiligung *Ausländische Arbeitnehmer* 10
– Mobbing *Ausländische Arbeitnehmer* 25
– Rasse *Ausländische Arbeitnehmer* 6
– Schadensersatz *Ausländische Arbeitnehmer* 21
– Schmerzensgeld *Ausländische Arbeitnehmer* 21
– Sprachprobleme *Ausländische Arbeitnehmer* 30
– Unmittelbare Benachteiligung *Ausländische Arbeitnehmer* 10
– Unterlassungsanspruch des Betriebsrats *Ausländische Arbeitnehmer* 38
– Versetzung *Ausländische Arbeitnehmer* 15
– Versetzungsverweigerung *Ausländische Arbeitnehmer* 45
– Vorurteile *Ausländische Arbeitnehmer* 40
– Zurückbehaltungsrecht *Ausländische Arbeitnehmer* 20
Ausschlussfristen/Verfallfristen
– Annahmeverzug *Ausschlussfristen/Verfallfristen* 12, 14, 15, 18
– Ansprüche aus vorsätzlich begangener unerlaubter Handlung *Ausschlussfristen/Verfallfristen* 11 a
– Arbeitsvertrag *Ausschlussfristen/Verfallfristen* 1, 5, 6, 11
– Ausschlussfristen in Formulararbeitsverträgen *Ausschlussfristen/Verfallfristen* 5

Stichwortverzeichnis

- Ausschlussfristen in Tarifverträgen und Betriebsvereinbarungen *Ausschlussfristen/Verfallfristen* 7
- Ausschlussfristen und Ansprüche aus vorsätzlich begangener unerlaubter Handlung *Ausschlussfristen/Verfallfristen* 11 a
- Ausschlussfristen und Kündigungsschutzprozess *Ausschlussfristen/Verfallfristen* 12, 29
- Beiderseitige Tarifbindung *Ausschlussfristen/Verfallfristen* 11
- Betriebsrat *Ausschlussfristen/Verfallfristen* 25
- Betriebsvereinbarung *Ausschlussfristen/Verfallfristen* 7, 25
- Einseitige Ausschlussfristen *Ausschlussfristen/Verfallfristen* 20
- Einstufige Ausschlussfristen *Ausschlussfristen/Verfallfristen* 3
- Formulararbeitsvertrag *Ausschlussfristen/Verfallfristen* 5
- Geltendmachung *Ausschlussfristen/Verfallfristen* 3, 28
- Inhaltskontrolle *Ausschlussfristen/Verfallfristen* 5
- Klageabweisungsantrag des Arbeitgebers *Ausschlussfristen/Verfallfristen* 18
- Kündigungsschutzprozess *Ausschlussfristen/Verfallfristen* 12, 29
- Sozialplan *Ausschlussfristen/Verfallfristen* 26
- Tarifliche Ausschlussfristen *Ausschlussfristen/Verfallfristen* 8
- Tarifvertrag *Ausschlussfristen/Verfallfristen* 1, 7, 10
- Treu und Glauben *Ausschlussfristen/Verfallfristen* 22
- Verjährung *Ausschlussfristen/Verfallfristen* 3, 6, 23, 25, 28
- Verwirkung *Ausschlussfristen/Verfallfristen* 24
- Vorsätzlich begangene unerlaubte Handlungen *Ausschlussfristen/Verfallfristen* 11 a
- Zeugnis *Ausschlussfristen/Verfallfristen* 21
- Zweistufige Ausschlussfrist *Ausschlussfristen/Verfallfristen* 4, 15, 29

Ausschreibung von Arbeitsplätzen *Benachteiligungsverbot* 37
- Arbeitsgericht *Ausschreibung von Arbeitsplätzen* 17, 25
- »Aufstieg geht vor Einstieg« *Ausschreibung von Arbeitsplätzen* 8
- Ausschlussfrist/Verfallfrist *Ausschreibung von Arbeitsplätzen* 24
- Ausschreibung als Teilzeitarbeitsplatz (§ 7 Abs. 1 TzBfG) *Ausschreibung von Arbeitsplätzen* 6
- Ausschreibung und Benachteiligungsverbot (§ 11 AGG) *Ausschreibung von Arbeitsplätzen* 4
- Ausschreibung von Arbeitsplätzen (§ 93 BetrVG) *Ausschreibung von Arbeitsplätzen* 3
- Auswahlrichtlinie *Ausschreibung von Arbeitsplätzen* 7, 11

- Befristet Beschäftigte (§ 18 TzBfG) *Ausschreibung von Arbeitsplätzen* 6 a
- Benachteiligungsverbot *Ausschreibung von Arbeitsplätzen* 4, 15, 19
- Betriebsrat *Ausschreibung von Arbeitsplätzen* 8, 18
- Betriebsvereinbarung *Ausschreibung von Arbeitsplätzen* 10
- Einstellung *Ausschreibung von Arbeitsplätzen* 9
- Einstellung externer Bewerber *Ausschreibung von Arbeitsplätzen* 9, 16– Entschädigung *Ausschreibung von Arbeitsplätzen* 21
- Geschlechtsneutrale Stellenausschreibung *Ausschreibung von Arbeitsplätzen* 4
- Gewerkschaft *Ausschreibung von Arbeitsplätzen* 18
- Gleichbehandlung *Ausschreibung von Arbeitsplätzen* 4, 15, 29
- Gleichstellung von Frauen und Männern *Ausschreibung von Arbeitsplätzen* 29
- Leiharbeitnehmer *Ausschreibung von Arbeitsplätzen* 3
- Mindestanforderungen *Ausschreibung von Arbeitsplätzen* 12, 14
- Mitbestimmung des Betriebsrats *Ausschreibung von Arbeitsplätzen* 8– Schadensersatz *Ausschreibung von Arbeitsplätzen* 20
- Stellenausschreibung *Ausschreibung von Arbeitsplätzen* 1
- Teilzeitarbeit *Ausschreibung von Arbeitsplätzen* 6
- Unterlassungsanspruch des Betriebsrats *Ausschreibung von Arbeitsplätzen* 18

Außenseiter *Arbeitgeberverband* 12 b
Außerordentliche Kündigung
- Abfindung *Außerordentliche Kündigung* 40
- Abmahnung *Außerordentliche Kündigung* 5, 7, 19
- Änderungskündigung *Außerordentliche Kündigung* 7, 19
- Annahmeverzug *Außerordentliche Kündigung* 45
- Arbeitsgericht *Außerordentliche Kündigung* 15, 20, 30, 34
- Arbeitsverweigerung *Außerordentliche Kündigung* 5
- Auflösung des Arbeitsverhältnisses durch Urteil *Außerordentliche Kündigung* 40
- Auslauffrist *Außerordentliche Kündigung* 8
- Ausschlussfrist *Außerordentliche Kündigung* 12
- Außerordentliche Kündigung mit Auslauffrist *Außerordentliche Kündigung* 8
- Auszubildende *Außerordentliche Kündigung* 3
- Bedenken *Außerordentliche Kündigung* 19, 22
- Betrieb *Außerordentliche Kündigung* 31
- Betriebsbedingte Kündigungsgründe *Außerordentliche Kündigung* 9
- Betriebsrat *Außerordentliche Kündigung* 16

Stichwortverzeichnis

- Diebstahl von Firmeneigentum *Außerordentliche Kündigung* 5, 21
- Fristen *Außerordentliche Kündigung* 17, 34
- Gleichbehandlung *Außerordentliche Kündigung* 42
- Heimarbeit *Außerordentliche Kündigung* 15, 29
- Interessenabwägung *Außerordentliche Kündigung* 4
- Klagefrist *Außerordentliche Kündigung* 34, 38
- Kollegendiebstahl *Außerordentliche Kündigung* 26
- Kündigungsfrist *Außerordentliche Kündigung* 9, 11
- Kündigungsschutz *Außerordentliche Kündigung* 16, 33, 34, 42
- Kündigungsschutz im Kleinbetrieb *Außerordentliche Kündigung* 35
- Kündigungsschutz [besonderer] *Außerordentliche Kündigung* 33
- Kündigungsschutzklage *Außerordentliche Kündigung* 33
- Meldepflicht *Außerordentliche Kündigung* 47
- Mobbing *Außerordentliche Kündigung* 5
- Nachträgliche Zulassung der Klage *Außerordentliche Kündigung* 36
- Ordentliche Kündigung *Außerordentliche Kündigung* 1, 7, 18, 20, 27
- Personenbedingte Kündigungsgründe *Außerordentliche Kündigung* 11
- Rechtsbegriffe *Außerordentliche Kündigung* 17
- Schriftform *Außerordentliche Kündigung* 2, 39
- Schwerbehinderte Menschen *Außerordentliche Kündigung* 14
- Schwerbehindertenvertretung *Außerordentliche Kündigung* 15, 29
- Sexuelle Belästigung *Außerordentliche Kündigung* 5
- Strafbare Handlungen *Außerordentliche Kündigung* 5
- Unternehmen *Außerordentliche Kündigung* 9
- Verdachtskündigung *Außerordentliche Kündigung* 5 b
- Verhaltensbedingte Kündigung *Außerordentliche Kündigung* 5, 6
- Verhaltensbedingte Kündigungsgründe *Außerordentliche Kündigung* 5
- Verhältnismäßigkeit *Außerordentliche Kündigung* 7
- Verhältnismäßigkeitsprüfung *Außerordentliche Kündigung* 21
- Verlängerte Anrufungsfrist *Außerordentliche Kündigung* 37
- Versetzung *Außerordentliche Kündigung* 7, 19, 31
- Verwirkung *Außerordentliche Kündigung* 39
- »Whistleblowing« *Außerordentliche Kündigung* 5 a
- Wichtiger Grund *Außerordentliche Kündigung* 4
- Zustimmung einer Behörde *Außerordentliche Kündigung* 34 a
- Zweistufiges Prüfungsschema *Außerordentliche Kündigung* 4

Außertarifliche Angestellte Eingruppierung/Umgruppierung 19
- Abstand zum Tarifangestellten *Außertarifliche Angestellte* 2
- Arbeitsentgelt *Außertarifliche Angestellte* 8
- AT-Angestellte *Außertarifliche Angestellte* 1
- Begriff *Außertarifliche Angestellte* 1
- Betriebsrat *Außertarifliche Angestellte* 5
- Eingruppierung/Umgruppierung *Außertarifliche Angestellte* 6
- Entgeltgruppen für AT-Angestellte *Außertarifliche Angestellte* 8
- Gewerkschaft *Außertarifliche Angestellte* 11
- Gleichbehandlung *Außertarifliche Angestellte* 9
- Leitende Angestellte *Außertarifliche Angestellte* 4, 5
- Mitbestimmung des Betriebsrats *Außertarifliche Angestellte* 5
- Vergütung *Außertarifliche Angestellte* 8
- Tarifvertrag *Außertarifliche Angestellte* 1, 11
- Vergütungsordnung *Außertarifliche Angestellte* 6

Außertarifliche Zulagen *Übertarifliche Zulagen* 4
Aussperrung *Arbeitskampf* 50
Ausschüsse des Betriebsrats *Betriebsrat* 27
Austauschkündigung *Betriebsbedingte Kündigung* 14
Austritt aus dem Arbeitgeberverband *Arbeitgeberverband* 11
Auswahlrichtlinie *Betriebsbedingte Kündigung* 22
- Abfindung *Auswahlrichtlinien* 12
- Arbeitsgericht *Auswahlrichtlinien* 19
- Begriff *Auswahlrichtlinien* 1
- Beteiligungsrechte des Betriebsrats *Auswahlrichtlinien* 6
- Betriebsbedingte Kündigung *Auswahlrichtlinien* 12
- Betriebsbedingte Kündigung *Auswahlrichtlinien* 19
- Betriebsrat *Auswahlrichtlinien* 4
- Betriebsvereinbarung *Auswahlrichtlinien* 6, 12, 13
- Einigungsstelle *Auswahlrichtlinien* 5, 6
- Einstellung *Auswahlrichtlinien* 1, 14
- Gesamtbetriebsrat *Auswahlrichtlinien* 6 a
- Gleichstellung von Frauen und Männern *Auswahlrichtlinien* 9
- Kündigung *Auswahlrichtlinien* 1, 12, 15, 19
- Kündigungsschutz *Auswahlrichtlinien* 12, 19
- Mitbestimmung des Betriebsrats *Auswahlrichtlinien* 4

2239

Stichwortverzeichnis

- Ordentliche Kündigung *Auswahlrichtlinien* 1, 15
- Personalinformationssystem *Auswahlrichtlinien* 3
- Tarifvertrag *Auswahlrichtlinien* 6, 12
- Unterlassungsanspruch des Betriebsrats *Auswahlrichtlinien* 16
- Versetzung *Auswahlrichtlinien* 1, 14

Auswahlsystem *Auswahlrichtlinien* 2

Auszubildende/Berufsausbildungsverhältnis
- Abmahnung *Auszubildende/Berufsausbildungsverhältnis* 31
- Abschlussprüfung *Auszubildende/Berufsausbildungsverhältnis* 25
- Andere Vertragsverhältnisse (§ 26 BBiG) *Auszubildende/Berufsausbildungsverhältnis* 37
- Arbeitnehmer *Auszubildende/Berufsausbildungsverhältnis* 4
- Arbeitsgericht *Auszubildende/Berufsausbildungsverhältnis* 30, 41, 42
- Arbeitskampf *Auszubildende/Berufsausbildungsverhältnis* 47
- Ausbildungsvergütung *Auszubildende/Berufsausbildungsverhältnis* 14
- Ausbildungsvertrag *Auszubildende/Berufsausbildungsverhältnis* 1, 6
- Außerordentliche Kündigung *Auszubildende/Berufsausbildungsverhältnis* 28
- Begriff *Auszubildende/Berufsausbildungsverhältnis* 1
- Beiderseitige Tarifbindung *Auszubildende/Berufsausbildungsverhältnis* 5
- Berufsausbildungsverhältnis *Auszubildende/Berufsausbildungsverhältnis* 2
- Berufsausbildungsvertrag *Auszubildende/Berufsausbildungsverhältnis* 6
- Berufsbildung *Auszubildende/Berufsausbildungsverhältnis* 2, 38
- Berufsschulunterricht *Auszubildende/Berufsausbildungsverhältnis* 13
- Betriebsrat *Auszubildende/Berufsausbildungsverhältnis* 38
- Dauer des Berufsausbildungsverhältnisses *Auszubildende/Berufsausbildungsverhältnis* 24
- Entgeltfortzahlung bei Krankheit und Vorsorge/Rehabilitation *Auszubildende/Berufsausbildungsverhältnis* 19
- Freistellung *Auszubildende/Berufsausbildungsverhältnis* 18
- Günstigkeitsprinzip *Auszubildende/Berufsausbildungsverhältnis* 36
- Jugend- und Auszubildendenvertretung *Auszubildende/Berufsausbildungsverhältnis* 39, 46
- Kosten der Berufsausbildung *Auszubildende/Berufsausbildungsverhältnis* 12
- Kündigung des Berufsausbildungsverhältnisses *Auszubildende/Berufsausbildungsverhältnis* 27
- Pflichten des Ausbildenden *Auszubildende/Berufsausbildungsverhältnis* 10
- Pflichten des Auszubildenden *Auszubildende/Berufsausbildungsverhältnis* 22
- Probezeit *Auszubildende/Berufsausbildungsverhältnis* 23
- Rückzahlungsklauseln *Auszubildende/Berufsausbildungsverhältnis* 12
- Schadensersatz bei vorzeitiger Beendigung des Berufsausbildungsverhältnisses (§ 23 BBiG) *Auszubildende/Berufsausbildungsverhältnis* 32
- Schlichtungsausschuss *Auszubildende/Berufsausbildungsverhältnis* 30, 41
- Schlichtungsverfahren *Auszubildende/Berufsausbildungsverhältnis* 41
- Tarifverträge *Auszubildende/Berufsausbildungsverhältnis* 5, 14
- Übernahmeverpflichtung *Auszubildende/Berufsausbildungsverhältnis* 49
- Unabdingbarkeit *Auszubildende/Berufsausbildungsverhältnis* 36
- Wahlrecht *Auszubildende/Berufsausbildungsverhältnis* 46
- Weiterarbeit *Auszubildende/Berufsausbildungsverhältnis* 35
- Weiterbeschäftigung nach Ausbildungsende (§ 24 BBiG) *Auszubildende/Berufsausbildungsverhältnis* 35
- Wiederholungsprüfung *Auszubildende/Berufsausbildungsverhältnis* 26
- Zeugnis *Auszubildende/Berufsausbildungsverhältnis* 21

Bandbreitenregelung *Arbeit auf Abruf* 5
Beamte *Arbeitskampf* 31
Beauftragter für den Datenschutz *Datenschutz* 34; *Kündigungsschutz (besonderer)* 56
Beauftragte für Umweltschutz *Umweltschutz im Betrieb* 9; *Kündigungsschutz (besonderer)* 53
Bedenken des Betriebsrats gegen Kündigung *Kündigung* 42; *Ordentliche Kündigung* 15
Befristeter Arbeitsvertrag
- Arbeitsgericht *Befristeter Arbeitsvertrag* 41, 51
- Ärzte *Befristeter Arbeitsvertrag* 60a
- Arbeitslosenversicherung *Befristeter Arbeitsvertrag* 21, 72
- Arbeitsvertrag *Befristeter Arbeitsvertrag* 43
- Aufhebungsvertrag *Befristeter Arbeitsvertrag* 57
- Auflösend bedingter Arbeitsvertrag *Befristeter Arbeitsvertrag* 14, 57, 72
- Aus- und Weiterbildung *Befristeter Arbeitsvertrag* 53
- Befristung mit Sachgrund *Befristeter Arbeitsvertrag* 20
- Befristung ohne Sachgrund *Befristeter Arbeitsvertrag* 27, 34

Stichwortverzeichnis

- Befristungskontrolle *Befristeter Arbeitsvertrag* 64, 65, 66
- Befristungskontrollklage *Befristeter Arbeitsvertrag* 51, 64, 73
- Begriff *Befristeter Arbeitsvertrag* 9
- Benachteiligungsverbot *Befristeter Arbeitsvertrag* 15
- Betrieb *Befristeter Arbeitsvertrag* 31
- Betriebsrat *Befristeter Arbeitsvertrag* 67
- Betriebsversammlung *Befristeter Arbeitsvertrag* 71
- Bildungsurlaub *Befristeter Arbeitsvertrag* 54
- Dauer der Befristung mit Sachgrund *Befristeter Arbeitsvertrag* 23
- Dauer der Befristung ohne Sachgrund *Befristeter Arbeitsvertrag* 27
- Diskriminierungsverbot *Befristeter Arbeitsvertrag* 15
- Elternzeit *Befristeter Arbeitsvertrag* 59
- Ende des befristetes Arbeitsververhältnisses *Befristeter Arbeitsvertrag* 44
- Folgen unwirksamer Befristung *Befristeter Arbeitsvertrag* 48
- Formen *Befristeter Arbeitsvertrag* 10
- Gleichbehandlung *Befristeter Arbeitsvertrag* 5
- Information über unbefristete Arbeitsplätze *Befristeter Arbeitsvertrag* 52
- Kalendermäßige Befristung *Befristeter Arbeitsvertrag* 1, 44
- Kettenarbeitsverträge *Befristeter Arbeitsvertrag* 24, 66
- Klage gegen Befristung *Befristeter Arbeitsvertrag* 51, 64, 73
- Klagefrist *Befristeter Arbeitsvertrag* 51
- Kündigung *Befristeter Arbeitsvertrag* 57, 76
- Kündigungsschutz *Befristeter Arbeitsvertrag* 78
- Künstlerisches Personal *Befristeter Arbeitsvertrag* 60
- Mitbestimmung *Befristeter Arbeitsvertrag* 69
- Mutterschutz *Befristeter Arbeitsvertrag* 59
- Rechtsgrundlagen *Befristeter Arbeitsvertrag* 2
- Schriftform *Befristeter Arbeitsvertrag* 40– Tarifvertrag *Befristeter Arbeitsvertrag* 32, 61
- Unternehmen *Befristeter Arbeitsvertrag* 31
- Unwirksame Befristung, Rechtsfolgen *Befristeter Arbeitsvertrag* 48
- Wissenschaftliches Personal *Befristeter Arbeitsvertrag* 60
- Zeitbefristung *Befristeter Arbeitsvertrag* 10
- Zweckbefristung *Befristeter Arbeitsvertrag* 1, 44

Befristung mit Sachgrund *Befristeter Arbeitsvertrag* 20

Befristung ohne Sachgrund *Befristeter Arbeitsvertrag* 27

Befristungskontrolle *Befristeter Arbeitsvertrag* 64

Befristungskontrollklage *Ausschlussfristen/Verfallfristen* 18; *Befristeter Arbeitsvertrag* 51, 64, 73

Befristungsquote *Befristeter Arbeitsvertrag* 6

Beherrschungs- und Gewinnabführungsvertrag *Konzern* 4

Behinderung der Betriebsratstätigkeit
- Arbeitsgericht *Behinderung der Betriebsratstätigkeit* 9
- Behinderung *Behinderung der Betriebsratstätigkeit* 2, 3
- Begünstigung *Behinderung der Betriebsratstätigkeit* 4, 5
- Benachteiligung *Behinderung der Betriebsratstätigkeit* 4, 5
- Betriebsrat *Behinderung der Betriebsratstätigkeit* 2
- Beweislast *Behinderung der Betriebsratstätigkeit* 5
- Einigungsstelle *Behinderung der Betriebsratstätigkeit* 2
- Ersatzmitglied des Betriebsrats *Behinderung der Betriebsratstätigkeit* 10– Gesamt-Jugend- und Auszubildendenvertretung *Behinderung der Betriebsratstätigkeit* 2
- Gesamtbetriebsrat *Behinderung der Betriebsratstätigkeit* 2
- Jugend- und Auszubildendenvertretung *Behinderung der Betriebsratstätigkeit* 2
- Konzern-Jugend- und Auszubildendenvertung *Behinderung der Betriebsratstätigkeit* 2
- Konzernbetriebsrat *Behinderung der Betriebsratstätigkeit* 2
- Störung *Behinderung der Betriebsratstätigkeit* 2, 3
- Strafantrag *Behinderung der Betriebsratstätigkeit* 10
- Strafbarkeit *Behinderung der Betriebsratstätigkeit* 10
- Strafverfahren *Behinderung der Betriebsratstätigkeit* 10
- Wirtschaftsausschuss *Behinderung der Betriebsratstätigkeit* 2

Behinderung der Betriebsratswahl
- Arbeitsgericht *Behinderung der Betriebsratswahl* 9
- Beweislast *Behinderung der Betriebsratswahl* 6
- Einstweilige Verfügung *Behinderung der Betriebsratswahl* 9
- Gewerkschaft *Behinderung der Betriebsratswahl* 5
- Kündigungsschutz *Behinderung der Betriebsratswahl* 7
- Strafantrag *Behinderung der Betriebsratswahl* 11
- Strafbarkeit *Behinderung der Betriebsratswahl* 11
- Strafverfahren *Behinderung der Betriebsratswahl* 11
- Wahlbeeinflussung *Behinderung der Betriebsratswahl* 2, 5

Stichwortverzeichnis

- Wahlbehinderung *Behinderung der Betriebsratswahl* 2
- Wahlvorstand *Behinderung der Betriebsratswahl* 9
- Wahlwerbung *Behinderung der Betriebsratswahl* 4

Beiträge zur Sozialversicherung *Arbeitslosenversicherung/Arbeitsförderung* 4; *Krankenversicherung* 4; *Pflegeversicherung* 7; *Rentenversicherung* 2, 57; *Sozialversicherung*; *Unfallversicherung* 2, 13

Beitragsbemessungsgrenze *Arbeitslosenversicherung/Arbeitsförderung* 4; *Krankenversicherung* 7; *Pflegeversicherung* 10; *Rentenversicherung* 2

Beitragsorientierte Leistungszusage *Betriebliche Altersversorgung* 2

Beitragszusage mit Mindestleistung *Betriebliche Altersversorgung* 2

Belästigung *Benachteiligungsverbot (AGG)* 19; *Zurückbehaltungsrecht des Arbeitnehmers* 3

Belastungszulage *Arbeitsentgelt* 67 a

Benachteiligung *Benachteiligungsverbot (AGG)* 1; *Befristeter Arbeitsvertrag* 5, 18; *Teilzeitarbeit* 16

Benachteiligungsverbot (AGG)
- Anspruch auf Entschädigung/Schadensersatz *Benachteiligungsverbot (AGG)* 47
- Antidiskriminierungsstelle des Bundes *Benachteiligungsverbot (AGG)* 60
- Antidiskriminierungsverbände *Benachteiligungsverbot (AGG)* 59
- Ausschreibung von Arbeitsplätzen *Benachteiligungsverbot (AGG)* 37
- Belästigung *Benachteiligungsverbot (AGG)* 19
- Benachteiligung *Benachteiligungsverbot (AGG)* 10
- Benachteiligungsverbot (§ 7 AGG) *Benachteiligungsverbot (AGG)* 26
- Beschwerderecht *Benachteiligungsverbot (AGG)* 45
- Beschwerdeverfahren *Benachteiligungsverbot (AGG)* 45, 66
- Betriebsrat *Benachteiligungsverbot (AGG)* 61
- Beweislast *Benachteiligungsverbot (AGG)* 54a
- Beweislastumkehr *Benachteiligungsverbot (AGG)* 54a
- EG-Richtlinien *Benachteiligungsverbot (AGG)* 6
- Entschädigung *Benachteiligungsverbot (AGG)* 47
- Indizien *Benachteiligungsverbot (AGG)* 51
- Leistungsverweigerungsrecht *Benachteiligungsverbot (AGG)* 46
- Maßnahmen zum Schutz vor Benachteiligungen *Benachteiligungsverbot (AGG)* 38
- Maßregelungsverbot *Benachteiligungsverbot (AGG)* 55
- Mitbestimmung des Betriebsrats beim Beschwerdeverfahren *Benachteiligungsverbot (AGG)* 66
- Mitgliedschaft in Vereinigungen *Benachteiligungsverbot (AGG)* 58
- Mittelbare Benachteiligung *Benachteiligungsverbot (AGG)* 18
- Pflichten des Arbeitgebers *Benachteiligungsverbot (AGG)* 38
- Schadensersatz *Benachteiligungsverbot (AGG)* 47
- Schmerzensgeld *Benachteiligungsverbot (AGG)* 48, 53
- Sexuelle Belästigung *Benachteiligungsverbot (AGG)* 20
- Soziale Verantwortung *Benachteiligungsverbot (AGG)* 56
- Unmittelbare Benachteiligung *Benachteiligungsverbot (AGG)* 16
- Ziel des AGG *Benachteiligungsverbot (AGG)* 8
- Zulässige unterschiedliche Behandlung von Beschäftigten *Benachteiligungsverbot (AGG)* 30

Berater *Betriebsänderung* 20
- Betriebsänderung *Berater* 1
- Betriebsratssitzung *Berater* 7
- Gegenstand der Beratung *Berater* 2
- Geheimhaltungspflicht *Berater* 10
- Haftung des Betriebsratsvorsitzenden *Berater* 9
- Nähere Vereinbarung *Berater* 8, 9
- Interessenausgleich *Berater* 2
- Kosten *Berater* 5
- Mehrere Berater *Berater* 3
- Sachverständige *Berater* 2, 8, 9
- Sozialplan *Berater* 2
- Unternehmensgröße *Berater* 1

Bereitschaftsdienst *Arbeitsbereitschaft* 3
- Arbeitsbereitschaft *Bereitschaftsdienst* 1
- Arbeitszeitrichtlinie *Bereitschaftsdienst* 3
- Arbeitsvertrag *Bereitschaftsdienst* 4
- Arbeitszeit *Bereitschaftsdienst* 2, 6
- Betriebsrat *Bereitschaftsdienst* 6
- Rufbereitschaft *Bereitschaftsdienst* 1
- Tarifvertrag *Bereitschaftsdienst* 4
- Überstunden *Bereitschaftsdienst* 5
- Vergütung *Bereitschaftsdienst* 4

Berufsausbildung *Auszubildende/Berufsausbildungsverhältnis* 2; *Berufsbildung* 1

Berufsbildung
- Änderungskündigung *Berufsbildung* 31
- Arbeitsgericht *Berufsbildung* 26
- Arbeitskampf *Berufsbildung* 12
- Außerbetriebliche *Berufsbildung* 2
- Auswahl der Ausbilder *Berufsbildung* 25
- Auszubildende *Berufsbildung* 5, 32
- Berufliche Fortbildung *Berufsbildung* 1
- Berufliche Umschulung *Berufsbildung* 1
- Berufsausbildung *Berufsbildung* 1
- Berufsbildungsmaßnahmen *Berufsbildung* 27
- Betriebliche *Berufsbildung* 2, 22
- Betriebsänderung *Berufsbildung* 12
- Betriebsrat *Berufsbildung* 13
- Bildungsurlaub *Berufsbildung* 11

2242

Stichwortverzeichnis

- Duales System der Berufsausbildung *Berufsbildung* 2
- Eingruppierung/Umgruppierung *Berufsbildung* 31
- Einigungsstelle *Berufsbildung* 20, 24, 28
- Einstellung *Berufsbildung* 31
- Fortbildung *Berufsbildung* 1
- Fortbildungskosten *Berufsbildung* 11
- Gewerkschaften *Berufsbildung* 12
- Jugend- und Auszubildendenvertretung *Berufsbildung* 32
- Kündigung *Berufsbildung* 31
- Lernorte *Berufsbildung* 3
- Mitbestimmung des Betriebsrats *Berufsbildung* 19
- Rückzahlung von Fortbildungskosten *Berufsbildung* 11
- Schulische *Berufsbildung* 2
- Schwerbehinderte Menschen *Berufsbildung* 30
- Tarifverträge *Berufsbildung* 12
- Versetzung *Berufsbildung* 31

Berufsfreiheit *Nebentätigkeit* 1
Berufsgenossenschaften *Arbeitsschutz* 4; *Unfallversicherung* 5
Berufsgruppengewerkschaften *Gewerkschaft* 6a
Berufskrankheit *Unfallversicherung* 40

- Arbeitsschutz *Berufskrankheit* 27
- Arbeitsunfall *Berufskrankheit* 1, 15, 33
- Ausschlussfristen/Verfallfristen *Berufskrankheit* 42
- Gefahrstoffe *Berufskrankheit* 28
- Haftung des Arbeitgebers *Berufskrankheit* 15, 29
- Umweltschutz *Berufskrankheit* 16
- Unfallversicherung *Berufskrankheit* 1, 2, 15, 36
- Verjährung *Berufskrankheit* 40, 41

Berufskrankheiten-Verordnung *Berufskrankheit* 2
Berufskrankheitenanzeige *Berufskrankheit* 24; *Unfallversicherung* 62
Beschäftigungspolitik *Alternative Produktion* 2; *Beschäftigungssicherung und -förderung*
Beschäftigungssicherung und -förderung

- Abfindung *Beschäftigungssicherung und -förderung* 14, 15
- Alternative Produktion *Beschäftigungssicherung und -förderung* 19
- Altersteilzeit *Beschäftigungssicherung und -förderung* 19
- Arbeitskampf *Beschäftigungssicherung und -förderung* 16
- Arbeitslosenquote *Beschäftigungssicherung und -förderung* 8
- Arbeitslosigkeit *Beschäftigungssicherung und -förderung* 4
- Arbeitszeitflexibilisierung *Beschäftigungssicherung und -förderung* 19
- Berufsbildung *Beschäftigungssicherung und -förderung* 19
- Beschäftigungssicherungstarifvertrag *Beschäftigungssicherung und -förderung* 22
- Betriebsänderung *Beschäftigungssicherung und -förderung* 16, 23
- Betriebsänderung mit Personalabbau *Beschäftigungssicherung und -förderung* 23– Betriebsbedingte Kündigung *Beschäftigungssicherung und -förderung* 13
- Betriebsrat *Beschäftigungssicherung und -förderung* 15
- Einigungsstelle *Beschäftigungssicherung und -förderung* 23
- Gewerkschaft *Beschäftigungssicherung und -förderung* 16
- Gruppenarbeit *Beschäftigungssicherung und -förderung* 19
- Interessenausgleich *Beschäftigungssicherung und -förderung* 15, 23
- Kündigungsschutz *Beschäftigungssicherung und -förderung* 14
- Kündigungsschutzklage *Beschäftigungssicherung und -förderung* 14
- Kurzarbeit *Beschäftigungssicherung und -förderung* 21, 22, 23
- Nachteilsausgleich *Beschäftigungssicherung und -förderung* 23
- Profitmaximierung *Beschäftigungssicherung und -förderung* 11
- Sozialplan *Beschäftigungssicherung und -förderung* 15, 23
- Teilzeitarbeit *Beschäftigungssicherung und -förderung* 19
- Transferleistungen *Beschäftigungssicherung und -förderung* 15
- Unterlassungsanspruch des Betriebsrats *Beschäftigungssicherung und -förderung* 23
- Unternehmenspolitik *Beschäftigungssicherung und -förderung* 11
- Unternehmerentscheidung *Beschäftigungssicherung und -förderung* 13
- Verlagerung in Niedriglohnländer *Beschäftigungssicherung und -förderung* 12

Beschäftigungssicherungstarifvertrag

- Arbeitsgericht *Beschäftigungssicherungstarifvertrag* 6
- Betriebsrat *Beschäftigungssicherungstarifvertrag* 5
- Einstweilige Verfügung gegen Kündigung *Beschäftigungssicherungstarifvertrag* 6
- Insolvenz *Beschäftigungssicherungstarifvertrag* 4
- Kündigungsverbot *Beschäftigungssicherungstarifvertrag* 6
- Kurzarbeit *Beschäftigungssicherungstarifvertrag* 2, 4a, 5

Stichwortverzeichnis

Beschäftigungs- und Qualifizierungsgesellschaft *Transferleistungen* 16
Beschäftigungsverbot
- Mehrarbeit *Mutterschutz* 16
- nach Entbindung *Mutterschutz* 10
- Stillende Mütter *Mutterschutz* 13
- Stillzeit *Mutterschutz* 13
- vor Entbindung *Mutterschutz* 5
- während der Schwangerschaft *Mutterschutz* 4

Beschlussfassung des Betriebsrats *Betriebsratssitzung* 19
Beschränkung der Arbeitnehmerhaftung *Haftung des Arbeitgebers* 5; *Haftung des Arbeitnehmers* 5
Beschwerde *Benachteiligungsverbot (AGG)* 45; *Beschwerderecht der Arbeitnehmer* 4
Beschwerderecht der Arbeitnehmer *Benachteiligungsverbot (AGG)* 45; *Gefahrstoffe* 72
- Abhilfe *Beschwerderecht der Arbeitnehmer* 7, 13, 14
- Arbeitsgericht *Beschwerderecht der Arbeitnehmer* 14, 15
- Beschwerderecht nach § 13 AGG *Beschwerderecht der Arbeitnehmer* 3– Beschwerderecht nach § 17 ArbSchG *Beschwerderecht der Arbeitnehmer* 3 a
- Beschwerdestelle *Beschwerderecht der Arbeitnehmer* 5
- Betriebsvereinbarung *Beschwerderecht der Arbeitnehmer* 9
- Einigungsstelle *Beschwerderecht der Arbeitnehmer* 9, 13, 15, 16
- Gegenstand der Beschwerde *Beschwerderecht der Arbeitnehmer* 4
- Kollektives Beschwerdeverfahren *Beschwerderecht der Arbeitnehmer* 10
- Mobbing *Beschwerderecht der Arbeitnehmer* 7
- Rechtsanspruch *Beschwerderecht der Arbeitnehmer* 15
- Sexuelle Belästigung *Beschwerderecht der Arbeitnehmer* 7
- Tarifvertrag *Beschwerderecht der Arbeitnehmer* 9

Beschwerdestelle *Benachteiligungsverbot (AGG)* 45, 66; *Beschwerderecht der Arbeitnehmer* 5
Beschwerdeverfahren *Benachteiligungsverbot (AGG)* 45, 66; *Beschwerderecht der Arbeitnehmer* 2
Besondere Informationsrechte *Informationsrechte des Betriebsrats* 1
Besonderes Verhandlungsgremium *Europäischer Betriebsrat* 22
Besonderer Kündigungsschutz *Kündigungsschutz (besonderer)*
Bestandsschutzklage *Ausschlussfristen/Verfallfristen* 18
Beteiligungsrechte des Betriebsrats
- Arbeitsgericht *Beteiligungsrechte des Betriebsrats* 10, 11, 15, 18, 20, 24, 25
- Arbeitsschutz *Beteiligungsrechte des Betriebsrats* 23
- Behinderung der Betriebsratsarbeit *Beteiligungsrechte des Betriebsrats* 12
- Betrieb *Beteiligungsrechte des Betriebsrats* 10
- Betriebsänderung *Beteiligungsrechte des Betriebsrats* 15
- Eingruppierung/Umgruppierung *Beteiligungsrechte des Betriebsrats* 20
- Einigungsstelle *Beteiligungsrechte des Betriebsrats* 10, 14, 18, 20, 22
- Einstellung *Beteiligungsrechte des Betriebsrats* 20
- Einstweilige Verfügung *Beteiligungsrechte des Betriebsrats* 25
- Informationsrechte *Beteiligungsrechte des Betriebsrats* 6
- Initiativmitbestimmungsrecht *Beteiligungsrechte des Betriebsrats* 19, 22
- Interessenausgleich *Beteiligungsrechte des Betriebsrats* 14, 26
- Korrigierendes Mitbestimmungsrecht *Beteiligungsrechte des Betriebsrats* 23
- Kurzarbeit *Beteiligungsrechte des Betriebsrats* 22
- Mitwirkungsrechte *Beteiligungsrechte des Betriebsrats* 13
- Mitbestimmungsrechte *Beteiligungsrechte des Betriebsrats* 17
- Ordnungswidrigkeitenverfahren *Beteiligungsrechte des Betriebsrats* 10
- Personalfragebogen *Beteiligungsrechte des Betriebsrats* 20
- Sozialplan *Beteiligungsrechte des Betriebsrats* 26
- Strafverfahren *Beteiligungsrechte des Betriebsrats* 12
- Tarifvertrag *Beteiligungsrechte des Betriebsrats* 4
- Überstunden *Beteiligungsrechte des Betriebsrats* 25
- Unterlassungsanspruch *Beteiligungsrechte des Betriebsrats* 11, 15, 18, 25
- Unternehmen *Beteiligungsrechte des Betriebsrats* 10
- Versetzung *Beteiligungsrechte des Betriebsrats* 20
- Wirtschaftsausschuss *Beteiligungsrechte des Betriebsrats* 26
- Zusammenspiel von Informations-, Mitwirkungs- und Mitbestimmungsrechten *Beteiligungsrechte des Betriebsrats* 26
- Zustimmungsverweigerungsrechte *Beteiligungsrechte des Betriebsrats* 19, 20

Betreuungsgeld *Elterngeld/Elternzeit* 26 a, 26 b
Betrieb *Ein-Betriebs-Unternehmen* 1; *Mehr-Betriebs-Unternehmen* 1; *Unternehmen* 5
- Abgrenzung zum Unternehmen *Betrieb* 6
- Begriff *Betrieb* 2
- Betriebsänderung *Betrieb* 16
- Betriebsrat *Betrieb* 13
- Betriebsteil *Betrieb* 5, 18

Stichwortverzeichnis

- Ein-Betriebs-Unternehmen *Betrieb* 7
- Europäischer Betriebsrat *Betrieb* 14
- Gemeinschaftsbetrieb *Betrieb* 7
- Kleinstbetrieb *Betrieb* 5, 12, 19
- Konzern *Betrieb* 1, 11, 14
- Konzernbetriebsrat *Betrieb* 14
- Mehr-Betriebs-Unternehmen *Betrieb* 7
- Schwerbehinderte Menschen *Betrieb* 14
- Unternehmen *Betrieb* 1, 6, 11, 14
- Unternehmensrechtsformen *Betrieb* 6

Betriebliche Altersversorgung
- Altersvorsorge *Betriebliche Altersversorgung* 5, 8, 12, 16, 19
- Änderungskündigung *Betriebliche Altersversorgung* 77
- Anwartschaft *Betriebliche Altersversorgung* 31
- Arbeitsentgelt *Betriebliche Altersversorgung* 30, 68
- Beteiligungsrechte des Betriebsrats *Betriebliche Altersversorgung* 75
- Betriebliche Übung *Betriebliche Altersversorgung* 24, 36, 77
- BR *Betriebliche Altersversorgung* 66
- Betriebsvereinbarung *Betriebliche Altersversorgung* 24, 64, 76
- Direktversicherung *Betriebliche Altersversorgung* 10, 39
- Direktzusage *Betriebliche Altersversorgung* 4, 34
- Einigungsstelle *Betriebliche Altersversorgung* 73, 75
- Entgeltumwandlung *Betriebliche Altersversorgung* 27, 30
- Gesamtbetriebsrat *Betriebliche Altersversorgung* 81
- Gleichbehandlung *Betriebliche Altersversorgung* 25, 26, 36, 77
- Gleichstellung von Frauen und Männern *Betriebliche Altersversorgung* 25, 26
- Insolvenzsicherung *Betriebliche Altersversorgung* 53
- Insolvenzverfahren *Betriebliche Altersversorgung* 53
- Konzernbetriebsrat *Betriebliche Altersversorgung* 81
- Pensionsfonds *Betriebliche Altersversorgung* 18, 42
- Pensionskasse *Betriebliche Altersversorgung* 14, 42
- Pensionssicherungsverein *Betriebliche Altersversorgung* 53
- Rentenanpassung *Betriebliche Altersversorgung* 56
- Sozialeinrichtung *Betriebliche Altersversorgung* 67
- Tarifvertrag *Betriebliche Altersversorgung* 24
- Teilzeitarbeit *Betriebliche Altersversorgung* 25

- Umwandlung von Unternehmen *Betriebliche Altersversorgung* 65
- Unterstützungskasse *Betriebliche Altersversorgung* 6, 43
- Unverfallbare Anwartschaft *Betriebliche Altersversorgung* 31

Betriebliche Einigung *Betriebsvereinbarung* 22; *Regelungsabrede* 1

Betriebliches Bündnis für Arbeit
- Änderungstarifvertrag *Betriebliches Bündnis für Arbeit* 13 d
- Arbeitszeitverlängerung *Betriebliches Bündnis für Arbeit* 6
- Begriff *Betriebliches Bündnis für Arbeit* 1
- Betriebsrat *Betriebliches Bündnis für Arbeit* 14
- Erpressung *Betriebliches Bündnis für Arbeit* 9, 10, 11
- Formen *Betriebliches Bündnis für Arbeit* 4
- »Gegenleistung des Arbeitgebers« *Betriebliches Bündnis für Arbeit* 3
- Inhalte *Betriebliches Bündnis für Arbeit* 2, 3
- Insolvenzgefahr *Betriebliches Bündnis für Arbeit* 8
- »Leistung der Arbeitnehmer« *Betriebliches Bündnis für Arbeit* 2
- Lohnkürzung *Betriebliches Bündnis für Arbeit* 6
- Missbrauch *Betriebliches Bündnis für Arbeit* 5, 9, 10, 11
- Nötigung *Betriebliches Bündnis für Arbeit* 9
- Offenlegung aller Zahlen *Betriebliches Bündnis für Arbeit* 8
- Personalkostensenkung *Betriebliches Bündnis für Arbeit* 13 a
- »Pforzheimer Abkommen« *Betriebliches Bündnis für Arbeit* 12
- Profitmaximierung durch Senkung der Personalkosten *Betriebliches Bündnis für Arbeit* 6
- Revisionsklausel *Betriebliches Bündnis für Arbeit* 3
- »Schlechtwetterklausel« *Betriebliches Bündnis für Arbeit* 3
- Tarifunterschreitende Änderungsverträge *Betriebliches Bündnis für Arbeit* 13 a
- Tarifunterschreitende Betriebsvereinbarung *Betriebliches Bündnis für Arbeit* 13 c
- Tarifunterschreitende Regelungsabreden *Betriebliches Bündnis für Arbeit* 13 b
- Tarifwidrige Vereinbarungen *Betriebliches Bündnis für Arbeit* 13, 15
- Unternehmenskrise *Betriebliches Bündnis für Arbeit* 8
- Verschlechterung der Arbeitsbedingungen *Betriebliches Bündnis für Arbeit* 2, 6, 13 d
- »Wildes Arbeitskampfinstrument« *Betriebliches Bündnis für Arbeit* 5

Betriebliches Eingliederungsmanagement (BEM) *Arbeitsschutz* 77 l; *Krankheit* 24; *Personenbeding-*

2245

Stichwortverzeichnis

te Kündigung 24 a; *Schwerbehinderte Menschen* 72
- Ausgestaltung *Betriebliches Eingliederungsmanagement (BEM)* 15
- Krankenrückkehrgespräche *Eingliederungsmanagement (BEM)* 8
- Kündigung *Betriebliches Eingliederungsmanagement (BEM)* 7, 18
- Mitbestimmung des Betriebsrats *Betriebliches Eingliederungsmanagement (BEM)* 15

Betriebliches Vorschlagswesen
- Alternative Produktion *Alternative Produktion* 9; *Betriebliches Vorschlagswesen* 23
- Arbeitnehmererfindung *Betriebliches Vorschlagswesen* 11, 13, 15
- Arbeitsentgelt *Betriebliches Vorschlagswesen* 14
- Einigungsstelle *Betriebliches Vorschlagswesen* 18
- Lean Production *Betriebliches Vorschlagswesen* 4, 24
- Rationalisierung *Betriebliches Vorschlagswesen* 4

Betriebliche Tarifbewegung *Arbeitgeber* 5; *Tarifvertrag* 42

Betriebliche Übung *Weihnachtsgeld und sonstige Sondervergütungen* 4
- Änderungskündigung *Betriebliche Übung* 4, 10
- Arbeitsvertrag *Betriebliche Übung* 1
- Ausschlussfristen/Verfallfristen *Betriebliche Übung* 9
- Begriff *Betriebliche Übung* 2
- Betriebliche Altersversorgung *Betriebliche Übung* 7
- Betriebsrat *Betriebliche Übung* 6
- Betriebsvereinbarung *Betriebliche Übung* 7
- Bindungswirkung *Betriebliche Übung* 2
- Freiwilligkeitsvorbehalt *Betriebliche Übung* 3, 5
- Gegenläufige betriebliche Übung *Betriebliche Übung* 5
- Günstigkeitsprinzip *Betriebliche Übung* 6
- Klage *Betriebliche Übung* 8, 10
- Übertarifliche Zulagen *Betriebliche Übung* 3
- Verjährung *Betriebliche Übung* 9
- Vertrauen der Arbeitnehmer *Betriebliche Übung* 2
- Weihnachtsgeld *Betriebliche Übung* 2; *Weihnachtsgeld und sonstige Sondervergütungen* 4
- Widerrufsvorbehalt *Betriebliche Übung* 3

Betriebsabsprache *Betriebsvereinbarung* 22; *Regelungsabrede* 1

Betriebsänderung
- Abfindungen *Betriebsänderung* 1, 39
- Änderungskündigung *Betriebsänderung* 37
- Arbeitgeber *Betriebsänderung* 30
- Arbeitsgericht *Betriebsänderung* 28, 41– Arbeitskampf *Betriebsänderung* 30
- Arbeitszeitabsenkung statt Entlassung *Betriebsänderung* 27 a

- Ausschlussfristen/Verfallfristen *Betriebsänderung* 38, 41
- Begriff *Betriebsänderung* 1, 9 a
- Berater *Betriebsänderung* 13, 20
- Beschäftigungssicherung und -förderung *Betriebsänderung* 21, 32
- Betriebsaufspaltung/Unternehmensteilung *Betriebsänderung* 9
- Betriebsrat *Betriebsänderung* 16
- Betriebsstilllegung *Betriebsänderung* 9
- Betriebsteilstilllegung *Betriebsänderung* 9, 10
- Einstweilige Verfügung *Betriebsänderung* 27 a
- Einigungsstelle *Betriebsänderung* 1, 22
- Firmentarifvertrag *Betriebsänderung* 30
- Gegenwehr lohnt sich *Betriebsänderung* 29
- Geheimhaltungspflicht *Betriebsänderung* 20
- Gesamtbetriebsrat *Betriebsänderung* 4, 5
- Gestaltung von Arbeitsplatz *Betriebsänderung* 27
- Gewerkschaft *Betriebsänderung* 17, 30, 32, 33
- Informationsrechte des Betriebsrats *Betriebsänderung* 1, 19
- Insolvenzverfahren *Betriebsänderung* 15, 26
- Interessenausgleich *Betriebsänderung* 1, 3, 4, 21, 29, 39, 40
- Kündigung *Betriebsänderung* 14, 27
- Kündigungsschutz *Betriebsänderung* 37
- Kurzarbeit statt Entlassung *Betriebsänderung* 27 a
- Massenentlassung *Betriebsänderung* 14
- Mehr-Betriebs-Unternehmen *Betriebsänderung* 3
- Nachteilsausgleich *Betriebsänderung* 1, 23, 38
- Ordentliche Kündigung *Betriebsänderung* 37
- Personalabbau *Betriebsänderung* 2 a, 12
- Personalplanung *Betriebsänderung* 18, 27
- Personelle Angelegenheiten *Betriebsänderung* 27
- Profiling *Betriebsänderung* 34
- Qualifizierungsmaßnahmen *Betriebsänderung* 34
- Rechtsbegriffe *Betriebsänderung* 1
- Sachverständiger *Betriebsänderung* 13, 20
- Soziale Angelegenheiten *Betriebsänderung* 27
- Sozialplan *Betriebsänderung* 1, 3, 4, 12, 24, 33, 38
- Sozialtarifvertrag *Betriebsänderung* 30
- Tariflicher Sozialplan *Betriebsänderung* 30
- Tarifvertrag *Betriebsänderung* 30, 32, 33
- Transferleistungen *Betriebsänderung* 36
- Transfermaßnahmen *Betriebsänderung* 33
- Umwandlung von Unternehmen *Betriebsänderung* 9
- Unterlassungsanspruch des Betriebsrats *Betriebsänderung* 28
- Unternehmen *Betriebsänderung* 1, 3, 13, 20
- Unternehmensplanung *Betriebsänderung* 18
- Unternehmer *Betriebsänderung* 1

Stichwortverzeichnis

- Wesentliche Nachteile *Betriebsänderung* 6
- Wirtschaftsausschuss *Betriebsänderung* 18
- Zuständigkeit des Betriebsrats *Betriebsänderung* 4
- Zuständigkeit des Gesamtbetriebsrats *Betriebsänderung* 4

Betriebsarzt *Arbeitsschutz* 45, 77j; *Kündigungsschutz (besonderer)* 51

Betriebsaufspaltung *Betriebsspaltung und Zusammenlegung von Betrieben* 1, 8

Betriebsbeauftragte *Kündigungsschutz (besonderer)* 53
- für Abfall *Umweltschutz im Betrieb* 9
- für Gewässerschutz *Umweltschutz im Betrieb* 9
- für Immissionsschutz *Umweltschutz im Betrieb* 9
- Störfälle *Umweltschutz im Betrieb* 9

Betriebsbedingte Kündigung
- Abfindung *Betriebsbedingte Kündigung* 26
- »Absolute Sozialwidrigkeitsgründe« *Betriebsbedingte Kündigung* 16
- Annahmeverzug *Betriebsbedingte Kündigung* 24
- Arbeitsgericht *Betriebsbedingte Kündigung* 4
- Austauschkündigung *Betriebsbedingte Kündigung* 14
- Auswahlrichtlinie *Betriebsbedingte Kündigung* 16, 22, 32
- Betriebsänderung *Betriebsbedingte Kündigung* 23
- Betriebsrat *Betriebsbedingte Kündigung* 28
- Beweislast *Betriebsbedingte Kündigung* 16 c
- Darlegungslast *Betriebsbedingte Kündigung* 16 c
- Dringende betriebliche Erfordernisse *Betriebsbedingte Kündigung* 2
- Freier Arbeitsplatz *Betriebsbedingte Kündigung* 33
- Fristen *Betriebsbedingte Kündigung* 4
- Klage *Betriebsbedingte Kündigung* 4, 41
- Klagefrist *Betriebsbedingte Kündigung* 4, 5, 11
- Insolvenzverfahren *Betriebsbedingte Kündigung* 25
- Interessenausgleich *Betriebsbedingte Kündigung* 23
- Interessenausgleich mit Namensliste *Betriebsbedingte Kündigung* 23
- Kündigung *Betriebsbedingte Kündigung* 28, 29, 37, 38
- Kündigungsschutz *Betriebsbedingte Kündigung* 4, 6, 38, 39
- Kündigungsschutzklage *Betriebsbedingte Kündigung* 4
- Kündigungsschutz vor Erfüllung der Wartezeit und im Kleinbetrieb *Betriebsbedingte Kündigung* 9, 10
- Meldepflicht *Betriebsbedingte Kündigung* 42
- Ordentliche Kündigung *Betriebsbedingte Kündigung* 28, 29, 37, 38
- Soziale Auswahl *Betriebsbedingte Kündigung* 17
- Soziale Gesichtspunkte *Betriebsbedingte Kündigung* 31
- Soziale Rechtfertigung der Kündigung *Betriebsbedingte Kündigung* 12
- Sozialwidrigkeit der Kündigung *Betriebsbedingte Kündigung* 12, 16, 17
- Unternehmerischen Entscheidung *Betriebsbedingte Kündigung* 13
- Veränderter Arbeitsvertrag *Betriebsbedingte Kündigung* 35
- Weiterbeschäftigungsanspruch nach § 102 Abs. 5 BetrVG *Betriebsbedingte Kündigung* 37, 41
- Weitervergütungsanspruch nach § 102 Abs. 5 BetrVG *Betriebsbedingte Kündigung* 37, 41
- Widerspruch des Betriebsrats *Betriebsbedingte Kündigung* 30
- Wiedereinstellungsanspruch *Betriebsbedingte Kündigung* 12, 40
- Zustimmung einer Behörde *Betriebsbedingte Kündigung* 5

Betriebsbuße
- Abgrenzung zur Abmahnung *Betriebsbuße* 2, 14, 17, 24
- Beanstandung *Betriebsbuße* 14
- Begriff *Betriebsbuße* 1
- Beschwerde *Betriebsbuße* 24
- Beschwerderecht des Arbeitnehmers *Betriebsbuße* 24
- Betriebsbußenordnung *Betriebsbuße* 4, 8, 9, 22
- Betriebsordnung *Betriebsbuße* 1, 6, 8, 10, 19
- Betriebsrat *Betriebsbuße* 7
- Bußordnung *Betriebsbuße* 4, 8, 9, 22
- Disziplinarmaßnahmen *Betriebsbuße* 1
- Einigungsstelle *Betriebsbuße* 13
- Entfernung aus der Personalakte *Betriebsbuße* 23, 24
- Formen Bußordnung *Betriebsbuße* 3
- Frist zur Entfernung aus der Personalakte *Betriebsbuße* 23
- Gegendarstellung *Betriebsbuße* 24
- Klage *Betriebsbuße* 24, 25
- Mitbestimmung *Betriebsbuße* 7
- Personalakte *Betriebsbuße* 23, 24
- Schriftliche Beanstandung *Betriebsbuße* 14
- Strafcharakter der Betriebsbuße *Betriebsbuße* 18

Betriebsferien *Fristen* 8

Betriebsgeheimnis *Geheimhaltungspflicht* 2

Betriebsgesellschaft *Umwandlung von Unternehmen* 57

Betriebsordnung
- Arbeitsverhalten *Betriebsordnung* 3 a
- Arbeitsvertrag *Betriebsordnung* 11
- Begriff *Betriebsordnung* 1
- Betriebsbuße *Betriebsordnung* 3, 12
- Betriebsrat *Betriebsordnung* 3
- Betriebsvereinbarung *Betriebsordnung* 7

2247

Stichwortverzeichnis

- Datenschutz *Betriebsordnung* 6
- Einigungsstelle *Betriebsordnung* 3, 8, 12
- Günstigkeitsprinzip *Betriebsordnung* 11
- Inhalte *Betriebsordnung* 1, 3 c, 3 d
- Mitbestimmung *Betriebsordnung* 3
- Ordnungsverhalten *Betriebsordnung* 3 a
- Persönlichkeitsrecht der Arbeitnehmer *Betriebsordnung* 3 b
- Unterlassungsanspruch des Betriebsrats *Betriebsordnung* 4

Betriebsräteversammlung
- Bericht des Unternehmers *Betriebsräteversammlung* 4
- Betriebs- und Geschäftsgeheimnisse *Betriebsräteversammlung* 4
- Gesamtbetriebsrat *Betriebsräteversammlung* 1, 3
- Mehr-Betriebs-Unternehmen *Betriebsräteversammlung* 1
- Tätigkeitsbericht des Gesamtbetriebsrats *Betriebsräteversammlung* 3
- Teilnehmer *Betriebsräteversammlung* 1, 2
- Überbetriebliche Zusammenarbeit *Betriebsräteversammlung* 8

Betriebsrat
- Amtszeit *Betriebsrat* 43
- Arbeitnehmer *Betriebsrat* 1
- Arbeitsgericht *Betriebsrat* 21, 37
- Arbeitsgruppen *Betriebsrat* 29
- Arbeitskampf *Betriebsrat* 37
- Arbeitsteilung im Betriebsrat *Betriebsrat* 22
- Aufgaben *Betriebsrat* 10
- Ausschüsse des Betriebsrats *Betriebsrat* 27, 28
- Außerordentliche Kündigung *Betriebsrat* 35
- Belegschaft *Betriebsrat* 39, 40
- Beschwerderecht des Arbeitnehmers *Betriebsrat* 39
- Beteiligung der Belegschaft *Betriebsrat* 39
- Beteiligungsrechte *Betriebsrat* 18
- Betriebe *Betriebsrat* 1
- Betriebliches Vorschlagswesen *Betriebsrat* 40
- Betriebsänderung *Betriebsrat* 35
- Betriebsaufspaltung *Betriebsrat* 48
- Betriebsaufspaltung/Unternehmensteilung *Betriebsrat* 2, 52
- Betriebsausschuss *Betriebsrat* 27
- Betriebsbegehung *Betriebsrat* 40
- Betriebsrats-Info *Betriebsrat* 39
- Betriebsratssitzung *Betriebsrat* 34, 39, 42
- Betriebsratsvorsitzende/r *Betriebsrat* 24
- Betriebsratswahl *Betriebsrat* 1, 7, 39, 45
- Betriebsspaltung und Zusammenlegung von Betrieben *Betriebsrat* 51
- Betriebsübergang *Betriebsrat* 48, 51, 52
- Betriebsvereinbarung *Betriebsrat* 27, 48
- Betriebsversammlungen *Betriebsrat* 39, 42
- Einigungsstelle *Betriebsrat* 21, 37
- Ersatzmitglieder *Betriebsrat* 34
- Europäischer *Betriebsrat* 53
- Freistellung von Betriebsratsmitgliedern *Betriebsrat* 26, 35
- Friedenspflicht *Betriebsrat* 37
- Funktion *Betriebsrat* 8
- Geheimhaltungspflicht *Betriebsrat* 38
- Gemeinschaftsbetrieb *Betriebsrat* 2
- Gesamtbetriebsrat *Betriebsrat* 53
- Geschäftsordnung *Betriebsrat* 23
- Geschlechterquote *Betriebsrat* 7
- Gestaltungsaufgaben *Betriebsrat* 14
- Gewerkschaft *Betriebsrat* 9 b, 38, 42
- Gewerkschaftliche Vertrauensleute *Betriebsrat* 42
- Informationsrechte *Betriebsrat* 19
- Interessengegensatz *Betriebsrat* 9, 37
- Jugend- und Auszubildendenvertretung *Betriebsrat* 16, 53
- Konfliktlösung *Betriebsrat* 36
- Konzern-Jugend- und Auszubildendenvertretung *Betriebsrat* 53
- Konzernbetriebsrat *Betriebsrat* 53
- Kosten der Betriebsratstätigkeit *Betriebsrat* 35
- Kündigungsschutz *Betriebsrat* 34, 35
- »Leitbild « der Betriebsratsarbeit *Betriebsrat* 9 b
- Mehr-Betriebs-Unternehmen *Betriebsrat* 32
- Meinungsverschiedenheiten *Betriebsrat* 37
- Mitglieder *Betriebsrat* 26
- Laufende Geschäfte *Betriebsrat* 25
- Ordnungswidrigkeitenverfahren *Betriebsrat* 21
- Rahmenbedingungen der Betriebsratsarbeit *Betriebsrat* 35
- Personalakte *Betriebsrat* 39
- Rechtsbegriffe *Betriebsrat* 1, 3
- Restmandat *Betriebsrat* 52
- Rolle des Betriebsrats *Betriebsrat* 8
- Sachverständige *Betriebsrat* 35
- Schulungs- und Bildungsveranstaltungen *Betriebsrat* 35
- Schutzaufgaben *Betriebsrat* 13
- Schwarzes Brett *Betriebsrat* 39
- Schwerbehindertenvertretung *Betriebsrat* 28 a
- Selbstverständnis des Betriebsrats *Betriebsrat* 8
- Sprechstunde des Betriebsrats *Betriebsrat* 40
- Stellvertretende/r Betriebsratsvorsitzende/r *Betriebsrat* 24, 25
- Strafverfahren *Betriebsrat* 21
- Tarifvertrag *Betriebsrat* 48
- Übergangsmandat *Betriebsrat* 48
- Übertragung von Aufgaben auf Arbeitsgruppen *Betriebsrat* 29
- Überwachungsaufgaben *Betriebsrat* 11
- Umwandlung von Unternehmen *Betriebsrat* 48, 51
- Unternehmensmitbestimmung *Betriebsrat* 55
- Unterrichtung der Arbeitnehmer *Betriebsrat* 17 a, 39

Stichwortverzeichnis

- Vertrauensvolle Zusammenarbeit *Betriebsrat* 9, 37
- Weitere Mitglieder des Betriebsrats *Betriebsrat* 26
- Wirtschaftsausschuss *Betriebsrat* 32, 33, 42
- Zusammenarbeit mit der Gewerkschaft *Betriebsrat* 9 b, 42
- Zusammenarbeit mit der Schwerbehindertenvertretung *Betriebsrat* 28 a
- Wirtschaftsausschuss *Betriebsräteversammlung* 8

Betriebsratsbüro (Ausstattung, Hausrecht)
- Erforderlichkeit *Betriebsratsbüro (Ausstattung, Hausrecht)* 2
- Hausrecht *Betriebsratsbüro (Ausstattung, Hausrecht)* 4
- Kosten *Betriebsratsbüro (Ausstattung, Hausrecht)* 2
- Mindestausstattung *Betriebsratsbüro (Ausstattung, Hausrecht)* 3

Betriebsratssitzung (Beschlussfassung)
- Anzahl der Betriebsratssitzungen *Betriebsratssitzung (Beschlussfassung)* 18
- Arbeitgeber *Betriebsratssitzung (Beschlussfassung)* 5
- Arbeitgeberverband *Betriebsratssitzung (Beschlussfassung)* 5
- Arbeitsgerichtliches Verfahren *Betriebsratssitzung (Beschlussfassung)* 23 a
- Aussetzung von Beschlüssen *Betriebsratssitzung (Beschlussfassung)* 27
- Auszubildende *Betriebsratssitzung (Beschlussfassung)* 5
- Beschlussfähigkeit *Betriebsratssitzung (Beschlussfassung)* 22
- Beschlussfassung *Betriebsratssitzung (Beschlussfassung)* 13, 14, 19
- Beschlussfassung trotz fehlender oder unvollständiger Tagesordnung *Betriebsratssitzung (Beschlussfassung)* 13, 14
- Beschlussfähigkeit *Betriebsratssitzung (Beschlussfassung)* 22
- Datenschutz *Betriebsratssitzung (Beschlussfassung)* 11
- Dauer der Betriebsratssitzung *Betriebsratssitzung (Beschlussfassung)* 18
- Drei-Viertel-Mehrheit *Betriebsratssitzung (Beschlussfassung)* 25
- Einberufung *Betriebsratssitzung (Beschlussfassung)* 2
- Einigungsstelle *Betriebsratssitzung (Beschlussfassung)* 23 a
- Einladung *Betriebsratssitzung (Beschlussfassung)* 5
- Einzuladende Personen *Betriebsratssitzung (Beschlussfassung)* 5
- Ersatzmitglieder des Betriebsrats *Betriebsratssitzung (Beschlussfassung)* 5
- Geschäftsordnung des Betriebsrats *Betriebsratssitzung (Beschlussfassung)* 4, 5
- Gewerkschaft *Betriebsratssitzung (Beschlussfassung)* 5, 41
- Heilung eines unwirksamen Betriebsratsbeschlusses *Betriebsratssitzung (Beschlussfassung)* 23 a
- Jugend- und Auszubildendenvertretung *Betriebsratssitzung (Beschlussfassung)* 5
- Leitende Angestellte *Betriebsratssitzung (Beschlussfassung)* 5
- Mehrheit der Stimmen der Mitglieder *Betriebsratssitzung (Beschlussfassung)* 25
- Nichtiger Betriebsratsbeschluss *Betriebsratssitzung (Beschlussfassung)* 13, 14, 23
- Nichtöffentlichkeit *Betriebsratssitzung (Beschlussfassung)* 15
- Personelle Angelegenheiten *Betriebsratssitzung (Beschlussfassung)* 23 a
- Protokollierung *Betriebsratssitzung (Beschlussfassung)* 26
- Rechtsbegriffe *Betriebsratssitzung (Beschlussfassung)* 37
- Rechtsanwalt *Betriebsratssitzung (Beschlussfassung)* 23 a
- Schulungs- und Bildungsveranstaltungen *Betriebsratssitzung (Beschlussfassung)* 23 a
- Schwerbehindertenvertretung *Betriebsratssitzung (Beschlussfassung)* 5
- Stimmengleichheit *Betriebsratssitzung (Beschlussfassung)* 26
- Tagesordnung *Betriebsratssitzung (Beschlussfassung)* 6, 13, 14
- Umlaufverfahren *Betriebsratssitzung (Beschlussfassung)* 1
- Unwirksamer Betriebsratsbeschluss *Betriebsratssitzung (Beschlussfassung)* 13, 14, 23
- Verhinderung *Betriebsratssitzung (Beschlussfassung)* 5
- Zeitpunkt der Betriebsratssitzung *Betriebsratssitzung (Beschlussfassung)* 17

Betriebsratswahl
- Altersteilzeit *Betriebsratswahl* 9 a
- Arbeitnehmer *Betriebsratswahl* 1
- Arbeitnehmerüberlassung *Betriebsratswahl* 8
- Arbeitsgericht *Betriebsratswahl* 12, 13
- Auszubildende *Betriebsratswahl* 9 b
- Behinderung der Betriebsratswahl *Betriebsratswahl* 1
- Betriebe *Betriebsratswahl* 1
- Betriebe ohne Betriebsrat *Betriebsratswahl* 12
- Betriebsrat *Betriebsratswahl* 1
- Briefwahl *Betriebsratswahl* 24 (Übersicht)
- d'Hondtsches Höchstzahlverfahren *Betriebsratswahl* 20
- Gemeinschaftsbetrieb *Betriebsratswahl* 2, 14
- Gesamtbetriebsrat *Betriebsratswahl* 12

Stichwortverzeichnis

- Geschlechterquote *Betriebsratswahl* 20
- Gewerkschaft *Betriebsratswahl* 12
- Konzernbetriebsrat *Betriebsratswahl* 12
- Kosten der Betriebsratswahl *Betriebsratswahl* 22
- Leiharbeitnehmer *Betriebsratswahl* 8, 9
- Leitende Angestellte *Betriebsratswahl* 3
- Listenvertreter *Betriebsratswahl* 24 (Übersicht)
- Mehrheitswahl *Betriebsratswahl* 19
- Rechtsbegriffe *Betriebsratswahl* 1, 15
- Regelmäßige Betriebsratswahlen *Betriebsratswahl* 3
- Stimmzettel *Betriebsratswahl* 24 (Übersicht)
- Strafverfahren *Betriebsratswahl* 23
- Verhältniswahl *Betriebsratswahl* 19
- Vorschlagsliste *Betriebsratswahl* 24 (Übersicht)
- Wahlausschreiben *Betriebsratswahl* 24 (Übersicht)
- Wählbarkeit *Betriebsratswahl* 7
- Wahlberechtigung *Betriebsratswahl* 6
- Wählerliste *Betriebsratswahl* 24 (Übersicht)
- Wahlniederschrift *Betriebsratswahl* 24 (Übersicht)
- Wahlunterlagen *Betriebsratswahl* 24 (Übersicht)
- Wahlverfahren *Betriebsratswahl* 18
- Wahlvorschlag *Betriebsratswahl* 24
- Wahlvorstand *Betriebsratswahl* 11, 24 (Übersicht)

Betriebssicherheitsverordnung *Arbeitsschutz* 35

Betriebsspaltung und Zusammenlegung von Betrieben
- Abspaltung *Betriebsspaltung und Zusammenlegung von Betrieben* 3, 12
- Aufspaltung *Betriebsspaltung und Zusammenlegung von Betrieben* 2, 9
- Betrieb *Betriebsspaltung und Zusammenlegung von Betrieben* 2, 5
- Betriebsänderung *Betriebsspaltung und Zusammenlegung von Betrieben* 25
- Betriebsaufspaltung *Betriebsspaltung und Zusammenlegung von Betrieben* 2, 9
- Betriebsrat *Betriebsspaltung und Zusammenlegung von Betrieben* 8
- Betriebsübergang *Betriebsspaltung und Zusammenlegung von Betrieben* 1, 5, 18, 23, 27, 28
- Betriebsvereinbarung *Betriebsspaltung und Zusammenlegung von Betrieben* 11
- Eingliederung *Betriebsspaltung und Zusammenlegung von Betrieben* 14
- Gemeinschaftsbetrieb *Betriebsspaltung und Zusammenlegung von Betrieben* 6, 20
- Gesamtbetriebsrat *Betriebsspaltung und Zusammenlegung von Betrieben* 21
- Interessenausgleich *Betriebsspaltung und Zusammenlegung von Betrieben* 25
- Konzern *Betriebsspaltung und Zusammenlegung von Betrieben* 22
- Konzernbetriebsrat *Betriebsspaltung und Zusammenlegung von Betrieben* 22
- Mehr-Betriebs-Unternehmen *Betriebsspaltung und Zusammenlegung von Betrieben* 21
- Neuwahl des Betriebsrats *Betriebsspaltung und Zusammenlegung von Betrieben* 8, 10, 12, 15, 17
- Restmandat des Betriebsrats *Betriebsspaltung und Zusammenlegung von Betrieben* 19
- Sozialplan *Betriebsspaltung und Zusammenlegung von Betrieben* 25
- Tarifvertrag *Betriebsspaltung und Zusammenlegung von Betrieben* 11
- Übergangsmandat des Betriebsrats *Betriebsspaltung und Zusammenlegung von Betrieben* 8, 10, 13, 16, 17
- Umwandlung von Unternehmen *Betriebsspaltung und Zusammenlegung von Betrieben* 1, 5, 7, 18, 26, 28
- Unternehmen *Betriebsspaltung und Zusammenlegung von Betrieben* 5, 6, 21, 22
- Wirtschaftsausschuss *Betriebsspaltung und Zusammenlegung von Betrieben* 24
- Zusammenlegung von Betrieben *Betriebsspaltung und Zusammenlegung von Betrieben* 4, 17

Betriebsstilllegung *Arbeitskampf* 9, 64; *Betriebsänderung* 6; *Betriebsübergang* 7

Betriebsteil
- Betrieb *Betriebsteil* 1, 2, 8
- Betriebsrat *Betriebsteil* 2
- Betriebsratswahl *Betriebsteil* 3–8
- Gesamtbetriebsrat *Betriebsteil* 8
- Hauptbetrieb *Betriebsteil* 1–7
- Kleinstbetrieb *Betriebsteil* 7
- Unternehmen *Betriebsteil* 6
- Wahlvorstand *Betriebsteil* 5
- Weite Entfernung vom Hauptbetrieb *Betriebsteil* 2

Betriebsübergang *Umwandlung von Unternehmen* 52
- Änderungskündigung *Betriebsübergang* 12, 19, 24, 25
- Arbeitgeberverband *Betriebsübergang* 18
- Arbeitskampf *Betriebsübergang* 18
- Arbeitslosenversicherung *Betriebsübergang* 48
- Aufhebungsverträge *Betriebsübergang* 28
- Ausnahmeregelungen des § 613 Abs. 1 S. 3 und 4 BetrVG *Betriebsübergang* 22
- Outsourcing *Betriebsübergang* 2 a
- Betrieb *Betriebsübergang* 1
- Betriebsänderung *Betriebsübergang* 38
- Betriebsrat *Betriebsübergang* 29
- Betriebsspaltung und Zusammenlegung von Betrieben *Betriebsübergang* 29, 36, 38
- Betriebsstilllegung *Betriebsübergang* 7
- Betriebsteil *Betriebsübergang* 1
- Betriebsübergangsrichtlinie *Betriebsübergang* 8

Stichwortverzeichnis

- Betriebsvereinbarung *Betriebsübergang* 19
- Einjährige Veränderungssperre *Betriebsübergang* 12, 13
- Firmentarifvertrag *Betriebsübergang* 17 a
- Formwechsel *Betriebsübergang* 5
- Fortsetzungsverlangen *Betriebsübergang* 52
- Funktionsnachfolge *Betriebsübergang* 8
- Haftung des alten und neuen Arbeitgebers *Betriebsübergang* 26
- Insolvenzverfahren *Betriebsübergang* 3
- Königsweg der Tarifflucht *Betriebsübergang* 2 b, 18
- Kündigung wegen des Betriebsübergangs *Betriebsübergang* 27
- Nachteilsausgleich *Betriebsübergang* 38
- Sozialplan *Betriebsübergang* 38, 49
- Tarifvertrag *Betriebsübergang* 12, 13, 14, 18, 33
- Übergang i. S. d. Betriebsübergangsrichtlinie *Betriebsübergang* 8, 9
- Übergang des Arbeitsverhältnisses *Betriebsübergang* 11
- Umwandlung von Unternehmen *Betriebsübergang* 5, 6, 17 a, 50
- Unterrichtung der Arbeitnehmer *Betriebsübergang* 40
- Veränderungssperre *Betriebsübergang* 12, 13
- Verwirkung des Widerspruchsrechts *Betriebsübergang* 45 a
- Wechsel der Gesellschafter *Betriebsübergang* 4
- Weitergeltung von Betriebsvereinbarungen *Betriebsübergang* 19
- Weitergeltung tariflicher Regelungen *Betriebsübergang* 12
- Widerspruch des Arbeitnehmers *Betriebsübergang* 42, 46
- Widerspruch eines Betriebsratsmitglieds *Betriebsübergang* 51
- Widerspruchsfrist *Betriebsübergang* 42, 45
- Wiedereinstellungsanspruch *Betriebsübergang* 52

Betriebsvereinbarung
- Ablauf der Betriebsvereinbarung *Betriebsvereinbarung* 17
- Ablösende Betriebsvereinbarung *Betriebsvereinbarung* 26 a, 27
- Ablösungsprinzip *Betriebsvereinbarung* 26 a
- Arbeitsgericht *Betriebsvereinbarung* 23, 32
- Arbeitsschutz *Betriebsvereinbarung* 3
- Arbeitsvertrag *Betriebsvereinbarung* 19, 30
- Aufhebungsvertrag *Betriebsvereinbarung* 3
- Ausschlussfristen/Verfallfristen *Betriebsvereinbarung* 16
- Betriebliche Altersversorgung *Betriebsvereinbarung* 31
- Betriebliche Übung *Betriebsvereinbarung* 30
- Betriebsrat *Betriebsvereinbarung* 11, 24
- Betriebsübergang *Betriebsvereinbarung* 17, 21

- Durchführung der Betriebsvereinbarung *Betriebsvereinbarung* 23
- Einstweilige Verfügung *Betriebsvereinbarung* 23
- Einzelfallbetriebsvereinbarung *Betriebsvereinbarung* 5 a; *Überstunden* 30
- Erzwingbare Betriebsvereinbarung *Betriebsvereinbarung* 2
- Freiwillige Betriebsvereinbarung *Betriebsvereinbarung* 3, 20
- Gesamtbetriebsrat *Betriebsvereinbarung* 1
- Gewerkschaft *Betriebsvereinbarung* 7
- Gleichbehandlung *Betriebsvereinbarung* 30
- Gleitzeit *Betriebsvereinbarung* 5
- Günstigkeitsprinzip *Betriebsvereinbarung* 15, 26, 28, 30, 34
- Günstigkeitsvergleich *Betriebsvereinbarung* 29
- Insolvenzverfahren *Betriebsvereinbarung* 17
- Inhalt von Betriebsvereinbarungen *Betriebsvereinbarung* 5
- Klage *Betriebsvereinbarung* 32
- Konzernbetriebsrat *Betriebsvereinbarung* 1
- Kündigungen durch den Arbeitgeber *Betriebsvereinbarung* 3
- Nachwirkung *Betriebsvereinbarung* 17, 19; *Betriebsvereinbarung: Nachwirkung* 1
- Rahmenbetriebsvereinbarung *Betriebsvereinbarung* 5 a; *Überstunden* 30
- Regelungsabrede *Betriebsvereinbarung* 22
- Sozialeinrichtungen *Betriebsvereinbarung* 3
- Sozialplan *Betriebsvereinbarung* 9
- Tarifvertrag *Betriebsvereinbarung* 6, 10, 16, 19, 26
- Tarifvorrang *Betriebsvereinbarung* 6
- Überstunden *Betriebsvereinbarung* 33; *Überstunden* 30
- Umstrukturierende Betriebsvereinbarung *Betriebsvereinbarung* 29
- Umweltschutz *Betriebsvereinbarung* 3
- Unterlassungsanspruch des Betriebsrats *Betriebsvereinbarung* 23
- Verhandlungen mit dem Arbeitgeber *Betriebsvereinbarung* 25
- Verjährung *Betriebsvereinbarung* 16
- Verschlechterung vertraglicher Ansprüche durch Betriebsvereinbarung *Betriebsvereinbarung* 27
- Verschlechternde Betriebsvereinbarung *Betriebsvereinbarung* 28
- Verwirkung *Betriebsvereinbarung* 16, 35
- Verzicht *Betriebsvereinbarung* 16, 35
- Wirkungen der Betriebsvereinbarung *Betriebsvereinbarung* 15

Betriebsvereinbarung: Nachwirkung
- Ausschluss der Nachwirkung *Betriebsvereinbarung: Nachwirkung* 4
- Nachwirkung *Betriebsvereinbarung* 19; *Betriebsvereinbarung: Nachwirkung* 1
- Teilmitbestimmte Betriebsvereinbarung *Betriebsvereinbarung: Nachwirkung* 5

2251

Stichwortverzeichnis

Betriebsverfassungsrechtliche Abmahnung *Abmahnung* 9 a

Betriebsversammlung
- Ablauf der Betriebsversammlung *Betriebsversammlung* 14
- Abteilungsversammlung *Betriebsversammlung* 5
- Arbeitgeber *Betriebsversammlung* 16
- Arbeitgeberverband *Betriebsversammlung* 26
- Arbeitnehmer *Betriebsversammlung* 1
- Arbeitnehmerüberlassung *Betriebsversammlung* 1
- Ausländische Arbeitnehmer *Betriebsversammlung* 17
- Außerordentliche Betriebsversammlungen *Betriebsversammlung* 8
- Betriebsänderungen *Betriebsversammlung* 8
- Betriebsrat *Betriebsversammlung* 30
- Betriebsversammlung zur Bestellung eines Wahlvorstandes *Betriebsversammlung* 11
- Dauer der Betriebsversammlung *Betriebsversammlung* 21
- Einberufung der Betriebsversammlung *Betriebsversammlung* 3
- Externe Teilnehmer *Betriebsversammlung* 15
- Fortzahlung der Vergütung *Betriebsversammlung* 11
- Funktion *Betriebsversammlung* 2
- Geheimhaltungspflicht *Betriebsversammlung* 17
- Gewerkschaft *Betriebsversammlung* 6, 25, 35
- Hauptfunktionen *Betriebsversammlung* 2
- Hausrecht *Betriebsversammlung* 14
- Leiharbeitnehmer *Betriebsversammlung* 1
- Leitung der Betriebsversammlung *Betriebsversammlung* 14
- Mehrschichtbetrieb *Betriebsversammlung* 23
- Ordentliche Betriebsversammlungen *Betriebsversammlung* 4
- Schichtbetrieb *Betriebsversammlung* 23
- Teilversammlung *Betriebsversammlung* 10
- Thema der Betriebsversammlung *Betriebsversammlung* 19
- Tonbandaufnahme *Betriebsversammlung* 28
- Umweltschutz *Betriebsversammlung* 17
- Vergütung *Betriebsversammlung* 11
- Vertrauensleute, gewerkschaftliche *Betriebsversammlung* 32, 35
- Vollversammlung *Betriebsversammlung* 23
- Weitere Betriebsversammlungen *Betriebsversammlung* 7
- Zeitliche Lage *Betriebsversammlung* 22

Beurteilung
- der Führung *Zeugnis* 22
- der Leistung *Zeugnis* 18

Beurteilungsgrundsätze
- Begriff *Beurteilungsgrundsätze* 1
- Betriebsrat *Beurteilungsgrundsätze* 6
- Beurteilungskriterien *Beurteilungsgrundsätze* 2
- Beurteilungsmethoden *Beurteilungsgrundsätze* 3
- Einigungsstelle *Beurteilungsgrundsätze* 10
- Elektronische Datenverarbeitung *Beurteilungsgrundsätze* 5
- Kündigung *Beurteilungsgrundsätze* 12
- Mitbestimmungsrechte des Betriebsrats *Beurteilungsgrundsätze* 6
- Personalakte *Beurteilungsgrundsätze* 12
- Tarifvertrag *Beurteilungsgrundsätze* 9
- Unterlassungsanspruch des Betriebsrats *Beurteilungsgrundsätze* 11
- Versetzung *Beurteilungsgrundsätze* 12
- Zielvereinbarungen *Beurteilungsgrundsätze* 4

Beurteilungskriterien *Beurteilungsgrundsätze* 2

Beweiserleichterungen *Berufskrankheit* 5; *Benachteiligungsverbot (AGG)* 51

Beweislast *Behinderung der Betriebsratsarbeit* 5; *Behinderung der Betriebsratswahl* 6; *Benachteiligungsverbot (AGG)* 51; *Haftung des Arbeitnehmers* 8

Beweislastumkehr *Benachteiligungsverbot (AGG)* 51

Beweiswert der Arbeitsunfähigkeitsbescheinigung *Entgeltfortzahlung im Krankheitsfall und bei Vorsorge/Rehabilitation* 49

Bewerbungsunterlagen *Einstellung* 19

Bezugnahme auf Tarifvertrag *Arbeitgeberverband* 16 a; *Arbeitsvertrag: Bezugnahme auf Tarifverträge*

Bezugnahmeklausel, vertragliche *Arbeitgeberverband* 16 a; *Arbeitsvertrag: Bezugnahme auf Tarifverträge*

BG-Vorschriften *Arbeitsschutz* 3; *Unfallversicherung* 24

Bilanz *Jahresabschluss* 3

Bildschirmarbeit
- Anhang zur Bildschirmarbeitsverordnung *Bildschirmarbeit* 7, 8
- Arbeitsschutz *Bildschirmarbeit* 6, 16, 19
- Augenärztliche Untersuchung *Bildschirmarbeit* 11, 12
- Benutzerfreundlichkeit *Bildschirmarbeit* 8
- Betriebsrat *Bildschirmarbeit* 14
- Bildschirmarbeitsplatz *Bildschirmarbeit* 4
- Bildschirmarbeitsverordnung *Arbeitsschutz* 1, 36
- Bildschirmgerät *Bildschirmarbeit* 3
- Mischarbeit *Bildschirmarbeit* 10
- Pausen *Bildschirmarbeit* 10
- Pflichten des Arbeitgebers *Bildschirmarbeit* 6
- Sehhilfe *Bildschirmarbeit* 13
- Software *Bildschirmarbeit* 8
- Unterbrechung der Bildschirmarbeit *Bildschirmarbeit* 10
- Untersuchung der Augen und des Sehvermögens *Bildschirmarbeit* 11

Stichwortverzeichnis

Bildungsurlaub
- Betriebsrat *Bildungsurlaub* 81
- Ländergesetze *Bildungsurlaub* 5, 5a, 5b– Tarifverträge *Bildungsurlaub* 4
- Urlaub *Bildungsurlaub* 83

Biostoffverordnung *Arbeitsschutz* 37
Blitzaustritt *Arbeitgeberverband* 16
Blitz-OT-Wechsel *Arbeitgeberverband* 16, 19a
Bruttolohn- und Gehaltsliste
- Aufschlüsselung aller Entgeltbestandteile *Bruttolohn- und Gehaltsliste* 4
- Außertarifliche Angestellte *Bruttolohn- und Gehaltsliste* 5
- Aushändigung *Bruttolohn- und Gehaltsliste* 7
- Betriebsausschuss *Bruttolohn- und Gehaltsliste* 3
- – Betriebsrat *Bruttolohn- und Gehaltsliste* 13
- Betriebsratsvorsitzender *Bruttolohn- und Gehaltsliste* 3
- Betriebs– und Geschäftsgeheimnisse *Bruttolohn und Gehaltsliste* 10
- Datenschutz *Bruttolohn- und Gehaltsliste* 9
- Einblicksrecht *Bruttolohn- und Gehaltsliste* 3
- Innerbetriebliche Lohngerechtigkeit *Bruttolohn- und Gehaltsliste* 2a
- Kopie *Bruttolohn- und Gehaltsliste* 7
- Leitende Angestellte *Bruttolohn- und Gehaltsliste* 5
- Notizen *Bruttolohn- und Gehaltsliste* 7
- Vorlage *Bruttolohn- und Gehaltsliste* 7

Bummellass *Entgeltfortzahlung an Feiertagen* 17
Bundesverband der Deutschen Industrie e. V. *Arbeitgeberverband* 4
Bundesvereinigung der Deutschen Arbeitgeberverbände *Arbeitgeberverband* 4
Burnout *Arbeitsschutz* 77b

Cashflow *Jahresabschluss* 19
Crowdsourcing *Betriebsänderung* 9a
Crowdworking *Betriebsänderung* 9a

Datenerhebung *Datenschutz* 16
Datengeheimnis *Datenschutz* 33 , *Geheimhaltungspflicht* 13
Datenschutz
- Arbeitnehmerdatenschutz *Datenschutz* 26
- Arbeitsgericht *Datenschutz* 67
- Arbeitsvertrag *Datenschutz* 49
- Aufsichtsbehörde *Datenschutz* 43
- Betriebsrat *Datenschutz* 50
- Betriebsvereinbarung *Datenschutz* 49, 64
- Bundesdatenschutzgesetz *Datenschutz* 6a
- Datenerhebung *Datenschutz* 12
- Datenerhebung, -verarbeitung und -nutzung für Zwecke des Beschäftigungsverhältnisses *Datenschutz* 26
- Datengeheimnis *Datenschutz* 42a
- Datenschutzbeauftragter *Datenschutz* 35, 52

- Datenschutzrichtlinie *Datenschutz* 4
- Datensparsamkeit *Datenschutz* 16
- Datenverarbeitung *Datenschutz* 13
- Datenvermeidung *Datenschutz* 16
- EDV im Betriebsratsbüro *Datenschutz* 74
- Eingruppierung/Umgruppierung *Datenschutz* 53
- Einigungsstelle *Datenschutz* 66, 68, 69
- Einstellung *Datenschutz* 53, 54
- Einwilligung des Betroffenen *Datenschutz* 22
- Gesamtbetriebsrat *Datenschutz* 59
- Gewerkschaft *Datenschutz* 71
- Jugend- und Auszubildendenvertretung *Datenschutz* 59
- Kosten der Betriebsratsarbeit *Datenschutz* 74
- Kündigung *Datenschutz* 53
- Leitende Angestellte *Datenschutz* 55
- Löschen *Datenschutz* 13
- Meldepflicht *Datenschutz* 34
- Personalfragebogen *Datenschutz* 12, 50
- Sachverständige *Datenschutz* 65
- Speichern *Datenschutz* 13
- Sperren *Datenschutz* 13
- Tarifvertrag *Datenschutz* 49
- Übermitteln *Datenschutz* 13
- Unterlassungsanspruch des Betriebsrats *Datenschutz* 67
- Verändern *Datenschutz* 13
- Versetzung *Datenschutz* 53
- Vorabkontrolle *Datenschutz* 34a
- Zulässigkeit der Datenerhebung, -verarbeitung und -nutzung *Datenschutz* 17

Datenschutzbeauftragter *Datenschutz* 35, 52; EDV im Betriebsratsbüro – Internet – Intranet 12; *Kündigungsschutz (besonderer)* 56
Datenschutzrichtlinie *Datenschutz* 4
Datensparsamkeit *Datenschutz* 16
Datenverarbeitung *Datenschutz* 13
Datenvermeidung *Datenschutz* 16
Desk-Sharing *Betriebsänderung* 9a
DGUV Vorschrift 2 *Arbeitsschutz* 45a
Diensterfindungen *Arbeitnehmererfindung* 3
Dienstreise
- Arbeitszeit *Dienstreise* 1
- Begriff *Dienstreise* 1
- Betriebsrat *Dienstreise* 7
- Betriebsvereinbarung *Dienstreise* 7
- Dienstreisezeit *Dienstreise* 3
- Vergütung *Dienstreise* 4

Dienstreisezeit *Dienstreise* 2
Dienstvertrag
- Abgrenzung zum Arbeitsvertrag *Dienstvertrag* 6
- Abgrenzung zum Werkvertrag *Dienstvertrag* 3
- Arbeitnehmerähnliche Person *Arbeitnehmer* 6; *Dienstvertrag* 14
- Betriebsrat *Dienstvertrag* 15

Stichwortverzeichnis

- Begriff *Dienstvertrag* 1
- Freier Mitarbeiter *Dienstvertrag* 12

Dienstwagen zur privaten Nutzung
- Änderungskündigung *Dienstwagen zur privaten Nutzung* 4
- Annahmeverzug *Dienstwagen zur privaten Nutzung* 8
- Arbeitsentgelt *Dienstwagen zur privaten Nutzung* 1
- Betriebsrat *Dienstwagen zur privaten Nutzung* 13
- Betriebsvereinbarung *Dienstwagen zur privaten Nutzung* 2
- Freistellung von Betriebsratsmitgliedern *Dienstwagen zur privaten Nutzung* 14
- Haftung des Arbeitnehmers *Dienstwagen zur privaten Nutzung* 10
- Kündigungsschutz *Dienstwagen zur privaten Nutzung* 4
- Ordentliche Kündigung *Dienstwagen zur privaten Nutzung* 7

Differenzierungsklausel *Tarifvertrag* 53
Direktionsrecht des Arbeitgebers *Arbeitsvertrag* 3, 58
Direktversicherung *Betriebliche Altersversorgung* 2, 10, 39, 53
Direktzusage *Betriebliche Altersversorgung* 34, 53
Diskriminierungsverbot Benachteiligungsverbot (AGG)
Dokumentationsverpflichtung des Arbeitgebers *Arbeitsschutz* 20
Doppelbefristung *Befristeter Arbeitsvertrag* 11
Doppelwahlrecht *Jugend- und Auszubildendenvertretung* 14
Dotierungsrahmen *Betriebliche Altersversorgung* 70; *Sozialeinrichtung* 5; *Übertarifliche Zulagen* 9
Drehtürklausel *Arbeitnehmerüberlassung/Leiharbeit* 5 c, 8 b
Drei-Wochen-Frist *Fristen* 7
Druckkündigung *Kündigung* 8 a
Duales Arbeitsschutzsystem *Arbeitsschutz* 3
Durchführungsverpflichtung *Tarifvertrag* 18
Durchführungswege *Betriebliche Altersversorgung* 3, 71
Durchgriffshaftung *Haftung des Arbeitgebers* 20; *Konzern* 13; *Sozialplan* 29, 30; *Umwandlung von Unternehmen* 54

EDV im Betriebsratsbüro – Internet – Intranet
- Datenschutz *EDV im Betriebsratsbüro – Internet – Intranet* 11
- Datenschutzbeauftragter *EDV im Betriebsratsbüro – Internet – Intranet* 12
- E-Mail *EDV im Betriebsratsbüro – Internet – Intranet* 3
- Fachzeitschrift *EDV im Betriebsratsbüro – Internet – Intranet* 9
- Internet *EDV im Betriebsratsbüro – Internet – Intranet* 4
- Internetadressen mit Informationen für den Betriebsrat *EDV im Betriebsratsbüro – Internet – Intranet* 8
- Intranet *EDV im Betriebsratsbüro – Internet – Intranet* 7
- Kosten *EDV im Betriebsratsbüro – Internet – Intranet* 1
- PC-Ausstattung *EDV im Betriebsratsbüro – Internet – Intranet* 2, 2 a
- Schulung *EDV im Betriebsratsbüro – Internet – Intranet* 10

Effektivklausel *Tarifvertrag* 49
EG-Richtlinien zum Arbeitsschutz *Arbeitsschutz* 7
Ein-Betriebs-Unternehmen
- Betrieb *Ein-Betriebs-Unternehmen* 1
- Betriebsaufspaltung *Ein-Betriebs-Unternehmen* 3
- Betriebsrat *Ein-Betriebs-Unternehmen* 4
- Gemeinschaftsbetrieb *Ein-Betriebs-Unternehmen* 3
- Mehr-Betriebs-Unternehmen *Ein-Betriebs-Unternehmen* 1
- Unternehmen *Ein-Betriebs-Unternehmen* 1
- Wirtschaftsausschuss *Ein-Betriebs-Unternehmen* 5

Ein-Euro-Job *Arbeitslosengeld II (Hartz IV)* 6
Einfache Gleitzeit *Gleitzeit* 2
Einfache technische Verbesserungsvorschläge *Arbeitnehmererfindung* 12
Einfaches Zeugnis *Zeugnis* 3
Eingliederung *Betriebsspaltung und Zusammenlegung von Betrieben* 15; *Einstellung* 1 b
- Berufliche Weiterbildung *Arbeitslosenversicherung: Arbeitsförderung* 86
- in den Betrieb *Arbeitnehmerüberlassung/Leiharbeit* 2, 35; *Einstellung* 1 b
- von Arbeitslosen *Arbeitslosenversicherung: Arbeitsförderung* 85

Eingliederungsmanagement, betriebliches *Krankheit* 24, *Personenbedingte Kündigung* 24 a, *Schwerbehinderte Menschen* 72
Eingruppierung/Umgruppierung
- Änderungskündigung *Eingruppierung/Umgruppierung* 5, 60
- Antrag auf Zustimmung *Eingruppierung/Umgruppierung* 23
- Arbeitsgericht *Eingruppierung/Umgruppierung* 23, 63
- Außertarifliche Angestellte *Eingruppierung/Umgruppierung* 9, 19, 32, 56
- Beschluss des Betriebsrats *Eingruppierung/Umgruppierung* 49 a
- Betriebliche Übung *Eingruppierung/Umgruppierung* 7, 58

Stichwortverzeichnis

- Betriebsrat *Eingruppierung/Umgruppierung* 22
- Betriebsvereinbarung *Eingruppierung/Umgruppierung* 7, 20
- Eingruppierungsklage *Eingruppierung/Umgruppierung* 63, 64
- Einstellung *Eingruppierung/Umgruppierung* 1, 25, 30
- Entgeltgruppen *Eingruppierung/Umgruppierung* 10
- Form der Zustimmungsverweigerung *Eingruppierung/Umgruppierung* 48 a
- Frist der Zustimmungsverweigerung *Eingruppierung/Umgruppierung* 48 a
- Gleichbehandlung *Eingruppierung/Umgruppierung* 58
- Innerbetriebliche Lohngerechtigkeit *Eingruppierung/Umgruppierung* 26
- Klage des Arbeitnehmers *Eingruppierung/Umgruppierung* 63, 64
- Korrigierende Rückgruppierung *Eingruppierung/Umgruppierung* 5, 6, 41, 61
- Leitende Angestellte *Eingruppierung/Umgruppierung* 32
- Mitbeurteilungsrecht *Eingruppierung/Umgruppierung* 23, 27
- Oberbegriffe *Eingruppierung/Umgruppierung* 15, 17
- Pflicht zur Eingruppierung *Eingruppierung/Umgruppierung* 27
- Rechtsbegriffe *Eingruppierung/Umgruppierung* 22
- Richtbeispiele *Eingruppierung/Umgruppierung* 16
- Tarifvertrag *Eingruppierung/Umgruppierung* 7, 10, 46
- Tarifvertragliche Entgeltgruppen *Eingruppierung/Umgruppierung* 10
- Tätigkeitsbeispiele *Eingruppierung/Umgruppierung* 16, 17
- Tätigkeitsmerkmale *Eingruppierung/Umgruppierung* 15
- Umgruppierung *Eingruppierung/Umgruppierung* 2
- Unternehmen *Eingruppierung/Umgruppierung* 22
- Unterrichtung des Betriebsrats *Eingruppierung/Umgruppierung* 23, 43 a
- Vergütungsgruppe *Eingruppierung/Umgruppierung* 29
- Vergütungsordnung *Eingruppierung/Umgruppierung* 7
- Versetzung *Eingruppierung/Umgruppierung* 2, 25
- Verfahren zur Durchsetzung der Mitbestimmung *Eingruppierung/Umgruppierung* 54
- Vorläufige Eingruppierung *Eingruppierung/Umgruppierung* 53
- Vorgehen des Betriebsrats *Eingruppierung/Umgruppierung* 49 b
- Werkstudent *Eingruppierung/Umgruppierung* 8
- Zustimmungsersetzungsverfahren *Eingruppierung/Umgruppierung* 50
- Zustimmungsverweigerungsgründe *Eingruppierung/Umgruppierung* 44
- Zustimmungsverweigerungsrecht *Eingruppierung/Umgruppierung* 44
- Zwangsgeld *Eingruppierung/Umgruppierung* 54

Einigungsstelle
- Ablauf des Einigungsstellenverfahrens *Einigungsstelle* 12
- Abstimmung *Einigungsstelle* 13
- Anfechtung des Spruchs der Einigungsstelle *Einigungsstelle* 14
- Arbeitsgericht *Einigungsstelle* 5 a, 14
- Arbeitskampf *Einigungsstelle* 1
- Außerbetriebliche Beisitzer *Einigungsstelle* 5, 8
- Beisitzer *Einigungsstelle* 5
- Beschlussfassung in der Einigungsstelle *Einigungsstelle* 13
- Besetzung der Einigungsstelle *Einigungsstelle* 5, 5 a
- Betriebsrat *Einigungsstelle* 16
- Betriebsratssitzung *Einigungsstelle* 10
- Einigungsstellenverfahren *Einigungsstelle* 18
- Einleitung des Einigungsstellenverfahrens *Einigungsstelle* 9
- Erzwingbare Einigungsstellenverfahren *Einigungsstelle* 3
- Friedenspflicht *Einigungsstelle* 1
- Fristen *Einigungsstelle* 14
- Honoraranspruch außerbetrieblichen Beisitzer *Einigungsstelle* 8 a
- Honoraranspruch des Vorsitzenden *Einigungsstelle* 8 a
- Kosten der Einigungsstelle *Einigungsstelle* 8
- Offensichtliche Unzuständigkeit *Einigungsstelle* 5 a
- Rechtsanwalt *Einigungsstelle* 5 b, 8 d
- Scheitern der Verhandlungen *Einigungsstelle* 9
- Ständige Einigungsstelle *Einigungsstelle* 6
- Verfahrensbevollmächtigter *Einigungsstelle* 5 b, 8 d
- Vorsitzender der Einigungsstelle *Einigungsstelle* 1, 5, 8 a

Einmalzahlungen *Insolvenzgeld* 11; *Weihnachtsgeld und sonstige Sondervergütungen* 1
Einsicht in die Personalakte *Personalakte* 11
Einsichtnahme in das Handelsregister *Handelsregister* 7, 14
Einstellung
- Antrag auf Zustimmung *Einstellung* 13
- Arbeitnehmer *Einstellung* 4, 17
- Arbeitnehmerüberlassung *Einstellung* 1, 7, 15, 17, 22

Stichwortverzeichnis

- Arbeitsgericht *Einstellung* 13, 33, 34, 36
- Arbeitsvertrag *Einstellung* 1, 6
- Aushilfsarbeitsverhältnis *Einstellung* 7
- Ausschreibung von Arbeitsplätzen *Einstellung* 28
- Auswahlrichtlinie *Einstellung* 28
- Auszubildende *Einstellung* 7
- Befristeter Arbeitsvertrag *Einstellung* 7, 28
- Begriff *Einstellung* 1 a
- Beschluss des Betriebsrats *Einstellung* 31 e
- Betriebsrat *Einstellung* 11
- Betriebsratssitzung *Einstellung* 26, 36
- Bewerbungen *Einstellung* 18
- Bewerbungsunterlagen *Einstellung* 18, 19
- Datenschutzbeauftragter *Einstellung* 8
- Eingliederung *Einstellung* 1 b, 2, 12
- Eingruppierung *Einstellung* 13, 15, 26, 32
- Einstweilige Verfügung *Einstellung* 36, 38
- Elternzeit, Elterngeld, Erziehungsgeld *Einstellung* 10
- Ersatzmitglieder *Einstellung* 26
- Form der Zustimmungsverweigerung *Einstellung* 29
- Frist der Zustimmungsverweigerung *Einstellung* 29
- Freien Mitarbeiter *Einstellung* 4
- Fristen *Einstellung* 24, 33
- Heimarbeit *Einstellung* 7 – Initiativmitbestimmung des Betriebsrats? *Einstellung* 13, 41
- Jugend- und Auszubildendenvertretung *Einstellung* 7
- Ordnungswidrigkeitenanzeige *Einstellung* 38
- Ordnungswidrigkeitenverfahren *Einstellung* 38
- Personalfragebogen *Einstellung* 19
- Rechtsbegriffe *Einstellung* 11, 33
- Strafantrag *Einstellung* 38
- Strafverfahren *Einstellung* 38
- Unternehmen *Einstellung* 11
- Unterlassungsanspruch *Einstellung* 39
- Unterrichtung des Betriebsrats *Einstellung* 13, 15 a
- Verfahren zur Durchsetzung der Mitbestimmung *Einstellung* 34
- Verfahren nach § 23 Abs. 3 BetrVG *Einstellung* 38
- Vorgehen des Betriebsrats *Einstellung* 31 f
- Vorläufige Einstellung *Einstellung* 33
- Zustimmungsersetzungsverfahren *Einstellung* 32
- Zustimmungsverweigerungsrecht *Einstellung* 28
- Zustimmungsverweigerungsgründe *Einstellung* 28
- Zwangsgeld *Einstellung* 34

Einstellungsfragebogen *Personalfragebogen* 2
Einstweilige Verfügung *Arbeitsgericht* 11; *Beschäftigungssicherungstarifvertrag* 6; *Einstellung* 38; *Kurzarbeit* 47 j; *Unterlassungsanspruch des Betriebsrats* 12

Eintritt der Verjährung *Verjährung* 7
Eintritt in den Arbeitgeberverband *Arbeitgeberverband* 7
Einwirkungsklage *Tarifvertrag* 18
Einwirkungspflicht *Tarifvertrag* 18
Einzelanweisungen *Betriebsordnung* 5
Einzelrechtsnachfolge *Umwandlung von Unternehmen* 1
Einzelunternehmung *Unternehmensrechtsformen* 2
Einzugsstelle *Geringfügige Beschäftigungsverhältnisse (Mini-Jobs)* 9
Elterngeld/Elternzeit
- Anspruch auf Elternzeit *Elterngeld/Elternzeit* 41
- Befristete Ersatzeinstellung *Elterngeld/Elternzeit* 83
- Betreuungsgeld *Elterngeld/Elternzeit* 26 a
- Betriebsrat *Elterngeld/Elternzeit* 88
- Bezugszeitraum *Elterngeld/Elternzeit* 19
- Elterngeld *Elterngeld/Elternzeit* 4
- Elterngeld Plus *Elterngeld/Elternzeit* 1, 19
- Elternteilzeitarbeit *Elterngeld/Elternzeit* 44
- Elternzeit *Elterngeld/Elternzeit* 38
- Geschwisterbonus *Elterngeld/Elternzeit* 16
- Heimarbeit *Elterngeld/Elternzeit* 82
- Höhe des Elterngeldes *Elterngeld/Elternzeit* 11
- Inanspruchnahme der Elternzeit *Elterngeld/Elternzeit* 53
- Kündigungsschutz *Elterngeld/Elternzeit* 71
- Mehrlingszuschlag *Elterngeld/Elternzeit* 16
- Urlaub *Elterngeld/Elternzeit* 67
- Verringerung der Arbeitszeit *Elterngeld/Elternzeit* 48
- Zusammentreffen von Ansprüchen *Elterngeld/Elternzeit* 27

E-Mail *EDV im Betriebsratsbüro – Internet – Intranet* 3
Enkelgesellschaften *Konzern* 8
Entfernung der Abmahnung aus der Personalakte *Abmahnung* 19
Entgeltausfallprinzip *Entgeltfortzahlung an Feiertagen* 24; *Entgeltfortzahlung im Krankheitsfall und bei Vorsorge/Rehabilitation* 16
Entgeltfortzahlung an Feiertagen
- Anspruch auf Entgeltfortzahlung *Entgeltfortzahlung an Feiertagen* 4
- Arbeitskampf *Entgeltfortzahlung an Feiertagen* 20
- Arbeitsunfähigkeit *Entgeltfortzahlung an Feiertagen* 13 a, 15
- Ausschlussfristen/Verfallfristen *Entgeltfortzahlung an Feiertagen* 38
- Bummelerlass *Entgeltfortzahlung an Feiertagen* 17

Stichwortverzeichnis

- Entgeltausfallprinzip *Entgeltfortzahlung an Feiertagen* 24
- Fälligkeit *Entgeltfortzahlung an Feiertagen* 38
- Festes Monatsentgelt *Entgeltfortzahlung an Feiertagen* 26
- Gesetzliche Feiertage *Entgeltfortzahlung an Feiertagen* 8
- Heimarbeit *Entgeltfortzahlung an Feiertagen* 3
- Höhe des Feiertagsentgelts *Entgeltfortzahlung an Feiertagen* 24
- Krankheit *Entgeltfortzahlung an Feiertagen* 15
- Kurzarbeit *Entgeltfortzahlung an Feiertagen* 14, 15
- Leistungsentgelt *Entgeltfortzahlung an Feiertagen* 32
- Mehrarbeitsvergütung *Entgeltfortzahlung an Feiertagen* 29
- Pauschalierung *Entgeltfortzahlung an Feiertagen* 28
- Provision *Entgeltfortzahlung an Feiertagen* 27
- Teilzeitarbeit *Entgeltfortzahlung an Feiertagen* 30
- Unabdingbarkeit *Entgeltfortzahlung an Feiertagen* 33
- Unentschuldigtes Fernbleiben vor und nach einem Feiertag *Entgeltfortzahlung an Feiertagen* 16
- Ursachenzusammenhang *Entgeltfortzahlung an Feiertagen* 12
- Variable Arbeitszeit *Entgeltfortzahlung an Feiertagen* 30 a
- Verjährung *Entgeltfortzahlung an Feiertagen* 40

Entgeltfortzahlung im Krankheitsfall und bei Vorsorge/Rehabilitation
- Anspruch auf Entgeltfortzahlung *Entgeltfortzahlung im Krankheitsfall und bei Vorsorge/Rehabilitation* 7
- Anzeigepflicht *Entgeltfortzahlung im Krankheitsfall und bei Vorsorge/Rehabilitation* 41
- Arbeitsentgelt *Entgeltfortzahlung im Krankheitsfall und bei Vorsorge/Rehabilitation* 16
- Arbeitsunfähigkeitsbescheinigung *Entgeltfortzahlung im Krankheitsfall und bei Vorsorge/Rehabilitation* 42, 50
- Aufwendungsausgleich *Entgeltfortzahlung im Krankheitsfall und bei Vorsorge/Rehabilitation* 37
- Ausland, Erkrankung im ... *Entgeltfortzahlung im Krankheitsfall und bei Vorsorge/Rehabilitation* 49
- Ausschlussfristen *Entgeltfortzahlung im Krankheitsfall und bei Vorsorge/Rehabilitation* 35 b
- Betriebsrat *Entgeltfortzahlung im Krankheitsfall und bei Vorsorge/Rehabilitation* 38
- Bettruhe *Entgeltfortzahlung im Krankheitsfall und bei Vorsorge/Rehabilitation* 51
- Beweiswert einer Arbeitsunfähigkeitsbescheinigung *Entgeltfortzahlung im Krankheitsfall und bei Vorsorge/Rehabilitation* 50
- Bildungsurlaub *Entgeltfortzahlung im Krankheitsfall und bei Vorsorge/Rehabilitation* 30
- Entgeltausfallprinzip *Entgeltfortzahlung im Krankheitsfall und bei Vorsorge/Rehabilitation* 16
- Erneute Arbeitsunfähigkeit wegen derselben Krankheit *Entgeltfortzahlung im Krankheitsfall und bei Vorsorge/Rehabilitation* 10
- Erneute Arbeitsunfähigkeit wegen einer anderen Krankheit *Entgeltfortzahlung im Krankheitsfall und bei Vorsorge/Rehabilitation* 11
- Erkrankung im Ausland *Entgeltfortzahlung im Krankheitsfall und bei Vorsorge/Rehabilitation* 49
- Fälligkeit *Entgeltfortzahlung im Krankheitsfall und bei Vorsorge/Rehabilitation* 35 a
- Feiertag *Entgeltfortzahlung im Krankheitsfall und bei Vorsorge/Rehabilitation* 23 a
- Folgebescheinigung *Entgeltfortzahlung im Krankheitsfall und bei Vorsorge/Rehabilitation* 47
- Fristen *Entgeltfortzahlung im Krankheitsfall und bei Vorsorge/Rehabilitation* 42
- Gewerkschaften *Entgeltfortzahlung im Krankheitsfall und bei Vorsorge/Rehabilitation* 4
- Heimarbeit *Entgeltfortzahlung im Krankheitsfall und bei Vorsorge/Rehabilitation* 34
- Höhe des Anspruchs *Entgeltfortzahlung im Krankheitsfall und bei Vorsorge/Rehabilitation* 16
- Krankengeld *Entgeltfortzahlung im Krankheitsfall und bei Vorsorge/Rehabilitation* 36
- Krankenversicherung *Entgeltfortzahlung im Krankheitsfall und bei Vorsorge/Rehabilitation* 36
- Krankheit *Entgeltfortzahlung im Krankheitsfall und bei Vorsorge/Rehabilitation* 22, 23, 36
- Kündigung wegen Krankheit *Entgeltfortzahlung im Krankheitsfall und bei Vorsorge/Rehabilitation* 52
- Kürzung von Sondervergütungen wegen Krankheit *Entgeltfortzahlung im Krankheitsfall und bei Vorsorge/Rehabilitation* 22
- Kurzarbeit *Entgeltfortzahlung im Krankheitsfall und bei Vorsorge/Rehabilitation* 24, 27
- Leistungsverweigerungsrecht des Arbeitgebers *Entgeltfortzahlung im Krankheitsfall und bei Vorsorge/Rehabilitation* 48
- Medizinische Vorsorge oder Rehabilitation *Entgeltfortzahlung im Krankheitsfall und bei Vorsorge/Rehabilitation* 13
- Nachweispflicht *Entgeltfortzahlung im Krankheitsfall und bei Vorsorge/Rehabilitation* 42
- Personenbedingte Kündigung *Entgeltfortzahlung im Krankheitsfall und bei Vorsorge/Rehabilitation* 53
- Rechtsbegriffe *Entgeltfortzahlung im Krankheitsfall und bei Vorsorge/Rehabilitation* 41, 49
- Rehabilitation *Entgeltfortzahlung im Krankheitsfall und bei Vorsorge/Rehabilitation* 13
- Schwangerschaftsabbruch *Entgeltfortzahlung im Krankheitsfall und bei Vorsorge/Rehabilitation* 9

Stichwortverzeichnis

- Sonntag *Entgeltfortzahlung im Krankheitsfall und bei Vorsorge/Rehabilitation* 23 a
- Sterilisation *Entgeltfortzahlung im Krankheitsfall und bei Vorsorge/Rehabilitation* 9
- Tarifvertrag *Entgeltfortzahlung im Krankheitsfall und bei Vorsorge/Rehabilitation* 4, 21, 35
- U1 Verfahren *Entgeltfortzahlung im Krankheitsfall und bei Vorsorge/Rehabilitation* 37
- Unabdingbarkeit *Entgeltfortzahlung im Krankheitsfall und bei Vorsorge/Rehabilitation* 35
- Urlaub *Entgeltfortzahlung im Krankheitsfall und bei Vorsorge/Rehabilitation* 28
- Verhaltensbedingte Kündigung *Entgeltfortzahlung im Krankheitsfall und bei Vorsorge/Rehabilitation* 52
- Verjährung *Entgeltfortzahlung im Krankheitsfall und bei Vorsorge/Rehabilitation* 35 c
- Verschulden *Entgeltfortzahlung im Krankheitsfall und bei Vorsorge/Rehabilitation* 7, 8
- Wartezeit *Entgeltfortzahlung im Krankheitsfall und bei Vorsorge/Rehabilitation* 6
- Weihnachtsgeld *Entgeltfortzahlung im Krankheitsfall und bei Vorsorge/Rehabilitation* 22

Entgeltgruppen *Eingruppierung/Umgruppierung* 7, 12

Entgeltgruppenordnung *Eingruppierung/Umgruppierung* 7, 27

Entgeltschutz *Freistellung von Betriebsratsmitgliedern* 30

Entgeltumwandlung *Betriebliche Altersversorgung* 2, 26, 44
- Altersvorsorge *Entgeltumwandlung* 9
- Beitragsbemessungsgrenze *Entgeltumwandlung* 1
- Betriebliche Altersversorgung *Entgeltumwandlung* 1, 8
- Brutto-Entgeltumwandlung *Entgeltumwandlung* 10
- Netto-Entgeltumwandlung *Entgeltumwandlung* 9
- Tarifvertrag *Entgeltumwandlung* 6
- Unverfallbarkeit *Entgeltumwandlung* 5

Entlassung *Massenentlassung* 3

Entschädigungsanspruch *Benachteiligungsverbot (AGG)* 47

Equal pay *Arbeitnehmerüberlassung (Leiharbeit)* 1 a, 20, 24 a, 51

Equal treatement *Arbeitnehmerüberlassung (Leiharbeit)* 1 a, 20

Erfindungen *Arbeitnehmererfindung* 2

Erfindungsberater *Arbeitnehmererfindung* 16

Erfolgsabhängiges Entgelt *Arbeitsentgelt* 44 b

Ergänzungstarifvertrag *Tarifvertrag* 7, 16

Erhebung personenbezogener Daten *Datenschutz* 28

Erlassvertrag *Ausgleichsquittung* 4

Erneute Arbeitsunfähigkeit wegen derselben Krankheit *Entgeltfortzahlung im Krankheitsfall und bei Vorsorge/Rehabilitation* 9

Erneute Arbeitsunfähigkeit wegen einer anderen Krankheit *Entgeltfortzahlung im Krankheitsfall und bei Vorsorge/Rehabilitation* 11

Erpressung *Betriebliches Bündnis für Arbeit* 5, 9

Ersatzmitglieder des Betriebsrats
- Ausscheiden *Ersatzmitglieder des Betriebsrats* 1
- Betriebsratssitzung *Ersatzmitglieder des Betriebsrats* 1 a, 1 b, 3, 7
- Kündigungsschutz von Ersatzmitgliedern *Ersatzmitglieder des Betriebsrats* 11
- Mehrheitswahl *Ersatzmitglieder des Betriebsrats* 8
- Nachrücken des Ersatzmitgliedes *Ersatzmitglieder des Betriebsrats* 1, 8
- Verhältniswahl *Ersatzmitglieder des Betriebsrats* 8
- Verhinderung eines ordentlichen Betriebsratsmitglieds *Ersatzmitglieder des Betriebsrats* 1 a, 2
- Zeitweilige Verhinderung *Ersatzmitglieder des Betriebsrats* 1 a, 2

Erschwerniszulage *Arbeitsentgelt* 67 a

Erste Hilfe *Arbeitsschutz* 28

Erziehungsrente *Rentenversicherung* 54

Erzwingbare Betriebsvereinbarung *Betriebsvereinbarung* 2

Erzwingungsstreik *Arbeitskampf* 26

Europäische Gemeinschaften *Europäisches Recht* 1

Europäische Gesellschaft (SE) *Unternehmensrechtsformen* 3 a

Europäische Union *Europäisches Recht* 1

Europäischer Betriebsrat
- Aufgaben des Euro-Betriebsrats *Europäischer Betriebsrat* 48
- Besonderes Verhandlungsgremium *Europäischer Betriebsrat* 22, 28
- Betriebsrat *Europäischer Betriebsrat* 29, 41
- Errichtung durch freiwillige Vereinbarung *Europäischer Betriebsrat* 21
- Errichtung durch Vereinbarung zwischen besonderem Verhandlungsgremium und zentraler Leitung *Europäischer Betriebsrat* 22
- Errichtung kraft Gesetzes *Europäischer Betriebsrat* 37
- Gemeinschaftsweit tätige/s Unternehmen/Unternehmensgruppe *Europäischer Betriebsrat* 15, 16
- Gesamtbetriebsrat *Europäischer Betriebsrat* 29, 41
- Geschäftsführung des Euro-Betriebsrats *Europäischer Betriebsrat* 43
- Gewerkschaften *Europäischer Betriebsrat* 3
- Konzernbetriebsrat *Europäischer Betriebsrat* 29, 41

Stichwortverzeichnis

- Kostentragung durch die zentrale Leitung *Europäischer Betriebsrat* 33
- Leitende Angestellte *Europäischer Betriebsrat* 51
- Rechte des Euro-Betriebsrats *Europäischer Betriebsrat* 48
- Rechtsbegriffe *Europäischer Betriebsrat* 48
- Sachverständige *Europäischer Betriebsrat* 32, 46
- Unternehmen *Europäischer Betriebsrat* 13
- Unternehmensgruppe *Europäischer Betriebsrat* 14
- Zentrale Leitung *Europäischer Betriebsrat* 10, 22, 24, 26
- Zuständigkeit des Euro-Betriebsrats *Europäischer Betriebsrat* 48

Europäischer Gerichtshof *Europäisches Recht* 5
Europäisches Parlament *Europäisches Recht* 5
Europäisches Recht
- Arbeitsschutz *Europäisches Recht* 2, 6
- Arbeitszeit *Europäisches Recht* 2
- Betriebsübergang *Europäisches Recht* 2
- Europäischer Betriebsrat *Europäisches Recht* 2, 7
- Grundlagen und Instrumente des Europäischen Rechts *Europäisches Recht* 4
- Öko-Audit *Europäisches Recht* 2, 8
- Organe der Europäischen Gemeinschaft *Europäisches Recht* 5
- Umweltschutz im Betrieb *Europäisches Recht* 8

Facebook *Soziale Medien* 2
Fachkräfte für Arbeitssicherheit *Arbeitsschutz* 45, 77 j; *Kündigungsschutz (besonderer)* 51
Fahrlässigkeit *Haftung des Arbeitnehmers* 7
Faktischer Konzern *Konzern* 5
Familienpflegezeit
- Arbeitslosenversicherung *Familienpflegezeit* 29
- Arbeitsrechtliche Regelungen *Familienpflegezeit* 23
- Befristete Einstellung *Familienpflegezeit* 28
- Ende der Förderfähigkeit *Familienpflegezeit* 19
- Erstattungsanspruch *Familienpflegezeit* 21
- Familienpflegezeitversicherung *Familienpflegezeit* 18
- Förderung *Familienpflegezeit* 12
- Kein Rechtsanspruch *Familienpflegezeit* 9
- Krankenversicherung *Familienpflegezeit* 30
- Kündigungsschutz *Familienpflegezeit* 27
- Pflegeversicherung *Familienpflegezeit* 30
- Rentenversicherung *Familienpflegezeit* 31
- Rückzahlung des Darlehens *Familienpflegezeit* 20
- Sozialversicherung *Familienpflegezeit* 29
- Unfallversicherung *Familienpflegezeit* 32
- Vertretung der Pflegeperson durch befristete Einstellung *Familienpflegezeit* 28

Feiertage, gesetzliche *Entgeltfortzahlung an Feiertagen* 8; *Sonn- und Feiertagsarbeit* 1 a

Feiertagsarbeit *Arbeitszeit* 45; *Entgeltfortzahlung an Feiertagen; Sonn- und Feiertagsarbeit*
- Arbeitsunfähigkeit *Sonn- und Feiertagsarbeit* 13 a
- Ausnahmen vom Verbot *Sonn- und Feiertagsarbeit* 2
- Beschäftigungsverbot *Sonn- und Feiertagsarbeit* 1, 9
- Bummelerlass *Sonn und Feiertagsarbeit* 17
- Einstweilige Verfügung *Sonn und Feiertagsarbeit* 13 d
- Entgeltfortzahlung *Sonn und Feiertagsarbeit* 4
- Gesetzliche Feiertage *Entgeltfortzahlung an Feiertagen* 8; *Sonn- und Feiertagsarbeit* 1 a
- Höhe des Feiertagsentgelts *Sonn- und Feiertagsarbeit* 24
- Kurzarbeit *Sonn- und Feiertagsarbeit* 14, 15
- Mitbestimmung des Betriebsrats *Sonn- und Feiertagsarbeit* 13
- Unabdingbarkeit *Sonn- und Feiertagsarbeit* 33
- Unentschuldigtes Fehlen *Sonn- und Feiertagsarbeit* 16
- Unterlassungsanspruch des Betriebsrats *Sonn- und Feiertagsarbeit* 13 d, 13 e
- Ursachenzusammenhang *Sonn- und Feiertagsarbeit* 1
- Verbot der Arbeit *Sonn- und Feiertagsarbeit* 1

Firmenbezogener Verbandstarifvertrag *Arbeitgeberverband* 9; *Tarifvertrag* 6
»Firmenhymnen« *Personalplanung* 2 b
Firmentarifvertrag *Tarifvertrag* 6; *Umwandlung von Unternehmen* 51
Firmenwagen *Dienstwagen zur privaten Nutzung* 1; *Haftung des Arbeitgebers* 16
Flashmob *Arbeitskampf* 35 a
Flucht in den Arbeitgeberverband *Arbeitgeberverband* 10
Formulararbeitsvertrag (Inhaltskontrolle) *Arbeitsvertrag* 34
Formwechsel *Umwandlung von Unternehmen* 11
Fortbildungskosten, Rückzahlung *Berufsbildung* 11
Fragerecht des Arbeitgebers *Personalfragebogen* 14
Freie Erfindungen *Arbeitnehmererfindung* 7
Freie Mitarbeiter *Arbeitnehmer* 13; *Dienstvertrag* 12
Freischichtenmodell *Arbeitszeitflexibilisierung* 30
Freistellung für Stellensuche *Kündigung* 21
Freistellung von Betriebsratsmitgliedern
- Abberufung von freigestellten Betriebsratsmitgliedern *Freistellung von Betriebsratsmitgliedern* 22
- Abmeldung beim Vorgesetzten *Freistellung von Betriebsratsmitgliedern* 6, 28 a
- Arbeitnehmerüberlassung *Freistellung von Betriebsratsmitgliedern* 11

2259

Stichwortverzeichnis

- Arbeitsbefreiung nach § 37 Abs. 2 BetrVG *Freistellung von Betriebsratsmitgliedern* 1, 2
- Arbeitsentgelt *Freistellung von Betriebsratsmitgliedern* 30
- Arbeitsgericht *Freistellung von Betriebsratsmitgliedern* 21, 23
- Behinderung der Betriebsratsarbeit *Freistellung von Betriebsratsmitgliedern* 28
- Betriebsrat *Freistellung von Betriebsratsmitgliedern* 27
- Betriebsvereinbarung *Freistellung von Betriebsratsmitgliedern* 25
- Beurteilungsspielraum *Freistellung von Betriebsratsmitgliedern* 5
- Einigungsstelle *Freistellung von Betriebsratsmitgliedern* 20
- Entgeltschutz *Freistellung von Betriebsratsmitgliedern* 30
- Erforderlichkeit *Freistellung von Betriebsratsmitgliedern* 5
- Erhöhung der Zahl der Freistellungen *Freistellung von Betriebsratsmitgliedern* 23
- Freistellungsanspruch *Freistellung von Betriebsratsmitgliedern* 3
- Freistellung nach § 38 BetrVG *Freistellung von Betriebsratsmitgliedern* 1, 9
- Tarifvertrag *Freistellung von Betriebsratsmitgliedern* 25
- Tätigkeitsschutz *Freistellung von Betriebsratsmitgliedern* 32
- Teilfreistellung *Freistellung von Betriebsratsmitgliedern* 12
- Überstunden *Freistellung von Betriebsratsmitgliedern* 29

Freistellungsanspruch *Haftung des Arbeitgebers* 14; *Haftung des Arbeitnehmers* 10; *Kosten der Betriebsratstätigkeit* 7a, 8, 9, 9a; *Sachverständiger* 8; *Schulungs- und Bildungsveranstaltungen* 25

Freiwillige Betriebsvereinbarung *Betriebsvereinbarung* 3

Freiwilligkeitsvorbehalt *Betriebliche Übung* 3; *Übertarifliche Zulagen* 34

Fremdfirmenarbeitnehmer *Informationsrechte des Betriebsrats* 3

Friedenspflicht
- Arbeitsgericht *Friedenspflicht* 3
- Arbeitskampf *Friedenspflicht* 1, 2, 6, 11, 13
- Arbeitsvertrag *Friedenspflicht* 12
- Beteiligungsrechte des Betriebsrats *Friedenspflicht* 3
- Betriebsrat *Friedenspflicht* 9
- Einigungsstelle *Friedenspflicht* 3
- Gewerkschaft *Friedenspflicht* 13
- Gleichbehandlung *Friedenspflicht* 15
- Leistungsverweigerungsrecht *Friedenspflicht* 14
- Parteipolitische Betätigung *Friedenspflicht* 8
- Relative Friedenspflicht *Arbeitskampf* 11
- Spontane Arbeitsniederlegung *Friedenspflicht* 9
- Tarifvertrag *Friedenspflicht* 1
- Zurückbehaltungsrecht *Friedenspflicht* 14

Fristen
- Außerordentliche Kündigung *Fristen* 11
- Berechnung der Fristen *Fristen* 2, 10, 13
- Betriebsferien *Fristen* 8
- Dreitagesfrist *Fristen* 11
- Eingruppierung/Umgruppierung *Fristen* 1
- Einstellung *Fristen* 1
- Ordentliche Kündigung *Fristen* 1
- Rechtsbegriffe *Fristen* 9
- Versetzung *Fristen* 1
- Wochenfrist *Fristen* 1, 2
- Zwei- und Mehrwochenfrist *Fristen* 9

Führungsvereinbarung *Gemeinschaftsbetrieb* 4, 12

Fünftagewoche *Arbeitszeitflexibilisierung* 22

Gefährdungsanzeige *Arbeitsschutz* 77 b, 100 a

Gefährdungsbeurteilung *Arbeitsschutz* 18, 79; *Gefahrstoffe* 15

Gefährdungshaftung *Berufskrankheit* 38; *Haftung des Arbeitgebers* 4

Gefahrgeneigte Tätigkeiten *Haftung des Arbeitnehmers* 4

Gefahrstoffe
- Allgemeine Schutzmaßnahmen *Gefahrstoffe* 33
- Arbeitsmedizinische Vorsorge *Gefahrstoffe* 54
- Arbeitsplatzgrenzwert *Gefahrstoffe* 28
- Arbeitsplatzmessung *Gefahrstoffe* 28
- Ausschuss für Gefahrstoffe (AGS) *Gefahrstoffe* 57
- Begriff *Gefahrstoffe* 7
- Besondere Schutzmaßnahmen *Gefahrstoffe* 47, 48, 49
- Betriebsanweisung *Gefahrstoffe* 51
- Betriebsrat *Gefahrstoffe* 63
- Einigungsstelle *Gefahrstoffe* 67
- Fremdfirmen *Gefahrstoffe* 55
- Gefährdungsbeurteilung *Gefahrstoffe* 16
- Geschlossenes System *Gefahrstoffe* 37
- Gewerkschaften *Gefahrstoffe* 57
- Grundpflichten des Arbeitgebers *Gefahrstoffe* 21
- Haftung des Arbeitgebers *Gefahrstoffe* 21 a, 74
- Haftung eines Herstellers *Gefahrstoffe* 75
- Initiativmitbestimmungsrecht des Betriebsrats *Gefahrstoffe* 66
- Messung *Gefahrstoffe* 28
- Ordnungswidrigkeiten *Gefahrstoffe* 61
- Produkthaftung eines Herstellers *Gefahrstoffe* 75
- Rangfolge von Schutzmaßnahmen *Gefahrstoffe* 23
- Schutzmaßnahmen *Gefahrstoffe* 22, 32
- Sicherheitsdatenblatt *Gefahrstoffe* 13
- Stoffe *Gefahrstoffe* 9

Stichwortverzeichnis

- Straftaten *Gefahrstoffe* 61
- STOP-Prinzip *Gefahrstoffe* 24 a
- Substitution *Gefahrstoffe* 23
- Unfallversicherung *Gefahrstoffe* 57
- Unterweisung *Gefahrstoffe* 52
- Verbote und Beschränkungen *Gefahrstoffe* 14, 55 a
- Zubereitungen *Gefahrstoffe* 10
- Zurückbehaltungsrecht *Gefahrstoffe* 18, 73
- Zusätzliche Schutzmaßnahmen *Gefahrstoffe* 36

Gefahrstoffverordnung *Arbeitsschutz* 38; *Gefahrstoffe* 1, 2

Gegendarstellung *Abmahnung* 19; *Personalakte* 12

Gegenläufige betriebliche Übung *Betriebliche Übung* 5

Geheimhaltungspflicht
- Arbeitsvertrag *Geheimhaltungspflicht* 13
- Auskunftspersonen *Geheimhaltungspflicht* 10
- Berater *Geheimhaltungspflicht* 10
- Betriebsrat *Geheimhaltungspflicht* 20
- Betriebsgeheimnis *Geheimhaltungspflicht* 2
- Datenschutz *Geheimhaltungspflicht* 13
- „Einbahnstraße" der Geheimhaltung *Geheimhaltungspflicht* 8
- Ersatzmitglieder des Betriebsrats *Geheimhaltungspflicht* 1
- Geschäftsgeheimnis *Geheimhaltungspflicht* 2
- Gewerkschaft *Geheimhaltungspflicht* 22
- Jahresabschluss *Geheimhaltungspflicht* 4
- Personalakte *Geheimhaltungspflicht* 12
- Persönliche Geheimnisse des Arbeitnehmers *Geheimhaltungspflicht* 11
- Sachverständiger *Geheimhaltungspflicht* 10
- Schwerbehindertenvertretung *Geheimhaltungspflicht* 13
- Strafbarkeit unbefugter Offenbarung oder Verwertung *Geheimhaltungspflicht* 14
- Unternehmensmitbestimmung *Geheimhaltungspflicht* 13
- Verschwiegenheitspflichten *Geheimhaltungspflicht* 11, 12, 13
- Wirtschaftsausschuss *Geheimhaltungspflicht* 10, 17, 19

Geldakkord *Arbeitsentgelt* 17

Gemeinschaftsbetrieb *Umwandlung von Unternehmen* 36
- Arbeitgeber *Gemeinschaftsbetrieb* 13
- Arbeitsgericht *Gemeinschaftsbetrieb* 8
- Betrieb *Gemeinschaftsbetrieb* 1, 6
- Betriebsänderung *Gemeinschaftsbetrieb* 12
- Betriebsrat *Gemeinschaftsbetrieb* 7, 8, 12
- Betriebsratswahl *Gemeinschaftsbetrieb* 7
- Betriebsspaltung und Zusammenlegung von Betrieben *Gemeinschaftsbetrieb* 1, 6
- Ein-Betriebs-Unternehmen *Gemeinschaftsbetrieb* 1, 6

- Führungsvereinbarung *Gemeinschaftsbetrieb* 4, 12
- Interessenausgleich *Gemeinschaftsbetrieb* 12
- Konzern *Gemeinschaftsbetrieb* 6
- Konzernbetriebsrat *Gemeinschaftsbetrieb* 11
- Kriterien *Gemeinschaftsbetrieb* 5
- Mehr-Betriebs-Unternehmen *Gemeinschaftsbetrieb* 1
- Rechtsbegriffe *Gemeinschaftsbetrieb* 10
- Sozialplan *Gemeinschaftsbetrieb* 12
- Spaltung eines Unternehmens *Gemeinschaftsbetrieb* 2
- Umwandlung von Unternehmen *Gemeinschaftsbetrieb* 6
- Unternehmen *Gemeinschaftsbetrieb* 1
- Vermutung *Gemeinschaftsbetrieb* 2, 3, 6
- Wahl eines Betriebsrats *Gemeinschaftsbetrieb* 7
- Wahlvorstand *Gemeinschaftsbetrieb* 8
- Wirtschaftsausschuss *Gemeinschaftsbetrieb* 10

Generalvollmacht *Leitende Angestellte* 4

Geringfügiges Beschäftigungsverhältnis (»Mini-Jobs«)
- »Midi-Job« *Geringfügige Beschäftigungsverhältnisse (»Mini-Jobs«)* 12
- »Mini-Job« *Geringfügige Beschäftigungsverhältnisse (»Mini-Jobs«)* 1

Gesamtbetriebsrat
- Aufgabe *Gesamtbetriebsrat* 24, 25, 26
- Beschlussfähigkeit *Gesamtbetriebsrat* 17
- Beschlussfassung im Gesamtbetriebsrat *Gesamtbetriebsrat* 12
- Betriebe *Gesamtbetriebsrat* 1
- Betriebliche Altersversorgung *Gesamtbetriebsrat* 24
- Betriebsänderung *Gesamtbetriebsrat* 24
- Betriebsräteversammlung *Gesamtbetriebsrat* 22
- Betriebsvereinbarung *Gesamtbetriebsrat* 4, 16
- »Dauereinrichtung« mit wechselnden Mitgliedern *Gesamtbetriebsrat* 11
- Einigungsstelle *Gesamtbetriebsrat* 5
- Errichtung des Gesamtbetriebsrats *Gesamtbetriebsrat* 1, 8
- Europäischer Betriebsrat *Gesamtbetriebsrat* 27
- Gemeinschaftsbetrieb *Gesamtbetriebsrat* 16
- Gesamtbetriebsausschuss *Gesamtbetriebsrat* 9
- Gesamt-Jugend- und Auszubildendenvertretung *Gesamtbetriebsrat* 20
- Gesamtschwerbehindertenvertretung *Gesamtbetriebsrat* 21
- Geschäftsführung des Gesamtbetriebsrats *Gesamtbetriebsrat* 10
- Größe *Gesamtbetriebsrat* 9
- Interessenausgleich *Gesamtbetriebsrat* 24
- Konzernbetriebsrat *Gesamtbetriebsrat* 27
- Mehr-Betriebs-Unternehmen *Gesamtbetriebsrat* 1
- Originäre Zuständigkeit *Gesamtbetriebsrat* 24

2261

Stichwortverzeichnis

- Sozialplan *Gesamtbetriebsrat* 24
- Stimmengewicht bei der Beschlussfassung *Gesamtbetriebsrat* 12
- Tarifvertrag *Gesamtbetriebsrat* 4, 16
- Unternehmen *Gesamtbetriebsrat* 1
- Unternehmensmitbestimmung *Gesamtbetriebsrat* 25
- Zuständigkeit des Gesamtbetriebsrats *Gesamtbetriebsrat* 23
- Zuständigkeit kraft Auftrags *Gesamtbetriebsrat* 24

Gesamt-Jugend- und Auszubildendenvertretung
- Beschlussfassung *Gesamt-Jugend- und Auszubildendenvertretung* 5
- Betriebsvereinbarung *Gesamt-Jugend- und Auszubildendenvertretung* 3, 5
- Einigungsstelle *Gesamt-Jugend- und Auszubildendenvertretung* 3
- Gemeinschaftsbetrieb *Gesamt-Jugend- und Auszubildendenvertretung* 5
- Gesamtbetriebsrat *Gesamt-Jugend- und Auszubildendenvertretung* 3, 5, 9
- Jugend- und Auszubildendenvertretung *Gesamt-Jugend- und Auszubildendenvertretung* 1, 10
- Konzern-Jugend- und Auszubildendenvertretung *Gesamt-Jugend- und Auszubildendenvertretung* 11
- Mehr-Betriebs-Unternehmen *Gesamt-Jugend- und Auszubildendenvertretung* 1
- Originäre Zuständigkeit *Gesamt-Jugend- und Auszubildendenvertretung* 7
- Stimmrecht im Gesamtbetriebsrat *Gesamt-Jugend- und Auszubildendenvertretung* 6
- Stimmgewicht *Gesamt-Jugend- und Auszubildendenvertretung* 5
- Tarifvertrag *Gesamt-Jugend- und Auszubildendenvertretung* 3, 5
- Zuständigkeit *Gesamt-Jugend- und Auszubildendenvertretung* 7, 8
- Zuständigkeit kraft Auftrags *Gesamt-Jugend- und Auszubildendenvertretung* 8

Gesamtleistungsbewertung *Rentenversicherung* 66
Gesamtrechtsnachfolge *Umwandlung von Unternehmen* 1, 39
Gesamtschwerbehindertenvertretung *Schwerbehindertenvertretung* 33
Gesamtsprecherausschuss *Leitende Angestellte* 10
Gesamtzusage
- Begriff *Gesamtzusage* 1
- Betriebsrat *Gesamtzusage* 8
- Gleichbehandlung *Gesamtzusage* 5
- Schwarzes Brett *Gesamtzusage* 1
- Vertragliche Einheitsregelung *Gesamtzusage* 7

Geschäftsgeheimnis *Geheimhaltungspflicht* 1
Geschäftsordnung des Betriebsrats

- Inhalt der Geschäftsordnung *Geschäftsordnung des Betriebsrats* 2
- Innere Organisation der Betriebsratsarbeit *Geschäftsordnung des Betriebsrats* 1

Geschlecht *Benachteiligungsverbot (AGG)* 8
Gesellschaft mit beschränkter Haftung *Unternehmensrechtsformen* 2
Gesetzliche Feiertage Sonn- und Feiertagsarbeit 1 a, *Entgeltfortzahlung an Feiertagen* 8
Gesicherte arbeitswissenschaftliche Erkenntnisse *Arbeitsschutz* 86
Gestaltung von Arbeitsplatz, Arbeitsablauf und Arbeitsumgebung
- Arbeitsschutz *Gestaltung von Arbeitsplatz, Arbeitsablauf und Arbeitsumgebung* 5, 6
- Arbeitszeit *Gestaltung von Arbeitsplatz, Arbeitsablauf und Arbeitsumgebung* 6
- Beteiligungsrechte *Gestaltung von Arbeitsplatz, Arbeitsablauf und Arbeitsumgebung* 1
- Betriebsänderung *Gestaltung von Arbeitsplatz, Arbeitsablauf und Arbeitsumgebung* 6
- Einigungsstelle *Gestaltung von Arbeitsplatz, Arbeitsablauf und Arbeitsumgebung* 5
- Rechte des Betriebsrats *Gestaltung von Arbeitsplatz, Arbeitsablauf und Arbeitsumgebung*
2 – Rationalisierung *Gestaltung von Arbeitsplatz, Arbeitsablauf und Arbeitsumgebung* 6
- Rechtsbegriffe *Gestaltung von Arbeitsplatz, Arbeitsablauf und Arbeitsumgebung* 4
- Unternehmensplanung *Gestaltung von Arbeitsplatz, Arbeitsablauf und Arbeitsumgebung* 4

Gewerbeaufsichtsamt *Arbeitsschutz* 4
Gewerkschaft
- Aufgaben und Betätigungsfelder der Gewerkschaften *Gewerkschaft* 7
- Arbeitgeber *Gewerkschaft* 13
- Arbeitgeberverband *Gewerkschaft* 8
- Arbeitskampf *Gewerkschaft* 16, 28
- Arbeitsvertrag *Gewerkschaft* 16, 33
- Begriff *Gewerkschaft* 1
- Berufsgruppengewerkschaften *Gewerkschaft* 6 a
- Betätigungsrecht der Gewerkschaft *Gewerkschaft* 11
- Betriebsänderung *Gewerkschaft* 28
- Betriebsrat *Gewerkschaft* 17, 18, 27
- Betriebsvereinbarung *Gewerkschaft* 25, 26
- Deutsche Angestelltengewerkschaft (DAG) *Gewerkschaft* 6
- Deutscher Gewerkschaftsbund (DGB) *Gewerkschaft* 4
- Differenzierungsklausel *Gewerkschaft* 34
- Einstweilige Verfügung *Gewerkschaft* 25
- Einwirkungsklage gegen Arbeitgeberverband *Gewerkschaft* 25 b
- Einzelgewerkschaften des DGB *Gewerkschaft* 5
- Feststellungsklage gegen Arbeitgeberverband *Gewerkschaft* 25 b

Stichwortverzeichnis

- Friedenspflicht *Gewerkschaft* 28
- Gesamt-Jugend- und Auszubildendenvertretung *Gewerkschaft* 18
- Gesamtbetriebsrat *Gewerkschaft* 18
- Gewerkschaft *Gewerkschaft* 28
- Gewerkschaftliche Aktivitäten nach Verbandsaustritt oder OT-Wechsel *Tarifvertrag: Nachbindung und Nachwirkung* 10
- Gewerkschaftliche Vertrauensleute *Gewerkschaft* 30
- Gewerkschaftlicher Organisationsgrad *Gewerkschaft* 29
- Gewerkschaftlicher Organisationsgrad im Betrieb *Gewerkschaft* 13
- Gewerkschaftsbegriff *Gewerkschaft* 1
- Gleichbehandlung *Gewerkschaft* 23
- Jugend- und Auszubildendenvertretung *Gewerkschaft* 18
- Koalitionsfreiheit *Gewerkschaft* 9, 12
- Konzern-Jugend- und Auszubildendenvertretung *Gewerkschaft* 18
- Konzernbetriebsrat *Gewerkschaft* 18
- Leiharbeit *Gewerkschaft* 3 b
- Mitgliederwerbung *Gewerkschaft* 10, 10b, 22
- Negative Koalitionsfreiheit *Gewerkschaft* 34
- Organisationsgrad *Gewerkschaft* 14, 29
- Regelungsabrede *Gewerkschaft* 25
- »Scheingewerkschaft« *Gewerkschaft* 3 a, 3 b
- Sozialtarifvertrag *Gewerkschaft* 28
- Streikrecht *Gewerkschaft* 12
- Tarifeinheit *Gewerkschaft* 6 b
- Tarifeinheitsgesetz *Arbeitsgericht* 2 a, 11 c, *Arbeitskampf* 1 e; *Gewerkschaft* 6 j; *Tarifvertrag* 65 a; *Tarifvertrag: Tarifkonkurrenz– Tarifpluralität – Tarifkollision*
- Tariffähigkeit *Gewerkschaft* 1 a
- Tarifflucht *Arbeitgeberverband* 11, 17, 18; *Betriebsübergang* 18; *Gewerkschaft* 6; *Tarifvertrag* 37 a; *Werkvertrag* 5
- Tariflicher Sozialplan *Gewerkschaft* 28
- Tarifvertrag *Gewerkschaft* 11, 13, 14, 25, 26, 28, 34
- Tarifzuständigkeit *Gewerkschaft* 1 c
- Überbietungswettbewerb *Gewerkschaft* 6 e
- Unterlassungsanspruch der Gewerkschaft *Gewerkschaft* 25
- Unterlassungsanspruch des Betriebsrats *Gewerkschaft* 23
- Vertrauensleute *Gewerkschaft* 30, 31
- Zugang zum Betrieb *Gewerkschaft* 10, 10a, 20
- Zusammenarbeit mit dem Betriebsrat *Gewerkschaft* 17, 18, 27

Gewerkschaftsbeitritt im Nachwirkungszeitraum *Tarifvertrag: Nachbindung und Nachwirkung* 19

Gewerkschaftliche Aktivitäten nach Verbandsaustritt oder OT-Wechsel *Tarifvertrag: Nachbindung und Nachwirkung* 10

Gewinnmaximierung Arbeitgeberverband *Betriebliches Bündnis für Arbeit* 6; *Personalplanung* 2; *Unternehmen* 2; *Werkvertrag* 5

Gewinn- und Verlustrechnung *Jahresabschluss* 6

Gleichbehandlung
- Allgemeiner arbeitsrechtlicher Gleichbehandlungsgrundsatz *Gleichbehandlung* 1, 17
- Allgemeines Gleichbehandlungsgesetz (AGG) *Benachteiligungsverbot (AGG)*; *Gleichbehandlung* 7
- Arbeitsrechtlicher Gleichbehandlungsgrundsatz *Gleichbehandlung* 1, 17
- Betriebsrat *Gleichbehandlung* 25
- Betriebsverfassungsrechtliches Benachteiligungsverbot *Gleichbehandlung* 11
- Gemeinschaftsbetrieb *Gleichbehandlung* 24
- Gleichbehandlung in einem Unternehmen mit mehreren Betrieben *Gleichbehandlung* 22
- Gleichbehandlung in einem Gemeinschaftsbetrieb *Gleichbehandlung* 24
- Gleichbehandlung »nach oben« *Gleichbehandlung* 34
- Gleichbehandlungsgrundsatz *Gleichbehandlung* 1, 17
- Gleichbehandlung und Kündigung *Gleichbehandlung* 19
- Kündigung *Gleichbehandlung* 19
- Unternehmen mit mehreren Betrieben *Gleichbehandlung* 22

Gleichbehandlungsgrundsatz *Angestellte/Arbeiter* 5; *Gleichbehandlung* 1, 17

Gleichberechtigte Teilhabe von Männern und Frauen in Führungspositionen *Gleichberechtigung/Gleichstellung von Frauen und Männern* 3a

Gleichberechtigung *Gleichberechtigung/Gleichstellung von Frauen und Männern*
- Arbeitsentgelt *Gleichberechtigung/Gleichstellung von Frauen und Männern* 25, 26
- Arbeitsgericht *Gleichberechtigung/Gleichstellung von Frauen und Männern* 33, 35
- Arbeitszeit *Gleichberechtigung/Gleichstellung von Frauen und Männern* 11, 26
- Ausschlussfrist/Verfallfrist *Gleichberechtigung/Gleichstellung von Frauen und Männern* 43
- Ausschreibung von Arbeitsplätzen *Gleichberechtigung/Gleichstellung von Frauen und Männern* 29
- Auswahlrichtlinien *Gleichberechtigung/Gleichstellung von Frauen und Männern* 31
- Berufsbildung *Gleichberechtigung/Gleichstellung von Frauen und Männern* 32
- Beschwerderecht des/der Beschäftigten *Gleichberechtigung/Gleichstellung von Frauen und Männern* 9
- Betriebsratswahl *Gleichberechtigung/Gleichstellung von Frauen und Männern* 15

Stichwortverzeichnis

- Betriebsversammlungen *Gleichberechtigung/Gleichstellung von Frauen und Männern* 17
- Beurteilungsgrundsätze *Gleichberechtigung/Gleichstellung von Frauen und Männern* 30
- Ein- und Umgruppierung *Gleichberechtigung/Gleichstellung von Frauen und Männern* 34
- Einigungsstelle *Gleichberechtigung/Gleichstellung von Frauen und Männern* 26, 30, 33, 39
- Einstellung *Gleichberechtigung/Gleichstellung von Frauen und Männern* 34
- Ersatzmitglieder *Gleichberechtigung/Gleichstellung von Frauen und Männern* 15
- Gewerkschaft *Gleichberechtigung/Gleichstellung von Frauen und Männern* 35
- Gleichbehandlung *Gleichberechtigung/Gleichstellung von Frauen und Männern* 5, 6, 7, 13, 18
- Gleichberechtigte Teilhabe von Männern und Frauen in Führungspositionen *Gleichberechtigung/Gleichstellung von Frauen und Männern* 3a
- Jugend- und Auszubildendenvertretung *Gleichberechtigung/Gleichstellung von Frauen und Männern* 15
- Mutterschutz *Gleichberechtigung/Gleichstellung von Frauen und Männern* 12
- Ordnungswidrigkeitenverfahren *Gleichberechtigung/Gleichstellung von Frauen und Männern* 22
- Personalfragebögen *Gleichberechtigung/Gleichstellung von Frauen und Männern* 30
- Personalplanung *Gleichberechtigung/Gleichstellung von Frauen und Männern* 27
- Rechtsbegriffe *Gleichberechtigung/Gleichstellung von Frauen und Männern* 15
- Schulungs- und Bildungsveranstaltungen *Gleichberechtigung/Gleichstellung von Frauen und Männern* 16
- Sexuelle Belästigung *Gleichberechtigung/Gleichstellung von Frauen und Männern* 13, 40
- Unterlassungsanspruch des Betriebsrats *Gleichberechtigung/Gleichstellung von Frauen und Männern* 35
- Versetzung *Gleichberechtigung/Gleichstellung von Frauen und Männern* 34
- Wiedereinstellungsanspruch *Gleichberechtigung/Gleichstellung von Frauen und Männern* 48
- Zurückbehaltungsrecht des Arbeitnehmers *Gleichberechtigung/Gleichstellung von Frauen und Männern* 40

Gleichordnungskonzern *Konzern* 3, 9
Gleichstellungsabrede *Arbeitsvertrag* 18, 20; *Arbeitgeberverband* 16b
Gleichstellung von Frauen und Männern *Gleichberechtigung/Gleichstellung von Frauen und Männern*
Gleichstellungsausschuss *Gleichberechtigung/Gleichstellung von Frauen und Männern* 36
Gleichstellungspolitik *Gleichberechtigung/Gleichstellung von Frauen und Männern* 3

Gleitspannen *Gleitzeit* 1
Gleitzeit
- Arbeitszeit *Gleitzeit* 8, 11
- Arbeitszeitflexibilisierung *Gleitzeit* 3
- Betriebsrat *Gleitzeit* 5
- Chancen *Gleitzeit* 4
- Einfache Gleitzeit *Gleitzeit* 2
- Einigungsstelle *Gleitzeit* 12
- Gleitzeitrahmen *Gleitzeit* 13
- Mehrarbeit *Gleitzeit* 8
- Nachteile *Gleitzeit* 4
- Qualifizierte Gleitzeit *Gleitzeit* 3
- Teilzeitarbeit *Gleitzeit* 4
- Überstunden *Gleitzeit* 11

Gleitzeitrahmen *Gleitzeit* 13
Gleit-Zonen-Job *Geringfügige Beschäftigungsverhältnisse (»Mini-Jobs«)* 12; *Teilzeitarbeit* 53
Gruppenarbeit
- Arbeitsentgelt *Gruppenarbeit* 23, 25
- Arbeitsgruppe *Gruppenarbeit* 2, 7, 12, 18
- Arbeitszeit *Gruppenarbeit* 23
- Arbeitszeitflexibilisierung *Gruppenarbeit* 23
- Betriebsrat *Gruppenarbeit* 13
- Betriebsvereinbarung *Gruppenarbeit* 20, 26
- Einigungsstelle *Gruppenarbeit* 15, 26
- Kontinuierlicher Verbesserungsprozess *Gruppenarbeit* 10
- Kündigung *Gruppenarbeit* 22
- Mitbestimmungsrechte des Betriebsrats *Gruppenarbeit* 13
- Qualifizierte Gruppenarbeit *Gruppenarbeit* 20
- Teilautonome Gruppenarbeit *Gruppenarbeit* 22
- Teilzeitarbeit *Gruppenarbeit* 22

Günstigkeitsprinzip
- Arbeitsvertrag *Günstigkeitsprinzip* 1, 2
- Betriebsrat *Günstigkeitsprinzip* 26
- Betriebsvereinbarung *Günstigkeitsprinzip* 3, 27, 30
- Rechtsquellen *Günstigkeitsprinzip* 4
- Sperrwirkung des Tarifvertrages gegenüber einer Betriebsvereinbarung *Günstigkeitsprinzip* 19, 20, 26
- Betriebsrat *Günstigkeitsprinzip* 26
- Betriebsvereinbarung *Günstigkeitsprinzip* 3, 27, 30
- Günstigkeitsvergleich *Günstigkeitsprinzip* 8 b
- Nachwirkung *Günstigkeitsprinzip* 22
- Öffnungsklausel *Günstigkeitsprinzip* 21
- Rechtsquellen *Günstigkeitsprinzip* 1, 4
- Tarifvertrag *Günstigkeitsprinzip* 2, 10, 17
- Übertarifliche Zulagen *Günstigkeitsprinzip* 24
- Verhältnis Arbeitsvertrag zu Gesetz, Tarifvertrag, Betriebsvereinbarung *Günstigkeitsprinzip* 7
- Verhältnis Gesetz/Betriebsvereinbarung *Günstigkeitsprinzip* 18
- Verhältnis Gesetz/Tarifvertrag *Günstigkeitsprinzip* 14

Stichwortverzeichnis

- Verhältnis Tarifvertrag/Betriebsvereinbarung *Günstigkeitsprinzip* 19
- Verhältnis Tarifvertrag/Sozialplan *Günstigkeitsprinzip* 25
- Zwischenlohngruppen *Günstigkeitsprinzip* 24

Haftung des Arbeitgebers *Arbeitsschutz* 105; *Betriebsübergang* 26; *Dienstwagen zur privaten Nutzung* 11
- Arbeitsunfall *Haftung des Arbeitgebers* 10, 16
- Ausschlussfristen/Verfallfristen *Haftung des Arbeitgebers* 23, 25
- Bedingter Vorsatz *Haftung des Arbeitgebers* 11, 11 c, 16
- Berufskrankheit *Haftung des Arbeitgebers* 10, 28, 31
- Betriebsrat *Haftung des Arbeitgebers* 21
- Betriebsvereinbarungen *Haftung des Arbeitgebers* 22
- Durchgriffshaftung *Haftung des Arbeitgebers* 20; *Konzern* 14; *Sozialplan* 29, 30
- Entzug eines zur privaten Nutzung überlassenen Firmenwagens *Haftung des Arbeitgebers* 17
- Freistellungsanspruch des Arbeitnehmers *Haftung des Arbeitgebers* 14
- Gefährdungshaftung *Haftung des Arbeitgebers* 4
- Haftung des Arbeitnehmers *Haftung des Arbeitgebers* 5, 14, 24
- Haftungsprivileg *Arbeitsschutz* 106; *Haftung des Arbeitgebers* 10
- Nutzungsausfallschaden *Haftung des Arbeitgebers* 8, 17
- Personenschaden *Haftung des Arbeitgebers* 10
- Rückstufungsschaden *Haftung des Arbeitgebers* 7
- Sachschaden *Haftung des Arbeitgebers* 3
- Schadensersatz *Haftung des Arbeitgebers* 1
- Schmerzensgeld *Haftung des Arbeitgebers* 10, 11, 13
- Sozialplan *Haftung des Arbeitgebers* 20
- Tarifvertrag *Haftung des Arbeitgebers* 21
- Unfallversicherung *Haftung des Arbeitgebers* 10
- Verjährung *Haftung des Arbeitgebers* 25
- Verschulden des Vorgesetzten *Haftung des Arbeitgebers* 11 a
- Vorgesetzter *Haftung des Arbeitgebers* 11 a
- Vorsätzliches Handeln *Haftung des Arbeitgebers* 11
- Wegfall *Haftung des Arbeitgebers* 12

Haftung des Arbeitnehmers *Arbeitsunfall* 25
- Ausschlussfristen/Verfallfristen *Haftung des Arbeitnehmers* 27
- Beschränkung der Haftung *Haftung des Arbeitnehmers* 4, 5
- Betriebsrat *Haftung des Arbeitnehmers* 21
- Betriebsvereinbarung *Haftung des Arbeitnehmers* 24
- Freistellungsanspruch des Arbeitnehmers *Haftung des Arbeitgebers* 14; *Haftung des Arbeitnehmers* 10, 15
- Gefahrgeneigte Tätigkeit *Haftung des Arbeitnehmers* 4, 5
- Haftung des Arbeitgebers *Haftung des Arbeitnehmers* 12, 13, 20
- Mitverschulden *Haftung des Arbeitnehmers* 1, 6
- Personenschaden *Haftung des Arbeitnehmers* 12
- Sach- und Vermögensschaden *Haftung des Arbeitnehmers* 4, 16
- Unfallversicherung *Haftung des Arbeitnehmers* 12
- Verjährungsfristen *Haftung des Arbeitnehmers* 27

Haftungsdurchgriff *Haftung des Arbeitgebers* 19; *Konzern* 14; *Sozialplan* 29, 30; *Umwandlung von Unternehmen* 54

Haftungsminderung *Haftung des Arbeitnehmers* 1, 4, 5

Haftungsprivileg *Arbeitsschutz* 106; *Haftung des Arbeitgebers* 10

Haftungsregelung des § 134 UmwG *Umwandlung von Unternehmen* 56

Haftungsrisiko *Haftung des Arbeitnehmers* 2

Handelsregister
- Betriebsrat *Handelsregister* 13
- Einsichtnahme in das Handelsregister *Handelsregister* 7, 14
- Eintragungspflichtige Ereignisse *Handelsregister* 4
- Jahresabschluss *Handelsregister* 6, 7, 13
- Registergericht *Handelsregister* 9
- Registerportal (Internet) *Handelsregister* 10
- Unternehmensrechtsformen *Handelsregister* 1, 5
- Unternehmensregister *Handelsregister* 11
- Wirtschaftsausschuss *Handelsregister* 13, 15

Hartz IV *Arbeitslosengeld* II *(Hartz IV)* 1, 1 a

Hauptbetrieb *Betriebsteil* 1

Hausgewerbetreibender *Heimarbeit* 3

Haushaltscheck *Geringfügige Beschäftigungsverhältnisse (»Mini-Jobs«)* 8

Hausordnung *Betriebsordnung* 1

Hausrecht *Betriebsratsbüro (Ausstattung, Hausrecht)*; *Betriebsversammlung* 14

Haustürgeschäft *Aufhebungsvertrag* 12

Hedgefonds *Unternehmen* 2 a; *Wirtschaftsausschuss* 1 a

Heimarbeit *Telearbeit* 9
- Arbeitnehmer *Heimarbeit* 7
- Außerordentliche Kündigung *Heimarbeit* 10, 13
- Außerordentlichen Kündigung *Heimarbeit* 12
- Betriebsrat *Heimarbeit* 10
- Betriebsratswahl *Heimarbeit* 8
- Betriebsübergang *Heimarbeit* 6

2265

Stichwortverzeichnis

- Einstellung *Heimarbeit* 9
- Hausgewerbetreibender *Heimarbeit* 3
- Heimarbeiter *Heimarbeit* 2
- Jugend- und Auszubildendenvertretung *Heimarbeit* 10
- Kündigung des Heimarbeitsverhältnisses *Heimarbeit* 9
- Kündigungsschutz von in Heimarbeit beschäftigten Betriebsratsmitgliedern und anderen Mandatsträgern *Heimarbeit* 10, 12
- Telearbeit *Heimarbeit* 6
- Zwischenmeister *Heimarbeit* 2

Heimarbeiter *Heimarbeit* 2
Herstellungs- und Verwendungsverbote *Gefahrstoffe* 14, 55a
Home-Office *Werkvertrag* 3a

Ich-AG *Arbeitnehmer* 10
Identität des Betriebs *Betriebsspaltung und Zusammenlegung von Betrieben* 9; *Betriebsübergang* 19a; *Umwandlung von Unternehmen* 41
In der Regel *Rechtsbegriffe* 2
Industrie 4.0 *Rationalisierung* 4
Informationelle Selbstbestimmung *Datenschutz* 1
Informationspflicht des Arbeitgebers *Informationsrechte des Betriebsrats* 3
Informationsrechte des Betriebsrats *Beteiligungsrechte des Betriebsrats* 5

- Allgemeines Informationsrecht *Informationsrechte des Betriebsrats* 1
- Arbeitsgericht *Informationsrechte des Betriebsrats* 34, 35
- Besondere Informationsrechte *Informationsrechte des Betriebsrats* 1
- Beteiligungsrechte des Betriebsrats *Informationsrechte des Betriebsrats* 13
- Betrieb *Informationsrechte des Betriebsrats* 33
- Einblick nehmen *Informationsrechte des Betriebsrats* 6
- Einsicht nehmen *Informationsrechte des Betriebsrats* 9
- Einigungsstelle *Informationsrechte des Betriebsrats* 34
- Einstellung *Jahresabschluss* 18 *Informationsrechte des Betriebsrats* 3, 30
- Generalklausel *Informationsrechte des Betriebsrats* 2
- Jederzeitige Vorlage von Unterlagen *Informationsrechte des Betriebsrats* 10
- Konzern *Informationsrechte des Betriebsrats* 33
- Ordnungswidrigkeitenverfahren *Informationsrechte des Betriebsrats* 34
- Personalplanung *Informationsrechte des Betriebsrats* 31
- Planungsprozess *Informationsrechte des Betriebsrats* 15
- Rechtzeitige Information *Informationsrechte des Betriebsrats* 12
- Strafverfahren *Informationsrechte des Betriebsrats* 36
- Umfassende Information *Informationsrechte des Betriebsrats* 20
- Unterlagen *Informationsrechte des Betriebsrats* 2 c, 23
- Unterlassungsanspruch des Betriebsrats *Informationsrechte des Betriebsrats* 35
- Unternehmen *Informationsrechte des Betriebsrats* 33
- Unternehmensplanung *Informationsrechte des Betriebsrats* 15
- Vertrauensarbeitszeit *Informationsrechte des Betriebsrats* 2 b
- Vorlage von Unterlagen *Informationsrechte des Betriebsrats* 2 c, 29
- Wirtschaftsausschuss *Informationsrechte des Betriebsrats* 9, 16, 32
- Zielvereinbarung *Informationsrechte des Betriebsrats* 2 a
- Zur Verfügung stellen von Unterlagen *Informationsrechte des Betriebsrats* 26

Inhaltskontrolle von Formulararbeitsverträgen *Arbeitsvertrag* 34
Inhouse-Outsourcing *Betriebsänderung* 9a; *Betriebsübergang* 2a, 7c, 38; *Werkvertrag* 21
Inhouse-Schulung *Schulungs- und Bildungsveranstaltungen für Betriebsräte* 10a
Initiativmitbestimmungsrecht des Betriebsrats *Arbeitsentgelt* 60; *Arbeitsschutz* 71; *Arbeitszeit* 88; *Auswahlrichtlinien* 6; *Beteiligungsrechte des Betriebsrats* 22; *Kurzarbeit* 4, 47, 47 j; *Nachtarbeit* 44, 63
Innerbetriebliches Beschwerdeverfahren *Abmahnung* 21
Insiderrecht

- Insider *Insiderrecht* 1, 4
- Insiderpapiere *Insiderrecht* 1, 5
- Insidertatsachen *Insiderrecht* 6

Insolvenz des Arbeitgeberverbandes *Arbeitgeberverband* 21
Insolvenzereignis *Insolvenzgeld* 1 a
Insolvenzgeld

- Anspruch auf Insolvenzgeld *Insolvenzgeld* 1 a
- Anspruchsübergang *Insolvenzgeld* 18
- Antrag auf Insolvenzgeld *Insolvenzgeld* 13
- Antragsfrist *Insolvenzgeld* 13, 14
- Arbeitszeitguthaben *Insolvenzgeld* 7
- Einmalzahlungen *Insolvenzgeld* 11
- Höhe des Insolvenzgeldes *Insolvenzgeld* 12
- Insolvenzereignis *Insolvenzgeld* 1
- Insolvenzgeldbescheinigung *Insolvenzgeld* 22
- Sozialversicherung *Insolvenzgeld* 20
- Steuern *Insolvenzgeld* 21
- Urlaubsentgelt *Insolvenzgeld* 8

Stichwortverzeichnis

- Urlaubsabgeltung *Insolvenzgeld* 9
- Überstunden *Insolvenzgeld* 7
- Vorschuss *Insolvenzgeld* 15

Insolvenzsicherung in der betrieblichen Altersversorgung *Betriebliche Altersversorgung* 53

Insolvenzsicherung von Arbeitszeitguthaben *Altersteilzeit* 81; *Arbeitszeitflexibilisierung (Übersicht im Anhang)*

Insolvenzverfahren
- Absonderungsberechtigte Gläubiger *Insolvenzverfahren* 37
- Abweisung mangels Masse *Insolvenzverfahren* 13
- Altersteilzeit *Insolvenzverfahren* 69
- Änderungskündigung *Insolvenzverfahren* 86
- Anmeldung der Forderungen der Insolvenzgläubiger *Insolvenzverfahren* 30
- Anzeige der Masseunzulänglichkeit *Insolvenzverfahren* 43
- Arbeitsentgeltansprüche der Arbeitnehmer *Insolvenzverfahren* 45
- Arbeitszeitflexibilisierung *Insolvenzverfahren* 69
- Aussonderungsberechtigte Gläubiger *Insolvenzverfahren* 36
- Befriedigung der Insolvenzgläubiger *Insolvenzverfahren* 47
- Betriebliche Altersversorgung *Insolvenzverfahren* 69; *Betriebliche Altersversorgung* 53
- Betrieblichen Altersversorgung *Insolvenzverfahren* 111
- Betriebsänderung *Insolvenzverfahren* 68, 119
- Betriebsübergang *Insolvenzverfahren* 89, 117
- Eigenverwaltung *Insolvenzverfahren* 26
- Einigungsstelle *Insolvenzverfahren* 77
- Einstellung mangels Masse *Insolvenzverfahren* 14, 64
- Eröffnung des Insolvenzverfahrens *Insolvenzverfahren* 15, 27
- Eröffnungsgrund *Insolvenzverfahren* 7, 8
- Gläubigerausschuss *Insolvenzverfahren* 49
- Gläubigerversammlung *Insolvenzverfahren* 20, 54
- Insolvenzgeld *Insolvenzgeld* 1 a; *Insolvenzverfahren* 46, 103, 120
- Insolvenzgericht *Insolvenzverfahren* 5
- Insolvenzgläubiger *Insolvenzverfahren* 35, 47
- Insolvenzplan *Insolvenzverfahren* 60
- Insolvenzsicherung von Ansprüchen aus einer betrieblichen Altersversorgung *Insolvenzverfahren* 111
- Insolvenzsicherung von Arbeitszeitguthaben *Insolvenzverfahren* 101
- Insolvenzsicherung von Wertguthaben bei Altersteilzeit *Insolvenzverfahren* 104
- Insolvenzverwalter *Insolvenzverfahren* 10, 21
- Interessenausgleich *Insolvenzverfahren* 68, 77, 80, 119

- Interessenausgleich mit Namensliste *Insolvenzverfahren* 80
- Kosten des Insolvenzverfahrens *Insolvenzverfahren* 40
- Kündigung *Insolvenzverfahren* 82, 112
- Kündigungsfrist *Insolvenzverfahren* 75, 113
- Kündigungsschutz *Insolvenzverfahren* 115
- Massegläubiger *Insolvenzverfahren* 39
- Masseverbindlichkeiten *Insolvenzverfahren* 39, 41
- Rangfolge der Berichtigung von Masseverbindlichkeiten *Insolvenzverfahren* 44
- Restschuldbefreiung *Insolvenzverfahren* 66
- Sozialplan *Insolvenzverfahren* 42, 68, 90
- Sozialplan nach Eröffnung des Insolvenzverfahrens *Insolvenzverfahren* 91
- Sozialplan vor Eröffnung des Insolvenzverfahrens *Insolvenzverfahren* 96
- Transferleistungen *Insolvenzverfahren* 68
- Überschuldung *Insolvenzverfahren* 8
- Überstunden *Insolvenzverfahren* 103
- Unternehmensrechtsformen *Insolvenzverfahren* 6, 8
- Verbraucherinsolvenzverfahren *Insolvenzverfahren* 67
- Vorläufiger Insolvenzverwalter *Insolvenzverfahren* 10
- Vorläufige Maßnahmen des Insolvenzgerichts *Insolvenzverfahren* 9

Integrationsvereinbarung *Schwerbehindertenvertretung* 13, 36

Interessenausgleich
- Abgrenzung zum Sozialplan *Interessenausgleich* 3, 19
- Ablauf des Interessenausgleichsverfahrens *Interessenausgleich* 18
- Arbeitsgericht *Interessenausgleich* 18, 25
- Begriff *Interessenausgleich* 3
- Berater *Interessenausgleich* 7, 18
- Beschäftigungs- und Qualifizierungsgesellschaft *Interessenausgleich* 19
- Beschäftigungssicherung und -förderung *Interessenausgleich* 5, 19
- Beschäftigungssicherungstarifvertrag *Interessenausgleich* 3, 14
- Betriebliche Tarifbewegung *Interessenausgleich* 8
- Betriebsrat *Interessenausgleich* 9
- Betriebsänderung *Interessenausgleich* 1, 7, 8, 15, 22
- Betriebsrat *Interessenausgleich* 9
- Betriebsübergang *Interessenausgleich* 5
- Bundesagentur für Arbeit *Interessenausgleich* 6, 18, 19
- Einigungsstelle *Interessenausgleich* 9, 14, 18
- Einstweilige Verfügung gegen Entlassungen *Interessenausgleich* 10
- Gesamtbetriebsrat *Interessenausgleich* 2

Stichwortverzeichnis

- Gewerkschaft *Interessenausgleich* 8
- Grobe Fehlerhaftigkeit *Interessenausgleich* 25
- Insolvenzverfahren *Interessenausgleich* 18, 24
- Interessenausgleich mit Namensliste *Betriebsbedingte Kündigung* 23; *Interessenausgleich* 16, 22
- Interessenausgleichsverfahren *Interessenausgleich* 18
- Kündigungsschutz *Interessenausgleich* 22
- Kurzarbeit *Interessenausgleich* 3, 14, 14 a, 14 b, 19
- Kurzarbeit statt Entlassung *Betriebsänderung* 27 a; *Interessenausgleich* 14, 19; *Kurzarbeit/Kurzarbeitergeld* 3, 47 j
- Nachteilsausgleich *Interessenausgleich* 10, 17, 21
- Sachverständiger *Interessenausgleich* 7
- Scheitern der Verhandlungen *Interessenausgleich* 11
- Sozialplan *Interessenausgleich* 2, 3, 11, 12, 18, 19
- Tarifliche Arbeitszeitabsenkung statt Entlassung *Interessenausgleich* 15, 19
- Tarifvertrag *Interessenausgleich* 8
- Teilzeitarbeit *Interessenausgleich* 5
- Transfergesellschaft *Interessenausgleich* 19
- Transferleistungen *Interessenausgleich* 19
- Umwandlung von Unternehmen *Interessenausgleich* 25
- Unterlassungsanspruch des Betriebsrats *Interessenausgleich* 10 a
- Unternehmen *Interessenausgleich* 7
- Verfahren *Interessenausgleich* 18
- Wirkungen eines Interessenausgleichs *Interessenausgleich* 17

Interessenausgleich mit Namensliste *Betriebsbedingte Kündigung* 23; *Interessenausgleich* 16, 22

International Standardisation Organisation *ISO 9000* 4

Internetadressen *EDV im Betriebsratsbüro – Internet – Intranet* 9

Internet/Intranet *Betriebsratsbüro (Ausstattung, Hausrecht)* 3; *EDV im Betriebsratsbüro – Internet – Intranet* 4, 7

ISO 9000
- Betriebsänderung *ISO 9000* 29
- Betriebsrat *ISO 9000* 26
- Betriebsvereinbarung *ISO 9000* 30
- Einigungsstelle *ISO 9000* 30
- Interessenausgleich *ISO 9000* 29
- Sachverständiger *ISO 9000* 30
- Sozialplan *ISO 9000* 29

Jahresabschluss
- Abschlussprüfer *Jahresabschluss* 12
- Anhang *Jahresabschluss* 9
- Betriebsrat *Jahresabschluss* 16
- Bilanz *Jahresabschluss* 2, 4
- Cashflow *Jahresabschluss* 19
- Gewinn- und Verlustrechnung *Jahresabschluss* 2, 7

- Handelsregister *Jahresabschluss* 14
- Lagebericht *Jahresabschluss* 10, 17
- Unternehmen *Jahresabschluss* 1
- Unternehmensrechtsformen *Jahresabschluss* 1
- Wirtschaftsprüfer *Jahresabschluss* 12
- Wirtschaftsprüferbericht *Jahresabschluss* 12, 13, 17
- Wirtschaftsausschuss *Jahresabschluss* 16, 20

Jahresarbeitszeit *Arbeitszeitflexibilisierung* 50
Job Sharing *Arbeitsplatzteilung (»Job Sharung«)*
Jugend- und Auszubildendenvertretung
- Ablauf der Amtszeit der JAV *Jugend- und Auszubildendenvertretung* 8, 20
- Amtszeit *Jugend- und Auszubildendenvertretung* 8, 20
- Anspruch eines Mitglieds der JAV auf Weiterbeschäftigung *Jugend- und Auszubildendenvertretung* 41
- Aufgaben *Jugend- und Auszubildendenvertretung* 22
- Außerbetriebliche Auszubildende *Jugend- und Auszubildendenvertretung* 2
- Arbeitsgericht *Jugend- und Auszubildendenvertretung* 9, 47
- Außerordentliche Kündigung *Jugend- und Auszubildendenvertretung* 55
- Auszubildende *Jugend- und Auszubildendenvertretung* 1
- Berufsbildung *Jugend- und Auszubildendenvertretung* 1
- Betriebsrat *Jugend- und Auszubildendenvertretung* 25, 34, 61
- Betriebsrat *Jugend- und Auszubildendenvertretung* 23
- Betriebsratssitzung *Jugend- und Auszubildendenvertretung* 25, 28
- Betriebsratswahl *Jugend- und Auszubildendenvertretung* 3, 6, 8, 11
- Doppelmitgliedschaft *Jugend- und Auszubildendenvertretung* 18
- Doppelwahlrecht *Jugend- und Auszubildendenvertretung* 14
- Entbindung von der Weiterbeschäftigungspflicht *Jugend- und Auszubildendenvertretung* 47
- Ersatzmitglieder des Betriebsrats *Jugend- und Auszubildendenvertretung* 6
- Ersatzmitglieder des Betriebsrats oder der JAV *Jugend- und Auszubildendenvertretung* 63
- Freier Arbeitsplatz *Jugend- und Auszubildendenvertretung* 54, 57
- Gesamt-Jugend- und Auszubildendenvertretung *Jugend- und Auszubildendenvertretung* 32
- Gesamtbetriebsrat *Jugend- und Auszubildendenvertretung* 9
- Geschäftsführung *Jugend- und Auszubildendenvertretung* 21
- Größe *Jugend- und Auszubildendenvertretung* 4

Stichwortverzeichnis

- JAV-Sitzungen *Jugend- und Auszubildendenvertretung* 24
- Konzern-Jugend- und Auszubildendenvertretung *Jugend- und Auszubildendenvertretung* 33
- Konzernbetriebsrat *Jugend- und Auszubildendenvertretung* 9
- Kündigungsschutz [besonderer] *Jugend- und Auszubildendenvertretung* 37
- Monatsgespräch *Jugend- und Auszubildendenvertretung* 30
- Schulungs- und Bildungsveranstaltungen *Jugend- und Auszubildendenvertretung* 36
- Stimmrecht in Betriebsratssitzungen *Jugend- und Auszubildendenvertretung* 28
- Teilnahme an Betriebsratssitzungen *Jugend- und Auszubildendenvertretung* 27
- Übernahme in ein Arbeitsverhältnis *Jugend- und Auszubildendenvertretung* 38
- Übernahmeverlangen *Jugend- und Auszubildendenvertretung* 41, 43, 60
- Wahlen, regelmäßige *Jugend- und Auszubildendenvertretung* 3
- Wählbarkeit *Jugend- und Auszubildendenvertretung* 15
- Wahlberechtigung *Jugend- und Auszubildendenvertretung* 13
- Wahlvorstand *Jugend- und Auszubildendenvertretung* 8
- Weiterbeschäftigungsanspruch *Jugend- und Auszubildendenvertretung* 41
- Weiterbeschäftigungsverlangen *Jugend- und Auszubildendenvertretung* 43
- Zumutbarkeit der Weiterbeschäftigung *Jugend- und Auszubildendenvertretung* 47, 53, 55, 60
- Zusammenarbeit mit dem Betriebsrat *Jugend- und Auszubildendenvertretung* 23, 35

Juristische Person *Unternehmensrechtsformen* 4

Kalendermäßig befristeter Arbeitsvertrag *Befristeter Arbeitsvertrag* 1 a, 44
Kalte Aussperrung *Arbeitskampf* 51, 65
Kann-Vorschrift *Rechtsbegriffe* 13
Kapitalbeteiligungsgesellschaft *Unternehmen* 2 a
Kapitalgesellschaft *Unternehmensrechtsformen* 6
KAPOVAZ *Arbeit auf Abruf* 1
Kappung von geleisteten Arbeitsstunden *Arbeitszeitflexibilisierung* 69 b; *Überstunden* 4
Kernarbeitszeit *Gleitzeit* 1
Kettenarbeitsvertrag *Befristeter Arbeitsvertrag* 6, 24, 66
Kindergeld, Kinderfreibetrag *Auszubildende/Berufsausbildungsverhältnis* 20 a
Klage *Arbeitsgericht* 4
Klagefrist *Auflösend bedingter Arbeitsvertrag* 11, *Außerordentliche Kündigung* 34, *Befristeter Arbeitsvertrag* 51, *Kündigungsschutz* 26, *Kündigungsschutz (besonderer)* 3, *Kündigungsschutz vor*

Erfüllung der Wartezeit und im Kleinbetrieb 14, *Ordentliche Kündigung* 44
»Klebeeffekt« *Arbeitnehmerüberlassung/Leiharbeit* 23
Kleinbetriebsschwelle *Kündigungsschutz vor Erfüllung der Wartezeit und im Kleinbetrieb* 6
Kleinstbetrieb
- Außerordentliche Kündigung *Kleinstbetrieb* 6
- Betriebsratswahl *Kleinstbetrieb* 2
- Hauptbetrieb *Kleinstbetrieb* 2
- Kündigung *Kleinstbetrieb* 4
- Kündigungsfristen *Kleinstbetrieb* 6
- Kündigungsschutz *Kleinstbetrieb* 6
- Kündigungsschutz vor Erfüllung der Wartezeit und im Kleinbetrieb *Kleinstbetrieb* 7
- Mindestkündigungsschutz *Kleinstbetrieb* 6
- Stilllegung *Kleinstbetrieb* 4
- Unternehmen *Kleinstbetrieb* 5

Kollegendiebstahl *Außerordentliche Kündigung* 26
Kommanditgesellschaft *Unternehmensrechtsformen* 2
Kommanditgesellschaft auf Aktien *Unternehmensrechtsformen* 2
Kommission *Europäisches Recht* 5
»Königsweg der Tarifflucht« *Betriebsübergang* 2 b
Konfliktlösungsmodell des BetrVG *Friedenspflicht* 3
Kongruente Tarifbindung *Betriebsübergang* 23
Konti-Schicht *Schichtarbeit* 2
Kontinuierlicher Verbesserungsprozess (KVP) *Betriebliches Vorschlagswesen* 24; *Gruppenarbeit* 10

Konzern
- Begriff *Konzern* 2
- Beherrschungsverhältnis *Konzern* 4, 5, 6
- Betrieb *Konzern* 1
- Betriebsaufspaltung/Unternehmensteilung *Konzern* 14
- Durchgriffshaftung *Konzern* 13
- Faktischer Konzern *Konzern* 5
- Gewinnabführungsvertrag *Konzern* 4
- Gleichordnungskonzern *Konzern* 3, 9, 12
- Haftung des herrschenden Unternehmens *Konzern* 13
- Herrschendes Unternehmen
- Konzernbetriebsrat *Konzern* 10
- Konzern im Konzern *Konzern* 8
- Mehrstufiger Konzern *Konzern* 8, 11
- Qualifizierter faktischer Konzern *Konzern* 5, 13
- Sozialplan *Konzern* 14
- Unterordnungskonzern *Konzern* 3, 10
- Unternehmen *Konzern* 1

Konzern im Konzern *Konzern* 8; *Konzernbetriebsrat* 5
Konzernbetriebsrat
- Aufgabe *Konzernbetriebsrat* 19, 20, 22
- Betriebsvereinbarung *Konzernbetriebsrat* 7

Stichwortverzeichnis

- Beschlussfassung im Konzernbetriebsrat *Konzernbetriebsrat* 15
- »Dauereinrichtung« mit wechselnden Mitgliedern *Konzernbetriebsrat* 11
- Entsendung in den Konzernbetriebsrat *Konzernbetriebsrat* 6
- Errichtung *Konzernbetriebsrat* 2, 3, 4, 22
- Europäischer Betriebsrat *Konzernbetriebsrat* 24
- Gesamtbetriebsrat *Konzernbetriebsrat* 2, 7, 15
- Geschäftsführung – Konzern *Konzernbetriebsrat* 14
- Größe *Konzernbetriebsrat* 13
- Initiative zur Errichtung *Konzernbetriebsrat* 3
- Konzernbetriebsausschuss *Konzernbetriebsrat* 13
- Konzern-Jugend- und Auszubildendenvertretung *Konzernbetriebsrat* 16
- Konzernschwerbehindertenvertretung *Konzernbetriebsrat* 17
- Mehrstufiger Konzern *Konzernbetriebsrat* 5
- Originäre Zuständigkeit *Konzernbetriebsrat* 19
- Stimmengewicht *Konzernbetriebsrat* 15
- Tarifvertrag *Konzernbetriebsrat* 7
- Unternehmen *Konzernbetriebsrat* 23
- Unternehmensmitbestimmung *Konzernbetriebsrat* 20
- Unterordnungskonzern *Konzernbetriebsrat* 1
- Wahlen *Konzernbetriebsrat* 12
- Wirtschaftsausschuss *Konzernbetriebsrat* 23
- Zuständigkeit des Konzernbetriebsrats *Konzernbetriebsrat* 18
- Zuständigkeit kraft Auftrags *Konzernbetriebsrat* 19

Konzern-Jugend- und Auszubildendenvertretung
- Beschlussfassung *Konzern-Jugend- und Auszubildendenvertretung* 5
- Entsendung *Konzern-Jugend- und Auszubildendenvertretung* 3
- Ersatzmitglieder *Konzern-Jugend- und Auszubildendenvertretung* 3
- Errichtung *Konzern-Jugend- und Auszubildendenvertretung* 1, 2
- Gesamt-Jugend- und Auszubildendenvertretung *Konzern-Jugend- und Auszubildendenvertretung* 5
- Konzern *Konzern-Jugend- und Auszubildendenvertretung* 1
- Konzernbetriebsrat *Konzern-Jugend- und Auszubildendenvertretung* 8
- Originäre Zuständigkeit *Konzern-Jugend- und Auszubildendenvertretung* 7
- Sitzungen der Konzern-JAV *Konzern-Jugend- und Auszubildendenvertretung* 4
- Stimmrecht im Konzernbetriebsrat *Konzern-Jugend- und Auszubildendenvertretung* 6
- Zuständigkeit *Konzern-Jugend- und Auszubildendenvertretung* 7
- Zuständigkeit kraft Auftrags *Konzern-Jugend- und Auszubildendenvertretung* 7

Konzernleihe *Arbeitnehmerüberlassung/Leiharbeit* 7 a

Konzernschwerbehindertenvertretung *Schwerbehindertenvertretung* 37

Konzernsprecherausschuss *Leitende Angestellte* 10

Koppelungsgeschäfte in der Betriebsverfassung
- Begriff *Koppelungsgeschäfte in der Betriebsverfassung* 1
- Betriebsrat *Koppelungsgeschäfte in der Betriebsverfassung* 21
- Eilfall *Koppelungsgeschäfte in der Betriebsverfassung* 3; *Überstunden* 16 b, 19
- Einigungsstelle *Koppelungsgeschäfte in der Betriebsverfassung* 3, 4, 8, 9, 16
- Einstweilige Verfügung *Koppelungsgeschäfte in der Betriebsverfassung* 2
- Gegenforderungen *Koppelungsgeschäfte in der Betriebsverfassung* 1, 21
- Gegenleistung *Koppelungsgeschäfte in der Betriebsverfassung* 1, 21
- Interessengegensatz *Koppelungsgeschäfte in der Betriebsverfassung* 10
- Normzwecktheorie *Koppelungsgeschäfte in der Betriebsverfassung* 5
- Unzulässige Koppelungen *Koppelungsgeschäfte in der Betriebsverfassung* 20
- Zulässigkeit *Koppelungsgeschäfte in der Betriebsverfassung* 5, 6, 7, 8

Korrigierende Rückgruppierung *Eingruppierung/Umgruppierung* 41, 61

Korrigierendes Mitbestimmungsrecht *Arbeitsschutz* 82

Kosten der Betriebsratstätigkeit
- Anspruch auf Freistellung einer Verbindlichkeit *Kosten der Betriebsratstätigkeit* 7 a
- Arbeitsgericht *Kosten der Betriebsratstätigkeit* 10, 16
- Beschlussfassung im Betriebsrat *Kosten der Betriebsratstätigkeit* 10 a
- Betriebsänderung *Kosten der Betriebsratstätigkeit* 4
- Betriebsratswahl *Betriebsratsbüro* 4, *Kosten der Betriebsratstätigkeit* 12
- Beurteilungsspielraum *Betriebsratsbüro* 2, *Kosten der Betriebsratstätigkeit* 10, 11
- EDV im Betriebsratsbüro *Betriebsratsbüro* 3
- Einigungsstelle *Betriebsratsbüro* 4; *Kosten der Betriebsratstätigkeit* 12
- Erforderlichkeit *Kosten der Betriebsratstätigkeit* 10, 11
- Erstattungsanspruch *Kosten der Betriebsratstätigkeit* 9

Stichwortverzeichnis

- Europäischer Betriebsrat *Betriebsratsbüro* 7; *Kosten der Betriebsratstätigkeit* 13
- Freistellung von Verbindlichkeit *Kosten der Betriebsratstätigkeit* 7 a
- Freistellungsanspruch *Kosten der Betriebsratstätigkeit* 7 a
- Geldzahlungspflicht des Arbeitgebers *Kosten der Betriebsratstätigkeit* 3
- Kostentragungspflicht des Arbeitgebers *Kosten der Betriebsratstätigkeit* 3
- Literatur für die Betriebsratsarbeit *Betriebsratsbüro* 3, 9; *Kosten der Betriebsratstätigkeit* 15
- Rechtsanwalt *Kosten der Betriebsratstätigkeit* 4, 7 a, 10 a
- Sachverständige *Kosten der Betriebsratstätigkeit* 4, 7 c, 13
- Schulungs- und Bildungsveranstaltungen *Kosten der Betriebsratstätigkeit* 4, 13
- Vorschuss *Kosten der Betriebsratstätigkeit* 6
- Überlassungspflicht des Arbeitgebers *Kosten der Betriebsratstätigkeit* 11
- Zahlungsanspruch *Kosten der Betriebsratstätigkeit* 9

Krankengeld *Krankenversicherung* 11
- Anspruch *Krankengeld* 1
- Berechnungsbeispiel *Krankengeld* 6
- Dauer *Krankengeld* 2
- Einmalzahlungen *Krankengeld* 4
- Höhe und Berechnung *Krankengeld* 3
- Sozialversicherung *Krankengeld* 7
- Steuer *Krankengeld* 8

Krankenrückkehrgespräch *Betriebliches Eingliederungsmanagement (BEM)* 8, *Krankheit* 20, 24; *Schwerbehinderte Menschen* 72

Krankenversicherung
- Beiträge *Krankenversicherung* 4
- Beitragssatz *Krankenversicherung* 5, 6
- Beitragsbemessungsgrenze *Krankenversicherung* 7
- Familienversicherung *Krankenversicherung* 9
- Krankengeld *Krankenversicherung* 11
- Krankengeld bei Erkrankung des Kindes *Krankenversicherung* 11
- Leistungen der gesetzlichen Krankenversicherung *Krankenversicherung* 10
- Mutterschaftsgeld *Krankenversicherung* 11
- Mutterschutz *Krankenversicherung* 11
- Sozialklausel *Krankenversicherung* 12
- Sozialversicherung *Krankenversicherung* 7, 8
- Tarifvertrag *Krankenversicherung* 11
- Versicherungspflichtgrenze *Krankenversicherung* 8
- Wahl der Krankenkasse *Krankenversicherung* 3
- Zuzahlungen der Versicherten *Krankenversicherung* 12

Krankheit
- Abmahnung *Krankheit* 16, 28 a
- Anzeigepflicht *Krankheit* 16
- Arbeitsschutz *Krankheit* 19
- Betriebliches Eingliederungsmanagement *Krankheit* 24
- Betriebsrat *Krankheit* 18
- Bildungsurlaub *Krankheit* 4
- Entgeltfortzahlung *Entgeltfortzahlung im Krankheitsfall und bei Vorsorge/Rehabilitation* 7; *Krankheit* 1
- Feiertag *Krankheit* 5, 11
- Krankengeld *Krankheit* 2; *Krankenversicherung* 11
- Kranken-Kurzarbeitergeld *Krankheit* 19
- Krankenrückkehrgespräche *Krankheit* 20, 24
- Krankenstand *Krankheit* 22, 29
- Krankenversicherung *Krankheit* 2
- Krankheitsbedingte Kündigung *Krankheit* 17, 29; *Personenbedingte Kündigung* 14
- Kündigung *Krankheit* 16
- Kürzung einer Sondervergütung *Krankheit* 12
- Kurzarbeit *Krankheit* 8, 11
- Mitbestimmung des Betriebsrats *Krankheit* 25–28
- Nachweispflicht *Krankheit* 16
- Personenbedingte Kündigung *Krankheit* 17, 29
- Schwerbehinderte Menschen *Krankheit* 24
- Schwerbehindertenvertretung *Krankheit* 24
- Sondervergütung *Krankheit* 12
- Tarifverträge *Krankheit* 15
- Urlaub *Krankheit* 3
- Verhaltensbedingte Kündigung *Krankheit* 16
- Weihnachtsgeld *Krankheit* 12
- Wiedereingliederung *Krankheit* 2 a

Krankheitsbedingte Kündigung *Personenbedingte Kündigung* 14

Kühlschmiermittel *Arbeitsschutz* 104; *Berufskrankheit* 37

Kündigung
- Änderungskündigung *Kündigung* 7, 8, 44, 55
- Anhörung des Betriebsrats *Kündigung* 35, 36 d, 41
- Anhörungsverfahren (§ 102 Abs. 1 BetrVG) *Kündigung* 35
- Annahmeverzug *Kündigung* 50, 51
- Arbeitsgericht *Kündigung* 11
- Arbeitskampf *Kündigung* 20
- Arbeitslosenversicherung *Kündigung* 32
- Arbeitslosmeldung *Kündigung* 32
- Arbeitsvertrag *Kündigung* 1, 8
- Aufhebungsvertrag *Kündigung* 2, 4, 23, 24
- Auflösend bedingter Arbeitsvertrag *Kündigung* 3, 23
- Außerordentliche Kündigung *Kündigung* 8, 55
- Bedenken des Betriebsrats *Kündigung* 42
- Befristeter Arbeitsvertrag *Kündigung* 3, 23
- Beschäftigungssicherungstarifvertrag *Kündigung* 65

Stichwortverzeichnis

- Betrieb *Kündigung* 13
- Betriebsänderung *Kündigung* 20, 56
- Betriebsbedingte Kündigung *Kündigung* 44, 55
- Betriebsferien *Fristen* 8
- Betriebsrat *Kündigung* 34
- Druckkündigung *Kündigung* 8 a
- Einigungsstelle *Kündigung* 52
- Einstweilige Verfügung *Kündigung* 47
- Freistellung für Stellensuche *Kündigung* 21, 24
- Fristen *Kündigung* 11
- Frühzeitige Arbeitssuche *Kündigung* 25
- Gewerkschaft *Kündigung* 20
- Hartz-Reform *Kündigung* 24
- Information des Gekündigten über den Widerspruch des Betriebsrats *Kündigung* 45 d
- Insolvenzverfahren *Kündigung* 60
- Interessenausgleich *Kündigung* 20, 56, 60
- Klage *Kündigung* 11
- Klagefrist *Kündigung* 11
- Kleinbetrieb, Kleinunternehmen *Kündigung* 15
- Kündigungsarten *Kündigung* 8
- Kündigungsfrist *Kündigung* 9, 10
- Kündigungsschutz *Kündigung* 11, 36 a, 55; *Ordentliche Kündigung* 11
- Kündigungsschutzklage *Kündigung* 11
- Kündigungsschutz vor Erfüllung der Wartezeit und im Kleinbetrieb *Kündigung* 16
- Kündigungsschutz (besonderer) *Kündigung* 17
- Kündigungsvollmacht *Kündigung* 5, 6
- Kurzarbeit *Kündigung* 65
- Massenentlassung *Kündigung* 18, 20, 56
- Massenentlassungsanzeige *Kündigung* 19
- Meldepflicht *Kündigung* 24
- Ordentliche Kündigung *Kündigung* 8, 43, 46, 54, 55
- Personenbedingte Kündigung *Kündigung* 44, 55
- Schriftform *Kündigung* 4
- Schwerbehindertenvertretung *Kündigung* 34
- Sozialplan *Kündigung* 20, 56
- Tarifverträge *Kündigung* 65
- Teilkündigung *Kündigung* 7
- Unternehmen *Kündigung* 13
- Verhaltensbedingte Kündigung *Kündigung* 44, 55
- Verhalten von Betriebsräten bei Kündigung *Ordentliche Kündigung* 38 a
- Vollmachtsvorlage *Kündigung* 5, 6
- Wartezeit *Kündigung* 13, 35 a
- Weiterbeschäftigungsverlangen *Kündigung* 45 d, 46 a, 46 b
- Weiterbeschäftigungsanspruch *Kündigung* 46 a
- Weitervergütungsanspruch *Kündigung* 50
- Wiedereinstellung *Kündigung* 10
- Widerspruch des Betriebsrats *Kündigung* 43
- Wirtschaftsausschuss *Kündigung* 56
- Zurückweisung der Kündigung wegen unterlassener Vollmachtsvorlage *Kündigung* 5, 6; *Außerordentliche Kündigung* 2 a

Kündigungsausschlussklausel *Beschäftigungssicherungstarifvertrag* 4

Kündigungsfristen
- Ältere Arbeitnehmer *Kündigungsfristen* 5
- Aushilfsarbeitsverhältnis *Kündigungsfristen* 10
- Befristeter Arbeitsvertrag *Kündigungsfristen* 5, *Kündigungsschutz* 42
- Beschäftigungszeiten vor Vollendung des 25. Lebensjahres *Kündigungsfristen* 4, 5
- Betriebsrat *Kündigungsfristen* 16
- Betriebsübergang *Kündigungsfristen* 4
- Einzelvertragliche Vereinbarung längerer Kündigungsfristen *Kündigungsfristen* 12
- Falsch berechnete Kündigungsfrist *Kündigungsfristen* 14
- Gewerkschaften *Kündigungsfristen* 9
- Gleichbehandlung *Kündigungsfristen* 5
- Grundkündigungsfrist *Kündigungsfristen* 3, 8
- Insolvenzverfahren *Kündigungsfristen* 13
- Kündigungsschutz *Kündigungsfristen* 5, 15, *Kündigungsschutz* 42
- Probearbeitsverhältnis *Kündigungsfristen* 6
- Probezeit *Kündigungsfristen* 6
- Tarifvertrag *Kündigungsfristen* 7
- Unbestimmte Kündigungsfrist *Kündigungsfristen* 13 a
- Ungleichbehandlung von Arbeitern und Angestellten *Kündigungsfristen* 8
- Verlängerte Kündigungsfristen bei Kündigung durch den Arbeitgeber *Kündigungsfristen* 3, 8
- Vertraglich vereinbarte Kündigungsfrist *Kündigungsfristen* 10

Kündigungsschutz
- Abfindung *Kündigungsschutz* 19, 37, 47, 49
- Abfindungsanspruch bei betriebsbedingter Kündigung 19
- Abwicklungsvertrag *Kündigungsschutz* 21
- Ältere Arbeitnehmer *Kündigungsschutz* 42, 56
- Altersteilzeit *Kündigungsschutz* 53
- Änderungskündigung *Kündigungsschutz* 16, 22, 25, 36
- Anhörung des Betriebsrats *Kündigung* 35
- Annahmeverzug *Kündigungsschutz* 44
- Anrechnung von Zwischenverdienst *Kündigungsschutz* 43
- Arbeitnehmer in Kleinbetrieben *Kündigungsschutz* 4
- Arbeitsgericht *Kündigungsschutz* 25
- Arbeitslosengeldsperre *Kündigungsschutz* 21, 61
- Arbeitslosenversicherung *Kündigungsschutz* 21, 62
- Arbeitslosmeldung *Kündigungsschutz* 62
- Aufhebungsvertrag *Kündigungsschutz* 21
- Auflösung des Arbeitsverhältnisses durch Urteil *Kündigungsschutz* 37

Stichwortverzeichnis

- Außerordentliche Kündigung *Kündigungsschutz* 9, 25, 46, 47
- Auswahlrichtlinien *Kündigungsschutz* 15, 18
- Auszubildende *Kündigungsschutz* 55
- Betrieb *Kündigungsschutz* 12
- Betriebsbedingte Kündigung *Kündigungsschutz* 14, 16, 17, 18, 60– Betriebsrat *Kündigung* 34, *Kündigungsschutz* 15
- Betriebsübergang *Kündigungsschutz* 12, 27, 50
- Datenschutz *Kündigungsschutz* 55
- Einspruch gegen Kündigung *Kündigungsschutz* 23
- Elterngeld/Elternzeit *Kündigungsschutz* 29, 55
- Gleichbehandlung *Kündigungsschutz* 42
- Heimarbeit *Kündigungsschutz* 55
- Insolvenzverfahren *Kündigungsschutz* 57
- Interessenausgleich *Kündigungsschutz* 18
- Interessenausgleich mit Namensliste *Kündigungsschutz* 18 a
- Klage *Kündigungsschutz* 25
- Klagefrist *Kündigungsschutz* 26
- Kleinbetriebe *Kündigungsschutz* 4
- Kleinunternehmen *Kündigungsschutz* 10
- Kündigung *Kündigungsschutz* 27, 58, 62
- Kündigungsfrist *Kündigungsschutz* 31, 59
- Kündigungsgründe *Kündigungsschutz* 14
- Kündigungsschutz *Kündigungsschutz* 55
- Kündigungsschutzklage *Kündigungsschutz* 25
- Kündigungsschutz vor Erfüllung der Wartezeit und im Kleinbetrieb *Kündigungsschutz* 13
- Kündigungsschutz (besonderer) *Kündigungsschutz* 55
- Kündigungsschutzklage *Kündigungsschutz* 24
- Leitende Angestellte *Kündigungsschutz* 52
- Meldepflicht *Kündigungsschutz* 61
- Mutterschutz *Kündigungsschutz* 29, 55
- Nachträgliche Zulassung verspäteter Klage *Kündigungsschutz* 32
- Neues Arbeitsverhältnis *Kündigungsschutz* 45
- Ordentliche Kündigung *Kündigungsschutz* 16, 58
- Personalstruktur *Kündigungsschutz* 117 c
- Personenbedingte Kündigung *Kündigungsschutz* 14, 16, 60
- Rentenversicherung *Kündigungsschutz* 53
- Schriftform *Kündigungsschutz* 28
- Schwerbehinderte Menschen *Kündigungsschutz* 29, 55
- Sittenwidrige Kündigung *Kündigungsschutz* 46
- Soziale Rechtfertigung der Kündigung *Kündigungsschutz* 14
- Tarifverträge *Kündigungsschutz* 56
- Umweltschutz im Betrieb *Kündigungsschutz* 55
- Unternehmen *Kündigungsschutz* 12, 15
- Unwirksamkeitsgründe, sonstige *Kündigungsschutz* 53, 5

- Verhaltensbedingte Kündigung *Kündigungsschutz* 14, 16, 60
- Verlängerte Anrufungsfrist *Kündigungsschutz* 34
- Verurteilung zur Zahlung einer Abfindung *Kündigungsschutz* 36
- Verwirkung *Kündigungsschutz* 28
- Wartezeit *Kündigungsschutz* 1, 12
- Weiterbeschäftigungsanspruch nach Widerspruch des Betriebsrats *Kündigung* 43; *Kündigungsschutz* 58
- Weiterbeschäftigungsanspruch (allgemeiner) *Kündigungsschutz* 58 a
- Widerspruch des Betriebsrats *Kündigung* 43; *Kündigungsschutz* 58
- Wiedereinstellungsanspruch *Kündigungsschutz* 59, 60
- Zustimmung einer Behörde *Kündigungsschutz* 29
- Zwischenverdienst, Anrechnung *Kündigungsschutz* 43

Kündigungsschutz (besonderer)
- Abfallbeauftragter *Kündigungsschutz (besonderer)* 53
- Ältere Arbeitnehmer *Kündigungsschutz (besonderer)* 57
- Arbeitnehmer, die eine Betriebsratswahl eingeleitet haben *Kündigungsschutz (besonderer)* 22
- Arbeitsgericht *Kündigungsschutz (besonderer)* 12, 13
- Arbeitsschutz *Kündigungsschutz (besonderer)* 51
- Außerordentliche Kündigung *Kündigungsschutz (besonderer)* 9, 10, 12, 15, 18, 20, 21, 22, 34, 53, 58
- Auszubildende *Kündigungsschutz (besonderer)* 39
- Behinderung der Betriebsratsarbeit *Kündigungsschutz (besonderer)* 32
- Betriebsarzt *Kündigungsschutz (besonderer)* 51
- Betriebsratsmitglieder *Kündigungsschutz (besonderer)* 9
- Betriebsübergang *Kündigungsschutz (besonderer)* 1, 26
- Datenschutzbeauftragter *Kündigungsschutz (besonderer)* 56
- Einigungsstelle *Kündigungsschutz (besonderer)* 32
- Elternzeitler *Kündigungsschutz (besonderer)* 4, 38
- Ersatzmitglieder des Betriebsrats *Kündigungsschutz (besonderer)* 8, 15, 17
- Fachkraft für Arbeitssicherheit *Kündigungsschutz (besonderer)* 51
- Familienpflegezeit *Kündigungsschutz (besonderer)* 38 a
- Heimarbeit *Kündigungsschutz (besonderer)* 36
- Immissionsschutzbeauftragter *Kündigungsschutz (besonderer)* 53

2273

Stichwortverzeichnis

- Insolvenzverfahren *Kündigungsschutz (besonderer)* 59
- Jugend- und Auszubildendenvertretung *Kündigungsschutz (besonderer)* 9
- Klagefrist *Kündigungsschutz (besonderer)* 3
- Kündigung *Kündigungsschutz (besonderer)* 1, 28, 60
- Kündigungsfrist *Kündigungsschutz (besonderer)* 10
- Kündigungsschutz *Kündigungsschutz (besonderer)* 1, 7, 60
- Mutterschutz *Kündigungsschutz (besonderer)* 4, 7, 37
- Nachträgliche Zulassung verspäteter Klage *Kündigungsschutz (besonderer)* 6
- Nachwirkender Kündigungsschutz *Kündigungsschutz (besonderer)* 15, 21
- Neues Arbeitsverhältnis *Kündigungsschutz (besonderer)* 31
- Pflegezeit *Kündigungsschutz (besonderer)* 38 a
- Schwerbehinderte Menschen *Kündigungsschutz (besonderer)* 4, 33
- Schwerbehindertenvertretung *Kündigungsschutz (besonderer)* 15, 34
- Schriftform *Kündigungsschutz (besonderer)* 3 a
- Sicherheitsbeauftragte *Kündigungsschutz (besonderer)* 52
- Soldaten auf Zeit *Kündigungsschutz (besonderer)* 46
- Stilllegung des Betriebs *Kündigungsschutz (besonderer)* 25
- Stilllegung einer Betriebsabteilung *Kündigungsschutz (besonderer)* 29
- Tariflicher Kündigungsschutz *Kündigungsschutz (besonderer)* 57
- Tarifverträge *Kündigungsschutz (besonderer)* 57
- Umweltschutzbeauftragte *Kündigungsschutz (besonderer)* 53
- Umweltschutz im Betrieb *Kündigungsschutz (besonderer)* 52
- Unternehmen *Kündigungsschutz (besonderer)* 27
- Verlängerte Anrufungsfrist *Kündigungsschutz (besonderer)* 7
- Verwirkung *Kündigungsschutz (besonderer)* 7
- Wehrpflichtige *Kündigungsschutz (besonderer)* 40
- Wirtschaftsausschuss *Kündigungsschutz (besonderer)* 32
- Zivildienstleistende *Kündigungsschutz (besonderer)* 48
- Zustimmung einer Behörde *Kündigungsschutz (besonderer)* 4

Kündigungsschutzklage *Kündigungsschutz* 25
Kündigungsschutz vor Erfüllung der Wartezeit und im Kleinbetrieb
- Arbeitsgericht *Kündigungsschutz vor Erfüllung der Wartezeit und im Kleinbetrieb* 14
- Außerordentliche Kündigung *Kündigungsschutz vor Erfüllung der Wartezeit und im Kleinbetrieb* 8
- Besonderer Kündigungsschutz *Kündigungsschutz vor Erfüllung der Wartezeit und im Kleinbetrieb* 8
- Betrieb *Kündigungsschutz vor Erfüllung der Wartezeit und im Kleinbetrieb* 1, 6
- Betriebsübergang *Kündigungsschutz vor Erfüllung der Wartezeit und im Kleinbetrieb* 3, 9
- Eingeschränkter Kündigungsschutz *Kündigungsschutz vor Erfüllung der Wartezeit und im Kleinbetrieb* 7
- Klage *Kündigungsschutz vor Erfüllung der Wartezeit und im Kleinbetrieb* 14
- Klagefrist *Kündigungsschutz vor Erfüllung der Wartezeit und im Kleinbetrieb* 14
- Kleinbetriebsschwelle *Kündigungsschutz vor Erfüllung der Wartezeit und im Kleinbetrieb* 4
- Kündigung *Kündigungsschutz vor Erfüllung der Wartezeit und im Kleinbetrieb* 8
- Kündigungsfristen *Kündigungsschutz vor Erfüllung der Wartezeit und im Kleinbetrieb* 8
- Kündigungsschutz *Kündigungsschutz vor Erfüllung der Wartezeit und im Kleinbetrieb* 5, 14
- Mindestkündigungsschutz *Kündigungsschutz vor Erfüllung der Wartezeit und im Kleinbetrieb* 10
- Soziale Auswahl *Kündigungsschutz vor Erfüllung der Wartezeit und im Kleinbetrieb* 12
- Unternehmen *Kündigungsschutz vor Erfüllung der Wartezeit und im Kleinbetrieb* 1, 6
- Wartezeit *Kündigungsschutz vor Erfüllung der Wartezeit und im Kleinbetrieb* 1

Kurzarbeit, Kurzarbeitergeld
- Altersteilzeit *Kurzarbeit, Kurzarbeitergeld* 22
- Änderungskündigung *Kurzarbeit, Kurzarbeitergeld* 55
- Anerkennungsbescheid der Agentur für Arbeit *Kurzarbeit, Kurzarbeitergeld* 29
- Ankündigungsfristen, tarifliche *Kurzarbeit, Kurzarbeitergeld* 4 a
- Annahmeverzug *Kurzarbeit, Kurzarbeitergeld* 58
- Anspruch auf Kurzarbeitergeld *Kurzarbeit, Kurzarbeitergeld* 6
- Antrag auf Gewährung *Kurzarbeit, Kurzarbeitergeld* 30, 53
- Anzeige des Arbeitsausfalls *Kurzarbeit, Kurzarbeitergeld* 25, 52
- Arbeitgeber *Kurzarbeit, Kurzarbeitergeld* 26, 30
- Arbeitskampf *Arbeitskampf* 65, 70, 85; *Kurzarbeit, Kurzarbeitergeld* 45, 54
- Arbeitslosenversicherung *Kurzarbeit, Kurzarbeitergeld* 24
- Arbeitsvertrag *Kurzarbeit, Kurzarbeitergeld* 55
- Arbeitszeitflexibilisierung *Kurzarbeit, Kurzarbeitergeld* 22
- Arbeitszeitguthaben *Kurzarbeit, Kurzarbeitergeld* 22

Stichwortverzeichnis

- Aufhebungsvertrag *Kurzarbeit, Kurzarbeitergeld* 24
- Betriebsrat *Kurzarbeit, Kurzarbeitergeld* 4, 26, 30, 47
- Betriebsvereinbarung *Kurzarbeit, Kurzarbeitergeld* 21, 49, 56
- Betriebsversammlung *Kurzarbeit, Kurzarbeitergeld* 54e
- Bewilligungsbescheid der Agentur für Arbeit *Kurzarbeit, Kurzarbeitergeld* 32
- Bezugsdauer *Kurzarbeit, Kurzarbeitergeld* 8
- Bezugsfrist *Kurzarbeit, Kurzarbeitergeld* 8
- Einführung von Kurzarbeit *Kurzarbeit, Kurzarbeitergeld* 3a
- Einigungsstelle *Kurzarbeit, Kurzarbeitergeld* 47, 58
- Einstweilige Verfügung gegen Entlassungen *Kurzarbeit, Kurzarbeitergeld* 47j
- Entlassungssperre *Kurzarbeit, Kurzarbeitergeld* 5
- Erheblicher Arbeitsausfall *Kurzarbeit, Kurzarbeitergeld* 17
- Formen der Kurzarbeit *Kurzarbeit, Kurzarbeitergeld* 1b
- Höhe des Kurzarbeitergeldes *Kurzarbeit, Kurzarbeitergeld* 13
- Initiativmitbestimmungsrecht des Betriebsrats *Kurzarbeit, Kurzarbeitergeld* 47j, 47n
- Konjunkturelles Kurzarbeitergeld *Kurzarbeit, Kurzarbeitergeld* 16
- Koppelungsgeschäft *Kurzarbeit, Kurzarbeitergeld* 47m
- Kündigungsschutz *Kurzarbeit, Kurzarbeitergeld* 55
- »Kurzarbeit Null« *Kurzarbeit, Kurzarbeitergeld* 1b, 17, 54a, 54b; *Transferleistungen* 13b
- Kurzarbeitergeld *Kurzarbeit, Kurzarbeitergeld* 3, 6, 12
- Kurzarbeitergeld bei Arbeitskämpfen *Kurzarbeit, Kurzarbeitergeld* 45, 54
- Kurzarbeit statt Entlassung *Betriebsänderung* 27a; *Interessenausgleich* 14; *Kurzarbeit, Kurzarbeitergeld* 3, 47j
- Massenentlassung *Kurzarbeit, Kurzarbeitergeld* 5
- Mitbestimmung des Betriebsrats *Kurzarbeit, Kurzarbeitergeld* 4, 47– »Nullkurzarbeit« *Kurzarbeit, Kurzarbeitergeld* 1b, 17, 54a, 54b; *Transferleistungen* 13b
- Regelungsabreden *Kurzarbeit, Kurzarbeitergeld* 49
- Saisonkurzarbeitergeld *Kurzarbeit, Kurzarbeitergeld* 6, 11, 17a, 32a
- Seminarbesuch *Kurzarbeit, Kurzarbeitergeld* 54d
- Sozialversicherung *Kurzarbeit, Kurzarbeitergeld* 15
- Steuern *Kurzarbeit, Kurzarbeitergeld* 15a
- Tarifbestimmungen zur Kurzarbeit *Kurzarbeit, Kurzarbeitergeld* 4a, 48
- Tarifverträge *Kurzarbeit, Kurzarbeitergeld* 4a, 48
- Transferkurzarbeitergeld *Kurzarbeit, Kurzarbeitergeld* 6, 12; *Transferleistungen* 12
- Urlaub *Kurzarbeit, Kurzarbeitergeld* 20
- Voraussetzungen des Anspruchs auf konjunkturelles Kurzarbeitergeld *Kurzarbeit, Kurzarbeitergeld* 16, 23, 24
- Wintergeld *Kurzarbeit, Kurzarbeitergeld* 32i
- Zuschuss zum Kurzarbeitergeld *Kurzarbeit, Kurzarbeitergeld* 4c, 47m

Kurzarbeitergeld
- Anspruch *Kurzarbeit/Kurzarbeitergeld* 6
- Arbeitskampf *Arbeitskampf* 65, 70, 85; *Kurzarbeit, Kurzarbeitergeld* 45, 54
- Berechnungsbeispiel *Kurzarbeit, Kurzarbeitergeld* 13
- Bezugsdauer *Kurzarbeit, Kurzarbeitergeld* 8
- Höhe und Berechnung *Kurzarbeit, Kurzarbeitergeld* 13
- Sozialversicherung *Kurzarbeit, Kurzarbeitergeld* 15
- Steuer *Kurzarbeit, Kurzarbeitergeld* 15a
- Zuschuss zum Kurzarbeitergeld *Kurzarbeit, Kurzarbeitergeld* 4c, 47m

Kurzarbeitergeld bei Arbeitskämpfen *Arbeitskampf* 51, 65, 70, 112; *Kurzarbeit, Kurzarbeitergeld* 44

Kurzarbeit statt Entlassung *Betriebsänderung* 27a; *Interessenausgleich* 14; *Kurzarbeit, Kurzarbeitergeld* 3, 47j

Kürzung von Sondervergütungen wegen Krankheit *Entgeltfortzahlung im Krankheitsfall und bei Vorsorge/Rehabilitation* 20

Ladenöffnung, Ladenschluss
- Arbeitnehmer in Verkaufsstellen *Ladenöffnung, Ladenschluss* 9, 12
- Arbeitszeit *Ladenöffnung, Ladenschluss* 4, 10
- Arbeitszeitflexibilisierung *Ladenöffnung, Ladenschluss* 10
- Beschäftigung an Sonn- und Feiertagen *Ladenöffnung, Ladenschluss* 12
- Betriebsrat *Ladenöffnung, Ladenschluss* 10
- Einigungsstelle *Ladenöffnung, Ladenschluss* 10
- Einzelhandel *Ladenöffnung, Ladenschluss* 11
- Föderalismusreform *Ladenöffnung, Ladenschluss* 2
- Gesetzlicher Ladenschluss *Ladenöffnung, Ladenschluss* 1
- Ladenöffnungsgesetz *Ladenöffnung, Ladenschluss* 3
- Ländergesetze *Ladenöffnung, Ladenschluss* 3 (und Übersicht)
- Unternehmerische Freiheit des Arbeitgebers *Ladenöffnung, Ladenschluss* 11

Stichwortverzeichnis

Lärm- und Vibrations Arbeitsschutzverordnung *Arbeitsschutz* 40 a
Lagebericht *Jahresabschluss* 9, 17
Lastenhandhabungsverordnung *Arbeitsschutz* 39
Lean Management *Lean Production* 5
Lean Production
– Arbeitsentgelt *Lean Production* 5
– Betriebliches Vorschlagswesen *Lean Production* 5
– Betriebsänderung *Lean Production* 5
– Betriebsrat *Lean Production* 5
– Betriebsübergang *Lean Production* 4
– Gruppenarbeit *Lean Production* 4, 5
– Interessenausgleich *Lean Production* 5
– Lean Management *Lean Production* 5
– Rationalisierung *Lean Production* 1, 5
– Sozialplan *Lean Production* 5
– Unternehmenskonzepte *Lean Production* 5 (Übersicht)
Lebensarbeitszeit *Arbeitszeitflexibilisierung* 61
Leiharbeit *Arbeitnehmerüberlassung/Leiharbeit*
Leistungsentgelt *Arbeitsentgelt* 6; *Entgeltfortzahlung an Feiertagen* 31
Leistungsgrad *Arbeitsentgelt* 4 a
Leistungsverweigerungsrecht *Benachteiligungsverbot (AGG)* 46; *Friedenspflicht* 14; *Zurückbehaltungsrecht des Arbeitnehmers* 4
Leistungszulage *Arbeitsentgelt* 8
Leitende Angestellte
– Abgrenzung zu außertariflichen Angestellten *Leitende Angestellte* 4
– Anhörung des Sprecherausschusses vor Abschluss einer Betriebsvereinbarung *Leitende Angestellte* 16
– Begriff *Leitende Angestellte* 1
– Betriebe *Leitende Angestellte* 8
– Betriebsrat *Leitende Angestellte* 16
– Betriebsratswahl *Leitende Angestellte* 6
– Gesamtsprecherausschuss *Leitende Angestellte* 10
– Konzernsprecherausschuss *Leitende Angestellte* 10
– Kündigung *Leitende Angestellte* 12, 15, 18
– Kündigungsschutz *Leitende Angestellte* 12, 18
– Mehr-Betriebs-Unternehmen *Leitende Angestellte* 9, 10
– Sprecherausschuss *Leitende Angestellte* 8
– Sitzungen Betriebsrat/Sprecherausschuss *Leitende Angestellte* 17
– Typen leitender Angestellter *Leitende Angestellte* 4
– Unternehmensmitbestimmung *Leitende Angestellte* 11
– Unternehmensrechtsformen *Leitende Angestellte* 13
– Wirtschaftsausschuss *Leitende Angestellte* 19

Lex Schlecker *Arbeitnehmerüberlassung/Leiharbeit* 5 d
Literatur für die Betriebsratsarbeit
– Auswahlrecht des Betriebsrats *Literatur für die Betriebsratsarbeit* 3
– Interessengegensatz *Literatur für die Betriebsratsarbeit* 3 a
– Kosten der Betriebsratstätigkeit *Literatur für die Betriebsratsarbeit* 1
– Literaturliste *Literatur für die Betriebsratsarbeit* 6 (Übersicht)
– Überlassungsanspruch *Literatur für die Betriebsratsarbeit* 1
Lohn- und Gehaltsliste *Bruttolohn- und -gehaltsliste*
Lohnuntergrenze *Arbeitnehmerüberlassung/Leiharbeit* 5 d, 8 b
Lohnwucher *Arbeitsentgelt* 2 a, 84 a; *Geringfügige Beschäftigungsverhältnisse (»Mini-Jobs«)* 20; *Mindestlohn* 3 a
Luftgrenzwert *Gefahrstoffe* 4
Massenentlassung *Betriebsänderung* 14
– Arbeitskampf *Massenentlassung* 10
– Aufhebungsvertrag *Massenentlassung* 2
– Betriebsänderung *Massenentlassung* 5, 9, 10
– Betriebsrat *Massenentlassung* 4
– Entlassung *Massenentlassung* 3
– Entlassungssperre *Massenentlassung* 7
– Gewerkschaft *Massenentlassung* 10
– Interessenausgleich mit Namensliste *Massenentlassung* 6, 9
– Kündigung nach Erstattung der Massenentlassungsanzeige *Massenentlassung* 3
– Kündigung vor Erstattung der Massenentlassungsanzeige *Massenentlassung* 3
– Kurzarbeit während der Entlassungssperre *Massenentlassung* 8
– Massenentlassungsanzeige *Massenentlassung* 1, 3
– Sozialplan *Massenentlassung* 9
– Sozialtarifvertrag *Massenentlassung* 10
– Streik *Massenentlassung* 10
– Tarifvertrag *Massenentlassung* 10
– Unwirksamkeit einer vor der Massenentlassungsanzeige ausgesprochenen Kündigung *Massenentlassung* 3
Massenentlassungsanzeige *Massenentlassung* 1, 3
Maßregelungsklausel *Arbeitskampf* 32
Maßregelungsverbot *Benachteiligungsverbot (AGG)* 55
Mediation *Arbeitsgericht* 14 a
Medizinischer Dienst der Krankenkassen *Krankheit* 23
Mehr-Betriebs-Unternehmen
– Abgrenzung zum Konzern *Mehr-Betriebs-Unternehmen* 2

Stichwortverzeichnis

- Arbeitgeber *Mehr-Betriebs-Unternehmen* 1
- Betrieb *Mehr-Betriebs-Unternehmen* 1, 6
- Betriebsänderung *Mehr-Betriebs-Unternehmen* 5
- Ein-Betriebs-Unternehmen *Mehr-Betriebs-Unternehmen* 1
- Gemeinschaftsbetrieb *Mehr-Betriebs-Unternehmen* 1
- Gesamtbetriebsrat *Mehr-Betriebs-Unternehmen* 7
- Konzern *Mehr-Betriebs-Unternehmen* 2
- Leitende Angestellte *Mehr-Betriebs-Unternehmen* 4
- Unternehmen *Mehr-Betriebs-Unternehmen* 1, 2, 6
- Unternehmensrechtsformen *Mehr-Betriebs-Unternehmen* 1
- Wirtschaftsausschuss *Mehr-Betriebs-Unternehmen* 8

Mehrarbeitsvergütung *Entgeltfortzahlung an Feiertagen* 28
Mehrstufiger Konzern *Konzern* 8
Mehrwochenfrist *Fristen* 6
Meldepflicht *Auflösend bedingter Arbeitsvertrag* 8; *Kündigung* 24; *Kündigungsschutz* 61
Menschengerechte Gestaltung der Arbeit *Arbeitsschutz* 86
Mindestlohn *Arbeitnehmerentsendung*
- Arbeitnehmerentsendegesetz *Mindestlohn* 4 – Arbeitsvertrag *Mindestlohn* 27
- Betriebsrat *Mindestlohn* 39
- Branchenbezogener Mindestlohn *Mindestlohn* 35
- Bußgeldvorschriften *Mindestlohn* 26
- Fälligkeit des Mindestlohns *Mindestlohn* 18
- Gesetzlicher Mindestlohn *Mindestlohn* 5, 9
- Lohnuntergrenze in der Leiharbeit *Arbeitnehmerüberlassung/Leiharbeit* 5 d, 8 b; *Mindestlohn* 37
- Lohnwucher *Arbeitsentgelt* 2 a, 84 a; *Geringfügige Beschäftigungsverhältnisse (»Mini-Jobs«)* 20; *Mindestlohn* 27
- Mindestarbeitsbedingungengesetz *Mindestlohn* 36
- Mindestlohngesetz (MiLoG) *Mindestlohn* 5, 9
- Mindestlohnkommission *Mindestlohn* 21
- »Mini-Job« *Mindestlohn* 3 c; *Geringfügige Beschäftigungsverhältnisse (»Mini-Jobs«)* 1
- Niedriglohn *Mindestlohn* 33
- Sittenwidrig niedriger Lohn *Mindestlohn* 27
- Tarifliche Mindestlöhne *Arbeitnehmerentsendung* 11; *Mindestlohn* 31
- Tarifvertrag *Arbeitnehmerentsendung* 11; *Mindestlohn* 31
- Unabdingbarkeit des Mindestlohns *Mindestlohn* 20
- Urlaubsgeld *Mindestlohn* 14
- Weihnachtsgeld *Mindestlohn* 14
- Wucherähnliches Geschäft *Arbeitsentgelt* 2 a, 84 a; *Mindestlohn* 27
- Zulagen *Mindestlohn* 14
- Zuschläge *Mindestlohn* 14

»Midi-Job« *Geringfügige Beschäftigungsverhältnisse (»Mini-Jobs«)* 12
»Mini-Job« *Aushilfsarbeitsverhältnis* 6; *Geringfügige Beschäftigungsverhältnisse (»Mini-Jobs«)* 1
MIT-Studie *Lean Production* 2
Mitarbeiterordnung *Betriebsordnung* 1
Mitbestimmung im Betrieb *Beteiligungsrechte des Betriebsrats*
Mitbestimmung im Unternehmen *Unternehmensmitbestimmung*
Mitbestimmungsrechte des Betriebsrats *Beteiligungsrechte des Betriebsrats* 5, 16
Mitbeurteilungsrecht *Eingruppierung/Umgruppierung* 23, 43 a
Mitgliedschaft im Arbeitgeberverband ohne Tarifbindung (OT-Mitgliedschaft) *Arbeitgeberverband* 19
Mitteilungspflicht bei Erkrankung im Ausland *Entgeltfortzahlung im Krankheitsfall und bei Vorsorge/Rehabilitation* 48
Mittelbare Benachteiligung *Benachteiligungsverbot (AGG)* 18
Mitverschulden *Haftung des Arbeitnehmers* 1
Mitwirkungsrechte des Betriebsrats *Beteiligungsrechte des Betriebsrats* 5, 12
Mobbing
- Abmahnung *Mobbing* 18
- Arbeitnehmerrechte nach dem BetrVG *Mobbing* 44
- Arbeitsgericht *Mobbing* 42
- Begriff *Mobbing* 1
- Belästigung *Mobbing* 1, 10
- Benachteiligung i. S. d. AGG *Mobbing* 7
- Beschwerderecht *Mobbing* 22
- Betriebsrat *Mobbing* 31
- Beweislast *Mobbing* 28
- Einstweilige Verfügung *Mobbing* 45
- Entschädigungsanspruch *Mobbing* 24
- Erscheinungsformen des Mobbings *Mobbing* 4
- Gewerkschaft *Mobbing* 34, 43
- Gleichbehandlung *Mobbing* 30, 44
- Kündigung *Mobbing* 18
- Leistungsverweigerungsrecht *Mobbing* 10, 23
- Maßregelungsverbot *Mobbing* 27
- Mobbing-Beratung *Mobbing* 48
- Persönlichkeitsrecht *Mobbing* 46
- Praxisberichte *Mobbing* 48
- Psychoterror *Mobbing* 1
- Sachverständiger *Mobbing* 38
- Schadensersatzanspruch *Mobbing* 24, 30, 46, 46 a
- Schmerzensgeldanspruch *Mobbing* 25, 30, 46

Stichwortverzeichnis

- Sexuelle Belästigung *Mobbing* 10
- Unterlassungsanspruch des Betriebsrats *Mobbing* 34
- Versetzung *Mobbing* 18
- Würde *Mobbing* 1, 10, 12
- Zurückbehaltungsrecht des Arbeitnehmers *Mobbing* 23

Mobile Telearbeit *Telearbeit* 2
Monatsentgelt *Arbeitsentgelt* 73
MTM-Verfahren *Arbeitsentgelt* 29
Muss-Vorschrift *Rechtsbegriffe* 10
Mutterschutz
- Arbeitsentgelt bei Beschäftigungsverboten *Mutterschutz* 31
- Ärztliches Beschäftigungsverbot *Mutterschutz* 5
- Befristetes Probearbeitsverhältnis *Mutterschutz* 30
- Beschäftigungsverbot nach der Entbindung *Mutterschutz* 11
- Beschäftigungsverbot vor der Entbindung *Mutterschutz* 6
- Besondere Beschäftigungsverbote *Mutterschutz* 5, 8
- Betriebsrat *Mutterschutz* 47
- Eigenkündigung während der Schwangerschaft und der Schutzfristen *Mutterschutz* 27
- Elternzeit *Mutterschutz* 26
- Entgeltfortzahlung im Krankheitsfall und bei Vorsorge und Rehabilitation *Mutterschutz* 40
- Freistellung für Untersuchungen *Mutterschutz* 42
- Heimarbeit *Mutterschutz* 19, 27
- Insolvenzverfahren *Mutterschutz* 38
- Kündigungsschutz *Mutterschutz* 21, 22, 48
- Leistungen der Krankenkasse bei Schwangerschaft und Mutterschaft *Mutterschutz* 34, 41
- Mehrarbeit *Mutterschutz* 16
- Mitteilungspflichten *Mutterschutz* 10
- Mutterschaftsgeld *Mutterschutz* 34
- Mutterschutzlohn *Mutterschutz* 31
- Nachtarbeit *Mutterschutz* 17
- Probearbeitsverhältnis *Mutterschutz* 29
- Schutzfristen *Mutterschutz* 6, 11
- Schwangerschaft *Mutterschutz* 1, 6, 8, 10
- Sonn- und Feiertagsarbeit *Mutterschutz* 18
- Stillende Mutter *Mutterschutz* 4, 11, 13, 14
- Stillzeit *Mutterschutz* 14
- Überstunden *Mutterschutz* 16
- Urlaub *Mutterschutz* 43
- Werdende Mütter *Mutterschutz* 1, 6, 8, 10
- Werdende Mutter *Mutterschutz* 4
- Zuschuss zum Mutterschaftsgeld *Mutterschutz* 36

Nachbindung eines Tarifvertrages (§ 3 Abs. 3 TVG) *Arbeitgeberverband* 12, 14; *Tarifvertrag: Nachbindung und Nachwirkung* 3

- Ende der Nachbindung *Tarifvertrag: Nachbindung und Nachwirkung* 6
- Gewerkschaftliche Aktivitäten *Tarifvertrag: Nachbindung und Nachwirkung* 10
- Gewerkschaftsbeitritt während der Nachbindung *Tarifvertrag: Nachbindung und Nachwirkung* 5
- Neu begründete Arbeitsverhältnis *Tarifvertrag: Nachbindung und Nachwirkung* 5 a
- OT-Wechsel *Tarifvertrag: Nachbindung und Nachwirkung* 4, 10
- Statische Wirkung der Nachbindung *Tarifvertrag: Nachbindung und Nachwirkung* 9
- Tarifflucht *Tarifvertrag: Nachbindung und Nachwirkung* 3
- Verbandsaustritt des Arbeitgebers *Tarifvertrag: Nachbindung und Nachwirkung* 4, 10

Nachbindung und Nachwirkung eines Tarifvertrages
- Nachbindung *Arbeitgeberverband* 12 b; *Tarifvertrag: Nachbindung und Nachwirkung* 3
- Nachwirkung *Tarifvertrag: Nachbindung und Nachwirkung* 11

Nachtarbeit *Arbeitszeit* 27; *Nachtarbeit* 8
- Arbeitsentgelt *Nachtarbeit* 52
- Arbeitsgericht *Nachtarbeit* 16, 47, 59, 64
- Arbeitsmedizinische Untersuchung *Nachtarbeit* 12
- Arbeitsschutz *Nachtarbeit* 6, 49, 50, 51
- Arbeitszeit *Nachtarbeit* 4, 6
- Begriff *Nachtarbeit* 8
- Betriebsänderung *Nachtarbeit* 55
- Betriebsrat *Nachtarbeit* 22
- Betriebsvereinbarung *Nachtarbeit* 66
- Eingruppierung/Umgruppierung *Nachtarbeit* 56
- Einigungsstelle *Nachtarbeit* 42
- Einstellung *Nachtarbeit* 56
- Erholzeiten *Nachtarbeit* 21
- Familienleben *Nachtarbeit* 2
- Freie Tage *Nachtarbeit* 14, 15, 47
- Freizeitausgleich *Nachtarbeit* 21
- Gegenleistungen *Nachtarbeit* 40
- Gesundheit *Nachtarbeit* 1
- Höchstarbeitszeit *Nachtarbeit* 10, 11
- Informationsrechte des Betriebsrats *Nachtarbeit* 31, 33
- Interessenausgleich *Nachtarbeit* 55
- Ladenöffnung *Nachtarbeit* 20
- Mitbestimmungsrechte des Betriebsrats *Nachtarbeit* 37, 44, 50, 56
- Mitwirkungsrechte *Nachtarbeit* 34
- Nachtarbeitnehmer *Nachtarbeit* 9
- Nachtarbeitsverbot *Nachtarbeit* 5, 20, 27, 58
- Nachtarbeitszuschlag *Nachtarbeit* 14
- Nachtzeit *Nachtarbeit* 7
- Schichtwechsel *Nachtarbeit* 60
- Soziale Beziehungen *Nachtarbeit* 2, 3

Stichwortverzeichnis

- Sozialplan *Nachtarbeit* 55
- Tarifvertrag *Nachtarbeit* 14, 18, 21, 28, 65
- Umsetzung auf Tagarbeitsplatz *Nachtarbeit* 13
- Versetzung *Nachtarbeit* 60
- Werktägliche Höchstarbeitszeit *Nachtarbeit* 10, 11
- Zuschlag *Nachtarbeit* 14, 47

Nachtarbeitnehmer *Nachtarbeit* 9
Nachtarbeitsverbot *Nachtarbeit* 5, 20, 27
Nachtarbeitszuschlag *Nachtarbeit* 14
Nachteilsausgleich *Betriebsänderung* 38
- Abfindung *Nachteilsausgleich* 2, 4, 7
- Abweichung vom Interessenausgleich *Nachteilsausgleich* 2
- Ausschlussfristen/Verfallfristen *Nachteilsausgleich* 8
- Einigungsstelle *Nachteilsausgleich* 5
- Geltendmachung *Nachteilsausgleich* 5
- Interessenausgleich *Nachteilsausgleich* 1, 5
- Kündigung *Nachteilsausgleich* 1
- Kündigungsschutz *Nachteilsausgleich* 1
- Nicht versuchter Interessenausgleich *Nachteilsausgleich* 4, 5
- Sozialplan *Nachteilsausgleich* 1, 3, 7
- Unterlassener Versuch eines Interessenausgleichs *Nachteilsausgleich* 4, 5
- Verfallfristen *Nachteilsausgleich* 8
- Verjährung *Nachteilsausgleich* 9
- Verrechnung mit Anspruch aus Sozialplan *Nachteilsausgleich* 7

Nachtzeit *Nachtarbeit* 7
Nachweisgesetz *Arbeitsvertrag* 26; *Arbeitsvertrag: Nachweisgesetz; Praktikum* 2b
Nachweispflicht *Entgeltfortzahlung im Krankheitsfall und bei Vorsorge/Rehabilitation* 41
Nachwirkender Kündigungsschutz *Kündigungsschutz (besonderer)* 15, 21
Nachwirkung einer Betriebsvereinbarung *Betriebsvereinbarung* 19; *Betriebsvereinbarung: Nachwirkung*
- Andere Abmachung *Betriebsvereinbarung: Nachwirkung* 1
- Erzwingbare Betriebsvereinbarung *Betriebsvereinbarung: Nachwirkung* 1, 4
- Neu begründete Arbeitsverhältnisse *Betriebsvereinbarung: Nachwirkung* 6
- Teilmitbestimmte Betriebsvereinbarung *Betriebsvereinbarung: Nachwirkung* 5

Nachwirkung eines Tarifvertrages (§ 4 Abs. 5 TVG) *Tarifvertrag: Nachbindung und Nachwirkung* 11
- Andere Abmachung *Tarifvertrag: Nachbindung und Nachwirkung* 20
- Bestehende Arbeitsverhältnisses *Tarifvertrag: Nachbindung und Nachwirkung* 16– *Betriebsvereinbarung Tarifvertrag: Nachbindung und Nachwirkung* 20

- Gewerkschaftsbeitritt *Tarifvertrag: Nachbindung und Nachwirkung* 19
- Neu begründete Arbeitsverhältnisse *Tarifvertrag: Nachbindung und Nachwirkung* 17
- Statische Wirkung *Tarifvertrag: Nachbindung und Nachwirkung* 23
- Tarifsperre *Tarifvertrag: Nachbindung und Nachwirkung* 20

Nasenprämie *Arbeitsentgelt* 11
Nebenakten *Personalakte* 3
Nebenpflichten
- der Vertragsparteien *Arbeitsvertrag* 21
- des Arbeitgebers *Arbeitsvertrag* 23
- des Arbeitnehmers *Arbeitsvertrag* 22
- Nachweisgesetz *Arbeitsvertrag* 26

Nebentätigkeit
- Abmahnung *Nebentätigkeit* 7
- Altersteilzeit *Nebentätigkeit* 6
- Anspruch auf Zustimmung *Nebentätigkeit* 3
- Anzeigepflicht *Nebentätigkeit* 5
- Arbeitszeit *Nebentätigkeit* 4
- Beeinträchtigung betrieblicher Interessen *Nebentätigkeit* 2, 4
- Berufsfreiheit *Nebentätigkeit* 1
- Betriebsrat *Nebentätigkeit* 8
- Erlaubnisvorbehalt *Nebentätigkeit* 3
- Informationsrecht des Betriebsrats *Nebentätigkeit* 8, 9
- Konkurrenztätigkeit *Nebentätigkeit* 4
- Kündigung *Nebentätigkeit* 7
- Nebentätigkeitsgenehmigung *Nebentätigkeit* 1, 3, 5
- Teilzeitarbeit *Nebentätigkeit* 6
- Zustimmung des Arbeitgebers *Nebentätigkeit* 3

Neueinstellung statt Überstunden *Überstunden* 17
Nichtöffentlichkeit *Betriebsratssitzung* 15
Nichtraucherschutz *Arbeitsschutz* 77 d
Nichttechnische Verbesserungsvorschläge *Arbeitnehmererfindung* 11
Notdienst *Arbeitskampf* 45
Nutzungsausfallentschädigung *Haftung des Arbeitgebers* 17
Nutzungsausfallschaden *Haftung des Arbeitgebers* 8

Offene Handelsgesellschaft *Unternehmensrechtsformen* 2
Offensichtliche Unzuständigkeit der Einigungsstelle *Arbeitsgericht* 12; *Einigungsstelle* 5 a
Öffnungsklausel *Betriebsvereinbarung* 6; *Tarifvertrag* 46
Öko-Audit
- Begriff *Öko-Audit* 8
- Berufsbildung *Öko-Audit* 35
- Betriebsrat *Öko-Audit* 31

2279

Stichwortverzeichnis

- Betriebsvereinbarung zum betrieblichen Umweltschutz *Öko-Audit* 34, 35
- EG-Verordnung *Öko-Audit* 1, 3
- ISO 9000 *Öko-Audit* 20
- Sachverständige *Öko-Audit* 35
- Schulungs- und Bildungsveranstaltungen *Öko-Audit* 35
- Umweltauditgesetz *Öko-Audit* 2
- Umweltbetriebsprüfung *Öko-Audit* 8, 11
- Umwelterklärung des Unternehmens *Öko-Audit* 23
- Umweltgutachter *Öko-Audit* 20
- Umweltmanagementhandbuch *Öko-Audit* 13
- Umweltmanagementsystem *Öko-Audit* 14
- Umweltschutz im Betrieb *Öko-Audit* 31, 35
- Umweltziele *Öko-Audit* 11

Opportunitätsprinzip *Arbeitskampf* 44 a

Opt-Out *Arbeitszeit* 5

Optische Strahlung *Arbeitsschutz* 40 c

Ordentliche Kündigung
- Absoluter Sozialwidrigkeitsgrund *Ordentliche Kündigung* 28
- Änderungskündigung *Ordentliche Kündigung* 3, 20, 47
- Anhörung des Betriebsrats *Kündigung* 35; *Ordentliche Kündigung* 11
- Anhörungsfrist *Ordentliche Kündigung* 22, 23
- Annahmeverzug *Ordentliche Kündigung* 35, 37
- Arbeitsgericht *Ordentliche Kündigung* 44, 50
- Außerordentliche Kündigung *Ordentliche Kündigung* 1
- Auswahlrichtlinie *Ordentliche Kündigung* 18 a, 45
- Bedenken des Betriebsrats *Kündigung* 42; *Ordentliche Kündigung* 16
- Betriebsbedingte Kündigung *Ordentliche Kündigung* 4, 20, 45
- Betriebsrat *Ordentliche Kündigung* 45
- Betriebsratssitzung *Ordentliche Kündigung* 24
- Einigungsstelle *Ordentliche Kündigung* 38
- Einstweilige Verfügung *Ordentliche Kündigung* 31, 32, 33, 50
- Entbindung von der Weiterbeschäftigungsverpflichtung *Ordentliche Kündigung* 37
- Fortbildung und Umschulung *Ordentliche Kündigung* 18 c
- Freier Arbeitsplatz *Ordentliche Kündigung* 18 b
- Fristen *Ordentliche Kündigung* 23, 44
- Geänderte Vertragsbedingungen *Ordentliche Kündigung* 18 d
- Grober Pflichtverstoß *Ordentliche Kündigung* 32
- Insolvenzverfahren *Ordentliche Kündigung* 9
- Interessenausgleich *Ordentliche Kündigung* 8
- Klage *Ordentliche Kündigung* 39
- Klagefrist *Ordentliche Kündigung* 44
- Kündigung *Ordentliche Kündigung* 2, 8, 11
- Kündigungsfrist *Ordentliche Kündigung* 6, 23
- Kündigungsfristberechnung *Ordentliche Kündigung* 13
- Kündigungsschutz *Kündigung* 46, *Ordentliche Kündigung* 28, 30, 39, 41, 44, 46, 51
- Kündigungsschutz vor Erfüllung der Wartezeit und im Kleinbetrieb *Ordentliche Kündigung* 43
- Kündigungsschutz (besonderer) *Ordentliche Kündigung* 50
- Kündigungsschutzklage *Ordentliche Kündigung* 39
- Massenentlassungen *Ordentliche Kündigung* 8
- Meldepflicht *Ordentliche Kündigung* 52
- Personenbedingte Kündigung *Ordentliche Kündigung* 4, 20, 45
- Soziale Auswahl *Betriebsbedingte Kündigung* 17; *Ordentliche Kündigung* 18
- Sozialplan *Ordentliche Kündigung* 8
- Unternehmen *Ordentliche Kündigung* 45
- Vergütungsanspruch *Ordentliche Kündigung* 35
- Verhaltensbedingte Kündigung *Ordentliche Kündigung* 4, 20, 45
- Verhalten von Betriebsräten bei Kündigung *Ordentliche Kündigung* 38 a
- Weiterbeschäftigungsanspruch *Ordentliche Kündigung* 28
- Weitervergütungsanspruch *Ordentliche Kündigung* 17, 29, 35
- Weiterbeschäftigungsverlangen *Ordentliche Kündigung* 27, 30
- Widerspruch des Betriebsrats *Kündigung* 43; *Ordentliche Kündigung* 17, 18
- Wiedereinstellungsanspruch *Ordentliche Kündigung* 51

Ordnungswidrigkeitenverfahren *Personalplanung* 22
- Ablauf des Ordnungswidrigkeitenverfahrens *Ordnungswidrigkeitenverfahren* 8
- Anzeige *Ordnungswidrigkeitenverfahren* 6, 8
- Arbeitsgericht *Ordnungswidrigkeitenverfahren* 12
- Behinderung der Betriebsratsarbeit *Ordnungswidrigkeitenverfahren* 12
- Betriebsrat *Ordnungswidrigkeitenverfahren* 6, 9
- Bußgeld *Ordnungswidrigkeitenverfahren* 1, 2, 4, 8
- Bußgeldbescheid *Ordnungswidrigkeitenverfahren* 8, 12
- Bußgelder *Ordnungswidrigkeitenverfahren* 1
- Einigungsstelle *Ordnungswidrigkeitenverfahren* 12
- Geldbuße *Ordnungswidrigkeitenverfahren* 4
- Gewerkschaft *Ordnungswidrigkeitenverfahren* 6
- Ordnungswidrigkeiten *Ordnungswidrigkeitenverfahren* 1
- Rechtsbeschwerde *Ordnungswidrigkeitenverfahren* 8

Stichwortverzeichnis

- Strafverfahren *Ordnungswidrigkeitenverfahren* 3, 12
- Unterlassungsanspruch des Betriebsrats *Ordnungswidrigkeitenverfahren* 12
- Verfahrensablauf *Ordnungswidrigkeitenverfahren* 8
- Verfolgungsbehörden *Ordnungswidrigkeitenverfahren* 7
- Verletzung von Aufklärungs- und Auskunftspflichten *Ordnungswidrigkeitenverfahren* 2
- Vorsatz *Ordnungswidrigkeitenverfahren* 3
- Wirtschaftsausschuss *Ordnungswidrigkeitenverfahren* 12

Organe der Europäischen Gemeinschaft *Europäisches Recht* 5
OT-Mitgliedschaft im Arbeitgeberverband *Arbeitgeberverband* 11, 19
OT-Verband *Arbeitgeberverband* 11, 19
OT-Wechsel *Arbeitgeberverband* 11, 19
Outsourcing *Betriebsänderung* 9 f; *Betriebsübergang* 2 a; *Werkvertrag* 21

Pairing-Abrede *Einigungsstelle* 13 c
Parität *Arbeitskampf* 1
Parteipolitische Betätigung *Friedenspflicht* 8
Pensions-Sicherungsverein *Betriebliche Altersversorgung* 22, 53, 63
Pensionsfonds *Betriebliche Altersversorgung* 2, 18, 42, 53
Pensionskasse *Betriebliche Altersversorgung* 2, 13, 42
Permanenter Verbesserungsprozess (PVP) *Lean Production* 5
Personalakte
- Abmahnung *Personalakte* 12, 13
- Anspruch auf Einfügung *Personalakte* 12
- Anspruch auf Entfernung unrichtiger Angaben *Personalakte* 13
- Arbeitnehmerrechte nach dem BetrVG *Personalakte* 8
- Arbeitsgericht *Personalakte* 13
- Betriebliche Altersversorgung *Personalakte* 14
- Betriebsbuße *Personalakte* 12, 13
- Betriebsrat *Personalakte* 7
- Datenschutz *Personalakte* 5
- Einsichtnahme *Personalakte* 8, 9
- Einsichtnahme nach Beendigung des Arbeitsverhältnisses *Personalakte* 6, 14
- Elektronische Datenbank *Personalakte* 1
- Entfernung aus der Personalakte *Personalakte* 13
- Gegendarstellung *Personalakte* 12
- Geheimakte *Personalakte* 3
- Hinzuziehung eines Betriebsratsmitglieds *Personalakte* 8, 11
- Nebenakte *Personalakte* 3
- Sonderakte *Personalakte* 3

Personalbedarfsplanung *Arbeitszeitflexibilisierung* 65 c; *Personalplanung* 3, 6, 16 a
Personalbemessung *Arbeitsschutz* 78 d, 78 f; *Arbeitszeitflexibilisierung* 65 c; *Personalplanung* 3, 16 a
Personaleinsatzplanung (PEP) *Arbeit auf Abruf* 3; *Arbeitszeitflexibilisierung* 65 a, 65 d, 66; *Personalplanung* 3, 5, 16 b, 24; *Überstunden* 18 d; *Überwachung von Arbeitnehmern* 5 a, 11
- Software *Arbeitszeitflexibilisierung* 65 d; *Überwachung von Arbeitnehmern* 5 a, 11
- Mitbestimmung *Arbeitszeitflexibilisierung* 65 a
Personalfragebogen
- Arbeitsvertrag *Personalfragebogen* 14
- Begriff *Personalfragebogen* 1
- Beurteilungsgrundsätze *Personalfragebogen* 11
- Betriebsrat *Personalfragebogen* 6
- Datenschutz *Personalfragebogen* 16
- Einstellungsfragebogen *Personalfragebogen* 2
- Falschbeantwortung *Personalfragebogen* 14
- Formulararbeitsvertrag *Personalfragebogen* 8
- Fragerecht des Arbeitgebers *Personalfragebogen* 13
- Frage nach Gewerkschaftsmitgliedschaft *Personalfragebogen* 15
- Frage nach Schwangerschaft *Personalfragebogen* 15
- Frage nach Schwerbehinderung
- Vorstrafe *Personalfragebogen* 15
- Frage nach Vorstrafe *Personalfragebogen* 15
- Gleichbehandlung *Personalfragebogen* 15
- Mitbestimmung *Personalfragebogen* 6
- Schwerbehinderte Menschen *Personalfragebogen* 15
- Tendenzbetrieb *Personalfragebogen* 15
- Zulässigkeit von Fragen *Personalfragebogen* 15
- Zustimmungsverweigerungsrecht des Betriebsrats *Personalfragebogen* 6
Personalgestellung *Einstellung* 1b
Personalinformationssystem *Auswahlrichtlinien* 3
Personalplanung
- Begriff *Personalplanung* 1
- Berufsbildung *Personalplanung* 6, 20
- Beschäftigungssicherung und -förderung *Personalplanung* 15
- Beteiligungsrechte des Betriebsrats *Personalplanung* 5, 12, 16
- Betriebsrat *Personalplanung* 5
- Einigungsstelle *Personalplanung* 16
- »Firmenhymnen« *Personalplanung* 2 b
- Gesamtbetriebsrat *Personalplanung* 18
- Gesundheitsgefährdung *Personalplanung* 16
- Gleichstellung von Frauen und Männern *Personalplanung* 13
- Gewinnmaximierung *Personalplanung* 2
- »High Performer« *Personalplanung* 2 d

Stichwortverzeichnis

- Konzernbetriebsrat *Personalplanung* 19
- Kurzarbeit *Personalplanung* 16
- »Low Performer« *Personalplanung* 2 d
- Mehr-Betriebs-Unternehmen *Personalplanung* 18
- Ordnungswidrigkeitenverfahren *Personalplanung* 22
- Personalbedarfsplanung *Arbeitszeitflexibilisierung* 65 c; *Personalplanung* 3, 6, 16 a
- Personalbemessung *Arbeitsschutz* 78 d, 78 f; *Arbeitszeitflexibilisierung* 65 c; *Personalplanung* 3, 16 a
- Personaleinsatzplanung *Arbeit auf Abruf* 3; *Arbeitszeitflexibilisierung* 65 a, 65 d, 66; *Personalplanung* 3, 5, 16 b, 24
- Rechtsbegriffe *Personalplanung* 7
- Stellenbeschreibung *Personalplanung* 16 c
- Teilbereiche der Personalplanung *Personalplanung* 4
- Überstunden *Personalplanung* 16
- Unterlassungsanspruch des Betriebsrats *Personalplanung* 23
- Unternehmensplanung *Personalplanung* 3
- Wirtschaftsausschuss *Personalplanung* 21, 24

Personelle Angelegenheiten
- Allgemeine personelle Angelegenheiten *Personelle Angelegenheiten* 2
- Berufsbildung *Personelle Angelegenheiten* 2
- Betriebsrat *Personelle Angelegenheiten* 3
- Personelle Einzelmaßnahmen *Angelegenheiten* 2

Personelle Unterbesetzung *Arbeitsschutz* 78 c, 78 d; *Überstunden* 16 a

Personenbedingte Kündigung
- Aidsinfektion *Personenbedingte Kündigung* 20
- Alkoholabhängigkeit *Personenbedingte Kündigung* 13, 21
- Ältere Arbeitnehmer *Personenbedingte Kündigung* 24
- Arbeitsgericht *Personenbedingte Kündigung* 3
- Belastungen des Arbeitgebers *Personenbedingte Kündigung* 22
- BEM *Personenbedingte Kündigung* 24 a
- Betrieb *Personenbedingte Kündigung* 6, 27
- Betriebliches Eingliederungsmanagement *Personenbedingte Kündigung* 24 a
- Betriebsrat *Personenbedingte Kündigung* 25
- Beweislast *Personenbedingte Kündigung* 11 c
- Darlegungslast *Personenbedingte Kündigung* 11 c
- Drogenabhängigkeit *Personenbedingte Kündigung* 21
- Entgeltfortzahlung *Personenbedingte Kündigung* 22
- Freier Arbeitsplatz *Personenbedingte Kündigung* 24, 27, 29
- Fristen *Personenbedingte Kündigung* 3
- Gesundheitsprognose *Personenbedingte Kündigung* 15

- Interessenabwägung *Personenbedingte Kündigung* 23
- Klage *Personenbedingte Kündigung* 3
- Klagefrist *Personenbedingte Kündigung* 3
- Krankheitsbedingte Kündigung *Personenbedingte Kündigung* 12, 14
- Kündigung *Personenbedingte Kündigung* 25, 26, 31
- Kündigungsschutz *Personenbedingte Kündigung* 3, 5, 31, 32
- Kündigungsschutzklage *Personenbedingte Kündigung* 3
- Kündigungsschutz vor Erfüllung der Wartezeit und im Kleinbetrieb *Personenbedingte Kündigung* 8, 9
- Kurzerkrankungen *Personenbedingte Kündigung* 19
- Langzeiterkrankung *Personenbedingte Kündigung* 18
- Meldepflicht *Personenbedingte Kündigung* 35
- Prognose *Personenbedingte Kündigung* 14
- Sozialwidrigkeit *Personenbedingte Kündigung* 10, 11
- Verhältnismäßigkeit *Personenbedingte Kündigung* 24, 24 a
- Weiterbeschäftigungs- und Vergütungsanspruch *Personenbedingte Kündigung* 30
- Widerspruch des Betriebsrats *Personenbedingte Kündigung* 27
- Wiedereinstellungsanspruch *Personenbedingte Kündigung* 33
- Zustimmung einer Behörde *Personenbedingte Kündigung* 4

Personenbezogene Daten *Datenschutz* 9
Personengesellschaften *Unternehmensrechtsformen* 7
Personenschaden *Haftung des Arbeitgebers* 9, *Haftung des Arbeitnehmers* 11
Persönliche Arbeitsverhinderung
- Anspruch auf Entgeltfortzahlung *Persönliche Arbeitsverhinderung* 1
- Begriff *Persönliche Arbeitsverhinderung* 2
- Familiärer Anlass *Persönliche Arbeitsverhinderung* 3
- Leistungshindernis *Persönliche Arbeitsverhinderung* 3
- Pflege eines erkrankten Kindes *Persönliche Arbeitsverhinderung* 4
- Tarifvertrag *Persönliche Arbeitsverhinderung* 11
- Verhältnismäßig nicht erhebliche Zeit *Persönliche Arbeitsverhinderung* 7
- Witterungsverhältnisse *Persönliche Arbeitsverhinderung* 2

Persönliche Entgeltpunkte *Rentenversicherung* 61
Persönliche Geheimnisse *Geheimhaltungspflicht* 11
Persönliche Schutzausrüstung *Arbeitsschutz* 40; *Gefahrstoffe* 69

Stichwortverzeichnis

Persönliches Geheimnis eines Arbeitnehmers *Geheimhaltungspflicht* 15; *Strafverfahren* 13
Pflegegrade *Pflegeversicherung* 4b, 14
Pflegestufen *Pflegeversicherung* 11, 12
Pflegeunterstützungsgeld *Pflegezeit* 5
Pflegeversicherung
– Beitragsbemessungsgrenze *Pflegeversicherung* 10
– Beitragssatz *Pflegeversicherung* 8
– Leistungen *Pflegeversicherung* 11
– Pflegestufen *Pflegeversicherung* 11, 12
Pflegezeit
– Akutpflege *Pflegezeit* 5
– Anspruch auf Freistellung *Pflegezeit* 6
– Befristeter Arbeitsvertrag *Pflegezeit* 9
– Betriebsrat *Pflegezeit* 12
– Dauer der Pflegezeit *Pflegezeit* 7
– Fernbleiben von der Arbeit *Pflegezeit* 5
– Freistellung *Pflegezeit* 6
– Kündigungsschutz *Pflegezeit* 8
– Kurzzeitige Arbeitsverhinderung *Pflegezeit* 5
– Arbeitslosenversicherung *Pflegezeit* 12
– Kranken- und Pflegeversicherung *Pflegezeit* 13
– Rentenversicherung *Pflegezeit* 14
– Unfallversicherung *Pflegezeit* 15
Pforzheimer Abkommen *Betriebliches Bündnis für Arbeit* 12 a
Planungs- und Entscheidungsprozess *Informationsrechte des Betriebsrats* 14; *Unternehmensplanung* 4
Planungsprozess *Unternehmensplanung* 1
Politischer Streik *Arbeitskampf* 37 a
Polizei *Arbeitskampf* 44 a; *Strafverfahren* 8
Praktikum
– Abgrenzung zum Arbeitsverhältnis *Praktikum* 8
– Arbeitsentgelt *Praktikum* 8, 24
– Ausbildungszweck *Praktikum* 8
– Berufsbildungsgesetz *Praktikum* 9
– Betriebsrat *Praktikum* 14
– Eingliederung *Praktikum* 8
– Klage *Praktikum* 25, 26
– Nachweisgesetz *Praktikum* 2b
– Praktikum als Teil einer Berufsausbildung *Praktikum* 1, 5
– Praktikum nach Beendigung einer Berufsausbildung *Praktikum* 2, 6
– Rechtsmissbrauch *Praktikum* 8 a
– Schadenersatzanspruch *Praktikum* 2b, 12a, 24
– Scheinpraktikantenverhältnis *Praktikum* 2, 6, 7, 8, 15, 24, 25, 26
– Schülerpraktikum *Praktikum* 1, 4 10
– Student *Praktikum* 10, 11, 21
Prämienentgelt *Arbeitsentgelt* 22
Prävention *Unfallversicherung* 15
Prekäre Beschäftigung *Befristeter Arbeitsvertrag* 7 a

Private Equity Kapital *Unternehmen* 2 a
Probearbeitsverhältnis
– Befristung *Probearbeitsverhältnis* 2
– Formen *Probearbeitsverhältnis* 2
– Kündigung *Probearbeitsverhältnis* 2
– Kündigungsfrist *Probearbeitsverhältnis* 2, 3
– Kündigungsschutz *Probearbeitsverhältnis* 5, 6
– Probezeit *Probearbeitsverhältnis* 2, 4
– Tarifvertrag *Probearbeitsverhältnis* 7
– Verkürzung der Kündigungsfrist *Probearbeitsverhältnis* 3
– Vorgeschaltete Probezeit *Probearbeitsverhältnis* 2
Produkthaftung des Herstellers *Arbeitsschutz* 113; *Berufskrankheit* 38; *Gefahrstoffe* 74
Produzentenhaftung/Produkthaftung *Arbeitsschutz* 113; *Berufskrankheit* 38; *Gefahrstoffe* 74
Prokura *Leitende Angestellte* 4
Protokollnotizen *Regelungsabrede* 4
Provision *Arbeitsentgelt* 44; *Entgeltfortzahlung an Feiertagen* 26
PSA-Benutzungsverordnung *Arbeitsschutz* 40
Psychische Belastungen bei der Arbeit *Arbeitsschutz* 10, 77 b, 78 f
Publizitätspflicht *Geheimhaltungspflicht* 4

Qualifizierte Gleitzeit *Gleitzeit* 3
Qualifizierte Gruppenarbeit *Gruppenarbeit* 20
Qualifizierte technische Verbesserungsvorschläge *Arbeitnehmererfindung* 9
Qualifiziertes Zeugnis *Zeugnis* 5
Qualitätssicherung *ISO 9000* 1
Qualitätssicherungshandbuch *ISO 9000* 17
Qualitätssicherungsstrategie *ISO 9000* 2

Rat *Europäisches Recht* 5
Rationalisierung
– Arbeit 4.0 *Rationalisierung* 4
– Arbeitgeber *Rationalisierung* 10
– Arbeitskampf *Rationalisierung* 10
– Begriff *Rationalisierung* 1
– Betriebsrat *Rationalisierung* 4
– Betriebsratsaufgaben *Rationalisierung* 4
– Beteiligungsrechte des Betriebsrats *Rationalisierung* 4
– Betriebliches Vorschlagswesen *Rationalisierung* 3
– Betriebsänderung *Rationalisierung* 6, 10
– Formen der Rationalisierung *Rationalisierung* 2
– Gewerkschaft *Rationalisierung* 10
– Gruppenarbeit/Arbeitsgruppen *Rationalisierung* 3
– Industrie 4.0 *Rationalisierung* 4
– Informationsrechte des Betriebsrats *Rationalisierung* 6
– ISO 9000 *Rationalisierung* 3
– Lean Production *Rationalisierung* 3

2283

Stichwortverzeichnis

- Mitbestimmungsrechte des Betriebsrats *Rationalisierung* 8
- Mitwirkungsrechte des Betriebsrats *Rationalisierung* 7
- Sachverständige *Rationalisierung* 4
- Schulungs- und Bildungsveranstaltungen *Rationalisierung* 4
- Tarifvertrag *Rationalisierung* 9, 10

Rechtsbegriffe *Informationsrechte des Betriebsrats* 5
- In der Regel *Rechtsbegriffe* 2
- Muss-, Soll-, Kannvorschrift *Rechtsbegriffe* 9
- Ständig Beschäftigte *Rechtsbegriffe* 14
- Unverzüglich *Rechtsbegriffe* 18

Rechtsquellen *Günstigkeitsprinzip* 1, 4
Regelaltersrente *Rentenversicherung* 9
Regelmäßige Verjährungsfrist *Verjährung* 11
Regelmäßige Wahlen
- Betriebsrat *Betriebsratswahl* 3
- Jugend- und Auszubildendenvertretung *Jugend- und Auszubildendenvertretung* 3
- Schwerbehindertenvertretung *Schwerbehindertenvertretung* 2

Regelungsabrede *Betriebsvereinbarung* 22
- Abgrenzung zur Betriebsvereinbarung *Regelungsabrede* 1, 3
- Anwendungsbereich *Regelungsabrede* 2
- Beispiele *Regelungsabrede* 4

Rehabilitation *Entgeltfortzahlung im Krankheitsfall und bei Vorsorge/Rehabilitation* 13
Relative Friedenspflicht *Arbeitskampf* 11
Religionsgemeinschaften *Tendenzbetrieb* 4
Remanenzkosten *Transferleistungen* 12 b, 12 d
Rente
- mit 67 *Altersteilzeit* 6 , *Rentenversicherung* 11
- wegen Alters *Altersteilzeit* 2 , *Gleichbehandlung* 34, *Rentenversicherung* 9
- wegen Todes *Rentenversicherung* 47
- wegen verminderter Erwerbsfähigkeit *Rentenversicherung* 32

Rentenanpassung *Betriebliche Altersversorgung* 61
Rentenarten *Rentenversicherung* 4
Rentenartfaktor *Rentenversicherung* 59, 62
Rentenberechnung *Rentenversicherung* 56
Rentenformel *Rentenversicherung* 65
Rentenversicherung
- Aktueller Rentenwert *Rentenversicherung* 60, 64
- Betriebliche Altersversorgung *Rentenversicherung* 3
- Entgeltpunkte *Rentenversicherung* 58, 62
- Entgeltumwandlung *Rentenversicherung* 3
- Erziehungsrente *Rentenversicherung* 55
- Gesamtleistungsbewertung *Rentenversicherung* 66
- Persönliche Entgeltpunkte *Rentenversicherung* 62
- Regelaltersrente *Rentenversicherung* 10

- Rente für Bergleute *Rentenversicherung* 42
- Rentenarten *Rentenversicherung* 5
- Rentenabschläge 12 a
- Rentenartfaktor *Rentenversicherung* 59, 63
- Rentenberechnung *Rentenversicherung* 57, 65
- Rentenformel *Rentenversicherung* 61
- Rente wegen Alters *Rentenversicherung* 9, 10, 16, 18, 19, 20, 21, 23
- Rente wegen Todes *Rentenversicherung* 47
- Rente wegen verminderter Erwerbsfähigkeit *Rentenversicherung* 32
- Teilrente *Rentenversicherung* 30
- Vollrente *Rentenversicherung* 30
- Waisenrente *Rentenversicherung* 53
- Witwen-/Witwerrente *Rentenversicherung* 49

Restmandat des Betriebsrats *Betriebsrat* 52, *Betriebsspaltung und Zusammenlegung von Betrieben* 19, *Umwandlung von Unternehmen* 35
Rückstufungsschaden *Haftung des Arbeitgebers* 7
Rückwirkende Tarifregelungen *Tarifvertrag* 54
Rückzahlung des Weihnachtsgeldes bei vorzeitigem Ausscheiden *Weihnachtsgeld und sonstige Sondervergütungen* 29
Rückzahlung von Fortbildungskosten *Berufsbildung* 11
Rückzahlungs- und Herausgabeanspruch des Arbeitgebers
- Bonusmeilen *Rückzahlungs- und Herausgabeanspruch des Arbeitgebers* 4
- Entgeltüberzahlung *Rückzahlungs- und Herausgabeanspruch des Arbeitgebers* 3
- Fortbildungskosten *Rückzahlungs- und Herausgabeanspruch des Arbeitgebers* 1
- Sondervergütung *Rückzahlungs- und Herausgabeanspruch des Arbeitgebers* 1

Rufbereitschaft *Arbeitsbereitschaft* 3, *Bereitschaftsdienst* 1
- Arbeitsbereitschaft *Rufbereitschaft* 2, 3
- Arbeitszeit *Rufbereitschaft* 2
- Begriff *Rufbereitschaft* 1
- Bereitschaftsdienst *Rufbereitschaft* 2, 3
- Freie Ortswahl *Rufbereitschaft* 1, 3
- Rufbereitschaftsplan *Rufbereitschaft* 8
- Ruhezeit *Rufbereitschaft* 7
- Tarifvertrag *Rufbereitschaft* 6, 10
- Überstunden *Rufbereitschaft* 5
- Vergütung *Rufbereitschaft* 4

Ruhepause *Arbeitszeit* 21
- Aufenthalt während der Ruhepause *Ruhepause* 17, 25
- Begriff *Ruhepause* 1
- Betriebspause *Ruhepause* 5
- Betriebsrat *Ruhepause* 21
- Bildschirmarbeit *Ruhepause* 23
- Dauer der Ruhepause *Ruhepause* 9
- Festlegung der Ruhepause *Ruhepause* 13
- Lärmpause *Ruhepause* 23

Stichwortverzeichnis

- Mitbestimmung des Betriebsrats *Ruhepause* 21
- Pausenraum *Ruhepause* 18
- Vergütung *Ruhepause* 3, 21
Ruhezeit *Arbeitsbereitschaft* 5; *Arbeitszeit* 25
- Arbeitsabruf *Ruhezeit* 7
- Begriff *Ruhezeit* 1
- Betriebsrat *Ruhezeit* 24
- Krankenhäuser und Pflegeeinrichtungen *Ruhezeit* 18
- Mindestruhezeit *Ruhezeit* 3
- Mitbestimmung des Betriebsrats *Ruhezeit* 24
- Rufbereitschaft und Ruhezeit *Ruhezeit* 6, 18
- Unterbrechung *Ruhezeit* 6, 11
- Verkürzung der Ruhezeit *Ruhezeit* 14

Sachschaden *Haftung des Arbeitgebers* 2; *Haftung des Arbeitnehmers* 1
Sachverständiger
- Auskunftspersonen *Sachverständiger* 15, 19
- Berater *Sachverständiger* 12, 21
- Betriebs- oder Geschäftsgeheimnisse *Sachverständiger* 11
- Betriebsänderung *Sachverständiger* 12, 21
- Betriebsrat *Sachverständiger* 17
- Betriebsratssitzung *Sachverständiger* 19
- Einigungsstelle *Sachverständiger* 16
- Einstweilige Verfügung *Sachverständiger* 9, 12, 20
- Erforderlichkeit der Beauftragung *Sachverständiger* 2, 5
- Europäischer Betriebsrat *Sachverständiger* 1
- Freistellung von Kosten *Sachverständiger* 12
- Geheimhaltungspflicht *Sachverständiger* 11, 14
- Haftung des Betriebsrats 10 a, 12
- Kostentragung durch Arbeitgeber *Sachverständiger* 1
- »Nähere Vereinbarung« mit Arbeitgeber *Sachverständiger* 1, 7, 19
- Rechtsanwalt *Sachverständiger* 2, 4
- Schulungs- und Bildungsveranstaltungen *Sachverständiger* 18
- Zahlungsanspruch *Sachverständiger* 12
Salvatorische Klausel *Ausschlussfristen / Verfallfristen* 6
Schadensersatzanspruch *Arbeitsschutz* 105; *Behinderung der Betriebsratsarbeit* 8; *Benachteiligungsverbot (AGG)* 47; *Berufskrankheit* 28, 37; *Gleichstellung von Frauen und Männern* 40; *Haftung des Arbeitgebers* 12; *Haftung des Arbeitnehmers* 12, 13; *Mobbing* 24, 43; *Verjährung* 16, 18
Scheinpraktikantenverhältnis *Praktikum* 2, 6, 7, 8, 15, 24, 25, 26
Scheinselbständigkeit *Arbeitnehmer* 5; *Dienstvertrag* 13
Scheinwerkvertrag *Arbeitnehmerüberlassung/Leiharbeit* 4; *Werkvertrag* 13
Schichtarbeit *Arbeitszeit* 24

- Arbeitsgericht *Schichtarbeit* 22, 23
- Arbeitsschutz *Schichtarbeit* 7
- Begriff *Schichtarbeit* 1
- Betriebsrat *Schichtarbeit* 10
- Betriebsvereinbarung *Schichtarbeit* 17, 25
- Dienstplan *Schichtarbeit* 22 a
- Einigungsstelle *Schichtarbeit* 14, 15, 22
- Formen *Schichtarbeit* 2
- Mitbestimmung des Betriebsrats *Schichtarbeit* 10
- Nachtarbeit *Schichtarbeit* 6, 8, 18, 20
- Personaleinsatzplan *Schichtarbeit* 22 a
- Schichtmodelle *Schichtarbeit* 3
- Schichtwechsel *Nachtarbeit* 60; *Schichtarbeit* 15, 16
- Schichtwechselrhythmus *Schichtarbeit* 3
- Tarifvertrag *Schichtarbeit* 24
- Unterlassungsanspruch des Betriebsrats *Schichtarbeit* 22
- Versetzung *Schichtarbeit* 16
- Wechselschicht *Schichtarbeit* 3
Schichtmodelle *Schichtarbeit* 3
Schichtwechsel *Nachtarbeit* 60; *Schichtarbeit* 15, 16
Schleichende Arbeitsanreicherung *Eingruppierung/Umgruppierung* 2 a, 23 b, 56 a; *Versetzung* 5, 32 a
Schleichende Versetzung *Eingruppierung/Umgruppierung* 2 a, 23 b, 56 a; *Versetzung* 5, 32 a
Schlichtungsverfahren *Arbeitskampf* 75
Schmerzensgeld *Arbeitsschutz* 105; *Benachteiligungsverbot (AGG)* 47; *Berufskrankheit* 28, 37; *Gefahrstoffe* 74; *Haftung des Arbeitgebers* 11, 12, 13; *Haftung des Arbeitnehmers* 12, 13; *Mobbing* 46
Schriftform *Aufhebungsvertrag* 1 a; *Befristeter Arbeitsvertrag* 39; *Betriebsvereinbarung* 12; *Kündigung* 4
Schulungs- und Bildungsveranstaltungen für Betriebsräte *Schwerbehindertenvertretung* 27
- An- und Abreisezeiten *Schulungs- und Bildungsveranstaltungen für Betriebsräte* 18
- Arbeitsgericht *Schulungs- und Bildungsveranstaltungen für Betriebsräte* 25, 28, 29
- Betrieblicher Bezug oder Anlass *Schulungs- und Bildungsveranstaltungen für Betriebsräte* 6
- Beurteilungsspielraum *Schulungs- und Bildungsveranstaltungen für Betriebsräte* 9, 10
- Einigungsstelle *Schulungs- und Bildungsveranstaltungen für Betriebsräte* 27, 32
- Einstweilige Verfügung *Schulungs- und Bildungsveranstaltungen für Betriebsräte* 28, 29
- Entgeltausfallprinzip *Schulungs- und Bildungsveranstaltungen für Betriebsräte* 12, 34
- Erforderlichkeit der Schulung nach § 37 Abs. 6 BetrVG *Schulungs- und Bildungsveranstaltungen für Betriebsräte* 2, 4

Stichwortverzeichnis

- Ersatzmitglieder des Betriebsrats *Schulungs- und Bildungsveranstaltungen für Betriebsräte* 37
- Freistellungsanspruch *Schulungs- und Bildungsveranstaltungen für Betriebsräte* 25
- Freizeitausgleich *Schulungs- und Bildungsveranstaltungen für Betriebsräte* 19
- Geeignetheit der Schulung nach § 37 Abs. 7 BetrVG *Schulungs- und Bildungsveranstaltungen für Betriebsräte* 30, 33
- Gegnerunabhängigkeit *Schulungs- und Bildungsveranstaltungen für Betriebsräte* 24
- Gewerkschaft *Schulungs- und Bildungsveranstaltungen für Betriebsräte* 24
- Grundkenntnisse *Schulungs- und Bildungsveranstaltungen für Betriebsräte* 5
- Grundsatz der Gegnerunabhängigkeit *Schulungs- und Bildungsveranstaltungen für Betriebsräte* 24
- Inhouse-Schulung *Schulungs- und Bildungsveranstaltungen für Betriebsräte* 10 a
- Jugend- und Auszubildendenvertretung *Schulungs- und Bildungsveranstaltungen für Betriebsräte* 41
- Kosten der Schulungsteilnahme *Schulungs- und Bildungsveranstaltungen für Betriebsräte* 22
- Kostentragung durch Arbeitgeber *Schulungs- und Bildungsveranstaltungen für Betriebsräte* 22
- Pausen während der Schulung *Schulungs- und Bildungsveranstaltungen für Betriebsräte* 18
- Reisekosten *Schulungs- und Bildungsveranstaltungen für Betriebsräte* 22
- Reisezeiten *Schulungs- und Bildungsveranstaltungen für Betriebsräte* 18
- Schichtarbeit *Schulungs- und Bildungsveranstaltungen für Betriebsräte* 13, 19, 35
- Schulungen nach § 37 Abs. 6 BetrVG *Schulungs- und Bildungsveranstaltungen für Betriebsräte* 2
- Schulungen nach § 37 Abs. 7 BetrVG *Schulungs- und Bildungsveranstaltungen für Betriebsräte* 30
- Schulungsthemen nach § 37 Abs. 6 BetrVG *Schulungs- und Bildungsveranstaltungen für Betriebsräte* 7
- Schwerbehindertenvertretung *Schulungs- und Bildungsveranstaltungen für Betriebsräte* 42
- Spezialkenntnisse *Schulungs- und Bildungsveranstaltungen für Betriebsräte* 6
- Themenplan *Schulungs- und Bildungsveranstaltungen für Betriebsräte* 9
- Teilzeitbeschäftigte Betriebsratsmitglieder *Schulungs- und Bildungsveranstaltungen für Betriebsräte* 13, 15, 20, 35
- Träger des Schulungsanspruchs *Schulungs- und Bildungsveranstaltungen für Betriebsräte* 3, 31
- Überstunden *Schulungs- und Bildungsveranstaltungen für Betriebsräte* 12
- Verhältnismäßigkeit *Schulungs- und Bildungsveranstaltungen für Betriebsräte* 9
- Wechselschicht *Schulungs- und Bildungsveranstaltungen für Betriebsräte* 19
- Wirtschaftsausschussmitglieder *Schulungs- und Bildungsveranstaltungen für Betriebsräte* 40
- Zehrgeld *Schulungs- und Bildungsveranstaltungen für Betriebsräte* 22
- Zeitliche Lage der Schulungsteilnahme *Schulungs- und Bildungsveranstaltungen für Betriebsräte* 26

Schwarzes Brett *Betriebsrat* 39; *Betriebsratsbüro (Ausstattung, Hausrecht)* 3; *Gesamtzusage* 1

Schwerbehinderte Menschen
- Arbeitsgericht *Schwerbehinderte Menschen* 78
- Arbeitsvertrag *Schwerbehinderte Menschen* 63
- Ausgleichsabgabe *Schwerbehinderte Menschen* 34
- Außerordentliche Kündigung *Schwerbehinderte Menschen* 81
- Beauftragter des Arbeitgebers *Schwerbehinderte Menschen* 88 a
- Behinderung *Schwerbehinderte Menschen* 14, 21
- Belästigung *Schwerbehinderte Menschen* 53, 57
- Benachteiligungsverbot *Benachteiligungsverbot (AGG)* 4; *Schwerbehinderte Menschen* 11, 44
- Berufsbildung *Schwerbehinderte Menschen* 99
- Beschäftigungspflicht/Pflichtquote *Schwerbehinderte Menschen* 29
- Beschäftigungsquote *Schwerbehinderte Menschen* 3, 35, 98
- Beschwerderecht *Schwerbehinderte Menschen* 52
- Beschwerderecht des Arbeitnehmers *Schwerbehinderte Menschen* 52
- Besetzung freier Arbeitsplätze *Schwerbehinderte Menschen* 42
- Betrieb *Schwerbehinderte Menschen* 75
- Betriebliches Eingliederungsmanagement *Schwerbehinderte Menschen* 71
- Betriebsrat *Schwerbehinderte Menschen* 41, 42, 91
- Betriebsvereinbarung *Schwerbehinderte Menschen* 63
- Beweislast *Schwerbehinderte Menschen* 55 a
- Beweislastumkehr *Schwerbehinderte Menschen* 55 a
- Eingliederung *Schwerbehinderte Menschen* 68
- Eingliederungsmanagement *Schwerbehinderte Menschen* 71
- Einigungsstelle *Schwerbehinderte Menschen* 52
- Einstellung eines Nicht-Behinderten *Schwerbehinderte Menschen* 98
- Einstweilige Verfügung *Schwerbehinderte Menschen* 57
- Entschädigungsanspruch *Schwerbehinderte Menschen* 55
- Erweiterter Beendigungsschutz *Schwerbehinderte Menschen* 84
- Frage nach Schwerbehinderung *Schwerbehinderte Menschen* 19 a

Stichwortverzeichnis

- Freier Arbeitsplatz *Schwerbehinderte Menschen* 42
- Freistellung von Mehrarbeit *Schwerbehinderte Menschen* 62
- Gewerkschaft *Schwerbehinderte Menschen* 95
- Gleichbehandlung *Schwerbehinderte Menschen* 19, 44, 56
- Gleichgestellte *Schwerbehinderte Menschen* 27, 66, 79
- Gleichstellung *Schwerbehinderte Menschen* 27, 66, 79
- Gleichstellungsantrag *Schwerbehinderte Menschen* 27, 79
- Grad der Behinderung *Schwerbehinderte Menschen* 22
- Günstigkeitsprinzip *Schwerbehinderte Menschen* 63
- Integrationsamt *Schwerbehinderte Menschen* 74, 89
- Integrationsvereinbarung *Schwerbehinderte Menschen* 67
- Klagerecht der Verbände *Schwerbehinderte Menschen* 90
- Krankenrückkehrgespräche *Schwerbehinderte Menschen* 72
- Krankheit *Schwerbehinderte Menschen* 72
- Kündigung *Schwerbehinderte Menschen* 48
- Kündigungsfrist *Schwerbehinderte Menschen* 80
- Kündigungsschutz *Schwerbehinderte Menschen* 74
- Kündigungsschutz für Gleichgestellte *Schwerbehinderte Menschen* 79, 87 a
- Leistungsverweigerungsrecht *Schwerbehinderte Menschen* 53
- Mehrarbeit *Schwerbehinderte Menschen* 62
- Mittelbare Benachteiligung *Schwerbehinderte Menschen* 18
- Mobbing *Schwerbehinderte Menschen* 54
- Ordentliche Kündigung *Schwerbehinderte Menschen* 80
- Personalakte *Schwerbehinderte Menschen* 64
- Personalfragebogen *Schwerbehinderte Menschen* 57
- Pflichten des Arbeitgebers *Schwerbehinderte Menschen* 41
- Pflichtquote *Schwerbehinderte Menschen* 3, 29
- Prävention *Schwerbehinderte Menschen* 71
- Rechtsansprüche der schwerbehinderten Menschen *Schwerbehinderte Menschen* 58
- Schadensersatzanspruch *Schwerbehinderte Menschen* 55
- Schmerzensgeld *Schwerbehinderte Menschen* 55
- Schwerbehinderung *Schwerbehinderte Menschen* 22
- Schwerbehindertenausweis *Schwerbehinderte Menschen* 23
- SBV *Schwerbehinderte Menschen* 41, 42, 64, 67, 96
- Sozialversicherung *Schwerbehinderte Menschen* 37
- Tarifvertrag *Schwerbehinderte Menschen* 63
- Unmittelbare Benachteiligung *Schwerbehinderte Menschen* 18
- Unterlassungsanspruch des Betriebsrats *Schwerbehinderte Menschen* 95
- Urlaub *Schwerbehinderte Menschen* 63
- Verletzung der Würde *Schwerbehinderte Menschen* 53
- Versetzung *Schwerbehinderte Menschen* 48
- Versorgungsamt *Schwerbehinderte Menschen* 22
- Wirtschaftsausschuss *Schwerbehinderte Menschen* 97
- Würde *Schwerbehinderte Menschen* 53
- Zusatzurlaub *Schwerbehinderte Menschen* 63

Schwerbehindertenvertretung
- Amtszeit *Schwerbehindertenvertretung* 8
- Aufgaben *Schwerbehindertenvertretung* 12
- Beauftragter des Arbeitgebers *Schwerbehindertenvertretung* 41
- Betrieb *Schwerbehindertenvertretung* 1, 34
- Betriebsratssitzung *Schwerbehindertenvertretung* 19
- Betriebsversammlungen *Schwerbehindertenvertretung* 21, 22
- Freistellung *Schwerbehindertenvertretung* 26
- Geheimhaltungspflicht *Schwerbehindertenvertretung* 30
- Gesamtbetriebsrat *Schwerbehindertenvertretung* 34
- Gesamtschwerbehindertenvertretung *Schwerbehindertenvertretung* 34
- Konzernbetriebsrat *Schwerbehindertenvertretung* 38
- Konzernschwerbehindertenvertretung *Schwerbehindertenvertretung* 38
- Kündigungsschutz (besonderer) *Schwerbehindertenvertretung* 25
- Persönliche Rechte und Pflichten *Schwerbehindertenvertretung* 23
- Personalakte *Schwerbehindertenvertretung* 18
- Rechtsbegriffe *Schwerbehindertenvertretung* 15
- Regelmäßige Wahlen *Schwerbehindertenvertretung* 2
- Schulungs- und Bildungsveranstaltungen *Schwerbehindertenvertretung* 27, 32
- Stellvertretendes Mitglied *Schwerbehindertenvertretung* 25
- Teilnahme an Sitzungen des Betriebsrats *Schwerbehindertenvertretung* 19
- Unternehmen *Schwerbehindertenvertretung* 38
- Vertrauenspersonen der schwerbehinderten Menschen *Schwerbehindertenvertretung* 23
- Wahlen *Schwerbehindertenvertretung* 2

2287

Stichwortverzeichnis

- Wirtschaftsausschuss *Betriebsrat* 28 a; *Schwerbehindertenvertretung* 19
- Zusammenarbeit mit Betriebsrat *Schwerbehindertenvertretung* 19, 42

Sehhilfen *Bildschirmarbeit* 11, 13
Selbstaufschreibung von Arbeitsstunden *Arbeitszeit* 58; *Arbeitszeitflexibilisierung* 68
Seminarbesuch *Bildungsurlaub; Schulungs- und Bildungsveranstaltungen für Betriebsräte*
Sexuelle Belästigung *Benachteiligungsverbot (AGG)* 20; *Zurückbehaltungsrecht des Arbeitnehmers* 3
- Abmahnung *Sexuelle Belästigung* 14
- Begriff *Sexuelle Belästigung* 5
- Beschwerderecht *Sexuelle Belästigung* 18, 33
- Betriebsrat *Sexuelle Belästigung* 28
- Betriebsversammlung *Sexuelle Belästigung* 32
- Beweislast *Sexuelle Belästigung* 25
- Einstweilige Verfügung *Sexuelle Belästigung* 26
- Entschädigungsanspruch *Sexuelle Belästigung* 21
- Gewerkschaft *Sexuelle Belästigung* 31
- Gleichbehandlung *Sexuelle Belästigung* 27
- Kündigung *Sexuelle Belästigung* 14
- Leistungsverweigerungsrecht *Sexuelle Belästigung* 19
- Maßregelungsverbot *Sexuelle Belästigung* 24
- Mobbing *Sexuelle Belästigung* 5, 24
- Pornographische Darstellung *Sexuelle Belästigung* 6
- Schadensersatzanspruch *Sexuelle Belästigung* 21
- Schmerzensgeld *Sexuelle Belästigung* 22, 26
- Sexuelle Handlungen *Sexuelle Belästigung* 6
- Unterlassungsanspruch des Betriebsrats *Sexuelle Belästigung* 31
- Verletzung der Menschenwürde *Sexuelle Belästigung* 8
- Verletzung der Würde *Sexuelle Belästigung* 8
- Versetzung *Sexuelle Belästigung* 14

Sicherheitsbeauftragter *Arbeitsschutz* 46; *Kündigungsschutz (besonderer)* 52; *Unfallversicherung* 29
Sicherheitsdatenblatt *Gefahrstoffe* 13
Sicherheitskleidung *Arbeitsschutz* 40
Sittenwidrige Kündigung *Kündigungsschutz vor Erfüllung der Wartezeit und im Kleinbetrieb* 10
Social Media *Soziale Medien*
Societas Europaea *Unternehmensrechtsformen* 3 a
Soldaten auf Zeit *Kündigungsschutz (besonderer)* 46
Soll-Vorschrift *Rechtsbegriffe* 11
Sonder- und Nebenakten *Personalakte* 3
Sondervergütung
- mit Mischcharakter *Weihnachtsgeld* 19
- mit reinem Entgeltcharakter *Weihnachtsgeld* 17
- zur Belohnung der Betriebstreue *Weihnachtsgeld* 18

Sonn- und Feiertagsarbeit *Arbeitszeit* 45
- Ausnahmen vom Verbot der Arbeit *Sonn- und Feiertagsarbeit* 2
- Beschäftigungsverbot *Sonn- und Feiertagsarbeit* 1, 9
- Einstweilige Verfügung *Sonn- und Feiertagsarbeit* 13 d
- Ersatzruhetag *Sonn- und Feiertagsarbeit* 4
- Gesetzliche Feiertage *Sonn- und Feiertagsarbeit* 1 a
- Klage des Arbeitnehmers *Sonn und Feiertagsarbeit* 19
- Mitbestimmung des Betriebsrats *Sonn- und Feiertagsarbeit* 13
- Unterlassungsanspruch des Betriebsrats *Sonn- und Feiertagsarbeit* 13 d, 13 e
- Verbot der Arbeit *Sonn- und Feiertagsarbeit* 1

Soziale Angelegenheiten
- Beteiligungsrechte des Betriebsrats *Soziale Angelegenheiten* 1, 3
- Einigungsstelle *Soziale Angelegenheiten* 4
- Unterlassungsanspruch des Betriebsrats *Soziale Angelegenheiten* 5

Soziale Auswahl *Betriebsbedingte Kündigung* 17; *Ordentliche Kündigung* 18
Sozialeinrichtung
- Änderungskündigung *Sozialeinrichtung* 10
- Begriff *Sozialeinrichtung* 1
- Betriebliche Übung *Sozialeinrichtung* 11
- Betriebsrat *Sozialeinrichtung* 3
- Betriebsvereinbarung *Sozialeinrichtung* 5, 9
- Dotierungsrahmen *Sozialeinrichtung* 5
- Einigungsstelle *Sozialeinrichtung* 7
- Mitbestimmung des Betriebsrats *Sozialeinrichtung* 3
- Schließung *Sozialeinrichtung* 6
- Sozialleistungen *Sozialeinrichtung* 2
- Soziallohn *Sozialeinrichtung* 2

Soziale Medien
- Begriff *Soziale Medien* 1, 4
- Betriebsrat *Soziale Medien* 8
- Kündigung *Soziale Medien* 6
- Mitbestimmung *Soziale Medien* 6

Sozialhilfe
- Arbeitslosengeld II *Sozialhilfe* 2
- Eckregelsatz *Sozialhilfe* 9
- Grundsicherung *Sozialhilfe* 2
- Heizkosten *Sozialhilfe* 9
- Hilfe zum Lebensunterhalt *Sozialhilfe* 6
- Mehrbedarf *Sozialhilfe* 9
- Mietkosten *Sozialhilfe* 9
- Mietschulden *Sozialhilfe* 9
- Notwendiger Lebensunterhalt *Sozialhilfe* 9
- Regelsatz *Sozialhilfe* 7
- Sozialgeld *Sozialhilfe* 3
- Unterkunftskosten *Sozialhilfe* 9

Sozialleistungen *Sozialeinrichtung* 2

Stichwortverzeichnis

Soziallohn *Sozialeinrichtung* 2
Sozialplan
- Abfindung *Sozialplan* 3, 27, 43, 44
- Abfindungsformeln *Sozialplan* 27
- Abgrenzung zum Interessenausgleich *Sozialplan* 3
- Ablauf des Sozialplanverfahrens *Sozialplan* 20
- Arbeitsgericht *Sozialplan* 41
- Arbeitskampf *Sozialplan* 12, 14, 16, 39
- Aufhebungsvertrag *Sozialplan* 23, 32
- Ausschluss-/Verfallfristen *Sozialplan* 30a, 42
- Berater *Sozialplan* 9, 20
- Berechnungsdurchgriff *Sozialplan* 29
- Beschäftigungsdauer *Sozialplan* 27
- Betriebsänderung *Sozialplan* 1, 9, 16, 35, 39, 41
- Betriebsrat *Sozialplan* 1, 17
- Betriebsspaltung und Zusammenlegung von Betrieben *Sozialplan* 30
- Betriebsübergang *Sozialplan* 7, 38
- Betriebsvereinbarung *Sozialplan* 21
- Einigungsstelle *Sozialplan* 17, 20, 26
- Faktorrechnung (Abfindung) *Sozialplan* 27
- Geltungsbereich *Sozialplan* 23
- Gesamtbetriebsrat *Sozialplan* 2
- Gewerkschaft *Sozialplan* 10, 16, 39
- Gleichbehandlung *Sozialplan* 23
- Günstigkeitsprinzip *Sozialplan* 22
- Haftungsdurchgriff *Sozialplan* 29
- Insolvenzverfahren *Sozialplan* 40
- Interessenausgleich *Sozialplan* 1, 2, 3, 17, 20, 21, 35, 41, 43
- Konzern *Sozialplan* 29
- Kurzarbeit *Sozialplan* 3
- Lebensalter *Sozialplan* 27
- Leitende Angestellte *Sozialplan* 25
- Nachteilsausgleich *Sozialplan* 21, 35, 43
- Personalabbau *Sozialplan* 32
- Punktesystem (Abfindung) *Sozialplan* 27
- Rechtliche Wirkung *Sozialplan* 21
- Rentenberechtigte Arbeitnehmer *Sozialplan* 27b
- Sachverständiger *Sozialplan* 9
- Sozialplanabfindung *Sozialplan* 27
- Sozialtarifvertrag *Sozialplan* 10, 27, 39
- Sperrwirkung von Tarifverträgen *Sozialplan* 22
- Steuern *Sozialplan* 27c, 44
- Tariflicher Sozialplan *Sozialplan* 12
- Tarifvertrag *Sozialplan* 12, 16, 22
- Transferleistungen *Sozialplan* 26
- Umwandlung von Unternehmen *Sozialplan* 30
- Unternehmensautonomie *Sozialplan* 11

Soll-Vorschrift *Rechtsbegriffe* 11
Sondervergütung mit reinem Entgeltcharakter *Weihnachtsgeld* 16, 17
Sondervergütung mit Mischcharakter *Weihnachtsgeld* 16, 19
Sondervergütung zur Belohnung der Betriebstreue *Weihnachtsgeld* 16, 18
Soziale Auswahl *Betriebsbedingte Kündigung* 17, 31
Sozialtarifvertrag *Arbeitskampf* 7; *Betriebsänderung* 30; *Gewerkschaft* 28; *Sozialplan* 10, 27, 39
Sozialversicherung
- Aktueller Rentenwert *Sozialversicherung*
- Beitragsbemessungsgrenze *Sozialversicherung*
- Beitragssatz *Sozialversicherung*
- Bezugsgröße *Sozialversicherung*
- Geringfügigkeitsgrenze *Sozialversicherung*
- Geringverdienergrenze Auszubildende *Sozialversicherung*
- Höchstbeiträge *Sozialversicherung*
- Höchstkrankengeld *Sozialversicherung*
- Versicherungspflichtgrenze *Sozialversicherung*

Spaltung von Betrieben *Betriebsspaltung und Zusammenlegung von Betrieben* 2, 3
Spaltung von Unternehmen *Umwandlung von Unternehmen* 6
Sperrvorschrift des § 77 Abs. 3 BetrVG *Betriebsvereinbarung* 6; *Günstigkeitsprinzip* 19
Sperrzeit *Abwicklungsvertrag* 3; *Arbeitslosengeld* 44; *Auflösend bedingter Arbeitsvertrag* 8
- Abbruch berufliche Eingliederungsmaßnahme *Arbeitslosengeld* 45
- Arbeitsablehnung *Arbeitslosengeld* 45
- Arbeitsaufgabe *Arbeitslosengeld* 45; *Kündigungsschutz* 21
- Meldeversäumnis *Arbeitslosengeld* 45
- unzureichende Eigenbemühungen *Arbeitslosengeld* 45
- verspätete Arbeitsuchendmeldung *Arbeitslosengeld* 45

Spontane Arbeitsniederlegung *Friedenspflicht* 9
Sprecherausschuss *Leitende Angestellte* 3, 16
Sprechstunde des Betriebsrats *Betriebsrat* 40
Ständig Beschäftigte *Rechtsbegriffe* 14
Ständige Einigungsstelle *Einigungsstelle* 6
Standortsicherungsvereinbarung *Beschäftigungssicherungstarifvertrag* 4; *Betriebliches Bündnis für Arbeit* 1
Stellenausschreibung *Ausschreibung von Arbeitsplätzen*
Stellensuche *Kündigung* 21
Sterbebegleitung *Pflegezeit* 6b
Stichtagsregelung *Tarifvertrag: Differenzierungsklausel – Stichtagsregelung* 5
Stilllegung einer Betriebsabteilung *Betriebsänderung* 9; *Kündigungsschutz (besonderer)* 28
Stilllegung eines Betriebs *Betriebsänderung* 9; *Betriebsübergang* 7; *Kündigungsschutz (besonderer)* 24
Stimmengewicht *Gesamtbetriebsrat* 12; *Konzernbetriebsrat* 15
Stimmengleichheit *Gesamtbetriebsrat* 18

2289

Stichwortverzeichnis

Stoff *Gefahrstoffe* 8, 9
STOP-Prinzip *Arbeitsschutz* 17
Störungen im Leistungsbereich *Abmahnung* 4
Störungen im Vertrauensbereich *Abmahnung* 4
Straftat *Außerordentliche Kündigung* 5; *Behinderung der Betriebsratsarbeit* 10; *Behinderung der Betriebsratswahl* 11
Strafverfahren *Behinderung der Betriebsratsarbeit* 1; *Behinderung der Betriebsratswahl* 1
– Anklageerhebung *Strafverfahren* 11
– Behinderung der Betriebsratstätigkeit *Strafverfahren* 2
– Behinderung der Betriebsratswahl *Strafverfahren* 2
– Betriebs- oder Geschäftsgeheimnisse *Strafverfahren* 13
– Betriebsrat *Strafverfahren* 7
– Ermittlungsverfahren *Strafverfahren* 10, 12
– Freiheitsstrafe *Strafverfahren* 3, 15
– Geheimhaltungspflicht *Strafverfahren* 13
– Geldstrafe *Strafverfahren* 3
– Gewerkschaft *Strafverfahren* 7
– Hinreichender Tatverdacht *Strafverfahren* 10
– Klageerzwingungsverfahren *Strafverfahren* 12, 16
– Polizei *Strafverfahren* 8
– Staatsanwaltschaft *Strafverfahren* 8
– Strafverfolgungsbehörde *Strafverfahren* 8
– Strafvorschriften *Strafverfahren* 1
– Tatverdacht *Strafverfahren* 11
– Verbotsirrtum *Strafverfahren* 5
– Vorsatz *Strafverfahren* 5
Streik *Arbeitskampf* 26
Streikbruch *Arbeitskampf* 38, 42 a
Streik für Sozialtarifvertrag *Arbeitskampf* 7
Streikgasse *Arbeitskampf* 43 a
Streik gegen Betriebsschließung *Arbeitskampf* 5
Streikposten *Arbeitskampf* 43
Stundenlohn *Arbeitsentgelt* 73
Subsidiärhaftung des Entleihers *Arbeitnehmerüberlassung/Leiharbeit* 3
Subsidiaritätsprinzip *Arbeitskampf* 44 a

Tagesordnung *Betriebsratssitzung (Beschlussfassung)* 6
Tarifautonomie *Betriebsvereinbarung* 6; *Gewerkschaft* 11; *Tarifvertrag* 84
Tarifbewegung (betriebliche) *Arbeitgeber* 5; *Tarifvertrag* 42
Tarifbindung *Arbeitsvertrag: Bezugnahme auf Tarifverträge* 1
Tarifeinheit *Gewerkschaft* 6 b; *Tarifvertrag* 59, 61
Tarifeinheitsgesetz *Arbeitsgericht* 2 a, 11 c, *Arbeitskampf* 1 e; *Gewerkschaft* 6 j; *Tarifvertrag* 65 a; *Tarifvertrag:Tarifkonkurrenz– Tarifpluralität – Tarifkollision*
Tarifflucht *Arbeitgeberverband* 11, 17, 18; *Betriebsübergang* 18; *Gewerkschaft* 6; *Tarifvertrag* 37 a; *Werkvertrag* 5
Tarifgebundenheit *Arbeitgeberverband* 12; *Tarifvertrag* 23; *Arbeitsvertrag: Bezugnahme auf Tarifverträge* 1
Tarifkollision *Gewerkschaft* 6j; *Tarifvertrag* 65a; *Tarifvertrag: Tarifpluralität, Tarifkonkurrenz, Tarifkollision* 10
Tarifkonkurrenz *Tarifvertrag* 58; *Tarifvertrag: Tarifpluralität, Tarifkonkurrenz, Tarifkollision* 1, 6
Tarifliche Öffnungsklausel *Tarifvertrag* 46, 81
Tariflicher Sozialplan *Arbeitskampf* 7; *Betriebsänderung* 30; *Gewerkschaft* 28; *Sozialplan* 12
Tarifpluralität *Tarifvertrag* 60; *Tarifvertrag: Tarifpluralität, Tarifkonkurrenz, Tarifkollision* 3, 6
Tarifregister *Tarifvertrag* 74
Tarifsperre (§ 77 Abs. 3 BetrVG) *Betriebsvereinbarung* 6, 10; *Tarifvertrag* 80
Tarifvertrag
– Ablösungsprinzip *Tarifvertrag* 56
– Abstandsklausel *Tarifvertrag* 53 b
– Allgemeine Effektivklausel *Tarifvertrag* 50
– Allgemeinverbindlicherklärung *Tarifvertrag* 27, 66; *Tarifvertrag: Allgemeinverbindlicherklärung*
– Allgemeinverbindlichkeit *Tarifvertrag* 27, 66
– Änderungskündigung *Tarifvertrag* 43, 89
– Anerkennungstarifvertrag *Arbeitgeber* 5; *Tarifvertrag* 6, 41
– Anschlusstarifvertrag *Tarifvertrag* 6
– Arbeitgeber *Tarifvertrag* 1
– Arbeitgeberverband *Tarifvertrag* 1, 6, 16, 17, 64, 86
– Arbeitsgericht *Tarifvertrag* 93
– Arbeitskampf *Tarifvertrag* 4, 7, 12, 16, 26, 86
– Arbeitsvertrag *Tarifvertrag* 25, 89
– Ausgleichsquittung *Tarifvertrag* 92
– Auslegung *Tarifvertrag* 28
– Ausschluss-/Verfallfristen *Tarifvertrag* 93
– Außenseiter *Tarifvertrag* 25
– Begrenzte Effektivklausel *Tarifvertrag* 51
– Bedeutung des Tarifvertragssystems *Tarifvertrag* 10
– Beiderseitige Tarifbindung *Tarifvertrag* 24
– Betriebsnormen *Tarifvertrag* 28
– Betriebsübergang *Tarifvertrag* 17, 65
– Betriebsvereinbarung *Tarifvertrag* 19, 55, 80, 83, 85
– Bezugnahmeklausel *Arbeitsvertrag: Bezugnahme auf Tarifverträge*; *Tarifvertrag* 25
– Differenzierungsklausel *Tarifvertrag* 53; *Tarifvertrag: Differenzierungsklausel – Stichtagsregelung*
– Durchführungsverpflichtung *Tarifvertrag* 18
– Effektivklausel *Tarifvertrag* 49
– Einfache Differenzierungsklausel *Tarifvertrag* 53 a
– Einstweilige Verfügung *Tarifvertrag* 19

Stichwortverzeichnis

- Einwirkungsklage bei Verbandstarifvertrag *Tarifvertrag* 18
- Einwirkungspflicht *Tarifvertrag* 18
- Ergänzungstarifvertrag *Tarifvertrag* 7, 16
- Feststellungsklage *Tarifvertrag* 18
- Firmenbezogener Verbandstarifvertrag *Tarifvertrag* 6
- Firmentarifvertrag *Tarifvertrag* 6, 26, 42
- Flächentarifvertrag *Tarifvertrag* 6
- Friedenspflicht *Tarifvertrag* 16, 17, 42, 82, 85
- Gehaltsrahmentarifvertrag *Tarifvertrag* 21
- Gehaltstarifvertrag *Tarifvertrag* 21
- Geltung des Tarifvertrages *Tarifvertrag* 23; *Tarifvertrag: Tarifbindung*
- Gemeinsame Einrichtungen der Tarifvertragsparteien *Tarifvertrag* 14
- Gewerkschaft *Tarifvertrag* 1, 6, 19, 87
- Gewillkürte Tarifpluralität *Tarifvertrag* 61
- Gleichbehandlungsgrundsatz *Tarifvertrag* 48 a
- Grundrechtsbindung der Tarifvertragsparteien *Tarifvertrag* 48
- Günstigkeitsprinzip *Tarifvertrag* 33, 82, 92
- Handwerksinnung *Tarifvertrag* 8
- Haustarifvertrag *Tarifvertrag* 6
- Höherrangiges Recht *Tarifvertrag* 48 b
- Innungsverbände *Tarifvertrag* 8
- Koalitionsfreiheit *Tarifvertrag* 6
- Leistungsklage bei Firmentarifvertrag *Tarifvertrag* 20
- Manteltarifvertrag *Tarifvertrag* 21
- Mindestarbeitsbedingungen *Tarifvertrag* 12, 35
- Nachbindung *Tarifvertrag* 17, 36; *Tarifvertrag: Nachbindung und Nachwirkung*
- Nachgeltung *Tarifvertrag* 36
- Nachwirkung *Tarifvertrag* 17, 43, 54; *Tarifvertrag: Nachbindung und Nachwirkung*
- Normativer Teil des Tarifvertrages *Tarifvertrag* 1, 13, 14
- Öffnungsklausel *Tarifvertrag* 46, 81
- Qualifizierte Differenzierungsklausel *Tarifvertrag* 53 b
- Regelungsabrede *Tarifvertrag* 19
- Relative Friedenspflicht *Tarifvertrag* 12, 16
- Rückwirkende Tarifregelung *Tarifvertrag* 54
- Schriftform *Tarifvertrag* 1 a
- Schuldrechtlicher Teil *Tarifvertrag* 1, 13, 15
- Sozialplan *Tarifvertrag* 83
- Sozialtarifvertrag *Arbeitskampf* 7; *Betriebsänderung* 30; *Gewerkschaft* 28; *Sozialplan* 12
- Spannensicherungsklausel *Tarifvertrag* 53 b– *Stichtagsregelung Tarifvertrag: Differenzierungsklausel – Stichtagsregelung* 5
- Tarifausschlussklausel *Tarifvertrag* 53 b
- Tarifautonomie *Tarifvertrag* 2, 82
- Tarifbindung *Tarifvertrag: Tarifbindung*
- Tarifeinheit *Gewerkschaft* 6 b; *Tarifvertrag* 59, 61

- Tarifflucht *Arbeitgeberverband* 11, 17, 18; *Betriebsübergang* 18; *Tarifvertrag* 37 a
- Tarifkonkurrenz *Tarifvertrag* 58; *Tarifvertrag: Tarifkonkurrenz – Tarifpluralität –Tarifkollision* 1
- Tariflandschaft *Tarifvertrag* 9
- Tarifliche Öffnungsklausel *Tarifvertrag* 45, 81
- Tariflicher Sozialplan *Arbeitskampf* 7; *Betriebsänderung* 30; *Gewerkschaft* 28; *Sozialplan* 12
- Tarifkollision *Tarifvertrag: Tarifkonkurrenz – Tarifpluralität – Tarifkollision* 10
- Tarifnormen *Tarifvertrag* 14
- Tarifpluralität *Tarifvertrag* 60; *Tarifvertrag: Tarifkonkurrenz – Tarifpluralität – Tarifkollision* 3
- Tarifregister *Tarifvertrag* 74
- Tarifsperre (§ 77 Abs. 3 BetrVG) *Betriebsvereinbarung* 6, 10; *Tarifvertrag* 80
- Tarifspezialität *Tarifvertrag* 59, 61; *Tarifvertrag: Tarifkonkurrenz – Tarifpluralität – Tarifkollision* 4
- Tarifvertragssystem *Tarifvertrag* 10
- Tarifvorbehalt (§ 87 Abs. 1 Eingangssatz BetrVG) *Betriebsvereinbarung* 8; *Tarifvertrag* 85
- Tarifvorrang (§ 77 Abs. 3 BetrVG) *Betriebsvereinbarung* 6, 10; *Tarifvertrag* 80
- Trittbrettfahrer *Tarifvertrag* 25
- Übertarifliche Zulagen *Tarifvertrag* 51, 92
- Unmittelbare Wirkung des Tarifvertrages *Tarifvertrag* 31
- Unterlassungsanspruch gg. tarifwichtige betriebliche Regelungen *Tarifvertrag* 19
- Verbandsaustritt *Tarifvertrag* 37
- Verbandstarifvertrag *Tarifvertrag* 6
- Verbetrieblichung der Tarifpolitik *Tarifvertrag* 12
- Verdrängungswirkung des Tarifvertrages *Tarifvertrag* 32
- Verjährungsfristen *Tarifvertrag* 93
- Verlängerte Tarifgebundenheit *Tarifvertrag* 36
- Vertragliche Einheitsregelungen *Tarifvertrag* 19
- Vertrauensschutz *Tarifvertrag* 54
- Verwirkung *Tarifvertrag* 34, 92
- Verzicht *Tarifvertrag* 34, 92
- Werktarifvertrag *Tarifvertrag* 6
- Wirkungen des Tarifvertrags *Tarifvertrag* 30
- Zeitkollisionsregelung *Tarifvertrag* 56
- Zwingende Wirkung des Tarifvertrages *Tarifvertrag* 32 **Tarifvertrag: Allgemeinverbindlicherklärung**
- Allgemeinverbindlicherklärung *Tarifvertrag* 27, 66; *Tarifvertrag: Allgemeinverbindlicherklärung*
- Tarifausschuss *Tarifvertrag* 66e

Tarifvertrag: Differenzierungsklausel – Stichtagsregelung
- Abstandsklausel *Tarifvertrag* 53 b; *Tarifvertrag: Differenzierungsklausel – Stichtagsregelung* 3
- Einfache Differenzierungsklausel *Tarifvertrag* 53 a; *Tarifvertrag: Differenzierungsklausel – Stichtagsregelung* 2

Stichwortverzeichnis

- Gleichbehandlung *Tarifvertrag: Differenzierungsklausel – Stichtagsregelung* 1
- Negative Koalitionsfreiheit *Tarifvertrag: Differenzierungsklausel – Stichtagsregelung* 8
- Qualifizierte Differenzierungsklausel *Tarifvertrag* 53 b; *Tarifvertrag: Differenzierungsklausel – Stichtagsregelung* 3
- Rechtsprechung zur Differenzierungsklausel *Tarifvertrag* 53 c; *Tarifvertrag: Differenzierungsklausel – Stichtagsregelung* 4
- Spannensicherungsklausel *Tarifvertrag* 53 b; *Tarifvertrag: Differenzierungsklausel – Stichtagsregelung* 3
- Stichtagsregelung *Tarifvertrag: Differenzierungsklausel – Stichtagsregelung* 5
- Tarifausschlussklausel *Tarifvertrag* 53 b; *Tarifvertrag: Differenzierungsklausel – Stichtagsregelung* 3

Tarifvertrag: Nachbindung und Nachwirkung
- Nachbindung *Tarifvertrag: Nachbindung und Nachwirkung* 1, 3
- Nachwirkung *Tarifvertrag: Nachbindung und Nachwirkung* 1, 11

Tarifvertrag: Tarifbindung
- Abschluss-, Inhalts- und Beendigungsnormen *Tarifvertrag: Tarifbindung* 1
- Allgemeinverbindlicherklärung *Tarifvertrag: Tarifbindung* 5
- Arbeitnehmerentsendegesetz *Tarifvertrag: Tarifbindung* 6
- Beiderseitige Tarifbindung *Tarifvertrag: Tarifbindung* 1
- Betriebsverfassungsrechtliche Normen *Tarifvertrag: Tarifbindung*
- Bezugnahmeklausel im Arbeitsvertrag *Arbeitsvertrag: Bezugnahme auf Tarifverträge; Tarifvertrag: Tarifbindung* 4
- Lohnuntergrenze in der Leiharbeit *Tarifvertrag: Tarifbindung* 7

Tarifvertrag: Tarifkonkurrenz – Tarifpluralität – Tarifkollision
- Tarifkonkurrenz *Tarifvertrag* 58; *Tarifvertrag: Tarifkonkurrenz – Tarifpluralität –Tarifkollision* 1
- Tarifkollision *Tarifvertrag* 65 a; *Tarifvertrag: Tarifkonkurrenz – Tarifpluralität –Tarifkollision* 10
- Tarifpluralität *Tarifvertrag* 60; *Tarifvertrag: Tarifkonkurrenz – Tarifpluralität –Tarifkollision* 3
- Tarifspezialität *Tarifvertrag* 59, 61; *Tarifvertrag: Tarifkonkurrenz – Tarifpluralität –Tarifkollision* 4

Tarifvorbehalt (§ 87 Abs. 1 Eingangssatz BetrVG) *Betriebsvereinbarung* 8; *Tarifvertrag* 85

Tarifvorrang (§ 77 Abs. 3 BetrVG) *Betriebsvereinbarung* 6, 10; *Tarifvertrag* 80

Tätigkeitsbericht *Betriebsräteversammlung* 3; *Betriebsversammlung* 15

Tätigkeitsschutz *Freistellung von Betriebsratsmitgliedern* 33

Tatsachenvergleich *Ausgleichsquittung* 6; *Verzicht* 11

Technische Verbesserungsvorschläge *Arbeitnehmererfindung* 1

Teilautonome Gruppenarbeit *Gruppenarbeit* 6

Teilfreistellung *Freistellung von Betriebsratsmitgliedern* 12

Teilhabe (gleichberechtigte) von Männern und Frauen in Führungspositionen *Gleichberechtigung/Gleichstellung von Frauen und Männern* 3a

Teilmitbestimmte Betriebsvereinbarung *Betriebsvereinbarung: Nachwirkung* 5

Teilrente *Rentenversicherung* 30

Teilversammlung *Betriebsversammlung* 10, 24

Teilzeitarbeit
- Altersteilzeit *Teilzeitarbeit* 8
- Anspruch auf Verlängerung der Arbeitszeit *Teilzeitarbeit* 30
- Anspruch auf Verringerung der Arbeitszeit *Teilzeitarbeit* 21
- Arbeit auf Abruf *Teilzeitarbeit* 36
- Arbeitsentgelt *Teilzeitarbeit* 17
- Arbeitslosenversicherung *Teilzeitarbeit* 54
- Arbeitsmarkt *Teilzeitarbeit* 1
- Arbeitsplatzteilung *Teilzeitarbeit* 39
- Aus- und Weiterbildung *Teilzeitarbeit* 34
- Auszubildende *Teilzeitarbeit* 58
- Benachteiligungsverbot *Teilzeitarbeit* 16
- Berufsbildung *Teilzeitarbeit* 72
- Betriebliche Altersversorgung *Teilzeitarbeit* 18
- Betriebsrat *Teilzeitarbeit* 68
- Betriebsratsmitglieder *Teilzeitarbeit* 75
- Betriebsratswahl *Teilzeitarbeit* 68
- Betriebsvereinbarung *Teilzeitarbeit* 78
- Diskriminierungsverbot *Teilzeitarbeit* 16
- Drei-Stufen-Prüfungsschema *Teilzeitarbeit* 24
- Einigungsstelle *Teilzeitarbeit* 79
- Elternzeit *Teilzeitarbeit* 10, 31
- Geringfügiges Beschäftigungsverhältnis *Geringfügige Beschäftigungsverhältnisse (»Mini-Jobs«); Teilzeitarbeit* 42
- Gleichbehandlung *Teilzeitarbeit* 18
- Gleichstellung von Frauen und Männern *Teilzeitarbeit* 18, 70, 74
- Gleitzonen-Jobs *Geringfügige Beschäftigungsverhältnisse (»Mini-Jobs«)* 12; *Teilzeitarbeit* 44
- Jobsharing *Teilzeitarbeit* 39
- Kapazitätsorientierte variable Arbeitszeit (KAPOVAZ) *Arbeit auf Abruf* 1, 4; *Teilzeitarbeit* 36
- Kinderbetreuungskosten *Teilzeitarbeit* 77
- Kosten der Betriebsratstätigkeit *Teilzeitarbeit* 77
- Krankenversicherung *Teilzeitarbeit* 54, 55
- Kündigungsverbot *Teilzeitarbeit* 35
- Mehrarbeitsvergütung *Teilzeitarbeit* 65, 74
- Midi-Jobs *Geringfügige Beschäftigungsverhältnisse (»Mini-Jobs«)* 12; *Teilzeitarbeit* 44

Stichwortverzeichnis

- Mini-Job *Geringfügige Beschäftigungsverhältnisse* (»*Mini-Jobs*«); *Teilzeitarbeit* 42
- Pauschalabgabe *Teilzeitarbeit* 43
- Personalplanung *Teilzeitarbeit* 71
- Pflegeversicherung *Teilzeitarbeit* 54, 55
- Rechtsanspruch auf Verringerung der Arbeitszeit *Teilzeitarbeit* 20
- Rechtsbegriffe *Teilzeitarbeit* 21
- Rentenversicherung *Teilzeitarbeit* 54
- Schulungs- und Bildungsveranstaltungen *Teilzeitarbeit* 75, 76
- Schwerbehinderte Menschen *Teilzeitarbeit* 32, 33
- Tarifvertrag *Teilzeitarbeit* 26, 36, 40, 63
- Teilzeitbeschäftigte Betriebsratsmitglieder *Teilzeitarbeit* 75
- Überstunden *Teilzeitarbeit* 65, 74
- Urlaub *Teilzeitarbeit* 66
- Verlängerung Arbeitszeit *Teilzeitarbeit* 30
- Verpflichtungen des Arbeitgebers *Teilzeitarbeit* 20
- Verringerung Arbeitszeit *Teilzeitarbeit* 21
- Weihnachtsgeld *Teilzeitarbeit* 17

Telearbeit *Heimarbeit* 6
- Alternierende Telearbeit *Telearbeit* 2
- Änderungskündigung *Telearbeit* 19
- Arbeitnehmer *Telearbeit* 4, 11, 12
- Arbeitsvertrag *Telearbeit* 5
- Betriebsänderung *Telearbeit* 20
- Betriebsrat *Telearbeit* 12
- Betriebsratswahl *Telearbeit* 13
- Betriebsvereinbarung *Telearbeit* 15
- Betriebsversammlungen *Telearbeit* 13
- Formen *Telearbeit* 2
- Heimarbeit *Telearbeit* 4, 9
- Mehrfachbelastung *Telearbeit* 11
- Mobile Telearbeit *Telearbeit* 2
- Rechtlicher Status *Telearbeit* 4
- Vor- und Nachteile *Telearbeit* 10, 11

Tendenzbetrieb
- Arbeitnehmerrechte nach dem BetrVG *Tendenzbetrieb* 11
- Beschwerderecht des Arbeitnehmers *Tendenzbetrieb* 11
- Beteiligungsrechte des Betriebsrats *Tendenzbetrieb* 12
- Betriebsänderung *Tendenzbetrieb* 8
- Betriebsrat *Tendenzbetrieb* 6
- Eingruppierung/Umgruppierung *Tendenzbetrieb* 16
- Einstellung *Tendenzbetrieb* 16
- Interessenausgleich *Tendenzbetrieb* 8
- Kündigung *Tendenzbetrieb* 16, 19
- Nachteilsausgleich *Tendenzbetrieb* 8
- Personalakte *Tendenzbetrieb* 11
- Personalfragebogen *Tendenzbetrieb* 15
- Personelle Angelegenheiten *Tendenzbetrieb* 15

- Religionsgemeinschaft *Tendenzbetrieb* 4
- Soziale Angelegenheiten *Tendenzbetrieb* 12, 13
- Sozialplan *Tendenzbetrieb* 8
- Tendenzträger *Tendenzbetrieb* 4a, 16, 17
- Versetzung *Tendenzbetrieb* 16
- Versetzung von Tendenzträgern *Tendenzbetrieb* 17
- Wirtschaftliche Angelegenheiten *Tendenzbetrieb* 7
- Wirtschaftsausschuss *Tendenzbetrieb* 7

Tendenzbezogene Maßnahme *Tendenzbetrieb* 16
Tendenzschutz *Tendenzbetrieb* 5
Tendenzträger *Tendenzbetrieb* 4a, 16, 17
Transfergesellschaft *Transferleistungen* 2, 12a, 16
Transferkurzarbeitergeld *Transferleistungen* 13
Transferleistungen
- Beschäftigungssicherung und -förderung *Transferleistungen* 2
- Betriebsänderung *Transferleistungen* 3, 12, 14, 15
- Betriebsorganisatorisch eigenständige Einheit *Transferleistungen* 2
- Dreiseitiger Vertrag *Transferleistungen* 12b, 12d
- Einigungsstelle *Transferleistungen* 12
- Kurzarbeit *Transferleistungen* 10, 13b, 14, 19, 24
- »Kurzarbeit Null« *Transferleistungen* 13b
- Remanenzkosten *Transferleistungen* 12b, 12d
- Transfergesellschaft *Transferleistungen* 2, 12a, 16
- Transferkurzarbeitergeld *Transferleistungen* 13
- Transfermaßnahmen *Transferleistungen* 3
- Zuschuss zum Transferkurzarbeitergeld 12b, 12c

Transfermaßnahmen *Transferleistungen* 3
Treu und Glauben *Betriebliche Übung* 2; *Kündigungsschutz vor Erfüllung der Wartezeit und im Kleinbetrieb* 11
Treuwidrige Kündigung *Kündigungsschutz vor Erfüllung der Wartezeit und im Kleinbetrieb* 10
»**Trittbrettfahrer**« *Arbeitsvertrag: Bezugnahme auf Tarifverträge* 8
Twitter *Soziale Medien* 2

U1 Verfahren *Entgeltfortzahlung im Krankheitsfall und bei Vorsorge/Rehabilitation* 37
U2 Verfahren *Mutterschutz* 40
Übergang des Arbeitsverhältnisses *Betriebsübergang* 22
Übergangsmandat des Betriebsrats *Betriebsrat* 48; *Betriebsspaltung und Zusammenlegung von Betrieben* 9, 10; *Gemeinschaftsbetrieb* 12; *Umwandlung von Unternehmen* 32
Überlastungsanzeige *Arbeitsschutz* 77b, 100a
Überstunden
- Abmahnung *Überstunden* 41
- Arbeitsvertrag *Überstunden* 37, 54
- Arbeitszeit *Überstunden* 10, 28, 39

2293

Stichwortverzeichnis

- Arbeitszeitflexibilisierung *Überstunden* 3, 15
- Ausschluss-/Verfallfristen *Überstunden* 55
- Betriebsrat *Überstunden* 16
- Betriebsübliche Arbeitszeit *Überstunden* 18
- Beweislast *Überstunden* 56
- Darlegungslast *Überstunden* 56
- Direktionsrecht *Überstunden* 37
- Eilfall *Koppelungsgeschäfte in der Betriebsverfassung* 3; *Überstunden* 16 b, 19
- Einigungsstelle *Überstunden* 16, 27, 28, 40, 44
- Einstweilige Verfügung *Überstunden* 17, 34, 35
- Flexible Arbeitszeit *Überstunden* 3, 13 a
- Freiwilligkeitsklausel *Überstunden* 27, 40
- Geduldete Überstunden *Überstunden* 28
- Gewerkschaften *Überstunden* 29
- Gleitzeit *Überstunden* 15, 25
- »Graue Überstunden« *Überstunden* 4
- Grundvergütung *Überstunden* 49
- Höchstarbeitszeit *Überstunden* 10
- Kappung von geleisteten Arbeitsstunden *Arbeitszeitflexibilisierung* 69 b; *Überstunden* 4
- Klage *Überstunden* 56
- Kollektiver Tatbestand *Überstunden* 24
- Koppelungsgeschäft *Überstunden* 17
- Kündigung *Überstunden* 41
- Kurzarbeit *Überstunden* 17
- Mehrarbeit *Überstunden* 5
- Mehrarbeitsvergütung *Überstunden* 47
- Mehrarbeitszuschlag *Überstunden* 53
- Mitbestimmung des Betriebsrats *Überstunden* 17
- Mutterschutz *Überstunden* 43
- Nachtarbeit *Überstunden* 10
- Neueinstellung statt Überstunden *Überstunden* 17
- Notfall *Überstunden* 20
- Personaleinsatzplanung *Überstunden* 18 d
- Personelle Unterbesetzung *Überstunden* 16 a, 17
- Schwerbehinderte Menschen *Überstunden* 43
- Sollarbeitszeit *Überstunden* 13 a
- Tarifverträge *Überstunden* 8, 11, 27, 47
- Tatsachenvergleich *Ausgleichsquittung* 6; *Verzicht* 11
- Teilzeitarbeit *Teilzeitarbeit* 65, 74; *Überstunden* 14, 18 b, 22, 57
- Teilzeitbeschäftigte *Teilzeitarbeit* 65, 74; *Überstunden* 14, 18 b, 22, 57
- Überforderung *Überstunden* 17
- Umgehung des Mitbestimmungsrechts *Überstunden* 35
- Unterlassungsanspruch des Betriebsrats *Überstunden* 34
- Vergütungsvereinbarung *Überstunden* 53
- Verhandlungen mit dem Arbeitgeber *Überstunden* 33
- Verpflichtung zur Leistung von ... *Überstunden* 36
- Vorübergehende Verlängerung der betriebsüblichen Arbeitszeit *Überstunden* 16, 18, 18 c
- Zahlungsklage *Überstunden* 56

Übertarifliche Zulagen
- Ablösende Betriebsvereinbarung *Übertarifliche Zulagen* 28
- Änderungskündigung *Übertarifliche Zulagen* 29, 36
- Anrechnung von Tariferhöhungen *Übertarifliche Zulagen* 12, 39
- Arbeitsgericht *Übertarifliche Zulagen* 41
- Ausschlussfristen/Verfallfristen *Übertarifliche Zulagen* 21, 27, 40
- Außertarifliche Zulagen *Übertarifliche Zulagen* 4
- Begriff *Übertarifliche Zulagen* 1
- Betriebliche Übung *Übertarifliche Zulagen* 29, 37
- Betriebsrat *Übertarifliche Zulagen* 9
- Betriebsvereinbarung *Übertarifliche Zulagen* 29
- Billigkeitskontrolle *Übertarifliche Zulagen* 32
- Dotierungsrahmen *Übertarifliche Zulagen* 9a, 11a
- Effektivklausel *Tarifvertrag* 49, *Übertarifliche Zulagen* 7
- Einheitsregelung *Übertarifliche Zulagen* 30
- Einigungsstelle *Übertarifliche Zulagen* 25
- Freiwillige Leistungen *Übertarifliche Zulagen* 34
- Freiwilligkeitsvorbehalt *Übertarifliche Zulagen* 33, 34
- Gegenläufige betriebliche Übung *Betriebliche Übung* 5; *Übertarifliche Zulagen* 38
- Gesamtzusage *Übertarifliche Zulagen* 30
- Gleichbehandlung *Übertarifliche Zulagen* 11, 21, 29, 38, 39
- Günstigkeitsprinzip *Übertarifliche Zulagen* 1
- Günstigkeitsvergleich *Übertarifliche Zulagen* 30
- Klage *Übertarifliche Zulagen* 26, 40
- Kollektiver Tatbestand *Übertarifliche Zulagen* 22
- Mehrstufige Tariferhöhung *Übertarifliche Zulagen* 18
- Mitbestimmung *Übertarifliche Zulagen* 9
- Tarifbeständige Zulage *Übertarifliche Zulagen* 39
- Tarifverträge *Übertarifliche Zulagen* 1
- Umgekehrte betriebliche Übung *Betriebliche Übung* 5; *Übertarifliche Zulagen* 38
- Verteilungsgrundsätze *Übertarifliche Zulagen* 10, 14, 19
- Verteilungsrelation *Übertarifliche Zulagen* 10, 14, 19
- Widerruf *Übertarifliche Zulagen* 12
- Widerrufsvorbehalt *Übertarifliche Zulagen* 33, 34
- Zahlungsklage *Übertarifliche Zulagen* 26, 40

Stichwortverzeichnis

Überwachung von Arbeitnehmern
- Detektiveinsatz *Überwachung von Arbeitnehmern* 3 b
- Einstweilige Verfügung *Überwachung von Arbeitnehmern* 7, 9
- GPS-Gerät *Überwachung von Arbeitnehmern* 5 f
- Heimliche Videoüberwachung *Überwachung von Arbeitnehmern* 5 d
- Initiativrecht des Betriebsrats *Überwachung von Arbeitnehmern* 11
- Leistungsdruck *Überwachung von Arbeitnehmern* 3
- Leistungskontrolle *Überwachung von Arbeitnehmern* 3
- Personaleinsatzplanung *Überwachung von Arbeitnehmern* 5 a, 11
- Persönlichkeitsrecht *Überwachung von Arbeitnehmern* 5 d
- Routenplaner *Überwachung von Arbeitnehmern* 5 e
- Schmerzensgeldanspruch *Überwachung von Arbeitnehmern* 3 b
- Technische Einrichtung *Überwachung von Arbeitnehmern* 5
- Überwachungsdruck *Überwachung von Arbeitnehmern* 4, 5 c
- Unterlassungsanspruch des Betriebsrats *Überwachung von Arbeitnehmern* 9
- Verhaltenskontrolle *Überwachung von Arbeitnehmern* 3
- Videokamera *Überwachung von Arbeitnehmern* 3, 5 d

Ultima-Ratio-Prinzip *Arbeitskampf* 18, 29
Umdeutung *Betriebsvereinbarung* 9
Umgruppierung *Eingruppierung/Umgruppierung* 2
- **Umkleidezeit** *Arbeitszeit* 71 a

Umsatzbeteiligung *Arbeitsentgelt* 44
Umsetzung *Versetzung* 2
Umstrukturierende Betriebsvereinbarungen *Betriebsvereinbarung* 29
Umwandlung von Unternehmen
- Abfindung *Umwandlung von Unternehmen* 58
- Abspaltung *Umwandlung von Unternehmen* 8
- Anlagegesellschaft *Umwandlung von Unternehmen* 54
- Arbeitgeber *Umwandlung von Unternehmen* 27, 59
- Aufspaltung *Umwandlung von Unternehmen* 7
- Ausgliederung *Umwandlung von Unternehmen* 9
- Berechnungsdurchgriff *Umwandlung von Unternehmen* 55
- Betrieb *Umwandlung von Unternehmen* 31, 33
- Betriebsgesellschaft *Umwandlung von Unternehmen* 54
- Betriebsrat *Umwandlung von Unternehmen* 24
- Betriebliche Altersversorgung *Umwandlung von Unternehmen* 60
- Betriebsänderung *Umwandlung von Unternehmen* 25, 27, 59
- Betriebsratswahl *Umwandlung von Unternehmen* 32
- Betriebsspaltung und Zusammenlegung von Betrieben *Umwandlung von Unternehmen* 31, 35
- Betriebsteile *Umwandlung von Unternehmen* 33
- Betriebsübergang *Umwandlung von Unternehmen* 14, 31, 35, 39, 40, 41, 42, 44, 48, 49, 52
- Betriebsvereinbarung *Umwandlung von Unternehmen* 32, 38, 40, 41
- Formwechsel *Umwandlung von Unternehmen* 12
- Gemeinschaftsbetrieb *Umwandlung von Unternehmen* 36
- Haftung *Umwandlung von Unternehmen* 53, 54
- Haftungsdurchgriff *Umwandlung von Unternehmen* 55
- Handelsregister *Umwandlung von Unternehmen* 1, 5, 10, 30, 39
- Interessenausgleich *Umwandlung von Unternehmen* 26, 37
- Kündigung *Umwandlung von Unternehmen* 42
- Kündigungsfristen *Umwandlung von Unternehmen* 52
- Kündigungsschutz *Umwandlung von Unternehmen* 48, 53
- Nachteilsausgleich *Umwandlung von Unternehmen* 58, 59
- Sozialplan *Umwandlung von Unternehmen* 26, 58, 59
- Spaltung *Umwandlung von Unternehmen* 6
- Tarifvertrag *Umwandlung von Unternehmen* 27, 32, 38, 40, 50, 59
- Unternehmen *Umwandlung von Unternehmen* 3
- Unternehmensmitbestimmung *Umwandlung von Unternehmen* 16, 18, 22
- Unternehmensrechtsformen *Umwandlung von Unternehmen* 12
- Vermögensübertragung *Umwandlung von Unternehmen* 11
- Verschmelzung *Umwandlung von Unternehmen* 4
- Wirtschaftsausschuss *Umwandlung von Unternehmen* 24

Umweltauditgesetz (UAG) *Öko-Audit* 2
Umweltbetriebsprüfung *Öko-Audit* 10
Umweltmanagementhandbuch *Öko-Audit* 13
Umweltmanagementsystem *Öko-Audit* 14
Umweltschutzbeauftragte *Kündigungsschutz (besonderer)* 53
Umweltschutz im Betrieb
- Abfallbeauftragte *Umweltschutz im Betrieb* 9
- Arbeitsschutz *Umweltschutz im Betrieb* 36, 37

Stichwortverzeichnis

- Außerordentliche Kündigung *Umweltschutz im Betrieb* 32
- Berufsbildung *Umweltschutz im Betrieb* 27, 34, 41
- Betriebliches Vorschlagswesen *Umweltschutz im Betrieb* 38
- Betriebsbeauftragte *Umweltschutz im Betrieb* 7, 35
- Betriebsrat *Umweltschutz im Betrieb* 16
- Einigungsstelle *Umweltschutz im Betrieb* 36, 37, 38, 40, 41
- Einstellung *Umweltschutz im Betrieb* 35
- Gefahrstoffe *Umweltschutz im Betrieb* 3, 23, 48
- Gewässerschutzbeauftragter *Umweltschutz im Betrieb* 9
- Immissionsschutzbeauftragte *Umweltschutz im Betrieb* 9
- Jugend- und Auszubildendenvertretung *Umweltschutz im Betrieb* 27, 44
- Kündigung *Umweltschutz im Betrieb* 32
- Kündigungsschutz *Kündigungsschutz (besonderer)* 53; *Umweltschutz im Betrieb* 32
- Leitende Angestellte *Umweltschutz im Betrieb* 32, 35
- Öko-Audit *Umweltschutz im Betrieb* 4, 15, 20, 43, 46
- Schulungs- und Bildungsveranstaltungen *Umweltschutz im Betrieb* 19
- Störfallbeauftragter *Umweltschutz im Betrieb* 9
- Umweltmanagementsystem *Öko-Audit* 14
- Umweltschutzausschuss *Umweltschutz im Betrieb* 43
- Umweltschutzbeauftragte *Umweltschutz im Betrieb* 7, 9
- Versetzung *Umweltschutz im Betrieb* 35
- Wirtschaftsausschuss *Umweltschutz im Betrieb* 41, 42

Umweltziele *Öko-Audit* 11

Unfallanzeige *Arbeitsunfall* 19; *Unfallversicherung* 45, 62

Unfallkasse *Arbeitsschutz* 4; *Unfallversicherung* 5

Unfallverhütungsvorschriften *Arbeitsschutz* 3; *Unfallversicherung* 18

Unfallversicherung *Arbeitsunfall* 1; *Berufskrankheit* 1
- Anzeige einer Berufskrankheit *Berufskrankheit* 7; *Unfallversicherung* 45, 62
- Anzeige eines Arbeitsunfalls *Arbeitsunfall* 10; *Unfallversicherung* 45, 62
- Arbeitsschutz *Unfallversicherung* 12, 56, 65, 66
- Arbeitsunfall *Unfallversicherung* 7, 36, 37, 39, 40, 43
- Aufsichtspersonen *Unfallversicherung* 21, 25
- Berufskrankheit *Unfallversicherung* 7, 12, 36, 40, 42, 46, 55, 65
- Betriebsrat *Unfallversicherung* 56

- Haftung des Arbeitgebers *Unfallversicherung* 11
- Kündigung *Unfallversicherung* 31
- Sicherheitsbeauftragte *Unfallversicherung* 29
- Sicherheitswettbewerb *Unfallversicherung* 45
- Umweltschutz *Unfallversicherung* 56

Unverzüglich *Rechtsbegriffe* 18

Unmittelbare Benachteiligung *Benachteiligungsverbot (AGG)* 16

Unmittelbare Wirkung
- der Betriebsvereinbarung *Betriebsvereinbarung* 15
- des Tarifvertrages *Tarifvertrag* 31

Unterlagen *Informationsrechte des Betriebsrats* 23; *Personalplanung* 10

Unterlassungsanspruch der Gewerkschaft *Beteiligungsrechte des Betriebsrats* 26; *Gewerkschaft* 23, 24 a, 25; *Unterlassungsanspruch des Betriebsrats* 15

Unterlassungsanspruch des Betriebsrats *Beteiligungsrechte des Betriebsrats* 26; *Betriebsänderung* 28; *Einstellung* 39
- Allgemeiner Unterlassungsanspruch *Unterlassungsanspruch des Betriebsrats* 8
- Arbeitsgericht *Unterlassungsanspruch des Betriebsrats* 12, 19
- Auswahlrichtlinien *Unterlassungsanspruch des Betriebsrats* 21
- Beseitigungsanspruch *Unterlassungsanspruch des Betriebsrats* 14
- Beteiligungsrechte des Betriebsrats *Unterlassungsanspruch des Betriebsrats* 23
- Betriebsänderung *Unterlassungsanspruch des Betriebsrats* 13, 20, 20 a
- Betriebsvereinbarungen *Unterlassungsanspruch des Betriebsrats* 15, 24
- Betriebsverfassungsrechtliche Abmahnung *Unterlassungsanspruch des Betriebsrats* 3 a
- Beurteilungsgrundsätze *Unterlassungsanspruch des Betriebsrats* 21
- Durchführungsanspruch *Unterlassungsanspruch des Betriebsrats* 24
- Einstweilige Verfügung *Unterlassungsanspruch des Betriebsrats* 12, 19, 19 a, 20 a
- Gewerkschaft *Unterlassungsanspruch des Betriebsrats* 15
- Grober Pflichtverstoß *Unterlassungsanspruch des Betriebsrats* 1, 1 a
- Interessenausgleich *Unterlassungsanspruch des Betriebsrats* 20
- Kurzarbeit *Unterlassungsanspruch des Betriebsrats* 20 a
- Ordnungsgeld *Unterlassungsanspruch des Betriebsrats* 6, 12 a
- Ordnungswidrigkeitenverfahren *Unterlassungsanspruch des Betriebsrats* 3
- Personalfragebogen *Unterlassungsanspruch des Betriebsrats* 21

Stichwortverzeichnis

- Personelle Angelegenheiten *Unterlassungsanspruch des Betriebsrats* 19 c
- Regelungsabrede *Unterlassungsanspruch des Betriebsrats* 15
- Soziale Angelegenheiten *Unterlassungsanspruch des Betriebsrats* 19 a
- Strafverfahren *Unterlassungsanspruch des Betriebsrats* 3
- Tarifvertrag *Unterlassungsanspruch des Betriebsrats* 15
- Überstunden *Unterlassungsanspruch des Betriebsrats* 19 a
- Unterlassungsanspruch gegen tarifwichtige betriebliche Regelungen *Unterlassungsanspruch des Betriebsrats* 15
- Wiederholung *Unterlassungsanspruch des Betriebsrats* 1 b
- Wiederholungsgefahr *Unterlassungsanspruch des Betriebsrats* 1 c
- Zwangsgeld *Unterlassungsanspruch des Betriebsrats* 6

Unternehmen
- Betrieb *Unternehmen* 1, 5, 9
- Konzern *Unternehmen* 1, 8
- Begriff *Unternehmen* 2
- Betrieb *Unternehmen* 5
- Ein-Betriebs-Unternehmen *Unternehmen* 7
- Europäischer Betriebsrat *Unternehmen* 9
- Gemeinschaftsbetrieb *Unternehmen* 7
- Gesamt-JAV *Unternehmen* 9
- Gesamtbetriebsrat *Unternehmen* 9
- Gewinnmaximierung *Unternehmen* 2, 2 b
- Hedgefonds *Unternehmen* 2 a
- Konzern *Unternehmen* 8
- Konzernbetriebsrat *Unternehmen* 9
- Mehr-Betriebs-Unternehmen *Unternehmen* 7
- Personalkosten *Unternehmen* 2 c
- Private Equity *Unternehmen* 2 a
- Unternehmensrechtsform *Unternehmen* 4
- Wirtschaftsausschuss *Unternehmen* 9

Unternehmensgruppe *Europäischer Betriebsrat* 14

Unternehmensmitbestimmung *Gesamtbetriebsrat* 25; *Umwandlung von Unternehmen* 15
- Formwechsel *Unternehmensmitbestimmung* 22
- Abschlussprüfer *Unternehmensmitbestimmung* 15
- Arbeitnehmerüberlassung *Unternehmensmitbestimmung* 14
- Aufsichtsrat *Unternehmensmitbestimmung* 10
- Aufsichtsratsvorsitzender *Unternehmensmitbestimmung* 7 b
- Betriebsratswahl *Unternehmensmitbestimmung* 14
- Drittelbeteiligungsgesetz *Unternehmensmitbestimmung* 2
- Europäische Gesellschaft *Unternehmensmitbestimmung* 2, 27 a
- Geheimhaltungspflicht *Unternehmensmitbestimmung* 18, 30
- Grenzüberschreitende Fusionen *Unternehmensmitbestimmung* 26, 27
- Insiderrecht *Unternehmensmitbestimmung* 19
- Jahresabschluss *Unternehmensmitbestimmung* 16
- Leitende Angestellte *Unternehmensmitbestimmung* 7
- Mitbestimmungsgesetz 1976 *Unternehmensmitbestimmung* 2
- Montan-Mitbestimmungsgesetz *Unternehmensmitbestimmung* 2
- Montan-Mitbestimmungsergänzungsgesetz 1956 *Unternehmensmitbestimmung* 2, 4
- »Neutraler« *Unternehmensmitbestimmung* 8
- Spaltung *Unternehmensmitbestimmung* 23
- Umwandlung von Unternehmen *Unternehmensmitbestimmung* 21
- Unternehmen *Unternehmensmitbestimmung* 1
- Unternehmensplanung *Unternehmensmitbestimmung* 29
- Verschmelzung *Unternehmensmitbestimmung* 23, 27
- Verschwiegenheitspflicht *Geheimhaltungspflicht* 8; *Unternehmensmitbestimmung* 19, 29
- Wirtschaftsausschuss *Unternehmensmitbestimmung* 29

Unternehmensplanung
- Betriebsrat *Unternehmensplanung* 11
- Betriebsversammlungen *Unternehmensplanung* 19
- Durchführung des Plans *Unternehmensplanung* 8
- Feinplanung *Unternehmensplanung* 7
- Geheimhaltungspflicht *Unternehmensplanung* 16
- Gewinnziele *Unternehmensplanung* 1
- Grobplanung *Unternehmensplanung* 6
- Informationsrechte des Betriebsrats *Unternehmensplanung* 13
- Kontrolle *Unternehmensplanung* 9
- Personalplanung *Unternehmensplanung* 11
- Unterlassungsanspruch des Betriebsrats *Unternehmensplanung* 18
- Wirtschaftsausschuss *Unternehmensplanung* 12, 13, 15, 16
- Ziele *Unternehmensplanung* 1, 5

Unternehmensrechtsformen *Handelsregister* 1
- Europäische Gesellschaft *Unternehmensmitbestimmung* 2, 27 a; *Unternehmensrechtsformen* 3 a
- Handelsregister *Unternehmensrechtsformen* 1
- Jahresabschluss *Unternehmensrechtsformen* 8, 13
- Juristische Person *Unternehmensrechtsformen* 4
- Kapitalgesellschaft *Unternehmensrechtsformen* 5, 6

Stichwortverzeichnis

- Mischformen *Unternehmensrechtsformen* 3
- Personengesellschaft *Unternehmensrechtsformen* 5,7
- Rechtsformen *Unternehmensrechtsformen* 2
- Umwandlung von Unternehmen *Unternehmensrechtsformen* 9
- Unternehmen *Unternehmensrechtsformen* 1
- Unternehmensmitbestimmung *Unternehmensrechtsformen* 9
- Unternehmer *Unternehmensrechtsformen* 12
- Wirtschaftsausschuss *Unternehmensrechtsformen* 12

Unternehmensregister *Handelsregister* 11
Unternehmenssprecherausschuss *Leitende Angestellte* 9
Unternehmer *Unternehmen* 4
Unternehmerische Freiheit des Arbeitgebers *Arbeitskampf* 6; *Arbeitszeit* 78; *Betriebsbedingte Kündigung* 13; *Kurzarbeit* 47 j; *Nachtarbeit* 40
Unterordnungskonzern *Konzern* 3; *Konzernbetriebsrat* 1
Unterstützungskasse *Betriebliche Altersversorgung* 6, 43, 53
Unterstützungsstreik *Arbeitskampf* 36
Unterweisung *Arbeitsschutz* 29
Unverfallbarkeit *Betriebliche Altersversorgung* 30
Unverzüglich *Rechtsbegriffe* 18
Unzulässige Fragen des Arbeitgebers *Personalfragebogen* 14
Urabstimmung *Arbeitskampf* 23
Urlaub
- Allgemeine Urlaubsgrundsätze *Urlaub* 38
- Arbeitsvertrag *Urlaub* 35
- Arbeitszeitflexibilisierung *Urlaub* 4
- Ausländische Arbeitnehmer *Urlaub* 31
- Ausschluss von Doppelansprüchen *Urlaub* 12
- Berechnung des Urlaubsentgelts *Urlaub* 21
- Betriebsferien *Urlaub* 40
- Betriebsrat *Urlaub* 33
- Bildungsurlaub *Urlaub* 32, 36
- Bruchteile von Urlaubstagen *Urlaub* 8, 11
- Brückentag *Urlaub* 40
- Einigungsstelle *Urlaub* 14, 44
- Elterngeld/Elternzeit *Urlaub* 30
- Entgeltfortzahlung im Krankheitsfall/bei Vorsorge/Rehabilitation *Urlaub* 19, 20
- Erkrankung *Urlaub* 19, 25 a
- Erwerbstätigkeit *Urlaub* 18
- Flexible Arbeitszeit *Urlaub* 4 a, 21
- Freistellung *Urlaub* 31 a
- Gewerkschaft *Urlaub* 31
- Jugendliche *Urlaub* 7
- Krankenversicherung *Urlaub* 31
- Krankheit im Übertragungszeitraum *Urlaub* 17
- Leiharbeit *Urlaub* 22 d
- Mitbestimmung *Urlaub* 34
- Mutterschutz *Urlaub* 28
- Referenzprinzip *Urlaub* 21
- Schichtarbeit *Urlaub* 5
- Schulungs- und Bildungsveranstaltungen *Urlaub* 33
- Schwerbehinderte Menschen *Urlaub* 8, 25 b
- Sonderurlaub *Urlaub* 31
- Tarifvertrag *Urlaub* 23, 25, 31, 35
- Teilurlaub *Urlaub* 10
- Teilzeitarbeit *Urlaub* 3
- Überstunden *Urlaub* 21
- Übertragung des Urlaubs *Urlaub* 17
- Übertragungszeitraum *Urlaub* 17
- Umrechnung bei ungleichmäßiger Verteilung der Arbeitszeit *Urlaub* 4
- Unabdingbarkeit *Urlaub* 26
- Unbezahlter Sonderurlaub *Urlaub* 31
- Urlaubsabgeltung *Urlaub* 17, 24
- Urlaubsanspruch *Urlaub* 1
- Urlaubsentgelt *Urlaub* 21
- Urlaubsgeld *Urlaub* 23, 25
- Urlaubsplan *Urlaub* 39
- Urlaubsplanung *Urlaub* 38
- Verfall des Urlaubsanspruchs *Urlaub* 17
- Wartezeit *Urlaub* 9
- Zeitliche Lage des Urlaubs *Urlaub* 13, 41
- Zusätzliches Urlaubsgeld *Urlaub* 23, 25

Urlaubsabgeltung *Insolvenzgeld* 9; *Urlaub* 17, 24; *Verzicht* 6
Urlaubsentgelt *Insolvenzgeld* 8; *Urlaub* 20
Urlaubsgeld *Urlaub* 25
Urlaubsplan *Urlaub* 39
Urlaubsplanung *Urlaub* 38

Verband ohne Tarifbindung (OT-Verband) *Arbeitgeberverband* 19
Verbandsaustritt *Arbeitgeberverband* 11; *Arbeitsvertrag* 18, 19; *Tarifvertrag: Nachbindung und Nachwirkung* 4
Verbandsbeitritt *Arbeitgeberverband* 7
Verbandstarifvertrag *Tarifvertrag* 9; *Umwandlung von Unternehmen* 52
Verbot
- der Aussperrung *Arbeitskampf* 64
- der Benachteiligung von Arbeitnehmern *Benachteiligungsverbot (AGG)* 1
- der Diskriminierung von Teilzeitbeschäftigten *Teilzeitarbeit* 64
- der Gegnerfinanzierung *Schulungs- und Bildungsveranstaltungen* 24

Verbotsirrtum *Geheimhaltungspflicht* 16; *Strafverfahren* 5
Verbotswidriges Handeln *Arbeitsunfall* 8; *Berufskrankheit* 14
Verdachtskündigung *Außerordentliche Kündigung* 5 b; *Verhaltensbedingte Kündigung* 2
Verfallfristen *Ausschlussfristen/Verfallfristen*

Stichwortverzeichnis

Verfall von geleisteten Arbeitsstunden *Arbeitszeitflexibilisierung* 69 b
Vergütungsordnung *Eingruppierung/Umgruppierung* 7
Verhaltensbedingte Kündigung
- Abmahnung *Abmahnung* 1; *Verhaltensbedingte Kündigung* 14, 17
- Arbeitsgericht *Verhaltensbedingte Kündigung* 5
- Außerordentliche Kündigung *Verhaltensbedingte Kündigung* 2, 3, 6, 26
- Bedenken *Verhaltensbedingte Kündigung* 20, 23
- Betriebsrat *Verhaltensbedingte Kündigung* 19
- Freier Arbeitsplatz *Verhaltensbedingte Kündigung* 21
- Fristen *Verhaltensbedingte Kündigung* 5
- Klage *Verhaltensbedingte Kündigung* 5
- Klagefrist *Verhaltensbedingte Kündigung* 6
- Kündigungsschutz *Verhaltensbedingte Kündigung* 5, 8, 24, 25
- Kündigungsschutzklage *Verhaltensbedingte Kündigung* 5
- Kündigungsschutz vor Erfüllung der Wartezeit und im Kleinbetrieb *Verhaltensbedingte Kündigung* 11, 12
- Leiharbeitnehmer *Verhaltensbedingte Kündigung* 21
- Meldepflicht *Verhaltensbedingte Kündigung* 28
- Ordentliche Kündigung *Verhaltensbedingte Kündigung* 3, 19, 20, 23
- Prognose *Verhaltensbedingte Kündigung* 14
- Soziale Rechtfertigung *Verhaltensbedingte Kündigung* 13, 16
- Straftat *Verhaltensbedingte Kündigung* 2
- Verdachtskündigung *Außerordentliche Kündigung* 5 b; *Verhaltensbedingte Kündigung* 2
- Verhältnismäßigkeit *Verhaltensbedingte Kündigung* 14 a
- Wartezeit *Verhaltensbedingte Kündigung* 9
- Weiterbeschäftigungs-/Vergütungsanspruch *Verhaltensbedingte Kündigung* 23
- Widerspruch des Betriebsrats *Verhaltensbedingte Kündigung* 21
- Wiedereinstellung *Verhaltensbedingte Kündigung* 26
- Zustimmung einer Behörde *Verhaltensbedingte Kündigung* 7
Verhalten von Betriebsräten bei Kündigungen *Kündigung* 54
Verhältnismäßigkeitsgrundsatz *Abmahnung* 3; *Außerordentliche Kündigung* 5, 7
Verhinderung eines Betriebsratsmitglieds *Betriebsratssitzung* 5; *Ersatzmitglieder des Betriebsrats* 1 a, 2
Verjährung
- Annahmeverzug *Verjährung* 32
- Arbeitsentgelt *Verjährung* 1, 12
- Arbeitsunfall *Verjährung* 21

- Ausschluss-/Verfallfristen *Verjährung* 8, 13, 21
- Berufskrankheit *Verjährung* 21, 41
- Haftung des Arbeitgebers *Arbeitsschutz* 109; *Verjährung* 21
- Haftung des Arbeitnehmers *Verjährung* 21
- Insolvenzverfahren *Verjährung* 32
- Regelmäßige Verjährungsfrist *Verjährung* 11
- Verwirkung *Verjährung* 2
- Verzicht *Verjährung* 2
- Werkwohnung *Verjährung* 23
- Wettbewerbsverbot *Verjährung* 22
- Zurückbehaltungsrecht *Verjährung* 10
Verjährungsfrist, regelmäßige *Verjährung* 11
Verjährungshöchstfristen *Verjährung* 16
Vermögensübertragung *Umwandlung von Unternehmen* 10
Verschmelzung *Umwandlung von Unternehmen* 3
Verschulden *Haftung des Arbeitgebers* 3, 4; *Haftung des Arbeitnehmers* 6
Verschwiegenheitspflicht *Geheimhaltungspflicht* 8, 13; *Unternehmensmitbestimmung* 19, 29
Versetzung
- Änderungskündigung *Versetzung* 4, 14, 15, 37
- Arbeitsgericht *Versetzung* 11, 30, 31, 35, 36
- Arbeitsbereich *Versetzung* 1 a, 5
- Arbeitsort *Versetzung* 5
- Arbeitsvertrag *Versetzung* 4, 14, 15, 37
- Arbeitszeit *Versetzung* 6
- Ausschreibung *Versetzung* 25
- Auswahlrichtlinien *Versetzung* 25
- Betriebsfrieden *Versetzung* 25
- Betriebsrat *Versetzung* 10
- Betriebsratssitzung *Versetzung* 23
- Direktionsrecht *Versetzung* 37
- Eingruppierung/Umgruppierung *Versetzung* 16, 23, 29
- Einstellung *Versetzung* 30
- Einverständnis des Arbeitnehmers *Versetzung* 13, 14, 34, 37
- Erhebliche Änderung der Umstände *Versetzung* 1 a, 5
- Fristen *Versetzung* 21, 26, 30
- Höhergruppierung *Versetzung* 32 a
- Kündigung *Versetzung* 15
- Mitbestimmung *Versetzung* 10
- Monteur *Versetzung* 9
- Nachtarbeit *Versetzung* 6
- Rechtsbegriffe *Versetzung* 10, 30
- Schichtarbeit *Versetzung* 6
- Schleichende Arbeitsanreicherung *Eingruppierung/Umgruppierung* 2 a, 23 b, 56 a; *Versetzung* 5, 32 a
- Schleichende Versetzung *Eingruppierung/Umgruppierung* 2 a, 23 b, 56 a; *Versetzung* 5, 32 a
- Springer *Versetzung* 9
- Umsetzung *Versetzung* 2
- Unternehmen *Versetzung* 10

2299

Stichwortverzeichnis

- Unterrichtung des Betriebsrats *Versetzung* 21
- Durchsetzung der Mitbestimmung *Versetzung* 31
- Versetzung in einen anderen Betrieb *Versetzung* 12, 14
- Versetzung von Betriebsratsmitgliedern und anderen Mandatsträgern *Versetzung* 33– Vorgehen des Betriebsrats *Versetzung* 28 c
- Vorläufige Versetzung *Versetzung* 30
- Zustimmungsersetzungsverfahren *Versetzung* 29
- Zustimmungsverweigerungsrecht *Versetzung* 25
- Zuweisung eines anderen Arbeitsbereichs *Versetzung* 1
- Zwangsgeld *Versetzung* 31

Vertragliche Einheitsregelung *Gesamtzusage* 7
Vertrauensarbeitszeit *Arbeitszeitflexibilisierung* 54
Vertrauensperson der schwerbehinderten Menschen *Schwerbehindertenvertretung* 22
Vertrauensschutz
- Massenentlassung *Massenentlassung* 3
- Rente nach Altersteilzeit *Altersteilzeit* 8

Vertrauensvolle Zusammenarbeit *Betriebsrat* 9
Verweisungsklausel, vertragliche *Arbeitsvertrag* 16
Verwirkung *Betriebsübergang* 45 a
- Ausschluss-/Verfallfrist *Verwirkung* 1, 4
- Betriebsvereinbarung *Verwirkung* 5
- Heimarbeit *Verwirkung* 5
- Kündigungsschutz *Verwirkung* 6
- Mitbestimmungsrechte *Verwirkung* 4 b
- Umstandsmoment *Verwirkung* 3
- Tarifvertrag *Verwirkung* 5
- Verjährung *Verwirkung* 1, 4
- Zeitmoment *Verwirkung* 3
- Zumutbarkeitsmoment *Verwirkung* 3

Verzicht
- Arbeitnehmererfindung *Verzicht* 7
- Arbeitsvertrag *Verzicht* 3
- Aufhebungsvertrag *Verzicht* 6
- Ausgleichsquittung *Verzicht* 1, 4, 8, 11
- Ausschluss-/Verfallfristen *Verzicht* 5
- Betriebliche Altersversorgung *Verzicht* 7
- Betriebsvereinbarung *Verzicht* 10
- Entgeltfortzahlung an Feiertagen *Verzicht* 4
-)Entgeltfortzahlung im Krankheitsfall und bei Vorsorge und Rehabilitation *Verzicht* 4
- Heimarbeit *Verzicht* 10
- Tarifvertrag *Verzicht* 9
- Tatsachenvergleich *Verzicht* 11
- Urlaub *Verzicht* 6
- Verjährung *Verzicht* 5
- Wettbewerbsverbot *Verzicht* 7
- Zeugnis *Verzicht* 7

Verzicht auf die Erhebung einer Kündigungsschutzklage *Ausgleichsquittung* 11; *Verzicht* 8

Vetorecht *Beteiligungsrechte des Betriebsrats* 20
Videoüberwachung *Überwachung von Arbeitnehmern*
Vollrente *Rentenversicherung* 30
Vorgabezeit *Arbeitsentgelt* 19, 26
Vorgeschaltete Probezeit *Probearbeitsverhältnis* 2
Vorläufige Einstellung *Einstellung* 33
Vorläufige Versetzung *Versetzung* 30
Vorlage von Unterlagen *Informationsrechte des Betriebsrats* 29
Vorsatz *Haftung des Arbeitgebers* 11; *Haftung des Arbeitnehmers* 7, 12
Vorsorge *Entgeltfortzahlung im Krankheitsfall und bei Vorsorge/Rehabilitation* 13

Waffengleichheit *Arbeitskampf* 1
Wahlen, regelmäßige
- Betriebsrat *Betriebsratswahl* 3
- JAV *Jugend- und Auszubildendenvertretung* 3
- Schwerbehindertenvertretung *Schwerbehindertenvertretung* 2

Waisenrente *Rentenversicherung* 52
Warnfunktion der Abmahnung *Abmahnung* 3, 9; *Betriebsbuße* 17
Warnstreik *Arbeitskampf* 17
Wartezeit *Befristeter Arbeitsvertrag* 31; *Entgeltfortzahlung an Feiertagen* 6; *Entgeltfortzahlung im Krankheitsfall und bei Vorsorge/Rehabilitation* 5; *Kündigungsschutz* 11; *Kündigungsschutz vor Erfüllung der Wartezeit und im Kleinbetrieb* 1; *Urlaub* 8
- Waschzeit *Arbeitszeit* 71b

Wechselschicht *Schichtarbeit* 3
Wegeunfall *Unfallversicherung* 38
Wegezeit *Arbeitszeit* 71a
Weihnachtsgeld und sonstige Sondervergütungen *Betriebliche Übung* 2
- Abschaffung des Weihnachtsgeldes *Weihnachtsgeld und sonstige Sondervergütungen* 13
- Änderungskündigung *Weihnachtsgeld und sonstige Sondervergütungen* 13
- Arbeitsgericht *Weihnachtsgeld und sonstige Sondervergütungen* 42
- Arbeitskampf *Weihnachtsgeld und sonstige Sondervergütungen* 27
- Arbeitsvertrag *Weihnachtsgeld und sonstige Sondervergütungen* 3, 13, 15, 18
- Ausschlussfristen/Verfallfristen *Weihnachtsgeld und sonstige Sondervergütungen* 42
- Benachteiligungsverbot *Weihnachtsgeld und sonstige Sondervergütungen* 12
- Betriebliche Altersversorgung *Weihnachtsgeld und sonstige Sondervergütungen* 14
- Betriebliche Übung *Betriebliche Übung* 2; *Weihnachtsgeld und sonstige Sondervergütungen* 4
- Betriebsrat *Weihnachtsgeld und sonstige Sondervergütungen* 39

Stichwortverzeichnis

- Betriebsvereinbarung *Weihnachtsgeld und sonstige Sondervergütungen* 3, 14
- Elternzeit *Weihnachtsgeld und sonstige Sondervergütungen* 22
- Entgeltfortzahlung im Krankheitsfall oder bei Kur *Weihnachtsgeld und sonstige Sondervergütungen* 20
- Fehlzeiten *Weihnachtsgeld und sonstige Sondervergütungen* 17–28
- Formulararbeitsvertrag *Weihnachtsgeld und sonstige Sondervergütungen* 19
- Gegenläufige betriebliche Übung *Weihnachtsgeld und sonstige Sondervergütungen* 6
- Gesamtzusage *Weihnachtsgeld und sonstige Sondervergütungen* 14
- Gleichbehandlung *Weihnachtsgeld und sonstige Sondervergütungen* 7, 41
- Insolvenz *Weihnachtsgeld und sonstige Sondervergütungen* 34
- Insolvenzgeld *Weihnachtsgeld und sonstige Sondervergütungen* 34
- Insolvenzverfahren *Weihnachtsgeld und sonstige Sondervergütungen* 35, 36
- Krankheit *Weihnachtsgeld und sonstige Sondervergütungen* 19
- Kündigungsfristen *Weihnachtsgeld und sonstige Sondervergütungen* 29
- Kurzarbeit *Weihnachtsgeld und sonstige Sondervergütungen* 34
- Kürzung *Weihnachtsgeld und sonstige Sondervergütungen* 15
- Maßregelungsverbot *Weihnachtsgeld und sonstige Sondervergütungen* 7
- Mitbestimmung *Weihnachtsgeld und sonstige Sondervergütungen* 39, 40, 41
- Mutterschutz *Weihnachtsgeld und sonstige Sondervergütungen* 23
- Rückzahlung bei vorzeitigem Ausscheiden *Weihnachtsgeld und sonstige Sondervergütungen* 29
- Sondervergütung *Weihnachtsgeld und sonstige Sondervergütungen* 1
- Steuern *Weihnachtsgeld und sonstige Sondervergütungen* 32
- Sondervergütung mit reinem Entgeltcharakter *Weihnachtsgeld und sonstige Sondervergütungen* 16, 17– Sondervergütung mit Mischcharakter *Weihnachtsgeld und sonstige Sondervergütungen* 16, 19
- Sondervergütung zur Belohnung der Betriebstreue *Weihnachtsgeld und sonstige Sondervergütungen* 16, 18
- Sozialversicherung *Weihnachtsgeld und sonstige Sondervergütungen* 33
- Stichtagsregelung *Weihnachtsgeld und sonstige Sondervergütungen* 18
- Tarifvertrag *Weihnachtsgeld und sonstige Sondervergütungen* 3, 15, 18, 22, 31
- Übertarifliche Zulagen *Weihnachtsgeld und sonstige Sondervergütungen* 41
- Urlaub *Weihnachtsgeld und sonstige Sondervergütungen* 2
- Verjährung *Weihnachtsgeld und sonstige Sondervergütungen* 42
- Vertragliche Einheitsregelungen *Weihnachtsgeld und sonstige Sondervergütungen* 14
- Vorzeitiges Ausscheiden *Weihnachtsgeld und sonstige Sondervergütungen* 17, 19, 29
- Wegfall des Weihnachtsgeldes *Weihnachtsgeld und sonstige Sondervergütungen* 13

Weisungsrecht des Arbeitgebers *Arbeitsvertrag* 3, 58; *Einstellung* 2, 4
Weiterbeschäftigung JAV-Mitglied *Jugend- und Auszubildendenvertretung* 41
Weiterbeschäftigungsanspruch des Gekündigten nach § 102 Abs. 5 BetrVG *Kündigung* 46
Werkdienstwohnung *Werkwohnung* 1
Werkmietwohnung *Werkwohnung* 2
Werkstudent *Eingruppierung/Umgruppierung* 8; *Praktikum* 11, 21
Werkvertrag
- Abgrenzung zum Arbeitsvertrag *Werkvertrag* 3
- Abgrenzung zum Dienstvertrag *Werkvertrag* 3
- Abgrenzung zur Leiharbeit *Arbeitnehmerüberlassung/Leiharbeit* 4; *Werkvertrag* 1, 4
- Begriff *Werkvertrag* 1
- Betriebsrat *Werkvertrag* 6
- Eingliederung des Fremdfirmenarbeitnehmers *Werkvertrag* 8, 15, 16, 17
- Einstellung *Werkvertrag* 8, 15, 16, 17
- Gewinnmaximierung durch Lohndumping *Werkvertrag* 6
- Home-Office *Werkvertrag* 3 a
- Rechtsmissbrauch *Werkvertrag* 5 a, 5 d, 7
- Tarifflucht *Werkvertrag* 6
- Weisungen des Bestellers *Werkvertrag* 3, 3 a

Werkwohnung
- Arbeitsgericht *Werkwohnung* 18
- Arbeitsvertrag *Werkwohnung* 18
- Betriebsrat *Werkwohnung* 7
- Einigungsstelle *Werkwohnung* 11
- Kündigung *Werkwohnung* 10, 16, 17
- Mitbestimmung *Werkwohnung* 7
- Sozialeinrichtung *Werkwohnung* 15
- Werkdienstwohnung *Werkwohnung* 1
- Werkmietwohnung *Werkwohnung* 2

Wettbewerbsverbot
- Geheimhaltungspflicht *Wettbewerbsverbot* 7
- Gesetzliches *Wettbewerbsverbot* 2
- Karenzentschädigung *Wettbewerbsverbot* 3, 6
- Konkurrenztätigkeit *Wettbewerbsverbot* 2
- Nachvertragliches *Wettbewerbsverbot* 3
- Verjährung *Wettbewerbsverbot* 22
- Vertragsklausel *Wettbewerbsverbot* 3

2301

Stichwortverzeichnis

- Wettbewerbsverbot während des bestehenden Arbeitsverhältnisses *Wettbewerbsverbot* 2
- **Widerrufsvorbehalt** *Betriebliche Übung* 3; *Übertarifliche Zulagen* 34
- **Widerspruch des Arbeitnehmers bei Betriebsübergang** *Betriebsübergang* 42
- **Widerspruch des Betriebsrats gegen ordentliche Kündigung** *Kündigung* 43; *Ordentliche Kündigung* 16, 18
- **Wiedereinstellungsanspruch** *Betriebsübergang* 52
- Arbeitsgericht *Wiedereinstellungsanspruch* 12
- Aufhebungsvertrag *Wiedereinstellungsanspruch* 7
- Ausschlussfristen/Verfallfristen *Wiedereinstellungsanspruch* 12
- Befristeter Arbeitsvertrag *Wiedereinstellungsanspruch* 8
- Betriebsbedingte Kündigung *Wiedereinstellungsanspruch* 3, 4
- Betriebsrat *Wiedereinstellungsanspruch* 10
- Betriebsübergang *Betriebsübergang* 52; *Wiedereinstellungsanspruch* 4, 9
- Einstellung *Wiedereinstellungsanspruch* 11
- Geheimhaltungspflicht *Wettbewerbsverbot* 7
- Personenbedingte Kündigung *Wiedereinstellungsanspruch* 3, 5
- Prognose *Wiedereinstellungsanspruch* 1
- Verhaltensbedingte Kündigung *Wiedereinstellungsanspruch* 3, 6
- Versetzung *Wiedereinstellungsanspruch* 11
- Vertraglich vereinbartes Rückkehrrecht *Wiedereinstellungsanspruch* 9 a
- Verzicht *Wettbewerbsverbot* 6
- **»Wilder Streik«** *Arbeitskampf* 28, *Friedenspflicht* 9
- **Wirkungen**
- Betriebsvereinbarung *Betriebsvereinbarung* 15
- Regelungsabrede *Regelungsabrede* 5
- Tarifvertrag *Tarifvertrag* 30
- Sozialplan *Sozialplan* 21
- **Wirtschaft 4.0** *Rationalisierung* 4
- **Wirtschaftliche Angelegenheiten**
- Arbeitnehmerrechte *Wirtschaftliche Angelegenheiten* 4
- Beteiligungsrechte *Wirtschaftliche Angelegenheiten* 1
- Betriebsänderung *Wirtschaftliche Angelegenheiten* 5, 6
- Einigungsstelle *Wirtschaftliche Angelegenheiten* 3a, 6
- Gewerkschaft *Wirtschaftliche Angelegenheiten* 6
- Interessenausgleich *Wirtschaftliche Angelegenheiten* 5, 6
- Jahresabschluss *Wirtschaftliche Angelegenheiten* 3
- Nachteilsausgleich *Wirtschaftliche Angelegenheiten* 5
- Personalplanung *Wirtschaftliche Angelegenheiten* 6
- Sozialplan *Wirtschaftliche Angelegenheiten* 5, 6
- Tarifvertrag *Wirtschaftliche Angelegenheiten* 6
- Unternehmensplanung *Wirtschaftliche Angelegenheiten* 6
- Wirtschaftsausschuss *Wirtschaftliche Angelegenheiten* 3
- **Wirtschafts- und Sozialausschuss** *Europäisches Recht* 5
- **Wirtschaftsausschuss**
- Arbeitsgericht *Wirtschaftsausschuss* 26
- Aufgaben *Wirtschaftsausschuss* 7
- Behinderung der Betriebsratsarbeit *Wirtschaftsausschuss* 30
- Betriebsaufspaltung/Unternehmensteilung *Wirtschaftsausschuss* 9
- Betriebsrat *Wirtschaftsausschuss* 6, 22
- Ein-Betriebs-Unternehmen *Wirtschaftsausschuss* 3, 6
- Einigungsstelle *Wirtschaftsausschuss* 21, 26, 27 a
- Finanzinvestoren *Wirtschaftsausschuss* 1 a
- Geheimhaltungspflicht *Wirtschaftsausschuss* 14
- Gesamtbetriebsrat *Wirtschaftsausschuss* 6
- Gewerkschaft *Wirtschaftsausschuss* 19
- Informationsrechte des Betriebsrats *Wirtschaftsausschuss* 11, 12
- Jahresabschluss *Wirtschaftsausschuss* 13
- Kennziffern für den Wirtschaftsausschuss *Wirtschaftsausschuss* 25
- Konzern *Wirtschaftsausschuss* 4
- Konzernbetriebsrat *Wirtschaftsausschuss* 4
- Leitende Angestellte *Wirtschaftsausschuss* 5, 16
- Mehr-Betriebs-Unternehmen *Wirtschaftsausschuss* 3
- Ordnungswidrigkeitenverfahren *Wirtschaftsausschuss* 29
- Personalplanung *Wirtschaftsausschuss* 1
- Pflichten des Unternehmers *Wirtschaftsausschuss* 9
- Rechtsbegriffe *Wirtschaftsausschuss* 1
- Sachverständige *Wirtschaftsausschuss* 18
- Schwerbehindertenvertretung *Wirtschaftsausschuss* 20
- Sitzungen *Wirtschaftsausschuss* 15
- Strafverfahren *Wirtschaftsausschuss* 30
- Übernahme des Unternehmens *Wirtschaftsausschuss* 1 a, 12 a
- Übertragung auf einen Ausschuss *Wirtschaftsausschuss* 6
- Umwandlung von Unternehmen *Wirtschaftsausschuss* 9
- Unternehmen *Wirtschaftsausschuss* 1, 2
- Unternehmensplanung *Wirtschaftsausschuss* 11
- Vorlage von Unterlagen *Wirtschaftsausschuss* 12
- Zusammensetzung *Wirtschaftsausschuss* 3
- Zwangsgeld *Wirtschaftsausschuss* 27

Stichwortverzeichnis

Wirtschaftsprüferbericht *Jahresabschluss* 13, 17
Wistleblowing *Außerordentliche Kündigung* 5a
Witwen-/Witwerrente *Rentenversicherung* 49
Wochenfrist *Fristen* 1
Wucherähnliches Geschäft *Arbeitsentgelt* 2a

Zahlen und ihre Bedeutung
Zeitakkord *Arbeitsentgelt* 19
»Zeitarbeit« *Arbeitnehmerüberlassung/Leiharbeit* 1
Zeitbefristung *Befristeter Arbeitsvertrag* 1a, 10, 44
Zeitentgelt *Arbeitsentgelt* 4
Zeitkollisionsregel *Tarifvertrag* 56
Zeitrente *Rentenversicherung* 44
Zentrale Leitung *Europäischer Betriebsrat* 21
Zeugnis
– Anspruch des Arbeitnehmers *Zeugnis* 1
– Benotung *Zeugnis* 18
– Betriebsrat *Zeugnis* 23
– Beurteilung *Zeugnis* 22, 23
– Einfaches Zeugnis *Zeugnis* 3
– Erstellung *Zeugnis* 23
– Form *Zeugnis* 9
– Führung *Zeugnis* 7
– Geheimsprache *Zeugnis* 14, 21
– Inhalt *Zeugnis* 12
– Klage *Zeugnis* 25
– Klarheit *Zeugnis* 13, 14
– Leistung *Zeugnis* 6
– Qualifiziertes Zeugnis *Zeugnis* 5
– Standard-Formulierungen *Zeugnis* 22
– Verhalten im Arbeitsverhältnis *Zeugnis* 7
– Versteckte Hinweise *Zeugnis* 16
– Wahrheit *Zeugnis* 13, 16
– Wollwollen *Zeugnis* 13, 17
– Zeugnisformulierungen und ihre Bedeutung *Zeugnis* 18, 21
– Zeugnisklarheit *Zeugnis* 13, 14
– Zeugniswahrheit *Zeugnis* 13, 16
– Zwischenzeugnis *Zeugnis* 8
Zeugniserstellung *Zeugnis* 23
Zielbonussystem *Zielvereinbarung* 12, 20
Zielvereinbarung
– Arbeitsentgelt *Zielvereinbarung* 20
– Arbeitsvertrag *Zielvereinbarung* 4
– Betriebsordnung *Zielvereinbarung* 19
– Betriebsrat *Zielvereinbarung* 15
– Betriebsvereinbarung *Zielvereinbarung* 15, 16
– Beurteilungsgrundsätze *Zielvereinbarung* 11, 20
– Billigkeitskontrolle *Zielvereinbarung* 13b
– Entgeltgestaltung *Zielvereinbarung* 12, 20
– Formen *Zielvereinbarung* 9
– Führungsinstrument *Zielvereinbarung* 10
– Grad der Zielerreichung *Zielvereinbarung* 11, 12
– Grundlage der Leistungsbeurteilung *Zielvereinbarung* 11

– Instrument der Entgeltgestaltung *Zielvereinbarung* 12
– Leistungsbeurteilung *Zielvereinbarung* 11, 19
– Leistungsdruck *Zielvereinbarung* 7, 8
– Leistungsziele *Zielvereinbarung* 1, 12a
– Mitarbeitergespräch *Zielvereinbarung* 10, 18
– Mitbestimmung des Betriebsrats *Zielvereinbarung* 17, 18
– Personalfragebogen *Zielvereinbarung* 19
– Rahmenbedingungen *Zielvereinbarung* 12
– Schadensersatzanspruch *Zielvereinbarung* 13c
– Selbstaufschreibung *Zielvereinbarung* 8
– Tarifvertrag *Zielvereinbarung* 14, 16
– Vertrauensarbeitszeit *Zielvereinbarung* 8
– Zielbonussystem *Zielvereinbarung* 12, 20
– Zweistufiges Zielbonussystem *Zielvereinbarung* 13
Zubereitung *Gefahrstoffe* 8, 10
Zurückbehaltungsrecht des Arbeitnehmers *Friedenspflicht* 14
– Abmahnung *Zurückbehaltungsrecht des Arbeitnehmers* 3
– Arbeitsentgelt *Zurückbehaltungsrecht des Arbeitnehmers* 2
– Arbeitskampf *Zurückbehaltungsrecht des Arbeitnehmers* 6
– Arbeitsverweigerung *Zurückbehaltungsrecht des Arbeitnehmers* 7
– Belästigung *Benachteiligungsverbot (AGG)* 19
– Insolvenzverfahren *Zurückbehaltungsrecht des Arbeitnehmers* 2
– Kündigung *Zurückbehaltungsrecht des Arbeitnehmers* 3, 7
– Kündigungsschutz *Zurückbehaltungsrecht des Arbeitnehmers* 7
– Leistungsverweigerungsrecht bei Belästigung und sexueller Belästigung *Benachteiligungsverbot (AGG)* 46; *Zurückbehaltungsrecht des Arbeitnehmers* 4
– Maßregelungsverbot *Zurückbehaltungsrecht des Arbeitnehmers* 5
– Sexuelle Belästigung *Benachteiligungsverbot (AGG)* 20; *Zurückbehaltungsrecht des Arbeitnehmers* 3
– Treu und Glauben *Zurückbehaltungsrecht des Arbeitnehmers* 2
– Versetzung *Zurückbehaltungsrecht des Arbeitnehmers* 3
Zusammenlegung von Betrieben *Betriebsspaltung und Zusammenlegung von Betrieben* 4, 17
Zuständigkeit
– GBR *Gesamtbetriebsrat* 23
– KBR *Konzernbetriebsrat* 18
Zustimmungsersetzungsverfahren (§ 99 Abs. 4 BetrVG)
– bei Eingruppierung *Eingruppierung/Umgruppierung* 50

Stichwortverzeichnis

- bei Einstellung *Einstellung* 32
- bei Umgruppierung *Eingruppierung/Umgruppierung* 50
- bei Versetzung *Versetzung* 29

Zustimmungsersetzungsverfahren (§ 103 BetrVG)
- bei Kündigung von Mitgliedern des Betriebsrats und anderer Organe (z.B. JAV, Schwerbehindertenvertretung) *Kündigungsschutz (besonderer)* 9
- bei Versetzung von Mitgliedern des Betriebsrat und anderer Organe (z.B. JAV, Schwerbehindertenvertretung) *Versetzung* 33

Zustimmungsfiktion *Eingruppierung/Umgruppierung* 48 c; *Einstellung* 29 b; *Teilzeitarbeit* 28; *Versetzung* 26 b

Zustimmungsverweigerungsrecht *Beteiligungsrechte des Betriebsrats* 20, 21; *Personalfragebogen* 6

Zwangsgeld *Eingruppierung/Umgruppierung* 54

Zweckbefristeter Arbeitsvertrag *Befristeter Arbeitsvertrag* 1, 10, 44

Zweckbefristung *Befristeter Arbeitsvertrag* 1 a, 10, 44

Zwei- und Mehrwochenfrist *Fristen* 9

Zwingende Wirkung
- der Betriebsvereinbarung *Betriebsvereinbarung* 15
- des Tarifvertrages *Tarifvertrag* 32

Zwischenlohngruppe *Günstigkeitsprinzip* 24

Zwischenmeister *Heimarbeit* 2

Zwischenzeugnis *Zeugnis* 8